Márcio André Lopes Cavalcante

- Juiz Federal (TRF da 1ª Região), Promotor de Justiça e Procurador do Estado.
- Dedica-se ao estudo da jurisprudência por acreditar que se trata, atualmente, de uma das fontes do Direito, sendo, aliás, a mais dinâmica delas.
- Atua como "professor virtual" de milhares de alunos das mais diversas partes do país por meio do site "Dizer o Direito", do qual é editor.

EDITORA JusPODIVM
www.editorajuspodivm.com.br

Dizer o Direito
www.dizerodireito.com.br

VADE MECUM
Magistratura Federal

LEGISLAÇÃO SELECIONADA
PARA CONCURSO DE JUIZ FEDERAL

ORGANIZADOR

MÁRCIO ANDRÉ LOPES CAVALCANTE

VADE MECUM Magistratura Federal

LEGISLAÇÃO SELECIONADA
PARA CONCURSO DE JUIZ FEDERAL

2ª edição
Revista e atualizada

2021

EDITORA JusPODIVM
www.editorajuspodivm.com.br

Dizer o Direito
www.dizerodireito.com.br

EDITORA JusPODIVM
www.editorajuspodivm.com.br

Rua Canuto Saraiva, 131 – Mooca – CEP: 03113-010 – São Paulo – São Paulo
Tel: (11) 3582.5757
• Contato: https://www.editorajuspodivm.com.br/sac

Diagramação: Equipe *Jus*PODIVM

Capa: Ana Caquetti

Fechamento desta edição: 22.06.2021.

V123 Vade Mecum Magistratura Federal / organizador Márcio André Lopes Cavalcante – 2ª ed. rev. e atual. São Paulo: Editora JusPodivm, 2021.
2096 p.

Inclui índices.
ISBN 978-65-5680-600-6

1. Leis. 2. Súmulas. 3. Emendas. 4. Legislação. I. Cavalcante, Márcio André Lopes. II. Título.

CDD 340.03

NOTA DO ORGANIZADOR

Na época em que me preparava para o concurso da Magistratura Federal, sentia falta de uma coletânea que incluísse todas as leis e atos normativos importantes para a carreira.

Em minhas provas discursiva e de sentença, tive que levar vários códigos e leis impressas para poder englobar todos os assuntos que poderiam ser cobrados no concurso.

Pensando nisso, o presente Vade Mecum foi idealizado com o objetivo de suprir essa lacuna e fornecer ao candidato que se prepara para a Magistratura Federal os códigos, leis, decretos e demais atos normativos que podem ser úteis no momento das provas discursivas, de sentença e oral.

A ideia é que o leitor possa ter em um só volume os diplomas legais atualizados necessários para o concurso de Juiz Federal, servindo não apenas como forma de consulta para a realização das provas que permitem o uso da legislação, mas também como fonte de estudo e pesquisa durante toda a fase de preparação para o certame.

Além de uma vasta quantidade de diplomas legais, a obra apresenta diferenciais de mercado que facilitarão o estudo e a consulta do candidato antes e durante a prova:

- Coletânea legislativa organizada com base no concurso
- Organização cronológica
- Regimentos internos do STF e do STJ
- Índice temático das súmulas do STF e do STJ
- Súmulas TRFs, TNU e extinto TFR
- destaque especial nos dispositivos incluídos e/ou alterados em 2021.

> **Art. 7º-A.** As atribuições do Conselho de Supervisão do Regime de Recuperação Fiscal previstas no art. 7º serão exercidas com o auxílio técnico da Secretaria do Tesouro Nacional quando relacionadas com o acompanhamento do cumprimento das metas e dos compromissos fiscais estipulados no Plano, com a avaliação da situação financeira estadual ou com a apreciação das propostas de atualização das projeções financeiras e dos impactos fiscais das medidas de ajuste do Plano de Recuperação Fiscal. (Acrescido pela LC 178/2021)

- área reservada para grampear conteúdo de Súmulas e Enunciados do CJF.

> **49.** A cláusula de inalienabilidade inclui a incomunicabilidade dos bens.
>
> ‣ art. 1.848, CC/2002.

- material complementar disponibilizado no site da editora contendo planilha do conteúdo programático dos últimos concursos de Juiz Federal dos TRFs e campo para preenchimento do leitor.

Por fim, os leitores terão direito a atualizações periódicas gratuitas pelo site da editora até 30.06.2022.

ÍNDICE GERAL

ÍNDICE GERAL

▪ CONSTITUIÇÃO DA REPÚBLICA FEDERATIVA DO BRASIL

▪ LINDB

▪ CÓDIGO CIVIL

▪ CÓDIGO DE PROCESSO CIVIL

▪ CÓDIGO PENAL

▪ CÓDIGO DE PROCESSO PENAL

▪ CÓDIGO TRIBUTÁRIO NACIONAL

▪ CÓDIGO DE DEFESA DO CONSUMIDOR

▪ CÓDIGO FLORESTAL

▪ ESTATUTOS

▪ LEGISLAÇÃO COMPLEMENTAR

▪ ÍNDICE ALFABÉTICO DE ASSUNTOS

▪ LEGISLAÇÃO INTERNACIONAL

▪ REGIMENTOS INTERNOS

▪ SÚMULAS E ENUNCIADOS

ÍNDICE CRONOLÓGICO DA LEGISLAÇÃO COMPLEMENTAR

* Conteúdo selecionado.

Índice Cronológico da Legislação Complementar

▪ LEGISLAÇÃO INTERNACIONAL

CONSTITUIÇÃO DA REPÚBLICA FEDERATIVA DO BRASIL

ÍNDICE SISTEMÁTICO DA CONSTITUIÇÃO FEDERAL

CONSTITUIÇÃO DA REPÚBLICA FEDERATIVA DO BRASIL

Promulgada em 05 de outubro de 1988

- DOU 191-A, de 05.10.1988.

PREÂMBULO

Nós, representantes do povo brasileiro, reunidos em Assembleia Nacional Constituinte para instituir um Estado Democrático, destinado a assegurar o exercício dos direitos sociais e individuais, a liberdade, a segurança, o bem-estar, o desenvolvimento, a igualdade e a justiça como valores supremos de uma sociedade fraterna, pluralista e sem preconceitos, fundada na harmonia social e comprometida, na ordem interna e internacional, com a solução pacífica das controvérsias, promulgamos, sob a proteção de Deus, a seguinte CONSTITUIÇÃO DA REPÚBLICA FEDERATIVA DO BRASIL.

TÍTULO I
DOS PRINCÍPIOS FUNDAMENTAIS

Art. 1º A República Federativa do Brasil, formada pela união indissolúvel dos Estados e Municípios e do Distrito Federal, constitui-se em Estado Democrático de Direito e tem como fundamentos:

- arts. 18, *caput*; e 60, § 4º, I e II, desta CF.

I - a soberania;

- arts. 20, VI; 21, I e III; 84, VII, VIII, XIX e XX, desta CF.
- arts. 36, 237, I a III, 260, 263, NCPC.
- arts. 780 a 790, CPP.
- arts. 215 a 229, RISTF.

II - a cidadania;

- arts. 5º, XXXIV, LIV, LXXI, LXXIII e LXXVII; e 60, § 4º, desta CF.
- Lei 9.265/1996 (Estabelece a gratuidade dos atos necessários ao exercício da cidadania).
- Lei 10.835/2004 (Institui a renda básica da cidadania).

III - a dignidade da pessoa humana;

- arts. 5º, XLII, XLIII, XLVIII a L; 34, VII, b; 226, § 7º, 227; e 230 desta CF.
- art. 8º, III, da Lei 11.340/2006 (Lei Maria da Penha).
- Dec. 4.171/1957 (Promulga a Convenção 29, OIT, sobre trabalho forçado ou obrigatório).
- Dec. 58.822/1966 (Promulga a Convenção 105, OIT, sobre abolição do trabalho forçado).
- Súm. Vin. 6; 11; 14; e 56, STF.

IV - os valores sociais do trabalho e da livre-iniciativa;

- arts. 6º a 11; e 170, desta CF.
- Lei 12.529/2011 (Lei Antitruste).
- Lei 13.874/2019 (Lei da Liberdade Econômica).

V - o pluralismo político.

- art. 17 desta CF.
- Lei 9.096/1995 (Lei dos Partidos Políticos).

Parágrafo único. Todo o poder emana do povo, que o exerce por meio de representantes eleitos ou diretamente, nos termos desta Constituição.

- arts. 14; 27, § 4º; 29, XIII; 60, § 4, II; e 61, § 2º, desta CF.
- art. 1º, Lei 9.709/1998 (Regulamenta a execução do disposto nos incisos I a III do art. 14 desta CF).

Art. 2º São Poderes da União, independentes e harmônicos entre si, o Legislativo, o Executivo e o Judiciário.

- art. 60, § 4º, III, desta CF.
- Súm. Vinc. 37, STF.
- Súm. 649, STF.

Art. 3º Constituem objetivos fundamentais da República Federativa do Brasil:

I - construir uma sociedade livre, justa e solidária;

- art. 29, 1, d, Dec. 99.710/1990 (Promulga a Convenção Sobre os Direitos das Crianças).
- art. 10, 1, Dec. 591/1992 (Promulga o Pacto Internacional Sobre Direitos Econômicos, Sociais e Culturais).

II - garantir o desenvolvimento nacional;

- arts. 23, p.u., e 174, § 1º, desta CF.

III - erradicar a pobreza e a marginalização e reduzir as desigualdades sociais e regionais;

- arts. 23, X; e 214 desta CF.
- arts. 79 a 81, ADCT.
- EC 31/2000 (Fundo de Combate e Erradicação da Pobreza).
- LC 111/2001 (Dispõe sobre o Fundo de Combate e Erradicação da Pobreza).

IV - promover o bem de todos, sem preconceitos de origem, raça, sexo, cor, idade e quaisquer outras formas de discriminação.

- art. 4º, VIII, desta CF.
- Lei 7.716/1989 (Lei do Racismo).
- Lei 11.340/2006 (Lei Maria da Penha).
- Lei 12.288/2010 (Estatuto da Igualdade Racial).
- Dec. 62.150/1968 (Promulga a Convenção 111, OIT, sobre discriminação em matéria de emprego e profissão).
- Dec. 3.956/2001 (Promulga a Convenção Interamericana para Eliminação de Todas as Formas de Discriminação Contra Pessoas Portadoras de Deficiência).
- Dec. 4.377/2002 (Promulga a Convenção sobre a Eliminação de Todas as Formas de Discriminação Contra a Mulher).
- Dec. 4.886/2003 (Dispõe sobre a Política Nacional de Promoção da Igualdade Racial - PNPIR).
- Dec. 9.883/2019 (Dispõe sobre o Conselho Nacional de Combate à Discriminação).
- ADPF 132 e ADIn 4.277 (Reconhecimento da legalidade jurídica da união civil entre pessoas do mesmo sexo, DOU, 13.05.2011).

Art. 4º A República Federativa do Brasil rege-se nas suas relações internacionais pelos seguintes princípios:

- arts. 21, I; e 84, VII e VIII, desta CF.

I - independência nacional;

- arts. 78, *caput*; e 91, § 1º, III e IV, desta CF.
- Lei 8.183/1991 (Dispõe sobre a organização e o funcionamento do Conselho de Defesa Nacional) e Dec. 893/1993 (Regulamento).

II - prevalência dos direitos humanos;

- Dec. 678/1992 (Promulga a Convenção Americana sobre Direitos Humanos - Pacto de São José da Costa Rica).
- Dec. 4.463/2002 (Dispõe sobre a declaração de reconhecimento da competência obrigatória da Corte Interamericana em todos os casos relativos à interpretação ou aplicação da Convenção Americana sobre Direitos Humanos).
- Lei 12.528/2011 (Comissão Nacional da Verdade).
- Dec. 8.767/2016 (Promulga a Convenção Internacional para a Proteção de Todas as Pessoas contra o Desaparecimento Forçado).

III - autodeterminação dos povos;

IV - não intervenção;

V - igualdade entre os Estados;

VI - defesa da paz;

VII - solução pacífica dos conflitos;

VIII - repúdio ao terrorismo e ao racismo;

- art. 5º, XLII e XLIII, desta CF.
- Lei 7.716/1989 (Lei do Racismo).
- Lei 8.072/1990 (Lei dos Crimes Hediondos).
- Dec. 5.639/2005 (Promulga a Convenção Interamericana contra o Terrorismo).

IX - cooperação entre os povos para o progresso da humanidade;

X - concessão de asilo político.

- Dec. 55.929/1965 (Promulga a Convenção sobre Asilo Territorial).
- Lei 9.474/1997 (Estatuto dos Refugiados, de 1951).
- arts. 27 a 29 da Lei 13.445/2017 (Lei de Migração).

Parágrafo único. A República Federativa do Brasil buscará a integração econômica, política, social e cultural dos povos da América Latina, visando à formação de uma comunidade latino-americana de nações.

- Dec. 350/1991 (Promulga o Tratado para a Constituição de um Mercado Comum - Mercosul).
- Dec. 992/1993 (Protocolo para solução de controvérsias - Mercosul).

TÍTULO II
DOS DIREITOS E GARANTIAS FUNDAMENTAIS

CAPÍTULO I
DOS DIREITOS E DEVERES INDIVIDUAIS E COLETIVOS

Art. 5º Todos são iguais perante a lei, sem distinção de qualquer natureza, garantindo-se aos brasileiros e aos estrangeiros residentes no país a inviolabilidade do direito à vida, à liberdade, à igualdade, à segurança e à propriedade, nos termos seguintes:

- arts. 5º, §§ 1º e 2º; 14, *caput*; 60, § 4º, IV, desta CF.
- Lei 5.709/1971 (Regula a aquisição de imóvel rural por estrangeiro residente no país ou pessoa jurídica estrangeira autorizada a funcionar no Brasil).
- Lei 12.288/2010 (Estatuto da Igualdade Racial).
- Lei 13.445/2017 (Lei de Migração).
- Súm. Vin. 6; 11; 34; 37, STF.
- Súm. 683, STF.

I - homens e mulheres são iguais em direitos e obrigações, nos termos desta Constituição;

- arts. 143, § 2º; e 226, § 5º, desta CF.
- art. 372, CLT.
- Lei 9.029/1995 (Proíbe a exigência de atestado de gravidez e esterilização, e outras práticas dis-

criminatórias, para efeitos admissionais ou de permanência da relação jurídica de trabalho).

- Lei 12.318/2010 (Lei da Alienação Parental).
- Dec. 678/1992 (Promulga a Convenção Americana sobre Direitos Humanos - Pacto de São José da Costa Rica).
- Dec. 4.377/2002 (Promulga a Convenção sobre a Eliminação de todas as Formas de Discriminação contra a Mulher, de 1979).
- Dec. Leg. 26/1994 (Convenção sobre a eliminação de todas as formas de discriminação contra a mulher).

II - ninguém será obrigado a fazer ou deixar de fazer alguma coisa senão em virtude de lei;

- arts. 14, § 1º; 143 desta CF.
- Súm. Vinc. 37 e 44, STF.
- Súm. 636 e 686, STF.

III - ninguém será submetido a tortura nem a tratamento desumano ou degradante;

- incs. XLIII; XLVII; XLIX; LXII; LXIII; LXV; e LXVI deste artigo.
- arts. 2º e 8º, Lei 8.072/1990 (Lei dos Crimes Hediondos).
- Lei 9.455/1997 (Lei dos Crimes de Tortura).
- Lei 12.847/2013 (Institui o Sistema Nacional de Prevenção e Combate à Tortura; cria o Comitê Nacional de Prevenção e Combate à Tortura e o Mecanismo Nacional de Prevenção e Combate à Tortura).
- Dec. 40/1991 (Ratifica a Convenção Contra a Tortura e Outros Tratamentos ou Penas Cruéis).
- art. 5º, Dec. 678/1992 (Promulga a Convenção Americana sobre Direitos Humanos - Pacto de São José da Costa Rica).
- Dec. 8.154/2013 (Regulamenta o funcionamento do Sistema Nacional de Prevenção e Combate à Tortura, a composição e o funcionamento do Comitê Nacional de Prevenção e Combate à Tortura e dispõe sobre o Mecanismo Nacional de Prevenção e Combate à Tortura).
- Súm. Vinc. 11, STF.

IV - é livre a manifestação do pensamento, sendo vedado o anonimato;

- art. 220, § 1º, desta CF.
- art. 6º, XIV, e, LC 75/1993 (Lei Orgânica do Ministério Público da União).
- art. 1º, Lei 7.524/1986 (Dispõe sobre a manifestação, por militar inativo, de pensamento e opinião políticos e filosóficos).
- art. 2º, a, Lei 8.389/1991 (Institui o Conselho Nacional de Comunicação Social).

V - é assegurado o direito de resposta, proporcional ao agravo, além da indenização por dano material, moral ou à imagem;

- art. 220, § 1º, desta CF.
- art. 6º, Lei 8.159/1991 (Dispõe sobre a Política Nacional de Arquivos Públicos e Privados).
- Dec. 1.171/1994 (Aprova o código de ética profissional do servidor público civil do Poder Executivo Federal).
- Súm. 37; 227; 362; 387; 388; 403, STJ.

VI - é inviolável a liberdade de consciência e de crença, sendo assegurado o livre exercício dos cultos religiosos e garantida, na forma da lei, a proteção aos locais de culto e a suas liturgias;

- arts. 208 a 212, CP
- art. 24, Lei 7.210/1984 (Lei de Execuções Penais).
- arts. 16, III; 124, XIV, Lei 8.069/1990 (ECA).
- art. 39, Lei 8.313/1991 (Restabelece princípios da Lei 7.505/1986 e institui o Programa Nacional de Apoio a Cultura - PRONAC).
- arts. 23 a 26, Lei 12.288/2010 (Estatuto da Igualdade Racial).
- art. 12, 1, do Anexo, Dec. 678/1992 (Promulga a Convenção Americana sobre Direitos Humanos - Pacto de São José da Costa Rica).

VII - é assegurada, nos termos da lei, a prestação de assistência religiosa nas entidades civis e militares de internação coletiva;

- Lei 6.923/1981 (Dispõe sobre o serviço de assistência religiosa nas Forças Armadas).
- art. 24, Lei 7.210/1984 (Lei de Execuções Penais).
- art. 124, XIV, Lei 8.069/1990 (ECA).
- Lei 9.982/2000 (Dispõe sobre prestação de assistência religiosa nas entidades hospitalares públicas e privadas, bem como nos estabelecimentos prisionais civis e militares).

VIII - ninguém será privado de direitos por motivo de crença religiosa ou de convicção filosófica ou política, salvo se as invocar para eximir-se de obrigação legal a todos imposta e recusar-se a cumprir prestação alternativa, fixada em lei;

- arts. 15, IV; 143, §§ 1º e 2º, desta CF.
- Lei 7.210/1984 (Lei de Execuções Penais).
- Lei 8.239/1991 (Dispõe sobre a prestação de serviço alternativo ao serviço militar obrigatório).
- Dec.-Lei 1.002/1969 (Código de Processo Penal Militar - CPPM).

IX - é livre a expressão da atividade intelectual, artística, científica e de comunicação, independentemente de censura ou licença;

- art. 220, § 2º, desta CF.
- art. 5º, d, LC 75/1993 (Lei Orgânica do Ministério Público da União).
- art. 39, Lei 8.313/1991 (Restabelece princípios da Lei 7.505/1986 e institui o Programa Nacional de Apoio a Cultura - PRONAC).
- Lei 9.456/1997 (Institui a Lei de Proteção de Cultivares).
- Lei 9.609/1998 (Dispõe sobre a proteção da propriedade intelectual de programa de computador e sua comercialização no país).
- Lei 9.610/1998 (Lei de Direitos Autorais).

X - são invioláveis a intimidade, a vida privada, a honra e a imagem das pessoas, assegurado o direito a indenização pelo dano material ou moral decorrente de sua violação;

- art. 114, VI, CF.
- arts. 186 e 927, CC.
- arts. 4º e 6º, Lei 8.159/1991 (Dispõe sobre a Política Nacional de Arquivos Públicos e Privados).
- art. 101, § 1º, Lei 11.101/2005 (Lei de Recuperação de Empresas e Falências).
- art. 11, 2, Dec. 678/1992 (Promulga a Convenção Americana sobre Direitos Humanos - Pacto de São José da Costa Rica).
- Súm. Vinc. 11, STF.
- Súm. 714, STF.
- Súm. 227; 387; 388; 403; 420, STJ.

XI - a casa é asilo inviolável do indivíduo, ninguém nela podendo penetrar sem consentimento do morador, salvo em caso de flagrante delito ou desastre, ou para prestar socorro, ou, durante o dia, por determinação judicial;

- art. 150, §§ 1º a 5º, CP.
- arts. 212 a 217, NCPC.
- art. 266, §§ 1º a 5º, CPM.
- art. 301, CPP.
- art. 11, Dec. 678/1992 (Promulga a Convenção Americana sobre Direitos Humanos - Pacto de São José da Costa Rica).

XII - é inviolável o sigilo da correspondência e das comunicações telegráficas, de dados e das comunicações telefônicas, salvo, no último caso, por ordem judicial, nas hipóteses e na forma que a lei estabelecer para fins de investigação criminal ou instrução processual penal;

- arts. 136, § 1º, I, b e c; 139, III, desta CF.
- arts. 151 e 152, CP.
- art. 227, CPM.
- art. 233, CPP.
- art. 6º, XVIII, a, LC 75/1993 (Lei Orgânica do Ministério Público da União).
- arts. 55 a 57, Lei 4.117/1962 (Código Brasileiro de Telecomunicações).
- Lei 6.538/1978 (Dispõe sobre os Serviços Postais).
- art. 7º, II, Lei 8.906/1994 (Estatuto da Advocacia e a OAB).
- Lei 9.296/1996 (Lei das Interceptações Telefônicas).
- art. 11, Dec. 678/1992 (Promulga a Convenção Americana sobre Direitos Humanos - Pacto de São José da Costa Rica).
- Res. 59/2008, CNJ (Disciplina e uniformiza as rotinas visando ao aperfeiçoamento do procedimento de interceptação de comunicações telefônicas e de sistemas de informática e telemática nos órgãos jurisdicionais do Poder Judiciário).

XIII - é livre o exercício de qualquer trabalho, ofício ou profissão, atendidas as qualificações profissionais que a lei estabelecer;

- arts. 170 e 220, § 1º, desta CF.
- art. 6º, Dec. 678/1992 (Promulga a Convenção Americana sobre Direitos Humanos - Pacto de São José da Costa Rica).

XIV - é assegurado a todos o acesso à informação e resguardado o sigilo da fonte, quando necessário ao exercício profissional;

- ADPF 130 (Não recepção pela CF/1988 da Lei de Imprensa – Lei nº 5.250/1967).
- art. 220, § 1º, desta CF.
- art. 154, CP.
- art. 8º, 2º, LC 75/1993 (Lei Orgânica do Ministério Público da União).
- art. 6º, Lei 8.394/1991 (Dispõe sobre a preservação, organização e proteção dos acervos documentais privados dos Presidentes da República).

XV - é livre a locomoção no território nacional em tempo de paz, podendo qualquer pessoa, nos termos da lei, nele entrar, permanecer ou dele sair com seus bens;

- arts. 109, X; 139, desta CF.
- art. 2º, III, Lei 7.685/1988 (Dispõe sobre o registro provisório para o estrangeiro em situação ilegal em território nacional).
- art. 22, Dec. 678/1992 (Promulga a Convenção Americana sobre Direitos Humanos - Pacto de São José da Costa Rica).

XVI - todos podem reunir-se pacificamente, sem armas, em locais abertos ao público, independentemente de autorização, desde que não frustrem outra reunião anteriormente convocada para o mesmo local, sendo apenas exigido prévio aviso à autoridade competente;

- arts. 109, X; 136, § 1º, I, a; 139, IV; desta CF.
- art. 2º, III, Lei 7.685/1988 (Dispõe sobre o registro provisório para o estrangeiro em situação ilegal em território nacional).
- art. 21, Dec. 592/1992 (Promulga o Pacto Internacional sobre Direitos Civis e Políticos).
- art. 15, Anexo, Dec. 678/1992 (Promulga a Convenção Americana sobre Direitos Humanos - Pacto de São José da Costa Rica).

XVII - é plena a liberdade de associação para fins lícitos, vedada a de caráter paramilitar;

- arts. 8º; 17, § 4º; e 37, VI, desta CF.
- art. 199, CP.
- art. 117, VII, Lei 8.112/1990 (Estatuto dos Servidores Públicos Civis da União, Autarquias e Fundações Públicas Federais).

XVIII - a criação de associações e, na forma da lei, a de cooperativas independem de autorização, sendo vedada a interferência estatal em seu funcionamento;

- arts. 8º, I; e 37, VI, desta CF.
- Lei 5.764/1971 (Define a Política Nacional de Cooperativismo e institui o regime jurídico das sociedades cooperativas).

- Lei 9.867/1999 (Dispõe sobre a criação e o funcionamento de Cooperativas Sociais, visando à integração social dos cidadãos).

XIX - as associações só poderão ser compulsoriamente dissolvidas ou ter suas atividades suspensas por decisão judicial, exigindo-se, no primeiro caso, o trânsito em julgado;

XX - ninguém poderá ser compelido a associar-se ou a permanecer associado;

- art. 4º, II, a, do CDC.
- art. 117, VII, Lei 8.112/1990 (Estatuto dos Servidores Públicos Civis da União, Autarquias e Fundações Públicas Federais).
- art. 16, Dec. 678/1992 (Promulga a Convenção Americana sobre Direitos Humanos - Pacto de São José da Costa Rica).

XXI - as entidades associativas, quando expressamente autorizadas, têm legitimidade para representar seus filiados judicial ou extrajudicialmente;

- art. 82, IV, CDC.
- art. 5º, Lei 7.347/1985 (Lei da Ação Civil Pública).
- arts. 3º e 5º, I e III, Lei 7.853/1989 (Lei de Apoio às Pessoas Portadoras de Deficiência, regulamentada pelo Dec. 3.298/1999).
- art. 210, III, Lei 8.069/1990 (ECA).
- Súm. 629, STF.

XXII - é garantido o direito de propriedade;

- art. 243 desta CF.
- arts. 1.228 a 1.368, CC/2002.
- Lei 4.504/1964 (Estatuto da Terra).
- art. 2º, I, Lei 8.171/1991 (Política agrícola).
- arts. 1º; 4º; 15, Lei 8.257/1991 (Dispõe sobre a expropriação das glebas nas quais se localizem culturas ilegais de plantas psicotrópicas).

XXIII - a propriedade atenderá a sua função social;

- arts. 156, § 1º; 170, III; 182, § 2º; e 186 desta CF.
- art. 5º, LIndB.
- arts. 2º; 12; 18, a; 47, I, Lei 4.504/1964 (Estatuto da Terra).
- art. 2º, I, Lei 8.171/1991 (Lei da Política Agrícola).
- arts. 2º, § 1º; 5º, § 2º, Lei 8.629/1993 (Regulamenta dispositivos constitucionais relativos à reforma agrária).
- arts. 27 a 37, Lei 12.288/2010 (Estatuto da Igualdade Racial).
- Lei 12.529/2011 (Lei Antitruste).

XXIV - a lei estabelecerá o procedimento para desapropriação por necessidade ou utilidade pública, ou por interesse social, mediante justa e prévia indenização em dinheiro, ressalvados os casos previstos nesta Constituição;

- arts. 22, II, 182, § 2º, 184; 185, I e II, desta CF.
- art. 1.275, V, CC/2002.
- arts. 1º a 4º; 18, LC 76/1993 (Procedimento contraditório especial para o processo de desapropriação de imóvel rural por interesse social).
- Lei 4.132/1962 (Define os casos de desapropriação por interesse social).
- Lei 4.504/1964 (Estatuto da Terra).
- Lei 6.602/1978 (Desapropriação por utilidade pública).
- arts. 2º, § 1º; 5º, § 2º; e 7º, IV, Lei 8.629/1993 (Regulamenta dispositivos constitucionais relativos à reforma agrária).
- art. 10, Lei 9.074/1995 (Estabelece normas para outorga e prorrogações das concessões e permissões de serviços públicos).
- Dec.-Lei 3.365/1941 (Lei das Desapropriações).
- Dec.-Lei 1.075/1970 (Lei da imissão de posse, initio litis, em imóveis residenciais urbanos).
- Súm. 23; 111; 157; 164; 218; 345; 378; 416; 561; 618; 652, STF.
- Súm. 69; 70; 113; 114; 119; 131; 141; 354; 408 STJ.

XXV - no caso de iminente perigo público, a autoridade competente poderá usar de propriedade de particular, assegurada ao proprietário indenização ulterior, se houver dano;

- Súm. 637, STJ.

XXVI - a pequena propriedade rural, assim definida em lei, desde que trabalhada pela família, não será objeto de penhora para pagamento de débitos decorrentes de sua atividade produtiva, dispondo a lei sobre os meios de financiar o seu desenvolvimento;

- art. 185 desta CF.
- arts. 4º, I, LC 76/1993 (Procedimento contraditório especial para o processo de desapropriação de imóvel rural por interesse social).
- Lei 4.504/1964 (Estatuto da Terra).
- art. 4º, § 2º, Lei 8.009/1990 (Lei da Impenhorabilidade do Bem de Família).
- art. 4º, II, e p.u., Lei 8.629/1993 (Regulamenta dispositivos constitucionais relativos à reforma agrária).
- Súm. 364, STJ.

XXVII - aos autores pertence o direito exclusivo de utilização, publicação ou reprodução de suas obras, transmissível aos herdeiros pelo tempo que a lei fixar;

- art. 184, CP.
- art. 30, Lei 8.977/1995 (Dispõe sobre o serviço de TV a cabo, regulamentado pelo Dec. n. 2.206/1997).
- Lei 9.456/1997 (Institui a Lei de Proteção de Cultivares).
- Lei 9.609/1998 (Dispõe sobre a proteção da propriedade intelectual de programa de computador e sua comercialização no país).
- Lei 9.610/1998 (Lei de Direitos autorais).
- Súm. 386, STF.

XXVIII - são assegurados, nos termos da lei:

a) a proteção às participações individuais em obras coletivas e à reprodução da imagem e voz humanas, inclusive nas atividades desportivas;

- Lei 6.533/1978 (Dispõe sobre a regulamentação das profissões de artista e técnico em espetáculos de diversões).
- Lei 9.610/1998 (Lei de Direitos Autorais).

b) o direito de fiscalização do aproveitamento econômico das obras que criarem ou de que participarem aos criadores, aos intérpretes e às respectivas representações sindicais e associativas;

XXIX - a lei assegurará aos autores de inventos industriais privilégio temporário para sua utilização, bem como proteção às criações industriais, à propriedade das marcas, aos nomes de empresas e a outros signos distintivos, tendo em vista o interesse social e o desenvolvimento tecnológico e econômico do país;

- art. 4º, IV, CDC.
- Lei 9.279/1996 (Propriedade intelectual) e Dec. 2.553/1998 (Regulamento).
- art. 48, IV, Lei 11.101/2005 (Lei de Recuperação de Empresas e Falência).

XXX - é garantido o direito de herança;

- art. 1.784 e ss., CC/2002
- art. 743, § 2º, NCPC.
- Lei 8.971/1994 (Regula os direitos dos companheiros a alimentos e à sucessão).
- Lei 9.278/1996 (Lei da União Estável).

XXXI - a sucessão de bens de estrangeiros situados no país será regulada pela lei brasileira em benefício do cônjuge ou dos filhos brasileiros, sempre que não lhes seja mais favorável a lei pessoal do *de cujus*;

- art. 10, § 1º e 2º, LIndB.

XXXII - o Estado promoverá, na forma da lei, a defesa do consumidor;

- art. 48, ADCT.
- Lei 8.078/1990 (CDC).
- art. 4º, Lei 8.137/1990 (Lei dos Crimes contra a ordem tributária, econômica e contra as relações de consumo).
- Lei 8.178/1991 (Estabelece regras sobre preços e salários).
- Lei 12.529/2011 (Lei Antitruste).

XXXIII - todos têm direito a receber dos órgãos públicos informações de seu interesse particular, ou de interesse coletivo ou geral, que serão prestadas no prazo da lei, sob pena de responsabilidade, ressalvadas aquelas cujo sigilo seja imprescindível à segurança da sociedade e do Estado;

- arts. 5º, LXXII; 37, § 3º, II, desta CF.
- Lei 12.527/2011 (Regula o acesso a informações previsto neste inciso) e Dec. 7.724/2012 (regulamento).
- Dec. 7.845/2012 (Regulamenta procedimentos para credenciamento de segurança e tratamento de informação classificada em qualquer grau de sigilo, e dispõe sobre o Núcleo de Segurança e Credenciamento).
- Súm. Vinc. 14, STF.
- Súm. 202, STJ.

XXXIV - são a todos assegurados, independentemente do pagamento de taxas:

a) o direito de petição aos Poderes Públicos em defesa de direitos ou contra ilegalidade ou abuso de poder;

- ADPF 156 e ADIn 1.976 (Ilegalidade da exigência de depósito prévio para admissibilidade de recurso administrativo).
- Súm. Vinc. 21, STF.
- Súm. 373, STJ.
- Súm. 424, TST.

b) a obtenção de certidões em repartições públicas, para defesa de direitos e esclarecimento de situações de interesse pessoal;

- art. 6º, LIndB.
- Lei 9.051/1995 (Expedição de certidões para a defesa de direitos e esclarecimento de situações).
- art. 40, Lei 11.101/2005 (Lei de Recuperação de Empresas e Falências).

XXXV - a lei não excluirá da apreciação do Poder Judiciário lesão ou ameaça a direito;

- Lei 9.307/1996 (Lei da Arbitragem).
- Súm. Vinc. 28, STF.

XXXVI - a lei não prejudicará o direito adquirido, o ato jurídico perfeito e a coisa julgada;

- art. 6º, *caput*, LIndB.
- Súm. Vinc. 1, 9 e 35, STF.
- Súm. 654;667; 678; 684, STF.
- OJ SDI-1 391, TST.

XXXVII - não haverá juízo ou tribunal de exceção;

XXXVIII - é reconhecida a instituição do júri, com a organização que lhe der a lei, assegurados:

- arts. 74, § 1º e 406 e ss., CPP.
- arts. 18 e 19, Lei 11.697/2008 (Lei da Organização Judiciária do Distrito Federal e dos Territórios).
- Súm. Vinc. 45, STF.

a) a plenitude de defesa;

- Súm. 156 e 162, STF.

b) o sigilo das votações;

c) a soberania dos veredictos;

d) a competência para o julgamento dos crimes dolosos contra a vida;

- arts. 74, § 1º; e 406 e ss., CPP.
- Súm. 603, 713 e 721, STF.

XXXIX - não há crime sem lei anterior que o defina, nem pena sem prévia cominação legal;

- art. 1º, CP.
- art. 1º, CPM.

XL - a lei penal não retroagirá, salvo para beneficiar o réu;

- art. 2º, p.u., CP.
- art. 2º, § 1º, CPM.
- art. 66, Lei 7.210/1984 (Lei de Execuções Penais).
- Súm. Vin. 3; 5; 14; 21; 24; 28, STF.
- Súm. 611 e 711, STF.

XLI - a lei punirá qualquer discriminação atentatória dos direitos e liberdades fundamentais;

- Lei 7.716/1989 (Lei do Racismo).
- Lei 9.029/1995 (Proíbe exigência de atestados de gravidez e esterilização e outras práticas discriminatórias).
- Lei 12.288/2010 (Estatuto da Igualdade Racial)
- Dec. 3.956/2001 (Promulga a Convenção Interamericana para eliminação de todas as Formas de Discriminação contra as Pessoas Portadoras de Deficiência).
- Dec. 4.377/2002 (Promulga a Convenção Sobre a Eliminação de Todas as Formas de Discriminação Contra a Mulher).
- Dec. 4.886/2003 (Institui a Política Nacional de Promoção da Igualdade Racial - PNPIR).
- Dec. 9.883/2019 (Dispõe sobre o Conselho Nacional de Combate à Discriminação).

XLII - a prática do racismo constitui crime inafiançável e imprescritível, sujeito à pena de reclusão, nos termos da lei;

- art. 323, I, CPP.
- Lei 7.716/1989 (Lei do Racismo).
- Lei 10.678/2003 (Cria a Secretaria Especial de Políticas de Promoção da Igualdade Racial, da Presidência da República).
- Lei 12.288/2010 (Estatuto da Igualdade Racial).

XLIII - a lei considerará crimes inafiançáveis e insuscetíveis de graça ou anistia a prática da tortura, o tráfico ilícito de entorpecentes e drogas afins, o terrorismo e os definidos como crimes hediondos, por eles respondendo os mandantes, os executores e os que, podendo evitá-los, se omitirem;

- Lei 8.072/1990 (Lei dos Crimes Hediondos).
- Lei 9.455/1997 (Lei dos Crimes de Tortura).
- Lei 11.343/2006 (Lei Antidrogas).
- Lei 12.847/2013 (Institui o Sistema Nacional de Prevenção e Combate à Tortura; cria o Comitê Nacional de Prevenção e Combate à Tortura e o Mecanismo Nacional de Prevenção e Combate à Tortura).
- Lei 12.850/2013 (Crime organizado).
- Lei 13.260/2016 (Lei Antiterrorismo).
- Dec. 5.639/2005 (Promulga a Convenção Interamericana contra o Terrorismo).

XLIV - constitui crime inafiançável e imprescritível a ação de grupos armados, civis ou militares, contra a ordem constitucional e o Estado Democrático;

- Lei 12.850/2013 (Crime organizado).
- Dec. 5.015/2004 (Convenção das Nações Unidas contra o Crime Organizado Transnacional).

XLV - nenhuma pena passará da pessoa do condenado, podendo a obrigação de reparar o dano e a decretação do perdimento de bens ser, nos termos da lei, estendidas aos sucessores e contra eles executadas, até o limite do valor do patrimônio transferido;

- arts. 932 e 965, CC/2002.
- arts. 32 a 59, CP.
- art. 5º, 3, Dec. 678/1992 (Promulga a Convenção Americana sobre Direitos Humanos - Pacto de São José da Costa Rica).

XLVI - a lei regulará a individualização da pena e adotará, entre outras, as seguintes:

- arts. 32 a 59, CP.
- Súm. Vinc. 26 e 56, STF.

a) privação ou restrição da liberdade;

- arts. 33 a 42, CP.

b) perda de bens;

- art. 43, II, CP.

c) multa;

- art. 49, CP.

d) prestação social alternativa;

- arts. 44 e 46, CP.

e) suspensão ou interdição de direitos.

- arts. 32 e ss. e 47, CP.

XLVII - não haverá penas:

- art. 60, § 4º, IV, desta CF.
- arts. 32 a 52, CP.
- Súm. Vinc. 26, STF.

a) de morte, salvo em caso de guerra declarada, nos termos do art. 84, XIX;

- art. 60, § 4º, IV, desta CF.
- arts. 55 a 57, CPM.
- arts. 707 e 708, CPPM.
- art. 4º, 2 a 6, Dec. 678/1992 (Promulga a Convenção Americana sobre Direitos Humanos - Pacto de São José da Costa Rica).

b) de caráter perpétuo;

Súm. 527, STJ.

c) de trabalhos forçados;

- art. 6º, 2, Dec. 678/1992 (Promulga a Convenção Americana sobre Direitos Humanos - Pacto de São José da Costa Rica).

d) de banimento;

e) cruéis.

- art. 7º, § 7º, Dec. 678/1992 (Promulga a Convenção Americana sobre Direitos Humanos - Pacto de São José da Costa Rica).
- Súm. 280; 309; 419, STJ.

XLVIII - a pena será cumprida em estabelecimentos distintos, de acordo com a natureza do delito, a idade e o sexo do apenado;

- arts. 32 a 52, CP.
- arts. 5º a 9º-A; 82 a 104, Lei 7.210/1984 (Lei de Execuções Penais).

XLIX - é assegurado aos presos o respeito à integridade física e moral;

- art. 5º, III, desta CF.
- art. 38, CP.
- art. 40, Lei 7.210/1984 (Lei de Execuções Penais).
- Lei 8.653/1993 (Dispõe sobre o transporte de presos).
- Súm. Vinc. 11, STF.
- Res. CONTRAN 626/2016 (Estabelece os requisitos de segurança para veículos de transporte de presos).

L - às presidiárias serão asseguradas condições para que possam permanecer com seus filhos durante o período de amamentação;

- art. 89, Lei 7.210/1984 (Lei de Execuções Penais).

LI - nenhum brasileiro será extraditado, salvo o naturalizado, em caso de crime comum, praticado antes da naturalização, ou de comprovado envolvimento em tráfico ilícito de entorpecentes e drogas afins, na forma da lei;

- art. 12, II, desta CF.
- Lei 13.445/2017 (Lei de Migração).
- Dec. 4.388/2002 (Estatuto de Roma do Tribunal Penal Internacional).
- Lei 11.343/2006 (Lei Antidrogas).
- Súm. 421, STF.

LII - não será concedida extradição de estrangeiro por crime político ou de opinião;

- Lei 13.445/2017 (Institui a Lei de Migração).

LIII - ninguém será processado nem sentenciado senão pela autoridade competente;

- Súm. 704, STF.

LIV - ninguém será privado da liberdade ou de seus bens sem o devido processo legal;

- Súm. Vinc. 3; 14; 35, STF.
- Súm. 704, STF.
- Súm. 255 e 347, STJ.

LV - aos litigantes, em processo judicial ou administrativo, e aos acusados em geral, são assegurados o contraditório e ampla defesa, com os meios e recursos a ela inerentes;

- Lei 8.112/1990 (Regime Jurídico dos Servidores Públicos Civis da União).
- Lei 9.784/1999 (Lei do Processo Administrativo Federal).
- Súm. Vinc. 3; 5; 14; 21; 28, STF.
- Súm. 701; 704; 705; e 712, STF.
- Súm. 347; 358; e 373, STJ.

LVI - são inadmissíveis, no processo, as provas obtidas por meios ilícitos;

- art. 369, NCPC.
- arts. 155 e ss., CPP.
- Lei 9.296/1996 (Lei das Interceptações Telefônicas).

LVII - ninguém será considerado culpado até o trânsito em julgado de sentença penal condenatória;

- Súm. 9, STJ.

LVIII - o civilmente identificado não será submetido a identificação criminal, salvo nas hipóteses previstas em lei;

- art. 6º, VIII, CPP.
- Lei 12.037/2009 (Identificação criminal).
- Súm. 568, STF.

LIX - será admitida ação privada nos crimes de ação pública, se esta não for intentada no prazo legal;

- art. 100, § 3º, CP.
- art. 29, CPP.

LX - a lei só poderá restringir a publicidade dos atos processuais quando a defesa da intimidade ou o interesse social o exigirem;

- art. 93, IX, desta CF.
- arts. 189 e 368, NCPC.
- art. 20, CPP.
- Súm. 708, STF.
- Súm. 427, TST.

LXI - ninguém será preso senão em flagrante delito ou por ordem escrita e fundamentada de autoridade judiciária competente, salvo nos casos de transgressão militar ou crime propriamente militar, definidos em lei;

- art. 93, IX, desta CF.
- art. 302, CPP.
- art. 244, CPPM.
- Súm. 9 e 280, STJ.

LXII - a prisão de qualquer pessoa e o local onde se encontre serão comunicados imediatamente ao juiz competente e à família do preso ou à pessoa por ele indicada;

- art. 136, § 3º, IV, desta CF.

LXIII - o preso será informado de seus direitos, entre os quais o de permanecer calado, sendo-lhe assegurada a assistência da família e de advogado;

- art. 289-A, § 4º, CPP.

LXIV - o preso tem direito à identificação dos responsáveis por sua prisão ou por seu interrogatório policial;

- art. 306, § 2º, CPP.

LXV - a prisão ilegal será imediatamente relaxada pela autoridade judiciária;

- art. 310, I, CPP.
- art. 224, CPPM.
- Súm. 697, STF.

LXVI - ninguém será levado à prisão ou nela mantido quando a lei admitir a liberdade provisória, com ou sem fiança;

- art. 310, III, CPP.
- arts. 270 e 271, CPPM.

LXVII - não haverá prisão civil por dívida, salvo a do responsável pelo inadimplemento voluntário e inescusável de obrigação alimentícia e a do depositário infiel;

- art. 652, CC/2002.
- arts. 528 e 911, NCPC.
- arts. 466 a 480, CPPM.
- arts. 19 e 22, Lei 5.478/1968 (Lei da Ação de Alimentos).
- Lei 8.866/1994 (Depositário infiel).
- Dec.-Lei 911/1969 (Alienação fiduciária).
- art. 7º, 7, Dec. 678/1992 (Promulga a Convenção Americana sobre Direitos Humanos - Pacto de São José da Costa Rica).
- Súm. Vinc. 25, STF.
- Súm. 280; 309; 419, STJ.

LXVIII - conceder-se-á *habeas corpus* sempre que alguém sofrer ou se achar ameaçado de sofrer violência ou coação em sua liberdade de locomoção, por ilegalidade ou abuso de poder;

- art. 142, § 2º, desta CF.
- arts. 647 a 667, CPP.
- arts. 466 a 480, CPPM.
- art. 5º, Lei 9.289/1996 (Regimento de Custas da Justiça Federal).
- Súm. 693 a 695, STF.
- OJ SDI-II 156, TST.

LXIX - conceder-se-á mandado de segurança para proteger direito líquido e certo, não amparado por *habeas corpus* ou *habeas data*, quando o responsável pela ilegalidade ou abuso de poder for autoridade pública ou agente de pessoa jurídica no exercício de atribuições do Poder Público;

- Lei 9.507/1997 (Lei do *Habeas data*).
- Lei 12.016/2009 (Lei do Mandado de Segurança individual e coletivo).
- Súm. 266; 268; 271; 510; 512; 625; 632, STF.
- Súm. 33; 414 a 418, TST.

LXX - o mandado de segurança coletivo pode ser impetrado por:

- art. 2º, Lei 8.437/1992 (Dispõe sobre a concessão de medidas cautelares contra atos do Poder Público).
- arts. 21 e 22, Lei 12.016/2009 (Lei do Mandado de Segurança individual e coletivo).
- Súm. 630, STF.

a) partido político com representação no Congresso Nacional;

b) organização sindical, entidade de classe ou associação legalmente constituída e em funcionamento há pelo menos um ano, em defesa dos interesses de seus membros ou associados;

- art. 5º, Lei 7.347/1985 (Lei da Ação Civil Pública).
- Súm. 629 e 630, STF.

LXXI - conceder-se-á mandado de injunção sempre que a falta de norma regulamentadora torne inviável o exercício dos direitos e liberdades constitucionais e das prerrogativas inerentes à nacionalidade, à soberania e à cidadania;

- Lei 9.265/1996 (Estabelece a gratuidade dos atos necessários ao exercício da cidadania).
- Lei 13.300/2016 (Mandados de injunção individual e coletivo).

LXXII - conceder-se-á *habeas data*:

- art. 5º, Lei 9.289/1996 (Regimento de Custas da Justiça Federal).
- Lei 9.507/1997 (Lei do *Habeas data*).
- Súm. 368, STJ.

a) para assegurar o conhecimento de informações relativas à pessoa do impetrante, constantes de registros ou bancos de dados de entidades governamentais ou de caráter público;

- Súm. 2, STJ.

b) para a retificação de dados, quando não se prefira fazê-lo por processo sigiloso, judicial ou administrativo.

- Súm. 368, STJ.

LXXIII - qualquer cidadão é parte legítima para propor ação popular que vise a anular ato lesivo ao patrimônio público ou de entidade de que o Estado participe, à moralidade administrativa, ao meio ambiente e ao patrimônio histórico e cultural, ficando o autor, salvo comprovada má-fé, isento de custas judiciais e do ônus da sucumbência;

- Lei 4.717/1965 (Lei da Ação Popular).
- Lei 6.938/1981 (Dispõe sobre a Política Nacional do Meio Ambiente).
- Súm. 365, STF.

LXXIV - o Estado prestará assistência jurídica integral e gratuita aos que comprovarem insuficiência de recursos;

- art. 134 desta CF.
- Lei 1.060/1950 (Lei da Assistência judiciária).
- LC 80/1994 (Lei da Defensoria Pública).
- Súm. 102, STJ.

LXXV - o Estado indenizará o condenado por erro judiciário, assim como o que ficar preso além do tempo fixado na sentença;

LXXVI - são gratuitos para os reconhecidamente pobres, na forma da lei:

- art. 30, Lei 6.015/1973 (Lei dos Registros Públicos).
- art. 45, Lei 8.935/1994 (Lei dos Serviços Notariais e de Registro).
- Lei 9.265/1996 (Estabelece a gratuidade dos atos necessários ao exercício da cidadania).
- Dec. 6.190/2007 (Isenção do pagamento de foros, taxas de ocupação e laudêmios, referentes a imóveis de propriedade da União, para as pessoas consideradas carentes ou de baixa renda).

a) o registro civil de nascimento;

- art. 46, Lei 6.015/1973 (Lei dos Registros públicos).

b) a certidão de óbito.

- arts. 77 a 88, Lei 6.015/1973 (Lei dos Registros públicos).

LXXVII - são gratuitas as ações de *habeas corpus* e *habeas data*, e, na forma da lei, os atos necessários ao exercício da cidadania;

- Lei 9.265/1996 (Estabelece a gratuidade dos atos necessários ao exercício da cidadania).
- Lei 9.507/1997 (Lei do *Habeas data*).

LXXVIII - a todos, no âmbito judicial e administrativo, são assegurados a razoável duração do processo e os meios que garantam a celeridade de sua tramitação. (Incluído pela EC 45/2004.)

§ 1º As normas definidoras dos direitos e garantias fundamentais têm aplicação imediata.

§ 2º Os direitos e garantias expressos nesta Constituição não excluem outros decorrentes do regime e dos princípios por ela adotados, ou dos tratados internacionais em que a República Federativa do Brasil seja parte.

- Súm. Vinc. 25, STF.

§ 3º Os tratados e convenções internacionais sobre direitos humanos que forem aprovados, em cada Casa do Congresso Nacional, em dois turnos, por três quintos dos votos dos respectivos membros, serão equivalentes às emendas constitucionais. (Incluído pela EC 45/2004.)

- Dec. 6.949/ 2009 (Promulga a Convenção Internacional sobre os Direitos das Pessoas com Deficiência e seu Protocolo Facultativo, assinados em Nova York, em 30.03.2007).
- Dec. Leg. 186/2008 (Aprova o texto da Convenção sobre os Direitos das Pessoas com Deficiência e de seu Protocolo Facultativo, assinados em Nova Iorque, em 30.03.2007).

§ 4º O Brasil se submete à jurisdição de Tribunal Penal Internacional a cuja criação tenha manifestado adesão. (Incluído pela EC 45/2004.)

- Dec. 4.388/2002 (Promulga o Estatuto de Roma do Tribunal Penal Internacional).

CAPÍTULO II
DOS DIREITOS SOCIAIS

Art. 6º São direitos sociais a educação, a saúde, a alimentação, o trabalho, a moradia, o transporte, o lazer, a segurança, a previdência social, a proteção à maternidade e à infância, a assistência aos desamparados, na forma desta Constituição. (Alterado pela EC 90/2015.)

- arts. 202; 208; 212, § 4º; 227, desta CF.
- Lei 10.689/2003 (Cria o Programa Nacional de Acesso à Alimentação - PNAA).
- Lei 10.836/2004 (Cria o Programa Bolsa Família, que tem por finalidade a unificação dos procedimentos da gestão e execução das ações de transferência de renda do Governo Federal, incluindo o "Bolsa-Alimentação").
- Lei 12.288/2010 (Estatuto da Igualdade Racial).
- Med. Prov. 2.206-1/2001 (Até o encerramento desta edição não havia sido convertida em Lei, cria o Programa Nacional de Renda Mínima vinculado à saúde: "Bolsa-Alimentação") e Dec. 3.934/2001 (Regulamento).
- Dec. 66.467/1970 (Promulga a Convenção 118, OIT, sobre igualdade de tratamento em previdência social).
- Dec. 3.964/2001 (Dispõe sobre o Fundo Nacional de Saúde).
- Dec. 5.209/2004 (Regulamenta a Lei 10.836/2004).
- Dec. 10.088/2019 (Consolida atos normativos editados pelo Poder Executivo Federal que dispõem sobre a promulgação de convenções e recomendações da Organização Internacional do Trabalho - OIT ratificadas pelo Brasil).
- Dec. Leg. 269/2008 (Aprova a Convenção 102, OIT, sobre normas mínimas de seguridade social).

Art. 7º São direitos dos trabalhadores urbanos e rurais, além de outros que visem à melhoria de sua condição social:

- Lei 9.799/1999 (Insere na CLT regras de acesso da mulher ao mercado de trabalho).
- arts. 38 e 39, Lei 12.288/2010 (Estatuto da Igualdade Racial).

I - relação de emprego protegida contra despedida arbitrária ou sem justa causa, nos termos de lei complementar, que preverá indenização compensatória, dentre outros direitos;

- art. 10, ADCT.

II - seguro-desemprego, em caso de desemprego involuntário;

- art. 201, IV, desta CF.
- art. 12, CLT.
- Leis 7.998/1990; 8.019/1990; 8.178/1991 e 10.779/2003 (Seguro-desemprego).
- Súm. 389, CLT.

III - fundo de garantia do tempo de serviço;

- arts. 7º; 477; 478; 492, CLT.
- Lei 8.036/1990; Dec. 99.684/1990 (Regulamento); e Lei 8.844/1994 (Dispõem sobre o FGTS).
- LC 110/2001 (Institui contribuições sociais, autoriza créditos de complementos de atualização monetária em contas vinculadas do FGTS); Dec. 3.913/2001 e 3.914/2001 (Regulamento).
- Súm. 63; 98; 206; 305; 362; 363; 426; 461, TST.
- OJs SDI-1 42; 195; 232; 302; 341; 344; 361; 362; 370; 394, TST.

IV - salário-mínimo, fixado em lei, nacionalmente unificado, capaz de atender a suas necessidades vitais básicas e às de sua família com moradia, alimentação, educação, saúde, lazer, vestuário, higiene, transporte e previdência social, com reajustes periódicos que lhe preservem o poder aquisitivo, sendo vedada sua vinculação para qualquer fim;

- art. 39, § 3º, desta CF.
- Lei 6.205/1975 (Estabelece a descaracterização do salário-mínimo como fator de correção monetária).

- Dec. 10.088/2019 (Consolida atos normativos editados pelo Poder Executivo Federal que dispõem sobre a promulgação de convenções e recomendações da Organização Internacional do Trabalho - OIT ratificadas pelo Brasil).
- Súm. Vinc. 4; 6; 15; 16, STF.
- Súm.201, STJ.
- Súm. 356, TST.
- OJ SDI-1 272; 358; 393, TST.
- OJ SDI-2 2 e 71, TST.

V - piso salarial proporcional à extensão e à complexidade do trabalho;

- LC 103/2000 (autoriza Estados e DF a instituir o piso salarial a que se refere este artigo).
- OJ SDI-1 358, TST.

VI - irredutibilidade do salário, salvo o disposto em convenção ou acordo coletivo;

- Súm. 391, TST.
- Orientações Jurisprudenciais 358 e 396 SBDI-1, TST.

VII - garantia de salário, nunca inferior ao mínimo, para os que percebem remuneração variável;

- art. 39, § 3º, desta CF.
- Lei 8.716/1993 (Dispõe sobre a garantia de salário-mínimo).
- Lei 9.032/1995 (Dispõe sobre o valor do salário-mínimo).

VIII - décimo terceiro salário com base na remuneração integral ou no valor da aposentadoria;

- arts. 39, § 3º; e 142, § 3º, VIII, desta CF.
- Lei 4.090/1962, Lei 4.749/1965, Dec. 57.155/1965 e Dec. 63.912/1968 (Décimo terceiro salário).
- OJ SDI-1 358, TST.
- Súm. 349, STJ.

IX - remuneração do trabalho noturno superior à do diurno;

- art. 39, § 3º, desta CF.
- art. 73, §§ 1º a 5º, CLT.
- Dec. 10.088/2019 (Consolida atos normativos editados pelo Poder Executivo Federal que dispõem sobre a promulgação de convenções e recomendações da Organização Internacional do Trabalho - OIT ratificadas pelo Brasil).
- Súm. 60; 112; 140; 265; 354; 390, TST.
- OJ SDI-1 97; 259; 388, TST.

X - proteção do salário na forma da lei, constituindo crime sua retenção dolosa;

- Dec. 10.088/2019 (Consolida atos normativos editados pelo Poder Executivo Federal que dispõem sobre a promulgação de convenções e recomendações da Organização Internacional do Trabalho - OIT ratificadas pelo Brasil).

XI - participação nos lucros, ou resultados, desvinculada da remuneração, e, excepcionalmente, participação na gestão da empresa, conforme definido em lei;

- arts. 543 e 621, CLT.
- Lei 10.101/2000 (Lei da Participação nos lucros e resultados).
- Súm. 451, TST.
- OJ 325 SBDI-1, TST.
- OJ Transitória 15; 64; 73 SBDI-1, TST.

XII - salário-família pago em razão do dependente do trabalhador de baixa renda nos termos da lei; (Redação dada pela EC 20/1998.)

- arts. 39, § 3º; 142, § 3º, VIII, desta CF.
- art. 12, CLT.
- Leis 4.266/1963 e 5.559/1968 (Dispõem sobre salário-família).
- Lei 8.213/1991 (Lei dos Planos de Benefícios da Previdência Social).
- arts. 5º; 25; 30 a 32; 42; 81 a 92; 173; 217, § 6º; 218; 225; e 255, Dec. 3.048/1999 (Regulamento da Previdência Social).
- OJ 358 SBDI-1, TST.

XIII - duração do trabalho normal não superior a oito horas diárias e quarenta e quatro semanais, facultada a compensação de horários e a redução da jornada, mediante acordo ou convenção coletiva de trabalho;

- arts. 39, § 3º, desta CF.
- arts. 57 a 75; 224 a 350, CLT.
- Dec.-Lei 5.452/1943 (Aprova a Consolidação das Leis do Trabalho).
- Súm. 85 e 444, TST.
- OJs SDI-1 323; 358; 393, TST.

XIV - jornada de seis horas para o trabalho realizado em turnos ininterruptos de revezamento, salvo negociação coletiva;

- art. 58, CLT.
- Súm. 675, STF.
- Súm. 360 e 423, TST.
- OJs SDI-1 360 e 395, TST.

XV - repouso semanal remunerado, preferencialmente aos domingos;

- art. 39, §§ 2º e 3º, desta CF.
- art. 67, CLT.
- Lei 605/1949 (Lei do Repouso semanal remunerado).
- OJs SDI-1 103; 394; 410, TST.

XVI - remuneração do serviço extraordinário superior, no mínimo, em cinquenta por cento à do normal;

- art. 39, §§ 2º e 3º, desta CF.
- art. 59, § 1º, CLT.

XVII - gozo de férias anuais remuneradas com, pelo menos, um terço a mais do que o salário normal;

- art. 39, §§ 2º e 3º, desta CF.
- art. 10, II, b, ADCT.
- arts. 391 e 392, CLT.
- arts. 71 a 73, Lei 8.213/1991 (Lei dos Planos de Benefícios da Previdência Social).
- Lei 11.770/2008 (Lei do Programa Empresa cidadã) e Dec. 7.052/2009 (Regulamento)
- Dec. 4.377/2002 (Promulga a Convenção sobre a Eliminação de Todas as Formas de Discriminação Contra a Mulher).
- Dec. 10.088/2019 (Consolida atos normativos editados pelo Poder Executivo Federal que dispõem sobre a promulgação de convenções e recomendações da Organização Internacional do Trabalho - OIT ratificadas pelo Brasil).
- Súm. 7; 81; 149; 171; 328; 450, TST.

XVIII - licença à gestante, sem prejuízo do emprego e do salário, com a duração de cento e vinte dias;

- ADIn 1.946 (Exclui a licença à gestante do limite estipulado pelo art. 14 da EC 20/1998).
- art. 39, §§ 2º e 3º, desta CF.
- art. 10, II, b, ADCT.
- arts. 391 e 392, CLT.
- arts. 71 a 73, Lei 8.213/1991 (Lei dos Planos de Benefícios da Previdência Social).
- Lei 10.421/2002 (Estende à mãe adotiva licença-maternidade e salário-maternidade).
- Lei 11.770/2008 (Lei do Programa Empresa cidadã) e Dec. 7.052/2009 (Regulamento).
- Dec. 4.377/2002 (Promulga a Convenção sobre a Eliminação de Todas as Formas de Discriminação Contra a Mulher).
- Dec. 10.088/2019 (Consolida atos normativos editados pelo Poder Executivo Federal que dispõem sobre a promulgação de convenções e recomendações da Organização Internacional do Trabalho - OIT ratificadas pelo Brasil).
- Súm. 244, TST.
- OJ SDI-1 44, TST.

XIX - licença-paternidade, nos termos fixados em lei;

- art. 39, §§ 2º e 3º, desta CF.
- art. 10, § 1º, ADCT.
- Lei 13.109/2015 (Dispõe sobre a licença à gestante e à adotante, as medidas de proteção à maternidade para militares grávidas e a licença-paternidade, no âmbito das Forças Armadas).

XX - proteção do mercado de trabalho da mulher, mediante incentivos específicos, nos termos da lei;

- art. 39, §§ 2º e 3º, desta CF.
- arts. 372 a 401, CLT.
- Dec. 4.377/2002 (Promulga a Convenção sobre a Eliminação de Todas as Formas de Discriminação Contra a Mulher).
- Dec. 10.088/2019 (Consolida atos normativos editados pelo Poder Executivo Federal que dispõem sobre a promulgação de convenções e recomendações da Organização Internacional do Trabalho - OIT ratificadas pelo Brasil).

XXI - aviso prévio proporcional ao tempo de serviço, sendo no mínimo de trinta dias, nos termos da lei;

- arts. 7º; 487 a 491, CLT.
- Lei 12.506/2011 (Dispõe sobre o aviso prévio).

XXII - redução dos riscos inerentes ao trabalho, por meio de normas de saúde, higiene e segurança;

- art. 39, §§ 2º e 3º, desta CF.
- arts. 154 a 159; 192, CLT.
- Dec. 66.489/1970 (promulga a Convenção 120, OIT, sobre higiene no comércio e negócios).
- Dec. 10.088/2019 (Consolida atos normativos editados pelo Poder Executivo Federal que dispõem sobre a promulgação de convenções e recomendações da Organização Internacional do Trabalho - OIT ratificadas pelo Brasil).

XXIII - adicional de remuneração para as atividades penosas, insalubres ou perigosas, na forma da lei;

- art. 39, § 2º, desta CF.
- arts. 189 a 197, CLT.
- Súm. Vinc. 4, STF.
- OJ SDI-1 385, TST.

XXIV - aposentadoria;

- art. 154, CLT.
- arts. 42 a 58, Lei 8.213/1991 (Lei dos Planos de Benefícios da Previdência Social).
- Lei 9.477/1997 (Institui o Fundo de Aposentadoria Programa Individual - FAPI e Plano de Incentivo à Aposentadoria Programa Individual).
- Dec. 3.048/1999 (Regulamento da Previdência Social).

XXV - assistência gratuita aos filhos e dependentes desde o nascimento até 5 (cinco) anos de idade em creches e pré-escolas; (Redação dada pela EC 53/2006.)

- art. 208, IV, desta CF.

XXVI - reconhecimento das convenções e acordos coletivos de trabalho;

- arts. 611 a 625, CLT.
- Súm. 277 e 374, TST.
- OJs Transitórias SDI-1 61; 64; 72 ;73, TST.

XXVII - proteção em face da automação, na forma da lei;

- Dec. 10.088/2019 (Consolida atos normativos editados pelo Poder Executivo Federal que dispõem sobre a promulgação de convenções e recomendações da Organização Internacional do Trabalho - OIT ratificadas pelo Brasil).

XXVIII - seguro contra acidentes de trabalho, a cargo do empregador, sem excluir a indenização a que este está obrigado, quando incorrer em dolo ou culpa;

- art. 114, VI, desta CF.
- art. 154, CLT.
- Lei 6.338/1976 (Inclui ações de indenização por acidente de trabalho entre as que têm curso nas férias forenses).
- Lei 8.212/1991 (Dispõe sobre a organização da Seguridade Social e institui o Plano de Custeio).

- Lei 8.213/1991 (Lei dos Planos de Benefícios da Previdência Social).
- Lei 9.307/1997 (Lei da Arbitragem).
- art. 40, Lei 11.101/2005 (Lei de Recuperação de Empresas e Falência).
- Dec. 3.048/1999 (Regulamento da Previdência Social)
- Súm. Vinc. 22, STF.
- Súm. 378, TST.

XXIX - ação, quanto aos créditos resultantes das relações de trabalho, com prazo prescricional de cinco anos para os trabalhadores urbanos e rurais, até o limite de dois anos após a extinção do contrato de trabalho; (Redação dada pela EC 28/2000.)

- art. 10, Lei 5.889/1973 (Lei do Trabalho Rural).
- Súm. 153; 156; 206; 268; 308; 326; 327; 350, 409; 452, TST.
- OJs SDI-1 38; 76; 83; 130; 175; 242; 243; 271; 350; 375; 401; 409 TST.

a) e b) (Revogadas pela EC 28/2000.)

XXX - proibição de diferença de salários, de exercício de funções e de critério de admissão por motivo de sexo, idade, cor ou estado civil;

- art. 39, §§ 2º e 3º, desta CF.
- Lei 9.029/1995 (Proíbe a exigência de atestados de gravidez e esterilização, e outras práticas discriminatórias, para efeitos admissionais ou de permanência da relação jurídica de trabalho)
- Dec. 4.377/2002 (Promulga a Convenção sobre a Eliminação de Todas as Formas de Discriminação Contra a Mulher).
- Súm. 683, STF.
- Súm. 6 e 443, TST.
- OJ SDI-1 383, TST.
- OJ SDC 25 e 26, TST.

XXXI - proibição de qualquer discriminação no tocante a salário e critérios de admissão do trabalhador portador de deficiência;

- Dec. 3.298/1999 (Regulamenta a Lei 7.853/1989, dispõe sobre a Política Nacional para a Integração da Pessoa Portadora de Deficiência, e consolida as normas de proteção).

XXXII - proibição de distinção entre trabalho manual, técnico e intelectual ou entre os profissionais respectivos;

- Súm. 84, TST.

XXXIII - proibição de trabalho noturno, perigoso ou insalubre a menores de dezoito e de qualquer trabalho a menores de dezesseis anos, salvo na condição de aprendiz, a partir de quatorze anos; (Redação dada pela EC 20/1998.)

- art. 227, desta CF.
- arts. 192; 402 a 410; 792, CLT.
- arts. 60 a 69, Lei 8.069/1990 (ECA).
- art. 27, V; 78, XVIII, Lei 8.666/1993 (Lei de Licitações e Contratos da Administração Pública).
- art. 13, Lei 11.685/2008 (Estatuto do Garimpeiro).
- Dec. 10.088/2019 (Consolida atos normativos editados pelo Poder Executivo Federal que dispõem sobre a promulgação de convenções e recomendações da Organização Internacional do Trabalho - OIT ratificadas pelo Brasil).
- Lei 14.133/2021 (Nova Lei de Licitações e Contratos Administrativos).

XXXIV - igualdade de direitos entre o trabalhador com vínculo empregatício permanente e o trabalhador avulso.

Parágrafo único. São assegurados à categoria dos trabalhadores domésticos os direitos previstos nos incisos IV, VI, VII, VIII, X, XIII, XV, XVI, XVII, XVIII, XIX, XXI, XXII, XXIV, XXVI, XXX, XXXI e XXXIII e, atendidas as condições estabelecidas em lei e observada a simplificação do cumprimento das obrigações tributárias, principais e acessórias, decorrentes da relação de trabalho e suas peculiaridades, os previstos nos incisos I, II, III, IX, XII, XXV e XXVIII, bem como a sua integração à previdência social. (Alterado pela EC 72/2013.)

- art. 7º, CLT.
- Leis 5.859/1972 e 7.195/1984 (Dispõem sobre o empregado doméstico).
- LC 150/2015 (Dispõe sobre o contrato de trabalho doméstico).

Art. 8º É livre a associação profissional ou sindical, observado o seguinte:

- arts. 511 a 515; 524; 537; 543; 553; 558; e 570, CLT.

I - a lei não poderá exigir autorização do Estado para a fundação de sindicato, ressalvado o registro no órgão competente, vedadas ao Poder Público a interferência e a intervenção na organização sindical;

- Súm. 677, STF.
- Súm. 4, STJ.
- OJ SDC 15, TST.

II - é vedada a criação de mais de uma organização sindical, em qualquer grau, representativa de categoria profissional ou econômica, na mesma base territorial, que será definida pelos trabalhadores ou empregadores interessados, não podendo ser inferior à área de um Município;

- Súm. 677, STF.
- OJ SDC 14, TST.

III - ao sindicato cabe a defesa dos direitos e interesses coletivos ou individuais da categoria, inclusive em questões judiciais ou administrativas;

- Súm. 406, TST.
- Orientações Jurisprudenciais 359 e 365 SBDI-1, TST.
- OJ SDC 22, TST.

IV - a assembleia geral fixará a contribuição que, em se tratando de categoria profissional, será descontada em folha, para custeio do sistema confederativo da representação sindical respectiva, independentemente da contribuição prevista em lei;

- ADIn 2.522 (isenção de contribuição sindical obrigatória para advogados).
- ADIn 4.033 (isenção de contribuição patronal sindical das microempresas e EPP).
- Súm. Vinc. 40, STF.
- Súm. 666, STF.
- Súm. 396, STJ.
- OJ SDC 17, TST.
- Prec. Norm. 119, TST.

V - ninguém será obrigado a filiar-se ou a manter-se filiado a sindicato;

- art. 199, CP.
- OJ 20 SDC, TST.

VI - é obrigatória a participação dos sindicatos nas negociações coletivas de trabalho;

VII - o aposentado filiado tem direito a votar e ser votado nas organizações sindicais;

VIII - é vedada a dispensa do empregado sindicalizado a partir do registro da candidatura a cargo de direção ou representação sindical e, se eleito, ainda que suplente, até um ano após o final do mandato, salvo se cometer falta grave nos termos da lei.

- art. 543, CLT.
- Súm. 197, STF.
- Súm. 369 e 379, TST.
- OJ SDI-1 365 e 369, TST.

Parágrafo único. As disposições deste artigo aplicam-se à organização de sindicatos rurais e de colônias de pescadores, atendidas as condições que a lei estabelecer.

- Lei 11.699/2009 (Dispõe sobre as Colônias, Federações e Confederação Nacional dos Pescadores, regulamentando o parágrafo único do art. 8º da CF).

Art. 9º É assegurado o direito de greve, competindo aos trabalhadores decidir sobre a oportunidade de exercê-lo e sobre os interesses que devam por meio dele defender.

- arts. 37, VII; 114, II; 142, § 3º, IV, desta CF.
- Lei 7.783/1989 (Lei de Greve).

§ 1º A lei definirá os serviços ou atividades essenciais e disporá sobre o atendimento das necessidades inadiáveis da comunidade.

§ 2º Os abusos cometidos sujeitam os responsáveis às penas da lei.

- Súm. 316, STF.
- OJ SDC 10, TST.

Art. 10. É assegurada a participação dos trabalhadores e empregadores nos colegiados dos órgãos públicos em que seus interesses profissionais ou previdenciários sejam objeto de discussão e deliberação.

Art. 11. Nas empresas de mais de duzentos empregados, é assegurada a eleição de um representante destes com a finalidade exclusiva de promover-lhes o entendimento direto com os empregadores.

- art. 543, CLT.
- Prec. Norm. 86, TST.

CAPÍTULO III
DA NACIONALIDADE

- art. 5º, LXXI, desta CF.
- Dec. 4.246/2002 (Promulga Convenção sobre o Estatuto dos Apátridas).

Art. 12. São brasileiros:

I - natos:

a) os nascidos na República Federativa do Brasil, ainda que de pais estrangeiros, desde que estes não estejam a serviço de seu país;

b) os nascidos no estrangeiro, de pai brasileiro ou mãe brasileira, desde que qualquer deles esteja a serviço da República Federativa do Brasil;

c) os nascidos no estrangeiro de pai brasileiro ou de mãe brasileira, desde que sejam registrados em repartição brasileira competente ou venham a residir na República Federativa do Brasil e optem, em qualquer tempo, depois de atingida a maioridade, pela nacionalidade brasileira; (Redação dada pela EC 54/2007.)

- art. 95, ADCT

II - naturalizados:

- Lei 13.445/2017 (Lei de Migração).
- Dec. 3.453/2000 (Delega competência ao Ministro de Estado da Justiça para declarar perda e reaquisição da nacionalidade brasileira).

a) os que, na forma da lei, adquiram a nacionalidade brasileira, exigidas aos originários de países de língua portuguesa apenas residência por um ano ininterrupto e idoneidade moral;

b) os estrangeiros de qualquer nacionalidade, residentes na República Federativa do Brasil há mais de quinze anos ininterruptos e sem condenação penal, desde que requeiram a nacionalidade brasileira. (Redação dada pela EC Revisão 3/1994.)

§ 1º Aos portugueses com residência permanente no país, se houver reciprocidade em favor de brasileiros, serão atribuídos os direitos inerentes ao brasileiro, salvo os casos previstos nesta Constituição. (Redação dada pela EC Revisão 3/1994.)

§ 2º A lei não poderá estabelecer distinção entre brasileiros natos e naturalizados, salvo nos casos previstos nesta Constituição.

Dec. 3.927/2001 (Tratado de Amizade, Cooperação e Consulta entre Brasil e Portugal).

§ 3º São privativos de brasileiro nato os cargos:

I - de Presidente e Vice-Presidente da República;

II - de Presidente da Câmara dos Deputados;

III - de Presidente do Senado Federal;
IV - de Ministro do Supremo Tribunal Federal;
V - da carreira diplomática;
VI - de oficial das Forças Armadas;

- LC 97/1999 (Normas gerais para organização, preparo e emprego das Forças Armadas)

VII - de Ministro de Estado da Defesa. (Incluído pela EC 23/1999)

§ 4º Será declarada a perda da nacionalidade do brasileiro que:

- Dec. 3.453/2000 (Delega competência ao Ministro de Estado da Justiça para declarar perda e reaquisição da nacionalidade brasileira).

I - tiver cancelada sua naturalização, por sentença judicial, em virtude de atividade nociva ao interesse nacional;
II - adquirir outra nacionalidade, salvo nos casos: (Redação dada pela EC Revisão 3/1994.)
a) de reconhecimento de nacionalidade originária pela lei estrangeira; (Incluído pela EC Revisão 3/1994.)
b) de imposição de naturalização, pela norma estrangeira, ao brasileiro residente em estado estrangeiro, como condição para permanência em seu território ou para o exercício de direitos civis; (Incluído pela EC Revisão 3/1994.)

- Lei 818/1949 (Lei da Nacionalidade Brasileira)
- Lei 13.445/2017 (Institui a Lei de Migração).

Art. 13. A língua portuguesa é o idioma oficial da República Federativa do Brasil.

- Dec. 5.002/2004 (Declaração Constitutiva e Estatutos da Comunidade dos Países de Língua Portuguesa).
- Dec. 6.583/2008 (Promulga o Acordo Ortográfico da Língua Portuguesa).

§ 1º São símbolos da República Federativa do Brasil a bandeira, o hino, as armas e o selo nacionais.

- Lei 5.700/1971 (Estabelece a forma e apresentação dos símbolos nacionais).
- Dec. 98.068/1989 (Dispõe sobre o hasteamento da bandeira nacional nas repartições públicas federais e nos estabelecimentos de Ensino).

§ 2º Os Estados, o Distrito Federal e os Municípios poderão ter símbolos próprios.

CAPÍTULO IV
DOS DIREITOS POLÍTICOS

- art. 5º, LXXI, desta CF.
- art. 21, Declaração Universal dos Direitos Humanos.

Art. 14. A soberania popular será exercida pelo sufrágio universal e pelo voto direto e secreto, com valor igual para todos, e, nos termos da lei, mediante:

- Lei 4.737/1965 (CE).
- Lei 9.709/1998 (Regulamenta a execução do disposto nos incisos deste artigo).

I - plebiscito;

- art. 18, §§ 3º e 4º, desta CF.
- art. 2º, ADCT.

II - referendo;
III - iniciativa popular.

- art. 61, § 2º, desta CF.

§ 1º O alistamento eleitoral e o voto são:

- arts. 42 a 81; 133 a 156, CE.

I - obrigatórios para os maiores de dezoito anos;
II - facultativos para:
a) os analfabetos;

- Súm. 15, TSE.

b) os maiores de setenta anos;
c) os maiores de dezesseis e menores de dezoito anos.

§ 2º Não podem alistar-se como eleitores os estrangeiros e, durante o período do serviço militar obrigatório, os conscritos.

§ 3º São condições de elegibilidade, na forma da lei:
I - a nacionalidade brasileira;
II - o pleno exercício dos direitos políticos;

- art. 47, I, CP.

III - o alistamento eleitoral;
IV - o domicílio eleitoral na circunscrição;
V - a filiação partidária;

- Lei 9.096/1995 (Lei dos Partidos Políticos).

VI - a idade mínima de:
a) trinta e cinco anos para Presidente e Vice-Presidente da República e Senador;
b) trinta anos para Governador e Vice-Governador de Estado e do Distrito Federal;
c) vinte e um anos para Deputado Federal, Deputado Estadual ou Distrital, Prefeito, Vice-Prefeito e juiz de paz;

- Dec.-Lei 201/1967 (Responsabilidade de Prefeitos e Vereadores).

d) dezoito anos para Vereador.

- Dec.-Lei 201/1967 (Responsabilidade de Prefeitos e Vereadores).

§ 4º São inelegíveis os inalistáveis e os analfabetos.

- Súm. 15, TSE.

§ 5º O Presidente da República, os Governadores de Estado e do Distrito Federal, os Prefeitos e quem os houver sucedido, ou substituído no curso dos mandatos poderão ser reeleitos para um único período subsequente. (Redação dada pela EC 16/1997.)

§ 6º Para concorrerem a outros cargos, o Presidente da República, os Governadores de Estado e do Distrito Federal e os Prefeitos devem renunciar aos respectivos mandatos até seis meses antes do pleito.

§ 7º São inelegíveis, no território de jurisdição do titular, o cônjuge e os parentes consanguíneos ou afins, até o segundo grau ou por adoção, do Presidente da República, de Governador de Estado ou Território, do Distrito Federal, de Prefeito ou de quem os haja substituído dentro dos seis meses anteriores ao pleito, salvo se já titular de mandato eletivo e candidato à reeleição.

- Súm. Vinc. 18, STF.
- Súm. 6 e 12, TSE.

§ 8º O militar alistável é elegível, atendidas as seguintes condições:
I - se contar menos de dez anos de serviço, deverá afastar-se da atividade;
II - se contar mais de dez anos de serviço, será agregado pela autoridade superior e, se eleito, passará automaticamente, no ato da diplomação, para a inatividade.

- art. 42, § 1º, desta CF.

§ 9º Lei complementar estabelecerá outros casos de inelegibilidade e os prazos de sua cessação, a fim de proteger a probidade administrativa, a moralidade para exercício de mandato considerada a vida pregressa do candidato e a normalidade e legitimidade das eleições contra a influência do poder econômico ou o abuso do exercício de função, cargo ou emprego na administração direta ou indireta. (Redação dada pela EC Revisão 4/1994.)

- art. 37, § 4º, desta CF.
- LC 64/1990 (Estabelece, de acordo com o art. 14, § 9º, da CF, casos de inelegibilidade, prazos de cessação).
- Súm. 13, TSE.

§ 10. O mandato eletivo poderá ser impugnado ante a Justiça Eleitoral no prazo de quinze dias contados da diplomação, instruída a ação com provas de abuso do poder econômico, corrupção ou fraude.

§ 11. A ação de impugnação de mandato tramitará em segredo de justiça, respondendo o autor, na forma da lei, se temerária ou de manifesta má-fé.

Art. 15. É vedada a cassação de direitos políticos, cuja perda ou suspensão só se dará nos casos de:

- Lei 9.096/1995 (Lei dos Partidos Políticos).

I - cancelamento da naturalização por sentença transitada em julgado;
II - incapacidade civil absoluta;
III - condenação criminal transitada em julgado, enquanto durarem seus efeitos;

- art. 92, I, CP.
- Súm. 9, TSE.

IV - recusa de cumprir obrigação a todos imposta ou prestação alternativa, nos termos do art. 5º, VIII;

- art. 143 desta CF.
- Lei 8.239/1991 (Prestação de Serviço Alternativo ao Serviço Militar Obrigatório).

V - improbidade administrativa, nos termos do art. 37, § 4º.

Art. 16. A lei que alterar o processo eleitoral entrará em vigor na data de sua publicação, não se aplicando à eleição que ocorra até um ano da data de sua vigência. (Redação dada pela EC 4/1993.)

CAPÍTULO V
DOS PARTIDOS POLÍTICOS

Art. 17. É livre a criação, fusão, incorporação e extinção de partidos políticos, resguardados a soberania nacional, o regime democrático, o pluripartidarismo, os direitos fundamentais da pessoa humana e observados os seguintes preceitos:

- Lei 9.096/1995 (Lei dos Partidos Políticos).
- Lei 9.504/1997 (Lei das Eleições).

I - caráter nacional;
II - proibição de recebimento de recursos financeiros de entidade ou governo estrangeiros ou de subordinação a estes;
III - prestação de contas à Justiça Eleitoral;
IV - funcionamento parlamentar de acordo com a lei.

§ 1º É assegurada aos partidos políticos autonomia para definir sua estrutura interna e estabelecer regras sobre escolha, formação e duração de seus órgãos permanentes e provisórios e sobre sua organização e funcionamento e para adotar os critérios de escolha e o regime de suas coligações nas eleições majoritárias, vedada a sua celebração nas eleições proporcionais, sem obrigatoriedade de vinculação entre as candidaturas em âmbito nacional, estadual, distrital ou municipal, devendo seus estatutos estabelecer normas de disciplina e fidelidade partidária. (Redação dada pela EC nº 97/2017.)

§ 2º Os partidos políticos, após adquirirem personalidade jurídica, na forma da lei civil, registrarão seus estatutos no Tribunal Superior Eleitoral.

§ 3º Somente terão direito a recursos do fundo partidário e acesso gratuito ao rádio e à televisão, na forma da lei, os partidos políticos que alternativamente: (Redação dada pela EC nº 97, de 2017)
I - obtiverem, nas eleições para a Câmara dos Deputados, no mínimo, 3% (três por cento) dos votos válidos, distribuídos em pelo menos um terço das unidades da Federação, com um mínimo de 2% (dois por cento) dos votos válidos em cada uma delas; ou (Incluído pela EC nº 97, de 2017)
II - tiverem elegido pelo menos quinze Deputados Federais distribuídos em pelo menos um terço das unidades da Federação. (Incluído pela EC nº 97, de 2017)

- art. 241, CE.

§ 4º É vedada a utilização pelos partidos políticos de organização paramilitar.

§ 5º Ao eleito por partido que não preencher os requisitos previstos no § 3º deste artigo é assegurado o mandato e facultada a filiação, sem perda do mandato, a outro partido que os tenha atingido, não sendo essa filiação considerada para fins de distribuição dos recursos do fundo partidário e de acesso gratuito ao tempo de rádio e de televisão. (Incluído pela EC nº 97, de 2017)

TÍTULO III
DA ORGANIZAÇÃO DO ESTADO

CAPÍTULO I
DA ORGANIZAÇÃO POLÍTICO-ADMINISTRATIVA

Art. 18. A organização político-administrativa da República Federativa do Brasil compreende a União, os Estados, o Distrito Federal e os Municípios, todos autônomos, nos termos desta Constituição.

§ 1º Brasília é a Capital Federal.

§ 2º Os Territórios Federais integram a União, e sua criação, transformação em Estado ou reintegração ao Estado de origem serão reguladas em lei complementar.

§ 3º Os Estados podem incorporar-se entre si, subdividir-se ou desmembrar-se para se anexarem a outros, ou formarem novos Estados ou Territórios Federais, mediante aprovação da população diretamente interessada, através de plebiscito, e do Congresso Nacional, por lei complementar.

- arts. 3º e 4º, Lei 9.709/1998 (Regulamenta a execução do disposto nos incisos I a III do art. 14 desta CF).

§ 4º A criação, a incorporação, a fusão e o desmembramento de Municípios, far-se-ão por lei estadual, dentro do período determinado por Lei Complementar Federal, e dependerão de consulta prévia, mediante plebiscito, às populações dos Municípios envolvidos, após divulgação dos Estudos de Viabilidade Municipal, apresentados e publicados na forma da lei. (Redação dada pela EC 15/1996.)

- art. 5º, Lei 9.709/1998 (Regulamenta a execução do disposto nos incisos I a III do art. 14 desta CF).
- Lei 10.521/2002 (Assegura a instalação de Municípios criados por Lei Estadual).
- art. 96, ADCT.

Art. 19. É vedado à União, aos Estados, ao Distrito Federal e aos Municípios:

I - estabelecer cultos religiosos ou igrejas, subvencioná-los, embaraçar-lhes o funcionamento ou manter com eles ou seus representantes relações de dependência ou aliança, ressalvada, na forma da lei, a colaboração de interesse público;

II - recusar fé aos documentos públicos;

III - criar distinções entre brasileiros ou preferências entre si.

- art. 325, CLT.

CAPÍTULO II
DA UNIÃO

Art. 20. São bens da União:

- art. 176, §§ 1º a 4º, desta CF.
- Art. 99, CC.
- Dec.-Lei 9.760/46 (Dispõe sobre os bens imóveis da União).

I - os que atualmente lhe pertencem e os que lhe vierem a ser atribuídos;

- Súm. 650, STF.

II - as terras devolutas indispensáveis à defesa das fronteiras, das fortificações e construções militares, das vias federais de comunicação e à preservação ambiental, definidas em lei;

- Lei 4.504/1964 (Estatuto da Terra).
- Lei 6.383/1976 (Dispõe sobre o processo discriminatório de terras devolutas da União).
- Lei 6.442/1977 (Dispõe sobre as áreas de proteção para o funcionamento das estações radiogoniométricas de alta frequência do Ministério da Marinha e de radiomonitoragem do Ministério das Comunicações).
- Lei 6.634/1979 (Dispõe sobre faixas de fronteira).
- Lei 6.938/1981 (Dispõe sobre a Política Nacional do Meio Ambiente).
- Lei 13.178/2015 (Dispõe sobre a ratificação dos registros imobiliários decorrentes de alienações e concessões de terras públicas situadas nas faixas de fronteira).
- Dec.-Lei 227/1967 (Dá nova redação ao Dec.-Lei 1.985/1940 - Código de Minas).
- Dec.-Lei 1.135/1970 (Dispõe sobre a organização, competência e funcionamento do Conselho de Segurança Nacional).
- Súm. 477, STF.

III - os lagos, rios e quaisquer correntes de água em terrenos de seu domínio, ou que banhem mais de um Estado, sirvam de limites com outros países ou se estendam a território estrangeiro ou dele provenham, bem como os terrenos marginais e as praias fluviais;

- Dec. 1.265/1994 (Aprova a Política Marítima Nacional - PMN).

IV - as ilhas fluviais e lacustres nas zonas limítrofes com outros países; as praias marítimas; as ilhas oceânicas e as costeiras, excluídas, destas, as que contenham a sede de Municípios, exceto aquelas áreas afetadas ao serviço público e a unidade ambiental federal, e as referidas no art. 26, II; (Redação dada pela EC 46/2005.)

- Dec. 1.265/1994 (Aprova a Política Marítima Nacional - PMN).

V - os recursos naturais da plataforma continental e da zona econômica exclusiva;

- Lei 8.617/1993 (Dispõe sobre o mar territorial, zona contígua, zona econômica exclusiva e plataforma continental brasileira).
- Dec. 1.265/1994 (Aprova a Política Marítima Nacional - PMN).

VI - o mar territorial;

VII - os terrenos de marinha e seus acrescidos;

- Súm. 496, STJ.

VIII - os potenciais de energia hidráulica;

IX - os recursos minerais, inclusive os do subsolo;

X - as cavidades naturais subterrâneas e os sítios arqueológicos e pré-históricos;

XI - as terras tradicionalmente ocupadas pelos índios.

- Súm. 650, STF.

§ 1º É assegurada, nos termos da lei, à União, aos Estados, ao Distrito Federal e aos Municípios a participação no resultado da exploração de petróleo ou gás natural, de recursos hídricos para fins de geração de energia elétrica e de outros recursos minerais no respectivo território, plataforma continental, mar territorial ou zona econômica exclusiva, ou compensação financeira por essa exploração. (Redação dada pela EC 102/2019).

- art. 177, desta CF.
- art. 3º, EC 86/2015 (Torna obrigatória a execução da programação orçamentária que especifica).
- Lei 7.990/1989 (Institui, para os Estados, Distrito Federal e Municípios, compensação financeira pelo resultado da exploração de petróleo ou gás natural, de recursos hídricos para fins de geração de energia elétrica, de recursos minerais em seus respectivos territórios, plataformas continental, mar territorial ou zona econômica exclusiva).
- Lei 8.001/1990 (Define os percentuais da distribuição da compensação financeira de que trata a Lei 7.990/1989).
- Lei 9.427/1996 (Institui a Agência Nacional de Energia Elétrica - ANEEL e disciplina o regime das concessões de serviços públicos de energia elétrica).
- Lei 9.478/1997 (Dispõe sobre a política energética nacional, as atividades relativas ao monopólio do petróleo e institui o Conselho Nacional de Política Energética e a Agência Nacional do Petróleo).
- Lei 9.984/2000 (Dispõe sobre a criação da Agência Nacional de Águas - ANA).
- Lei 12.858/2013 (Dispõe sobre a destinação para as áreas de educação e saúde de parcela da participação no resultado ou da compensação financeira pela exploração de petróleo e gás natural).
- Dec. 1/1991 (Regulamenta pagamento da compensação financeira instituída pela Lei 7.990/1989).
- Dec. 3.739/2001 (Dispõe sobre o cálculo da tarifa atualizada de referência para compensação financeira pela utilização de recursos hídricos, de que trata a Lei 7.990/1989, e da contribuição de reservatórios de montante para a geração de energia hidrelétrica, de que trata a Lei 8.001/1990).

§ 2º A faixa de até cento e cinquenta quilômetros de largura, ao longo das fronteiras terrestres, designada como faixa de fronteira, é considerada fundamental para defesa do território nacional, e sua ocupação e utilização serão reguladas em lei.

- Lei 6.634/1979 (Dispõe sobre a faixa de fronteira).
- Lei 11.284/2006 (Dispõe sobre a gestão de florestas públicas para a produção sustentável).
- DL 1.135/1970 (Dispõe sobre a organização, a competência e o funcionamento do Conselho de Segurança Nacional).

Art. 21. Compete à União:

I - manter relações com Estados estrangeiros e participar de organizações internacionais;

II - declarar a guerra e celebrar a paz;

III - assegurar a defesa nacional;

IV - permitir, nos casos previstos em lei complementar, que forças estrangeiras transitem pelo território nacional ou nele permaneçam temporariamente;

- LC 90/1997 (Determina os casos em que forças estrangeiras possam transitar pelo território nacional ou nele permanecer temporariamente).
- Dec. 97.464/1989 (Estabelece procedimentos para a entrada no Brasil e o sobrevoo de seu território por aeronaves civis estrangeiras, que não estejam em serviço aéreo internacional regular).

V - decretar o estado de sítio, o estado de defesa e a intervenção federal;

VI - autorizar e fiscalizar a produção e o comércio de material bélico;

VII - emitir moeda;

- Lei 13.416/2017 (Autoriza o Banco Central do Brasil a adquirir papel-moeda e moeda metálica fabricados fora do País por fornecedor estrangeiro).

VIII - administrar as reservas cambiais do país e fiscalizar as operações de natureza financeira, especialmente as de crédito, câmbio e capitalização, bem como as de seguros e de previdência privada;

- LC 108/2001 (Dispõe sobre a relação entre a União, os Estados, o Distrito Federal e os Municípios, suas autarquias, fundações, sociedades de economia mista e outras entidades públicas e suas respectivas entidades fechadas de previdência complementar).
- LC 109/2001 (Dispõe sobre o Regime de Previdência Complementar).

- Lei 4.595/1964 (Dispõe sobre a Política e as Instituições Monetárias, Bancárias e Creditícias).
- Lei 4.728/1965 (Disciplina o mercado de capitais e estabelece medidas para o seu desenvolvimento).
- Dec.-Lei 73/1966 (Dispõe sobre o Sistema Nacional de Seguros Privados, regula as operações de seguros e resseguros).

IX - elaborar e executar planos nacionais e regionais de ordenação do território e de desenvolvimento econômico e social;

- Lei 9.491/1997 (Altera procedimentos relativos ao Programa Nacional de Desestatização).

X - manter o serviço postal e o correio aéreo nacional;

- Lei 6.538/1978 (Dispõe sobre os serviços postais).

XI - explorar, diretamente ou mediante autorização, concessão ou permissão, os serviços de telecomunicações, nos termos da lei, que disporá sobre a organização dos serviços, a criação de um órgão regulador e outros aspectos institucionais; (Redação dada pela EC 8/1995.)

- art. 246, desta CF.
- Art. 2º da EC 8/1995 (Veda a regulamentação deste inciso por MP).
- Lei 8.987/1995 (Dispõe sobre o regime de concessão e permissão da prestação de serviços públicos).
- Lei 9.295/1996 (Dispõe sobre os serviços de telecomunicações e sua organização, e sobre o órgão regulador).
- Lei 9.472/1997 (Dispõe sobre a organização dos serviços de telecomunicações, a criação e funcionamento de um órgão regulador e outros aspectos institucionais).
- Dec. 2.197/1997 (Aprova o Regulamento de serviço limitado).
- Dec. 2.198/1997 (Aprova o Regulamento de serviços públicos restritos).

XII - explorar, diretamente ou mediante autorização, concessão ou permissão:

a) os serviços de radiodifusão sonora, e de sons e imagens; (Redação dada pela EC 8/1995.)

- art. 246, desta CF.
- Lei 9.472/1997 (Dispõe sobre a organização dos serviços de telecomunicações, a criação e funcionamento de um órgão regulador e outros aspectos institucionais).
- Lei 9.612/1998 (Institui o Serviço de Radiodifusão Comunitária).

b) os serviços e instalações de energia elétrica e o aproveitamento energético dos cursos de água, em articulação com os Estados onde se situam os potenciais hidroenergéticos;

- Lei 9.427/1996 (Institui a Agência Nacional de Energia Elétrica – ANEEL).
- Lei 9.648/1998 (Autoriza o Poder Executivo a promover a reestruturação das Centrais Elétricas Brasileiras – ELETROBRÁS e suas subsidiárias).
- Lei 12.111/2009 (Serviços de energia elétrica nos Sistemas Isolados).

c) a navegação aérea, aeroespacial e a infraestrutura aeroportuária;

- Lei 7.565/1986 (Código Brasileiro de Aeronáutica).
- Lei 9.994/2000 (Dispõe sobre o Programa de Desenvolvimento Científico e Tecnológico do Setor Espacial).
- Lei 12.815/2013 (Dispõe sobre a exploração direta e indireta pela União de portos e instalações portuárias e sobre as atividades desempenhadas pelos operadores portuários) e Dec. 8.033/2013 (regulamento).
- Dec. 7.624/2011 (Dispõe sobre as condições de exploração pela iniciativa privada da infraestrutura aeroportuária, por meio de concessão).

d) os serviços de transporte ferroviário e aquaviário entre portos brasileiros e fronteiras nacionais, ou que transponham os limites de Estado ou Território;

- Lei 9.277/1996 (Autoriza a União a delegar aos Municípios, Estados e DF a administração e exploração de rodovias e portos federais).
- Lei 9.432/1997 (Dispõe sobre a ordenação do transporte aquaviário).
- Lei 12.379/2011 (Dispõe sobre o Sistema Nacional de Viação – SNV).

e) os serviços de transporte rodoviário interestadual e internacional de passageiros;

f) os portos marítimos, fluviais e lacustres;

- Dec. 1.265/1994 (Aprova a Política Marítima Nacional - PMN).

XIII - organizar e manter o Poder Judiciário, o Ministério Público do Distrito Federal e dos Territórios e a Defensoria Pública dos Territórios; (Alterado pela EC 69/2012 - produção de efeitos - 120 dias da publicação oficial.)

XIV - organizar e manter a polícia civil, a polícia penal, a polícia militar e o corpo de bombeiros militar do Distrito Federal, bem como prestar assistência financeira ao Distrito Federal para a execução de serviços públicos, por meio de fundo próprio; (Redação dada pela EC 104/2019)

- art. 107, § 6º, I, ADCT.
- art. 25, EC 19/1998.
- Lei 10.633/2002 (Institui o Fundo Constitucional do Distrito Federal – FCDF, para atender o disposto neste inciso).
- Súm. Vinc. 39, STF.
- Súm. 647, STF.

XV - organizar e manter os serviços oficiais de estatística, geografia, geologia e cartografia de âmbito nacional;

- Dec.-Lei 243/1967 (Fixa as Diretrizes e Bases da Cartografia Brasileira).
- Lei 5.878/1973 (Dispõe sobre a Fundação Instituto Brasileiro de Geografia e Estatística - IBGE).
- Lei 6.183/1974 (Dispõe sobre os Sistemas Estatístico e Cartográfico Nacionais).

XVI - exercer a classificação, para efeito indicativo, de diversões públicas e de programas de rádio e televisão;

- art. 23, ADCT.

XVII - conceder anistia;

XVIII - planejar e promover a defesa permanente contra as calamidades públicas, especialmente as secas e as inundações;

- Lei 12.787/2013 (Política Nacional de Irrigação).

XIX - instituir sistema nacional de gerenciamento de recursos hídricos e definir critérios de outorga de direitos de seu uso;

- Lei 9.433/1997 (Institui a Política Nacional de Recursos Hídricos).

XX - instituir diretrizes para o desenvolvimento urbano, inclusive habitação, saneamento básico e transportes urbanos;

- Lei 5.318/1967 (Institui a Política Nacional de Saneamento).
- Lei 7.196/1984 (Institui o Plano Nacional de Moradia - PLAMO, destinado a atender as necessidades de moradia das pessoas de renda mensal regular até 5 (cinco) salários-mínimos).
- Lei 10.188/2001 (Cria o Programa de Arrendamento Residencial, institui o arrendamento residencial com opção de compra).
- Lei 10.233/2001 (Dispõe sobre a reestruturação dos transportes aquaviário e terrestre).
- Lei 11.445/2007 (Estabelece diretrizes nacionais para o saneamento básico).
- Lei 12.587/2012 (Institui as diretrizes da Política Nacional de Mobilidade Urbana).
- Lei 13.089/2015 (Estatuto da Metrópole).

XXI - estabelecer princípios e diretrizes para o sistema nacional de viação;

- Lei 12.379/2011 (Dispõe sobre o Sistema Nacional de Viação – SNV).

XXII - executar os serviços de polícia marítima, aeroportuária e de fronteiras; (Redação dada pela EC 19/1998.)

- Dec. 7.624/2011 (Dispõe sobre as condições de exploração pela iniciativa privada da infraestrutura aeroportuária, por meio de concessão).
- Súm. Vinc. 36, STF.

XXIII - explorar os serviços e instalações nucleares de qualquer natureza e exercer monopólio estatal sobre a pesquisa, a lavra, o enriquecimento e reprocessamento, a industrialização e o comércio de minérios nucleares e seus derivados, atendidos os seguintes princípios e condições:

- Lei 10.308/2001 (Dispõe sobre a seleção de locais, a construção, o licenciamento, a operação, a fiscalização, os custos, a indenização, a responsabilidade civil e as garantias referentes aos depósitos de rejeitos radioativos).
- Dec.-Lei 1.982/1982 (Dispõe sobre o exercício das atividades nucleares incluídas no monopólio da União, o controle do desenvolvimento de pesquisas no campo da energia nuclear

a) toda atividade nuclear em território nacional somente será admitida para fins pacíficos e mediante aprovação do Congresso Nacional;

b) sob regime de permissão, são autorizadas a comercialização e a utilização de radioisótopos para a pesquisa e usos médicos, agrícolas e industriais; (Redação dada pela EC 49/2006.)

c) sob regime de permissão, são autorizadas a produção, comercialização e utilização de radioisótopos de meia-vida igual ou inferior a duas horas; (Redação dada pela EC 49/2006.)

d) a responsabilidade civil por danos nucleares independe da existência de culpa; (Redação dada pela EC 49/2006.)

- Lei 6.453/1977 (Dispõe sobre a responsabilidade civil por danos nucleares e a responsabilidade criminal por atos relacionados com atividades nucleares).
- Lei 10.308/2001 (Dispõe sobre a seleção de locais, a construção, o licenciamento, a operação, a fiscalização, os custos, a indenização, a responsabilidade civil e as garantias referentes aos depósitos de rejeitos radioativos).

XXIV - organizar, manter e executar a inspeção do trabalho;

- art. 174, desta CF.

XXV - estabelecer as áreas e as condições para o exercício da atividade de garimpagem, em forma associativa.

- Lei 7.805/1989 (Cria o Regime de Permissão de Lavra Garimpeira).
- Lei 11.685/2008 (Estatuto do Garimpeiro).

Art. 22. Compete privativamente à União legislar sobre:

I - direito civil, comercial, penal, processual, eleitoral, agrário, marítimo, aeronáutico, espacial e do trabalho;

- Lei 556/1850 (CCom).
- Lei 4.504/1964 (Estatuto da Terra).
- Lei 4.737/1965 (CE).
- Lei 4.947/1966 (Estabelece normas de Direito Agrário).
- Lei 7.565/1986 (Código Brasileiro de Aeronáutica).
- Lei 10.406/2002 (CC).
- Lei 13.105/2015 (NCPC).
- Dec.-Lei 2.848/1940 (CP).
- Dec.-Lei 3.689/1941 (CPP).
- Dec.-Lei 5.452/1943 (CLT).
- Dec.-Lei 1.001/1969 (CPM).
- Dec.-Lei 1.002/1969 (CPPM).
- Dec. 1.265/1994 (Aprova a Política Marítima Nacional - PMN).
- Súm. Vinc. 46, STF.
- Súm. 722, STF.

II - desapropriação;

- arts. 184; 185, I e II, desta CF.
- arts. 1.228, § 3º; 1.275, V, CC/2002.
- LC 76/1993 (Dispõe sobre o procedimento contraditório especial, de rito sumário, para o processo de desapropriação de imóvel rural, por interesse social, para fins de reforma agrária).
- Lei 4.132/1962; Lei 8.257/1991 e Lei 8.629/1993 (Desapropriação por interesse social).
- Lei 4.504/1964 (Estatuto da Terra).
- Dec.-Lei 3.365/1941 (Lei de desapropriações).
- Dec.-Lei 1.075/1970 (Imissão de posse, initio litis, em imóveis residenciais urbanos).

III - requisições civis e militares, em caso de iminente perigo e em tempo de guerra;

IV - águas, energia, informática, telecomunicações e radiodifusão;

- Lei 4.117/1962 (Código Brasileiro de Telecomunicações).
- Lei 9.295/1996 (Dispõe sobre os serviços de telecomunicações e sua organização, e sobre o órgão regulador).
- Lei 9.472/1997 (Organização dos Serviços de Telecomunicações).
- Lei 9.984/2000 (Dispõe sobre a criação da Agência Nacional de Águas - ANA).
- Dec. 2.196/1997 (Aprova o Regulamento de serviços especiais).
- Dec. 2.197/1997 (Aprova o Regulamento de serviço limitado).
- Dec. 2.198/1997 (Aprova o Regulamento de serviços público-restritos).

V - serviço postal;

- Lei 6.538/1978 (Dispõe sobre os Serviços postais).

VI - sistema monetário e de medidas, títulos e garantias dos metais;

- Leis 9.069/1995 e 10.192/2001 (Plano Real).

VII - política de crédito, câmbio, seguros e transferência de valores;

VIII - comércio exterior e interestadual;

IX - diretrizes da política nacional de transportes;

- Decretos 4.122/2002 e 4.130/2002 (Dispõem sobre o Conselho Nacional de Integração de Políticas de Transporte).

X - regime dos portos, navegação lacustre, fluvial, marítima, aérea e aeroespacial;

- Lei 9.277/1996 (Autoriza a União a delegar aos Municípios, Estados e DF a administração e exploração de rodovias e portos federais).
- Lei 9.994/2000 (Institui o Programa de Desenvolvimento Científico e Tecnológico do Setor Espacial).
- Lei 12.815/2013 (Dispõe sobre a exploração direta e indireta pela União de portos e instalações portuárias e sobre as atividades desempenhadas pelos operadores portuários) e Dec. 8.033/2013 (regulamento).

XI - trânsito e transporte;

- Lei 9.503/1997 (CTB).

XII - jazidas, minas, outros recursos minerais e metalurgia;

- Dec.-Lei 227/1967 (Código de Minas).

XIII - nacionalidade, cidadania e naturalização;

- Lei 13.445/2017 (Lei de Migração).

XIV - populações indígenas;

- art. 231 desta CF.
- Lei 6.001/1973 (Estatuto do índio).

XV - emigração e imigração, entrada, extradição e expulsão de estrangeiros;

- Lei 13.445/2017 (Lei de Migração).
- Dec. 9.873/2019 (Dispõe sobre o Conselho Nacional de Imigração).

XVI - organização do sistema nacional de emprego e condições para o exercício de profissões;

XVII - organização judiciária, do Ministério Público do Distrito Federal e dos Territórios e da Defensoria Pública dos Territórios, bem como organização administrativa destes; (Alterado pela EC 69/2012 - produção de efeitos - 120 dias da publicação oficial.)

XVIII - sistema estatístico, sistema cartográfico e de geologia nacionais;

XIX - sistemas de poupança, captação e garantia da poupança popular;

- Lei 8.177/1991 (Estabelece regras para a desindexação da economia).

XX - sistemas de consórcios e sorteios;

- Lei 5.768/1971 (Dispõe sobre a distribuição gratuita de prêmios, mediante sorteio, vale-brinde ou concurso).
- Lei 11.795/2008 (Dispõe sobre o Sistema de Consórcio).
- Súm. Vinc. 2, STF.

XXI – normas gerais de organização, efetivos, material bélico, garantias, convocação, mobilização, inatividades e pensões das polícias militares e dos corpos de bombeiros militares; (Redação dada pela EC 103/2019)

XXII - competência da polícia federal e das polícias rodoviária e ferroviária federais;

- Lei 9.654/1998 (Cria a carreira de Policial Rodoviário Federal).

XXIII - seguridade social;

- Lei 8.212/1991 (Dispõe sobre a organização da Seguridade Social e institui o Plano de Custeio).

XXIV - diretrizes e bases da educação nacional;

- Lei 9.394/1996 (Lei das Diretrizes e Bases da Educação Nacional).

XXV - registros públicos;

- Lei 6.015/1973 (Lei de Registros públicos).

XXVI - atividades nucleares de qualquer natureza;

- Lei 10.308/2001 (Dispõe sobre a seleção de locais, a construção, o licenciamento, a operação, a fiscalização, os custos, a indenização, a responsabilidade civil e as garantias referentes aos depósitos de rejeitos radioativos).
- Lei 12.731/2012 (Institui o Sistema de Proteção ao Programa Nuclear Brasileiro – SIPRON).

XXVII - normas gerais de licitação e contratação, em todas as modalidades, para as administrações públicas diretas, autárquicas e fundacionais da União, Estados, Distrito Federal e Municípios, obedecido o disposto no art. 37, XXI, e para as empresas públicas e sociedades de economia mista, nos termos do art. 173, § 1º, III; (Redação dada pela EC 19/1998.)

- art. 37, XXI, desta CF.
- Lei 8.666/1993 (Lei de Licitações e Contratos da Administração Pública).
- Lei 10.520/2002 (Institui a modalidade de licitação denominada pregão) e Dec. 3.555/2000 (Regulamento).
- Lei 12.462/2011 (Institui o Regime Diferenciado de Contratações Públicas - RDC) e Dec. 7.581/2011 (Regulamento).
- Lei 14.133/2021 (Nova Lei de Licitações e Contratos Administrativos).

XXVIII - defesa territorial, defesa aeroespacial, defesa marítima, defesa civil e mobilização nacional;

- Lei 12.340/2010 (Dispõe sobre as transferências de recursos da União aos órgãos e entidades dos Estados, Distrito Federal e Municípios para a execução de ações de prevenção em áreas de risco de desastres e de resposta e de recuperação em áreas atingidas por desastres e sobre o Fundo Nacional para Calamidades Públicas, Proteção e Defesa Civil).
- Dec. 7.257/2010 (Sistema Nacional de Defesa Civil - SINDEC)
- Dec. 7.294/2010 (Dispõe sobre a Política de Mobilização Nacional).

XXIX - propaganda comercial.

- Lei 8.078/1990 (CDC).

Parágrafo único. Lei Complementar poderá autorizar os Estados a legislar sobre questões específicas das matérias relacionadas neste artigo.

- LC nº 103/2000 (Autoriza os Estados e o DF a instituir o isso salarial a que se refere o art. 7º, V, desta CF).

Art. 23. É competência comum da União, dos Estados, do Distrito Federal e dos Municípios:

I - zelar pela guarda da Constituição, das leis e das instituições democráticas e conservar o patrimônio público;

II - cuidar da saúde e assistência pública, da proteção e garantia das pessoas portadoras de deficiência;

- art. 203, V, desta CF.
- (Lei de apoio às pessoas portadoras de deficiência) e Dec. 3.298/1999 (Regulamento).
- Lei 13.146/2015 (Estatuto da Pessoa com Deficiência).

III - proteger os documentos, as obras e outros bens de valor histórico, artístico e cultural, os monumentos, as paisagens naturais notáveis e os sítios arqueológicos;

- LC 140/2011 (Fixa normas para a cooperação entre a União, os Estados, o DF e os Municípios nas ações administrativas decorrentes do exercício da competência comum relativas à proteção das paisagens naturais notáveis, à proteção do meio ambiente, ao combate à poluição em qualquer de suas formas e à preservação das florestas, da fauna e da flora).
- Dec.-lei 25/1937 (Organiza a Proteção do Patrimônio Histórico e Artístico Nacional).

IV - impedir a evasão, a destruição e a descaracterização de obras de arte e de outros bens de valor histórico, artístico ou cultural;

V - proporcionar os meios de acesso à cultura, à educação, à ciência, à tecnologia, à pesquisa e à inovação; (Alterado pela EC 85/2015.)

VI - proteger o meio ambiente e combater a poluição em qualquer de suas formas;

- LC 140/2011 (Fixa normas para a cooperação entre a União, os Estados, o DF e os Municípios nas ações administrativas decorrentes do exercício da competência comum relativas à proteção das paisagens naturais notáveis, à proteção do meio ambiente, ao combate à poluição em qualquer de suas formas e à preservação das florestas, da fauna e da flora).
- Lei 6.938/1981 (Dispõe sobre a Política Nacional do Meio Ambiente).
- Lei 9.605/1998 (Lei dos Crimes ambientais).
- Lei 9.966/2000 (Dispõe sobre a prevenção, o controle e a fiscalização da poluição causada por lançamento de óleo e outras substâncias nocivas ou perigosas em águas sob jurisdição nacional).
- Lei 11.284/2006 (Dispõe sobre a gestão de florestas públicas para a produção sustentável).
- Lei 12.305/2010 (Institui a Política Nacional de Resíduos Sólidos).
- Dec. 6.514/2008 (Dispõe sobre as infrações e sanções administrativas ao meio ambiente, estabelece o processo administrativo federal para apuração destas infrações).

VII - preservar as florestas, a fauna e a flora;

- LC 140/2011 (Fixa normas para a cooperação entre a União, os Estados, o DF e os Municípios nas ações administrativas decorrentes do exercício da competência comum relativas à proteção das paisagens naturais notáveis, à proteção do meio ambiente, ao combate à poluição em qualquer de suas formas e à preservação das florestas, da fauna e da flora).
- Lei 5.197/1967 (Código de Caça).
- Lei 12.651/2012 (Código Florestal).
- Dec.-Lei 221/1967 (Código de Pesca).

VIII - fomentar a produção agropecuária e organizar o abastecimento alimentar;

IX - promover programas de construção de moradias e a melhoria das condições habitacionais e de saneamento básico;

- Lei 11.445/2007 (Estabelece diretrizes nacionais para o saneamento básico).
- Lei 13.081/2015 (Institui o Estatuto da Metrópole.)

X - combater as causas da pobreza e os fatores de marginalização, promovendo a integração social dos setores desfavorecidos;

- EC 31/2000 (Cria o Fundo de Combate e Erradicação da Pobreza).
- LC 111/2001 (Dispõe sobre o Fundo de Combate e Erradicação da Pobreza).

XI - registrar, acompanhar e fiscalizar as concessões de direitos de pesquisa e exploração de recursos hídricos e minerais em seus territórios;

- Lei 9.433/1997 (Institui a Política Nacional de Recursos Hídricos).

XII - estabelecer e implantar política de educação para a segurança do trânsito.

Parágrafo único. Leis complementares fixarão normas para a cooperação entre a União e os Estados, o Distrito Federal e os Municípios, tendo em vista o equilíbrio do desenvolvimento e do bem-estar em âmbito nacional. (Redação dada pela EC 53/2006.)

- LC 140/2011 (Fixa normas para a cooperação entre a União, os Estados, o DF e os Municípios nas ações administrativas decorrentes do exercício da competência comum relativas à proteção das paisagens naturais notáveis, à proteção do meio ambiente, ao combate à poluição em qualquer de suas formas e à preservação das florestas, da fauna e da flora).

Art. 24. Compete à União, aos Estados e ao Distrito Federal legislar concorrentemente sobre:

I - direito tributário, financeiro, penitenciário, econômico e urbanístico;

- Lei 4.320/1964 (Estabelece normas gerais de Direito Financeiro para elaboração e controle dos orçamentos e balanços da União, Estados, Municípios e DF).
- Lei 5.172/1990 (CTN).
- Lei 7.210/1984 (Lei de Execuções Penais).
- Lei 12.529/2011 (Lei Antitruste).
- Lei 13.081/2015 (Institui o Estatuto da Metrópole).
- Lei 13.874/2019 (Lei da Liberdade Econômica).

II - orçamento;

III - juntas comerciais;

- Lei 8.934/1994 (Registro público de empresas mercantis) e Dec. 1.800/1996 (Regulamento).

IV - custas dos serviços forenses;

- Lei 9.289/1996 (Dispõe sobre custas na Justiça Federal).
- Súm. 178, STJ.

V - produção e consumo;

VI - florestas, caça, pesca, fauna, conservação da natureza, defesa do solo e dos recursos naturais, proteção do meio ambiente e controle da poluição;

- Lei 5.197/1967 (Código de Caça).
- Lei 9.605/1998 (Lei dos Crimes ambientais)
- Lei 9.795/1999 (Educação ambiental). Dec. 4.281/2002 (Regulamento).
- Lei 12.651/2012 (Código Florestal).
- Dec.-Lei 221/1967 (Código de Pesca).
- Dec. 6.514/2008 (Dispõe sobre as infrações e sanções administrativas ao meio ambiente, estabelece o processo administrativo federal para apuração destas infrações).

VII - proteção ao patrimônio histórico, cultural, artístico, turístico e paisagístico;

VIII - responsabilidade por dano ao meio ambiente, ao consumidor, a bens e direitos de valor artístico, estético, histórico, turístico e paisagístico;

- LC 75/1993 (Lei Orgânica do Ministério Público da União).
- Lei 7.347/1985 (Lei da Ação Civil Pública).
- Lei 8.625/1993 (Lei Orgânica Nacional do Ministério Público).
- Dec. 1.306/1994 (Regulamenta o Fundo de Defesa de Direitos Difusos).
- Dec. 2.181/1997 (Dispõe sobre a organização do Sistema Nacional de Defesa do Consumidor – SNDC).

IX - educação, cultura, ensino, desporto, ciência, tecnologia, pesquisa, desenvolvimento e inovação; (Alterado pela EC 85/2015.)

- Lei 9.394/1996 (Lei das Diretrizes e Bases da Educação Nacional).
- Lei 9.615/1998 (Institui normas gerais sobre desportos).

X - criação, funcionamento e processo do juizado de pequenas causas;

- art. 98, I, desta CF.
- Lei 9.099/1995 (Lei dos Juizados Especiais).
- Lei 10.259/2001 (Lei dos Juizados Especiais Federais).
- art. 14 da Lei 11.340/2006 (Juizados de Violência Doméstica e Familiar contra a Mulher).
- Lei 12.153/2009 (Dispõe sobre os Juizados Especiais da Fazenda Pública).

XI - procedimentos em matéria processual;

XII - previdência social, proteção e defesa da saúde;

- Lei 8.212/1991 (Dispõe sobre a organização da Seguridade Social e institui o Plano de Custeio).
- Lei 8.213/1991 (Lei dos Planos de Benefícios da Previdência Social).
- Lei 9.273/1996 (Torna obrigatória a inclusão de dispositivo de segurança que impeça a reutilização das seringas descartáveis).
- Dec. 3.048/1999 (Regulamento da Previdência Social).
- Dec. 7.788/2012 (Regulamenta o Fundo Nacional de Assistência Social.)

XIII - assistência jurídica e Defensoria Pública;

- LC 80/1994 (Defensoria Pública).
- Lei 1.060/1950 (Lei da Assistência judiciária).

XIV - proteção e integração social das pessoas portadoras de deficiência;

- art. 203, V, desta CF.
- Lei 7.853/1989 (Lei de apoio às pessoas portadoras de deficiência) e Dec. 3.298/1999 (Regulamento).
- Lei 13.146/2015 (Estatuto da Pessoa com Deficiência).
- Dec. 6.949/2009 (Promulga a Convenção Internacional sobre os Direitos das Pessoas com Deficiência).

XV - proteção à infância e à juventude;

- Lei 8.069/1990 (ECA).
- Lei 13.257/2016 (Dispõe sobre as políticas públicas para a primeira infância).

XVI - organização, garantias, direitos e deveres das polícias civis.

§ 1º No âmbito da legislação concorrente, a competência da União limitar-se-á a estabelecer normas gerais.

§ 2º A competência da União para legislar sobre normas gerais não exclui a competência suplementar dos Estados.

§ 3º Inexistindo lei federal sobre normas gerais, os Estados exercerão a competência legislativa plena, para atender a suas peculiaridades.

§ 4º A superveniência de lei federal sobre normas gerais suspende a eficácia da lei estadual, no que lhe for contrário.

- Lei 13.874/2019 (Lei da Liberdade Econômica).

CAPÍTULO III
DOS ESTADOS FEDERADOS

Art. 25. Os Estados organizam-se e regem-se pelas Constituições e leis que adotarem, observados os princípios desta Constituição.

- Súm. 681, STF.

§ 1º São reservadas aos Estados as competências que não lhes sejam vedadas por esta Constituição.

- art. 19, desta CF.

§ 2º Cabe aos Estados explorar diretamente, ou mediante concessão, os serviços locais de gás canalizado, na forma da lei, vedada a edição de medida provisória para a sua regulamentação. (Redação dada pela EC 5/1995.)

- art. 246 desta CF.
- Lei 9.478/1997 (Dispõe sobre a política energética nacional, as atividades relativas ao monopólio do petróleo e institui o Conselho Nacional de Política Energética e a Agência Nacional do Petróleo).

§ 3º Os Estados poderão, mediante lei complementar, instituir regiões metropolitanas, aglomerações urbanas e microrregiões, constituídas por agrupamentos de municípios limítrofes, para integrar a organização, o planejamento e a execução de funções públicas de interesse comum.

- Lei 13.081/2015 (Institui o Estatuto da Metrópole.)

Art. 26. Incluem-se entre os bens dos Estados:

I - as águas superficiais ou subterrâneas, fluentes, emergentes e em depósito, ressalvadas, neste caso, na forma da lei, as decorrentes de obras da União;

- Lei 9.984/2000 (Dispõe sobre a criação da Agência Nacional de Águas - ANA).
- art. 29, Dec. 24.643/1934 (Código de Águas).

II - as áreas, nas ilhas oceânicas e costeiras, que estiverem no seu domínio, excluídas aquelas sob domínio da União, Municípios ou terceiros;

- art. 20, IV, desta CF.

III - as ilhas fluviais e lacustres não pertencentes à União;

IV - as terras devolutas não compreendidas entre as da União.

Art. 27. O número de Deputados à Assembleia Legislativa corresponderá ao triplo da representação do Estado na Câmara dos Deputados e, atingido o número de trinta e seis, será acrescido de tantos quantos forem os Deputados Federais acima de doze.

- art. 32 desta CF.

§ 1º Será de quatro anos o mandato dos Deputados Estaduais, aplicando-se-lhes as regras desta Constituição sobre sistema eleitoral, inviolabilidade, imunidades, remuneração, perda de mandato, licença, impedimentos e incorporação às Forças Armadas.

§ 2º O subsídio dos Deputados Estaduais será fixado por lei de iniciativa da Assembleia Legislativa, na razão de, no máximo, setenta e cinco por cento daquele estabelecido, em espécie, para os Deputados Federais, observado o que dispõem os arts. 39, § 4º, 57, § 7º, 150, II, 153, III, e 153, § 2º, I. (Redação dada pela EC 19/1998.)

§ 3º Compete às Assembleias Legislativas dispor sobre seu regimento interno, polícia e serviços administrativos de sua secretaria, e prover os respectivos cargos.

§ 4º A lei disporá sobre a iniciativa popular no processo legislativo estadual.

- Lei 9.709/1998 (Regulamenta a execução do disposto nos incisos I a III do art. 14 desta CF).

Art. 28. A eleição do Governador e do Vice-Governador de Estado, para mandato de quatro anos, realizar-se-á no primeiro domingo de outubro, em primeiro turno, e no último domingo de outubro, em segundo turno, se houver, do ano anterior ao do término do mandato de seus antecessores, e a posse ocorrerá em primeiro de janeiro do ano subsequente, observado, quanto ao mais, o disposto no art. 77. (Redação dada pela EC 16/1997.)

- Lei 9.504/1997 (Lei das Eleições).

§ 1º Perderá o mandato o Governador que assumir outro cargo ou função na administração pública direta ou indireta, ressalvada a posse em virtude de concurso público e observado o disposto no art. 38, I, IV e V. (Renumerado do parágrafo único, pela EC 19/1998.)

- art. 29, XIV, desta CF.

§ 2º Os subsídios do Governador, do Vice-Governador e dos Secretários de Estado serão fixados por lei de iniciativa da Assembleia Legislativa, observado o que dispõem os arts. 37, XI, 39, § 4º, 150, II, 153, III, e 153, § 2º, I. (Incluído pela EC 19/1998.)

CAPÍTULO IV
DOS MUNICÍPIOS

- Art. 96, ADCT.

Art. 29. O Município reger-se-á por lei orgânica, votada em dois turnos, com o interstício mínimo de dez dias, e aprovada por dois terços dos membros da Câmara Municipal, que a promulgará, atendidos os princípios estabelecidos nesta Constituição, na Constituição do respectivo Estado e os seguintes preceitos:

- Súm. 525, STJ.

I - eleição do Prefeito, do Vice-Prefeito e dos Vereadores, para mandato de quatro anos, mediante pleito direto e simultâneo realizado em todo o país;

II - eleição do Prefeito e do Vice-Prefeito realizada no primeiro domingo de outubro do ano anterior ao término do mandato dos que devam suceder, aplicadas as regras do art. 77, no caso de Municípios com mais de duzentos mil eleitores; (Redação dada pela EC 16/1997.)

III - posse do Prefeito e do Vice-Prefeito no dia 1º de janeiro do ano subsequente ao da eleição;

IV - para a composição das Câmaras Municipais, será observado o limite máximo de: (Redação dada pela EC 58/2009.)

- ADIn 4.307 (Julgou procedente a ação para declarar a inconstitucionalidade do disposto no art. 3º, I, da EC 58/2009, *DJe* 28.10.2013).

a) 9 (nove) Vereadores, nos Municípios de até 15.000 (quinze mil) habitantes; (Redação dada pela EC 58/2009.)

b) 11 (onze) Vereadores, nos Municípios de mais de 15.000 (quinze mil) habitantes e de até 30.000 (trinta mil) habitantes; (Redação dada pela EC 58/2009.)

c) 13 (treze) Vereadores, nos Municípios com mais de 30.000 (trinta mil) habitantes e de até 50.000 (cinquenta mil) habitantes; (Redação dada pela EC 58/2009.)

d) 15 (quinze) Vereadores, nos Municípios de mais de 50.000 (cinquenta mil) habitantes e de até 80.000 (oitenta mil) habitantes; (Incluída pela EC 58/2009.)

e) 17 (dezessete) Vereadores, nos Municípios de mais de 80.000 (oitenta mil) habitantes e de até 120.000 (cento e vinte mil) habitantes; (Incluída pela EC 58/2009.)

f) 19 (dezenove) Vereadores, nos Municípios de mais de 120.000 (cento e vinte mil) habitantes e de até 160.000 (cento e sessenta mil) habitantes; (Incluída pela EC 58/2009.)

g) 21 (vinte e um) Vereadores, nos Municípios de mais de 160.000 (cento e sessenta mil) habitantes e de até 300.000 (trezentos mil) habitantes; (Incluída pela EC 58/2009.)

h) 23 (vinte e três) Vereadores, nos Municípios de mais de 300.000 (trezentos mil) habitantes e de até 450.000 (quatrocentos e cinquenta mil) habitantes; (Incluída pela EC 58/2009.)

i) 25 (vinte e cinco) Vereadores, nos Municípios de mais de 450.000 (quatrocentos e cinquenta mil) habitantes e de até 600.000 (seiscentos mil) habitantes; (Incluída pela EC 58/2009.)

j) 27 (vinte e sete) Vereadores, nos Municípios de mais de 600.000 (seiscentos mil) habitantes e de até 750.000 (setecentos e cinquenta mil) habitantes; (Incluída pela EC 58/2009.)

k) 29 (vinte e nove) Vereadores, nos Municípios de mais de 750.000 (setecentos e cinquenta mil) habitantes e de até 900.000 (novecentos mil) habitantes; (Incluída pela EC 58/2009.)

l) 31 (trinta e um) Vereadores, nos Municípios de mais de 900.000 (novecentos mil) habitantes e de até 1.050.000 (um milhão e cinquenta mil) habitantes; (Incluída pela EC 58/2009.)

m) 33 (trinta e três) Vereadores, nos Municípios de mais de 1.050.000 (um milhão e cinquenta mil) habitantes e de até 1.200.000 (um milhão e duzentos mil) habitantes; (Incluída pela EC 58/2009.)

n) 35 (trinta e cinco) Vereadores, nos Municípios de mais de 1.200.000 (um milhão e duzentos mil) habitantes e de até 1.350.000 (um milhão e trezentos e cinquenta mil) habitantes; (Incluída pela EC 58/2009.)

o) 37 (trinta e sete) Vereadores, nos Municípios de 1.350.000 (um milhão e trezentos e cinquenta mil) habitantes e de até 1.500.000 (um milhão e quinhentos mil) habitantes; (Incluída pela EC 58/2009.)

p) 39 (trinta e nove) Vereadores, nos Municípios de mais de 1.500.000 (um milhão e quinhentos mil) habitantes e de até 1.800.000 (um milhão e oitocentos mil) habitantes; (Incluída pela EC 58/2009.)

q) 41 (quarenta e um) Vereadores, nos Municípios de mais de 1.800.000 (um milhão e oitocentos mil) habitantes e de até 2.400.000 (dois milhões e quatrocentos mil) habitantes; (Incluída pela EC 58/2009.)

r) 43 (quarenta e três) Vereadores, nos Municípios de mais de 2.400.000 (dois milhões e quatrocentos mil) habitantes e de até 3.000.000 (três milhões) de habitantes; (Incluída pela EC 58/2009.)

s) 45 (quarenta e cinco) Vereadores, nos Municípios de mais de 3.000.000 (três milhões) de habitantes e de até 4.000.000 (quatro milhões) de habitantes; (Incluída pela EC 58/2009.)

t) 47 (quarenta e sete) Vereadores, nos Municípios de mais de 4.000.000 (quatro milhões) de habitantes e de até 5.000.000 (cinco milhões) de habitantes; (Incluída pela EC 58/2009.)

u) 49 (quarenta e nove) Vereadores, nos Municípios de mais de 5.000.000 (cinco milhões) de habitantes e de até 6.000.000 (seis milhões) de habitantes; (Incluída pela EC 58/2009.)

v) 51 (cinquenta e um) Vereadores, nos Municípios de mais de 6.000.000 (seis milhões) de habitantes e de até 7.000.000 (sete milhões) de habitantes; (Incluída pela EC 58/2009.)

w) 53 (cinquenta e três) Vereadores, nos Municípios de mais de 7.000.000 (sete milhões) de habitantes e de até 8.000.000 (oito milhões) de habitantes; e (Incluída pela EC 58/2009.)

x) 55 (cinquenta e cinco) Vereadores, nos Municípios de mais de 8.000.000 (oito milhões) de habitantes; (Incluída pela EC 58/2009.)

V - subsídios do Prefeito, do Vice-Prefeito e dos Secretários Municipais fixados por lei de iniciativa da Câmara Municipal, observado o que dispõem os arts. 37, XI, 39, § 4º, 150, II, 153, III, e 153, § 2º, I; (Redação dada pela EC 19/1998.)

VI - o subsídio dos Vereadores será fixado pelas respectivas Câmaras Municipais em cada legislatura para a subsequente, observado o que dispõe esta Constituição, observados os critérios estabelecidos na respectiva Lei Orgânica e os seguintes limites máximos: (Redação dada pela EC 25/2000.)

a) em Municípios de até dez mil habitantes, o subsídio máximo dos Vereadores corresponderá a vinte por cento do subsídio dos Deputados Estaduais; (Incluído pela EC 25/2000.)

b) em Municípios de dez mil e um a cinquenta mil habitantes, o subsídio máximo dos Vereadores corresponderá a trinta por cento do subsídio dos Deputados Estaduais; (Incluído pela EC 25/2000.)

c) em Municípios de cinquenta mil e um a cem mil habitantes, o subsídio máximo dos Vereadores corresponderá a quarenta por cento do subsídio dos Deputados Estaduais; (Incluído pela EC 25/2000.)

d) em Municípios de cem mil e um a trezentos mil habitantes, o subsídio máximo dos Vereadores corresponderá a cinquenta por cento do subsídio dos Deputados Estaduais; (Incluído pela EC 25/2000.)

e) em Municípios de trezentos mil e um a quinhentos mil habitantes, o subsídio máximo dos Vereadores corresponderá a sessenta por cento do subsídio dos Deputados Estaduais; (Incluído pela EC 25/2000.)

f) em Municípios de mais de quinhentos mil habitantes, o subsídio máximo dos Vereadores corresponderá a setenta e cinco por cento do subsídio dos Deputados Estaduais; (Incluído pela EC 25/2000.)

VII - o total da despesa com a remuneração dos Vereadores não poderá ultrapassar o montante de cinco por cento da receita do Município; (Incluído pela EC 1/1992.)

VIII - inviolabilidade dos Vereadores por suas opiniões, palavras e votos no exercício do mandato e na circunscrição do Município; (Renumerado do inc. VI pela EC 1/1992.)

IX - proibições e incompatibilidades, no exercício da vereança, similares, no que couber, ao disposto nesta Constituição para os membros do Congresso Nacional e na Constituição do respectivo Estado para os membros da Assembleia Legislativa; (Renumerado do inc. VII pela EC 1/1992.)

X - julgamento do Prefeito perante o Tribunal de Justiça; (Renumerado do inc. VIII pela EC 1/1992.)

- Dec.-Lei 201/1967 (Responsabilidade de prefeitos e vereadores).
- Súm. 702 e 703, STF.
- Súm. 209, STJ.

XI - organização das funções legislativas e fiscalizadoras da Câmara Municipal; (Renumerado do inc. IX pela EC 1/1992.)

- Lei 9.452/1997 (Determina que as Câmaras Municipais sejam notificadas da liberação de recursos federais).

XII - cooperação das associações representativas no planejamento municipal; (Renumerado do inc. X pela EC 1/1992.)

XIII - iniciativa popular de projetos de lei de interesse específico do Município, da cidade ou de bairros, através de manifestação de, pelo menos, cinco por cento do eleitorado; (Renumerado do inc. XI pela EC 1/1992.)

XIV - perda do mandato do Prefeito, nos termos do art. 28, parágrafo único. (Renumerado do inciso XII pela EC 1/1992.)

Art. 29-A. O total da despesa do Poder Legislativo Municipal, incluídos os subsídios dos

Vereadores e excluídos os gastos com inativos, não poderá ultrapassar os seguintes percentuais, relativos ao somatório da receita tributária e das transferências previstas no § 5º do art. 153 e nos arts. 158 e 159, efetivamente realizado no exercício anterior: (Incluído pela EC 25/2000.)

› **Atualização:** "Art. 29-A. O total da despesa do Poder Legislativo Municipal, incluídos os subsídios dos Vereadores e os demais gastos com pessoal inativo e pensionistas, não poderá ultrapassar os seguintes percentuais, relativos ao somatório da receita tributária e das transferências previstas no § 5º do art. 153 e nos arts. 158 e 159 desta Constituição, efetivamente realizado no exercício anterior:" (Redação dada pela EC 109/2021, DOU 16.03.2021, em vigor a partir do início da primeira legislatura municipal após sua data de publicação. Vide art. 7º, EC 109/2021)

I - 7% (sete por cento) para Municípios com população de até 100.000 (cem mil) habitantes; (Redação dada pela EC 58/2009.)

II - 6% (seis por cento) para Municípios com população entre 100.000 (cem mil) e 300.000 (trezentos mil) habitantes; (Redação dada pela EC 58/2009.)

III - 5% (cinco por cento) para Municípios com população entre 300.001 (trezentos mil e um) e 500.000 (quinhentos mil) habitantes; (Redação dada pela EC 58/2009.)

IV - 4,5% (quatro inteiros e cinco décimos por cento) para Municípios com população entre 500.001 (quinhentos mil e um) e 3.000.000 (três milhões) de habitantes; (Redação dada pela EC 58/2009.)

V - 4% (quatro por cento) para Municípios com população entre 3.000.001 (três milhões e um) e 8.000.000 (oito milhões) de habitantes; (Incluído pela EC 58/2009.)

VI - 3,5% (três inteiros e cinco décimos por cento) para Municípios com população acima de 8.000.001 (oito milhões e um) habitantes. (Incluído pela EC 58/2009.)

§ 1º A Câmara Municipal não gastará mais de setenta por cento de sua receita com folha de pagamento, incluído o gasto com o subsídio de seus Vereadores. (Incluído pela EC 25/2000.)

§ 2º Constitui crime de responsabilidade do Prefeito Municipal: (Incluído pela EC 25/2000.)

I - efetuar repasse que supere os limites definidos neste artigo; (Incluído pela EC 25/2000.)

II - não enviar o repasse até o dia vinte de cada mês; ou (Incluído pela EC 25/2000.)

III - enviá-lo a menor em relação à proporção fixada na Lei Orçamentária. (Incluído pela EC 25/2000.)

› LC 101/2000 (Lei de Responsabilidade Fiscal).

§ 3º Constitui crime de responsabilidade do Presidente da Câmara Municipal o desrespeito ao § 1º deste artigo. (Incluído pela EC 25/2000.)

Art. 30. Compete aos Municípios:

› Súm. Vinc. 38, STF.

› Súm. 645, STF.

I - legislar sobre assuntos de interesse local;

II - suplementar a legislação federal e a estadual no que couber;

III - instituir e arrecadar os tributos de sua competência, bem como aplicar suas rendas, sem prejuízo da obrigatoriedade de prestar contas e publicar balancetes nos prazos fixados em lei;

› art. 156 desta CF.

IV - criar, organizar e suprimir distritos, observada a legislação estadual;

› art. 96, ADCT.

V - organizar e prestar, diretamente ou sob regime de concessão ou permissão, os serviços públicos de interesse local, incluído o de transporte coletivo, que tem caráter essencial;

› art. 175, desta CF.

› Lei 8.987/1995 (Dispõe sobre o regime de concessão e permissão da prestação de serviços públicos previsto no art. 175 da Constituição Federal).

VI - manter, com a cooperação técnica e financeira da União e do Estado, programas de educação infantil e de ensino fundamental; (Redação dada pela EC 53/2006.)

VII - prestar, com a cooperação técnica e financeira da União e do Estado, serviços de atendimento à saúde da população;

VIII - promover, no que couber, adequado ordenamento territorial, mediante planejamento e controle do uso, do parcelamento e da ocupação do solo urbano;

› art. 182, desta CF.

IX - promover a proteção do patrimônio histórico-cultural local, observada a legislação e a ação fiscalizadora federal e estadual.

Art. 31. A fiscalização do Município será exercida pelo Poder Legislativo Municipal, mediante controle externo, e pelos sistemas de controle interno do Poder Executivo Municipal, na forma da lei.

§ 1º O controle externo da Câmara Municipal será exercido com o auxílio dos Tribunais de Contas dos Estados ou do Município ou dos Conselhos ou Tribunais de Contas dos Municípios, onde houver.

§ 2º O parecer prévio, emitido pelo órgão competente sobre as contas que o Prefeito deve anualmente prestar, só deixará de prevalecer por decisão de dois terços dos membros da Câmara Municipal.

§ 3º As contas dos Municípios ficarão, durante sessenta dias, anualmente, à disposição de qualquer contribuinte, para exame e apreciação, o qual poderá questionar-lhes a legitimidade, nos termos da lei.

§ 4º É vedada a criação de Tribunais, Conselhos ou órgãos de Contas Municipais.

CAPÍTULO V
DO DISTRITO FEDERAL E DOS TERRITÓRIOS

SEÇÃO I
DO DISTRITO FEDERAL

Art. 32. O Distrito Federal, vedada sua divisão em Municípios, reger-se-á por lei orgânica, votada em dois turnos com interstício mínimo de dez dias, e aprovada por dois terços da Câmara Legislativa, que a promulgará, atendidos os princípios estabelecidos nesta Constituição.

§ 1º Ao Distrito Federal são atribuídas as competências legislativas reservadas aos Estados e Municípios.

› Súm. 642, STF.

§ 2º A eleição do Governador e do Vice-Governador, observadas as regras do art. 77, e dos Deputados Distritais coincidirá com a dos Governadores e Deputados Estaduais, para mandato de igual duração.

§ 3º Aos Deputados Distritais e à Câmara Legislativa aplica-se o disposto no art. 27.

§ 4º Lei federal disporá sobre a utilização, pelo Governo do Distrito Federal, da polícia civil, da polícia penal, da polícia militar e do corpo de bombeiros militar. (Redação dada pela EC 104/2019)

› Lei 6.450/1977 (Organização básica da Polícia Militar do DF).

› Lei 7.289/1984 (Estatuto dos Policiais Militares da Polícia Militar do DF).

› Lei 7.479/1986 (Estatuto dos Bombeiros Militares do Corpo de Bombeiros do DF).

› Dec.-Lei 667/1969 (Reorganiza as Polícias Militares e os Corpos de Bombeiros Militares dos Estados, dos Território e do DF).

SEÇÃO II
DOS TERRITÓRIOS

Art. 33. A lei disporá sobre a organização administrativa e judiciária dos Territórios.

› Lei 11.697/2008 (Dispõe sobre a organização judiciária do Distrito Federal e dos Territórios).

§ 1º Os Territórios poderão ser divididos em Municípios, aos quais se aplicará, no que couber, o disposto no Capítulo IV deste Título.

§ 2º As contas do Governo do Território serão submetidas ao Congresso Nacional, com parecer prévio do Tribunal de Contas da União.

§ 3º Nos Territórios Federais com mais de cem mil habitantes, além do Governador nomeado na forma desta Constituição, haverá órgãos judiciários de primeira e segunda instância, membros do Ministério Público e defensores públicos federais; a lei disporá sobre as eleições para a Câmara Territorial e sua competência deliberativa.

CAPÍTULO VI
DA INTERVENÇÃO

Art. 34. A União não intervirá nos Estados nem no Distrito Federal, exceto para:

I - manter a integridade nacional;

› art. 1º desta CF.

II - repelir invasão estrangeira ou de uma unidade da Federação em outra;

III - pôr termo a grave comprometimento da ordem pública;

IV - garantir o livre exercício de qualquer dos Poderes nas unidades da Federação;

› art. 36, I, desta CF.

› Lei 12.562/2011 (Regulamenta o inciso III do art. 36 desta CF, para dispor sobre o processo e regulamento da representação interventiva perante o STF).

V - reorganizar as finanças da unidade da Federação que:

a) suspender o pagamento da dívida fundada por mais de dois anos consecutivos, salvo motivo de força maior;

b) deixar de entregar aos Municípios receitas tributárias fixadas nesta Constituição, dentro dos prazos estabelecidos em lei;

› art. 10, LC 63/1990 (Critérios e prazos de crédito das parcelas do produto da arrecadação de impostos de competência dos Estados e de transferências por eles recebidas pertencentes aos Municípios).

VI - prover a execução de lei federal, ordem ou decisão judicial;

› art. 36, § 3º, desta CF.

› Súm. 637, STF.

VII - assegurar a observância dos seguintes princípios constitucionais:

› art. 36, III, e § 3º, desta CF.

a) forma republicana, sistema representativo e regime democrático;

b) direitos da pessoa humana;

c) autonomia municipal;

d) prestação de contas da administração pública, direta e indireta;

e) aplicação do mínimo exigido da receita resultante de impostos estaduais, compreendida a proveniente de transferências, na manutenção e desenvolvimento do ensino e nas ações e serviços públicos de saúde. (Redação dada pela EC 29/2000.)

› art. 212, desta CF.

Art. 35. O Estado não intervirá em seus Municípios, nem a União nos Municípios localizados em Território Federal, exceto quando:

› Súm. 637, STF.

I - deixar de ser paga, sem motivo de força maior, por dois anos consecutivos, a dívida fundada;

II - não forem prestadas contas devidas, na forma da lei;

III - não tiver sido aplicado o mínimo exigido da receita municipal na manutenção e desenvolvimento do ensino e nas ações e serviços públicos de saúde; (Redação dada pela EC 29/2000.)

- art. 212, desta CF.

IV - o Tribunal de Justiça der provimento à representação para assegurar a observância de princípios indicados na Constituição Estadual, ou para prover a execução de lei, de ordem ou de decisão judicial.

Art. 36. A decretação da intervenção dependerá:

I - no caso do art. 34, IV, de solicitação do Poder Legislativo ou do Poder Executivo coacto ou impedido, ou de requisição do Supremo Tribunal Federal, se a coação for exercida contra o Poder Judiciário;

II - no caso de desobediência a ordem ou decisão judiciária, de requisição do Supremo Tribunal Federal, do Superior Tribunal de Justiça ou do Tribunal Superior Eleitoral;

- arts. 19 a 22 da Lei 8.038/1990 (Dispõem sobre o Processo de Intervenção Federal previsto neste inciso).

III - de provimento, pelo Supremo Tribunal Federal, de representação do Procurador-Geral da República, na hipótese do art. 34, VII, e no caso de recusa à execução de lei federal. (Redação dada pela EC 45/2004.)

- Lei 12.562/2011 (Regulamenta este inciso, para dispor sobre o processo e regulamento da representação interventiva perante o STF).

IV - (Revogado pela EC 45/2004.)

§ 1º O decreto de intervenção, que especificará a amplitude, o prazo e as condições de execução e que, se couber, nomeará o interventor, será submetido à apreciação do Congresso Nacional ou da Assembleia Legislativa do Estado, no prazo de vinte e quatro horas.

§ 2º Se não estiver funcionando o Congresso Nacional ou a Assembleia Legislativa, far-se-á convocação extraordinária, no mesmo prazo de vinte e quatro horas.

§ 3º Nos casos do art. 34, VI e VII, ou do art. 35, IV, dispensada a apreciação pelo Congresso Nacional ou pela Assembleia Legislativa, o decreto limitar-se-á a suspender a execução do ato impugnado, se essa medida bastar ao restabelecimento da normalidade.

§ 4º Cessados os motivos da intervenção, as autoridades afastadas de seus cargos a estes voltarão, salvo impedimento legal.

CAPÍTULO VII
DA ADMINISTRAÇÃO PÚBLICA

- Lei 8.112/1990 (Dispõe sobre o regime jurídico dos servidores públicos civis da União, Autarquias e Fundações Públicas Federais).
- Lei 9.784/1999 (Regula o processo administrativo no âmbito da Administração Pública Federal).

SEÇÃO I
DISPOSIÇÕES GERAIS

Art. 37. A administração pública direta e indireta de qualquer dos Poderes da União, dos Estados, do Distrito Federal e dos Municípios obedecerá aos princípios de legalidade, impessoalidade, moralidade, publicidade e eficiência e, também, ao seguinte: (Redação dada pela EC 19/1998.)

- art. 19, ADCT.
- Lei 8.112/1990 (Dispõe sobre o regime jurídico dos servidores públicos civis da União, Autarquias e Fundações Públicas Federais).
- Lei 8.727/1993 (Dispõe sobre o reescalonamento, pela União, de dívidas das administrações direta e indireta dos Estados, do DF e dos Municípios).
- Lei 8.730/1993 (Obrigatoriedade de declaração de bens e rendas para o exercício de cargos, empregos e funções nos Poderes Executivo, Legislativo e Judiciário).
- Súm. Vinc. 13, STF.

I - os cargos, empregos e funções públicas são acessíveis aos brasileiros que preencham os requisitos estabelecidos em lei, assim como aos estrangeiros, na forma da lei; (Redação dada pela EC 19/1998.)

- art. 7º, CLT.
- arts. 3º e 5º, Lei 8.112/1990 (Dispõe sobre o regime jurídico dos servidores públicos civis da União, Autarquias e Fundações Públicas Federais).
- Lei 8.730/1993 (Estabelece a obrigatoriedade da declaração de bens e rendas para o exercício de cargos, empregos e funções nos Poderes Executivo, Legislativo e Judiciário).
- Súm. Vin. 43 e 44, STF.
- Súm. 683; 684; 686, STF.
- Súm. 266, STJ.

II - a investidura em cargo ou emprego público depende de aprovação prévia em concurso público de provas ou de provas e títulos, de acordo com a natureza e a complexidade do cargo ou emprego, na forma prevista em lei, ressalvadas as nomeações para cargo em comissão declarado em lei de livre nomeação e exoneração; (Redação dada pela EC 19/1998.)

- art. 311-A, CP.
- art. 7º, CLT.
- art. 21 da Declaração Universal dos Direitos Humanos.
- art. 4º, I, Lei 4.717/1965 (Lei da Ação Popular).
- arts. 11 e 12, Lei 8.112/1990 (Dispõe sobre o regime jurídico dos servidores públicos civis da União, Autarquias e Fundações Públicas Federais).
- art. 11, V, Lei 8.429/1992 (Lei de Improbidade Administrativa).
- Lei 9.962/2000 (Regime de emprego público da administração direta autárquica e fundacional).
- Dec. 7.203/2010 (Vedação do nepotismo no âmbito da Administração Pública Federal).
- Súm. Vin. 43 e 44, STF.
- Súm. 685, STF.
- Súm. 331 e 363, TST.
- OJ 366 SBDI-1, TST.
- Súm. 231, TCU.

III - o prazo de validade do concurso público será de até dois anos, prorrogável uma vez, por igual período;

- art. 12, Lei 8.112/1990 (Dispõe sobre o regime jurídico dos servidores públicos civis da União, Autarquias e Fundações Públicas Federais).

IV - durante o prazo improrrogável previsto no edital de convocação, aquele aprovado em concurso público de provas ou de provas e títulos será convocado com prioridade sobre novos concursados para assumir cargo ou emprego, na carreira;

- art. 7º, CLT.

V - as funções de confiança, exercidas exclusivamente por servidores ocupantes de cargo efetivo, e os cargos em comissão, a serem preenchidos por servidores de carreira nos casos, condições e percentuais mínimos previstos em lei, destinam-se apenas às atribuições de direção, chefia e assessoramento; (Redação dada pela EC 19/1998.)

VI - é garantido ao servidor público civil o direito à livre associação sindical;

VII - o direito de greve será exercido nos termos e nos limites definidos em lei específica; (Redação dada pela EC 19/1998.)

- Dec. 1.480/1995 (Procedimentos a serem adotados em casos de paralisações dos serviços públicos federais).

VIII - a lei reservará percentual dos cargos e empregos públicos para as pessoas portadoras de deficiência e definirá os critérios de sua admissão;

- Lei 7.853/1989 (Lei de apoio às pessoas portadoras de deficiência) e Dec. 3.298/1999 (Regulamento).
- art. 5º, § 2º, Lei 8.112/1990 (Dispõe sobre o regime jurídico dos servidores públicos civis da União, Autarquias e Fundações Públicas Federais).
- Dec. 6.949/2009 (Convenção Internacional sobre os Direitos das Pessoas com Deficiência).
- Súm. 377; 552, STJ.

IX - a lei estabelecerá os casos de contratação por tempo determinado para atender a necessidade temporária de excepcional interesse público;

- Lei 8.745/1993 (Contratação de servidor público por tempo determinado para atender a necessidade temporária de excepcional interesse público).
- art. 30, Lei 10.871/2004 (Criação de carreiras e organização de cargos efetivos das autarquias especiais denominadas Agências Reguladoras).
- Med. Prov. 2.165-36/2001 (Institui o Auxílio-Transporte, dispõe sobre o pagamento dos militares e dos servidores do Poder Executivo Federal, inclusive de suas autarquias, fundações, empresas públicas e sociedades de economia mista - até o fechamento desta edição, não convertida em lei).

X - a remuneração dos servidores públicos e o subsídio de que trata o § 4º do art. 39 somente poderão ser fixados ou alterados por lei específica, observada a iniciativa privativa em cada caso, assegurada revisão geral anual, sempre na mesma data e sem distinção de índices; (Redação dada pela EC 19/1998.)

- arts. 39 § 4º; 95, III; 128, § 5º, I, c, desta CF.
- Lei 7.706/1988 (Revisão dos vencimentos, salários, soldos e proventos dos servidores civis e militares da Administração Federal Direta, Autarquias e extintos Territórios Federais e Fundações Públicas).
- Lei 8.237/1991 (Dispõe sobre a remuneração dos servidores militares federais das Forças Armadas).
- Lei 10.331/2001 (Regulamenta este inciso).
- Súm. Vinc. 37; 51, STF.
- Súm. 672; 679, STF.

XI - a remuneração e o subsídio dos ocupantes de cargos, funções e empregos públicos da administração direta, autárquica e fundacional, dos membros de qualquer dos Poderes da União, dos Estados, do Distrito Federal e dos Municípios, dos detentores de mandato eletivo e dos demais agentes políticos e os proventos, pensões ou outra espécie remuneratória, percebidos cumulativamente ou não, incluídas as vantagens pessoais ou de qualquer outra natureza, não poderão exceder o subsídio mensal, em espécie, dos Ministros do Supremo Tribunal Federal, aplicando-se como limite, nos Municípios, o subsídio do Prefeito, e nos Estados e no Distrito Federal, o subsídio mensal do Governador no âmbito do Poder Executivo, o subsídio dos Deputados Estaduais e Distritais no âmbito do Poder Legislativo e o subsídio dos Desembargadores do Tribunal de Justiça, limitado a noventa inteiros e vinte e cinco centésimos por cento do subsídio mensal, em espécie, dos Ministros do Supremo Tribunal Federal, no âmbito do Poder Judiciário, aplicável este limite aos membros do Ministério Público, aos Procuradores e aos Defensores Públicos; (Redação dada pela EC 42/2003.)

- ADIn 3.854-1 (Exclui a submissão dos membros da magistratura estadual ao subteto de remuneração, DOU 08.03.07).
- arts. 27, § 2º; 28, § 2º; 29, V e VI; 39, §§ 4º e 5º; 49, VII e VIII; 93, V; 95, III; 128, § 5º, I, c e e; 142, § 3º, VIII, desta CF.
- art. 3º, § 3º, EC 20/1998 (Reforma previdenciária).
- arts. 7º e 8º, EC 41/2003 (Dispõem sobre os proventos de aposentadoria dos servidores previstos neste inciso).
- art. 4º, EC 47/2005 (Altera esta CF para dispor sobre a previdência social).
- Lei 8.112/1990 (Dispõe sobre o regime jurídico dos servidores públicos civis da União, Autarquias e Fundações Públicas Federais).
- Lei 8.448/1992 e Lei 8.852/1994 (Dispõem sobre este inciso).
- art. 3º, Lei 10.887/2004 (Aplicação de disposições da EC 41/2003).
- Lei 13.091/2015 (Dispõe sobre o subsídio de Ministro do STF).
- Lei 13.092/2015 (Dispõe sobre o subsídio do Procurador-Geral da República).
- Lei Delegada 13/1992 (Dispõe sobre Gratificações de Atividade para os servidores civis do Poder Executivo).

XII - os vencimentos dos cargos do Poder Legislativo e do Poder Judiciário não poderão ser superiores aos pagos pelo Poder Executivo;

- art. 135 desta CF.
- art. 42, Lei 8.112/1990 (Dispõe sobre o regime jurídico dos servidores públicos civis da União, Autarquias e Fundações Públicas Federais).
- Lei 8.852/1994 (Dispõe sobre a aplicação deste inciso).

XIII - é vedada a vinculação ou equiparação de quaisquer espécies remuneratórias para o efeito de remuneração de pessoal do serviço público; (Redação dada pela EC 19/1998.)

- art. 142, § 3º, VIII, desta CF.
- Súm. Vinc. 42, STF.
- Súm. 455, TST.
- OJ SDI-1 297, TST.

XIV - os acréscimos pecuniários percebidos por servidor público não serão computados nem acumulados para fins de concessão de acréscimos ulteriores; (Redação dada pela EC 19/1998.)

- art. 142, § 3º, VIII, desta CF.

XV - o subsídio e os vencimentos dos ocupantes de cargos e empregos públicos são irredutíveis, ressalvado o disposto nos incisos XI e XIV deste artigo e nos arts. 39, § 4º, 150, II, 153, III, e 153, § 2º, I; (Redação dada pela EC 19/1998.)

- art. 142, § 3º, VIII, desta CF.

XVI - é vedada a acumulação remunerada de cargos públicos, exceto, quando houver compatibilidade de horários, observado em qualquer caso o disposto no inciso XI. (Redação dada pela EC 19/1998.)

a) a de dois cargos de professor; (Incluída pela EC 19/1998.)

b) a de um cargo de professor com outro técnico ou científico; (Incluída pela EC 19/1998.)

c) a de dois cargos ou empregos privativos de profissionais de saúde, com profissões regulamentadas; (Redação dada pela EC 34/2001.)

- arts. 118 a 120, Lei 8.112/1990 (Dispõe sobre o regime Jurídico dos servidores públicos civis da União, Autarquias e Fundações Públicas Federais)

XVII - a proibição de acumular estende-se a empregos e funções e abrange autarquias, fundações, empresas públicas, sociedades de economia mista, suas subsidiárias, e sociedades controladas, direta ou indiretamente, pelo Poder Público; (Redação dada pela EC 19/1998.)

- art. 118, § 1º, Lei 8.112/1990 (Dispõe sobre o regime jurídico dos servidores públicos civis da União, Autarquias e Fundações Públicas Federais).

XVIII - a administração fazendária e seus servidores fiscais terão, dentro de suas áreas de competência e jurisdição, precedência sobre os demais setores administrativos, na forma da lei;

XIX - somente por lei específica poderá ser criada autarquia e autorizada a instituição de empresa pública, de sociedade de economia mista e de fundação, cabendo à lei complementar, neste último caso, definir as áreas de sua atuação; (Redação dada pela EC 19/1998.)

- Lei 13.303/2016 (Dispõe sobre o estatuto jurídico da empresa pública).
- Dec. 9.660/2019 (Dispõe sobre a vinculação das entidades da administração pública federal indireta).

XX - depende de autorização legislativa, em cada caso, a criação de subsidiárias das entidades mencionadas no inciso anterior, assim como a participação de qualquer delas em empresa privada;

XXI - ressalvados os casos especificados na legislação, as obras, serviços, compras e alienações serão contratados mediante processo de licitação pública que assegure igualdade de condições a todos os concorrentes, com cláusulas que estabeleçam obrigações de pagamento, mantidas as condições efetivas da proposta, nos termos da lei, o qual somente permitirá as exigências de qualificação técnica e econômica indispensáveis à garantia do cumprimento das obrigações.

- art. 22, XXVII, desta CF.
- art. 3º, Lei 8.666/1993 (Lei de Licitações e Contratos da Administração Pública).
- Lei 8.883/1994 (Institui normas para licitações).
- Lei 9.854/1999 (Institui normas para licitações e contratos da Administração Pública).
- Lei 10.520/2002 (Institui a modalidade de licitação denominada pregão) e Dec. 3.555/2000 (Regulamento).
- Lei 12.462/2011 (Institui o Regime Diferenciado de Contratações Públicas - RDC) e Dec. 7.581/2011 (Regulamento).
- Lei 14.133/2021 (Nova Lei de Licitações e Contratos Administrativos).
- Súm. 333, STJ.
- Súm. 331 do TST.

XXII - as administrações tributárias da União, dos Estados, do Distrito Federal e dos Municípios, atividades essenciais ao funcionamento do Estado, exercidas por servidores de carreiras específicas, terão recursos prioritários para a realização de suas atividades e atuarão de forma integrada, inclusive com o compartilhamento de cadastros e de informações fiscais, na forma da lei ou convênio. (Incluído pela EC 42/2003.)

- art. 137, IV, desta CF.

§ 1º A publicidade dos atos, programas, obras, serviços e campanhas dos órgãos públicos deverá ter caráter educativo, informativo ou de orientação social, dela não podendo constar nomes, símbolos ou imagens que caracterizem promoção pessoal de autoridades ou servidores públicos.

- Art. 224, desta CF.
- Lei 8.389/1991 (Institui o Conselho de Comunicação Social, na forma do art. 224 da Constituição Federal).
- Dec. 6.555/2008 (Dispõe sobre as ações de comunicação do Poder Executivo Federal).

§ 2º A não observância do disposto nos incisos II e III implicará a nulidade do ato e a punição da autoridade responsável, nos termos da lei.

- arts. 116 a 142, Lei 8.112/1990 (Dispõe sobre o regime jurídico dos servidores públicos civis da União, Autarquias e Fundações Públicas Federais).
- Lei 8.429/1992 (Lei de Improbidade Administrativa).
- Lei 12.846/2013 (Dispõe sobre a responsabilização administrativa e civil de pessoas jurídicas pela prática de atos contra a administração pública, nacional ou estrangeira).
- Dec. 3.678/2000 (Promulga a Convenção sobre o Combate da Corrupção de Funcionários Públicos Estrangeiros em Transações Comerciais Internacionais).
- Súm. 466, STJ.
- Súm. 363, TST.

§ 3º A lei disciplinará as formas de participação do usuário na administração pública direta e indireta, regulando especialmente: (Redação dada pela EC 19/1998.)

I - as reclamações relativas à prestação dos serviços públicos em geral, asseguradas a manutenção de serviços de atendimento ao usuário e a avaliação periódica, externa e interna, da qualidade dos serviços; (Incluído pela EC 19/1998.)

II - o acesso dos usuários a registros administrativos e a informações sobre atos de governo, observado o disposto no art. 5º, X e XXXIII; (Incluído pela EC 19/1998.)

- Lei 12.527/2011 (Regula o acesso a informações previsto no inc. XXXIII do art. 5º, no inc. II do § 3º do art. 37 e no § 2º do art. 216 da CF) e Dec. 7.724/2012 (regulamento).
- Dec. 7.845/2012 (Regulamenta procedimentos para credenciamento de segurança e tratamento de informação classificada em qualquer grau de sigilo, e dispõe sobre o Núcleo de Segurança e Credenciamento).

III - a disciplina da representação contra o exercício negligente ou abusivo de cargo, emprego ou função na administração pública. (Incluído pela EC 19/1998.)

§ 4º Os atos de improbidade administrativa importarão a suspensão dos direitos políticos, a perda da função pública, a indisponibilidade dos bens e o ressarcimento ao erário, na forma e gradação previstas em lei, sem prejuízo da ação penal cabível.

- art. 15, V, desta CF.
- arts. 312 a 327, CP.
- Lei 8.026/1990 (Dispõe sobre a aplicação de pena de demissão a funcionário público).
- Lei 8.027/1990 (Dispõe sobre as normas de conduta dos servidores públicos civis da União, Autarquias e Fundações Públicas).
- Lei 8.112/1990 (Dispõe sobre o regime jurídico dos servidores públicos civis da União, Autarquias e Fundações Públicas Federais).
- art. 3º, Lei 8.137/1990 (Crimes contra a ordem tributária, econômica e contra as relações de consumo).
- Lei 8.429/1992 (Lei de Improbidade Administrativa).
- arts. 01 a 88, Lei 8.666/1993 (Lei de Licitações e Contratos da Administração Pública).
- Lei 12.846/2013 (Dispõe sobre a responsabilização administrativa e civil de pessoas jurídicas pela prática de atos contra a administração pública, nacional ou estrangeira).
- Lei 14.133/2021 (Nova Lei de Licitações e Contratos Administrativos).
- Dec.-Lei 3.240/1941 (Sujeita a sequestro os bens de pessoas indiciadas por crimes de que resulta prejuízo para Fazenda Pública).
- Dec. 4.410/2002 (Convenção Interamericana contra a Corrupção).

§ 5º A lei estabelecerá os prazos de prescrição para ilícitos praticados por qualquer agente, servidor ou não, que causem prejuízos ao erário, ressalvadas as respectivas ações de ressarcimento.

- Lei 8.112/1990 (Dispõe sobre o regime jurídico dos servidores públicos civis da União, Autarquias e Fundações Públicas Federais).

- Lei 8.429/1992 (Lei de Improbidade Administrativa).

§ 6º As pessoas jurídicas de direito público e as de direito privado prestadoras de serviços públicos responderão pelos danos que seus agentes, nessa qualidade, causarem a terceiros, assegurado o direito de regresso contra o responsável nos casos de dolo ou culpa.

- art. 43, CC/2002.
- arts. 143,155,181 e 182 do CPC.
- Lei 6.453/1977 (Dispõe sobre responsabilidade civil por danos nucleares e responsabilidade criminal por atos relacionados com atividades nucleares).

§ 7º A lei disporá sobre os requisitos e as restrições ao ocupante de cargo ou emprego da administração direta e indireta que possibilite o acesso a informações privilegiadas. (Incluído pela EC 19/1998.)

§ 8º A autonomia gerencial, orçamentária e financeira dos órgãos e entidades da administração direta e indireta poderá ser ampliada mediante contrato, a ser firmado entre seus administradores e o Poder Público, que tenha por objeto a fixação de metas de desempenho para o órgão ou entidade, cabendo à lei dispor sobre: (Incluído pela EC 19/1998.)

- Lei 13.934/2019 (Regulamenta este inciso).

I - o prazo de duração do contrato;
II - os controles e critérios de avaliação de desempenho, direitos, obrigações e responsabilidade dos dirigentes;
III - a remuneração do pessoal.

§ 9º O disposto no inciso XI aplica-se às empresas públicas e às sociedades de economia mista, e suas subsidiárias, que receberem recursos da União, dos Estados, do Distrito Federal ou dos Municípios para pagamento de despesas de pessoal ou de custeio em geral. (Incluído pela EC 19/1998.)

§ 10. É vedada a percepção simultânea de proventos de aposentadoria decorrentes do art. 40 ou dos arts. 42 e 142 com a remuneração de cargo, emprego ou função pública, ressalvados os cargos acumuláveis na forma desta Constituição, os cargos eletivos e os cargos em comissão declarados em lei de livre nomeação e exoneração.(Incluído pela EC 20/1998.)

§ 11. Não serão computadas, para efeito dos limites remuneratórios de que trata o inciso XI do *caput* deste artigo, as parcelas de caráter indenizatório previstas em lei. (Incluído pela EC 47/2005, em vigor na data de sua publicação, com efeitos retroativos à data de vigência da EC 41/2003.)

- art. 4º, EC 47/2005.

§ 12. Para os fins do disposto no inciso XI do *caput* deste artigo, fica facultado aos Estados e ao Distrito Federal fixar, em seu âmbito, mediante emenda às respectivas Constituições e Lei Orgânica, como limite único, o subsídio mensal dos Desembargadores do respectivo Tribunal de Justiça, limitado a noventa inteiros e vinte e cinco centésimos por cento do subsídio mensal dos Ministros do Supremo Tribunal Federal, não se aplicando o disposto neste parágrafo aos subsídios dos Deputados Estaduais e Distritais e dos Vereadores. (Incluído pela EC 47/2005.)

- ADIn 3.854-1 (Exclui a submissão dos membros da magistratura estadual ao subteto de remuneração, DOU 08.03.07).

§ 13. O servidor público titular de cargo efetivo poderá ser readaptado para exercício de cargo cujas atribuições e responsabilidades sejam compatíveis com a limitação que tenha sofrido em sua capacidade física ou mental, enquanto permanecer nesta condição, desde que possua a habilitação e o nível de escolaridade exigidos para o cargo de destino, mantida a remuneração do cargo de origem. (Incluído pela EC 103/2019)

§ 14. A aposentadoria concedida com a utilização de tempo de contribuição decorrente de cargo, emprego ou função pública, inclusive do Regime Geral de Previdência Social, acarretará o rompimento do vínculo que gerou o referido tempo de contribuição. (Incluído pela EC 103/2019)

§ 15. É vedada a complementação de aposentadorias de servidores públicos e de pensões por morte a seus dependentes que não seja decorrente do disposto nos §§ 14 a 16 do art. 40 ou que não seja prevista em lei que extinga regime próprio de previdência social. (Incluído pela EC 103/2019)

§ 16. Os órgãos e entidades da administração pública, individual ou conjuntamente, devem realizar avaliação das políticas públicas, inclusive com divulgação do objeto a ser avaliado e dos resultados alcançados, na forma da lei. (Parágrafo acrescido pela EC nº 109, de 2021)

Art. 38. Ao servidor público da administração direta, autárquica e fundacional, no exercício de mandato eletivo, aplicam-se as seguintes disposições: (Redação dada pela EC 19/1998.)

- art. 28 desta CF.
- Lei 8.112/1990 (Dispõe sobre o regime jurídico dos servidores públicos civis da União, Autarquias e Fundações Públicas Federais).

I - tratando-se de mandato eletivo federal, estadual ou distrital, ficará afastado de seu cargo, emprego ou função;

- art. 28, § 1º, desta CF.

II - investido no mandato de Prefeito, será afastado do cargo, emprego ou função, sendo-lhe facultado optar pela sua remuneração;
III - investido no mandato de Vereador, havendo compatibilidade de horários, perceberá as vantagens de seu cargo, emprego ou função, sem prejuízo da remuneração do cargo eletivo, e, não havendo compatibilidade, será aplicada a norma do inciso anterior;
IV - em qualquer caso que exija o afastamento para o exercício de mandato eletivo, seu tempo de serviço será contado para todos os efeitos legais, exceto para promoção por merecimento;

- art. 28, § 1º, desta CF.

V - na hipótese de ser segurado de regime próprio de previdência social, permanecerá filiado a esse regime, no ente federativo de origem. (Redação dada pela EC 103/2019).

- art. 28, § 1º, desta CF.

SEÇÃO II
DOS SERVIDORES PÚBLICOS

- Redação dada pela EC 18/1998.
- Lei 8.026/1990 (Dispõe sobre a aplicação de pena de demissão a funcionário público).
- Lei 8.027/1990 (Dispõe sobre as normas de conduta dos servidores públicos civis da União, Autarquias e Fundações Públicas).
- Lei 8.112/1990 (Dispõe sobre o regime jurídico dos servidores públicos civis da União, Autarquias e Fundações Públicas Federais).
- Súm. 378, STJ.

Art. 39. A União, os Estados, o Distrito Federal e os Municípios instituirão conselho de política de administração e remuneração de pessoal, integrado por servidores designados pelos respectivos Poderes. (Redação dada pela EC 19/1998.)

- ADIn 2.135-4 (DJU, 14.08. 2007) - O STF deferiu parcialmente a Med. Caut. para suspender, com efeito ex nunc, a eficácia do *caput* deste artigo, continuando em vigor a redação original: "Art. 39. A União, os Estados, O DF e os Municípios instituirão, no âmbito de sua competência, regime jurídico único e planos de carreira para os servidores da Administração Pública Direta das Autarquias e Fundações Públicas."
- art. 24, ADCT.
- Lei 8.026/1990 (Dispõe sobre a aplicação de pena de demissão a funcionário público).
- Lei 8.027/1990 (Dispõe sobre as normas de conduta dos servidores públicos civis da União, Autarquias e Fundações Públicas).
- Lei 8.112/1990 (Dispõe sobre o regime jurídico dos servidores públicos civis da União, Autarquias e Fundações Públicas Federais).
- Súm. Vinc. 4, STF.
- Súm. 97, STJ.

§ 1º A fixação dos padrões de vencimento e dos demais componentes do sistema remuneratório observará: (Redação dada pela EC 19/1998.)

I - a natureza, o grau de responsabilidade e a complexidade dos cargos componentes de cada carreira; (Incluído pela EC 19/1998.)
II - os requisitos para a investidura; (Incluído pela EC 19/1998.)
III - as peculiaridades dos cargos. (Incluído pela EC 19/1998.)

- art. 41, § 4º, Lei 8.112/1990 (Dispõe sobre o regime jurídico dos servidores públicos civis da União, Autarquias e Fundações Públicas Federais).
- Lei 8.448/1992 (Regulamenta este parágrafo).
- Lei 8.852/1994 (Aplicação dos arts. 37, XI e XII, e 39, § 1º, desta CF).
- Lei 9.367/1996 (Fixa critérios para a progressiva unificação das tabelas de vencimentos dos servidores).
- Súm. Vinc. 4, STF.
- Súm. 97, STJ.

§ 2º A União, os Estados e o Distrito Federal manterão escolas de governo para a formação e o aperfeiçoamento dos servidores públicos, constituindo-se a participação nos cursos um dos requisitos para a promoção na carreira, facultada, para isso, a celebração de convênios ou contratos entre os entes federados. (Redação dada pela EC 19/1998.)

§ 3º Aplica-se aos servidores ocupantes de cargo público o disposto no art. 7º, IV, VII, VIII, IX, XII, XIII, XV, XVI, XVII, XVIII, XIX, XX, XXII e XXX, podendo a lei estabelecer requisitos diferenciados de admissão quando a natureza do cargo o exigir. (Incluído pela EC 19/1998.)

- Dec.-Lei 5.452/1943 (CLT).
- Súm. Vinc. 4; 15; 16, STF.
- Súm. 683 e 684, STF.

§ 4º O membro de Poder, o detentor de mandato eletivo, os Ministros de Estado e os Secretários Estaduais e Municipais serão remunerados exclusivamente por subsídio fixado em parcela única, vedado o acréscimo de qualquer gratificação, adicional, abono, prêmio, verba de representação ou outra espécie remuneratória, obedecido, em qualquer caso, o disposto no art. 37, incisos X e XI. (Incluído pela EC 19/1998.)

- arts. 27, § 2º; 28, § 2º; 29, V e VI; 37, XV; 48, XV; 49, VII e VIII; 93, V; 95, III; 128, § 5º, I, c; 135 desta CF.
- Lei 13.092/2015 (Dispõe sobre o subsídio do Procurador-Geral da República).

§ 5º Lei da União, dos Estados, do Distrito Federal e dos Municípios poderá estabelecer a relação entre a maior e a menor remuneração dos servidores públicos, obedecido, em qualquer caso, o disposto no art. 37, XI. (Incluído pela EC 19/1998.)

§ 6º Os Poderes Executivo, Legislativo e Judiciário publicarão anualmente os valores do subsídio e da remuneração dos cargos e empregos públicos. (Incluído pela EC 19/1998.)

§ 7º Lei da União, dos Estados, do Distrito Federal e dos Municípios disciplinará a aplicação de recursos orçamentários provenientes da economia com despesas correntes em cada órgão, autarquia e fundação, para aplicação no desenvolvimento de programas de qualidade e produtividade, treinamento e desenvolvimento, modernização, reaparelhamento e racionalização do serviço público, inclusive sob a forma de adicional ou prêmio de produtividade. (Incluído pela EC 19/1998.)

§ 8º A remuneração dos servidores públicos organizados em carreira poderá ser fixada nos termos do § 4º. (Incluído pela EC 19/1998.)

§ 9º É vedada a incorporação de vantagens de caráter temporário ou vinculadas ao exercício de função de confiança ou de cargo em comissão à remuneração do cargo efetivo. (Incluído pela EC 103/2019)

Art. 40. O regime próprio de previdência social dos servidores titulares de cargos efetivos terá caráter contributivo e solidário, mediante contribuição do respectivo ente federativo, de servidores ativos, de aposentados e de pensionistas, observados critérios que preservem o equilíbrio financeiro e atuarial. (Redação dada pela EC 103/2019)

- arts. 37, § 10; 73, § 3º; 93, VI, desta CF.
- arts. 4º; 10; 20; 21 da EC 103/2019 (Reforma da Previdência).

§ 1º O servidor abrangido por regime próprio de previdência social será aposentado: (Redação dada pela EC 103/2019)

- Súm. 726, STF.

I - por incapacidade permanente para o trabalho, no cargo em que estiver investido, quando insuscetível de readaptação, hipótese em que será obrigatória a realização de avaliações periódicas para verificação da continuidade das condições que ensejaram a concessão da aposentadoria, na forma de lei do respectivo ente federativo; (Redação dada pela EC 103/2019.)

II - compulsoriamente, com proventos proporcionais ao tempo de contribuição, aos 70 (setenta) anos de idade, ou aos 75 (setenta e cinco) anos de idade, na forma de lei complementar; (Alterado pela EC 88/2015.)

- art. 100 do ADCT.
- arts. 2º, § 5º; 3º, § 1º, EC 41/2003.
- LC 152/2015 (Aposentadoria compulsória por idade, com proventos proporcionais, nos termos deste inciso).

III – no âmbito da União, aos 62 (sessenta e dois) anos de idade, se mulher, e aos 65 (sessenta e cinco) anos de idade, se homem, e, no âmbito dos Estados, do Distrito Federal e dos Municípios, na idade mínima estabelecida mediante emenda às respectivas Constituições e Leis Orgânicas, observados o tempo de contribuição e os demais requisitos estabelecidos em lei complementar do respectivo ente federativo. (Redação dada pela EC 103/2019)

§ 2º Os proventos de aposentadoria não poderão ser inferiores ao valor mínimo a que se refere o § 2º do art. 201 ou superiores ao limite máximo estabelecido para o Regime Geral de Previdência Social, observado o disposto nos §§ 14 a 16. (Redação dada pela EC 103/2019)

§ 3º As regras para cálculo de proventos de aposentadoria serão disciplinadas em lei do respectivo ente federativo. (Redação dada pela EC 103/2019)

§ 4º É vedada a adoção de requisitos ou critérios diferenciados para concessão de benefícios em regime próprio de previdência social, ressalvado o disposto nos §§ 4º-A, 4º-B, 4º-C e 5º. (Redação dada pela EC 103/2019)

- Súm. Vinc. 55, STF.
- Súm. 680, STF.

§ 4º-A. Poderão ser estabelecidos por lei complementar do respectivo ente federativo idade e tempo de contribuição diferenciados para aposentadoria de servidores com deficiência, previamente submetidos a avaliação biopsicossocial realizada por equipe multiprofissional e interdisciplinar. (Incluído pela EC 103/2019)

§ 4º-B. Poderão ser estabelecidos por lei complementar do respectivo ente federativo idade e tempo de contribuição diferenciados para aposentadoria de ocupantes do cargo de agente penitenciário, de agente socioeducativo ou de policial dos órgãos de que tratam o inciso IV do *caput* do art. 51, o inciso XIII do *caput* do art. 52 e os incisos I a IV do *caput* do art. 144. (Incluído pela EC 103/2019)

§ 4º-C. Poderão ser estabelecidos por lei complementar do respectivo ente federativo idade e tempo de contribuição diferenciados para aposentadoria de servidores cujas atividades sejam exercidas com efetiva exposição a agentes químicos, físicos e biológicos prejudiciais à saúde, ou associação desses agentes, vedada a caracterização por categoria profissional ou ocupação. (Incluído pela EC 103/2019)

§ 5º Os ocupantes do cargo de professor terão idade mínima reduzida em 5 (cinco) anos em relação às idades decorrentes da aplicação do disposto no inciso III do § 1º, desde que comprovem tempo de efetivo exercício das funções de magistério na educação infantil e no ensino fundamental e médio fixado em lei complementar do respectivo ente federativo. (Redação dada pela EC 103/2019)

§ 6º Ressalvadas as aposentadorias decorrentes dos cargos acumuláveis na forma desta Constituição, é vedada a percepção de mais de uma aposentadoria à conta de regime próprio de previdência social, aplicando-se outras vedações, regras e condições para a acumulação de benefícios previdenciários estabelecidas no Regime Geral de Previdência Social. (Redação dada pela EC 103/2019)

§ 7º Observado o disposto no § 2º do art. 201, quando se tratar da única fonte de renda formal auferida pelo dependente, o benefício de pensão por morte será concedido nos termos de lei do respectivo ente federativo, a qual tratará de forma diferenciada a hipótese de morte dos servidores de que trata o § 4º-B decorrente de agressão sofrida no exercício ou em razão da função. (Redação dada pela EC 103/2019)

§ 8º É assegurado o reajustamento dos benefícios para preservar-lhes, em caráter permanente, o valor real, conforme critérios estabelecidos em lei. (Redação dada pela EC 41/2003.)

- art. 2º, § 6º, EC 41/2003.
- Súm. Vinc. 20; 34, STF.

§ 9º O tempo de contribuição federal, estadual, distrital ou municipal será contado para fins de aposentadoria, observado o disposto nos §§ 9º e 9º-A do art. 201, e o tempo de serviço correspondente será contado para fins de disponibilidade. (Redação dada pela EC 103/2019)

- art. 42, § 1º, desta CF.

§ 10. A lei não poderá estabelecer qualquer forma de contagem de tempo de contribuição fictício. (Incluído pela EC 20/1998.)

- art. 4º, EC 20/1998.

§ 11. Aplica-se o limite fixado no art. 37, XI, à soma total dos proventos de inatividade, inclusive quando decorrentes da acumulação de cargos ou empregos públicos, bem como de outras atividades sujeitas à contribuição para o regime geral de previdência social, e ao montante resultante da adição de proventos de inatividade com remuneração de cargo acumulável na forma desta Constituição, cargo em comissão declarado em lei de livre nomeação e exoneração, e de cargo eletivo. (Incluído pela EC 20/1998.)

§ 12. Além do disposto neste artigo, serão observados, em regime próprio de previdência social, no que couber, os requisitos e critérios fixados para o Regime Geral de Previdência Social. (Redação dada pela EC 103/2019)

§ 13. Aplica-se ao agente público ocupante, exclusivamente, de cargo em comissão declarado em lei de livre nomeação e exoneração, de outro cargo temporário, inclusive mandato eletivo, ou de emprego público, o Regime Geral de Previdência Social. (Redação dada pela EC 103/2019)

§ 14. A União, os Estados, o Distrito Federal e os Municípios instituirão, por lei de iniciativa do respectivo Poder Executivo, regime de previdência complementar para servidores públicos ocupantes de cargo efetivo, observado o limite máximo dos benefícios do Regime Geral de Previdência Social para o valor das aposentadorias e das pensões em regime próprio de previdência social, ressalvado o disposto no § 16. (Redação dada pela EC 103/2019)

- art. 9º, § 6º, EC 103/2019.

§ 15. O regime de previdência complementar de que trata o § 14 oferecerá plano de benefícios somente na modalidade contribuição definida, observará o disposto no art. 202 e será efetivado por intermédio de entidade fechada de previdência complementar ou de entidade aberta de previdência complementar. (Redação dada pela EC 103/2019)

- art. 9º, § 6º, EC 103/2019.
- Lei n. 12.618/2012 (Institui o regime de previdência complementar para os servidores públicos federais titulares de cargo efetivo.)

§ 16. Somente mediante sua prévia e expressa opção, o disposto nos §§ 14 e 15 poderá ser aplicado ao servidor que tiver ingressado no serviço público até a data da publicação do ato de instituição do correspondente regime de previdência complementar. (Incluído pela EC 20/1998.)

- art. 9º, § 6º, EC 103/2019.
- Lei n. 12.618/2012 (Institui o regime de previdência complementar para os servidores públicos federais titulares de cargo efetivo.)

§ 17. Todos os valores de remuneração considerados para o cálculo do benefício previsto no § 3º serão devidamente atualizados, na forma da lei. (Incluído pela EC 41/2003.)

- art. 2º, EC 41/2003.

§ 18. Incidirá contribuição sobre os proventos de aposentadorias e pensões concedidas pelo regime de que trata este artigo que superem o limite máximo estabelecido para os benefícios do regime geral de previdência social de que trata o art. 201, com percentual igual ao estabelecido para os servidores titulares de cargos efetivos. (Incluído pela EC 41/2003.)

§ 19. Observados critérios a serem estabelecidos em lei do respectivo ente federativo, o servidor titular de cargo efetivo que tenha completado as exigências para a aposentadoria voluntária e que opte por permanecer em atividade poderá fazer jus a um abono de permanência equivalente, no máximo, ao valor da sua contribuição previdenciária, até completar a idade para aposentadoria compulsória. (Redação dada pela EC 103/2019)

§ 20. É vedada a existência de mais de um regime próprio de previdência social e de mais de um órgão ou entidade gestora desse regime em cada ente federativo, abrangidos todos os poderes, órgãos e entidades autárquicas e fundacionais, que serão responsáveis pelo seu financiamento, observados os critérios, os parâmetros e a natureza jurídica definidos na lei complementar de que trata o § 22. (Redação dada pela EC 103/2019)

§ 21. (Revogado pela EC 103/2019)

§ 22. Vedada a instituição de novos regimes próprios de previdência social, lei complementar federal estabelecerá, para os que já existam, normas gerais de organização, de funcionamento e de responsabilidade em sua gestão, dispondo, entre outros aspectos, sobre: (Incluído pela EC 103/2019)

I - requisitos para sua extinção e consequente migração para o Regime Geral de Previdência Social;

II - modelo de arrecadação, de aplicação e de utilização dos recursos;

III - fiscalização pela União e controle externo e social;

IV - definição de equilíbrio financeiro e atuarial;

V - condições para instituição do fundo com finalidade previdenciária de que trata o art. 249 e para vinculação a ele dos recursos provenientes de contribuições e dos bens, direitos e ativos de qualquer natureza;

VI - mecanismos de equacionamento do déficit atuarial;

VII - estruturação do órgão ou entidade gestora do regime, observados os princípios relacionados com governança, controle interno e transparência;

VIII - condições e hipóteses para responsabilização daqueles que desempenhem atribuições relacionadas, direta ou indiretamente, com a gestão do regime;

IX - condições para adesão a consórcio público;

X - parâmetros para apuração da base de cálculo e definição de alíquota de contribuições ordinárias e extraordinárias.

Art. 41. São estáveis após três anos de efetivo exercício os servidores nomeados para cargo de provimento efetivo em virtude de concurso público. (Redação dada pela EC 19/1998.)

- Súm. 390, TST.

§ 1º O servidor público estável só perderá o cargo: (Redação dada pela EC 19/1998.)

I - em virtude de sentença judicial transitada em julgado; (Incluído pela EC 19/1998.)

II - mediante processo administrativo em que lhe seja assegurada ampla defesa; (Incluído pela EC 19/1998.)

- Súm. 18 a 21, STF.
- OJ SDI-1, 247, TST.

III - mediante procedimento de avaliação periódica de desempenho, na forma de lei complementar, assegurada ampla defesa. (Incluído pela EC 19/1998.)

- art. 247 desta CF.

§ 2º Invalidada por sentença judicial a demissão do servidor estável, será ele reintegrado, e o eventual ocupante da vaga, se estável, reconduzido ao cargo de origem, sem direito a indenização, aproveitado em outro cargo ou posto em disponibilidade com remuneração proporcional ao tempo de serviço. (Redação dada pela EC 19/1998.)

§ 3º Extinto o cargo ou declarada a sua desnecessidade, o servidor estável ficará em disponibilidade, com remuneração proporcional ao tempo de serviço, até seu adequado aproveitamento em outro cargo. (Redação dada pela EC 19/1998.)

§ 4º Como condição para a aquisição da estabilidade, é obrigatória a avaliação especial de desempenho por comissão instituída para essa finalidade. (Incluído pela EC 19/1998.)

- art. 28, EC 19/1998.

SEÇÃO III
DOS MILITARES DOS ESTADOS, DO DISTRITO FEDERAL E DOS TERRITÓRIOS

- Redação dada pela EC 18/1998.

Art. 42. Os membros das Polícias Militares e Corpos de Bombeiros Militares, instituições organizadas com base na hierarquia e disciplina, são militares dos Estados, do Distrito Federal e dos Territórios. (Redação dada pela EC 18/1998.)

- art. 37, § 10, desta CF.
- art. 89, ADCT.
- arts.12; 24, § 1º, II; 26, EC 103/2019.
- Med. Prov. 2.215-10/2001 (Dispõe sobre a reestruturação dos militares das Forças Armadas.)

§ 1º Aplicam-se aos militares dos Estados, do Distrito Federal e dos Territórios, além do que vier a ser fixado em lei, as disposições do art. 14, § 8º; do art. 40, § 9º; e do art. 142, §§ 2º e 3º, cabendo a lei estadual específica dispor sobre as matérias do art. 142, § 3º, inciso X, sendo as patentes dos oficiais conferidas pelos respectivos governadores. (Redação dada pela EC 20/1998.)

- Súm. Vinc. 4, STF.

§ 2º Aos pensionistas dos militares dos Estados, do Distrito Federal e dos Territórios aplica-se o que for fixado em lei específica do respectivo ente estatal. (Redação dada pela EC 41/2003.)

§ 3º Aplica-se aos militares dos Estados, do Distrito Federal e dos Territórios o disposto no art. 37, inciso XVI, com prevalência da atividade militar. (Incluído pela EC 101/2019)

SEÇÃO IV
DAS REGIÕES

Art. 43. Para efeitos administrativos, a União poderá articular sua ação em um mesmo complexo geoeconômico e social, visando a seu desenvolvimento e à redução das desigualdades regionais.

- Lei 13.081/2015 (Institui o Estatuto da Metrópole.)

§ 1º Lei complementar disporá sobre:

I - as condições para integração de regiões em desenvolvimento;

II - a composição dos organismos regionais que executarão, na forma da lei, os planos regionais, integrantes dos planos nacionais de desenvolvimento econômico e social, aprovados juntamente com estes.

- LC 124/2007 (Institui a SUDAM).
- LC 125/2007 (Institui a SUDENE).
- LC 129/2009 (Institui a SUDECO).
- LC 134/2010 (Composição Conselho de Administração da SUFRAMA).

§ 2º Os incentivos regionais compreenderão, além de outros, na forma da lei:

I - igualdade de tarifas, fretes, seguros e outros itens de custos e preços de responsabilidade do Poder Público;

II - juros favorecidos para financiamento de atividades prioritárias;

III - isenções, reduções ou diferimento temporário de tributos federais devidos por pessoas físicas ou jurídicas;

IV - prioridade para o aproveitamento econômico e social dos rios e das massas de água represadas ou represáveis nas regiões de baixa renda, sujeitas a secas periódicas.

§ 3º Nas áreas a que se refere o § 2º, IV, a União incentivará a recuperação de terras áridas e cooperará com os pequenos e médios proprietários rurais para o estabelecimento, em suas glebas, de fontes de água e de pequena irrigação.

TÍTULO IV
DA ORGANIZAÇÃO DOS PODERES

- (Redação dada pela EC 80/2014.)

CAPÍTULO I
DO PODER LEGISLATIVO

SEÇÃO I
DO CONGRESSO NACIONAL

Art. 44. O Poder Legislativo é exercido pelo Congresso Nacional, que se compõe da Câmara dos Deputados e do Senado Federal.

Parágrafo único. Cada legislatura terá a duração de quatro anos.

Art. 45. A Câmara dos Deputados compõe-se de representantes do povo, eleitos, pelo sistema proporcional, em cada Estado, em cada Território e no Distrito Federal.

§ 1º O número total de Deputados, bem como a representação por Estado e pelo Distrito Federal, será estabelecido por lei complementar, proporcionalmente à população, procedendo-se aos ajustes necessários, no ano anterior às eleições, para que nenhuma daquelas unidades da Federação tenha menos de oito ou mais de setenta Deputados.

- arts. 1º e 3º, LC 78/1993 (Fixação do número de deputados).

§ 2º Cada Território elegerá quatro Deputados.

Art. 46. O Senado Federal compõe-se de representantes dos Estados e do Distrito Federal, eleitos segundo o princípio majoritário.

§ 1º Cada Estado e o Distrito Federal elegerão três Senadores, com mandato de oito anos.

§ 2º A representação de cada Estado e do Distrito Federal será renovada de quatro em quatro anos, alternadamente, por um e dois terços.

§ 3º Cada Senador será eleito com dois suplentes.

Art. 47. Salvo disposição constitucional em contrário, as deliberações de cada Casa e de suas Comissões serão tomadas por maioria dos votos, presente a maioria absoluta de seus membros.

SEÇÃO II
DAS ATRIBUIÇÕES DO CONGRESSO NACIONAL

Art. 48. Cabe ao Congresso Nacional, com a sanção do Presidente da República, não exigida esta para o especificado nos arts. 49, 51 e 52, dispor sobre todas as matérias de competência da União, especialmente sobre:

I - sistema tributário, arrecadação e distribuição de rendas;

II - plano plurianual, diretrizes orçamentárias, orçamento anual, operações de crédito, dívida pública e emissões de curso forçado;

III - fixação e modificação do efetivo das Forças Armadas;

IV - planos e programas nacionais, regionais e setoriais de desenvolvimento;

V - limites do território nacional, espaço aéreo e marítimo e bens do domínio da União;

VI - incorporação, subdivisão ou desmembramento de áreas de Territórios ou Estados, ouvidas as respectivas Assembleias Legislativas;

- art. 4º, Lei 9.709/1998 (Regulamenta a execução do disposto nos incisos I a III do art. 14 desta CF).

VII - transferência temporária da sede do Governo Federal;

VIII - concessão de anistia;

- art. 187, Lei 7.210/1984 (Lei de Execuções Penais).

IX - organização administrativa, judiciária, do Ministério Público e da Defensoria Pública da União e dos Territórios e organização judiciária e do Ministério Público do Distrito Federal; (Alterado pela EC 69/2012 - produção de efeitos - 120 dias da publicação oficial.)

X - criação, transformação e extinção de cargos, empregos e funções públicas, observado o que estabelece o art. 84, VI, *b*; (Redação dada pela EC 32/2001.)

XI - criação e extinção de Ministérios e órgãos da administração pública; (Redação dada pela EC 32/2001.)

XII - telecomunicações e radiodifusão;

- Lei 4.117/1962 (Código Brasileiro de Telecomunicações).

- Lei 9.295/1996 (Dispõe sobre os serviços de telecomunicações e sua organização, e sobre o órgão regulador).
- Lei 9.472/1997 (Organização dos serviços de telecomunicações, criação e funcionamento de órgão regulador e outros aspectos institucionais).
- Lei 9.612/1998 (Institui o serviço de radiodifusão comunitária).

XIII - matéria financeira, cambial e monetária, instituições financeiras e suas operações;
XIV - moeda, seus limites de emissão, e montante da dívida mobiliária federal.
XV - fixação do subsídio dos Ministros do Supremo Tribunal Federal, observado o que dispõem os arts. 39, § 4º; 150, II; 153, III; e 153, § 2º, I. (Redação dada pela EC 41/2003.)

- Lei 10.474/2002 (Dispõe sobre remuneração da magistratura da União).
- Lei 13.091/2015 (Dispõe sobre o subsídio de Ministro do STF).

Art. 49. É da competência exclusiva do Congresso Nacional:

- art. 48 desta CF.

I - resolver definitivamente sobre tratados, acordos ou atos internacionais que acarretem encargos ou compromissos gravosos ao patrimônio nacional;
II - autorizar o Presidente da República a declarar guerra, a celebrar a paz, a permitir que forças estrangeiras transitem pelo território nacional ou nele permaneçam temporariamente, ressalvados os casos previstos em lei complementar;
III - autorizar o Presidente e o Vice-Presidente da República a se ausentarem do país, quando a ausência exceder a quinze dias;
IV - aprovar o estado de defesa e a intervenção federal, autorizar o estado de sítio, ou suspender qualquer uma dessas medidas;
V - sustar os atos normativos do Poder Executivo que exorbitem do poder regulamentar ou dos limites de delegação legislativa;
VI - mudar temporariamente sua sede;
VII - fixar idêntico subsídio para os Deputados Federais e os Senadores, observado o que dispõem os arts. 37, XI, 39, § 4º, 150, II, 153, III, e 153, § 2º, I;(Redação dada pela EC 19/1998.)
VIII - fixar os subsídios do Presidente e do Vice-Presidente da República e dos Ministros de Estado, observado o que dispõem os arts. 37, XI, 39, § 4º, 150, II, 153, III, e 153, § 2º, I; (Redação dada pela EC 19/1998.)
IX - julgar anualmente as contas prestadas pelo Presidente da República e apreciar os relatórios sobre a execução dos planos de governo;
X - fiscalizar e controlar, diretamente, ou por qualquer de suas Casas, os atos do Poder Executivo, incluídos os da administração indireta;
XI - zelar pela preservação de sua competência legislativa em face da atribuição normativa dos outros Poderes;
XII - apreciar os atos de concessão e renovação de concessão de emissoras de rádio e televisão;
XIII - escolher dois terços dos membros do Tribunal de Contas da União;

- Dec. Leg. 6/1993 (Dispõe sobre escolha de ministros do TCU pelo Congresso Nacional).

XIV - aprovar iniciativas do Poder Executivo referentes a atividades nucleares;
XV - autorizar referendo e convocar plebiscito;

- arts. 1º a 12, Lei 9.709/1998 (Regulamenta a execução do disposto nos incisos I a III do art. 14 desta CF).

XVI - autorizar, em terras indígenas, a exploração e o aproveitamento de recursos hídricos e a pesquisa e lavra de riquezas minerais;
XVII - aprovar, previamente, a alienação ou concessão de terras públicas com área superior a dois mil e quinhentos hectares.
XVIII - decretar o estado de calamidade pública de âmbito nacional previsto nos arts. 167-B, 167-C, 167-D, 167-E, 167-F e 167-G desta Constituição. (Inciso acrescido pela EC nº 109, de 2021)

Art. 50. A Câmara dos Deputados e o Senado Federal, ou qualquer de suas Comissões, poderão convocar Ministro de Estado ou quaisquer titulares de órgãos diretamente subordinados à Presidência da República para prestarem, pessoalmente, informações sobre assunto previamente determinado, importando crime de responsabilidade a ausência sem justificação adequada. (Redação dada pela EC de Revisão 2/1994.)

§ 1º Os Ministros de Estado poderão comparecer ao Senado Federal, à Câmara dos Deputados, ou a qualquer de suas Comissões, por sua iniciativa e mediante entendimentos com a Mesa respectiva, para expor assunto de relevância de seu Ministério.

§ 2º As Mesas da Câmara dos Deputados e do Senado Federal poderão encaminhar pedidos escritos de informações a Ministros de Estado ou a qualquer das pessoas referidas no *caput* deste artigo, importando em crime de responsabilidade a recusa, ou o não atendimento, no prazo de trinta dias, bem como a prestação de informações falsas. (Redação dada pela EC Revisão 2/1994.)

SEÇÃO III
DA CÂMARA DOS DEPUTADOS

Art. 51. Compete privativamente à Câmara dos Deputados:

- art. 48 desta CF.

I - autorizar, por dois terços de seus membros, a instauração de processo contra o Presidente e o Vice-Presidente da República e os Ministros de Estado;
II - proceder à tomada de contas do Presidente da República, quando não apresentadas ao Congresso Nacional dentro de sessenta dias após a abertura da sessão legislativa;
III - elaborar seu regimento interno;
IV - dispor sobre sua organização, funcionamento, polícia, criação, transformação ou extinção dos cargos, empregos e funções de seus serviços, e a iniciativa de lei para fixação da respectiva remuneração, observados os parâmetros estabelecidos na lei de diretrizes orçamentárias; (Redação dada pela EC 19/1998.)

- art. 107, § 2º, do ADCT.
- arts. 5º; 10, § 2º, I, EC 103/2019.

V - eleger membros do Conselho da República, nos termos do art. 89, VII.

SEÇÃO IV
DO SENADO FEDERAL

Art. 52. Compete privativamente ao Senado Federal:

- art. 48 desta CF.

I - processar e julgar o Presidente e o Vice-Presidente da República nos crimes de responsabilidade, bem como os Ministros de Estado e os Comandantes da Marinha, do Exército e da Aeronáutica nos crimes da mesma natureza conexos com aqueles; (Redação dada pela EC 23/1999.)

- art. 102, I, c, desta CF.
- Lei 1.079/1950 (Define os crimes de responsabilidade e regula o respectivo processo de julgamento).

II - processar e julgar os Ministros do Supremo Tribunal Federal, os membros do Conselho Nacional de Justiça e do Conselho Nacional do Ministério Público, o Procurador-Geral da República e o Advogado-Geral da União nos crimes de responsabilidade; (Redação dada pela EC 45/2004.)

- arts. 103-B; 130-A a 132, desta CF.
- art. 5º, EC 45/2004 (Reforma do Judiciário).

III - aprovar previamente, por voto secreto, após arguição pública, a escolha de:
a) Magistrados, nos casos estabelecidos nesta Constituição;
b) Ministros do Tribunal de Contas da União indicados pelo Presidente da República;
c) Governador de Território;
d) Presidente e diretores do banco central;
e) Procurador-Geral da República;
f) titulares de outros cargos que a lei determinar;
IV - aprovar previamente, por voto secreto, após arguição em sessão secreta, a escolha dos chefes de missão diplomática de caráter permanente;
V - autorizar operações externas de natureza financeira, de interesse da União, dos Estados, do Distrito Federal, dos Territórios e dos Municípios;
VI - fixar, por proposta do Presidente da República, limites globais para o montante da dívida consolidada da União, dos Estados, do Distrito Federal e dos Municípios;

- art. 100, § 19, desta CF.
- art. 101, § 2º, III, desta CF.

VII - dispor sobre limites globais e condições para as operações de crédito externo e interno da União, dos Estados, do Distrito Federal e dos Municípios, de suas autarquias e demais entidades controladas pelo Poder Público federal;

- art. 100, § 19, desta CF.
- art. 101, § 2º, III, desta CF.

VIII - dispor sobre limites e condições para a concessão de garantia da União em operações de crédito externo e interno;
IX - estabelecer limites globais e condições para o montante da dívida mobiliária dos Estados, do Distrito Federal e dos Municípios;
X - suspender a execução, no todo ou em parte, de lei declarada inconstitucional por decisão definitiva do Supremo Tribunal Federal;
XI - aprovar, por maioria absoluta e por voto secreto, a exoneração, de ofício, do Procurador-Geral da República antes do término de seu mandato;
XII - elaborar seu regimento interno;
XIII - dispor sobre sua organização, funcionamento, polícia, criação, transformação ou extinção dos cargos, empregos e funções de seus serviços, e a iniciativa de lei para fixação da respectiva remuneração, observados os parâmetros estabelecidos na lei de diretrizes orçamentárias; (Redação dada pela EC 19/1998.)

- art. 107, § 2º, ADCT.

XIV - eleger membros do Conselho da República, nos termos do art. 89, VII;
XV - avaliar periodicamente a funcionalidade do Sistema Tributário Nacional, em sua estrutura e seus componentes, e o desempenho das administrações tributárias da União, dos Estados e do Distrito Federal e dos Municípios. (Incluído pela EC 42/2003.)

Parágrafo único. Nos casos previstos nos incisos I e II, funcionará como Presidente o do Supremo Tribunal Federal, limitando-se a condenação, que somente será proferida por dois terços dos votos do Senado Federal, à perda do cargo, com inabilitação, por oito anos, para o exercício de função pública, sem prejuízo das demais sanções judiciais cabíveis.

SEÇÃO V
DOS DEPUTADOS E DOS SENADORES

- Lei 9.504/1997 (Lei das eleições).

Art. 53. Os Deputados e Senadores são invioláveis, civil e penalmente, por quaisquer de suas opiniões, palavras e votos. (Redação dada pela EC 35/2001.)

- Súm. 245, STF.

§ 1º Os Deputados e Senadores, desde a expedição do diploma, serão submetidos a julgamento perante o Supremo Tribunal Federal. (Redação dada pela EC 35/2001.)

‣ art. 102, I, b, desta CF.

§ 2º Desde a expedição do diploma, os membros do Congresso Nacional não poderão ser presos, salvo em flagrante de crime inafiançável. Nesse caso, os autos serão remetidos dentro de vinte e quatro horas à Casa respectiva, para que, pelo voto da maioria de seus membros, resolva sobre a prisão. (Redação dada pela EC 35/2001.)

‣ art. 301, CPP.

§ 3º Recebida a denúncia contra o Senador ou Deputado, por crime ocorrido após a diplomação, o Supremo Tribunal Federal dará ciência à Casa respectiva, que, por iniciativa de partido político nela representado e pelo voto da maioria de seus membros, poderá, até a decisão final, sustar o andamento da ação. (Redação dada pela EC 35/2001.)

§ 4º O pedido de sustação será apreciado pela Casa respectiva no prazo improrrogável de quarenta e cinco dias do seu recebimento pela Mesa Diretora. (Redação dada pela EC 35/2001.)

§ 5º A sustação do processo suspende a prescrição, enquanto durar o mandato. (Redação dada pela EC 35/2001.)

§ 6º Os Deputados e Senadores não serão obrigados a testemunhar sobre informações recebidas ou prestadas em razão do exercício do mandato, nem sobre as pessoas que lhes confiaram ou deles receberam informações. (Redação dada pela EC 35/2001.)

§ 7º A incorporação às Forças Armadas de Deputados e Senadores, embora militares e ainda que em tempo de guerra, dependerá de prévia licença da Casa respectiva. (Redação dada pela EC 35/2001.)

§ 8º As imunidades de Deputados ou Senadores subsistirão durante o estado de sítio, só podendo ser suspensas mediante o voto de dois terços dos membros da Casa respectiva, nos casos de atos praticados fora do recinto do Congresso Nacional, que sejam incompatíveis com a execução da medida. (Incluído pela EC 35/2001.)

‣ arts. 137 a 141 desta CF.

‣ arts. 138 a 145, CP.

Art. 54. Os Deputados e Senadores não poderão:

I - desde a expedição do diploma:

a) firmar ou manter contrato com pessoa jurídica de direito público, autarquia, empresa pública, sociedade de economia mista ou empresa concessionária de serviço público, salvo quando o contrato obedecer a cláusulas uniformes;

‣ Lei 13.303/2016 (Dispõe sobre o estatuto jurídico da empresa pública).

b) aceitar ou exercer cargo, função ou emprego remunerado, inclusive os de que sejam demissíveis *ad nutum*, nas entidades constantes da alínea anterior;

II - desde a posse:

a) ser proprietários, controladores ou diretores de empresa que goze de favor decorrente de contrato com pessoa jurídica de direito público, ou nela exercer função remunerada;

b) ocupar cargo ou função de que sejam demissíveis *ad nutum*, nas entidades referidas no inciso I, *a*;

c) patrocinar causa em que seja interessada qualquer das entidades a que se refere o inciso I, *a*;

d) ser titulares de mais de um cargo ou mandato público eletivo.

Art. 55. Perderá o mandato o Deputado ou Senador:

I - que infringir qualquer das proibições estabelecidas no artigo anterior;

II - cujo procedimento for declarado incompatível com o decoro parlamentar;

III - que deixar de comparecer, em cada sessão legislativa, à terça parte das sessões ordinárias da Casa a que pertencer, salvo licença ou missão por esta autorizada;

IV - que perder ou tiver suspensos os direitos políticos;

V - quando o decretar a Justiça Eleitoral, nos casos previstos nesta Constituição;

VI - que sofrer condenação criminal em sentença transitada em julgado.

‣ art. 92, I, CP.

§ 1º É incompatível com o decoro parlamentar, além dos casos definidos no regimento interno, o abuso das prerrogativas asseguradas a membro do Congresso Nacional ou a percepção de vantagens indevidas.

§ 2º Nos casos dos incisos I, II e VI, a perda do mandato será decidida pela Câmara dos Deputados ou pelo Senado Federal, por maioria absoluta, mediante provocação da respectiva Mesa ou de partido político representado no Congresso Nacional, assegurada ampla defesa. (Alterado pela EC 76/2013.)

§ 3º Nos casos previstos nos incisos III a V, a perda será declarada pela Mesa da Casa respectiva, de ofício ou mediante provocação de qualquer de seus membros, ou de partido político representado no Congresso Nacional, assegurada ampla defesa.

§ 4º A renúncia de parlamentar submetido a processo que vise ou possa levar à perda do mandato, nos termos deste artigo, terá seus efeitos suspensos até as deliberações finais de que tratam os §§ 2º e 3º. (Incluído pela EC Revisão 6/1994.)

Art. 56. Não perderá o mandato o Deputado ou Senador:

I - investido no cargo de Ministro de Estado, Governador de Território, Secretário de Estado, do Distrito Federal, de Território, de Prefeitura de Capital ou chefe de missão diplomática temporária;

II - licenciado pela respectiva Casa por motivo de doença, ou para tratar, sem remuneração, de interesse particular, desde que, neste caso, o afastamento não ultrapasse cento e vinte dias por sessão legislativa.

§ 1º O suplente será convocado nos casos de vaga, de investidura em funções previstas neste artigo ou de licença superior a cento e vinte dias.

§ 2º Ocorrendo vaga e não havendo suplente, far-se-á eleição para preenchê-la se faltarem mais de quinze meses para o término do mandato.

§ 3º Na hipótese do inciso I, o Deputado ou Senador poderá optar pela remuneração do mandato.

SEÇÃO VI
DAS REUNIÕES

Art. 57. O Congresso Nacional reunir-se-á, anualmente, na Capital Federal, de 2 de fevereiro a 17 de julho e de 1º de agosto a 22 de dezembro. (Redação dada pela EC 50/2006.)

§ 1º As reuniões marcadas para essas datas serão transferidas para o primeiro dia útil subsequente, quando recaírem em sábados, domingos ou feriados.

§ 2º A sessão legislativa não será interrompida sem a aprovação do projeto de lei de diretrizes orçamentárias.

§ 3º Além de outros casos previstos nesta Constituição, a Câmara dos Deputados e o Senado Federal reunir-se-ão em sessão conjunta para:

I - inaugurar a sessão legislativa;

II - elaborar o regimento comum e regular a criação de serviços comuns às duas Casas;

III - receber o compromisso do Presidente e do Vice-Presidente da República;

IV - conhecer do veto e sobre ele deliberar.

§ 4º Cada uma das Casas reunir-se-á em sessões preparatórias, a partir de 1º de fevereiro, no primeiro ano da legislatura, para a posse de seus membros e eleição das respectivas Mesas, para mandato de 2 (dois) anos, vedada a recondução para o mesmo cargo na eleição imediatamente subsequente. (Redação dada pela EC 50/2006.)

§ 5º A Mesa do Congresso Nacional será presidida pelo Presidente do Senado Federal, e os demais cargos serão exercidos, alternadamente, pelos ocupantes de cargos equivalentes na Câmara dos Deputados e no Senado Federal.

§ 6º A convocação extraordinária do Congresso Nacional far-se-á: (Redação dada pela EC 50/2006.)

I - pelo Presidente do Senado Federal, em caso de decretação de estado de defesa ou de intervenção federal, de pedido de autorização para a decretação de estado de sítio e para o compromisso e a posse do Presidente e do Vice-Presidente da República;

II - pelo Presidente da República, pelos Presidentes da Câmara dos Deputados e do Senado Federal ou a requerimento da maioria dos membros de ambas as Casas, em caso de urgência ou interesse público relevante, em todas as hipóteses deste inciso com a aprovação da maioria absoluta de cada uma das Casas do Congresso Nacional. (Redação dada pela EC 50/2006.)

§ 7º Na sessão legislativa extraordinária, o Congresso Nacional somente deliberará sobre a matéria para a qual foi convocado, ressalvada a hipótese do § 8º deste artigo, vedado o pagamento de parcela indenizatória, em razão da convocação. (Redação dada pela EC 50/2006.)

§ 8º Havendo medidas provisórias em vigor na data de convocação extraordinária do Congresso Nacional, serão elas automaticamente incluídas na pauta da convocação. (Incluído pela EC 32/2001.)

SEÇÃO VII
DAS COMISSÕES

Art. 58. O Congresso Nacional e suas Casas terão comissões permanentes e temporárias, constituídas na forma e com as atribuições previstas no respectivo regimento ou no ato de que resultar sua criação.

§ 1º Na constituição das Mesas e de cada Comissão, é assegurada, tanto quanto possível, a representação proporcional dos partidos ou dos blocos parlamentares que participam da respectiva Casa.

§ 2º Às comissões, em razão da matéria de sua competência, cabe:

I - discutir e votar projeto de lei que dispensar, na forma do regimento, a competência do Plenário, salvo se houver recurso de um décimo dos membros da Casa;

II - realizar audiências públicas com entidades da sociedade civil;

III - convocar Ministros de Estado para prestar informações sobre assuntos inerentes a suas atribuições;

IV - receber petições, reclamações, representações ou queixas de qualquer pessoa contra atos ou omissões das autoridades ou entidades públicas;

V - solicitar depoimento de qualquer autoridade ou cidadão;

VI - apreciar programas de obras, planos nacionais, regionais e setoriais de desenvolvimento e sobre eles emitir parecer.

§ 3º As comissões parlamentares de inquérito, que terão poderes de investigação próprios das autoridades judiciais, além de outros previstos nos regimentos das respectivas Casas, serão criadas pela Câmara dos Deputados e pelo Senado Federal, em conjunto ou separadamente, mediante requerimento de um terço de seus membros, para a apuração de fato determinado e por prazo certo, sendo suas conclusões, se for o caso, encaminhadas ao Ministério Público, para que promova a responsabilidade civil ou criminal dos infratores.

- Lei 1.579/1952 (Lei das Comissões Parlamentares de Inquérito).
- Lei 10.001/2000 (Prioridade nos procedimentos a serem adotados pelo Ministério Público e outros órgãos a respeito das conclusões das Comissões Parlamentares de Inquérito).

§ 4º Durante o recesso, haverá uma Comissão representativa do Congresso Nacional, eleita por suas Casas na última sessão ordinária do período legislativo, com atribuições definidas no regimento comum, cuja composição reproduzirá, quanto possível, a proporcionalidade da representação partidária.

SEÇÃO VIII
DO PROCESSO LEGISLATIVO

SUBSEÇÃO I
DISPOSIÇÃO GERAL

Art. 59. O processo legislativo compreende a elaboração de:

I - emendas à Constituição;

II - leis complementares;

III - leis ordinárias;

IV - leis delegadas;

V - medidas provisórias;

- arts. 70; 73; 114, ADCT.

VI - decretos legislativos;

- art. 3º, Lei 9.709/1998 (Regulamenta a execução do disposto nos incisos I a III do art. 14 desta CF).

VII - resoluções.

Parágrafo único. Lei complementar disporá sobre a elaboração, redação, alteração e consolidação das leis.

- LC 95/1998 (Trata do disposto neste parágrafo) e Dec. 4.176/2002 (Regulamento).

SUBSEÇÃO II
DA EMENDA À CONSTITUIÇÃO

Art. 60. A Constituição poderá ser emendada mediante proposta:

I - de um terço, no mínimo, dos membros da Câmara dos Deputados ou do Senado Federal;

II - do Presidente da República;

III - de mais da metade das Assembleias Legislativas das unidades da Federação, manifestando-se, cada uma delas, pela maioria relativa de seus membros.

§ 1º A Constituição não poderá ser emendada na vigência de intervenção federal, de estado de defesa ou de estado de sítio.

- arts. 34 a 36; 136 a 141, desta CF.

§ 2º A proposta será discutida e votada em cada Casa do Congresso Nacional, em dois turnos, considerando-se aprovada se obtiver, em ambos, três quintos dos votos dos respectivos membros.

§ 3º A emenda à Constituição será promulgada pelas Mesas da Câmara dos Deputados e do Senado Federal, com o respectivo número de ordem.

§ 4º Não será objeto de deliberação a proposta de emenda tendente a abolir:

I - a forma federativa de Estado;

- arts. 1º e 18 desta CF.

II - o voto direto, secreto, universal e periódico;

- arts. 1º; 14; 81, § 1º, desta CF.
- Lei 9.709/1998 (Regulamenta a execução do disposto nos incisos I a III do art. 14 desta CF).

III - a separação dos Poderes;

- art. 2º desta CF.

IV - os direitos e garantias individuais.

- art. 5º desta CF.

§ 5º A matéria constante de proposta de emenda rejeitada ou havida por prejudicada não pode ser objeto de nova proposta na mesma sessão legislativa.

SUBSEÇÃO III
DAS LEIS

Art. 61. A iniciativa das leis complementares e ordinárias cabe a qualquer membro ou Comissão da Câmara dos Deputados, do Senado Federal ou do Congresso Nacional, ao Presidente da República, ao Supremo Tribunal Federal, aos Tribunais Superiores, ao Procurador-Geral da República e aos cidadãos, na forma e nos casos previstos nesta Constituição.

§ 1º São de iniciativa privativa do Presidente da República as leis que:

I - fixem ou modifiquem os efetivos das Forças Armadas;

II - disponham sobre:

a) criação de cargos, funções ou empregos públicos na administração direta e autárquica ou aumento de sua remuneração;

- Súm. 679 e 681, STF.

b) organização administrativa e judiciária, matéria tributária e orçamentária, serviços públicos e pessoal da administração dos Territórios;

c) servidores públicos da União e Territórios, seu regime jurídico, provimento de cargos, estabilidade e aposentadoria; (Redação dada pela EC 18/1998.)

d) organização do Ministério Público e da Defensoria Pública da União, bem como normas gerais para a organização do Ministério Público e da Defensoria Pública dos Estados, do Distrito Federal e dos Territórios;

e) criação e extinção de Ministérios e órgãos da administração pública, observado o disposto no art. 84, VI; (Redação dada pela EC 32/2001.)

f) militares das Forças Armadas, seu regime jurídico, provimento de cargos, promoções, estabilidade, remuneração, reforma e transferência para a reserva. (Incluída pela EC 18/1998.)

§ 2º A iniciativa popular pode ser exercida pela apresentação à Câmara dos Deputados de projeto de lei subscrito por, no mínimo, um por cento do eleitorado nacional, distribuído pelo menos por cinco Estados, com não menos de três décimos por cento dos eleitores de cada um deles.

- arts. 1º, III; 13; 14, Lei 9.709/1998 (Regulamenta a execução do disposto nos incisos I a III do art. 14 desta CF).

Art. 62. Em caso de relevância e urgência, o Presidente da República poderá adotar medidas provisórias, com força de lei, devendo submetê-las de imediato ao Congresso Nacional. (Redação dada pela EC 32/2001.)

- arts. 167, § 3º, 246 desta CF.
- art. 2º, EC 32/2001 (Determina que as Medidas Provisórias editadas em data anterior 12.09.2001 continuam em vigor até que MP ulterior as revogue ou haja deliberação definitiva do Congresso).
- Súm. Vinc. 54, STF.
- Súm. 651, STF.

§ 1º É vedada a edição de medidas provisórias sobre matéria: (Incluído pela EC 32/2001.)

I - relativa a: (Incluído pela EC 32/2001.)

a) nacionalidade, cidadania, direitos políticos, partidos políticos e direito eleitoral; (Incluído pela EC 32/2001.)

b) direito penal, processual penal e processual civil; (Incluído pela EC 32/2001.)

c) organização do Poder Judiciário e do Ministério Público, a carreira e a garantia de seus membros; (Incluído pela EC 32/2001.)

d) planos plurianuais, diretrizes orçamentárias, orçamento e créditos adicionais e suplementares, ressalvado o previsto no art. 167, § 3º; (Incluído pela EC 32/2001.)

II - que vise a detenção ou sequestro de bens, de poupança popular ou qualquer outro ativo financeiro; (Incluído pela EC 32/2001.)

III - reservada a lei complementar; (Incluído pela EC 32/2001.)

IV - já disciplinada em projeto de lei aprovado pelo Congresso Nacional e pendente de sanção ou veto do Presidente da República. (Incluído pela EC 32/2001.)

§ 2º Medida provisória que implique instituição ou majoração de impostos, exceto os previstos nos arts. 153, I, II, IV, V, e 154, II, só produzirá efeitos no exercício financeiro seguinte se houver sido convertida em lei até o último dia daquele em que foi editada. (Incluído pela EC 32/2001.)

§ 3º As medidas provisórias, ressalvado o disposto nos §§ 11 e 12 perderão eficácia, desde a edição, se não forem convertidas em lei no prazo de sessenta dias, prorrogável, nos termos do § 7º, uma vez por igual período, devendo o Congresso Nacional disciplinar, por decreto legislativo, as relações jurídicas delas decorrentes. (Incluído pela EC 32/2001.)

§ 4º O prazo a que se refere o § 3º contar-se-á da publicação da medida provisória, suspendendo-se durante os períodos de recesso do Congresso Nacional. (Incluído pela EC 32/2001.)

§ 5º A deliberação de cada uma das Casas do Congresso Nacional sobre o mérito das medidas provisórias dependerá de juízo prévio sobre o atendimento de seus pressupostos constitucionais. (Incluído pela EC 32/2001.)

§ 6º Se a medida provisória não for apreciada em até quarenta e cinco dias contados de sua publicação, entrará em regime de urgência, subsequentemente, em cada uma das Casas do Congresso Nacional, ficando sobrestadas, até que se ultime a votação, todas as demais deliberações legislativas da Casa em que estiver tramitando. (Incluído pela EC 32/2001.)

§ 7º Prorrogar-se-á uma única vez por igual período a vigência de medida provisória que, no prazo de sessenta dias, contado de sua publicação, não tiver a sua votação encerrada nas duas Casas do Congresso Nacional. (Incluído pela EC 32/2001.)

§ 8º As medidas provisórias terão sua votação iniciada na Câmara dos Deputados. (Incluído pela EC 32/2001.)

§ 9º Caberá à comissão mista de Deputados e Senadores examinar as medidas provisórias e sobre elas emitir parecer, antes de serem apreciadas, em sessão separada, pelo plenário de cada uma das Casas do Congresso Nacional. (Incluído pela EC 32/2001.)

§ 10. É vedada a reedição, na mesma sessão legislativa, de medida provisória que tenha sido rejeitada ou que tenha perdido sua eficácia por decurso de prazo. (Incluído pela EC 32/2001.)

§ 11. Não editado o decreto legislativo a que se refere o § 3º até sessenta dias após a rejeição ou perda de eficácia de medida provisória, as relações jurídicas constituídas e decorrentes de atos praticados durante sua vigência conservar-se-ão por ela regidas. (Incluído pela EC 32/2001.)

§ 12. Aprovado projeto de lei de conversão alterando o texto original da medida provisória, esta manter-se-á integralmente em vigor até que seja sancionado ou vetado o projeto. (Incluído pela EC 32/2001.)

Art. 63. Não será admitido aumento da despesa prevista:

I - nos projetos de iniciativa exclusiva do Presidente da República, ressalvado o disposto no art. 166, § 3º e § 4º;

II - nos projetos sobre organização dos serviços administrativos da Câmara dos Deputados, do Senado Federal, dos Tribunais Federais e do Ministério Público.

Art. 64. A discussão e votação dos projetos de lei de iniciativa do Presidente da República, do Supremo Tribunal Federal e dos Tribunais Superiores terão início na Câmara dos Deputados.

§ 1º O Presidente da República poderá solicitar urgência para apreciação de projetos de sua iniciativa.

§ 2º Se, no caso do § 1º, a Câmara dos Deputados e o Senado Federal não se manifestarem sobre a proposição, cada qual sucessivamente, em até quarenta e cinco dias, sobrestar-se-ão todas as demais deliberações legislativas da respectiva Casa, com exceção das que tenham prazo constitucional determinado, até que se ultime a votação. (Redação dada pela EC 32/2001.)

§ 3º A apreciação das emendas do Senado Federal pela Câmara dos Deputados far-se-á no prazo de dez dias, observado quanto ao mais o disposto no parágrafo anterior.

§ 4º Os prazos do § 2º não correm nos períodos de recesso do Congresso Nacional, nem se aplicam aos projetos de código.

Art. 65. O projeto de lei aprovado por uma Casa será revisto pela outra, em um só turno de discussão e votação, e enviado à sanção ou promulgação, se a Casa revisora o aprovar, ou arquivado, se o rejeitar.

Parágrafo único. Sendo o projeto emendado, voltará à Casa iniciadora.

Art. 66. A Casa na qual tenha sido concluída a votação enviará o projeto de lei ao Presidente da República, que, aquiescendo, o sancionará.

§ 1º Se o Presidente da República considerar o projeto, no todo ou em parte, inconstitucional ou contrário ao interesse público, vetá-lo-á total ou parcialmente, no prazo de quinze dias úteis, contados da data do recebimento, e comunicará, dentro de quarenta e oito horas, ao Presidente do Senado Federal os motivos do veto.

§ 2º O veto parcial somente abrangerá texto integral de artigo, de parágrafo, de inciso ou de alínea.

§ 3º Decorrido o prazo de quinze dias, o silêncio do Presidente da República importará sanção.

§ 4º O veto será apreciado em sessão conjunta, dentro de trinta dias a contar de seu recebimento, só podendo ser rejeitado pelo voto da maioria absoluta dos Deputados e Senadores. (Alterado pela EC 76/2013.)

§ 5º Se o veto não for mantido, será o projeto enviado, para promulgação, ao Presidente da República.

§ 6º Esgotado sem deliberação o prazo estabelecido no § 4º, o veto será colocado na ordem do dia da sessão imediata, sobrestadas as demais proposições, até sua votação final. (Redação dada pela EC 32/2001.)

§ 7º Se a lei não for promulgada dentro de quarenta e oito horas pelo Presidente da República, nos casos dos § 3º e § 5º, o Presidente do Senado a promulgará, e, se este não o fizer em igual prazo, caberá ao Vice-Presidente do Senado fazê-lo.

Art. 67. A matéria constante de projeto de lei rejeitado somente poderá constituir objeto de novo projeto, na mesma sessão legislativa, mediante proposta da maioria absoluta dos membros de qualquer das Casas do Congresso Nacional.

Art. 68. As leis delegadas serão elaboradas pelo Presidente da República, que deverá solicitar a delegação ao Congresso Nacional.

§ 1º Não serão objeto de delegação os atos de competência exclusiva do Congresso Nacional, os de competência privativa da Câmara dos Deputados ou do Senado Federal, a matéria reservada à lei complementar, nem a legislação sobre:

I - organização do Poder Judiciário e do Ministério Público, a carreira e a garantia de seus membros;

II - nacionalidade, cidadania, direitos individuais, políticos e eleitorais;

III - planos plurianuais, diretrizes orçamentárias e orçamentos.

§ 2º A delegação ao Presidente da República terá a forma de resolução do Congresso Nacional, que especificará seu conteúdo e os termos de seu exercício.

§ 3º Se a resolução determinar a apreciação do projeto pelo Congresso Nacional, este a fará em votação única, vedada qualquer emenda.

Art. 69. As leis complementares serão aprovadas por maioria absoluta.

SEÇÃO IX
DA FISCALIZAÇÃO CONTÁBIL, FINANCEIRA E ORÇAMENTÁRIA

- Dec. 3.590/2000 (Dispõe sobre o sistema de administração financeira federal).
- Dec. 3.591/2000 (Dispõe sobre o sistema de controle interno do Poder Executivo Federal).
- Dec. 6.976/2009 (Dispõe sobre o sistema de contabilidade federal).

Art. 70. A fiscalização contábil, financeira, orçamentária, operacional e patrimonial da União e das entidades da administração direta e indireta, quanto à legalidade, legitimidade, economicidade, aplicação das subvenções e renúncia de receitas, será exercida pelo Congresso Nacional, mediante controle externo, e pelo sistema de controle interno de cada Poder.

Parágrafo único. Prestará contas qualquer pessoa física ou jurídica, pública ou privada, que utilize, arrecade, guarde, gerencie ou administre dinheiros, bens e valores públicos ou pelos quais a União responda, ou que, em nome desta, assuma obrigações de natureza pecuniária. (Redação dada pela EC 19/1998.)

Art. 71. O controle externo, a cargo do Congresso Nacional, será exercido com o auxílio do Tribunal de Contas da União, ao qual compete:

- Lei 8.443/1992 (Lei Orgânica do TCU).

I - apreciar as contas prestadas anualmente pelo Presidente da República, mediante parecer prévio que deverá ser elaborado em sessenta dias a contar de seu recebimento;

II - julgar as contas dos administradores e demais responsáveis por dinheiros, bens e valores públicos da administração direta e indireta, incluídas as fundações e sociedades instituídas e mantidas pelo Poder Público federal, e as contas daqueles que derem causa a perda, extravio ou outra irregularidade de que resulte prejuízo ao erário público;

III - apreciar, para fins de registro, a legalidade dos atos de admissão de pessoal, a qualquer título, na administração direta e indireta, incluídas as fundações instituídas e mantidas pelo Poder Público, excetuadas as nomeações para cargo de provimento em comissão, bem como a das concessões de aposentadorias, reformas e pensões, ressalvadas as melhorias posteriores que não alterem o fundamento legal do ato concessório;

- Súm. Vinc. 3, STF.

IV - realizar, por iniciativa própria, da Câmara dos Deputados, do Senado Federal, de Comissão técnica ou de inquérito, inspeções e auditorias de natureza contábil, financeira, orçamentária, operacional e patrimonial, nas unidades administrativas dos Poderes Legislativo, Executivo e Judiciário, e demais entidades referidas no inciso II;

V - fiscalizar as contas nacionais das empresas supranacionais de cujo capital social a União participe, de forma direta ou indireta, nos termos do tratado constitutivo;

VI - fiscalizar a aplicação de quaisquer recursos repassados pela União mediante convênio, acordo, ajuste ou outros instrumentos congêneres, a Estado, ao Distrito Federal ou a Município;

VII - prestar as informações solicitadas pelo Congresso Nacional, por qualquer de suas Casas, ou por qualquer das respectivas Comissões, sobre a fiscalização contábil, financeira, orçamentária, operacional e patrimonial e sobre resultados de auditorias e inspeções realizadas;

VIII - aplicar aos responsáveis, em caso de ilegalidade de despesa ou irregularidade de contas, as sanções previstas em lei, que estabelecerá, entre outras cominações, multa proporcional ao dano causado ao erário;

IX - assinar prazo para que o órgão ou entidade adote as providências necessárias ao exato cumprimento da lei, se verificada ilegalidade;

X - sustar, se não atendido, a execução do ato impugnado, comunicando a decisão à Câmara dos Deputados e ao Senado Federal;

XI - representar ao Poder competente sobre irregularidades ou abusos apurados.

§ 1º No caso de contrato, o ato de sustação será adotado diretamente pelo Congresso Nacional, que solicitará, de imediato, ao Poder Executivo as medidas cabíveis.

§ 2º Se o Congresso Nacional ou o Poder Executivo, no prazo de noventa dias, não efetivar as medidas previstas no parágrafo anterior, o Tribunal decidirá a respeito.

§ 3º As decisões do Tribunal de que resulte imputação de débito ou multa terão eficácia de título executivo.

§ 4º O Tribunal encaminhará ao Congresso Nacional, trimestral e anualmente, relatório de suas atividades.

Art. 72. A Comissão mista permanente a que se refere o art. 166, § 1º, diante de indícios de despesas não autorizadas, ainda que sob a forma de investimentos não programados ou de subsídios não aprovados, poderá solicitar à autoridade governamental responsável que, no prazo de cinco dias, preste os esclarecimentos necessários.

- art. 16, § 2º, ADCT.

§ 1º Não prestados os esclarecimentos, ou considerados estes insuficientes, a Comissão solicitará ao Tribunal pronunciamento conclusivo sobre a matéria, no prazo de trinta dias.

§ 2º Entendendo o Tribunal irregular a despesa, a Comissão, se julgar que o gasto possa causar dano irreparável ou grave lesão à economia pública, proporá ao Congresso Nacional sua sustação.

Art. 73. O Tribunal de Contas da União, integrado por nove Ministros, tem sede no Distrito Federal, quadro próprio de pessoal e jurisdição em todo o território nacional, exercendo, no que couber, as atribuições previstas no art. 96.

- art. 84, XV, desta CF.
- Lei 8.443/1992 (Lei Orgânica do TCU).

§ 1º Os Ministros do Tribunal de Contas da União serão nomeados dentre brasileiros que satisfaçam os seguintes requisitos:

I - mais de trinta e cinco e menos de sessenta e cinco anos de idade;

II - idoneidade moral e reputação ilibada;

III - notórios conhecimentos jurídicos, contábeis, econômicos e financeiros ou de administração pública;

IV - mais de dez anos de exercício de função ou de efetiva atividade profissional que exija os conhecimentos mencionados no inciso anterior.

§ 2º Os Ministros do Tribunal de Contas da União serão escolhidos:

- Súm. 653, STF.

I - um terço pelo Presidente da República, com aprovação do Senado Federal, sendo dois alternadamente dentre auditores e membros do Ministério Público junto ao Tribunal, indicados em lista tríplice pelo Tribunal, segundo os critérios de antiguidade e merecimento;

II - dois terços pelo Congresso Nacional.

§ 3º Os Ministros do Tribunal de Contas da União terão as mesmas garantias, prerrogativas, impedimentos, vencimentos e vantagens dos Ministros do Superior Tribunal de Justiça, aplicando-se-lhes, quanto à aposentadoria e pensão, as normas constantes do art. 40. (Redação dada pela EC 20/1998.)

§ 4º O auditor, quando em substituição a Ministro, terá as mesmas garantias e impedimentos do titular e, quando no exercício das demais atribuições da judicatura, as de juiz de Tribunal Regional Federal.

Art. 74. Os Poderes Legislativo, Executivo e Judiciário manterão, de forma integrada, sistema de controle interno com a finalidade de:

I - avaliar o cumprimento das metas previstas no plano plurianual, a execução dos programas de governo e dos orçamentos da União;

II - comprovar a legalidade e avaliar os resultados, quanto à eficácia e eficiência, da gestão orçamentária, financeira e patrimonial nos órgãos e entidades da administração federal, bem como da aplicação de recursos públicos por entidades de direito privado;

III - exercer o controle das operações de crédito, avais e garantias, bem como dos direitos e haveres da União;

IV - apoiar o controle externo no exercício de sua missão institucional.

§ 1º Os responsáveis pelo controle interno, ao tomarem conhecimento de qualquer irregularidade ou ilegalidade, dela darão ciência ao Tribunal de Contas da União, sob pena de responsabilidade solidária.

§ 2º Qualquer cidadão, partido político, associação ou sindicato é parte legítima para, na forma da lei, denunciar irregularidades ou ilegalidades perante o Tribunal de Contas da União.

- arts. 1º, XVI; 53, Lei 8.443/1992 (Lei Orgânica do TCU).

Art. 75. As normas estabelecidas nesta seção aplicam-se, no que couber, à organização, composição e fiscalização dos Tribunais de Contas dos Estados e do Distrito Federal, bem como dos Tribunais e Conselhos de Contas dos Municípios.

- art. 31, § 4º, desta CF.
- Súm. 653, STF.

Parágrafo único. As Constituições estaduais disporão sobre os Tribunais de Contas respectivos, que serão integrados por sete Conselheiros.

CAPÍTULO II
DO PODER EXECUTIVO

SEÇÃO I
DO PRESIDENTE E DO VICE-PRESIDENTE DA REPÚBLICA

- Lei 13.844/2019 (Organização básica dos órgãos da Presidência da República e dos Ministérios).

Art. 76. O Poder Executivo é exercido pelo Presidente da República, auxiliado pelos Ministros de Estado.

- Dec. 8.851/2016 (Dispõe sobre a substituição de Ministros de Estado, do Advogado-Geral da União e do Presidente do Bacen).

Art. 77. A eleição do Presidente e do Vice-Presidente da República realizar-se-á, simultaneamente, no primeiro domingo de outubro, em primeiro turno, e no último domingo de outubro, em segundo turno, se houver, do ano anterior ao do término do mandato presidencial vigente. (Redação dada pela EC 16/1997.)

- arts. 28; 29, II; 32, § 2º, desta CF.
- Lei 9.504/1997 (Lei das Eleições).

§ 1º A eleição do Presidente da República importará a do Vice-Presidente com ele registrado.

§ 2º Será considerado eleito Presidente o candidato que, registrado por partido político, obtiver a maioria absoluta de votos, não computados os em branco e os nulos.

§ 3º Se nenhum candidato alcançar maioria absoluta na primeira votação, far-se-á nova eleição em até vinte dias após a proclamação do resultado, concorrendo os dois candidatos mais votados e considerando-se eleito aquele que obtiver a maioria dos votos válidos.

§ 4º Se, antes de realizado o segundo turno, ocorrer morte, desistência ou impedimento legal de candidato, convocar-se-á, dentre os remanescentes, o de maior votação.

§ 5º Se, na hipótese dos parágrafos anteriores, remanescer, em segundo lugar, mais de um candidato com a mesma votação, qualificar-se-á o mais idoso.

Art. 78. O Presidente e o Vice-Presidente da República tomarão posse em sessão do Congresso Nacional, prestando o compromisso de manter, defender e cumprir a Constituição, observar as leis, promover o bem geral do povo brasileiro, sustentar a união, a integridade e a independência do Brasil.

Parágrafo único. Se, decorridos dez dias da data fixada para a posse, o Presidente ou o Vice-Presidente, salvo motivo de força maior, não tiver assumido o cargo, este será declarado vago.

Art. 79. Substituirá o Presidente, no caso de impedimento, e suceder-lhe-á, no de vaga, o Vice-Presidente.

Parágrafo único. O Vice-Presidente da República, além de outras atribuições que lhe forem conferidas por lei complementar, auxiliará o Presidente, sempre que por ele convocado para missões especiais.

Art. 80. Em caso de impedimento do Presidente e do Vice-Presidente, ou vacância dos respectivos cargos, serão sucessivamente chamados ao exercício da Presidência o Presidente da Câmara dos Deputados, o do Senado Federal e o do Supremo Tribunal Federal.

Art. 81. Vagando os cargos de Presidente e Vice-Presidente da República, far-se-á eleição noventa dias depois de aberta a última vaga.

§ 1º Ocorrendo a vacância nos últimos dois anos do período presidencial, a eleição para ambos os cargos será feita trinta dias depois da última vaga, pelo Congresso Nacional, na forma da lei.

§ 2º Em qualquer dos casos, os eleitos deverão completar o período de seus antecessores.

Art. 82. O mandato do Presidente da República é de quatro anos e terá início em primeiro de janeiro do ano seguinte ao da sua eleição. (Redação dada pela EC 16/1997.)

Art. 83. O Presidente e o Vice-Presidente da República não poderão, sem licença do Congresso Nacional, ausentar-se do país por período superior a quinze dias, sob pena de perda do cargo.

SEÇÃO II
DAS ATRIBUIÇÕES DO PRESIDENTE DA REPÚBLICA

Art. 84. Compete privativamente ao Presidente da República:

- arts. 55 a 57, CPM.
- arts. 466 a 480, CPPM.

I - nomear e exonerar os Ministros de Estado;

- Dec. 8.851/2016 (Dispõe sobre a substituição de Ministros de Estado, do Advogado-Geral da União e do Presidente do Bacen).

II - exercer, com o auxílio dos Ministros de Estado, a direção superior da administração federal;

- Dec. 8.851/2016 (Dispõe sobre a substituição de Ministros de Estado, do Advogado-Geral da União e do Presidente do Bacen).

III - iniciar o processo legislativo, na forma e nos casos previstos nesta Constituição;

IV - sancionar, promulgar e fazer publicar as leis, bem como expedir decretos e regulamentos para sua fiel execução;

V - vetar projetos de lei, total ou parcialmente;

- art. 66, §§ 1º a 7º, desta CF.

VI - dispor, mediante decreto, sobre: (Redação dada pela EC 32/2001.)

- art. 61, § 1º, II, e, desta CF.

a) organização e funcionamento da administração federal, quando não implicar aumento de despesa nem criação ou extinção de órgãos públicos; (Incluída pela EC 32/2001.)

b) extinção de funções ou cargos públicos, quando vagos; (Incluída pela EC 32/2001.)

- art. 48, X, desta CF.

VII - manter relações com Estados estrangeiros e acreditar seus representantes diplomáticos;

VIII - celebrar tratados, convenções e atos internacionais, sujeitos a referendo do Congresso Nacional;

IX - decretar o estado de defesa e o estado de sítio;

X - decretar e executar a intervenção federal;

XI - remeter mensagem e plano de governo ao Congresso Nacional por ocasião da abertura da sessão legislativa, expondo a situação do país e solicitando as providências que julgar necessárias;

XII - conceder indulto e comutar penas, com audiência, se necessário, dos órgãos instituídos em lei;

- Súm. 631 do STJ.

XIII - exercer o comando supremo das Forças Armadas, nomear os Comandantes da Marinha, do Exército e da Aeronáutica, promover seus oficiais-generais e nomeá-los para os cargos que lhes são privativos; (Redação dada pela EC 23/1999.)

- art. 49, I desta CF.
- LC 97/1999 (Normas gerais para organização, preparo e emprego das Forças Armadas).

XIV - nomear, após aprovação pelo Senado Federal, os Ministros do Supremo Tribunal Federal e dos Tribunais Superiores, os Governadores de Territórios, o Procurador-Geral da República, o presidente e os diretores do banco central e outros servidores, quando determinado em lei;

XV - nomear, observado o disposto no art. 73, os Ministros do Tribunal de Contas da União;

XVI - nomear os magistrados, nos casos previstos nesta Constituição, e o Advogado-Geral da União;

- arts 131 e 132 desta CF.
- Súm. 627, STF.

XVII - nomear membros do Conselho da República, nos termos do art. 89, VII;

XVIII - convocar e presidir o Conselho da República e o Conselho de Defesa Nacional;

XIX - declarar guerra, no caso de agressão estrangeira, autorizado pelo Congresso Nacional ou referendado por ele, quando ocorrida no intervalo das sessões legislativas, e, nas mesmas condições, decretar, total ou parcialmente, a mobilização nacional;

- art. 5º, XLVII, a, desta CF.
- Lei 11.631/2007 (Dispõe sobre a Mobilização Nacional e cria o Sistema Nacional de Mobilização - SINAMOB).
- Dec. 7.294/2010 (Dispõe sobre a Política de mobilização nacional).

XX - celebrar a paz, autorizado ou com o referendo do Congresso Nacional;

XXI - conferir condecorações e distinções honoríficas;

XXII - permitir, nos casos previstos em lei complementar, que forças estrangeiras transitem pelo território nacional ou nele permaneçam temporariamente;

- LC 90/1997 (Regulamenta este inciso e determina casos em que forças estrangeiras possam transitar pelo território nacional ou nele permanecer temporariamente).

XXIII - enviar ao Congresso Nacional o plano plurianual, o projeto de lei de diretrizes orçamentárias e as propostas de orçamento previstos nesta Constituição;

XXIV - prestar, anualmente, ao Congresso Nacional, dentro de sessenta dias após a abertura da sessão legislativa, as contas referentes ao exercício anterior;

XXV - prover e extinguir os cargos públicos federais, na forma da lei;

XXVI - editar medidas provisórias com força de lei, nos termos do art. 62;

XXVII - exercer outras atribuições previstas nesta Constituição.

XXVIII - propor ao Congresso Nacional a decretação do estado de calamidade pública de âmbito nacional previsto nos arts. 167-B, 167-C, 167-D, 167-E, 167-F e 167-G desta Constituição. (Inciso acrescido pela EC nº 109, de 2021)

Parágrafo único. O Presidente da República poderá delegar as atribuições mencionadas nos incisos VI, XII e XXV, primeira parte, aos Ministros de Estado, ao Procurador-Geral da República ou ao Advogado-Geral da União, que observarão os limites traçados nas respectivas delegações.

- art. 13, Lei 9.784/1999 (Regula o processo administrativo no âmbito da Administração Pública Federal).
- Dec. 8.851/2016 (Dispõe sobre a substituição de Ministros de Estado, do Advogado-Geral da União e do Presidente do Bacen).

SEÇÃO III
DA RESPONSABILIDADE DO PRESIDENTE DA REPÚBLICA

Art. 85. São crimes de responsabilidade os atos do Presidente da República que atentem contra a Constituição Federal e, especialmente, contra:

- Lei 1.079/1950 (Define os crimes de responsabilidade e regula o respectivo processo de julgamento).
- Lei 8.429/1992 (Lei de Improbidade Administrativa).

I - a existência da União;

II - o livre exercício do Poder Legislativo, do Poder Judiciário, do Ministério Público e dos Poderes constitucionais das unidades da Federação;

III - o exercício dos direitos políticos, individuais e sociais;

IV - a segurança interna do país;

- LC 90/1997 (Regulamenta este inciso e determina casos em que forças estrangeiras possam transitar pelo território nacional ou nele permanecer temporariamente).

V - a probidade na administração;

- art. 37, § 4º, desta CF.

VI - a lei orçamentária;

VII - o cumprimento das leis e das decisões judiciais.

Parágrafo único. Esses crimes serão definidos em lei especial, que estabelecerá as normas de processo e julgamento.

- Lei 1.079/1950 (Define os crimes de responsabilidade e regula o respectivo processo de julgamento).
- Súm. Vinc. 46, STF.
- Súm. 722, STF.

Art. 86. Admitida a acusação contra o Presidente da República, por dois terços da Câmara dos Deputados, será ele submetido a julgamento perante o Supremo Tribunal Federal, nas infrações penais comuns, ou perante o Senado Federal, nos crimes de responsabilidade.

§ 1º O Presidente ficará suspenso de suas funções:

I - nas infrações penais comuns, se recebida a denúncia ou queixa-crime pelo Supremo Tribunal Federal;

II - nos crimes de responsabilidade, após a instauração do processo pelo Senado Federal.

§ 2º Se, decorrido o prazo de cento e oitenta dias, o julgamento não estiver concluído, cessará o afastamento do Presidente, sem prejuízo do regular prosseguimento do processo.

§ 3º Enquanto não sobrevier sentença condenatória, nas infrações comuns, o Presidente da República não estará sujeito a prisão.

§ 4º O Presidente da República, na vigência de seu mandato, não pode ser responsabilizado por atos estranhos ao exercício de suas funções.

- Lei 1.079/1950 (Define os crimes de responsabilidade e regula o respectivo processo de julgamento).

SEÇÃO IV
DOS MINISTROS DE ESTADO

- Lei 13.844/2019 (Estabelece a organização básica dos órgãos da Presidência da República e dos Ministérios).
- Dec. 8.851/2016 (Dispõe sobre a substituição de Ministros de Estado, do Advogado-Geral da União e do Presidente do Bacen).

Art. 87. Os Ministros de Estado serão escolhidos dentre brasileiros maiores de vinte e um anos e no exercício dos direitos políticos.

Parágrafo único. Compete ao Ministro de Estado, além de outras atribuições estabelecidas nesta Constituição e na lei:

I - exercer a orientação, coordenação e supervisão dos órgãos e entidades da administração federal na área de sua competência e referendar os atos e decretos assinados pelo Presidente da República;

II - expedir instruções para a execução das leis, decretos e regulamentos;

III - apresentar ao Presidente da República relatório anual de sua gestão no Ministério;

IV - praticar os atos pertinentes às atribuições que lhe forem outorgadas ou delegadas pelo Presidente da República.

Art. 88. A lei disporá sobre a criação e extinção de Ministérios e órgãos da administração pública. (Redação dada pela EC 32/2001.)

SEÇÃO V
DO CONSELHO DA REPÚBLICA E DO CONSELHO DE DEFESA NACIONAL

SUBSEÇÃO I
DO CONSELHO DA REPÚBLICA

Art. 89. O Conselho da República é órgão superior de consulta do Presidente da República, e dele participam:

- Lei 8.041/1990 (Organização e funcionamento do Conselho da República).

I - o Vice-Presidente da República;

II - o Presidente da Câmara dos Deputados;

III - o Presidente do Senado Federal;

IV - os líderes da maioria e da minoria na Câmara dos Deputados;

V - os líderes da maioria e da minoria no Senado Federal;

VI - o Ministro da Justiça;

VII - seis cidadãos brasileiros natos, com mais de trinta e cinco anos de idade, sendo dois nomeados pelo Presidente da República, dois eleitos pelo Senado Federal e dois eleitos pela Câmara dos Deputados, todos com mandato de três anos, vedada a recondução.

- arts. 51, V; 52, XIV; 84, XVII, desta CF.

Art. 90. Compete ao Conselho da República pronunciar-se sobre:

I - intervenção federal, estado de defesa e estado de sítio;

II - as questões relevantes para a estabilidade das instituições democráticas.

§ 1º O Presidente da República poderá convocar Ministro de Estado para participar da reunião do Conselho, quando constar da pauta questão relacionada com o respectivo Ministério.

§ 2º A lei regulará a organização e o funcionamento do Conselho da República.

- Lei 8.041/1990 (Organização e funcionamento do Conselho da República).

SUBSEÇÃO II
DO CONSELHO DE DEFESA NACIONAL

- Lei 8.183/1991 (Dispõe sobre a organização e funcionamento do Conselho de Defesa Nacional).
- Dec. 893/1993 (Aprova o Regulamento do Conselho de Defesa Nacional).

Art. 91. O Conselho de Defesa Nacional é órgão de consulta do Presidente da República nos assuntos relacionados com a soberania nacional e a defesa do Estado democrático, e dele participam como membros natos:

- Lei 8.183/1991 (Dispõe sobre a organização e funcionamento do Conselho de Defesa Nacional).
- Dec. 893/1993 (Aprova o Regulamento do Conselho de Defesa Nacional).

I - o Vice-Presidente da República;

II - o Presidente da Câmara dos Deputados;

III - o Presidente do Senado Federal;

IV - o Ministro da Justiça;

V - o Ministro de Estado da Defesa; (Redação dada pela EC 23/1999.)

VI - o Ministro das Relações Exteriores;

VII - o Ministro do Planejamento.

VIII - os Comandantes da Marinha, do Exército e da Aeronáutica. (Incluído pela EC 23/1999.)

§ 1º Compete ao Conselho de Defesa Nacional:

I - opinar nas hipóteses de declaração de guerra e de celebração da paz, nos termos desta Constituição;

II - opinar sobre a decretação do estado de defesa, do estado de sítio e da intervenção federal;

III - propor os critérios e condições de utilização de áreas indispensáveis à segurança do território nacional e opinar sobre seu efetivo uso, especialmente na faixa de fronteira e nas relacionadas com a preservação e a exploração dos recursos naturais de qualquer tipo;

IV - estudar, propor e acompanhar o desenvolvimento de iniciativas necessárias a garantir a independência nacional e a defesa do Estado democrático.

§ 2º A lei regulará a organização e o funcionamento do Conselho de Defesa Nacional.

- Lei 8.183/1991 (Dispõe sobre a organização e funcionamento do Conselho de Defesa Nacional).
- Dec. 893/1993 (Aprova o Regulamento do Conselho de Defesa Nacional).

CAPÍTULO III
DO PODER JUDICIÁRIO

SEÇÃO I
DISPOSIÇÕES GERAIS

Art. 92. São órgãos do Poder Judiciário:

I - o Supremo Tribunal Federal;

I-A - o Conselho Nacional de Justiça; (Incluído pela EC 45/2004.)

- art. 103-B desta CF.
- art. 5º, EC 45/2004 (Reforma do Judiciário).

II - o Superior Tribunal de Justiça;

II-A - o Tribunal Superior do Trabalho; (Acrescentado pela EC 92/2016.)

III - os Tribunais Regionais Federais e Juízes Federais;

IV - os Tribunais e Juízes do Trabalho;

V - os Tribunais e Juízes Eleitorais;

VI - os Tribunais e Juízes Militares;

VII - os Tribunais e Juízes dos Estados e do Distrito Federal e Territórios.

§ 1º O Supremo Tribunal Federal, o Conselho Nacional de Justiça e os Tribunais Superiores têm sede na Capital Federal. (Incluído pela EC 45/2004.)

- art. 103-B desta CF.

§ 2º O Supremo Tribunal Federal e os Tribunais Superiores têm jurisdição em todo o território nacional. (Incluído pela EC 45/2004.)

Art. 93. Lei complementar, de iniciativa do Supremo Tribunal Federal, disporá sobre o Estatuto da Magistratura, observados os seguintes princípios:

- LC 35/1979 (Lei Orgânica da Magistratura Nacional).

I - ingresso na carreira, cujo cargo inicial será o de juiz substituto, mediante concurso público de provas e títulos, com a participação da Ordem dos Advogados do Brasil em todas as fases, exigindo-se do bacharel em direito, no mínimo, três anos de atividade jurídica e obedecendo-se, nas nomeações, à ordem de classificação; (Incluído pela EC 45/2004.)

II - promoção de entrância para entrância, alternadamente, por antiguidade e merecimento, atendidas as seguintes normas:

a) é obrigatória a promoção do juiz que figure por três vezes consecutivas ou cinco alternadas em lista de merecimento;

b) a promoção por merecimento pressupõe dois anos de exercício na respectiva entrância e integrar o juiz a primeira quinta parte da lista de antiguidade desta, salvo se não houver com tais requisitos quem aceite o lugar vago;

c) aferição do merecimento conforme o desempenho e pelos critérios objetivos de produtividade e presteza no exercício da jurisdição e pela frequência e aproveitamento em cursos oficiais ou reconhecidos de aperfeiçoamento; (Redação dada pela EC 45/2004.)

d) na apuração de antiguidade, o tribunal somente poderá recusar o juiz mais antigo pelo voto fundamentado de dois terços de seus membros, conforme procedimento próprio, e assegurada ampla defesa, repetindo-se a votação até fixar-se a indicação; (Redação dada pela EC 45/2004.)

e) não será promovido o juiz que, injustificadamente, retiver autos em seu poder além do prazo legal, não podendo devolvê-los ao cartório sem o devido despacho ou decisão; (Incluída pela EC 45/2004.)

III - o acesso aos tribunais de segundo grau far-se-á por antiguidade e merecimento, alternadamente, apurados na última ou única entrância; (Redação dada pela EC 45/2004.)

IV - previsão de cursos oficiais de preparação, aperfeiçoamento e promoção de magistrados, constituindo etapa obrigatória do processo de vitaliciamento a participação em curso oficial ou reconhecido por escola nacional de formação e aperfeiçoamento de magistrados; (Redação dada pela EC 45/2004.)

V - o subsídio dos Ministros dos Tribunais Superiores corresponderá a noventa e cinco por cento do subsídio mensal fixado para os Ministros do Supremo Tribunal Federal e os subsídios dos demais magistrados serão fixados em lei e escalonados, em nível federal e estadual, conforme as respectivas categorias da estrutura judiciária nacional, não podendo a diferença entre uma e outra ser superior a dez por cento ou inferior a cinco por cento, nem exceder a noventa e cinco por cento do subsídio mensal dos Ministros dos Tribunais Superiores, obedecido, em qualquer caso, o disposto nos arts. 37, XI, e 39, § 4º; (Redação dada pela EC 19/1998.)

- Lei 9.655/1998 (Altera o percentual de diferença entre a remuneração de cargos de ministro do STJ e dos Juízes da Justiça Federal de 1º e 2º graus).

VI - a aposentadoria dos magistrados e a pensão de seus dependentes observarão o disposto no art. 40; (Redação dada pela EC 20/1998.)

VII - o juiz titular residirá na respectiva comarca, salvo autorização do tribunal; (Redação dada pela EC 45/2004.)

VIII - o ato de remoção ou de disponibilidade do magistrado, por interesse público, fundar-se-á em decisão por voto da maioria absoluta do respectivo tribunal ou do Conselho Nacional de Justiça, assegurada ampla defesa; (Redação dada pela EC 103/2019)

- art. 95, II; 103-B, desta CF.

VIII-A - a remoção a pedido ou a permuta de magistrados de comarca de igual entrância atenderá, no que couber, ao disposto nas alíneas *a*, *b*, *c* e *e* do inciso II; (Incluído pela EC 45/2004.)

IX - todos os julgamentos dos órgãos do Poder Judiciário serão públicos, e fundamentadas todas as decisões, sob pena de nulidade, podendo a lei limitar a presença, em determinados atos, às próprias partes e a seus advogados, ou somente a estes, em casos nos quais a preservação do direito à intimidade do interessado no sigilo não prejudique o interesse público à informação; (Redação dada pela EC 45/2004.)

- Súm. 123, STJ.
- Súm. 459, TST.

X - as decisões administrativas dos tribunais serão motivadas e em sessão pública, sendo as disciplinares tomadas pelo voto da maioria absoluta de seus membros; (Redação dada pela EC 45/2004.)

XI - nos tribunais com número superior a vinte e cinco julgadores, poderá ser constituído órgão especial, com o mínimo de onze e o máximo de vinte e cinco membros, para o exercício das atribuições administrativas e jurisdicionais delegadas da competência do tribunal pleno, provendo-se metade das vagas por antiguidade e a outra metade por eleição pelo tribunal pleno; (Redação dada pela EC 45/2004.)

- art. 926, § 2º, CPC.

XII - a atividade jurisdicional será ininterrupta, sendo vedadas férias coletivas nos juízos e tribunais de segundo grau, funcionando, nos dias em que não houver expediente forense normal, juízes em plantão permanente; (Incluído pela EC 45/2004.)

- art. 214, CPC.

XIII - o número de juízes na unidade jurisdicional será proporcional à efetiva demanda judicial e à respectiva população; (Incluído pela EC 45/2004.)

XIV - os servidores receberão delegação para a prática de atos de administração e atos de mero expediente sem caráter decisório; (Incluído pela EC 45/2004.)

XV - a distribuição de processos será imediata, em todos os graus de jurisdição. (Incluído pela EC 45/2004.)

Art. 94. Um quinto dos lugares dos Tribunais Regionais Federais, dos Tribunais dos Estados, e do Distrito Federal e Territórios será composto de membros, do Ministério Público, com mais de dez anos de carreira, e de advogados de notório saber jurídico e de reputação ilibada, com mais de dez anos de efetiva atividade profissional, indicados em lista sêxtupla pelos órgãos de representação das respectivas classes.

- arts. 104, II; 115, II, desta CF.

Parágrafo único. Recebidas as indicações, o tribunal formará lista tríplice, enviando-a ao Poder Executivo, que, nos vinte dias subsequentes, escolherá um de seus integrantes para nomeação.

Art. 95. Os juízes gozam das seguintes garantias:

I - vitaliciedade, que, no primeiro grau, só será adquirida após dois anos de exercício, dependendo a perda do cargo, nesse período, de deliberação do tribunal a que o juiz estiver vinculado, e, nos demais casos, de sentença judicial transitada em julgado;

- Súm. 36, STF.

II - inamovibilidade, salvo por motivo de interesse público, na forma do art. 93, VIII;

III - irredutibilidade de subsídio, ressalvado o disposto nos arts. 37, X e XI, 39, § 4º, 150, II, 153, III, e 153, § 2º, I. (Redação dada pela EC 19/1998.)

Parágrafo único. Aos juízes é vedado:

I - exercer, ainda que em disponibilidade, outro cargo ou função, salvo uma de magistério;

II - receber, a qualquer título ou pretexto, custas ou participação em processo;

III - dedicar-se à atividade político-partidária.

IV - receber, a qualquer título ou pretexto, auxílios ou contribuições de pessoas físicas, entidades públicas ou privadas, ressalvadas as exceções previstas em lei; (Incluído pela EC 45/2004.)

V - exercer a advocacia no juízo ou tribunal do qual se afastou, antes de decorridos três anos do afastamento do cargo por aposentadoria ou exoneração. (Incluído pela EC 45/2004.)

- art. 128, § 6º, desta CF.

Art. 96. Compete privativamente:

- art. 4º, EC 45/2004 (Reforma do Judiciário).

I - aos tribunais:

a) eleger seus órgãos diretivos e elaborar seus regimentos internos, com observância das normas de processo e das garantias processuais das partes, dispondo sobre a competência e o funcionamento dos respectivos órgãos jurisdicionais e administrativos;

b) organizar suas secretarias e serviços auxiliares e os dos juízos que lhes forem vinculados, velando pelo exercício da atividade correicional respectiva;

c) prover, na forma prevista nesta Constituição, os cargos de juiz de carreira da respectiva jurisdição;

d) propor a criação de novas varas judiciárias;

e) prover, por concurso público de provas, ou de provas e títulos, obedecido o disposto no art. 169, parágrafo único, os cargos necessários à administração da Justiça, exceto os de confiança assim definidos em lei;

- Em função da EC 19/1998, a referência passa a ser ao art. 169, § 1º.

f) conceder licença, férias e outros afastamentos a seus membros e aos juízes e servidores que lhes forem imediatamente vinculados;

II - ao Supremo Tribunal Federal, aos Tribunais Superiores e aos Tribunais de Justiça propor ao Poder Legislativo respectivo, observado o disposto no art. 169:

a) a alteração do número de membros dos tribunais inferiores;

b) a criação e a extinção de cargos e a remuneração dos seus serviços auxiliares e dos juízos que lhes forem vinculados, bem como a fixação do subsídio de seus membros e dos juízes, inclusive dos tribunais inferiores, onde houver; (Redação dada pela EC 41/2003.)

- Lei 11.416/2006 (Carreiras dos servidores do Poder Judiciário da União).

c) a criação ou extinção dos tribunais inferiores;

d) a alteração da organização e da divisão judiciárias;

III - aos Tribunais de Justiça julgar os juízes estaduais e do Distrito Federal e Territórios, bem como os membros do Ministério Público, nos crimes comuns e de responsabilidade, ressalvada a competência da Justiça Eleitoral.

Art. 97. Somente pelo voto da maioria absoluta de seus membros ou dos membros do respectivo órgão especial poderão os tribunais declarar a inconstitucionalidade de lei ou ato normativo do Poder Público.

- Súm. Vinc. 10, STF.

Art. 98. A União, no Distrito Federal e nos Territórios, e os Estados criarão:

I - juizados especiais, providos por juízes togados, ou togados e leigos, competentes para a conciliação, o julgamento e a execução de causas cíveis de menor complexidade e infrações penais de menor potencial ofensivo, mediante os procedimentos oral e sumariíssimo, permitidos, nas hipóteses previstas em lei, a transação e o julgamento de recursos por turmas de juízes de primeiro grau;

- Lei 9.099/1995 (Lei dos Juizados Especiais).
- Lei 10.259/2001 (Lei dos Juizados Especiais Federais).
- Lei 12.053/2009 (Lei dos Juizados Especiais da Fazenda Pública).
- art. 14 da Lei 11.340/2006 (Juizados de Violência Doméstica e Familiar contra a Mulher).
- Súm. Vinc. 27 e 35, STF.
- Súm. 376, STJ.

II - justiça de paz, remunerada, composta de cidadãos eleitos pelo voto direto, universal e secreto, com mandato de quatro anos e competência para, na forma da lei, celebrar casamentos, verificar, de ofício ou em face de impugnação apresentada, o processo de habilitação e exercer atribuições conciliatórias, sem caráter jurisdicional, além de outras previstas na legislação.

- art. 30, ADCT.

§ 1º Lei federal disporá sobre a criação de juizados especiais no âmbito da Justiça Federal. (Incluído pela EC 22/1999 e renumerado pela EC 45/2004.)

- Lei 10.259/2001 (Lei dos Juizados Especiais Federais).
- Súm. 428, STJ.

§ 2º As custas e emolumentos serão destinados exclusivamente ao custeio dos serviços afetos às atividades específicas da Justiça. (Incluído pela EC 45/2004.)

Art. 99. Ao Poder Judiciário é assegurada autonomia administrativa e financeira.

§ 1º Os tribunais elaborarão suas propostas orçamentárias dentro dos limites estipulados conjuntamente com os demais Poderes na lei de diretrizes orçamentárias.

- art. 134, § 2º, desta CF.
- art. 107, § 2º, ACDT.

§ 2º O encaminhamento da proposta, ouvidos os outros tribunais interessados, compete:

- art. 134, § 2º, desta CF.

I - no âmbito da União, aos Presidentes do Supremo Tribunal Federal e dos Tribunais Superiores, com a aprovação dos respectivos tribunais;

II - no âmbito dos Estados e no do Distrito Federal e Territórios, aos Presidentes dos Tribunais de Justiça, com a aprovação dos respectivos tribunais.

§ 3º Se os órgãos referidos no § 2º não encaminharem as respectivas propostas orçamentárias dentro do prazo estabelecido na lei de diretrizes orçamentárias, o Poder Executivo considerará, para fins de consolidação da proposta orçamentária anual, os valores aprovados na lei orçamentária vigente, ajustados de acordo com os limites estipulados na forma do § 1º deste artigo. (Incluído pela EC 45/2004.)

§ 4º Se as propostas orçamentárias de que trata este artigo forem encaminhadas em desacordo com os limites estipulados na forma do § 1º, o Poder Executivo procederá aos ajustes necessários para fins de consolidação da proposta orçamentária anual. (Incluído pela EC 45/2004.)

§ 5º Durante a execução orçamentária do exercício, não poderá haver a realização de despesas ou a assunção de obrigações que extrapolem os limites estabelecidos na lei de diretrizes orçamentárias, exceto se previamente autorizadas, mediante a abertura de créditos suplementares ou especiais. (Incluído pela EC 45/2004.)

Art. 100. Os pagamentos devidos pelas Fazendas Públicas Federal, Estaduais, Distrital e Municipais, em virtude de sentença judiciária, far-se-ão exclusivamente na ordem cronológica de apresentação dos precatórios e à conta dos créditos respectivos, proibida a designação de casos ou de pessoas nas dotações orçamentárias e nos créditos adicionais abertos para este fim. (Redação dada pela EC 62/2009.)

- arts. 33; 78; 86; 87; 97, ADCT.
- art. 4º, EC 62/2009.
- art. 6º, Lei 9.469/1997 (Regula pagamentos devidos pela Fazenda Pública em virtude de sentença judiciária).
- Súm. 655, STF.
- Súm. 144 e 339, STJ.
- OJ Tribunal Pleno 12 e 13, TST.

§ 1º Os débitos de natureza alimentícia compreendem aqueles decorrentes de salários, vencimentos, proventos, pensões e suas complementações, benefícios previdenciários e indenizações por morte ou por invalidez, fundadas em responsabilidade civil, em virtude de sentença judicial transitada em julgado, e serão pagos com preferência sobre todos os demais débitos, exceto sobre aqueles referidos no § 2º deste artigo. (Redação dada pela EC 62/2009.)

- Súm. Vinc. 17; 47, STF.

§ 2º Os débitos de natureza alimentícia cujos titulares, originários ou por sucessão hereditária, tenham 60 (sessenta) anos de idade, ou sejam portadores de doença grave, ou pessoas com deficiência, assim definidos na forma da lei, serão pagos com preferência sobre todos os demais débitos, até o valor equivalente ao triplo fixado em lei para os fins do disposto no § 3º deste artigo, admitido o fracionamento para essa finalidade, sendo que o restante será pago na ordem cronológica de apresentação do precatório. (Alterado pela EC 94/2016.)

- art. 97, § 17, ADCT.

§ 3º O disposto no *caput* deste artigo relativamente à expedição de precatórios não se aplica aos pagamentos de obrigações definidas em leis como de pequeno valor que as Fazendas referidas devam fazer em virtude de sentença judicial transitada em julgado. (Redação dada pela EC 62/2009).

- art. 87, ADCT.
- Lei 10.099/2000 (Regulamenta este parágrafo).
- art. 17, § 1º, Lei 10.259/2001 (Lei dos Juizados Especiais Federais).
- art. 13, Lei 12.153/2009 (Lei dos Juizados Especiais da Fazenda Pública).

§ 4º Para os fins do disposto no § 3º, poderão ser fixados, por leis próprias, valores distintos às entidades de direito público, segundo as diferentes capacidades econômicas, sendo o mínimo igual ao valor do maior benefício do regime geral de previdência social. (Redação dada pela EC 62/2009.)

- art. 97, § 12, ADCT.

§ 5º É obrigatória a inclusão, no orçamento das entidades de direito público, de verba necessária ao pagamento de seus débitos, oriundos de sentenças transitadas em julgado, constantes de precatórios judiciários apresentados até 1º de julho, fazendo-se o pagamento até o final do exercício seguinte, quando terão seus valores atualizados monetariamente. (Redação dada pela EC 62/2009.)

- Súm. Vinc. 17, STF.

§ 6º As dotações orçamentárias e os créditos abertos serão consignados diretamente ao Poder Judiciário, cabendo ao Presidente do Tribunal que proferir a decisão exequenda determinar o pagamento integral e autorizar, a requerimento do credor e exclusivamente para os casos de preterimento de seu direito de precedência ou de não alocação orçamentária do valor necessário à satisfação do seu débito, o sequestro da quantia respectiva. (Redação dada pela EC 62/2009.)

- Súm. 733, STF.

§ 7º O Presidente do Tribunal competente que, por ato comissivo ou omissivo, retardar ou tentar frustrar a liquidação regular de precatórios incorrerá em crime de responsabilidade e responderá, também, perante o Conselho Nacional de Justiça. (Incluído pela EC 62/2009.)

- Lei 1.079/1950 (Define os crimes de responsabilidade e regula o respectivo processo de julgamento).
- Súm. Vinc. 46, STF.

§ 8º É vedada a expedição de precatórios complementares ou suplementares de valor pago, bem como o fracionamento, repartição ou quebra do valor da execução para fins de enquadramento de parcela do total ao que dispõe o § 3º deste artigo. (Incluído pela EC 62/2009.)

- art. 87, ADCT.

§ 9º No momento da expedição dos precatórios, independentemente de regulamentação, deles deverá ser abatido, a título de compensação, valor correspondente aos débitos líquidos e certos, inscritos ou não em dívida ativa e constituídos contra o credor original pela Fazenda Pública devedora, incluídas parcelas vincendas de parcelamentos, ressalvados aqueles cuja execução esteja suspensa em virtude de contestação administrativa ou judicial. (Incluído pela EC 62/2009.)

- ADIn 4.425 QO/DF e ADIn 4.357/DF (Declara inconstitucional este parágrafo).

§ 10. Antes da expedição dos precatórios, o Tribunal solicitará à Fazenda Pública devedora, para resposta em até 30 (trinta) dias, sob pena de perda do direito de abatimento, informação sobre os débitos que preencham as condições estabelecidas no § 9º, para os fins nele previstos. (Incluído pela EC 62/2009.)

- ADIn 4.425 QO/DF e ADIn 4.357/DF (Declara inconstitucional este parágrafo).

§ 11. É facultada ao credor, conforme estabelecido em lei da entidade federativa devedora, a entrega de créditos em precatórios para compra de imóveis públicos do respectivo ente federado. (Incluído pela EC 62/2009.)

§ 12. A partir da promulgação desta Emenda Constitucional, a atualização de valores de requisitórios, após sua expedição, até o efetivo pagamento, independentemente de sua natureza, será feita pelo índice oficial de remuneração básica da caderneta de poupança, e, para fins de compensação da mora, incidirão juros simples no mesmo percentual de juros incidentes sobre a caderneta de poupança, ficando excluída a incidência de juros compensatórios. (Incluído pela EC 62/2009.)

- ADIn 4.425/DF e 4.357/DF (Declara inconstitucional os trechos "independentemente de sua natureza" e "índice oficial de remuneração básica da caderneta de poupança" contidos neste parágrafo).
- OJ Tribunal Pleno 7, TST.
- OJ SDI-1 382, TST.

§ 13. O credor poderá ceder, total ou parcialmente, seus créditos em precatórios a terceiros, independentemente da concordância do devedor, não se aplicando ao cessionário o disposto nos §§ 2º e 3º. (Incluído pela EC 62/2009.)

- art. 5º, EC 62/2009 (Convalida todas as cessões de precatórios efetuados antes de sua promulgação, independentemente da concordância da entidade devedora).
- arts. 286 a 298, CC/2002.

§ 14. A cessão de precatórios somente produzirá efeitos após comunicação, por meio de petição protocolizada, ao tribunal de origem e à entidade devedora. (Incluído pela EC 62/2009.)

§ 15. Sem prejuízo do disposto neste artigo, lei complementar a esta Constituição Federal poderá estabelecer regime especial para pagamento de crédito de precatórios de Estados, Distrito Federal e Municípios, dispondo sobre vinculações à receita corrente líquida e forma e prazo de liquidação. (Incluído pela EC 62/2009.)

- art. 97, *caput*, ADCT.
- ADIn 4.425 QO/DF e ADIn 4.357/DF (Declara inconstitucional este parágrafo).

§ 16. A seu critério exclusivo e na forma de lei, a União poderá assumir débitos, oriundos de precatórios, de Estados, Distrito Federal e Municípios, refinanciando-os diretamente. (Incluído pela EC 62/2009.)

§ 17. A União, os Estados, o Distrito Federal e os Municípios aferirão mensalmente, em base anual, o comprometimento de suas respectivas receitas correntes líquidas com o pagamento de precatórios e obrigações de pequeno valor. (Acrescentado pela EC 94/2016.)

§ 18. Entende-se como receita corrente líquida, para os fins de que trata o § 17, o somatório das receitas tributárias, patrimoniais, industriais, agropecuárias, de contribuições e de serviços, de transferências correntes e outras receitas correntes, incluindo as oriundas do § 1º do art. 20 da Constituição Federal, verificado no período compreendido pelo segundo mês imediatamente anterior ao de referência e os 11 (onze) meses precedentes, excluídas as duplicidades, e deduzidas: (Acrescentado pela EC 94/2016.)

I - na União, as parcelas entregues aos Estados, ao Distrito Federal e aos Municípios por determinação constitucional; (Acrescentado pela EC 94/2016.)

II - nos Estados, as parcelas entregues aos Municípios por determinação constitucional; (Acrescentado pela EC 94/2016.)

III - na União, nos Estados, no Distrito Federal e nos Municípios, a contribuição dos servidores para custeio de seu sistema de previdência e assistência social e as receitas provenientes da compensação financeira referida no § 9º do art. 201 da Constituição Federal. (Acrescentado pela EC 94/2016.)

§ 19. Caso o montante total de débitos decorrentes de condenações judiciais em precatórios e obrigações de pequeno valor, em período de 12 (doze) meses, ultrapasse a média do comprometimento percentual da receita corrente líquida nos 5 (cinco) anos imediatamente anteriores, a parcela que exceder esse percentual poderá ser financiada, excetuada dos limites de endividamento de que tratam os incisos VI e VII do art. 52 da Constituição Federal e de quaisquer outros limites de endividamento previstos, não se aplicando a esse financiamento a vedação de vinculação de receita prevista no inciso IV do art. 167 da Constituição Federal. (Acrescentado pela EC 94/2016.)

§ 20. Caso haja precatório com valor superior a 15% (quinze por cento) do montante dos precatórios apresentados nos termos do § 5º deste artigo, 15% (quinze por cento) do valor deste precatório serão pagos até o final do exercício seguinte e o restante em parcelas iguais nos cinco exercícios subsequentes, acrescidas de juros de mora e correção monetária, ou mediante acordos diretos, perante Juízos Auxiliares de Conciliação de Precatórios, com redução máxima de 40% (quarenta por cento) do valor do crédito atualizado, desde que em relação ao crédito não penda recurso ou defesa judicial e que sejam observados os requisitos definidos na regulamentação editada pelo ente federado. (Acrescentado pela EC 94/2016.)

SEÇÃO II
DO SUPREMO TRIBUNAL FEDERAL

Art. 101. O Supremo Tribunal Federal compõe-se de onze Ministros, escolhidos dentre cidadãos com mais de trinta e cinco e menos de sessenta e cinco anos de idade, de notável saber jurídico e reputação ilibada.

- Lei 8.038/1990 (Institui normas procedimentais para os processos que especifica perante o STJ e o STF).

Parágrafo único. Os Ministros do Supremo Tribunal Federal serão nomeados pelo Presidente da República, depois de aprovada a escolha pela maioria absoluta do Senado Federal.

Art. 102. Compete ao Supremo Tribunal Federal, precipuamente, a guarda da Constituição, cabendo-lhe:

I - processar e julgar, originariamente:

a) a ação direta de inconstitucionalidade de lei ou ato normativo federal ou estadual e a ação declaratória de constitucionalidade de lei ou ato normativo federal; (Redação dada pela EC 3/1993.)

- Lei 9.868/1999 (Dispõe sobre o processo e julgamento da ação direta de inconstitucionalidade e da ação declaratória de constitucionalidade de perante o STF).
- Dec. 2.346/1997 (Consolida normas de procedimentos a serem observadas pela Administração Pública Federal em razão de decisões judiciais).
- Súm. 360; 642; 735, STF.

b) nas infrações penais comuns, o Presidente da República, o Vice-Presidente, os membros do Congresso Nacional, seus próprios Ministros e o Procurador-Geral da República;

c) nas infrações penais comuns e nos crimes de responsabilidade, os Ministros de Estado e os Comandantes da Marinha, do Exército e da Aeronáutica, ressalvado o disposto no art. 52, I, os membros dos Tribunais Superiores, os do Tribunal de Contas da União e os chefes de missão diplomática de caráter permanente; (Redação dada pela EC 23/1999.)

- Lei 1.079/1950 (Define os crimes de responsabilidade e regula o respectivo processo de julgamento).
- Súm. Vinc. 46, STF.

d) o *habeas corpus*, sendo paciente qualquer das pessoas referidas nas alíneas anteriores; o mandado de segurança e o *habeas data* contra atos do Presidente da República, das Mesas da Câmara dos Deputados e do Senado Federal, do Tribunal de Contas da União, do Procurador-Geral da República e do próprio Supremo Tribunal Federal;

- Lei 9.507/1997 (Lei do *Habeas data*).
- 12.016/2009 (Lei do Mandado de Segurança individual e coletivo).
- Súm. 624 e 692, STF.

e) o litígio entre Estado estrangeiro ou organismo internacional e a União, o Estado, o Distrito Federal ou o Território;

- art. 24, CPC.

f) as causas e os conflitos entre a União e os Estados, a União e o Distrito Federal, ou entre uns e outros, inclusive as respectivas entidades da administração indireta;

g) a extradição solicitada por Estado estrangeiro;

- Súm. 367; 421; 692, STF.

h) (Revogada pela EC 45/2004.)

i) o *habeas corpus*, quando o coator for Tribunal Superior ou quando o coator ou o paciente for autoridade ou funcionário cujos atos estejam sujeitos diretamente à jurisdição do Supremo Tribunal Federal, ou se trate de crime sujeito à mesma jurisdição em uma única instância; (Redação dada pela EC 22/1999.)

- Súm. 606; 690 a 692; 731, STF.

j) a revisão criminal e a ação rescisória de seus julgados;

- arts. 966 a 975, NCPC.
- arts. 621 a 631, CPP.

l) a reclamação para a preservação de sua competência e garantia da autoridade de suas decisões;

m) a execução de sentença nas causas de sua competência originária, facultada a delegação de atribuições para a prática de atos processuais;

n) a ação em que todos os membros da magistratura sejam direta ou indiretamente interessados, e aquela em que mais da metade dos membros do tribunal de origem estejam impedidos ou sejam direta ou indiretamente interessados;

- Súm. 623 e 731, STF.

o) os conflitos de competência entre o Superior Tribunal de Justiça e quaisquer tribunais, entre Tribunais Superiores, ou entre estes e qualquer outro tribunal;

- arts. 105, I, d; 108, I, e; art. 114, V, desta CF.

p) o pedido de medida cautelar das ações diretas de inconstitucionalidade;

q) o mandado de injunção, quando a elaboração da norma regulamentadora for atribuição do Presidente da República, do Congresso Nacional, da Câmara dos Deputados, do Senado Federal, das Mesas de uma dessas Casas Legislativas, do Tribunal de Contas da União, de um dos Tribunais Superiores ou do próprio Supremo Tribunal Federal;

- Lei 13.300/2016 (Mandados de injunção individual e coletivo).

r) as ações contra o Conselho Nacional de Justiça e contra o Conselho Nacional do Ministério Público; (Incluída pela EC 45/2004.)

- arts. 103-B e 130-A desta CF.

II - julgar, em recurso ordinário:

a) o *habeas corpus*, o mandado de segurança, o *habeas data* e o mandado de injunção decididos em única instância pelos Tribunais Superiores, se denegatória a decisão;

- Lei 9.507/1997 (Lei do *Habeas data*).
- Lei 12.016/2009 (Lei do Mandado de segurança individual e coletivo)
- Lei 13.300/2016 (Mandados de injunção individual e coletivo).

b) o crime político;

III - julgar, mediante recurso extraordinário, as causas decididas em única ou última instância, quando a decisão recorrida:

- arts. 928, II; 1.029 a 1.044, NCPC.
- Lei 8.038/1990 (Normas procedimentais para os processos que especifica, perante o STJ e o STF).
- Lei 8.658/1993 (Aplicação, nos Tribunais de Justiça e nos Tribunais Regionais Federais, das normas da Lei 8.038/1990).
- Súm. 634 a 640; 727; 728; 733, STF.

a) contrariar dispositivo desta Constituição;

- Súm. 400 e 735, STF.

b) declarar a inconstitucionalidade de tratado ou lei federal;

- art. 948, NCPC.

c) julgar válida lei ou ato de governo local contestado em face desta Constituição.

d) julgar válida lei local contestada em face de lei federal. (Incluída pela EC 45/2004.)

§ 1º A arguição de descumprimento de preceito fundamental, decorrente desta Constituição, será apreciada pelo Supremo Tribunal Federal, na forma da lei. (Transformado do parágrafo único em § 1º pela EC 3/1993.)

- Lei 9.882/1999 (Dispõe sobre o processo e julgamento da Arguição de Descumprimento de Preceito Fundamental).

§ 2º As decisões definitivas de mérito, proferidas pelo Supremo Tribunal Federal, nas ações diretas de inconstitucionalidade e nas ações declaratórias de constitucionalidade produzirão eficácia contra todos e efeito vinculante, relativamente aos demais órgãos do Poder Judiciário e à administração pública direta e indireta, nas esferas federal, estadual e municipal. (Redação dada pela EC 45/2004.)

- Lei 9.868/1998 (Dispõe sobre o processo e julgamento da ação direta de inconstitucionalidade e da ação declaratória de constitucionalidade perante o STF).

§ 3º No recurso extraordinário o recorrente deverá demonstrar a repercussão geral das questões constitucionais discutidas no caso, nos termos da lei, a fim de que o Tribunal examine a admissão do recurso, somente podendo recusá-lo pela manifestação de dois terços de seus membros. (Incluída pela EC 45/2004.)

- arts. 1.035; 1.036; 1.039, NCPC.

Art. 103. Podem propor a ação direta de inconstitucionalidade e a ação declaratória de constitucionalidade: (Redação dada pela EC 45/2004.)

- arts. 2º; 12-A; 13, Lei 9.868/1999 (Dispõe sobre o processo e julgamento da ação direta de inconstitucionalidade e da ação declaratória de constitucionalidade perante o STF).

I - o Presidente da República;

II - a Mesa do Senado Federal;

III - a Mesa da Câmara dos Deputados;

IV - a Mesa de Assembleia Legislativa ou da Câmara Legislativa do Distrito Federal; (Redação dada pela EC 45/2004.)

V - o Governador de Estado ou do Distrito Federal; (Redação dada pela EC 45/2004.)

VI - o Procurador-Geral da República;

VII - o Conselho Federal da Ordem dos Advogados do Brasil;

VIII - partido político com representação no Congresso Nacional;

IX - confederação sindical ou entidade de classe de âmbito nacional.

§ 1º O Procurador-Geral da República deverá ser previamente ouvido nas ações de inconstitucionalidade e em todos os processos de competência do Supremo Tribunal Federal.

§ 2º Declarada a inconstitucionalidade por omissão de medida para tornar efetiva norma constitucional, será dada ciência ao Poder competente para a adoção das providências necessárias e, em se tratando de órgão administrativo, para fazê-lo em trinta dias.

- art. 12-H, Lei 9.868/1999 (Dispõe sobre o processo e julgamento da ação direta de inconstitucionalidade e da ação declaratória de constitucionalidade perante o STF).

§ 3º Quando o Supremo Tribunal Federal apreciar a inconstitucionalidade, em tese, de norma legal ou ato normativo, citará, previamente, o Advogado-Geral da União, que defenderá o ato ou texto impugnado.

§ 4º (Revogado pela EC 45/2004.)

Art. 103-A. O Supremo Tribunal Federal poderá, de ofício ou por provocação, mediante decisão de dois terços dos seus membros, após reiteradas decisões sobre matéria constitucional, aprovar súmula que, a partir de sua publicação na imprensa oficial, terá efeito vinculante em relação aos demais órgãos do Poder Judiciário e à administração pública direta e indireta, nas esferas federal, estadual e municipal, bem como proceder à sua revisão ou cancelamento, na forma estabelecida em lei. (Incluído pela EC 45/2004.)

- art. 8º, EC 45/2004 (Reforma do Judiciário).
- art. 927, II, NCPC.
- Lei 11.417/2006 (Regulamenta este artigo).

§ 1º A súmula terá por objetivo a validade, a interpretação e a eficácia de normas determinadas, acerca das quais haja controvérsia atual entre órgãos judiciários ou entre esses e a administração pública que acarrete grave insegurança jurídica e relevante multiplicação de processos sobre questão idêntica.

§ 2º Sem prejuízo do que vier a ser estabelecido em lei, a aprovação, revisão ou cancelamento de súmula poderá ser provocada por aqueles que podem propor a ação direta de inconstitucionalidade.

§ 3º Do ato administrativo ou decisão judicial que contrariar a súmula aplicável ou que indevidamente a aplicar, caberá reclamação ao Supremo Tribunal Federal que, julgando-a procedente, anulará o ato administrativo ou cassará a decisão judicial reclamada, e determinará que outra seja proferida com ou sem a aplicação da súmula, conforme o caso.

Art. 103-B. O Conselho Nacional de Justiça compõe-se de 15 (quinze) membros com mandato de 2 (dois) anos, admitida 1 (uma) recondução, sendo: (Redação dada pela EC 61/2009.)

- Lei 11.364/2006 (Dispõe sobre atividades de apoio ao Conselho Nacional de Justiça).

I - o Presidente do Supremo Tribunal Federal; (Redação dada pela EC 61/2009.)

II - um Ministro do Superior Tribunal de Justiça, indicado pelo respectivo tribunal; (Incluído pela EC 45/2004.)

III - um Ministro do Tribunal Superior do Trabalho, indicado pelo respectivo tribunal; (Incluído pela EC 45/2004.)

IV - um desembargador de Tribunal de Justiça, indicado pelo Supremo Tribunal Federal; (Incluído pela EC 45/2004.)

V - um juiz estadual, indicado pelo Supremo Tribunal Federal; (Incluído pela EC 45/2004.)

VI - um juiz de Tribunal Regional Federal, indicado pelo Superior Tribunal de Justiça; (Incluído pela EC 45/2004.)

VII - um juiz federal, indicado pelo Superior Tribunal de Justiça; (Incluído pela EC 45/2004.)

VIII - um juiz de Tribunal Regional do Trabalho, indicado pelo Tribunal Superior do Trabalho; (Incluído pela EC 45/2004.)

IX - um juiz do trabalho, indicado pelo Tribunal Superior do Trabalho; (Incluído pela EC 45/2004.)

X - um membro do Ministério Público da União, indicado pelo Procurador-Geral da República; (Incluído pela EC 45/2004.)

XI - um membro do Ministério Público estadual, escolhido pelo Procurador-Geral da República dentre os nomes indicados pelo órgão competente de cada instituição estadual; (Incluído pela EC 45/2004.)

XII - dois advogados, indicados pelo Conselho Federal da Ordem dos Advogados do Brasil; (Incluído pela EC 45/2004.)

XIII - dois cidadãos, de notável saber jurídico e reputação ilibada, indicados um pela Câmara dos Deputados e outro pelo Senado Federal. (Incluído pela EC 45/2004.)

§ 1º O Conselho será presidido pelo Presidente do Supremo Tribunal Federal e, nas suas ausências e impedimentos, pelo Vice-Presidente do Supremo Tribunal Federal. (Redação dada pela EC 61/2009.)

§ 2º Os demais membros do Conselho serão nomeados pelo Presidente da República, depois de aprovada a escolha pela maioria absoluta do Senado Federal. (Redação dada pela EC 61/2009.)

§ 3º Não efetuadas, no prazo legal, as indicações previstas neste artigo, caberá a escolha ao Supremo Tribunal Federal. (Incluído pela EC 45/2004.)

§ 4º Compete ao Conselho o controle da atuação administrativa e financeira do Poder Judiciário e do cumprimento dos deveres funcionais dos juízes, cabendo-lhe, além de outras atribuições que lhe forem conferidas pelo Estatuto da Magistratura: (Incluído pela EC 45/2004.)

I - zelar pela autonomia do Poder Judiciário e pelo cumprimento do Estatuto da Magistratura, podendo expedir atos regulamentares, no âmbito de sua competência, ou recomendar providências;

II - zelar pela observância do art. 37 e apreciar, de ofício ou mediante provocação, a legalidade dos atos administrativos praticados por membros ou órgãos do Poder Judiciário, podendo desconstituí-los, revê-los ou fixar prazo para que se adotem as providências necessárias ao exato cumprimento da lei, sem prejuízo da competência do Tribunal de Contas da União;

III - receber e conhecer das reclamações contra membros ou órgãos do Poder Judiciário, inclusive contra seus serviços auxiliares, serventias e órgãos prestadores de serviços notariais e de registro que atuem por delegação do poder público ou oficializados, sem prejuízo da competência disciplinar e correicional dos tribunais, podendo avocar processos disciplinares em curso, determinar a remoção ou a disponibilidade e aplicar outras sanções administrativas, assegurada ampla defesa; (Redação dada pela EC 103/2019)

IV - representar ao Ministério Público, no caso de crime contra a administração pública ou de abuso de autoridade;

V - rever, de ofício ou mediante provocação, os processos disciplinares de juízes e membros de tribunais julgados há menos de um ano;

VI - elaborar semestralmente relatório estatístico sobre processos e sentenças prolatadas, por unidade da Federação, nos diferentes órgãos do Poder Judiciário;

VII - elaborar relatório anual, propondo as providências que julgar necessárias, sobre a situação do Poder Judiciário no país e as atividades do Conselho, o qual deve integrar mensagem do Presidente do Supremo Tribunal Federal a ser remetida ao Congresso Nacional, por ocasião da abertura da sessão legislativa.

§ 5º O Ministro do Superior Tribunal de Justiça exercerá a função de Ministro-Corregedor e ficará excluído da distribuição de processos no Tribunal, competindo-lhe, além das atribuições que lhe forem conferidas pelo Estatuto da Magistratura, as seguintes: (Incluído pela EC 45/2004.)

I - receber as reclamações e denúncias, de qualquer interessado, relativas aos magistrados e aos serviços judiciários;

II - exercer funções executivas do Conselho, de inspeção e de correição geral;

III - requisitar e designar magistrados, delegando-lhes atribuições, e requisitar servidores de juízos ou tribunais, inclusive nos Estados, Distrito Federal e Territórios.

§ 6º Junto ao Conselho oficiarão o Procurador-Geral da República e o Presidente do Conselho Federal da Ordem dos Advogados do Brasil. (Incluído pela EC 45/2004.)

§ 7º A União, inclusive no Distrito Federal e nos Territórios, criará ouvidorias de justiça, competentes para receber reclamações e denúncias de qualquer interessado contra membros ou órgãos do Poder Judiciário, ou contra seus serviços auxiliares, representando diretamente ao Conselho Nacional de Justiça. (Incluído pela EC 45/2004.)

- Res. 103/2010, CNJ (Atribuições da Ouvidoria do CNJ e determina criação de ouvidorias no âmbito dos Tribunais).

SEÇÃO III
DO SUPERIOR TRIBUNAL DE JUSTIÇA

- Lei 8.038/1990 (Institui normas procedimentais para os processos que especifica perante o STJ e o STF).

Art. 104. O Superior Tribunal de Justiça compõe-se de, no mínimo, trinta e três Ministros.

Parágrafo único. Os Ministros do Superior Tribunal de Justiça serão nomeados pelo Presidente da República, dentre brasileiros com mais de trinta e cinco e menos de sessenta e cinco anos, de notável saber jurídico e reputação ilibada, depois de aprovada a escolha pela maioria absoluta do Senado Federal, sendo: (Redação dada pela EC 45/2004.)

I - um terço dentre juízes dos Tribunais Regionais Federais e um terço dentre desembargadores dos Tribunais de Justiça, indicados em lista tríplice elaborada pelo próprio Tribunal;

II - um terço, em partes iguais, dentre advogados e membros do Ministério Público Federal, Estadual, do Distrito Federal e Territórios, alternadamente, indicados na forma do art. 94.

Art. 105. Compete ao Superior Tribunal de Justiça:

I - processar e julgar, originariamente:

a) nos crimes comuns, os Governadores dos Estados e do Distrito Federal, e, nestes e nos de responsabilidade, os desembargadores dos Tribunais de Justiça dos Estados e do Distrito Federal, os membros dos Tribunais de Contas dos Estados e do Distrito Federal, os dos Tribunais Regionais Federais, dos Tribunais Regionais Eleitorais e do Trabalho, os membros dos Conselhos ou Tribunais de Contas dos Municípios e os do Ministério Público da União que oficiem perante tribunais;

- Súm. Vinc. 46, STF.

b) os mandados de segurança e os *habeas data* contra ato de Ministro de Estado, dos Comandantes da Marinha, do Exército e da Aeronáutica ou do próprio Tribunal; (Redação dada pela EC 23/1999.)

- Lei 9.507/1997 (Lei do *Habeas data*).
- Lei 12.016/2009 (Lei do Mandado de Segurança individual e coletivo).
- Súm. 41, STJ.

c) os *habeas corpus*, quando o coator ou paciente for qualquer das pessoas mencionadas na alínea *a*, ou quando o coator for tribunal sujeito à sua jurisdição, Ministro de Estado ou Comandante da Marinha, do Exército ou da Aeronáutica, ressalvada a competência da Justiça Eleitoral; (Redação dada pela EC 23/1999.)

d) os conflitos de competência entre quaisquer tribunais, ressalvado o disposto no art. 102, I, *o*, bem como entre tribunal e juízes a ele não vinculados e entre juízes vinculados a tribunais diversos;

- Súm. 22 e 428, STJ.

e) as revisões criminais e as ações rescisórias de seus julgados;

- arts. 966 a 975, NCPC.
- arts. 621 a 631, CPP.

f) a reclamação para a preservação de sua competência e garantia da autoridade de suas decisões;

g) os conflitos de atribuições entre autoridades administrativas e judiciárias da União, ou entre autoridades judiciárias de um Estado e administrativas de outro ou do Distrito Federal, ou entre as deste e da União;

h) o mandado de injunção, quando a elaboração da norma regulamentadora for atribuição de órgão, entidade ou autoridade federal, da administração direta ou indireta, excetuados os casos de competência do Supremo Tribunal Federal e dos órgãos da Justiça Militar, da Justiça Eleitoral, da Justiça do Trabalho e da Justiça Federal;

- art. 109 desta CF.
- arts. 961 e 965, NCPC.
- Lei 13.300/2016 (Mandados de injunção individual e coletivo).

i) a homologação de sentenças estrangeiras e a concessão de *exequatur* às cartas rogatórias; (Incluída pela EC 45/2004.)

- art. 109, X, desta CF.
- arts. 961 e 965, NCPC.
- Dec. 9.039/2017 (Obtenção de Provas no Estrangeiro em Matéria Civil ou Comercial).

II - julgar, em recurso ordinário:

a) os *habeas corpus* decididos em única ou última instância pelos Tribunais Regionais Federais ou pelos tribunais dos Estados, do Distrito Federal e Territórios, quando a decisão for denegatória;

b) os mandados de segurança decididos em única instância pelos Tribunais Regionais Federais ou pelos tribunais dos Estados, do Distrito Federal e Territórios, quando denegatória a decisão;

- Lei 12.016/2009 (Lei do Mandado de Segurança individual e coletivo).

c) as causas em que forem partes Estado estrangeiro ou organismo internacional, de um lado, e, do outro, Município ou pessoa residente ou domiciliada no país;

III - julgar, em recurso especial, as causas decididas, em única ou última instância, pelos Tribunais Regionais Federais ou pelos tribunais dos Estados, do Distrito Federal e Territórios, quando a decisão recorrida:

- Lei 8.038/1990 (Institui normas procedimentais para os processos que especifica perante o STJ e o STF).
- Lei 8.658/1993 (Dispõe sobre a aplicação, nos Tribunais de Justiça e nos Tribunais Regionais Federais, das normas da Lei 8.038/1990).
- Súm. 5; 7; 86; 95; 203; 207; 320; 418; 518; 568; 579, STJ.

a) contrariar tratado ou lei federal, ou negar-lhes vigência;

- Súm. 518, STJ.

b) julgar válido ato de governo local contestado em face de lei federal; (Redação dada pela EC 45/2004.)

c) der a lei federal interpretação divergente da que lhe haja atribuído outro tribunal.

- Súm. 13; 568, STJ.

Parágrafo único. Funcionarão junto ao Superior Tribunal de Justiça: (Redação dada pela EC 45/2004.)

I - a Escola Nacional de Formação e Aperfeiçoamento de Magistrados, cabendo-lhe, dentre outras funções, regulamentar os cursos oficiais para o ingresso e promoção na carreira; (Incluído pela EC 45/2004.)

II - o Conselho da Justiça Federal, cabendo-lhe exercer, na forma da lei, a supervisão administrativa e orçamentária da Justiça Federal de primeiro e segundo graus, como órgão central do sistema e com poderes correicionais, cujas decisões terão caráter vinculante. (Incluído pela EC 45/2004.)

SEÇÃO IV
DOS TRIBUNAIS REGIONAIS FEDERAIS E DOS JUÍZES FEDERAIS

Art. 106. São órgãos da Justiça Federal:

- Lei 7.727/1989 (Composição inicial dos Tribunais Regionais Federais e sua instalação, e cria os respectivos quadros de pessoal).

I - os Tribunais Regionais Federais;

II - os Juízes Federais.

Art. 107. Os Tribunais Regionais Federais compõem-se de, no mínimo, sete juízes, recrutados, quando possível, na respectiva região e nomeados pelo Presidente da República dentre brasileiros com mais de trinta e menos de sessenta e cinco anos, sendo:

I - um quinto dentre advogados com mais de dez anos de efetiva atividade profissional e membros do Ministério Público Federal com mais de dez anos de carreira;

II - os demais, mediante promoção de juízes federais com mais de cinco anos de exercício, por antiguidade e merecimento, alternadamente.

- art. 27, § 9º, ADCT.
- Lei 9.967/2000 (Reestruturações dos Tribunais Federais Regionais das cinco Regiões).

§ 1º A lei disciplinará a remoção ou a permuta de juízes dos Tribunais Regionais Federais e determinará sua jurisdição e sede. (Renumerado do parágrafo único pela EC 45/2004.)

- art. 1º, Lei 9.967/2000 (Reestruturações dos Tribunais Federais Regionais das cinco Regiões).

§ 2º Os Tribunais Regionais Federais instalarão a justiça itinerante, com a realização de audiências e demais funções da atividade jurisdicional, nos limites territoriais da respectiva jurisdição, servindo-se de equipamentos públicos e comunitários. (Incluído pela EC 45/2004.)

§ 3º Os Tribunais Regionais Federais poderão funcionar descentralizadamente, constituindo Câmaras regionais, a fim de assegurar o pleno acesso do jurisdicionado à justiça em todas as fases do processo. (Incluído pela EC 45/2004.)

Art. 108. Compete aos Tribunais Regionais Federais:

I - processar e julgar, originariamente:

a) os juízes federais da área de sua jurisdição, incluídos os da Justiça Militar e da Justiça do Trabalho, nos crimes comuns e de responsabilidade, e os membros do Ministério Público da União, ressalvada a competência da Justiça Eleitoral;

- Súm. Vinc. 46, STF.

b) as revisões criminais e as ações rescisórias de julgados seus ou dos juízes federais da região;

- arts. 966 e 975, NCPC.
- arts. 621 a 631, CPP.

c) os mandados de segurança e os *habeas data* contra ato do próprio Tribunal ou de juiz federal;

- Lei 9.507/1997 (Lei do *Habeas data*).
- Lei 12.016/2009 (Lei do mandado de Segurança individual e coletivo).

d) os *habeas corpus*, quando a autoridade coatora for juiz federal;

e) os conflitos de competência entre juízes federais vinculados ao Tribunal;

- Súm. 3 e 428, STJ.

II - julgar, em grau de recurso, as causas decididas pelos juízes federais e pelos juízes estaduais no exercício da competência federal da área de sua jurisdição.

- Súm. 55, STJ.

Art. 109. Aos juízes federais compete processar e julgar:

- Lei 7.492/1986 (Lei dos crimes contra o sistema financeiro nacional).
- Lei 9.469/1997 (Dispõe sobre a intervenção da União nas causas em que figurarem, como autores ou réus, entes da Administração indireta).
- Lei 10.259/2001 (Lei dos Juizados Especiais Federais).
- art. 70, Lei 11.343/2006 (Lei Antidrogas).
- Súm. 504; 511; 517; 522; 557; 689, STF.
- Súm. 3; 15; 32; 42; 66; 82; 122; 147; 150; 151; 165; 173; 183; 200; 208; 224; 254; 324; 349; 365, STJ.

I - as causas em que a União, entidade autárquica ou empresa pública federal forem interessadas na condição de autoras, rés, assistentes ou oponentes, exceto as de falência, as de acidentes de trabalho e as sujeitas à Justiça Eleitoral e à Justiça do Trabalho;

- arts. 45; 51, NCPC.
- Lei 13.303/2016 (Dispõe sobre o estatuto jurídico da empresa pública).
- Súm. Vin. 22 e 27, STF.
- Súm. 15; 32; 42; 66; 82; 150; 161, 173; 183; 224; 254; 324; 365; 374; 489, STJ.

II - as causas entre Estado estrangeiro ou organismo internacional e Município ou pessoa domiciliada ou residente no país;

III - as causas fundadas em tratado ou contrato da União com Estado estrangeiro ou organismo internacional;

- Súm. 689, STF.

IV - os crimes políticos e as infrações penais praticadas em detrimento de bens, serviços ou interesse da União ou de suas entidades autárquicas ou empresas públicas, excluídas as contravenções e ressalvada a competência da Justiça Militar e da Justiça Eleitoral;

- art. 9º, CPM.
- Súm. Vinc. 36, STF.
- Súm. 38; 42; 62; 73; 91; 104; 147; 165; 208, STJ.

V - os crimes previstos em tratado ou convenção internacional, quando, iniciada a execução no país, o resultado tenha ou devesse ter ocorrido no estrangeiro, ou reciprocamente;

V-A - as causas relativas a direitos humanos a que se refere o § 5º deste artigo; (Incluído pela EC 45/2004.)

- Lei 12.528/2011 (Comissão Nacional da Verdade).

VI - os crimes contra a organização do trabalho e, nos casos determinados por lei, contra o sistema financeiro e a ordem econômico-financeira;

- arts. 197 a 207, CP.
- Lei 7.492/1986 (Lei dos crimes contra o sistema financeiro nacional).
- Lei 8.137/1990 (Lei dos crimes contra a ordem tributária, econômica e contra as relações de consumo).
- Lei 8.176/1991 (Define crimes contra a ordem econômica e cria o Sistema de Estoques de Combustíveis).

VII - os *habeas corpus*, em matéria criminal de sua competência ou quando o constrangimento provier de autoridade cujos atos não estejam diretamente sujeitos a outra jurisdição;

VIII - os mandados de segurança e os *habeas data* contra ato de autoridade federal, excetuados os casos de competência dos tribunais federais;

- Lei 9.507/1997 (Lei do *Habeas Data*).
- Lei 12.016/2009 (Lei do Mandado de Segurança individual e coletivo).

IX - os crimes cometidos a bordo de navios ou aeronaves, ressalvada a competência da Justiça Militar;

- art. 125, § 4º, desta CF.
- art. 9º, CPM.

X - os crimes de ingresso ou permanência irregular de estrangeiro, a execução de carta rogatória, após o *exequatur*, e de sentença estrangeira, após a homologação, as causas referentes à nacionalidade, inclusive a respectiva opção, e à naturalização;

- art. 105, I, i, desta CF.
- art. 965, p.u., NCPC.

XI - a disputa sobre direitos indígenas.

- Súm. 140, STJ.

§ 1º As causas em que a União for autora serão aforadas na seção judiciária onde tiver domicílio a outra parte.

§ 2º As causas intentadas contra a União poderão ser aforadas na seção judiciária em que for domiciliado o autor, naquela onde houver ocorrido o ato ou fato que deu origem à demanda ou onde esteja situada a coisa, ou, ainda, no Distrito Federal.

§ 3º Lei poderá autorizar que as causas de competência da Justiça Federal em que forem parte instituição de previdência social e segurado possam ser processadas e julgadas na justiça estadual quando a comarca do domicílio do segurado não for sede de vara federal. (Redação dada pela EC 103/2019)

- Lei 5.010/1966 (Lei de organização da Justiça Federal de 1ª Instância).
- Súm. 11; 15; 32, STJ.

§ 4º Na hipótese do parágrafo anterior, o recurso cabível será sempre para o Tribunal Regional Federal na área de jurisdição do juiz de primeiro grau.

- Súm. 32, STJ.

§ 5º Nas hipóteses de grave violação de direitos humanos, o Procurador-Geral da República, com a finalidade de assegurar o cumprimento de obrigações decorrentes de tratados internacionais de direitos humanos dos quais o Brasil seja parte, poderá suscitar, perante o Superior Tribunal de Justiça, em qualquer fase do inquérito ou processo, incidente de deslocamento de competência para a Justiça Federal. (Incluído pela EC 45/2004.)

- Lei 12.528/2011 (Comissão Nacional da Verdade).

Art. 110. Cada Estado, bem como o Distrito Federal, constituirá uma seção judiciária que terá por sede a respectiva Capital, e varas localizadas segundo o estabelecido em lei.

- Lei 5.010/1966 (Lei de organização da Justiça Federal de 1ª Instância).

Parágrafo único. Nos Territórios Federais, a jurisdição e as atribuições cometidas aos juízes federais caberão aos juízes da justiça local, na forma da lei.

- Lei 9.788/1999 (Reestruturação da Justiça Federal de 1º grau, nas cinco Regiões, com a criação de cem Varas Federais).
- Lei 11.697/2008 (Dispõe sobre a organização judiciária do Distrito Federal e dos Territórios).

SEÇÃO V
DO TRIBUNAL SUPERIOR DO TRABALHO, DOS TRIBUNAIS REGIONAIS DO TRABALHO E DOS JUÍZES DO TRABALHO

- (Alterado pela EC 92/2016.)
- art. 743 e ss., CLT.

Art. 111. São órgãos da Justiça do Trabalho:

I - o Tribunal Superior do Trabalho;

II - os Tribunais Regionais do Trabalho;

III - Juízes do Trabalho. (Redação dada pela EC 24/1999.)

§§ 1º a 3º (Revogados pela EC 45/2004.)

Art. 111-A. O Tribunal Superior do Trabalho compor-se-á de vinte e sete Ministros, escolhidos dentre brasileiros com mais de trinta e cinco anos e menos de sessenta e cinco anos, de notável saber jurídico e reputação ilibada, nomeados pelo Presidente da República após aprovação pela maioria absoluta do Senado Federal, sendo: (Alterado pela EC 92/2016.)

I - um quinto dentre advogados com mais de dez anos de efetiva atividade profissional e membros do Ministério Público do Trabalho com mais de dez anos de efetivo exercício, observado o disposto no art. 94;

II - os demais dentre juízes dos Tribunais Regionais do Trabalho, oriundos da magistratura da carreira, indicados pelo próprio Tribunal Superior.

§ 1º A lei disporá sobre a competência do Tribunal Superior do Trabalho.

§ 2º Funcionarão junto ao Tribunal Superior do Trabalho:

I - a Escola Nacional de Formação e Aperfeiçoamento de Magistrados do Trabalho, cabendo-lhe, dentre outras funções, regulamentar os cursos oficiais para o ingresso e promoção na carreira;

II - o Conselho Superior da Justiça do Trabalho, cabendo-lhe exercer, na forma da lei, a supervisão administrativa, orçamentária, financeira e patrimonial da Justiça do Trabalho de primeiro e segundo graus, como órgão central do sistema, cujas decisões terão efeito vinculante.

- art. 6º, EC 45/2004 (Reforma do Judiciário).

§ 3º Compete ao Tribunal Superior do Trabalho processar e julgar, originariamente, a reclamação para a preservação de sua competência e garantia da autoridade de suas decisões. (Acrescentado pela EC 92/2016.)

Art. 112. A lei criará varas da Justiça do Trabalho, podendo, nas comarcas não abrangidas por sua jurisdição, atribuí-la aos juízes de direito, com recurso para o respectivo Tribunal Regional do Trabalho. (Redação dada pela EC 45/2004.)

Art. 113. A lei disporá sobre a constituição, investidura, jurisdição, competência, garantias e condições de exercício dos órgãos da Justiça do Trabalho. (Redação dada pela EC 24/1999.)

- arts. 643 a 673, CLT.
- LC 35/1979 (Lei Orgânica da Magistratura Nacional).

Art. 114. Compete à Justiça do Trabalho processar e julgar: (Redação dada pela EC 45/2004.)

- art. 6º, § 2º, Lei 11.101/2005 (Lei de Recuperação de Empresas e Falência).

- Súm. Vinc. 22; 23, STF.
- Súm. 349 e 736, STF.
- Súm. 57; 97; 137; 180; 222; 349; 363, STJ.
- Súm. 300; 389; 392, TST.

I - as ações oriundas da relação de trabalho, abrangidos os entes de direito público externo e da administração pública direta e indireta da União, dos Estados, do Distrito Federal e dos Municípios; (Incluído pela EC 45/2004.)

- ADIn 3.395-6 (DJU 04.02.2005 e 10.11.2006) - O STF deferiu liminar para dar a este inciso interpretação no sentido de que o dispositivo não abrange causas instauradas entre o Poder Público e servidor que lhe seja vinculado por relação jurídico-estatutária.
- ADIn 3.684-0 (DOU 03.08.2007) - O STF deferiu medida cautelar, com eficácia ex tunc, para dar interpretação conforme ao art. 114, I, IV e IX da CF, no sentido de não atribuir à Justiça do Trabalho competência para processar e julgar ações penais.

II - as ações que envolvam exercício do direito de greve; (Incluído pela EC 45/2004.)

- art. 9º desta CF.
- Lei 7.783/1989 (Lei de Greve).
- Súm. Vinc. 23, STF.
- Súm. 189, TST.

III - as ações sobre representação sindical, entre sindicatos, entre sindicatos e trabalhadores, e entre sindicatos e empregadores; (Incluído pela EC 45/2004.)

- Lei 8.984/1995 (Estende a competência da Justiça do Trabalho).

IV - os mandados de segurança, *habeas corpus* e *habeas data*, quando o ato questionado envolver matéria sujeita à sua jurisdição; (Incluído pela EC 45/2004.)

- ADIn 3.684-0 (DOU 03.08.2007) - O STF deferiu medida cautelar, com eficácia ex tunc, para dar interpretação conforme ao art. 114, I, IV e IX da CF, no sentido de não atribuir à Justiça do Trabalho competência para processar e julgar ações penais.
- arts. 5º, LXVIII, LXIX, LXXII; 7º, XXVIII, desta CF.
- Lei 9.507/1997 (Lei do *Habeas data*).
- Lei 12.016/2009 (Lei do Mandado de Segurança individual e coletivo).

V - os conflitos de competência entre órgãos com jurisdição trabalhista, ressalvado o disposto no art. 102, I, *o*; (Incluído pela EC 45/2004.)

- arts. 803 a 811, CLT.
- Súm. 420, TST.

VI - as ações de indenização por dano moral ou patrimonial, decorrentes da relação de trabalho; (Incluído pela EC 45/2004.)

- arts. 186; 927; 949 a 951, CC.
- Súm. Vinc. 22, STF.
- Súm. 227; 362; 387, STJ.
- Súm. 392, TST.

VII - as ações relativas às penalidades administrativas impostas aos empregadores pelos órgãos de fiscalização das relações de trabalho; (Incluído pela EC 45/2004.)

- OJ SDI-2 156, TST.

VIII - a execução, de ofício, das contribuições sociais previstas no art. 195, I, *a*, e II, e seus acréscimos legais, decorrentes das sentenças que proferir; (Incluído pela EC 45/2004.)

- Súm. Vinc. 53, STF.
- Súm. 368, TST.

IX - outras controvérsias decorrentes da relação de trabalho, na forma da lei. (Incluído pela EC 45/2004.)

- ADIn 3.684-0 (DOU 03.08.2007) - O STF deferiu medida cautelar, com eficácia ex tunc, para dar interpretação conforme ao art. 114, I, IV e IX da CF, no sentido de não atribuir à Justiça do Trabalho competência para processar e julgar ações penais.
- Súm. 736, STF.
- Súm. 389, TST.

§ 1º Frustrada a negociação coletiva, as partes poderão eleger árbitros.

§ 2º Recusando-se qualquer das partes à negociação coletiva ou à arbitragem, é facultado às mesmas, de comum acordo, ajuizar dissídio coletivo de natureza econômica, podendo a Justiça do Trabalho decidir o conflito, respeitadas as disposições mínimas legais de proteção ao trabalho, bem como as convencionadas anteriormente. (Redação dada pela EC 45/2004.)

§ 3º Em caso de greve em atividade essencial, com possibilidade de lesão do interesse público, o Ministério Público do Trabalho poderá ajuizar dissídio coletivo, competindo à Justiça do Trabalho decidir o conflito. (Redação dada pela EC 45/2004.)

- art. 9º, § 1º, desta CF.
- Lei 7.783/1989 (Lei de Greve).

Art. 115. Os Tribunais Regionais do Trabalho compõem-se de, no mínimo, sete juízes, recrutados, quando possível, na respectiva região, e nomeados pelo Presidente da República dentre brasileiros com mais de trinta e menos de sessenta e cinco anos, sendo: (Redação dada pela EC 45/2004.)

- Súm. 628, STF.

I - um quinto dentre advogados com mais de dez anos de efetiva atividade profissional e membros do Ministério Público do Trabalho com mais de dez anos de efetivo exercício, observado o disposto no art. 94; (Redação dada pela EC 45/2004.)

II - os demais, mediante promoção de juízes do trabalho por antiguidade e merecimento, alternadamente. (Redação dada pela EC 45/2004.)

§ 1º Os Tribunais Regionais do Trabalho instalarão a justiça itinerante, com a realização de audiências e demais funções de atividade jurisdicional, nos limites territoriais da respectiva jurisdição, servindo-se de equipamentos públicos e comunitários. (Redação dada pela EC 45/2004.)

§ 2º Os Tribunais Regionais do Trabalho poderão funcionar descentralizadamente, constituindo Câmaras regionais, a fim de assegurar o pleno acesso do jurisdicionado à justiça em todas as fases do processo. (Redação dada pela EC 45/2004.)

Art. 116. Nas Varas do Trabalho, a jurisdição será exercida por um juiz singular. (Redação dada pela EC 24/1999.)

Parágrafo único. (Revogado pela EC 24/1999.)

Art. 117. (Revogados pela EC 24/1999.)

SEÇÃO VI
DOS TRIBUNAIS E JUÍZES ELEITORAIS

- arts. 12 a 41, CE.

Art. 118. São órgãos da Justiça Eleitoral:

I - o Tribunal Superior Eleitoral;

II - os Tribunais Regionais Eleitorais;

III - os Juízes Eleitorais;

IV - as Juntas Eleitorais.

Art. 119. O Tribunal Superior Eleitoral compor-se-á, no mínimo, de sete membros, escolhidos:

I - mediante eleição, pelo voto secreto:

a) três juízes dentre os Ministros do Supremo Tribunal Federal;

b) dois juízes dentre os Ministros do Superior Tribunal de Justiça;

II - por nomeação do Presidente da República, dois juízes dentre seis advogados de notável saber jurídico e idoneidade moral, indicados pelo Supremo Tribunal Federal.

Parágrafo único. O Tribunal Superior Eleitoral elegerá seu Presidente e o Vice-Presidente dentre os Ministros do Supremo Tribunal Federal, e o Corregedor Eleitoral dentre os Ministros do Superior Tribunal de Justiça.

Art. 120. Haverá um Tribunal Regional Eleitoral na Capital de cada Estado e no Distrito Federal.

§ 1º Os Tribunais Regionais Eleitorais compor-se-ão:

I - mediante eleição, pelo voto secreto:

a) de dois juízes dentre os desembargadores do Tribunal de Justiça;

b) de dois juízes, dentre juízes de direito, escolhidos pelo Tribunal de Justiça;

II - de um juiz do Tribunal Regional Federal com sede na Capital do Estado ou no Distrito Federal, ou, não havendo, de juiz federal, escolhido, em qualquer caso, pelo Tribunal Regional Federal respectivo;

III - por nomeação, pelo Presidente da República, de dois juízes dentre seis advogados de notável saber jurídico e idoneidade moral, indicados pelo Tribunal de Justiça.

§ 2º O Tribunal Regional Eleitoral elegerá seu Presidente e o Vice-Presidente dentre os desembargadores.

Art. 121. Lei complementar disporá sobre a organização e competência dos tribunais, dos juízes de direito e das juntas eleitorais.

- arts. 22; 23; 29; 30; 34; 40; 41, CE.
- Súm. 368, STJ.

§ 1º Os membros dos tribunais, os juízes de direito e os integrantes das juntas eleitorais, no exercício de suas funções, e no que lhes for aplicável, gozarão de plenas garantias e serão inamovíveis.

§ 2º Os juízes dos tribunais eleitorais, salvo motivo justificado, servirão por dois anos, no mínimo, e nunca por mais de dois biênios consecutivos, sendo os substitutos escolhidos na mesma ocasião e pelo mesmo processo, em número igual para cada categoria.

§ 3º São irrecorríveis as decisões do Tribunal Superior Eleitoral, salvo as que contrariarem esta Constituição e as denegatórias de *habeas corpus* ou mandado de segurança.

§ 4º Das decisões dos Tribunais Regionais Eleitorais somente caberá recurso quando:

I - forem proferidas contra disposição expressa desta Constituição ou de lei;

II - ocorrer divergência na interpretação de lei entre dois ou mais tribunais eleitorais;

III - versarem sobre inelegibilidade ou expedição de diplomas nas eleições federais ou estaduais;

- Súm. 36, TSE.

IV - anularem diplomas ou decretarem a perda de mandatos eletivos federais ou estaduais;

V - denegarem *habeas corpus*, mandado de segurança, *habeas data* ou mandado de injunção.

- Lei 13.300/2016 (Mandados de injunção individual e coletivo).
- Súm. 36, TSE.

SEÇÃO VII
DOS TRIBUNAIS E JUÍZES MILITARES

Art. 122. São órgãos da Justiça Militar:

- Lei 8.457/1992 (Organiza Justiça Militar da União e regula funcionamento de seus serviços auxiliares).
- art. 90-A, Lei 9.099/1995 (Lei dos Juizados Especiais).

I - o Superior Tribunal Militar;

II - os Tribunais e Juízes Militares instituídos por lei.

Art. 123. O Superior Tribunal Militar compor-se-á de quinze Ministros vitalícios, nomeados pelo Presidente da República, depois de aprovada a indicação pelo Senado Federal, sendo três dentre oficiais-generais da Marinha, quatro dentre oficiais-generais do Exército, três dentre oficiais-generais da Aeronáutica, todos da ativa e do posto mais elevado da carreira, e cinco dentre civis.

Parágrafo único. Os Ministros civis serão escolhidos pelo Presidente da República dentre brasileiros maiores de trinta e cinco anos, sendo:

I - três dentre advogados de notório saber jurídico e conduta ilibada, com mais de dez anos de efetiva atividade profissional;

II - dois por escolha paritária, dentre juízes auditores e membros do Ministério Público da Justiça Militar.

Art. 124. À Justiça Militar compete processar e julgar os crimes militares definidos em lei.

- Dec.-Lei 1.002/1969 (CPPM).
- art. 90-A, Lei 9.099/1995 (Lei dos Juizados Especiais).

Parágrafo único. A lei disporá sobre a organização, o funcionamento e a competência da Justiça Militar.

- Lei 8.457/1992 (Organiza a Justiça Militar da União e regula funcionamento de seus serviços auxiliares).

SEÇÃO VIII
DOS TRIBUNAIS E JUÍZES DOS ESTADOS

Art. 125. Os Estados organizarão sua Justiça, observados os princípios estabelecidos nesta Constituição.

§ 1º A competência dos tribunais será definida na Constituição do Estado, sendo a lei de organização judiciária de iniciativa do Tribunal de Justiça.

- art. 70, ADCT.
- Súm. Vinc. 45, STF.
- Súm. 721, STF.
- Súm. 238, STJ.

§ 2º Cabe aos Estados a instituição de representação de inconstitucionalidade de leis ou atos normativos estaduais ou municipais em face da Constituição Estadual, vedada a atribuição da legitimação para agir a um único órgão.

- RE 650.898/RS (Informativo 852, STF.)

§ 3º A lei estadual poderá criar, mediante proposta do Tribunal de Justiça, a Justiça Militar estadual, constituída, em primeiro grau, pelos juízes de direito e pelos Conselhos de Justiça e, em segundo grau, pelo próprio Tribunal de Justiça, ou por Tribunal de Justiça Militar nos Estados em que o efetivo militar seja superior a vinte mil integrantes. (Redação dada pela EC 45/2004.)

§ 4º Compete à Justiça Militar estadual processar e julgar os militares dos Estados, nos crimes militares definidos em lei e as ações judiciais contra atos disciplinares militares, ressalvada a competência do júri quando a vítima for civil, cabendo ao tribunal competente decidir sobre a perda do posto e da patente dos oficiais e da graduação das praças. (Redação dada pela EC 45/2004.)

- Súm. 673, STF.
- Súm. 6; 53; 90, STJ.

§ 5º Compete aos juízes de direito do juízo militar processar e julgar, singularmente, os crimes militares cometidos contra civis e as ações judiciais contra atos disciplinares militares, cabendo ao Conselho de Justiça, sob a presidência de juiz de direito, processar e julgar os demais crimes militares. (Incluído pela EC 45/2004.)

§ 6º O Tribunal de Justiça poderá funcionar descentralizadamente, constituindo Câmaras regionais, a fim de assegurar o pleno acesso do jurisdicionado à justiça em todas as fases do processo. (Incluído pela EC 45/2004.)

§ 7º O Tribunal de Justiça instalará a justiça itinerante, com a realização de audiências e demais funções da atividade jurisdicional, nos limites territoriais da respectiva jurisdição, servindo-se de equipamentos públicos e comunitários. (Incluído pela EC 45/2004.)

Art. 126. Para dirimir conflitos fundiários, o Tribunal de Justiça proporá a criação de varas especializadas, com competência exclusiva para questões agrárias. (Redação dada pela EC 45/2004.)

Parágrafo único. Sempre que necessário à eficiente prestação jurisdicional, o juiz far-se-á presente no local do litígio.

CAPÍTULO IV
DAS FUNÇÕES ESSENCIAIS À JUSTIÇA

- Redação dada pela EC 80/2014.

SEÇÃO I
DO MINISTÉRIO PÚBLICO

- LC 75/1993 (Lei Orgânica do Ministério Público da União).
- Lei 8.625/1993 (Lei Orgânica Nacional do Ministério Público).

Art. 127. O Ministério Público é instituição permanente, essencial à função jurisdicional do Estado, incumbindo-lhe a defesa da ordem jurídica, do regime democrático e dos interesses sociais e individuais indisponíveis.

- Súm. 601, STJ.

§ 1º São princípios institucionais do Ministério Público a unidade, a indivisibilidade e a independência funcional.

§ 2º Ao Ministério Público é assegurada autonomia funcional e administrativa, podendo, observado o disposto no art. 169, propor ao Poder Legislativo a criação e extinção de seus cargos e serviços auxiliares, provendo-os por concurso público de provas ou de provas e títulos, a política remuneratória e os planos de carreira; a lei disporá sobre sua organização e funcionamento. (Redação dada pela EC 19/1998.)

- Lei 13.092/2015 (Dispõe sobre o subsídio do Procurador-Geral da República).

§ 3º O Ministério Público elaborará sua proposta orçamentária dentro dos limites estabelecidos na lei de diretrizes orçamentárias.

- art. 107, § 2º, ADCT.

§ 4º Se o Ministério Público não encaminhar a respectiva proposta orçamentária dentro do prazo estabelecido na lei de diretrizes orçamentárias, o Poder Executivo considerará, para fins de consolidação da proposta orçamentária anual, os valores aprovados na lei orçamentária vigente, ajustados de acordo com os limites estipulados na forma do § 3º. (Incluído pela EC 45/2004.)

§ 5º Se a proposta orçamentária de que trata este artigo for encaminhada em desacordo com os limites estipulados na forma do § 3º, o Poder Executivo procederá aos ajustes necessários para fins de consolidação da proposta orçamentária anual. (Incluído pela EC 45/2004.)

§ 6º Durante a execução orçamentária do exercício, não poderá haver a realização de despesas ou a assunção de obrigações que extrapolem os limites estabelecidos na lei de diretrizes orçamentárias, exceto se previamente autorizadas, mediante a abertura de créditos suplementares ou especiais. (Incluído pela EC 45/2004.)

Art. 128. O Ministério Público abrange:

- LC 75/1993 (Lei Orgânica do Ministério Público da União).

I - o Ministério Público da União, que compreende:

a) o Ministério Público Federal;

b) o Ministério Público do Trabalho;

c) o Ministério Público Militar;

- Lei 12.673/2012 (Dispõe sobre a criação de cargos no quadro do Ministério Público Militar)

d) o Ministério Público do Distrito Federal e Territórios;

II - os Ministérios Públicos dos Estados.

§ 1º O Ministério Público da União tem por chefe o Procurador-Geral da República, nomeado pelo Presidente da República dentre integrantes da carreira, maiores de trinta e cinco anos, após a aprovação de seu nome pela maioria absoluta dos membros do Senado Federal, para mandato de dois anos, permitida a recondução.

§ 2º A destituição do Procurador-Geral da República, por iniciativa do Presidente da República, deverá ser precedida de autorização da maioria absoluta do Senado Federal.

§ 3º Os Ministérios Públicos dos Estados e o do Distrito Federal e Territórios formarão lista tríplice dentre integrantes da carreira, na forma da lei respectiva, para escolha de seu Procurador-Geral, que será nomeado pelo Chefe do Poder Executivo, para mandato de dois anos, permitida uma recondução.

§ 4º Os Procuradores-Gerais nos Estados e no Distrito Federal e Territórios poderão ser destituídos por deliberação da maioria absoluta do Poder Legislativo, na forma da lei complementar respectiva.

§ 5º Leis complementares da União e dos Estados, cuja iniciativa é facultada aos respectivos Procuradores-Gerais, estabelecerão a organização, as atribuições e o estatuto de cada Ministério Público, observadas, relativamente a seus membros:

I - as seguintes garantias:

a) vitaliciedade, após dois anos de exercício, não podendo perder o cargo senão por sentença judicial transitada em julgado;

b) inamovibilidade, salvo por motivo de interesse público, mediante decisão do órgão colegiado competente do Ministério Público, pelo voto da maioria absoluta de seus membros, assegurada ampla defesa; (Redação dada pela EC 45/2004.)

c) irredutibilidade de subsídio, fixado na forma do art. 39, § 4º, e ressalvado o disposto nos arts. 37, X e XI, 150, II, 153, III, 153, § 2º, I; (Redação dada pela EC 19/1998.)

- Lei 13.092/2015 (Dispõe sobre o subsídio do Procurador-Geral da República).

II - as seguintes vedações:

a) receber, a qualquer título e sob qualquer pretexto, honorários, percentagens ou custas processuais;

b) exercer a advocacia;

c) participar de sociedade comercial, na forma da lei;

d) exercer, ainda que em disponibilidade, qualquer outra função pública, salvo uma de magistério;

e) exercer atividade político-partidária; (Redação dada pela EC 45/2004.)

f) receber, a qualquer título ou pretexto, auxílios ou contribuições de pessoas físicas, entidades públicas ou privadas, ressalvadas as exceções previstas em lei. (Incluída pela EC 45/2004.)

§ 6º Aplica-se aos membros do Ministério Público o disposto no art. 95, parágrafo único, V. (Incluído pela EC 45/2004.)

Art. 129. São funções institucionais do Ministério Público:

I - promover, privativamente, a ação penal pública, na forma da lei;

- art. 100, § 1º, CP.
- art. 24, CPP.
- Lei 8.625/1993 (Lei Orgânica Nacional do Ministério Público).
- Súm. 234, STJ.

II - zelar pelo efetivo respeito dos Poderes Públicos e dos serviços de relevância pública aos direitos assegurados nesta Constituição, promovendo as medidas necessárias a sua garantia;

III - promover o inquérito civil e a ação civil pública, para a proteção do patrimônio público e social, do meio ambiente e de outros interesses difusos e coletivos;

- Lei 7.347/1985 (Lei da Ação Civil Pública).
- Súm. 643, STF.
- Súm. 329; 601, STJ.

IV - promover a ação de inconstitucionalidade ou representação para fins de intervenção da União e dos Estados, nos casos previstos nesta Constituição;

- arts. 34 a 36 desta CF.

V - defender judicialmente os direitos e interesses das populações indígenas;

- arts. 231; 232, desta CF.

VI - expedir notificações nos procedimentos administrativos de sua competência, requisitando informações e documentos para instruí-los, na forma da lei complementar respectiva;

- Súm. 234, STJ.

VII - exercer o controle externo da atividade policial, na forma da lei complementar mencionada no artigo anterior;

- arts. 3º; 9º; 10; 38, IV, LC 75/1993 (Lei Orgânica do Ministério Público da União).

VIII - requisitar diligências investigatórias e a instauração de inquérito policial, indicados os fundamentos jurídicos de suas manifestações processuais;

IX - exercer outras funções que lhe forem conferidas, desde que compatíveis com sua finalidade, sendo-lhe vedada a representação judicial e a consultoria jurídica de entidades públicas.

§ 1º A legitimação do Ministério Público para as ações civis previstas neste artigo não impede a de terceiros, nas mesmas hipóteses, segundo o disposto nesta Constituição e na lei.

- Lei 7.347/1985 (Lei da Ação Civil Pública).

§ 2º As funções do Ministério Público só podem ser exercidas por integrantes da carreira, que deverão residir na comarca da respectiva lotação, salvo autorização do chefe da instituição. (Redação dada pela EC 45/2004.)

§ 3º O ingresso na carreira do Ministério Público far-se-á mediante concurso público de provas e títulos, assegurada a participação da Ordem dos Advogados do Brasil em sua realização, exigindo-se do bacharel em direito, no mínimo, três anos de atividade jurídica e observando-se, nas nomeações, a ordem de classificação. (Redação dada pela EC 45/2004.)

§ 4º Aplica-se ao Ministério Público, no que couber, o disposto no art. 93. (Redação dada pela EC 45/2004.)

§ 5º A distribuição de processos no Ministério Público será imediata. (Incluído pela EC 45/2004.)

Art. 130. Aos membros do Ministério Público junto aos Tribunais de Contas aplicam-se as disposições desta seção pertinentes a direitos, vedações e forma de investidura.

Art. 130-A. O Conselho Nacional do Ministério Público compõe-se de quatorze membros nomeados pelo Presidente da República, depois de aprovada a escolha pela maioria absoluta do Senado Federal, para um mandato de dois anos, admitida uma recondução, sendo: (Incluído pela EC 45/2004.)

- art. 5º, EC 45/2004 (Reforma do Judiciário).

I - o Procurador-Geral da República, que o preside;

II - quatro membros do Ministério Público da União, assegurada a representação de cada uma de suas carreiras;

III - três membros do Ministério Público dos Estados;

IV - dois juízes, indicados um pelo Supremo Tribunal Federal e outro pelo Superior Tribunal de Justiça;

V - dois advogados, indicados pelo Conselho Federal da Ordem dos Advogados do Brasil;

VI - dois cidadãos de notável saber jurídico e reputação ilibada, indicados um pela Câmara dos Deputados e outro pelo Senado Federal.

§ 1º Os membros do Conselho oriundos do Ministério Público serão indicados pelos respectivos Ministérios Públicos, na forma da lei.

- Lei 11.372/2006 (Regulamenta este parágrafo).

§ 2º Compete ao Conselho Nacional do Ministério Público o controle da atuação administrativa e financeira do Ministério Público e do cumprimento dos deveres funcionais de seus membros, cabendo-lhe:

I - zelar pela autonomia funcional e administrativa do Ministério Público, podendo expedir atos regulamentares, no âmbito de sua competência, ou recomendar providências;

II - zelar pela observância do art. 37 e apreciar, de ofício ou mediante provocação, a legalidade dos atos administrativos praticados por membros ou órgãos do Ministério Público da União e dos Estados, podendo desconstituí-los, revê-los ou fixar prazo para que se adotem as providências necessárias ao exato cumprimento da lei, sem prejuízo da competência dos Tribunais de Contas;

III - receber e conhecer das reclamações contra membros ou órgãos do Ministério Público da União ou dos Estados, inclusive contra seus serviços auxiliares, sem prejuízo da competência disciplinar e correicional da instituição, podendo avocar processos disciplinares em curso, determinar a remoção ou a disponibilidade e aplicar outras sanções administrativas, assegurada ampla defesa; (Redação dada pela EC 103/2019)

IV - rever, de ofício ou mediante provocação, os processos disciplinares de membros do Ministério Público da União ou dos Estados julgados há menos de um ano;

V - elaborar relatório anual, propondo as providências que julgar necessárias sobre a situação do Ministério Público no país e as atividades do Conselho, o qual deve integrar a mensagem prevista no art. 84, XI.

§ 3º O Conselho escolherá, em votação secreta, um Corregedor nacional, dentre os membros do Ministério Público que o integram, vedada a recondução, competindo-lhe, além das atribuições que lhe forem conferidas pela lei, as seguintes:

I - receber reclamações e denúncias, de qualquer interessado, relativas aos membros do Ministério Público e dos seus serviços auxiliares;

II - exercer funções executivas do Conselho, de inspeção e correição geral;

III - requisitar e designar membros do Ministério Público, delegando-lhes atribuições, e requisitar servidores de órgãos do Ministério Público.

§ 4º O Presidente do Conselho Federal da Ordem dos Advogados do Brasil oficiará junto ao Conselho.

§ 5º Leis da União e dos Estados criarão ouvidorias do Ministério Público, competentes para receber reclamações e denúncias de qualquer interessado contra membros ou órgãos do Ministério Público, inclusive contra seus serviços auxiliares, representando diretamente ao Conselho Nacional do Ministério Público.

SEÇÃO II
DA ADVOCACIA PÚBLICA

- Redação dada pela EC 19/1998.

Art. 131. A Advocacia-Geral da União é a instituição que, diretamente ou através de órgão vinculado, representa a União, judicial e extrajudicialmente, cabendo-lhe, nos termos da lei complementar que dispuser sobre sua organização e funcionamento, as atividades de consultoria e assessoramento jurídico do Poder Executivo.

- Lei 9.028/1997 (Regulamenta art. 4º, VI, LC 73/1993).
- LC 73/1993 (Lei Orgânica da Advocacia Geral da União).
- Dec. 767/1993 (Dispõe sobre o controle interno da Advocacia Geral da União).
- Súm. 644, STF.

§ 1º A Advocacia-Geral da União tem por chefe o Advogado-Geral da União, de livre nomeação pelo Presidente da República dentre cidadãos maiores de trinta e cinco anos, de notável saber jurídico e reputação ilibada.

§ 2º O ingresso nas classes iniciais das carreiras da instituição de que trata este artigo far-se-á mediante concurso público de provas e títulos.

§ 3º Na execução da dívida ativa de natureza tributária, a representação da União cabe à Procuradoria-Geral da Fazenda Nacional, observado o disposto em lei.

- Súm. 139, STJ.

Art. 132. Os Procuradores dos Estados e do Distrito Federal, organizados em carreira, na qual o ingresso dependerá de concurso público de provas e títulos, com a participação da Ordem dos Advogados do Brasil em todas as suas fases, exercerão a representação judicial e a consultoria jurídica das respectivas unidades federadas. (Redação dada pela EC 19/1998.)

Parágrafo único. Aos procuradores referidos neste artigo é assegurada estabilidade após três anos de efetivo exercício, mediante avaliação de desempenho perante os órgãos próprios, após relatório circunstanciado das corregedorias. (Redação dada pela EC 19/1998.)

SEÇÃO III
DA ADVOCACIA

- (Alterado pela EC 80/2014)

Art. 133. O advogado é indispensável à administração da justiça, sendo inviolável por seus atos e manifestações no exercício da profissão, nos limites da lei.

- Art. 103, NCPC.
- Arts. 791 a 793, CLT.
- Lei 8.906/1994 (Estatuto da Advocacia e da OAB).
- Súm. Vinc. 14, STF.
- Súm. 219; 329; 425, TST.

SEÇÃO IV
DA DEFENSORIA PÚBLICA

- (Acrescentado pela EC 80/2014.)

Art. 134. A Defensoria Pública é instituição permanente, essencial à função jurisdicional do Estado, incumbindo-lhe, como expressão e instrumento do regime democrático, fundamentalmente, a orientação jurídica, a promoção dos direitos humanos e a defesa, em todos os graus, judicial e extrajudicial, dos direitos individuais e coletivos, de forma integral e gratuita, aos necessitados, na forma do inciso LXXIV do art. 5º desta Constituição Federal. (Alterado pela EC 80/2014.)

- art. 98, ADCT.
- LC 80/1994 (Defensoria Pública).
- Súm. Vinc. 14, STF.

§ 1º Lei complementar organizará a Defensoria Pública da União e do Distrito Federal e dos Territórios e prescreverá normas gerais para sua organização nos Estados, em cargos de carreira, providos, na classe inicial, mediante concurso público de provas e títulos, assegurada a seus integrantes a garantia da inamovibilidade e vedado o exercício da advocacia fora das atribuições institucionais. (Renumerado do parágrafo único pela EC 45/2004.)

- Súm. 421, STJ.

§ 2º Às Defensorias Públicas Estaduais são asseguradas autonomia funcional e administrativa e a iniciativa de sua proposta orçamentária dentro dos limites estabelecidos na lei de diretrizes orçamentárias e subordinação ao disposto no art. 99, § 2º. (Incluído pela EC 45/2004.)

§ 3º Aplica-se o disposto no § 2º às Defensorias Públicas da União e do Distrito Federal. (Acrescentado pela EC 74/2013.)

- art. 107, § 2º, ADCT.

§ 4º São princípios institucionais da Defensoria Pública a unidade, a indivisibilidade e a independência funcional, aplicando-se também, no que couber, o disposto no art. 93 e no inciso II do art. 96 desta Constituição Federal. (Acrescentado pela EC 80/2014.)

Art. 135. Os servidores integrantes das carreiras disciplinadas nas Seções II e III deste Capítulo serão remunerados na forma do art. 39, § 4º. (Redação dada pela EC 19/1998.)

- art. 132 desta CF.

TÍTULO V
DA DEFESA DO ESTADO E DAS INSTITUIÇÕES DEMOCRÁTICAS

CAPÍTULO I
DO ESTADO DE DEFESA E DO ESTADO DE SÍTIO

SEÇÃO I
DO ESTADO DE DEFESA

Art. 136. O Presidente da República pode, ouvidos o Conselho da República e o Conselho de Defesa Nacional, decretar estado de defesa para preservar ou prontamente restabelecer, em locais restritos e determinados, a ordem pública ou a paz social ameaçadas por grave e iminente instabilidade institucional ou atingidas por calamidades de grandes proporções na natureza.

- arts. 89 a 91 desta CF.
- Lei 8.041/1990 (Organização e funcionamento do Conselho da República).
- Lei 8.183/1991 (Dispõe sobre a organização e funcionamento do Conselho de Defesa Nacional).
- Dec. 893/1993 (Regulamento do Conselho de Defesa Nacional).

§ 1º O decreto que instituir o estado de defesa determinará o tempo de sua duração, especificará as áreas a serem abrangidas e indicará, nos termos e limites da lei, as medidas coercitivas a vigorarem, dentre as seguintes:

I - restrições aos direitos de:

a) reunião, ainda que exercida no seio das associações;

b) sigilo de correspondência;

c) sigilo de comunicação telegráfica e telefônica;

II - ocupação e uso temporário de bens e serviços públicos, na hipótese de calamidade pública, respondendo a União pelos danos e custos decorrentes.

§ 2º O tempo de duração do estado de defesa não será superior a trinta dias, podendo ser prorrogado uma vez, por igual período, se persistirem as razões que justificaram a sua decretação.

§ 3º Na vigência do estado de defesa:

I - a prisão por crime contra o Estado, determinada pelo executor da medida, será por este comunicada imediatamente ao juiz competente, que a relaxará, se não for legal, facultado ao preso requerer exame de corpo de delito à autoridade policial;

II - a comunicação será acompanhada de declaração, pela autoridade, do estado físico e mental do detido no momento de sua autuação;

III - a prisão ou detenção de qualquer pessoa não poderá ser superior a dez dias, salvo quando autorizada pelo Poder Judiciário;

IV - é vedada a incomunicabilidade do preso.

§ 4º Decretado o estado de defesa ou sua prorrogação, o Presidente da República, dentro de vinte e quatro horas, submeterá o ato com a respectiva justificação ao Congresso Nacional, que decidirá por maioria absoluta.

§ 5º Se o Congresso Nacional estiver em recesso, será convocado, extraordinariamente, no prazo de cinco dias.

§ 6º O Congresso Nacional apreciará o decreto dentro de dez dias contados de seu recebimento, devendo continuar funcionando enquanto vigorar o estado de defesa.

§ 7º Rejeitado o decreto, cessa imediatamente o estado de defesa.

SEÇÃO II
DO ESTADO DE SÍTIO

Art. 137. O Presidente da República pode, ouvidos o Conselho da República e o Conselho de Defesa Nacional, solicitar ao Congresso Nacional autorização para decretar o estado de sítio nos casos de:

I - comoção grave de repercussão nacional ou ocorrência de fatos que comprovem a ineficácia de medida tomada durante o estado de defesa;

II - declaração de estado de guerra ou resposta a agressão armada estrangeira.

Parágrafo único. O Presidente da República, ao solicitar autorização para decretar o estado de sítio ou sua prorrogação, relatará os motivos determinantes do pedido, devendo o Congresso Nacional decidir por maioria absoluta.

Art. 138. O decreto do estado de sítio indicará sua duração, as normas necessárias a sua execução e as garantias constitucionais que ficarão suspensas, e, depois de publicado, o Presidente da República designará o executor das medidas específicas e as áreas abrangidas.

§ 1º O estado de sítio, no caso do art. 137, I, não poderá ser decretado por mais de trinta dias, nem prorrogado, de cada vez, por prazo superior; no do inciso II, poderá ser decretado por todo o tempo que perdurar a guerra ou a agressão armada estrangeira.

§ 2º Solicitada autorização para decretar o estado de sítio durante o recesso parlamentar, o Presidente do Senado Federal, de imediato, convocará extraordinariamente o Congresso Nacional para se reunir dentro de cinco dias, a fim de apreciar o ato.

§ 3º O Congresso Nacional permanecerá em funcionamento até o término das medidas coercitivas.

Art. 139. Na vigência do estado de sítio decretado com fundamento no art. 137, I, só poderão ser tomadas contra as pessoas as seguintes medidas:

I - obrigação de permanência em localidade determinada;

II - detenção em edifício não destinado a acusados ou condenados por crimes comuns;

III - restrições relativas à inviolabilidade da correspondência, ao sigilo das comunicações, à prestação de informações e à liberdade de imprensa, radiodifusão e televisão, na forma da lei;

- Lei 9.296/1996 (Regulamenta o inc. XII, parte final, do art. 5º, desta CF).

IV - suspensão da liberdade de reunião;

V - busca e apreensão em domicílio;

VI - intervenção nas empresas de serviços públicos;

VII - requisição de bens.

Parágrafo único. Não se inclui nas restrições do inciso III a difusão de pronunciamentos de parlamentares efetuados em suas Casas Legislativas, desde que liberada pela respectiva Mesa.

SEÇÃO III
DISPOSIÇÕES GERAIS

Art. 140. A Mesa do Congresso Nacional, ouvidos os líderes partidários, designará Comissão composta de cinco de seus membros para acompanhar e fiscalizar a execução das medidas referentes ao estado de defesa e ao estado de sítio.

Art. 141. Cessado o estado de defesa ou o estado de sítio, cessarão também seus efeitos, sem prejuízo da responsabilidade pelos ilícitos cometidos por seus executores ou agentes.

Parágrafo único. Logo que cesse o estado de defesa ou o estado de sítio, as medidas aplicadas em sua vigência serão relatadas pelo Presidente da República, em mensagem ao Congresso Nacional, com especificação e justificação das providências adotadas, com relação nominal dos atingidos e indicação das restrições aplicadas.

CAPÍTULO II
DAS FORÇAS ARMADAS

- art. 233-A, §§ 2º e 3º, CE.
- Dec. 3.897/2001 (Dispõe sobre as diretrizes para emprego das Forças Armadas na garantia da Lei e da Ordem).

Art. 142. As Forças Armadas, constituídas pela Marinha, pelo Exército e pela Aeronáutica, são instituições nacionais permanentes e regulares, organizadas com base na hierarquia e na disciplina, sob a autoridade suprema do Presidente da República, e destinam-se à defesa da Pátria, à garantia dos poderes constitucionais e, por iniciativa de qualquer destes, da lei e da ordem.

- art. 37, X, desta CF.
- Arts. 12; 24; 26, EC 103/2019 (Reforma da Previdência).
- Art. 129, § 12, CP.
- Lei 8.071/1990 (Dispõe sobre o efetivo do Exército em tempo de paz).

§ 1º Lei complementar estabelecerá as normas gerais a serem adotadas na organização, no preparo e no emprego das Forças Armadas.

- LC 97/1999 (Dispõe sobre a organização, preparo e emprego das Forças Armadas).

§ 2º Não caberá *habeas corpus* em relação a punições disciplinares militares.

- art. 42, § 1º, desta CF.
- Dec.-Lei 1.001/1969 (CPM).
- Dec. 76.322/1975 (Regulamento disciplinar da Aeronáutica).
- Dec. 88.545/1983 (Regulamento disciplinar da Marinha).
- Dec. 4.346/2002 (Regulamento disciplinar do Exército).

§ 3º Os membros das Forças Armadas são denominados militares, aplicando-se-lhes, além das que vierem a ser fixadas em lei, as seguintes disposições: (Incluído pela EC 18/1998.)

- art. 42, § 1º, desta CF.
- Lei 9.786/1999 (Ensino do Exército Brasileiro) e Dec. 3.182/1999 (Regulamento).

I - as patentes, com prerrogativas, direitos e deveres a elas inerentes, são conferidas pelo Presidente da República e asseguradas em plenitude aos oficiais da ativa, da reserva ou reformados, sendo-lhes privativos os títulos e postos militares e, juntamente com os demais membros, o uso dos uniformes das Forças Armadas; (Incluído pela EC 18/1998.)

II - o militar em atividade que tomar posse em cargo ou emprego público civil permanente, ressalvada a hipótese prevista no art. 37, inciso XVI, alínea "c", será transferido para a reserva, nos termos da lei; (Alterado pela EC 77/2014.)

III - o militar da ativa que, de acordo com a lei, tomar posse em cargo, emprego ou função pública civil temporária, não eletiva, ainda que da administração indireta, ressalvada a hipótese prevista no art. 37, inciso XVI, alínea "c", ficará agregado ao respectivo quadro e somente poderá, enquanto permanecer nessa situação, ser promovido por antiguidade, contando-se-lhe o tempo de serviço apenas para aquela promoção e transferência para a reserva, sendo depois de dois anos de afastamento, contínuos ou não, transferido para a reserva, nos termos da lei; (Alterado pela EC 77/2014.)

IV - ao militar são proibidas a sindicalização e a greve; (Incluído pela EC 18/1998.)

V - o militar, enquanto em serviço ativo, não pode estar filiado a partidos políticos; (Incluído pela EC 18/1998.)

VI - o oficial só perderá o posto e a patente se for julgado indigno do oficialato ou com ele incompatível, por decisão de tribunal militar de caráter permanente, em tempo de paz, ou de tribunal especial, em tempo de guerra; (Incluído pela EC 18/1998.)

VII - o oficial condenado na justiça comum ou militar a pena privativa de liberdade superior a dois anos, por sentença transitada em julgado, será submetido ao julgamento previsto no inciso anterior; (Incluído pela EC 18/1998.)

VIII - aplica-se aos militares o disposto no art. 7º, incisos VIII, XII, XVII, XVIII, XIX e XXV, e no art. 37, incisos XI, XIII, XIV e XV, bem como, na forma da lei e com prevalência da atividade militar, no art. 37, inciso XVI, alínea "c"; (Alterado pela EC 77/2014.)

- Súm. Vinc. 6, STF.

IX - (Revogado pela EC 41/2003.)

X - a lei disporá sobre o ingresso nas Forças Armadas, os limites de idade, a estabilidade e outras condições de transferência do militar para a inatividade, os direitos, os deveres, a remuneração, as prerrogativas e outras situações especiais dos militares, consideradas as peculiaridades de suas atividades, inclusive aquelas cumpridas por força de compromissos internacionais e de guerra. (Incluído pela EC 18/1998.)

- arts. 40, § 20; 42, § 1º, desta CF.
- Lei 12.705/2012 (Dispõe sobre os requisitos para ingresso nos cursos de formação de militares de carreira do Exército.)
- Súm. Vinc. 4, STF.

Art. 143. O serviço militar é obrigatório nos termos da lei.

- Lei 4.375/1964 (Dispõe sobre o serviço militar) e Dec. 57.654/1966 (Regulamento).
- Lei 8.239/1991 (Regulamenta este artigo e parágrafos).

§ 1º Às Forças Armadas compete, na forma da lei, atribuir serviço alternativo aos que, em tempo de paz, após alistados, alegarem imperativo de consciência, entendendo-se como tal o decorrente de crença religiosa e de convicção filosófica ou política, para se eximirem de atividades de caráter essencialmente militar.

- Lei 8.239/1991 (Regulamenta os §§ 1º e 2º deste artigo).

§ 2º As mulheres e os eclesiásticos ficam isentos do serviço militar obrigatório em tempo de paz, sujeitos, porém, a outros encargos que a lei lhes atribuir.

- Lei 8.239/1991 (Regulamenta os §§ 1º e 2º deste artigo).
- Súm. Vinc. 6, STF.

CAPÍTULO III
DA SEGURANÇA PÚBLICA

- Lei 11.530/2007 (Programa Nacional de Segurança Pública com Cidadania – PRONASCI).
- Dec. 5.289/2004 (Dispõe sobre a organização e o funcionamento da administração pública federal, para desenvolvimento do programa de cooperação federativa denominado Força Nacional de Segurança Pública).
- Dec. 9.630/2018 (Plano Nacional de Segurança Pública e Defesa Social).

Art. 144. A segurança pública, dever do Estado, direito e responsabilidade de todos, é exercida para a preservação da ordem pública e da incolumidade das pessoas e do patrimônio, através dos seguintes órgãos:

- arts. 14-A; 133-A, CPP.
- Dec. 4.332/2002 (Dispõe sobre o planejamento, a coordenação e a execução das medidas de segurança a serem implementadas durante as viagens presidenciais em território nacional).

I - polícia federal;

- arts. 5º; 10, § 2º, I, EC 103/2019 (Reforma da Previdência).

II - polícia rodoviária federal;

- arts. 5º; 10, § 2º, I, EC 103/2019 (Reforma da Previdência).
- Dec. 1.665/1995 (Competência da Polícia Rodoviária Federal).

III - polícia ferroviária federal;

- arts. 5º; 10, § 2º, I, EC 103/2019 (Reforma da Previdência).

IV - polícias civis;

V - polícias militares e corpos de bombeiros militares.

VI - polícias penais federal, estaduais e distrital. (Incluído pela EC 104/2019)

§ 1º A polícia federal, instituída por lei como órgão permanente, organizado e mantido pela União e estruturado em carreira, destina-se a: (Redação dada pela EC 19/1998.)

I - apurar infrações penais contra a ordem política e social ou em detrimento de bens, serviços e interesses da União ou de suas entidades autárquicas e empresas públicas, assim como outras infrações cuja prática tenha repercussão interestadual ou internacional e exija repressão uniforme, segundo se dispuser em lei;

- Lei 8.137/1990 (Lei dos crimes contra a ordem tributária, econômica e contra as relações de consumo).
- Lei 10.446/2002 (infrações penais de repercussão interestadual ou internacional que exigem repressão uniforme, para os fins do disposto neste inciso).

II - prevenir e reprimir o tráfico ilícito de entorpecentes e drogas afins, o contrabando e o descaminho, sem prejuízo da ação fazendária e de outros órgãos públicos nas respectivas áreas de competência;

- Lei 11.343/2006 (Lei Antidrogas).
- art. 1º, II, Dec. 2.730/1998 (Representação pelo Auditor-Fiscal do Tesouro Nacional sobre crimes de contrabando ou descaminho).

III - exercer as funções de polícia marítima, aeroportuária e de fronteiras; (Redação dada pela EC 19/1998.)

- Súm. Vinc. 36, STF.

IV - exercer, com exclusividade, as funções de polícia judiciária da União.

§ 2º A polícia rodoviária federal, órgão permanente, organizado e mantido pela União e estruturado em carreira, destina-se, na forma da lei, ao patrulhamento ostensivo das rodovias federais. (Redação dada pela EC 19/1998.)

- Lei 9.654/1998 (Dispõe sobre a carreira de Policial Rodoviário Federal).

§ 3º A polícia ferroviária federal, órgão permanente, organizado e mantido pela União e estruturado em carreira, destina-se, na forma da lei, ao patrulhamento ostensivo das ferrovias federais. (Redação dada pela EC 19/1998.)

§ 4º Às polícias civis, dirigidas por delegados de polícia de carreira, incumbem, ressalvada a competência da União, as funções de polícia judiciária e a apuração de infrações penais, exceto as militares.

- art. 9º, CPM.
- art. 7º, CPPM.

§ 5º Às polícias militares cabem a polícia ostensiva e a preservação da ordem pública; aos corpos de bombeiros militares, além das atribuições definidas em lei, incumbe a execução de atividades de defesa civil.

- Dec.-Lei 667/1969 (Reorganiza as Polícias Militares e os Corpos de Bombeiros Militares dos Estados, dos Território e do Distrito Federal).
- Lei 13.425/2017 (Prevenção e combate a incêndio e a desastres).

§ 5º-A. Às polícias penais, vinculadas ao órgão administrador do sistema penal da unidade federativa a que pertencem, cabe a segurança dos estabelecimentos penais. (Incluído pela EC 104/2019)

§ 6º As polícias militares e os corpos de bombeiros militares, forças auxiliares e reserva do Exército subordinam-se, juntamente com as polícias civis e as polícias penais estaduais e distrital, aos Governadores dos Estados, do Distrito Federal e dos Territórios. (Redação dada pela EC 104/2019)

§ 7º A lei disciplinará a organização e o funcionamento dos órgãos responsáveis pela segurança pública, de maneira a garantir a eficiência de suas atividades.

- Lei 12.681/2012 (Institui o Sistema Nacional de Informações de Segurança Pública, Prisionais e sobre Drogas – SINESP).
- Lei 13.675/2018 (Lei do SUSP) e Dec. 9.489/2018 (regulamento).

§ 8º Os Municípios poderão constituir guardas municipais destinadas à proteção de seus bens, serviços e instalações, conforme dispuser a lei.

- Lei 13.022/2014 (Dispõe sobre o Estatuto Geral das Guardas Municipais).

§ 9º A remuneração dos servidores policiais integrantes dos órgãos relacionados neste artigo será fixada na forma do § 4º do art. 39. (Incluído pela EC 19/1998.)

§ 10. A segurança viária, exercida para a preservação da ordem pública e da incolumidade das pessoas e do seu patrimônio nas vias públicas: (Acrescentado pela EC 82/2014.)

I - compreende a educação, engenharia e fiscalização de trânsito, além de outras atividades previstas em lei, que assegurem ao cidadão o direito à mobilidade urbana eficiente; e (Acrescentado pela EC 82/2014.)

II - compete, no âmbito dos Estados, do Distrito Federal e dos Municípios, aos respectivos órgãos ou entidades executivos e seus agentes de trânsito, estruturados em Carreira, na forma da lei. (Acrescentado pela EC 82/2014.)

TÍTULO VI
DA TRIBUTAÇÃO E DO ORÇAMENTO

- Lei 5.172/1990 (CTN).

CAPÍTULO I
DO SISTEMA TRIBUTÁRIO NACIONAL

- Lei 8.137/1990 (Lei dos crimes contra a ordem tributária, econômica e contra as relações de consumo).
- Lei 8.176/19.91 (Define crimes contra a ordem econômica e cria o Sistema de Estoques de Combustíveis).

- Dec. 2.730/1998 (Dispõe sobre o encaminhamento ao Ministério Público Federal da representação Fiscal para fins penais de que trata o art. 83 da Lei 9.430/1996).

SEÇÃO I
DOS PRINCÍPIOS GERAIS

Art. 145. A União, os Estados, o Distrito Federal e os Municípios poderão instituir os seguintes tributos:

- arts. 1º a 5º, CTN.
- Súm. 667, STF.

I - impostos;

- arts. 16 a 76, CTN.

II - taxas, em razão do exercício do poder de polícia ou pela utilização, efetiva ou potencial, de serviços públicos específicos e divisíveis, prestados ao contribuinte ou postos a sua disposição;

- arts. 77 a 80, CTN.
- Lei 7.940/1989 (Dispõe sobre a taxa de Fiscalização dos mercados de títulos e valores mobiliários).
- Súm. Vinc. 19, STF.
- Súm. 665 e 670, STF.

III - contribuição de melhoria, decorrente de obras públicas.

- arts. 81 e 82, CTN.
- Dec.-Lei 195/1967 (Dispõe sobre a Contribuição de Melhoria).

§ 1º Sempre que possível, os impostos terão caráter pessoal e serão graduados segundo a capacidade econômica do contribuinte, facultado à administração tributária, especialmente para conferir efetividade a esses objetivos, identificar, respeitados os direitos individuais e nos termos da lei, o patrimônio, os rendimentos e as atividades econômicas do contribuinte.

- Lei 8.021/1990 (Identificação dos contribuintes para fins fiscais).
- Súm. 656 e 668, STF.

§ 2º As taxas não poderão ter base de cálculo própria de impostos.

- art. 77, p.u., CTN.
- Súm. Vinc. 29, STF.
- Súm. 665, STF.
- Súm. 157, STJ.

Art. 146. Cabe à lei complementar:

I - dispor sobre conflitos de competência, em matéria tributária, entre a União, os Estados, o Distrito Federal e os Municípios;

- arts. 6º a 8º, CTN.

II - regular as limitações constitucionais ao poder de tributar;

- arts. 9º a 15, CTN.

III - estabelecer normas gerais em matéria de legislação tributária, especialmente sobre:

- art. 149 desta CF.

a) definição de tributos e de suas espécies, bem como, em relação aos impostos discriminados nesta Constituição, a dos respectivos fatos geradores, bases de cálculo e contribuintes;

b) obrigação, lançamento, crédito, prescrição e decadência tributários;

- Súm. Vinc. 8, STF.

c) adequado tratamento tributário ao ato cooperativo praticado pelas sociedades cooperativas;

- Lei 12.690/2012 (Dispõe sobre a organização e o funcionamento das Cooperativas de Trabalho.)

d) definição de tratamento diferenciado e favorecido para as microempresas e para as empresas de pequeno porte, inclusive regimes especiais ou simplificados no caso do imposto previsto no art. 155, II, das contribuições previstas no art. 195, I e §§ 12 e 13, e da contribuição a que se refere o art. 239. (Incluído pela EC 42/2003.)

- art. 94, ADCT.
- LC 123/2006 (Estatuto Nacional da Microempresa e da Empresa de Pequeno Porte).
- Dec. 8.538/2015 (Regulamenta o tratamento favorecido, diferenciado e simplificado para microempresas, empresas de pequeno porte, agricultores familiares, produtores rurais pessoa física, microempreendedores individuais e sociedades cooperativas de consumo nas contratações públicas de bens, serviços e obras no âmbito da administração pública federal).

Parágrafo único. A lei complementar de que trata o inciso III, *d*, também poderá instituir um regime único de arrecadação dos impostos e contribuições da União, dos Estados, do Distrito Federal e dos Municípios, observado que: (Incluído pela EC 42/2003.)

I - será opcional para o contribuinte; (Incluído pela EC 42/2003.)

II - poderão ser estabelecidas condições de enquadramento diferenciadas por Estado; (Incluído pela EC 42/2003.)

III - o recolhimento será unificado e centralizado e a distribuição da parcela de recursos pertencentes aos respectivos entes federados será imediata, vedada qualquer retenção ou condicionamento; (Incluído pela EC 42/2003.)

- art. 107, § 6º, I, ADCT.

IV - a arrecadação, a fiscalização e a cobrança poderão ser compartilhadas pelos entes federados, adotado cadastro nacional único de contribuintes. (Incluído pela EC 42/2003.)

Art. 146-A. Lei complementar poderá estabelecer critérios especiais de tributação, com o objetivo de prevenir desequilíbrios da concorrência, sem prejuízo da competência de a União, por lei, estabelecer normas de igual objetivo. (Incluído pela EC 42/2003.)

Art. 147. Competem à União, em Território Federal, os impostos estaduais e, se o Território não for dividido em Municípios, cumulativamente, os impostos municipais; ao Distrito Federal cabem os impostos municipais.

Art. 148. A União, mediante lei complementar, poderá instituir empréstimos compulsórios:

I - para atender a despesas extraordinárias, decorrentes de calamidade pública, de guerra externa ou sua iminência;

II - no caso de investimento público de caráter urgente e de relevante interesse nacional, observado o disposto no art. 150, III, *b*.

- art. 34, § 12, ADCT.

Parágrafo único. A aplicação dos recursos provenientes de empréstimo compulsório será vinculada à despesa que fundamentou sua instituição.

Art. 149. Compete exclusivamente à União instituir contribuições sociais, de intervenção no domínio econômico e de interesse das categorias profissionais ou econômicas, como instrumento de sua atuação nas respectivas áreas, observado o disposto nos arts. 146, III, e 150, I e III, e sem prejuízo do previsto no art. 195, § 6º, relativamente às contribuições a que alude o dispositivo.

- Lei 10.336/2001 (Institui Contribuição de Intervenção no Domínio Econômico incidente sobre a importação e a comercialização de petróleo e seus derivados, gás natural e seus derivados, e álcool etílico combustível – Cide).

§ 1º A União, os Estados, o Distrito Federal e os Municípios instituirão, por meio de lei, contribuições para custeio de regime próprio de previdência social, cobradas dos servidores ativos, dos aposentados e dos pensionistas, que poderão ter alíquotas progressivas de acordo com o valor da base de contribuição ou dos proventos de aposentadoria e de pensões. (Redação dada pela EC 103/2019)

§ 1º-A. Quando houver déficit atuarial, a contribuição ordinária dos aposentados e pensionistas poderá incidir sobre o valor dos proventos de aposentadoria e de pensões que supere o salário-mínimo. (Incluído pela EC 103/2019)

§ 1º-B. Demonstrada a insuficiência da medida prevista no § 1º-A para equacionar o déficit atuarial, é facultada a instituição de contribuição extraordinária, no âmbito da União, dos servidores públicos ativos, dos aposentados e dos pensionistas. (Incluído pela EC 103/2019)

§ 1º-C. A contribuição extraordinária de que trata o § 1º-B deverá ser instituída simultaneamente com outras medidas para equacionamento do déficit e vigorará por período determinado, contado da data de sua instituição. (Incluído pela EC 103/2019)

§ 2º As contribuições sociais e de intervenção no domínio econômico de que trata o *caput* deste artigo: (Incluído pela EC 33/2001.)

I - não incidirão sobre as receitas decorrentes de exportação; (Incluído pela EC 33/2001.)

II - incidirão também sobre a importação de produtos estrangeiros ou serviços; (Redação dada pela EC 42/2003.)

- Lei 10.336/2001 (Institui Contribuição de Intervenção no Domínio Econômico incidente sobre a importação e a comercialização de petróleo e seus derivados, gás natural e seus derivados, e álcool etílico combustível – Cide).
- Lei 10.865/2004 (Dispõe sobre a Contribuição para os Programas de Integração Social e de Formação do Patrimônio do Servidor Público e a Contribuição para o Financiamento da Seguridade Social incidentes sobre a importação de bens e serviços).

III - poderão ter alíquotas: (Incluído pela EC 33/2001.)

a) *ad valorem*, tendo por base o faturamento, a receita bruta ou o valor da operação e, no caso de importação, o valor aduaneiro; (Incluído pela EC 33/2001.)

b) específica, tendo por base a unidade de medida adotada. (Incluído pela EC 33/2001.)

§ 3º A pessoa natural destinatária das operações de importação poderá ser equiparada a pessoa jurídica, na forma da lei. (Incluído pela EC 33/2001.)

§ 4º A lei definirá as hipóteses em que as contribuições incidirão uma única vez. (Incluído pela EC 33/2001.)

Art. 149-A. Os Municípios e o Distrito Federal poderão instituir contribuição, na forma das respectivas leis, para o custeio do serviço de iluminação pública, observado o disposto no art. 150, I e III. (Incluído pela EC 39/2002.)

Parágrafo único. É facultada a cobrança da contribuição a que se refere o *caput*, na fatura de consumo de energia elétrica. (Incluído pela EC 39/2002.)

SEÇÃO II
DAS LIMITAÇÕES DO PODER DE TRIBUTAR

Art. 150. Sem prejuízo de outras garantias asseguradas ao contribuinte, é vedado à União, aos Estados, ao Distrito Federal e aos Municípios:

I - exigir ou aumentar tributo sem lei que o estabeleça;

- arts. 153, § 1º, 155, § 4º, IV, *c*; 177, § 4º, I, b, desta CF.
- arts. 3º; 97, CTN.

II - instituir tratamento desigual entre contribuintes que se encontrem em situação equivalente, proibida qualquer distinção em razão de ocupação profissional ou função por eles exercida, independentemente da denominação jurídica dos rendimentos, títulos ou direitos;

- arts. 5º, *caput*; 153, § 2º, desta CF.
- Súm. 658, STF.

III - cobrar tributos:

a) em relação a fatos geradores ocorridos antes do início da vigência da lei que os houver instituído ou aumentado;

- arts. 9º, II; 144, CTN.

b) no mesmo exercício financeiro em que haja sido publicada a lei que os instituiu ou aumentou;

- arts. 148, II; 150, § 1º; 155, § 4º, IV; 195, § 6º, desta CF.
- Súm. Vinc. 50, STF.

c) antes de decorridos noventa dias da data em que haja sido publicada a lei que os instituiu ou aumentou, observado o disposto na alínea *b*; (Incluído pela EC 42/2003.)

- Súm. Vinc. 50, STF.

IV - utilizar tributo com efeito de confisco;

- Súm. 70 e 323, STF.

V - estabelecer limitações ao tráfego de pessoas ou bens, por meio de tributos interestaduais ou intermunicipais, ressalvada a cobrança de pedágio pela utilização de vias conservadas pelo Poder Público;

- art. 9º, III, CTN.
- Súm. 545, STF.

VI - instituir impostos sobre:

a) patrimônio, renda ou serviços, uns dos outros;

- art. 150, § 3º, desta CF.
- art. 9º, IV, a, CTN.

b) templos de qualquer culto;

- art. 9º, IV, b, CTN.
- Lei 3.193/1957 (Aplicação do disposto nesta alínea).

c) patrimônio, renda ou serviços dos partidos políticos, inclusive suas fundações, das entidades sindicais dos trabalhadores, das instituições de educação e de assistência social, sem fins lucrativos, atendidos os requisitos da lei;

- art. 9º, IV, c; 14, CTN.
- Lei 3.193/1957 (Aplicação do disposto nesta alínea).
- Súm. Vinc. 52, STF.
- Súm. 724; 730, STF.

d) livros, jornais, periódicos e o papel destinado a sua impressão.

- Lei 10.753/2003 (Institui a Política Nacional do Livro).
- Lei 11.945/2009 (Dispõe sobre o Registro Especial na Secretaria da Receita Federal do Brasil).
- Súm. Vinc. 57, STF.
- Súm. 657; 662, STF.

e) fonogramas e videofonogramas musicais produzidos no Brasil contendo obras musicais ou literomusicais de autores brasileiros e/ou obras em geral interpretadas por artistas brasileiros bem como os suportes materiais ou arquivos digitais que os contenham, salvo na etapa de replicação industrial de mídias ópticas de leitura a laser. (Acrescentado pela EC 75/2013.)

§ 1º A vedação do inciso III, *b*, não se aplica aos tributos previstos nos arts. 148, I, 153, I, II, IV e V; e 154, II; e a vedação do inciso III, *c*, não se aplica aos tributos previstos nos arts. 148, I, 153, I, II, III e V; e 154, II, nem à fixação da base de cálculo dos impostos previstos nos arts. 155, III, e 156, I. (Redação dada pela EC 42/2003.)

§ 2º A vedação do inciso VI, *a*, é extensiva às autarquias e às fundações instituídas e mantidas pelo Poder Público, no que se refere ao patrimônio, à renda e aos serviços, vinculados a suas finalidades essenciais ou às delas decorrentes.

§ 3º As vedações do inciso VI, *a*, e do parágrafo anterior não se aplicam ao patrimônio, à renda e aos serviços, relacionados com exploração de atividades econômicas regidas pelas normas aplicáveis a empreendimentos privados, ou em que haja contraprestação ou pagamento de preços ou tarifas pelo usuário, nem exonera o promitente comprador da obrigação de pagar imposto relativamente ao bem imóvel.

§ 4º As vedações expressas no inciso VI, alíneas *b* e *c*, compreendem somente o patrimônio, a renda e os serviços, relacionados com as finalidades essenciais das entidades nelas mencionadas.

§ 5º A lei determinará medidas para que os consumidores sejam esclarecidos acerca dos impostos que incidam sobre mercadorias e serviços.

- Lei 12.741/2012 (Dispõe sobre as medidas de esclarecimento ao consumidor). Dec. 8.264/2014 (Regulamento).

§ 6º Qualquer subsídio ou isenção, redução de base de cálculo, concessão de crédito presumido, anistia ou remissão, relativos a impostos, taxas ou contribuições, só poderá ser concedido mediante lei específica, federal, estadual ou municipal, que regule exclusivamente as matérias acima enumeradas ou o correspondente tributo ou contribuição, sem prejuízo do disposto no art. 155, § 2º, XII, *g*. (Redação dada pela EC 3/1993.)

- art. 175, CTN.
- art. 14, § 1º, LC 101/2000 (Lei de Responsabilidade Fiscal).

§ 7º A lei poderá atribuir a sujeito passivo de obrigação tributária a condição de responsável pelo pagamento de imposto ou contribuição, cujo fato gerador deva ocorrer posteriormente, assegurada a imediata e preferencial restituição da quantia paga, caso não se realize o fato gerador presumido. (Incluído pela EC 3/1993.)

- Art. 128, CTN.
- Art. 37, II, LC 101/2000 (Lei de Responsabilidade Fiscal).

Art. 151. É vedado à União:

- art. 10, CTN.
- Lei 9.440/1997 (Estabelece incentivos fiscais para o desenvolvimento regional).
- Lei 11.508/2007 (Regime tributário, cambial e administrativo das Zonas de Processamento de Exportação).

I - instituir tributo que não seja uniforme em todo o território nacional ou que implique distinção ou preferência em relação a Estado, ao Distrito Federal ou a Município, em detrimento de outro, admitida a concessão de incentivos fiscais destinados a promover o equilíbrio do desenvolvimento socioeconômico entre as diferentes regiões do país;

II - tributar a renda das obrigações da dívida pública dos Estados, do Distrito Federal e dos Municípios, bem como a remuneração e os proventos dos respectivos agentes públicos, em níveis superiores aos que fixar para suas obrigações e para seus agentes;

III - instituir isenções de tributos da competência dos Estados, do Distrito Federal ou dos Municípios.

- Súm. 185, STJ.

Art. 152. É vedado aos Estados, ao Distrito Federal e aos Municípios estabelecer diferença tributária entre bens e serviços, de qualquer natureza, em razão de sua procedência ou destino.

- art. 11, CTN.

SEÇÃO III
DOS IMPOSTOS DA UNIÃO

Art. 153. Compete à União instituir impostos sobre:

- art. 154, desta CF.

I - importação de produtos estrangeiros;

- arts. 62, § 2º; 145, § 1º, 154, I, desta CF.
- art. 118, I, CTN.
- Lei 7.810/1989 (Dispõe sobre o imposto de importação - redução).
- Lei 8.032/1990 (Dispõe sobre a isenção ou redução do imposto de importação).
- Lei 9.449/1997 (Reduz o imposto de importação nos produtos que especifica).

II - exportação, para o exterior, de produtos nacionais ou nacionalizados;

- art. 62, § 2º, CF.

III - renda e proventos de qualquer natureza;

- arts. 27; 28; 29; 37; 48; 49; 95; 128, desta CF.
- art. 34, § 2º, I, ADCT.
- Lei 8.166/1991 (Dispõe sobre a não incidência do Imposto de Renda sobre lucros ou dividendos distribuídos a residentes ou domiciliados no exterior, doados a instituições sem fins lucrativos).
- Lei 9.430/1996 (Dispõe sobre a legislação tributária federal, as contribuições para a seguridade social, o processo administrativo de consulta).
- Dec. 9.580/2018 (Regulamento do Imposto de Renda).

IV - produtos industrializados;

- art. 62, § 2º, desta CF.
- art. 34, § 2º, I, ADCT.
- Lei 9.363/ 1996 (Dispõe sobre a instituição de crédito presumido do Imposto sobre Produtos Industrializados, para ressarcimento do valor do PIS/PASEP e COFINS).
- Lei 9.493/1997 (Concede isenção do IPI).
- Dec. 7.619/2011(Regulamenta a concessão de crédito presumido do IPI na aquisição de resíduos sólidos).
- Dec. 8.950/2016 (Aprova a Tabela de Incidência do Imposto sobre Produtos Industrializados - TIPI).

V - operações de crédito, câmbio e seguro, ou relativas a títulos ou valores mobiliários;

- Art. 62, § 2º, desta CF.
- arts. 63 a 67, CTN.
- Lei 8.894/1994 (Imposto sobre Operações de Crédito, Câmbio e Seguro, ou relativas a Títulos e Valores Mobiliários) e Dec. 6.306/2007 (Regulamento).
- Súm. Vinc. 32, STF.
- Súm. 664, STF.

VI - propriedade territorial rural;

- arts. 23 e 24, Lei 8.847/1994 (Dispõem sobre a administração e cobrança da Taxa de Serviços Cadastrais).
- Lei 9.321/1996 (Programa Nacional de Fortalecimento da Agricultura Familiar - PRONAF).
- Lei 9.393/1996 (Imposto sobre a Propriedade Territorial Rural - ITR, sobre pagamento da dívida representada por Títulos da Dívida Agrária).
- Dec. 4.382/2002 (Regulamenta a tributação, fiscalização, arrecadação e administração do Imposto sobre a Propriedade Territorial Rural – ITR).

VII - grandes fortunas, nos termos de lei complementar.

§ 1º É facultado ao Poder Executivo, atendidas as condições e os limites estabelecidos em lei, alterar as alíquotas dos impostos enumerados nos incisos I, II, IV e V.

- art. 150, § 1º, desta CF.
- Lei 8.088/1990 (Dispõe sobre atualização do Bônus do Tesouro Nacional e dos depósitos de poupança).

§ 2º O imposto previsto no inciso III:

I - será informado pelos critérios da generalidade, da universalidade e da progressividade, na forma da lei;

II - (Revogado pela EC 20/1998.)

§ 3º O imposto previsto no inciso IV:

I - será seletivo, em função da essencialidade do produto;

II - será não cumulativo, compensando-se o que for devido em cada operação com o montante cobrado nas anteriores;

› art. 49, CTN.
› Súm. Vinc. 58, STF.

III - não incidirá sobre produtos industrializados destinados ao exterior;

IV - terá reduzido seu impacto sobre a aquisição de bens de capital pelo contribuinte do imposto, na forma da lei. (Incluído pela EC 42/2003.)

§ 4º O imposto previsto no inciso VI do *caput*: (Redação dada pela EC 42/2003.)

› Lei 8.629 (Regula e disciplina disposições relativas à reforma agrária).

I - será progressivo e terá suas alíquotas fixadas de forma a desestimular a manutenção de propriedades improdutivas; (Incluído pela EC 42/2003.)

II - não incidirá sobre pequenas glebas rurais, definidas em lei, quando as explore o proprietário que não possua outro imóvel; (Incluído pela EC 42/2003.)

III - será fiscalizado e cobrado pelos Municípios que assim optarem, na forma da lei, desde que não implique redução do imposto ou qualquer outra forma de renúncia fiscal. (Incluído pela EC 42/2003.)

› art. 158, II, desta CF.
› arts. 6º e 7º, CTN.
› Lei 11.250/2005 (Regulamenta este inciso).

§ 5º O ouro, quando definido em lei como ativo financeiro ou instrumento cambial, sujeita-se exclusivamente à incidência do imposto de que trata o inciso V do *caput* deste artigo, devido na operação de origem; a alíquota mínima será de um por cento, assegurada a transferência do montante da arrecadação nos seguintes termos:

› art. 74, § 2º, 107, § 6º, I, ADCT.
› Lei 7.766/1989 (Dispõe sobre o ouro como ativo financeiro e sobre seu tratamento tributário).

I - trinta por cento para o Estado, o Distrito Federal ou o Território, conforme a origem;

II - setenta por cento para o Município de origem.

› arts. 72, § 3º; 74, § 2º; 75; 76, §1º, ADCT.
› Lei 7.766/1989 (Dispõe sobre o ouro como ativo financeiro e sobre seu tratamento tributário).

Art. 154. A União poderá instituir:

I - mediante lei complementar, impostos não previstos no artigo anterior, desde que sejam não cumulativos e não tenham fato gerador ou base de cálculo próprios dos discriminados nesta Constituição;

› art. 195, § 4º, desta CF.
› arts. 74, § 2º; 75, ADCT.

II - na iminência ou no caso de guerra externa, impostos extraordinários, compreendidos ou não em sua competência tributária, os quais serão suprimidos, gradativamente, cessadas as causas de sua criação.

› arts. 62, § 2º; 150, § 1º, desta CF.

SEÇÃO IV
DOS IMPOSTOS DOS ESTADOS E DO DISTRITO FEDERAL

Art. 155. Compete aos Estados e ao Distrito Federal instituir impostos sobre: (Redação dada pela EC 3/1993.)

I - transmissão *causa mortis* e doação, de quaisquer bens ou direitos; (Redação dada pela EC 3/1993.)

II - operações relativas à circulação de mercadorias e sobre prestações de serviços de transporte interestadual e intermunicipal e de comunicação, ainda que as operações e as prestações se iniciem no exterior; (Redação dada pela EC 3/1993.)

› art. 60, § 2º, ADCT.
› LC 24/1975 (Dispõe sobre convênios para a concessão de isenções do imposto sobre operações relativas à circulação de mercadorias).
› LC 87/1996 (Lei Kandir - ICMS)
› Súm. 662, STF.
› Súm. 334; 457, STJ.

III - propriedade de veículos automotores. (Redação dada pela EC 3/1993.)

§ 1º O imposto previsto no inciso I: (Redação dada pela EC 3/1993.)

I - relativamente a bens imóveis e respectivos direitos, compete ao Estado da situação do bem, ou ao Distrito Federal

II - relativamente a bens móveis, títulos e créditos, compete ao Estado onde se processar o inventário ou arrolamento, ou tiver domicílio o doador, ou ao Distrito Federal;

III - terá competência para sua instituição regulada por lei complementar:

a) se o doador tiver domicilio ou residência no exterior;

b) se o *de cujus* possuía bens, era residente ou domiciliado ou teve o seu inventário processado no exterior;

IV - terá suas alíquotas máximas fixadas pelo Senado Federal.

§ 2º O imposto previsto no inciso II atenderá ao seguinte: (Redação dada pela EC 3/1993.)

› LC 24/1975 (Dispõe sobre convênios para a concessão de isenções do imposto sobre operações relativas à circulação de mercadorias).
› LC 101/2000 (Lei de Responsabilidade Fiscal).
› Dec.-Lei 406/1968 (Normas gerais de Direito Financeiro aplicáveis aos impostos sobre operações relativas à circulação de mercadorias e serviços de qualquer natureza).

I - será não cumulativo, compensando-se o que for devido em cada operação relativa à circulação de mercadorias ou prestação de serviços com o montante cobrado nas anteriores pelo mesmo ou outro Estado ou pelo Distrito Federal;

II - a isenção ou não incidência, salvo determinação em contrário da legislação:

› art. 155, § 2º, X, a, desta CF.
› LC 24/1975 (Dispõe sobre convênios para a concessão de isenções do imposto sobre operações relativas à circulação de mercadorias).
› LC 87/1996 (Lei Kandir - ICMS).

a) não implicará crédito para compensação com o montante devido nas operações ou prestações seguintes;

b) acarretará a anulação do crédito relativo às operações anteriores;

III - poderá ser seletivo, em função da essencialidade das mercadorias e dos serviços;

IV - resolução do Senado Federal, de iniciativa do Presidente da República ou de um terço dos Senadores, aprovada pela maioria absoluta de seus membros, estabelecerá as alíquotas aplicáveis às operações e prestações, interestaduais e de exportação;

V - é facultado ao Senado Federal:

a) estabelecer alíquotas mínimas nas operações internas, mediante resolução de iniciativa de um terço e aprovada pela maioria absoluta de seus membros;

b) fixar alíquotas máximas nas mesmas operações para resolver conflito específico que envolva interesse de Estados, mediante resolução de iniciativa da maioria absoluta e aprovada por dois terços de seus membros;

VI - salvo deliberação em contrário dos Estados e do Distrito Federal, nos termos do disposto no inciso XII, *g*, as alíquotas internas, nas operações relativas à circulação de mercadorias e nas prestações de serviços, não poderão ser inferiores às previstas para as operações interestaduais;

VII - nas operações e prestações que destinem bens e serviços a consumidor final, contribuinte ou não do imposto, localizado em outro Estado, adotar-se-á a alíquota interestadual e caberá ao Estado de localização do destinatário o imposto correspondente à diferença entre a alíquota interna do Estado destinatário e a alíquota interestadual; (Alterado pela EC 87/2015. Produção de efeitos no ano subsequente e após 90 dias de sua publicação.)

› art. 99, ADCT.

a) e b) (revogadas); (Alteradas pela EC 87/2015. Produção de efeitos no ano subsequente e após 90 dias de sua publicação.)

VIII - a responsabilidade pelo recolhimento do imposto correspondente à diferença entre a alíquota interna e a interestadual de que trata o inciso VII será atribuída: (Alterado pela EC 87/2015. Produção de efeitos no ano subsequente e após 90 dias de sua publicação.)

a) ao destinatário, quando este for contribuinte do imposto; (Alterada pela EC 87/2015. Produção de efeitos no ano subsequente e após 90 dias de sua publicação.)

b) ao remetente, quando o destinatário não for contribuinte do imposto; (Alterada pela EC 87/2015. Produção de efeitos no ano subsequente e após 90 dias de sua publicação.)

IX - incidirá também:

a) sobre a entrada de bem ou mercadoria importados do exterior por pessoa física ou jurídica, ainda que não seja contribuinte habitual do imposto, qualquer que seja a sua finalidade, assim como sobre o serviço prestado no exterior, cabendo o imposto ao Estado onde estiver situado o domicílio ou o estabelecimento do destinatário da mercadoria, bem ou serviço; (Redação dada pela EC 33/2001.)

› Súm. Vinc. 48, STF.
› Súm. 660 e 661, STF.
› Súm. 155; 198, STJ.

b) sobre o valor total da operação, quando mercadorias forem fornecidas com serviços não compreendidos na competência tributária dos Municípios;

X - não incidirá:

a) sobre operações que destinem mercadorias para o exterior, nem sobre serviços prestados a destinatários no exterior, assegurada a manutenção e o aproveitamento do montante do imposto cobrado nas operações e prestações anteriores; (Redação dada pela EC 42/2003.)

› Súm. 433, STJ.

b) sobre operações que destinem a outros Estados petróleo, inclusive lubrificantes, combustíveis líquidos e gasosos dele derivados, e energia elétrica;

c) sobre o ouro, nas hipóteses definidas no art. 153, § 5º;

› Lei 7.766/1989 (Dispõe sobre o ouro como ativo financeiro e sobre seu tratamento tributário).

d) nas prestações de serviço de comunicação nas modalidades de radiodifusão sonora e de sons e imagens de recepção livre e gratuita; (Incluído pela EC 42/2003.)

XI - não compreenderá, em sua base de cálculo, o montante do imposto sobre produtos industrializados, quando a operação, realizada entre contribuintes e relativa a produto destinado à industrialização ou à comercialização, configure fato gerador dos dois impostos;

XII - cabe à lei complementar:

› art. 4º, EC 42/2003 (Altera o Sistema Tributário Nacional).

a) definir seus contribuintes;

b) dispor sobre substituição tributária;

c) disciplinar o regime de compensação do imposto;

d) fixar, para efeito de sua cobrança e definição do estabelecimento responsável, o local das operações relativas à circulação de mercadorias e das prestações de serviços;

e) excluir da incidência do imposto, nas exportações para o exterior, serviços e outros produtos além dos mencionados no inciso X, *a*;

f) prever casos de manutenção de crédito, relativamente à remessa para outro Estado e exportação para o exterior, de serviços e de mercadorias;

g) regular a forma como, mediante deliberação dos Estados e do Distrito Federal, isenções, incentivos e benefícios fiscais serão concedidos e revogados.

- art. 22, p.u., LC 123/2006 (Estatuto Nacional da Microempresa e da Empresa de Pequeno Porte).

h) definir os combustíveis e lubrificantes sobre os quais o imposto incidirá uma única vez, qualquer que seja a sua finalidade, hipótese em que não se aplicará o disposto no inciso X, *b*; (Incluída pela EC 33/2001.)

i) fixar a base de cálculo, de modo que o montante do imposto a integre, também na importação do exterior de bem, mercadoria ou serviço. (Incluída pela EC 33/2001.)

- Súm. 457, STJ.

§ 3º À exceção dos impostos de que tratam o inciso II do *caput* deste artigo e o art. 153, I e II, nenhum outro imposto poderá incidir sobre operações relativas à energia elétrica, serviços de telecomunicações, derivados de petróleo, combustíveis e minerais do país. (Redação dada pela EC 33/2001.)

- Súm. 659, STF.

§ 4º Na hipótese do inciso XII, *h*, observar-se-á o seguinte: (Incluído pela EC 33/2001.)

I - nas operações com os lubrificantes e combustíveis derivados de petróleo, o imposto caberá ao Estado onde ocorrer o consumo; (Incluído pela EC 33/2001.)

II - nas operações interestaduais, entre contribuintes, com gás natural e seus derivados, e lubrificantes e combustíveis não incluídos no inciso I deste parágrafo, o imposto será repartido entre os Estados de origem e de destino, mantendo-se a mesma proporcionalidade que ocorre nas operações com as demais mercadorias; (Incluído pela EC 33/2001.)

III - nas operações interestaduais com gás natural e seus derivados, e lubrificantes e combustíveis não incluídos no inciso I deste parágrafo, destinadas a não contribuinte, o imposto caberá ao Estado de origem; (Incluído pela EC 33/2001.)

IV - as alíquotas do imposto serão definidas mediante deliberação dos Estados e Distrito Federal, nos termos do § 2º, XII, *g*, observando-se o seguinte: (Incluído pela EC 33/2001.)

a) serão uniformes em todo o território nacional, podendo ser diferenciadas por produto; (Incluído pela EC 33/2001.)

b) poderão ser específicas, por unidade de medida adotada, ou *ad valorem*, incidindo sobre o valor da operação ou sobre o preço que o produto ou seu similar alcançaria em uma venda em condições de livre-concorrência; (Incluído pela EC 33/2001.)

c) poderão ser reduzidas e restabelecidas, não se lhes aplicando o disposto no art. 150, III, *b*. (Incluído pela EC 33/2001.)

§ 5º As regras necessárias à aplicação do disposto no § 4º, inclusive as relativas à apuração e à destinação do imposto, serão estabelecidas mediante deliberação dos Estados e do Distrito Federal, nos termos do § 2º, XII, *g*. (Incluído pela EC 33/2001.)

§ 6º O imposto previsto no inciso III: (Incluído pela EC 42/2003.)

I - terá alíquotas mínimas fixadas pelo Senado Federal; (Incluído pela EC 42/2003.)

II - poderá ter alíquotas diferenciadas em função do tipo e utilização. (Incluído pela EC 42/2003.)

SEÇÃO V
DOS IMPOSTOS DOS MUNICÍPIOS

Art. 156. Compete aos Municípios instituir impostos sobre:

- art. 167, § 4º, desta CF.

I - propriedade predial e territorial urbana;

- arts. 32 a 34, CTN.
- Súm. 589, STF.
- Súm. 399, STJ.

II - transmissão *inter vivos*, a qualquer título, por ato oneroso, de bens imóveis, por natureza ou acessão física, e de direitos reais sobre imóveis, exceto os de garantia, bem como cessão de direitos a sua aquisição;

- arts. 35 a 42, CTN.
- Súm. 656, STF.

III - serviços de qualquer natureza, não compreendidos no art. 155, II, definidos em lei complementar. (Redação dada pela EC 3/1993.)

- LC 116/2003 (Lei do ISS).
- Súm. Vinc. 31, STF.
- Súm. 424, STJ.

IV - (Revogado pela EC 3/1993.)

§ 1º Sem prejuízo da progressividade no tempo a que se refere o art. 182, § 4º, inciso II, o imposto previsto no inciso I poderá: (Redação dada pela EC 29/2000.)

- arts. 182, §§ 2º e 4º; 186 desta CF.
- Súm. 589, STF.

I - ser progressivo em razão do valor do imóvel; e (Incluído pela EC 29/2000.)

II - ter alíquotas diferentes de acordo com a localização e o uso do imóvel. (Incluído pela EC 29/2000.)

- Lei 10.257/2001 (Estatuto da Cidade).

§ 2º O imposto previsto no inciso II:

I - não incide sobre a transmissão de bens ou direitos incorporados ao patrimônio de pessoa jurídica em realização de capital, nem sobre a transmissão de bens ou direitos decorrente de fusão, incorporação, cisão ou extinção de pessoa jurídica, salvo se, nesses casos, a atividade preponderante do adquirente for a compra e venda desses bens ou direitos, locação de bens imóveis ou arrendamento mercantil;

- arts. 36 e 37, CTN.

II - compete ao Município da situação do bem.

§ 3º Em relação ao imposto previsto no inciso III do *caput* deste artigo, cabe à lei complementar: (Redação dada pela EC 37/2002.)

I - fixar as suas alíquotas máximas e mínimas; (Redação dada pela EC 37/2002.)

- art. 88, ADCT.

II - excluir da sua incidência exportações de serviços para o exterior. (Incluído pela EC 3/1993.)

III - regular a forma e as condições como isenções, incentivos e benefícios fiscais serão concedidos e revogados. (Incluído pela EC 37/2002.)

- art. 88, ADCT.

§ 4º (Revogado pela EC 3/1993.)

SEÇÃO VI
DA REPARTIÇÃO DAS RECEITAS TRIBUTÁRIAS

- art. 6º, p.ú., CTN.

Art. 157. Pertencem aos Estados e ao Distrito Federal:

- art. 167, § 4º, desta CF.
- art. 107, § 6º, I, ADCT.

I - o produto da arrecadação do imposto da União sobre renda e proventos de qualquer natureza, incidente na fonte, sobre rendimentos pagos, a qualquer título, por eles, suas autarquias e pelas fundações que instituírem e mantiverem;

- art. 159, § 1º, desta CF.
- art. 76, § 1º, ADCT.
- Dec. 9.580/2018 (Regulamenta a tributação, fiscalização, arrecadação e administração do Imposto sobre a renda e proventos de qualquer natureza).
- Súm. 447, STJ.

II - vinte por cento do produto da arrecadação do imposto que a União instituir no exercício da competência que lhe é atribuída pelo art. 154, I.

- art. 72, § 3º, ADCT.

Art. 158. Pertencem aos Municípios:

- art. 167, IV, desta CF.
- LC 63/1990 (Dispõe sobre os critérios e prazos de crédito das parcelas do produto da arrecadação de impostos de competência dos Estados e de transferências por estes recebidas, pertencentes aos Municípios).

I - o produto da arrecadação do imposto da União sobre renda e proventos de qualquer natureza, incidente na fonte, sobre rendimentos pagos, a qualquer título, por eles, suas autarquias e pelas fundações que instituírem e mantiverem;

- art. 159, § 1º, desta CF.
- art. 76, § 1º; 107, § 6º, I, ADCT.
- Súm. 447, STJ.

II - cinquenta por cento do produto da arrecadação do imposto da União sobre a propriedade territorial rural, relativamente aos imóveis neles situados, cabendo a totalidade na hipótese da opção a que se refere o art. 153, § 4º, III; (Redação dada pela EC 42/2003.)

- arts. 72, § 4º; 76, § 1º; 107, § 6º, I, ADCT.
- Dec. 7.827/2012 (Regulamenta os procedimentos de condicionamento e restabelecimento das transferências de recursos provenientes das receitas de que tratam este inciso, dispõe sobre os procedimentos de suspensão e restabelecimento das transferências voluntárias da União, nos casos de descumprimento da aplicação dos recursos em ações e serviços públicos de saúde de que trata a LC 141/2012).
- Súm. 139, STJ.

III - cinquenta por cento do produto da arrecadação do imposto do Estado sobre a propriedade de veículos automotores licenciados em seus territórios;

- art. 1º, LC 63/1990 (Dispõe sobre os critérios e prazos de crédito das parcelas do produto da arrecadação de impostos de competência dos Estados e de transferências por estes recebidas, pertencentes aos Municípios).

IV - vinte e cinco por cento do produto da arrecadação do imposto do Estado sobre operações relativas à circulação de mercadorias e sobre prestações de serviços de transporte interestadual e intermunicipal e de comunicação.

- arts. 60, § 2º; 82, § 1º, ADCT.
- art. 1º, LC 63/1990 (Dispõe sobre os critérios e prazos de crédito das parcelas do produto da arrecadação de impostos de competência dos Estados e de transferências por estes recebidas, pertencentes aos Municípios).

Parágrafo único. As parcelas de receita pertencentes aos Municípios, mencionadas no inciso IV, serão creditadas conforme os seguintes critérios:

I - 65% (sessenta e cinco por cento), no mínimo, na proporção do valor adicionado nas operações relativas à circulação de mercadorias e nas prestações de serviços, realizadas em seus territórios; (Redação dada pela EC 108/2020, com produção de efeitos financeiros a partir de 1º/1/2021)

II - até 35% (trinta e cinco por cento), de acordo com o que dispuser lei estadual, observada, obrigatoriamente, a distribuição de, no mínimo,

10 (dez) pontos percentuais com base em indicadores de melhoria nos resultados de aprendizagem e de aumento da equidade, considerado o nível socioeconômico dos educandos. (Redação dada pela EC 108/2020, com produção de efeitos financeiros a partir de 1º/1/2021)

Art. 159. A União entregará:

- art. 167, IV, desta CF.
- arts. 72, §§ 2º e 4º; 80, § 1º; 107, § 6º, ADCT.
- LC 62/1989 (Dispõe sobre as normas para cálculo, entrega e controle de liberações de recursos dos Fundos de Participação).

I - do produto da arrecadação dos impostos sobre renda e proventos de qualquer natureza e sobre produtos industrializados, 49% (quarenta e nove por cento), na seguinte forma: (Alterado pela EC 84/2014.)

- art. 60, § 2º, ADCT.
- art. 2º, EC 55/2007 (determina que as alterações inseridas neste artigo somente se aplicam sobre a arrecadação dos impostos sobre renda e proventos de qualquer natureza e sobre produtos industrializados realizada a partir de 1º.09.2007).
- art. 92, CTN.
- art. 6º, § 1º, Lei 13.254/2016 (Dispõe sobre o Regime Especial de Regularização Cambial e Tributária – RERCT).
- Dec. 7.827/2012 (Regulamenta os procedimentos de condicionamento e restabelecimento das transferências de recursos provenientes das receitas de que tratam as alíneas deste inciso).

a) vinte e um inteiros e cinco décimos por cento ao Fundo de Participação dos Estados e do Distrito Federal;

- arts. 34, § 2º, II; 60, § 2º; 73, § 1º, ADCT.
- art. 92, CTN.
- LC 62/1989 (Dispõe sobre as normas para cálculo, entrega e controle de liberações de recursos dos Fundos de Participação).

b) vinte e dois inteiros e cinco décimos por cento ao Fundo de Participação dos Municípios;

- art. 76, § 1º, ADCT.
- art. 92, CTN.
- LC 62/1989 (Dispõe sobre as normas para cálculo, entrega e controle de liberações de recursos dos Fundos de Participação).
- LC 91/1997 (Dispõe sobre a fixação dos coeficientes do Fundo de Participação dos Municípios).

c) três por cento, para aplicação em programas de financiamento ao setor produtivo das Regiões Norte, Nordeste e Centro-Oeste, através de suas instituições financeiras de caráter regional, de acordo com os planos regionais de desenvolvimento, ficando assegurada ao semiárido do Nordeste a metade dos recursos destinados à Região, na forma que a lei estabelecer;

d) um por cento ao Fundo de Participação dos Municípios, que será entregue no primeiro decêndio do mês de dezembro de cada ano; (Incluído pela EC 55/2007.)

- art. 92, CTN.
- art. 2º, EC 55/2007 (determina que as alterações inseridas neste artigo somente se aplicam sobre a arrecadação dos impostos sobre renda e proventos de qualquer natureza e sobre produtos industrializados realizada a partir de 1º.09.2007).

e) 1% (um por cento) ao Fundo de Participação dos Municípios, que será entregue no primeiro decêndio do mês de julho de cada ano; (Inserido pela EC 84/2014.)

- art. 2º, EC. 84/2014 [Para deste inciso, a União entregará ao Fundo de Participação dos Municípios o percentual de 0,5% (cinco décimos por cento) do produto da arrecadação dos impostos sobre renda e proventos de qualquer natureza e sobre produtos industrializados no primeiro exercício em que esta EC gerar efeitos financeiros, acrescentando-se 0,5% (cinco décimos por cento) a cada exercício, até que se alcance o percentual de 1% (um por cento)].

II - do produto da arrecadação do imposto sobre produtos industrializados, dez por cento aos Estados e ao Distrito Federal, proporcionalmente ao valor das respectivas exportações de produtos industrializados;

- arts. 60, 2º; 76, § 1º, ADCT.
- art. 1º, LC 63/1990 (Dispõe sobre os critérios e prazos de crédito das parcelas do produto da arrecadação de impostos de competência dos Estados e de transferências por estes recebidas, pertencentes aos Municípios).
- Lei 8.016/1990 (Dispõe sobre a entrega das quotas de participação dos Estados e DF na arrecadação do IPI).
- Dec. 7.827/2012 (Regulamenta este inciso).

III - do produto da arrecadação da contribuição de intervenção no domínio econômico prevista no art. 177, § 4º, 29% (vinte e nove por cento) para os Estados e o Distrito Federal, distribuídos na forma da lei, observada a destinação a que se refere o inciso II, c, do referido parágrafo. (Redação dada pela EC 44, de 2004.)

- art. 93, ADCT.

§ 1º Para efeito de cálculo da entrega a ser efetuada de acordo com o previsto no inciso I, excluir-se-á a parcela da arrecadação do imposto de renda e proventos de qualquer natureza pertencente aos Estados, ao Distrito Federal e aos Municípios, nos termos do disposto nos arts. 157, I, e 158, I.

§ 2º A nenhuma unidade federada poderá ser destinada parcela superior a vinte por cento do montante a que se refere o inciso II, devendo o eventual excedente ser distribuído entre os demais participantes, mantido, em relação a esses, o critério de partilha nele estabelecido.

- LC 61/1989 (Dispõe sobre as normas para participação dos Estados e DF no produto de arrecadação do IPI, relativo às exportações).

§ 3º Os Estados entregarão aos respectivos Municípios vinte e cinco por cento dos recursos que receberem nos termos do inciso II, observados os critérios estabelecidos no art. 158, parágrafo único, I e II.

- LC 63/1990 (Dispõe sobre os critérios e prazos de crédito das parcelas do produto da arrecadação de impostos de competência dos Estados e de transferências por estes recebidas, pertencentes aos Municípios).

§ 4º Do montante de recursos de que trata o inciso III que cabe a cada Estado, vinte e cinco por cento serão destinados aos seus Municípios, na forma da lei a que se refere o mencionado inciso. (Incluído pela EC 42/2003.)

- art. 93, ADCT.

Art. 160. É vedada a retenção ou qualquer restrição à entrega e ao emprego dos recursos atribuídos, nesta seção, aos Estados, ao Distrito Federal e aos Municípios, neles compreendidos adicionais e acréscimos relativos a impostos.

Parágrafo único. A vedação prevista neste artigo não impede a União e os Estados de condicionarem a entrega de recursos: (Redação dada pela EC 29/2000.)

I - ao pagamento de seus créditos, inclusive de suas autarquias; (Incluído pela EC 29/2000.)

II - ao cumprimento do disposto no art. 198, § 2º, incisos II e III. (Incluído pela EC 29/2000.)

Art. 161. Cabe à lei complementar:

I - definir valor adicionado para fins do disposto no art. 158, parágrafo único, I;

- LC 63/1990 (Dispõe sobre os critérios e prazos de crédito das parcelas do produto da arrecadação de impostos de competência dos Estados e de transferências por estes recebidas, pertencentes aos Municípios).

II - estabelecer normas sobre a entrega dos recursos de que trata o art. 159, especialmente sobre os critérios de rateio dos fundos previstos em seu inciso I, objetivando promover o equilíbrio socioeconômico entre Estados e entre Municípios;

- art. 34, § 2º, ADCT.
- LC 62/1989 (Dispõe sobre as normas para cálculo, entrega e controle de liberações de recursos dos Fundos de Participação).

III - dispor sobre o acompanhamento, pelos beneficiários, do cálculo das quotas e da liberação das participações previstas nos arts. 157, 158 e 159.

- LC 62/1989 (Dispõe sobre as normas para cálculo, entrega e controle de liberações de recursos dos Fundos de Participação).

Parágrafo único. O Tribunal de Contas da União efetuará o cálculo das quotas referentes aos fundos de participação a que alude o inciso II.

Art. 162. A União, os Estados, o Distrito Federal e os Municípios divulgarão, até o último dia do mês subsequente ao da arrecadação, os montantes de cada um dos tributos arrecadados, os recursos recebidos, os valores de origem tributária entregues e a entregar e a expressão numérica dos critérios de rateio.

Parágrafo único. Os dados divulgados pela União serão discriminados por Estado e por Município; os dos Estados, por Município.

CAPÍTULO II
DAS FINANÇAS PÚBLICAS

SEÇÃO I
NORMAS GERAIS

Art. 163. Lei complementar disporá sobre:

- art. 30, EC 19/1998.
- Lei 4.320/1964 (Estabelece normas gerais de Direito Financeiro para elaboração e controle dos orçamentos e balanços da União, Estados, Municípios e DF).
- Lei 6.830/1980 (Lei de Execuções Fiscais).

I - finanças públicas;

- LC 101/2000 (Lei de Responsabilidade Fiscal).

II - dívida pública externa e interna, incluída a das autarquias, fundações e demais entidades controladas pelo Poder Público;

- Lei 8.388/1991 (Estabelece diretrizes para que a União possa realizar a consolidação e reescalonamento de dívidas das Administrações direta e indireta dos Estados, DF e Municípios).

III - concessão de garantias pelas entidades públicas;

IV - emissão e resgate de títulos da dívida pública;

- art. 34, § 2º, I, ADCT.

V - fiscalização financeira da administração pública direta e indireta; (Redação dada pela EC 40/2003.)

- Lei 4.595/1964 (Sistema financeiro nacional).

VI - operações de câmbio realizadas por órgãos e entidades da União, dos Estados, do Distrito Federal e dos Municípios;

- Lei 1.807/1953 (Dispõe sobre operações de câmbio).
- Lei 4.131/1962 (Disciplina a aplicação do capital estrangeiro e as remessas de valores para o exterior).
- Dec.-Lei 9.025/1946 (Dispõe sobre operações e regulamenta retorno de capitais estrangeiros).
- Dec.-Lei 9.602/1946 (Dispõe sobre operações de câmbio).

VII - compatibilização das funções das instituições oficiais de crédito da União, resguardadas as características e condições operacionais plenas das voltadas ao desenvolvimento regional.

- art. 30, EC 19/1998 (Reforma administrativa).

- LC 101/2000 (Lei de Responsabilidade Fiscal).
- Lei 4.595/1964 (Dispõe sobre a Política e as Instituições Monetárias, Bancárias e Creditícias, e cria o Conselho Monetário Nacional).

VIII - sustentabilidade da dívida, especificando:

a) indicadores de sua apuração;

b) níveis de compatibilidade dos resultados fiscais com a trajetória da dívida;

c) trajetória de convergência do montante da dívida com os limites definidos em legislação;

d) medidas de ajuste, suspensões e vedações;

e) planejamento de alienação de ativos com vistas à redução do montante da dívida. (Inciso acrescido pela EC nº 109, de 2021)

Parágrafo único. A lei complementar de que trata o inciso VIII do caput deste artigo pode autorizar a aplicação das vedações previstas no art. 167-A desta Constituição. (Parágrafo único acrescido pela EC nº 109, de 2021)

Art. 163-A. A União, os Estados, o Distrito Federal e os Municípios disponibilizarão suas informações e dados contábeis, orçamentários e fiscais, conforme periodicidade, formato e sistema estabelecidos pelo órgão central de contabilidade da União, de forma a garantir a rastreabilidade, a comparabilidade e a publicidade dos dados coletados, os quais deverão ser divulgados em meio eletrônico de amplo acesso público. (Acrescido pela EC 108, de 2020, com produção de efeitos financeiros a partir de 1º/1/2021)

Art. 164. A competência da União para emitir moeda será exercida exclusivamente pelo banco central.

- Lei 13.416/2017 (Autoriza o Banco Central do Brasil a adquirir papel-moeda e moeda metálica fabricados fora do País por fornecedor estrangeiro).

§ 1º É vedado ao banco central conceder, direta ou indiretamente, empréstimos ao Tesouro Nacional e a qualquer órgão ou entidade que não seja instituição financeira.

§ 2º O banco central poderá comprar e vender títulos de emissão do Tesouro Nacional, com o objetivo de regular a oferta de moeda ou a taxa de juros.

§ 3º As disponibilidades de caixa da União serão depositadas no banco central; as dos Estados, do Distrito Federal, dos Municípios e dos órgãos ou entidades do Poder Público e das empresas por ele controladas, em instituições financeiras oficiais, ressalvados os casos previstos em lei.

Art. 164-A. A União, os Estados, o Distrito Federal e os Municípios devem conduzir suas políticas fiscais de forma a manter a dívida pública em níveis sustentáveis, na forma da lei complementar referida no inciso VIII do *caput* do art. 163 desta Constituição.

Parágrafo único. A elaboração e a execução de planos e orçamentos devem refletir a compatibilidade dos indicadores fiscais com a sustentabilidade da dívida. (Artigo acrescido pela EC nº 109, de 2021)

SEÇÃO II
DOS ORÇAMENTOS

Art. 165. Leis de iniciativa do Poder Executivo estabelecerão:

I - o plano plurianual;

II - as diretrizes orçamentárias;

III - os orçamentos anuais.

§ 1º A lei que instituir o plano plurianual estabelecerá, de forma regionalizada, as diretrizes, objetivos e metas da administração pública federal para as despesas de capital e outras delas decorrentes e para as relativas aos programas de duração continuada.

§ 2º A lei de diretrizes orçamentárias compreenderá as metas e prioridades da administração pública federal, estabelecerá as diretrizes de política fiscal e respectivas metas, em consonância com trajetória sustentável da dívida pública, orientará a elaboração da lei orçamentária anual, disporá sobre as alterações na legislação tributária e estabelecerá a política de aplicação das agências financeiras oficiais de fomento. (Parágrafo com redação dada pela EC nº 109, de 2021)

- art. 4º, LC 101/2000 (Lei de Responsabilidade Fiscal).

§ 3º O Poder Executivo publicará, até trinta dias após o encerramento de cada bimestre, relatório resumido da execução orçamentária.

- art. 5º, II, da EC 106/2020 (Institui regime extraordinário fiscal, financeiro e de contratações para enfrentamento de calamidade pública nacional decorrente de pandemia).

§ 4º Os planos e programas nacionais, regionais e setoriais previstos nesta Constituição serão elaborados em consonância com o plano plurianual e apreciados pelo Congresso Nacional.

- Lei 9.491/1997 (Altera procedimentos relativos ao Programa Nacional de Desestatização).

§ 5º A lei orçamentária anual compreenderá:

I - o orçamento fiscal referente aos Poderes da União, seus fundos, órgãos e entidades da administração direta e indireta, inclusive fundações instituídas e mantidas pelo Poder Público;

II - o orçamento de investimento das empresas em que a União, direta ou indiretamente, detenha a maioria do capital social com direito a voto;

III - o orçamento da seguridade social, abrangendo todas as entidades e órgãos a ela vinculados, da administração direta ou indireta, bem como os fundos e fundações instituídos e mantidos pelo Poder Público.

§ 6º O projeto de lei orçamentária será acompanhado de demonstrativo regionalizado do efeito, sobre as receitas e despesas, decorrente de isenções, anistias, remissões, subsídios e benefícios de natureza financeira, tributária e creditícia.

§ 7º Os orçamentos previstos no § 5º, I e II, deste artigo, compatibilizados com o plano plurianual, terão entre suas funções a de reduzir desigualdades inter-regionais, segundo critério populacional.

- art. 35, ADCT.

§ 8º A lei orçamentária anual não conterá dispositivo estranho à previsão da receita e à fixação da despesa, não se incluindo na proibição a autorização para abertura de créditos suplementares e contratação de operações de crédito, ainda que por antecipação de receita, nos termos da lei.

- art. 167, IV, desta CF.

§ 9º Cabe à lei complementar:

- art. 168, desta CF.
- art. 35, 2º, ADCT.
- Lei 4.320/1964 (Estabelece normas gerais de Direito Financeiro para elaboração e controle dos orçamentos e balanços da União, Estados, Municípios e DF).
- Dec.-Lei 200/1967 (Dispõe sobre a organização da administração federal e estabelece diretrizes para reforma administrativa).

I - dispor sobre o exercício financeiro, a vigência, os prazos, a elaboração e a organização do plano plurianual, da lei de diretrizes orçamentárias e da lei orçamentária anual;

II - estabelecer normas de gestão financeira e patrimonial da administração direta e indireta bem como condições para a instituição e funcionamento de fundos.

- arts. 35, § 2º; 71, § 1º; 81, § 3º, ADCT.
- LC 89/1997 (Dispõe sobre o Fundo para aparelhamento e operacionalização das atividades-fim da Polícia Federal - FUNAPOL).
- LC 101/2000 (Lei de Responsabilidade Fiscal).

III - dispor sobre critérios para a execução equitativa, além de procedimentos que serão adotados quando houver impedimentos legais e técnicos, cumprimento de restos a pagar e limitação das programações de caráter obrigatório, para a realização do disposto nos §§ 11 e 12 do art. 166. (Redação dada pela EC 100/2019)

§ 10. A administração tem o dever de executar as programações orçamentárias, adotando os meios e as medidas necessários, com o propósito de garantir a efetiva entrega de bens e serviços à sociedade. (Incluída pela EC 100/2019)

§ 11. O disposto no § 10 deste artigo, nos termos da lei de diretrizes orçamentárias: (Acrescido pela EC 102/2019)

I - subordina-se ao cumprimento de dispositivos constitucionais e legais que estabeleçam metas fiscais ou limites de despesas e não impede o cancelamento necessário à abertura de créditos adicionais;

II - não se aplica nos casos de impedimentos de ordem técnica devidamente justificados;

III - aplica-se exclusivamente às despesas primárias discricionárias.

§ 12. Integrará a lei de diretrizes orçamentárias, para o exercício a que se refere e, pelo menos, para os 2 (dois) exercícios subsequentes, anexo com previsão de agregados fiscais e a proporção dos recursos para investimentos que serão alocados na lei orçamentária anual para a continuidade daqueles em andamento. (Acrescido pela EC 102/2019)

§ 13. O disposto no inciso III do § 9º e nos §§ 10, 11 e 12 deste artigo aplica-se exclusivamente aos orçamentos fiscal e da seguridade social da União. (Acrescido pela EC 102/2019)

§ 14. A lei orçamentária anual poderá conter previsões de despesas para exercícios seguintes, com a especificação dos investimentos plurianuais e daqueles em andamento. (Acrescido pela EC 102/2019)

§ 15. A União organizará e manterá registro centralizado de projetos de investimento contendo, por Estado ou Distrito Federal, pelo menos, análises de viabilidade, estimativas de custos e informações sobre a execução física e financeira. (Acrescido pela EC 102/2019)

§ 16. As leis de que trata este artigo devem observar, no que couber, os resultados do monitoramento e da avaliação das políticas públicas previstos no § 16 do art. 37 desta Constituição. (Parágrafo acrescido pela EC nº 109, de 2021)

Art. 166. Os projetos de lei relativos ao plano plurianual, às diretrizes orçamentárias, ao orçamento anual e aos créditos adicionais serão apreciados pelas duas Casas do Congresso Nacional, na forma do regimento comum.

§ 1º Caberá a uma Comissão mista permanente de Senadores e Deputados:

I - examinar e emitir parecer sobre os projetos referidos neste artigo e sobre as contas apresentadas anualmente pelo Presidente da República;

II - examinar e emitir parecer sobre os planos e programas nacionais, regionais e setoriais previstos nesta Constituição e exercer o acompanhamento e a fiscalização orçamentária, sem prejuízo da atuação das demais comissões do Congresso Nacional e de suas Casas, criadas de acordo com o art. 58.

§ 2º As emendas serão apresentadas na Comissão mista, que sobre elas emitirá parecer, e apreciadas, na forma regimental, pelo Plenário das duas Casas do Congresso Nacional.

§ 3º As emendas ao projeto de lei do orçamento anual ou aos projetos que o modifiquem somente podem ser aprovadas caso:

I - sejam compatíveis com o plano plurianual e com a lei de diretrizes orçamentárias;

II - indiquem os recursos necessários, admitidos apenas os provenientes de anulação de despesa, excluídas as que incidam sobre:

a) dotações para pessoal e seus encargos;

b) serviço da dívida;

c) transferências tributárias constitucionais para Estados, Municípios e Distrito Federal; ou

III - sejam relacionadas:

a) com a correção de erros ou omissões; ou

b) com os dispositivos do texto do projeto de lei.

§ 4º As emendas ao projeto de lei de diretrizes orçamentárias não poderão ser aprovadas quando incompatíveis com o plano plurianual.

- art. 63, I, desta CF.

§ 5º O Presidente da República poderá enviar mensagem ao Congresso Nacional para propor modificação nos projetos a que se refere este artigo enquanto não iniciada a votação, na Comissão mista, da parte cuja alteração é proposta.

§ 6º Os projetos de lei do plano plurianual, das diretrizes orçamentárias e do orçamento anual serão enviados pelo Presidente da República ao Congresso Nacional, nos termos da lei complementar a que se refere o art. 165, § 9º.

§ 7º Aplicam-se aos projetos mencionados neste artigo, no que não contrariar o disposto nesta seção, as demais normas relativas ao processo legislativo.

§ 8º Os recursos que, em decorrência de veto, emenda ou rejeição do projeto de lei orçamentária anual, ficarem sem despesas correspondentes poderão ser utilizados, conforme o caso, mediante créditos especiais ou suplementares, com prévia e específica autorização legislativa.

§ 9º As emendas individuais ao projeto de lei orçamentária serão aprovadas no limite de 1,2% (um inteiro e dois décimos por cento) da receita corrente líquida prevista no projeto encaminhado pelo Poder Executivo, sendo que a metade deste percentual será destinada a ações e serviços públicos de saúde. (Acrescentado pela EC 86/2015. Produção de efeitos: a partir da execução orçamentária do exercício de 2014.)

- art. 111, ADCT.

§ 10. A execução do montante destinado a ações e serviços públicos de saúde previsto no § 9º, inclusive custeio, será computada para fins do cumprimento do inciso I do § 2º do art. 198, vedada a destinação para pagamento de pessoal ou encargos sociais. (Acrescentado pela EC 86/2015. Produção de efeitos: a partir da execução orçamentária do exercício de 2014.)

§ 11. É obrigatória a execução orçamentária e financeira das programações a que se refere o § 9º deste artigo, em montante correspondente a 1,2% (um inteiro e dois décimos por cento) da receita corrente líquida realizada no exercício anterior, conforme os critérios para a execução equitativa da programação definidos na lei complementar prevista no § 9º do art. 165. (Acrescentado pela EC 86/2015. Produção de efeitos: a partir da execução orçamentária do exercício de 2014.)

- art. 111, ADCT.

§ 12. A garantia de execução de que trata o § 11 deste artigo aplica-se também às programações incluídas por todas as emendas de iniciativa de bancada de parlamentares de Estado ou do Distrito Federal, no montante de até 1% (um por cento) da receita corrente líquida realizada no exercício anterior. (Redação dada pela EC 100/2019, publicada no DOU de 27/6/2019, produzindo efeitos a partir da execução orçamentária do exercício financeiro subsequente)

- arts. 2º e 3º da EC 100/2019 (Dispõem sobre o montante previsto neste parágrafo).

§ 13. As programações orçamentárias previstas nos §§ 11 e 12 deste artigo não serão de execução obrigatória nos casos dos impedimentos de ordem técnica. (Redação dada pela EC 100/2019, publicada no DOU de 27/6/2019, produzindo efeitos a partir da execução orçamentária do exercício financeiro subsequente)

§ 14. Para fins de cumprimento do disposto nos §§ 11 e 12 deste artigo, os órgãos de execução deverão observar, nos termos da lei de diretrizes orçamentárias, cronograma para análise e verificação de eventuais impedimentos das programações e demais procedimentos necessários à viabilização da execução dos respectivos montantes. (Redação dada pela EC 100/2019, publicada no DOU de 27/6/2019, produzindo efeitos a partir da execução orçamentária do exercício financeiro subsequente)

I a IV - (Revogados pela EC 100/2019).

§ 15. (Revogado pela EC 100/2019)

§ 16. Quando a transferência obrigatória da União para a execução da programação prevista nos §§ 11 e 12 deste artigo for destinada a Estados, ao Distrito Federal e a Municípios, independerá da adimplência do ente federativo destinatário e não integrará a base de cálculo da receita corrente líquida para fins de aplicação dos limites de despesa de pessoal de que trata o *caput* do art. 169. (Redação dada pela EC 100/2019, publicada no DOU de 27/6/2019, produzindo efeitos a partir da execução orçamentária do exercício financeiro subsequente)

§ 17. Os restos a pagar provenientes das programações orçamentárias previstas nos §§ 11 e 12 poderão ser considerados para fins de cumprimento da execução financeira até o limite de 0,6% (seis décimos por cento) da receita corrente líquida realizada no exercício anterior, para as programações das emendas individuais, e até o limite de 0,5% (cinco décimos por cento), para as programações das emendas de iniciativa de bancada de parlamentares de Estado ou do Distrito Federal. (Redação dada pela EC 100/2019, publicada no DOU de 27/6/2019, produzindo efeitos a partir da execução orçamentária do exercício financeiro subsequente)

§ 18. Se for verificado que a reestimativa da receita e da despesa poderá resultar no não cumprimento da meta de resultado fiscal estabelecida na lei de diretrizes orçamentárias, os montantes previstos nos §§ 11 e 12 deste artigo poderão ser reduzidos em até a mesma proporção da limitação incidente sobre o conjunto das demais despesas discricionárias. (Redação dada pela EC 100/2019, publicada no DOU de 27/6/2019, produzindo efeitos a partir da execução orçamentária do exercício financeiro subsequente)

§ 19. Considera-se equitativa a execução das programações de caráter obrigatório que observe critérios objetivos e imparciais e que atenda de forma igualitária e impessoal às emendas apresentadas, independentemente da autoria (Parágrafo acrescido pela EC 100/2019, publicada no DOU de 27/6/2019, produzindo efeitos a partir da execução orçamentária do exercício financeiro subsequente)

§ 20. As programações de que trata o § 12 deste artigo, quando versarem sobre o início de investimentos com duração de mais de 1 (um) exercício financeiro ou cuja execução já tenha sido iniciada, deverão ser objeto de emenda pela mesma bancada estadual, a cada exercício, até a conclusão da obra ou do empreendimento. (Parágrafo acrescido pela EC 100/2019, publicada no DOU de 27/6/2019, produzindo efeitos a partir da execução orçamentária do exercício financeiro subsequente)

Art. 166-A. As emendas individuais impositivas apresentadas ao projeto de lei orçamentária anual poderão alocar recursos a Estados, ao Distrito Federal e a Municípios por meio de: (Incluído pela EC 105/2019 – DOU 13.12.2019, em vigor em 1º de janeiro do ano subsequente ao de sua publicação)

I - transferência especial; ou

- art. 2º, EC 105/2019 (Autoriza a transferência de recursos federais a Estados, ao Distrito Federal e a Municípios mediante emendas ao projeto de lei orçamentária anual).

II - transferência com finalidade definida.

§ 1º Os recursos transferidos na forma do *caput* deste artigo não integrarão a receita do Estado, do Distrito Federal e dos Municípios para fins de repartição e para o cálculo dos limites da despesa com pessoal ativo e inativo, nos termos do § 16 do art. 166, e de endividamento do ente federado, vedada, em qualquer caso, a aplicação dos recursos a que se refere o *caput* deste artigo no pagamento de:

I - despesas com pessoal e encargos sociais relativas a ativos e inativos, e com pensionistas; e

II - encargos referentes ao serviço da dívida.

§ 2º Na transferência especial a que se refere o inciso I do *caput* deste artigo, os recursos:

I - serão repassados diretamente ao ente federado beneficiado, independentemente de celebração de convênio ou de instrumento congênere;

II - pertencerão ao ente federado no ato da efetiva transferência financeira; e

III - serão aplicadas em programações finalísticas das áreas de competência do Poder Executivo do ente federado beneficiado, observado o disposto no § 5º deste artigo.

§ 3º O ente federado beneficiado da transferência especial a que se refere o inciso I do *caput* deste artigo poderá firmar contratos de cooperação técnica para fins de subsidiar o acompanhamento da execução orçamentária na aplicação dos recursos.

§ 4º Na transferência com finalidade definida a que se refere o inciso II do *caput* deste artigo, os recursos serão:

I - vinculados à programação estabelecida na emenda parlamentar; e

II - aplicados nas áreas de competência constitucional da União.

§ 5º Pelo menos 70% (setenta por cento) das transferências especiais de que trata o inciso I do *caput* deste artigo deverão ser aplicadas em despesas de capital, observada a restrição a que se refere o inciso II do § 1º deste artigo.

Art. 167. São vedados:

I - o início de programas ou projetos não incluídos na lei orçamentária anual;

- art. 5º, LC 101/2000 (Lei de Responsabilidade Fiscal).

II - a realização de despesas ou a assunção de obrigações diretas que excedam os créditos orçamentários ou adicionais;

III - a realização de operações de créditos que excedam o montante das despesas de capital, ressalvadas as autorizadas mediante créditos suplementares ou especiais com finalidade precisa, aprovados pelo Poder Legislativo por maioria absoluta;

- art. 37, ADCT.
- art. 38, § 1º, LC 101/2000 (Lei de Responsabilidade Fiscal).
- art. 4º, EC 106/2020 (Institui regime extraordinário fiscal, financeiro e de contratações para enfrentamento de calamidade pública nacional decorrente de pandemia).

IV - a vinculação de receita de impostos a órgão, fundo ou despesa, ressalvadas a repartição do produto da arrecadação dos impostos a que se referem os arts. 158 e 159, a destinação de recursos para as ações e serviços públicos de saúde, para manutenção e desenvolvimento do ensino e para realização de atividades da administração tributária, como determinado, respectivamente, pelos arts. 198, § 2º, 212 e 37, XXII, e a prestação de garantias às operações de crédito por antecipação de receita, previstas no art. 165, § 8º, bem como o disposto no § 4º deste artigo; (Redação dada pela EC 42/2003.)

- art. 100, § 19, desta CF.
- art. 80, § 1º; 101, § 2º, III, ADCT.
- LC 101/2000 (Lei de Responsabilidade Fiscal).
- art. 2º, p.u., LC 111/2001 (Dispõe sobre o Fundo de Combate e Erradicação da Pobreza).

V - a abertura de crédito suplementar ou especial sem prévia autorização legislativa e sem indicação dos recursos correspondentes;

VI - a transposição, o remanejamento ou a transferência de recursos de uma categoria de programação para outra ou de um órgão para outro, sem prévia autorização legislativa;

VII - a concessão ou utilização de créditos ilimitados;

VIII - a utilização, sem autorização legislativa específica, de recursos dos orçamentos fiscal e da seguridade social para suprir necessidade ou cobrir déficit de empresas, fundações e fundos, inclusive dos mencionados no art. 165, § 5º;

IX - a instituição de fundos de qualquer natureza, sem prévia autorização legislativa;

X - a transferência voluntária de recursos e a concessão de empréstimos, inclusive por antecipação de receita, pelos Governos Federal e Estaduais e suas instituições financeiras, para pagamento de despesas com pessoal ativo, inativo e pensionista, dos Estados, do Distrito Federal e dos Municípios; (Incluído pela EC 19/1998.)

XI - a utilização dos recursos provenientes das contribuições sociais de que trata o art. 195, I, *a*, e II, para a realização de despesas distintas do pagamento de benefícios do regime geral de previdência social de que trata o art. 201. (Incluído pela EC 20/1998.)

XII - na forma estabelecida na lei complementar de que trata o § 22 do art. 40, a utilização de recursos de regime próprio de previdência social, incluídos os valores integrantes dos fundos previstos no art. 249, para a realização de despesas distintas do pagamento dos benefícios previdenciários do respectivo fundo vinculado àquele regime e das despesas necessárias à sua organização e ao seu funcionamento; (Incluído pela EC 103/2019)

XIII - a transferência voluntária de recursos, a concessão de avais, as garantias e as subvenções pela União e a concessão de empréstimos e de financiamentos por instituições financeiras federais aos Estados, ao Distrito Federal e aos Municípios na hipótese de descumprimento das regras gerais de organização e de funcionamento de regime próprio de previdência social. (Incluído pela EC 103/2019)

XIV - a criação de fundo público, quando seus objetivos puderem ser alcançados mediante a vinculação de receitas orçamentárias específicas ou mediante a execução direta por programação orçamentária e financeira de órgão ou entidade da administração pública. (Inciso acrescido pela EC nº 109, de 2021)

§ 1º Nenhum investimento cuja execução ultrapasse um exercício financeiro poderá ser iniciado sem prévia inclusão no plano plurianual, ou sem lei que autorize a inclusão, sob pena de crime de responsabilidade.

§ 2º Os créditos especiais e extraordinários terão vigência no exercício financeiro em que forem autorizados, salvo se o ato de autorização for promulgado nos últimos quatro meses daquele exercício, caso em que, reabertos nos limites de seus saldos, serão incorporados ao orçamento do exercício financeiro subsequente.

§ 3º A abertura de crédito extraordinário somente será admitida para atender a despesas imprevisíveis e urgentes, como as decorrentes de guerra, comoção interna ou calamidade pública, observado o disposto no art. 62.

- art. 107, § 6º, II, ADCT.

§ 4º É permitida a vinculação das receitas a que se referem os arts. 155, 156, 157, 158 e as alíneas "a", "b", "d" e "e" do inciso I e o inciso II do *caput* do art. 159 desta Constituição para pagamento de débitos com a União e para prestar-lhe garantia ou contragarantia. (Parágrafo acrescido pela EC nº 3, de 1993, e com nova redação dada pela EC nº 109, de 2021)

§ 5º A transposição, o remanejamento ou a transferência de recursos de uma categoria de programação para outra poderão ser admitidos, no âmbito das atividades de ciência, tecnologia e inovação, com o objetivo de viabilizar os resultados de projetos restritos a essas funções, mediante ato do Poder Executivo, sem necessidade da prévia autorização legislativa prevista no inciso VI deste artigo. (Acrescentado pela EC 85/2015.)

§ 6º Para fins da apuração ao término do exercício financeiro do cumprimento do limite de que trata o inciso III do *caput* deste artigo, as receitas das operações de crédito efetuadas no contexto da gestão da dívida pública mobiliária federal somente serão consideradas no exercício financeiro em que for realizada a respectiva despesa. (Parágrafo acrescido pela EC nº 109, de 2021)

Art. 167-A. Apurado que, no período de 12 (doze) meses, a relação entre despesas correntes e receitas correntes supera 95% (noventa e cinco por cento), no âmbito dos Estados, do Distrito Federal e dos Municípios, é facultado aos Poderes Executivo, Legislativo e Judiciário, ao Ministério Público, ao Tribunal de Contas e à Defensoria Pública do ente, enquanto permanecer a situação, aplicar o mecanismo de ajuste fiscal de vedação da:

I – concessão, a qualquer título, de vantagem, aumento, reajuste ou adequação de remuneração de membros de Poder ou de órgão, de servidores e empregados públicos e de militares, exceto dos derivados de sentença judicial transitada em julgado ou de determinação legal anterior ao início da aplicação das medidas de que trata este artigo;

II – criação de cargo, emprego ou função que implique aumento de despesa;

III – alteração de estrutura de carreira que implique aumento de despesa;

IV – admissão ou contratação de pessoal, a qualquer título, ressalvadas:

a) as reposições de cargos de chefia e de direção que não acarretem aumento de despesa;

b) as reposições decorrentes de vacâncias de cargos efetivos ou vitalícios;

c) as contratações temporárias de que trata o inciso IX do *caput* do art. 37 desta Constituição; e

d) as reposições de temporários para prestação de serviço militar e de alunos de órgãos de formação de militares;

V – realização de concurso público, exceto para as reposições de vacâncias previstas no inciso IV deste *caput*;

VI – criação ou majoração de auxílios, vantagens, bônus, abonos, verbas de representação ou benefícios de qualquer natureza, inclusive os de cunho indenizatório, em favor de membros de Poder, do Ministério Público ou da Defensoria Pública e de servidores e empregados públicos e de militares, ou ainda de seus dependentes, exceto quando derivados de sentença judicial transitada em julgado ou de determinação legal anterior ao início da aplicação das medidas de que trata este artigo;

VII – criação de despesa obrigatória;

VIII – adoção de medida que implique reajuste de despesa obrigatória acima da variação da inflação, observada a preservação do poder aquisitivo referida no inciso IV do *caput* do art. 7º desta Constituição;

IX – criação ou expansão de programas e linhas de financiamento, bem como remissão, renegociação ou refinanciamento de dívidas que impliquem ampliação das despesas com subsídios e subvenções;

X – concessão ou ampliação de incentivo ou benefício de natureza tributária.

§ 1º Apurado que a despesa corrente supera 85% (oitenta e cinco por cento) da receita corrente, sem exceder o percentual mencionado no *caput* deste artigo, as medidas nele indicadas podem ser, no todo ou em parte, implementadas por atos do Chefe do Poder Executivo com vigência imediata, facultado aos demais Poderes e órgãos autônomos implementá-las em seus respectivos âmbitos.

§ 2º O ato de que trata o § 1º deste artigo deve ser submetido, em regime de urgência, à apreciação do Poder Legislativo.

§ 3º O ato perde a eficácia, reconhecida a validade dos atos praticados na sua vigência, quando:

I – rejeitado pelo Poder Legislativo;

II – transcorrido o prazo de 180 (cento e oitenta) dias sem que se ultime a sua apreciação; ou

III – apurado que não mais se verifica a hipótese prevista no § 1º deste artigo, mesmo após a sua aprovação pelo Poder Legislativo.

§ 4º A apuração referida neste artigo deve ser realizada bimestralmente.

§ 5º As disposições de que trata este artigo:

I – não constituem obrigação de pagamento futuro pelo ente da Federação ou direitos de outrem sobre o erário;

II – não revogam, dispensam ou suspendem o cumprimento de dispositivos constitucionais e legais que disponham sobre metas fiscais ou limites máximos de despesas.

§ 6º Ocorrendo a hipótese de que trata o *caput* deste artigo, até que todas as medidas nele previstas tenham sido adotadas por todos os Poderes e órgãos nele mencionados, de acordo com declaração do respectivo Tribunal de Contas, é vedada:

I – a concessão, por qualquer outro ente da Federação, de garantias ao ente envolvido;

II – a tomada de operação de crédito por parte do ente envolvido com outro ente da Federação, diretamente ou por intermédio de seus fundos, autarquias, fundações ou empresas estatais dependentes, ainda que sob a forma de novação, refinanciamento ou postergação de dívida contraída anteriormente, ressalvados os financiamentos destinados a projetos específicos celebrados na forma de operações típicas das agências financeiras oficiais de fomento. (Artigo acrescido pela EC nº 109, de 2021)

Art. 167-B. Durante a vigência de estado de calamidade pública de âmbito nacional, decretado pelo Congresso Nacional por iniciativa privativa do Presidente da República, a União deve adotar regime extraordinário fiscal, financeiro e de contratações para atender às necessidades dele decorrentes, somente naquilo em que a urgência for incompatível com o regime regular, nos termos definidos nos arts. 167-C, 167-D, 167-E, 167-F e 167-G desta Constituição. (Artigo acrescido pela EC nº 109, de 2021)

Art. 167-C. Com o propósito exclusivo de enfrentamento da calamidade pública e de seus efeitos sociais e econômicos, no seu período de duração, o Poder Executivo federal pode adotar processos simplificados de contratação de pessoal, em caráter temporário e emergencial, e de obras, serviços e compras que assegurem, quando possível, competição e igualdade de condições a todos os concorrentes, dispensada a observância do § 1º do art. 169 na contratação de que trata o inciso IX do *caput* do art. 37 desta Constituição, limitada a dispensa às situações de que trata o referido inciso, sem prejuízo do controle dos órgãos competentes. (Artigo acrescido pela EC nº 109, de 2021)

Art. 167-D. As proposições legislativas e os atos do Poder Executivo com propósito exclusivo de enfrentar a calamidade e suas consequências sociais e econômicas, com vigência e efeitos restritos à sua duração, desde que não impliquem despesa obrigatória de caráter continuado, ficam dispensados da observância das limitações legais quanto à criação, à expansão ou ao aperfeiçoamento de ação governamental que acarrete aumento de despesa e à concessão ou à ampliação de incentivo ou benefício de natureza tributária da qual decorra renúncia de receita.

Parágrafo único. Durante a vigência da calamidade pública de âmbito nacional de que trata o art. 167-B, não se aplica o disposto no § 3º do art. 195 desta Constituição. (Artigo acrescido pela EC nº 109, de 2021)

Art. 167-E. Fica dispensada, durante a integralidade do exercício financeiro em que vigore a calamidade pública de âmbito nacional, a observância do inciso III do *caput* do art. 167 desta Constituição. (Artigo acrescido pela EC nº 109, de 2021)

Art. 167-F. Durante a vigência da calamidade pública de âmbito nacional de que trata o art. 167-B desta Constituição:

I – são dispensados, durante a integralidade do exercício financeiro em que vigore a calamidade pública, os limites, as condições e demais restrições aplicáveis à União para a contratação de operações de crédito, bem como sua verificação;

II – o superávit financeiro apurado em 31 de dezembro do ano imediatamente anterior ao reconhecimento pode ser destinado à cobertura de despesas oriundas das medidas de combate à calamidade pública de âmbito nacional e ao pagamento da dívida pública.

§ 1º Lei complementar pode definir outras suspensões, dispensas e afastamentos aplicáveis durante a vigência do estado de calamidade pública de âmbito nacional.

§ 2º O disposto no inciso II do *caput* deste artigo não se aplica às fontes de recursos:

I – decorrentes de repartição de receitas a Estados, ao Distrito Federal e a Municípios;

II – decorrentes das vinculações estabelecidas pelos arts. 195, 198, 201, 212, 212-A e 239 desta Constituição;

III – destinadas ao registro de receitas oriundas da arrecadação de doações ou de empréstimos compulsórios, de transferências recebidas para o atendimento de finalidades determinadas ou das receitas de capital produto de operações de financiamento celebradas com finalidades contratualmente determinadas. (Artigo acrescido pela EC nº 109, de 2021)

Art. 167-G. Na hipótese de que trata o art. 167-B, aplicam-se à União, até o término da calamidade pública, as vedações previstas no art. 167-A desta Constituição.

§ 1º Na hipótese de medidas de combate à calamidade pública cuja vigência e efeitos não ultrapassem a sua duração, não se aplicam as vedações referidas nos incisos II, IV, VII, IX e X do *caput* do art. 167-A desta Constituição.

§ 2º Na hipótese de que trata o art. 167-B, não se aplica a alínea "c" do inciso I do *caput* do art. 159 desta Constituição, devendo a transferência a que se refere aquele dispositivo ser efetuada nos mesmos montantes transferidos no exercício anterior à decretação da calamidade.

§ 3º É facultada aos Estados, ao Distrito Federal e aos Municípios a aplicação das vedações referidas no *caput*, nos termos deste artigo, e, até que as tenham adotado na integralidade, estarão submetidos às restrições do § 6º do art. 167-A desta Constituição, enquanto perdurarem seus efeitos para a União. (Artigo acrescido pela EC nº 109, de 2021)

Art. 168. Os recursos correspondentes às dotações orçamentárias, compreendidos os créditos suplementares e especiais, destinados aos órgãos dos Poderes Legislativo e Judiciário, do Ministério Público e da Defensoria Pública, ser-lhes-ão entregues até o dia 20 de cada mês, em duodécimos, na forma da lei complementar a que se refere o art. 165, § 9º. (Redação dada pela EC 45/2004.)

§ 1º É vedada a transferência a fundos de recursos financeiros oriundos de repasses duodecimais. (Parágrafo acrescido pela EC nº 109, de 2021)

§ 2º O saldo financeiro decorrente dos recursos entregues na forma do caput deste artigo deve ser restituído ao caixa único do Tesouro do ente federativo, ou terá seu valor deduzido das primeiras parcelas duodecimais do exercício seguinte. (Parágrafo acrescido pela EC nº 109, de 2021)

Art. 169. A despesa com pessoal ativo e inativo e pensionistas da União, dos Estados, do Distrito Federal e dos Municípios não pode exceder os limites estabelecidos em lei complementar. ("Caput" do artigo com redação dada pela EC nº 109, de 2021)

- arts. 96, II; 127, § 2º, desta CF.
- arts. 18 a 23, LC 101/2000 (Lei de Responsabilidade Fiscal).

§ 1º A concessão de qualquer vantagem ou aumento de remuneração, a criação de cargos, empregos e funções ou alteração de estrutura de carreiras, bem como a admissão ou contratação de pessoal, a qualquer título, pelos órgãos e entidades da administração direta ou indireta, inclusive fundações instituídas e mantidas pelo Poder Público, só poderão ser feitas: (Renumerado do parágrafo único, pela EC 19/1998.)

- art. 96, I, e, desta CF.
- art. 2º, EC 106/2020 (Institui regime extraordinário fiscal, financeiro e de contratações para enfrentamento de calamidade pública nacional decorrente de pandemia).

I - se houver prévia dotação orçamentária suficiente para atender às projeções de despesa de pessoal e aos acréscimos dela decorrentes; (Incluído pela EC 19/1998.)

II - se houver autorização específica na lei de diretrizes orçamentárias, ressalvadas as empresas públicas e as sociedades de economia mista. (Incluído pela EC 19/1998.)

§ 2º Decorrido o prazo estabelecido na lei complementar referida neste artigo para a adaptação aos parâmetros ali previstos, serão imediatamente suspensos todos os repasses de verbas federais ou estaduais aos Estados, ao Distrito Federal e aos Municípios que não observarem os referidos limites. (Incluído pela EC 19/1998.)

§ 3º Para o cumprimento dos limites estabelecidos com base neste artigo, durante o prazo fixado na lei complementar referida no *caput*, a União, os Estados, o Distrito Federal e os Municípios adotarão as seguintes providências: (Incluído pela EC 19/1998.)

I - redução em pelo menos vinte por cento das despesas com cargos em comissão e funções de confiança; (Incluído pela EC 19/1998.)

II - exoneração dos servidores não estáveis. (Incluído pela EC 19/1998.)

- art. 33, EC 19/1998 (Reforma administrativa).

§ 4º Se as medidas adotadas com base no parágrafo anterior não forem suficientes para assegurar o cumprimento da determinação da lei complementar referida neste artigo, o servidor estável poderá perder o cargo, desde que ato normativo motivado de cada um dos Poderes especifique a atividade funcional, o órgão ou unidade administrativa objeto da redução de pessoal. (Incluído pela EC 19/1998.)

- Art. 198, § 6º, desta CF.

§ 5º O servidor que perder o cargo na forma do parágrafo anterior fará jus a indenização correspondente a um mês de remuneração por ano de serviço. (Incluído pela EC 19/1998.)

§ 6º O cargo objeto da redução prevista nos parágrafos anteriores será considerado extinto, vedada a criação de cargo, emprego ou função com atribuições iguais ou assemelhadas pelo prazo de quatro anos. (Incluído pela EC 19/1998.)

§ 7º Lei federal disporá sobre as normas gerais a serem obedecidas na efetivação do disposto no § 4º. (Incluído pela EC 19/1998.)

- art. 247 desta CF.
- Lei 9.801/1999 (Dispõe sobre normas gerais para perda de cargo público por excesso de despesa).

TÍTULO VII
DA ORDEM ECONÔMICA E FINANCEIRA

CAPÍTULO I
DOS PRINCÍPIOS GERAIS DA ATIVIDADE ECONÔMICA

- Lei 8.137/1990 (Lei dos crimes contra a ordem tributária, econômica e contra as relações de consumo).
- Lei 8.176/1991 (Define crimes contra a ordem econômica e cria o Sistema de Estoques de Combustíveis).
- Lei 12.529/2011 (Lei Antitruste).

Art. 170. A ordem econômica, fundada na valorização do trabalho humano e na livre-iniciativa, tem por fim assegurar a todos existência digna, conforme os ditames da justiça social, observados os seguintes princípios:

- Lei 13.874/2019 (Lei da Liberdade Econômica).
- Dec. 9.571/2018 (Estabelece as diretrizes nacionais sobre empresas e direitos humanos).

I - soberania nacional;

- art. 1º, I, desta CF.

II - propriedade privada;

- art. 5º, XXII, desta CF.
- arts. 1.228 a .1368-F, CC/2002.

III - função social da propriedade;

IV - livre concorrência;

- Lei 12.529/2011 (Lei Antitruste).
- Art. 52, Dec. 2.594/1998.
- Súm. Vinc. 49, STF.
- Súm. 646, STF.

V - defesa do consumidor;

- Lei 8.078/1990 (CDC).
- Lei 12.529/2011 (Lei Antitruste).
- Dec. 2.181/1997 (Dispõe sobre a organização do Sistema Nacional de Defesa do Consumidor – SNDC).
- Dec. 8.573/2015 (Dispõe sobre o sistema alternativo de solução de conflitos de consumo).
- Súm. Vinc. 49, STF.

VI - defesa do meio ambiente, inclusive mediante tratamento diferenciado conforme o impacto ambiental dos produtos e serviços e de seus processos de elaboração e prestação; (Redação dada pela EC 42/2003.)

- art. 5º, LXXIII, desta CF.
- Lei 7.347/1985 (Lei da Ação Civil Pública).
- Lei 9.605/1998 (Lei dos Crimes Ambientais).
- Dec. 6.514/2008 (Dispõe sobre as infrações administrativas ao meio ambiente e estabelece o processo administrativo federal para apuração destas infrações).

VII - redução das desigualdades regionais e sociais;

- art. 3º, III, desta CF.

VIII - busca do pleno emprego;

- arts. 6º e 7º, desta CF.

IX - tratamento favorecido para as empresas de pequeno porte constituídas sob as leis brasileiras e que tenham sua sede e administração no país. (Redação dada pela EC 6/1995.)

- art. 246 desta CF.
- LC 123/2006 (Estatuto Nacional da Microempresa e da Empresa de Pequeno Porte);
- Dec. 8.364/2014 (Regulamenta o Fórum Permanente das Microempresas e Empresas de Pequeno Porte).

Parágrafo único. É assegurado a todos o livre-exercício de qualquer atividade econômica, independentemente de autorização de órgãos públicos, salvo nos casos previstos em lei.

- Lei 13.874/2019 (Lei da Liberdade Econômica).
- Súm. Vinc. 49, STF.
- Súm. 646, STF.

Art. 171. (Revogado pela EC 6/1995.)

Art. 172. A lei disciplinará, com base no interesse nacional, os investimentos de capital estrangeiro, incentivará os reinvestimentos e regulará a remessa de lucros.

- Lei 4.131/1962 (Disciplina aplicação do capital estrangeiro e as remessas de valores para o exterior).
- Dec.-Lei 37/1966 (Dispõe sobre o Imposto de Importação e reorganiza os Serviços Aduaneiros).
- Dec.-Lei 94/1966 (Imposto de renda).

Art. 173. Ressalvados os casos previstos nesta Constituição, a exploração direta de atividade econômica pelo Estado só será permitida quando necessária aos imperativos da segurança nacional ou a relevante interesse coletivo, conforme definidos em lei.

- art. 5º, § 1º, Dec. 7.724/2012 (Regulamenta a Lei n. 12.527, de 18 de novembro de 2011, que dispõe sobre o acesso a informações previstos nesta CF).

§ 1º A lei estabelecerá o estatuto jurídico da empresa pública, da sociedade de economia mista e de suas subsidiárias que explorem atividade econômica de produção ou comercialização de bens ou de prestação de serviços, dispondo sobre: (Redação dada pela EC 19/1998.)

- Lei 13.303/2016 (Dispõe sobre o estatuto jurídico da empresa pública).

I - sua função social e formas de fiscalização pelo Estado e pela sociedade; (Incluído pela EC 19/1998.)

II - a sujeição ao regime jurídico próprio das empresas privadas, inclusive quanto aos direitos e obrigações civis, comerciais, trabalhistas e tributários; (Incluído pela EC 19/1998.)

- Súm. 455, TST.

III - licitação e contratação de obras, serviços, compras e alienações, observados os princípios da administração pública; (Incluído pela EC 19/1998.)

- art. 22, XXVII, desta CF.
- Súm. 333, STJ.

IV - a constituição e o funcionamento dos conselhos de administração e fiscal, com a participação de acionistas minoritários; (Incluído pela EC 19/1998.)

V - os mandatos, a avaliação de desempenho e a responsabilidade dos administradores. (Incluído pela EC 19/1998.)

§ 2º As empresas públicas e as sociedades de economia mista não poderão gozar de privilégios fiscais não extensivos às do setor privado.

§ 3º A lei regulamentará as relações da empresa pública com o Estado e a sociedade.

- Lei 13.303/2016 (Dispõe sobre o estatuto jurídico da empresa pública).

§ 4º A lei reprimirá o abuso do poder econômico que vise à dominação dos mercados, à eliminação da concorrência e ao aumento arbitrário dos lucros.

- Lei 8.137/1990 (Lei dos crimes contra a ordem tributária, econômica e contra as relações de consumo).
- Lei 8.176/1991 (Lei dos crimes contra a ordem econômica, e cria sistema de estoques de combustíveis).
- Lei 9.069/1995 (Plano Real).
- Lei 12.529/2011 (Lei Antitruste).
- Súm. Vinc. 49, STF.
- Súm. 646, STF.

§ 5º A lei, sem prejuízo da responsabilidade individual dos dirigentes da pessoa jurídica, estabelecerá a responsabilidade desta, sujeitando-a às punições compatíveis com sua natureza, nos atos praticados contra a ordem econômica e financeira e contra a economia popular.

Art. 174. Como agente normativo e regulador da atividade econômica, o Estado exercerá, na forma da lei, as funções de fiscalização, incentivo e planejamento, sendo este determinante para o setor público e indicativo para o setor privado.

- Lei 13.874/2019 (Lei da Liberdade Econômica).

§ 1º A lei estabelecerá as diretrizes e bases do planejamento do desenvolvimento nacional equilibrado, o qual incorporará e compatibilizará os planos nacionais e regionais de desenvolvimento.

§ 2º A lei apoiará e estimulará o cooperativismo e outras formas de associativismo.

- Lei 5.764/1971 (Define a Política Nacional de Cooperativismo e institui o regime jurídico das sociedades cooperativas).
- Lei 9.867/1999 (Dispõe sobre a criação e o funcionamento de Cooperativas Sociais, visando à integração social dos cidadãos).
- Lei 12.690/2012 (Dispõe sobre a organização e o funcionamento das Cooperativas de Trabalho e institui o Programa Nacional de Fomento às Cooperativas de Trabalho - PRONACOOP.)

§ 3º O Estado favorecerá a organização da atividade garimpeira em cooperativas, levando em conta a proteção do meio ambiente e a promoção econômico-social dos garimpeiros.

- Lei 11.685/2008 (Estatuto do Garimpeiro).
- Lei 12.690/2012 (Dispõe sobre a organização e o funcionamento das Cooperativas de Trabalho e institui o Programa Nacional de Fomento às Cooperativas de Trabalho - PRONACOOP.)
- Dec.-Lei 227/1967 (Código de Minas).

§ 4º As cooperativas a que se refere o parágrafo anterior terão prioridade na autorização ou concessão para pesquisa e lavra dos recursos e jazidas de minerais garimpáveis, nas áreas onde estejam atuando, e naquelas fixadas de acordo com o art. 21, XXV, na forma da lei.

Art. 175. Incumbe ao Poder Público, na forma da lei, diretamente ou sob regime de concessão ou permissão, sempre através de licitação, a prestação de serviços públicos.

- Lei 8.987/1995 (Dispõe sobre o regime de concessão e permissão da prestação de serviços públicos previsto neste artigo).
- Lei 9.074/1995 (Estabelece normas para outorga e prorrogações das concessões e permissões de serviços públicos).
- Lei 9.427/1996 (Institui a Agência Nacional de Energia Elétrica - ANEEL e disciplina o regime das concessões de serviços públicos de energia elétrica).
- Dec. 2.196/1997 (Regulamento de serviços especiais).
- Dec. 2.206/1997 (Regulamento do serviço de TV a cabo).
- Dec. 3.896/2001 (Serviços de telecomunicações).
- Súm. 407, STJ.

Parágrafo único. A lei disporá sobre:

I - o regime das empresas concessionárias e permissionárias de serviços públicos, o caráter especial de seu contrato e de sua prorrogação, bem como as condições de caducidade, fiscalização e rescisão da concessão ou permissão;

II - os direitos dos usuários;

III - política tarifária;

- Súm. 407, STJ.

IV - a obrigação de manter serviço adequado.

Art. 176. As jazidas, em lavra ou não, e demais recursos minerais e os potenciais de energia hidráulica constituem propriedade distinta da do solo, para efeito de exploração ou aproveitamento, e pertencem à União, garantida ao concessionário a propriedade do produto da lavra.

§ 1º A pesquisa e a lavra de recursos minerais e o aproveitamento dos potenciais a que se refere o *caput* deste artigo somente poderão ser efetuados mediante autorização ou concessão da União, no interesse nacional, por brasileiros ou empresa constituída sob as leis brasileiras e que tenha sua sede e administração no país, na forma da lei, que estabelecerá as condições específicas quando essas atividades se desenvolverem em faixa de fronteira ou terras indígenas. (Redação dada pela EC 6/1995.)

- art. 246 desta CF.
- Dec.-Lei 227/1967 (Código de Minas).

§ 2º É assegurada participação ao proprietário do solo nos resultados da lavra, na forma e no valor que dispuser a lei.

- Dec.-Lei 227/1967 (Código de Minas).

§ 3º A autorização de pesquisa será sempre por prazo determinado, e as autorizações e concessões previstas neste artigo não poderão ser cedidas ou transferidas, total ou parcialmente, sem prévia anuência do poder concedente.

§ 4º Não dependerá de autorização ou concessão o aproveitamento do potencial de energia renovável de capacidade reduzida.

Art. 177. Constituem monopólio da União:

- Lei 9.478/1997 (Dispõe sobre a Política Energética Nacional, atividades relativas ao monopólio do petróleo e institui o Conselho Nacional de Política Energética e a Agência Nacional de Petróleo - ANP).

I - a pesquisa e a lavra das jazidas de petróleo e gás natural e outros hidrocarbonetos fluidos;

- Lei 12.304/2010 (Autoriza o Poder Executivo a criar a Empresa Brasileira de Administração de Petróleo e Gás Natural S/A - Pré-Sal Petróleo S/A - PPSA).
- Lei 11.909/2009 (Dispõe sobre atividades relativas à exploração de gás natural).

II - a refinação do petróleo nacional ou estrangeiro;

- art. 45, ADCT.

III - a importação e exportação dos produtos e derivados básicos resultantes das atividades previstas nos incisos anteriores;

- Lei 11.909/2009 (Dispõe sobre as atividades relativas à exploração de gás natural).

IV - o transporte marítimo do petróleo bruto de origem nacional ou de derivados básicos de petróleo produzidos no país, bem assim o transporte, por meio de conduto, de petróleo bruto, seus derivados e gás natural de qualquer origem;

- Lei 11.909/2009 (Dispõe sobre as atividades relativas à exploração de gás natural).

V - a pesquisa, a lavra, o enriquecimento, o reprocessamento, a industrialização e o comércio de minérios e minerais nucleares e seus derivados, com exceção dos radioisótopos cuja produção, comercialização e utilização poderão ser autorizadas sob regime de permissão, conforme as alíneas *b* e *c* do inciso XXIII do *caput* do art. 21 desta Constituição Federal. (Redação dada pela EC 49/2006.)

§ 1º A União poderá contratar com empresas estatais ou privadas a realização das atividades previstas nos incisos I a IV deste artigo observadas as condições estabelecidas em lei. (Redação dada pela EC 9/1995.)

- Lei 12.304/2010 (Autoriza o Poder Executivo a criar a Empresa Brasileira de Administração de Petróleo e Gás Natural S/A - Pré-Sal Petróleo S/A - PPSA).

§ 2º A lei a que se refere o § 1º disporá sobre: (Incluído pela EC 9/1995.)

- Lei 9.478/1997 (Dispõe sobre a política energética nacional, atividades relativas ao monopólio do petróleo e institui o Conselho Nacional de Política Energética e a Agência Nacional de Petróleo - ANP).
- Lei 9.847/1999 (Dispõe sobre a fiscalização das atividades relativas ao abastecimento nacional de combustíveis tratadas na Lei 9.478/1997, e estabelece sanções administrativas).

I - a garantia do fornecimento dos derivados de petróleo em todo o território nacional; (Incluído pela EC 9/1995.)

II - as condições de contratação; (Incluído pela EC 9/1995.)

III - a estrutura e atribuições do órgão regulador do monopólio da União; (Incluído pela EC 9/1995.)

- Lei 9.478/1997 (Dispõe sobre a política energética nacional, atividades relativas ao monopólio do petróleo e institui o Conselho Nacional de Política Energética e a Agência Nacional de Petróleo - ANP).

§ 3º A lei disporá sobre o transporte e a utilização de materiais radioativos no território nacional. (Renumerado de § 2º para 3º pela EC 9/1995.)

§ 4º A lei que instituir contribuição de intervenção no domínio econômico relativa às atividades de importação ou comercialização de petróleo e seus derivados, gás natural e seus derivados e álcool combustível deverá atender aos seguintes requisitos: (Incluído pela EC 33/2001.)

- Lei 10.336/2001 (Institui a CIDE).

I - a alíquota da contribuição poderá ser: (Incluído pela EC 33/2001.)

- ADIn 2.925-8 (Dá interpretação conforme esta CF no sentido de que a abertura de crédito suplementar deve ser destinada às três finalidades enumeradas nas alíneas a seguir). DJ 04.03.2005.

a) diferenciada por produto ou uso; (Incluído pela EC 33/2001.)

- Lei 10.453/2002 (Dispõe sobre subvenções ao preço e ao transporte do álcool combustível e subsídios ao preço do gás liquefeito de petróleo - GLP).

b) reduzida e restabelecida por ato do Poder Executivo, não se lhe aplicando o disposto no art. 150, III, *b*; (Incluído pela EC 33/2001.)

II - os recursos arrecadados serão destinados: (Incluído pela EC 33/2001.)

a) ao pagamento de subsídios a preços ou transporte de álcool combustível, gás natural e seus derivados e derivados de petróleo; (Incluído pela EC 33/2001.)

b) ao financiamento de projetos ambientais relacionados com a indústria do petróleo e do gás; (Incluído pela EC 33/2001.)

c) ao financiamento de programas de infraestrutura de transportes. (Incluído pela EC 33/2001.)

- art. 159, III, desta CF.
- Lei 10.453/2002 (Dispõe sobre subvenções ao preço e ao transporte do álcool combustível e subsídios ao preço do gás liquefeito de petróleo - GLP).

Art. 178. A lei disporá sobre a ordenação dos transportes aéreo, aquático e terrestre, devendo, quanto à ordenação do transporte internacional, observar os acordos firmados pela União, atendido o princípio da reciprocidade. (Redação dada pela EC 7/1995.)

- art. 246 desta CF.
- Lei 7.565/1986 (Código Brasileiro de Aeronáutica).
- Lei 9.611/1998 (Dispõe sobre o Transporte Multimodal de Cargas).
- Lei 11.442/2007 (Dispõe sobre o transporte rodoviário de cargas por meio de terceiros, mediante remuneração).
- Dec.-Lei 116/1967 (Dispõe sobre operações inerentes ao transporte de mercadorias por via d'água nos portos brasileiros delimitando suas responsabilidades e tratando das faltas e avarias).

Parágrafo único. Na ordenação do transporte aquático, a lei estabelecerá as condições em que o transporte de mercadorias na cabotagem e a navegação interior poderão ser feitos por embarcações estrangeiras. (Incluído pela EC 7/1995.)

- art. 246, desta CF.
- Lei 10.233/2001 (Dispõe sobre a reestruturação dos transportes aquaviário e terrestre, cria o Conselho Nacional de Integração de Políticas de Transporte, a Agência Nacional de Transportes Terrestres, a Agência Nacional de Transportes Aquaviários e o Departamento Nacional de Infraestrutura de Transportes).
- Dec. 4.130/2002 (Aprova o regulamento e o quadro demonstrativo dos cargos comissionados e dos cargos comissionados técnicos da Agência Nacional de Transporte Terrestre - ANTT).
- Dec. 10.267/2020 (Dispõe sobre o transporte aéreo, no país, de autoridades em aeronave do Comando da Aeronáutica).

Art. 179. A União, os Estados, o Distrito Federal e os Municípios dispensarão às microempresas e às empresas de pequeno porte, assim definidas em lei, tratamento jurídico diferenciado, visando a incentivá-las pela simplificação de suas obrigações administrativas, tributárias, previdenciárias e creditícias, ou pela eliminação ou redução destas por meio de lei.

- art. 47, § 1º, ADCT.
- LC 123/2006 (Estatuto Nacional da Microempresa e da Empresa de Pequeno Porte);
- Dec. 8.538/2015 (Regulamenta o tratamento favorecido, diferenciado e simplificado para as microempresas, empresas de pequeno porte, agricultores familiares, produtores rurais pessoa física, microempreendedores individuais e sociedades cooperativas de consumo nas contratações públicas de bens, serviços e obras no âmbito da administração pública federal).

Art. 180. A União, os Estados, o Distrito Federal e os Municípios promoverão e incentivarão o turismo como fator de desenvolvimento social e econômico.

Art. 181. O atendimento de requisição de documento ou informação de natureza comercial, feita por autoridade administrativa ou judiciária estrangeira, a pessoa física ou jurídica residente ou domiciliada no país dependerá de autorização do Poder competente.

CAPÍTULO II
DA POLÍTICA URBANA

Art. 182. A política de desenvolvimento urbano, executada pelo Poder Público municipal, conforme diretrizes gerais fixadas em lei, tem por objetivo ordenar o pleno desenvolvimento das funções sociais da cidade e garantir o bem-estar de seus habitantes.

- Lei 10.257/2001 (Estatuto da Cidade).
- Lei 12.587/2012 (Institui as diretrizes da Política Nacional de Mobilidade Urbana).
- Lei 13.089/2015 (Estatuto da Metrópole).
- Lei 13.311/2016 (Utilização de área pública urbana).

§ 1º O plano diretor, aprovado pela Câmara Municipal, obrigatório para cidades com mais de vinte mil habitantes, é o instrumento básico da política de desenvolvimento e de expansão urbana.

§ 2º A propriedade urbana cumpre sua função social quando atende às exigências fundamentais de ordenação da cidade expressas no plano diretor.

- art. 186 desta CF.
- Súm. 668, STF.

§ 3º As desapropriações de imóveis urbanos serão feitas com prévia e justa indenização em dinheiro.

- art. 46, LC 101/2000 (Lei de Responsabilidade Fiscal).
- Dec.-Lei 3.365/1945 (Lei das desapropriações).
- Súm. 113 e 114, STJ.

§ 4º É facultado ao Poder Público municipal, mediante lei específica para área incluída no plano diretor, exigir, nos termos da lei federal, do proprietário do solo urbano não edificado, subutilizado ou não utilizado, que promova seu adequado aproveitamento, sob pena, sucessivamente, de:

I - parcelamento ou edificação compulsórios;

II - imposto sobre a propriedade predial e territorial urbana progressivo no tempo;

- art. 156, § 1º, desta CF.
- Súm. 668, STF.

III - desapropriação com pagamento mediante títulos da dívida pública de emissão previamente aprovada pelo Senado Federal, com prazo de resgate de até dez anos, em parcelas anuais, iguais e sucessivas, assegurados o valor real da indenização e os juros legais.

- Lei 10.257/2001 (Estatuto da Cidade).
- Dec.-Lei 3.365/1945 (Lei das desapropriações).

Art. 183. Aquele que possuir como sua área urbana de até duzentos e cinquenta metros quadrados, por cinco anos, ininterruptamente e sem oposição, utilizando-a para sua moradia ou de sua família, adquirir-lhe-á o domínio, desde que não seja proprietário de outro imóvel urbano ou rural.

- arts. 1.238 e 1.240, CC/2002.
- Lei 10.257/2001 (Estatuto da Cidade).

§ 1º O título de domínio e a concessão de uso serão conferidos ao homem ou à mulher, ou a ambos, independentemente do estado civil.

- Med. Prov. 2.220/2001 (Concessão de uso especial de que trata este parágrafo. Não convertida em lei até o fechamento desta edição).

§ 2º Esse direito não será reconhecido ao mesmo possuidor mais de uma vez.

§ 3º Os imóveis públicos não serão adquiridos por usucapião.

- Lei 10.257/2001 (Estatuto da Cidade).

CAPÍTULO III
DA POLÍTICA AGRÍCOLA E FUNDIÁRIA E DA REFORMA AGRÁRIA

- LC 93/1998 (Cria o Fundo de Terras e da Reforma Agrária - Banco da Terra) e Dec. 2.622/1998 (Regulamento).
- Lei 4.504/1964 (Estatuto da Terra).
- Lei 8.174/1991 (Princípios de Política Agrícola, estabelecendo atribuições ao Conselho Nacional de Política Agrícola (CNPA), tributação compensatória de produtos agrícolas, amparo ao pequeno produtor e regras de fixação e liberação dos estoques públicos).
- Lei 8.629/1993 (Regulamenta dispositivos constitucionais relativos à reforma agrária).
- Lei 9.126/1995 (Dispõe sobre a concessão de subvenção econômica nas operações de crédito rural).
- Lei 9.138/1995 (Dispõe sobre crédito rural).
- Lei 9.393/1996 (Dispõe sobre o Imposto sobre a Propriedade Territorial Rural - ITR).

Art. 184. Compete à União desapropriar por interesse social, para fins de reforma agrária, o imóvel rural que não esteja cumprindo sua função social, mediante prévia e justa indenização em títulos da dívida agrária, com cláusula de preservação do valor real, resgatáveis no prazo de até vinte anos, a partir do segundo ano de sua emissão, e cuja utilização será definida em lei.

- Lei 8.629/1993 (Regulamenta dispositivos constitucionais relativos à reforma agrária).

§ 1º As benfeitorias úteis e necessárias serão indenizadas em dinheiro.

§ 2º O decreto que declarar o imóvel como de interesse social, para fins de reforma agrária, autoriza a União a propor a ação de desapropriação.

§ 3º Cabe à lei complementar estabelecer procedimento contraditório especial, de rito sumário, para o processo judicial de desapropriação.

- LC 76/1993 (Lei da desapropriação de imóvel rural para fins de reforma agrária).

§ 4º O orçamento fixará anualmente o volume total de títulos da dívida agrária, assim como o montante de recursos para atender ao programa de reforma agrária no exercício.

§ 5º São isentas de impostos federais, estaduais e municipais as operações de transferência de imóveis desapropriados para fins de reforma agrária.

Art. 185. São insuscetíveis de desapropriação para fins de reforma agrária:

- Lei 8.629/1993 (Regulamenta dispositivos constitucionais relativos à reforma agrária).

I - a pequena e média propriedade rural, assim definida em lei, desde que seu proprietário não possua outra;
II - a propriedade produtiva.

Parágrafo único. A lei garantirá tratamento especial à propriedade produtiva e fixará normas para o cumprimento dos requisitos relativos à sua função social.

Art. 186. A função social é cumprida quando a propriedade rural atende, simultaneamente, segundo critérios e graus de exigência estabelecidos em lei, aos seguintes requisitos:

- Lei 8.629/1993 (Regulamenta dispositivos constitucionais relativos à reforma agrária).

I - aproveitamento racional e adequado;
II - utilização adequada dos recursos naturais disponíveis e preservação do meio ambiente;
III - observância das disposições que regulam as relações de trabalho;
IV - exploração que favoreça o bem-estar dos proprietários e dos trabalhadores.

Art. 187. A política agrícola será planejada e executada na forma da lei, com a participação efetiva do setor de produção, envolvendo produtores e trabalhadores rurais, bem como dos setores de comercialização, de armazenamento e de transportes, levando em conta, especialmente:

- Lei 8.171/1991 (Lei da Política Agrícola).
- Lei 8.174 (Dispõe sobre princípios de Política Agrícola, estabelecendo atribuições ao Conselho Nacional de Política Agrícola (CNPA), tributação compensatória de produtos agrícolas, amparo ao pequeno produtor e regras de fixação e liberação dos estoques públicos).
- Súm. 298, STJ.

I - os instrumentos creditícios e fiscais;
II - os preços compatíveis com os custos de produção e a garantia de comercialização;
III - o incentivo à pesquisa e à tecnologia;
IV - a assistência técnica e extensão rural;
V - o seguro agrícola;
VI - o cooperativismo;
VII - a eletrificação rural e irrigação;
VIII - a habitação para o trabalhador rural.

§ 1º Incluem-se no planejamento agrícola as atividades agroindustriais, agropecuárias, pesqueiras e florestais.

§ 2º Serão compatibilizadas as ações de política agrícola e de reforma agrária.

Art. 188. A destinação de terras públicas e devolutas será compatibilizada com a política agrícola e com o plano nacional de reforma agrária.

§ 1º A alienação ou a concessão, a qualquer título, de terras públicas com área superior a dois mil e quinhentos hectares a pessoa física ou jurídica, ainda que por interposta pessoa, dependerá de prévia aprovação do Congresso Nacional.

§ 2º Excetuam-se do disposto no parágrafo anterior as alienações ou as concessões de terras públicas para fins de reforma agrária.

Art. 189. Os beneficiários da distribuição de imóveis rurais pela reforma agrária receberão títulos de domínio ou de concessão de uso, inegociáveis pelo prazo de dez anos.

- Lei 8.629/1993 (Regulamenta dispositivos constitucionais relativos à reforma agrária).
- art. 6º, II, Lei 11.284/2006 (Lei de gestão de florestas públicas).

Parágrafo único. O título de domínio e a concessão de uso serão conferidos ao homem ou à mulher, ou a ambos, independentemente do estado civil, nos termos e condições previstos em lei.

- Lei 8.629/1993 (Regulamenta dispositivos constitucionais relativos à reforma agrária).

Art. 190. A lei regulará e limitará a aquisição ou o arrendamento de propriedade rural por pessoa física ou jurídica estrangeira e estabelecerá os casos que dependerão de autorização do Congresso Nacional.

- Lei 5.709/1971 (Regula a Aquisição de Imóvel Rural por Estrangeiro Residente no País ou Pessoa Jurídica Estrangeira Autorizada a Funcionar no Brasil).
- Lei 8.629/1993 (Regulamenta dispositivos constitucionais relativos à reforma agrária).

Art. 191. Aquele que, não sendo proprietário de imóvel rural ou urbano, possua como seu, por cinco anos ininterruptos, sem oposição, área de terra, em zona rural, não superior a cinquenta hectares, tornando-a produtiva por seu trabalho ou de sua família, tendo nela sua moradia, adquirir-lhe-á a propriedade.

- art. 1.239, CC/2002.
- Lei 6.969/1981 (Lei da usucapião especial).

Parágrafo único. Os imóveis públicos não serão adquiridos por usucapião.

- Súmula 619, STJ.

CAPÍTULO IV
DO SISTEMA FINANCEIRO NACIONAL

Art. 192. O sistema financeiro nacional, estruturado de forma a promover o desenvolvimento equilibrado do país e a servir aos interesses da coletividade, em todas as partes que o compõem, abrangendo as cooperativas de crédito, será regulado por leis complementares que disporão, inclusive, sobre a participação do capital estrangeiro nas instituições que o integram. (Redação dada pela EC 40/2003.)

- Incs. I a VIII e §§ 1º a 3º - (Revogados pela EC 40/2003).

TÍTULO VIII
DA ORDEM SOCIAL

CAPÍTULO I
DISPOSIÇÃO GERAL

Art. 193. A ordem social tem como base o primado do trabalho, e como objetivo o bem-estar e a justiça sociais.

Parágrafo único. O Estado exercerá a função de planejamento das políticas sociais, assegurada, na forma da lei, a participação da sociedade nos processos de formulação, de monitoramento, de controle e de avaliação dessas políticas. (Acrescido pela EC 108/2020, com produção de efeitos financeiros a partir de 1º/1/2021)

CAPÍTULO II
DA SEGURIDADE SOCIAL

- Lei 8.212/1991 (Dispõe sobre a organização da Seguridade Social e institui o Plano de Custeio).
- Lei 8.213/1991 (Lei dos Planos de Benefícios da Previdência Social).
- Lei 8.742/1993 (Lei Orgânica da Assistência Social).
- Dec. 3.048/1999 (Regulamento da Previdência Social).
- Dec. 7.788/2012 (Regulamenta o Fundo Nacional de Assistência Social).

SEÇÃO I
DISPOSIÇÕES GERAIS

Art. 194. A seguridade social compreende um conjunto integrado de ações de iniciativa dos Poderes Públicos e da sociedade, destinadas a assegurar os direitos relativos à saúde, à previdência e à assistência social.

- Lei 8.212/1991 (Dispõe sobre a organização da Seguridade Social e institui o Plano de Custeio).
- Lei 8.213/1991 (Lei dos Planos de Benefícios da Previdência Social).

Parágrafo único. Compete ao Poder Público, nos termos da lei, organizar a seguridade social, com base nos seguintes objetivos:

I - universalidade da cobertura e do atendimento;
II - uniformidade e equivalência dos benefícios e serviços às populações urbanas e rurais;
III - seletividade e distributividade na prestação dos benefícios e serviços;
IV - irredutibilidade do valor dos benefícios;
V - equidade na forma de participação no custeio;
VI - diversidade da base de financiamento, identificando-se, em rubricas contábeis específicas para cada área, as receitas e as despesas vinculadas a ações de saúde, previdência e assistência social, preservado o caráter contributivo da previdência social; (Redação dada pela EC 103/2019)
VII - caráter democrático e descentralizado da administração, mediante gestão quadripartite, com participação dos trabalhadores, dos empregadores, dos aposentados e do Governo nos órgãos colegiados. (Redação dada pela EC 20/1998)

Art. 195. A seguridade social será financiada por toda a sociedade, de forma direta e indireta, nos termos da lei, mediante recursos provenientes dos orçamentos da União, dos Estados, do Distrito Federal e dos Municípios, e das seguintes contribuições sociais:

- Art. 240, desta CF.
- art. 12, EC 20/1998 (Reforma previdenciária).
- LC 70/1991 (Institui contribuição para financiamento da Seguridade Social, eleva a alíquota da contribuição social sobre o lucro de instituições financeiras).
- Lei 7.689/1988 (Lei da contribuição social sobre o lucro das pessoas jurídicas).
- Lei 7.894/1989 (Dispõe sobre contribuições para o FINSOCIAL e PIS/PASEP).
- Lei 9.316/1996 (Altera a legislação do imposto de renda e da contribuição social sobre o lucro líquido).
- Lei 9.363/1996 (Instituição de crédito presumido do PIP para ressarcimento do valor do PIS/PASEP e COFINS, nos casos que especifica).
- Lei 9.477/1997 (Institui o Fundo de Aposentadoria Programada Individual - FAP).
- Súm. 658; 659; 688, STF.
- Súm. 423, STJ.

I - do empregador, da empresa e da entidade a ela equiparada na forma da lei, incidentes sobre: (Redação dada pela EC 20/1998.)

- Súm. 688, STF.

a) a folha de salários e demais rendimentos do trabalho pagos ou creditados, a qualquer título, à pessoa física que lhe preste serviço, mesmo sem vínculo empregatício; (Incluído pela EC 20/1998.)

- arts. 114, VIII; 167, XI, desta CF.

b) a receita ou o faturamento; (Incluído pela EC 20/1998.)

c) o lucro; (Incluído pela EC 20/1998.)

- art. 195, § 9º, desta CF.
- LC 70/1991 (Institui contribuição para financiamento da Seguridade Social, eleva a alíquota da contribuição social sobre o lucro de instituições financeiras).

II - do trabalhador e dos demais segurados da previdência social, podendo ser adotadas alíquotas progressivas de acordo com o valor do salário de contribuição, não incidindo contribuição sobre aposentadoria e pensão concedidas pelo Regime Geral de Previdência Social; (Redação dada pela EC 103/2019)

- arts. 114, VIII; 167, XI, desta CF.
- Lei 9.477/1997 (Institui o Fundo de Aposentadoria Programada Individual - FAP).

III - sobre a receita de concursos de prognósticos.

- art. 4º, Lei 7.856/1989 (Altera a tributação de fundos de aplicação de curto prazo e dispõe sobre contribuições sociais, contribuições para o FINSOCIAL e a destinação da renda de concursos de prognósticos).

IV - do importador de bens ou serviços do exterior, ou de quem a lei a ele equiparar. (Incluído pela EC 42/2003.)

- Lei 10.865/2004 (Dispõe sobre PIS/PASEP - Importação e COFINS - Importação).

§ 1º As receitas dos Estados, do Distrito Federal e dos Municípios destinadas à seguridade social constarão dos respectivos orçamentos, não integrando o orçamento da União.

§ 2º A proposta de orçamento da seguridade social será elaborada de forma integrada pelos órgãos responsáveis pela saúde, previdência social e assistência social, tendo em vista as metas e prioridades estabelecidas na lei de diretrizes orçamentárias, assegurada a cada área a gestão de seus recursos.

§ 3º A pessoa jurídica em débito com o sistema da seguridade social, como estabelecido em lei, não poderá contratar com o Poder Público nem dele receber benefícios ou incentivos fiscais ou creditícios.

- art. 3º, parágrafo único, EC 106/2020 (Institui regime extraordinário fiscal, financeiro e de contratações para enfrentamento de calamidade pública nacional decorrente de pandemia).
- Lei 8.212/1991 (Dispõe sobre a organização da Seguridade Social e institui o Plano de Custeio).

§ 4º A lei poderá instituir outras fontes destinadas a garantir a manutenção ou expansão da seguridade social, obedecido o disposto no art. 154, I.

- Lei 9.876/1999 (Dispõe sobre contribuição previdenciária do contribuinte individual e o cálculo do benefício).

§ 5º Nenhum benefício ou serviço da seguridade social poderá ser criado, majorado ou estendido sem a correspondente fonte de custeio total.

- art. 24, LC 101/2000 (Lei de Responsabilidade Fiscal).

§ 6º As contribuições sociais de que trata este artigo só poderão ser exigidas após decorridos noventa dias da data da publicação da lei que as houver instituído ou modificado, não se lhes aplicando o disposto no art. 150, III, *b*.

- arts. 74, § 4º; 75, § 1º, ADCT.
- Súm. Vinc. 50, STF.
- Súm. 669, STF.

§ 7º São isentas de contribuição para a seguridade social as entidades beneficentes de assistência social que atendam às exigências estabelecidas em lei.

- Súm. 659, STF.
- Súm. 352, STJ.

§ 8º O produtor, o parceiro, o meeiro e o arrendatário rurais e o pescador artesanal, bem como os respectivos cônjuges, que exerçam suas atividades em regime de economia familiar, sem empregados permanentes, contribuirão para a seguridade social mediante a aplicação de uma alíquota sobre o resultado da comercialização da produção e farão jus aos benefícios nos termos da lei. (Redação dada pela EC 20/1998.)

- art. 25, § 1º, EC 103/2019 (Reforma da Previdência).
- Súm. 272, STJ.

§ 9º As contribuições sociais previstas no inciso I do *caput* deste artigo poderão ter alíquotas diferenciadas em razão da atividade econômica, da utilização intensiva de mão de obra, do porte da empresa ou da condição estrutural do mercado de trabalho, sendo também autorizada a adoção de bases de cálculo diferenciadas apenas no caso das alíneas "b" e "c" do inciso I do *caput*. (Redação dada pela EC 103/2019)

- art. 30, EC 103/2019 (Reforma da Previdência).

§ 10. A lei definirá os critérios de transferência de recursos para o sistema único de saúde e ações de assistência social da União para os Estados, o Distrito Federal e os Municípios, e dos Estados para os Municípios, observada a respectiva contrapartida de recursos. (Incluído pela EC 20/1998.)

§ 11. São vedados a moratória e o parcelamento em prazo superior a 60 (sessenta) meses e, na forma de lei complementar, a remissão e a anistia das contribuições sociais de que tratam a alínea "a" do inciso I e o inciso II do *caput*. (Redação dada pela EC 103/2019)

- arts. 9º, § 9º; 31, EC 103/2019 (Reforma da Previdência).

§ 12. A lei definirá os setores de atividade econômica para os quais as contribuições incidentes na forma dos incisos I, *b*; e IV do *caput*, serão não cumulativas. (Incluído pela EC 42/2003.)

§ 13. (Revogado pela EC 103/2019)

§ 14. O segurado somente terá reconhecida como tempo de contribuição ao Regime Geral de Previdência Social a competência cuja contribuição seja igual ou superior à contribuição mínima mensal exigida para sua categoria, assegurado o agrupamento de contribuições. (Incluído pela EC 103/2019)

SEÇÃO II
DA SAÚDE

- Lei 9.790/1999 (Dispõe sobre a qualificação de pessoas jurídicas de direito privado, sem fins lucrativos, como organizações da sociedade civil de interesse público, e disciplina o termo de parceria)
- Lei 9.961/2000 (Cria a Agência Nacional de Saúde Suplementar - ANS) e Dec. 3.327/2000 (Regulamento).

Art. 196. A saúde é direito de todos e dever do Estado, garantido mediante políticas sociais e econômicas que visem à redução do risco de doença e de outros agravos e ao acesso universal e igualitário às ações e serviços para sua promoção, proteção e recuperação.

- Lei 9.273/1996 (Torna obrigatória a inclusão de dispositivo de segurança que impeça a reutilização de seringas descartáveis).
- Lei 9.313/1996 (Distribuição gratuita de medicamentos aos portadores do HIV e doentes de AIDS).
- Lei 9.797/1999 (Dispõe sobre a obrigatoriedade da cirurgia plástica reparadora da mama pela rede de unidades integrantes do Sistema Único de Saúde - SUS nos casos de mutilação decorrentes de tratamento de câncer).
- Dec. 7.616/2011 (Dispõe sobre a declaração de Emergência em Saúde Pública de Importância Nacional - ESPIN e institui a Força Nacional do Sistema Único de Saúde - FN-SUS).

Art. 197. São de relevância pública as ações e serviços de saúde, cabendo ao Poder Público dispor, nos termos da lei, sobre sua regulamentação, fiscalização e controle, devendo sua execução ser feita diretamente ou através de terceiros e, também, por pessoa física ou jurídica de direito privado.

- Lei 8.080/1990 (Dispõe sobre as condições para a promoção, proteção e recuperação da saúde, a organização e o funcionamento dos serviços correspondentes).

Art. 198. As ações e serviços públicos de saúde integram uma rede regionalizada e hierarquizada e constituem um sistema único, organizado de acordo com as seguintes diretrizes:

I - descentralização, com direção única em cada esfera de governo;

II - atendimento integral, com prioridade para as atividades preventivas, sem prejuízo dos serviços assistenciais;

III - participação da comunidade.

§ 1º O sistema único de saúde será financiado, nos termos do art. 195, com recursos do orçamento da seguridade social, da União, dos Estados, do Distrito Federal e dos Municípios, além de outras fontes. (Parágrafo único renumerado para § 1º pela EC 29/2000.)

§ 2º A União, os Estados, o Distrito Federal e os Municípios aplicarão, anualmente, em ações e serviços públicos de saúde recursos mínimos derivados da aplicação de percentuais calculados sobre: (Incluído pela EC 29/2000.)

- art. 167, IV, desta CF.

I - no caso da União, a receita corrente líquida do respectivo exercício financeiro, não podendo ser inferior a 15% (quinze por cento); (Alterado pela EC 86/2015).

- art. 110, I, ADCT.

II - no caso dos Estados e do Distrito Federal, o produto da arrecadação dos impostos a que se refere o art. 155 e dos recursos de que tratam os arts. 157 e 159, inciso I, alínea *a*, e inciso II, deduzidas as parcelas que forem transferidas aos respectivos Municípios; (Incluído pela EC 29/2000.)

III - no caso dos Municípios e do Distrito Federal, o produto da arrecadação dos impostos a que se refere o art. 156 e dos recursos de que tratam os arts. 158 e 159, inciso I, alínea *b* e § 3º. (Incluído pela EC 29/2000.)

§ 3º Lei complementar, que será reavaliada pelo menos a cada cinco anos, estabelecerá: (Incluído pela EC 29/2000.)

- LC 141/2012 (Regulamenta este parágrafo para dispor sobre os valores mínimos a serem aplicados anualmente pela União, Estados, Distrito Federal e Municípios em ações e serviços públicos de saúde; estabelece os critérios de rateio dos recursos de transferências para a saúde e as normas de fiscalização, avaliação e controle das despesas com saúde nas 3 (três) esferas de governo)

I - os percentuais de que tratam os incisos II e III do § 2º; (Alterado pela EC 86/2015. Produção de efeitos: a partir da execução orçamentária do exercício de 2014.)

II - os critérios de rateio dos recursos da União vinculados à saúde destinados aos Estados, ao Distrito Federal e aos Municípios, e dos Estados destinados a seus respectivos Municípios, objetivando a progressiva redução das disparidades regionais; (Incluído pela EC 29/2000.)

III - as normas de fiscalização, avaliação e controle das despesas com saúde nas esferas federal, estadual, distrital e municipal; (Incluído pela EC 29/2000.)

IV - (Revogado pela EC 86/2015. Produção de efeitos: a partir da execução orçamentária do exercício de 2014.)

§ 4º Os gestores locais do sistema único de saúde poderão admitir agentes comunitários de saúde e agentes de combate às endemias por meio de processo seletivo público, de acordo com a natureza e complexidade de suas atribuições e requisitos específicos para sua atuação. (Incluído pela EC 51/2006.)

- art. 2º, EC 51/2006 (Contratação de agentes comunitários de saúde e de combate às endemias).

§ 5º Lei federal disporá sobre o regime jurídico, o piso salarial profissional nacional, as diretrizes para os Planos de Carreira e a regulamentação das atividades de agente comunitário de saúde e agente de combate às endemias, competindo à União, nos termos da lei, prestar assistência financeira complementar aos Estados, ao Distrito Federal e aos Municípios, para o cumprimento do referido piso salarial. (Redação dada pela EC 63/2010.)

- Lei 11.350/2006 (Regulamenta este parágrafo).

§ 6º Além das hipóteses previstas no § 1º do art. 41 e no § 4º do art. 169 da Constituição Federal, o servidor que exerça funções equivalentes às de agente comunitário de saúde ou de agente de combate às endemias poderá perder o cargo em caso de descumprimento dos requisitos específicos, fixados em lei, para o seu exercício. (Incluído pela EC 51/2006.)

Art. 199. A assistência à saúde é livre à iniciativa privada.

- Lei 9.656/1998 (Lei dos planos e seguros privados de saúde).

§ 1º As instituições privadas poderão participar de forma complementar do sistema único de saúde, segundo diretrizes deste, mediante contrato de direito público ou convênio, tendo preferência as entidades filantrópicas e as sem fins lucrativos.

§ 2º É vedada a destinação de recursos públicos para auxílios ou subvenções às instituições privadas com fins lucrativos.

§ 3º É vedada a participação direta ou indireta de empresas ou capitais estrangeiros na assistência à saúde no país, salvo nos casos previstos em lei.

§ 4º A lei disporá sobre as condições e os requisitos que facilitem a remoção de órgãos, tecidos e substâncias humanas para fins de transplante, pesquisa e tratamento, bem como a coleta, processamento e transfusão de sangue e seus derivados, sendo vedado todo tipo de comercialização.

- Lei 8.501/1992 (Dispõe sobre a utilização de cadáver não reclamado, para fins de estudos ou pesquisas científicas).
- Lei 9.434/1997 (Lei de remoção de órgãos e tecidos) e Dec. 9.175/2017 (Regulamento).
- Lei 10.205/2001 (Regulamenta este parágrafo).
- Lei 10.972/2004 (Autoriza o Poder Executivo a criar Empresa Brasileira de Hemoderivados e Biotecnologia - HEMOBRÁS).
- Dec. 5.402/2005 (Aprova o Estatuto da HEMOBRÁS).

Art. 200. Ao sistema único de saúde compete, além de outras atribuições, nos termos da lei:

- Lei 8.080/1990 (Dispõe sobre as condições para a promoção, proteção e recuperação da saúde, a organização e o funcionamento dos serviços correspondentes).
- Lei 8.142/1990 (Dispõe sobre a participação da comunidade na gestão do Sistema Único de Saúde - SUS, e sobre as transferências intergovernamentais de recursos financeiros na área da saúde).

I - controlar e fiscalizar procedimentos, produtos e substâncias de interesse para a saúde e participar da produção de medicamentos, equipamentos, imunobiológicos, hemoderivados e outros insumos;

- Lei 9.431/1997 (Dispõe sobre a obrigatoriedade da manutenção de programa de controle de infecções hospitalares pelos hospitais do país).
- Lei 9.677/ 1998 (Altera dispositivos do Capítulo III do Título VIII do Código Penal, incluindo na classificação dos delitos considerados hediondos crimes contra a saúde pública).
- Lei 9.695/1998 (Acrescenta incisos ao art. 1º da Lei 8.072/ 1990, que dispõe sobre os crimes hediondos, e altera os arts. 2º, 5º e 10 da Lei 6.437/1977).

II - executar as ações de vigilância sanitária e epidemiológica, bem como as de saúde do trabalhador;

III - ordenar a formação de recursos humanos na área de saúde;

IV - participar da formulação da política e da execução das ações de saneamento básico;

V - incrementar, em sua área de atuação, o desenvolvimento científico e tecnológico e a inovação; (Alterado pela EC 85/2015.)

VI - fiscalizar e inspecionar alimentos, compreendido o controle de seu teor nutricional, bem como bebidas e águas para consumo humano;

VII - participar do controle e fiscalização da produção, transporte, guarda e utilização de substâncias e produtos psicoativos, tóxicos e radioativos;

VIII - colaborar na proteção do meio ambiente, nele compreendido o do trabalho.

SEÇÃO III
DA PREVIDÊNCIA SOCIAL

- Lei 8.147/1990 (Dispõe sobre a alíquota do FINSOCIAL).
- Lei 8.212/1991 (Dispõe sobre a organização da Seguridade Social e institui o Plano de Custeio).
- Lei 8.213/1991 (Lei dos Planos de Benefícios da Previdência Social).
- Lei 9.796/1999 (Dispõe sobre a compensação financeira entre o Regime Geral de Previdência Social e os regimes de previdência dos servidores da União, dos Estados, do Distrito Federal e dos Municípios, nos casos de contagem recíproca de tempo de contribuição para efeito de aposentadoria).
- Dec. 3.048/1999 (Regulamento da Previdência Social).

Art. 201. A previdência social será organizada sob a forma do Regime Geral de Previdência Social, de caráter contributivo e de filiação obrigatória, observados critérios que preservem o equilíbrio financeiro e atuarial, e atenderá, na forma da lei, a: (Redação dada pela EC 103/2019)

- arts. 40; 167, XI; 195, II, desta CF.
- arts. 15 a 17; 19 a 21; 23; 24, EC 103/2019 (Reforma da Previdência).
- Lei 8.212/1991 (Dispõe sobre a organização da Seguridade Social e institui o Plano de Custeio).
- Lei 8.213/1991 (Lei dos Planos de Benefícios da Previdência Social).
- Dec. 3.048/1999 (Regulamento da Previdência Social).

I - cobertura dos eventos de incapacidade temporária ou permanente para o trabalho e idade avançada; (Redação dada pela EC 103/2019)

II - proteção à maternidade, especialmente à gestante; (Redação dada pela EC 20/1998.)

III - proteção ao trabalhador em situação de desemprego involuntário; (Redação dada pela EC 20/1998.)

- Lei 7.998/1990 (Lei do Seguro-Desemprego).
- Lei 10.779/2003 (Dispõe sobre a concessão do seguro-desemprego, durante o período de defeso, ao pescador profissional que exerce atividade de forma artesanal). Dec 8.424/2015 (Regulamento).

IV - salário-família e auxílio-reclusão para os dependentes dos segurados de baixa renda; (Redação dada pela EC 20/1998.)

V - pensão por morte do segurado, homem ou mulher, ao cônjuge ou companheiro e dependentes, observado o disposto no § 2º. (Redação dada pela EC 20/1998.)

§ 1º É vedada a adoção de requisitos ou critérios diferenciados para concessão de benefícios, ressalvada, nos termos de lei complementar, a possibilidade de previsão de idade e tempo de contribuição distintos da regra geral para concessão de aposentadoria exclusivamente em favor dos segurados: (Redação dada pela EC 103/2019)

- LC 142/2013 (Regulamenta este parágrafo).

I - com deficiência, previamente submetidos a avaliação biopsicossocial realizada por equipe multiprofissional e interdisciplinar; (Incluído pela EC 103/2019)

- art. 22, EC 103/2019 (Reforma da Previdência).
- art. 41, Lei 13.146/2015 (Estatuto da Pessoa com Deficiência).

II - cujas atividades sejam exercidas com efetiva exposição a agentes químicos, físicos e biológicos prejudiciais à saúde, ou associação desses agentes, vedada a caracterização por categoria profissional ou ocupação. (Incluído pela EC 103/2019)

§ 2º Nenhum benefício que substitua o salário de contribuição ou o rendimento do trabalho do segurado terá valor mensal inferior ao salário-mínimo. (Redação dada pela EC 20/1998.)

§ 3º Todos os salários de contribuição considerados para o cálculo de benefício serão devidamente atualizados, na forma da lei. (Redação dada pela EC 20/1998.)

- Súm. 456, STJ.

§ 4º É assegurado o reajustamento dos benefícios para preservar-lhes, em caráter permanente, o valor real, conforme critérios definidos em lei. (Redação dada pela EC 20/1998.)

- Súm. 688, STF.

§ 5º É vedada a filiação ao regime geral de previdência social, na qualidade de segurado facultativo, de pessoa participante de regime próprio de previdência. (Redação dada pela EC 20/1998.)

§ 6º A gratificação natalina dos aposentados e pensionistas terá por base o valor dos proventos do mês de dezembro de cada ano. (Redação dada pela EC 20/1998.)

- Lei 4.090/1962; Lei 4.749/1965, Dec. 57.155/1965; Dec. 63.912/1968 (Dispõem sobre décimo terceiro salário).
- Súm. 688, STF.

§ 7º É assegurada aposentadoria no regime geral de previdência social, nos termos da lei, obedecidas as seguintes condições: (Redação dada pela EC 20/1998.)

I - 65 (sessenta e cinco) anos de idade, se homem, e 62 (sessenta e dois) anos de idade, se mulher, observado tempo mínimo de contribuição; (Redação dada pela EC 103/2019)

- arts. 18 e 19 EC 103/2019 (Reforma da Previdência).

II - 60 (sessenta) anos de idade, se homem, e 55 (cinquenta e cinco) anos de idade, se mulher, para os trabalhadores rurais e para os que exerçam suas atividades em regime de economia familiar, nestes incluídos o produtor rural, o garimpeiro e o pescador artesanal. (Redação dada pela EC 103/2019)

§ 8º O requisito de idade a que se refere o inciso I do § 7º será reduzido em 5 (cinco) anos, para o professor que comprove tempo de efetivo exercício das funções de magistério na educação infantil e no ensino fundamental e médio fixado em lei complementar. (Redação dada pela EC 103/2019)

- art. 19, § 1º, EC 103/2019 (Reforma da Previdência).
- art. 67, § 2º, Lei 9.394/1996 (Lei das Diretrizes e Bases da Educação Nacional).

§ 9º Para fins de aposentadoria, será assegurada a contagem recíproca do tempo de contribuição entre o Regime Geral de Previdência Social e os regimes próprios de previdência social, e destes entre si, observada a compensação financeira, de acordo com os critérios estabelecidos em lei. (Redação dada pela EC 103/2019)

§ 9º-A. O tempo de serviço militar exercido nas atividades de que tratam os arts. 42, 142 e 143 e o tempo de contribuição ao Regime Geral de Previdência Social ou a regime próprio de previdência social terão contagem recíproca para fins de inativação militar ou aposentadoria, e a compensação financeira será devida entre as receitas de contribuição referentes aos militares e as receitas de contribuição aos demais regimes. (Incluído pela EC 103/2019)

§ 10. Lei complementar poderá disciplinar a cobertura de benefícios não programados, inclusive os decorrentes de acidente do trabalho, a ser atendida concorrentemente pelo Regime Geral de Previdência Social e pelo setor privado. (Redação dada pela EC 103/2019)

§ 11. Os ganhos habituais do empregado, a qualquer título, serão incorporados ao salário para efeito de contribuição previdenciária e consequente repercussão em benefícios, nos casos e na forma da lei. (Redação dada pela EC 20/1998.)

- art. 3º, EC 20/1998 (Dispõe sobre a Reforma da Previdência).
- Lei 8.213/1991 (Lei dos Planos de Benefícios da Previdência Social).
- Dec. 3.048/1999 (Regulamento da Previdência Social).

§ 12. Lei instituirá sistema especial de inclusão previdenciária, com alíquotas diferenciadas, para atender aos trabalhadores de baixa renda, inclusive os que se encontram em situação de informalidade, e àqueles sem renda própria que se dediquem exclusivamente ao trabalho doméstico no âmbito de sua residência, desde que pertencentes a famílias de baixa renda. (Redação dada pela EC 103/2019)

§ 13. A aposentadoria concedida ao segurado de que trata o § 12 terá valor de 1 (um) salário-mínimo. (Redação dada pela EC 103/2019)

§ 14. É vedada a contagem de tempo de contribuição fictício para efeito de concessão dos benefícios previdenciários e de contagem recíproca. (Incluído pela EC 103/2019)

- art. 25, EC 103/2019.

§ 15. Lei complementar estabelecerá vedações, regras e condições para a acumulação de benefícios previdenciários. (Incluído pela EC 103/2019)

§ 16. Os empregados dos consórcios públicos, das empresas públicas, das sociedades de economia mista e das suas subsidiárias serão aposentados compulsoriamente, observado o cumprimento do tempo mínimo de contribuição, ao atingir a idade máxima de que trata o inciso II do § 1º do art. 40, na forma estabelecida em lei. (Incluído pela EC 103/2019)

Art. 202. O regime de previdência privada, de caráter complementar e organizado de forma autônoma em relação ao regime geral de previdência social, será facultativo, baseado na constituição de reservas que garantam o benefício contratado, e regulado por lei complementar. (Redação dada pela EC 20/1998.)

- art. 40, § 15, desta CF.
- art. 7º, EC 20/1998 (Dispõe sobre a Reforma da Previdência).
- LC 109/2001 (Lei do Regime de Previdência Complementar) e Dec. 4.206/2002 (Regulamento).
- Lei 9.656/1998 (Lei dos planos e seguros privados de saúde).
- Lei 10.185/2001 (Especialização das sociedades seguradoras em planos privados de assistência à saúde).
- Dec. 7.123/2010 (Dispõe sobre o Conselho Nacional de Previdência Complementar - CNPC e sobre a Câmara de Recursos de Previdência Complementar - CRPC).
- Súm. 149, STJ.

§ 1º A lei complementar de que trata este artigo assegurará ao participante de planos de benefícios de entidades de previdência privada o pleno acesso às informações relativas à gestão de seus respectivos planos. (Redação dada pela EC 20/1998.)

§ 2º As contribuições do empregador, os benefícios e as condições contratuais previstas nos estatutos, regulamentos e planos de benefícios das entidades de previdência privada não integram o contrato de trabalho dos participantes, assim como, à exceção dos benefícios concedidos, não integram a remuneração dos participantes, nos termos da lei. (Redação dada pela EC 20/1998.)

§ 3º É vedado o aporte de recursos a entidade de previdência privada pela União, Estados, Distrito Federal e Municípios, suas autarquias, fundações, empresas públicas, sociedades de economia mista e outras entidades públicas, salvo na qualidade de patrocinador, situação na qual, em hipótese alguma, sua contribuição normal poderá exceder a do segurado. (Incluído pela EC 20/1998.)

- art. 5º, EC 20/1998 (Dispõe sobre a Reforma da Previdência).
- LC 108/2001 (Regulamenta este parágrafo).

§ 4º Lei complementar disciplinará a relação entre a União, Estados, Distrito Federal ou Municípios, inclusive suas autarquias, fundações, sociedades de economia mista e empresas controladas direta ou indiretamente, enquanto patrocinadores de planos de benefícios previdenciários, e as entidades de previdência complementar. (Redação dada pela EC 103/2019)

- art. 40, § 14, desta CF.
- art. 33, EC 103/2019 (Reforma da Previdência).
- LC 108/2001 (Regulamenta este parágrafo).

§ 5º A lei complementar de que trata o § 4º aplicar-se-á, no que couber, às empresas privadas permissionárias ou concessionárias de prestação de serviços públicos, quando patrocinadoras de planos de benefícios em entidades de previdência complementar. (Redação dada pela EC 103/2019)

- LC 108/2001 (Regulamenta este parágrafo).

§ 6º Lei complementar estabelecerá os requisitos para a designação dos membros das diretorias das entidades fechadas de previdência complementar instituídas pelos patrocinadores de que trata o § 4º e disciplinará a inserção dos participantes nos colegiados e instâncias de decisão em que seus interesses sejam objeto de discussão e deliberação. (Redação dada pela EC 103/2019)

- LC 108/2001 (Regulamenta este parágrafo).
- LC 109/2001 (Lei do Regime de Previdência Complementar).

SEÇÃO IV
DA ASSISTÊNCIA SOCIAL

- Lei 8.742/1993 (Lei Orgânica da Previdência Social).
- Dec. 7.788/2012 (Regulamenta o Fundo Nacional de Assistência Social.)

Art. 203. A assistência social será prestada a quem dela necessitar, independentemente de contribuição à seguridade social, e tem por objetivos:

I - a proteção à família, à maternidade, à infância, à adolescência e à velhice;

II - o amparo às crianças e adolescentes carentes;

III - a promoção da integração ao mercado de trabalho;

IV - a habilitação e reabilitação das pessoas portadoras de deficiência e a promoção de sua integração à vida comunitária;

- Dec. 6.949/2009 (Promulga a Convenção Internacional sobre os direitos das pessoas com deficiência).
- Dec. 7.612/2011 (Institui o Plano Nacional dos Direitos da Pessoa com Deficiência - Plano Viver sem Limite).

V - a garantia de um salário-mínimo de benefício mensal à pessoa portadora de deficiência e ao idoso que comprovem não possuir meios de prover à própria manutenção ou de tê-la provida por sua família, conforme dispuser a lei.

- Lei 10.741/2003 (Estatuto do Idoso).

Art. 204. As ações governamentais na área da assistência social serão realizadas com recursos do orçamento da seguridade social, previstos no art. 195, além de outras fontes, e organizadas com base nas seguintes diretrizes:

I - descentralização político-administrativa, cabendo a coordenação e as normas gerais à esfera federal e a coordenação e a execução dos respectivos programas às esferas estadual e municipal, bem como a entidades beneficentes e de assistência social;

II - participação da população, por meio de organizações representativas, na formulação das políticas e no controle das ações em todos os níveis.

Parágrafo único. É facultado aos Estados e ao Distrito Federal vincular a programa de apoio à inclusão e promoção social até cinco décimos por cento de sua receita tributária líquida, vedada a aplicação desses recursos no pagamento de: (Incluído pela EC 42/2003.)

I - despesas com pessoal e encargos sociais; (Incluído pela EC 42/2003.)

II - serviço da dívida; (Incluído pela EC 42/2003.)

III - qualquer outra despesa corrente não vinculada diretamente aos investimentos ou ações apoiados. (Incluído pela EC 42/2003.)

CAPÍTULO III
DA EDUCAÇÃO, DA CULTURA E DO DESPORTO

SEÇÃO I
DA EDUCAÇÃO

- Lei 9.394/1996 (Lei das Diretrizes e Bases da Educação Nacional).
- Lei 9.424/1996 (Dispõe sobre o Fundo de Manutenção e Desenvolvimento do Ensino Fundamental e de Valorização do Magistério).
- Lei 9.790/1999 (Dispõe sobre a qualificação de pessoas jurídicas de direito privado, sem fins lucrativos, como Organizações da Sociedade Civil de Interesse Público, institui e disciplina o Termo de Parceria).
- Lei 10.219/2001 (Cria o Programa Nacional de Renda Mínima Vinculado à Educação - Bolsa Escola) e Dec. 4.313/2002 (Regulamento).
- Lei 10.558/2002 (Cria o Programa Diversidade na Universidade).
- Lei 11.096/2005 (Institui o Programa Universidade para Todos - PROUNI).
- Lei 11.788/2008 (Lei do Estágio).
- Art. 1º, Lei 12.711/2012 (Dispõe sobre o ingresso nas universidades federais e nas instituições federais de ensino técnico de nível médio).

Art. 205. A educação, direito de todos e dever do Estado e da família, será promovida e incentivada com a colaboração da sociedade, visando ao pleno desenvolvimento da pessoa, seu preparo para o exercício da cidadania e sua qualificação para o trabalho.

Art. 206. O ensino será ministrado com base nos seguintes princípios:

I - igualdade de condições para o acesso e permanência na escola;

- Lei 12.288/2010 (Estatuto da Igualdade Racial).

II - liberdade de aprender, ensinar, pesquisar e divulgar o pensamento, a arte e o saber;

III - pluralismo de ideias e de concepções pedagógicas e coexistência de instituições públicas e privadas de ensino;

IV - gratuidade do ensino público em estabelecimentos oficiais;

- art. 242 desta CF.
- Súm. Vinc. 12. STF.

V - valorização dos profissionais da educação escolar, garantidos, na forma da lei, planos de carreira, com ingresso exclusivamente por concurso público de provas e títulos, aos das redes públicas; (Redação dada pela EC 53/2006.)

- Lei 9.424/1996 (Dispõe sobre o Fundo de Manutenção e Desenvolvimento do Ensino Fundamental e de Valorização do Magistério).

VI - gestão democrática do ensino público, na forma da lei;

- Lei 9.394/1996 (Lei das Diretrizes e Bases da Educação Nacional).

VII - garantia de padrão de qualidade;

VIII - piso salarial profissional nacional para os profissionais da educação escolar pública, nos termos de lei federal. (Incluído pela EC 53/2006.)

IX - garantia do direito à educação e à aprendizagem ao longo da vida. (Acrescido pela EC 108/2020, com produção de efeitos financeiros a partir de 1º/1/2021)

Parágrafo único. A lei disporá sobre as categorias de trabalhadores considerados profissionais da educação básica e sobre a fixação de prazo para a elaboração ou adequação de seus planos de carreira, no âmbito da União, dos Estados, do Distrito Federal e dos Municípios. (Incluído pela EC 53/2006.)

Art. 207. As universidades gozam de autonomia didático-científica, administrativa e de gestão financeira e patrimonial, e obedecerão ao princípio de indissociabilidade entre ensino, pesquisa e extensão.

- Dec. 7.233/2010 (Dispõe sobre procedimentos orçamentários e financeiros relacionados à autonomia universitária).
- Dec. 9.235/2017 (Dispõe sobre o exercício das funções de regulação, supervisão e avaliação das instituições de educação superior e dos cursos superiores de graduação e de pós-graduação no sistema federal de ensino).

§ 1º É facultado às universidades admitir professores, técnicos e cientistas estrangeiros, na forma da lei. (Incluído pela EC 11/1996.)

§ 2º O disposto neste artigo aplica-se às instituições de pesquisa científica e tecnológica. (Incluído pela EC 11/1996.)

Art. 208. O dever do Estado com a educação será efetivado mediante a garantia de:

I - educação básica obrigatória e gratuita dos 4 (quatro) aos 17 (dezessete) anos de idade, assegurada inclusive sua oferta gratuita para todos os que a ela não tiveram acesso na idade própria; (Redação dada pela EC 59/2009.)

- art. 6º, EC 59/2009 (Art. 6º O disposto no inciso I do art. 208 da Constituição Federal deverá ser implementado progressivamente, até 2016, nos termos do Plano Nacional de Educação, com apoio técnico e financeiro da União).

II - progressiva universalização do ensino médio gratuito; (Redação dada pela EC 14/1996.)

III - atendimento educacional especializado aos portadores de deficiência, preferencialmente na rede regular de ensino;

- Lei 7.853/1989 (Lei de apoio às pessoas portadoras de deficiência) e Dec. 3.299/1999 (Regulamento).
- Lei 10.845/2004 (Institui o Programa de complementação ao atendimento educacional especializado às pessoas portadoras de deficiência - PAED).
- Lei 13.146/2015 (Estatuto da Pessoa Portadora de Deficiência).

IV - educação infantil, em creche e pré-escola, às crianças até 5 (cinco) anos de idade; (Redação dada pela EC 53/2006.)

- art. 7º, XXV, CF.

V - acesso aos níveis mais elevados do ensino, da pesquisa e da criação artística, segundo a capacidade de cada um;

VI - oferta de ensino noturno regular, adequado às condições do educando;

VII - atendimento ao educando, em todas as etapas da educação básica, por meio de programas suplementares de material didático escolar, transporte, alimentação e assistência à saúde. (Redação dada pela EC 59/2009.)

- arts. 6º e 212, § 4º, desta CF.

§ 1º O acesso ao ensino obrigatório e gratuito é direito público subjetivo.

§ 2º O não oferecimento do ensino obrigatório pelo Poder Público, ou sua oferta irregular, importa responsabilidade da autoridade competente.

§ 3º Compete ao Poder Público recensear os educandos no ensino fundamental, fazer-lhes a chamada e zelar, junto aos pais ou responsáveis, pela frequência à escola.

Art. 209. O ensino é livre à iniciativa privada, atendidas as seguintes condições:

I - cumprimento das normas gerais da educação nacional;

II - autorização e avaliação de qualidade pelo Poder Público.

Art. 210. Serão fixados conteúdos mínimos para o ensino fundamental, de maneira a assegurar formação básica comum e respeito aos valores culturais e artísticos, nacionais e regionais.

§ 1º O ensino religioso, de matrícula facultativa, constituirá disciplina dos horários normais das escolas públicas de ensino fundamental.

§ 2º O ensino fundamental regular será ministrado em língua portuguesa, assegurada às comunidades indígenas também a utilização de suas línguas maternas e processos próprios de aprendizagem.

Art. 211. A União, os Estados, o Distrito Federal e os Municípios organizarão em regime de colaboração seus sistemas de ensino.

- art. 60, ADCT.

§ 1º A União organizará o sistema federal de ensino e o dos Territórios, financiará as instituições de ensino públicas federais e exercerá, em matéria educacional, função redistributiva e supletiva, de forma a garantir equalização de oportunidades educacionais e padrão mínimo de qualidade do ensino mediante assistência técnica e financeira aos Estados, ao Distrito Federal e aos Municípios; (Redação dada pela EC 14/1996.)

§ 2º Os Municípios atuarão prioritariamente no ensino fundamental e na educação infantil. (Redação dada pela EC 14/1996.)

§ 3º Os Estados e o Distrito Federal atuarão prioritariamente no ensino fundamental e médio. (Incluído pela EC 14/1996.)

§ 4º Na organização de seus sistemas de ensino, a União, os Estados, o Distrito Federal e os Municípios definirão formas de colaboração, de forma a assegurar a universalização, a qualidade e a equidade do ensino obrigatório. (Redação dada pela EC 108/2020, com produção de efeitos financeiros a partir de 1º/1/2021)

§ 5º A educação básica pública atenderá prioritariamente ao ensino regular. (Incluído pela EC 53/2006.)

§ 6º A União, os Estados, o Distrito Federal e os Municípios exercerão ação redistributiva em relação a suas escolas (Acrescido pela EC 108/2020, com produção de efeitos financeiros a partir de 1º/1/2021)

§ 7º O padrão mínimo de qualidade de que trata o § 1º deste artigo considerará as condições adequadas de oferta e terá como referência o Custo Aluno Qualidade (CAQ), pactuados em regime de colaboração na forma disposta em lei complementar, conforme o parágrafo único do art. 23 desta Constituição. (Acrescido pela EC 108/2020, com produção de efeitos financeiros a partir de 1º/1/2021)

Art. 212. A União aplicará, anualmente, nunca menos de dezoito, e os Estados, o Distrito Federal e os Municípios vinte e cinco por cento, no mínimo, da receita resultante de impostos, compreendida a proveniente de transferências, na manutenção e desenvolvimento do ensino.

- arts. 34, VII, e; 35, III; 167, IV, desta CF.
- arts. 60; 72, §§ 2º e 3º, ADCT.

§ 1º A parcela da arrecadação de impostos transferida pela União aos Estados, ao Distrito Federal e aos Municípios, ou pelos Estados aos respectivos Municípios, não é considerada, para efeito do cálculo previsto neste artigo, receita do governo que a transferir.

§ 2º Para efeito do cumprimento do disposto no *caput* deste artigo, serão considerados os sistemas de ensino federal, estadual e municipal e os recursos aplicados na forma do art. 213.

§ 3º A distribuição dos recursos públicos assegurará prioridade ao atendimento das necessidades do ensino obrigatório, no que se refere a universalização, garantia de padrão de qualidade e equidade, nos termos do plano nacional de educação. (Redação dada pela EC 59/2009.)

§ 4º Os programas suplementares de alimentação e assistência à saúde previstos no art. 208, VII, serão financiados com recursos provenientes de contribuições sociais e outros recursos orçamentários.

§ 5º A educação básica pública terá como fonte adicional de financiamento a contribuição social do salário-educação, recolhida pelas empresas na forma da lei. (Redação dada pela EC 53/2006.)

- art. 76, § 2º, ADCT.
- Lei 9.766/1998 (Dispõe sobre o salário-educação).
- Dec. 6.003/2006 (Regulamenta a arrecadação, fiscalização e cobrança da contribuição social do salário-educação).
- Súm. 732, STF.

§ 6º As cotas estaduais e municipais da arrecadação da contribuição social do salário-educação serão distribuídas proporcionalmente ao número de alunos matriculados na educação básica nas respectivas redes públicas de ensino. (Incluído pela EC 53/2006.)

- art. 107, § 6º, I, ADCT.

§ 7º É vedado o uso dos recursos referidos no *caput* e nos §§ 5º e 6º deste artigo para pagamento de aposentadorias e de pensões. (Acrescido pela EC 108/2020, com produção de efeitos financeiros a partir de 1º/1/2021)

§ 8º Na hipótese de extinção ou de substituição de impostos, serão redefinidos os percentuais referidos no *caput* deste artigo e no inciso II do *caput* do art. 212-A, de modo que resultem recursos vinculados à manutenção e ao desenvolvimento do ensino, bem como os recursos subvinculados aos fundos de que trata o art. 212-A desta Constituição, em aplicações equivalentes às anteriormente praticadas. (Acrescido pela EC 108/2020, com produção de efeitos financeiros a partir de 1º/1/2021)

§ 9º A lei disporá sobre normas de fiscalização, de avaliação e de controle das despesas com educação nas esferas estadual, distrital e municipal. (Acrescido pela EC 108/2020, com produção de efeitos financeiros a partir de 1º/1/2021)

Art. 212-A. Os Estados, o Distrito Federal e os Municípios destinarão parte dos recursos a que se refere o *caput* do art. 212 desta Constituição à manutenção e ao desenvolvimento do ensino na educação básica e à remuneração condigna de seus profissionais, respeitadas as seguintes disposições: (Artigo acrescido pela EC 108/2020, com produção de efeitos financeiros a partir de 1º/1/2021)

- Lei 14.113/2020.

I - a distribuição dos recursos e de responsabilidades entre o Distrito Federal, os Estados e seus Municípios é assegurada mediante a instituição, no âmbito de cada Estado e do Distrito Federal, de um Fundo de Manutenção e Desenvolvimento da Educação Básica e de Valorização dos Profissionais da Educação (Fundeb), de natureza contábil;

II - os fundos referidos no inciso I do *caput* deste artigo serão constituídos por 20% (vinte por cento) dos recursos a que se referem os incisos I, II e III do *caput* do art. 155, o inciso II do *caput* do art. 157, os incisos II, III e IV do *caput* do art. 158 e as alíneas "a" e "b" do inciso I e o inciso II do *caput* do art. 159 desta Constituição;

III - os recursos referidos no inciso II do *caput* deste artigo serão distribuídos entre cada Estado e seus Municípios, proporcionalmente ao número de alunos das diversas etapas e modalidades da educação básica presencial matriculados nas respectivas redes, nos âmbitos de atuação prioritária, conforme estabelecido nos §§ 2º e 3º do art. 211 desta Constituição, observadas as ponderações referidas na alínea "a" do inciso X do *caput* e no § 2º deste artigo;

IV - a União complementará os recursos dos fundos a que se refere o inciso II do *caput* deste artigo;

V - a complementação da União será equivalente a, no mínimo, 23% (vinte e três por cento) do total de recursos a que se refere o inciso II do *caput* deste artigo, distribuída da seguinte forma:

a) 10 (dez) pontos percentuais no âmbito de cada Estado e do Distrito Federal, sempre que o valor anual por aluno (VAAF), nos termos do inciso III do *caput* deste artigo, não alcançar o mínimo definido nacionalmente;

b) no mínimo, 10,5 (dez inteiros e cinco décimos) pontos percentuais em cada rede pública de ensino municipal, estadual ou distrital, sempre que o valor anual total por aluno (VAAT), referido no inciso VI do *caput* deste artigo, não alcançar o mínimo definido nacionalmente;

c) 2,5 (dois inteiros e cinco décimos) pontos percentuais nas redes públicas que, cumpridas condicionalidades de melhoria de gestão previstas em lei, alcançarem evolução de indicadores a serem definidos, de atendimento e melhoria da aprendizagem com redução das desigualdades, nos termos do sistema nacional de avaliação da educação básica;

VI - o VAAT será calculado, na forma da lei de que trata o inciso X do *caput* deste artigo, com base nos recursos a que se refere o inciso II do *caput* deste artigo, acrescidos de outras receitas e de transferências vinculadas à educação, observado o disposto no § 1º e consideradas as matrículas nos termos do inciso III do *caput* deste artigo;

VII - os recursos de que tratam os incisos II e IV do *caput* deste artigo serão aplicados pelos Estados e pelos Municípios exclusivamente nos respectivos âmbitos de atuação prioritária, conforme estabelecido nos §§ 2º e 3º do art. 211 desta Constituição;

VIII - a vinculação de recursos à manutenção e ao desenvolvimento do ensino estabelecida no art. 212 desta Constituição suportará, no máximo, 30% (trinta por cento) da complementação da União, considerados para os fins deste inciso os valores previstos no inciso V do *caput* deste artigo;

IX - o disposto no *caput* do art. 160 desta Constituição aplica-se aos recursos referidos nos incisos II e IV do *caput* deste artigo, e seu descumprimento pela autoridade competente importará em crime de responsabilidade;

X - a lei disporá, observadas as garantias estabelecidas nos incisos I, II, III e IV do *caput* e no § 1º do art. 208 e as metas pertinentes do plano nacional de educação, nos termos previstos no art. 214 desta Constituição, sobre:

a) a organização dos fundos referidos no inciso I do *caput* deste artigo e a distribuição proporcional de seus recursos, as diferenças e as ponderações quanto ao valor anual por aluno entre etapas, modalidades, duração da jornada e tipos de estabelecimento de ensino, observados as respectivas especificidades e os insumos necessários para a garantia de sua qualidade;

b) a forma de cálculo do VAAF decorrente do inciso III do *caput* deste artigo e do VAAT referido no inciso VI do *caput* deste artigo;

c) a forma de cálculo para distribuição prevista na alínea "c" do inciso V do *caput* deste artigo;

d) a transparência, o monitoramento, a fiscalização e o controle interno, externo e social dos fundos referidos no inciso I do *caput* deste artigo, assegurada a criação, a autonomia, a manutenção e a consolidação de conselhos de acompanhamento e controle social, admitida sua integração aos conselhos de educação;

e) o conteúdo e a periodicidade da avaliação, por parte do órgão responsável, dos efeitos redistributivos, da melhoria dos indicadores educacionais e da ampliação do atendimento;

XI - proporção não inferior a 70% (setenta por cento) de cada fundo referido no inciso I do *caput* deste artigo, excluídos os recursos de que trata a alínea "c" do inciso V do *caput* deste artigo, será destinada ao pagamento dos profissionais da educação básica em efetivo exercício, observado, em relação aos recursos previstos na alínea "b" do inciso V do *caput* deste artigo, o percentual mínimo de 15% (quinze por cento) para despesas de capital;

XII - lei específica disporá sobre o piso salarial profissional nacional para os profissionais do magistério da educação básica pública;

XIII - a utilização dos recursos a que se refere o § 5º do art. 212 desta Constituição para a complementação da União ao Fundeb, referida no inciso V do *caput* deste artigo, é vedada.

§ 1º O cálculo do VAAT, referido no inciso VI do *caput* deste artigo, deverá considerar, além dos recursos previstos no inciso II do *caput* deste artigo, pelo menos, as seguintes disponibilidades:

I - receitas de Estados, do Distrito Federal e de Municípios vinculadas à manutenção e ao desenvolvimento do ensino não integrantes dos fundos referidos no inciso I do *caput* deste artigo;

II - cotas estaduais e municipais da arrecadação do salário-educação de que trata o § 6º do art. 212 desta Constituição;

III - complementação da União transferida a Estados, ao Distrito Federal e a Municípios nos termos da alínea "a" do inciso V do *caput* deste artigo.

§ 2º Além das ponderações previstas na alínea "a" do inciso X do *caput* deste artigo, a lei definirá outras relativas ao nível socioeconômico dos educandos e aos indicadores de disponibilidade de recursos vinculados à educação e de potencial de arrecadação tributária de cada ente federado, bem como seus prazos de implementação.

§ 3º Será destinada à educação infantil a proporção de 50% (cinquenta por cento) dos recursos globais a que se refere a alínea "b" do inciso V do *caput* deste artigo, nos termos da lei.

Art. 213. Os recursos públicos serão destinados às escolas públicas, podendo ser dirigidos a escolas comunitárias, confessionais ou filantrópicas, definidas em lei, que:

- art. 212 desta CF.
- art. 61, ADCT.

I - comprovem finalidade não lucrativa e apliquem seus excedentes financeiros em educação;

II - assegurem a destinação de seu patrimônio a outra escola comunitária, filantrópica ou confessional, ou ao Poder Público, no caso de encerramento de suas atividades.

- art. 61, ADCT.

§ 1º Os recursos de que trata este artigo poderão ser destinados a bolsas de estudo para o ensino fundamental e médio, na forma da lei, para os que demonstrarem insuficiência de recursos, quando houver falta de vagas e cursos regulares da rede pública na localidade da residência do educando, ficando o Poder Público obrigado a investir prioritariamente na expansão de sua rede na localidade.

§ 2º As atividades de pesquisa, de extensão e de estímulo e fomento à inovação realizadas por universidades e/ou por instituições de educação profissional e tecnológica poderão receber apoio financeiro do Poder Público. (Alterado pela EC 85/2015.)

- Lei 8.436/1992 (Institucionaliza o Programa de crédito educativo para estudantes carentes).

Art. 214. A lei estabelecerá o plano nacional de educação, de duração decenal, com o objetivo de articular o sistema nacional de educação em regime de colaboração e definir diretrizes, objetivos, metas e estratégias de implementação para assegurar a manutenção e desenvolvimento do ensino em seus diversos níveis, etapas e modalidades por meio de ações integradas dos poderes públicos das diferentes esferas federativas que conduzam a: (Redação dada pela EC 59/2009.)

I - erradicação do analfabetismo;
II - universalização do atendimento escolar;
III - melhoria da qualidade do ensino;
IV - formação para o trabalho;
V - promoção humanística, científica e tecnológica do país;
VI - estabelecimento de meta de aplicação de recursos públicos em educação como proporção do produto interno bruto. (Incluído pela EC 59/2009.)

SEÇÃO II
DA CULTURA

Art. 215. O Estado garantirá a todos o pleno exercício dos direitos culturais e acesso às fontes da cultura nacional, e apoiará e incentivará a valorização e a difusão das manifestações culturais.

- Lei 8.313/1991 (Institui o Programa Nacional de Apoio à Cultura - PRONAC) e Dec. 5.761/2002 (Regulamento).
- Lei 8.685/1993 (Cria mecanismos de fomento à atividade audiovisual) e Dec. 6.304/2007 (Regulamento).
- art. 2º, Lei 12.840/2013 (Dispõe sobre a destinação dos bens de valor cultural, artístico ou histórico aos museus).
- Lei 13.018/2014 (Institui a Política Nacional de Cultura Viva).

§ 1º O Estado protegerá as manifestações das culturas populares, indígenas e afro-brasileiras, e das de outros grupos participantes do processo civilizatório nacional.

§ 2º A lei disporá sobre a fixação de datas comemorativas de alta significação para os diferentes segmentos étnicos nacionais.

§ 3º A lei estabelecerá o Plano Nacional de Cultura, de duração plurianual, visando ao desenvolvimento cultural do país e à integração das ações do Poder Público que conduzem à: (Incluído pela EC 48/2005.)

- Lei 12.343/2010 (Institui o Plano Nacional de Cultura - PNC e cria o Sistema Nacional de Informações e Indicadores Culturais - SNIIC).

I - defesa e valorização do patrimônio cultural brasileiro; (Incluído pela EC 48/2005.)
II - produção, promoção e difusão de bens culturais; (Incluído pela EC 48/2005.)
III - formação de pessoal qualificado para a gestão da cultura em suas múltiplas dimensões; (Incluído pela EC 48/2005.)
IV - democratização do acesso aos bens de cultura; (Incluído pela EC 48/2005.)
V - valorização da diversidade étnica e regional. (Incluído pela EC 48/2005.)

Art. 216. Constituem patrimônio cultural brasileiro os bens de natureza material e imaterial, tomados individualmente ou em conjunto, portadores de referência à identidade, à ação, à memória dos diferentes grupos formadores da sociedade brasileira, nos quais se incluem:

- art. 2º, Lei 12.840/2013 (Dispõe sobre a destinação dos bens de valor cultural, artístico ou histórico aos museus).

I - as formas de expressão;
II - os modos de criar, fazer e viver;
III - as criações científicas, artísticas e tecnológicas;
IV - as obras, objetos, documentos, edificações e demais espaços destinados às manifestações artístico-culturais;
V - os conjuntos urbanos e sítios de valor histórico, paisagístico, artístico, arqueológico, paleontológico, ecológico e científico.

- Lei 3.924/1961 (Lei dos monumentos arqueológicos e pré-históricos).
- Art. 65, § 1º, Lei 9.605/1998 (Lei dos Crimes Ambientais).

§ 1º O Poder Público, com a colaboração da comunidade, promoverá e protegerá o patrimônio cultural brasileiro, por meio de inventários, registros, vigilância, tombamento e desapropriação, e de outras formas de acautelamento e preservação.

- Lei 7.347/1985 (Lei da Ação Civil Pública).
- Lei 8.394/1991 (Dispõe sobre preservação, organização e proteção dos acervos documentais privados dos presidentes da República).
- Dec. 3.551/2000 (Institui o registro de bens culturais de natureza imaterial que constituem Patrimônio Cultural Brasileiro e cria o Programa Nacional do Patrimônio Imaterial).

§ 2º Cabem à administração pública, na forma da lei, a gestão da documentação governamental e as providências para franquear sua consulta a quantos dela necessitem.

- Lei 8.159/1991 (Dispõe sobre a Política Nacional de Arquivos Públicos e Privados).
- Lei 12.527/2011 (Regula o acesso a informações previsto neste parágrafo. Dec. 7.724/2012 (regulamento).
- Dec. 7.845/2012 (Regulamenta procedimentos para credenciamento de segurança e tratamento de informação classificada em qualquer grau de sigilo, e dispõe sobre o Núcleo de Segurança e Credenciamento).

§ 3º A lei estabelecerá incentivos para a produção e o conhecimento de bens e valores culturais.

- Lei 7.505/1986 (Dispõe sobre os benefícios fiscais na área do imposto de renda concedidas a operações de caráter cultural ou artístico).
- Lei 8.313/1991 (Institui o Programa Nacional de Apoio à Cultura - PRONAC) e Dec. 5.761/2002 (Regulamento).

§ 4º Os danos e ameaças ao patrimônio cultural serão punidos, na forma da lei.

- Lei 3.924/1961 (Lei dos monumentos arqueológicos e pré-históricos).

§ 5º Ficam tombados todos os documentos e os sítios detentores de reminiscências históricas dos antigos quilombos.

- art. 18, p.u., Lei 12.288/2010 (Estatuto da Igualdade Racial).

§ 6º É facultado aos Estados e ao Distrito Federal vincular a fundo estadual de fomento à cultura até cinco décimos por cento de sua receita tributária líquida, para o financiamento de programas e projetos culturais, vedada a aplicação desses recursos no pagamento de: (Incluído pela EC 42/2003.)

I - despesas com pessoal e encargos sociais; (Incluído pela EC 42/2003.)
II - serviço da dívida; (Incluído pela EC 42/2003.)
III - qualquer outra despesa corrente não vinculada diretamente aos investimentos ou ações apoiados. (Incluído pela EC 42/2003.)

Art. 216-A. O Sistema Nacional de Cultura, organizado em regime de colaboração, de forma descentralizada e participativa, institui um processo de gestão e promoção conjunta de políticas públicas de cultura, democráticas e permanentes, pactuadas entre os entes da Federação e a sociedade, tendo por objetivo promover o desenvolvimento humano, social e econômico com pleno exercício dos direitos culturais.

§ 1º O Sistema Nacional de Cultura fundamenta-se na política nacional de cultura e nas suas diretrizes, estabelecidas no Plano Nacional de Cultura, e rege-se pelos seguintes princípios:

I - diversidade das expressões culturais;
II - universalização do acesso aos bens e serviços culturais;
III - fomento à produção, difusão e circulação de conhecimento e bens culturais;
IV - cooperação entre os entes federados, os agentes públicos e privados atuantes na área cultural;
V - integração e interação na execução das políticas, programas, projetos e ações desenvolvidas;
VI - complementaridade nos papéis dos agentes culturais;
VII - transversalidade das políticas culturais;
VIII - autonomia dos entes federados e das instituições da sociedade civil;
IX - transparência e compartilhamento das informações;
X - democratização dos processos decisórios com participação e controle social;
XI - descentralização articulada e pactuada da gestão, dos recursos e das ações;
XII - ampliação progressiva dos recursos contidos nos orçamentos públicos para a cultura.

§ 2º Constitui a estrutura do Sistema Nacional de Cultura, nas respectivas esferas da Federação:

I - órgãos gestores da cultura;
II - conselhos de política cultural;
III - conferências de cultura;
IV - comissões intergestores;
V - planos de cultura;
VI - sistemas de financiamento à cultura;
VII - sistemas de informações e indicadores culturais;
VIII - programas de formação na área da cultura; e
IX - sistemas setoriais de cultura.

§ 3º Lei federal disporá sobre a regulamentação do Sistema Nacional de Cultura, bem como de sua articulação com os demais sistemas nacionais ou políticas setoriais de governo.

§ 4º Os Estados, o Distrito Federal e os Municípios organizarão seus respectivos sistemas de cultura em leis próprias."

- Art. 216-A e §§ acrescentados pela EC 71/2012.

SEÇÃO III
DO DESPORTO

- Lei 9.615/1998 (Institui normas gerais sobre desportos).
- Lei 10.891/2004 (Institui o Bolsa-Atleta).

Art. 217. É dever do Estado fomentar práticas desportivas formais e não formais, como direito de cada um, observados:

I - a autonomia das entidades desportivas dirigentes e associações, quanto à sua organização e funcionamento;
II - a destinação de recursos públicos para a promoção prioritária do desporto educacional e, em casos específicos, para a do desporto de alto rendimento;
III - o tratamento diferenciado para o desporto profissional e o não profissional;
IV - a proteção e o incentivo às manifestações desportivas de criação nacional.

§ 1º O Poder Judiciário só admitirá ações relativas à disciplina e às competições desportivas após esgotarem-se as instâncias da justiça desportiva, regulada em lei.

§ 2º A justiça desportiva terá o prazo máximo de sessenta dias, contados da instauração do processo, para proferir decisão final.

§ 3º O Poder Público incentivará o lazer, como forma de promoção social.

CAPÍTULO IV
DA CIÊNCIA, TECNOLOGIA E INOVAÇÃO

- Alterado pela EC 85/2015.
- Lei 9.257/1996 (Dispõe sobre o Conselho Nacional de Ciência e Tecnologia).
- Lei 10.973/2004 (Dispõe sobre incentivos à inovação e à pesquisa científica e tecnológica no ambiente produtivo). Dec. 9.283/2018 (Regulamento).

Art. 218. O Estado promoverá e incentivará o desenvolvimento científico, a pesquisa, a capacitação científica e tecnológica e a inovação. (Alterado pela EC 85/2015.)

§ 1º A pesquisa científica básica e tecnológica receberá tratamento prioritário do Estado, tendo em vista o bem público e o progresso da ciência, tecnologia e inovação. (Alterado pela EC 85/2015.)

§ 2º A pesquisa tecnológica voltar-se-á preponderantemente para a solução dos problemas brasileiros e para o desenvolvimento do sistema produtivo nacional e regional.

§ 3º O Estado apoiará a formação de recursos humanos nas áreas de ciência, pesquisa, tecnologia e inovação, inclusive por meio do apoio às atividades de extensão tecnológica, e concederá aos que delas se ocupem meios e condições especiais de trabalho. (Alterado pela EC 85/2015.)

§ 4º A lei apoiará e estimulará as empresas que invistam em pesquisa, criação de tecnologia adequada ao país, formação e aperfeiçoamento de seus recursos humanos e que pratiquem sistemas de remuneração que assegurem ao empregado, desvinculada do salário, participação nos ganhos econômicos resultantes da produtividade de seu trabalho.

§ 5º É facultado aos Estados e ao Distrito Federal vincular parcela de sua receita orçamentária a entidades públicas de fomento ao ensino e à pesquisa científica e tecnológica.

- Lei 8.248/1991 (Dispõe sobre capacitação e competitividade no setor de informática e automação).
- Lei 12.523/2011 (Institui o Programa Nacional de Acesso ao Ensino Técnico e Emprego – Pronatec).

§ 6º O Estado, na execução das atividades previstas no *caput*, estimulará a articulação entre entes, tanto públicos quanto privados, nas diversas esferas de governo. (Acrescentado pela EC 85/2015.)

§ 7º O Estado promoverá e incentivará a atuação no exterior das instituições públicas de ciência, tecnologia e inovação, com vistas à execução das atividades previstas no *caput*. (Acrescentado pela EC 85/2015.)

- art. 15, Lei 13.243/2016 (Dispõe sobre estímulos ao desenvolvimento científico, à pesquisa, à capacitação científica e tecnológica e à inovação).

Art. 219. O mercado interno integra o patrimônio nacional e será incentivado de modo a viabilizar o desenvolvimento cultural e socioeconômico, o bem-estar da população e a autonomia tecnológica do país, nos termos de lei federal.

Parágrafo único. O Estado estimulará a formação e o fortalecimento da inovação nas empresas, bem como nos demais entes, públicos ou privados, a constituição e a manutenção de parques e polos tecnológicos e de demais ambientes promotores da inovação, a atuação dos inventores independentes e a criação, absorção, difusão e transferência de tecnologia. (Acrescentado pela EC 85/2015.)

- Lei 10.973/2004 (Dispõe sobre incentivos à inovação e à pesquisa científica e tecnológica no ambiente produtivo).

Art. 219-A. A União, os Estados, o Distrito Federal e os Municípios poderão firmar instrumentos de cooperação com órgãos e entidades públicos e com entidades privadas, inclusive para o compartilhamento de recursos humanos especializados e capacidade instalada, para a execução de projetos de pesquisa, de desenvolvimento científico e tecnológico e de inovação, mediante contrapartida financeira ou não financeira assumida pelo ente beneficiário, na forma da lei. (Acrescentado pela EC 85/2015.)

Art. 219-B. O Sistema Nacional de Ciência, Tecnologia e Inovação (SNCTI) será organizado em regime de colaboração entre entes, tanto públicos quanto privados, com vistas a promover o desenvolvimento científico e tecnológico e a inovação. (Acrescentado pela EC 85/2015.)

§ 1º Lei federal disporá sobre as normas gerais do SNCTI. (Acrescentado pela EC 85/2015.)

§ 2º Os Estados, o Distrito Federal e os Municípios legislarão concorrentemente sobre suas peculiaridades. (Acrescentado pela EC 85/2015.)

CAPÍTULO V
DA COMUNICAÇÃO SOCIAL

Art. 220. A manifestação do pensamento, a criação, a expressão e a informação, sob qualquer forma, processo ou veículo, não sofrerão qualquer restrição, observado o disposto nesta Constituição.

- arts. 5º, IX, XII, XIV, XXVII a XXIX, desta CF.
- arts 36 a 38; 43; 44, CDC.
- Lei 4.117/1962 (Código Brasileiro de Telecomunicações).
- art. 1º, Lei 7.524/1986 (Manifestação, por militar inativo, de pensamento e opinião políticos ou filosóficos).
- Lei 9.472/1997 (Organização dos serviços de telecomunicações, criação e funcionamento de órgão regulador e outros aspectos institucionais).
- art. 7º, Lei 9.610/1998 (Direitos Autorais).

§ 1º Nenhuma lei conterá dispositivo que possa constituir embaraço à plena liberdade de informação jornalística em qualquer veículo de comunicação social, observado o disposto no art. 5º, IV, V, X, XIII e XIV.

- art. 45, Lei 9.504/1997 (Lei das eleições).

§ 2º É vedada toda e qualquer censura de natureza política, ideológica e artística.

§ 3º Compete à lei federal:

I - regular as diversões e espetáculos públicos, cabendo ao Poder Público informar sobre a natureza deles, as faixas etárias a que não se recomendem, locais e horários em que sua apresentação se mostre inadequada;

- art. 21, XVI, desta CF.
- arts. 74; 80; 247; 258, Lei 8.069/1990 (ECA).
- Lei 10.359/2001 (Dispõe sobre a obrigatoriedade de os novos aparelhos de TV conterem dispositivo que possibilite o bloqueio temporário de recepção de programação inadequada).

II - estabelecer os meios legais que garantam à pessoa e à família a possibilidade de se defenderem de programas ou programações de rádio e televisão que contrariem o disposto no art. 221, bem como da propaganda de produtos, práticas e serviços que possam ser nocivos à saúde e ao meio ambiente.

- arts. 9º e 10, CDC.

§ 4º A propaganda comercial de tabaco, bebidas alcoólicas, agrotóxicos, medicamentos e terapias estará sujeita a restrições legais, nos termos do inciso II do parágrafo anterior, e conterá, sempre que necessário, advertência sobre os malefícios decorrentes de seu uso.

- Lei 9.294/1996 (Dispõe sobre as restrições ao uso e à propaganda de produtos fumígenos, bebidas alcoólicas, medicamentos, terapias e defensivos agrícolas referidos neste parágrafo). Dec. 2.018/1996 (Regulamento).

§ 5º Os meios de comunicação social não podem, direta ou indiretamente, ser objeto de monopólio ou oligopólio.

§ 6º A publicação de veículo impresso de comunicação independe de licença de autoridade.

Art. 221. A produção e a programação das emissoras de rádio e televisão atenderão aos seguintes princípios:

I - preferência a finalidades educativas, artísticas, culturais e informativas;

II - promoção da cultura nacional e regional e estímulo à produção independente que objetive sua divulgação;

III - regionalização da produção cultural, artística e jornalística, conforme percentuais estabelecidos em lei;

- art. 3º, III, desta CF.

IV - respeito aos valores éticos e sociais da pessoa e da família.

- art. 8º, III, Lei 11.340/2006 (Lei Maria da Penha).

Art. 222. A propriedade de empresa jornalística e de radiodifusão sonora e de sons e imagens é privativa de brasileiros natos ou naturalizados há mais de dez anos, ou de pessoas jurídicas constituídas sob as leis brasileiras e que tenham sede no país. (Redação dada pela EC 36/2002.)

§ 1º Em qualquer caso, pelo menos setenta por cento do capital total e do capital votante das empresas jornalísticas e de radiodifusão sonora e de sons e imagens deverá pertencer, direta ou indiretamente, a brasileiros natos ou naturalizados há mais de dez anos, que exercerão obrigatoriamente a gestão das atividades e estabelecerão o conteúdo da programação. (Redação dada pela EC 36/2002.)

§ 2º A responsabilidade editorial e as atividades de seleção e direção da programação veiculada são privativas de brasileiros natos ou naturalizados há mais de dez anos, em qualquer meio de comunicação social. (Redação dada pela EC 36/2002.)

§ 3º Os meios de comunicação social eletrônica, independentemente da tecnologia utilizada para a prestação do serviço, deverão observar os princípios enunciados no art. 221, na forma de lei específica, que também garantirá a prioridade de profissionais brasileiros na execução de produções nacionais. (Incluído pela EC 36/2002.)

§ 4º Lei disciplinará a participação de capital estrangeiro nas empresas de que trata o § 1º. (Incluído pela EC 36/2002.)

- Lei 10.610/2002 (Participação de capital estrangeiro nas empresas jornalísticas e de radiodifusão sonora e de sons e imagens).

§ 5º As alterações de controle societário das empresas de que trata o § 1º serão comunicadas ao Congresso Nacional. (Incluído pela EC 36/2002.)

Art. 223. Compete ao Poder Executivo outorgar e renovar concessão, permissão e autorização para o serviço de radiodifusão sonora e de sons e imagens, observado o princípio da complementaridade dos sistemas privado, público e estatal.

- Lei 9.612/1998 (Institui o serviço de radiodifusão comunitária).
- arts. 2º; 10, Dec. 52.795/1963 (Aprova regulamento dos serviços de radiodifusão).

§ 1º O Congresso Nacional apreciará o ato no prazo do art. 64, § 2º e § 4º, a contar do recebimento da mensagem.

§ 2º A não renovação da concessão ou permissão dependerá de aprovação de, no mínimo, dois quintos do Congresso Nacional, em votação nominal.

§ 3º O ato de outorga ou renovação somente produzirá efeitos legais após deliberação do Congresso Nacional, na forma dos parágrafos anteriores.

§ 4º O cancelamento da concessão ou permissão, antes de vencido o prazo, depende de decisão judicial.

§ 5º O prazo da concessão ou permissão será de dez anos para as emissoras de rádio e de quinze para as de televisão.

Art. 224. Para os efeitos do disposto neste capítulo, o Congresso Nacional instituirá, como seu órgão auxiliar, o Conselho de Comunicação Social, na forma da lei.

- Lei 8.389/1991 (Cria o Conselho de Comunicação Social).
- Dec. 6.555/2008 (Dispõe sobre as ações de comunicação do Poder Executivo Federal).

CAPÍTULO VI
DO MEIO AMBIENTE

- Lei 7.735/1989 (Cria o IBAMA).
- Lei 9.605/1998 (Lei dos Crimes Ambientais).
- Dec. 4.339/2002 (Institui princípios e diretrizes para a implementação da Política Nacional de Biodiversidade).
- Dec. 4.411/2002 (Atuação das Forças Armadas e da Polícia Federal nas unidades de Conservação).

Art. 225. Todos têm direito ao meio ambiente ecologicamente equilibrado, bem de uso comum do povo e essencial à sadia qualidade de vida, impondo-se ao Poder Público e à coletividade o dever de defendê-lo e preservá-lo para as presentes e futuras gerações.

- Lei 7.797/1989 (Dispõe sobre o Fundo Nacional do Meio Ambiente).
- Lei 11.284/2006 (Lei de gestão de florestas públicas).

§ 1º Para assegurar a efetividade desse direito, incumbe ao Poder Público:

- Lei 9.985/2000 (Regulamenta este parágrafo).

I - preservar e restaurar os processos ecológicos essenciais e prover o manejo ecológico das espécies e ecossistemas;

- Súmula 623, STJ.

II - preservar a diversidade e a integridade do patrimônio genético do país e fiscalizar as entidades dedicadas à pesquisa e manipulação de material genético;

- Lei 11.105/2005 (Regulamenta este inciso).
- Dec. 5.705/2006 (Promulga o Protocolo de Cartagena sobre Biossegurança da Convenção sobre Diversidade Biológica).

III - definir, em todas as unidades da Federação, espaços territoriais e seus componentes a serem especialmente protegidos, sendo a alteração e a supressão permitidas somente através de lei, vedada qualquer utilização que comprometa a integridade dos atributos que justifiquem sua proteção;

IV - exigir, na forma da lei, para instalação de obra ou atividade potencialmente causadora de significativa degradação do meio ambiente, estudo prévio de impacto ambiental, a que se dará publicidade;

- Lei 11.105/2005 (Regulamenta este inciso).

V - controlar a produção, a comercialização e o emprego de técnicas, métodos e substâncias que comportem risco para a vida, a qualidade de vida e o meio ambiente;

- Lei 11.105/2005 (Regulamenta este inciso).

VI - promover a educação ambiental em todos os níveis de ensino e a conscientização pública para a preservação do meio ambiente;

- Lei 9.795/1999 (Educação Ambiental). Dec. 4.281/2002 (Regulamento).

VII - proteger a fauna e a flora, vedadas, na forma da lei, as práticas que coloquem em risco sua função ecológica, provoquem a extinção de espécies ou submetam os animais a crueldade.

- Lei 5.197/1967 (Lei de proteção à fauna).
- Lei 9.605/1998 (Lei dos crimes ambientais).
- Lei 11.794/2008 (Regulamenta este inciso, estabelecendo procedimentos para o uso científico de animais).
- Lei 12.651/2012 (Código Florestal).
- Dec.-Lei 221/1967 (Lei de proteção e estímulos à pesca).

§ 2º Aquele que explorar recursos minerais fica obrigado a recuperar o meio ambiente degradado, de acordo com solução técnica exigida pelo órgão público competente, na forma da lei.

- Dec.-Lei 227/1967 (Código de Minas).

§ 3º As condutas e atividades consideradas lesivas ao meio ambiente sujeitarão os infratores, pessoas físicas ou jurídicas, a sanções penais e administrativas, independentemente da obrigação de reparar os danos causados.

- art. 3º, *caput* e p.u., Lei 9.605/1998 (Lei dos crimes ambientais).
- Dec. 6.514/2008 (Dispõe sobre as infrações e sanções administrativas ao meio ambiente, estabelece o processo administrativo federal para apuração destas infrações).
- Súmula 629, STJ.

§ 4º A Floresta Amazônica brasileira, a Mata Atlântica, a Serra do Mar, o Pantanal Mato-Grossense e a Zona Costeira são patrimônio nacional, e sua utilização far-se-á, na forma da lei, dentro de condições que assegurem a preservação do meio ambiente, inclusive quanto ao uso dos recursos naturais.

- Lei 11.429/2006 (Proteção do Bioma Mata Atlântica).
- Lei 13.123/2015 (Regulamenta este parágrafo).
- Dec. 4.297/2002 (Regulamenta inc. II do art. 9º, Lei 6.938/1981, estabelecendo critério para o Zoneamento Ecológico-Econômico do Brasil - ZEE).

§ 5º São indisponíveis as terras devolutas ou arrecadadas pelos Estados, por ações discriminatórias, necessárias à proteção dos ecossistemas naturais.

- Lei 6.383/1976 (Processo discriminatório de terras devolutas da União).
- Lei 13.178/2015 (Processo de ratificação dos registros imobiliários decorrentes de alienações e concessões de terras públicas situadas nas faixas de fronteiras).
- Dec.-Lei 9.760/1946 (Lei dos bens imóveis da União).

§ 6º As usinas que operem com reator nuclear deverão ter sua localização definida em lei federal, sem o que não poderão ser instaladas.

- Lei 12.731/2012 (Institui Sistema de Proteção ao Programa Nuclear Brasileiro - SIPRON).

§ 7º Para fins do disposto na parte final do inciso VII do § 1º deste artigo, não se consideram cruéis as práticas desportivas que utilizem animais, desde que sejam manifestações culturais, conforme o § 1º do art. 215 desta Constituição Federal, registradas como bem de natureza imaterial integrante do patrimônio cultural brasileiro, devendo ser regulamentadas por lei específica que assegure o bem-estar dos animais envolvidos. (Acrescentado pela EC 96/2017.)

CAPÍTULO VII
DA FAMÍLIA, DA CRIANÇA, DO ADOLESCENTE, DO JOVEM E DO IDOSO

- Redação dada pela EC 65/2010.
- Lei 8.069/1990 (ECA).
- Lei 8.842/1994 (Dispõe sobre a composição, estruturação, competência e funcionamento do Conselho Nacional dos Direitos do Idoso - CNDI).
- Lei 10.741/2003 (Estatuto do Idoso).
- Dec. 9.921/2019 (Consolida atos normativos editados pelo Poder Executivo federal que dispõem sobre a temática da pessoa idosa).

Art. 226. A família, base da sociedade, tem especial proteção do Estado.

- arts. 1533 e 1.542, CC/2002.
- Lei 6.015/1973 (Lei de Registros Públicos).
- Lei 8.069/1990 (ECA).

§ 1º O casamento é civil e gratuita a celebração.

- arts. 1.511 a 1.570, CC/2002.
- arts. 67 a 76, Lei 6.015/1973 (Lei de Registros Públicos).

§ 2º O casamento religioso tem efeito civil, nos termos da lei.

- Lei 1.110/1950 (Dispõe sobre reconhecimento dos efeitos civis ao casamento religioso).
- arts. 71 a 75, Lei 6.015/1973 (Lei de Registros Públicos).

§ 3º Para efeito da proteção do Estado, é reconhecida a união estável entre o homem e a mulher como entidade familiar, devendo a lei facilitar sua conversão em casamento.

- ADPF 132 e ADIn 4.277 (Reconhecimento da legalidade jurídica da união civil entre pessoas do mesmo sexo, DOU, 13.05.2011).
- arts. 1.723 a 1.727, CC/2002.
- Lei 8.971/1994 (Dispõe sobre direito dos companheiros a alimentos e sucessão).
- Lei 9.278/1996 (Lei da União Estável).

§ 4º Entende-se, também, como entidade familiar a comunidade formada por qualquer dos pais e seus descendentes.

- art. 25, Lei 8.069/1990 (ECA).
- Súm. 364, STJ.

§ 5º Os direitos e deveres referentes à sociedade conjugal são exercidos igualmente pelo homem e pela mulher.

- arts. 1.565 a 1.570, CC/2002.
- arts. 2º a 8º, Lei 6.515/1977 (Lei do Divórcio).
- Súm. 364, STJ.

§ 6º O casamento civil pode ser dissolvido pelo divórcio. (Redação dada pela EC 66/2010.)

- Lei 6.515/1977 (Lei do Divórcio).

§ 7º Fundado nos princípios da dignidade da pessoa humana e da paternidade responsável, o planejamento familiar é livre-decisão do casal, competindo ao Estado propiciar recursos educacionais e científicos para o exercício desse direito, vedada qualquer forma coercitiva por parte de instituições oficiais ou privadas.

- Lei 9.263/1996 (Regulamenta este parágrafo).

§ 8º O Estado assegurará a assistência à família na pessoa de cada um dos que a integram, criando mecanismos para coibir a violência no âmbito de suas relações.

- Lei 11.340/2006 (Lei Maria da Penha).
- Dec. 8.086/2013 (Institui o Programa Mulher Segura e Protegida).
- Súm. 536, STJ.

Art. 227. É dever da família, da sociedade e do Estado assegurar à criança, ao adolescente e ao jovem, com absoluta prioridade, o direito à vida, à saúde, à alimentação, à educação, ao lazer, à profissionalização, à cultura, à dignidade, ao respeito, à liberdade e à convivência familiar e comunitária, além de colocá-los a salvo de toda forma de negligência, discriminação, exploração, violência, crueldade e opressão. (Redação dada pela EC 65/2010.)

- arts. 6º; 208; 212, § 4º, desta CF.
- Lei 8.069/1990 (ECA).
- Lei 12.288/2010 (Estatuto da Igualdade Racial).
- Lei 12.318/2010 (Lei da alienação parental).
- Lei 13.257/2016 (Dispõe sobre as políticas públicas para a primeira infância).
- Lei 13.431/2017 (Sistema de garantia de direitos da criança e do adolescente vítima ou testemunha de violência).
- Dec. 3.413/2000 (Promulga a Convenção sobre os Aspectos Civis do Sequestro Internacional de Crianças, concluída na cidade de Haia, em 25.10.1980).
- Dec. 3.951/2001 (Designa a Autoridade Central para dar cumprimento às obrigações impostas pela Convenção sobre os Aspectos Civis do Sequestro Internacional de Crianças, cria o Conselho da Autoridade Central Administrativa Federal contra o Sequestro Internacional de Crianças

e institui o Programa Nacional para Cooperação no Regresso de Crianças e Adolescentes Brasileiros Sequestrados Internacionalmente).

§ 1º O Estado promoverá programas de assistência integral à saúde da criança, do adolescente e do jovem, admitida a participação de entidades não governamentais, mediante políticas específicas e obedecendo aos seguintes preceitos: (Redação dada pela EC 65/2010.)

- Lei 8.642/1993 (Dispõe sobre a instituição do Programa Nacional de Atenção Integral à Criança e ao Adolescente - PRONAICA). Dec. 1.056/1994 (Regulamento).

I - aplicação de percentual dos recursos públicos destinados à saúde na assistência materno-infantil;

II - criação de programas de prevenção e atendimento especializado para as pessoas portadoras de deficiência física, sensorial ou mental, bem como de integração social do adolescente e do jovem portador de deficiência, mediante o treinamento para o trabalho e a convivência, e a facilitação do acesso aos bens e serviços coletivos, com a eliminação de obstáculos arquitetônicos e de todas as formas de discriminação. (Redação dada pela EC 65/2010.)

- Lei 7.853/1989 (Lei de apoio às pessoas portadoras de deficiência) e Dec. 3.298/1999 (Regulamento).
- arts. 7º a 14, Lei 8.069/1990 (ECA).
- Lei 10.216/2001 (Proteção e direitos das pessoas portadoras de transtornos mentais e redireciona o modelo assistencial em saúde mental).
- Lei 13.146/2015 (Estatuto da Pessoa com Deficiência).

§ 2º A lei disporá sobre normas de construção dos logradouros e dos edifícios de uso público e de fabricação de veículos de transporte coletivo, a fim de garantir acesso adequado às pessoas portadoras de deficiência.

- art. 244, desta CF.
- art. 3º, Lei 7.853/1989 (Lei de apoio às pessoas portadoras de deficiência) e Dec. 3.298/1999 (Regulamento).

§ 3º O direito a proteção especial abrangerá os seguintes aspectos:

I - idade mínima de quatorze anos para admissão ao trabalho, observado o disposto no art. 7º, XXXIII;

- O art. 7º, XXXIII, desta CF, foi alterado pela EC 20/1998 (Fixa em 16 anos a idade mínima para o trabalho).

II - garantia de direitos previdenciários e trabalhistas;

III - garantia de acesso do trabalhador adolescente e jovem à escola; (Redação dada pela EC 65/2010.)

IV - garantia de pleno e formal conhecimento da atribuição de ato infracional, igualdade na relação processual e defesa técnica por profissional habilitado, segundo dispuser a legislação tutelar específica;

V - obediência aos princípios de brevidade, excepcionalidade e respeito à condição peculiar de pessoa em desenvolvimento, quando da aplicação de qualquer medida privativa da liberdade;

VI - estímulo do Poder Público, através de assistência jurídica, incentivos fiscais e subsídios, nos termos da lei, ao acolhimento, sob a forma de guarda, de criança ou adolescente órfão ou abandonado;

- arts. 33 a 35, Lei 8.069/1990 (ECA).

VII - programas de prevenção e atendimento especializado à criança, ao adolescente e ao jovem dependente de entorpecentes e drogas afins. (Redação dada pela EC 65/2010.)

- Lei 11.343/2006 (Lei Antidrogas).

§ 4º A lei punirá severamente o abuso, a violência e a exploração sexual da criança e do adolescente.

- arts. 111, V; 217-A a 218-B; 224, CP.
- arts. 225 a 258, Lei 8.069/1990 (ECA).

§ 5º A adoção será assistida pelo Poder Público, na forma da lei, que estabelecerá casos e condições de sua efetivação por parte de estrangeiros.

- arts. 1.618 e 1.619, CC/2002.
- arts. 39 a 52, Lei 8.069/1990 (ECA).
- Lei 12.010/2009 (Lei da Adoção).
- Dec. 3.087/1999 (Promulga a Convenção relativa à Proteção das Crianças e à Cooperação em Matéria de Adoção Internacional, concluída em Haia em 29.05.1993).

§ 6º Os filhos, havidos ou não da relação do casamento, ou por adoção, terão os mesmos direitos e qualificações, proibidas quaisquer designações discriminatórias relativas à filiação.

- art. 41, §§ 1º e 2º, Lei 8.069/1990 (ECA).
- Lei 8.560/1992 (Lei de Investigação da Paternidade).
- Lei 10.317/2001 (Dispõe sobre gratuidade no exame de DNA nos casos que especifica).
- Lei 11.804/2008 (Alimentos Gravídicos).

§ 7º No atendimento dos direitos da criança e do adolescente levar-se-á em consideração o disposto no art. 204.

§ 8º A lei estabelecerá: (Incluído pela EC 65/2010.)

I - o estatuto da juventude, destinado a regular os direitos dos jovens; (Incluído pela EC 65/2010.)

- Lei 12.852/2013 (Institui o Estatuto da Juventude e dispõe sobre os direitos dos jovens, os princípios e diretrizes das políticas públicas de juventude e o Sistema Nacional de Juventude - SINAJUVE.)
- Dec. 10.069/2019 (Dispõe sobre a composição e o funcionamento do Conselho Nacional de Juventude).

II - o plano nacional de juventude, de duração decenal, visando à articulação das várias esferas do Poder Público para a execução de políticas públicas. (Incluído pela EC 65/2010.)

Art. 228. São penalmente inimputáveis os menores de dezoito anos, sujeitos às normas da legislação especial.

- art. 27, CP.
- arts. 101; 104; 112, Lei 8.069/1990 (ECA).
- Súm. 605, STJ.

Art. 229. Os pais têm o dever de assistir, criar e educar os filhos menores, e os filhos maiores têm o dever de ajudar e amparar os pais na velhice, carência ou enfermidade.

- art. 22, Lei 8.069/1990 (ECA).

Art. 230. A família, a sociedade e o Estado têm o dever de amparar as pessoas idosas, assegurando sua participação na comunidade, defendendo sua dignidade e bem-estar e garantindo-lhes o direito à vida.

- Lei 8.842/1994 (Dispõe sobre a Política Nacional do Idoso).
- Lei 10.741/2003 (Estatuto do Idoso).
- Dec. 9.921/2019 (Consolida atos normativos editados pelo Poder Executivo federal que dispõem sobre a temática da pessoa idosa).

§ 1º Os programas de amparo aos idosos serão executados preferencialmente em seus lares.

§ 2º Aos maiores de sessenta e cinco anos é garantida a gratuidade dos transportes coletivos urbanos.

CAPÍTULO VIII
DOS ÍNDIOS

- Dec. 6.861/2009 (Dispõe sobre a Educação Escolar Indígena, define sua organização em territórios etnoeducacionais).
- Dec. 7.747/2012 (Institui a Política Nacional de Gestão Territorial e Ambiental de Terras Indígenas – PNGATI).

Art. 231. São reconhecidos aos índios sua organização social, costumes, línguas, crenças e tradições, e os direitos originários sobre as terras que tradicionalmente ocupam, competindo à União demarcá-las, proteger e fazer respeitar todos os seus bens.

- Lei 6.001/1973 (Estatuto do Índio).
- Dec. 1.775/1996 (Dispõe sobre o procedimento administrativo de demarcação de terras indígenas).
- Dec. 3.156/1999 (Dispõe sobre as condições para prestação de assistência à saúde dos povos indígenas, no âmbito do Sistema Único de Saúde).
- Dec. 4.412/2002 (Dispõe sobre a atuação das Forças Armadas e da Polícia Federal nas terras indígenas).

§ 1º São terras tradicionalmente ocupadas pelos índios as por eles habitadas em caráter permanente, as utilizadas para suas atividades produtivas, as imprescindíveis à preservação dos recursos ambientais necessários a seu bem-estar e as necessárias a sua reprodução física e cultural, segundo seus usos, costumes e tradições.

§ 2º As terras tradicionalmente ocupadas pelos índios destinam-se a sua posse permanente, cabendo-lhes o usufruto exclusivo das riquezas do solo, dos rios e dos lagos nelas existentes.

§ 3º O aproveitamento dos recursos hídricos, incluídos os potenciais energéticos, a pesquisa e a lavra das riquezas minerais em terras indígenas só podem ser efetivados com autorização do Congresso Nacional, ouvidas as comunidades afetadas, ficando-lhes assegurada participação nos resultados da lavra, na forma da lei.

§ 4º As terras de que trata este artigo são inalienáveis e indisponíveis, e os direitos sobre elas, imprescritíveis.

§ 5º É vedada a remoção dos grupos indígenas de suas terras, salvo, *ad referendum* do Congresso Nacional, em caso de catástrofe ou epidemia que ponha em risco sua população, ou no interesse da soberania do país, após deliberação do Congresso Nacional, garantido, em qualquer hipótese, o retorno imediato logo que cesse o risco.

§ 6º São nulos e extintos, não produzindo efeitos jurídicos, os atos que tenham por objeto a ocupação, o domínio e a posse das terras a que se refere este artigo, ou a exploração das riquezas naturais do solo, dos rios e dos lagos nelas existentes, ressalvado relevante interesse público da União, segundo o que dispuser lei complementar, não gerando a nulidade e a extinção direito a indenização ou a ações contra a União, salvo, na forma da lei, quanto às benfeitorias derivadas da ocupação de boa-fé.

- art. 62, Lei 6.001/1973 (Estatuto do Índio).

§ 7º Não se aplica às terras indígenas o disposto no art. 174, § 3º e § 4º.

Art. 232. Os índios, suas comunidades e organizações são partes legítimas para ingressar em juízo em defesa de seus direitos e interesses, intervindo o Ministério Público em todos os atos do processo.

TÍTULO IX
DAS DISPOSIÇÕES CONSTITUCIONAIS GERAIS

Art. 233. (Revogado pela EC 28/2000.)

Art. 234. É vedado à União, direta ou indiretamente, assumir, em decorrência da criação de Estado, encargos referentes a despesas com pessoal inativo e com encargos e amortizações da dívida interna ou externa da administração pública, inclusive da indireta.

- art. 13, § 6º, ADCT.

Art. 235. Nos dez primeiros anos da criação de Estado, serão observadas as seguintes normas básicas:

I - a Assembleia Legislativa será composta de dezessete Deputados se a população do Estado for inferior a seiscentos mil habitantes, e de vinte e quatro, se igual ou superior a esse número, até um milhão e quinhentos mil;

II - o Governo terá no máximo dez Secretarias;

III - o Tribunal de Contas terá três membros, nomeados, pelo Governador eleito, dentre brasileiros de comprovada idoneidade e notório saber;

IV - o Tribunal de Justiça terá sete Desembargadores;

V - os primeiros Desembargadores serão nomeados pelo Governador eleito, escolhidos da seguinte forma:

a) cinco dentre os magistrados com mais de trinta e cinco anos de idade, em exercício na área do novo Estado ou do Estado originário;

b) dois dentre promotores, nas mesmas condições, e advogados de comprovada idoneidade e saber jurídico, com dez anos, no mínimo, de exercício profissional, obedecido o procedimento fixado na Constituição;

VI - no caso de Estado proveniente de Território Federal, os cinco primeiros Desembargadores poderão ser escolhidos dentre juízes de direito de qualquer parte do país;

VII - em cada Comarca, o primeiro Juiz de Direito, o primeiro Promotor de Justiça e o primeiro Defensor Público serão nomeados pelo Governador eleito após concurso público de provas e títulos;

VIII - até a promulgação da Constituição Estadual, responderão pela Procuradoria-Geral, pela Advocacia-Geral e pela Defensoria-Geral do Estado advogados de notório saber, com trinta e cinco anos de idade, no mínimo, nomeados pelo Governador eleito e demissíveis *ad nutum*;

IX - se o novo Estado for resultado de transformação de Território Federal, a transferência de encargos financeiros da União para pagamento dos servidores optantes que pertenciam à Administração Federal ocorrerá da seguinte forma:

a) no sexto ano de instalação, o Estado assumirá vinte por cento dos encargos financeiros para fazer face ao pagamento dos servidores públicos, ficando ainda o restante sob a responsabilidade da União;

b) no sétimo ano, os encargos do Estado serão acrescidos de trinta por cento e, no oitavo, dos restantes cinquenta por cento;

X - as nomeações que se seguirem às primeiras, para os cargos mencionados neste artigo, serão disciplinadas na Constituição Estadual;

XI - as despesas orçamentárias com pessoal não poderão ultrapassar cinquenta por cento da receita do Estado.

Art. 236. Os serviços notariais e de registro são exercidos em caráter privado, por delegação do Poder Público.

- art. 32, ADCT.
- Lei 8.935/1994 (Lei dos Serviços Notariais e de Registro e regulamenta este artigo).

§ 1º Lei regulará as atividades, disciplinará a responsabilidade civil e criminal dos notários, dos oficiais de registro e de seus prepostos, e definirá a fiscalização de seus atos pelo Poder Judiciário.

§ 2º Lei federal estabelecerá normas gerais para fixação de emolumentos relativos aos atos praticados pelos serviços notariais e de registro.

- Lei 10.169/2000 (Regulamenta este parágrafo).

§ 3º O ingresso na atividade notarial e de registro depende de concurso público de provas e títulos, não se permitindo que qualquer serventia fique vaga, sem abertura de concurso de provimento ou de remoção, por mais de seis meses.

Art. 237. A fiscalização e o controle sobre o comércio exterior, essenciais à defesa dos interesses fazendários nacionais, serão exercidos pelo Ministério da Fazenda.

- Dec. 10.044/2019 (Dispõe sobre a Câmara de Comércio Exterior - CAMEX).

Art. 238. A lei ordenará a venda e revenda de combustíveis de petróleo, álcool carburante e outros combustíveis derivados de matérias-primas renováveis, respeitados os princípios desta Constituição.

- Lei 9.478/1997 (Dispõe sobre a política energética nacional, as atividades relativas ao monopólio do petróleo e institui o Conselho Nacional de Política Energética e a Agência Nacional do Petróleo).
- Lei 9.847/1999 (Dispõe sobre a fiscalização das atividades relativas ao abastecimento nacional de combustíveis tratadas na Lei 9.478/1997, e estabelece sanções administrativas).

Art. 239. A arrecadação decorrente das contribuições para o Programa de Integração Social, criado pela Lei Complementar nº 7, de 7 de setembro de 1970, e para o Programa de Formação do Patrimônio do Servidor Público, criado pela Lei Complementar nº 8, de 3 de dezembro de 1970, passa, a partir da promulgação desta Constituição, a financiar, nos termos que a lei dispuser, o programa do seguro desemprego, outras ações da previdência social e o abono de que trata o § 3º deste artigo. (Redação dada pela EC 103/2019)

- art. 72, §§ 2º e 3º, ADCT.
- Lei 7.998/1990 (Lei do Seguro-Desemprego).
- Lei 9.715/1998 (Dispõe sobre as contribuições para os Programas de Integração Social e de Formação do Patrimônio do Servidor Público - PIS/PASEP).

§ 1º Dos recursos mencionados no *caput*, no mínimo 28% (vinte e oito por cento) serão destinados para o financiamento de programas de desenvolvimento econômico, por meio do Banco Nacional de Desenvolvimento Econômico e Social, com critérios de remuneração que preservem o seu valor. (Redação dada pela EC 103/2019)

- Dec. 4.418/2002 (Aprova novo estatuto social do Banco Nacional de Desenvolvimento Econômico e Social - BNDES).

§ 2º Os patrimônios acumulados do Programa de Integração Social e do Programa de Formação do Patrimônio do Servidor Público são preservados, mantendo-se os critérios de saque nas situações previstas nas leis específicas, com exceção da retirada por motivo de casamento, ficando vedada a distribuição da arrecadação de que trata o *caput* deste artigo, para depósito nas contas individuais dos participantes.

§ 3º Aos empregados que percebam de empregadores que contribuem para o Programa de Integração Social ou para o Programa de Formação do Patrimônio do Servidor Público, até dois salários-mínimos de remuneração mensal, é assegurado o pagamento de um salário-mínimo anual, computado neste valor o rendimento das contas individuais, no caso daqueles que já participavam dos referidos programas, até a data da promulgação desta Constituição.

§ 4º O financiamento do seguro-desemprego receberá uma contribuição adicional da empresa cujo índice de rotatividade da força de trabalho superar o índice médio da rotatividade do setor, na forma estabelecida por lei.

- Lei 7.998/1990 (Lei do seguro-desemprego).
- Lei 8.352/1991 (Dispõe sobre as disponibilidades financeiras do Fundo de Amparo ao Trabalhador - FAT).

§ 5º Os programas de desenvolvimento econômico financiados na forma do § 1º e seus resultados serão anualmente avaliados e divulgados em meio de comunicação social eletrônico e apresentados em reunião da comissão mista permanente de que trata o § 1º do art. 166. (Incluído pela EC 103/2019)

Art. 240. Ficam ressalvadas do disposto no art. 195 as atuais contribuições compulsórias dos empregadores sobre a folha de salários, destinadas às entidades privadas de serviço social e de formação profissional vinculadas ao sistema sindical.

- art. 13, § 3º, LC 123/2006 (Estatuto Nacional da Microempresa e da Empresa de Pequeno Porte).
- Súm. 499, STJ.

Art. 241. A União, os Estados, o Distrito Federal e os Municípios disciplinarão por meio de lei os consórcios públicos e os convênios de cooperação entre os entes federados, autorizando a gestão associada de serviços públicos, bem como a transferência total ou parcial de encargos, serviços, pessoal e bens essenciais à continuidade dos serviços transferidos. (Redação dada pela EC 19/1998.)

- Lei 11.107/2005 (Regulamenta este artigo).

Art. 242. O princípio do art. 206, IV, não se aplica às instituições educacionais oficiais criadas por lei estadual ou municipal e existentes na data da promulgação desta Constituição, que não sejam total ou preponderantemente mantidas com recursos públicos.

- art. 2º, Lei 12.989/2014 (Reabre o prazo para requerimento da moratória e do parcelamento previstos no Programa de Estímulo à Reestruturação e ao Fortalecimento das Instituições de Ensino Superior - Proies).

§ 1º O ensino da História do Brasil levará em conta as contribuições das diferentes culturas e etnias para a formação do povo brasileiro.

§ 2º O Colégio Pedro II, localizado na cidade do Rio de Janeiro, será mantido na órbita federal.

Art. 243. As propriedades rurais e urbanas de qualquer região do País onde forem localizadas culturas ilegais de plantas psicotrópicas ou a exploração de trabalho escravo na forma da lei serão expropriadas e destinadas à reforma agrária e a programas de habitação popular, sem qualquer indenização ao proprietário e sem prejuízo de outras sanções previstas em lei, observado, no que couber, o disposto no art. 5º. (Alterado pela EC 81/2014.)

- Lei 8.257/1991 (Expropriação das glebas nas quais se localizem culturas ilegais de plantas psicotrópicas) e Decreto 577/1992 (Regulamento).

Parágrafo único. Todo e qualquer bem de valor econômico apreendido em decorrência do tráfico ilícito de entorpecentes e drogas afins e da exploração de trabalho escravo será confiscado e reverterá a fundo especial com destinação específica, na forma da lei. (Alterado pela EC 81/2014.)

- Lei 11.343/2006 (Lei Antidrogas).

Art. 244. A lei disporá sobre a adaptação dos logradouros, dos edifícios de uso público e dos veículos de transporte coletivo atualmente existentes a fim de garantir acesso adequado às pessoas portadoras de deficiência, conforme o disposto no art. 227, § 2º.

- Lei 7.853/1989 (Lei de Apoio às Pessoas Portadoras de Deficiência) e Dec. 3.298/1999 (Regulamento).
- Lei 8.899/1994 (Concede passe livre às pessoas portadoras de deficiência no sistema de transporte coletivo interestadual).
- Lei 10.098/2000 (Dispõe sobre normas gerais e critérios básicos para a promoção da acessibilidade das pessoas portadoras de deficiência ou com mobilidade reduzida).
- Dec. 6.949/2009 (Promulga a Convenção Internacional sobre os Direitos das Pessoas com Deficiência).

Art. 245. A lei disporá sobre as hipóteses e condições em que o Poder Público dará assistência aos herdeiros e dependentes carentes de pessoas vitimadas por crime doloso, sem prejuízo da responsabilidade civil do autor do ilícito.

- LC 79/1994 (Cria o Fundo Penitenciário Nacional - FUNPEN).

Art. 246. É vedada a adoção de medida provisória na regulamentação de artigo da Constituição cuja redação tenha sido alterada por meio de emenda promulgada entre 1º de janeiro de 1995 até a promulgação desta emenda, inclusive. (Redação dada pela EC 32/2001.)

- art. 62 desta CF.

Art. 247. As leis previstas no inciso III do § 1º do art. 41 e no § 7º do art. 169 estabelecerão critérios e garantias especiais para a perda do cargo pelo servidor público estável que, em decorrência das atribuições de seu cargo efetivo, desenvolva atividades exclusivas de Estado. (Incluído pela EC 19/1998.)

Parágrafo único. Na hipótese de insuficiência de desempenho, a perda do cargo somente ocorrerá mediante processo administrativo em que lhe sejam assegurados o contraditório e a ampla defesa. (Incluído pela EC 19/1998.)

Art. 248. Os benefícios pagos, a qualquer título, pelo órgão responsável pelo regime geral de previdência social, ainda que à conta do Tesouro Nacional, e os não sujeitos ao limite máximo de valor fixado para os benefícios concedidos por esse regime observarão os limites fixados no art. 37, XI. (Incluído pela EC 20/1998.)

Art. 249. Com o objetivo de assegurar recursos para o pagamento de proventos de aposentadoria e pensões concedidas aos respectivos servidores e seus dependentes, em adição aos recursos dos respectivos tesouros, a União, os Estados, o Distrito Federal e os Municípios poderão constituir fundos integrados pelos recursos provenientes de contribuições e por bens, direitos e ativos de qualquer natureza, mediante lei que disporá sobre a natureza e administração desses fundos. (Incluído pela EC 20/1998.)

Art. 250. Com o objetivo de assegurar recursos para o pagamento dos benefícios concedidos pelo regime geral de previdência social, em adição aos recursos de sua arrecadação, a União poderá constituir fundo integrado por bens, direitos e ativos de qualquer natureza, mediante lei que disporá sobre a natureza e administração desse fundo. (Incluído pela EC 20/1998.)

- Art. 68, LC 101/2000 (Lei de Responsabilidade Fiscal).

Brasília, 05 de outubro de 1988.

Ulysses Guimarães
Presidente

Mauro Benevides
1º Vice-Presidente

Jorge Arbage
2º Vice-Presidente

ATO DAS DISPOSIÇÕES CONSTITUCIONAIS TRANSITÓRIAS

Art. 1º O Presidente da República, o Presidente do Supremo Tribunal Federal e os membros do Congresso Nacional prestarão o compromisso de manter, defender e cumprir a Constituição, no ato e na data de sua promulgação.

Art. 2º No dia 07 de setembro de 1993 o eleitorado definirá, através de plebiscito, a forma (república ou monarquia constitucional) e o sistema de governo (parlamentarismo ou presidencialismo) que devem vigorar no país.

- EC 2/1992 (Dispõe sobre o Plebiscito previsto neste artigo).
- Lei 8.624/1993 (Dispõe sobre o plebiscito que definirá forma e sistema de governo, regulamentando este artigo).

§ 1º Será assegurada gratuidade na livre divulgação dessas formas e sistemas, através dos meios de comunicação de massa cessionários de serviço público.

§ 2º O Tribunal Superior Eleitoral, promulgada a Constituição, expedirá as normas regulamentadoras deste artigo.

Art. 3º A revisão constitucional será realizada após cinco anos, contados da promulgação da Constituição, pelo voto da maioria absoluta dos membros do Congresso Nacional, em sessão unicameral.

- Emendas Constitucionais de Revisão 1 a 6/1994.

Art. 4º O mandato do atual Presidente da República terminará em 15 de março de 1990.

§ 1º A primeira eleição para Presidente da República após a promulgação da Constituição será realizada no dia 15 de novembro de 1989, não se lhe aplicando o disposto no art. 16 da Constituição.

§ 2º É assegurada a irredutibilidade da atual representação dos Estados e do Distrito Federal na Câmara dos Deputados.

§ 3º Os mandatos dos Governadores e dos Vice-Governadores eleitos em 15 de novembro de 1986 terminarão em 15 de março de 1991.

§ 4º Os mandatos dos atuais Prefeitos, Vice-Prefeitos e Vereadores terminarão no dia 1º de janeiro de 1989, com a posse dos eleitos.

Art. 5º Não se aplicam às eleições previstas para 15 de novembro de 1988 o disposto no art. 16 e as regras do art. 77 da Constituição.

§ 1º Para as eleições de 15 de novembro de 1988 será exigido domicílio eleitoral na circunscrição pelo menos durante os quatro meses anteriores ao pleito, podendo os candidatos que preencham este requisito, atendidas as demais exigências da lei, ter seu registro efetivado pela Justiça Eleitoral após a promulgação da Constituição.

§ 2º Na ausência de norma legal específica, caberá ao Tribunal Superior Eleitoral editar as normas necessárias à realização das eleições de 1988, respeitada a legislação vigente.

§ 3º Os atuais parlamentares federais e estaduais eleitos Vice-Prefeitos, se convocados a exercer a função de Prefeito, não perderão o mandato parlamentar.

§ 4º O número de vereadores por município será fixado, para a representação a ser eleita em 1988, pelo respectivo Tribunal Regional Eleitoral, respeitados os limites estipulados no art. 29, IV, da Constituição.

§ 5º Para as eleições de 15 de novembro de 1988, ressalvados os que já exercem mandato eletivo, são inelegíveis para qualquer cargo, no território de jurisdição do titular, o cônjuge e os parentes por consanguinidade ou afinidade, até o segundo grau, ou por adoção, do Presidente da República, do Governador de Estado, do Governador do Distrito Federal e do Prefeito que tenham exercido mais da metade do mandato.

Art. 6º Nos seis meses posteriores à promulgação da Constituição, parlamentares federais, reunidos em número não inferior a trinta, poderão requerer ao Tribunal Superior Eleitoral o registro de novo partido político, juntando ao requerimento o manifesto, o estatuto e o programa devidamente assinados pelos requerentes.

§ 1º O registro provisório, que será concedido de plano pelo Tribunal Superior Eleitoral, nos termos deste artigo, defere ao novo partido todos os direitos, deveres e prerrogativas dos atuais, entre eles o de participar, sob legenda própria, das eleições que vierem a ser realizadas nos doze meses seguintes a sua formação.

§ 2º O novo partido perderá automaticamente seu registro provisório se, no prazo de vinte e quatro meses, contados de sua formação, não obtiver registro definitivo no Tribunal Superior Eleitoral, na forma que a lei dispuser.

Art. 7º O Brasil propugnará pela formação de um tribunal internacional dos direitos humanos.

- Dec. 4.388/2002 (Promulga o Estatuto de Roma do Tribunal Penal Internacional).
- Dec. 4.463/2002 (Dispõe sobre a declaração de reconhecimento da competência obrigatória da Corte Interamericana em todos os casos relativos à interpretação ou aplicação da Convenção Americana sobre Direitos Humanos).

Art. 8º É concedida anistia aos que, no período de 18 de setembro de 1946 até a data da promulgação da Constituição, foram atingidos, em decorrência de motivação exclusivamente política, por atos de exceção, institucionais ou complementares, aos que foram abrangidos pelo Decreto Legislativo n. 18, de 15 de dezembro de 1961, e aos atingidos pelo Decreto-Lei n. 864, de 12 de setembro de 1969, asseguradas as promoções, na inatividade, ao cargo, emprego, posto ou graduação a que teriam direito se estivessem em serviço ativo, obedecidos os prazos de permanência em atividade previstos nas leis e regulamentos vigentes, respeitadas as características e peculiaridades das carreiras dos servidores públicos civis e militares e observados os respectivos regimes jurídicos.

- Lei 10.559/2002 (Regulamenta este artigo).
- Lei 12.528/2011 (Comissão Nacional da Verdade).
- Súm. 674 STF.

§ 1º O disposto neste artigo somente gerará efeitos financeiros a partir da promulgação da Constituição, vedada a remuneração de qualquer espécie em caráter retroativo.

§ 2º Ficam assegurados os benefícios estabelecidos neste artigo aos trabalhadores do setor privado, dirigentes e representantes sindicais que, por motivos exclusivamente políticos, tenham sido punidos, demitidos ou compelidos ao afastamento das atividades remuneradas que exerciam, bem como aos que foram impedidos de exercer atividades profissionais em virtude de pressões ostensivas ou expedientes oficiais sigilosos.

§ 3º Aos cidadãos que foram impedidos de exercer, na vida civil, atividade profissional específica, em decorrência das Portarias Reservadas do Ministério da Aeronáutica n. S-50-GM5, de 19 de junho de 1964, e n. S-285-GM5 será concedida reparação de natureza econômica, na forma que dispuser lei de iniciativa do Congresso Nacional e a entrar em vigor no prazo de doze meses a contar da promulgação da Constituição.

§ 4º Aos que, por força de atos institucionais, tenham exercido gratuitamente mandato eletivo de vereador serão computados, para efeito de aposentadoria no serviço público e previdência social, os respectivos períodos.

§ 5º A anistia concedida nos termos deste artigo aplica-se aos servidores públicos civis e aos empregados em todos os níveis de governo ou em suas fundações, empresas públicas ou empresas mistas sob controle estatal, exceto nos Ministérios militares, que tenham sido punidos ou demitidos por atividades profissionais interrompidas em virtude de decisão de seus trabalhadores, bem como em decorrência do Decreto-Lei n. 1.632, de 04 de agosto de 1978, ou por motivos exclusivamente políticos, assegurada a readmissão dos que foram atingidos a partir de 1979, observado o disposto no § 1º.

Art. 9º Os que, por motivos exclusivamente políticos, foram cassados ou tiveram seus direitos políticos suspensos no período de 15 de julho a 31 de dezembro de 1969, por ato do então Presidente da República, poderão requerer ao Supremo Tribunal Federal o reconhecimento dos direitos e vantagens interrompidos pelos atos punitivos, desde que comprovem terem sido estes eivados de vício grave.

Parágrafo único. O Supremo Tribunal Federal proferirá a decisão no prazo de cento e vinte dias, a contar do pedido do interessado.

Art. 10. Até que seja promulgada a lei complementar a que se refere o art. 7º, I, da Constituição:

I - fica limitada a proteção nele referida ao aumento, para quatro vezes, da porcentagem prevista no art. 6º, *caput* e § 1º, da Lei n. 5.107, de 13 de setembro de 1966;

- art. 18, Lei 8.036/1990 (Dispõe sobre o Fundo de Garantia do Tempo de Serviço, e dá outras providências).

II - fica vedada a dispensa arbitrária ou sem justa causa:

a) do empregado eleito para cargo de direção de comissões internas de prevenção de acidentes, desde o registro de sua candidatura até um ano após o final de seu mandato;

- Súm. 676, STF.
- Súm. 339, TST.

b) da empregada gestante, desde a confirmação da gravidez até cinco meses após o parto.

- art. 391-A, CLT.
- LC 146/2014 (Estende a estabilidade provisória prevista nesta alínea à trabalhadora gestante, nos casos de morte desta, a quem detiver a guarda de seu filho).

§ 1º Até que a lei venha a disciplinar o disposto no art. 7º, XIX, da Constituição, o prazo da licença-paternidade a que se refere o inciso é de cinco dias.

- art. 1º, II, Lei 11.770/2008 (prorroga para 15 dias a duração prevista neste parágrafo).

§ 2º Até ulterior disposição legal, a cobrança das contribuições para o custeio das atividades dos sindicatos rurais será feita juntamente com a do imposto territorial rural, pelo mesmo órgão arrecadador.

§ 3º Na primeira comprovação do cumprimento das obrigações trabalhistas pelo empregador rural, na forma do art. 233, após a promulgação da Constituição, será certificada perante a Justiça do Trabalho a regularidade do contrato e das atualizações das obrigações trabalhistas de todo o período.

‣ EC 28/2000 (Revoga o referido art. 233).

Art. 11. Cada Assembleia Legislativa, com poderes constituintes, elaborará a Constituição do Estado, no prazo de um ano, contado da promulgação da Constituição Federal, obedecidos os princípios desta.

Parágrafo único. Promulgada a Constituição do Estado, caberá à Câmara Municipal, no prazo de seis meses, votar a Lei Orgânica respectiva, em dois turnos de discussão e votação, respeitado o disposto na Constituição Federal e na Constituição Estadual.

Art. 12. Será criada, dentro de noventa dias da promulgação da Constituição, Comissão de Estudos Territoriais, com dez membros indicados pelo Congresso Nacional e cinco pelo Poder Executivo, com a finalidade de apresentar estudos sobre o território nacional e anteprojetos relativos a novas unidades territoriais, notadamente na Amazônia Legal e em áreas pendentes de solução.

§ 1º No prazo de um ano, a Comissão submeterá ao Congresso Nacional os resultados de seus estudos para, nos termos da Constituição, serem apreciados nos doze meses subsequentes, extinguindo-se logo após.

§ 2º Os Estados e os Municípios deverão, no prazo de três anos, a contar da promulgação da Constituição, promover, mediante acordo ou arbitramento, a demarcação de suas linhas divisórias atualmente litigiosas, podendo para isso fazer alterações e compensações de área que atendam aos acidentes naturais, critérios históricos, conveniências administrativas e comodidade das populações limítrofes.

§ 3º Havendo solicitação dos Estados e Municípios interessados, a União poderá encarregar-se dos trabalhos demarcatórios.

§ 4º Se, decorrido o prazo de três anos, a contar da promulgação da Constituição, os trabalhos demarcatórios não tiverem sido concluídos, caberá à União determinar os limites das áreas litigiosas.

§ 5º Ficam reconhecidos e homologados os atuais limites do Estado do Acre com os Estados do Amazonas e de Rondônia, conforme levantamentos cartográficos e geodésicos realizados pela Comissão Tripartite integrada por representantes dos Estados e dos serviços técnico-especializados do Instituto Brasileiro de Geografia e Estatística.

Art. 13. É criado o Estado do Tocantins, pelo desmembramento da área descrita neste artigo, dando-se sua instalação no quadragésimo sexto dia após a eleição prevista no § 3º, mas não antes de 1º de janeiro de 1989.

§ 1º O Estado do Tocantins integra a Região Norte e limita-se com o Estado de Goiás pelas divisas norte dos Municípios de São Miguel do Araguaia, Porangatu, Formoso, Minaçu, Cavalcante, Monte Alegre de Goiás e Campos Belos, conservando a leste, norte e oeste as divisas atuais de Goiás com os Estados da Bahia, Piauí, Maranhão, Pará e Mato Grosso.

§ 2º O Poder Executivo designará uma das cidades do Estado para sua Capital provisória até a aprovação da sede definitiva do governo pela Assembleia Constituinte.

§ 3º O Governador, o Vice-Governador, os Senadores, os Deputados Federais e os Deputados Estaduais serão eleitos, em um único turno, até setenta e cinco dias após a promulgação da Constituição, mas não antes de 15 de novembro de 1988, a critério do Tribunal Superior Eleitoral, obedecidas, entre outras, as seguintes normas:

I - o prazo de filiação partidária dos candidatos será encerrado setenta e cinco dias antes da data das eleições;

II - as datas das convenções regionais partidárias destinadas a deliberar sobre coligações e escolha de candidatos, de apresentação de requerimento de registro dos candidatos escolhidos e dos demais procedimentos legais serão fixadas, em calendário especial, pela Justiça Eleitoral;

III - são inelegíveis os ocupantes de cargos estaduais ou municipais que não se tenham deles afastado, em caráter definitivo, setenta e cinco dias antes da data das eleições previstas neste parágrafo;

IV - ficam mantidos os atuais diretórios regionais dos partidos políticos do Estado de Goiás, cabendo às comissões executivas nacionais designar comissões provisórias no Estado do Tocantins, nos termos e para os fins previstos na lei.

§ 4º Os mandatos do Governador, do Vice-Governador, dos Deputados Federais e Estaduais eleitos na forma do parágrafo anterior extinguir-se-ão concomitantemente aos das demais unidades da Federação; o mandato do Senador eleito menos votado extinguir-se-á nessa mesma oportunidade, e os dos outros dois, juntamente com os dos Senadores eleitos em 1986 nos demais Estados.

§ 5º A Assembleia Estadual Constituinte será instalada no quadragésimo sexto dia da eleição de seus integrantes, mas não antes de 1º de janeiro de 1989, sob a presidência do Presidente do Tribunal Regional Eleitoral do Estado de Goiás, e dará posse, na mesma data, ao Governador e ao Vice-Governador eleitos.

§ 6º Aplicam-se à criação e instalação do Estado do Tocantins, no que couber, as normas legais disciplinadoras da divisão do Estado de Mato Grosso, observado o disposto no art. 234 da Constituição.

§ 7º Fica o Estado de Goiás liberado dos débitos e encargos decorrentes de empreendimentos no território do novo Estado, e autorizada a União, a seu critério, a assumir os referidos débitos.

Art. 14. Os Territórios Federais de Roraima e do Amapá são transformados em Estados Federados, mantidos seus atuais limites geográficos.

§ 1º A instalação dos Estados dar-se-á com a posse dos governadores eleitos em 1990.

§ 2º Aplicam-se à transformação e instalação dos Estados de Roraima e Amapá as normas e critérios seguidos na criação do Estado de Rondônia, respeitado o disposto na Constituição e neste Ato.

§ 3º O Presidente da República, até quarenta e cinco dias após a promulgação da Constituição, encaminhará à apreciação do Senado Federal os nomes dos governadores dos Estados de Roraima e do Amapá que exercerão o Poder Executivo até a instalação dos novos Estados com a posse dos governadores eleitos.

§ 4º Enquanto não concretizada a transformação em Estados, nos termos deste artigo, os Territórios Federais de Roraima e do Amapá serão beneficiados pela transferência de recursos prevista nos arts. 159, I, *a*, da Constituição, e 34, § 2º, II, deste Ato.

Art. 15. Fica extinto o Território Federal de Fernando de Noronha, sendo sua área reincorporada ao Estado de Pernambuco.

Art. 16. Até que se efetive o disposto no art. 32, § 2º, da Constituição, caberá ao Presidente da República, com a aprovação do Senado Federal, indicar o Governador e o Vice-Governador do Distrito Federal.

§ 1º A competência da Câmara Legislativa do Distrito Federal, até que se instale, será exercida pelo Senado Federal.

§ 2º A fiscalização contábil, financeira, orçamentária, operacional e patrimonial do Distrito Federal, enquanto não for instalada a Câmara Legislativa, será exercida pelo Senado Federal, mediante controle externo, com o auxílio do Tribunal de Contas do Distrito Federal, observado o disposto no art. 72 da Constituição.

§ 3º Incluem-se entre os bens do Distrito Federal aqueles que lhe vierem a ser atribuídos pela União na forma da lei.

Art. 17. Os vencimentos, a remuneração, as vantagens e os adicionais, bem como os proventos de aposentadoria que estejam sendo percebidos em desacordo com a Constituição serão imediatamente reduzidos aos limites dela decorrentes, não se admitindo, neste caso, invocação de direito adquirido ou percepção de excesso a qualquer título.

‣ art. 9º, EC 41/2003 (Reforma Previdenciária).

§ 1º É assegurado o exercício cumulativo de dois cargos ou empregos privativos de médico que estejam sendo exercidos por médico militar na administração pública direta ou indireta.

§ 2º É assegurado o exercício cumulativo de dois cargos ou empregos privativos de profissionais de saúde que estejam sendo exercidos na administração pública direta ou indireta.

Art. 18. Ficam extintos os efeitos jurídicos de qualquer ato legislativo ou administrativo, lavrado a partir da instalação da Assembleia Nacional Constituinte, que tenha por objeto a concessão de estabilidade a servidor admitido sem concurso público, da administração direta ou indireta, inclusive das fundações instituídas e mantidas pelo Poder Público.

Art. 19. Os servidores públicos civis da União, dos Estados, do Distrito Federal e dos Municípios, da administração direta, autárquica e das fundações públicas, em exercício na data da promulgação da Constituição, há pelo menos cinco anos continuados, e que não tenham sido admitidos na forma regulada no art. 37, da Constituição, são considerados estáveis no serviço público.

§ 1º O tempo de serviço dos servidores referidos neste artigo será contado como título quando se submeterem a concurso para fins de efetivação, na forma da lei.

§ 2º O disposto neste artigo não se aplica aos ocupantes de cargos, funções e empregos de confiança ou em comissão, nem aos que a lei declare de livre-exoneração, cujo tempo de serviço não será computado para os fins do *caput* deste artigo, exceto se se tratar de servidor.

§ 3º O disposto neste artigo não se aplica aos professores de nível superior, nos termos da lei.

Art. 20. Dentro de cento e oitenta dias, proceder-se-á à revisão dos direitos dos servidores públicos inativos e pensionistas e à atualização dos proventos e pensões a eles devidos, a fim de ajustá-los ao disposto na Constituição.

‣ EC 41/2003 (Reforma previdenciária).

‣ Lei 8.112/1990 (Estatuto dos Servidores Públicos Civis da União, autarquias e fundações públicas federais).

Art. 21. Os juízes togados de investidura limitada no tempo, admitidos mediante concurso público de provas e títulos e que estejam em exercício na data da promulgação da Constituição, adquirem estabilidade, observado o estágio probatório, e passam a compor quadro em extinção, mantidas as competências, prerrogativas e restrições da legislação a que se achavam submetidos, salvo as inerentes à transitoriedade da investidura.

Parágrafo único. A aposentadoria dos juízes de que trata este artigo regular-se-á pelas normas fixadas para os demais juízes estaduais.

Art. 22. É assegurado aos defensores públicos investidos na função até a data de instalação da Assembleia Nacional Constituinte o direito de opção pela carreira, com a observância das garantias e vedações previstas no art. 134, parágrafo único, da Constituição.

‣ art. 134, § 1º, da CF.

Art. 23. Até que se edite a regulamentação do art. 21, XVI, da Constituição, os atuais ocupantes do cargo de censor federal continuarão exercendo funções com este compatíveis, no Departamento de Polícia Federal, observadas as disposições constitucionais.

‣ Lei 9.688/1998 (Extinção dos cargos de Censor Federal e o enquadramento de seus ocupantes).

Parágrafo único. A lei referida disporá sobre o aproveitamento dos Censores Federais, nos termos deste artigo.

Art. 24. A União, os Estados, o Distrito Federal e os Municípios editarão leis que estabeleçam critérios para a compatibilização de seus quadros de pessoal ao disposto no art. 39 da Constituição e à reforma administrativa dela decorrente, no prazo de dezoito meses, contados da sua promulgação.

Art. 25. Ficam revogados, a partir de cento e oitenta dias da promulgação da Constituição, sujeito este prazo a prorrogação por lei, todos os dispositivos legais que atribuam ou deleguem a órgão do Poder Executivo competência assinalada pela Constituição ao Congresso Nacional, especialmente no que tange a:

I - ação normativa;

II - alocação ou transferência de recursos de qualquer espécie.

§ 1º Os decretos-lei em tramitação no Congresso Nacional e por este não apreciados até a promulgação da Constituição terão seus efeitos regulados da seguinte forma:

I - se editados até 02 de setembro de 1988, serão apreciados pelo Congresso Nacional no prazo de até cento e oitenta dias a contar da promulgação da Constituição, não computado o recesso parlamentar;

II - decorrido o prazo definido no inciso anterior, e não havendo apreciação, os decretos-lei ali mencionados serão considerados rejeitados;

III - nas hipóteses definidas nos incisos I e II, terão plena validade os atos praticados na vigência dos respectivos decretos-lei, podendo o Congresso Nacional, se necessário, legislar sobre os efeitos deles remanescentes.

§ 2º Os decretos-lei editados entre 03 de setembro de 1988 e a promulgação da Constituição serão convertidos, nesta data, em medidas provisórias, aplicando-se-lhes as regras estabelecidas no art. 62, parágrafo único.

‣ art. 62, § 3º, desta CF.

Art. 26. No prazo de um ano a contar da promulgação da Constituição, o Congresso Nacional promoverá, através de Comissão mista, exame analítico e pericial dos atos e fatos geradores do endividamento externo brasileiro.

§ 1º A Comissão terá a força legal de Comissão parlamentar de inquérito para os fins de requisição e convocação, e atuará com o auxílio do Tribunal de Contas da União.

§ 2º Apurada irregularidade, o Congresso Nacional proporá ao Poder Executivo a declaração de nulidade do ato e encaminhará o processo ao Ministério Público Federal, que formalizará, no prazo de sessenta dias, a ação cabível.

Art. 27. O Superior Tribunal de Justiça será instalado sob a Presidência do Supremo Tribunal Federal.

§ 1º Até que se instale o Superior Tribunal de Justiça, o Supremo Tribunal Federal exercerá as atribuições e competências definidas na ordem constitucional precedente.

§ 2º A composição inicial do Superior Tribunal de Justiça far-se-á:

I - pelo aproveitamento dos Ministros do Tribunal Federal de Recursos;

II - pela nomeação dos Ministros que sejam necessários para completar o número estabelecido na Constituição.

§ 3º Para os efeitos do disposto na Constituição, os atuais Ministros do Tribunal Federal de Recursos serão considerados pertencentes à classe de que provieram, quando de sua nomeação.

§ 4º Instalado o Tribunal, os Ministros aposentados do Tribunal Federal de Recursos tornar-se-ão, automaticamente, Ministros aposentados do Superior Tribunal de Justiça.

§ 5º Os Ministros a que se refere o § 2º, II, serão indicados em lista tríplice pelo Tribunal Federal de Recursos, observado o disposto no art. 104, parágrafo único, da Constituição.

§ 6º Ficam criados cinco Tribunais Regionais Federais, a serem instalados no prazo de seis meses a contar da promulgação da Constituição, com a jurisdição e sede que lhes fixar o Tribunal Federal de Recursos, tendo em conta o número de processos e sua localização geográfica.

‣ Lei 7.727/1989 (Dispõe sobre a composição inicial dos Tribunais Federais e sua instalação, e cria os respectivos quadros de pessoal).

§ 7º Até que se instalem os Tribunais Regionais Federais, o Tribunal Federal de Recursos exercerá a competência a eles atribuída em todo o território nacional, cabendo-lhe promover sua instalação e indicar os candidatos a todos os cargos da composição inicial, mediante lista tríplice, podendo desta constar juízes federais de qualquer região, observado o disposto no § 9º.

§ 8º É vedado, a partir da promulgação da Constituição, o provimento de vagas de Ministros do Tribunal Federal de Recursos.

§ 9º Quando não houver juiz federal que conte o tempo mínimo previsto no art. 107, II, da Constituição, a promoção poderá contemplar juiz com menos de cinco anos no exercício do cargo.

§ 10. Compete à Justiça Federal julgar as ações nela propostas até a data da promulgação da Constituição, e aos Tribunais Regionais Federais bem como ao Superior Tribunal de Justiça julgar as ações rescisórias das decisões até então proferidas pela Justiça Federal, inclusive daquelas cuja matéria tenha passado à competência de outro ramo do Judiciário.

§ 11. São criados, ainda, os seguintes Tribunais Regionais Federais: o da 6ª Região, com sede em Curitiba, Estado do Paraná, e jurisdição nos Estados do Paraná, Santa Catarina e Mato Grosso do Sul; o da 7ª Região, com sede em Belo Horizonte, Estado de Minas Gerais, e jurisdição no Estado de Minas Gerais; o da 8ª Região, com sede em Salvador, Estado da Bahia, e jurisdição nos Estados da Bahia e Sergipe; e o da 9ª Região, com sede em Manaus, Estado do Amazonas, e jurisdição nos Estados do Amazonas, Acre, Rondônia e Roraima. (Acrescentado pela EC 73/2013.)

Art. 28. Os juízes federais de que trata o art. 123, § 2º, da Constituição de 1967, com a redação dada pela EC 07, de 1977, ficam investidos na titularidade de varas na Seção Judiciária para a qual tenham sido nomeados ou designados; na inexistência de vagas, proceder-se-á ao desdobramento das varas existentes.

Parágrafo único. Para efeito de promoção por antiguidade, o tempo de serviço desses juízes será computado a partir do dia de sua posse.

Art. 29. Enquanto não aprovadas as leis complementares relativas ao Ministério Público e à Advocacia-Geral da União, o Ministério Público Federal, a Procuradoria-Geral da Fazenda Nacional, as Consultorias Jurídicas dos Ministérios, as Procuradorias e Departamentos Jurídicos de autarquias federais com representação própria e os membros das Procuradorias das Universidades fundacionais públicas continuarão a exercer suas atividades na área das respectivas atribuições.

‣ LC 73/1993 (Lei Orgânica da Advocacia Geral da União).

‣ LC 75/1993 (Lei Orgânica do Ministério Público da União).

‣ Dec. 767/1993 (Atividades de controle interno da Advocacia Geral da União).

§ 1º O Presidente da República, no prazo de cento e vinte dias, encaminhará ao Congresso Nacional projeto de lei complementar dispondo sobre a organização e o funcionamento da Advocacia-Geral da União.

§ 2º Aos atuais Procuradores da República, nos termos da lei complementar, será facultada a opção, de forma irretratável, entre as carreiras do Ministério Público Federal e da Advocacia-Geral da União.

§ 3º Poderá optar pelo regime anterior, no que respeita às garantias e vantagens, o membro do Ministério Público admitido antes da promulgação da Constituição, observando-se, quanto às vedações, a situação jurídica na data desta.

§ 4º Os atuais integrantes do quadro suplementar dos Ministérios Públicos do Trabalho e Militar que tenham adquirido estabilidade nessas funções passam a integrar o quadro da respectiva carreira.

§ 5º Cabe à atual Procuradoria-Geral da Fazenda Nacional, diretamente ou por delegação, que pode ser ao Ministério Público Estadual, representar judicialmente a União nas causas de natureza fiscal, na área da respectiva competência, até a promulgação das leis complementares previstas neste artigo.

Art. 30. A legislação que criar a justiça de paz manterá os atuais juízes de paz até a posse dos novos titulares, assegurando-lhes os direitos e atribuições conferidos a estes, e designará o dia para a eleição prevista no art. 98, II, da Constituição.

Art. 31. Serão estatizadas as serventias do foro judicial, assim definidas em lei, respeitados os direitos dos atuais titulares.

‣ Lei 8.935/1994 (Lei dos Serviços Notariais e de Registro).

Art. 32. O disposto no art. 236 não se aplica aos serviços notariais e de registro que já tenham sido oficializados pelo Poder Público, respeitando-se o direito de seus servidores.

Art. 33. Ressalvados os créditos de natureza alimentar, o valor dos precatórios judiciais pendentes de pagamento na data da promulgação da Constituição, incluído o remanescente de juros e correção monetária, poderá ser pago em moeda corrente, com atualização, em prestações anuais, iguais e sucessivas, no prazo máximo de oito anos, a partir de 1º de julho de 1989, por decisão editada pelo Poder Executivo até cento e oitenta dias da promulgação da Constituição.

‣ art. 97, § 15, ADCT.

‣ Súm. 144, STJ.

Parágrafo único. Poderão as entidades devedoras, para o cumprimento do disposto neste artigo, emitir, em cada ano, no exato montante do dispêndio, títulos de dívida pública não computáveis para efeito do limite global de endividamento.

Art. 34. O sistema tributário nacional entrará em vigor a partir do primeiro dia do quinto mês seguinte ao da promulgação da Constituição, mantido, até então, o da Constituição de 1967, com a redação dada pela Emenda n. 1, de 1969, e pelas posteriores.

§ 1º Entrarão em vigor com a promulgação da Constituição os arts. 148, 149, 150, 154, I, 156, III, e 159, I, *c*, revogadas as disposições em contrário da Constituição de 1967 e das Emendas que a modificaram, especialmente de seu art. 25, III.

§ 2º O Fundo de Participação dos Estados e do Distrito Federal e o Fundo de Participação dos Municípios obedecerão às seguintes determinações:

I - a partir da promulgação da Constituição, os percentuais serão, respectivamente, de dezoito por cento e de vinte por cento, calculados sobre o produto da arrecadação dos impostos referidos no art. 153, III e IV, mantidos os atuais critérios de rateio até a entrada em vigor da lei complementar a que se refere o art. 161, II;

II - o percentual relativo ao Fundo de Participação dos Estados e do Distrito Federal será acrescido de um ponto percentual no exercício financeiro de 1989 e, a partir de 1990, inclusive, à razão de meio ponto por exercício, até 1992, inclusive, atingindo em 1993 o percentual estabelecido no art. 159, I, *a*;

III - o percentual relativo ao Fundo de Participação dos Municípios, a partir de 1989, inclusive, será elevado à razão de meio ponto percentual por exercício financeiro, até atingir o estabelecido no art. 159, I, *b*.

§ 3º Promulgada a Constituição, a União, os Estados, o Distrito Federal e os Municípios poderão editar as leis necessárias à aplicação do sistema tributário nacional nela previsto.

§ 4º As leis editadas nos termos do parágrafo anterior produzirão efeitos a partir da entrada em vigor do sistema tributário nacional previsto na Constituição.

§ 5º Vigente o novo sistema tributário nacional, fica assegurada a aplicação da legislação anterior, no que não seja incompatível com ele e com a legislação referida nos § 3º e § 4º.

§ 6º Até 31 de dezembro de 1989, o disposto no art. 150, III, *b*, não se aplica aos impostos de que tratam os arts. 155, I, *a* e *b*, e 156, II e III, que podem ser cobrados trinta dias após a publicação da lei que os tenha instituído ou aumentado.

- art. 1º, EC 3/1993.

§ 7º Até que sejam fixadas em lei complementar, as alíquotas máximas do imposto municipal sobre vendas a varejo de combustíveis líquidos e gasosos não excederão a três por cento.

§ 8º Se, no prazo de sessenta dias contados da promulgação da Constituição, não for editada a lei complementar necessária à instituição do imposto de que trata o art. 155, I, *b*, os Estados e o Distrito Federal, mediante convênio celebrado nos termos da Lei Complementar n. 24, de 07 de janeiro de 1975, fixarão normas para regular provisoriamente a matéria.

- art. 1º, EC 3/1993 alterou dispositivos da CF devendo ser entendida a referência ao art. 155, I, b, como para o art. 155, II.
- LC 24/1975 (Convênios para concessão de isenções de imposto sobre operações relativas à circulação de mercadorias).
- LC 87/1996 (Lei Kandir - ICMS).

§ 9º Até que lei complementar disponha sobre a matéria, as empresas distribuidoras de energia elétrica, na condição de contribuintes ou de substitutos tributários, serão as responsáveis, por ocasião da saída do produto de seus estabelecimentos, ainda que destinado a outra unidade da Federação, pelo pagamento do imposto sobre operações relativas à circulação de mercadorias incidente sobre energia elétrica, desde a produção ou importação até a última operação, calculado o imposto sobre o preço então praticado na operação final e assegurado seu recolhimento ao Estado ou ao Distrito Federal, conforme o local onde deva ocorrer essa operação.

§ 10. Enquanto não entrar em vigor a lei prevista no art. 159, I, *c*, cuja promulgação se fará até 31 de dezembro de 1989, é assegurada a aplicação dos recursos previstos naquele dispositivo da seguinte maneira:

- Lei 7.827/1989 (Regulamenta o art. 159, I, c, CF e institui o Fundo Constitucional de Financiamento do Norte - FNO, o Fundo Constitucional de Financiamento do Nordeste - FNE e o Fundo Constitucional de Financiamento do Centro-Oeste - FCO).

I - seis décimos por cento na Região Norte, através do Banco da Amazônia S.A.;

II - um inteiro e oito décimos por cento na Região Nordeste, através do Banco do Nordeste do Brasil S.A.;

III - seis décimos por cento na Região Centro-Oeste, através do Banco do Brasil S.A.

§ 11. Fica criado, nos termos da lei, o Banco de Desenvolvimento do Centro-Oeste, para dar cumprimento, na referida região, ao que determinam os arts. 159, I, *c*, e 192, § 2º, da Constituição.

- art. 2º, EC 40/2003 (Revoga o art. 192, § 2º, CF).

§ 12. A urgência prevista no art. 148, II, não prejudica a cobrança do empréstimo compulsório instituído, em benefício das Centrais Elétricas Brasileiras S.A. (Eletrobrás), pela Lei n. 4.156, de 28 de novembro de 1962, com as alterações posteriores.

Art. 35. O disposto no art. 165, § 7º, será cumprido de forma progressiva, no prazo de até dez anos, distribuindo-se os recursos entre as regiões macroeconômicas em razão proporcional à população, a partir da situação verificada no biênio 1986-87.

§ 1º Para aplicação dos critérios de que trata este artigo, excluem-se das despesas totais as relativas:

I - aos projetos considerados prioritários no plano plurianual;

II - à segurança e defesa nacional;

III - à manutenção dos órgãos federais no Distrito Federal;

IV - ao Congresso Nacional, ao Tribunal de Contas da União e ao Poder Judiciário;

V - ao serviço da dívida da administração direta e indireta da União, inclusive fundações instituídas e mantidas pelo Poder Público federal.

§ 2º Até a entrada em vigor da lei complementar a que se refere o art. 165, § 9º, I e II, serão obedecidas as seguintes normas:

I - o projeto do plano plurianual, para vigência até o final do primeiro exercício financeiro do mandato presidencial subsequente, será encaminhado até quatro meses antes do encerramento do primeiro exercício financeiro e devolvido para sanção até o encerramento da sessão legislativa;

II - o projeto de lei de diretrizes orçamentárias será encaminhado até oito meses e meio antes do encerramento do exercício financeiro e devolvido para sanção até o encerramento do primeiro período da sessão legislativa;

III - o projeto de lei orçamentária da União será encaminhado até quatro meses antes do encerramento do exercício financeiro e devolvido para sanção até o encerramento da sessão legislativa.

Art. 36. Os fundos existentes na data da promulgação da Constituição, excetuados os resultantes de isenções fiscais que passem a integrar patrimônio privado e os que interessem à defesa nacional, extinguir-se-ão, se não forem ratificados pelo Congresso Nacional no prazo de dois anos.

Art. 37. A adaptação ao que estabelece o art. 167, III, deverá processar-se no prazo de cinco anos, reduzindo-se o excesso à base de, pelo menos, um quinto por ano.

Art. 38. Até a promulgação da lei complementar referida no art. 169, a União, os Estados, o Distrito Federal e os Municípios não poderão despender com pessoal mais do que sessenta e cinco por cento do valor das respectivas receitas correntes.

Parágrafo único. A União, os Estados, o Distrito Federal e os Municípios, quando a respectiva despesa de pessoal exceder o limite previsto neste artigo, deverão retornar àquele limite, reduzindo o percentual excedente à razão de um quinto por ano.

Art. 39. Para efeito do cumprimento das disposições constitucionais que impliquem variações de despesas e receitas da União, após a promulgação da Constituição, o Poder Executivo deverá elaborar e o Poder Legislativo apreciar projeto de revisão da lei orçamentária referente ao exercício financeiro de 1989.

Parágrafo único. O Congresso Nacional deverá votar no prazo de doze meses a lei complementar prevista no art. 161, II.

Art. 40. É mantida a Zona Franca de Manaus, com suas características de área livre de comércio, de exportação e importação, e de incentivos fiscais, pelo prazo de vinte e cinco anos, a partir da promulgação da Constituição.

- arts. 92 e 92-A, ADCT.
- Dec. 205/1991 (Dispõe sobre a apresentação de guias de importação ou documento de efeito equivalente, na Zona Franca de Manaus; suspende a fixação de limites máximos globais anuais de importações).

Parágrafo único. Somente por lei federal podem ser modificados os critérios que disciplinaram ou venham a disciplinar a aprovação dos projetos na Zona Franca de Manaus.

Art. 41. Os Poderes Executivos da União, dos Estados, do Distrito Federal e dos Municípios reavaliarão todos os incentivos fiscais de natureza setorial ora em vigor, propondo aos Poderes Legislativos respectivos as medidas cabíveis.

- arts. 151, I; 155, XII, g; 195, § 3º; 227, § 3º, VI, CF.
- Lei 8.402/1992 (Restabelece os incentivos fiscais que menciona este artigo).

§ 1º Considerar-se-ão revogados após dois anos, a partir da data da promulgação da Constituição, os incentivos que não forem confirmados por lei.

§ 2º A revogação não prejudicará os direitos que já tiverem sido adquiridos, àquela data, em relação a incentivos concedidos sob condição e com prazo certo.

§ 3º Os incentivos concedidos por convênio entre Estados, celebrados nos termos do art. 23, § 6º, da Constituição de 1967, com a redação da EC 1, de 17 de outubro de 1969, também deverão ser reavaliados e reconfirmados nos prazos deste artigo.

Art. 42. Durante 40 (quarenta) anos, a União aplicará dos recursos destinados à irrigação: (Alterado pela EC 89/2015.)

I - 20% (vinte por cento) na Região Centro-Oeste;

II - 50% (cinquenta por cento) na Região Nordeste, preferencialmente no Semiárido.

Parágrafo único. Dos percentuais previstos nos incisos I e II do *caput*, no mínimo 50% (cinquenta por cento) serão destinados a projetos de irrigação que beneficiem agricultores familiares que atendam aos requisitos previstos em legislação específica. (Acrescentado pela EC 89/2015.)

Art. 43. Na data da promulgação da lei que disciplinar a pesquisa e a lavra de recursos e jazidas minerais, ou no prazo de um ano, a contar da promulgação da Constituição, tornar-se-ão sem efeito as autorizações, concessões e demais títulos atributivos de direitos minerários, caso os trabalhos de pesquisa ou de lavra não hajam sido comprovadamente iniciados nos prazos legais ou estejam inativos.

‣ Lei 7.886/1989 (Regulamenta este artigo).

Art. 44. As atuais empresas brasileiras titulares de autorização de pesquisa, concessão de lavra de recursos minerais e de aproveitamento dos potenciais de energia hidráulica em vigor terão quatro anos, a partir da promulgação da Constituição, para cumprir os requisitos do art. 176, § 1º.

§ 1º Ressalvadas as disposições de interesse nacional previstas no texto constitucional, as empresas brasileiras ficarão dispensadas do cumprimento do disposto no art. 176, § 1º, desde que, no prazo de até quatro anos da data da promulgação da Constituição, tenham o produto de sua lavra e beneficiamento destinado à industrialização no território nacional, em seus próprios estabelecimentos ou em empresa industrial controladora ou controlada.

§ 2º Ficarão também dispensadas do cumprimento do disposto no art. 176, § 1º, as empresas brasileiras titulares de concessão de energia hidráulica para uso em seu processo de industrialização.

§ 3º As empresas brasileiras referidas no § 1º somente poderão ter autorizações de pesquisa e concessões de lavra ou potenciais de energia hidráulica, desde que a energia e o produto da lavra sejam utilizados nos respectivos processos industriais.

Art. 45. Ficam excluídas do monopólio estabelecido pelo art. 177, II, da Constituição as refinarias em funcionamento no país amparadas pelo art. 43 e nas condições do art. 45 da Lei n. 2.004, de 03 de outubro de 1953.

‣ Lei 9.478/1997 (revoga a Lei 2.004/1953).

Parágrafo único. Ficam ressalvados da vedação do art. 177, § 1º, os contratos de risco feitos com a Petróleo Brasileiro S.A. (Petrobras), para pesquisa de petróleo, que estejam em vigor na data da promulgação da Constituição.

Art. 46. São sujeitos à correção monetária desde o vencimento, até seu efetivo pagamento, sem interrupção ou suspensão, os créditos junto a entidades submetidas aos regimes de intervenção ou liquidação extrajudicial, mesmo quando esses regimes sejam convertidos em falência.

Parágrafo único. O disposto neste artigo aplica-se também:

I - às operações realizadas posteriormente à decretação dos regimes referidos no *caput* deste artigo;

II - às operações de empréstimo, financiamento, refinanciamento, assistência financeira de liquidez, cessão ou sub-rogação de créditos ou cédulas hipotecárias, efetivação de garantia de depósitos do público ou de compra de obrigações passivas, inclusive as realizadas com recursos de fundos que tenham essas destinações;

III - aos créditos anteriores à promulgação da Constituição;

IV - aos créditos das entidades da administração pública anteriores à promulgação da Constituição, não liquidados até 1º de janeiro de 1988.

Art. 47. Na liquidação dos débitos, inclusive suas renegociações e composições posteriores, ainda que ajuizados, decorrentes de quaisquer empréstimos concedidos por bancos e por instituições financeiras, não existirá correção monetária desde que o empréstimo tenha sido concedido:

I - aos micro e pequenos empresários ou seus estabelecimentos no período de 28 de fevereiro de 1986 a 28 de fevereiro de 1987;

II - ao míni, pequenos e médios produtores rurais no período de 28 de fevereiro de 1986 a 31 de dezembro de 1987, desde que relativos à crédito rural.

§ 1º Consideram-se, para efeito deste artigo, microempresas as pessoas jurídicas e as firmas individuais com receitas anuais de até dez mil Obrigações do Tesouro Nacional, e pequenas empresas as pessoas jurídicas e as firmas individuais com receita anual de até vinte e cinco mil Obrigações do Tesouro Nacional.

‣ art. 179, CF.

§ 2º A classificação de míni, pequeno e médio produtor rural será feita obedecendo-se às normas de crédito rural vigentes à época do contrato.

§ 3º A isenção da correção monetária a que se refere este artigo só será concedida nos seguintes casos:

I - se a liquidação do débito inicial, acrescido de juros legais e taxas judiciais, vier a ser efetivada no prazo de noventa dias, a contar da data da promulgação da Constituição;

II - se a aplicação dos recursos não contrariar a finalidade do financiamento, cabendo o ônus da prova à instituição credora;

III - se não for demonstrado pela instituição credora que o mutuário dispõe de meios para o pagamento de seu débito, excluído desta demonstração seu estabelecimento, a casa de moradia e os instrumentos de trabalho e produção;

IV - se o financiamento inicial não ultrapassar o limite de cinco mil Obrigações do Tesouro Nacional;

V - se o beneficiário não for proprietário de mais de cinco módulos rurais.

§ 4º Os benefícios de que trata este artigo não se estendem aos débitos já quitados e aos devedores que sejam constituintes.

§ 5º No caso de operações com prazos de vencimento posteriores à data-limite de liquidação da dívida, havendo interesse do mutuário, os bancos e as instituições financeiras promoverão, por instrumento próprio, alteração nas condições contratuais originais de forma a ajustá-las ao presente benefício.

§ 6º A concessão do presente benefício por bancos comerciais privados em nenhuma hipótese acarretará ônus para o Poder Público, ainda que através de refinanciamento e repasse de recursos pelo banco central.

§ 7º No caso de repasse a agentes financeiros oficiais ou cooperativas de crédito, o ônus recairá sobre a fonte de recursos originária.

Art. 48. O Congresso Nacional, dentro de cento e vinte dias da promulgação da Constituição, elaborará código de defesa do consumidor.

‣ Lei 8.078/1990 (CDC).

Art. 49. A lei disporá sobre o instituto da enfiteuse em imóveis urbanos, sendo facultada aos foreiros, no caso de sua extinção, a remição dos aforamentos mediante aquisição do domínio direto, na conformidade do que dispuserem os respectivos contratos.

‣ Dec.-Lei 9.760/1946 (Lei dos bens imóveis da União).

§ 1º Quando não existir cláusula contratual, serão adotados os critérios e bases hoje vigentes na legislação especial dos imóveis da União.

§ 2º Os direitos dos atuais ocupantes inscritos ficam assegurados pela aplicação de outra modalidade de contrato.

‣ Lei 9.636/1998 (Regulamenta este parágrafo).

§ 3º A enfiteuse continuará sendo aplicada aos terrenos de marinha e seus acrescidos, situados na faixa de segurança, a partir da orla marítima.

‣ art. 2.038, § 2º, CC/2002.

§ 4º Remido o foro, o antigo titular do domínio direto deverá, no prazo de noventa dias, sob pena de responsabilidade, confiar à guarda do registro de imóveis competente toda a documentação a ele relativa.

Art. 50. Lei agrícola a ser promulgada no prazo de um ano disporá, nos termos da Constituição, sobre os objetivos e instrumentos de política agrícola, prioridades, planejamento de safras, comercialização, abastecimento interno, mercado externo e instituição de crédito fundiário.

‣ Lei 8.171/1991 (Lei da Política Agrícola).

Art. 51. Serão revistos pelo Congresso Nacional, através de Comissão mista, nos três anos a contar da data da promulgação da Constituição, todas as doações, vendas e concessões de terras públicas com área superior a três mil hectares, realizadas no período de 1º de janeiro de 1962 a 31 de dezembro de 1987.

§ 1º No tocante às vendas, a revisão será feita com base exclusivamente no critério de legalidade da operação.

§ 2º No caso de concessões e doações, a revisão obedecerá aos critérios de legalidade e de conveniência do interesse público.

§ 3º Nas hipóteses previstas nos parágrafos anteriores, comprovada a ilegalidade, ou havendo interesse público, as terras reverterão ao patrimônio da União, dos Estados, do Distrito Federal ou dos Municípios.

Art. 52. Até que sejam fixadas as condições do art. 192, são vedados: (Redação dada pela EC 40/2003.)

I - a instalação, no país, de novas agências de instituições financeiras domiciliadas no exterior;

II - o aumento do percentual de participação, no capital de instituições financeiras com sede no país, de pessoas físicas ou jurídicas residentes ou domiciliadas no exterior.

Parágrafo único. A vedação a que se refere este artigo não se aplica às autorizações resultantes de acordos internacionais, de reciprocidade, ou de interesse do Governo brasileiro.

Art. 53. Ao ex-combatente que tenha efetivamente participado de operações bélicas durante a Segunda Guerra Mundial, nos termos da Lei n. 5.315, de 12 de setembro de 1967, serão assegurados os seguintes direitos:

‣ Lei 8.059/1990 (Dispõe sobre a pensão especial devida aos ex-combatentes da Segunda Guerra Mundial e a seus dependentes).

I - aproveitamento no serviço público, sem a exigência de concurso, com estabilidade;

II - pensão especial correspondente à deixada por segundo-tenente das Forças Armadas, que poderá ser requerida a qualquer tempo, sendo inacumulável com quaisquer rendimentos recebidos dos cofres públicos, exceto os benefícios previdenciários, ressalvado o direito de opção;

III - em caso de morte, pensão à viúva ou companheira ou dependente, de forma proporcional, de valor igual à do inciso anterior;

IV - assistência médica, hospitalar e educacional gratuita, extensiva aos dependentes;

V - aposentadoria com proventos integrais aos vinte e cinco anos de serviço efetivo, em qualquer regime jurídico;

VI - prioridade na aquisição da casa própria, para os que não a possuam ou para suas viúvas ou companheiras.

Parágrafo único. A concessão da pensão especial do inciso II substitui, para todos os efeitos legais, qualquer outra pensão já concedida ao ex-combatente.

Art. 54. Os seringueiros recrutados nos termos do Decreto-Lei n. 5.813, de 14 de setembro de 1943, e amparados pelo Decreto-Lei n. 9.882, de 16 de setembro de 1946, receberão, quando carentes, pensão mensal vitalícia no valor de dois salários-mínimos.

- Lei 7.986/1989 (Concessão do benefício previsto neste artigo).

§ 1º O benefício é estendido aos seringueiros que, atendendo a apelo do Governo brasileiro, contribuíram para o esforço de guerra, trabalhando na produção de borracha, na Região Amazônica, durante a Segunda Guerra Mundial.

§ 2º Os benefícios estabelecidos neste artigo são transferíveis aos dependentes reconhecidamente carentes.

§ 3º A concessão do benefício far-se-á conforme lei a ser proposta pelo Poder Executivo dentro de cento e cinquenta dias da promulgação da Constituição.

Art. 54-A. Os seringueiros de que trata o art. 54 deste Ato das Disposições Constitucionais Transitórias receberão indenização, em parcela única, no valor de R$ 25.000,00 (vinte e cinco mil reais). (Acrescentado pela EC 78/2014. Vigência: no exercício financeiro seguinte ao de sua publicação.)

Art. 55. Até que seja aprovada a lei de diretrizes orçamentárias, trinta por cento, no mínimo, do orçamento da seguridade social, excluído o seguro-desemprego, serão destinados ao setor de saúde.

Art. 56. Até que a lei disponha sobre o art. 195, I, a arrecadação decorrente de, no mínimo, cinco dos seis décimos percentuais correspondentes à alíquota da contribuição de que trata o Decreto-Lei n. 1.940, de 25 de maio de 1982, alterada pelo Decreto-Lei n. 2.049, de 1º de agosto de 1983, pelo Decreto n. 91.236, de 08 de maio de 1985, e pela Lei n. 7.611, de 08 de julho de 1987, passa a integrar a receita da seguridade social, ressalvados, exclusivamente no exercício de 1988, os compromissos assumidos com programas e projetos em andamento.

- LC 70/1991 (Contribui para financiamento da Seguridade Social e eleva alíquota da contribuição social sobre o lucro das instituições financeiras).

Art. 57. Os débitos dos Estados e dos Municípios relativos às contribuições previdenciárias até 30 de junho de 1988 serão liquidados, com correção monetária, em cento e vinte parcelas mensais, dispensados os juros e multas sobre eles incidentes, desde que os devedores requeiram o parcelamento e iniciem seu pagamento no prazo de cento e oitenta dias a contar da promulgação da Constituição.

§ 1º O montante a ser pago em cada um dos dois primeiros anos não será inferior a cinco por cento do total do débito consolidado e atualizado, sendo o restante dividido em parcelas mensais de igual valor.

§ 2º A liquidação poderá incluir pagamentos na forma de cessão de bens e prestação de serviços, nos termos da Lei n. 7.578, de 23 de dezembro de 1986.

§ 3º Em garantia do cumprimento do parcelamento, os Estados e os Municípios consignarão, anualmente, nos respectivos orçamentos as dotações necessárias ao pagamento de seus débitos.

§ 4º Descumprida qualquer das condições estabelecidas para concessão do parcelamento, o débito será considerado vencido em sua totalidade, sobre ele incidindo juros de mora; nesta hipótese, parcela dos recursos correspondentes aos Fundos de Participação, destinada aos Estados e Municípios devedores, será bloqueada e repassada à previdência social para pagamento de seus débitos.

Art. 58. Os benefícios de prestação continuada, mantidos pela previdência social na data da promulgação da Constituição, terão seus valores revistos, a fim de que seja restabelecido o poder aquisitivo, expresso em número de salários-mínimos, que tinham na data de sua concessão, obedecendo-se a esse critério de atualização até a implantação do plano de custeio e benefícios referidos no artigo seguinte.

- Súm. 687, STF.

Parágrafo único. As prestações mensais dos benefícios atualizadas de acordo com este artigo serão devidas e pagas a partir do sétimo mês a contar da promulgação da Constituição.

Art. 59. Os projetos de lei relativos à organização da seguridade social e aos planos de custeio e de benefício serão apresentados no prazo máximo de seis meses da promulgação da Constituição ao Congresso Nacional, que terá seis meses para apreciá-los.

Parágrafo único. Aprovados pelo Congresso Nacional, os planos serão implantados progressivamente nos dezoito meses seguintes.

- Lei 8.212/1991 (Dispõe sobre a organização da Seguridade Social e institui o Plano de Custeio).
- Lei 8.213/1991 (Lei dos Planos de Benefícios da Previdência Social).

Art. 60. A complementação da União referida no inciso IV do *caput* do art. 212-A da Constituição Federal será implementada progressivamente até alcançar a proporção estabelecida no inciso V do *caput* do mesmo artigo, a partir de 1º de janeiro de 2021, nos seguintes valores mínimos:

I - 12% (doze por cento), no primeiro ano;
II - 15% (quinze por cento), no segundo ano;
III - 17% (dezessete por cento), no terceiro ano;
IV - 19% (dezenove por cento), no quarto ano;
V - 21% (vinte e um por cento), no quinto ano;
VI - 23% (vinte e três por cento), no sexto ano.

§ 1º A parcela da complementação de que trata a alínea "b" do inciso V do *caput* do art. 212-A da Constituição Federal observará, no mínimo, os seguintes valores:

I - 2 (dois) pontos percentuais, no primeiro ano;
II - 5 (cinco) pontos percentuais, no segundo ano;
III - 6,25 (seis inteiros e vinte e cinco centésimos) pontos percentuais, no terceiro ano;
IV - 7,5 (sete inteiros e cinco décimos) pontos percentuais, no quarto ano;
V - 9 (nove) pontos percentuais, no quinto ano;
VI - 10,5 (dez inteiros e cinco décimos) pontos percentuais, no sexto ano.

§ 2º A parcela da complementação de que trata a alínea "c" do inciso V do *caput* do art. 212-A da Constituição Federal observará os seguintes valores:

I - 0,75 (setenta e cinco centésimos) ponto percentual, no terceiro ano;
II - 1,5 (um inteiro e cinco décimos) ponto percentual, no quarto ano;
III - 2 (dois) pontos percentuais, no quinto ano;
IV - 2,5 (dois inteiros e cinco décimos) pontos percentuais, no sexto ano. (Artigo com redação dada pela EC 108/2020, com produção de efeitos financeiros a partir de 1º/1/2021)

- (Vide parágrafo único do art. 4º da Emenda Constitucional nº 108, de 2020)

Art. 60-A. Os critérios de distribuição da complementação da União e dos fundos a que se refere o inciso I do *caput* do art. 212-A da Constituição Federal serão revistos em seu sexto ano de vigência e, a partir dessa primeira revisão, periodicamente, a cada 10 (dez) anos. (Acrescido pela EC 108/2020, com produção de efeitos financeiros a partir de 1º/1/2021)

Art. 61. As entidades educacionais a que se refere o art. 213, bem como as fundações de ensino e pesquisa cuja criação tenha sido autorizada por lei, que preencham os requisitos dos incisos I e II do referido artigo e que, nos últimos três anos, tenham recebido recursos públicos, poderão continuar a recebê-los, salvo disposição legal em contrário.

Art. 62. A lei criará o Serviço Nacional de Aprendizagem Rural (SENAR) nos moldes da legislação relativa ao Serviço Nacional de Aprendizagem Industrial (SENAI) e ao Serviço Nacional de Aprendizagem do Comércio (SENAC), sem prejuízo das atribuições dos órgãos públicos que atuam na área.

- Lei 8.315/1991 (Dispõe sobre a criação do Serviço Nacional de Aprendizagem Rural - SENAR).

Art. 63. É criada uma Comissão composta de nove membros, sendo três do Poder Legislativo, três do Poder Judiciário e três do Poder Executivo, para promover as comemorações do centenário da proclamação da República e da promulgação da primeira Constituição republicana do país, podendo, a seu critério, desdobrar-se em tantas subcomissões quantas forem necessárias.

Parágrafo único. No desenvolvimento de suas atribuições, a Comissão promoverá estudos, debates e avaliações sobre a evolução política, social, econômica e cultural do país, podendo articular-se com os governos estaduais e municipais e com instituições públicas e privadas que desejem participar dos eventos.

Art. 64. A Imprensa Nacional e demais gráficas da União, dos Estados, do Distrito Federal e dos Municípios, da administração direta ou indireta, inclusive fundações instituídas e mantidas pelo Poder Público, promoverão edição popular do texto integral da Constituição, que será posta à disposição das escolas e dos cartórios, dos sindicatos, dos quartéis, das igrejas e de outras instituições representativas da comunidade, gratuitamente, de modo que cada cidadão brasileiro possa receber do Estado um exemplar da Constituição do Brasil.

Art. 65. O Poder Legislativo regulamentará, no prazo de doze meses, o art. 220, § 4º.

Art. 66. São mantidas as concessões de serviços públicos de telecomunicações atualmente em vigor, nos termos da lei.

- Lei 9.472/1997 (Dispõe sobre a organização dos serviços de telecomunicações, criação e funcionamento de um órgão regulador e outros aspectos institucionais).

Art. 67. A União concluirá a demarcação das terras indígenas no prazo de cinco anos a partir da promulgação da Constituição.

Art. 68. Aos remanescentes das comunidades dos quilombos que estejam ocupando suas terras é reconhecida a propriedade definitiva, devendo o Estado emitir-lhes os títulos respectivos.

- Dec. 4.887/2003 (Regulamenta procedimento para identificação, reconhecimento, delimitação, demarcação e titulação das terras ocupadas por remanescentes das comunidades dos quilombos de que trata este artigo).
- Dec. 6.040/2007 (Institui a Política Nacional de Desenvolvimento Sustentável dos Povos e Comunidades Tradicionais).

Art. 69. Será permitido aos Estados manter consultorias jurídicas separadas de suas Procuradorias-Gerais ou Advocacias-Gerais, desde que, na data da promulgação da Constituição, tenham órgãos distintos para as respectivas funções.

Art. 70. Fica mantida atual competência dos tribunais estaduais até a mesma seja definida na Constituição do Estado, nos termos do art. 125, § 1º, da Constituição.

- art. 4º, EC 45/2004 (Reforma do Judiciário).

Art. 71. É instituído, nos exercícios financeiros de 1994 e 1995, bem assim nos períodos de 1º.01.1996 a 30.06.1997 e 1º.07.1997 a 31.12.1999, o Fundo Social de Emergência, com o objetivo de saneamento financeiro da Fazenda Pública Federal e de estabilização econômica, cujos recursos serão aplicados prioritariamente no custeio das ações dos sistemas de saúde e educação, incluindo a complementação de recursos de que trata o § 3º do art. 60 do Ato das Disposições Constitucionais Transitórias, benefícios previdenciários e auxílios assistenciais de prestação continuada, inclusive liquidação de passivo previdenciário, e despesas orçamentárias associadas a programas de relevante interesse econômico e social. (Redação dada pela EC 17/1997.)

§ 1º Ao Fundo criado por este artigo não se aplica o disposto na parte final do inciso II do § 9º do art. 165 da Constituição. (Renumerado do parágrafo único pela EC 10/1996.)

§ 2º O Fundo criado por este artigo passa a ser denominado Fundo de Estabilização Fiscal a partir do início do exercício financeiro de 1996. (Incluído pela EC 10/1996.)

§ 3º O Poder Executivo publicará demonstrativo da execução orçamentária, de periodicidade bimestral, no qual se discriminarão as fontes e usos do Fundo criado por este artigo. (Incluído pela EC 10/1996.)

Art. 72. Integram o Fundo Social de Emergência: (Incluído pela EC Revisão 1/1994.)

I - o produto da arrecadação do imposto sobre renda e proventos de qualquer natureza incidente na fonte sobre pagamentos efetuados, a qualquer título, pela União, inclusive suas autarquias e fundações; (Incluído pela EC Revisão 1/1994.)

II - a parcela do produto da arrecadação do imposto sobre renda e proventos de qualquer natureza e do imposto sobre operações de crédito, câmbio e seguro, ou relativas a títulos e valores mobiliários, decorrente das alterações produzidas pela Lei n. 8.894, de 21 de junho de 1994, e pelas Leis n. 8.849 e 8.848, ambas de 28 de janeiro de 1994, e modificações posteriores; (Redação dada pela EC 10/1996.)

III - a parcela do produto da arrecadação resultante da elevação da alíquota da contribuição social sobre o lucro dos contribuintes a que se refere o § 1º do art. 22 da Lei n. 8.212, de 24 de julho de 1991, a qual, nos exercícios financeiros de 1994 e 1995, bem assim no período de 1º de janeiro de 1996 a 30 de junho de 1997, passa a ser de trinta por cento, sujeita a alteração por lei ordinária, mantidas as demais normas da Lei n. 7.689, de 15 de dezembro de 1988; (Redação dada pela EC 10/1996.)

IV - vinte por cento do produto da arrecadação de todos os impostos e contribuições da União, já instituídos ou a serem criados, excetuado o previsto nos incisos I, II e III, observado o disposto nos §§ 3º e 4º; (Redação dada pela EC 10/1996.)

V - a parcela do produto da arrecadação da contribuição de que trata a Lei Complementar n. 7, de 07 de setembro de 1970, devida pelas pessoas jurídicas a que se refere o inciso III deste artigo, a qual será calculada, nos exercícios financeiros de 1994 a 1995, bem assim nos períodos de 1º de janeiro de 1996 a 30 de junho de 1997 e de 1º de julho de 1997 a 31 de dezembro de 1999, mediante a aplicação da alíquota de setenta e cinco centésimos por cento, sujeita a alteração por lei ordinária posterior, sobre a receita bruta operacional, como definida na legislação do imposto sobre renda e proventos de qualquer natureza. (Redação dada pela EC 17/1997.)

VI - outras receitas previstas em lei específica. (Incluído pela EC Revisão 1/1994.)

§ 1º As alíquotas e a base de cálculo previstas nos incisos III e V aplicar-se-ão a partir do primeiro dia do mês seguinte aos noventa dias posteriores à promulgação desta Emenda. (Incluído pela EC Revisão 1/1994.)

§ 2º As parcelas de que tratam os incisos I, II, III e V serão previamente deduzidas da base de cálculo de qualquer vinculação ou participação constitucional ou legal, não se lhes aplicando o disposto nos artigos 159, 212 e 239 da Constituição. (Redação dada pela EC 10/1996.)

§ 3º A parcela de que trata o inciso IV será previamente deduzida da base de cálculo das vinculações ou participações constitucionais previstas nos artigos 153, § 5º, 157, II, 212 e 239 da Constituição. (Redação dada pela EC 10/1996.)

§ 4º O disposto no parágrafo anterior não se aplica aos recursos previstos nos Artigos 158, II e 159 da Constituição. (Redação dada pela EC 10/1996.)

§ 5º A parcela dos recursos provenientes do imposto sobre renda e proventos de qualquer natureza, destinada ao Fundo Social de Emergência, nos termos do inciso II deste artigo, não poderá exceder a cinco inteiros e seis décimos por cento do total do produto da sua arrecadação. (Redação dada pela EC 10/1996.)

Art. 73. Na regulação do Fundo Social de Emergência não poderá ser utilizado o instrumento previsto no inciso V do art. 59 da Constituição. (Incluído pela EC Revisão 1/1994.)

- art. 71, ADCT.

Art. 74. A União poderá instituir contribuição provisória sobre movimentação ou transmissão de valores e de créditos e direitos de natureza financeira. (Incluído pela EC 12/1996.)

- art. 84, ADCT.

§ 1º A alíquota da contribuição de que trata este artigo não excederá a vinte e cinco centésimos por cento, facultado ao Poder Executivo reduzi-la ou restabelecê-la, total ou parcialmente, nas condições e limites fixados em lei. (Incluído pela EC 12/1996.)

- Alíquota alterada pela EC 21/1999.

§ 2º A contribuição de que trata este artigo não se aplica o disposto nos arts. 153, § 5º, e 154, I, da Constituição. (Incluído pela EC 12/1996.)

§ 3º O produto da arrecadação da contribuição de que trata este artigo será destinado integralmente ao Fundo Nacional de Saúde, para financiamento das ações e serviços de saúde. (Incluído pela EC 12/1996.)

§ 4º A contribuição de que trata este artigo terá sua exigibilidade subordinada ao disposto no art. 195, § 6º, da Constituição, e não poderá ser cobrada por prazo superior a dois anos. (Incluído pela EC 12/1996.)

- arts. 75 e 84, ADCT.

Art. 75. É prorrogada, por trinta e seis meses, a cobrança da contribuição provisória sobre movimentação ou transmissão de valores e de créditos e direitos de natureza financeira de que trata o art. 74, instituída pela Lei n. 9.311, de 24 de outubro de 1996, modificada pela Lei n. 9.539, de 12 de dezembro de 1997, cuja vigência é também prorrogada por idêntico prazo. (Incluído pela EC 21/1999.)

- arts. 80, I; 84, ADCT.

§ 1º Observado o disposto no § 6º do art. 195 da Constituição Federal, a alíquota da contribuição será de trinta e oito centésimos por cento, nos primeiros doze meses, e de trinta centésimos, nos meses subsequentes, facultado ao Poder Executivo reduzi-la total ou parcialmente, nos limites aqui definidos. (Incluído pela EC 21/1999.)

§ 2º O resultado do aumento da arrecadação, decorrente da alteração da alíquota, nos exercícios financeiros de 1999, 2000 e 2001, será destinado ao custeio da previdência social. (Incluído pela EC 21/1999.)

§ 3º É a União autorizada a emitir títulos da dívida pública interna, cujos recursos serão destinados ao custeio da saúde e da previdência social, em montante equivalente ao produto da arrecadação da contribuição, prevista e não realizada em 1999. (Incluído pela EC 21/1999.)

- ADIn 2.031-5 (DOU 05.11.2003) - O STF, por maioria de votos, julgou parcialmente procedente a ADIn para declarar a inconstitucionalidade deste parágrafo.
- LC 111/2001 (Dispõe sobre o Fundo de Combate e Erradicação da Pobreza).

Art. 76. São desvinculados de órgão, fundo ou despesa, até 31 de dezembro de 2023, 30% (trinta por cento) da arrecadação da União relativa às contribuições sociais, sem prejuízo do pagamento das despesas do Regime Geral da Previdência Social, às contribuições de intervenção no domínio econômico e às taxas, já instituídas ou que vierem a ser criadas até a referida data. (Alterado pela EC 93/2016.)

§ 1º (Revogado). (Alterado pela EC 93/2016.)

§ 2º Excetua-se da desvinculação de que trata o *caput* a arrecadação da contribuição social do salário-educação a que se refere o § 5º do art. 212 da Constituição Federal. (Redação dada pela EC 68/2011).

§ 3º (Revogado). (Alterado pela EC 93/2016.)

§ 4º A desvinculação de que trata o *caput* não se aplica às receitas das contribuições sociais destinadas ao custeio da seguridade social (Incluído pela EC 103/2019)

Art. 76-A. São desvinculados de órgão, fundo ou despesa, até 31 de dezembro de 2023, 30% (trinta por cento) das receitas dos Estados e do Distrito Federal relativas a impostos, taxas e multas, já instituídos ou que vierem a ser criados até a referida data, seus adicionais e respectivos acréscimos legais, e outras receitas correntes. (Acrescentado pela EC 93/2016.)

Parágrafo único. Excetuam-se da desvinculação de que trata o *caput*: (Acrescentado pela EC 93/2016.)

I - recursos destinados ao financiamento das ações e serviços públicos de saúde e à manutenção e desenvolvimento do ensino de que tratam, respectivamente, os incisos II e III do § 2º do art. 198 e o art. 212 da Constituição Federal; (Acrescentado pela EC 93/2016.)

II - receitas que pertencem aos Municípios decorrentes de transferências previstas na Constituição Federal; (Acrescentado pela EC 93/2016.)

III - receitas de contribuições previdenciárias e de assistência à saúde dos servidores; (Acrescentado pela EC 93/2016.)

IV - demais transferências obrigatórias e voluntárias entre entes da Federação com destinação especificada em lei; (Acrescentado pela EC 93/2016.)

V - fundos instituídos pelo Poder Judiciário, pelos Tribunais de Contas, pelo Ministério Público, pelas Defensorias Públicas e pelas Procuradorias-Gerais dos Estados e do Distrito Federal. (Acrescentado pela EC 93/2016.)

Art. 76-B. São desvinculados de órgão, fundo ou despesa, até 31 de dezembro de 2023, 30% (trinta por cento) das receitas dos Municípios relativas a impostos, taxas e multas, já instituídos ou que vierem a ser criados até a referida data, seus adicionais e respectivos acréscimos legais, e outras receitas correntes. (Acrescentado pela EC 93/2016.)

Parágrafo único. Excetuam-se da desvinculação de que trata o *caput*: (Acrescentado pela EC 93/2016.)

I - recursos destinados ao financiamento das ações e serviços públicos de saúde e à manutenção e desenvolvimento do ensino de que tratam, respectivamente, os incisos II e III do § 2º do art. 198 e o art. 212 da Constituição Federal; (Acrescentado pela EC 93/2016.)

II - receitas de contribuições previdenciárias e de assistência à saúde dos servidores; (Acrescentado pela EC 93/2016.)

III - transferências obrigatórias e voluntárias entre entes da Federação com destinação especificada em lei; (Acrescentado pela EC 93/2016.)

IV - fundos instituídos pelo Tribunal de Contas do Município. (Acrescentado pela EC 93/2016.)

Art. 77. Até o exercício financeiro de 2004, os recursos mínimos aplicados nas ações e serviços públicos de saúde serão equivalentes: (Incluído pela EC 29/2000.)

I - no caso da União: (Incluído pela EC 29/2000.)

a) no ano 2000, o montante empenhado em ações e serviços públicos de saúde no exercício financeiro de 1999 acrescido de, no mínimo, cinco por cento; (Incluído pela EC 29/2000.)

b) do ano 2001 ao ano 2004, o valor apurado no ano anterior, corrigido pela variação nominal do Produto Interno Bruto - PIB; (Incluído pela EC 29/2000.)

II - no caso dos Estados e do Distrito Federal, doze por cento do produto da arrecadação dos impostos a que se refere o art. 155 e dos recursos de que tratam os arts. 157 e 159, inciso I, alínea *a*, e inciso II, deduzidas as parcelas que forem transferidas aos respectivos Municípios; e (Incluído pela EC 29/2000.)

III - no caso dos Municípios e do Distrito Federal, quinze por cento do produto da arrecadação dos impostos a que se refere o art. 156 e dos recursos de que tratam os arts. 158 e 159, inciso I, alínea *b* e § 3º. (Incluído pela EC 29/2000.)

§ 1º Os Estados, o Distrito Federal e os Municípios que apliquem percentuais inferiores aos fixados nos incisos II e III deverão elevá-los gradualmente, até o exercício financeiro de 2004, reduzida a diferença à razão de, pelo menos, um quinto por ano, sendo que, a partir de 2000, a aplicação será de pelo menos sete por cento. (Incluído pela EC 29/2000.)

§ 2º Dos recursos da União apurados nos termos deste artigo, quinze por cento, no mínimo, serão aplicados nos Municípios, segundo o critério populacional, em ações e serviços básicos de saúde, na forma da lei. (Incluído pela EC 29/2000.)

§ 3º Os recursos dos Estados, do Distrito Federal e dos Municípios destinados às ações e serviços públicos de saúde e os transferidos pela União para a mesma finalidade serão aplicados por meio de Fundo de Saúde que será acompanhado e fiscalizado por Conselho de Saúde, sem prejuízo do disposto no art. 74 da Constituição Federal. (Incluído pela EC 29/2000.)

§ 4º Na ausência da lei complementar a que se refere o art. 198, § 3º, a partir do exercício financeiro de 2005, aplicar-se-á à União, aos Estados, ao Distrito Federal e aos Municípios o disposto neste artigo. (Incluído pela EC 29/2000.)

Art. 78. Ressalvados os créditos definidos em lei como de pequeno valor, os de natureza alimentícia, os de que trata o art. 33 deste Ato das Disposições Constitucionais Transitórias e suas complementações e os que já tiverem os seus respectivos recursos liberados ou depositados em juízo, os precatórios pendentes na data de promulgação desta Emenda e os que decorram de ações iniciais ajuizadas até 31 de dezembro de 1999 serão liquidados pelo seu valor real, em moeda corrente, acrescido de juros legais, em prestações anuais, iguais e sucessivas, no prazo máximo de dez anos, permitida a cessão dos créditos. (Incluído pela EC 30/2000.)

- ADIn 2.356 e 2.362 (O STF, por maioria de votos, deferiu as medidas cautelares para suspender a eficácia do art. 2º, EC 30/2000, que acrescentou este artigo). DOU, 07.12.2010.
- arts. 86; 87; 97, § 15, ADCT.

§ 1º É permitida a decomposição de parcelas, a critério do credor. (Incluído pela EC 30/2000.)

§ 2º As prestações anuais a que se refere o *caput* deste artigo terão, se não liquidadas até o final do exercício a que se referem, poder liberatório do pagamento de tributos da entidade devedora. (Incluído pela EC 30/2000.)

- art. 6º, EC 62/2009 (Ficam também convalidadas todas as compensações de precatórios com tributos vencidos até 31.10.2009 da entidade devedora, efetuadas na forma do disposto no art. 78, § 2º, do ADCT, realizadas antes da promulgação desta Emenda Constitucional).

§ 3º O prazo referido no *caput* deste artigo fica reduzido para dois anos, nos casos de precatórios judiciais originários de desapropriação de imóvel residencial do credor, desde que comprovadamente único à época da imissão na posse. (Incluído pela EC 30/2000.)

§ 4º O Presidente do Tribunal competente deverá, vencido o prazo ou em caso de omissão no orçamento, ou preterição ao direito de precedência, a requerimento do credor, requisitar ou determinar o sequestro de recursos financeiros da entidade executada, suficientes à satisfação da prestação. (Incluído pela EC 30/2000.)

Art. 79. É instituído, para vigorar até o ano de 2010, no âmbito do Poder Executivo Federal, o Fundo de Combate e Erradicação da Pobreza, a ser regulado por lei complementar com o objetivo de viabilizar a todos os brasileiros acesso a níveis dignos de subsistência, cujos recursos serão aplicados em ações suplementares de nutrição, habitação, educação, saúde, reforço de renda familiar e outros programas de relevante interesse social voltados para melhoria da qualidade de vida. (Incluído pela EC 31/2000.)

- art. 4º, EC 42/2003 (Altera o Sistema Tributário Nacional).
- EC 67/2010 (Prorroga, por tempo indeterminado o prazo de vigência do Fundo de Combate e Erradicação da Pobreza).
- LC 111/2001 (Dispõe sobre o Fundo de Combate e Erradicação da Pobreza).

Parágrafo único. O Fundo previsto neste artigo terá Conselho Consultivo e de Acompanhamento que conte com a participação de representantes da sociedade civil, nos termos da lei. (Incluído pela EC 31/2000.)

Art. 80. Compõem o Fundo de Combate e Erradicação da Pobreza: (Incluído pela EC 31/2000.)

- LC 111/2001 (Dispõe sobre o Fundo de Combate e Erradicação da Pobreza).

I - a parcela do produto da arrecadação correspondente a um adicional de oito centésimos por cento, aplicável de 18 de junho de 2000 a 17 de junho de 2002, na alíquota da contribuição social de que trata o art. 75 do Ato das Disposições Constitucionais Transitórias; (Incluído pela EC 31/2000.)

- art. 84, ADCT.

II - a parcela do produto da arrecadação correspondente a um adicional de cinco pontos percentuais na alíquota do Imposto sobre Produtos Industrializados - IPI, ou do imposto que vier a substituí-lo, incidente sobre produtos supérfluos e aplicável até a extinção do Fundo; (Incluído pela EC 31/2000.)

- art. 83, ADCT.

III - o produto da arrecadação do imposto de que trata o art. 153, inciso VII, da Constituição; (Incluído pela EC 31/2000.)

IV - dotações orçamentárias; (Incluído pela EC 31/2000.)

V - doações, de qualquer natureza, de pessoas físicas ou jurídicas do país ou do exterior; (Incluído pela EC 31/2000.)

VI - outras receitas, a serem definidas na regulamentação do referido Fundo. (Incluído pela EC 31/2000.)

§ 1º Aos recursos integrantes do Fundo de que trata este artigo não se aplica o disposto nos arts. 159 e 167, inciso IV, da Constituição, assim como qualquer desvinculação de recursos orçamentários. (Incluído pela EC 31/2000.)

§ 2º A arrecadação decorrente do disposto no inciso I deste artigo, no período compreendido entre 18 de junho de 2000 e o início da vigência da lei complementar a que se refere a art. 79, será integralmente repassada ao Fundo, preservado o seu valor real, em títulos públicos federais, progressivamente resgatáveis após 18 de junho de 2002, na forma da lei. (Incluído pela EC 31/2000.)

Art. 81. É instituído Fundo constituído pelos recursos recebidos pela União em decorrência da desestatização de sociedades de economia mista ou empresas públicas por ela controladas, direta ou indiretamente, quando a operação envolver a alienação do respectivo controle acionário a pessoa ou entidade não integrante da Administração Pública, ou de participação societária remanescente após a alienação, cujos rendimentos, gerados a partir de 18 de junho de 2002, reverterão ao Fundo de Combate e Erradicação de Pobreza. (Incluído pela EC 31/2000.)

§ 1º Caso o montante anual previsto nos rendimentos transferidos ao Fundo de Combate e Erradicação da Pobreza, na forma deste artigo, não alcance o valor de quatro bilhões de reais, far-se-á complementação na forma do art. 80, inciso IV, do Ato das disposições Constitucionais Transitórias. (Incluído pela EC 31/2000.)

§ 2º Sem prejuízo do disposto no § 1º, o Poder Executivo poderá destinar ao Fundo a que se refere este artigo outras receitas decorrentes da alienação de bens da União. (Incluído pela EC 31/2000.)

§ 3º A constituição do Fundo a que se refere o *caput*, a transferência de recursos ao Fundo de Combate e Erradicação da Pobreza e as demais disposições referentes ao § 1º deste artigo serão disciplinadas em lei, não se aplicando o disposto no art. 165, § 9º, inciso II, da Constituição. (Incluído pela EC 31/2000.)

Art. 82. Os Estados, o Distrito Federal e os Municípios devem instituir Fundos de Combate à Pobreza, com os recursos de que trata este artigo e outros que vierem a destinar, devendo os referidos Fundos ser geridos por entidades que contem com a participação da sociedade civil. (Incluído pela EC 31/2000.)

§ 1º Para o financiamento dos Fundos Estaduais e Distrital, poderá ser criado adicional de até dois pontos percentuais na alíquota do Imposto sobre Circulação de Mercadorias e Serviços - ICMS, sobre os produtos e serviços supérfluos e nas condições definidas na lei complementar de que trata o art. 155, § 2º, XII, da Constituição, não se aplicando, sobre este percentual, o disposto no art. 158, IV, da Constituição. (Redação dada pela EC 42/2003.)

§ 2º Para o financiamento dos Fundos Municipais, poderá ser criado adicional de até meio ponto percentual na alíquota do Imposto sobre serviços ou do imposto que vier a substituí-lo, sobre serviços supérfluos. (Incluído pela EC 31/2000.)

Art. 83. Lei federal definirá os produtos e serviços supérfluos a que se referem os arts. 80, II, e 82, § 2º. (Redação dada pela EC 42/2003.)

Art. 84. A contribuição provisória sobre movimentação ou transmissão de valores e de créditos e direitos de natureza financeira, prevista nos arts. 74, 75 e 80, I, deste Ato das Disposições Constitucionais Transitórias, será cobrada até 31 de dezembro de 2004. (Incluído pela EC 37/2002.)

- art. 90, ADCT.

§ 1º Fica prorrogada, até a data referida no *caput* deste artigo, a vigência da Lei n. 9.311, de 24 de outubro de 1996, e suas alterações. (Incluído pela EC 37/2002.)

§ 2º Do produto da arrecadação da contribuição social de que trata este artigo será destinada a parcela correspondente à alíquota de: (Incluído pela EC 37/2002.)

I - vinte centésimos por cento ao Fundo Nacional de Saúde, para financiamento das ações e serviços de saúde; (Incluído pela EC 37/2002.)
II - dez centésimos por cento ao custeio da previdência social; (Incluído pela EC 37/2002.)
III - oito centésimos por cento ao Fundo de Combate e Erradicação da Pobreza, de que tratam os arts. 80 e 81 deste Ato das Disposições Constitucionais Transitórias. (Incluído pela EC 37/2002.)

§ 3º A alíquota da contribuição de que trata este artigo será de: (Incluído pela EC 37/2002.)

I - trinta e oito centésimos por cento, nos exercícios financeiros de 2002 e 2003; (Incluído pela EC 37/2002.)

- art. 90, § 2º, ADCT.

II - (Revogado pela EC 42/2003.)

Art. 85. A contribuição a que se refere o art. 84 deste Ato das Disposições Constitucionais Transitórias não incidirá, a partir do trigésimo dia da data de publicação desta Emenda Constitucional, nos lançamentos: (Incluído pela EC 37/2002.)

I - em contas correntes de depósito especialmente abertas e exclusivamente utilizadas para operações de: (Incluído pela EC 37/2002.)

a) câmaras e prestadoras de serviços de compensação e de liquidação de que trata o parágrafo único do art. 2º da Lei n. 10.214, de 27 de março de 2001; (Incluído pela EC 37/2002.)

b) companhias securitizadoras de que trata a Lei n. 9.514, de 20 de novembro de 1997; (Incluído pela EC 37/2002.)

c) sociedades anônimas que tenham por objeto exclusivo a aquisição de créditos oriundos de operações praticadas no mercado financeiro; (Incluído pela EC 37/2002.)

II - em contas correntes de depósito, relativos à: (Incluído pela EC 37/2002.)

a) operações de compra e venda de ações, realizadas em recintos ou sistemas de negociação de bolsas de valores e no mercado de balcão organizado; (Incluído pela EC 37/2002.)

b) contratos referenciados em ações ou índices de ações, em suas diversas modalidades, negociados em bolsas de valores, de mercadorias e de futuros; (Incluído pela EC 37/2002.)

III - em contas de investidores estrangeiros, relativos a entradas no país e a remessas para o exterior de recursos financeiros empregados, exclusivamente, em operações e contratos referidos no inciso II deste artigo. (Incluído pela EC 37/2002.)

§ 1º O Poder Executivo disciplinará o disposto neste artigo no prazo de trinta dias da data de publicação desta Emenda Constitucional. (Incluído pela EC 37/2002.)

§ 2º O disposto no inciso I deste artigo aplica-se somente às operações relacionadas em ato do Poder Executivo, dentre aquelas que constituam o objeto social das referidas entidades. (Incluído pela EC 37/2002.)

§ 3º O disposto no inciso II deste artigo aplica-se somente a operações e contratos efetuados por intermédio de instituições financeiras, sociedades corretoras de títulos e valores mobiliários, sociedades distribuidoras de títulos e valores mobiliários e sociedades corretoras de mercadorias. (Incluído pela EC 37/2002.)

Art. 86. Serão pagos conforme disposto no art. 100 da Constituição Federal, não se lhes aplicando a regra de parcelamento estabelecida no *caput* do art. 78 deste Ato das Disposições Constitucionais Transitórias, os débitos da Fazenda Federal, Estadual, Distrital ou Municipal oriundos de sentenças transitadas em julgado, que preencham, cumulativamente, as seguintes condições: (Incluído pela EC 37/2002.)

I - ter sido objeto de emissão de precatórios judiciários; (Incluído pela EC 37/2002.)
II - ter sido definidos como de pequeno valor pela lei de que trata o § 3º do art. 100 da Constituição Federal ou pelo art. 87 deste Ato das Disposições Constitucionais Transitórias; (Incluído pela EC 37/2002.)
III - estar, total ou parcialmente, pendentes de pagamento na data da publicação desta Emenda Constitucional. (Incluído pela EC 37/2002.)

§ 1º Os débitos a que se refere o *caput* deste artigo, ou os respectivos saldos, serão pagos na ordem cronológica de apresentação dos respectivos precatórios, com precedência sobre os de maior valor. (Incluído pela EC 37/2002.)

§ 2º Os débitos a que se refere o *caput* deste artigo, se ainda não tiverem sido objeto de pagamento parcial, nos termos do art. 78 deste Ato das Disposições Constitucionais Transitórias, poderão ser pagos em duas parcelas anuais, se assim dispuser a lei. (Incluído pela EC 37/2002.)

§ 3º Observada a ordem cronológica de sua apresentação, os débitos de natureza alimentícia previstos neste artigo terão precedência para pagamento sobre todos os demais. (Incluído pela EC 37/2002.)

Art. 87. Para efeito do que dispõem o § 3º do art. 100 da Constituição Federal e o art. 78 deste Ato das Disposições Constitucionais Transitórias serão considerados de pequeno valor, até que se dê a publicação oficial das respectivas leis definidoras pelos entes da Federação, observado o disposto no § 4º do art. 100 da Constituição Federal, os débitos ou obrigações consignados em precatório judiciário, que tenham valor igual ou inferior a: (Incluído pela EC 37/2002.)

I - quarenta salários-mínimos, perante a Fazenda dos Estados e do Distrito Federal; (Incluído pela EC 37/2002.)
II - trinta salários-mínimos, perante a Fazenda dos Municípios. (Incluído pela EC 37/2002.)

Parágrafo único. Se o valor da execução ultrapassar o estabelecido neste artigo, o pagamento far-se-á, sempre, por meio de precatório, sendo facultada à parte exequente a renúncia ao crédito do valor excedente, para que possa optar pelo pagamento do saldo sem o precatório, da forma prevista no § 3º do art. 100. (Incluído pela EC 37/2002.)

Art. 88. Enquanto lei complementar não disciplinar o disposto nos incisos I e III do § 3º do art. 156 da Constituição Federal, o imposto a que se refere o inciso III do *caput* do mesmo artigo: (Incluído pela EC 37/2002.)

I - terá alíquota mínima de dois por cento, exceto para os serviços a que se referem os itens 32, 33 e 34 da Lista de Serviços anexa ao Dec.-Lei n. 406, de 31 de dezembro de 1968; (Incluído pela EC 37/2002.)
II - não será objeto de concessão de isenções, incentivos e benefícios fiscais, que resulte, direta ou indiretamente, na redução da alíquota mínima estabelecida no inciso I. (Incluído pela EC 37/2002.)

Art. 89. Os integrantes da carreira policial militar e os servidores municipais do ex-Território Federal de Rondônia que, comprovadamente, se encontravam no exercício regular de suas funções prestando serviço àquele ex-Território na data em que foi transformado em Estado, bem como os servidores e os policiais militares alcançados pelo disposto no art. 36 da Lei Complementar n. 41, de 22 de dezembro de 1981, e aqueles admitidos regularmente nos quadros do Estado de Rondônia até a data de posse do primeiro Governador eleito, em 15 de março de 1987, constituirão, mediante opção, quadro em extinção da administração federal, assegurados os direitos e as vantagens a eles inerentes, vedado o pagamento, a qualquer título, de diferenças remuneratórias. (Redação dada pela EC 60/2009.)

- art. 1º, EC 60/2009 (Veda o pagamento, a qualquer título em virtude da alteração pela referida emenda de ressarcimentos ou indenizações, de qualquer espécie, referentes à períodos anteriores à data de sua publicação).
- EC 79/2014 (Altera o art. 31 da EC 19/1998, para prever a inclusão, em quadro em extinção da Administração Federal, de servidores e policiais militares admitidos pelos Estados do Amapá e de Roraima, na fase de instalação dessas unidades federadas, e dá outras providências.)

§ 1º Os membros da Polícia Militar continuarão prestando serviços ao Estado de Rondônia, na condição de cedidos, submetidos às corporações da Polícia Militar, observadas as atribuições de função compatíveis com o grau hierárquico. (Incluído pela EC 60/2009.)

§ 2º Os servidores a que se refere o *caput* continuarão prestando serviços ao Estado de Rondônia na condição de cedidos, até seu aproveitamento em órgão ou entidade da administração federal direta, autárquica ou fundacional. (Incluído pela EC 60/2009.)

Art. 90. O prazo previsto no *caput* do art. 84 deste Ato das Disposições Constitucionais Transitórias fica prorrogado até 31 de dezembro de 2007. (Incluído pela EC 42/2003.)

§ 1º Fica prorrogada, até a data referida no *caput* deste artigo, a vigência da Lei n. 9.311, de 24 de outubro de 1996, e suas alterações. (Incluído pela EC 42/2003.)

§ 2º Até a data referida no *caput* deste artigo, a alíquota da contribuição de que trata o art. 84 deste Ato das Disposições Constitucionais Transitórias será de trinta e oito centésimos por cento. (Incluído pela EC 42/2003.)

Art. 91. (Artigo acrescido pela EC nº 42, de 2003, revogado pela EC nº 109, de 2021)

Art. 92. São acrescidos dez anos ao prazo fixado no art. 40 deste Ato das Disposições Constitucionais Transitórias. (Incluído pela EC 42/2003.)

Art. 92-A. São acrescidos 50 (cinquenta) anos ao prazo fixado pelo art. 92 deste Ato das Disposições Constitucionais Transitórias. (Acrescentado pela EC 83/2014.)

Art. 93. A vigência do disposto no art. 159, III, e § 4º, iniciará somente após a edição da lei de que trata o referido inciso III. (Incluído pela EC 42/2003.)

Art. 94. Os regimes especiais de tributação para microempresas e empresas de pequeno porte próprios da União, dos Estados, do Distrito Federal e dos Municípios cessarão a partir da entrada em vigor do regime previsto no art. 146, III, *d*, da Constituição. (Incluído pela EC 42/2003.)

- LC 123/2006 (Estatuto Nacional da Microempresa e da Empresa de Pequeno Porte).

- Dec. 8.538/2015 (Regulamenta o tratamento favorecido, diferenciado e simplificado para as microempresas, empresas de pequeno porte, agricultores familiares, produtores rurais pessoa física, microempreendedores individuais e sociedades cooperativas nas contratações públicas de bens, serviços e obras no âmbito da administração pública federal).

Art. 95. Os nascidos no estrangeiro entre 07 de junho de 1994 e a data da promulgação desta Emenda Constitucional, filhos de pai brasileiro ou mãe brasileira, poderão ser registrados em repartição diplomática ou consular brasileira competente ou em ofício de registro, se vierem a residir na República Federativa do Brasil. (Incluído pela EC 54/2007.)

- art. 12 desta CF.

Art. 96. Ficam convalidados os atos de criação, fusão, incorporação e desmembramento de Municípios, cuja lei tenha sido publicada até 31 de dezembro de 2006, atendidos os requisitos estabelecidos na legislação do respectivo Estado à época de sua criação. (Incluído pela EC 57/2008.)

Art. 97. Até que seja editada a lei complementar de que trata o § 15 do art. 100 da Constituição Federal, os Estados, o Distrito Federal e os Municípios que, na data de publicação desta Emenda Constitucional, estejam em mora na quitação de precatórios vencidos, relativos às suas administrações direta e indireta, inclusive os emitidos durante o período de vigência do regime especial instituído por este artigo, farão esses pagamentos de acordo com as normas a seguir estabelecidas, sendo inaplicável o disposto no art. 100 desta Constituição Federal, exceto em seus §§ 2º, 3º, 9º, 10, 11, 12, 13 e 14, e sem prejuízo dos acordos de juízos conciliatórios já formalizados na data de promulgação desta Emenda Constitucional. (Incluído pela EC 62/2009.)

- art. 3º, EC 62/2009 (Estabelece que a implantação do regime de pagamento criado por este artigo deverá ocorrer no prazo de 90 dias, contados da data de sua publicação - DOU, 10.12.2009).
- ADIn 4.425 (O STF julgou procedente a ação para declarar a inconstitucionalidade deste artigo). DJE 19-12-2013.

§ 1º Os Estados, o Distrito Federal e os Municípios sujeitos ao regime especial de que trata este artigo optarão, por meio de ato do Poder Executivo: (Incluído pela EC 62/2009.)

- art. 4º, EC 62/2009 (Estabelece os casos em que a entidade financeira voltará a observar somente o disposto no art. 100, CF).

I - pelo depósito em conta especial do valor referido pelo § 2º deste artigo; ou (Incluído pela EC 62/2009.)

II - pela adoção do regime especial pelo prazo de até 15 (quinze) anos, caso em que o percentual a ser depositado na conta especial a que se refere o § 2º deste artigo corresponderá, anualmente, ao saldo total dos precatórios devidos, acrescido do índice oficial de remuneração básica da caderneta de poupança e de juros simples no mesmo percentual de juros incidentes sobre a caderneta de poupança para fins de compensação da mora, excluída a incidência de juros compensatórios, diminuído das amortizações e dividido pelo número de anos restantes no regime especial de pagamento. (Incluído pela EC 62/2009.)

§ 2º Para saldar os precatórios, vencidos e a vencer, pelo regime especial, os Estados, o Distrito Federal e os Municípios devedores depositarão mensalmente, em conta especial criada para tal fim, 1/12 (um doze avos) do valor calculado percentualmente sobre as respectivas receitas correntes líquidas, apuradas no segundo mês anterior ao mês de pagamento, sendo que esse percentual, calculado no momento de opção pelo regime e mantido fixo até o final do prazo a que se refere o § 14 deste artigo, será: (Incluído pela EC 62/2009.)

I - para os Estados e para o Distrito Federal: (Incluído pela EC 62/2009.)

a) de, no mínimo, 1,5% (um inteiro e cinco décimos por cento), para os Estados das regiões Norte, Nordeste e Centro-Oeste, além do Distrito Federal, ou cujo estoque de precatórios pendentes das suas administrações direta e indireta corresponder a até 35% (trinta e cinco por cento) do total da receita corrente líquida; (Incluído pela EC 62/2009.)

b) de, no mínimo, 2% (dois por cento), para os Estados das regiões Sul e Sudeste, cujo estoque de precatórios pendentes das suas administrações direta e indireta corresponder a mais de 35% (trinta e cinco por cento) da receita corrente líquida; (Incluído pela EC 62/2009.)

II - para Municípios: (Incluído pela EC 62/2009.)

a) de, no mínimo, 1% (um por cento), para Municípios das regiões Norte, Nordeste e Centro-Oeste, ou cujo estoque de precatórios pendentes das suas administrações direta e indireta corresponder a até 35% (trinta e cinco por cento) da receita corrente líquida; (Incluído pela EC 62/2009.)

b) de, no mínimo, 1,5% (um inteiro e cinco décimos por cento), para Municípios das regiões Sul e Sudeste, cujo estoque de precatórios pendentes das suas administrações direta e indireta corresponder a mais de 35% (trinta e cinco por cento) da receita corrente líquida. (Incluído pela EC 62/2009.)

§ 3º Entende-se como receita corrente líquida, para os fins de que trata este artigo, o somatório das receitas tributárias, patrimoniais, industriais, agropecuárias, de contribuições e de serviços, transferências correntes e outras receitas correntes, incluindo as oriundas do § 1º do art. 20 da Constituição Federal, verificado no período compreendido pelo mês de referência e os 11 (onze) meses anteriores, excluídas as duplicidades, e deduzidas: (Incluído pela EC 62/2009.)

I - nos Estados, as parcelas entregues aos Municípios por determinação constitucional; (Incluído pela EC 62/2009.)

II - nos Estados, no Distrito Federal e nos Municípios, a contribuição dos servidores para custeio do seu sistema de previdência e assistência social e as receitas provenientes da compensação financeira referida no § 9º do art. 201 da Constituição Federal. (Incluído pela EC 62/2009.)

§ 4º As contas especiais de que tratam os §§ 1º e 2º serão administradas pelo Tribunal de Justiça local, para pagamento de precatórios expedidos pelos tribunais. (Incluído pela EC 62/2009.)

§ 5º Os recursos depositados nas contas especiais de que tratam os §§ 1º e 2º deste artigo não poderão retornar para Estados, Distrito Federal e Municípios devedores. (Incluído pela EC 62/2009.)

§ 6º Pelo menos 50% (cinquenta por cento) dos recursos de que tratam os §§ 1º e 2º deste artigo serão utilizados para pagamento de precatórios em ordem cronológica de apresentação, respeitadas as preferências definidas no § 1º, para os requisitórios do mesmo ano e no § 2º do art. 100, para requisitórios de todos os anos. (Incluído pela EC 62/2009.)

§ 7º Nos casos em que não se possa estabelecer a precedência cronológica entre 2 (dois) precatórios, pagar-se-á primeiramente o precatório de menor valor. (Incluído pela EC 62/2009.)

§ 8º A aplicação dos recursos restantes dependerá de opção a ser exercida por Estados, Distrito Federal e Municípios devedores, por ato do Poder Executivo, obedecendo à seguinte forma, que poderá ser aplicada isoladamente ou simultaneamente: (Incluído pela EC 62/2009.)

I - destinados ao pagamento dos precatórios por meio do leilão; (Incluído pela EC 62/2009.)

II - destinados a pagamento a vista de precatórios não quitados na forma do § 6º e do inciso I, em ordem única e crescente de valor por precatório; (Incluído pela EC 62/2009.)

III - destinados a pagamento por acordo direto com os credores, na forma estabelecida por lei própria da entidade devedora, que poderá prever criação e forma de funcionamento de câmara de conciliação. (Incluído pela EC 62/2009.)

§ 9º Os leilões de que trata o inciso I do § 8º deste artigo: (Incluído pela EC 62/2009.)

I - serão realizados por meio de sistema eletrônico administrado por entidade autorizada pela Comissão de Valores Mobiliários ou pelo Banco Central do Brasil; (Incluído pela EC 62/2009.)

II - admitirão a habilitação de precatórios, ou parcela de cada precatório indicada pelo seu detentor, em relação aos quais não esteja pendente, no âmbito do Poder Judiciário, recurso ou impugnação de qualquer natureza, permitida por iniciativa do Poder Executivo a compensação com débitos líquidos e certos, inscritos ou não em dívida ativa e constituídos contra devedor originário pela Fazenda Pública devedora até a data da expedição do precatório, ressalvados aqueles cuja exigibilidade esteja suspensa nos termos da legislação, ou que já tenham sido objeto de abatimento nos termos do § 9º do art. 100 da Constituição Federal; (Incluído pela EC 62/2009.)

III - ocorrerão por meio de oferta pública a todos os credores habilitados pelo respectivo ente federativo devedor; (Incluído pela EC 62/2009.)

IV - considerarão automaticamente habilitado o credor que satisfaça o que consta no inciso II; (Incluído pela EC 62/2009.)

V - serão realizados tantas vezes quanto necessário em função do valor disponível; (Incluído pela EC 62/2009.)

VI - a competição por parcela do valor total ocorrerá a critério do credor, com deságio sobre o valor desta; (Incluído pela EC 62/2009.)

VII - ocorrerão na modalidade deságio, associado ao maior volume ofertado cumulado ou não com o maior percentual de deságio, pelo maior percentual de deságio, podendo ser fixado valor máximo por credor, ou por outro critério a ser definido em edital; (Incluído pela EC 62/2009.)

VIII - o mecanismo de formação de preço constará nos editais publicados para cada leilão; (Incluído pela EC 62/2009.)

IX - a quitação parcial dos precatórios será homologada pelo respectivo Tribunal que o expediu. (Incluído pela EC 62/2009.)

§ 10. No caso de não liberação tempestiva dos recursos de que tratam o inciso II do § 1º e os §§ 2º e 6º deste artigo: (Incluído pela EC 62/2009.)

I - haverá o sequestro de quantia nas contas de Estados, Distrito Federal e Municípios devedores, por ordem do Presidente do Tribunal referido no § 4º, até o limite do valor não liberado; (Incluído pela EC 62/2009.)

II - constituir-se-á, alternativamente, por ordem do Presidente do Tribunal requerido, em favor dos credores de precatórios, contra Estados, Distrito Federal e Municípios devedores, direito líquido e certo, autoaplicável e independentemente de regulamentação, à compensação automática com débitos líquidos lançados por esta contra aqueles, e, havendo saldo em favor do credor, o valor terá automaticamente poder liberatório do pagamento de tributos de Estados, Distrito Federal e Municípios devedores, até onde se compensarem; (Incluído pela EC 62/2009.)

III - o chefe do Poder Executivo responderá na forma da legislação de responsabilidade fiscal e de improbidade administrativa; (Incluído pela EC 62/2009.)

IV - enquanto perdurar a omissão, a entidade devedora: (Incluído pela EC 62/2009.)

a) não poderá contrair empréstimo externo ou interno; (Incluído pela EC 62/2009.)

b) ficará impedida de receber transferências voluntárias; (Incluído pela EC 62/2009.)

V - a União reterá os repasses relativos ao Fundo de Participação dos Estados e do Distrito Federal e ao Fundo de Participação dos Municípios, e os depositará nas contas especiais referidas no § 1º, devendo sua utilização obedecer ao que prescreve o § 5º, ambos deste artigo. (Incluído pela EC 62/2009.)

§ 11. No caso de precatórios relativos a diversos credores, em litisconsórcio, admite-se o desmembramento do valor, realizado pelo Tribunal de origem do precatório, por credor, e, por este, a habilitação do valor total a que tem direito, não se aplicando, neste caso, a regra do § 3º do art. 100 da Constituição Federal. (Incluído pela EC 62/2009.)

§ 12. Se a lei a que se refere o § 4º do art. 100 não estiver publicada em até 180 (cento e oitenta) dias, contados da data de publicação desta Emenda Constitucional, será considerado, para os fins referidos, em relação a Estados, Distrito Federal e Municípios devedores, omissos na regulamentação, o valor de: (Incluído pela EC 62/2009.)

I - 40 (quarenta) salários-mínimos para Estados e para o Distrito Federal; (Incluído pela EC 62/2009)

II - 30 (trinta) salários-mínimos para Municípios. (Incluído pela EC 62/2009)

§ 13. Enquanto Estados, Distrito Federal e Municípios devedores estiverem realizando pagamentos de precatórios pelo regime especial, não poderão sofrer sequestro de valores, exceto no caso de não liberação tempestiva dos recursos de que tratam o inciso II do § 1º e o § 2º deste artigo. (Incluído pela EC 62/2009.)

§ 14. O regime especial de pagamento de precatório previsto no inciso I do § 1º vigorará enquanto o valor dos precatórios devidos for superior ao valor dos recursos vinculados, nos termos do § 2º, ambos deste artigo, ou pelo prazo fixo de até 15 (quinze) anos, no caso da opção prevista no inciso II do § 1º. (Incluído pela EC 62/2009.)

§ 15. Os precatórios parcelados na forma do art. 33 ou do art. 78 deste Ato das Disposições Constitucionais Transitórias e ainda pendentes de pagamento ingressarão no regime especial com o valor atualizado das parcelas não pagas relativas a cada precatório, bem como o saldo dos acordos judiciais e extrajudiciais. (Incluído pela EC 62/2009.)

§ 16. A partir da promulgação desta Emenda Constitucional, a atualização de valores de requisitórios, até o efetivo pagamento, independentemente de sua natureza, será feita pelo índice oficial de remuneração básica da caderneta de poupança, e, para fins de compensação da mora, incidirão juros simples no mesmo percentual de juros incidentes sobre a caderneta de poupança, ficando excluída a incidência de juros compensatórios. (Incluído pela EC 62/2009.)

§ 17. O valor que exceder o limite previsto no § 2º do art. 100 da Constituição Federal será pago, durante a vigência do regime especial, na forma prevista nos §§ 6º e 7º ou nos incisos I, II e III do § 8º deste artigo, devendo os valores dispendidos para o atendimento do disposto no § 2º do art. 100 da Constituição Federal serem computados para efeito do § 6º deste artigo. (Incluído pela EC 62/2009.)

§ 18. Durante a vigência do regime especial a que se refere este artigo, gozarão também da preferência a que se refere o § 6º os titulares originais de precatórios que tenham completado 60 (sessenta) anos de idade até a data da promulgação desta Emenda Constitucional. (Incluído pela EC 62/2009.)

Art. 98. O número de defensores públicos na unidade jurisdicional será proporcional à efetiva demanda pelo serviço da Defensoria Pública e à respectiva população. (Acrescentado pela EC 80/2014.)

› art. 134, CF.

§ 1º No prazo de 8 (oito) anos, a União, os Estados e o Distrito Federal deverão contar com defensores públicos em todas as unidades jurisdicionais, observado o disposto no *caput* deste artigo. (Acrescentado pela EC 80/2014.)

§ 2º Durante o decurso do prazo previsto no § 1º deste artigo, a lotação dos defensores públicos ocorrerá, prioritariamente, atendendo as regiões com maiores índices de exclusão social e adensamento populacional. (Acrescentado pela EC 80/2014.)

Art. 99. Para efeito do disposto no inciso VII do § 2º do art. 155, no caso de operações e prestações que destinem bens e serviços a consumidor final não contribuinte localizado em outro Estado, o imposto correspondente à diferença entre a alíquota interna e a interestadual será partilhado entre os Estados de origem e de destino, na seguinte proporção: (Acrescentado pela EC 87/2015. Produção de efeitos no ano subsequente e após 90 dias de sua publicação.)

I - para o ano de 2015: 20% (vinte por cento) para o Estado de destino e 80% (oitenta por cento) para o Estado de origem; (Acrescentado pela EC 87/2015. Produção de efeitos no ano subsequente e após 90 dias de sua publicação.)

II - para o ano de 2016: 40% (quarenta por cento) para o Estado de destino e 60% (sessenta por cento) para o Estado de origem; (Acrescentado pela EC 87/2015. Produção de efeitos no ano subsequente e após 90 dias de sua publicação.)

III - para o ano de 2017: 60% (sessenta por cento) para o Estado de destino e 40% (quarenta por cento) para o Estado de origem; (Acrescentado pela EC 87/2015. Produção de efeitos no ano subsequente e após 90 dias de sua publicação.)

IV - para o ano de 2018: 80% (oitenta por cento) para o Estado de destino e 20% (vinte por cento) para o Estado de origem; (Acrescentado pela EC 87/2015. Produção de efeitos no ano subsequente e após 90 dias de sua publicação.)

V - a partir do ano de 2019: 100% (cem por cento) para o Estado de destino. (Acrescentado pela EC 87/2015. Produção de efeitos no ano subsequente e após 90 dias de sua publicação.)

Art. 100. Até que entre em vigor a lei complementar de que trata o inciso II do § 1º do art. 40 da Constituição Federal, os Ministros do Supremo Tribunal Federal, dos Tribunais Superiores e do Tribunal de Contas da União aposentar-se-ão, compulsoriamente, aos 75 (setenta e cinco) anos de idade, nas condições do art. 52 da Constituição Federal. (Acrescentado pela EC 88/2015.)

› ADIn 5.316 MC/DF (O STF, por maioria de votos, deferiu a medida cautelar para suspender a aplicação da expressão "Nas condições do art. 52 da CF contida neste artigo).

Art. 101. Os Estados, o Distrito Federal e os Municípios que, em 25 de março de 2015, se encontravam em mora no pagamento de seus precatórios quitarão, até 31 de dezembro de 2029, seus débitos vencidos e os que vencerão dentro desse período, atualizados pelo Índice Nacional de Preços ao Consumidor Amplo Especial (IPCA-E), ou por outro índice que venha a substituí-lo, depositando mensalmente em conta especial do Tribunal de Justiça local, sob única e exclusiva administração deste, 1/12 (um doze avos) do valor calculado percentualmente sobre suas receitas correntes líquidas apuradas no segundo mês anterior ao mês de pagamento, em percentual suficiente para a quitação de seus débitos e, ainda que variável, nunca inferior, em cada exercício, ao percentual praticado na data da entrada em vigor do regime especial a que se refere este artigo, em conformidade com plano de pagamento a ser anualmente apresentado ao Tribunal de Justiça local. ("Caput" *do artigo acrescido pela EC nº 94, de 2016, e com nova redação dada pela EC nº 109, de 2021*)

§ 1º Entende-se como receita corrente líquida, para os fins de que trata este artigo, o somatório das receitas tributárias, patrimoniais, industriais, agropecuárias, de contribuições e de serviços, de transferências correntes e outras receitas correntes, incluindo as oriundas do § 1º do art. 20 da Constituição Federal, verificado no período compreendido pelo segundo mês imediatamente anterior ao de referência e os 11 (onze) meses precedentes, excluídas as duplicidades, e deduzidas: (Acrescentado pela EC 94/2016.)

I - nos Estados, as parcelas entregues aos Municípios por determinação constitucional; (Acrescentado pela EC 94/2016.)

II - nos Estados, no Distrito Federal e nos Municípios, a contribuição dos servidores para custeio de seu sistema de previdência e assistência social e as receitas provenientes da compensação financeira referida no § 9º do art. 201 da Constituição Federal. (Acrescentado pela EC 94/2016.)

§ 2º O débito de precatórios será pago com recursos orçamentários próprios provenientes das fontes de receita corrente líquida referidas no § 1º deste artigo e, adicionalmente, poderão ser utilizados recursos dos seguintes instrumentos: (Redação dada pela EC 99, de 2017)

I - até 75% (setenta e cinco por cento) dos depósitos judiciais e dos depósitos administrativos em dinheiro referentes a processos judiciais ou administrativos, tributários ou não tributários, nos quais sejam parte os Estados, o Distrito Federal ou os Municípios, e as respectivas autarquias, fundações e empresas estatais dependentes, mediante a instituição de fundo garantidor em montante equivalente a 1/3 (um terço) dos recursos levantados, constituído pela parcela restante dos depósitos judiciais e remunerado pela taxa referencial do Sistema Especial de Liquidação e de Custódia (Selic) para títulos federais, nunca inferior aos índices e critérios aplicados aos depósitos levantados; (Redação dada pela EC 99, de 2017)

II - até 30% (trinta por cento) dos demais depósitos judiciais da localidade sob jurisdição do respectivo Tribunal de Justiça, mediante a instituição de fundo garantidor em montante equivalente aos recursos levantados, constituído pela parcela restante dos depósitos judiciais e remunerado pela taxa referencial do Sistema Especial de Liquidação e de Custódia (Selic) para títulos federais, nunca inferior aos índices e critérios aplicados aos depósitos levantados, destinando-se: (Redação dada pela EC 99, de 2017)

a) no caso do Distrito Federal, 100% (cem por cento) desses recursos ao próprio Distrito Federal; (Acrescentado pela EC 94/2016.)

b) no caso dos Estados, 50% (cinquenta por cento) desses recursos ao próprio Estado e 50% (cinquenta por cento) aos respectivos Municípios, conforme a circunscrição judiciária onde estão depositados os recursos, e, se houver mais de um Município na mesma circunscrição judiciária, os recursos serão rateados entre os Municípios concorrentes, proporcionalmente às respectivas populações, utilizado como referência o último levantamento censitário ou a mais recente estimativa populacional da Fundação Instituto Brasileiro de Geografia e Estatística (IBGE); (Redação dada pela EC 99, de 2017)

III - empréstimos, excetuados para esse fim os limites de endividamento de que tratam os incisos VI e VII do *caput* do art. 52 da Constituição Federal e quaisquer outros limites de endividamento previstos em lei, não se aplicando a esses empréstimos a vedação de vinculação de receita prevista no inciso IV do *caput* do art. 167 da Constituição Federal; (Redação dada pela EC 99, de 2017)

IV - a totalidade dos depósitos em precatórios e requisições diretas de pagamento de obrigações de pequeno valor efetuados até 31 de dezembro de 2009 e ainda não levantados, com o cancelamento dos respectivos requisitórios e a baixa das obrigações, assegurada a revalidação dos requisitórios pelos juízos dos processos perante os Tribunais, a requerimento dos credores e após a oitiva da entidade devedora, mantidas a posição de ordem cronológica original e a remuneração de todo o período. (Incluído pela EC 99, de 2017)

§ 3º Os recursos adicionais previstos nos incisos I, II e IV do § 2º deste artigo serão transferidos diretamente pela instituição financeira depositária para a conta especial referida no *caput* deste artigo, sob única e exclusiva administração do Tribunal de Justiça local, e essa transferência deverá ser realizada em até sessenta dias contados a partir da entrada em vigor deste parágrafo, sob pena de responsabilização pessoal do dirigente da instituição financeira por improbidade. (Incluído pela EC 99, de 2017)

§ 4º (Parágrafo acrescido pela EC nº 99, de 2017 e revogado pela EC nº 109, de 2021)

Art. 102. Enquanto viger o regime especial previsto nesta Emenda Constitucional, pelo menos 50% (cinquenta por cento) dos recursos que, nos termos do art. 101 deste Ato das Disposições Constitucionais Transitórias, forem destinados ao pagamento dos precatórios em mora serão utilizados no pagamento segundo a ordem cronológica de apresentação, respeitadas as preferências dos créditos alimentares, e, nessas, as relativas à idade, ao estado de saúde e à deficiência, nos termos do § 2º do art. 100 da Constituição Federal, sobre todos os demais créditos de todos os anos. (Acrescentado pela EC 94/2016.)

§ 1º A aplicação dos recursos remanescentes, por opção a ser exercida por Estados, Distrito Federal e Municípios, por ato do respectivo Poder Executivo, observada a ordem de preferência dos credores, poderá ser destinada ao pagamento mediante acordos diretos, perante Juízos Auxiliares de Conciliação de Precatórios, com redução máxima de 40% (quarenta por cento) do valor do crédito atualizado, desde que em relação ao crédito não penda recurso ou defesa judicial e que sejam observados os requisitos definidos na regulamentação editada pelo ente federado. (Parágrafo único renumerado pela EC 99/2017.)

§ 2º Na vigência do regime especial previsto no art. 101 deste Ato das Disposições Constitucionais Transitórias, as preferências relativas à idade, ao estado de saúde e à deficiência serão atendidas até o valor equivalente ao quíntuplo fixado em lei para os fins do disposto no § 3º do art. 100 da Constituição Federal, admitido o fracionamento para essa finalidade, e o restante será pago em ordem cronológica de apresentação do precatório. (Incluído pela EC 99, de 2017)

Art. 103. Enquanto os Estados, o Distrito Federal e os Municípios estiverem efetuando o pagamento da parcela mensal devida como previsto no *caput* do art. 101 deste Ato das Disposições Constitucionais Transitórias, nem eles, nem as respectivas autarquias, fundações e empresas estatais dependentes poderão sofrer sequestro de valores, exceto no caso de não liberação tempestiva dos recursos. (Acrescentado pela EC 94/2016.)

Parágrafo único. Na vigência do regime especial previsto no art. 101 deste Ato das Disposições Constitucionais Transitórias, ficam vedadas desapropriações pelos Estados, pelo Distrito Federal e pelos Municípios, cujos estoques de precatórios ainda pendentes de pagamento, incluídos os precatórios a pagar de suas entidades da administração indireta, sejam superiores a 70% (setenta por cento) das respectivas receitas correntes líquidas, excetuadas as desapropriações para fins de necessidade pública nas áreas de saúde, educação, segurança pública, transporte público, saneamento básico e habitação de interesse social. (Acrescentado pela EC 99/2017.)

Art. 104. Se os recursos referidos no art. 101 deste Ato das Disposições Constitucionais Transitórias para o pagamento de precatórios não forem tempestivamente liberados, no todo ou em parte: (Acrescentado pela EC 94/2016.)

I - o Presidente do Tribunal de Justiça local determinará o sequestro, até o limite do valor não liberado, das contas do ente federado inadimplente; (Acrescentado pela EC 94/2016.)

II - o chefe do Poder Executivo do ente federado inadimplente responderá, na forma da legislação de responsabilidade fiscal e de improbidade administrativa; (Acrescentado pela EC 94/2016.)

III - a União reterá os recursos referentes aos repasses ao Fundo de Participação dos Estados e do Distrito Federal e ao Fundo de Participação dos Municípios e os depositará na conta especial referida no art. 101 deste Ato das Disposições Constitucionais Transitórias, para utilização como nele previsto; (Acrescentado pela EC 94/2016.)

IV - os Estados reterão os repasses previstos no parágrafo único do art. 158 da Constituição Federal e os depositarão na conta especial referida no art. 101 deste Ato das Disposições Constitucionais Transitórias, para utilização como nele previsto. (Acrescentado pela EC 94/2016.)

Parágrafo único. Enquanto perdurar a omissão, o ente federado não poderá contrair empréstimo externo ou interno, exceto para os fins previstos no § 2º do art. 101 deste Ato das Disposições Constitucionais Transitórias, e ficará impedido de receber transferências voluntárias. (Acrescentado pela EC 94/2016.)

Art. 105. Enquanto viger o regime de pagamento de precatórios previsto no art. 101 deste Ato das Disposições Constitucionais Transitórias, é facultada aos credores de precatórios, próprios ou de terceiros, a compensação com débitos de natureza tributária ou de outra natureza que até 25 de março de 2015 tenham sido inscritos na dívida ativa dos Estados, do Distrito Federal ou dos Municípios, observados os requisitos definidos em lei própria do ente federado. (Acrescentado pela EC 94/2016.)

§ 1º Não se aplica às compensações referidas no *caput* deste artigo qualquer tipo de vinculação, como as transferências a outros entes e as destinadas à educação, à saúde e a outras finalidades. (Parágrafo único renumerado para § 1º pela EC 99/2017.)

§ 2º Os Estados, o Distrito Federal e os Municípios regulamentarão nas respectivas leis o disposto no *caput* deste artigo em até cento e vinte dias a partir de 1º de janeiro de 2018. (Acrescentado pela EC 99/2017.)

§ 3º Decorrido o prazo estabelecido no § 2º deste artigo sem a regulamentação nele prevista, ficam os credores de precatórios autorizados a exercer a faculdade a que se refere o *caput* deste artigo. (Acrescentado pela EC 99/2017.)

Art. 106. Fica instituído o Novo Regime Fiscal no âmbito dos Orçamentos Fiscal e da Seguridade Social da União, que vigorará por vinte exercícios financeiros, nos termos dos arts. 107 a 114 deste Ato das Disposições Constitucionais Transitórias. (Acrescentado pela EC 95/2016.)

Art. 107. Ficam estabelecidos, para cada exercício, limites individualizados para as despesas primárias: (Acrescentado pela EC 95/2016.)

I - do Poder Executivo; (Acrescentado pela EC 95/2016.)

II - do Supremo Tribunal Federal, do Superior Tribunal de Justiça, do Conselho Nacional de Justiça, da Justiça do Trabalho, da Justiça Federal, da Justiça Militar da União, da Justiça Eleitoral e da Justiça do Distrito Federal e Territórios, no âmbito do Poder Judiciário; (Acrescentado pela EC 95/2016.)

III - do Senado Federal, da Câmara dos Deputados e do Tribunal de Contas da União, no âmbito do Poder Legislativo; (Acrescentado pela EC 95/2016.)

IV - do Ministério Público da União e do Conselho Nacional do Ministério Público; e (Acrescentado pela EC 95/2016.)

V - da Defensoria Pública da União. (Acrescentado pela EC 95/2016.)

§ 1º Cada um dos limites a que se refere o *caput* deste artigo equivalerá:

I - para o exercício de 2017, à despesa primária paga no exercício de 2016, incluídos os restos a pagar pagos e demais operações que afetam o resultado primário, corrigida em 7,2% (sete inteiros e dois décimos por cento); e (Acrescentado pela EC 95/2016.)

II - para os exercícios posteriores, ao valor do limite referente ao exercício imediatamente anterior, corrigido pela variação do Índice Nacional de Preços ao Consumidor Amplo - IPCA, publicado pelo Instituto Brasileiro de Geografia e Estatística, ou de outro índice que vier a substituí-lo, para o período de doze meses encerrado em junho do exercício anterior a que se refere a lei orçamentária. (Acrescentado pela EC 95/2016.)

§ 2º Os limites estabelecidos na forma do inciso IV do *caput* do art. 51, do inciso XIII do *caput* do art. 52, do § 1º do art. 99, do § 3º do art. 127 e do § 3º do art. 134 da Constituição Federal não poderão ser superiores aos estabelecidos nos termos deste artigo. (Acrescentado pela EC 95/2016.)

§ 3º A mensagem que encaminhar o projeto de lei orçamentária demonstrará os valores máximos de programação compatíveis com os limites individualizados calculados na forma do § 1º deste artigo, observados os §§ 7º a 9º deste artigo. (Acrescentado pela EC 95/2016.)

§ 4º As despesas primárias autorizadas na lei orçamentária anual sujeitas aos limites de que trata este artigo não poderão exceder os valores máximos demonstrados nos termos do § 3º deste artigo. (Acrescentado pela EC 95/2016.)

§ 5º É vedada a abertura de crédito suplementar ou especial que amplie o montante total autorizado de despesa primária sujeita aos limites de que trata este artigo. (Acrescentado pela EC 95/2016.)

§ 6º Não se incluem na base de cálculo e nos limites estabelecidos neste artigo: (Acrescentado pela EC 95/2016.)

I - transferências constitucionais estabelecidas no § 1º do art. 20, no inciso III do parágrafo único do art. 146, no § 5º do art. 153, no art. 157, nos incisos I e II do *caput* do art. 158, no art. 159 e no § 6º do art. 212, as despesas referentes ao inciso XIV do *caput* do art. 21 e as complementações de que tratam os incisos IV e V do *caput* do art. 212-A, todos da Constituição Federal; (Redação dada pela EC 108/2020, com produção de efeitos financeiros a partir de 1º/1/2021)

II - créditos extraordinários a que se refere o § 3º do art. 167 da Constituição Federal; (Acrescentado pela EC 95/2016.)

III - despesas não recorrentes da Justiça Eleitoral com a realização de eleições; e (Acrescentado pela EC 95/2016.)

IV - despesas com aumento de capital de empresas estatais não dependentes. (Acrescentado pela EC 95/2016.)

V - transferências a Estados, Distrito Federal e Municípios de parte dos valores arrecadados com os leilões dos volumes excedentes ao limite a que se refere o § 2º do art. 1º da Lei nº 12.276, de 30 de junho de 2010, e a despesa decorrente da revisão do contrato de cessão onerosa de que trata a mesma Lei. (Acrescido pela EC 102/2019)

§ 7º Nos três primeiros exercícios financeiros da vigência do Novo Regime Fiscal, o Poder Executivo poderá compensar com redução equivalente na sua despesa primária, consoante os valores estabelecidos no projeto de lei orçamentária encaminhado pelo Poder Executivo no respectivo exercício, o excesso de despesas primárias em relação aos limites de que tratam os incisos II a V do *caput* deste artigo. (Acrescentado pela EC 95/2016.)

§ 8º A compensação de que trata o § 7º deste artigo não excederá a 0,25% (vinte e cinco centésimos por cento) do limite do Poder Executivo. (Acrescentado pela EC 95/2016.)

§ 9º Respeitado o somatório em cada um dos incisos de II a IV do *caput* deste artigo, a lei de diretrizes orçamentárias poderá dispor sobre a compensação entre os limites individualizados dos órgãos elencados em cada inciso. (Acrescentado pela EC 95/2016.)

§ 10. Para fins de verificação do cumprimento dos limites de que trata este artigo, serão consideradas as despesas primárias pagas, incluídos os restos a pagar pagos e demais operações que afetam o resultado primário no exercício. (Acrescentado pela EC 95/2016.)

§ 11. O pagamento de restos a pagar inscritos até 31 de dezembro de 2015 poderá ser excluído da verificação do cumprimento dos limites de que trata este artigo, até o excesso de resultado primário dos Orçamentos Fiscal e da Seguridade Social do exercício em relação à meta fixada na lei de diretrizes orçamentárias. (Acrescentado pela EC 95/2016.)

Art. 108. O Presidente da República poderá propor, a partir do décimo exercício da vigência do Novo Regime Fiscal, projeto de lei complementar para alteração do método de correção dos limites a que se refere o inciso II do § 1º do art. 107 deste Ato das Disposições Constitucionais Transitórias. (Acrescentado pela EC 95/2016.)

Parágrafo único. Será admitida apenas uma alteração do método de correção dos limites por mandato presidencial. (Acrescentado pela EC 95/2016.)

Art. 109. Se verificado, na aprovação da lei orçamentária, que, no âmbito das despesas sujeitas aos limites do art. 107 deste Ato das Disposições Constitucionais Transitórias, a proporção da despesa obrigatória primária em relação à despesa primária total foi superior a 95% (noventa e cinco por cento), aplicam-se ao respectivo Poder ou órgão, até o final do exercício a que se refere a lei orçamentária, sem prejuízo de outras medidas, as seguintes vedações: ("Caput" do artigo acrescido pela EC nº 95, de 2016 e com nova redação dada pela EC nº 109, de 2021)

I - concessão, a qualquer título, de vantagem, aumento, reajuste ou adequação de remuneração de membros de Poder ou de órgão, de servidores e empregados públicos e de militares, exceto dos derivados de sentença judicial transitada em julgado ou de determinação legal anterior ao início da aplicação das medidas de que trata este artigo; (Inciso acrescido pela EC nº 95, de 2016 e com nova redação dada pela EC nº 109, de 2021)

II - criação de cargo, emprego ou função que implique aumento de despesa; (Acrescentado pela EC 95/2016.)

III - alteração de estrutura de carreira que implique aumento de despesa; (Acrescentado pela EC 95/2016.)

IV - admissão ou contratação de pessoal, a qualquer título, ressalvadas: (Inciso acrescido pela EC nº 95, de 2016 e com nova redação dada pela EC nº 109, de 2021)

a) as reposições de cargos de chefia e de direção que não acarretem aumento de despesa; (Alínea acrescida pela EC nº 109, de 2021)

b) as reposições decorrentes de vacâncias de cargos efetivos ou vitalícios; (Alínea acrescida pela EC nº 109, de 2021)

c) as contratações temporárias de que trata o inciso IX do *caput* do art. 37 da Constituição Federal; e (Alínea acrescida pela Emenda Constitucional nº 109, de 2021)

d) as reposições de temporários para prestação de serviço militar e de alunos de órgãos de formação de militares; (Alínea acrescida pela EC nº 109, de 2021)

V - realização de concurso público, exceto para as reposições de vacâncias previstas no inciso IV; (Acrescentado pela EC 95/2016.)

VI - criação ou majoração de auxílios, vantagens, bônus, abonos, verbas de representação ou benefícios de qualquer natureza, inclusive os de cunho indenizatório, em favor de membros de Poder, do Ministério Público ou da Defensoria Pública, de servidores e empregados públicos e de militares, ou ainda de seus dependentes, exceto quando derivados de sentença judicial transitada em julgado ou de determinação legal anterior ao início da aplicação das medidas de que trata este artigo; (Inciso acrescido pela EC nº 95, de 2016 e com nova redação dada pela EC nº 109, de 2021)

VII - criação de despesa obrigatória; e (Acrescentado pela EC 95/2016.)

VIII - adoção de medida que implique reajuste de despesa obrigatória acima da variação da inflação, observada a preservação do poder aquisitivo referida no inciso IV do *caput* do art. 7º da Constituição Federal. (Acrescentado pela EC 95/2016.)

IX - aumento do valor de benefícios de cunho indenizatório destinados a qualquer membro de Poder, servidor ou empregado da administração pública e a seus dependentes, exceto quando derivado de sentença judicial transitada em julgado ou de determinação legal anterior ao início da aplicação das medidas de que trata este artigo. (Inciso acrescido pela EC nº 109, de 2021)

§ 1º As vedações previstas nos incisos I, III e VI do *caput* deste artigo, quando acionadas as vedações para qualquer dos órgãos elencados nos incisos II, III e IV do *caput* do art. 107 deste Ato das Disposições Constitucionais Transitórias, aplicam-se ao conjunto dos órgãos referidos em cada inciso. (Parágrafo acrescido pela EC nº 95, de 2016 e com nova redação dada pela EC nº 109, de 2021)

§ 2º Caso as vedações de que trata o *caput* deste artigo sejam acionadas para o Poder Executivo, ficam vedadas: (Parágrafo acrescido pela EC nº 95, de 2016 e com nova redação dada pela EC nº 109, de 2021)

I - a criação ou expansão de programas e linhas de financiamento, bem como a remissão, renegociação ou refinanciamento de dívidas que impliquem ampliação das despesas com subsídios e subvenções; e (Acrescentado pela EC 95/2016.)

II - a concessão ou a ampliação de incentivo ou benefício de natureza tributária. (Acrescentado pela EC 95/2016.)

§ 3º Caso as vedações de que trata o *caput* deste artigo sejam acionadas, fica vedada a concessão da revisão geral prevista no inciso X do *caput* do art. 37 da Constituição Federal. (Parágrafo acrescido pela EC nº 95, de 2016 e com nova redação dada pela EC nº 109, de 2021)

§ 4º As disposições deste artigo: (Parágrafo acrescido pela EC nº 95, de 2016 e com nova redação dada pela EC nº 109, de 2021)

I - não constituem obrigação de pagamento futuro pela União ou direitos de outrem sobre o erário; (Inciso acrescido pela EC nº 109, de 2021)

II - não revogam, dispensam ou suspendem o cumprimento de dispositivos constitucionais e legais que disponham sobre metas fiscais ou limites máximos de despesas; e (Inciso acrescido pela EC nº 109, de 2021)

III - aplicam-se também a proposições legislativas. (Inciso acrescido pela EC nº 109, de 2021)

§ 5º O disposto nos incisos II, IV, VII e VIII do *caput* e no § 2º deste artigo não se aplica a medidas de combate a calamidade pública nacional cuja vigência e efeitos não ultrapassem a sua duração. (Parágrafo acrescido pela EC nº 109, de 2021)

Art. 110. Na vigência do Novo Regime Fiscal, as aplicações mínimas em ações e serviços públicos de saúde e em manutenção e desenvolvimento do ensino equivalerão: (Acrescentado pela EC 95/2016.)

I - no exercício de 2017, às aplicações mínimas calculadas nos termos do inciso I do § 2º do art. 198 e do *caput* do art. 212, da Constituição Federal; e (Acrescentado pela EC 95/2016.)

II - nos exercícios posteriores, aos valores calculados para as aplicações mínimas do exercício imediatamente anterior, corrigidos na forma estabelecida pelo inciso II do § 1º do art. 107 deste Ato das Disposições Constitucionais Transitórias. (Acrescentado pela EC 95/2016.)

Art. 111. A partir do exercício financeiro de 2018, até o último exercício de vigência do Novo Regime Fiscal, a aprovação e a execução previstas nos §§ 9º e 11 do art. 166 da Constituição Federal corresponderão ao montante de execução obrigatória para o exercício de 2017, corrigido na forma estabelecida pelo inciso II do § 1º do art. 107 deste Ato das Disposições Constitucionais Transitórias. (Acrescentado pela EC 95/2016.)

Art. 112. As disposições introduzidas pelo Novo Regime Fiscal: (Acrescentado pela EC 95/2016.)

I - não constituirão obrigação de pagamento futuro pela União ou direitos de outrem sobre o erário; e (Acrescentado pela EC 95/2016.)

II - não revogam, dispensam ou suspendem o cumprimento de dispositivos constitucionais e legais que disponham sobre metas fiscais ou limites máximos de despesas. (Acrescentado pela EC 95/2016.)

Art. 113. A proposição legislativa que crie ou altere despesa obrigatória ou renúncia de receita deverá ser acompanhada da estimativa do seu impacto orçamentário e financeiro. (Acrescentado pela EC 95/2016.)

Art. 114. A tramitação de proposição elencada no *caput* do art. 59 da Constituição Federal, ressalvada a referida no seu inciso V, quando acarretar aumento de despesa ou renúncia de receita, será suspensa por até vinte dias, a requerimento de um quinto dos membros da Casa, nos termos regimentais, para análise de sua compatibilidade com o Novo Regime Fiscal. (Acrescentado pela EC 95/2016.)

Brasília, 05 de outubro de 1988.

Ulysses Guimarães
Presidente
Mauro Benevides
1º Vice-Presidente
Jorge Arbage
2º Vice-Presidente

EMENDA CONSTITUCIONAL Nº 1, DE 31 DE MARÇO DE 1992

Dispõe sobre a remuneração dos Deputados Estaduais e dos Vereadores.

As Mesas da Câmara dos Deputados e do Senado Federal, nos termos do § 3º do art. 60 da Constituição Federal, promulgam a seguinte emenda ao texto constitucional:

Art. 1º O § 2º do art. 27 da Constituição passa a vigorar com a seguinte redação:

‣ Alteração incorporada ao texto da CF.

Art. 2º São acrescentados ao art. 29 da Constituição os seguintes incisos, VI e VII, renumerando-se os demais:

‣ Alteração incorporada ao texto da CF.

Art. 3º Esta Emenda Constitucional entra em vigor na data de sua publicação.

Brasília, 31 de março de 1992.

Mesa da Câmara dos Deputados
Deputado Ibsen Pinheiro
Presidente

Mesa do Senado Federal
Senador Mauro Benevides
Presidente

EMENDA CONSTITUCIONAL Nº 2, DE 25 DE AGOSTO DE 1992

Dispõe sobre o plebiscito previsto no art. 2º do Ato das Disposições Constitucionais Transitórias.

As Mesas da Câmara dos Deputados e do Senado Federal, nos termos do § 3º do art. 60 da Constituição Federal, promulgam a seguinte Emenda ao texto constitucional:

Artigo único. O plebiscito de que trata o art. 2º do Ato das Disposições Constitucionais Transitórias realizar-se-á no dia 21 de abril de 1993.

§ 1º. A forma e o sistema de governo definidos pelo plebiscito terão vigência em 1º de janeiro de 1995.

§ 2º. A lei poderá dispor sobre a realização do plebiscito, inclusive sobre a gratuidade da livre divulgação das formas e sistemas de governo, através dos meios de comunicação de massa concessionários ou permissionários de serviço público, assegurada igualdade de tempo e paridade de horários.

§ 3º. A norma constante do parágrafo anterior não exclui a competência do Tribunal Superior Eleitoral para expedir instruções necessárias à realização da consulta plebiscitária.

Brasília, 25 de agosto de 1992.

Mesa da Câmara dos Deputados
Deputado Ibsen Pinheiro
Presidente

Mesa do Senado Federal
Senador Mauro Benevides
Presidente

EMENDA CONSTITUCIONAL Nº 3, DE 17 DE MARÇO DE 1993

Altera dispositivos da Constituição

As Mesas da Câmara dos Deputados e do Senado Federal, nos termos do § 3º do art. 60 da Constituição Federal, promulgam a seguinte emenda ao texto constitucional:

Art. 1º Os dispositivos da Constituição Federal abaixo enumerados passam a vigorar com as seguintes alterações:

‣ Alteração incorporada ao texto da CF.

Art. 2º A União poderá instituir, nos termos de lei complementar, com vigência até 31 de dezembro de 1994, imposto sobre movimentação ou transmissão de valores e de créditos e direitos de natureza financeira.

§ 1º. A alíquota do imposto de que trata este artigo não excederá a vinte e cinco centésimos por cento, facultado ao Poder Executivo reduzi-la ou restabelecê-la, total ou parcialmente, nas condições e limites fixados em lei.

§ 2º. Ao imposto de que trata este artigo não se aplica o art. 150, III, b, e VI, nem o disposto no § 5º do art. 153 da Constituição.

§ 3º. O produto da arrecadação do imposto de que trata este artigo não se encontra sujeito a qualquer modalidade de repartição com outra entidade federada.

§ 4º. (Revogado pela ECR nº 1, de 01/03/94)

Art. 3º A eliminação do adicional ao imposto de renda, de competência dos Estados, decorrente desta Emenda Constitucional, somente produzirá efeitos a partir de 1º de janeiro de 1996, reduzindo-se a correspondente alíquota, pelo menos, a dois e meio por cento no exercício financeiro de 1995.

Art. 4º A eliminação do imposto sobre vendas a varejo de combustíveis líquidos e gasosos, de competência dos Municípios, decorrente desta Emenda Constitucional, somente produzirá efeitos a partir de 1º de janeiro de 1996, reduzindo-se a correspondente alíquota, pelo menos, a um e meio por cento no exercício financeiro de 1995.

Art. 5º Até 31 de dezembro de 1999, os Estados, o Distrito Federal e os Municípios somente poderão emitir títulos da dívida pública no montante necessário ao refinanciamento do principal devidamente atualizado de suas obrigações, representadas por essa espécie de títulos, ressalvado o disposto no art. 33, parágrafo único, do Ato das Disposições Constitucionais Transitórias.

Art. 6º Revogam-se o inciso IV e o § 4º do art. 156 da Constituição Federal.

Brasília, 17 de março de 1993.

Mesa da Câmara dos Deputados
Deputado Inocêncio Oliveira
Presidente

Mesa do Senado Federal
Senador Humberto Lucena
Presidente

EMENDA CONSTITUCIONAL Nº 4, DE 14 DE SETEMBRO DE 1993

Dá nova redação ao art. 16 da Constituição Federal.

As Mesas da Câmara dos Deputados e do Senado Federal, nos termos do § 3º do art. 60 da Constituição Federal, promulgam a seguinte emenda ao texto constitucional:

Artigo único. O art. 16 da Constituição Federal passa a vigorar com a seguinte redação:

‣ Alteração incorporada ao texto da CF.

Brasília, 14 de setembro de 1993.

Mesa da Câmara dos Deputados
Deputado Inocêncio Oliveira
Presidente

Mesa do Senado Federal
Senador Humberto Lucena
Presidente

EMENDA CONSTITUCIONAL DE REVISÃO Nº 1, DE 01 DE MARÇO DE 1994

Acrescenta os arts. 71, 72 e 73 ao Ato das Disposições Constitucionais Transitórias.

A Mesa do Congresso Nacional, nos termos do art. 60 da Constituição Federal, combinado com o art. 3º do Ato das Disposições Constitucionais Transitórias, promulga a seguinte emenda constitucional:

Art. 1º Ficam incluídos os arts. 71, 72 e 73 no Ato das Disposições Constitucionais Transitórias, com a seguinte redação:

‣ Alteração incorporada ao texto do ADCT.

Art. 2º Fica revogado o § 4º do art. 2º da Emenda Constitucional nº 3, de 1993.

Art. 3º Esta Emenda entra em vigor na data de sua publicação.

Brasília, 1º de março de 1994.

Humberto Lucena
Presidente

EMENDA CONSTITUCIONAL DE REVISÃO Nº 2, DE 07 DE JUNHO DE 1994

Altera o caput do art. 50 e seu § 2º, da Constituição Federal.

A Mesa do Congresso Nacional, nos termos do art. 60 da Constituição Federal, combinado com o art. 3º do Ato das Disposições Constitucionais Transitórias, promulga a seguinte emenda constitucional:

Art. 1º É acrescentada a expressão ou quaisquer titulares de órgãos diretamente subordinados à Presidência da República ao texto do art. 50 da Constituição, que passa a vigorar com a redação seguinte:

‣ Alteração incorporada ao texto da CF.

Art. 2º É acrescentada a expressão ou a qualquer das pessoas referidas no *caput* deste artigo ao § 2º do art. 50, que passa a vigorar com a redação seguinte:

‣ Alteração incorporada ao texto da CF.

Art. 3º Esta Emenda Constitucional entra em vigor na data de sua publicação.

Brasília, 7 de junho de 1994.

Humberto Lucena
Presidente

EMENDA CONSTITUCIONAL DE REVISÃO Nº 3, DE 07 DE JUNHO DE 1994

Altera a alínea "c" do inciso I, a alínea "b" do inciso II, o § 1º e o inciso II do § 4º do art. 12 da Constituição Federal.

Mesa do Congresso Nacional, nos termos do art. 60 da Constituição Federal, combinado com o art. 3º do Ato das Disposições Constitucionais Transitórias, promulga a seguinte emenda constitucional:

Art. 1º A alínea "c" do inciso I, a alínea "b" do inciso II, o § 1º e o inciso II do § 4º do art. 12

da Constituição Federal passam a vigorar com a seguinte redação:

› Alteração incorporada ao texto da CF.

Art. 2º Esta Emenda Constitucional entra em vigor na data de sua publicação.

Brasília, 7 de junho de 1994.

Humberto Lucena
Presidente

EMENDA CONSTITUCIONAL DE REVISÃO Nº 4, DE 07 DE JUNHO DE 1994

Altera o § 9º do art. 14 da Constituição Federal.

A Mesa do Congresso Nacional, nos termos do art. 60 da Constituição Federal, combinado com o art. 3º do Ato das Disposições Constitucionais Transitórias, promulga a seguinte emenda constitucional:

Art. 1º São acrescentadas ao § 9º do art. 14 da Constituição as expressões: a probidade administrativa, a moralidade para o exercício do mandato, considerada a vida pregressa do candidato, e, após a expressão a fim de proteger, passando o dispositivo a vigorar com a seguinte redação:

› Alteração incorporada ao texto da CF.

Art. 2º Esta Emenda Constitucional entra em vigor na data de sua publicação.

Brasília, 7 de junho de 1994.

Humberto Lucena
Presidente

EMENDA CONSTITUCIONAL DE REVISÃO Nº 5, DE 07 DE JUNHO DE 1994

Altera o art. 82 da Constituição Federal.

A Mesa do Congresso Nacional, nos termos do art. 60 da Constituição Federal, combinado com o art. 3º do Ato das Disposições Constitucionais Transitórias, promulga a seguinte emenda constitucional:

Art. 1º No art. 82 fica substituída a expressão cinco anos por quatro anos.

Art. 2º Esta Emenda Constitucional entra em vigor no dia 1º de janeiro de 1995.

Brasília, 7 de junho de 1994.

Humberto Lucena
Presidente

EMENDA CONSTITUCIONAL DE REVISÃO Nº 6, DE 07 DE JUNHO DE 1994

Acrescenta o § 4º ao art. 55 da Constituição Federal.

A Mesa do Congresso Nacional, nos termos do art. 60 da Constituição Federal, combinado com o art. 3º do Ato das Disposições Constitucionais Transitórias, promulga a seguinte emenda constitucional:

Art. 1º Fica acrescido, no art. 55, o § 4º, com a seguinte redação:

› Alteração incorporada ao texto da CF.

Art. 2º Esta Emenda Constitucional entra em vigor na data de sua publicação.

Brasília, 7 de junho de 1994.

Humberto Lucena
Presidente

EMENDA CONSTITUCIONAL Nº 5, DE 15 DE AGOSTO DE 1995

Altera o § 2º do art. 25 da Constituição Federal.

As Mesas da Câmara dos Deputados e do Senado Federal, nos termos do § 3º do art. 60 da Constituição Federal, promulgam a seguinte emenda ao texto constitucional:

Artigo único. O parágrafo 2º do art. 25 da Constituição Federal passa a vigorar com a seguinte redação:

› Alteração incorporada ao texto da CF.

Brasília, 15 de agosto de 1995

Mesa da Câmara dos Deputados
Deputado Luís Eduardo
Presidente

Mesa do Senado Federal
Senador José Sarney
Presidente

EMENDA CONSTITUCIONAL Nº 6, DE 15 DE AGOSTO DE 1995

Altera o inciso IX do art. 170, o art. 171 e o § 1º do art. 176 da Constituição Federal.

As Mesas da Câmara dos Deputados e do Senado Federal, nos termos do § 3º do art. 60 da Constituição Federal, promulgam a seguinte emenda ao texto constitucional:

Art. 1º O inciso IX do art. 170 e o § 1º do art. 176 da Constituição Federal passam a vigorar com a seguinte redação:

› Alteração incorporada ao texto da CF.

Art. 2º Fica incluído o seguinte art. 246 no Título IX – "Das Disposições Constitucionais Gerais":

› Alteração incorporada ao texto da CF.

Art. 3º Fica revogado o art. 171 da Constituição Federal.

Brasília, 15 de agosto de 1995

Mesa da Câmara dos Deputados
Deputado Luís Eduardo
Presidente

Mesa do Senado Federal
Senador José Sarney
Presidente

EMENDA CONSTITUCIONAL Nº 7, DE 15 DE AGOSTO DE 1995

Altera o art. 178 da Constituição Federal e dispõe sobre a adoção de Medidas Provisórias.

As Mesas da Câmara dos Deputados e do Senado Federal, nos termos do § 3º do art. 60 da Constituição Federal, promulgam a seguinte emenda ao texto constitucional:

Art. 1º O art. 178 da Constituição Federal passa a vigorar com a seguinte redação:

› Alteração incorporada ao texto da CF.

Art. 2º Fica incluído o seguinte art. 246 no Título IX – "Das Disposições Constitucionais Gerais":

› Alteração incorporada ao texto da CF.

Brasília, 15 de agosto de 1995

Mesa da Câmara dos Deputados
Deputado Luís Eduardo
Presidente

Mesa do Senado Federal
Senador José Sarney
Presidente

EMENDA CONSTITUCIONAL Nº 8, DE 15 DE AGOSTO DE 1995

Altera o inciso XI e a alínea "a" do inciso XII do art. 21 da Constituição Federal.

As Mesas da Câmara dos Deputados e do Senado Federal, nos termos do § 3º do art. 60 da Constituição Federal, promulgam a seguinte emenda ao texto constitucional:

Art. 1º O inciso XI e a alínea "a" do inciso XII do art. 21 da Constituição Federal passam a vigorar com a seguinte redação:

› Alteração incorporada ao texto da CF.

Art. 2º É vedada a adoção de medida provisória para regulamentar o disposto no inciso XI do art. 21 com a redação dada por esta emenda constitucional.

Brasília, 15 de agosto de 1995

Mesa da Câmara dos Deputados
Deputado Luís Eduardo
Presidente

Mesa do Senado Federal
Senador José Sarney
Presidente

EMENDA CONSTITUCIONAL Nº 9, DE 09 DE NOVEMBRO DE 1995

Dá nova redação ao art. 177 da Constituição Federal, alterando e inserindo parágrafos.

As Mesas da Câmara dos Deputados e do Senado Federal, nos termos do art. 60, § 3º, da Constituição Federal, promulgam a seguinte emenda ao texto constitucional:

Art. 1º O § 1º do art. 177 da Constituição Federal passa a vigorar com a seguinte redação:

› Alteração incorporada ao texto da CF.

Art. 2º Inclua-se um parágrafo, a ser enumerado como § 2º com a redação seguinte, passando o atual § 2º para § 3º, no art. 177 da Constituição Federal:

› Alteração incorporada ao texto da CF.

Art. 3º É vedada a adoção de medida provisória para a regulamentação da matéria prevista nos incisos I a IV e dos §§ 1º e 2º do art. 177 da Constituição Federal.

Brasília, 9 de novembro de 1995

Mesa da Câmara dos Deputados
Deputado Luís Eduardo
Presidente

Mesa do Senado Federal
Senador José Sarney
Presidente

EMENDA CONSTITUCIONAL Nº 10, DE 04 DE MARÇO DE 1996

Altera os arts. 71 e 72 do Ato das Disposições Constitucionais Transitórias, introduzidos pela Emenda Constitucional de Revisão nº 1, de 1994

As Mesas da Câmara dos Deputados e do Senado Federal, nos termos do § 3º do art. 60 da Constituição Federal, promulgam a seguinte emenda ao texto constitucional:

Art. 1º O art. 71 do Ato das Disposições Constitucionais Transitórias passa a vigorar com a seguinte redação:

› Alteração incorporada ao texto da CF.

Art. 2º O art. 72 do Ato das Disposições Constitucionais Transitórias passa a vigorar com a seguinte redação:

› Alteração incorporada ao texto da CF.

Art. 3º Esta Emenda Constitucional entra em vigor na data de sua publicação.

Brasília, 04 de março de 1996

Mesa da Câmara dos Deputados
Deputado Luís Eduardo
Presidente

Mesa do Senado Federal
Senador José Sarney
Presidente

EMENDA CONSTITUCIONAL Nº 11, DE 30 DE ABRIL DE 1996

Permite a admissão de professores, técnicos e cientistas estrangeiros pelas universidades brasileiras e concede autonomia às instituições de pesquisa científica e tecnológica.

As Mesas da Câmara dos Deputados e do Senado Federal, nos termos do § 3º do art. 60 da Constituição Federal, promulgam a seguinte emenda ao texto constitucional:

Art. 1º São acrescentados ao art. 207 da Constituição Federal dois parágrafos com a seguinte redação:

‣ Alteração incorporada ao texto da CF.

Art. 2º Esta Emenda entra em vigor na data de sua publicação.

Brasília, 30 de abril de 1996

Mesa da Câmara dos Deputados
Deputado Luís Eduardo
Presidente

Mesa do Senado Federal
Senador José Sarney
Presidente

EMENDA CONSTITUCIONAL Nº 12, DE 15 DE AGOSTO DE 1996

Outorga competência à União, para instituir contribuição provisória sobre movimentação ou transmissão de valores e de créditos e direitos de natureza financeira.

As Mesas da Câmara dos Deputados e do Senado Federal, nos termos do § 3º do art. 60 da Constituição Federal, promulgam a seguinte emenda ao texto constitucional:

Artigo único. Inclui o art. 74 no ADCT.

‣ Alteração incorporada ao texto do ADCT.

Brasília, 15 de agosto de 1996.

Mesa da Câmara dos Deputados
Deputado Luís Eduardo
Presidente

Mesa do Senado Federal
Senador José Sarney
Presidente

EMENDA CONSTITUCIONAL Nº 13, DE 21 DE AGOSTO DE 1996

Dá nova redação ao inciso II do art. 192 da Constituição Federal.

As Mesas da Câmara dos Deputados e do Senado Federal, nos termos do § 3º do art. 60 da Constituição Federal, promulgam a seguinte emenda ao texto constitucional:

Artigo único. O inciso II do art. 192 da Constituição Federal passa a vigorar com a seguinte redação:

‣ Alteração incorporada ao texto da CF.

Brasília, 21 de agosto de 1996.

Mesa da Câmara dos Deputados
Deputado Luís Eduardo
Presidente

Mesa do Senado Federal
Senador José Sarney
Presidente

EMENDA CONSTITUCIONAL Nº 14, DE 12 DE SETEMBRO DE 1996

Modifica os arts. 34, 208, 211 e 212 da Constituição Federal e dá nova redação ao art. 60 do Ato das Disposições Constitucionais Transitórias.

As Mesas da Câmara dos Deputados e do Senado Federal, nos termos do § 3º do art. 60 da Constituição Federal, promulgam a seguinte emenda ao texto constitucional:

Art. 1º É acrescentada no inciso VII do art. 34, da Constituição Federal, a alínea "e":

‣ Alteração incorporada ao texto da CF.

Art. 2º É dada nova redação aos incisos I e II do art. 208 da Constituição Federal:

‣ Alteração incorporada ao texto da CF.

Art. 3º É dada nova redação aos §§ 1º e 2º do art. 211 da Constituição Federal e nele são inseridos mais dois parágrafos:

‣ Alteração incorporada ao texto da CF.

Art. 4º É dada nova redação ao § 5º do art. 212 da Constituição Federal:

‣ Alteração incorporada ao texto da CF.

Art. 5º É alterado o art. 60 do ADCT e nele são inseridos novos parágrafos, passando o artigo a ter a seguinte redação:

‣ Alteração incorporada ao texto do ADCT.

Art. 6º Esta emenda entra em vigor a primeiro de janeiro do ano subsequente ao de sua promulgação.

Brasília, 12 de setembro de 1996.

Mesa da Câmara dos Deputados:
Deputado Luiz Eduardo
Presidente

Mesa do Senado Federal:
Senador José Sarney
Presidente

EMENDA CONSTITUCIONAL Nº 15, DE 12 DE SETEMBRO DE 1996

Dá nova redação ao § 4º do art. 18 da Constituição Federal.

As Mesas da Câmara dos Deputados e do Senado Federal, nos termos do § 3º do art. 60 da Constituição Federal, promulgam a seguinte emenda ao texto constitucional:

Artigo único. O § 4º do art. 18 da Constituição Federal passa a vigorar com a seguinte redação:

‣ Alteração incorporada ao texto da CF.

Brasília, 12 de setembro de 1996.

Mesa da Câmara dos Deputados
Deputado Luiz Eduardo
Presidente

Mesa do Senado Federal
Senador José Sarney
Presidente

EMENDA CONSTITUCIONAL Nº 16, DE 04 DE JUNHO DE 1997

Dá nova redação ao § 5º do art. 14, ao caput do art. 28, ao inciso II do art. 29, ao caput do art. 77 e ao art. 82 da Constituição Federal.

As Mesas da Câmara dos Deputados e do Senado Federal, nos termos do § 3º do art. 60 da Constituição Federal, promulgam a seguinte emenda ao texto constitucional:

Art. 1º O § 5º do art. 14, ao *caput* do art. 28, o inciso II do art. 29, o *caput* do art. 77 e o art. 82 da Constituição Federal passam a vigorar com a seguinte redação:

‣ Alteração incorporada ao texto da CF.

Art. 2º Esta emenda constitucional entra em vigor na data de sua publicação.

Brasília, 4 de junho de 1997.

Mesa da Câmara dos Deputados:
Deputado Michel Temer
Presidente

Mesa do Senado Federal:
Senador Antonio Carlos Magalhães
Presidente

EMENDA CONSTITUCIONAL Nº 17, DE 22 DE NOVEMBRO DE 1997

Altera dispositivos dos arts. 71 e 72 do Ato das Disposições Constitucionais Transitórias, introduzidos pela Emenda Constitucional de Revisão nº 1, de 1994.

As mesas da Câmara dos Deputados e do Senado Federal, nos termos do par. 3. do art. 60 da Constituição Federal, promulgam a seguinte emenda ao Texto Constitucional:

Art. 1º O *caput* do art. 71 do Ato das Disposições Constitucionais Transitórias passa a vigorar com a seguinte redação:

‣ Alteração incorporada ao texto do ADCT.

Art. 2º O inciso V do art. 72 do Ato das Disposições Constitucionais Transitórias passa a vigorar com a seguinte redação

‣ Alteração incorporada ao texto do ADCT.

Art. 3º A União repassará aos Municípios, do produto da arrecadação do Imposto sobre a Renda e Proventos de qualquer natureza, tal como considerado na constituição dos fundos de que trata o art. 159, I, da Constituição, excluída a parcela referida no art. 72, I, do Ato das Disposições Constitucionais Transitórias, os seguintes percentuais:

I - um inteiro e cinquenta e seis centésimos por cento, no período de 01/07/1997 a 31/12/1997;

II - um inteiro e oitocentos e setenta e cinco milésimos por cento, no período de 01/01/1998 a 31/12/1998;

III - dois inteiros e cinco décimos por cento, no período de 01/01/1999 a 31/12/1999.

Parágrafo único. O repasse dos recursos de que trata este artigo obedecerá a mesma periodicidade e aos mesmos critérios de repartição e normas adotadas no Fundo de Participação dos Municípios, observado o disposto no art. 160 da Constituição.

Art. 4º Os efeitos do disposto nos arts. 71 e 72 do Ato das Disposições Constitucionais Transitórias, com a redação dada pelos arts. 1º e 2º desta emenda, são retroativos a 01/07/1997.

Parágrafo único. As parcelas de recursos destinados ao Fundo de Estabilização Fiscal e entregues na forma do art. 159, I, da Constituição, no período compreendido entre 01/07/1997 e a data de promulgação desta emenda, serão deduzidas das cotas subsequentes, limitada a dedução a um décimo do valor total entregue em cada mês.

Art. 5º Observado o disposto no artigo anterior, a União aplicará as disposições do art. 3º desta emenda retroativamente a 01/07/1997.

Art. 6º Esta Emenda Constitucional entra em vigor na data de sua publicação.

Brasília, 22 de novembro de 1997.

Mesa da Câmara dos Deputados
Deputado Michel Temer
Presidente

Mesa do Senado Federal
Senador Antonio Carlos Magalhães
Presidente

EMENDA CONSTITUCIONAL Nº 18, DE 5 DE FEVEREIRO DE 1998

Dispõe sobre o regime constitucional dos militares.

As mesas da Câmara dos Deputados e do Senado Federal, nos termos do § 3º. do art. 60 da Constituição federal, promulgam a seguinte emenda ao texto constitucional:

Art. 1º. O art. 37, inciso XV, da Constituição passa a vigorar com a seguinte redação:

‣ Alteração incorporada ao texto da CF.

Art. 2º. A seção II do Capítulo VII do Título III da Constituição passa a denominar-se "DOS SERVIDORES PÚBLICOS" e a Seção III do Capítulo VII do Título III da Constituição Federal passa a denominar-se "DOS MILITARES DOS ESTADOS, DO DISTRITO FEDERAL E DOS TERRITÓRIOS", dando-se ao art. 42 a seguinte redação:

‣ Alteração incorporada ao texto da CF.

Art. 3º. O inciso II do § 1º. do art. 61 da Constituição passa a vigorar com as seguintes alterações:

‣ Alteração incorporada ao texto da CF.

Art. 4º. Acrescente-se o § 3º. ao art. 142 da Constituição:

‣ Alteração incorporada ao texto da CF.

Art. 5º. Esta Emenda Constitucional entra em vigor na data de sua publicação.

Brasília, 5 de fevereiro de 1998

Mesa da Câmara dos Deputados:
Deputado Michel Temer
Presidente

Mesa do Senado Federal:
Senador Antonio Carlos Magalhães
Presidente

EMENDA CONSTITUCIONAL Nº 19, DE 04 DE JUNHO DE 1998

Modifica o regime e dispõe sobre princípios e normas da Administração Pública, servidores e agentes políticos, controle de despesas e finanças públicas e custeio de atividades a cargo do Distrito Federal, e dá outras providências.

As Mesas da Câmara dos Deputados e do Senado Federal, nos termos do § 3º do art. 60 da Constituição Federal, promulgam esta Emenda ao texto constitucional:

Art. 1º Os incisos XIV e XXII do art. 21 e XXVII do art. 22 da Constituição Federal passam a vigorar com a seguinte redação:

‣ Alteração incorporada ao texto da CF.

Art. 2º O § 2º do art. 27 e os incisos V e VI do art. 29 da Constituição Federal passam a vigorar com a seguinte redação, inserindo-se § 2º no art. 28 e renumerando-se para § 1º o atual parágrafo único:

‣ Alteração incorporada ao texto da CF.

Art. 3º O *caput*, os incisos I, II, V, VII, X, XI, XIII, XIV, XV, XVI, XVII e XIX e o § 3º do art. 37 da Constituição Federal passam a vigorar com a seguinte redação, acrescendo-se ao artigo os §§ 7º a 9º:

‣ Alteração incorporada ao texto da CF.

Art. 4º O *caput* do art. 38 da Constituição Federal passa a vigorar com a seguinte redação:

‣ Alteração incorporada ao texto da CF.

Art. 5º O art. 39 da Constituição Federal passa a vigorar com a seguinte redação:

‣ Alteração incorporada ao texto da CF.

Art. 6º O art. 41 da Constituição Federal passa a vigorar com a seguinte redação:

‣ Alteração incorporada ao texto da CF.

Art. 7º O art. 48 da Constituição Federal passa a vigorar acrescido do seguinte inciso XV:

‣ Alteração incorporada ao texto da CF.

Art. 8º Os incisos VII e VIII do art. 49 da Constituição Federal passam a vigorar com a seguinte redação:

‣ Alteração incorporada ao texto da CF.

Art. 9º O inciso IV do art. 51 da Constituição Federal passa a vigorar com a seguinte redação:

‣ Alteração incorporada ao texto da CF.

Art. 10. O inciso XIII do art. 52 da Constituição Federal passa a vigorar com a seguinte redação:

‣ Alteração incorporada ao texto da CF.

Art. 11. O § 7º do art. 57 da Constituição Federal passa a vigorar com a seguinte redação:

‣ Alteração incorporada ao texto da CF.

Art. 12. O parágrafo único do art. 70 da Constituição Federal passa a vigorar com a seguinte redação:

‣ Alteração incorporada ao texto da CF.

Art. 13. O inciso V do art. 93, o inciso III do art. 95 e a alínea b do inciso II do art. 96 da Constituição Federal passam a vigorar com a seguinte redação:

‣ Alteração incorporada ao texto da CF.

Art. 14. O § 2º do art. 127 da Constituição Federal passa a vigorar com a seguinte redação:

‣ Alteração incorporada ao texto da CF.

Art. 15. A alínea c do inciso I do § 5º do art. 128 da Constituição Federal passa a vigorar com a seguinte redação:

‣ Alteração incorporada ao texto da CF.

Art. 16. A Seção II do Capítulo IV do Título IV da Constituição Federal passa a denominar-se "DA ADVOCACIA PÚBLICA".

‣ Alteração incorporada ao texto da CF.

Art. 17. O art. 132 da Constituição Federal passa a vigorar com a seguinte redação:

‣ Alteração incorporada ao texto da CF.

Art. 18. O art. 135 da Constituição Federal passa a vigorar com a seguinte redação:

‣ Alteração incorporada ao texto da CF.

Art. 19. O § 1º e seu inciso III e os §§ 2º e 3º do art. 144 da Constituição Federal passam a vigorar com a seguinte redação, inserindo-se no artigo § 9º:

‣ Alteração incorporada ao texto da CF.

Art. 20. O *caput* do art. 167 da Constituição Federal passa a vigorar acrescido de inciso X, com a seguinte redação:

‣ Alteração incorporada ao texto da CF.

Art. 21. O art. 169 da Constituição Federal passa a vigorar com a seguinte redação:

‣ Alteração incorporada ao texto da CF.

Art. 22. O § 1º do art. 173 da Constituição Federal passa a vigorar com a seguinte redação:

‣ Alteração incorporada ao texto da CF.

Art. 23. O inciso V do art. 206 da Constituição Federal passa a vigorar com a seguinte redação:

‣ Alteração incorporada ao texto da CF.

Art. 24. O art. 241 da Constituição Federal passa a vigorar com a seguinte redação:

‣ Alteração incorporada ao texto da CF.

Art. 25. Até a instituição do fundo a que se refere o inciso XIV do art. 21 da Constituição Federal, compete à União manter os atuais compromissos financeiros com a prestação de serviços públicos do Distrito Federal.

Art. 26. No prazo de dois anos da promulgação desta Emenda, as entidades da administração indireta terão seus estatutos revistos quanto à respectiva natureza jurídica, tendo em conta a finalidade e as competências efetivamente executadas.

Art. 27. O Congresso Nacional, dentro de cento e vinte dias da promulgação desta Emenda, elaborará lei de defesa do usuário de serviços públicos.

Art. 28. É assegurado o prazo de dois anos de efetivo exercício para aquisição da estabilidade aos atuais servidores em estágio probatório, sem prejuízo da avaliação a que se refere o § 4º do art. 41 da Constituição Federal.

Art. 29. Os subsídios, vencimentos, remuneração, proventos da aposentadoria e pensões e quaisquer outras espécies remuneratórias adequar-se-ão, a partir da promulgação desta Emenda, aos limites decorrentes da Constituição Federal, não se admitindo a percepção de excesso a qualquer título.

Art. 30. O projeto de lei complementar a que se refere o art. 163 da Constituição Federal será apresentado pelo Poder Executivo ao Congresso Nacional no prazo máximo de cento e oitenta dias da promulgação desta Emenda.

Art. 31. A pessoa que revestiu a condição de servidor público federal da administração direta, autárquica ou fundacional, de servidor municipal ou de integrante da carreira de policial, civil ou militar, dos ex-Territórios Federais do Amapá e de Roraima e que, comprovadamente, encontrava-se no exercício de suas funções, prestando serviço à administração pública dos ex-Territórios ou de prefeituras neles localizadas, na data em que foram transformados em Estado, ou a condição de servidor ou de policial, civil ou militar, admitido pelos Estados do Amapá e de Roraima, entre a data de sua transformação em Estado e outubro de 1993, bem como a pessoa que comprove ter mantido, nesse período, relação ou vínculo funcional, de caráter efetivo ou não, ou relação ou vínculo empregatício, estatutário ou de trabalho com a administração pública dos ex-Territórios, dos Estados ou das prefeituras neles localizadas ou com empresa pública ou sociedade de economia mista que haja sido constituída pelo ex-Território ou pela União para atuar no âmbito do ex-Território Federal, inclusive as extintas, poderão integrar, mediante opção, quadro em extinção da administração pública federal. (Redação dada pela Emenda Constitucional nº 98, de 06.12.2017)

§ 1º. O enquadramento referido no *caput* deste artigo, para os servidores, para os policiais, civis ou militares, e para as pessoas que tenham revestido essa condição, entre a transformação e a instalação dos Estados em outubro de 1993, dar-se-á no cargo em que foram originariamente admitidos ou em cargo equivalente. (Redação dada pela Emenda Constitucional nº 98, de 06.12.2017)

§ 2º. Os integrantes da carreira policial militar a que se refere o *caput* continuarão prestando serviços aos respectivos Estados, na condição de cedidos, submetidos às disposições estatutárias a que estão sujeitas as corporações das respectivas Polícias Militares, observados as atribuições de função compatíveis com seu grau hierárquico e o direito às devidas promoções. (Redação dada pela Emenda Constitucional nº 79, de 27-05-2014)

§ 3º. As pessoas a que se referem este artigo prestarão serviços aos respectivos Estados ou a seus Municípios, na condição de servidores cedidos, sem ônus para o cessionário, até seu aproveitamento em órgão ou entidade da administração federal direta, autárquica ou fundacional, podendo os Estados, por conta e delegação da União, adotar os procedimentos necessários à cessão de servidores a seus Municípios. (Redação dada pela Emenda Constitucional nº 98, de 6.12.2017)

§ 4º. Para fins do disposto no *caput* deste artigo, são meios probatórios de relação ou vínculo funcional, empregatício, estatutário ou de trabalho, independentemente da existência de vínculo atual, além dos admitidos em lei: (Incluído pela Emenda Constitucional nº 98, de 06.12.2017)

I - o contrato, o convênio, o ajuste ou o ato administrativo por meio do qual a pessoa tenha revestido a condição de profissional, empregado, servidor público, prestador de serviço ou trabalhador e tenha atuado ou desenvolvido atividade laboral diretamente com o ex-Território, o Estado ou a prefeitura neles localizada, inclusive mediante a interveniência de cooperativa; (Incluído pela Emenda Constitucional nº 98, de 06.12.2017)

II - a retribuição, a remuneração ou o pagamento documentado ou formalizado, à época, mediante depósito em conta-corrente bancária ou emissão de ordem de pagamento, de recibo, de nota de empenho ou de ordem bancária em que se identifique a administração pública do ex-Território, do Estado ou de prefeitura neles localizada como fonte pagadora ou origem direta dos recursos, assim como aquele realizado à conta de recursos oriundos de fundo de participação ou de fundo especial, inclusive em proveito do pessoal integrante das tabelas especiais. (Incluído pela Emenda Constitucional nº 98, de 06.12.2017)

§ 5º. Além dos meios probatórios de que trata o § 4º deste artigo, sem prejuízo daqueles admitidos em lei, o enquadramento referido no *caput* deste artigo dependerá de a pessoa ter mantido relação ou vínculo funcional, empregatício, estatutário ou de trabalho com o ex-Território ou o Estado que o tenha sucedido por, pelo menos, noventa dias. (Incluído pela Emenda Constitucional nº 98, de 06.12.2017)

§ 6º. As pessoas a que se referem este artigo, para efeito de exercício em órgão ou entidade da administração pública estadual ou municipal dos Estados do Amapá e de Roraima, farão jus à percepção de todas as gratificações e dos demais valores que componham a estrutura remuneratória dos cargos em que tenham sido enquadradas, vedando-se reduzi-los ou suprimi-los por motivo de cessão ao Estado ou a seu Município. (Incluído pela Emenda Constitucional nº 98, de 06.12.2017)

Art. 32. A Constituição Federal passa a vigorar acrescida do seguinte artigo:

‣ Alteração incorporada ao texto da CF.

Art. 33. Consideram-se servidores não estáveis, para os fins do art. 169, § 3º, II, da Constituição Federal aqueles admitidos na administração direta, autárquica e fundacional sem concurso público de provas ou de provas e títulos após o dia 5 de outubro de 1983.

Art. 34. Esta Emenda Constitucional entra em vigor na data de sua promulgação.

Brasília, 4 de junho de 1998

Mesa da Câmara dos Deputados:
Deputado Michel Temer
Presidente

Mesa do Senado Federal:
Senador Antonio Carlos Magalhães
Presidente

EMENDA CONSTITUCIONAL Nº 20, DE 15 DE DEZEMBRO DE 1998

Modifica o sistema de previdência social, estabelece normas de transição e dá outras providências.

As Mesas da Câmara dos Deputados e do Senado Federal, nos termos do § 3º do art. 60 da Constituição Federal, promulgam a seguinte emenda ao texto constitucional:

Art. 1º A Constituição Federal passa a vigorar com as seguintes alterações:

‣ Alteração incorporada ao texto da CF.

Art. 2º A Constituição Federal, nas Disposições Constitucionais Gerais, é acrescida dos seguintes artigos:

‣ Alteração incorporada ao texto da CF.

Art. 3º É assegurada a concessão de aposentadoria e pensão, a qualquer tempo, aos servidores públicos e aos segurados do regime geral de previdência social, bem como aos seus dependentes, que, até a data da publicação desta Emenda, tenham cumprido os requisitos para a obtenção destes benefícios, com base nos critérios da legislação então vigente.

§ 1º. O servidor de que trata este artigo, que tenha completado as exigências para aposentadoria integral e que opte por permanecer em atividade fará jus à isenção da contribuição previdenciária até completar as exigências para aposentadoria contidas no art. 40, § 1º, III, "a", da Constituição Federal.

§2º. Os proventos da aposentadoria a ser concedida aos servidores públicos referidos no *caput*, em termos integrais ou proporcionais ao tempo de serviço já exercido até a data de publicação desta Emenda, bem como as pensões de seus dependentes, serão calculados de acordo com a legislação em vigor à época em que foram atendidas as prescrições nela estabelecidas para a concessão destes benefícios ou nas condições da legislação vigente.

§ 3º. São mantidos todos os direitos e garantias assegurados nas disposições constitucionais vigentes à data de publicação desta Emenda aos servidores e militares, inativos e pensionistas, aos anistiados e aos ex-combatentes, assim como àqueles que já cumpriram, até aquela data, os requisitos para usufruírem tais direitos, observado o disposto no art. 37, XI, da Constituição Federal.

Art. 4º Observado o disposto no art. 40, § 10, da Constituição Federal, o tempo de serviço considerado pela legislação vigente para efeito de aposentadoria, cumprido até que a lei discipline a matéria, será contado como tempo de contribuição.

‣ Art. 2º da EC 41/2003 (Reforma Previdenciária).

Art. 5º O disposto no art. 202, § 3º, da Constituição Federal, quanto à exigência de paridade entre a contribuição da patrocinadora e a contribuição do segurado, terá vigência no prazo de dois anos a partir da publicação desta Emenda, ou, caso ocorra antes, na data de publicação da lei complementar a que se refere o § 4º do mesmo artigo.

Art. 6º As entidades fechadas de previdência privada patrocinadas por entidades públicas, inclusive empresas públicas e sociedades de economia mista, deverão rever, no prazo de dois anos, a contar da publicação desta Emenda, seus planos de benefícios e serviços, de modo a ajustá-los atuarialmente a seus ativos, sob pena de intervenção, sendo seus dirigentes e os de suas respectivas patrocinadoras responsáveis civil e criminalmente pelo descumprimento do disposto neste artigo.

Art. 7º Os projetos das leis complementares previstas no art. 202 da Constituição Federal deverão ser apresentados ao Congresso Nacional no prazo máximo de noventa dias após a publicação desta Emenda.

Art. 8º (Revogado pela Emenda Constitucional nº 41, de 19.12.2003)

Art. 9º. (Revogado pela Emenda Constitucional nº 103, de 12.11.2019)

Art. 10. (Revogado pela Emenda Constitucional nº 41, de 19.12.2003)

Art. 11. A vedação prevista no art. 37, § 10, da Constituição Federal, não se aplica aos membros de poder e aos inativos, servidores e militares, que, até a publicação desta Emenda, tenham ingressado novamente no serviço público por concurso público de provas ou de provas e títulos, e pelas demais formas previstas na Constituição Federal, sendo-lhes proibida a percepção de mais de uma aposentadoria pelo regime de previdência a que se refere o art. 40 da Constituição Federal, aplicando-se-lhes, em qualquer hipótese, o limite de que trata o § 11 deste mesmo artigo.

Art. 12. Até que produzam efeitos as leis que irão dispor sobre as contribuições de que trata o art. 195 da Constituição Federal, são exigíveis as estabelecidas em lei, destinadas ao custeio da seguridade social e dos diversos regimes previdenciários.

Art. 13. (Revogado pela Emenda Constitucional nº 103, de 12.11.2019)

Art. 14. O limite máximo para o valor dos benefícios do regime geral de previdência social de que trata o art. 201 da Constituição Federal é fixado em R$ 1.200,00 (um mil e duzentos reais), devendo, a partir da data da publicação desta Emenda, ser reajustado de forma a preservar, em caráter permanente, seu valor real, atualizado pelos mesmos índices aplicados aos benefícios do regime geral de previdência social.

Art. 15. (Revogado pela Emenda Constitucional nº 103, de 12.11.2019)

Art. 16. Esta Emenda Constitucional entra em vigor na data de sua publicação.

Art. 17. Revoga-se o inciso II do § 2º do art. 153 da Constituição Federal.

Brasília, 15 de dezembro de 1998

Mesa da Câmara dos Deputados:
Deputado Michel Temer
Presidente

Mesa do Senado Federal:
Senador Antonio Carlos Magalhães
Presidente

EMENDA CONSTITUCIONAL Nº 21, DE 18 DE MARÇO DE 1999

Prorroga, alterando a alíquota, a contribuição provisória sobre movimentação ou transmissão de valores e de créditos e de direitos de natureza financeira, a que se refere o art. 74 do Ato das Disposições Constitucionais Transitórias.

As Mesas da Câmara dos Deputados e do Senado Federal, nos termos do § 3º do art. 60 da Constituição Federal, promulgam a seguinte emenda ao texto constitucional:

Art. 1º Fica incluído o art. 75 no Ato das Disposições Constitucionais Transitórias, com a seguinte redação:

‣ Alteração incorporada ao texto do ADCT.

Art. 2º Esta Emenda entra em vigor na data de sua publicação.

Brasília, 18 de março de 1999.

Mesa da Câmara dos Deputados:
Deputado Michel Temer
Presidente

Mesa do Senado Federal:
Senador Antonio Carlos Magalhães
Presidente

EMENDA CONSTITUCIONAL Nº 22, DE 18 DE MARÇO DE 1999

Acrescenta parágrafo único ao art. 98 e altera as alíneas "i" do inciso I do art. 102 e "c" do inciso I do art. 105 da Constituição Federal.

As Mesas da Câmara dos Deputados e do Senado Federal, nos termos do § 3º do art. 60 da

Constituição Federal, promulgam a seguinte emenda ao texto constitucional:

Art. 1º É acrescentado ao art. 98 da Constituição Federal o seguinte parágrafo único:

‣ Alteração incorporada ao texto da CF.

Art. 2º A alínea "i" do inciso I do art. 102 da Constituição Federal passa a vigorar com a seguinte redação:

‣ Alteração incorporada ao texto da CF.

Art. 3º A alínea "c" do inciso I do art. 105 da Constituição Federal passa a vigorar com a seguinte redação:

‣ Alteração incorporada ao texto da CF.

Art. 4º Esta Emenda Constitucional entra em vigor na data de sua publicação.

Brasília, 18 de março de 1999.

Mesa da Câmara dos Deputados:
Deputado Michel Temer
Presidente

Mesa do Senado Federal:
Senador Antonio Carlos Magalhães
Presidente

EMENDA CONSTITUCIONAL Nº 23, DE 2 DE SETEMBRO DE 1999

Altera os arts. 12, 52, 84, 91, 102 e 105 da Constituição Federal (criação do Ministério da Defesa).

As Mesas da Câmara dos Deputados e do Senado Federal, nos termos do § 3º do art. 60 da Constituição Federal, promulgam a seguinte Emenda ao texto constitucional:

Art. 1º Os arts. 12, 52, 84, 91, 102 e 105 da Constituição Federal, passam a vigorar com as seguintes alterações:

‣ Alteração incorporada ao texto da CF.

Art. 2º Esta Emenda Constitucional entra em vigor na data de sua publicação.

Brasília, 2 de setembro de 1999.

Mesa da Câmara dos Deputados:
Deputado Michel Temer
Presidente

Mesa do Senado Federal:
Senador Antonio Carlos Magalhães
Presidente

EMENDA CONSTITUCIONAL Nº 24, DE 9 DE DEZEMBRO DE 1999

Altera dispositivos da Constituição Federal pertinentes à representação classista na Justiça do Trabalho.

As Mesas da Câmara dos Deputados e do Senado Federal, nos termos do § 3º do art. 60 da Constituição Federal, promulgam a seguinte Emenda ao texto constitucional:

Art. 1º Os arts. 111, 112, 113, 115 e 116 da Constituição Federal passam a vigorar com a seguinte redação:

‣ Alteração incorporada ao texto da CF.

Art. 2º É assegurado o cumprimento dos mandatos dos atuais ministros classistas temporários do Tribunal Superior do Trabalho e dos atuais juízes classistas temporários dos Tribunais Regionais do Trabalho e das Juntas de Conciliação e Julgamento.

Art. 3º Esta Emenda Constitucional entra em vigor na data de sua publicação.

Art. 4º Revoga-se o art. 117 da Constituição Federal.

Brasília, em 9 de dezembro de 1999

Mesa da Câmara dos Deputados:
Deputado Michel Temer
Presidente

Mesa do Senado Federal:
Senador Geraldo Melo
1º Vice-Presidente

EMENDA CONSTITUCIONAL Nº 25, DE 14 DE FEVEREIRO DE 2000

Altera o inciso VI do art. 29 e acrescenta o art. 29-A à Constituição Federal, que dispõem sobre limites de despesas com o Poder Legislativo Municipal.

As Mesas da Câmara dos Deputados e do Senado Federal, nos termos do § 3º do art. 60 da Constituição Federal, promulgam a seguinte Emenda ao texto constitucional:

Art. 1º O inciso VI do art. 29 da Constituição Federal passa a vigorar com a seguinte redação:

‣ Alteração incorporada ao texto da CF.

Art. 2º A Constituição Federal passa a vigorar acrescida do seguinte art. 29-A:

‣ Alteração incorporada ao texto da CF.

Art. 3º Esta Emenda Constitucional entra em vigor em 1º de janeiro de 2001.

Brasília, 14 de fevereiro de 2000.

Mesa da Câmara dos Deputados:
Deputado Michel Temer
Presidente

Mesa do Senado Federal:
Senador Antonio Carlos Magalhães
Presidente

EMENDA CONSTITUCIONAL Nº 26, DE 14 DE FEVEREIRO DE 2000

Altera a redação do art. 6º da Constituição Federal.

As Mesas da Câmara dos Deputados e do Senado Federal, nos termos do § 3º do art. 60 da Constituição Federal, promulgam a seguinte Emenda ao texto constitucional:

Art. 1º O art. 6º da Constituição Federal passa a vigorar com a seguinte redação:

‣ Alteração incorporada ao texto da CF.

Art. 2º Esta Emenda Constitucional entra em vigor na data de sua publicação.

Brasília, 14 de fevereiro de 2000.

Mesa da Câmara dos Deputados:
Deputado Michel Temer
Presidente

Mesa do Senado Federal:
Senador Antonio Carlos Magalhães
Presidente

EMENDA CONSTITUCIONAL Nº 27, DE 21 DE MARÇO DE 2000

Acrescenta o art. 76 ao ato das Disposições Constitucionais Transitórias, instituindo a desvinculação de arrecadação de impostos e contribuições sociais da União.

As Mesas da Câmara dos Deputados e do Senado Federal, nos termos do § 3º do art. 60 da constituição Federal, promulgam a seguinte Emenda ao texto constitucional:

Art. 1º É incluído o art. 76 ao Ato das Disposições Constitucionais Transitórias, com a seguinte redação:

‣ Alteração incorporada ao texto do ADCT.

Art. 2º Esta Emenda Constitucional entra em vigor na data de sua publicação.

Brasília, 21 de março de 2000.

Mesa da Câmara dos Deputados:
Deputado Michel Temer
Presidente

Mesa do Senado Federal:
Senador Antonio Carlos Magalhães
Presidente

EMENDA CONSTITUCIONAL Nº 28, DE 25 DE MAIO DE 2000

Dá nova redação ao inciso XXIX do art. 7º e revoga o art. 233 da Constituição Federal.

As Mesas da Câmara dos Deputados e do Senado Federal, nos termos do § 3º do art. 60 da Constituição Federal, promulgam a seguinte emenda ao texto constitucional:

Art. 1º O inciso XXIX do art. 7º da Constituição Federal passa a vigorar com a seguinte redação:

‣ Alteração incorporada ao texto da CF.

Art. 2º Revoga-se o art. 233 da Constituição Federal.

Art. 3º Esta Emenda Constitucional entra em vigor na data de sua publicação.

Brasília, em 25 de maio de 2000.

Mesa da Câmara dos Deputados:
Deputado Michel Temer
Presidente

Mesa do Senado Federal:
Senador Antonio Carlos Magalhães
Presidente

EMENDA CONSTITUCIONAL Nº 29, DE 13 DE SETEMBRO DE 2000

Altera os arts. 34, 35, 156, 160, 167 e 198 da Constituição Federal e acrescenta artigo ao Ato das Disposições Constitucionais Transitórias, para assegurar os recursos mínimos para o financiamento das ações e serviços públicos de saúde.

As Mesas da Câmara dos Deputados e do Senado Federal, nos termos do § 3º do art. 60 da Constituição Federal, promulgam a seguinte Emenda ao texto constitucional:

Art. 1º A alínea e do inciso VII do art. 34 passa a vigorar com a seguinte redação:

‣ Alteração incorporada ao texto da CF.

Art. 2º O inciso III do art. 35 passa a vigorar com a seguinte redação:

‣ Alteração incorporada ao texto da CF.

Art. 3º O § 1º do art. 156 da Constituição Federal passa a vigorar com a seguinte redação:

‣ Alteração incorporada ao texto da CF.

Art. 4º O parágrafo único do art. 160 passa a vigorar com a seguinte redação:

‣ Alteração incorporada ao texto da CF.

Art. 5º O inciso IV do art. 167 passa a vigorar com a seguinte redação:

‣ Alteração incorporada ao texto da CF.

Art. 6º O art. 198 passa a vigorar acrescido dos seguintes §§ 2º e 3º, numerando-se o atual parágrafo único como § 1º:

‣ Alteração incorporada ao texto da CF.

Art. 7º O Ato das Disposições Constitucionais Transitórias passa a vigorar acrescido do seguinte art. 77:

‣ Alteração incorporada ao texto do ADCT.

Art. 8º Esta Emenda Constitucional entra em vigor na data de sua publicação.

Brasília, 13 de setembro de 2000

Mesa da Câmara dos Deputados
Deputado Michel Temer
Presidente

Mesa do Senado Federal
Senador Antonio Carlos Magalhães
Presidente

EMENDA CONSTITUCIONAL Nº 30, DE 13 DE SETEMBRO DE 2000

Altera a redação do art. 100 da Constituição Federal e acrescenta o art. 78 no Ato das Disposições Constitucionais Transitórias, referente ao pagamento de precatórios judiciários.

As Mesas da Câmara dos Deputados e do Senado Federal, nos termos do § 3º do art. 60 da Constituição Federal, promulgam a seguinte Emenda ao texto constitucional:

Art. 1º O art. 100 da Constituição Federal passa a vigorar com a seguinte redação:

- Alteração incorporada ao texto da CF.

Art. 2º É acrescido, no Ato das Disposições Constitucionais Transitórias, o art. 78, com a seguinte redação:

- Alteração incorporada ao texto do ADCT.

Art. 3º Esta Emenda Constitucional entra em vigor na data de sua publicação.

Brasília, em 13 de setembro de 2000

Mesa da Câmara dos Deputados
Deputado Michel Temer
Presidente

Mesa do Senado Federal
Senador Antonio Carlos Magalhães
Presidente

EMENDA CONSTITUCIONAL Nº 31, DE 14 DE DEZEMBRO DE 2000

Altera o Ato das Disposições Constitucionais Transitórias, introduzindo artigos que criam o Fundo de Combate e Erradicação da Pobreza.

As Mesas da Câmara dos Deputados e do Senado Federal, nos termos do § 3º do art. 60 da Constituição Federal, promulgam a seguinte emenda ao texto constitucional:

Art. 1º A Constituição Federal, no Ato das Disposições Constitucionais Transitórias, é acrescida dos seguintes artigos:

- Alteração incorporada ao texto do ADCT.

Art. 2º esta Emenda Constitucional entra em vigor na data de sua publicação.

Brasília, 14 de dezembro de 2000

Mesa da Câmara dos Deputados
Deputado Michel Temer
Presidente

Mesa do Senado Federal
Senador Antonio Carlos Magalhães
Presidente

EMENDA CONSTITUCIONAL Nº 32, DE 11 DE SETEMBRO DE 2001

Altera dispositivos dos arts. 48, 57, 61, 62, 64, 66, 84, 88 e 246 da Constituição Federal, e dá outras providências.

As Mesas da Câmara dos Deputados e do Senado Federal, nos termos do § 3º do art. 60 da Constituição Federal, promulgam a seguinte Emenda ao texto constitucional:

Art. 1º Os arts. 48, 57, 61, 62, 64, 66, 84, 88 e 246 da Constituição Federal passam a vigorar com as seguintes alterações:

- Alteração incorporada ao texto da CF.

Art. 2º As medidas provisórias editadas em data anterior à da publicação desta emenda continuam em vigor até que medida provisória ulterior as revogue explicitamente ou até deliberação definitiva do Congresso Nacional.

Art. 3º Esta Emenda Constitucional entra em vigor na data de sua publicação.

Brasília, 11 de setembro de 2001

Mesa da Câmara dos Deputados
Deputado Aécio Neves
Presidente

Mesa do Senado Federal
Senador Edison Lobão
Presidente, Interino

EMENDA CONSTITUCIONAL Nº 33, DE 11 DE DEZEMBRO DE 2001

Altera os arts. 149, 155 e 177 da Constituição Federal.

As Mesas da Câmara dos Deputados e do Senado Federal, nos termos do § 3º do art. 60 da Constituição Federal, promulgam a seguinte Emenda ao texto constitucional:

Art. 1º O Art. 149 da Constituição Federal passa a vigorar acrescido dos seguintes parágrafos, renumerando-se o atual parágrafo único para § 1º:

- Alteração incorporada ao texto da CF.

Art. 2º O art. 155 da Constituição Federal passa a vigorar com as seguintes alterações:

- Alteração incorporada ao texto da CF.

Art. 3º O art. 177 da Constituição Federal passa a vigorar acrescido do seguinte parágrafo:

- Alteração incorporada ao texto da CF.

Art. 4º Enquanto não entrar em vigor a lei complementar de que trata o art. 155, § 2º, XII, h, da Constituição Federal, os Estados e o Distrito Federal, mediante convênio celebrado nos termos do § 2º, XII, g, do mesmo artigo, fixarão normas para regular provisoriamente a matéria.

Art. 5º Esta Emenda Constitucional entra em vigor na data de sua promulgação.

Brasília, 11 de dezembro de 2001

Mesa da Câmara dos Deputados
Deputado Aécio Neves
Presidente

Mesa do Senado Federal
Senador Ramez Tebet
Presidente

EMENDA CONSTITUCIONAL Nº 34, DE 13 DE DEZEMBRO DE 2001

Dá nova redação à alínea c do inciso XVI do art. 37 da Constituição Federal.

As Mesas da Câmara dos Deputados e do Senado Federal, nos termos do § 3º do art. 60 da Constituição Federal, promulgam a seguinte Emenda ao texto constitucional:

Art. 1º A alínea c do inciso XVI do art. 37 da Constituição Federal passa a vigorar com a seguinte redação:

- Alteração incorporada ao texto da CF.

Art. 2º Esta Emenda Constitucional entra em vigor na data de sua publicação.

Brasília, 13 de dezembro de 2001

Mesa da Câmara dos Deputados
Deputado Aécio Neves
Presidente

Mesa do Senado Federal
Senador Ramez Tebet
Presidente

EMENDA CONSTITUCIONAL Nº 35, DE 20 DE DEZEMBRO DE 2001

Dá nova redação ao art. 53 de Constituição Federal.

As Mesas da Câmara dos Deputados e do Senado Federal, nos termos do § 3º do art. 60 da Constituição Federal, promulgam a seguinte Emenda ao texto constitucional:

Art. 1º O art. 53 da Constituição Federal passa a vigorar com as seguintes alterações:

- Alteração incorporada ao texto da CF.

Art. 2º Esta Emenda Constitucional entra em vigor na data de sua publicação.

Brasília, 20 de dezembro de 2001

Mesa da Câmara dos Deputados
Deputado Aécio Neves
Presidente

Mesa do Senado Federal
Senador Ramez Tebet
Presidente

EMENDA CONSTITUCIONAL Nº 36, DE 28 DE MAIO DE 2002

Dá nova redação ao art. 222 da Constituição Federal, para permitir a participação de pessoas jurídicas no capital social de empresas jornalísticas e de radiodifusão sonora e de sons e imagens, nas condições que especifica.

As Mesas da Câmara dos Deputados e do Senado Federal, nos termos do § 3º do art. 60 da Constituição Federal, promulgam a seguinte Emenda ao texto constitucional:

Art. 1º O art. 222 da Constituição Federal passa a vigorar com a seguinte redação:

- Alteração incorporada ao texto da CF.

Art. 2º Esta Emenda Constitucional entra em vigor na data de sua publicação.

Brasília, 28 de maio de 2002

Mesa da Câmara dos Deputados
Deputado Aécio Neves
Presidente

Mesa do Senado Federal
Senador Ramez Tebet
Presidente

EMENDA CONSTITUCIONAL Nº 37, DE 12 DE JUNHO DE 2002

Altera os arts. 100 e 156 da Constituição Federal e acrescenta os arts. 84, 85, 86, 87 e 88 ao Ato das Disposições Constitucionais Transitórias.

As Mesas da Câmara dos Deputados e do Senado Federal, nos termos do § 3º do art. 60 da Constituição Federal, promulgam a seguinte Emenda ao texto constitucional:

Art. 1º O art. 100 da Constituição Federal passa a vigorar acrescido do seguinte § 4º, renumerando-se os subsequentes:

- Alteração incorporada ao texto da CF.

Art. 2º O § 3º do art. 156 da Constituição Federal passa a vigorar com a seguinte redação:

- Alteração incorporada ao texto da CF.

Art. 3º O Ato das Disposições Constitucionais Transitórias passa a vigorar acrescido dos seguintes arts. 84, 85, 86, 87 e 88:

- Alteração incorporada ao texto do ADCT.

Art. 4º Esta Emenda Constitucional entra em vigor na data de sua publicação.

Brasília, em 12 de junho de 2002

Mesa da Câmara dos Deputados
Deputado Aécio Neves
Presidente

Mesa do Senado Federal
Senador Ramez Tebet
Presidente

EMENDA CONSTITUCIONAL Nº 38, DE 12 DE JUNHO DE 2002

Acrescenta o art. 89 ao Ato das Disposições Constitucionais Transitórias, incorporando os Policiais Militares do extinto Território Federal de Rondônia aos Quadros da União.

As Mesas da Câmara dos Deputados e do Senado Federal, nos termos do § 3º do art. 60 da Constituição Federal, promulgam a seguinte Emenda ao texto Constitucional:

Art. 1º O Ato das Disposições Constitucionais Transitórias passa a vigorar acrescido do seguinte art. 89:

‣ Alteração incorporada ao texto do ADCT.

Art. 2º Esta Emenda Constitucional entra em vigor na data de sua publicação.

Brasília, em 12 de junho de 2002

Mesa da Câmara dos Deputados
Deputado Aécio Neves
Presidente

Mesa do Senado Federal
Senador Ramez Tebet
Presidente

EMENDA CONSTITUCIONAL Nº 39, DE 19 DE DEZEMBRO DE 2002

Acrescenta o art. 149-A à Constituição Federal (Instituindo contribuição para custeio do serviço de iluminação pública nos Municípios e no Distrito Federal).

As Mesas da Câmara dos Deputados e do Senado Federal, nos termos do § 3º do art. 60 da Constituição Federal, promulgam a seguinte Emenda ao texto Constitucional:

Art. 1º A Constituição Federal passa a vigorar acrescida do seguinte art. 149-A:

‣ Alteração incorporada ao texto da CF.

Art. 2º Esta Emenda Constitucional entra em vigor na data de sua publicação.

Brasília, em 19 de dezembro de 2002

Mesa da Câmara dos Deputados
Deputado Efraim Morais
Presidente

Mesa do Senado Federal
Senador Ramez Tebet
Presidente

EMENDA CONSTITUCIONAL Nº 40, DE 29 DE MAIO DE 2003

Altera o inciso V do art. 163 e o art. 192 da Constituição Federal, e o caput do art. 52 do Ato das Disposições Constitucionais Transitórias.

As Mesas da Câmara dos Deputados e do Senado Federal, nos termos do § 3º do art. 60 da Constituição Federal, promulgam a seguinte Emenda ao texto constitucional:

Art. 1º O inciso V do art. 163 da Constituição Federal passa a vigorar com a seguinte redação:

‣ Alteração incorporada ao texto da CF.

Art. 2º O art. 192 da Constituição Federal passa a vigorar com a seguinte redação:

‣ Alteração incorporada ao texto da CF.

Art. 3º O *caput* do art. 52 do Ato das Disposições Constitucionais Transitórias passa a vigorar com a seguinte redação:

‣ Alteração incorporada ao texto do ADCT.

Art. 4º Esta Emenda Constitucional entra em vigor na data de sua publicação.

Brasília, em 29 de maio de 2003.

Mesa da Câmara dos Deputados
Deputado João Paulo Cunha
Presidente

Mesa do Senado Federal
Senador José Sarney
Presidente

EMENDA CONSTITUCIONAL Nº 41, DE 19 DE DEZEMBRO DE 2003

Modifica os arts. 37, 40, 42, 48, 96, 149 e 201 da Constituição Federal, revoga o inciso IX do § 3º do art. 142 da Constituição Federal e dispositivos da Emenda Constitucional nº 20, de 15 de dezembro de 1998, e dá outras providências.

As Mesas da Câmara dos Deputados e do Senado Federal, nos termos do § 3º do art. 60 da Constituição Federal, promulgam a seguinte Emenda ao texto constitucional:

Art. 1º A Constituição Federal passa a vigorar com as seguintes alterações:

‣ Alteração incorporada ao texto da CF.

Art. 2º (Revogado pela Emenda Constitucional nº 103, de 12.11.2019)

Art. 3º É assegurada a concessão, a qualquer tempo, de aposentadoria aos servidores públicos, bem como pensão aos seus dependentes, que, até a data de publicação desta Emenda, tenham cumprido todos os requisitos para obtenção desses benefícios, com base nos critérios da legislação então vigente.

§ 1º. O servidor de que trata este artigo que opte por permanecer em atividade tendo completado as exigências para aposentadoria voluntária e que conte com, no mínimo, vinte e cinco anos de contribuição, se mulher, ou trinta anos de contribuição, se homem, fará jus a um abono de permanência equivalente ao valor da sua contribuição previdenciária até completar as exigências para aposentadoria compulsória contidas no art. 40, § 1º, II, da Constituição Federal.

§ 2º. Os proventos da aposentadoria a ser concedida aos servidores públicos referidos no *caput*, em termos integrais ou proporcionais ao tempo de contribuição já exercido até a data de publicação desta Emenda, bem como as pensões de seus dependentes, serão calculados de acordo com a legislação em vigor à época em que foram atendidos os requisitos nela estabelecidos para a concessão desses benefícios ou nas condições da legislação vigente.

Art. 4º Os servidores inativos e os pensionistas da União, dos Estados, do Distrito Federal e dos Municípios, incluídas suas autarquias e fundações, em gozo de benefícios na data de publicação desta Emenda, bem como os alcançados pelo disposto no seu art. 3º, contribuirão para o custeio do regime de que trata o art. 40 da Constituição Federal com percentual igual ao estabelecido para os servidores titulares de cargos efetivos.

Parágrafo único. A contribuição previdenciária a que se refere o *caput* incidirá apenas sobre a parcela dos proventos e das pensões que supere:

I - cinquenta por cento do limite máximo estabelecido para os benefícios do regime geral de previdência social de que trata o art. 201 da Constituição Federal, para os servidores inativos e os pensionistas dos Estados, do Distrito Federal e dos Municípios;

II - sessenta por cento do limite máximo estabelecido para os benefícios do regime geral de previdência social de que trata o art. 201 da Constituição Federal, para os servidores inativos e os pensionistas da União.

Art. 5º O limite máximo para o valor dos benefícios do regime geral de previdência social de que trata o art. 201 da Constituição Federal é fixado em R$ 2.400,00 (dois mil e quatrocentos reais), devendo, a partir da data de publicação desta Emenda, ser reajustado de forma a preservar, em caráter permanente, seu valor real, atualizado pelos mesmos índices aplicados aos benefícios do regime geral de previdência social.

Arts. 6º e 6º-A. (Revogados pela Emenda Constitucional nº 103, de 12.11.2019)

Art. 7º Observado o disposto no art. 37, XI, da Constituição Federal, os proventos de aposentadoria dos servidores públicos titulares de cargo efetivo e as pensões dos seus dependentes pagos pela União, Estados, Distrito Federal e Municípios, incluídas suas autarquias e fundações, em fruição na data de publicação desta Emenda, bem como os proventos de aposentadoria dos servidores e as pensões dos dependentes abrangidos pelo art. 3º desta Emenda, serão revistos na mesma proporção e na mesma data, sempre que se modificar a remuneração dos servidores em atividade, sendo também estendidos aos aposentados e pensionistas quaisquer benefícios ou vantagens posteriormente concedidos aos servidores em atividade, inclusive quando decorrentes da transformação ou reclassificação do cargo ou função em que se deu a aposentadoria ou que serviu de referência para a concessão da pensão, na forma da lei.

Art. 8º Até que seja fixado o valor do subsídio de que trata o art. 37, XI, da Constituição Federal, será considerado, para os fins do limite fixado naquele inciso, o valor da maior remuneração atribuída por lei na data de publicação desta Emenda a Ministro do Supremo Tribunal Federal, a título de vencimento, de representação mensal e da parcela recebida em razão de tempo de serviço, aplicando-se como limite, nos Municípios, o subsídio do Prefeito, e nos Estados e no Distrito Federal, o subsídio mensal do Governador no âmbito do Poder Executivo, o subsídio dos Deputados Estaduais e Distritais no âmbito do Poder Legislativo e o subsídio dos Desembargadores do Tribunal de Justiça, limitado a noventa inteiros e vinte e cinco centésimos por cento da maior remuneração mensal de Ministro do Supremo Tribunal Federal a que se refere este artigo, no âmbito do Poder Judiciário, aplicável este limite aos membros do Ministério Público, aos Procuradores e aos Defensores Públicos.

Art. 9º Aplica-se o disposto no art. 17 do Ato das Disposições Constitucionais Transitórias aos vencimentos, remunerações e subsídios dos ocupantes de cargos, funções e empregos públicos da administração direta, autárquica e fundacional, dos membros de qualquer dos Poderes da União, dos Estados, do Distrito Federal e dos Municípios, dos detentores de mandato eletivo e dos demais agentes políticos e os proventos, pensões ou outra espécie remuneratória percebidos cumulativamente ou não, incluídas as vantagens pessoais ou de qualquer outra natureza.

Art. 10. Revogam-se o inciso IX do § 3º do art. 142 da Constituição Federal, bem como os arts. 8º e 10 da Emenda Constitucional nº 20, de 15 de dezembro de 1998.

Art. 11. Esta Emenda Constitucional entra em vigor na data de sua publicação.

Brasília, em 19 de dezembro de 2003.

Mesa da Câmara dos Deputados
Deputado João Paulo Cunha
Presidente

Mesa do Senado Federal
Senador José Sarney
Presidente

EMENDA CONSTITUCIONAL Nº 42, DE 19 DE DEZEMBRO DE 2003

Altera o Sistema Tributário Nacional e dá outras providências.

As Mesas da Câmara dos Deputados e do Senado Federal, nos termos do § 3º do art. 60 da Constituição Federal, promulgam a seguinte Emenda ao texto constitucional:

Art. 1º Os artigos da Constituição a seguir enumerados passam a vigorar com as seguintes alterações:

‣ Alteração incorporada ao texto da CF.

Art. 2º Os artigos do Ato das Disposições Constitucionais Transitórias a seguir enumerados passam a vigorar com as seguintes alterações:

‣ Alteração incorporada ao texto do ADCT.

Art. 3º O Ato das Disposições Constitucionais Transitórias passa a vigorar acrescido dos seguintes artigos:

‣ Alteração incorporada ao texto do ADCT.

Art. 4º Os adicionais criados pelos Estados e pelo Distrito Federal até a data da promulgação desta Emenda, naquilo em que estiverem em desacordo com o previsto nesta Emenda, na Emenda Constitucional nº 31, de 14 de dezembro de 2000, ou na lei complementar de que trata o art. 155, § 2º, XII, da Constituição, terão vigência, no máximo, até o prazo previsto no art. 79 do Ato das Disposições Constitucionais Transitórias.

Art. 5º O Poder Executivo, em até sessenta dias contados da data da promulgação desta Emenda, encaminhará ao Congresso Nacional projeto de lei, sob o regime de urgência constitucional, que disciplinará os benefícios fiscais para a capacitação do setor de tecnologia da informação, que vigerão até 2019 nas condições que estiverem em vigor no ato da aprovação desta Emenda.

Art. 6º Fica revogado o inciso II do § 3º do art. 84 do Ato das Disposições Constitucionais Transitórias.

Brasília, em 19 de dezembro de 2003.

Mesa da Câmara dos Deputados
Deputado João Paulo Cunha
Presidente

Mesa do Senado Federal
Senador José Sarney
Presidente

EMENDA CONSTITUCIONAL Nº 43, DE 15 DE ABRIL DE 2004

Altera o art. 42 do Ato das Disposições Constitucionais Transitórias, prorrogando, por 10 (dez) anos, a aplicação, por parte da União, de percentuais mínimos do total dos recursos destinados à irrigação nas Regiões Centro-Oeste e Nordeste.

As Mesas da Câmara dos Deputados e do Senado Federal, nos termos do § 3º do art. 60 da Constituição Federal, promulgam a seguinte Emenda ao texto constitucional:

Art. 1º O *caput* do art. 42 do Ato das Disposições Constitucionais Transitórias passa a vigorar com a seguinte redação:

‣ Alteração incorporada ao texto do ADCT.

Art. 2º Esta Emenda Constitucional entra em vigor na data de sua publicação.

Mesa da Câmara dos Deputados
Deputado João Paulo Cunha
Presidente

Mesa do Senado Federal
Senador José Sarney
Presidente

EMENDA CONSTITUCIONAL Nº 44, DE 30 DE JUNHO DE 2004

Altera o Sistema Tributário Nacional e dá outras providências.

As Mesas da Câmara Dos Deputados e do Senado Federal, nos termos do § 3º do art. 60 da Constituição Federal, promulgam a seguinte Emenda ao texto constitucional:

Art. 1º O inciso III do art. 159 da Constituição passa a vigorar com a seguinte redação:

‣ Alteração incorporada ao texto da CF.

Art. 2º Esta Emenda à Constituição entra em vigor na data de sua publicação.

Mesa da Câmara dos Deputado
Deputado João Paulo Cunha
Presidente

Mesa do Senado Federal
Senador José Sarney
Presidente

EMENDA CONSTITUCIONAL Nº 45, DE 30 DE DEZEMBRO DE 2004

Altera dispositivos dos arts. 5º, 36, 52, 92, 93, 95, 98, 99, 102, 103, 104, 105, 107, 109, 111, 112, 114, 115, 125, 126, 127, 128, 129, 134 e 168 da Constituição Federal, e acrescenta os arts. 103-A, 103B, 111-A e 130-A, e dá outras providências.

As Mesas da Câmara Dos Deputados e do Senado Federal, nos termos do § 3º do art. 60 da Constituição Federal, promulgam a seguinte Emenda ao texto constitucional:

Art. 1º Os arts. 5º, 36, 52, 92, 93, 95, 98, 99, 102, 103, 104, 105, 107, 109, 111, 112, 114, 115, 125, 126, 127, 128, 129, 134 e 168 da Constituição Federal passam a vigorar com a seguinte redação:

‣ Alteração incorporada ao texto da CF.

Art. 2º A Constituição Federal passa a vigorar acrescida dos seguintes arts. 103-A, 103-B, 111-A e 130-A:

‣ Alteração incorporada ao texto da CF.

Art. 3º A lei criará o Fundo de Garantia das Execuções Trabalhistas, integrado pelas multas decorrentes de condenações trabalhistas e administrativas oriundas da fiscalização do trabalho, além de outras receitas.

Art. 4º Ficam extintos os tribunais de Alçada, onde houver, passando os seus membros a integrar os Tribunais de Justiça dos respectivos Estados, respeitadas a antiguidade e classe de origem.

Parágrafo único. No prazo de cento e oitenta dias, contado da promulgação desta Emenda, os Tribunais de Justiça, por ato administrativo, promoverão a integração dos membros dos tribunais extintos em seus quadros, fixando-lhes a competência e remetendo, em igual prazo, ao Poder Legislativo, proposta de alteração da organização e da divisão judiciária correspondentes, assegurados os direitos dos inativos e pensionistas e o aproveitamento dos servidores no Poder Judiciário estadual.

Art. 5º O Conselho Nacional de Justiça e o Conselho Nacional do Ministério Público serão instalados no prazo de cento e oitenta dias a contar da promulgação desta Emenda, devendo a indicação ou escolha de seus membros ser efetuada até trinta dias antes do termo final.

§ 1º. Não efetuadas as indicações e escolha dos nomes para os Conselhos Nacional de Justiça e do Ministério Público dentro do prazo fixado no *caput* deste artigo, caberá, respectivamente, ao Supremo Tribunal Federal e ao Ministério Público da União realizá-las.

§ 2º. Até que entre em vigor o Estatuto da Magistratura, o Conselho Nacional de Justiça, mediante resolução, disciplinará seu funcionamento e definirá as atribuições do Ministro-Corregedor.

Art. 6º O Conselho Superior da Justiça do Trabalho será instalado no prazo de cento e oitenta dias, cabendo ao Tribunal Superior do Trabalho regulamentar seu funcionamento por resolução, enquanto não promulgada a lei a que se refere o art. 111-A, § 2º, II.

Art. 7º O Congresso Nacional instalará, imediatamente após a promulgação desta Emenda Constitucional, comissão especial mista, destinada a elaborar, em cento e oitenta dias, os projetos de lei necessários à regulamentação da matéria nela tratada, bem como promover alterações na legislação federal objetivando tornar mais amplo o acesso à Justiça e mais célere a prestação jurisdicional.

Art. 8º As atuais súmulas do Supremo Tribunal Federal somente produzirão efeito vinculante após sua confirmação por dois terços de seus integrantes e publicação na imprensa oficial.

Art. 9º São revogados o inciso IV do art. 36; a alínea h do inciso I do art. 102; o § 4º do art. 103; e os §§ 1º a 3º do art. 111.

Art. 10. Esta Emenda Constitucional entra em vigor na data de sua publicação.

Brasília, em 30 de dezembro de 2004

Mesa da Câmara dos Deputados
Deputado João Paulo Cunha
Presidente

Mesa do Senado Federal
Senador José Sarney
Presidente

EMENDA CONSTITUCIONAL Nº 46, DE 5 DE MAIO DE 2005

Altera o inciso IV do art. 20 da Constituição Federal.

As Mesas da Câmara dos Deputados e do Senado Federal, nos termos do § 3º do art. 60 da Constituição Federal, promulgam a seguinte Emenda ao texto constitucional:

Art. 1º O inciso IV do art. 20 da Constituição Federal passa a vigorar com a seguinte redação:

‣ Alteração incorporada ao texto da CF.

Art. 2º Esta Emenda Constitucional entra em vigor na data de sua publicação.

Brasília, em 5 de maio de 2005

Mesa da Câmara dos Deputados
Deputado Severino Cavalcanti
Presidente

Mesa do Senado Federal
Senador Renan Calheiros
Presidente

EMENDA CONSTITUCIONAL Nº 47, DE 5 DE JULHO DE 2005

Altera os arts. 37, 40, 195 e 201 da Constituição Federal, para dispor sobre a previdência social, e dá outras providências.

As Mesas da Câmara dos Deputados e do Senado Federal, nos termos do § 3º do art. 60 da Constituição Federal, promulgam a seguinte Emenda ao texto constitucional:

Art. 1º Os arts. 37, 40, 195 e 201 da Constituição Federal passam a vigorar com a seguinte redação:

‣ Alteração incorporada ao texto da CF.

Art. 2º Aplica-se aos proventos de aposentadorias dos servidores públicos que se aposentarem na forma do *caput* do art. 6º da Emenda

Constitucional nº 41, de 2003, o disposto no art. 7º da mesma Emenda.

Art. 3º (Revogado pela Emenda Constitucional nº 103, de 12.11.2019)

Art. 4º Enquanto não editada a lei a que se refere o § 11 do art. 37 da Constituição Federal, não será computada, para efeito dos limites remuneratórios de que trata o inciso XI do *caput* do mesmo artigo, qualquer parcela de caráter indenizatório, assim definida pela legislação em vigor na data de publicação da Emenda Constitucional nº 41, de 2003.

Art. 5º Revoga-se o parágrafo único do art. 6º da Emenda Constitucional nº 41, de 19 de dezembro de 2003.

Art. 6º Esta Emenda Constitucional entra em vigor na data de sua publicação, com efeitos retroativos à data de vigência da Emenda Constitucional nº 41, de 2003.

Brasília, em 5 de julho de 2005

Mesa da Câmara dos Deputados
Deputado Severino Cavalcanti
Presidente

Mesa do Senado Federal
Senador Renan Calheiros
Presidente

EMENDA CONSTITUCIONAL Nº 48, DE 10 DE AGOSTO DE 2005

Acrescenta o § 3º ao art. 215 da Constituição Federal, instituindo o Plano Nacional de Cultura.

As Mesas da Câmara dos Deputados e do Senado Federal, nos termos do art. 60 da Constituição Federal, promulgam a seguinte Emenda ao texto constitucional:

Art. 1º O art. 215 da Constituição Federal passa a vigorar acrescido do seguinte § 3º:

› Alteração incorporada ao texto da CF.

Art. 2º Esta Emenda Constitucional entra em vigor na data de sua publicação.

Brasília, em 10 de agosto de 2005

Mesa da Câmara dos Deputados
Deputado Severino Cavalcanti
Presidente

Mesa do Senado Federal
Senador Renan Calheiros
Presidente

EMENDA CONSTITUCIONAL Nº 49, DE 8 DE FEVEREIRO DE 2006

Altera a redação da alínea b e acrescenta alínea c ao inciso XXIII do caput do art. 21 e altera a redação do inciso V do caput do art. 177 da Constituição Federal para excluir do monopólio da União a produção, a comercialização e a utilização de radioisótopos de meia-vida curta, para usos médicos, agrícolas e industriais.

As Mesas da Câmara dos Deputados e do Senado Federal, nos termos do art. 60 da Constituição Federal, promulgam a seguinte Emenda ao texto constitucional:

Art. 1º O inciso XXIII do art. 21 da Constituição Federal passa a vigorar com a seguinte redação:

› Alteração incorporada ao texto da CF.

Art. 2º O inciso V do *caput* do art. 177 da Constituição Federal passa a vigorar com a seguinte redação:

› Alteração incorporada ao texto da CF.

Art. 3º Esta Emenda Constitucional entra em vigor na data de sua publicação.

Brasília, em 8 de fevereiro de 2006

Mesa da Câmara dos Deputados
Deputado Aldo Rebelo
Presidente

Mesa do Senado Federal
Senador Renan Calheiros
Presidente

EMENDA CONSTITUCIONAL Nº 50, DE 14 DE FEVEREIRO DE 2006

Modifica o art. 57 da Constituição Federal.

As Mesas da Câmara dos Deputados e do Senado Federal, nos termos do art. 60 da Constituição Federal, promulgam a seguinte Emenda ao texto constitucional:

Art. 1º O art. 57 da Constituição Federal passa a vigorar com a seguinte redação:

› Alteração incorporada ao texto da CF.

Art. 2º Esta Emenda Constitucional entra em vigor na data de sua publicação.

Brasília, em 14 de fevereiro de 2006

Mesa da Câmara dos Deputados
Deputado Aldo Rebelo
Presidente

Mesa do Senado Federal
Senador Renan Calheiros
Presidente

EMENDA CONSTITUCIONAL Nº 51, DE 14 DE FEVEREIRO DE 2006

Acrescenta os §§ 4º, 5º e 6º ao art. 198 da Constituição Federal.

As Mesas da Câmara dos Deputados e do Senado Federal, nos termos do art. 60 da Constituição Federal, promulgam a seguinte Emenda ao texto constitucional:

Art. 1º O art. 198 da Constituição Federal passa a vigorar acrescido dos seguintes §§ 4º, 5º e 6º:

› Alteração incorporada ao texto da CF.

Art. 2º Após a promulgação da presente Emenda Constitucional, os agentes comunitários de saúde e os agentes de combate às endemias somente poderão ser contratados diretamente pelos Estados, pelo Distrito Federal ou pelos Municípios na forma do § 4º do art. 198 da Constituição Federal, observado o limite de gasto estabelecido na Lei Complementar de que trata o art. 169 da Constituição Federal.

Parágrafo único. Os profissionais que, na data de promulgação desta Emenda e a qualquer título, desempenharem as atividades de agente comunitário de saúde ou de agente de combate às endemias, na forma da lei, ficam dispensados de se submeter ao processo seletivo público a que se refere o § 4º do art. 198 da Constituição Federal, desde que tenham sido contratados a partir de anterior processo de Seleção Pública efetuado por órgãos ou entes da administração direta ou indireta de Estado, Distrito Federal ou Município ou por outras instituições com a efetiva supervisão e autorização da administração direta dos entes da federação.

Art. 3º Esta Emenda Constitucional entra em vigor na data da sua publicação.

Brasília, em 14 de fevereiro de 2006

Mesa da Câmara dos Deputados
Deputado Aldo Rebelo
Presidente

Mesa do Senado Federal
Senador Renan Calheiros
Presidente

EMENDA CONSTITUCIONAL Nº 52, DE 8 DE MARÇO DE 2006

Dá nova redação ao § 1º do art. 17 da Constituição Federal para disciplinar as coligações eleitorais.

As Mesas da Câmara dos Deputados e do Senado Federal, nos termos do § 3º do art. 60 da Constituição Federal, promulgam a seguinte Emenda ao texto constitucional:

Art. 1º O § 1º do art. 17 da Constituição Federal passa a vigorar com a seguinte redação:

Art. 2º Esta Emenda Constitucional entra em vigor na data de sua publicação, aplicando-se às eleições que ocorrerão no ano de 2002.

Brasília, em 8 de março de 2006.

Mesa da Câmara dos Deputados
Deputado Aldo Rebelo
Presidente

Mesa do Senado Federal
Senador Renan Calheiros
Presidente

EMENDA CONSTITUCIONAL Nº 53, DE 19 DE DEZEMBRO DE 2006

Dá nova redação aos arts. 7º, 23, 30, 206, 208, 211 e 212 da Constituição Federal e ao art. 60 do Ato das Disposições Constitucionais Transitórias.

As Mesas da Câmara dos Deputados e do Senado Federal, nos termos do § 3º do art. 60 da Constituição Federal, promulgam a seguinte Emenda ao texto constitucional:

Art. 1º A Constituição Federal passa a vigorar com as seguintes alterações:

› Alteração incorporada ao texto da CF.

Art. 2º O art. 60 do Ato das Disposições Constitucionais Transitórias passa a vigorar com a seguinte redação:

› Alteração incorporada ao texto da CF.

Art. 3º Esta Emenda Constitucional entra em vigor na data de sua publicação, mantidos os efeitos do art. 60 do Ato das Disposições Constitucionais Transitórias, conforme estabelecido pela Emenda Constitucional nº 14, de 12 de setembro de 1996, até o início da vigência dos Fundos, nos termos desta Emenda Constitucional.

Brasília, em 19 de dezembro de 2006.

Mesa da Câmara dos Deputados
Deputado Aldo Rebelo
Presidente

Mesa do Senado Federal
Senador Renan Calheiros
Presidente

EMENDA CONSTITUCIONAL Nº 54, DE 20 DE SETEMBRO DE 2007

Dá nova redação à alínea c do inciso I do art. 12 da Constituição Federal e acrescenta art. 95 ao Ato das Disposições Constitucionais Transitórias, assegurando o registro nos consulados de brasileiros nascidos no estrangeiro.

As Mesas da Câmara dos Deputados e do Senado Federal, nos termos do § 3º do art. 60 da Constituição Federal, promulgam a seguinte Emenda ao texto constitucional:

Art. 1º A alínea c do inciso I do art. 12 da Constituição Federal passa a vigorar com a seguinte redação:

› Alteração incorporada ao texto da CF.

Art. 2º O Ato das Disposições Constitucionais Transitórias passa a vigorar acrescido do seguinte art. 95:

‣ Alteração incorporada ao texto do ADCT.

Art. 3º Esta Emenda Constitucional entra em vigor na data de sua publicação.

Brasília, em 20 de setembro de 2007

Mesa da Câmara dos Deputados
Deputado Arlindo Chinaglia
Presidente

Mesa do Senado Federal
Senador Renan Calheiros
Presidente

EMENDA CONSTITUCIONAL Nº 55, DE 20 DE SETEMBRO DE 2007

Altera o art. 159 da Constituição Federal, aumentando a entrega de recursos pela União ao Fundo de Participação dos Municípios.

As Mesas da Câmara dos Deputados e do Senado Federal, nos termos do § 3º do art. 60 da Constituição Federal, promulgam a seguinte Emenda ao texto constitucional:

Art. 1º O art. 159 da Constituição Federal passa a vigorar com as seguintes alterações:

‣ Alteração incorporada ao texto da CF.

Art. 2º No exercício de 2007, as alterações do art. 159 da Constituição Federal previstas nesta Emenda Constitucional somente se aplicam sobre a arrecadação dos impostos sobre renda e proventos de qualquer natureza e sobre produtos industrializados realizada a partir de 1º de setembro de 2007.

Art. 3º Esta Emenda Constitucional entra em vigor na data de sua publicação.

Mesa da Câmara dos Deputados
Deputado Arlindo Chinaglia
Presidente

Mesa do Senado Federal
Senador Renan Calheiros
Presidente

EMENDA CONSTITUCIONAL Nº 56, DE 20 DE DEZEMBRO DE 2007

Prorroga o prazo previsto no caput do art. 76 do Ato das Disposições Constitucionais Transitórias e dá outras providências.

As Mesas da Câmara dos Deputados e do Senado Federal, nos termos do § 3º do art. 60 da Constituição Federal, promulgam a seguinte Emenda ao texto constitucional:

Art. 1º O *caput* do art. 76 do Ato das Disposições Constitucionais Transitórias passa a vigorar com a seguinte redação:

‣ Alteração incorporada ao texto do ADCT.

Art. 2º Esta Emenda Constitucional entra em vigor na data da sua publicação.

Brasília, em 20 de dezembro de 2007.

Mesa da Câmara dos Deputados
Deputado Arlindo Chinaglia
Presidente

Mesa do Senado Federal
Senador Garibaldi Alves Filho
Presidente

EMENDA CONSTITUCIONAL Nº 57, DE 18 DE DEZEMBRO DE 2008

Acrescenta artigo ao Ato das Disposições Constitucionais Transitórias para convalidar os atos de criação, fusão, incorporação e desmembramento de Municípios.

As Mesas da Câmara dos Deputados e do Senado Federal, nos termos do § 3º do art. 60 da Constituição Federal, promulgam a seguinte Emenda ao texto constitucional:

Art. 1º O Ato das Disposições Constitucionais Transitórias passa a vigorar acrescido do seguinte art. 96:

‣ Alteração incorporada ao texto do ADCT.

Art. 2º Esta Emenda Constitucional entra em vigor na data de sua publicação.

Brasília, em 18 de dezembro de 2008.

Mesa da Câmara dos Deputados
Deputado Arlindo Chinaglia
Presidente

Mesa do Senado Federal
Senador Garibaldi Alves Filho
Presidente

EMENDA CONSTITUCIONAL Nº 58, DE 23 DE SETEMBRO DE 2009

Altera a redação do inciso IV do caput do art. 29 e do art. 29-A da Constituição Federal, tratando das disposições relativas à recomposição das Câmaras Municipais.

As Mesas da Câmara dos Deputados e do Senado Federal, nos termos do § 3º do art. 60 da Constituição Federal, promulgam a seguinte Emenda ao texto constitucional:

Art. 1º O inciso IV do *caput* do art. 29 da Constituição Federal passa a vigorar com a seguinte redação:

‣ Alteração incorporada ao texto da CF.

Art. 2º O art. 29-A da Constituição Federal passa a vigorar com a seguinte redação:

‣ Alteração incorporada ao texto da CF.

Art. 3º Esta Emenda Constitucional entra em vigor na data de sua promulgação, produzindo efeitos:

I - o disposto no art. 1º, a partir do processo eleitoral de 2008; e

II - o disposto no art. 2º, a partir de 1º de janeiro do ano subsequente ao da promulgação desta Emenda.

Brasília, em 23 de setembro de 2009.

Mesa da Câmara dos Deputados
Deputado Michel Temer
Presidente

Mesa do Senado Federal
Senador José Sarney
Presidente

EMENDA CONSTITUCIONAL Nº 59, DE 11 DE NOVEMBRO DE 2009

Acrescenta § 3º ao art. 76 do Ato das Disposições Constitucionais Transitórias para reduzir, anualmente, a partir do exercício de 2009, o percentual da Desvinculação das Receitas da União incidente sobre os recursos destinados à manutenção e desenvolvimento do ensino de que trata o art. 212 da Constituição Federal, dá nova redação aos incisos I e VII do art. 208, de forma a prever a obrigatoriedade do ensino de quatro a dezessete anos e ampliar a abrangência dos programas suplementares para todas as etapas da educação básica, e dá nova redação ao § 4º do art. 211 e ao § 3º do art. 212 e ao caput do art. 214, com a inserção neste dispositivo de inciso VI.

As Mesas da Câmara dos Deputados e do Senado Federal, nos termos do § 3º do art. 60 da Constituição Federal, promulgam a seguinte Emenda ao texto constitucional:

Art. 1º Os incisos I e VII do art. 208 da Constituição Federal, passam a vigorar com as seguintes alterações:

‣ Alteração incorporada ao texto da CF.

Art. 2º O § 4º do art. 211 da Constituição Federal passa a vigorar com a seguinte redação:

‣ Alteração incorporada ao texto da CF.

Art. 3º O § 3º do art. 212 da Constituição Federal passa a vigorar com a seguinte redação:

‣ Alteração incorporada ao texto da CF.

Art. 4º O *caput* do art. 214 da Constituição Federal passa a vigorar com a seguinte redação, acrescido do inciso VI:

‣ Alteração incorporada ao texto da CF.

Art. 5º O art. 76 do Ato das Disposições Constitucionais Transitórias passa a vigorar acrescido do seguinte § 3º:

‣ Alteração incorporada ao texto do ADCT.

Art. 6º O disposto no inciso I do art. 208 da Constituição Federal deverá ser implementado progressivamente, até 2016, nos termos do Plano Nacional de Educação, com apoio técnico e financeiro da União.

Art. 7º Esta Emenda Constitucional entra em vigor na data da sua publicação.

Brasília, em 11 de novembro de 2009.

Mesa da Câmara dos Deputados
Deputado Michel Temer
Presidente

Mesa do Senado Federal
Senador José Sarney
Presidente

EMENDA CONSTITUCIONAL Nº 60, DE 11 DE NOVEMBRO DE 2009

Altera o art. 89 do Ato das Disposições Constitucionais Transitórias para dispor sobre o quadro de servidores civis e militares do ex-Território Federal de Rondônia.

As Mesas da Câmara dos Deputados e do Senado Federal, nos termos do § 3º do art. 60 da Constituição Federal, promulgam a seguinte Emenda ao texto constitucional:

Art. 1º O art. 89 do Ato das Disposições Constitucionais Transitórias passa a vigorar com a seguinte redação, vedado o pagamento, a qualquer título, em virtude de tal alteração, de ressarcimentos ou indenizações, de qualquer espécie, referentes a períodos anteriores à data de publicação desta Emenda Constitucional:

‣ Alteração incorporada ao texto do ADCT.

Art. 2º Esta Emenda Constitucional entra em vigor na data de sua publicação, não produzindo efeitos retroativos.

Brasília, em 11 de novembro de 2009.

Mesa da Câmara dos Deputados
Deputado Michel Temer
Presidente

Mesa do Senado Federal
Senador José Sarney
Presidente

EMENDA CONSTITUCIONAL Nº 61, DE 11 DE NOVEMBRO DE 2009

Altera o art. 103-B da Constituição Federal, para modificar a composição do Conselho Nacional de Justiça.

As Mesas da Câmara dos Deputados e do Senado Federal, nos termos do § 3º do art. 60 da Constituição Federal, promulgam a seguinte Emenda ao texto constitucional:

Art. 1º O art. 103-B da Constituição Federal passa a vigorar com a seguinte redação:

‣ Alteração incorporada ao texto da CF.

Art. 2º Esta Emenda Constitucional entra em vigor na data de sua publicação.

Brasília, em 11 de novembro de 2009.

Mesa da Câmara dos Deputados
Deputado Michel Temer
Presidente

Mesa do Senado Federal
Senador José Sarney
Presidente

EMENDA CONSTITUCIONAL Nº 62, DE 9 DE DEZEMBRO DE 2009

Altera o art. 100 da Constituição Federal e acrescenta o art. 97 ao Ato das Disposições Constitucionais Transitórias, instituindo regime especial de pagamento de precatórios pelos Estados, Distrito Federal e Municípios.

As Mesas da Câmara dos Deputados e do Senado Federal, nos termos do § 3º do art. 60 da Constituição Federal, promulgam a seguinte Emenda ao texto constitucional:

Art. 1º O art. 100 da Constituição Federal passa a vigorar com a seguinte redação:

‣ Alteração incorporada ao texto da CF.

Art. 2º O Ato das Disposições Constitucionais Transitórias passa a vigorar acrescido do seguinte art. 97:

‣ Alteração incorporada ao texto do ADCT.

Art. 3º A implantação do regime de pagamento criado pelo art. 97 do Ato das Disposições Constitucionais Transitórias deverá ocorrer no prazo de até 90 (noventa dias), contados da data da publicação desta Emenda Constitucional.

Art. 4º A entidade federativa voltará a observar somente o disposto no art. 100 da Constituição Federal:

I - no caso de opção pelo sistema previsto no inciso I do § 1º do art. 97 do Ato das Disposições Constitucionais Transitórias, quando o valor dos precatórios devidos for inferior ao dos recursos destinados ao seu pagamento;

II - no caso de opção pelo sistema previsto no inciso II do § 1º do art. 97 do Ato das Disposições Constitucionais Transitórias, ao final do prazo.

Art. 5º Ficam convalidadas todas as cessões de precatórios efetuadas antes da promulgação desta Emenda Constitucional, independentemente da concordância da entidade devedora.

Art. 6º Ficam também convalidadas todas as compensações de precatórios com tributos vencidos até 31 de outubro de 2009 da entidade devedora, efetuadas na forma do disposto no § 2º do art. 78 do ADCT, realizadas antes da promulgação desta Emenda Constitucional.

Art. 7º Esta Emenda Constitucional entra em vigor na data de sua publicação.

Brasília, em 9 de dezembro de 2009.

Mesa da Câmara dos Deputados
Deputado Michel Temer
Presidente

Mesa do Senado Federal
Senador Marconi Perillo
1º Vice-Presidente, no exercício da Presidência

EMENDA CONSTITUCIONAL Nº 63, DE 4 DE FEVEREIRO DE 2010

Altera o § 5º do art. 198 da Constituição Federal para dispor sobre piso salarial profissional nacional e diretrizes para os Planos de Carreira de agentes comunitários de saúde e de agentes de combate às endemias.

As Mesas da Câmara dos Deputados e do Senado Federal, nos termos do art. 60 da Constituição Federal, promulgam a seguinte Emenda ao texto constitucional:

Art. 1º O § 5º do art. 198 da Constituição Federal passa a vigorar com a seguinte redação:

‣ Alteração incorporada ao texto da CF.

Art. 2º Esta Emenda Constitucional entra em vigor na data de sua publicação.

Brasília, em 4 de fevereiro de 2010.

Mesa da Câmara dos Deputados
Deputado Michel Temer
Presidente

Mesa do Senado Federal
Senador José Sarney
Presidente

EMENDA CONSTITUCIONAL Nº 64, DE 4 DE FEVEREIRO DE 2010

Altera o art. 6º da Constituição Federal, para introduzir a alimentação como direito social.

As Mesas da Câmara dos Deputados e do Senado Federal, nos termos do art. 60 da Constituição Federal, promulgam a seguinte Emenda ao texto constitucional:

Art. 1º O art. 6º da Constituição Federal passa a vigorar com a seguinte redação:

‣ Alteração incorporada ao texto da CF.

Art. 2º Esta Emenda Constitucional entra em vigor na data de sua publicação.

Brasília, em 4 de fevereiro de 2010.

Mesa da Câmara dos Deputados
Deputado Michel Temer
Presidente

Mesa do Senado Federal
Senador José Sarney
Presidente

EMENDA CONSTITUCIONAL Nº 65, DE 13 DE JULHO DE 2010

Altera a denominação do Capítulo VII do Título VIII da Constituição Federal e modifica o seu art. 227, para cuidar dos interesses da juventude.

As Mesas da Câmara dos Deputados e do Senado Federal, nos termos do art. 60 da Constituição Federal, promulgam a seguinte Emenda ao texto constitucional:

Art. 1º O Capítulo VII do Título VIII da Constituição Federal passa a denominar-se "Da Família, da Criança, do Adolescente, do Jovem e do Idoso".

‣ Alteração incorporada ao texto da CF.

Art. 2º O art. 227 da Constituição Federal passa a vigorar com a seguinte redação:

‣ Alteração incorporada ao texto da CF.

Art. 3º Esta Emenda Constitucional entra em vigor na data de sua publicação.

Brasília, em 13 de julho de 2010.

Mesa da Câmara dos Deputados
Deputado Michel Temer
Presidente

Mesa do Senado Federal
Senador José Sarney
Presidente

EMENDA CONSTITUCIONAL Nº 66, DE 13 DE JULHO DE 2010

Dá nova redação ao § 6º do art. 226 da Constituição Federal, que dispõe sobre a dissolubilidade do casamento civil pelo divórcio, suprimindo o requisito de prévia separação judicial por mais de 1 (um) ano ou de comprovada separação de fato por mais de 2 (dois) anos.

As Mesas da Câmara dos Deputados e do Senado Federal, nos termos do art. 60 da Constituição Federal, promulgam a seguinte Emenda ao texto constitucional:

Art. 1º O § 6º do art. 226 da Constituição Federal passa a vigorar com a seguinte redação:

‣ Alteração incorporada ao texto da CF.

Art. 2º Esta Emenda Constitucional entra em vigor na data de sua publicação.

Brasília, em 13 de julho de 2010.

Mesa da Câmara dos Deputados
Deputado Michel Temer
Presidente

Mesa do Senado Federal
Senador José Sarney
Presidente

EMENDA CONSTITUCIONAL Nº 67, DE 22 DE DEZEMBRO DE 2010

Prorroga, por tempo indeterminado, o prazo de vigência do Fundo de Combate e Erradicação da Pobreza.

As Mesas da Câmara dos Deputados e do Senado Federal, nos termos do § 3º do art. 60 da Constituição Federal, promulgam a seguinte Emenda ao texto constitucional:

Art. 1º Prorrogam-se, por tempo indeterminado, o prazo de vigência do Fundo de Combate e Erradicação da Pobreza a que se refere o *caput* do art. 79 do Ato das Disposições Constitucionais Transitórias e, igualmente, o prazo de vigência da Lei Complementar nº 111, de 6 de julho de 2001, que "Dispõe sobre o Fundo de Combate e Erradicação da Pobreza, na forma prevista nos arts. 79, 80 e 81 do Ato das Disposições Constitucionais Transitórias".

Art. 2º Esta Emenda Constitucional entra em vigor na data de sua publicação.

Brasília, em 22 de dezembro de 2010.

Mesa da Câmara dos Deputados
Deputado Marco Maia
Presidente

Mesa do Senado Federal
Senador José Sarney
Presidente

EMENDA CONSTITUCIONAL Nº 68, DE 21 DE DEZEMBRO DE 2011

Altera o art. 76 do Ato das Disposições Constitucionais Transitórias.

As Mesas da Câmara dos Deputados e do Senado Federal, nos termos do § 3º do art. 60 da Constituição Federal, promulgam a seguinte Emenda ao texto constitucional:

Art. 1º O art. 76 do Ato das Disposições Constitucionais Transitórias passa a vigorar com a seguinte redação:

‣ Alteração incorporada ao texto do ADCT.

Art. 2º Esta Emenda Constitucional entra em vigor na data da sua publicação.

Brasília, 21 de dezembro de 2011

Mesa da Câmara dos Deputados
Deputado Marco Maia
Presidente

Mesa do Senado Federal
Senador José Sarney
Presidente

EMENDA CONSTITUCIONAL Nº 69, DE 29 DE MARÇO DE 2012

Altera os arts. 21, 22 e 48 da Constituição Federal, para transferir da União para o Distrito Federal as atribuições de organizar e manter a Defensoria Pública do Distrito Federal.

As Mesas da Câmara dos Deputados e do Senado Federal, nos termos do art. 60 da Constituição Federal, promulgam a seguinte Emenda ao texto constitucional:

Art. 1º Os arts. 21, 22 e 48 da Constituição Federal passam a vigorar com a seguinte redação:

▸ Alteração incorporada ao texto da CF.

Art. 2º Sem prejuízo dos preceitos estabelecidos na Lei Orgânica do Distrito Federal, aplicam-se à Defensoria Pública do Distrito Federal os mesmos princípios e regras que, nos termos da Constituição Federal, regem as Defensorias Públicas dos Estados.

Art. 3º O Congresso Nacional e a Câmara Legislativa do Distrito Federal, imediatamente após a promulgação desta Emenda Constitucional e de acordo com suas competências, instalarão comissões especiais destinadas a elaborar, em 60 (sessenta) dias, os projetos de lei necessários à adequação da legislação infraconstitucional à matéria nela tratada.

Art. 4º Esta Emenda Constitucional entra em vigor na data de sua publicação, produzindo efeitos quanto ao disposto no art. 1º após decorridos 120 (cento e vinte) dias de sua publicação oficial.

Brasília, 29 de março de 2012.

Mesa da Câmara dos Deputados
Deputado Marco Maia
Presidente

Mesa do Senado Federal
Senador José Sarney
Presidente

EMENDA CONSTITUCIONAL Nº 70, DE 29 DE MARÇO DE 2012

Acrescenta art. 6º-A à Emenda Constitucional nº 41, de 2003, para estabelecer critérios para o cálculo e a correção dos proventos da aposentadoria por invalidez dos servidores públicos que ingressaram no serviço público até a data da publicação daquela Emenda Constitucional.

As Mesas da Câmara dos Deputados e do Senado Federal, nos termos do § 3º do art. 60 da Constituição Federal, promulgam a seguinte Emenda ao texto constitucional:

Art. 1º A Emenda Constitucional nº 41, de 19 de dezembro de 2003, passa a vigorar acrescida do seguinte art. 6º-A:

▸ Alteração incorporada ao texto da CF.

Art. 2º A União, os Estados, o Distrito Federal e os Municípios, assim como as respectivas autarquias e fundações, procederão, no prazo de 180 (cento e oitenta) dias da entrada em vigor desta Emenda Constitucional, à revisão das aposentadorias, e das pensões delas decorrentes, concedidas a partir de 1º de janeiro de 2004, com base na redação dada ao § 1º do art. 40 da Constituição Federal pela Emenda Constitucional nº 20, de 15 de dezembro de 1998, com efeitos financeiros a partir da data de promulgação desta Emenda Constitucional.

Art. 3º Esta Emenda Constitucional entra em vigor na data de sua publicação.

Brasília, 29 de março de 2012.

Mesa da Câmara dos Deputados
Deputado Marco Maia
Presidente

Mesa do Senado Federal
Senador José Sarney
Presidente

EMENDA CONSTITUCIONAL Nº 71, DE 29 DE NOVEMBRO DE 2012

Acrescenta o art. 216-A à Constituição Federal para instituir o Sistema Nacional de Cultura.

As Mesas da Câmara dos Deputados e do Senado Federal, nos termos do § 3º do art. 60 da Constituição Federal, promulgam a seguinte Emenda ao texto constitucional:

Art. 1º A Constituição Federal passa a vigorar acrescida do seguinte art. 216-A:

▸ Alteração incorporada ao texto da CF.

Art. 2º Esta Emenda Constitucional entra em vigor na data de sua publicação.

Brasília, em 29 de novembro de 2012.

Mesa da Câmara dos Deputados
Deputado Marco Maia
Presidente

Mesa do Senado Federal
Senador José Sarney
Presidente

EMENDA CONSTITUCIONAL Nº 72, DE 2 DE ABRIL DE 2013

Altera a redação do parágrafo único do art. 7º da Constituição Federal para estabelecer a igualdade de direitos trabalhistas entre os trabalhadores domésticos e os demais trabalhadores urbanos e rurais.

As Mesas da Câmara dos Deputados e do Senado Federal, nos termos do § 3º do art. 60 da Constituição Federal, promulgam a seguinte Emenda ao texto constitucional:

Artigo único. O parágrafo único do art. 7º da Constituição Federal passa a vigorar com a seguinte redação:

▸ Alteração incorporada ao texto da CF.

Brasília, em 2 de abril de 2013.

Mesa da Câmara dos Deputados
Deputado Henrique Eduardo Alves
Presidente

Mesa do Senado Federal
Senador Renan Calheiros
Presidente

EMENDA CONSTITUCIONAL Nº 73, DE 6 DE JUNHO DE 2013

Cria os Tribunais Regionais Federais da 6ª, 7ª, 8ª e 9ª Regiões.

As Mesas da Câmara dos Deputados e do Senado Federal, nos termos do § 3º do art. 60 da Constituição Federal, promulgam a seguinte Emenda ao texto constitucional:

Art. 1º O art. 27 do Ato das Disposições Constitucionais Transitórias passa a vigorar acrescido do seguinte § 11:

▸ Alteração incorporada ao texto do ADCT.

Art. 2º Os Tribunais Regionais Federais da 6ª, 7ª, 8ª e 9ª Regiões deverão ser instalados no prazo de 6 (seis) meses, a contar da promulgação desta Emenda Constitucional.

Art. 3º Esta Emenda Constitucional entra em vigor na data de sua publicação.

Brasília, em 6 de junho de 2013.

Mesa da Câmara dos Deputados
Deputado André Vargas
1º Vice-Presidente no exercício da Presidência

Mesa do Senado Federal
Senador Romero Jucá
2º Vice-Presidente no exercício da Presidência

EMENDA CONSTITUCIONAL Nº 74, DE 6 DE AGOSTO DE 2013

Altera o art. 134 da Constituição Federal.

As Mesas da Câmara dos Deputados e do Senado Federal, nos termos do § 3º do art. 60 da Constituição Federal, promulgam a seguinte Emenda ao texto constitucional:

Art. 1º O art. 134 da Constituição Federal passa a vigorar acrescido do seguinte § 3º:

▸ Alteração incorporada ao texto da CF.

Art. 2º Esta Emenda Constitucional entra em vigor na data de sua publicação.

Brasília, em 6 de agosto de 2013.

Mesa da Câmara dos Deputados
Deputado Henrique Eduardo Alves
Presidente

Mesa do Senado Federal
Senador Renan Calheiros
Presidente

EMENDA CONSTITUCIONAL Nº 75, DE 15 DE OUTUBRO DE 2013

Acrescenta a alínea e ao inciso VI do art. 150 da Constituição Federal, instituindo imunidade tributária sobre os fonogramas e videofonogramas musicais produzidos no Brasil contendo obras musicais ou literomusicais de autores brasileiros e/ou obras em geral interpretadas por artistas brasileiros bem como os suportes materiais ou arquivos digitais que os contenham.

As Mesas da Câmara dos Deputados e do Senado Federal, nos termos do § 3º do art. 60 da Constituição Federal, promulgam a seguinte Emenda ao texto constitucional:

Art. 1º O inciso VI do art. 150 da Constituição Federal passa a vigorar acrescido da seguinte alínea e:

▸ Alteração incorporada ao texto da CF.

Art. 2º Esta Emenda Constitucional entra em vigor na data de sua publicação.

Brasília, em 15 de outubro de 2013.

Mesa da Câmara dos Deputados
Deputado Henrique Eduardo Alves
Presidente

Mesa do Senado Federal
Senador Renan Calheiros
Presidente

EMENDA CONSTITUCIONAL Nº 76, DE 28 DE NOVEMBRO DE 2013

Altera o § 2º do art. 55 e o § 4º do art. 66 da Constituição Federal, para abolir a votação secreta nos casos de perda de mandato de Deputado ou Senador e de apreciação de veto.

As Mesas da Câmara dos Deputados e do Senado Federal, nos termos do § 3º do art. 60 da Constituição Federal, promulgam a seguinte Emenda ao texto constitucional:

Art. 1º Os arts. 55 e 66 da Constituição Federal passam a vigorar com as seguintes alterações:

▸ Alteração incorporada ao texto da CF.

Art. 2º Esta Emenda Constitucional entra em vigor na data de sua publicação.

Brasília, em 28 de novembro de 2013

Mesa da Câmara dos Deputados
Deputado Henrique Eduardo Alves
Presidente

Mesa do Senado Federal
Senador Renan Calheiros
Presidente

EMENDA CONSTITUCIONAL Nº 77, DE 11 DE FEVEREIRO DE 2014

Altera os incisos II, III e VIII do § 3º do art. 142 da Constituição Federal, para estender aos profissionais de saúde das Forças Armadas a possibilidade de cumulação de cargo a que se refere o art. 37, inciso XVI, alínea "c".

As Mesas da Câmara dos Deputados e do Senado Federal, nos termos do § 3º do art. 60 da Constituição Federal, promulgam a seguinte Emenda ao texto constitucional:

Artigo único. Os incisos II, III e VIII do § 3º do art. 142 da Constituição Federal passam a vigorar com as seguintes alterações:

‣ Alteração incorporada ao texto da CF.

Brasília, em 11 de fevereiro de 2014.

Mesa da Câmara dos Deputados
Deputado Henrique Eduardo Alves
Presidente

Mesa do Senado Federal
Senador Renan Calheiros
Presidente

EMENDA CONSTITUCIONAL Nº 78, DE 14 DE MAIO DE 2014

Acrescenta art. 54-A ao Ato das Disposições Constitucionais Transitórias, para dispor sobre indenização devida aos seringueiros de que trata o art. 54 desse Ato.

As Mesas da Câmara dos Deputados e do Senado Federal, nos termos do § 3º do art. 60 da Constituição Federal, promulgam a seguinte Emenda ao texto constitucional:

Art. 1º O Ato das Disposições Constitucionais Transitórias passa a vigorar acrescido do seguinte art. 54-A:

‣ Alteração incorporada ao texto da CF.

Art. 3º Esta Emenda Constitucional entra em vigor no exercício financeiro seguinte ao de sua publicação.

Brasília, em 14 de maio de 2014.

Mesa da Câmara dos Deputados
Deputado Henrique Eduardo Alves
Presidente

Mesa do Senado Federal
Senador Renan Calheiros
Presidente

EMENDA CONSTITUCIONAL Nº 79, DE 27 DE MAIO DE 2014

Altera o art. 31 da Emenda Constitucional nº 19, de 4 de junho de 1998, para prever a inclusão, em quadro em extinção da Administração Federal, de servidores e policiais militares admitidos pelos Estados do Amapá e de Roraima, na fase de instalação dessas unidades federadas, e dá outras providências.

As Mesas da Câmara dos Deputados e do Senado Federal, nos termos do § 3º do art. 60 da Constituição Federal, promulgam a seguinte Emenda ao texto constitucional:

Art. 1º O art. 31 da Emenda Constitucional nº 19, de 4 de junho de 1998, passa a vigorar com a seguinte redação:

‣ Alteração incorporada ao texto da CF.

Art. 2º Para fins do enquadramento disposto no *caput* do art. 31 da Emenda Constitucional nº 19, de 4 de junho de 1998, e no *caput* do art. 89 do Ato das Disposições Constitucionais Transitórias, é reconhecido o vínculo funcional, com a União, dos servidores regularmente admitidos nos quadros dos Municípios integrantes dos ex-Territórios do Amapá, de Roraima e de Rondônia em efetivo exercício na data de transformação desses ex-Territórios em Estados.

Art. 3º Os servidores dos ex-Territórios do Amapá, de Roraima e de Rondônia incorporados a quadro em extinção da União serão enquadrados em cargos de atribuições equivalentes ou assemelhadas, integrantes de planos de cargos e carreiras da União, no nível de progressão alcançado, assegurados os direitos, vantagens e padrões remuneratórios a eles inerentes.

Art. 4º Cabe à União, no prazo máximo de 180 (cento e oitenta) dias, contado a partir da data de publicação desta Emenda Constitucional, regulamentar o enquadramento de servidores estabelecido no art. 31 da Emenda Constitucional nº 19, de 4 de junho de 1998, e no art. 89 do Ato das Disposições Constitucionais Transitórias.

Parágrafo único. No caso de a União não regulamentar o enquadramento previsto no *caput*, o optante tem direito ao pagamento retroativo das diferenças remuneratórias desde a data do encerramento do prazo para a regulamentação referida neste artigo.

Art. 5º A opção para incorporação em quadro em extinção da União, conforme disposto no art. 31 da Emenda Constitucional nº 19, de 4 de junho de 1998, e no art. 89 do Ato das Disposições Constitucionais Transitórias, deverá ser formalizada pelos servidores e policiais militares interessados perante a administração, no prazo máximo de 180 (cento e oitenta) dias, contado a partir da regulamentação prevista no Art. 4º

Art. 6º Os servidores admitidos regularmente que comprovadamente se encontravam no exercício de funções policiais nas Secretarias de Segurança Pública dos ex-Territórios do Amapá, de Roraima e de Rondônia na data em que foram transformados em Estados serão enquadrados no quadro da Polícia Civil dos ex-Territórios, no prazo de 180 (cento e oitenta) dias, assegurados os direitos, vantagens e padrões remuneratórios a eles inerentes.

Art. 7º Aos servidores admitidos regularmente pela União nas Carreiras do Grupo Tributação, Arrecadação e Fiscalização de que trata a Lei nº 6.550, de 5 de julho de 1978, cedidos aos Estados do Amapá, de Roraima e de Rondônia são assegurados os mesmos direitos remuneratórios auferidos pelos integrantes das Carreiras correspondentes do Grupo Tributação, Arrecadação e Fiscalização da União de que trata a Lei nº 5.645, de 10 de dezembro de 1970.

Art. 8º Os proventos das aposentadorias, pensões, reformas e reservas remuneradas, originadas no período de outubro de 1988 a outubro de 1993, passam a ser mantidos pela União a partir da data de publicação desta Emenda Constitucional, vedado o pagamento, a qualquer título, de valores referentes a períodos anteriores a sua publicação.

Art. 9º É vedado o pagamento, a qualquer título, em virtude das alterações promovidas por esta Emenda Constitucional, de remunerações, proventos, pensões ou indenizações referentes a períodos anteriores à data do enquadramento, salvo o disposto no parágrafo único do Art. 4º.

Art. 10. Esta Emenda Constitucional entra em vigor na data de sua publicação.

Brasília, em 27 de maio de 2014

Mesa da Câmara dos Deputados
Deputado Henrique Eduardo Alves
Presidente

Mesa do Senado Federal
Senador Renan Calheiros
Presidente

EMENDA CONSTITUCIONAL Nº 80, DE 4 DE JUNHO DE 2014

Altera o Capítulo IV – Das Funções Essenciais à Justiça, do Título IV – Da Organização dos Poderes, e acrescenta artigo ao Ato das Disposições Constitucionais Transitórias da Constituição Federal.

As Mesas da Câmara dos Deputados e do Senado Federal, nos termos do § 3º do art. 60 da Constituição Federal, promulgam a seguinte Emenda ao texto constitucional:

Art. 1º O Capítulo IV – Das Funções Essenciais à Justiça, do Título IV – Da Organização dos Poderes, passa a vigorar com as seguintes alterações:

‣ Alteração incorporada ao texto da CF.

Art. 2º O Ato das Disposições Constitucionais Transitórias passa a vigorar acrescido do seguinte art. 98:

‣ Alteração incorporada ao texto da CF.

Art. 3º Esta Emenda Constitucional entra em vigor na data de sua publicação.

Brasília, em 4 de junho de 2014

Mesa da Câmara dos Deputados
Deputado Henrique Eduardo Alves

Presidente
Mesa do Senado Federal

Senador Renan Calheiros
Presidente

EMENDA CONSTITUCIONAL Nº 81, DE 5 DE JUNHO DE 2014

Dá nova redação ao art. 243 da Constituição Federal.

As Mesas da Câmara dos Deputados e do Senado Federal, nos termos do § 3º do art. 60 da Constituição Federal, promulgam a seguinte Emenda ao texto constitucional:

Art. 1º O art. 243 da Constituição Federal passa a vigorar com a seguinte redação:

‣ Alteração incorporada ao texto da CF.

Art. 2º Esta Emenda Constitucional entra em vigor na data de sua publicação.

Brasília, em 5 de junho de 2014

Mesa da Câmara dos Deputados
Deputado Henrique Eduardo Alves

Presidente
Mesa do Senado Federal

Senador Renan Calheiros
Presidente

EMENDA CONSTITUCIONAL Nº 82, DE 16 DE JULHO DE 2014

Inclui o § 10 ao art. 144 da Constituição Federal, para disciplinar a segurança viária no âmbito dos Estados, do Distrito Federal e dos Municípios.

As Mesas da Câmara dos deputados e do Senado Federal, nos termos do § 3º do art. 60 da Constituição Federal, promulgam a seguinte Emenda ao texto constitucional:

Art. 1º O art. 144 da Constituição Federal passa a vigorar acrescido do seguinte § 10:

‣ Alteração incorporada ao texto da CF.

Art. 2º Esta Emenda Constitucional entra em vigor na data de sua publicação.

Brasília, em 16 de julho de 2014

Mesa da Câmara dos Deputados
Deputado Henrique Eduardo Alves

Presidente
Mesa do Senado Federal
Senador Renan Calheiros
Presidente

EMENDA CONSTITUCIONAL Nº 83, DE 5 DE AGOSTO DE 2014

Acrescenta o art. 92-A ao Ato das Disposições Constitucionais Transitórias – ADCT.

As Mesas da Câmara dos Deputados e do Senado Federal, nos termos do § 3º do art. 60 da Constituição Federal, promulgam a seguinte Emenda ao texto constitucional:

Art. 1º O Ato das Disposições Constitucionais Transitórias passa a vigorar acrescido do seguinte art. 92-A:

‣ Alteração incorporada ao texto da CF.

Art. 2º Esta Emenda Constitucional entra em vigor na data de sua publicação.

Brasília, em 5 de agosto de 2014.

Mesa da Câmara dos Deputados
Deputado Henrique Eduardo Alves
Presidente
Mesa do Senado Federal
Senador Renan Calheiros
Presidente

EMENDA CONSTITUCIONAL Nº 84, DE 2 DE DEZEMBRO DE 2014

Altera o art. 159 da Constituição Federal para aumentar a entrega de recursos pela União para o Fundo de Participação dos Municípios.

As Mesas da Câmara dos Deputados e do Senado Federal, nos termos do § 3º do art. 60 da Constituição Federal, promulgam a seguinte Emenda ao texto constitucional:

Art. 1º O art. 159 da Constituição Federal passa a vigorar com a seguinte redação:

‣ Alteração incorporada ao texto da CF.

Art. 2º Para os fins do disposto na alínea "e" do inciso I do *caput* do art. 159 da Constituição Federal, a União entregará ao Fundo de Participação dos Municípios o percentual de 0,5% (cinco décimos por cento) do produto da arrecadação dos impostos sobre renda e proventos de qualquer natureza e sobre produtos industrializados no primeiro exercício em que esta Emenda Constitucional gerar efeitos financeiros, acrescentando-se 0,5% (cinco décimos por cento) a cada exercício, até que se alcance o percentual de 1% (um por cento).

Art. 3º Esta Emenda Constitucional entra em vigor na data de sua publicação, com efeitos financeiros a partir de 1º de janeiro do exercício subsequente.

Brasília, em 2 de dezembro de 2014.

Mesa da Câmara dos Deputados
Deputado Henrique Eduardo Alves
Presidente
Mesa do Senado Federal
Senador Renan Calheiros
Presidente

EMENDA CONSTITUCIONAL Nº 85, DE 26 DE FEVEREIRO DE 2015

Altera e adiciona dispositivos na Constituição Federal para atualizar o tratamento das atividades de ciência, tecnologia e inovação.

As Mesas da Câmara dos Deputados e do Senado Federal, nos termos do § 3º do art. 60 da Constituição Federal, promulgam a seguinte Emenda ao texto constitucional:

Art. 1º A Constituição Federal passa a vigorar com as seguintes alterações:

‣ Alteração incorporada ao texto da CF.

Art. 2º O Capítulo IV do Título VIII da Constituição Federal passa a vigorar acrescido dos seguintes arts. 219-A e 219-B:

‣ Alteração incorporada ao texto da CF.

Art. 3º Esta Emenda Constitucional entra em vigor na data de sua publicação.

Brasília, em 26 de fevereiro de 2015.

Mesa da Câmara dos Deputado
Deputado Eduardo Cunha
Presidente
Mesa do Senado Federal
Senador Renan Calheiros
Presidente

EMENDA CONSTITUCIONAL Nº 86, DE 17 DE MARÇO DE 2015

Altera os arts. 165, 166 e 198 da Constituição Federal, para tornar obrigatória a execução da programação orçamentária que especifica.

As Mesas da Câmara dos Deputados e do Senado Federal, nos termos do § 3º do art. 60 da Constituição Federal, promulgam a seguinte Emenda ao texto constitucional:

Art. 1º Os arts. 165, 166 e 198 da Constituição Federal passam a vigorar com as seguintes alterações:

‣ Alteração incorporada ao texto da CF.

Art. 2º O disposto no inciso I do § 2º do art. 198 da Constituição Federal será cumprido progressivamente, garantidos, no mínimo:

I - 13,2% (treze inteiros e dois décimos por cento) da receita corrente líquida no primeiro exercício financeiro subsequente ao da promulgação desta Emenda Constitucional;

II - 13,7% (treze inteiros e sete décimos por cento) da receita corrente líquida no segundo exercício financeiro subsequente ao da promulgação desta Emenda Constitucional;

III - 14,1% (quatorze inteiros e um décimo por cento) da receita corrente líquida no terceiro exercício financeiro subsequente ao da promulgação desta Emenda Constitucional;

IV - 14,5% (quatorze inteiros e cinco décimos por cento) da receita corrente líquida no quarto exercício financeiro subsequente ao da promulgação desta Emenda Constitucional;

V - 15% (quinze por cento) da receita corrente líquida no quinto exercício financeiro subsequente ao da promulgação desta Emenda Constitucional.

Art. 3º As despesas com ações e serviços públicos de saúde custeados com a parcela da União oriunda da participação no resultado ou da compensação financeira pela exploração de petróleo e gás natural, de que trata o § 1º do art. 20 da Constituição Federal, serão computadas para fins de cumprimento do disposto no inciso I do § 2º do art. 198 da Constituição Federal.

Art. 4º Esta Emenda Constitucional entra em vigor na data de sua publicação e produzirá efeitos a partir da execução orçamentária do exercício de 2014.

Art. 5º Fica revogado o inciso IV do § 3º do art. 198 da Constituição Federal.

Brasília, em 17 de março de 2015.

Mesa da Câmara dos Deputado
Deputado Eduardo Cunha
Presidente
Mesa do Senado Federal
Senador Renan Calheiros
Presidente

EMENDA CONSTITUCIONAL Nº 87, DE 16 DE ABRIL DE 2015

Altera o § 2º do art. 155 da Constituição Federal e inclui o art. 99 no Ato das Disposições Constitucionais Transitórias, para tratar da sistemática de cobrança do imposto sobre operações relativas à circulação de mercadorias e sobre prestações de serviços de transporte interestadual e intermunicipal e de comunicação incidente sobre as operações e prestações que destinem bens e serviços a consumidor final, contribuinte ou não do imposto, localizado em outro Estado.

As Mesas da Câmara dos Deputados e do Senado Federal, nos termos do § 3º do art. 60 da Constituição Federal, promulgam a seguinte Emenda ao texto constitucional:

Art. 1º Os incisos VII e VIII do § 2º do art. 155 da Constituição Federal passam a vigorar com as seguintes alterações:

‣ Alteração incorporada ao texto da CF.

Art. 2º O Ato das Disposições Constitucionais Transitórias passa a vigorar acrescido do seguinte art. 99:

‣ Alteração incorporada ao texto do ADCT.

Art. 3º Esta Emenda Constitucional entra em vigor na data de sua publicação, produzindo efeitos no ano subsequente e após 90 (noventa) dias desta.

Brasília, em 16 de abril de 2015.

Mesa da Câmara dos Deputado
Deputado Eduardo Cunha
Presidente
Mesa do Senado Federal
Senador Renan Calheiros
Presidente

EMENDA CONSTITUCIONAL Nº 88, DE 7 DE MAIO DE 2015

Altera o art. 40 da Constituição Federal, relativamente ao limite de idade para a aposentadoria compulsória do servidor público em geral, e acrescenta dispositivo ao Ato das Disposições Constitucionais Transitórias.

As Mesas da Câmara dos Deputados e do Senado Federal, nos termos do § 3º do art. 60 da Constituição Federal, promulgam a seguinte Emenda ao texto constitucional:

Art. 1º O art. 40 da Constituição Federal passa a vigorar com a seguinte alteração:

‣ Alteração incorporada ao texto da CF.

Art. 2º O Ato das Disposições Constitucionais Transitórias passa a vigorar acrescido do seguinte art. 100:

‣ Alteração incorporada ao texto do ADCT.

Art. 3º Esta Emenda Constitucional entra em vigor na data de sua publicação.

Brasília, em 7 de maio de 2015.

Mesa da Câmara dos Deputado
Deputado Eduardo Cunha
Presidente
Mesa do Senado Federal
Senador Renan Calheiros
Presidente

EMENDA CONSTITUCIONAL Nº 89, DE 15 DE SETEMBRO DE 2015

Dá nova redação ao art. 42 do Ato das Disposições Constitucionais Transitórias, ampliando o prazo em que a União deverá destinar às

Regiões Centro-Oeste e Nordeste percentuais mínimos dos recursos destinados à irrigação.

As Mesas da Câmara dos Deputados e do Senado Federal, nos termos do art. 60 da Constituição Federal, promulgam a seguinte Emenda ao texto constitucional:

Art. 1º O art. 42 do Ato das Disposições Constitucionais Transitórias passa a vigorar com a seguinte redação:

› Alterações incorporadas ao texto do ADCT.

Art. 2º Esta Emenda Constitucional entra em vigor na data de sua publicação.

Brasília, em 15 de setembro de 2015.

Mesa da Câmara dos Deputados
Deputado Eduardo Cunha
Presidente

Mesa do Senado Federal
Senador Renan Calheiros
Presidente

EMENDA CONSTITUCIONAL Nº 90, DE 15 DE SETEMBRO DE 2015

Dá nova redação ao art. 6º da Constituição Federal, para introduzir o transporte como direito social.

As Mesas da Câmara dos Deputados e do Senado Federal, nos termos do art. 60 da Constituição Federal, promulgam a seguinte Emenda ao texto constitucional:

Artigo único. O art. 6º da Constituição Federal de 1988 passa a vigorar com a seguinte redação:

› Alteração já incorporadas ao texto da CF.

Brasília, em 15 de setembro de 2015.

Mesa da Câmara dos Deputados
Deputado Eduardo Cunha
Presidente

Mesa do Senado Federal
Senador Renan Calheiros
Presidente

EMENDA CONSTITUCIONAL Nº 91, DE 18 DE FEVEREIRO DE 2016

Altera a Constituição Federal para estabelecer a possibilidade, excepcional e em período determinado, de desfiliação partidária, sem prejuízo do mandato.

As Mesas da Câmara dos Deputados e do Senado Federal, nos termos do § 3º do art. 60 da Constituição Federal, promulgam a seguinte Emenda ao texto constitucional:

Art. 1º É facultado ao detentor de mandato eletivo desligar-se do partido pelo qual foi eleito nos trinta dias seguintes à promulgação desta Emenda Constitucional, sem prejuízo do mandato, não sendo essa desfiliação considerada para fins de distribuição dos recursos do Fundo Partidário e de acesso gratuito ao tempo de rádio e televisão.

Art. 2º Esta Emenda Constitucional entra em vigor na data de sua publicação.

Brasília, em 18 de fevereiro de 2016.

Mesa da Câmara dos Deputados
Deputado Eduardo Cunha
Presidente

Mesa do Senado Federal
Senador Renan Calheiros
Presidente

EMENDA CONSTITUCIONAL Nº 92, DE 12 DE JULHO DE 2016

Altera os arts. 92 e 111-A da Constituição Federal, para explicitar o Tribunal Superior do Trabalho como órgão do Poder Judiciário, alterar os requisitos para o provimento dos cargos de Ministros daquele Tribunal e modificar-lhe a competência.

As Mesas da Câmara dos Deputados e do Senado Federal, nos termos do § 3º – do art. 60 da Constituição Federal, promulgam a seguinte Emenda ao texto constitucional:

Art. 1º Os arts. 92 e 111-A da Constituição Federal passam a vigorar com as seguintes alterações:

› Alterações incorporadas ao texto da CF.

Art. 2º Esta Emenda Constitucional entra em vigor na data de sua publicação.

Brasília, em 12 de julho de 2016

Mesa da Câmara dos Deputados
Deputado Waldir Maranhão
1º Vice-Presidente, no exercício da Presidência

Mesa do Senado Federal
Senador Renan Calheiros
Presidente

EMENDA CONSTITUCIONAL Nº 93, DE 8 DE SETEMBRO DE 2016

Altera o Ato das Disposições Constitucionais Transitórias para prorrogar a desvinculação de receitas da União e estabelecer a desvinculação de receitas dos Estados, Distrito Federal e Municípios.

As Mesas da Câmara dos Deputados e do Senado Federal, nos termos do § 3º do art. 60 da Constituição Federal, promulgam a seguinte Emenda ao texto constitucional:

Art. 1º O art. 76 do Ato das Disposições Constitucionais Transitórias passa a vigorar com a seguinte redação:

› Alterações incorporadas ao texto do referido Ato.

Art. 2º O Ato das Disposições Constitucionais Transitórias passa a vigorar acrescido dos seguintes arts. 76-A e 76-B:

› Alterações incorporadas ao texto do referido Ato.

Art. 3º Esta Emenda Constitucional entra em vigor na data de sua publicação, produzindo efeitos a partir de 1º de janeiro de 2016.

Brasília, em 8 de setembro de 2016.

Mesa da Câmara dos Deputados
Deputado Rodrigo Maia
Presidente

Mesa do Senado Federal
Senador Renan Calheiros
Presidente

EMENDA CONSTITUCIONAL Nº 94, DE 15 DE DEZEMBRO DE 2016

Altera o art. 100 da Constituição Federal, para dispor sobre o regime de pagamento de débitos públicos decorrentes de condenações judiciais; e acrescenta dispositivos ao Ato das Disposições Constitucionais Transitórias, para instituir regime especial de pagamento para os casos em mora.

As Mesas da Câmara dos Deputados e do Senado Federal, nos termos do § 3º do art. 60 da Constituição Federal, promulgam a seguinte Emenda ao texto constitucional:

Art. 1º O art. 100 da Constituição Federal passa a vigorar com a seguinte redação:

› Alterações incorporadas ao texto da CF.

Art. 2º O Ato das Disposições Constitucionais Transitórias passa a vigorar acrescido dos seguintes arts. 101 a 105:

› Alterações incorporadas ao texto do ADCT.

Art. 3º Esta Emenda Constitucional entra em vigor na data de sua publicação.

Brasília, em 15 de dezembro de 2016.

Mesa da Câmara dos Deputados
Deputado Rodrigo Maia
Presidente

Mesa do Senado Federal
Senador Renan Calheiros
Presidente

EMENDA CONSTITUCIONAL Nº 95, DE 15 DE DEZEMBRO DE 2016

Altera o Ato das Disposições Constitucionais Transitórias, para instituir o Novo Regime Fiscal, e dá outras providências.

As Mesas da Câmara dos Deputados e do Senado Federal, nos termos do § 3º do art. 60 da Constituição Federal, promulgam a seguinte Emenda ao texto constitucional:

Art. 1º O Ato das Disposições Constitucionais Transitórias passa a vigorar acrescido dos seguintes arts. 106, 107, 108, 109, 110, 111, 112, 113 e 114:

› Alterações incorporadas ao texto do ADCT.

Art. 2º Esta Emenda Constitucional entra em vigor na data de sua promulgação.

Art. 3º Fica revogado o art. 2º da Emenda Constitucional nº 86, de 17 de março de 2015.

Brasília, em 15 de dezembro de 2016.

Mesa da Câmara dos Deputados
Deputado Rodrigo Maia
Presidente

Mesa do Senado Federal
Senador Renan Calheiros
Presidente

EMENDA CONSTITUCIONAL Nº 96, DE 6 DE JUNHO DE 2017

Acrescenta § 7º ao art. 225 da Constituição Federal para determinar que práticas desportivas que utilizem animais não são consideradas cruéis, nas condições que especifica.

As Mesas da Câmara dos Deputados e do Senado Federal, nos termos do § 3º do art. 60 da Constituição Federal, promulgam a seguinte Emenda ao texto constitucional:

Art. 1º O art. 225 da Constituição Federal passa a vigorar acrescido do seguinte § 7º:

› Alteração incorporada ao texto da CF.

Art. 2º Esta Emenda Constitucional entra em vigor na data de sua publicação.

Brasília, em 6 de junho de 2017.

Mesa da Câmara dos Deputados
Deputado Rodrigo Maia
Presidente

Mesa do Senado Federal
Senador Eunício Oliveira
Presidente

EMENDA CONSTITUCIONAL Nº 97, DE 4 DE OUTUBRO DE 2017

Altera a Constituição Federal para vedar as coligações partidárias nas eleições proporcionais, estabelecer normas sobre acesso dos partidos políticos aos recursos do fundo partidário e ao tempo de propaganda gratuito no rádio e na televisão e dispor sobre regras de transição

As Mesas da Câmara dos Deputados e do Senado Federal, nos termos do § 3º do art. 60 da Constituição Federal, promulgam a seguinte Emenda ao texto constitucional:

Art. 1º A Constituição Federal passa a vigorar com as seguintes alterações:

‣ Alterações incorporadas ao texto da CF.

Art. 2º A vedação à celebração de coligações nas eleições proporcionais, prevista no § 1º do art. 17 da Constituição Federal, aplicar-se-á a partir das eleições de 2020.

Art. 3º O disposto no § 3º do art. 17 da Constituição Federal quanto ao acesso dos partidos políticos aos recursos do fundo partidário e à propaganda gratuita no rádio e na televisão aplicar-se-á a partir das eleições de 2030.

Parágrafo único. Terão acesso aos recursos do fundo partidário e à propaganda gratuita no rádio e na televisão os partidos políticos que:

I - na legislatura seguinte às eleições de 2018:

a) obtiverem, nas eleições para a Câmara dos Deputados, no mínimo, 1,5% (um e meio por cento) dos votos válidos, distribuídos em pelo menos um terço das unidades da Federação, com um mínimo de 1% (um por cento) dos votos válidos em cada uma delas; ou

b) tiverem elegido pelo menos nove Deputados Federais distribuídos em pelo menos um terço das unidades da Federação;

II - na legislatura seguinte às eleições de 2022:

a) obtiverem, nas eleições para a Câmara dos Deputados, no mínimo, 2% (dois por cento) dos votos válidos, distribuídos em pelo menos um terço das unidades da Federação, com um mínimo de 1% (um por cento) dos votos válidos em cada uma delas; ou

b) tiverem elegido pelo menos onze Deputados Federais distribuídos em pelo menos um terço das unidades da Federação;

III - na legislatura seguinte às eleições de 2026:

a) obtiverem, nas eleições para a Câmara dos Deputados, no mínimo, 2,5% (dois e meio por cento) dos votos válidos, distribuídos em pelo menos um terço das unidades da Federação, com um mínimo de 1,5% (um e meio por cento) dos votos válidos em cada uma delas; ou

b) tiverem elegido pelo menos treze Deputados Federais distribuídos em pelo menos um terço das unidades da Federação.

Art. 4º Esta Emenda Constitucional entra em vigor na data de sua publicação.

Brasília, em 4 de outubro de 2017.
Mesa da Câmara dos Deputados
Deputado Rodrigo Maia
Mesa do Senado Federal
Senador Eunício Oliveira
Presidente

EMENDA CONSTITUCIONAL Nº 98, DE 6 DE DEZEMBRO DE 2017

Altera o art. 31 da Emenda Constitucional nº 19, de 4 de junho de 1998, para prever a inclusão, em quadro em extinção da administração pública federal, de servidor público, de integrante da carreira de policial, civil ou militar, e de pessoa que haja mantido relação ou vínculo funcional, empregatício, estatutário ou de trabalho com a administração pública dos ex-Territórios ou dos Estados do Amapá ou de Roraima, inclusive suas prefeituras, na fase de instalação dessas unidades federadas, e dá outras providências.

As Mesas da Câmara dos Deputados e do Senado Federal, nos termos do § 3º do art. 60 da Constituição Federal, promulgam a seguinte Emenda ao texto constitucional:

Art. 1º O art. 31 da Emenda Constitucional nº 19, de 4 de junho de 1998, passa a vigorar com as seguintes alterações:

‣ Alterações incorporadas ao texto da referida EC.

Art. 2º Cabe à União, no prazo máximo de noventa dias, contado a partir da data de publicação desta Emenda Constitucional, regulamentar o disposto no art. 31 da Emenda Constitucional nº 19, de 4 de junho de 1998, a fim de que se exerça o direito de opção nele previsto.

§ 1º Descumprido o prazo de que trata o *caput* deste artigo, a pessoa a quem assista o direito de opção fará jus ao pagamento de eventuais acréscimos remuneratórios, desde a data de encerramento desse prazo, caso se confirme o seu enquadramento.

§ 2º É vedado o pagamento, a qualquer título, de acréscimo remuneratório, ressarcimento, auxílio, salário, retribuição ou valor em virtude de ato ou fato anterior à data de enquadramento da pessoa optante, ressalvado o pagamento de que trata o § 1º deste artigo.

Art. 3º O direito à opção, nos termos previstos no art. 31 da Emenda Constitucional nº 19, de 4 de junho de 1998, deverá ser exercido no prazo de até trinta dias, contado a partir da data de regulamentação desta Emenda Constitucional.

§ 1º São convalidados todos os direitos já exercidos até a data de regulamentação desta Emenda Constitucional, inclusive nos casos em que, feita a opção, o enquadramento ainda não houver sido efetivado, aplicando-se-lhes, para todos os fins, inclusive o de enquadramento, a legislação vigente à época em que houver sido feita a opção ou, sendo mais benéficas ou favoráveis ao optante, as normas previstas nesta Emenda Constitucional e em seu regulamento.

§ 2º Entre a data de promulgação desta Emenda Constitucional e a de publicação de seu regulamento, o exercício do direito de opção será feito com base nas disposições contidas na Emenda Constitucional nº 79, de 27 de maio de 2014, e em suas normas regulamentares, sem prejuízo do disposto no § 1º deste artigo.

Art. 4º É reconhecido o vínculo funcional com a União dos servidores do ex-Território do Amapá, a que se refere a Portaria nº 4.481, de 19 de dezembro de 1995, do Ministério da Administração Federal e Reforma do Estado, publicada no Diário Oficial da União de 21 de dezembro de 1995, convalidando-se os atos de gestão, de admissão, aposentadoria, pensão, progressão, movimentação e redistribuição relativos a esses servidores, desde que não tenham sido excluídos dos quadros da União por decisão do Tribunal de Contas da União, da qual não caiba mais recurso judicial.

Art. 5º O disposto no art. 7º da Emenda Constitucional nº 79, de 27 de maio de 2014, aplica-se aos servidores que, em iguais condições, hajam sido admitidos pelos Estados de Rondônia até 1987, e do Amapá e de Roraima até outubro de 1993.

Art. 6º O disposto no art. 6º da Emenda Constitucional nº 79, de 27 de maio de 2014, aplica-se aos servidores que, admitidos e lotados pelas Secretarias de Segurança Pública dos Estados de Rondônia até 1987, e do Amapá e de Roraima até outubro de 1993, exerciam função policial.

Art. 7º As disposições desta Emenda Constitucional aplicam-se aos aposentados e pensionistas, civis e militares, vinculados aos respectivos regimes próprios de previdência, vedado o pagamento, a qualquer título, de valores referentes a períodos anteriores à sua publicação.

Parágrafo único. Haverá compensação financeira entre os regimes próprios de previdência por ocasião da aposentação ou da inclusão de aposentados e pensionistas em quadro em extinção da União, observado o disposto no § 9º do art. 201 da Constituição Federal.

Art. 8º Esta Emenda Constitucional entra em vigor na data de sua publicação.

Mesa da Câmara dos Deputados
Deputado Rodrigo Maia
Presidente
Mesa do Senado Federal
Senador Eunício Oliveira
Presidente

EMENDA CONSTITUCIONAL Nº 99, DE 14 DE DEZEMBRO DE 2017

Altera o art. 101 do Ato das Disposições Constitucionais Transitórias, para instituir novo regime especial de pagamento de precatórios, e os arts. 102, 103 e 105 do Ato das Disposições Constitucionais Transitórias.

As Mesas da Câmara dos Deputados e do Senado Federal, nos termos do § 3º do art. 60 da Constituição Federal, promulgam a seguinte Emenda ao texto constitucional:

Art. 1º O art. 101 do Ato das Disposições Constitucionais Transitórias passa a vigorar com as seguintes alterações:

‣ Alterações incorporadas ao texto do ADCT.

Art. 2º O art. 102 do Ato das Disposições Constitucionais Transitórias passa a vigorar acrescido do seguinte § 2º, numerando-se o atual parágrafo único como § 1º:

‣ Alterações incorporadas ao texto do ADCT.

Art. 3º O art. 103 do Ato das Disposições Constitucionais Transitórias passa a vigorar acrescido do seguinte parágrafo único:

‣ Alteração incorporada ao texto do ADCT.

Art. 4º O art. 105 do Ato das Disposições Constitucionais Transitórias passa a vigorar acrescido dos seguintes §§ 2º e 3º, numerando-se o atual parágrafo único como § 1º:

‣ Alteração incorporada ao texto do ADCT.

Art. 5º Esta Emenda Constitucional entra em vigor na data de sua publicação.

Mesa da Câmara dos Deputados
Deputado Rodrigo Maia
Presidente
Mesa do Senado Federal
Senador Eunício Oliveira
Presidente

EMENDA CONSTITUCIONAL Nº 100, DE 26 DE JUNHO DE 2019

Altera os arts. 165 e 166 da Constituição Federal para tornar obrigatória a execução da programação orçamentária proveniente de emendas de bancada de parlamentares de Estado ou do Distrito Federal.

Art. 1º Os arts. 165 e 166 da Constituição Federal passam a vigorar com as seguintes alterações:

‣ Alterações incorporadas ao texto da CF.

Art. 2º O montante previsto no § 12 do art. 166 da Constituição Federal será de 0,8% (oito décimos por cento) no exercício subsequente ao da promulgação desta Emenda Constitucional.

Art. 3º A partir do 3º (terceiro) ano posterior à promulgação desta Emenda Constitucional até o último exercício de vigência do regime previsto na Emenda Constitucional nº 95, de 15 de dezembro de 2016, a execução prevista no § 12 do art. 166 da Constituição Federal corresponderá ao montante de execução obrigatória para o exercício anterior, corrigido na forma estabelecida no inciso II do § 1º do art. 107 do Ato das Disposições Constitucionais Transitórias

Art. 4º Esta Emenda Constitucional entra em vigor na data de sua publicação e produzirá efeitos a partir da execução orçamentária do exercício financeiro subsequente.

Mesa da Câmara dos Deputados
Deputado Rodrigo Maia
Presidente
Mesa do Senado Federal
Senador Davi Alcolumbre
Presidente

EMENDA CONSTITUCIONAL Nº 101, DE 03 DE JULHO DE 2019

Acrescenta § 3º ao art. 42 da Constituição Federal para estender aos militares dos Estados, do Distrito Federal e dos Territórios o direito à acumulação de cargos públicos prevista no art. 37, inciso XVI.

Art. 1º O art. 42 da Constituição Federal passa a vigorar acrescido do seguinte § 3º:

- Alterações incorporadas ao texto da CF.

Art. 2º Esta Emenda Constitucional entra em vigor na data de sua publicação.

Brasília, em 03 de julho de 2019
Mesa da Câmara dos Deputados
Deputado Rodrigo Maia
Presidente
Mesa do Senado Federal
Senador Davi Alcolumbre
Presidente

EMENDA CONSTITUCIONAL Nº 102, DE 27 DE SETEMBRO DE 2019

Dá nova redação ao art. 20 da Constituição Federal e altera o art. 165 da Constituição Federal e o art. 107 do Ato das Disposições Constitucionais Transitórias.

As Mesas da Câmara dos Deputados e do Senado Federal, nos termos do § 3º do art. 60 da Constituição Federal, promulgam a seguinte Emenda ao texto constitucional:

Art. 1º O § 1º do art. 20 da Constituição Federal passa a vigorar com a seguinte redação:

- Alterações incorporadas ao texto da CF.

Art. 2º O art. 165 da Constituição Federal passa a vigorar com a seguinte redação:

- Alterações incorporadas ao texto da CF.

Art. 3º O art. 107 do Ato das Disposições Constitucionais Transitórias passa a vigorar com a seguinte redação:

- Alteração incorporada ao texto do ADCT.

Art. 4º Esta Emenda Constitucional entra em vigor na data de sua publicação e produzirá efeitos a partir da execução orçamentária do exercício financeiro subsequente, excetuada a alteração ao Ato das Disposições Constitucionais Transitórias, que terá eficácia no mesmo exercício de sua publicação.

Mesa da Câmara dos Deputados
Deputado Rodrigo Maia
Presidente
Mesa do Senado Federal
Senador Davi Alcolumbre
Presidente

EMENDA CONSTITUCIONAL Nº 103, DE 12 DE NOVEMBRO DE 2019

Altera o sistema de previdência social e estabelece regras de transição e disposições transitórias.

As Mesas da Câmara dos Deputados e do Senado Federal, nos termos do § 3º do art. 60 da Constituição Federal, promulgam a seguinte Emenda ao texto constitucional:

Art. 1º A Constituição Federal passa a vigorar com as seguintes alterações:

- Alteração incorporada ao texto da CF.

Art. 2º O art. 76 do Ato das Disposições Constitucionais Transitórias passa a vigorar com a seguinte redação:

- Alteração incorporada ao texto do ADCT.

Art. 3º A concessão de aposentadoria ao servidor público federal vinculado a regime próprio de previdência social e ao segurado do Regime Geral de Previdência Social e de pensão por morte aos respectivos dependentes será assegurada, a qualquer tempo, desde que tenham sido cumpridos os requisitos para obtenção desses benefícios até a data de entrada em vigor desta Emenda Constitucional, observados os critérios da legislação vigente na data em que foram atendidos os requisitos para a concessão da aposentadoria ou da pensão por morte.

§ 1º Os proventos de aposentadoria devidos ao servidor público a que se refere o *caput* e as pensões por morte devidas aos seus dependentes serão calculados e reajustados de acordo com a legislação em vigor à época em que foram atendidos os requisitos nela estabelecidos para a concessão desses benefícios.

§ 2º Os proventos de aposentadoria devidos ao segurado a que se refere o *caput* e as pensões por morte devidas aos seus dependentes serão apurados de acordo com a legislação em vigor à época em que foram atendidos os requisitos nela estabelecidos para a concessão desses benefícios.

§ 3º Até que entre em vigor lei federal de que trata o § 19 do art. 40 da Constituição Federal, o servidor de que trata o *caput* que tenha cumprido os requisitos para aposentadoria voluntária com base no disposto na alínea "a" do inciso III do § 1º do art. 40 da Constituição Federal, na redação vigente até a data de entrada em vigor desta Emenda Constitucional, no art. 2º, no § 1º do art. 3º ou no art. 6º da Emenda Constitucional nº 41, de 19 de dezembro de 2003, ou no art. 3º da Emenda Constitucional nº 47, de 5 de julho de 2005, que optar por permanecer em atividade fará jus a um abono de permanência equivalente ao valor da sua contribuição previdenciária, até completar a idade para aposentadoria compulsória.

Art. 4º O servidor público federal que tenha ingressado no serviço público em cargo efetivo até a data de entrada em vigor desta Emenda Constitucional poderá aposentar-se voluntariamente quando preencher, cumulativamente, os seguintes requisitos:

I - 56 (cinquenta e seis) anos de idade, se mulher, e 61 (sessenta e um) anos de idade, se homem, observado o disposto no § 1º;

II - 30 (trinta) anos de contribuição, se mulher, e 35 (trinta e cinco) anos de contribuição, se homem;

III - 20 (vinte) anos de efetivo exercício no serviço público;

IV - 5 (cinco) anos no cargo efetivo em que se der a aposentadoria; e

V - somatório da idade e do tempo de contribuição, incluídas as frações, equivalente a 86 (oitenta e seis) pontos, se mulher, e 96 (noventa e seis) pontos, se homem, observado o disposto nos §§ 2º e 3º.

§ 1º A partir de 1º de janeiro de 2022, a idade mínima a que se refere o inciso I do *caput* será de 57 (cinquenta e sete) anos de idade, se mulher, e 62 (sessenta e dois) anos de idade, se homem.

§ 2º A partir de 1º de janeiro de 2020, a pontuação a que se refere o inciso V do *caput* será acrescida a cada ano de 1 (um) ponto, até atingir o limite de 100 (cem) pontos, se mulher, e de 105 (cento e cinco) pontos, se homem.

§ 3º A idade e o tempo de contribuição serão apurados em dias para o cálculo do somatório de pontos a que se referem o inciso V do *caput* e o § 2º.

§ 4º Para o titular do cargo de professor que comprovar exclusivamente tempo de efetivo exercício das funções de magistério na educação infantil e no ensino fundamental e médio, os requisitos de idade e de tempo de contribuição de que tratam os incisos I e II do *caput* serão:

I - 51 (cinquenta e um) anos de idade, se mulher, e 56 (cinquenta e seis) anos de idade, se homem;

II - 25 (vinte e cinco) anos de contribuição, se mulher, e 30 (trinta) anos de contribuição, se homem; e

III - 52 (cinquenta e dois) anos de idade, se mulher, e 57 (cinquenta e sete) anos de idade, se homem, a partir de 1º de janeiro de 2022.

§ 5º O somatório da idade e do tempo de contribuição de que trata o inciso V do *caput* para as pessoas a que se refere o § 4º, incluídas as frações, será de 81 (oitenta e um) pontos, se mulher, e 91 (noventa e um) pontos, se homem, aos quais serão acrescidos, a partir de 1º de janeiro de 2020, 1 (um) ponto a cada ano, até atingir o limite de 92 (noventa e dois) pontos, se mulher, e de 100 (cem) pontos, se homem.

§ 6º Os proventos das aposentadorias concedidas nos termos do disposto neste artigo corresponderão:

I - à totalidade da remuneração do servidor público no cargo efetivo em que se der a aposentadoria, observado o disposto no § 8º, para o servidor público que tenha ingressado no serviço público em cargo efetivo até 31 de dezembro de 2003 e que não tenha feito a opção de que trata o § 16 do art. 40 da Constituição Federal, desde que tenha, no mínimo, 62 (sessenta e dois) anos de idade, se mulher, e 65 (sessenta e cinco) anos de idade, se homem, ou, para os titulares do cargo de professor de que trata o § 4º, 57 (cinquenta e sete) anos de idade, se mulher, e 60 (sessenta) anos de idade, se homem;

II - ao valor apurado na forma da lei, para o servidor público não contemplado no inciso I.

§ 7º Os proventos das aposentadorias concedidas nos termos do disposto neste artigo não serão inferiores ao valor a que se refere o § 2º do art. 201 da Constituição Federal e serão reajustados:

I - de acordo com o disposto no art. 7º da Emenda Constitucional nº 41, de 19 de dezembro de 2003, se cumpridos os requisitos previstos no inciso I do § 6º; ou

II - nos termos estabelecidos para o Regime Geral de Previdência Social, na hipótese prevista no inciso II do § 6º.

§ 8º Considera-se remuneração do servidor público no cargo efetivo, para fins de cálculo dos proventos de aposentadoria com fundamento no disposto no inciso I do § 6º ou no inciso I do § 2º do art. 20, o valor constituído pelo subsídio, pelo vencimento e pelas vantagens pecuniárias permanentes do cargo, estabelecidos em lei, acrescidos dos adicionais de caráter individual e das vantagens pessoais permanentes, observados os seguintes critérios:

I - se o cargo estiver sujeito a variações na carga horária, o valor das rubricas que refletem essa variação integrará o cálculo do valor da remuneração do servidor público no cargo efetivo em que se deu a aposentadoria, considerando-se a média aritmética simples dessa carga horária proporcional ao número de anos completos de recebimento e contribuição, contínuos ou intercalados, em relação ao tempo total exigido para a aposentadoria;

II - se as vantagens pecuniárias permanentes forem variáveis por estarem vinculadas a indicadores de desempenho, produtividade ou situação similar, o valor dessas vantagens integrará o cálculo da remuneração do servidor público no cargo efetivo mediante a aplicação, sobre o valor atual de referência das vantagens pecuniárias permanentes variáveis, da média aritmética simples do indicador, proporcional ao número de anos completos de recebimento e de respectiva contribuição, contínuos ou intercalados, em relação ao tempo total exigido para a aposentadoria ou, se inferior, ao tempo total de percepção da vantagem.

§ 9º Aplicam-se às aposentadorias dos servidores dos Estados, do Distrito Federal e dos Municípios as normas constitucionais e infraconstitucionais anteriores à data de entrada em vigor desta Emenda Constitucional, enquanto não promovidas alterações na legislação interna relacionada ao respectivo regime próprio de previdência social.

§ 10. Estende-se o disposto no § 9º às normas sobre aposentadoria de servidores públicos incompatíveis com a redação atribuída por esta Emenda Constitucional aos §§ 4º, 4º-A, 4º-B e 4º-C do art. 40 da Constituição Federal.

Art. 5º O policial civil do órgão a que se refere o inciso XIV do *caput* do art. 21 da Constituição Federal, o policial dos órgãos a que se referem o inciso IV do *caput* do art. 51, o inciso XIII do *caput* do art. 52 e os incisos I a III do *caput* do art. 144 da Constituição Federal e o ocupante de cargo de agente federal penitenciário ou socioeducativo que tenham ingressado na respectiva carreira até a data de entrada em vigor desta Emenda Constitucional poderão aposentar-se, na forma da Lei Complementar nº 51, de 20 de dezembro de 1985, observada a idade mínima de 55 (cinquenta e cinco) anos para ambos os sexos ou o disposto no § 3º.

§ 1º Serão considerados tempo de exercício em cargo de natureza estritamente policial, para os fins do inciso II do art. 1º da Lei Complementar nº 51, de 20 de dezembro de 1985, o tempo de atividade militar nas Forças Armadas, nas polícias militares e nos corpos de bombeiros militares e o tempo de atividade como agente penitenciário ou socioeducativo.

§ 2º Aplicam-se às aposentadorias dos servidores dos Estados de que trata o § 4º-B do art. 40 da Constituição Federal as normas constitucionais e infraconstitucionais anteriores à data de entrada em vigor desta Emenda Constitucional, enquanto não promovidas alterações na legislação interna relacionada ao respectivo regime próprio de previdência social.

§ 3º Os servidores de que trata o *caput* poderão aposentar-se aos 52 (cinquenta e dois) anos de idade, se mulher, e aos 53 (cinquenta e três) anos de idade, se homem, desde que cumprido período adicional de contribuição correspondente ao tempo que, na data de entrada em vigor desta Emenda Constitucional, faltaria para atingir o tempo de contribuição previsto na Lei Complementar nº 51, de 20 de dezembro de 1985.

Art. 6º O disposto no § 14 do art. 37 da Constituição Federal não se aplica a aposentadorias concedidas pelo Regime Geral de Previdência Social até a data de entrada em vigor desta Emenda Constitucional.

Art. 7º O disposto no § 15 do art. 37 da Constituição Federal não se aplica a complementações de aposentadorias e pensões concedidas até a data de entrada em vigor desta Emenda Constitucional.

Art. 8º Até que entre em vigor lei federal de que trata o § 19 do art. 40 da Constituição Federal, o servidor público federal que cumprir as exigências para a concessão da aposentadoria voluntária nos termos do disposto nos arts. 4º, 5º, 20, 21 e 22 e que optar por permanecer em atividade fará jus a um abono de permanência equivalente ao valor da sua contribuição previdenciária, até completar a idade para aposentadoria compulsória.

Art. 9º Até que entre em vigor lei complementar que discipline o § 22 do art. 40 da Constituição Federal, aplicam-se aos regimes próprios de previdência social o disposto na Lei nº 9.717, de 27 de novembro de 1998, e o disposto neste artigo.

§ 1º O equilíbrio financeiro e atuarial do regime próprio de previdência social deverá ser comprovado por meio de garantia de equivalência, a valor presente, entre o fluxo das receitas estimadas e das despesas projetadas, apuradas atuarialmente, que, juntamente com os bens, direitos e ativos vinculados, comparados às obrigações assumidas, evidenciem a solvência e a liquidez do plano de benefícios.

§ 2º O rol de benefícios dos regimes próprios de previdência social fica limitado às aposentadorias e à pensão por morte.

§ 3º Os afastamentos por incapacidade temporária para o trabalho e o salário-maternidade serão pagos diretamente pelo ente federativo e não correrão à conta do regime próprio de previdência social ao qual o servidor se vincula.

§ 4º Os Estados, o Distrito Federal e os Municípios não poderão estabelecer alíquota inferior à da contribuição dos servidores da União, exceto se demonstrado que o respectivo regime próprio de previdência social não possui deficit atuarial a ser equacionado, hipótese em que a alíquota não poderá ser inferior às alíquotas aplicáveis ao Regime Geral de Previdência Social.

§ 5º Para fins do disposto no § 4º, não será considerada como ausência de deficit a implementação de segregação da massa de segurados ou a previsão em lei de plano de equacionamento de deficit.

§ 6º A instituição do regime de previdência complementar na forma dos §§ 14 a 16 do art. 40 da Constituição Federal e a adequação do órgão ou entidade gestora do regime próprio de previdência social ao § 20 do art. 40 da Constituição Federal deverão ocorrer no prazo máximo de 2 (dois) anos da data de entrada em vigor desta Emenda Constitucional.

§ 7º Os recursos de regime próprio de previdência social poderão ser aplicados na concessão de empréstimos a seus segurados, na modalidade de consignados, observada regulamentação específica estabelecida pelo Conselho Monetário Nacional.

§ 8º Por meio de lei, poderá ser instituída contribuição extraordinária pelo prazo máximo de 20 (vinte) anos, nos termos dos §§ 1º-B e 1º-C do art. 149 da Constituição Federal.

§ 9º O parcelamento ou a moratória de débitos dos entes federativos com seus regimes próprios de previdência social fica limitado ao prazo a que se refere o § 11 do art. 195 da Constituição.

Art. 10. Até que entre em vigor lei federal que discipline os benefícios do regime próprio de previdência social dos servidores da União, aplica-se o disposto neste artigo.

§ 1º Os servidores públicos federais serão aposentados:

I - voluntariamente, observados, cumulativamente, os seguintes requisitos:

a) 62 (sessenta e dois) anos de idade, se mulher, e 65 (sessenta e cinco) anos de idade, se homem; e

b) 25 (vinte e cinco) anos de contribuição, desde que cumprido o tempo mínimo de 10 (dez) anos de efetivo exercício no serviço público e de 5 (cinco) anos no cargo efetivo em que for concedida a aposentadoria;

II - por incapacidade permanente para o trabalho, no cargo em que estiverem investidos, quando insuscetíveis de readaptação, hipótese em que será obrigatória a realização de avaliações periódicas para verificação da continuidade das condições que ensejaram a concessão da aposentadoria; ou

III - compulsoriamente, na forma do disposto no inciso II do § 1º do art. 40 da Constituição Federal.

§ 2º Os servidores públicos federais com direito a idade mínima ou tempo de contribuição distintos da regra geral para concessão de aposentadoria na forma dos §§ 4º-B, 4º-C e 5º do art. 40 da Constituição Federal poderão aposentar-se, observados os seguintes requisitos:

I - o policial civil do órgão a que se refere o inciso XIV do *caput* do art. 21 da Constituição Federal, o policial dos órgãos a que se referem o inciso IV do *caput* do art. 51, o inciso XIII do *caput* do art. 52 e os incisos I a III do *caput* do art. 144 da Constituição Federal e o ocupante de cargo de agente federal penitenciário ou socioeducativo, aos 55 (cinquenta e cinco) anos de idade, com 30 (trinta) anos de contribuição e 25 (vinte e cinco) anos de efetivo exercício em cargo dessas carreiras, para ambos os sexos;

II - o servidor público federal cujas atividades sejam exercidas com efetiva exposição a agentes químicos, físicos e biológicos prejudiciais à saúde, ou associação desses agentes, vedada a caracterização por categoria profissional ou ocupação, aos 60 (sessenta) anos de idade, com 25 (vinte e cinco) anos de efetiva exposição e contribuição, 10 (dez) anos de efetivo exercício de serviço público e 5 (cinco) anos no cargo efetivo em que for concedida a aposentadoria;

III - o titular do cargo federal de professor, aos 60 (sessenta) anos de idade, se homem, aos 57 (cinquenta e sete) anos, se mulher, com 25 (vinte e cinco) anos de contribuição exclusivamente em efetivo exercício das funções de magistério na educação infantil e no ensino fundamental e médio, 10 (dez) anos de efetivo exercício de serviço público e 5 (cinco) anos no cargo efetivo em que for concedida a aposentadoria, para ambos os sexos.

§ 3º A aposentadoria a que se refere o § 4º-C do art. 40 da Constituição Federal observará adicionalmente as condições e os requisitos estabelecidos para o Regime Geral de Previdência Social, naquilo em que não conflitarem com as regras específicas aplicáveis ao regime próprio de previdência social da União, vedada a conversão de tempo especial em comum.

§ 4º Os proventos das aposentadorias concedidas nos termos do disposto neste artigo serão apurados na forma da lei.

§ 5º Até que entre em vigor lei federal de que trata o § 19 do art. 40 da Constituição Federal, o servidor federal que cumprir as exigências para a concessão da aposentadoria voluntária nos termos do disposto neste artigo e que optar por permanecer em atividade fará jus a um abono de permanência equivalente ao valor da sua contribuição previdenciária, até completar a idade para aposentadoria compulsória.

§ 6º A pensão por morte devida aos dependentes do policial civil do órgão a que se refere o inciso XIV do *caput* do art. 21 da Constituição Federal, do policial dos órgãos a que se referem o inciso IV do *caput* do art. 51, o inciso XIII do *caput* do art. 52 e os incisos I a III do *caput* do art. 144 da Constituição Federal e dos ocupantes dos cargos de agente federal penitenciário ou socioeducativo decorrente de agressão sofrida no exercício ou em razão da função será vitalícia para o cônjuge ou companheiro e equivalente à remuneração do cargo.

§ 7º Aplicam-se às aposentadorias dos servidores dos Estados, do Distrito Federal e dos Municípios as normas constitucionais e infraconstitucionais anteriores à data de entrada em vigor desta Emenda Constitucional, enquanto não promovidas alterações na legislação interna relacionada ao respectivo regime próprio de previdência social.

Art. 11. Até que entre em vigor lei que altere a alíquota da contribuição previdenciária de que tratam os arts. 4º, 5º e 6º da Lei nº 10.887, de 18 de junho de 2004, esta será de 14% (quatorze por cento).

§ 1º A alíquota prevista no *caput* será reduzida ou majorada, considerado o valor da base de contribuição ou do benefício recebido, de acordo com os seguintes parâmetros:

I - até 1 (um) salário-mínimo, redução de seis inteiros e cinco décimos pontos percentuais;

II - acima de 1 (um) salário-mínimo até R$ 2.000,00 (dois mil reais), redução de cinco pontos percentuais;

III - de R$ 2.000,01 (dois mil reais e um centavo) até R$ 3.000,00 (três mil reais), redução de dois pontos percentuais;

IV - de R$ 3.000,01 (três mil reais e um centavo) até R$ 5.839,45 (cinco mil, oitocentos e trinta e nove reais e quarenta e cinco centavos), sem redução ou acréscimo;

V - de R$ 5.839,46 (cinco mil, oitocentos e trinta e nove reais e quarenta e seis centavos) até R$ 10.000,00 (dez mil reais), acréscimo de meio ponto percentual;

VI - de R$ 10.000,01 (dez mil reais e um centavo) até R$ 20.000,00 (vinte mil reais), acréscimo de dois inteiros e cinco décimos pontos percentuais;

VII - de R$ 20.000,01 (vinte mil reais e um centavo) até R$ 39.000,00 (trinta e nove mil reais), acréscimo de cinco pontos percentuais; e

VIII - acima de R$ 39.000,00 (trinta e nove mil reais), acréscimo de oito pontos percentuais.

§ 2º A alíquota, reduzida ou majorada nos termos do disposto no § 1º, será aplicada de forma progressiva sobre a base de contribuição do servidor ativo, incidindo cada alíquota sobre a faixa de valores compreendida nos respectivos limites.

§ 3º Os valores previstos no § 1º serão reajustados, a partir da data de entrada em vigor desta Emenda Constitucional, na mesma data e com o mesmo índice em que se der o reajuste dos benefícios do Regime Geral de Previdência Social, ressalvados aqueles vinculados ao salário-mínimo, aos quais se aplica a legislação específica.

§ 4º A alíquota de contribuição de que trata o *caput*, com a redução ou a majoração decorrentes do disposto no § 1º, será devida pelos aposentados e pensionistas de quaisquer dos Poderes da União, incluídas suas entidades autárquicas e suas fundações, e incidirá sobre o valor da parcela dos proventos de aposentadoria e de pensões que supere o limite máximo estabelecido para os benefícios do Regime Geral de Previdência Social, hipótese em que será considerada a totalidade do valor do benefício para fins de definição das alíquotas aplicáveis.

Art. 12. A União instituirá sistema integrado de dados relativos às remunerações, proventos e pensões dos segurados dos regimes de previdência de que tratam os arts. 40, 201 e 202 da Constituição Federal, aos benefícios dos programas de assistência social de que trata o art. 203 da Constituição Federal e às remunerações, proventos de inatividade e pensão por morte decorrentes das atividades militares de que tratam os arts. 42 e 142 da Constituição Federal, em interação com outras bases de dados, ferramentas e plataformas, para o fortalecimento de sua gestão, governança e transparência e o cumprimento das disposições estabelecidas nos incisos XI e XVI do art. 37 da Constituição Federal.

§ 1º A União, os Estados, o Distrito Federal e os Municípios e os órgãos e entidades gestoras dos regimes, dos sistemas e dos programas a que se refere o *caput* disponibilizarão as informações necessárias para a estruturação do sistema integrado de dados e terão acesso ao compartilhamento das referidas informações, na forma da legislação.

§ 2º É vedada a transmissão das informações de que trata este artigo a qualquer pessoa física ou jurídica para a prática de atividade não relacionada à fiscalização dos regimes, dos sistemas e dos programas a que se refere o *caput*.

Art. 13. Não se aplica o disposto no § 9º do art. 39 da Constituição Federal a parcelas remuneratórias decorrentes de incorporação de vantagens de caráter temporário ou vinculadas ao exercício de função de confiança ou de cargo em comissão efetivada até a data de entrada em vigor desta Emenda Constitucional.

Art. 14. Vedadas a adesão de novos segurados e a instituição de novos regimes dessa natureza, os atuais segurados de regime de previdência aplicável a titulares de mandato eletivo da União, dos Estados, do Distrito Federal e dos Municípios poderão, por meio de opção expressa formalizada no prazo de 180 (cento e oitenta) dias, contado da data de entrada em vigor desta Emenda Constitucional, retirar-se dos regimes previdenciários aos quais se encontrem vinculados.

§ 1º Os segurados, atuais e anteriores, do regime de previdência de que trata a Lei nº 9.506, de 30 de outubro de 1997, que fizerem a opção de permanecer nesse regime previdenciário deverão cumprir período adicional correspondente a 30% (trinta por cento) do tempo de contribuição que faltaria para aquisição do direito à aposentadoria na data de entrada em vigor desta Emenda Constitucional e somente poderão aposentar-se a partir dos 62 (sessenta e dois) anos de idade, se mulher, e 65 (sessenta e cinco) anos de idade, se homem.

§ 2º Se for exercida a opção prevista no *caput*, será assegurada a contagem do tempo de contribuição vertido para o regime de previdência ao qual o segurado se encontrava vinculado, nos termos do disposto no § 9º do art. 201 da Constituição Federal.

§ 3º A concessão de aposentadoria aos titulares de mandato eletivo e de pensão por morte aos dependentes de titular de mandato eletivo falecido será assegurada, a qualquer tempo, desde que cumpridos os requisitos para obtenção desses benefícios até a data de entrada em vigor desta Emenda Constitucional, observados os critérios da legislação vigente na data em que foram atendidos os requisitos para a concessão da aposentadoria ou da pensão por morte.

§ 4º Observado o disposto nos §§ 9º e 9º-A do art. 201 da Constituição Federal, o tempo de contribuição a regime próprio de previdência social e ao Regime Geral de Previdência Social, assim como o tempo de contribuição decorrente das atividades militares de que tratam os arts. 42 e 142 da Constituição Federal, que tenha sido considerado para a concessão de benefício pelos regimes a que se refere o *caput* não poderá ser utilizado para obtenção de benefício naqueles regimes.

§ 5º Lei específica do Estado, do Distrito Federal ou do Município deverá disciplinar a regra de transição a ser aplicada aos segurados que, na forma do *caput*, fizerem a opção de permanecer no regime previdenciário de que trata este artigo.

Art. 15. Ao segurado filiado ao Regime Geral de Previdência Social até a data de entrada em vigor desta Emenda Constitucional, fica assegurado o direito à aposentadoria quando forem preenchidos, cumulativamente, os seguintes requisitos:

I - 30 (trinta) anos de contribuição, se mulher, e 35 (trinta e cinco) anos de contribuição, se homem; e

II - somatório da idade e do tempo de contribuição, incluídas as frações, equivalente a 86 (oitenta e seis) pontos, se mulher, e 96 (noventa e seis) pontos, se homem, observado o disposto nos §§ 1º e 2º.

§ 1º A partir de 1º de janeiro de 2020, a pontuação a que se refere o inciso II do *caput* será acrescida a cada ano de 1 (um) ponto, até atingir o limite de 100 (cem) pontos, se mulher, e de 105 (cento e cinco) pontos, se homem.

§ 2º A idade e o tempo de contribuição serão apurados em dias para o cálculo do somatório de pontos a que se referem o inciso II do *caput* e o § 1º.

§ 3º Para o professor que comprovar exclusivamente 25 (vinte e cinco) anos de contribuição, se mulher, e 30 (trinta) anos de contribuição, se homem, em efetivo exercício das funções de magistério na educação infantil e no ensino fundamental e médio, o somatório da idade e do tempo de contribuição, incluídas as frações, será equivalente a 81 (oitenta e um) pontos, se mulher, e 91 (noventa e um) pontos, se homem, aos quais serão acrescidos, a partir de 1º de janeiro de 2020, 1 (um) ponto a cada ano para o homem e para a mulher, até atingir o limite de 92 (noventa e dois) pontos, se mulher, e 100 (cem) pontos, se homem.

§ 4º O valor da aposentadoria concedida nos termos do disposto neste artigo será apurado na forma da lei.

Art. 16. Ao segurado filiado ao Regime Geral de Previdência Social até a data de entrada em vigor desta Emenda Constitucional fica assegurado o direito à aposentadoria quando preencher, cumulativamente, os seguintes requisitos:

I - 30 (trinta) anos de contribuição, se mulher, e 35 (trinta e cinco) anos de contribuição, se homem; e

II - idade de 56 (cinquenta e seis) anos, se mulher, e 61 (sessenta e um) anos, se homem.

§ 1º A partir de 1º de janeiro de 2020, a idade a que se refere o inciso II do *caput* será acrescida de 6 (seis) meses a cada ano, até atingir 62 (sessenta e dois) anos de idade, se mulher, e 65 (sessenta e cinco) anos de idade, se homem.

§ 2º Para o professor que comprovar exclusivamente tempo de efetivo exercício das funções de magistério na educação infantil e no ensino fundamental e médio, o tempo de contribuição e a idade de que tratam os incisos I e II do *caput* deste artigo serão reduzidos em 5 (cinco) anos, sendo, a partir de 1º de janeiro de 2020, acrescidos 6 (seis) meses, a cada ano, às idades previstas no inciso II do *caput*, até atingirem 57 (cinquenta e sete) anos, se mulher, e 60 (sessenta) anos, se homem.

§ 3º O valor da aposentadoria concedida nos termos do disposto neste artigo será apurado na forma da lei.

Art. 17. Ao segurado filiado ao Regime Geral de Previdência Social até a data de entrada em vigor desta Emenda Constitucional e que na referida data contar com mais de 28 (vinte e oito) anos de contribuição, se mulher, e 33 (trinta e três) anos de contribuição, se homem, fica assegurado o direito à aposentadoria quando preencher, cumulativamente, os seguintes requisitos:

I - 30 (trinta) anos de contribuição, se mulher, e 35 (trinta e cinco) anos de contribuição, se homem; e

II - cumprimento de período adicional correspondente a 50% (cinquenta por cento) do tempo que, na data de entrada em vigor desta Emenda Constitucional, faltaria para atingir 30 (trinta) anos de contribuição, se mulher, e 35 (trinta e cinco) anos de contribuição, se homem.

Parágrafo único. O benefício concedido nos termos deste artigo terá seu valor apurado de acordo com a média aritmética simples dos salários de contribuição e das remunerações calculada na forma da lei, multiplicada pelo fator previdenciário, calculado na forma do disposto nos §§ 7º a 9º do art. 29 da Lei nº 8.213, de 24 de julho de 1991.

Art. 18. O segurado de que trata o inciso I do § 7º do art. 201 da Constituição Federal filiado ao Regime Geral de Previdência Social até a data de entrada em vigor desta Emenda Constitucional poderá aposentar-se quando preencher, cumulativamente, os seguintes requisitos:

I - 60 (sessenta) anos de idade, se mulher, e 65 (sessenta e cinco) anos de idade, se homem; e

II - 15 (quinze) anos de contribuição, para ambos os sexos.

§ 1º A partir de 1º de janeiro de 2020, a idade de 60 (sessenta) anos da mulher, prevista no inciso I do *caput*, será acrescida em 6 (seis) meses a cada ano, até atingir 62 (sessenta e dois) anos de idade.

§ 2º O valor da aposentadoria de que trata este artigo será apurado na forma da lei.

Art. 19. Até que lei disponha sobre o tempo de contribuição a que se refere o inciso I do § 7º do art. 201 da Constituição Federal, o segurado filiado ao Regime Geral de Previdência Social após a data de entrada em vigor desta Emenda Constitucional será aposentado aos 62 (sessenta e dois) anos de idade, se mulher, 65 (sessenta e cinco) anos de idade, se homem, com 15 (quinze) anos de tempo de contribuição, se mulher, e 20 (vinte) anos de tempo de contribuição, se homem.

§ 1º Até que lei complementar disponha sobre a redução de idade mínima ou tempo de contribuição prevista nos §§ 1º e 8º do art. 201 da Constituição Federal, será concedida aposentadoria:

I - aos segurados que comprovem o exercício de atividades com efetiva exposição a agentes químicos, físicos e biológicos prejudiciais à saúde, ou associação desses agentes, vedada a caracterização por categoria profissional ou ocupação, durante, no mínimo, 15 (quinze), 20 (vinte) ou 25 (vinte e cinco) anos, nos termos do disposto nos arts. 57 e 58 da Lei nº 8.213, de 24 de julho de 1991, quando cumpridos:

a) 55 (cinquenta e cinco) anos de idade, quando se tratar de atividade especial de 15 (quinze) anos de contribuição;

b) 58 (cinquenta e oito) anos de idade, quando se tratar de atividade especial de 20 (vinte) anos de contribuição; ou

c) 60 (sessenta) anos de idade, quando se tratar de atividade especial de 25 (vinte e cinco) anos de contribuição;

II - ao professor que comprove 25 (vinte e cinco) anos de contribuição exclusivamente em efetivo exercício das funções de magistério na educação infantil e no ensino fundamental e médio e tenha 57 (cinquenta e sete) anos de idade, se mulher, e 60 (sessenta) anos de idade, se homem.

§ 2º O valor das aposentadorias de que trata este artigo será apurado na forma da lei.

Art. 20. O segurado ou o servidor público federal que se tenha filiado ao Regime Geral de Previdência Social ou ingressado no serviço público em cargo efetivo até a data de entrada em vigor desta Emenda Constitucional poderá aposentar-se voluntariamente quando preencher, cumulativamente, os seguintes requisitos:

I - 57 (cinquenta e sete) anos de idade, se mulher, e 60 (sessenta) anos de idade, se homem;

II - 30 (trinta) anos de contribuição, se mulher, e 35 (trinta e cinco) anos de contribuição, se homem;

III - para os servidores públicos, 20 (vinte) anos de efetivo exercício no serviço público e 5 (cinco) anos no cargo efetivo em que se der a aposentadoria;

IV - período adicional de contribuição correspondente ao tempo que, na data de entrada em vigor desta Emenda Constitucional, faltaria para atingir o tempo mínimo de contribuição referido no inciso II.

§ 1º Para o professor que comprovar exclusivamente tempo de efetivo exercício das funções de magistério na educação infantil e no ensino fundamental e médio serão reduzidos, para ambos os sexos, os requisitos de idade e de tempo de contribuição em 5 (cinco) anos.

§ 2º O valor das aposentadorias concedidas nos termos do disposto neste artigo corresponderá:

I - em relação ao servidor público que tenha ingressado no serviço público em cargo efetivo até 31 de dezembro de 2003 e que não tenha feito a opção de que trata o § 16 do art. 40 da Constituição Federal, à totalidade da remuneração no cargo efetivo em que se der a aposentadoria, observado o disposto no § 8º do art. 4º; e

II - em relação aos demais servidores públicos e aos segurados do Regime Geral de Previdência Social, ao valor apurado na forma da lei.

§ 3º O valor das aposentadorias concedidas nos termos do disposto neste artigo não será inferior ao valor a que se refere o § 2º do art. 201 da Constituição Federal e será reajustado:

I - de acordo com o disposto no art. 7º da Emenda Constitucional nº 41, de 19 de dezembro de 2003, se cumpridos os requisitos previstos no inciso I do § 2º;

II - nos termos estabelecidos para o Regime Geral de Previdência Social, na hipótese prevista no inciso II do § 2º.

§ 4º Aplicam-se às aposentadorias dos servidores dos Estados, do Distrito Federal e dos Municípios as normas constitucionais e infraconstitucionais anteriores à data de entrada em vigor desta Emenda Constitucional, enquanto não promovidas alterações na legislação interna relacionada ao respectivo regime próprio de previdência social.

Art. 21. O segurado ou o servidor público federal que se tenha filiado ao Regime Geral de Previdência Social ou ingressado no serviço público em cargo efetivo até a data de entrada em vigor desta Emenda Constitucional cujas atividades tenham sido exercidas com efetiva exposição a agentes químicos, físicos e biológicos prejudiciais à saúde, ou associação desses agentes, vedada a caracterização por categoria profissional ou ocupação, desde que cumpridos, no caso do servidor, o tempo mínimo de 20 (vinte) anos de efetivo exercício no serviço público e de 5 (cinco) anos no cargo efetivo em que for concedida a aposentadoria, na forma dos arts. 57 e 58 da Lei nº 8.213, de 24 de julho de 1991, poderão aposentar-se quando o total da soma resultante da sua idade e do tempo de contribuição e o tempo de efetiva exposição forem, respectivamente, de:

I - 66 (sessenta e seis) pontos e 15 (quinze) anos de efetiva exposição;

II - 76 (setenta e seis) pontos e 20 (vinte) anos de efetiva exposição; e

III - 86 (oitenta e seis) pontos e 25 (vinte e cinco) anos de efetiva exposição.

§ 1º A idade e o tempo de contribuição serão apurados em dias para o cálculo do somatório de pontos a que se refere o *caput*.

§ 2º O valor da aposentadoria de que trata este artigo será apurado na forma da lei.

§ 3º Aplicam-se às aposentadorias dos servidores dos Estados, do Distrito Federal e dos Municípios cujas atividades sejam exercidas com efetiva exposição a agentes químicos, físicos e biológicos prejudiciais à saúde, ou associação desses agentes, vedada a caracterização por categoria profissional ou ocupação, na forma do § 4º-C do art. 40 da Constituição Federal, as normas constitucionais e infraconstitucionais anteriores à data de entrada em vigor desta Emenda Constitucional, enquanto não promovidas alterações na legislação interna relacionada ao respectivo regime próprio de previdência social.

Art. 22. Até que lei discipline o § 4º-A do art. 40 e o inciso I do § 1º do art. 201 da Constituição Federal, a aposentadoria da pessoa com deficiência segurada do Regime Geral de Previdência Social ou do servidor público federal com deficiência vinculado a regime próprio de previdência social, desde que cumpridos, no caso do servidor, o tempo mínimo de 10 (dez) anos de efetivo exercício no serviço público e de 5 (cinco) anos no cargo efetivo em que for concedida a aposentadoria, será concedida na forma da Lei Complementar nº 142, de 8 de maio de 2013, inclusive quanto aos critérios de cálculo dos benefícios.

Parágrafo único. Aplicam-se às aposentadorias dos servidores com deficiência dos Estados, do Distrito Federal e dos Municípios as normas constitucionais e infraconstitucionais anteriores à data de entrada em vigor desta Emenda Constitucional, enquanto não promovidas alterações na legislação interna relacionada ao respectivo regime próprio de previdência social.

Art. 23. A pensão por morte concedida a dependente de segurado do Regime Geral de Previdência Social ou de servidor público federal será equivalente a uma cota familiar de 50% (cinquenta por cento) do valor da aposentadoria recebida pelo segurado ou servidor ou daquela a que teria direito se fosse aposentado por incapacidade permanente na data do óbito, acrescida de cotas de 10 (dez) pontos percentuais por dependente, até o máximo de 100% (cem por cento).

§ 1º As cotas por dependente cessarão com a perda dessa qualidade e não serão reversíveis aos demais dependentes, preservado o valor de 100% (cem por cento) da pensão por morte quando o número de dependentes remanescente for igual ou superior a 5 (cinco).

§ 2º Na hipótese de existir dependente inválido ou com deficiência intelectual, mental ou grave, o valor da pensão por morte de que trata o *caput* será equivalente a:

I - 100% (cem por cento) da aposentadoria recebida pelo segurado ou servidor ou daquela a que teria direito se fosse aposentado por incapacidade permanente na data do óbito, até o limite máximo de benefícios do Regime Geral de Previdência Social; e

II - uma cota familiar de 50% (cinquenta por cento) acrescida de cotas de 10 (dez) pontos percentuais por dependente, até o máximo de 100% (cem por cento), para o valor que supere o limite máximo de benefícios do Regime Geral de Previdência Social.

§ 3º Quando não houver mais dependente inválido ou com deficiência intelectual, mental ou grave, o valor da pensão será recalculado na forma do disposto no *caput* e no § 1º.

§ 4º O tempo de duração da pensão por morte e das cotas individuais por dependente até a perda dessa qualidade, o rol de dependentes e sua qualificação e as condições necessárias para enquadramento serão aqueles estabelecidos na Lei nº 8.213, de 24 de julho de 1991.

§ 5º Para o dependente inválido ou com deficiência intelectual, mental ou grave, sua condição pode ser reconhecida previamente ao óbito do segurado, por meio de avaliação biopsicossocial realizada por equipe multiprofissional e interdisciplinar, observada revisão periódica na forma da legislação.

§ 6º Equiparam-se a filho, para fins de recebimento da pensão por morte, exclusivamente o enteado e o menor tutelado, desde que comprovada a dependência econômica.

§ 7º As regras sobre pensão previstas neste artigo e na legislação vigente na data de entrada em vigor desta Emenda Constitucional poderão ser alteradas na forma da lei para o Regime Geral de Previdência Social e para o regime próprio de previdência social da União.

§ 8º Aplicam-se às pensões concedidas aos dependentes de servidores dos Estados, do Distrito Federal e dos Municípios as normas constitucionais e infraconstitucionais anteriores à data de entrada em vigor desta Emenda Constitucional, enquanto não promovidas alterações na legislação interna relacionada ao respectivo regime próprio de previdência social.

Art. 24. É vedada a acumulação de mais de uma pensão por morte deixada por cônjuge ou companheiro, no âmbito do mesmo regime de previdência social, ressalvadas as pensões do mesmo instituidor decorrentes do exercício de cargos acumuláveis na forma do art. 37 da Constituição Federal.

§ 1º Será admitida, nos termos do § 2º, a acumulação de:

I - pensão por morte deixada por cônjuge ou companheiro de um regime de previdência social com pensão por morte concedida por outro regime de previdência social ou com pensões decorrentes das atividades militares de que tratam os arts. 42 e 142 da Constituição Federal;

II - pensão por morte deixada por cônjuge ou companheiro de um regime de previdência social com aposentadoria concedida no âmbito do Regime Geral de Previdência Social ou de regime próprio de previdência social ou com proventos de inatividade decorrentes das atividades militares de que tratam os arts. 42 e 142 da Constituição Federal; ou

III - pensões decorrentes das atividades militares de que tratam os arts. 42 e 142 da Constituição Federal com aposentadoria concedida no âmbito do Regime Geral de Previdência Social ou de regime próprio de previdência social.

§ 2º Nas hipóteses das acumulações previstas no § 1º, é assegurada a percepção do valor integral do benefício mais vantajoso e de uma parte de cada um dos demais benefícios, apurada cumulativamente de acordo com as seguintes faixas:

I - 60% (sessenta por cento) do valor que exceder 1 (um) salário-mínimo, até o limite de 2 (dois) salários-mínimos;

II - 40% (quarenta por cento) do valor que exceder 2 (dois) salários-mínimos, até o limite de 3 (três) salários-mínimos;

III - 20% (vinte por cento) do valor que exceder 3 (três) salários-mínimos, até o limite de 4 (quatro) salários-mínimos; e

IV - 10% (dez por cento) do valor que exceder 4 (quatro) salários-mínimos.

§ 3º A aplicação do disposto no § 2º poderá ser revista a qualquer tempo, a pedido do interessado, em razão de alteração de algum dos benefícios.

§ 4º As restrições previstas neste artigo não serão aplicadas se o direito aos benefícios houver sido adquirido antes da data de entrada em vigor desta Emenda Constitucional.

§ 5º As regras sobre acumulação previstas neste artigo e na legislação vigente na data de entrada em vigor desta Emenda Constitucional poderão ser alteradas na forma do § 6º do art. 40 e do § 15 do art. 201 da Constituição Federal.

Art. 25. Será assegurada a contagem de tempo de contribuição fictício no Regime Geral de Previdência Social decorrente de hipóteses descritas na legislação vigente até a data de entrada em vigor desta Emenda Constitucional para fins de concessão de aposentadoria, observando-se, a partir da sua entrada em vigor, o disposto no § 14 do art. 201 da Constituição Federal.

§ 1º Para fins de comprovação de atividade rural exercida até a data de entrada em vigor desta Emenda Constitucional, o prazo de que tratam os §§ 1º e 2º do art. 38-B da Lei nº 8.213, de 24 de julho de 1991, será prorrogado até a data em que o Cadastro Nacional de Informações Sociais (CNIS) atingir a cobertura mínima de 50% (cinquenta por cento) dos trabalhadores de que trata o § 8º do art. 195 da Constituição Federal, apurada conforme quantitativo da Pesquisa Nacional por Amostra de Domicílios Contínua (Pnad).

§ 2º Será reconhecida a conversão de tempo especial em comum, na forma prevista na Lei nº 8.213, de 24 de julho de 1991, ao segurado do Regime Geral de Previdência Social que comprovar tempo de efetivo exercício de atividade sujeita a condições especiais que efetivamente prejudiquem a saúde, cumprido até a data de entrada em vigor desta Emenda Constitucional, vedada a conversão para o tempo cumprido após esta data.

§ 3º Considera-se nula a aposentadoria que tenha sido concedida ou que venha a ser concedida por regime próprio de previdência social com contagem recíproca do Regime Geral de Previdência Social mediante o cômputo de tempo de serviço sem o recolhimento da respectiva contribuição ou da correspondente indenização pelo segurado obrigatório responsável, à época do exercício da atividade, pelo recolhimento de suas próprias contribuições previdenciárias.

Art. 26. Até que lei discipline o cálculo dos benefícios do regime próprio de previdência social da União e do Regime Geral de Previdência Social, será utilizada a média aritmética simples dos salários de contribuição e das remunerações adotados como base para contribuições a regime próprio de previdência social e ao Regime Geral de Previdência Social, ou como base para contribuições decorrentes das atividades militares de que tratam os arts. 42 e 142 da Constituição Federal, atualizados monetariamente, correspondentes a 100% (cem por cento) do período contributivo desde a competência julho de 1994 ou desde o início da contribuição, se posterior àquela competência.

§ 1º A média a que se refere o *caput* será limitada ao valor máximo do salário de contribuição do Regime Geral de Previdência Social para os segurados desse regime e para o servidor que ingressou no serviço público em cargo efetivo após a implantação do regime de previdência complementar ou que tenha exercido a opção correspondente, nos termos do disposto nos §§ 14 a 16 do art. 40 da Constituição Federal.

§ 2º O valor do benefício de aposentadoria corresponderá a 60% (sessenta por cento) da média aritmética definida na forma prevista no *caput* e no § 1º, com acréscimo de 2 (dois) pontos percentuais para cada ano de contribuição que exceder o tempo de 20 (vinte) anos de contribuição nos casos:

I - do inciso II do § 6º do art. 4º, do § 4º do art. 15, do § 3º do art. 16 e do § 2º do art. 18;

II - do § 4º do art. 10, ressalvado o disposto no inciso II do § 3º e no § 4º deste artigo;

III - de aposentadoria por incapacidade permanente aos segurados do Regime Geral de Previdência Social, ressalvado o disposto no inciso II do § 3º deste artigo; e

IV - do § 2º do art. 19 e do § 2º do art. 21, ressalvado o disposto no § 5º deste artigo.

§ 3º O valor do benefício de aposentadoria corresponderá a 100% (cem por cento) da média aritmética definida na forma prevista no *caput* e no § 1º:

I - no caso do inciso II do § 2º do art. 20;

II - no caso de aposentadoria por incapacidade permanente, quando decorrer de acidente de trabalho, de doença profissional e de doença do trabalho.

§ 4º O valor do benefício da aposentadoria de que trata o inciso III do § 1º do art. 10 corresponderá ao resultado do tempo de contribuição dividido por 20 (vinte) anos, limitado a um inteiro, multiplicado pelo valor apurado na forma do *caput* do § 2º deste artigo, ressalvado o caso de cumprimento de critérios de acesso para aposentadoria voluntária que resulte em situação mais favorável.

§ 5º O acréscimo a que se refere o *caput* do § 2º será aplicado para cada ano que exceder 15 (quinze) anos de tempo de contribuição para os segurados de que tratam a alínea "a" do inciso I do § 1º do art. 19 e o inciso I do art. 21 e para as mulheres filiadas ao Regime Geral de Previdência Social.

§ 6º Poderão ser excluídas da média as contribuições que resultem em redução do valor do benefício, desde que mantido o tempo mínimo de contribuição exigido, vedada a utilização do tempo excluído para qualquer finalidade, inclusive para o acréscimo a que se referem os §§ 2º e 5º, para a averbação em outro regime previdenciário ou para a obtenção dos proventos de inatividade das atividades de que tratam os arts. 42 e 142 da Constituição Federal.

§ 7º Os benefícios calculados nos termos do disposto neste artigo serão reajustados nos termos estabelecidos para o Regime Geral de Previdência Social.

Art. 27. Até que lei discipline o acesso ao salário-família e ao auxílio-reclusão de que trata o inciso IV do art. 201 da Constituição Federal, esses benefícios serão concedidos apenas àqueles que tenham renda bruta mensal igual ou inferior a R$ 1.364,43 (mil, trezentos e sessenta e quatro reais e quarenta e três centavos), que serão corrigidos pelos mesmos índices aplicados aos benefícios do Regime Geral de Previdência Social.

§ 1º Até que lei discipline o valor do auxílio-reclusão, de que trata o inciso IV do art. 201 da Constituição Federal, seu cálculo será realizado na forma daquele aplicável à pensão por morte, não podendo exceder o valor de 1 (um) salário-mínimo.

§ 2º Até que lei discipline o valor do salário-família, de que trata o inciso IV do art. 201 da Constituição Federal, seu valor será de R$ 46,54 (quarenta e seis reais e cinquenta e quatro centavos).

Art. 28. Até que lei altere as alíquotas da contribuição de que trata a Lei nº 8.212, de 24 de julho de 1991, devidas pelo segurado empregado, inclusive o doméstico, e pelo trabalhador avulso, estas serão de:

I - até 1 (um) salário-mínimo, 7,5% (sete inteiros e cinco décimos por cento);

II - acima de 1 (um) salário-mínimo até R$ 2.000,00 (dois mil reais), 9% (nove por cento);

III - de R$ 2.000,01 (dois mil reais e um centavo) até R$ 3.000,00 (três mil reais), 12% (doze por cento); e

IV - de R$ 3.000,01 (três mil reais e um centavo) até o limite do salário de contribuição, 14% (quatorze por cento).

§ 1º As alíquotas previstas no *caput* serão aplicadas de forma progressiva sobre o salário de contribuição do segurado, incidindo cada alíquota sobre a faixa de valores compreendida nos respectivos limites.

§ 2º Os valores previstos no *caput* serão reajustados, a partir da data de entrada em vigor desta Emenda Constitucional, na mesma data e com o mesmo índice em que se der o reajuste dos benefícios do Regime Geral de Previdência Social, ressalvados aqueles vinculados ao salário-mínimo, aos quais se aplica a legislação específica.

Art. 29. Até que entre em vigor lei que disponha sobre o § 14 do art. 195 da Constituição Federal, o segurado que, no somatório de remunerações auferidas no período de 1 (um) mês, receber remuneração inferior ao limite mínimo mensal do salário de contribuição poderá:

I - complementar a sua contribuição, de forma a alcançar o limite mínimo exigido;

II - utilizar o valor da contribuição que exceder o limite mínimo de contribuição de uma competência em outra; ou

III - agrupar contribuições inferiores ao limite mínimo de diferentes competências, para aproveitamento em contribuições mínimas mensais.

Parágrafo único. Os ajustes de complementação ou agrupamento de contribuições previstos nos incisos I, II e III do *caput* somente poderão ser feitos ao longo do mesmo ano civil.

Art. 30. A vedação de diferenciação ou substituição de base de cálculo decorrente do disposto no § 9º do art. 195 da Constituição Federal não se aplica a contribuições que substituam a contribuição de que trata a alínea "a" do inciso I do *caput* do art. 195 da Constituição Federal instituídas antes da data de entrada em vigor desta Emenda Constitucional.

Art. 31. O disposto no § 11 do art. 195 da Constituição Federal não se aplica aos parcelamentos previstos na legislação vigente até a data de entrada em vigor desta Emenda Constitucional, sendo vedadas a reabertura ou a prorrogação de prazo para adesão.

Art. 32. Até que entre em vigor lei que disponha sobre a alíquota da contribuição de que trata a Lei nº 7.689, de 15 de dezembro de 1988, esta será de 20% (vinte por cento) no caso das pessoas jurídicas referidas no inciso I do § 1º do art. 1º da Lei Complementar nº 105, de 10 de janeiro de 2001.

Art. 33. Até que seja disciplinada a relação entre a União, os Estados, o Distrito Federal e os Municípios e entidades abertas de previdência complementar na forma do disposto nos §§ 4º e 5º do art. 202 da Constituição Federal, somente entidades fechadas de previdência complementar estão autorizadas a administrar planos de benefícios patrocinados pela União, Estados, Distrito Federal ou Municípios, inclusive suas autarquias, fundações, sociedades de economia mista e empresas controladas direta ou indiretamente.

Art. 34. Na hipótese de extinção por lei de regime previdenciário e migração dos respectivos segurados para o Regime Geral de Previdência Social, serão observados, até que lei federal disponha sobre a matéria, os seguintes requisitos pelo ente federativo:

I - assunção integral da responsabilidade pelo pagamento dos benefícios concedidos durante a vigência do regime extinto, bem como daqueles cujos requisitos já tenham sido implementados antes da sua extinção;

II - previsão de mecanismo de ressarcimento ou de complementação de benefícios aos que tenham contribuído acima do limite máximo do Regime Geral de Previdência Social;

III - vinculação das reservas existentes no momento da extinção, exclusivamente:

a) ao pagamento dos benefícios concedidos e a conceder, ao ressarcimento de contribuições ou à complementação de benefícios, na forma dos incisos I e II; e

b) à compensação financeira com o Regime Geral de Previdência Social.

Parágrafo único. A existência de superavit atuarial não constitui óbice à extinção de regime próprio de previdência social e à consequente migração para o Regime Geral de Previdência Social.

Art. 35. Revogam-se:

I - os seguintes dispositivos da Constituição Federal:

a) o § 21 do art. 40;

b) o § 13 do art. 195;

II - os arts. 9º, 13 e 15 da Emenda Constitucional nº 20, de 15 de dezembro de 1998;

III - os arts. 2º, 6º e 6º-A da Emenda Constitucional nº 41, de 19 de dezembro de 2003;

IV - o art. 3º da Emenda Constitucional nº 47, de 5 de julho de 2005.

Art. 36. Esta Emenda Constitucional entra em vigor:

I - no primeiro dia do quarto mês subsequente ao da data de publicação desta Emenda Constitucional, quanto ao disposto nos arts. 11, 28 e 32;

II - para os regimes próprios de previdência social dos Estados, do Distrito Federal e dos Municípios, quanto à alteração promovida pelo art. 1º desta Emenda Constitucional no art. 149 da Constituição Federal e às revogações previstas na alínea "a" do inciso I e nos incisos III e IV do art. 35, na data de publicação de lei de iniciativa privativa do respectivo Poder Executivo que as referende integralmente;

III - nos demais casos, na data de sua publicação.

Parágrafo único. A lei de que trata o inciso II do *caput* não produzirá efeitos anteriores à data de sua publicação.

Brasília, em 12 de novembro de 2019
Mesa da Câmara dos Deputados
Deputado Rodrigo Maia
Presidente
Mesa do Senado Federal
Senador Davi Alcolumbre
Presidente

EMENDA CONSTITUCIONAL Nº 104, DE 4 DE DEZEMBRO DE 2019

Altera o inciso XIV do caput do art. 21, o § 4º do art. 32 e o art. 144 da Constituição Federal, para criar as polícias penais federal, estaduais e distrital.

As Mesas da Câmara dos Deputados e do Senado Federal, nos termos do § 3º do art. 60 da Constituição Federal, promulgam a seguinte Emenda ao texto constitucional:

Art. 1º O inciso XIV do *caput* do art. 21 da Constituição Federal passa a vigorar com a seguinte redação:

‣ Alteração incorporada ao texto da CF.

Art. 2º O § 4º do art. 32 da Constituição Federal passa a vigorar com a seguinte redação:

‣ Alteração incorporada ao texto da CF.

Art. 3º O art. 144 da Constituição Federal passa a vigorar com as seguintes alterações:

‣ Alteração incorporada ao texto da CF.

Art. 4º O preenchimento do quadro de servidores das polícias penais será feito, exclusivamente, por meio de concurso público e por meio da transformação dos cargos isolados, dos cargos de carreira dos atuais agentes penitenciários e dos cargos públicos equivalentes.

Art. 5º Esta Emenda Constitucional entra em vigor na data de sua publicação.

Brasília, em 4 de dezembro de 2019
Mesa da Câmara dos Deputados
Deputado Rodrigo Maia
Presidente
Mesa do Senado Federal
Senador Davi Alcolumbre
Presidente

EMENDA CONSTITUCIONAL Nº 105, DE 12 DE DEZEMBRO DE 2019

Acrescenta o art. 166-A à Constituição Federal, para autorizar a transferência de recursos federais a Estados, ao Distrito Federal e a Municípios mediante emendas ao projeto de lei orçamentária anual.

As Mesas da Câmara dos Deputados e do Senado Federal, nos termos do § 3º do art. 60 da Constituição Federal, promulgam a seguinte Emenda ao texto constitucional:

Art. 1º A Constituição Federal passa a vigorar acrescida do seguinte art. 166-A:

‣ Alteração incorporada ao texto da CF.

Art. 2º No primeiro semestre do exercício financeiro subsequente ao da publicação desta Emenda Constitucional, fica assegurada a transferência financeira em montante mínimo equivalente a 60% (sessenta por cento) dos recursos de que trata o inciso I do *caput* do art. 166-A da Constituição Federal.

Art. 3º Esta Emenda Constitucional entra em vigor em 1º de janeiro do ano subsequente ao de sua publicação.

Brasília, em 12 de dezembro de 2019
Mesa da Câmara dos Deputados
Deputado Rodrigo Maia
Presidente
Mesa do Senado Federal
Senador Davi Alcolumbre
Presidente

EMENDA CONSTITUCIONAL Nº 106, DE 7 DE MAIO DE 2020

Institui regime extraordinário fiscal, financeiro e de contratações para enfrentamento de calamidade pública nacional decorrente de pandemia.

As Mesas da Câmara dos Deputados e do Senado Federal, nos termos do § 3º do art. 60 da Constituição Federal, promulgam a seguinte Emenda ao texto constitucional:

Art. 1º Durante a vigência de estado de calamidade pública nacional reconhecido pelo Congresso Nacional em razão de emergência de saúde pública de importância internacional decorrente de pandemia, a União adotará regime extraordinário fiscal, financeiro e de contratações para atender às necessidades dele decorrentes, somente naquilo em que a urgência for incompatível com o regime regular, nos termos definidos nesta Emenda Constitucional.

Art. 2º Com o propósito exclusivo de enfrentamento do contexto da calamidade e de seus efeitos sociais e econômicos, no seu período de duração, o Poder Executivo federal, no âmbito de suas competências, poderá adotar processos simplificados de contratação de pessoal, em caráter temporário e emergencial, e de obras, serviços e compras que assegurem, quando possível, competição e igualdade de condições a todos os concorrentes, dispensada a observância do § 1º do art. 169 da Constituição Federal na contratação de que trata o inciso IX do *caput* do art. 37 da Constituição Federal, limitada a dispensa às situações de que trata o referido inciso, sem prejuízo da tutela dos órgãos de controle.

Parágrafo único. Nas hipóteses de distribuição de equipamentos e insumos de saúde imprescindíveis ao enfrentamento da calamidade, a União adotará critérios objetivos, devidamente publicados, para a respectiva destinação a Estados e a Municípios.

Art. 3º Desde que não impliquem despesa permanente, as proposições legislativas e os atos do Poder Executivo com propósito exclusivo de enfrentar a calamidade e suas consequências sociais e econômicas, com vigência e efeitos restritos à sua duração, ficam dispensados da observância das limitações legais quanto à criação, à expansão ou ao aperfeiçoamento de ação governamental que acarrete aumento de despesa e à concessão ou à ampliação de incentivo ou benefício de natureza tributária da qual decorra renúncia de receita.

Parágrafo único. Durante a vigência da calamidade pública nacional de que trata o art. 1º desta Emenda Constitucional, não se aplica o disposto no § 3º do art. 195 da Constituição Federal.

Art. 4º Será dispensada, durante a integralidade do exercício financeiro em que vigore a calamidade pública nacional de que trata o art. 1º desta Emenda Constitucional, a observância do inciso III do *caput* do art. 167 da Constituição Federal.

Parágrafo único. O Ministério da Economia publicará, a cada 30 (trinta) dias, relatório com os valores e o custo das operações de crédito realizadas no período de vigência do estado de calamidade pública nacional de que trata o art. 1º desta Emenda Constitucional.

Art. 5º As autorizações de despesas relacionadas ao enfrentamento da calamidade pública nacional de que trata o art. 1º desta Emenda Constitucional e de seus efeitos sociais e econômicos deverão:

‣ Decreto nº 10.579, de 2020

I - constar de programações orçamentárias específicas ou contar com marcadores que as identifiquem; e

II - ser separadamente avaliadas na prestação de contas do Presidente da República e evidenciadas, até 30 (trinta) dias após o encerramento de cada bimestre, no relatório a que se refere o § 3º do art. 165 da Constituição Federal.

Parágrafo único. Decreto do Presidente da República, editado até 15 (quinze) dias após a entrada em vigor desta Emenda Constitucional, disporá sobre a forma de identificação das autorizações de que trata o *caput* deste artigo, incluídas as anteriores à vigência desta Emenda Constitucional.

Art. 6º Durante a vigência da calamidade pública nacional de que trata o art. 1º desta Emenda Constitucional, os recursos decorrentes de operações de crédito realizadas para o refinanciamento da dívida mobiliária poderão ser utilizados também para o pagamento de seus juros e encargos.

Art. 7º O Banco Central do Brasil, limitado ao enfrentamento da calamidade pública nacional de que trata o art. 1º desta Emenda Constitucional, e com vigência e efeitos restritos ao período de sua duração, fica autorizado a comprar e a vender:

I - títulos de emissão do Tesouro Nacional, nos mercados secundários local e internacional; e

II - os ativos, em mercados secundários nacionais no âmbito de mercados financeiros, de capitais e de pagamentos, desde que, no momento da compra, tenham classificação em categoria de risco de crédito no mercado local equivalente a BB- ou superior, conferida por pelo menos 1 (uma) das 3 (três) maiores agências internacionais de classificação de risco, e preço de referência publicado por entidade do mercado financeiro acreditada pelo Banco Central do Brasil.

§ 1º Respeitadas as condições previstas no inciso II do *caput* deste artigo, será dada preferência à aquisição de títulos emitidos por microempresas e por pequenas e médias empresas.

§ 2º O Banco Central do Brasil fará publicar diariamente as operações realizadas, de forma individualizada, com todas as respectivas informações, inclusive as condições financeiras e econômicas das operações, como taxas de juros pactuadas, valores envolvidos e prazos.

§ 3º O Presidente do Banco Central do Brasil prestará contas ao Congresso Nacional, a cada 30 (trinta) dias, do conjunto das operações previstas neste artigo, sem prejuízo do previsto no § 2º deste artigo.

§ 4º A alienação de ativos adquiridos pelo Banco Central do Brasil, na forma deste artigo, poderá dar-se em data posterior à vigência do estado de calamidade pública nacional de que trata o art. 1º desta Emenda Constitucional, se assim justificar o interesse público.

Art. 8º Durante a vigência desta Emenda Constitucional, o Banco Central do Brasil editará regulamentação sobre exigências de contrapartidas ao comprar ativos de instituições financeiras em conformidade com a previsão do inciso II do *caput* do art. 7º desta Emenda Constitucional, em especial a vedação de:

I - pagar juros sobre o capital próprio e dividendos acima do mínimo obrigatório estabelecido em lei ou no estatuto social vigente na data de entrada em vigor desta Emenda Constitucional;

II - aumentar a remuneração, fixa ou variável, de diretores e membros do conselho de administração, no caso das sociedades anônimas, e dos administradores, no caso de sociedades limitadas.

Parágrafo único. A remuneração variável referida no inciso II do *caput* deste artigo inclui bônus, participação nos lucros e quaisquer parcelas de remuneração diferidas e outros incentivos remuneratórios associados ao desempenho.

Art. 9º Em caso de irregularidade ou de descumprimento dos limites desta Emenda Constitucional, o Congresso Nacional poderá sustar, por decreto legislativo, qualquer decisão de órgão ou entidade do Poder Executivo relacionada às medidas autorizadas por esta Emenda Constitucional.

Art. 10. Ficam convalidados os atos de gestão praticados a partir de 20 de março de 2020, desde que compatíveis com o teor desta Emenda Constitucional.

Art. 11. Esta Emenda Constitucional entra em vigor na data de sua publicação e ficará automaticamente revogada na data do encerramento do estado de calamidade pública reconhecido pelo Congresso Nacional.

Brasília, em 7 de maio de 2020
Mesa da Câmara dos Deputados
Deputado Rodrigo Maia
Presidente
Mesa do Senado Federal
Senador Davi Alcolumbre
Presidente

EMENDA CONSTITUCIONAL Nº 107, DE 2 DE JULHO DE 2020

Adia, em razão da pandemia da Covid-19, as eleições municipais de outubro de 2020 e os prazos eleitorais respectivos

As Mesas da Câmara dos Deputados e do Senado Federal, nos termos do § 3º do art. 60 da Constituição Federal, promulgam a seguinte Emenda ao texto constitucional:

Art. 1º As eleições municipais previstas para outubro de 2020 realizar-se-ão no dia 15 de novembro, em primeiro turno, e no dia 29 de novembro de 2020, em segundo turno, onde houver, observado o disposto no § 4º deste artigo.

§ 1º Ficam estabelecidas, para as eleições de que trata o *caput* deste artigo, as seguintes datas:

I - a partir de 11 de agosto, para a vedação às emissoras para transmitir programa apresentado ou comentado por pré-candidato, conforme previsto no § 1º do art. 45 da Lei nº 9.504, de 30 de setembro de 1997;

II - entre 31 de agosto e 16 de setembro, para a realização das convenções para escolha dos candidatos pelos partidos e a deliberação sobre coligações, a que se refere o *caput* do art. 8º da Lei nº 9.504, de 30 de setembro de 1997;

III - até 26 de setembro, para que os partidos e coligações solicitem à Justiça Eleitoral o registro de seus candidatos, conforme disposto no *caput* do art. 11 da Lei nº 9.504, de 30 de setembro de 1997, e no *caput* do art. 93 da Lei nº 4.737, de 15 de julho de 1965;

IV - após 26 de setembro, para o início da propaganda eleitoral, inclusive na internet, conforme disposto nos arts. 36 e 57-A da Lei nº 9.504, de 30 de setembro de 1997, e no *caput do art. 240 da Lei nº 4.737, de 15 de julho de 1965;*

V - a partir de 26 de setembro, para que a Justiça Eleitoral convoque os partidos e a representação das emissoras de rádio e de televisão para elaborarem plano de mídia, conforme disposto no art. 52 da Lei nº 9.504, de 30 de setembro de 1997;

VI - 27 de outubro, para que os partidos políticos, as coligações e os candidatos, obrigatoriamente, divulguem o relatório que discrimina as transferências do Fundo Partidário e do Fundo Especial de Financiamento de Campanha, os recursos em dinheiro e os estimáveis em dinheiro recebidos, bem como os gastos realizados, conforme disposto no inciso II do § 4º do art. 28 da Lei nº 9.504, de 30 de setembro de 1997;

VII - até 15 de dezembro, para o encaminhamento à Justiça Eleitoral do conjunto das prestações de contas de campanha dos candidatos e dos partidos políticos, relativamente ao primeiro e, onde houver, ao segundo turno das eleições, conforme disposto nos incisos III e IV do *caput* do art. 29 da Lei nº 9.504, de 30 de setembro de 1997.

§ 2º Os demais prazos fixados na Lei nº 9.504, de 30 de setembro de 1997, e na Lei nº 4.737, de 15 de julho de 1965, que não tenham transcorrido na data da publicação desta Emenda Constitucional e tenham como referência a data do pleito serão computados considerando-se a nova data das eleições de 2020.

§ 3º Nas eleições de que trata este artigo serão observadas as seguintes disposições:

I - o prazo previsto no § 1º do art. 30 da Lei nº 9.504, de 30 de setembro de 1997, não será aplicado, e a decisão que julgar as contas dos candidatos eleitos deverá ser publicada até o dia 12 de fevereiro de 2021;

II - o prazo para a propositura da representação de que trata o art. 30-A da Lei nº 9.504, de 30 de setembro de 1997, será até o dia 1º de março de 2021;

III - os partidos políticos ficarão autorizados a realizar, por meio virtual, independentemente de qualquer disposição estatutária, convenções ou reuniões para a escolha de candidatos e a formalização de coligações, bem como para a definição dos critérios de distribuição dos recursos do Fundo Especial de Financiamento de Campanha, de que trata o art. 16-C da Lei nº 9.504, de 30 de setembro de 1997;

IV - os prazos para desincompatibilização que, na data da publicação desta Emenda Constitucional, estiverem:

a) a vencer: serão computados considerando-se a nova data de realização das eleições de 2020;

b) vencidos: serão considerados preclusos, vedada a sua reabertura;

V - a diplomação dos candidatos eleitos ocorrerá em todo o País até o dia 18 de dezembro, salvo a situação prevista no § 4º deste artigo;

VI - os atos de propaganda eleitoral não poderão ser limitados pela legislação municipal ou pela Justiça Eleitoral, salvo se a decisão estiver fundamentada em prévio parecer técnico emitido por autoridade sanitária estadual ou nacional;

VII - em relação à conduta vedada prevista no inciso VII do *caput* do art. 73 da Lei nº 9.504, de 30 de setembro de 1997, os gastos liquidados com publicidade institucional realizada até 15 de agosto de 2020 não poderão exceder a média dos gastos dos 2 (dois) primeiros quadrimestres dos 3 (três) últimos anos que antecedem ao pleito, salvo em caso de grave e urgente necessidade pública, assim reconhecida pela Justiça Eleitoral;

VIII - no segundo semestre de 2020, poderá ser realizada a publicidade institucional de atos e campanhas dos órgãos públicos municipais e de suas respectivas entidades da administração indireta destinados ao enfrentamento à pandemia da Covid-19 e à orientação da população quanto a serviços públicos e a outros temas afetados pela pandemia, resguardada a possibilidade de apuração de eventual conduta abusiva nos termos do art. 22 da Lei Complementar nº 64, de 18 de maio de 1990.

§ 4º No caso de as condições sanitárias de um Estado ou Município não permitirem a realização das eleições nas datas previstas no *caput* deste artigo, o Congresso Nacional, por provocação do Tribunal Superior Eleitoral, instruída com manifestação da autoridade sanitária nacional, e após parecer da Comissão Mista de que trata o art. 2º do Decreto Legislativo nº 6, de 20 de março de 2020, poderá editar decreto legislativo a fim de designar novas datas para a realização do pleito, observada como data-limite o dia 27 de dezembro de 2020, e caberá ao Tribunal Superior Eleitoral dispor sobre as medidas necessárias à conclusão do processo eleitoral.

§ 5º O Tribunal Superior Eleitoral fica autorizado a promover ajustes nas normas referentes a:

I - prazos para fiscalização e acompanhamento dos programas de computador utilizados nas urnas eletrônicas para os processos de votação, apuração e totalização, bem como de todas as fases do processo de votação, apuração das eleições e processamento eletrônico da totalização dos resultados, para adequá-los ao novo calendário eleitoral;

II - recepção de votos, justificativas, auditoria e fiscalização no dia da eleição, inclusive no tocante ao horário de funcionamento das seções eleitorais e à distribuição dos eleitores no período, de forma a propiciar a melhor segurança sanitária possível a todos os participantes do processo eleitoral.

Art. 2º Não se aplica o art. 16 da Constituição Federal ao disposto nesta Emenda Constitucional.

Art. 3º Esta Emenda Constitucional entra em vigor na data de sua publicação.

Brasília, em 2 de julho de 2020

EMENDA CONSTITUCIONAL Nº 108, DE 26 DE AGOSTO DE 2020

Altera a Constituição Federal para estabelecer critérios de distribuição da cota municipal do Imposto sobre Operações Relativas à Circulação de Mercadorias e sobre Prestações de Serviços de Transporte Interestadual e Intermunicipal e de Comunicação (ICMS), para disciplinar a disponibilização de dados contábeis pelos entes federados, para tratar do planejamento na ordem social e para dispor sobre o Fundo de Manutenção e Desenvolvimento da Educação Básica e de Valorização dos Profissionais da Educação (Fundeb); altera o Ato das Disposições Constitucionais Transitórias; e dá outras providências.

As Mesas da Câmara dos Deputados e do Senado Federal, nos termos do § 3º do art. 60 da Constituição Federal, promulgam a seguinte Emenda ao texto constitucional:

Art. 1º A Constituição Federal passa a vigorar com as seguintes alterações:

› Alteração incorporada ao texto da CF.

Art. 2º O Ato das Disposições Constitucionais Transitórias passa a vigorar com as seguintes alterações:

› Alteração incorporada ao texto da CF.

Art. 3º Os Estados terão prazo de 2 (dois) anos, contado da data da promulgação desta Emenda Constitucional, para aprovar lei estadual prevista no inciso II do parágrafo único do art. 158 da Constituição Federal.

Art. 4º Esta Emenda Constitucional entra em vigor na data de sua publicação e produzirá efeitos financeiros a partir de 1º de janeiro de 2021.

Parágrafo único. Ficam mantidos os efeitos do art. 60 do Ato das Disposições Constitucionais Transitórias, conforme estabelecido pela Emenda Constitucional nº 53, de 19 de dezembro de 2006, até o início dos efeitos financeiros desta Emenda Constitucional.

Brasília, em 26 de agosto de 2020
Mesa da Câmara dos Deputados
Deputado Rodrigo Maia
Presidente
Mesa do Senado Federal
Senador Davi Alcolumbre
Presidente

EMENDA CONSTITUCIONAL Nº 109, DE 15 DE MARÇO DE 2021

Altera os arts. 29-A, 37, 49, 84, 163, 165, 167, 168 e 169 da Constituição Federal e os arts. 101 e 109 do Ato das Disposições Constitucionais Transitórias; acrescenta à Constituição Federal os arts. 164-A, 167-A, 167-B, 167-C, 167-D, 167-E, 167-F e 167-G; revoga dispositivos do Ato das Disposições Constitucionais Transitórias e institui regras transitórias sobre redução de benefícios tributários; desvincula parcialmente o superávit financeiro de fundos públicos; e suspende condicionalidades para realização de despesas com concessão de auxílio emergencial residual para enfrentar as consequências sociais e econômicas da pandemia da Covid-19.

As Mesas da Câmara dos Deputados e do Senado Federal, nos termos do § 3º do art. 60 da Constituição Federal, promulgam a seguinte Emenda ao texto constitucional:

Art. 1º A Constituição Federal passa a vigorar com as seguintes alterações:

› Alterações incorporadas ao texto da CF.

Art. 2º O Ato das Disposições Constitucionais Transitórias passa a vigorar com as seguintes alterações:

› Alterações incorporadas ao texto do ADCT.

Art. 3º Durante o exercício financeiro de 2021, a proposição legislativa com o propósito exclusivo de conceder auxílio emergencial residual para enfrentar as consequências sociais e econômicas da pandemia da Covid-19 fica dispensada da observância das limitações legais quanto à criação, à expansão ou ao aperfeiçoamento de ação governamental que acarrete aumento de despesa.

§ 1º As despesas decorrentes da concessão do auxílio referido no *caput* deste artigo realizadas no exercício financeiro de 2021 não são consideradas, até o limite de R$ 44.000.000.000,00 (quarenta e quatro bilhões de reais), para fins de:

I – apuração da meta de resultado primário estabelecida no *caput* do art. 2º da Lei nº 14.116, de 31 de dezembro de 2020;

II – limite para despesas primárias estabelecido no inciso I do *caput* do art. 107 do Ato das Disposições Constitucionais Transitórias.

§ 2º As operações de crédito realizadas para custear a concessão do auxílio referido no *caput* deste artigo ficam ressalvadas do limite estabelecido no inciso III do *caput* do art. 167 da Constituição Federal.

§ 3º A despesa de que trata este artigo deve ser atendida por meio de crédito extraordinário.

§ 4º A abertura do crédito extraordinário referido no § 3º deste artigo dar-se-á independentemente da observância dos requisitos exigidos no § 3º do art. 167 da Constituição Federal.

§ 5º O disposto neste artigo aplica-se apenas à União, vedada sua adoção pelos Estados, pelo Distrito Federal e pelos Municípios.

Art. 4º O Presidente da República deve encaminhar ao Congresso Nacional, em até 6 (seis) meses após a promulgação desta Emenda Constitucional, plano de redução gradual de incentivos e benefícios federais de natureza tributária, acompanhado das correspondentes proposições legislativas e das estimativas dos respectivos impactos orçamentários e financeiros.

§ 1º As proposições legislativas a que se refere o *caput* devem propiciar, em conjunto, redução do montante total dos incentivos e benefícios referidos no *caput* deste artigo:

I – para o exercício em que forem encaminhadas, de, pelo menos 10% (dez por cento), em termos anualizados, em relação aos incentivos e benefícios vigentes por ocasião da promulgação desta Emenda Constitucional;

II – de modo que esse montante, no prazo de até 8 (oito) anos, não ultrapasse 2% (dois por cento) do produto interno bruto.

§ 2º O disposto no *caput* deste artigo, bem como o atingimento das metas estabelecidas no § 1º deste artigo, não se aplica aos incentivos e benefícios:

I – estabelecidos com fundamento na alínea "d" do inciso III do *caput* e no parágrafo único do art. 146 da Constituição Federal;

II – concedidos a entidades sem fins lucrativos com fundamento na alínea "c" do inciso VI do *caput* do art. 150 e no § 7º do art. 195 da Constituição Federal;

III – concedidos aos programas de que trata a alínea "c" do inciso I do *caput* do art. 159 da Constituição Federal;

IV – relativos ao regime especial estabelecido nos termos do art. 40 do Ato das Disposições Constitucionais Transitórias e às áreas de livre comércio e zonas francas estabelecidas na forma da lei;

V – relacionados aos produtos que compõem a cesta básica; e

VI – concedidos aos programas estabelecidos em lei destinados à concessão de bolsas de estudo integrais e parciais para estudantes de cursos superiores em instituições privadas de ensino superior, com ou sem fins lucrativos.

§ 3º Para efeitos deste artigo, considera-se incentivo ou benefício de natureza tributária aquele assim definido na mais recente publicação do demonstrativo a que se refere o § 6º do art. 165 da Constituição Federal.

§ 4º Lei complementar tratará de:

I – critérios objetivos, metas de desempenho e procedimentos para a concessão e a alteração de incentivo ou benefício de natureza tributária, financeira ou creditícia para pessoas jurídicas do qual decorra diminuição de receita ou aumento de despesa;

II – regras para a avaliação periódica obrigatória dos impactos econômicosociais dos incentivos ou benefícios de que trata o inciso I deste parágrafo, com divulgação irrestrita dos respectivos resultados;

III – redução gradual de incentivos fiscais federais de natureza tributária, sem prejuízo do plano emergencial de que trata o *caput* deste artigo.

Art. 5º Até o final do segundo exercício financeiro subsequente à data da promulgação desta Emenda Constitucional, o superávit financeiro das fontes de recursos dos fundos públicos do Poder Executivo, apurados ao final de cada exercício, poderá ser destinado à amortização da dívida pública do respectivo ente.

§ 1º Se o ente não tiver dívida pública a amortizar, o superávit financeiro das fontes de recursos dos fundos públicos do Poder Executivo será de livre aplicação.

§ 2º Não se aplica o disposto no *caput* deste artigo:

I – aos fundos públicos de fomento e desenvolvimento regionais, operados por instituição financeira de caráter regional;

II – aos fundos ressalvados no inciso IV do art. 167 da Constituição Federal.

Art. 6º Ficam revogados:

I – o art. 91 do Ato das Disposições Constitucionais Transitórias; e

II – o § 4º do art. 101 do Ato das Disposições Constitucionais Transitórias.

Art. 7º Esta Emenda Constitucional entra em vigor na data de sua publicação, exceto quanto à alteração do art. 29-A da Constituição Federal, a qual entra em vigor a partir do início da primeira legislatura municipal após a data de publicação desta Emenda Constitucional.

Brasília, em 15 de março de 2021
Mesa da Câmara dos Deputados
Deputado Arthur Lira
Presidente
Mesa do Senado Federal
Senador Rodrigo Pacheco
Presidente

ÍNDICE ALFABÉTICO-REMISSIVO DA CRFB/1988 E DAS DISPOSIÇÕES TRANSITÓRIAS

BRASÍLIA

- C -

CALAMIDADE

CÂMARA DOS DEPUTADOS

CÂMARA LEGISLATIVA DO DISTRITO FEDERAL

CÂMARA MUNICIPAL

CÂMBIO

CAPITAL

CARGOS PÚBLICOS

CARTA ROGATÓRIA

CARTEL

CARTÓRIOS

CASA

CASAMENTO

CASSAÇÃO DE DIREITOS POLÍTICOS

CENSURA

CERTIDÃO

CIDADANIA (CIDADÃO)

CIÊNCIA E TECNOLOGIA

CÓDIGO DE DEFESA DO CONSUMIDOR

COISA JULGADA

COLIGAÇÕES ELEITORAIS

COMANDANTE DA MARINHA, EXÉRCITO E AERONÁUTICA

COMBUSTÍVEIS

ÍNDICE ALFABÉTICO-REMISSIVO DA CRFB/1988

ÍNDICE ALFABÉTICO-REMISSIVO DA CRFB/1988

ÍNDICE ALFABÉTICO-REMISSIVO DA CRFB/1988

ÍNDICE ALFABÉTICO-REMISSIVO DA CRFB/1988

ÍNDICE ALFABÉTICO-REMISSIVO DA CRFB/1988

LEI DE INTRODUÇÃO ÀS NORMAS DO DIREITO BRASILEIRO

DECRETO-LEI N. 4.657, DE 04 DE SETEMBRO DE 1942

Lei de Introdução às normas do Direito Brasileiro

- Antiga Lei de Introdução ao Código Civil (LICC). Ementa com redação dada pela Lei 12.376/2010.
- DOU, 09.09.1942.

O Presidente da República, usando da atribuição que lhe confere o artigo 180 da Constituição, decreta:

Art. 1º Salvo disposição contrária, a lei começa a vigorar em todo o país quarenta e cinco dias depois de oficialmente publicada.

- art. 62, §§ 3º; 4º; 6º; 7º, CF.
- arts. 101 a 104, CTN.
- art. 8º, LC 95/1998 (Dispõe sobre a elaboração, a redação, a alteração e a consolidação das leis).

§ 1º Nos Estados, estrangeiros, a obrigatoriedade da lei brasileira, quando admitida, se inicia três meses depois de oficialmente publicada.

§ 2º (Revogado pela Lei 12.036/2009.)

§ 3º Se, antes de entrar a lei em vigor, ocorrer nova publicação de seu texto, destinada a correção, o prazo deste artigo e dos parágrafos anteriores começará a correr da nova publicação.

§ 4º As correções a texto de lei já em vigor consideram-se lei nova.

Art. 2º Não se destinando à vigência temporária, a lei terá vigor até que outra a modifique ou revogue.

§ 1º A lei posterior revoga a anterior quando expressamente o declare, quando seja com ela incompatível ou quando regule inteiramente a matéria de que tratava a lei anterior.

§ 2º A lei nova, que estabeleça disposições gerais ou especiais a par das já existentes, não revoga nem modifica a lei anterior.

§ 3º Salvo disposição em contrário, a lei revogada não se restaura por ter a lei revogadora perdido a vigência.

Art. 3º Ninguém se escusa de cumprir a lei, alegando que não a conhece.

Art. 4º Quando a lei for omissa, o juiz decidirá o caso de acordo com a analogia, os costumes e os princípios gerais de direito.

- arts. 140, 375 e 723, NCPC.
- arts. 100; 101; 107 a 111, CTN.
- art. 8º, CLT.
- art. 2º, Lei 9.307/1996 (Lei da Arbitragem).

Art. 5º Na aplicação da lei, o juiz atenderá aos fins sociais a que ela se dirige e às exigências do bem comum.

- art. 5º, LIV, CF.

Art. 6º A Lei em vigor terá efeito imediato e geral, respeitados o ato jurídico perfeito, o direito adquirido e a coisa julgada. (Redação dada pela Lei 3.238/1957.)

- art. 5º, XXXVI, CF.
- arts. 1.577; 1.787, CC/2002.
- Súm. Vinc. 1, STF.

§ 1º Reputa-se ato jurídico perfeito o já consumado segundo a lei vigente ao tempo em que se efetuou. (Parágrafo incluído pela Lei 3.238/1957.)

§ 2º Consideram-se adquiridos assim os direitos que o seu titular, ou alguém por ele, possa exercer, como aqueles cujo começo do exercício tenha termo pré-fixo, ou condição preestabelecida inalterável, a arbítrio de outrem. (Parágrafo incluído pela Lei 3.238/1957.)

- arts. 121; 126 a 128; 131; 135, CC/2002.

§ 3º Chama-se coisa julgada ou caso julgado a decisão judicial de que já não caiba recurso. (Parágrafo incluído pela Lei 3.238/1957.)

- art. 5º, XXXVI, CF.
- arts. 337, § 1º; 502, NCPC.

Art. 7º A lei do país em que domiciliada a pessoa determina as regras sobre o começo e o fim da personalidade, o nome, a capacidade e os direitos de família.

- arts. 1º a 10; 22 a 39; 70 a 78; 1.511 a 1.638, CC/2002.
- arts. 55 a 58, Lei 6.015/1973 (Lei de Registros Públicos).
- art. 71, Lei 13.445/2017 (Lei de Migração).

§ 1º Realizando-se o casamento no Brasil, será aplicada a lei brasileira quanto aos impedimentos dirimentes e às formalidades da celebração.

- art. 1.511 e ss., CC/2002.
- arts. 8º e 9º, Lei 1.110/1950 (Dispõe sobre o reconhecimento dos efeitos civis do casamento religioso).

§ 2º O casamento de estrangeiros poderá celebrar-se perante autoridades diplomáticas ou consulares do país de ambos os nubentes. (Redação dada pela Lei 3.238/1957.)

- art. 1.544, CC/2002.

§ 3º Tendo os nubentes domicílio diverso, regerá os casos de invalidade do matrimônio a lei do primeiro domicílio conjugal.

- arts. 1.548 a 1.564, CC/2002.

§ 4º O regime de bens, legal ou convencional, obedece à lei do país em que tiverem os nubentes domicílio, e, se este for diverso, a do primeiro domicílio conjugal.

- arts. 1.658 a 1.666, CC/2002.

§ 5º O estrangeiro casado que se naturalizar brasileiro pode, mediante expressa anuência de seu cônjuge, requerer ao juiz, no ato de entrega do decreto de naturalização, se apostile ao mesmo a adoção do regime de comunhão parcial de bens, respeitados os direitos de terceiros e dada esta adoção ao competente registro. (Redação dada pela Lei 6.515/1977.)

- arts. 1.658 a 1.666, CC/2002.

§ 6º O divórcio realizado no estrangeiro, se um ou ambos os cônjuges forem brasileiros, só será reconhecido no Brasil depois de 1 (um) ano da data da sentença, salvo se houver sido antecedida de separação judicial por igual prazo, caso em que a homologação produzirá efeito imediato, obedecidas as condições estabelecidas para a eficácia das sentenças estrangeiras no país. O Superior Tribunal de Justiça, na forma de seu regimento interno, poderá reexaminar, a requerimento do interessado, decisões já proferidas em pedidos de homologação de sentenças estrangeiras de divórcio de brasileiros, a fim de que passem a produzir todos os efeitos legais. (Redação dada pela Lei 12.036/2009.)

- art. 226, § 6º, CF.
- art. 961, § 5º, NCPC.

§ 7º Salvo o caso de abandono, o domicílio do chefe da família estende-se ao outro cônjuge e aos filhos não emancipados, e o do tutor ou curador aos incapazes sob sua guarda.

- arts. 226, § 5º; e 227, § 6º, CF.
- arts. 3º; 4º; e 76, p.u., CC/2002.

§ 8º Quando a pessoa não tiver domicílio, considerar-se-á domiciliada no lugar de sua residência ou naquele em que se encontre.

- arts. 70 a 78, CC/2002.
- art. 46, § 3º, NCPC.

Art. 8º Para qualificar os bens e regular as relações a eles concernentes, aplicar-se-á a lei do país em que estiverem situados.

- Lei 8.617/1993 (Dispõe sobre o mar territorial, a zona contígua, a zona econômica exclusiva e a plataforma continental brasileiros).

§ 1º Aplicar-se-á a lei do país em que for domiciliado o proprietário, quanto aos bens móveis que ele trouxer ou se destinarem a transporte para outros lugares.

§ 2º O penhor regula-se pela lei do domicílio que tiver a pessoa, em cuja posse se encontre a coisa apenhada.

- arts. 1.431 a 1.472, CC/2002.

Art. 9º Para qualificar e reger as obrigações, aplicar-se-á a lei do país em que se constituírem.

§ 1º Destinando-se a obrigação a ser executada no Brasil e dependendo de forma essencial, será esta observada, admitidas as peculiaridades da lei estrangeira quanto aos requisitos extrínsecos do ato.

§ 2º A obrigação resultante do contrato reputa-se constituída no lugar em que residir o proponente.

- art. 435, CC/2002.

Art. 10. A sucessão por morte ou por ausência obedece à lei do país em que domiciliado o defunto ou o desaparecido, qualquer que seja a natureza e a situação dos bens.

- arts. 26 a 39; 1.784 e ss., CC/2002.

§ 1º A sucessão de bens de estrangeiros, situados no país, será regulada pela lei brasileira em benefício do cônjuge ou dos filhos brasileiros, ou de quem os represente, sempre que não lhes seja mais favorável a lei pessoal do *de cujus*. (Redação dada pela Lei 9.047/1995.)

- art. 5º, XXXI, CF.
- arts. 1.851 a 1.856, CC/2002.
- art. 17, Dec.-Lei 3.200/1941 (Dispõe sobre a organização e proteção da família).

§ 2º A lei do domicílio do herdeiro ou legatário regula a capacidade para suceder.

- art. 5º, XXX e XXXI, CF.
- arts. 1.798 a 1.803, CC/2002.

Art. 11. As organizações destinadas a fins de interesse coletivo, como as sociedades e as fundações, obedecem à lei do Estado em que se constituírem.

- arts. 40 a 69; 981 e ss., CC/2002.

‣ art. 75, § 3º, NCPC.

§ 1º Não poderão, entretanto ter no Brasil filiais, agências ou estabelecimentos antes de serem os atos constitutivos aprovados pelo Governo brasileiro, ficando sujeitas à lei brasileira.

‣ art. 170, p.u., CF.

‣ art. 1.134 a 1.141 CC/2002.

‣ arts. 21 e 75, NCPC.

‣ art. 32, II, Lei 8.934/1994 (Dispõe sobre o Registro Público de Empresas Mercantis e Atividades Afins).

§ 2º Os Governos estrangeiros, bem como as organizações de qualquer natureza, que eles tenham constituído, dirijam ou hajam investido de funções públicas, não poderão adquirir no Brasil bens imóveis ou suscetíveis de desapropriação.

§ 3º Os Governos estrangeiros podem adquirir a propriedade dos prédios necessários à sede dos representantes diplomáticos ou dos agentes consulares.

‣ Lei 4.331/1964 (Dispõe sobre a aquisição, por Governos estrangeiros, no Distrito Federal, de imóveis necessários à residência dos agentes diplomáticos das respectivas Missões Diplomáticas).

Art. 12. É competente a autoridade judiciária brasileira, quando for o réu domiciliado no Brasil ou aqui tiver de ser cumprida a obrigação.

‣ arts. 21 a 25, NCPC.

§ 1º Só à autoridade judiciária brasileira compete conhecer das ações relativas a imóveis situados no Brasil.

§ 2º A autoridade judiciária brasileira cumprirá, concedido o exequatur e segundo a forma estabelecida pele lei brasileira, as diligências deprecadas por autoridade estrangeira competente, observando a lei desta, quanto ao objeto das diligências.

‣ Com a EC 45/2004 a concessão de *exequatur* às cartas rogatórias passou a ser da competência do STJ (art. 105, I, i, CF).

‣ arts. 105, I, i; e 109, X, CF.

‣ arts. 21; 23; 36; 46; 47; 256; 268; 377, NCPC.

Art. 13. A prova dos fatos ocorridos em país estrangeiro rege-se pela lei que nele vigorar, quanto ao ônus e aos meios de produzir-se, não admitindo os tribunais brasileiros provas que a lei brasileira desconheça.

‣ arts. 212 a 232, CC/2002.

‣ arts. 369 a 380, NCPC.

‣ art. 32, Lei 6.015/1973 (Lei de Registros Públicos).

Art. 14. Não conhecendo a lei estrangeira, poderá o juiz exigir de quem a invoca prova do texto e da vigência.

‣ art. 376, NCPC.

Art. 15. Será executada no Brasil a sentença proferida no estrangeiro, que reúna os seguintes requisitos:

‣ arts. 36; 268; 960 a 965, NCPC.

a) haver sido proferida por juiz competente;

‣ Súm. 381, STF.

b) terem sido as partes citadas ou haver-se legalmente verificado à revelia;

c) ter passado em julgado e estar revestida das formalidades necessárias para a execução no lugar em que foi proferida;

‣ Súm. 420, STF.

d) estar traduzida por intérprete autorizado;

e) ter sido homologada pelo Supremo Tribunal Federal.

‣ Com a EC 45/2004 a concessão de *exequatur* às cartas rogatórias passou a ser da competência do STJ (art. 105, I, i, CF).

‣ art. 961, NCPC.

‣ art. 9º, CP.

‣ arts. 787 a 790, CPP.

Parágrafo único. (Revogado pela Lei 12.036/2009.)

Art. 16. Quando, nos termos dos artigos precedentes, se houver de aplicar a lei estrangeira, ter-se-á em vista a disposição desta, sem considerar-se qualquer remissão por ela feita a outra lei.

Art. 17. As leis, atos e sentenças de outro país, bem como quaisquer declarações de vontade, não terão eficácia no Brasil, quando ofenderem a soberania nacional, a ordem pública e os bons costumes.

‣ art. 781, CPP.

Art. 18. Tratando-se de brasileiros, são competentes as autoridades consulares brasileiras para lhes celebrar o casamento e os mais atos de Registro Civil e de tabelionato, inclusive o registro de nascimento e de óbito dos filhos de brasileiro ou brasileira nascido no país da sede do Consulado. (Redação dada pela Lei 3.238/1957.)

‣ art. 12, I, c, CF.

‣ art. 32, Lei 6.015/1973 (Lei de Registros Públicos).

§ 1º As autoridades consulares brasileiras também poderão celebrar a separação consensual e o divórcio consensual de brasileiros, não havendo filhos menores ou incapazes do casal e observados os requisitos legais quanto aos prazos, devendo constar da respectiva escritura pública as disposições relativas à descrição e à partilha dos bens comuns e à pensão alimentícia e, ainda, ao acordo quanto à retomada pelo cônjuge de seu nome de solteiro ou à manutenção do nome adotado quando se deu o casamento. (Acrescentado pela Lei 12.874/2013. Vigência: 120 dias de sua publicação oficial.)

§ 2º É indispensável a assistência de advogado, devidamente constituído, que se dará mediante a subscrição de petição, juntamente com ambas as partes, ou com apenas uma delas, caso a outra constitua advogado próprio, não se fazendo necessário que a assinatura do advogado conste da escritura pública. (Acrescentado pela Lei 12.874/2013. Vigência: 120 dias de sua publicação oficial.)

Art. 19. Reputam-se válidos todos os atos indicados no artigo anterior e celebrados pelos cônsules brasileiros na vigência do Decreto-Lei n. 4.657, de 04 de setembro de 1942, desde que satisfaçam todos os requisitos legais. (Incluído pela Lei 3.238/1957.)

Parágrafo único. No caso em que a celebração desses atos tiver sido recusada pelas autoridades consulares, com fundamento no artigo 18 do mesmo Decreto-Lei, ao interessado é facultado renovar o pedido dentro em 90 (noventa) dias contados da data da publicação desta lei. (Incluído pela Lei 3.238/1957.)

Art. 20. Nas esferas administrativa, controladora e judicial, não se decidirá com base em valores jurídicos abstratos sem que sejam consideradas as consequências práticas da decisão. (Incluído pela Lei 13.655/2018)

‣ Dec. 9.830/2019: regulamenta este artigo.

Parágrafo único. A motivação demonstrará a necessidade e a adequação da medida imposta ou da invalidação de ato, contrato, ajuste, processo ou norma administrativa, inclusive em face das possíveis alternativas. (Incluído pela Lei 13.655/2018)

Art. 21. A decisão que, nas esferas administrativa, controladora ou judicial, decretar a invalidação de ato, contrato, ajuste, processo ou norma administrativa deverá indicar de modo expresso suas consequências jurídicas e administrativas. (Incluído pela Lei 13.655/2018)

‣ Dec. 9.830/2019: regulamenta este artigo.

Parágrafo único. A decisão a que se refere o *caput* deste artigo deverá, quando for o caso, indicar as condições para que a regularização ocorra de modo proporcional e equânime e sem prejuízo aos interesses gerais, não se podendo impor aos sujeitos atingidos ônus ou perdas que, em função das peculiaridades do caso, sejam anormais ou excessivos. (Incluído pela Lei 13.655/2018)

Art. 22. Na interpretação de normas sobre gestão pública, serão considerados os obstáculos e as dificuldades reais do gestor e as exigências das políticas públicas a seu cargo, sem prejuízo dos direitos dos administrados.

‣ Dec. 9.830/2019: regulamenta este artigo.

§ 1º Em decisão sobre regularidade de conduta ou validade de ato, contrato, ajuste, processo ou norma administrativa, serão consideradas as circunstâncias práticas que houverem imposto, limitado ou condicionado a ação do agente. (Incluído pela Lei 13.655/2018)

§ 2º Na aplicação de sanções, serão consideradas a natureza e a gravidade da infração cometida, os danos que dela provierem para a administração pública, as circunstâncias agravantes ou atenuantes e os antecedentes do agente. (Incluído pela Lei 13.655/2018)

§ 3º As sanções aplicadas ao agente serão levadas em conta na dosimetria das demais sanções de mesma natureza e relativas ao mesmo fato. (Incluído pela Lei 13.655/2018)

Art. 23. A decisão administrativa, controladora ou judicial que estabelecer interpretação ou orientação nova sobre norma de conteúdo indeterminado, impondo novo dever ou novo condicionamento de direito, deverá prever regime de transição quando indispensável para que o novo dever ou condicionamento de direito seja cumprido de modo proporcional, equânime e eficiente e sem prejuízo aos interesses gerais.

‣ Dec. 9.830/2019: regulamenta este artigo.

Parágrafo único. (Vetado). (Incluído pela Lei 13.655/2018).

Art. 24. A revisão, nas esferas administrativa, controladora ou judicial, quanto à validade de ato, contrato, ajuste, processo ou norma administrativa cuja produção já se houver completado levará em conta as orientações gerais da época, sendo vedado que, com base em mudança posterior de orientação geral, se declarem inválidas situações plenamente constituídas. (Incluído pela Lei 13.655/2018)

‣ Dec. 9.830/2019: regulamenta este artigo.

Parágrafo único. Consideram-se orientações gerais as interpretações e especificações contidas em atos públicos de caráter geral ou em jurisprudência judicial ou administrativa majoritária, e ainda as adotadas por prática administrativa reiterada e de amplo conhecimento público. (Incluído pela Lei 13.655/2018)

Art. 25. (Vetado). (Incluído pela Lei 13.655/2018)

Art. 26. Para eliminar irregularidade, incerteza jurídica ou situação contenciosa na aplicação do direito público, inclusive no caso de expedição de licença, a autoridade administrativa poderá, após oitiva do órgão jurídico e, quando for o caso, após realização de consulta pública, e presentes razões de relevante interesse geral, celebrar compromisso com os interessados, observada a legislação aplicável, o qual só produzirá efeitos a partir de sua publicação oficial. (Incluído pela Lei 13.655/2018)

‣ Dec. 9.830/2019: regulamenta este artigo.

§ 1º O compromisso referido no *caput* deste artigo: (Incluído pela Lei 13.655/2018)

I - buscará solução jurídica proporcional, equânime, eficiente e compatível com os interesses gerais; (Incluído pela Lei 13.655/2018)

II - (Vetado); (Incluído pela Lei 13.655/2018)

III - não poderá conferir desoneração permanente de dever ou condicionamento de direito reconhecidos por orientação geral; (Incluído pela Lei 13.655/2018)

IV - deverá prever com clareza as obrigações das partes, o prazo para seu cumprimento e as sanções aplicáveis em caso de descumprimento. (Incluído pela Lei 13.655/2018)

§ 2º (Vetado). (Incluído pela Lei 13.655/2018)

Art. 27. A decisão do processo, nas esferas administrativa, controladora ou judicial, poderá impor compensação por benefícios indevidos ou prejuízos anormais ou injustos resultantes do processo ou da conduta dos envolvidos. (Incluído pela Lei 13.655/2018)

- Dec. 9.830/2019: regulamenta este artigo.

§ 1º A decisão sobre a compensação será motivada, ouvidas previamente as partes sobre seu cabimento, sua forma e, se for o caso, seu valor. (Incluído pela Lei 13.655/2018)

§ 2º Para prevenir ou regular a compensação, poderá ser celebrado compromisso processual entre os envolvidos. (Incluído pela Lei 13.655/2018)

Art. 28. O agente público responderá pessoalmente por suas decisões ou opiniões técnicas em caso de dolo ou erro grosseiro. (Incluído pela Lei 13.655/2018)

- Dec. 9.830/2019: regulamenta este artigo.

§§ 1º a 3º (Vetados). (Incluído pela Lei 13.655/2018)

Art. 29. Em qualquer órgão ou Poder, a edição de atos normativos por autoridade administrativa, salvo os de mera organização interna, poderá ser precedida de consulta pública para manifestação de interessados, preferencialmente por meio eletrônico, a qual será considerada na decisão. (Incluído pela Lei 13.655/2018).

- Dec. 9.830/2019: regulamenta este artigo.

§ 1º A convocação conterá a minuta do ato normativo e fixará o prazo e demais condições da consulta pública, observadas as normas legais e regulamentares específicas, se houver.

§ 2º (VETADO).

Art. 30. As autoridades públicas devem atuar para aumentar a segurança jurídica na aplicação das normas, inclusive por meio de regulamentos, súmulas administrativas e respostas a consultas. (Incluído pela Lei 13.655/2018)

- Dec. 9.830/2019: regulamenta este artigo.

Parágrafo único. Os instrumentos previstos no *caput* deste artigo terão caráter vinculante em relação ao órgão ou entidade a que se destinam, até ulterior revisão. (Incluído pela Lei 13.655/2018)

Rio de Janeiro, 04 de setembro de 1942, 121º da Independência e 54º da República.

Getúlio Vargas
Alexandre Marcondes Filho
Oswaldo Aranha

LEI N. 12.376, DE 30 DE DEZEMBRO DE 2010

Altera a ementa do Decreto-Lei n. 4.657, de 04 de setembro de 1942.

- DOU, 31.12.2010.

O Presidente da República Faço saber que o Congresso Nacional decreta e eu sanciono a seguinte Lei:

Art. 1º Esta Lei altera a ementa do Decreto-Lei n. 4.657, de 04 de setembro de 1942, ampliando o seu campo de aplicação.

Art. 2º A ementa do Decreto-Lei n. 4.657, de 04 de setembro de 1942, passa a vigorar com a seguinte redação:

"Lei de Introdução às normas do Direito Brasileiro."

Art. 3º Esta Lei entra em vigor na data de sua publicação.

Brasília, 30 de dezembro de 2010; 189º da Independência e 122º da República.

Luiz Inácio Lula da Silva

CÓDIGO CIVIL

ÍNDICE SISTEMÁTICO DO CÓDIGO CIVIL

ÍNDICE SISTEMÁTICO DO CÓDIGO CIVIL

ÍNDICE SISTEMÁTICO DO CÓDIGO CIVIL

LEI N. 10.406, DE 10 DE JANEIRO DE 2002

Institui o Código Civil.

‣ DOU, 11.01.2002.

O PRESIDENTE DA REPÚBLICA. Faço saber que o Congresso Nacional decreta e eu sanciono a seguinte Lei:

PARTE GERAL

LIVRO I
DAS PESSOAS

TÍTULO I
DAS PESSOAS NATURAIS

CAPÍTULO I
DA PERSONALIDADE E DA CAPACIDADE

Art. 1º Toda pessoa é capaz de direitos e deveres na ordem civil.

‣ arts. 3º a 5º; 11 a 21; e 972 a 980 deste Código.

‣ art. 70, NCPC.

‣ art. 7º, *caput*, LIndB.

Art. 2º A personalidade civil da pessoa começa do nascimento com vida; mas a lei põe a salvo, desde a concepção, os direitos do nascituro.

‣ arts. 5º; 115 a 120; 166, I; 542; 1.609, p.u.; 1.690, *caput*; 1.779; 1.798; 1.799, I; 1.800; e 1.952 deste Código.

‣ art. 7º, *caput*, LIndB.

‣ arts. 124 a 128, CP.

‣ arts. 50; 71; 178; 896, NCPC.

‣ arts. 7º a 14; 228; 229, Lei 8.069/1990 (ECA).

‣ arts. 50 a 66, Lei 6.015/1973 (Lei de Registros Públicos).

‣ Enunciados 1 e 2 das Jornadas de Direito Civil.

Art. 3º São absolutamente incapazes de exercer pessoalmente os atos da vida civil os menores de 16 (dezesseis) anos. (Alterado pela Lei 13.146/2015.)

‣ arts. 5º; 22 a 25; 76; 105; 115 a 120; 166, I; 198, I; 471; 543; 1.634, V; 1.781 deste Código.

‣ arts. 71; 72; 447; 698; 896, NCPC.

‣ Enunciado 138 das Jornadas de Direito Civil.

I a III - (Revogados pela Lei 13.146/2015.)

Art. 4º São incapazes, relativamente a certos atos ou à maneira de os exercer: (Alterado pela Lei 13.146/2015.)

‣ arts. 71; 72; 74; 447, NCPC.

‣ arts. 34; 50, p.u.; 52, CPP.

‣ art. 142, Lei 8.069/1990 (ECA).

I - os maiores de dezesseis e menores de dezoito anos;

‣ arts. 5º, p.u.; 180; 666; 1.634, V; 1.690; 1.747, I; 1.774 deste Código.

‣ art. 793, CLT.

‣ art. 73, Lei 4.375/1964 (Lei do Serviço Militar).

II - os ébrios habituais e os viciados em tóxico; (Alterado pela Lei 13.146/2015.)

‣ art. 1.767, I a III, deste Código.

III - aqueles que, por causa transitória ou permanente, não puderem exprimir sua vontade; (Alterado pela Lei 13.146/2015.)

‣ arts. 1.767, 1.777 deste Código.

IV - os pródigos.

‣ arts. 104; 171; 1.767, V, 1.777 deste Código.

‣ arts. 71; 72; 447, NCPC.

Parágrafo único. A capacidade dos indígenas será regulada por legislação especial. (Alterado pela Lei 13.146/2015.)

‣ arts. 231 e 232, CF.

‣ Lei 6.001/1973 (Estatuto do Índio).

‣ art. 50, § 2º, Lei 6.015/1973 (Lei de Registros Públicos).

Art. 5º A menoridade cessa aos dezoito anos completos, quando a pessoa fica habilitada à prática de todos os atos da vida civil.

‣ arts. 666; 1.517; 1.860. p.u., deste Código.

‣ arts. 27; 65; 115, CP.

‣ arts. 15; 34; 50; 52; 262; e 564, III, c, CPP.

‣ arts. 1º e 13, Lei 9.307/1996 (Lei da Arbitragem).

‣ Enunciados 3 e 397 das Jornadas de Direito Civil.

Parágrafo único. Cessará, para os menores, a incapacidade:

‣ art. 73, Lei 4.375/1964 (Lei do Serviço Militar).

I - pela concessão dos pais, ou de um deles na falta do outro, mediante instrumento público, independentemente de homologação judicial, ou por sentença do juiz, ouvido o tutor, se o menor tiver dezesseis anos completos;

‣ arts. 9º, II; 1.635, II, deste Código.

‣ art. 725, NCPC.

‣ art. 148, p.u., e, Lei 8.069/1990 (ECA).

‣ Enunciado 530 das Jornadas de Direito Civil.

II - pelo casamento;

‣ art. 1.511 e ss. deste Código.

III - pelo exercício de emprego público efetivo;

‣ art. 5º, V, Lei 8.112/1990 (Dispõe sobre o regime jurídico único dos servidores públicos civis da União).

IV - pela colação de grau em curso de ensino superior;

V - pelo estabelecimento civil ou comercial, ou pela existência de relação de emprego, desde que, em função deles, o menor com dezesseis anos completos tenha economia própria.

‣ art. 7º, XXXIII, CF.

‣ arts. 966; 972; 1.635; 1.763; 1.778 deste Código.

‣ art. 3º, CLT.

Art. 6º A existência da pessoa natural termina com a morte; presume-se esta, quanto aos ausentes, nos casos em que a lei autoriza a abertura de sucessão definitiva.

‣ arts. 22 a 39 deste Código.

‣ arts. 744 e 745, NCPC.

‣ art. 107, I, CP.

‣ art. 62, CPP.

‣ arts. 77 a 88; Lei 6.015/1973 (Lei de Registros Públicos).

‣ Súm. 331, STF.

Art. 7º Pode ser declarada a morte presumida, sem decretação de ausência:

‣ arts. 22 a 39 deste Código.

‣ art. 88, Lei 6.015/1973 (Lei de Registros Públicos).

‣ Lei 9.140/1995 (Reconhece como mortas pessoas desaparecidas entre 1961 e 1979).

I - se for extremamente provável a morte de quem estava em perigo de vida;

II - se alguém, desaparecido em campanha ou feito prisioneiro, não for encontrado até dois anos após o término da guerra.

Parágrafo único. A declaração da morte presumida, nesses casos, somente poderá ser requerida depois de esgotadas as buscas e averiguações, devendo a sentença fixar a data provável do falecimento.

Art. 8º Se dois ou mais indivíduos falecerem na mesma ocasião, não se podendo averiguar se algum dos comorientes precedeu aos outros, presumir-se-ão simultaneamente mortos.

Art. 9º Serão registrados em registro público:

I - os nascimentos, casamentos e óbitos;

‣ arts. 1.516; 1.543 a 1.546; 1.604 deste Código.

‣ art. 18, LIndB.

‣ arts. 241 a 243, CP.

‣ arts. 12 e 13, Lei 6.001/1973 (Estatuto do Índio).

‣ arts. 29 a 32; 50 a 66; 70; 75; 77 a 88, Lei 6.015/1973 (Lei de Registros Públicos).

II - a emancipação por outorga dos pais ou por sentença do juiz;

‣ art. 5º, p.u., I, deste Código.

‣ art. 725, NCPC.

‣ arts. 13, § 2º; 29, IV; e 89 a 91, Lei 6.015/1973 (Lei de Registros Públicos).

III - a interdição por incapacidade absoluta ou relativa;

‣ arts. 1.767 e ss. deste Código.

‣ arts. 29, V; 93, Lei 6.015/1973 (Lei de Registros Públicos).

IV - a sentença declaratória de ausência e de morte presumida.

‣ arts. 7º; e 22 a 39 deste Código.

‣ arts. 29, VI, Lei 6.015/1973 (Lei de Registros Públicos).

Art. 10. Far-se-á averbação em registro público:

‣ Enunciados 272 e 273 das Jornadas de Direito Civil.

I - das sentenças que decretarem a nulidade ou anulação do casamento, o divórcio, a separação judicial e o restabelecimento da sociedade conjugal;

‣ art. 1.571, II a IV, deste Código.

‣ arts. 29, § 1º, I; 100; e 101, Lei 6.015/1973 (Lei de Registros Públicos).

II - dos atos judiciais ou extrajudiciais que declararem ou reconhecerem a filiação;

‣ arts. 1.607 a 1.617 deste Código.

‣ arts. 26 e 27, Lei 8.069/1990 (ECA).

‣ art. 1º, Lei 8.560/1992 (Regula a investigação de paternidade dos filhos havidos fora do casamento).

III - (Revogado pela Lei 12.010/2009.)

CAPÍTULO II
DOS DIREITOS DA PERSONALIDADE

Art. 11. Com exceção dos casos previstos em lei, os direitos da personalidade são intransmissíveis e irrenunciáveis, não podendo o seu exercício sofrer limitação voluntária.

‣ arts. 5º, V, VI, IX, X e XII, CF.

‣ art. 52 deste Código.

‣ arts. 8º a 28, Lei 10.741/2003 (Estatuto do Idoso).

‣ Enunciados 4; 139; 274; 531; 532 das Jornadas de Direito Civil.

Art. 12. Pode-se exigir que cesse a ameaça, ou a lesão, a direito da personalidade, e reclamar perdas e danos, sem prejuízo de outras sanções previstas em lei.

- arts. 5º, X, LXVIII, LXIX e LXXI; 142, § 2º, CF.
- arts. 20; 186; 402 a 405; 927; 935; 944 a 954, deste Código.
- arts. 189; 294; 300; 368, NCPC.
- arts. 150 a 154-B; 208, CP.
- arts. 282 a 284; 647; 648, CPP.
- Súm. 37, STJ.
- Enunciados 5, 140; 275; 613, das Jornadas de Direito Civil.

Parágrafo único. Em se tratando de morto, terá legitimação para requerer a medida prevista neste artigo o cônjuge sobrevivente, ou qualquer parente em linha reta, ou colateral até o quarto grau.

- arts. 20, p.u.; 943; 1.591; 1.592 deste Código.
- art. 6º, VI, CDC.
- art. 138, § 2º, CP.
- Enunciados 275, 398 a 400 das Jornadas de Direito Civil.

Art. 13. Salvo por exigência médica, é defeso o ato de disposição do próprio corpo, quando importar diminuição permanente da integridade física, ou contrariar os bons costumes.

- Enunciados 6, 276, 401 e 532 das Jornadas de Direito Civil.

Parágrafo único. O ato previsto neste artigo será admitido para fins de transplante, na forma estabelecida em lei especial.

- art. 199, § 4º, CF.
- art. 9º, Lei 9.434/1997 (Dispõe sobre a remoção de órgãos, tecidos e partes do corpo humano para fins de transplante e tratamento). Dec. 9.175/2017 (Regulamento).

Art. 14. É válida, com objetivo científico, ou altruístico, a disposição gratuita do próprio corpo, no todo ou em parte, para depois da morte.

- art. 199, § 4º, CF.
- Lei 8.501/1992 (Dispõe sobre a utilização de cadáver não reclamado para fins de estudos ou pesquisas científicas).
- art. 1º, Lei 9.434/1997 (Dispõe sobre a remoção de órgãos, tecidos e partes do corpo humano para fins de transplante e tratamento). Dec. 9.175/2017 (Regulamento).
- Enunciado 277 das Jornadas de Direito Civil.

Parágrafo único. O ato de disposição pode ser livremente revogado a qualquer tempo.

- art. 9º, § 5º, Lei 9.434/1997 (Dispõe sobre a remoção de órgãos, tecidos e partes do corpo humano para fins de transplante e tratamento).
- Enunciado 402 das Jornadas de Direito Civil.

Art. 15. Ninguém pode ser constrangido a submeter-se, com risco de vida, a tratamento médico ou a intervenção cirúrgica.

- art. 5º, II e III, CF.
- Enunciados 403 e 533 das Jornadas de Direito Civil.

Art. 16. Toda pessoa tem direito ao nome, nele compreendidos o prenome e o sobrenome.

- art. 227, § 6º, CF.
- arts. 1.565, § 1º; 1.571, § 2º; 1.578 deste Código.
- arts. 55, 4º; 57; 59; e 60, Lei 6.015/1973 (Lei de Registros Públicos).

Art. 17. O nome da pessoa não pode ser empregado por outrem em publicações ou representações que a exponham ao desprezo público, ainda quando não haja intenção difamatória.

- Súm. 221, STJ.

Art. 18. Sem autorização, não se pode usar o nome alheio em propaganda comercial.

- Enunciado 278 das Jornadas de Direito Civil.

Art. 19. O pseudônimo adotado para atividades lícitas goza da proteção que se dá ao nome.

- art. 58, p.ú., Lei 6.015/1973 (Lei de Registros Públicos).
- arts. 12; 24, II, Lei 9.610/1998 (Lei de Direitos Autorais).

Art. 20. Salvo se autorizadas, ou se necessárias à administração da justiça ou à manutenção da ordem pública, a divulgação de escritos, a transmissão da palavra, ou a publicação, a exposição ou a utilização da imagem de uma pessoa poderão ser proibidas, a seu requerimento e sem prejuízo da indenização que couber, se lhe atingirem a honra, a boa fama ou a respeitabilidade, ou se se destinarem a fins comerciais.

- ADIn 4.815 (O STF, por unanimidade, julgou procedente a ação para dar interpretação conforme a CF a este artigo, sem redução de texto, para, em consonância com os direitos fundamentais à liberdade de pensamento e de sua expressão, de criação artística, produção científica, declarar inexigível o consentimento de pessoa biografada relativamente a obras biográficas literárias ou audiovisuais, sendo por igual desnecessária autorização de pessoas retratadas como coadjuvantes [ou de seus familiares, em caso de pessoas falecidas]). *DOU* de 26.06.2015.
- art. 5º, V e X, CF.
- arts. 12; 186 a 188; 927 e ss.; 953 deste Código.
- arts. 143 e 247, Lei 8.069/1990 (ECA).
- Súm. 221 e 403, STJ.
- Enunciados 5, 275 e 279 das Jornadas de Direito Civil.

Parágrafo único. Em se tratando de morto ou de ausente, são partes legítimas para requerer essa proteção o cônjuge, os ascendentes ou os descendentes.

- arts. 12, p.u.; 22 a 25; e 943 deste Código.
- Enunciados 399 e 400 das Jornadas de Direito Civil.

Art. 21. A vida privada da pessoa natural é inviolável, e o juiz, a requerimento do interessado, adotará as providências necessárias para impedir ou fazer cessar ato contrário a esta norma.

- ADIn 4.815 (O STF, por unanimidade, julgou procedente a ação para dar interpretação conforme a CF a este artigo, sem redução de texto, para, em consonância com os direitos fundamentais à liberdade de pensamento e de sua expressão, de criação artística, produção científica, declarar inexigível o consentimento de pessoa biografada relativamente a obras biográficas literárias ou audiovisuais, sendo por igual desnecessária autorização de pessoas retratadas como coadjuvantes [ou de seus familiares, em caso de pessoas falecidas]). DOU de 26.06.2015.
- arts. 5º, X, CF.
- art. 1.513 deste Código.
- Enunciados 404 e 405 das Jornadas de Direito Civil.

CAPÍTULO III
DA AUSÊNCIA

- art. 9º, IV, deste Código.
- arts. 49; 242, § 1º; 671, I, NCPC.
- art. 94; 104; 107, § 1º, Lei 6.015/1973 (Lei de Registro Público).

SEÇÃO I
DA CURADORIA DOS BENS DO AUSENTE

Art. 22. Desaparecendo uma pessoa do seu domicílio sem dela haver notícia, se não houver deixado representante ou procurador a quem caiba administrar-lhe os bens, o juiz, a requerimento de qualquer interessado ou do Ministério Público, declarará a ausência, e nomear-lhe-á curador.

- arts. 71; 76; 626; 744; 745, NCPC.
- arts. 29, VI; 94, Lei 6.015/1973 (Lei de Registros Públicos).
- art. 94, III, f, Lei 11.101/2005 (Lei de Recuperação de Empresas e Falência).

Art. 23. Também se declarará a ausência, e se nomeará curador, quando o ausente deixar mandatário que não queira ou não possa exercer ou continuar o mandato, ou se os seus poderes forem insuficientes.

- arts. 653 e 682 deste Código.
- art. 744, NCPC.

Art. 24. O juiz que nomear o curador fixar-lhe-á os poderes e obrigações, conforme as circunstâncias, observando, no que for aplicável, o disposto a respeito dos tutores e curadores.

- arts. 1.728 a 1.783 deste Código.
- arts. 739, 759 e 760, NCPC.

Art. 25. O cônjuge do ausente, sempre que não esteja separado judicialmente, ou de fato por mais de dois anos antes da declaração da ausência, será o seu legítimo curador.

- arts. 1.570; 1.651; 1.775; e 1.783 deste Código.
- Enunciado 97 das Jornadas de Direito Civil.

§ 1º Em falta do cônjuge, a curadoria dos bens do ausente incumbe aos pais ou aos descendentes, nesta ordem, não havendo impedimento que os iniba de exercer o cargo.

§ 2º Entre os descendentes, os mais próximos precedem os mais remotos.

§ 3º Na falta das pessoas mencionadas, compete ao juiz a escolha do curador.

- art. 744, NCPC.

SEÇÃO II
DA SUCESSÃO PROVISÓRIA

Art. 26. Decorrido um ano da arrecadação dos bens do ausente, ou se ele deixou representante ou procurador, em se passando três anos, poderão os interessados requerer que se declare a ausência e se abra provisoriamente a sucessão.

- art. 5º, XXXI, CF.
- art. 28, § 1º, deste Código.
- arts. 744 e 745, NCPC.
- art. 105, p.u., Lei 6.015/1973 (Lei de Registros Públicos).

Art. 27. Para o efeito previsto no artigo anterior, somente se consideram interessados:

I - o cônjuge não separado judicialmente;

- art. 733, NCPC.

II - os herdeiros presumidos, legítimos ou testamentários;

III - os que tiverem sobre os bens do ausente direito dependente de sua morte;

- art. 1.951 deste Código.

IV - os credores de obrigações vencidas e não pagas.

Art. 28. A sentença que determinar a abertura da sucessão provisória só produzirá efeito cento e oitenta dias depois de publicada pela imprensa; mas, logo que passe em julgado, proceder-se-á à abertura do testamento, se houver, e ao inventário e partilha dos bens, como se o ausente fosse falecido.

- art. 104, p.u., Lei 6.015/1973 (Lei de Registros Públicos).

§ 1º Findo o prazo a que se refere o art. 26, e não havendo interessados na sucessão provisória, cumpre ao Ministério Público requerê-la ao juízo competente.

§ 2º Não comparecendo herdeiro ou interessado para requerer o inventário até trinta dias depois de passar em julgado a sentença que mandar abrir a sucessão provisória, proceder-se-á à arrecadação dos bens do ausente pela forma estabelecida nos arts. 1.819 a 1.823.

Art. 29. Antes da partilha, o juiz, quando julgar conveniente, ordenará a conversão dos bens móveis, sujeitos a deterioração ou a extravio, em imóveis ou em títulos garantidos pela União.

- art. 33 deste Código.

- art. 730, NCPC.

Art. 30. Os herdeiros, para se imitirem na posse dos bens do ausente, darão garantias da restituição deles, mediante penhores ou hipotecas equivalentes aos quinhões respectivos.

§ 1º Aquele que tiver direito à posse provisória, mas não puder prestar a garantia exigida neste artigo, será excluído, mantendo-se os bens que lhe deviam caber sob a administração do curador, ou de outro herdeiro designado pelo juiz, e que preste essa garantia.

- art. 34 deste Código.

§ 2º Os ascendentes, os descendentes e o cônjuge, uma vez provada a sua qualidade de herdeiros, poderão, independentemente de garantia, entrar na posse dos bens do ausente.

Art. 31. Os imóveis do ausente só se poderão alienar, não sendo por desapropriação, ou hipotecar, quando o ordene o juiz, para lhes evitar a ruína.

Art. 32. Empossados nos bens, os sucessores provisórios ficarão representando ativa e passivamente o ausente, de modo que contra eles correrão as ações pendentes e as que de futuro àquele forem movidas.

Art. 33. O descendente, ascendente ou cônjuge que for sucessor provisório do ausente, fará seus todos os frutos e rendimentos dos bens que a este couberem; os outros sucessores, porém, deverão capitalizar metade desses frutos e rendimentos, segundo o disposto no art. 29, de acordo com o representante do Ministério Público, e prestar anualmente contas ao juiz competente.

Parágrafo único. Se o ausente aparecer, e ficar provado que a ausência foi voluntária e injustificada, perderá ele, em favor do sucessor, sua parte nos frutos e rendimentos.

Art. 34. O excluído, segundo o art. 30, da posse provisória poderá, justificando falta de meios, requerer lhe seja entregue metade dos rendimentos do quinhão que lhe tocaria.

Art. 35. Se durante a posse provisória se provar a época exata do falecimento do ausente, considerar-se-á, nessa data, aberta a sucessão em favor dos herdeiros, que o eram àquele tempo.

- art. 1.784 deste Código.
- art. 745, NCPC.

Art. 36. Se o ausente aparecer, ou se lhe provar a existência, depois de estabelecida a posse provisória, cessarão para logo as vantagens dos sucessores nela imitidos, ficando, todavia, obrigados a tomar as medidas assecuratórias precisas, até a entrega dos bens a seu dono.

SEÇÃO III
DA SUCESSÃO DEFINITIVA

Art. 37. Dez anos depois de passada em julgado a sentença que concede a abertura da sucessão provisória, poderão os interessados requerer a sucessão definitiva e o levantamento das cauções prestadas.

- art. 6º deste Código.
- arts. 745, § 3º, NCPC.
- Súm. 331, STF.

Art. 38. Pode-se requerer a sucessão definitiva, também, provando-se que o ausente conta oitenta anos de idade, e que de cinco datam as últimas notícias dele.

- art. 6º deste Código.
- arts. 745, § 3º, NCPC.

Art. 39. Regressando o ausente nos dez anos seguintes à abertura da sucessão definitiva, ou algum de seus descendentes ou ascendentes, aquele ou estes haverão só os bens existentes no estado em que se acharem, os sub-rogados em seu lugar, ou o preço que os herdeiros e demais interessados houverem recebido pelos bens alienados depois daquele tempo.

- arts. 745, § 4º, NCPC.
- Enunciado 614 das Jornadas de Direito Civil.

Parágrafo único. Se, nos dez anos a que se refere este artigo, o ausente não regressar, e nenhum interessado promover a sucessão definitiva, os bens arrecadados passarão ao domínio do Município ou do Distrito Federal, se localizados nas respectivas circunscrições, incorporando-se ao domínio da União, quando situados em território federal.

- arts. 1.822 e 1.844 deste Código.
- arts. 744 e ss., NCPC.

TÍTULO II
DAS PESSOAS JURÍDICAS

CAPÍTULO I
DISPOSIÇÕES GERAIS

Art. 40. As pessoas jurídicas são de direito público, interno ou externo, e de direito privado.

Art. 41. São pessoas jurídicas de direito público interno:

I - a União;

II - os Estados, o Distrito Federal e os Territórios;

III - os Municípios;

IV - as autarquias, inclusive as associações públicas; (Redação dada pela Lei 11.107/2005.)

- art. 37, XIX, CF.
- art. 20, Lei 4.717/1965 (Lei da Ação Popular).
- art. 5º, I, Dec.-Lei 200/1967 (Dispõe sobre a organização da administração federal).

V - as demais entidades de caráter público criadas por lei.

Parágrafo único. Salvo disposição em contrário, as pessoas jurídicas de direito público, a que se tenha dado estrutura de direito privado, regem-se, no que couber, quanto ao seu funcionamento, pelas normas deste Código.

- art. 75, NCPC.
- art. 5º, Dec.-Lei 200/1967 (Dispõe sobre organização da Administração Federal).

Art. 42. São pessoas jurídicas de direito público externo os Estados estrangeiros e todas as pessoas que forem regidas pelo direito internacional público.

Art. 43. As pessoas jurídicas de direito público interno são civilmente responsáveis por atos dos seus agentes que nessa qualidade causem danos a terceiros, ressalvado direito regressivo contra os causadores do dano, se houver, por parte destes, culpa ou dolo.

- arts. 37, § 6º; e 173, § 5º, CF.
- arts. 186 a 188; e 927 a 954 deste Código.
- art. 125, NCPC.
- Lei 4.619/1965 (Dispõe sobre a ação regressiva da União contra seus agentes).
- arts. 121 a 126, Lei 8.112/1990 (Dispõe sobre o regime jurídico dos servidores públicos civis da União, das autarquias e das fundações públicas federais).

Art. 44. São pessoas jurídicas de direito privado:

- arts. 2.031 a 2.034 deste Código.
- Enunciados 142 a 144, 280 e 469 das Jornadas de Direito Civil.

I - as associações;

- art. 5º, XVII e XXI, CF.
- arts. 53 a 61; 2.031; 2.033; 2.034 deste Código.

II - as sociedades;

- arts. 981 a 1.141; 2.031; 2.033; 2.034 deste Código.

III - as fundações.

- arts. 62 a 69; 2.031; 2.032; 2.034 deste Código.
- art. 11, LInDB.
- Lei 9.790/1999 (Dispõe sobre a qualificação de pessoas jurídicas de direito privado, sem fins lucrativos, como Organizações da Sociedade Civil de Interesse Público e institui e disciplina o Termo de Parceria). Dec. 3.100/1999 (Regulamento).

IV - as organizações religiosas; (Incluído pela Lei 10.825/2003.)

- art. 19, I, CF.

V - os partidos políticos. (Incluído pela Lei 10.825/2003.)

- art. 17, CF.

VI - as empresas individuais de responsabilidade limitada. (Incluído pela Lei 12.441/2011 - com vigência em 180 dias.)

§ 1º São livres a criação, a organização, a estruturação interna e o funcionamento das organizações religiosas, sendo vedado ao Poder Público negar-lhes reconhecimento ou registro dos atos constitutivos e necessários ao seu funcionamento. (Incluído pela Lei 10.825/2003.)

§ 2º As disposições concernentes às associações aplicam-se subsidiariamente às sociedades que são objeto do Livro II da Parte Especial deste Código. (Incluído pela Lei 10.825/2003.)

§ 3º Os partidos políticos serão organizados e funcionarão conforme o disposto em lei específica. (Incluído pela Lei 10.825/2003.)

- Lei 9.096/1995 (Dispõe sobre os partidos políticos).

Art. 45. Começa a existência legal das pessoas jurídicas de direito privado com a inscrição do ato constitutivo no respectivo registro, precedida, quando necessário, de autorização ou aprovação do Poder Executivo, averbando-se no registro todas as alterações por que passar o ato constitutivo.

- arts. 967; 985; 986; 998;1.000; 1.150 a 1.154 deste Código.
- arts. 114 a 126, Lei 6.015/1973 (Lei de Registros Públicos).
- arts. 1º, § 2º; e 15, § 1º, Lei 8.906/1994 (EAOAB).
- Lei 8.934/1994 (Dispõe sobre o registro público de empresas mercantis e atividades afins).

Parágrafo único. Decai em três anos o direito de anular a constituição das pessoas jurídicas de direito privado, por defeito do ato respectivo, contado o prazo da publicação de sua inscrição no registro.

Art. 46. O registro declarará:

- arts. 998; 1.000; 1.033; e 1.150 deste Código.
- arts. 120 e 121, Lei 6.015/1973 (Lei de Registros Públicos).

I - a denominação, os fins, a sede, o tempo de duração e o fundo social, quando houver;

II - o nome e a individualização dos fundadores ou instituidores, e dos diretores;

III - o modo por que se administra e representa, ativa e passivamente, judicial e extrajudicialmente;

- art. 1.013 deste Código.
- art. 75, NCPC.

IV - se o ato constitutivo é reformável no tocante à administração, e de que modo;

V - se os membros respondem, ou não, subsidiariamente, pelas obrigações sociais;

VI - as condições de extinção da pessoa jurídica e o destino do seu patrimônio, nesse caso.

- arts. 1.028 a 1.038 deste Código.

Art. 47. Obrigam a pessoa jurídica os atos dos administradores, exercidos nos limites de seus poderes definidos no ato constitutivo.

- arts. 43; 989; 990; 997, VI; e 1.010 a 1.021 deste Código.
- art. 37, CPP.
- Enunciado 145 das Jornadas de Direito Civil.

Art. 48. Se a pessoa jurídica tiver administração coletiva, as decisões se tomarão pela maioria de votos dos presentes, salvo se o ato constitutivo dispuser de modo diverso.

- arts. 1.010 e 1.014 deste Código.

Parágrafo único. Decai em três anos o direito de anular as decisões a que se refere este artigo, quando violarem a lei ou estatuto, ou forem eivadas de erro, dolo, simulação ou fraude.

- arts. 138 a 150; 158 a 165; 167; 171, II, deste Código.

Art. 49. Se a administração da pessoa jurídica vier a faltar, o juiz, a requerimento de qualquer interessado, nomear-lhe-á administrador provisório.

Art. 49-A. A pessoa jurídica não se confunde com os seus sócios, associados, instituidores ou administradores. (Acrescido pela Lei 13.874/2019)

Parágrafo único. A autonomia patrimonial das pessoas jurídicas é um instrumento lícito de alocação e segregação de riscos, estabelecido pela lei com a finalidade de estimular empreendimentos, para a geração de empregos, tributo, renda e inovação em benefício de todos.

Art. 50. Em caso de abuso da personalidade jurídica, caracterizado pelo desvio de finalidade ou pela confusão patrimonial, pode o juiz, a requerimento da parte, ou do Ministério Público quando lhe couber intervir no processo, desconsiderá-la para que os efeitos de certas e determinadas relações de obrigações sejam estendidos aos bens particulares de administradores ou de sócios da pessoa jurídica beneficiados direta ou indiretamente pelo abuso. (Redação dada pela Lei 13.874/2019)

- art. 1.080 deste Código.
- art. 82-A, parágrafo único, Lei 11.101/2005.
- art. 28, CDC.
- arts. 133 a 137; 795, NCPC.
- art. 135, CTN.
- art. 2º, § 2º, CLT.
- art. 34, Lei 12.529/2011 (Lei Antitruste).
- Enunciados 7; 51; 146; 281 a 285; 406; 487 das Jornadas de Direito Civil.

§ 1º Para os fins do disposto neste artigo, desvio de finalidade é a utilização da pessoa jurídica com o propósito de lesar credores e para a prática de atos ilícitos de qualquer natureza. (Redação dada pela Lei 13.874/2019)

§ 2º Entende-se por confusão patrimonial a ausência de separação de fato entre os patrimônios, caracterizada por: (Acrescido pela Lei 13.874/2019)

I - cumprimento repetitivo pela sociedade de obrigações do sócio ou do administrador ou vice-versa;

II - transferência de ativos ou de passivos sem efetivas contraprestações, exceto os de valor proporcionalmente insignificante; e

III - outros atos de descumprimento da autonomia patrimonial.

§ 3º O disposto no *caput* e nos §§ 1º e 2º deste artigo também se aplica à extensão das obrigações de sócios ou de administradores à pessoa jurídica. (Acrescido pela Lei 13.874/2019)

§ 4º A mera existência de grupo econômico sem a presença dos requisitos de que trata o *caput* deste artigo não autoriza a desconsideração da personalidade da pessoa jurídica. (Acrescido pela Lei 13.874/2019)

§ 5º Não constitui desvio de finalidade a mera expansão ou a alteração da finalidade original da atividade econômica específica da pessoa jurídica. (Acrescido pela Lei 13.874/2019)

Art. 51. Nos casos de dissolução da pessoa jurídica ou cassada a autorização para seu funcionamento, ela subsistirá para os fins de liquidação, até que esta se conclua.

- arts. 1.033 a 1.038; 1.102 a 1.112; 1.125 deste Código.
- Súm. 435, STJ.

§ 1º Far-se-á, no registro onde a pessoa jurídica estiver inscrita, a averbação de sua dissolução.

§ 2º As disposições para a liquidação das sociedades aplicam-se, no que couber, às demais pessoas jurídicas de direito privado.

§ 3º Encerrada a liquidação, promover-se-á o cancelamento da inscrição da pessoa jurídica.

Art. 52. Aplica-se às pessoas jurídicas, no que couber, a proteção dos direitos da personalidade.

- art. 5º, V e X, CF.
- arts. 11 a 21 deste Código.
- Súm. 227, STJ.
- Enunciado 286 das Jornadas de Direito Civil.

CAPÍTULO II
DAS ASSOCIAÇÕES

Art. 53. Constituem-se as associações pela união de pessoas que se organizem para fins não econômicos.

- arts. 5º, XVII a XXI; 8º; 17; e 174, CF.
- arts. 40 a 52; 75; 2.031; e 2.033 deste Código.
- Enunciados 534; 615 das Jornadas de Direito Civil.

Parágrafo único. Não há, entre os associados, direitos e obrigações recíprocos.

Art. 54. Sob pena de nulidade, o estatuto das associações conterá:

- art. 5º, XVII a XXI, CF.

I - a denominação, os fins e a sede da associação;

II - os requisitos para a admissão, demissão e exclusão dos associados;

III - os direitos e deveres dos associados;

IV - as fontes de recursos para sua manutenção;

V - o modo de constituição e de funcionamento dos órgãos deliberativos; (Redação dada pela Lei 11.127/2005.)

VI - as condições para a alteração das disposições estatutárias e para a dissolução;

VII - a forma de gestão administrativa e de aprovação das respectivas contas. (Incluído pela Lei 11.127/2005.)

Art. 55. Os associados devem ter iguais direitos, mas o estatuto poderá instituir categorias com vantagens especiais.

Art. 56. A qualidade de associado é intransmissível, se o estatuto não dispuser o contrário.

Parágrafo único. Se o associado for titular de quota ou fração ideal do patrimônio da associação, a transferência daquela não importará, *de per si*, na atribuição da qualidade de associado ao adquirente ou ao herdeiro, salvo disposição diversa do estatuto.

- art. 61 deste Código.

Art. 57. A exclusão do associado só é admissível havendo justa causa, assim reconhecida em procedimento que assegure direito de defesa e de recurso, nos termos previstos no estatuto. (Redação dada pela Lei 11.127/2005.)

- Enunciado 280 das Jornadas de Direito Civil.

Parágrafo único. (Revogado pela Lei 11.127/2005.)

Art. 58. Nenhum associado poderá ser impedido de exercer direito ou função que lhe tenha sido legitimamente conferido, a não ser nos casos e pela forma previstos na lei ou no estatuto.

Art. 59. Compete privativamente à assembleia geral: (Redação dada pela Lei 11.127/2005.)

I - destituir os administradores; (Redação dada pela Lei 11.127/2005.)

II - alterar o estatuto. (Redação dada pela Lei 11.127/2005.)

Parágrafo único. Para as deliberações a que se referem os incisos I e II deste artigo é exigido deliberação da assembleia especialmente convocada para esse fim, cujo *quorum* será o estabelecido no estatuto, bem como os critérios de eleição dos administradores. (Redação dada pela Lei 11.127/2005.)

Art. 60. A convocação dos órgãos deliberativos far-se-á na forma do estatuto, garantido a 1/5 (um quinto) dos associados o direito de promovê-la. (Redação dada pela Lei 11.127/2005.)

- Enunciado 280 das Jornadas de Direito Civil.

Art. 61. Dissolvida a associação, o remanescente do seu patrimônio líquido, depois de deduzidas, se for o caso, as quotas ou frações ideais referidas no parágrafo único do art. 56, será destinado à entidade de fins não econômicos designada no estatuto, ou, omisso este, por deliberação dos associados, à instituição municipal, estadual ou federal, de fins idênticos ou semelhantes.

- art. 5º, XIX, CF.
- Enunciado 407 das Jornadas de Direito Civil.

§ 1º Por cláusula do estatuto ou, no seu silêncio, por deliberação dos associados, podem estes, antes da destinação do remanescente referida neste artigo, receber em restituição, atualizado o respectivo valor, as contribuições que tiverem prestado ao patrimônio da associação.

§ 2º Não existindo no Município, no Estado, no Distrito Federal ou no Território, em que a associação tiver sede, instituição nas condições indicadas neste artigo, o que remanescer do seu patrimônio se devolverá à Fazenda do Estado, do Distrito Federal ou da União.

CAPÍTULO III
DAS FUNDAÇÕES

- arts. 44, III; 1.155, p.u.; e 1.799, III, 2.031 a 2.034, deste Código.

Art. 62. Para criar uma fundação, o seu instituidor fará, por escritura pública ou testamento, dotação especial de bens livres, especificando o fim a que se destina, e declarando, se quiser, a maneira de administrá-la.

- art. 11, LInDB.
- arts. 764 e 765, NCPC.
- arts. 114, I; 119, p.u.; e 120, Lei 6.015/1973 (Lei de Registros Públicos).

Parágrafo único. A fundação somente poderá constituir-se para fins de: (Alterado pela Lei 13.151/2015.)

- Enunciados 8 e 9 das Jornadas de Direito Civil.

I - assistência social; (Alterado pela Lei 13.151/2015.)

II - cultura, defesa e conservação do patrimônio histórico e artístico; (Alterado pela Lei 13.151/2015.)

III - educação; (Alterado pela Lei 13.151/2015.)

IV - saúde; (Alterado pela Lei 13.151/2015.)

V - segurança alimentar e nutricional; (Alterado pela Lei 13.151/2015.)

VI - defesa, preservação e conservação do meio ambiente e promoção do desenvolvimento sustentável; (Alterado pela Lei 13.151/2015.)

- Dec. 8.892/2016 (Cria a Comissão Nacional para os Objetivos de Desenvolvimento Sustentável).

VII - pesquisa científica, desenvolvimento de tecnologias alternativas, modernização de sistemas de gestão, produção e divulgação de informações e conhecimentos técnicos e científicos; (Alterado pela Lei 13.151/2015.)

VIII - promoção da ética, da cidadania, da democracia e dos direitos humanos; (Alterado pela Lei 13.151/2015.)

IX - atividades religiosas; e (Alterado pela Lei 13.151/2015.)

X - (Vetado pela Lei 13.151/2015.)

- art. 2.032 deste Código.
- Lei 8.958/1994 (Dispõe sobre as relações entre as instituições federais de ensino superior

e de pesquisa científica e tecnológica e as fundações de apoio).

Art. 63. Quando insuficientes para constituir a fundação, os bens a ela destinados serão, se de outro modo não dispuser o instituidor, incorporados em outra fundação que se proponha a fim igual ou semelhante.

Art. 64. Constituída a fundação por negócio jurídico entre vivos, o instituidor é obrigado a transferir-lhe a propriedade, ou outro direito real, sobre os bens dotados, e, se não o fizer, serão registrados, em nome dela, por mandado judicial.

Art. 65. Aqueles a quem o instituidor cometer a aplicação do patrimônio, em tendo ciência do encargo, formularão logo, de acordo com as suas bases (art. 62), o estatuto da fundação projetada, submetendo-o, em seguida, à aprovação da autoridade competente, com recurso ao juiz.

- arts. 764 e 765, NCPC.

Parágrafo único. Se o estatuto não for elaborado no prazo assinado pelo instituidor, ou, não havendo prazo, em cento e oitenta dias, a incumbência caberá ao Ministério Público.

Art. 66. Velará pelas fundações o Ministério Público do Estado onde situadas.

- art. 765, NCPC.
- art. 25, IV, b, Lei 8.625/1993 (Lei Orgânica Nacional do Ministério Público).
- art. 72, LC 109/2001 (Dispõe sobre o Regime de Previdência Complementar)
- Enunciado 147 das Jornadas de Direito Civil.

§ 1º Se funcionarem no Distrito Federal ou em Território, caberá o encargo ao Ministério Público do Distrito Federal e Territórios. (Alterado pela Lei 13.151/2015.)

- Enunciado 10 das Jornadas de Direito Civil.

§ 2º Se estenderem a atividade por mais de um Estado, caberá o encargo, em cada um deles, ao respectivo Ministério Público.

Art. 67. Para que se possa alterar o estatuto da fundação é mister que a reforma:

I - seja deliberada por dois terços dos competentes para gerir e representar a fundação;
II - não contrarie ou desvirtue o fim desta;
III - seja aprovada pelo órgão do Ministério Público no prazo máximo de 45 (quarenta e cinco) dias, findo o qual ou no caso de o Ministério Público a denegar, poderá o juiz supri-la, a requerimento do interessado. (Alterado pela Lei 13.151/2015.)

- art. 764, § 2º, NCPC.

Art. 68. Quando a alteração não houver sido aprovada por votação unânime, os administradores da fundação, ao submeterem o estatuto ao órgão do Ministério Público, requererão que se dê ciência à minoria vencida para impugná-la, se quiser, em dez dias.

Art. 69. Tornando-se ilícita, impossível ou inútil a finalidade a que visa a fundação, ou vencido o prazo de sua existência, o órgão do Ministério Público, ou qualquer interessado, lhe promoverá a extinção, incorporando-se o seu patrimônio, salvo disposição em contrário no ato constitutivo, ou no estatuto, em outra fundação, designada pelo juiz, que se proponha a fim igual ou semelhante.

- art. 765, NCPC.

TÍTULO III
DO DOMICÍLIO

Art. 70. O domicílio da pessoa natural é o lugar onde ela estabelece a sua residência com ânimo definitivo.

- art. 5º, XI, CF.
- arts. 327; 1.566, II; 1.569; e 1.711 deste Código.
- arts. 7º; 10; e 12, LInDB.
- arts. 46 a 53; 63, NCPC.
- arts. 127 e 159, CTN.
- Enunciado 408 das Jornadas de Direito Civil.

Art. 71. Se, porém, a pessoa natural tiver diversas residências, onde, alternadamente, viva, considerar-se-á domicílio seu qualquer delas.

- art. 46, § 1º, NCPC.
- Súm. 483, STF.

Art. 72. É também domicílio da pessoa natural, quanto às relações concernentes à profissão, o lugar onde esta é exercida.

- art. 10, § 1º, Lei 8.906/1994 (EAOAB).

Parágrafo único. Se a pessoa exercitar profissão em lugares diversos, cada um deles constituirá domicílio para as relações que lhe derem.

Art. 73. Ter-se-á por domicílio da pessoa natural, que não tenha residência habitual, o lugar onde for encontrada.

- art. 7º, § 8º, LInDB.
- art. 46, § 1º, NCPC.

Art. 74. Muda-se o domicílio, transferindo a residência, com a intenção manifesta de o mudar.

Parágrafo único. A prova da intenção resultará do que declarar a pessoa às municipalidades dos lugares, que deixa, e para onde vai, ou, se tais declarações não fizer, da própria mudança, com as circunstâncias que a acompanharem.

Art. 75. Quanto às pessoas jurídicas, o domicílio é:

I - da União, o Distrito Federal;
II - dos Estados e Territórios, as respectivas capitais;
III - do Município, o lugar onde funcione a administração municipal;
IV - das demais pessoas jurídicas, o lugar onde funcionarem as respectivas diretorias e administrações, ou onde elegerem domicílio especial no seu estatuto ou atos constitutivos.

- art. 109, §§ 1º a 4º, CF.
- art. 53, NCPC.

§ 1º Tendo a pessoa jurídica diversos estabelecimentos em lugares diferentes, cada um deles será considerado domicílio para os atos nele praticados.

- art. 53, III, b, NCPC.
- Súm. 363, STF.

§ 2º Se a administração, ou diretoria, tiver a sede no estrangeiro, haver-se-á por domicílio da pessoa jurídica, no tocante às obrigações contraídas por cada uma das suas agências, o lugar do estabelecimento, sito no Brasil, a que ela corresponder.

- art. 21, NCPC.

Art. 76. Têm domicílio necessário o incapaz, o servidor público, o militar, o marítimo e o preso.

Parágrafo único. O domicílio do incapaz é o do seu representante ou assistente; o do servidor público, o lugar em que exercer permanentemente suas funções; o do militar, onde servir, e, sendo da Marinha ou da Aeronáutica, a sede do comando a que se encontrar imediatamente subordinado; o do marítimo, onde o navio estiver matriculado; e o do preso, o lugar em que cumprir a sentença.

- arts. 3º e 4º deste Código.
- art. 7º, § 7º, LInDB.
- art. 50, NCPC.

Art. 77. O agente diplomático do Brasil, que, citado no estrangeiro, alegar extraterritorialidade sem designar onde tem, no país, o seu domicílio, poderá ser demandado no Distrito Federal ou no último ponto do território brasileiro onde o teve.

Art. 78. Nos contratos escritos, poderão os contratantes especificar domicílio onde se exercitem e cumpram os direitos e obrigações deles resultantes.

- art. 327 deste Código.
- arts. 47, 62 e 63, NCPC.
- art. 1º, Dec.-Lei 4.597/1942 (Dispõe sobre as prescrições de ações contra a Fazenda Pública).
- Súm. 335, STF.

LIVRO II
DOS BENS

TÍTULO ÚNICO
DAS DIFERENTES CLASSES DE BENS

CAPÍTULO I
DOS BENS CONSIDERADOS EM SI MESMOS

SEÇÃO I
DOS BENS IMÓVEIS

Art. 79. São bens imóveis o solo e tudo quanto se lhe incorporar natural ou artificialmente.

- arts. 20, VIII a X; e 176, CF.
- arts. 92 a 97; 1.229; 1.230; e 1.248 a 1.259 deste Código.
- art. 145, Dec. 24.643/1934 (Código de Águas).
- Súm. 329, STF.
- Súm. 238, STJ.
- Enunciado 11 das Jornadas de Direito Civil.

Art. 80. Consideram-se imóveis para os efeitos legais:

I - os direitos reais sobre imóveis e as ações que os asseguram;

- arts. 1.225 e 1.227 deste Código.

II - o direito à sucessão aberta.

- art. 5º, XXX e XXXI, CF.
- arts. 1.784 e 1.804 deste Código.

Art. 81. Não perdem o caráter de imóveis:

I - as edificações que, separadas do solo, mas conservando a sua unidade, forem removidas para outro local;
II - os materiais provisoriamente separados de um prédio, para nele se reempregarem.

- art. 84 deste Código.

SEÇÃO II
DOS BENS MÓVEIS

Art. 82. São móveis os bens suscetíveis de movimento próprio, ou de remoção por força alheia, sem alteração da substância ou da destinação econômico-social.

- arts. 1.267 e 1.268 deste Código.

Art. 83. Consideram-se móveis para os efeitos legais:

I - as energias que tenham valor econômico;

- art. 155, § 3º, CP.

II - os direitos reais sobre objetos móveis e as ações correspondentes;

- arts. 1.225 e 1.226 deste Código.

III - os direitos pessoais de caráter patrimonial e respectivas ações.

- art. 233; 965 deste Código.
- art. 5º, Lei 9.279/1996 (Dispõe sobre a propriedade industrial).
- art. 3º, Lei 9.610/1998 (Lei de Direitos Autorais).

Art. 84. Os materiais destinados a alguma construção, enquanto não forem empregados, conservam sua qualidade de móveis; readquirem essa qualidade os provenientes da demolição de algum prédio.

- art. 81, II, deste Código.

SEÇÃO III
DOS BENS FUNGÍVEIS E CONSUMÍVEIS

Art. 85. São fungíveis os móveis que podem substituir-se por outros da mesma espécie, qualidade e quantidade.

- arts. 243; 247; 307, p.u.; 369; 579; 586; 645 deste Código.

Art. 86. São consumíveis os bens móveis cujo uso importa destruição imediata da própria substância, sendo também considerados tais os destinados à alienação.

- art. 1.392, § 1º, deste Código.

SEÇÃO IV
DOS BENS DIVISÍVEIS

Art. 87. Bens divisíveis são os que se podem fracionar sem alteração na sua substância, diminuição considerável de valor, ou prejuízo do uso a que se destinam.

- arts. 257 a 263; 314; 415 deste Código.

Art. 88. Os bens naturalmente divisíveis podem tornar-se indivisíveis por determinação da lei ou por vontade das partes.

- arts. 263; 504; 844; 1.320; 1.386; e 1.791 deste Código.
- art. 65, Lei 4.504/1964 (Estatuto da Terra).

SEÇÃO V
DOS BENS SINGULARES E COLETIVOS

Art. 89. São singulares os bens que, embora reunidos, se consideram *de per si*, independentemente dos demais.

Art. 90. Constitui universalidade de fato a pluralidade de bens singulares que, pertinentes à mesma pessoa, tenham destinação unitária.

- Enunciado 288 das Jornadas de Direito Civil.

Parágrafo único. Os bens que formam essa universalidade podem ser objeto de relações jurídicas próprias.

Art. 91. Constitui universalidade de direito o complexo de relações jurídicas, de uma pessoa, dotadas de valor econômico.

- Enunciado 288 das Jornadas de Direito Civil.

CAPÍTULO II
DOS BENS RECIPROCAMENTE CONSIDERADOS

Art. 92. Principal é o bem que existe sobre si, abstrata ou concretamente; acessório, aquele cuja existência supõe a do principal.

- arts. 184; 233; 287; 364; 822; e 1.209 deste Código.

Art. 93. São pertenças os bens que, não constituindo partes integrantes, se destinam, de modo duradouro, ao uso, ao serviço ou ao aformoseamento de outro.

- Enunciado 535 das Jornadas de Direito Civil.

Art. 94. Os negócios jurídicos que dizem respeito ao bem principal não abrangem as pertenças, salvo se o contrário resultar da lei, da manifestação de vontade, ou das circunstâncias do caso.

Art. 95. Apesar de ainda não separados do bem principal, os frutos e produtos podem ser objeto de negócio jurídico.

- arts. 237; e 1.214 a 1.216; 1.232 deste Código.

Art. 96. As benfeitorias podem ser voluptuárias, úteis ou necessárias.

- arts. 453; 578; 1.219 a 1.222; 1.922, p.u., deste Código.
- art. 24, Dec. 59.566/1966 (Regulamenta a Lei 4.504/1964).

§ 1º São voluptuárias as de mero deleite ou recreio, que não aumentam o uso habitual do bem, ainda que o tornem mais agradável ou sejam de elevado valor.

§ 2º São úteis as que aumentam ou facilitam o uso do bem.

§ 3º São necessárias as que têm por fim conservar o bem ou evitar que se deteriore.

Art. 97. Não se consideram benfeitorias os melhoramentos ou acréscimos sobrevindos ao bem sem a intervenção do proprietário, possuidor ou detentor.

- art. 1.248 a 1.252 deste Código.

CAPÍTULO III
DOS BENS PÚBLICOS

Art. 98. São públicos os bens do domínio nacional pertencentes às pessoas jurídicas de direito público interno; todos os outros são particulares, seja qual for a pessoa a que pertencerem.

- arts. 5º, LXXIII; 20; 26; e 176, *caput*, CF.
- art. 16, § 3º, ADCT.
- Dec.-Lei 9.760/1946 (Dispõe sobre os bens imóveis da União).
- art. 1º, Lei 4.717/1965 (Lei da Ação Popular).
- Súm. 340, STF.
- Enunciado 287 das Jornadas de Direito Civil.

Art. 99. São bens públicos:

- Súm. 477, STF.
- Súm. 496, STJ.

I - os de uso comum do povo, tais como rios, mares, estradas, ruas e praças;

- Dec. 24.643/1934 (Código de Águas).

II - os de uso especial, tais como edifícios ou terrenos destinados a serviço ou estabelecimento da administração federal, estadual, territorial ou municipal, inclusive os de suas autarquias;

III - os dominicais, que constituem o patrimônio das pessoas jurídicas de direito público, como objeto de direito pessoal, ou real, de cada uma dessas entidades.

- arts. 183, § 3º; e 191, p.u., CF.
- Dec.-Lei 25/1937 (Organiza a proteção do patrimônio histórico e artístico nacional).
- art. 200, Dec.-Lei 9.760/1946 (Dispõe sobre os bens imóveis da União).
- Súm. 340, STF.
- Súm. 496, STJ.

Parágrafo único. Não dispondo a lei em contrário, consideram-se dominicais os bens pertencentes às pessoas jurídicas de direito público a que se tenha dado estrutura de direito privado.

Art. 100. Os bens públicos de uso comum do povo e os de uso especial são inalienáveis, enquanto conservarem a sua qualificação, na forma que a lei determinar.

- arts. 183, § 3º; e 191, p.u., CF.
- art. 23, Lei 9.636/1998 (Dispõe sobre a regularização, administração, aforamento e alienação de bens imóveis de domínio de União). Dec. 3.725/2001 (Regulamento).
- Súm. 340, STF.
- Súm. 496, STJ.

Art. 101. Os bens públicos dominicais podem ser alienados, observadas as exigências da lei.

Art. 102. Os bens públicos não estão sujeitos à usucapião.

- arts. 183, § 3º; e 191, p.u., CF.
- arts. 1.238 a 1.244 deste Código.
- art. 200, Dec.-Lei 9.760/1946 (Dispõe sobre os bens imóveis da União).
- Súm. 340, STF.
- Súm. 496, STJ.

Art. 103. O uso comum dos bens públicos pode ser gratuito ou retribuído, conforme for estabelecido legalmente pela entidade a cuja administração pertencerem.

LIVRO III
DOS FATOS JURÍDICOS

TÍTULO I
DO NEGÓCIO JURÍDICO

CAPÍTULO I
DISPOSIÇÕES GERAIS

Art. 104. A validade do negócio jurídico requer:

- arts. 166; 167; 171 a 184; e 2.035 deste Código.

I - agente capaz;

- arts. 1º; 3º a 5º; 105; 166, I; e 171, I, deste Código.

II - objeto lícito, possível, determinado ou determinável;

- arts. 106 e 166, II e III, deste Código.

III - forma prescrita ou não defesa em lei.

- arts. 166, IV; 184; 421 deste Código.
- arts. 6º, V; 51, CDC.

Art. 105. A incapacidade relativa de uma das partes não pode ser invocada pela outra em benefício próprio, nem aproveita aos cointeressados capazes, salvo se, neste caso, for indivisível o objeto do direito ou da obrigação comum.

- arts. 4º; 87; 88; 171, I; 180; 257 a 263; 314 deste Código.

Art. 106. A impossibilidade inicial do objeto não invalida o negócio jurídico se for relativa, ou se cessar antes de realizada a condição a que ele estiver subordinado.

- arts. 104, II; 121 a 137 deste Código.

Art. 107. A validade da declaração de vontade não dependerá de forma especial, senão quando a lei expressamente a exigir.

- arts. 104, III; 108; 109; 183; 184; e 212 deste Código.

Art. 108. Não dispondo a lei em contrário, a escritura pública é essencial à validade dos negócios jurídicos que visem à constituição, transferência, modificação ou renúncia de direitos reais sobre imóveis de valor superior a trinta vezes o maior salário-mínimo vigente no país.

- arts. 114; 215; 1.225; 1.227; 1.245; 1.275; 1.640, p.u.; 1.653; e 1.711 deste Código.
- art. 406, NCPC.
- art. 26, Lei 6.766/1979 (Dispõe sobre o parcelamento do solo urbano).
- Enunciado 289 das Jornadas de Direito Civil.

Art. 109. No negócio jurídico celebrado com a cláusula de não valer sem instrumento público, este é da substância do ato.

Art. 110. A manifestação de vontade subsiste ainda que o seu autor haja feito a reserva mental de não querer o que manifestou, salvo se dela o destinatário tinha conhecimento.

Art. 111. O silêncio importa anuência, quando as circunstâncias ou os usos o autorizarem, e não for necessária a declaração de vontade expressa.

- arts. 147; 326; 432; 539; 659; 1.807 deste Código.
- art. 539, § 2º, NCPC.

Art. 112. Nas declarações de vontade se atenderá mais à intenção nelas consubstanciada do que ao sentido literal da linguagem.

- arts. 114; 133; 819 e 1.899 deste Código.
- arts. 47; 51, CDC.
- art. 4º, Lei 9.610/1998 (Lei de Direitos Autorais).
- Enunciado 421 das Jornadas de Direito Civil.

Art. 113. Os negócios jurídicos devem ser interpretados conforme a boa-fé e os usos do lugar de sua celebração.

- arts. 164; 422; 423; 435; 1.201; 1.202 deste Código.
- art. 4º, III; 51, IV, CDC.
- Enunciados 409 e 421 das Jornadas de Direito Civil.

§ 1º A interpretação do negócio jurídico deve lhe atribuir o sentido que: (Acrescido pela Lei 13.874/2019)

I - for confirmado pelo comportamento das partes posterior à celebração do negócio;

II - corresponder aos usos, costumes e práticas do mercado relativas ao tipo de negócio;

III - corresponder à boa-fé;

IV - for mais benéfico à parte que não redigiu o dispositivo, se identificável; e

V - corresponder a qual seria a razoável negociação das partes sobre a questão discutida, inferida das demais disposições do negócio e da racionalidade econômica das partes, consideradas as informações disponíveis no momento de sua celebração.

§ 2º As partes poderão livremente pactuar regras de interpretação, de preenchimento de lacunas e de integração dos negócios jurídicos diversas daquelas previstas em lei. (Acrescido pela Lei 13.874/2019)

Art. 114. Os negócios jurídicos benéficos e a renúncia interpretam-se estritamente.

- arts. 112; 191; 392; 424; 538; 819; 828, I; 1.275, II; 1.410, I; 1.425, III; e 1.806 deste Código.
- art. 4º, Lei 9.610/1998 (Lei de Direitos Autorais).

CAPÍTULO II DA REPRESENTAÇÃO

Art. 115. Os poderes de representação conferem-se por lei ou pelo interessado.

- arts. 120; 653 a 692; 1.542, § 2º; 1.634, V; 1.690; 1.747, I; 1.774 deste Código.
- art. 75, NCPC.

Art. 116. A manifestação de vontade pelo representante, nos limites de seus poderes, produz efeitos em relação ao representado.

- art. 213, p.u. deste Código.

Art. 117. Salvo se o permitir a lei ou o representado, é anulável o negócio jurídico que o representante, no seu interesse ou por conta de outrem, celebrar consigo mesmo.

- arts. 138; 171; 184; 685 deste Código.

Parágrafo único. Para esse efeito, tem-se como celebrado pelo representante o negócio realizado por aquele em quem os poderes houverem sido subestabelecidos.

Art. 118. O representante é obrigado a provar às pessoas, com quem tratar em nome do representado, a sua qualidade e a extensão de seus poderes, sob pena de, não o fazendo, responder pelos atos que a estes excederem.

- arts. 653; 665; 673; 679 deste Código.

Art. 119. É anulável o negócio concluído pelo representante em conflito de interesses com o representado, se tal fato era ou devia ser do conhecimento de quem com aquele tratou.

- arts. 138 a 184 deste Código.

Parágrafo único. É de cento e oitenta dias, a contar da conclusão do negócio ou da cessação da incapacidade, o prazo de decadência para pleitear-se a anulação prevista neste artigo.

- arts. 3º a 5º deste Código.

Art. 120. Os requisitos e os efeitos da representação legal são os estabelecidos nas normas respectivas; os da representação voluntária são os da Parte Especial deste Código.

- arts. 115; 653 a 692; 1.634, V; 1.690; e 1.747, I, deste Código.

CAPÍTULO III DA CONDIÇÃO, DO TERMO E DO ENCARGO

Art. 121. Considera-se condição a cláusula que, derivando exclusivamente da vontade das partes, subordina o efeito do negócio jurídico a evento futuro e incerto.

- arts. 125 a 127; 1.359 deste Código.

Art. 122. São lícitas, em geral, todas as condições não contrárias à lei, à ordem pública ou aos bons costumes; entre as condições defesas se incluem as que privarem de todo efeito o negócio jurídico, ou o sujeitarem ao puro arbítrio de uma das partes.

- arts. 332 e 489 deste Código.
- art. 51, IX a XI e XIII, CDC.
- Súm. 60; 530; 543, STJ.

Art. 123. Invalidam os negócios jurídicos que lhes são subordinados:

- art. 137 deste Código.

I - as condições física ou juridicamente impossíveis, quando suspensivas;

- arts. 106 e 166, II, deste Código.

II - as condições ilícitas, ou de fazer coisa ilícita;

- arts. 122; 166, II e III, deste Código.

III - as condições incompreensíveis ou contraditórias.

Art. 124. Têm-se por inexistentes as condições impossíveis, quando resolutivas, e as de não fazer coisa impossível.

Art. 125. Subordinando-se a eficácia do negócio jurídico à condição suspensiva, enquanto esta se não verificar, não se terá adquirido o direito, a que ele visa.

- arts. 121; 131; 135; 199, I; 234; 332; 509; e 1.924 deste Código.
- art. 6º, § 2º, LIndB.

Art. 126. Se alguém dispuser de uma coisa sob condição suspensiva, e, pendente esta, fizer quanto àquela novas disposições, estas não terão valor, realizada a condição, se com ela forem incompatíveis.

Art. 127. Se for resolutiva a condição, enquanto esta se não realizar, vigorará o negócio jurídico, podendo exercer-se desde a conclusão deste o direito por ele estabelecido.

Art. 128. Sobrevindo a condição resolutiva, extingue-se, para todos os efeitos, o direito a que ela se opõe; mas, se aposta a um negócio de execução continuada ou periódica, a sua realização, salvo disposição em contrário, não tem eficácia quanto aos atos já praticados, desde que compatíveis com a natureza da condição pendente e conforme aos ditames de boa-fé.

- arts. 135; 1.359; 1.360 deste Código.

Art. 129. Reputa-se verificada, quanto aos efeitos jurídicos, a condição cujo implemento for maliciosamente obstado pela parte a quem desfavorecer, considerando-se, ao contrário, não verificada a condição maliciosamente levada a efeito por aquele a quem aproveita o seu implemento.

Art. 130. Ao titular do direito eventual, nos casos de condição suspensiva ou resolutiva, é permitido praticar os atos destinados a conservá-lo.

- art. 6º, § 2º, LIndB.

Art. 131. O termo inicial suspende o exercício, mas não a aquisição do direito.

- arts. 125; 135; 1.924 deste Código.
- art. 6º, § 2º, Lei 4.657/1942 (Lei de Introdução às normas do Direito Brasileiro – LIndB, antiga LICC).

Art. 132. Salvo disposição legal ou convencional em contrário, computam-se os prazos, excluído o dia do começo, e incluído o do vencimento.

- arts. 216; 219; 224, NCPC.
- art. 775, CLT.
- art. 10, CP.
- art. 798, CPP.
- art. 210, CTN.

§ 1º Se o dia do vencimento cair em feriado, considerar-se-á prorrogado o prazo até o seguinte dia útil.

- arts. 214 e 216, NCPC.
- art. 798, § 3º, CPP.
- Leis 662/1949, 6.802/1980, e 7.466/1986 (Dispõem sobre feriados nacionais).

§ 2º Meado considera-se, em qualquer mês, o seu décimo quinto dia.

§ 3º Os prazos de meses e anos expiram no dia de igual número do de início, ou no imediato, se faltar exata correspondência.

§ 4º Os prazos fixados por hora contar-se-ão de minuto a minuto.

Art. 133. Nos testamentos, presume-se o prazo em favor do herdeiro, e, nos contratos, em proveito do devedor, salvo, quanto a esses, se do teor do instrumento, ou das circunstâncias, resultar que se estabeleceu a benefício do credor, ou de ambos os contratantes.

- arts. 112; 1.857 e ss.; 1.899 deste Código.

Art. 134. Os negócios jurídicos entre vivos, sem prazo, são exequíveis desde logo, salvo se a execução tiver de ser feita em lugar diverso ou depender de tempo.

- arts. 331; 474; 592; 939; e 1.359 deste Código.

Art. 135. Ao termo inicial e final aplicam-se, no que couber, as disposições relativas à condição suspensiva e resolutiva.

- arts. 123 a 130 deste Código.

Art. 136. O encargo não suspende a aquisição nem o exercício do direito, salvo quando expressamente imposto no negócio jurídico, pelo disponente, como condição suspensiva.

Art. 137. Considera-se não escrito o encargo ilícito ou impossível, salvo se constituir o motivo determinante da liberalidade, caso em que se invalida o negócio jurídico.

CAPÍTULO IV DOS DEFEITOS DO NEGÓCIO JURÍDICO

SEÇÃO I DO ERRO OU IGNORÂNCIA

Art. 138. São anuláveis os negócios jurídicos, quando as declarações de vontade emanarem de erro substancial que poderia ser percebido por pessoa de diligência normal, em face das circunstâncias do negócio.

- arts. 48; 171, II; 177; 178, II; 849; 877; 1.559; 1.812; 1.909; e 2.027 deste Código.
- arts. 393, 446 e 966, NCPC.
- Enunciado 12 das Jornadas de Direito Civil.

Art. 139. O erro é substancial quando:

I - interessa à natureza do negócio, ao objeto principal da declaração, ou a alguma das qualidades a ele essenciais;

II - concerne à identidade ou à qualidade essencial da pessoa a quem se refira a declaração de vontade, desde que tenha influído nesta de modo relevante;

- arts. 1.556; 1.557; 1.559; 1.560, III; 1.903 deste Código.

III - sendo de direito e não implicando recusa à aplicação da lei, for o motivo único ou principal do negócio jurídico.

Art. 140. O falso motivo só vicia a declaração de vontade quando expresso como razão determinante.

Art. 141. A transmissão errônea da vontade por meios interpostos é anulável nos mesmos casos em que o é a declaração direta.

Art. 142. O erro de indicação da pessoa ou da coisa, a que se referir a declaração de vontade, não viciará o negócio quando, por seu contexto e pelas circunstâncias, se puder identificar a coisa ou pessoa cogitada.

- art. 1.903 deste Código.

Art. 143. O erro de cálculo apenas autoriza a retificação da declaração de vontade.

Art. 144. O erro não prejudica a validade do negócio jurídico quando a pessoa, a quem a manifestação de vontade se dirige, se oferecer para executá-la na conformidade da vontade real do manifestante.

SEÇÃO II DO DOLO

Art. 145. São os negócios jurídicos anuláveis por dolo quando este for a sua causa.

- arts. 171, II; 177; 178, II; 180; 849; 1.812; 1.909; 2.027 deste Código.
- arts. 393, 446 e 966, NCPC.

Art. 146. O dolo acidental só obriga à satisfação das perdas e danos, e é acidental quando, a seu despeito, o negócio seria realizado, embora por outro modo.

Art. 147. Nos negócios jurídicos bilaterais, o silêncio intencional de uma das partes a respeito de fato ou qualidade que a outra parte haja ignorado, constitui omissão dolosa, provando-se que sem ela o negócio não se teria celebrado.

- arts. 441 a 446; 766; 773 deste Código.
- art. 678-2, CCom.

Art. 148. Pode também ser anulado o negócio jurídico por dolo de terceiro, se a parte a quem aproveite dele tivesse ou devesse ter conhecimento; em caso contrário, ainda que subsista o negócio jurídico, o terceiro responderá por todas as perdas e danos da parte a quem ludibriou.

- arts. 402 a 405 deste Código.

Art. 149. O dolo do representante legal de uma das partes só obriga o representado a responder civilmente até a importância do proveito que teve; se, porém, o dolo for do representante convencional, o representado responderá solidariamente com ele por perdas e danos.

- arts. 120; 275 a 285; 402 a 405; e 932 deste Código.

Art. 150. Se ambas as partes procederem com dolo, nenhuma pode alegá-lo para anular o negócio, ou reclamar indenização.

SEÇÃO III
DA COAÇÃO

Art. 151. A coação, para viciar a declaração da vontade, há de ser tal que incuta ao paciente fundado temor de dano iminente e considerável à sua pessoa, à sua família, ou aos seus bens.

- arts. 171, II; 177; 178, I; 849; 1.558; 1.559; 1.812; 1.909; 2.027 deste Código.
- art. 146, CP.
- arts. 393, 446; 966, NCPC.

Parágrafo único. Se disser respeito a pessoa não pertencente à família do paciente, o juiz, com base nas circunstâncias, decidirá se houve coação.

Art. 152. No apreciar a coação, ter-se-ão em conta o sexo, a idade, a condição, a saúde, o temperamento do paciente e todas as demais circunstâncias que possam influir na gravidade dela.

Art. 153. Não se considera coação a ameaça do exercício normal de um direito, nem o simples temor reverencial.

Art. 154. Vicia o negócio jurídico a coação exercida por terceiro, se dela tivesse ou devesse ter conhecimento a parte a que aproveite, e esta responderá solidariamente com aquele por perdas e danos.

- arts. 275 a 285; e 402 a 405 deste Código.

Art. 155. Subsistirá o negócio jurídico se a coação decorrer de terceiro, sem que a parte a que aproveite dela tivesse ou devesse ter conhecimento; mas o autor da coação responderá por todas as perdas e danos que houver causado ao coacto.

- arts. 402 a 405 deste Código.

SEÇÃO IV
DO ESTADO DE PERIGO

Art. 156. Configura-se o estado de perigo quando alguém, premido da necessidade de salvar-se, ou a pessoa de sua família, de grave dano conhecido pela outra parte, assume obrigação excessivamente onerosa.

- art. 171, II, deste Código.
- art. 24; 135-A, CP.
- Enunciado 148 das Jornadas de Direito Civil.

Parágrafo único. Tratando-se de pessoa não pertencente à família do declarante, o juiz decidirá segundo as circunstâncias.

- arts. 171, II; 178, II; 1.591 a 1.595 deste Código.

SEÇÃO V
DA LESÃO

Art. 157. Ocorre a lesão quando uma pessoa, sob premente necessidade, ou por inexperiência, se obriga a prestação manifestamente desproporcional ao valor da prestação oposta.

- arts. 171, II; 178, II, deste Código.
- arts. 39, V; 51, IV, CDC.
- Enunciados 150, 290, 291 e 410 das Jornadas de Direito Civil.

§ 1º Aprecia-se a desproporção das prestações segundo os valores vigentes ao tempo em que foi celebrado o negócio jurídico.

§ 2º Não se decretará a anulação do negócio, se for oferecido suplemento suficiente, ou se a parte favorecida concordar com a redução do proveito.

- arts. 171, II; e 317, deste Código.
- art. 6º, V; 51, IV, CDC.
- Enunciado 149 das Jornadas de Direito Civil.

SEÇÃO VI
DA FRAUDE CONTRA CREDORES

Art. 158. Os negócios de transmissão gratuita de bens ou remissão de dívida, se os praticar o devedor já insolvente, ou por eles reduzido à insolvência, ainda quando o ignore, poderão ser anulados pelos credores quirografários, como lesivos dos seus direitos.

- arts. 161; 171, II; 177; 178, II, deste Código.
- Enunciado 151 das Jornadas de Direito Civil.

§ 1º Igual direito assiste aos credores cuja garantia se tornar insuficiente.

§ 2º Só os credores que já o eram ao tempo daqueles atos podem pleitear a anulação deles.

- art. 789, NCPC.
- art. 179, CP.
- art. 185, CTN.
- Súm. 195, STJ.
- art. 216, Lei 6.015/1973 (Lei de Registros Públicos).
- Enunciado 292 das Jornadas de Direito Civil.

Art. 159. Serão igualmente anuláveis os contratos onerosos do devedor insolvente, quando a insolvência for notória, ou houver motivo para ser conhecida do outro contratante.

- art. 161 deste Código.
- art. 216, Lei 6.015/1973 (Lei de Registros Públicos).
- Súm. 195, STJ.

Art. 160. Se o adquirente dos bens do devedor insolvente ainda não tiver pago o preço e este for, aproximadamente, o corrente, desobrigar-se-á depositando-o em juízo, com a citação de todos os interessados.

- art. 335 deste Código.
- arts. 539 a 549 e 1.052, NCPC.

Parágrafo único. Se inferior, o adquirente, para conservar os bens, poderá depositar o preço que lhes corresponda ao valor real.

Art. 161. A ação, nos casos dos arts. 158 e 159, poderá ser intentada contra o devedor insolvente, a pessoa que com ele celebrou a estipulação considerada fraudulenta, ou terceiros adquirentes que hajam procedido de má-fé.

- art. 178, II, deste Código.

Art. 162. O credor quirografário, que receber do devedor insolvente o pagamento da dívida ainda não vencida, ficará obrigado a repor, em proveito do acervo sobre que se tenha de efetuar o concurso de credores, aquilo que recebeu.

Art. 163. Presumem-se fraudatórias dos direitos dos outros credores as garantias de dívidas que o devedor insolvente tiver dado a algum credor.

- art. 1.419 e ss. deste Código.

Art. 164. Presumem-se, porém, de boa-fé e valem os negócios ordinários indispensáveis à manutenção de estabelecimento mercantil, rural, ou industrial, ou à subsistência do devedor e de sua família.

- arts. 113; 1.142 a 1.149, deste Código.

Art. 165. Anulados os negócios fraudulentos, a vantagem resultante reverterá em proveito do acervo sobre que se tenha de efetuar o concurso de credores.

Parágrafo único. Se esses negócios tinham por único objeto atribuir direitos preferenciais, mediante hipoteca, penhor ou anticrese, sua invalidade importará somente na anulação da preferência ajustada.

- arts. 184; 1.419 a 1.510 deste Código.

CAPÍTULO V
DA INVALIDADE DO NEGÓCIO JURÍDICO

Art. 166. É nulo o negócio jurídico quando:

- Enunciado 616 das Jornadas de Direito Civil.

I - celebrado por pessoa absolutamente incapaz;

- arts. 3º; 104, I; 105; 166, I, deste Código.

II - for ilícito, impossível ou indeterminável o seu objeto;

- arts. 123; 124 deste Código.
- art. 17, LInDB.

III - o motivo determinante, comum a ambas as partes, for ilícito;

- arts. 104, II, e 123 deste Código.

IV - não revestir a forma prescrita em lei;

- art. 104, III, deste Código.

V - for preterida alguma solenidade que a lei considere essencial para a sua validade;

VI - tiver por objetivo fraudar lei imperativa;

VII - a lei taxativamente o declarar nulo, ou proibir-lhe a prática, sem cominar sanção.

- arts. 104 a 109; 489; 497; 548; 549; 762; 795; 798, p.u.; 808; 850; 907; 912, p.u.; 1.268, § 2º; 1.365; 1.428; 1.475; 1.516, § 3º; 1.548, II; 1.730; 1.802; 1.860; 1.900; 1.912 deste Código.
- art. 9º, CLT.
- arts. 37 e 39, Lei 6.766/1979 (Dispõe sobre o parcelamento do solo urbano).
- art. 18, § 1º, Lei 7.357/1985 (Dispõe sobre cheque).

Art. 167. É nulo o negócio jurídico simulado, mas subsistirá o que se dissimulou, se válido for na substância e na forma.

- art. 96, III, Lei 11.101/2005 (Lei de Recuperação de Empresas e Falência).
- Enunciados 152; 153; 293; 294 e 578 das Jornadas de Direito Civil.

§ 1º Haverá simulação nos negócios jurídicos quando:

I - aparentarem conferir ou transmitir direitos a pessoas diversas daquelas às quais realmente se conferem, ou transmitem;

II - contiverem declaração, confissão, condição ou cláusula não verdadeira;

- art. 121 deste Código.

III - os instrumentos particulares forem antedatados, ou pós-datados.

- art. 409, NCPC.

§ 2º Ressalvam-se os direitos de terceiros de boa-fé em face dos contraentes do negócio jurídico simulado.

Art. 168. As nulidades dos artigos antecedentes podem ser alegadas por qualquer interessado, ou pelo Ministério Público, quando lhe couber intervir.

- Enunciado 294 das Jornadas de Direito Civil.

Parágrafo único. As nulidades devem ser pronunciadas pelo juiz, quando conhecer do negócio jurídico ou dos seus efeitos e as encontrar provadas, não lhe sendo permitido supri-las, ainda que a requerimento das partes.

- art. 177 deste Código.
- art. 282, NCPC.
- art. 214, Lei 6.015/1973 (Lei de Registros Públicos).

Art. 169. O negócio jurídico nulo não é suscetível de confirmação, nem convalesce pelo decurso do tempo.

- art. 367 deste Código.
- Enunciados 536 e 537 das Jornadas de Direito Civil.

Art. 170. Se, porém, o negócio jurídico nulo contiver os requisitos de outro, subsistirá este quando o fim a que visavam as partes permitir supor que o teriam querido, se houvessem previsto a nulidade.

- Súm. 530, STJ.
- Enunciado 13 das Jornadas de Direito Civil.

Art. 171. Além dos casos expressamente declarados na lei, é anulável o negócio jurídico:

- arts. 117; 119; 496; 533, II; 1.558 deste Código.

I - por incapacidade relativa do agente;

- arts. 4º; 104, I; 105; 178, III; 180; e 181 deste Código.

II - por vício resultante de erro, dolo, coação, estado de perigo, lesão ou fraude contra credores.

- arts. 138 a 165 deste Código.
- Súm. 195, STJ.

Art. 172. O negócio anulável pode ser confirmado pelas partes, salvo direito de terceiro.

- arts. 151; 367; 662; e 873 deste Código.
- Súm. 346, STF.

Art. 173. O ato de confirmação deve conter a substância do negócio celebrado e a vontade expressa de mantê-lo.

Art. 174. É escusada a confirmação expressa, quando o negócio já foi cumprido em parte pelo devedor, ciente do vício que o inquinava.

Art. 175. A confirmação expressa, ou a execução voluntária de negócio anulável, nos termos dos arts. 172 a 174, importa a extinção de todas as ações, ou exceções, de que contra ele dispusesse o devedor.

Art. 176. Quando a anulabilidade do ato resultar da falta de autorização de terceiro, será validado se este a der posteriormente.

- art. 496 deste Código.

Art. 177. A anulabilidade não tem efeito antes de julgada por sentença, nem se pronuncia de ofício; só os interessados a podem alegar, e aproveita exclusivamente aos que a alegarem, salvo o caso de solidariedade ou indivisibilidade.

- arts. 87; 88; 168; 264 a 285 deste Código.

Art. 178. É de quatro anos o prazo de decadência para pleitear-se a anulação do negócio jurídico, contado:

- arts. 207 a 211 deste Código.

I - no caso de coação, do dia em que ela cessar;

- arts. 151 a 155 deste Código.

II - no de erro, dolo, fraude contra credores, estado de perigo ou lesão, do dia em que se realizou o negócio jurídico;

- arts. 138 a 150; 145 a 150; 156 a 165 deste Código.
- art. 135-A, CP.

III - no de atos de incapazes, do dia em que cessar a incapacidade.

- arts. 3º a 5º; 104, I; e 171, I, deste Código.

Art. 179. Quando a lei dispuser que determinado ato é anulável, sem estabelecer prazo para pleitear-se a anulação, será este de dois anos, a contar da data da conclusão do ato.

- Enunciados 538 e 545 das Jornadas de Direito Civil.

Art. 180. O menor, entre dezesseis e dezoito anos, não pode, para eximir-se de uma obrigação, invocar a sua idade se dolosamente a ocultou quando inquirido pela outra parte, ou se, no ato de obrigar-se, declarou-se maior.

Art. 181. Ninguém pode reclamar o que, por uma obrigação anulada, pagou a um incapaz, se não provar que reverteu em proveito dele a importância paga.

- art. 310 deste Código.

Art. 182. Anulado o negócio jurídico, restituir-se-ão as partes ao estado em que antes dele se achavam, e, não sendo possível restituí-las, serão indenizadas com o equivalente.

- arts. 927 a 954 deste Código.
- Enunciado 537 das Jornadas de Direito Civil.

Art. 183. A invalidade do instrumento não induz a do negócio jurídico sempre que este puder provar-se por outro meio.

Art. 184. Respeitada a intenção das partes, a invalidade parcial de um negócio jurídico não o prejudicará na parte válida, se esta for separável; a invalidade da obrigação principal implica a das obrigações acessórias, mas a destas não induz a da obrigação principal.

- arts. 92 e 165, p.u., deste Código.
- art. 51, § 2º, CDC.

TÍTULO II
DOS ATOS JURÍDICOS LÍCITOS

Art. 185. Aos atos jurídicos lícitos, que não sejam negócios jurídicos, aplicam-se, no que couber, as disposições do Título anterior.

TÍTULO III
DOS ATOS ILÍCITOS

Art. 186. Aquele que, por ação ou omissão voluntária, negligência ou imprudência, violar direito e causar dano a outrem, ainda que exclusivamente moral, comete ato ilícito.

- arts. 43; 398; 476; 477; 884; 927 e ss. deste Código.
- art. 243, CE.
- arts. 81, 143, 161, 302, NCPC.
- Súm. 28; 492; 562, STF.
- Súm. 37; 43; 221; 227; 246; 281; 403; 595, STJ.
- Enunciados 159, 411, 550 e 551 das Jornadas de Direito Civil.

Art. 187. Também comete ato ilícito o titular de um direito que, ao exercê-lo, excede manifestamente os limites impostos pelo seu fim econômico ou social, pela boa-fé ou pelos bons costumes.

- arts. 927; 1.277 deste Código.
- Enunciados 37; 412; 413; 414; 539; 617 das Jornadas de Direito Civil.

Art. 188. Não constituem atos ilícitos:

I - os praticados em legítima defesa ou no exercício regular de um direito reconhecido;

- art. 930, p.u., deste Código.

II - a deterioração ou destruição da coisa alheia, ou a lesão a pessoa, a fim de remover perigo iminente.

- arts. 929 e 930 deste Código.

Parágrafo único. No caso do inciso II, o ato será legítimo somente quando as circunstâncias o tornarem absolutamente necessário, não excedendo os limites do indispensável para a remoção do perigo.

- arts. 23 a 25, CP.

TÍTULO IV
DA PRESCRIÇÃO E DA DECADÊNCIA

- art. 2.028, CC.
- Súm. Vinc. 8, STF.

CAPÍTULO I
DA PRESCRIÇÃO

- arts. 1.601 e 1.606 deste Código.

SEÇÃO I
DISPOSIÇÕES GERAIS

- Súm. 150, STF.

Art. 189. Violado o direito, nasce para o titular a pretensão, a qual se extingue, pela prescrição, nos prazos a que aludem os arts. 205 e 206.

- Enunciados 14 e 579 das Jornadas de Direito Civil.

Art. 190. A exceção prescreve no mesmo prazo em que a pretensão.

- Enunciado 415 das Jornadas de Direito Civil.

Art. 191. A renúncia da prescrição pode ser expressa ou tácita, e só valerá, sendo feita, sem prejuízo de terceiro, depois que a prescrição se consumar; tácita é a renúncia quando se presume de fatos do interessado, incompatíveis com a prescrição.

- art. 114 deste Código.
- Enunciados 295; 581 das Jornadas de Direito Civil.

Art. 192. Os prazos de prescrição não podem ser alterados por acordo das partes.

Art. 193. A prescrição pode ser alegada em qualquer grau de jurisdição, pela parte a quem aproveita.

- arts. 240, § 2º; 302, IV, 310; 487, p.u; 535, VI, NCPC.
- Súm. 150, STF.

Art. 194. (Revogado pela Lei 11.280/2006.)

Art. 195. Os relativamente incapazes e as pessoas jurídicas têm ação contra os seus assistentes ou representantes legais, que derem causa à prescrição, ou não a alegarem oportunamente.

- arts. 4º; 43; 208 deste Código.

Art. 196. A prescrição iniciada contra uma pessoa continua a correr contra o seu sucessor.

SEÇÃO II
DAS CAUSAS QUE IMPEDEM OU SUSPENDEM A PRESCRIÇÃO

- arts. 207 e 1.244 deste Código.

Art. 197. Não corre a prescrição:

- art. 1.571, deste Código
- Enunciado 296 das Jornadas de Direito Civil.

I - entre os cônjuges, na constância da sociedade conjugal;

II - entre ascendentes e descendentes, durante o poder familiar;

- arts. 1.630 a 1.638 deste Código.

III - entre tutelados ou curatelados e seus tutores ou curadores, durante a tutela ou curatela.

- arts. 1.728 a 1.783 deste Código.

Art. 198. Também não corre a prescrição:

- Enunciado 156 das Jornadas de Direito Civil.

I - contra os incapazes de que trata o art. 3º;

- art. 208 deste Código.

II - contra os ausentes do país em serviço público da União, dos Estados ou dos Municípios;

III - contra os que se acharem servindo nas Forças Armadas, em tempo de guerra.

- art. 440, CLT.
- Lei 19/1947 (Releva de prescrição as ações que deveriam ter sido propostas durante a guerra por brasileiros nela empenhados).
- arts. 6º e 82, Lei 11.101/2005 (Lei de Recuperação de Empresas e Falência).

Art. 199. Não corre igualmente a prescrição:

I - pendendo condição suspensiva;

- arts. 125 e 126 deste Código.

II - não estando vencido o prazo;

- art. 131 deste Código.

III - pendendo ação de evicção.

- arts. 447 a 457 deste Código.
- Súm. 229, STJ.

Art. 200. Quando a ação se originar de fato que deva ser apurado no juízo criminal, não correrá a prescrição antes da respectiva sentença definitiva.

- art. 935, deste Código.
- art. 515, VI, NCPC.

Art. 201. Suspensa a prescrição em favor de um dos credores solidários, só aproveitam os outros se a obrigação for indivisível.

- arts. 257 a 263; 267 a 274; 314 deste Código.

SEÇÃO III
DAS CAUSAS QUE INTERROMPEM A PRESCRIÇÃO

Art. 202. A interrupção da prescrição, que somente poderá ocorrer uma vez, dar-se-á:

- arts. 240, NCPC.
- Enunciado 416 das Jornadas de Direito Civil.

I - por despacho do juiz, mesmo incompetente, que ordenar a citação, se o interessado a promover no prazo e na forma da lei processual;

- art. 174, parágrafo único, NCPC.
- Súm. 154, STF.
- Enunciado 417 das Jornadas de Direito Civil.

II - por protesto, nas condições do inciso antecedente;

III - por protesto cambial;

- Súm. 153, STF.

IV - pela apresentação do título de crédito em juízo de inventário ou em concurso de credores;

V - por qualquer ato judicial que constitua em mora o devedor;

VI - por qualquer ato inequívoco, ainda que extrajudicial, que importe reconhecimento do direito pelo devedor.

- Súm. 154, STF.

Parágrafo único. A prescrição interrompida recomeça a correr da data do ato que a interrompeu, ou do último ato do processo para a interromper.

- art. 812, NCPC.
- Súm. 383, STF.

Art. 203. A prescrição pode ser interrompida por qualquer interessado.

- art. 193 deste Código.

Art. 204. A interrupção da prescrição por um credor não aproveita aos outros; semelhantemente, a interrupção operada contra o codevedor, ou seu herdeiro, não prejudica aos demais coobrigados.

§ 1º A interrupção por um dos credores solidários aproveita aos outros; assim como a interrupção efetuada contra o devedor solidário envolve os demais e seus herdeiros.

- arts. 264 a 285 deste Código.

§ 2º A interrupção operada contra um dos herdeiros do devedor solidário não prejudica os outros herdeiros ou devedores, senão quando se trate de obrigações e direitos indivisíveis.

- arts. 87; 88; 257 a 263 deste Código.

§ 3º A interrupção produzida contra o principal devedor prejudica o fiador.

- art. 837 deste Código.

SEÇÃO IV
DOS PRAZOS DA PRESCRIÇÃO

Art. 205. A prescrição ocorre em dez anos, quando a lei não lhe haja fixado prazo menor.

- arts. 189 e 1.601 deste Código.
- art. 26, CDC.
- arts. 11-A; 119; 440; 916, CLT.
- art. 12, Lei 6.453/1977 (Dispõe sobre a responsabilidade civil por danos nucleares e a responsabilidade criminal por atos relacionados com atividades nucleares).
- arts. 103 a 104, Lei 8.213/1991 (Dispõe sobre os Planos de Benefícios da Previdência Social).
- Súm. 146; 147; 150; 153; 154; 264; 327; 349; 383; 443; 494; 497; 592; 604, STF.
- Súm. 39; 85; 101; 106; 143; 191; 194; 210; 220; 278; 338; 412; 415; 438; 467, STJ.
- Súm. 56, TSE.

Art. 206. Prescreve:

§ 1º Em um ano:

I - a pretensão dos hospedeiros ou fornecedores de víveres destinados a consumo no próprio estabelecimento, para o pagamento da hospedagem ou dos alimentos;

II - a pretensão do segurado contra o segurador, ou a deste contra aquele, contado o prazo:

- arts. 757 a 802 do CC.
- Súm. 101, STJ.

a) para o segurado, no caso de seguro de responsabilidade civil, da data em que é citado para responder à ação de indenização proposta pelo terceiro prejudicado, ou da data que a este indeniza, com a anuência do segurador;

b) quanto aos demais seguros, da ciência do fato gerador da pretensão.

- Súm. 101 e 278, STJ.

III - a pretensão dos tabeliães, auxiliares da justiça, serventuários judiciais, árbitros e peritos, pela percepção de emolumentos, custas e honorários;

IV - a pretensão contra os peritos, pela avaliação dos bens que entraram para a formação do capital de sociedade anônima, contado da publicação da ata da assembleia que aprovar o laudo;

V - a pretensão dos credores não pagos contra os sócios ou acionistas e os liquidantes, contado o prazo da publicação da ata de encerramento da liquidação da sociedade.

§ 2º Em dois anos, a pretensão para haver prestações alimentares, a partir da data em que se vencerem.

- arts. 197, II; 198, I; 948, II; e 1.635, II e III, deste Código.
- art. 23, Lei 5.478/1968 (Dispõe sobre a ação de alimentos).

§ 3º Em três anos:

- Enunciado 418 das Jornadas de Direito Civil.

I - a pretensão relativa a aluguéis de prédios urbanos ou rústicos;

- Lei 8.245/1991 (Lei das Locações).

II - a pretensão para receber prestações vencidas de rendas temporárias ou vitalícias;

- Súm. 291; 427, STJ.

III - a pretensão para haver juros, dividendos ou quaisquer prestações acessórias, pagáveis, em períodos não maiores de um ano, com capitalização ou sem ela;

IV - a pretensão de ressarcimento de enriquecimento sem causa;

- arts. 884 a 886 deste Código.

V - a pretensão de reparação civil;

- arts. 186; 187; 402 a 405; 927 a 943 deste Código.
- Enunciados 419; 420; 580 das Jornadas de Direito Civil.

VI - a pretensão de restituição dos lucros ou dividendos recebidos de má-fé, correndo o prazo da data em que foi deliberada a distribuição;

VII - a pretensão contra as pessoas em seguida indicadas por violação da lei ou do estatuto, contado o prazo:

a) para os fundadores, da publicação dos atos constitutivos da sociedade anônima;

b) para os administradores, ou fiscais, da apresentação, aos sócios, do balanço referente ao exercício em que a violação tenha sido praticada, ou da reunião ou assembleia geral que dela deva tomar conhecimento;

c) para os liquidantes, da primeira assembleia semestral posterior à violação.

VIII - a pretensão para haver o pagamento de título de crédito, a contar do vencimento, ressalvadas as disposições de lei especial;

- art. 781, I, NCPC.

IX - a pretensão do beneficiário contra o segurador, e a do terceiro prejudicado, no caso de seguro de responsabilidade civil obrigatório.

- Súm. 405, STJ.

§ 4º Em quatro anos, a pretensão relativa à tutela, a contar da data da aprovação das contas.

- arts. 1.728 a 1.766 deste Código.

§ 5º Em cinco anos:

- art. 5º, XXIX, CF.
- art. 27, CDC.
- art. 168, CTN.
- art. 6º, Lei 7.542/1986 (Dispõe sobre a pesquisa, exploração, remoção e demolição das coisas ou bens afundados, submersos, encalhados e perdidos em águas sob jurisdição nacional, em terreno de marinha e seus acrescidos em terrenos marginais, em decorrência de sinistro, alojamento ou fortuna do mar).

I - a pretensão de cobrança de dívidas líquidas constantes de instrumento público ou particular;

- Súm. 503, STF.

II - a pretensão dos profissionais liberais em geral, procuradores judiciais, curadores e professores pelos seus honorários, contado o prazo da conclusão dos serviços, da cessação dos respectivos contratos ou mandato.

- art. 25, Lei 8.906/1994 (EAOAB).

III - a pretensão do vencedor para haver do vencido o que despendeu em juízo.

- arts. 82, § 2º; 85, NCPC.

Art. 206-A. A prescrição intercorrente observará o mesmo prazo de prescrição da pretensão. (Artigo acrescido pela MP 1.040/2021)

CAPÍTULO II
DA DECADÊNCIA

Art. 207. Salvo disposição legal em contrário, não se aplicam à decadência as normas que impedem, suspendem ou interrompem a prescrição.

Art. 208. Aplica-se à decadência o disposto nos arts. 195 e 198, inciso I.

Art. 209. É nula a renúncia à decadência fixada em lei.

Art. 210. Deve o juiz, de ofício, conhecer da decadência, quando estabelecida por lei.

- arts. 302, IV; 310; 487, II, NCPC.

Art. 211. Se a decadência for convencional, a parte a quem aproveita pode alegá-la em qualquer grau de jurisdição, mas o juiz não pode suprir a alegação.

TÍTULO V
DA PROVA

Art. 212. Salvo o negócio a que se impõe forma especial, o fato jurídico pode ser provado mediante:

- arts. 107 deste Código.
- arts. 369, NCPC.
- Enunciados 297 e 298 das Jornadas de Direito Civil.

I - confissão;

- arts. 213 e 214 deste Código.
- arts. 389 a 395, NCPC.

II - documento;

- arts. 215 a 226 deste Código.
- arts. 405 a 438, NCPC.
- Lei 7.115/1983 (Dispõe sobre prova documental nos casos que indica).
- Lei 7.116/1983 (Assegura validade nacional às carteiras de identidade e regula sua expedição).

III - testemunha;

‣ arts. 227 a 230 deste Código.

‣ arts. 442 a 463, NCPC.

IV - presunção;

‣ art. 375, NCPC.

V - perícia.

‣ arts. 232 deste Código.

Art. 213. Não tem eficácia a confissão se provém de quem não é capaz de dispor do direito a que se referem os fatos confessados.

Parágrafo único. Se feita a confissão por um representante, somente é eficaz nos limites em que este pode vincular o representado.

Art. 214. A confissão é irrevogável, mas pode ser anulada se decorreu de erro de fato ou de coação.

‣ art. 393, NCPC.

Art. 215. A escritura pública, lavrada em notas de tabelião, é documento dotado de fé pública, fazendo prova plena.

‣ Enunciado 158 das Jornadas de Direito Civil.

§ 1º Salvo quando exigidos por lei outros requisitos, a escritura pública deve conter:

‣ Lei 7.433/1985 (Dispõe sobre os requisitos para a lavratura de escrituras públicas).

I - data e local de sua realização;

II - reconhecimento da identidade e capacidade das partes e de quantos hajam comparecido ao ato, por si, como representantes, intervenientes ou testemunhas;

III - nome, nacionalidade, estado civil, profissão, domicílio e residência das partes e demais comparecentes, com a indicação, quando necessário, do regime de bens do casamento, nome do outro cônjuge e filiação;

IV - manifestação clara da vontade das partes e dos intervenientes;

V - referência ao cumprimento das exigências legais e fiscais inerentes à legitimidade do ato;

VI - declaração de ter sido lida na presença das partes e demais comparecentes, ou de que todos a leram;

VII - assinatura das partes e dos demais comparecentes, bem como a do tabelião ou seu substituto legal, encerrando o ato.

§ 2º Se algum comparecente não puder ou não souber escrever, outra pessoa capaz assinará por ele, a seu rogo.

§ 3º A escritura será redigida na língua nacional.

§ 4º Se qualquer dos comparecentes não souber a língua nacional e o tabelião não entender o idioma em que se expressa, deverá comparecer tradutor público para servir de intérprete, ou, não o havendo na localidade, outra pessoa capaz que, a juízo do tabelião, tenha idoneidade e conhecimento bastantes.

§ 5º Se algum dos comparecentes não for conhecido do tabelião, nem puder identificar-se por documento, deverão participar do ato pelo menos duas testemunhas que o conheçam e atestem sua identidade.

Art. 216. Farão a mesma prova que os originais as certidões textuais de qualquer peça judicial, do protocolo das audiências, ou de outro qualquer livro a cargo do escrivão, sendo extraídas por ele, ou sob a sua vigilância, e por ele subscritas, assim como os traslados de autos, quando por outro escrivão consertados.

‣ art. 425, NCPC.

‣ Arts. 818 e 830, CLT.

Art. 217. Terão a mesma força probante os traslados e as certidões, extraídos por tabelião ou oficial de registro, de instrumentos ou documentos lançados em suas notas.

‣ art. 830, CLT.

‣ art. 425, NCPC.

Art. 218. Os traslados e as certidões considerar-se-ão instrumentos públicos, se os originais se houverem produzido em juízo como prova de algum ato.

‣ art. 162; 192; 425, NCPC.

‣ art. 148, Lei 6.015/1973 (Lei de Registros Públicos).

Art. 219. As declarações constantes de documentos assinados presumem-se verdadeiras em relação aos signatários.

Parágrafo único. Não tendo relação direta, porém, com as disposições principais ou com a legitimidade das partes, as declarações enunciativas não eximem os interessados em sua veracidade do ônus de prová-las.

‣ art. 408, NCPC.

‣ Lei 7.115/1983 (Dispõe sobre prova documental nos casos que indica).

Art. 220. A anuência ou a autorização de outrem, necessária à validade de um ato, provar-se-á do mesmo modo que este, e constará, sempre que se possa, do próprio instrumento.

Art. 221. O instrumento particular, feito e assinado, ou somente assinado por quem esteja na livre disposição e administração de seus bens, prova as obrigações convencionais de qualquer valor; mas os seus efeitos, bem como os da cessão, não se operam, a respeito de terceiros, antes de registrado no registro público.

‣ arts. 127; 156; 161, Lei 6.015/1973 (Lei de Registros Públicos).

‣ art. 31, Lei 6.766/1979 (Dispõe sobre o parcelamento do solo urbano).

Parágrafo único. A prova do instrumento particular pode suprir-se pelas outras de caráter legal.

‣ art. 408, NCPC.

Art. 222. O telegrama, quando lhe for contestada a autenticidade, faz prova mediante conferência com o original assinado.

‣ arts. 413 e 414, NCPC.

Art. 223. A cópia fotográfica de documento, conferida por tabelião de notas, valerá como prova de declaração da vontade, mas, impugnada sua autenticidade, deverá ser exibido o original.

‣ arts. 423 e 424, NCPC.

Parágrafo único. A prova não supre a ausência do título de crédito, ou do original, nos casos em que a lei ou as circunstâncias condicionarem o exercício do direito à sua exibição.

Art. 224. Os documentos redigidos em língua estrangeira serão traduzidos para o português para ter efeitos legais no país.

‣ arts. 162; 164; 192, NCPC.

‣ art. 148, Lei 6.015/1973 (Lei de Registros Públicos).

Art. 225. As reproduções fotográficas, cinematográficas, os registros fonográficos e, em geral, quaisquer outras reproduções mecânicas ou eletrônicas de fatos ou de coisas fazem prova plena destes, se a parte, contra quem forem exibidos, não lhes impugnar a exatidão.

‣ art. 422, NCPC.

‣ Enunciado 298 das Jornadas de Direito Civil.

Art. 226. Os livros e fichas dos empresários e sociedades provam contra as pessoas a que pertencem, e, em seu favor, quando, escriturados sem vício extrínseco ou intrínseco, forem confirmados por outros subsídios.

Parágrafo único. A prova resultante dos livros e fichas não é bastante nos casos em que a lei exige escritura pública, ou escrito particular revestido de requisitos especiais, e pode ser ilidida pela comprovação da falsidade ou inexatidão dos lançamentos.

‣ arts. 1.191 e 1.192 deste Código.

Art. 227. (Revogado pela Lei 13.105/2015.)

Parágrafo único. Qualquer que seja o valor do negócio jurídico, a prova testemunhal é admissível como subsidiária ou complementar da prova por escrito.

‣ arts. 444 e 445, NCPC.

Art. 228. Não podem ser admitidos como testemunhas:

‣ art. 206, CPP.

I - os menores de dezesseis anos;

II e III - (Revogados pela Lei 13.146/2015.)

IV - o interessado no litígio, o amigo íntimo ou o inimigo capital das partes;

V - os cônjuges, os ascendentes, os descendentes e os colaterais, até o terceiro grau de alguma das partes, por consanguinidade, ou afinidade.

‣ arts. 447 e 457, NCPC.

‣ art. 42, Lei 6.015/1973 (Lei de Registros Públicos).

§ 1º Para a prova de fatos que só elas conheçam, pode o juiz admitir o depoimento das pessoas a que se refere este artigo. (Renumerado de p.u. pela Lei 13.146/2015.)

§ 2º A pessoa com deficiência poderá testemunhar em igualdade de condições com as demais pessoas, sendo-lhe assegurados todos os recursos de tecnologia assistiva. (Acrescentado pela Lei 13.146/2015.)

‣ art. 80, Lei 13.146/2015 (Estatuto da Pessoa com Deficiência).

Arts. 229 e 230. (Revogados pela Lei 13.105/2015.)

Art. 231. Aquele que se nega a submeter-se a exame médico necessário não poderá aproveitar-se de sua recusa.

Art. 232. A recusa à perícia médica ordenada pelo juiz poderá suprir a prova que se pretendia obter com o exame.

‣ arts. 464 a 480, NCPC.

PARTE ESPECIAL
LIVRO I
DO DIREITO DAS OBRIGAÇÕES

TÍTULO I
DAS MODALIDADES DAS OBRIGAÇÕES

CAPÍTULO I
DAS OBRIGAÇÕES DE DAR

SEÇÃO I
DAS OBRIGAÇÕES DE DAR COISA CERTA

Art. 233. A obrigação de dar coisa certa abrange os acessórios dela embora não mencionados, salvo se o contrário resultar do título ou das circunstâncias do caso.

‣ arts. 92 a 97 deste Código.

‣ arts. 498, 806 a 810, NCPC.

Art. 234. Se, no caso do artigo antecedente, a coisa se perder, sem culpa do devedor, antes da tradição, ou pendente a condição suspensiva, fica resolvida a obrigação para ambas as partes; se a perda resultar de culpa do devedor, responderá este pelo equivalente e mais perdas e danos.

‣ arts. 125; 239; 248; 250; 256; 389; 402 a 405; 444; 458; 492; 509; 611; 1.267 deste Código.

Art. 235. Deteriorada a coisa, não sendo o devedor culpado, poderá o credor resolver a obrigação, ou aceitar a coisa, abatido de seu preço o valor que perdeu.

‣ art. 240 deste Código.

Art. 236. Sendo culpado o devedor, poderá o credor exigir o equivalente, ou aceitar a coisa no estado em que se acha, com direito a reclamar, em um ou em outro caso, indenização das perdas e danos.

‣ arts. 389; 402 a 405 deste Código.

‣ Enunciado 15 das Jornadas de Direito Civil.

Art. 237. Até a tradição pertence ao devedor a coisa, com os seus melhoramentos e acrescidos, pelos quais poderá exigir aumento no preço; se o credor não anuir, poderá o devedor resolver a obrigação.

- arts. 1.267 e 1.268 deste Código.

Parágrafo único. Os frutos percebidos são do devedor, cabendo ao credor os pendentes.

- arts. 1.214 a 1.216 deste Código.

Art. 238. Se a obrigação for de restituir coisa certa, e esta, sem culpa do devedor, se perder antes da tradição, sofrerá o credor a perda, e a obrigação se resolverá, ressalvados os seus direitos até o dia da perda.

- arts. 241; 502; 1.267; 1.268 deste Código.

Art. 239. Se a coisa se perder por culpa do devedor, responderá este pelo equivalente, mais perdas e danos.

- arts. 402 a 405 deste Código.

Art. 240. Se a coisa restituível se deteriorar sem culpa do devedor, recebê-la-á o credor, tal qual se ache, sem direito a indenização; se por culpa do devedor, observar-se-á o disposto no art. 239.

- arts. 394; 402 a 405 deste Código.
- Enunciado 15 das Jornadas de Direito Civil.

Art. 241. Se, no caso do art. 238, sobrevier melhoramento ou acréscimo à coisa, sem despesa ou trabalho do devedor, lucrará o credor, desobrigado de indenização.

Art. 242. Se para o melhoramento, ou aumento, empregou o devedor trabalho ou dispêndio, o caso se regulará pelas normas deste Código atinentes às benfeitorias realizadas pelo possuidor de boa-fé ou de má-fé.

- arts. 96; 1.219 a 1.222 deste Código.

Parágrafo único. Quanto aos frutos percebidos, observar-se-á, do mesmo modo, o disposto neste Código, acerca do possuidor de boa-fé ou de má-fé.

- arts. 95; 1.214 a 1.217 deste Código.

SEÇÃO II
DAS OBRIGAÇÕES DE DAR COISA INCERTA

Art. 243. A coisa incerta será indicada, ao menos, pelo gênero e pela quantidade.

- arts. 811 a 813, NCPC.
- Enunciado 160 das Jornadas de Direito Civil.

Art. 244. Nas coisas determinadas pelo gênero e pela quantidade, a escolha pertence ao devedor, se o contrário não resultar do título da obrigação; mas não poderá dar a coisa pior, nem será obrigado a prestar a melhor.

- arts. 1.929 deste Código.

Art. 245. Cientificado da escolha o credor, vigorará o disposto na Seção antecedente.

- arts. 233 a 242; 313 deste Código.

Art. 246. Antes da escolha, não poderá o devedor alegar perda ou deterioração da coisa, ainda que por força maior ou caso fortuito.

- arts. 393, p.u., deste Código.

CAPÍTULO II
DAS OBRIGAÇÕES DE FAZER

Art. 247. Incorre na obrigação de indenizar perdas e danos o devedor que recusar a prestação a ele só imposta, ou só por ele exequível.

Art. 248. Se a prestação do fato tornar-se impossível sem culpa do devedor, resolver-se-á a obrigação; se por culpa dele, responderá por perdas e danos.

- arts. 402 a 405 deste Código.

Art. 249. Se o fato puder ser executado por terceiro, será livre ao credor mandá-lo executar à custa do devedor, havendo recusa ou mora deste, sem prejuízo da indenização cabível.

- arts. 389 deste Código.
- arts. 815 a 821, NCPC.

Parágrafo único. Em caso de urgência, pode o credor, independentemente de autorização judicial, executar ou mandar executar o fato, sendo depois ressarcido.

CAPÍTULO III
DAS OBRIGAÇÕES DE NÃO FAZER

Art. 250. Extingue-se a obrigação de não fazer, desde que, sem culpa do devedor, se lhe torne impossível abster-se do ato, que se obrigou a não praticar.

- arts. 822 e 823, NCPC.

Art. 251. Praticado pelo devedor o ato, a cuja abstenção se obrigara, o credor pode exigir dele que o desfaça, sob pena de se desfazer à sua custa, ressarcindo o culpado perdas e danos.

- arts. 389; 394; 402 a 405; 881 deste Código.
- arts. 814; 822; 823, NCPC.

Parágrafo único. Em caso de urgência, poderá o credor desfazer ou mandar desfazer, independentemente de autorização judicial, sem prejuízo do ressarcimento devido.

CAPÍTULO IV
DAS OBRIGAÇÕES ALTERNATIVAS

Art. 252. Nas obrigações alternativas, a escolha cabe ao devedor, se outra coisa não se estipulou.

- arts. 342; 1.932 a 1.934 deste Código.
- arts. 534; 800, NCPC.

§ 1º Não pode o devedor obrigar o credor a receber parte em uma prestação e parte em outra.

- art. 314 deste Código.

§ 2º Quando a obrigação for de prestações periódicas, a faculdade de opção poderá ser exercida em cada período.

§ 3º No caso de pluralidade de optantes, não havendo acordo unânime entre eles, decidirá o juiz, findo o prazo por este assinado para a deliberação.

§ 4º Se o título deferir a opção a terceiro, e este não quiser, ou não puder exercê-la, caberá ao juiz a escolha se não houver acordo entre as partes.

Art. 253. Se uma das duas prestações não puder ser objeto de obrigação ou se tornada inexequível, subsistirá o débito quanto à outra.

- art. 104, II, deste Código.

Art. 254. Se, por culpa do devedor, não se puder cumprir nenhuma das prestações, não competindo ao credor a escolha, ficará aquele obrigado a pagar o valor da que por último se impossibilitou, mais as perdas e danos que o caso determinar.

- arts. 389; 402 a 405 deste Código.

Art. 255. Quando a escolha couber ao credor e uma das prestações tornar-se impossível por culpa do devedor, o credor terá direito de exigir a prestação subsistente ou o valor da outra, com perdas e danos; se, por culpa do devedor, ambas as prestações se tornarem inexequíveis, poderá o credor reclamar o valor de qualquer das duas, além da indenização por perdas e danos.

- arts. 389; 402 a 405 deste Código.

Art. 256. Se todas as prestações se tornarem impossíveis sem culpa do devedor, extinguir-se-á a obrigação.

- arts. 233; 234; 248; 393 deste Código.

CAPÍTULO V
DAS OBRIGAÇÕES DIVISÍVEIS E INDIVISÍVEIS

Art. 257. Havendo mais de um devedor ou mais de um credor em obrigação divisível, esta presume-se dividida em tantas obrigações, iguais e distintas, quantos os credores ou devedores.

- art. 265 deste Código.

Art. 258. A obrigação é indivisível quando a prestação tem por objeto uma coisa ou um fato não suscetíveis de divisão, por sua natureza, por motivo de ordem econômica, ou dada a razão determinante do negócio jurídico.

Art. 259. Se, havendo dois ou mais devedores, a prestação não for divisível, cada um será obrigado pela dívida toda.

Parágrafo único. O devedor, que paga a dívida, sub-roga-se no direito do credor em relação aos outros coobrigados.

- art. 346, III, deste Código.

Art. 260. Se a pluralidade for dos credores, poderá cada um destes exigir a dívida inteira; mas o devedor ou devedores se desobrigarão, pagando:

I - a todos conjuntamente;

II - a um, dando este caução de ratificação dos outros credores.

Art. 261. Se um só dos credores receber a prestação por inteiro, a cada um dos outros assistirá o direito de exigir dele em dinheiro a parte que lhe caiba no total.

Art. 262. Se um dos credores remitir a dívida, a obrigação não ficará extinta para com os outros; mas estes só a poderão exigir descontada a quota do credor remitente.

Parágrafo único. O mesmo critério se observará no caso de transação, novação, compensação ou confusão.

- arts. 360 a 384; 840 a 850 deste Código.

Art. 263. Perde a qualidade de indivisível a obrigação que se resolver em perdas e danos.

- arts. 271 deste Código.
- Enunciado 540 das Jornadas de Direito Civil.

§ 1º Se, para efeito do disposto neste artigo, houver culpa de todos os devedores, responderão todos por partes iguais.

§ 2º Se for de um só a culpa, ficarão exonerados os outros, respondendo só esse pelas perdas e danos.

- arts. 402 a 405 deste Código.

CAPÍTULO VI
DAS OBRIGAÇÕES SOLIDÁRIAS

SEÇÃO I
DISPOSIÇÕES GERAIS

Art. 264. Há solidariedade, quando na mesma obrigação concorre mais de um credor, ou mais de um devedor, cada um com direito, ou obrigado, à dívida toda.

- arts. 257; 942 deste Código.
- arts. 7º, p.ú.; 18, *caput*; 19, *caput*; 25, §§ 1º e 2º; 28, § 3º; e 34, CDC.
- arts. 124 e 125, CTN.
- arts. 130 e 1.005, NCPC.

Art. 265. A solidariedade não se presume; resulta da lei ou da vontade das partes.

- arts. 257 e 942 deste Código.
- arts. 7º, p.u.; 18, *caput*; 19, *caput*; 25, §§ 1º e 2º; 28, § 3º; e 34, CDC.
- arts. 124 e 125, CTN.
- Súm. 26, STJ.
- Enunciado 22 das Jornadas de Direito Civil.

Art. 266. A obrigação solidária pode ser pura e simples para um dos cocredores ou codevedores, e condicional, ou a prazo, ou pagável em lugar diferente, para o outro.

- Enunciado 347 das Jornadas de Direito Civil.

SEÇÃO II
DA SOLIDARIEDADE ATIVA

Art. 267. Cada um dos credores solidários tem direito a exigir do devedor o cumprimento da prestação por inteiro.

- arts. 260 e 261 deste Código.

Art. 268. Enquanto alguns dos credores solidários não demandarem o devedor comum, a qualquer daqueles poderá este pagar.

Art. 269. O pagamento feito a um dos credores solidários extingue a dívida até o montante do que foi pago.

Art. 270. Se um dos credores solidários falecer deixando herdeiros, cada um destes só terá direito a exigir e receber a quota do crédito que corresponder ao seu quinhão hereditário, salvo se a obrigação for indivisível.

Art. 271. Convertendo-se a prestação em perdas e danos, subsiste, para todos os efeitos, a solidariedade.

- arts. 402 a 405 deste Código.

Art. 272. O credor que tiver remitido a dívida ou recebido o pagamento responderá aos outros pela parte que lhes caiba.

- arts. 388 deste Código.

Art. 273. A um dos credores solidários não pode o devedor opor as exceções pessoais oponíveis aos outros.

Art. 274. O julgamento contrário a um dos credores solidários não atinge os demais, mas o julgamento favorável aproveita-lhes, sem prejuízo de exceção pessoal que o devedor tenha direito de invocar em relação a qualquer deles. (Alterado pela Lei 13.105/2015.)

SEÇÃO III
DA SOLIDARIEDADE PASSIVA

- art. 1.005, p.ú, NCPC.

Art. 275. O credor tem direito a exigir e receber de um ou de alguns dos devedores, parcial ou totalmente, a dívida comum; se o pagamento tiver sido parcial, todos os demais devedores continuam obrigados solidariamente pelo resto.

- art. 333, p.u., deste Código.
- arts. 130 III; 1.005, NCPC.
- Súm. 26, STJ.
- Enunciado 348 das Jornadas de Direito Civil.

Parágrafo único. Não importará renúncia da solidariedade a propositura de ação pelo credor contra um ou alguns dos devedores.

Art. 276. Se um dos devedores solidários falecer deixando herdeiros, nenhum destes será obrigado a pagar senão a quota que corresponder ao seu quinhão hereditário, salvo se a obrigação for indivisível; mas todos reunidos serão considerados como um devedor solidário em relação aos demais devedores.

- arts. 257 a 263; 314; 1.792; 1.821; 1.997 deste Código.

Art. 277. O pagamento parcial feito por um dos devedores e a remissão por ele obtida não aproveitam aos outros devedores, senão até à concorrência da quantia paga ou relevada.

- arts. 257; 385 a 388 deste Código.
- art. 125, CTN.

Art. 278. Qualquer cláusula, condição ou obrigação adicional, estipulada entre um dos devedores solidários e o credor, não poderá agravar a posição dos outros sem consentimento destes.

- arts. 107; 109; 121 a 137; 212; 215 a 221; 224; 227 a 229 deste Código.

Art. 279. Impossibilitando-se a prestação por culpa de um dos devedores solidários, subsiste para todos o encargo de pagar o equivalente; mas pelas perdas e danos só responde o culpado.

- arts. 402 a 405 deste Código.

Art. 280. Todos os devedores respondem pelos juros da mora, ainda que a ação tenha sido proposta somente contra um; mas o culpado responde aos outros pela obrigação acrescida.

- arts. 394 a 401; 406; 407 deste Código.

Art. 281. O devedor demandado pode opor ao credor as exceções que lhe forem pessoais e as comuns a todos; não lhe aproveitando as exceções pessoais a outro codevedor.

- art. 171 a 177 deste Código.

Art. 282. O credor pode renunciar à solidariedade em favor de um, de alguns ou de todos os devedores.

- arts. 385 a 388 deste Código.
- Enunciados 348, 349 e 351 das Jornadas de Direito Civil.

Parágrafo único. Se o credor exonerar da solidariedade um ou mais devedores, subsistirá a dos demais.

Art. 283. O devedor que satisfez a dívida por inteiro tem direito a exigir de cada um dos codevedores a sua quota, dividindo-se igualmente por todos a do insolvente, se o houver, presumindo-se iguais, no débito, as partes de todos os codevedores.

- arts. 346, III, deste Código.

Art. 284. No caso de rateio entre os codevedores, contribuirão também os exonerados da solidariedade pelo credor, pela parte que na obrigação incumbia ao insolvente.

- Enunciado 350 das Jornadas de Direito Civil.

Art. 285. Se a dívida solidária interessar exclusivamente a um dos devedores, responderá este por toda ela para com aquele que pagar.

TÍTULO II
DA TRANSMISSÃO DAS OBRIGAÇÕES

CAPÍTULO I
DA CESSÃO DE CRÉDITO

Art. 286. O credor pode ceder o seu crédito, se a isso não se opuser a natureza da obrigação, a lei, ou a convenção com o devedor; a cláusula proibitiva da cessão não poderá ser oposta ao cessionário de boa-fé, se não constar do instrumento da obrigação.

- arts. 347; 348; 358; 497, p.u.; 498; 1.749, II e III, deste Código.
- art. 16, Dec.-Lei 70/1966 (Autoriza o funcionamento de associações de poupança e empréstimo e institui a cédula hipotecária).

Art. 287. Salvo disposição em contrário, na cessão de um crédito abrangem-se todos os seus acessórios.

- arts. 92 e 364 deste Código.

Art. 288. É ineficaz, em relação a terceiros, a transmissão de um crédito, se não celebrar-se mediante instrumento público, ou instrumento particular revestido das solenidades do § 1º do art. 654.

- arts. 221 deste Código.
- arts. 127; I, e 129-9; Lei 6.015/1973 (Lei de Registros Públicos).
- Enunciado 618 das Jornadas de Direito Civil.

Art. 289. O cessionário de crédito hipotecário tem o direito de fazer averbar a cessão no registro do imóvel.

- art. 246, Lei 6.015/1973 (Lei de Registros Públicos).

Art. 290. A cessão do crédito não tem eficácia em relação ao devedor, senão quando a este notificada; mas por notificado se tem o devedor que, em escrito público ou particular, se declarou ciente da cessão feita.

- art. 377 deste Código.

Art. 291. Ocorrendo várias cessões do mesmo crédito, prevalece a que se completar com a tradição do título do crédito cedido.

- art. 347 deste Código.

Art. 292. Fica desobrigado o devedor que, antes de ter conhecimento da cessão, paga ao credor primitivo, ou que, no caso de mais de uma cessão notificada, paga ao cessionário que lhe apresenta, com o título de cessão, o da obrigação cedida; quando o crédito constar de escritura pública, prevalecerá a prioridade da notificação.

Art. 293. Independentemente do conhecimento da cessão pelo devedor, pode o cessionário exercer os atos conservatórios do direito cedido.

Art. 294. O devedor pode opor ao cessionário as exceções que lhe competirem, bem como as que, no momento em que veio a ter conhecimento da cessão, tinha contra o cedente.

Art. 295. Na cessão por título oneroso, o cedente, ainda que não se responsabilize, fica responsável ao cessionário pela existência do crédito ao tempo em que lhe cedeu; a mesma responsabilidade lhe cabe nas cessões por título gratuito, se tiver procedido de má-fé.

Art. 296. Salvo estipulação em contrário, o cedente não responde pela solvência do devedor.

Art. 297. O cedente, responsável ao cessionário pela solvência do devedor, não responde por mais do que daquele recebeu, com os respectivos juros; mas tem de ressarcir-lhe as despesas da cessão e as que o cessionário houver feito com a cobrança.

Art. 298. O crédito, uma vez penhorado, não pode mais ser transferido pelo credor que tiver conhecimento da penhora; mas o devedor que o pagar, não tendo notificação dela, fica exonerado, subsistindo somente contra o credor os direitos de terceiro.

- arts. 312 deste Código.
- art. 240, Lei 6.015/1973 (Lei de Registros Públicos).

CAPÍTULO II
DA ASSUNÇÃO DE DÍVIDA

Art. 299. É facultado a terceiro assumir a obrigação do devedor, com o consentimento expresso do credor, ficando exonerado o devedor primitivo, salvo se aquele, ao tempo da assunção, era insolvente e o credor o ignorava.

- Enunciado 16 das Jornadas de Direito Civil.

Parágrafo único. Qualquer das partes pode assinar prazo ao credor para que consinta na assunção da dívida, interpretando-se o seu silêncio como recusa.

- art. 111 deste Código.

Art. 300. Salvo assentimento expresso do devedor primitivo, consideram-se extintas, a partir da assunção da dívida, as garantias especiais por ele originariamente dadas ao credor.

- Enunciados 352 e 422 das Jornadas de Direito Civil.

Art. 301. Se a substituição do devedor vier a ser anulada, restaura-se o débito, com todas as suas garantias, salvo as garantias prestadas por terceiros, exceto se este conhecia o vício que inquinava a obrigação.

- Enunciado 423 das Jornadas de Direito Civil.

Art. 302. O novo devedor não pode opor ao credor as exceções pessoais que competiam ao devedor primitivo.

Art. 303. O adquirente de imóvel hipotecado pode tomar a seu cargo o pagamento do crédito garantido; se o credor, notificado, não impugnar em trinta dias a transferência do débito, entender-se-á dado o assentimento.

- arts. 1.479 deste Código.
- Enunciados 353 e 424 das Jornadas de Direito Civil.

TÍTULO III
DO ADIMPLEMENTO E EXTINÇÃO DAS OBRIGAÇÕES

CAPÍTULO I
DO PAGAMENTO

SEÇÃO I
DE QUEM DEVE PAGAR

Art. 304. Qualquer interessado na extinção da dívida pode pagá-la, usando, se o credor se opuser, dos meios conducentes à exoneração do devedor.

- arts. 334; 346, III; 394; 831 deste Código.

Parágrafo único. Igual direito cabe ao terceiro não interessado, se o fizer em nome e à conta do devedor, salvo oposição deste.

Art. 305. O terceiro não interessado, que paga a dívida em seu próprio nome, tem direito a reembolsar-se do que pagar; mas não se sub-roga nos direitos do credor.

- arts. 346, III; 347, I; 871; 872; e 880 deste Código.

Parágrafo único. Se pagar antes de vencida a dívida, só terá direito ao reembolso no vencimento.

Art. 306. O pagamento feito por terceiro, com desconhecimento ou oposição do devedor, não obriga a reembolsar aquele que pagou, se o devedor tinha meios para ilidir a ação.

Art. 307. Só terá eficácia o pagamento que importar transmissão da propriedade, quando feito por quem possa alienar o objeto em que ele consistiu.

Parágrafo único. Se se der em pagamento coisa fungível, não se poderá mais reclamar do credor que, de boa-fé, a recebeu e consumiu, ainda que o solvente não tivesse o direito de aliená-la.

- arts. 85 e 86 deste Código.

SEÇÃO II
DAQUELES A QUEM SE DEVE PAGAR

- arts. 904 a 926 deste Código.

Art. 308. O pagamento deve ser feito ao credor ou a quem de direito o represente, sob pena de só valer depois de por ele ratificado, ou tanto quanto reverter em seu proveito.

- arts. 662; 673; 873; e 905 deste Código.
- Enunciado 425 das Jornadas de Direito Civil.

Art. 309. O pagamento feito de boa-fé ao credor putativo é válido, ainda provado depois que não era credor.

Art. 310. Não vale o pagamento cientemente feito ao credor incapaz de quitar, se o devedor não provar que em benefício dele efetivamente reverteu.

- art. 181 deste Código.

Art. 311. Considera-se autorizado a receber o pagamento o portador da quitação, salvo se as circunstâncias contrariarem a presunção daí resultante.

- art. 320 deste Código.

Art. 312. Se o devedor pagar ao credor, apesar de intimado da penhora feita sobre o crédito, ou da impugnação a ele oposta por terceiros, o pagamento não valerá contra estes, que poderão constranger o devedor a pagar de novo, ficando-lhe ressalvado o regresso contra o credor.

- arts. 290; 298; 876; 1.460, p.u., deste Código.
- arts. 855; 856, NCPC.

SEÇÃO III
DO OBJETO DO PAGAMENTO E SUA PROVA

Art. 313. O credor não é obrigado a receber prestação diversa da que lhe é devida, ainda que mais valiosa.

- arts. 356 deste Código.
- art. 35, I, CDC.
- arts. 806 a 813, NCPC.

Art. 314. Ainda que a obrigação tenha por objeto prestação divisível, não pode o credor ser obrigado a receber, nem o devedor a pagar, por partes, se assim não se ajustou.

- arts. 87; 88; 257 e 258 deste Código.
- art. 22, Dec. 2.044/1908 (Define a letra de câmbio e a nota promissória).

Art. 315. As dívidas em dinheiro deverão ser pagas no vencimento, em moeda corrente e pelo valor nominal, salvo o disposto nos artigos subsequentes.

- art. 327 deste Código.
- art. 162, CTN.
- art. 9º, LInDB.

Art. 316. É lícito convencionar o aumento progressivo de prestações sucessivas.

Art. 317. Quando, por motivos imprevisíveis, sobrevier desproporção manifesta entre o valor da prestação devida e o do momento de sua execução, poderá o juiz corrigi-lo, a pedido da parte, de modo que assegure, quanto possível, o valor real da prestação.

- art. 478 deste Código.
- Enunciado 17 das Jornadas de Direito Civil.

Art. 318. São nulas as convenções de pagamento em ouro ou em moeda estrangeira, bem como para compensar a diferença entre o valor desta e o da moeda nacional, excetuados os casos previstos na legislação especial.

- Dec.-Lei 857/1969 (Consolida e altera a legislação sobre moeda de pagamento de obrigações exequíveis no Brasil).

Art. 319. O devedor que paga tem direito a quitação regular, e pode reter o pagamento, enquanto não lhe seja dada.

- art. 396 deste Código.
- art. 205, CTN.
- Enunciado 18 das Jornadas de Direito Civil.

Art. 320. A quitação, que sempre poderá ser dada por instrumento particular, designará o valor e a espécie da dívida quitada, o nome do devedor, ou quem por este pagou, o tempo e o lugar do pagamento, com a assinatura do credor, ou do seu representante.

- art. 377 deste Código.
- art. 477, CLT.
- arts. 251, Lei 6.015/1973 (Lei de Registros Públicos).
- art. 44, I, Lei 8.245/1991 (Lei das Locações).

Parágrafo único. Ainda sem os requisitos estabelecidos neste artigo valerá a quitação, se de seus termos ou das circunstâncias resultar haver sido paga a dívida.

Art. 321. Nos débitos, cuja quitação consista na devolução do título, perdido este, poderá o devedor exigir, retendo o pagamento, declaração do credor que inutilize o título desaparecido.

Art. 322. Quando o pagamento for em quotas periódicas, a quitação da última estabelece, até prova em contrário, a presunção de estarem solvidas as anteriores.

Art. 323. Sendo a quitação do capital sem reserva dos juros, estes presumem-se pagos.

Art. 324. A entrega do título ao devedor firma a presunção do pagamento.

- arts. 386 deste Código.

Parágrafo único. Ficará sem efeito a quitação assim operada se o credor provar, em sessenta dias, a falta do pagamento.

Art. 325. Presumem-se a cargo do devedor as despesas com o pagamento e a quitação; se ocorrer aumento por fato do credor, suportará este a despesa acrescida.

Art. 326. Se o pagamento se houver de fazer por medida, ou peso, entender-se-á, no silêncio das partes, que aceitaram os do lugar da execução.

SEÇÃO IV
DO LUGAR DO PAGAMENTO

Art. 327. Efetuar-se-á o pagamento no domicílio do devedor, salvo se as partes convencionarem diversamente, ou se o contrário resultar da lei, da natureza da obrigação ou das circunstâncias.

- arts. 78 deste Código.
- art. 159, CTN.

Parágrafo único. Designados dois ou mais lugares, cabe ao credor escolher entre eles.

Art. 328. Se o pagamento consistir na tradição de um imóvel, ou em prestações relativas a imóvel, far-se-á no lugar onde situado o bem.

- art. 341 deste Código.

Art. 329. Ocorrendo motivo grave para que se não efetue o pagamento no lugar determinado, poderá o devedor fazê-lo em outro, sem prejuízo para o credor.

Art. 330. O pagamento reiteradamente feito em outro local faz presumir renúncia do credor relativamente ao previsto no contrato.

SEÇÃO V
DO TEMPO DO PAGAMENTO

Art. 331. Salvo disposição legal em contrário, não tendo sido ajustada época para o pagamento, pode o credor exigi-lo imediatamente.

- arts. 134; 333; 397; 592; 939 deste Código.
- art. 52, § 2º, CDC.
- art. 160, CTN.

Art. 332. As obrigações condicionais cumprem-se na data do implemento da condição, cabendo ao credor a prova de que deste teve ciência o devedor.

- arts. 121 a 130 deste Código.

Art. 333. Ao credor assistirá o direito de cobrar a dívida antes de vencido o prazo estipulado no contrato ou marcado neste Código:

- arts. 476; 477; 590; 1.425 deste Código.

I - no caso de falência do devedor, ou de concurso de credores;

- art. 77, Lei 11.101/2005 (Lei de Recuperação de Empresas e Falência).

II - se os bens, hipotecados ou empenhados, forem penhorados em execução por outro credor;

- art. 1.425, § 2º, deste Código.
- art. 856, § 2, NCPC.

III - se cessarem, ou se se tornarem insuficientes, as garantias do débito, fidejussórias, ou reais, e o devedor, intimado, se negar a reforçá-las.

- art. 826 deste Código.

Parágrafo único. Nos casos deste artigo, se houver, no débito, solidariedade passiva, não se reputará vencido quanto aos outros devedores solventes.

- arts. 275 a 285 deste Código.
- arts. 908 e 909, NCPC.
- art. 52, § 2, CDC.

CAPÍTULO II
DO PAGAMENTO EM CONSIGNAÇÃO

- art. 164, CTN.
- arts. 539 a 549, NCPC.
- art. 29 Dec.-lei 3.365/1941 (Dispõe sobre desapropriações por utilidade pública).

Art. 334. Considera-se pagamento, e extingue a obrigação, o depósito judicial ou em estabelecimento bancário da coisa devida, nos casos e forma legais.

- art. 33, Dec.-Lei 3.365/1941 (Dispõe sobre desapropriações por utilidade pública).

Art. 335. A consignação tem lugar:

- arts. 635; 641 deste Código.

I - se o credor não puder, ou, sem justa causa, recusar receber o pagamento, ou dar quitação na devida forma;

- arts. 304; 319 320 deste Código.

II - se o credor não for, nem mandar receber a coisa no lugar, tempo e condição devidos;

- arts. 327 a 333; e 341 deste Código.

III - se o credor for incapaz de receber, for desconhecido, declarado ausente, ou residir em lugar incerto ou de acesso perigoso ou difícil;

- arts. 22 deste Código.

IV - se ocorrer dúvida sobre quem deva legitimamente receber o objeto do pagamento;

- arts. 344; 345; deste Código.
- arts. 547 e 548, NCPC.

V - se pender litígio sobre o objeto do pagamento.

- arts. 344 e 345 deste Código.

Art. 336. Para que a consignação tenha força de pagamento, será mister concorram, em relação às pessoas, ao objeto, modo e tempo, todos os requisitos sem os quais não é válido o pagamento.

- arts. 304 a 312; 315; 319 a 333 deste Código.

Art. 337. O depósito requerer-se-á no lugar do pagamento, cessando, tanto que se efetue, para o depositante, os juros da dívida e os riscos, salvo se for julgado improcedente.

- arts. 327 a 330 deste Código.
- art. 540, NCPC.

Art. 338. Enquanto o credor não declarar que aceita o depósito, ou não o impugnar, poderá o devedor requerer o levantamento, pagando as respectivas despesas, e subsistindo a obrigação para todas as consequências de direito.

Art. 339. Julgado procedente o depósito, o devedor já não poderá levantá-lo, embora o credor consinta, senão de acordo com os outros devedores e fiadores.

Art. 340. O credor que, depois de contestar a lide ou aceitar o depósito, aquiescer no levantamento, perderá a preferência e a garantia que lhe competiam com respeito à coisa consignada, ficando para logo desobrigados os codevedores e fiadores que não tenham anuído.

Art. 341. Se a coisa devida for imóvel ou corpo certo que deva ser entregue no mesmo lugar onde está, poderá o devedor citar o credor para vir ou mandar recebê-la, sob pena de ser depositada.

- arts. 328 e 335, II, deste Código.
- art. 540, NCPC.

Art. 342. Se a escolha da coisa indeterminada competir ao credor, será ele citado para esse fim, sob cominação de perder o direito e de ser depositada a coisa que o devedor escolher; feita a escolha pelo devedor, proceder-se-á como no artigo antecedente.

- arts. 244; 252; 255; 256 deste Código.
- art. 543, NCPC.

Art. 343. As despesas com o depósito, quando julgado procedente, correrão à conta do credor, e, no caso contrário, à conta do devedor.

Art. 344. O devedor de obrigação litigiosa exonerar-se-á mediante consignação, mas, se pagar a qualquer dos pretendidos credores, tendo conhecimento do litígio, assumirá o risco do pagamento.

- art. 856, NCPC.

Art. 345. Se a dívida se vencer, pendendo litígio entre credores que se pretendem mutuamente excluir, poderá qualquer deles requerer a consignação.

CAPÍTULO III
DO PAGAMENTO COM SUB-ROGAÇÃO

Art. 346. A sub-rogação opera-se, de pleno direito, em favor:

- arts. 259, p.ú., deste Código.
- art. 13, p.u., CDC.

I - do credor que paga a dívida do devedor comum;

- arts. 304; 1.478 deste Código.

II - do adquirente do imóvel hipotecado, que paga a credor hipotecário, bem como do terceiro que efetiva o pagamento para não ser privado de direito sobre imóvel;

- arts. 1.479; 1.481, § 4º, deste Código.

III - do terceiro interessado, que paga a dívida pela qual era ou podia ser obrigado, no todo ou em parte.

- arts. 259; 283; 304; 305; 831 deste Código.
- art. 728, CCom.

Art. 347. A sub-rogação é convencional:

I - quando o credor recebe o pagamento de terceiro e expressamente lhe transfere todos os seus direitos;

- arts. 305 e 348 deste Código.

II - quando terceira pessoa empresta ao devedor a quantia precisa para solver a dívida, sob a condição expressa de ficar o mutuante sub-rogado nos direitos do credor satisfeito.

- arts. 286 a 298 deste Código.
- art. 129-9, Lei 6.015/1973 (Lei de Registros Públicos).

Art. 348. Na hipótese do inciso I do artigo antecedente, vigorará o disposto quanto à cessão do crédito.

Art. 349. A sub-rogação transfere ao novo credor todos os direitos, ações, privilégios e garantias do primitivo, em relação à dívida, contra o devedor principal e os fiadores.

- Súm. 188 e 257, STF.

Art. 350. Na sub-rogação legal o sub-rogado não poderá exercer os direitos e as ações do credor, senão até à soma que tiver desembolsado para desobrigar o devedor.

- Súm. 188 e 257, STF.

Art. 351. O credor originário, só em parte reembolsado, terá preferência ao sub-rogado, na cobrança da dívida restante, se os bens do devedor não chegarem para saldar inteiramente o que a um e outro dever.

CAPÍTULO IV
DA IMPUTAÇÃO DO PAGAMENTO

Art. 352. A pessoa obrigada por dois ou mais débitos da mesma natureza, a um só credor, tem o direito de indicar a qual deles oferece pagamento, se todos forem líquidos e vencidos.

- arts. 134; 331 a 333; 355 deste Código.
- art. 163, CTN.

Art. 353. Não tendo o devedor declarado em qual das dívidas líquidas e vencidas quer imputar o pagamento, se aceitar a quitação de uma delas, não terá direito a reclamar contra a imputação feita pelo credor, salvo provando haver ele cometido violência ou dolo.

Art. 354. Havendo capital e juros, o pagamento imputar-se-á primeiro nos juros vencidos, e depois no capital, salvo estipulação em contrário, ou se o credor passar a quitação por conta do capital.

- Súm. 464, STJ.

Art. 355. Se o devedor não fizer a indicação do art. 352, e a quitação for omissa quanto à imputação, esta se fará nas dívidas líquidas e vencidas em primeiro lugar. Se as dívidas forem todas líquidas e vencidas ao mesmo tempo, a imputação far-se-á na mais onerosa.

CAPÍTULO V
DA DAÇÃO EM PAGAMENTO

Art. 356. O credor pode consentir em receber prestação diversa da que lhe é devida.

- arts. 313; 838, III, deste Código.

Art. 357. Determinado o preço da coisa dada em pagamento, as relações entre as partes regular-se-ão pelas normas do contrato de compra e venda.

- arts. 481 e ss. deste Código.

Art. 358. Se for título de crédito a coisa dada em pagamento, a transferência importará em cessão.

- arts. 286 a 298 deste Código.

Art. 359. Se o credor for evicto da coisa recebida em pagamento, restabelecer-se-á a obrigação primitiva, ficando sem efeito a quitação dada, ressalvados os direitos de terceiros.

- arts. 447 a 457; 838, III, deste Código.

CAPÍTULO VI
DA NOVAÇÃO

Art. 360. Dá-se a novação:

I - quando o devedor contrai com o credor nova dívida para extinguir e substituir a anterior;

II - quando novo devedor sucede ao antigo, ficando este quite com o credor;

III - quando, em virtude de obrigação nova, outro credor é substituído ao antigo, ficando o devedor quite com este.

- Art. 535, VI, NCPC.

Art. 361. Não havendo ânimo de novar, expresso ou tácito, mas inequívoco, a segunda obrigação confirma simplesmente a primeira.

Art. 362. A novação por substituição do devedor pode ser efetuada independentemente de consentimento deste.

Art. 363. Se o novo devedor for insolvente, não tem o credor, que o aceitou, ação regressiva contra o primeiro, salvo se este obteve por má-fé a substituição.

- art. 955 deste Código.

Art. 364. A novação extingue os acessórios e garantias da dívida, sempre que não houver estipulação em contrário. Não aproveitará, contudo, ao credor ressalvar o penhor, a hipoteca ou a anticrese, se os bens dados em garantia pertencerem a terceiro que não foi parte na novação.

- art. 287 deste Código.

Art. 365. Operada a novação entre o credor e um dos devedores solidários, somente sobre os bens do que contrair a nova obrigação subsistem as preferências e garantias do crédito novado. Os outros devedores solidários ficam por esse fato exonerados.

- arts. 275 a 285 deste Código.

Art. 366. Importa exoneração do fiador a novação feita sem seu consenso com o devedor principal.

- arts. 835; 837; 838, I, deste Código.
- Enunciado 547 das Jornadas de Direito Civil.

Art. 367. Salvo as obrigações simplesmente anuláveis, não podem ser objeto de novação obrigações nulas ou extintas.

- arts. 166 a 184 deste Código.

CAPÍTULO VII
DA COMPENSAÇÃO

Art. 368. Se duas pessoas forem ao mesmo tempo credor e devedor uma da outra, as duas obrigações extinguem-se, até onde se compensarem.

- arts. 1.707; 1.919 deste Código.

Art. 369. A compensação efetua-se entre dívidas líquidas, vencidas e de coisas fungíveis.

- arts. 85 e 372 deste Código.

Art. 370. Embora sejam do mesmo gênero as coisas fungíveis, objeto das duas prestações, não se compensarão, verificando-se que diferem na qualidade, quando especificada no contrato.

- art. 85 deste Código.

Art. 371. O devedor somente pode compensar com o credor o que este lhe dever; mas o fiador pode compensar sua dívida com a de seu credor ao afiançado.

- arts. 376; 837 deste Código.

Art. 372. Os prazos de favor, embora consagrados pelo uso geral, não obstam a compensação.

Art. 373. A diferença de causa nas dívidas não impede a compensação, exceto:

I - se provier de esbulho, furto ou roubo;

- art. 1.210 deste Código.
- arts. 155 a 157, CP.

II - se uma se originar de comodato, depósito ou alimentos;

- arts. 579 a 585; 627 e ss.; 1.694 a 1.710 deste Código.

III - se uma for de coisa não suscetível de penhora.

- arts. 312; 839; 1.481, § 4º deste Código.
- arts. 794, 797 a 799, 824 e ss., 905, 906 e 913, NCPC.

Art. 374. (Revogado pela Lei 10.677/2003.)

Art. 375. Não haverá compensação quando as partes, por mútuo acordo, a excluírem, ou no caso de renúncia prévia de uma delas.

Art. 376. Obrigando-se por terceiro uma pessoa, não pode compensar essa dívida com a que o credor dele lhe dever.

- art. 371 deste Código.

Art. 377. O devedor que, notificado, nada opõe à cessão que o credor faz a terceiros dos seus direitos, não pode opor ao cessionário a compensação, que antes da cessão teria podido opor ao cedente. Se, porém, a cessão lhe não tiver sido notificada, poderá opor ao cessionário compensação do crédito que antes tinha contra o cedente.

- arts. 290 deste Código.

Art. 378. Quando as duas dívidas não são pagáveis no mesmo lugar, não se podem compensar sem dedução das despesas necessárias à operação.

- arts. 325 e 327 deste Código.

Art. 379. Sendo a mesma pessoa obrigada por várias dívidas compensáveis, serão observadas, no compensá-las, as regras estabelecidas quanto à imputação do pagamento.

- arts. 352 a 355 deste Código.

Art. 380. Não se admite a compensação em prejuízo de direito de terceiro. O devedor que se torne credor do seu credor, depois de penhorado o crédito deste, não pode opor ao exequente a compensação, de que contra o próprio credor disporia.

CAPÍTULO VIII
DA CONFUSÃO

Art. 381. Extingue-se a obrigação, desde que na mesma pessoa se confundam as qualidades de credor e devedor.

- arts. 264 a 285 deste Código.

Art. 382. A confusão pode verificar-se a respeito de toda a dívida, ou só de parte dela.

- art. 1.436, IV; § 2º, deste Código.

Art. 383. A confusão operada na pessoa do credor ou devedor solidário só extingue a obrigação até a concorrência da respectiva parte no crédito, ou na dívida, subsistindo quanto ao mais a solidariedade.

Art. 384. Cessando a confusão, para logo se restabelece, com todos os seus acessórios, a obrigação anterior.

CAPÍTULO IX
DA REMISSÃO DAS DÍVIDAS

Art. 385. A remissão da dívida, aceita pelo devedor, extingue a obrigação, mas sem prejuízo de terceiro.

- arts. 158 deste Código.
- art. 172, CTN.

Art. 386. A devolução voluntária do título da obrigação, quando por escrito particular, prova desoneração do devedor e seus coobrigados, se o credor for capaz de alienar, e o devedor capaz de adquirir.

- art. 324 deste Código.

Art. 387. A restituição voluntária do objeto empenhado prova a renúncia do credor à garantia real, não a extinção da dívida.

- art. 1.436, III, e § 1º, deste Código.

Art. 388. A remissão concedida a um dos codevedores extingue a dívida na parte a ele correspondente; de modo que, ainda reservando o credor a solidariedade contra os outros, já lhes não pode cobrar o débito sem dedução da parte remitida.

- arts. 277 a 282 deste Código.

TÍTULO IV
DO INADIMPLEMENTO DAS OBRIGAÇÕES

CAPÍTULO I
DISPOSIÇÕES GERAIS

Art. 389. Não cumprida a obrigação, responde o devedor por perdas e danos, mais juros e atualização monetária segundo índices oficiais regularmente estabelecidos, e honorários de advogado.

- arts. 233; 234; 394; 394; 409; 475 deste Código.
- art. 84, CDC.
- art. 52, V, Lei 9.099/1995 (Lei dos Juizados Especiais).
- arts. 22 a 26, Lei 8.906/1994 (EOAB).
- Súm. 125 e 136, STJ.
- Enunciados 161, 426 e 548 das Jornadas de Direito Civil.

Art. 390. Nas obrigações negativas o devedor é havido por inadimplente desde o dia em que executou o ato de que se devia abster.

- arts. 250 e 251 deste Código.

Art. 391. Pelo inadimplemento das obrigações respondem todos os bens do devedor.

- art. 942 deste Código.
- art. 789, NCPC.

Art. 392. Nos contratos benéficos, responde por simples culpa o contratante, a quem o contrato aproveite, e por dolo aquele a quem não favoreça. Nos contratos onerosos, responde cada uma das partes por culpa, salvo as exceções previstas em lei.

- arts. 476; 477; 582; 588; 589; 667 deste Código.
- Súm. 145, STJ.

Art. 393. O devedor não responde pelos prejuízos resultantes de caso fortuito ou força maior, se expressamente não se houver por eles responsabilizado.

- arts. 492, 582; 642; 667 deste Código.
- Enunciado 443 das Jornadas de Direito Civil.

Parágrafo único. O caso fortuito ou de força maior verifica-se no fato necessário, cujos efeitos não eram possíveis evitar ou impedir.

CAPÍTULO II
DA MORA

- Súm. 380, STJ.

Art. 394. Considera-se em mora o devedor que não efetuar o pagamento e o credor que não quiser recebê-lo no tempo, lugar e forma que a lei ou a convenção estabelecer.

- arts. 327 a 333; 396 deste Código.
- Súm. 54, STJ.

Art. 395. Responde o devedor pelos prejuízos a que sua mora der causa, mais juros, atualização dos valores monetários segundo índices oficiais regularmente estabelecidos, e honorários de advogado.

- arts. 402 a 405 deste Código.
- art. 52, CDC.
- art. 161, CTN.
- arts. 22 a 26, Lei 8.906/1994 (EOAB).
- Enunciados 162 e 354 das Jornadas de Direito Civil.

Parágrafo único. Se a prestação, devido à mora, se tornar inútil ao credor, este poderá enjeitá-la, e exigir a satisfação das perdas e danos.

Art. 396. Não havendo fato ou omissão imputável ao devedor, não incorre este em mora.

- arts. 203 e 280 deste Código.
- Súm. 369, STJ.
- Enunciado 354 das Jornadas de Direito Civil.

Art. 397. O inadimplemento da obrigação, positiva e líquida, no seu termo, constitui de pleno direito em mora o devedor.

- arts. 195 deste Código.
- art. 240, NCPC.

Parágrafo único. Não havendo termo, a mora se constitui mediante interpelação judicial ou extrajudicial.

- Súm. 76, STJ.
- Enunciados 427 e 619 das Jornadas de Direito Civil.

Art. 398. Nas obrigações provenientes de ato ilícito, considera-se o devedor em mora, desde que o praticou.

- arts. 186 a 188; 927 deste Código.
- Súm. 54, STJ.

Art. 399. O devedor em mora responde pela impossibilidade da prestação, embora essa impossibilidade resulte de caso fortuito ou de força maior, se estes ocorrerem durante o atraso; salvo se provar isenção de culpa, ou que o dano sobreviria ainda quando a obrigação fosse oportunamente desempenhada.

- arts. 393; 552; 562; 862 deste Código.

Art. 400. A mora do credor subtrai o devedor isento de dolo à responsabilidade pela conservação da coisa, obriga o credor a ressarcir as despesas empregadas em conservá-la, e sujeita-o a recebê-la pela estimação mais favorável ao devedor, se o seu valor oscilar entre o dia estabelecido para o pagamento e o da sua efetivação.

- arts. 492, § 2º; 611 deste Código.

Art. 401. Purga-se a mora:

- Súm. 369, STJ.

I - por parte do devedor, oferecendo este a prestação mais a importância dos prejuízos decorrentes do dia da oferta;

- Súm. 122, STF.

II - por parte do credor, oferecendo-se este a receber o pagamento e sujeitando-se aos efeitos da mora até a mesma data.

- art. 63, Lei 4.591/1964 (Dispõe sobre o condomínio em edificações e as incorporações imobiliárias).
- arts. 32; 34; 35, Dec.-Lei 70/1966 (Autoriza o funcionamento de associações de poupança e empréstimo e institui a cédula hipotecária).
- art. 3º, §§ 1º e 3º, Dec.-Lei 911/1969 (Altera a redação do art. 66, Lei 4.728/1965, estabelece normas de processo sobre alienação fiduciária).
- arts. 32; 33, Lei 6.766/1979 (Dispõe sobre o parcelamento do solo urbano).
- art. 62, Lei 8.245/1991 (Lei das Locações).

CAPÍTULO III
DAS PERDAS E DANOS

- Súm. 412 e 562, STF.
- Súm. 143, STJ.

Art. 402. Salvo as exceções expressamente previstas em lei, as perdas e danos devidas ao credor abrangem, além do que ele efetivamente perdeu, o que razoavelmente deixou de lucrar.

- arts. 416 deste Código.
- Súm. 412; 562, STF.

Art. 403. Ainda que a inexecução resulte de dolo do devedor, as perdas e danos só incluem os prejuízos efetivos e os lucros cessantes por efeito dela direto e imediato, sem prejuízo do disposto na lei processual.

Art. 404. As perdas e danos, nas obrigações de pagamento em dinheiro, serão pagas com atualização monetária segundo índices oficiais regularmente estabelecidos, abrangendo juros, custas e honorários de advogado, sem prejuízo da pena convencional.

- arts. 396; 407 deste Código.
- arts. 22 a 26, Lei 8.906/1994 (EOAB).
- Enunciado 161 das Jornadas de Direito Civil.

Parágrafo único. Provado que os juros da mora não cobrem o prejuízo, e não havendo pena convencional, pode o juiz conceder ao credor indenização suplementar.

Art. 405. Contam-se os juros de mora desde a citação inicial.

- arts. 395 deste Código.
- Súm. 54 e 426, STJ.
- Enunciados 163 e 428 das Jornadas de Direito Civil.

CAPÍTULO IV
DOS JUROS LEGAIS

- art. 322, § 1º, NCPC.
- Lei 7.089/1983 (Veda a cobrança de juros de mora sobre título cujo vencimento se dê em feriado, sábado ou domingo).

Art. 406. Quando os juros moratórios não forem convencionados, ou o forem sem taxa estipulada, ou quando provierem de determinação da lei, serão fixados segundo a taxa que estiver em vigor para a mora do pagamento de impostos devidos à Fazenda Nacional.

- arts. 591 deste Código.
- art. 52, CDC.
- Dec. 22.626/1933 (Lei da Usura).
- art. 5º, Lei 4.380/1964 (Institui a correção monetária nos contratos imobiliários de interesse social, o sistema financeiro para aquisição da casa própria e cria o Banco Nacional da Habitação - BNH, e Sociedades de Crédito Imobiliário, as Letras Imobiliárias e o Serviço Federal de Habitação e Urbanismo).
- Lei 4.414/1964 (Regula o pagamento de juros moratórios pela União, Estados, Distrito Federal, Municípios e autarquias).
- art. 63, § 9º, Lei 4.591/1964 (Dispõe sobre o condomínio em edificações e as incorporações imobiliárias).
- Lei 7.089/1983 (Veda a cobrança de juros de mora sobre título vencido em feriado, sábado e domingo).
- Súm. 618, STF.
- Súm. 530, STJ.
- Enunciados 20 e 164 das Jornadas de Direito Civil.

Art. 407. Ainda que se não alegue prejuízo, é obrigado o devedor aos juros da mora que se contarão assim às dívidas em dinheiro, como às prestações de outra natureza, uma vez que lhes esteja fixado o valor pecuniário por sentença judicial, arbitramento, ou acordo entre as partes.

- arts. 404; 677 deste Código.
- art. 124, Lei 11.101/2005 (Lei de Recuperação de Empresas e Falência).
- Lei 7.089/1983 (Veda a cobrança de juros de mora sobre título vencido em feriado, sábado e domingo).
- art. 49, IV, LC 109/2001 (Dispõe sobre o Regime de Previdência Complementar).

CAPÍTULO V
DA CLÁUSULA PENAL

Art. 408. Incorre de pleno direito o devedor na cláusula penal, desde que, culposamente, deixe de cumprir a obrigação ou se constitua em mora.

- arts. 397; 404 deste Código.
- art. 83, § 3º, Lei 11.101/2005 (Lei de Recuperação de Empresas e Falência).
- art. 49, III, LC 109/2001 (Dispõe sobre o Regime de Previdência Complementar).
- Enunciado 354 das Jornadas de Direito Civil.

Art. 409. A cláusula penal estipulada conjuntamente com a obrigação, ou em ato posterior, pode referir-se à inexecução completa da obrigação, à de alguma cláusula especial ou simplesmente à mora.

- arts. 389; 394; 397 deste Código.

Art. 410. Quando se estipular a cláusula penal para o caso de total inadimplemento da obrigação, esta converter-se-á em alternativa a benefício do credor.

Art. 411. Quando se estipular a cláusula penal para o caso de mora, ou em segurança especial de outra cláusula determinada, terá o credor o arbítrio de exigir a satisfação da pena cominada, juntamente com o desempenho da obrigação principal.

- art. 394; 404 deste Código.

Art. 412. O valor da cominação imposta na cláusula penal não pode exceder o da obrigação principal.

- art. 52, § 1º, CDC.
- art. 9º, Dec. 22.626/1933 (Lei da Usura).
- art. 12, § 3º, Lei 4.591/1964 (Dispõe sobre o condomínio em edificações e as incorporações imobiliárias).

Art. 413. A penalidade deve ser reduzida equitativamente pelo juiz se a obrigação principal tiver sido cumprida em parte, ou se o montante da penalidade for manifestamente excessivo, tendo-se em vista a natureza e a finalidade do negócio.

- arts. 51, IV; 53, CDC.
- art. 4º, Lei 8.245/1991 (Lei das Locações).
- Enunciados 165; 355 a 359; 429 das Jornadas de Direito Civil.

Art. 414. Sendo indivisível a obrigação, todos os devedores, caindo em falta um deles, incorrerão na pena; mas esta só se poderá demandar integralmente do culpado, respondendo cada um dos outros somente pela sua quota.

- arts. 257 a 263 deste Código

Parágrafo único. Aos não culpados fica reservada a ação regressiva contra aquele que deu causa à aplicação da pena.

- art. 125, NCPC.

Art. 415. Quando a obrigação for divisível, só incorre na pena o devedor ou o herdeiro do devedor que a infringir, e proporcionalmente à sua parte na obrigação.

Art. 416. Para exigir a pena convencional, não é necessário que o credor alegue prejuízo.

Parágrafo único. Ainda que o prejuízo exceda ao previsto na cláusula penal, não pode o credor exigir indenização suplementar se assim não foi convencionado. Se o tiver sido, a pena vale como mínimo da indenização, competindo ao credor provar o prejuízo excedente.

- Enunciado 430 das Jornadas de Direito Civil.

CAPÍTULO VI
DAS ARRAS OU SINAL

Art. 417. Se, por ocasião da conclusão do contrato, uma parte der à outra, a título de arras, dinheiro ou outro bem móvel, deverão as arras, em caso de execução, ser restituídas ou computadas na prestação devida, se do mesmo gênero da principal.

Art. 418. Se a parte que deu as arras não executar o contrato, poderá a outra tê-lo por desfeito, retendo-as; se a inexecução for de quem recebeu as arras, poderá quem as deu haver o contrato por desfeito, e exigir sua devolução mais o equivalente, com atualização monetária segundo índices oficiais regularmente estabelecidos, juros e honorários de advogado.

- art. 406; 407 deste Código.
- arts. 22 a 26, Lei 8.906/1994 (EOAB).

Art. 419. A parte inocente pode pedir indenização suplementar, se provar maior prejuízo, valendo as arras como taxa mínima. Pode, também, a parte inocente exigir a execução do contrato, com as perdas e danos, valendo as arras como o mínimo da indenização.

- arts. 402 a 405 deste Código.

Art. 420. Se no contrato for estipulado o direito de arrependimento para qualquer das partes, as arras ou sinal terão função unicamente indenizatória. Neste caso, quem as deu perdê-las-á em benefício da outra parte; e quem as recebeu devolvê-las-á, mais o equivalente. Em ambos os casos não haverá direito a indenização suplementar.

- art. 463 deste Código.
- Súm. 412, STF.

TÍTULO V
DOS CONTRATOS EM GERAL

- arts. 46 a 54, CDC.

CAPÍTULO I
DISPOSIÇÕES GERAIS

SEÇÃO I
PRELIMINARES

Art. 421. A liberdade contratual será exercida nos limites da função social do contrato. (Redação dada pela Lei 13.874/2019)

- art. 113 deste Código.
- art. 51, CDC.
- art. 9º, CLT.
- Enunciados 21 a 23, 166, 167, 360, 361; 431; 582; 621 das Jornadas de Direito Civil.

Parágrafo único. Nas relações contratuais privadas, prevalecerão o princípio da intervenção mínima e a excepcionalidade da revisão contratual. (Redação dada pela Lei 13.874/2019)

Art. 421-A. Os contratos civis e empresariais presumem-se paritários e simétricos até a presença de elementos concretos que justifiquem o afastamento dessa presunção, ressalvados os regimes jurídicos previstos em leis especiais, garantido também que: (Acrescido pela Lei 13.874/2019)

I - as partes negociantes poderão estabelecer parâmetros objetivos para a interpretação das cláusulas negociais e de seus pressupostos de revisão ou de resolução;

II - a alocação de riscos definida pelas partes deve ser respeitada e observada; e

III - a revisão contratual somente ocorrerá de maneira excepcional e limitada.

Art. 422. Os contratantes são obrigados a guardar, assim na conclusão do contrato, como em sua execução, os princípios de probidade e boa-fé.

- arts. 113; 187; 765; e 1.741 deste Código.
- Enunciados 24 a 27; 166 a 170; 361 a 363; 432 e 546 das Jornadas de Direito Civil.
- Súm. 609, STJ.

Art. 423. Quando houver no contrato de adesão cláusulas ambíguas ou contraditórias, dever-se-á adotar a interpretação mais favorável ao aderente.

- art. 54, CDC.
- Enunciados 167 e 171 das Jornadas de Direito Civil.

Art. 424. Nos contratos de adesão, são nulas as cláusulas que estipulem a renúncia antecipada do aderente a direito resultante da natureza do negócio.

- arts. 166 a 184 deste Código.
- arts. 25; 51, I; XVI, CDC.
- Enunciados 167; 172; 364; 433 das Jornadas de Direito Civil.

Art. 425. É lícito às partes estipular contratos atípicos, observadas as normas gerais fixadas neste Código.

- arts. 104 e 2.035 deste Código.

Art. 426. Não pode ser objeto de contrato a herança de pessoa viva.

- arts. 166, II; 1.655 e 2.018 deste Código.

SEÇÃO II
DA FORMAÇÃO DOS CONTRATOS

Art. 427. A proposta de contrato obriga o proponente, se o contrário não resultar dos termos dela, da natureza do negócio, ou das circunstâncias do caso.

- arts. 138; 759 deste Código.
- art. 30; 35, CDC.

Art. 428. Deixa de ser obrigatória a proposta:

I - se, feita sem prazo a pessoa presente, não foi imediatamente aceita. Considera-se também presente a pessoa que contrata por telefone ou por meio de comunicação semelhante;

- art. 49, CDC.

II - se, feita sem prazo a pessoa ausente, tiver decorrido tempo suficiente para chegar a resposta ao conhecimento do proponente;

III - se, feita a pessoa ausente, não tiver sido expedida a resposta dentro do prazo dado;

IV - se, antes dela, ou simultaneamente, chegar ao conhecimento da outra parte a retratação do proponente.

Art. 429. A oferta ao público equivale a proposta quando encerra os requisitos essenciais ao contrato, salvo se o contrário resultar das circunstâncias ou dos usos.

- art. 31, CDC.

Parágrafo único. Pode revogar-se a oferta pela mesma via de sua divulgação, desde que ressalvada esta faculdade na oferta realizada.

Art. 430. Se a aceitação, por circunstância imprevista, chegar tarde ao conhecimento do proponente, este comunicá-lo-á imediatamente ao aceitante, sob pena de responder por perdas e danos.

- arts. 402 a 405 deste Código.
- art. 39, III, CDC.

Art. 431. A aceitação fora do prazo, com adições, restrições, ou modificações, importará nova proposta.

Art. 432. Se o negócio for daqueles em que não seja costume a aceitação expressa, ou o proponente a tiver dispensado, reputar-se-á concluído o contrato, não chegando a tempo a recusa.

- art. 659 deste Código
- art. 39, III e p.ú., CDC.

Art. 433. Considera-se inexistente a aceitação, se antes dela ou com ela chegar ao proponente a retratação do aceitante.

Art. 434. Os contratos entre ausentes tornam-se perfeitos desde que a aceitação é expedida, exceto:

- Enunciado 173 das Jornadas de Direito Civil.

I - no caso do artigo antecedente;

II - se o proponente se houver comprometido a esperar resposta;

III - se ela não chegar no prazo convencionado.

Art. 435. Reputar-se-á celebrado o contrato no lugar em que foi proposto.

- art. 9º, § 2º, LInDB.

SEÇÃO III
DA ESTIPULAÇÃO EM FAVOR DE TERCEIRO

Art. 436. O que estipula em favor de terceiro pode exigir o cumprimento da obrigação.

- arts. 533 deste Código.

Parágrafo único. Ao terceiro, em favor de quem se estipulou a obrigação, também é permitido exigi-la, ficando, todavia, sujeito às condições e normas do contrato, se a ele anuir, e o estipulante não o inovar nos termos do art. 438.

Art. 437. Se ao terceiro, em favor de quem se fez o contrato, se deixar o direito de reclamar-lhe a execução, não poderá o estipulante exonerar o devedor.

Art. 438. O estipulante pode reservar-se o direito de substituir o terceiro designado no contrato, independentemente da sua anuência e da do outro contratante.

- arts. 791; 792 deste Código.

Parágrafo único. A substituição pode ser feita por ato entre vivos ou por disposição de última vontade.

SEÇÃO IV
DA PROMESSA DE FATO DE TERCEIRO

Art. 439. Aquele que tiver prometido fato de terceiro responderá por perdas e danos, quando este o não executar.

- arts. 402 a 405 deste Código.

Parágrafo único. Tal responsabilidade não existirá se o terceiro for o cônjuge do promitente, dependendo da sua anuência o ato a ser praticado, e desde que, pelo regime do casamento, a indenização, de algum modo, venha a recair sobre os seus bens.

Art. 440. Nenhuma obrigação haverá para quem se comprometer por outrem, se este, depois de se ter obrigado, faltar à prestação.

SEÇÃO V
DOS VÍCIOS REDIBITÓRIOS

Art. 441. A coisa recebida em virtude de contrato comutativo pode ser enjeitada por vícios ou defeitos ocultos, que a tornem imprópria ao uso a que é destinada, ou lhe diminuam o valor.

- arts. 138; 445; 484; 500; 503; 509; 568 deste Código.
- arts. 18, § 1º; 20, II; 26; 27; 35, III; 41; 51, II, CDC.
- Enunciado 583 das Jornadas de Direito Civil.

Parágrafo único. É aplicável a disposição deste artigo às doações onerosas.

- arts. 136; 538 a 564 deste Código.

Art. 442. Em vez de rejeitar a coisa, redibindo o contrato (art. 441), pode o adquirente reclamar abatimento no preço.

- arts. 615; 616 deste Código.
- arts. 18, §§ 1º a 6º, CDC.

Art. 443. Se o alienante conhecia o vício ou defeito da coisa, restituirá o que recebeu com perdas e danos; se o não conhecia, tão somente restituirá o valor recebido, mais as despesas do contrato.

- arts. 402 a 405 deste Código.

Art. 444. A responsabilidade do alienante subsiste ainda que a coisa pereça em poder do alienatário, se perecer por vício oculto, já existente ao tempo da tradição.

Art. 445. O adquirente decai do direito de obter a redibição ou abatimento no preço no prazo de trinta dias se a coisa for móvel, e de um ano se for imóvel, contado da entrega efetiva; se já estava na posse, o prazo conta-se da alienação, reduzido à metade.

- arts. 441 e 442 deste Código.
- Enunciado 174 das Jornadas de Direito Civil.

§ 1º Quando o vício, por sua natureza, só puder ser conhecido mais tarde, o prazo contar-se-á do momento em que dele tiver ciência, até o prazo máximo de cento e oitenta dias, em se tratando de bens móveis; e de um ano, para os imóveis.

- Enunciado 28 das Jornadas de Direito Civil.

§ 2º Tratando-se de venda de animais, os prazos de garantia por vícios ocultos serão os estabelecidos em lei especial, ou, na falta desta, pelos usos locais, aplicando-se o disposto no parágrafo antecedente se não houver regras disciplinando a matéria.

- Enunciado 28 das Jornadas de Direito Civil.

Art. 446. Não correrão os prazos do artigo antecedente na constância de cláusula de garantia; mas o adquirente deve denunciar o defeito ao alienante nos trinta dias seguintes ao seu descobrimento, sob pena de decadência.

SEÇÃO VI
DA EVICÇÃO

- arts. 199, III; 359; 552; 845; 1.939, III; 2.024; e 2.025 deste Código.

Art. 447. Nos contratos onerosos, o alienante responde pela evicção. Subsiste esta garantia ainda que a aquisição se tenha realizado em hasta pública.

- arts. 199, III; 359; 552; 845; 1.939, III; e 2.024 a 2.026 deste Código.
- arts. 125, I; 881 e ss., NCPC.

Art. 448. Podem as partes, por cláusula expressa, reforçar, diminuir ou excluir a responsabilidade pela evicção.

Art. 449. Não obstante a cláusula que exclui a garantia contra a evicção, se esta se der, tem direito o evicto a receber o preço que pagou pela coisa evicta, se não soube do risco da evicção, ou, dele informado, não o assumiu.

Art. 450. Salvo estipulação em contrário, tem direito o evicto, além da restituição integral do preço ou das quantias que pagou:

I - à indenização dos frutos que tiver sido obrigado a restituir;

- art. 95 deste Código.

II - à indenização pelas despesas dos contratos e pelos prejuízos que diretamente resultarem da evicção;

III - às custas judiciais e aos honorários do advogado por ele constituído.

- arts. 22 a 26, Lei 8.906/1994 (EOAB).

Parágrafo único. O preço, seja a evicção total ou parcial, será o do valor da coisa, na época em que se evenceu, e proporcional ao desfalque sofrido, no caso de evicção parcial.

Art. 451. Subsiste para o alienante esta obrigação, ainda que a coisa alienada esteja deteriorada, exceto havendo dolo do adquirente.

- arts. 145 a 150 deste Código.

Art. 452. Se o adquirente tiver auferido vantagens das deteriorações, e não tiver sido condenado a indenizá-las, o valor das vantagens será deduzido da quantia que lhe houver de dar o alienante.

Art. 453. As benfeitorias necessárias ou úteis, não abonadas ao que sofreu a evicção, serão pagas pelo alienante.

- arts. 96, §§ 2º e 3º, deste Código.

Art. 454. Se as benfeitorias abonadas ao que sofreu a evicção tiverem sido feitas pelo alienante, o valor delas será levado em conta na restituição devida.

Art. 455. Se parcial, mas considerável, for a evicção, poderá o evicto optar entre a rescisão do contrato e a restituição da parte do preço correspondente ao desfalque sofrido. Se não for considerável, caberá somente direito a indenização.

- art. 442 deste Código.

Art. 456. (Revogado pela Lei 13.105/2015.)

Art. 457. Não pode o adquirente demandar pela evicção, se sabia que a coisa era alheia ou litigiosa.

SEÇÃO VII
DOS CONTRATOS ALEATÓRIOS

Art. 458. Se o contrato for aleatório, por dizer respeito a coisas ou fatos futuros, cujo risco de não virem a existir um dos contratantes assuma, terá o outro direito de receber integralmente o que lhe foi prometido, desde que de sua parte não tenha havido dolo ou culpa, ainda que nada do avençado venha a existir.

- arts. 145 a 150 deste Código.

Art. 459. Se for aleatório, por serem objeto dele coisas futuras, tomando o adquirente a si o risco de virem a existir em qualquer quantidade, terá também direito o alienante a todo o preço, desde que de sua parte não tiver concorrido culpa, ainda que a coisa venha a existir em quantidade inferior à esperada.

Parágrafo único. Mas, se da coisa nada vier a existir, alienação não haverá, e o alienante restituirá o preço recebido.

Art. 460. Se for aleatório o contrato, por se referir a coisas existentes, mas expostas a risco, assumido pelo adquirente, terá igualmente direito o alienante a todo o preço, posto que a coisa já não existisse, em parte, ou de todo, no dia do contrato.

Art. 461. A alienação aleatória a que se refere o artigo antecedente poderá ser anulada como dolosa pelo prejudicado, se provar que o outro contratante não ignorava a consumação do risco, a que no contrato se considerava exposta a coisa.

SEÇÃO VIII
DO CONTRATO PRELIMINAR

- Arts. 34, § 3º; 35, §§ 1º e 4º, Lei 4.591/1964 (Dispõe sobre o condomínio em edificações e as incorporações imobiliárias).

Art. 462. O contrato preliminar, exceto quanto à forma, deve conter todos os requisitos essenciais ao contrato a ser celebrado.

- arts. 227; 421 a 426 deste Código.
- Enunciado 435 das Jornadas de Direito Civil.

Art. 463. Concluído o contrato preliminar, com observância do disposto no artigo antecedente, e desde que dele não conste cláusula de arrependimento, qualquer das partes terá o direito de exigir a celebração do definitivo, assinando prazo à outra para que o efetive.

Parágrafo único. O contrato preliminar deverá ser levado ao registro competente.

- Lei 6.015/1973 (Lei de Registros Públicos).
- Enunciado 30 das Jornadas de Direito Civil.

Art. 464. Esgotado o prazo, poderá o juiz, a pedido do interessado, suprir a vontade da parte inadimplente, conferindo caráter definitivo ao contrato preliminar, salvo se a isto se opuser a natureza da obrigação.

Art. 465. Se o estipulante não der execução ao contrato preliminar, poderá a outra parte considerá-lo desfeito, e pedir perdas e danos.

- arts. 402 a 405 deste Código.

Art. 466. Se a promessa de contrato for unilateral, o credor, sob pena de ficar a mesma sem efeito, deverá manifestar-se no prazo nela previsto, ou, inexistindo este, no que lhe for razoavelmente assinado pelo devedor.

SEÇÃO IX
DO CONTRATO COM PESSOA A DECLARAR

Art. 467. No momento da conclusão do contrato, pode uma das partes reservar-se a faculdade de indicar a pessoa que deve adquirir os direitos e assumir as obrigações dele decorrentes.

- art. 469 deste Código.

Art. 468. Essa indicação deve ser comunicada à outra parte no prazo de cinco dias da conclusão do contrato, se outro não tiver sido estipulado.

Parágrafo único. A aceitação da pessoa nomeada não será eficaz se não se revestir da mesma forma que as partes usaram para o contrato.

- arts. 104; 470, I, deste Código.

Art. 469. A pessoa, nomeada de conformidade com os artigos antecedentes, adquire os direitos e assume as obrigações decorrentes do contrato, a partir do momento em que este foi celebrado.

Art. 470. O contrato será eficaz somente entre os contratantes originários:

I - se não houver indicação de pessoa, ou se o nomeado se recusar a aceitá-la;

- art. 468, p.ú., deste Código.

II - se a pessoa nomeada era insolvente, e a outra pessoa o desconhecia no momento da indicação.

Art. 471. Se a pessoa a nomear era incapaz ou insolvente no momento da nomeação, o contrato produzirá seus efeitos entre os contratantes originários.

- arts. 3º a 5º; 105; 171, I; 283; 284; 296 a 298 deste Código.

CAPÍTULO II
DA EXTINÇÃO DO CONTRATO

SEÇÃO I
DO DISTRATO

Art. 472. O distrato faz-se pela mesma forma exigida para o contrato.

- arts. 35; 49; 51; 53, CDC.
- art. 251, Lei 6.015/1973 (Lei de Registros Públicos).

Art. 473. A resilição unilateral, nos casos em que a lei expressa ou implicitamente o permita, opera mediante denúncia notificada à outra parte.

- arts. 682 e 688 deste Código.
- art. 6º, Lei 8.245/1991 (Lei das Locações).

Parágrafo único. Se, porém, dada a natureza do contrato, uma das partes houver feito investimentos consideráveis para a sua execução, a denúncia unilateral só produzirá efeito depois de transcorrido prazo compatível com a natureza e o vulto dos investimentos.

SEÇÃO II
DA CLÁUSULA RESOLUTIVA

Art. 474. A cláusula resolutiva expressa opera de pleno direito; a tácita depende de interpelação judicial.

- arts. 127; 128; 476; 477 deste Código.
- Enunciado 436 das Jornadas de Direito Civil.

Art. 475. A parte lesada pelo inadimplemento pode pedir a resolução do contrato, se não preferir exigir-lhe o cumprimento, cabendo, em qualquer dos casos, indenização por perdas e danos.

- arts. 186; 389; 402 a 405; 927 deste Código.
- Enunciados 31; 361; 437; 548; 586 das Jornadas de Direito Civil.

SEÇÃO III
DA EXCEÇÃO DE CONTRATO NÃO CUMPRIDO

Art. 476. Nos contratos bilaterais, nenhum dos contratantes, antes de cumprida a sua obrigação, pode exigir o implemento da do outro.

- arts. 333; 389; 491; 495 deste Código.

Art. 477. Se, depois de concluído o contrato, sobrevier a uma das partes contratantes diminuição em seu patrimônio capaz de comprometer ou tornar duvidosa a prestação pela qual se obrigou, pode a outra recusar-se à prestação que lhe incumbe, até que aquela satisfaça a que lhe compete ou dê garantia bastante de satisfazê-la.

- arts. 333; 389; 474 a 476; 491; 495; 590; 810 deste Código.
- Enunciado 438 das Jornadas de Direito Civil.

SEÇÃO IV
DA RESOLUÇÃO POR ONEROSIDADE EXCESSIVA

Art. 478. Nos contratos de execução continuada ou diferida, se a prestação de uma das partes se tornar excessivamente onerosa, com extrema vantagem para a outra, em virtude de acontecimentos extraordinários e imprevisíveis, poderá o devedor pedir a resolução do contrato. Os efeitos da sentença que a decretar retroagirão à data da citação.

- arts. 6º, V; 51, IV e § 1º, III, CDC.
- Enunciados 175; 176; 365; 366; 439 e 440 das Jornadas de Direito Civil.

Art. 479. A resolução poderá ser evitada, oferecendo-se o réu a modificar equitativamente as condições do contrato.

- art. 6º, V; 37; 51, CDC.
- Enunciado 367 das Jornadas de Direito Civil.

Art. 480. Se no contrato as obrigações couberem a apenas uma das partes, poderá ela pleitear que a sua prestação seja reduzida, ou alterado o modo de executá-la, a fim de evitar a onerosidade excessiva.

- art. 572; 621; 625, II; 944, p.ú.; 1.286; 1.341, § 2º, deste Código.
- art. 10 Lei 8.137/1990 (Define crimes contra a ordem tributária, econômica e contra as relações de consumo).

TÍTULO VI
DAS VÁRIAS ESPÉCIES DE CONTRATO

CAPÍTULO I
DA COMPRA E VENDA

SEÇÃO I
DISPOSIÇÕES GERAIS

Art. 481. Pelo contrato de compra e venda, um dos contratantes se obriga a transferir o domínio de certa coisa, e o outro, a pagar-lhe certo preço em dinheiro.

- arts. 81; 242 a 244; 256 e 257, Lei 8.069/1990 (ECA).
- art. 129-5, Lei 6.015/1973 (Lei de Registros Públicos).
- art. 25 e ss., Lei 6.766/1979 (Dispõe sobre o parcelamento do solo urbano).
- Súm. 412; 413; e 489, STF.

Art. 482. A compra e venda, quando pura, considerar-se-á obrigatória e perfeita, desde que as partes acordarem no objeto e no preço.

- arts. 417 a 420; 485; 486 deste Código.
- Súm. 413, STF.

Art. 483. A compra e venda pode ter por objeto coisa atual ou futura. Neste caso, ficará sem efeito o contrato se esta não vier a existir, salvo se a intenção das partes era de concluir contrato aleatório.

- arts. 458 a 461 deste Código.

Art. 484. Se a venda se realizar à vista de amostras, protótipos ou modelos, entender-se-á que o vendedor assegura ter a coisa as qualidades que a elas correspondem.

- arts. 441 a 446 deste Código.

Parágrafo único. Prevalece a amostra, o protótipo ou o modelo, se houver contradição ou diferença com a maneira pela qual se descreveu a coisa no contrato.

- arts. 30 e ss., CDC.

Art. 485. A fixação do preço pode ser deixada ao arbítrio de terceiro, que os contratantes logo designarem ou prometerem designar. Se o terceiro não aceitar a incumbência, ficará sem efeito o contrato, salvo quando acordarem os contratantes designar outra pessoa.

Art. 486. Também se poderá deixar a fixação do preço à taxa de mercado ou de bolsa, em certo e determinado dia e lugar.

- art. 318 deste Código.

Art. 487. É lícito às partes fixar o preço em função de índices ou parâmetros, desde que suscetíveis de objetiva determinação.

Art. 488. Convencionada a venda sem fixação de preço ou de critérios para a sua determinação, se não houver tabelamento oficial, entende-se que as partes se sujeitaram ao preço corrente nas vendas habituais do vendedor.

Parágrafo único. Na falta de acordo, por ter havido diversidade de preço, prevalecerá o termo médio.

- Enunciado 441 das Jornadas de Direito Civil.

Art. 489. Nulo é o contrato de compra e venda, quando se deixa ao arbítrio exclusivo de uma das partes a fixação do preço.

- art. 122 deste Código.
- art. 51, X, CDC.

Art. 490. Salvo cláusula em contrário, ficarão as despesas de escritura e registro a cargo do comprador, e a cargo do vendedor as da tradição.

- arts. 533, I, deste Código.

Art. 491. Não sendo a venda a crédito, o vendedor não é obrigado a entregar a coisa antes de receber o preço.

- arts. 476 e 477 deste Código.

Art. 492. Até o momento da tradição, os riscos da coisa correm por conta do vendedor, e os do preço por conta do comprador.

- arts. 234; 246; 458; 1.267; 1.268 deste Código.

§ 1º Todavia, os casos fortuitos, ocorrentes no ato de contar, marcar ou assinalar coisas, que comumente se recebem, contando, pesando, medindo ou assinalando, e que já tiverem sido postas à disposição do comprador, correrão por conta deste.

- art. 393, p.u., deste Código.

§ 2º Correrão também por conta do comprador os riscos das referidas coisas, se estiver em mora de as receber, quando postas à sua disposição no tempo, lugar e pelo modo ajustados.

- art. 400 deste Código.

Art. 493. A tradição da coisa vendida, na falta de estipulação expressa, dar-se-á no lugar onde ela se encontrava, ao tempo da venda.

- arts. 327 a 330; 1.245; 1.267; e 1.268 deste Código.

Art. 494. Se a coisa for expedida para lugar diverso, por ordem do comprador, por sua conta correrão os riscos, uma vez entregue a quem haja de transportá-la, salvo se das instruções dele se afastar o vendedor.

- arts. 327 e 492 deste Código.

Art. 495. Não obstante o prazo ajustado para o pagamento, se antes da tradição o comprador cair em insolvência, poderá o vendedor sobrestar na entrega da coisa, até que o comprador lhe dê caução de pagar no tempo ajustado.

- arts. 476; 477 deste Código.

Art. 496. É anulável a venda de ascendente a descendente, salvo se os outros descendentes e o cônjuge do alienante expressamente houverem consentido.

- arts. 533, II; 544 deste Código.
- Súm. 494, STF.
- Enunciados 368; 545 das Jornadas de Direito Civil.

Parágrafo único. Em ambos os casos, dispensa-se o consentimento do cônjuge se o regime de bens for o da separação obrigatória.

- art. 1.641 deste Código.
- Enunciado 177 das Jornadas de Direito Civil.

Art. 497. Sob pena de nulidade, não podem ser comprados, ainda que em hasta pública:

I - pelos tutores, curadores, testamenteiros e administradores, os bens confiados à sua guarda ou administração;

- art. 1.749, I, deste Código.
- Súm. 165, STF.

II - pelos servidores públicos, em geral, os bens ou direitos da pessoa jurídica a que servirem, ou que estejam sob sua administração direta ou indireta;

III - pelos juízes, secretários de tribunais, arbitradores, peritos e outros serventuários ou auxiliares da justiça, os bens ou direitos sobre que se litigar em tribunal, juízo ou conselho, no lugar onde servirem, ou a que se estender a sua autoridade;

IV - pelos leiloeiros e seus prepostos, os bens de cuja venda estejam encarregados.

- art. 903, § 1º, deste Código.
- art. 36, b, Dec. 21.981/1932 (Regula a profissão de leiloeiro).

Parágrafo único. As proibições deste artigo estendem-se à cessão de crédito.

- arts. 286 a 298 deste Código.

Art. 498. A proibição contida no inciso III do artigo antecedente não compreende os casos de compra e venda ou cessão entre coerdeiros, ou em pagamento de dívida, ou para garantia de bens já pertencentes a pessoas designadas no referido inciso.

- arts. 286 a 298; 1.749, III, deste Código.

Art. 499. É lícita a compra e venda entre cônjuges, com relação a bens excluídos da comunhão.

- arts. 1.639, § 2º; 1.656; 1.659; 1.668; 1.674 deste Código.

Art. 500. Se, na venda de um imóvel, se estipular o preço por medida de extensão, ou se determinar a respectiva área, e esta não corresponder, em qualquer dos casos, às dimensões dadas, o comprador terá o direito de exigir o complemento da área, e, não sendo isso possível, o de reclamar a resolução do contrato ou abatimento proporcional ao preço.

- art. 73, NCPC.

§ 1º Presume-se que a referência às dimensões foi simplesmente enunciativa, quando a diferença encontrada não exceder de um vigésimo da área total enunciada, ressalvado ao comprador o direito de provar que, em tais circunstâncias, não teria realizado o negócio.

- arts. 441; 445 deste Código.
- art. 26, CDC.

§ 2º Se em vez de falta houver excesso, e o vendedor provar que tinha motivos para ignorar a medida exata da área vendida, caberá ao comprador, à sua escolha, completar o valor correspondente ao preço ou devolver o excesso.

§ 3º Não haverá complemento de área, nem devolução de excesso, se o imóvel for vendido como coisa certa e discriminada, tendo sido apenas enunciativa a referência às suas dimensões, ainda que não conste, de modo expresso, ter sido a venda *ad corpus*.

Art. 501. Decai do direito de propor as ações previstas no artigo antecedente o vendedor ou o comprador que não o fizer no prazo de um ano, a contar do registro do título.

Parágrafo único. Se houver atraso na imissão de posse no imóvel, atribuível ao alienante, a partir dela fluirá o prazo de decadência.

Art. 502. O vendedor, salvo convenção em contrário, responde por todos os débitos que gravem a coisa até o momento da tradição.

- arts. 422; 490; 492; 533 deste Código.

Art. 503. Nas coisas vendidas conjuntamente, o defeito oculto de uma não autoriza a rejeição de todas.

- arts. 441 a 446 deste Código.

Art. 504. Não pode um condômino em coisa indivisível vender a sua parte a estranhos, se outro consorte a quiser, tanto por tanto. O condômino a quem não se der conhecimento da venda poderá, depositando o preço, haver para si a parte vendida a estranhos, se o requerer no prazo de cento e oitenta dias, sob pena de decadência.

- arts. 87; 88; 1.314 deste Código.
- arts. 27 a 36, Lei 8.245/1991 (Lei das Locações).
- Enunciado 623 das Jornadas de Direito Civil.

Parágrafo único. Sendo muitos os condôminos, preferirá o que tiver benfeitorias de maior valor e, na falta de benfeitorias, o de quinhão maior. Se as partes forem iguais, haverão a parte vendida os comproprietários, que a quiserem, depositando previamente o preço.

SEÇÃO II
DAS CLÁUSULAS ESPECIAIS À COMPRA E VENDA

SUBSEÇÃO I
DA RETROVENDA

Art. 505. O vendedor de coisa imóvel pode reservar-se o direito de recobrá-la no prazo máximo de decadência de três anos, restituindo o preço recebido e reembolsando as despesas do comprador, inclusive as que, durante o período de resgate, se efetuaram com a sua autorização escrita, ou para a realização de benfeitorias necessárias.

- arts. 208; 445 deste Código.

Art. 506. Se o comprador se recusar a receber as quantias a que faz jus, o vendedor, para exercer o direito de resgate, as depositará judicialmente.

Parágrafo único. Verificada a insuficiência do depósito judicial, não será o vendedor restituído no domínio da coisa, até e enquanto não for integralmente pago o comprador.

- arts. 539 a 549 NCPC.

Art. 507. O direito de retrato, que é cessível e transmissível a herdeiros e legatários, poderá ser exercido contra o terceiro adquirente.

- arts. 286 a 298; 1.359 deste Código.

Art. 508. Se a duas ou mais pessoas couber o direito de retrato sobre o mesmo imóvel, e só uma o exercer, poderá o comprador intimar as outras para nele acordarem, prevalecendo o pacto em favor de quem haja efetuado o depósito, contanto que seja integral.

SUBSEÇÃO II
DA VENDA A CONTENTO E DA SUJEITA A PROVA

Art. 509. A venda feita a contento do comprador entende-se realizada sob condição suspensiva, ainda que a coisa lhe tenha sido entregue; e não se reputará perfeita, enquanto o adquirente não manifestar seu agrado.

- arts. 125; 127; 128; 234 deste Código.

Art. 510. Também a venda sujeita a prova presume-se feita sob a condição suspensiva de que a coisa tenha as qualidades asseguradas pelo vendedor e seja idônea para o fim a que se destina.

Art. 511. Em ambos os casos, as obrigações do comprador, que recebeu, sob condição suspensiva, a coisa comprada, são as de mero comodatário, enquanto não manifeste aceitá-la.

- arts. 579 a 585 deste Código.

Art. 512. Não havendo prazo estipulado para a declaração do comprador, o vendedor terá direito de intimá-lo, judicial ou extrajudicialmente, para que o faça em prazo improrrogável.

SUBSEÇÃO III
DA PREEMPÇÃO OU PREFERÊNCIA

Art. 513. A preempção, ou preferência, impõe ao comprador a obrigação de oferecer ao vendedor a coisa que aquele vai vender, ou dar em pagamento, para que este use de seu direito de prelação na compra, tanto por tanto.

- arts. 504; 516; 518; e 1.359 deste Código.
- arts. 27 a 34, Lei 8.245/1991 (Lei das Locações).

Parágrafo único. O prazo para exercer o direito de preferência não poderá exceder a cento e oitenta dias, se a coisa for móvel, ou a dois anos, se imóvel.

Art. 514. O vendedor pode também exercer o seu direito de prelação, intimando o comprador, quando lhe constar que este vai vender a coisa.

Art. 515. Aquele que exerce a preferência está, sob pena de a perder, obrigado a pagar, em condições iguais, o preço encontrado, ou o ajustado.

Art. 516. Inexistindo prazo estipulado, o direito de preempção caducará, se a coisa for móvel, não se exercendo nos três dias, e, se for imóvel, não se exercendo nos sessenta dias subsequentes à data em que o comprador tiver notificado o vendedor.

- art. 28, Lei 8.245/1991 (Lei das Locações).

Art. 517. Quando o direito de preempção for estipulado a favor de dois ou mais indivíduos em comum, só pode ser exercido em relação à coisa no seu todo. Se alguma das pessoas, a quem ele toque, perder ou não exercer o seu direito, poderão as demais utilizá-lo na forma sobredita.

Art. 518. Responderá por perdas e danos o comprador, se alienar a coisa sem ter dado ao vendedor ciência do preço e das vantagens que por ela lhe oferecem. Responderá solidariamente o adquirente, se tiver procedido de má-fé.

- arts. 402 a 405 deste Código.

Art. 519. Se a coisa expropriada para fins de necessidade ou utilidade pública, ou por interesse social, não tiver o destino para que se desapropriou, ou não for utilizada em obras ou serviços públicos, caberá ao expropriado direito de preferência, pelo preço atual da coisa.

- art. 35, Dec.-Lei 3.365/1941 (Dispõe sobre desapropriações por utilidade pública).
- Enunciado 592 das Jornadas de Direito Civil.

Art. 520. O direito de preferência não se pode ceder nem passa aos herdeiros.

SUBSEÇÃO IV
DA VENDA COM RESERVA DE DOMÍNIO

Art. 521. Na venda de coisa móvel, pode o vendedor reservar para si a propriedade, até que o preço esteja integralmente pago.

- arts. 82 a 84; 1.359 deste Código.

Art. 522. A cláusula de reserva de domínio será estipulada por escrito e depende de registro no domicílio do comprador para valer contra terceiros.

Art. 523. Não pode ser objeto de venda com reserva de domínio a coisa insuscetível de caracterização perfeita, para estremá-la de outras congêneres. Na dúvida, decide-se a favor do terceiro adquirente de boa-fé.

Art. 524. A transferência de propriedade ao comprador dá-se no momento em que o preço esteja integralmente pago. Todavia, pelos riscos da coisa responde o comprador, a partir de quando lhe foi entregue.

- arts. 319; 491 deste Código.

Art. 525. O vendedor somente poderá executar a cláusula de reserva de domínio após constituir o comprador em mora, mediante protesto do título ou interpelação judicial.

- arts. 394 a 401 deste Código.

Art. 526. Verificada a mora do comprador, poderá o vendedor mover contra ele a competente ação de cobrança das prestações vencidas e vincendas e o mais que lhe for devido; ou poderá recuperar a posse da coisa vendida.

- arts. 394 a 401 deste Código.
- Lei 9.492/1997 (Lei de Protestos de Títulos).

Art. 527. Na segunda hipótese do artigo antecedente, é facultado ao vendedor reter as prestações pagas até o necessário para cobrir a depreciação da coisa, as despesas feitas e o mais que de direito lhe for devido. O excedente será devolvido ao comprador; e o que faltar lhe será cobrado, tudo na forma da lei processual.

Art. 528. Se o vendedor receber o pagamento à vista, ou, posteriormente, mediante financiamento de instituição do mercado de capitais, a esta caberá exercer os direitos e ações decorrentes do contrato, a benefício de qualquer outro. A operação financeira e a respectiva ciência do comprador constarão do registro do contrato.

- Enunciado 178 das Jornadas de Direito Civil.

SUBSEÇÃO V
DA VENDA SOBRE DOCUMENTOS

Art. 529. Na venda sobre documentos, a tradição da coisa é substituída pela entrega do seu título representativo e dos outros documentos exigidos pelo contrato ou, no silêncio deste, pelos usos.

Parágrafo único. Achando-se a documentação em ordem, não pode o comprador recusar o pagamento, a pretexto de defeito de qualidade ou do estado da coisa vendida, salvo se o defeito já houver sido comprovado.

Art. 530. Não havendo estipulação em contrário, o pagamento deve ser efetuado na data e no lugar da entrega dos documentos.

- art. 9º da LINDB.

Art. 531. Se entre os documentos entregues ao comprador figurar apólice de seguro que cubra os riscos do transporte, correm estes à conta do comprador, salvo se, ao ser concluído o contrato, tivesse o vendedor ciência da perda ou avaria da coisa.

- arts. 754, p.ú.; 757 a 788 deste Código.

Art. 532. Estipulado o pagamento por intermédio de estabelecimento bancário, caberá a este efetuá-lo contra a entrega dos documentos, sem obrigação de verificar a coisa vendida, pela qual não responde.

Parágrafo único. Nesse caso, somente após a recusa do estabelecimento bancário a efetuar o pagamento, poderá o vendedor pretendê-lo, diretamente do comprador.

CAPÍTULO II
DA TROCA OU PERMUTA

Art. 533. Aplicam-se à troca as disposições referentes à compra e venda, com as seguintes modificações:

I - salvo disposição em contrário, cada um dos contratantes pagará por metade as despesas com o instrumento da troca;

- art. 490 deste Código.

II - é anulável a troca de valores desiguais entre ascendentes e descendentes, sem consentimento dos outros descendentes e do cônjuge do alienante.

- arts. 171; 179; e 496 deste Código.
- Súm. 494, STF.

CAPÍTULO III
DO CONTRATO ESTIMATÓRIO

Art. 534. Pelo contrato estimatório, o consignante entrega bens móveis ao consignatário, que fica autorizado a vendê-los, pagando àquele o preço ajustado, salvo se preferir, no prazo estabelecido, restituir-lhe a coisa consignada.

- Enunciado 32 das Jornadas de Direito Civil.

Art. 535. O consignatário não se exonera da obrigação de pagar o preço, se a restituição da coisa, em sua integridade, se tornar impossível, ainda que por fato a ele não imputável.

Art. 536. A coisa consignada não pode ser objeto de penhora ou sequestro pelos credores do consignatário, enquanto não pago integralmente o preço.

Art. 537. O consignante não pode dispor da coisa antes de lhe ser restituída ou de lhe ser comunicada a restituição.

CAPÍTULO IV
DA DOAÇÃO

SEÇÃO I
DISPOSIÇÕES GERAIS

Art. 538. Considera-se doação o contrato em que uma pessoa, por liberalidade, transfere do seu patrimônio bens ou vantagens para o de outra.

- art. 155, I, CF.
- art. 17, I, b, Lei 8.666/1993 (Regulamenta o art. 37, XXI, da Constituição Federal e institui normas para licitações e contratos da Administração Pública).
- art. 9º, Lei 9.434/1997 (Dispõe sobre a remoção de órgãos, tecidos e partes do corpo humano para fins de transplante e tratamento).
- Lei 14.133/2021 (Nova Lei de Licitações e Contratos Administrativos).
- Súm. 328, STF.
- Enunciado 549 das Jornadas de Direito Civil.

Art. 539. O doador pode fixar prazo ao donatário para declarar se aceita ou não a liberalidade. Desde que o donatário, ciente do prazo, não faça, dentro dele, a declaração, entender-se-á que aceitou, se a doação não for sujeita a encargo.

Art. 540. A doação feita em contemplação do merecimento do donatário não perde o caráter de liberalidade, como não o perde a doação remuneratória, ou a gravada, no excedente ao valor dos serviços remunerados ou ao encargo imposto.

- arts. 136; 441; 564 deste Código.

Art. 541. A doação far-se-á por escritura pública ou instrumento particular.

Parágrafo único. A doação verbal será válida, se, versando sobre bens móveis e de pequeno valor, se lhe seguir incontinenti a tradição.

- arts. 108; 1.267 deste Código.

Art. 542. A doação feita ao nascituro valerá, sendo aceita pelo seu representante legal.

- arts. 2º; 1.779 deste Código.

Art. 543. Se o donatário for absolutamente incapaz, dispensa-se a aceitação, desde que se trate de doação pura.

- arts. 3º; 4º; 1.748, II; deste Código.

Art. 544. A doação de ascendentes a descendentes, ou de um cônjuge a outro, importa adiantamento do que lhes cabe por herança.

- arts. 1.789; 1.846; 1.847; e 2.002 a 2.012; 2.022 deste Código.

Art. 545. A doação em forma de subvenção periódica ao beneficiado extingue-se morrendo o doador, salvo se este outra coisa dispuser, mas não poderá ultrapassar a vida do donatário.

Art. 546. A doação feita em contemplação de casamento futuro com certa e determinada pessoa, quer pelos nubentes entre si, quer por terceiro a um deles, a ambos, ou aos filhos que, de futuro, houverem um do outro, não pode ser impugnada por falta de aceitação, e só ficará sem efeito se o casamento não se realizar.

- art. 1.639 deste Código.

Art. 547. O doador pode estipular que os bens doados voltem ao seu patrimônio, se sobreviver ao donatário.

- art. 1.359 deste Código.

Parágrafo único. Não prevalece cláusula de reversão em favor de terceiro.

Art. 548. É nula a doação de todos os bens sem reserva de parte, ou renda suficiente para a subsistência do doador.

- art. 166, VII, deste Código.

Art. 549. Nula é também a doação quanto à parte que exceder à de que o doador, no momento da liberalidade, poderia dispor em testamento.

- arts. 166, VII; 1.789; 1.845; 1.846;2.005; 2.007; 2.008 deste Código.

Art. 550. A doação do cônjuge adúltero ao seu cúmplice pode ser anulada pelo outro cônjuge, ou por seus herdeiros necessários, até dois anos depois de dissolvida a sociedade conjugal.

- arts. 207 a 211; 793; e 1.642, V, 1.647; 1.845 a 1.850 deste Código.
- Súm. 382, STF.

Art. 551. Salvo declaração em contrário, a doação em comum a mais de uma pessoa entende-se distribuída entre elas por igual.

Parágrafo único. Se os donatários, em tal caso, forem marido e mulher, subsistirá na totalidade a doação para o cônjuge sobrevivo.

Art. 552. O doador não é obrigado a pagar juros moratórios, nem é sujeito às consequências da evicção ou do vício redibitório. Nas doações para casamento com certa e determinada pessoa, o doador ficará sujeito à evicção, salvo convenção em contrário.

- arts. 441 a 457 deste Código.

Art. 553. O donatário é obrigado a cumprir os encargos da doação, caso forem a benefício do doador, de terceiro, ou do interesse geral.

- arts. 436 a 438; 1.938 deste Código.

Parágrafo único. Se desta última espécie for o encargo, o Ministério Público poderá exigir sua execução, depois da morte do doador, se este não tiver feito.

Art. 554. A doação a entidade futura caducará se, em dois anos, esta não estiver constituída regularmente.

- arts. 45; 207 a 211 deste Código.

SEÇÃO II
DA REVOGAÇÃO DA DOAÇÃO

Art. 555. A doação pode ser revogada por ingratidão do donatário, ou por inexecução do encargo.

- arts. 557; 559 deste Código.

Art. 556. Não se pode renunciar antecipadamente o direito de revogar a liberalidade por ingratidão do donatário.

Art. 557. Podem ser revogadas por ingratidão as doações:

- Enunciado 33 das Jornadas de Direito Civil.

I - se o donatário atentou contra a vida do doador ou cometeu crime de homicídio doloso contra ele;

II - se cometeu contra ele ofensa física;

III - se o injuriou gravemente ou o caluniou;

IV - se, podendo ministrá-los, recusou ao doador os alimentos de que este necessitava.

Art. 558. Pode ocorrer também a revogação quando o ofendido, nos casos do artigo anterior, for o cônjuge, ascendente, descendente, ainda que adotivo, ou irmão do doador.

- art. 1.596 deste Código.

Art. 559. A revogação por qualquer desses motivos deverá ser pleiteada dentro de um ano, a contar de quando chegue ao conhecimento do doador o fato que a autorizar, e de ter sido o donatário o seu autor.

Art. 560. O direito de revogar a doação não se transmite aos herdeiros do doador, nem prejudica os do donatário. Mas aqueles podem prosseguir na ação iniciada pelo doador, continuando-a contra os herdeiros do donatário, se este falecer depois de ajuizada a lide.

Art. 561. No caso de homicídio doloso do doador, a ação caberá aos seus herdeiros, exceto se aquele houver perdoado.

Art. 562. A doação onerosa pode ser revogada por inexecução do encargo, se o donatário incorrer em mora. Não havendo prazo para o cumprimento, o doador poderá notificar judicialmente o donatário, assinando-lhe prazo razoável para que cumpra a obrigação assumida.

- arts. 390; 397 deste Código.
- arts. 726 a 729, NCPC.

Art. 563. A revogação por ingratidão não prejudica os direitos adquiridos por terceiros, nem obriga o donatário a restituir os frutos percebidos antes da citação válida; mas sujeita-o a pagar os posteriores, e, quando não possa restituir em espécie as coisas doadas, a indenizá-la pelo meio termo do seu valor.

- art. 1.360 deste Código.

Art. 564. Não se revogam por ingratidão:

- art. 557 deste Código.

I - as doações puramente remuneratórias;

- art. 540 deste Código.

II - as oneradas com encargo já cumprido;

III - as que se fizerem em cumprimento de obrigação natural;

- arts. 882 deste Código

IV - as feitas para determinado casamento.

CAPÍTULO V
DA LOCAÇÃO DE COISAS

- art. .2036 deste Código.

Art. 565. Na locação de coisas, uma das partes se obriga a ceder à outra, por tempo determinado ou não, o uso e gozo de coisa não fungível, mediante certa retribuição.

- art. 85 deste Código.
- arts. 64, § 1º; 86 a 98, Dec.-Lei 9.760/1946 (Dispõe sobre os bens imóveis da União).
- art. 1º, p.u., Lei 8.245/1991 (Lei das Locações).
- Súm. 423, STJ.

Art. 566. O locador é obrigado:

I - a entregar ao locatário a coisa alugada, com suas pertenças, em estado de servir ao uso a que se destina, e a mantê-la nesse estado, pelo tempo do contrato, salvo cláusula expressa em contrário;

- arts. 22 a 26, Lei 8.245/1991 (Lei das Locações).

II - a garantir-lhe, durante o tempo do contrato, o uso pacífico da coisa.

- art. 568 deste Código.

Art. 567. Se, durante a locação, se deteriorar a coisa alugada, sem culpa do locatário, a este caberá pedir redução proporcional do aluguel, ou resolver o contrato, caso já não sirva a coisa para o fim a que se destinava.

- arts. 26, p.ú., Lei 8.245/1991 (Lei das Locações).

Art. 568. O locador resguardará o locatário dos embaraços e turbações de terceiros, que tenham ou pretendam ter direitos sobre a coisa alugada, e responderá pelos seus vícios, ou defeitos, anteriores à locação.

- arts. 441; 447; 566, II, deste Código.
- art. 22, IV, Lei 8.245/1991 (Lei das Locações).

Art. 569. O locatário é obrigado:

I - a servir-se da coisa alugada para os usos convencionados ou presumidos, conforme a natureza dela e as circunstâncias, bem como tratá-la com o mesmo cuidado como se sua fosse;

- art. 570 deste Código.
- art. 23, II, Lei 8.245/1991 (Lei das Locações).

II - a pagar pontualmente o aluguel nos prazos ajustados, e, em falta de ajuste, segundo o costume do lugar;

- art. 23, I, Lei 8.245/1991 (Lei das Locações).

III - a levar ao conhecimento do locador as turbações de terceiros, que se pretendam fundadas em direito;

- art. 23, IV, Lei 8.245/1991 (Lei das Locações).

IV - a restituir a coisa, finda a locação, no estado em que a recebeu, salvas as deteriorações naturais ao uso regular.

- arts. 575; 1.402; e 1.508 deste Código.
- art. 23, III, Lei 8.245/1991 (Lei das Locações).

Art. 570. Se o locatário empregar a coisa em uso diverso do ajustado, ou do a que se destina, ou se ela se danificar por abuso do locatário, poderá o locador, além de rescindir o contrato, exigir perdas e danos.

- arts. 402 a 405 deste Código.
- art. 9º, II, Lei 8.245/1991 (Lei das Locações).

Art. 571. Havendo prazo estipulado à duração do contrato, antes do vencimento não poderá o locador reaver a coisa alugada, senão ressarcindo ao locatário as perdas e danos resultantes, nem o locatário devolvê-la ao locador, senão pagando, proporcionalmente, a multa prevista no contrato.

- arts. 402 a 405 deste Código.
- art. 4º, *caput*, Lei 8.245/1991 (Lei das Locações).

Parágrafo único. O locatário gozará do direito de retenção, enquanto não for ressarcido.

- art. 578 deste Código.

Art. 572. Se a obrigação de pagar o aluguel pelo tempo que faltar constituir indenização excessiva, será facultado ao juiz fixá-la em bases razoáveis.

- art. 5º, LInDB.

Art. 573. A locação por tempo determinado cessa de pleno direito findo o prazo estipulado, independentemente de notificação ou aviso.

- arts. 46, *caput*; 47; 56, Lei 8.245/1991 (Lei das Locações).

Art. 574. Se, findo o prazo, o locatário continuar na posse da coisa alugada, sem oposição do locador, presumir-se-á prorrogada a locação pelo mesmo aluguel, mas sem prazo determinado.

- art. 56, p.u., Lei 8.245/1991 (Lei das Locações).

Art. 575. Se, notificado o locatário, não restituir a coisa, pagará, enquanto a tiver em seu poder, o aluguel que o locador arbitrar, e responderá pelo dano que ela venha a sofrer, embora proveniente de caso fortuito.

- arts. 703 a 706 NCPC.

Parágrafo único. Se o aluguel arbitrado for manifestamente excessivo, poderá o juiz reduzi-lo, mas tendo sempre em conta o seu caráter de penalidade.

- Enunciado 180 das Jornadas de Direito Civil.

Art. 576. Se a coisa for alienada durante a locação, o adquirente não ficará obrigado a respeitar o contrato, se nele não for consignada a cláusula da sua vigência no caso de alienação, e não constar de registro.

- arts. 129-1; e 167, I, I-3, Lei 6.015/1973 (Lei de Registros Públicos).
- arts. 27 a 34, Lei 8.245/1991 (Lei das Locações).
- Súm. 442, STF.

§ 1º O registro a que se refere este artigo será o de Títulos e Documentos do domicílio do locador, quando a coisa for móvel; e será o Registro de Imóveis da respectiva circunscrição, quando imóvel.

§ 2º Em se tratando de imóvel, e ainda no caso em que o locador não esteja obrigado a respeitar o contrato, não poderá ele despedir o locatário, senão observado o prazo de noventa dias após a notificação.

- art. 8º, Lei 8.245/1991 (Lei das Locações).

Art. 577. Morrendo o locador ou o locatário, transfere-se aos seus herdeiros a locação por tempo determinado.

- arts. 10 e 11, Lei 8.245/1991 (Lei das Locações).

Art. 578. Salvo disposição em contrário, o locatário goza do direito de retenção, no caso de benfeitorias necessárias, ou no de benfeitorias úteis, se estas houverem sido feitas com expresso consentimento do locador.

- arts. 96 deste Código.
- arts. 35 e 36, Lei 8.245/1991 (Lei das Locações).
- Súm. 158, STF.

CAPÍTULO VI
DO EMPRÉSTIMO

SEÇÃO I
DO COMODATO

Art. 579. O comodato é o empréstimo gratuito de coisas não fungíveis. Perfaz-se com a tradição do objeto.

- arts. 85; 1.267 deste Código.

Art. 580. Os tutores, curadores e em geral todos os administradores de bens alheios não poderão dar em comodato, sem autorização especial, os bens confiados à sua guarda.

- arts. 1.749; 1.774 deste Código.

Art. 581. Se o comodato não tiver prazo convencional, presumir-se-lhe-á o necessário para o uso concedido; não podendo o comodante, salvo necessidade imprevista e urgente, reconhecida pelo juiz, suspender o uso e gozo da coisa emprestada, antes de findo o prazo convencional, ou o que se determine pelo uso outorgado.

Art. 582. O comodatário é obrigado a conservar, como se sua própria fora, a coisa emprestada, não podendo usá-la senão de acordo com o contrato ou a natureza dela, sob pena de responder por perdas e danos. O comodatário constituído em mora, além de por ela responder, pagará, até restituí-la, o aluguel da coisa que for arbitrado pelo comodante.

- arts. 399; 402 a 405 deste Código.
- Enunciado 180 das Jornadas de Direito Civil.

Art. 583. Se, correndo risco o objeto do comodato juntamente com outros do comodatário, antepuser este a salvação dos seus abandonando o do comodante, responderá pelo dano ocorrido, ainda que se possa atribuir a caso fortuito, ou força maior.

- arts. 238 a 240; 393, p.u., deste Código.

Art. 584. O comodatário não poderá jamais recobrar do comodante as despesas feitas com o uso e gozo da coisa emprestada.

- arts. 241 e 242 deste Código.

Art. 585. Se duas ou mais pessoas forem simultaneamente comodatárias de uma coisa, ficarão solidariamente responsáveis para com o comodante.

- arts. 265; 275 a 285 deste Código.

SEÇÃO II
DO MÚTUO

- Dec. 22.626/1933 (Lei da Usura).
- Súm. 26; 60, STJ.

Art. 586. O mútuo é o empréstimo de coisas fungíveis. O mutuário é obrigado a restituir ao mutuante o que dele recebeu em coisa do mesmo gênero, qualidade e quantidade.

- arts. 85; 645 deste Código.

Art. 587. Este empréstimo transfere o domínio da coisa emprestada ao mutuário, por cuja conta correm todos os riscos dela desde a tradição.

Art. 588. O mútuo feito a pessoa menor, sem prévia autorização daquele sob cuja guarda estiver, não pode ser reavido nem do mutuário, nem de seus fiadores.

- arts. 180; 824, p.u., deste Código.

Art. 589. Cessa a disposição do artigo antecedente:

I - se a pessoa, de cuja autorização necessitava o mutuário para contrair o empréstimo, o ratificar posteriormente;

- arts. 172 e 175 deste Código.

II - se o menor, estando ausente essa pessoa, se viu obrigado a contrair o empréstimo para os seus alimentos habituais;

III - se o menor tiver bens ganhos com o seu trabalho. Mas, em tal caso, a execução do credor não lhes poderá ultrapassar as forças;

IV - se o empréstimo reverteu em benefício do menor;

V - se o menor obteve o empréstimo maliciosamente.

Art. 590. O mutuante pode exigir garantia da restituição se, antes do vencimento, o mutuário sofrer notória mudança em sua situação econômica.

- arts. 333; 447; 472; 476 477 deste Código.

Art. 591. Destinando-se o mútuo a fins econômicos, presumem-se devidos juros, os quais, sob pena de redução, não poderão exceder a taxa a que se refere o art. 406, permitida a capitalização anual.

- Súm. Vinc. 7, STF.
- Súm. 283; 472; 530; 539; 541 STJ.
- Enunciado 34 das Jornadas de Direito Civil.

Art. 592. Não se tendo convencionado expressamente, o prazo do mútuo será:

- art. 331 deste Código.

I - até a próxima colheita, se o mútuo for de produtos agrícolas, assim para o consumo como para semeadura;

II - de trinta dias, pelo menos, se for de dinheiro;

III - do espaço de tempo que declarar o mutuante, se for de qualquer outra coisa fungível.

CAPÍTULO VII
DA PRESTAÇÃO DE SERVIÇO

Art. 593. A prestação de serviço, que não estiver sujeita às leis trabalhistas ou a lei especial, reger-se-á pelas disposições deste Capítulo.

Art. 594. Toda a espécie de serviço ou trabalho lícito, material ou imaterial, pode ser contratada mediante retribuição.

- Enunciado 541 das Jornadas de Direito Civil.

Art. 595. No contrato de prestação de serviço, quando qualquer das partes não souber ler nem escrever, o instrumento poderá ser assinado a rogo e subscrito por duas testemunhas.

- art. 456, CLT.
- art. 784, II a IV, NCPC.

Art. 596. Não se tendo estipulado, nem chegado a acordo as partes, fixar-se-á por arbitramento a retribuição, segundo o costume do lugar, o tempo de serviço e sua qualidade.

- art. 460, CLT.

Art. 597. A retribuição pagar-se-á depois de prestado o serviço, se, por convenção, ou costume, não houver de ser adiantada, ou paga em prestações.

- art. 459, CLT.

Art. 598. A prestação de serviço não se poderá convencionar por mais de quatro anos, embora o contrato tenha por causa o pagamento de dívida de quem o presta, ou se destine à execução de certa e determinada obra. Neste caso, decorridos quatro anos, dar-se-á por findo o contrato, ainda que não concluída a obra.

- art. 149, CP.
- art. 445, CLT.

Art. 599. Não havendo prazo estipulado, nem se podendo inferir da natureza do contrato, ou do costume do lugar, qualquer das partes, a seu arbítrio, mediante prévio aviso, pode resolver o contrato.

Parágrafo único. Dar-se-á o aviso:

I - com antecedência de oito dias, se o salário se houver fixado por tempo de um mês, ou mais;

II - com antecipação de quatro dias, se o salário se tiver ajustado por semana, ou quinzena;

III - de véspera, quando se tenha contratado por menos de sete dias.

Art. 600. Não se conta no prazo do contrato o tempo em que o prestador de serviço, por culpa sua, deixou de servir.

- art. 453, CLT.

Art. 601. Não sendo o prestador de serviço contratado para certo e determinado trabalho, entender-se-á que se obrigou a todo e qualquer serviço compatível com as suas forças e condições.

- art. 456, CLT.

Art. 602. O prestador de serviço contratado por tempo certo, ou por obra determinada, não se pode ausentar, ou despedir, sem justa causa, antes de preenchido o tempo, ou concluída a obra.

Parágrafo único. Se se despedir sem justa causa, terá direito à retribuição vencida, mas responderá por perdas e danos. O mesmo dar-se-á se despedido por justa causa.

- arts. 443, § 1º; 480, CLT.
- LC 150/2015 (Lei do Empregado Doméstico).

Art. 603. Se o prestador de serviço for despedido sem justa causa, a outra parte será obrigada a pagar-lhe por inteiro a retribuição vencida, e por metade a que lhe tocaria de então ao termo legal do contrato.

- arts. 477 a 479, CLT.

Art. 604. Findo o contrato, o prestador de serviço tem direito a exigir da outra parte a declaração de que o contrato está findo. Igual direito lhe cabe, se for despedido sem justa causa, ou se tiver havido motivo justo para deixar o serviço.

Art. 605. Nem aquele a quem os serviços são prestados poderá transferir a outrem o direito aos serviços ajustados, nem o prestador de serviços, sem aprazimento da outra parte, dar substituto que os preste.

Art. 606. Se o serviço for prestado por quem não possua título de habilitação, ou não satisfaça requisitos outros estabelecidos em lei, não poderá quem os prestou cobrar a retribuição normalmente correspondente ao trabalho executado. Mas se deste resultar benefício para a outra parte, o juiz atribuirá a quem o prestou uma compensação razoável, desde que tenha agido com boa-fé.

Parágrafo único. Não se aplica a segunda parte deste artigo quando a proibição da prestação de serviço resultar de lei de ordem pública.

Art. 607. O contrato de prestação de serviço acaba com a morte de qualquer das partes. Termina, ainda, pelo escoamento do prazo, pela conclusão da obra, pela rescisão do contrato mediante aviso prévio, por inadimplemento de qualquer das partes ou pela impossibilidade da continuação do contrato, motivada por força maior.

Art. 608. Aquele que aliciar pessoas obrigadas em contrato escrito a prestar serviço a outrem pagará a este a importância que ao prestador de serviço, pelo ajuste desfeito, houvesse de caber durante dois anos.

- art. 207, CP.

Art. 609. A alienação do prédio agrícola, onde a prestação dos serviços se opera, não importa a rescisão do contrato, salvo ao prestador opção entre continuá-lo com o adquirente da propriedade ou com o primitivo contratante.

- art. 605 deste Código.

CAPÍTULO VIII
DA EMPREITADA

- art. 964, IV, deste Código.

Art. 610. O empreiteiro de uma obra pode contribuir para ela só com seu trabalho ou com ele e os materiais.

§ 1º A obrigação de fornecer os materiais não se presume; resulta da lei ou da vontade das partes.

§ 2º O contrato para elaboração de um projeto não implica a obrigação de executá-lo, ou de fiscalizar-lhe a execução.

Art. 611. Quando o empreiteiro fornece os materiais, correm por sua conta os riscos até o momento da entrega da obra, a contento de quem a encomendou, se este não estiver em mora de receber. Mas se estiver, por sua conta correrão os riscos.

- arts. 234; 394; 400; 615; 617 deste Código.

Art. 612. Se o empreiteiro só forneceu mão de obra, todos os riscos em que não tiver culpa correrão por conta do dono.

Art. 613. Sendo a empreitada unicamente de lavor (art. 610), se a coisa perecer antes de entregue, sem mora do dono nem culpa do empreiteiro, este perderá a retribuição, se não provar que a perda resultou de defeito dos materiais e que em tempo reclamara contra a sua quantidade ou qualidade.

Art. 614. Se a obra constar de partes distintas, ou for de natureza das que se determinam por medida, o empreiteiro terá direito a que também se verifique por medida, ou segundo as partes em que se dividir, podendo exigir o pagamento na proporção da obra executada.

§ 1º Tudo o que se pagou presume-se verificado.

§ 2º O que se mediu presume-se verificado se, em trinta dias, a contar da medição, não forem denunciados os vícios ou defeitos pelo dono da obra ou por quem estiver incumbido da sua fiscalização.

Art. 615. Concluída a obra de acordo com o ajuste, ou o costume do lugar, o dono é obrigado a recebê-la. Poderá, porém, rejeitá-la, se o empreiteiro se afastou das instruções recebidas e dos planos dados, ou das regras técnicas em trabalhos de tal natureza.

Art. 616. No caso da segunda parte do artigo antecedente, pode quem encomendou a obra, em vez de enjeitá-la, recebê-la com abatimento no preço.

- art. 442 deste Código.

Art. 617. O empreiteiro é obrigado a pagar os materiais que recebeu se, por imperícia ou negligência, os inutilizar.

- arts. 186; 927 deste Código.

Art. 618. Nos contratos de empreitada de edifícios ou outras construções consideráveis, o empreiteiro de materiais e execução responderá, durante o prazo irredutível de cinco anos, pela solidez e segurança do trabalho, assim em razão dos materiais como do solo.

Parágrafo único. Decairá do direito assegurado neste artigo o dono da obra que não propuser a ação contra o empreiteiro, nos cento e oitenta dias seguintes ao aparecimento do vício ou defeito.

- Enunciado 181 das Jornadas de Direito Civil.

Art. 619. Salvo estipulação em contrário, o empreiteiro que se incumbir de executar uma obra, segundo plano aceito por quem a encomendou, não terá direito a exigir acréscimo no preço, ainda que sejam introduzidas modificações no projeto, a não ser que estas resultem de instruções escritas do dono da obra.

- art. 478 deste Código.

Parágrafo único. Ainda que não tenha havido autorização escrita, o dono da obra é obrigado a pagar ao empreiteiro os aumentos e acréscimos, segundo o que for arbitrado, se, sempre presente à obra, por continuadas visitas, não podia ignorar o que se estava passando, e nunca protestou.

Art. 620. Se ocorrer diminuição no preço do material ou da mão de obra superior a um décimo do preço global convencionado, poderá este ser revisto, a pedido do dono da obra, para que se lhe assegure a diferença apurada.

Art. 621. Sem anuência de seu autor, não pode o proprietário da obra introduzir modificações no projeto por ele aprovado, ainda que a execução seja confiada a terceiros, a não ser que, por motivos supervenientes ou razões de ordem técnica, fique comprovada a inconveniência ou a excessiva onerosidade de execução do projeto em sua forma originária.

Parágrafo único. A proibição deste artigo não abrange alterações de pouca monta, ressalvada sempre a unidade estética da obra projetada.

Art. 622. Se a execução da obra for confiada a terceiros, a responsabilidade do autor do projeto respectivo, desde que não assuma a direção ou fiscalização daquela, ficará limitada aos danos resultantes de defeitos previstos no art. 618 e seu parágrafo único.

Art. 623. Mesmo após iniciada a construção, pode o dono da obra suspendê-la, desde que pague ao empreiteiro as despesas e lucros relativos aos serviços já feitos, mais indenização razoável, calculada em função do que ele teria ganho, se concluída a obra.

Art. 624. Suspensa a execução da empreitada sem justa causa, responde o empreiteiro por perdas e danos.

- arts. 402 a 405 deste Código.

Art. 625. Poderá o empreiteiro suspender a obra:

I - por culpa do dono, ou por motivo de força maior;

II - quando, no decorrer dos serviços, se manifestarem dificuldades imprevisíveis de execução, resultantes de causas geológicas ou hídricas, ou outras semelhantes, de modo que torne a empreitada excessivamente onerosa, e o dono da obra se opuser ao reajuste do preço inerente ao projeto por ele elaborado, observados os preços;

III - se as modificações exigidas pelo dono da obra, por seu vulto e natureza, forem desproporcionais ao projeto aprovado, ainda que o dono se disponha a arcar com o acréscimo de preço.

Art. 626. Não se extingue o contrato de empreitada pela morte de qualquer das partes, salvo se ajustado em consideração às qualidades pessoais do empreiteiro.

CAPÍTULO IX
DO DEPÓSITO

SEÇÃO I
DO DEPÓSITO VOLUNTÁRIO

Art. 627. Pelo contrato de depósito recebe o depositário um objeto móvel para guardar, até que o depositante o reclame.

- arts. 640; 645; 652 deste Código.
- Lei 2.313/1954 (Dispõe sobre prazos dos contratos de depósito regular e voluntário de bens de qualquer espécie).
- art. 1º, § 1º, Lei 2.666/1955 (Dispõe sobre o penhor de produtos agrícolas).
- Súm. Vinc. 25, STF.

Art. 628. O contrato de depósito é gratuito, exceto se houver convenção em contrário, se resultante de atividade negocial ou se o depositário o praticar por profissão.

- art. 651 deste Código.

Parágrafo único. Se o depósito for oneroso e a retribuição do depositário não constar de lei, nem resultar de ajuste, será determinada pelos usos do lugar, e, na falta destes, por arbitramento.

Art. 629. O depositário é obrigado a ter na guarda e conservação da coisa depositada o cuidado e diligência que costuma com o que lhe pertence, bem como a restituí-la, com todos os frutos e acrescidos, quando o exija o depositante.

- Súm. 179, STJ.

Art. 630. Se o depósito se entregou fechado, colado, selado, ou lacrado, nesse mesmo estado se manterá.

Art. 631. Salvo disposição em contrário, a restituição da coisa deve dar-se no lugar em que tiver de ser guardada. As despesas de restituição correm por conta do depositante.

Art. 632. Se a coisa houver sido depositada no interesse de terceiro, e o depositário tiver sido cientificado deste fato pelo depositante, não poderá ele exonerar-se restituindo a coisa a este, sem consentimento daquele.

Art. 633. Ainda que o contrato fixe prazo à restituição, o depositário entregará o depósito logo que se lhe exija, salvo se tiver o direito de retenção a que se refere o art. 644, se o objeto for judicialmente embargado, se sobre ele pender execução, notificada ao depositário, ou se houver motivo razoável de suspeitar que a coisa foi dolosamente obtida.

- arts. 634; 638 deste Código.

Art. 634. No caso do artigo antecedente, última parte, o depositário, expondo o fundamento da suspeita, requererá que se recolha o objeto ao Depósito Público.

- arts. 638 deste Código.

Art. 635. Ao depositário será facultado, outrossim, requerer depósito judicial da coisa, quando, por motivo plausível, não a possa guardar, e o depositante não queira recebê-la.

- arts. 334 a 345 deste Código.

Art. 636. O depositário, que por força maior houver perdido a coisa depositada e recebido outra em seu lugar, é obrigado a entregar a segunda ao depositante, e ceder-lhe as ações que no caso tiver contra o terceiro responsável pela restituição da primeira.

- arts. 286 a 298; 393, p.u., deste Código.

Art. 637. O herdeiro do depositário, que de boa-fé vendeu a coisa depositada, é obrigado a assistir o depositante na reivindicação, e a restituir ao comprador o preço recebido.

- arts. 447; 879; 1.792 deste Código.

Art. 638. Salvo os casos previstos nos arts. 633 e 634, não poderá o depositário furtar-se à restituição do depósito, alegando não pertencer a coisa ao depositante, ou opondo compensação, exceto se noutro depósito se fundar.

- arts. 373, II, deste Código.

Art. 639. Sendo dois ou mais depositantes, e divisível a coisa, a cada um só entregará o depositário a respectiva parte, salvo se houver entre eles solidariedade.

- arts. 87; 260; 264 a 285 deste Código.

Art. 640. Sob pena de responder por perdas e danos, não poderá o depositário, sem licença expressa do depositante, servir-se da coisa depositada, nem a dar em depósito a outrem.

- arts. 402 a 405 deste Código.

Parágrafo único. Se o depositário, devidamente autorizado, confiar a coisa em depósito a terceiro, será responsável se agiu com culpa na escolha deste.

Art. 641. Se o depositário se tornar incapaz, a pessoa que lhe assumir a administração dos bens diligenciará imediatamente restituir a coisa depositada e, não querendo ou não podendo o depositante recebê-la, recolhê-la-á ao Depósito Público ou promoverá nomeação de outro depositário.

- arts. 334; 335 deste Código.
- arts. 539 a 549 NCPC.

Art. 642. O depositário não responde pelos casos de força maior; mas, para que lhe valha a escusa, terá de prová-los.

- art. 393 deste Código.

Art. 643. O depositante é obrigado a pagar ao depositário as despesas feitas com a coisa, e os prejuízos que do depósito provierem.

Art. 644. O depositário poderá reter o depósito até que se lhe pague a retribuição devida, o líquido valor das despesas, ou dos prejuízos a que se refere o artigo anterior, provando imediatamente esses prejuízos ou essas despesas.

Parágrafo único. Se essas dívidas, despesas ou prejuízos não forem provados suficientemente, ou forem ilíquidos, o depositário poderá exigir caução idônea do depositante ou, na falta desta, a remoção da coisa para o Depósito Público, até que se liquidem.

Art. 645. O depósito de coisas fungíveis, em que o depositário se obrigue a restituir objetos do mesmo gênero, qualidade e quantidade, regular-se-á pelo disposto acerca do mútuo.

Art. 646. O depósito voluntário provar-se-á por escrito.

- art. 648 deste Código.
- art. 129-2, Lei 6.015/1973 (Lei de Registros Públicos).

SEÇÃO II
DO DEPÓSITO NECESSÁRIO

Art. 647. É depósito necessário:

I - o que se faz em desempenho de obrigação legal;

- arts. 648 deste Código.

II - o que se efetua por ocasião de alguma calamidade, como o incêndio, a inundação, o naufrágio ou o saque.

- art. 648, p.u., deste Código.

Art. 648. O depósito a que se refere o inciso I do artigo antecedente reger-se-á pela disposição da respectiva lei, e, no silêncio ou deficiência dela, pelas concernentes ao depósito voluntário.

Parágrafo único. As disposições deste artigo aplicam-se aos depósitos previstos no inciso II do artigo antecedente, podendo estes certificarem-se por qualquer meio de prova.

- arts. 627 a 646 deste Código.

Art. 649. Aos depósitos previstos no artigo antecedente é equiparado o das bagagens dos viajantes ou hóspedes nas hospedarias onde estiverem.

- arts. 650; 651; 1.467, I, deste Código.

Parágrafo único. Os hospedeiros responderão como depositários, assim como pelos furtos e roubos que perpetrarem as pessoas empregadas ou admitidas nos seus estabelecimentos.

Art. 650. Cessa, nos casos do artigo antecedente, a responsabilidade dos hospedeiros, se provarem que os fatos prejudiciais aos viajantes ou hóspedes não podiam ter sido evitados.

- art. 393 deste Código.

Art. 651. O depósito necessário não se presume gratuito. Na hipótese do art. 649, a remuneração pelo depósito está incluída no preço da hospedagem.

- art. 628 deste Código.

Art. 652. Seja o depósito voluntário ou necessário, o depositário que não o restituir quando exigido será compelido a fazê-lo mediante prisão não excedente a um ano, e ressarcir os prejuízos.

- art. 5º, LXVII, CF.
- art. 4º, §§ 1º e 2º, Lei 8.866/1994 (Dispõe sobre o depositário infiel de valor pertencente à Fazenda Pública).
- art. 7º, 7, Pacto de São José da Costa Rica.
- art. 11, Dec. 592/1992 (Promulga o Pacto Internacional sobre Direitos Civis e Políticos).
- Súm. Vinc. 25, STF.
- Súm. 304; 305; e 419, STJ.

CAPÍTULO X
DO MANDATO

SEÇÃO I
DISPOSIÇÕES GERAIS

Art. 653. Opera-se o mandato quando alguém recebe de outrem poderes para, em seu nome, praticar atos ou administrar interesses. A procuração é o instrumento do mandato.

- art. 54, II, c, CF.
- arts. 656; 660; 662; 663 deste Código.
- arts. 513, 791, CLT.
- arts. 104; 111; 112; 260, II; 287; 744, NCPC.
- art. 117 Lei 8.112/1990 (Dispõe sobre o regime jurídico único dos servidores públicos civis da União).
- arts. 5º; 22, § 5º; 25, V; 34, XIX; 40, III; 63; 65; 66; 82, Lei 8.906/1994 (EOAB).

Art. 654. Todas as pessoas capazes são aptas para dar procuração mediante instrumento particular, que valerá desde que tenha a assinatura do outorgante.

- arts. 5º; 657; 666 deste Código.

§ 1º O instrumento particular deve conter a indicação do lugar onde foi passado, a qualificação do outorgante e do outorgado, a data e o objetivo da outorga com a designação e a extensão dos poderes conferidos.

§ 2º O terceiro com quem o mandatário tratar poderá exigir que a procuração traga a firma reconhecida.

- art. 105, NCPC.
- art. 158, Lei 6.015/1973 (Lei de Registros Públicos).

Art. 655. Ainda quando se outorgue mandato por instrumento público, pode substabelecer-se mediante instrumento particular.

- Enunciado 182 das Jornadas de Direito Civil.

Art. 656. O mandato pode ser expresso ou tácito, verbal ou escrito.

- art. 1.324 deste Código.
- art. 513, CLT.
- Lei 1.134/1950 (Faculta representação perante as autoridades administrativas e a Justiça ordinária aos associados de classe que especifica).

Art. 657. A outorga do mandato está sujeita à forma exigida por lei para o ato a ser praticado. Não se admite mandato verbal quando o ato deva ser celebrado por escrito.

- arts. 108; 109; 215; 654 deste Código.

Art. 658. O mandato presume-se gratuito quando não houver sido estipulada retribuição, exceto se o seu objeto corresponder ao daqueles que o mandatário trata por ofício ou profissão lucrativa.

Parágrafo único. Se o mandato for oneroso, caberá ao mandatário a retribuição prevista em lei ou no contrato. Sendo estes omissos, será ela determinada pelos usos do lugar, ou, na falta destes, por arbitramento.

Art. 659. A aceitação do mandato pode ser tácita, e resulta do começo de execução.

Art. 660. O mandato pode ser especial a um ou mais negócios determinadamente, ou geral a todos os do mandante.

- Enunciado 183 das Jornadas de Direito Civil.

Art. 661. O mandato em termos gerais só confere poderes de administração.

§ 1º Para alienar, hipotecar, transigir ou praticar outros quaisquer atos que exorbitem da administração ordinária, depende a procuração de poderes especiais e expressos.

- art. 105, NCPC.
- Enunciado 183 das Jornadas de Direito Civil.

§ 2º O poder de transigir não importa o de firmar compromisso.

- arts. 840 a 853; 851 a 853 deste Código.
- Lei 9.307/1996 (Lei de Arbitragem).
- Lei 13.140/2015 (Lei de Mediação).

Art. 662. Os atos praticados por quem não tenha mandato, ou o tenha sem poderes suficientes, são ineficazes em relação àquele em cujo nome foram praticados, salvo se este os ratificar.

- arts. 665; 673; 679; 873 deste Código.
- art. 104, § 2º, NCPC.

Parágrafo único. A ratificação há de ser expressa, ou resultar de ato inequívoco, e retroagirá à data do ato.

- art. 105, NCPC.

Art. 663. Sempre que o mandatário estipular negócios expressamente em nome do mandante, será este o único responsável; ficará, porém, o mandatário pessoalmente obrigado, se agir no seu próprio nome, ainda que o negócio seja de conta do mandante.

Art. 664. O mandatário tem o direito de reter, do objeto da operação que lhe foi cometida, quanto baste para pagamento de tudo que lhe for devido em consequência do mandato.

- Enunciado 184 das Jornadas de Direito Civil.

Art. 665. O mandatário que exceder os poderes do mandato, ou proceder contra eles, será considerado mero gestor de negócios, enquanto o mandante lhe não ratificar os atos.

- arts. 873 a 875 deste Código.

Art. 666. O maior de dezesseis e menor de dezoito anos não emancipado pode ser mandatário, mas o mandante não tem ação contra ele senão de conformidade com as regras gerais, aplicáveis às obrigações contraídas por menores.

- arts. 180 a 182; 654 deste Código.

SEÇÃO II
DAS OBRIGAÇÕES DO MANDATÁRIO

Art. 667. O mandatário é obrigado a aplicar toda sua diligência habitual na execução do mandato, e a indenizar qualquer prejuízo causado por culpa sua ou daquele a quem substabelecer, sem autorização, poderes que devia exercer pessoalmente.

- art. 26 Lei 8.906/1994 (EOAB).

§ 1º Se, não obstante proibição do mandante, o mandatário se fizer substituir na execução do mandato, responderá ao seu constituinte pelos prejuízos ocorridos sob a gerência do substituto, embora provenientes de caso fortuito, salvo provando que o caso teria sobrevindo, ainda que não tivesse havido substabelecimento.

- art. 393 deste Código.

§ 2º Havendo poderes de substabelecer, só serão imputáveis ao mandatário os danos causados pelo substabelecido, se tiver agido com culpa na escolha deste ou nas instruções dadas a ele.

§ 3º Se a proibição de substabelecer constar da procuração, os atos praticados pelo substabelecido não obrigam o mandante, salvo ratificação expressa, que retroagirá à data do ato.

§ 4º Sendo omissa a procuração quanto ao substabelecimento, o procurador será responsável se o substabelecido proceder culposamente.

Art. 668. O mandatário é obrigado a dar contas de sua gerência ao mandante, transferindo-lhe as vantagens provenientes do mandato, por qualquer título que seja.

Art. 669. O mandatário não pode compensar os prejuízos a que deu causa com os proveitos que, por outro lado, tenha granjeado ao seu constituinte.

Art. 670. Pelas somas que devia entregar ao mandante ou recebeu para despesa, mas empregou em proveito seu, pagará o mandatário juros, desde o momento em que abusou.

- art. 677 deste Código.

Art. 671. Se o mandatário, tendo fundos ou crédito do mandante, comprar, em nome próprio, algo que deveria comprar para o mandante, por ter sido expressamente designado no mandato, terá este ação para obrigá-lo à entrega da coisa comprada.

Art. 672. Sendo dois ou mais os mandatários nomeados no mesmo instrumento, qualquer deles poderá exercer os poderes outorgados, se não forem expressamente declarados conjuntos, nem especificamente designados para atos diferentes, ou subordinados a atos sucessivos. Se os mandatários forem declarados conjuntos, não terá eficácia o ato praticado sem interferência de todos, salvo havendo ratificação, que retroagirá à data do ato.

- art. 265 deste Código.

Art. 673. O terceiro que, depois de conhecer os poderes do mandatário, com ele celebrar negócio jurídico exorbitante do mandato, não tem ação contra o mandatário, salvo se este lhe prometeu ratificação do mandante ou se responsabilizou pessoalmente.

- art. 662 deste Código.

Art. 674. Embora ciente da morte, interdição ou mudança de estado do mandante, deve o mandatário concluir o negócio já começado, se houver perigo na demora.

- arts. 682, II e III; 689 deste Código.

SEÇÃO III
DAS OBRIGAÇÕES DO MANDANTE

Art. 675. O mandante é obrigado a satisfazer todas as obrigações contraídas pelo mandatário, na conformidade do mandato conferido, e adiantar a importância das despesas necessárias à execução dele, quando o mandatário lho pedir.

- arts. 665 a 673 deste Código.

Art. 676. É obrigado o mandante a pagar ao mandatário a remuneração ajustada e as despesas da execução do mandato, ainda que o negócio não surta o esperado efeito, salvo tendo o mandatário culpa.

- arts. 658; e 677 a 680 deste Código.

Art. 677. As somas adiantadas pelo mandatário, para a execução do mandato, vencem juros desde a data do desembolso.

- art. 670 deste Código.

Art. 678. É igualmente obrigado o mandante a ressarcir ao mandatário as perdas que este sofrer com a execução do mandato, sempre que não resultem de culpa sua ou de excesso de poderes.

- arts. 402 a 405; 665; 673; 675 deste Código.

Art. 679. Ainda que o mandatário contrarie as instruções do mandante, se não exceder os limites do mandato, ficará o mandante obrigado para com aqueles com quem o seu procurador contratou; mas terá contra este ação pelas perdas e danos resultantes da inobservância das instruções.

Art. 680. Se o mandato for outorgado por duas ou mais pessoas, e para negócio comum, cada uma ficará solidariamente responsável ao mandatário por todos os compromissos e efeitos do mandato, salvo direito regressivo, pelas quantias que pagar, contra os outros mandantes.

- arts. 275 a 285 deste Código.

Art. 681. O mandatário tem sobre a coisa de que tenha a posse em virtude do mandato, direito de retenção, até se reembolsar do que no desempenho do encargo despendeu.

- Enunciado 184 das Jornadas de Direito Civil.

SEÇÃO IV
DA EXTINÇÃO DO MANDATO

Art. 682. Cessa o mandato:

I - pela revogação ou pela renúncia;

- arts. 684; 687; 688 deste Código.
- arts. 111; 112 NCPC.
- art. 5º, § 3º, Lei 8.906/1994 (EOAB).

II - pela morte ou interdição de uma das partes;

- arts. 674; 689 a 691 deste Código.
- arts. 313; 1.004, NCPC.

III - pela mudança de estado que inabilite o mandante a conferir os poderes, ou o mandatário para os exercer;

IV - pelo término do prazo ou pela conclusão do negócio.

Art. 683. Quando o mandato contiver a cláusula de irrevogabilidade e o mandante o revogar, pagará perdas e danos.

- arts. 402 a 405 deste Código.

Art. 684. Quando a cláusula de irrevogabilidade for condição de um negócio bilateral, ou tiver sido estipulada no exclusivo interesse do mandatário, a revogação do mandato será ineficaz.

Art. 685. Conferido o mandato com a cláusula "em causa própria", a sua revogação não terá eficácia, nem se extinguirá pela morte de qualquer das partes, ficando o mandatário dispensado de prestar contas, e podendo transferir para si os bens móveis ou imóveis objeto do mandato, obedecidas as formalidades legais.

Art. 686. A revogação do mandato, notificada somente ao mandatário, não se pode opor aos terceiros que, ignorando-a, de boa-fé com ele trataram; mas ficam salvas ao constituinte as ações que no caso lhe possam caber contra o procurador.

- art. 111, NCPC.

Parágrafo único. É irrevogável o mandato que contenha poderes de cumprimento ou confirmação de negócios encetados, aos quais se ache vinculado.

Art. 687. Tanto que for comunicada ao mandatário a nomeação de outro para o mesmo negócio, considerar-se-á revogado o mandato anterior.

Art. 688. A renúncia do mandato será comunicada ao mandante, que, se for prejudicado pela sua inoportunidade, ou pela falta de tempo, a fim de prover à substituição do procurador, será indenizado pelo mandatário, salvo se este provar que não podia continuar no mandato sem prejuízo considerável, e que não lhe era dado substabelecer.

- art. 682, I, deste Código.
- art. 112, NCPC.

Art. 689. São válidos, a respeito dos contratantes de boa-fé, os atos com estes ajustados em nome do mandante pelo mandatário, enquanto este ignorar a morte daquele ou a extinção do mandato, por qualquer outra causa.

- art. 686 deste Código.

Art. 690. Se falecer o mandatário, pendente o negócio a ele cometido, os herdeiros, tendo ciência do mandato, avisarão o mandante, e providenciarão a bem dele, como as circunstâncias exigirem.

Art. 691. Os herdeiros, no caso do artigo antecedente, devem limitar-se às medidas conservatórias, ou continuar os negócios pendentes que se não possam demorar sem perigo, regulando-se os seus serviços dentro desse limite, pelas mesmas normas a que os do mandatário estão sujeitos.

SEÇÃO V
DO MANDATO JUDICIAL

Art. 692. O mandato judicial fica subordinado às normas que lhe dizem respeito, constantes da legislação processual, e, supletivamente, às estabelecidas neste Código.

- arts. 513; 791 e 839, a, CLT.
- arts. 103 a 107; 111; 112; 287 NCPC.
- arts. 263; 266, CPP.
- art. 16, Lei 1.060/1950 (Lei de Assistência Judiciária).
- art. 5º, Lei 8.906/1994 (EAOAB).

CAPÍTULO XI
DA COMISSÃO

Art. 693. O contrato de comissão tem por objeto a aquisição ou a venda de bens pelo comissário, em seu próprio nome, à conta do comitente.

- art. 709 deste Código.

Art. 694. O comissário fica diretamente obrigado para com as pessoas com quem contratar, sem que estas tenham ação contra o comitente, nem este contra elas, salvo se o comissário ceder seus direitos a qualquer das partes.

Art. 695. O comissário é obrigado a agir de conformidade com as ordens e instruções do comitente, devendo, na falta destas, não podendo pedi-las a tempo, proceder segundo os usos em casos semelhantes.

Parágrafo único. Ter-se-ão por justificados os atos do comissário, se deles houver resultado vantagem para o comitente, e ainda no caso em que, não admitindo demora a realização do negócio, o comissário agiu de acordo com os usos.

Art. 696. No desempenho das suas incumbências o comissário é obrigado a agir com cuidado e diligência, não só para evitar qualquer prejuízo ao comitente, mas ainda para lhe proporcionar o lucro que razoavelmente se podia esperar do negócio.

Parágrafo único. Responderá o comissário, salvo motivo de força maior, por qualquer prejuízo que, por ação ou omissão, ocasionar ao comitente.

- art. 393 deste Código.

Art. 697. O comissário não responde pela insolvência das pessoas com quem tratar, exceto em caso de culpa e no do artigo seguinte.

- arts. 698; 955 deste Código.

Art. 698. Se do contrato de comissão constar a cláusula *del credere*, responderá o comissário solidariamente com as pessoas com que houver tratado em nome do comitente, caso em que, salvo estipulação em contrário, o comissário tem direito a remuneração mais elevada, para compensar o ônus assumido.

- arts. 275 a 285 deste Código.

Art. 699. Presume-se o comissário autorizado a conceder dilação do prazo para pagamento, na conformidade dos usos do lugar onde se realizar o negócio, se não houver instruções diversas do comitente.

Art. 700. Se houver instruções do comitente proibindo prorrogação de prazos para pagamento, ou se esta não for conforme os usos locais, poderá o comitente exigir que o comissário pague incontinenti ou responda pelas consequências da dilação concedida, procedendo-se de igual modo se o comissário não der ciência ao comitente dos prazos concedidos e de quem é seu beneficiário.

Art. 701. Não estipulada a remuneração devida ao comissário, será ela arbitrada segundo os usos correntes no lugar.

Art. 702. No caso de morte do comissário, ou, quando, por motivo de força maior, não puder concluir o negócio, será devida pelo comitente uma remuneração proporcional aos trabalhos realizados.

▸ arts. 393, p.u.; 884 a 886 deste Código.

Art. 703. Ainda que tenha dado motivo à dispensa, terá o comissário direito a ser remunerado pelos serviços úteis prestados ao comitente, ressalvado a este o direito de exigir daquele os prejuízos sofridos.

Art. 704. Salvo disposição em contrário, pode o comitente, a qualquer tempo, alterar as instruções dadas ao comissário, entendendo-se por elas regidos também os negócios pendentes.

Art. 705. Se o comissário for despedido sem justa causa, terá direito a ser remunerado pelos trabalhos prestados, bem como a ser ressarcido pelas perdas e danos resultantes de sua dispensa.

▸ arts. 402 a 405 deste Código.

Art. 706. O comitente e o comissário são obrigados a pagar juros um ao outro; o primeiro pelo que o comissário houver adiantado para cumprimento de suas ordens; e o segundo pela mora na entrega dos fundos que pertencerem ao comitente.

▸ arts. 394 a 401; 406; 407 deste Código.

Art. 707. O crédito do comissário, relativo a comissões e despesas feitas, goza de privilégio geral, no caso de falência ou insolvência do comitente.

▸ art. 965 deste Código.

Art. 708. Para reembolso das despesas feitas, bem como para recebimento das comissões devidas, tem o comissário direito de retenção sobre os bens e valores em seu poder em virtude da comissão.

▸ arts. 644 deste Código.

Art. 709. São aplicáveis à comissão, no que couber, as regras sobre mandato.

▸ arts. 653 a 692 deste Código.

CAPÍTULO XII
DA AGÊNCIA E DISTRIBUIÇÃO

▸ Lei 4.886/1965 (Regula as atividades dos representantes comerciais autônomos).

Art. 710. Pelo contrato de agência, uma pessoa assume, em caráter não eventual e sem vínculos de dependência, a obrigação de promover, à conta de outra, mediante retribuição, a realização de certos negócios, em zona determinada, caracterizando-se a distribuição quando o agente tiver à sua disposição a coisa a ser negociada.

▸ arts. 27; 31, Lei 4.886/1965 (Regula as atividades dos representantes comerciais autônomos).

Parágrafo único. O proponente pode conferir poderes ao agente para que este o represente na conclusão dos contratos.

Art. 711. Salvo ajuste, o proponente não pode constituir, ao mesmo tempo, mais de um agente, na mesma zona, com idêntica incumbência; nem pode o agente assumir o encargo de nela tratar de negócios do mesmo gênero, à conta de outros proponentes.

Art. 712. O agente, no desempenho que lhe foi cometido, deve agir com toda diligência, atendo-se às instruções recebidas do proponente.

▸ art. 29 Lei 4.886/1965 (Regula as atividades dos representantes comerciais autônomos).

Art. 713. Salvo estipulação diversa, todas as despesas com a agência ou distribuição correm a cargo do agente ou distribuidor.

Art. 714. Salvo ajuste, o agente ou distribuidor terá direito à remuneração correspondente aos negócios concluídos dentro de sua zona, ainda que sem a sua interferência.

Art. 715. O agente ou distribuidor tem direito à indenização se o proponente, sem justa causa, cessar o atendimento das propostas ou reduzi-lo tanto que se torna antieconômica a continuação do contrato.

Art. 716. A remuneração será devida ao agente também quando o negócio deixar de ser realizado por fato imputável ao proponente.

▸ art. 32 Lei 4.886/1965 (Regula as atividades dos representantes comerciais autônomos).

Art. 717. Ainda que dispensado por justa causa, terá o agente direito a ser remunerado pelos serviços úteis prestados ao proponente, sem embargo de haver a este perdas e danos pelos prejuízos sofridos.

▸ arts. 402 a 405 deste Código.

▸ art. 37, Lei 4.886/1965 (Regula as atividades dos representantes comerciais autônomos).

Art. 718. Se a dispensa se der sem culpa do agente, terá ele direito à remuneração até então devida, inclusive sobre os negócios pendentes, além das indenizações previstas em lei especial.

Art. 719. Se o agente não puder continuar o trabalho por motivo de força maior, terá direito à remuneração correspondente aos serviços realizados, cabendo esse direito aos herdeiros no caso de morte.

Art. 720. Se o contrato for por tempo indeterminado, qualquer das partes poderá resolvê-lo, mediante aviso prévio de noventa dias, desde que transcorrido prazo compatível com a natureza e o vulto do investimento exigido do agente.

▸ arts. 34; 35, Lei 4.886/1965 (Regula as atividades dos representantes comerciais autônomos).

Parágrafo único. No caso de divergência entre as partes, o juiz decidirá da razoabilidade do prazo e do valor devido.

Art. 721. Aplicam-se ao contrato de agência e distribuição, no que couber, as regras concernentes ao mandato e à comissão e as constantes de lei especial.

▸ arts. 653 a 709 deste Código.

CAPÍTULO XIII
DA CORRETAGEM

▸ Lei 6.530/1978 (Regulamenta a profissão de Corretor de Imóveis). Dec. 81.871/1978 (Regulamento).

Art. 722. Pelo contrato de corretagem, uma pessoa, não ligada a outra em virtude de mandato de prestação de serviços ou por qualquer relação de dependência, obriga-se a obter para a segunda um ou mais negócios, conforme as instruções recebidas.

▸ arts. 653 a 692 deste Código.

Art. 723. O corretor é obrigado a executar a mediação com diligência e prudência, e a prestar ao cliente, espontaneamente, todas as informações sobre o andamento do negócio. (Redação dada pela Lei 12.236/2010.)

Parágrafo único. Sob pena de responder por perdas e danos, o corretor prestará ao cliente todos os esclarecimentos acerca da segurança ou do risco do negócio, das alterações de valores e de outros fatores que possam influir nos resultados da incumbência. (Incluído pela Lei 12.236/2010.)

Art. 724. A remuneração do corretor, se não estiver fixada em lei, nem ajustada entre as partes, será arbitrada segundo a natureza do negócio e os usos locais.

Art. 725. A remuneração é devida ao corretor uma vez que tenha conseguido o resultado previsto no contrato de mediação, ou ainda que este não se efetive em virtude de arrependimento das partes.

▸ art. 51, IV, CDC.

Art. 726. Iniciado e concluído o negócio diretamente entre as partes, nenhuma remuneração será devida ao corretor; mas se, por escrito, for ajustada a corretagem com exclusividade, terá o corretor direito à remuneração integral, ainda que realizado o negócio sem a sua mediação, salvo se comprovada sua inércia ou ociosidade.

Art. 727. Se, por não haver prazo determinado, o dono do negócio dispensar o corretor, e o negócio se realizar posteriormente, como fruto da sua mediação, a corretagem lhe será devida; igual solução se adotará se o negócio se realizar após a decorrência do prazo contratual, mas por efeito dos trabalhos do corretor.

Art. 728. Se o negócio se concluir com a intermediação de mais de um corretor, a remuneração será paga a todos em partes iguais, salvo ajuste em contrário.

Art. 729. Os preceitos sobre corretagem constantes deste Código não excluem a aplicação de outras normas da legislação especial.

CAPÍTULO XIV
DO TRANSPORTE

▸ Súm. 161, STF.

SEÇÃO I
DISPOSIÇÕES GERAIS

Art. 730. Pelo contrato de transporte alguém se obriga, mediante retribuição, a transportar, de um lugar para outro, pessoas ou coisas.

▸ art. 927, p.u., deste Código.

Art. 731. O transporte exercido em virtude de autorização, permissão ou concessão rege-se pelas normas regulamentares e pelo que for estabelecido naqueles atos, sem prejuízo do disposto neste Código.

▸ arts. 21, XII; 25, § 1º; 30, V; 37, § 6º; 175, CF.

Art. 732. Aos contratos de transporte, em geral, são aplicáveis, quando couber, desde que não contrariem as disposições deste Código, os preceitos constantes da legislação especial e de tratados e convenções internacionais.

▸ Dec. 2.681/1912 (Dispõe sobre a responsabilidade civil das estradas de ferro).

▸ Dec.-Lei 3.326/1941 (Dispõe sobre o transporte de malas postais). Dec.-Lei 5.405/1943 (Regulamento).

▸ Dec. 1.832/1966 (Aprova o Regulamento dos Transportes Aquaviários).

▸ Lei 9.432/1997 (Dispõe sobre a ordenação do transporte aquaviário).

▸ Enunciados 369 e 559 das Jornadas de Direito Civil.

Art. 733. Nos contratos de transporte cumulativo, cada transportador se obriga a cumprir o contrato relativamente ao respectivo percurso, respondendo pelos danos nele causados a pessoas e coisas.

§ 1º O dano, resultante do atraso ou da interrupção da viagem, será determinado em razão da totalidade do percurso.

§ 2º Se houver substituição de algum dos transportadores no decorrer do percurso, a responsabilidade solidária estender-se-á ao substituto.

▸ arts. 275 a 285; 927, p.u., deste Código.

SEÇÃO II
DO TRANSPORTE DE PESSOAS

Art. 734. O transportador responde pelos danos causados às pessoas transportadas e suas bagagens, salvo motivo de força maior, sendo nula qualquer cláusula excludente da responsabilidade.

▸ arts. 333; 927, p.u., deste Código.

▸ Súm. 161, STF.

Parágrafo único. É lícito ao transportador exigir a declaração do valor da bagagem a fim de fixar o limite da indenização.

▸ art. 944; 950 deste Código.

Art. 735. A responsabilidade contratual do transportador por acidente com o passageiro não é elidida por culpa de terceiro, contra o qual tem ação regressiva.

- arts. 927, p.u.; 932, III; 933; 934; 942, p.u., deste Código.
- Súm. 187, STF.
- Enunciado 369 das Jornadas de Direito Civil.

Art. 736. Não se subordina às normas do contrato de transporte o feito gratuitamente, por amizade ou cortesia.

Parágrafo único. Não se considera gratuito o transporte quando, embora feito sem remuneração, o transportador auferir vantagens indiretas.

- Súm. 145, STJ.
- Enunciado 559 das Jornadas de Direito Civil.

Art. 737. O transportador está sujeito aos horários e itinerários previstos, sob pena de responder por perdas e danos, salvo motivo de força maior.

- arts. 393; 402 a 405 deste Código.

Art. 738. A pessoa transportada deve sujeitar-se às normas estabelecidas pelo transportador, constantes no bilhete ou afixadas à vista dos usuários, abstendo-se de quaisquer atos que causem incômodo ou prejuízo aos passageiros, danifiquem o veículo ou dificultem ou impeçam a execução normal do serviço.

Parágrafo único. Se o prejuízo sofrido pela pessoa transportada for atribuível à transgressão de normas e instruções regulamentares, o juiz reduzirá equitativamente a indenização, na medida em que a vítima houver concorrido para a ocorrência do dano.

- art. 945 deste Código.

Art. 739. O transportador não pode recusar passageiros, salvo os casos previstos nos regulamentos, ou se as condições de higiene ou de saúde do interessado o justificarem.

Art. 740. O passageiro tem direito a rescindir o contrato de transporte antes de iniciada a viagem, sendo-lhe devida a restituição do valor da passagem, desde que feita a comunicação ao transportador em tempo de ser renegociada.

§ 1º Ao passageiro é facultado desistir do transporte, mesmo depois de iniciada a viagem, sendo-lhe devida a restituição do valor correspondente ao trecho não utilizado, desde que provado que outra pessoa haja sido transportada em seu lugar.

§ 2º Não terá direito ao reembolso do valor da passagem o usuário que deixar de embarcar, salvo se provado que outra pessoa foi transportada em seu lugar, caso em que lhe será restituído o valor do bilhete não utilizado.

§ 3º Nas hipóteses previstas neste artigo, o transportador terá direito de reter até cinco por cento da importância a ser restituída ao passageiro, a título de multa compensatória.

Art. 741. Interrompendo-se a viagem por qualquer motivo alheio à vontade do transportador, ainda que em consequência de evento imprevisível, fica ele obrigado a concluir o transporte contratado em outro veículo da mesma categoria, ou, com a anuência do passageiro, por modalidade diferente, à sua custa, correndo também por sua conta as despesas de estada e alimentação do usuário, durante a espera de novo transporte.

Art. 742. O transportador, uma vez executado o transporte, tem direito de retenção sobre a bagagem de passageiro e outros objetos pessoais deste, para garantir-se do pagamento do valor da passagem que não tiver sido feito no início ou durante o percurso.

- art. 644 deste Código.

SEÇÃO III
DO TRANSPORTE DE COISAS

Art. 743. A coisa, entregue ao transportador, deve estar caracterizada pela sua natureza, valor, peso e quantidade, e o mais que for necessário para que não se confunda com outras, devendo o destinatário ser indicado ao menos pelo nome e endereço.

- arts. 566 e ss., CCom.

Art. 744. Ao receber a coisa, o transportador emitirá conhecimento com a menção dos dados que a identifiquem, obedecido o disposto em lei especial.

Parágrafo único. O transportador poderá exigir que o remetente lhe entregue, devidamente assinada, a relação discriminada das coisas a serem transportadas, em duas vias, uma das quais, por ele devidamente autenticada, ficará fazendo parte integrante do conhecimento.

- Art. 575, CCom.

Art. 745. Em caso de informação inexata ou falsa descrição no documento a que se refere o artigo antecedente, será o transportador indenizado pelo prejuízo que sofrer, devendo a ação respectiva ser ajuizada no prazo de cento e vinte dias, a contar daquele ato, sob pena de decadência.

Art. 746. Poderá o transportador recusar a coisa cuja embalagem seja inadequada, bem como a que possa pôr em risco a saúde das pessoas, ou danificar o veículo e outros bens.

- Lei 9.611/1998 (Dispõe sobre o transporte multimodal de cargas).

Art. 747. O transportador deverá obrigatoriamente recusar a coisa cujo transporte ou comercialização não sejam permitidos, ou que venha desacompanhada dos documentos exigidos por lei ou regulamento.

- art. 180 CP.

Art. 748. Até a entrega da coisa, pode o remetente desistir do transporte e pedi-la de volta, ou ordenar seja entregue a outro destinatário, pagando, em ambos os casos, os acréscimos de despesa decorrentes da contraordem, mais as perdas e danos que houver.

- arts. 473 deste Código.

Art. 749. O transportador conduzirá a coisa ao seu destino, tomando todas as cautelas necessárias para mantê-la em bom estado e entregá-la no prazo ajustado ou previsto.

Art. 750. A responsabilidade do transportador, limitada ao valor constante do conhecimento, começa no momento em que ele, ou seus prepostos, recebem a coisa; termina quando é entregue ao destinatário, ou depositada em juízo, se aquele não for encontrado.

- art. 927, p.u., deste Código.

Art. 751. A coisa, depositada ou guardada nos armazéns do transportador, em virtude de contrato de transporte, rege-se, no que couber, pelas disposições relativas a depósito.

- arts. 627 a 652 deste Código.
- art. 168 CP.

Art. 752. Desembarcadas as mercadorias, o transportador não é obrigado a dar aviso ao destinatário, se assim não foi convencionado, dependendo também de ajuste a entrega a domicílio, e devem constar do conhecimento de embarque as cláusulas de aviso ou de entrega a domicílio.

Art. 753. Se o transporte não puder ser feito ou sofrer longa interrupção, o transportador solicitará, incontinenti, instruções ao remetente, e zelará pela coisa, por cujo perecimento ou deterioração responderá, salvo força maior.

§ 1º Perdurando o impedimento, sem motivo imputável ao transportador e sem manifestação do remetente, poderá aquele depositar a coisa em juízo, ou vendê-la, obedecidos os preceitos legais e regulamentares, ou os usos locais, depositando o valor.

- arts. 334 a 345 deste Código.
- arts. 539 a 549, NCPC.

§ 2º Se o impedimento for responsabilidade do transportador, este poderá depositar a coisa, por sua conta e risco, mas só poderá vendê-la se perecível.

§ 3º Em ambos os casos, o transportador deve informar o remetente da efetivação do depósito ou da venda.

§ 4º Se o transportador mantiver a coisa depositada em seus próprios armazéns, continuará a responder pela sua guarda e conservação, sendo-lhe devida, porém, uma remuneração pela custódia, a qual poderá ser contratualmente ajustada ou se conformará aos usos adotados em cada sistema de transporte.

- arts. 627 a 652 deste Código.

Art. 754. As mercadorias devem ser entregues ao destinatário, ou a quem apresentar o conhecimento endossado, devendo aquele que as receber conferi-las e apresentar as reclamações que tiver, sob pena de decadência dos direitos.

- art. 744 deste Código.
- Súm. 109, STJ.

Parágrafo único. No caso de perda parcial ou de avaria não perceptível à primeira vista, o destinatário conserva a sua ação contra o transportador, desde que denuncie o dano em dez dias a contar da entrega.

Art. 755. Havendo dúvida acerca de quem seja o destinatário, o transportador deve depositar a mercadoria em juízo, se não lhe for possível obter instruções do remetente; se a demora puder ocasionar a deterioração da coisa, o transportador deverá vendê-la, depositando o saldo em juízo.

- arts. 334 a 345 deste Código.

Art. 756. No caso de transporte cumulativo, todos os transportadores respondem solidariamente pelo dano causado perante o remetente, ressalvada a apuração final da responsabilidade entre eles, de modo que o ressarcimento recaia, por inteiro, ou proporcionalmente, naquele ou naqueles em cujo percurso houver ocorrido o dano.

- arts. 275 a 285 deste Código.

CAPÍTULO XV
DO SEGURO

- art. 206, §§ 1º, II, e 3º, IX; 1.346 deste Código.
- arts. 666 a 730, CCom.
- art. 171, § 2º, V, CP.
- Súm. 105; 188; 504; 529, STF.

SEÇÃO I
DISPOSIÇÕES GERAIS

- LC 126/2007 (Dispõe sobre a política de resseguro, retrocessão e sua intermediação, as operações de cosseguro, as contratações de seguro no exterior e as operações em moeda estrangeira do setor securitário).
- Súm. 632, STJ.

Art. 757. Pelo contrato de seguro, o segurador se obriga, mediante o pagamento do prêmio, a garantir interesse legítimo do segurado, relativo a pessoa ou a coisa, contra riscos predeterminados.

- Súm. 31; 426; 465, STJ.
- Enunciados 185 e 370 das Jornadas de Direito Civil.

Parágrafo único. Somente pode ser parte, no contrato de seguro, como segurador, entidade para tal fim legalmente autorizada.

Art. 758. O contrato de seguro prova-se com a exibição da apólice ou do bilhete do seguro, e, na falta deles, por documento comprobatório do pagamento do respectivo prêmio.

- art. 227, p.u., deste Código.

Art. 759. A emissão da apólice deverá ser precedida de proposta escrita com a declaração dos elementos essenciais do interesse a ser garantido e do risco.

Art. 760. A apólice ou o bilhete de seguro serão nominativos, à ordem ou ao portador, e mencionarão os riscos assumidos, o início e o fim de sua validade, o limite da garantia e o prêmio devido, e, quando for o caso, o nome do segurado e o do beneficiário.

Parágrafo único. No seguro de pessoas, a apólice ou o bilhete não podem ser ao portador.

- arts. 785, § 2º; 791; 792 deste Código.

Art. 761. Quando o risco for assumido em cosseguro, a apólice indicará o segurador que administrará o contrato e representará os demais, para todos os seus efeitos.

Art. 762. Nulo será o contrato para garantia de risco proveniente de ato doloso do segurado, do beneficiário, ou de representante de um ou de outro.

- arts. 677; 678 CCom.

Art. 763. Não terá direito a indenização o segurado que estiver em mora no pagamento do prêmio, se ocorrer o sinistro antes de sua purgação.

- arts. 394 a 401 deste Código.
- Súm. 616, STJ.
- Enunciados 371 e 376 das Jornadas de Direito Civil.

Art. 764. Salvo disposição especial, o fato de se não ter verificado o risco, em previsão do qual se faz o seguro, não exime o segurado de pagar o prêmio.

- art. 642; 684 deste Código.

Art. 765. O segurado e o segurador são obrigados a guardar na conclusão e na execução do contrato a mais estrita boa-fé e veracidade, tanto a respeito do objeto quanto das circunstâncias e declarações a ele concernentes.

- Súm. 402; 465; 609 STJ.
- Enunciados 542; 543; 585 das Jornadas de Direito Civil.

Art. 766. Se o segurado, por si ou por seu representante, fizer declarações inexatas ou omitir circunstâncias que possam influir na aceitação da proposta ou na taxa do prêmio, perderá o direito à garantia, além de ficar obrigado ao prêmio vencido.

- Súm. 609, STJ.
- Enunciados 372; 585 das Jornadas de Direito Civil.

Parágrafo único. Se a inexatidão ou omissão nas declarações não resultar de má-fé do segurado, o segurador terá direito a resolver o contrato, ou a cobrar, mesmo após o sinistro, a diferença do prêmio.

- art. 765 deste Código.

Art. 767. No seguro à conta de outrem, o segurador pode opor ao segurado quaisquer defesas que tenha contra o estipulante, por descumprimento das normas de conclusão do contrato ou de pagamento do prêmio.

Art. 768. O segurado perderá o direito à garantia se agravar intencionalmente o risco objeto do contrato.

- arts. 757; 759; 765; e 769 deste Código.
- Súmula 620, STJ.

Art. 769. O segurado é obrigado a comunicar ao segurador, logo que saiba, todo incidente suscetível de agravar consideravelmente o risco coberto, sob pena de perder o direito à garantia, se provar que silenciou de má-fé.

§ 1º O segurador, desde que o faça nos quinze dias seguintes ao recebimento do aviso da agravação do risco sem culpa do segurado, poderá dar-lhe ciência, por escrito, de sua decisão de resolver o contrato.

§ 2º A resolução só será eficaz trinta dias após a notificação, devendo ser restituída pelo segurador a diferença do prêmio.

Art. 770. Salvo disposição em contrário, a diminuição do risco no curso do contrato não acarreta a redução do prêmio estipulado; mas, se a redução do risco for considerável, o segurado poderá exigir a revisão do prêmio, ou a resolução do contrato.

Art. 771. Sob pena de perder o direito à indenização, o segurado participará o sinistro ao segurador, logo que o saiba, e tomará as providências imediatas para minorar-lhe as consequências.

- Súm. 229, STJ.

Parágrafo único. Correm à conta do segurador, até o limite fixado no contrato, as despesas de salvamento consequente ao sinistro.

- Súm. Vinc. 32, STF.

Art. 772. A mora do segurador em pagar o sinistro obriga à atualização monetária da indenização devida segundo índices oficiais regularmente estabelecidos, sem prejuízo dos juros moratórios.

Art. 773. O segurador que, ao tempo do contrato, sabe estar passado o risco de que o segurado se pretende cobrir, e, não obstante, expede a apólice, pagará em dobro o prêmio estipulado.

Art. 774. A recondução tácita do contrato pelo mesmo prazo, mediante expressa cláusula contratual, não poderá operar mais de uma vez.

Art. 775. Os agentes autorizados do segurador presumem-se seus representantes para todos os atos relativos aos contratos que agenciarem.

Art. 776. O segurador é obrigado a pagar em dinheiro o prejuízo resultante do risco assumido, salvo se convencionada a reposição da coisa.

- arts. 206, § 1º, II, deste Código.

Art. 777. O disposto no presente Capítulo aplica-se, no que couber, aos seguros regidos por leis próprias.

- arts. 666 a 730, CCom.
- art. 5º, § 3º, Lei 9.514/1997 (Dispõe sobre o sistema de financiamento imobiliário e institui a alienação fiduciária de coisa imóvel).
- Lei 6.194/1974 (Dispõe sobre seguro obrigatório de danos pessoais causados por veículos automotores de via terrestre, ou por sua carga, a pessoas transportadas ou não).
- Lei 6.704/1979 (Dispõe sobre o seguro de crédito à exportação). Dec. 3.937/2001 (Regulamento).
- Lei 8.374/1991 (Dispõe sobre o seguro obrigatório de danos pessoais causados por embarcações ou sua carga).
- Lei 9.477/1997 (Institui o Fundo de Aposentadoria Programada Individual – FAPI e seu plano de incentivo).
- Lei 9.656/1998 (Dispõe sobre os planos e seguros privados de assistência à saúde).
- Lei 10.185/2001 (Dispõe sobre a especialização das sociedades seguradoras em planos privados de assistência à saúde).
- Dec.-Lei 2.063/1940 (Regulamenta sob novos moldes as operações de seguros privados e sua fiscalização).
- Dec.-Lei 5.384/1943 (Dispõe sobre beneficiários do seguro de vida).
- Dec.-Lei 73/1966 (Dispõe sobre o Sistema Nacional de Seguros Privados). Dec. 60.459/1967 (Regulamento).
- Dec. 59.195/1966 (Dispõe sobre a cobrança de prêmios de seguros privados).
- Dec. 59.428/1966 (Dispõe sobre a política de acesso à propriedade rural).
- Súm. 402, STJ.

SEÇÃO II
DO SEGURO DE DANO

- Súm. 257; 402; 632 STJ.

Art. 778. Nos seguros de dano, a garantia prometida não pode ultrapassar o valor do interesse segurado no momento da conclusão do contrato, sob pena do disposto no art. 766, e sem prejuízo da ação penal que no caso couber.

- art. 677, CCom.

Art. 779. O risco do seguro compreenderá todos os prejuízos resultantes ou consequentes, como sejam os estragos ocasionados para evitar o sinistro, minorar o dano ou salvar a coisa.

Art. 780. A vigência da garantia, no seguro de coisas transportadas, começa no momento em que são pelo transportador recebidas, e cessa com a sua entrega ao destinatário.

Art. 781. A indenização não pode ultrapassar o valor do interesse segurado no momento do sinistro, e, em hipótese alguma, o limite máximo da garantia fixado na apólice, salvo em caso de mora do segurador.

Art. 782. O segurado que, na vigência do contrato, pretender obter novo seguro sobre o mesmo interesse, e contra o mesmo risco junto a outro segurador, deve previamente comunicar sua intenção por escrito ao primeiro, indicando a soma por que pretende segurar-se, a fim de se comprovar a obediência ao disposto no art. 778.

- arts. 765; 778; 781; e 789 deste Código.

Art. 783. Salvo disposição em contrário, o seguro de um interesse por menos do que valha acarreta a redução proporcional da indenização, no caso de sinistro parcial.

Art. 784. Não se inclui na garantia o sinistro provocado por vício intrínseco da coisa segurada, não declarado pelo segurado.

Parágrafo único. Entende-se por vício intrínseco o defeito próprio da coisa, que se não encontra normalmente em outras da mesma espécie.

Art. 785. Salvo disposição em contrário, admite-se a transferência do contrato a terceiro com a alienação ou cessão do interesse segurado.

- art. 959, I, deste Código.

§ 1º Se o instrumento contratual é nominativo, a transferência só produz efeitos em relação ao segurador mediante aviso escrito assinado pelo cedente e pelo cessionário.

- Súm. 465, STJ.

§ 2º A apólice ou o bilhete à ordem só se transfere por endosso em preto, datado e assinado pelo endossante e pelo endossatário.

Art. 786. Paga a indenização, o segurador sub-roga-se, nos limites do valor respectivo, nos direitos e ações que competirem ao segurado contra o autor do dano.

- arts. 346 a 351; 800 deste Código.
- Súm. 151; 188; 257 STF.
- Enunciado 552 das Jornadas de Direito Civil.

§ 1º Salvo dolo, a sub-rogação não tem lugar se o dano foi causado pelo cônjuge do segurado, seus descendentes ou ascendentes, consanguíneos ou afins.

§ 2º É ineficaz qualquer ato do segurado que diminua ou extinga, em prejuízo do segurador, os direitos a que se refere este artigo.

Art. 787. No seguro de responsabilidade civil, o segurador garante o pagamento de perdas e danos devidos pelo segurado a terceiro.

- arts. 402 a 405 deste Código.
- Súm. 529, STJ.

§ 1º Tão logo saiba o segurado das consequências de ato seu, suscetível de lhe acarretar a responsabilidade incluída na garantia, comunicará o fato ao segurador.

§ 2º É defeso ao segurado reconhecer sua responsabilidade ou confessar a ação, bem como transigir com o terceiro prejudicado, ou indenizá-lo diretamente, sem anuência expressa do segurador.

- art. 795 deste Código.

§ 3º Intentada a ação contra o segurado, dará este ciência da lide ao segurador.

§ 4º Subsistirá a responsabilidade do segurado perante o terceiro, se o segurador for insolvente.

- art. 955 deste Código.

Art. 788. Nos seguros de responsabilidade legalmente obrigatórios, a indenização por sinistro será paga pelo segurador diretamente ao terceiro prejudicado.

Parágrafo único. Demandado em ação direta pela vítima do dano, o segurador não poderá opor a exceção de contrato não cumprido pelo segurado, sem promover a citação deste para integrar o contraditório.

- arts. 476; 477 deste Código.

SEÇÃO III
DO SEGURO DE PESSOA

- art. 63, p.u., LC 109/2001 (Dispõe sobre o Regime de Previdência Complementar).
- Súm. 632, STJ.

Art. 789. Nos seguros de pessoas, o capital segurado é livremente estipulado pelo proponente, que pode contratar mais de um seguro sobre o mesmo interesse, com o mesmo ou diversos seguradores.

Art. 790. No seguro sobre a vida de outros, o proponente é obrigado a declarar, sob pena de falsidade, o seu interesse pela preservação da vida do segurado.

Parágrafo único. Até prova em contrário, presume-se o interesse, quando o segurado é cônjuge, ascendente ou descendente do proponente.

- Súm. 105, STF.
- Súm. 61; 610, STJ.

Art. 791. Se o segurado não renunciar à faculdade, ou se o seguro não tiver como causa declarada a garantia de alguma obrigação, é lícita a substituição do beneficiário, por ato entre vivos ou de última vontade.

Parágrafo único. O segurador, que não for cientificado oportunamente da substituição, desobrigar-se-á pagando o capital segurado ao antigo beneficiário.

- art. 438 deste Código.

Art. 792. Na falta de indicação da pessoa ou beneficiário, ou se por qualquer motivo não prevalecer a que for feita, o capital segurado será pago por metade ao cônjuge não separado judicialmente, e o restante aos herdeiros do segurado, obedecida a ordem da vocação hereditária.

- arts. 1.798 a 1.803 deste Código.
- Dec.-Lei 5.384/1943 (Dispõe sobre os beneficiários do seguro de vida).

Parágrafo único. Na falta das pessoas indicadas neste artigo, serão beneficiários os que provarem que a morte do segurado os privou dos meios necessários à subsistência.

- art. 438 deste Código.

Art. 793. É válida a instituição do companheiro como beneficiário, se ao tempo do contrato o segurado era separado judicialmente, ou já se encontrava separado de fato.

- arts. 1.723; a 1.727 deste Código.

Art. 794. No seguro de vida ou de acidentes pessoais para o caso de morte, o capital estipulado não está sujeito às dívidas do segurado, nem se considera herança para todos os efeitos de direito.

- arts. 784, V e VI; 833, VI, NCPC.

Art. 795. É nula, no seguro de pessoa, qualquer transação para pagamento reduzido do capital segurado.

- arts. 422; 840 a 850 deste Código.

Art. 796. O prêmio, no seguro de vida, será conveniado por prazo limitado, ou por toda a vida do segurado.

Parágrafo único. Em qualquer hipótese, no seguro individual, o segurador não terá ação para cobrar o prêmio vencido, cuja falta de pagamento, nos prazos previstos, acarretará, conforme se estipular, a resolução do contrato, com a restituição da reserva já formada, ou a redução do capital garantido proporcionalmente ao prêmio pago.

Art. 797. No seguro de vida para o caso de morte, é lícito estipular-se um prazo de carência, durante o qual o segurador não responde pela ocorrência do sinistro.

Parágrafo único. No caso deste artigo o segurador é obrigado a devolver ao beneficiário o montante da reserva técnica já formada.

- Súm. 610, STJ.

Art. 798. O beneficiário não tem direito ao capital estipulado quando o segurado se suicida nos primeiros dois anos de vigência inicial do contrato, ou da sua recondução depois de suspenso, observado o disposto no parágrafo único do artigo antecedente.

Parágrafo único. Ressalvada a hipótese prevista neste artigo, é nula a cláusula contratual que exclui o pagamento do capital por suicídio do segurado.

- Súm. 105, STF.
- Súm. 61; 610, STJ.

Art. 799. O segurador não pode eximir-se ao pagamento do seguro, ainda que da apólice conste a restrição, se a morte ou a incapacidade do segurado provier da utilização de meio de transporte mais arriscado, da prestação de serviço militar, da prática de esporte, ou de atos de humanidade em auxílio de outrem.

Art. 800. Nos seguros de pessoas, o segurador não pode sub-rogar-se nos direitos e ações do segurado, ou do beneficiário, contra o causador do sinistro.

- arts. 786 deste Código.

Art. 801. O seguro de pessoas pode ser estipulado por pessoa natural ou jurídica em proveito de grupo que a ela, de qualquer modo, se vincule.

- Súm. 101, STJ.
- Enunciado 375 das Jornadas de Direito Civil.

§ 1º O estipulante não representa o segurador perante o grupo segurado, e é o único responsável, para com o segurador, pelo cumprimento de todas as obrigações contratuais.

§ 2º A modificação da apólice em vigor dependerá da anuência expressa de segurados que representem três quartos do grupo.

Art. 802. Não se compreende nas disposições desta Seção a garantia do reembolso de despesas hospitalares ou de tratamento médico, nem o custeio das despesas de luto e de funeral do segurado.

CAPÍTULO XVI
DA CONSTITUIÇÃO DE RENDA

Art. 803. Pode uma pessoa, pelo contrato de constituição de renda, obrigar-se para com outra a uma prestação periódica, a título gratuito.

- arts. 809 e 813 deste Código.

Art. 804. O contrato pode ser também a título oneroso, entregando-se bens móveis ou imóveis à pessoa que se obriga a satisfazer as prestações a favor do credor ou de terceiros.

- art. 809 deste Código.

Art. 805. Sendo o contrato a título oneroso, pode o credor, ao contratar, exigir que o rendeiro lhe preste garantia real, ou fidejussória.

Art. 806. O contrato de constituição de renda será feito a prazo certo, ou por vida, podendo ultrapassar a vida do devedor, mas não a do credor, seja ele o contratante, seja terceiro.

Art. 807. O contrato de constituição de renda requer escritura pública.

- art. 109 deste Código.

Art. 808. É nula a constituição de renda em favor de pessoa já falecida, ou que, nos trinta dias seguintes, vier a falecer de moléstia que já sofria, quando foi celebrado o contrato.

Art. 809. Os bens dados em compensação da renda caem, desde a tradição, no domínio da pessoa que por aquela se obrigou.

- art. 1.359 deste Código.

Art. 810. Se o rendeiro, ou censuário, deixar de cumprir a obrigação estipulada, poderá o credor da renda acioná-lo, tanto para que lhe pague as prestações atrasadas quanto para que lhe dê garantias das futuras, sob pena de rescisão do contrato.

- arts. 475 a 477 deste Código.

Art. 811. O credor adquire o direito à renda dia a dia, se a prestação não houver de ser paga adiantada, no começo de cada um dos períodos prefixos.

Art. 812. Quando a renda for constituída em benefício de duas ou mais pessoas, sem determinação da parte de cada uma, entende-se que os seus direitos são iguais; e, salvo estipulação diversa, não adquirirão os sobrevivos direito à parte dos que morrerem.

Art. 813. A renda constituída por título gratuito pode, por ato do instituidor, ficar isenta de todas as execuções pendentes e futuras.

Parágrafo único. A isenção prevista neste artigo prevalece de pleno direito em favor dos montepios e pensões alimentícias.

- art. 833, I, NCPC.

CAPÍTULO XVII
DO JOGO E DA APOSTA

Art. 814. As dívidas de jogo ou de aposta não obrigam a pagamento; mas não se pode recobrar a quantia, que voluntariamente se pagou, salvo se foi ganha por dolo, ou se o perdente é menor ou interdito.

- arts. 166, II; 816 deste Código.

§ 1º Estende-se esta disposição a qualquer contrato que encubra ou envolva reconhecimento, novação ou fiança de dívida de jogo; mas a nulidade resultante não pode ser oposta ao terceiro de boa-fé.

- arts. 360 a 367 deste Código.

§ 2º O preceito contido neste artigo tem aplicação, ainda que se trate de jogo não proibido, só se excetuando os jogos e apostas legalmente permitidos.

§ 3º Excetuam-se, igualmente, os prêmios oferecidos ou prometidos para o vencedor em competição de natureza esportiva, intelectual ou artística, desde que os interessados se submetam às prescrições legais e regulamentares.

Art. 815. Não se pode exigir reembolso do que se emprestou para jogo ou aposta, no ato de apostar ou jogar.

Art. 816. As disposições dos arts. 814 e 815 não se aplicam aos contratos sobre títulos de bolsa, mercadorias ou valores, em que se estipulem a liquidação exclusivamente pela diferença entre o preço ajustado e a cotação que eles tiverem no vencimento do ajuste.

Art. 817. O sorteio para dirimir questões ou dividir coisas comuns considera-se sistema de partilha ou processo de transação, conforme o caso.

- arts. 840 a 850; 858; 2.013 a 2.022 deste Código.

CAPÍTULO XVIII
DA FIANÇA

SEÇÃO I
DISPOSIÇÕES GERAIS

Art. 818. Pelo contrato de fiança, uma pessoa garante satisfazer ao credor uma obrigação assumida pelo devedor, caso este não a cumpra.

- arts. 814, § 1º; 1.642, IV; 1.647, III, deste Código.
- arts. 477; 481; 483; 527; 535; 548-4; 580; 595; 604; 609; 612; 784; e 785, CCom.
- art. 30, Dec. 21.981/1932 (Regula a profissão de leiloeiro).
- Dec. 91.271/1985 (Veda a concessão, por entidades estatais, da aval, fiança ou outras garantias).
- arts. 23, XI; 37, II e III; 40, V e X; 41; 71, V, Lei 8.245/1991 (Lei das Locações).

Art. 819. A fiança dar-se-á por escrito, e não admite interpretação extensiva.

- arts. 114 deste Código.
- Súm. 214, STJ.

Art. 819-A. (Vetado). (Incluído pela Lei 10.931/2004).

Art. 820. Pode-se estipular a fiança, ainda que sem consentimento do devedor ou contra a sua vontade.

Art. 821. As dívidas futuras podem ser objeto de fiança; mas o fiador, neste caso, não será demandado senão depois que se fizer certa e líquida a obrigação do principal devedor.

Art. 822. Não sendo limitada, a fiança compreenderá todos os acessórios da dívida principal, inclusive as despesas judiciais, desde a citação do fiador.

Art. 823. A fiança pode ser de valor inferior ao da obrigação principal e contraída em condições menos onerosas, e, quando exceder o valor da dívida, ou for mais onerosa que ela, não valerá senão até ao limite da obrigação afiançada.

- art. 830 deste Código.

Art. 824. As obrigações nulas não são suscetíveis de fiança, exceto se a nulidade resultar apenas de incapacidade pessoal do devedor.

- art. 837 deste Código.

Parágrafo único. A exceção estabelecida neste artigo não abrange o caso de mútuo feito a menor.

- art. 588 deste Código.

Art. 825. Quando alguém houver de oferecer fiador, o credor não pode ser obrigado a aceitá-lo se não for pessoa idônea, domiciliada no município onde tenha de prestar a fiança, e não possua bens suficientes para cumprir a obrigação.

Art. 826. Se o fiador se tornar insolvente ou incapaz, poderá o credor exigir que seja substituído.

- art. 333, III, deste Código.

SEÇÃO II
DOS EFEITOS DA FIANÇA

Art. 827. O fiador demandado pelo pagamento da dívida tem direito a exigir, até a contestação da lide, que sejam primeiro executados os bens do devedor.

- art. 839 deste Código.
- arts. 130; 794, NCPC.

Parágrafo único. O fiador que alegar o benefício de ordem, a que se refere este artigo, deve nomear bens do devedor, sitos no mesmo município, livres e desembargados, quantos bastem para solver o débito.

Art. 828. Não aproveita este benefício ao fiador:

- art. 838 deste Código.
- Enunciado 364 das Jornadas de Direito Civil.

I - se ele o renunciou expressamente;

II - se se obrigou como principal pagador, ou devedor solidário;

- arts. 264 a 285 deste Código.

III - se o devedor for insolvente ou falido.

Art. 829. A fiança conjuntamente prestada a um só débito por mais de uma pessoa importa o compromisso de solidariedade entre elas, se declaradamente não se reservarem o benefício de divisão.

- art. 130, NCPC.

Parágrafo único. Estipulado este benefício, cada fiador responde unicamente pela parte que, em proporção, lhe couber no pagamento.

Art. 830. Cada fiador pode fixar no contrato a parte da dívida que toma sob sua responsabilidade, caso em que não será por mais obrigado.

- art. 339 deste Código.

Art. 831. O fiador que pagar integralmente a dívida fica sub-rogado nos direitos do credor; mas só poderá demandar a cada um dos outros fiadores pela respectiva quota.

- art. 346, III, deste Código.

Parágrafo único. A parte do fiador insolvente distribuir-se-á pelos outros.

- art. 596, p.u., NCPC.

Art. 832. O devedor responde também perante o fiador por todas as perdas e danos que este pagar, e pelos que sofrer em razão da fiança.

- arts. 402 a 405 deste Código.

Art. 833. O fiador tem direito aos juros do desembolso pela taxa estipulada na obrigação principal, e, não havendo taxa convencionada, aos juros legais da mora.

- arts. 406 e 407 deste Código.

Art. 834. Quando o credor, sem justa causa, demorar a execução iniciada contra o devedor, poderá o fiador promover-lhe o andamento.

- art. 778, NCPC.

Art. 835. O fiador poderá exonerar-se da fiança que tiver assinado sem limitação de tempo, sempre que lhe convier, ficando obrigado por todos os efeitos da fiança, durante sessenta dias após a notificação do credor.

- arts. 366; 2.036 deste Código.
- art. 39, Lei 8.245/1991 (Lei das Locações).
- Súm. 214, STJ.
- Enunciado 547 das Jornadas de Direito Civil.

Art. 836. A obrigação do fiador passa aos herdeiros; mas a responsabilidade da fiança se limita ao tempo decorrido até a morte do fiador, e não pode ultrapassar as forças da herança.

- arts. 1.792; 1.821; 1.997 deste Código.

SEÇÃO III
DA EXTINÇÃO DA FIANÇA

Art. 837. O fiador pode opor ao credor as exceções que lhe forem pessoais, e as extintivas da obrigação que competem ao devedor principal, se não provierem simplesmente de incapacidade pessoal, salvo o caso do mútuo feito a pessoa menor.

- arts. 204; 366; 371; 376; 588; 824; 844 deste Código.

Art. 838. O fiador, ainda que solidário, ficará desobrigado:

- arts. 827 a 829 deste Código.

I - se, sem consentimento seu, o credor conceder moratória ao devedor;

II - se, por fato do credor, for impossível a sub-rogação nos seus direitos e preferências;

- arts. 346 a 351 deste Código.

III - se o credor, em pagamento da dívida, aceitar amigavelmente do devedor objeto diverso do que este era obrigado a lhe dar, ainda que depois venha a perdê-lo por evicção.

- arts. 356 a 359; 447 a 457 deste Código.

Art. 839. Se for invocado o benefício da excussão e o devedor, retardando-se a execução, cair em insolvência, ficará exonerado o fiador que o invocou, se provar que os bens por ele indicados eram, ao tempo da penhora, suficientes para a solução da dívida afiançada.

CAPÍTULO XIX
DA TRANSAÇÃO

Art. 840. É lícito aos interessados prevenirem ou terminarem o litígio mediante concessões mútuas.

- arts. 661 deste Código.
- arts. 90; 122; 487; 535; VI; 619, II; 924, III, NCPC.
- art. 171, CTN.
- Lei 9.469/1997 (Dispõe sobre a intervenção da União nas causas em que figurarem, como autores ou réus, entes da administração pública).

Art. 841. Só quanto a direitos patrimoniais de caráter privado se permite a transação.

- art. 846 deste Código.
- art. 392, NCPC.

Art. 842. A transação far-se-á por escritura pública, nas obrigações em que a lei o exige, ou por instrumento particular, nas em que ela o admite; se recair sobre direitos contestados em juízo, será feita por escritura pública, ou por termo nos autos, assinado pelos transigentes e homologado pelo juiz.

- arts. 107 a 109 deste Código.
- art. 359, NCPC.

Art. 843. A transação interpreta-se restritivamente, e por ela não se transmitem, apenas se declaram ou reconhecem direitos.

Art. 844. A transação não aproveita, nem prejudica senão aos que nela intervierem, ainda que diga respeito a coisa indivisível.

- arts. 257 a 263 deste Código.
- Enunciado 442 das Jornadas de Direito Civil.

§ 1º Se for concluída entre o credor e o devedor, desobrigará o fiador.

§ 2º Se entre um dos credores solidários e o devedor, extingue a obrigação deste para com os outros credores.

- arts. 267 a 274 deste Código.
- art. 1.005, p.u., NCPC.

§ 3º Se entre um dos devedores solidários e seu credor, extingue a dívida em relação aos codevedores.

Art. 845. Dada a evicção da coisa renunciada por um dos transigentes, ou por ele transferida à outra parte, não revive a obrigação extinta pela transação; mas ao evicto cabe o direito de reclamar perdas e danos.

- arts. 402 a 405; 447 a 457 deste Código.

Parágrafo único. Se um dos transigentes adquirir, depois da transação, novo direito sobre a coisa renunciada ou transferida, a transação feita não o inibirá de exercê-lo.

Art. 846. A transação concernente a obrigações resultantes de delito não extingue a ação penal pública.

Art. 847. É admissível, na transação, a pena convencional.

- arts. 408 a 416 deste Código.

Art. 848. Sendo nula qualquer das cláusulas da transação, nula será esta.

- arts. 166 a 170 deste Código.

Parágrafo único. Quando a transação versar sobre diversos direitos contestados, independentes entre si, o fato de não prevalecer em relação a um não prejudicará os demais.

Art. 849. A transação só se anula por dolo, coação, ou erro essencial quanto à pessoa ou coisa controversa.

- arts. 138; 139, III; 155; 171 deste Código.

Parágrafo único. A transação não se anula por erro de direito a respeito das questões que foram objeto de controvérsia entre as partes.

Art. 850. É nula a transação a respeito do litígio decidido por sentença passada em julgado, se dela não tinha ciência algum dos transatores, ou quando, por título ulteriormente descoberto, se verificar que nenhum deles tinha direito sobre o objeto da transação.

CAPÍTULO XX
DO COMPROMISSO

- arts. 42; 337, § 5º; 485, VII; 1.012, § 1º, IV, NCPC.
- Lei 9.307/1996 (Lei da Arbitragem).

Art. 851. É admitido compromisso, judicial ou extrajudicial, para resolver litígios entre pessoas que podem contratar.

- art. 661, § 2º, deste Código.
- art. 9º, Lei 9.307/1996 (Lei da Arbitragem).

Art. 852. É vedado compromisso para solução de questões de estado, de direito pessoal de família e de outras que não tenham caráter estritamente patrimonial.

- arts. 661 e 841 deste Código.
- art. 9º, Lei 9.307/1996 (Lei da Arbitragem).

Art. 853. Admite-se nos contratos a cláusula compromissória, para resolver divergências mediante juízo arbitral, na forma estabelecida em lei especial.

- arts. 3º a 12, Lei 9.307/1996 (Lei da Arbitragem).

TÍTULO VII
DOS ATOS UNILATERAIS

CAPÍTULO I
DA PROMESSA DE RECOMPENSA

Art. 854. Aquele que, por anúncios públicos, se comprometer a recompensar, ou gratificar, a quem preencha certa condição, ou desempenhe certo serviço, contrai obrigação de cumprir o prometido.

- art. 427 deste Código.
- Lei 5.768/1971 (Dispõe sobre a distribuição gratuita de prêmios, mediante sorteio, vale brinde ou concurso).
- Súm. 15 STF.

Art. 855. Quem quer que, nos termos do artigo antecedente, fizer o serviço, ou satisfizer a condição, ainda que não pelo interesse da promessa, poderá exigir a recompensa estipulada.

- art. 121 deste Código.

Art. 856. Antes de prestado o serviço ou preenchida a condição, pode o promitente revogar a promessa, contanto que o faça com a mesma publicidade; se houver assinado prazo à execução da tarefa, entender-se-á que renuncia o arbítrio de retirar, durante ele, a oferta.

- art. 859 deste Código.

Parágrafo único. O candidato de boa-fé, que houver feito despesas, terá direito a reembolso.

- art. 422 deste Código.

Art. 857. Se o ato contemplado na promessa for praticado por mais de um indivíduo, terá direito à recompensa o que primeiro o executou.

- art. 817 deste Código.

Art. 858. Sendo simultânea a execução, a cada um tocará quinhão igual na recompensa; se esta não for divisível, conferir-se-á por sorteio, e o que obtiver a coisa dará ao outro o valor de seu quinhão.

Art. 859. Nos concursos que se abrirem com promessa pública de recompensa, é condição essencial, para valerem, a fixação de um prazo, observadas também as disposições dos parágrafos seguintes.

- art. 856 deste Código

§ 1º A decisão da pessoa nomeada, nos anúncios, como juiz, obriga os interessados.

§ 2º Em falta de pessoa designada para julgar o mérito dos trabalhos que se apresentarem, entender-se-á que o promitente se reservou essa função.

§ 3º Se os trabalhos tiverem mérito igual, proceder-se-á de acordo com os arts. 857 e 858.

Art. 860. As obras premiadas, nos concursos de que trata o artigo antecedente, só ficarão pertencendo ao promitente, se assim for estipulado na publicação da promessa.

CAPÍTULO II
DA GESTÃO DE NEGÓCIOS

Art. 861. Aquele que, sem autorização do interessado, intervém na gestão de negócio alheio, dirigi-lo-á segundo o interesse e a vontade presumível de seu dono, ficando responsável a este e às pessoas com que tratar.

- arts. 665; 866; 869 deste Código.
- arts. 53, IV; 121, p.u., NCPC.

Art. 862. Se a gestão foi iniciada contra a vontade manifesta ou presumível do interessado, responderá o gestor até pelos casos fortuitos, não provando que teriam sobrevindo, ainda quando se houvesse abatido.

- Texto conforme publicação oficial. A leitura correta parece ser "abstido" e não "abatido".
- arts. 868; 874 deste Código.

Art. 863. No caso do artigo antecedente, se os prejuízos da gestão excederem o seu proveito, poderá o dono do negócio exigir que o gestor restitua as coisas ao estado anterior, ou o indenize da diferença.

- arts. 870 e 874 deste Código.

Art. 864. Tanto que se possa, comunicará o gestor ao dono do negócio a gestão que assumiu, aguardando-lhe a resposta, se da espera não resultar perigo.

Art. 865. Enquanto o dono não providenciar, velará o gestor pelo negócio, até o levar a cabo, esperando, se aquele falecer durante a gestão, as instruções dos herdeiros, sem se descuidar, entretanto, das medidas que o caso reclame.

- art. 674 deste Código

Art. 866. O gestor envidará toda sua diligência habitual na administração do negócio, ressarcindo ao dono o prejuízo resultante de qualquer culpa na gestão.

- arts. 667; 862; 868 deste Código.

Art. 867. Se o gestor se fizer substituir por outrem, responderá pelas faltas do substituto, ainda que seja pessoa idônea, sem prejuízo da ação que a ele, ou ao dono do negócio, contra ela possa caber.

- arts. 275 a 285; 667 deste Código.

Parágrafo único. Havendo mais de um gestor, solidária será a sua responsabilidade.

- art. 672 deste Código.

Art. 868. O gestor responde pelo caso fortuito quando fizer operações arriscadas, ainda que o dono costumasse fazê-las, ou quando preterir interesse deste em proveito de interesses seus.

- art. 393 deste Código.

Parágrafo único. Querendo o dono aproveitar-se da gestão, será obrigado a indenizar o gestor das despesas necessárias, que tiver feito, e dos prejuízos que, por motivo da gestão, houver sofrido.

Art. 869. Se o negócio for utilmente administrado, cumprirá ao dono as obrigações contraídas em seu nome, reembolsando ao gestor as despesas necessárias ou úteis que houver feito, com os juros legais, desde o desembolso, respondendo ainda pelos prejuízos que este houver sofrido por causa da gestão.

- arts. 305; 406; 407; 861; 868, p.u.; 870; 873 deste Código.

§ 1º A utilidade, ou necessidade, da despesa, apreciar-se-á não pelo resultado obtido, mas segundo as circunstâncias da ocasião em que se fizerem.

§ 2º Vigora o disposto neste artigo, ainda quando o gestor, em erro quanto ao dono do negócio, der a outra pessoa as contas da gestão.

Art. 870. Aplica-se a disposição do artigo antecedente, quando a gestão se proponha a acudir a prejuízos iminentes, ou redunde em proveito do dono do negócio ou da coisa; mas a indenização ao gestor não excederá, em importância, as vantagens obtidas com a gestão.

Art. 871. Quando alguém, na ausência do indivíduo obrigado a alimentos, por ele os prestar a quem se devem, poder-lhes-á reaver do devedor a importância, ainda que este não ratifique o ato.

- arts. 305; 872; 1.694 a 1.710 deste Código.

Art. 872. Nas despesas do enterro, proporcionadas aos usos locais e à condição do falecido, feitas por terceiro, podem ser cobradas da pessoa que teria a obrigação de alimentar a que veio a falecer, ainda mesmo que esta não tenha deixado bens.

Parágrafo único. Cessa o disposto neste artigo e no antecedente em se provando que o gestor fez essas despesas com o simples intento de bem-fazer.

Art. 873. A ratificação pura e simples do dono do negócio retroage ao dia do começo da gestão, e produz todos os efeitos do mandato.

- arts. 172; 653 a 692 deste Código.

Art. 874. Se o dono do negócio, ou da coisa, desaprovar a gestão, considerando-a contrária aos seus interesses, vigorará o disposto nos arts. 862 e 863, salvo o estabelecido nos arts. 869 e 870.

Art. 875. Se os negócios alheios forem conexos ao do gestor, de tal arte que se não possam gerir separadamente, haver-se-á o gestor por sócio daquele cujos interesses agenciar de envolta com os seus.

Parágrafo único. No caso deste artigo, aquele em cujo benefício interveio o gestor só é obrigado na razão das vantagens que lograr.

CAPÍTULO III
DO PAGAMENTO INDEVIDO

Art. 876. Todo aquele que recebeu o que lhe não era devido fica obrigado a restituir; obrigação que incumbe àquele que recebe dívida condicional antes de cumprida a condição.

- arts. 125; 880 deste Código.
- arts. 165 a 169, CTN.
- Súm. 71; 546, STF.

Art. 877. Àquele que voluntariamente pagou o indevido incumbe a prova de tê-lo feito por erro.

- Súm. 322, STJ.

Art. 878. Aos frutos, acessões, benfeitorias e deteriorações sobrevindas à coisa dada em pagamento indevido, aplica-se o disposto neste Código sobre o possuidor de boa-fé ou de má-fé, conforme o caso.

- arts. 1.214 a 1.222 deste Código.

Art. 879. Se aquele que indevidamente recebeu um imóvel o tiver alienado em boa-fé, por título oneroso, responde somente pela quantia recebida; mas, se agiu de má-fé, além do valor do imóvel, responde por perdas e danos.

- arts. 402 a 405 deste Código.

Parágrafo único. Se o imóvel foi alienado por título gratuito, ou se, alienado por título oneroso, o terceiro adquirente agiu de má-fé, cabe ao que pagou por erro o direito de reivindicação.

Art. 880. Fica isento de restituir pagamento indevido aquele que, recebendo-o como parte de dívida verdadeira, inutilizou o título, deixou prescrever a pretensão ou abriu mão das garantias que asseguravam seu direito; mas aquele que pagou dispõe de ação regressiva contra o verdadeiro devedor e seu fiador.

- art. 305 deste Código.

Art. 881. Se o pagamento indevido tiver consistido no desempenho de obrigação de fazer ou para eximir-se da obrigação de não fazer, aquele que recebeu a prestação fica na obrigação de indenizar o que a cumpriu, na medida do lucro obtido.

Art. 882. Não se pode repetir o que se pagou para solver dívida prescrita, ou cumprir obrigação judicialmente inexigível.

- arts. 564, III; 814 deste Código.

Art. 883. Não terá direito à repetição aquele que deu alguma coisa para obter fim ilícito, imoral, ou proibido por lei.

Parágrafo único. No caso deste artigo, o que se deu reverterá em favor de estabelecimento local de beneficência, a critério do juiz.

CAPÍTULO IV
DO ENRIQUECIMENTO SEM CAUSA

Art. 884. Aquele que, sem justa causa, se enriquecer à custa de outrem, será obrigado a restituir o indevidamente auferido, feita a atualização dos valores monetários.

- Enunciados 35; 188; 482; 487; 551; 620 das Jornadas de Direito Civil.

Parágrafo único. Se o enriquecimento tiver por objeto coisa determinada, quem a recebeu é obrigado a restituí-la, e, se a coisa não mais subsistir, a restituição se fará pelo valor do bem na época em que foi exigido.

- art. 206, § 3º, IV, deste Código.

Art. 885. A restituição é devida, não só quando não tenha havido causa que justifique o enriquecimento, mas também se esta deixou de existir.

Art. 886. Não caberá a restituição por enriquecimento, se a lei conferir ao lesado outros meios para se ressarcir do prejuízo sofrido.

- Enunciado 36 das Jornadas de Direito Civil.

TÍTULO VIII
DOS TÍTULOS DE CRÉDITO

- arts. 1.451 a 1.460 deste Código.
- Lei 5.474/1968 (Dispõe sobre as duplicatas).
- arts. 52 a 74, Lei 6.404/1976 (Dispõe sobre as sociedades por ações).
- Lei 7.357/1985 (Dispõe sobre o cheque).
- Lei 8.929/1994 (Institui a cédula de produto rural).
- Dec.-Lei 70/1966 (Autoriza o funcionamento de associações de poupança e empréstimo e institui a cédula hipotecária).
- Dec.-Lei 167/1967 (Dispõe sobre títulos de crédito rural).
- Dec.-Lei 413/1969 (Dispõe sobre títulos de crédito industrial).
- Dec. 2.044/1908 (Define a letra de câmbio e a nota promissória).
- Dec. 57.595/1966 (Promulga as convenções para adoção de uma lei uniforme em matéria de cheques).
- Dec. 57.663/1966 (Promulga as convenções para adoção de uma lei uniforme em matéria de letras de câmbio e notas promissórias).

CAPÍTULO I
DISPOSIÇÕES GERAIS

Art. 887. O título de crédito, documento necessário ao exercício do direito literal e autônomo nele contido, somente produz efeito quando preencha os requisitos da lei.

- arts. 206, § 3º, VIII; 889 deste Código.

Art. 888. A omissão de qualquer requisito legal, que tire ao escrito a sua validade como título de crédito, não implica a invalidade do negócio jurídico que lhe deu origem.

- arts. 166 a 184 deste Código.

Art. 889. Deve o título de crédito conter a data da emissão, a indicação precisa dos direitos que confere e a assinatura do emitente.

- arts. 1º; 2º; 75; e 76, Anexo I, Dec. 57.663/1966 (Promulga as convenções para adoção de uma lei uniforme em matéria de letras de câmbio e notas promissórias).
- art. 2º, § 1º, Lei 5.474/1968 (Dispõe sobre as duplicatas).
- arts. 1º e 2º, Lei 7.357/1985 (Dispõe sobre o cheque).
- arts. 1º; 54, Dec. 2.044/1908 (Define a letra de câmbio e a nota promissória).
- arts. 1º; 2º; 76, Dec. 57.663/1966 (Promulga as convenções para adoção de uma lei uniforme em matéria de letras de câmbio e notas promissórias).
- Enunciado 461 das Jornadas de Direito Civil.

§ 1º É à vista o título de crédito que não contenha indicação de vencimento.

- art. 331 deste Código

§ 2º Considera-se lugar de emissão e de pagamento, quando não indicado no título, o domicílio do emitente.

§ 3º O título poderá ser emitido a partir dos caracteres criados em computador ou meio técnico equivalente e que constem da escrituração do emitente, observados os requisitos mínimos previstos neste artigo.

- Enunciado 462 das Jornadas de Direito Civil.

Art. 890. Consideram-se não escritas no título a cláusula de juros, a proibitiva de endosso, a excludente de responsabilidade pelo pagamento ou por despesas, a que dispense a observância de termos e formalidade prescritas, e a que, além dos limites fixados em lei, exclua ou restrinja direitos e obrigações.

Art. 891. O título de crédito, incompleto ao tempo da emissão, deve ser preenchido de conformidade com os ajustes realizados.

- art. 16, Lei 7.357/1985 (Dispõe sobre o cheque).

Parágrafo único. O descumprimento dos ajustes previstos neste artigo pelos que deles participaram não constitui motivo de oposição ao terceiro portador, salvo se este, ao adquirir o título, tiver agido de má-fé.

Art. 892. Aquele que, sem ter poderes, ou excedendo os que tem, lança a sua assinatura em título de crédito, como mandatário ou representante de outrem, fica pessoalmente obrigado, e, pagando o título, tem ele os mesmos direitos que teria o suposto mandante ou representado.

- art. 653 e ss. deste Código.

Art. 893. A transferência do título de crédito implica a de todos os direitos que lhe são inerentes.

Art. 894. O portador de título representativo de mercadoria tem o direito de transferi-lo, de conformidade com as normas que regulam a sua circulação, ou de receber aquela independentemente de quaisquer formalidades, além da entrega do título devidamente quitado.

- arts. 319 a 321 deste Código.
- arts. 18 a 22, Dec. 1.102/1903 (Institui regras para o estabelecimento de empresas de armazéns gerais, determinando os direitos e obrigações dessas empresas).

Art. 895. Enquanto o título de crédito estiver em circulação, só ele poderá ser dado em garantia, ou ser objeto de medidas judiciais, e não, separadamente, os direitos ou mercadorias que representa.

- art. 17, Dec. 1.102/1903 (Institui regras para o estabelecimento de empresas de armazéns gerais, determinando os direitos e obrigações dessas empresas).

Art. 896. O título de crédito não pode ser reivindicado do portador que o adquiriu de boa-fé e na conformidade das normas que disciplinam a sua circulação.

- art. 39, § 2º, Dec. 2.044/1908 (Define a letra de câmbio e a nota promissória).
- art. 21, Dec. 57.595/1966 (Promulga as convenções para adoção de uma lei uniforme em matéria de cheques).
- art. 16, Anexo I, Dec. 57.663/1966 (Promulga as convenções para adoção de uma lei uniforme em matéria de letras de câmbio e notas promissórias).
- art. 24, *caput*, Lei 7.357/1985 (Dispõe sobre o cheque).

Art. 897. O pagamento de título de crédito, que contenha obrigação de pagar soma determinada, pode ser garantido por aval.

- Enunciado 463 das Jornadas de Direito Civil.

Parágrafo único. É vedado o aval parcial.

- arts. 30 a 32, Anexo I, Dec. 57.663/1966 (Promulga as convenções para adoção de uma lei uniforme em matéria de letras de câmbio e notas promissórias).
- art. 12, Lei 5.474/1968 (Dispõe sobre as duplicatas).
- arts. 29 a 31, Lei 7.357/1985 (Dispõe sobre o cheque).

Art. 898. O aval deve ser dado no verso ou no anverso do próprio título.

§ 1º Para a validade do aval, dado no anverso do título, é suficiente a simples assinatura do avalista.

§ 2º Considera-se não escrito o aval cancelado.

Art. 899. O avalista equipara-se àquele cujo nome indicar; na falta de indicação, ao emitente ou devedor final.

- art. 349 deste Código.
- Súm. 26, STJ.

§ 1º Pagando o título, tem o avalista ação de regresso contra o seu avalizado e demais coobrigados anteriores.

§ 2º Subsiste a responsabilidade do avalista, ainda que nula a obrigação daquele a quem se equipara, a menos que a nulidade decorra de vício de forma.

Art. 900. O aval posterior ao vencimento produz os mesmos efeitos do anteriormente dado.

Art. 901. Fica validamente desonerado o devedor que paga título de crédito ao legítimo portador, no vencimento, sem oposição, salvo se agiu de má-fé.

Parágrafo único. Pagando, pode o devedor exigir do credor, além da entrega do título, quitação regular.

- art. 324 deste Código.

Art. 902. Não é o credor obrigado a receber o pagamento antes do vencimento do título, e aquele que o paga, antes do vencimento, fica responsável pela validade do pagamento.

§ 1º No vencimento, não pode o credor recusar pagamento, ainda que parcial.

§ 2º No caso de pagamento parcial, em que se não opera a tradição do título, além da quitação em separado, outra deverá ser firmada no próprio título.

Art. 903. Salvo disposição diversa em lei especial, regem-se os títulos de crédito pelo disposto neste Código.

- Enunciado 464 das Jornadas de Direito Civil.

CAPÍTULO II
DO TÍTULO AO PORTADOR

- art. 2º, I e II, Lei 8.021/1990 (Dispõe sobre a identificação dos contribuintes para fins fiscais, e dá outras providências).
- art. 23, Dec.-Lei 6.259/1994 (Dispõe sobre o serviço de loterias).

Art. 904. A transferência de título ao portador se faz por simples tradição.

Art. 905. O possuidor de título ao portador tem direito à prestação nele indicada, mediante a sua simples apresentação ao devedor.

- art. 311 deste Código

Parágrafo único. A prestação é devida ainda que o título tenha entrado em circulação contra a vontade do emitente.

Art. 906. O devedor só poderá opor ao portador exceção fundada em direito pessoal, ou em nulidade de sua obrigação.

- art. 371 deste Código.
- art. 51, Dec. 2.044/1908 (Define a letra de câmbio e a nota promissória).

Art. 907. É nulo o título ao portador emitido sem autorização de lei especial.

- art. 292, CP.

Art. 908. O possuidor de título dilacerado, porém identificável, tem direito a obter do emitente a substituição do anterior, mediante a restituição do primeiro e o pagamento das despesas.

Art. 909. O proprietário, que perder ou extraviar título, ou for injustamente desapossado dele, poderá obter novo título em juízo, bem como impedir sejam pagos a outrem capital e rendimentos.

- arts. 321; 1.268 deste Código.

Parágrafo único. O pagamento, feito antes de ter ciência da ação referida neste artigo, exonera o devedor, salvo se se provar que ele tinha conhecimento do fato.

CAPÍTULO III
DO TÍTULO À ORDEM

Art. 910. O endosso deve ser lançado pelo endossante no verso ou anverso do próprio título.

§ 1º Pode o endossante designar o endossatário, e para validade do endosso, dado no verso do título, é suficiente a simples assinatura do endossante.

§ 2º A transferência por endosso completa-se com a tradição do título.

- art. 324 deste Código.

§ 3º Considera-se não escrito o endosso cancelado, total ou parcialmente.

Art. 911. Considera-se legítimo possuidor o portador do título à ordem com série regular e ininterrupta de endossos, ainda que o último seja em branco.

- art. 19, Anexo I, Dec. 57.595/1966 (Promulga as convenções para adoção de uma lei uniforme em matéria de cheques).
- art. 16, Anexo I, Dec. 57.663/1966 (Promulga as convenções para adoção de uma lei uniforme em matéria de letras de câmbio e notas promissórias).
- art. 22, *caput*, Lei 7.357/1985 (Dispõe sobre o cheque).

Parágrafo único. Aquele que paga o título está obrigado a verificar a regularidade da série de endossos, mas não a autenticidade das assinaturas.

Art. 912. Considera-se não escrita no endosso qualquer condição a que o subordine o endossante.

Parágrafo único. É nulo o endosso parcial.

Art. 913. O endossatário de endosso em branco pode mudá-lo para endosso em preto, completando-o com o seu nome ou de terceiro; pode endossar novamente o título, em branco ou em preto; ou pode transferi-lo sem novo endosso.

Art. 914. Ressalvada cláusula expressa em contrário, constante do endosso, não responde o endossante pelo cumprimento da prestação constante do título.

§ 1º Assumindo responsabilidade pelo pagamento, o endossante se torna devedor solidário.

- arts. 275 a 285 deste Código.

§ 2º Pagando o título, tem o endossante ação de regresso contra os coobrigados anteriores.

Art. 915. O devedor, além das exceções fundadas nas relações pessoais que tiver com o portador, só poderá opor a este as exceções relativas à forma do título e ao seu conteúdo literal, à falsidade da própria assinatura, a defeito de capacidade ou de representação no momento da subscrição e à falta de requisito necessário ao exercício da ação.

Art. 916. As exceções, fundadas em relação do devedor com os portadores precedentes, somente poderão ser por ele opostas ao portador se este, ao adquirir o título, tiver agido de má-fé.

Art. 917. A cláusula constitutiva de mandato, lançada no endosso, confere ao endossatário o exercício dos direitos inerentes ao título, salvo restrição expressamente estatuída.

§ 1º O endossatário de endosso-mandato só pode endossar novamente o título na qualidade de procurador, com os mesmos poderes que recebeu.

§ 2º Com a morte ou a superveniente incapacidade do endossante, não perde eficácia o endosso-mandato.

§ 3º Pode o devedor opor ao endossatário de endosso-mandato somente as exceções que tiver contra o endossante.

Art. 918. A cláusula constitutiva de penhor, lançada no endosso, confere ao endossatário o exercício dos direitos inerentes ao título.

- arts. 1.458 a 1.460 deste Código.

§ 1º O endossatário de endosso-penhor só pode endossar novamente o título na qualidade de procurador.

§ 2º Não pode o devedor opor ao endossatário de endosso-penhor as exceções que tinha contra o endossante, salvo se aquele tiver agido de má-fé.

Art. 919. A aquisição de título à ordem, por meio diverso do endosso, tem efeito de cessão civil.

- arts. 286 a 298 deste Código.

Art. 920. O endosso posterior ao vencimento produz os mesmos efeitos do anterior.

- art. 8º, § 2º, Dec. 2.044/1908 (Define a letra de câmbio e a nota promissória).
- art. 24, Anexo I, Dec. 57.595/1966 (Promulga as convenções para adoção de uma lei uniforme em matéria de cheques).
- art. 20, Anexo I, Dec. 57.663/1966 (Promulga as convenções para adoção de uma lei uniforme em matéria de letras de câmbio e notas promissórias).

CAPÍTULO IV
DO TÍTULO NOMINATIVO

Art. 921. É título nominativo o emitido em favor de pessoa cujo nome conste no registro do emitente.

Art. 922. Transfere-se o título nominativo mediante termo, em registro do emitente, assinado pelo proprietário e pelo adquirente.

Art. 923. O título nominativo também pode ser transferido por endosso que contenha o nome do endossatário.

§ 1º A transferência mediante endosso só tem eficácia perante o emitente, uma vez feita a competente averbação em seu registro, podendo o emitente exigir do endossatário que comprove a autenticidade da assinatura do endossante.

§ 2º O endossatário, legitimado por série regular e ininterrupta de endossos, tem o direito de obter a averbação no registro do emitente, comprovada a autenticidade das assinaturas de todos os endossantes.

§ 3º Caso o título original contenha o nome do primitivo proprietário, tem direito o adquirente a obter do emitente novo título, em seu nome, devendo a emissão do novo título constar no registro do emitente.

Art. 924. Ressalvada proibição legal, pode o título nominativo ser transformado em à ordem ou ao portador, a pedido do proprietário e à sua custa.

- arts. 904 a 920 deste Código.

Art. 925. Fica desonerado de responsabilidade o emitente que de boa-fé fizer a transferência pelos modos indicados nos artigos antecedentes.

Art. 926. Qualquer negócio ou medida judicial, que tenha por objeto o título, só produz efeito perante o emitente ou terceiros, uma vez feita a competente averbação no registro do emitente.

TÍTULO IX
DA RESPONSABILIDADE CIVIL

CAPÍTULO I
DA OBRIGAÇÃO DE INDENIZAR

Art. 927. Aquele que, por ato ilícito (arts. 186 e 187), causar dano a outrem, fica obrigado a repará-lo.

- arts. 934; 944 a 954 deste Código.
- art. 243, CE.
- art. 91, I, CP.
- art. 64, CPP.
- Súm. 28; 161; 229; 491; 492; e 562, STF.
- Súm. 37; 43; 130; 145; 186; 227; 388; 403; 595, STJ.
- Enunciados 38; 189; 377; 443 a 448; 551; 553; 587 a 589 das Jornadas de Direito Civil.

Parágrafo único. Haverá obrigação de reparar o dano, independentemente de culpa, nos casos especificados em lei, ou quando a atividade normalmente desenvolvida pelo autor do dano implicar, por sua natureza, risco para os direitos de outrem.

- arts. 5º, V, X; 37, § 6º, CF.
- Enunciados 447; 554; 555 das Jornadas de Direito Civil.

Art. 928. O incapaz responde pelos prejuízos que causar, se as pessoas por ele responsáveis não tiverem obrigação de fazê-lo ou não dispuserem de meios suficientes.

- arts. 3º a 5º; 932 a 934; 942 deste Código.

Parágrafo único. A indenização prevista neste artigo, que deverá ser equitativa, não terá lugar se privar do necessário o incapaz ou as pessoas que dele dependem.

- art. 116, Lei 8.069/1990 (ECA).
- Enunciado 449 das Jornadas de Direito Civil.

Art. 929. Se a pessoa lesada, ou o dono da coisa, no caso do inciso II do art. 188, não forem culpados do perigo, assistir-lhes-á direito à indenização do prejuízo que sofreram.

Art. 930. No caso do inciso II do art. 188, se o perigo ocorrer por culpa de terceiro, contra este terá o autor do dano ação regressiva para haver a importância que tiver ressarcido ao lesado.

Parágrafo único. A mesma ação competirá contra aquele em defesa de quem se causou o dano (art. 188, inciso I).

- art. 125, NCPC.

Art. 931. Ressalvados outros casos previstos em lei especial, os empresários individuais e as empresas respondem independentemente de culpa pelos danos causados pelos produtos postos em circulação.

- arts. 12; 18; 19; 23 a 25, CDC.
- Enunciados 42; 43; 190; 378; 562 das Jornadas de Direito Civil.

Art. 932. São também responsáveis pela reparação civil:

- arts. 934; 942, p.u., deste Código.
- Enunciado 451 das Jornadas de Direito Civil.

I - os pais, pelos filhos menores que estiverem sob sua autoridade e em sua companhia;

- art. 116, Lei 8.069/1990 (ECA).
- Enunciados 450; 590 das Jornadas de Direito Civil.

II - o tutor e o curador, pelos pupilos e curatelados que se acharem nas mesmas condições;

III - o empregador ou comitente, por seus empregados, serviçais e prepostos, no exercício do trabalho que lhes competir, ou em razão dele;

- art. 149 deste Código.
- Súm. 341, STF.
- Súm. 130, STJ.
- Enunciado 191 das Jornadas de Direito Civil.

IV - os donos de hotéis, hospedarias, casas ou estabelecimentos onde se albergue por dinheiro, mesmo para fins de educação, pelos seus hóspedes, moradores e educandos;

- arts. 647 a 652 deste Código.

V - os que gratuitamente houverem participado nos produtos do crime, até a concorrente quantia.

- art. 91, CP.
- art. 64, CPP.

Art. 933. As pessoas indicadas nos incisos I a V do artigo antecedente, ainda que não haja culpa de sua parte, responderão pelos atos praticados pelos terceiros ali referidos.

- Enunciado 451 das Jornadas de Direito Civil.

Art. 934. Aquele que ressarcir o dano causado por outrem pode reaver o que houver pago daquele por quem pagou, salvo se o causador do dano for descendente seu, absoluta ou relativamente incapaz.

- Súm. 187; 188, STF.
- Enunciado 44 das Jornadas de Direito Civil.

Art. 935. A responsabilidade civil é independente da criminal, não se podendo questionar mais sobre a existência do fato, ou sobre quem seja o seu autor, quando estas questões se acharem decididas no juízo criminal.

- arts. 65, CPP.
- Súm. 18, STJ.
- Enunciado 45 das Jornadas de Direito Civil.

Art. 936. O dono, ou detentor, do animal ressarcirá o dano por este causado, se não provar culpa da vítima ou força maior.

- arts. 393; 945; 1.297, § 3º, deste Código.
- art. 31, Dec.-Lei 3.688/1941 (Lei das Contravenções Penais).
- Enunciado 452 das Jornadas de Direito Civil.

Art. 937. O dono de edifício ou construção responde pelos danos que resultarem de sua ruína, se esta provier de falta de reparos, cuja necessidade fosse manifesta.

- arts. 618; 927; 929; 930; 1.280 deste Código.

Art. 938. Aquele que habitar prédio, ou parte dele, responde pelo dano proveniente das coisas que dele caírem ou forem lançadas em lugar indevido.

- arts. 1.331 a 1.358 deste Código.
- Enunciado 557 das Jornadas de Direito Civil.

Art. 939. O credor que demandar o devedor antes de vencida a dívida, fora dos casos em que a lei o permita, ficará obrigado a esperar o tempo que faltava para o vencimento, a descontar os juros correspondentes, embora estipulados, e a pagar as custas em dobro.

Art. 940. Aquele que demandar por dívida já paga, no todo ou em parte, sem ressalvar as quantias recebidas ou pedir mais do que for devido, ficará obrigado a pagar ao devedor, no primeiro caso, o dobro do que houver cobrado e, no segundo, o equivalente do que dele exigir, salvo se houver prescrição.

- art. 42, p.u., CDC.
- arts. 79 a 81 e 776, NCPC.
- Súm. 159, STF.

Art. 941. As penas previstas nos arts. 939 e 940 não se aplicarão quando o autor desistir da ação antes de contestada a lide, salvo ao réu o direito de haver indenização por algum prejuízo que prove ter sofrido.

- arts. 186; e 402 a 404 deste Código.
- arts. 485 e 775, NCPC.

Art. 942. Os bens do responsável pela ofensa ou violação do direito de outrem ficam sujeitos à reparação do dano causado; e, se a ofensa tiver mais de um autor, todos responderão solidariamente pela reparação.

- arts. 5º, V, X, LXXV; e 37, § 6º, CF.
- arts. 186; 927 deste Código.
- arts. 3º a 6º, Lei 8.429/1992 (Dispõe sobre as sanções aplicáveis aos agentes públicos nos casos de enriquecimento ilícito no exercício de mandato, cargo, emprego ou função na administração pública direta, indireta ou fundacional).
- Súm. 221; 246, STJ.
- Enunciados 453 e 558 das Jornadas de Direito Civil.

Parágrafo único. São solidariamente responsáveis com os autores os coautores e as pessoas designadas no art. 932.

- arts. 264 a 285; 934 deste Código.

Art. 943. O direito de exigir reparação e a obrigação de prestá-la transmitem-se com a herança.

- arts. 1.792; 1.821; 1.997 deste Código.
- Súm. 35, STF.
- Enunciado 454 das Jornadas de Direito Civil.

CAPÍTULO II
DA INDENIZAÇÃO

Art. 944. A indenização mede-se pela extensão do dano.

- arts. 186; 884; 927; 948 a 954 deste Código.
- Súm. 37 e 387, STJ.
- Enunciados 46; 380; 455 a 458; 550; 551; 629 das Jornadas de Direito Civil.

Parágrafo único. Se houver excessiva desproporção entre a gravidade da culpa e o dano, poderá o juiz reduzir, equitativamente, a indenização.

- art. 5º, LInDB.
- Súm. 491; 562, STF.

Art. 945. Se a vítima tiver concorrido culposamente para o evento danoso, a sua indenização será fixada tendo-se em conta a gravidade de sua culpa em confronto com a do autor do dano.

- Súm. 28, STF.
- Enunciados 47; 459; 630 das Jornadas de Direito Civil.

Art. 946. Se a obrigação for indeterminada, e não houver na lei ou no contrato disposição fixando a indenização devida pelo inadimplente, apurar-se-á o valor das perdas e danos na forma que a lei processual determinar.

- Enunciado 631 das Jornadas de Direito Civil.

Art. 947. Se o devedor não puder cumprir a prestação na espécie ajustada, substituir-se-á pelo seu valor, em moeda corrente.

- Enunciado 631 das Jornadas de Direito Civil.

Art. 948. No caso de homicídio, a indenização consiste, sem excluir outras reparações:

- Enunciado 560 das Jornadas de Direito Civil.

I - no pagamento das despesas com o tratamento da vítima, seu funeral e o luto da família;

II - na prestação de alimentos às pessoas a quem o morto os devia, levando-se em conta a duração provável da vida da vítima.

- arts. 1.694 a 1.710 deste Código.
- Súm. 490; 491; e 493, STF.

Art. 949. No caso de lesão ou outra ofensa à saúde, o ofensor indenizará o ofendido das despesas do tratamento e dos lucros cessantes até ao fim da convalescença, além de algum outro prejuízo que o ofendido prove haver sofrido.

- arts. 402; 403 deste Código.
- Enunciado 192 das Jornadas de Direito Civil.

Art. 950. Se da ofensa resultar defeito pelo qual o ofendido não possa exercer o seu ofício ou profissão, ou se lhe diminua a capacidade de trabalho, a indenização, além das despesas do tratamento e lucros cessantes até ao fim da convalescença, incluirá pensão correspondente à importância do trabalho para que se inabilitou, ou da depreciação que ele sofreu.

- Súm. 490, STF.
- Enunciados 192 e 381 das Jornadas de Direito Civil.

Parágrafo único. O prejudicado, se preferir, poderá exigir que a indenização seja arbitrada e paga de uma só vez.

- Enunciado 48 das Jornadas de Direito Civil.

Art. 951. O disposto nos arts. 948, 949 e 950 aplica-se ainda no caso de indenização devida por aquele que, no exercício de atividade profissional, por negligência, imprudência ou imperícia, causar a morte do paciente, agravar-lhe o mal, causar-lhe lesão ou inabilitá-lo para o trabalho.

- arts. 14, § 4º; e 17, CDC.
- Súm. Vinc. 22, STF.
- Súm. 341, STF.
- Súm. 37, STJ.
- Enunciado 460 das Jornadas de Direito Civil.

Art. 952. Havendo usurpação ou esbulho do alheio, além da restituição da coisa, a indenização consistirá em pagar o valor das suas deteriorações e o devido a título de lucros cessantes; faltando a coisa, dever-se-á reembolsar o seu equivalente ao prejudicado.

- arts. 402; 403; 1.210; 1.228 deste Código.
- arts. 161 e 162, CP.
- Súm. 562, STF.
- Enunciado 561 das Jornadas de Direito Civil.

Parágrafo único. Para se restituir o equivalente, quando não exista a própria coisa, estimar-se-á ela pelo seu preço ordinário e pelo de afeição, contanto que este não se avantaje àquele.

Art. 953. A indenização por injúria, difamação ou calúnia consistirá na reparação do dano que delas resulte ao ofendido.

- arts. 138 a 145, CP.

Parágrafo único. Se o ofendido não puder provar prejuízo material, caberá ao juiz fixar, equitativamente, o valor da indenização, na conformidade das circunstâncias do caso.

- arts. 49 a 52, CP.

Art. 954. A indenização por ofensa à liberdade pessoal consistirá no pagamento das perdas e danos que sobrevierem ao ofendido, e se este não puder provar prejuízo, tem aplicação o disposto no parágrafo único do artigo antecedente.

- arts. 402 a 405 deste Código.

Parágrafo único. Consideram-se ofensivos da liberdade pessoal:

- Súm. Vinc. 11, STF.

I - o cárcere privado;

- art. 148, CP.

II - a prisão por queixa ou denúncia falsa e de má-fé;

III - a prisão ilegal.

- art. 5º, LXV, CF.

TÍTULO X
DAS PREFERÊNCIAS
E PRIVILÉGIOS CREDITÓRIOS

Art. 955. Procede-se à declaração de insolvência toda vez que as dívidas excedam à importância dos bens do devedor.

Art. 956. A discussão entre os credores pode versar quer sobre a preferência entre eles disputada, quer sobre a nulidade, simulação, fraude, ou falsidade das dívidas e contratos.

- arts. 158 a 165 a 167; 171 deste Código.

Art. 957. Não havendo título legal à preferência, terão os credores igual direito sobre os bens do devedor comum.

Art. 958. Os títulos legais de preferência são os privilégios e os direitos reais.

- arts. 964; 1.225 deste Código.
- arts. 186 a 193, CTN.
- art. 144; 449, § 1º, CLT.

Art. 959. Conservam seus respectivos direitos os credores, hipotecários ou privilegiados:

I - sobre o preço do seguro da coisa gravada com hipoteca ou privilégio, ou sobre a indenização devida, havendo responsável pela perda ou danificação da coisa;

- arts. 785 e 1.425, IV, deste Código.

II - sobre o valor da indenização, se a coisa obrigada a hipoteca ou privilégio for desapropriada.

- art. 1.425, V, deste Código.
- art. 30, Dec.-Lei 3.365/1941 (Dispõe sobre desapropriações por utilidade pública).

Art. 960. Nos casos a que se refere o artigo antecedente, o devedor do seguro, ou da indenização, exonera-se pagando sem oposição dos credores hipotecários ou privilegiados.

Art. 961. O crédito real prefere ao pessoal de qualquer espécie; o crédito pessoal privilegiado, ao simples; e o privilégio especial, ao geral.

- arts. 963 a 965; 1.419; 1.422; 1.506; 1.509, § 1º, deste Código.

Art. 962. Quando concorrerem aos mesmos bens, e por título igual, dois ou mais credores da mesma classe especialmente privilegiados, haverá entre eles rateio proporcional ao valor dos respectivos créditos, se o produto não bastar para o pagamento integral de todos.

- art. 908, NCPC.

Art. 963. O privilégio especial só compreende os bens sujeitos, por expressa disposição de lei, ao pagamento do crédito que ele favorece; e o geral, todos os bens não sujeitos a crédito real nem a privilégio especial.

Art. 964. Têm privilégio especial:

I - sobre a coisa arrecadada e liquidada, o credor de custas e despesas judiciais feitas com a arrecadação e liquidação;

II - sobre a coisa salvada, o credor por despesas de salvamento;

- art. 13, Lei 7.203/1984 (Dispõe sobre a assistência e salvamento de embarcação, coisa ou bem em perigo no mar, nos portos e nas vias navegáveis interiores).

III - sobre a coisa beneficiada, o credor por benfeitorias necessárias ou úteis;

- art. 96 deste Código.

IV - sobre os prédios rústicos ou urbanos, fábricas, oficinas, ou quaisquer outras construções, o credor de materiais, dinheiro, ou serviços para a sua edificação, reconstrução, ou melhoramento;

V - sobre os frutos agrícolas, o credor por sementes, instrumentos e serviços à cultura, ou à colheita;

VI - sobre as alfaias e utensílios de uso doméstico, nos prédios rústicos ou urbanos, o credor de aluguéis, quanto às prestações do ano corrente e do anterior;

VII - sobre os exemplares da obra existente na massa do editor, o autor dela, ou seus legítimos representantes, pelo crédito fundado contra aquele no contrato da edição;

- Lei 9.610/1998 (Lei de Direitos Autorais).

VIII - sobre o produto da colheita, para a qual houver concorrido com o seu trabalho, e precipuamente a quaisquer outros créditos, ainda que reais, o trabalhador agrícola, quanto à dívida dos seus salários.

- art. 1.422 deste Código.
- art. 449, § 1º, CLT.

IX - sobre os produtos do abate, o credor por animais. (Alterado pela Lei 13.176/2015.)

Art. 965. Goza de privilégio geral, na ordem seguinte, sobre os bens do devedor:

I - o crédito por despesa de seu funeral, feito segundo a condição do morto e o costume do lugar;

II - o crédito por custas judiciais, ou por despesas com a arrecadação e liquidação da massa;

III - o crédito por despesas com o luto do cônjuge sobrevivo e dos filhos do devedor falecido, se foram moderadas;

IV - o crédito por despesas com a doença de que faleceu o devedor, no semestre anterior à sua morte;

V - o crédito pelos gastos necessários à mantença do devedor falecido e sua família, no trimestre anterior ao falecimento;

VI - o crédito pelos impostos devidos à Fazenda Pública, no ano corrente e no anterior;

VII - o crédito pelos salários dos empregados do serviço doméstico do devedor, nos seus derradeiros seis meses de vida;

- arts. 1.378 a 1.389 deste Código.
- arts. 83 e ss., Lei 11.101/2005 (Lei de Recuperação de Empresas e Falência).

VIII - os demais créditos de privilégio geral.

LIVRO II
DO DIREITO DE EMPRESA

TÍTULO I
DO EMPRESÁRIO

CAPÍTULO I
DA CARACTERIZAÇÃO E DA INSCRIÇÃO

Art. 966. Considera-se empresário quem exerce profissionalmente atividade econômica organizada para a produção ou a circulação de bens ou de serviços.

- arts. 972 a 985; 2.031; e 2.037 deste Código.
- art. 3º, LC 123/2006 (Estatuto Nacional da Microempresa e da Empresa de Pequeno Porte).
- Enunciados 53, 54, 193 a 197 das Jornadas de Direito Civil.

Parágrafo único. Não se considera empresário quem exerce profissão intelectual, de natureza científica, literária ou artística, ainda com o concurso de auxiliares ou colaboradores, salvo se o exercício da profissão constituir elemento de empresa.

- arts. 1.155; 1.156 deste Código.
- arts. 5º, X, e 53, Lei 9.610/1998 (Lei de Direitos Autorais).

Art. 967. É obrigatória a inscrição do empresário no Registro Público de Empresas Mercantis da respectiva sede, antes do início de sua atividade.

- arts. 982; 985; 1.150 a 1.154 deste Código.
- arts. 32; 36 a 38, Lei 8.934/1994 (Dispõe sobre o registro público de empresas mercantis e atividades afins). Dec. 1.800/1996 (Regulamento).
- Enunciado 197 das Jornadas de Direito Civil.

Art. 968. A inscrição do empresário far-se-á mediante requerimento que contenha:

- art. 971; 984 deste Código.

I - o seu nome, nacionalidade, domicílio, estado civil e, se casado, o regime de bens;

- art. 12, CF.
- arts. 70 a 72; 75, IV, §§ 1º e 2º; 977 a 980; 1.639 e ss. deste Código.

II - a firma, com a respectiva assinatura autógrafa que poderá ser substituída pela assinatura autenticada com certificação digital ou meio equivalente que comprove a sua autenticidade, ressalvado o disposto no inciso I do § 1º do art. 4º da Lei Complementar n. 123, de 14 de dezembro de 2006; (Alterado pela LC 147/2014.)

III - o capital;

IV - o objeto e a sede da empresa.

- art. 75, IV, §§ 1º e 2º, deste Código.
- Enunciados 55; 466 das Jornadas de Direito Civil.

§ 1º Com as indicações estabelecidas neste artigo, a inscrição será tomada por termo no livro próprio do Registro Público de Empresas Mercantis, e obedecerá a número de ordem contínuo para todos os empresários inscritos.

- art. 971 deste Código.

§ 2º À margem da inscrição, e com as mesmas formalidades, serão averbadas quaisquer modificações nela ocorrentes.

- art. 971 deste Código.

§ 3º Caso venha a admitir sócios, o empresário individual poderá solicitar ao Registro Público de Empresas Mercantis a transformação de seu registro de empresário para registro de sociedade empresária, observado, no que couber, o disposto nos arts. 1.113 a 1.115 deste Código. (Incluído pela Lei Complementar 128/2008.)

§ 4º O processo de abertura, registro, alteração e baixa do microempreendedor individual de que trata o art. 18-A da Lei Complementar n. 123, de 14 de dezembro de 2006, bem como qualquer exigência para o início de seu funcionamento deverão ter trâmite especial e simplificado, preferentemente eletrônico, opcional para o empreendedor, na forma a ser disciplinada pelo Comitê para Gestão da Rede Nacional para a Simplificação do Registro e da Legalização de Empresas e Negócios - CGSIM, de que trata o inciso III do art. 2º da mesma Lei. (Incluído pela Lei 12.470/2011.)

§ 5º Para fins do disposto no § 4º, poderão ser dispensados o uso da firma, com a respectiva assinatura autógrafa, o capital, requerimentos, demais assinaturas, informações relativas à nacionalidade, estado civil e regime de bens, bem como remessa de documentos, na forma estabelecida pelo CGSIM. (Incluído pela Lei 12.470/2011.)

Art. 969. O empresário que instituir sucursal, filial ou agência, em lugar sujeito à jurisdição de outro Registro Público de Empresas Mercantis, neste deverá também inscrevê-la, com a prova da inscrição originária.

- art. 24, III, CF.
- art. 1.000 deste Código.
- arts. 37; 38, Lei 8.934/1994 (Dispõe sobre o registro público de empresas mercantis e atividades afins).
- Enunciado 55 das Jornadas de Direito Civil.

Parágrafo único. Em qualquer caso, a constituição do estabelecimento secundário deverá ser averbada no Registro Público de Empresas Mercantis da respectiva sede.

Art. 970. A lei assegurará tratamento favorecido, diferenciado e simplificado ao empresário rural e ao pequeno empresário, quanto à inscrição e aos efeitos daí decorrentes.

- arts. 170, IX, CF.
- art. 1.179, § 2º, deste Código.
- art. 1º; 68, LC 123/2006 (Estatuto Nacional da Microempresa e da Empresa de Pequeno Porte).
- Enunciado 200 das Jornadas de Direito Civil.

Art. 971. O empresário, cuja atividade rural constitua sua principal profissão, pode, observadas as formalidades de que tratam o art. 968 e seus parágrafos, requerer inscrição no Registro Público de Empresas Mercantis da respectiva sede, caso em que, depois de inscrito, ficará equiparado, para todos os efeitos, ao empresário sujeito a registro.

- arts. 984; 1.150 a 1.154 deste Código.
- Lei 4.504/1964 (Estatuto da Terra).
- Lei 5.889/1973 (Lei do Trabalho Rural). Dec. 73.626/1974 (Regulamento).
- Enunciados 201 e 202 das Jornadas de Direito Civil.

CAPÍTULO II DA CAPACIDADE

- art. 7º, LInDB.

Art. 972. Podem exercer a atividade de empresário os que estiverem em pleno gozo da capacidade civil e não forem legalmente impedidos.

- art. 54, II, a, CF.
- art. 5º; 1.011, § 1º, deste Código.
- art. 524, CCom.
- art. 482, c, CLT.
- art. 29, Lei 6.880/1980 (Estatuto dos Militares).
- art. 117, X, Lei 8.112/1990 (Dispõe sobre o regime jurídico único dos servidores públicos civis da União).
- art. 44, III, Lei 8.625/1993 (Lei Orgânica Nacional do Ministério Público).
- arts. 102 a 181, Lei 11.101/2005 (Lei de Recuperação de Empresas e Falência).
- art. 36, a, 1, Dec. 21.981/1932 (Regula a profissão de leiloeiro).
- Dec.-Lei 341/1938 (Regula a apresentação de documentos, por estrangeiros, ao registro de comércio).
- Enunciados 197 a 199 das Jornadas de Direito Civil.

Art. 973. A pessoa legalmente impedida de exercer atividade própria de empresário, se a exercer, responderá pelas obrigações contraídas.

Art. 974. Poderá o incapaz, por meio de representante ou devidamente assistido, continuar a empresa antes exercida por ele enquanto capaz, por seus pais ou pelo autor de herança.

- arts. 3º a 5º; 976 deste Código.
- Enunciado 203 das Jornadas de Direito Civil.

§ 1º Nos casos deste artigo, precederá autorização judicial, após exame das circunstâncias e dos riscos da empresa, bem como da conveniência em continuá-la, podendo a autorização ser revogada pelo juiz, ouvidos os pais, tutores ou representantes legais do menor ou do interdito, sem prejuízo dos direitos adquiridos por terceiros.

§ 2º Não ficam sujeitos ao resultado da empresa os bens que o incapaz já possuía, ao tempo da sucessão ou da interdição, desde que estranhos ao acervo daquela, devendo tais fatos constar do alvará que conceder a autorização.

§ 3º O Registro Público de Empresas Mercantis a cargo das Juntas Comerciais deverá registrar contratos ou alterações contratuais de sociedade que envolva sócio incapaz, desde que atendidos, de forma conjunta, os seguintes pressupostos: (Incluído pela Lei 12.399/2011.)

- Enunciado 467 das Jornadas de Direito Civil.

I - o sócio incapaz não pode exercer a administração da sociedade; (Incluído pela Lei 12.399/2011.)

II - o capital social deve ser totalmente integralizado; (Incluído pela Lei 12.399/2011.)

III - o sócio relativamente incapaz deve ser assistido e o absolutamente incapaz deve ser representado por seus representantes legais. (Incluído pela Lei 12.399/2011.)

Art. 975. Se o representante ou assistente do incapaz for pessoa que, por disposição de lei, não puder exercer atividade de empresário, nomeará, com a aprovação do juiz, um ou mais gerentes.

- arts. 1.172 a 1.176 deste Código.

§ 1º Do mesmo modo será nomeado gerente em todos os casos em que o juiz entender ser conveniente.

§ 2º A aprovação do juiz não exime o representante ou assistente do menor ou do interdito da responsabilidade pelos atos dos gerentes nomeados.

Art. 976. A prova da emancipação e da autorização do incapaz, nos casos do art. 974, e a de eventual revogação desta, serão inscritas ou averbadas no Registro Público de Empresas Mercantis.

- arts. 5º; 968, § 2º, deste Código.
- arts. 32, II, e, Lei 8.934/1994 (Dispõe sobre o registro público de empresas mercantis e atividades afins).

Parágrafo único. O uso da nova firma caberá, conforme o caso, ao gerente; ou ao representante do incapaz; ou a este, quando puder ser autorizado.

- art. 974, § 1º, deste Código.

Art. 977. Faculta-se aos cônjuges contratar sociedade, entre si ou com terceiros, desde que não tenham casado no regime da comunhão universal de bens, ou no da separação obrigatória.

- arts. 1.641; 1.667 a 1.671; 1.687; e 1.688 deste Código.
- Enunciados 204 e 205 das Jornadas de Direito Civil.

Art. 978. O empresário casado pode, sem necessidade de outorga conjugal, qualquer que seja o regime de bens, alienar os imóveis que integrem o patrimônio da empresa ou gravá-los de ônus real.

- arts. 1.642 e 1.647 deste Código.

Art. 979. Além de no Registro Civil, serão arquivados e averbados, no Registro Público de Empresas Mercantis, os pactos e declarações antenupciais do empresário, o título de doação, herança, ou legado, de bens clausulados de incomunicabilidade ou inalienabilidade.

- arts. 1.653 a 1.668 deste Código.
- arts. 167, I-12 e II-1; 244; 245, Lei 6.015/1973 (Lei de Registros Públicos).

Art. 980. A sentença que decretar ou homologar a separação judicial do empresário e o ato de reconciliação não podem ser opostos a terceiros, antes de arquivados e averbados no Registro Público de Empresas Mercantis.

- arts. 1.571, III, deste Código.
- art. 167, II, n. 5, 10 e 14, Lei 6.015/1973 (Lei de Registros Públicos).
- Lei 8.934/1994 (Dispõe sobre o registro público de empresas mercantis e atividades afins). Dec. 1.800/1996 (Regulamento).

TÍTULO I-A DA EMPRESA INDIVIDUAL DE RESPONSABILIDADE LIMITADA

- (Inserido pela Lei n. 12.441/2011 – com vigência em 180 dias.)

Art. 980-A. A empresa individual de responsabilidade limitada será constituída por uma única pessoa titular da totalidade do capital social, devidamente integralizado, que não será inferior a 100 (cem) vezes o maior salário-mínimo vigente no país.

- Enunciados 468 a 472 das Jornadas de Direito Civil.

§ 1º O nome empresarial deverá ser formado pela inclusão da expressão "EIRELI" após a firma ou a denominação social da empresa individual de responsabilidade limitada.

§ 2º A pessoa natural que constituir empresa individual de responsabilidade limitada somente poderá figurar em uma única empresa dessa modalidade.

§ 3º A empresa individual de responsabilidade limitada também poderá resultar da concentração das quotas de outra modalidade societária num único sócio, independentemente das razões que motivaram tal concentração.

§ 4º (Vetado.)

§ 5º Poderá ser atribuída à empresa individual de responsabilidade limitada constituída para a prestação de serviços de qualquer natureza a remuneração decorrente da cessão de direitos patrimoniais de autor ou de imagem, nome, marca ou voz de que seja detentor o titular da pessoa jurídica, vinculados à atividade profissional.

- Enunciado 473 das Jornadas de Direito Civil.

§ 6º Aplicam-se à empresa individual de responsabilidade limitada, no que couber, as regras previstas para as sociedades limitadas.

§ 7º Somente o patrimônio social da empresa responderá pelas dívidas da empresa individual de responsabilidade limitada, hipótese em que não se confundirá, em qualquer situação, com o patrimônio do titular que a constitui, ressalvados os casos de fraude. (Acrescido pela Lei 13.874/2019)

TÍTULO II DA SOCIEDADE

- arts. 40 a 69; e 2.037 deste Código.

CAPÍTULO ÚNICO DISPOSIÇÕES GERAIS

Art. 981. Celebram contrato de sociedade as pessoas que reciprocamente se obrigam a contribuir, com bens ou serviços, para o exercício de atividade econômica e a partilha, entre si, dos resultados.

- Súm. 329, STF.
- Enunciados 206, 474 e 475 das Jornadas de Direito Civil.

Parágrafo único. A atividade pode restringir-se à realização de um ou mais negócios determinados.

- arts. 991 a 996 deste Código.

Art. 982. Salvo as exceções expressas, considera-se empresária a sociedade que tem por objeto o exercício de atividade própria de empresário sujeito a registro (art. 967); e, simples, as demais.

- Enunciados 196; 207 e 476 das Jornadas de Direito Civil.

Parágrafo único. Independentemente de seu objeto, considera-se empresária a sociedade por ações; e, simples, a cooperativa.

- arts. 1.088 a 1.096 deste Código.
- Lei 5.764/1971 (Define a política nacional de cooperativismo e institui o regime jurídico das sociedades cooperativas).
- Lei 6.404/1976 (Dispõe sobre as sociedades por ações).

Art. 983. A sociedade empresária deve constituir-se segundo um dos tipos regulados nos arts. 1.039 a 1.092; a sociedade simples pode constituir-se de conformidade com um desses tipos, e, não o fazendo, subordina-se às normas que lhe são próprias.

- arts. 966; 997 a 1.038 deste Código.
- Enunciados 57; 206; 207; 382; 474; 475 e 477 das Jornadas de Direito Civil.

Parágrafo único. Ressalvam-se as disposições concernentes à sociedade em conta de participação e à cooperativa, bem como as constantes de leis especiais que, para o exercício de certas atividades, imponham a constituição da sociedade segundo determinado tipo.

- arts. 991 a 996; e 1.093 a 1.096 deste Código.

Art. 984. A sociedade que tenha por objeto o exercício de atividade própria de empresário rural e seja constituída, ou transformada, de acordo com um dos tipos de sociedade empresária, pode, com as formalidades do art. 968, requerer inscrição no Registro Público de Empresas Mercantis da sua sede, caso em que, depois de inscrita, ficará equiparada, para todos os efeitos, à sociedade empresária.

- arts. 968; 970; 971; e 982 deste Código.
- Lei 8.934/1994 (Dispõe sobre o registro público de empresas mercantis e atividades afins). Dec. 1.800/1996 (Regulamento).
- Enunciados 201; 202 das Jornadas de Direito Civil.

Parágrafo único. Embora já constituída a sociedade segundo um daqueles tipos, o pedido de inscrição se subordinará, no que for aplicável, às normas que regem a transformação.

Art. 985. A sociedade adquire personalidade jurídica com a inscrição, no registro próprio e na forma da lei, dos seus atos constitutivos (arts. 45 e 1.150).

- Enunciado 209 das Jornadas de Direito Civil.

SUBTÍTULO I
DA SOCIEDADE NÃO PERSONIFICADA

CAPÍTULO I
DA SOCIEDADE EM COMUM

Art. 986. Enquanto não inscritos os atos constitutivos, reger-se-á a sociedade, exceto por ações em organização, pelo disposto neste Capítulo, observadas, subsidiariamente e no que com ele forem compatíveis, as normas da sociedade simples.

- arts. 997 a 1.038; 1.089 deste Código.
- art. 75, § 2º, NCPC.
- Enunciados 208; 209 das Jornadas de Direito Civil.

Art. 987. Os sócios, nas relações entre si ou com terceiros, somente por escrito podem provar a existência da sociedade, mas os terceiros podem prová-la de qualquer modo.

- arts. 212, I a V, deste Código.
- art. 75, § 2º, NCPC.

Art. 988. Os bens e dívidas sociais constituem patrimônio especial, do qual os sócios são titulares em comum.

- Enunciado 210 das Jornadas de Direito Civil.

Art. 989. Os bens sociais respondem pelos atos de gestão praticados por qualquer dos sócios, salvo pacto expresso limitativo de poderes, que somente terá eficácia contra o terceiro que o conheça ou deva conhecer.

- art. 47 deste Código.
- Enunciado 211 das Jornadas de Direito Civil.

Art. 990. Todos os sócios respondem solidária e ilimitadamente pelas obrigações sociais, excluído do benefício de ordem, previsto no art. 1.024, aquele que contratou pela sociedade.

- art. 27, § 11, Lei 9.615/1998 (Lei Pelé).
- Enunciados 59 e 212 das Jornadas de Direito Civil.

CAPÍTULO II
DA SOCIEDADE EM CONTA DE PARTICIPAÇÃO

Art. 991. Na sociedade em conta de participação, a atividade constitutiva do objeto social é exercida unicamente pelo sócio ostensivo, em seu nome individual e sob sua própria e exclusiva responsabilidade, participando os demais dos resultados correspondentes.

- art. 1.162 deste Código.
- Enunciado 208 das Jornadas de Direito Civil.

Parágrafo único. Obriga-se perante terceiro tão somente o sócio ostensivo; e, exclusivamente perante este, o sócio participante, nos termos do contrato social.

Art. 992. A constituição da sociedade em conta de participação independe de qualquer formalidade e pode provar-se por todos os meios de direito.

- art. 104; 212 deste Código.
- art. 75, NCPC.

Art. 993. O contrato social produz efeito somente entre os sócios, e a eventual inscrição de seu instrumento em qualquer registro não confere personalidade jurídica à sociedade.

Parágrafo único. Sem prejuízo do direito de fiscalizar a gestão dos negócios sociais, o sócio participante não pode tomar parte nas relações do sócio ostensivo com terceiros, sob pena de responder solidariamente com este pelas obrigações em que intervier.

Art. 994. A contribuição do sócio participante constitui, com a do sócio ostensivo, patrimônio especial, objeto da conta de participação relativa aos negócios sociais.

§ 1º A especialização patrimonial somente produz efeitos em relação aos sócios.

§ 2º A falência do sócio ostensivo acarreta a dissolução da sociedade e a liquidação da respectiva conta, cujo saldo constituirá crédito quirografário.

§ 3º Falindo o sócio participante, o contrato social fica sujeito às normas que regulam os efeitos da falência nos contratos bilaterais do falido.

- arts. 82; 117, Lei 11.101/2005 (Lei de Recuperação de Empresas e Falência).

Art. 995. Salvo estipulação em contrário, o sócio ostensivo não pode admitir novo sócio sem o consentimento expresso dos demais.

Art. 996. Aplica-se à sociedade em conta de participação, subsidiariamente e no que com ela for compatível, o disposto para a sociedade simples, e a sua liquidação rege-se pelas normas relativas à prestação de contas, na forma da lei processual.

- arts. 997 a 1.038 deste Código.
- arts. 550 a 553, NCPC.

Parágrafo único. Havendo mais de um sócio ostensivo, as respectivas contas serão prestadas e julgadas no mesmo processo.

SUBTÍTULO II
DA SOCIEDADE PERSONIFICADA

CAPÍTULO I
DA SOCIEDADE SIMPLES

SEÇÃO I
DO CONTRATO SOCIAL

Art. 997. A sociedade constitui-se mediante contrato escrito, particular ou público, que, além de cláusulas estipuladas pelas partes, mencionará:

- arts. 997; 999; 1.041. 1054 deste Código.
- art. 120, Lei 6.015/1973 (Lei de Registros Públicos).
- Enunciados 214; 383; 478 das Jornadas de Direito Civil.

I - nome, nacionalidade, estado civil, profissão e residência dos sócios, se pessoas naturais, e a firma ou a denominação, nacionalidade e sede dos sócios, se jurídicas;

II - denominação, objeto, sede e prazo da sociedade;

- Enunciados 213; 466 das Jornadas de Direito Civil.

III - capital da sociedade, expresso em moeda corrente, podendo compreender qualquer espécie de bens, suscetíveis de avaliação pecuniária;

- Enunciado 478 das Jornadas de Direito Civil.

IV - a quota de cada sócio no capital social, e o modo de realizá-la;

V - as prestações a que se obriga o sócio, cuja contribuição consista em serviços;

- art. 1.006 deste Código.

VI - as pessoas naturais incumbidas da administração da sociedade e seus poderes e atribuições;

- art. 1.015, p.u., deste Código.

VII - a participação de cada sócio nos lucros e nas perdas;

- Enunciado 479 das Jornadas de Direito Civil.

VIII - se os sócios respondem, ou não, subsidiariamente, pelas obrigações sociais.

Parágrafo único. É ineficaz em relação a terceiros qualquer pacto separado, contrário ao disposto no instrumento do contrato.

Art. 998. Nos trinta dias subsequentes à sua constituição, a sociedade deverá requerer a inscrição do contrato social no Registro Civil das Pessoas Jurídicas do local de sua sede.

- arts. 45; 75, IV, deste Código.
- arts. 114 a 126 Lei 6.015/1973 (Lei de Registros Públicos).
- Enunciado 215 das Jornadas de Direito Civil.

§ 1º O pedido de inscrição será acompanhado do instrumento autenticado do contrato, e, se algum sócio nele houver sido representado por procurador, o da respectiva procuração, bem como, se for o caso, da prova de autorização da autoridade competente.

§ 2º Com todas as indicações enumeradas no artigo antecedente, será a inscrição tomada por termo no livro de registro próprio, e obedecerá a número de ordem contínua para todas as sociedades inscritas.

- art. 46 deste Código.

Art. 999. As modificações do contrato social, que tenham por objeto matéria indicada no art. 997, dependem do consentimento de todos os sócios; as demais podem ser decididas por maioria absoluta de votos, se o contrato não determinar a necessidade de deliberação unânime.

- arts. 45; 1.002; 1.003; 2.033 deste Código.

Parágrafo único. Qualquer modificação do contrato social será averbada, cumprindo-se as formalidades previstas no artigo antecedente.

Art. 1.000. A sociedade simples que instituir sucursal, filial ou agência na circunscrição de outro Registro Civil das Pessoas Jurídicas, neste deverá também inscrevê-la, com a prova da inscrição originária.

- arts. 969 e 982 deste Código.

Parágrafo único. Em qualquer caso, a constituição da sucursal, filial ou agência deverá ser averbada no Registro Civil da respectiva sede.

- art. 997 deste Código.

SEÇÃO II
DOS DIREITOS E OBRIGAÇÕES DOS SÓCIOS

Art. 1.001. As obrigações dos sócios começam imediatamente com o contrato, se este não fixar outra data, e terminam quando, liquidada a sociedade, se extinguirem as responsabilidades sociais.

- art. 795, NCPC.

Art. 1.002. O sócio não pode ser substituído no exercício das suas funções, sem o consentimento dos demais sócios, expresso em modificação do contrato social.

- art. 999 deste Código.

Art. 1.003. A cessão total ou parcial de quota, sem a correspondente modificação do contrato social com o consentimento dos demais sócios, não terá eficácia quanto a estes e à sociedade.

Parágrafo único. Até dois anos depois de averbada a modificação do contrato, responde o cedente solidariamente com o cessionário, perante a sociedade e terceiros, pelas obrigações que tinha como sócio.

- arts. 275; 999; 1.032; 1.057 deste Código.
- art. 81, Lei 11.101/2005 (Lei de Recuperação de Empresas e Falência).

Art. 1.004. Os sócios são obrigados, na forma e prazo previstos, às contribuições estabelecidas no contrato social, e aquele que deixar de fazê-lo, nos trinta dias seguintes ao da notificação pela sociedade, responderá perante esta pelo dano emergente da mora.

- arts. 394 a 401; 997, IV; 1.030 deste Código.

Parágrafo único. Verificada a mora, poderá a maioria dos demais sócios preferir, à indenização, a exclusão do sócio remisso, ou reduzir-lhe a quota ao montante já realizado, aplicando-se, em ambos os casos, o disposto no § 1º do art. 1.031.

- arts. 394 a 401; 997, IV; 1.030 deste Código.
- Enunciado 216 das Jornadas de Direito Civil.

Art. 1.005. O sócio que, a título de quota social, transmitir domínio, posse ou uso, responde pela evicção; e pela solvência do devedor, aquele que transferir crédito.

- arts. 297; 447 a 457; 1.004 deste Código.

Art. 1.006. O sócio, cuja contribuição consista em serviços, não pode, salvo convenção em contrário, empregar-se em atividade estranha à sociedade, sob pena de ser privado de seus lucros e dela excluído.

- arts. 997, V; 1.030 deste Código.
- Enunciado 206 das Jornadas de Direito Civil.

Art. 1.007. Salvo estipulação em contrário, o sócio participa dos lucros e das perdas, na proporção das respectivas quotas, mas aquele cuja contribuição consiste em serviços, somente participa dos lucros na proporção da média do valor das quotas.

- art. 997, V, VII, deste Código.
- Enunciado 206 das Jornadas de Direito Civil.

Art. 1.008. É nula a estipulação contratual que exclua qualquer sócio de participar dos lucros e das perdas.

- art. 997 deste Código.

Art. 1.009. A distribuição de lucros ilícitos ou fictícios acarreta responsabilidade solidária dos administradores que a realizarem e dos sócios que os receberem, conhecendo ou devendo conhecer-lhes a ilegitimidade.

- arts. 264 a 285 deste Código.
- Enunciados 59; 487 das Jornadas de Direito Civil.

SEÇÃO III
DA ADMINISTRAÇÃO

Art. 1.010. Quando, por lei ou pelo contrato social, competir aos sócios decidir sobre os negócios da sociedade, as deliberações serão tomadas por maioria de votos, contados segundo o valor das quotas de cada um.

- art. 1.072 deste Código.

§ 1º Para formação da maioria absoluta são necessários votos correspondentes a mais de metade do capital.

§ 2º Prevalece a decisão sufragada por maior número de sócios no caso de empate, e, se este persistir, decidirá o juiz.

§ 3º Responde por perdas e danos o sócio que, tendo em alguma operação interesse contrário ao da sociedade, participar da deliberação que a aprove graças a seu voto.

- arts. 402 a 405 deste Código.
- Enunciado 217 das Jornadas de Direito Civil.

Art. 1.011. O administrador da sociedade deverá ter, no exercício de suas funções, o cuidado e a diligência que todo homem ativo e probo costuma empregar na administração de seus próprios negócios.

- arts. 653; 691; 884 a 886 deste Código.
- Enunciado 218 das Jornadas de Direito Civil.

§ 1º Não podem ser administradores, além das pessoas impedidas por lei especial, os condenados a pena que vede, ainda que temporariamente, o acesso a cargos públicos; ou por crime falimentar, de prevaricação, peita ou suborno, concussão, peculato; ou contra a economia popular, contra o sistema financeiro nacional, contra as normas de defesa da concorrência, contra as relações de consumo, a fé pública ou a propriedade, enquanto perdurarem os efeitos da condenação.

- arts. 1.066, § 1º, deste Código.
- arts. 61 a 80, CDC.
- arts. 155 a 183; 289 a 327; 333, CP.
- arts. 1º a 11, Lei 1.521/1951 (Lei dos Crimes Contra a Economia Popular).
- arts. 2º a 23, Lei 7.492/1986 (Define os crimes contra o sistema financeiro nacional).
- art. 117, X, Lei 8.112/1990 (Dispõe sobre o regime jurídico único dos servidores públicos civis da União).
- arts. 4º a 23º, Lei 8.137/1990 (Define crimes contra a ordem tributária, econômica e contra as relações de consumo).
- art. 168 e ss., Lei 11.101/2005 (Lei de Recuperação de Empresas e Falência).

§ 2º Aplicam-se à atividade dos administradores, no que couber, as disposições concernentes ao mandato.

- arts. 653 a 691 deste Código.

Art. 1.012. O administrador, nomeado por instrumento em separado, deve averbá-lo à margem da inscrição da sociedade, e, pelos atos que praticar, antes de requerer a averbação, responde pessoal e solidariamente com a sociedade.

- arts. 275 a 285 deste Código.

Art. 1.013. A administração da sociedade, nada dispondo o contrato social, compete separadamente a cada um dos sócios.

- art. 1.060 deste Código.

§ 1º Se a administração competir separadamente a vários administradores, cada um pode impugnar operação pretendida por outro, cabendo a decisão aos sócios, por maioria de votos.

- arts. 402 a 405; 997, VI; 1.010 deste Código.

§ 2º Responde por perdas e danos perante a sociedade o administrador que realizar operações, sabendo ou devendo saber que estava agindo em desacordo com a maioria.

Art. 1.014. Nos atos de competência conjunta de vários administradores, torna-se necessário o concurso de todos, salvo nos casos urgentes, em que a omissão ou retardo das providências possa ocasionar dano irreparável ou grave.

- arts. 402 a 405; 997, VI; 1.010 deste Código.

Art. 1.015. No silêncio do contrato, os administradores podem praticar todos os atos pertinentes à gestão da sociedade; não constituindo objeto social, a oneração ou a venda de bens imóveis depende do que a maioria dos sócios decidir.

- Enunciado 219 das Jornadas de Direito Civil.

Parágrafo único. O excesso por parte dos administradores somente pode ser oposto a terceiros se ocorrer pelo menos uma das seguintes hipóteses:

I - se a limitação de poderes estiver inscrita ou averbada no registro próprio da sociedade;
II - provando-se que era conhecida do terceiro;
III - tratando-se de operação evidentemente estranha aos negócios da sociedade.

Art. 1.016. Os administradores respondem solidariamente perante a sociedade e os terceiros prejudicados, por culpa no desempenho de suas funções.

- arts. 275 a 285; 1.070 deste Código.
- arts. 789 a 795, NCPC.
- Enunciados 59, 220 e 487 das Jornadas de Direito Civil.

Art. 1.017. O administrador que, sem consentimento escrito dos sócios, aplicar créditos ou bens sociais em proveito próprio ou de terceiros, terá de restituí-los à sociedade, ou pagar o equivalente, com todos os lucros resultantes, e, se houver prejuízo, por ele também responderá.

- arts. 402 a 405 deste Código.
- Enunciado 59 das Jornadas de Direito Civil.

Parágrafo único. Fica sujeito às sanções o administrador que, tendo em qualquer operação interesse contrário ao da sociedade, tome parte na correspondente deliberação.

Art. 1.018. Ao administrador é vedado fazer-se substituir no exercício de suas funções, sendo-lhe facultado, nos limites de seus poderes, constituir mandatários da sociedade, especificados no instrumento os atos e operações que poderão praticar.

- arts. 653 a 691; 1.012 deste Código.

Art. 1.019. São irrevogáveis os poderes do sócio investido na administração por cláusula expressa do contrato social, salvo justa causa, reconhecida judicialmente, a pedido de qualquer dos sócios.

Parágrafo único. São revogáveis, a qualquer tempo, os poderes conferidos a sócio por ato separado, ou a quem não seja sócio.

- arts. 997, VI; 999 deste Código.

Art. 1.020. Os administradores são obrigados a prestar aos sócios contas justificadas de sua administração, e apresentar-lhes o inventário anualmente, bem como o balanço patrimonial e o de resultado econômico.

- arts. 1.179 a 1.195 deste Código.
- art. 31, Lei 4.595/1964 (Dispõe sobre a política e as instituições monetárias, bancárias e creditícias e cria o Conselho Monetário Nacional).
- arts. 109; 178 a 184, Lei 6.404/1976 (Dispõe sobre as sociedades por ações).
- art. 178, Lei 11.101/2005 (Lei de Recuperação de Empresas e Falência)
- Súm. 260 e 439 STF.

Art. 1.021. Salvo estipulação que determine época própria, o sócio pode, a qualquer tempo, examinar os livros e documentos, e o estado da caixa e da carteira da sociedade.

- arts. 109, III; 132, I; 142, III; e 163, I, VI e VII, Lei 6.404/1976 (Dispõe sobre as sociedades por ações).

SEÇÃO IV
DAS RELAÇÕES COM TERCEIROS

- arts. 1.015, p.u., e 1.016 deste Código.

Art. 1.022. A sociedade adquire direitos, assume obrigações e procede judicialmente, por meio de administradores com poderes especiais, ou, não os havendo, por intermédio de qualquer administrador.

- art. 75, VIII a X, deste Código.

Art. 1.023. Se os bens da sociedade não lhe cobrirem as dívidas, respondem os sócios pelo saldo, na proporção em que participem das perdas sociais, salvo cláusula de responsabilidade solidária.

- arts. 275 a 285 deste Código.
- arts. 790 e 795, NCPC.
- Enunciado 61 das Jornadas de Direito Civil.

Art. 1.024. Os bens particulares dos sócios não podem ser executados por dívidas da sociedade, senão depois de executados os bens sociais.

- art. 990 deste Código.
- arts. 790 e 795, NCPC.

Art. 1.025. O sócio, admitido em sociedade já constituída, não se exime das dívidas sociais anteriores à admissão.

- art. 1.003, p.u., deste Código.

Art. 1.026. O credor particular de sócio pode, na insuficiência de outros bens do devedor, fazer recair a execução sobre o que a este couber nos lucros da sociedade, ou na parte que lhe tocar em liquidação.

- Enunciados 387 a 389 das Jornadas de Direito Civil.

Parágrafo único. Se a sociedade não estiver dissolvida, pode o credor requerer a liquidação da quota do devedor, cujo valor, apurado na forma do art. 1.031, será depositado em dinheiro, no juízo da execução, até noventa dias após aquela liquidação.

- art. 1.030 deste Código.

Art. 1.027. Os herdeiros do cônjuge de sócio, ou o cônjuge do que se separou judicialmente, não podem exigir desde logo a parte que lhes couber na quota social, mas concorrer à divisão periódica dos lucros, até que se liquide a sociedade.

- art. 1.028, III, deste Código.

SEÇÃO V
DA RESOLUÇÃO DA SOCIEDADE EM RELAÇÃO A UM SÓCIO

- art. 5º, XX, CF.

Art. 1.028. No caso de morte de sócio, liquidar-se-á sua quota, salvo:

- arts. 997; 999; 1.032 deste Código.
- Enunciado 221 das Jornadas de Direito Civil.

I - se o contrato dispuser diferentemente;

II - se os sócios remanescentes optarem pela dissolução da sociedade;

- art. 1º, III, Dec.-Lei 368/1968.

III - se, por acordo com os herdeiros, regular-se a substituição do sócio falecido.

Art. 1.029. Além dos casos previstos na lei ou no contrato, qualquer sócio pode retirar-se da sociedade; se de prazo indeterminado, mediante notificação aos demais sócios, com antecedência mínima de sessenta dias; se de prazo determinado, provando judicialmente justa causa.

- art. 1.031 deste Código.

Parágrafo único. Nos trinta dias subsequentes à notificação, podem os demais sócios optar pela dissolução da sociedade.

Art. 1.030. Ressalvado o disposto no art. 1.004 e seu parágrafo único, pode o sócio ser excluído judicialmente, mediante iniciativa da maioria dos demais sócios, por falta grave no cumprimento de suas obrigações, ou, ainda, por incapacidade superveniente.

- arts. 1.031; 1.034; 1.085 deste Código.
- art. 6º, Lei 11.101/2005 (Lei de Recuperação de Empresas e Falência).
- Enunciados 67; 216 das Jornadas de Direito Civil.

Parágrafo único. Será de pleno direito excluído da sociedade o sócio declarado falido, ou aquele cuja quota tenha sido liquidada nos termos do parágrafo único do art. 1.026.

- art. 123, Lei 11.101/2005 (Lei de Recuperação de Empresas e Falência).
- Enunciado 481 das Jornadas de Direito Civil.

Art. 1.031. Nos casos em que a sociedade se resolver em relação a um sócio, o valor da sua quota, considerado pelo montante efetivamente realizado, liquidar-se-á, salvo disposição contratual em contrário, com base na situação patrimonial da sociedade, à data da resolução, verificada em balanço especialmente levantado.

- arts. .1.026, p.u.; 1.033 a 1.038; 1.077; 1.086 deste Código.
- Súm. 265, STF.
- Enunciados 62; 391; 482 das Jornadas de Direito Civil.

§ 1º O capital social sofrerá a correspondente redução, salvo se os demais sócios suprirem o valor da quota.

- arts. 1.004, p.u., deste Código.

§ 2º A quota liquidada será paga em dinheiro, no prazo de noventa dias, a partir da liquidação, salvo acordo, ou estipulação contratual em contrário.

Art. 1.032. A retirada, exclusão ou morte do sócio não o exime, ou a seus herdeiros, da responsabilidade pelas obrigações sociais anteriores, até dois anos após averbada a resolução da sociedade; nem nos dois primeiros casos, pelas posteriores e em igual prazo, enquanto não se requerer a averbação.

- art. 1.086 deste Código.

SEÇÃO VI
DA DISSOLUÇÃO

- art. 5º, XIX, CF.
- arts. 206 e 207, Lei 6.404/1973 (Dispõe sobre as sociedades por ações).
- Súm. 435, STJ.

Art. 1.033. Dissolve-se a sociedade quando ocorrer:

I - o vencimento do prazo de duração, salvo se, vencido este e sem oposição de sócio, não entrar a sociedade em liquidação, caso em que se prorrogará por tempo indeterminado;

II - o consenso unânime dos sócios;

III - a deliberação dos sócios, por maioria absoluta, na sociedade de prazo indeterminado;

- Enunciado 67 das Jornadas de Direito Civil.

IV - a falta de pluralidade de sócios, não reconstituída no prazo de cento e oitenta dias;

V - a extinção, na forma da lei, de autorização para funcionar.

- arts. 51; 1.037; 1.044; 1.051; 1.123 deste Código.

Parágrafo único. Não se aplica o disposto no inciso IV caso o sócio remanescente, inclusive na hipótese de concentração de todas as cotas da sociedade sob sua titularidade, requeira, no Registro Público de Empresas Mercantis, a transformação do registro da sociedade para empresário individual ou para empresa individual de responsabilidade limitada, observado, no que couber, o disposto nos arts. 1.113 a 1.115 deste Código. (Alterado pela Lei 12.441/2011 – com vigência em 180 dias.)

- art. 980-A deste Código.
- Enunciados 465; 483 das Jornadas de Direito Civil.

Art. 1.034. A sociedade pode ser dissolvida judicialmente, a requerimento de qualquer dos sócios, quando:

I - anulada a sua constituição;

II - exaurido o fim social, ou verificada a sua inexequibilidade.

Art. 1.035. O contrato pode prever outras causas de dissolução, a serem verificadas judicialmente quando contestadas.

Art. 1.036. Ocorrida a dissolução, cumpre aos administradores providenciar imediatamente a investidura do liquidante, e restringir a gestão própria aos negócios inadiáveis, vedadas novas operações, pelas quais responderão solidária e ilimitadamente.

- arts. 275 a 285 deste Código.
- Enunciado 487 das Jornadas de Direito Civil.

Parágrafo único. Dissolvida de pleno direito a sociedade, pode o sócio requerer, desde logo, a liquidação judicial.

- arts. 1.102 a 1.112 deste Código.

Art. 1.037. Ocorrendo a hipótese prevista no inciso V do art. 1.033, o Ministério Público, tão logo lhe comunique a autoridade competente, promoverá a liquidação judicial da sociedade, se os administradores não o tiverem feito nos trinta dias seguintes à perda da autorização, ou se o sócio não houver exercido a faculdade assegurada no parágrafo único do artigo antecedente.

Parágrafo único. Caso o Ministério Público não promova a liquidação judicial da sociedade nos quinze dias subsequentes ao recebimento da comunicação, a autoridade competente para conceder a autorização nomeará interventor com poderes para requerer a medida e administrar a sociedade até que seja nomeado o liquidante.

- art. 51; 1.111 a 1.113 deste Código.

Art. 1.038. Se não estiver designado no contrato social, o liquidante será eleito por deliberação dos sócios, podendo a escolha recair em pessoa estranha à sociedade.

- arts. 1.103 a 1.105 deste Código.

§ 1º O liquidante pode ser destituído, a todo tempo:

I - se eleito pela forma prevista neste artigo, mediante deliberação dos sócios;

II - em qualquer caso, por via judicial, a requerimento de um ou mais sócios, ocorrendo justa causa.

§ 2º A liquidação da sociedade se processa de conformidade com o disposto no Capítulo IX, deste Subtítulo.

- arts. 1.102 a 1.112 deste Código.

CAPÍTULO II
DA SOCIEDADE EM NOME COLETIVO

- art. 983; 1.046 deste Código.
- art. 27, § 9º, Lei 9.615/1998 (Lei Pelé)

Art. 1.039. Somente pessoas físicas podem tomar parte na sociedade em nome coletivo, respondendo todos os sócios, solidária e ilimitadamente, pelas obrigações sociais.

- arts. 275 a 285; 974 deste Código.

Parágrafo único. Sem prejuízo da responsabilidade perante terceiros, podem os sócios, no ato constitutivo, ou por unânime convenção posterior, limitar entre si a responsabilidade de cada um.

Art. 1.040. A sociedade em nome coletivo se rege pelas normas deste Capítulo e, no que seja omisso, pelas do Capítulo antecedente.

Art. 1.041. O contrato deve mencionar, além das indicações referidas no art. 997, a firma social.

Art. 1.042. A administração da sociedade compete exclusivamente a sócios, sendo o uso da firma, nos limites do contrato, privativo dos que tenham os necessários poderes.

Art. 1.043. O credor particular de sócio não pode, antes de dissolver-se a sociedade, pretender a liquidação da quota do devedor.

- Enunciado 63 das Jornadas de Direito Civil.

Parágrafo único. Poderá fazê-lo quando:

I - a sociedade houver sido prorrogada tacitamente;

II - tendo ocorrido prorrogação contratual, for acolhida judicialmente oposição do credor, levantada no prazo de noventa dias, contado da publicação do ato dilatório.

- Enunciado 489 das Jornadas de Direito Civil.

Art. 1.044. A sociedade se dissolve de pleno direito por qualquer das causas enumeradas no art. 1.033 e, se empresária, também pela declaração da falência.

- arts. 1.051; 1.087 deste Código.
- arts. 6º; 126, Lei 11.101/2005 (Lei de Recuperação de Empresas e Falências).

CAPÍTULO III
DA SOCIEDADE EM COMANDITA SIMPLES

› art. 983 deste Código.

Art. 1.045. Na sociedade em comandita simples tomam parte sócios de duas categorias: os comanditados, pessoas físicas, responsáveis solidária e ilimitadamente pelas obrigações sociais; e os comanditários, obrigados somente pelo valor de sua quota.

› arts. 265; 966; 974 deste Código.

Parágrafo único. O contrato deve discriminar os comanditados e os comanditários.

Art. 1.046. Aplicam-se à sociedade em comandita simples as normas da sociedade em nome coletivo, no que forem compatíveis com as deste Capítulo.

› arts. 1.039 a 1.044 deste Código.

Parágrafo único. Aos comanditados cabem os mesmos direitos e obrigações dos sócios da sociedade em nome coletivo.

Art. 1.047. Sem prejuízo da faculdade de participar das deliberações da sociedade e de lhe fiscalizar as operações, não pode o comanditário praticar qualquer ato de gestão, nem ter o nome na firma social, sob pena de ficar sujeito às responsabilidades de sócio comanditado.

Parágrafo único. Pode o comanditário ser constituído procurador da sociedade, para negócio determinado e com poderes especiais.

Art. 1.048. Somente após averbada a modificação do contrato, produz efeito, quanto a terceiros, a diminuição da quota do comanditário, em consequência de ter sido reduzido o capital social, sempre sem prejuízo dos credores preexistentes.

› art. .1.045. p.u., deste Código.

Art. 1.049. O sócio comanditário não é obrigado à reposição de lucros recebidos de boa-fé e de acordo com o balanço.

Parágrafo único. Diminuído o capital social por perdas supervenientes, não pode o comanditário receber quaisquer lucros, antes de reintegrado aquele.

Art. 1.050. No caso de morte de sócio comanditário, a sociedade, salvo disposição do contrato, continuará com os seus sucessores, que designarão quem os represente.

Art. 1.051. Dissolve-se de pleno direito a sociedade:

› art. 1.033 deste Código.

› Enunciado 489 das Jornadas de Direito Civil.

I - por qualquer das causas previstas no art. 1.044;

› art. 6º, Lei 11.101/2005 (Lei de Recuperação de Empresas e Falência).

II - quando por mais de cento e oitenta dias perdurar a falta de uma das categorias de sócio.

Parágrafo único. Na falta de sócio comanditado, os comanditários nomearão administrador provisório para praticar, durante o período referido no inciso II e sem assumir a condição de sócio, os atos de administração.

CAPÍTULO IV
DA SOCIEDADE LIMITADA

SEÇÃO I
DISPOSIÇÕES PRELIMINARES

› art. 983 deste Código.

Art. 1.052. Na sociedade limitada, a responsabilidade de cada sócio é restrita ao valor de suas quotas, mas todos respondem solidariamente pela integralização do capital social.

› arts. 275 a 285; 1.056, § 2º; 1.158 deste Código.

› Enunciado 65 das Jornadas de Direito Civil.

§ 1º A sociedade limitada pode ser constituída por 1 (uma) ou mais pessoas. (Acrescido pela Lei 13.874/2019)

§ 2º Se for unipessoal, aplicar-se-ão ao documento de constituição do sócio único, no que couber, as disposições sobre o contrato social. (Acrescido pela Lei 13.874/2019)

Art. 1.053. A sociedade limitada rege-se, nas omissões deste Capítulo, pelas normas da sociedade simples.

› arts. 997 a 1.038 deste Código.

› Enunciados 217; 222; 223 das Jornadas de Direito Civil.

Parágrafo único. O contrato social poderá prever a regência supletiva da sociedade limitada pelas normas da sociedade anônima.

› Lei 6.404/1976 (Dispõe sobre as sociedades por ações).

Art. 1.054. O contrato mencionará, no que couber, as indicações do art. 997, e, se for o caso, a firma social.

› arts. 1.064 e 1.158 deste Código.

› Enunciado 214 das Jornadas de Direito Civil.

SEÇÃO II
DAS QUOTAS

Art. 1.055. O capital social divide-se em quotas, iguais ou desiguais, cabendo uma ou diversas a cada sócio.

§ 1º Pela exata estimação de bens conferidos ao capital social respondem solidariamente todos os sócios, até o prazo de cinco anos da data do registro da sociedade.

› arts. 275 a 285 deste Código.

› Enunciado 224 das Jornadas de Direito Civil.

§ 2º É vedada contribuição que consista em prestação de serviços.

Art. 1.056. A quota é indivisível em relação à sociedade, salvo para efeito de transferência, caso em que se observará o disposto no artigo seguinte.

› art. 88 deste Código.

§ 1º No caso de condomínio de quota, os direitos a ela inerentes somente podem ser exercidos pelo condômino representante, ou pelo inventariante do espólio de sócio falecido.

§ 2º Sem prejuízo do disposto no art. 1.052, os condôminos de quota indivisa respondem solidariamente pelas prestações necessárias à sua integralização.

Art. 1.057. Na omissão do contrato, o sócio pode ceder sua quota, total ou parcialmente, a quem seja sócio, independentemente de audiência dos outros, ou a estranho, se não houver oposição de titulares de mais de um quarto do capital social.

› art. 1.081, § 2º, deste Código.

› Enunciados 225; 391 das Jornadas de Direito Civil.

Parágrafo único. A cessão terá eficácia quanto à sociedade e terceiros, inclusive para os fins do parágrafo único do art. 1.003, a partir da averbação do respectivo instrumento, subscrito pelos sócios anuentes.

Art. 1.058. Não integralizada a quota de sócio remisso, os outros sócios podem, sem prejuízo do disposto no art. 1.004 e seu parágrafo único, tomá-la para si ou transferi-la a terceiros, excluindo o primitivo titular e devolvendo-lhe o que houver pago, deduzidos os juros da mora, as prestações estabelecidas no contrato mais as despesas.

› Enunciado 391 das Jornadas de Direito Civil.

Art. 1.059. Os sócios serão obrigados à reposição dos lucros e das quantias retiradas, a qualquer título, ainda que autorizados pelo contrato, quando tais lucros ou quantia se distribuírem com prejuízo do capital.

SEÇÃO III
DA ADMINISTRAÇÃO

Art. 1.060. A sociedade limitada é administrada por uma ou mais pessoas designadas no contrato social ou em ato separado.

Parágrafo único. A administração atribuída no contrato a todos os sócios não se estende de pleno direito aos que posteriormente adquiram essa qualidade.

› arts. 1.010 a 1.021 deste Código.

Art. 1.061. A designação de administradores não sócios dependerá de aprovação da unanimidade dos sócios, enquanto o capital não estiver integralizado, e de 2/3 (dois terços), no mínimo, após a integralização. (Redação dada pela Lei 12.375/2010.)

› art. 1.076 deste Código.

Art. 1.062. O administrador designado em ato separado investir-se-á no cargo mediante termo de posse no livro de atas da administração.

§ 1º Se o termo não for assinado nos trinta dias seguintes à designação, esta se tornará sem efeito.

§ 2º Nos dez dias seguintes ao da investidura, deve o administrador requerer seja averbada sua nomeação no registro competente, mencionando o seu nome, nacionalidade, estado civil, residência, com exibição de documento de identidade, o ato e a data da nomeação e o prazo de gestão.

› Enunciado 66 das Jornadas de Direito Civil.

Art. 1.063. O exercício do cargo de administrador cessa pela destituição, em qualquer tempo, do titular, ou pelo término do prazo se, fixado no contrato ou em ato separado, não houver recondução.

› art. 1.076 deste Código.

§ 1º Tratando-se de sócio nomeado administrador no contrato, sua destituição somente se opera pela aprovação de titulares de quotas correspondentes a mais da metade do capital social, salvo disposição contratual diversa. (Redação dada pela Lei 13.792/2019)

§ 2º A cessação do exercício do cargo de administrador deve ser averbada no registro competente, mediante requerimento apresentado nos dez dias seguintes ao da ocorrência.

§ 3º A renúncia de administrador torna-se eficaz, em relação à sociedade, desde o momento em que esta toma conhecimento da comunicação escrita do renunciante; e, em relação a terceiros, após a averbação e publicação.

› Enunciado 489 das Jornadas de Direito Civil.

Art. 1.064. O uso da firma ou denominação social é privativo dos administradores que tenham os necessários poderes.

Art. 1.065. Ao término de cada exercício social, proceder-se-á à elaboração do inventário, do balanço patrimonial e do balanço de resultado econômico.

› arts. 1.179 a 1.195 deste Código.

SEÇÃO IV
DO CONSELHO FISCAL

› art. 206, § 3º, VII, b; 1.078 deste Código.

› arts. 161 a 165, Lei 6.404/1976 (Dispõe sobre as sociedades por ações).

Art. 1.066. Sem prejuízo dos poderes da assembleia dos sócios, pode o contrato instituir conselho fiscal composto de três ou mais membros e respectivos suplentes, sócios ou não, residentes no país, eleitos na assembleia anual prevista no art. 1.078.

§ 1º Não podem fazer parte do conselho fiscal, além dos inelegíveis enumerados no § 1º do art. 1.011, os membros dos demais órgãos da sociedade ou de outra por ela controlada, os empregados de quaisquer delas ou dos respectivos administradores, o cônjuge ou parente destes até o terceiro grau.

§ 2º É assegurado aos sócios minoritários, que representarem pelo menos um quinto do capital social, o direito de eleger, separadamente, um dos membros do conselho fiscal e o respectivo suplente.

Art. 1.067. O membro ou suplente eleito, assinando termo de posse lavrado no livro de atas e pareceres do conselho fiscal, em que se mencione o seu nome, nacionalidade, estado civil, residência e a data da escolha, ficará investido nas suas funções, que exercerá, salvo cessação anterior, até a subsequente assembleia anual.

Parágrafo único. Se o termo não for assinado nos trinta dias seguintes ao da eleição, esta se tornará sem efeito.

Art. 1.068. A remuneração dos membros do conselho fiscal será fixada, anualmente, pela assembleia dos sócios que os eleger.

Art. 1.069. Além de outras atribuições determinadas na lei ou no contrato social, aos membros do conselho fiscal incumbem, individual ou conjuntamente, os deveres seguintes:

- arts. 1.065; 1.073, II; 1.078, I; 1.102 a 1.112; 1.188; 1.189 deste Código
- arts. 163, IV a VIII; 175 a 188, Lei 6.404/1976 (Dispõe sobre as sociedades por ações).

I - examinar, pelo menos trimestralmente, os livros e papéis da sociedade e o estado da caixa e da carteira, devendo os administradores ou liquidantes prestar-lhes as informações solicitadas;

II - lavrar no livro de atas e pareceres do conselho fiscal o resultado dos exames referidos no inciso I deste artigo;

III - exarar no mesmo livro e apresentar à assembleia anual dos sócios parecer sobre os negócios e as operações sociais do exercício em que servirem, tomando por base o balanço patrimonial e o de resultado econômico;

IV - denunciar os erros, fraudes ou crimes que descobrirem, sugerindo providências úteis à sociedade;

V - convocar a assembleia dos sócios se a diretoria retardar por mais de trinta dias a sua convocação anual, ou sempre que ocorram motivos graves e urgentes;

VI - praticar, durante o período da liquidação da sociedade, os atos a que se refere este artigo, tendo em vista as disposições especiais reguladoras da liquidação.

Art. 1.070. As atribuições e poderes conferidos pela lei ao conselho fiscal não podem ser outorgados a outro órgão da sociedade, e a responsabilidade de seus membros obedece à regra que define a dos administradores (art. 1.016).

Parágrafo único. O conselho fiscal poderá escolher para assisti-lo no exame dos livros, dos balanços e das contas, contabilista legalmente habilitado, mediante remuneração aprovada pela assembleia dos sócios.

SEÇÃO V
DAS DELIBERAÇÕES DOS SÓCIOS

- art. 121 a 137, Lei 6.404/1976 (Dispõe sobre as sociedades por ações).

Art. 1.071. Dependem da deliberação dos sócios, além de outras matérias indicadas na lei ou no contrato:

- Enunciado 227 das Jornadas de Direito Civil.

I - a aprovação das contas da administração;

II - a designação dos administradores, quando feita em ato separado;

- art. 1.076, II, deste Código.

III - a destituição dos administradores;

- art. 1.076, II, deste Código.

IV - o modo de sua remuneração, quando não estabelecido no contrato;

- art. 1.076, II, deste Código.

V - a modificação do contrato social;

- arts. 1.076, I, deste Código.

VI - a incorporação, a fusão e a dissolução da sociedade, ou a cessação do estado de liquidação;

- arts. 1.076, I, deste Código.

VII - a nomeação e destituição dos liquidantes e o julgamento das suas contas;

VIII - o pedido de concordata.

- arts. 1.072, § 4º; 1.076, II, deste Código.
- art. 48, Lei 11.101/2005 (Lei de Recuperação de Empresas e Falências).

Art. 1.072. As deliberações dos sócios, obedecido o disposto no art. 1.010, serão tomadas em reunião ou em assembleia, conforme previsto no contrato social, devendo ser convocadas pelos administradores nos casos previstos em lei ou no contrato.

- art. 1.152, § 3º, deste Código.

§ 1º A deliberação em assembleia será obrigatória se o número dos sócios for superior a dez.

- art. 1.079 deste Código.

§ 2º Dispensam-se as formalidades de convocação previstas no § 3º do art. 1.152, quando todos os sócios comparecerem ou se declararem, por escrito, cientes do local, data, hora e ordem do dia.

§ 3º A reunião ou a assembleia tornam-se dispensáveis quando todos os sócios decidirem, por escrito, sobre a matéria que seria objeto delas.

§ 4º No caso do inciso VIII do artigo antecedente, os administradores, se houver urgência e com autorização de titulares de mais da metade do capital social, podem requerer concordata preventiva.

§ 5º As deliberações tomadas de conformidade com a lei e o contrato vinculam todos os sócios, ainda que ausentes ou dissidentes.

§ 6º Aplica-se às reuniões dos sócios, nos casos omissos no contrato, o disposto na presente Seção sobre a assembleia.

Art. 1.073. A reunião ou a assembleia podem também ser convocadas:

I - por sócio, quando os administradores retardarem a convocação, por mais de sessenta dias, nos casos previstos em lei ou no contrato, ou por titulares de mais de um quinto do capital, quando não atendido, no prazo de oito dias, pedido de convocação fundamentado, com indicação das matérias a serem tratadas;

II - pelo conselho fiscal, se houver, nos casos a que se refere o inciso V do art. 1.069.

Art. 1.074. A assembleia dos sócios instala-se com a presença, em primeira convocação, de titulares de no mínimo três quartos do capital social, e, em segunda, com qualquer número.

- Enunciado 226 das Jornadas de Direito Civil.

§ 1º O sócio pode ser representado na assembleia por outro sócio, ou por advogado, mediante outorga de mandato com especificação dos atos autorizados, devendo o instrumento ser levado a registro, juntamente com a ata.

- Enunciado 484 das Jornadas de Direito Civil.

§ 2º Nenhum sócio, por si ou na condição de mandatário, pode votar matéria que lhe diga respeito diretamente.

Art. 1.075. A assembleia será presidida e secretariada por sócios escolhidos entre os presentes.

§ 1º Dos trabalhos e deliberações será lavrada, no livro de atas da assembleia, ata assinada pelos membros da mesa e por sócios participantes da reunião, quantos bastem à validade das deliberações, mas sem prejuízo dos que queiram assiná-la.

§ 2º Cópia da ata autenticada pelos administradores, ou pela mesa, será, nos vinte dias subsequentes à reunião, apresentada ao Registro Público de Empresas Mercantis para arquivamento e averbação.

- Lei 8.934/1994 (Dispõe sobre o registro público de empresas mercantis e atividades afins).

§ 3º Ao sócio, que a solicitar, será entregue cópia autenticada da ata.

Art. 1.076. Ressalvado o disposto no art. 1.061, as deliberações dos sócios serão tomadas: *(Redação dada pela Lei 13.792/2019)*

- Enunciados 227 e 485 das Jornadas de Direito Civil.

I - pelos votos correspondentes, no mínimo, a três quartos do capital social, nos casos previstos nos incisos V e VI do art. 1.071;

II - pelos votos correspondentes a mais de metade do capital social, nos casos previstos nos incisos II, III, IV e VIII do art. 1.071;

III - pela maioria de votos dos presentes, nos demais casos previstos na lei ou no contrato, se este não exigir maioria mais elevada.

Art. 1.077. Quando houver modificação do contrato, fusão da sociedade, incorporação de outra, ou dela por outra, terá o sócio que dissentiu o direito de retirar-se da sociedade, nos trinta dias subsequentes à reunião, aplicando-se, no silêncio do contrato social antes vigente, o disposto no art. 1.031.

- arts. 1.113 a 1.122 deste Código.
- Enunciado 392 das Jornadas de Direito Civil.

Art. 1.078. A assembleia dos sócios deve realizar-se ao menos uma vez por ano, nos quatro meses seguintes à ao término do exercício social, com o objetivo de:

- art. 132, Lei 6.404/1976 (Dispõe sobre as sociedades por ações).
- Enunciado 228 das Jornadas de Direito Civil.

I - tomar as contas dos administradores e deliberar sobre o balanço patrimonial e o de resultado econômico;

II - designar administradores, quando for o caso;

III - tratar de qualquer outro assunto constante da ordem do dia.

- art. 1.066 deste Código.

§ 1º Até trinta dias antes da data marcada para a assembleia, os documentos referidos no inciso I deste artigo devem ser postos, por escrito, e com a prova do respectivo recebimento, à disposição dos sócios que não exerçam a administração.

§ 2º Instalada a assembleia, proceder-se-á à leitura dos documentos referidos no parágrafo antecedente, os quais serão submetidos, pelo presidente, a discussão e votação, nesta não podendo tomar parte os membros da administração e, se houver, os do conselho fiscal.

§ 3º A aprovação, sem reserva, do balanço patrimonial e do de resultado econômico, salvo erro, dolo ou simulação, exonera de responsabilidade os membros da administração e, se houver, os do conselho fiscal.

- arts. 138 a 150; 167 deste Código.

§ 4º Extingue-se em dois anos o direito de anular a aprovação a que se refere o parágrafo antecedente.

Art. 1.079. Aplica-se às reuniões dos sócios, nos casos omissos no contrato, o estabelecido nesta Seção sobre a assembleia, obedecido o disposto no § 1º do art. 1.072.

Art. 1.080. As deliberações infringentes do contrato ou da lei tornam ilimitada a responsabilidade dos que expressamente as aprovaram.

- art. 50 deste Código.
- Enunciados 229; 487 das Jornadas de Direito Civil.

Art. 1.080-A. O sócio poderá participar e votar a distância em reunião ou em assembleia, nos termos do regulamento do órgão competente do Poder Executivo federal. *(Redação dada pela Lei 14.030/2020)*

Parágrafo único. A reunião ou a assembleia poderá ser realizada de forma digital, respeitados os direitos legalmente previstos de participação e de manifestação dos sócios e os demais requisitos regulamentares. *(Acrescido pela Lei 14.030/2020)*

SEÇÃO VI
DO AUMENTO E DA REDUÇÃO DO CAPITAL

- art. 1.053, p.u.; 1.076, I, deste Código.

Art. 1.081. Ressalvado o disposto em lei especial, integralizadas as quotas, pode ser o capital aumentado, com a correspondente modificação do contrato.

§ 1º Até trinta dias após a deliberação, terão os sócios preferência para participar do aumento, na proporção das quotas de que sejam titulares.

- art. 171, *caput*, Lei 6.404/1976 (Dispõe sobre as sociedades por ações).

§ 2º À cessão do direito de preferência, aplica-se o disposto no *caput* do art. 1.057.

§ 3º Decorrido o prazo da preferência, e assumida pelos sócios, ou por terceiros, a totalidade do aumento, haverá reunião ou assembleia dos sócios, para que seja aprovada a modificação do contrato.

Art. 1.082. Pode a sociedade reduzir o capital, mediante a correspondente modificação do contrato:

- art. 1.076, I, deste Código.
- art. 173, Lei 6.404/1976 (Dispõe sobre as sociedades por ações).

I - depois de integralizado, se houver perdas irreparáveis;

- art. 1.083 deste Código.

II - se excessivo em relação ao objeto da sociedade.

- art. 1.084 deste Código.

Art. 1.083. No caso do inciso I do artigo antecedente, a redução do capital será realizada com a diminuição proporcional do valor nominal das quotas, tornando-se efetiva a partir da averbação, no Registro Público de Empresas Mercantis, da ata da assembleia que a tenha aprovado.

- Lei 8.934/1994 (Dispõe sobre o registro público de empresas mercantis e atividades afins).

Art. 1.084. No caso do inciso II do art. 1.082, a redução do capital será feita restituindo-se parte do valor das quotas aos sócios, ou dispensando-se as prestações ainda devidas, com diminuição proporcional, em ambos os casos, do valor nominal das quotas.

§ 1º No prazo de noventa dias, contado da data da publicação da ata da assembleia que aprovar a redução, o credor quirografário, por título líquido anterior a essa data, poderá opor-se ao deliberado.

- Enunciado 489 das Jornadas de Direito Civil.

§ 2º A redução somente se tornará eficaz se, no prazo estabelecido no parágrafo antecedente, não for impugnada, ou se provado o pagamento da dívida ou o depósito judicial do respectivo valor.

§ 3º Satisfeitas as condições estabelecidas no parágrafo antecedente, proceder-se-á à averbação, no Registro Público de Empresas Mercantis, da ata que tenha aprovado a redução.

- Lei 8.934/1994 (Dispõe sobre o registro público de empresas mercantis e atividades afins).

SEÇÃO VII
DA RESOLUÇÃO DA SOCIEDADE EM RELAÇÃO A SÓCIOS MINORITÁRIOS

Art. 1.085. Ressalvado o disposto no art. 1.030, quando a maioria dos sócios, representativa de mais da metade do capital social, entender que um ou mais sócios estão pondo em risco a continuidade da empresa, em virtude de atos de inegável gravidade, poderá excluí-los da sociedade, mediante alteração do contrato social, desde que prevista neste a exclusão por justa causa.

- Enunciado 67 das Jornadas de Direito Civil.

Parágrafo único. Ressalvado o caso em que haja apenas dois sócios na sociedade, a exclusão de um sócio somente poderá ser determinada em reunião ou assembleia especialmente convocada para esse fim, ciente o acusado em tempo hábil para permitir seu comparecimento e o exercício do direito de defesa. (Redação dada pela Lei 13.792/2019)

Art. 1.086. Efetuado o registro da alteração contratual, aplicar-se-á o disposto nos arts. 1.031 e 1.032.

SEÇÃO VIII
DA DISSOLUÇÃO

Art. 1.087. A sociedade dissolve-se, de pleno direito, por qualquer das causas previstas no art. 1.044.

- art. 1.033 deste Código.
- art. 206, I, Lei 6.404/1976 (Dispõe sobre as sociedades por ações).

CAPÍTULO V
DA SOCIEDADE ANÔNIMA

- Lei 6.404/1976 (Dispõe sobre as sociedades por ações).

SEÇÃO ÚNICA
DA CARACTERIZAÇÃO

Art. 1.088. Na sociedade anônima ou companhia, o capital divide-se em ações, obrigando-se cada sócio ou acionista somente pelo preço de emissão das ações que subscrever ou adquirir.

- arts. 1º; 2º Lei 6.404/1976 (Dispõe sobre as sociedades por ações).
- Enunciado 68 das Jornadas de Direito Civil.

Art. 1.089. A sociedade anônima rege-se por lei especial, aplicando-se-lhe, nos casos omissos, as disposições deste Código.

- arts. 982, p.u.; 1.126, p.u.; 1.128; 1.132; 1.134; 1.160, deste Código.
- Lei 6.404/1976 (Dispõe sobre as sociedades por ações).
- Enunciados 68 e 230 das Jornadas de Direito Civil.

CAPÍTULO VI
DA SOCIEDADE EM COMANDITA POR AÇÕES

- arts. 983; 1.161 deste Código.

Art. 1.090. A sociedade em comandita por ações tem o capital dividido em ações, regendo-se pelas normas relativas à sociedade anônima, sem prejuízo das modificações constantes deste Capítulo, e opera sob firma ou denominação.

- arts. 1.161 deste Código.
- arts. 280 a 284, Lei 6.404/1976 (Dispõe sobre as sociedades por ações).

Art. 1.091. Somente o acionista tem qualidade para administrar a sociedade e, como diretor, responde subsidiária e ilimitadamente pelas obrigações da sociedade.

- art. 282, Lei 6.404/1976 (Dispõe sobre as sociedades por ações).

§ 1º Se houver mais de um diretor, serão solidariamente responsáveis, depois de esgotados os bens sociais.

- arts. 275 a 285 deste Código.

§ 2º Os diretores serão nomeados no ato constitutivo da sociedade, sem limitação de tempo, e somente poderão ser destituídos por deliberação de acionistas que representem no mínimo dois terços do capital social.

§ 3º O diretor destituído ou exonerado continua, durante dois anos, responsável pelas obrigações sociais contraídas sob sua administração.

Art. 1.092. A assembleia geral não pode, sem o consentimento dos diretores, mudar o objeto essencial da sociedade, prorrogar-lhe o prazo de duração, aumentar ou diminuir o capital social, criar debêntures ou partes beneficiárias.

- art. 283, Lei 6.404/1976 (Dispõe sobre as sociedades por ações).

CAPÍTULO VII
DA SOCIEDADE COOPERATIVA

- arts. 982, p.u.; 983, p.u., deste Código.

Art. 1.093. A sociedade cooperativa reger-se-á pelo disposto no presente Capítulo, ressalvada a legislação especial.

- arts. 174, § 2º; 187, VI; e 192, CF.
- Lei 5.764/1971 (Define a Política Nacional de Cooperativismo e institui o regime jurídico das sociedades cooperativas).
- Lei 9.867/1999 (Dispõe sobre a criação e o funcionamento de cooperativas sociais).
- LC 130/2009 (Estabelece o Sistema Nacional de Crédito Cooperativo).
- Lei 12.690/2012 (Dispõe sobre a organização e o funcionamento das Cooperativas de Trabalho e institui o Programa Nacional de Fomento às Cooperativas de Trabalho - PRONACOOP.)
- Enunciado 69 das Jornadas de Direito Civil.

Art. 1.094. São características da sociedade cooperativa:

- art. 1.096 deste Código.
- art. 4º, Lei 5.764/1971 (Define a Política Nacional de Cooperativismo e institui o regime jurídico das sociedades cooperativas).
- Enunciado 206 das Jornadas de Direito Civil.

I - variabilidade, ou dispensa do capital social;
II - concurso de sócios em número mínimo necessário a compor a administração da sociedade, sem limitação de número máximo;

- art. 6º, Lei 5.764/1971 (Define a Política Nacional de Cooperativismo e institui o regime jurídico das sociedades cooperativas).

III - limitação do valor da soma de quotas do capital social que cada sócio poderá tomar;
IV - intransferibilidade das quotas do capital a terceiros estranhos à sociedade, ainda que por herança;
V - *quorum*, para a assembleia geral funcionar e deliberar, fundado no número de sócios presentes à reunião, e não no capital social representado;
VI - direito de cada sócio a um só voto nas deliberações, tenha ou não capital a sociedade, e qualquer que seja o valor de sua participação;
VII - distribuição dos resultados, proporcionalmente ao valor das operações efetuadas pelo sócio com a sociedade, podendo ser atribuído juro fixo ao capital realizado;
VIII - indivisibilidade do fundo de reserva entre os sócios, ainda que em caso de dissolução da sociedade.

Art. 1.095. Na sociedade cooperativa, a responsabilidade dos sócios pode ser limitada ou ilimitada.

§ 1º É limitada a responsabilidade na cooperativa em que o sócio responde somente pelo valor de suas quotas e pelo prejuízo verificado nas operações sociais, guardada a proporção de sua participação nas mesmas operações.

‣ arts. 11; 12 Lei 5.764/1971 (Define a Política Nacional de Cooperativismo e institui o regime jurídico das sociedades cooperativas).

§ 2º É ilimitada a responsabilidade na cooperativa em que o sócio responde solidária e ilimitadamente pelas obrigações sociais.

Art. 1.096. No que a lei for omissa, aplicam-se as disposições referentes à sociedade simples, resguardadas as características estabelecidas no art. 1.094.

‣ arts. 997 a 1.038 deste Código.

CAPÍTULO VIII
DAS SOCIEDADES COLIGADAS

Art. 1.097. Consideram-se coligadas as sociedades que, em suas relações de capital, são controladas, filiadas, ou de simples participação, na forma dos artigos seguintes.

‣ arts. 243 a 264, Lei 6.404/1976 (Dispõe sobre as sociedades por ações).

Art. 1.098. É controlada:

I - a sociedade de cujo capital outra sociedade possua a maioria dos votos nas deliberações dos quotistas ou da assembleia geral e o poder de eleger a maioria dos administradores;

II - a sociedade cujo controle, referido no inciso antecedente, esteja em poder de outra, mediante ações ou quotas possuídas por sociedades ou sociedades por esta já controladas.

‣ arts. 116; 243, § 2º, Lei 6.404/1976 (Dispõe sobre as sociedades por ações).

Art. 1.099. Diz-se coligada ou filiada a sociedade de cujo capital outra sociedade participa com dez por cento ou mais, do capital da outra, sem controlá-la.

‣ art. 243, § 1º, Lei 6.404/1976 (Dispõe sobre a sociedades por ações).

Art. 1.100. É de simples participação a sociedade de cujo capital outra sociedade possua menos de dez por cento do capital com direito de voto.

Art. 1.101. Salvo disposição especial de lei, a sociedade não pode participar de outra, que seja sua sócia, por montante superior, segundo o balanço, ao das próprias reservas, excluída a reserva legal.

‣ art. 244, Lei 6.404/1976 (Dispõe sobre as sociedades por ações).

Parágrafo único. Aprovado o balanço em que se verifique ter sido excedido esse limite, a sociedade não poderá exercer o direito de voto correspondente às ações ou quotas em excesso, as quais devem ser alienadas nos cento e oitenta dias seguintes àquela aprovação.

CAPÍTULO IX
DA LIQUIDAÇÃO DA SOCIEDADE

‣ arts. 44; 1.038, § 2º; 2.033; 2.034 deste Código.

Art. 1.102. Dissolvida a sociedade e nomeado o liquidante na forma do disposto neste Livro, procede-se à sua liquidação, de conformidade com os preceitos deste Capítulo, ressalvado o disposto no ato constitutivo ou no instrumento da dissolução.

‣ arts. 207 a 218, Lei 6.404/1976 (Dispõe sobre as sociedades por ações).

Parágrafo único. O liquidante, que não seja administrador da sociedade, investir-se-á nas funções, averbada a sua nomeação no registro próprio.

‣ arts. 114 a 126 da Lei 6.015/1973 (Lei de Registros Públicos).

Art. 1.103. Constituem deveres do liquidante:

I - averbar e publicar a ata, sentença ou instrumento de dissolução da sociedade;

II - arrecadar os bens, livros e documentos da sociedade, onde quer que estejam;

III - proceder, nos quinze dias seguintes ao da sua investidura e com a assistência, sempre que possível, dos administradores, à elaboração do inventário e do balanço geral do ativo e do passivo;

IV - ultimar os negócios da sociedade, realizar o ativo, pagar o passivo e partilhar o remanescente entre os sócios ou acionistas;

V - exigir dos quotistas, quando insuficiente o ativo à solução do passivo, a integralização de suas quotas e, se for o caso, as quantias necessárias, nos limites da responsabilidade de cada um e proporcionalmente à respectiva participação nas perdas, repartindo-se, entre os sócios solventes e na mesma proporção, o devido pelo insolvente;

VI - convocar assembleia dos quotistas, a cada seis meses, para apresentar relatório e balanço do estado da liquidação, prestando conta dos atos praticados durante o semestre, ou sempre que necessário;

VII - confessar a falência da sociedade e pedir concordata, de acordo com as formalidades prescritas para o tipo de sociedade liquidanda;

‣ art. 97, Lei 11.101/2005 (Lei de Recuperação de Empresas e Falências).

VIII - finda a liquidação, apresentar aos sócios o relatório da liquidação e as suas contas finais;

IX - averbar a ata da reunião ou da assembleia, ou o instrumento firmado pelos sócios, que considerar encerrada a liquidação.

‣ art. 217 Lei 6.404/1976 (Dispõe sobre as sociedades por ações).

Parágrafo único. Em todos os atos, documentos ou publicações, o liquidante empregará a firma ou denominação social sempre seguida da cláusula "em liquidação" e de sua assinatura individual, com a declaração de sua qualidade.

Art. 1.104. As obrigações e a responsabilidade do liquidante regem-se pelos preceitos peculiares às dos administradores da sociedade liquidanda.

Art. 1.105. Compete ao liquidante representar a sociedade e praticar todos os atos necessários à sua liquidação, inclusive alienar bens móveis ou imóveis, transigir, receber e dar quitação.

‣ art. 211, Lei 6.404/1976 (Dispõe sobre as sociedades por ações).

Parágrafo único. Sem estar expressamente autorizado pelo contrato social, ou pelo voto da maioria dos sócios, não pode o liquidante gravar de ônus reais os móveis e imóveis, contrair empréstimos, salvo quando indispensáveis ao pagamento de obrigações inadiáveis, nem prosseguir, embora para facilitar a liquidação, na atividade social.

Art. 1.106. Respeitados os direitos dos credores preferenciais, pagará o liquidante as dívidas sociais proporcionalmente, sem distinção entre vencidas e vincendas, mas, em relação a estas, com desconto.

‣ arts. 955 a 965 deste Código.

Parágrafo único. Se o ativo for superior ao passivo, pode o liquidante, sob sua responsabilidade pessoal, pagar integralmente as dívidas vencidas.

Art. 1.107. Os sócios podem resolver, por maioria de votos, antes de ultimada a liquidação, mas depois de pagos os credores, que o liquidante faça rateios por antecipação da partilha, na medida em que se apurem os haveres sociais.

Art. 1.108. Pago o passivo e partilhado o remanescente, convocará o liquidante assembleia dos sócios para a prestação final de contas.

Art. 1.109. Aprovadas as contas, encerra-se a liquidação, e a sociedade se extingue, ao ser averbada no registro próprio a ata da assembleia.

Parágrafo único. O dissidente tem o prazo de trinta dias, a contar da publicação da ata, devidamente averbada, para promover a ação que couber.

‣ Enunciado 489 das Jornadas de Direito Civil.

Art. 1.110. Encerrada a liquidação, o credor não satisfeito só terá direito a exigir dos sócios, individualmente, o pagamento do seu crédito, até o limite da soma por eles recebida em partilha, e a propor contra o liquidante ação de perdas e danos.

‣ arts. 402 a 405 deste Código.

Art. 1.111. No caso de liquidação judicial, será observado o disposto na lei processual.

‣ arts. 139 a 160, Lei 11.101/2005 (Lei de Recuperação de Empresas e Falências).

Art. 1.112. No curso de liquidação judicial, o juiz convocará, se necessário, reunião ou assembleia para deliberar sobre os interesses da liquidação, e as presidirá, resolvendo sumariamente as questões suscitadas.

Parágrafo único. As atas das assembleias serão, em cópia autêntica, apensadas ao processo judicial.

CAPÍTULO X
DA TRANSFORMAÇÃO, DA INCORPORAÇÃO, DA FUSÃO E DA CISÃO DAS SOCIEDADES

‣ arts. 1.033, p.u., 2.033 deste Código.

‣ arts. 220 a 234, Lei 6.404/1976 (Dispõe sobre as sociedades por ações).

Art. 1.113. O ato de transformação independe de dissolução ou liquidação da sociedade, e obedecerá aos preceitos reguladores da constituição e inscrição próprios do tipo em que vai converter-se.

‣ art. 220, Lei 6.404/1976 (Dispõe sobre as sociedades por ações).

Art. 1.114. A transformação depende do consentimento de todos os sócios, salvo se prevista no ato constitutivo, caso em que o dissidente poderá retirar-se da sociedade, aplicando-se, no silêncio do estatuto ou do contrato social, o disposto no art. 1.031.

‣ art. 221, Lei 6.404/1976 (Dispõe sobre as sociedades por ações).

Art. 1.115. A transformação não modificará nem prejudicará, em qualquer caso, os direitos dos credores.

‣ art. 222, Lei 6.404/1976 (Dispõe sobre as sociedades por ações).

Parágrafo único. A falência da sociedade transformada somente produzirá efeitos em relação aos sócios que, no tipo anterior, a eles estariam sujeitos, se o pedirem os titulares de créditos anteriores à transformação, e somente a estes beneficiará.

‣ art. 222, Lei 6.404/1976 (Dispõe sobre as sociedades por ações).

Art. 1.116. Na incorporação, uma ou várias sociedades são absorvidas por outra, que lhes sucede em todos os direitos e obrigações, devendo todas aprová-la, na forma estabelecida para os respectivos tipos.

‣ arts. 223, § 1º, e 227, *caput*, Lei 6.404/1976 (Dispõe sobre as sociedades por ações).

‣ Enunciados 70; 231; 232 das Jornadas de Direito Civil.

Art. 1.117. A deliberação dos sócios da sociedade incorporada deverá aprovar as bases da operação e o projeto de reforma do ato constitutivo.

‣ Enunciado 232 das Jornadas de Direito Civil.

§ 1º A sociedade que houver de ser incorporada tomará conhecimento desse ato, e, se o aprovar, autorizará os administradores a praticar o necessário à incorporação, inclusive a subscrição em bens pelo valor da diferença que se verificar entre o ativo e o passivo.

§ 2º A deliberação dos sócios da sociedade incorporadora compreenderá a nomeação dos peritos para a avaliação do patrimônio líquido da sociedade, que tenha de ser incorporada.

- art. 227 Lei 6.404/1976 (Dispõe sobre as sociedades por ações).
- art. 1.076, I, deste Código.

Art. 1.118. Aprovados os atos da incorporação, a incorporadora declarará extinta a incorporada, e promoverá a respectiva averbação no registro próprio.

- art. 234 Lei 6.404/1976 (Dispõe sobre as sociedades por ações).

Art. 1.119. A fusão determina a extinção das sociedades que se unem, para formar sociedade nova, que a elas sucederá nos direitos e obrigações.

- art. 2.033 deste Código.
- art. 228, *caput*, Lei 6.404/1976 (Dispõe sobre as sociedades por ações).

Art. 1.120. A fusão será decidida, na forma estabelecida para os respectivos tipos, pelas sociedades que pretendam unir-se.

- Enunciado 232 das Jornadas de Direito Civil.

§ 1º Em reunião ou assembleia dos sócios de cada sociedade, deliberada a fusão e aprovado o projeto do ato constitutivo da nova sociedade, bem como o plano de distribuição do capital social, serão nomeados os peritos para a avaliação do patrimônio da sociedade.

§ 2º Apresentados os laudos, os administradores convocarão reunião ou assembleia dos sócios para tomar conhecimento deles, decidindo sobre a constituição definitiva da nova sociedade.

§ 3º É vedado aos sócios votar o laudo de avaliação do patrimônio da sociedade de que façam parte.

- art. 1.074, § 2º, deste Código.

Art. 1.121. Constituída a nova sociedade, aos administradores incumbe fazer inscrever, no registro próprio da sede, os atos relativos à fusão.

- art. 234, Lei 6.404/1976 (Dispõe sobre as sociedades por ações).

Art. 1.122. Até noventa dias após publicados os atos relativos à incorporação, fusão ou cisão, o credor anterior, por ela prejudicado, poderá promover judicialmente a anulação deles.

- Enunciados 231 e 489 das Jornadas de Direito Civil.

§ 1º A consignação em pagamento prejudicará a anulação pleiteada.

- arts. 539 a 549, NCPC.

§ 2º Sendo ilíquida a dívida, a sociedade poderá garantir-lhe a execução, suspendendo-se o processo de anulação.

§ 3º Ocorrendo, no prazo deste artigo, a falência da sociedade incorporadora, da sociedade nova ou da cindida, qualquer credor anterior terá direito a pedir a separação dos patrimônios, para o fim de serem os créditos pagos pelos bens das respectivas massas.

- art. 2.033 deste Código.
- art. 229, Lei 6.404/1976 (Dispõe sobre as sociedades por ações).

CAPÍTULO XI
DA SOCIEDADE DEPENDENTE DE AUTORIZAÇÃO

SEÇÃO I
DISPOSIÇÕES GERAIS

Art. 1.123. A sociedade que dependa de autorização do Poder Executivo para funcionar reger-se-á por este título, sem prejuízo do disposto em lei especial.

Parágrafo único. A competência para a autorização será sempre do Poder Executivo federal.

Art. 1.124. Na falta de prazo estipulado em lei ou em ato do Poder Público, será considerada caduca a autorização se a sociedade não entrar em funcionamento nos doze meses seguintes à respectiva publicação.

Art. 1.125. Ao Poder Executivo é facultado, a qualquer tempo, cassar a autorização concedida a sociedade nacional ou estrangeira que infringir disposição de ordem pública ou praticar atos contrários aos fins declarados no seu estatuto.

SEÇÃO II
DA SOCIEDADE NACIONAL

Art. 1.126. É nacional a sociedade organizada de conformidade com a lei brasileira e que tenha no país a sede de sua administração.

- art. 170; IX; 176, § 1º; 222; 223, CF.
- art. 75, *caput*, deste Código.

Parágrafo único. Quando a lei exigir que todos ou alguns sócios sejam brasileiros, as ações da sociedade anônima revestirão, no silêncio da lei, a forma nominativa. Qualquer que seja o tipo da sociedade, na sua sede ficará arquivada cópia autêntica do documento comprobatório da nacionalidade dos sócios.

- Lei 10.610/2002 (Dispõe sobre a participação de capital estrangeiro nas empresas jornalísticas e de radiodifusão sonora e de sons e imagens).

Art. 1.127. Não haverá mudança de nacionalidade de sociedade brasileira sem o consentimento unânime dos sócios ou acionistas.

Art. 1.128. O requerimento de autorização de sociedade nacional deve ser acompanhado de cópia do contrato, assinada por todos os sócios, ou, tratando-se de sociedade anônima, de cópia, autenticada pelos fundadores, dos documentos exigidos pela lei especial.

Parágrafo único. Se a sociedade tiver sido constituída por escritura pública, bastará juntar-se ao requerimento a respectiva certidão.

- art. 1.131 deste Código.

Art. 1.129. Ao Poder Executivo é facultado exigir que se procedam a alterações ou aditamento no contrato ou no estatuto, devendo os sócios, ou, tratando-se de sociedade anônima, os fundadores, cumprir as formalidades legais para revisão dos atos constitutivos, e juntar ao processo prova regular.

- art. 1.131 deste Código.

Art. 1.130. Ao Poder Executivo é facultado recusar a autorização, se a sociedade não atender às condições econômicas, financeiras ou jurídicas especificadas em lei.

Art. 1.131. Expedido o decreto de autorização, cumprirá à sociedade publicar os atos referidos nos arts. 1.128 e 1.129, em trinta dias, no órgão oficial da União, cujo exemplar representará prova para inscrição, no registro próprio, dos atos constitutivos da sociedade.

- art. 1.135, p.u., deste Código.

Parágrafo único. A sociedade promoverá, também no órgão oficial da União e no prazo de trinta dias, a publicação do termo de inscrição.

- art. 1.136, § 3º, deste Código.

Art. 1.132. As sociedades anônimas nacionais, que dependam de autorização do Poder Executivo para funcionar, não se constituirão sem obtê-la, quando seus fundadores pretenderem recorrer a subscrição pública para a formação do capital.

§ 1º Os fundadores deverão juntar ao requerimento cópias autênticas do projeto do estatuto e do prospecto.

§ 2º Obtida a autorização e constituída a sociedade, proceder-se-á à inscrição dos seus atos constitutivos.

- art. 63, Dec.-Lei 2.627/1940 (Dispõe sobre as sociedades por ações).
- arts. 82 a 87 Lei 6.404/1976 (Dispõe sobre as sociedades por ações).

Art. 1.133. Dependem de aprovação as modificações do contrato ou do estatuto de sociedade sujeita a autorização do Poder Executivo, salvo se decorrerem de aumento do capital social, em virtude de utilização de reservas ou reavaliação do ativo.

SEÇÃO III
DA SOCIEDADE ESTRANGEIRA

Art. 1.134. A sociedade estrangeira, qualquer que seja o seu objeto, não pode, sem autorização do Poder Executivo, funcionar no país, ainda que por estabelecimentos subordinados, podendo, todavia, ressalvados os casos expressos em lei, ser acionista de sociedade anônima brasileira.

- arts. 1.089 e 1.141 deste Código.
- arts. 11; 17, LInDB.
- art. 32, II, c, Lei 8.934/1994 (Dispõe sobre o registro público de empresas mercantis e atividades afins).
- Enunciado 486 das Jornadas de Direito Civil.

§ 1º Ao requerimento de autorização devem juntar-se:

- art. 1.135, p.u., deste Código.

I - prova de se achar a sociedade constituída conforme a lei de seu país;
II - inteiro teor do contrato ou do estatuto;
III - relação dos membros de todos os órgãos da administração da sociedade, com nome, nacionalidade, profissão, domicílio e, salvo quanto a ações ao portador, o valor da participação de cada um no capital da sociedade;
IV - cópia do ato que autorizou o funcionamento no Brasil e fixou o capital destinado às operações no território nacional;
V - prova de nomeação do representante no Brasil, com poderes expressos para aceitar as condições exigidas para a autorização;
VI - último balanço.

§ 2º Os documentos serão autenticados, de conformidade com a lei nacional da sociedade requerente, legalizados no consulado brasileiro da respectiva sede e acompanhados de tradução em vernáculo.

Art. 1.135. É facultado ao Poder Executivo, para conceder a autorização, estabelecer condições convenientes à defesa dos interesses nacionais.

Parágrafo único. Aceitas as condições, expedirá o Poder Executivo decreto de autorização, do qual constará o montante de capital destinado às operações no país, cabendo à sociedade promover a publicação dos atos referidos no art. 1.131 e no § 1º do art. 1.134.

Art. 1.136. A sociedade autorizada não pode iniciar sua atividade antes de inscrita no registro próprio do lugar em que se deva estabelecer.

§ 1º O requerimento de inscrição será instruído com exemplar da publicação exigida no parágrafo único do artigo antecedente, acompanhado de documento do depósito em dinheiro, em estabelecimento bancário oficial, do capital ali mencionado.

§ 2º Arquivados esses documentos, a inscrição será feita por termo em livro especial para as sociedades estrangeiras, com número de ordem contínuo para todas as sociedades inscritas; no termo constarão:

I - nome, objeto, duração e sede da sociedade no estrangeiro;
II - lugar da sucursal, filial ou agência, no país;
III - data e número do decreto de autorização;

IV - capital destinado às operações no país;
V - individuação do seu representante permanente.

§ 3º Inscrita a sociedade, promover-se-á a publicação determinada no parágrafo único do art. 1.131.

Art. 1.137. A sociedade estrangeira autorizada a funcionar ficará sujeita às leis e aos tribunais brasileiros, quanto aos atos ou operações praticados no Brasil.

Parágrafo único. A sociedade estrangeira funcionará no território nacional com o nome que tiver em seu país de origem, podendo acrescentar as palavras "do Brasil" ou "para o Brasil".

- arts. 21 a 24, NCPC.
- arts. 9º; 11; 12, LInDB.

Art. 1.138. A sociedade estrangeira autorizada a funcionar é obrigada a ter, permanentemente, representante no Brasil, com poderes para resolver quaisquer questões e receber citação judicial pela sociedade.

Parágrafo único. O representante somente pode agir perante terceiros depois de arquivado e averbado o instrumento de sua nomeação.

Art. 1.139. Qualquer modificação no contrato ou no estatuto dependerá da aprovação do Poder Executivo, para produzir efeitos no território nacional.

Art. 1.140. A sociedade estrangeira deve, sob pena de lhe ser cassada a autorização, reproduzir no órgão oficial da União, e do Estado, se for o caso, as publicações que, segundo a sua lei nacional, seja obrigada a fazer relativamente ao balanço patrimonial e ao de resultado econômico, bem como aos atos de sua administração.

- arts. 1.188; 1.189 deste Código.

Parágrafo único. Sob pena, também, de lhe ser cassada a autorização, a sociedade estrangeira deverá publicar o balanço patrimonial e o de resultado econômico das sucursais, filiais ou agências existentes no país.

Art. 1.141. Mediante autorização do Poder Executivo, a sociedade estrangeira admitida a funcionar no país pode nacionalizar-se, transferindo sua sede para o Brasil.

- art. 75, IV, deste Código.
- art. 11, LInDB.

§ 1º Para o fim previsto neste artigo, deverá a sociedade, por seus representantes, oferecer, com o requerimento, os documentos exigidos no art. 1.134, e ainda a prova da realização do capital, pela forma declarada no contrato, ou no estatuto, e do ato em que foi deliberada a nacionalização.

§ 2º O Poder Executivo poderá impor as condições que julgar convenientes à defesa dos interesses nacionais.

§ 3º Aceitas as condições pelo representante, proceder-se-á, após a expedição do decreto de autorização, à inscrição da sociedade e publicação do respectivo termo.

TÍTULO III
DO ESTABELECIMENTO

- Lei 12.291/2010 (Torna obrigatória a manutenção de exemplar do CDC nos estabelecimentos comerciais e de prestação de serviços).

CAPÍTULO ÚNICO
DISPOSIÇÕES GERAIS

Art. 1.142. Considera-se estabelecimento todo complexo de bens organizado, para exercício da empresa, por empresário, ou por sociedade empresária.

- Súm. 645, STF.
- Súm. 451, STJ.
- Enunciados 233 e 488 das Jornadas de Direito Civil.

Art. 1.143. Pode o estabelecimento ser objeto unitário de direitos e de negócios jurídicos, translativos ou constitutivos, que sejam compatíveis com a sua natureza.

- Enunciado 393 das Jornadas de Direito Civil.

Art. 1.144. O contrato que tenha por objeto a alienação, o usufruto ou arrendamento do estabelecimento, só produzirá efeitos quanto a terceiros depois de averbado à margem da inscrição do empresário, ou da sociedade empresária, no Registro Público de Empresas Mercantis, e de publicado na imprensa oficial.

- Lei 8.934/1994 (Dispõe sobre o registro público de empresas mercantis e atividades afins).
- Enunciado 489 das Jornadas de Direito Civil.

Art. 1.145. Se ao alienante não restarem bens suficientes para solver o seu passivo, a eficácia da alienação do estabelecimento depende do pagamento de todos os credores, ou do consentimento destes, de modo expresso ou tácito, em trinta dias a partir de sua notificação.

- arts. 66; 94;129, VI, Lei 11.101/2005 (Lei de Recuperação de Empresas e Falência).

Art. 1.146. O adquirente do estabelecimento responde pelo pagamento dos débitos anteriores à transferência, desde que regularmente contabilizados, continuando o devedor primitivo solidariamente obrigado pelo prazo de um ano, a partir, quanto aos créditos vencidos, da publicação, e, quanto aos outros, da data do vencimento.

- arts. 275 a 285 deste Código.
- art. 448, CLT.
- art. 133, CTN.
- Enunciado 489 das Jornadas de Direito Civil.

Art. 1.147. Não havendo autorização expressa, o alienante do estabelecimento não pode fazer concorrência ao adquirente, nos cinco anos subsequentes à transferência.

Parágrafo único. No caso de arrendamento ou usufruto do estabelecimento, a proibição prevista neste artigo persistirá durante o prazo do contrato.

- Enunciado 490 das Jornadas de Direito Civil.

Art. 1.148. Salvo disposição em contrário, a transferência importa a sub-rogação do adquirente nos contratos estipulados para exploração do estabelecimento, se não tiverem caráter pessoal, podendo os terceiros rescindir o contrato em noventa dias a contar da publicação da transferência, se ocorrer justa causa, ressalvada, neste caso, a responsabilidade do alienante.

- arts. 346; 1.152, § 1º, deste Código.
- art. 13, Lei 8.245/1991 (Lei das Locações).
- Enunciados 234 e 489 das Jornadas de Direito Civil.

Art. 1.149. A cessão dos créditos referentes ao estabelecimento transferido produzirá efeito em relação aos respectivos devedores, desde o momento da publicação da transferência, mas o devedor ficará exonerado se de boa-fé pagar ao cedente.

- arts. 286 a 298 deste Código.
- Enunciado 489 das Jornadas de Direito Civil.

TÍTULO IV
DOS INSTITUTOS COMPLEMENTARES

CAPÍTULO I
DO REGISTRO

- arts. 967; 985 deste Código.

Art. 1.150. O empresário e a sociedade empresária vinculam-se ao Registro Público de Empresas Mercantis a cargo das Juntas Comerciais, e a sociedade simples ao Registro Civil das Pessoas Jurídicas, o qual deverá obedecer às normas fixadas para aquele registro, se a sociedade simples adotar um dos tipos de sociedade empresária.

- arts. 45; 966 a 971; 982 a 986; 997; 998 deste Código.
- art. 114, Lei 6.015/1973 (Lei de Registros Públicos).
- arts. 15 a 17, Lei 8.906/1994 (EAOAB).
- Enunciados 55 e 209 das Jornadas de Direito Civil.

Art. 1.151. O registro dos atos sujeitos à formalidade exigida no artigo antecedente será requerido pela pessoa obrigada em lei, e, no caso de omissão ou demora, pelo sócio ou qualquer interessado.

§ 1º Os documentos necessários ao registro deverão ser apresentados no prazo de trinta dias, contado da lavratura dos atos respectivos.

- art. 36, Lei 8.934/1994 (Dispõe sobre o registro público de empresas mercantis e atividades afins).

§ 2º Requerido além do prazo previsto neste artigo, o registro somente produzirá efeito a partir da data de sua concessão.

§ 3º As pessoas obrigadas a requerer o registro responderão por perdas e danos, em caso de omissão ou demora.

- arts. 402 a 405 deste Código.

Art. 1.152. Cabe ao órgão incumbido do registro verificar a regularidade das publicações determinadas em lei, de acordo com o disposto nos parágrafos deste artigo.

§ 1º Salvo exceção expressa, as publicações ordenadas neste Livro serão feitas no órgão oficial da União ou do Estado, conforme o local da sede do empresário ou da sociedade, e em jornal de grande circulação.

§ 2º As publicações das sociedades estrangeiras serão feitas nos órgãos oficiais da União e do Estado onde tiverem sucursais, filiais ou agências.

§ 3º O anúncio de convocação da assembleia de sócios será publicado por três vezes, ao menos, devendo mediar, entre a data da primeira inserção e a da realização da assembleia, o prazo mínimo de oito dias, para a primeira convocação, e de cinco dias, para as posteriores.

- art. 1.072, § 2º, deste Código.
- art. 124, Lei 6.404/1976 (Dispõe sobre as sociedades por ações).

Art. 1.153. Cumpre à autoridade competente, antes de efetivar o registro, verificar a autenticidade e a legitimidade do signatário do requerimento, bem como fiscalizar a observância das prescrições legais concernentes ao ato ou aos documentos apresentados.

- art. 97, Lei 6.404/1976 (Dispõe sobre as sociedades por ações).
- art. 37; 40; 63, Lei 8.934/1994 (Dispõe sobre o registro público de empresas mercantis e atividades afins).

Parágrafo único. Das irregularidades encontradas deve ser notificado o requerente, que, se for o caso, poderá saná-las, obedecendo às formalidades da lei.

Art. 1.154. O ato sujeito a registro, ressalvadas as disposições especiais da lei, não pode, antes do cumprimento das respectivas formalidades, ser oposto a terceiro, salvo prova de que este o conhecia.

Parágrafo único. O terceiro não pode alegar ignorância, desde que cumpridas as referidas formalidades.

CAPÍTULO II
DO NOME EMPRESARIAL

- art. 5º, XXIX, CF.
- art. 72, LC 123/2006 (Estatuto Nacional da Microempresa e da Empresa de Pequeno Porte).

‣ arts. 33; 34, Lei 8.934/1994 (Dispõe sobre o registro público de empresas mercantis e atividades afins).

‣ art. 124, V, Lei 9.279/1996 (Dispõe sobre a propriedade industrial).

Art. 1.155. Considera-se nome empresarial a firma ou a denominação adotada, de conformidade com este Capítulo, para o exercício de empresa.

‣ art. 72, LC 123/2006 (Estatuto Nacional da Microempresa e da Empresa de Pequeno Porte).

Parágrafo único. Equipara-se ao nome empresarial, para os efeitos da proteção da lei, a denominação das sociedades simples, associações e fundações.

‣ arts. 33; 34, Lei 8.934/1994 (Dispõe sobre o registro público de empresas mercantis e atividades afins).

Art. 1.156. O empresário opera sob firma constituída por seu nome, completo ou abreviado, aditando-lhe, se quiser, designação mais precisa da sua pessoa ou do gênero de atividade.

‣ art. 966 deste Código.

‣ art. 62, Dec. 1.800/1996 (Regulamenta a Lei 8.934/1994).

Art. 1.157. A sociedade em que houver sócios de responsabilidade ilimitada operará sob firma, na qual somente os nomes daqueles poderão figurar, bastando para formá-la aditar ao nome de um deles a expressão "e companhia" ou sua abreviatura.

Parágrafo único. Ficam solidária e ilimitadamente responsáveis pelas obrigações contraídas sob a firma social aqueles que, por seus nomes, figurarem na firma da sociedade de que trata este artigo.

‣ arts. 275 a 285 deste Código.

Art. 1.158. Pode a sociedade limitada adotar firma ou denominação, integradas pela palavra final "limitada" ou a sua abreviatura.

‣ Enunciado 71 das Jornadas de Direito Civil.

§ 1º A firma será composta com o nome de um ou mais sócios, desde que pessoas físicas, de modo indicativo da relação social.

§ 2º A denominação deve designar o objeto da sociedade, sendo permitido nela figurar o nome de um ou mais sócios.

§ 3º A omissão da palavra "limitada" determina a responsabilidade solidária e ilimitada dos administradores que assim empregarem a firma ou a denominação da sociedade.

‣ arts. 1.052 a 1.087 deste Código.

Art. 1.159. A sociedade cooperativa funciona sob denominação integrada pelo vocábulo "cooperativa".

‣ art. 5º, Lei 5.764/1971 (Define a Política Nacional de Cooperativismo e institui o regime jurídico das sociedades cooperativas).

Art. 1.160. A sociedade anônima opera sob denominação designativa do objeto social, integrada pelas expressões "sociedade anônima" ou "companhia", por extenso ou abreviadamente.

‣ arts. 1.088 e 1.089 deste Código.

‣ art. 3º, Lei 6.404/1976 (Dispõe sobre as sociedades por ações).

‣ Enunciado 71 das Jornadas de Direito Civil.

Parágrafo único. Pode constar da denominação o nome do fundador, acionista, ou pessoa que haja concorrido para o bom êxito da formação da empresa.

Art. 1.161. A sociedade em comandita por ações pode, em lugar de firma, adotar denominação designativa do objeto social, aditada da expressão "comandita por ações".

‣ arts. 1.090 a 1.092 deste Código.

‣ art. 281, Lei 6.404/1976 (Dispõe sobre as sociedades por ações).

Art. 1.162. A sociedade em conta de participação não pode ter firma ou denominação.

‣ arts. 991 a 996 deste Código.

Art. 1.163. O nome de empresário deve distinguir-se de qualquer outro já inscrito no mesmo registro.

‣ art. 3º, § 2º, Lei 6.404/1976 (Dispõe sobre as sociedades por ações).

‣ art. 35, V, Lei 8.934/1994 (Dispõe sobre o registro público de empresas mercantis e atividades afins).

‣ arts. 124, V; 195, V, Lei 9.279/1996 (Dispõe sobre a propriedade industrial).

Parágrafo único. Se o empresário tiver nome idêntico ao de outros já inscritos, deverá acrescentar designação que o distinga.

Art. 1.164. O nome empresarial não pode ser objeto de alienação.

‣ arts. 1.143; 1.144 deste Código.

‣ Enunciado 72 das Jornadas de Direito Civil.

Parágrafo único. O adquirente de estabelecimento, por ato entre vivos, pode, se o contrato o permitir, usar o nome do alienante, precedido do seu próprio, com a qualificação de sucessor.

Art. 1.165. O nome de sócio que vier a falecer, for excluído ou se retirar, não pode ser conservado na firma social.

‣ arts. 1.143; 1.144 deste Código.

Art. 1.166. A inscrição do empresário, ou dos atos constitutivos das pessoas jurídicas, ou as respectivas averbações, no registro próprio, asseguram o uso exclusivo do nome nos limites do respectivo Estado.

‣ art. 1.154, p.u., deste Código.

‣ Enunciado 491 das Jornadas de Direito Civil.

Parágrafo único. O uso previsto neste artigo estender-se-á a todo o território nacional, se registrado na forma da lei especial.

Art. 1.167. Cabe ao prejudicado, a qualquer tempo, ação para anular a inscrição do nome empresarial feita com violação da lei ou do contrato.

‣ art. 3º, § 2º, Lei 6.404/1976 (Dispõe sobre as sociedades por ações).

‣ arts. 44 a 51 Lei 8.934/1994 (Dispõe sobre o registro público de empresas mercantis e atividades afins).

Art. 1.168. A inscrição do nome empresarial será cancelada, a requerimento de qualquer interessado, quando cessar o exercício da atividade para que foi adotado, ou quando ultimar-se a liquidação da sociedade que o inscreveu.

‣ arts. 59; 60, § 1º, Lei 8.934/1994 (Dispõe sobre o registro público de empresas mercantis e atividades afins).

CAPÍTULO III
DOS PREPOSTOS

SEÇÃO I
DISPOSIÇÕES GERAIS

Art. 1.169. O preposto não pode, sem autorização escrita, fazer-se substituir no desempenho da preposição, sob pena de responder pessoalmente pelos atos do substituto e pelas obrigações por ele contraídas.

Art. 1.170. O preposto, salvo autorização expressa, não pode negociar por conta própria ou de terceiro, nem participar, embora indiretamente, de operação do mesmo gênero da que lhe foi cometida, sob pena de responder por perdas e danos e de serem retidos pelo preponente os lucros da operação.

‣ arts. 402 a 405 deste Código.

Art. 1.171. Considera-se perfeita a entrega de papéis, bens ou valores ao preposto, encarregado pelo preponente, se os recebeu sem protesto, salvo nos casos em que haja prazo para reclamação.

SEÇÃO II
DO GERENTE

Art. 1.172. Considera-se gerente o preposto permanente no exercício da empresa, na sede desta, ou em sucursal, filial ou agência.

Art. 1.173. Quando a lei não exigir poderes especiais, considera-se o gerente autorizado a praticar todos os atos necessários ao exercício dos poderes que lhe foram outorgados.

Parágrafo único. Na falta de estipulação diversa, consideram-se solidários os poderes conferidos a dois ou mais gerentes.

Art. 1.174. As limitações contidas na outorga de poderes, para serem opostas a terceiros, dependem do arquivamento e averbação do instrumento no Registro Público de Empresas Mercantis, salvo se provado serem conhecidas da pessoa que tratou com o gerente.

Parágrafo único. Para o mesmo efeito e com idêntica ressalva, deve a modificação ou revogação do mandato ser arquivada e averbada no Registro Público de Empresas Mercantis.

‣ art. 1.182 deste Código.

‣ Lei 8.934/1994 (Dispõe sobre o registro público de empresas mercantis e atividades afins).

Art. 1.175. O preponente responde com o gerente pelos atos que este pratique em seu próprio nome, mas à conta daquele.

‣ art. 34, CDC.

Art. 1.176. O gerente pode estar em juízo em nome do preponente, pelas obrigações resultantes do exercício da sua função.

‣ art. 242, § 1º, NCPC.

SEÇÃO III
DO CONTABILISTA E OUTROS AUXILIARES

Art. 1.177. Os assentos lançados nos livros ou fichas do preponente, por qualquer dos prepostos encarregados de sua escrituração, produzem, salvo se houver procedido de má-fé, os mesmos efeitos como se o fossem por aquele.

‣ Dec.-Lei 806/1969 (Dispõe sobre a profissão de atuário). Dec. 66.408/1970 (Regulamento).

Parágrafo único. No exercício de suas funções, os prepostos são pessoalmente responsáveis, perante os preponentes, pelos atos culposos; e, perante terceiros, solidariamente com o preponente, pelos atos dolosos.

‣ arts. 275 a 285 deste Código.

Art. 1.178. Os preponentes são responsáveis pelos atos de quaisquer prepostos, praticados nos seus estabelecimentos e relativos à atividade da empresa, ainda que não autorizados por escrito.

Parágrafo único. Quando tais atos forem praticados fora do estabelecimento, somente obrigarão o preponente nos limites dos poderes conferidos por escrito, cujo instrumento pode ser suprido pela certidão ou cópia autêntica do seu teor.

CAPÍTULO IV
DA ESCRITURAÇÃO

‣ Dec. 6.022/2007 (Institui o Sistema Público de Escrituração Digital – Sped).

Art. 1.179. O empresário e a sociedade empresária são obrigados a seguir um sistema de contabilidade, mecanizado ou não, com base na escrituração uniforme de seus livros, em correspondência com a documentação respectiva, e a levantar anualmente o balanço patrimonial e o de resultado econômico.

‣ art. 297, § 2º, CP.

‣ arts. 175 a 188, Lei 6.404/1976 (Dispõe sobre as sociedades por ações).

‣ art. 168, § 4º, Lei 11.101/2005 (Lei de Recuperação de Empresas e Falência).

‣ Enunciado 235 das Jornadas de Direito Civil.

§ 1º Salvo o disposto no art. 1.180, o número e a espécie de livros ficam a critério dos interessados.

§ 2º É dispensado das exigências deste artigo o pequeno empresário a que se refere o art. 970.

‣ art. 68, LC 123/2006 (Estatuto Nacional da Microempresa e da Empresa de Pequeno Porte).

Art. 1.180. Além dos demais livros exigidos por lei, é indispensável o Diário, que pode ser substituído por fichas no caso de escrituração mecanizada ou eletrônica.

‣ art. 19 Lei 5.474/1968 (Dispõe sobre as duplicatas).

‣ art. 100, Lei 6.404/1976 (Dispõe sobre as sociedades por ações).

Parágrafo único. A adoção de fichas não dispensa o uso de livro apropriado para o lançamento do balanço patrimonial e do de resultado econômico.

Art. 1.181. Salvo disposição especial de lei, os livros obrigatórios e, se for o caso, as fichas, antes de postos em uso, devem ser autenticados no Registro Público de Empresas Mercantis.

‣ art. 30, Lei 8.934/1994 (Dispõe sobre o registro público de empresas mercantis e atividades afins).

Parágrafo único. A autenticação não se fará sem que esteja inscrito o empresário, ou a sociedade empresária, que poderá fazer autenticar livros não obrigatórios.

Art. 1.182. Sem prejuízo do disposto no art. 1.174, a escrituração ficará sob a responsabilidade de contabilista legalmente habilitado, salvo se nenhum houver na localidade.

Art. 1.183. A escrituração será feita em idioma e moeda corrente nacionais e em forma contábil, por ordem cronológica de dia, mês e ano, sem intervalos em branco, nem entrelinhas, borrões, rasuras, emendas ou transportes para as margens.

‣ art. 226 deste Código.

‣ arts. 192, p.u.; 418 NCPC.

‣ arts. 1º e 2º, Dec.-Lei 486/1969 (Dispõe sobre escrituração e livros mercantis).

Parágrafo único. É permitido o uso de código de números ou de abreviaturas, que constem de livro próprio, regularmente autenticado.

Art. 1.184. No Diário serão lançadas, com individuação, clareza e caracterização do documento respectivo, dia a dia, por escrita direta ou reprodução, todas as operações relativas ao exercício da empresa.

§ 1º Admite-se a escrituração resumida do Diário, com totais que não excedam o período de trinta dias, relativamente a contas cujas operações sejam numerosas ou realizadas fora da sede do estabelecimento, desde que utilizados livros auxiliares regularmente autenticados, para registro individualizado, e conservados os documentos que permitam a sua perfeita verificação.

§ 2º Serão lançados no Diário o balanço patrimonial e o de resultado econômico, devendo ambos ser assinados por técnico em Ciências Contábeis legalmente habilitado e pelo empresário ou sociedade empresária.

‣ arts. 1.180; 1.182 deste Código.

Art. 1.185. O empresário ou sociedade empresária que adotar o sistema de fichas de lançamentos poderá substituir o livro Diário pelo livro Balancetes Diários e Balanços, observadas as mesmas formalidades extrínsecas exigidas para aquele.

Art. 1.186. O livro Balancetes Diários e Balanços será escriturado de modo que registre:

I - a posição diária de cada uma das contas ou títulos contábeis, pelo respectivo saldo, em forma de balancetes diários;

II - o balanço patrimonial e o de resultado econômico, no encerramento do exercício.

Art. 1.187. Na coleta dos elementos para o inventário serão observados os critérios de avaliação a seguir determinados:

I - os bens destinados à exploração da atividade serão avaliados pelo custo de aquisição, devendo, na avaliação dos que se desgastam ou depreciam com o uso, pela ação do tempo ou outros fatores, atender-se à desvalorização respectiva, criando-se fundos de amortização para assegurar-lhes a substituição ou a conservação do valor;

II - os valores mobiliários, matéria-prima, bens destinados à alienação, ou que constituem produtos ou artigos da indústria ou comércio da empresa, podem ser estimados pelo custo de aquisição ou de fabricação, ou pelo preço corrente, sempre que este for inferior ao preço de custo, e quando o preço corrente ou venal estiver acima do valor do custo de aquisição, ou fabricação, e os bens forem avaliados pelo preço corrente, a diferença entre este e o preço de custo não será levada em conta para a distribuição de lucros, nem para as percentagens referentes a fundos de reserva;

III - o valor das ações e dos títulos de renda fixa pode ser determinado com base na respectiva cotação da Bolsa de Valores; os não cotados e as participações não acionárias serão considerados pelo seu valor de aquisição;

IV - os créditos serão considerados de conformidade com o presumível valor de realização, não se levando em conta os prescritos ou de difícil liquidação, salvo se houver, quanto aos últimos, previsão equivalente.

Parágrafo único. Entre os valores do ativo podem figurar, desde que se preceda, anualmente, à sua amortização:

I - as despesas de instalação da sociedade, até o limite correspondente a dez por cento do capital social;

II - os juros pagos aos acionistas da sociedade anônima, no período antecedente ao início das operações sociais, à taxa não superior a doze por cento ao ano, fixada no estatuto;

III - a quantia efetivamente paga a título de aviamento de estabelecimento adquirido pelo empresário ou sociedade.

‣ art. 183, Lei 6.404/1976 (Dispõe sobre as sociedades por ações).

Art. 1.188. O balanço patrimonial deverá exprimir, com fidelidade e clareza, a situação real da empresa e, atendidas as peculiaridades desta, bem como as disposições das leis especiais, indicará, distintamente, o ativo e o passivo.

‣ art. 1.053, p.u.; 1.097 a 1.101 deste Código.

‣ arts. 178 a 184; 247 a 253, Lei 6.404/1976 (Dispõe sobre as sociedades por ações).

‣ art. 51, II, Lei 11.101/2005 (Lei de Recuperação de Empresas e Falência).

Parágrafo único. Lei especial disporá sobre as informações que acompanharão o balanço patrimonial, em caso de sociedades coligadas.

Art. 1.189. O balanço de resultado econômico, ou demonstração da conta de lucros e perdas, acompanhará o balanço patrimonial e dele constarão crédito e débito, na forma da lei especial.

‣ art. 176, Lei 6.404/1976 (Dispõe sobre as sociedades por ações).

Art. 1.190. Ressalvados os casos previstos em lei, nenhuma autoridade, juiz ou tribunal, sob qualquer pretexto, poderá fazer ou ordenar diligência para verificar se o empresário ou a sociedade empresária observam, ou não, em seus livros e fichas, as formalidades prescritas em lei.

‣ art. 226 deste Código.

‣ art. 195, CTN.

‣ art. 178, Lei 6.404/1976 (Dispõe sobre as sociedades por ações).

‣ art. 11, § 4º, II, Lei 11.457/2007 (Dispõe sobre a Administração Tributária Federal).

Art. 1.191. O juiz só poderá autorizar a exibição integral dos livros e papéis de escrituração quando necessária para resolver questões relativas a sucessão, comunhão ou sociedade, administração ou gestão à conta de outrem, ou em caso de falência.

‣ art. 226 deste Código.

§ 1º O juiz ou tribunal que conhecer de medida cautelar ou de ação pode, a requerimento ou de ofício, ordenar que os livros de qualquer das partes, ou de ambas, sejam examinados na presença do empresário ou da sociedade empresária a que pertencerem, ou de pessoas por estes nomeadas, para deles se extrair o que interessar à questão.

§ 2º Achando-se os livros em outra jurisdição, nela se fará o exame, perante o respectivo juiz.

‣ arts. 396 a 404, 417 a 421, NCPC.

‣ art. 105, Lei 6.404/1976 (Dispõe sobre as sociedades por ações).

‣ arts. 51, Lei 11.101/2005 (Lei de Recuperação de Empresas e Falência).

‣ Súm. 260; 390; 439, STF.

Art. 1.192. Recusada a apresentação dos livros, nos casos do artigo antecedente, serão apreendidos judicialmente e, no do seu § 1º, ter-se-á como verdadeiro o alegado pela parte contrária para se provar pelos livros.

‣ arts. 396; 399; 400, NCPC.

Parágrafo único. A confissão resultante da recusa pode ser elidida por prova documental em contrário.

Art. 1.193. As restrições estabelecidas neste Capítulo ao exame da escrituração, em parte ou por inteiro, não se aplicam às autoridades fazendárias, no exercício da fiscalização do pagamento de impostos, nos termos estritos das respectivas leis especiais.

‣ arts. 205 a 211 deste Código.

Art. 1.194. O empresário e a sociedade empresária são obrigados a conservar em boa guarda toda a escrituração, correspondência e mais papéis concernentes à sua atividade, enquanto não ocorrer prescrição ou decadência no tocante aos atos neles consignados.

‣ arts. 1.134 a 1.141 deste Código.

Art. 1.195. As disposições deste Capítulo aplicam-se às sucursais, filiais ou agências, no Brasil, do empresário ou sociedade com sede em país estrangeiro.

LIVRO III
DO DIREITO DAS COISAS

TÍTULO I
DA POSSE

CAPÍTULO I
DA POSSE E SUA CLASSIFICAÇÃO

Art. 1.196. Considera-se possuidor todo aquele que tem de fato o exercício, pleno ou não, de algum dos poderes inerentes à propriedade.

‣ art. 1.228 deste Código.

‣ arts. 554 a 568, NCPC.

‣ Enunciados 236; 563; 593 das Jornadas de Direito Civil.

Art. 1.197. A posse direta, de pessoa que tem a coisa em seu poder, temporariamente, em virtude de direito pessoal, ou real, não anula a indireta, de quem aquela foi havida, podendo o possuidor direto defender a sua posse contra o indireto.

‣ arts. 1.210, § 1º; 1.267, p.u., deste Código.

‣ arts. 554 a 566, NCPC.

‣ Enunciados 76; 502 das Jornadas de Direito Civil.

Art. 1.198. Considera-se detentor aquele que, achando-se em relação de dependência para com outro, conserva a posse em nome deste e em cumprimento de ordens ou instruções suas.

‣ art. 1.208 deste Código

‣ Enunciados 301; 493 das Jornadas de Direito Civil.

Parágrafo único. Aquele que começou a comportar-se do modo como prescreve este artigo, em relação ao bem e à outra pessoa, presume-se detentor, até que prove o contrário.

‣ art. 1.203 deste Código.

Art. 1.199. Se duas ou mais pessoas possuírem coisa indivisa, poderá cada uma exercer sobre ela atos possessórios, contanto que não excluam os dos outros compossuidores.

Art. 1.200. É justa a posse que não for violenta, clandestina ou precária.

‣ art. 1.208 deste Código.

‣ Enunciado 302 das Jornadas de Direito Civil.

Art. 1.201. É de boa-fé a posse, se o possuidor ignora o vício, ou o obstáculo que impede a aquisição da coisa.

‣ Enunciado 303 das Jornadas de Direito Civil.

Parágrafo único. O possuidor com justo título tem por si a presunção de boa-fé, salvo prova em contrário, ou quando a lei expressamente não admite esta presunção.

‣ arts. 307, p.u.; 1.214 a 1.220; 1.242; 1.255 a 1.257; 1.260; 1.261 deste Código.

Art. 1.202. A posse de boa-fé só perde este caráter no caso e desde o momento em que as circunstâncias façam presumir que o possuidor não ignora que possui indevidamente.

‣ art. 113 deste Código.

Art. 1.203. Salvo prova em contrário, entende-se manter a posse o mesmo caráter com que foi adquirida.

‣ arts. 1.206 a 1.207 deste Código.

‣ Enunciado 237 das Jornadas de Direito Civil.

CAPÍTULO II
DA AQUISIÇÃO DA POSSE

Art. 1.204. Adquire-se a posse desde o momento em que se torna possível o exercício, em nome próprio, de qualquer dos poderes inerentes à propriedade.

‣ arts. 116; 1.228 deste Código.

‣ Enunciado 301 das Jornadas de Direito Civil.

Art. 1.205. A posse pode ser adquirida:

‣ Enunciados 77 e 236 das Jornadas de Direito Civil.

I - pela própria pessoa que a pretende ou por seu representante;

II - por terceiro sem mandato, dependendo de ratificação.

‣ art. 662; 873 deste Código.

Art. 1.206. A posse transmite-se aos herdeiros ou legatários do possuidor com os mesmos caracteres.

‣ arts. 1.203; 1.784 deste Código.

Art. 1.207. O sucessor universal continua de direito a posse do seu antecessor; e ao sucessor singular é facultado unir sua posse à do antecessor, para os efeitos legais.

‣ arts. 80, II; 1.203; 1.243; e 1.784 deste Código.

‣ Enunciado 494 das Jornadas de Direito Civil.

Art. 1.208. Não induzem posse os atos de mera permissão ou tolerância assim como não autorizam a sua aquisição os atos violentos, ou clandestinos, senão depois de cessar a violência ou a clandestinidade.

‣ arts. 1.200; 1.203 deste Código.

‣ Súm. 619, STJ.

Art. 1.209. A posse do imóvel faz presumir, até prova contrária, a das coisas móveis que nele estiverem.

‣ art. 92 deste Código.

CAPÍTULO III
DOS EFEITOS DA POSSE

Art. 1.210. O possuidor tem direito a ser mantido na posse em caso de turbação, restituído no de esbulho, e segurado de violência iminente, se tiver justo receio de ser molestado.

‣ arts. 554 a 568, NCPC.

‣ Enunciados 78; 79; 238; 239 das Jornadas de Direito Civil.

§ 1º O possuidor turbado, ou esbulhado, poderá manter-se ou restituir-se por sua própria força, contanto que o faça logo; os atos de defesa, ou de desforço, não podem ir além do indispensável à manutenção, ou restituição da posse.

‣ art. 1.224 deste Código.

‣ Enunciado 495 das Jornadas de Direito Civil.

§ 2º Não obsta à manutenção ou reintegração na posse a alegação de propriedade, ou de outro direito sobre a coisa.

‣ arts. 557, NCPC.

‣ Súm. 487, STF;

‣ Súm. 637, STJ.

Art. 1.211. Quando mais de uma pessoa se disser possuidora, manter-se-á provisoriamente a que tiver a coisa, se não estiver manifesto que a obteve de alguma das outras por modo vicioso.

Art. 1.212. O possuidor pode intentar a ação de esbulho, ou a de indenização, contra o terceiro, que recebeu a coisa esbulhada sabendo que o era.

‣ arts. 554 a 568, NCPC.

‣ Enunciados 80; 236 das Jornadas de Direito Civil.

Art. 1.213. O disposto nos artigos antecedentes não se aplica às servidões não aparentes, salvo quando os respectivos títulos provierem do possuidor do prédio serviente, ou daqueles de quem este o houve.

‣ arts. 1.378 a 1.389 deste Código.

‣ Súm. 415, STF.

Art. 1.214. O possuidor de boa-fé tem direito, enquanto ela durar, aos frutos percebidos.

‣ Enunciado 302 das Jornadas de Direito Civil.

Parágrafo único. Os frutos pendentes ao tempo em que cessar a boa-fé devem ser restituídos, depois de deduzidas as despesas da produção e custeio; devem ser também restituídos os frutos colhidos com antecipação.

Art. 1.215. Os frutos naturais e industriais reputam-se colhidos e percebidos, logo que são separados; os civis reputam-se percebidos dia por dia.

Art. 1.216. O possuidor de má-fé responde por todos os frutos colhidos e percebidos, bem como pelos que, por culpa sua, deixou de perceber, desde o momento em que se constituiu de má-fé; tem direito às despesas da produção e custeio.

‣ Súm. 445, TST.

Art. 1.217. O possuidor de boa-fé não responde pela perda ou deterioração da coisa, a que não der causa.

‣ art. 1.201 deste Código.

Art. 1.218. O possuidor de má-fé responde pela perda, ou deterioração da coisa, ainda que acidentais, salvo se provar que de igual modo se teriam dado, estando ela na posse do reivindicante.

‣ art. 1.202 deste Código.

Art. 1.219. O possuidor de boa-fé tem direito à indenização das benfeitorias necessárias e úteis, bem como, quanto às voluptuárias, se não lhe forem pagas, a levantá-las, quando o puder sem detrimento da coisa, e poderá exercer o direito de retenção pelo valor das benfeitorias necessárias e úteis.

‣ arts. 96; 964, III, deste Código.

‣ art. 51, XVI, CDC.

‣ art. 34, p.u., Lei 6.766/1979 (Dispõe sobre o parcelamento do solo urbano).

‣ art. 35, Lei 8.245/1991 (Lei das Locações).

‣ Súm. 158, STF.

‣ Enunciado 81 das Jornadas de Direito Civil.

Art. 1.220. Ao possuidor de má-fé serão ressarcidas somente as benfeitorias necessárias; não lhe assiste o direito de retenção pela importância destas, nem o de levantar as voluptuárias.

‣ arts. 96; 1.202 deste Código.

Art. 1.221. As benfeitorias compensam-se com os danos, e só obrigam ao ressarcimento se ao tempo da evicção ainda existirem.

‣ arts. 368 a 380 deste Código.

Art. 1.222. O reivindicante, obrigado a indenizar as benfeitorias ao possuidor de má-fé, tem o direito de optar entre o seu valor atual e o seu custo; ao possuidor de boa-fé indenizará pelo valor atual.

‣ arts. 242; 878 deste Código.

CAPÍTULO IV
DA PERDA DA POSSE

Art. 1.223. Perde-se a posse quando cessa, embora contra a vontade do possuidor, o poder sobre o bem, ao qual se refere o art. 1.196.

‣ arts. 1.275; 1.389 deste Código.

Art. 1.224. Só se considera perdida a posse para quem não presenciou o esbulho, quando, tendo notícia dele, se abstém de retornar a coisa, ou, tentando recuperá-la, é violentamente repelido.

‣ art. 1.210, § 1º, deste Código.

TÍTULO II
DOS DIREITOS REAIS

CAPÍTULO ÚNICO
DISPOSIÇÕES GERAIS

Art. 1.225. São direitos reais:

‣ arts. 80; 108 deste Código.

I - a propriedade;

‣ arts. 1.228 a 1.368 deste Código.

II - a superfície;

‣ arts. 1.369 a 1.377 deste Código.

III - as servidões;

‣ arts. 1.378 a 1.389 deste Código.

IV - o usufruto;

‣ arts. 1.390 a 1.411 deste Código.

V - o uso;

‣ arts. 1.412; 1.413 deste Código.

VI - a habitação;

‣ arts. 1.414 a 1.416 deste Código.

VII - o direito do promitente comprador do imóvel;

‣ arts. 1.417; 1.418 deste Código.

VIII - o penhor;

‣ arts. 1.431 a 1.472 deste Código.

IX - a hipoteca;

‣ arts. 1.473 a 1.505 deste Código.

X - a anticrese;

‣ arts. 1.331, § 1º; 1.506 a 1.510 deste Código.

XI - a concessão de uso especial para fins de moradia; (Acrescentado pela Lei 11.481/2007.)

‣ Med. Prov. 2.220/2001 (Dispõe sobre a concessão de uso especial de imóvel em área urbana).

XII - a concessão de direito real de uso; e (Alterado pela Lei 13.465/2017).

XIII - a laje. (Acrescentado pela Lei 13.465/2017).

Art. 1.226. Os direitos reais sobre coisas móveis, quando constituídos, ou transmitidos por atos entre vivos, só se adquirem com a tradição.

- arts. 1.267; 1.268 deste Código.
- Súm. 585, STJ.

Art. 1.227. Os direitos reais sobre imóveis constituídos, ou transmitidos por atos entre vivos, só se adquirem com o registro no Cartório de Registro de Imóveis dos referidos títulos (arts. 1.245 a 1.247), salvo os casos expressos neste Código.

- arts. 108; 215; 1.245 a 1.247; 1.391; 1.417; 1.509 deste Código.
- arts. 167; 168, Lei 6.015/1973 (Lei de Registros Públicos).

TÍTULO III
DA PROPRIEDADE

- arts. 5º, XXII a XXVI, CF.
- art. 68, ADCT.

CAPÍTULO I
DA PROPRIEDADE EM GERAL

SEÇÃO I
DISPOSIÇÕES PRELIMINARES

Art. 1.228. O proprietário tem a faculdade de usar, gozar e dispor da coisa, e o direito de reavê-la do poder de quem quer que injustamente a possua ou detenha.

- arts. 1.228; 1.275; 1.784; 2.030 deste Código.
- arts. 91, II, CP.
- Dec.-Lei 3.240/1941 (Sujeita a sequestro os bens de pessoas indiciadas por crimes de que resulta prejuízo para a fazenda pública).
- Lei 4.504/1964 (Estatuto da Terra).
- Enunciados 82 a 84 das Jornadas de Direito Civil.

§ 1º O direito de propriedade deve ser exercido em consonância com as suas finalidades econômicas e sociais e de modo que sejam preservados, de conformidade com o estabelecido em lei especial, a flora, a fauna, as belezas naturais, o equilíbrio ecológico e o patrimônio histórico e artístico, bem como evitada a poluição do ar e das águas.

- arts. 5º, XXII e XXIII; 182, § 2º; 186; 225 CF.
- arts. 1º a 4º, Lei 10.257/2001 (Estatuto da Cidade).
- Enunciados 507 e 508 das Jornadas de Direito Civil.

§ 2º São defesos os atos que não trazem ao proprietário qualquer comodidade, ou utilidade, e sejam animados pela intenção de prejudicar outrem.

- arts. 1.277 a 1.313 deste Código.
- Enunciados 49 e 508 das Jornadas de Direito Civil.

§ 3º O proprietário pode ser privado da coisa, nos casos de desapropriação, por necessidade ou utilidade pública ou interesse social, bem como no de requisição, em caso de perigo público iminente.

- arts. 5º, XXIV; 182, §§ 3º e 4º, CF.
- art. 519 deste Código.
- Dec.-Lei 3.365/1941 (Dispõe sobre desapropriações por utilidade pública).
- art. 8º, Lei 10.257/2001 (Estatuto d Cidade).
- Enunciado 305 das Jornadas de Direito Civil

§ 4º O proprietário também pode ser privado da coisa se o imóvel reivindicado consistir em extensa área, na posse ininterrupta e de boa-fé, por mais de cinco anos, de considerável número de pessoas, e estas nela houverem realizado, em conjunto ou separadamente, obras e serviços considerados pelo juiz de interesse social e econômico relevante.

- arts. 1.238; 2.029; 2.031 deste Código.
- Enunciados 304 a 307; 309; 310; 496 das Jornadas de Direito Civil.

§ 5º No caso do parágrafo antecedente, o juiz fixará a justa indenização devida ao proprietário; pago o preço, valerá a sentença como título para o registro do imóvel em nome dos possuidores.

- Enunciados 304; 308; 496 das Jornadas de Direito Civil.

Art. 1.229. A propriedade do solo abrange a do espaço aéreo e subsolo correspondentes, em altura e profundidade úteis ao seu exercício, não podendo o proprietário opor-se a atividades que sejam realizadas, por terceiros, a uma altura ou profundidade tais, que não tenha ele interesse legítimo em impedi-las.

- arts. 21, XXV; 22, XII; 176; 177, CF.
- art. 79 deste Código.

Art. 1.230. A propriedade do solo não abrange as jazidas, minas e demais recursos minerais, os potenciais de energia hidráulica, os monumentos arqueológicos e outros bens referidos por leis especiais.

Parágrafo único. O proprietário do solo tem o direito de explorar os recursos minerais de emprego imediato na construção civil, desde que não submetidos a transformação industrial, obedecido o disposto em lei especial.

Art. 1.231. A propriedade presume-se plena e exclusiva, até prova em contrário.

- Súm. 496, STJ.
- Enunciado 503 das Jornadas de Direito Civil.

Art. 1.232. Os frutos e mais produtos da coisa pertencem, ainda quando separados, ao seu proprietário, salvo se, por preceito jurídico especial, couberem a outrem.

- arts. 95; 1.214 a 1.216; e 1.253 a 1.257 deste Código.

SEÇÃO II
DA DESCOBERTA

Art. 1.233. Quem quer que ache coisa alheia perdida há de restituí-la ao dono ou legítimo possuidor.

Parágrafo único. Não o conhecendo, o descobridor fará por encontrá-lo, e, se não o encontrar, entregará a coisa achada à autoridade competente.

Art. 1.234. Aquele que restituir a coisa achada, nos termos do artigo antecedente, terá direito a uma recompensa não inferior a cinco por cento do seu valor, e à indenização pelas despesas que houver feito com a conservação e transporte da coisa, se o dono não preferir abandoná-la.

Parágrafo único. Na determinação do montante da recompensa, considerar-se-á o esforço desenvolvido pelo descobridor para encontrar o dono, ou o legítimo possuidor, as possibilidades que teria este de encontrar a coisa e a situação econômica de ambos.

Art. 1.235. O descobridor responde pelos prejuízos causados ao proprietário ou possuidor legítimo, quando tiver procedido com dolo.

Art. 1.236. A autoridade competente dará conhecimento da descoberta através da imprensa e outros meios de informação, somente expedindo editais se o seu valor os comportar.

- art. 746, NCPC.

Art. 1.237. Decorridos sessenta dias da divulgação da notícia pela imprensa, ou do edital, não se apresentando quem comprove a propriedade sobre a coisa, será esta vendida em hasta pública e, deduzidas do preço as despesas, mais a recompensa do descobridor, pertencerá o remanescente ao Município em cuja circunscrição se deparou o objeto perdido.

- art. 746, NCPC.

Parágrafo único. Sendo de diminuto valor, poderá o Município abandonar a coisa em favor de quem a achou.

CAPÍTULO II
DA AQUISIÇÃO DA PROPRIEDADE IMÓVEL

SEÇÃO I
DA USUCAPIÃO

- arts. 183 e 191, CF.
- arts. 1.260 a 1.262; 1.379; e 1.391 deste Código.
- arts. 17 a 38, Lei 6.001/1973 (Estatuto do Índio).
- arts. 9º a 14, Lei 10.257/2001 (Estatuto da Cidade).
- Súm. 237; 263; 340; e 391, STF.
- Súm. 11, STJ.

Art. 1.238. Aquele que, por quinze anos, sem interrupção, nem oposição, possuir como seu um imóvel, adquire-lhe a propriedade, independentemente de título e boa-fé; podendo requerer ao juiz que assim o declare por sentença, a qual servirá de título para o registro no Cartório de Registro de Imóveis.

- arts. 183, §§ 1º a 3º; 191, p.u., CF.
- arts. 1.379 deste Código.
- arts. 167, I, I-28, e 226, Lei 6.015/1973 (Lei de Registros Públicos).
- Súm. 237; 263; 340; e 391, STF.
- Súm. 11; 119, STJ.
- Enunciado 564 das Jornadas de Direito Civil.

Parágrafo único. O prazo estabelecido neste artigo reduzir-se-á a dez anos se o possuidor houver estabelecido no imóvel a sua moradia habitual, ou nele realizado obras ou serviços de caráter produtivo.

- art. 2.029 deste Código.

Art. 1.239. Aquele que, não sendo proprietário de imóvel rural ou urbano, possua como sua, por cinco anos ininterruptos, sem oposição, área de terra em zona rural não superior a cinquenta hectares, tornando-a produtiva por seu trabalho ou de sua família, tendo nela sua moradia, adquirir-lhe-á a propriedade.

- Enunciados 312; 313; 594 das Jornadas de Direito Civil.

Art. 1.240. Aquele que possuir, como sua, área urbana de até duzentos e cinquenta metros quadrados, por cinco anos ininterruptamente e sem oposição, utilizando-a para sua moradia ou de sua família, adquirir-lhe-á o domínio, desde que não seja proprietário de outro imóvel urbano ou rural.

- Enunciados 85, 313; 314 das Jornadas de Direito Civil.

§ 1º O título de domínio e a concessão de uso serão conferidos ao homem ou à mulher, ou a ambos, independentemente do estado civil.

§ 2º O direito previsto no parágrafo antecedente não será reconhecido ao mesmo possuidor mais de uma vez.

- art. 183, CF.
- arts. 9º a 14, Lei 10.257/2001 (Estatuto da Cidade).

Art. 1.240-A. Aquele que exercer, por 2 (dois) anos ininterruptamente e sem oposição, posse direta, com exclusividade, sobre imóvel urbano de até 250m² (duzentos e cinquenta metros quadrados) cuja propriedade divida com ex-cônjuge ou ex-companheiro que abandonou o lar, utilizando-o para sua moradia ou de sua família, adquirir-lhe-á o domínio integral, desde que não seja proprietário de outro imóvel urbano ou rural. (Incluído pela Lei 12.424/2011.)

- Enunciados 499 a 502; 595 das Jornadas de Direito Civil.

§ 1º O direito previsto no *caput* não será reconhecido ao mesmo possuidor mais de uma vez.

§ 2º (Vetado.). (Incluído pela Lei 12.424/2011.)

Art. 1.241. Poderá o possuidor requerer ao juiz seja declarada adquirida, mediante usucapião, a propriedade imóvel.

- Enunciado 315 das Jornadas de Direito Civil.

Parágrafo único. A declaração obtida na forma deste artigo constituirá título hábil para o registro no Cartório de Registro de Imóveis.

- art. 19, NCPC.
- arts. 167, I, I-28, e 226, Lei 6.015/1973 (Lei de Registros Públicos).

Art. 1.242. Adquire também a propriedade do imóvel aquele que, contínua e incontestadamente, com justo título e boa-fé, o possuir por dez anos.

- art. 191, p.u., CF.
- art. 1.379 deste Código.
- Súm. 340, STF.
- Súm. 11, STJ.
- Enunciados 86; 564 das Jornadas de Direito Civil.

Parágrafo único. Será de cinco anos o prazo previsto neste artigo se o imóvel houver sido adquirido, onerosamente, com base no registro constante do respectivo cartório, cancelada posteriormente, desde que os possuidores nele tiverem estabelecido a sua moradia, ou realizado investimentos de interesse social e econômico.

- art. 2.029 deste Código.
- Enunciado 569 das Jornadas de Direito Civil.

Art. 1.243. O possuidor pode, para o fim de contar o tempo exigido pelos artigos antecedentes, acrescentar à sua posse a dos seus antecessores (art. 1.207), contanto que todas sejam contínuas, pacíficas e, nos casos do art. 1.242, com justo título e de boa-fé.

- art. 1.262 deste Código.
- Enunciado 317 das Jornadas de Direito Civil.

Art. 1.244. Estende-se ao possuidor o disposto quanto ao devedor acerca das causas que obstam, suspendem ou interrompem a prescrição, as quais também se aplicam à usucapião.

- arts. 197 a 204 deste Código.

SEÇÃO II
DA AQUISIÇÃO PELO REGISTRO DO TÍTULO

- art. 167, I, Lei 6.015/1973 (Lei de Registros Públicos).

Art. 1.245. Transfere-se entre vivos a propriedade mediante o registro do título translativo no Registro de Imóveis.

- arts. 1.227; 1.246; 1.247; 1.275, p.u., deste Código.
- Enunciado 87 das Jornadas de Direito Civil.

§ 1º Enquanto não se registrar o título translativo, o alienante continua a ser havido como dono do imóvel.

§ 2º Enquanto não se promover, por meio de ação própria, a decretação de invalidade do registro, e o respectivo cancelamento, o adquirente continua a ser havido como dono do imóvel.

Art. 1.246. O registro é eficaz desde o momento em que se apresentar o título ao oficial do registro, e este o prenotar no protocolo.

- arts. 182; 186; 205, Lei 6.015/1973 (Lei de Registros Públicos).

Art. 1.247. Se o teor do registro não exprimir a verdade, poderá o interessado reclamar que se retifique ou anule.

- Enunciado 624 das Jornadas de Direito Civil.

Parágrafo único. Cancelado o registro, poderá o proprietário reivindicar o imóvel, independentemente da boa-fé ou do título do terceiro adquirente.

- arts. 212; 213; 216, Lei 6.015/1973 (Lei de Registros Públicos).

SEÇÃO III
DA AQUISIÇÃO POR ACESSÃO

Art. 1.248. A acessão pode dar-se:

I - por formação de ilhas;

- art. 1.249 deste Código.

II - por aluvião;

- art. 1.250 deste Código.

III - por avulsão;

- art. 1.251 deste Código.

IV - por abandono de álveo;

- art. 1.252 deste Código

V - por plantações ou construções.

- arts. 1.253 a 1.259 deste Código.

SUBSEÇÃO I
DAS ILHAS

Art. 1.249. As ilhas que se formarem em correntes comuns ou particulares pertencem aos proprietários ribeirinhos fronteiros, observadas as regras seguintes:

I - as que se formarem no meio do rio consideram-se acréscimos sobrevindos aos terrenos ribeirinhos fronteiros de ambas as margens, na proporção de suas testadas, até a linha que dividir o álveo em duas partes iguais;

II - as que se formarem entre a referida linha e uma das margens consideram-se acréscimos aos terrenos ribeirinhos fronteiros desse mesmo lado;

III - as que se formarem pelo desdobramento de um novo braço do rio continuam a pertencer aos proprietários dos terrenos à custa dos quais se constituíram.

SUBSEÇÃO II
DA ALUVIÃO

- arts. 20, IV; 26, II e III, CF.

Art. 1.250. Os acréscimos formados, sucessiva e imperceptivelmente, por depósitos e aterros naturais ao longo das margens das correntes, ou pelo desvio das águas destas, pertencem aos donos dos terrenos marginais, sem indenização.

Parágrafo único. O terreno aluvial, que se formar em frente de prédios de proprietários diferentes, dividir-se-á entre eles, na proporção da testada de cada um sobre a antiga margem.

SUBSEÇÃO III
DA AVULSÃO

Art. 1.251. Quando, por força natural violenta, uma porção de terra se destacar de um prédio e se juntar a outro, o dono deste adquirirá a propriedade do acréscimo, se indenizar o dono do primeiro ou, sem indenização, se, em um ano, ninguém houver reclamado.

Parágrafo único. Recusando-se ao pagamento de indenização, o dono do prédio a que se juntou a porção de terra deverá aquiescer a que se remova a parte acrescida.

SUBSEÇÃO IV
DO ÁLVEO ABANDONADO

Art. 1.252. O álveo abandonado de corrente pertence aos proprietários ribeirinhos das duas margens, sem que tenham indenização os donos dos terrenos por onde as águas abrirem novo curso, entendendo-se que os prédios marginais se estendem até o meio do álveo.

SUBSEÇÃO V
DAS CONSTRUÇÕES E PLANTAÇÕES

- arts. 92 a 97, 1.248, V, e 1.369 deste Código.

Art. 1.253. Toda construção ou plantação existente em um terreno presume-se feita pelo proprietário e à sua custa, até que se prove o contrário.

Art. 1.254. Aquele que semeia, planta ou edifica em terreno próprio com sementes, plantas ou materiais alheios, adquire a propriedade destes; mas fica obrigado a pagar-lhes o valor, além de responder por perdas e danos, se agiu de má-fé.

- arts. 402 a 405; 1.214 a 1.222 deste Código.

Art. 1.255. Aquele que semeia, planta ou edifica em terreno alheio perde, em proveito do proprietário, as sementes, plantas e construções; se procedeu de boa-fé, terá direito a indenização.

Parágrafo único. Se a construção ou a plantação exceder consideravelmente o valor do terreno, aquele que, de boa-fé, plantou ou edificou, adquirirá a propriedade do solo, mediante pagamento da indenização fixada judicialmente, se não houver acordo.

- Súm. 619 STJ.

Art. 1.256. Se de ambas as partes houve má-fé, adquirirá o proprietário as sementes, plantas e construções, devendo ressarcir o valor das acessões.

Parágrafo único. Presume-se má-fé no proprietário quando o trabalho de construção, ou lavoura, se fez em sua presença e sem impugnação sua.

Art. 1.257. O disposto no artigo antecedente aplica-se ao caso de não pertencerem as sementes, plantas ou materiais a quem de boa-fé os empregou em solo alheio.

Parágrafo único. O proprietário das sementes, plantas ou materiais poderá cobrar do proprietário do solo a indenização devida, quando não puder havê-la do plantador ou construtor.

Art. 1.258. Se a construção, feita parcialmente em solo próprio, invade solo alheio em proporção não superior à vigésima parte deste, adquire o construtor de boa-fé a propriedade da parte do solo invadido, se o valor da construção exceder o dessa parte, e responde por indenização que represente, também, o valor da área perdida e a desvalorização da área remanescente.

Parágrafo único. Pagando em décuplo as perdas e danos previstos neste artigo, o construtor de má-fé adquire a propriedade da parte do solo que invadiu se em proporção à vigésima parte deste e o valor da construção exceder consideravelmente o dessa parte e não se puder demolir a porção invasora sem grave prejuízo para a construção.

- arts. 402 a 405 deste Código.
- Enunciado 318 das Jornadas de Direito Civil.

Art. 1.259. Se o construtor estiver de boa-fé, e a invasão do solo alheio exceder a vigésima parte deste, adquire a propriedade da parte do solo invadido, e responde por perdas e danos que abranjam o valor que a invasão acrescer à construção, mais o da área perdida e o da desvalorização da área remanescente; se de má-fé, é obrigado a demolir o que nele construiu, pagando as perdas e danos apurados, que serão devidos em dobro.

- arts. 402 a 405 deste Código.

CAPÍTULO III
DA AQUISIÇÃO DA PROPRIEDADE MÓVEL

SEÇÃO I
DA USUCAPIÃO

- arts. 1.238 a 1.244 deste Código.
- Lei 6.969/1981 (Dispõe sobre a aquisição, por usucapião especial, de imóveis rurais).
- Súm. 237; 263, STF.

Art. 1.260. Aquele que possuir coisa móvel como sua, contínua e incontestadamente durante três anos, com justo título e boa fé, adquirir-lhe-á a propriedade.

- art. 1.208 deste Código.
- Súm. 340, STF.

Art. 1.261. Se a posse da coisa móvel se prolongar por cinco anos, produzirá usucapião, independentemente de título ou boa-fé.

Art. 1.262. Aplica-se à usucapião das coisas móveis o disposto nos arts. 1.243 e 1.244.

- arts. 1.238 a 1.242 deste Código.
- Lei 370/1937 (Dispõe sobre o dinheiro e objetos de valor depositados nos estabelecimentos bancários e comerciais).
- Lei 2.313/1954 (Dispõe sobre prazos dos contratos de depósito regular e voluntário de bens de qualquer espécie).

SEÇÃO II
DA OCUPAÇÃO

Art. 1.263. Quem se assenhorear de coisa sem dono para logo lhe adquire a propriedade, não sendo essa ocupação defesa por lei.

- arts. 1.233 a 1.237 deste Código.

SEÇÃO III
DO ACHADO DO TESOURO

Art. 1.264. O depósito antigo de coisas preciosas, oculto e de cujo dono não haja memória, será dividido por igual entre o proprietário do prédio e o que achar o tesouro casualmente.

- art. 1.392, § 3º, deste Código.
- art. 169, p.u., I, CP.
- arts. 17 a 19, Lei 3.924/1961 (Dispõe sobre os monumentos arqueológicos e pré-históricos).
- Lei 7.542/1986 (Dispõe sobre a pesquisa, exploração, remoção e demolição das coisas ou bens afundados, submersos, encalhados e perdidos em águas sob jurisdição nacional, em terreno de marinha e seus acrescidos em terrenos marginais, em decorrência de sinistro, alojamento ou fortuna do mar).

Art. 1.265. O tesouro pertencerá por inteiro ao proprietário do prédio, se for achado por ele, ou em pesquisa que ordenou, ou por terceiro não autorizado.

Art. 1.266. Achando-se em terreno aforado, o tesouro será dividido por igual entre o descobridor e o enfiteuta, ou será deste por inteiro quando ele mesmo seja o descobridor.

- art. 2.038 deste Código.

SEÇÃO IV
DA TRADIÇÃO

- arts. 234; 237; 238; 291; 328; 444; 490; 492; 495; 541; 579; 587; 809; 1.226; 1.431 deste Código.

Art. 1.267. A propriedade das coisas não se transfere pelos negócios jurídicos antes da tradição.

- Súm. 585, STJ.

Parágrafo único. Subentende-se a tradição quando o transmitente continua a possuir pelo constituto possessório; quando cede ao adquirente o direito à restituição da coisa, que se encontra em poder de terceiro; ou quando o adquirente já está na posse da coisa, por ocasião do negócio jurídico.

Art. 1.268. Feita por quem não seja proprietário, a tradição não aliena a propriedade, exceto se a coisa, oferecida ao público, em leilão ou estabelecimento comercial, for transferida em circunstâncias tais que, ao adquirente de boa-fé, como a qualquer pessoa, o alienante se afigurar dono.

§ 1º Se o adquirente estiver de boa-fé e o alienante adquirir depois a propriedade, considera-se realizada a transferência desde o momento em que ocorreu a tradição.

- art. 1.420, § 1º, deste Código.

§ 2º Não transfere a propriedade a tradição, quando tiver por título um negócio jurídico nulo.

- arts. 166 a 170 deste Código.

SEÇÃO V
DA ESPECIFICAÇÃO

Art. 1.269. Aquele que, trabalhando em matéria-prima em parte alheia, obtiver espécie nova, desta será proprietário, se não se puder restituir à forma anterior.

- art. 1.274 deste Código.

Art. 1.270. Se toda a matéria for alheia, e não se puder reduzir à forma precedente, será do especificador de boa-fé a espécie nova.

§ 1º Sendo praticável a redução, ou quando impraticável, se a espécie nova se obteve de má-fé, pertencerá ao dono da matéria-prima.

§ 2º Em qualquer caso, inclusive o da pintura em relação à tela, da escultura, escritura e outro qualquer trabalho gráfico em relação à matéria-prima, a espécie nova será do especificador, se o seu valor exceder consideravelmente o da matéria-prima.

Art. 1.271. Aos prejudicados, nas hipóteses dos arts. 1.269 e 1.270, se ressarcirá o dano que sofrerem, menos ao especificador de má-fé, no caso do § 1º do artigo antecedente, quando irredutível a especificação.

SEÇÃO VI
DA CONFUSÃO, DA COMISSÃO E DA ADJUNÇÃO

- Mantivemos "comissão" conforme publicação oficial. No CC/1916, consta "comistão".

Art. 1.272. As coisas pertencentes a diversos donos, confundidas, misturadas ou adjuntadas sem o consentimento deles, continuam a pertencer-lhes, sendo possível separá-las sem deterioração.

§ 1º Não sendo possível a separação das coisas, ou exigindo dispêndio excessivo, subsiste indiviso o todo, cabendo a cada um dos donos quinhão proporcional ao valor da coisa com que entrou para a mistura ou agregado.

§ 2º Se uma das coisas puder considerar-se principal, o dono sê-lo-á do todo, indenizando os outros.

- art. 92 deste Código.

Art. 1.273. Se a confusão, comissão ou adjunção se operou de má-fé, à outra parte caberá escolher entre adquirir a propriedade do todo, pagando o que não for seu, abatida a indenização que lhe for devida, ou renunciar ao que lhe pertencer, caso em que será indenizado.

- Mantivemos "comissão" conforme publicação oficial.

Art. 1.274. Se da união de matérias de natureza diversa se formar espécie nova, à confusão, comissão ou adjunção aplicam-se as normas dos arts. 1.272 e 1.273.

- Mantivemos "comissão" conforme publicação oficial.
- art. 1.269 deste Código.

CAPÍTULO IV
DA PERDA DA PROPRIEDADE

Art. 1.275. Além das causas consideradas neste Código, perde-se a propriedade:

I - por alienação;
II - pela renúncia;
III - por abandono;

- Enunciado 565 das Jornadas de Direito Civil.

IV - por perecimento da coisa;
V - por desapropriação.

- arts. 5º, XXIV; 22, II; 182, §§ 3º e 4º; 184 e 185, CF.
- art. 519 deste Código.
- Lei 4.132/1962 (Define os casos de desapropriação por interesse social e dispõe sobre sua aplicação).
- Lei 8.629/1993 (Dispõe sobre desapropriação por interesse social para fins de reforma agrária).
- Dec.-Lei 3.365/1941 (Dispõe sobre desapropriações por utilidade pública).

Parágrafo único. Nos casos dos incisos I e II, os efeitos da perda da propriedade imóvel serão subordinados ao registro do título transmissivo ou do ato renunciativo no Registro de Imóveis.

Art. 1.276. O imóvel urbano que o proprietário abandonar, com a intenção de não mais o conservar em seu patrimônio, e que se não encontrar na posse de outrem, poderá ser arrecadado, como bem vago, e passar, três anos depois, à propriedade do Município ou à do Distrito Federal, se se achar nas respectivas circunscrições.

- Enunciados 242; 316; 597 das Jornadas de Direito Civil.

§ 1º O imóvel situado na zona rural, abandonado nas mesmas circunstâncias, poderá ser arrecadado, como bem vago, e passar, três anos depois, à propriedade da União, onde quer que ele se localize.

- arts. 26; 98; 1.819; 1.823; 1.844 deste Código.

§ 2º Presumir-se-á de modo absoluto a intenção a que se refere este artigo, quando, cessados os atos de posse, deixar o proprietário de satisfazer os ônus fiscais.

- Enunciado 243 das Jornadas de Direito Civil.

CAPÍTULO V
DOS DIREITOS DE VIZINHANÇA

SEÇÃO I
DO USO ANORMAL DA PROPRIEDADE

Art. 1.277. O proprietário ou o possuidor de um prédio tem o direito de fazer cessar as interferências prejudiciais à segurança, ao sossego e à saúde dos que o habitam, provocadas pela utilização de propriedade vizinha.

- Enunciado 319 das Jornadas de Direito Civil.

Parágrafo único. Proíbem-se as interferências considerando-se a natureza da utilização, a localização do prédio, atendidas as normas que distribuem as edificações em zonas, e os limites ordinários de tolerância dos moradores da vizinhança.

- art. 1.228, § 2º, deste Código.
- art. 47, § 1º, NCPC.
- art. 19, Lei 4.591/1964 (Dispõe sobre o condomínio em edificações e as incorporações imobiliárias).
- art. 1º, p.u., Lei 10.257/2001 (Estatuto da Cidade).

Art. 1.278. O direito a que se refere o artigo antecedente não prevalece quando as interferências forem justificadas por interesse público, caso em que o proprietário ou o possuidor, causador delas, pagará ao vizinho indenização cabal.

Art. 1.279. Ainda que por decisão judicial devam ser toleradas as interferências, poderá o vizinho exigir a sua redução, ou eliminação, quando estas se tornarem possíveis.

Art. 1.280. O proprietário ou o possuidor tem direito a exigir do dono do prédio vizinho a demolição, ou a reparação deste, quando ameace ruína, bem como que lhe preste caução pelo dano iminente.

- art. 937 deste Código.

Art. 1.281. O proprietário ou o possuidor de um prédio, em que alguém tenha direito de fazer obras, pode, no caso de dano iminente, exigir do autor delas as necessárias garantias contra o prejuízo eventual.

- arts. 1.311 a 1.313 deste Código.
- arts. 9º, IV; 26, Lei 8.245/1991 (Lei das Locações).

SEÇÃO II
DAS ÁRVORES LIMÍTROFES

Art. 1.282. A árvore, cujo tronco estiver na linha divisória, presume-se pertencer em comum aos donos dos prédios confinantes.

▸ art. 1.327 deste Código.

Art. 1.283. As raízes e os ramos de árvore, que ultrapassarem a estrema do prédio, poderão ser cortados, até o plano vertical divisório, pelo proprietário do terreno invadido.

Art. 1.284. Os frutos caídos de árvore do terreno vizinho pertencem ao dono do solo onde caíram, se este for de propriedade particular.

SEÇÃO III
DA PASSAGEM FORÇADA

Art. 1.285. O dono do prédio que não tiver acesso à via pública, nascente ou porto, pode, mediante pagamento de indenização cabal, constranger o vizinho a lhe dar passagem, cujo rumo será judicialmente fixado, se necessário.

▸ art. 1.388, II, deste Código.

▸ Enunciado 88 das Jornadas de Direito Civil.

§ 1º Sofrerá o constrangimento o vizinho cujo imóvel mais natural e facilmente se prestar à passagem.

§ 2º Se ocorrer alienação parcial do prédio, de modo que uma das partes perca o acesso à via pública, nascente ou porto, o proprietário da outra deve tolerar a passagem.

§ 3º Aplica-se o disposto no parágrafo antecedente ainda quando, antes da alienação, existia passagem através de imóvel vizinho, não estando o proprietário deste constrangido, depois, a dar uma outra.

SEÇÃO IV
DA PASSAGEM DE CABOS E TUBULAÇÕES

▸ Lei 8.977/1995 (Dispõe sobre o Serviço de TV a Cabo). Dec. 2.206/1997 (Regulamento).

Art. 1.286. Mediante recebimento de indenização que atenda, também, à desvalorização da área remanescente, o proprietário é obrigado a tolerar a passagem, através de seu imóvel, de cabos, tubulações e outros condutos subterrâneos de serviços de utilidade pública, em proveito de proprietários vizinhos, quando de outro modo for impossível ou excessivamente onerosa.

Parágrafo único. O proprietário prejudicado pode exigir que a instalação seja feita de modo menos gravoso ao prédio onerado, bem como, depois, seja removida, à sua custa, para outro local do imóvel.

Art. 1.287. Se as instalações oferecerem grave risco, será facultado ao proprietário do prédio onerado exigir a realização de obras de segurança.

SEÇÃO V
DAS ÁGUAS

▸ art. 22, IV, CF.

▸ arts. 1.228, § 1º, deste Código.

▸ art. 161, § 1º, I, CP.

▸ Dec. 24.643/1934 (Código de Águas).

▸ art. 29 a 69 Lei 9.605/1998 (Lei dos Crimes Ambientais).

Art. 1.288. O dono ou o possuidor do prédio inferior é obrigado a receber as águas que correm naturalmente do superior, não podendo realizar obras que embaracem o seu fluxo; porém, a condição natural e anterior do prédio inferior não pode ser agravada por obras feitas pelo dono ou possuidor do prédio superior.

Art. 1.289. Quando as águas, artificialmente levadas ao prédio superior, ou aí colhidas, correrem dele para o inferior, poderá o dono deste reclamar que se desviem, ou se lhe indenize o prejuízo que sofrer.

Parágrafo único. Da indenização será deduzido o valor do benefício obtido.

Art. 1.290. O proprietário de nascente, ou do solo onde caem águas pluviais, satisfeitas as necessidades de seu consumo, não pode impedir, ou desviar o curso natural das águas remanescentes pelos prédios inferiores.

Art. 1.291. O possuidor do imóvel superior não poderá poluir as águas indispensáveis às primeiras necessidades da vida dos possuidores dos imóveis inferiores; as demais, que poluir, deverá recuperar, ressarcindo os danos que estes sofrerem, se não for possível a recuperação ou o desvio do curso artificial das águas.

▸ Enunciado 244 das Jornadas de Direito Civil.

Art. 1.292. O proprietário tem direito de construir barragens, açudes, ou outras obras para represamento de água em seu prédio; se as águas represadas invadirem prédio alheio, será o seu proprietário indenizado pelo dano sofrido, deduzido o valor do benefício obtido.

Art. 1.293. É permitido a quem quer que seja, mediante prévia indenização aos proprietários prejudicados, construir canais, através de prédios alheios, para receber as águas a que tenha direito, indispensáveis às primeiras necessidades da vida, e, desde que não cause prejuízo considerável à agricultura e à indústria, bem como para o escoamento de águas supérfluas ou acumuladas, ou a drenagem de terrenos.

▸ Enunciados 245; 598 das Jornadas de Direito Civil.

§ 1º Ao proprietário prejudicado, em tal caso, também assiste direito a ressarcimento pelos danos que de futuro lhe advenham da infiltração ou irrupção das águas, bem como da deterioração das obras destinadas a canalizá-las.

§ 2º O proprietário prejudicado poderá exigir que seja subterrânea a canalização que atravessa áreas edificadas, pátios, hortas, jardins ou quintais.

§ 3º O aqueduto será construído de maneira que cause o menor prejuízo aos proprietários dos imóveis vizinhos, e a expensas do seu dono, a quem incumbem também as despesas de conservação.

Art. 1.294. Aplica-se ao direito de aqueduto o disposto nos arts. 1.286 e 1.287.

Art. 1.295. O aqueduto não impedirá que os proprietários cerquem os imóveis e construam sobre ele, sem prejuízo para a sua segurança e conservação; os proprietários dos imóveis poderão usar das águas do aqueduto para as primeiras necessidades da vida.

Art. 1.296. Havendo no aqueduto águas supérfluas, outros poderão canalizá-las, para os fins previstos no art. 1.293, mediante pagamento de indenização aos proprietários prejudicados e ao dono do aqueduto, de importância equivalente às despesas que então seriam necessárias para a condução das águas até o ponto de derivação.

Parágrafo único. Têm preferência os proprietários dos imóveis atravessados pelo aqueduto.

SEÇÃO VI
DOS LIMITES ENTRE PRÉDIOS E DO DIREITO DE TAPAGEM

Art. 1.297. O proprietário tem direito a cercar, murar, valar ou tapar de qualquer modo o seu prédio, urbano ou rural, e pode constranger o seu confinante a proceder com ele à demarcação entre os dois prédios, a aviventar rumos apagados e a renovar marcos destruídos ou arruinados, repartindo-se proporcionalmente entre os interessados as respectivas despesas.

▸ arts. 1.327 a 1.330 deste Código.

▸ arts. 569 e ss., NCPC.

▸ art. 167, I, I-23, Lei 6.015/1973 (Lei de Registros Públicos).

§ 1º Os intervalos, muros, cercas e os tapumes divisórios, tais como sebes vivas, cercas de arame ou de madeira, valas ou banquetas, presumem-se, até prova em contrário, pertencer a ambos os proprietários confinantes, sendo estes obrigados, de conformidade com os costumes da localidade, a concorrer, em partes iguais, para as despesas de sua construção e conservação.

▸ arts. 1.327 a 1.330 deste Código.

§ 2º As sebes vivas, as árvores, ou plantas quaisquer, que servem de marco divisório, só podem ser cortadas, ou arrancadas, de comum acordo entre proprietários.

§ 3º A construção de tapumes especiais para impedir a passagem de animais de pequeno porte, ou para outro fim, pode ser exigida de quem provocou a necessidade deles, pelo proprietário, que não está obrigado a concorrer para as despesas.

Art. 1.298. Sendo confusos, os limites, em falta de outro meio, se determinarão de conformidade com a posse justa; e, não se achando ela provada, o terreno contestado se dividirá por partes iguais entre os prédios, ou, não sendo possível a divisão cômoda, se adjudicará a um deles, mediante indenização ao outro.

SEÇÃO VII
DO DIREITO DE CONSTRUIR

Art. 1.299. O proprietário pode levantar em seu terreno as construções que lhe aprouver, salvo o direito dos vizinhos e os regulamentos administrativos.

▸ arts. 1.277 a 1.298 deste Código.

Art. 1.300. O proprietário construirá de maneira que o seu prédio não despeje águas, diretamente, sobre o prédio vizinho.

▸ arts. 1.288 a 1.296 deste Código.

Art. 1.301. É defeso abrir janelas, ou fazer eirado, terraço ou varanda, a menos de metro e meio do terreno vizinho.

▸ Súm. 120 e 414, STF.

§ 1º As janelas cuja visão não incida sobre a linha divisória, bem como as perpendiculares, não poderão ser abertas a menos de setenta e cinco centímetros.

§ 2º As disposições deste artigo não abrangem as aberturas para luz ou ventilação, não maiores de dez centímetros de largura sobre vinte de comprimento e construídas a mais de dois metros de altura de cada piso.

Art. 1.302. O proprietário pode, no lapso de ano e dia após a conclusão da obra, exigir que se desfaça janela, sacada, terraço ou goteira sobre o seu prédio; escoado o prazo, não poderá, por sua vez, edificar sem atender ao disposto no artigo antecedente, nem impedir, ou dificultar, o escoamento das águas da goteira, com prejuízo para o prédio vizinho.

Parágrafo único. Em se tratando de vãos, ou aberturas para luz, seja qual for a quantidade, altura e disposição, o vizinho poderá, a todo tempo, levantar a sua edificação, ou contramuro, ainda que lhes vede a claridade.

Art. 1.303. Na zona rural, não será permitido levantar edificações a menos de três metros do terreno vizinho.

Art. 1.304. Nas cidades, vilas e povoados cuja edificação estiver adstrita a alinhamento, o dono de um terreno pode nele edificar, madeirando na parede divisória do prédio contíguo, se ela suportar a nova construção; mas terá de embolsar ao vizinho metade do valor da parede e do chão correspondentes.

Art. 1.305. O confinante, que primeiro construir, pode assentar a parede divisória até meia espessura no terreno contíguo, sem perder por isso o direito a haver meio valor dela se o vizinho a travejar, caso em que o primeiro fixará a largura e a profundidade do alicerce.

▸ art. 1.312 deste Código.

Parágrafo único. Se a parede divisória pertencer a um dos vizinhos, e não tiver capacidade para ser travejada pelo outro, não poderá este fazer-lhe alicerce ao pé sem prestar caução àquele, pelo risco a que expõe a construção anterior.

Art. 1.306. O condômino da parede-meia pode utilizá-la até ao meio da espessura, não pondo em risco a segurança ou a separação dos dois prédios, e avisando previamente o outro condômino das obras que ali tenciona fazer; não pode sem consentimento do outro fazer, na parede-meia, armários, ou obras semelhantes, correspondendo a outras, da mesma natureza, já feitas do lado oposto.

Art. 1.307. Qualquer dos confinantes pode altear a parede divisória, se necessário reconstruindo-a, para suportar o alteamento; arcará com todas as despesas, inclusive de conservação, ou com metade, se o vizinho adquirir meação também na parte aumentada.

Art. 1.308. Não é lícito encostar à parede divisória chaminés, fogões, fornos ou quaisquer aparelhos ou depósitos suscetíveis de produzir infiltrações ou interferências prejudiciais ao vizinho.

Parágrafo único. A disposição anterior não abrange as chaminés ordinárias e os fogões de cozinha.

Art. 1.309. São proibidas construções capazes de poluir, ou inutilizar, para uso ordinário, a água do poço, ou nascente alheia, a elas preexistentes.

Art. 1.310. Não é permitido fazer escavações ou quaisquer obras que tirem ao poço ou à nascente de outrem a água indispensável às suas necessidades normais.

- arts. 1.288 a 1.296 deste Código.

Art. 1.311. Não é permitida a execução de qualquer obra ou serviço suscetível de provocar desmoronamento ou deslocação de terra, ou que comprometa a segurança do prédio vizinho, senão após haverem sido feitas as obras acautelatórias.

- arts. 1.280 e 1.281 deste Código.

Parágrafo único. O proprietário do prédio vizinho tem direito a ressarcimento pelos prejuízos que sofrer, não obstante haverem sido realizadas as obras acautelatórias.

Art. 1.312. Todo aquele que violar as proibições estabelecidas nesta Seção é obrigado a demolir as construções feitas, respondendo por perdas e danos.

- arts. 1.280; 1.281 deste Código.

Art. 1.313. O proprietário ou ocupante do imóvel é obrigado a tolerar que o vizinho entre no prédio, mediante prévio aviso, para:

I - dele temporariamente usar, quando indispensável à reparação, construção, reconstrução ou limpeza de sua casa ou do muro divisório;

II - apoderar-se de coisas suas, inclusive animais que aí se encontrem casualmente.

§ 1º O disposto neste artigo aplica-se aos casos de limpeza ou reparação de esgotos, goteiras, aparelhos higiênicos, poços e nascentes e ao aparo de cerca viva.

§ 2º Na hipótese do inciso II, uma vez entregues as coisas buscadas pelo vizinho, poderá ser impedida a sua entrada no imóvel.

§ 3º Se do exercício do direito assegurado neste artigo provier dano, terá o prejudicado direito a ressarcimento.

CAPÍTULO VI
DO CONDOMÍNIO GERAL

- arts. 75, XI; 784, VIII, NCPC.
- Lei 4.591/1964 (Dispõe sobre o condomínio em edificações e as incorporações imobiliárias).
- art. 167, I; 178, III, Lei 6.015/1973 (Lei de Registros Públicos).
- art. 62, Lei 4.728/1965 (Disciplina o mercado de capitais e estabelece medidas para o seu desenvolvimento).
- arts. 22, X, p.u.; 23, X, XII, § 1º; 25; 34, Lei 8.245/1991 (Lei das Locações).
- art. 123, § 2º, Lei 11.101/2005 (Lei de Recuperação de Empresas e Falência).
- art. 16, Dec.-Lei 3.365/1941 (Dispõe sobre desapropriações por utilidade pública).

SEÇÃO I
DO CONDOMÍNIO VOLUNTÁRIO

SUBSEÇÃO I
DOS DIREITOS E DEVERES DOS CONDÔMINOS

Art. 1.314. Cada condômino pode usar da coisa conforme sua destinação, sobre ela exercer todos os direitos compatíveis com a indivisão, reivindicá-la de terceiro, defender a sua posse e alhear a respectiva parte ideal, ou gravá-la.

- art. 1.199 deste Código.

Parágrafo único. Nenhum dos condôminos pode alterar a destinação da coisa comum, nem dar posse, uso ou gozo dela a estranhos sem o consenso dos outros.

- arts. 1.331 a 1.358 deste Código.
- Lei 4.591/1964 (Dispõe sobre o condomínio em edificações e as incorporações imobiliárias).
- art. 123, § 2º, Lei 11.101/2005 (Lei de Recuperação de Empresas e Falência).

Art. 1.315. O condômino é obrigado, na proporção de sua parte, a concorrer para as despesas de conservação ou divisão da coisa, e a suportar os ônus a que estiver sujeita.

- art. 3º, Lei 2.757/1956 (Dispõe sobre a situação dos empregados de prédios de apartamentos residenciais).

Parágrafo único. Presumem-se iguais as partes ideais dos condôminos.

- arts. 1.320; 1.322 deste Código.

Art. 1.316. Pode o condômino eximir-se do pagamento das despesas e dívidas, renunciando à parte ideal.

§ 1º Se os demais condôminos assumem as despesas e as dívidas, a renúncia lhes aproveita, adquirindo a parte ideal de quem renunciou, na proporção dos pagamentos que fizerem.

§ 2º Se não há condômino que faça os pagamentos, a coisa comum será dividida.

Art. 1.317. Quando a dívida houver sido contraída por todos os condôminos, sem se discriminar a parte de cada um na obrigação, nem se estipular solidariedade, entende-se que cada qual se obrigou proporcionalmente ao seu quinhão na coisa comum.

- arts. 275 a 285 deste Código.

Art. 1.318. As dívidas contraídas por um dos condôminos em proveito da comunhão, e durante ela, obrigam o contratante; mas terá este ação regressiva contra os demais.

- art. 125, NCPC.

Art. 1.319. Cada condômino responde aos outros pelos frutos que percebeu da coisa e pelo dano que lhe causou.

- art. 1.326 deste Código.

Art. 1.320. A todo tempo será lícito ao condômino exigir a divisão da coisa comum, respondendo o quinhão de cada um pela sua parte nas despesas da divisão.

- art. 1.322 deste Código.

§ 1º Podem os condôminos acordar que fique indivisa a coisa comum por prazo não maior de cinco anos, suscetível de prorrogação ulterior.

- arts. 569 e ss., NCPC.

§ 2º Não poderá exceder de cinco anos a indivisão estabelecida pelo doador ou pelo testador.

§ 3º A requerimento de qualquer interessado e se graves razões o aconselharem, pode o juiz determinar a divisão da coisa comum antes do prazo.

Art. 1.321. Aplicam-se à divisão do condomínio, no que couber, as regras de partilha de herança (arts. 2.013 a 2.022).

Art. 1.322. Quando a coisa for indivisível, e os consortes não quiserem adjudicá-la a um só, indenizando os outros, será vendida e repartido o apurado, preferindo-se, na venda, em condições iguais de oferta, o condômino ao estranho, e entre os condôminos aquele que tiver na coisa benfeitorias mais valiosas, e, não as havendo, o de quinhão maior.

- arts. 96; 504; 2.019 deste Código.
- art. 8º, Lei 5.868/1972 (Cria o Sistema Nacional de Cadastro Rural).

Parágrafo único. Se nenhum dos condôminos tem benfeitorias na coisa comum e participam todos do condomínio em partes iguais, realizar-se-á licitação entre estranhos e, antes de adjudicada a coisa àquele que ofereceu maior lanço, proceder-se-á à licitação entre os condôminos, a fim de que a coisa seja adjudicada a quem afinal oferecer melhor lanço, preferindo, em condições iguais, o condômino ao estranho.

SUBSEÇÃO II
DA ADMINISTRAÇÃO DO CONDOMÍNIO

Art. 1.323. Deliberando a maioria sobre a administração da coisa comum, escolherá o administrador, que poderá ser estranho ao condomínio; resolvendo alugá-la, preferir-se-á, em condições iguais, o condômino ao que não o é.

- arts. 1.347 a 1.356 deste Código.
- art. 9º Lei 4.591/1964 (Dispõe sobre o condomínio em edificações e as incorporações imobiliárias).

Art. 1.324. O condômino que administrar sem oposição dos outros presume-se representante comum.

- art. 656 deste Código.

Art. 1.325. A maioria será calculada pelo valor dos quinhões.

§ 1º As deliberações serão obrigatórias, sendo tomadas por maioria absoluta.

§ 2º Não sendo possível alcançar maioria absoluta, decidirá o juiz, a requerimento de qualquer condômino, ouvidos os outros.

§ 3º Havendo dúvida quanto ao valor do quinhão, será este avaliado judicialmente.

Art. 1.326. Os frutos da coisa comum, não havendo em contrário estipulação ou disposição de última vontade, serão partilhados na proporção dos quinhões.

- arts. 1.319; 1.320, § 2º, deste Código.

SEÇÃO II
DO CONDOMÍNIO NECESSÁRIO

Art. 1.327. O condomínio por meação de paredes, cercas, muros e valas regula-se pelo disposto neste Código (arts. 1.297 e 1.298; 1.304 a 1.307).

- arts. 1.282; 1.297; 1.298; 1.304 a 1.307 deste Código.
- art. 5º Lei 4.591/1964 (Dispõe sobre o condomínio em edificações e as incorporações imobiliárias).

Art. 1.328. O proprietário que tiver direito a estremar um imóvel com paredes, cercas, muros, valas ou valados tê-lo-á igualmente a adquirir meação na parede, muro, valado ou cerca do vizinho, embolsando-lhe metade do que atualmente valer a obra e o terreno por ela ocupado (art. 1.297).

- arts. 1.297, § 1º; 1.330 deste Código.

Art. 1.329. Não convindo os dois no preço da obra, será este arbitrado por peritos, a expensas de ambos os confinantes.

Art. 1.330. Qualquer que seja o valor da meação, enquanto aquele que pretender a divisão não o pagar ou depositar, nenhum uso poderá fazer na parede, muro, vala, cerca ou qualquer outra obra divisória.

CAPÍTULO VII
DO CONDOMÍNIO EDILÍCIO

- Lei 4.591/1964 (Dispõe sobre o condomínio em edificações e as incorporações imobiliárias).

SEÇÃO I
DISPOSIÇÕES GERAIS

Art. 1.331. Pode haver, em edificações, partes que são propriedade exclusiva, e partes que são propriedade comum dos condôminos.

- Enunciados 89, 90, 91, 246; 247 e 320 das Jornadas de Direito Civil.

§ 1º As partes suscetíveis de utilização independente, tais como apartamentos, escritórios, salas, lojas, sobrelojas, com as respectivas frações ideais no solo e nas outras partes comuns, sujeitam-se a propriedade exclusiva, podendo ser alienadas e gravadas livremente por seus proprietários, exceto os abrigos para veículos, que não poderão ser alienados ou alugados a pessoas estranhas ao condomínio, salvo autorização expressa na convenção de condomínio. (Alterado pela Lei 12.607/2012.)

§ 2º O solo, a estrutura do prédio, o telhado, a rede geral de distribuição de água, esgoto, gás e eletricidade, a calefação e refrigeração centrais e as demais partes comuns, inclusive o acesso ao logradouro público, são utilizados em comum pelos condôminos, não podendo ser alienados separadamente, ou divididos.

§ 3º A cada unidade imobiliária caberá, como parte inseparável, uma fração ideal no solo e nas outras partes comuns, que será identificada em forma decimal ou ordinária no instrumento de instituição do condomínio. (Redação dada pela Lei 10.931/2004.)

§ 4º Nenhuma unidade imobiliária pode ser privada do acesso ao logradouro público.

§ 5º O terraço de cobertura é parte comum, salvo disposição contrária da escritura de constituição do condomínio.

- art. 1.344 deste Código.

Art. 1.332. Institui-se o condomínio edilício por ato entre vivos ou testamento, registrado no Cartório de Registro de Imóveis, devendo constar daquele ato, além do disposto em lei especial:

- Enunciado 504 das Jornadas de Direito Civil.

I - a discriminação e individualização das unidades de propriedade exclusiva, estremadas uma das outras e das partes comuns;

II - a determinação da fração ideal atribuída a cada unidade, relativamente ao terreno e partes comuns;

III - o fim a que as unidades se destinam.

- art. 7º, Lei 4.591/1964 (Dispõe sobre o condomínio em edificações e as incorporações imobiliárias).
- art. 167-1, n-17, Lei 6.015/1973 (Lei de Registros Públicos).

Art. 1.333. A convenção que constitui o condomínio edilício deve ser subscrita pelos titulares de, no mínimo, dois terços das frações ideais e torna-se, desde logo, obrigatória para os titulares de direito sobre as unidades, ou para quantos sobre elas tenham posse ou detenção.

- Enunciado 504 das Jornadas de Direito Civil.

Parágrafo único. Para ser oponível contra terceiros, a convenção do condomínio deverá ser registrada no Cartório de Registro de Imóveis.

- Súm. 260, STJ.

Art. 1.334. Além das cláusulas referidas no art. 1.332 e das que os interessados houverem por bem estipular, a convenção determinará:

I - a quota proporcional e o modo de pagamento das contribuições dos condôminos para atender às despesas ordinárias e extraordinárias do condomínio;

II - sua forma de administração;

III - a competência das assembleias, forma de sua convocação e *quorum* exigido para as deliberações;

IV - as sanções a que estão sujeitos os condôminos, ou possuidores;

V - o regimento interno.

- Enunciados 248 e 504 das Jornadas de Direito Civil.

§ 1º A convenção poderá ser feita por escritura pública ou por instrumento particular.

§ 2º São equiparados aos proprietários, para os fins deste artigo, salvo disposição em contrário, os promitentes compradores e os cessionários de direitos relativos às unidades autônomas.

- arts. 286 a 298; 1.417; 1.418 deste Código.
- arts. 9º a 11 Lei 4.591/1964 (Dispõe sobre o condomínio em edificações e as incorporações imobiliárias).

Art. 1.335. São direitos do condômino:

I - usar, fruir e livremente dispor das suas unidades;

- Enunciado 566 das Jornadas de Direito Civil.

II - usar das partes comuns, conforme a sua destinação, e contanto que não exclua a utilização dos demais compossuidores;

III - votar nas deliberações da assembleia e delas participar, estando quite.

- arts. 9º a 11; 19, Lei 4.591/1964 (Dispõe sobre o condomínio em edificações e as incorporações imobiliárias).

Art. 1.336. São deveres do condômino:

I - contribuir para as despesas do condomínio na proporção das suas frações ideais, salvo disposição em contrário na convenção; (Redação dada pela Lei 10.931/2004.)

- art. 12, § 3º, Lei 4.591/1964 (Dispõe sobre o condomínio em edificações e as incorporações imobiliárias).

II - não realizar obras que comprometam a segurança da edificação;

- art. 10, III, Lei 4.591/1964 (Dispõe sobre o condomínio em edificações e as incorporações imobiliárias).

III - não alterar a forma e a cor da fachada, das partes e esquadrias externas;

- art. 10, I, II, Lei 4.591/1964 (Dispõe sobre o condomínio em edificações e as incorporações imobiliárias).

IV - dar às suas partes a mesma destinação que tem a edificação, e não as utilizar de maneira prejudicial ao sossego, salubridade e segurança dos possuidores, ou aos bons costumes.

- art. 938 deste Código.
- art. 10, III, Lei 4.591/1964 (Dispõe sobre o condomínio em edificações e as incorporações imobiliárias).

§ 1º O condômino que não pagar a sua contribuição ficará sujeito aos juros moratórios convencionados ou, não sendo previstos, os de um por cento ao mês e multa de até dois por cento sobre o débito.

- art. 2.035 deste Código.
- art. 12, § 3º, Lei 4.591/1964 (Dispõe sobre o condomínio em edificações e as incorporações imobiliárias).
- Enunciados 96; 505 das Jornadas de Direito Civil.

§ 2º O condômino que não cumprir qualquer dos deveres estabelecidos nos incisos II a IV pagará a multa prevista no ato constitutivo ou na convenção, não podendo ela ser superior a cinco vezes o valor de suas contribuições mensais, independentemente das perdas e danos que se apurarem; não havendo disposição expressa, caberá à assembleia geral, por dois terços no mínimo dos condôminos restantes, deliberar sobre a cobrança da multa.

- art. 10, § 1º, Lei 4.591/1964 (Dispõe sobre o condomínio em edificações e as incorporações imobiliárias).

Art. 1.337. O condômino, ou possuidor, que não cumpre reiteradamente com os seus deveres perante o condomínio poderá, por deliberação de três quartos dos condôminos restantes, ser constrangido a pagar multa correspondente até ao quíntuplo do valor atribuído à contribuição para as despesas condominiais, conforme a gravidade das faltas e a reiteração, independentemente das perdas e danos que se apurem.

- arts. 402 a 405 deste Código.
- Enunciados 92; 508 das Jornadas de Direito Civil.

Parágrafo único. O condômino ou possuidor que, por seu reiterado comportamento antissocial, gerar incompatibilidade de convivência com os demais condôminos ou possuidores, poderá ser constrangido a pagar multa correspondente ao décuplo do valor atribuído à contribuição para as despesas condominiais, até ulterior deliberação da assembleia.

- art. 21 Lei 4.591/1964 (Dispõe sobre o condomínio em edificações e as incorporações imobiliárias).

Art. 1.338. Resolvendo o condômino alugar área no abrigo para veículos, preferir-se-á, em condições iguais, qualquer dos condôminos a estranhos, e, entre todos, os possuidores.

- arts. 565 a 578 deste Código.
- art. 2º, §§ 1º e 2º, Lei 4.591/1964 (Dispõe sobre o condomínio em edificações e as incorporações imobiliárias).
- Súm. 449, STJ.
- Enunciado 320 das Jornadas de Direito Civil.

Art. 1.339. Os direitos de cada condômino às partes comuns são inseparáveis de sua propriedade exclusiva; são também inseparáveis das frações ideais correspondentes as unidades imobiliárias, com as suas partes acessórias.

§ 1º Nos casos deste artigo é proibido alienar ou gravar os bens em separado.

§ 2º É permitido ao condômino alienar parte acessória de sua unidade imobiliária a outro condômino, só podendo fazê-lo a terceiro se essa faculdade constar do ato constitutivo do condomínio, e se a ela não se opuser a respectiva assembleia geral.

- arts. 2º; 4º Lei 4.591/1964 (Dispõe sobre o condomínio em edificações e as incorporações imobiliárias).

Art. 1.340. As despesas relativas a partes comuns de uso exclusivo de um condômino, ou de alguns deles, incumbem a quem delas se serve.

Art. 1.341. A realização de obras no condomínio depende:

I - se voluptuárias, de voto de dois terços dos condôminos;

- art. 96, § 1º, deste Código.

II - se úteis, de voto da maioria dos condôminos.

- art. 96, § 2º, deste Código.

§ 1º As obras ou reparações necessárias podem ser realizadas, independentemente de autorização, pelo síndico, ou, em caso de omissão ou impedimento deste, por qualquer condômino.

§ 2º Se as obras ou reparos necessários forem urgentes e importarem em despesas excessivas, determinada sua realização, o síndico ou o condômino que tomou a iniciativa delas dará ciência à assembleia, que deverá ser convocada imediatamente.

§ 3º Não sendo urgentes, as obras ou reparos necessários, que importarem em despesas excessivas, somente poderão ser efetuadas após autorização da assembleia, especialmente convocada pelo síndico, ou, em caso de omissão ou impedimento deste, por qualquer dos condôminos.

§ 4º O condômino que realizar obras ou reparos necessários será reembolsado das despesas que efetuar, não tendo direito à restituição das que fizer com obras ou reparos de outra natureza, embora de interesse comum.

- art. 12, § 4º, Lei 4.591/1964 (Dispõe sobre o condomínio em edificações e as incorporações imobiliárias).

Art. 1.342. A realização de obras, em partes comuns, em acréscimo às já existentes, a fim de lhes facilitar ou aumentar a utilização, depende da aprovação de dois terços dos votos dos condôminos, não sendo permitidas construções nas partes comuns, suscetíveis de prejudicar a utilização, por qualquer dos condôminos, das partes próprias, ou comuns.

Art. 1.343. A construção de outro pavimento, ou, no solo comum, de outro edifício, destinado a conter novas unidades imobiliárias, depende da aprovação da unanimidade dos condôminos.

Art. 1.344. Ao proprietário do terraço de cobertura incumbem as despesas da sua conservação, de modo que não haja danos às unidades imobiliárias inferiores.

Art. 1.345. O adquirente de unidade responde pelos débitos do alienante, em relação ao condomínio, inclusive multas e juros moratórios.

Art. 1.346. É obrigatório o seguro de toda a edificação contra o risco de incêndio ou destruição, total ou parcial.

- art. 1.348, IX, deste Código.
- art. 13, Lei 4.591/1964 (Dispõe sobre o condomínio em edificações e as incorporações imobiliárias).

SEÇÃO II
DA ADMINISTRAÇÃO DO CONDOMÍNIO

Art. 1.347. A assembleia escolherá um síndico, que poderá não ser condômino, para administrar o condomínio, por prazo não superior a dois anos, o qual poderá renovar-se.

- arts. 22; 23, Lei 4.591/1964 (Dispõe sobre o condomínio em edificações e as incorporações imobiliárias).

Art. 1.348. Compete ao síndico:

- arts. 115 a 120 deste Código.
- arts. 22; 23 *caput*, Lei 4.591/1964 (Dispõe sobre o condomínio em edificações e as incorporações imobiliárias).

I - convocar a assembleia dos condôminos;

- arts. 24 a 27, Lei 4.591/1964 (Dispõe sobre o condomínio em edificações e as incorporações imobiliárias).

II - representar, ativa e passivamente, o condomínio, praticando, em juízo ou fora dele, os atos necessários à defesa dos interesses comuns;

- art. 75, XI, NCPC.
- arts. 22, § 1º, Lei 4.591/1964 (Dispõe sobre o condomínio em edificações e as incorporações imobiliárias).

III - dar imediato conhecimento à assembleia da existência de procedimento judicial ou administrativo, de interesse do condomínio;

IV - cumprir e fazer cumprir a convenção, o regimento interno e as determinações da assembleia;

V - diligenciar a conservação e a guarda das partes comuns e zelar pela prestação dos serviços que interessem aos possuidores;

VI - elaborar o orçamento da receita e da despesa relativa a cada ano;

VII - cobrar dos condôminos as suas contribuições, bem como impor e cobrar as multas devidas;

VIII - prestar contas à assembleia, anualmente e quando exigidas;

IX - realizar o seguro da edificação.

§ 1º Poderá a assembleia investir outra pessoa, em lugar do síndico, em poderes de representação.

§ 2º O síndico pode transferir a outrem, total ou parcialmente, os poderes de representação ou as funções administrativas, mediante aprovação da assembleia, salvo disposição em contrário da convenção.

Art. 1.349. A assembleia, especialmente convocada para o fim estabelecido no § 2º do artigo antecedente, poderá, pelo voto da maioria absoluta de seus membros, destituir o síndico que praticar irregularidades, não prestar contas, ou não administrar convenientemente o condomínio.

Art. 1.350. Convocará o síndico, anualmente, reunião da assembleia dos condôminos, na forma prevista na convenção, a fim de aprovar o orçamento das despesas, as contribuições dos condôminos e a prestação de contas, e eventualmente eleger-lhe o substituto e alterar o regimento interno.

- art. 24, Lei 4.591/1964 (Dispõe sobre o condomínio em edificações e as incorporações imobiliárias).

§ 1º Se o síndico não convocar a assembleia, um quarto dos condôminos poderá fazê-lo.

§ 2º Se a assembleia não se reunir, o juiz decidirá, a requerimento de qualquer condômino.

- art. 27, Lei 4.591/1964 (Dispõe sobre o condomínio em edificações e as incorporações imobiliárias).

Art. 1.351. Depende da aprovação de 2/3 (dois terços) dos votos dos condôminos a alteração da convenção; a mudança da destinação do edifício, ou da unidade imobiliária, depende da aprovação pela unanimidade dos condôminos. (Redação dada pela Lei 10.931/2004.)

- art. 1.333; 1.334 deste Código.

Art. 1.352. Salvo quando exigido *quorum* especial, as deliberações da assembleia serão tomadas, em primeira convocação, por maioria de votos dos condôminos presentes que representem pelo menos metade das frações ideais.

Parágrafo único. Os votos serão proporcionais às frações ideais no solo e nas outras partes comuns pertencentes a cada condômino, salvo disposição diversa da convenção de constituição do condomínio.

Art. 1.353. Em segunda convocação, a assembleia poderá deliberar por maioria dos votos dos presentes, salvo quando exigido *quorum* especial.

Art. 1.354. A assembleia não poderá deliberar se todos os condôminos não forem convocados para a reunião.

Art. 1.355. Assembleias extraordinárias poderão ser convocadas pelo síndico ou por um quarto dos condôminos.

- art. 25, *caput*, Lei 4.591/1964 (Dispõe sobre o condomínio em edificações e as incorporações imobiliárias).

Art. 1.356. Poderá haver no condomínio um conselho fiscal, composto de três membros, eleitos pela assembleia, por prazo não superior a dois anos, ao qual compete dar parecer sobre as contas do síndico.

- art. 23, Lei 4.591/1964 (Dispõe sobre o condomínio em edificações e as incorporações imobiliárias).

SEÇÃO III
DA EXTINÇÃO DO CONDOMÍNIO

Art. 1.357. Se a edificação for total ou consideravelmente destruída, ou ameace ruína, os condôminos deliberarão em assembleia sobre a reconstrução, ou venda, por votos que representem metade mais uma das frações ideais.

§ 1º Deliberada a reconstrução, poderá o condômino eximir-se do pagamento das despesas respectivas, alienando os seus direitos a outros condôminos, mediante avaliação judicial.

§ 2º Realizada a venda, em que se preferirá, em condições iguais de oferta, o condômino ao estranho, será repartido o apurado entre os condôminos, proporcionalmente ao valor das suas unidades imobiliárias.

- art. 14 Lei 4.591/1964 (Dispõe sobre o condomínio em edificações e as incorporações imobiliárias).

Art. 1.358. Se ocorrer desapropriação, a indenização será repartida na proporção a que se refere o § 2º do artigo antecedente.

- art. 1.275, V, deste Código.
- Enunciado 625 das Jornadas de Direito Civil.

SEÇÃO IV
DO CONDOMÍNIO DE LOTES

- (Acrescentado pela Lei 13.465/2017)

Art. 1.358-A. Pode haver, em terrenos, partes designadas de lotes que são propriedade exclusiva e partes que são propriedade comum dos condôminos. (Acrescentado pela Lei 13.465/2017)

§ 1º A fração ideal de cada condômino poderá ser proporcional à área do solo de cada unidade autônoma, ao respectivo potencial construtivo ou a outros critérios indicados no ato de instituição. (Acrescentado pela Lei 13.465/2017)

§ 2º Aplica-se, no que couber, ao condomínio de lotes o disposto sobre condomínio edilício neste Capítulo, respeitada a legislação urbanística. (Acrescentado pela Lei 13.465/2017)

§ 3º Para fins de incorporação imobiliária, a implantação de toda a infraestrutura ficará a cargo do empreendedor. (Acrescentado pela Lei 13.465/2017)

CAPÍTULO VII-A
DO CONDOMÍNIO EM MULTIPROPRIEDADE

- Incluído pela Lei 13.777/2018.

SEÇÃO I
DISPOSIÇÕES GERAIS

- Incluída pela Lei 13.777/2018.

Art. 1.358-B. A multipropriedade reger-se-á pelo disposto neste Capítulo e, de forma supletiva e subsidiária, pelas demais disposições deste Código e pelas disposições das Leis nºs 4.591, de 16 de dezembro de 1964, e 8.078, de 11 de setembro de 1990 (Código de Defesa do Consumidor). *(Incluído pela Lei 13.777/2018)*

Art. 1.358-C. Multipropriedade é o regime de condomínio em que cada um dos proprietários de um mesmo imóvel é titular de uma fração de tempo, à qual corresponde a faculdade de uso e gozo, com exclusividade, da totalidade do imóvel, a ser exercida pelos proprietários de forma alternada. *(Incluído pela Lei 13.777/2018)*

Parágrafo único. A multipropriedade não se extinguirá automaticamente se todas as frações de tempo forem do mesmo multiproprietário.

Art. 1.358-D. O imóvel objeto da multipropriedade: *(Incluído pela Lei 13.777/2018)*

I - é indivisível, não se sujeitando a ação de divisão ou de extinção de condomínio;

II - inclui as instalações, os equipamentos e o mobiliário destinados a seu uso e gozo.

Art. 1.358-E. Cada fração de tempo é indivisível. *(Incluído pela Lei 13.777/2018)*

§ 1º O período correspondente a cada fração de tempo será de, no mínimo, 7 (sete) dias, seguidos ou intercalados, e poderá ser:

I - fixo e determinado, no mesmo período de cada ano;

II - flutuante, caso em que a determinação do período será realizada de forma periódica, mediante procedimento objetivo que respeite, em relação a todos os multiproprietários, o princípio da isonomia, devendo ser previamente divulgado; ou

III - misto, combinando os sistemas fixo e flutuante.

§ 2º Todos os multiproprietários terão direito a uma mesma quantidade mínima de dias seguidos durante o ano, podendo haver a aquisição de frações maiores que a mínima, com o correspondente direito ao uso por períodos também maiores.

SEÇÃO II
DA INSTITUIÇÃO DA MULTIPROPRIEDADE

‣ Incluída pela Lei 13.777/2018.

Art. 1.358-F. Institui-se a multipropriedade por ato entre vivos ou testamento, registrado no competente cartório de registro de imóveis, devendo constar daquele ato a duração dos períodos correspondentes a cada fração de tempo. *(Incluído pela Lei 13.777/2018)*

Art. 1.358-G. Além das cláusulas que os multiproprietários decidirem estipular, a convenção de condomínio em multipropriedade determinará: *(Incluído pela Lei 13.777/2018)*

I - os poderes e deveres dos multiproprietários, especialmente em matéria de instalações, equipamentos e mobiliário do imóvel, de manutenção ordinária e extraordinária, de conservação e limpeza e de pagamento da contribuição condominial;

II - o número máximo de pessoas que podem ocupar simultaneamente o imóvel no período correspondente a cada fração de tempo;

III - as regras de acesso do administrador condominial ao imóvel para cumprimento do dever de manutenção, conservação e limpeza;

IV - a criação de fundo de reserva para reposição e manutenção dos equipamentos, instalações e mobiliário;

V - o regime aplicável em caso de perda ou destruição parcial ou total do imóvel, inclusive para efeitos de participação no risco ou no valor do seguro, da indenização ou da parte restante;

VI - as multas aplicáveis ao multiproprietário nas hipóteses de descumprimento de deveres.

Art. 1.358-H. O instrumento de instituição da multipropriedade ou a convenção de condomínio em multipropriedade poderá estabelecer o limite máximo de frações de tempo no mesmo imóvel que poderão ser detidas pela mesma pessoa natural ou jurídica. *(Incluído pela Lei 13.777/2018)*

Parágrafo único. Em caso de instituição da multipropriedade para posterior venda das frações de tempo a terceiros, o atendimento a eventual limite de frações de tempo por titular estabelecido no instrumento de instituição será obrigatório somente após a venda das frações.

SEÇÃO III
DOS DIREITOS E DAS OBRIGAÇÕES DO MULTIPROPRIETÁRIO

‣ Incluída pela Lei 13.777/2018.

Art. 1.358-I. São direitos do multiproprietário, além daqueles previstos no instrumento de instituição e na convenção de condomínio em multipropriedade: *(Incluído pela Lei 13.777/2018)*

I - usar e gozar, durante o período correspondente à sua fração de tempo, do imóvel e de suas instalações, equipamentos e mobiliário;

II - ceder a fração de tempo em locação ou comodato;

III - alienar a fração de tempo, por ato entre vivos ou por causa de morte, a título oneroso ou gratuito, ou onerá-la, devendo a alienação e a qualificação do sucessor, ou a oneração, ser informadas ao administrador;

IV - participar e votar, pessoalmente ou por intermédio de representante ou procurador, desde que esteja quite com as obrigações condominiais, em:

a) assembleia geral do condomínio em multipropriedade, e o voto do multiproprietário corresponderá à quota de sua fração de tempo no imóvel;

b) assembleia geral do condomínio edilício, quando for o caso, e o voto do multiproprietário corresponderá à quota de sua fração de tempo em relação à quota de poder político atribuído à unidade autônoma na respectiva convenção de condomínio edilício.

Art. 1.358-J. São obrigações do multiproprietário, além daquelas previstas no instrumento de instituição e na convenção de condomínio em multipropriedade: *(Incluído pela Lei 13.777/2018)*

I - pagar a contribuição condominial do condomínio em multipropriedade e, quando for o caso, do condomínio edilício, ainda que renuncie ao uso e gozo, total ou parcial, do imóvel, das áreas comuns ou das respectivas instalações, equipamentos e mobiliário;

II - responder por danos causados ao imóvel, às instalações, aos equipamentos e ao mobiliário por si, por qualquer de seus acompanhantes, convidados ou prepostos ou por pessoas por ele autorizadas;

III - comunicar imediatamente ao administrador os defeitos, avarias e vícios no imóvel dos quais tiver ciência durante a utilização;

IV - não modificar, alterar ou substituir o mobiliário, os equipamentos e as instalações do imóvel;

V - manter o imóvel em estado de conservação e limpeza condizente com os fins a que se destina e com a natureza da respectiva construção;

VI - usar o imóvel, bem como suas instalações, equipamentos e mobiliário, conforme seu destino e natureza;

VII - usar o imóvel exclusivamente durante o período correspondente à sua fração de tempo;

VIII - desocupar o imóvel, impreterivelmente, até o dia e hora fixados no instrumento de instituição ou na convenção de condomínio em multipropriedade, sob pena de multa diária, conforme convencionado no instrumento pertinente;

IX - permitir a realização de obras ou reparos urgentes.

§ 1º Conforme previsão que deverá constar da respectiva convenção de condomínio em multipropriedade, o multiproprietário estará sujeito a:

I - multa, no caso de descumprimento de qualquer de seus deveres;

II - multa progressiva e perda temporária do direito de utilização do imóvel no período correspondente à sua fração de tempo, no caso de descumprimento reiterado de deveres.

§ 2º A responsabilidade pelas despesas referentes a reparos no imóvel, bem como suas instalações, equipamentos e mobiliário, será:

I - de todos os multiproprietários, quando decorrentes do uso normal e do desgaste natural do imóvel;

II - exclusivamente do multiproprietário responsável pelo uso anormal, sem prejuízo de multa, quando decorrentes de uso anormal do imóvel.

§ 3º (Vetado).

§ 4º (Vetado).

§ 5º (Vetado).

Art. 1.358-K. Para os efeitos do disposto nesta Seção, são equiparados aos multiproprietários os promitentes compradores e os cessionários de direitos relativos a cada fração de tempo. *(Incluído pela Lei 13.777/2018)*

SEÇÃO IV
DA TRANSFERÊNCIA DA MULTIPROPRIEDADE

‣ Incluída pela Lei 13.777/2018.

Art. 1.358-L. A transferência do direito de multipropriedade e a sua produção de efeitos perante terceiros dar-se-ão na forma da lei civil e não dependerão da anuência ou cientificação dos demais multiproprietários. *(Incluído pela Lei 13.777/2018)*

§ 1º Não haverá direito de preferência na alienação de fração de tempo, salvo se estabelecido no instrumento de instituição ou na convenção do condomínio em multipropriedade em favor dos demais multiproprietários ou do instituidor do condomínio em multipropriedade.

§ 2º O adquirente será solidariamente responsável com o alienante pelas obrigações de que trata o § 5º do art. 1.358-J deste Código caso não obtenha a declaração de inexistência de débitos referente à fração de tempo no momento de sua aquisição.

SEÇÃO V
DA ADMINISTRAÇÃO DA MULTIPROPRIEDADE

‣ Incluída pela Lei 13.777/2018.

Art. 1.358-M. A administração do imóvel e de suas instalações, equipamentos e mobiliário será de responsabilidade da pessoa indicada no instrumento de instituição ou na convenção de condomínio em multipropriedade, ou, na falta de indicação, de pessoa escolhida em assembleia geral dos condôminos. *(Incluído pela Lei 13.777/2018)*

§ 1º O administrador exercerá, além daquelas previstas no instrumento de instituição e na convenção de condomínio em multipropriedade, as seguintes atribuições:

I - coordenação da utilização do imóvel pelos multiproprietários durante o período correspondente a suas respectivas frações de tempo;

II - determinação, no caso dos sistemas flutuante ou misto, dos períodos concretos de uso e gozo exclusivos de cada multiproprietário em cada ano;

III - manutenção, conservação e limpeza do imóvel;

IV - troca ou substituição de instalações, equipamentos ou mobiliário, inclusive:

a) determinar a necessidade da troca ou substituição;

b) providenciar os orçamentos necessários para a troca ou substituição;

c) submeter os orçamentos à aprovação pela maioria simples dos condôminos em assembleia;

V - elaboração do orçamento anual, com previsão das receitas e despesas;

VI - cobrança das quotas de custeio de responsabilidade dos multiproprietários;

VII - pagamento, por conta do condomínio edilício ou voluntário, com os fundos comuns arrecadados, de todas as despesas comuns.

§ 2º A convenção de condomínio em multipropriedade poderá regrar de forma diversa a atribuição prevista no inciso IV do § 1º deste artigo.

Art. 1.358-N. O instrumento de instituição poderá prever fração de tempo destinada à realização, no imóvel e em suas instalações, em seus equipamentos e em seu mobiliário, de reparos indispensáveis ao exercício normal do direito de multipropriedade. *(Incluído pela Lei 13.777/2018)*

§ 1º A fração de tempo de que trata o *caput* deste artigo poderá ser atribuída:

I - ao instituidor da multipropriedade; ou

II - aos multiproprietários, proporcionalmente às respectivas frações.

§ 2º Em caso de emergência, os reparos de que trata o *caput* deste artigo poderão ser feitos durante o período correspondente à fração de tempo de um dos multiproprietários.

SEÇÃO VI
DISPOSIÇÕES ESPECÍFICAS RELATIVAS ÀS UNIDADES AUTÔNOMAS DE CONDOMÍNIOS EDILÍCIOS

- Incluída pela Lei 13.777/2018.

Art. 1.358-O. O condomínio edilício poderá adotar o regime de multipropriedade em parte ou na totalidade de suas unidades autônomas, mediante: *(Incluído pela Lei 13.777/2018)*

I - previsão no instrumento de instituição; ou

II - deliberação da maioria absoluta dos condôminos.

Parágrafo único. No caso previsto no inciso I do *caput* deste artigo, a iniciativa e a responsabilidade para a instituição do regime da multipropriedade serão atribuídas às mesmas pessoas e observarão os mesmos requisitos indicados nas alíneas *a*, *b* e *c* e no § 1º do art. 31 da Lei nº 4.591, de 16 de dezembro de 1964.

Art. 1.358-P. Na hipótese do art. 1.358-O, a convenção de condomínio edilício deve prever, além das matérias elencadas nos arts. 1.332, 1.334 e, se for o caso, 1.358-G deste Código: *(Incluído pela Lei 13.777/2018)*

I - a identificação das unidades sujeitas ao regime da multipropriedade, no caso de empreendimentos mistos;

II - a indicação da duração das frações de tempo de cada unidade autônoma sujeita ao regime da multipropriedade;

III - a forma de rateio, entre os multiproprietários de uma mesma unidade autônoma, das contribuições condominiais relativas à unidade, que, salvo se disciplinada de forma diversa no instrumento de instituição ou na convenção de condomínio em multipropriedade, será proporcional à fração de tempo de cada multiproprietário;

IV - a especificação das despesas ordinárias, cujo custeio será obrigatório, independentemente do uso e gozo do imóvel e das áreas comuns;

V - os órgãos de administração da multipropriedade;

VI - a indicação, se for o caso, de que o empreendimento conta com sistema de administração de intercâmbio, na forma prevista no § 2º do art. 23 da Lei nº 11.771, de 17 de setembro de 2008, seja do período de fruição da fração de tempo, seja do local de fruição, caso em que a responsabilidade e as obrigações da companhia de intercâmbio limitam-se ao contido na documentação de sua contratação;

VII - a competência para a imposição de sanções e o respectivo procedimento, especialmente nos casos de mora no cumprimento das obrigações de custeio e nos casos de descumprimento da obrigação de desocupar o imóvel até o dia e hora previstos;

VIII - o quórum exigido para a deliberação de adjudicação da fração de tempo na hipótese de inadimplemento do respectivo multiproprietário;

IX - o quórum exigido para a deliberação de alienação, pelo condomínio edilício, da fração de tempo adjudicada em virtude do inadimplemento do respectivo multiproprietário.

Art. 1.358-Q. Na hipótese do art. 1.358-O deste Código, o regimento interno do condomínio edilício deve prever: *(Incluído pela Lei 13.777/2018)*

I - os direitos dos multiproprietários sobre as partes comuns do condomínio edilício;

II - os direitos e obrigações do administrador, inclusive quanto ao acesso ao imóvel para cumprimento do dever de manutenção, conservação e limpeza;

III - as condições e regras para uso das áreas comuns;

IV - os procedimentos a serem observados para uso e gozo dos imóveis e das instalações, equipamentos e mobiliário destinados ao regime da multipropriedade;

V - o número máximo de pessoas que podem ocupar simultaneamente o imóvel no período correspondente a cada fração de tempo;

VI - as regras de convivência entre os multiproprietários e os ocupantes de unidades autônomas não sujeitas ao regime da multipropriedade, quando se tratar de empreendimentos mistos;

VII - a forma de contribuição, destinação e gestão do fundo de reserva específico para cada imóvel, para reposição e manutenção dos equipamentos, instalações e mobiliário, sem prejuízo do fundo de reserva do condomínio edilício;

VIII - a possibilidade de realização de assembleias não presenciais, inclusive por meio eletrônico;

IX - os mecanismos de participação e representação dos titulares;

X - o funcionamento do sistema de reserva, os meios de confirmação e os requisitos a serem cumpridos pelo multiproprietário quando não exercer diretamente sua faculdade de uso;

XI - a descrição dos serviços adicionais, se existentes, e as regras para seu uso e custeio.

Parágrafo único. O regimento interno poderá ser instituído por escritura pública ou por instrumento particular.

Art. 1.358-R. O condomínio edilício em que tenha sido instituído o regime de multipropriedade em parte ou na totalidade de suas unidades autônomas terá necessariamente um administrador profissional. *(Incluído pela Lei 13.777/2018)*

§ 1º O prazo de duração do contrato de administração será livremente convencionado.

§ 2º O administrador do condomínio referido no *caput* deste artigo será também o administrador de todos os condomínios em multipropriedade de suas unidades autônomas.

§ 3º O administrador será mandatário legal de todos os multiproprietários, exclusivamente para a realização dos atos de gestão ordinária da multipropriedade, incluindo manutenção, conservação e limpeza do imóvel e de suas instalações, equipamentos e mobiliário.

§ 4º O administrador poderá modificar o regimento interno quanto aos aspectos estritamente operacionais da gestão da multipropriedade no condomínio edilício.

§ 5º O administrador pode ser ou não um prestador de serviços de hospedagem.

Art. 1.358-S. Na hipótese de inadimplemento, por parte do multiproprietário, da obrigação de custeio das despesas ordinárias ou extraordinárias, é cabível, na forma da lei processual civil, a adjudicação ao condomínio edilício da fração de tempo correspondente. *(Incluído pela Lei 13.777/2018)*

Parágrafo único. Na hipótese de o imóvel objeto da multipropriedade ser parte integrante de empreendimento em que haja sistema de locação das frações de tempo no qual os titulares possam ou sejam obrigados a locar suas frações de tempo exclusivamente por meio de uma administração única, repartindo entre si as receitas das locações independentemente da efetiva ocupação de cada unidade autônoma, poderá a convenção do condomínio edilício regrar que em caso de inadimplência:

I - o inadimplente fique proibido de utilizar o imóvel até a integral quitação da dívida;

II - a fração de tempo do inadimplente passe a integrar o *pool* da administradora;

III - a administradora do sistema de locação fique automaticamente munida de poderes e obrigada a, por conta e ordem do inadimplente, utilizar a integralidade dos valores líquidos a que o inadimplente tiver direito para amortizar suas dívidas condominiais, seja do condomínio edilício, seja do condomínio em multipropriedade, até sua integral quitação, devendo eventual saldo ser imediatamente repassado ao multiproprietário.

Art. 1.358-T. O multiproprietário somente poderá renunciar de forma translativa a seu direito de multipropriedade em favor do condomínio edilício. *(Incluído pela Lei 13.777/2018)*

Parágrafo único. A renúncia de que trata o *caput* deste artigo só é admitida se o multiproprietário estiver em dia com as contribuições condominiais, com os tributos imobiliários e, se houver, com o foro ou a taxa de ocupação.

Art. 1.358-U. As convenções dos condomínios edilícios, os memoriais de loteamentos e os instrumentos de venda dos lotes em loteamentos urbanos poderão limitar ou impedir a instituição da multipropriedade nos respectivos imóveis, vedação que somente poderá ser alterada no mínimo pela maioria absoluta dos condôminos. *(Incluído pela Lei 13.777/2018)*

CAPÍTULO VIII
DA PROPRIEDADE RESOLÚVEL

Art. 1.359. Resolvida a propriedade pelo implemento da condição ou pelo advento do termo, entendem-se também resolvidos os direitos reais concedidos na sua pendência, e o proprietário, em cujo favor se opera a resolução, pode reivindicar a coisa do poder de quem a possua ou detenha.

- arts. 127; 128; 507; 513; 547; 1.953 deste Código.

Art. 1.360. Se a propriedade se resolver por outra causa superveniente, o possuidor que a tiver adquirido por título anterior à sua resolução será considerado proprietário perfeito, restando à pessoa, em cujo benefício houve a resolução, ação contra aquele cuja propriedade se resolveu para haver a própria coisa ou o seu valor.

CAPÍTULO IX
DA PROPRIEDADE FIDUCIÁRIA

- art. 2.043 deste Código.
- Dec.-Lei 911/1969 (Altera a redação do art. 66, Lei 4.728/1965 e estabelece normas de processo sobre alienação fiduciária).
- Enunciado 506 das Jornadas de Direito Civil.

Art. 1.361. Considera-se fiduciária a propriedade resolúvel de coisa móvel infungível que o devedor, com escopo de garantia, transfere ao credor.

- arts. 22 a 33, Lei 9.514/1997 (Dispõe sobre o sistema de financiamento imobiliário e institui a alienação fiduciária de coisa imóvel).

§ 1º Constitui-se a propriedade fiduciária com o registro do contrato, celebrado por instrumento público ou particular, que lhe serve de título, no Registro de Títulos e Documentos do domicílio do devedor, ou, em se tratando de veículos, na repartição competente para o licenciamento, fazendo-se a anotação no certificado de registro.

- arts. 129-5; 130; 131, Lei 6.015/1973 (Lei de Registros Públicos).

§ 2º Com a constituição da propriedade fiduciária, dá-se o desdobramento da posse, tornando-se o devedor possuidor direto da coisa.

- art. 1.197 deste Código.

§ 3º A propriedade superveniente, adquirida pelo devedor, torna eficaz, desde o arquivamento, a transferência da propriedade fiduciária.

- Súm. 28; 92, STJ.

Art. 1.362. O contrato, que serve de título à propriedade fiduciária, conterá:

I - o total da dívida, ou sua estimativa;
II - o prazo, ou a época do pagamento;
III - a taxa de juros, se houver;
IV - a descrição da coisa objeto da transferência, com os elementos indispensáveis à sua identificação.

Art. 1.363. Antes de vencida a dívida, o devedor, a suas expensas e risco, pode usar a coisa segundo sua destinação, sendo obrigado, como depositário:

I - a empregar na guarda da coisa a diligência exigida por sua natureza;
II - a entregá-la ao credor, se a dívida não for paga no vencimento.

Art. 1.364. Vencida a dívida, e não paga, fica o credor obrigado a vender, judicial ou extrajudicialmente, a coisa a terceiros, a aplicar o preço no pagamento de seu crédito e das despesas de cobrança, e a entregar o saldo, se houver, ao devedor.

- Súm. 72; 245 STJ.

Art. 1.365. É nula a cláusula que autoriza o proprietário fiduciário a ficar com a coisa alienada em garantia, se a dívida não for paga no vencimento.

Parágrafo único. O devedor pode, com a anuência do credor, dar seu direito eventual à coisa em pagamento da dívida, após o vencimento desta.

- arts. 1.428 deste Código.

Art. 1.366. Quando, vendida a coisa, o produto não bastar para o pagamento da dívida e das despesas de cobrança, continuará o devedor obrigado pelo restante.

Art. 1.367. A propriedade fiduciária em garantia de bens móveis ou imóveis sujeita-se às disposições do Capítulo I do Título X do Livro III da Parte Especial deste Código e, no que for específico, à legislação especial pertinente, não se equiparando, para quaisquer efeitos, à propriedade plena de que trata o art. 1.231. (Alterado pela Lei 13.043/2014.)

Art. 1.368. O terceiro, interessado ou não, que pagar a dívida, se sub-rogará de pleno direito no crédito e na propriedade fiduciária.

- arts. 346 a 351 deste Código.

Art. 1.368-A. As demais espécies de propriedade fiduciária ou de titularidade fiduciária submetem-se à disciplina específica das respectivas leis especiais, somente se aplicando as disposições deste Código naquilo que não for incompatível com a legislação especial. (Incluído pela Lei 10.931/2004.)

Art. 1.368-B. A alienação fiduciária em garantia de bem móvel ou imóvel confere direito real de aquisição ao fiduciante, seu cessionário ou sucessor. (Acrescentado pela Lei 13.043/2014.)

Parágrafo único. O credor fiduciário que se tornar proprietário pleno do bem, por efeito de realização da garantia, mediante consolidação da propriedade, adjudicação, dação ou outra forma pela qual lhe tenha sido transmitida a propriedade plena, passa a responder pelo pagamento dos tributos sobre a propriedade e a posse, taxas, despesas condominiais e quaisquer outros encargos, tributários ou não, incidentes sobre o bem objeto da garantia, a partir da data em que vier a ser imitido na posse direta do bem. (Acrescentado pela Lei 13.043/2014.)

CAPÍTULO X
DO FUNDO DE INVESTIMENTO
(INCLUÍDO PELA LEI 13.874/2019)

Art. 1.368-C. O fundo de investimento é uma comunhão de recursos, constituído sob a forma de condomínio de natureza especial, destinado à aplicação em ativos financeiros, bens e direitos de qualquer natureza. (Redação dada pela Lei 13.874/2019)

§ 1º Não se aplicam ao fundo de investimento as disposições constantes dos arts. 1.314 ao 1.358-A deste Código. (Acrescido pela Lei 13.874/2019)

§ 2º Competirá à Comissão de Valores Mobiliários disciplinar o disposto no *caput* deste artigo. (Acrescido pela Lei 13.874/2019)

§ 3º O registro dos regulamentos dos fundos de investimentos na Comissão de Valores Mobiliários é condição suficiente para garantir a sua publicidade e a oponibilidade de efeitos em relação a terceiros. (Acrescido pela Lei 13.874/2019)

Art. 1.368-D. O regulamento do fundo de investimento poderá, observado o disposto na regulamentação a que se refere o § 2º do art. 1.368-C desta Lei, estabelecer: (Acrescido pela Lei 13.874/2019)

I - a limitação da responsabilidade de cada investidor ao valor de suas cotas; (Acrescido pela Lei 13.874/2019)

II - a limitação da responsabilidade, bem como parâmetros de sua aferição, dos prestadores de serviços do fundo de investimento, perante o condomínio e entre si, ao cumprimento dos deveres particulares de cada um, sem solidariedade; e (Redação dada pela Lei 13.874/2019)

III - classes de cotas com direitos e obrigações distintos, com possibilidade de constituir patrimônio segregado para cada classe. (Acrescido pela Lei 13.874/2019)

§ 1º A adoção da responsabilidade limitada por fundo de investimento constituído sem a limitação de responsabilidade somente abrangerá fatos ocorridos após a respectiva mudança em seu regulamento. (Acrescido pela Lei 13.874/2019)

§ 2º A avaliação de responsabilidade dos prestadores de serviço deverá levar sempre em consideração os riscos inerentes às aplicações nos mercados de atuação do fundo de investimento e a natureza de obrigação de meio de seus serviços. (Acrescido pela Lei 13.874/2019)

§ 3º O patrimônio segregado referido no inciso III do *caput* deste artigo só responderá por obrigações vinculadas à classe respectiva, nos termos do regulamento. (Acrescido pela Lei 13.874/2019)

Art. 1.368-E. Os fundos de investimento respondem diretamente pelas obrigações legais e contratuais por eles assumidas, e os prestadores de serviço não respondem por essas obrigações, mas respondem pelos prejuízos que causarem quando procederem com dolo ou má-fé. (Acrescido pela Lei 13.874/2019)

§ 1º Se o fundo de investimento com limitação de responsabilidade não possuir patrimônio suficiente para responder por suas dívidas, aplicam-se as regras de insolvência previstas nos arts. 955 a 965 deste Código.

§ 2º A insolvência pode ser requerida judicialmente por credores, por deliberação própria dos cotistas do fundo de investimento, nos termos de seu regulamento, ou pela Comissão de Valores Mobiliários.

Art. 1.368-F. O fundo de investimento constituído por lei específica e regulamentado pela Comissão de Valores Mobiliários deverá, no que couber, seguir as disposições deste Capítulo. (Acrescido pela Lei 13.874/2019)

TÍTULO IV
DA SUPERFÍCIE

- arts. 21 a 24 Lei 10.257/2001 (Estatuto da Cidade).

Art. 1.369. O proprietário pode conceder a outrem o direito de construir ou de plantar em seu terreno, por tempo determinado, mediante escritura pública devidamente registrada no Cartório de Registro de Imóveis.

- arts. 21, Lei 10.257/2001 (Estatuto da Cidade).
- art. 167, I-39, Lei 6.015/1973 (Lei de Registros Públicos).
- Enunciados 93; 249; 250; 321; 568 das Jornadas de Direito Civil.

Parágrafo único. O direito de superfície não autoriza obra no subsolo, salvo se for inerente ao objeto da concessão.

- arts. 21, § 1º, Lei 10.257/2001 (Estatuto da Cidade).

Art. 1.370. A concessão da superfície será gratuita ou onerosa; se onerosa, estipularão as partes se o pagamento será feito de uma só vez, ou parceladamente.

- art. 21, § 2º, Lei 10.257/2001 (Estatuto da Cidade).

Art. 1.371. O superficiário responderá pelos encargos e tributos que incidirem sobre o imóvel.

- art. 21, § 3º, Lei 10.257/2001 (Estatuto da Cidade).
- Enunciado 94 das Jornadas de Direito Civil.

Art. 1.372. O direito de superfície pode transferir-se a terceiros e, por morte do superficiário, aos seus herdeiros.

- art. 21, §§ 4º e 5º, Lei 10.257/2001 (Estatuto da Cidade).

Parágrafo único. Não poderá ser estipulado pelo concedente, a nenhum título, qualquer pagamento pela transferência.

Art. 1.373. Em caso de alienação do imóvel ou do direito de superfície, o superficiário ou o proprietário tem direito de preferência, em igualdade de condições.

- art. 22, Lei 10.257/2001 (Estatuto da Cidade).
- Enunciado 510 das Jornadas de Direito Civil.

Art. 1.374. Antes do termo final, resolver-se-á a concessão se o superficiário der ao terreno destinação diversa daquela para que foi concedida.

- art. 24, § 1º, Lei 10.257/2001 (Estatuto da Cidade).

Art. 1.375. Extinta a concessão, o proprietário passará a ter a propriedade plena sobre o terreno, construção ou plantação, independentemente de indenização, se as partes não houverem estipulado o contrário.

- art. 24, Lei 10.257/2001 (Estatuto da Cidade).

Art. 1.376. No caso de extinção do direito de superfície em consequência de desapropriação, a indenização cabe ao proprietário e ao superficiário, no valor correspondente ao direito real de cada um.

- art. 1.275, V, deste Código.
- Enunciado 322 das Jornadas de Direito Civil.

Art. 1.377. O direito de superfície, constituído por pessoa jurídica de direito público interno, rege-se por este Código, no que não for diversamente disciplinado em lei especial.

TÍTULO V
DAS SERVIDÕES

- art. 47, NCPC.
- Dec.-Lei 58/1937 Dispõe sobre o loteamento e a venda de terrenos para pagamento em prestações).
- arts. 256; 257, Lei 6.015/1973 (Lei de Registros Públicos).
- Lei 10.257/2001 (Estatuto da Cidade).
- Súm. 120; 415, STF.
- Súm. 56, STJ.

CAPÍTULO I
DA CONSTITUIÇÃO DAS SERVIDÕES

Art. 1.378. A servidão proporciona utilidade para o prédio dominante, e grava o prédio serviente, que pertence a diverso dono, e constitui-se mediante declaração expressa dos proprietários, ou por testamento, e subsequente registro no Cartório de Registro de Imóveis.

- art. 1.227 deste Código.
- art. 167, I, I-6, Lei 6.015/1973 (Lei de Registros Públicos).

Art. 1.379. O exercício incontestado e contínuo de uma servidão aparente, por dez anos, nos termos do art. 1.242, autoriza o interessado a registrá-la em seu nome no Registro de Imóveis, valendo-lhe como título a sentença que julgar consumado a usucapião.

- Enunciado 251 das Jornadas de Direito Civil.

Parágrafo único. Se o possuidor não tiver título, o prazo da usucapião será de vinte anos.

- art. 1.238 deste Código.
- Súm. 415, STF.

CAPÍTULO II
DO EXERCÍCIO DAS SERVIDÕES

Art. 1.380. O dono de uma servidão pode fazer todas as obras necessárias à sua conservação e uso, e, se a servidão pertencer a mais de um prédio, serão as despesas rateadas entre os respectivos donos.

Art. 1.381. As obras a que se refere o artigo antecedente devem ser feitas pelo dono do prédio dominante, se o contrário não dispuser expressamente o título.

Art. 1.382. Quando a obrigação incumbir ao dono do prédio serviente, este poderá exonerar-se, abandonando, total ou parcialmente, a propriedade ao dono do dominante.

Parágrafo único. Se o proprietário do prédio dominante se recusar a receber a propriedade do serviente, ou parte dela, caber-lhe-á custear as obras.

Art. 1.383. O dono do prédio serviente não poderá embaraçar de modo algum o exercício legítimo da servidão.

- art. 1.210 deste Código.

Art. 1.384. A servidão pode ser removida, de um local para outro, pelo dono do prédio serviente e à sua custa, se em nada diminuir as vantagens do prédio dominante, ou pelo dono deste e à sua custa, se houver considerável incremento da utilidade e não prejudicar o prédio serviente.

Art. 1.385. Restringir-se-á o exercício da servidão às necessidades do prédio dominante, evitando-se, quanto possível, agravar o encargo ao prédio serviente.

§ 1º Constituída para certo fim, a servidão não se pode ampliar a outro.

§ 2º Nas servidões de trânsito, a de maior inclui a de menor ônus, e a menor exclui a mais onerosa.

§ 3º Se as necessidades da cultura, ou da indústria, do prédio dominante impuserem à servidão maior largueza, o dono do serviente é obrigado a sofrê-la; mas tem direito a ser indenizado pelo excesso.

Art. 1.386. As servidões prediais são indivisíveis, e subsistem, no caso de divisão dos imóveis, em benefício de cada uma das porções do prédio dominante, e continuam a gravar cada uma das do prédio serviente, salvo se, por natureza, ou destino, só se aplicarem a certa parte de um ou de outro.

CAPÍTULO III
DA EXTINÇÃO DAS SERVIDÕES

Art. 1.387. Salvo nas desapropriações, a servidão, uma vez registrada, só se extingue, com respeito a terceiros, quando cancelada.

- arts. 256; 257, Lei 6.015/1973 (Lei de Registros Públicos).

Parágrafo único. Se o prédio dominante estiver hipotecado, e a servidão se mencionar no título hipotecário, será também preciso, para a cancelar, o consentimento do credor.

- arts. 1.473 a 1.505 deste Código.

Art. 1.388. O dono do prédio serviente tem direito, pelos meios judiciais, ao cancelamento do registro, embora o dono do prédio dominante lho impugne:

I - quando o titular houver renunciado a sua servidão;

II - quando tiver cessado, para o prédio dominante, a utilidade ou a comodidade, que determinou a constituição da servidão;

III - quando o dono do prédio serviente resgatar a servidão.

Art. 1.389. Também se extingue a servidão, ficando ao dono do prédio serviente a faculdade de fazê-la cancelar, mediante a prova da extinção:

I - pela reunião dos dois prédios no domínio da mesma pessoa;

II - pela supressão das respectivas obras por efeito de contrato, ou de outro título expresso;

III - pelo não uso, durante dez anos contínuos.

TÍTULO VI
DO USUFRUTO

- arts. 1.225, IV; 1.413; 1.689 a 1.693; 1.816; 1.921; 1.946 deste Código.

CAPÍTULO I
DISPOSIÇÕES GERAIS

Art. 1.390. O usufruto pode recair em um ou mais bens, móveis ou imóveis, em um patrimônio inteiro, ou parte deste, abrangendo-lhe, no todo ou em parte, os frutos e utilidades.

- art. 231, § 2º, CF.
- arts. 1.225, IV; 1.413; 1.416; 1.652, I; 1.169, I; 1.693; 1.816, p.u.; 1.921; 1.946; 1.952 deste Código.

Art. 1.391. O usufruto de imóveis, quando não resulte de usucapião, constituir-se-á mediante registro no Cartório de Registro de Imóveis.

- arts. 1.227; 1.652, I; 1.689, I, deste Código.
- art. 167-I, n-7, Lei 6.015/1973 (Lei de Registros Públicos).

Art. 1.392. Salvo disposição em contrário, o usufruto estende-se aos acessórios da coisa e seus acrescidos.

- arts. 92 a 97; 1.248 deste Código.

§ 1º Se, entre os acessórios e os acrescidos, houver coisas consumíveis, terá o usufrutuário o dever de restituir, findo o usufruto, as que ainda houver e, das outras, o equivalente em gênero, qualidade e quantidade, ou, não sendo possível, o seu valor, estimado ao tempo da restituição.

- arts. 85; 86; 1.248; 1.395 deste Código.

§ 2º Se há no prédio em que recai o usufruto florestas ou os recursos minerais a que se refere o art. 1.230, devem o dono e o usufrutuário prefixar-lhe a extensão do gozo e a maneira de exploração.

§ 3º Se o usufruto recai sobre universalidade ou quota-parte de bens, o usufrutuário tem direito à parte do tesouro achado por outrem, e ao preço pago pelo vizinho do prédio usufruído, para obter meação em parede, cerca, muro, vala ou valado.

- arts. 90; 1.264 a 1.266 deste Código.

Art. 1.393. Não se pode transferir o usufruto por alienação; mas o seu exercício pode ceder-se por título gratuito ou oneroso.

CAPÍTULO II
DOS DIREITOS DO USUFRUTUÁRIO

Art. 1.394. O usufrutuário tem direito à posse, uso, administração e percepção dos frutos.

- arts. 1.196; 1.197; 1.392; 1.395 a 1.398; 1.401; 1.402 deste Código.

Art. 1.395. Quando o usufruto recai em títulos de crédito, o usufrutuário tem direito a perceber os frutos e a cobrar as respectivas dívidas.

- arts. 887 a 926 deste Código.

Parágrafo único. Cobradas as dívidas, o usufrutuário aplicará, de imediato, a importância em títulos da mesma natureza, ou em títulos da dívida pública federal, com cláusula de atualização monetária segundo índices oficiais regularmente estabelecidos.

Art. 1.396. Salvo direito adquirido por outrem, o usufrutuário faz seus os frutos naturais, pendentes ao começar o usufruto, sem encargo de pagar as despesas de produção.

- art. 1.215 deste Código.

Parágrafo único. Os frutos naturais, pendentes ao tempo em que cessa o usufruto, pertencem ao dono, também sem compensação das despesas.

Art. 1.397. As crias dos animais pertencem ao usufrutuário, deduzidas quantas bastem para inteirar as cabeças de gado existentes ao começar o usufruto.

Art. 1.398. Os frutos civis, vencidos na data inicial do usufruto, pertencem ao proprietário, e ao usufrutuário os vencidos na data em que cessa o usufruto.

- art. 1.215 deste Código.

Art. 1.399. O usufrutuário pode usufruir em pessoa, ou mediante arrendamento, o prédio, mas não mudar-lhe a destinação econômica, sem expressa autorização do proprietário.

- art. 1.393 deste Código.

CAPÍTULO III
DOS DEVERES DO USUFRUTUÁRIO

Art. 1.400. O usufrutuário, antes de assumir o usufruto, inventariará, à sua custa, os bens que receber, determinando o estado em que se acham, e dará caução, fidejussória ou real, se lha exigir o dono, de velar-lhes pela conservação, e entregá-los findo o usufruto.

Parágrafo único. Não é obrigado à caução o doador que se reservar o usufruto da coisa doada.

Art. 1.401. O usufrutuário que não quiser ou não puder dar caução suficiente perderá o direito de administrar o usufruto; e, neste caso, os bens serão administrados pelo proprietário, que ficará obrigado, mediante caução, a entregar ao usufrutuário o rendimento deles, deduzidas as despesas de administração, entre as quais se incluirá a quantia fixada pelo juiz como remuneração do administrador.

Art. 1.402. O usufrutuário não é obrigado a pagar as deteriorações resultantes do exercício regular do usufruto.

- art. 569, IV, deste Código

Art. 1.403. Incumbem ao usufrutuário:

I - as despesas ordinárias de conservação dos bens no estado em que os recebeu;

- art. 23, Lei 8.245/1991 (Lei das Locações).

II - as prestações e os tributos devidos pela posse ou rendimento da coisa usufruída.

Art. 1.404. Incumbem ao dono as reparações extraordinárias e as que não forem de custo módico; mas o usufrutuário lhe pagará os juros do capital despendido com as que forem necessárias à conservação, ou aumentarem o rendimento da coisa usufruída.

- art. 22, Lei 8.245/1991 (Lei das Locações).

§ 1º Não se consideram módicas as despesas superiores a dois terços do líquido rendimento em um ano.

§ 2º Se o dono não fizer as reparações a que está obrigado, e que são indispensáveis à conservação da coisa, o usufrutuário pode realizá-las, cobrando daquele a importância despendida.

Art. 1.405. Se o usufruto recair num patrimônio, ou parte deste, será o usufrutuário obrigado aos juros da dívida que onerar o patrimônio ou a parte dele.

- arts. 89 a 91 deste Código.

Art. 1.406. O usufrutuário é obrigado a dar ciência ao dono de qualquer lesão produzida contra a posse da coisa, ou os direitos deste.

Art. 1.407. Se a coisa estiver segurada, incumbe ao usufrutuário pagar, durante o usufruto, as contribuições do seguro.

- arts. 757 a 788 deste Código.

§ 1º Se o usufrutuário fizer o seguro, ao proprietário caberá o direito dele resultante contra o segurador.

§ 2º Em qualquer hipótese, o direito do usufrutuário fica sub-rogado no valor da indenização do seguro.

Art. 1.408. Se um edifício sujeito a usufruto for destruído sem culpa do proprietário, não será este obrigado a reconstruí-lo, nem o usufruto se restabelecerá, se o proprietário reconstruir à sua custa o prédio; mas se a indenização do seguro for aplicada à reconstrução do prédio, restabelecer-se-á o usufruto.

- art. 1.275, IV, deste Código.

Art. 1.409. Também fica sub-rogada no ônus do usufruto, em lugar do prédio, a indenização paga, se ele for desapropriado, ou a importância do dano, ressarcido pelo terceiro responsável no caso de danificação ou perda.

CAPÍTULO IV
DA EXTINÇÃO DO USUFRUTO

Art. 1.410. O usufruto extingue-se, cancelando-se o registro no Cartório de Registro de Imóveis:

- art. 725, NCPC.

I - pela renúncia ou morte do usufrutuário;

- art. 1.921 deste Código.

II - pelo termo de sua duração;

III - pela extinção da pessoa jurídica, em favor de quem o usufruto foi constituído, ou, se ela perdurar, pelo decurso de trinta anos da data em que se começou a exercer;

IV - pela cessação do motivo de que se origina;

V - pela destruição da coisa, guardadas as disposições dos arts. 1.407, 1.408, 2ª parte, e 1.409;

- art. 1.392, 1º; 1.395 deste Código.

VI - pela consolidação;

VII - por culpa do usufrutuário, quando aliena, deteriora ou deixa arruinar os bens, não lhes acudindo com os reparos de conservação, ou quando, no usufruto de títulos de crédito, não dá às importâncias recebidas a aplicação prevista no parágrafo único do art. 1.395;

VIII - pelo não uso, ou não fruição, da coisa em que o usufruto recai (arts. 1.390 e 1.399).

- Enunciado 252 das Jornadas de Direito Civil.

Art. 1.411. Constituído o usufruto em favor de duas ou mais pessoas, extinguir-se-á a parte em relação a cada uma das que falecerem, salvo se, por estipulação expressa, o quinhão desses couber ao sobrevivente.

- art. 1.946 deste Código.

TÍTULO VII
DO USO

- arts. 167, I, item 7; 220, II, Lei 6.015/1973 (Lei de Registros Públicos).

Art. 1.412. O usuário usará da coisa e perceberá os seus frutos, quanto o exigirem as necessidades suas e de sua família.

§ 1º Avaliar-se-ão as necessidades pessoais do usuário conforme a sua condição social e o lugar onde viver.

§ 2º As necessidades da família do usuário compreendem as de seu cônjuge, dos filhos solteiros e das pessoas de seu serviço doméstico.

Art. 1.413. São aplicáveis ao uso, no que não for contrário à sua natureza, as disposições relativas ao usufruto.

- arts. 1.390 a 1.411 deste Código.

TÍTULO VIII
DA HABITAÇÃO

Art. 1.414. Quando o uso consistir no direito de habitar gratuitamente casa alheia, o titular deste direito não a pode alugar, nem emprestar, mas simplesmente ocupá-la com sua família.

- art. 1.831 deste Código.
- art. 167, I, item 7, Lei 6.015/1973 (Lei de Registros Públicos).
- art. 7º, p.u., Lei 9.278/1996 (Lei da União Estável).

Art. 1.415. Se o direito real de habitação for conferido a mais de uma pessoa, qualquer delas que sozinha habite a casa não terá de pagar aluguel à outra, ou às outras, mas não as pode inibir de exercerem, querendo, o direito, que também lhes compete, de habitá-la.

- arts. 1.831 deste Código.

Art. 1.416. São aplicáveis à habitação, no que não for contrário à sua natureza, as disposições relativas ao usufruto.

- arts. 1.390 a 1.411 deste Código.

TÍTULO IX
DO DIREITO DO PROMITENTE COMPRADOR

- arts. 1.225, VII, e 1.334, § 2º, deste Código.

Art. 1.417. Mediante promessa de compra e venda, em que se não pactuou arrependimento, celebrada por instrumento público ou particular, e registrada no Cartório de Registro de Imóveis, adquire o promitente comprador direito real à aquisição do imóvel.

- arts. 417 a 420, deste Código.
- Súm. 76; 84; 239, STJ.
- Enunciado 253 das Jornadas de Direito Civil.

Art. 1.418. O promitente comprador, titular de direito real, pode exigir do promitente vendedor, ou de terceiros, a quem os direitos deste forem cedidos, a outorga da escritura definitiva de compra e venda, conforme o disposto no instrumento preliminar; e, se houver recusa, requerer ao juiz a adjudicação do imóvel.

- Súm. 239, STJ.
- Enunciado 95 das Jornadas de Direito Civil.

TÍTULO X
DO PENHOR, DA HIPOTECA E DA ANTICRESE

CAPÍTULO I
DISPOSIÇÕES GERAIS

Art. 1.419. Nas dívidas garantidas por penhor, anticrese ou hipoteca, o bem dado em garantia fica sujeito, por vínculo real, ao cumprimento da obrigação.

- art. 961, deste Código.
- art. 83, II, Lei 11.101/2005 (Lei de Recuperação de Empresas e Falências).

Art. 1.420. Só aquele que pode alienar poderá empenhar, hipotecar ou dar em anticrese; só os bens que se podem alienar poderão ser dados em penhor, anticrese ou hipoteca.

- arts. 1.314; 1.647, I; 1.691; 1.717; 1.848 deste Código.

§ 1º A propriedade superveniente torna eficaz, desde o registro, as garantias reais estabelecidas por quem não era dono.

- arts. 1.268; 1.912 deste Código.

§ 2º A coisa comum a dois ou mais proprietários não pode ser dada em garantia real, na sua totalidade, sem o consentimento de todos; mas cada um pode individualmente dar em garantia real a parte que tiver.

- arts. 87 e 1.314 deste Código.

Art. 1.421. O pagamento de uma ou mais prestações da dívida não importa exoneração correspondente da garantia, ainda que esta compreenda vários bens, salvo disposição expressa no título ou na quitação.

- art. 7º, Dec. 22.626/1933 (Lei da Usura).

Art. 1.422. O credor hipotecário e o pignoratício têm o direito de excutir a coisa hipotecada ou empenhada, e preferir, no pagamento, a outros credores, observada, quanto à hipoteca, a prioridade no registro.

- arts. 958; 959; 961; e 1.493, p.u., deste Código.
- arts. 784, V, 835, § 3º, NCPC.
- art. 83, Lei 11.101/2005 (Lei de Recuperação de Empresas e Falências).

Parágrafo único. Excetuam-se da regra estabelecida neste artigo as dívidas que, em virtude de outras leis, devam ser pagas precipuamente a quaisquer outros créditos.

- art. 964 deste Código.

Art. 1.423. O credor anticrético tem direito a reter em seu poder o bem, enquanto a dívida não for paga; extingue-se esse direito decorridos quinze anos da data de sua constituição.

- arts. 1.507 a 1.510 deste Código.

Art. 1.424. Os contratos de penhor, anticrese ou hipoteca declararão, sob pena de não terem eficácia:

I - o valor do crédito, sua estimação, ou valor máximo;

II - o prazo fixado para pagamento;

III - a taxa dos juros, se houver;

IV - o bem dado em garantia com as suas especificações.

Art. 1.425. A dívida considera-se vencida:

I - se, deteriorando-se, ou depreciando-se o bem dado em segurança, desfalcar a garantia, e o devedor, intimado, não a reforçar ou substituir;

II - se o devedor cair em insolvência ou falir;

- art. 322; 333, II, deste Código.

III - se as prestações não forem pontualmente pagas, toda vez que deste modo se achar estipulado o pagamento. Neste caso, o recebimento posterior da prestação atrasada importa renúncia do credor ao seu direito de execução imediata;

IV - se perecer o bem dado em garantia, e não for substituído;

V - se se desapropriar o bem dado em garantia, hipótese na qual se depositará a parte do preço que for necessária para o pagamento integral do credor.

- arts. 959, II, e 1.275, V, deste Código.
- art. 31, Dec.-Lei 3.365/1941 (Dispõe sobre desapropriações por utilidade pública).

§ 1º Nos casos de perecimento da coisa dada em garantia, esta se sub-rogará na indenização do seguro, ou no ressarcimento do dano, em benefício do credor, a quem assistirá sobre ela preferência até seu completo reembolso.

§ 2º Nos casos dos incisos IV e V, só se vencerá a hipoteca antes do prazo estipulado, se o perecimento, ou a desapropriação, recair sobre o bem dado em garantia, e esta não abranger outras; subsistindo, no caso contrário, a dívida reduzida, com a respectiva garantia sobre os demais bens, não desapropriados ou destruídos.

Art. 1.426. Nas hipóteses do artigo anterior, de vencimento antecipado da dívida, não se compreendem os juros correspondentes ao tempo ainda não decorrido.

Art. 1.427. Salvo cláusula expressa, o terceiro que presta garantia real por dívida alheia não fica obrigado a substituí-la, ou reforçá-la, quando, sem culpa sua, se perca, deteriore, ou desvalorize.

Art. 1.428. É nula a cláusula que autoriza o credor pignoratício, anticrético ou hipotecário a ficar com o objeto da garantia, se a dívida não for paga no vencimento.

- Enunciado 626 das Jornadas de Direito Civil.

Parágrafo único. Após o vencimento, poderá o devedor dar a coisa em pagamento da dívida.

Art. 1.429. Os sucessores do devedor não podem remir parcialmente o penhor ou a hipoteca na proporção dos seus quinhões; qualquer deles, porém, pode fazê-lo no todo.

Parágrafo único. O herdeiro ou sucessor que fizer a remição fica sub-rogado nos direitos do credor pelas quotas que houver satisfeito.

Art. 1.430. Quando, excutido o penhor, ou executada a hipoteca, o produto não bastar para pagamento da dívida e despesas judiciais, continuará o devedor obrigado pessoalmente pelo restante.

- arts. 1.485, V; 1.488, § 3º, deste Código.

CAPÍTULO II
DO PENHOR

- arts. 30; 165; 333; 364; 1.225, VIII, deste Código.
- art. 8º, § 2º, LInDB.
- arts. 703 a 706; 784; 804 NCPC.

SEÇÃO I
DA CONSTITUIÇÃO DO PENHOR

Art. 1.431. Constitui-se o penhor pela transferência efetiva da posse que, em garantia do débito ao credor ou a quem o represente, faz o devedor, ou alguém por ele, de uma coisa móvel, suscetível de alienação.

- art. 1.196 deste Código.
- art. 8º, § 2º, LInDB.

Parágrafo único. No penhor rural, industrial, mercantil e de veículos, as coisas empenhadas continuam em poder do devedor, que as deve guardar e conservar.

Art. 1.432. O instrumento do penhor deverá ser levado a registro, por qualquer dos contratantes; o do penhor comum será registrado no Cartório de Títulos e Documentos.

- arts. 221; 1.438; 1.452; 1.462 deste Código.
- arts. 127, II e IV; 145; e 167, I, itens 4 e 15; 219, Lei 6.015/1973 (Lei de Registros Públicos).

SEÇÃO II
DOS DIREITOS DO CREDOR PIGNORATÍCIO

Art. 1.433. O credor pignoratício tem direito:

I - à posse da coisa empenhada;

- arts. 1.196 e ss., deste Código.

II - à retenção dela, até que o indenizem das despesas devidamente justificadas, que tiver feito, não sendo ocasionadas por culpa sua;

- arts. 319; 964, III; 1.219 deste Código.

III - ao ressarcimento do prejuízo que houver sofrido por vício da coisa empenhada;

IV - a promover a execução judicial, ou a venda amigável, se lhe permitir expressamente o contrato, ou lhe autorizar o devedor mediante procuração;

V - a apropriar-se dos frutos da coisa empenhada que se encontra em seu poder;

- art. 1.435, III, deste Código.

VI - a promover a venda antecipada, mediante prévia autorização judicial, sempre que haja receio fundado de que a coisa empenhada se perca ou deteriore, devendo o preço ser depositado. O dono da coisa empenhada pode impedir a venda antecipada, substituindo-a, ou oferecendo outra garantia real idônea.

Art. 1.434. O credor não pode ser constrangido a devolver a coisa empenhada, ou uma parte dela, antes de ser integralmente pago, podendo o juiz, a requerimento do proprietário, determinar que seja vendida apenas uma das coisas, ou parte da coisa empenhada, suficiente para o pagamento do credor.

- art. 964, III, deste Código.

SEÇÃO III
DAS OBRIGAÇÕES DO CREDOR PIGNORATÍCIO

Art. 1.435. O credor pignoratício é obrigado:

I - à custódia da coisa, como depositário, e a ressarcir ao dono a perda ou deterioração de que for culpado, podendo ser compensada na dívida, até a concorrente quantia, a importância da responsabilidade;

- arts. 368 a 380; 627 a 652, deste Código.

II - à defesa da posse da coisa empenhada e a dar ciência, ao dono dela, das circunstâncias que tornarem necessário o exercício de ação possessória;

- art. 1.210 e ss., deste Código.
- arts. 554 a 568, NCPC.

III - a imputar o valor dos frutos, de que se apropriar (art. 1.433, inciso V) nas despesas de guarda e conservação, nos juros e no capital da obrigação garantida, sucessivamente;

IV - a restituí-la, com os respectivos frutos e acessões, uma vez paga a dívida;

V - a entregar o que sobeje do preço, quando a dívida for paga, no caso do inciso IV do art. 1.433.

- arts. 1.428 e 1.436, V, deste Código.
- arts. 784, II a IV; 907, NCPC.

SEÇÃO IV
DA EXTINÇÃO DO PENHOR

Art. 1.436. Extingue-se o penhor:

I - extinguindo-se a obrigação;

- arts. 1.433; 1.434 deste Código.

II - perecendo a coisa;

III - renunciando o credor;

IV - confundindo-se na mesma pessoa as qualidades de credor e de dono da coisa;

- art. 381 deste Código.

V - dando-se a adjudicação judicial, a remissão ou a venda da coisa empenhada, feita pelo credor ou por ele autorizada.

- Consta do texto publicado no DJU a palavra "remissão" quando o correto seria "remição".
- art. 1.435, V, deste Código.

§ 1º Presume-se a renúncia do credor quando consentir na venda particular do penhor sem reserva de preço, quando restituir a sua posse ao devedor, ou quando anuir à sua substituição por outra garantia.

- art. 387 deste Código.

§ 2º Operando-se a confusão tão somente quanto a parte da dívida pignoratícia, subsistirá inteiro o penhor quanto ao resto.

- arts. 381 a 384 deste Código.

Art. 1.437. Produz efeitos a extinção do penhor depois de averbado o cancelamento do registro, à vista da respectiva prova.

- arts. 164 a 166, Lei 6.015/1973 (Lei de Registros Públicos).

SEÇÃO V
DO PENHOR RURAL

- art. 8º, § 2º, LInDB.
- Lei 492/1937 (Regula o penhor rural e a cédula pignoratícia).
- Lei 2.666/1955 (Dispõe sobre o penhor dos produtos agrícolas).
- Lei 8.929/1994 (Institui a Cédula de Produto Rural).

SUBSEÇÃO I
DISPOSIÇÕES GERAIS

Art. 1.438. Constitui-se o penhor rural mediante instrumento público ou particular, registrado no Cartório de Registro de Imóveis da circunscrição em que estiverem situadas as coisas empenhadas.

- art. 167, I, n. 4; 13; 15, Lei 6.015/1973 (Lei de Registros Públicos).

Parágrafo único. Prometendo pagar em dinheiro a dívida, que garante com penhor rural, o devedor poderá emitir, em favor do credor, cédula rural pignoratícia, na forma determinada em lei especial.

Art. 1.439. O penhor agrícola e o penhor pecuário não podem ser convencionados por prazos superiores aos das obrigações garantidas. (Alterado pela Lei 12.873/2013.)

- art. 61, Dec.-Lei 167/1967 (Dispõe sobre títulos de crédito rural).

§ 1º Embora vencidos os prazos, permanece a garantia, enquanto subsistirem os bens que a constituem.

§ 2º A prorrogação deve ser averbada à margem do registro respectivo, mediante requerimento do credor e do devedor.

Art. 1.440. Se o prédio estiver hipotecado, o penhor rural poderá constituir-se independentemente da anuência do credor hipotecário, mas não lhe prejudica o direito de preferência, nem restringe a extensão da hipoteca, ao ser executada.

Art. 1.441. Tem o credor direito a verificar o estado das coisas empenhadas, inspecionando-as onde se acharem, por si ou por pessoa que credenciar.

SUBSEÇÃO II
DO PENHOR AGRÍCOLA

- art. 1.439 deste Código.
- Lei 2.666/1955 (Dispõe sobre o penhor de produtos agrícolas).
- Lei 8.929/1994 (Institui a Cédula de Produto Rural).

Art. 1.442. Podem ser objeto de penhor:

I - máquinas e instrumentos de agricultura;

II - colheitas pendentes, ou em via de formação;

- art. 1.443 deste Código.

III - frutos acondicionados ou armazenados;

IV - lenha cortada e carvão vegetal;

V - animais do serviço ordinário de estabelecimento agrícola.

- Lei 492/1937 (Regula o penhor rural e a cédula pignoratícia).
- Dec.-Lei 167/1967 (Dispõe sobre títulos de crédito rural).

Art. 1.443. O penhor agrícola que recai sobre colheita pendente, ou em via de formação, abrange a imediatamente seguinte, no caso de frustrar-se ou ser insuficiente a que se deu em garantia.

Parágrafo único. Se o credor não financiar a nova safra, poderá o devedor constituir com outrem novo penhor, em quantia máxima equivalente à do primeiro; o segundo penhor terá preferência sobre o primeiro, abrangendo este apenas o excesso apurado na colheita seguinte.

SUBSEÇÃO III
DO PENHOR PECUÁRIO

Art. 1.444. Podem ser objeto de penhor os animais que integram a atividade pastoril, agrícola ou de laticínios.

‣ art. 127, IV, Lei 6.015/1973 (Lei de Registros Públicos).

Art. 1.445. O devedor não poderá alienar os animais empenhados sem prévio consentimento, por escrito, do credor.

Parágrafo único. Quando o devedor pretende alienar o gado empenhado ou, por negligência, ameace prejudicar o credor, poderá este requerer se depositem os animais sob a guarda de terceiro, ou exigir que se lhe pague a dívida de imediato.

Art. 1.446. Os animais da mesma espécie, comprados para substituir os mortos, ficam sub-rogados no penhor.

Parágrafo único. Presume-se a substituição prevista neste artigo, mas não terá eficácia contra terceiros, se não constar de menção adicional ao respectivo contrato, a qual deverá ser averbada.

SEÇÃO VI
DO PENHOR INDUSTRIAL E MERCANTIL

Art. 1.447. Podem ser objeto de penhor máquinas, aparelhos, materiais, instrumentos, instalados e em funcionamento, com os acessórios ou sem eles; animais, utilizados na indústria; sal e bens destinados à exploração das salinas; produtos de suinocultura, animais destinados à industrialização de carnes e derivados; matérias-primas e produtos industrializados.

‣ Dec. 1.102/1903 (Institui regras para o estabelecimento de empresas de armazéns gerais, determinando os direitos e obrigações dessas empresas).

‣ art. 20, Dec.-Lei 413/1969 (Dispõe sobre títulos de crédito industrial).

‣ art. 167, I-4, Lei 6.015/1973 (Lei de Registros Públicos).

Parágrafo único. Regula-se pelas disposições relativas aos armazéns gerais o penhor das mercadorias neles depositadas.

Art. 1.448. Constitui-se o penhor industrial, ou o mercantil, mediante instrumento público ou particular, registrado no Cartório de Registro de Imóveis da circunscrição onde estiverem situadas as coisas empenhadas.

‣ art. 167, I-4, Lei 6.015/1973 (Lei de Registros Públicos).

Parágrafo único. Prometendo pagar em dinheiro a dívida, que garante com penhor industrial ou mercantil, o devedor poderá emitir, em favor do credor, cédula do respectivo crédito, na forma e para os fins que a lei especial determinar.

Art. 1.449. O devedor não pode, sem o consentimento por escrito do credor, alterar as coisas empenhadas ou mudar-lhes a situação, nem delas dispor. O devedor que, anuindo o credor, alienar as coisas empenhadas, deverá repor outros bens da mesma natureza, que ficarão sub-rogados no penhor.

Art. 1.450. Tem o credor direito a verificar o estado das coisas empenhadas, inspecionando-as onde se acharem, por si ou por pessoa que credenciar.

SEÇÃO VII
DO PENHOR DE DIREITOS E TÍTULOS DE CRÉDITO

‣ arts. 887 a 926 deste Código.

‣ art. 784, NCPC.

Art. 1.451. Podem ser objeto de penhor direitos, suscetíveis de cessão, sobre coisas móveis.

‣ art. 83, II, deste Código.

Art. 1.452. Constitui-se o penhor de direito mediante instrumento público ou particular, registrado no Registro de Títulos e Documentos.

‣ arts. 127; 129, Lei 6.015/1973 (Lei de Registros Públicos)

Parágrafo único. O titular de direito empenhado deverá entregar ao credor pignoratício os documentos comprobatórios desse direito, salvo se tiver interesse legítimo em conservá-los.

Art. 1.453. O penhor de crédito não tem eficácia senão quando notificado ao devedor; por notificado tem-se o devedor que, em instrumento público ou particular, declarar-se ciente da existência do penhor.

Art. 1.454. O credor pignoratício deve praticar os atos necessários à conservação e defesa do direito empenhado e cobrar os juros e mais prestações acessórias compreendidas na garantia.

Art. 1.455. Deverá o credor pignoratício cobrar o crédito empenhado assim que se torne exigível. Se este consistir numa prestação pecuniária, depositará a importância recebida, de acordo com o devedor pignoratício, ou onde o juiz determinar; se consistir na entrega da coisa, nesta se sub-rogará o penhor.

Parágrafo único. Estando vencido o crédito pignoratício, tem o credor direito a reter, da quantia recebida, o que lhe é devido, restituindo o restante ao devedor; ou a excutir a coisa a ele entregue.

‣ arts. 1.433; 1.434 deste Código.

Art. 1.456. Se o mesmo crédito for objeto de vários penhores, só ao credor pignoratício, cujo direito prefira aos demais, o devedor deve pagar; responde por perdas e danos aos demais credores o credor preferente que, notificado por qualquer um deles, não promover oportunamente a cobrança.

‣ arts. 402 a 405 deste Código.

Art. 1.457. O titular do crédito empenhado só pode receber o pagamento com a anuência, por escrito, do credor pignoratício, caso em que o penhor se extinguirá.

‣ arts. 1.436; 1.437 deste Código.

‣ arts. 164 a 166, Lei 6.015/1973 (Lei de Registros Públicos)

Art. 1.458. O penhor, que recai sobre título de crédito, constitui-se mediante instrumento público ou particular ou endosso pignoratício, com a tradição do título ao credor, regendo-se pelas Disposições Gerais deste Título e, no que couber, pela presente Seção.

‣ arts. 127, III; 129-2, Lei 6.015/1973 (Lei de Registros Públicos)

Art. 1.459. Ao credor, em penhor de título de crédito, compete o direito de:

I - conservar a posse do título e recuperá-la de quem quer que o detenha;

II - usar dos meios judiciais convenientes para assegurar os seus direitos, e os do credor do título empenhado;

III - fazer intimar ao devedor do título que não pague ao seu credor, enquanto durar o penhor;

IV - receber a importância consubstanciada no título e os respectivos juros, se exigíveis, restituindo o título ao devedor, quando este solver a obrigação.

‣ arts. 319; 324; 1.433 deste Código.

Art. 1.460. O devedor do título empenhado que receber a intimação prevista no inciso III do artigo antecedente, ou se der por ciente do penhor, não poderá pagar ao seu credor. Se o fizer, responderá solidariamente por este, por perdas e danos, perante o credor pignoratício.

Parágrafo único. Se o credor der quitação ao devedor do título empenhado, deverá saldar imediatamente a dívida, em cuja garantia se constituiu o penhor.

‣ arts. 264 a 285; 402 a 405 deste Código.

SEÇÃO VIII
DO PENHOR DE VEÍCULOS

Art. 1.461. Podem ser objeto de penhor os veículos empregados em qualquer espécie de transporte ou condução.

‣ arts. 730 a 756 deste Código.

Art. 1.462. Constitui-se o penhor, a que se refere o artigo antecedente, mediante instrumento público ou particular, registrado no Cartório de Títulos e Documentos do domicílio do devedor, e anotado no certificado de propriedade.

‣ art. 129-7, Lei 6.015/1973 (Lei de Registros Públicos).

Parágrafo único. Prometendo pagar em dinheiro a dívida garantida com o penhor, poderá o devedor emitir cédula de crédito, na forma e para os fins que a lei especial determinar.

Art. 1.463. Não se fará o penhor de veículos sem que estejam previamente segurados contra furto, avaria, perecimento e danos causados a terceiros.

Art. 1.464. Tem o credor direito a verificar o estado do veículo empenhado, inspecionando-o onde se achar, por si ou por pessoa que credenciar.

Art. 1.465. A alienação, ou a mudança, do veículo empenhado sem prévia comunicação ao credor importa no vencimento antecipado do crédito pignoratício.

‣ arts. 333; 1.425; 1.426 deste Código.

Art. 1.466. O penhor de veículos só se pode convencionar pelo prazo máximo de dois anos, prorrogável até o limite de igual tempo, averbada a prorrogação à margem do registro respectivo.

SEÇÃO IX
DO PENHOR LEGAL

Art. 1.467. São credores pignoratícios, independentemente de convenção:

I - os hospedeiros, ou fornecedores de pousada ou alimento, sobre as bagagens, móveis, joias ou dinheiro que os seus consumidores ou fregueses tiverem consigo nas respectivas casas ou estabelecimentos, pelas despesas ou consumo que aí tiverem feito;

‣ arts. 932, IV; 933; 1.419 deste Código.

II - o dono do prédio rústico ou urbano, sobre os bens móveis que o rendeiro ou inquilino tiver guarnecendo o mesmo prédio, pelos aluguéis ou rendas.

‣ arts. 565 a 578 deste Código.

Art. 1.468. A conta das dívidas enumeradas no inciso I do artigo antecedente será extraída conforme a tabela impressa, prévia e ostensivamente exposta na casa, dos preços de hospedagem, da pensão ou dos gêneros fornecidos, sob pena de nulidade do penhor.

‣ art. 6º, III, CDC.

Art. 1.469. Em cada um dos casos do art. 1.467, o credor poderá tomar em garantia um ou mais objetos até o valor da dívida.

Art. 1.470. Os credores compreendidos no art. 1.467 podem fazer efetivo o penhor, antes de recorrerem à autoridade judiciária, sempre que haja perigo na demora, dando aos devedores comprovante dos bens de que se apossarem.

Art. 1.471. Tomado o penhor, requererá o credor, ato contínuo, a sua homologação judicial.

‣ arts. 703 a 706 NCPC.

Art. 1.472. Pode o locatário impedir a constituição do penhor mediante caução idônea.

‣ arts. 37 a 42, Lei 8.245/1991 (Lei das Locações).

CAPÍTULO III
DA HIPOTECA

‣ arts. 30; 165, p.u.; 364; 959; 1.225, IX; 1.419; 1.420; 1.422; 1.424; 1.425; 1.429; 1.430 deste Código.

- arts. 495; 674, § 2º, IV; 784, V; 799, I; 804 NCPC.
- arts. 468; 470; 564; 565; 626; 632; 633; 634-8; 658; 662 CCom.
- Dec.-Lei 70/1966 (Autoriza o funcionamento de associações de poupança e empréstimo e institui a cédula hipotecária).

SEÇÃO I
DISPOSIÇÕES GERAIS

Art. 1.473. Podem ser objeto de hipoteca:

- arts. 79 a 81; 92 deste Código.

I - os imóveis e os acessórios dos imóveis conjuntamente com eles;

- arts. 79 a 81; e 92 a 97 deste Código.

II - o domínio direto;

- art. 2.038 deste Código.

III - o domínio útil;

IV - as estradas de ferro;

- arts. 1.502 a 1.505 deste Código.

V - os recursos naturais a que se refere o art. 1.230, independentemente do solo onde se acham;

VI - os navios;

VII - as aeronaves;

VIII - o direito de uso especial para fins de moradia; (Incluído pela Lei 11.481/2007.)

IX - o direito real de uso; e (Incluído pela Lei 11.481/2007.)

X - a propriedade superficiária; e (Acrescentado pela Lei 11.481/2007.)

§ 1º A hipoteca dos navios e das aeronaves reger-se-á pelo disposto em lei especial. (Renumerado do parágrafo único pela Lei 11.481/2007.)

- arts. 138 a 152, Lei 7.565/1986 (Código Brasileiro de Aeronáutica).

§ 2º Os direitos de garantia instituídos nas hipóteses dos incisos IX e X do *caput* deste artigo ficam limitados à duração da concessão ou direito de superfície, caso tenham sido transferidos por período determinado. (Incluído pela Lei 11.481/2007.)

Art. 1.474. A hipoteca abrange todas as acessões, melhoramentos ou construções do imóvel. Subsistem os ônus reais constituídos e registrados, anteriormente à hipoteca, sobre o mesmo imóvel.

- arts. 1.248; 1.252 e ss. deste Código.

Art. 1.475. É nula a cláusula que proíbe ao proprietário alienar imóvel hipotecado.

Parágrafo único. Pode convencionar-se que vencerá o crédito hipotecário, se o imóvel for alienado.

Art. 1.476. O dono do imóvel hipotecado pode constituir outra hipoteca sobre ele, mediante novo título, em favor do mesmo ou de outro credor.

- art. 171, § 2º, II, CP.

Art. 1.477. Salvo o caso de insolvência do devedor, o credor da segunda hipoteca, embora vencida, não poderá executar o imóvel antes de vencida a primeira.

Parágrafo único. Não se considera insolvente o devedor por faltar ao pagamento das obrigações garantidas por hipotecas posteriores à primeira.

Art. 1.478. Se o devedor da obrigação garantida pela primeira hipoteca não se oferecer, no vencimento, para pagá-la, o credor da segunda pode promover-lhe a extinção, consignando a importância e citando o primeiro credor para recebê-la e o devedor para pagá-la; se este não pagar, o segundo credor, efetuando o pagamento, se sub-rogará nos direitos da hipoteca anterior, sem prejuízo dos que lhe competirem contra o devedor comum.

- art. 346, I, deste Código.
- arts. 266 a 276, Lei 6.015/1973 (Lei de Registros Públicos).

Parágrafo único. Se o primeiro credor estiver promovendo a execução da hipoteca, o credor da segunda depositará a importância do débito e as despesas judiciais.

Art. 1.479. O adquirente do imóvel hipotecado, desde que não se tenha obrigado pessoalmente a pagar as dívidas aos credores hipotecários, poderá exonerar-se da hipoteca, abandonando-lhes o imóvel.

Art. 1.480. O adquirente notificará o vendedor e os credores hipotecários, deferindo-lhes, conjuntamente, a posse do imóvel, ou o depositará em juízo.

Parágrafo único. Poderá o adquirente exercer a faculdade de abandonar o imóvel hipotecado, até as vinte e quatro horas subsequentes à citação, com que se inicia o procedimento executivo.

Art. 1.481. Dentro em trinta dias, contados do registro do título aquisitivo, tem o adquirente do imóvel hipotecado o direito de remi-lo, citando os credores hipotecários e propondo importância não inferior ao preço por que o adquiriu.

- arts. 346, II; 1.499, V, deste Código.
- arts. 266 a 276, Lei 6.015/1973 (Lei de Registros Públicos).

§ 1º Se o credor impugnar o preço da aquisição ou a importância oferecida, realizar-se-á licitação, efetuando-se a venda judicial a quem oferecer maior preço, assegurada preferência ao adquirente do imóvel.

§ 2º Não impugnado pelo credor, o preço da aquisição ou o preço proposto pelo adquirente, haver-se-á por definitivamente fixado para a remissão do imóvel, que ficará livre de hipoteca, uma vez pago ou depositado o preço.

- Consta do texto publicado no DJU a palavra "remissão", quando o correto seria "remição".

§ 3º Se o adquirente deixar de remir o imóvel, sujeitando-o a execução, ficará obrigado a ressarcir os credores hipotecários da desvalorização que, por sua culpa, o mesmo vier a sofrer, além das despesas judiciais da execução.

§ 4º Disporá de ação regressiva contra o vendedor o adquirente que ficar privado do imóvel em consequência de licitação ou penhora, o que pagar a hipoteca, o que, por causa de adjudicação ou licitação, desembolsar com o pagamento da hipoteca importância excedente à da compra e o que suportar custas e despesas judiciais.

- art. 346, II, deste Código.

Arts. 1.482. e 1.483. (Revogados pela Lei 13.105/2015.)

Art. 1.484. É lícito aos interessados fazer constar das escrituras o valor entre si ajustado dos imóveis hipotecados, o qual, devidamente atualizado, será a base para as arrematações, adjudicações e remições, dispensada a avaliação.

- art. 273, Lei 6.015/1973 (Lei de Registros Públicos).

Art. 1.485. Mediante simples averbação, requerida por ambas as partes, poderá prorrogar-se a hipoteca, até 30 (trinta) anos da data do contrato. Desde que perfaça esse prazo, só poderá subsistir o contrato de hipoteca reconstituindo-se por novo título e novo registro; e, nesse caso, lhe será mantida a precedência, que então lhe competir. (Redação dada pela Lei 10.931/2004.)

- art. 238, Lei 6.015/1973 (Lei de Registros Públicos).

Art. 1.486. Podem o credor e o devedor, no ato constitutivo da hipoteca, autorizar a emissão da correspondente cédula hipotecária, na forma e para os fins previstos em lei especial.

- Dec.-Lei 70/1966 (Autoriza o funcionamento de associações de poupança e empréstimo e institui a cédula hipotecária).

Art. 1.487. A hipoteca pode ser constituída para garantia de dívida futura ou condicionada, desde que determinado o valor máximo do crédito a ser garantido.

§ 1º Nos casos deste artigo, a execução da hipoteca dependerá de prévia e expressa concordância do devedor quanto à verificação da condição, ou ao montante da dívida.

§ 2º Havendo divergência entre o credor e o devedor, caberá àquele fazer prova de seu crédito. Reconhecido este, o devedor responderá, inclusive, por perdas e danos, em razão da superveniente desvalorização do imóvel.

- arts. 402 a 405 deste Código.

Art. 1.488. Se o imóvel, dado em garantia hipotecária, vier a ser loteado, ou se nele se constituir condomínio edilício, poderá o ônus ser dividido, gravando cada lote ou unidade autônoma, se o requererem ao juiz o credor, o devedor ou os donos, obedecida a proporção entre o valor de cada um deles e o crédito.

- arts. 1.331 a 1.358 deste Código.

§ 1º O credor só poderá se opor ao pedido de desmembramento do ônus, provando que o mesmo importa em diminuição de sua garantia.

§ 2º Salvo convenção em contrário, todas as despesas judiciais ou extrajudiciais necessárias ao desmembramento do ônus correm por conta de quem o requerer.

§ 3º O desmembramento do ônus não exonera o devedor originário da responsabilidade a que se refere o art. 1.430, salvo anuência do credor.

SEÇÃO II
DA HIPOTECA LEGAL

- arts. 1.492, p.u.; 1.497; 2.040 deste Código.
- art. 759, §§ 1º e 2º, NCPC.

Art. 1.489. A lei confere hipoteca:

I - às pessoas de direito público interno (art. 41) sobre os imóveis pertencentes aos encarregados da cobrança, guarda ou administração dos respectivos fundos e rendas;

II - aos filhos, sobre os imóveis do pai ou da mãe que passar a outras núpcias, antes de fazer o inventário do casal anterior;

- arts. 1.523, I; 1.641, I, deste Código.

III - ao ofendido, ou aos seus herdeiros, sobre os imóveis do delinquente, para satisfação do dano causado pelo delito e pagamento das despesas judiciais;

- arts. 186 e 927 deste Código.

IV - ao coerdeiro, para garantia do seu quinhão ou torna da partilha, sobre o imóvel adjudicado ao herdeiro reponente;

- art. 2.019 deste Código.

V - ao credor sobre o imóvel arrematado, para garantia do pagamento do restante do preço da arrematação.

- art. 759, §§ 1º e 2º, NCPC.

Art. 1.490. O credor da hipoteca legal, ou quem o represente, poderá, provando a insuficiência dos imóveis especializados, exigir do devedor que seja reforçado com outros.

- art. 1.208 deste Código.

Art. 1.491. A hipoteca legal pode ser substituída por caução de títulos da dívida pública federal ou estadual, recebidos pelo valor de sua cotação mínima no ano corrente; ou por outra garantia, a critério do juiz, a requerimento do devedor.

SEÇÃO III
DO REGISTRO DA HIPOTECA

Art. 1.492. As hipotecas serão registradas no cartório do lugar do imóvel, ou no de cada um deles, se o título se referir a mais de um.

- art. 1.502 deste Código.
- arts. 13; 44, Dec.-Lei 70/1966 (Autoriza o funcionamento de associações de poupança e empréstimo e institui a cédula hipotecária).
- arts. 167, I-2, e 169, II, Lei 6.015/1973 (Lei de Registros Públicos).

Parágrafo único. Compete aos interessados, exibido o título, requerer o registro da hipoteca.

- art. 1.497 deste Código.

Art. 1.493. Os registros e averbações seguirão a ordem em que forem requeridas, verificando-se ela pela da sua numeração sucessiva no protocolo.

Parágrafo único. O número de ordem determina a prioridade, e esta a preferência entre as hipotecas.

- art. 1.422 deste Código.
- art. 186, Lei 6.015/1973 (Lei de Registros Públicos).

Art. 1.494. Não se registrarão no mesmo dia duas hipotecas, ou uma hipoteca e outro direito real, sobre o mesmo imóvel, em favor de pessoas diversas, salvo se as escrituras, do mesmo dia, indicarem a hora em que foram lavradas.

- arts. 190 a 192, Lei 6.015/1973 (Lei de Registros Públicos).

Art. 1.495. Quando se apresentar ao oficial do registro título de hipoteca que mencione a constituição de anterior, não registrada, sobrestará ele na inscrição da nova, depois de a prenotar, até trinta dias, aguardando que o interessado inscreva a precedente; esgotado o prazo, sem que se requeira a inscrição desta, a hipoteca ulterior será registrada e obterá preferência.

- art. 189, Lei 6.015/1973 (Lei de Registros Públicos).

Art. 1.496. Se tiver dúvida sobre a legalidade do registro requerido, o oficial fará, ainda assim, a prenotação do pedido. Se a dúvida, dentro em noventa dias, for julgada improcedente, o registro efetuar-se-á com o mesmo número que teria na data da prenotação; no caso contrário, cancelada esta, receberá o registro o número correspondente à data em que se tornar a requerer.

- arts. 198 a 207, Lei 6.015/1973 (Lei de Registros Públicos).

Art. 1.497. As hipotecas legais, de qualquer natureza, deverão ser registradas e especializadas.

§ 1º O registro e a especialização das hipotecas legais incumbem a quem está obrigado a prestar a garantia, mas os interessados podem promover a inscrição delas, ou solicitar ao Ministério Público que o faça.

§ 2º As pessoas, às quais incumbir o registro e a especialização das hipotecas legais, estão sujeitas a perdas e danos pela omissão.

- arts. 402 a 405 deste Código.

Art. 1.498. Vale o registro da hipoteca, enquanto a obrigação perdurar; mas a especialização, em completando vinte anos, deve ser renovada.

- arts. 167, I-2; 238, Lei 6.015/1973 (Lei de Registros Públicos).

SEÇÃO IV
DA EXTINÇÃO DA HIPOTECA

Art. 1.499. A hipoteca extingue-se:

I - pela extinção da obrigação principal;
II - pelo perecimento da coisa;
III - pela resolução da propriedade;

- art. 1.359 deste Código.
- Enunciado 509 das Jornadas de Direito Civil.

IV - pela renúncia do credor;
V - pela remição;

- arts. 1.478; 1.481; 1.484 deste Código.

VI - pela arrematação ou adjudicação.

- art. 31, Dec.-Lei 3.365/1941 (Dispõe sobre desapropriações por utilidade pública).
- art. 251, Lei 6.015/1973 (Lei de Registros Públicos).

Art. 1.500. Extingue-se ainda a hipoteca com a averbação, no Registro de Imóveis, do cancelamento do registro, à vista da respectiva prova.

- arts. 251 e 259, Lei 6.015/1973 (Lei de Registros Públicos).

Art. 1.501. Não extinguirá a hipoteca, devidamente registrada, a arrematação ou adjudicação, sem que tenham sido notificados judicialmente os respectivos credores hipotecários, que não forem de qualquer modo partes na execução.

- arts. 792; 804 NCPC.
- art. 142, Lei 11.101/2005 (Lei de Recuperação de Empresas e Falência).

SEÇÃO V
DA HIPOTECA DE VIAS FÉRREAS

- art. 1.473, IV, deste Código.

Art. 1.502. As hipotecas sobre as estradas de ferro serão registradas no Município da estação inicial da respectiva linha.

- art. 1.492 deste Código.
- art. 171, Lei 6.015/1973 (Lei de Registros Públicos).

Art. 1.503. Os credores hipotecários não podem embaraçar a exploração da linha, nem contrariar as modificações, que a administração deliberar, no leito da estrada, em suas dependências, ou no seu material.

Art. 1.504. A hipoteca será circunscrita à linha ou às linhas especificadas na escritura e ao respectivo material de exploração, no estado em que ao tempo da execução estiverem; mas os credores hipotecários poderão opor-se à venda da estrada, à de suas linhas, de seus ramais ou de parte considerável do material de exploração; bem como à fusão com outra empresa, sempre que com isso a garantia do débito enfraquecer.

Art. 1.505. Na execução das hipotecas será intimado o representante da União ou do Estado, para, dentro em quinze dias, remir a estrada de ferro hipotecada, pagando o preço da arrematação ou da adjudicação.

CAPÍTULO IV
DA ANTICRESE

- arts. 165, p.u.; 364; 1.225, X, 1.419; 1.420; 1.423; 1.424 deste Código.
- arts. 672, § 2º, IV; 784, V; 799, I, 804, NCPC.
- arts. 167, I-11; 178, I; 220, IV; 241 Lei 6.015/1973 (Lei de Registros Públicos).

Art. 1.506. Pode o devedor ou outrem por ele, com a entrega do imóvel ao credor, ceder-lhe o direito de perceber, em compensação da dívida, os frutos e rendimentos.

§ 1º É permitido estipular que os frutos e rendimentos do imóvel sejam percebidos pelo credor à conta de juros, mas se o seu valor ultrapassar a taxa máxima permitida em lei para as operações financeiras, o remanescente será imputado ao capital.

§ 2º Quando a anticrese recair sobre bem imóvel, este poderá ser hipotecado pelo devedor ao credor anticrético, ou a terceiros, assim como o imóvel hipotecado poderá ser dado em anticrese.

Art. 1.507. O credor anticrético pode administrar os bens dados em anticrese e fruir seus frutos e utilidades, mas deverá apresentar anualmente balanço, exato e fiel, de sua administração.

- art. 1.423 deste Código.

§ 1º Se o devedor anticrético não concordar com o que se contém no balanço, por ser inexato, ou ruinosa a administração, poderá impugná-lo, e, se o quiser, requerer a transformação em arrendamento, fixando o juiz o valor mensal do aluguel, o qual poderá ser corrigido anualmente.

§ 2º O credor anticrético pode, salvo pacto em sentido contrário, arrendar os bens dados em anticrese a terceiro, mantendo, até ser pago, direito de retenção do imóvel, embora o aluguel desse arrendamento não seja vinculativo para o devedor.

- art. 1.423 deste Código.

Art. 1.508. O credor anticrético responde pelas deteriorações que, por culpa sua, o imóvel vier a sofrer, e pelos frutos e rendimentos que, por sua negligência, deixar de perceber.

- art. 569, IV, deste Código.

Art. 1.509. O credor anticrético pode vindicar os seus direitos contra o adquirente dos bens, os credores quirografários e os hipotecários posteriores ao registro da anticrese.

§ 1º Se executar os bens por falta de pagamento da dívida, ou permitir que outro credor o execute, sem opor o seu direito de retenção ao exequente, não terá preferência sobre o preço.

§ 2º O credor anticrético não terá preferência sobre a indenização do seguro, quando o prédio seja destruído, nem, se forem desapropriados os bens, com relação à desapropriação.

- arts. 1.423; 1.507, deste Código.

Art. 1.510. O adquirente dos bens dados em anticrese poderá remi-los, antes do vencimento da dívida, pagando a sua totalidade à data do pedido de remição e imitir-se-á, se for o caso, na sua posse.

TÍTULO XI
DA LAJE

- (Acrescentado pela Lei 13.465/2017)

Art. 1.510-A. O proprietário de uma construção-base poderá ceder a superfície superior ou inferior de sua construção a fim de que o titular da laje mantenha unidade distinta daquela originalmente construída sobre o solo. (Acrescentado pela Lei 13.465/2017)

§ 1º O direito real de laje contempla o espaço aéreo ou o subsolo de terrenos públicos ou privados, tomados em projeção vertical, como unidade imobiliária autônoma, não contemplando as demais áreas edificadas ou não pertencentes ao proprietário da construção-base. (Acrescentado pela Lei 13.465/2017)

§ 2º O titular do direito real de laje responderá pelos encargos e tributos que incidirem sobre a sua unidade. (Acrescentado pela Lei 13.465/2017)

§ 3º Os titulares da laje, unidade imobiliária autônoma constituída em matrícula própria, poderão dela usar, gozar e dispor. (Acrescentado pela Lei 13.465/2017)

§ 4º A instituição do direito real de laje não implica a atribuição de fração ideal de terreno ao titular da laje ou a participação proporcional em áreas já edificadas.

- (Acrescentado pela Lei 13.465/2017)

§ 5º Os Municípios e o Distrito Federal poderão dispor sobre posturas edilícias e urbanísticas associadas ao direito real de laje. (Acrescentado pela Lei 13.465/2017)

§ 6º O titular da laje poderá ceder a superfície de sua construção para a instituição de um sucessivo direito real de laje, desde que haja autorização expressa dos titulares da construção-base e das demais lajes, respeitadas as posturas edilícias e urbanísticas vigentes. (Acrescentado pela Lei 13.465/2017)

Art. 1.510-B. É expressamente vedado ao titular da laje prejudicar com obras novas ou com falta de reparação a segurança, a linha arquitetônica ou o arranjo estético do edifício, observadas as posturas previstas em legislação local. (Acrescentado pela Lei 13.465/2017)

Art. 1.510-C. Sem prejuízo, no que couber, das normas aplicáveis aos condomínios edilícios, para fins do direito real de laje, as despesas necessárias à conservação e fruição das partes que sirvam a todo o edifício e ao pagamento de serviços de interesse comum serão partilhadas entre o proprietário da construção-base e o titular da laje, na proporção que venha a ser estipulada em contrato. (Acrescentado pela Lei 13.465/2017)

§ 1º São partes que servem a todo o edifício: (Acrescentado pela Lei 13.465/2017)

I - os alicerces, colunas, pilares, paredes-mestras e todas as partes restantes que constituam a estrutura do prédio; (Acrescentado pela Lei 13.465/2017)

II - o telhado ou os terraços de cobertura, ainda que destinados ao uso exclusivo do titular da laje; (Acrescentado pela Lei 13.465/2017)

III - as instalações gerais de água, esgoto, eletricidade, aquecimento, ar condicionado, gás, comunicações e semelhantes que sirvam a todo o edifício; e (Acrescentado pela Lei 13.465/2017)

IV - em geral, as coisas que sejam afetadas ao uso de todo o edifício. (Acrescentado pela Lei 13.465/2017)

§ 2º É assegurado, em qualquer caso, o direito de qualquer interessado em promover reparações urgentes na construção na forma do parágrafo único do art. 249 deste Código. (Acrescentado pela Lei 13.465/2017)

Art. 1.510-D. Em caso de alienação de qualquer das unidades sobrepostas, terão direito de preferência, em igualdade de condições com terceiros, os titulares da construção-base e da laje, nessa ordem, que serão cientificados por escrito para que se manifestem no prazo de trinta dias, salvo se o contrato dispuser de modo diverso. (Acrescentado pela Lei 13.465/2017)

§ 1º O titular da construção-base ou da laje a quem não se der conhecimento da alienação poderá, mediante depósito do respectivo preço, haver para si a parte alienada a terceiros, se o requerer no prazo decadencial de cento e oitenta dias, contado da data de alienação. (Acrescentado pela Lei 13.465/2017)

§ 2º Se houver mais de uma laje, terá preferência, sucessivamente, o titular das lajes ascendentes e o titular das lajes descendentes, assegurada a prioridade para a laje mais próxima à unidade sobreposta a ser alienada. (Acrescentado pela Lei 13.465/2017)

Art. 1.510-E. A ruína da construção-base implica extinção do direito real de laje, salvo: (Acrescentado pela Lei 13.465/2017)

I - se este tiver sido instituído sobre o subsolo; (Acrescentado pela Lei 13.465/2017)

II - se a construção-base não for reconstruída no prazo de cinco anos. (Acrescentado pela Lei 13.465/2017)

Parágrafo único. O disposto neste artigo não afasta o direito a eventual reparação civil contra o culpado pela ruína. (Acrescentado pela Lei 13.465/2017)

LIVRO IV
DO DIREITO DE FAMÍLIA

TÍTULO I
DO DIREITO PESSOAL

SUBTÍTULO I
DO CASAMENTO

- art. 9º, I, deste Código.
- arts. 7º, § 1º; 18; e 19, LIndB.
- arts. 235 a 240, CP.

CAPÍTULO I
DISPOSIÇÕES GERAIS

Art. 1.511. O casamento estabelece comunhão plena de vida, com base na igualdade de direitos e deveres dos cônjuges.

- arts. 5º, I; e 226, § 5º, CF.
- arts. 1.565 a 1.570; 1.573 deste Código.

Art. 1.512. O casamento é civil e gratuita a sua celebração.

- art. 226, § 1º, CF.

Parágrafo único. A habilitação para o casamento, o registro e a primeira certidão serão isentos de selos, emolumentos e custas, para as pessoas cuja pobreza for declarada, sob as penas da lei.

Art. 1.513. É defeso a qualquer pessoa, de direito público ou privado, interferir na comunhão de vida instituída pela família.

- art. 226, § 7º, CF.
- arts. 1.565, § 2º; 1.634; 1.639; 1.642; 1.643 deste Código.
- Lei 9.263/1996 (Trata do planejamento familiar).

Art. 1.514. O casamento se realiza no momento em que o homem e a mulher manifestam, perante o juiz, a sua vontade de estabelecer vínculo conjugal, e o juiz os declara casados.

- arts. 1.535; 1.538; 1.542 deste Código.
- Enunciado 601 das Jornadas de Direito Civil.

Art. 1.515. O casamento religioso, que atender às exigências da lei para a validade do casamento civil, equipara-se a este, desde que registrado no registro próprio, produzindo efeitos a partir da data de sua celebração.

- art. 226, § 2º, CF.
- arts. 71 a 75, Lei 6.015/1973 (Lei de Registros Públicos).

Art. 1.516. O registro do casamento religioso submete-se aos mesmos requisitos exigidos para o casamento civil.

- arts. 70 a 75, Lei 6.015/1973 (Lei de Registros Públicos).

§ 1º O registro civil do casamento religioso deverá ser promovido dentro de noventa dias de sua realização, mediante comunicação do celebrante ao ofício competente, ou por iniciativa de qualquer interessado, desde que haja sido homologada previamente a habilitação regulada neste Código. Após o referido prazo, o registro dependerá de nova habilitação.

- arts. 1.525 a 1.532 deste Código.
- arts. 67 a 75, Lei 6.015/1973 (Lei de Registros Públicos).

§ 2º O casamento religioso, celebrado sem as formalidades exigidas neste Código, terá efeitos civis se, a requerimento do casal, for registrado, a qualquer tempo, no registro civil, mediante prévia habilitação perante a autoridade competente e observado o prazo do art. 1.532.

- art. 74, Lei 6.015/1973 (Lei de Registros Públicos).

§ 3º Será nulo o registro civil do casamento religioso se, antes dele, qualquer dos consorciados houver contraído com outrem casamento civil.

- arts. 1.515; 1.521, VI, deste Código.

CAPÍTULO II
DA CAPACIDADE PARA O CASAMENTO

Art. 1.517. O homem e a mulher com dezesseis anos podem casar, exigindo-se autorização de ambos os pais, ou de seus representantes legais, enquanto não atingida a maioridade civil.

- arts. 5º, I; 226, § 5º, CF.
- arts. 5º; 1.519; 1.631; 1.634, III; 1.641; 1.690; e 1.747, I, deste Código.
- Enunciado 512 das Jornadas de Direito Civil.

Parágrafo único. Se houver divergência entre os pais, aplica-se o disposto no parágrafo único do art. 1.631.

- arts. 1.520; 1.551 a 1.553; 1.555; 1.560, § 1º; 1.641 deste Código.
- Dec. 66.605/1970 (Promulga a convenção sobre consentimento para casamento).

Art. 1.518. Até a celebração do casamento podem os pais ou tutores revogar a autorização. (Alterado pela Lei 13.146/2015.)

Art. 1.519. A denegação do consentimento, quando injusta, pode ser suprida pelo juiz.

- arts. 719, 724, 1.009, NCPC.
- art. 148, p.u., c, Lei 8.069/1990 (ECA).

Art. 1.520. Não será permitido, em qualquer caso, o casamento de quem não atingiu a idade núbil, observado o disposto no art. 1.517 deste Código. (Redação dada pela Lei 13.811/2019)

- Enunciado 329 das Jornadas de Direito Civil.

CAPÍTULO III
DOS IMPEDIMENTOS

Art. 1.521. Não podem casar:

- arts. 1.520; 1.529 e 1.723, § 1º, deste Código.
- art. 7º, § 1º, LIndB.
- arts. 236 e 237, CP.

I - os ascendentes com os descendentes, seja o parentesco natural ou civil;

- art. 1.591 deste Código.

II - os afins em linha reta;

- art. 1.595 deste Código.

III - o adotante com quem foi cônjuge do adotado e o adotado com quem o foi do adotante;

IV - os irmãos, unilaterais ou bilaterais, e demais colaterais, até o terceiro grau inclusive;

- arts. 1º a 3º, Dec.-Lei 3.200/1941 (Dispõe sobre a organização e proteção da família).
- Enunciado 98 das Jornadas de Direito Civil.

V - o adotado com o filho do adotante;

- art. 41, Lei 8.069/1990 (ECA).

VI - as pessoas casadas;

- art. 1.723, § 1º, deste Código.
- art. 235, CP.

VII - o cônjuge sobrevivente com o condenado por homicídio ou tentativa de homicídio contra o seu consorte.

Art. 1.522. Os impedimentos podem ser opostos, até o momento da celebração do casamento, por qualquer pessoa capaz.

- arts. 5º; 1.529 deste Código.
- art. 67, § 5º, Lei 6.015/1973 (Lei de Registros Públicos).

Parágrafo único. Se o juiz, ou o oficial de registro, tiver conhecimento da existência de algum impedimento, será obrigado a declará-lo.

CAPÍTULO IV
DAS CAUSAS SUSPENSIVAS

Art. 1.523. Não devem casar:

I - o viúvo ou a viúva que tiver filho do cônjuge falecido, enquanto não fizer inventário dos bens do casal e der partilha aos herdeiros;

- arts. 1.489, II; 1.641, I, deste Código.

II - a viúva, ou a mulher cujo casamento se desfez por ser nulo ou ter sido anulado, até dez meses depois do começo da viuvez, ou da dissolução da sociedade conjugal;

- arts. 1.598, 1.641, I, deste Código.

III - o divorciado, enquanto não houver sido homologada ou decidida a partilha dos bens do casal;

- arts. 1.641, I; 1.755 a 1.766; 1.781, deste Código.

IV - o tutor ou o curador e os seus descendentes, ascendentes, irmãos, cunhados ou sobrinhos, com a pessoa tutelada ou curatelada, enquanto não cessar a tutela ou curatela, e não estiverem saldadas as respectivas contas.

Parágrafo único. É permitido aos nubentes solicitar ao juiz que não lhes sejam aplicadas as causas suspensivas previstas nos incisos I, III e IV deste artigo, provando-se a inexistência de prejuízo, respectivamente, para o herdeiro, para o ex-cônjuge e para a pessoa tutelada ou curatelada; no caso do inciso II, a nubente deverá provar nascimento de filho, ou inexistência de gravidez, na fluência do prazo.

Art. 1.524. As causas suspensivas da celebração do casamento podem ser arguidas pelos parentes em linha reta de um dos nubentes, sejam consanguíneos ou afins, e pelos colaterais em segundo grau, sejam também consanguíneos ou afins.

- arts. 1.591 a 1.595 deste Código.
- Enunciado 330 das Jornadas de Direito Civil.

CAPÍTULO V
DO PROCESSO DE HABILITAÇÃO PARA O CASAMENTO

- arts. 67 a 69, Lei 6.015/1973 (Lei de Registros Públicos).

Art. 1.525. O requerimento de habilitação para o casamento será firmado por ambos os nubentes, de próprio punho, ou, a seu pedido, por procurador, e deve ser instruído com os seguintes documentos:

I - certidão de nascimento ou documento equivalente;

- arts. 1.517; 1.550, I; 1.641, II, deste Código.

II - autorização por escrito das pessoas sob cuja dependência legal estiverem, ou ato judicial que a supra;

- arts. 1.517 a 1.520; 1.550, II, deste Código.

III - declaração de duas testemunhas maiores, parentes ou não, que atestem conhecê-los e afirmem não existir impedimento que os iniba de casar;

- art. 228 deste Código.
- arts. 342 e 343, CP.

IV - declaração do estado civil, do domicílio e da residência atual dos contraentes e de seus pais, se forem conhecidos;

V - certidão de óbito do cônjuge falecido, de sentença declaratória de nulidade ou de anulação de casamento, transitada em julgado, ou do registro da sentença de divórcio.

- art. 226, §§ 1º a 4º, CF.
- art. 1.521, VI, deste Código.
- arts. 235 a 239, CP.
- arts. 7º; 18; 19, LInDB.
- arts. 67 a 70, Lei 6.015/1973 (Lei de Registros Públicos).

Art. 1.526. A habilitação será feita pessoalmente perante o oficial do Registro Civil, com a audiência do Ministério Público. (Redação dada pela Lei 12.133/2009.)

- Enunciado 120 das Jornadas de Direito Civil.

Parágrafo único. Caso haja impugnação do oficial, do Ministério Público ou de terceiro, a habilitação será submetida ao juiz. (Incluído pela Lei 12.133/2009.)

Art. 1.527. Estando em ordem a documentação, o oficial extrairá o edital, que se afixará durante quinze dias nas circunscrições do Registro Civil de ambos os nubentes, e, obrigatoriamente, se publicará na imprensa local, se houver.

- arts. 44 e 68, §§ 3º e 4º, Lei 6.015/1973 (Lei de Registros Públicos).
- Enunciado 513 das Jornadas de Direito Civil.

Parágrafo único. A autoridade competente, havendo urgência, poderá dispensar a publicação.

- arts. 43 a 67; 70, Lei 6.015/1973 (Lei de Registros Públicos).

Art. 1.528. É dever do oficial do registro esclarecer os nubentes a respeito dos fatos que podem ocasionar a invalidade do casamento, bem como sobre os diversos regimes de bens.

- arts. 1.548 a 1.564; 1.639 a 1.688 deste Código.
- art. 28, Lei 6.015/1973 (Lei de Registros Públicos).

Art. 1.529. Tanto os impedimentos quanto as causas suspensivas serão opostos em declaração escrita e assinada, instruída com as provas do fato alegado, ou com a indicação do lugar onde possam ser obtidas.

- arts. 1.521 a 1.524 deste Código.

Art. 1.530. O oficial do registro dará aos nubentes ou a seus representantes nota da oposição, indicando os fundamentos, as provas e o nome de quem a ofereceu.

Parágrafo único. Podem os nubentes requerer prazo razoável para fazer prova contrária aos fatos alegados, e promover as ações civis e criminais contra o oponente de má-fé.

- art. 67, § 5º, Lei 6.015/1973 (Lei de Registros Públicos).

Art. 1.531. Cumpridas as formalidades dos arts. 1.526 e 1.527 e verificada a inexistência de fato obstativo, o oficial do registro extrairá o certificado de habilitação.

Art. 1.532. A eficácia da habilitação será de noventa dias, a contar da data em que foi extraído o certificado.

CAPÍTULO VI
DA CELEBRAÇÃO DO CASAMENTO

Art. 1.533. Celebrar-se-á o casamento, no dia, hora e lugar previamente designados pela autoridade que houver de presidir o ato, mediante petição dos contraentes, que se mostrem habilitados com a certidão do art. 1.531.

- arts. 5º, LXXVI, a; 226, §§ 1º a 6º, CF.
- arts. 71; 73 a 75, Lei 6.015/1973 (Lei de Registros Públicos).

Art. 1.534. A solenidade realizar-se-á na sede do cartório, com toda publicidade, a portas abertas, presentes pelo menos duas testemunhas, parentes ou não dos contraentes, ou, querendo as partes e consentindo a autoridade celebrante, noutro edifício público ou particular.

- art. 1.539 deste Código.

§ 1º Quando o casamento for em edifício particular, ficará este de portas abertas durante o ato.

§ 2º Serão quatro as testemunhas na hipótese do parágrafo anterior e se algum dos contraentes não souber ou não puder escrever.

Art. 1.535. Presentes os contraentes, em pessoa ou por procurador especial, juntamente com as testemunhas e o oficial do registro, o presidente do ato, ouvida aos nubentes a afirmação de que pretendem casar por livre e espontânea vontade, declarará efetuado o casamento, nestes termos: "De acordo com a vontade que ambos acabais de afirmar perante mim, de vos receberdes por marido e mulher, eu, em nome da lei, vos declaro casados."

- arts. 1.538; 1.542 deste Código.

Art. 1.536. Do casamento, logo depois de celebrado, lavrar-se-á o assento no livro de registro. No assento, assinado pelo presidente do ato, pelos cônjuges, as testemunhas, e o oficial do registro, serão exarados:

I - os prenomes, sobrenomes, datas de nascimento, profissão, domicílio e residência atual dos cônjuges;

II - os prenomes, sobrenomes, datas de nascimento ou de morte, domicílio e residência atual dos pais;

III - o prenome e sobrenome do cônjuge precedente e a data da dissolução do casamento anterior;

IV - a data da publicação dos proclamas e da celebração do casamento;

V - a relação dos documentos apresentados ao oficial do registro;

VI - o prenome, sobrenome, profissão, domicílio e residência atual das testemunhas;

VII - o regime do casamento, com a declaração da data e do cartório em cujas notas foi lavrada a escritura antenupcial, quando o regime não for o da comunhão parcial, ou o obrigatoriamente estabelecido.

- art. 70, Lei 6.015/1973 (Lei de Registros Públicos).

Art. 1.537. O instrumento da autorização para casar transcrever-se-á integralmente na escritura antenupcial.

- arts. 220; 1.517 a 1.520; 1.634, III; 1.653, deste Código.

Art. 1.538. A celebração do casamento será imediatamente suspensa se algum dos contraentes:

I - recusar a solene afirmação da sua vontade;

II - declarar que esta não é livre e espontânea;

III - manifestar-se arrependido.

Parágrafo único. O nubente que, por algum dos fatos mencionados neste artigo, der causa à suspensão do ato, não será admitido a retratar-se no mesmo dia.

Art. 1.539. No caso de moléstia grave de um dos nubentes, o presidente do ato irá celebrá-lo onde se encontrar o impedido, sendo urgente, ainda que à noite, perante duas testemunhas que saibam ler e escrever.

- arts. 1.534, §§ 1º e 2º, deste Código.

§ 1º A falta ou impedimento da autoridade competente para presidir o casamento suprir-se-á por qualquer dos seus substitutos legais, e a do oficial do Registro Civil por outro *ad hoc*, nomeado pelo presidente do ato.

§ 2º O termo avulso, lavrado pelo oficial *ad hoc*, será registrado no respectivo registro dentro em cinco dias, perante duas testemunhas, ficando arquivado.

Art. 1.540. Quando algum dos contraentes estiver em iminente risco de vida, não obtendo a presença da autoridade à qual incumba presidir o ato, nem a de seu substituto, poderá o casamento ser celebrado na presença de seis testemunhas, que com os nubentes não tenham parentesco em linha reta, ou, na colateral, até segundo grau.

- art. 1.527, p.u., deste Código.
- art. 76, Lei 6.015/1973 (Lei de Registros Públicos).

Art. 1.541. Realizado o casamento, devem as testemunhas comparecer perante a autoridade judicial mais próxima, dentro em dez dias, pedindo que lhes tome por termo a declaração de:

I - que foram convocadas por parte do enfermo;

II - que este parecia em perigo de vida, mas em seu juízo;

III - que, em sua presença, declararam os contraentes, livre e espontaneamente, receber-se por marido e mulher.

- art. 76, Lei 6.015/1973 (Lei de Registros Públicos).

§ 1º Autuado o pedido e tomadas as declarações, o juiz procederá às diligências necessárias para verificar se os contraentes podiam ter-se habilitado, na forma ordinária, ouvidos os interessados que o requererem, dentro em quinze dias.

- art. 76, § 3º, Lei 6.015/1973 (Lei de Registros Públicos).

§ 2º Verificada a idoneidade dos cônjuges para o casamento, assim o decidirá a autoridade competente, com recurso voluntário às partes.

§ 3º Se da decisão não se tiver recorrido, ou se ela passar em julgado, apesar dos recursos interpostos, o juiz mandará registrá-la no livro do Registro dos Casamentos.

§ 4º O assento assim lavrado retrotrairá os efeitos do casamento, quanto ao estado dos cônjuges, à data da celebração.

§ 5º Serão dispensadas as formalidades deste e do artigo antecedente, se o enfermo convalescer e puder ratificar o casamento na presença da autoridade competente e do oficial do registro.

Art. 1.542. O casamento pode celebrar-se mediante procuração, por instrumento público, com poderes especiais.

§ 1º A revogação do mandato não necessita chegar ao conhecimento do mandatário; mas, celebrado o casamento sem que o mandatário ou o outro contraente tivessem ciência da revogação, responderá o mandante por perdas e danos.

‣ arts. 402 a 405; 1.550, deste Código.

§ 2º O nubente que não estiver em iminente risco de vida poderá fazer-se representar no casamento nuncupativo.

§ 3º A eficácia do mandato não ultrapassará noventa dias.

§ 4º Só por instrumento público se poderá revogar o mandato.

‣ art. 7º, § 1º, LInDB.

CAPÍTULO VII
DAS PROVAS DO CASAMENTO

Art. 1.543. O casamento celebrado no Brasil prova-se pela certidão do registro.

Parágrafo único. Justificada a falta ou perda do registro civil, é admissível qualquer outra espécie de prova.

‣ art. 7º, § 1º, LInDB.

Art. 1.544. O casamento de brasileiro, celebrado no estrangeiro, perante as respectivas autoridades ou os cônsules brasileiros, deverá ser registrado em cento e oitenta dias, a contar da volta de um ou de ambos os cônjuges ao Brasil, no cartório do respectivo domicílio, ou, em sua falta, no 1º Ofício da Capital do Estado em que passarem a residir.

‣ arts. 7º; 13; 18; 19, LInDB.

‣ art. 32, Lei 6.015/1973 (Lei de Registros Públicos).

Art. 1.545. O casamento de pessoas que, na posse do estado de casadas, não possam manifestar vontade, ou tenham falecido, não se pode contestar em prejuízo da prole comum, salvo mediante certidão do Registro Civil que prove que já era casada alguma delas quando contraiu o casamento impugnado.

Art. 1.546. Quando a prova da celebração legal do casamento resultar de processo judicial, o registro da sentença no livro do Registro Civil produzirá, tanto no que toca aos cônjuges quanto no que respeita aos filhos, todos os efeitos civis desde a data do casamento.

Art. 1.547. Na dúvida entre as provas favoráveis e contrárias, julgar-se-á pelo casamento, se os cônjuges, cujo casamento se impugna, viverem ou tiverem vivido na posse do estado de casados.

CAPÍTULO VIII
DA INVALIDADE DO CASAMENTO

Art. 1.548. É nulo o casamento contraído:

I - (Revogado pela Lei 13.146/2015.)

II - por infringência de impedimento.

‣ arts. 1.521; 1.522 deste Código.

Art. 1.549. A decretação de nulidade de casamento, pelos motivos previstos no artigo antecedente, pode ser promovida mediante ação direta, por qualquer interessado, ou pelo Ministério Público.

‣ arts. 17 e 177, NCPC.

Art. 1.550. É anulável o casamento:

‣ arts. 1.151; 1.556; 1.561 deste Código.

I - de quem não completou a idade mínima para casar;

‣ arts. 1.517; 1.520 deste Código.

II - do menor em idade núbil, quando não autorizado por seu representante legal;

‣ arts. 1.517; 1.641 deste Código.

III - por vício da vontade, nos termos dos arts. 1.556 a 1.558;

‣ art. 1.560, IV, deste Código.

IV - do incapaz de consentir ou manifestar, de modo inequívoco, o consentimento;

‣ art. 1.560, I, deste Código.

V - realizado pelo mandatário, sem que ele ou o outro contraente soubesse da revogação do mandato, e não sobrevindo coabitação entre os cônjuges;

‣ arts. 1.542; 1.560, § 2º, deste Código.

VI - por incompetência da autoridade celebrante.

‣ arts. 1.554; 1.560, II. deste Código.

§ 1º Equipara-se à revogação a invalidade do mandato judicialmente decretada. (Renumerado de p.u. pela Lei 13.146/2015.)

§ 2º A pessoa com deficiência mental ou intelectual em idade núbia poderá contrair matrimônio, expressando sua vontade diretamente ou por meio de seu responsável ou curador. (Acrescentado pela Lei 13.146/2015.)

Art. 1.551. Não se anulará, por motivo de idade, o casamento de que resultou gravidez.

‣ arts. 1.517; 1.520, deste Código.

Art. 1.552. A anulação do casamento dos menores de dezesseis anos será requerida:

I - pelo próprio cônjuge menor;

II - por seus representantes legais;

III - por seus ascendentes.

‣ art. 1.560, § 1º, deste Código.

Art. 1.553. O menor que não atingiu a idade núbil poderá, depois de completá-la, confirmar seu casamento, com a autorização de seus representantes legais, se necessária, ou com suprimento judicial.

Art. 1.554. Subsiste o casamento celebrado por aquele que, sem possuir a competência exigida na lei, exercer publicamente as funções de juiz de casamentos e, nessa qualidade, tiver registrado o ato no Registro Civil.

Art. 1.555. O casamento do menor em idade núbil, quando não autorizado por seu representante legal, só poderá ser anulado se a ação for proposta em cento e oitenta dias, por iniciativa do incapaz, ao deixar de sê-lo, de seus representantes legais ou de seus herdeiros necessários.

‣ art. 1.845 deste Código.

§ 1º O prazo estabelecido neste artigo será contado do dia em que cessou a incapacidade, no primeiro caso; a partir do casamento, no segundo; e, no terceiro, da morte do incapaz.

§ 2º Não se anulará o casamento quando à sua celebração houverem assistido os representantes legais do incapaz, ou tiverem, por qualquer modo, manifestado sua aprovação.

Art. 1.556. O casamento pode ser anulado por vício da vontade, se houve por parte de um dos nubentes, ao consentir, erro essencial quanto à pessoa do outro.

‣ art. 236, CP.

Art. 1.557. Considera-se erro essencial sobre a pessoa do outro cônjuge:

‣ art. 1.560, III, deste Código.

I - o que diz respeito à sua identidade, sua honra e boa fama, sendo esse erro tal que o seu conhecimento ulterior torne insuportável a vida em comum ao cônjuge enganado;

II - a ignorância de crime, anterior ao casamento, que, por sua natureza, torne insuportável a vida conjugal;

III - a ignorância, anterior ao casamento, de defeito físico irremediável que não caracterize deficiência ou de moléstia grave e transmissível, por contágio ou por herança, capaz de pôr em risco a saúde do outro cônjuge ou de sua descendência; (Alterado pela Lei 13.146/2015.)

‣ art. 1.559 deste Código.

IV - (Revogado pela Lei 13.146/2015.)

Art. 1.558. É anulável o casamento em virtude de coação, quando o consentimento de um ou de ambos os cônjuges houver sido captado mediante fundado temor de mal considerável e iminente para a vida, a saúde e a honra, sua ou de seus familiares.

‣ arts. 1.560, IV, deste Código.

Art. 1.559. Somente o cônjuge que incidiu em erro ou sofreu coação pode demandar a anulação do casamento; mas a coabitação, havendo ciência do vício, valida o ato, ressalvadas as hipóteses dos incisos III e IV do art. 1.557.

Art. 1.560. O prazo para ser intentada a ação de anulação do casamento, a contar da data da celebração, é de:

I - cento e oitenta dias, no caso do inciso IV do art. 1.550;

II - dois anos, se incompetente a autoridade celebrante;

III - três anos, nos casos dos incisos I a IV do art. 1.557;

IV - quatro anos, se houver coação.

§ 1º Extingue-se, em cento e oitenta dias, o direito de anular o casamento dos menores de dezesseis anos, contado o prazo para o menor do dia em que perfez essa idade; e da data do casamento, para seus representantes legais ou ascendentes.

§ 2º Na hipótese do inciso V do art. 1.550, o prazo para anulação do casamento é de cento e oitenta dias, a partir da data em que o mandante tiver conhecimento da celebração.

Art. 1.561. Embora anulável ou mesmo nulo, se contraído de boa-fé por ambos os cônjuges, o casamento, em relação a estes como aos filhos, produz todos os efeitos até o dia da sentença anulatória.

‣ arts. 1.563; 1.564, deste Código.

§ 1º Se um dos cônjuges estava de boa-fé ao celebrar o casamento, os seus efeitos civis só a ele e aos filhos aproveitarão.

§ 2º Se ambos os cônjuges estavam de má-fé ao celebrar o casamento, os seus efeitos civis só aos filhos aproveitarão.

Art. 1.562. Antes de mover a ação de nulidade do casamento, a de anulação, a de separação judicial, a de divórcio direto ou a de dissolução de união estável, poderá requerer a parte, comprovando sua necessidade, a separação de corpos, que será concedida pelo juiz com a possível brevidade.

‣ art. 69, p.u., Lei 9.099/1995 (Lei dos Juizados Especiais).

Art. 1.563. A sentença que decretar a nulidade do casamento retroagirá à data da sua celebração, sem prejudicar a aquisição de direitos, a título oneroso, por terceiros de boa-fé, nem a resultante de sentença transitada em julgado.

‣ art. 53, I, NCPC.

‣ art. 100, Lei 6.015/1973 (Lei de Registros Públicos).

Art. 1.564. Quando o casamento for anulado por culpa de um dos cônjuges, este incorrerá:

I - na perda de todas as vantagens havidas do cônjuge inocente;

II - na obrigação de cumprir as promessas que lhe fez no contrato antenupcial.

‣ arts. 1.653 a 1.657 deste Código.

CAPÍTULO IX
DA EFICÁCIA DO CASAMENTO

Art. 1.565. Pelo casamento, homem e mulher assumem mutuamente a condição de consortes, companheiros e responsáveis pelos encargos da família.

‣ art. 226, § 5º, CF.

‣ art. 1.514 deste Código.

§ 1º Qualquer dos nubentes, querendo, poderá acrescer ao seu o sobrenome do outro.

- arts. 1.571, § 2º; e 1.578 deste Código.

§ 2º O planejamento familiar é de livre decisão do casal, competindo ao Estado propiciar recursos educacionais e financeiros para o exercício desse direito, vedado qualquer tipo de coerção por parte de instituições privadas ou públicas.

- art. 226, § 7º, CF.
- art. 1.513 deste Código.
- Lei 9.263/1996 (Trata do planejamento familiar).
- Enunciado 99 das Jornadas de Direito Civil.

Art. 1.566. São deveres de ambos os cônjuges:

I - fidelidade recíproca;

- art. 1.573, I, deste Código.

II - vida em comum, no domicílio conjugal;

- arts. 1.569; 1.573, IV, deste Código.

III - mútua assistência;

- art. 244, CP.

IV - sustento, guarda e educação dos filhos;

- arts. 226, § 5º; 227; 229, CF.
- arts. 1.583 a 1.590; 1.634; 1.635, V, 1.638 deste Código.
- arts. 244 a 247, CP.
- arts.19 a 24; e 155 a 163, Lei 8.069/1990 (ECA).

V - respeito e consideração mútuos.

- arts. 1.573, III deste Código.

Art. 1.567. A direção da sociedade conjugal será exercida, em colaboração, pelo marido e pela mulher, sempre no interesse do casal e dos filhos.

Parágrafo único. Havendo divergência, qualquer dos cônjuges poderá recorrer ao juiz, que decidirá tendo em consideração aqueles interesses.

- art. 1.631, p.u., deste Código.

Art. 1.568. Os cônjuges são obrigados a concorrer, na proporção de seus bens e dos rendimentos do trabalho, para o sustento da família e a educação dos filhos, qualquer que seja o regime patrimonial.

- art. 226, § 5º, CF.

Art. 1.569. O domicílio do casal será escolhido por ambos os cônjuges, mas um e outro podem ausentar-se do domicílio conjugal para atender a encargos públicos, ao exercício de sua profissão, ou a interesses particulares relevantes.

Art. 1.570. Se qualquer dos cônjuges estiver em lugar remoto ou não sabido, encarcerado por mais de cento e oitenta dias, interditado judicialmente ou privado, episodicamente, de consciência, em virtude de enfermidade ou de acidente, o outro exercerá com exclusividade a direção da família, cabendo-lhe a administração dos bens.

- arts. 25; 1.651 deste Código.

CAPÍTULO X
DA DISSOLUÇÃO DA SOCIEDADE E DO VÍNCULO CONJUGAL

Art. 1.571. A sociedade conjugal termina:

- Enunciados 514; 571; 602 das Jornadas de Direito Civil.

I - pela morte de um dos cônjuges;
II - pela nulidade ou anulação do casamento;

- arts. 1.548; 1.564 deste Código.

III - pela separação judicial;

- arts. 980; 1.027; e 1.572 a 1.578 deste Código.
- art. 733, NCPC.
- arts. 3º a 23, Lei 6.515/1977 (Lei do Divórcio).
- A EC 66/2010 suprimiu o requisito da prévia separação judicial para a dissolução do casamento civil pelo divórcio.

IV - pelo divórcio.

- art. 226, § 6º, CF.
- arts. 1.579 a 1.582 deste Código.
- arts. 24 a 33, Lei 6.515/1977 (Lei do Divórcio).

§ 1º O casamento válido só se dissolve pela morte de um dos cônjuges ou pelo divórcio, aplicando-se a presunção estabelecida neste Código quanto ao ausente.

- arts. 6º; 22 a 39 deste Código.

§ 2º Dissolvido o casamento pelo divórcio direto ou por conversão, o cônjuge poderá manter o nome de casado; salvo, no segundo caso, dispondo em contrário a sentença de separação judicial.

- Enunciado 121 das Jornadas de Direito Civil.

Art. 1.572. Qualquer dos cônjuges poderá propor a ação de separação judicial, imputando ao outro qualquer ato que importe grave violação dos deveres do casamento e torne insuportável a vida em comum.

- A EC 66/2010 suprimiu o requisito da prévia separação judicial para a dissolução do casamento civil pelo divórcio.
- Enunciados 100, 122 e 571 das Jornadas de Direito Civil.

§ 1º A separação judicial pode também ser pedida se um dos cônjuges provar ruptura da vida em comum há mais de um ano e a impossibilidade de sua reconstituição.

§ 2º O cônjuge pode ainda pedir a separação judicial quando o outro estiver acometido de doença mental grave, manifestada após o casamento, que torne impossível a continuação da vida em comum, desde que, após uma duração de dois anos, a enfermidade tenha sido reconhecida de cura improvável.

§ 3º No caso do parágrafo 2º, reverterão ao cônjuge enfermo, que não houver pedido a separação judicial, os remanescentes dos bens que levou para o casamento, e se o regime dos bens adotado o permitir, a meação dos adquiridos na constância da sociedade conjugal.

Art. 1.573. Pode caracterizar a impossibilidade da comunhão de vida a ocorrência de algum dos seguintes motivos:

- Enunciados 254 e 571 das Jornadas de Direito Civil.

I - adultério;

- O crime de adultério foi revogado pela Lei 11.106/2005.

II - tentativa de morte;
III - sevícia ou injúria grave;
IV - abandono voluntário do lar conjugal, durante um ano contínuo;

- art. 1.566, II, deste Código.

V - condenação por crime infamante;
VI - conduta desonrosa.

- art. 1.566, V, deste Código.

Parágrafo único. O juiz poderá considerar outros fatos que tornem evidente a impossibilidade da vida em comum.

Art. 1.574. Dar-se-á a separação judicial por mútuo consentimento dos cônjuges se forem casados por mais de um ano e o manifestarem perante o juiz, sendo por ele devidamente homologada a convenção.

- A EC 66/2010 suprimiu o requisito da prévia separação judicial para a dissolução do casamento civil pelo divórcio.
- Enunciados 515 e 571 das Jornadas de Direito Civil.

Parágrafo único. O juiz pode recusar a homologação e não decretar a separação judicial se apurar que a convenção não preserva suficientemente os interesses dos filhos ou de um dos cônjuges.

- Enunciado 516 das Jornadas de Direito Civil.

Art. 1.575. A sentença de separação judicial importa a separação de corpos e a partilha de bens.

- art. 1.562 deste Código.
- A EC 66/2010 suprimiu o requisito da prévia separação judicial para a dissolução do casamento civil pelo divórcio.
- Enunciados 255 e 571 das Jornadas de Direito Civil.

Parágrafo único. A partilha de bens poderá ser feita mediante proposta dos cônjuges e homologada pelo juiz ou por este decidida.

Art. 1.576. A separação judicial põe termo aos deveres de coabitação e fidelidade recíproca e ao regime de bens.

- A EC 66/2010 suprimiu o requisito da prévia separação judicial para a dissolução do casamento civil pelo divórcio.

Parágrafo único. O procedimento judicial da separação caberá somente aos cônjuges, e, no caso de incapacidade, serão representados pelo curador, pelo ascendente ou pelo irmão.

Art. 1.577. Seja qual for a causa da separação judicial e o modo como esta se faça, é lícito aos cônjuges restabelecer, a todo tempo, a sociedade conjugal, por ato regular em juízo.

- A EC 66/2010 suprimiu o requisito da prévia separação judicial para a dissolução do casamento civil pelo divórcio.

Parágrafo único. A reconciliação em nada prejudicará o direito de terceiros, adquirido antes e durante o estado de separado, seja qual for o regime de bens.

- art. 101, Lei 6.015/1973 (Lei de Registros Públicos).
- art. 46, Lei 6.515/1977 (Lei do Divórcio).

Art. 1.578. O cônjuge declarado culpado na ação de separação judicial perde o direito de usar o sobrenome do outro, desde que expressamente requerido pelo cônjuge inocente e se a alteração não acarretar:

- A EC 66/2010 suprimiu o requisito da prévia separação judicial para a dissolução do casamento civil pelo divórcio.
- Enunciados 124 e 571 das Jornadas de Direito Civil.

I - evidente prejuízo para a sua identificação;
II - manifesta distinção entre o seu nome de família e o dos filhos havidos da união dissolvida;
III - dano grave reconhecido na decisão judicial.

§ 1º O cônjuge inocente na ação de separação judicial poderá renunciar, a qualquer momento, ao direito de usar o sobrenome do outro.

§ 2º Nos demais casos caberá a opção pela conservação do nome de casado.

Art. 1.579. O divórcio não modificará os direitos e deveres dos pais em relação aos filhos.

Parágrafo único. Novo casamento de qualquer dos pais, ou de ambos, não poderá importar restrições aos direitos e deveres previstos neste artigo.

- art. 229, CF.
- arts. 1.634; 1.636 deste Código.
- art. 22, Lei 8.069/1990 (ECA).
- art. 27, Lei 6.515/1977 (Lei do Divórcio).

Art. 1.580. Decorrido um ano do trânsito em julgado da sentença que houver decretado a separação judicial, ou da decisão concessiva da medida cautelar de separação de corpos, qualquer das partes poderá requerer sua conversão em divórcio.

- A EC 66/2010 suprimiu o requisito da prévia separação judicial para a dissolução do casamento civil pelo divórcio.
- Enunciados 517 das Jornadas de Direito Civil.

§ 1º A conversão em divórcio da separação judicial dos cônjuges será decretada por sentença, da qual não constará referência à causa que a determinou.

§ 2º O divórcio poderá ser requerido, por um ou por ambos os cônjuges, no caso de comprovada separação de fato por mais de dois anos.

Art. 1.581. O divórcio pode ser concedido sem que haja prévia partilha de bens.

- art. 731, NCPC.
- art. 31, Lei 6.515/1977 (Lei do Divórcio).
- Súm. 197, STJ.

Art. 1.582. O pedido de divórcio somente competirá aos cônjuges.

Parágrafo único. Se o cônjuge for incapaz para propor a ação ou defender-se, poderá fazê-lo o curador, o ascendente ou o irmão.

- art. 24, p.u., Lei 6.515/1977 (Lei do Divórcio).

CAPÍTULO XI
DA PROTEÇÃO DA PESSOA DOS FILHOS

- Lei 12.318/2010 (Dispõe sobre a alienação parental).

Art. 1.583. A guarda será unilateral ou compartilhada. (Redação dada pela Lei 11.698/2008.)

- arts. 9º; 16, Lei 6.515/1977 (Lei do Divórcio).
- Enunciados 603 a 607 das Jornadas de Direito Civil.

§ 1º Compreende-se por guarda unilateral a atribuída a um só dos genitores ou a alguém que o substitua (art. 1.584, § 5º) e, por guarda compartilhada a responsabilização conjunta e o exercício de direitos e deveres do pai e da mãe que não vivam sob o mesmo teto, concernentes ao poder familiar dos filhos comuns. (Incluído pela Lei 11.698/2008.)

§ 2º Na guarda compartilhada, o tempo de convívio com os filhos deve ser dividido de forma equilibrada com a mãe e com o pai, sempre tendo em vista as condições fáticas e os interesses dos filhos. (Alterado pela Lei 13.058/2014.)

I a III - (Revogados pela Lei 13.058/2014.)

§ 3º Na guarda compartilhada, a cidade considerada base de moradia dos filhos será aquela que melhor atender aos interesses dos filhos. (Alterado pela Lei 13.058/2014.)

§ 4º (Vetado.). (Incluído pela Lei 11.698/2008.)

§ 5º A guarda unilateral obriga o pai ou a mãe que não a detenha a supervisionar os interesses dos filhos, e, para possibilitar tal supervisão, qualquer dos genitores sempre será parte legítima para solicitar informações e/ou prestação de contas, objetivas ou subjetivas, em assuntos ou situações que direta ou indiretamente afetem a saúde física e psicológica e a educação de seus filhos. (Acrescentado pela Lei 13.058/2014.)

Art. 1.584. A guarda, unilateral ou compartilhada, poderá ser: (Redação dada pela Lei 11.698/2008.)

- Enunciados 102; 333; 334; 518 das Jornadas de Direito Civil.

I - requerida, por consenso, pelo pai e pela mãe, ou por qualquer deles, em ação autônoma de separação, de divórcio, de dissolução de união estável ou em medida cautelar; (Incluído pela Lei 11.698/2008.)

II - decretada pelo juiz, em atenção a necessidades específicas do filho, ou em razão da distribuição de tempo necessário ao convívio deste com o pai e com a mãe. (Incluído pela Lei 11.698/2008.)

§ 1º Na audiência de conciliação, o juiz informará ao pai e à mãe o significado da guarda compartilhada, a sua importância, a similitude de deveres e direitos atribuídos aos genitores e as sanções pelo descumprimento de suas cláusulas. (Incluído pela Lei 11.698/2008.)

§ 2º Quando não houver acordo entre a mãe e o pai quanto à guarda do filho, encontrando-se ambos os genitores aptos a exercer o poder familiar, será aplicada a guarda compartilhada, salvo se um dos genitores declarar ao magistrado que não deseja a guarda do menor. (Alterado pela Lei 13.058/2014.)

§ 3º Para estabelecer as atribuições do pai e da mãe e os períodos de convivência sob guarda compartilhada, o juiz, de ofício ou a requerimento do Ministério Público, poderá basear-se em orientação técnico-profissional ou de equipe interdisciplinar, que deverá visar à divisão equilibrada do tempo com o pai e com a mãe. (Alterado pela Lei 13.058/2014.)

§ 4º A alteração não autorizada ou o descumprimento imotivado de cláusula de guarda unilateral ou compartilhada poderá implicar a redução de prerrogativas atribuídas ao seu detentor. (Alterado pela Lei 13.058/2014.)

§ 5º Se o juiz verificar que o filho não deve permanecer sob a guarda do pai ou da mãe, deferirá a guarda a pessoa que revele compatibilidade com a natureza da medida, considerados, de preferência, o grau de parentesco e as relações de afinidade e afetividade. (Alterado pela Lei 13.058/2014.)

§ 6º Qualquer estabelecimento público ou privado é obrigado a prestar informações a qualquer dos genitores sobre os filhos destes, sob pena de multa de R$ 200,00 (duzentos reais) a R$ 500,00 (quinhentos reais) por dia pelo não atendimento da solicitação. (Acrescentado pela Lei 13.058/2014.)

Art. 1.585. Em sede de medida cautelar de separação de corpos, em sede de medida cautelar de guarda ou em outra sede de fixação liminar de guarda, a decisão sobre guarda de filhos, mesmo que provisória, será proferida preferencialmente após a oitiva de ambas as partes perante o juiz, salvo se a proteção aos interesses dos filhos exigir a concessão de liminar sem a oitiva da outra parte, aplicando-se as disposições do art. 1.584. (Alterado pela Lei 13.058/2014.)

- art. 1.562 deste Código.
- Arts. 294 a 305 deste Código.

Art. 1.586. Havendo motivos graves, poderá o juiz, em qualquer caso, a bem dos filhos, regular de maneira diferente da estabelecida nos artigos antecedentes a situação deles para com os pais.

Art. 1.587. No caso de invalidade do casamento, havendo filhos comuns, observar-se-á o disposto nos arts. 1.584 e 1.586.

- arts. 1.548 a 1.564 deste Código.

Art. 1.588. O pai ou a mãe que contrair novas núpcias não perde o direito de ter consigo os filhos, que só lhe poderão ser retirados por mandado judicial, provado que não são tratados convenientemente.

- arts. 1.579, p.u.; 1.636 deste Código.
- Enunciado 337 das Jornadas de Direito Civil.

Art. 1.589. O pai ou a mãe, em cuja guarda não estejam os filhos, poderá visitá-los e tê-los em sua companhia, segundo o que acordar com o outro cônjuge, ou for fixado pelo juiz, bem como fiscalizar sua manutenção e educação.

- art. 1.579 deste Código.
- art. 15, Lei 6.515/1977 (Lei do Divórcio).

Parágrafo único. O direito de visita estende-se a qualquer dos avós, a critério do juiz, observados os interesses da criança ou do adolescente. (Incluído pela Lei 12.398/2011.)

Art. 1.590. As disposições relativas à guarda e prestação de alimentos aos filhos menores estendem-se aos maiores incapazes.

- arts. 3º; 4º; 1.584 a 1.589; 1.703 deste Código.
- art. 16, Lei 6.515/1977 (Lei do Divórcio).

SUBTÍTULO II
DAS RELAÇÕES DE PARENTESCO

CAPÍTULO I
DISPOSIÇÕES GERAIS

Art. 1.591. São parentes em linha reta as pessoas que estão umas para com as outras na relação de ascendentes e descendentes.

- arts. 1.521, I; 1.723, § 1º, deste Código.

Art. 1.592. São parentes em linha colateral ou transversal, até o quarto grau, as pessoas provenientes de um só tronco, sem descenderem uma da outra.

- art. 1.839 deste Código.

Art. 1.593. O parentesco é natural ou civil, conforme resulte de consanguinidade ou outra origem.

- Enunciados 103; 256; 519 das Jornadas de Direito Civil.

Art. 1.594. Contam-se, na linha reta, os graus de parentesco pelo número de gerações, e, na colateral, também pelo número delas, subindo de um dos parentes até ao ascendente comum, e descendo até encontrar o outro parente.

Art. 1.595. Cada cônjuge ou companheiro é aliado aos parentes do outro pelo vínculo da afinidade.

§ 1º O parentesco por afinidade limita-se aos ascendentes, aos descendentes e aos irmãos do cônjuge ou companheiro.

§ 2º Na linha reta, a afinidade não se extingue com a dissolução do casamento ou da união estável.

- Art. 1.521, II, deste Código.

CAPÍTULO II
DA FILIAÇÃO

Art. 1.596. Os filhos, havidos ou não da relação de casamento, ou por adoção, terão os mesmos direitos e qualificações, proibidas quaisquer designações discriminatórias relativas à filiação.

- art. 227, § 6º, CF.
- art. 20, Lei 8.069/1990 (ECA).
- arts. 5º; 6º Lei 8.560/1992 (Regula a investigação de paternidade dos filhos havidos fora do casamento).

Art. 1.597. Presumem-se concebidos na constância do casamento os filhos:

- Enunciados 104; 106; 126; 257; 633 das Jornadas de Direito Civil.

I - nascidos cento e oitenta dias, pelo menos, depois de estabelecida a convivência conjugal;

II - nascidos nos trezentos dias subsequentes à dissolução da sociedade conjugal, por morte, separação judicial, nulidade e anulação do casamento;

III - havidos por fecundação artificial homóloga, mesmo que falecido o marido;

- Enunciados 106; 127 das Jornadas de Direito Civil.

IV - havidos, a qualquer tempo, quando se tratar de embriões excedentários, decorrentes de concepção artificial homóloga;

- Enunciados 107; 128 das Jornadas de Direito Civil.

V - havidos por inseminação artificial heteróloga, desde que tenha prévia autorização do marido.

- art. 227, § 6º, CF.
- art. 2º deste Código.
- Enunciados 129; 258 das Jornadas de Direito Civil.

Art. 1.598. Salvo prova em contrário, se, antes de decorrido o prazo previsto no inciso II do art. 1.523, a mulher contrair novas núpcias e lhe nascer algum filho, este se presume do primeiro marido, se nascido dentro dos trezentos dias a contar da data do falecimento deste e, do segundo, se o nascimento ocorrer após esse período e já decorrido o prazo a que se refere o inciso I do art. 1.597.

- Art. 227, § 6º, CF.

Art. 1.599. A prova da impotência do cônjuge para gerar, à época da concepção, ilide a presunção da paternidade.

Art. 1.600. Não basta o adultério da mulher, ainda que confessado, para ilidir a presunção legal da paternidade.

Art. 1.601. Cabe ao marido o direito de contestar a paternidade dos filhos nascidos de sua mulher, sendo tal ação imprescritível.

- art. 227, § 6º, CF.
- art. 27, Lei 8.069/1990 (ECA).
- arts. 102, § 1º, Lei 6.015/1973 (Lei de Registros Públicos).
- Enunciados 130; 258; 520 das Jornadas de Direito Civil.

Parágrafo único. Contestada a filiação, os herdeiros do impugnante têm direito de prosseguir na ação.

Art. 1.602. Não basta a confissão materna para excluir a paternidade.

Art. 1.603. A filiação prova-se pela certidão do termo de nascimento registrada no Registro Civil.

- arts. 50 a 66 Lei 6.015/1973 (Lei de Registros Públicos).
- Enunciado 108 das Jornadas de Direito Civil.

Art. 1.604. Ninguém pode vindicar estado contrário ao que resulta do registro de nascimento, salvo provando-se erro ou falsidade do registro.

- art. 227, § 6º, CF.
- arts. 241 a 243, CP.
- art. 114, Lei 6.015/1973 (Lei de Registros Públicos).
- arts. 19 a 22 Lei 13.445/2017 (Lei de Migração).

Art. 1.605. Na falta, ou defeito, do termo de nascimento, poderá provar-se a filiação por qualquer modo admissível em direito:

- art. 369, NCPC.
- Enunciado 109 das Jornadas de Direito Civil.

I - quando houver começo de prova por escrito, proveniente dos pais, conjunta ou separadamente;

II - quando existirem veementes presunções resultantes de fatos já certos.

- art. 227, § 6º, CF.
- arts. 212 a 232 deste Código.

Art. 1.606. A ação de prova de filiação compete ao filho, enquanto viver, passando aos herdeiros, se ele morrer menor ou incapaz.

- art. 227, § 6º, CF.
- art. 26 ECA.
- Lei 8.560/1992 (Regula a investigação de paternidade dos filhos havidos fora do casamento).
- Enunciado 570 das Jornadas de Direito Civil.

Parágrafo único. Se iniciada a ação pelo filho, os herdeiros poderão continuá-la, salvo se julgado extinto o processo.

- art. 227, § 6º, CF.
- art. 485 NCPC.

CAPÍTULO III
DO RECONHECIMENTO DOS FILHOS

Art. 1.607. O filho havido fora do casamento pode ser reconhecido pelos pais, conjunta ou separadamente.

- art. 227, § 6º, CF.
- art. 26, Lei 8.069/1990 (ECA).
- art. 59, Lei 6.015/1973 (Lei de Registros Públicos).
- Lei 8.560/1992 (Regula a investigação de paternidade dos filhos havidos fora do casamento).
- Súm. 301, STJ.
- Enunciado 570 das Jornadas de Direito Civil.

Art. 1.608. Quando a maternidade constar do termo do nascimento do filho, a mãe só poderá contestá-la provando a falsidade do termo ou das declarações nele contidas.

Art. 1.609. O reconhecimento dos filhos havidos fora do casamento é irrevogável e será feito:

I - no registro do nascimento;

II - por escritura pública ou escrito particular, a ser arquivado em cartório;

III - por testamento, ainda que incidentalmente manifestado;

IV - por manifestação direta e expressa perante o juiz, ainda que o reconhecimento não haja sido o objeto único e principal do ato que o contém.

- art. 227, § 6º, CF.
- art. 26, Lei 8.069/1990 (ECA).
- art. 1º, I a IV, Lei 8.560/1992 (Regula a investigação de paternidade dos filhos havidos fora do casamento).
- Enunciado 570 das Jornadas de Direito Civil.

Parágrafo único. O reconhecimento pode preceder o nascimento do filho ou ser posterior ao seu falecimento, se ele deixar descendentes.

- art. 26, p.u., Lei 8.069/1990 (ECA).

Art. 1.610. O reconhecimento não pode ser revogado, nem mesmo quando feito em testamento.

Art. 1.611. O filho havido fora do casamento, reconhecido por um dos cônjuges, não poderá residir no lar conjugal sem o consentimento do outro.

- art. 227, § 6º, CF.
- art. 15, Dec.-Lei 3.200/1941 (Dispõe sobre a organização e proteção da família).

Art. 1.612. O filho reconhecido, enquanto menor, ficará sob a guarda do genitor que o reconheceu, e, se ambos o reconheceram e não houver acordo, sob a de quem melhor atender aos interesses do menor.

- Arts. 226, § 5º; 227, § 6º, CF.

Art. 1.613. São ineficazes a condição e o termo apostos ao ato de reconhecimento do filho.

- arts. 121; 131; e 135 deste Código.

Art. 1.614. O filho maior não pode ser reconhecido sem o seu consentimento, e o menor pode impugnar o reconhecimento, nos quatro anos que se seguirem à maioridade, ou à emancipação.

- art. 4º, Lei 8.560/1992 (Regula a investigação de paternidade dos filhos havidos fora do casamento).

Art. 1.615. Qualquer pessoa, que justo interesse tenha, pode contestar a ação de investigação de paternidade, ou maternidade.

- Súmul 149, STF.
- Súm. 301, STJ.

Art. 1.616. A sentença que julgar procedente a ação de investigação produzirá os mesmos efeitos do reconhecimento; mas poderá ordenar que o filho se crie e eduque fora da companhia dos pais ou daquele que lhe contestou essa qualidade.

- arts. 29, § 1º, d; 109, § 4º, Lei 6.015/1973 (Lei de Registros Públicos).
- Súm. 301, STJ.

Art. 1.617. A filiação materna ou paterna pode resultar de casamento declarado nulo, ainda mesmo sem as condições do putativo.

- art. 227, § 6º, CF.
- art. 1.561 deste Código.

CAPÍTULO IV
DA ADOÇÃO

- art. 227, § 6º, CF.
- arts. 1.521, III e V; 1.593; 1.635, IV; e 1.763, II, deste Código.
- arts. 8º, § 5º; 13, parágrafo único; 20; 28; 31; 39 a 52-D; 87, VII; 102, § 4º; 148, III; 165 a 167; 170; 197-A a 197-E; 199-A; 199-C; 240, III; 258-A, p.u.; 258-B, Lei 8.069/1990 (ECA).
- Lei 12.010/2009 (Lei da Adoção).

Art. 1.618. A adoção de crianças e adolescentes será deferida na forma prevista pela Lei n. 8.069, de 13 de julho de 1990 - Estatuto da Criança e do Adolescente. (Redação dada pela Lei 12.010/2009.)

- arts. 39 a 52-D, Lei 8.069/1990 (ECA).

Parágrafo único. (Revogado pela Lei 12.010/2009.)

Art. 1.619. A adoção de maiores de 18 (dezoito) anos dependerá da assistência efetiva do Poder Público e de sentença constitutiva, aplicando-se, no que couber, as regras gerais da Lei n. 8.069, de 13 de julho de 1990 - Estatuto da Criança e do Adolescente. (Redação dada pela Lei 12.010/2009.)

Arts. 1.620 a 1.629. (Revogados pela Lei 12.010/2009.)

CAPÍTULO V
DO PODER FAMILIAR

- arts. 197, II; 1.728, II; 1.730; 1.733, § 2º; 1.763, II; 1.779, *caput*, deste Código.

SEÇÃO I
DISPOSIÇÕES GERAIS

Art. 1.630. Os filhos estão sujeitos ao poder familiar, enquanto menores.

- arts. 5º; 1.612; 1.635 deste Código.
- Enunciado 112 das Jornadas de Direito Civil.

Art. 1.631. Durante o casamento e a união estável, compete o poder familiar aos pais; na falta ou impedimento de um deles, o outro o exercerá com exclusividade.

Parágrafo único. Divergindo os pais quanto ao exercício do poder familiar, é assegurado a qualquer deles recorrer ao juiz para solução do desacordo.

- art. 1.517 deste Código.
- art. 21, Lei 8.069/1990 (ECA).

Art. 1.632. A separação judicial, o divórcio e a dissolução da união estável não alteram as relações entre pais e filhos senão quanto ao direito, que aos primeiros cabe, de terem em sua companhia os segundos.

- art.27, Lei 6.515/1977 (Lei do Divórcio).

Art. 1.633. O filho, não reconhecido pelo pai, fica sob poder familiar exclusivo da mãe; se a mãe não for conhecida ou capaz de exercê-lo, dar-se-á tutor ao menor.

- art. 226, § 5º; 227, § 6º, CF.
- art. 1.612 deste Código.
- art. 16, Dec.-Lei 3.200/1941 (Dispõe sobre a organização e proteção da família).

SEÇÃO II
DO EXERCÍCIO DO PODER FAMILIAR

Art. 1.634. Compete a ambos os pais, qualquer que seja a sua situação conjugal, o pleno exercício do poder familiar, que consiste em, quanto aos filhos: (Alterado pela Lei 13.058/2014.)

I - dirigir-lhes a criação e a educação; (Alterado pela Lei 13.058/2014.)

- art. 229, CF.
- art. 21, Lei 8.069/1990 (ECA).

II - exercer a guarda unilateral ou compartilhada nos termos do art. 1.584; (Alterado pela Lei 13.058/2014.)

- arts. 1.583 a 1.588; 1.612; 1.631 deste Código.
- arts. 33 a 35, Lei 8.069/1990 (ECA).

III - conceder-lhes ou negar-lhes consentimento para casarem; (Alterado pela Lei 13.058/2014.)

- arts. 1.517; 1.519; 1.550, II; e 1.550, II; 1.641, III, deste Código.

IV - conceder-lhes ou negar-lhes consentimento para viajarem ao exterior; (Alterado pela Lei 13.058/2014.)

- art. 1.729 deste Código.

V - conceder-lhes ou negar-lhes consentimento para mudarem sua residência permanente para outro Município; (Alterado pela Lei 13.058/2014.)

- arts. 3º e 5º deste Código.

VI - nomear-lhes tutor por testamento ou documento autêntico, se o outro dos pais não lhe sobreviver, ou o sobrevivo não puder exercer o poder familiar; (Alterado pela Lei 13.058/2014.)

- arts. 248 e 249, CP.

VII - representá-los judicial e extrajudicialmente até os 16 (dezesseis) anos, nos atos da vida civil, e assisti-los, após essa idade, nos atos em que forem partes, suprindo-lhes o consentimento; (Alterado pela Lei 13.058/2014.)

- arts. 136. 244 a 249, CP.

VIII - reclamá-los de quem ilegalmente os detenha; (Acrescentado pela Lei 13.058/2014.)

IX - exigir que lhes prestem obediência, respeito e os serviços próprios de sua idade e condição. (Acrescentado pela Lei 13.058/2014.)

SEÇÃO III
DA SUSPENSÃO E EXTINÇÃO DO PODER FAMILIAR

- Arts. 24; 148, p.u., b; 155 a 163, Lei 8.069/1990 (ECA).

Art. 1.635. Extingue-se o poder familiar:

I - pela morte dos pais ou do filho;

II - pela emancipação, nos termos do art. 5º, parágrafo único;

- Enunciado 530 das Jornadas de Direito Civil.

III - pela maioridade;

- art. 5º, deste Código.

IV - pela adoção;

V - por decisão judicial, na forma do artigo 1.638.

Art. 1.636. O pai ou a mãe que contrai novas núpcias, ou estabelece união estável, não perde, quanto aos filhos do relacionamento anterior, os direitos ao poder familiar, exercendo-os sem qualquer interferência do novo cônjuge ou companheiro.

- Enunciado 335 das Jornadas de Direito Civil.

Parágrafo único. Igual preceito ao estabelecido neste artigo aplica-se ao pai ou à mãe solteiros que casarem ou estabelecerem união estável.

- art. 1.588 deste Código.

Art. 1.637. Se o pai, ou a mãe, abusar de sua autoridade, faltando aos deveres a eles inerentes ou arruinando os bens dos filhos, cabe ao juiz, requerendo algum parente, ou o Ministério Público, adotar a medida que lhe pareça reclamada pela segurança do menor e seus haveres, até suspendendo o poder familiar, quando convenha.

- arts. 244 a 247, CP.
- arts. 24; 129, X; 130; 155 a 163, Lei 8.069/1990 (ECA).

Parágrafo único. Suspende-se igualmente o exercício do poder familiar ao pai ou à mãe condenados por sentença irrecorrível, em virtude de crime cuja pena exceda a dois anos de prisão.

- art. 92, II, CP.
- arts. 155 a 163, Lei 8.069/1990 (ECA).

Art. 1.638. Perderá por ato judicial o poder familiar o pai ou a mãe que:

I - castigar imoderadamente o filho;

II - deixar o filho em abandono;

III - praticar atos contrários à moral e aos bons costumes;

IV - incidir, reiteradamente, nas faltas previstas no artigo antecedente.

V - entregar de forma irregular o filho a terceiros para fins de adoção. (Incluído pela Lei nº 13.509, de 2017)

Parágrafo único. Perderá também por ato judicial o poder familiar aquele que: (*Parágrafo único acrescido pela Lei 13.715/2018*)

I - praticar contra outrem igualmente titular do mesmo poder familiar:

a) homicídio, feminicídio ou lesão corporal de natureza grave ou seguida de morte, quando se tratar de crime doloso envolvendo violência doméstica e familiar ou menosprezo ou discriminação à condição de mulher;

b) estupro ou outro crime contra a dignidade sexual sujeito à pena de reclusão;

II - praticar contra filho, filha ou outro descendente:

a) homicídio, feminicídio ou lesão corporal de natureza grave ou seguida de morte, quando se tratar de crime doloso envolvendo violência doméstica e familiar ou menosprezo ou discriminação à condição de mulher;

b) estupro, estupro de vulnerável ou outro crime contra a dignidade sexual sujeito à pena de reclusão.

TÍTULO II
DO DIREITO PATRIMONIAL

SUBTÍTULO I
DO REGIME DE BENS ENTRE OS CÔNJUGES

CAPÍTULO I
DISPOSIÇÕES GERAIS

Art. 1.639. É lícito aos nubentes, antes de celebrado o casamento, estipular, quanto aos seus bens, o que lhes aprouver.

- art. 1.536, VII, deste Código.
- Enunciados 113; 262; 331 das Jornadas de Direito Civil.

§ 1º O regime de bens entre os cônjuges começa a vigorar desde a data do casamento.

- art. 7º, §§ 4º e 5º, LIndB.

§ 2º É admissível alteração do regime de bens, mediante autorização judicial em pedido motivado de ambos os cônjuges, apurada a procedência das razões invocadas e ressalvados os direitos de terceiros.

- Enunciados 131; 260 das Jornadas de Direito Civil.

Art. 1.640. Não havendo convenção, ou sendo ela nula ou ineficaz, vigorará, quanto aos bens entre os cônjuges, o regime da comunhão parcial.

Parágrafo único. Poderão os nubentes, no processo de habilitação, optar por qualquer dos regimes que este código regula. Quanto à forma, reduzir-se-á a termo a opção pela comunhão parcial, fazendo-se o pacto antenupcial por escritura pública, nas demais escolhas.

- arts. 1.653 a 1.657; 1.658 a 1.666 deste Código.
- Súm. 377, STF.
- Enunciados 331 das Jornadas de Direito Civil.

Art. 1.641. É obrigatório o regime da separação de bens no casamento:

- Súm. 377, STF.
- Enunciados 261; 262; 634 das Jornadas de Direito Civil.

I - das pessoas que o contraírem com inobservância das causas suspensivas da celebração do casamento;

- arts. 1.523; 1.524 deste Código.

II - da pessoa maior de 70 (setenta) anos; (Redação dada pela Lei 12.344/2010.)

- Enunciado 125 das Jornadas de Direito Civil.

III - de todos os que dependerem, para casar, de suprimento judicial.

- arts. 977; 1.517; 1.519; 1.634, III; 1.747, I; 1.774 deste Código.

Art. 1.642. Qualquer que seja o regime de bens, tanto o marido quanto a mulher podem livremente:

I - praticar todos os atos de disposição e de administração necessários ao desempenho de sua profissão, com as limitações estabelecida no inciso I do art. 1.647;

II - administrar os bens próprios;

III - desobrigar ou reivindicar os imóveis que tenham sido gravados ou alienados sem o seu consentimento ou sem suprimento judicial;

IV - demandar a rescisão dos contratos de fiança e doação, ou a invalidação do aval, realizados pelo outro cônjuge com infração do disposto nos incisos III e IV do art. 1.647;

V - reivindicar os bens comuns, móveis ou imóveis, doados ou transferidos pelo outro cônjuge ao concubino, desde que provado que os bens não foram adquiridos pelo esforço comum destes, se o casal estiver separado de fato por mais de cinco anos;

- art. 550 deste Código.

VI - praticar todos os atos que não lhes forem vedados expressamente.

Art. 1.643. Podem os cônjuges, independentemente de autorização um do outro:

I - comprar, ainda a crédito, as coisas necessárias à economia doméstica;

II - obter, por empréstimo, as quantias que a aquisição dessas coisas possa exigir.

Art. 1.644. As dívidas contraídas para os fins do artigo antecedente obrigam solidariamente ambos os cônjuges.

- arts. 275 a 285 deste Código.

Art. 1.645. As ações fundadas nos incisos III, IV e V do art. 1.642 competem ao cônjuge prejudicado e a seus herdeiros.

Art. 1.646. No caso dos incisos III e IV do art. 1.642, o terceiro, prejudicado com a sentença favorável ao autor, terá direito regressivo contra o cônjuge, que realizou o negócio jurídico, ou seus herdeiros.

- art. 125, NCPC.

Art. 1.647. Ressalvado o disposto no art. 1.648, nenhum dos cônjuges pode, sem autorização do outro, exceto no regime da separação absoluta:

I - alienar ou gravar de ônus real os bens imóveis;

- arts. 220; 1.642; 1.645; 1.650 deste Código.

II - pleitear, como autor ou réu, acerca desses bens ou direitos;

- arts. 13; 73, NCPC.

III - prestar fiança ou aval;

- arts. 1.642, IV; 1.645 deste Código.
- Súm. 332, STJ.
- Enunciados 114; 132 das Jornadas de Direito Civil.

IV - fazer doação, não sendo remuneratória, de bens comuns, ou dos que possam integrar futura meação.

- art. 226, § 5º, CF.
- arts. 538 a 564; 1.642, III e IV; 1.649; e 1.675 deste Código.
- art. 74, NCPC.
- art. 16, Dec.-Lei 3.365/1941 (Dispõe sobre desapropriações por utilidade pública).

Parágrafo único. São válidas as doações nupciais feitas aos filhos quando casarem ou estabelecerem economia separada.

Art. 1.648. Cabe ao juiz, nos casos do artigo antecedente, suprir a outorga, quando um dos cônjuges a denegue sem motivo justo, ou lhe seja impossível concedê-la.

- art. 74, NCPC.

Art. 1.649. A falta de autorização, não suprida pelo juiz, quando necessária (art. 1.647), tornará anulável o ato praticado, podendo o outro cônjuge pleitear-lhe a anulação, até dois anos depois de terminada a sociedade conjugal.

Parágrafo único. A aprovação torna válido o ato, desde que feita por instrumento público, ou particular, autenticado.

Art. 1.650. A decretação de invalidade dos atos praticados sem outorga, sem consentimento, ou sem suprimento do juiz, só poderá ser demandada pelo cônjuge a quem cabia concedê-la, ou por seus herdeiros.

- art. 226, § 5º, CF.
- arts. 1.642; 1.645; 1.646 deste Código.

Art. 1.651. Quando um dos cônjuges não puder exercer a administração dos bens que lhe incumbe, segundo o regime de bens, caberá ao outro:

I - gerir os bens comuns e os do consorte;
II - alienar os bens móveis comuns;
III - alienar os imóveis comuns e os móveis ou imóveis do consorte, mediante autorização judicial.

- art. 226, § 5º, CF.

Art. 1.652. O cônjuge, que estiver na posse dos bens particulares do outro, será para com este e seus herdeiros responsável:

I - como usufrutuário, se o rendimento for comum;

- arts. 1.400 a 1.409 deste Código.

II - como procurador, se tiver mandato expresso ou tácito para os administrar;

- arts. 667 a 674 deste Código.

III - como depositário, se não for usufrutuário, nem administrador.

- arts. 627 a 652 deste Código.

CAPÍTULO II
DO PACTO ANTENUPCIAL

Art. 1.653. É nulo o pacto antenupcial se não for feito por escritura pública, e ineficaz se não lhe seguir o casamento.

- arts. 1.536, VII; 1.537; 1.564, II, deste Código.
- arts. 167, I-12, II-1; 178, V, Lei 6.015/1973 (Lei de Registros Públicos).

Art. 1.654. A eficácia do pacto antenupcial, realizado por menor, fica condicionada à aprovação de seu representante legal, salvo as hipóteses de regime obrigatório de separação de bens.

Art. 1.655. É nula a convenção ou cláusula dela que contravenha disposição absoluta de lei.

- Enunciado 635 das Jornadas de Direito Civil.

Art. 1.656. No pacto antenupcial, que adotar o regime de participação final nos aquestos, poder-se-á convencionar a livre disposição dos bens imóveis, desde que particulares.

- arts. 1.672 a 1.686 deste Código.

Art. 1.657. As convenções antenupciais não terão efeito perante terceiros senão depois de registradas, em livro especial, pelo oficial do Registro de Imóveis do domicílio dos cônjuges.

- art. 979 deste Código.
- arts. 167, I, I-12, e II, II-1; 244; 245, Lei 6.015/1973 (Lei de Registros Públicos).

CAPÍTULO III
DO REGIME DE COMUNHÃO PARCIAL

Art. 1.658. No regime de comunhão parcial, comunicam-se os bens que sobrevierem ao casal, na constância do casamento, com as exceções dos artigos seguintes.

Art. 1.659. Excluem-se da comunhão:

I - os bens que cada cônjuge possuir ao casar, e os que lhe sobrevierem, na constância do casamento, por doação ou sucessão, e os sub-rogados em seu lugar;

II - os bens adquiridos com valores exclusivamente pertencentes a um dos cônjuges em sub-rogação dos bens particulares;

- art. 1.660, I, deste Código.

III - as obrigações anteriores ao casamento;
IV - as obrigações provenientes de atos ilícitos, salvo reversão em proveito do casal;
V - os bens de uso pessoal, os livros e instrumentos de profissão;
VI - os proventos do trabalho pessoal de cada cônjuge;
VII - as pensões, meios-soldos, montepios e outras rendas semelhantes.

Art. 1.660. Entram na comunhão:

I - os bens adquiridos na constância do casamento por título oneroso, ainda que só em nome de um dos cônjuges;

- art. 1.659, II, deste Código.

II - os bens adquiridos por fato eventual, com ou sem o concurso de trabalho ou despesa anterior;
III - os bens adquiridos por doação, herança ou legado, em favor de ambos os cônjuges;
IV - as benfeitorias em bens particulares de cada cônjuge;

- arts. 96; 97 deste Código.

V - os frutos dos bens comuns, ou dos particulares de cada cônjuge, percebidos na constância do casamento, ou pendentes ao tempo de cessar a comunhão.

Art. 1.661. São incomunicáveis os bens cuja aquisição tiver por título uma causa anterior ao casamento.

Art. 1.662. No regime da comunhão parcial, presumem-se adquiridos na constância do casamento os bens móveis, quando não se provar que o foram em data anterior.

Art. 1.663. A administração do patrimônio comum compete a qualquer dos cônjuges.

- art. 226, § 5º, CF.

§ 1º As dívidas contraídas no exercício da administração obrigam os bens comuns e particulares do cônjuge que os administra, e os do outro na razão do proveito que houver auferido.

§ 2º A anuência de ambos os cônjuges é necessária para os atos, a título gratuito, que impliquem cessão do uso ou gozo dos bens comuns.

§ 3º Em caso de malversação dos bens, o juiz poderá atribuir a administração a apenas um dos cônjuges.

Art. 1.664. Os bens da comunhão respondem pelas obrigações contraídas pelo marido ou pela mulher para atender aos encargos da família, às despesas de administração e às decorrentes de imposição legal.

- arts. 1.643; II, II, deste Código.

Art. 1.665. A administração e a disposição dos bens constitutivos do patrimônio particular competem ao cônjuge proprietário, salvo convenção diversa em pacto antenupcial.

- arts. 1.639; 1.642, II; 1.647, I, deste Código.
- Enunciado 340 das Jornadas de Direito Civil.

Art. 1.666. As dívidas, contraídas por qualquer dos cônjuges na administração de seus bens particulares e em benefício destes, não obrigam os bens comuns.

CAPÍTULO IV
DO REGIME DE COMUNHÃO UNIVERSAL

Art. 1.667. O regime de comunhão universal importa a comunicação de todos os bens presentes e futuros dos cônjuges e suas dívidas passivas, com as exceções do artigo seguinte.

- art. 1.640 deste Código.

Art. 1.668. São excluídos da comunhão:

I - os bens doados ou herdados com a cláusula de incomunicabilidade e os sub-rogados em seu lugar;

II - os bens gravados de fideicomisso e o direito do herdeiro fideicomissário, antes de realizada a condição suspensiva;
III - as dívidas anteriores ao casamento, salvo se provierem de despesas com seus aprestos, ou reverterem em proveito comum;
IV - as doações antenupciais feitas por um dos cônjuges ao outro com a cláusula de incomunicabilidade;
V - Os bens referidos nos incisos V a VII do art. 1.659.

Art. 1.669. A incomunicabilidade dos bens enumerados no artigo antecedente não se estende aos frutos, quando se percebam ou vençam durante o casamento.

Art. 1.670. Aplica-se ao regime da comunhão universal o disposto no Capítulo antecedente, quanto à administração dos bens.

- arts. 1.663 a 1.666 deste Código.

Art. 1.671. Extinta a comunhão, e efetuada a divisão do ativo e do passivo, cessará a responsabilidade de cada um dos cônjuges para com os credores do outro.

- arts. 1.571 a 1.582 deste Código.

CAPÍTULO V
DO REGIME DE PARTICIPAÇÃO FINAL NOS AQUESTOS

Art. 1.672. No regime de participação final nos aquestos, cada cônjuge possui patrimônio próprio, consoante disposto no artigo seguinte, e lhe cabe, à época da dissolução da sociedade conjugal, direito à metade dos bens adquiridos pelo casal, a título oneroso, na constância do casamento.

Art. 1.673. Integram o patrimônio próprio os bens que cada cônjuge possuía ao casar e os por ele adquiridos, a qualquer título, na constância do casamento.

Parágrafo único. A administração desses bens é exclusiva de cada cônjuge, que os poderá livremente alienar, se forem móveis.

- arts. 82 a 84 deste Código.

Art. 1.674. Sobrevindo a dissolução da sociedade conjugal, apurar-se-á o montante dos aquestos, excluindo-se da soma dos patrimônios próprios:

I - os bens anteriores ao casamento e os que em seu lugar se sub-rogaram;
II - os que sobrevieram a cada cônjuge por sucessão ou liberalidade;
III - as dívidas relativas a esses bens.

Parágrafo único. Salvo prova em contrário, presumem-se adquiridos durante o casamento os bens móveis.

- art. 1.680 deste Código.

Art. 1.675. Ao determinar-se o montante dos aquestos, computar-se-á o valor das doações feitas por um dos cônjuges, sem a necessária autorização do outro; nesse caso, o bem poderá ser reivindicado pelo cônjuge prejudicado ou por seus herdeiros, ou declarado no monte partilhável, por valor equivalente ao da época da dissolução.

- art. 1.647, IV, deste Código.

Art. 1.676. Incorpora-se ao monte o valor dos bens alienados em detrimento da meação, se não houver preferência do cônjuge lesado, ou de seus herdeiros, de os reivindicar.

Art. 1.677. Pelas dívidas posteriores ao casamento, contraídas por um dos cônjuges, somente este responderá, salvo prova de terem revertido, parcial ou totalmente, em benefício do outro.

Art. 1.678. Se um dos cônjuges solveu uma dívida do outro com bens do seu patrimônio, o valor do pagamento deve ser atualizado e imputado, na data da dissolução, à meação do outro cônjuge.

Art. 1.679. No caso de bens adquiridos pelo trabalho conjunto, terá cada um dos cônjuges uma quota igual no condomínio ou no crédito por aquele modo estabelecido.

Art. 1.680. As coisas móveis, em face de terceiros, presumem-se do domínio do cônjuge devedor, salvo se o bem for de uso pessoal do outro.

- arts. 82 a 84; 1.674, p.u., deste Código.

Art. 1.681. Os bens imóveis são de propriedade do cônjuge cujo nome constar no registro.

Parágrafo único. Impugnada a titularidade, caberá ao cônjuge proprietário provar a aquisição regular dos bens.

Art. 1.682. O direito à meação não é renunciável, cessível ou penhorável na vigência do regime matrimonial.

Art. 1.683. Na dissolução do regime de bens por separação judicial ou por divórcio, verificar-se-á o montante dos aquestos à data em que cessou a convivência.

Art. 1.684. Se não for possível nem conveniente a divisão de todos os bens em natureza, calcular-se-á o valor de alguns ou de todos para reposição em dinheiro ao cônjuge não proprietário.

Parágrafo único. Não se podendo realizar a reposição em dinheiro, serão avaliados e, mediante autorização judicial, alienados tantos bens quantos bastarem.

Art. 1.685. Na dissolução da sociedade conjugal por morte, verificar-se-á a meação do cônjuge sobrevivente de conformidade com os artigos antecedentes, deferindo-se a herança aos herdeiros na forma estabelecida neste Código.

- arts. 1.784 e ss. deste Código.

Art. 1.686. As dívidas de um dos cônjuges, quando superiores à sua meação, não obrigam ao outro, ou a seus herdeiros.

- art. 1.792 deste Código.

CAPÍTULO VI
DO REGIME DE SEPARAÇÃO DE BENS

Art. 1.687. Estipulada a separação de bens, estes permanecerão sob a administração exclusiva de cada um dos cônjuges, que os poderá livremente alienar ou gravar de ônus real.

- art. 1.637 deste Código.

Art. 1.688. Ambos os cônjuges são obrigados a contribuir para as despesas do casal na proporção dos rendimentos de seu trabalho e de seus bens, salvo estipulação em contrário no pacto antenupcial.

- art. 226, § 5º, CF.

SUBTÍTULO II
DO USUFRUTO E DA ADMINISTRAÇÃO DOS BENS DE FILHOS MENORES

Art. 1.689. O pai e a mãe, enquanto no exercício do poder familiar:

I - são usufrutuários dos bens dos filhos;

II - têm a administração dos bens dos filhos menores sob sua autoridade.

- art. 1.637, *caput*, deste Código.

Art. 1.690. Compete aos pais, e na falta de um deles ao outro, com exclusividade, representar os filhos menores de dezesseis anos, bem como assisti-los até completarem a maioridade ou serem emancipados.

Parágrafo único. Os pais devem decidir em comum as questões relativas aos filhos e a seus bens; havendo divergência, poderá qualquer deles recorrer ao juiz para a solução necessária.

- art. 1.517, p.u., deste Código.
- art. 21, Lei 8.069/1990 (ECA).

Art. 1.691. Não podem os pais alienar, ou gravar de ônus real os imóveis dos filhos, nem contrair, em nome deles, obrigações que ultrapassem os limites da simples administração, salvo por necessidade ou evidente interesse da prole, mediante prévia autorização do juiz.

- art. 1.637 deste Código.

Parágrafo único. Podem pleitear a declaração de nulidade dos atos previstos neste artigo:

I - os filhos;

II - os herdeiros;

III - o representante legal.

Art. 1.692. Sempre que no exercício do poder familiar colidir o interesse dos pais com o do filho, a requerimento deste ou do Ministério Público o juiz lhe dará curador especial.

- arts. 142, p.u., e 148, p.u., f, Lei 8.069/1990 (ECA).

Art. 1.693. Excluem-se do usufruto e da administração dos pais:

I - os bens adquiridos pelo filho havido fora do casamento, antes do reconhecimento;

- arts. 5º, I; 227, § 6º, CF.

II - os valores auferidos pelo filho maior de dezesseis anos, no exercício de atividade profissional e os bens com tais recursos adquiridos;

- art. 589, III, deste Código.

III - os bens deixados ou doados ao filho, sob a condição de não serem usufruídos, ou administrados, pelos pais;

- arts. 1.816; 1.848 deste Código.

IV - os bens que aos filhos couberem na herança, quando os pais forem excluídos da sucessão.

- art. 1.816 deste Código.

SUBTÍTULO III
DOS ALIMENTOS

- arts. 373, II; 557, IV; 871; 948, II; 1.740; 1.920; e 1.928, p.u., deste Código.
- arts. 53, 189, I; 215, II; 292, III; 833; 834; 528 a 532; 911; 912; 1.012, § 1º, II, NCPC.
- art. 244, CP.
- Lei 5.478/1968 (Dispõe sobre a ação de alimentos).
- arts. 19 a 23 e 28, Lei 6.515/1977 (Lei do Divórcio).
- Lei 8.971/1994 (Dispõe sobre direito dos companheiros a alimentos e à sucessão).
- arts. 2º e 7º, Lei 9.278/1996 (Lei da União Estável).
- Lei 11.804/2008 (Disciplina o direito a alimentos gravídicos).
- Súm. 226; 379, STF.
- Súm. 1; 277; 336, STJ.

Art. 1.694. Podem os parentes, os cônjuges ou companheiros pedir uns aos outros os alimentos de que necessitem para viver de modo compatível com a sua condição social, inclusive para atender às necessidades de sua educação.

- Lei 5.478/1968 (Dispõe sobre a ação de alimentos).
- art. 1º, Lei 8.971/1994 (Dispõe sobre direito dos companheiros a alimentos e à sucessão).
- arts. 11 a 14, Lei 10.741/2003 (Estatuto do Idoso).
- Súm. 358, STJ.
- Enunciado 522 das Jornadas de Direito Civil.

§ 1º Os alimentos devem ser fixados na proporção das necessidades do reclamante e dos recursos da pessoa obrigada.

- Enunciado 573 das Jornadas de Direito Civil.

§ 2º Os alimentos serão apenas os indispensáveis à subsistência, quando a situação de necessidade resultar de culpa de quem os pleiteia.

Art. 1.695. São devidos os alimentos quando quem os pretende não tem bens suficientes, nem pode prover, pelo seu trabalho, à própria mantença, e aquele, de quem se reclamam, pode fornecê-los, sem desfalque do necessário ao seu sustento.

- Enunciados 342; 572 das Jornadas de Direito Civil.

Art. 1.696. O direito à prestação de alimentos é recíproco entre pais e filhos, e extensivo a todos os ascendentes, recaindo a obrigação nos mais próximos em grau, uns em falta de outros.

- art. 229, CF.
- art. 244, CP.
- Súm. 596, STJ.
- Enunciado 522 das Jornadas de Direito Civil.

Art. 1.697. Na falta dos ascendentes cabe a obrigação aos descendentes, guardada a ordem de sucessão e, faltando estes, aos irmãos, assim germanos como unilaterais.

Art. 1.698. Se o parente, que deve alimentos em primeiro lugar, não estiver em condições de suportar totalmente o encargo, serão chamados a concorrer os de grau imediato; sendo várias as pessoas obrigadas a prestar alimentos, todas devem concorrer na proporção dos respectivos recursos, e, intentada ação contra uma delas, poderão as demais ser chamadas a integrar a lide.

- art. 1.694, § 1º, deste Código.
- arts. 12; 14, Lei 10.741/2003 (Estatuto do Idoso).
- Súm. 596 do STJ.
- Enunciado 523 das Jornadas de Direito Civil.

Art. 1.699. Se, fixados os alimentos, sobrevier mudança na situação financeira de quem os supre, ou na de quem os recebe, poderá o interessado reclamar ao juiz, conforme as circunstâncias, exoneração, redução ou majoração do encargo.

- art. 505, I, NCPC.
- arts. 13; 15, Lei 5.478/1968 (Dispõe sobre a ação de alimentos).

Art. 1.700. A obrigação de prestar alimentos transmite-se aos herdeiros do devedor, na forma do art. 1.694.

- art. 1.997 deste Código.
- art. 23, Lei 6.515/1977 (Lei do Divórcio).
- Enunciado 343 das Jornadas de Direito Civil.

Art. 1.701. A pessoa obrigada a suprir alimentos poderá pensionar o alimentando, ou dar-lhe hospedagem e sustento, sem prejuízo do dever de prestar o necessário à sua educação, quando menor.

- art. 1.920 deste Código.
- Enunciado 344 das Jornadas de Direito Civil.

Parágrafo único. Compete ao juiz, se as circunstâncias o exigirem, fixar a forma do cumprimento da prestação.

- art. 25, Lei 5.478/1968 (Dispõe sobre a ação de alimentos).
- Enunciado 572 das Jornadas de Direito Civil.

Art. 1.702. Na separação judicial litigiosa, sendo um dos cônjuges inocente e desprovido de recursos, prestar-lhe-á o outro a pensão alimentícia que o juiz fixar, obedecidos os critérios estabelecidos no art. 1.694.

- art. 19, Lei 6.515/1977 (Lei do Divórcio).
- Enunciado 133 das Jornadas de Direito Civil.

Art. 1.703. Para a manutenção dos filhos, os cônjuges separados judicialmente contribuirão na proporção de seus recursos.

- art. 20, Lei 6.515/1977 (Lei do Divórcio).

Art. 1.704. Se um dos cônjuges separados judicialmente vier a necessitar de alimentos, será o outro obrigado a prestá-los mediante pensão a ser fixada pelo juiz, caso não tenha sido declarado culpado na ação de separação judicial.

- art. 19, Lei 6.515/1977 (Lei do Divórcio).
- Enunciado 134 das Jornadas de Direito Civil.

Parágrafo único. Se o cônjuge declarado culpado vier a necessitar de alimentos, e não tiver parentes em condições de prestá-los, nem aptidão para o trabalho, o outro cônjuge será obrigado a assegurá-los, fixando o juiz o valor indispensável à sobrevivência.

Art. 1.705. Para obter alimentos, o filho havido fora do casamento pode acionar o genitor, sendo facultado ao juiz determinar, a pedido de qualquer das partes, que a ação se processe em segredo de justiça.

- art. 227, § 6º, CF.
- art. 7º, Lei 8.560/1992 (Regula a investigação de paternidade dos filhos havidos fora do casamento).

Art. 1.706. Os alimentos provisionais serão fixados pelo juiz, nos termos da lei processual.

- arts. 528 a 533 NCPC.
- Enunciado 522 das Jornadas de Direito Civil.

Art. 1.707. Pode o credor não exercer, porém lhe é vedado renunciar o direito a alimentos, sendo o respectivo crédito insuscetível de cessão, compensação ou penhora.

- art. 206, § 2º, deste Código.
- art. 834, NCPC.
- Súm. 336, STJ.

Art. 1.708. Com o casamento, a união estável ou o concubinato do credor, cessa o dever de prestar alimentos.

- art. 29, Lei 6.515/1977 (Lei do Divórcio).

Parágrafo único. Com relação ao credor cessa, também, o direito a alimentos, se tiver procedimento indigno em relação ao devedor.

Art. 1.709. O novo casamento do cônjuge devedor não extingue a obrigação constante da sentença de divórcio.

- art. 30, Lei 6.515/1977 (Lei do Divórcio).

Art. 1.710. As prestações alimentícias, de qualquer natureza, serão atualizadas segundo índice oficial regularmente estabelecido.

SUBTÍTULO IV
DO BEM DE FAMÍLIA

- Arts. 19 a 23 do Dec.-Lei 3.200/1941 (Dispõe sobre a organização e proteção da família).
- Súm. 205; 449, STJ.

Art. 1.711. Podem os cônjuges, ou a entidade familiar, mediante escritura pública ou testamento, destinar parte de seu patrimônio para instituir bem de família, desde que não ultrapasse um terço do patrimônio líquido existente ao tempo da instituição, mantidas as regras sobre a impenhorabilidade do imóvel residencial estabelecida em lei especial.

- Lei 8.009/1990 (Dispõe sobre a impenhorabilidade do bem de família).
- Súm. 205, STJ.
- Enunciado 628 das Jornadas de Direito Civil.

Parágrafo único. O terceiro poderá igualmente instituir bem de família por testamento ou doação, dependendo a eficácia do ato da aceitação expressa de ambos os cônjuges beneficiados ou da entidade familiar beneficiada.

Art. 1.712. O bem de família consistirá em prédio residencial urbano ou rural, com suas pertenças e acessórios, destinando-se em ambos os casos a domicílio familiar, e poderá abranger valores mobiliários, cuja renda será aplicada na conservação do imóvel e no sustento da família.

- art. 92; 93 deste Código.
- art. 4º, § 2º, Lei 8.009/1990 (Dispõe sobre a impenhorabilidade do bem de família).

Art. 1.713. Os valores mobiliários, destinados aos fins previstos no artigo antecedente, não poderão exceder o valor do prédio instituído em bem de família, à época de sua instituição.

§ 1º Deverão os valores mobiliários ser devidamente individualizados no instrumento de instituição do bem de família.

§ 2º Se se tratar de títulos nominativos, a sua instituição como bem de família deverá constar dos respectivos livros de registro.

- arts. 921 a 926 deste Código.

§ 3º O instituidor poderá determinar que a administração dos valores mobiliários seja confiada a instituição financeira, bem como disciplinar a forma de pagamento da respectiva renda aos beneficiários, caso em que a responsabilidade dos administradores obedecerá às regras do contrato de depósito.

- arts. 627 a 652 deste Código.

Art. 1.714. O bem de família, quer instituído pelos cônjuges ou por terceiro, constitui-se pelo registro de seu título no Registro de Imóveis.

- arts. 167, I, I-1; e 260 a 265, Lei 6.015/1973 (Lei de Registros Públicos).

Art. 1.715. O bem de família é isento de execução por dívidas posteriores à sua instituição, salvo as que provierem de tributos relativos ao prédio, ou de despesas de condomínio.

- art. 1.711 deste Código.
- art. 833, NCPC.
- art. 108, § 4º, Lei 11.101/2005 (Lei de Recuperação de Empresas e Falência).

Parágrafo único. No caso de execução pelas dívidas referidas neste artigo, o saldo existente será aplicado em outro prédio, como bem de família, ou em títulos da dívida pública, para sustento familiar, salvo se motivos relevantes aconselharem outra solução, a critério do juiz.

Art. 1.716. A isenção de que trata o artigo antecedente durará enquanto viver um dos cônjuges, ou, na falta destes, até que os filhos completem a maioridade.

Art. 1.717. O prédio e os valores mobiliários, constituídos como bem da família, não podem ter destino diverso do previsto no art. 1.712 ou serem alienados sem o consentimento dos interessados e seus representantes legais, ouvido o Ministério Público.

- art. 1.719 deste Código.

Art. 1.718. Qualquer forma de liquidação da entidade administradora, a que se refere o § 3º do art. 1.713, não atingirá os valores a ela confiados, ordenando o juiz a sua transferência para outra instituição semelhante, obedecendo-se, no caso de falência, ao disposto sobre pedido de restituição.

- arts. 85 a 93, Lei 11.101/2005 (Lei de Recuperação de Empresas e Falência).

Art. 1.719. Comprovada a impossibilidade da manutenção do bem de família nas condições em que foi instituído, poderá o juiz, a requerimento dos interessados, extingui-lo ou autorizar a sub-rogação dos bens que o constituem em outros, ouvidos o instituidor e o Ministério Público.

Art. 1.720. Salvo disposição em contrário do ato de instituição, a administração do bem de família compete a ambos os cônjuges, resolvendo o juiz em caso de divergência.

Parágrafo único. Com o falecimento de ambos os cônjuges, a administração passará ao filho mais velho, se for maior, e, do contrário, a seu tutor.

- art. 226, § 5º, CF.
- arts. 1.728, I, e 1.741 deste Código.

Art. 1.721. A dissolução da sociedade conjugal não extingue o bem de família.

Parágrafo único. Dissolvida a sociedade conjugal pela morte de um dos cônjuges, o sobrevivente poderá pedir a extinção do bem de família, se for o único bem do casal.

- arts. 1.571 a 1.582 deste Código.

Art. 1.722. Extingue-se, igualmente, o bem de família com a morte de ambos os cônjuges e a maioridade dos filhos, desde que não sujeitos a curatela.

TÍTULO III
DA UNIÃO ESTÁVEL

- Lei 8.971/1994 (Dispõe sobre direito dos companheiros a alimentos e à sucessão).
- Lei 9.278/1996 (Lei da União Estável).

Art. 1.723. É reconhecida como entidade familiar a união estável entre o homem e a mulher, configurada na convivência pública, contínua e duradoura e estabelecida com o objetivo de constituição de família.

- ADPF 132 e ADIn 4.277 foram julgadas procedentes com eficácia *erga omnes* e efeito vinculante, conferindo interpretação conforme a CF a este artigo, a fim de declarar a aplicabilidade de regime da união estável às uniões homoafetivas.
- art. 226, § 3º, CF.
- art. 793 deste Código.
- art. 1º, Lei 9.278/1996 (Lei da União Estável).
- Enunciado 524 das Jornadas de Direito Civil.

§ 1º A união estável não se constituirá se ocorrerem os impedimentos do art. 1.521; não se aplicando a incidência do inciso VI no caso de a pessoa casada se achar separada de fato ou judicialmente.

- art. 1.727 deste Código.
- Enunciado 525 das Jornadas de Direito Civil.

§ 2º As causas suspensivas do art. 1.523 não impedirão a caracterização da união estável.

Art. 1.724. As relações pessoais entre os companheiros obedecerão aos deveres de lealdade, respeito e assistência, e de guarda, sustento e educação dos filhos.

- arts. 1.566; 1.583 a 1.590; 1.694 e ss. deste Código.
- art. 2º, Lei 9.278/1996 (Lei da União Estável).

Art. 1.725. Na união estável, salvo contrato escrito entre os companheiros, aplica-se às relações patrimoniais, no que couber, o regime da comunhão parcial de bens.

- arts. 1.641, I e II; 1.658 a 1.666 deste Código.
- art. 5º, Lei 9.278/1996 (Lei da União Estável).
- Enunciados 115 e 346 das Jornadas de Direito Civil.

Art. 1.726. A união estável poderá converter-se em casamento, mediante pedido dos companheiros ao juiz e assento no Registro Civil.

- art. 226, § 3º, CF.
- art. 1.591 deste Código.
- art. 8º, Lei 9.278/1996 (Lei da União Estável).
- Enunciados 135 e 526 das Jornadas de Direito Civil.

Art. 1.727. As relações não eventuais entre o homem e a mulher, impedidos de casar, constituem concubinato.

- art. 226, § 3º, CF.
- arts. 1.521; 1.723, § 1º, deste Código.
- art. 8º, Lei 9.278/1996 (Lei da União Estável).

TÍTULO IV
DA TUTELA, DA CURATELA E DA TOMADA DE DECISÃO APOIADA

- (Alterado pela Lei 13.146/2015.)

CAPÍTULO I
DA TUTELA

- arts. 197, III; 206, § 4º; 1.523, IV, deste Código.
- arts. 759 a 763 NCPC.

SEÇÃO I
DOS TUTORES

Art. 1.728. Os filhos menores são postos em tutela:

I - com o falecimento dos pais, ou sendo estes julgados ausentes;

‣ arts. 22; 1.635, I, deste Código.

II - em caso de os pais decaírem do poder familiar.

‣ arts. 1.636 a 1.638 deste Código.

‣ arts. 759 a 763, NPC

‣ art. 6º, VI, Lei 13.146/2015 (Estatuto da Pessoa com Deficiência).

Art. 1.729. O direito de nomear tutor compete aos pais, em conjunto.

‣ art. 5º, I; 226, § 5º, CF.

‣ art. 1.634, IV, deste Código.

Parágrafo único. A nomeação deve constar de testamento ou de qualquer outro documento autêntico.

‣ Enunciado 528 das Jornadas de Direito Civil.

Art. 1.730. É nula a nomeação de tutor pelo pai ou pela mãe que, ao tempo de sua morte, não tinha o poder familiar.

‣ art. 5º, I; 226, § 5º, CF.

Art. 1.731. Em falta de tutor nomeado pelos pais incumbe a tutela aos parentes consanguíneos do menor, por esta ordem:

I - aos ascendentes, preferindo o de grau mais próximo ao mais remoto;

II - aos colaterais até o terceiro grau, preferindo os mais próximos aos mais remotos, e, no mesmo grau, os mais velhos aos mais moços; em qualquer dos casos, o juiz escolherá entre eles o mais apto a exercer a tutela em benefício do menor.

Art. 1.732. O juiz nomeará tutor idôneo e residente no domicílio do menor:

‣ art. 759, NCPC.

I - na falta de tutor testamentário ou legítimo;

II - quando estes forem excluídos ou escusados da tutela;

‣ arts. 1.735 a 1.739; 1.764, II; e 1.766 deste Código.

III - quando removidos por não idôneos o tutor legítimo e o testamentário.

‣ art. 760, NCPC.

Art. 1.733. Aos irmãos órfãos dar-se-á um só tutor.

§ 1º No caso de ser nomeado mais de um tutor por disposição testamentária sem indicação de precedência, entende-se que a tutela foi cometida ao primeiro, e que os outros lhe sucederão pela ordem de nomeação, se ocorrer morte, incapacidade, escusa ou qualquer outro impedimento.

§ 2º Quem institui um menor herdeiro, ou legatário seu, poderá nomear-lhe curador especial para os bens deixados, ainda que o beneficiário se encontre sob o poder familiar, ou tutela.

Art. 1.734. As crianças e os adolescentes cujos pais forem desconhecidos, falecidos ou que tiverem sido suspensos ou destituídos do poder familiar terão tutores nomeados pelo Juiz ou serão incluídos em programa de colocação familiar, na forma prevista pela Lei n. 8.069, de 13 de julho de 1990 - Estatuto da Criança e do Adolescente. (Redação dada pela Lei 12.010/2009.)

‣ arts. 28 a 38; 90 a 94, Lei 8.069/1990 (ECA).

SEÇÃO II
DOS INCAPAZES DE EXERCER A TUTELA

Art. 1.735. Não podem ser tutores e serão exonerados da tutela, caso a exerçam:

I - aqueles que não tiverem a livre administração de seus bens;

II - aqueles que, no momento de lhes ser deferida a tutela, se acharem constituídos em obrigação para com o menor, ou tiverem que fazer valer direitos contra este, e aqueles cujos pais, filhos ou cônjuges tiverem demanda contra o menor;

III - os inimigos do menor, ou de seus pais, ou que tiverem sido por estes expressamente excluídos da tutela;

IV - os condenados por crime de furto, roubo, estelionato, falsidade, contra a família ou os costumes, tenham ou não cumprido pena;

‣ Enunciado 636 das Jornadas de Direito Civil.

V - as pessoas de mau procedimento, ou falhas em probidade, e as culpadas de abuso em tutorias anteriores;

VI - aqueles que exercerem função pública incompatível com a boa administração da tutela.

‣ art. 1.751 deste Código.

‣ arts. 759 a 763 NCPC.

SEÇÃO III
DA ESCUSA DOS TUTORES

Art. 1.736. Podem escusar-se da tutela:

I - mulheres casadas;

‣ Art. 5º, I, CF.

‣ Enunciado 136 das Jornadas de Direito Civil.

II - maiores de sessenta anos;

III - aqueles que tiverem sob sua autoridade mais de três filhos;

IV - os impossibilitados por enfermidade;

V - aqueles que habitarem longe do lugar onde se haja de exercer a tutela;

VI - aqueles que já exercerem tutela ou curatela;

VII - militares em serviço.

Art. 1.737. Quem não for parente do menor não poderá ser obrigado a aceitar a tutela, se houver no lugar parente idôneo, consanguíneo ou afim, em condições de exercê-la.

Art. 1.738. A escusa apresentar-se-á nos dez dias subsequentes à designação, sob pena de entender-se renunciado o direito de alegá-la; se o motivo escusatório ocorrer depois de aceita a tutela, os dez dias contar-se-ão do em que ele sobrevier.

‣ art. 760, NCPC.

Art. 1.739. Se o juiz não admitir a escusa, exercerá o nomeado a tutela, enquanto o recurso interposto não tiver provimento, e responderá desde logo pelas perdas e danos que o menor venha a sofrer.

‣ art. 760, NCPC.

SEÇÃO IV
DO EXERCÍCIO DA TUTELA

Art. 1.740. Incumbe ao tutor, quanto à pessoa do menor:

I - dirigir-lhe a educação, defendê-lo e prestar-lhe alimentos, conforme os seus haveres e condição;

II - reclamar do juiz que providencie, como houver por bem, quando o menor haja mister correção;

‣ arts. 13; 53; 55; 58, Lei 8.069/1990 (ECA).

III - adimplir os demais deveres que normalmente cabem aos pais, ouvida a opinião do menor, se este já contar doze anos de idade.

Art. 1.741. Incumbe ao tutor, sob a inspeção do juiz, administrar os bens do tutelado, em proveito deste, cumprindo seus deveres com zelo e boa-fé.

‣ art. 249, Lei 8.069/1990 (ECA).

Art. 1.742. Para fiscalização dos atos do tutor, pode o juiz nomear um protutor.

Art. 1.743. Se os bens e interesses administrativos exigirem conhecimentos técnicos, forem complexos, ou realizados em lugares distantes do domicílio do tutor, poderá este, mediante aprovação judicial, delegar a outras pessoas físicas ou jurídicas o exercício parcial da tutela.

Art. 1.744. A responsabilidade do juiz será:

I - direta e pessoal, quando não tiver nomeado o tutor, ou não o houver feito oportunamente;

II - subsidiária, quando não tiver exigido garantia legal do tutor, nem o removido, tanto que se tornou suspeito.

Art. 1.745. Os bens do menor serão entregues ao tutor mediante termo especificado deles e seus valores, ainda que os pais o tenham dispensado.

Parágrafo único. Se o patrimônio do menor for de valor considerável, poderá o juiz condicionar o exercício da tutela à prestação de caução bastante, podendo dispensá-la se o tutor for de reconhecida idoneidade.

‣ art. 2.040 deste Código.

Art. 1.746. Se o menor possuir bens, será sustentado e educado a expensas deles, arbitrando o juiz para tal fim as quantias que lhe pareçam necessárias, considerado o rendimento da fortuna do pupilo quando o pai ou a mãe não as houver fixado.

Art. 1.747. Compete mais ao tutor:

I - representar o menor, até os dezesseis anos, nos atos da vida civil, e assisti-lo, após essa idade, nos atos em que for parte;

‣ arts. 3º, I; 4º, I, deste Código.

II - receber as rendas e pensões do menor, e as quantias a ele devidas;

III - fazer-lhe as despesas de subsistência e educação, bem como as de administração, conservação e melhoramentos de seus bens;

IV - alienar os bens do menor destinados a venda;

V - promover-lhe, mediante preço conveniente, o arrendamento de bens de raiz.

Art. 1.748. Compete também ao tutor, com autorização do juiz:

I - pagar as dívidas do menor;

II - aceitar por ele heranças, legados ou doações, ainda que com encargos;

III - transigir;

IV - vender-lhe os bens móveis, cuja conservação não convier, e os imóveis nos casos em que for permitido;

V - propor em juízo as ações, ou nelas assistir o menor, e promover todas as diligências a bem deste, assim como defendê-lo nos pleitos contra ele movidos.

Parágrafo único. No caso de falta de autorização, a eficácia de ato do tutor depende da aprovação ulterior do juiz.

Art. 1.749. Ainda com a autorização judicial, não pode o tutor, sob pena de nulidade:

I - adquirir por si, ou por interposta pessoa, mediante contrato particular, bens móveis ou imóveis pertencentes ao menor;

‣ arts. 82; 83; 497, I, deste Código.

II - dispor dos bens do menor a título gratuito;

III - constituir-se cessionário de crédito ou de direito, contra o menor.

‣ art. 497, I, deste Código.

Art. 1.750. Os imóveis pertencentes aos menores sob tutela somente podem ser vendidos quando houver manifesta vantagem, mediante prévia avaliação judicial e aprovação do juiz.

‣ arts. 1.748, IV, deste Código.

‣ arts. 725; 730, NCPC.

Art. 1.751. Antes de assumir a tutela, o tutor declarará tudo o que o menor lhe deva, sob pena de não lhe poder cobrar, enquanto exerça a tutoria, salvo provando que não conhecia o débito quando a assumiu.

‣ art. 1.735, II, deste Código.

Art. 1.752. O tutor responde pelos prejuízos que, por culpa, ou dolo, causar ao tutelado; mas tem direito a ser pago pelo que realmente despender no exercício da tutela, salvo no caso do art. 1.734, e a perceber remuneração proporcional à importância dos bens administrados.

‣ arts. 402 a 405 deste Código.

§ 1º Ao protutor será arbitrada uma gratificação módica pela fiscalização efetuada.

§ 2º São solidariamente responsáveis pelos prejuízos as pessoas às quais competia fiscalizar a atividade do tutor, e as que concorreram para o dano.

SEÇÃO V
DOS BENS DO TUTELADO

Art. 1.753. Os tutores não podem conservar em seu poder dinheiro dos tutelados, além do necessário para as despesas ordinárias com o seu sustento, a sua educação e a administração de seus bens.

§ 1º Se houver necessidade, os objetos de ouro e prata, pedras preciosas e móveis serão avaliados por pessoa idônea e, após autorização judicial, alienados, e o seu produto convertido em títulos, obrigações e letras de responsabilidade direta ou indireta da União ou dos Estados, atendendo-se preferentemente à rentabilidade, e recolhidos ao estabelecimento bancário oficial ou aplicado na aquisição de imóveis, conforme for determinado pelo juiz.

§ 2º O mesmo destino previsto no parágrafo antecedente terá o dinheiro proveniente de qualquer outra procedência.

- arts. 725, III; 730; 840, I, NCPC.

§ 3º Os tutores respondem pela demora na aplicação dos valores acima referidos, pagando os juros legais desde o dia em que deveriam dar esse destino, o que não os exime da obrigação, que o juiz fará efetiva, da referida aplicação.

Art. 1.754. Os valores que existirem em estabelecimento bancário oficial, na forma do artigo antecedente, não se poderão retirar, senão mediante ordem do juiz, e somente:

I - para as despesas com o sustento e educação do tutelado, ou a administração de seus bens;
II - para se comprarem bens imóveis e títulos, obrigações ou letras, nas condições previstas no § 1º do artigo antecedente;
III - para se empregarem em conformidade com o disposto por quem os houver doado, ou deixado;
IV - para se entregarem aos órfãos, quando emancipados, ou maiores, ou, mortos eles, aos seus herdeiros.

SEÇÃO VI
DA PRESTAÇÃO DE CONTAS

Art. 1.755. Os tutores, embora o contrário tivessem disposto os pais dos tutelados, são obrigados a prestar contas da sua administração.

Art. 1.756. No fim de cada ano de administração, os tutores submeterão ao juiz o balanço respectivo, que, depois de aprovado, se anexará aos autos do inventário.

Art. 1.757. Os tutores prestarão contas de dois em dois anos, e também quando, por qualquer motivo, deixarem o exercício da tutela ou toda vez que o juiz achar conveniente.

Parágrafo único. As contas serão prestadas em juízo, e julgadas depois da audiência dos interessados, recolhendo o tutor imediatamente a estabelecimento bancário oficial os saldos, ou adquirindo bens imóveis, ou títulos, obrigações ou letras, na forma do § 1º do art. 1.753.

- art. 1.753 deste Código.
- arts. 550 a 553, NCPC.

Art. 1.758. Finda a tutela pela emancipação ou maioridade, a quitação do menor não produzirá efeito antes de aprovadas as contas pelo juiz, subsistindo inteira, até então, a responsabilidade do tutor.

Art. 1.759. Nos casos de morte, ausência, ou interdição do tutor, as contas serão prestadas por seus herdeiros ou representantes.

Art. 1.760. Serão levadas a crédito do tutor todas as despesas justificadas e reconhecidamente proveitosas ao menor.

- art. 1.752 Código.

Art. 1.761. As despesas com a prestação das contas serão pagas pelo tutelado.

Art. 1.762. O alcance do tutor, bem como o saldo contra o tutelado, são dívidas de valor e vencem juros desde o julgamento definitivo das contas.

- art. 398 deste Código.

SEÇÃO VII
DA CESSAÇÃO DA TUTELA

Art. 1.763. Cessa a condição de tutelado:

I - com a maioridade ou a emancipação do menor;
II - ao cair o menor sob o poder familiar, no caso de reconhecimento ou adoção.

- art. 227, § 6º, CF.

Art. 1.764. Cessam as funções do tutor:

I - ao expirar o termo, em que era obrigado a servir;

- art. 1.765 deste Código.

II - ao sobrevir escusa legítima;

- art. 1.736 deste Código.

III - ao ser removido.

- arts. 1.735 a 1.766 deste Código.
- art. 761 e ss., NCPC.
- arts. 24; 38; 164, Lei 8.069/1990 (ECA).

Art. 1.765. O tutor é obrigado a servir por espaço de dois anos.

Parágrafo único. Pode o tutor continuar no exercício da tutela, além do prazo previsto neste artigo, se o quiser e o juiz julgar conveniente ao menor.

Art. 1.766. Será destituído o tutor, quando negligente, prevaricador ou incurso em incapacidade.

- art. 761 e ss., NCPC.
- art. 164, Lei 8.069/1990 (ECA).

CAPÍTULO II
DA CURATELA

- arts. 22; 25; 197, III; 932, II; 1.800 deste Código.
- arts. 747 a 763 NCPC.
- arts. 94-6; 104, *caput*, Lei 6.015/1973 (Lei de Registros Públicos).
- art. 44, Lei 8.069/1990 (ECA).

SEÇÃO I
DOS INTERDITOS

Art. 1.767. Estão sujeitos a curatela:

- Enunciado 637 das Jornadas de Direito Civil.

I - aqueles que, por causa transitória ou permanente, não puderem exprimir sua vontade; (Alterado pela Lei 13.146/2015.)

- arts. 9º, III; 228, II, deste Código.

II - (Revogado pela Lei 13.146/2015.)
III - os ébrios habituais e os viciados em tóxico; (Alterado pela Lei 13.146/2015.)

- arts. 4º, II; 9º, III, deste Código.

IV - (Revogado pela Lei 13.146/2015.)
V - os pródigos.

- arts. 4º, IV; 9º, III; 1.782 deste Código.

Arts. 1.768 a 1.773. (Revogados pela Lei nº 13.105, de 2015)

Art. 1.774. Aplicam-se à curatela as disposições concernentes à tutela, com as modificações dos artigos seguintes.

- arts. 497, I; 580; 1.726 a 1.766; e 1.781 deste Código.

Art. 1.775. O cônjuge ou companheiro, não separado judicialmente ou de fato, é, de direito, curador do outro, quando interdito.

- arts. 1.570; 1.783 deste Código.
- Enunciado 638 das Jornadas de Direito Civil.

§ 1º Na falta do cônjuge ou companheiro, é curador legítimo o pai ou a mãe; na falta destes, o descendente que se demonstrar mais apto.

§ 2º Entre os descendentes, os mais próximos precedem aos mais remotos.

§ 3º Na falta das pessoas mencionadas neste artigo, compete ao juiz a escolha do curador.

Art. 1.775-A. Na nomeação de curador para a pessoa com deficiência, o juiz poderá estabelecer curatela compartilhada a mais de uma pessoa. (Acrescentado pela Lei 13.146/2015.)

Art. 1.776. (Revogado pela Lei 13.146/2015.)

Art. 1.777. As pessoas referidas no inciso I do art. 1.767 receberão todo o apoio necessário para ter preservado o direito à convivência familiar e comunitária, sendo evitado o seu recolhimento em estabelecimento que os afaste desse convívio. (Alterado pela Lei 13.146/2015.)

- arts. 26; 98; e 99, CP.

Art. 1.778. A autoridade do curador estende-se à pessoa e aos bens dos filhos do curatelado, observado o art. 5º.

SEÇÃO II
DA CURATELA DO NASCITURO E DO ENFERMO OU PORTADOR DE DEFICIÊNCIA FÍSICA

Art. 1.779. Dar-se-á curador ao nascituro, se o pai falecer estando grávida a mulher, e não tendo o poder familiar.

- art. 2º deste Código.

Parágrafo único. Se a mulher estiver interdita, seu curador será o do nascituro.

Art. 1.780. (Revogado pela Lei 13.146/2015.)

SEÇÃO III
DO EXERCÍCIO DA CURATELA

Art. 1.781. As regras a respeito do exercício da tutela aplicam-se ao da curatela, com a restrição do art. 1.772 e as desta Seção.

- arts. 1.728 a 1.766 deste Código.

Art. 1.782. A interdição do pródigo só o privará de, sem curador, emprestar, transigir, dar quitação, alienar, hipotecar, demandar ou ser demandado, e praticar, em geral, os atos que não sejam de mera administração.

- arts. 4º, IV; 1.767, V, deste Código.

Art. 1.783. Quando o curador for o cônjuge e o regime de bens do casamento for de comunhão universal, não será obrigado à prestação de contas, salvo determinação judicial.

- arts. 1.570; 1.651; 1.667 a 1.671 deste Código.

CAPÍTULO III
DA TOMADA DE DECISÃO APOIADA

- (Acrescentado pela Lei 13.146/2015.)

Art. 1.783-A. A tomada de decisão apoiada é o processo pelo qual a pessoa com deficiência elege pelo menos 2 (duas) pessoas idôneas, com as quais mantenha vínculos e que gozem de sua confiança, para prestar-lhe apoio na tomada de decisão sobre atos da vida civil, fornecendo-lhes os elementos e informações necessários para que possa exercer sua capacidade. (Acrescentado pela Lei 13.146/2015.)

- Enunciados 639; 640 das Jornadas de Direito Civil.

§ 1º Para formular pedido de tomada de decisão apoiada, a pessoa com deficiência e os apoiadores devem apresentar termo em que constem os limites do apoio a ser oferecido e os compromissos dos apoiadores, inclusive o prazo de vigência do acordo e o respeito à vontade, aos direitos e aos interesses da pessoa que devem apoiar. (Acrescentado pela Lei 13.146/2015.)

§ 2º O pedido de tomada de decisão apoiada será requerido pela pessoa a ser apoiada, com indicação expressa das pessoas aptas a prestarem o apoio previsto no *caput* deste artigo. (Acrescentado pela Lei 13.146/2015.)

§ 3º Antes de se pronunciar sobre o pedido de tomada de decisão apoiada, o juiz, assistido por equipe multidisciplinar, após oitiva do Ministério Público, ouvirá pessoalmente o requerente e as pessoas que lhe prestarão apoio. (Acrescentado pela Lei 13.146/2015.)

§ 4º A decisão tomada por pessoa apoiada terá validade e efeitos sobre terceiros, sem restrições, desde que esteja inserida nos limites do apoio acordado. (Acrescentado pela Lei 13.146/2015.)

§ 5º Terceiro com quem a pessoa apoiada mantenha relação negocial pode solicitar que os apoiadores contra-assinem o contrato ou acordo, especificando, por escrito, sua função em relação ao apoiado. (Acrescentado pela Lei 13.146/2015.)

§ 6º Em caso de negócio jurídico que possa trazer risco ou prejuízo relevante, havendo divergência de opiniões entre a pessoa apoiada e um dos apoiadores, deverá o juiz, ouvido o Ministério Público, decidir sobre a questão. (Acrescentado pela Lei 13.146/2015.)

§ 7º Se o apoiador agir com negligência, exercer pressão indevida ou não adimplir as obrigações assumidas, poderá a pessoa apoiada ou qualquer pessoa apresentar denúncia ao Ministério Público ou ao juiz. (Acrescentado pela Lei 13.146/2015.)

§ 8º Se procedente a denúncia, o juiz destituirá o apoiador e nomeará, ouvida a pessoa apoiada e se for de seu interesse, outra pessoa para prestação de apoio. (Acrescentado pela Lei 13.146/2015.)

§ 9º A pessoa apoiada pode, a qualquer tempo, solicitar o término de acordo firmado em processo de tomada de decisão apoiada. (Acrescentado pela Lei 13.146/2015.)

§ 10. O apoiador pode solicitar ao juiz a exclusão de sua participação do processo de tomada de decisão apoiada, sendo seu desligamento condicionado à manifestação do juiz sobre a matéria. (Acrescentado pela Lei 13.146/2015.)

§ 11. Aplicam-se à tomada de decisão apoiada, no que couber, as disposições referentes à prestação de contas na curatela. (Acrescentado pela Lei 13.146/2015.)

LIVRO V
DO DIREITO DAS SUCESSÕES

TÍTULO I
DA SUCESSÃO EM GERAL

CAPÍTULO I
DISPOSIÇÕES GERAIS

Art. 1.784. Aberta a sucessão, a herança transmite-se, desde logo, aos herdeiros legítimos e testamentários.

- art. 5º, XXX e XXXI, CF.
- arts. 426; 1.206; 1.207; 1.791; 1.829 a 1.844; 1.923 deste Código.

Art. 1.785. A sucessão abre-se no lugar do último domicílio do falecido.

- art. 5º, XXVII; XXX; XXXI, CF.
- arts. 70 a 78 deste Código.
- arts. 23 e 48, NCPC.
- art. 10, LInDB.

Art. 1.786. A sucessão dá-se por lei ou por disposição de última vontade.

- arts. 426; 1.857 a 1.859 deste Código.

Art. 1.787. Regula a sucessão e a legitimação para suceder a lei vigente ao tempo da abertura daquela.

- arts. 70 a 78 deste Código.
- art. 48, NCPC.
- art. 10, § 2º, LInDB.

Art. 1.788. Morrendo a pessoa sem testamento, transmite a herança aos herdeiros legítimos; o mesmo ocorrerá quanto aos bens que não forem compreendidos no testamento; e subsiste a sucessão legítima se o testamento caducar, ou for julgado nulo.

- arts. 1.829; 1.906; 1.908; 1.943; 1.944; 1.955; 1.966; 1.969 a 1.975 deste Código.
- Súm. 590, STF.

Art. 1.789. Havendo herdeiros necessários, o testador só poderá dispor da metade da herança.

- arts. 549; 1.846; 1.961; 1.973 a 1.975; 2.018 deste Código.

Art. 1.790. A companheira ou o companheiro participará da sucessão do outro, quanto aos bens adquiridos onerosamente na vigência da união estável, nas condições seguintes (v. Recurso Extraordinário nº 646.721 e Recurso Extraordinário nº 878.694):

- art. 1.829 deste Código.
- Enunciados 525; 641 das Jornadas de Direito Civil.

I - se concorrer com filhos comuns, terá direito a uma quota equivalente à que por lei for atribuída ao filho;

- Enunciado 266 das Jornadas de Direito Civil.

II - se concorrer com descendentes só do autor da herança, tocar-lhe-á a metade do que couber a cada um daqueles;

III - se concorrer com outros parentes sucessíveis, terá direito a um terço da herança;

IV - não havendo parentes sucessíveis, terá direito à totalidade da herança.

- arts. 1.829; 1.844 deste Código.
- art. 2º, Lei 8.971/1994 (Dispõe sobre o direito dos companheiros a alimentos e à sucessão).

CAPÍTULO II
DA HERANÇA E DE SUA ADMINISTRAÇÃO

Art. 1.791. A herança defere-se como um todo unitário, ainda que vários sejam os herdeiros.

Parágrafo único. Até a partilha, o direito dos coerdeiros, quanto à propriedade e posse da herança, será indivisível, e regular-se-á pelas normas relativas ao condomínio.

- arts. 88; 91; 1.199; 1.314; 2.013 a 2.022 deste Código.

Art. 1.792. O herdeiro não responde por encargos superiores às forças da herança; incumbe-lhe, porém, a prova do excesso, salvo se houver inventário que a escuse, demostrando o valor dos bens herdados.

- arts. 836; 1.997 deste Código.
- art. 796, NCPC.

Art. 1.793. O direito à sucessão aberta, bem como o quinhão de que disponha o coerdeiro, pode ser objeto de cessão por escritura pública.

§ 1º Os direitos, conferidos ao herdeiro em consequência de substituição ou de direito de acrescer, presumem-se não abrangidos pela cessão feita anteriormente.

- arts. 1.941 a 1.960 deste Código.

§ 2º É ineficaz a cessão, pelo coerdeiro, de seu direito hereditário sobre qualquer bem da herança considerado singularmente.

§ 3º Ineficaz é a disposição, sem prévia autorização do juiz da sucessão, por qualquer herdeiro, de bem componente do acervo hereditário, pendente a indivisibilidade.

Art. 1.794. O coerdeiro não poderá ceder a sua quota hereditária a pessoa estranha à sucessão, se outro coerdeiro a quiser, tanto por tanto.

- art. 504 deste Código.

Art. 1.795. O coerdeiro, a quem não se der conhecimento da cessão, poderá, depositado o preço, haver para si a quota cedida a estranho, se o requerer até cento e oitenta dias após a transmissão.

- art. 504 deste Código.

Parágrafo único. Sendo vários os coerdeiros a exercer a preferência, entre eles se distribuirá o quinhão cedido, na proporção das respectivas quotas hereditárias.

Art. 1.796. No prazo de trinta dias, a contar da abertura da sucessão, instaurar-se-á inventário do patrimônio hereditário, perante o juízo competente no lugar da sucessão, para fins de liquidação e, quando for o caso, de partilha da herança.

- arts. 7º; 10, LInDB.
- arts. 70 a 73 deste Código.
- arts. 48, 610 e ss., NCPC.
- Súm. 542, STF.

Art. 1.797. Até o compromisso do inventariante, a administração da herança caberá, sucessivamente:

- arts. 613 e ss., NCPC.

I - ao cônjuge ou companheiro, se com o outro convivia ao tempo da abertura da sucessão;

II - ao herdeiro que estiver na posse e administração dos bens, e, se houver mais de um nessas condições, ao mais velho;

III - ao testamenteiro;

- art. 1.977 deste Código.

IV - a pessoa de confiança do juiz, na falta ou escusa das indicadas nos incisos antecedentes, ou quando tiverem de ser afastadas por motivo grave levado ao conhecimento do juiz.

CAPÍTULO III
DA VOCAÇÃO HEREDITÁRIA

Art. 1.798. Legitimam-se a suceder as pessoas nascidas ou já concebidas no momento da abertura da sucessão.

- Enunciado 267 das Jornadas de Direito Civil.

Art. 1.799. Na sucessão testamentária podem ainda ser chamados a suceder:

- arts. 1.857 a 1.859 deste Código.
- Enunciado 268 das Jornadas de Direito Civil.

I - os filhos, ainda não concebidos, de pessoas indicadas pelo testador, desde que vivas estas ao abrir-se a sucessão;

- art. 2º deste Código.

II - as pessoas jurídicas;

- arts. 40 a 69 deste Código.

III - as pessoas jurídicas, cuja organização for determinada pelo testador sob a forma de fundação.

- arts. 62 a 69 deste Código.

Art. 1.800. No caso do inciso I do artigo antecedente, os bens da herança serão confiados, após a liquidação ou partilha, a curador nomeado pelo juiz.

§ 1º Salvo disposição testamentária em contrário, a curatela caberá à pessoa cujo filho o testador esperava ter por herdeiro, e, sucessivamente, às pessoas indicadas no art. 1.775.

§ 2º Os poderes, deveres e responsabilidades do curador, assim nomeado, regem-se pelas disposições concernentes à curatela dos incapazes, no que couber.

- arts. 1.740 a 1.781 deste Código.

§ 3º Nascendo com vida o herdeiro esperado, ser-lhe-á deferida a sucessão, com os frutos e rendimentos relativos à deixa, a partir da morte do testador.

§ 4º Se, decorridos dois anos após a abertura da sucessão, não for concebido o herdeiro esperado, os bens reservados, salvo disposição em contrário do testador, caberão aos herdeiros legítimos.

‣ art. 1.829 deste Código.

Art. 1.801. Não podem ser nomeados herdeiros nem legatários:

I - a pessoa que, a rogo, escreveu o testamento, nem o seu cônjuge ou companheiro, ou os seus ascendentes e irmãos;

‣ art. 1.868 deste Código.

II - as testemunhas do testamento;

III - o concubino do testador casado, salvo se este, sem culpa sua, estiver separado de fato do cônjuge há mais de cinco anos;

‣ Súm. 447, STF.

‣ Enunciado 269 das Jornadas de Direito Civil.

IV - o tabelião, civil ou militar, ou o comandante ou escrivão, perante quem se fizer, assim como o que fizer ou aprovar o testamento.

‣ arts. 1.864, I; 1.868 deste Código.

Art. 1.802. São nulas as disposições testamentárias em favor de pessoas não legitimadas a suceder, ainda quando simuladas sob a forma de contrato oneroso, ou feitas mediante interposta pessoa.

Parágrafo único. Presumem-se pessoas interpostas os ascendentes, os descendentes, os irmãos e o cônjuge ou companheiro do não legitimado a suceder.

Art. 1.803. É lícita a deixa ao filho do concubino, quando também o for do testador.

‣ art. 227, § 6º, CF.

‣ Súm. 447, STF.

CAPÍTULO IV
DA ACEITAÇÃO E RENÚNCIA DA HERANÇA

Art. 1.804. Aceita a herança, torna-se definitiva a sua transmissão ao herdeiro, desde a abertura da sucessão.

‣ art. 1.784 deste Código.

Parágrafo único. A transmissão tem-se por não verificada quando o herdeiro renuncia à herança.

Art. 1.805. A aceitação da herança, quando expressa, faz-se por declaração escrita; quando tácita, há de resultar tão somente de atos próprios da qualidade de herdeiro.

§ 1º Não exprimem aceitação de herança os atos oficiosos, como o funeral do finado, os meramente conservatórios, ou os de administração e guarda provisória.

§ 2º Não importa igualmente aceitação a cessão gratuita, pura e simples, da herança, aos demais coerdeiros.

‣ art. 1.810 deste Código.

Art. 1.806. A renúncia da herança deve constar expressamente de instrumento público ou termo judicial.

‣ arts. 80, II; 108; 166, IV; 215 deste Código.

Art. 1.807. O interessado em que o herdeiro declare se aceita, ou não, a herança, poderá, vinte dias após aberta a sucessão, requerer ao juiz prazo razoável, não maior de trinta dias, para, nele, se pronunciar o herdeiro, sob pena de se haver a herança por aceita.

Art. 1.808. Não se pode aceitar ou renunciar a herança em parte, sob condição ou a termo.

‣ arts. 1.912 a 1.940 deste Código

§ 1º O herdeiro, a quem se testarem legados, pode aceitá-los, renunciando a herança; ou, aceitando-a, repudiá-los.

‣ arts. 121; 131; 133; 135 deste Código.

§ 2º O herdeiro, chamado, na mesma sucessão, a mais de um quinhão hereditário, sob títulos sucessórios diversos, pode livremente deliberar quanto aos quinhões que aceita e aos que renuncia.

Art. 1.809. Falecendo o herdeiro antes de declarar se aceita a herança, o poder de aceitar passa-lhe aos herdeiros, a menos que se trate de vocação adstrita a uma condição suspensiva, ainda não verificada.

‣ arts. 125; 1.933 deste Código.

Parágrafo único. Os chamados à sucessão do herdeiro falecido antes da aceitação, desde que concordem em receber a segunda herança, poderão aceitar ou renunciar a primeira.

Art. 1.810. Na sucessão legítima, a parte do renunciante acresce à dos outros herdeiros da mesma classe e, sendo ele o único desta, devolve-se aos da subsequente.

‣ arts. 1.829 a 1.856 deste Código.

‣ Enunciado 575 das Jornadas de Direito Civil.

Art. 1.811. Ninguém pode suceder, representando herdeiro renunciante. Se, porém, ele for o único legítimo da sua classe, ou se todos os outros da mesma classe renunciarem a herança, poderão os filhos vir à sucessão, por direito próprio, e por cabeça.

‣ arts. 1.835; 1.856 deste Código.

Art. 1.812. São irrevogáveis os atos de aceitação ou de renúncia da herança.

Art. 1.813. Quando o herdeiro prejudicar os seus credores, renunciando à herança, poderão eles, com autorização do juiz, aceitá-la em nome do renunciante.

§ 1º A habilitação dos credores se fará no prazo de trinta dias seguintes ao conhecimento do fato.

§ 2º Pagas as dívidas do renunciante, prevalece a renúncia quanto ao remanescente, que será devolvido aos demais herdeiros.

‣ arts. 158 a 165 deste Código.

‣ art. 129, V, Lei 11.101/2005 (Lei de Recuperação de Empresas e Falência).

CAPÍTULO V
DOS EXCLUÍDOS DA SUCESSÃO

Art. 1.814. São excluídos da sucessão os herdeiros ou legatários:

I - que houverem sido autores, coautores ou partícipes de homicídio doloso, ou tentativa deste, contra a pessoa de cuja sucessão se tratar, seu cônjuge, companheiro, ascendente ou descendente;

II - que houverem acusado caluniosamente em juízo o autor da herança ou incorrerem em crime contra a sua honra, ou de seu cônjuge ou companheiro;

III - que, por violência ou meios fraudulentos, inibirem ou obstarem o autor da herança de dispor livremente de seus bens por ato de última vontade.

‣ arts. 557; 935; 1.939, IV; e 1.961 a 1.965 deste Código.

Art. 1.815. A exclusão do herdeiro ou legatário, em qualquer desses casos de indignidade, será declarada por sentença.

‣ Enunciado 116 das Jornadas de Direito Civil.

§ 1º O direito de demandar a exclusão do herdeiro ou legatário extingue-se em quatro anos, contados da abertura da sucessão. (Primitivo parágrafo único renumerado para § 1º pela Lei 13.532, de 2017.)

§ 2º Na hipótese do inciso I do art. 1.814, o Ministério Público tem legitimidade para demandar a exclusão do herdeiro ou legatário. (Incluído pela Lei 13.532, de 2017).

Art. 1.816. São pessoais os efeitos da exclusão; os descendentes do herdeiro excluído sucedem, como se ele morto fosse antes da abertura da sucessão.

Parágrafo único. O excluído da sucessão não terá direito ao usufruto ou à administração dos bens que a seus sucessores couberem na herança, nem à sucessão eventual desses bens.

‣ arts. 1.689 e 1.693, IV, deste Código.

Art. 1.817. São válidas as alienações onerosas de bens hereditários a terceiros de boa-fé, e os atos de administração legalmente praticados pelo herdeiro, antes da sentença de exclusão; mas aos herdeiros subsiste, quando prejudicados, o direito de demandar-lhe perdas e danos.

‣ arts. 1.689; 1.693, IV, deste Código.

Parágrafo único. O excluído da sucessão é obrigado a restituir os frutos e rendimentos que dos bens da herança houver percebido, mas tem direito a ser indenizado das despesas com a conservação deles.

‣ art. 884 deste Código.

Art. 1.818. Aquele que incorreu em atos que determinem a exclusão da herança será admitido a suceder, se o ofendido o tiver expressamente reabilitado em testamento, ou em outro ato autêntico.

Parágrafo único. Não havendo reabilitação expressa, o indigno, contemplado em testamento do ofendido, quando o testador, ao testar, já conhecia a causa da indignidade, pode suceder no limite da disposição testamentária.

CAPÍTULO VI
DA HERANÇA JACENTE

‣ arts. 48; 75, VI; 738 e ss., NCPC.

Art. 1.819. Falecendo alguém sem deixar testamento nem herdeiro legítimo notoriamente conhecido, os bens da herança, depois de arrecadados, ficarão sob a guarda e administração de um curador, até a sua entrega ao sucessor devidamente habilitado ou à declaração de sua vacância.

‣ arts. 75, VI, NCPC.

Art. 1.820. Praticadas as diligências de arrecadação e ultimado o inventário, serão expedidos editais na forma da lei processual, e, decorrido um ano de sua primeira publicação, sem que haja herdeiro habilitado, ou penda habilitação, será a herança declarada vacante.

‣ art. 743, NCPC.

Art. 1.821. É assegurado aos credores o direito de pedir o pagamento das dívidas reconhecidas, nos limites das forças da herança.

‣ art. 741, NCPC.

Art. 1.822. A declaração de vacância da herança não prejudicará os herdeiros que legalmente se habilitarem; mas, decorridos cinco anos da abertura da sucessão, os bens arrecadados passarão ao domínio do Município ou do Distrito Federal, se localizados nas respectivas circunscrições, incorporando-se ao domínio da União quando situados em território federal.

‣ art. 1.884 deste Código.

Parágrafo único. Não se habilitando até a declaração de vacância, os colaterais ficarão excluídos da sucessão.

Art. 1.823. Quando todos os chamados a suceder renunciarem à herança, será esta desde logo declarada vacante.

‣ arts. 1.804; 1.806 deste Código.

CAPÍTULO VII
DA PETIÇÃO DE HERANÇA

Art. 1.824. O herdeiro pode, em ação de petição de herança, demandar o reconhecimento de seu direito sucessório, para obter a restituição da herança, ou de parte dela, contra quem, na qualidade de herdeiro, ou mesmo sem título, a possua.

‣ art. 205 deste Código.

‣ Súm. 149, STF.

Art. 1.825. A ação de petição de herança, ainda que exercida por um só dos herdeiros, poderá compreender todos os bens hereditários.

‣ art. 1.791 deste Código.

Art. 1.826. O possuidor da herança está obrigado à restituição dos bens do acervo, fixando-se-lhe a responsabilidade segundo a sua posse, observado o disposto nos arts. 1.214 a 1.222.

- art. 395 deste Código.

Parágrafo único. A partir da citação, a responsabilidade do possuidor se há de aferir pelas regras concernentes à posse de má-fé e à mora.

Art. 1.827. O herdeiro pode demandar os bens da herança, mesmo em poder de terceiros, sem prejuízo da responsabilidade do possuidor originário pelo valor dos bens alienados.

Parágrafo único. São eficazes as alienações feitas, a título oneroso, pelo herdeiro aparente a terceiro de boa-fé.

Art. 1.828. O herdeiro aparente, que de boa-fé houver pago um legado, não está obrigado a prestar o equivalente ao verdadeiro sucessor, ressalvado a este o direito de proceder contra quem o recebeu.

- art. 1.934 deste Código.

TÍTULO II
DA SUCESSÃO LEGÍTIMA

CAPÍTULO I
DA ORDEM DA VOCAÇÃO HEREDITÁRIA

- art. 2.041 deste Código.

Art. 1.829. A sucessão legítima defere-se na ordem seguinte

- arts. 1.790; 1.845 a 1.850; 1.961 a 1.965 deste Código.

I - aos descendentes, em concorrência com o cônjuge sobrevivente, salvo se casado este com o falecido no regime da comunhão universal, ou no da separação obrigatória de bens (art. 1.640, parágrafo único); ou se, no regime da comunhão parcial, o autor da herança não houver deixado bens particulares;

- O regime de separação obrigatória de bens encontra-se no art. 1.641, e não no art. 1.640, parágrafo único.
- art. 227, § 6º, CF.
- arts. 1.641; 1.658 a 1.671; 1.685; 1.835 deste Código.
- Enunciados 270; 575; 609 das Jornadas de Direito Civil.

II - aos ascendentes, em concorrência com o cônjuge;

- art. 1.836 deste Código.
- Enunciado 525 das Jornadas de Direito Civil.

III - ao cônjuge sobrevivente;

- art. 1.838 deste Código.
- art. 2º, Lei 8.971/1994 (Dispõe sobre o direito dos companheiros a alimentos e à sucessão).

IV - aos colaterais.

- arts. 1.592; 1.839 a 1.843 deste Código.

Art. 1.830. Somente é reconhecido direito sucessório ao cônjuge sobrevivente se, ao tempo da morte do outro, não estavam separados judicialmente, nem separados de fato há mais de dois anos, salvo prova, neste caso, de que essa convivência se tornara impossível sem culpa do sobrevivente.

- Enunciado 525 das Jornadas de Direito Civil.

Art. 1.831. Ao cônjuge sobrevivente, qualquer que seja o regime de bens, será assegurado, sem prejuízo da participação que lhe caiba na herança, o direito real de habitação relativamente ao imóvel destinado à residência da família, desde que seja o único daquela natureza a inventariar.

- arts. 1.414 a 1.416 deste Código.
- art. 7º, p.u., Lei 9.278/1996 (Lei da União Estável).
- Enunciados 117 e 271 das Jornadas de Direito Civil.

Art. 1.832. Em concorrência com os descendentes (art. 1.829, inciso I) caberá ao cônjuge quinhão igual ao dos que sucederem por cabeça, não podendo a sua quota ser inferior à quarta parte da herança, se for ascendente dos herdeiros com que concorrer.

- Enunciado 527 das Jornadas de Direito Civil.

Art. 1.833. Entre os descendentes, os em grau mais próximo excluem os mais remotos, salvo o direito de representação.

- arts. 1.851 a 1.856 deste Código.

Art. 1.834. Os descendentes da mesma classe têm os mesmos direitos à sucessão de seus ascendentes.

- art. 41, Lei 8.069/1990 (ECA).

Art. 1.835. Na linha descendente, os filhos sucedem por cabeça, e os outros descendentes, por cabeça ou por estirpe, conforme se achem ou não no mesmo grau.

- arts. 1.810; 1.811; 1.816 deste Código.

Art. 1.836. Na falta de descendentes, são chamados à sucessão os ascendentes, em concorrência com o cônjuge sobrevivente.

- art. 1.829, II, deste Código.
- Enunciado 642 das Jornadas de Direito Civil.

§ 1º Na classe dos ascendentes, o grau mais próximo exclui o mais remoto, sem distinção de linhas.

- art. 1.594 deste Código.

§ 2º Havendo igualdade em grau e diversidade em linha, os ascendentes da linha paterna herdam a metade, cabendo a outra aos da linha materna.

Art. 1.837. Concorrendo com ascendente em primeiro grau, ao cônjuge tocará um terço da herança; caber-lhe-á a metade desta se houver um só ascendente, ou se maior for aquele grau.

Art. 1.838. Em falta de descendentes e ascendentes, será deferida a sucessão por inteiro ao cônjuge sobrevivente.

- art. 1.830 deste Código.
- art. 2º, Lei 8.971/1994 (Dispõe sobre o direito dos companheiros a alimentos e à sucessão).

Art. 1.839. Se não houver cônjuge sobrevivente, nas condições estabelecidas no art. 1.830, serão chamados a suceder os colaterais até o quarto grau.

Art. 1.840. Na classe dos colaterais, os mais próximos excluem os mais remotos, salvo o direito de representação concedido aos filhos de irmãos.

- arts. 1.810; 1.811; 1.816; 1.843; 1.851; 1.853 deste Código.

Art. 1.841. Concorrendo à herança do falecido irmãos bilaterais com irmãos unilaterais, cada um destes herdará metade do que cada um daqueles herdar.

Art. 1.842. Não concorrendo à herança irmão bilateral, herdarão, em partes iguais, os unilaterais.

Art. 1.843. Na falta de irmãos, herdarão os filhos destes e, não os havendo, os tios.

§ 1º Se concorrerem à herança somente filhos de irmãos falecidos, herdarão por cabeça.

- art. 1.835 deste Código.

§ 2º Se concorrem filhos de irmãos bilaterais com filhos de irmãos unilaterais, cada um destes herdará a metade do que herdar cada um daqueles.

§ 3º Se todos forem filhos de irmãos bilaterais, ou todos de irmãos unilaterais, herdarão por igual.

Art. 1.844. Não sobrevivendo cônjuge, ou companheiro, nem parente algum sucessível, ou tendo eles renunciado a herança, esta se devolve ao Município ou ao Distrito Federal, se localizada nas respectivas circunscrições, ou à União, quando situada em território federal.

- art. 1.822 deste Código.

CAPÍTULO II
DOS HERDEIROS NECESSÁRIOS

Art. 1.845. São herdeiros necessários os descendentes, os ascendentes e o cônjuge.

- arts. 549; 1.814; 1.829; 1.830; 1.847; 1.961 a 1.965; 2.018 deste Código.

Art. 1.846. Pertence aos herdeiros necessários, de pleno direito, a metade dos bens da herança, constituindo a legítima.

- arts. 544; 549; 1.789; 1.814; 1.847; 1.857, § 1º; 1.961 deste Código.

Art. 1.847. Calcula-se a legítima sobre o valor dos bens existentes na abertura da sucessão, abatidas as dívidas e as despesas do funeral, adicionando-se, em seguida, o valor dos bens sujeitos a colação.

- arts. 544; 1.998; 2.002 a 2.012 deste Código.

Art. 1.848. Salvo se houver justa causa, declarada no testamento, não pode o testador estabelecer cláusula de inalienabilidade, impenhorabilidade, e de incomunicabilidade, sobre os bens da legítima.

- art. 2.042 deste Código.

§ 1º Não é permitido ao testador estabelecer a conversão dos bens da legítima em outros de espécie diversa.

§ 2º Mediante autorização judicial e havendo justa causa, podem ser alienados os bens gravados, convertendo-se o produto em outros bens, que ficarão sub-rogados nos ônus dos primeiros.

- arts. 1.668; 1.911 deste Código.
- art. 833, NCPC.
- arts. 167, II-11; 247 da Lei 6.015/1973 (Lei de Registros Públicos).
- Súm. 49, STF.

Art. 1.849. O herdeiro necessário, a quem o testador deixar a sua parte disponível, ou algum legado, não perderá o direito à legítima.

- art. 1.789 deste Código.

Art. 1.850. Para excluir da sucessão os herdeiros colaterais, basta que o testador disponha de seu patrimônio sem os contemplar.

- art. 1.908 deste Código.

CAPÍTULO III
DO DIREITO DE REPRESENTAÇÃO

Art. 1.851. Dá-se o direito de representação, quando a lei chama certos parentes do falecido a suceder em todos os direitos, em que ele sucederia, se vivo fosse.

- arts. 1.810; 1.811; 1.816; 1.854; 1.855 deste Código.
- Enunciado 610 das Jornadas de Direito Civil.

Art. 1.852. O direito de representação dá-se na linha reta descendente, mas nunca na ascendente.

- art. 1.835 deste Código.

Art. 1.853. Na linha transversal, somente se dá o direito de representação em favor dos filhos de irmãos do falecido, quando com irmãos deste concorrerem.

- arts. 1.840; 1.843 deste Código.

Art. 1.854. Os representantes só podem herdar, como tais, o que herdaria o representado, se vivo fosse.

Art. 1.855. O quinhão do representado partir-se-á por igual entre os representantes.

Art. 1.856. O renunciante à herança de uma pessoa poderá representá-la na sucessão de outra.

- arts. 1.810; 1.811 deste Código.

TÍTULO III
DA SUCESSÃO TESTAMENTÁRIA

CAPÍTULO I
DO TESTAMENTO EM GERAL

Art. 1.857. Toda pessoa capaz pode dispor, por testamento, da totalidade dos seus bens, ou de parte deles, para depois de sua morte.

- arts. 184; 1.881 deste Código.
- Enunciado 528 das Jornadas de Direito Civil.

§ 1º A legítima dos herdeiros necessários não poderá ser incluída no testamento.

§ 2º São válidas as disposições testamentárias de caráter não patrimonial, ainda que o testador somente a elas se tenha limitado.

- arts. 14; 791; 792; 1.609, III; 1.634, IV; 1.729, p.u.; 1.796; 1.881 deste Código.

Art. 1.858. O testamento é ato personalíssimo, podendo ser mudado a qualquer tempo.

- art. 1.969 deste Código.

Art. 1.859. Extingue-se em cinco anos o direito de impugnar a validade do testamento, contado o prazo da data do seu registro.

- art. 1.909, p.u., deste Código.

CAPÍTULO II
DA CAPACIDADE DE TESTAR

Art. 1.860. Além dos incapazes, não podem testar os que, no ato de fazê-lo, não tiverem pleno discernimento.

- arts. 3º; 1.767 deste Código.

Parágrafo único. Podem testar os maiores de dezesseis anos.

Art. 1.861. A incapacidade superveniente do testador não invalida o testamento, nem o testamento do incapaz se valida com a superveniência da capacidade.

CAPÍTULO III
DAS FORMAS ORDINÁRIAS DO TESTAMENTO

SEÇÃO I
DISPOSIÇÕES GERAIS

Art. 1.862. São testamentos ordinários:

I - o público;

- arts. 1.864 a 1.867 deste Código.

II - o cerrado;

- arts. 1.868 a 1.875 deste Código.

III - o particular.

- art. 426 deste Código.

Art. 1.863. É proibido o testamento conjuntivo, seja simultâneo, recíproco ou correspectivo.

- arts. 1.868 a 1.880 deste Código.

SEÇÃO II
DO TESTAMENTO PÚBLICO

Art. 1.864. São requisitos essenciais do testamento público:

- art. 426 deste Código.
- art. 736, NCPC.

I - ser escrito por tabelião ou por seu substituto legal em seu livro de notas, de acordo com as declarações do testador, podendo este servir-se de minuta, notas ou apontamentos;

- arts. 7º, II; 20, § 4º, Lei 8.935/1994 (Lei dos Cartórios).

II - lavrado o instrumento, ser lido em voz alta pelo tabelião ao testador e a duas testemunhas, a um só tempo; ou pelo testador, se o quiser, na presença destas e do oficial;

III - ser o instrumento, em seguida à leitura, assinado pelo testador, pelas testemunhas e pelo tabelião.

- art. 1.865 deste Código.

Parágrafo único. O testamento público pode ser escrito manualmente ou mecanicamente, bem como ser feito pela inserção da declaração de vontade em partes impressas de livro de notas, desde que rubricadas todas as páginas pelo testador, se mais de uma.

Art. 1.865. Se o testador não souber, ou não puder assinar, o tabelião ou seu substituto legal assim o declarará, assinando, neste caso, pelo testador, e, a seu rogo, uma das testemunhas instrumentárias.

Art. 1.866. O indivíduo inteiramente surdo, sabendo ler, lerá o seu testamento, e, se não o souber, designará quem o leia em seu lugar, presentes as testemunhas.

Art. 1.867. Ao cego só se permite o testamento público, que lhe será lido, em voz alta, duas vezes, uma pelo tabelião ou por seu substituto legal, e a outra por uma das testemunhas, designada pelo testador, fazendo-se de tudo circunstanciada menção no testamento.

SEÇÃO III
DO TESTAMENTO CERRADO

Art. 1.868. O testamento escrito pelo testador, ou por outra pessoa, a seu rogo, e por aquele assinado, será válido se aprovado pelo tabelião ou seu substituto legal, observadas as seguintes formalidades:

- arts. 1.801, I; 1.870; 1.871 deste Código.
- arts. 735; 736, NCPC.
- art. 7º, II, Lei 8.935/1994 (Lei dos Cartórios).

I - que o testador o entregue ao tabelião em presença de duas testemunhas;

II - que o testador declare que aquele é o seu testamento e quer que seja aprovado;

III - que o tabelião lavre, desde logo, o auto de aprovação, na presença de duas testemunhas, e o leia, em seguida, ao testador e testemunhas;

IV - que o auto de aprovação seja assinado pelo tabelião, pelas testemunhas e pelo testador.

Parágrafo único. O testamento cerrado pode ser escrito mecanicamente, desde que seu subscritor numere e autentique, com a sua assinatura, todas as páginas.

Art. 1.869. O tabelião deve começar o auto de aprovação imediatamente depois da última palavra do testador, declarando, sob sua fé, que o testador lhe entregou para ser aprovado na presença das testemunhas; passando a cerrar e coser o instrumento aprovado.

Parágrafo único. Se não houver espaço na última folha do testamento, para início da aprovação, o tabelião aporá nele o seu sinal público, mencionando a circunstância no auto.

Art. 1.870. Se o tabelião tiver escrito o testamento a rogo do testador, poderá, não obstante, aprová-lo.

Art. 1.871. O testamento pode ser escrito em língua nacional ou estrangeira, pelo próprio testador, ou por outrem, a seu rogo.

Art. 1.872. Não pode dispor de seus bens em testamento cerrado quem não saiba ou não possa ler.

Art. 1.873. Pode fazer testamento cerrado o surdo-mudo, contanto que o escreva todo, e o assine de sua mão, e que, ao entregá-lo ao oficial público, ante as duas testemunhas, escreva, na face externa do papel ou do envoltório, que aquele é o seu testamento, cuja aprovação lhe pede.

Art. 1.874. Depois de aprovado e cerrado, será o testamento entregue ao testador, e o tabelião lançará, no seu livro, nota do lugar, dia, mês e ano em que o testamento foi aprovado e entregue.

- art. 1.972 deste Código.

Art. 1.875. Falecido o testador, o testamento será apresentado ao juiz, que o abrirá e o fará registrar, ordenando seja cumprido, se não achar vício externo que o torne eivado de nulidade ou suspeito de falsidade.

- art. 735, NCPC.

SEÇÃO IV
DO TESTAMENTO PARTICULAR

Art. 1.876. O testamento particular pode ser escrito de próprio punho ou mediante processo mecânico.

- art. 1.880 deste Código.
- art. 737, NCPC.

§ 1º Se escrito de próprio punho, são requisitos essenciais à sua validade seja lido e assinado por quem o escreveu, na presença de pelo menos três testemunhas, que o devem subscrever.

- art. 228 deste Código.

§ 2º Se elaborado por processo mecânico, não pode conter rasuras ou espaços em branco, devendo ser assinado pelo testador, depois de o ter lido na presença de pelo menos três testemunhas, que o subscreverão.

Art. 1.877. Morto o testador, publicar-se-á em juízo o testamento, com citação dos herdeiros legítimos.

- art. 737, NCPC.

Art. 1.878. Se as testemunhas forem contestes sobre o fato da disposição, ou, ao menos, sobre a sua leitura perante elas, e se reconhecerem as próprias assinaturas, assim como a do testador, o testamento será confirmado.

- art. 297, § 2º, CP.

Parágrafo único. Se faltarem testemunhas, por morte ou ausência, e se pelo menos uma delas o reconhecer, o testamento poderá ser confirmado, se, a critério do juiz, houver prova suficiente de sua veracidade.

- art. 737, NCPC.

Art. 1.879. Em circunstâncias excepcionais declaradas na cédula, o testamento particular de próprio punho e assinado pelo testador, sem testemunhas, poderá ser confirmado, a critério do juiz.

- Enunciado 610 das Jornadas de Direito Civil.

Art. 1.880. O testamento particular pode ser escrito em língua estrangeira, contanto que as testemunhas a compreendam.

CAPÍTULO IV
DOS CODICILOS

Art. 1.881. Toda pessoa capaz de testar poderá, mediante escrito particular seu, datado e assinado, fazer disposições especiais sobre o seu enterro, sobre esmolas de pouca monta a certas e determinadas pessoas, ou, indeterminadamente, aos pobres de certo lugar, assim como legar móveis, roupas ou joias, de pouco valor, de seu uso pessoal.

- arts. 1.860; 1.998 deste Código.

Art. 1.882. Os atos a que se refere o artigo antecedente, salvo direito de terceiro, valerão como codicilos, deixe ou não testamento o autor.

Art. 1.883. Pelo modo estabelecido no art. 1.881, poder-se-ão nomear ou substituir testamenteiros.

- art. 1.976 deste Código.

Art. 1.884. Os atos previstos nos artigos antecedentes revogam-se por atos iguais, e consideram-se revogados, se, havendo testamento posterior, de qualquer natureza, este os não confirmar ou modificar.

Art. 1.885. Se estiver fechado o codicilo, abrir-se-á do mesmo modo que o testamento cerrado.

- art. 1.875 deste Código.
- arts. 735 a 737, NCPC.

CAPÍTULO V
DOS TESTAMENTOS ESPECIAIS

SEÇÃO I
DISPOSIÇÕES GERAIS

Art. 1.886. São testamentos especiais:

I - o marítimo;

II - o aeronáutico;

III - o militar.

Art. 1.887. Não se admitem outros testamentos especiais além dos contemplados neste Código.

SEÇÃO II
DO TESTAMENTO MARÍTIMO E DO TESTAMENTO AERONÁUTICO

Art. 1.888. Quem estiver em viagem, a bordo de navio nacional, de guerra ou mercante, pode testar perante o comandante, em presença de duas testemunhas, por forma que corresponda ao testamento público ou ao cerrado.

- arts. 1.864; 1.868 deste Código.
- art. 737, NCPC.

Parágrafo único. O registro do testamento será feito no diário de bordo.

Art. 1.889. Quem estiver em viagem, a bordo de aeronave militar ou comercial, pode testar perante pessoa designada pelo comandante, observado o disposto no artigo antecedente.

- art. 1.801, I, deste Código.

Art. 1.890. O testamento marítimo ou aeronáutico ficará sob a guarda do comandante, que o entregará às autoridades administrativas do primeiro porto ou aeroporto nacional, contra recibo averbado no diário de bordo.

Art. 1.891. Caducará o testamento marítimo, ou aeronáutico, se o testador não morrer na viagem, nem nos noventa dias subsequentes ao seu desembarque em terra, onde possa fazer, na forma ordinária, outro testamento.

Art. 1.892. Não valerá o testamento marítimo, ainda que feito no curso de uma viagem, se, ao tempo em que se fez, o navio estava em porto onde o testador pudesse desembarcar e testar na forma ordinária.

SEÇÃO III
DO TESTAMENTO MILITAR

Art. 1.893. O testamento dos militares e demais pessoas a serviço das Forças Armadas em campanha, dentro do país ou fora dele, assim como em praça sitiada, ou que esteja de comunicações interrompidas, poderá fazer-se, não havendo tabelião ou seu substituto legal, ante duas, ou três testemunhas, se o testador não puder, ou não souber assinar, caso em que assinará por ele uma delas.

§ 1º Se o testador pertencer a corpo ou seção de corpo destacado, o testamento será escrito pelo respectivo comandante, ainda que de graduação ou posto inferior.

§ 2º Se o testador estiver em tratamento em hospital, o testamento será escrito pelo respectivo oficial de saúde, ou pelo diretor do estabelecimento.

§ 3º Se o testador for o oficial mais graduado, o testamento será escrito por aquele que o substituir.

Art. 1.894. Se o testador souber escrever, poderá fazer o testamento de seu punho, contanto que o date e assine por extenso, e o apresente aberto ou cerrado, na presença de duas testemunhas ao auditor, ou ao oficial de patente, que lhe faça as vezes neste mister.

Parágrafo único. O auditor, ou o oficial a quem o testamento se apresente notará, em qualquer parte dele, lugar, dia, mês e ano, em que lhe for apresentado, nota esta que será assinada por ele e pelas testemunhas.

Art. 1.895. Caduca o testamento militar, desde que, depois dele, o testador esteja, noventa dias seguidos, em lugar onde possa testar na forma ordinária, salvo se esse testamento apresentar as solenidades prescritas no parágrafo único do artigo antecedente.

Art. 1.896. As pessoas designadas no art. 1.893, estando empenhadas em combate, ou feridas, podem testar oralmente, confiando a sua última vontade a duas testemunhas.

- arts. 121; 128, 1ª parte; 136; 1.733, § 2º, deste Código.

Parágrafo único. Não terá efeito o testamento se o testador não morrer na guerra ou convalescer do ferimento.

CAPÍTULO VI
DAS DISPOSIÇÕES TESTAMENTÁRIAS

Art. 1.897. A nomeação de herdeiro ou legatário pode fazer-se pura e simplesmente, sob condição, para certo fim ou modo, ou por certo motivo.

- arts. 121; 128; 136; 1.733, § 2º, deste Código.

Art. 1.898. A designação do tempo em que deva começar ou cessar o direito do herdeiro, salvo nas disposições fideicomissárias, ter-se-á por não escrita.

- arts. 1.951 a 1.960 deste Código.

Art. 1.899. Quando a cláusula testamentária for suscetível de interpretações diferentes, prevalecerá a que melhor assegure a observância da vontade do testador.

- art. 112 deste Código.
- Súm. 49, STF.

Art. 1.900. É nula a disposição:

I - que institua herdeiro ou legatário sob a condição captatória de que este disponha, também por testamento, em benefício do testador, ou de terceiro;

II - que se refira a pessoa incerta, cuja identidade não se possa averiguar;

III - que favoreça a pessoa incerta, cometendo a determinação de sua identidade a terceiro;

- art. 1.901, I, deste Código.

IV - que deixe a arbítrio do herdeiro, ou de outrem, fixar o valor do legado;

- art. 1.901, II, deste Código.

V - que favoreça as pessoas a que se referem os arts. 1.801 e 1.802.

- arts. 1.803; 1.859 deste Código.

Art. 1.901. Valerá a disposição:

I - em favor de pessoa incerta que deva ser determinada por terceiro, dentre duas ou mais pessoas mencionadas pelo testador, ou pertencentes a uma família, ou a um corpo coletivo, ou a um estabelecimento por ele designado;

II - em remuneração de serviços prestados ao testador, por ocasião da moléstia de que faleceu, ainda que fique ao arbítrio do herdeiro ou de outrem determinar o valor do legado.

Art. 1.902. A disposição geral em favor dos pobres, dos estabelecimentos particulares de caridade, ou dos de assistência pública, entender-se-á relativa aos pobres do lugar do domicílio do testador ao tempo de sua morte, ou dos estabelecimentos aí sitos, salvo se manifestamente constar que tinha em mente beneficiar os de outra localidade.

Parágrafo único. Nos casos deste artigo, as instituições particulares preferirão sempre às públicas.

Art. 1.903. O erro na designação da pessoa do herdeiro, do legatário, ou da coisa legada anula a disposição, salvo se, pelo contexto do testamento, por outros documentos, ou por fatos inequívocos, se puder identificar a pessoa ou coisa a que o testador queria referir-se.

- arts. 142; 1.899; 1.909 deste Código.

Art. 1.904. Se o testamento nomear dois ou mais herdeiros, sem discriminar a parte de cada um, partilhar-se-á por igual, entre todos, a porção disponível do testador.

- art. 1.789 deste Código.

Art. 1.905. Se o testador nomear certos herdeiros individualmente e outros coletivamente, a herança será dividida em tantas quotas quantos forem os indivíduos e os grupos designados.

Art. 1.906. Se forem determinadas as quotas de cada herdeiro, e não absorverem toda a herança, o remanescente pertencerá aos herdeiros legítimos, segundo a ordem da vocação hereditária.

- art. 1.829 deste Código.

Art. 1.907. Se forem determinados os quinhões de uns e não os de outros herdeiros, distribuir-se-á por igual a estes últimos o que restar, depois de completas as porções hereditárias dos primeiros.

Art. 1.908. Dispondo o testador que não caiba ao herdeiro instituído certo e determinado objeto, dentre os da herança, tocará ele aos herdeiros legítimos.

- art. 1.788 deste Código.

Art. 1.909. São anuláveis as disposições testamentárias inquinadas de erro, dolo ou coação.

- arts. 138 a 155 deste Código.

Parágrafo único. Extingue-se em quatro anos o direito de anular a disposição, contados de quando o interessado tiver conhecimento do vício.

- arts. 177; 178, I e II, deste Código.

Art. 1.910. A ineficácia de uma disposição testamentária importa a das outras que, sem aquela, não teriam sido determinadas pelo testador.

- art. 184 deste Código.

Art. 1.911. A cláusula de inalienabilidade, imposta aos bens por ato de liberalidade, implica impenhorabilidade e incomunicabilidade.

Parágrafo único. No caso de desapropriação de bens clausulados, ou de sua alienação, por conveniência econômica do donatário ou do herdeiro, mediante autorização judicial, o produto da venda converter-se-á em outros bens, sobre os quais incidirão as restrições apostas aos primeiros.

- art. 1.848 deste Código.
- arts. 833; 834, NCPC.
- art. 31, Dec.-Lei 3.365/1941 (Dispõe sobre desapropriações por utilidade pública).
- arts. 167, II-11, e 247, Lei 6.015/1973 (Lei de Registros Públicos)
- art. 169, § 2º, Lei 6.404/1976 (Dispõe sobre as sociedades por ações).
- art. 30, Lei 6.830/1980 (Lei de Execuções Fiscais)
- art. 108, § 4º, Lei 11.101/2005 (Lei de Recuperação de Empresas e Falência)
- Súm. 49, STF.

CAPÍTULO VII
DOS LEGADOS

SEÇÃO I
DISPOSIÇÕES GERAIS

Art. 1.912. É ineficaz o legado de coisa certa que não pertença ao testador no momento da abertura da sucessão.

- arts. 1.914; 1.939, II, deste Código.

Art. 1.913. Se o testador ordenar que o herdeiro ou legatário entregue coisa de sua propriedade a outrem, não o cumprindo ele, entender-se-á que renunciou à herança ou ao legado.

- art. 1.935 deste Código.

Art. 1.914. Se tão somente em parte a coisa legada pertencer ao testador, ou, no caso do artigo antecedente, ao herdeiro ou ao legatário, só quanto a essa parte valerá o legado.

Art. 1.915. Se o legado for de coisa que se determine pelo gênero, será o mesmo cumprido, ainda que tal coisa não exista entre os bens deixados pelo testador.

▸ art. 85 deste Código.

Art. 1.916. Se o testador legar coisa sua, singularizando-a, só terá eficácia o legado se, ao tempo do seu falecimento, ela se achava entre os bens da herança; se a coisa legada existir entre os bens do testador, mas em quantidade inferior à do legado, este será eficaz apenas quanto à existente.

▸ art. 1.939 deste Código.

Art. 1.917. O legado de coisa que deva encontrar-se em determinado lugar só terá eficácia se nele for achada, salvo se removida a título transitório.

Art. 1.918. O legado de crédito, ou de quitação de dívida, terá eficácia somente até a importância desta, ou daquele, ao tempo da morte do testador.

§ 1º Cumpre-se o legado, entregando o herdeiro ao legatário o título respectivo.

§ 2º Este legado não compreende as dívidas posteriores à data do testamento.

Art. 1.919. Não o declarando expressamente o testador, não se reputará compensação da sua dívida o legado que ele faça ao credor.

▸ arts. 368 a 380 deste Código.

Parágrafo único. Subsistirá integralmente o legado, se a dívida lhe foi posterior, e o testador a solveu antes de morrer.

Art. 1.920. O legado de alimentos abrange o sustento, a cura, o vestuário e a casa, enquanto o legatário viver, além da educação, se ele for menor.

▸ art. 1.694, § 1º, deste Código.

Art. 1.921. O legado de usufruto, sem fixação de tempo, entende-se deixado ao legatário por toda a sua vida.

▸ art. 1.410, I, deste Código.

Art. 1.922. Se aquele que legar um imóvel lhe ajuntar depois novas aquisições, estas, ainda que contíguas, não se compreendem no legado, salvo expressa declaração em contrário do testador.

Parágrafo único. Não se aplica o disposto neste artigo às benfeitorias necessárias, úteis ou voluptuárias feitas no prédio legado.

▸ art. 96 deste Código.

SEÇÃO II
DOS EFEITOS DO LEGADO E DO SEU PAGAMENTO

Art. 1.923. Desde a abertura da sucessão, pertence ao legatário a coisa certa, existente no acervo, salvo se o legado estiver sob condição suspensiva.

§ 1º Não se defere de imediato a posse da coisa, nem nela pode o legatário entrar por autoridade própria.

§ 2º O legado de coisa certa existente na herança transfere também ao legatário os frutos que produzir, desde a morte do testador, exceto se dependente de condição suspensiva, ou de termo inicial.

▸ arts. 121; 125; 1.784; 1.937 deste Código.

Art. 1.924. O direito de pedir o legado não se exercerá, enquanto se litigue sobre a validade do testamento, e, nos legados condicionais, ou a prazo, enquanto esteja pendente a condição ou o prazo não se vença.

Art. 1.925. O legado em dinheiro só vence juros desde o dia em que se constituir em mora a pessoa obrigada a prestá-lo.

▸ arts. 394 a 401 deste Código.

Art. 1.926. Se o legado consistir em renda vitalícia ou pensão periódica, esta ou aquela correrá da morte do testador.

Art. 1.927. Se o legado for de quantidades certas, em prestações periódicas, datará da morte do testador o primeiro período, e o legatário terá direito a cada prestação, uma vez encetado cada um dos períodos sucessivos, ainda que venha a falecer antes do termo dele.

Art. 1.928. Sendo periódicas as prestações, só no termo de cada período se poderão exigir.

Parágrafo único. Se as prestações forem deixadas a título de alimentos, pagar-se-ão no começo de cada período, sempre que outra coisa não tenha disposto o testador.

Art. 1.929. Se o legado consiste em coisa determinada pelo gênero, ao herdeiro tocará escolhê-la, guardando o meio-termo entre as congêneres da melhor e pior qualidade.

▸ arts. 244; 915 deste Código.

Art. 1.930. O estabelecido no artigo antecedente será observado, quando a escolha for deixada a arbítrio de terceiro; e, se este não a quiser ou não a puder exercer, ao juiz competirá fazê-la, guardado o disposto na última parte do artigo antecedente.

Art. 1.931. Se a opção foi deixada ao legatário, este poderá escolher, do gênero determinado, a melhor coisa que houver na herança; e, se nesta não existir coisa de tal gênero, dar-lhe-á de outra congênere o herdeiro, observada a disposição na última parte do art. 1.929.

Art. 1.932. No legado alternativo, presume-se deixada ao herdeiro a opção.

▸ arts. 244; 915 deste Código.

Art. 1.933. Se o herdeiro ou legatário a quem couber a opção falecer antes de exercê-la, passará este poder aos seus herdeiros.

▸ art. 1.809 deste Código.

Art. 1.934. No silêncio do testamento, o cumprimento dos legados incumbe aos herdeiros e, não os havendo, aos legatários, na proporção do que herdaram.

Parágrafo único. O encargo estabelecido neste artigo, não havendo disposição testamentária em contrário, caberá ao herdeiro ou legatário incumbido pelo testador da execução do legado; quando indicados mais de um, os onerados dividirão entre si o ônus, na proporção do que recebam da herança.

▸ art. 125, NCPC.

Art. 1.935. Se algum legado consistir em coisa pertencente a herdeiro ou legatário (art. 1.913), só a ele incumbirá cumpri-lo, com regresso contra os coerdeiros, pela quota de cada um, salvo se o contrário expressamente dispôs o testador.

Art. 1.936. As despesas e os riscos da entrega do legado correm à conta do legatário, se não dispuser diversamente o testador.

Art. 1.937. A coisa legada entregar-se-á, com seus acessórios, no lugar e estado em que se achava ao falecer o testador, passando ao legatário com todos os encargos que a onerarem.

Art. 1.938. Nos legados com encargo, aplica-se ao legatário o disposto neste Código quanto às doações de igual natureza.

▸ arts. 136; 553 deste Código.

SEÇÃO III
DA CADUCIDADE DOS LEGADOS

Art. 1.939. Caducará o legado:

I - se, depois do testamento, o testador modificar a coisa legada, ao ponto de já não ter a forma nem lhe caber a denominação que possuía;

II - se o testador, por qualquer título, alienar, no todo ou em parte, a coisa legada; nesse caso, caducará até onde ela deixou de pertencer ao testador;

▸ arts. 1.912; 1.914 deste Código.

III - se a coisa perecer ou for evicta, vivo ou morto o testador, sem culpa do herdeiro ou legatário incumbido do seu cumprimento;

▸ arts. 447 a 457 deste Código.

IV - se o legatário for excluído da sucessão, nos termos do art. 1.815;

V - se o legatário falecer antes do testador.

Art. 1.940. Se o legado for de duas ou mais coisas alternativamente, e algumas delas perecerem, subsistirá quanto às restantes; perecendo parte de uma, valerá, quanto ao seu remanescente, o legado.

▸ art. 253 deste Código.

CAPÍTULO VIII
DO DIREITO DE ACRESCER ENTRE HERDEIROS E LEGATÁRIOS

Art. 1.941. Quando vários herdeiros, pela mesma disposição testamentária, forem conjuntamente chamados à herança em quinhões não determinados, e qualquer deles não puder ou não quiser aceitá-la, a sua parte acrescerá à dos coerdeiros, salvo o direito do substituto.

▸ art. 1.947 deste Código.

Art. 1.942. O direito de acrescer competirá aos colegatários, quando nomeados conjuntamente a respeito de uma só coisa, determinada e certa, ou quando o objeto do legado não puder ser dividido sem risco de desvalorização.

▸ art. 1.929 deste Código.

Art. 1.943. Se um dos coerdeiros ou colegatários, nas condições do artigo antecedente, morrer antes do testador; se renunciar a herança ou legado, ou destes for excluído, e, se a condição sob a qual foi instituído não se verificar, acrescerá o seu quinhão, salvo o direito do substituto, à parte dos coerdeiros ou colegatários conjuntos.

▸ arts. 1.809; 1.947 deste Código.

Parágrafo único. Os coerdeiros ou colegatários, aos quais acresceu o quinhão daquele que não quis ou não pôde suceder, ficam sujeitos às obrigações ou encargos que o oneravam.

Art. 1.944. Quando não se efetua o direito de acrescer, transmite-se aos herdeiros legítimos a quota vaga do nomeado.

▸ art. 1.788 deste Código.

Parágrafo único. Não existindo o direito de acrescer entre os colegatários, a quota do que faltar acresce ao herdeiro ou ao legatário incumbido de satisfazer esse legado, ou a todos os herdeiros, na proporção dos seus quinhões, se o legado se deduziu da herança.

Art. 1.945. Não pode o beneficiário do acréscimo repudiá-lo separadamente da herança ou legado que lhe caiba, salvo se o acréscimo comportar encargos especiais impostos pelo testador; nesse caso, uma vez repudiado, reverte o acréscimo para a pessoa a favor de quem os encargos foram instituídos.

Art. 1.946. Legado um só usufruto conjuntamente a duas ou mais pessoas, a parte da que faltar acresce aos colegatários.

Parágrafo único. Se não houver conjunção entre os colegatários, ou se, apesar de conjuntos, só lhes foi legada certa parte do usufruto, consolidar-se-ão na propriedade as quotas dos que faltarem, à medida que eles forem faltando.

▸ art. 1.411 deste Código.

CAPÍTULO IX
DAS SUBSTITUIÇÕES

SEÇÃO I
DA SUBSTITUIÇÃO VULGAR E DA RECÍPROCA

Art. 1.947. O testador pode substituir outra pessoa ao herdeiro ou ao legatário nomeado, para o caso de um ou outro não querer ou não poder aceitar a herança ou o legado, presumindo-se que a substituição foi determinada para as duas alternativas, ainda que o testador só a uma se refira.

- art. 1.799 deste Código.

Art. 1.948. Também é lícito ao testador substituir muitas pessoas por uma só, ou vice-versa, e ainda substituir com reciprocidade ou sem ela.

Art. 1.949. O substituto fica sujeito à condição ou encargo imposto ao substituído, quando não for diversa a intenção manifestada pelo testador, ou não resultar outra coisa da natureza da condição ou do encargo.

- arts. 121; 136 deste Código.

Art. 1.950. Se, entre muitos coerdeiros ou legatários de partes desiguais, for estabelecida substituição recíproca, a proporção dos quinhões fixada na primeira disposição entender-se-á mantida na segunda; se, com as outras anteriormente nomeadas, for incluída mais alguma pessoa na substituição, o quinhão vago pertencerá em partes iguais aos substitutos.

SEÇÃO II
DA SUBSTITUIÇÃO FIDEICOMISSÁRIA

Art. 1.951. Pode o testador instituir herdeiros ou legatários, estabelecendo que, por ocasião de sua morte, a herança ou o legado se transmita ao fiduciário, resolvendo-se o direito deste, por sua morte, a certo tempo ou sob certa condição, em favor de outrem, que se qualifica de fideicomissário.

- arts. 1.668, II; 1.898 deste Código.
- art. 167, II-11, Lei 6.015/1973 (Lei de Registros Públicos)
- Enunciado 529 das Jornadas de Direito Civil.

Art. 1.952. A substituição fideicomissária somente se permite em favor dos não concebidos ao tempo da morte do testador.

Parágrafo único. Se, ao tempo da morte do testador, já houver nascido o fideicomissário, adquirirá este a propriedade dos bens fideicometidos, convertendo-se em usufruto o direito do fiduciário.

- arts. 1.390 a 1.411; 1.748; 1.799, I, deste Código.

Art. 1.953. O fiduciário tem a propriedade da herança ou legado, mas restrita e resolúvel.

- art. 1.359 deste Código.

Parágrafo único. O fiduciário é obrigado a proceder ao inventário dos bens gravados, e a prestar caução de restituí-los se o exigir o fideicomissário.

Art. 1.954. Salvo disposição em contrário do testador, se o fiduciário renunciar a herança ou o legado, defere-se ao fideicomissário o poder de aceitar.

Art. 1.955. O fideicomissário pode renunciar a herança ou o legado, e, neste caso, o fideicomisso caduca, deixando de ser resolúvel a propriedade do fiduciário, se não houver disposição contrária do testador.

Art. 1.956. Se o fideicomissário aceitar a herança ou o legado, terá direito à parte que, ao fiduciário, em qualquer tempo acrescer.

Art. 1.957. Ao sobrevir a sucessão, o fideicomissário responde pelos encargos da herança que ainda restarem.

Art. 1.958. Caduca o fideicomisso se o fideicomissário morrer antes do fiduciário, ou antes de realizar-se a condição resolutória do direito deste último; nesse caso, a propriedade consolida-se no fiduciário, nos termos do art. 1.955.

Art. 1.959. São nulos os fideicomissos além do segundo grau.

Art. 1.960. A nulidade da substituição ilegal não prejudica a instituição, que valerá sem o encargo resolutório.

CAPÍTULO X
DA DESERDAÇÃO

Art. 1.961. Os herdeiros necessários podem ser privados de sua legítima, ou deserdados, em todos os casos em que podem ser excluídos da sucessão.

- arts. 1.814 a 1.818; 1.845; 1.962; 1.963 deste Código

Art. 1.962. Além das causas mencionadas no art. 1.814, autorizam a deserdação dos descendentes por seus ascendentes:

I - ofensa física;

II - injúria grave;

III - relações ilícitas com a madrasta ou com o padrasto;

IV - desamparo do ascendente em alienação mental ou grave enfermidade.

- art. 229, CF.

Art. 1.963. Além das causas enumeradas no art. 1.814, autorizam a deserdação dos ascendentes pelos descendentes:

I - ofensa física;

II - injúria grave;

III - relações ilícitas com a mulher ou companheira do filho ou a do neto, ou com o marido ou companheiro da filha ou o da neta;

IV - desamparo do filho ou neto com deficiência mental ou grave enfermidade.

Art. 1.964. Somente com expressa declaração de causa pode a deserdação ser ordenada em testamento.

Art. 1.965. Ao herdeiro instituído, ou àquele a quem aproveite a deserdação, incumbe provar a veracidade da causa alegada pelo testador.

Parágrafo único. O direito de provar a causa da deserdação extingue-se no prazo de quatro anos, a contar da data da abertura do testamento.

- art. 1.815, p.u., deste Código.

CAPÍTULO XI
DA REDUÇÃO DAS DISPOSIÇÕES TESTAMENTÁRIAS

Art. 1.966. O remanescente pertencerá aos herdeiros legítimos, quando o testador só em parte dispuser da quota hereditária disponível.

- arts. 1.788; 1.829; 1.845 a 1.850; 1.906; 1.908 deste Código.

Art. 1.967. As disposições que excederem a parte disponível reduzir-se-ão aos limites dela, de conformidade com o disposto nos parágrafos seguintes.

- arts. 549; 1.847 deste Código.
- Enunciado 118 das Jornadas de Direito Civil.

§ 1º Em se verificando excederem as disposições testamentárias a porção disponível, serão proporcionalmente reduzidas as quotas do herdeiro ou herdeiros instituídos, até onde baste, e, não bastando, também os legados, na proporção do seu valor.

§ 2º Se o testador, prevenindo o caso, dispuser que se inteirem, de preferência, certos herdeiros e legatários, a redução far-se-á nos outros quinhões ou legados, observando-se a seu respeito a ordem estabelecida no parágrafo antecedente.

Art. 1.968. Quando consistir em prédio divisível o legado sujeito à redução, far-se-á esta dividindo-o proporcionalmente.

§ 1º Se não for possível a divisão, e o excesso do legado montar a mais de um quarto do valor do prédio, o legatário deixará inteiro na herança o imóvel legado, ficando com o direito de pedir aos herdeiros o valor que couber na parte disponível; se o excesso não for de mais de um quarto, aos herdeiros fará tornar em dinheiro o legatário, que ficará com o prédio.

§ 2º Se o legatário for ao mesmo tempo herdeiro necessário, poderá inteirar sua legítima no mesmo imóvel, de preferencia aos outros, sempre que ela e a parte subsistente do legado lhe absorverem o valor.

CAPÍTULO XII
DA REVOGAÇÃO DO TESTAMENTO

Art. 1.969. O testamento pode ser revogado pelo mesmo modo e forma como pode ser feito.

- art. 1.858 deste Código.
- art. 1º, III, Lei 8.560/1992 (Regula a investigação de paternidade dos filhos havidos fora do casamento).

Art. 1.970. A revogação do testamento pode ser total ou parcial.

Parágrafo único. Se parcial, ou se o testamento posterior não contiver cláusula revogatória expressa, o anterior subsiste em tudo que não for contrário ao posterior.

Art. 1.971. A revogação produzirá seus efeitos, ainda quando o testamento, que a encerra, vier a caducar por exclusão, incapacidade ou renúncia do herdeiro nele nomeado; não valerá, se o testamento revogatório for anulado por omissão ou infração de solenidades essenciais ou por vícios intrínsecos.

Art. 1.972. O testamento cerrado que o testador abrir ou dilacerar, ou for aberto ou dilacerado com seu consentimento, haver-se-á como revogado.

- arts. 1.868 a 1.875 deste Código.

CAPÍTULO XIII
DO ROMPIMENTO DO TESTAMENTO

Art. 1.973. Sobrevindo descendente sucessível ao testador, que não o tinha ou não o conhecia quando testou, rompe-se o testamento em todas as suas disposições, se esse descendente sobreviver ao testador.

- arts. 1.939; 1.940 deste Código.
- Enunciado 643 das Jornadas de Direito Civil.

Art. 1.974. Rompe-se também o testamento feito na ignorância de existirem outros herdeiros necessários.

Art. 1.975. Não se rompe o testamento, se o testador dispuser da sua metade, não contemplando os herdeiros necessários de cuja existência saiba, ou quando os exclua dessa parte.

- arts. 1.789; 1.845; 1.961 a 1.965 deste Código.

CAPÍTULO XIV
DO TESTAMENTEIRO

Art. 1.976. O testador pode nomear um ou mais testamenteiros, conjuntos ou separados, para lhe darem cumprimento às disposições de última vontade.

- arts. 1.883 a 1.986 deste Código.
- art. 890, NCPC.

Art. 1.977. O testador pode conceder ao testamenteiro a posse e a administração da herança, ou de parte dela, não havendo cônjuge ou herdeiros necessários.

- art. 617, NCPC.

Parágrafo único. Qualquer herdeiro pode requerer partilha imediata, ou devolução da herança, habilitando o testamenteiro com os meios necessários para o cumprimento dos legados, ou dando caução de prestá-los.

Art. 1.978. Tendo o testamenteiro a posse e a administração dos bens, incumbe-lhe requerer inventário e cumprir o testamento.

- arts. 615; 616, NCPC.

Art. 1.979. O testamenteiro nomeado, ou qualquer parte interessada, pode requerer, assim como o juiz pode ordenar, de ofício, ao detentor do testamento, que o leve a registro.

› arts. 1.127; 1.129 deste Código.

Art. 1.980. O testamenteiro é obrigado a cumprir as disposições testamentárias, no prazo marcado pelo testador, e a dar contas do que recebeu e despendeu, subsistindo sua responsabilidade enquanto durar a execução do testamento.

› art. 1.983 deste Código.

Art. 1.981. Compete ao testamenteiro, com ou sem o concurso do inventariante e dos herdeiros instituídos, defender a validade do testamento.

Art. 1.982. Além das atribuições exaradas nos artigos antecedentes, terá o testamenteiro as que lhe conferir o testador, nos limites da lei.

Art. 1.983. Não concedendo o testador prazo maior, cumprirá o testamenteiro o testamento e prestará contas em cento e oitenta dias, contados da aceitação da testamentaria.

Parágrafo único. Pode esse prazo ser prorrogado se houver motivo suficiente.

Art. 1.984. Na falta de testamenteiro nomeado pelo testador, a execução testamentária compete a um dos cônjuges, e, em falta destes, ao herdeiro nomeado pelo juiz.

› art. 226, § 5º, CF.

Art. 1.985. O encargo da testamentaria não se transmite aos herdeiros do testamenteiro, nem é delegável; mas o testamenteiro pode fazer-se representar em juízo e fora dele, mediante mandatário com poderes especiais.

Art. 1.986. Havendo simultaneamente mais de um testamenteiro, que tenha aceitado o cargo, poderá cada qual exercê-lo, em falta dos outros; mas todos ficam solidariamente obrigados a dar conta dos bens que lhes forem confiados, salvo se cada um tiver, pelo testamento, funções distintas, e a elas se limitar.

› arts. 264 a 285 deste Código.

Art. 1.987. Salvo disposição testamentária em contrário, o testamenteiro, que não seja herdeiro ou legatário, terá direito a um prêmio, que, se o testador não o houver fixado, será de um a cinco por cento, arbitrado pelo juiz, sobre a herança líquida, conforme a importância dela e maior ou menor dificuldade na execução do testamento.

Parágrafo único. O prêmio arbitrado será pago à conta da parte disponível, quando houver herdeiro necessário.

Art. 1.988. O herdeiro ou o legatário nomeado testamenteiro poderá preferir o prêmio à herança ou ao legado.

Art. 1.989. Reverterá à herança o prêmio que o testamenteiro perder, por ser removido ou por não ter cumprido o testamento.

Art. 1.990. Se o testador tiver distribuído toda a herança em legados, exercerá o testamenteiro as funções de inventariante.

› arts. 616, IV, NCPC.

TÍTULO IV DO INVENTÁRIO E DA PARTILHA

CAPÍTULO I DO INVENTÁRIO

Art. 1.991. Desde a assinatura do compromisso até a homologação da partilha, a administração da herança será exercida pelo inventariante.

› arts. 1.796; 1.977; 1.978; 1.981; 1.990 deste Código.

› arts. 617 e ss., NCPC.

CAPÍTULO II DOS SONEGADOS

Art. 1.992. O herdeiro que sonegar bens da herança, não os descrevendo no inventário quando estejam em seu poder, ou, com o seu conhecimento, no de outrem, ou que os omitir na colação, a que os deva levar, ou que deixar de restituí-los, perderá o direito que sobre eles lhe cabia.

Art. 1.993. Além da pena cominada no artigo antecedente, se o sonegador for o próprio inventariante, remover-se-á, em se provando a sonegação, ou negando ele a existência dos bens, quando indicados.

› arts. 621; 622, NCPC.

Art. 1.994. A pena de sonegados só se pode requerer e impor em ação movida pelos herdeiros ou pelos credores da herança.

› art. 621, NCPC.

Parágrafo único. A sentença que se proferir na ação de sonegados, movida por qualquer dos herdeiros ou credores, aproveita aos demais interessados.

Art. 1.995. Se não se restituírem os bens sonegados, por já não os ter o sonegador em seu poder, pagará ele a importância dos valores que ocultou, mais as perdas e danos.

› arts. 402 a 405 deste Código.

Art. 1.996. Só se pode arguir de sonegação o inventariante depois de encerrada a descrição dos bens, com a declaração, por ele feita, de não existirem outros por inventariar e partir, assim como arguir o herdeiro, depois de declarar-se no inventário que não os possui.

› art. 621, NCPC.

CAPÍTULO III DO PAGAMENTO DAS DÍVIDAS

› arts. 642 a 646, NCPC.

Art. 1.997. A herança responde pelo pagamento das dívidas do falecido; mas, feita a partilha, só respondem os herdeiros, cada qual em proporção da parte que na herança lhe coube.

› arts. 276; 836; 1.700; 1.792 deste Código.

› art. 23, Lei 6.515/1977 (Lei do Divórcio).

› art. 29, Lei 6.830/1980 (Lei de Execuções Fiscais).

§ 1º Quando, antes da partilha, for requerido no inventário o pagamento de dívidas constantes de documentos, revestidos de formalidades legais, constituindo prova bastante da obrigação, e houver impugnação, que não se funde na alegação de pagamento, acompanhada de prova valiosa, o juiz mandará reservar, em poder do inventariante, bens suficientes para solução do débito, sobre os quais venha a recair oportunamente a execução.

§ 2º No caso previsto no parágrafo antecedente, o credor será obrigado a iniciar a ação de cobrança no prazo de trinta dias, sob pena de se tornar de nenhum efeito a providência indicada.

› arts. 642 a 646 NCPC.

Art. 1.998. As despesas funerárias, haja ou não herdeiros legítimos, sairão do monte da herança; mas as de sufrágios por alma do falecido só obrigarão a herança quando ordenadas em testamento ou codicilo.

› arts. 965, I; 1.847 deste Código.

Art. 1.999. Sempre que houver ação regressiva de uns contra outros herdeiros, a parte do coerdeiro insolvente dividir-se-á em proporção entre os demais.

› art. 125, NCPC.

Art. 2.000. Os legatários e credores da herança podem exigir que do patrimônio do falecido se discrimine o do herdeiro, e, em concurso com os credores deste, ser-lhes-ão preferidos no pagamento.

Art. 2.001. Se o herdeiro for devedor ao espólio, sua dívida será partilhada igualmente entre todos, salvo se a maioria consentir que o débito seja imputado inteiramente no quinhão do devedor.

CAPÍTULO IV DA COLAÇÃO

› arts. 639 a 641, NCPC.

Art. 2.002. Os descendentes que concorrerem à sucessão do ascendente comum são obrigados, para igualar as legítimas, a conferir o valor das doações que dele em vida receberam, sob pena de sonegação.

› arts. 544; 549; 2.010; e 2.011 deste Código.

› arts. 639 a 641, NCPC.

Parágrafo único. Para cálculo da legítima, o valor dos bens conferidos será computado na parte indisponível, sem aumentar a disponível.

Art. 2.003. A colação tem por fim igualar, na proporção estabelecida neste Código, as legítimas dos descendentes e do cônjuge sobrevivente, obrigando também os donatários que, ao tempo do falecimento do doador, já não possuírem os bens doados.

› art. 2.009 deste Código.

› Enunciado 644 das Jornadas de Direito Civil.

Parágrafo único. Se, computados os valores das doações feitas em adiantamento de legítima, não houver no acervo bens suficientes para igualar as legítimas dos descendentes e do cônjuge, os bens assim doados serão conferidos em espécie, ou, quando deles já não disponha o donatário, pelo seu valor ao tempo da liberalidade.

Art. 2.004. O valor de colação dos bens doados será aquele, certo ou estimativo, que lhes atribuir o ato de liberalidade.

› art. 639, NCPC.

› Enunciados 119; 644 das Jornadas de Direito Civil.

§ 1º Se do ato de doação não constar valor certo, nem houver estimação feita naquela época, os bens serão conferidos na partilha pelo que então se calcular valessem ao tempo da liberalidade.

§ 2º Só o valor dos bens doados entrará em colação; não assim o das benfeitorias acrescidas, as quais pertencerão ao herdeiro donatário, correndo também à conta deste os rendimentos ou lucros, assim como os danos e perdas que eles sofrerem.

› arts. 96; 402 a 405 deste Código.

Art. 2.005. São dispensadas da colação as doações que o doador determinar saiam da parte disponível, contanto que não a excedam, computado o seu valor ao tempo da doação.

Parágrafo único. Presume-se imputada na parte disponível a liberalidade feita a descendente que, ao tempo do ato, não seria chamado à sucessão na qualidade de herdeiro necessário.

Art. 2.006. A dispensa da colação pode ser outorgada pelo doador em testamento, ou no próprio título de liberalidade.

Art. 2.007. São sujeitas à redução as doações em que se apurar excesso quanto ao que o doador poderia dispor, no momento da liberalidade.

› arts. 549 e 1.966 a 1.968 deste Código.

§ 1º O excesso será apurado com base no valor que os bens doados tinham, no momento da liberalidade.

§ 2º A redução da liberalidade far-se-á pela restituição ao monte do excesso assim apurado; a restituição será em espécie, ou, se não mais existir o bem em poder do donatário, em dinheiro, segundo o seu valor ao tempo da abertura da sucessão, observadas, no que forem aplicáveis, as regras deste Código sobre a redução das disposições testamentárias.

§ 3º Sujeita-se a redução, nos termos do parágrafo antecedente, a parte da doação feita a herdeiros necessários que exceder a legítima e mais a quota disponível.

§ 4º Sendo várias as doações a herdeiros necessários, feitas em diferentes datas, serão elas reduzidas a partir da última, até a eliminação do excesso.

Art. 2.008. Aquele que renunciou a herança ou dela foi excluído, deve, não obstante, conferir as doações recebidas, para o fim de repor o que exceder o disponível.

- arts. 1.804 a 1.818 deste Código.
- art. 640, NCPC.

Art. 2.009. Quando os netos, representando os seus pais, sucederem aos avós, serão obrigados a trazer à colação, ainda que não o hajam herdado, o que os pais teriam de conferir.

- arts. 1.851; 1.852 deste Código.

Art. 2.010. Não virão à colação os gastos ordinários do ascendente com o descendente, enquanto menor, na sua educação, estudos, sustento, vestuário, tratamento nas enfermidades, enxoval, assim como as despesas de casamento, ou as feitas no interesse de sua defesa em processo-crime.

Art. 2.011. As doações remuneratórias de serviços feitos ao ascendente também não estão sujeitas a colação.

Art. 2.012. Sendo feita a doação por ambos os cônjuges, no inventário de cada um se conferirá por metade.

CAPÍTULO V
DA PARTILHA

- arts. 647 e ss., NCPC.

Art. 2.013. O herdeiro pode sempre requerer a partilha, ainda que o testador o proíba, cabendo igual faculdade aos seus cessionários e credores.

Art. 2.014. Pode o testador indicar os bens e valores que devem compor os quinhões hereditários, deliberando ele próprio a partilha, que prevalecerá, salvo se o valor dos bens não corresponder às quotas estabelecidas.

Art. 2.015. Se os herdeiros forem capazes, poderão fazer partilha amigável, por escritura pública, termo nos autos do inventário, ou escrito particular, homologado pelo juiz.

Art. 2.016. Será sempre judicial a partilha, se os herdeiros divergirem, assim como se algum deles for incapaz.

- Súm. 265, STF.

Art. 2.017. No partilhar os bens, observar-se-á, quanto ao seu valor, natureza e qualidade, a maior igualdade possível.

Art. 2.018. É válida a partilha feita por ascendente, por ato entre vivos ou de última vontade, contanto que não prejudique a legítima dos herdeiros necessários.

Art. 2.019. Os bens insuscetíveis de divisão cômoda, que não couberem na meação do cônjuge sobrevivente ou no quinhão de um só herdeiro, serão vendidos judicialmente, partilhando-se o valor apurado, a não ser que haja acordo para serem adjudicados a todos.

§ 1º Não se fará a venda judicial se o cônjuge sobrevivente ou um ou mais herdeiros requererem lhes seja adjudicado o bem, repondo aos outros, em dinheiro, a diferença, após avaliação atualizada.

§ 2º Se a adjudicação for requerida por mais de um herdeiro, observar-se-á o processo da licitação.

- arts. 1.322 e 1.489, IV, deste Código.

Art. 2.020. Os herdeiros em posse dos bens da herança, o cônjuge sobrevivente e o inventariante são obrigados a trazer ao acervo os frutos que perceberam, desde a abertura da sucessão; têm direito ao reembolso das despesas necessárias e úteis que fizeram, e respondem pelo dano a que, por dolo ou culpa, deram causa.

- art. 614, NCPC.

Art. 2.021. Quando parte da herança consistir em bens remotos do lugar do inventário, litigiosos, ou de liquidação morosa ou difícil, poderá proceder-se, no prazo legal, à partilha dos outros, reservando-se aqueles para uma ou mais sobrepartilhas, sob a guarda e a administração do mesmo ou diverso inventariante, e consentimento da maioria dos herdeiros.

- art. 669, NCPC.

Art. 2.022. Ficam sujeitos à sobrepartilha os bens sonegados e quaisquer outros bens da herança de que se tiver ciência após a partilha.

- art. 669, NCPC.

CAPÍTULO VI
DA GARANTIA DOS QUINHÕES HEREDITÁRIOS

Art. 2.023. Julgada a partilha, fica o direito de cada um dos herdeiros circunscrito aos bens do seu quinhão.

Art. 2.024. Os coerdeiros são reciprocamente obrigados a indenizar-se no caso de evicção dos bens aquinhoados.

- arts. 447 a 457 deste Código.

Art. 2.025. Cessa a obrigação mútua estabelecida no artigo antecedente, havendo convenção em contrário, e bem assim dando-se a evicção por culpa do evicto, ou por fato posterior à partilha.

- arts. 447 a 457 deste Código.

Art. 2.026. O evicto será indenizado pelos coerdeiros na proporção de suas quotas hereditárias, mas, se algum deles se achar insolvente, responderão os demais na mesma proporção, pela parte desse, menos a quota que corresponderia ao indenizado.

- arts. 447 a 457 deste Código.

CAPÍTULO VII
DA ANULAÇÃO DA PARTILHA

Art. 2.027. A partilha é anulável pelos vícios e defeitos que invalidam, em geral, os negócios jurídicos. (Alterado pela Lei 13.105/2015.)

- arts. 104 a 184; 441 a 446 deste Código.
- arts. 657; 966, NCPC.

Parágrafo único. Extingue-se em um ano o direito de anular a partilha.

LIVRO COMPLEMENTAR
DAS DISPOSIÇÕES FINAIS E TRANSITÓRIAS

Art. 2.028. Serão os da lei anterior os prazos, quando reduzidos por este Código, e se, na data de sua entrada em vigor, já houver transcorrido mais da metade do tempo estabelecido na lei revogada.

- Enunciados 50; 299; 564 das Jornadas de Direito Civil.

Art. 2.029. Até dois anos após a entrada em vigor deste Código, os prazos estabelecidos no parágrafo único do art. 1.238 e no parágrafo único do art. 1.242 serão acrescidos de dois anos, qualquer que seja o tempo transcorrido na vigência do anterior, Lei n. 3.071, de 1º de janeiro de 1916.

Art. 2.030. O acréscimo de que trata o artigo antecedente será feito nos casos a que se refere o § 4º do art. 1.228.

Art. 2.031. As associações, sociedades e fundações, constituídas na forma das leis anteriores, bem como os empresários, deverão se adaptar às disposições deste Código até 11 de janeiro de 2007. (Redação dada pela Lei 11.127/2005.)

- Lei 12.879/2013 (Dispõe sobre a gratuidade dos atos de registro, pelas associações de moradores, necessários à adaptação estatutária a este código, e para fins de enquadramento dessas entidades como Organizações da Sociedade Civil de Interesse Público.)
- Enunciados 73; 394; 395 das Jornadas de Direito Civil.

Parágrafo único. O disposto neste artigo não se aplica às organizações religiosas nem aos partidos políticos. (Incluído pela Lei 10.825/2003.)

Art. 2.032. As fundações, instituídas segundo a legislação anterior, inclusive as de fins diversos dos previstos no parágrafo único do art. 62, subordinam-se, quanto ao seu funcionamento, ao disposto neste Código.

Art. 2.033. Salvo o disposto em lei especial, as modificações dos atos constitutivos das pessoas jurídicas referidas no art. 44, bem como a sua transformação, incorporação, cisão ou fusão, regem-se desde logo por este Código.

- arts. 1.033 a 1.038; 1.102 a 1.112 deste Código.

Art. 2.034. A dissolução e a liquidação das pessoas jurídicas referidas no artigo antecedente, quando iniciadas antes da vigência deste Código, obedecerão ao disposto nas leis anteriores.

- arts. 1.033 a 1.038; e 1.102 a 1.112 deste Código.

Art. 2.035. A validade dos negócios e demais atos jurídicos, constituídos antes da entrada em vigor deste Código, obedece ao disposto nas leis anteriores, referidas no art. 2.045, mas os seus efeitos, produzidos após a vigência deste Código, aos preceitos dele se subordinam, salvo se houver sido prevista pelas partes determinada forma de execução.

- art. 5º, XXXVI, CF.
- art. 6º, LInDB.
- Enunciados 300; 396 das Jornadas de Direito Civil.

Parágrafo único. Nenhuma convenção prevalecerá se contrariar preceitos de ordem pública, tais como os estabelecidos por este Código para assegurar a função social da propriedade e dos contratos.

Art. 2.036. A locação de prédio urbano, que esteja sujeita à lei especial, por esta continua a ser regida.

- art. 835 deste Código.
- Lei 8.245/1991 (Lei das Locações).

Art. 2.037. Salvo disposição em contrário, aplicam-se aos empresários e sociedades empresárias as disposições de lei não revogadas por este Código, referentes a comerciantes, ou a sociedades comerciais, bem como a atividades mercantis.

- arts. 966 a 1.195 deste Código.

Art. 2.038. Fica proibida a constituição de enfiteuses e subenfiteuses, subordinando-se as existentes, até sua extinção, às disposições do Código Civil anterior, Lei n. 3.071, de 1º de janeiro de 1916, e leis posteriores.

§ 1º Nos aforamentos a que se refere este artigo é defeso:

I - cobrar laudêmio ou prestação análoga nas transmissões de bem aforado, sobre o valor das construções ou plantações;

II - constituir subenfiteuse.

§ 2º A enfiteuse dos terrenos de marinha e acrescidos regula-se por lei especial.

Art. 2.039. O regime de bens nos casamentos celebrados na vigência do Código Civil anterior, Lei n. 3.071, de 1º de janeiro de 1916, é o por ele estabelecido.

- Enunciado 260 das Jornadas de Direito Civil.

Art. 2.040. A hipoteca legal dos bens do tutor ou curador, inscrita em conformidade com o inciso IV do art. 827 do Código Civil anterior, Lei n. 3.071, de 1º de janeiro de 1916, poderá ser cancelada, obedecido o disposto no parágrafo único do art. 1.745 deste Código.

- arts. 759 a 763, NCPC.
- art. 37, Lei 8.069/1990 (ECA).

Art. 2.041. As disposições deste Código relativas à ordem da vocação hereditária (arts. 1.829 a 1.844) não se aplicam à sucessão aberta antes de sua vigência, prevalecendo o disposto na lei anterior (Lei n. 3.071, de 1º de janeiro de 1916.)

- arts. 1.784; 1.787; 1.829; e 1.844 deste Código.

Art. 2.042. Aplica-se o disposto no *caput* do art. 1.848, quando aberta a sucessão no prazo de um ano após a entrada em vigor deste Código, ainda que o testamento tenha sido feito na vigência do anterior, Lei n. 3.071, de 1º de janeiro de 1916; se, no prazo, o testador não aditar o testamento para declarar a justa causa de cláusula aposta à legítima, não subsistirá a restrição.

Art. 2.043. Até que por outra forma se disciplinem, continuam em vigor as disposições de natureza processual, administrativa ou penal, constantes de leis cujos preceitos de natureza civil hajam sido incorporados a este Código.

Art. 2.044. Este Código entrará em vigor 1 (um) ano após a sua publicação.

- Enunciados 137; 164 das Jornadas de Direito Civil.

Art. 2.045. Revogam-se a Lei n. 3.071, de 1º de janeiro de 1916 - Código Civil e a Parte Primeira do Código Comercial, Lei n. 556, de 25 de junho de 1850.

- art. 2.035 deste Código.
- Enunciados 74; 75; 164 das Jornadas de Direito Civil.

Art. 2.046. Todas as remissões, em diplomas legislativos, aos Códigos referidos no artigo antecedente, consideram-se feitas às disposições correspondentes deste Código.

Brasília, 10 de janeiro de 2002; 181º da Independência e 114º da República.

Fernando Henrique Cardoso

ÍNDICE ALFABÉTICO-REMISSIVO DO CÓDIGO CIVIL

- A -

CC

ÍNDICE ALFABÉTICO-REMISSIVO DO CÓDIGO CIVIL

ÍNDICE ALFABÉTICO-REMISSIVO DO CÓDIGO CIVIL

CÓDIGO DE PROCESSO CIVIL

ÍNDICE SISTEMÁTICO DO CÓDIGO DE PROCESSO CIVIL

EXPOSIÇÃO DE MOTIVOS DO CÓDIGO DE PROCESSO CIVIL

LEI N. 13.105, DE 16 DE MARÇO DE 2015

Um sistema processual civil que não proporcione à sociedade o reconhecimento e a realização[1] dos direitos, ameaçados ou violados, que têm cada um dos jurisdicionados, não se harmoniza com as garantias constitucionais[2] de um Estado Democrático de Direito.[3]

Sendo ineficiente o sistema processual, todo o ordenamento jurídico passa a carecer de real efetividade. De fato, as normas de direito material se transformam em pura ilusão, sem a garantia de sua correlata realização, no mundo empírico, por meio do processo.[4]

Não há fórmulas mágicas. O Código vigente, de 1973, operou satisfatoriamente durante duas décadas. A partir dos anos noventa, entretanto, sucessivas reformas, a grande maioria delas lideradas pelos Ministros Athos Gusmão Carneiro e Sálvio de Figueiredo Teixeira, introduziram no Código revogado significativas alterações, com o objetivo de adaptar as normas processuais a mudanças na sociedade e ao funcionamento das instituições.

A expressiva maioria dessas alterações, como, por exemplo, em 1994, a inclusão no sistema do instituto da antecipação de tutela; em 1995, a alteração do regime do agravo; e, mais recentemente, as leis que alteraram a execução, foram bem recebidas pela comunidade jurídica e geraram resultados positivos, no plano da operatividade do sistema.

O enfraquecimento da coesão entre as normas processuais foi uma consequência natural do método consistente em se incluírem, aos poucos, alterações no CPC, comprometendo a sua forma sistemática. A complexidade resultante desse processo confunde-se, até certo ponto, com essa desorganização, comprometendo a celeridade e gerando questões evitáveis (= pontos que geram polêmica e atraem atenção dos magistrados) que subtraem indevidamente a atenção do operador do direito.

Nessa dimensão, a preocupação em se preservar a forma sistemática das normas processuais, longe de ser meramente acadêmica, atende, sobretudo, a uma necessidade de caráter pragmático: obter-se um grau mais intenso de funcionalidade.

Sem prejuízo da manutenção e do aperfeiçoamento dos institutos introduzidos no sistema pelas reformas ocorridas nos anos de 1992 até hoje, criou-se um Código novo, que não significa, todavia, uma ruptura com o passado, mas um passo à frente. Assim, além de conservados os institutos cujos resultados foram positivos, incluíram-se no sistema outros tantos que visam a atribuir-lhe alto grau de eficiência.

Há mudanças necessárias, porque reclamadas pela comunidade jurídica, e correspondentes a queixas recorrentes dos jurisdicionados e dos operadores do Direito, ouvidas em todo país. Na elaboração deste Anteprojeto de Código de Processo Civil, essa foi uma das linhas principais de trabalho: resolver problemas. Deixar de ver o processo como teoria descomprometida de sua natureza fundamental de método de resolução de conflitos, por meio do qual se realizam valores constitucionais.[5]

Assim, e por isso, um dos métodos de trabalho da Comissão foi o de resolver problemas, sobre cuja existência há praticamente unanimidade na comunidade jurídica. Isso ocorreu, por exemplo, no que diz respeito à complexidade do sistema recursal existente na lei revogada. Se o sistema recursal, que havia no Código revogado em sua versão originária, era consideravelmente mais simples que o anterior, depois das sucessivas reformas pontuais que ocorreram, se tornou, inegavelmente, muito mais complexo.

Não se deixou de lado, é claro, a necessidade de se construir um Código coerente e harmônico *interna corporis*, mas não se cultivou a obsessão em elaborar uma obra magistral, estética e tecnicamente perfeita, em detrimento de sua funcionalidade.

De fato, essa é uma preocupação presente, mas que já não ocupa o primeiro lugar na postura intelectual do processualista contemporâneo.

A coerência substancial há de ser vista como objetivo fundamental, todavia, e mantida em termos absolutos, no que tange à Constituição Federal da República. Afinal, é na lei ordinária e em outras normas de escalão inferior que se explicita a promessa de realização dos valores encampados pelos princípios constitucionais.

O novo Código de Processo Civil tem o potencial de gerar um processo mais célere, mais justo,[6] porque mais rente às necessidades sociais[7] e muito menos complexo.[8]

A simplificação do sistema, além de proporcionar-lhe coesão mais visível, permite ao juiz centrar sua atenção, de modo mais intenso, no mérito da causa.

Com evidente redução da complexidade inerente ao processo de criação de um novo Código de Processo Civil, poder-se-ia dizer que os trabalhos da Comissão se orientaram precipuamente por cinco objetivos: 1) estabelecer expressa e implicitamente verdadeira sintonia fina com a Constituição Federal; 2) criar condições para que o juiz possa proferir decisão de forma mais rente à realidade fática subjacente à causa; 3) simplificar, resolvendo problemas e reduzindo a complexidade de subsistemas, como, por exemplo, o recursal; 4) dar todo o rendimento possível a cada processo em si mesmo considerado; e, 5) finalmente, sendo talvez este último objetivo parcialmente alcançado pela realização daqueles mencionados antes, imprimir maior grau de organicidade ao sistema, dando-lhe, assim, mais coesão.

Esta Exposição de Motivos obedece à ordem dos objetivos acima alistados.

---

1 Essencial que se faça menção a efetiva satisfação, pois, a partir da dita terceira fase metodológica do direito processual civil, o processo passou a ser visto como instrumento, que deve ser idôneo para o reconhecimento e a adequada concretização de direitos.

2 Isto é, aquelas que regem, eminentemente, as relações das partes entre si, entre elas e o juiz e, também, entre elas e terceiros, de que são exemplos a imparcialidade do juiz, o contraditório, a demanda, como ensinam CAPPELLETTI e VIGORITI (I diritti costituzionali delle parti nel processo civile italiano. Rivista di diritto processuale, II serie, v. 26, p. 604-650, Padova, Cedam, 1971, p. 605).

3 Os princípios e garantias processuais inseridos no ordenamento constitucional, por conta desse movimento de "constitucionalização do processo", não se limitam, no dizer de LUIGI PAOLO COMOGLIO, a *"reforçar do exterior uma mera 'reserva legislativa' para a regulamentação desse método [em referência ao processo como método institucional de resolução de conflitos sociais], mas impõem a esse último, e à sua disciplina, algumas condições mínimas de legalidade e retidão, cuja eficácia é potencialmente operante em qualquer fase (ou momento nevrálgico) do processo"* (Giurisdizione e processo nel quadro delle garanzie costituzionali. *Studi in onore di Luigi Montesano*, v. II, p. 87-127, Padova, Cedam, 1997, p. 92).

4 É o que explica, com a clareza que lhe é peculiar, BARBOSA MOREIRA: *"Querer que o processo seja efetivo é querer que desempenhe com eficiência o papel que lhe compete na economia do ordenamento jurídico. Visto que esse papel é instrumental em relação ao direito substantivo, também se costuma falar da instrumentalidade do processo. Uma noção conecta-se com a outra e por assim dizer a implica. Qualquer instrumento será bom na medida em que sirva de modo prestimoso à consecução dos fins da obra a que se ordena; em outras palavras, na medida em que seja efetivo. Vale dizer: será efetivo o processo que constitua instrumento eficiente de realização do direito material"* (Por um processo socialmente efetivo. *Revista de Processo*. São Paulo, v. 27, n. 105, p. 183-190, jan./mar. 2002, p. 181).

5 SÁLVIO DE FIGUEIREDO TEIXEIRA, em texto emblemático sobre a nova ordem trazida pela Constituição Federal de 1988, disse, acertadamente, que, apesar de suas vicissitudes, *"nenhum texto constitucional valorizou tanto a 'Justiça', tomada aqui a palavra não no seu conceito clássico de 'vontade constante e perpétua de dar a cada um o que é seu', mas como conjunto de instituições voltadas para a realização da paz social"* (O aprimoramento do processo civil como garantia da cidadania. In: FIGUEIREDO TEIXEIRA, Sálvio. *As garantias do cidadão na Justiça*. São Paulo: Saraiva, 1993. p. 79-92, p. 80).

6 Atentando para a advertência, acertada, de que não o processo, além de produzir um resultado justo, precisa ser justo em si mesmo, e portanto, na sua realização, devem ser observados aqueles *standards* previstos na Constituição Federal, que constituem desdobramento da garantia do *due process of law* (DINAMARCO, Cândido. *Instituições de direito processual civil*, v. 1. 6. ed. São Paulo: Malheiros, 2009).

7 Lembrando, com BARBOSA MOREIRA, que *"não se promove uma sociedade mais justa, ao menos primariamente, por obra do aparelho judicial. É todo o edifício, desde as fundações, que para tanto precisa ser revisto e reformado. Pelo prisma jurídico, a tarefa básica inscreve-se no plano do* direito material*"* (*Por um processo socialmente efetivo*, p. 181)

8 Trata-se, portanto, de mais um passo decisivo para afastar os obstáculos para o acesso à Justiça, a que comumente se alude, isto é, a duração do processo, seu alto custo e a excessiva formalidade.

1) A necessidade de que fique evidente a *harmonia da lei ordinária em relação à* Constituição Federal da República[9] fez com que se incluíssem no Código, expressamente, princípios constitucionais, na sua versão processual. Por outro lado, muitas regras foram concebidas, dando concreção a princípios constitucionais, como, por exemplo, as que preveem um procedimento, com *contraditório* e produção de provas, prévio à decisão que desconsidera da pessoa jurídica, em sua versão tradicional, ou "às avessas"[10].

Está expressamente formulada a regra no sentido de que o fato de o juiz estar diante de matéria de ordem pública não dispensa a obediência ao princípio do contraditório.

Como regra, o depósito da quantia relativa às multas, cuja função processual seja levar ao cumprimento da obrigação *in natura*, ou da ordem judicial, deve ser feito logo que estas incidem.

Não podem, todavia, ser levantadas, a não ser quando haja trânsito em julgado ou quando esteja pendente agravo de decisão denegatória de seguimento a recurso especial ou extraordinário.

Trata-se de uma forma de tornar o processo mais eficiente e efetivo, o que significa, indubitavelmente, aproximá-lo da Constituição Federal, em cujas entrelinhas se lê que o processo deve assegurar o cumprimento da lei material.

Prestigiando o princípio constitucional da publicidade das decisões, previu-se a regra inafastável de que à data de julgamento de todo recurso deve-se dar publicidade (= todos os recursos devem constar em pauta), para que as partes tenham oportunidade de tomar providências que entendam necessárias ou, pura e simplesmente, possam assistir ao julgamento.

Levou-se em conta o princípio da *razoável duração do processo*.[11] Afinal a ausência de celeridade, sob certo ângulo,[12] é ausência de justiça. A simplificação do sistema recursal, de que trataremos separadamente, leva a um processo mais ágil.

Criou-se o incidente de julgamento conjunto de demandas repetitivas, a que adiante se fará referência.

Por enquanto, é oportuno ressaltar que levam a um processo mais célere as medidas cujo objetivo seja o julgamento conjunto de demandas que gravitam em torno da mesma questão de direito, por dois ângulos: *a)* o relativo àqueles processos, em si mesmos considerados, que, serão decididos conjuntamente; *b)* no que concerne à atenuação do excesso de carga de trabalho do Poder Judiciário – já que o tempo usado para decidir aqueles processos poderá ser mais eficazmente aproveitado em todos os outros, em cujo trâmite serão evidentemente menores os ditos "tempos mortos" (= períodos em que nada acontece no processo).

Por outro lado, haver, indefinidamente, posicionamentos diferentes e incompatíveis, nos Tribunais, a respeito da mesma norma jurídica, leva a que jurisdicionados que estejam em situações idênticas, tenham de submeter-se a regras de conduta diferentes, ditadas por decisões judiciais emanadas de tribunais diversos.

Esse fenômeno fragmenta o sistema, gera intranquilidade e, por vezes, verdadeira perplexidade na sociedade.

Prestigiou-se, seguindo-se direção já abertamente seguida pelo ordenamento jurídico brasileiro, expressado na criação da Sum.la Vinculante do Supremo Tribunal Federal (STF) e do regime de julgamento conjunto de recursos especiais e extraordinários repetitivos (que foi mantido e aperfeiçoado) tendência a criar estímulos para que a jurisprudência se uniformize, à luz do que venham a decidir tribunais superiores e até de segundo grau, e se estabilize.

Essa é a função e a razão de ser dos tribunais superiores: proferir decisões que moldem o ordenamento jurídico, objetivamente considerado. A função paradigmática que devem desempenhar é inerente ao sistema.

Por isso é que esses princípios foram expressamente formulados. Veja-se, por exemplo, o que diz o novo Código, no Livro IV: *"A jurisprudência do STF e dos Tribunais Superiores deve nortear as decisões de todos os Tribunais e Juízos singulares do país, de modo a concretizar plenamente os princípios da legalidade e da isonomia"*.

Evidentemente, porém, para que tenha eficácia a recomendação no sentido de que seja a jurisprudência do STF e dos Tribunais superiores, efetivamente, norte para os demais órgãos integrantes do Poder Judiciário, é necessário que aqueles Tribunais mantenham jurisprudência razoavelmente estável.

A segurança jurídica fica comprometida com a brusca e integral alteração do entendimento dos tribunais sobre questões de direito.[13]

Encampou-se, por isso, expressamente princípio no sentido de que, uma vez firmada jurisprudência em certo sentido, esta deve, como norma, ser mantida, salvo se houver relevantes razões recomendando sua alteração.

Trata-se, na verdade, de um outro viés do princípio da segurança jurídica,[14] que recomendaria que a jurisprudência, uma vez pacificada ou sumulada, tendesse a ser mais estável.[15]

De fato, a alteração do entendimento a respeito de uma tese jurídica ou do sentido de um texto de lei pode levar ao legítimo desejo de que as situações anteriormente decididas, com base no entendimento superado, sejam redecididas à luz da nova compreensão. Isto porque a alteração da jurisprudência, diferentemente da alteração da lei, produz efeitos equivalentes aos *ex tunc*. Desde que, é claro, não haja regra em sentido inverso.

Diz, expressa e explicitamente, o novo Código que: *"A mudança de entendimento sedimentado observará a necessidade de fundamentação adequada e específica, considerando o imperativo de estabilidade das relações jurídicas"*;

E, ainda, com o objetivo de prestigiar a segurança jurídica, formulou-se o seguinte princípio: *"Na hipótese de alteração da jurisprudência dominante do STF e dos Tribunais superiores, ou oriunda de julgamentos de casos repetitivos, pode haver* modulação *dos efeitos da alteração no interesse social e no da segurança jurídica"* (grifos nossos).

Esse princípio tem relevantes consequências práticas, como, por exemplo, a não rescindibilidade de sentenças transitadas em julgado baseadas na orientação abandonada pelo Tribunal. Também em nome da segurança jurídica, reduziu-se para um ano, como regra geral, o prazo decadencial dentro do qual pode ser proposta a ação rescisória.

Mas talvez as alterações mais expressivas do sistema processual ligadas ao objetivo de harmonizá-lo com o espírito da Constituição Federal, sejam as que dizem respeito a regras que induzem à uniformidade e à estabilidade da jurisprudência.

---

9 Hoje, costuma-se dizer que o processo civil constitucionalizou-se. Fala-se em modelo constitucional do processo, expressão inspirada na obra de Italo Andolina e Giuseppe Vignera, *Il modello costituzionale del processo civile italiano: corso di lezioni* (Turim, Giapicchelli, 1990). O processo há de ser examinado, estudado e compreendido à luz da Constituição e de forma a dar o maior rendimento possível aos seus princípios fundamentais.

10 O Novo CPC prevê expressamente que, antecedida de contraditório e produção de provas, haja decisão sobre a desconsideração da pessoa jurídica, com o redirecionamento da ação, na dimensão de sua patrimonialidade, e também sobre a consideração dita inversa, nos casos em que se abusa da sociedade, para usá-la indevidamente com o fito de camuflar o patrimônio pessoal do sócio. Essa alteração está de acordo com o pensamento que, entre nós, ganhou projeção ímpar na obra de J. LAMARTINE CORRÊA DE OLIVEIRA. Com efeito, há três décadas, o brilhante civilista já advertia ser essencial o predomínio da realidade sobre a aparência, quando *"em verdade* [é] *uma outra pessoa que está a agir, utilizando a pessoa jurídica como escudo, e se é essa utilização da pessoa jurídica, fora de sua função, que está tornando possível o resultado contrário à lei, ao contrato, ou às coordenadas axiológicas"* (*A dupla crise da pessoa jurídica*. São Paulo: Saraiva, 1979, p. 613).

11 Que, antes de ser expressamente incorporado à Constituição Federal em vigor (art. 50, inciso LXXVIII), já havia sido contemplado em outros instrumentos normativos estrangeiros (veja-se, por exemplo, o art. 111, da Constituição da Itália) e convenções internacionais (Convenção Europeia e Pacto de San Jose da Costa Rica). Trata-se, portanto, de tendência mundial.

12 Afinal, a celeridade não é um valor que deva ser perseguido a qualquer custo. *"Para muita gente, na matéria, a rapidez constitui o valor por excelência, quiçá o único. Seria fácil invocar aqui um rol de citações de autores famosos, apostados em estigmatizar a morosidade processual. Não deixam de ter razão, sem que isso implique – nem mesmo, quero crer, no pensamento desses próprios autores – hierarquização rígida que não reconheça como imprescindível, aqui e ali, ceder o passo a outros valores. Se uma justiça lenta demais é decerto uma justiça má, daí não se segue que uma justiça muito rápida seja necessariamente uma justiça boa. O que todos devemos querer é que a prestação jurisdicional venha ser melhor do que é. Se para torná-la melhor é preciso acelerá-la, muito bem: não, contudo, a qualquer preço"* (BARBOSA MOREIRA, José Carlos. O futuro da justiça: alguns mitos. *Revista de Processo*, v. 102, p. 228-237, abr./jun. 2001, p. 232).

13 Os ingleses dizem que os jurisdicionados não podem ser tratados "como cães, que só descobrem que algo é proibido quando o bastão toca seus focinhos" (BENTHAM citado por R. C. CAENEGEM, Judges, Legislators & Professors, p. 161).

14 "O homem necessita de segurança para conduzir, planificar e conformar autónoma e responsavelmente a sua vida. Por isso, desde cedo se consideravam os princípios da segurança jurídica e da proteção à confiança como elementos constitutivos do Estado de Direito. Esses dois princípios – segurança jurídica e proteção da confiança – andam estreitamente associados, a ponto de alguns autores considerarem o princípio da confiança como um subprincípio ou como uma dimensão específica da segurança jurídica. Em geral, considera-se que a segurança jurídica está conexionada com elementos objetivos da ordem jurídica – garantia de estabilidade jurídica, segurança de orientação e realização do direito – enquanto a proteção da confiança se prende mais com os componentes subjetivos da segurança, designadamente a calculabilidade e previsibilidade dos indivíduos em relação aos efeitos dos actos" (JOSÉ JOAQUIM GOMES CANOTILHO. *Direito constitucional e teoria da constituição*. Almedina, Coimbra, 2000, p. 256).

15 Os alemães usam a expressão princípio da "proteção", acima referida por Canotilho (ROBERT ALEXY e RALF DREIER, Precedent in the Federal Republic of Germany, Interpreting Precedents, A Comparative Study, Coord. NEIL MACCORMICK e ROBERT SUMMERS, Dartmouth Publishing Company, p. 19).

O novo Código prestigia o princípio da segurança jurídica, obviamente de índole constitucional, pois que se hospeda nas dobras do Estado Democrático de Direito e visa a proteger e a preservar as justas expectativas das pessoas.

Todas as normas jurídicas devem tender a dar efetividade às garantias constitucionais, tornando "segura" a vida dos jurisdicionados, de modo a que estes sejam poupados de "surpresas", podendo sempre prever, em alto grau, as consequências jurídicas de sua conduta.

Se, por um lado, o princípio do livre convencimento motivado é garantia de julgamentos independentes e justos, e neste sentido mereceu ser prestigiado pelo novo Código, por outro, compreendido em seu mais estendido alcance, acaba por conduzir a distorções do princípio da legalidade e à própria ideia, antes mencionada, de Estado Democrático de Direito. A dispersão excessiva da jurisprudência produz intranquilidade social e descrédito do Poder Judiciário.

Se todos têm que agir em conformidade com a lei, ter-se-ia, *ipso facto*, respeitada a isonomia. Essa relação de causalidade, todavia, fica comprometida como decorrência do desvirtuamento da liberdade que tem o juiz de decidir com base em seu entendimento sobre o sentido real da norma. A tendência à diminuição[16] do número[17] de recursos que devem ser apreciados pelos Tribunais de segundo grau e superiores é resultado inexorável da jurisprudência mais uniforme e estável.

Proporcionar legislativamente melhores condições para operacionalizar formas de uniformização do entendimento dos Tribunais brasileiros acerca de teses jurídicas é concretizar, na vida da sociedade brasileira, o princípio constitucional da isonomia.

Criaram-se figuras, no novo CPC, para evitar a dispersão[18] excessiva da jurisprudência. Com isso, haverá condições de se atenuar o assoberbamento de trabalho no Poder Judiciário, sem comprometer a qualidade da prestação jurisdicional.

Dentre esses instrumentos, está a complementação e o reforço da eficiência do regime de julgamento de recursos repetitivos, que agora abrange a possibilidade de suspensão do procedimento das demais ações, tanto no juízo de primeiro grau, quanto dos demais recursos extraordinários ou especiais, que estejam tramitando nos tribunais superiores, aguardando julgamento, desatreladamente dos afetados.

Com os mesmos objetivos, criou-se, com inspiração no direito alemão,[19] o já referido incidente de Resolução de Demandas Repetitivas, que consiste na identificação de processos que contenham a mesma questão de direito, que estejam ainda no primeiro grau de jurisdição, para decisão conjunta.[20]

O incidente de resolução de demandas repetitivas é admissível quando identificada, em primeiro grau, controvérsia com potencial de gerar multiplicação expressiva de demandas e o correlato risco da coexistência de decisões conflitantes.

É instaurado perante o Tribunal local, por iniciativa do juiz, do MP, das partes, da Defensoria Pública ou pelo próprio Relator. O juízo de admissibilidade e de mérito caberão ao tribunal pleno ou ao órgão especial, onde houver, e a extensão da eficácia da decisão acerca da tese jurídica limita-se à área de competência territorial do tribunal, salvo decisão em contrário do STF ou dos Tribunais superiores, pleiteada pelas partes, interessados, MP ou Defensoria Pública. Há a possibilidade de intervenção de *amici curiae*.

O incidente deve ser julgado no prazo de seis meses, tendo preferência sobre os demais feitos, salvo os que envolvam réu preso ou pedido de *habeas corpus*.

O recurso especial e o recurso extraordinário, eventualmente interpostos da decisão do incidente, têm efeito suspensivo e se considera presumida a repercussão geral, de questão constitucional eventualmente discutida.

Enfim, não observada a tese firmada, caberá reclamação ao tribunal competente.

As hipóteses de cabimento dos embargos de divergência agora se baseiam exclusivamente na existência de *teses contrapostas*, não importando o veículo que as tenha levado ao Supremo Tribunal Federal ou ao Superior Tribunal de Justiça. Assim, são possíveis de confronto teses contidas em recursos e ações, sejam as decisões de mérito ou relativas ao juízo de admissibilidade.

Está-se, aqui, diante de poderoso instrumento, agora tornado ainda mais eficiente, cuja finalidade é a de uniformizar a jurisprudência dos Tribunais superiores, *interna corporis*.

Sem que a jurisprudência desses Tribunais esteja internamente uniformizada, é posto abaixo o edifício cuja base é o respeito aos precedentes dos Tribunais superiores.

2) Pretendeu-se converter o processo em instrumento incluído no contexto social em que produzirá efeito o seu resultado. Deu-se ênfase à possibilidade de as partes porem fim ao conflito pela via da mediação ou da conciliação.[21] Entendeu-se que a *satisfação efetiva* das partes pode dar-se de modo mais intenso se a solução é por elas criada e não imposta pelo juiz. Como regra, deve realizar-se audiência em que, ainda antes de ser apresentada contestação, se tentará fazer com que autor e réu cheguem a acordo. Dessa audiência, poderão participar conciliador e mediador e o réu deve comparecer, sob pena de se qualificar sua ausência injustificada como ato atentatório à dignidade da

16 Comentando os principais vetores da reforma sofrida no processo civil alemão na última década, BARBOSA MOREIRA alude ao problema causado pelo excesso de recursos no processo civil: *"Pôr na primeira instância o centro de gravidade do processo é diretriz política muito prestigiada em tempos modernos, e numerosas iniciativas reformadoras levam-na em conta. A rigor, o ideal seria que os litígios fossem resolvidos em termos finais mediante um único julgamento. Razões conhecidas induzem as leis processuais a abrirem a porta a reexames. A multiplicação desmedida dos meios tendentes a propiciá-los, entretanto, acarreta o prolongamento indesejável do feito, aumenta-lhe o custo, favorece a chicana e, em muitos casos, gera para os tribunais superiores excessiva carga de trabalho. Convém, pois, envidar esforços para que as partes se deem por satisfeitas com a sentença e se abstenham de impugná-la"* (Breve notícia sobre a reforma do processo civil alemão. *Revista de Processo*. São Paulo, v. 28, n. 111, p. 103-112, jul./set. 2003, p. 105).

17 O número de recursos previstos na legislação processual civil é objeto de reflexão e crítica, há muitos anos, na doutrina brasileira. EGAS MONIZ DE ARAGÃO, por exemplo, em emblemático trabalho sobre o tema, já indagou de forma contundente: *"há demasiados recursos no ordenamento jurídico brasileiro? Deve-se restringir seu cabimento? São eles responsáveis pela morosidade no funcionamento do Poder Judiciário?"* Respondendo tais indagações, o autor conclui que há três recursos que *"atendem aos interesses da brevidade e certeza, interesses que devem ser ponderados – como na fórmula da composição dos medicamentos – para dar adequado remédio às necessidades do processo judicial"*: a apelação, o agravo e o extraordinário, isto é, recurso especial e recurso extraordinário (Demasiados recursos? *Revista de Processo*. São Paulo, v. 31, n. 136, p. 9-31, jun. 2006, p. 18)

18 A preocupação com essa possibilidade não é recente. ALFREDO BUZAID já aludia a ela, advertindo que há uma grande diferença entre as decisões adaptadas ao contexto histórico em que proferidas e aquelas que prestigiam interpretações contraditórias da mesma disposição legal, apesar de iguais as situações concretas em que proferidas. Nesse sentido: *"Na verdade, não repugna ao jurista que os tribunais, num louvável esforço de adaptação, sujeitem a mesma regra a entendimento diverso, desde que se alterem as condições econômicas, políticas e sociais; mas repugna-lhe que sobre a mesma regra jurídica deem os tribunais interpretação diversa e até contraditória, quando as condições em que ela foi editada continuam as mesmas. O dissídio resultante de tal exegese debilita a autoridade do Poder Judiciário, ao mesmo passo que causa profunda decepção às partes que postulam perante os tribunais"* (Uniformização de Jurisprudência. *Revista da Associação dos Juízes do Rio Grande do Sul*, 34/139, jul. 1985).

19 No direito alemão a figura se chama *Musterverfahren* e gera decisão que serve de modelo (= *Muster*) para a resolução de uma quantidade expressiva de processos em que as partes estejam na mesma situação, não se tratando necessariamente, do mesmo autor nem do mesmo réu (RALF-THOMAS WITTMANN. Il "contenzioso di massa" in Germania. In: GIORGETTI ALESSANDRO e VALERIO VALLEFUOCO, Il Contenzioso di massa in Italia, in Europa e nel mondo, Milão, Giuffrè, 2008, p. 178).

20 Tais medidas refletem, sem dúvida, a tendência de coletivização do processo, assim explicada por RODOLFO DE CAMARGO MANCUSO: *"Desde o último quartel do século passado, foi tomando vulto o fenômeno da 'coletivização' dos conflitos, à medida que, paralelamente, se foi reconhecendo a inaptidão do processo civil clássico para instrumentalizar essas megacontrovérsias, próprias de uma conflitiva sociedade de massas. Isso explica a proliferação de ações de cunho coletivo, tanto na Constituição Federal (arts. 5º, XXI; LXX, 'b'; LXXIII; 129, III) como na legislação processual extravagante, empolgando segmentos sociais de largo espectro: consumidores, infância e juventude; deficientes físicos; investidores no mercado de capitais; idosos; torcedores de modalidades desportivas etc. Logo se tornou evidente (e premente) a necessidade da oferta de novos instrumentos capazes de recepcionar esses conflitos assim potencializado, seja em função do número expressivo (ou mesmo indeterminado) dos sujeitos concernentes, seja em função da indivisibilidade do objeto litigioso, que o torna insuscetível de partição e fruição por um titular exclusivo"* (*A resolução de conflitos e a função judicial no Contemporâneo Estado de Direito*. São Paulo: Revista dos Tribunais, 2009, p. 379-380).

21 A criação de condições para realização da transação é uma das tendências observadas no movimento de reforma que inspirou o processo civil alemão. Com efeito, explica BARBOSA MOREIRA que *"já anteriormente, por força de uma lei de 1999, os órgãos legislativos dos 'Lander' tinham sido autorizados, sob determinadas circunstâncias, a exigirem, como requisito de admissibilidade da ação, que se realizasse prévia tentativa de conciliação extrajudicial. Doravante, nos termos do art. 278, deve o tribunal, em princípio, levar a efeito a tentativa, ordenando o comparecimento pessoal de ambas as partes. O órgão judicial discutirá com elas a situação, poderá formular-lhes perguntas e fazer-lhes observações. Os litigantes serão ouvidos pessoalmente e terá cada qual a oportunidade de expor sua versão do litígio..."* (*Breves notícias sobre a reforma do processo civil alemão*, p. 106).

justiça. Não se chegando a acordo, terá início o prazo para a contestação.

Por outro lado, e ainda levando em conta a qualidade da satisfação das partes com a solução dada ao litígio, previu-se a possibilidade da presença do *amicus curiae*, cuja manifestação, com certeza tem aptidão de proporcionar ao juiz condições de proferir decisão mais próxima às reais necessidades das partes e mais rente à realidade do país.[22]

Criou-se regra no sentido de que a intervenção pode ser pleiteada pelo *amicus curiae* ou solicitada de ofício, como decorrência das peculiaridades da causa, em todos os graus de jurisdição.

Entendeu-se que os requisitos que impõem a manifestação do *amicus curiae* no processo, se existem, estarão presentes desde o primeiro grau de jurisdição, não se justificando que a possibilidade de sua intervenção ocorra só nos Tribunais Superiores. Evidentemente, todas as decisões devem ter a qualidade que possa proporcionar a presença do *amicus curiae*, não só a última delas.

Com objetivo semelhante, permite-se no novo CPC que os Tribunais Superiores apreciem o mérito de alguns recursos que veiculam questões relevantes, cuja solução é necessária para o aprimoramento do Direito, ainda que não estejam preenchidos requisitos de admissibilidade considerados menos importantes. Trata-se de regra afeiçoada à processualística contemporânea, que privilegia o conteúdo em detrimento da forma, em consonância com o princípio da instrumentalidade.

3) Com a finalidade de *simplificação*, criou-se,[23] v.g., a possibilidade de o réu formular pedido independentemente do expediente formal da reconvenção, que desapareceu. Extinguiram-se muitos incidentes: passa a ser matéria alegável em preliminar de contestação a incorreção do valor da causa e a indevida concessão do benefício da justiça gratuita, bem como as duas espécies de incompetência. Não há mais a ação declaratória incidental nem a ação declaratória incidental de falsidade de documento, bem como o incidente de exibição de documentos. As formas de intervenção de terceiro foram modificadas e parcialmente fundidas: criou-se um só instituto, que abrange as hipóteses de denunciação da lide e de chamamento ao processo. Deve ser utilizado quando o chamado puder ser réu em ação regressiva; quando um dos devedores solidários saldar a dívida, aos demais; quando houver obrigação, por lei ou por contrato, de reparar ou garantir a reparação de dano, àquele que tem essa obrigação. A sentença dirá se terá havido a hipótese de ação regressiva, ou decidirá quanto à obrigação comum. Muitos[24] procedimentos especiais[25] foram extintos. Foram mantidos a ação de consignação em pagamento, a ação de prestação de contas, a ação de divisão e demarcação de terras particulares, inventário e partilha, embargos de terceiro, habilitação, restauração de autos, homologação de penhor legal e ações possessórias.

Extinguiram-se também as ações cautelares nominadas. Adotou-se a regra no sentido de que basta à parte a demonstração do *fumus boni iuris* e do perigo de ineficácia da prestação jurisdicional para que a providência pleiteada deva ser deferida. Disciplina-se também a tutela sumária que visa a proteger o direito evidente, independentemente de *periculum in mora*.

O Novo CPC agora deixa clara a possibilidade de concessão de tutela de urgência e de tutela à evidência. Considerou-se conveniente esclarecer de forma expressa que a resposta do Poder Judiciário deve ser rápida não só em situações em que a urgência decorre do risco de eficácia do processo e do eventual perecimento do próprio direito. Também em hipóteses em que as alegações da parte se revelam de juridicidade ostensiva deve a tutela ser antecipadamente (total ou parcialmente) concedida, independentemente de *periculum in mora*, por não haver razão relevante para a espera, até porque, via de regra, a demora do processo gera agravamento do dano.

Ambas essas espécies de tutela vêm disciplinadas na Parte Geral, tendo também desaparecido o livro das Ações Cautelares.

A tutela de urgência e da evidência podem ser requeridas antes ou no curso do procedimento em que se pleiteia a providência principal.

Não tendo havido resistência à liminar concedida, o juiz, depois da efetivação da medida, extinguirá o processo, conservando-se a eficácia da medida concedida, sem que a situação fique protegida pela coisa julgada.

Impugnada a medida, o pedido principal deve ser apresentado nos mesmos autos em que tiver sido formulado o pedido de urgência.

As opções procedimentais acima descritas exemplificam sobremaneira a concessão da tutela cautelar ou antecipatória, do ponto de vista procedimental.

Além de a incompetência, absoluta e relativa, poderem ser levantadas pelo réu em preliminar de contestação, o que também significa uma maior simplificação do sistema, a incompetência absoluta não é, no Novo CPC, hipótese de cabimento de ação rescisória.

Cria-se a faculdade de o advogado promover, pelo correio, a intimação do advogado da outra parte. Também as testemunhas devem comparecer espontaneamente, sendo excepcionalmente intimadas por carta com aviso de recebimento.

A extinção do procedimento especial "ação de usucapião" levou à criação do procedimento edital, como forma de comunicação dos atos processuais, por meio do qual, em ações deste tipo, devem-se provocar todos os interessados a intervir, se houver interesse.

O prazo para todos os recursos, com exceção dos embargos de declaração, foi uniformizado: quinze dias.

O recurso de apelação continua sendo interposto no 10 grau de jurisdição, tendo-lhe sido, todavia, retirado o juízo de admissibilidade, que é exercido apenas no 20 grau de jurisdição. Com isso, suprime-se um novo foco desnecessário de recorribilidade.

Na execução, se eliminou a distinção entre praça e leilão, assim como a necessidade de duas hastas públicas. Desde a primeira, pode o bem ser alienado por valor inferior ao da avaliação, desde que não se trate de preço vil.

Foram extintos os embargos à arrematação, tornando-se a ação anulatória o único meio de que o interessado pode valer-se para impugná-la.

Bastante simplificado foi o sistema recursal. Essa simplificação, todavia, em momento algum significou restrição ao direito de defesa. Em vez disso deu, de acordo com o objetivo tratado no item seguinte, maior rendimento a cada processo individualmente considerado.

Desapareceu o agravo retido, tendo, correlatamente, alterado-se o regime das preclusões.[26] Todas as decisões anteriores à sentença podem ser impugnadas na apelação. Ressalte-se que, na verdade, o que se modificou, nesse particular, foi exclusivamente o momento da impugnação, pois essas decisões, de que se recorria, no sistema anterior, por meio de agravo retido, só eram mesmo alteradas ou mantidas quando o

---

22 Predomina na doutrina a opinião de que a origem do *amicus curiae* está na Inglaterra, no processo penal, embora haja autores que afirmem haver figura assemelhada já no direito romano (CÁSSIO SCARPINELLA BUENO, *Amicus curiae no processo civil brasileiro*, Ed. Saraiva, 2006, p. 88). Historicamente, sempre atuou ao lado do juiz, e sempre foi a discricionariedade deste que determinou a intervenção desta figura, fixando os limites de sua atuação. Do direito inglês, migrou para o direito americano, em que é, atualmente, figura de relevo digno de nota (CÁSSIO SCARPINELLA BUENO, ob. cit., p. 94 e ss.).

23 Tal possibilidade, rigorosamente, já existia no CPC de 1973, especificamente no procedimento comum sumário (art. 278, parágrafo 10) e em alguns procedimentos especiais disciplinados no Livro IV, como, por exemplo, as ações possessórias (art. 922), daí por que se afirmava, em relação a estes, que uma de suas características peculiares era, justamente, a natureza dúplice da ação. Contudo, no Novo Código, o que era excepcional se tornará regra geral, em evidente benefício da economia processual e da ideia de efetividade da tutela jurisdicional.

24 EGAS MONIZ DE ARAGÃO, comentando a transição do Código de 1939 para o Código de 1973, já chamava a atenção para a necessidade de refletir sobre o grande número de procedimentos especiais que havia no primeiro e foi mantido, no segundo diploma. Nesse sentido: "Ninguém jamais se preocupou em investigar se é necessário ou dispensável, se é conveniente ou inconveniente oferecer aos litigantes essa pletora de procedimentos especiais; ninguém jamais se preocupou em verificar se a existência desses inúmeros procedimentos constitui obstáculo à 'efetividade do processo', valor tão decantado na atualidade; ninguém jamais se preocupou em pesquisar se a existência de tais e tantos procedimentos constitui estorvo ao bom andamento dos trabalhos forenses e se a sua substituição por outros e novos meios de resolver os mesmos problemas poderá trazer melhores resultados. Diante desse quadro é de indagar: será possível atingir os resultados verdadeiramente aspirados pela revisão do Código sem remodelar o sistema no que tange aos procedimentos especiais?" (Reforma processual: 10 anos. *Revista do Instituto dos Advogados do Paraná*. Curitiba, n. 33, p. 201-215, dez. 2004, p. 205).

25 Ainda na vigência do Código de 1973, já não se podia afirmar que a maior parte desses procedimentos era efetivamente especial. As características que, no passado, serviram para lhes qualificar desse modo, após as inúmeras alterações promovidas pela atividade de reforma da legislação processual, deixaram de lhes ser exclusivas. Vários aspectos que, antes, somente se viam nos procedimentos ditos especiais, passaram, com o tempo, a se observar também no procedimento comum. Exemplo disso é o sincretismo processual, que passou a marcar o procedimento comum desde que admitida a concessão de tutela de urgência em favor do autor, nos termos do art. 273.

26 Essa alteração contempla uma das duas soluções que a doutrina processualista colocava em relação ao problema da recorribilidade das decisões interlocutórias. Nesse sentido: *"Duas teses podem ser adotadas com vistas ao controle das decisões proferidas pelo juiz no decorrer do processo em primeira instância: ou, a) não se proporciona recurso algum e os litigantes poderão impugná-las somente com o recurso cabível contra o julgamento final, normalmente a apelação, caso estes em que não incidirá preclusão sobre tais questões, ou, b) é proporcionado recurso contra as decisões interlocutórias (tanto faz que o recurso suba incontinente ao órgão superior ou permaneça retido nos autos do processo) e ficarão preclusas as questões nelas solucionadas caso o interessado não recorra"* (ARAGÃO, E. M. *Reforma processual: 10 anos*, p. 210-211).

agravo era julgado, como preliminar de apelação. Com o novo regime, o momento de julgamento será o mesmo; não o da impugnação.

O agravo de instrumento ficou mantido para as hipóteses de concessão, ou não, de tutela de urgência; para as interlocutórias de mérito, para as interlocutórias proferidas na execução (e no cumprimento de sentença) e para todos os demais casos a respeito dos quais houver previsão legal expressa.

Previu-se a sustentação oral em agravo de instrumento de decisão de mérito, procurando-se, com isso, alcançar resultado do processo mais rente à realidade dos fatos.

Uma das grandes alterações havidas no sistema recursal foi a supressão dos embargos infringentes.[27] Há muito, doutrina da melhor qualidade vem propugnando pela necessidade de que sejam extintos[28]. Em contrapartida a essa extinção, o relator terá o dever de declarar o voto vencido, sendo este considerado como parte integrante do acórdão, inclusive para fins de prequestionamento.

Significativas foram as alterações, no que tange aos recursos para o STJ e para o STF. O Novo Código contém regra expressa, que leva ao aproveitamento do processo, de forma plena, devendo ser decididas todas as razões que podem levar ao provimento ou ao improvimento do recurso. Sendo, por exemplo, o recurso extraordinário provido para acolher uma causa de pedir, ou *a*) examinam-se todas as outras, ou, *b*) remetem-se os autos para o Tribunal de segundo grau, para que decida as demais, ou, *c*) remetem-se os autos para o primeiro grau, caso haja necessidade de produção de provas, para a decisão das demais; e, pode-se também, *d*) remeter os autos ao STJ, caso as causas de pedir restantes constituam-se em questões de direito federal.

Com os mesmos objetivos, consistentes em simplificar o processo, dando-lhe, simultaneamente, o maior rendimento possível, criou-se a regra de que não há mais extinção do processo, por decisão de inadmissão de recurso, caso o tribunal destinatário entenda que a competência seria de outro tribunal. Há, isto sim, em todas as instâncias, inclusive no plano de STJ e STF, a remessa dos autos ao tribunal competente.

Há dispositivo expresso determinando que, se os embargos de declaração são interpostos com o objetivo de prequestionar a matéria objeto do recurso principal, e não são admitidos, considera-se o prequestionamento como havido, salvo, é claro, se se tratar de recurso que pretenda a inclusão, no acórdão, da descrição de fatos.

Vê-se, pois, que as alterações do sistema recursal a que se está, aqui, aludindo, proporcionaram simplificação e levaram a efeito um outro objetivo, de que abaixo se tratará: obter-se o maior rendimento possível de cada processo.

4) O novo sistema permite que cada processo *tenha maior rendimento possível*. Assim, e por isso, estendeu-se a autoridade da coisa julgada às questões prejudiciais.

Com o objetivo de se dar maior rendimento a cada processo, individualmente considerado, e, atendendo a críticas tradicionais da doutrina,[29] deixou, a possibilidade jurídica do pedido, de ser condição da ação. A sentença que, à luz da lei revogada seria de carência da ação, à luz do Novo CPC é de improcedência e resolve definitivamente a controvérsia.

Criaram-se mecanismos para que, sendo a ação proposta com base em várias causas de pedir e sendo só uma levada em conta na decisão do 1o e do 2o grau, repetindo-se as decisões de procedência, caso o tribunal superior inverta a situação, retorne o processo ao 2o grau, para que as demais sejam apreciadas, até que, afinal, sejam todas decididas e seja, efetivamente, posto fim à controvérsia.

O mesmo ocorre se se tratar de ação julgada improcedente em 1o e em 2o grau, como resultado de acolhimento de uma razão de defesa, quando haja mais de uma.

Também visando a essa finalidade, o novo Código de Processo Civil criou, inspirado no sistema italiano[30] e francês[31], a estabilização de tutela, a que já se referiu no item anterior, que permite a manutenção da eficácia da medida de urgência, ou antecipatória de tutela, até que seja eventualmente impugnada pela parte contrária.

As partes podem, até a sentença, modificar pedido e causa de pedir, desde que não haja ofensa ao contraditório. De cada processo, por esse método, se obtém tudo o que seja possível.

Na mesma linha, tem o juiz o poder de adaptar o procedimento às peculiaridades da causa.[32]

Com a mesma finalidade, criou-se a regra, a que já se referiu, no sentido de que, entendendo o Superior Tribunal de Justiça que a questão veiculada no recurso especial seja constitucional, deve remeter o recurso do Supremo Tribunal Federal; do mesmo modo, deve o Supremo Tribunal Federal remeter o recurso ao Superior Tribunal de Justiça, se considerar que não se trata de ofensa direta à Constituição Federal, por decisão irrecorrível.

5) A Comissão trabalhou sempre tendo como pano de fundo um objetivo genérico, que foi de imprimir organicidade às regras do processo civil brasileiro, dando maior coesão ao sistema.

O Novo CPC conta, agora, com uma Parte Geral,[33] atendendo às críticas de parte ponderável da doutrina brasileira. Neste Livro I, são mencionados princípios constitucionais de especial importância para todo o processo civil, bem como regras gerais, que dizem respeito a todos os demais Livros. A Parte Geral desempenha o papel de chamar para si a solução de questões difíceis relativas às demais partes do Código, já que contém regras e princípios gerais a respeito do funcionamento do sistema.

O conteúdo da Parte Geral (Livro I) consiste no seguinte: princípios e garantias fundamentais do processo civil; aplicabilidade das normas processuais; limites da jurisdição brasileira; competência interna; normas de cooperação internacional e nacional; partes; litisconsórcio; procuradores; juiz e auxiliares da justiça; Ministério Público; atos processuais; provas; tutela de urgência e tutela da evidência; formação, suspensão e extinção do processo. O Livro II diz respeito ao processo de conhecimento, incluindo cumprimento de sentença e procedimentos especiais, contenciosos ou não. O Livro III trata do processo de execução, e o Livro IV disciplina os processos nos Tribunais e os meios de impugnação das decisões judiciais. Por fim, há as disposições finais e transitórias.

O objetivo de organizar internamente as regras e harmonizá-las entre si foi o que inspirou, por exemplo, a reunião das hipóteses em que os Tribunais ou juízes podem voltar atrás, mesmo depois de terem proferido decisão de mérito: havendo embargos de declaração, erro material, sendo proferida decisão pelo STF ou pelo STJ com base nos artigos 543-B e 543-C do Código anterior.

Organizaram-se em dois dispositivos as causas que levam à extinção do processo, por indeferimento da inicial, sem ou com julgamento de mérito, incluindo-se neste grupo o que constava do art. 285-A do Código anterior.

Unificou-se o critério relativo ao fenômeno que gera a prevenção: o despacho que ordena a citação. A ação, por seu turno, considera-se proposta assim que protocolada a inicial.

Tendo desaparecido o Livro do Processo Cautelar e as cautelares em espécie, acabaram sobrando medidas que, em consonância com parte expressiva da doutrina brasileira, embora estivessem formalmente inseridas no Livro III, de cautelares, nada tinham. Foram, então, realocadas, junto aos procedimentos especiais.

---

27 Essa trajetória, como lembra BARBOSA MOREIRA, foi, no curso das décadas, *"complexa e sinuosa"* (Novas vicissitudes dos embargos infringentes, *Revista de Processo*. São Paulo, v. 28, n. 109, p. 113-123, jul./ago. 2004, p. 113).

28 Nesse sentido, *"A existência de um voto vencido não basta por si só para justificar a criação de tal recurso; porque, por tal razão, se devia admitir um segundo recurso de embargos toda vez que houvesse mais de um voto vencido; desta forma poderia arrastar-se a verificação por largo tempo, vindo o ideal de justiça a ser sacrificado pelo desejo de aperfeiçoar a decisão"* (ALFREDO BUZAID, Ensaio para uma revisão do sistema de recursos no Código de Processo Civil. *Estudos de direito*. São Paulo: Saraiva, 1972, v. 1, p. 111).

29 CÂNDIDO DINAMARCO lembra que o próprio LIEBMAN, após formular tal condição da ação em aula inaugural em Turim, renunciou a ela depois que *"a lei italiana passou a admitir o divórcio, sendo este o exemplo mais expressivo de impossibilidade jurídica que vinha sendo utilizado em seus escritos"* (*Instituições de direito processual civil*. v. II, 6. ed. São Paulo: Malheiros, 2009, p. 309).

30 Tratam da matéria, por exemplo, COMOGLIO, Luigi; FERRI, Corrado; TARUFFO, Michele. *Lezioni sul processo civile*. 4. ed. Bologna: Il Mulino, 2006. t. I e II; PICARDI, Nicola. *Codice di procedura civile*. 4. ed. Milão: Giuffrè, 2008. t. II; GIOLA, Valerio de; RASCHELLÀ, Anna Maria. *I provvedimento d'urgenza ex art. 700 Cod. Proc. Civ.* 2. ed. Experta, 2006.

31 É conhecida a figura do *référé* francês, que consiste numa forma sumária de prestação de tutela, que gera decisão provisória, não depende necessariamente de um processo principal, não transita em julgado, mas pode prolongar a sua eficácia no tempo. Vejam-se arts. 488 e 489 do *Nouveau Code de Procédure Civile* francês.

32 No processo civil inglês, há regra expressa a respeito dos *"case management powers"*. CPR 1.4. Na doutrina, v. NEIL ANDREWS, O moderno processo civil, São Paulo, Ed. RT, 2009, item 3.14, p. 74. Nestas regras de gestão de processos, inspirou-se a Comissão autora do Anteprojeto.

33 Para EGAS MONIZ DE ARAGÃO, a ausência de uma parte geral, no Código de 1973, ao tempo em que promulgado, era compatível com a ausência de sistematização, no plano doutrinário, de uma teoria geral do processo. E advertiu o autor: *"não se recomendaria que o legislador precedesse aos doutrinadores, aconselhando a prudência que se aguarde o desenvolvimento do assunto por estes para, colhendo-lhes os frutos, atuar aquele"* (*Comentários ao Código de Processo Civil*: v. II. 7. ed. Rio de Janeiro: Forense, 1991, p. 8). O profundo amadurecimento do tema que hoje se observa na doutrina processualista brasileiro justifica, nessa oportunidade, a sistematização da teoria geral do processo, no novo CPC.

Criou-se um livro novo, a que já se fez menção, para os processos nos Tribunais, que abrange os meios de impugnação às decisões judiciais – recursos e ações impugnativas autônomas – e institutos como, por exemplo, a homologação de sentença estrangeira.

Também com o objetivo de desfazer "nós" do sistema, deixaram-se claras as hipóteses de cabimento de ação rescisória e de ação anulatória, eliminando-se dúvidas, com soluções como, por exemplo, a de deixar sentenças homologatórias como categoria de pronunciamento impugnável pela ação anulatória, ainda que se trate de decisão de mérito, isto é, que homologa transação, reconhecimento jurídico do pedido ou renúncia à pretensão.

Com clareza e com base em doutrina autorizada,[34] disciplinou-se o litisconsórcio, separando-se, com a nitidez possível, o necessário do unitário.

34 CÂNDIDO DINAMARCO, por exemplo, sob a égide do Código de 1973, teceu críticas à redação do art. 47, por entender que *"esse mal redigido dispositivo dá a impressão, absolutamente falsa, de que o litisconsórcio unitário seria modalidade do necessário"* (*Instituições de direito processual civil*, v. II, p. 359). No entanto, explica, com inequívoca clareza, o processualista:

"Os dois conceitos não se confundem nem se colocam em relação de gênero a espécie. A unitariedade não é espécie da necessariedade. Diz respeito ao 'regime de tratamento' dos litisconsortes, enquanto esta é a exigência de 'formação' do litisconsórcio".

Inverteram-se os termos sucessão e substituição, acolhendo-se crítica antiga e correta da doutrina.[35]

Nos momentos adequados, utilizou-se a expressão *convenção de arbitragem*, que abrange a cláusula arbitral e o compromisso arbitral, imprimindo-se, assim, o mesmo regime jurídico a ambos os fenômenos.[36]

Em conclusão, como se frisou no início desta exposição de motivos, elaborar-se um Código novo não significa "deitar abaixo as instituições do Código vigente, substituindo-as por outras, inteiramente novas".[37]

Nas alterações das leis, com exceção daquelas feitas imediatamente após períodos históricos que se pretendem deixar definitivamente para trás, não se deve fazer "tabula rasa" das conquistas alcançadas. Razão alguma há para que não se conserve ou aproveite o que há de bom no sistema que se pretende reformar.

Assim procedeu a Comissão de Juristas que reformou o sistema processual: criou saudável equilíbrio entre conservação e inovação, sem que tenha havido drástica ruptura com o presente ou com o passado.

Foram criados institutos inspirados no direito estrangeiro, como se mencionou ao longo desta Exposição de Motivos, já que, a época em que vivemos é de interpenetração das civilizações. O Novo CPC é fruto de reflexões da Comissão que o elaborou, que culminaram em escolhas racionais de caminhos considerados adequados, à luz dos cinco critérios acima referidos, à obtenção de uma sentença que resolva o conflito, com respeito aos direitos fundamentais e no menor tempo possível, realizando o interesse público da atuação da lei material.

Em suma, para a elaboração do Novo CPC, identificaram-se os avanços incorporados ao sistema processual preexistente, que deveriam ser conservados.

Estes foram organizados e se deram alguns passos à frente, para deixar expressa a adequação das novas regras à Constituição Federal da República, com um sistema mais coeso, mais ágil e capaz de gerar um processo civil mais célere e mais justo.

A Comissão

35 *"O Código de Processo Civil dá a falsa ideia de que a troca de um sujeito pelo outro na condição de parte seja um fenômeno de substituição processual: o vocábulo 'substituição' e a forma verbal 'substituindo' são empregadas na rubrica em que se situa o art. 48 e em seu § 10. Essa impressão é falsa porque 'substituição processual' é a participação de um sujeito no processo, como autor ou réu, sem ser titular do interesse em conflito (art. 60). Essa locução não expressa um movimento de entrada e saída. Tal movimento é, em direito, 'sucessão' – no caso, sucessão processual"* (DINAMARCO, C. *Instituições de direito processual civil*, v. II, p. 281).

36 Sobre o tema da arbitragem, veja-se: CARMONA, Carlos Alberto. *Arbitragem e Processo um comentário à Lei n. 9.307/96*. 3. ed. São Paulo: Atlas, 2009.

37 ALFREDO BUZAID, Exposição de motivos, Lei 5.869, de 11 de janeiro de 1973.

LEI N. 13.105, DE 16 DE MARÇO DE 2015

Código de Processo Civil.

‣ DOU 17.3.2015.

A PRESIDENTA DA REPÚBLICA. Faço saber que o Congresso Nacional decreta e eu sanciono a seguinte Lei:

PARTE GERAL

LIVRO I
DAS NORMAS PROCESSUAIS CIVIS

TÍTULO ÚNICO
DAS NORMAS FUNDAMENTAIS E DA APLICAÇÃO DAS NORMAS PROCESSUAIS

CAPÍTULO I
DAS NORMAS FUNDAMENTAIS DO PROCESSO CIVIL

Art. 1º O processo civil será ordenado, disciplinado e interpretado conforme os valores e as normas fundamentais estabelecidos na Constituição da República Federativa do Brasil, observando-se as disposições deste Código.

‣ art. 5º, XXXV a XXXVII, LIII a LVI, LXVII, LXXIV e LXXVIII, CF.

Art. 2º O processo começa por iniciativa da parte e se desenvolve por impulso oficial, salvo as exceções previstas em lei.

‣ art. 312, CPC.

Art. 3º Não se excluirá da apreciação jurisdicional ameaça ou lesão a direito.

‣ art. 5º, XXXV, CF.

§ 1º É permitida a arbitragem, na forma da lei.

‣ Lei 9.307/1996 (Arbitragem).

‣ Súm. 485, STJ.

§ 2º O Estado promoverá, sempre que possível, a solução consensual dos conflitos.

§ 3º A conciliação, a mediação e outros métodos de solução consensual de conflitos deverão ser estimulados por juízes, advogados, defensores públicos e membros do Ministério Público, inclusive no curso do processo judicial.

‣ Lei 13.140/2015 (Mediação e autocomposição).

‣ art. 22, I, j, Lei 11.101/2005.

Art. 4º As partes têm o direito de obter em prazo razoável a solução integral do mérito, incluída a atividade satisfativa.

‣ art. 5º, LXXVIII, CF.

Art. 5º Aquele que de qualquer forma participa do processo deve comportar-se de acordo com a boa-fé.

‣ arts. 26 a 41 e 67 a 69, CPC.

Art. 6º Todos os sujeitos do processo devem cooperar entre si para que se obtenha, em tempo razoável, decisão de mérito justa e efetiva.

‣ Res. 350/2020, CNJ.

Art. 7º É assegurada às partes paridade de tratamento em relação ao exercício de direitos e faculdades processuais, aos meios de defesa, aos ônus, aos deveres e à aplicação de sanções processuais, competindo ao juiz zelar pelo efetivo contraditório.

‣ art. 5º, *caput* e LV, CF.

Art. 8º Ao aplicar o ordenamento jurídico, o juiz atenderá aos fins sociais e às exigências do bem comum, resguardando e promovendo a dignidade da pessoa humana e observando a proporcionalidade, a razoabilidade, a legalidade, a publicidade e a eficiência.

‣ arts. 35 e 49, LC 35/1979 (Lei Orgânica da Magistratura Nacional).

‣ art. 5º, LINDB.

Art. 9º Não se proferirá decisão contra uma das partes sem que ela seja previamente ouvida.

Parágrafo único. O disposto no *caput* não se aplica:

I - à tutela provisória de urgência;

‣ arts. 300 a 310, CPC.

II - às hipóteses de tutela da evidência previstas no art. 311, incisos II e III;

III - à decisão prevista no art. 701.

Art. 10. O juiz não pode decidir, em grau algum de jurisdição, com base em fundamento a respeito do qual não se tenha dado às partes oportunidade de se manifestar, ainda que se trate de matéria sobre a qual deva decidir de ofício.

Art. 11. Todos os julgamentos dos órgãos do Poder Judiciário serão públicos, e fundamentadas todas as decisões, sob pena de nulidade.

‣ art. 93, IX, CF.

‣ arts. 489, § 1º, e 1.013, § 3º, IV, CPC.

Parágrafo único. Nos casos de segredo de justiça, pode ser autorizada a presença somente das partes, de seus advogados, de defensores públicos ou do Ministério Público.

‣ art. 7º, XIII, Estatuto da OAB.

‣ Súm. Vinc. 14, STF.

Art. 12. Os juízes e os tribunais atenderão, preferencialmente, à ordem cronológica de conclusão para proferir sentença ou acórdão. (Alterado pela Lei 13.256/2016)

‣ art. 153, CPC.

‣ Res. 202/2015, CNJ.

§ 1º A lista de processos aptos a julgamento deverá estar permanentemente à disposição para consulta pública em cartório e na rede mundial de computadores.

‣ art. 1.046, § 5º, CPC.

§ 2º Estão excluídos da regra do *caput*:

I - as sentenças proferidas em audiência, homologatórias de acordo ou de improcedência liminar do pedido;

II - o julgamento de processos em bloco para aplicação de tese jurídica firmada em julgamento de casos repetitivos;

III - o julgamento de recursos repetitivos ou de incidente de resolução de demandas repetitivas;

IV - as decisões proferidas com base nos arts. 485 e 932;

V - o julgamento de embargos de declaração;

‣ Res. 587/2016, STF.

VI - o julgamento de agravo interno;

‣ Res. 587/2016, STF.

VII - as preferências legais e as metas estabelecidas pelo Conselho Nacional de Justiça;

VIII - os processos criminais, nos órgãos jurisdicionais que tenham competência penal;

IX - a causa que exija urgência no julgamento, assim reconhecida por decisão fundamentada.

§ 3º Após elaboração de lista própria, respeitar-se-á a ordem cronológica das conclusões entre as preferências legais.

§ 4º Após a inclusão do processo na lista de que trata o § 1º, o requerimento formulado pela parte não altera a ordem cronológica para a decisão, exceto quando implicar a reabertura da instrução ou a conversão do julgamento em diligência.

§ 5º Decidido o requerimento previsto no § 4º, o processo retornará à mesma posição em que anteriormente se encontrava na lista.

§ 6º Ocupará o primeiro lugar na lista prevista no § 1º ou, conforme o caso, no § 3º, o processo que:

I - tiver sua sentença ou acórdão anulado, salvo quando houver necessidade de realização de diligência ou de complementação da instrução;

II - se enquadrar na hipótese do art. 1.040, inciso II.

CAPÍTULO II
DA APLICAÇÃO DAS NORMAS PROCESSUAIS

Art. 13. A jurisdição civil será regida pelas normas processuais brasileiras, ressalvadas as disposições específicas previstas em tratados, convenções ou acordos internacionais de que o Brasil seja parte.

Art. 14. A norma processual não retroagirá e será aplicável imediatamente aos processos em curso, respeitados os atos processuais praticados e as situações jurídicas consolidadas sob a vigência da norma revogada.

Art. 15. Na ausência de normas que regulem processos eleitorais, trabalhistas ou administrativos, as disposições deste Código lhes serão aplicadas supletiva e subsidiariamente.

‣ art. 769, CLT.

‣ IN 39/2016, TST.

LIVRO II
DA FUNÇÃO JURISDICIONAL

TÍTULO I
DA JURISDIÇÃO E DA AÇÃO

Art. 16. A jurisdição civil é exercida pelos juízes e pelos tribunais em todo o território nacional, conforme as disposições deste Código.

‣ art. 5º, XXXVII, CF.

‣ arts. 3º a 12, CPC.

Art. 17. Para postular em juízo é necessário ter interesse e legitimidade.

‣ arts. 19, 109, 120, p.ún., 189, § 2º, 337, XI, 339, 485, VI, 615 e ss., 722 e 726, CPC.

Art. 18. Ninguém poderá pleitear direito alheio em nome próprio, salvo quando autorizado pelo ordenamento jurídico.

‣ arts. 5º, XXI e LXX, 8º, III, e 103, I a IX, CF.

‣ arts. 81 e 82, CDC.

Parágrafo único. Havendo substituição processual, o substituído poderá intervir como assistente litisconsorcial.

‣ Súm. 219, III, 286, e 406, II; e OJ-SDI1 121, 359, TST.

Art. 19. O interesse do autor pode limitar-se à declaração:

‣ Súm. 150 e 181, STJ.

‣ Súm. 82; OJ-SDI1 188, TST.

I - da existência, da inexistência ou do modo de ser de uma relação jurídica;

‣ Súm. 181, e 242, STJ.

II - da autenticidade ou da falsidade de documento.

Art. 20. É admissível a ação meramente declaratória, ainda que tenha ocorrido a violação do direito.

‣ Súm. 258, STF.

TÍTULO II
DOS LIMITES DA JURISDIÇÃO NACIONAL E DA COOPERAÇÃO INTERNACIONAL

CAPÍTULO I
DOS LIMITES DA JURISDIÇÃO NACIONAL

Art. 21. Compete à autoridade judiciária brasileira processar e julgar as ações em que:

‣ arts. 70 a 78, CC.

I - o réu, qualquer que seja a sua nacionalidade, estiver domiciliado no Brasil;

II - no Brasil tiver de ser cumprida a obrigação;

‣ art. 12, LINDB.

III - o fundamento seja fato ocorrido ou ato praticado no Brasil.

Parágrafo único. Para o fim do disposto no inciso I, considera-se domiciliada no Brasil a pessoa jurídica estrangeira que nele tiver agência, filial ou sucursal.

Art. 22. Compete, ainda, à autoridade judiciária brasileira processar e julgar as ações:

I - de alimentos, quando:

‣ art. 227, CF.

‣ art. 53, II, CPC.

‣ arts. 1.694 a 1.710, CC.

‣ Lei 5.478/1968 (Lei de alimentos).

‣ Súm. 1, 144, 309, STJ.

a) o credor tiver domicílio ou residência no Brasil;

b) o réu mantiver vínculos no Brasil, tais como posse ou propriedade de bens, recebimento de renda ou obtenção de benefícios econômicos;

II - decorrentes de relações de consumo, quando o consumidor tiver domicílio ou residência no Brasil;

‣ art. 101, I, CDC.

III - em que as partes, expressa ou tacitamente, se submeterem à jurisdição nacional.

Art. 23. Compete à autoridade judiciária brasileira, com exclusão de qualquer outra:

I - conhecer de ações relativas a imóveis situados no Brasil;

‣ arts. 8º e 12, § 1º, LINDB.

II - em matéria de sucessão hereditária, proceder à confirmação de testamento particular e ao inventário e à partilha de bens situados no Brasil, ainda que o autor da herança seja de nacionalidade estrangeira ou tenha domicílio fora do território nacional;

‣ art. 10, LINDB.

III - em divórcio, separação judicial ou dissolução de união estável, proceder à partilha de bens situados no Brasil, ainda que o titular seja de nacionalidade estrangeira ou tenha domicílio fora do território nacional.

‣ art. 7º, LINDB.

Art. 24. A ação proposta perante tribunal estrangeiro não induz litispendência e não obsta a que a autoridade judiciária brasileira conheça da mesma causa e das que lhe são conexas, ressalvadas as disposições em contrário de tratados internacionais e acordos bilaterais em vigor no Brasil.

‣ art. 102, I, e, CF.

Parágrafo único. A pendência de causa perante a jurisdição brasileira não impede a homologação de sentença judicial estrangeira quando exigida para produzir efeitos no Brasil.

Art. 25. Não compete à autoridade judiciária brasileira o processamento e o julgamento da ação quando houver cláusula de eleição de foro exclusivo estrangeiro em contrato internacional, arguida pelo réu na contestação.

§ 1º Não se aplica o disposto no *caput* às hipóteses de competência internacional exclusiva previstas neste Capítulo.

§ 2º Aplica-se à hipótese do *caput* o art. 63, §§ 1º a 4º.

CAPÍTULO II
DA COOPERAÇÃO INTERNACIONAL

SEÇÃO I
DISPOSIÇÕES GERAIS

‣ art. 4º, IX, CF.

Art. 26. A cooperação jurídica internacional será regida por tratado de que o Brasil faz parte e observará:

I - o respeito às garantias do devido processo legal no Estado requerente;

‣ art. 5º, LIV, CF.

II - a igualdade de tratamento entre nacionais e estrangeiros, residentes ou não no Brasil, em relação ao acesso à justiça e à tramitação dos processos, assegurando-se assistência judiciária aos necessitados;

‣ arts. 5º, LXXIV, e 134, CF.

‣ art. 4º, IX, Lei 13.445/2017 (Lei de Migração).

III - a publicidade processual, exceto nas hipóteses de sigilo previstas na legislação brasileira ou na do Estado requerente;

‣ art. 93, IX, CF.

IV - a existência de autoridade central para recepção e transmissão dos pedidos de cooperação;

V - a espontaneidade na transmissão de informações a autoridades estrangeiras.

§ 1º Na ausência de tratado, a cooperação jurídica internacional poderá realizar-se com base em reciprocidade, manifestada por via diplomática.

§ 2º Não se exigirá a reciprocidade referida no § 1º para homologação de sentença estrangeira.

§ 3º Na cooperação jurídica internacional não será admitida a prática de atos que contrariem ou que produzam resultados incompatíveis com as normas fundamentais que regem o Estado brasileiro.

§ 4º O Ministério da Justiça exercerá as funções de autoridade central na ausência de designação específica.

Art. 27. A cooperação jurídica internacional terá por objeto:

I - citação, intimação e notificação judicial e extrajudicial;

‣ arts. 238, 269, 726 a 729, CPC.

II - colheita de provas e obtenção de informações;

‣ Dec. 9.039/2017 (Obtenção de provas no estrangeiro em matéria civil ou comercial).

III - homologação e cumprimento de decisão;

‣ arts. 960 a 965, CPC.

IV - concessão de medida judicial de urgência;

V - assistência jurídica internacional;

VI - qualquer outra medida judicial ou extrajudicial não proibida pela lei brasileira.

SEÇÃO II
DO AUXÍLIO DIRETO

Art. 28. Cabe auxílio direto quando a medida não decorrer diretamente de decisão de autoridade jurisdicional estrangeira a ser submetida a juízo de delibação no Brasil.

Art. 29. A solicitação de auxílio direto será encaminhada pelo órgão estrangeiro interessado à autoridade central, cabendo ao Estado requerente assegurar a autenticidade e a clareza do pedido.

Art. 30. Além dos casos previstos em tratados de que o Brasil faz parte, o auxílio direto terá os seguintes objetos:

I - obtenção e prestação de informações sobre o ordenamento jurídico e sobre processos administrativos ou jurisdicionais findos ou em curso;

II - colheita de provas, salvo se a medida for adotada em processo, em curso no estrangeiro, de competência exclusiva de autoridade judiciária brasileira;

III - qualquer outra medida judicial ou extrajudicial não proibida pela lei brasileira.

Art. 31. A autoridade central brasileira comunicar-se-á diretamente com suas congêneres e, se necessário, com outros órgãos estrangeiros responsáveis pela tramitação e pela execução de pedidos de cooperação enviados e recebidos pelo Estado brasileiro, respeitadas disposições específicas constantes de tratado.

Art. 32. No caso de auxílio direto para a prática de atos que, segundo a lei brasileira, não necessitem de prestação jurisdicional, a autoridade central adotará as providências necessárias para seu cumprimento.

Art. 33. Recebido o pedido de auxílio direto passivo, a autoridade central o encaminhará à Advocacia-Geral da União, que requererá em juízo a medida solicitada.

Parágrafo único. O Ministério Público requererá em juízo a medida solicitada quando for autoridade central.

Art. 34. Compete ao juízo federal do lugar em que deva ser executada a medida apreciar pedido de auxílio direto passivo que demande prestação de atividade jurisdicional.

‣ art. 109, CF.

SEÇÃO III
DA CARTA ROGATÓRIA

Art. 35. (Vetado).

Art. 36. O procedimento da carta rogatória perante o Superior Tribunal de Justiça é de jurisdição contenciosa e deve assegurar às partes as garantias do devido processo legal.

‣ arts. 5º, LIV, 105, I, i, e 109, X, CF.

§ 1º A defesa restringir-se-á à discussão quanto ao atendimento dos requisitos para que o pronunciamento judicial estrangeiro produza efeitos no Brasil.

§ 2º Em qualquer hipótese, é vedada a revisão do mérito do pronunciamento judicial estrangeiro pela autoridade judiciária brasileira.

SEÇÃO IV
DISPOSIÇÕES COMUNS ÀS SEÇÕES ANTERIORES

Art. 37. O pedido de cooperação jurídica internacional oriundo de autoridade brasileira competente será encaminhado à autoridade central para posterior envio ao Estado requerido para lhe dar andamento.

Art. 38. O pedido de cooperação oriundo de autoridade brasileira competente e os documentos anexos que o instruem serão encaminhados à autoridade central, acompanhados de tradução para a língua oficial do Estado requerido.

Art. 39. O pedido passivo de cooperação jurídica internacional será recusado se configurar manifesta ofensa à ordem pública.

‣ art. 26, § 3º, CPC.

Art. 40. A cooperação jurídica internacional para execução de decisão estrangeira dar-se-á por meio de carta rogatória ou de ação de homologação de sentença estrangeira, de acordo com o art. 960.

▸ arts. 105, I, i, e 109, X, CF.

Art. 41. Considera-se autêntico o documento que instruir pedido de cooperação jurídica internacional, inclusive tradução para a língua portuguesa, quando encaminhado ao Estado brasileiro por meio de autoridade central ou por via diplomática, dispensando-se ajuramentação, autenticação ou qualquer procedimento de legalização.

Parágrafo único. O disposto no *caput* não impede, quando necessária, a aplicação pelo Estado brasileiro do princípio da reciprocidade de tratamento.

TÍTULO III
DA COMPETÊNCIA INTERNA

CAPÍTULO I
DA COMPETÊNCIA

SEÇÃO I
DISPOSIÇÕES GERAIS

Art. 42. As causas cíveis serão processadas e decididas pelo juiz nos limites de sua competência, ressalvado às partes o direito de instituir juízo arbitral, na forma da lei.

▸ Lei 9.307/1996 (Arbitragem).

Art. 43. Determina-se a competência no momento do registro ou da distribuição da petição inicial, sendo irrelevantes as modificações do estado de fato ou de direito ocorridas posteriormente, salvo quando suprimirem órgão judiciário ou alterarem a competência absoluta.

Art. 44. Obedecidos os limites estabelecidos pela Constituição Federal, a competência é determinada pelas normas previstas neste Código ou em legislação especial, pelas normas de organização judiciária e, ainda, no que couber, pelas constituições dos Estados.

Art. 45. Tramitando o processo perante outro juízo, os autos serão remetidos ao juízo federal competente se nele intervier a União, suas empresas públicas, entidades autárquicas e fundações, ou conselho de fiscalização de atividade profissional, na qualidade de parte ou de terceiro interveniente, exceto as ações:

▸ art. 109, I, CF.

▸ Súm. 66, 206, 224 e 254, STJ.

I - de recuperação judicial, falência, insolvência civil e acidente de trabalho;

▸ Lei 11.101/2005 (Lei de falência).

II - sujeitas à Justiça Eleitoral e à Justiça do Trabalho.

▸ arts. 114 e 121, CF.

§ 1º Os autos não serão remetidos se houver pedido cuja apreciação seja de competência do juízo perante o qual foi proposta a ação.

§ 2º Na hipótese do § 1º, o juiz, ao não admitir a cumulação de pedidos em razão da incompetência para apreciar qualquer deles, não examinará o mérito daquele em que exista interesse da União, de suas entidades autárquicas ou de suas empresas públicas.

§ 3º O juízo federal restituirá os autos ao juízo estadual sem suscitar conflito se o ente federal cuja presença ensejou a remessa for excluído do processo.

Art. 46. A ação fundada em direito pessoal ou em direito real sobre bens móveis será proposta, em regra, no foro de domicílio do réu.

▸ arts. 70 a 78, CC.

§ 1º Tendo mais de um domicílio, o réu será demandado no foro de qualquer deles.

▸ art. 71, CC.

§ 2º Sendo incerto ou desconhecido o domicílio do réu, ele poderá ser demandado onde for encontrado ou no foro de domicílio do autor.

§ 3º Quando o réu não tiver domicílio ou residência no Brasil, a ação será proposta no foro de domicílio do autor, e, se este também residir fora do Brasil, a ação será proposta em qualquer foro.

§ 4º Havendo 2 (dois) ou mais réus com diferentes domicílios, serão demandados no foro de qualquer deles, à escolha do autor.

§ 5º A execução fiscal será proposta no foro de domicílio do réu, no de sua residência ou no do lugar onde for encontrado.

▸ Lei 6.830/1980 (Execução fiscal).

Art. 47. Para as ações fundadas em direito real sobre imóveis é competente o foro de situação da coisa.

▸ art. 12, §1º, LINDB.

▸ art. 48, Lei 6.766/1979 (Parcelamento do solo urbano).

▸ art. 58, II, Lei 8.245/1991 (Lei de locação).

§ 1º O autor pode optar pelo foro de domicílio do réu ou pelo foro de eleição se o litígio não recair sobre direito de propriedade, vizinhança, servidão, divisão e demarcação de terras e de nunciação de obra nova.

§ 2º A ação possessória imobiliária será proposta no foro de situação da coisa, cujo juízo tem competência absoluta.

Art. 48. O foro de domicílio do autor da herança, no Brasil, é o competente para o inventário, a partilha, a arrecadação, o cumprimento de disposições de última vontade, a impugnação ou anulação de partilha extrajudicial e para todas as ações em que o espólio for réu, ainda que o óbito tenha ocorrido no estrangeiro.

Parágrafo único. Se o autor da herança não possuía domicílio certo, é competente:

I - o foro de situação dos bens imóveis;

II - havendo bens imóveis em foros diferentes, qualquer destes;

III - não havendo bens imóveis, o foro do local de qualquer dos bens do espólio.

Art. 49. A ação em que o ausente for réu será proposta no foro de seu último domicílio, também competente para a arrecadação, o inventário, a partilha e o cumprimento de disposições testamentárias.

Art. 50. A ação em que o incapaz for réu será proposta no foro de domicílio de seu representante ou assistente.

Art. 51. É competente o foro de domicílio do réu para as causas em que seja autora a União.

▸ art. 109, §§ 1º e 2º, CF.

Parágrafo único. Se a União for a demandada, a ação poderá ser proposta no foro de domicílio do autor, no de ocorrência do ato ou fato que originou a demanda, no de situação da coisa ou no Distrito Federal.

Art. 52. É competente o foro de domicílio do réu para as causas em que seja autor Estado ou o Distrito Federal.

Parágrafo único. Se Estado ou o Distrito Federal for o demandado, a ação poderá ser proposta no foro de domicílio do autor, no de ocorrência do ato ou fato que originou a demanda, no de situação da coisa ou na capital do respectivo ente federado.

Art. 53. É competente o foro:

I - para a ação de divórcio, separação, anulação de casamento e reconhecimento ou dissolução de união estável:

▸ art. 7º, LINDB.

a) de domicílio do guardião de filho incapaz;

▸ Súm. 383, STJ.

b) do último domicílio do casal, caso não haja filho incapaz;

c) de domicílio do réu, se nenhuma das partes residir no antigo domicílio do casal;

d) de domicílio da vítima de violência doméstica e familiar, nos termos da Lei nº 11.340, de 7 de agosto de 2006 (Lei Maria da Penha); (Acrescida pela Lei 13.894/2019)

II - de domicílio ou residência do alimentando, para a ação em que se pedem alimentos;

▸ art. 693, p.ún., CPC.

▸ Lei 5.478/1968 (Lei de alimentos).

III - do lugar:

▸ art. 75, CC.

a) onde está a sede, para a ação em que for ré pessoa jurídica;

b) onde se acha agência ou sucursal, quanto às obrigações que a pessoa jurídica contraiu;

c) onde exerce suas atividades, para a ação em que for ré sociedade ou associação sem personalidade jurídica;

d) onde a obrigação deve ser satisfeita, para a ação em que se lhe exigir o cumprimento;

▸ art. 327 e 328, CC.

e) de residência do idoso, para a causa que verse sobre direito previsto no respectivo estatuto;

▸ art. 80, Estatuto do Idoso.

f) da sede da serventia notarial ou de registro, para a ação de reparação de dano por ato praticado em razão do ofício;

IV - do lugar do ato ou fato para a ação:

a) de reparação de dano;

b) em que for réu administrador ou gestor de negócios alheios;

V - de domicílio do autor ou do local do fato, para a ação de reparação de dano sofrido em razão de delito ou acidente de veículos, inclusive aeronaves.

SEÇÃO II
DA MODIFICAÇÃO DA COMPETÊNCIA

Art. 54. A competência relativa poderá modificar-se pela conexão ou pela continência, observado o disposto nesta Seção.

Art. 55. Reputam-se conexas 2 (duas) ou mais ações quando lhes for comum o pedido ou a causa de pedir.

▸ Súm. 383, STJ.

§ 1º Os processos de ações conexas serão reunidos para decisão conjunta, salvo se um deles já houver sido sentenciado.

▸ Súm. 235, STJ.

§ 2º Aplica-se o disposto no *caput*:

I - à execução de título extrajudicial e à ação de conhecimento relativa ao mesmo ato jurídico;

II - às execuções fundadas no mesmo título executivo.

§ 3º Serão reunidos para julgamento conjunto os processos que possam gerar risco de prolação de decisões conflitantes ou contraditórias caso decididos separadamente, mesmo sem conexão entre eles.

▸ arts. 286, III, e 337, VIII, CPC.

Art. 56. Dá-se a continência entre 2 (duas) ou mais ações quando houver identidade quanto às partes e à causa de pedir, mas o pedido de uma, por ser mais amplo, abrange o das demais.

▸ Súm. 489, STJ.

Art. 57. Quando houver continência e a ação continente tiver sido proposta anteriormente, no processo relativo à ação contida será proferida sentença sem resolução de mérito, caso contrário, as ações serão necessariamente reunidas.

▸ art. 286, I, CPC.

Art. 58. A reunião das ações propostas em separado far-se-á no juízo prevento, onde serão decididas simultaneamente.

Art. 59. O registro ou a distribuição da petição inicial torna prevento o juízo.

- art. 6º, § 8º, Lei 11.101/2005 (Lei de falência).

Art. 60. Se o imóvel se achar situado em mais de um Estado, comarca, seção ou subseção judiciária, a competência territorial do juízo prevento estender-se-á sobre a totalidade do imóvel.

Art. 61. A ação acessória será proposta no juízo competente para a ação principal.

Art. 62. A competência determinada em razão da matéria, da pessoa ou da função é inderrogável por convenção das partes.

Art. 63. As partes podem modificar a competência em razão do valor e do território, elegendo foro onde será proposta ação oriunda de direitos e obrigações.

- art. 58, II, Lei 8.245/1991 (Lei de locação).
- Súm. 335, STF.

§ 1º A eleição de foro só produz efeito quando constar de instrumento escrito e aludir expressamente a determinado negócio jurídico.

§ 2º O foro contratual obriga os herdeiros e sucessores das partes.

§ 3º Antes da citação, a cláusula de eleição de foro, se abusiva, pode ser reputada ineficaz de ofício pelo juiz, que determinará a remessa dos autos ao juízo do foro de domicílio do réu.

§ 4º Citado, incumbe ao réu alegar a abusividade da cláusula de eleição de foro na contestação, sob pena de preclusão.

SEÇÃO III
DA INCOMPETÊNCIA

Art. 64. A incompetência, absoluta ou relativa, será alegada como questão preliminar de contestação.

§ 1º A incompetência absoluta pode ser alegada em qualquer tempo e grau de jurisdição e deve ser declarada de ofício.

§ 2º Após manifestação da parte contrária, o juiz decidirá imediatamente a alegação de incompetência.

§ 3º Caso a alegação de incompetência seja acolhida, os autos serão remetidos ao juízo competente.

§ 4º Salvo decisão judicial em sentido contrário, conservar-se-ão os efeitos de decisão proferida pelo juízo incompetente até que outra seja proferida, se for o caso, pelo juízo competente.

Art. 65. Prorrogar-se-á a competência relativa se o réu não alegar a incompetência em preliminar de contestação.

Parágrafo único. A incompetência relativa pode ser alegada pelo Ministério Público nas causas em que atuar.

Art. 66. Há conflito de competência quando:

- arts. 951 a 959, CPC.
- Súm. 3, 59, 224, 236 e 428, STJ.
- Súm. 420 e OJ-SDI2 149, TST.

I - 2 (dois) ou mais juízes se declaram competentes;

II - 2 (dois) ou mais juízes se consideram incompetentes, atribuindo um ao outro a competência;

III - entre 2 (dois) ou mais juízes surge controvérsia acerca da reunião ou separação de processos.

Parágrafo único. O juiz que não acolher a competência declinada deverá suscitar o conflito, salvo se a atribuir a outro juízo.

CAPÍTULO II
DA COOPERAÇÃO NACIONAL

Art. 67. Aos órgãos do Poder Judiciário, estadual ou federal, especializado ou comum, em todas as instâncias e graus de jurisdição, inclusive aos tribunais superiores, incumbe o dever de recíproca cooperação, por meio de seus magistrados e servidores.

- art. 6º, CPC.

Art. 68. Os juízos poderão formular entre si pedido de cooperação para prática de qualquer ato processual.

Art. 69. O pedido de cooperação jurisdicional deve ser prontamente atendido, prescinde de forma específica e pode ser executado como:

I - auxílio direto;

- art. 377, CPC.

II - reunião ou apensamento de processos;

III - prestação de informações;

IV - atos concertados entre os juízes cooperantes.

§ 1º As cartas de ordem, precatória e arbitral seguirão o regime previsto neste Código.

- arts. 237 e 260, CPC.

§ 2º Os atos concertados entre os juízes cooperantes poderão consistir, além de outros, no estabelecimento de procedimento para:

I - a prática de citação, intimação ou notificação de ato;

II - a obtenção e apresentação de provas e a coleta de depoimentos;

III - a efetivação de tutela provisória;

- arts. 294 a 311, CPC.

IV - a efetivação de medidas e providências para recuperação e preservação de empresas;

- art. 3º, Lei 11.101/2005 (Lei de falência).

V - a facilitação de habilitação de créditos na falência e na recuperação judicial;

- art. 3º, Lei 11.101/2005 (Lei de falência).

VI - a centralização de processos repetitivos;

- art. 12, § 2º, II, CPC.

VII - a execução de decisão jurisdicional.

§ 3º O pedido de cooperação judiciária pode ser realizado entre órgãos jurisdicionais de diferentes ramos do Poder Judiciário.

LIVRO III
DOS SUJEITOS DO PROCESSO

TÍTULO I
DAS PARTES E DOS PROCURADORES

CAPÍTULO I
DA CAPACIDADE PROCESSUAL

Art. 70. Toda pessoa que se encontre no exercício de seus direitos tem capacidade para estar em juízo.

- art. 8º, § 2º, Lei 9.099/1995 (Juizados Especiais Cíveis e Criminais).

Art. 71. O incapaz será representado ou assistido por seus pais, por tutor ou por curador, na forma da lei.

Art. 72. O juiz nomeará curador especial ao:

I - incapaz, se não tiver representante legal ou se os interesses deste colidirem com os daquele, enquanto durar a incapacidade;

II - réu preso revel, bem como ao réu revel citado por edital ou com hora certa, enquanto não for constituído advogado.

- art. 8º, Lei 9.099/1995 (Juizados Especiais Cíveis e Criminais).
- Súm. 196, STJ.

Parágrafo único. A curatela especial será exercida pela Defensoria Pública, nos termos da lei.

- arts. 134 e 135, CF.
- LC 80/1994 (Lei Orgânica da Defensoria Pública).

Art. 73. O cônjuge necessitará do consentimento do outro para propor ação que verse sobre direito real imobiliário, salvo quando casados sob o regime de separação absoluta de bens.

§ 1º Ambos os cônjuges serão necessariamente citados para a ação:

- art. 1.663, CC.

I - que verse sobre direito real imobiliário, salvo quando casados sob o regime de separação absoluta de bens;

II - resultante de fato que diga respeito a ambos os cônjuges ou de ato praticado por eles;

III - fundada em dívida contraída por um dos cônjuges a bem da família;

IV - que tenha por objeto o reconhecimento, a constituição ou a extinção de ônus sobre imóvel de um ou de ambos os cônjuges.

§ 2º Nas ações possessórias, a participação do cônjuge do autor ou do réu somente é indispensável nas hipóteses de composse ou de ato por ambos praticado.

§ 3º Aplica-se o disposto neste artigo à união estável comprovada nos autos.

- art. 226, § 3º, CF.

Art. 74. O consentimento previsto no art. 73 pode ser suprido judicialmente quando for negado por um dos cônjuges sem justo motivo, ou quando lhe seja impossível concedê-lo.

- art. 1.648, CC.

Parágrafo único. A falta de consentimento, quando necessário e não suprido pelo juiz, invalida o processo.

- art. 1.649, CC.

Art. 75. Serão representados em juízo, ativa e passivamente:

I - a União, pela Advocacia-Geral da União, diretamente ou mediante órgão vinculado;

- art. 131, CF.

II - o Estado e o Distrito Federal, por seus procuradores;

- art. 132, CF.

III - o Município, por seu prefeito ou procurador;

- arts. 182 e 184, CPC.

IV - a autarquia e a fundação de direito público, por quem a lei do ente federado designar;

V - a massa falida, pelo administrador judicial;

VI - a herança jacente ou vacante, por seu curador;

- arts. 1.819 a 1.823, CC.

VII - o espólio, pelo inventariante;

VIII - a pessoa jurídica, por quem os respectivos atos constitutivos designarem ou, não havendo essa designação, por seus diretores;

- arts. 46, III; e 47, CC.

IX - a sociedade e a associação irregulares e outros entes organizados sem personalidade jurídica, pela pessoa a quem couber a administração de seus bens;

X - a pessoa jurídica estrangeira, pelo gerente, representante ou administrador de sua filial, agência ou sucursal aberta ou instalada no Brasil;

- art. 21, p.ún., CPC.

XI - o condomínio, pelo administrador ou síndico.

- arts. 1.323 a 1.326 e 1.348, CC.
- art. 22, § 1º, Lei 4.591/1964 (Lei do condomínio).

§ 1º Quando o inventariante for dativo, os sucessores do falecido serão intimados no processo no qual o espólio seja parte.

§ 2º A sociedade ou associação sem personalidade jurídica não poderá opor a irregularidade de sua constituição quando demandada.

§ 3º O gerente de filial ou agência presume-se autorizado pela pessoa jurídica estrangeira a receber citação para qualquer processo.

§ 4º Os Estados e o Distrito Federal poderão ajustar compromisso recíproco para prática de ato processual por seus procuradores em favor de outro ente federado, mediante convênio firmado pelas respectivas procuradorias.

Art. 76. Verificada a incapacidade processual ou a irregularidade da representação da parte, o juiz suspenderá o processo e designará prazo razoável para que seja sanado o vício.

- arts. 111 e 337, IX, CPC.
- Súm. 456, TST.

§ 1º Descumprida a determinação, caso o processo esteja na instância originária:

I - o processo será extinto, se a providência couber ao autor;

II - o réu será considerado revel, se a providência lhe couber;

III - o terceiro será considerado revel ou excluído do processo, dependendo do polo em que se encontre.

§ 2º Descumprida a determinação em fase recursal perante tribunal de justiça, tribunal regional federal ou tribunal superior, o relator:

I - não conhecerá do recurso, se a providência couber ao recorrente;

II - determinará o desentranhamento das contrarrazões, se a providência couber ao recorrido.

CAPÍTULO II
DOS DEVERES DAS PARTES E DE SEUS PROCURADORES

SEÇÃO I
DOS DEVERES

Art. 77. Além de outros previstos neste Código, são deveres das partes, de seus procuradores e de todos aqueles que de qualquer forma participem do processo:

- art. 379, CPC.

I - expor os fatos em juízo conforme a verdade;

- art. 80, II, CPC.

II - não formular pretensão ou de apresentar defesa quando cientes de que são destituídas de fundamento;

III - não produzir provas e não praticar atos inúteis ou desnecessários à declaração ou à defesa do direito;

IV - cumprir com exatidão as decisões jurisdicionais, de natureza provisória ou final, e não criar embaraços à sua efetivação;

V - declinar, no primeiro momento que lhes couber falar nos autos, o endereço residencial ou profissional onde receberão intimações, atualizando essa informação sempre que ocorrer qualquer modificação temporária ou definitiva;

VI - não praticar inovação ilegal no estado de fato de bem ou direito litigioso.

§ 1º Nas hipóteses dos incisos IV e VI, o juiz advertirá qualquer das pessoas mencionadas no *caput* de que sua conduta poderá ser punida como ato atentatório à dignidade da justiça.

- art. 1º, Res. nº 9/2018, STJ/GP.

§ 2º A violação ao disposto nos incisos IV e VI constitui ato atentatório à dignidade da justiça, devendo o juiz, sem prejuízo das sanções criminais, civis e processuais cabíveis, aplicar ao responsável multa de até vinte por cento do valor da causa, de acordo com a gravidade da conduta.

- art. 1º, Res. nº 9/2018, STJ/GP.

§ 3º Não sendo paga no prazo a ser fixado pelo juiz, a multa prevista no § 2º será inscrita como dívida ativa da União ou do Estado após o trânsito em julgado da decisão que a fixou, e sua execução observará o procedimento da execução fiscal, revertendo-se aos fundos previstos no art. 97.

§ 4º A multa estabelecida no § 2º poderá ser fixada independentemente da incidência das previstas nos arts. 523, § 1º, e 536, § 1º.

§ 5º Quando o valor da causa for irrisório ou inestimável, a multa prevista no § 2º poderá ser fixada em até 10 (dez) vezes o valor do salário-mínimo.

§ 6º Aos advogados públicos ou privados e aos membros da Defensoria Pública e do Ministério Público não se aplica o disposto nos §§ 2º a 5º, devendo eventual responsabilidade disciplinar ser apurada pelo respectivo órgão de classe ou corregedoria, ao qual o juiz oficiará.

§ 7º Reconhecida violação ao disposto no inciso VI, o juiz determinará o restabelecimento do estado anterior, podendo, ainda, proibir a parte de falar nos autos até a purgação do atentado, sem prejuízo da aplicação do § 2º.

§ 8º O representante judicial da parte não pode ser compelido a cumprir decisão em seu lugar.

Art. 78. É vedado às partes, a seus procuradores, aos juízes, aos membros do Ministério Público e da Defensoria Pública e a qualquer pessoa que participe do processo empregar expressões ofensivas nos escritos apresentados.

§ 1º Quando expressões ou condutas ofensivas forem manifestadas oral ou presencialmente, o juiz advertirá o ofensor de que não as deve usar ou repetir, sob pena de lhe ser cassada a palavra.

§ 2º De ofício ou a requerimento do ofendido, o juiz determinará que as expressões ofensivas sejam riscadas e, a requerimento do ofendido, determinará a expedição de certidão com inteiro teor das expressões ofensivas e a colocará à disposição da parte interessada.

SEÇÃO II
DA RESPONSABILIDADE DAS PARTES POR DANO PROCESSUAL

Art. 79. Responde por perdas e danos aquele que litigar de má-fé como autor, réu ou interveniente.

- arts. 402 a 405 e 927, CC.

Art. 80. Considera-se litigante de má-fé aquele que:

- art. 32, Estatuto da OAB.

I - deduzir pretensão ou defesa contra texto expresso de lei ou fato incontroverso;

- art. 77, II, CPC.

II - alterar a verdade dos fatos;

- art. 77, I, CPC.

III - usar do processo para conseguir objetivo ilegal;

IV - opuser resistência injustificada ao andamento do processo;

V - proceder de modo temerário em qualquer incidente ou ato do processo;

VI - provocar incidente manifestamente infundado;

VII - interpuser recurso com intuito manifestamente protelatório.

Art. 81. De ofício ou a requerimento, o juiz condenará o litigante de má-fé a pagar multa, que deverá ser superior a um por cento e inferior a dez por cento do valor corrigido da causa, a indenizar a parte contrária pelos prejuízos que esta sofreu e a arcar com os honorários advocatícios e com todas as despesas que efetuou.

- art. 96, CPC.
- art. 87, p.ún., CDC.
- art. 27, Lei 9.307/1996 (Arbitragem).
- art. 17, Lei 7.347/1985 (Ação Civil Pública).
- art. 1º, Res. nº 9/2018, STJ/GP.

§ 1º Quando forem 2 (dois) ou mais os litigantes de má-fé, o juiz condenará cada um na proporção de seu respectivo interesse na causa ou solidariamente aqueles que se coligaram para lesar a parte contrária.

- arts. 275 a 285 e 942, CC.
- art. 32, p.ún., Estatuto da OAB.

§ 2º Quando o valor da causa for irrisório ou inestimável, a multa poderá ser fixada em até 10 (dez) vezes o valor do salário-mínimo.

§ 3º O valor da indenização será fixado pelo juiz ou, caso não seja possível mensurá-lo, liquidado por arbitramento ou pelo procedimento comum, nos próprios autos.

SEÇÃO III
DAS DESPESAS, DOS HONORÁRIOS ADVOCATÍCIOS E DAS MULTAS

Art. 82. Salvo as disposições concernentes à gratuidade da justiça, incumbe às partes prover as despesas dos atos que realizarem ou requererem no processo, antecipando-lhes o pagamento, desde o início até a sentença final ou, na execução, até a plena satisfação do direito reconhecido no título.

- Lei 1.060/1950 (Assistência judiciária gratuita).
- art. 4º, II, Lei 9.289/1996 (Custas na Justiça Federal).

§ 1º Incumbe ao autor adiantar as despesas relativas a ato cuja realização o juiz determinar de ofício ou a requerimento do Ministério Público, quando sua intervenção ocorrer como fiscal da ordem jurídica.

- art. 18, Lei 7.347/1985 (Ação Civil Pública).

§ 2º A sentença condenará o vencido a pagar ao vencedor as despesas que antecipou.

- Súm. 257; 389; 512; STF.
- Súm. 14; 29; 105; 111; 141; 303; 325; 326; 517 e 519, STJ.

Art. 83. O autor, brasileiro ou estrangeiro, que residir fora do Brasil ou deixar de residir no país ao longo da tramitação de processo prestará caução suficiente ao pagamento das custas e dos honorários de advogado da parte contrária nas ações que propuser, se não tiver no Brasil bens imóveis que lhes assegurem o pagamento.

- arts. 300, § 1º, e 337, XII, CPC.
- art. 97, § 2º, Lei 11.101/2005 (Lei de falência).

§ 1º Não se exigirá a caução de que trata o *caput*:

I - quando houver dispensa prevista em acordo ou tratado internacional de que o Brasil faz parte;

II - na execução fundada em título extrajudicial e no cumprimento de sentença;

III - na reconvenção.

- art. 343, CPC.

§ 2º Verificando-se no trâmite do processo que se desfalcou a garantia, poderá o interessado exigir reforço da caução, justificando seu pedido com a indicação da depreciação do bem dado em garantia e a importância do reforço que pretende obter.

Art. 84. As despesas abrangem as custas dos atos do processo, a indenização de viagem, a remuneração do assistente técnico e a diária de testemunha.

Art. 85. A sentença condenará o vencido a pagar honorários ao advogado do vencedor.

- arts. 22 e s., Estatuto da OAB.
- Súm. 105, 345, 421 e 453, STJ; 234, STF.
- OJ-SDI1 421, TST.

§ 1º São devidos honorários advocatícios na reconvenção, no cumprimento de sentença, provisório ou definitivo, na execução, resistida ou não, e nos recursos interpostos, cumulativamente.

§ 2º Os honorários serão fixados entre o mínimo de dez e o máximo de vinte por cento sobre o valor da condenação, do proveito econômico obtido ou, não sendo possível mensurá-lo, sobre o valor atualizado da causa, atendidos:

- art. 85, CPC.

I - o grau de zelo do profissional;

II - o lugar de prestação do serviço;

III - a natureza e a importância da causa;

IV - o trabalho realizado pelo advogado e o tempo exigido para o seu serviço.

§ 3º Nas causas em que a Fazenda Pública for parte, a fixação dos honorários observará os critérios estabelecidos nos incisos I a IV do § 2º e os seguintes percentuais:

- Súm. 201, STJ.

I - mínimo de dez e máximo de vinte por cento sobre o valor da condenação ou do proveito econômico obtido até 200 (duzentos) salários-mínimos;

II - mínimo de oito e máximo de dez por cento sobre o valor da condenação ou do proveito econômico obtido acima de 200 (duzentos) salários-mínimos até 2.000 (dois mil) salários-mínimos;

III - mínimo de cinco e máximo de oito por cento sobre o valor da condenação ou do proveito econômico obtido acima de 2.000 (dois mil) salários-mínimos até 20.000 (vinte mil) salários-mínimos;

IV - mínimo de três e máximo de cinco por cento sobre o valor da condenação ou do proveito econômico obtido acima de 20.000 (vinte mil) salários-mínimos até 100.000 (cem mil) salários-mínimos;

V - mínimo de um e máximo de três por cento sobre o valor da condenação ou do proveito econômico obtido acima de 100.000 (cem mil) salários-mínimos.

§ 4º Em qualquer das hipóteses do § 3º:

I - os percentuais previstos nos incisos I a V devem ser aplicados desde logo, quando for líquida a sentença;

II - não sendo líquida a sentença, a definição do percentual, nos termos previstos nos incisos I a V, somente ocorrerá quando liquidado o julgado;

III - não havendo condenação principal ou não sendo possível mensurar o proveito econômico obtido, a condenação em honorários dar-se-á sobre o valor atualizado da causa;

IV - será considerado o salário-mínimo vigente quando prolatada sentença líquida ou o que estiver em vigor na data da decisão de liquidação.

§ 5º Quando, conforme o caso, a condenação contra a Fazenda Pública ou o benefício econômico obtido pelo vencedor ou o valor da causa for superior ao valor previsto no inciso I do § 3º, a fixação do percentual de honorários deve observar a faixa inicial e, naquilo que a exceder, a faixa subsequente, e assim sucessivamente.

§ 6º Os limites e critérios previstos nos §§ 2º e 3º aplicam-se independentemente de qual seja o conteúdo da decisão, inclusive aos casos de improcedência ou de sentença sem resolução de mérito.

§ 7º Não serão devidos honorários no cumprimento de sentença contra a Fazenda Pública que enseje expedição de precatório, desde que não tenha sido impugnada.

- art. 100, CF.

§ 8º Nas causas em que for inestimável ou irrisório o proveito econômico ou, ainda, quando o valor da causa for muito baixo, o juiz fixará o valor dos honorários por apreciação equitativa, observando o disposto nos incisos do § 2º.

- Súm. 153, STJ.

§ 9º Na ação de indenização por ato ilícito contra pessoa, o percentual de honorários incidirá sobre a soma das prestações vencidas acrescida de 12 (doze) prestações vincendas.

§ 10. Nos casos de perda do objeto, os honorários serão devidos por quem deu causa ao processo.

§ 11. O tribunal, ao julgar recurso, majorará os honorários fixados anteriormente levando em conta o trabalho adicional realizado em grau recursal, observando, conforme o caso, o disposto nos §§ 2º a 6º, sendo vedado ao tribunal, no cômputo geral da fixação de honorários devidos ao advogado do vencedor, ultrapassar os respectivos limites estabelecidos nos §§ 2º e 3º para a fase de conhecimento.

§ 12. Os honorários referidos no § 11 são cumuláveis com multas e outras sanções processuais, inclusive as previstas no art. 77.

§ 13. As verbas de sucumbência arbitradas em embargos à execução rejeitados ou julgados improcedentes e em fase de cumprimento de sentença serão acrescidas no valor do débito principal, para todos os efeitos legais.

§ 14. Os honorários constituem direito do advogado e têm natureza alimentar, com os mesmos privilégios dos créditos oriundos da legislação do trabalho, sendo vedada a compensação em caso de sucumbência parcial.

- Súm. Vinc. 47, STF.

§ 15. O advogado pode requerer que o pagamento dos honorários que lhe caibam seja efetuado em favor da sociedade de advogados que integra na qualidade de sócio, aplicando-se à hipótese o disposto no § 14.

§ 16. Quando os honorários forem fixados em quantia certa, os juros moratórios incidirão a partir da data do trânsito em julgado da decisão.

§ 17. Os honorários serão devidos quando o advogado atuar em causa própria.

§ 18. Caso a decisão transitada em julgado seja omissa quanto ao direito aos honorários ou ao seu valor, é cabível ação autônoma para sua definição e cobrança.

§ 19. Os advogados públicos perceberão honorários de sucumbência, nos termos da lei.

- O STF, por maioria, declarou a constitucionalidade da percepção de honorários de sucumbência pelos advogados públicos e julgou parcialmente procedente o pedido formulado na ADI 6053 para: "conferindo interpretação conforme à Constituição ao art. 23 da Lei 8.906/1994, ao art. 85, § 19, da Lei 13.105/2015, e aos arts. 27 e 29 a 36 da Lei 13.327/2016, estabelecer que a somatória dos subsídios e honorários de sucumbência percebidos mensalmente pelos advogados públicos não poderá exceder ao teto dos Ministros do STF, conforme o que dispõe o art. 37, XI, da Constituição Federal".

Art. 86. Se cada litigante for, em parte, vencedor e vencido, serão proporcionalmente distribuídas entre eles as despesas.

Parágrafo único. Se um litigante sucumbir em parte mínima do pedido, o outro responderá, por inteiro, pelas despesas e pelos honorários.

Art. 87. Concorrendo diversos autores ou diversos réus, os vencidos respondem proporcionalmente pelas despesas e pelos honorários.

§ 1º A sentença deverá distribuir entre os litisconsortes, de forma expressa, a responsabilidade proporcional pelo pagamento das verbas previstas no *caput*.

§ 2º Se a distribuição de que trata o § 1º não for feita, os vencidos responderão solidariamente pelas despesas e pelos honorários.

Art. 88. Nos procedimentos de jurisdição voluntária, as despesas serão adiantadas pelo requerente e rateadas entre os interessados.

Art. 89. Nos juízos divisórios, não havendo litígio, os interessados pagarão as despesas proporcionalmente a seus quinhões.

Art. 90. Proferida sentença com fundamento em desistência, em renúncia ou em reconhecimento do pedido, as despesas e os honorários serão pagos pela parte que desistiu, renunciou ou reconheceu.

§ 1º Sendo parcial a desistência, a renúncia ou o reconhecimento, a responsabilidade pelas despesas e pelos honorários será proporcional à parcela reconhecida, à qual se renunciou ou da qual se desistiu.

§ 2º Havendo transação e nada tendo as partes disposto quanto às despesas, estas serão divididas igualmente.

§ 3º Se a transação ocorrer antes da sentença, as partes ficam dispensadas do pagamento das custas processuais remanescentes, se houver.

§ 4º Se o réu reconhecer a procedência do pedido e, simultaneamente, cumprir integralmente a prestação reconhecida, os honorários serão reduzidos pela metade.

Art. 91. As despesas dos atos processuais praticados a requerimento da Fazenda Pública, do Ministério Público ou da Defensoria Pública serão pagas ao final pelo vencido.

- art. 39, Lei 6.830/1980 (Execução Fiscal).
- Súm. 483, STJ.

§ 1º As perícias requeridas pela Fazenda Pública, pelo Ministério Público ou pela Defensoria Pública poderão ser realizadas por entidade pública ou, havendo previsão orçamentária, ter os valores adiantados por aquele que requerer a prova.

- Súm. 232, STJ.

§ 2º Não havendo previsão orçamentária no exercício financeiro para adiantamento dos honorários periciais, eles serão pagos no exercício seguinte ou ao final, pelo vencido, caso o processo se encerre antes do adiantamento a ser feito pelo ente público.

Art. 92. Quando, a requerimento do réu, o juiz proferir sentença sem resolver o mérito, o autor não poderá propor novamente a ação sem pagar ou depositar em cartório as despesas e os honorários a que foi condenado.

Art. 93. As despesas de atos adiados ou cuja repetição for necessária ficarão a cargo da parte, do auxiliar da justiça, do órgão do Ministério Público ou da Defensoria Pública ou do juiz que, sem justo motivo, houver dado causa ao adiamento ou à repetição.

Art. 94. Se o assistido for vencido, o assistente será condenado ao pagamento das custas em proporção à atividade que houver exercido no processo.

Art. 95. Cada parte adiantará a remuneração do assistente técnico que houver indicado, sendo a do perito adiantada pela parte que houver requerido a perícia ou rateada quando a perícia for determinada de ofício ou requerida por ambas as partes.

§ 1º O juiz poderá determinar que a parte responsável pelo pagamento dos honorários do perito deposite em juízo o valor correspondente.

§ 2º A quantia recolhida em depósito bancário à ordem do juízo será corrigida monetariamente e paga de acordo com o art. 465, § 4º.

§ 3º Quando o pagamento da perícia for de responsabilidade de beneficiário de gratuidade da justiça, ela poderá ser:

I - custeada com recursos alocados no orçamento do ente público e realizada por servidor do Poder Judiciário ou por órgão público conveniado;

II - paga com recursos alocados no orçamento da União, do Estado ou do Distrito Federal, no caso de ser realizada por particular, hipótese em que o valor será fixado conforme tabela do tribunal respectivo ou, em caso de sua omissão, do Conselho Nacional de Justiça.

§ 4º Na hipótese do § 3º, o juiz, após o trânsito em julgado da decisão final, oficiará a Fazenda Pública para que promova, contra quem tiver sido condenado ao pagamento das despesas processuais, a execução dos valores gastos com a perícia particular ou com a utilização de servidor público ou da estrutura de órgão público, observando-se, caso o responsável pelo pagamento das despesas seja beneficiário de gratuidade da justiça, o disposto no art. 98, § 2º.

§ 5º Para fins de aplicação do § 3º, é vedada a utilização de recursos do fundo de custeio da Defensoria Pública.

Art. 96. O valor das sanções impostas ao litigante de má-fé reverterá em benefício da parte contrária, e o valor das sanções impostas aos serventuários pertencerá ao Estado ou à União.

Art. 97. A União e os Estados podem criar fundos de modernização do Poder Judiciário, aos quais serão revertidos os valores das sanções pecuniárias processuais destinadas à União e aos Estados, e outras verbas previstas em lei.

SEÇÃO IV
DA GRATUIDADE DA JUSTIÇA

Art. 98. A pessoa natural ou jurídica, brasileira ou estrangeira, com insuficiência de recursos para pagar as custas, as despesas processuais e os honorários advocatícios tem direito à gratuidade da justiça, na forma da lei.

- Súm. 481, STJ.
- Súm. 463, OJ-SDI1 269 e 331, TST.
- Lei 1.060/1950 (Assistência judiciária gratuita).

§ 1º A gratuidade da justiça compreende:

I - as taxas ou as custas judiciais;

II - os selos postais;

III - as despesas com publicação na imprensa oficial, dispensando-se a publicação em outros meios;

IV - a indenização devida à testemunha que, quando empregada, receberá do empregador salário integral, como se em serviço estivesse;

V - as despesas com a realização de exame de código genético - DNA e de outros exames considerados essenciais;

VI - os honorários do advogado e do perito e a remuneração do intérprete ou do tradutor nomeado para apresentação de versão em português de documento redigido em língua estrangeira;

VII - o custo com a elaboração de memória de cálculo, quando exigida para instauração da execução;

VIII - os depósitos previstos em lei para interposição de recurso, para propositura de ação e para a prática de outros atos processuais inerentes ao exercício da ampla defesa e do contraditório;

IX - os emolumentos devidos a notários ou registradores em decorrência da prática de registro, averbação ou qualquer outro ato notarial necessário à efetivação de decisão judicial ou à continuidade de processo judicial no qual o benefício tenha sido concedido.

§ 2º A concessão de gratuidade não afasta a responsabilidade do beneficiário pelas despesas processuais e pelos honorários advocatícios decorrentes de sua sucumbência.

§ 3º Vencido o beneficiário, as obrigações decorrentes de sua sucumbência ficarão sob condição suspensiva de exigibilidade e somente poderão ser executadas se, nos 5 (cinco) anos subsequentes ao trânsito em julgado da decisão que as certificou, o credor demonstrar que deixou de existir a situação de insuficiência de recursos que justificou a concessão de gratuidade, extinguindo-se, passado esse prazo, tais obrigações do beneficiário.

§ 4º A concessão de gratuidade não afasta o dever de o beneficiário pagar, ao final, as multas processuais que lhe sejam impostas.

§ 5º A gratuidade poderá ser concedida em relação a algum ou a todos os atos processuais, ou consistir na redução percentual de despesas processuais que o beneficiário tiver de adiantar no curso do procedimento.

§ 6º Conforme o caso, o juiz poderá conceder direito ao parcelamento de despesas processuais que o beneficiário tiver de adiantar no curso do procedimento.

§ 7º Aplica-se o disposto no art. 95, §§ 3º a 5º, ao custeio dos emolumentos previstos no § 1º, inciso IX, do presente artigo, observada a tabela e as condições da lei estadual ou distrital respectiva.

§ 8º Na hipótese do § 1º, inciso IX, havendo dúvida fundada quanto ao preenchimento atual dos pressupostos para a concessão de gratuidade, o notário ou registrador, após praticar o ato, pode requerer, ao juízo competente para decidir questões notariais ou registrais, a revogação total ou parcial do benefício ou a sua substituição pelo parcelamento de que trata o § 6º deste artigo, caso em que o beneficiário será citado para, em 15 (quinze) dias, manifestar-se sobre esse requerimento.

Art. 99. O pedido de gratuidade da justiça pode ser formulado na petição inicial, na contestação, na petição para ingresso de terceiro no processo ou em recurso.

- Súm. 481, STJ.
- OJ-SDI1 269 e 331, TST.

§ 1º Se superveniente à primeira manifestação da parte na instância, o pedido poderá ser formulado por petição simples, nos autos do próprio processo, e não suspenderá seu curso.

§ 2º O juiz somente poderá indeferir o pedido se houver nos autos elementos que evidenciem a falta dos pressupostos legais para a concessão de gratuidade, devendo, antes de indeferir o pedido, determinar à parte a comprovação do preenchimento dos referidos pressupostos.

§ 3º Presume-se verdadeira a alegação de insuficiência deduzida exclusivamente por pessoa natural.

§ 4º A assistência do requerente por advogado particular não impede a concessão de gratuidade da justiça.

§ 5º Na hipótese do § 4º, o recurso que verse exclusivamente sobre valor de honorários de sucumbência fixados em favor do advogado de beneficiário estará sujeito a preparo, salvo se o próprio advogado demonstrar que tem direito à gratuidade.

§ 6º O direito à gratuidade da justiça é pessoal, não se estendendo a litisconsorte ou a sucessor do beneficiário, salvo requerimento e deferimento expressos.

§ 7º Requerida a concessão de gratuidade da justiça em recurso, o recorrente estará dispensado de comprovar o recolhimento do preparo, incumbindo ao relator, neste caso, apreciar o requerimento e, se indeferi-lo, fixar prazo para realização do recolhimento.

Art. 100. Deferido o pedido, a parte contrária poderá oferecer impugnação na contestação, na réplica, nas contrarrazões de recurso ou, nos casos de pedido superveniente ou formulado por terceiro, por meio de petição simples, a ser apresentada no prazo de 15 (quinze) dias, nos autos do próprio processo, sem suspensão de seu curso.

Parágrafo único. Revogado o benefício, a parte arcará com as despesas processuais que tiver deixado de adiantar e pagará, em caso de má-fé, até o décuplo de seu valor a título de multa, que será revertida em benefício da Fazenda Pública estadual ou federal e poderá ser inscrita em dívida ativa.

Art. 101. Contra a decisão que indeferir a gratuidade ou a que acolher pedido de sua revogação caberá agravo de instrumento, exceto quando a questão for resolvida na sentença, contra a qual caberá apelação.

- arts. 1.009 e 1.015, CPC.

§ 1º O recorrente estará dispensado do recolhimento de custas até decisão do relator sobre a questão, preliminarmente ao julgamento do recurso.

§ 2º Confirmada a denegação ou a revogação da gratuidade, o relator ou o órgão colegiado determinará ao recorrente o recolhimento das custas processuais, no prazo de 5 (cinco) dias, sob pena de não conhecimento do recurso.

Art. 102. Sobrevindo o trânsito em julgado de decisão que revoga a gratuidade, a parte deverá efetuar o recolhimento de todas as despesas de cujo adiantamento foi dispensada, inclusive as relativas ao recurso interposto, se houver, no prazo fixado pelo juiz, sem prejuízo de aplicação das sanções previstas em lei.

Parágrafo único. Não efetuado o recolhimento, o processo será extinto sem resolução de mérito, tratando-se do autor, e, nos demais casos, não poderá ser deferida a realização de nenhum ato ou diligência requerida pela parte enquanto não efetuado o depósito.

CAPÍTULO III
DOS PROCURADORES

Art. 103. A parte será representada em juízo por advogado regularmente inscrito na Ordem dos Advogados do Brasil.

- art. 133, CF.
- art. 791, §§ 1º e 2º, CLT.
- art. 1º, I, Estatuto da OAB.
- art. 9º, Lei 9.099/1995 (Juizados Especiais Cíveis e Criminais).

Parágrafo único. É lícito à parte postular em causa própria quando tiver habilitação legal.

Art. 104. O advogado não será admitido a postular em juízo sem procuração, salvo para evitar preclusão, decadência ou prescrição, ou para praticar ato considerado urgente.

- art. 287, p.ún., CPC.
- art. 16, Lei 1.060/1950 (Assistência judiciária gratuita).
- arts. 5º, § 1º, Estatuto da OAB.
- Súm. 644, STF.

§ 1º Nas hipóteses previstas no *caput*, o advogado deverá, independentemente de caução, exibir a procuração no prazo de 15 (quinze) dias, prorrogável por igual período por despacho do juiz.

§ 2º O ato não ratificado será considerado ineficaz relativamente àquele em cujo nome foi praticado, respondendo o advogado pelas despesas e por perdas e danos.

Art. 105. A procuração geral para o foro, outorgada por instrumento público ou particular assinado pela parte, habilita o advogado a praticar todos os atos do processo, exceto receber citação, confessar, reconhecer a procedência do pedido, transigir, desistir, renunciar ao direito sobre o qual se funda a ação, receber, dar quitação, firmar compromisso e assinar declaração de hipossuficiência econômica, que devem constar de cláusula específica.

- art. 654, CC.
- Súm. 463, TST.

§ 1º A procuração pode ser assinada digitalmente, na forma da lei.

§ 2º A procuração deverá conter o nome do advogado, seu número de inscrição na Ordem dos Advogados do Brasil e endereço completo.

§ 3º Se o outorgado integrar sociedade de advogados, a procuração também deverá conter o nome dessa, seu número de registro na Ordem dos Advogados do Brasil e endereço completo.

- art. 15, Estatuto da OAB.

§ 4º Salvo disposição expressa em sentido contrário constante do próprio instrumento, a procuração outorgada na fase de conhecimento é eficaz para todas as fases do processo, inclusive para o cumprimento de sentença.

Art. 106. Quando postular em causa própria, incumbe ao advogado:

I - declarar, na petição inicial ou na contestação, o endereço, seu número de inscrição na Ordem dos Advogados do Brasil e o nome da sociedade de advogados da qual participa, para o recebimento de intimações;

‣ art. 77, V, CPC.

II - comunicar ao juízo qualquer mudança de endereço.

§ 1º Se o advogado descumprir o disposto no inciso I, o juiz ordenará que se supra a omissão, no prazo de 5 (cinco) dias, antes de determinar a citação do réu, sob pena de indeferimento da petição.

§ 2º Se o advogado infringir o previsto no inciso II, serão consideradas válidas as intimações enviadas por carta registrada ou meio eletrônico ao endereço constante dos autos.

Art. 107. O advogado tem direito a:

‣ art. 7º, Estatuto da OAB.

I - examinar, em cartório de fórum e secretaria de tribunal, mesmo sem procuração, autos de qualquer processo, independentemente da fase de tramitação, assegurados a obtenção de cópias e o registro de anotações, salvo na hipótese de segredo de justiça, nas quais apenas o advogado constituído terá acesso aos autos;

‣ arts. 11, p.ún., 189, CPC.

II - requerer, como procurador, vista dos autos de qualquer processo, pelo prazo de 5 (cinco) dias;

III - retirar os autos do cartório ou da secretaria, pelo prazo legal, sempre que neles lhe couber falar por determinação do juiz, nos casos previstos em lei.

§ 1º Ao receber os autos, o advogado assinará carga em livro ou documento próprio.

§ 2º Sendo o prazo comum às partes, os procuradores poderão retirar os autos somente em conjunto ou mediante prévio ajuste, por petição nos autos.

§ 3º Na hipótese do § 2º, é lícito ao procurador retirar os autos para obtenção de cópias, pelo prazo de 2 (duas) a 6 (seis) horas, independentemente de ajuste e sem prejuízo da continuidade do prazo.

§ 4º O procurador perderá no mesmo processo o direito a que se refere o § 3º se não devolver os autos tempestivamente, salvo se o prazo for prorrogado pelo juiz.

§ 5º O disposto no inciso I do *caput* deste artigo aplica-se integralmente a processos eletrônicos. *(Inserido pela Lei 13.793/2019)*

CAPÍTULO IV
DA SUCESSÃO DAS PARTES E DOS PROCURADORES

Art. 108. No curso do processo, somente é lícita a sucessão voluntária das partes nos casos expressos em lei.

Art. 109. A alienação da coisa ou do direito litigioso por ato entre vivos, a título particular, não altera a legitimidade das partes.

§ 1º O adquirente ou cessionário não poderá ingressar em juízo, sucedendo o alienante ou cedente, sem que o consinta a parte contrária.

§ 2º O adquirente ou cessionário poderá intervir no processo como assistente litisconsorcial do alienante ou cedente.

‣ art. 124, CPC.

§ 3º Estendem-se os efeitos da sentença proferida entre as partes originárias ao adquirente ou cessionário.

Art. 110. Ocorrendo a morte de qualquer das partes, dar-se-á a sucessão pelo seu espólio ou pelos seus sucessores, observado o disposto no art. 313, §§ 1º e 2º.

Art. 111. A parte que revogar o mandato outorgado a seu advogado constituirá, no mesmo ato, outro que assuma o patrocínio da causa.

‣ arts. 683 a 687, CC.

Parágrafo único. Não sendo constituído novo procurador no prazo de 15 (quinze) dias, observar-se-á o disposto no art. 76.

Art. 112. O advogado poderá renunciar ao mandato a qualquer tempo, provando, na forma prevista neste Código, que comunicou a renúncia ao mandante, a fim de que este nomeie sucessor.

‣ arts. 682 e 688, CC.

§ 1º Durante os 10 (dez) dias seguintes, o advogado continuará a representar o mandante, desde que necessário para lhe evitar prejuízo.

§ 2º Dispensa-se a comunicação referida no *caput* quando a procuração tiver sido outorgada a vários advogados e a parte continuar representada por outro, apesar da renúncia.

TÍTULO II
DO LITISCONSÓRCIO

Art. 113. Duas ou mais pessoas podem litigar, no mesmo processo, em conjunto, ativa ou passivamente, quando:

I - entre elas houver comunhão de direitos ou de obrigações relativamente à lide;

II - entre as causas houver conexão pelo pedido ou pela causa de pedir;

‣ art. 5º, § 5º, Lei 7.347/1985 (Ação Civil Pública).

III - ocorrer afinidade de questões por ponto comum de fato ou de direito.

§ 1º O juiz poderá limitar o litisconsórcio facultativo quanto ao número de litigantes na fase de conhecimento, na liquidação de sentença ou na execução, quando este comprometer a rápida solução do litígio ou dificultar a defesa ou o cumprimento da sentença.

§ 2º O requerimento de limitação interrompe o prazo para manifestação ou resposta, que recomeçará da intimação da decisão que o solucionar.

Art. 114. O litisconsórcio será necessário por disposição de lei ou quando, pela natureza da relação jurídica controvertida, a eficácia da sentença depender da citação de todos que devam ser litisconsortes.

Art. 115. A sentença de mérito, quando proferida sem a integração do contraditório, será:

‣ art. 5º, LV, CF.

‣ art. 9º, CPC.

I - nula, se a decisão deveria ser uniforme em relação a todos que deveriam ter integrado o processo;

II - ineficaz, nos outros casos, apenas para os que não foram citados.

Parágrafo único. Nos casos de litisconsórcio passivo necessário, o juiz determinará ao autor que requeira a citação de todos que devam ser litisconsortes, dentro do prazo que assinar, sob pena de extinção do processo.

‣ art. 94, CDC.

‣ Súm. 631 e 701, STF.

Art. 116. O litisconsórcio será unitário quando, pela natureza da relação jurídica, o juiz tiver de decidir o mérito de modo uniforme para todos os litisconsortes.

Art. 117. Os litisconsortes serão considerados, em suas relações com a parte adversa, como litigantes distintos, exceto no litisconsórcio unitário, caso em que os atos e as omissões de um não prejudicarão os outros, mas os poderão beneficiar.

Art. 118. Cada litisconsorte tem o direito de promover o andamento do processo, e todos devem ser intimados dos respectivos atos.

‣ Súm. 641, STF.

TÍTULO III
DA INTERVENÇÃO DE TERCEIROS

CAPÍTULO I
DA ASSISTÊNCIA

SEÇÃO I
DISPOSIÇÕES COMUNS

Art. 119. Pendendo causa entre 2 (duas) ou mais pessoas, o terceiro juridicamente interessado em que a sentença seja favorável a uma delas poderá intervir no processo para assisti-la.

Parágrafo único. A assistência será admitida em qualquer procedimento e em todos os graus de jurisdição, recebendo o assistente o processo no estado em que se encontre.

Art. 120. Não havendo impugnação no prazo de 15 (quinze) dias, o pedido do assistente será deferido, salvo se for caso de rejeição liminar.

Parágrafo único. Se qualquer parte alegar que falta ao requerente interesse jurídico para intervir, o juiz decidirá o incidente, sem suspensão do processo.

SEÇÃO II
DA ASSISTÊNCIA SIMPLES

Art. 121. O assistente simples atuará como auxiliar da parte principal, exercerá os mesmos poderes e sujeitar-se-á aos mesmos ônus processuais que o assistido.

Parágrafo único. Sendo revel ou, de qualquer outro modo, omisso o assistido, o assistente será considerado seu substituto processual.

Art. 122. A assistência simples não obsta a que a parte principal reconheça a procedência do pedido, desista da ação, renuncie ao direito sobre o que se funda a ação ou transija sobre direitos controvertidos.

Art. 123. Transitada em julgado a sentença no processo em que interveio o assistente, este não poderá, em processo posterior, discutir a justiça da decisão, salvo se alegar e provar que:

I - pelo estado em que recebeu o processo ou pelas declarações e pelos atos do assistido, foi impedido de produzir provas suscetíveis de influir na sentença;

II - desconhecia a existência de alegações ou de provas das quais o assistido, por dolo ou culpa, não se valeu.

SEÇÃO III
DA ASSISTÊNCIA LITISCONSORCIAL

Art. 124. Considera-se litisconsorte da parte principal o assistente sempre que a sentença influir na relação jurídica entre ele e o adversário do assistido.

‣ arts. 113 a 118, CPC.

CAPÍTULO II
DA DENUNCIAÇÃO DA LIDE

Art. 125. É admissível a denunciação da lide, promovida por qualquer das partes:

I - ao alienante imediato, no processo relativo à coisa cujo domínio foi transferido ao denunciante, a fim de que possa exercer os direitos que da evicção lhe resultam;

II - àquele que estiver obrigado, por lei ou pelo contrato, a indenizar, em ação regressiva, o prejuízo de quem for vencido no processo.

‣ Súm. 188, STF.

§ 1º O direito regressivo será exercido por ação autônoma quando a denunciação da lide for indeferida, deixar de ser promovida ou não for permitida.

§ 2º Admite-se uma única denunciação sucessiva, promovida pelo denunciado, contra seu antecessor imediato na cadeia dominial ou quem seja responsável por indenizá-lo, não podendo o denunciado sucessivo promover nova denunciação, hipótese em que eventual direito de regresso será exercido por ação autônoma.

Art. 126. A citação do denunciado será requerida na petição inicial, se o denunciante for autor, ou na contestação, se o denunciante for réu, devendo ser realizada na forma e nos prazos previstos no art. 131.

Art. 127. Feita a denunciação pelo autor, o denunciado poderá assumir a posição de litisconsorte do denunciante e acrescentar novos argumentos à petição inicial, procedendo-se em seguida à citação do réu.

- arts. 113 a 118, CPC.

Art. 128. Feita a denunciação pelo réu:

I - se o denunciado contestar o pedido formulado pelo autor, o processo prosseguirá tendo, na ação principal, em litisconsórcio, denunciante e denunciado;

II - se o denunciado for revel, o denunciante pode deixar de prosseguir com sua defesa, eventualmente oferecida, e abster-se de recorrer, restringindo sua atuação à ação regressiva;

III - se o denunciado confessar os fatos alegados pelo autor na ação principal, o denunciante poderá prosseguir com sua defesa ou, aderindo a tal reconhecimento, pedir apenas a procedência da ação de regresso.

Parágrafo único. Procedente o pedido da ação principal, pode o autor, se for o caso, requerer o cumprimento da sentença também contra o denunciado, nos limites da condenação deste na ação regressiva.

Art. 129. Se o denunciante for vencido na ação principal, o juiz passará ao julgamento da denunciação da lide.

Parágrafo único. Se o denunciante for vencedor, a ação de denunciação não terá o seu pedido examinado, sem prejuízo da condenação do denunciante ao pagamento das verbas de sucumbência em favor do denunciado.

- Súm. 537, STJ.

CAPÍTULO III
DO CHAMAMENTO AO PROCESSO

Art. 130. É admissível o chamamento ao processo, requerido pelo réu:

I - do afiançado, na ação em que o fiador for réu;

II - dos demais fiadores, na ação proposta contra um ou alguns deles;

III - dos demais devedores solidários, quando o credor exigir de um ou de alguns o pagamento da dívida comum.

Art. 131. A citação daqueles que devam figurar em litisconsórcio passivo será requerida pelo réu na contestação e deve ser promovida no prazo de 30 (trinta) dias, sob pena de ficar sem efeito o chamamento.

- arts. 113 a 118 e 126, CPC.

Parágrafo único. Se o chamado residir em outra comarca, seção ou subseção judiciárias, ou em lugar incerto, o prazo será de 2 (dois) meses.

Art. 132. A sentença de procedência valerá como título executivo em favor do réu que satisfizer a dívida, a fim de que possa exigi-la, por inteiro, do devedor principal, ou, de cada um dos codevedores, a sua quota, na proporção que lhes tocar.

CAPÍTULO IV
DO INCIDENTE DE DESCONSIDERAÇÃO DA PERSONALIDADE JURÍDICA

Art. 133. O incidente de desconsideração da personalidade jurídica será instaurado a pedido da parte ou do Ministério Público, quando lhe couber intervir no processo.

- art. 1.062, CPC.
- art. 50, CC.
- art. 28, CDC.
- art. 135, CTN.
- art. 855-A, CLT.
- art. 82-A, parágrafo único, Lei 11.101/2005.

§ 1º O pedido de desconsideração da personalidade jurídica observará os pressupostos previstos em lei.

§ 2º Aplica-se o disposto neste Capítulo à hipótese de desconsideração inversa da personalidade jurídica.

Art. 134. O incidente de desconsideração é cabível em todas as fases do processo de conhecimento, no cumprimento de sentença e na execução fundada em título executivo extrajudicial.

§ 1º A instauração do incidente será imediatamente comunicada ao distribuidor para as anotações devidas.

§ 2º Dispensa-se a instauração do incidente se a desconsideração da personalidade jurídica for requerida na petição inicial, hipótese em que será citado o sócio ou a pessoa jurídica.

§ 3º A instauração do incidente suspenderá o processo, salvo na hipótese do § 2º.

§ 4º O requerimento deve demonstrar o preenchimento dos pressupostos legais específicos para desconsideração da personalidade jurídica.

Art. 135. Instaurado o incidente, o sócio ou a pessoa jurídica será citado para manifestar-se e requerer as provas cabíveis no prazo de 15 (quinze) dias.

Art. 136. Concluída a instrução, se necessária, o incidente será resolvido por decisão interlocutória.

Parágrafo único. Se a decisão for proferida pelo relator, cabe agravo interno.

- art. 1.015, IV, CPC.
- Res. 587/2016, STF.

Art. 137. Acolhido o pedido de desconsideração, a alienação ou a oneração de bens, havida em fraude de execução, será ineficaz em relação ao requerente.

CAPÍTULO V
DO AMICUS CURIAE

Art. 138. O juiz ou o relator, considerando a relevância da matéria, a especificidade do tema objeto da demanda ou a repercussão social da controvérsia, poderá, por decisão irrecorrível, de ofício ou a requerimento das partes ou de quem pretenda manifestar-se, solicitar ou admitir a participação de pessoa natural ou jurídica, órgão ou entidade especializada, com representatividade adequada, no prazo de 15 (quinze) dias de sua intimação.

§ 1º A intervenção de que trata o *caput* não implica alteração de competência nem autoriza a interposição de recursos, ressalvadas a oposição de embargos de declaração e a hipótese do § 3º.

§ 2º Caberá ao juiz ou ao relator, na decisão que solicitar ou admitir a intervenção, definir os poderes do *amicus curiae*.

§ 3º O *amicus curiae* pode recorrer da decisão que julgar o incidente de resolução de demandas repetitivas.

TÍTULO IV
DO JUIZ E DOS AUXILIARES DA JUSTIÇA

CAPÍTULO I
DOS PODERES, DOS DEVERES E DA RESPONSABILIDADE DO JUIZ

Art. 139. O juiz dirigirá o processo conforme as disposições deste Código, incumbindo-lhe:

I - assegurar às partes igualdade de tratamento;

- art. 7º, CPC.

II - velar pela duração razoável do processo;

- art. 5º, LXXVIII, CF.
- art. 35, II e III, LC 35/1979 (Lei Orgânica da Magistratura Nacional).

III - prevenir ou reprimir qualquer ato contrário à dignidade da justiça e indeferir postulações meramente protelatórias;

IV - determinar todas as medidas indutivas, coercitivas, mandamentais ou sub-rogatórias necessárias para assegurar o cumprimento de ordem judicial, inclusive nas ações que tenham por objeto prestação pecuniária;

V - promover, a qualquer tempo, a autocomposição, preferencialmente com auxílio de conciliadores e mediadores judiciais;

VI - dilatar os prazos processuais e alterar a ordem de produção dos meios de prova, adequando-os às necessidades do conflito de modo a conferir maior efetividade à tutela do direito;

VII - exercer o poder de polícia, requisitando, quando necessário, força policial, além da segurança interna dos fóruns e tribunais;

VIII - determinar, a qualquer tempo, o comparecimento pessoal das partes, para inquiri-las sobre os fatos da causa, hipótese em que não incidirá a pena de confesso;

IX - determinar o suprimento de pressupostos processuais e o saneamento de outros vícios processuais;

X - quando se deparar com diversas demandas individuais repetitivas, oficiar o Ministério Público, a Defensoria Pública e, na medida do possível, outros legitimados a que se referem o art. 5º da Lei n. 7.347, de 24 de julho de 1985, e o art. 82 da Lei n. 8.078, de 11 de setembro de 1990, para, se for o caso, promover a propositura da ação coletiva respectiva.

Parágrafo único. A dilação de prazos prevista no inciso VI somente pode ser determinada antes de encerrado o prazo regular.

Art. 140. O juiz não se exime de decidir sob a alegação de lacuna ou obscuridade do ordenamento jurídico.

- art. 4º, LINDB.

Parágrafo único. O juiz só decidirá por equidade nos casos previstos em lei.

Art. 141. O juiz decidirá o mérito nos limites propostos pelas partes, sendo-lhe vedado conhecer de questões não suscitadas a cujo respeito a lei exige iniciativa da parte.

- arts. 2º e 492, CPC.

Art. 142. Convencendo-se, pelas circunstâncias, de que autor e réu se serviram do processo para praticar ato simulado ou conseguir fim vedado por lei, o juiz proferirá decisão que impeça os objetivos das partes, aplicando, de ofício, as penalidades da litigância de má-fé.

Art. 143. O juiz responderá, civil e regressivamente, por perdas e danos quando:

- art. 37, § 6º, CF.

I - no exercício de suas funções, proceder com dolo ou fraude;

II - recusar, omitir ou retardar, sem justo motivo, providência que deva ordenar de ofício ou a requerimento da parte.

Parágrafo único. As hipóteses previstas no inciso II somente serão verificadas depois que a parte requerer ao juiz que determine a providência e o requerimento não for apreciado no prazo de 10 (dez) dias.

CAPÍTULO II
DOS IMPEDIMENTOS E DA SUSPEIÇÃO

Art. 144. Há impedimento do juiz, sendo-lhe vedado exercer suas funções no processo:

I - em que interveio como mandatário da parte, oficiou como perito, funcionou como membro do Ministério Público ou prestou depoimento como testemunha;

II - de que conheceu em outro grau de jurisdição, tendo proferido decisão;

- art. 277, p.ún., RISTF.
- Súm. 252, STF.

III - quando nele estiver postulando, como defensor público, advogado ou membro do Ministério Público, seu cônjuge ou companheiro, ou qualquer parente, consanguíneo ou afim, em linha reta ou colateral, até o terceiro grau, inclusive;

IV - quando for parte no processo ele próprio, seu cônjuge ou companheiro, ou parente, consanguíneo ou afim, em linha reta ou colateral, até o terceiro grau, inclusive;

V - quando for sócio ou membro de direção ou de administração de pessoa jurídica parte no processo;

VI - quando for herdeiro presuntivo, donatário ou empregador de qualquer das partes;

VII - em que figure como parte instituição de ensino com a qual tenha relação de emprego ou decorrente de contrato de prestação de serviços;

VIII - em que figure como parte cliente do escritório de advocacia de seu cônjuge, companheiro ou parente, consanguíneo ou afim, em linha reta ou colateral, até o terceiro grau, inclusive, mesmo que patrocinado por advogado de outro escritório;

IX - quando promover ação contra a parte ou seu advogado.

§ 1º Na hipótese do inciso III, o impedimento só se verifica quando o defensor público, o advogado ou o membro do Ministério Público já integrava o processo antes do início da atividade judicante do juiz.

§ 2º É vedada a criação de fato superveniente a fim de caracterizar impedimento do juiz.

§ 3º O impedimento previsto no inciso III também se verifica no caso de mandato conferido a membro de escritório de advocacia que tenha em seus quadros advogado que individualmente ostente a condição nele prevista, mesmo que não intervenha diretamente no processo.

Art. 145. Há suspeição do juiz:

I - amigo íntimo ou inimigo de qualquer das partes ou de seus advogados;

II - que receber presentes de pessoas que tiverem interesse na causa antes ou depois de iniciado o processo, que aconselhar alguma das partes acerca do objeto da causa ou que subministrar meios para atender às despesas do litígio;

III - quando qualquer das partes for sua credora ou devedora, de seu cônjuge ou companheiro ou de parentes destes, em linha reta até o terceiro grau, inclusive;

IV - interessado no julgamento do processo em favor de qualquer das partes.

§ 1º Poderá o juiz declarar-se suspeito por motivo de foro íntimo, sem necessidade de declarar suas razões.

- art. 93, IX, CF.

§ 2º Será ilegítima a alegação de suspeição quando:

I - houver sido provocada por quem a alega;

II - a parte que a alega houver praticado ato que signifique manifesta aceitação do arguido.

Art. 146. No prazo de 15 (quinze) dias, a contar do conhecimento do fato, a parte alegará o impedimento ou a suspeição, em petição específica dirigida ao juiz do processo, na qual indicará o fundamento da recusa, podendo instruí-la com documentos em que se fundar a alegação e com rol de testemunhas.

§ 1º Se reconhecer o impedimento ou a suspeição ao receber a petição, o juiz ordenará imediatamente a remessa dos autos a seu substituto legal, caso contrário, determinará a autuação em apartado da petição e, no prazo de 15 (quinze) dias, apresentará suas razões, acompanhadas de documentos e de rol de testemunhas, se houver, ordenando a remessa do incidente ao tribunal.

§ 2º Distribuído o incidente, o relator deverá declarar os seus efeitos, sendo que, se o incidente for recebido:

I - sem efeito suspensivo, o processo voltará a correr;

II - com efeito suspensivo, o processo permanecerá suspenso até o julgamento do incidente.

§ 3º Enquanto não for declarado o efeito em que é recebido o incidente ou quando este for recebido com efeito suspensivo, a tutela de urgência será requerida ao substituto legal.

§ 4º Verificando que a alegação de impedimento ou de suspeição é improcedente, o tribunal rejeitá-la-á.

§ 5º Acolhida a alegação, tratando-se de impedimento ou de manifesta suspeição, o tribunal condenará o juiz nas custas e remeterá os autos ao seu substituto legal, podendo o juiz recorrer da decisão.

§ 6º Reconhecido o impedimento ou a suspeição, o tribunal fixará o momento a partir do qual o juiz não poderia ter atuado.

§ 7º O tribunal decretará a nulidade dos atos do juiz, se praticados quando já presente o motivo de impedimento ou de suspeição.

Art. 147. Quando 2 (dois) ou mais juízes forem parentes, consanguíneos ou afins, em linha reta ou colateral, até o terceiro grau, inclusive, o primeiro que conhecer do processo impede que o outro nele atue, caso em que o segundo se escusará, remetendo os autos ao seu substituto legal.

Art. 148. Aplicam-se os motivos de impedimento e de suspeição:

I - ao membro do Ministério Público;

- art. 127 e ss., CF.
- Lei 8.625/1993 (Lei Orgânica do Ministério Público).
- LC 75/1993 (Estatuto do Ministério Público da União).

II - aos auxiliares da justiça;

- art. 9º, Prov. nº 67/2018, CNJ.

III - aos demais sujeitos imparciais do processo.

§ 1º A parte interessada deverá arguir o impedimento ou a suspeição, em petição fundamentada e devidamente instruída, na primeira oportunidade em que lhe couber falar nos autos.

§ 2º O juiz mandará processar o incidente em separado e sem suspensão do processo, ouvindo o arguido no prazo de 15 (quinze) dias e facultando a produção de prova, quando necessária.

§ 3º Nos tribunais, a arguição a que se refere o § 1º será disciplinada pelo regimento interno.

§ 4º O disposto nos §§ 1º e 2º não se aplica à arguição de impedimento ou de suspeição de testemunha.

CAPÍTULO III
DOS AUXILIARES DA JUSTIÇA

Art. 149. São auxiliares da Justiça, além de outros cujas atribuições sejam determinadas pelas normas de organização judiciária, o escrivão, o chefe de secretaria, o oficial de justiça, o perito, o depositário, o administrador, o intérprete, o tradutor, o mediador, o conciliador judicial, o partidor, o distribuidor, o contabilista e o regulador de avarias.

SEÇÃO I
DO ESCRIVÃO, DO CHEFE DE SECRETARIA E DO OFICIAL DE JUSTIÇA

Art. 150. Em cada juízo haverá um ou mais ofícios de justiça, cujas atribuições serão determinadas pelas normas de organização judiciária.

Art. 151. Em cada comarca, seção ou subseção judiciária haverá, no mínimo, tantos oficiais de justiça quantos sejam os juízos.

Art. 152. Incumbe ao escrivão ou ao chefe de secretaria:

I - redigir, na forma legal, os ofícios, os mandados, as cartas precatórias e os demais atos que pertençam ao seu ofício;

II - efetivar as ordens judiciais, realizar citações e intimações, bem como praticar todos os demais atos que lhe forem atribuídos pelas normas de organização judiciária;

III - comparecer às audiências ou, não podendo fazê-lo, designar servidor para substituí-lo;

IV - manter sob sua guarda e responsabilidade os autos, não permitindo que saiam do cartório, exceto:

a) quando tenham de seguir à conclusão do juiz;

b) com vista a procurador, à Defensoria Pública, ao Ministério Público ou à Fazenda Pública;

- art. 7º, XV e XVI, Estatuto da OAB.

c) quando devam ser remetidos ao contabilista ou ao partidor;

d) quando forem remetidos a outro juízo em razão da modificação da competência;

V - fornecer certidão de qualquer ato ou termo do processo, independentemente de despacho, observadas as disposições referentes ao segredo de justiça;

VI - praticar, de ofício, os atos meramente ordinatórios.

§ 1º O juiz titular editará ato a fim de regulamentar a atribuição prevista no inciso VI.

§ 2º No impedimento do escrivão ou chefe de secretaria, o juiz convocará substituto e, não o havendo, nomeará pessoa idônea para o ato.

Art. 153. O escrivão ou o chefe de secretaria atenderá, preferencialmente, à ordem cronológica de recebimento para publicação e efetivação dos pronunciamentos judiciais. (Alterado pela Lei 13.256/2016)

- art. 1.046, § 5º, CPC.

§ 1º A lista de processos recebidos deverá ser disponibilizada, de forma permanente, para consulta pública.

§ 2º Estão excluídos da regra do *caput*:

I - os atos urgentes, assim reconhecidos pelo juiz no pronunciamento judicial a ser efetivado;

II - as preferências legais.

§ 3º Após elaboração de lista própria, respeitar-se-ão a ordem cronológica de recebimento entre os atos urgentes e as preferências legais.

§ 4º A parte que se considerar preterida na ordem cronológica poderá reclamar, nos próprios autos, ao juiz do processo, que requisitará informações ao servidor, a serem prestadas no prazo de 2 (dois) dias.

§ 5º Constatada a preterição, o juiz determinará o imediato cumprimento do ato e a instauração de processo administrativo disciplinar contra o servidor.

Art. 154. Incumbe ao oficial de justiça:

I - fazer pessoalmente citações, prisões, penhoras, arrestos e demais diligências próprias do seu ofício, sempre que possível na presença de 2 (duas) testemunhas, certificando no mandado o ocorrido, com menção ao lugar, ao dia e à hora;

II - executar as ordens do juiz a que estiver subordinado;

III - entregar o mandado em cartório após seu cumprimento;

IV - auxiliar o juiz na manutenção da ordem;

V - efetuar avaliações, quando for o caso;

VI - certificar, em mandado, proposta de autocomposição apresentada por qualquer das partes, na ocasião de realização de ato de comunicação que lhe couber.

Parágrafo único. Certificada a proposta de autocomposição prevista no inciso VI, o juiz ordenará a intimação da parte contrária para manifestar-se, no prazo de 5 (cinco) dias, sem prejuízo do andamento regular do processo, entendendo-se o silêncio como recusa.

Art. 155. O escrivão, o chefe de secretaria e o oficial de justiça são responsáveis, civil e regressivamente, quando:

‣ art. 37, § 6º, CF.

I - sem justo motivo, se recusarem a cumprir no prazo os atos impostos pela lei ou pelo juiz a que estão subordinados;

II - praticarem ato nulo com dolo ou culpa.

SEÇÃO II
DO PERITO

Art. 156. O juiz será assistido por perito quando a prova do fato depender de conhecimento técnico ou científico.

§ 1º Os peritos serão nomeados entre os profissionais legalmente habilitados e os órgãos técnicos ou científicos devidamente inscritos em cadastro mantido pelo tribunal ao qual o juiz está vinculado.

§ 2º Para formação do cadastro, os tribunais devem realizar consulta pública, por meio de divulgação na rede mundial de computadores ou em jornais de grande circulação, além de consulta direta a universidades, a conselhos de classe, ao Ministério Público, à Defensoria Pública e à Ordem dos Advogados do Brasil, para a indicação de profissionais ou de órgãos técnicos interessados.

§ 3º Os tribunais realizarão avaliações e reavaliações periódicas para manutenção do cadastro, considerando a formação profissional, a atualização do conhecimento e a experiência dos peritos interessados.

§ 4º Para verificação de eventual impedimento ou motivo de suspeição, nos termos dos arts. 148 e 467, o órgão técnico ou científico nomeado para realização da perícia informará ao juiz os nomes e os dados de qualificação dos profissionais que participarão da atividade.

§ 5º Na localidade onde não houver inscrito no cadastro disponibilizado pelo tribunal, a nomeação do perito é de livre escolha pelo juiz e deverá recair sobre profissional ou órgão técnico ou científico comprovadamente detentor do conhecimento necessário à realização da perícia.

Art. 157. O perito tem o dever de cumprir o ofício no prazo que lhe designar o juiz, empregando toda sua diligência, podendo escusar-se do encargo alegando motivo legítimo.

§ 1º A escusa será apresentada no prazo de 15 (quinze) dias, contado da intimação, da suspeição ou do impedimento supervenientes, sob pena de renúncia ao direito a alegá-la.

§ 2º Será organizada lista de peritos na vara ou na secretaria, com disponibilização dos documentos exigidos para habilitação à consulta de interessados, para que a nomeação seja distribuída de modo equitativo, observadas a capacidade técnica e a área de conhecimento.

Art. 158. O perito que, por dolo ou culpa, prestar informações inverídicas responderá pelos prejuízos que causar à parte e ficará inabilitado para atuar em outras perícias no prazo de 2 (dois) a 5 (cinco) anos, independentemente das demais sanções previstas em lei, devendo o juiz comunicar o fato ao respectivo órgão de classe para adoção das medidas que entender cabíveis.

SEÇÃO III
DO DEPOSITÁRIO E DO ADMINISTRADOR

Art. 159. A guarda e a conservação de bens penhorados, arrestados, sequestrados ou arrecadados serão confiadas a depositário ou a administrador, não dispondo a lei de outro modo.

Art. 160. Por seu trabalho o depositário ou o administrador perceberá remuneração que o juiz fixará levando em conta a situação dos bens, ao tempo do serviço e às dificuldades de sua execução.

Parágrafo único. O juiz poderá nomear um ou mais prepostos por indicação do depositário ou do administrador.

Art. 161. O depositário ou o administrador responde pelos prejuízos que, por dolo ou culpa, causar à parte, perdendo a remuneração que lhe foi arbitrada, mas tem o direito a haver o que legitimamente despendeu no exercício do encargo.

‣ art. 168, § 1º, II, CP.

Parágrafo único. O depositário infiel responde civilmente pelos prejuízos causados, sem prejuízo de sua responsabilidade penal e da imposição de sanção por ato atentatório à dignidade da justiça.

‣ Súm. Vinc. 25, STF.

‣ Pacto de São José da Costa Rica.

SEÇÃO IV
DO INTÉRPRETE E DO TRADUTOR

Art. 162. O juiz nomeará intérprete ou tradutor quando necessário para:

I - traduzir documento redigido em língua estrangeira;

II - verter para o português as declarações das partes e das testemunhas que não conhecerem o idioma nacional;

III - realizar a interpretação simultânea dos depoimentos das partes e testemunhas com deficiência auditiva que se comuniquem por meio da Língua Brasileira de Sinais, ou equivalente, quando assim for solicitado.

Art. 163. Não pode ser intérprete ou tradutor quem:

I - não tiver a livre administração de seus bens;

II - for arrolado como testemunha ou atuar como perito no processo;

III - estiver inabilitado para o exercício da profissão por sentença penal condenatória, enquanto durarem seus efeitos.

‣ art. 47, II, CP.

Art. 164. O intérprete ou tradutor, oficial ou não, é obrigado a desempenhar seu ofício, aplicando-se-lhe o disposto nos arts. 157 e 158.

SEÇÃO V
DOS CONCILIADORES E MEDIADORES JUDICIAIS

‣ Lei 13.140/2015 (Mediação e autocomposição).

‣ Res. 125/2013, CNJ.

Art. 165. Os tribunais criarão centros judiciários de solução consensual de conflitos, responsáveis pela realização de sessões e audiências de conciliação e mediação e pelo desenvolvimento de programas destinados a auxiliar, orientar e estimular a autocomposição.

‣ arts. 139, V, 334, §1º, e 694, CPC.

§ 1º A composição e a organização dos centros serão definidas pelo respectivo tribunal, observadas as normas do Conselho Nacional de Justiça.

§ 2º O conciliador, que atuará preferencialmente nos casos em que não houver vínculo anterior entre as partes, poderá sugerir soluções para o litígio, sendo vedada a utilização de qualquer tipo de constrangimento ou intimidação para que as partes conciliem.

§ 3º O mediador, que atuará preferencialmente nos casos em que houver vínculo anterior entre as partes, auxiliará aos interessados a compreender as questões e os interesses em conflito, de modo que eles possam, pelo restabelecimento da comunicação, identificar, por si próprios, soluções consensuais que gerem benefícios mútuos.

Art. 166. A conciliação e a mediação são informadas pelos princípios da independência, da imparcialidade, da autonomia da vontade, da confidencialidade, da oralidade, da informalidade e da decisão informada.

‣ art. 7º, Prov. nº 67/2018, CNJ.

§ 1º A confidencialidade estende-se a todas as informações produzidas no curso do procedimento, cujo teor não poderá ser utilizado para fim diverso daquele previsto por expressa deliberação das partes.

§ 2º Em razão do dever de sigilo, inerente às suas funções, o conciliador e o mediador, assim como os membros de suas equipes, não poderão divulgar ou depor acerca de fatos ou elementos oriundos da conciliação ou da mediação.

§ 3º Admite-se a aplicação de técnicas negociais, com o objetivo de proporcionar ambiente favorável à autocomposição.

§ 4º A mediação e a conciliação serão regidas conforme a livre autonomia dos interessados, inclusive no que diz respeito à definição das regras procedimentais.

Art. 167. Os conciliadores, os mediadores e as câmaras privadas de conciliação e mediação serão inscritos em cadastro nacional e em cadastro de tribunal de justiça ou de tribunal regional federal, que manterá registro de profissionais habilitados, com indicação de sua área profissional.

§ 1º Preenchendo o requisito da capacitação mínima, por meio de curso realizado por entidade credenciada, conforme parâmetro curricular definido pelo Conselho Nacional de Justiça em conjunto com o Ministério da Justiça, o conciliador ou o mediador, com o respectivo certificado, poderá requerer sua inscrição no cadastro nacional e no cadastro de tribunal de justiça ou de tribunal regional federal.

§ 2º Efetivado o registro, que poderá ser precedido de concurso público, o tribunal remeterá ao diretor do foro da comarca, seção ou subseção judiciária onde atuará o conciliador ou o mediador os dados necessários para que seu nome passe a constar da respectiva lista, a ser observada na distribuição alternada e aleatória, respeitado o princípio da igualdade dentro da mesma área de atuação profissional.

§ 3º Do credenciamento das câmaras e do cadastro de conciliadores e mediadores constarão todos os dados relevantes para a sua atuação, tais como o número de processos de que participou, o sucesso ou insucesso da atividade, a matéria sobre a qual versou a controvérsia, bem como outros dados que o tribunal julgar relevantes.

§ 4º Os dados colhidos na forma do § 3º serão classificados sistematicamente pelo tribunal, que os publicará, ao menos anualmente, para conhecimento da população e para fins estatísticos e de avaliação da conciliação, da mediação, das câmaras privadas de conciliação e de mediação, dos conciliadores e dos mediadores.

§ 5º Os conciliadores e mediadores judiciais cadastrados na forma do *caput*, se advogados, estarão impedidos de exercer a advocacia nos juízos em que desempenhem suas funções.

- art. 9º, Prov. nº 67/2018, CNJ.

§ 6º O tribunal poderá optar pela criação de quadro próprio de conciliadores e mediadores, a ser preenchido por concurso público de provas e títulos, observadas as disposições deste Capítulo.

Art. 168. As partes podem escolher, de comum acordo, o conciliador, o mediador ou a câmara privada de conciliação e de mediação.

§ 1º O conciliador ou mediador escolhido pelas partes poderá ou não estar cadastrado no tribunal.

§ 2º Inexistindo acordo quanto à escolha do mediador ou conciliador, haverá distribuição entre aqueles cadastrados no registro do tribunal, observada a respectiva formação.

§ 3º Sempre que recomendável, haverá a designação de mais de um mediador ou conciliador.

Art. 169. Ressalvada a hipótese do art. 167, § 6º, o conciliador e o mediador receberão pelo seu trabalho remuneração prevista em tabela fixada pelo tribunal, conforme parâmetros estabelecidos pelo Conselho Nacional de Justiça.

§ 1º A mediação e a conciliação podem ser realizadas como trabalho voluntário, observada a legislação pertinente e a regulamentação do tribunal.

§ 2º Os tribunais determinarão o percentual de audiências não remuneradas que deverão ser suportadas pelas câmaras privadas de conciliação e mediação, com o fim de atender aos processos em que deferida gratuidade da justiça, como contrapartida de seu credenciamento.

- art. 39, Prov. nº 67/2018, CNJ.

Art. 170. No caso de impedimento, o conciliador ou mediador o comunicará imediatamente, de preferência por meio eletrônico, e devolverá os autos ao juiz do processo ou ao coordenador do centro judiciário de solução de conflitos, devendo este realizar nova distribuição.

- art. 148, III, CPC.

Parágrafo único. Se a causa de impedimento for apurada quando já iniciado o procedimento, a atividade será interrompida, lavrando-se ata com relatório do ocorrido e solicitação de distribuição para novo conciliador ou mediador.

Art. 171. No caso de impossibilidade temporária do exercício da função, o conciliador ou mediador informará o fato ao centro, preferencialmente por meio eletrônico, para que, durante o período em que perdurar a impossibilidade, não haja novas distribuições.

Art. 172. O conciliador e o mediador ficam impedidos, pelo prazo de 1 (um) ano, contado do término da última audiência em que atuaram, de assessorar, representar ou patrocinar qualquer das partes.

- art. 167, § 5º, CPC.
- art. 9º, Prov. nº 67/2018, CNJ.

Art. 173. Será excluído do cadastro de conciliadores e mediadores aquele que:

- art. 9º, Prov. nº 67/2018, CNJ.

I - agir com dolo ou culpa na condução da conciliação ou da mediação sob sua responsabilidade ou violar qualquer dos deveres decorrentes do art. 166, §§ 1º e 2º;
II - atuar em procedimento de mediação ou conciliação, apesar de impedido ou suspeito.

§ 1º Os casos previstos neste artigo serão apurados em processo administrativo.

§ 2º O juiz do processo ou o juiz coordenador do centro de conciliação e mediação, se houver, verificando atuação inadequada do mediador ou conciliador, poderá afastá-lo de suas atividades por até 180 (cento e oitenta) dias, por decisão fundamentada, informando o fato imediatamente ao tribunal para instauração do respectivo processo administrativo.

Art. 174. A União, os Estados, o Distrito Federal e os Municípios criarão câmaras de mediação e conciliação, com atribuições relacionadas à solução consensual de conflitos no âmbito administrativo, tais como:

I - dirimir conflitos envolvendo órgãos e entidades da administração pública;
II - avaliar a admissibilidade dos pedidos de resolução de conflitos, por meio de conciliação, no âmbito da administração pública;
III - promover, quando couber, a celebração de termo de ajustamento de conduta.

Art. 175. As disposições desta Seção não excluem outras formas de conciliação e mediação extrajudiciais vinculadas a órgãos institucionais ou realizadas por intermédio de profissionais independentes, que poderão ser regulamentadas por lei específica.

Parágrafo único. Os dispositivos desta Seção aplicam-se, no que couber, às câmaras privadas de conciliação e mediação.

TÍTULO V
DO MINISTÉRIO PÚBLICO

- art. 127 e ss., CF.
- Lei 8.625/1993 (Lei Orgânica do Ministério Público).
- LC 75/1993 (Estatuto do Ministério Público da União).

Art. 176. O Ministério Público atuará na defesa da ordem jurídica, do regime democrático e dos interesses e direitos sociais e individuais indisponíveis.

- art. 82, p.ún., I, CDC.

Art. 177. O Ministério Público exercerá o direito de ação em conformidade com suas atribuições constitucionais.

- art. 129, CF.

Art. 178. O Ministério Público será intimado para, no prazo de 30 (trinta) dias, intervir como fiscal da ordem jurídica nas hipóteses previstas em lei ou na Constituição Federal e nos processos que envolvam:

- art. 6º, § 4º, Lei 4.717/1964 (Ação Popular).
- art. 279, CPC.
- Súm. 189, STJ.

I - interesse público ou social;
II - interesse de incapaz;
III - litígios coletivos pela posse de terra rural ou urbana.

Parágrafo único. A participação da Fazenda Pública não configura, por si só, hipótese de intervenção do Ministério Público.

Art. 179. Nos casos de intervenção como fiscal da ordem jurídica, o Ministério Público:

- Súm. 99, STJ.

I - terá vista dos autos depois das partes, sendo intimado de todos os atos do processo;
II - poderá produzir provas, requerer as medidas processuais pertinentes e recorrer.

- art. 1.047, CPC.

Art. 180. O Ministério Público gozará de prazo em dobro para manifestar-se nos autos, que terá início a partir de sua intimação pessoal, nos termos do art. 183, § 1º.

- Súm. 116, STJ.

§ 1º Findo o prazo para manifestação do Ministério Público sem o oferecimento de parecer, o juiz requisitará os autos e dará andamento ao processo.

§ 2º Não se aplica o benefício da contagem em dobro quando a lei estabelecer, de forma expressa, prazo próprio para o Ministério Público.

Art. 181. O membro do Ministério Público será civil e regressivamente responsável quando agir com dolo ou fraude no exercício de suas funções.

- art. 37, § 6º, CF.

TÍTULO VI
DA ADVOCACIA PÚBLICA

- arts. 131 e 132, CF.
- LC 73/1993 (Lei Orgânica da Advocacia-Geral da União).
- Lei 9.028/1995 (Atribuições da Advocacia-Geral da União).

Art. 182. Incumbe à Advocacia Pública, na forma da lei, defender e promover os interesses públicos da União, dos Estados, do Distrito Federal e dos Municípios, por meio da representação judicial, em todos os âmbitos federativos, das pessoas jurídicas de direito público que integram a administração direta e indireta.

Art. 183. A União, os Estados, o Distrito Federal, os Municípios e suas respectivas autarquias e fundações de direito público gozarão de prazo em dobro para todas as suas manifestações processuais, cuja contagem terá início a partir da intimação pessoal.

- Súm. 116, STJ.

§ 1º A intimação pessoal far-se-á por carga, remessa ou meio eletrônico.

§ 2º Não se aplica o benefício da contagem em dobro quando a lei estabelecer, de forma expressa, prazo próprio para o ente público.

Art. 184. O membro da Advocacia Pública será civil e regressivamente responsável quando agir com dolo ou fraude no exercício de suas funções.

- art. 37, § 6º, CF.

TÍTULO VII
DA DEFENSORIA PÚBLICA

Art. 185. A Defensoria Pública exercerá a orientação jurídica, a promoção dos direitos humanos e a defesa dos direitos individuais e coletivos dos necessitados, em todos os graus, de forma integral e gratuita.

- arts. 134, 135, CF.
- LC 80/1994 (Lei Orgânica da Defensoria Pública).
- Súm. 421, STJ.

Art. 186. A Defensoria Pública gozará de prazo em dobro para todas as suas manifestações processuais.

- arts. 44, I, 89, I, 128, I, LC 80/1994 (Lei Orgânica da Defensoria Pública).

§ 1º O prazo tem início com a intimação pessoal do defensor público, nos termos do art. 183, § 1º.

§ 2º A requerimento da Defensoria Pública, o juiz determinará a intimação pessoal da parte patrocinada quando o ato processual depender de providência ou informação que somente por ela possa ser realizada ou prestada.

§ 3º O disposto no *caput* aplica-se aos escritórios de prática jurídica das faculdades de Direito reconhecidas na forma da lei e às entidades que prestam assistência jurídica gratuita em razão de convênios firmados com a Defensoria Pública.

§ 4º Não se aplica o benefício da contagem em dobro quando a lei estabelecer, de forma expressa, prazo próprio para a Defensoria Pública.

Art. 187. O membro da Defensoria Pública será civil e regressivamente responsável quando agir com dolo ou fraude no exercício de suas funções.

- art. 37, § 6º, CF.

LIVRO IV
DOS ATOS PROCESSUAIS

TÍTULO I
DA FORMA, DO TEMPO E DO LUGAR DOS ATOS PROCESSUAIS

CAPÍTULO I
DA FORMA DOS ATOS PROCESSUAIS

SEÇÃO I
DOS ATOS EM GERAL

Art. 188. Os atos e os termos processuais independem de forma determinada, salvo quando a lei expressamente a exigir, considerando-se válidos os que, realizados de outro modo, lhe preencham a finalidade essencial.

Art. 189. Os atos processuais são públicos, todavia tramitam em segredo de justiça os processos:

I - em que o exija o interesse público ou social;

II - que versem sobre casamento, separação de corpos, divórcio, separação, união estável, filiação, alimentos e guarda de crianças e adolescentes;

- art. 27, ECA.

III - em que constem dados protegidos pelo direito constitucional à intimidade;

- art. 5º, X e LX, CF.

IV - que versem sobre arbitragem, inclusive sobre cumprimento de carta arbitral, desde que a confidencialidade estipulada na arbitragem seja comprovada perante o juízo.

- Lei 9.307/1996 (Arbitragem).

§ 1º O direito de consultar os autos de processo que tramite em segredo de justiça e de pedir certidões de seus atos é restrito às partes e aos seus procuradores.

§ 2º O terceiro que demonstrar interesse jurídico pode requerer ao juiz certidão do dispositivo da sentença, bem como de inventário e de partilha resultantes de divórcio ou separação.

Art. 190. Versando o processo sobre direitos que admitam autocomposição, é lícito às partes plenamente capazes estipular mudanças no procedimento para ajustá-lo às especificidades da causa e convencionar sobre os seus ônus, poderes, faculdades e deveres processuais, antes ou durante o processo.

- arts. 221, p.ún., CPC.
- Lei 13.140/2015 (Mediação e autocomposição).
- art. 189, § 2º, Lei 11.101/2005.

Parágrafo único. De ofício ou a requerimento, o juiz controlará a validade das convenções previstas neste artigo, recusando-lhes aplicação somente nos casos de nulidade ou de inserção abusiva em contrato de adesão ou em que alguma parte se encontre em manifesta situação de vulnerabilidade.

Art. 191. De comum acordo, o juiz e as partes podem fixar calendário para a prática dos atos processuais, quando for o caso.

§ 1º O calendário vincula as partes e o juiz, e os prazos nele previstos somente serão modificados em casos excepcionais, devidamente justificados.

§ 2º Dispensa-se a intimação das partes para a prática de ato processual ou a realização de audiência cujas datas tiverem sido designadas no calendário.

Art. 192. Em todos os atos e termos do processo é obrigatório o uso da língua portuguesa.

- art. 13, CF.

Parágrafo único. O documento redigido em língua estrangeira somente poderá ser juntado aos autos quando acompanhado de versão para a língua portuguesa tramitada por via diplomática ou pela autoridade central, ou firmada por tradutor juramentado.

- art. 162, I, CPC.

SEÇÃO II
DA PRÁTICA ELETRÔNICA DE ATOS PROCESSUAIS

- Lei 11.419/2006 (Informatização do processo judicial).

Art. 193. Os atos processuais podem ser total ou parcialmente digitais, de forma a permitir que sejam produzidos, comunicados, armazenados e validados por meio eletrônico, na forma da lei.

Parágrafo único. O disposto nesta Seção aplica-se, no que for cabível, à prática de atos notariais e de registro.

Art. 194. Os sistemas de automação processual respeitarão a publicidade dos atos, o acesso e a participação das partes e de seus procuradores, inclusive nas audiências e sessões de julgamento, observadas as garantias da disponibilidade, independência da plataforma computacional, acessibilidade e interoperabilidade dos sistemas, serviços, dados e informações que o Poder Judiciário administre no exercício de suas funções.

- art. 937, § 4º, CPC.

Art. 195. O registro de ato processual eletrônico deverá ser feito em padrões abertos, que atenderão aos requisitos de autenticidade, integridade, temporalidade, não repúdio, conservação e, nos casos que tramitem em segredo de justiça, confidencialidade, observada a infraestrutura de chaves públicas unificada nacionalmente, nos termos da lei.

Art. 196. Compete ao Conselho Nacional de Justiça e, supletivamente, aos tribunais, regulamentar a prática e a comunicação oficial de atos processuais por meio eletrônico e velar pela compatibilidade dos sistemas, disciplinando a incorporação progressiva de novos avanços tecnológicos e editando, para esse fim, os atos que forem necessários, respeitadas as normas fundamentais deste Código.

Art. 197. Os tribunais divulgarão as informações constantes de seu sistema de automação em página própria na rede mundial de computadores, gozando a divulgação de presunção de veracidade e confiabilidade.

Parágrafo único. Nos casos de problema técnico do sistema e de erro ou omissão do auxiliar da justiça responsável pelo registro dos andamentos, poderá ser configurada a justa causa prevista no art. 223, *caput* e § 1º.

Art. 198. As unidades do Poder Judiciário deverão manter gratuitamente, à disposição dos interessados, equipamentos necessários à prática de atos processuais e à consulta e ao acesso ao sistema e aos documentos dele constantes.

Parágrafo único. Será admitida a prática de atos por meio não eletrônico no local onde não estiverem disponibilizados os equipamentos previstos no *caput*.

Art. 199. As unidades do Poder Judiciário assegurarão às pessoas com deficiência acessibilidade aos seus sítios na rede mundial de computadores, ao meio eletrônico de prática de atos judiciais, à comunicação eletrônica dos atos processuais e à assinatura eletrônica.

SEÇÃO III
DOS ATOS DAS PARTES

Art. 200. Os atos das partes consistentes em declarações unilaterais ou bilaterais de vontade produzem imediatamente a constituição, modificação ou extinção de direitos processuais.

Parágrafo único. A desistência da ação só produzirá efeitos após homologação judicial.

Art. 201. As partes poderão exigir recibo de petições, arrazoados, papéis e documentos que entregarem em cartório.

Art. 202. É vedado lançar nos autos cotas marginais ou interlineares, as quais o juiz mandará riscar, impondo a quem as escrever multa correspondente à metade do salário-mínimo.

SEÇÃO IV
DOS PRONUNCIAMENTOS DO JUIZ

Art. 203. Os pronunciamentos do juiz consistirão em sentenças, decisões interlocutórias e despachos.

§ 1º Ressalvadas as disposições expressas dos procedimentos especiais, sentença é o pronunciamento por meio do qual o juiz, com fundamento nos arts. 485 e 487, põe fim à fase cognitiva do procedimento comum, bem como extingue a execução.

- art. 1.009, CPC.

§ 2º Decisão interlocutória é todo pronunciamento judicial de natureza decisória que não se enquadre no § 1º.

- art. 1.015, CPC.

§ 3º São despachos todos os demais pronunciamentos do juiz praticados no processo, de ofício ou a requerimento da parte.

- arts. 152, VI, e 1.001, CPC.

§ 4º Os atos meramente ordinatórios, como a juntada e a vista obrigatória, independem de despacho, devendo ser praticados de ofício pelo servidor e revistos pelo juiz quando necessário.

Art. 204. Acórdão é o julgamento colegiado proferido pelos tribunais.

Art. 205. Os despachos, as decisões, as sentenças e os acórdãos serão redigidos, datados e assinados pelos juízes.

§ 1º Quando os pronunciamentos previstos no *caput* forem proferidos oralmente, o servidor os documentará, submetendo-os aos juízes para revisão e assinatura.

§ 2º A assinatura dos juízes, em todos os graus de jurisdição, pode ser feita eletronicamente, na forma da lei.

§ 3º Os despachos, as decisões interlocutórias, o dispositivo das sentenças e a ementa dos acórdãos serão publicados no Diário de Justiça Eletrônico.

SEÇÃO V
DOS ATOS DO ESCRIVÃO OU DO CHEFE DE SECRETARIA

Art. 206. Ao receber a petição inicial de processo, o escrivão ou o chefe de secretaria a autuará, mencionando o juízo, a natureza do processo, o número de seu registro, os nomes das partes e a data de seu início, e procederá do mesmo modo em relação aos volumes em formação.

Art. 207. O escrivão ou o chefe de secretaria numerará e rubricará todas as folhas dos autos.

Parágrafo único. À parte, ao procurador, ao membro do Ministério Público, ao defensor público e aos auxiliares da justiça é facultado rubricar as folhas correspondentes aos atos em que intervierem.

Art. 208. Os termos de juntada, vista, conclusão e outros semelhantes constarão de notas datadas e rubricadas pelo escrivão ou pelo chefe de secretaria.

Art. 209. Os atos e os termos do processo serão assinados pelas pessoas que neles intervierem, todavia, quando essas não puderem ou não quiserem firmá-los, o escrivão ou o chefe de secretaria certificará a ocorrência.

- art. 228, § 2º, CPC.

§ 1º Quando se tratar de processo total ou parcialmente documentado em autos eletrônicos, os atos processuais praticados na presença do juiz poderão ser produzidos e armazenados de modo integralmente digital em arquivo eletrônico inviolável, na forma da lei, mediante registro em termo, que será assinado digitalmente pelo juiz e pelo escrivão ou chefe de secretaria, bem como pelos advogados das partes.

- art. 193, CPC.

§ 2º Na hipótese do § 1º, eventuais contradições na transcrição deverão ser suscitadas oralmente no momento de realização do ato, sob pena de preclusão, devendo o juiz decidir de plano e ordenar o registro, no termo, da alegação e da decisão.

Art. 210. É lícito o uso da taquigrafia, da estenotipia ou de outro método idôneo em qualquer juízo ou tribunal.

Art. 211. Não se admitem nos atos e termos processuais espaços em branco, salvo os que forem inutilizados, assim como entrelinhas, emendas ou rasuras, exceto quando expressamente ressalvadas.

CAPÍTULO II DO TEMPO E DO LUGAR DOS ATOS PROCESSUAIS

SEÇÃO I DO TEMPO

Art. 212. Os atos processuais serão realizados em dias úteis, das 6 (seis) às 20 (vinte) horas.

§ 1º Serão concluídos após as 20 (vinte) horas os atos iniciados antes, quando o adiamento prejudicar a diligência ou causar grave dano.

§ 2º Independentemente de autorização judicial, as citações, intimações e penhoras poderão realizar-se no período de férias forenses, onde as houver, e nos feriados ou dias úteis fora do horário estabelecido neste artigo, observado o disposto no art. 5º, inciso XI, da Constituição Federal.

§ 3º Quando o ato tiver de ser praticado por meio de petição em autos não eletrônicos, essa deverá ser protocolada no horário de funcionamento do fórum ou tribunal, conforme o disposto na lei de organização judiciária local.

Art. 213. A prática eletrônica de ato processual pode ocorrer em qualquer horário até as 24 (vinte e quatro) horas do último dia do prazo.

- arts. 3º e 10, Lei 11.419/2006 (Informatização do processo judicial).

Parágrafo único. O horário vigente no juízo perante o qual o ato deve ser praticado será considerado para fins de atendimento do prazo.

Art. 214. Durante as férias forenses e nos feriados, não se praticarão atos processuais, excetuando-se:

- art. 220, CPC.

I - os atos previstos no art. 212, § 2º;
II - a tutela de urgência.

Art. 215. Processam-se durante as férias forenses, onde as houver, e não se suspendem pela superveniência delas:

I - os procedimentos de jurisdição voluntária e os necessários à conservação de direitos, quando puderem ser prejudicados pelo adiamento;
II - a ação de alimentos e os processos de nomeação ou remoção de tutor e curador;

- arts. 693, p.ún.,759 a 763, CPC.
- Lei 5.478/1968 (Lei de alimentos).

III - os processos que a lei determinar.

- art. 39, Dec.-Lei 3.365/1941 (Desapropriação por utilidade pública).
- art. 129, II, Lei 8.213/1991 (Previdência Social).
- art. 58, I, Lei 8.245/1991 (Lei de locação).
- art. 2º, § 1º, LC 76/1993 (Desapropriação de imóvel rural por interesse social).

Art. 216. Além dos declarados em lei, são feriados, para efeito forense, os sábados, os domingos e os dias em que não haja expediente forense.

- Lei 9.093/1995 (Lei dos feriados).

SEÇÃO II DO LUGAR

Art. 217. Os atos processuais realizar-se-ão ordinariamente na sede do juízo, ou, excepcionalmente, em outro lugar em razão de deferência, de interesse da justiça, da natureza do ato ou de obstáculo arguido pelo interessado e acolhido pelo juiz.

CAPÍTULO III DOS PRAZOS

SEÇÃO I DISPOSIÇÕES GERAIS

Art. 218. Os atos processuais serão realizados nos prazos prescritos em lei.

§ 1º Quando a lei for omissa, o juiz determinará os prazos em consideração à complexidade do ato.

§ 2º Quando a lei ou o juiz não determinar prazo, as intimações somente obrigarão a comparecimento após decorridas 48 (quarenta e oito) horas.

§ 3º Inexistindo preceito legal ou prazo determinado pelo juiz, será de 5 (cinco) dias o prazo para a prática de ato processual a cargo da parte.

§ 4º Será considerado tempestivo o ato praticado antes do termo inicial do prazo.

Art. 219. Na contagem de prazo em dias, estabelecido por lei ou pelo juiz, computar-se-ão somente os dias úteis.

Parágrafo único. O disposto neste artigo aplica-se somente aos prazos processuais.

Art. 220. Suspende-se o curso do prazo processual nos dias compreendidos entre 20 de dezembro e 20 de janeiro, inclusive.

§ 1º Ressalvadas as férias individuais e os feriados instituídos por lei, os juízes, os membros do Ministério Público, da Defensoria Pública e da Advocacia Pública e os auxiliares da Justiça exercerão suas atribuições durante o período previsto no *caput*.

- arts. 212, § 2º, 215, CPC.
- arts. 775-A da CLT.

§ 2º Durante a suspensão do prazo, não se realizarão audiências nem sessões de julgamento.

Art. 221. Suspende-se o curso do prazo por obstáculo criado em detrimento da parte ou ocorrendo qualquer das hipóteses do art. 313, devendo o prazo ser restituído por tempo igual ao que faltava para sua complementação.

Parágrafo único. Suspendem-se os prazos durante a execução de programa instituído pelo Poder Judiciário para promover a autocomposição, incumbindo aos tribunais especificar, com antecedência, a duração dos trabalhos.

Art. 222. Na comarca, seção ou subseção judiciária onde for difícil o transporte, o juiz poderá prorrogar os prazos por até 2 (dois) meses.

§ 1º Ao juiz é vedado reduzir prazos peremptórios sem anuência das partes.

§ 2º Havendo calamidade pública, o limite previsto no *caput* para prorrogação de prazos poderá ser excedido.

Art. 223. Decorrido o prazo, extingue-se o direito de praticar ou de emendar o ato processual, independentemente de declaração judicial, ficando assegurado, porém, à parte provar que não o realizou por justa causa.

§ 1º Considera-se justa causa o evento alheio à vontade da parte e que a impediu de praticar o ato por si ou por mandatário.

- art. 197, p.ún., CPC.

§ 2º Verificada a justa causa, o juiz permitirá à parte a prática do ato no prazo que lhe assinar.

Art. 224. Salvo disposição em contrário, os prazos serão contados excluindo o dia do começo e incluindo o dia do vencimento.

§ 1º Os dias do começo e do vencimento do prazo serão protraídos para o primeiro dia útil seguinte, se coincidirem com dia em que o expediente forense for encerrado antes ou iniciado depois da hora normal ou houver indisponibilidade da comunicação eletrônica.

§ 2º Considera-se como data de publicação o primeiro dia útil seguinte ao da disponibilização da informação no Diário da Justiça eletrônico.

- art. 4º, § 3º, Lei 11.419/2006 (Informatização do processo judicial).

§ 3º A contagem do prazo terá início no primeiro dia útil que seguir ao da publicação.

- art. 132, CC.
- art. 775, CLT.
- Súm. 310, STF.

Art. 225. A parte poderá renunciar ao prazo estabelecido exclusivamente em seu favor, desde que o faça de maneira expressa.

Art. 226. O juiz proferirá:

I - os despachos no prazo de 5 (cinco) dias;
II - as decisões interlocutórias no prazo de 10 (dez) dias;
III - as sentenças no prazo de 30 (trinta) dias.

Art. 227. Em qualquer grau de jurisdição, havendo motivo justificado, pode o juiz exceder, por igual tempo, os prazos a que está submetido.

Art. 228. Incumbirá ao serventuário remeter os autos conclusos no prazo de 1 (um) dia e executar os atos processuais no prazo de 5 (cinco) dias, contado da data em que:

I - houver concluído o ato processual anterior, se lhe foi imposto pela lei;
II - tiver ciência da ordem, quando determinada pelo juiz.

§ 1º Ao receber os autos, o serventuário certificará o dia e a hora em que teve ciência da ordem referida no inciso II.

§ 2º Nos processos em autos eletrônicos, a juntada de petições ou de manifestações em geral ocorrerá de forma automática, independentemente de ato de serventuário da justiça.

- art. 10, Lei 11.419/2006 (Informatização do processo judicial).

Art. 229. Os litisconsortes que tiverem diferentes procuradores, de escritórios de advocacia distintos, terão prazos contados em dobro para todas as suas manifestações, em qualquer juízo ou tribunal, independentemente de requerimento.

- arts. 525, §3º, 915, §3º e 1023, § 1º, CPC.
- Súm. 641, STF.

§ 1º Cessa a contagem do prazo em dobro se, havendo apenas 2 (dois) réus, é oferecida defesa por apenas um deles.

§ 2º Não se aplica o disposto no *caput* aos processos em autos eletrônicos.

Art. 230. O prazo para a parte, o procurador, a Advocacia Pública, a Defensoria Pública e o Ministério Público será contado da citação, da intimação ou da notificação.

Art. 231. Salvo disposição em sentido diverso, considera-se dia do começo do prazo:

- arts. 335, III, 915 e 1.003, § 2º, CPC.

I - a data de juntada aos autos do aviso de recebimento, quando a citação ou a intimação for pelo correio;

- art. 247, CPC.
- Súm. 429, STJ.

II - a data de juntada aos autos do mandado cumprido, quando a citação ou a intimação for por oficial de justiça;

‣ art. 249, CPC.

III - a data de ocorrência da citação ou da intimação, quando ela se der por ato do escrivão ou do chefe de secretaria;

‣ art. 246, III, CPC.

IV - o dia útil seguinte ao fim da dilação assinada pelo juiz, quando a citação ou a intimação for por edital;

‣ art. 256, CPC.

V - o dia útil seguinte à consulta ao teor da citação ou da intimação ou ao término do prazo para que a consulta se dê, quando a citação ou a intimação for eletrônica;

‣ Lei 11.419/2006 (Informatização do processo judicial).

VI - a data de juntada do comunicado de que trata o art. 232 ou, não havendo esse, a data de juntada da carta aos autos de origem devidamente cumprida, quando a citação ou a intimação se realizar em cumprimento de carta;

‣ art. 1.003, § 2º, CPC.

VII - a data de publicação, quando a intimação se der pelo Diário da Justiça impresso ou eletrônico;

VIII - o dia da carga, quando a intimação se der por meio da retirada dos autos, em carga, do cartório ou da secretaria.

§ 1º Quando houver mais de um réu, o dia do começo do prazo para contestar corresponderá à última das datas a que se referem os incisos I a VI do *caput*.

§ 2º Havendo mais de um intimado, o prazo para cada um é contado individualmente.

§ 3º Quando o ato tiver de ser praticado diretamente pela parte ou por quem, de qualquer forma, participe do processo, sem a intermediação de representante judicial, o dia do começo do prazo para cumprimento da determinação judicial corresponderá à data em que se der a comunicação.

§ 4º Aplica-se o disposto no inciso II do *caput* à citação com hora certa.

Art. 232. Nos atos de comunicação por carta precatória, rogatória ou de ordem, a realização da citação ou da intimação será imediatamente informada, por meio eletrônico, pelo juiz deprecado ao juiz deprecante.

SEÇÃO II
DA VERIFICAÇÃO DOS PRAZOS E DAS PENALIDADES

Art. 233. Incumbe ao juiz verificar se o serventuário excedeu, sem motivo legítimo, os prazos estabelecidos em lei.

‣ arts. 35, III, LC 35/1979 (Lei Orgânica da Magistratura Nacional).

§ 1º Constatada a falta, o juiz ordenará a instauração de processo administrativo, na forma da lei.

‣ art. 5º, LV, CF.

§ 2º Qualquer das partes, o Ministério Público ou a Defensoria Pública poderá representar ao juiz contra o serventuário que injustificadamente exceder os prazos previstos em lei.

Art. 234. Os advogados públicos ou privados, o defensor público e o membro do Ministério Público devem restituir os autos no prazo do ato a ser praticado.

‣ arts. 7º, XV e XVI, §§ 1º e 3; e 34, XXII, Estatuto da OAB.

§ 1º É lícito a qualquer interessado exigir os autos do advogado que exceder prazo legal.

§ 2º Se, intimado, o advogado não devolver os autos no prazo de 3 (três) dias, perderá o direito à vista fora de cartório e incorrerá em multa correspondente à metade do salário-mínimo.

§ 3º Verificada a falta, o juiz comunicará o fato à seção local da Ordem dos Advogados do Brasil para procedimento disciplinar e imposição de multa.

§ 4º Se a situação envolver membro do Ministério Público, da Defensoria Pública ou da Advocacia Pública, a multa, se for o caso, será aplicada ao agente público responsável pelo ato.

§ 5º Verificada a falta, o juiz comunicará o fato ao órgão competente responsável pela instauração de procedimento disciplinar contra o membro que atuou no feito.

Art. 235. Qualquer parte, o Ministério Público ou a Defensoria Pública poderá representar ao corregedor do tribunal ou ao Conselho Nacional de Justiça contra juiz ou relator que injustificadamente exceder os prazos previstos em lei, regulamento ou regimento interno.

§ 1º Distribuída a representação ao órgão competente e ouvido previamente o juiz, não sendo caso de arquivamento liminar, será instaurado procedimento para apuração da responsabilidade, com intimação do representado por meio eletrônico para, querendo, apresentar justificativa no prazo de 15 (quinze) dias.

§ 2º Sem prejuízo das sanções administrativas cabíveis, em até 48 (quarenta e oito) horas após a apresentação ou não da justificativa de que trata o § 1º, se for o caso, o corregedor do tribunal ou o relator no Conselho Nacional de Justiça determinará a intimação do representado por meio eletrônico para que, em 10 (dez) dias, pratique o ato.

§ 3º Mantida a inércia, os autos serão remetidos ao substituto legal do juiz ou do relator contra o qual se representou para decisão em 10 (dez) dias.

TÍTULO II
DA COMUNICAÇÃO DOS ATOS PROCESSUAIS

CAPÍTULO I
DISPOSIÇÕES GERAIS

Art. 236. Os atos processuais serão cumpridos por ordem judicial.

§ 1º Será expedida carta para a prática de atos fora dos limites territoriais do tribunal, da comarca, da seção ou da subseção judiciárias, ressalvadas as hipóteses previstas em lei.

§ 2º O tribunal poderá expedir carta para juízo a ele vinculado, se o ato houver de se realizar fora dos limites territoriais do local de sua sede.

‣ art. 237, I, CPC.

§ 3º Admite-se a prática de atos processuais por meio de videoconferência ou outro recurso tecnológico de transmissão de sons e imagens em tempo real.

‣ arts. 385, § 3º, 453, § 1º, 461, § 2º, 937, § 4º, CPC.

Art. 237. Será expedida carta:

I - de ordem, pelo tribunal, na hipótese do § 2º do art. 236;

II - rogatória, para que órgão jurisdicional estrangeiro pratique ato de cooperação jurídica internacional, relativo a processo em curso perante órgão jurisdicional brasileiro;

‣ art. 105, I, i, CF.

III - precatória, para que órgão jurisdicional brasileiro pratique ou determine o cumprimento, na área de sua competência territorial, de ato relativo a pedido de cooperação judiciária formulado por órgão jurisdicional de competência territorial diversa;

IV - arbitral, para que órgão do Poder Judiciário pratique ou determine o cumprimento, na área de sua competência territorial, de ato objeto de pedido de cooperação judiciária formulado por juízo arbitral, inclusive os que importem efetivação de tutela provisória.

Parágrafo único. Se o ato relativo a processo em curso na Justiça Federal ou em tribunal superior houver de ser praticado em local onde não haja vara federal, a carta poderá ser dirigida ao juízo estadual da respectiva comarca.

‣ art. 109, § 3º, CF.

CAPÍTULO II
DA CITAÇÃO

Art. 238. Citação é o ato pelo qual são convocados o réu, o executado ou o interessado para integrar a relação processual.

Art. 239. Para a validade do processo é indispensável a citação do réu ou do executado, ressalvadas as hipóteses de indeferimento da petição inicial ou de improcedência liminar do pedido.

‣ arts. 280, 308, § 3º, 319, § 2º, 332, 337, I, CPC.

§ 1º O comparecimento espontâneo do réu ou do executado supre a falta ou a nulidade da citação, fluindo a partir desta data o prazo para apresentação de contestação ou de embargos à execução.

§ 2º Rejeitada a alegação de nulidade, tratando-se de processo de:

I - conhecimento, o réu será considerado revel;

II - execução, o feito terá seguimento.

Art. 240. A citação válida, ainda quando ordenada por juízo incompetente, induz litispendência, torna litigiosa a coisa e constitui em mora o devedor, ressalvado o disposto nos arts. 397 e 398 da Lei n. 10.406, de 10 de janeiro de 2002 (Código Civil).

‣ art. 312, CPC.

‣ Súm. 204 e 426, STJ.

§ 1º A interrupção da prescrição, operada pelo despacho que ordena a citação, ainda que proferido por juízo incompetente, retroagirá à data de propositura da ação.

‣ arts. 202 a 204 e 397, CC.

‣ art. 8º, § 2º, Lei 6.830/1980 (Execução Fiscal).

§ 2º Incumbe ao autor adotar, no prazo de 10 (dez) dias, as providências necessárias para viabilizar a citação, sob pena de não se aplicar o disposto no § 1º.

‣ art. 802, CPC.

§ 3º A parte não será prejudicada pela demora imputável exclusivamente ao serviço judiciário.

‣ Súm. 106, STJ.

§ 4º O efeito retroativo a que se refere o § 1º aplica-se à decadência e aos demais prazos extintivos previstos em lei.

Art. 241. Transitada em julgado a sentença de mérito proferida em favor do réu antes da citação, incumbe ao escrivão ou ao chefe de secretaria comunicar-lhe o resultado do julgamento.

‣ art. 332, § 4º, CPC.

Art. 242. A citação será pessoal, podendo, no entanto, ser feita na pessoa do representante legal ou do procurador do réu, do executado ou do interessado.

§ 1º Na ausência do citando, a citação será feita na pessoa de seu mandatário, administrador, preposto ou gerente, quando a ação se originar de atos por eles praticados.

§ 2º O locador que se ausentar do Brasil sem cientificar o locatário de que deixou, na localidade onde estiver situado o imóvel, procurador com poderes para receber citação será citado na pessoa do administrador do imóvel encarregado do recebimento dos aluguéis, que será considerado habilitado para representar o locador em juízo.

§ 3º A citação da União, dos Estados, do Distrito Federal, dos Municípios e de suas respectivas autarquias e fundações de direito público será realizada perante o órgão de Advocacia Pública responsável por sua representação judicial.

- arts. 182 a 184, CPC.

Art. 243. A citação poderá ser feita em qualquer lugar em que se encontre o réu, o executado ou o interessado.

Parágrafo único. O militar em serviço ativo será citado na unidade em que estiver servindo, se não for conhecida sua residência ou nela não for encontrado.

Art. 244. Não se fará a citação, salvo para evitar o perecimento do direito:

I - de quem estiver participando de ato de culto religioso;
II - de cônjuge, de companheiro ou de qualquer parente do morto, consanguíneo ou afim, em linha reta ou na linha colateral em segundo grau, no dia do falecimento e nos 7 (sete) dias seguintes;
III - de noivos, nos 3 (três) primeiros dias seguintes ao casamento;
IV - de doente, enquanto grave o seu estado.

Art. 245. Não se fará citação quando se verificar que o citando é mentalmente incapaz ou está impossibilitado de recebê-la.

§ 1º O oficial de justiça descreverá e certificará minuciosamente a ocorrência.

§ 2º Para examinar o citando, o juiz nomeará médico, que apresentará laudo no prazo de 5 (cinco) dias.

§ 3º Dispensa-se a nomeação de que trata o § 2º se pessoa da família apresentar declaração do médico do citando que ateste a incapacidade deste.

§ 4º Reconhecida a impossibilidade, o juiz nomeará curador ao citando, observando, quanto à sua escolha, a preferência estabelecida em lei e restringindo a nomeação à causa.

- art. 1.775, CC.

§ 5º A citação será feita na pessoa do curador, a quem incumbirá a defesa dos interesses do citando.

Art. 246. A citação será feita:

I - pelo correio;

- arts. 231, I, 247 e 248, CPC.
- art. 58, IV, Lei 8.245/1995 (Lei de locação).

II - por oficial de justiça;

- arts. 151 e 154, I, CPC.

III - pelo escrivão ou chefe de secretaria, se o citando comparecer em cartório;

- art. 152, II, CPC.

IV - por edital;

- arts. 256 a 259, CPC.
- Súm. 196, STJ.

V - por meio eletrônico, conforme regulado em lei.

- art. 9º, Lei 11.419/2006 (Informatização do processo judicial).

§ 1º Com exceção das microempresas e das empresas de pequeno porte, as empresas públicas e privadas são obrigadas a manter cadastro nos sistemas de processo em autos eletrônicos, para efeito de recebimento de citações e intimações, as quais serão efetuadas preferencialmente por esse meio.

- art. 1.051, CPC.

§ 2º O disposto no § 1º aplica-se à União, aos Estados, ao Distrito Federal, aos Municípios e às entidades da administração indireta.

- art. 1.050, CPC.

§ 3º Na ação de usucapião de imóvel, os confinantes serão citados pessoalmente, exceto quando tiver por objeto unidade autônoma de prédio em condomínio, caso em que tal citação é dispensada.

- Súm. 391, STF.

Art. 247. A citação será feita pelo correio para qualquer comarca do país, exceto:

- art. 8º, I, Lei 6.830/1980 (Execução Fiscal).

I - nas ações de estado, observado o disposto no art. 695, § 3º;
II - quando o citando for incapaz;
III - quando o citando for pessoa de direito público;
IV - quando o citando residir em local não atendido pela entrega domiciliar de correspondência;
V - quando o autor, justificadamente, a requerer de outra forma.

Art. 248. Deferida a citação pelo correio, o escrivão ou o chefe de secretaria remeterá ao citando cópias da petição inicial e do despacho do juiz e comunicará o prazo para resposta, o endereço do juízo e o respectivo cartório.

§ 1º A carta será registrada para entrega ao citando, exigindo-lhe o carteiro, ao fazer a entrega, que assine o recibo.

- Súm. 429, STJ.

§ 2º Sendo o citando pessoa jurídica, será válida a entrega do mandado a pessoa com poderes de gerência geral ou de administração ou, ainda, a funcionário responsável pelo recebimento de correspondências.

§ 3º Da carta de citação no processo de conhecimento constarão os requisitos do art. 250.

§ 4º Nos condomínios edilícios ou nos loteamentos com controle de acesso, será válida a entrega do mandado a funcionário da portaria responsável pelo recebimento de correspondência, que, entretanto, poderá recusar o recebimento, se declarar, por escrito, sob as penas da lei, que o destinatário da correspondência está ausente.

Art. 249. A citação será feita por meio de oficial de justiça nas hipóteses previstas neste Código ou em lei, ou quando frustrada a citação pelo correio.

Art. 250. O mandado que o oficial de justiça tiver de cumprir conterá:

- arts. 248, § 3º, e 264, CPC.

I - os nomes do autor e do citando e seus respectivos domicílios ou residências;
II - a finalidade da citação, com todas as especificações constantes da petição inicial, bem como a menção do prazo para contestar, sob pena de revelia, ou para embargar a execução;
III - a aplicação de sanção para o caso de descumprimento da ordem, se houver;
IV - se for o caso, a intimação do citando para comparecer, acompanhado de advogado ou de defensor público, à audiência de conciliação ou de mediação, com a menção do dia, da hora e do lugar do comparecimento;

- art. 334, CPC.

V - a cópia da petição inicial, do despacho ou da decisão que deferir tutela provisória;
VI - a assinatura do escrivão ou do chefe de secretaria e a declaração de que o subscreve por ordem do juiz.

Art. 251. Incumbe ao oficial de justiça procurar o citando e, onde o encontrar, citá-lo:

I - lendo-lhe o mandado e entregando-lhe a contrafé;
II - portando por fé se recebeu ou recusou a contrafé;
III - obtendo a nota de ciente ou certificando que o citando não a apôs no mandado.

Art. 252. Quando, por 2 (duas) vezes, o oficial de justiça houver procurado o citando em seu domicílio ou residência sem o encontrar, deverá, havendo suspeita de ocultação, intimar qualquer pessoa da família ou, em sua falta, qualquer vizinho de que, no dia útil imediato, voltará a fim de efetuar a citação, na hora que designar.

Parágrafo único. Nos condomínios edilícios ou nos loteamentos com controle de acesso, será válida a intimação a que se refere o *caput* feita a funcionário da portaria responsável pelo recebimento de correspondência.

Art. 253. No dia e na hora designados, o oficial de justiça, independentemente de novo despacho, comparecerá ao domicílio ou à residência do citando a fim de realizar a diligência.

- arts. 70 a 78, CC.

§ 1º Se o citando não estiver presente, o oficial de justiça procurará informar-se das razões da ausência, dando por feita a citação, ainda que o citando se tenha ocultado em outra comarca, seção ou subseção judiciárias.

§ 2º A citação com hora certa será efetivada mesmo que a pessoa da família ou o vizinho que houver sido intimado esteja ausente, ou se, embora presente, a pessoa da família ou o vizinho se recusar a receber o mandado.

§ 3º Da certidão da ocorrência, o oficial de justiça deixará contrafé com qualquer pessoa da família ou vizinho, conforme o caso, declarando-lhe o nome.

§ 4º O oficial de justiça fará constar do mandado a advertência de que será nomeado curador especial se houver revelia.

Art. 254. Feita a citação com hora certa, o escrivão ou chefe de secretaria enviará ao réu, executado ou interessado, no prazo de 10 (dez) dias, contado da data da juntada do mandado aos autos, carta, telegrama ou correspondência eletrônica, dando-lhe de tudo ciência.

Art. 255. Nas comarcas contíguas de fácil comunicação e nas que se situem na mesma região metropolitana, o oficial de justiça poderá efetuar, em qualquer delas, citações, intimações, notificações, penhoras e quaisquer outros atos executivos.

Art. 256. A citação por edital será feita:

- Súm. 282 e 414, STJ.

I - quando desconhecido ou incerto o citando;
II - quando ignorado, incerto ou inacessível o lugar em que se encontrar o citando;
III - nos casos expressos em lei.

§ 1º Considera-se inacessível, para efeito de citação por edital, o país que recusar o cumprimento de carta rogatória.

§ 2º No caso de ser inacessível o lugar em que se encontrar o réu, a notícia de sua citação será divulgada também pelo rádio, se na comarca houver emissora de radiodifusão.

§ 3º O réu será considerado em local ignorado ou incerto se infrutíferas as tentativas de sua localização, inclusive mediante requisição pelo juízo de informações sobre seu endereço nos cadastros de órgãos públicos ou de concessionárias de serviços públicos.

Art. 257. São requisitos da citação por edital:

I - a afirmação do autor ou a certidão do oficial informando a presença das circunstâncias autorizadoras;
II - a publicação do edital na rede mundial de computadores, no sítio do respectivo tribunal e na plataforma de editais do Conselho Nacional de Justiça, que deve ser certificada nos autos;
III - a determinação, pelo juiz, do prazo, que variará entre 20 (vinte) e 60 (sessenta) dias, fluindo da data da publicação única ou, havendo mais de uma, da primeira;
IV - a advertência de que será nomeado curador especial em caso de revelia.

- Súm. 196, STJ.

Parágrafo único. O juiz poderá determinar que a publicação do edital seja feita também em jornal local de ampla circulação ou por outros meios, considerando as peculiaridades da comarca, da seção ou da subseção judiciárias.

Art. 258. A parte que requerer a citação por edital, alegando dolosamente a ocorrência das circunstâncias autorizadoras para sua realização, incorrerá em multa de 5 (cinco) vezes o salário-mínimo.

Parágrafo único. A multa reverterá em benefício do citando.

Art. 259. Serão publicados editais:

I - na ação de usucapião de imóvel;

- art. 246, § 3º, CPC.
- Súm. 263, STF.

II - na ação de recuperação ou substituição de título ao portador;

III - em qualquer ação em que seja necessária, por determinação legal, a provocação, para participação no processo, de interessados incertos ou desconhecidos.

CAPÍTULO III
DAS CARTAS

Art. 260. São requisitos das cartas de ordem, precatória e rogatória:

I - a indicação dos juízes de origem e de cumprimento do ato;

II - o inteiro teor da petição, do despacho judicial e do instrumento do mandato conferido ao advogado;

III - a menção do ato processual que lhe constitui o objeto;

IV - o encerramento com a assinatura do juiz.

§ 1º O juiz mandará trasladar para a carta quaisquer outras peças, bem como instruí-la com mapa, desenho ou gráfico, sempre que esses documentos devam ser examinados, na diligência, pelas partes, pelos peritos ou pelas testemunhas.

§ 2º Quando o objeto da carta for exame pericial sobre documento, este será remetido em original, ficando nos autos reprodução fotográfica.

§ 3º A carta arbitral atenderá, no que couber, aos requisitos a que se refere o *caput* e será instruída com a convenção de arbitragem e com as provas da nomeação do árbitro e de sua aceitação da função.

- art. 237, IV, CPC.
- Lei 9.307/1996 (Arbitragem).

Art. 261. Em todas as cartas o juiz fixará o prazo para cumprimento, atendendo à facilidade das comunicações e à natureza da diligência.

§ 1º As partes deverão ser intimadas pelo juiz do ato de expedição da carta.

§ 2º Expedida a carta, as partes acompanharão o cumprimento da diligência perante o juízo destinatário, ao qual compete a prática dos atos de comunicação.

§ 3º A parte a quem interessar o cumprimento da diligência cooperará para que o prazo a que se refere o *caput* seja cumprido.

Art. 262. A carta tem caráter itinerante, podendo, antes ou depois de lhe ser ordenado o cumprimento, ser encaminhada a juízo diverso do que dela consta, a fim de se praticar o ato.

Parágrafo único. O encaminhamento da carta a outro juízo será imediatamente comunicado ao órgão expedidor, que intimará as partes.

Art. 263. As cartas deverão, preferencialmente, ser expedidas por meio eletrônico, caso em que a assinatura do juiz deverá ser eletrônica, na forma da lei.

Art. 264. A carta de ordem e a carta precatória por meio eletrônico, por telefone ou por telegrama conterão, em resumo substancial, os requisitos mencionados no art. 250, especialmente no que se refere à aferição da autenticidade.

- art. 260, CPC.

Art. 265. O secretário do tribunal, o escrivão ou o chefe de secretaria do juízo deprecante transmitirá, por telefone, a carta de ordem ou a carta precatória ao juízo em que houver de se cumprir o ato, por intermédio do escrivão do primeiro ofício da primeira vara, se houver na comarca mais de um ofício ou de uma vara, observando-se, quanto aos requisitos, o disposto no art. 264.

§ 1º O escrivão ou o chefe de secretaria, no mesmo dia ou no dia útil imediato, telefonará ou enviará mensagem eletrônica ao secretário do tribunal, ao escrivão ou ao chefe de secretaria do juízo deprecante, lendo-lhe os termos da carta e solicitando-lhe que os confirme.

§ 2º Sendo confirmada, o escrivão ou o chefe de secretaria submeterá a carta a despacho.

Art. 266. Serão praticados de ofício os atos requisitados por meio eletrônico e de telegrama, devendo a parte depositar, contudo, na secretaria do tribunal ou no cartório do juízo deprecante, a importância correspondente às despesas que serão feitas no juízo em que houver de praticar-se o ato.

Art. 267. O juiz recusará cumprimento a carta precatória ou arbitral, devolvendo-a com decisão motivada quando:

I - a carta não estiver revestida dos requisitos legais;

II - faltar ao juiz competência em razão da matéria ou da hierarquia;

III - o juiz tiver dúvida acerca de sua autenticidade.

Parágrafo único. No caso de incompetência em razão da matéria ou da hierarquia, o juiz deprecado, conforme o ato a ser praticado, poderá remeter a carta ao juiz ou ao tribunal competente.

Art. 268. Cumprida a carta, será devolvida ao juízo de origem no prazo de 10 (dez) dias, independentemente de traslado, pagas as custas pela parte.

CAPÍTULO IV
DAS INTIMAÇÕES

Art. 269. Intimação é o ato pelo qual se dá ciência a alguém dos atos e dos termos do processo.

§ 1º É facultado aos advogados promover a intimação do advogado da outra parte por meio do correio, juntando aos autos, a seguir, cópia do ofício de intimação e do aviso de recebimento.

§ 2º O ofício de intimação deverá ser instruído com cópia do despacho, da decisão ou da sentença.

§ 3º A intimação da União, dos Estados, do Distrito Federal, dos Municípios e de suas respectivas autarquias e fundações de direito público será realizada perante o órgão de Advocacia Pública responsável por sua representação judicial.

Art. 270. As intimações realizam-se, sempre que possível, por meio eletrônico, na forma da lei.

- art. 9º, Lei 11.419/2006 (Informatização do processo judicial).

Parágrafo único. Aplica-se ao Ministério Público, à Defensoria Pública e à Advocacia Pública o disposto no § 1º do art. 246.

- art. 1.050, CPC.

Art. 271. O juiz determinará de ofício as intimações em processos pendentes, salvo disposição em contrário.

Art. 272. Quando não realizadas por meio eletrônico, consideram-se feitas as intimações pela publicação dos atos no órgão oficial.

§ 1º Os advogados poderão requerer que, na intimação a eles dirigida, figure apenas o nome da sociedade a que pertençam, desde que devidamente registrada na Ordem dos Advogados do Brasil.

§ 2º Sob pena de nulidade, é indispensável que da publicação constem os nomes das partes e de seus advogados, com o respectivo número de inscrição na Ordem dos Advogados do Brasil, ou, se assim requerido, da sociedade de advogados.

- art. 14, p.ún., Estatuto da OAB.

§ 3º A grafia dos nomes das partes não deve conter abreviaturas.

§ 4º A grafia dos nomes dos advogados deve corresponder ao nome completo e ser a mesma que constar da procuração ou que estiver registrada na Ordem dos Advogados do Brasil.

§ 5º Constando dos autos pedido expresso para que as comunicações dos atos processuais sejam feitas em nome dos advogados indicados, o seu desatendimento implicará nulidade.

§ 6º A retirada dos autos do cartório ou da secretaria em carga pelo advogado, por pessoa credenciada a pedido do advogado ou da sociedade de advogados, pela Advocacia Pública, pela Defensoria Pública ou pelo Ministério Público implicará intimação de qualquer decisão contida no processo retirado, ainda que pendente de publicação.

§ 7º O advogado e a sociedade de advogados deverão requerer o respectivo credenciamento para a retirada de autos por preposto.

§ 8º A parte arguirá a nulidade da intimação em capítulo preliminar do próprio ato que lhe caiba praticar, o qual será tido por tempestivo se o vício for reconhecido.

§ 9º Não sendo possível a prática imediata do ato diante da necessidade de acesso prévio aos autos, a parte limitar-se-á a arguir a nulidade da intimação, caso em que o prazo será contado da intimação da decisão que a reconheça.

Art. 273. Se inviável a intimação por meio eletrônico e não houver na localidade publicação em órgão oficial, incumbirá ao escrivão ou chefe de secretaria intimar de todos os atos do processo os advogados das partes:

I - pessoalmente, se tiverem domicílio na sede do juízo;

II - por carta registrada, com aviso de recebimento, quando forem domiciliados fora do juízo.

Art. 274. Não dispondo a lei de outro modo, as intimações serão feitas às partes, aos seus representantes legais, aos advogados e aos demais sujeitos do processo pelo correio ou, se presentes em cartório, diretamente pelo escrivão ou chefe de secretaria.

Parágrafo único. Presumem-se válidas as intimações dirigidas ao endereço constante dos autos, ainda que não recebidas pessoalmente pelo interessado, se a modificação temporária ou definitiva não tiver sido devidamente comunicada ao juízo, fluindo os prazos a partir da juntada aos autos do comprovante de entrega da correspondência no primitivo endereço.

Art. 275. A intimação será feita por oficial de justiça quando frustrada a realização por meio eletrônico ou pelo correio.

§ 1º A certidão de intimação deve conter:

I - a indicação do lugar e a descrição da pessoa intimada, mencionando, quando possível, o número de seu documento de identidade e o órgão que o expediu;

II - a declaração de entrega da contrafé;

III - a nota de ciente ou a certidão de que o interessado não a apôs no mandado.

§ 2º Caso necessário, a intimação poderá ser efetuada com hora certa ou por edital.

- arts. 252 a 254 e 256 a 259, CPC.

TÍTULO III
DAS NULIDADES

Art. 276. Quando a lei prescrever determinada forma sob pena de nulidade, a decretação desta não pode ser requerida pela parte que lhe deu causa.

Art. 277. Quando a lei prescrever determinada forma, o juiz considerará válido o ato se, realizado de outro modo, lhe alcançar a finalidade.

Art. 278. A nulidade dos atos deve ser alegada na primeira oportunidade em que couber à parte falar nos autos, sob pena de preclusão.

Parágrafo único. Não se aplica o disposto no *caput* às nulidades que o juiz deva decretar de ofício, nem prevalece a preclusão provando a parte legítimo impedimento.

Art. 279. É nulo o processo quando o membro do Ministério Público não for intimado a acompanhar o feito em que deva intervir.

§ 1º Se o processo tiver tramitado sem conhecimento do membro do Ministério Público, o juiz invalidará os atos praticados a partir do momento em que ele deveria ter sido intimado.

§ 2º A nulidade só pode ser decretada após a intimação do Ministério Público, que se manifestará sobre a existência ou a inexistência de prejuízo.

Art. 280. As citações e as intimações serão nulas quando feitas sem observância das prescrições legais.

- arts. 238 a 259 e 269 a 275, CPC.

Art. 281. Anulado o ato, consideram-se de nenhum efeito todos os subsequentes que dele dependam, todavia, a nulidade de uma parte do ato não prejudicará as outras que dela sejam independentes.

Art. 282. Ao pronunciar a nulidade, o juiz declarará que atos são atingidos e ordenará as providências necessárias a fim de que sejam repetidos ou retificados.

§ 1º O ato não será repetido nem sua falta será suprida quando não prejudicar a parte.

§ 2º Quando puder decidir o mérito a favor da parte a quem aproveite a decretação da nulidade, o juiz não a pronunciará nem mandará repetir o ato ou suprir-lhe a falta.

Art. 283. O erro de forma do processo acarreta unicamente a anulação dos atos que não possam ser aproveitados, devendo ser praticados os que forem necessários a fim de se observarem as prescrições legais.

Parágrafo único. Dar-se-á o aproveitamento dos atos praticados desde que não resulte prejuízo à defesa de qualquer parte.

TÍTULO IV
DA DISTRIBUIÇÃO E DO REGISTRO

Art. 284. Todos os processos estão sujeitos a registro, devendo ser distribuídos onde houver mais de um juiz.

- art. 59, CPC.

Art. 285. A distribuição, que poderá ser eletrônica, será alternada e aleatória, obedecendo-se rigorosa igualdade.

Parágrafo único. A lista de distribuição deverá ser publicada no Diário de Justiça.

Art. 286. Serão distribuídas por dependência as causas de qualquer natureza:

I - quando se relacionarem, por conexão ou continência, com outra já ajuizada;

- arts. 54 a 58, CPC.
- Súm. 235, STJ.

II - quando, tendo sido extinto o processo sem resolução de mérito, for reiterado o pedido, ainda que em litisconsórcio com outros autores ou que sejam parcialmente alterados os réus da demanda;

- arts. 485 a 488, CPC.

III - quando houver ajuizamento de ações nos termos do art. 55, § 3º, ao juízo prevento.

Parágrafo único. Havendo intervenção de terceiro, reconvenção ou outra hipótese de ampliação objetiva do processo, o juiz, de ofício, mandará proceder à respectiva anotação pelo distribuidor.

Art. 287. A petição inicial deve vir acompanhada de procuração, que conterá os endereços do advogado, eletrônico e não eletrônico.

Parágrafo único. Dispensa-se a juntada da procuração:

I - no caso previsto no art. 104;

II - se a parte estiver representada pela Defensoria Pública;

- arts. 134 e 135, CF.
- LC 80/1994 (Lei Orgânica da Defensoria Pública).

III - se a representação decorrer diretamente de norma prevista na Constituição Federal ou em lei.

Art. 288. O juiz, de ofício ou a requerimento do interessado, corrigirá o erro ou compensará a falta de distribuição.

Art. 289. A distribuição poderá ser fiscalizada pela parte, por seu procurador, pelo Ministério Público e pela Defensoria Pública.

Art. 290. Será cancelada a distribuição do feito se a parte, intimada na pessoa de seu advogado, não realizar o pagamento das custas e despesas de ingresso em 15 (quinze) dias.

TÍTULO V
DO VALOR DA CAUSA

Art. 291. A toda causa será atribuído valor certo, ainda que não tenha conteúdo econômico imediatamente aferível.

- arts. 12, § 2º, IN 41/2018, TST.

Art. 292. O valor da causa constará da petição inicial ou da reconvenção e será:

- arts. 319, V, e 343, CPC.

I - na ação de cobrança de dívida, a soma monetariamente corrigida do principal, dos juros de mora vencidos e de outras penalidades, se houver, até a data de propositura da ação;

II - na ação que tiver por objeto a existência, a validade, o cumprimento, a modificação, a resolução, a resilição ou a rescisão de ato jurídico, o valor do ato ou o de sua parte controvertida;

III - na ação de alimentos, a soma de 12 (doze) prestações mensais pedidas pelo autor;

- art. 693, p.ún., CPC.
- Lei 5.478/1968 (Lei de alimentos).

IV - na ação de divisão, de demarcação e de reivindicação, o valor de avaliação da área ou do bem objeto do pedido;

- arts. 569 e ss., CPC.

V - na ação indenizatória, inclusive a fundada em dano moral, o valor pretendido;

- Súm. 326, STJ.

VI - na ação em que há cumulação de pedidos, a quantia correspondente à soma dos valores de todos eles;

- art. 327, CPC.

VII - na ação em que os pedidos são alternativos, o de maior valor;

- art. 325, CPC.

VIII - na ação em que houver pedido subsidiário, o valor do pedido principal.

§ 1º Quando se pedirem prestações vencidas e vincendas, considerar-se-á o valor de umas e outras.

§ 2º O valor das prestações vincendas será igual a uma prestação anual, se a obrigação for por tempo indeterminado ou por tempo superior a 1 (um) ano, e, se por tempo inferior, será igual à soma das prestações.

§ 3º O juiz corrigirá, de ofício e por arbitramento, o valor da causa quando verificar que não corresponde ao conteúdo patrimonial em discussão ou ao proveito econômico perseguido pelo autor, caso em que se procederá ao recolhimento das custas correspondentes.

Art. 293. O réu poderá impugnar, em preliminar da contestação, o valor atribuído à causa pelo autor, sob pena de preclusão, e o juiz decidirá a respeito, impondo, se for o caso, a complementação das custas.

LIVRO V
DA TUTELA PROVISÓRIA

TÍTULO I
DISPOSIÇÕES GERAIS

Art. 294. A tutela provisória pode fundamentar-se em urgência ou evidência.

Parágrafo único. A tutela provisória de urgência, cautelar ou antecipada, pode ser concedida em caráter antecedente ou incidental.

- Lei 8.437/1992 (Medidas Cautelares).

Art. 295. A tutela provisória requerida em caráter incidental independe do pagamento de custas.

Art. 296. A tutela provisória conserva sua eficácia na pendência do processo, mas pode, a qualquer tempo, ser revogada ou modificada.

Parágrafo único. Salvo decisão judicial em contrário, a tutela provisória conservará a eficácia durante o período de suspensão do processo.

Art. 297. O juiz poderá determinar as medidas que considerar adequadas para efetivação da tutela provisória.

Parágrafo único. A efetivação da tutela provisória observará as normas referentes ao cumprimento provisório da sentença, no que couber.

- arts. 520 e ss., CPC.

Art. 298. Na decisão que conceder, negar, modificar ou revogar a tutela provisória, o juiz motivará seu convencimento de modo claro e preciso.

- art. 93, IX, CF.

Art. 299. A tutela provisória será requerida ao juízo da causa e, quando antecedente, ao juízo competente para conhecer do pedido principal.

- Súm. 634 e 635, STF.

Parágrafo único. Ressalvada disposição especial, na ação de competência originária de tribunal e nos recursos a tutela provisória será requerida ao órgão jurisdicional competente para apreciar o mérito.

TÍTULO II
DA TUTELA DE URGÊNCIA

CAPÍTULO I
DISPOSIÇÕES GERAIS

Art. 300. A tutela de urgência será concedida quando houver elementos que evidenciem a probabilidade do direito e o perigo de dano ou o risco ao resultado útil do processo.

- art. 7º, § 5º, Lei 12.016/2009 (Mandado de segurança).
- art. 6º, § 12, Lei 11.101/2005.

§ 1º Para a concessão da tutela de urgência, o juiz pode, conforme o caso, exigir caução real ou fidejussória idônea para ressarcir os danos que a outra parte possa vir a sofrer, podendo a caução ser dispensada se a parte economicamente hipossuficiente não puder oferecê-la.

§ 2º A tutela de urgência pode ser concedida liminarmente ou após justificação prévia.

§ 3º A tutela de urgência de natureza antecipada não será concedida quando houver perigo de irreversibilidade dos efeitos da decisão.

Art. 301. A tutela de urgência de natureza cautelar pode ser efetivada mediante arresto, sequestro, arrolamento de bens, registro de protesto contra alienação de bem e qualquer outra medida idônea para asseguração do direito.

‣ art. 855-A, §2º, CLT.

Art. 302. Independentemente da reparação por dano processual, a parte responde pelo prejuízo que a efetivação da tutela de urgência causar à parte adversa, se:

I - a sentença lhe for desfavorável;

II - obtida liminarmente a tutela em caráter antecedente, não fornecer os meios necessários para a citação do requerido no prazo de 5 (cinco) dias;

III - ocorrer a cessação da eficácia da medida em qualquer hipótese legal;

IV - o juiz acolher a alegação de decadência ou prescrição da pretensão do autor.

‣ arts. 189 a 211, CC.

Parágrafo único. A indenização será liquidada nos autos em que a medida tiver sido concedida, sempre que possível.

CAPÍTULO II
DO PROCEDIMENTO DA TUTELA ANTECIPADA REQUERIDA EM CARÁTER ANTECEDENTE

Art. 303. Nos casos em que a urgência for contemporânea à propositura da ação, a petição inicial pode limitar-se ao requerimento da tutela antecipada e à indicação do pedido de tutela final, com a exposição da lide, do direito que se busca realizar e do perigo de dano ou do risco ao resultado útil do processo.

‣ art. 305, p.ún., CPC.

§ 1º Concedida a tutela antecipada a que se refere o *caput* deste artigo:

I - o autor deverá aditar a petição inicial, com a complementação de sua argumentação, a juntada de novos documentos e a confirmação do pedido de tutela final, em 15 (quinze) dias ou em outro prazo maior que o juiz fixar;

II - o réu será citado e intimado para a audiência de conciliação ou de mediação na forma do art. 334;

III - não havendo autocomposição, o prazo para contestação será contado na forma do art. 335.

§ 2º Não realizado o aditamento a que se refere o inciso I do § 1º deste artigo, o processo será extinto sem resolução do mérito.

§ 3º O aditamento a que se refere o inciso I do § 1º deste artigo dar-se-á nos mesmos autos, sem incidência de novas custas processuais.

§ 4º Na petição inicial a que se refere o *caput* deste artigo, o autor terá de indicar o valor da causa, que deve levar em consideração o pedido de tutela final.

§ 5º O autor indicará na petição inicial, ainda, que pretende valer-se do benefício previsto no *caput* deste artigo.

§ 6º Caso entenda que não há elementos para a concessão de tutela antecipada, o órgão jurisdicional determinará a emenda da petição inicial em até 5 (cinco) dias, sob pena de ser indeferida e de o processo ser extinto sem resolução de mérito.

Art. 304. A tutela antecipada, concedida nos termos do art. 303, torna-se estável se da decisão que a conceder não for interposto o respectivo recurso.

§ 1º No caso previsto no *caput*, o processo será extinto.

§ 2º Qualquer das partes poderá demandar a outra com o intuito de rever, reformar ou invalidar a tutela antecipada estabilizada nos termos do *caput*.

§ 3º A tutela antecipada conservará seus efeitos enquanto não revista, reformada ou invalidada por decisão de mérito proferida na ação de que trata o § 2º.

§ 4º Qualquer das partes poderá requerer o desarquivamento dos autos em que foi concedida a medida, para instruir a petição inicial da ação a que se refere o § 2º, prevento o juízo em que a tutela antecipada foi concedida.

§ 5º O direito de rever, reformar ou invalidar a tutela antecipada, previsto no § 2º deste artigo, extingue-se após 2 (dois) anos, contados da ciência da decisão que extinguiu o processo, nos termos do § 1º.

§ 6º A decisão que concede a tutela não fará coisa julgada, mas a estabilidade dos respectivos efeitos só será afastada por decisão que a revir, reformar ou invalidar, proferida em ação ajuizada por uma das partes, nos termos do § 2º deste artigo.

CAPÍTULO III
DO PROCEDIMENTO DA TUTELA CAUTELAR REQUERIDA EM CARÁTER ANTECEDENTE

Art. 305. A petição inicial da ação que visa à prestação de tutela cautelar em caráter antecedente indicará a lide e seu fundamento, a exposição sumária do direito que se objetiva assegurar e o perigo de dano ou o risco ao resultado útil do processo.

Parágrafo único. Caso entenda que o pedido a que se refere o *caput* tem natureza antecipada, o juiz observará o disposto no art. 303.

Art. 306. O réu será citado para, no prazo de 5 (cinco) dias, contestar o pedido e indicar as provas que pretende produzir.

‣ arts. 369 a 484, CPC.

Art. 307. Não sendo contestado o pedido, os fatos alegados pelo autor presumir-se-ão aceitos pelo réu como ocorridos, caso em que o juiz decidirá dentro de 5 (cinco) dias.

Parágrafo único. Contestado o pedido no prazo legal, observar-se-á o procedimento comum.

Art. 308. Efetivada a tutela cautelar, o pedido principal terá de ser formulado pelo autor no prazo de 30 (trinta) dias, caso em que será apresentado nos mesmos autos em que deduzido o pedido de tutela cautelar, não dependendo do adiantamento de novas custas processuais.

‣ Súm. 482, STJ.

§ 1º O pedido principal pode ser formulado conjuntamente com o pedido de tutela cautelar.

§ 2º A causa de pedir poderá ser aditada no momento de formulação do pedido principal.

§ 3º Apresentado o pedido principal, as partes serão intimadas para a audiência de conciliação ou de mediação, na forma do art. 334, por seus advogados ou pessoalmente, sem necessidade de nova citação do réu.

§ 4º Não havendo autocomposição, o prazo para contestação será contado na forma do art. 335.

Art. 309. Cessa a eficácia da tutela concedida em caráter antecedente, se:

I - o autor não deduzir o pedido principal no prazo legal;

II - não for efetivada dentro de 30 (trinta) dias;

III - o juiz julgar improcedente o pedido principal formulado pelo autor ou extinguir o processo sem resolução de mérito.

‣ art. 485, CPC.

Parágrafo único. Se por qualquer motivo cessar a eficácia da tutela cautelar, é vedado à parte renovar o pedido, salvo sob novo fundamento.

Art. 310. O indeferimento da tutela cautelar não obsta a que a parte formule o pedido principal, nem influi no julgamento desse, salvo se o motivo do indeferimento for o reconhecimento de decadência ou de prescrição.

TÍTULO III
DA TUTELA DA EVIDÊNCIA

Art. 311. A tutela da evidência será concedida, independentemente da demonstração de perigo de dano ou de risco ao resultado útil do processo, quando:

I - ficar caracterizado o abuso do direito de defesa ou o manifesto propósito protelatório da parte;

‣ art. 139, III, CPC.

II - as alegações de fato puderem ser comprovadas apenas documentalmente e houver tese firmada em julgamento de casos repetitivos ou em súmula vinculante;

‣ art. 103-A, CF.

‣ arts. 926 a 928, CPC.

III - se tratar de pedido reipersecutório fundado em prova documental adequada do contrato de depósito, caso em que será decretada a ordem de entrega do objeto custodiado, sob cominação de multa;

IV - a petição inicial for instruída com prova documental suficiente dos fatos constitutivos do direito do autor, a que o réu não oponha prova capaz de gerar dúvida razoável.

Parágrafo único. Nas hipóteses dos incisos II e III, o juiz poderá decidir liminarmente.

LIVRO VI
DA FORMAÇÃO, DA SUSPENSÃO E DA EXTINÇÃO DO PROCESSO

TÍTULO I
DA FORMAÇÃO DO PROCESSO

Art. 312. Considera-se proposta a ação quando a petição inicial for protocolada, todavia, a propositura da ação só produz quanto ao réu os efeitos mencionados no art. 240 depois que for validamente citado.

TÍTULO II
DA SUSPENSÃO DO PROCESSO

Art. 313. Suspende-se o processo:

I - pela morte ou pela perda da capacidade processual de qualquer das partes, de seu representante legal ou de seu procurador;

‣ art. 485, IX, CPC.

II - pela convenção das partes;

III - pela arguição de impedimento ou de suspeição;

‣ art. 148, CPC.

IV - pela admissão de incidente de resolução de demandas repetitivas;

‣ arts. 976 a 987, CPC.

V - quando a sentença de mérito:

a) depender do julgamento de outra causa ou da declaração de existência ou de inexistência de relação jurídica que constitua o objeto principal de outro processo pendente;

b) tiver de ser proferida somente após a verificação de determinado fato ou a produção de certa prova, requisitada a outro juízo;

VI - por motivo de força maior;

‣ art. 393, p.ún., CC.

VII - quando se discutir em juízo questão decorrente de acidentes e fatos da navegação de competência do Tribunal Marítimo;

VIII - nos demais casos que este Código regula.

IX - pelo parto ou pela concessão de adoção, quando a advogada responsável pelo processo constituir a única patrona da causa; (Acrescentado pela Lei 13.363/2016.)

X - quando o advogado responsável pelo processo constituir o único patrono da causa e tornar-se pai. (Acrescentado pela Lei 13.363/2016.)

§ 1º Na hipótese do inciso I, o juiz suspenderá o processo, nos termos do art. 689.

- art. 110, CPC.

§ 2º Não ajuizada ação de habilitação, ao tomar conhecimento da morte, o juiz determinará a suspensão do processo e observará o seguinte:

I - falecido o réu, ordenará a intimação do autor para que promova a citação do respectivo espólio, de quem for o sucessor ou, se for o caso, dos herdeiros, no prazo que designar, de no mínimo 2 (dois) e no máximo 6 (seis) meses;

II - falecido o autor e sendo transmissível o direito em litígio, determinará a intimação de seu espólio, de quem for o sucessor ou, se for o caso, dos herdeiros, pelos meios de divulgação que reputar mais adequados, para que manifestem interesse na sucessão processual e promovam a respectiva habilitação no prazo designado, sob pena de extinção do processo sem resolução de mérito.

§ 3º No caso de morte do procurador de qualquer das partes, ainda que iniciada a audiência de instrução e julgamento, o juiz determinará que a parte constitua novo mandatário, no prazo de 15 (quinze) dias, ao final do qual extinguirá o processo sem resolução de mérito, se o autor não nomear novo mandatário, ou ordenará o prosseguimento do processo à revelia do réu, se falecido o procurador deste.

§ 4º O prazo de suspensão do processo nunca poderá exceder 1 (um) ano nas hipóteses do inciso V e 6 (seis) meses naquela prevista no inciso II.

§ 5º O juiz determinará o prosseguimento do processo assim que esgotados os prazos previstos no § 4º.

§ 6º No caso do inciso IX, o período de suspensão será de 30 (trinta) dias, contado a partir da data do parto ou da concessão da adoção, mediante apresentação de certidão de nascimento ou documento similar que comprove a realização do parto, ou de termo judicial que tenha concedido a adoção, desde que haja notificação ao cliente. (Acrescentado pela Lei 13.363/2016.)

§ 7º No caso do inciso X, o período de suspensão será de 8 (oito) dias, contado a partir da data do parto ou da concessão da adoção, mediante apresentação de certidão de nascimento ou documento similar que comprove a realização do parto, ou de termo judicial que tenha concedido a adoção, desde que haja notificação ao cliente. (Acrescentado pela Lei 13.363/2016.)

Art. 314. Durante a suspensão é vedado praticar qualquer ato processual, podendo o juiz, todavia, determinar a realização de atos urgentes a fim de evitar dano irreparável, salvo no caso de arguição de impedimento e de suspeição.

Art. 315. Se o conhecimento do mérito depender de verificação da existência de fato delituoso, o juiz pode determinar a suspensão do processo até que se pronuncie a justiça criminal.

- art. 935, CC.
- art. 103, § 4º, CDC.
- arts. 64 e 65, CPP.

§ 1º Se a ação penal não for proposta no prazo de 3 (três) meses, contado da intimação do ato de suspensão, cessará o efeito desse, incumbindo ao juiz cível examinar incidentemente a questão prévia.

§ 2º Proposta a ação penal, o processo ficará suspenso pelo prazo máximo de 1 (um) ano, ao final do qual aplicar-se-á o disposto na parte final do § 1º.

TÍTULO III
DA EXTINÇÃO DO PROCESSO

Art. 316. A extinção do processo dar-se-á por sentença.

Art. 317. Antes de proferir decisão sem resolução de mérito, o juiz deverá conceder à parte oportunidade para, se possível, corrigir o vício.

PARTE ESPECIAL

LIVRO I
DO PROCESSO DE CONHECIMENTO E DO CUMPRIMENTO DE SENTENÇA

TÍTULO I
DO PROCEDIMENTO COMUM

CAPÍTULO I
DISPOSIÇÕES GERAIS

Art. 318. Aplica-se a todas as causas o procedimento comum, salvo disposição em contrário deste Código ou de lei.

Parágrafo único. O procedimento comum aplica-se subsidiariamente aos demais procedimentos especiais e ao processo de execução.

CAPÍTULO II
DA PETIÇÃO INICIAL

SEÇÃO I
DOS REQUISITOS DA PETIÇÃO INICIAL

Art. 319. A petição inicial indicará:

- arts. 67, I; 68, I; e 71, Lei 8.245/1991 (Dispõe sobre a locação dos imóveis urbanos).
- art. 37, Lei 9.307/1996 (Arbitragem).

I - o juízo a que é dirigida;

II - os nomes, os prenomes, o estado civil, a existência de união estável, a profissão, o número de inscrição no Cadastro de Pessoas Físicas ou no Cadastro Nacional da Pessoa Jurídica, o endereço eletrônico, o domicílio e a residência do autor e do réu;

III - o fato e os fundamentos jurídicos do pedido;

IV - o pedido com as suas especificações;

V - o valor da causa;

- arts. 291 a 293, CPC.

VI - as provas com que o autor pretende demonstrar a verdade dos fatos alegados;

- arts. 369 a 484 e 1.047, CPC.

VII - a opção do autor pela realização ou não de audiência de conciliação ou de mediação.

- arts. 334 e ss., CPC.

§ 1º Caso não disponha das informações previstas no inciso II, poderá o autor, na petição inicial, requerer ao juiz diligências necessárias a sua obtenção.

§ 2º A petição inicial não será indeferida se, a despeito da falta de informações a que se refere o inciso II, for possível a citação do réu.

§ 3º A petição inicial não será indeferida pelo não atendimento ao disposto no inciso II deste artigo se a obtenção de tais informações tornar impossível ou excessivamente oneroso o acesso à justiça.

Art. 320. A petição inicial será instruída com os documentos indispensáveis à propositura da ação.

Art. 321. O juiz, ao verificar que a petição inicial não preenche os requisitos dos arts. 319 e 320 ou que apresenta defeitos e irregularidades capazes de dificultar o julgamento de mérito, determinará que o autor, no prazo de 15 (quinze) dias, a emende ou a complete, indicando com precisão o que deve ser corrigido ou completado.

- art. 106, Lei 11.101/2005 (Lei de falência).

Parágrafo único. Se o autor não cumprir a diligência, o juiz indeferirá a petição inicial.

SEÇÃO II
DO PEDIDO

Art. 322. O pedido deve ser certo.

§ 1º Compreendem-se no principal os juros legais, a correção monetária e as verbas de sucumbência, inclusive os honorários advocatícios.

§ 2º A interpretação do pedido considerará o conjunto da postulação e observará o princípio da boa-fé.

- art. 5º, CPC.

Art. 323. Na ação que tiver por objeto cumprimento de obrigação em prestações sucessivas, essas serão consideradas incluídas no pedido, independentemente de declaração expressa do autor, e serão incluídas na condenação, enquanto durar a obrigação, se o devedor, no curso do processo, deixar de pagá-las ou de consigná-las.

Art. 324. O pedido deve ser determinado.

§ 1º É lícito, porém, formular pedido genérico:

I - nas ações universais, se o autor não puder individuar os bens demandados;

II - quando não for possível determinar, desde logo, as consequências do ato ou do fato;

III - quando a determinação do objeto ou do valor da condenação depender de ato que deva ser praticado pelo réu.

§ 2º O disposto neste artigo aplica-se à reconvenção.

Art. 325. O pedido será alternativo quando, pela natureza da obrigação, o devedor puder cumprir a prestação de mais de um modo.

- arts. 252 a 256, CC.

Parágrafo único. Quando, pela lei ou pelo contrato, a escolha couber ao devedor, o juiz lhe assegurará o direito de cumprir a prestação de um ou de outro modo, ainda que o autor não tenha formulado pedido alternativo.

Art. 326. É lícito formular mais de um pedido em ordem subsidiária, a fim de que o juiz conheça do posterior, quando não acolher o anterior.

- art. 327, § 3º, CPC.

Parágrafo único. É lícito formular mais de um pedido, alternativamente, para que o juiz acolha um deles.

Art. 327. É lícita a cumulação, em um único processo, contra o mesmo réu, de vários pedidos, ainda que entre eles não haja conexão.

- Súm. 37 e 387, STJ.

§ 1º São requisitos de admissibilidade da cumulação que:

I - os pedidos sejam compatíveis entre si;

II - seja competente para conhecer deles o mesmo juízo;

III - seja adequado para todos os pedidos o tipo de procedimento.

§ 2º Quando, para cada pedido, corresponder tipo diverso de procedimento, será admitida a cumulação se o autor empregar o procedimento comum, sem prejuízo do emprego das técnicas processuais diferenciadas previstas nos procedimentos especiais a que se sujeitam um ou mais pedidos cumulados, que não forem incompatíveis com as disposições sobre o procedimento comum.

§ 3º O inciso I do § 1º não se aplica às cumulações de pedidos de que trata o art. 326.

Art. 328. Na obrigação indivisível com pluralidade de credores, aquele que não participou do processo receberá sua parte, deduzidas as despesas na proporção de seu crédito.

Art. 329. O autor poderá:

I - até a citação, aditar ou alterar o pedido ou a causa de pedir, independentemente de consentimento do réu;

II - até o saneamento do processo, aditar ou alterar o pedido e a causa de pedir, com consentimento do réu, assegurado o contraditório mediante a possibilidade de manifestação deste no prazo mínimo de 15 (quinze) dias, facultado o requerimento de prova suplementar.

Parágrafo único. Aplica-se o disposto neste artigo à reconvenção e à respectiva causa de pedir.

‣ art. 343, CPC.

SEÇÃO III
DO INDEFERIMENTO DA PETIÇÃO INICIAL

Art. 330. A petição inicial será indeferida quando:

I - for inepta;

II - a parte for manifestamente ilegítima;

III - o autor carecer de interesse processual;

IV - não atendidas as prescrições dos arts. 106 e 321.

§ 1º Considera-se inepta a petição inicial quando:

I - lhe faltar pedido ou causa de pedir;

II - o pedido for indeterminado, ressalvadas as hipóteses legais em que se permite o pedido genérico;

III - da narração dos fatos não decorrer logicamente a conclusão;

‣ Súm. 284 e 287, STF.

IV - contiver pedidos incompatíveis entre si.

§ 2º Nas ações que tenham por objeto a revisão de obrigação decorrente de empréstimo, de financiamento ou de alienação de bens, o autor terá de, sob pena de inépcia, discriminar na petição inicial, dentre as obrigações contratuais, aquelas que pretende controverter, além de quantificar o valor incontroverso do débito.

§ 3º Na hipótese do § 2º, o valor incontroverso deverá continuar a ser pago no tempo e modo contratados.

Art. 331. Indeferida a petição inicial, o autor poderá apelar, facultado ao juiz, no prazo de 5 (cinco) dias, retratar-se.

§ 1º Se não houver retratação, o juiz mandará citar o réu para responder ao recurso.

§ 2º Sendo a sentença reformada pelo tribunal, o prazo para a contestação começará a correr da intimação do retorno dos autos, observado o disposto no art. 334.

§ 3º Não interposta a apelação, o réu será intimado do trânsito em julgado da sentença.

CAPÍTULO III
DA IMPROCEDÊNCIA LIMINAR DO PEDIDO

Art. 332. Nas causas que dispensem a fase instrutória, o juiz, independentemente da citação do réu, julgará liminarmente improcedente o pedido que contrariar:

‣ art. 968, § 4º, CPC.

I - enunciado de súmula do Supremo Tribunal Federal ou do Superior Tribunal de Justiça;

‣ art. 927, II e IV, CPC.

II - acórdão proferido pelo Supremo Tribunal Federal ou pelo Superior Tribunal de Justiça em julgamento de recursos repetitivos;

‣ arts. 927, III, e 987, § 2º, CPC.

III - entendimento firmado em incidente de resolução de demandas repetitivas ou de assunção de competência;

‣ arts. 927, III, 928, e 976 e ss., CPC.

IV - enunciado de súmula de tribunal de justiça sobre direito local.

§ 1º O juiz também poderá julgar liminarmente improcedente o pedido se verificar, desde logo, a ocorrência de decadência ou de prescrição.

‣ arts. 189 a 211, CC.

§ 2º Não interposta a apelação, o réu será intimado do trânsito em julgado da sentença, nos termos do art. 241.

§ 3º Interposta a apelação, o juiz poderá retratar-se em 5 (cinco) dias.

‣ art. 485, § 7º, CPC.

§ 4º Se houver retratação, o juiz determinará o prosseguimento do processo, com a citação do réu, e, se não houver retratação, determinará a citação do réu para apresentar contrarrazões, no prazo de 15 (quinze) dias.

CAPÍTULO IV
DA CONVERSÃO DA AÇÃO INDIVIDUAL EM AÇÃO COLETIVA

Art. 333. (Vetado).

CAPÍTULO V
DA AUDIÊNCIA DE CONCILIAÇÃO OU DE MEDIAÇÃO

Art. 334. Se a petição inicial preencher os requisitos essenciais e não for o caso de improcedência liminar do pedido, o juiz designará audiência de conciliação ou de mediação com antecedência mínima de 30 (trinta) dias, devendo ser citado o réu com pelo menos 20 (vinte) dias de antecedência.

‣ art. 331, § 2º, CPC.

§ 1º O conciliador ou mediador, onde houver, atuará necessariamente na audiência de conciliação ou de mediação, observando o disposto neste Código, bem como as disposições da lei de organização judiciária.

§ 2º Poderá haver mais de uma sessão destinada à conciliação e à mediação, não podendo exceder a 2 (dois) meses da data de realização da primeira sessão, desde que necessárias à composição das partes.

§ 3º A intimação do autor para a audiência será feita na pessoa de seu advogado.

§ 4º A audiência não será realizada:

I - se ambas as partes manifestarem, expressamente, desinteresse na composição consensual;

II - quando não se admitir a autocomposição.

§ 5º O autor deverá indicar, na petição inicial, seu desinteresse na autocomposição, e o réu deverá fazê-lo, por petição, apresentada com 10 (dez) dias de antecedência, contados da data da audiência.

§ 6º Havendo litisconsórcio, o desinteresse na realização da audiência deve ser manifestado por todos os litisconsortes.

§ 7º A audiência de conciliação ou de mediação pode realizar-se por meio eletrônico, nos termos da lei.

§ 8º O não comparecimento injustificado do autor ou do réu à audiência de conciliação é considerado ato atentatório à dignidade da justiça e será sancionado com multa de até dois por cento da vantagem econômica pretendida ou do valor da causa, revertida em favor da União ou do Estado.

§ 9º As partes devem estar acompanhadas por seus advogados ou defensores públicos.

§ 10. A parte poderá constituir representante, por meio de procuração específica, com poderes para negociar e transigir.

§ 11. A autocomposição obtida será reduzida a termo e homologada por sentença.

§ 12. A pauta das audiências de conciliação ou de mediação será organizada de modo a respeitar o intervalo mínimo de 20 (vinte) minutos entre o início de uma e o início da seguinte.

CAPÍTULO VI
DA CONTESTAÇÃO

Art. 335. O réu poderá oferecer contestação, por petição, no prazo de 15 (quinze) dias, cujo termo inicial será a data:

I - da audiência de conciliação ou de mediação, ou da última sessão de conciliação, quando qualquer parte não comparecer ou, comparecendo, não houver autocomposição;

II - do protocolo do pedido de cancelamento da audiência de conciliação ou de mediação apresentado pelo réu, quando ocorrer a hipótese do art. 334, § 4º, inciso I;

III - prevista no art. 231, de acordo com o modo como foi feita a citação, nos demais casos.

§ 1º No caso de litisconsórcio passivo, ocorrendo a hipótese do art. 334, § 6º, o termo inicial previsto no inciso II será, para cada um dos réus, a data de apresentação de seu respectivo pedido de cancelamento da audiência.

§ 2º Quando ocorrer a hipótese do art. 334, § 4º, inciso II, havendo litisconsórcio passivo e o autor desistir da ação em relação a réu ainda não citado, o prazo para resposta correrá da data de intimação da decisão que homologar a desistência.

Art. 336. Incumbe ao réu alegar, na contestação, toda a matéria de defesa, expondo as razões de fato e de direito com que impugna o pedido do autor e especificando as provas que pretende produzir.

‣ art. 342, CPC.

Art. 337. Incumbe ao réu, antes de discutir o mérito, alegar:

‣ art. 351, CPC.

I - inexistência ou nulidade da citação;

‣ arts. 239 e 280, CPC.

II - incompetência absoluta e relativa;

‣ arts. 64 e 340, CPC.

III - incorreção do valor da causa;

‣ arts. 291 a 293, CPC.

IV - inépcia da petição inicial;

‣ art. 330, I, CPC.

V - perempção;

‣ art. 486, §3º, CPC.

VI - litispendência;

‣ art. 240, CPC.

VII - coisa julgada;

‣ arts. 502 a 508, CPC.

VIII - conexão;

‣ art. 55, CPC.

‣ Súm. 235, STJ.

IX - incapacidade da parte, defeito de representação ou falta de autorização;

‣ arts. 70 a 76, CPC.

X - convenção de arbitragem;

‣ Súm. 485, STJ.

‣ Lei 9.307/1996 (Arbitragem).

XI - ausência de legitimidade ou de interesse processual;

XII - falta de caução ou de outra prestação que a lei exige como preliminar;

‣ arts. 83, §1º, e 300, § 1º, CPC.

XIII - indevida concessão do benefício de gratuidade de justiça.

‣ art. 100, CPC.

‣ Lei 1.060/1950 (Assistência judiciária gratuita).

§ 1º Verifica-se a litispendência ou a coisa julgada quando se reproduz ação anteriormente ajuizada.

‣ art. 5º, XXXVI, CF.

§ 2º Uma ação é idêntica a outra quando possui as mesmas partes, a mesma causa de pedir e o mesmo pedido.

§ 3º Há litispendência quando se repete ação que está em curso.

§ 4º Há coisa julgada quando se repete ação que já foi decidida por decisão transitada em julgado.

§ 5º Excetuadas a convenção de arbitragem e a incompetência relativa, o juiz conhecerá de ofício das matérias enumeradas neste artigo.

- Lei 9.307/1996 (Arbitragem).

§ 6º A ausência de alegação da existência de convenção de arbitragem, na forma prevista neste Capítulo, implica aceitação da jurisdição estatal e renúncia ao juízo arbitral.

Art. 338. Alegando o réu, na contestação, ser parte ilegítima ou não ser o responsável pelo prejuízo invocado, o juiz facultará ao autor, em 15 (quinze) dias, a alteração da petição inicial para substituição do réu.

Parágrafo único. Realizada a substituição, o autor reembolsará as despesas e pagará os honorários ao procurador do réu excluído, que serão fixados entre três e cinco por cento do valor da causa ou, sendo este irrisório, nos termos do art. 85, § 8º.

Art. 339. Quando alegar sua ilegitimidade, incumbe ao réu indicar o sujeito passivo da relação jurídica discutida sempre que tiver conhecimento, sob pena de arcar com as despesas processuais e de indenizar o autor pelos prejuízos decorrentes da falta de indicação.

§ 1º O autor, ao aceitar a indicação, procederá, no prazo de 15 (quinze) dias, à alteração da petição inicial para a substituição do réu, observando-se, ainda, o parágrafo único do art. 338.

§ 2º No prazo de 15 (quinze) dias, o autor pode optar por alterar a petição inicial para incluir, como litisconsorte passivo, o sujeito indicado pelo réu.

Art. 340. Havendo alegação de incompetência relativa ou absoluta, a contestação poderá ser protocolada no foro de domicílio do réu, fato que será imediatamente comunicado ao juiz da causa, preferencialmente por meio eletrônico.

§ 1º A contestação será submetida a livre distribuição ou, se o réu houver sido citado por meio de carta precatória, juntada aos autos dessa carta, seguindo-se a sua imediata remessa para o juízo da causa.

§ 2º Reconhecida a competência do foro indicado pelo réu, o juízo para o qual for distribuída a contestação ou a carta precatória será considerado prevento.

§ 3º Alegada a incompetência nos termos do *caput*, será suspensa a realização da audiência de conciliação ou de mediação, se tiver sido designada.

§ 4º Definida a competência, o juízo competente designará nova data para a audiência de conciliação ou de mediação.

Art. 341. Incumbe também ao réu manifestar-se precisamente sobre as alegações de fato constantes da petição inicial, presumindo-se verdadeiras as não impugnadas, salvo se:

- art. 430, CPC.

I - não for admissível, a seu respeito, a confissão;

- art. 389, CPC.

II - a petição inicial não estiver acompanhada de instrumento que a lei considerar da substância do ato;

- arts. 108 e 215, CC.

III - estiverem em contradição com a defesa, considerada em seu conjunto.

Parágrafo único. O ônus da impugnação especificada dos fatos não se aplica ao defensor público, ao advogado dativo e ao curador especial.

Art. 342. Depois da contestação, só é lícito ao réu deduzir novas alegações quando:

I - relativas a direito ou a fato superveniente;
II - competir ao juiz conhecer delas de ofício;
III - por expressa autorização legal, puderem ser formuladas em qualquer tempo e grau de jurisdição.

CAPÍTULO VII
DA RECONVENÇÃO

Art. 343. Na contestação, é lícito ao réu propor reconvenção para manifestar pretensão própria, conexa com a ação principal ou com o fundamento da defesa.

- art. 16, § 3º, Lei 6.830/1980 (Execução Fiscal).
- art. 7º, Lei 9.289/1996 (Custas na Justiça Federal).
- Súm. 292, STJ; 258, STF.

§ 1º Proposta a reconvenção, o autor será intimado, na pessoa de seu advogado, para apresentar resposta no prazo de 15 (quinze) dias.

§ 2º A desistência da ação ou a ocorrência de causa extintiva que impeça o exame de seu mérito não obsta ao prosseguimento do processo quanto à reconvenção.

- arts. 90, 200, p.ún., CPC.

§ 3º A reconvenção pode ser proposta contra o autor e terceiro.

§ 4º A reconvenção pode ser proposta pelo réu em litisconsórcio com terceiro.

§ 5º Se o autor for substituto processual, o reconvinte deverá afirmar ser titular de direito em face do substituído, e a reconvenção deverá ser proposta em face do autor, também na qualidade de substituto processual.

§ 6º O réu pode propor reconvenção independentemente de oferecer contestação.

CAPÍTULO VIII
DA REVELIA

Art. 344. Se o réu não contestar a ação, será considerado revel e presumir-se-ão verdadeiras as alegações de fato formuladas pelo autor.

- arts. 348 e 355, II, CPC.

Art. 345. A revelia não produz o efeito mencionado no art. 344 se:

I - havendo pluralidade de réus, algum deles contestar a ação;
II - o litígio versar sobre direitos indisponíveis;
III - a petição inicial não estiver acompanhada de instrumento que a lei considere indispensável à prova do ato;
IV - as alegações de fato formuladas pelo autor forem inverossímeis ou estiverem em contradição com prova constante dos autos.

Art. 346. Os prazos contra o revel que não tenha patrono nos autos fluirão da data de publicação do ato decisório no órgão oficial.

Parágrafo único. O revel poderá intervir no processo em qualquer fase, recebendo-o no estado em que se encontrar.

- Súm. 231, STF.

CAPÍTULO IX
DAS PROVIDÊNCIAS PRELIMINARES E DO SANEAMENTO

Art. 347. Findo o prazo para a contestação, o juiz tomará, conforme o caso, as providências preliminares constantes das seções deste Capítulo.

SEÇÃO I
DA NÃO INCIDÊNCIA DOS EFEITOS DA REVELIA

Art. 348. Se o réu não contestar a ação, o juiz, verificando a inocorrência do efeito da revelia previsto no art. 344, ordenará que o autor especifique as provas que pretenda produzir, se ainda não as tiver indicado.

- art. 1.047, CPC.

Art. 349. Ao réu revel será lícita a produção de provas, contrapostas às alegações do autor, desde que se faça representar nos autos a tempo de praticar os atos processuais indispensáveis a essa produção.

SEÇÃO II
DO FATO IMPEDITIVO, MODIFICATIVO OU EXTINTIVO DO DIREITO DO AUTOR

Art. 350. Se o réu alegar fato impeditivo, modificativo ou extintivo do direito do autor, este será ouvido no prazo de 15 (quinze) dias, permitindo-lhe o juiz a produção de prova.

SEÇÃO III
DAS ALEGAÇÕES DO RÉU

Art. 351. Se o réu alegar qualquer das matérias enumeradas no art. 337, o juiz determinará a oitiva do autor no prazo de 15 (quinze) dias, permitindo-lhe a produção de prova.

Art. 352. Verificando a existência de irregularidades ou de vícios sanáveis, o juiz determinará sua correção em prazo nunca superior a 30 (trinta) dias.

Art. 353. Cumpridas as providências preliminares ou não havendo necessidade delas, o juiz proferirá julgamento conforme o estado do processo, observando o que dispõe o Capítulo X.

CAPÍTULO X
DO JULGAMENTO CONFORME O ESTADO DO PROCESSO

SEÇÃO I
DA EXTINÇÃO DO PROCESSO

Art. 354. Ocorrendo qualquer das hipóteses previstas nos arts. 485 e 487, incisos II e III, o juiz proferirá sentença.

Parágrafo único. A decisão a que se refere o *caput* pode dizer respeito a apenas parcela do processo, caso em que será impugnável por agravo de instrumento.

SEÇÃO II
DO JULGAMENTO ANTECIPADO DO MÉRITO

Art. 355. O juiz julgará antecipadamente o pedido, proferindo sentença com resolução de mérito, quando:

- art. 487, CPC.

I - não houver necessidade de produção de outras provas;

- arts. 369 a 484, CPC.

II - o réu for revel, ocorrer o efeito previsto no art. 344 e não houver requerimento de prova, na forma do art. 349.

- art. 550, § 4º, CPC.

SEÇÃO III
DO JULGAMENTO ANTECIPADO PARCIAL DO MÉRITO

Art. 356. O juiz decidirá parcialmente o mérito quando um ou mais dos pedidos formulados ou parcela deles:

I - mostrar-se incontroverso;

- art. 374, III, CPC.

II - estiver em condições de imediato julgamento, nos termos do art. 355.

§ 1º A decisão que julgar parcialmente o mérito poderá reconhecer a existência de obrigação líquida ou ilíquida.

§ 2º A parte poderá liquidar ou executar, desde logo, a obrigação reconhecida na decisão que julgar parcialmente o mérito, independentemente de caução, ainda que haja recurso contra essa interposto.

CPC

§ 3º Na hipótese do § 2º, se houver trânsito em julgado da decisão, a execução será definitiva.

§ 4º A liquidação e o cumprimento da decisão que julgar parcialmente o mérito poderão ser processados em autos suplementares, a requerimento da parte ou a critério do juiz.

§ 5º A decisão proferida com base neste artigo é impugnável por agravo de instrumento.

- art. 1.015, CPC.

SEÇÃO IV
DO SANEAMENTO E DA ORGANIZAÇÃO DO PROCESSO

Art. 357. Não ocorrendo nenhuma das hipóteses deste Capítulo, deverá o juiz, em decisão de saneamento e de organização do processo:

- Súm. 424, STJ.

I - resolver as questões processuais pendentes, se houver;
II - delimitar as questões de fato sobre as quais recairá a atividade probatória, especificando os meios de prova admitidos;
III - definir a distribuição do ônus da prova, observado o art. 373;
IV - delimitar as questões de direito relevantes para a decisão do mérito;
V - designar, se necessário, audiência de instrução e julgamento.

§ 1º Realizado o saneamento, as partes têm o direito de pedir esclarecimentos ou solicitar ajustes, no prazo comum de 5 (cinco) dias, findo o qual a decisão se torna estável.

§ 2º As partes podem apresentar ao juiz, para homologação, delimitação consensual das questões de fato e de direito a que se referem os incisos II e IV, a qual, se homologada, vincula as partes e o juiz.

§ 3º Se a causa apresentar complexidade em matéria de fato ou de direito, deverá o juiz designar audiência para que o saneamento seja feito em cooperação com as partes, oportunidade em que o juiz, se for o caso, convidará as partes a integrar ou esclarecer suas alegações.

§ 4º Caso tenha sido determinada a produção de prova testemunhal, o juiz fixará prazo comum não superior a 15 (quinze) dias para que as partes apresentem rol de testemunhas.

§ 5º Na hipótese do § 3º, as partes devem levar, para a audiência prevista, o respectivo rol de testemunhas.

§ 6º O número de testemunhas arroladas não pode ser superior a 10 (dez), sendo 3 (três), no máximo, para a prova de cada fato.

§ 7º O juiz poderá limitar o número de testemunhas levando em conta a complexidade da causa e dos fatos individualmente considerados.

§ 8º Caso tenha sido determinada a produção de prova pericial, o juiz deve observar o disposto no art. 465 e, se possível, estabelecer, desde logo, calendário para sua realização.

§ 9º As pautas deverão ser preparadas com intervalo mínimo de 1 (uma) hora entre as audiências.

CAPÍTULO XI
DA AUDIÊNCIA DE INSTRUÇÃO E JULGAMENTO

Art. 358. No dia e na hora designados, o juiz declarará aberta a audiência de instrução e julgamento e mandará apregoar as partes e os respectivos advogados, bem como outras pessoas que dela devam participar.

Art. 359. Instalada a audiência, o juiz tentará conciliar as partes, independentemente do emprego anterior de outros métodos de solução consensual de conflitos, como a mediação e a arbitragem.

- Lei 9.307/1996 (Arbitragem).

Art. 360. O juiz exerce o poder de polícia, incumbindo-lhe:

- art. 139, VII, 782, § 2º, 846, §2º, CPC.

I - manter a ordem e o decoro na audiência;
II - ordenar que se retirem da sala de audiência os que se comportarem inconvenientemente;
III - requisitar, quando necessário, força policial;
IV - tratar com urbanidade as partes, os advogados, os membros do Ministério Público e da Defensoria Pública e qualquer pessoa que participe do processo;
V - registrar em ata, com exatidão, todos os requerimentos apresentados em audiência.

Art. 361. As provas orais serão produzidas em audiência, ouvindo-se nesta ordem, preferencialmente:

I - o perito e os assistentes técnicos, que responderão aos quesitos de esclarecimentos requeridos no prazo e na forma do art. 477, caso não respondidos anteriormente por escrito;
II - o autor e, em seguida, o réu, que prestarão depoimentos pessoais;
III - as testemunhas arroladas pelo autor e pelo réu, que serão inquiridas.

Parágrafo único. Enquanto depuserem o perito, os assistentes técnicos, as partes e as testemunhas, não poderão os advogados e o Ministério Público intervir ou apartear, sem licença do juiz.

Art. 362. A audiência poderá ser adiada:

I - por convenção das partes;
II - se não puder comparecer, por motivo justificado, qualquer pessoa que dela deva necessariamente participar;
III - por atraso injustificado de seu início em tempo superior a 30 (trinta) minutos do horário marcado.

§ 1º O impedimento deverá ser comprovado até a abertura da audiência, e, não o sendo, o juiz procederá à instrução.

§ 2º O juiz poderá dispensar a produção das provas requeridas pela parte cujo advogado ou defensor público não tenha comparecido à audiência, aplicando-se a mesma regra ao Ministério Público.

§ 3º Quem der causa ao adiamento responderá pelas despesas acrescidas.

Art. 363. Havendo antecipação ou adiamento da audiência, o juiz, de ofício ou a requerimento da parte, determinará a intimação dos advogados ou da sociedade de advogados para ciência da nova designação.

Art. 364. Finda a instrução, o juiz dará a palavra ao advogado do autor e do réu, bem como ao membro do Ministério Público, se for o caso de sua intervenção, sucessivamente, pelo prazo de 20 (vinte) minutos para cada um, prorrogável por 10 (dez) minutos, a critério do juiz.

§ 1º Havendo litisconsorte ou terceiro interveniente, o prazo, que formará com o da prorrogação um só todo, dividir-se-á entre os do mesmo grupo, se não convencionarem de modo diverso.

§ 2º Quando a causa apresentar questões complexas de fato ou de direito, o debate oral poderá ser substituído por razões finais escritas, que serão apresentadas pelo autor e pelo réu, bem como pelo Ministério Público, se for o caso de sua intervenção, em prazos sucessivos de 15 (quinze) dias, assegurada vista dos autos.

Art. 365. A audiência é una e contínua, podendo ser excepcional e justificadamente cindida na ausência de perito ou de testemunha, desde que haja concordância das partes.

Parágrafo único. Diante da impossibilidade de realização da instrução, do debate e do julgamento no mesmo dia, o juiz marcará seu prosseguimento para a data mais próxima possível, em pauta preferencial.

Art. 366. Encerrado o debate ou oferecidas as razões finais, o juiz proferirá sentença em audiência ou no prazo de 30 (trinta) dias.

Art. 367. O servidor lavrará, sob ditado do juiz, termo que conterá, em resumo, o ocorrido na audiência, bem como, por extenso, os despachos, as decisões e a sentença, se proferida no ato.

§ 1º Quando o termo não for registrado em meio eletrônico, o juiz rubricar-lhe-á as folhas, que serão encadernadas em volume próprio.

§ 2º Subscreverão o termo o juiz, os advogados, o membro do Ministério Público e o escrivão ou chefe de secretaria, dispensadas as partes, exceto quando houver ato de disposição para cuja prática os advogados não tenham poderes.

§ 3º O escrivão ou chefe de secretaria trasladará para os autos cópia autêntica do termo de audiência.

§ 4º Tratando-se de autos eletrônicos, observar-se-á o disposto neste Código, em legislação específica e nas normas internas dos tribunais.

§ 5º A audiência poderá ser integralmente gravada em imagem e em áudio, em meio digital ou analógico, desde que assegure o rápido acesso das partes e dos órgãos julgadores, observada a legislação específica.

§ 6º A gravação a que se refere o § 5º também pode ser realizada diretamente por qualquer das partes, independentemente de autorização judicial.

Art. 368. A audiência será pública, ressalvadas as exceções legais.

CAPÍTULO XII
DAS PROVAS

- Dec. 9.039/2017 (Obtenção de provas no estrangeiro em matéria civil ou comercial).

SEÇÃO I
DISPOSIÇÕES GERAIS

Art. 369. As partes têm o direito de empregar todos os meios legais, bem como os moralmente legítimos, ainda que não especificados neste Código, para provar a verdade dos fatos em que se funda o pedido ou a defesa e influir eficazmente na convicção do juiz.

- art. 5º, LVI, CF.
- art. 212 a 232, CC.
- Lei 9.296/1966 (Interceptação telefônica).
- Súm. 231, STF.

Art. 370. Caberá ao juiz, de ofício ou a requerimento da parte, determinar as provas necessárias ao julgamento do mérito.

- art. 1.047, CPC.

Parágrafo único. O juiz indeferirá, em decisão fundamentada, as diligências inúteis ou meramente protelatórias.

Art. 371. O juiz apreciará a prova constante dos autos, independentemente do sujeito que a tiver promovido, e indicará na decisão as razões da formação de seu convencimento.

- art. 93, IX, CF.

Art. 372. O juiz poderá admitir a utilização de prova produzida em outro processo, atribuindo-lhe o valor que considerar adequado, observado o contraditório.

- art. 5º, LV, CF.

Art. 373. O ônus da prova incumbe:

- arts. 38 e 51, VI, CDC.

I - ao autor, quanto ao fato constitutivo de seu direito;
II - ao réu, quanto à existência de fato impeditivo, modificativo ou extintivo do direito do autor.

- Súm. 461, TST.

§ 1º Nos casos previstos em lei ou diante de peculiaridades da causa relacionadas à impossibilidade ou à excessiva dificuldade de cumprir o encargo nos termos do *caput* ou à maior facilidade de obtenção da prova do fato contrário, poderá o juiz atribuir o ônus da prova de modo diverso, desde que o faça por decisão fundamentada, caso em que deverá dar à parte a oportunidade de se desincumbir do ônus que lhe foi atribuído.

‣ art. 6º, VIII, CDC.

§ 2º A decisão prevista no § 1º deste artigo não pode gerar situação em que a desincumbência do encargo pela parte seja impossível ou excessivamente difícil.

§ 3º A distribuição diversa do ônus da prova também pode ocorrer por convenção das partes, salvo quando:

I - recair sobre direito indisponível da parte;
II - tornar excessivamente difícil a uma parte o exercício do direito.

§ 4º A convenção de que trata o § 3º pode ser celebrada antes ou durante o processo.

Art. 374. Não dependem de prova os fatos:

I - notórios;
II - afirmados por uma parte e confessados pela parte contrária;
III - admitidos no processo como incontroversos;
IV - em cujo favor milita presunção legal de existência ou de veracidade.

Art. 375. O juiz aplicará as regras de experiência comum subministradas pela observação do que ordinariamente acontece e, ainda, as regras de experiência técnica, ressalvado, quanto a estas, o exame pericial.

Art. 376. A parte que alegar direito municipal, estadual, estrangeiro ou consuetudinário provar-lhe-á o teor e a vigência, se assim o juiz determinar.

‣ art. 14, LINDB.

Art. 377. A carta precatória, a carta rogatória e o auxílio direto suspenderão o julgamento da causa no caso previsto no art. 313, inciso V, alínea "b", quando, tendo sido requeridos antes da decisão de saneamento, a prova neles solicitada for imprescindível.

‣ arts. 36, 69, I, 260 a 268, CPC.

Parágrafo único. A carta precatória e a carta rogatória não devolvidas no prazo ou concedidas sem efeito suspensivo poderão ser juntadas aos autos a qualquer momento.

Art. 378. Ninguém se exime do dever de colaborar com o Poder Judiciário para o descobrimento da verdade.

Art. 379. Preservado o direito de não produzir prova contra si própria, incumbe à parte:

I - comparecer em juízo, respondendo ao que lhe for interrogado;
II - colaborar com o juízo na realização de inspeção judicial que for considerada necessária;
III - praticar o ato que lhe for determinado.

‣ art. 5º, II, CF.

Art. 380. Incumbe ao terceiro, em relação a qualquer causa:

I - informar ao juiz os fatos e as circunstâncias de que tenha conhecimento;

‣ art. 5º, XIV, CF.

II - exibir coisa ou documento que esteja em seu poder.

Parágrafo único. Poderá o juiz, em caso de descumprimento, determinar, além da imposição de multa, outras medidas indutivas, coercitivas, mandamentais ou sub-rogatórias.

SEÇÃO II
DA PRODUÇÃO ANTECIPADA DA PROVA

Art. 381. A produção antecipada da prova será admitida nos casos em que:

I - haja fundado receio de que venha a tornar-se impossível ou muito difícil a verificação de certos fatos na pendência da ação;
II - a prova a ser produzida seja suscetível de viabilizar a autocomposição ou outro meio adequado de solução de conflito;
III - o prévio conhecimento dos fatos possa justificar ou evitar o ajuizamento de ação.

§ 1º O arrolamento de bens observará o disposto nesta Seção quando tiver por finalidade apenas a realização de documentação e não a prática de atos de apreensão.

§ 2º A produção antecipada da prova é da competência do juízo do foro onde esta deva ser produzida ou do foro de domicílio do réu.

§ 3º A produção antecipada da prova não previne a competência do juízo para a ação que venha a ser proposta.

§ 4º O juízo estadual tem competência para produção antecipada de prova requerida em face da União, de entidade autárquica ou de empresa pública federal se, na localidade, não houver vara federal.

‣ art. 109, § 3º, CF.

§ 5º Aplica-se o disposto nesta Seção àquele que pretender justificar a existência de algum fato ou relação jurídica para simples documento e sem caráter contencioso, que exporá, em petição circunstanciada, a sua intenção.

Art. 382. Na petição, o requerente apresentará as razões que justificam a necessidade de antecipação da prova e mencionará com precisão os fatos sobre os quais a prova há de recair.

§ 1º O juiz determinará, de ofício ou a requerimento da parte, a citação de interessados na produção da prova ou no fato a ser provado, salvo se inexistente caráter contencioso.

§ 2º O juiz não se pronunciará sobre a ocorrência ou a inocorrência do fato, nem sobre as respectivas consequências jurídicas.

§ 3º Os interessados poderão requerer a produção de qualquer prova no mesmo procedimento, desde que relacionada ao mesmo fato, salvo se a sua produção conjunta acarretar excessiva demora.

§ 4º Neste procedimento, não se admitirá defesa ou recurso, salvo contra decisão que indeferir totalmente a produção da prova pleiteada pelo requerente originário.

Art. 383. Os autos permanecerão em cartório durante 1 (um) mês para extração de cópias e certidões pelos interessados.

Parágrafo único. Findo o prazo, os autos serão entregues ao promovente da medida.

SEÇÃO III
DA ATA NOTARIAL

Art. 384. A existência e o modo de existir de algum fato podem ser atestados ou documentados, a requerimento do interessado, mediante ata lavrada por tabelião.

‣ art. 236, CF.
‣ art. 215, CC.
‣ art. 7º, III, Lei 8.935/1994 (Lei dos Cartórios).

Parágrafo único. Dados representados por imagem ou som gravados em arquivos eletrônicos poderão constar da ata notarial.

SEÇÃO IV
DO DEPOIMENTO PESSOAL

Art. 385. Cabe à parte requerer o depoimento pessoal da outra parte, a fim de que esta seja interrogada na audiência de instrução e julgamento, sem prejuízo do poder do juiz de ordená-lo de ofício.

§ 1º Se a parte, pessoalmente intimada para prestar depoimento pessoal e advertida da pena de confesso, não comparecer ou, comparecendo, se recusar a depor, o juiz aplicar-lhe-á a pena.

§ 2º É vedado a quem ainda não depôs assistir ao interrogatório da outra parte.

§ 3º O depoimento pessoal da parte que residir em comarca, seção ou subseção judiciária diversa daquela onde tramita o processo poderá ser colhido por meio de videoconferência ou outro recurso tecnológico de transmissão de sons e imagens em tempo real, o que poderá ocorrer, inclusive, durante a realização da audiência de instrução e julgamento.

Art. 386. Quando a parte, sem motivo justificado, deixar de responder ao que lhe for perguntado ou empregar evasivas, o juiz, apreciando as demais circunstâncias e os elementos de prova, declarará, na sentença, se houve recusa de depor.

Art. 387. A parte responderá pessoalmente sobre os fatos articulados, não podendo servir-se de escritos anteriormente preparados, permitindo-lhe o juiz, todavia, a consulta a notas breves, desde que objetivem completar esclarecimentos.

Art. 388. A parte não é obrigada a depor sobre fatos:

I - criminosos ou torpes que lhe forem imputados;
II - a cujo respeito, por estado ou profissão, deva guardar sigilo;

‣ art. 154, CP.

III - acerca dos quais não possa responder sem desonra própria, de seu cônjuge, de seu companheiro ou de parente em grau sucessível;
IV - que coloquem em perigo a vida do depoente ou das pessoas referidas no inciso III.

Parágrafo único. Esta disposição não se aplica às ações de estado e de família.

SEÇÃO V
DA CONFISSÃO

Art. 389. Há confissão, judicial ou extrajudicial, quando a parte admite a verdade de fato contrário ao seu interesse e favorável ao do adversário.

‣ art. 212, I, CC.

Art. 390. A confissão judicial pode ser espontânea ou provocada.

§ 1º A confissão espontânea pode ser feita pela própria parte ou por representante com poder especial.

§ 2º A confissão provocada constará do termo de depoimento pessoal.

Art. 391. A confissão judicial faz prova contra o confitente, não prejudicando, todavia, os litisconsortes.

Parágrafo único. Nas ações que versarem sobre bens imóveis ou direitos reais sobre imóveis alheios, a confissão de um cônjuge ou companheiro não valerá sem a do outro, salvo se o regime de casamento for o de separação absoluta de bens.

‣ arts. 1.687 e 1.688, CC.

Art. 392. Não vale como confissão a admissão, em juízo, de fatos relativos a direitos indisponíveis.

§ 1º A confissão será ineficaz se feita por quem não for capaz de dispor do direito a que se referem os fatos confessados.

§ 2º A confissão feita por um representante somente é eficaz nos limites em que este pode vincular o representado.

Art. 393. A confissão é irrevogável, mas pode ser anulada se decorreu de erro de fato ou de coação.

‣ art. 214, CC.

Parágrafo único. A legitimidade para a ação prevista no *caput* é exclusiva do confitente e pode ser transferida a seus herdeiros se ele falecer após a propositura.

Art. 394. A confissão extrajudicial, quando feita oralmente, só terá eficácia nos casos em que a lei não exija prova literal.

Art. 395. A confissão é, em regra, indivisível, não podendo a parte que a quiser invocar como prova aceitá-la no tópico que a beneficiar e rejeitá-la no que lhe for desfavorável, porém cindir-se-á quando o confitente a ela aduzir fatos novos, capazes de constituir fundamento de defesa de direito material ou de reconvenção.

SEÇÃO VI
DA EXIBIÇÃO DE DOCUMENTO OU COISA

‣ art. 1.015, VI, CPC.

Art. 396. O juiz pode ordenar que a parte exiba documento ou coisa que se encontre em seu poder.

Art. 397. O pedido formulado pela parte conterá:

I - a individuação, tão completa quanto possível, do documento ou da coisa;

II - a finalidade da prova, indicando os fatos que se relacionam com o documento ou com a coisa;

III - as circunstâncias em que se funda o requerente para afirmar que o documento ou a coisa existe e se acha em poder da parte contrária.

Art. 398. O requerido dará sua resposta nos 5 (cinco) dias subsequentes à sua intimação.

Parágrafo único. Se o requerido afirmar que não possui o documento ou a coisa, o juiz permitirá que o requerente prove, por qualquer meio, que a declaração não corresponde à verdade.

Art. 399. O juiz não admitirá a recusa se:

I - o requerido tiver obrigação legal de exibir;

‣ art. 195, CTN.

II - o requerido tiver aludido ao documento ou à coisa, no processo, com o intuito de constituir prova;

III - o documento, por seu conteúdo, for comum às partes.

Art. 400. Ao decidir o pedido, o juiz admitirá como verdadeiros os fatos que, por meio do documento ou da coisa, a parte pretendia provar se:

I - o requerido não efetuar a exibição nem fizer nenhuma declaração no prazo do art. 398;

II - a recusa for havida por ilegítima.

Parágrafo único. Sendo necessário, o juiz pode adotar medidas indutivas, coercitivas, mandamentais ou sub-rogatórias para que o documento seja exibido.

‣ arts. 139, IV, e 380, p.ún., e 403, p.ún., CPC.

Art. 401. Quando o documento ou a coisa estiver em poder de terceiro, o juiz ordenará sua citação para responder no prazo de 15 (quinze) dias.

Art. 402. Se o terceiro negar a obrigação de exibir ou a posse do documento ou da coisa, o juiz designará audiência especial, tomando-lhe o depoimento, bem como o das partes e, se necessário, o de testemunhas, e em seguida proferirá decisão.

Art. 403. Se o terceiro, sem justo motivo, se recusar a efetuar a exibição, o juiz ordenar-lhe-á que proceda ao respectivo depósito em cartório ou em outro lugar designado, no prazo de 5 (cinco) dias, impondo ao requerente que o ressarça pelas despesas que tiver.

Parágrafo único. Se o terceiro descumprir a ordem, o juiz expedirá mandado de apreensão, requisitando, se necessário, força policial, sem prejuízo da responsabilidade por crime de desobediência, pagamento de multa e outras medidas indutivas, coercitivas, mandamentais ou sub-rogatórias necessárias para assegurar a efetivação da decisão.

‣ arts. 139, IV, e 360, III, CPC.

‣ art. 330, CP.

Art. 404. A parte e o terceiro se escusam de exibir, em juízo, o documento ou a coisa se:

I - concernente a negócios da própria vida da família;

II - sua apresentação puder violar dever de honra;

‣ art. 5º, X, CF.

III - sua publicidade redundar em desonra à parte ou ao terceiro, bem como a seus parentes consanguíneos ou afins até o terceiro grau, ou lhes representar perigo de ação penal;

IV - sua exibição acarretar a divulgação de fatos a cujo respeito, por estado ou profissão, devam guardar segredo;

‣ art. 5º, XIV, CF.

‣ art. 154, CP.

‣ art. 8º, § 2º, Lei 7.347/1985 (Ação Civil Pública).

‣ art. 34, VII, Estatuto da OAB.

V - subsistirem outros motivos graves que, segundo o prudente arbítrio do juiz, justifiquem a recusa da exibição;

VI - houver disposição legal que justifique a recusa da exibição.

Parágrafo único. Se os motivos de que tratam os incisos I a VI do *caput* disserem respeito a apenas uma parcela do documento, a parte ou o terceiro exibirá a outra em cartório, para dela ser extraída cópia reprográfica, de tudo sendo lavrado auto circunstanciado.

SEÇÃO VII
DA PROVA DOCUMENTAL

SUBSEÇÃO I
DA FORÇA PROBANTE DOS DOCUMENTOS

Art. 405. O documento público faz prova não só da sua formação, mas também dos fatos que o escrivão, o chefe de secretaria, o tabelião ou o servidor declarar que ocorreram em sua presença.

‣ art. 215, CC.

Art. 406. Quando a lei exigir instrumento público como da substância do ato, nenhuma outra prova, por mais especial que seja, pode suprir-lhe a falta.

‣ arts. 108 e 215, CC.

Art. 407. O documento feito por oficial público incompetente ou sem a observância das formalidades legais, sendo subscrito pelas partes, tem a mesma eficácia probatória do documento particular.

Art. 408. As declarações constantes do documento particular escrito e assinado ou somente assinado presumem-se verdadeiras em relação ao signatário.

‣ art. 219, CC.

Parágrafo único. Quando, todavia, contiver declaração de ciência de determinado fato, o documento particular prova a ciência, mas não o fato em si, incumbindo o ônus de prová-lo ao interessado em sua veracidade.

Art. 409. A data do documento particular, quando a seu respeito surgir dúvida ou impugnação entre os litigantes, provar-se-á por todos os meios de direito.

Parágrafo único. Em relação a terceiros, considerar-se-á datado o documento particular:

I - no dia em que foi registrado;

II - desde a morte de algum dos signatários;

III - a partir da impossibilidade física que sobreveio a qualquer dos signatários;

IV - da sua apresentação em repartição pública ou em juízo;

V - do ato ou do fato que estabeleça, de modo certo, a anterioridade da formação do documento.

Art. 410. Considera-se autor do documento particular:

I - aquele que o fez e o assinou;

II - aquele por conta de quem ele foi feito, estando assinado;

III - aquele que, mandando compô-lo, não o firmou porque, conforme a experiência comum, não se costuma assinar, como livros empresariais e assentos domésticos.

Art. 411. Considera-se autêntico o documento quando:

I - o tabelião reconhecer a firma do signatário;

II - a autoria estiver identificada por qualquer outro meio legal de certificação, inclusive eletrônico, nos termos da lei;

III - não houver impugnação da parte contra quem foi produzido o documento.

Art. 412. O documento particular de cuja autenticidade não se duvida prova que o seu autor fez a declaração que lhe é atribuída.

Parágrafo único. O documento particular admitido expressa ou tacitamente é indivisível, sendo vedado à parte que pretende utilizar-se dele aceitar os fatos que lhe são favoráveis e recusar os que são contrários ao seu interesse, salvo se provar que estes não ocorreram.

Art. 413. O telegrama, o radiograma ou qualquer outro meio de transmissão tem a mesma força probatória do documento particular se o original constante da estação expedidora tiver sido assinado pelo remetente.

‣ art. 222, CC.

Parágrafo único. A firma do remetente poderá ser reconhecida pelo tabelião, declarando-se essa circunstância no original depositado na estação expedidora.

Art. 414. O telegrama ou o radiograma presume-se conforme com o original, provando as datas de sua expedição e de seu recebimento pelo destinatário.

Art. 415. As cartas e os registros domésticos provam contra quem os escreveu quando:

I - enunciam o recebimento de um crédito;

II - contêm anotação que visa a suprir a falta de título em favor de quem é apontado como credor;

III - expressam conhecimento de fatos para os quais não se exija determinada prova.

‣ art. 219, CC.

Art. 416. A nota escrita pelo credor em qualquer parte de documento representativo de obrigação, ainda que não assinada, faz prova em benefício do devedor.

‣ art. 112, CC.

Parágrafo único. Aplica-se essa regra tanto para o documento que o credor conservar em seu poder quanto para aquele que se achar em poder do devedor ou de terceiro.

Art. 417. Os livros empresariais provam contra seu autor, sendo lícito ao empresário, todavia, demonstrar, por todos os meios permitidos em direito, que os lançamentos não correspondem à verdade dos fatos.

‣ art. 19, Lei 5.474/1968 (Lei da duplicata).

Art. 418. Os livros empresariais que preencham os requisitos exigidos por lei provam a favor de seu autor no litígio entre empresários.

‣ art. 226, CC.

Art. 419. A escrituração contábil é indivisível, e, se dos fatos que resultam dos lançamentos, uns são favoráveis ao interesse de seu autor e outros lhe são contrários, ambos serão considerados em conjunto, como unidade.

Art. 420. O juiz pode ordenar, a requerimento da parte, a exibição integral dos livros empresariais e dos documentos do arquivo:

- art. 105, Lei 6.404/1976 (Lei da sociedade anônima).
- art. 22, Lei 11.101/2005 (Lei de falência).

I - na liquidação de sociedade;
II - na sucessão por morte de sócio;
III - quando e como determinar a lei.

Art. 421. O juiz pode, de ofício, ordenar à parte a exibição parcial dos livros e dos documentos, extraindo-se deles a suma que interessar ao litígio, bem como reproduções autenticadas.

- Súm. 260, STF.

Art. 422. Qualquer reprodução mecânica, como a fotográfica, a cinematográfica, a fonográfica ou de outra espécie, tem aptidão para fazer prova dos fatos ou das coisas representadas, se a sua conformidade com o documento original não for impugnada por aquele contra quem foi produzida.

- art. 225, CC.

§ 1º As fotografias digitais e as extraídas da rede mundial de computadores fazem prova das imagens que reproduzem, devendo, se impugnadas, ser apresentada a respectiva autenticação eletrônica ou, não sendo possível, realizada perícia.

§ 2º Se se tratar de fotografia publicada em jornal ou revista, será exigido um exemplar original do periódico, caso impugnada a veracidade pela outra parte.

§ 3º Aplica-se o disposto neste artigo à forma impressa de mensagem eletrônica.

Art. 423. As reproduções dos documentos particulares, fotográficas ou obtidas por outros processos de repetição, valem como certidões sempre que o escrivão ou o chefe de secretaria certificar sua conformidade com o original.

Art. 424. A cópia de documento particular tem o mesmo valor probante que o original, cabendo ao escrivão, intimadas as partes, proceder à conferência e certificar a conformidade entre a cópia e o original.

Art. 425. Fazem a mesma prova que os originais:

I - as certidões textuais de qualquer peça dos autos, do protocolo das audiências ou de outro livro a cargo do escrivão ou do chefe de secretaria, se extraídas por ele ou sob sua vigilância e por ele subscritas;

- art. 216, CC.

II - os traslados e as certidões extraídas por oficial público de instrumentos ou documentos lançados em suas notas;

- arts. 217 e 218, CC.
- art. 161, Lei 6.015/1973 (Lei de registros públicos).

III - as reproduções dos documentos públicos, desde que autenticadas por oficial público ou conferidas em cartório com os respectivos originais;
IV - as cópias reprográficas de peças do próprio processo judicial declaradas autênticas pelo advogado, sob sua responsabilidade pessoal, se não lhes for impugnada a autenticidade;
V - os extratos digitais de bancos de dados públicos e privados, desde que atestado pelo seu emitente, sob as penas da lei, que as informações conferem com o que consta na origem;
VI - as reproduções digitalizadas de qualquer documento público ou particular, quando juntadas aos autos pelos órgãos da justiça e seus auxiliares, pelo Ministério Público e seus auxiliares, pela Defensoria Pública e seus auxiliares, pelas procuradorias, pelas repartições públicas em geral e por advogados, ressalvada a alegação motivada e fundamentada de adulteração.

§ 1º Os originais dos documentos digitalizados mencionados no inciso VI deverão ser preservados pelo seu detentor até o final do prazo para propositura de ação rescisória.

§ 2º Tratando-se de cópia digital de título executivo extrajudicial ou de documento relevante à instrução do processo, o juiz poderá determinar seu depósito em cartório ou secretaria.

Art. 426. O juiz apreciará fundamentadamente a fé que deva merecer o documento, quando em ponto substancial e sem ressalva contiver entrelinha, emenda, borrão ou cancelamento.

Art. 427. Cessa a fé do documento público ou particular sendo-lhe declarada judicialmente a falsidade.

Parágrafo único. A falsidade consiste em:

I - formar documento não verdadeiro;
II - alterar documento verdadeiro.

Art. 428. Cessa a fé do documento particular quando:

I - for impugnada sua autenticidade e enquanto não se comprovar sua veracidade;
II - assinado em branco, for impugnado seu conteúdo, por preenchimento abusivo.

Parágrafo único. Dar-se-á abuso quando aquele que recebeu documento assinado com texto não escrito no todo ou em parte formá-lo ou completá-lo por si ou por meio de outrem, violando o pacto feito com o signatário.

Art. 429. Incumbe o ônus da prova quando:

I - se tratar de falsidade de documento ou de preenchimento abusivo, à parte que a arguir;

- art. 373, CPC.

II - se tratar de impugnação da autenticidade, à parte que produziu o documento.

- arts. 412 e 428, I, CPC.

SUBSEÇÃO II
DA ARGUIÇÃO DE FALSIDADE

Art. 430. A falsidade deve ser suscitada na contestação, na réplica ou no prazo de 15 (quinze) dias, contado a partir da intimação da juntada do documento aos autos.

Parágrafo único. Uma vez arguida, a falsidade será resolvida como questão incidental, salvo se a parte requerer que o juiz a decida como questão principal, nos termos do inciso II do art. 19.

Art. 431. A parte arguirá a falsidade expondo os motivos em que funda a sua pretensão e os meios com que provará o alegado.

Art. 432. Depois de ouvida a outra parte no prazo de 15 (quinze) dias, será realizado o exame pericial.

- art. 478, CPC.

Parágrafo único. Não se procederá ao exame pericial se a parte que produziu o documento concordar em retirá-lo.

Art. 433. A declaração sobre a falsidade do documento, quando suscitada como questão principal, constará da parte dispositiva da sentença e sobre ela incidirá também a autoridade da coisa julgada.

SUBSEÇÃO III
DA PRODUÇÃO DA PROVA DOCUMENTAL

Art. 434. Incumbe à parte instruir a petição inicial ou a contestação com os documentos destinados a provar suas alegações.

Parágrafo único. Quando o documento consistir em reprodução cinematográfica ou fonográfica, a parte deverá trazê-lo nos termos do *caput*, mas sua exposição será realizada em audiência, intimando-se previamente as partes.

Art. 435. É lícito às partes, em qualquer tempo, juntar aos autos documentos novos, quando destinados a fazer prova de fatos ocorridos depois dos articulados ou para contrapô-los aos que foram produzidos nos autos.

Parágrafo único. Admite-se também a juntada posterior de documentos formados após a petição inicial ou a contestação, bem como dos que se tornaram conhecidos, acessíveis ou disponíveis após esses atos, cabendo à parte que os produzir comprovar o motivo que a impediu de juntá-los anteriormente e incumbindo ao juiz, em qualquer caso, avaliar a conduta da parte de acordo com o art. 5º.

Art. 436. A parte, intimada a falar sobre documento constante dos autos, poderá:

I - impugnar a admissibilidade da prova documental;
II - impugnar sua autenticidade;
III - suscitar sua falsidade, com ou sem deflagração do incidente de arguição de falsidade;
IV - manifestar-se sobre seu conteúdo.

Parágrafo único. Nas hipóteses dos incisos II e III, a impugnação deverá basear-se em argumentação específica, não se admitindo alegação genérica de falsidade.

Art. 437. O réu manifestar-se-á na contestação sobre os documentos anexados à inicial, e o autor manifestar-se-á na réplica sobre os documentos anexados à contestação.

§ 1º Sempre que uma das partes requerer a juntada de documento aos autos, o juiz ouvirá, a seu respeito, a outra parte, que disporá do prazo de 15 (quinze) dias para adotar qualquer das posturas indicadas no art. 436.

§ 2º Poderá o juiz, a requerimento da parte, dilatar o prazo para manifestação sobre a prova documental produzida, levando em consideração a quantidade e a complexidade da documentação.

Art. 438. O juiz requisitará às repartições públicas, em qualquer tempo ou grau de jurisdição:

- art. 5º, XXXIII e XXXIV, b, CF.

I - as certidões necessárias à prova das alegações das partes;

- art. 1º, § 6º, Lei 4.717/1965 (Ação Popular).
- art. 8º, Lei 7.347/1985 (Ação Civil Pública).

II - os procedimentos administrativos nas causas em que forem interessados a União, os Estados, o Distrito Federal, os Municípios ou entidades da administração indireta.

- art. 41, p.ún., Lei 6.830/1980 (Execução Fiscal).

§ 1º Recebidos os autos, o juiz mandará extrair, no prazo máximo e improrrogável de 1 (um) mês, certidões ou reproduções fotográficas das peças que indicar e das que forem indicadas pelas partes, e, em seguida, devolverá os autos à repartição de origem.

§ 2º As repartições públicas poderão fornecer todos os documentos em meio eletrônico, conforme disposto em lei, certificando, pelo mesmo meio, que se trata de extrato fiel do que consta em seu banco de dados ou no documento digitalizado.

SEÇÃO VIII
DOS DOCUMENTOS ELETRÔNICOS

Art. 439. A utilização de documentos eletrônicos no processo convencional dependerá de sua conversão à forma impressa e da verificação de sua autenticidade, na forma da lei.

Art. 440. O juiz apreciará o valor probante do documento eletrônico não convertido, assegurado às partes o acesso ao seu teor.

Art. 441. Serão admitidos documentos eletrônicos produzidos e conservados com a observância da legislação específica.

SEÇÃO IX
DA PROVA TESTEMUNHAL

SUBSEÇÃO I
DA ADMISSIBILIDADE E DO VALOR DA PROVA TESTEMUNHAL

Art. 442. A prova testemunhal é sempre admissível, não dispondo a lei de modo diverso.

Art. 443. O juiz indeferirá a inquirição de testemunhas sobre fatos:

I - já provados por documento ou confissão da parte;

II - que só por documento ou por exame pericial puderem ser provados.

Art. 444. Nos casos em que a lei exigir prova escrita da obrigação, é admissível a prova testemunhal quando houver começo de prova por escrito, emanado da parte contra a qual se pretende produzir a prova.

Art. 445. Também se admite a prova testemunhal quando o credor não pode ou não podia, moral ou materialmente, obter a prova escrita da obrigação, em casos como o de parentesco, de depósito necessário ou de hospedagem em hotel ou em razão das práticas comerciais do local onde contraída a obrigação.

Art. 446. É lícito à parte provar com testemunhas:

I - nos contratos simulados, a divergência entre a vontade real e a vontade declarada;

- art. 167, § 1º, CC.

II - nos contratos em geral, os vícios de consentimento.

- arts. 138 a 157, CC.

Art. 447. Podem depor como testemunhas todas as pessoas, exceto as incapazes, impedidas ou suspeitas.

- art. 829, CLT.

§ 1º São incapazes:

I - o interdito por enfermidade ou deficiência mental;

II - o que, acometido por enfermidade ou retardamento mental, ao tempo em que ocorreram os fatos, não podia discerni-los, ou, ao tempo em que deve depor, não está habilitado a transmitir as percepções;

III - o que tiver menos de 16 (dezesseis) anos;

IV - o cego e o surdo, quando a ciência do fato depender dos sentidos que lhes faltam.

§ 2º São impedidos:

I - o cônjuge, o companheiro, o ascendente e o descendente em qualquer grau e o colateral, até o terceiro grau, de alguma das partes, por consanguinidade ou afinidade, salvo se o exigir o interesse público ou, tratando-se de causa relativa ao estado da pessoa, não se puder obter de outro modo a prova que o juiz repute necessária ao julgamento do mérito;

II - o que é parte na causa;

III - o que intervém em nome de uma parte, como o tutor, o representante legal da pessoa jurídica, o juiz, o advogado e outros que assistam ou tenham assistido as partes.

§ 3º São suspeitos:

I - o inimigo da parte ou o seu amigo íntimo;

II - o que tiver interesse no litígio.

§ 4º Sendo necessário, pode o juiz admitir o depoimento das testemunhas menores, impedidas ou suspeitas.

- art. 228, CC.

§ 5º Os depoimentos referidos no § 4º serão prestados independentemente de compromisso, e o juiz lhes atribuirá o valor que possam merecer.

Art. 448. A testemunha não é obrigada a depor sobre fatos:

I - que lhe acarretem grave dano, bem como ao seu cônjuge ou companheiro e aos seus parentes consanguíneos ou afins, em linha reta ou colateral, até o terceiro grau;

II - a cujo respeito, por estado ou profissão, deva guardar sigilo.

- art. 5º XIV, CF.
- arts. 153 e 154, CP.
- art. 207, CPP.
- arts. 116, VIII; e 132, IX, Lei 8.112/1990 (Lei dos servidores públicos).
- art. 7º, XIX, Estatuto da OAB.

Art. 449. Salvo disposição especial em contrário, as testemunhas devem ser ouvidas na sede do juízo.

Parágrafo único. Quando a parte ou a testemunha, por enfermidade ou por outro motivo relevante, estiver impossibilitada de comparecer, mas não de prestar depoimento, o juiz designará, conforme as circunstâncias, dia, hora e lugar para inquiri-la.

SUBSEÇÃO II
DA PRODUÇÃO DA PROVA TESTEMUNHAL

Art. 450. O rol de testemunhas conterá, sempre que possível, o nome, a profissão, o estado civil, a idade, o número de inscrição no Cadastro de Pessoas Físicas, o número de registro de identidade e o endereço completo da residência e do local de trabalho.

- art. 357, §4º, CPC.

Art. 451. Depois de apresentado o rol de que tratam os §§ 4º e 5º do art. 357, a parte só pode substituir a testemunha:

I - que falecer;

II - que, por enfermidade, não estiver em condições de depor;

III - que, tendo mudado de residência ou de local de trabalho, não for encontrada.

Art. 452. Quando for arrolado como testemunha, o juiz da causa:

I - declarar-se-á impedido, se tiver conhecimento de fatos que possam influir na decisão, caso em que será vedado à parte que o incluiu no rol desistir de seu depoimento;

II - se nada souber, mandará excluir o seu nome.

Art. 453. As testemunhas depõem, na audiência de instrução e julgamento, perante o juiz da causa, exceto:

I - as que prestam depoimento antecipadamente;

II - as que são inquiridas por carta.

§ 1º A oitiva de testemunha que residir em comarca, seção ou subseção judiciária diversa daquela onde tramita o processo poderá ser realizada por meio de videoconferência ou outro recurso tecnológico de transmissão e recepção de sons e imagens em tempo real, o que poderá ocorrer, inclusive, durante a audiência de instrução e julgamento.

§ 2º Os juízos deverão manter equipamento para a transmissão e recepção de sons e imagens a que se refere o § 1º.

Art. 454. São inquiridos em sua residência ou onde exercem sua função:

I - o presidente e o vice-presidente da República;

II - os ministros de Estado;

III - os ministros do Supremo Tribunal Federal, os conselheiros do Conselho Nacional de Justiça e os ministros do Superior Tribunal de Justiça, do Superior Tribunal Militar, do Tribunal Superior Eleitoral, do Tribunal Superior do Trabalho e do Tribunal de Contas da União;

IV - o procurador-geral da República e os conselheiros do Conselho Nacional do Ministério Público;

V - o advogado-geral da União, o procurador-geral do Estado, o procurador-geral do Município, o defensor público-geral federal e o defensor público-geral do Estado;

VI - os senadores e os deputados federais;

VII - os governadores dos Estados e do Distrito Federal;

VIII - o prefeito;

IX - os deputados estaduais e distritais;

X - os desembargadores dos Tribunais de Justiça, dos Tribunais Regionais Federais, dos Tribunais Regionais do Trabalho e dos Tribunais Regionais Eleitorais e os conselheiros dos Tribunais de Contas dos Estados e do Distrito Federal;

- art. 33, I, LC 35/1979 (Lei Orgânica da Magistratura Nacional).

XI - o procurador-geral de justiça;

- art. 40, I, Lei 8.625/1993 (Lei Orgânica do Ministério Público).

XII - o embaixador de país que, por lei ou tratado, concede idêntica prerrogativa a agente diplomático do Brasil.

§ 1º O juiz solicitará à autoridade que indique dia, hora e local a fim de ser inquirida, remetendo-lhe cópia da petição inicial ou da defesa oferecida pela parte que a arrolou como testemunha.

§ 2º Passado 1 (um) mês sem manifestação da autoridade, o juiz designará dia, hora e local para o depoimento, preferencialmente na sede do juízo.

§ 3º O juiz também designará dia, hora e local para o depoimento, quando a autoridade não comparecer, injustificadamente, à sessão agendada para a colheita de seu testemunho no dia, hora e local por ela mesma indicados.

Art. 455. Cabe ao advogado da parte informar ou intimar a testemunha por ele arrolada do dia, da hora e do local da audiência designada, dispensando-se a intimação do juízo.

§ 1º A intimação deverá ser realizada por carta com aviso de recebimento, cumprindo ao advogado juntar aos autos, com antecedência de pelo menos 3 (três) dias da data da audiência, cópia da correspondência de intimação e do comprovante de recebimento.

§ 2º A parte pode comprometer-se a levar a testemunha à audiência, independentemente da intimação de que trata o § 1º, presumindo-se, caso a testemunha não compareça, que a parte desistiu de sua inquirição.

§ 3º A inércia na realização da intimação a que se refere o § 1º importa desistência da inquirição da testemunha.

§ 4º A intimação será feita pela via judicial quando:

I - for frustrada a intimação prevista no § 1º deste artigo;

II - sua necessidade for devidamente demonstrada pela parte ao juiz;

III - figurar no rol de testemunhas servidor público ou militar, hipótese em que o juiz o requisitará ao chefe da repartição ou ao comando do corpo em que servir;

IV - a testemunha houver sido arrolada pelo Ministério Público ou pela Defensoria Pública;

V - a testemunha for uma daquelas previstas no art. 454.

§ 5º A testemunha que, intimada na forma do § 1º ou do § 4º, deixar de comparecer sem motivo justificado será conduzida e responderá pelas despesas do adiamento.

Art. 456. O juiz inquirirá as testemunhas separada e sucessivamente, primeiro as do autor e depois as do réu, e providenciará para que uma não ouça o depoimento das outras.

Parágrafo único. O juiz poderá alterar a ordem estabelecida no *caput* se as partes concordarem.

Art. 457. Antes de depor, a testemunha será qualificada, declarará ou confirmará seus dados e informará se tem relações de parentesco com a parte ou interesse no objeto do processo.

§ 1º É lícito à parte contraditar a testemunha, arguindo-lhe a incapacidade, o impedimento ou a suspeição, bem como, caso a testemunha negue os fatos que lhe são imputados, provar a contradita com documentos ou com testemunhas, até 3 (três), apresentadas no ato e inquiridas em separado.

§ 2º Sendo provados ou confessados os fatos a que se refere o § 1º, o juiz dispensará a testemunha ou lhe tomará o depoimento como informante.

§ 3º A testemunha pode requerer ao juiz que a escuse de depor, alegando os motivos previstos neste Código, decidindo o juiz de plano após ouvidas as partes.

Art. 458. Ao início da inquirição, a testemunha prestará o compromisso de dizer a verdade do que souber e lhe for perguntado.

Parágrafo único. O juiz advertirá à testemunha que incorre em sanção penal quem faz afirmação falsa, cala ou oculta a verdade.

‣ art. 342, CP.

Art. 459. As perguntas serão formuladas pelas partes diretamente à testemunha, começando pela que a arrolou, não admitindo o juiz aquelas que puderem induzir a resposta, não tiverem relação com as questões de fato objeto da atividade probatória ou importarem repetição de outra já respondida.

§ 1º O juiz poderá inquirir a testemunha tanto antes quanto depois da inquirição feita pelas partes.

§ 2º As testemunhas devem ser tratadas com urbanidade, não se lhes fazendo perguntas ou considerações impertinentes, capciosas ou vexatórias.

§ 3º As perguntas que o juiz indeferir serão transcritas no termo, se a parte o requerer.

Art. 460. O depoimento poderá ser documentado por meio de gravação.

§ 1º Quando digitado ou registrado por taquigrafia, estenotipia ou outro método idôneo de documentação, o depoimento será assinado pelo juiz, pelo depoente e pelos procuradores.

§ 2º Se houver recurso em processo em autos não eletrônicos, o depoimento somente será digitado quando for impossível o envio de sua documentação eletrônica.

§ 3º Tratando-se de autos eletrônicos, observar-se-á o disposto neste Código e na legislação específica sobre a prática eletrônica de atos processuais.

Art. 461. O juiz pode ordenar, de ofício ou a requerimento da parte:

I - a inquirição de testemunhas referidas nas declarações da parte ou das testemunhas;
II - a acareação de 2 (duas) ou mais testemunhas ou de alguma delas com a parte, quando, sobre fato determinado que possa influir na decisão da causa, divergirem as suas declarações.

§ 1º Os acareados serão reperguntados para que expliquem os pontos de divergência, reduzindo-se a termo o ato de acareação.

§ 2º A acareação pode ser realizada por videoconferência ou por outro recurso tecnológico de transmissão de sons e imagens em tempo real.

‣ art. 229, CPP.

Art. 462. A testemunha pode requerer ao juiz o pagamento da despesa que efetuou para comparecimento à audiência, devendo a parte pagá-la logo que arbitrada ou depositá-la em cartório dentro de 3 (três) dias.

Art. 463. O depoimento prestado em juízo é considerado serviço público.

Parágrafo único. A testemunha, quando sujeita ao regime da legislação trabalhista, não sofre, por comparecer à audiência, perda de salário nem desconto no tempo de serviço.

SEÇÃO X
DA PROVA PERICIAL

Art. 464. A prova pericial consiste em exame, vistoria ou avaliação.

‣ arts. 156 a 158 e 573, CPC.

§ 1º O juiz indeferirá a perícia quando:

I - a prova do fato não depender de conhecimento especial de técnico;
II - for desnecessária em vista de outras provas produzidas;
III - a verificação for impraticável.

§ 2º De ofício ou a requerimento das partes, o juiz poderá, em substituição à perícia, determinar a produção de prova técnica simplificada, quando o ponto controvertido for de menor complexidade.

§ 3º A prova técnica simplificada consistirá apenas na inquirição de especialista, pelo juiz, sobre ponto controvertido da causa que demande especial conhecimento científico ou técnico.

§ 4º Durante a arguição, o especialista, que deverá ter formação acadêmica específica na área objeto de seu depoimento, poderá valer-se de qualquer recurso tecnológico de transmissão de sons e imagens com o fim de esclarecer os pontos controvertidos da causa.

Art. 465. O juiz nomeará perito especializado no objeto da perícia e fixará de imediato o prazo para a entrega do laudo.

§ 1º Incumbe às partes, dentro de 15 (quinze) dias contados da intimação do despacho de nomeação do perito:

I - arguir o impedimento ou a suspeição do perito, se for o caso;
II - indicar assistente técnico;
III - apresentar quesitos.

§ 2º Ciente da nomeação, o perito apresentará em 5 (cinco) dias:

I - proposta de honorários;
II - currículo, com comprovação de especialização;
III - contatos profissionais, em especial o endereço eletrônico, para onde serão dirigidas as intimações pessoais.

§ 3º As partes serão intimadas da proposta de honorários para, querendo, manifestar-se no prazo comum de 5 (cinco) dias, após o que o juiz arbitrará o valor, intimando-se as partes para os fins do art. 95.

§ 4º O juiz poderá autorizar o pagamento de até cinquenta por cento dos honorários arbitrados a favor do perito no início dos trabalhos, devendo o remanescente ser pago apenas ao final, depois de entregue o laudo e prestados todos os esclarecimentos necessários.

§ 5º Quando a perícia for inconclusiva ou deficiente, o juiz poderá reduzir a remuneração inicialmente arbitrada para o trabalho.

§ 6º Quando tiver de realizar-se por carta, poder-se-á proceder à nomeação de perito e à indicação de assistentes técnicos no juízo ao qual se requisitar a perícia.

Art. 466. O perito cumprirá escrupulosamente o encargo que lhe foi cometido, independentemente de termo de compromisso.

§ 1º Os assistentes técnicos são de confiança da parte e não estão sujeitos a impedimento ou suspeição.

§ 2º O perito deve assegurar aos assistentes das partes o acesso e o acompanhamento das diligências e dos exames que realizar, com prévia comunicação, comprovada nos autos, com antecedência mínima de 5 (cinco) dias.

Art. 467. O perito pode escusar-se ou ser recusado por impedimento ou suspeição.

‣ arts. 156, § 4º, 157, § 1º, 158, e 465, § 1º, I, CPC.

Parágrafo único. O juiz, ao aceitar a escusa ou ao julgar procedente a impugnação, nomeará novo perito.

Art. 468. O perito pode ser substituído quando:

I - faltar-lhe conhecimento técnico ou científico;
II - sem motivo legítimo, deixar de cumprir o encargo no prazo que lhe foi assinado.

§ 1º No caso previsto no inciso II, o juiz comunicará a ocorrência à corporação profissional respectiva, podendo, ainda, impor multa ao perito, fixada tendo em vista o valor da causa e o possível prejuízo decorrente do atraso no processo.

§ 2º O perito substituído restituirá, no prazo de 15 (quinze) dias, os valores recebidos pelo trabalho não realizado, sob pena de ficar impedido de atuar como perito judicial pelo prazo de 5 (cinco) anos.

§ 3º Não ocorrendo a restituição voluntária de que trata o § 2º, a parte que tiver realizado o adiantamento dos honorários poderá promover execução contra o perito, na forma dos arts. 513 e seguintes deste Código, com fundamento na decisão que determinar a devolução do numerário.

Art. 469. As partes poderão apresentar quesitos suplementares durante a diligência, que poderão ser respondidos pelo perito previamente ou na audiência de instrução e julgamento.

Parágrafo único. O escrivão dará à parte contrária ciência da juntada dos quesitos aos autos.

Art. 470. Incumbe ao juiz:

I - indeferir quesitos impertinentes;
II - formular os quesitos que entender necessários ao esclarecimento da causa.

Art. 471. As partes podem, de comum acordo, escolher o perito, indicando-o mediante requerimento, desde que:

I - sejam plenamente capazes;
II - a causa possa ser resolvida por autocomposição.

§ 1º As partes, ao escolher o perito, já devem indicar os respectivos assistentes técnicos para acompanhar a realização da perícia, que se realizará em data e local previamente anunciados.

§ 2º O perito e os assistentes técnicos devem entregar, respectivamente, laudo e pareceres em prazo fixado pelo juiz.

§ 3º A perícia consensual substitui, para todos os efeitos, a que seria realizada por perito nomeado pelo juiz.

Art. 472. O juiz poderá dispensar prova pericial quando as partes, na inicial e na contestação, apresentarem, sobre as questões de fato, pareceres técnicos ou documentos elucidativos que considerar suficientes.

Art. 473. O laudo pericial deverá conter:

I - a exposição do objeto da perícia;
II - a análise técnica ou científica realizada pelo perito;
III - a indicação do método utilizado, esclarecendo-o e demonstrando ser predominantemente aceito pelos especialistas da área do conhecimento da qual se originou;
IV - resposta conclusiva a todos os quesitos apresentados pelo juiz, pelas partes e pelo órgão do Ministério Público.

§ 1º No laudo, o perito deve apresentar sua fundamentação em linguagem simples e com coerência lógica, indicando como alcançou suas conclusões.

§ 2º É vedado ao perito ultrapassar os limites de sua designação, bem como emitir opiniões pessoais que excedam o exame técnico ou científico do objeto da perícia.

§ 3º Para o desempenho de sua função, o perito e os assistentes técnicos podem valer-se de todos os meios necessários, ouvindo testemunhas, obtendo informações, solicitando documentos que estejam em poder da parte, de terceiros ou em repartições públicas, bem como instruir o laudo com planilhas, mapas, plantas, desenhos, fotografias ou outros elementos necessários ao esclarecimento do objeto da perícia.

Art. 474. As partes terão ciência da data e do local designados pelo juiz ou indicados pelo perito para ter início a produção da prova.

Art. 475. Tratando-se de perícia complexa que abranja mais de uma área de conhecimento especializado, o juiz poderá nomear mais de um perito, e a parte, indicar mais de um assistente técnico.

Art. 476. Se o perito, por motivo justificado, não puder apresentar o laudo dentro do prazo, o juiz poderá conceder-lhe, por uma vez, prorrogação pela metade do prazo originalmente fixado.

Art. 477. O perito protocolará o laudo em juízo, no prazo fixado pelo juiz, pelo menos 20 (vinte) dias antes da audiência de instrução e julgamento.

§ 1º As partes serão intimadas para, querendo, manifestar-se sobre o laudo do perito do juízo no prazo comum de 15 (quinze) dias, podendo o assistente técnico de cada uma das partes, em igual prazo, apresentar seu respectivo parecer.

§ 2º O perito do juízo tem o dever de, no prazo de 15 (quinze) dias, esclarecer ponto:

I - sobre o qual exista divergência ou dúvida de qualquer das partes, do juiz ou do órgão do Ministério Público;

II - divergente apresentado no parecer do assistente técnico da parte.

§ 3º Se ainda houver necessidade de esclarecimentos, a parte requererá ao juiz que mande intimar o perito ou o assistente técnico a comparecer à audiência de instrução e julgamento, formulando, desde logo, as perguntas, sob forma de quesitos.

§ 4º O perito ou o assistente técnico será intimado por meio eletrônico, com pelo menos 10 (dez) dias de antecedência da audiência.

Art. 478. Quando o exame tiver por objeto a autenticidade ou a falsidade de documento ou for de natureza médico-legal, o perito será escolhido, de preferência, entre os técnicos dos estabelecimentos oficiais especializados, a cujos diretores o juiz autorizará a remessa dos autos, bem como do material sujeito a exame.

§ 1º Nas hipóteses de gratuidade de justiça, os órgãos e as repartições oficiais deverão cumprir a determinação judicial com preferência, no prazo estabelecido.

§ 2º A prorrogação do prazo referido no § 1º pode ser requerida motivadamente.

§ 3º Quando o exame tiver por objeto a autenticidade da letra e da firma, o perito poderá requisitar, para efeito de comparação, documentos existentes em repartições públicas e, na falta destes, poderá requerer ao juiz que a pessoa a quem se atribuir a autoria do documento lance em folha de papel, por cópia ou sob ditado, dizeres diferentes, para fins de comparação.

Art. 479. O juiz apreciará a prova pericial de acordo com o disposto no art. 371, indicando na sentença os motivos que o levaram a considerar ou a deixar de considerar as conclusões do laudo, levando em conta o método utilizado pelo perito.

Art. 480. O juiz determinará, de ofício ou a requerimento da parte, a realização de nova perícia quando a matéria não estiver suficientemente esclarecida.

§ 1º A segunda perícia tem por objeto os mesmos fatos sobre os quais recaiu a primeira e destina-se a corrigir eventual omissão ou inexatidão dos resultados a que esta conduziu.

§ 2º A segunda perícia rege-se pelas disposições estabelecidas para a primeira.

§ 3º A segunda perícia não substitui a primeira, cabendo ao juiz apreciar o valor de uma e de outra.

SEÇÃO XI
DA INSPEÇÃO JUDICIAL

Art. 481. O juiz, de ofício ou a requerimento da parte, pode, em qualquer fase do processo, inspecionar pessoas ou coisas, a fim de se esclarecer sobre fato que interesse à decisão da causa.

Art. 482. Ao realizar a inspeção, o juiz poderá ser assistido por um ou mais peritos.

Art. 483. O juiz irá ao local onde se encontre a pessoa ou a coisa quando:

I - julgar necessário para a melhor verificação ou interpretação dos fatos que deva observar;

II - a coisa não puder ser apresentada em juízo sem consideráveis despesas ou graves dificuldades;

III - determinar a reconstituição dos fatos.

Parágrafo único. As partes têm sempre direito a assistir à inspeção, prestando esclarecimentos e fazendo observações que considerem de interesse para a causa.

- art. 126, p.ún., CF.

Art. 484. Concluída a diligência, o juiz mandará lavrar auto circunstanciado, mencionando nele tudo quanto for útil ao julgamento da causa.

Parágrafo único. O auto poderá ser instruído com desenho, gráfico ou fotografia.

CAPÍTULO XIII
DA SENTENÇA E DA COISA JULGADA

SEÇÃO I
DISPOSIÇÕES GERAIS

Art. 485. O juiz não resolverá o mérito quando:

- art. 6º, § 5º, Lei 12.016/2009 (Mandado de Segurança).

I - indeferir a petição inicial;

- arts. 321, p.ún., 330, 700, § 4º, 918, II, CPC.

II - o processo ficar parado durante mais de 1 (um) ano por negligência das partes;

III - por não promover os atos e as diligências que lhe incumbir, o autor abandonar a causa por mais de 30 (trinta) dias;

IV - verificar a ausência de pressupostos de constituição e de desenvolvimento válido e regular do processo;

V - reconhecer a existência de perempção, de litispendência ou de coisa julgada;

- art. 5º, XXXVI, CF.
- art. 337, V a VII, CPC.

VI - verificar ausência de legitimidade ou de interesse processual;

VII - acolher a alegação de existência de convenção de arbitragem ou quando o juízo arbitral reconhecer sua competência;

- Lei 9.307/1996 (Arbitragem).

VIII - homologar a desistência da ação;

IX - em caso de morte da parte, a ação for considerada intransmissível por disposição legal; e

X - nos demais casos prescritos neste Código.

§ 1º Nas hipóteses descritas nos incisos II e III, a parte será intimada pessoalmente para suprir a falta no prazo de 5 (cinco) dias.

§ 2º No caso do § 1º, quanto ao inciso II, as partes pagarão proporcionalmente as custas, e, quanto ao inciso III, o autor será condenado ao pagamento das despesas e dos honorários de advogado.

§ 3º O juiz conhecerá de ofício da matéria constante dos incisos IV, V, VI e IX, em qualquer tempo e grau de jurisdição, enquanto não ocorrer o trânsito em julgado.

§ 4º Oferecida a contestação, o autor não poderá, sem o consentimento do réu, desistir da ação.

§ 5º A desistência da ação pode ser apresentada até a sentença.

§ 6º Oferecida a contestação, a extinção do processo por abandono da causa pelo autor depende de requerimento do réu.

- Súm. 240, STJ.

§ 7º Interposta a apelação em qualquer dos casos de que tratam os incisos deste artigo, o juiz terá 5 (cinco) dias para retratar-se.

Art. 486. O pronunciamento judicial que não resolve o mérito não obsta a que a parte proponha de novo a ação.

§ 1º No caso de extinção em razão de litispendência e nos casos dos incisos I, IV, VI e VII do art. 485, a propositura da nova ação depende da correção do vício que levou à sentença sem resolução do mérito.

§ 2º A petição inicial, todavia, não será despachada sem a prova do pagamento ou do depósito das custas e dos honorários de advogado.

§ 3º Se o autor der causa, por 3 (três) vezes, a sentença fundada em abandono da causa, não poderá propor nova ação contra o réu com o mesmo objeto, ficando-lhe ressalvada, entretanto, a possibilidade de alegar em defesa o seu direito.

Art. 487. Haverá resolução de mérito quando o juiz:

I - acolher ou rejeitar o pedido formulado na ação ou na reconvenção;

II - decidir, de ofício ou a requerimento, sobre a ocorrência de decadência ou prescrição;

- arts. 189 a 211, CC.

III - homologar:

a) o reconhecimento da procedência do pedido formulado na ação ou na reconvenção;

b) a transação;

- arts. 840 a 850, CC.

c) a renúncia à pretensão formulada na ação ou na reconvenção.

- art. 2º-B, § 2º, Lei nº 13.203/2015.

Parágrafo único. Ressalvada a hipótese do § 1º do art. 332, a prescrição e a decadência não serão reconhecidas sem que antes seja dada às partes oportunidade de manifestar-se.

Art. 488. Desde que possível, o juiz resolverá o mérito sempre que a decisão for favorável à parte a quem aproveitaria eventual pronunciamento nos termos do art. 485.

SEÇÃO II
DOS ELEMENTOS E DOS EFEITOS DA SENTENÇA

Art. 489. São elementos essenciais da sentença:

I - o relatório, que conterá os nomes das partes, a identificação do caso, com a suma do pedido e da contestação, e o registro das principais ocorrências havidas no andamento do processo;

- art. 38, Lei 9.099/1995 (Juizados Especiais Cíveis e Criminais).

II - os fundamentos, em que o juiz analisará as questões de fato e de direito;

III - o dispositivo, em que o juiz resolverá as questões principais que as partes lhe submeterem.

§ 1º Não se considera fundamentada qualquer decisão judicial, seja ela interlocutória, sentença ou acórdão, que:

I - se limitar à indicação, à reprodução ou à paráfrase de ato normativo, sem explicar sua relação com a causa ou a questão decidida;

II - empregar conceitos jurídicos indeterminados, sem explicar o motivo concreto de sua incidência no caso;

III - invocar motivos que se prestariam a justificar qualquer outra decisão;

IV - não enfrentar todos os argumentos deduzidos no processo capazes de, em tese, infirmar a conclusão adotada pelo julgador;

V - se limitar a invocar precedente ou enunciado de súmula, sem identificar seus fundamentos determinantes nem demonstrar que o caso sob julgamento se ajusta àqueles fundamentos;

VI - deixar de seguir enunciado de súmula, jurisprudência ou precedente invocado pela parte, sem demonstrar a existência de distinção no caso em julgamento ou a superação do entendimento.

§ 2º No caso de colisão entre normas, o juiz deve justificar o objeto e os critérios gerais da ponderação efetuada, enunciando as razões que autorizam a interferência na norma afastada e as premissas fáticas que fundamentam a conclusão.

§ 3º A decisão judicial deve ser interpretada a partir da conjugação de todos os seus elementos e em conformidade com o princípio da boa-fé.

Art. 490. O juiz resolverá o mérito acolhendo ou rejeitando, no todo ou em parte, os pedidos formulados pelas partes.

Art. 491. Na ação relativa à obrigação de pagar quantia, ainda que formulado pedido genérico, a decisão definirá desde logo a extensão da obrigação, o índice de correção monetária, a taxa de juros, o termo inicial de ambos e a periodicidade da capitalização dos juros, se for o caso, salvo quando:

- Súm. 362, STJ.

I - não for possível determinar, de modo definitivo, o montante devido;

II - a apuração do valor devido depender da produção de prova de realização demorada ou excessivamente dispendiosa, assim reconhecida na sentença.

§ 1º Nos casos previstos neste artigo, seguir-se-á a apuração do valor devido por liquidação.

- arts. 509 a 512, CPC.

§ 2º O disposto no *caput* também se aplica quando o acórdão alterar a sentença.

Art. 492. É vedado ao juiz proferir decisão de natureza diversa da pedida, bem como condenar a parte em quantidade superior ou em objeto diverso do que lhe foi demandado.

Parágrafo único. A decisão deve ser certa, ainda que resolva relação jurídica condicional.

Art. 493. Se, depois da propositura da ação, algum fato constitutivo, modificativo ou extintivo do direito influir no julgamento do mérito, caberá ao juiz tomá-lo em consideração, de ofício ou a requerimento da parte, no momento de proferir a decisão.

Parágrafo único. Se constatar de ofício o fato novo, o juiz ouvirá as partes sobre ele antes de decidir.

Art. 494. Publicada a sentença, o juiz só poderá alterá-la:

- arts. 331, 332, § 3º, e 485, § 7º, CPC.

I - para corrigir-lhe, de ofício ou a requerimento da parte, inexatidões materiais ou erros de cálculo;

- art. 96, § 6º, RISTF.
- art. 103, § 2º, RISTJ.

II - por meio de embargos de declaração.

- Súm. 317, STF.
- arts. 1.022 a 1.026, CPC.

Art. 495. A decisão que condenar o réu ao pagamento de prestação consistente em dinheiro e a que determinar a conversão de prestação de fazer, de não fazer ou de dar coisa em prestação pecuniária valerão como título constitutivo de hipoteca judiciária.

- art. 1.489, CC.

§ 1º A decisão produz a hipoteca judiciária:

I - embora a condenação seja genérica;

II - ainda que o credor possa promover o cumprimento provisório da sentença ou esteja pendente arresto sobre bem do devedor;

III - mesmo que impugnada por recurso dotado de efeito suspensivo.

§ 2º A hipoteca judiciária poderá ser realizada mediante apresentação de cópia da sentença perante o cartório de registro imobiliário, independentemente de ordem judicial, de declaração expressa do juiz ou de demonstração de urgência.

§ 3º No prazo de até 15 (quinze) dias da data de realização da hipoteca, a parte informá-la-á ao juízo da causa, que determinará a intimação da outra parte para que tome ciência do ato.

§ 4º A hipoteca judiciária, uma vez constituída, implicará, para o credor hipotecário, o direito de preferência, quanto ao pagamento, em relação a outros credores, observada a prioridade no registro.

§ 5º Sobrevindo a reforma ou a invalidação da decisão que impôs o pagamento de quantia, a parte responderá, independentemente de culpa, pelos danos que a outra parte tiver sofrido em razão da constituição da garantia, devendo o valor da indenização ser liquidado e executado nos próprios autos.

SEÇÃO III
DA REMESSA NECESSÁRIA

Art. 496. Está sujeita ao duplo grau de jurisdição, não produzindo efeito senão depois de confirmada pelo tribunal, a sentença:

- art. 19, *caput*, Lei 4.717/1965 (Ação Popular).
- Súm. 45 e 325, STJ; 423, STF.
- art. 14, § 1º, Lei 12.016/2009 (Mandado de Segurança).

I - proferida contra a União, os Estados, o Distrito Federal, os Municípios e suas respectivas autarquias e fundações de direito público;

II - que julgar procedentes, no todo ou em parte, os embargos à execução fiscal.

- Lei 6.830/1980 (Execução Fiscal).
- art. 13, § 1º, LC 76/1993 (Desapropriação de imóvel rural por interesse social).

§ 1º Nos casos previstos neste artigo, não interposta a apelação no prazo legal, o juiz ordenará a remessa dos autos ao tribunal, e, se não o fizer, o presidente do respectivo tribunal avocá-los-á.

§ 2º Em qualquer dos casos referidos no § 1º, o tribunal julgará a remessa necessária.

§ 3º Não se aplica o disposto neste artigo quando a condenação ou o proveito econômico obtido na causa for de valor certo e líquido inferior a:

- Súm. 490, STJ.

I - 1.000 (mil) salários-mínimos para a União e as respectivas autarquias e fundações de direito público;

II - 500 (quinhentos) salários-mínimos para os Estados, o Distrito Federal, as respectivas autarquias e fundações de direito público e os Municípios que constituam capitais dos Estados;

III - 100 (cem) salários-mínimos para todos os demais Municípios e respectivas autarquias e fundações de direito público.

§ 4º Também não se aplica o disposto neste artigo quando a sentença estiver fundada em:

I - súmula de tribunal superior;

II - acórdão proferido pelo Supremo Tribunal Federal ou pelo Superior Tribunal de Justiça em julgamento de recursos repetitivos;

- arts. 1.036 a 1.041, CPC.

III - entendimento firmado em incidente de resolução de demandas repetitivas ou de assunção de competência;

- arts. 927, III, 928, e 976 e ss., CPC.

IV - entendimento coincidente com orientação vinculante firmada no âmbito administrativo do próprio ente público, consolidada em manifestação, parecer ou súmula administrativa.

SEÇÃO IV
DO JULGAMENTO DAS AÇÕES RELATIVAS ÀS PRESTAÇÕES DE FAZER, DE NÃO FAZER E DE ENTREGAR COISA

Art. 497. Na ação que tenha por objeto a prestação de fazer ou de não fazer, o juiz, se procedente o pedido, concederá a tutela específica ou determinará providências que assegurem a obtenção de tutela pelo resultado prático equivalente.

- arts. 233 a 242 e 247 a 251, CC.
- art. 84, *caput*, CDC.

Parágrafo único. Para a concessão da tutela específica destinada a inibir a prática, a reiteração ou a continuação de um ilícito, ou a sua remoção, é irrelevante a demonstração da ocorrência de dano ou da existência de culpa ou dolo.

Art. 498. Na ação que tenha por objeto a entrega de coisa, o juiz, ao conceder a tutela específica, fixará o prazo para o cumprimento da obrigação.

Parágrafo único. Tratando-se de entrega de coisa determinada pelo gênero e pela quantidade, o autor individualizá-la-á na petição inicial, se lhe couber a escolha, ou, se a escolha couber ao réu, este a entregará individualizada, no prazo fixado pelo juiz.

Art. 499. A obrigação somente será convertida em perdas e danos se o autor o requerer ou se impossível a tutela específica ou a obtenção de tutela pelo resultado prático equivalente.

- art. 84, § 1º, CDC.

Art. 500. A indenização por perdas e danos dar-se-á sem prejuízo da multa fixada periodicamente para compelir o réu ao cumprimento específico da obrigação.

- art. 84, § 2º, CDC.

Art. 501. Na ação que tenha por objeto a emissão de declaração de vontade, a sentença que julgar procedente o pedido, uma vez transitada em julgado, produzirá todos os efeitos da declaração não emitida.

SEÇÃO V
DA COISA JULGADA

Art. 502. Denomina-se coisa julgada material a autoridade que torna imutável e indiscutível a decisão de mérito não mais sujeita a recurso.

- art. 5º, XXXVI, CF.
- art. 485, V, CPC.
- art. 6º, § 3º, LINDB.
- Súm. 734, STF.

Art. 503. A decisão que julgar total ou parcialmente o mérito tem força de Lei nos limites da questão principal expressamente decidida.

§ 1º O disposto no *caput* aplica-se à resolução de questão prejudicial, decidida expressa e incidentemente no processo, se:

- art. 1.054, CPC.

I - dessa resolução depender o julgamento do mérito;

II - a seu respeito tiver havido contraditório prévio e efetivo, não se aplicando no caso de revelia;

III - o juízo tiver competência em razão da matéria e da pessoa para resolvê-la como questão principal.

§ 2º A hipótese do § 1º não se aplica se no processo houver restrições probatórias ou limitações à cognição que impeçam o aprofundamento da análise da questão prejudicial.

Art. 504. Não fazem coisa julgada:

I - os motivos, ainda que importantes para determinar o alcance da parte dispositiva da sentença;

II - a verdade dos fatos, estabelecida como fundamento da sentença.

Art. 505. Nenhum juiz decidirá novamente as questões já decididas relativas à mesma lide, salvo:

I - se, tratando-se de relação jurídica de trato continuado, sobreveio modificação no estado de fato ou de direito, caso em que poderá a parte pedir a revisão do que foi estatuído na sentença;

II - nos demais casos prescritos em lei.

Art. 506. A sentença faz coisa julgada às partes entre as quais é dada, não prejudicando terceiros.

‣ art. 16, Lei 7.347/1985 (Ação Civil Pública).

Art. 507. É vedado à parte discutir no curso do processo as questões já decididas a cujo respeito se operou a preclusão.

‣ art. 1.009, § 1º, CPC.

Art. 508. Transitada em julgado a decisão de mérito, considerar-se-ão deduzidas e repelidas todas as alegações e as defesas que a parte poderia opor tanto ao acolhimento quanto à rejeição do pedido.

CAPÍTULO XIV
DA LIQUIDAÇÃO DE SENTENÇA

Art. 509. Quando a sentença condenar ao pagamento de quantia ilíquida, proceder-se-á à sua liquidação, a requerimento do credor ou do devedor:

‣ Súm. 318 e 344, STJ.

I - por arbitramento, quando determinado pela sentença, convencionado pelas partes ou exigido pela natureza do objeto da liquidação;

II - pelo procedimento comum, quando houver necessidade de alegar e provar fato novo.

§ 1º Quando na sentença houver uma parte líquida e outra ilíquida, ao credor é lícito promover simultaneamente a execução daquela e, em autos apartados, a liquidação desta.

§ 2º Quando a apuração do valor depender apenas de cálculo aritmético, o credor poderá promover, desde logo, o cumprimento da sentença.

§ 3º O Conselho Nacional de Justiça desenvolverá e colocará à disposição dos interessados programa de atualização financeira.

§ 4º Na liquidação é vedado discutir de novo a lide ou modificar a sentença que a julgou.

Art. 510. Na liquidação por arbitramento, o juiz intimará as partes para a apresentação de pareceres ou documentos elucidativos, no prazo que fixar, e, caso não possa decidir de plano, nomeará perito, observando-se, no que couber, o procedimento da prova pericial.

Art. 511. Na liquidação pelo procedimento comum, o juiz determinará a intimação do requerido, na pessoa de seu advogado ou da sociedade de advogados a que estiver vinculado, para, querendo, apresentar contestação no prazo de 15 (quinze) dias, observando-se, a seguir, no que couber, o disposto no Livro I da Parte Especial deste Código.

Art. 512. A liquidação poderá ser realizada na pendência de recurso, processando-se em autos apartados no juízo de origem, cumprindo ao liquidante instruir o pedido com cópias das peças processuais pertinentes.

TÍTULO II
DO CUMPRIMENTO DA SENTENÇA

CAPÍTULO I
DISPOSIÇÕES GERAIS

Art. 513. O cumprimento da sentença será feito segundo as regras deste Título, observando-se, no que couber e conforme a natureza da obrigação, o disposto no Livro II da Parte Especial deste Código.

§ 1º O cumprimento da sentença que reconhece o dever de pagar quantia, provisório ou definitivo, far-se-á a requerimento do exequente.

§ 2º O devedor será intimado para cumprir a sentença:

I - pelo Diário da Justiça, na pessoa de seu advogado constituído nos autos;

II - por carta com aviso de recebimento, quando representado pela Defensoria Pública ou quando não tiver procurador constituído nos autos, ressalvada a hipótese do inciso IV;

III - por meio eletrônico, quando, no caso do § 1º do art. 246, não tiver procurador constituído nos autos;

IV - por edital, quando, citado na forma do art. 256, tiver sido revel na fase de conhecimento.

§ 3º Na hipótese do § 2º, incisos II e III, considera-se realizada a intimação quando o devedor houver mudado de endereço sem prévia comunicação ao juízo, observado o disposto no parágrafo único do art. 274.

§ 4º Se o requerimento a que alude o § 1º for formulado após 1 (um) ano do trânsito em julgado da sentença, a intimação será feita na pessoa do devedor, por meio de carta com aviso de recebimento encaminhada ao endereço constante dos autos, observado o disposto no parágrafo único do art. 274 e no § 3º deste artigo.

§ 5º O cumprimento da sentença não poderá ser promovido em face do fiador, do coobrigado ou do corresponsável que não tiver participado da fase de conhecimento.

Art. 514. Quando o juiz decidir relação jurídica sujeita a condição ou termo, o cumprimento da sentença dependerá de demonstração de que se realizou a condição ou de que ocorreu o termo.

‣ arts. 121 a 135, CC.

Art. 515. São títulos executivos judiciais, cujo cumprimento dar-se-á de acordo com os artigos previstos neste Título:

I - as decisões proferidas no processo civil que reconheçam a exigibilidade de obrigação de pagar quantia, de fazer, de não fazer ou de entregar coisa;

II - a decisão homologatória de autocomposição judicial;

III - a decisão homologatória de autocomposição extrajudicial de qualquer natureza;

IV - o formal e a certidão de partilha, exclusivamente em relação ao inventariante, aos herdeiros e aos sucessores a título singular ou universal;

V - o crédito de auxiliar da justiça, quando as custas, emolumentos ou honorários tiverem sido aprovados por decisão judicial;

VI - a sentença penal condenatória transitada em julgado;

VII - a sentença arbitral;

‣ art. 31, Lei 9.307/1996 (Arbitragem).

VIII - a sentença estrangeira homologada pelo Superior Tribunal de Justiça;

IX - a decisão interlocutória estrangeira, após a concessão do exequatur à carta rogatória pelo Superior Tribunal de Justiça;

‣ art. 105, I, i, CF

X - (Vetado).

§ 1º Nos casos dos incisos VI a IX, o devedor será citado no juízo cível para o cumprimento da sentença ou para a liquidação no prazo de 15 (quinze) dias.

§ 2º A autocomposição judicial pode envolver sujeito estranho ao processo e versar sobre relação jurídica que não tenha sido deduzida em juízo.

Art. 516. O cumprimento da sentença efetuar-se-á perante:

I - os tribunais, nas causas de sua competência originária;

II - o juízo que decidiu a causa no primeiro grau de jurisdição;

III - o juízo cível competente, quando se tratar de sentença penal condenatória, de sentença arbitral, de sentença estrangeira ou de acórdão proferido pelo Tribunal Marítimo.

Parágrafo único. Nas hipóteses dos incisos II e III, o exequente poderá optar pelo juízo do atual domicílio do executado, pelo juízo do local onde se encontrem os bens sujeitos à execução ou pelo juízo do local onde deva ser executada a obrigação de fazer ou de não fazer, casos em que a remessa dos autos do processo será solicitada ao juízo de origem.

Art. 517. A decisão judicial transitada em julgado poderá ser levada a protesto, nos termos da lei, depois de transcorrido o prazo para pagamento voluntário previsto no art. 523.

§ 1º Para efetivar o protesto, incumbe ao exequente apresentar certidão de teor da decisão.

§ 2º A certidão de teor da decisão deverá ser fornecida no prazo de 3 (três) dias e indicará o nome e a qualificação do exequente e do executado, o número do processo, o valor da dívida e a data de decurso do prazo para pagamento voluntário.

§ 3º O executado que tiver proposto ação rescisória para impugnar a decisão exequenda pode requerer, a suas expensas e sob sua responsabilidade, a anotação da propositura da ação à margem do título protestado.

§ 4º A requerimento do executado, o protesto será cancelado por determinação do juiz, mediante ofício a ser expedido ao cartório, no prazo de 3 (três) dias, contado da data de protocolo do requerimento, desde que comprovada a satisfação integral da obrigação.

Art. 518. Todas as questões relativas à validade do procedimento de cumprimento da sentença e dos atos executivos subsequentes poderão ser arguidas pelo executado nos próprios autos e nestes serão decididas pelo juiz.

Art. 519. Aplicam-se as disposições relativas ao cumprimento da sentença, provisório ou definitivo, e à liquidação, no que couber, às decisões que concederem tutela provisória.

‣ art. 297, p.ún., CPC.

CAPÍTULO II
DO CUMPRIMENTO PROVISÓRIO DA SENTENÇA QUE RECONHECE A EXIGIBILIDADE DE OBRIGAÇÃO DE PAGAR QUANTIA CERTA

Art. 520. O cumprimento provisório da sentença impugnada por recurso desprovido de efeito suspensivo será realizado da mesma forma que o cumprimento definitivo, sujeitando-se ao seguinte regime:

I - corre por iniciativa e responsabilidade do exequente, que se obriga, se a sentença for reformada, a reparar os danos que o executado haja sofrido;

II - fica sem efeito, sobrevindo decisão que modifique ou anule a sentença objeto da execução, restituindo-se as partes ao estado anterior e liquidando-se eventuais prejuízos nos mesmos autos;

III - se a sentença objeto de cumprimento provisório for modificada ou anulada apenas em parte, somente nesta ficará sem efeito a execução;

IV - o levantamento de depósito em dinheiro e a prática de atos que importem transferência de posse ou alienação de propriedade ou de outro direito real, ou dos quais possa resultar grave dano ao executado, dependem de caução suficiente e idônea, arbitrada de plano pelo juiz e prestada nos próprios autos.

§ 1º No cumprimento provisório da sentença, o executado poderá apresentar impugnação, se quiser, nos termos do art. 525.

§ 2º A multa e os honorários a que se refere o § 1º do art. 523 são devidos no cumprimento provisório de sentença condenatória ao pagamento de quantia certa.

§ 3º Se o executado comparecer tempestivamente e depositar o valor, com a finalidade de isentar-se da multa, o ato não será havido como incompatível com o recurso por ele interposto.

§ 4º A restituição ao estado anterior a que se refere o inciso II não implica o desfazimento da transferência de posse ou da alienação de propriedade ou de outro direito real eventualmente já realizada, ressalvado, sempre, o direito à reparação dos prejuízos causados ao executado.

§ 5º Ao cumprimento provisório de sentença que reconheça obrigação de fazer, de não fazer ou de dar coisa aplica-se, no que couber, o disposto neste Capítulo.

Art. 521. A caução prevista no inciso IV do art. 520 poderá ser dispensada nos casos em que:

I - o crédito for de natureza alimentar, independentemente de sua origem;

II - o credor demonstrar situação de necessidade;

III – pender o agravo do art. 1.042; (Alterado pela Lei 13.256/2016)

IV - a sentença a ser provisoriamente cumprida estiver em consonância com súmula da jurisprudência do Supremo Tribunal Federal ou do Superior Tribunal de Justiça ou em conformidade com acórdão proferido no julgamento de casos repetitivos.

Parágrafo único. A exigência de caução será mantida quando da dispensa possa resultar manifesto risco de grave dano de difícil ou incerta reparação.

Art. 522. O cumprimento provisório da sentença será requerido por petição dirigida ao juízo competente.

‣ arts. 513 e ss., CPC.

Parágrafo único. Não sendo eletrônicos os autos, a petição será acompanhada de cópias das seguintes peças do processo, cuja autenticidade poderá ser certificada pelo próprio advogado, sob sua responsabilidade pessoal:

I - decisão exequenda;

II - certidão de interposição do recurso não dotado de efeito suspensivo;

III - procurações outorgadas pelas partes;

IV - decisão de habilitação, se for o caso;

V - facultativamente, outras peças processuais consideradas necessárias para demonstrar a existência do crédito.

CAPÍTULO III
DO CUMPRIMENTO DEFINITIVO DA SENTENÇA QUE RECONHECE A EXIGIBILIDADE DE OBRIGAÇÃO DE PAGAR QUANTIA CERTA

Art. 523. No caso de condenação em quantia certa, ou já fixada em liquidação, e no caso de decisão sobre parcela incontroversa, o cumprimento definitivo da sentença far-se-á a requerimento do exequente, sendo o executado intimado para pagar o débito, no prazo de 15 (quinze) dias, acrescido de custas, se houver.

§ 1º Não ocorrendo pagamento voluntário no prazo do *caput*, o débito será acrescido de multa de dez por cento e, também, de honorários de advogado de dez por cento.

§ 2º Efetuado o pagamento parcial no prazo previsto no *caput*, a multa e os honorários previstos no § 1º incidirão sobre o restante.

§ 3º Não efetuado tempestivamente o pagamento voluntário, será expedido, desde logo, mandado de penhora e avaliação, seguindo-se os atos de expropriação.

Art. 524. O requerimento previsto no art. 523 será instruído com demonstrativo discriminado e atualizado do crédito, devendo a petição conter:

I - o nome completo, o número de inscrição no Cadastro de Pessoas Físicas ou no Cadastro Nacional da Pessoa Jurídica do exequente e do executado, observado o disposto no art. 319, §§ 1º a 3º;

II - o índice de correção monetária adotado;

III - os juros aplicados e as respectivas taxas;

IV - o termo inicial e o termo final dos juros e da correção monetária utilizados;

V - a periodicidade da capitalização dos juros, se for o caso;

VI - especificação dos eventuais descontos obrigatórios realizados;

VII - indicação dos bens passíveis de penhora, sempre que possível.

§ 1º Quando o valor apontado no demonstrativo aparentemente exceder os limites da condenação, a execução será iniciada pelo valor pretendido, mas a penhora terá por base a importância que o juiz entender adequada.

§ 2º Para a verificação dos cálculos, o juiz poderá valer-se de contabilista do juízo, que terá o prazo máximo de 30 (trinta) dias para efetuá-la, exceto se outro lhe for determinado.

§ 3º Quando a elaboração do demonstrativo depender de dados em poder de terceiros ou do executado, o juiz poderá requisitá-los, sob cominação do crime de desobediência.

‣ art. 330, CP.

§ 4º Quando a complementação do demonstrativo depender de dados adicionais em poder do executado, o juiz poderá, a requerimento do exequente, requisitá-los, fixando prazo de até 30 (trinta) dias para o cumprimento da diligência.

§ 5º Se os dados adicionais a que se refere o § 4º não forem apresentados pelo executado, sem justificativa, no prazo designado, reputar-se-ão corretos os cálculos apresentados pelo exequente apenas com base nos dados de que dispõe.

Art. 525. Transcorrido o prazo previsto no art. 523 sem o pagamento voluntário, inicia-se o prazo de 15 (quinze) dias para que o executado, independentemente de penhora ou nova intimação, apresente, nos próprios autos, sua impugnação.

‣ arts. 520, §1º, 536, §4º, CPC.

§ 1º Na impugnação, o executado poderá alegar:

I - falta ou nulidade da citação se, na fase de conhecimento, o processo correu à revelia;

‣ arts. 239 e 280, CPC.

II - ilegitimidade de parte;

‣ arts. 17, 485, VI, CPC.

III - inexequibilidade do título ou inexigibilidade da obrigação;

IV - penhora incorreta ou avaliação errônea;

‣ art. 831, CPC.

V - excesso de execução ou cumulação indevida de execuções;

VI - incompetência absoluta ou relativa do juízo da execução;

VII - qualquer causa modificativa ou extintiva da obrigação, como pagamento, novação, compensação, transação ou prescrição, desde que supervenientes à sentença.

‣ art. 33, § 3º, Lei 9.307/1996 (Arbitragem).

§ 2º A alegação de impedimento ou suspeição observará o disposto nos arts. 146 e 148.

§ 3º Aplica-se à impugnação o disposto no art. 229.

§ 4º Quando o executado alegar que o exequente, em excesso de execução, pleiteia quantia superior à resultante da sentença, cumprir-lhe-á declarar de imediato o valor que entende correto, apresentando demonstrativo discriminado e atualizado de seu cálculo.

§ 5º Na hipótese do § 4º, não apontado o valor correto ou não apresentado o demonstrativo, a impugnação será liminarmente rejeitada, se o excesso de execução for o seu único fundamento, ou, se houver outro, a impugnação será processada, mas o juiz não examinará a alegação de excesso de execução.

§ 6º A apresentação de impugnação não impede a prática dos atos executivos, inclusive os de expropriação, podendo o juiz, a requerimento do executado e desde que garantido o juízo com penhora, caução ou depósito suficientes, atribuir-lhe efeito suspensivo, se seus fundamentos forem relevantes e se o prosseguimento da execução for manifestamente suscetível de causar ao executado grave dano de difícil ou incerta reparação.

§ 7º A concessão de efeito suspensivo a que se refere o § 6º não impedirá a efetivação dos atos de substituição, de reforço ou de redução da penhora e de avaliação dos bens

§ 8º Quando o efeito suspensivo atribuído à impugnação disser respeito apenas a parte do objeto da execução, esta prosseguirá quanto à parte restante.

§ 9º A concessão de efeito suspensivo à impugnação deduzida por um dos executados não suspenderá a execução contra os que não impugnaram, quando o respectivo fundamento disser respeito exclusivamente ao impugnante.

§ 10. Ainda que atribuído efeito suspensivo à impugnação, é lícito ao exequente requerer o prosseguimento da execução, oferecendo e prestando, nos próprios autos, caução suficiente e idônea a ser arbitrada pelo juiz.

§ 11. As questões relativas a fato superveniente ao término do prazo para apresentação da impugnação, assim como aquelas relativas à validade e à adequação da penhora, da avaliação e dos atos executivos subsequentes, podem ser arguidas por simples petição, tendo o executado, em qualquer dos casos, o prazo de 15 (quinze) dias para formular esta arguição, contado da comprovada ciência do fato ou da intimação do ato.

§ 12. Para efeito do disposto no inciso III do § 1º deste artigo, considera-se também inexigível a obrigação reconhecida em título executivo judicial fundado em lei ou ato normativo considerado inconstitucional pelo Supremo Tribunal Federal, ou fundado em aplicação ou interpretação da lei ou do ato normativo tido pelo Supremo Tribunal Federal como incompatível com a Constituição Federal, em controle de constitucionalidade concentrado ou difuso.

‣ art. 102, CF.

‣ Súm. 487, STJ.

§ 13. No caso do § 12, os efeitos da decisão do Supremo Tribunal Federal poderão ser modulados no tempo, em atenção à segurança jurídica.

§ 14. A decisão do Supremo Tribunal Federal referida no § 12 deve ser anterior ao trânsito em julgado da decisão exequenda.

‣ art. 1.057, CPC.

§ 15. Se a decisão referida no § 12 for proferida após o trânsito em julgado da decisão exequenda, caberá ação rescisória, cujo prazo será contado do trânsito em julgado da decisão proferida pelo Supremo Tribunal Federal.

▸ art. 1.057, CPC.

Art. 526. É lícito ao réu, antes de ser intimado para o cumprimento da sentença, comparecer em juízo e oferecer em pagamento o valor que entender devido, apresentando memória discriminada do cálculo.

§ 1º O autor será ouvido no prazo de 5 (cinco) dias, podendo impugnar o valor depositado, sem prejuízo do levantamento do depósito a título de parcela incontroversa.

§ 2º Concluindo o juiz pela insuficiência do depósito, sobre a diferença incidirão multa de dez por cento e honorários advocatícios, também fixados em dez por cento, seguindo-se a execução com penhora e atos subsequentes.

§ 3º Se o autor não se opuser, o juiz declarará satisfeita a obrigação e extinguirá o processo.

Art. 527. Aplicam-se as disposições deste Capítulo ao cumprimento provisório da sentença, no que couber.

CAPÍTULO IV
DO CUMPRIMENTO DE SENTENÇA QUE RECONHEÇA A EXIGIBILIDADE DE OBRIGAÇÃO DE PRESTAR ALIMENTOS

Art. 528. No cumprimento de sentença que condene ao pagamento de prestação alimentícia ou de decisão interlocutória que fixe alimentos, o juiz, a requerimento do exequente, mandará intimar o executado pessoalmente para, em 3 (três) dias, pagar o débito, provar que o fez ou justificar a impossibilidade de efetuá-lo.

▸ art. 5º, LXVII, CF.

▸ arts. 1.694 a 1.710, CC.

▸ Súm. 144, STJ.

§ 1º Caso o executado, no prazo referido no *caput*, não efetue o pagamento, não prove que o efetuou ou não apresente justificativa da impossibilidade de efetuá-lo, o juiz mandará protestar o pronunciamento judicial, aplicando-se, no que couber, o disposto no art. 517.

§ 2º Somente a comprovação de fato que gere a impossibilidade absoluta de pagar justificará o inadimplemento.

§ 3º Se o executado não pagar ou se a justificativa apresentada não for aceita, o juiz, além de mandar protestar o pronunciamento judicial na forma do § 1º, decretar-lhe-á a prisão pelo prazo de 1 (um) a 3 (três) meses.

▸ art. 5º, LXVII, CF.

▸ art. 7º, 7, Pacto de San José da Costa Rica.

§ 4º A prisão será cumprida em regime fechado, devendo o preso ficar separado dos presos comuns.

§ 5º O cumprimento da pena não exime o executado do pagamento das prestações vencidas e vincendas.

§ 6º Paga a prestação alimentícia, o juiz suspenderá o cumprimento da ordem de prisão.

§ 7º O débito alimentar que autoriza a prisão civil do alimentante é o que compreende até as 3 (três) prestações anteriores ao ajuizamento da execução e as que se vencerem no curso do processo.

▸ Súm. 309, STJ.

§ 8º O exequente pode optar por promover o cumprimento da sentença ou decisão desde logo, nos termos do disposto neste Livro, Título II, Capítulo III, caso em que não será admissível a prisão do executado, e, recaindo a penhora em dinheiro, a concessão de efeito suspensivo à impugnação não obsta a que o exequente levante mensalmente a importância da prestação.

§ 9º Além das opções previstas no art. 516, parágrafo único, o exequente pode promover o cumprimento da sentença ou decisão que condena ao pagamento de prestação alimentícia no juízo de seu domicílio.

Art. 529. Quando o executado for funcionário público, militar, diretor ou gerente de empresa ou empregado sujeito à legislação do trabalho, o exequente poderá requerer o desconto em folha de pagamento da importância da prestação alimentícia.

▸ art. 1.701, p.ún., CC.

▸ art. 462, CLT.

▸ art. 115, IV, Lei 8.213/1991 (Previdência Social).

§ 1º Ao proferir a decisão, o juiz oficiará à autoridade, à empresa ou ao empregador, determinando, sob pena de crime de desobediência, o desconto a partir da primeira remuneração posterior do executado, a contar do protocolo do ofício.

▸ art. 330, CP.

▸ art. 5º, § 7º, Lei 5.478/1968 (Lei de alimentos).

§ 2º O ofício conterá o nome e o número de inscrição no Cadastro de Pessoas Físicas do exequente e do executado, a importância a ser descontada mensalmente, o tempo de sua duração e a conta na qual deve ser feito o depósito.

§ 3º Sem prejuízo do pagamento dos alimentos vincendos, o débito objeto de execução pode ser descontado dos rendimentos ou rendas do executado, de forma parcelada, nos termos do *caput* deste artigo, contanto que, somado à parcela devida, não ultrapasse cinquenta por cento de seus ganhos líquidos.

Art. 530. Não cumprida a obrigação, observar-se-á o disposto nos arts. 831 e seguintes.

Art. 531. O disposto neste Capítulo aplica-se aos alimentos definitivos ou provisórios.

§ 1º A execução dos alimentos provisórios, bem como a dos alimentos fixados em sentença ainda não transitada em julgado, se processa em autos apartados.

§ 2º O cumprimento definitivo da obrigação de prestar alimentos será processado nos mesmos autos em que tenha sido proferida a sentença.

Art. 532. Verificada a conduta procrastinatória do executado, o juiz deverá, se for o caso, dar ciência ao Ministério Público dos indícios da prática do crime de abandono material.

▸ art. 244, CP.

Art. 533. Quando a indenização por ato ilícito incluir prestação de alimentos, caberá ao executado, a requerimento do exequente, constituir capital cuja renda assegure o pagamento do valor mensal da pensão.

▸ Súm. 313, STJ.

§ 1º O capital a que se refere o *caput*, representado por imóveis ou por direitos reais sobre imóveis suscetíveis de alienação, títulos da dívida pública ou aplicações financeiras em banco oficial, será inalienável e impenhorável enquanto durar a obrigação do executado, além de constituir-se em patrimônio de afetação.

§ 2º O juiz poderá substituir a constituição do capital pela inclusão do exequente em folha de pagamento de pessoa jurídica de notória capacidade econômica ou, a requerimento do executado, por fiança bancária ou garantia real, em valor a ser arbitrado de imediato pelo juiz.

§ 3º Se sobrevier modificação nas condições econômicas, poderá a parte requerer, conforme as circunstâncias, redução ou aumento da prestação.

§ 4º A prestação alimentícia poderá ser fixada tomando por base o salário-mínimo.

§ 5º Finda a obrigação de prestar alimentos, o juiz mandará liberar o capital, cessar o desconto em folha ou cancelar as garantias prestadas.

CAPÍTULO V
DO CUMPRIMENTO DE SENTENÇA QUE RECONHEÇA A EXIGIBILIDADE DE OBRIGAÇÃO DE PAGAR QUANTIA CERTA PELA FAZENDA PÚBLICA

Art. 534. No cumprimento de sentença que impuser à Fazenda Pública o dever de pagar quantia certa, o exequente apresentará demonstrativo discriminado e atualizado do crédito contendo:

▸ art. 100, CF.

▸ arts. 78, 86, 87 e 97, ADCT.

▸ Súm. 279 e 339, STJ.

I - o nome completo e o número de inscrição no Cadastro de Pessoas Físicas ou no Cadastro Nacional da Pessoa Jurídica do exequente;

II - o índice de correção monetária adotado;

III - os juros aplicados e as respectivas taxas;

IV - o termo inicial e o termo final dos juros e da correção monetária utilizados;

V - a periodicidade da capitalização dos juros, se for o caso;

VI - a especificação dos eventuais descontos obrigatórios realizados.

§ 1º Havendo pluralidade de exequentes, cada um deverá apresentar o seu próprio demonstrativo, aplicando-se à hipótese, se for o caso, o disposto nos §§ 1º e 2º do art. 113.

§ 2º A multa prevista no § 1º do art. 523 não se aplica à Fazenda Pública.

Art. 535. A Fazenda Pública será intimada na pessoa de seu representante judicial, por carga, remessa ou meio eletrônico, para, querendo, no prazo de 30 (trinta) dias e nos próprios autos, impugnar a execução, podendo arguir:

▸ art. 33, § 3º, Lei 9.307/1996 (Arbitragem).

I - falta ou nulidade da citação se, na fase de conhecimento, o processo correu à revelia;

II - ilegitimidade de parte;

III - inexequibilidade do título ou inexigibilidade da obrigação;

IV - excesso de execução ou cumulação indevida de execuções;

V - incompetência absoluta ou relativa do juízo da execução;

VI - qualquer causa modificativa ou extintiva da obrigação, como pagamento, novação, compensação, transação ou prescrição, desde que supervenientes ao trânsito em julgado da sentença.

▸ Súm. 150, STF.

▸ Súm. 394, STJ.

§ 1º A alegação de impedimento ou suspeição observará o disposto nos arts. 146 e 148.

▸ art. 16, § 3º, Lei 6.830/1980 (Execução Fiscal).

§ 2º Quando se alegar que o exequente, em excesso de execução, pleiteia quantia superior à resultante do título, cumprirá à executada declarar de imediato o valor que entende correto, sob pena de não conhecimento da arguição.

§ 3º Não impugnada a execução ou rejeitadas as arguições da executada:

I - expedir-se-á, por intermédio do presidente do tribunal competente, precatório em favor do exequente, observando-se o disposto na Constituição Federal;

▸ Súm. 655 e 733, STF.

▸ Súm. 311, STJ.

II - por ordem do juiz, dirigida à autoridade na pessoa de quem o ente público foi citado para o processo, o pagamento de obrigação de pequeno valor será realizado no prazo de 2 (dois) meses contado da entrega da requisição, mediante depósito na agência de banco oficial mais próxima da residência do exequente.

§ 4º Tratando-se de impugnação parcial, a parte não questionada pela executada será, desde logo, objeto de cumprimento.

§ 5º Para efeito do disposto no inciso III do *caput* deste artigo, considera-se também inexigível a obrigação reconhecida em título executivo judicial fundado em lei ou ato normativo considerado inconstitucional pelo Supremo Tribunal Federal, ou fundado em aplicação ou interpretação da lei ou do ato normativo tido pelo Supremo Tribunal Federal como incompatível com a Constituição Federal, em controle de constitucionalidade concentrado ou difuso.

- Lei 9.868/1999 (Lei de ADI e ADC).
- Súm. 487, STJ.

§ 6º No caso do § 5º, os efeitos da decisão do Supremo Tribunal Federal poderão ser modulados no tempo, de modo a favorecer a segurança jurídica.

§ 7º A decisão do Supremo Tribunal Federal referida no § 5º deve ter sido proferida antes do trânsito em julgado da decisão exequenda.

- art. 1.057, CPC.

§ 8º Se a decisão referida no § 5º for proferida após o trânsito em julgado da decisão exequenda, caberá ação rescisória, cujo prazo será contado do trânsito em julgado da decisão proferida pelo Supremo Tribunal Federal.

- art. 1.057, CPC.

CAPÍTULO VI
DO CUMPRIMENTO DE SENTENÇA QUE RECONHEÇA A EXIGIBILIDADE DE OBRIGAÇÃO DE FAZER, DE NÃO FAZER OU DE ENTREGAR COISA

SEÇÃO I
DO CUMPRIMENTO DE SENTENÇA QUE RECONHEÇA A EXIGIBILIDADE DE OBRIGAÇÃO DE FAZER OU DE NÃO FAZER

Art. 536. No cumprimento de sentença que reconheça a exigibilidade de obrigação de fazer ou de não fazer, o juiz poderá, de ofício ou a requerimento, para a efetivação da tutela específica ou a obtenção de tutela pelo resultado prático equivalente, determinar as medidas necessárias à satisfação do exequente.

- arts. 247 a 251, CC.
- art. 84, CDC.
- art. 213, *caput*, ECA.
- art. 11, Lei 7.347/1985 (Ação Civil Pública).
- art. 52, V e VI, Lei 9.099/1995 (Juizados Especiais Cíveis e Criminais).

§ 1º Para atender ao disposto no *caput*, o juiz poderá determinar, entre outras medidas, a imposição de multa, a busca e apreensão, a remoção de pessoas e coisas, o desfazimento de obras e o impedimento de atividade nociva, podendo, caso necessário, requisitar o auxílio de força policial.

- art. 84, § 5º, CDC.

§ 2º O mandado de busca e apreensão de pessoas e coisas será cumprido por 2 (dois) oficiais de justiça, observando-se o disposto no art. 846, §§ 1º a 4º, se houver necessidade de arrombamento.

§ 3º O executado incidirá nas penas de litigância de má-fé quando injustificadamente descumprir a ordem judicial, sem prejuízo de sua responsabilização por crime de desobediência.

- art. 330, CP.

§ 4º No cumprimento de sentença que reconheça a exigibilidade de obrigação de fazer ou de não fazer, aplica-se o art. 525, no que couber.

§ 5º O disposto neste artigo aplica-se, no que couber, ao cumprimento de sentença que reconheça deveres de fazer e de não fazer de natureza não obrigacional.

Art. 537. A multa independe de requerimento da parte e poderá ser aplicada na fase de conhecimento, em tutela provisória ou na sentença, ou na fase de execução, desde que seja suficiente e compatível com a obrigação e que se determine prazo razoável para cumprimento do preceito.

- Súm. 410, STJ.

§ 1º O juiz poderá, de ofício ou a requerimento, modificar o valor ou a periodicidade da multa vincenda ou excluí-la, caso verifique que:

I - se tornou insuficiente ou excessiva;
II - o obrigado demonstrou cumprimento parcial superveniente da obrigação ou justa causa para o descumprimento.

§ 2º O valor da multa será devido ao exequente.

§ 3º A decisão que fixa a multa é passível de cumprimento provisório, devendo ser depositada em juízo, permitido o levantamento do valor após o trânsito em julgado da sentença favorável à parte. (Alterado pela Lei 13.256/2016)

§ 4º A multa será devida desde o dia em que se configurar o descumprimento da decisão e incidirá enquanto não for cumprida a decisão que a tiver cominado.

§ 5º O disposto neste artigo aplica-se, no que couber, ao cumprimento de sentença que reconheça deveres de fazer e de não fazer de natureza não obrigacional.

SEÇÃO II
DO CUMPRIMENTO DE SENTENÇA QUE RECONHEÇA A EXIGIBILIDADE DE OBRIGAÇÃO DE ENTREGAR COISA

Art. 538. Não cumprida a obrigação de entregar coisa no prazo estabelecido na sentença, será expedido mandado de busca e apreensão ou de imissão na posse em favor do credor, conforme se tratar de coisa móvel ou imóvel.

§ 1º A existência de benfeitorias deve ser alegada na fase de conhecimento, em contestação, de forma discriminada e com atribuição, sempre que possível e justificadamente, do respectivo valor.

§ 2º O direito de retenção por benfeitorias deve ser exercido na contestação, na fase de conhecimento.

§ 3º Aplicam-se ao procedimento previsto neste artigo, no que couber, as disposições sobre o cumprimento de obrigação de fazer ou de não fazer.

TÍTULO III
DOS PROCEDIMENTOS ESPECIAIS

CAPÍTULO I
DA AÇÃO DE CONSIGNAÇÃO EM PAGAMENTO

- arts. 334 a 345, CC.

Art. 539. Nos casos previstos em lei, poderá o devedor ou terceiro requerer, com efeito de pagamento, a consignação da quantia ou da coisa devida.

- arts. 304 e 334, CC.
- art. 67, Lei 8.245/1991 (Lei de locação).

§ 1º Tratando-se de obrigação em dinheiro, poderá o valor ser depositado em estabelecimento bancário, oficial onde houver, situado no lugar do pagamento, cientificando-se o credor por carta com aviso de recebimento, assinado o prazo de 10 (dez) dias para a manifestação de recusa.

§ 2º Decorrido o prazo do § 1º, contado do retorno do aviso de recebimento, sem a manifestação de recusa, considerar-se-á o devedor liberado da obrigação, ficando à disposição do credor a quantia depositada.

§ 3º Ocorrendo a recusa, manifestada por escrito ao estabelecimento bancário, poderá ser proposta, dentro de 1 (um) mês, a ação de consignação, instruindo-se a inicial com a prova do depósito e da recusa.

- art. 542, I, CPC.

§ 4º Não proposta a ação no prazo do § 3º, ficará sem efeito o depósito, podendo levantá-lo o depositante.

Art. 540. Requerer-se-á a consignação no lugar do pagamento, cessando para o devedor, à data do depósito, os juros e os riscos, salvo se a demanda for julgada improcedente.

- arts. 327 e 328, CC.

Art. 541. Tratando-se de prestações sucessivas, consignada uma delas, pode o devedor continuar a depositar, no mesmo processo e sem mais formalidades, as que se forem vencendo, desde que o faça em até 5 (cinco) dias contados da data do respectivo vencimento.

- art. 323, CPC.

Art. 542. Na petição inicial, o autor requererá:

I - o depósito da quantia ou da coisa devida, a ser efetivado no prazo de 5 (cinco) dias contados do deferimento, ressalvada a hipótese do art. 539, § 3º;
II - a citação do réu para levantar o depósito ou oferecer contestação.

Parágrafo único. Não realizado o depósito no prazo do inciso I, o processo será extinto sem resolução do mérito.

Art. 543. Se o objeto da prestação for coisa indeterminada e a escolha couber ao credor, será este citado para exercer o direito dentro de 5 (cinco) dias, se outro prazo não constar de lei ou do contrato, ou para aceitar que o devedor a faça, devendo o juiz, ao despachar a petição inicial, fixar lugar, dia e hora em que se fará a entrega, sob pena de depósito.

Art. 544. Na contestação, o réu poderá alegar que:

I - não houve recusa ou mora em receber a quantia ou a coisa devida;
II - foi justa a recusa;
III - o depósito não se efetuou no prazo ou no lugar do pagamento;
IV - o depósito não é integral.

Parágrafo único. No caso do inciso IV, a alegação somente será admissível se o réu indicar o montante que entende devido.

Art. 545. Alegada a insuficiência do depósito, é lícito ao autor completá-lo, em 10 (dez) dias, salvo se corresponder a prestação cujo inadimplemento acarrete a rescisão do contrato.

§ 1º No caso do *caput*, poderá o réu levantar, desde logo, a quantia ou a coisa depositada, com a consequente liberação parcial do autor, prosseguindo o processo quanto à parcela controvertida.

§ 2º A sentença que concluir pela insuficiência do depósito determinará, sempre que possível, o montante devido e valerá como título executivo, facultado ao credor promover-lhe o cumprimento nos mesmos autos, após liquidação, se necessária.

Art. 546. Julgado procedente o pedido, o juiz declarará extinta a obrigação e condenará o réu ao pagamento de custas e honorários advocatícios.

Parágrafo único. Proceder-se-á do mesmo modo se o credor receber e der quitação.

Art. 547. Se ocorrer dúvida sobre quem deva legitimamente receber o pagamento, o autor requererá o depósito e a citação dos possíveis titulares do crédito para provarem o seu direito.

- art. 335, IV, CC.

Art. 548. No caso do art. 547:

I - não comparecendo pretendente algum, converter-se-á o depósito em arrecadação de coisas vagas;

II - comparecendo apenas um, o juiz decidirá de plano;

III - comparecendo mais de um, o juiz declarará efetuado o depósito e extinta a obrigação, continuando o processo a correr unicamente entre os presuntivos credores, observado o procedimento comum.

Art. 549. Aplica-se o procedimento estabelecido neste Capítulo, no que couber, ao resgate do aforamento.

CAPÍTULO II
DA AÇÃO DE EXIGIR CONTAS

Art. 550. Aquele que afirmar ser titular do direito de exigir contas requererá a citação do réu para que as preste ou ofereça contestação no prazo de 15 (quinze) dias.

‣ Súm. 259 e 477, STJ.

§ 1º Na petição inicial, o autor especificará, detalhadamente, as razões pelas quais exige as contas, instruindo-a com documentos comprobatórios dessa necessidade, se existirem.

§ 2º Prestadas as contas, o autor terá 15 (quinze) dias para se manifestar, prosseguindo-se o processo na forma do Capítulo X do Título I deste Livro.

§ 3º A impugnação das contas apresentadas pelo réu deverá ser fundamentada e específica, com referência expressa ao lançamento questionado.

§ 4º Se o réu não contestar o pedido, observar-se-á o disposto no art. 355.

§ 5º A decisão que julgar procedente o pedido condenará o réu a prestar as contas no prazo de 15 (quinze) dias, sob pena de não lhe ser lícito impugnar as que o autor apresentar.

§ 6º Se o réu apresentar as contas no prazo previsto no § 5º, seguir-se-á o procedimento do § 2º, caso contrário, o autor apresentá-las-á no prazo de 15 (quinze) dias, podendo o juiz determinar a realização de exame pericial, se necessário.

Art. 551. As contas do réu serão apresentadas na forma adequada, especificando-se as receitas, a aplicação das despesas e os investimentos, se houver.

§ 1º Havendo impugnação específica e fundamentada pelo autor, o juiz estabelecerá prazo razoável para que o réu apresente os documentos justificativos dos lançamentos individualmente impugnados.

§ 2º As contas do autor, para os fins do art. 550, § 5º, serão apresentadas na forma adequada, já instruídas com os documentos justificativos, especificando-se as receitas, a aplicação das despesas e os investimentos, se houver, bem como o respectivo saldo.

Art. 552. A sentença apurará o saldo e constituirá título executivo judicial.

Art. 553. As contas do inventariante, do tutor, do curador, do depositário e de qualquer outro administrador serão prestadas em apenso aos autos do processo em que tiver sido nomeado.

Parágrafo único. Se qualquer dos referidos no *caput* for condenado a pagar o saldo e não o fizer no prazo legal, o juiz poderá destituí-lo, sequestrar os bens sob sua guarda, glosar o prêmio ou a gratificação a que teria direito e determinar as medidas executivas necessárias à recomposição do prejuízo.

CAPÍTULO III
DAS AÇÕES POSSESSÓRIAS

SEÇÃO I
DISPOSIÇÕES GERAIS

Art. 554. A propositura de uma ação possessória em vez de outra não obstará a que o juiz conheça do pedido e outorgue a proteção legal correspondente àquela cujos pressupostos estejam provados.

‣ arts. 1.196 a 1.224, CC.

§ 1º No caso de ação possessória em que figure no polo passivo grande número de pessoas, serão feitas a citação pessoal dos ocupantes que forem encontrados no local e a citação por edital dos demais, determinando-se, ainda, a intimação do Ministério Público e, se envolver pessoas em situação de hipossuficiência econômica, da Defensoria Pública.

‣ art. 178, III, CPC.

§ 2º Para fim da citação pessoal prevista no § 1º, o oficial de justiça procurará os ocupantes no local por uma vez, citando-se por edital os que não forem encontrados.

§ 3º O juiz deverá determinar que se dê ampla publicidade da existência da ação prevista no § 1º e dos respectivos prazos processuais, podendo, para tanto, valer-se de anúncios em jornal ou rádio locais, da publicação de cartazes na região do conflito e de outros meios.

Art. 555. É lícito ao autor cumular ao pedido possessório o de:

I - condenação em perdas e danos;

‣ arts. 402 a 405 e 927, CC.

II - indenização dos frutos.

Parágrafo único. Pode o autor requerer, ainda, imposição de medida necessária e adequada para:

I - evitar nova turbação ou esbulho;

II - cumprir-se a tutela provisória ou final.

‣ arts. 294 a 311, CPC.

Art. 556. É lícito ao réu, na contestação, alegando que foi o ofendido em sua posse, demandar a proteção possessória e a indenização pelos prejuízos resultantes da turbação ou do esbulho cometido pelo autor.

Art. 557. Na pendência de ação possessória é vedado, tanto ao autor quanto ao réu, propor ação de reconhecimento do domínio, exceto se a pretensão for deduzida em face de terceira pessoa.

Parágrafo único. Não obsta à manutenção ou à reintegração de posse a alegação de propriedade ou de outro direito sobre a coisa.

Art. 558. Regem o procedimento de manutenção e de reintegração de posse as normas da Seção II deste Capítulo quando a ação for proposta dentro de ano e dia da turbação ou do esbulho afirmado na petição inicial.

Parágrafo único. Passado o prazo referido no *caput*, será comum o procedimento, não perdendo, contudo, o caráter possessório.

Art. 559. Se o réu provar, em qualquer tempo, que o autor provisoriamente mantido ou reintegrado na posse carece de idoneidade financeira para, no caso de sucumbência, responder por perdas e danos, o juiz designar-lhe-á o prazo de 5 (cinco) dias para requerer caução, real ou fidejussória, sob pena de ser depositada a coisa litigiosa, ressalvada a impossibilidade da parte economicamente hipossuficiente.

SEÇÃO II
DA MANUTENÇÃO E DA REINTEGRAÇÃO DE POSSE

Art. 560. O possuidor tem direito a ser mantido na posse em caso de turbação e reintegrado em caso de esbulho.

Art. 561. Incumbe ao autor provar:

I - a sua posse;

‣ arts. 1.196 a 1.209, CC.

II - a turbação ou o esbulho praticado pelo réu;

III - a data da turbação ou do esbulho;

IV - a continuação da posse, embora turbada, na ação de manutenção, ou a perda da posse, na ação de reintegração.

Art. 562. Estando a petição inicial devidamente instruída, o juiz deferirá, sem ouvir o réu, a expedição do mandado liminar de manutenção ou de reintegração, caso contrário, determinará que o autor justifique previamente o alegado, citando-se o réu para comparecer à audiência que for designada.

Parágrafo único. Contra as pessoas jurídicas de direito público não será deferida a manutenção ou a reintegração liminar sem prévia audiência dos respectivos representantes judiciais.

Art. 563. Considerada suficiente a justificação, o juiz fará logo expedir mandado de manutenção ou de reintegração.

Art. 564. Concedido ou não o mandado liminar de manutenção ou de reintegração, o autor promoverá, nos 5 (cinco) dias subsequentes, a citação do réu para, querendo, contestar a ação no prazo de 15 (quinze) dias.

Parágrafo único. Quando for ordenada a justificação prévia, o prazo para contestar será contado da intimação da decisão que deferir ou não a medida liminar.

Art. 565. No litígio coletivo pela posse de imóvel, quando o esbulho ou a turbação afirmado na petição inicial houver ocorrido há mais de ano e dia, o juiz, antes de apreciar o pedido de concessão da medida liminar, deverá designar audiência de mediação, a realizar-se em até 30 (trinta) dias, que observará o disposto nos §§ 2º e 4º.

§ 1º Concedida a liminar, se essa não for executada no prazo de 1 (um) ano, a contar da data de distribuição, caberá ao juiz designar audiência de mediação, nos termos dos §§ 2º a 4º deste artigo.

§ 2º O Ministério Público será intimado para comparecer à audiência, e a Defensoria Pública será intimada sempre que houver parte beneficiária de gratuidade da justiça.

‣ art. 134, CF.

§ 3º O juiz poderá comparecer à área objeto do litígio quando sua presença se fizer necessária à efetivação da tutela jurisdicional.

§ 4º Os órgãos responsáveis pela política agrária e pela política urbana da União, de Estado ou do Distrito Federal e de Município onde se situe a área objeto do litígio poderão ser intimados para a audiência, a fim de se manifestarem sobre seu interesse no processo e sobre a existência de possibilidade de solução para o conflito possessório.

§ 5º Aplica-se o disposto neste artigo ao litígio sobre propriedade de imóvel.

Art. 566. Aplica-se, quanto ao mais, o procedimento comum.

SEÇÃO III
DO INTERDITO PROIBITÓRIO

Art. 567. O possuidor direto ou indireto que tenha justo receio de ser molestado na posse poderá requerer ao juiz que o segure da turbação ou esbulho iminente, mediante mandado proibitório em que se comine ao réu determinada pena pecuniária caso transgrida o preceito.

Art. 568. Aplica-se ao interdito proibitório o disposto na Seção II deste Capítulo.

CAPÍTULO IV
DA AÇÃO DE DIVISÃO E DA DEMARCAÇÃO DE TERRAS PARTICULARES

SEÇÃO I
DISPOSIÇÕES GERAIS

Art. 569. Cabe:

I - ao proprietário a ação de demarcação, para obrigar o seu confinante a estremar os respectivos prédios, fixando-se novos limites entre eles ou aviventando-se os já apagados;

- arts. 574 a 587, CPC.
- Lei 6.383/1976 (Terras devolutas da União).

II - ao condômino a ação de divisão, para obrigar os demais consortes a estremar os quinhões.

- arts. 588 a 598, CPC.
- art. 1.320, CC.

Art. 570. É lícita a cumulação dessas ações, caso em que deverá processar-se primeiramente a demarcação total ou parcial da coisa comum, citando-se os confinantes e os condôminos.

Art. 571. A demarcação e a divisão poderão ser realizadas por escritura pública, desde que maiores, capazes e concordes todos os interessados, observando-se, no que couber, os dispositivos deste Capítulo.

Art. 572. Fixados os marcos da linha de demarcação, os confinantes considerar-se-ão terceiros quanto ao processo divisório, ficando-lhes, porém, ressalvado o direito de vindicar os terrenos de que se julguem despojados por invasão das linhas limítrofes constitutivas do perímetro ou de reclamar indenização correspondente ao seu valor.

§ 1º No caso do *caput*, serão citados para a ação todos os condôminos, se a sentença homologatória da divisão ainda não houver transitado em julgado, e todos os quinhoeiros dos terrenos vindicados, se a ação for proposta posteriormente.

§ 2º Neste último caso, a sentença que julga procedente a ação, condenando a restituir os terrenos ou a pagar a indenização, valerá como título executivo em favor dos quinhoeiros para haverem dos outros condôminos que forem parte na divisão ou de seus sucessores a título universal, na proporção que lhes tocar, a composição pecuniária do desfalque sofrido.

Art. 573. Tratando-se de imóvel georreferenciado, com averbação no registro de imóveis, pode o juiz dispensar a realização de prova pericial.

- art. 464, § 1º, II, CPC.

SEÇÃO II
DA DEMARCAÇÃO

Art. 574. Na petição inicial, instruída com os títulos da propriedade, designar-se-á o imóvel pela situação e pela denominação, descrever-se-ão os limites por constituir, aviventar ou renovar e nomear-se-ão todos os confinantes da linha demarcanda.

- arts. 1.297 e 1.298, CC.

Art. 575. Qualquer condômino é parte legítima para promover a demarcação do imóvel comum, requerendo a intimação dos demais para, querendo, intervir no processo.

Art. 576. A citação dos réus será feita por correio, observado o disposto no art. 247.

Parágrafo único. Será publicado edital, nos termos do inciso III do art. 259.

Art. 577. Feitas as citações, terão os réus o prazo comum de 15 (quinze) dias para contestar.

Art. 578. Após o prazo de resposta do réu, observar-se-á o procedimento comum.

- art. 598, CPC.

Art. 579. Antes de proferir a sentença, o juiz nomeará um ou mais peritos para levantar o traçado da linha demarcanda.

Art. 580. Concluídos os estudos, os peritos apresentarão minucioso laudo sobre o traçado da linha demarcanda, considerando os títulos, os marcos, os rumos, a fama da vizinhança, as informações de antigos moradores do lugar e outros elementos que coligirem.

Art. 581. A sentença que julgar procedente o pedido determinará o traçado da linha demarcanda.

Parágrafo único. A sentença proferida na ação demarcatória determinará a restituição da área invadida, se houver, declarando o domínio ou a posse do prejudicado, ou ambos.

Art. 582. Transitada em julgado a sentença, o perito efetuará a demarcação e colocará os marcos necessários.

- art. 22, p.ún., Lei 6.383/1976 (Terras devolutas da União).

Parágrafo único. Todas as operações serão consignadas em planta e memorial descritivo com as referências convenientes para a identificação, em qualquer tempo, dos pontos assinalados, observada a legislação especial que dispõe sobre a identificação do imóvel rural.

Art. 583. As plantas serão acompanhadas das cadernetas de operações de campo e do memorial descritivo, que conterá:

I - o ponto de partida, os rumos seguidos e a aviventação dos antigos com os respectivos cálculos;

II - os acidentes encontrados, as cercas, os valos, os marcos antigos, os córregos, os rios, as lagoas e outros;

III - a indicação minuciosa dos novos marcos cravados, dos antigos aproveitados, das culturas existentes e da sua produção anual;

IV - a composição geológica dos terrenos, bem como a qualidade e a extensão dos campos, das matas e das capoeiras;

V - as vias de comunicação;

VI - as distâncias a pontos de referência, tais como rodovias federais e estaduais, ferrovias, portos, aglomerações urbanas e polos comerciais;

VII - a indicação de tudo o mais que for útil para o levantamento da linha ou para a identificação da linha já levantada.

Art. 584. É obrigatória a colocação de marcos tanto na estação inicial, dita marco primordial, quanto nos vértices dos ângulos, salvo se algum desses últimos pontos for assinalado por acidentes naturais de difícil remoção ou destruição.

- art. 596, p.ún., CPC.

Art. 585. A linha será percorrida pelos peritos, que examinarão os marcos e os rumos, consignando em relatório escrito a exatidão do memorial e da planta apresentados pelo agrimensor ou as divergências porventura encontradas.

- art. 596, p.ún., CPC.

Art. 586. Juntado aos autos o relatório dos peritos, o juiz determinará que as partes se manifestem sobre ele no prazo comum de 15 (quinze) dias.

- art. 597, § 1º, CPC.

Parágrafo único. Executadas as correções e as retificações que o juiz determinar, lavrar-se-á, em seguida, o auto de demarcação em que os limites demarcandos serão minuciosamente descritos de acordo com o memorial e a planta.

Art. 587. Assinado o auto pelo juiz e pelos peritos, será proferida a sentença homologatória da demarcação.

SEÇÃO III
DA DIVISÃO

- art. 89, CPC.

Art. 588. A petição inicial será instruída com os títulos de domínio do promovente e conterá:

- art. 1.320, CC.

I - a indicação da origem da comunhão e a denominação, a situação, os limites e as características do imóvel;

II - o nome, o estado civil, a profissão e a residência de todos os condôminos, especificando-se os estabelecidos no imóvel com benfeitorias e culturas;

III - as benfeitorias comuns.

Art. 589. Feitas as citações como preceitua o art. 576, prosseguir-se-á na forma dos arts. 577 e 578.

Art. 590. O juiz nomeará um ou mais peritos para promover a medição do imóvel e as operações de divisão, observada a legislação especial que dispõe sobre a identificação do imóvel rural.

Parágrafo único. O perito deverá indicar as vias de comunicação existentes, as construções e as benfeitorias, com a indicação dos seus valores e dos respectivos proprietários e ocupantes, as águas principais que banham o imóvel e quaisquer outras informações que possam concorrer para facilitar a partilha.

Art. 591. Todos os condôminos serão intimados a apresentar, dentro de 10 (dez) dias, os seus títulos, se ainda não o tiverem feito, e a formular os seus pedidos sobre a constituição dos quinhões.

Art. 592. O juiz ouvirá as partes no prazo comum de 15 (quinze) dias.

§ 1º Não havendo impugnação, o juiz determinará a divisão geodésica do imóvel.

§ 2º Havendo impugnação, o juiz proferirá, no prazo de 10 (dez) dias, decisão sobre os pedidos e os títulos que devam ser atendidos na formação dos quinhões.

Art. 593. Se qualquer linha do perímetro atingir benfeitorias permanentes dos confinantes feitas há mais de 1 (um) ano, serão elas respeitadas, bem como os terrenos onde estiverem, os quais não se computarão na área dividenda.

Art. 594. Os confinantes do imóvel dividendo podem demandar a restituição dos terrenos que lhes tenham sido usurpados.

§ 1º Serão citados para a ação todos os condôminos, se a sentença homologatória da divisão ainda não houver transitado em julgado, e todos os quinhoeiros dos terrenos vindicados, se a ação for proposta posteriormente.

§ 2º Nesse último caso terão os quinhoeiros o direito, pela mesma sentença que os obrigar à restituição, a haver dos outros condôminos do processo divisório ou de seus sucessores a título universal a composição pecuniária proporcional ao desfalque sofrido.

Art. 595. Os peritos proporão, em laudo fundamentado, a forma da divisão, devendo consultar, quanto possível, a comodidade das partes, respeitar, para adjudicação a cada condômino, a preferência dos terrenos contíguos às suas residências e benfeitorias e evitar o retalhamento dos quinhões em glebas separadas.

Art. 596. Ouvidas as partes, no prazo comum de 15 (quinze) dias, sobre o cálculo e o plano da divisão, o juiz deliberará a partilha.

Parágrafo único. Em cumprimento dessa decisão, o perito procederá à demarcação dos quinhões, observando, além do disposto nos arts. 584 e 585, as seguintes regras:

I - as benfeitorias comuns que não comportarem divisão cômoda serão adjudicadas a um dos condôminos mediante compensação;

II - instituir-se-ão as servidões que forem indispensáveis em favor de uns quinhões sobre os outros, incluindo o respectivo valor no orçamento para que, não se tratando de servidões naturais, seja compensado o condômino aquinhoado com o prédio serviente;

- arts. 1.378 a 1.389, CC.

III - as benfeitorias particulares dos condôminos que excederem à área a que têm direito serão adjudicadas ao quinhoeiro vizinho mediante reposição;

IV - se outra coisa não acordarem as partes, as compensações e as reposições serão feitas em dinheiro.

CPC

Art. 597. Terminados os trabalhos e desenhados na planta os quinhões e as servidões aparentes, o perito organizará o memorial descritivo.

§ 1º Cumprido o disposto no art. 586, o escrivão, em seguida, lavrará o auto de divisão, acompanhado de uma folha de pagamento para cada condômino.

§ 2º Assinado o auto pelo juiz e pelo perito, será proferida sentença homologatória da divisão.

§ 3º O auto conterá:

I - a confinação e a extensão superficial do imóvel;

II - a classificação das terras com o cálculo das áreas de cada consorte e com a respectiva avaliação ou, quando a homogeneidade das terras não determinar diversidade de valores, a avaliação do imóvel na sua integridade;

III - o valor e a quantidade geométrica que couber a cada condômino, declarando-se as reduções e as compensações resultantes da diversidade de valores das glebas componentes de cada quinhão.

§ 4º Cada folha de pagamento conterá:

I - a descrição das linhas divisórias do quinhão, mencionadas as confinantes;

II - a relação das benfeitorias e das culturas do próprio quinhoeiro e das que lhe foram adjudicadas por serem comuns ou mediante compensação;

III - a declaração das servidões instituídas, especificados os lugares, a extensão e o modo de exercício.

Art. 598. Aplica-se às divisões o disposto nos arts. 575 a 578.

CAPÍTULO V
DA AÇÃO DE DISSOLUÇÃO PARCIAL DE SOCIEDADE

Art. 599. A ação de dissolução parcial de sociedade pode ter por objeto:

I - a resolução da sociedade empresária contratual ou simples em relação ao sócio falecido, excluído ou que exerceu o direito de retirada ou recesso; e

II - a apuração dos haveres do sócio falecido, excluído ou que exerceu o direito de retirada ou recesso; ou

III - somente a resolução ou a apuração de haveres.

§ 1º A petição inicial será necessariamente instruída com o contrato social consolidado.

§ 2º A ação de dissolução parcial de sociedade pode ter também por objeto a sociedade anônima de capital fechado quando demonstrado, por acionista ou acionistas que representem cinco por cento ou mais do capital social, que não pode preencher o seu fim.

Art. 600. A ação pode ser proposta:

I - pelo espólio do sócio falecido, quando a totalidade dos sucessores não ingressar na sociedade;

II - pelos sucessores, após concluída a partilha do sócio falecido;

III - pela sociedade, se os sócios sobreviventes não admitirem o ingresso do espólio ou dos sucessores do falecido na sociedade, quando esse direito decorrer do contrato social;

IV - pelo sócio que exerceu o direito de retirada ou recesso, se não tiver sido providenciada, pelos demais sócios, a alteração contratual consensual formalizando o desligamento, depois de transcorridos 10 (dez) dias do exercício do direito;

V - pela sociedade, nos casos em que a lei não autoriza a exclusão extrajudicial; ou

VI - pelo sócio excluído.

Parágrafo único. O cônjuge ou companheiro do sócio cujo casamento, união estável ou convivência terminou poderá requerer a apuração de seus haveres na sociedade, que serão pagos à conta da quota social titulada por este sócio.

- art. 226, § 3º, CF.

Art. 601. Os sócios e a sociedade serão citados para, no prazo de 15 (quinze) dias, concordar com o pedido ou apresentar contestação.

- arts. 335 e ss., CPC.

Parágrafo único. A sociedade não será citada se todos os seus sócios o forem, mas ficará sujeita aos efeitos da decisão e à coisa julgada.

Art. 602. A sociedade poderá formular pedido de indenização compensável com o valor dos haveres a apurar.

Art. 603. Havendo manifestação expressa e unânime pela concordância da dissolução, o juiz a decretará, passando-se imediatamente à fase de liquidação.

§ 1º Na hipótese prevista no *caput*, não haverá condenação em honorários advocatícios de nenhuma das partes, e as custas serão rateadas segundo a participação das partes no capital social.

§ 2º Havendo contestação, observar-se-á o procedimento comum, mas a liquidação da sentença seguirá o disposto neste Capítulo.

Art. 604. Para apuração dos haveres, o juiz:

I - fixará a data da resolução da sociedade;

II - definirá o critério de apuração dos haveres à vista do disposto no contrato social; e

III - nomeará o perito.

§ 1º O juiz determinará à sociedade ou aos sócios que nela permanecerem que depositem em juízo a parte incontroversa dos haveres devidos.

§ 2º O depósito poderá ser, desde logo, levantando pelo ex-sócio, pelo espólio ou pelos sucessores.

§ 3º Se o contrato social estabelecer o pagamento dos haveres, será observado o que nele se dispôs no depósito judicial da parte incontroversa.

Art. 605. A data da resolução da sociedade será:

I - no caso de falecimento do sócio, a do óbito;

II - na retirada imotivada, o sexagésimo dia seguinte ao do recebimento, pela sociedade, da notificação do sócio retirante;

III - no recesso, o dia do recebimento, pela sociedade, da notificação do sócio dissidente;

IV - na retirada por justa causa de sociedade por prazo determinado e na exclusão judicial de sócio, a do trânsito em julgado da decisão que dissolver a sociedade; e

V - na exclusão extrajudicial, a data da assembleia ou da reunião de sócios que a tiver deliberado.

Art. 606. Em caso de omissão do contrato social, o juiz definirá, como critério de apuração de haveres, o valor patrimonial apurado em balanço de determinação, tomando-se por referência a data da resolução e avaliando-se bens e direitos do ativo, tangíveis e intangíveis, a preço de saída, além do passivo também a ser apurado de igual forma.

Parágrafo único. Em todos os casos em que seja necessária a realização de perícia, a nomeação do perito recairá preferencialmente sobre especialista em avaliação de sociedades.

Art. 607. A data da resolução e o critério de apuração de haveres podem ser revistos pelo juiz, a pedido da parte, a qualquer tempo antes do início da perícia.

Art. 608. Até a data da resolução, integram o valor devido ao ex-sócio, ao espólio ou aos sucessores a participação nos lucros ou os juros sobre o capital próprio declarados pela sociedade e, se for o caso, a remuneração como administrador.

Parágrafo único. Após a data da resolução, o ex-sócio, o espólio ou os sucessores terão direito apenas à correção monetária dos valores apurados e aos juros contratuais ou legais.

Art. 609. Uma vez apurados, os haveres do sócio retirante serão pagos conforme disciplinar o contrato social e, no silêncio deste, nos termos do § 2º do art. 1.031 da Lei n. 10.406, de 10 de janeiro de 2002 (Código Civil).

CAPÍTULO VI
DO INVENTÁRIO E DA PARTILHA

SEÇÃO I
DISPOSIÇÕES GERAIS

Art. 610. Havendo testamento ou interessado incapaz, proceder-se-á ao inventário judicial.

- arts. 1.991 e ss., CC.
- Res. CNJ 35/2007, CNJ.

§ 1º Se todos forem capazes e concordes, o inventário e a partilha poderão ser feitos por escritura pública, a qual constituirá documento hábil para qualquer ato de registro, bem como para levantamento de importância depositada em instituições financeiras.

§ 2º O tabelião somente lavrará a escritura pública se todas as partes interessadas estiverem assistidas por advogado ou por defensor público, cuja qualificação e assinatura constarão do ato notarial.

Art. 611. O processo de inventário e de partilha deve ser instaurado dentro de 2 (dois) meses, a contar da abertura da sucessão, ultimando-se nos 12 (doze) meses subsequentes, podendo o juiz prorrogar esses prazos, de ofício ou a requerimento de parte.

- art. 1.796, CC.
- Res. CNJ 35/2007, CNJ.
- Súm. 542, STF.

- **Atualização:** Lei 14.010/2020, Art. 16. O prazo do art. 611 do Código de Processo Civil para sucessões abertas a partir de 1º de fevereiro de 2020 terá seu termo inicial dilatado para 30 de outubro de 2020. Parágrafo único. O prazo de 12 (doze) meses do art. 611 do Código de Processo Civil, para que seja ultimado o processo de inventário e de partilha, caso iniciado antes de 1º de fevereiro de 2020, ficará suspenso a partir da entrada em vigor desta Lei até 30 de outubro de 2020.

Art. 612. O juiz decidirá todas as questões de direito desde que os fatos relevantes estejam provados por documento, só remetendo para as vias ordinárias as questões que dependerem de outras provas.

Art. 613. Até que o inventariante preste o compromisso, continuará o espólio na posse do administrador provisório.

Art. 614. O administrador provisório representa ativa e passivamente o espólio, é obrigado a trazer ao acervo os frutos que desde a abertura da sucessão percebeu, tem direito ao reembolso das despesas necessárias e úteis que fez e responde pelo dano a que, por dolo ou culpa, der causa.

SEÇÃO II
DA LEGITIMIDADE PARA REQUERER O INVENTÁRIO

Art. 615. O requerimento de inventário e de partilha incumbe a quem estiver na posse e na administração do espólio, no prazo estabelecido no art. 611.

Parágrafo único. O requerimento será instruído com a certidão de óbito do autor da herança.

Art. 616. Têm, contudo, legitimidade concorrente:

I - o cônjuge ou companheiro supérstite;

- art. 226, § 3º, CF.

II - o herdeiro;
III - o legatário;
IV - o testamenteiro;
V - o cessionário do herdeiro ou do legatário;
VI - o credor do herdeiro, do legatário ou do autor da herança;
VII - o Ministério Público, havendo herdeiros incapazes;
VIII - a Fazenda Pública, quando tiver interesse;
IX - o administrador judicial da falência do herdeiro, do legatário, do autor da herança ou do cônjuge ou companheiro supérstite.

SEÇÃO III
DO INVENTARIANTE E DAS PRIMEIRAS DECLARAÇÕES

Art. 617. O juiz nomeará inventariante na seguinte ordem:

▸ Art. 1.991 do CC.

I - o cônjuge ou companheiro sobrevivente, desde que estivesse convivendo com o outro ao tempo da morte deste;
II - o herdeiro que se achar na posse e na administração do espólio, se não houver cônjuge ou companheiro sobrevivente ou se estes não puderem ser nomeados;
III - qualquer herdeiro, quando nenhum deles estiver na posse e na administração do espólio;
IV - o herdeiro menor, por seu representante legal;
V - o testamenteiro, se lhe tiver sido confiada a administração do espólio ou se toda a herança estiver distribuída em legados;
VI - o cessionário do herdeiro ou do legatário;
VII - o inventariante judicial, se houver;
VIII - pessoa estranha idônea, quando não houver inventariante judicial.

Parágrafo único. O inventariante, intimado da nomeação, prestará, dentro de 5 (cinco) dias, o compromisso de bem e fielmente desempenhar a função.

Art. 618. Incumbe ao inventariante:

I - representar o espólio ativa e passivamente, em juízo ou fora dele, observando-se, quanto ao dativo, o disposto no art. 75, § 1º;
II - administrar o espólio, velando-lhe os bens com a mesma diligência que teria se seus fossem;
III - prestar as primeiras e as últimas declarações pessoalmente ou por procurador com poderes especiais;

▸ arts. 622, I, e 636, CPC.

IV - exibir em cartório, a qualquer tempo, para exame das partes, os documentos relativos ao espólio;
V - juntar aos autos certidão do testamento, se houver;
VI - trazer à colação os bens recebidos pelo herdeiro ausente, renunciante ou excluído;

▸ arts. 639 e ss., CPC.

VII - prestar contas de sua gestão ao deixar o cargo ou sempre que o juiz lhe determinar;

▸ arts. 553 e 622, V, CPC.

VIII - requerer a declaração de insolvência.

Art. 619. Incumbe ainda ao inventariante, ouvidos os interessados e com autorização do juiz:

I - alienar bens de qualquer espécie;
II - transigir em juízo ou fora dele;

▸ arts. 840 a 850, CC.

III - pagar dívidas do espólio;

▸ arts. 134, IV, e 192, CTN.

IV - fazer as despesas necessárias para a conservação e o melhoramento dos bens do espólio.

Art. 620. Dentro de 20 (vinte) dias contados da data em que prestou o compromisso, o inventariante fará as primeiras declarações, das quais se lavrará termo circunstanciado, assinado pelo juiz, pelo escrivão e pelo inventariante, no qual serão exarados:

I - o nome, o estado, a idade e o domicílio do autor da herança, o dia e o lugar em que faleceu e se deixou testamento;
II - o nome, o estado, a idade, o endereço eletrônico e a residência dos herdeiros e, havendo cônjuge ou companheiro supérstite, além dos respectivos dados pessoais, o regime de bens do casamento ou da união estável;
III - a qualidade dos herdeiros e o grau de parentesco com o inventariado, III;
IV - a relação completa e individualizada de todos os bens do espólio, inclusive aqueles que devem ser conferidos à colação, e dos bens alheios que nele forem encontrados, descrevendo-se:

a) os imóveis, com as suas especificações, nomeadamente local em que se encontram, extensão da área, limites, confrontações, benfeitorias, origem dos títulos, números das matrículas e ônus que os gravam;

b) os móveis, com os sinais característicos;

c) os semoventes, seu número, suas espécies, suas marcas e seus sinais distintivos;

d) o dinheiro, as joias, os objetos de ouro e prata e as pedras preciosas, declarando-se-lhes especificadamente a qualidade, o peso e a importância;

e) os títulos da dívida pública, bem como as ações, as quotas e os títulos de sociedade, mencionando-se-lhes o número, o valor e a data;

f) as dívidas ativas e passivas, indicando-se-lhes as datas, os títulos, a origem da obrigação e os nomes dos credores e dos devedores;

g) direitos e ações;

h) o valor corrente de cada um dos bens do espólio.

§ 1º O juiz determinará que se proceda:

I - ao balanço do estabelecimento, se o autor da herança era empresário individual;
II - à apuração de haveres, se o autor da herança era sócio de sociedade que não anônima.

▸ Súm. 265, STF.

§ 2º As declarações podem ser prestadas mediante petição, firmada por procurador com poderes especiais, à qual o termo se reportará.

Art. 621. Só se pode arguir sonegação ao inventariante depois de encerrada a descrição dos bens, com a declaração, por ele feita, de não existirem outros por inventariar.

▸ art. 1.996, CC.

Art. 622. O inventariante será removido de ofício ou a requerimento:

I - se não prestar, no prazo legal, as primeiras ou as últimas declarações;
II - se não der ao inventário andamento regular, se suscitar dúvidas infundadas ou se praticar atos meramente protelatórios;
III - se, por culpa sua, bens do espólio se deteriorarem, forem dilapidados ou sofrerem dano;
IV - se não defender o espólio nas ações em que for citado, se deixar de cobrar dívidas ativas ou se não promover as medidas necessárias para evitar o perecimento de direitos;
V - se não prestar contas ou se as que prestar não forem julgadas boas;
VI - se sonegar, ocultar ou desviar bens do espólio.

Art. 623. Requerida a remoção com fundamento em qualquer dos incisos do art. 622, será intimado o inventariante para, no prazo de 15 (quinze) dias, defender-se e produzir provas.

Parágrafo único. O incidente da remoção correrá em apenso aos autos do inventário.

Art. 624. Decorrido o prazo, com a defesa do inventariante ou sem ela, o juiz decidirá.

Parágrafo único. Se remover o inventariante, o juiz nomeará outro, observada a ordem estabelecida no art. 617.

Art. 625. O inventariante removido entregará imediatamente ao substituto os bens do espólio e, caso deixe de fazê-lo, será compelido mediante mandado de busca e apreensão ou de imissão na posse, conforme se tratar de bem móvel ou imóvel, sem prejuízo da multa a ser fixada pelo juiz em montante não superior a três por cento do valor dos bens inventariados.

SEÇÃO IV
DAS CITAÇÕES E DAS IMPUGNAÇÕES

Art. 626. Feitas as primeiras declarações, o juiz mandará citar, para os termos do inventário e da partilha, o cônjuge, o companheiro, os herdeiros e os legatários e intimar a Fazenda Pública, o Ministério Público, se houver herdeiro incapaz ou ausente, e o testamenteiro, se houver testamento.

§ 1º O cônjuge ou o companheiro, os herdeiros e os legatários serão citados pelo correio, observado o disposto no art. 247, sendo, ainda, publicado edital, nos termos do inciso III do art. 259.

§ 2º Das primeiras declarações extrair-se-ão tantas cópias quantas forem as partes.

§ 3º A citação será acompanhada de cópia das primeiras declarações.

§ 4º Incumbe ao escrivão remeter cópias à Fazenda Pública, ao Ministério Público, ao testamenteiro, se houver, e ao advogado, se a parte já estiver representada nos autos.

Art. 627. Concluídas as citações, abrir-se-á vista às partes, em cartório e pelo prazo comum de 15 (quinze) dias, para que se manifestem sobre as primeiras declarações, incumbindo às partes:

I - arguir erros, omissões e sonegação de bens;
II - reclamar contra a nomeação de inventariante;
III - contestar a qualidade de quem foi incluído no título de herdeiro.

§ 1º Julgando procedente a impugnação referida no inciso I, o juiz mandará retificar as primeiras declarações.

§ 2º Se acolher o pedido de que trata o inciso II, o juiz nomeará outro inventariante, observada a preferência legal.

§ 3º Verificando que a disputa sobre a qualidade de herdeiro a que alude o inciso III demanda produção de provas que não a documental, o juiz remeterá a parte às vias ordinárias e sobrestará, até o julgamento da ação, a entrega do quinhão que na partilha couber ao herdeiro admitido.

Art. 628. Aquele que se julgar preterido poderá demandar sua admissão no inventário, requerendo-a antes da partilha.

§ 1º Ouvidas as partes no prazo de 15 (quinze) dias, o juiz decidirá.

§ 2º Se para solução da questão for necessária a produção de provas que não a documental, o juiz remeterá o requerente às vias ordinárias, mandando reservar, em poder do inventariante, o quinhão do herdeiro excluído até que se decida o litígio.

Art. 629. A Fazenda Pública, no prazo de 15 (quinze) dias, após a vista de que trata o art. 627, informará ao juízo, de acordo com os dados que constam de seu cadastro imobiliário, o valor dos bens de raiz descritos nas primeiras declarações.

SEÇÃO V
DA AVALIAÇÃO E DO CÁLCULO DO IMPOSTO

Art. 630. Findo o prazo previsto no art. 627 sem impugnação ou decidida a impugnação que houver sido oposta, o juiz nomeará, se for o caso, perito para avaliar os bens do espólio, se não houver na comarca avaliador judicial.

▸ art. 660, II, CPC.

Parágrafo único. Na hipótese prevista no art. 620, § 1º, o juiz nomeará perito para avaliação das quotas sociais ou apuração dos haveres.

Art. 631. Ao avaliar os bens do espólio, o perito observará, no que for aplicável, o disposto nos arts. 872 e 873.

Art. 632. Não se expedirá carta precatória para a avaliação de bens situados fora da comarca onde corre o inventário se eles forem de pequeno valor ou perfeitamente conhecidos do perito nomeado.

Art. 633. Sendo capazes todas as partes, não se procederá à avaliação se a Fazenda Pública, intimada pessoalmente, concordar de forma expressa com o valor atribuído, nas primeiras declarações, aos bens do espólio.

Art. 634. Se os herdeiros concordarem com o valor dos bens declarados pela Fazenda Pública, a avaliação cingir-se-á aos demais.

Art. 635. Entregue o laudo de avaliação, o juiz mandará que as partes se manifestem no prazo de 15 (quinze) dias, que correrá em cartório.

§ 1º Versando a impugnação sobre o valor dado pelo perito, o juiz a decidirá de plano, à vista do que constar dos autos.

§ 2º Julgando procedente a impugnação, o juiz determinará que o perito retifique a avaliação, observando os fundamentos da decisão.

Art. 636. Aceito o laudo ou resolvidas as impugnações suscitadas a seu respeito, lavrar-se-á em seguida o termo de últimas declarações, no qual o inventariante poderá emendar, aditar ou completar as primeiras.

▸ art. 622, I, CPC.

Art. 637. Ouvidas as partes sobre as últimas declarações no prazo comum de 15 (quinze) dias, proceder-se-á ao cálculo do tributo.

▸ Súm. 112 a 116, 331 e 590, STF.

Art. 638. Feito o cálculo, sobre ele serão ouvidas todas as partes no prazo comum de 5 (cinco) dias, que correrá em cartório, e, em seguida, a Fazenda Pública.

§ 1º Se acolher eventual impugnação, o juiz ordenará nova remessa dos autos ao contabilista, determinando as alterações que devam ser feitas no cálculo.

§ 2º Cumprido o despacho, o juiz julgará o cálculo do tributo.

SEÇÃO VI
DAS COLAÇÕES

Art. 639. No prazo estabelecido no art. 627, o herdeiro obrigado à colação conferirá por termo nos autos ou por petição à qual o termo se reportará os bens que recebeu ou, se já não os possuir, trar-lhes-á o valor.

▸ arts. 2.002 a 2.012, CC.

Parágrafo único. Os bens a serem conferidos na partilha, assim como as acessões e as benfeitorias que o donatário fez, calcular-se-ão pelo valor que tiverem ao tempo da abertura da sucessão.

Art. 640. O herdeiro que renunciou à herança ou o que dela foi excluído não se exime, pelo fato da renúncia ou da exclusão, de conferir, para o efeito de repor a parte inoficiosa, as liberalidades que obteve do doador.

§ 1º É lícito ao donatário escolher, dentre os bens doados, tantos quantos bastem para perfazer a legítima e a metade disponível, entrando na partilha o excedente para ser dividido entre os demais herdeiros.

§ 2º Se a parte inoficiosa da doação recair sobre bem imóvel que não comporte divisão cômoda, o juiz determinará que sobre ela se proceda a licitação entre os herdeiros.

§ 3º O donatário poderá concorrer na licitação referida no § 2º e, em igualdade de condições, terá preferência sobre os herdeiros.

Art. 641. Se o herdeiro negar o recebimento dos bens ou a obrigação de os conferir, o juiz, ouvidas as partes no prazo comum de 15 (quinze) dias, decidirá à vista das alegações e das provas produzidas.

§ 1º Declarada improcedente a oposição, se o herdeiro, no prazo improrrogável de 15 (quinze) dias, não proceder à conferência, o juiz mandará sequestrar-lhe, para serem inventariados e partilhados, os bens sujeitos à colação ou imputar ao seu quinhão hereditário o valor deles, se já não os possuir.

§ 2º Se a matéria exigir dilação probatória diversa da documental, o juiz remeterá as partes às vias ordinárias, não podendo o herdeiro receber o seu quinhão hereditário, enquanto pender a demanda, sem prestar caução correspondente ao valor dos bens sobre os quais versar a conferência.

SEÇÃO VII
DO PAGAMENTO DAS DÍVIDAS

Art. 642. Antes da partilha, poderão os credores do espólio requerer ao juízo do inventário o pagamento das dívidas vencidas e exigíveis.

▸ arts. 1.997 a 2.001, CC.

▸ arts. 187 a 189, CTN.

§ 1º A petição, acompanhada de prova literal da dívida, será distribuída por dependência e autuada em apenso aos autos do processo de inventário.

§ 2º Concordando as partes com o pedido, o juiz, ao declarar habilitado o credor, mandará que se faça a separação de dinheiro ou, em sua falta, de bens suficientes para o pagamento.

§ 3º Separados os bens, tantos quantos forem necessários para o pagamento dos credores habilitados, o juiz mandará aliená-los, observando-se as disposições deste Código relativas à expropriação.

▸ art. 647, CPC.

§ 4º Se o credor requerer que, em vez de dinheiro, lhe sejam adjudicados, para o seu pagamento, os bens já reservados, o juiz deferir-lhe-á o pedido, concordando todas as partes.

§ 5º Os donatários serão chamados a pronunciar-se sobre a aprovação das dívidas, sempre que haja possibilidade de resultar delas a redução das liberalidades.

Art. 643. Não havendo concordância de todas as partes sobre o pedido de pagamento feito pelo credor, será o pedido remetido às vias ordinárias.

▸ art. 612, CPC.

Parágrafo único. O juiz mandará, porém, reservar, em poder do inventariante, bens suficientes para pagar o credor quando a dívida constar de documento que comprove suficientemente a obrigação e a impugnação não se fundar em quitação.

Art. 644. O credor de dívida líquida e certa, ainda não vencida, pode requerer habilitação no inventário.

Parágrafo único. Concordando as partes com o pedido referido no *caput*, o juiz, ao julgar habilitado o crédito, mandará que se faça separação de bens para o futuro pagamento.

Art. 645. O legatário é parte legítima para manifestar-se sobre as dívidas do espólio:

I - quando toda a herança for dividida em legados;

II - quando o reconhecimento das dívidas importar redução dos legados.

▸ arts. 1.912 a 1.940, CC.

Art. 646. Sem prejuízo do disposto no art. 860, é lícito aos herdeiros, ao separarem bens para o pagamento de dívidas, autorizar que o inventariante os indique à penhora no processo em que o espólio for executado.

SEÇÃO VIII
DA PARTILHA

Art. 647. Cumprido o disposto no art. 642, § 3º, o juiz facultará às partes que, no prazo comum de 15 (quinze) dias, formulem o pedido de quinhão e, em seguida, proferirá a decisão de deliberação da partilha, resolvendo os pedidos das partes e designando os bens que devam constituir quinhão de cada herdeiro e legatário.

▸ arts. 2.013 a 2.022, CC.

Parágrafo único. O juiz poderá, em decisão fundamentada, deferir antecipadamente a qualquer dos herdeiros o exercício dos direitos de usar e de fruir de determinado bem, com a condição de que, ao término do inventário, tal bem integre a cota desse herdeiro, cabendo a este, desde o deferimento, todos os ônus e bônus decorrentes do exercício daqueles direitos.

Art. 648. Na partilha, serão observadas as seguintes regras:

I - a máxima igualdade possível quanto ao valor, à natureza e à qualidade dos bens;

▸ Art. 2.017 do CC.

II - a prevenção de litígios futuros;

III - a máxima comodidade dos coerdeiros, do cônjuge ou do companheiro, se for o caso.

Art. 649. Os bens insuscetíveis de divisão cômoda que não couberem na parte do cônjuge ou companheiro supérstite ou no quinhão de um só herdeiro serão licitados entre os interessados ou vendidos judicialmente, partilhando-se o valor apurado, salvo se houver acordo para que sejam adjudicados a todos.

Art. 650. Se um dos interessados for nascituro, o quinhão que lhe caberá será reservado em poder do inventariante até o seu nascimento.

Art. 651. O partidor organizará o esboço da partilha de acordo com a decisão judicial, observando nos pagamentos a seguinte ordem:

I - dívidas atendidas;

II - meação do cônjuge;

III - meação disponível;

IV - quinhões hereditários, a começar pelo coerdeiro mais velho.

Art. 652. Feito o esboço, as partes manifestar-se-ão sobre esse no prazo comum de 15 (quinze) dias, e, resolvidas as reclamações, a partilha será lançada nos autos.

Art. 653. A partilha constará:

I - de auto de orçamento, que mencionará:

a) os nomes do autor da herança, do inventariante, do cônjuge ou companheiro supérstite, dos herdeiros, dos legatários e dos credores admitidos;

b) o ativo, o passivo e o líquido partível, com as necessárias especificações;

c) o valor de cada quinhão;

II - de folha de pagamento para cada parte, declarando a quota a pagar-lhe, a razão do pagamento e a relação dos bens que lhe compõem o quinhão, as características que os individualizam e os ônus que os gravam.

Parágrafo único. O auto e cada uma das folhas serão assinados pelo juiz e pelo escrivão.

Art. 654. Pago o imposto de transmissão a título de morte e juntada aos autos certidão ou informação negativa de dívida para com a Fazenda Pública, o juiz julgará por sentença a partilha.

▸ art. 192, CTN.

Parágrafo único. A existência de dívida para com a Fazenda Pública não impedirá o julgamento da partilha, desde que o seu pagamento esteja devidamente garantido.

Art. 655. Transitada em julgado a sentença mencionada no art. 654, receberá o herdeiro os bens que lhe tocarem e um formal de partilha, do qual constarão as seguintes peças:

I - termo de inventariante e título de herdeiros;

II - avaliação dos bens que constituíram o quinhão do herdeiro;

III - pagamento do quinhão hereditário;

IV - quitação dos impostos;

V - sentença.

Parágrafo único. O formal de partilha poderá ser substituído por certidão de pagamento do quinhão hereditário quando esse não exceder a 5 (cinco) vezes o salário-mínimo, caso em que se transcreverá nela a sentença de partilha transitada em julgado.

Art. 656. A partilha, mesmo depois de transitada em julgado a sentença, pode ser emendada nos mesmos autos do inventário, convindo todas as partes, quando tenha havido erro de fato na descrição dos bens, podendo o juiz, de ofício ou a requerimento da parte, a qualquer tempo, corrigir-lhe as inexatidões materiais.

Art. 657. A partilha amigável, lavrada em instrumento público, reduzida a termo nos autos do inventário ou constante de escrito particular homologado pelo juiz, pode ser anulada por dolo, coação, erro essencial ou intervenção de incapaz, observado o disposto no § 4º do art. 966.

Parágrafo único. O direito à anulação de partilha amigável extingue-se em 1 (um) ano, contado esse prazo:

- art. 2.027, CC.

I - no caso de coação, do dia em que ela cessou;

- arts. 151, CC.

II - no caso de erro ou dolo, do dia em que se realizou o ato;

- arts. 138 a 150, CC.

III - quanto ao incapaz, do dia em que cessar a incapacidade.

- arts. 3º, 4º, CC.

Art. 658. É rescindível a partilha julgada por sentença:

I - nos casos mencionados no art. 657;

II - se feita com preterição de formalidades legais;

III - se preteriu herdeiro ou incluiu quem não o seja.

SEÇÃO IX
DO ARROLAMENTO

Art. 659. A partilha amigável, celebrada entre partes capazes, nos termos da lei, será homologada de plano pelo juiz, com observância dos arts. 660 a 663.

- art. 2.015, CC.
- Res. CNJ 35/2007, CNJ.

§ 1º O disposto neste artigo aplica-se, também, ao pedido de adjudicação, quando houver herdeiro único.

§ 2º Transitada em julgado a sentença de homologação de partilha ou de adjudicação, será lavrado o formal de partilha ou elaborada a carta de adjudicação e, em seguida, serão expedidos os alvarás referentes aos bens e às rendas por ele abrangidos, intimando-se o fisco para lançamento administrativo do imposto de transmissão e de outros tributos porventura incidentes, conforme dispuser a legislação tributária, nos termos do § 2º do art. 662.

Art. 660. Na petição de inventário, que se processará na forma de arrolamento sumário, independentemente da lavratura de termos de qualquer espécie, os herdeiros:

I - requererão ao juiz a nomeação do inventariante que designarem;

II - declararão os títulos dos herdeiros e os bens do espólio, observado o disposto no art. 630;

III - atribuirão valor aos bens do espólio, para fins de partilha.

Art. 661. Ressalvada a hipótese prevista no parágrafo único do art. 663, não se procederá à avaliação dos bens do espólio para nenhuma finalidade.

Art. 662. No arrolamento, não serão conhecidas ou apreciadas questões relativas ao lançamento, ao pagamento ou à quitação de taxas judiciárias e de tributos incidentes sobre a transmissão da propriedade dos bens do espólio.

§ 1º A taxa judiciária, se devida, será calculada com base no valor atribuído pelos herdeiros, cabendo ao fisco, se apurar em processo administrativo valor diverso do estimado, exigir a eventual diferença pelos meios adequados ao lançamento de créditos tributários em geral.

§ 2º O imposto de transmissão será objeto de lançamento administrativo, conforme dispuser a legislação tributária, não ficando as autoridades fazendárias adstritas aos valores dos bens do espólio atribuídos pelos herdeiros.

Art. 663. A existência de credores do espólio não impedirá a homologação da partilha ou da adjudicação, se forem reservados bens suficientes para o pagamento da dívida.

Parágrafo único. A reserva de bens será realizada pelo valor estimado pelas partes, salvo se o credor, regularmente notificado, impugnar a estimativa, caso em que se promoverá a avaliação dos bens a serem reservados.

Art. 664. Quando o valor dos bens do espólio for igual ou inferior a 1.000 (mil) salários-mínimos, o inventário processar-se-á na forma de arrolamento, cabendo ao inventariante nomeado, independentemente de assinatura de termo de compromisso, apresentar, com suas declarações, a atribuição de valor aos bens do espólio e o plano da partilha.

- art. 1º, Lei 6.858/1980 (Pagamento de valores não recebidos em vida).
- art. 112, Lei 8.213/1991 (Previdência Social).

§ 1º Se qualquer das partes ou o Ministério Público impugnar a estimativa, o juiz nomeará avaliador, que oferecerá laudo em 10 (dez) dias.

§ 2º Apresentado o laudo, o juiz, em audiência que designar, deliberará sobre a partilha, decidindo de plano todas as reclamações e mandando pagar as dívidas não impugnadas.

§ 3º Lavrar-se-á de tudo um só termo, assinado pelo juiz, pelo inventariante e pelas partes presentes ou por seus advogados.

§ 4º Aplicam-se a essa espécie de arrolamento, no que couber, as disposições do art. 672, relativamente ao lançamento, ao pagamento e à quitação da taxa judiciária e do imposto sobre a transmissão da propriedade dos bens do espólio.

§ 5º Provada a quitação dos tributos relativos aos bens do espólio e às suas rendas, o juiz julgará a partilha.

Art. 665. O inventário processar-se-á também na forma do art. 664, ainda que haja interessado incapaz, desde que concordem todas as partes e o Ministério Público.

Art. 666. Independerá de inventário ou de arrolamento o pagamento dos valores previstos na Lei n. 6.858, de 24 de novembro de 1980.

Art. 667. Aplicam-se subsidiariamente a esta Seção as disposições das Seções VII e VIII deste Capítulo.

SEÇÃO X
DISPOSIÇÕES COMUNS A TODAS AS SEÇÕES

Art. 668. Cessa a eficácia da tutela provisória prevista nas Seções deste Capítulo:

I - se a ação não for proposta em 30 (trinta) dias contados da data em que da decisão foi intimado o impugnante, o herdeiro excluído ou o credor não admitido;

II - se o juiz extinguir o processo de inventário com ou sem resolução de mérito.

Art. 669. São sujeitos à sobrepartilha os bens:

- art. 2.021 e 2.022, CC.

I - sonegados;

II - da herança descobertos após a partilha;

III - litigiosos, assim como os de liquidação difícil ou morosa;

IV - situados em lugar remoto da sede do juízo onde se processa o inventário.

Parágrafo único. Os bens mencionados nos incisos III e IV serão reservados à sobrepartilha sob a guarda e a administração do mesmo ou de diverso inventariante, a consentimento da maioria dos herdeiros.

Art. 670. Na sobrepartilha dos bens, observar-se-á o processo de inventário e de partilha.

Parágrafo único. A sobrepartilha correrá nos autos do inventário do autor da herança.

Art. 671. O juiz nomeará curador especial:

I - ao ausente, se não o tiver;

II - ao incapaz, se concorrer na partilha com o seu representante, desde que exista colisão de interesses.

Art. 672. É lícita a cumulação de inventários para a partilha de heranças de pessoas diversas quando houver:

- art. 664, § 4º, CPC.

I - identidade de pessoas entre as quais devam ser repartidos os bens;

II - heranças deixadas pelos dois cônjuges ou companheiros;

III - dependência de uma das partilhas em relação à outra.

Parágrafo único. No caso previsto no inciso III, se a dependência for parcial, por haver outros bens, o juiz pode ordenar a tramitação separada, se melhor convier ao interesse das partes ou à celeridade processual.

Art. 673. No caso previsto no art. 672, inciso II, prevalecerão as primeiras declarações, assim como o laudo de avaliação, salvo se alterado o valor dos bens.

CAPÍTULO VII
DOS EMBARGOS DE TERCEIRO

Art. 674. Quem, não sendo parte no processo, sofrer constrição ou ameaça de constrição sobre bens que possua ou sobre os quais tenha direito incompatível com o ato constritivo, poderá requerer seu desfazimento ou sua inibição por meio de embargos de terceiro.

- Súm. 84, 134 e 303, STJ.

§ 1º Os embargos podem ser de terceiro proprietário, inclusive fiduciário, ou possuidor.

§ 2º Considera-se terceiro, para ajuizamento dos embargos:

I - o cônjuge ou companheiro, quando defende a posse de bens próprios ou de sua meação, ressalvado o disposto no art. 843;

II - o adquirente de bens cuja constrição decorreu de decisão que declara a ineficácia da alienação realizada em fraude à execução;

III - quem sofre constrição judicial de seus bens por força de desconsideração da personalidade jurídica, de cujo incidente não fez parte;

IV - o credor com garantia real para obstar expropriação judicial do objeto de direito real de garantia, caso não tenha sido intimado, nos termos legais dos atos expropriatórios respectivos.

Art. 675. Os embargos podem ser opostos a qualquer tempo no processo de conhecimento enquanto não transitada em julgado a sentença e, no cumprimento de sentença ou no processo de execução, até 5 (cinco) dias depois da adjudicação, da alienação por iniciativa particular ou da arrematação, mas sempre antes da assinatura da respectiva carta.

Parágrafo único. Caso identifique a existência de terceiro titular de interesse em embargar o ato, o juiz mandará intimá-lo pessoalmente.

Art. 676. Os embargos serão distribuídos por dependência ao juízo que ordenou a constrição e autuados em apartado.

- art. 286, CPC.

Parágrafo único. Nos casos de ato de constrição realizado por carta, os embargos serão oferecidos no juízo deprecado, salvo se indicado pelo juízo deprecante o bem constrito ou se já devolvida a carta.

Art. 677. Na petição inicial, o embargante fará a prova sumária de sua posse ou de seu domínio e da qualidade de terceiro, oferecendo documentos e rol de testemunhas.

§ 1º É facultada a prova da posse em audiência preliminar designada pelo juiz.

§ 2º O possuidor direto pode alegar, além da sua posse, o domínio alheio.

§ 3º A citação será pessoal, se o embargado não tiver procurador constituído nos autos da ação principal.

- arts. 238 a 259, CPC.

§ 4º Será legitimado passivo o sujeito a quem o ato de constrição aproveita, assim como o será seu adversário no processo principal quando for sua a indicação do bem para a constrição judicial.

Art. 678. A decisão que reconhecer suficientemente provado o domínio ou a posse determinará a suspensão das medidas constritivas sobre os bens litigiosos objeto dos embargos, bem como a manutenção ou a reintegração provisória da posse, se o embargante a houver requerido.

Parágrafo único. O juiz poderá condicionar a ordem de manutenção ou de reintegração provisória de posse à prestação de caução pelo requerente, ressalvada a impossibilidade da parte economicamente hipossuficiente.

Art. 679. Os embargos poderão ser contestados no prazo de 15 (quinze) dias, findo o qual se seguirá o procedimento comum.

Art. 680. Contra os embargos do credor com garantia real, o embargado somente poderá alegar que:

I - o devedor comum é insolvente;

II - o título é nulo ou não obriga a terceiro;

III - outra é a coisa dada em garantia.

Art. 681. Acolhido o pedido inicial, o ato de constrição judicial indevida será cancelado, com o reconhecimento do domínio, da manutenção da posse ou da reintegração definitiva do bem ou do direito ao embargante.

CAPÍTULO VIII
DA OPOSIÇÃO

Art. 682. Quem pretender, no todo ou em parte, a coisa ou o direito sobre que controvertem autor e réu poderá, até ser proferida a sentença, oferecer oposição contra ambos.

Art. 683. O opoente deduzirá o pedido em observação aos requisitos exigidos para propositura da ação.

Parágrafo único. Distribuída a oposição por dependência, serão os opostos citados, na pessoa de seus respectivos advogados, para contestar o pedido no prazo comum de 15 (quinze) dias.

Art. 684. Se um dos opostos reconhecer a procedência do pedido, contra o outro prosseguirá o opoente.

Art. 685. Admitido o processamento, a oposição será apensada aos autos e tramitará simultaneamente à ação originária, sendo ambas julgadas pela mesma sentença.

Parágrafo único. Se a oposição for proposta após o início da audiência de instrução, o juiz suspenderá o curso do processo ao fim da produção das provas, salvo se concluir que a unidade da instrução atende melhor ao princípio da duração razoável do processo.

Art. 686. Cabendo ao juiz decidir simultaneamente a ação originária e a oposição, desta conhecerá em primeiro lugar.

CAPÍTULO IX
DA HABILITAÇÃO

Art. 687. A habilitação ocorre quando, por falecimento de qualquer das partes, os interessados houverem de suceder-lhe no processo.

- arts. 108 a 110, 313, I e § 1º, CPC.

Art. 688. A habilitação pode ser requerida:

I - pela parte, em relação aos sucessores do falecido;

II - pelos sucessores do falecido, em relação à parte.

Art. 689. Proceder-se-á à habilitação nos autos do processo principal, na instância em que estiver, suspendendo-se, a partir de então, o processo.

- art. 745, § 2º, CPC.

Art. 690. Recebida a petição, o juiz ordenará a citação dos requeridos para se pronunciarem no prazo de 5 (cinco) dias.

Parágrafo único. A citação será pessoal, se a parte não tiver procurador constituído nos autos.

Art. 691. O juiz decidirá o pedido de habilitação imediatamente, salvo se este for impugnado e houver necessidade de dilação probatória diversa da documental, caso em que determinará que o pedido seja autuado em apartado e disporá sobre a instrução.

Art. 692. Transitada em julgado a sentença de habilitação, o processo principal retomará o seu curso, e cópia da sentença será juntada aos autos respectivos.

CAPÍTULO X
DAS AÇÕES DE FAMÍLIA

Art. 693. As normas deste Capítulo aplicam-se aos processos contenciosos de divórcio, separação, reconhecimento e extinção de união estável, guarda, visitação e filiação.

- Lei 6.515/1977 (Lei do divórcio).
- Lei 9.278 (União estável).

Parágrafo único. A ação de alimentos e a que versar sobre interesse de criança ou de adolescente observarão o procedimento previsto em legislação específica, aplicando-se, no que couber, as disposições deste Capítulo.

- Lei 5.478/1968 (Lei de alimentos).

Art. 694. Nas ações de família, todos os esforços serão empreendidos para a solução consensual da controvérsia, devendo o juiz dispor do auxílio de profissionais de outras áreas de conhecimento para a mediação e conciliação.

Parágrafo único. A requerimento das partes, o juiz pode determinar a suspensão do processo enquanto os litigantes se submetem a mediação extrajudicial ou a atendimento multidisciplinar.

Art. 695. Recebida a petição inicial e, se for o caso, tomadas as providências referentes à tutela provisória, o juiz ordenará a citação do réu para comparecer à audiência de mediação e conciliação, observado o disposto no art. 694.

- arts. 238 a 259, CPC.

§ 1º O mandado de citação conterá apenas os dados necessários à audiência e deverá estar desacompanhado de cópia da petição inicial, assegurado ao réu o direito de examinar seu conteúdo a qualquer tempo.

§ 2º A citação ocorrerá com antecedência mínima de 15 (quinze) dias da data designada para a audiência.

§ 3º A citação será feita na pessoa do réu.

§ 4º Na audiência, as partes deverão estar acompanhadas de seus advogados ou de defensores públicos.

Art. 696. A audiência de mediação e conciliação poderá dividir-se em tantas sessões quantas sejam necessárias para viabilizar a solução consensual, sem prejuízo de providências jurisdicionais para evitar o perecimento do direito.

- art. 334, CPC.

Art. 697. Não realizado o acordo, passarão a incidir, a partir de então, as normas do procedimento comum, observado o art. 335.

Art. 698. Nas ações de família, o Ministério Público somente intervirá quando houver interesse de incapaz e deverá ser ouvido previamente à homologação de acordo.

- art. 178, II, CPC.

Parágrafo único. O Ministério Público intervirá, quando não for parte, nas ações de família em que figure como parte vítima de violência doméstica e familiar, nos termos da Lei nº 11.340, de 7 de agosto de 2006 (Lei Maria da Penha). (Acrescido pela Lei 13.894/2019)

Art. 699. Quando o processo envolver discussão sobre fato relacionado a abuso ou a alienação parental, o juiz, ao tomar o depoimento do incapaz, deverá estar acompanhado por especialista.

- art. 2º, Lei 12.318/2010 (Alienação parental).

CAPÍTULO XI
DA AÇÃO MONITÓRIA

Art. 700. A ação monitória pode ser proposta por aquele que afirmar, com base em prova escrita sem eficácia de título executivo, ter direito de exigir do devedor capaz:

- Súm. 247, 282, 292, 299, 339, 384, 503 e 504, STJ.

I - o pagamento de quantia em dinheiro;

II - a entrega de coisa fungível ou infungível ou de bem móvel ou imóvel;

III - o adimplemento de obrigação de fazer ou de não fazer.

§ 1º A prova escrita pode consistir em prova oral documentada, produzida antecipadamente nos termos do art. 381.

§ 2º Na petição inicial, incumbe ao autor explicitar, conforme o caso:

I - a importância devida, instruindo-a com memória de cálculo;

II - o valor atual da coisa reclamada;

III - o conteúdo patrimonial em discussão ou o proveito econômico perseguido.

§ 3º O valor da causa deverá corresponder à importância prevista no § 2º, incisos I a III.

§ 4º Além das hipóteses do art. 330, a petição inicial será indeferida quando não atendido o disposto no § 2º deste artigo.

§ 5º Havendo dúvida quanto à idoneidade de prova documental apresentada pelo autor, o juiz intimá-lo-á para, querendo, emendar a petição inicial, adaptando-a ao procedimento comum.

§ 6º É admissível ação monitória em face da Fazenda Pública.

§ 7º Na ação monitória, admite-se citação por qualquer dos meios permitidos para o procedimento comum.

Art. 701. Sendo evidente o direito do autor, o juiz deferirá a expedição de mandado de pagamento, de entrega de coisa ou para execução de obrigação de fazer ou de não fazer, concedendo ao réu prazo de 15 (quinze) dias para o cumprimento e o pagamento de honorários advocatícios de cinco por cento do valor atribuído à causa.

§ 1º O réu será isento do pagamento de custas processuais se cumprir o mandado no prazo.

§ 2º Constituir-se-á de pleno direito o título executivo judicial, independentemente de qualquer formalidade, se não realizado o pagamento e não apresentados os embargos previstos no art. 702, observando-se, no que couber, o Título II do Livro I da Parte Especial.

§ 3º É cabível ação rescisória da decisão prevista no *caput* quando ocorrer a hipótese do § 2º.

§ 4º Sendo a ré Fazenda Pública, não apresentados os embargos previstos no art. 702, aplicar-se-á o disposto no art. 496, observando-se, a seguir, no que couber, o Título II do Livro I da Parte Especial.

§ 5º Aplica-se à ação monitória, no que couber, o art. 916.

Art. 702. Independentemente de prévia segurança do juízo, o réu poderá opor, nos próprios autos, no prazo previsto no art. 701, embargos à ação monitória.

§ 1º Os embargos podem se fundar em matéria passível de alegação como defesa no procedimento comum.

§ 2º Quando o réu alegar que o autor pleiteia quantia superior à devida, cumprir-lhe-á declarar de imediato o valor que entende correto, apresentando demonstrativo discriminado e atualizado da dívida.

§ 3º Não apontado o valor correto ou não apresentado o demonstrativo, os embargos serão liminarmente rejeitados, se esse for o seu único fundamento, e, se houver outro fundamento, os embargos serão processados, mas o juiz deixará de examinar a alegação de excesso.

§ 4º A oposição dos embargos suspende a eficácia da decisão referida no *caput* do art. 701 até o julgamento em primeiro grau.

§ 5º O autor será intimado para responder aos embargos no prazo de 15 (quinze) dias.

§ 6º Na ação monitória admite-se a reconvenção, sendo vedado o oferecimento de reconvenção à reconvenção.

- Súm. 292, STJ.

§ 7º A critério do juiz, os embargos serão autuados em apartado, se parciais, constituindo-se de pleno direito o título executivo judicial em relação à parcela incontroversa.

§ 8º Rejeitados os embargos, constituir-se-á de pleno direito o título executivo judicial, prosseguindo-se o processo em observância ao disposto no Título II do Livro I da Parte Especial, no que for cabível.

§ 9º Cabe apelação contra a sentença que acolhe ou rejeita os embargos.

§ 10. O juiz condenará o autor de ação monitória proposta indevidamente e de má-fé ao pagamento, em favor do réu, de multa de até dez por cento sobre o valor da causa.

§ 11. O juiz condenará o réu que de má-fé opuser embargos à ação monitória ao pagamento de multa de até dez por cento sobre o valor atribuído à causa, em favor do autor.

CAPÍTULO XII
DA HOMOLOGAÇÃO DO PENHOR LEGAL

Art. 703. Tomado o penhor legal nos casos previstos em lei, requererá o credor, ato contínuo, a homologação.

§ 1º Na petição inicial, instruída com o contrato de locação ou a conta pormenorizada das despesas, a tabela dos preços e a relação dos objetos retidos, o credor pedirá a citação do devedor para pagar ou contestar na audiência preliminar que for designada.

§ 2º A homologação do penhor legal poderá ser promovida pela via extrajudicial mediante requerimento, que conterá os requisitos previstos no § 1º deste artigo, do credor a notário de sua livre escolha.

§ 3º Recebido o requerimento, o notário promoverá a notificação extrajudicial do devedor para, no prazo de 5 (cinco) dias, pagar o débito ou impugnar sua cobrança, alegando por escrito uma das causas previstas no art. 704, hipótese em que o procedimento será encaminhado ao juízo competente para decisão.

§ 4º Transcorrido o prazo sem manifestação do devedor, o notário formalizará a homologação do penhor legal por escritura pública.

Art. 704. A defesa só pode consistir em:

I - nulidade do processo;

- arts. 276 a 283, CPC.

II - extinção da obrigação;

III - não estar a dívida compreendida entre as previstas em lei ou não estarem os bens sujeitos a penhor legal;

- arts. 1.467 e ss. CC.

IV - alegação de haver sido ofertada caução idônea, rejeitada pelo credor.

Art. 705. A partir da audiência preliminar, observar-se-á o procedimento comum.

Art. 706. Homologado judicialmente o penhor legal, consolidar-se-á a posse do autor sobre o objeto.

§ 1º Negada a homologação, o objeto será entregue ao réu, ressalvado ao autor o direito de cobrar a dívida pelo procedimento comum, salvo se acolhida a alegação de extinção da obrigação.

§ 2º Contra a sentença caberá apelação, e, na pendência de recurso, poderá o relator ordenar que a coisa permaneça depositada ou em poder do autor.

- arts. 1.009 a 1.014, CPC.

CAPÍTULO XIII
DA REGULAÇÃO DE AVARIA GROSSA

Art. 707. Quando inexistir consenso acerca da nomeação de um regulador de avarias, o juiz de direito da comarca do primeiro porto onde o navio houver chegado, provocado por qualquer parte interessada, nomeará um de notório conhecimento.

Art. 708. O regulador declarará justificadamente se os danos são passíveis de rateio na forma de avaria grossa e exigirá das partes envolvidas a apresentação de garantias idôneas para que possam ser liberadas as cargas aos consignatários.

§ 1º A parte que não concordar com o regulador quanto à declaração de abertura da avaria grossa deverá justificar suas razões ao juiz, que decidirá no prazo de 10 (dez) dias.

§ 2º Se o consignatário não apresentar garantia idônea a critério do regulador, este fixará o valor da contribuição provisória com base nos fatos narrados e nos documentos que instruírem a petição inicial, que deverá ser caucionado sob a forma de depósito judicial ou de garantia bancária.

§ 3º Recusando-se o consignatário a prestar caução, o regulador requererá ao juiz a alienação judicial de sua carga na forma dos arts. 879 a 903.

§ 4º É permitido o levantamento, por alvará, das quantias necessárias ao pagamento das despesas da alienação a serem arcadas pelo consignatário, mantendo-se o saldo remanescente em depósito judicial até o encerramento da regulação.

Art. 709. As partes deverão apresentar nos autos os documentos necessários à regulação da avaria grossa em prazo razoável a ser fixado pelo regulador.

Art. 710. O regulador apresentará o regulamento da avaria grossa no prazo de até 12 (doze) meses, contado da data da entrega dos documentos nos autos pelas partes, podendo o prazo ser estendido a critério do juiz.

§ 1º Oferecido o regulamento da avaria grossa, dele terão vista as partes pelo prazo comum de 15 (quinze) dias, e, não havendo impugnação, o regulamento será homologado por sentença.

§ 2º Havendo impugnação ao regulamento, o juiz decidirá no prazo de 10 (dez) dias, após a oitiva do regulador.

Art. 711. Aplicam-se ao regulador de avarias os arts. 156 a 158, no que couber.

- art. 149, CPC.

CAPÍTULO XIV
DA RESTAURAÇÃO DE AUTOS

Art. 712. Verificado o desaparecimento dos autos, eletrônicos ou não, pode o juiz, de ofício, qualquer das partes ou o Ministério Público, se for o caso, promover-lhes a restauração.

Parágrafo único. Havendo autos suplementares, nesses prosseguirá o processo.

Art. 713. Na petição inicial, declarará a parte o estado do processo ao tempo do desaparecimento dos autos, oferecendo:

I - certidões dos atos constantes do protocolo de audiências do cartório por onde haja corrido o processo;

II - cópia das peças que tenha em seu poder;

III - qualquer outro documento que facilite a restauração.

Art. 714. A parte contrária será citada para contestar o pedido no prazo de 5 (cinco) dias, cabendo-lhe exibir as cópias, as contrafés e as reproduções dos atos e dos documentos que estiverem em seu poder.

§ 1º Se a parte concordar com a restauração, lavrar-se-á o auto que, assinado pelas partes e homologado pelo juiz, suprirá o processo desaparecido.

§ 2º Se a parte não contestar ou se a concordância for parcial, observar-se-á o procedimento comum.

Art. 715. Se a perda dos autos tiver ocorrido depois da produção das provas em audiência, o juiz, se necessário, mandará repeti-las.

§ 1º Serão reinquiridas as mesmas testemunhas, que, em caso de impossibilidade, poderão ser substituídas de ofício ou a requerimento.

§ 2º Não havendo certidão ou cópia do laudo, far-se-á nova perícia, sempre que possível pelo mesmo perito.

§ 3º Não havendo certidão de documentos, esses serão reconstituídos mediante cópias ou, na falta dessas, pelos meios ordinários de prova.

§ 4º Os serventuários e os auxiliares da justiça não podem eximir-se de depor como testemunhas a respeito de atos que tenham praticado ou assistido.

§ 5º Se o juiz houver proferido sentença da qual ele próprio ou o escrivão possua cópia, esta será juntada aos autos e terá a mesma autoridade da original.

Art. 716. Julgada a restauração, seguirá o processo os seus termos.

Parágrafo único. Aparecendo os autos originais, neles se prosseguirá, sendo-lhes apensados os autos da restauração.

Art. 717. Se o desaparecimento dos autos tiver ocorrido no tribunal, o processo de restauração será distribuído, sempre que possível, ao relator do processo.

- arts. 298 a 303, RISTF.

§ 1º A restauração far-se-á no juízo de origem quanto aos atos nele realizados.

§ 2º Remetidos os autos ao tribunal, nele completar-se-á a restauração e proceder-se-á ao julgamento.

Art. 718. Quem houver dado causa ao desaparecimento dos autos responderá pelas custas da restauração e pelos honorários de advogado, sem prejuízo da responsabilidade civil ou penal em que incorrer.

- arts. 79 a 81, 143, I, e 181, CPC.

CAPÍTULO XV
DOS PROCEDIMENTOS DE JURISDIÇÃO VOLUNTÁRIA

SEÇÃO I
DISPOSIÇÕES GERAIS

Art. 719. Quando este Código não estabelecer procedimento especial, regem os procedimentos de jurisdição voluntária as disposições constantes desta Seção.

- arts. 88 e 215, I, CPC.

Art. 720. O procedimento terá início por provocação do interessado, do Ministério Público ou da Defensoria Pública, cabendo-lhes formular o pedido devidamente instruído com os documentos necessários e com a indicação da providência judicial.

Art. 721. Serão citados todos os interessados, bem como intimado o Ministério Público, nos casos do art. 178, para que se manifestem, querendo, no prazo de 15 (quinze) dias.

Art. 722. A Fazenda Pública será sempre ouvida nos casos em que tiver interesse.

Art. 723. O juiz decidirá o pedido no prazo de 10 (dez) dias.

Parágrafo único. O juiz não é obrigado a observar critério de legalidade estrita, podendo adotar em cada caso a solução que considerar mais conveniente ou oportuna.

Art. 724. Da sentença caberá apelação.

- arts. 1.009 a 1.014, CPC.

Art. 725. Processar-se-á na forma estabelecida nesta Seção o pedido de:

I - emancipação;

- art. 5º, p.ún. I, CC.
- art. 90, Lei 6.015/1973 (Lei dos registros públicos).
- art. 148, p.ún., ECA.

II - sub-rogação;

- arts. 346 a 351, CC.

III - alienação, arrendamento ou oneração de bens de crianças ou adolescentes, de órfãos e de interditos;

IV - alienação, locação e administração da coisa comum;

- arts. 1.323 a 1.326, CC.

V - alienação de quinhão em coisa comum;

- art. 1.322, CC.

VI - extinção de usufruto, quando não decorrer da morte do usufrutuário, do termo da sua duração ou da consolidação, e de fideicomisso, quando decorrer de renúncia ou quando ocorrer antes do evento que caracterizar a condição resolutória;

- arts. 1.410 e 1.411, e 1.951 a 1.960, CC.

VII - expedição de alvará judicial;

VIII - homologação de autocomposição extrajudicial, de qualquer natureza ou valor.

- art. 515, III, CPC.
- art. 12, § 1º, Prov. nº 67/2018, CNJ.

Parágrafo único. As normas desta Seção aplicam-se, no que couber, aos procedimentos regulados nas seções seguintes.

SEÇÃO II
DA NOTIFICAÇÃO E DA INTERPELAÇÃO

Art. 726. Quem tiver interesse em manifestar formalmente sua vontade a outrem sobre assunto juridicamente relevante poderá notificar pessoas participantes da mesma relação jurídica para dar-lhes ciência de seu propósito.

§ 1º Se a pretensão for a de dar conhecimento geral ao público, mediante edital, o juiz só a deferirá se a tiver por fundada e necessária ao resguardo de direito.

§ 2º Aplica-se o disposto nesta Seção, no que couber, ao protesto judicial.

Art. 727. Também poderá o interessado interpelar o requerido, no caso do art. 726, para que faça ou deixe de fazer o que o requerente entenda ser de seu direito.

- Súm. 76, STJ.

Art. 728. O requerido será previamente ouvido antes do deferimento da notificação ou do respectivo edital:

I - se houver suspeita de que o requerente, por meio da notificação ou do edital, pretende alcançar fim ilícito;

II - se tiver sido requerida a averbação da notificação em registro público.

Art. 729. Deferida e realizada a notificação ou interpelação, os autos serão entregues ao requerente.

SEÇÃO III
DA ALIENAÇÃO JUDICIAL

Art. 730. Nos casos expressos em lei, não havendo acordo entre os interessados sobre o modo como se deve realizar a alienação do bem, o juiz, de ofício ou a requerimento dos interessados ou do depositário, mandará aliená-lo em leilão, observando-se o disposto na Seção I deste Capítulo e, no que couber, o disposto nos arts. 879 a 903.

- Dec.-Lei 911/1969 (Alienação fiduciária).

SEÇÃO IV
DO DIVÓRCIO E DA SEPARAÇÃO CONSENSUAIS, DA EXTINÇÃO CONSENSUAL DE UNIÃO ESTÁVEL E DA ALTERAÇÃO DO REGIME DE BENS DO MATRIMÔNIO

- art. 226, § 3º, CF.

Art. 731. A homologação do divórcio ou da separação consensuais, observados os requisitos legais, poderá ser requerida em petição assinada por ambos os cônjuges, da qual constarão:

- EC 66/2010.

I - as disposições relativas à descrição e à partilha dos bens comuns;

- Súm. 197, STJ.

II - as disposições relativas à pensão alimentícia entre os cônjuges;

- Súm. 305, STF.

III - o acordo relativo à guarda dos filhos incapazes e ao regime de visitas; e

- arts. 1.583 a 1.589, CC.
- art. 15, Lei 6.515/1977 (Lei do Divórcio).

IV - o valor da contribuição para criar e educar os filhos.

- art. 20, Lei 6.515/1977 (Lei do Divórcio).

Parágrafo único. Se os cônjuges não acordarem sobre a partilha dos bens, far-se-á esta depois de homologado o divórcio, na forma estabelecida nos arts. 647 a 658.

Art. 732. As disposições relativas ao processo de homologação judicial de divórcio ou de separação consensuais aplicam-se, no que couber, ao processo de homologação da extinção consensual de união estável.

- art. 226, § 3º, CF.

Art. 733. O divórcio consensual, a separação consensual e a extinção consensual de união estável, não havendo nascituro ou filhos incapazes e observados os requisitos legais, poderão ser realizados por escritura pública, da qual constarão as disposições de que trata o art. 731.

- Res. 35/2007, CNJ.

§ 1º A escritura não depende de homologação judicial e constitui título hábil para qualquer ato de registro, bem como para levantamento de importância depositada em instituições financeiras.

§ 2º O tabelião somente lavrará a escritura se os interessados estiverem assistidos por advogado ou por defensor público, cuja qualificação e assinatura constarão do ato notarial.

Art. 734. A alteração do regime de bens do casamento, observados os requisitos legais, poderá ser requerida, motivadamente, em petição assinada por ambos os cônjuges, na qual serão expostas as razões que justificam a alteração, ressalvados os direitos de terceiros.

- arts. 1.639 e ss., CC.

§ 1º Ao receber a petição inicial, o juiz determinará a intimação do Ministério Público e a publicação de edital que divulgue a pretendida alteração de bens, somente podendo decidir depois de decorrido o prazo de 30 (trinta) dias da publicação do edital.

§ 2º Os cônjuges, na petição inicial ou em petição avulsa, podem propor ao juiz meio alternativo de divulgação da alteração do regime de bens, a fim de resguardar direitos de terceiros.

§ 3º Após o trânsito em julgado da sentença, serão expedidos mandados de averbação aos cartórios de registro civil e de imóveis e, caso qualquer dos cônjuges seja empresário, ao Registro Público de Empresas Mercantis e Atividades Afins.

SEÇÃO V
DOS TESTAMENTOS E DOS CODICILOS

Art. 735. Recebendo testamento cerrado, o juiz, se não achar vício externo que o torne suspeito de nulidade ou falsidade, o abrirá e mandará que o escrivão o leia em presença do apresentante.

- art. 1.868, CC.

§ 1º Do termo de abertura constarão o nome do apresentante e como ele obteve o testamento, a data e o lugar do falecimento do testador, com as respectivas provas, e qualquer circunstância digna de nota.

§ 2º Depois de ouvido o Ministério Público, não havendo dúvidas a serem esclarecidas, o juiz mandará registrar, arquivar e cumprir o testamento.

- art. 1.875, CC.

§ 3º Feito o registro, será intimado o testamenteiro para assinar o termo da testamentária.

- arts. 1.976 e ss., CC.

§ 4º Se não houver testamenteiro nomeado ou se ele estiver ausente ou não aceitar o encargo, o juiz nomeará testamenteiro dativo, observando-se a preferência legal.

§ 5º O testamenteiro deverá cumprir as disposições testamentárias e prestar contas em juízo do que recebeu e despendeu, observando-se o disposto em lei.

Art. 736. Qualquer interessado, exibindo o traslado ou a certidão de testamento público, poderá requerer ao juiz que ordene o seu cumprimento, observando-se, no que couber, o disposto nos parágrafos do art. 735.

Art. 737. A publicação do testamento particular poderá ser requerida, depois da morte do testador, pelo herdeiro, pelo legatário ou pelo testamenteiro, bem como pelo terceiro detentor do testamento, se impossibilitado de entregá-lo a algum dos outros legitimados para requerê-la.

› arts. 1.876 a 1.880, CC.

§ 1º Serão intimados os herdeiros que não tiverem requerido a publicação do testamento.

§ 2º Verificando a presença dos requisitos da lei, ouvido o Ministério Público, o juiz confirmará o testamento.

§ 3º Aplica-se o disposto neste artigo ao codicilo e aos testamentos marítimo, aeronáutico, militar e nuncupativo.

› arts. 1.890 a 1.896, CC.

§ 4º Observar-se-á, no cumprimento do testamento, o disposto nos parágrafos do art. 735.

SEÇÃO VI
DA HERANÇA JACENTE

› arts. 1.819 e ss., CC.

Art. 738. Nos casos em que a lei considere jacente a herança, o juiz em cuja comarca tiver domicílio o falecido procederá imediatamente à arrecadação dos respectivos bens.

Art. 739. A herança jacente ficará sob a guarda, a conservação e a administração de um curador até a respectiva entrega ao sucessor legalmente habilitado ou até a declaração de vacância.

§ 1º Incumbe ao curador:

I - representar a herança em juízo ou fora dele, com intervenção do Ministério Público;

II - ter em boa guarda e conservação os bens arrecadados e promover a arrecadação de outros porventura existentes;

III - executar as medidas conservatórias dos direitos da herança;

IV - apresentar mensalmente ao juiz balancete da receita e da despesa;

V - prestar contas ao final de sua gestão.

§ 2º Aplica-se ao curador o disposto nos arts. 159 a 161.

Art. 740. O juiz ordenará que o oficial de justiça, acompanhado do escrivão ou do chefe de secretaria e do curador, arrole os bens e descreva-os em auto circunstanciado.

§ 1º Não podendo comparecer ao local, o juiz requisitará à autoridade policial que proceda à arrecadação e ao arrolamento dos bens, com 2 (duas) testemunhas, que assistirão às diligências.

§ 2º Não estando ainda nomeado o curador, o juiz designará depositário e lhe entregará os bens, mediante simples termo nos autos, depois de compromissado.

§ 3º Durante a arrecadação, o juiz ou a autoridade policial inquirirá os moradores da casa e da vizinhança sobre a qualificação do falecido, o paradeiro de seus sucessores e a existência de outros bens, lavrando-se de tudo auto de inquirição e informação.

§ 4º O juiz examinará reservadamente os papéis, as cartas missivas e os livros domésticos e, verificando que não apresentam interesse, mandará empacotá-los e lacrá-los para serem assim entregues aos sucessores do falecido ou queimados quando os bens forem declarados vacantes.

§ 5º Se constar ao juiz a existência de bens em outra comarca, mandará expedir carta precatória a fim de serem arrecadados.

§ 6º Não se fará a arrecadação, ou essa será suspensa, quando, iniciada, apresentarem-se para reclamar os bens o cônjuge ou companheiro, o herdeiro ou o testamenteiro notoriamente reconhecido e não houver oposição motivada do curador, de qualquer interessado, do Ministério Público ou do representante da Fazenda Pública.

Art. 741. Ultimada a arrecadação, o juiz mandará expedir edital, que será publicado na rede mundial de computadores, no sítio do tribunal a que estiver vinculado o juízo e na plataforma de editais do Conselho Nacional de Justiça, onde permanecerá por 3 (três) meses, ou, não havendo sítio, no órgão oficial e na imprensa da comarca, por 3 (três) vezes com intervalos de 1 (um) mês, para que os sucessores do falecido venham a habilitar-se no prazo de 6 (seis) meses contado da primeira publicação.

§ 1º Verificada a existência de sucessor ou de testamenteiro em lugar certo, far-se-á a sua citação, sem prejuízo do edital.

§ 2º Quando o falecido for estrangeiro, será também comunicado o fato à autoridade consular.

§ 3º Julgada a habilitação do herdeiro, reconhecida a qualidade do testamenteiro ou provada a identidade do cônjuge ou companheiro, a arrecadação converter-se-á em inventário.

§ 4º Os credores da herança poderão habilitar-se como nos inventários ou propor a ação de cobrança.

Art. 742. O juiz poderá autorizar a alienação:

I - de bens móveis, se forem de conservação difícil ou dispendiosa;

II - de semoventes, quando não empregados na exploração de alguma indústria;

III - de títulos e papéis de crédito, havendo fundado receio de depreciação;

IV - de ações de sociedade quando, reclamada a integralização, não dispuser a herança de dinheiro para o pagamento;

V - de bens imóveis:

a) se ameaçarem ruína, não convindo a reparação;

b) se estiverem hipotecados e vencer-se a dívida, não havendo dinheiro para o pagamento.

§ 1º Não se procederá, entretanto, à venda se a Fazenda Pública ou o habilitando adiantar a importância para as despesas.

§ 2º Os bens com valor de afeição, como retratos, objetos de uso pessoal, livros e obras de arte, só serão alienados depois de declarada a vacância da herança.

Art. 743. Passado 1 (um) ano da primeira publicação do edital e não havendo herdeiro habilitado nem habilitação pendente, será a herança declarada vacante.

› art. 1.820, CC.

§ 1º Pendendo habilitação, a vacância será declarada pela mesma sentença que a julgar improcedente, aguardando-se, no caso de serem diversas as habilitações, o julgamento da última.

§ 2º Transitada em julgado a sentença que declarou a vacância, o cônjuge, o companheiro, os herdeiros e os credores só poderão reclamar o seu direito por ação direta.

SEÇÃO VII
DOS BENS DOS AUSENTES

Art. 744. Declarada a ausência nos casos previstos em lei, o juiz mandará arrecadar os bens do ausente e nomear-lhes-á curador na forma estabelecida na Seção VI, observando-se o disposto em lei.

› arts. 22 a 39, CC.

› arts. 29, VI, 94, Lei 6.015/1973 (Lei de registros públicos).

› Súm. 331, STF.

Art. 745. Feita a arrecadação, o juiz mandará publicar editais na rede mundial de computadores, no sítio do tribunal a que estiver vinculado e na plataforma de editais do Conselho Nacional de Justiça, onde permanecerá por 1 (um) ano, ou, não havendo sítio, no órgão oficial e na imprensa da comarca, durante 1 (um) ano, reproduzida de 2 (dois) em 2 (dois) meses, anunciando a arrecadação e chamando o ausente a entrar na posse de seus bens.

§ 1º Findo o prazo previsto no edital, poderão os interessados requerer a abertura da sucessão provisória, observando-se o disposto em lei.

§ 2º O interessado, ao requerer a abertura da sucessão provisória, pedirá a citação pessoal dos herdeiros presentes e do curador e, por editais, a dos ausentes para requererem habilitação, na forma dos arts. 689 a 692.

§ 3º Presentes os requisitos legais, poderá ser requerida a conversão da sucessão provisória em definitiva.

§ 4º Regressando o ausente ou algum de seus descendentes ou ascendentes para requerer ao juiz a entrega de bens, serão citados para contestar o pedido os sucessores provisórios ou definitivos, o Ministério Público e o representante da Fazenda Pública, seguindo-se o procedimento comum.

SEÇÃO VIII
DAS COISAS VAGAS

› arts. 1.233 a 1.237, CC.

Art. 746. Recebendo do descobridor coisa alheia perdida, o juiz mandará lavrar o respectivo auto, do qual constará a descrição do bem e as declarações do descobridor.

§ 1º Recebida a coisa por autoridade policial, esta a remeterá em seguida ao juízo competente.

§ 2º Depositada a coisa, o juiz mandará publicar edital na rede mundial de computadores, no sítio do tribunal a que estiver vinculado e na plataforma de editais do Conselho Nacional de Justiça ou, não havendo sítio, no órgão oficial e na imprensa da comarca, para que o dono ou o legítimo possuidor a reclame, salvo se se tratar de coisa de pequeno valor e não for possível a publicação no sítio do tribunal, caso em que o edital será apenas afixado no átrio do edifício do fórum.

§ 3º Observar-se-á, quanto ao mais, o disposto em lei.

SEÇÃO IX
DA INTERDIÇÃO

› arts. 1.767 e ss., CC.

Art. 747. A interdição pode ser promovida:

I - pelo cônjuge ou companheiro;

II - pelos parentes ou tutores;

III - pelo representante da entidade em que se encontra abrigado o interditando;

IV - pelo Ministério Público.

› art. 129, CF.

Parágrafo único. A legitimidade deverá ser comprovada por documentação que acompanhe a petição inicial.

Art. 748. O Ministério Público só promoverá interdição em caso de doença mental grave:

I - se as pessoas designadas nos incisos I, II e III do art. 747 não existirem ou não promoverem a interdição;

II - se, existindo, forem incapazes as pessoas mencionadas nos incisos I e II do art. 747.

Art. 749. Incumbe ao autor, na petição inicial, especificar os fatos que demonstram a incapacidade do interditando para administrar seus bens e, se for o caso, para praticar atos da vida civil, bem como o momento em que a incapacidade se revelou.

Parágrafo único. Justificada a urgência, o juiz pode nomear curador provisório ao interditando para a prática de determinados atos.

Art. 750. O requerente deverá juntar laudo médico para fazer prova de suas alegações ou informar a impossibilidade de fazê-lo.

Art. 751. O interditando será citado para, em dia designado, comparecer perante o juiz, que o entrevistará minuciosamente acerca de sua vida, negócios, bens, vontades, preferências e laços familiares e afetivos e sobre o que mais lhe parecer necessário para convencimento quanto à sua capacidade para praticar atos da vida civil, devendo ser reduzidas a termo as perguntas e respostas.

§ 1º Não podendo o interditando deslocar-se, o juiz o ouvirá no local onde estiver.

§ 2º A entrevista poderá ser acompanhada por especialista.

§ 3º Durante a entrevista, é assegurado o emprego de recursos tecnológicos capazes de permitir ou de auxiliar o interditando a expressar suas vontades e preferências e a responder às perguntas formuladas.

§ 4º A critério do juiz, poderá ser requisitada a oitiva de parentes e de pessoas próximas.

Art. 752. Dentro do prazo de 15 (quinze) dias contado da entrevista, o interditando poderá impugnar o pedido.

§ 1º O Ministério Público intervirá como fiscal da ordem jurídica.

‣ art. 178, CPC.

§ 2º O interditando poderá constituir advogado, e, caso não o faça, deverá ser nomeado curador especial.

§ 3º Caso o interditando não constitua advogado, o seu cônjuge, companheiro ou qualquer parente sucessível poderá intervir como assistente.

Art. 753. Decorrido o prazo previsto no art. 752, o juiz determinará a produção de prova pericial para avaliação da capacidade do interditando para praticar atos da vida civil.

§ 1º A perícia pode ser realizada por equipe composta por expertos com formação multidisciplinar.

§ 2º O laudo pericial indicará especificadamente, se for o caso, os atos para os quais haverá necessidade de curatela.

Art. 754. Apresentado o laudo, produzidas as demais provas e ouvidos os interessados, o juiz proferirá sentença.

Art. 755. Na sentença que decretar a interdição, o juiz:

I - nomeará curador, que poderá ser o requerente da interdição, e fixará os limites da curatela, segundo o estado e o desenvolvimento mental do interdito;

II - considerará as características pessoais do interdito, observando suas potencialidades, habilidades, vontades e preferências.

§ 1º A curatela deve ser atribuída a quem melhor possa atender aos interesses do curatelado.

§ 2º Havendo, ao tempo da interdição, pessoa incapaz sob a guarda e a responsabilidade do interdito, o juiz atribuirá a curatela a quem melhor puder atender aos interesses do interdito e do incapaz.

§ 3º A sentença de interdição será inscrita no registro de pessoas naturais e imediatamente publicada na rede mundial de computadores, no sítio do tribunal a que estiver vinculado o juízo e na plataforma de editais do Conselho Nacional de Justiça, onde permanecerá por 6 (seis) meses, na imprensa local, 1 (uma) vez, e no órgão oficial, por 3 (três) vezes, com intervalo de 10 (dez) dias, constando do edital os nomes do interdito e do curador, a causa da interdição, os limites da curatela e, não sendo total a interdição, os atos que o interdito poderá praticar autonomamente.

‣ art. 9º, III, CC.

‣ arts. 29, V; 92; e 107, § 1º, Lei 6.015/1973 (Lei de registros públicos).

Art. 756. Levantar-se-á a curatela quando cessar a causa que a determinou.

§ 1º O pedido de levantamento da curatela poderá ser feito pelo interdito, pelo curador ou pelo Ministério Público e será apensado aos autos da interdição.

§ 2º O juiz nomeará perito ou equipe multidisciplinar para proceder ao exame do interdito e designará audiência de instrução e julgamento após a apresentação do laudo.

§ 3º Acolhido o pedido, o juiz decretará o levantamento da interdição e determinará a publicação da sentença, após o trânsito em julgado, na forma do art. 755, § 3º, ou, não sendo possível, na imprensa local e no órgão oficial, por 3 (três) vezes, com intervalo de 10 (dez) dias, seguindo-se a averbação no registro de pessoas naturais.

§ 4º A interdição poderá ser levantada parcialmente quando demonstrada a capacidade do interdito para praticar alguns atos da vida civil.

Art. 757. A autoridade do curador estende-se à pessoa e aos bens do incapaz que se encontrar sob a guarda e a responsabilidade do curatelado ao tempo da interdição, salvo se o juiz considerar outra solução como mais conveniente aos interesses do incapaz.

Art. 758. O curador deverá buscar tratamento e apoio apropriados à conquista da autonomia pelo interdito.

SEÇÃO X
DISPOSIÇÕES COMUNS À TUTELA E À CURATELA

‣ arts. 1.728 e ss., CC.

Art. 759. O tutor ou o curador será intimado a prestar compromisso no prazo de 5 (cinco) dias contado da:

I - nomeação feita em conformidade com a lei;

II - intimação do despacho que mandar cumprir o testamento ou o instrumento público que o houver instituído.

§ 1º O tutor ou o curador prestará o compromisso por termo em livro rubricado pelo juiz.

§ 2º Prestado o compromisso, o tutor ou o curador assume a administração dos bens do tutelado ou do interditado.

Art. 760. O tutor ou o curador poderá eximir-se do encargo apresentando escusa ao juiz no prazo de 5 (cinco) dias contado:

I - antes de aceitar o encargo, da intimação para prestar compromisso;

II - depois de entrar em exercício, do dia em que sobrevier o motivo da escusa.

§ 1º Não sendo requerida a escusa no prazo estabelecido neste artigo, considerar-se-á renunciado o direito de alegá-la.

§ 2º O juiz decidirá de plano o pedido de escusa, e, não o admitindo, exercerá o nomeado a tutela ou a curatela enquanto não for dispensado por sentença transitada em julgado.

Art. 761. Incumbe ao Ministério Público ou a quem tenha legítimo interesse requerer, nos casos previstos em lei, a remoção do tutor ou do curador.

Parágrafo único. O tutor ou o curador será citado para contestar a arguição no prazo de 5 (cinco) dias, findo o qual observar-se-á o procedimento comum.

Art. 762. Em caso de extrema gravidade, o juiz poderá suspender o tutor ou o curador do exercício de suas funções, nomeando substituto interino.

Art. 763. Cessando as funções do tutor ou do curador pelo decurso do prazo em que era obrigado a servir, ser-lhe-á lícito requerer a exoneração do encargo.

§ 1º Caso o tutor ou o curador não requeira a exoneração do encargo dentro dos 10 (dez) dias seguintes à expiração do termo, entender-se-á reconduzido, salvo se o juiz o dispensar.

§ 2º Cessada a tutela ou a curatela, é indispensável a prestação de contas pelo tutor ou pelo curador, na forma da lei civil.

SEÇÃO XI
DA ORGANIZAÇÃO E DA FISCALIZAÇÃO DAS FUNDAÇÕES

Art. 764. O juiz decidirá sobre a aprovação do estatuto das fundações e de suas alterações sempre que o requeira o interessado, quando:

‣ arts. 62 e ss., CC.

I - ela for negada previamente pelo Ministério Público ou por este forem exigidas modificações com as quais o interessado não concorde;

II - o interessado discordar do estatuto elaborado pelo Ministério Público.

§ 1º O estatuto das fundações deve observar o disposto na Lei n. 10.406, de 10 de janeiro de 2002 (Código Civil).

§ 2º Antes de suprir a aprovação, o juiz poderá mandar fazer no estatuto modificações a fim de adaptá-lo ao objetivo do instituidor.

Art. 765. Qualquer interessado ou o Ministério Público promoverá em juízo a extinção da fundação quando:

I - se tornar ilícito o seu objeto;

II - for impossível a sua manutenção;

III - vencer o prazo de sua existência.

SEÇÃO XII
DA RATIFICAÇÃO DOS PROTESTOS MARÍTIMOS E DOS PROCESSOS TESTEMUNHÁVEIS FORMADOS A BORDO

Art. 766. Todos os protestos e os processos testemunháveis formados a bordo e lançados no livro Diário da Navegação deverão ser apresentados pelo comandante ao juiz de direito do primeiro porto, nas primeiras 24 (vinte e quatro) horas de chegada da embarcação, para sua ratificação judicial.

Art. 767. A petição inicial conterá a transcrição dos termos lançados no livro Diário da Navegação e deverá ser instruída com cópias das páginas que contenham os termos que serão ratificados, dos documentos de identificação do comandante e das testemunhas arroladas, do rol de tripulantes, do documento de registro da embarcação e, quando for o caso, do manifesto das cargas sinistradas e a qualificação de seus consignatários, traduzidos, quando for o caso, de forma livre para o português.

Art. 768. A petição inicial deverá ser distribuída com urgência e encaminhada ao juiz, que ouvirá, sob compromisso a ser prestado no mesmo dia, o comandante e as testemunhas em número mínimo de 2 (duas) e máximo de 4 (quatro), que deverão comparecer ao ato independentemente de intimação.

§ 1º Tratando-se de estrangeiros que não dominem a língua portuguesa, o autor deverá fazer-se acompanhar por tradutor, que prestará compromisso em audiência.

§ 2º Caso o autor não se faça acompanhar por tradutor, o juiz deverá nomear outro que preste compromisso em audiência.

Art. 769. Aberta a audiência, o juiz mandará apregoar os consignatários das cargas indicados na petição inicial e outros eventuais interessados, nomeando para os ausentes curador para o ato.

Art. 770. Inquiridos o comandante e as testemunhas, o juiz, convencido da veracidade dos termos lançados no Diário da Navegação, em audiência, ratificará por sentença o protesto ou o processo testemunhável lavrado a bordo, dispensado o relatório.

Parágrafo único. Independentemente do trânsito em julgado, o juiz determinará a entrega dos autos ao autor ou ao seu advogado, mediante a apresentação de traslado.

LIVRO II
DO PROCESSO DE EXECUÇÃO

TÍTULO I
DA EXECUÇÃO EM GERAL

CAPÍTULO I
DISPOSIÇÕES GERAIS

Art. 771. Este Livro regula o procedimento da execução fundada em título extrajudicial, e suas disposições aplicam-se, também, no que couber, aos procedimentos especiais de execução, aos atos executivos realizados no procedimento de cumprimento de sentença, bem como aos efeitos de atos ou fatos processuais a que a lei atribuir força executiva.

Parágrafo único. Aplicam-se subsidiariamente à execução as disposições do Livro I da Parte Especial.

Art. 772. O juiz pode, em qualquer momento do processo:

I - ordenar o comparecimento das partes;

II - advertir o executado de que seu procedimento constitui ato atentatório à dignidade da justiça;

III - determinar que sujeitos indicados pelo exequente forneçam informações em geral relacionadas ao objeto da execução, tais como documentos e dados que tenham em seu poder, assinando-lhes prazo razoável.

Art. 773. O juiz poderá, de ofício ou a requerimento, determinar as medidas necessárias ao cumprimento da ordem de entrega de documentos e dados.

Parágrafo único. Quando, em decorrência do disposto neste artigo, o juízo receber dados sigilosos para os fins da execução, o juiz adotará as medidas necessárias para assegurar a confidencialidade.

Art. 774. Considera-se atentatória à dignidade da justiça a conduta comissiva ou omissiva do executado que:

I - frauda a execução;

- art. 792, CPC.

II - se opõe maliciosamente à execução, empregando ardis e meios artificiosos;

III - dificulta ou embaraça a realização da penhora;

- arts. 831 e ss., CPC.

IV - resiste injustificadamente às ordens judiciais;

V - intimado, não indica ao juiz quais são e onde estão os bens sujeitos à penhora e os respectivos valores, nem exibe prova de sua propriedade e, se for o caso, certidão negativa de ônus.

Parágrafo único. Nos casos previstos neste artigo, o juiz fixará multa em montante não superior a vinte por cento do valor atualizado do débito em execução, a qual será revertida em proveito do exequente, exigível nos próprios autos do processo, sem prejuízo de outras sanções de natureza processual ou material.

Art. 775. O exequente tem o direito de desistir de toda a execução ou de apenas alguma medida executiva.

- Súm. 153, STJ.

Parágrafo único. Na desistência da execução, observar-se-á o seguinte:

I - serão extintos a impugnação e os embargos que versarem apenas sobre questões processuais, pagando o exequente as custas processuais e os honorários advocatícios;

- Súm. 517 e 519, STJ.

II - nos demais casos, a extinção dependerá da concordância do impugnante ou do embargante.

Art. 776. O exequente ressarcirá ao executado os danos que este sofreu, quando a sentença, transitada em julgado, declarar inexistente, no todo ou em parte, a obrigação que ensejou a execução.

Art. 777. A cobrança de multas ou de indenizações decorrentes de litigância de má-fé ou de prática de ato atentatório à dignidade da justiça será promovida nos próprios autos do processo.

- arts. 77, § 1º, e 536, § 3º, CPC.

CAPÍTULO II
DAS PARTES

Art. 778. Pode promover a execução forçada o credor a quem a lei confere título executivo.

- arts. 783 a 785, CPC.

§ 1º Podem promover a execução forçada ou nela prosseguir, em sucessão ao exequente originário:

I - o Ministério Público, nos casos previstos em lei;

- art. 178, CPC.

II - o espólio, os herdeiros ou os sucessores do credor, sempre que, por morte deste, lhes for transmitido o direito resultante do título executivo;

- art. 110, CPC.

III - o cessionário, quando o direito resultante do título executivo lhe for transferido por ato entre vivos;

IV - o sub-rogado, nos casos de sub-rogação legal ou convencional.

- arts. 346 a 351, CC.

§ 2º A sucessão prevista no § 1º independe de consentimento do executado.

Art. 779. A execução pode ser promovida contra:

I - o devedor, reconhecido como tal no título executivo;

II - o espólio, os herdeiros ou os sucessores do devedor;

III - o novo devedor que assumiu, com o consentimento do credor, a obrigação resultante do título executivo;

IV - o fiador do débito constante em título extrajudicial;

- Súm. 268, STJ.

V - o responsável titular do bem vinculado por garantia real ao pagamento do débito;

VI - o responsável tributário, assim definido em lei.

- arts. 121, p.ún.; e 128 a 138, CTN.

Art. 780. O exequente pode cumular várias execuções, ainda que fundadas em títulos diferentes, quando o executado for o mesmo e desde que para todas elas seja competente o mesmo juízo e idêntico o procedimento.

- Súm. 27, STJ.

CAPÍTULO III
DA COMPETÊNCIA

Art. 781. A execução fundada em título extrajudicial será processada perante o juízo competente, observando-se o seguinte:

I - a execução poderá ser proposta no foro de domicílio do executado, de eleição constante do título ou, ainda, de situação dos bens a ela sujeitos;

II - tendo mais de um domicílio, o executado poderá ser demandado no foro de qualquer deles;

III - sendo incerto ou desconhecido o domicílio do executado, a execução poderá ser proposta no lugar onde for encontrado ou no foro de domicílio do exequente;

IV - havendo mais de um devedor, com diferentes domicílios, a execução será proposta no foro de qualquer deles, à escolha do exequente;

V - a execução poderá ser proposta no foro do lugar em que se praticou o ato ou em que ocorreu o fato que deu origem ao título, mesmo que nele não mais resida o executado.

Art. 782. Não dispondo a lei de modo diverso, o juiz determinará os atos executivos, e o oficial de justiça os cumprirá.

§ 1º O oficial de justiça poderá cumprir os atos executivos determinados pelo juiz também nas comarcas contíguas, de fácil comunicação, e nas que se situem na mesma região metropolitana.

§ 2º Sempre que, para efetivar a execução, for necessário o emprego de força policial, o juiz a requisitará.

§ 3º A requerimento da parte, o juiz pode determinar a inclusão do nome do executado em cadastros de inadimplentes.

§ 4º A inscrição será cancelada imediatamente se for efetuado o pagamento, se for garantida a execução ou se a execução for extinta por qualquer outro motivo.

§ 5º O disposto nos §§ 3º e 4º aplica-se à execução definitiva de título judicial.

CAPÍTULO IV
DOS REQUISITOS NECESSÁRIOS PARA REALIZAR QUALQUER EXECUÇÃO

SEÇÃO I
DO TÍTULO EXECUTIVO

Art. 783. A execução para cobrança de crédito fundar-se-á sempre em título de obrigação certa, líquida e exigível.

- Súm. 233, 279 e 300, STJ.

Art. 784. São títulos executivos extrajudiciais:

- Súm. 317, STJ.
- art. 57, p.ún., Lei 9.099/1995 (Juizados Especiais Cíveis e Criminais).

I - a letra de câmbio, a nota promissória, a duplicata, a debênture e o cheque;

- Dec. 2.044/1908 (Lei da letra de câmbio e nota promissória).
- Lei 5.474/1968 (Lei da duplicata).
- art. 52 e s., Lei 6.404/1976 (Lei da sociedade anônima).
- Lei 7.357/1985 (Lei do cheque).
- Súm. 258 e 531, STJ; Súm. 600, STF.

II - a escritura pública ou outro documento público assinado pelo devedor;

- arts. 215 e 221, CC.

III - o documento particular assinado pelo devedor e por 2 (duas) testemunhas;

IV - o instrumento de transação referendado pelo Ministério Público, pela Defensoria Pública, pela Advocacia Pública, pelos advogados dos transatores ou por conciliador ou mediador credenciado por tribunal;

- arts. 840 a 850, CC.
- art. 22, p.ún., Prov. nº 67/2018, CNJ.

V - o contrato garantido por hipoteca, penhor, anticrese ou outro direito real de garantia e aquele garantido por caução;

- arts. 1.419 a 1.510, CC.

VI - o contrato de seguro de vida em caso de morte;

- arts. 789 e ss., CC.

VII - o crédito decorrente de foro e laudêmio;

VIII - o crédito, documentalmente comprovado, decorrente de aluguel de imóvel, bem como de encargos acessórios, tais como taxas e despesas de condomínio;

- Lei 4.591/1964 (Lei do condomínio).

IX - a certidão de dívida ativa da Fazenda Pública da União, dos Estados, do Distrito Federal e dos Municípios, correspondente aos créditos inscritos na forma da lei;

- arts. 201 a 204, CTN.
- arts. 2º e 3º, Lei 6.830/1980 (Execução Fiscal).
- Súm. 392, STJ.

X - o crédito referente às contribuições ordinárias ou extraordinárias de condomínio edilício, previstas na respectiva convenção ou aprovadas em assembleia geral, desde que documentalmente comprovadas;

- arts. 1.331 e ss., CC.

XI - a certidão expedida por serventia notarial ou de registro relativa a valores de emolumentos e demais despesas devidas pelos atos por ela praticados, fixados nas tabelas estabelecidas em lei;

XII - todos os demais títulos aos quais, por disposição expressa, a lei atribuir força executiva.

- art. 107, I, Lei 6.404/1976 (Lei da sociedade anônima).
- art. 211, ECA.
- arts. 85 e 93, Lei 12.529/2011 (Defesa da concorrência).
- art. 24, Estatuto da OAB.

§ 1º A propositura de qualquer ação relativa a débito constante de título executivo não inibe o credor de promover-lhe a execução.

§ 2º Os títulos executivos extrajudiciais oriundos de país estrangeiro não dependem de homologação para serem executados.

§ 3º O título estrangeiro só terá eficácia executiva quando satisfeitos os requisitos de formação exigidos pela lei do lugar de sua celebração e quando o Brasil for indicado como o lugar de cumprimento da obrigação.

Art. 785. A existência de título executivo extrajudicial não impede a parte de optar pelo processo de conhecimento, a fim de obter título executivo judicial.

SEÇÃO II
DA EXIGIBILIDADE DA OBRIGAÇÃO

Art. 786. A execução pode ser instaurada caso o devedor não satisfaça a obrigação certa, líquida e exigível consubstanciada em título executivo.

Parágrafo único. A necessidade de simples operações aritméticas para apurar o crédito exequendo não retira a liquidez da obrigação constante do título.

Art. 787. Se o devedor não for obrigado a satisfazer sua prestação senão mediante a contraprestação do credor, este deverá provar que a adimpliu ao requerer a execução, sob pena de extinção do processo.

Parágrafo único. O executado poderá eximir-se da obrigação, depositando em juízo a prestação ou a coisa, caso em que o juiz não permitirá que o credor a receba sem cumprir a contraprestação que lhe tocar.

Art. 788. O credor não poderá iniciar a execução ou nela prosseguir se o devedor cumprir a obrigação, mas poderá recusar o recebimento da prestação se ela não corresponder ao direito ou à obrigação estabelecidos no título executivo, caso em que poderá requerer a execução forçada, ressalvado ao devedor o direito de embargá-la.

CAPÍTULO V
DA RESPONSABILIDADE PATRIMONIAL

Art. 789. O devedor responde com todos os seus bens presentes e futuros para o cumprimento de suas obrigações, salvo as restrições estabelecidas em lei.

Art. 790. São sujeitos à execução os bens:

I - do sucessor a título singular, tratando-se de execução fundada em direito real ou obrigação reipersecutória;

II - do sócio, nos termos da lei;

III - do devedor, ainda que em poder de terceiros;

IV - do cônjuge ou companheiro, nos casos em que seus bens próprios ou de sua meação respondem pela dívida;

V - alienados ou gravados com ônus real em fraude à execução;

VI - cuja alienação ou gravação com ônus real tenha sido anulada em razão do reconhecimento, em ação autônoma, de fraude contra credores;

VII - do responsável, nos casos de desconsideração da personalidade jurídica.

- arts. 133 a 137, CPC.
- art. 50, CC.
- art. 28, CDC.
- art. 34, Lei 12.529/2011 (Defesa da concorrência).

Art. 791. Se a execução tiver por objeto obrigação de que seja sujeito passivo o proprietário de terreno submetido ao regime do direito de superfície, ou o superficiário, responderá pela dívida, exclusivamente, o direito real do qual é titular o executado, recaindo a penhora ou outros atos de constrição exclusivamente sobre o terreno, no primeiro caso, ou sobre a construção ou a plantação, no segundo caso.

- arts. 1.369 a 1.377, CC.

§ 1º Os atos de constrição a que se refere o *caput* serão averbados separadamente na matrícula do imóvel, com a identificação do executado, do valor do crédito e do objeto sobre o qual recai o gravame, devendo o oficial destacar o bem que responde pela dívida, se o terreno, a construção ou a plantação, de modo a assegurar a publicidade da responsabilidade patrimonial de cada um deles pelas dívidas e pelas obrigações que a eles estão vinculadas.

§ 2º Aplica-se, no que couber, o disposto neste artigo à enfiteuse, à concessão de uso especial para fins de moradia e à concessão de direito real de uso.

Art. 792. A alienação ou a oneração de bem é considerada fraude à execução:

- art. 185, CTN.

I - quando sobre o bem pender ação fundada em direito real ou com pretensão reipersecutória, desde que a pendência do processo tenha sido averbada no respectivo registro público, se houver;

II - quando tiver sido averbada, no registro do bem, a pendência do processo de execução, na forma do art. 828;

III - quando tiver sido averbado, no registro do bem, hipoteca judiciária ou outro ato de constrição judicial originário do processo onde foi arguida a fraude;

IV - quando, ao tempo da alienação ou da oneração, tramitava contra o devedor ação capaz de reduzi-lo à insolvência;

V - nos demais casos expressos em lei.

- art. 179, CP.

§ 1º A alienação em fraude à execução é ineficaz em relação ao exequente.

§ 2º No caso de aquisição de bem não sujeito a registro, o terceiro adquirente tem o ônus de provar que adotou as cautelas necessárias para a aquisição, mediante a exibição das certidões pertinentes, obtidas no domicílio do vendedor e no local onde se encontra o bem.

§ 3º Nos casos de desconsideração da personalidade jurídica, a fraude à execução verifica-se a partir da citação da parte cuja personalidade se pretende desconsiderar.

- art. 50, CC.
- art. 28, CDC.

§ 4º Antes de declarar a fraude à execução, o juiz deverá intimar o terceiro adquirente, que, se quiser, poderá opor embargos de terceiro, no prazo de 15 (quinze) dias.

- art. 675, CPC.

Art. 793. O exequente que estiver, por direito de retenção, na posse de coisa pertencente ao devedor não poderá promover a execução sobre outros bens senão depois de excutida a coisa que se achar em seu poder.

Art. 794. O fiador, quando executado, tem o direito de exigir que primeiro sejam executados os bens do devedor situados na mesma comarca, livres e desembargados, indicando-os pormenorizadamente à penhora.

- art. 827, CC.

§ 1º Os bens do fiador ficarão sujeitos à execução se os do devedor, situados na mesma comarca que os seus, forem insuficientes à satisfação do direito do credor.

§ 2º O fiador que pagar a dívida poderá executar o afiançado nos autos do mesmo processo.

§ 3º O disposto no *caput* não se aplica se o fiador houver renunciado ao benefício de ordem.

- art. 828, I, CC.

Art. 795. Os bens particulares dos sócios não respondem pelas dívidas da sociedade, senão nos casos previstos em lei.

- arts. 134, VII; e 135, I, CTN.

§ 1º O sócio réu, quando responsável pelo pagamento da dívida da sociedade, tem o direito de exigir que primeiro sejam excutidos os bens da sociedade.

- Súm. 435, STJ.

§ 2º Incumbe ao sócio que alegar o benefício do § 1º nomear quantos bens da sociedade situados na mesma comarca, livres e desembargados, bastem para pagar o débito.

§ 3º O sócio que pagar a dívida poderá executar a sociedade nos autos do mesmo processo.

§ 4º Para a desconsideração da personalidade jurídica é obrigatória a observância do incidente previsto neste Código.

- arts. 133 a 137, CPC.
- art. 50, CC.
- art. 28, CDC.

Art. 796. O espólio responde pelas dívidas do falecido, mas, feita a partilha, cada herdeiro responde por elas dentro das forças da herança e na proporção da parte que lhe coube.

- arts. 1.792, e 1.997, CC.

TÍTULO II
DAS DIVERSAS ESPÉCIES DE EXECUÇÃO

CAPÍTULO I
DISPOSIÇÕES GERAIS

Art. 797. Ressalvado o caso de insolvência do devedor, em que tem lugar o concurso universal, realiza-se a execução no interesse do exequente que adquire, pela penhora, o direito de preferência sobre os bens penhorados.

Parágrafo único. Recaindo mais de uma penhora sobre o mesmo bem, cada exequente conservará o seu título de preferência.

Art. 798. Ao propor a execução, incumbe ao exequente:

I - instruir a petição inicial com:

a) o título executivo extrajudicial;

b) o demonstrativo do débito atualizado até a data de propositura da ação, quando se tratar de execução por quantia certa;

c) a prova de que se verificou a condição ou ocorreu o termo, se for o caso;

‣ arts. 121 a 131 e 135, CC.

d) a prova, se for o caso, de que adimpliu a contraprestação que lhe corresponde ou que lhe assegura o cumprimento, se o executado não for obrigado a satisfazer a sua prestação senão mediante a contraprestação do exequente;

II - indicar:

a) a espécie de execução de sua preferência, quando por mais de um modo puder ser realizada;

b) os nomes completos do exequente e do executado e seus números de inscrição no Cadastro de Pessoas Físicas ou no Cadastro Nacional da Pessoa Jurídica;

c) os bens suscetíveis de penhora, sempre que possível.

Parágrafo único. O demonstrativo do débito deverá conter:

I - o índice de correção monetária adotado;

II - a taxa de juros aplicada;

III - os termos inicial e final de incidência do índice de correção monetária e da taxa de juros utilizados;

IV - a periodicidade da capitalização dos juros, se for o caso;

V - a especificação de desconto obrigatório realizado.

Art. 799. Incumbe ainda ao exequente:

I - requerer a intimação do credor pignoratício, hipotecário, anticrético ou fiduciário, quando a penhora recair sobre bens gravados por penhor, hipoteca, anticrese ou alienação fiduciária;

II - requerer a intimação do titular de usufruto, uso ou habitação, quando a penhora recair sobre bem gravado por usufruto, uso ou habitação;

III - requerer a intimação do promitente-comprador, quando a penhora recair sobre bem em relação ao qual haja promessa de compra e venda registrada;

IV - requerer a intimação do promitente vendedor, quando a penhora recair sobre direito aquisitivo derivado de promessa de compra e venda registrada;

V - requerer a intimação do superficiário, enfiteuta ou concessionário, em caso de direito de superfície, enfiteuse, concessão de uso especial para fins de moradia ou concessão de direito real de uso, quando a penhora recair sobre imóvel submetido ao regime do direito de superfície, enfiteuse ou concessão;

VI - requerer a intimação do proprietário de terreno com regime de direito de superfície, enfiteuse, concessão de uso especial para fins de moradia ou concessão de direito real de uso, quando a penhora recair sobre direitos do superficiário, do enfiteuta ou do concessionário;

VII - requerer a intimação da sociedade, no caso de penhora de quota social ou de ação de sociedade anônima fechada, para o fim previsto no art. 876, § 7º;

VIII - pleitear, se for o caso, medidas urgentes;

IX - proceder à averbação em registro público do ato de propositura da execução e dos atos de constrição realizados, para conhecimento de terceiros.

X - requerer a intimação do titular da construção-base, bem como, se for o caso, do titular de lajes anteriores, quando a penhora recair sobre o direito real de laje; (Incluído pela Lei nº 13.465, de 2017)

XI - requerer a intimação do titular das lajes, quando a penhora recair sobre a construção-base. (Incluído pela Lei nº 13.465, de 2017)

Art. 800. Nas obrigações alternativas, quando a escolha couber ao devedor, esse será citado para exercer a opção e realizar a prestação dentro de 10 (dez) dias, se outro prazo não lhe foi determinado em lei ou em contrato.

‣ arts. 252 a 256, CC.

§ 1º Devolver-se-á ao credor a opção, se o devedor não a exercer no prazo determinado.

§ 2º A escolha será indicada na petição inicial da execução quando couber ao credor exercê-la.

Art. 801. Verificando que a petição inicial está incompleta ou que não está acompanhada dos documentos indispensáveis à propositura da execução, o juiz determinará que o exequente a corrija, no prazo de 15 (quinze) dias, sob pena de indeferimento.

Art. 802. Na execução, o despacho que ordena a citação, desde que realizada em observância ao disposto no § 2º do art. 240, interrompe a prescrição, ainda que proferido por juízo incompetente.

‣ art. 312, CPC.

‣ arts. 202 a 204, CC.

‣ art. 8º, § 2º, Lei 6.830/1980 (Execução Fiscal).

‣ Súm. 150, 153, 154, STF.

Parágrafo único. A interrupção da prescrição retroagirá à data de propositura da ação.

Art. 803. É nula a execução se:

I - o título executivo extrajudicial não corresponder a obrigação certa, líquida e exigível;

‣ arts. 783 e 784, CPC.

II - o executado não for regularmente citado;

‣ arts. 239 e 280, CPC.

III - for instaurada antes de se verificar a condição ou de ocorrer o termo.

‣ arts. 798, I, c, e 917, § 2º, V, CPC.

Parágrafo único. A nulidade de que cuida este artigo será pronunciada pelo juiz, de ofício ou a requerimento da parte, independentemente de embargos à execução.

Art. 804. A alienação de bem gravado por penhor, hipoteca ou anticrese será ineficaz em relação ao credor pignoratício, hipotecário ou anticrético não intimado.

§ 1º A alienação de bem objeto de promessa de compra e venda ou de cessão registrada será ineficaz em relação ao promitente-comprador ou ao cessionário não intimado.

§ 2º A alienação de bem sobre o qual tenha sido instituído direito de superfície, seja do solo, da plantação ou da construção, será ineficaz em relação ao concedente ou ao concessionário não intimado.

§ 3º A alienação de direito aquisitivo de bem objeto de promessa de venda, de promessa de cessão ou de alienação fiduciária será ineficaz em relação ao promitente vendedor, ao promitente cedente ou ao proprietário fiduciário não intimado.

§ 4º A alienação de imóvel sobre o qual tenha sido instituída enfiteuse, concessão de uso especial para fins de moradia ou concessão de direito real de uso será ineficaz em relação ao enfiteuta ou ao concessionário não intimado.

§ 5º A alienação de direitos do enfiteuta, do concessionário de direito real de uso ou do concessionário de uso especial para fins de moradia será ineficaz em relação ao proprietário do respectivo imóvel não intimado.

§ 6º A alienação de bem sobre o qual tenha sido instituído usufruto, uso ou habitação será ineficaz em relação ao titular desses direitos reais não intimado.

Art. 805. Quando por vários meios o exequente puder promover a execução, o juiz mandará que se faça pelo modo menos gravoso para o executado.

‣ art. 867, CPC.

Parágrafo único. Ao executado que alegar ser a medida executiva mais gravosa incumbe indicar outros meios mais eficazes e menos onerosos, sob pena de manutenção dos atos executivos já determinados.

CAPÍTULO II
DA EXECUÇÃO PARA A ENTREGA DE COISA

SEÇÃO I
DA ENTREGA DE COISA CERTA

Art. 806. O devedor de obrigação de entrega de coisa certa, constante de título executivo extrajudicial, será citado para, em 15 (quinze) dias, satisfazer a obrigação.

‣ art. 35, I, CDC.

§ 1º Ao despachar a inicial, o juiz poderá fixar multa por dia de atraso no cumprimento da obrigação, ficando o respectivo valor sujeito a alteração, caso se revele insuficiente ou excessivo.

§ 2º Do mandado de citação constará ordem para imissão na posse ou busca e apreensão, conforme se tratar de bem imóvel ou móvel, cujo cumprimento se dará de imediato, se o executado não satisfizer a obrigação no prazo que lhe foi designado.

Art. 807. Se o executado entregar a coisa, será lavrado o termo respectivo e considerada satisfeita a obrigação, prosseguindo-se a execução para o pagamento de frutos ou o ressarcimento de prejuízos, se houver.

Art. 808. Alienada a coisa quando já litigiosa, será expedido mandado contra o terceiro adquirente, que somente será ouvido após depositá-la.

‣ art. 674, CPC.

Art. 809. O exequente tem direito a receber, além de perdas e danos, o valor da coisa, quando essa se deteriorar, não lhe for entregue, não for encontrada ou não for reclamada do poder de terceiro adquirente.

§ 1º Não constando do título o valor da coisa e sendo impossível sua avaliação, o exequente apresentará estimativa, sujeitando-a ao arbitramento judicial.

§ 2º Serão apurados em liquidação o valor da coisa e os prejuízos.

Art. 810. Havendo benfeitorias indenizáveis feitas na coisa pelo executado ou por terceiros de cujo poder ela houver sido tirada, a liquidação prévia é obrigatória.

‣ arts. 509 e ss., CPC.

‣ arts. 1.219 a 1.222, CC.

Parágrafo único. Havendo saldo:

I - em favor do executado ou de terceiros, o exequente o depositará ao requerer a entrega da coisa;

II - em favor do exequente, esse poderá cobrá-lo nos autos do mesmo processo.

SEÇÃO II
DA ENTREGA DE COISA INCERTA

Art. 811. Quando a execução recair sobre coisa determinada pelo gênero e pela quantidade, o executado será citado para entregá-la individualizada, se lhe couber a escolha.

Parágrafo único. Se a escolha couber ao exequente, esse deverá indicá-la na petição inicial.

Art. 812. Qualquer das partes poderá, no prazo de 15 (quinze) dias, impugnar a escolha feita pela outra, e o juiz decidirá de plano ou, se necessário, ouvindo perito de sua nomeação.

Art. 813. Aplicar-se-ão à execução para entrega de coisa incerta, no que couber, as disposições da Seção I deste Capítulo.

CAPÍTULO III
DA EXECUÇÃO DAS OBRIGAÇÕES DE FAZER OU DE NÃO FAZER

SEÇÃO I
DISPOSIÇÕES COMUNS

Art. 814. Na execução de obrigação de fazer ou de não fazer fundada em título extrajudicial, ao despachar a inicial, o juiz fixará multa por período de atraso no cumprimento da obrigação e a data a partir da qual será devida.

- arts. 536, § 1º, 537, CPC.
- Súm. 410, STJ.

Parágrafo único. Se o valor da multa estiver previsto no título e for excessivo, o juiz poderá reduzi-lo.

SEÇÃO II
DA OBRIGAÇÃO DE FAZER

Art. 815. Quando o objeto da execução for obrigação de fazer, o executado será citado para satisfazê-la no prazo que o juiz lhe designar, se outro não estiver determinado no título executivo.

- arts. 247 e ss., CC.

Art. 816. Se o executado não satisfizer a obrigação no prazo designado, é lícito ao exequente, nos próprios autos do processo, requerer a satisfação da obrigação à custa do executado ou perdas e danos, hipótese em que se converterá em indenização.

- arts. 536, § 1º, 821, CPC.
- arts. 35 e 84, CDC.

Parágrafo único. O valor das perdas e danos será apurado em liquidação, seguindo-se a execução para cobrança de quantia certa.

- arts. 509 a 512, 824 a 909, CPC.

Art. 817. Se a obrigação puder ser satisfeita por terceiro, é lícito ao juiz autorizar, a requerimento do exequente, que aquele a satisfaça à custa do executado.

Parágrafo único. O exequente adiantará as quantias previstas na proposta que, ouvidas as partes, o juiz houver aprovado.

Art. 818. Realizada a prestação, o juiz ouvirá as partes no prazo de 10 (dez) dias e, não havendo impugnação, considerará satisfeita a obrigação.

Parágrafo único. Caso haja impugnação, o juiz a decidirá.

Art. 819. Se o terceiro contratado não realizar a prestação no prazo ou se o fizer de modo incompleto ou defeituoso, poderá o exequente requerer ao juiz, no prazo de 15 (quinze) dias, que o autorize a concluí-la ou a repará-la à custa do contratante.

Parágrafo único. Ouvido o contratante no prazo de 15 (quinze) dias, o juiz mandará avaliar o custo das despesas necessárias e o condenará a pagá-lo.

Art. 820. Se o exequente quiser executar ou mandar executar, sob sua direção e vigilância, as obras e os trabalhos necessários à realização da prestação, terá preferência, em igualdade de condições de oferta, em relação ao terceiro.

Parágrafo único. O direito de preferência deverá ser exercido no prazo de 5 (cinco) dias, após aprovada a proposta do terceiro.

Art. 821. Na obrigação de fazer, quando se convencionar que o executado a satisfaça pessoalmente, o exequente poderá requerer ao juiz que lhe assine prazo para cumpri-la.

Parágrafo único. Havendo recusa ou mora do executado, sua obrigação pessoal será convertida em perdas e danos, caso em que se observará o procedimento de execução por quantia certa.

SEÇÃO III
DA OBRIGAÇÃO DE NÃO FAZER

Art. 822. Se o executado praticou ato a cuja abstenção estava obrigado por lei ou por contrato, o exequente requererá ao juiz que assine prazo ao executado para desfazê-lo.

- arts. 250 e 251, CC.

Art. 823. Havendo recusa ou mora do executado, o exequente requererá ao juiz que mande desfazer o ato à custa daquele, que responderá por perdas e danos.

Parágrafo único. Não sendo possível desfazer-se o ato, a obrigação resolve-se em perdas e danos, caso em que, após a liquidação, se observará o procedimento de execução por quantia certa.

CAPÍTULO IV
DA EXECUÇÃO POR QUANTIA CERTA

SEÇÃO I
DISPOSIÇÕES GERAIS

Art. 824. A execução por quantia certa realiza-se pela expropriação de bens do executado, ressalvadas as execuções especiais.

- art. 913, CPC.

Art. 825. A expropriação consiste em:

I - adjudicação;

- arts. 876 e ss., CPC.

II - alienação;

- arts. 879 e ss., CPC.

III - apropriação de frutos e rendimentos de empresa ou de estabelecimentos e de outros bens.

- arts. 862 e 867, CPC.

Art. 826. Antes de adjudicados ou alienados os bens, o executado pode, a todo tempo, remir a execução, pagando ou consignando a importância atualizada da dívida, acrescida de juros, custas e honorários advocatícios.

- arts. 304 e 305, CC.
- art. 19, Lei 6.830/1980 (Execução Fiscal).

SEÇÃO II
DA CITAÇÃO DO DEVEDOR E DO ARRESTO

Art. 827. Ao despachar a inicial, o juiz fixará, de plano, os honorários advocatícios de dez por cento, a serem pagos pelo executado.

- art. 85, CPC.

§ 1º No caso de integral pagamento no prazo de 3 (três) dias, o valor dos honorários advocatícios será reduzido pela metade.

§ 2º O valor dos honorários poderá ser elevado até vinte por cento, quando rejeitados os embargos à execução, podendo a majoração, caso não opostos os embargos, ocorrer ao final do procedimento executivo, levando-se em conta o trabalho realizado pelo advogado do exequente.

Art. 828. O exequente poderá obter certidão de que a execução foi admitida pelo juiz, com identificação das partes e do valor da causa, para fins de averbação no registro de imóveis, de veículos ou de outros bens sujeitos a penhora, arresto ou indisponibilidade.

§ 1º No prazo de 10 (dez) dias de sua concretização, o exequente deverá comunicar ao juízo as averbações efetivadas.

§ 2º Formalizada penhora sobre bens suficientes para cobrir o valor da dívida, o exequente providenciará, no prazo de 10 (dez) dias, o cancelamento das averbações relativas àqueles não penhorados.

§ 3º O juiz determinará o cancelamento das averbações, de ofício ou a requerimento, caso o exequente não o faça no prazo.

§ 4º Presume-se em fraude à execução a alienação ou a oneração de bens efetuada após a averbação.

- art. 792, II, CPC.

§ 5º O exequente que promover averbação manifestamente indevida ou não cancelar as averbações nos termos do § 2º indenizará a parte contrária, processando-se o incidente em autos apartados.

Art. 829. O executado será citado para pagar a dívida no prazo de 3 (três) dias, contado da citação.

- art. 8º, Lei 6.830/1980 (Execução Fiscal).

§ 1º Do mandado de citação constarão, também, a ordem de penhora e a avaliação a serem cumpridas pelo oficial de justiça tão logo verificado o não pagamento no prazo assinalado, de tudo lavrando-se auto, com intimação do executado.

§ 2º A penhora recairá sobre os bens indicados pelo exequente, salvo se outros forem indicados pelo executado e aceitos pelo juiz, mediante demonstração de que a constrição proposta lhe será menos onerosa e não trará prejuízo ao exequente.

- arts. 805, 847 e 867, CPC.
- art. 15, I, Lei 6.830/1980 (Execução Fiscal).

Art. 830. Se o oficial de justiça não encontrar o executado, arrestar-lhe-á tantos bens quantos bastem para garantir a execução.

§ 1º Nos 10 (dez) dias seguintes à efetivação do arresto, o oficial de justiça procurará o executado 2 (duas) vezes em dias distintos e, havendo suspeita de ocultação, realizará a citação com hora certa, certificando pormenorizadamente o ocorrido.

- arts. 252 a 254, CPC.
- Súm. 196, STJ.

§ 2º Incumbe ao exequente requerer a citação por edital, uma vez frustradas a pessoal e a com hora certa.

- arts. 256 e ss., CPC.

§ 3º Aperfeiçoada a citação e transcorrido o prazo de pagamento, o arresto converter-se-á em penhora, independentemente de termo.

SEÇÃO III
DA PENHORA, DO DEPÓSITO E DA AVALIAÇÃO

SUBSEÇÃO I
DO OBJETO DA PENHORA

Art. 831. A penhora deverá recair sobre tantos bens quantos bastem para o pagamento do principal atualizado, dos juros, das custas e dos honorários advocatícios.

- Súm. 328, STJ.

Art. 832. Não estão sujeitos à execução os bens que a lei considera impenhoráveis ou inalienáveis.

- arts. 833 e 834, CPC.

Art. 833. São impenhoráveis:

- Lei 8.009/1990 (Impenhorabilidade do bem de família).
- art. 69, Dec.-Lei 167/1967 (Título de crédito rural).
- art. 57, Dec.-Lei 413/1969 (Títulos de crédito industrial).
- Súm. 205, 364 e 486, STJ.

I - os bens inalienáveis e os declarados, por ato voluntário, não sujeitos à execução;

II - os móveis, os pertences e as utilidades domésticas que guarnecem a residência do executado, salvo os de elevado valor ou os que ultrapassem as necessidades comuns correspondentes a um médio padrão de vida;

III - os vestuários, bem como os pertences de uso pessoal do executado, salvo se de elevado valor;

IV - os vencimentos, os subsídios, os soldos, os salários, as remunerações, os proventos de aposentadoria, as pensões, os pecúlios e os montepios, bem como as quantias recebidas por liberalidade de terceiro e destinadas ao sustento do devedor e de sua família, os ganhos de trabalhador autônomo e os honorários de profissional liberal, ressalvado o § 2º;

- art. 114, Lei 8.213/1991 (Previdência Social).

V - os livros, as máquinas, as ferramentas, os utensílios, os instrumentos ou outros bens móveis necessários ou úteis ao exercício da profissão do executado;

- Súm. 451, STJ.

VI - o seguro de vida;

- art. 5º, p.ún., Dec.-Lei 911/1969 (Alienação fiduciária).

VII - os materiais necessários para obras em andamento, salvo se essas forem penhoradas;

- arts. 81 e 84, CC.

VIII - a pequena propriedade rural, assim definida em lei, desde que trabalhada pela família;

- art. 5º, XXVI, CF.
- art. 4º, § 2º, Lei 8.009/1990 (Impenhorabilidade do bem de família).
- art. 5º, p.ún., Dec.-Lei 911/1969 (Alienação fiduciária).

IX - os recursos públicos recebidos por instituições privadas para aplicação compulsória em educação, saúde ou assistência social;

X - a quantia depositada em caderneta de poupança, até o limite de 40 (quarenta) salários-mínimos;

XI - os recursos públicos do fundo partidário recebidos por partido político, nos termos da lei;

XII - os créditos oriundos de alienação de unidades imobiliárias, sob regime de incorporação imobiliária, vinculados à execução da obra.

- Lei 10.931/2004 (Incorporações imobiliárias).

§ 1º A impenhorabilidade não é oponível à execução de dívida relativa ao próprio bem, inclusive àquela contraída para sua aquisição.

§ 2º O disposto nos incisos IV e X do *caput* não se aplica à hipótese de penhora para pagamento de prestação alimentícia, independentemente de sua origem, bem como às importâncias excedentes a 50 (cinquenta) salários-mínimos mensais, devendo a constrição observar o disposto no art. 528, § 8º, e no art. 529, § 3º.

§ 3º Incluem-se na impenhorabilidade prevista no inciso V do *caput* os equipamentos, os implementos e as máquinas agrícolas pertencentes a pessoa física ou a empresa individual produtora rural, exceto quando tais bens tenham sido objeto de financiamento e estejam vinculados em garantia a negócio jurídico ou quando respondam por dívida de natureza alimentar, trabalhista ou previdenciária.

Art. 834. Podem ser penhorados, à falta de outros bens, os frutos e os rendimentos dos bens inalienáveis.

Art. 835. A penhora observará, preferencialmente, a seguinte ordem:

- art. 11, Lei 6.830/1980 (Execução Fiscal).
- art. 882, CLT.

I - dinheiro, em espécie ou em depósito ou aplicação em instituição financeira;

- arts. 837, 840, I, CPC.
- Súm. 328 e 417, STJ.

II - títulos da dívida pública da União, dos Estados e do Distrito Federal com cotação em mercado;

III - títulos e valores mobiliários com cotação em mercado;

IV - veículos de via terrestre;

V - bens imóveis;

- arts. 79 a 81, CC.

VI - bens móveis em geral;

- arts. 82 a 84, CC.

VII - semoventes;

- art. 862, CPC.

VIII - navios e aeronaves;

- art. 864, CPC.
- art. 155, Lei 7.565/1986 (Código Brasileiro da Aeronáutica).

IX - ações e quotas de sociedades simples e empresárias;

X - percentual do faturamento de empresa devedora;

XI - pedras e metais preciosos;

XII - direitos aquisitivos derivados de promessa de compra e venda e de alienação fiduciária em garantia;

XIII - outros direitos.

§ 1º É prioritária a penhora em dinheiro, podendo o juiz, nas demais hipóteses, alterar a ordem prevista no *caput* de acordo com as circunstâncias do caso concreto.

§ 2º Para fins de substituição da penhora, equiparam-se a dinheiro a fiança bancária e o seguro garantia judicial, desde que em valor não inferior ao do débito constante da inicial, acrescido de trinta por cento.

§ 3º Na execução de crédito com garantia real, a penhora recairá sobre a coisa dada em garantia, e, se a coisa pertencer a terceiro garantidor, este também será intimado da penhora.

Art. 836. Não se levará a efeito a penhora quando ficar evidente que o produto da execução dos bens encontrados será totalmente absorvido pelo pagamento das custas da execução.

§ 1º Quando não encontrar bens penhoráveis, independentemente de determinação judicial expressa, o oficial de justiça descreverá na certidão os bens que guarnecem a residência ou o estabelecimento do executado, quando este for pessoa jurídica.

§ 2º Elaborada a lista, o executado ou seu representante legal será nomeado depositário provisório de tais bens até ulterior determinação do juiz.

SUBSEÇÃO II
DA DOCUMENTAÇÃO DA PENHORA, DE SEU REGISTRO E DO DEPÓSITO

Art. 837. Obedecidas as normas de segurança instituídas sob critérios uniformes pelo Conselho Nacional de Justiça, a penhora de dinheiro e as averbações de penhoras de bens imóveis e móveis podem ser realizadas por meio eletrônico.

Art. 838. A penhora será realizada mediante auto ou termo, que conterá:

I - a indicação do dia, do mês, do ano e do lugar em que foi feita;

II - os nomes do exequente e do executado;

III - a descrição dos bens penhorados, com as suas características;

IV - a nomeação do depositário dos bens.

- Súm. 319, STJ.

Art. 839. Considerar-se-á feita a penhora mediante a apreensão e o depósito dos bens, lavrando-se um só auto se as diligências forem concluídas no mesmo dia.

Parágrafo único. Havendo mais de uma penhora, serão lavrados autos individuais.

Art. 840. Serão preferencialmente depositados:

I - as quantias em dinheiro, os papéis de crédito e as pedras e os metais preciosos, no Banco do Brasil, na Caixa Econômica Federal ou em banco do qual o Estado ou o Distrito Federal possua mais da metade do capital social integralizado, ou, na falta desses estabelecimentos, em qualquer instituição de crédito designada pelo juiz;

- art. 32, Lei 6.830/1980 (Execução Fiscal).
- art. 1.058, CPC.

II - os móveis, os semoventes, os imóveis urbanos e os direitos aquisitivos sobre imóveis urbanos, em poder do depositário judicial;

III - os imóveis rurais, os direitos aquisitivos sobre imóveis rurais, as máquinas, os utensílios e os instrumentos necessários ou úteis à atividade agrícola, mediante caução idônea, em poder do executado.

§ 1º No caso do inciso II do *caput*, se não houver depositário judicial, os bens ficarão em poder do exequente.

§ 2º Os bens poderão ser depositados em poder do executado nos casos de difícil remoção ou quando anuir o exequente.

§ 3º As joias, as pedras e os objetos preciosos deverão ser depositados com registro do valor estimado de resgate.

Art. 841. Formalizada a penhora por qualquer dos meios legais, dela será imediatamente intimado o executado.

§ 1º A intimação da penhora será feita ao advogado do executado ou à sociedade de advogados a que aquele pertença.

§ 2º Se não houver constituído advogado nos autos, o executado será intimado pessoalmente, de preferência por via postal.

§ 3º O disposto no § 1º não se aplica aos casos de penhora realizada na presença do executado, que se reputa intimado.

§ 4º Considera-se realizada a intimação a que se refere o § 2º quando o executado houver mudado de endereço sem prévia comunicação ao juízo, observado o disposto no parágrafo único do art. 274.

Art. 842. Recaindo a penhora sobre bem imóvel ou direito real sobre imóvel, será intimado também o cônjuge do executado, salvo se forem casados em regime de separação absoluta de bens.

- Súm. 134, STJ.

Art. 843. Tratando-se de penhora de bem indivisível, o equivalente à quota-parte do coproprietário ou do cônjuge alheio à execução recairá sobre o produto da alienação do bem.

§ 1º É reservada ao coproprietário ou ao cônjuge não executado a preferência na arrematação do bem em igualdade de condições.

§ 2º Não será levada a efeito expropriação por preço inferior ao da avaliação na qual o valor auferido seja incapaz de garantir, ao coproprietário ou ao cônjuge alheio à execução, o correspondente à sua quota-parte calculado sobre o valor da avaliação.

Art. 844. Para presunção absoluta de conhecimento por terceiros, cabe ao exequente providenciar a averbação do arresto ou da penhora no registro competente, mediante apresentação de cópia do auto ou do termo, independentemente de mandado judicial.

- Súm. 375, STJ.

SUBSEÇÃO III
DO LUGAR DE REALIZAÇÃO DA PENHORA

Art. 845. Efetuar-se-á a penhora onde se encontrem os bens, ainda que sob a posse, a detenção ou a guarda de terceiros.

§ 1º A penhora de imóveis, independentemente de onde se localizem, quando apresentada certidão da respectiva matrícula, e a penhora de veículos automotores, quando apresentada certidão que ateste a sua existência, serão realizadas por termo nos autos.

§ 2º Se o executado não tiver bens no foro do processo, não sendo possível a realização da penhora nos termos do § 1º, a execução será feita por carta, penhorando-se, avaliando-se e alienando-se os bens no foro da situação.

‣ Súm. 46, STJ.

Art. 846. Se o executado fechar as portas da casa a fim de obstar a penhora dos bens, o oficial de justiça comunicará o fato ao juiz, solicitando-lhe ordem de arrombamento.

§ 1º Deferido o pedido, 2 (dois) oficiais de justiça cumprirão o mandado, arrombando cômodos e móveis em que se presuma estarem os bens, e lavrarão de tudo auto circunstanciado, que será assinado por 2 (duas) testemunhas presentes à diligência.

§ 2º Sempre que necessário, o juiz requisitará força policial, a fim de auxiliar os oficiais de justiça na penhora dos bens.

‣ art. 360, III, CPC.

§ 3º Os oficiais de justiça lavrarão em duplicata o auto da ocorrência, entregando uma via ao escrivão ou ao chefe de secretaria, para ser juntada aos autos, e a outra à autoridade policial a quem couber a apuração criminal dos eventuais delitos de desobediência ou de resistência.

§ 4º Do auto da ocorrência constará o rol de testemunhas, com a respectiva qualificação.

SUBSEÇÃO IV
DAS MODIFICAÇÕES DA PENHORA

Art. 847. O executado pode, no prazo de 10 (dez) dias contado da intimação da penhora, requerer a substituição do bem penhorado, desde que comprove que lhe será menos onerosa e não trará prejuízo ao exequente.

‣ art. 15, I, Lei 6.830/1980 (Execução Fiscal).

§ 1º O juiz só autorizará a substituição se o executado:

I - comprovar as respectivas matrículas e os registros por certidão do correspondente ofício, quanto aos bens imóveis;

II - descrever os bens móveis, com todas as suas propriedades e características, bem como o estado deles e o lugar onde se encontram;

III - descrever os semoventes, com indicação de espécie, de número, de marca ou sinal e do local onde se encontram;

IV - identificar os créditos, indicando quem seja o devedor, qual a origem da dívida, o título que a representa e a data do vencimento; e

V - atribuir, em qualquer caso, valor aos bens indicados à penhora, além de especificar os ônus e os encargos a que estejam sujeitos.

§ 2º Requerida a substituição do bem penhorado, o executado deve indicar onde se encontram os bens sujeitos à execução, exibir a prova de sua propriedade e a certidão negativa ou positiva de ônus, bem como abster-se de qualquer atitude que dificulte ou embarace a realização da penhora.

§ 3º O executado somente poderá oferecer bem imóvel em substituição caso o requeira com a expressa anuência do cônjuge, salvo se o regime for o de separação absoluta de bens.

‣ arts. 842 e 843, CPC.

§ 4º O juiz intimará o exequente para manifestar-se sobre o requerimento de substituição do bem penhorado.

Art. 848. As partes poderão requerer a substituição da penhora se:

‣ Súm. 406, STJ.

I - ela não obedecer à ordem legal;

‣ art. 835, CPC.

II - ela não incidir sobre os bens designados em lei, contrato ou ato judicial para o pagamento;

III - havendo bens no foro da execução, outros tiverem sido penhorados;

IV - havendo bens livres, ela tiver recaído sobre bens já penhorados ou objeto de gravame;

V - ela incidir sobre bens de baixa liquidez;

VI - fracassar a tentativa de alienação judicial do bem; ou

VII - o executado não indicar o valor dos bens ou omitir qualquer das indicações previstas em lei.

Parágrafo único. A penhora pode ser substituída por fiança bancária ou por seguro garantia judicial, em valor não inferior ao do débito constante da inicial, acrescido de trinta por cento.

Art. 849. Sempre que ocorrer a substituição dos bens inicialmente penhorados, será lavrado novo termo.

Art. 850. Será admitida a redução ou a ampliação da penhora, bem como sua transferência para outros bens, se, no curso do processo, o valor de mercado dos bens penhorados sofrer alteração significativa.

Art. 851. Não se procede à segunda penhora, salvo se:

I - a primeira for anulada;

II - executados os bens, o produto da alienação não bastar para o pagamento do exequente;

III - o exequente desistir da primeira penhora, por serem litigiosos os bens ou por estarem submetidos a constrição judicial.

Art. 852. O juiz determinará a alienação antecipada dos bens penhorados quando:

I - se tratar de veículos automotores, de pedras e metais preciosos e de outros bens móveis sujeitos à depreciação ou à deterioração;

II - houver manifesta vantagem.

Art. 853. Quando uma das partes requerer alguma das medidas previstas nesta Subseção, o juiz ouvirá sempre a outra, no prazo de 3 (três) dias, antes de decidir.

Parágrafo único. O juiz decidirá de plano qualquer questão suscitada.

SUBSEÇÃO V
DA PENHORA DE DINHEIRO EM DEPÓSITO OU EM APLICAÇÃO FINANCEIRA

Art. 854. Para possibilitar a penhora de dinheiro em depósito ou em aplicação financeira, o juiz, a requerimento do exequente, sem dar ciência prévia do ato ao executado, determinará às instituições financeiras, por meio de sistema eletrônico gerido pela autoridade supervisora do sistema financeiro nacional, que torne indisponíveis ativos financeiros existentes em nome do executado, limitando-se a indisponibilidade ao valor indicado na execução.

‣ art. 837, CPC.

§ 1º No prazo de 24 (vinte e quatro) horas a contar da resposta, de ofício, o juiz determinará o cancelamento de eventual indisponibilidade excessiva, o que deverá ser cumprido pela instituição financeira em igual prazo.

§ 2º Tornados indisponíveis os ativos financeiros do executado, este será intimado na pessoa de seu advogado ou, não o tendo, pessoalmente.

§ 3º Incumbe ao executado, no prazo de 5 (cinco) dias, comprovar que:

I - as quantias tornadas indisponíveis são impenhoráveis;

II - ainda remanesce indisponibilidade excessiva de ativos financeiros.

§ 4º Acolhida qualquer das arguições dos incisos I e II do § 3º, o juiz determinará o cancelamento de eventual indisponibilidade irregular ou excessiva, a ser cumprido pela instituição financeira em 24 (vinte e quatro) horas.

§ 5º Rejeitada ou não apresentada a manifestação do executado, converter-se-á a indisponibilidade em penhora, sem necessidade de lavratura de termo, devendo o juiz da execução determinar à instituição financeira depositária que, no prazo de 24 (vinte e quatro) horas, transfira o montante indisponível para conta vinculada ao juízo da execução.

§ 6º Realizado o pagamento da dívida por outro meio, o juiz determinará, imediatamente, por sistema eletrônico gerido pela autoridade supervisora do sistema financeiro nacional, a notificação da instituição financeira para que, em até 24 (vinte e quatro) horas, cancele a indisponibilidade.

§ 7º As transmissões das ordens de indisponibilidade, de seu cancelamento e de determinação de penhora previstas neste artigo far-se-ão por meio de sistema eletrônico gerido pela autoridade supervisora do sistema financeiro nacional.

§ 8º A instituição financeira será responsável pelos prejuízos causados ao executado em decorrência da indisponibilidade de ativos financeiros em valor superior ao indicado na execução ou pelo juiz, bem como na hipótese de não cancelamento da indisponibilidade no prazo de 24 (vinte e quatro) horas, quando assim determinar o juiz.

§ 9º Quando se tratar de execução contra partido político, o juiz, a requerimento do exequente, determinará às instituições financeiras, por meio de sistema eletrônico gerido por autoridade supervisora do sistema bancário, que tornem indisponíveis ativos financeiros somente em nome do órgão partidário que tenha contraído a dívida executada ou que tenha dado causa à violação de direito ou ao dano, ao qual cabe exclusivamente a responsabilidade pelos atos praticados, na forma da lei.

SUBSEÇÃO VI
DA PENHORA DE CRÉDITOS

Art. 855. Quando recair em crédito do executado, enquanto não ocorrer a hipótese prevista no art. 856, considerar-se-á feita a penhora pela intimação:

‣ art. 312, CC.

I - ao terceiro devedor para que não pague ao executado, seu credor;

II - ao executado, credor do terceiro, para que não pratique ato de disposição do crédito.

Art. 856. A penhora de crédito representado por letra de câmbio, nota promissória, duplicata, cheque ou outros títulos far-se-á pela apreensão do documento, esteja ou não este em poder do executado.

§ 1º Se o título não for apreendido, mas o terceiro confessar a dívida, será este tido como depositário da importância.

§ 2º O terceiro só se exonerará da obrigação depositando em juízo a importância da dívida.

§ 3º Se o terceiro negar o débito em conluio com o executado, a quitação que este lhe der caracterizará fraude à execução.

‣ art. 792, CPC.

§ 4º A requerimento do exequente, o juiz determinará o comparecimento, em audiência especialmente designada, do executado e do terceiro, a fim de lhes tomar os depoimentos.

Art. 857. Feita a penhora em direito e ação do executado, e não tendo ele oferecido embargos ou sendo estes rejeitados, o exequente ficará sub-rogado nos direitos do executado até a concorrência de seu crédito.

§ 1º O exequente pode preferir, em vez da sub-rogação, a alienação judicial do direito penhorado, caso em que declarará sua vontade no prazo de 10 (dez) dias contado da realização da penhora.

§ 2º A sub-rogação não impede o sub-rogado, se não receber o crédito do executado, de prosseguir na execução, nos mesmos autos, penhorando outros bens.

Art. 858. Quando a penhora recair sobre dívidas de dinheiro a juros, de direito a rendas ou de prestações periódicas, o exequente poderá levantar os juros, os rendimentos ou as prestações à medida que forem sendo depositados, abatendo-se do crédito as importâncias recebidas, conforme as regras de imputação do pagamento.

Art. 859. Recaindo a penhora sobre direito a prestação ou a restituição de coisa determinada, o executado será intimado para, no vencimento, depositá-la, correndo sobre ela a execução.

Art. 860. Quando o direito estiver sendo pleiteado em juízo, a penhora que recair sobre ele será averbada, com destaque, nos autos pertinentes ao direito e na ação correspondente à penhora, a fim de que esta seja efetivada nos bens que forem adjudicados ou que vierem a caber ao executado.

‣ arts. 646, 792, II, 799, IX, CPC.

SUBSEÇÃO VII
DA PENHORA DAS QUOTAS OU DAS AÇÕES DE SOCIEDADES PERSONIFICADAS

Art. 861. Penhoradas as quotas ou as ações de sócio em sociedade simples ou empresária, o juiz assinará prazo razoável, não superior a 3 (três) meses, para que a sociedade:

I - apresente balanço especial, na forma da lei;

II - ofereça as quotas ou as ações aos demais sócios, observado o direito de preferência legal ou contratual;

III - não havendo interesse dos sócios na aquisição das ações, proceda à liquidação das quotas ou das ações, depositando em juízo o valor apurado, em dinheiro.

‣ arts. 1.102 a 1.112, CC.

§ 1º Para evitar a liquidação das quotas ou das ações, a sociedade poderá adquiri-las sem redução do capital social e com utilização de reservas, para manutenção em tesouraria.

§ 2º O disposto no *caput* e no § 1º não se aplica à sociedade anônima de capital aberto, cujas ações serão adjudicadas ao exequente ou alienadas em bolsa de valores, conforme o caso.

§ 3º Para os fins da liquidação de que trata o inciso III do *caput*, o juiz poderá, a requerimento do exequente ou da sociedade, nomear administrador, que deverá submeter à aprovação judicial a forma de liquidação.

§ 4º O prazo previsto no *caput* poderá ser ampliado pelo juiz, se o pagamento das quotas ou das ações liquidadas:

I - superar o valor do saldo de lucros ou reservas, exceto a legal, e sem diminuição do capital social, ou por doação; ou

II - colocar em risco a estabilidade financeira da sociedade simples ou empresária.

§ 5º Caso não haja interesse dos demais sócios no exercício de direito de preferência, não ocorra a aquisição das quotas ou das ações pela sociedade e a liquidação do inciso III do *caput* seja excessivamente onerosa para a sociedade, o juiz poderá determinar o leilão judicial das quotas ou das ações.

SUBSEÇÃO VIII
DA PENHORA DE EMPRESA, DE OUTROS ESTABELECIMENTOS E DE SEMOVENTES

Art. 862. Quando a penhora recair em estabelecimento comercial, industrial ou agrícola, bem como em semoventes, plantações ou edifícios em construção, o juiz nomeará administrador-depositário, determinando-lhe que apresente em 10 (dez) dias o plano de administração.

§ 1º Ouvidas as partes, o juiz decidirá.

§ 2º É lícito às partes ajustar a forma de administração e escolher o depositário, hipótese em que o juiz homologará por despacho a indicação.

§ 3º Em relação aos edifícios em construção sob regime de incorporação imobiliária, a penhora somente poderá recair sobre as unidades imobiliárias ainda não comercializadas pelo incorporador.

§ 4º Sendo necessário afastar o incorporador da administração da incorporação, será ela exercida pela comissão de representantes dos adquirentes ou, se se tratar de construção financiada, por empresa ou profissional indicado pela instituição fornecedora dos recursos para a obra, devendo ser ouvida, neste último caso, a comissão de representantes dos adquirentes.

Art. 863. A penhora de empresa que funcione mediante concessão ou autorização far-se-á, conforme o valor do crédito, sobre a renda, sobre determinados bens ou sobre todo o patrimônio, e o juiz nomeará como depositário, de preferência, um de seus diretores.

‣ Súm. 319, STJ.

§ 1º Quando a penhora recair sobre a renda ou sobre determinados bens, o administrador-depositário apresentará a forma de administração e o esquema de pagamento, observando-se, quanto ao mais, o disposto em relação ao regime de penhora de frutos e rendimentos de coisa móvel e imóvel.

§ 2º Recaindo a penhora sobre todo o patrimônio, prosseguirá a execução em seus ulteriores termos, ouvindo-se, antes da arrematação ou da adjudicação, o ente público que houver outorgado a concessão.

Art. 864. A penhora de navio ou de aeronave não obsta que continuem navegando ou operando até a alienação, mas o juiz, ao conceder a autorização para tanto, não permitirá que saiam do porto ou do aeroporto antes que o executado faça o seguro usual contra riscos.

Art. 865. A penhora de que trata esta Subseção somente será determinada se não houver outro meio eficaz para a efetivação do crédito.

SUBSEÇÃO IX
DA PENHORA DE PERCENTUAL DE FATURAMENTO DE EMPRESA

Art. 866. Se o executado não tiver outros bens penhoráveis ou se, tendo-os, esses forem de difícil alienação ou insuficientes para saldar o crédito executado, o juiz poderá ordenar a penhora de percentual de faturamento de empresa.

§ 1º O juiz fixará percentual que propicie a satisfação do crédito exequendo em tempo razoável, mas que não torne inviável o exercício da atividade empresarial.

§ 2º O juiz nomeará administrador-depositário, o qual submeterá à aprovação judicial a forma de sua atuação e prestará contas mensalmente, entregando em juízo as quantias recebidas, com os respectivos balancetes mensais, a fim de serem imputadas no pagamento da dívida.

§ 3º Na penhora de percentual de faturamento de empresa, observar-se-á, no que couber, o disposto quanto ao regime de penhora de frutos e rendimentos de coisa móvel e imóvel.

SUBSEÇÃO X
DA PENHORA DE FRUTOS E RENDIMENTOS DE COISA MÓVEL OU IMÓVEL

‣ arts. 1.390 a 1.411, CC.

Art. 867. O juiz pode ordenar a penhora de frutos e rendimentos de coisa móvel ou imóvel quando a considerar mais eficiente para o recebimento do crédito e menos gravosa ao executado.

‣ arts. 805, 829, § 2º, e 847, CPC.

Art. 868. Ordenada a penhora de frutos e rendimentos, o juiz nomeará administrador-depositário, que será investido de todos os poderes que concernem à administração do bem e à fruição de seus frutos e utilidades, perdendo o executado o direito de gozo do bem, até que o exequente seja pago do principal, dos juros, das custas e dos honorários advocatícios.

§ 1º A medida terá eficácia em relação a terceiros a partir da publicação da decisão que a conceda ou de sua averbação no ofício imobiliário, em caso de imóveis.

‣ art. 1.391, CC.

§ 2º O exequente providenciará a averbação no ofício imobiliário mediante a apresentação de certidão de inteiro teor do ato, independentemente de mandado judicial.

Art. 869. O juiz poderá nomear administrador-depositário o exequente ou o executado, ouvida a parte contrária, e, não havendo acordo, nomeará profissional qualificado para o desempenho da função.

‣ art. 1.394, CC.

§ 1º O administrador submeterá à aprovação judicial a forma de administração e a de prestar contas periodicamente.

§ 2º Havendo discordância entre as partes ou entre essas e o administrador, o juiz decidirá a melhor forma de administração do bem.

§ 3º Se o imóvel estiver arrendado, o inquilino pagará o aluguel diretamente ao exequente, salvo se houver administrador.

§ 4º O exequente ou o administrador poderá celebrar locação do móvel ou do imóvel, ouvido o executado.

§ 5º As quantias recebidas pelo administrador serão entregues ao exequente, a fim de serem imputadas ao pagamento da dívida.

§ 6º O exequente dará ao executado, por termo nos autos, quitação das quantias recebidas.

SUBSEÇÃO XI
DA AVALIAÇÃO

Art. 870. A avaliação será feita pelo oficial de justiça.

‣ art. 154, V, CPC.

Parágrafo único. Se forem necessários conhecimentos especializados e o valor da execução o comportar, o juiz nomeará avaliador, fixando-lhe prazo não superior a 10 (dez) dias para entrega do laudo.

Art. 871. Não se procederá à avaliação quando:

I - uma das partes aceitar a estimativa feita pela outra;

‣ art. 1.484, CC.

II - se tratar de títulos ou de mercadorias que tenham cotação em bolsa, comprovada por certidão ou publicação no órgão oficial;

III - se tratar de títulos da dívida pública, de ações de sociedades e de títulos de crédito negociáveis em bolsa, cujo valor será o da cotação oficial do dia, comprovada por certidão ou publicação no órgão oficial;

IV - se tratar de veículos automotores ou de outros bens cujo preço médio de mercado possa ser conhecido por meio de pesquisas realizadas por órgãos oficiais ou de anúncios de venda divulgados em meios de comunicação, caso em que caberá a quem fizer a nomeação o encargo de comprovar a cotação de mercado.

Parágrafo único. Ocorrendo a hipótese do inciso I deste artigo, a avaliação poderá ser realizada quando houver fundada dúvida do juiz quanto ao real valor do bem.

Art. 872. A avaliação realizada pelo oficial de justiça constará de vistoria e de laudo anexados ao auto de penhora ou, em caso de perícia realizada por avaliador, de laudo apresentado no prazo fixado pelo juiz, devendo-se, em qualquer hipótese, especificar:

‣ art. 631, CPC.

I - os bens, com as suas características, e o estado em que se encontram;

II - o valor dos bens.

§ 1º Quando o imóvel for suscetível de cômoda divisão, a avaliação, tendo em conta o crédito reclamado, será realizada em partes, sugerindo-se, com a apresentação de memorial descritivo, os possíveis desmembramentos para alienação.

§ 2º Realizada a avaliação e, sendo o caso, apresentada a proposta de desmembramento, as partes serão ouvidas no prazo de 5 (cinco) dias.

Art. 873. É admitida nova avaliação quando:

‣ arts. 631 e 878, CPC.

I - qualquer das partes arguir, fundamentadamente, a ocorrência de erro na avaliação ou dolo do avaliador;

II - se verificar, posteriormente à avaliação, que houve majoração ou diminuição no valor do bem;

III - o juiz tiver fundada dúvida sobre o valor atribuído ao bem na primeira avaliação.

Parágrafo único. Aplica-se o art. 480 à nova avaliação prevista no inciso III do *caput* deste artigo.

Art. 874. Após a avaliação, o juiz poderá, a requerimento do interessado e ouvida a parte contrária, mandar:

I - reduzir a penhora aos bens suficientes ou transferi-la para outros, se o valor dos bens penhorados for consideravelmente superior ao crédito do exequente e dos acessórios;

II - ampliar a penhora ou transferi-la para outros bens mais valiosos, se o valor dos bens penhorados for inferior ao crédito do exequente.

‣ art. 15, II, Lei 6.830/1980 (Execução Fiscal).

Art. 875. Realizadas a penhora e a avaliação, o juiz dará início aos atos de expropriação do bem.

SEÇÃO IV
DA EXPROPRIAÇÃO DE BENS

SUBSEÇÃO I
DA ADJUDICAÇÃO

Art. 876. É lícito ao exequente, oferecendo preço não inferior ao da avaliação, requerer que lhe sejam adjudicados os bens penhorados.

§ 1º Requerida a adjudicação, o executado será intimado do pedido:

I - pelo Diário da Justiça, na pessoa de seu advogado constituído nos autos;

II - por carta com aviso de recebimento, quando representado pela Defensoria Pública ou quando não tiver procurador constituído nos autos;

III - por meio eletrônico, quando, sendo o caso do § 1º do art. 246, não tiver procurador constituído nos autos.

§ 2º Considera-se realizada a intimação quando o executado houver mudado de endereço sem prévia comunicação ao juízo, observado o disposto no art. 274, parágrafo único.

§ 3º Se o executado, citado por edital, não tiver procurador constituído nos autos, é dispensável a intimação prevista no § 1º.

§ 4º Se o valor do crédito for:

I - inferior ao dos bens, o requerente da adjudicação depositará de imediato a diferença, que ficará à disposição do executado;

II - superior ao dos bens, a execução prosseguirá pelo saldo remanescente.

§ 5º Idêntico direito pode ser exercido por aqueles indicados no art. 889, incisos II a VIII, pelos credores concorrentes que hajam penhorado o mesmo bem, pelo cônjuge, pelo companheiro, pelos descendentes ou pelos ascendentes do executado.

§ 6º Se houver mais de um pretendente, proceder-se-á a licitação entre eles, tendo preferência, em caso de igualdade de oferta, o cônjuge, o companheiro, o descendente ou o ascendente, nessa ordem.

§ 7º No caso de penhora de quota social ou de ação de sociedade anônima fechada realizada em favor de exequente alheio à sociedade, esta será intimada, ficando responsável por informar aos sócios a ocorrência da penhora, assegurando-se a estes a preferência.

Art. 877. Transcorrido o prazo de 5 (cinco) dias, contado da última intimação, e decididas eventuais questões, o juiz ordenará a lavratura do auto de adjudicação.

§ 1º Considera-se perfeita e acabada a adjudicação com a lavratura e a assinatura do auto pelo juiz, pelo adjudicatário, pelo escrivão ou chefe de secretaria, e, se estiver presente, pelo executado, expedindo-se:

I - a carta de adjudicação e o mandado de imissão na posse, quando se tratar de bem imóvel;

II - a ordem de entrega ao adjudicatário, quando se tratar de bem móvel.

§ 2º A carta de adjudicação conterá a descrição do imóvel, com remissão à sua matrícula e aos seus registros, a cópia do auto de adjudicação e a prova de quitação do imposto de transmissão.

§ 3º No caso de penhora de bem hipotecado, o executado poderá remi-lo até a assinatura do auto de adjudicação, oferecendo preço igual ao da avaliação, se não tiver havido licitantes, ou ao do maior lance oferecido.

§ 4º Na hipótese de falência ou de insolvência do devedor hipotecário, o direito de remição previsto no § 3º será deferido à massa ou aos credores em concurso, não podendo o exequente recusar o preço da avaliação do imóvel.

Art. 878. Frustradas as tentativas de alienação do bem, será reaberta oportunidade para requerimento de adjudicação, caso em que também se poderá pleitear a realização de nova avaliação.

SUBSEÇÃO II
DA ALIENAÇÃO

Art. 879. A alienação far-se-á:

I - por iniciativa particular;

II - em leilão judicial eletrônico ou presencial.

Art. 880. Não efetivada a adjudicação, o exequente poderá requerer a alienação por sua própria iniciativa ou por intermédio de corretor ou leiloeiro público credenciado perante o órgão judiciário.

§ 1º O juiz fixará o prazo em que a alienação deve ser efetivada, a forma de publicidade, o preço mínimo, as condições de pagamento, as garantias e, se for o caso, a comissão de corretagem.

§ 2º A alienação será formalizada por termo nos autos, com a assinatura do juiz, do exequente, do adquirente e, se estiver presente, do executado, expedindo-se:

I - a carta de alienação e o mandado de imissão na posse, quando se tratar de bem imóvel;

II - a ordem de entrega ao adquirente, quando se tratar de bem móvel.

§ 3º Os tribunais poderão editar disposições complementares sobre o procedimento da alienação prevista neste artigo, admitindo, quando for o caso, o concurso de meios eletrônicos, e dispor sobre o credenciamento dos corretores e leiloeiros públicos, os quais deverão estar em exercício profissional por não menos que 3 (três) anos.

§ 4º Nas localidades em que não houver corretor ou leiloeiro público credenciado nos termos do § 3º, a indicação será de livre escolha do exequente.

Art. 881. A alienação far-se-á em leilão judicial se não efetivada a adjudicação ou a alienação por iniciativa particular.

§ 1º O leilão do bem penhorado será realizado por leiloeiro público.

§ 2º Ressalvados os casos de alienação a cargo de corretores de bolsa de valores, todos os demais bens serão alienados em leilão público.

Art. 882. Não sendo possível a sua realização por meio eletrônico, o leilão será presencial.

§ 1º A alienação judicial por meio eletrônico será realizada, observando-se as garantias processuais das partes, de acordo com regulamentação específica do Conselho Nacional de Justiça.

§ 2º A alienação judicial por meio eletrônico deverá atender aos requisitos de ampla publicidade, autenticidade e segurança, com observância das regras estabelecidas na legislação sobre certificação digital.

§ 3º O leilão presencial será realizado no local designado pelo juiz.

‣ art. 23, Lei 6.830/1980 (Execução Fiscal).

Art. 883. Caberá ao juiz a designação do leiloeiro público, que poderá ser indicado pelo exequente.

Art. 884. Incumbe ao leiloeiro público:

I - publicar o edital, anunciando a alienação;

II - realizar o leilão onde se encontrem os bens ou no lugar designado pelo juiz;

III - expor aos pretendentes os bens ou as amostras das mercadorias;

IV - receber e depositar, dentro de 1 (um) dia, à ordem do juiz, o produto da alienação;

V - prestar contas nos 2 (dois) dias subsequentes ao depósito.

Parágrafo único. O leiloeiro tem o direito de receber do arrematante a comissão estabelecida em lei ou arbitrada pelo juiz.

Art. 885. O juiz da execução estabelecerá o preço mínimo, as condições de pagamento e as garantias que poderão ser prestadas pelo arrematante.

‣ art. 130, p.ún., CTN.

Art. 886. O leilão será precedido de publicação de edital, que conterá:

‣ art. 22, Lei 6.830/1980 (Execução Fiscal).

I - a descrição do bem penhorado, com suas características, e, tratando-se de imóvel, sua situação e suas divisas, com remissão à matrícula e aos registros;

II - o valor pelo qual o bem foi avaliado, o preço mínimo pelo qual poderá ser alienado, as condições de pagamento e, se for o caso, a comissão do leiloeiro designado;

III - o lugar onde estiverem os móveis, os veículos e os semoventes e, tratando-se de créditos ou direitos, a identificação dos autos do processo em que foram penhorados;

IV - o sítio, na rede mundial de computadores, e o período em que se realizará o leilão, salvo se este se der de modo presencial, hipótese em que serão indicados o local, o dia e a hora de sua realização;

V - a indicação de local, dia e hora de segundo leilão presencial, para a hipótese de não haver interessado no primeiro;

VI - menção da existência de ônus, recurso ou processo pendente sobre os bens a serem leiloados.

Parágrafo único. No caso de títulos da dívida pública e de títulos negociados em bolsa, constará do edital o valor da última cotação.

Art. 887. O leiloeiro público designado adotará providências para a ampla divulgação da alienação.

§ 1º A publicação do edital deverá ocorrer pelo menos 5 (cinco) dias antes da data marcada para o leilão.

§ 2º O edital será publicado na rede mundial de computadores, em sítio designado pelo juízo da execução, e conterá descrição detalhada e, sempre que possível, ilustrada dos bens, informando expressamente se o leilão se realizará de forma eletrônica ou presencial.

§ 3º Não sendo possível a publicação na rede mundial de computadores ou considerando o juiz, em atenção às condições da sede do juízo, que esse modo de divulgação é insuficiente ou inadequado, o edital será afixado em local de costume e publicado, em resumo, pelo menos uma vez em jornal de ampla circulação local.

§ 4º Atendendo ao valor dos bens e às condições da sede do juízo, o juiz poderá alterar a forma e a frequência da publicidade na imprensa, mandar publicar o edital em local de ampla circulação de pessoas e divulgar avisos em emissora de rádio ou televisão local, bem como em sítios distintos do indicado no § 2º.

§ 5º Os editais de leilão de imóveis e de veículos automotores serão publicados pela imprensa ou por outros meios de divulgação, preferencialmente na seção ou no local reservados à publicidade dos respectivos negócios.

§ 6º O juiz poderá determinar a reunião de publicações em listas referentes a mais de uma execução.

Art. 888. Não se realizando o leilão por qualquer motivo, o juiz mandará publicar a transferência, observando-se o disposto no art. 887.

Parágrafo único. O escrivão, o chefe de secretaria ou o leiloeiro que culposamente der causa à transferência responde pelas despesas da nova publicação, podendo o juiz aplicar-lhe a pena de suspensão por 5 (cinco) dias a 3 (três) meses, em procedimento administrativo regular.

Art. 889. Serão cientificados da alienação judicial, com pelo menos 5 (cinco) dias de antecedência:

I - o executado, por meio de seu advogado ou, se não tiver procurador constituído nos autos, por carta registrada, mandado, edital ou outro meio idôneo;
II - o coproprietário de bem indivisível do qual tenha sido penhorada fração ideal;
III - o titular de usufruto, uso, habitação, enfiteuse, direito de superfície, concessão de uso especial para fins de moradia ou concessão de direito real de uso, quando a penhora recair sobre bem gravado com tais direitos reais;
IV - o proprietário do terreno submetido ao regime de direito de superfície, enfiteuse, concessão de uso especial para fins de moradia ou concessão de direito real de uso, quando a penhora recair sobre tais direitos reais;
V - o credor pignoratício, hipotecário, anticrético, fiduciário ou com penhora anteriormente averbada, quando a penhora recair sobre bens com tais gravames, caso não seja o credor, de qualquer modo, parte na execução;
VI - o promitente comprador, quando a penhora recair sobre bem em relação ao qual haja promessa de compra e venda registrada;
VII - o promitente vendedor, quando a penhora recair sobre direito aquisitivo derivado de promessa de compra e venda registrada;
VIII - a União, o Estado e o Município, no caso de alienação de bem tombado.

Parágrafo único. Se o executado for revel e não tiver advogado constituído, não constando dos autos seu endereço atual ou, ainda, não sendo ele encontrado no endereço constante do processo, a intimação considerar-se-á feita por meio do próprio edital de leilão.

Art. 890. Pode oferecer lance quem estiver na livre administração de seus bens, com exceção:

I - dos tutores, dos curadores, dos testamenteiros, dos administradores ou dos liquidantes, quanto aos bens confiados à sua guarda e à sua responsabilidade;
II - dos mandatários, quanto aos bens de cuja administração ou alienação estejam encarregados;
III - do juiz, do membro do Ministério Público e da Defensoria Pública, do escrivão, do chefe de secretaria e dos demais servidores e auxiliares da justiça, em relação aos bens e direitos objeto de alienação na localidade onde servirem ou a que se estender a sua autoridade;
IV - dos servidores públicos em geral, quanto aos bens ou aos direitos da pessoa jurídica a que servirem ou que estejam sob sua administração direta ou indireta;
V - dos leiloeiros e seus prepostos, quanto aos bens de cuja venda estejam encarregados;
VI - dos advogados de qualquer das partes.

Art. 891. Não será aceito lance que ofereça preço vil.

- art. 903, § 1º, I, CPC.
- Súm. 128, STJ.

Parágrafo único. Considera-se vil o preço inferior ao mínimo estipulado pelo juiz e constante do edital, e, não tendo sido fixado preço mínimo, considera-se vil o preço inferior a cinquenta por cento do valor da avaliação.

Art. 892. Salvo pronunciamento judicial em sentido diverso, o pagamento deverá ser realizado de imediato pelo arrematante, por depósito judicial ou por meio eletrônico.

- art. 130, p.ún., CTN.

§ 1º Se o exequente arrematar os bens e for o único credor, não estará obrigado a exibir o preço, mas, se o valor dos bens exceder ao seu crédito, depositará, dentro de 3 (três) dias, a diferença, sob pena de tornar-se sem efeito a arrematação, e, nesse caso, realizar-se-á novo leilão, à custa do exequente.

§ 2º Se houver mais de um pretendente, proceder-se-á entre eles à licitação, e, no caso de igualdade de oferta, terá preferência o cônjuge, o companheiro, o descendente ou o ascendente do executado, nessa ordem.

§ 3º No caso de leilão de bem tombado, a União, os Estados e os Municípios terão, nessa ordem, o direito de preferência na arrematação, em igualdade de oferta.

Art. 893. Se o leilão for de diversos bens e houver mais de um lançador, terá preferência aquele que se propuser a arrematá-los todos, em conjunto, oferecendo, para os bens que não tiverem lance, preço igual ao da avaliação e, para os demais, preço igual ao do maior lance que, na tentativa de arrematação individualizada, tenha sido oferecido para eles.

- art. 23, § 1º, Lei 6.830/1980 (Execução Fiscal).

Art. 894. Quando o imóvel admitir cômoda divisão, o juiz, a requerimento do executado, ordenará a alienação judicial de parte dele, desde que suficiente para o pagamento do exequente e para a satisfação das despesas da execução.

§ 1º Não havendo lançador, far-se-á a alienação do imóvel em sua integridade.

§ 2º A alienação por partes deverá ser requerida a tempo de permitir a avaliação das glebas destacadas e sua inclusão no edital, e, nesse caso, caberá ao executado instruir o requerimento com planta e memorial descritivo subscritos por profissional habilitado.

Art. 895. O interessado em adquirir o bem penhorado em prestações poderá apresentar, por escrito:

I - até o início do primeiro leilão, proposta de aquisição do bem por valor não inferior ao da avaliação;
II - até o início do segundo leilão, proposta de aquisição do bem por valor que não seja considerado vil.

§ 1º A proposta conterá, em qualquer hipótese, oferta de pagamento de pelo menos vinte e cinco por cento do valor do lance à vista e o restante parcelado em até 30 (trinta) meses, garantido por caução idônea, quando se tratar de móveis, e por hipoteca do próprio bem, quando se tratar de imóveis.

§ 2º As propostas para aquisição em prestações indicarão o prazo, a modalidade, o indexador de correção monetária e as condições de pagamento do saldo.

§ 3º (Vetado).

§ 4º No caso de atraso no pagamento de qualquer das prestações, incidirá multa de dez por cento sobre a soma da parcela inadimplida com as parcelas vincendas.

§ 5º O inadimplemento autoriza o exequente a pedir a resolução da arrematação ou promover, em face do arrematante, a execução do valor devido, devendo ambos os pedidos ser formulados nos autos da execução em que se deu a arrematação.

§ 6º A apresentação da proposta prevista neste artigo não suspende o leilão.

§ 7º A proposta de pagamento do lance à vista sempre prevalecerá sobre as propostas de pagamento parcelado.

§ 8º Havendo mais de uma proposta de pagamento parcelado:

I - em diferentes condições, o juiz decidirá pela mais vantajosa, assim compreendida, sempre, a de maior valor;
II - em iguais condições, o juiz decidirá pela formulada em primeiro lugar.

§ 9º No caso de arrematação a prazo, os pagamentos feitos pelo arrematante pertencerão ao exequente até o limite de seu crédito, e os subsequentes, ao executado.

Art. 896. Quando o imóvel de incapaz não alcançar em leilão pelo menos oitenta por cento do valor da avaliação, o juiz o confiará à guarda e à administração de depositário idôneo, adiando a alienação por prazo não superior a 1 (um) ano.

§ 1º Se, durante o adiamento, algum pretendente assegurar, mediante caução idônea, o preço da avaliação, o juiz ordenará a alienação em leilão.

§ 2º Se o pretendente à arrematação se arrepender, o juiz impor-lhe-á multa de vinte por cento sobre o valor da avaliação, em benefício do incapaz, valendo a decisão como título executivo.

§ 3º Sem prejuízo do disposto nos §§ 1º e 2º, o juiz poderá autorizar a locação do imóvel no prazo do adiamento.

§ 4º Findo o prazo do adiamento, o imóvel será submetido a novo leilão.

Art. 897. Se o arrematante ou seu fiador não pagar o preço no prazo estabelecido, o juiz impor-lhe-á, em favor do exequente, a perda da caução, voltando os bens a novo leilão, do qual não serão admitidos a participar o arrematante e o fiador remissos.

Art. 898. O fiador do arrematante que pagar o valor do lance e a multa poderá requerer que a arrematação lhe seja transferida.

Art. 899. Será suspensa a arrematação logo que o produto da alienação dos bens for suficiente para o pagamento do credor e para a satisfação das despesas da execução.

Art. 900. O leilão prosseguirá no dia útil imediato, à mesma hora em que teve início, independentemente de novo edital, se for ultrapassado o horário de expediente forense.

- art. 212, CPC.

Art. 901. A arrematação constará de auto que será lavrado de imediato e poderá abranger bens penhorados em mais de uma execução, nele mencionadas as condições nas quais foi alienado o bem.

§ 1º A ordem de entrega do bem móvel ou a carta de arrematação do bem imóvel, com o respectivo mandado de imissão na posse, será expedida depois de efetuado o depósito ou prestadas as garantias pelo arrematante, bem como realizado o pagamento da comissão do leiloeiro e das demais despesas da execução.

§ 2º A carta de arrematação conterá a descrição do imóvel, com remissão à sua matrícula ou individuação e aos seus registros, a cópia do auto de arrematação e a prova de pagamento do imposto de transmissão, além da indicação da existência de eventual ônus real ou gravame.

Art. 902. No caso de leilão de bem hipotecado, o executado poderá remi-lo até a assinatura do auto de arrematação, oferecendo preço igual ao do maior lance oferecido.

Parágrafo único. No caso de falência ou insolvência do devedor hipotecário, o direito de remição previsto no *caput* defere-se à massa ou aos credores em concurso, não podendo o exequente recusar o preço da avaliação do imóvel.

Art. 903. Qualquer que seja a modalidade de leilão, assinado o auto pelo juiz, pelo arrematante e pelo leiloeiro, a arrematação será considerada perfeita, acabada e irretratável, ainda que venham a ser julgados procedentes os embargos do executado ou a ação autônoma de que trata o § 4º deste artigo, assegurada a possibilidade de reparação pelos prejuízos sofridos.

§ 1º Ressalvadas outras situações previstas neste Código, a arrematação poderá, no entanto, ser:

I - invalidada, quando realizada por preço vil ou com outro vício;

II - considerada ineficaz, se não observado o disposto no art. 804;

III - resolvida, se não for pago o preço ou se não for prestada a caução.

§ 2º O juiz decidirá acerca das situações referidas no § 1º, se for provocado em até 10 (dez) dias após o aperfeiçoamento da arrematação.

§ 3º Passado o prazo previsto no § 2º sem que tenha havido alegação de qualquer das situações previstas no § 1º, será expedida a carta de arrematação e, conforme o caso, a ordem de entrega ou mandado de imissão na posse.

§ 4º Após a expedição da carta de arrematação ou da ordem de entrega, a invalidação da arrematação poderá ser pleiteada por ação autônoma, em cujo processo o arrematante figurará como litisconsorte necessário.

§ 5º O arrematante poderá desistir da arrematação, sendo-lhe imediatamente devolvido o depósito que tiver feito:

I - se provar, nos 10 (dez) dias seguintes, a existência de ônus real ou gravame não mencionado no edital;

II - se, antes de expedida a carta de arrematação ou a ordem de entrega, o executado alegar alguma das situações previstas no § 1º;

III - uma vez citado para responder a ação autônoma de que trata o § 4º deste artigo, desde que apresente a desistência no prazo de que dispõe para responder a essa ação.

§ 6º Considera-se ato atentatório à dignidade da justiça a suscitação infundada de vício com o objetivo de ensejar a desistência do arrematante, devendo o suscitante ser condenado, sem prejuízo da responsabilidade por perdas e danos, ao pagamento de multa, a ser fixada pelo juiz e devida ao exequente, em montante não superior a vinte por cento do valor atualizado do bem.

SEÇÃO V
DA SATISFAÇÃO DO CRÉDITO

Art. 904. A satisfação do crédito exequendo far-se-á:

‣ art. 916, *caput*, §§ 3º a 5º, CPC.

I - pela entrega do dinheiro;

II - pela adjudicação dos bens penhorados.

Art. 905. O juiz autorizará que o exequente levante, até a satisfação integral de seu crédito, o dinheiro depositado para segurar o juízo ou o produto dos bens alienados, bem como do faturamento de empresa ou de outros frutos e rendimentos de coisas ou empresas penhoradas, quando:

‣ art. 858, CPC.

I - a execução for movida só a benefício do exequente singular, a quem, por força da penhora, cabe o direito de preferência sobre os bens penhorados e alienados;

II - não houver sobre os bens alienados outros privilégios ou preferências instituídos anteriormente à penhora.

Parágrafo único. Durante o plantão judiciário, veda-se a concessão de pedidos de levantamento de importância em dinheiro ou valores ou de liberação de bens apreendidos.

Art. 906. Ao receber o mandado de levantamento, o exequente dará ao executado, por termo nos autos, quitação da quantia paga.

Parágrafo único. A expedição de mandado de levantamento poderá ser substituída pela transferência eletrônica do valor depositado em conta vinculada ao juízo para outra indicada pelo exequente.

Art. 907. Pago ao exequente o principal, os juros, as custas e os honorários, a importância que sobrar será restituída ao executado.

Art. 908. Havendo pluralidade de credores ou exequentes, o dinheiro lhes será distribuído e entregue consoante a ordem das respectivas preferências.

§ 1º No caso de adjudicação ou alienação, os créditos que recaem sobre o bem, inclusive os de natureza propter rem, sub-rogam-se sobre o respectivo preço, observada a ordem de preferência.

§ 2º Não havendo título legal à preferência, o dinheiro será distribuído entre os concorrentes, observando-se a anterioridade de cada penhora.

Art. 909. Os exequentes formularão as suas pretensões, que versarão unicamente sobre o direito de preferência e a anterioridade da penhora, e, apresentadas as razões, o juiz decidirá.

CAPÍTULO V
DA EXECUÇÃO CONTRA A FAZENDA PÚBLICA

Art. 910. Na execução fundada em título extrajudicial, a Fazenda Pública será citada para opor embargos em 30 (trinta) dias.

‣ Súm. 279 e 339, STJ.

§ 1º Não opostos embargos ou transitada em julgado a decisão que os rejeitar, expedir-se-á precatório ou requisição de pequeno valor em favor do exequente, observando-se o disposto no art. 100 da Constituição Federal.

§ 2º Nos embargos, a Fazenda Pública poderá alegar qualquer matéria que lhe seria lícito deduzir como defesa no processo de conhecimento.

§ 3º Aplica-se a este Capítulo, no que couber, o disposto nos artigos 534 e 535.

CAPÍTULO VI
DA EXECUÇÃO DE ALIMENTOS

Art. 911. Na execução fundada em título executivo extrajudicial que contenha obrigação alimentar, o juiz mandará citar o executado para, em 3 (três) dias, efetuar o pagamento das parcelas anteriores ao início da execução e das que se vencerem no seu curso, provar que o fez ou justificar a impossibilidade de fazê-lo.

‣ arts. 1.694 a 1.710, CC.

‣ Súm. 144 e 309, STJ.

Parágrafo único. Aplicam-se, no que couber, os §§ 2º a 7º do art. 528.

Art. 912. Quando o executado for funcionário público, militar, diretor ou gerente de empresa, bem como empregado sujeito à legislação do trabalho, o exequente poderá requerer o desconto em folha de pagamento de pessoal da importância da prestação alimentícia.

‣ art. 1.701, p.ún., CC.

‣ art. 115, IV, Lei 8.213/1991 (Previdência Social).

§ 1º Ao despachar a inicial, o juiz oficiará à autoridade, à empresa ou ao empregador, determinando, sob pena de crime de desobediência, o desconto a partir da primeira remuneração posterior do executado, a contar do protocolo do ofício.

§ 2º O ofício conterá os nomes e o número de inscrição no Cadastro de Pessoas Físicas do exequente e do executado, a importância a ser descontada mensalmente, a conta na qual deve ser feito o depósito e, se for o caso, o tempo de sua duração.

Art. 913. Não requerida a execução nos termos deste Capítulo, observar-se-á o disposto no art. 824 e seguintes, com a ressalva de que, recaindo a penhora em dinheiro, a concessão de efeito suspensivo aos embargos à execução não obsta a que o exequente levante mensalmente a importância da prestação.

TÍTULO III
DOS EMBARGOS À EXECUÇÃO

Art. 914. O executado, independentemente de penhora, depósito ou caução, poderá se opor à execução por meio de embargos.

‣ art. 917, CPC.

§ 1º Os embargos à execução serão distribuídos por dependência, autuados em apartado e instruídos com cópias das peças processuais relevantes, que poderão ser declaradas autênticas pelo próprio advogado, sob sua responsabilidade pessoal.

‣ art. 425, IV, CPC.

§ 2º Na execução por carta, os embargos serão oferecidos no juízo deprecante ou no juízo deprecado, mas a competência para julgá-los é do juízo deprecante, salvo se versarem unicamente sobre vícios ou defeitos da penhora, da avaliação ou da alienação dos bens efetuadas no juízo deprecado.

‣ arts. 260 a 268, CPC.

‣ Súm. 46, STJ.

Art. 915. Os embargos serão oferecidos no prazo de 15 (quinze) dias, contado, conforme o caso, na forma do art. 231.

§ 1º Quando houver mais de um executado, o prazo para cada um deles embargar conta-se a partir da juntada do respectivo comprovante da citação, salvo no caso de cônjuges ou de companheiros, quando será contado a partir da juntada do último.

‣ Súm. 134, STJ.

§ 2º Nas execuções por carta, o prazo para embargos será contado:

I - da juntada, na carta, da certificação da citação, quando versarem unicamente sobre vícios ou defeitos da penhora, da avaliação ou da alienação dos bens;

II - da juntada, nos autos de origem, do comunicado de que trata o § 4º deste artigo ou, não havendo este, da juntada da carta devidamente cumprida, quando versarem sobre questões diversas da prevista no inciso I deste parágrafo.

§ 3º Em relação ao prazo para oferecimento dos embargos à execução, não se aplica o disposto no art. 229.

§ 4º Nos atos de comunicação por carta precatória, rogatória ou de ordem, a realização da citação será imediatamente informada, por meio eletrônico, pelo juiz deprecado ao juiz deprecante.

Art. 916. No prazo para embargos, reconhecendo o crédito do exequente e comprovando o depósito de trinta por cento do valor em execução, acrescido de custas e de honorários de advogado, o executado poderá requerer que lhe seja permitido pagar o restante em até 6 (seis) parcelas mensais, acrescidas de correção monetária e de juros de um por cento ao mês.

§ 1º O exequente será intimado para manifestar-se sobre o preenchimento dos pressupostos do *caput*, e o juiz decidirá o requerimento em 5 (cinco) dias.

§ 2º Enquanto não apreciado o requerimento, o executado terá de depositar as parcelas vincendas, facultado ao exequente seu levantamento.

§ 3º Deferida a proposta, o exequente levantará a quantia depositada, e serão suspensos os atos executivos.

§ 4º Indeferida a proposta, seguir-se-ão os atos executivos, mantido o depósito, que será convertido em penhora.

§ 5º O não pagamento de qualquer das prestações acarretará cumulativamente:

I - o vencimento das prestações subsequentes e o prosseguimento do processo, com o imediato reinício dos atos executivos;

II - a imposição ao executado de multa de dez por cento sobre o valor das prestações não pagas.

§ 6º A opção pelo parcelamento de que trata este artigo importa renúncia ao direito de opor embargos.

§ 7º O disposto neste artigo não se aplica ao cumprimento da sentença.

Art. 917. Nos embargos à execução, o executado poderá alegar:

I - inexequibilidade do título ou inexigibilidade da obrigação;

▸ arts. 525, § 1º, III, § 12, 783, CPC.

II - penhora incorreta ou avaliação errônea;

III - excesso de execução ou cumulação indevida de execuções;

▸ art. 780, CPC.

IV - retenção por benfeitorias necessárias ou úteis, nos casos de execução para entrega de coisa certa;

▸ art. 810, CPC.

▸ art. 96, §§ 2º e 3º, CC.

V - incompetência absoluta ou relativa do juízo da execução;

VI - qualquer matéria que lhe seria lícito deduzir como defesa em processo de conhecimento.

§ 1º A incorreção da penhora ou da avaliação poderá ser impugnada por simples petição, no prazo de 15 (quinze) dias, contado da ciência do ato.

§ 2º Há excesso de execução quando:

▸ art. 780, CPC.

I - o exequente pleiteia quantia superior à do título;

II - ela recai sobre coisa diversa daquela declarada no título;

III - ela se processa de modo diferente do que foi determinado no título;

IV - o exequente, sem cumprir a prestação que lhe corresponde, exige o adimplemento da prestação do executado;

V - o exequente não prova que a condição se realizou.

§ 3º Quando alegar que o exequente, em excesso de execução, pleiteia quantia superior à do título, o embargante declarará na petição inicial o valor que entende correto, apresentando demonstrativo discriminado e atualizado de seu cálculo.

§ 4º Não apontado o valor correto ou não apresentado o demonstrativo, os embargos à execução:

I - serão liminarmente rejeitados, sem resolução de mérito, se o excesso de execução for o seu único fundamento;

II - serão processados, se houver outro fundamento, mas o juiz não examinará a alegação de excesso de execução.

§ 5º Nos embargos de retenção por benfeitorias, o exequente poderá requerer a compensação de seu valor com o dos frutos ou dos danos considerados devidos pelo executado, cumprindo ao juiz, para a apuração dos respectivos valores, nomear perito, observando-se, então, o art. 464.

§ 6º O exequente poderá a qualquer tempo ser imitido na posse da coisa, prestando caução ou depositando o valor devido pelas benfeitorias ou resultante da compensação.

§ 7º A arguição de impedimento e suspeição observará o disposto nos arts. 146 e 148.

Art. 918. O juiz rejeitará liminarmente os embargos:

I - quando intempestivos;

II - nos casos de indeferimento da petição inicial e de improcedência liminar do pedido;

▸ arts. 330, 332 e 485, I, CPC.

III - manifestamente protelatórios.

Parágrafo único. Considera-se conduta atentatória à dignidade da justiça o oferecimento de embargos manifestamente protelatórios.

Art. 919. Os embargos à execução não terão efeito suspensivo.

§ 1º O juiz poderá, a requerimento do embargante, atribuir efeito suspensivo aos embargos quando verificados os requisitos para a concessão da tutela provisória e desde que a execução já esteja garantida por penhora, depósito ou caução suficientes.

§ 2º Cessando as circunstâncias que a motivaram, a decisão relativa aos efeitos dos embargos poderá, a requerimento da parte, ser modificada ou revogada a qualquer tempo, em decisão fundamentada.

§ 3º Quando o efeito suspensivo atribuído aos embargos disser respeito apenas a parte do objeto da execução, esta prosseguirá quanto à parte restante.

§ 4º A concessão de efeito suspensivo aos embargos oferecidos por um dos executados não suspenderá a execução contra os que não embargaram quando o respectivo fundamento disser respeito exclusivamente ao embargante.

§ 5º A concessão de efeito suspensivo não impedirá a efetivação dos atos de substituição, de reforço ou de redução da penhora e de avaliação dos bens.

Art. 920. Recebidos os embargos:

▸ art. 17, *caput*, Lei 6.830/1980 (Execução Fiscal).

I - o exequente será ouvido no prazo de 15 (quinze) dias;

II - a seguir, o juiz julgará imediatamente o pedido ou designará audiência;

III - encerrada a instrução, o juiz proferirá sentença.

TÍTULO IV
DA SUSPENSÃO E DA EXTINÇÃO DO PROCESSO DE EXECUÇÃO

CAPÍTULO I
DA SUSPENSÃO DO PROCESSO DE EXECUÇÃO

Art. 921. Suspende-se a execução:

▸ art. 40, Lei 6.830/1980 (Execução Fiscal).

I - nas hipóteses dos arts. 313 e 315, no que couber;

II - no todo ou em parte, quando recebidos com efeito suspensivo os embargos à execução;

III - quando o executado não possuir bens penhoráveis;

IV - se a alienação dos bens penhorados não se realizar por falta de licitantes e o exequente, em 15 (quinze) dias, não requerer a adjudicação nem indicar outros bens penhoráveis;

V - quando concedido o parcelamento de que trata o art. 916.

§ 1º Na hipótese do inciso III, o juiz suspenderá a execução pelo prazo de 1 (um) ano, durante o qual se suspenderá a prescrição.

§ 2º Decorrido o prazo máximo de 1 (um) ano sem que seja localizado o executado ou que sejam encontrados bens penhoráveis, o juiz ordenará o arquivamento dos autos.

§ 3º Os autos serão desarquivados para prosseguimento da execução se a qualquer tempo forem encontrados bens penhoráveis.

§ 4º Decorrido o prazo de que trata o § 1º sem manifestação do exequente, começa a correr o prazo de prescrição intercorrente.

▸ Súm. 150 e 264, STF.

§ 5º O juiz, depois de ouvidas as partes, no prazo de 15 (quinze) dias, poderá, de ofício, reconhecer a prescrição de que trata o § 4º e extinguir o processo.

▸ arts. 189 a 206, CC.

Art. 922. Convindo as partes, o juiz declarará suspensa a execução durante o prazo concedido pelo exequente para que o executado cumpra voluntariamente a obrigação.

Parágrafo único. Findo o prazo sem cumprimento da obrigação, o processo retomará o seu curso.

Art. 923. Suspensa a execução, não serão praticados atos processuais, podendo o juiz, entretanto, salvo no caso de arguição de impedimento ou de suspeição, ordenar providências urgentes.

CAPÍTULO II
DA EXTINÇÃO DO PROCESSO DE EXECUÇÃO

Art. 924. Extingue-se a execução quando:

▸ Súm. 150, STF.

I - a petição inicial for indeferida;

▸ art. 798, I, CPC.

II - a obrigação for satisfeita;

▸ arts. 807 e ss., CPC.

III - o executado obtiver, por qualquer outro meio, a extinção total da dívida;

IV - o exequente renunciar ao crédito;

V - ocorrer a prescrição intercorrente.

Art. 925. A extinção só produz efeito quando declarada por sentença.

▸ Súm. 150, STF.

LIVRO III
DOS PROCESSOS NOS TRIBUNAIS E DOS MEIOS DE IMPUGNAÇÃO DAS DECISÕES JUDICIAIS

TÍTULO I
DA ORDEM DOS PROCESSOS E DOS PROCESSOS DE COMPETÊNCIA ORIGINÁRIA DOS TRIBUNAIS

CAPÍTULO I
DISPOSIÇÕES GERAIS

Art. 926. Os tribunais devem uniformizar sua jurisprudência e mantê-la estável, íntegra e coerente.

§ 1º Na forma estabelecida e segundo os pressupostos fixados no regimento interno, os tribunais editarão enunciados de súmula correspondentes a sua jurisprudência dominante.

§ 2º Ao editar enunciados de súmula, os tribunais devem ater-se às circunstâncias fáticas dos precedentes que motivaram sua criação.

Art. 927. Os juízes e os tribunais observarão:

I - as decisões do Supremo Tribunal Federal em controle concentrado de constitucionalidade;

- art. 102, I, a, e § 2º, CF.

II - os enunciados de súmula vinculante;

- art. 103-A, CF.

III - os acórdãos em incidente de assunção de competência ou de resolução de demandas repetitivas e em julgamento de recursos extraordinário e especial repetitivos;

IV - os enunciados das súmulas do Supremo Tribunal Federal em matéria constitucional e do Superior Tribunal de Justiça em matéria infraconstitucional;

V - a orientação do plenário ou do órgão especial aos quais estiverem vinculados.

§ 1º Os juízes e os tribunais observarão o disposto no art. 10 e no art. 489, § 1º, quando decidirem com fundamento neste artigo.

§ 2º A alteração de tese jurídica adotada em enunciado de súmula ou em julgamento de casos repetitivos poderá ser precedida de audiências públicas e da participação de pessoas, órgãos ou entidades que possam contribuir para a rediscussão da tese.

§ 3º Na hipótese de alteração de jurisprudência dominante do Supremo Tribunal Federal e dos tribunais superiores ou daquela oriunda de julgamento de casos repetitivos, pode haver modulação dos efeitos da alteração no interesse social e no da segurança jurídica.

§ 4º A modificação de enunciado de súmula, de jurisprudência pacificada ou de tese adotada em julgamento de casos repetitivos observará a necessidade de fundamentação adequada e específica, considerando os princípios da segurança jurídica, da proteção da confiança e da isonomia.

§ 5º Os tribunais darão publicidade a seus precedentes, organizando-os por questão jurídica decidida e divulgando-os, preferencialmente, na rede mundial de computadores.

Art. 928. Para os fins deste Código, considera-se julgamento de casos repetitivos a decisão proferida em:

I - incidente de resolução de demandas repetitivas;

II - recursos especial e extraordinário repetitivos.

Parágrafo único. O julgamento de casos repetitivos tem por objeto questão de direito material ou processual.

CAPÍTULO II
DA ORDEM DOS PROCESSOS NO TRIBUNAL

Art. 929. Os autos serão registrados no protocolo do tribunal no dia de sua entrada, cabendo à secretaria ordená-los, com imediata distribuição.

Parágrafo único. A critério do tribunal, os serviços de protocolo poderão ser descentralizados, mediante delegação a ofícios de justiça de primeiro grau.

Art. 930. Far-se-á a distribuição de acordo com o regimento interno do tribunal, observando-se a alternatividade, o sorteio eletrônico e a publicidade.

Parágrafo único. O primeiro recurso protocolado no tribunal tornará prevento o relator para eventual recurso subsequente interposto no mesmo processo ou em processo conexo.

Art. 931. Distribuídos, os autos serão imediatamente conclusos ao relator, que, em 30 (trinta) dias, depois de elaborar o voto, restituí-los-á, com relatório, à secretaria.

Art. 932. Incumbe ao relator:

- Súm. 253, STJ.

I - dirigir e ordenar o processo no tribunal, inclusive em relação à produção de prova, bem como, quando for o caso, homologar autocomposição das partes;

II - apreciar o pedido de tutela provisória nos recursos e nos processos de competência originária do tribunal;

III - não conhecer de recurso inadmissível, prejudicado ou que não tenha impugnado especificamente os fundamentos da decisão recorrida;

- Súm. 182, STJ.

IV - negar provimento a recurso que for contrário a:

- §§ 3º e 4º, e 557, *caput* e § 1º-A.

a) súmula do Supremo Tribunal Federal, do Superior Tribunal de Justiça ou do próprio tribunal;

b) acórdão proferido pelo Supremo Tribunal Federal ou pelo Superior Tribunal de Justiça em julgamento de recursos repetitivos;

c) entendimento firmado em incidente de resolução de demandas repetitivas ou de assunção de competência;

V - depois de facultada a apresentação de contrarrazões, dar provimento ao recurso se a decisão recorrida for contrária a:

a) súmula do Supremo Tribunal Federal, do Superior Tribunal de Justiça ou do próprio tribunal;

b) acórdão proferido pelo Supremo Tribunal Federal ou pelo Superior Tribunal de Justiça em julgamento de recursos repetitivos;

c) entendimento firmado em incidente de resolução de demandas repetitivas ou de assunção de competência;

VI - decidir o incidente de desconsideração da personalidade jurídica, quando este for instaurado originariamente perante o tribunal;

- art. 50, CC.
- art. 28, CDC.

VII - determinar a intimação do Ministério Público, quando for o caso;

VIII - exercer outras atribuições estabelecidas no regimento interno do tribunal.

Parágrafo único. Antes de considerar inadmissível o recurso, o relator concederá o prazo de 5 (cinco) dias ao recorrente para que seja sanado vício ou complementada a documentação exigível.

Art. 933. Se o relator constatar a ocorrência de fato superveniente à decisão recorrida ou a existência de questão apreciável de ofício ainda não examinada que devam ser considerados no julgamento do recurso, intimará as partes para que se manifestem no prazo de 5 (cinco) dias.

§ 1º Se a constatação ocorrer durante a sessão de julgamento, esse será imediatamente suspenso a fim de que as partes se manifestem especificamente.

§ 2º Se a constatação se der em vista dos autos, deverá o juiz que a solicitou encaminhá-los ao relator, que tomará as providências previstas no *caput* e, em seguida, solicitará a inclusão do feito em pauta para prosseguimento do julgamento, com submissão integral da nova questão aos julgadores.

Art. 934. Em seguida, os autos serão apresentados ao presidente, que designará dia para julgamento, ordenando, em todas as hipóteses previstas neste Livro, a publicação da pauta no órgão oficial.

Art. 935. Entre a data de publicação da pauta e a da sessão de julgamento decorrerá, pelo menos, o prazo de 5 (cinco) dias, incluindo-se em nova pauta os processos que não tenham sido julgados, salvo aqueles cujo julgamento tiver sido expressamente adiado para a primeira sessão seguinte.

§ 1º Às partes será permitida vista dos autos em cartório após a publicação da pauta de julgamento.

§ 2º Afixar-se-á a pauta na entrada da sala em que se realizar a sessão de julgamento.

Art. 936. Ressalvadas as preferências legais e regimentais, os recursos, a remessa necessária e os processos de competência originária serão julgados na seguinte ordem:

I - aqueles nos quais houver sustentação oral, observada a ordem dos requerimentos;

II - os requerimentos de preferência apresentados até o início da sessão de julgamento;

III - aqueles cujo julgamento tenha iniciado em sessão anterior; e

IV - os demais casos.

Art. 937. Na sessão de julgamento, depois da exposição da causa pelo relator, o presidente dará a palavra, sucessivamente, ao recorrente, ao recorrido e, nos casos de sua intervenção, ao membro do Ministério Público, pelo prazo improrrogável de 15 (quinze) minutos para cada um, a fim de sustentarem suas razões, nas seguintes hipóteses, nos termos da parte final do *caput* do art. 1.021:

I - no recurso de apelação;

- arts. 1.009 a 1.014, CPC.

II - no recurso ordinário;

- arts. 1.027 e 1.028, CPC.

III - no recurso especial;

- arts. 1.029 a 1.041, CPC.

IV - no recurso extraordinário;

- arts. 1.029 a 1.041, CPC.

V - nos embargos de divergência;

- arts. 1.043 e 1.044, CPC.

VI - na ação rescisória, no mandado de segurança e na reclamação;

- art. 5º, LXIX e LXX, 102, I, i, e 103-A, § 3º, CF.
- arts. 966 a 975 e 988 a 993, CPC.
- arts. 7º, I, 12, Lei 12.016/2009 (Mandado de Segurança).
- art. 156, RISTF.

VII - (Vetado)

VIII - no agravo de instrumento interposto contra decisões interlocutórias que versem sobre tutelas provisórias de urgência ou da evidência;

IX - em outras hipóteses previstas em lei ou no regimento interno do tribunal.

§ 1º A sustentação oral no incidente de resolução de demandas repetitivas observará o disposto no art. 984, no que couber.

§ 2º O procurador que desejar proferir sustentação oral poderá requerer, até o início da sessão, que o processo seja julgado em primeiro lugar, sem prejuízo das preferências legais.

§ 3º Nos processos de competência originária previstos no inciso VI, caberá sustentação oral no agravo interno interposto contra decisão de relator que o extinga.

- Res. 587/2016, STF.

§ 4º É permitido ao advogado com domicílio profissional em cidade diversa daquela onde está sediado o tribunal realizar sustentação oral por meio de videoconferência ou outro recurso tecnológico de transmissão de sons e imagens em tempo real, desde que o requeira até o dia anterior ao da sessão.

Art. 938. A questão preliminar suscitada no julgamento será decidida antes do mérito, deste não se conhecendo caso seja incompatível com a decisão.

§ 1º Constatada a ocorrência de vício sanável, inclusive aquele que possa ser conhecido de ofício, o relator determinará a realização ou a renovação do ato processual, no próprio tribunal ou em primeiro grau de jurisdição, intimadas as partes.

§ 2º Cumprida a diligência de que trata o § 1º, o relator, sempre que possível, prosseguirá no julgamento do recurso.

§ 3º Reconhecida a necessidade de produção de prova, o relator converterá o julgamento em diligência, que se realizará no tribunal ou em primeiro grau de jurisdição, decidindo-se o recurso após a conclusão da instrução.

§ 4º Quando não determinadas pelo relator, as providências indicadas nos §§ 1º e 3º poderão ser determinadas pelo órgão competente para julgamento do recurso.

Art. 939. Se a preliminar for rejeitada ou se a apreciação do mérito for com ela compatível, seguir-se-ão a discussão e o julgamento da matéria principal, sobre a qual deverão se pronunciar os juízes vencidos na preliminar.

Art. 940. O relator ou outro juiz que não se considerar habilitado a proferir imediatamente seu voto poderá solicitar vista pelo prazo máximo de 10 (dez) dias, após o qual o recurso será reincluído em pauta para julgamento na sessão seguinte à data da devolução.

‣ Res. 202/2015, CNJ.

§ 1º Se os autos não forem devolvidos tempestivamente ou se não for solicitada pelo juiz prorrogação de prazo de no máximo mais 10 (dez) dias, o presidente do órgão fracionário os requisitará para julgamento do recurso na sessão ordinária subsequente, com publicação da pauta em que for incluído.

§ 2º Quando requisitar os autos na forma do § 1º, se aquele que fez o pedido de vista ainda não se sentir habilitado a votar, o presidente convocará substituto para proferir voto, na forma estabelecida no regimento interno do tribunal.

Art. 941. Proferidos os votos, o presidente anunciará o resultado do julgamento, designando para redigir o acórdão o relator ou, se vencido este, o autor do primeiro voto vencedor.

§ 1º O voto poderá ser alterado até o momento da proclamação do resultado pelo presidente, salvo aquele já proferido por juiz afastado ou substituído.

§ 2º No julgamento de apelação ou de agravo de instrumento, a decisão será tomada, no órgão colegiado, pelo voto de 3 (três) juízes.

§ 3º O voto vencido será necessariamente declarado e considerado parte integrante do acórdão para todos os fins legais, inclusive de pré-questionamento.

Art. 942. Quando o resultado da apelação for não unânime, o julgamento terá prosseguimento em sessão a ser designada com a presença de outros julgadores, que serão convocados nos termos previamente definidos no regimento interno, em número suficiente para garantir a possibilidade de inversão do resultado inicial, assegurado às partes e a eventuais terceiros o direito de sustentar oralmente suas razões perante os novos julgadores.

§ 1º Sendo possível, o prosseguimento do julgamento dar-se-á na mesma sessão, colhendo-se os votos de outros julgadores que porventura componham o órgão colegiado.

§ 2º Os julgadores que já tiverem votado poderão rever seus votos por ocasião do prosseguimento do julgamento.

§ 3º A técnica de julgamento prevista neste artigo aplica-se, igualmente, ao julgamento não unânime proferido em:

I - ação rescisória, quando o resultado for a rescisão da sentença, devendo, nesse caso, seu prosseguimento ocorrer em órgão de maior composição previsto no regimento interno;

II - agravo de instrumento, quando houver reforma da decisão que julgar parcialmente o mérito.

§ 4º Não se aplica o disposto neste artigo ao julgamento:

I - do incidente de assunção de competência e ao de resolução de demandas repetitivas;

II - da remessa necessária;

III - não unânime proferido, nos tribunais, pelo plenário ou pela corte especial.

Art. 943. Os votos, os acórdãos e os demais atos processuais podem ser registrados em documento eletrônico inviolável e assinados eletronicamente, na forma da lei, devendo ser impressos para juntada aos autos do processo quando este não for eletrônico.

§ 1º Todo acórdão conterá ementa.

§ 2º Lavrado o acórdão, sua ementa será publicada no órgão oficial no prazo de 10 (dez) dias.

Art. 944. Não publicado o acórdão no prazo de 30 (trinta) dias, contado da data da sessão de julgamento, as notas taquigráficas o substituirão, para todos os fins legais, independentemente de revisão.

Parágrafo único. No caso do *caput*, o presidente do tribunal lavrará, de imediato, as conclusões e a ementa e mandará publicar o acórdão.

Art. 945. (Revogado pela Lei 13.256/2016)

Art. 946. O agravo de instrumento será julgado antes da apelação interposta no mesmo processo.

Parágrafo único. Se ambos os recursos de que trata o *caput* houverem de ser julgados na mesma sessão, terá precedência o agravo de instrumento.

CAPÍTULO III
DO INCIDENTE DE ASSUNÇÃO DE COMPETÊNCIA

Art. 947. É admissível a assunção de competência quando o julgamento de recurso, de remessa necessária ou de processo de competência originária envolver relevante questão de direito, com grande repercussão social, sem repetição em múltiplos processos.

§ 1º Ocorrendo a hipótese de assunção de competência, o relator proporá, de ofício ou a requerimento da parte, do Ministério Público ou da Defensoria Pública, que seja o recurso, a remessa necessária ou o processo de competência originária julgado pelo órgão colegiado que o regimento indicar.

§ 2º O órgão colegiado julgará o recurso, a remessa necessária ou o processo de competência originária se reconhecer interesse público na assunção de competência.

§ 3º O acórdão proferido em assunção de competência vinculará todos os juízes e órgãos fracionários, exceto se houver revisão de tese.

§ 4º Aplica-se o disposto neste artigo quando ocorrer relevante questão de direito a respeito da qual seja conveniente a prevenção ou a composição de divergência entre câmaras ou turmas do tribunal.

CAPÍTULO IV
DO INCIDENTE DE ARGUIÇÃO DE INCONSTITUCIONALIDADE

Art. 948. Arguida, em controle difuso, a inconstitucionalidade de lei ou de ato normativo do poder público, o relator, após ouvir o Ministério Público e as partes, submeterá a questão à turma ou à câmara à qual competir o conhecimento do processo.

‣ arts. 52, X; 97; 102, I, a, e III; 103; 125, § 2º; e 129, CF.

‣ Lei 9.868/1999 (Lei de ADI e ADC).

‣ Súm. Vinc. 10, STF.

Art. 949. Se a arguição for:

I - rejeitada, prosseguirá o julgamento;

II - acolhida, a questão será submetida ao plenário do tribunal ou ao seu órgão especial, onde houver.

Parágrafo único. Os órgãos fracionários dos tribunais não submeterão ao plenário ou ao órgão especial a arguição de inconstitucionalidade quando já houver pronunciamento destes ou do plenário do Supremo Tribunal Federal sobre a questão.

Art. 950. Remetida cópia do acórdão a todos os juízes, o presidente do tribunal designará a sessão de julgamento.

§ 1º As pessoas jurídicas de direito público responsáveis pela edição do ato questionado poderão manifestar-se no incidente de inconstitucionalidade se assim o requererem, observados os prazos e as condições previstos no regimento interno do tribunal.

§ 2º A parte legitimada à propositura das ações previstas no art. 103 da Constituição Federal poderá manifestar-se, por escrito, sobre a questão constitucional objeto de apreciação, no prazo previsto pelo regimento interno, sendo-lhe assegurado o direito de apresentar memoriais ou de requerer a juntada de documentos.

§ 3º Considerando a relevância da matéria e a representatividade dos postulantes, o relator poderá admitir, por despacho irrecorrível, a manifestação de outros órgãos ou entidades.

CAPÍTULO V
DO CONFLITO DE COMPETÊNCIA

Art. 951. O conflito de competência pode ser suscitado por qualquer das partes, pelo Ministério Público ou pelo juiz.

‣ art. 66, CPC.

Parágrafo único. O Ministério Público somente será ouvido nos conflitos de competência relativos aos processos previstos no art. 178, mas terá qualidade de parte nos conflitos que suscitar.

Art. 952. Não pode suscitar conflito a parte que, no processo, arguiu incompetência relativa.

Parágrafo único. O conflito de competência não obsta, porém, a que a parte que não o arguiu suscite a incompetência.

Art. 953. O conflito será suscitado ao tribunal:

‣ Súm. 59, STJ.

I - pelo juiz, por ofício;

II - pela parte e pelo Ministério Público, por petição.

‣ arts. 102, I, o; 105, I, d; e 108, e, CF.

Parágrafo único. O ofício e a petição serão instruídos com os documentos necessários à prova do conflito.

Art. 954. Após a distribuição, o relator determinará a oitiva dos juízes em conflito ou, se um deles for suscitante, apenas do suscitado.

Parágrafo único. No prazo designado pelo relator, incumbirá ao juiz ou aos juízes prestar as informações.

‣ 2ª parte.

Art. 955. O relator poderá, de ofício ou a requerimento de qualquer das partes, determinar, quando o conflito for positivo, o sobrestamento do processo e, nesse caso, bem como no de conflito negativo, designará um dos juízes para resolver, em caráter provisório, as medidas urgentes.

Parágrafo único. O relator poderá julgar de plano o conflito de competência quando sua decisão se fundar em:

I - súmula do Supremo Tribunal Federal, do Superior Tribunal de Justiça ou do próprio tribunal;

II - tese firmada em julgamento de casos repetitivos ou em incidente de assunção de competência.

Art. 956. Decorrido o prazo designado pelo relator, será ouvido o Ministério Público, no prazo de 5 (cinco) dias, ainda que as informações não tenham sido prestadas, e, em seguida, o conflito irá a julgamento.

Art. 957. Ao decidir o conflito, o tribunal declarará qual o juízo competente, pronunciando-se também sobre a validade dos atos do juízo incompetente.

Parágrafo único. Os autos do processo em que se manifestou o conflito serão remetidos ao juiz declarado competente.

Art. 958. No conflito que envolva órgãos fracionários dos tribunais, desembargadores e juízes em exercício no tribunal, observar-se-á o que dispuser o regimento interno do tribunal.

- arts. 163 a 168, RISTF.
- arts. 193 a 198, RISTJ.

Art. 959. O regimento interno do tribunal regulará o processo e o julgamento do conflito de atribuições entre autoridade judiciária e autoridade administrativa.

- art. 105, I, g, CF.

CAPÍTULO VI
DA HOMOLOGAÇÃO DE DECISÃO ESTRANGEIRA E DA CONCESSÃO DO EXEQUATUR À CARTA ROGATÓRIA

Art. 960. A homologação de decisão estrangeira será requerida por ação de homologação de decisão estrangeira, salvo disposição especial em sentido contrário prevista em tratado.

- art. 105, I, i, CF.
- art. 36, Lei 9.307/1996 (Arbitragem).
- arts. 216-A a 216-X, RISTJ.

§ 1º A decisão interlocutória estrangeira poderá ser executada no Brasil por meio de carta rogatória.

§ 2º A homologação obedecerá ao que dispuserem os tratados em vigor no Brasil e o Regimento Interno do Superior Tribunal de Justiça.

- art. 37, Lei 9.307/1996 (Arbitragem).

§ 3º A homologação de decisão arbitral estrangeira obedecerá ao disposto em tratado e em lei, aplicando-se, subsidiariamente, as disposições deste Capítulo.

- arts. 34 e s., Lei 9.307/1996 (Arbitragem).

Art. 961. A decisão estrangeira somente terá eficácia no Brasil após a homologação de sentença estrangeira ou a concessão do exequatur às cartas rogatórias, salvo disposição em sentido contrário de lei ou tratado.

- art. 36, Lei 9.307/1996 (Arbitragem).

§ 1º É passível de homologação a decisão judicial definitiva, bem como a decisão não judicial que, pela lei brasileira, teria natureza jurisdicional.

§ 2º A decisão estrangeira poderá ser homologada parcialmente.

§ 3º A autoridade judiciária brasileira poderá deferir pedidos de urgência e realizar atos de execução provisória no processo de homologação de decisão estrangeira.

§ 4º Haverá homologação de decisão estrangeira para fins de execução fiscal quando prevista em tratado ou em promessa de reciprocidade apresentada à autoridade brasileira.

§ 5º A sentença estrangeira de divórcio consensual produz efeitos no Brasil, independentemente de homologação pelo Superior Tribunal de Justiça.

- art. 7º, § 6º, LINDB.
- Prov. nº 53/2016, CNJ.

§ 6º Na hipótese do § 5º, competirá a qualquer juiz examinar a validade da decisão, em caráter principal ou incidental, quando essa questão for suscitada em processo de sua competência.

Art. 962. É passível de execução a decisão estrangeira concessiva de medida de urgência.

§ 1º A execução no Brasil de decisão interlocutória estrangeira concessiva de medida de urgência dar-se-á por carta rogatória.

§ 2º A medida de urgência concedida sem audiência do réu poderá ser executada, desde que garantido o contraditório em momento posterior.

- art. 5º, LV, CF.
- art. 9º, CPC.

§ 3º O juízo sobre a urgência da medida compete exclusivamente à autoridade jurisdicional prolatora da decisão estrangeira.

§ 4º Quando dispensada a homologação para que a sentença estrangeira produza efeitos no Brasil, a decisão concessiva de medida de urgência dependerá, para produzir efeitos, de ter sua validade expressamente reconhecida pelo juiz competente para dar-lhe cumprimento, dispensada a homologação pelo Superior Tribunal de Justiça.

Art. 963. Constituem requisitos indispensáveis à homologação da decisão:

I - ser proferida por autoridade competente;

II - ser precedida de citação regular, ainda que verificada a revelia;

III - ser eficaz no país em que foi proferida;

IV - não ofender a coisa julgada brasileira;

V - estar acompanhada de tradução oficial, salvo disposição que a dispense prevista em tratado;

VI - não conter manifesta ofensa à ordem pública.

Parágrafo único. Para a concessão do exequatur às cartas rogatórias, observar-se-ão os pressupostos previstos no *caput* deste artigo e no art. 962, § 2º.

Art. 964. Não será homologada a decisão estrangeira na hipótese de competência exclusiva da autoridade judiciária brasileira.

Parágrafo único. O dispositivo também se aplica à concessão do exequatur à carta rogatória.

Art. 965. O cumprimento de decisão estrangeira far-se-á perante o juízo federal competente, a requerimento da parte, conforme as normas estabelecidas para o cumprimento de decisão nacional.

- arts. 513 a 538, CPC.

Parágrafo único. O pedido de execução deverá ser instruído com cópia autenticada da decisão homologatória ou do exequatur, conforme o caso.

CAPÍTULO VII
DA AÇÃO RESCISÓRIA

Art. 966. A decisão de mérito, transitada em julgado, pode ser rescindida quando:

- arts. 102, I, j; 105, I, e; e 108, I, b, CF.
- arts. 525, § 15, 535, § 8º, 701, § 3º, CPC.
- art. 836, CLT.
- art. 59, Lei 9.099/1995 (Juizados Especiais Cíveis e Criminais).
- Súm. 514, STF.
- Súm. 100, II, TST.

I - se verificar que foi proferida por força de prevaricação, concussão ou corrupção do juiz;

- arts. 316, 317, 319 e 333, CP.

II - for proferida por juiz impedido ou por juízo absolutamente incompetente;

III - resultar de dolo ou coação da parte vencedora em detrimento da parte vencida ou, ainda, de simulação ou colusão entre as partes, a fim de fraudar a lei;

- arts. 145 a 150 e 167, CC.

IV - ofender a coisa julgada;

- arts. 502 a 508, CPC.

V - violar manifestamente norma jurídica;

VI - for fundada em prova cuja falsidade tenha sido apurada em processo criminal ou venha a ser demonstrada na própria ação rescisória;

VII - obtiver o autor, posteriormente ao trânsito em julgado, prova nova cuja existência ignorava ou de que não pôde fazer uso, capaz, por si só, de lhe assegurar pronunciamento favorável;

- art. 975, § 2º, CPC.

VIII - for fundada em erro de fato verificável do exame dos autos.

§ 1º Há erro de fato quando a decisão rescindenda admitir fato inexistente ou quando considerar inexistente fato efetivamente ocorrido, sendo indispensável, em ambos os casos, que o fato não represente ponto controvertido sobre o qual o juiz deveria ter se pronunciado.

§ 2º Nas hipóteses previstas nos incisos do *caput*, será rescindível a decisão transitada em julgado que, embora não seja de mérito, impeça:

- art. 968, §5º, I, CPC.

I - nova propositura da demanda; ou

II - admissibilidade do recurso correspondente.

§ 3º A ação rescisória pode ter por objeto apenas 1 (um) capítulo da decisão.

§ 4º Os atos de disposição de direitos, praticados pelas partes ou por outros participantes do processo e homologados pelo juízo, bem como os atos homologatórios praticados no curso da execução, estão sujeitos à anulação, nos termos da lei.

§ 5º Cabe ação rescisória, com fundamento no inciso V do *caput* deste artigo, contra decisão baseada em enunciado de súmula ou acórdão proferido em julgamento de casos repetitivos que não tenha considerado a existência de distinção entre a questão discutida no processo e o padrão decisório que lhe deu fundamento. (Acrescentado pela Lei 13.256/2016)

§ 6º Quando a ação rescisória fundar-se na hipótese do § 5º deste artigo, caberá ao autor, sob pena de inépcia, demonstrar, fundamentadamente, tratar-se de situação particularizada por hipótese fática distinta ou de questão jurídica não examinada, a impor outra solução jurídica. (Acrescentado pela Lei 13.256/2016)

Art. 967. Têm legitimidade para propor a ação rescisória:

I - quem foi parte no processo ou o seu sucessor a título universal ou singular;

II - o terceiro juridicamente interessado;

III - o Ministério Público:

a) se não foi ouvido no processo em que lhe era obrigatória a intervenção;

b) quando a decisão rescindenda é o efeito de simulação ou de colusão das partes, a fim de fraudar a lei;

c) em outros casos em que se imponha sua atuação;

IV - aquele que não foi ouvido no processo em que lhe era obrigatória a intervenção.

Parágrafo único. Nas hipóteses do art. 178, o Ministério Público será intimado para intervir como fiscal da ordem jurídica quando não for parte.

Art. 968. A petição inicial será elaborada com observância dos requisitos essenciais do art. 319, devendo o autor:

I - cumular ao pedido de rescisão, se for o caso, o de novo julgamento do processo;

II - depositar a importância de cinco por cento sobre o valor da causa, que se converterá em multa caso a ação seja, por unanimidade de votos, declarada inadmissível ou improcedente.

- Súm. 175, STJ.

› art. 1º, Res. nº 9/2018, STJ/GP.

§ 1º Não se aplica o disposto no inciso II à União, aos Estados, ao Distrito Federal, aos Municípios, às suas respectivas autarquias e fundações de direito público, ao Ministério Público, à Defensoria Pública e aos que tenham obtido o benefício de gratuidade da justiça.

§ 2º O depósito previsto no inciso II do *caput* deste artigo não será superior a 1.000 (mil) salários-mínimos.

§ 3º Além dos casos previstos no art. 330, a petição inicial será indeferida quando não efetuado o depósito exigido pelo inciso II do *caput* deste artigo.

§ 4º Aplica-se à ação rescisória o disposto no art. 332.

§ 5º Reconhecida a incompetência do tribunal para julgar a ação rescisória, o autor será intimado para emendar a petição inicial, a fim de adequar o objeto da ação rescisória, quando a decisão apontada como rescindenda:

I - não tiver apreciado o mérito e não se enquadrar na situação prevista no § 2º do art. 966;

II - tiver sido substituída por decisão posterior.

§ 6º Na hipótese do § 5º, após a emenda da petição inicial, será permitido ao réu complementar os fundamentos de defesa, e, em seguida, os autos serão remetidos ao tribunal competente.

Art. 969. A propositura da ação rescisória não impede o cumprimento da decisão rescindenda, ressalvada a concessão de tutela provisória.

Art. 970. O relator ordenará a citação do réu, designando-lhe prazo nunca inferior a 15 (quinze) dias nem superior a 30 (trinta) dias para, querendo, apresentar resposta, ao fim do qual, com ou sem contestação, observar-se-á, no que couber, o procedimento comum.

Art. 971. Na ação rescisória, devolvidos os autos pelo relator, a secretaria do tribunal expedirá cópias do relatório e as distribuirá entre os juízes que compuserem o órgão competente para o julgamento.

Parágrafo único. A escolha de relator recairá, sempre que possível, em juiz que não haja participado do julgamento rescindendo.

Art. 972. Se os fatos alegados pelas partes dependerem de prova, o relator poderá delegar a competência ao órgão que proferiu a decisão rescindenda, fixando prazo de 1 (um) a 3 (três) meses para a devolução dos autos.

Art. 973. Concluída a instrução, será aberta vista ao autor e ao réu para razões finais, sucessivamente, pelo prazo de 10 (dez) dias.

Parágrafo único. Em seguida, os autos serão conclusos ao relator, procedendo-se ao julgamento pelo órgão competente.

› Súm. 249, 252 e 515, STF.

Art. 974. Julgando procedente o pedido, o tribunal rescindirá a decisão, proferirá, se for o caso, novo julgamento e determinará a restituição do depósito a que se refere o inciso II do art. 968.

Parágrafo único. Considerando, por unanimidade, inadmissível ou improcedente o pedido, o tribunal determinará a reversão, em favor do réu, da importância do depósito, sem prejuízo do disposto no § 2º do art. 82.

Art. 975. O direito à rescisão se extingue em 2 (dois) anos contados do trânsito em julgado da última decisão proferida no processo.

› Súm. 401, STJ; 264, STF.

§ 1º Prorroga-se até o primeiro dia útil imediatamente subsequente o prazo a que se refere o *caput*, quando expirar durante férias forenses, recesso, feriados ou em dia em que não houver expediente forense.

§ 2º Se fundada a ação no inciso VII do art. 966, o termo inicial do prazo será a data de descoberta da prova nova, observado o prazo máximo de 5 (cinco) anos, contado do trânsito em julgado da última decisão proferida no processo.

§ 3º Nas hipóteses de simulação ou de colusão das partes, o prazo começa a contar, para o terceiro prejudicado e para o Ministério Público, que não interveio no processo, a partir do momento em que têm ciência da simulação ou da colusão.

CAPÍTULO VIII
DO INCIDENTE DE RESOLUÇÃO DE DEMANDAS REPETITIVAS

Art. 976. É cabível a instauração do incidente de resolução de demandas repetitivas quando houver, simultaneamente:

I - efetiva repetição de processos que contenham controvérsia sobre a mesma questão unicamente de direito;

II - risco de ofensa à isonomia e à segurança jurídica.

§ 1º A desistência ou o abandono do processo não impede o exame de mérito do incidente.

§ 2º Se não for o requerente, o Ministério Público intervirá obrigatoriamente no incidente e deverá assumir sua titularidade em caso de desistência ou de abandono.

§ 3º A inadmissão do incidente de resolução de demandas repetitivas por ausência de qualquer de seus pressupostos de admissibilidade não impede que, uma vez satisfeito o requisito, seja o incidente novamente suscitado.

§ 4º É incabível o incidente de resolução de demandas repetitivas quando um dos tribunais superiores, no âmbito de sua respectiva competência, já tiver afetado recurso para definição de tese sobre questão de direito material ou processual repetitiva.

§ 5º Não serão exigidas custas processuais no incidente de resolução de demandas repetitivas.

Art. 977. O pedido de instauração do incidente será dirigido ao presidente de tribunal:

I - pelo juiz ou relator, por ofício;

II - pelas partes, por petição;

III - pelo Ministério Público ou pela Defensoria Pública, por petição.

Parágrafo único. O ofício ou a petição será instruído com os documentos necessários à demonstração do preenchimento dos pressupostos para a instauração do incidente.

Art. 978. O julgamento do incidente caberá ao órgão indicado pelo regimento interno dentre aqueles responsáveis pela uniformização de jurisprudência do tribunal.

Parágrafo único. O órgão colegiado incumbido de julgar o incidente e de fixar a tese jurídica julgará igualmente o recurso, a remessa necessária ou o processo de competência originária de onde se originou o incidente.

Art. 979. A instauração e o julgamento do incidente serão sucedidos da mais ampla e específica divulgação e publicidade, por meio de registro eletrônico no Conselho Nacional de Justiça.

§ 1º Os tribunais manterão banco eletrônico de dados atualizados com informações específicas sobre questões de direito submetidas ao incidente, comunicando-o imediatamente ao Conselho Nacional de Justiça para inclusão no cadastro.

§ 2º Para possibilitar a identificação dos processos abrangidos pela decisão do incidente, o registro eletrônico das teses jurídicas constantes do cadastro conterá, no mínimo, os fundamentos determinantes da decisão e os dispositivos normativos a ela relacionados.

§ 3º Aplica-se o disposto neste artigo ao julgamento de recursos repetitivos e da repercussão geral em recurso extraordinário.

Art. 980. O incidente será julgado no prazo de 1 (um) ano e terá preferência sobre os demais feitos, ressalvados os que envolvam réu preso e os pedidos de *habeas corpus*.

Parágrafo único. Superado o prazo previsto no *caput*, cessa a suspensão dos processos prevista no art. 982, salvo decisão fundamentada do relator em sentido contrário.

Art. 981. Após a distribuição, o órgão colegiado competente para julgar o incidente procederá ao seu juízo de admissibilidade, considerando a presença dos pressupostos do art. 976.

Art. 982. Admitido o incidente, o relator:

I - suspenderá os processos pendentes, individuais ou coletivos, que tramitam no Estado ou na região, conforme o caso;

II - poderá requisitar informações a órgãos em cujo juízo tramita processo no qual se discute o objeto do incidente, que as prestarão no prazo de 15 (quinze) dias;

III - intimará o Ministério Público para, querendo, manifestar-se no prazo de 15 (quinze) dias.

§ 1º A suspensão será comunicada aos órgãos jurisdicionais competentes.

§ 2º Durante a suspensão, o pedido de tutela de urgência deverá ser dirigido ao juízo onde tramita o processo suspenso.

§ 3º Visando à garantia da segurança jurídica, qualquer legitimado mencionado no art. 977, incisos II e III, poderá requerer, ao tribunal competente para conhecer do recurso extraordinário ou especial, a suspensão de todos os processos individuais ou coletivos em curso no território nacional que versem sobre a questão objeto do incidente já instaurado.

§ 4º Independentemente dos limites da competência territorial, a parte no processo em curso no qual se discuta a mesma questão objeto do incidente é legitimada para requerer a providência prevista no § 3º deste artigo.

§ 5º Cessa a suspensão a que se refere o inciso I do *caput* deste artigo se não for interposto recurso especial ou recurso extraordinário contra a decisão proferida no incidente.

Art. 983. O relator ouvirá as partes e os demais interessados, inclusive pessoas, órgãos e entidades com interesse na controvérsia, que, no prazo comum de 15 (quinze) dias, poderão requerer a juntada de documentos, bem como as diligências necessárias para a elucidação da questão de direito controvertida, e, em seguida, manifestar-se-á o Ministério Público, no mesmo prazo.

§ 1º Para instruir o incidente, o relator poderá designar data para, em audiência pública, ouvir depoimentos de pessoas com experiência e conhecimento na matéria.

§ 2º Concluídas as diligências, o relator solicitará dia para o julgamento do incidente.

Art. 984. No julgamento do incidente, observar-se-á a seguinte ordem:

I - o relator fará a exposição do objeto do incidente;

II - poderão sustentar suas razões, sucessivamente:

a) o autor e o réu do processo originário e o Ministério Público, pelo prazo de 30 (trinta) minutos;

b) os demais interessados, no prazo de 30 (trinta) minutos, divididos entre todos, sendo exigida a inscrição com 2 (dois) dias de antecedência.

§ 1º Considerando o número de inscritos, o prazo poderá ser ampliado.

§ 2º O conteúdo do acórdão abrangerá a análise de todos os fundamentos suscitados concernentes à tese jurídica discutida, sejam favoráveis ou contrários.

Art. 985. Julgado o incidente, a tese jurídica será aplicada:

I - a todos os processos individuais ou coletivos que versem sobre idêntica questão de direito e que tramitem na área de jurisdição do respectivo tribunal, inclusive àqueles que tramitem nos juizados especiais do respectivo Estado ou região;

II - aos casos futuros que versem idêntica questão de direito e que venham a tramitar no território de competência do tribunal, salvo revisão na forma do art. 986.

§ 1º Não observada a tese adotada no incidente, caberá reclamação.

§ 2º Se o incidente tiver por objeto questão relativa a prestação de serviço concedido, permitido ou autorizado, o resultado do julgamento será comunicado ao órgão, ao ente ou à agência reguladora competente para fiscalização da efetiva aplicação, por parte dos entes sujeitos a regulação, da tese adotada.

Art. 986. A revisão da tese jurídica firmada no incidente far-se-á pelo mesmo tribunal, de ofício ou mediante requerimento dos legitimados mencionados no art. 977, inciso III.

Art. 987. Do julgamento do mérito do incidente caberá recurso extraordinário ou especial, conforme o caso.

§ 1º O recurso tem efeito suspensivo, presumindo-se a repercussão geral de questão constitucional eventualmente discutida.

§ 2º Apreciado o mérito do recurso, a tese jurídica adotada pelo Supremo Tribunal Federal ou pelo Superior Tribunal de Justiça será aplicada no território nacional a todos os processos individuais ou coletivos que versem sobre idêntica questão de direito.

CAPÍTULO IX
DA RECLAMAÇÃO

‣ Res. 3/2016, STJ/GP.

Art. 988. Caberá reclamação da parte interessada ou do Ministério Público para:

‣ art. 156, RISTF.

‣ Súm. 734, STF.

I - preservar a competência do tribunal;

II - garantir a autoridade das decisões do tribunal;

III – garantir a observância de enunciado de súmula vinculante e de decisão do Supremo Tribunal Federal em controle concentrado de constitucionalidade; (Alterado pela Lei 13.256/2016)

IV – garantir a observância de acórdão proferido em julgamento de incidente de resolução de demandas repetitivas ou de incidente de assunção de competência; (Alterado pela Lei 13.256/2016)

§ 1º A reclamação pode ser proposta perante qualquer tribunal, e seu julgamento compete ao órgão jurisdicional cuja competência se busca preservar ou cuja autoridade se pretenda garantir.

§ 2º A reclamação deverá ser instruída com prova documental e dirigida ao presidente do tribunal.

§ 3º Assim que recebida, a reclamação será autuada e distribuída ao relator do processo principal, sempre que possível.

§ 4º As hipóteses dos incisos III e IV compreendem a aplicação indevida da tese jurídica e sua não aplicação aos casos que a ela correspondam.

§ 5º É inadmissível a reclamação: (Alterado pela Lei 13.256/2016)

I – proposta após o trânsito em julgado da decisão reclamada; (Acrescentado pela Lei 13.256/2016)

II – proposta para garantir a observância de acórdão de recurso extraordinário com repercussão geral reconhecida ou de acórdão proferido em julgamento de recursos extraordinário ou especial repetitivos, quando não esgotadas as instâncias ordinárias. (Acrescentado pela Lei 13.256/2016)

§ 6º A inadmissibilidade ou o julgamento do recurso interposto contra a decisão proferida pelo órgão reclamado não prejudica a reclamação.

Art. 989. Ao despachar a reclamação, o relator:

I - requisitará informações da autoridade a quem for imputada a prática do ato impugnado, que as prestará no prazo de 10 (dez) dias;

II - se necessário, ordenará a suspensão do processo ou do ato impugnado para evitar dano irreparável;

III - determinará a citação do beneficiário da decisão impugnada, que terá prazo de 15 (quinze) dias para apresentar a sua contestação.

Art. 990. Qualquer interessado poderá impugnar o pedido do reclamante.

Art. 991. Na reclamação que não houver formulado, o Ministério Público terá vista do processo por 5 (cinco) dias, após o decurso do prazo para informações e para o oferecimento da contestação pelo beneficiário do ato impugnado.

Art. 992. Julgando procedente a reclamação, o tribunal cassará a decisão exorbitante de seu julgado ou determinará medida adequada à solução da controvérsia.

Art. 993. O presidente do tribunal determinará o imediato cumprimento da decisão, lavrando-se o acórdão posteriormente.

TÍTULO II
DOS RECURSOS

CAPÍTULO I
DISPOSIÇÕES GERAIS

Art. 994. São cabíveis os seguintes recursos:

I - apelação;

‣ arts. 1.009 a 1.014, CPC.

II - agravo de instrumento;

‣ arts. 1.015 a 1.020, CPC.

III - agravo interno;

‣ art. 1.021, CPC.

‣ Res. 587/2016, STF.

IV - embargos de declaração;

‣ arts. 1.022 a 1.026, CPC.

‣ Res. 587/2016, STF.

V - recurso ordinário;

‣ arts. 1.027 e 1.028, CPC.

VI - recurso especial;

‣ arts. 1.029 a 1.041, CPC.

VII - recurso extraordinário;

‣ arts. 1.029 a 1.041, CPC.

VIII - agravo em recurso especial ou extraordinário;

‣ art. 1.042, CPC.

IX - embargos de divergência.

‣ arts. 1.043 e 1.044, CPC.

‣ Súm. 158; 168; 315; 316; e 420, STJ.

Art. 995. Os recursos não impedem a eficácia da decisão, salvo disposição legal ou decisão judicial em sentido diverso.

Parágrafo único. A eficácia da decisão recorrida poderá ser suspensa por decisão do relator, se da imediata produção de seus efeitos houver risco de dano grave, de difícil ou impossível reparação, e ficar demonstrada a probabilidade de provimento do recurso.

‣ art. 14, Lei 7.347/1985 (Ação Civil Pública).

Art. 996. O recurso pode ser interposto pela parte vencida, pelo terceiro prejudicado e pelo Ministério Público, como parte ou como fiscal da ordem jurídica.

‣ Súm. 99 e 226, STJ.

Parágrafo único. Cumpre ao terceiro demonstrar a possibilidade de a decisão sobre a relação jurídica submetida à apreciação judicial atingir direito de que se afirme titular ou que possa discutir em juízo como substituto processual.

Art. 997. Cada parte interporá o recurso independentemente, no prazo e com observância das exigências legais.

§ 1º Sendo vencidos autor e réu, ao recurso interposto por qualquer deles poderá aderir o outro.

§ 2º O recurso adesivo fica subordinado ao recurso independente, sendo-lhe aplicáveis as mesmas regras deste quanto aos requisitos de admissibilidade e julgamento no tribunal, salvo disposição legal diversa, observado, ainda, o seguinte:

I - será dirigido ao órgão perante o qual o recurso independente fora interposto, no prazo de que a parte dispõe para responder;

II - será admissível na apelação, no recurso extraordinário e no recurso especial;

III - não será conhecido, se houver desistência do recurso principal ou se for ele considerado inadmissível.

Art. 998. O recorrente poderá, a qualquer tempo, sem a anuência do recorrido ou dos litisconsortes, desistir do recurso.

Parágrafo único. A desistência do recurso não impede a análise de questão cuja repercussão geral já tenha sido reconhecida e daquela objeto de julgamento de recursos extraordinários ou especiais repetitivos.

Art. 999. A renúncia ao direito de recorrer independe da aceitação da outra parte.

Art. 1.000. A parte que aceitar expressa ou tacitamente a decisão não poderá recorrer.

Parágrafo único. Considera-se aceitação tácita a prática, sem nenhuma reserva, de ato incompatível com a vontade de recorrer.

Art. 1.001. Dos despachos não cabe recurso.

Art. 1.002. A decisão pode ser impugnada no todo ou em parte.

Art. 1.003. O prazo para interposição de recurso conta-se da data em que os advogados, a sociedade de advogados, a Advocacia Pública, a Defensoria Pública ou o Ministério Público são intimados da decisão.

§ 1º Os sujeitos previstos no *caput* considerar-se-ão intimados em audiência quando nesta for proferida a decisão.

§ 2º Aplica-se o disposto no art. 231, incisos I a VI, ao prazo de interposição de recurso pelo réu contra decisão proferida anteriormente à citação.

§ 3º No prazo para interposição de recurso, a petição será protocolada em cartório ou conforme as normas de organização judiciária, ressalvado o disposto em regra especial.

§ 4º Para aferição da tempestividade do recurso remetido pelo correio, será considerada como data de interposição a data de postagem.

§ 5º Excetuados os embargos de declaração, o prazo para interpor os recursos e para responder-lhes é de 15 (quinze) dias.

§ 6º O recorrente comprovará a ocorrência de feriado local no ato de interposição do recurso.

Art. 1.004. Se, durante o prazo para a interposição do recurso, sobrevier o falecimento da parte ou de seu advogado ou ocorrer motivo de força maior que suspenda o curso do processo, será tal prazo restituído em proveito da parte, do herdeiro ou do sucessor, contra quem começará a correr novamente depois da intimação.

Art. 1.005. O recurso interposto por um dos litisconsortes a todos aproveita, salvo se distintos ou opostos os seus interesses.

Parágrafo único. Havendo solidariedade passiva, o recurso interposto por um devedor aproveitará aos outros quando as defesas opostas ao credor lhes forem comuns.

- arts. 275 a 285, CC.

Art. 1.006. Certificado o trânsito em julgado, com menção expressa da data de sua ocorrência, o escrivão ou o chefe de secretaria, independentemente de despacho, providenciará a baixa dos autos ao juízo de origem, no prazo de 5 (cinco) dias.

Art. 1.007. No ato de interposição do recurso, o recorrente comprovará, quando exigido pela legislação pertinente, o respectivo preparo, inclusive porte de remessa e de retorno, sob pena de deserção.

- Súm. 484, STJ.

§ 1º São dispensados de preparo, inclusive porte de remessa e de retorno, os recursos interpostos pelo Ministério Público, pela União, pelo Distrito Federal, pelos Estados, pelos Municípios, e respectivas autarquias, e pelos que gozam de isenção legal.

§ 2º A insuficiência no valor do preparo, inclusive porte de remessa e de retorno, implicará deserção se o recorrente, intimado na pessoa de seu advogado, não vier a supri-lo no prazo de 5 (cinco) dias.

§ 3º É dispensado o recolhimento do porte de remessa e de retorno no processo em autos eletrônicos.

§ 4º O recorrente que não comprovar, no ato de interposição do recurso, o recolhimento do preparo, inclusive porte de remessa e de retorno, será intimado, na pessoa de seu advogado, para realizar o recolhimento em dobro, sob pena de deserção.

§ 5º É vedada a complementação se houver insuficiência parcial do preparo, inclusive porte de remessa e de retorno, no recolhimento realizado na forma do § 4º.

§ 6º Provando o recorrente justo impedimento, o relator relevará a pena de deserção, por decisão irrecorrível, fixando-lhe prazo de 5 (cinco) dias para efetuar o preparo.

§ 7º O equívoco no preenchimento da guia de custas não implicará a aplicação da pena de deserção, cabendo ao relator, na hipótese de dúvida quanto ao recolhimento, intimar o recorrente para sanar o vício no prazo de 5 (cinco) dias.

Art. 1.008. O julgamento proferido pelo tribunal substituirá a decisão impugnada no que tiver sido objeto de recurso.

CAPÍTULO II
DA APELAÇÃO

Art. 1.009. Da sentença cabe apelação.

- art. 156, p.ún., Lei 11.101/2005 (Lei de falência).

§ 1º As questões resolvidas na fase de conhecimento, se a decisão a seu respeito não comportar agravo de instrumento, não são cobertas pela preclusão e devem ser suscitadas em preliminar de apelação, eventualmente interposta contra a decisão final, ou nas contrarrazões.

§ 2º Se as questões referidas no § 1º forem suscitadas em contrarrazões, o recorrente será intimado para, em 15 (quinze) dias, manifestar-se a respeito delas.

§ 3º O disposto no *caput* deste artigo aplica-se mesmo quando as questões mencionadas no art. 1.015 integrarem capítulo da sentença.

Art. 1.010. A apelação, interposta por petição dirigida ao juízo de primeiro grau, conterá:

I - os nomes e a qualificação das partes;

II - a exposição do fato e do direito;

III - as razões do pedido de reforma ou de decretação de nulidade;

IV - o pedido de nova decisão.

§ 1º O apelado será intimado para apresentar contrarrazões no prazo de 15 (quinze) dias.

§ 2º Se o apelado interpuser apelação adesiva, o juiz intimará o apelante para apresentar contrarrazões.

§ 3º Após as formalidades previstas nos §§ 1º e 2º, os autos serão remetidos ao tribunal pelo juiz, independentemente de juízo de admissibilidade.

Art. 1.011. Recebido o recurso de apelação no tribunal e distribuído imediatamente, o relator:

I - decidi-lo-á monocraticamente apenas nas hipóteses do art. 932, incisos III a V;

II - se não for o caso de decisão monocrática, elaborará seu voto para julgamento do recurso pelo órgão colegiado.

Art. 1.012. A apelação terá efeito suspensivo.

- arts. 58, V, Lei 8.245/1991 (Lei de locação).
- Súm. 331, STJ.

§ 1º Além de outras hipóteses previstas em lei, começa a produzir efeitos imediatamente após a sua publicação a sentença que:

I - homologa divisão ou demarcação de terras;

- arts. 569 a 598, CPC.

II - condena a pagar alimentos;

- arts. 528 a 533, CPC.
- art. 19, Lei 5.478/1968 (Lei de alimentos).
- Lei 11.804/2008 (Alimentos gravídicos).

III - extingue sem resolução do mérito ou julga improcedentes os embargos do executado;

IV - julga procedente o pedido de instituição de arbitragem;

- Lei 9.307/1996 (Arbitragem).

V - confirma, concede ou revoga tutela provisória;

- arts. 294 a 311, CPC.

VI - decreta a interdição.

- arts. 747 a 758, CPC.

§ 2º Nos casos do § 1º, o apelado poderá promover o pedido de cumprimento provisório depois de publicada a sentença.

§ 3º O pedido de concessão de efeito suspensivo nas hipóteses do § 1º poderá ser formulado por requerimento dirigido ao:

I - tribunal, no período compreendido entre a interposição da apelação e sua distribuição, ficando o relator designado para seu exame prevento para julgá-la;

II - relator, se já distribuída a apelação.

§ 4º Nas hipóteses do § 1º, a eficácia da sentença poderá ser suspensa pelo relator se o apelante demonstrar a probabilidade de provimento do recurso ou se, sendo relevante a fundamentação, houver risco de dano grave ou de difícil reparação.

Art. 1.013. A apelação devolverá ao tribunal o conhecimento da matéria impugnada.

§ 1º Serão, porém, objeto de apreciação e julgamento pelo tribunal todas as questões suscitadas e discutidas no processo, ainda que não tenham sido solucionadas, desde que relativas ao capítulo impugnado.

- Súm. 393, TST.

§ 2º Quando o pedido ou a defesa tiver mais de um fundamento e o juiz acolher apenas um deles, a apelação devolverá ao tribunal o conhecimento dos demais.

§ 3º Se o processo estiver em condições de imediato julgamento, o tribunal deve decidir desde logo o mérito quando:

I - reformar sentença fundada no art. 485;

II - decretar a nulidade da sentença por não ser ela congruente com os limites do pedido ou da causa de pedir;

III - constatar a omissão no exame de um dos pedidos, hipótese em que poderá julgá-lo;

IV - decretar a nulidade de sentença por falta de fundamentação.

- art. 93, IX, CF.

§ 4º Quando reformar sentença que reconheça a decadência ou a prescrição, o tribunal, se possível, julgará o mérito, examinando as demais questões, sem determinar o retorno do processo ao juízo de primeiro grau.

§ 5º O capítulo da sentença que confirma, concede ou revoga a tutela provisória é impugnável na apelação.

Art. 1.014. As questões de fato não propostas no juízo inferior poderão ser suscitadas na apelação, se a parte provar que deixou de fazê-lo por motivo de força maior.

- art. 393, p.ún., CC.

CAPÍTULO III
DO AGRAVO DE INSTRUMENTO

Art. 1.015. Cabe agravo de instrumento contra as decisões interlocutórias que versarem sobre:

- art. 203, § 2º, CPC.
- art. 7º, § 1º, Lei 12.016/2009 (Mandado de Segurança).

I - tutelas provisórias;

- arts. 294 a 311, CPC.

II - mérito do processo;

III - rejeição da alegação de convenção de arbitragem;

- Lei 9.307/1996 (Arbitragem).

IV - incidente de desconsideração da personalidade jurídica;

- art. 50, CC.
- art. 136, CPC.
- art. 28, CDC.

V - rejeição do pedido de gratuidade da justiça ou acolhimento do pedido de sua revogação;

- art. 101, CPC.

VI - exibição ou posse de documento ou coisa;

- arts. 396 a 404, CPC.

VII - exclusão de litisconsorte;

VIII - rejeição do pedido de limitação do litisconsórcio;

- arts. 113 a 118, CPC.

IX - admissão ou inadmissão de intervenção de terceiros;

- arts. 119 a 138, CPC.

X - concessão, modificação ou revogação do efeito suspensivo aos embargos à execução;

- art. 919, CPC.

XI - redistribuição do ônus da prova nos termos do art. 373, § 1º;

XII - (Vetado);

XIII - outros casos expressamente referidos em lei.

Parágrafo único. Também caberá agravo de instrumento contra decisões interlocutórias proferidas na fase de liquidação de sentença ou de cumprimento de sentença, no processo de execução e no processo de inventário.

Art. 1.016. O agravo de instrumento será dirigido diretamente ao tribunal competente, por meio de petição com os seguintes requisitos:

I - os nomes das partes;

II - a exposição do fato e do direito;

III - as razões do pedido de reforma ou de invalidação da decisão e o próprio pedido;

IV - o nome e o endereço completo dos advogados constantes do processo.

Art. 1.017. A petição de agravo de instrumento será instruída:

I - obrigatoriamente, com cópias da petição inicial, da contestação, da petição que ensejou a decisão agravada, da própria decisão agravada, da certidão da respectiva intimação ou outro documento oficial que comprove a tempestividade e das procurações outorgadas aos advogados do agravante e do agravado;

▸ Súm. 223, STJ.

II - com declaração de inexistência de qualquer dos documentos referidos no inciso I, feita pelo advogado do agravante, sob pena de sua responsabilidade pessoal;

III - facultativamente, com outras peças que o agravante reputar úteis.

§ 1º Acompanhará a petição o comprovante do pagamento das respectivas custas e do porte de retorno, quando devidos, conforme tabela publicada pelos tribunais.

§ 2º No prazo do recurso, o agravo será interposto por:

I - protocolo realizado diretamente no tribunal competente para julgá-lo;

II - protocolo realizado na própria comarca, seção ou subseção judiciárias;

III - postagem, sob registro, com aviso de recebimento;

IV - transmissão de dados tipo fac-símile, nos termos da lei;

V - outra forma prevista em lei.

§ 3º Na falta da cópia de qualquer peça ou no caso de algum outro vício que comprometa a admissibilidade do agravo de instrumento, deve o relator aplicar o disposto no art. 932, parágrafo único.

§ 4º Se o recurso for interposto por sistema de transmissão de dados tipo fac-símile ou similar, as peças devem ser juntadas no momento de protocolo da petição original.

§ 5º Sendo eletrônicos os autos do processo, dispensam-se as peças referidas nos incisos I e II do *caput*, facultando-se ao agravante anexar outros documentos que entender úteis para a compreensão da controvérsia.

Art. 1.018. O agravante poderá requerer a juntada, aos autos do processo, de cópia da petição do agravo de instrumento, do comprovante de sua interposição e da relação dos documentos que instruíram o recurso.

§ 1º Se o juiz comunicar que reformou inteiramente a decisão, o relator considerará prejudicado o agravo de instrumento.

§ 2º Não sendo eletrônicos os autos, o agravante tomará a providência prevista no *caput*, no prazo de 3 (três) dias a contar da interposição do agravo de instrumento.

§ 3º O descumprimento da exigência de que trata o § 2º, desde que arguido e provado pelo agravado, importa inadmissibilidade do agravo de instrumento.

Art. 1.019. Recebido o agravo de instrumento no tribunal e distribuído imediatamente, se não for o caso de aplicação do art. 932, incisos III e IV, o relator, no prazo de 5 (cinco) dias:

I - poderá atribuir efeito suspensivo ao recurso ou deferir, em antecipação de tutela, total ou parcialmente, a pretensão recursal, comunicando ao juiz sua decisão;

II - ordenará a intimação do agravado pessoalmente, por carta com aviso de recebimento, quando não tiver procurador constituído, ou pelo Diário da Justiça ou por carta com aviso de recebimento dirigida ao seu advogado, para que responda no prazo de 15 (quinze) dias, facultando-lhe juntar a documentação que entender necessária ao julgamento do recurso;

III - determinará a intimação do Ministério Público, preferencialmente por meio eletrônico, quando for o caso de sua intervenção, para que se manifeste no prazo de 15 (quinze) dias.

Art. 1.020. O relator solicitará dia para julgamento em prazo não superior a 1 (um) mês da intimação do agravado.

CAPÍTULO IV
DO AGRAVO INTERNO

Art. 1.021. Contra decisão proferida pelo relator caberá agravo interno para o respectivo órgão colegiado, observadas, quanto ao processamento, as regras do regimento interno do tribunal.

▸ Res. 587/2016, STF.

▸ Súm. 182, STJ.

§ 1º Na petição de agravo interno, o recorrente impugnará especificadamente os fundamentos da decisão agravada.

§ 2º O agravo será dirigido ao relator, que intimará o agravado para manifestar-se sobre o recurso no prazo de 15 (quinze) dias, ao final do qual, não havendo retratação, o relator levá-lo-á a julgamento pelo órgão colegiado, com inclusão em pauta.

§ 3º É vedado ao relator limitar-se à reprodução dos fundamentos da decisão agravada para julgar improcedente o agravo interno.

§ 4º Quando o agravo interno for declarado manifestamente inadmissível ou improcedente em votação unânime, o órgão colegiado, em decisão fundamentada, condenará o agravante a pagar ao agravado multa fixada entre um e cinco por cento do valor atualizado da causa.

▸ art. 1º, Res. nº 9/2018, STJ/GP.

§ 5º A interposição de qualquer outro recurso está condicionada ao depósito prévio do valor da multa prevista no § 4º, à exceção da Fazenda Pública e do beneficiário de gratuidade da justiça, que farão o pagamento ao final.

▸ art. 1º, Res. nº 9/2018, STJ/GP.

CAPÍTULO V
DOS EMBARGOS DE DECLARAÇÃO

Art. 1.022. Cabem embargos de declaração contra qualquer decisão judicial para:

▸ Res. 587/2016, STF.

I - esclarecer obscuridade ou eliminar contradição;

II - suprir omissão de ponto ou questão sobre o qual devia se pronunciar o juiz de ofício ou a requerimento;

III - corrigir erro material.

▸ art. 494, II, CPC.

Parágrafo único. Considera-se omissa a decisão que:

I - deixe de se manifestar sobre tese firmada em julgamento de casos repetitivos ou em incidente de assunção de competência aplicável ao caso sob julgamento;

▸ arts. 928 e 947, CPC.

II - incorra em qualquer das condutas descritas no art. 489, § 1º.

Art. 1.023. Os embargos serão opostos, no prazo de 5 (cinco) dias, em petição dirigida ao juiz, com indicação do erro, obscuridade, contradição ou omissão, e não se sujeitam a preparo.

▸ art. 1.003, § 5º, CPC.

§ 1º Aplica-se aos embargos de declaração o art. 229.

§ 2º O juiz intimará o embargado para, querendo, manifestar-se, no prazo de 5 (cinco) dias, sobre os embargos opostos, caso seu eventual acolhimento implique a modificação da decisão embargada.

Art. 1.024. O juiz julgará os embargos em 5 (cinco) dias.

▸ art. 12, § 2º, V, CPC.

§ 1º Nos tribunais, o relator apresentará os embargos em mesa na sessão subsequente, proferindo voto, e, não havendo julgamento nessa sessão, será o recurso incluído em pauta automaticamente.

§ 2º Quando os embargos de declaração forem opostos contra decisão de relator ou outra decisão unipessoal proferida em tribunal, o órgão prolator da decisão embargada decidi-los-á monocraticamente.

§ 3º O órgão julgador conhecerá dos embargos de declaração como agravo interno se entender ser este o recurso cabível, desde que determine previamente a intimação do recorrente para, no prazo de 5 (cinco) dias, complementar as razões recursais, de modo a ajustá-las às exigências do art. 1.021, § 1º.

▸ Res. 587/2016, STF.

§ 4º Caso o acolhimento dos embargos de declaração implique modificação da decisão embargada, o embargado que já tiver interposto outro recurso contra a decisão originária tem o direito de complementar ou alterar suas razões, nos exatos limites da modificação, no prazo de 15 (quinze) dias, contado da intimação da decisão dos embargos de declaração.

§ 5º Se os embargos de declaração forem rejeitados ou não alterarem a conclusão do julgamento anterior, o recurso interposto pela outra parte antes da publicação do julgamento dos embargos de declaração será processado e julgado independentemente de ratificação.

▸ Súm. 579, STJ.

Art. 1.025. Consideram-se incluídos no acórdão os elementos que o embargante suscitou, para fins de pré-questionamento, ainda que os embargos de declaração sejam inadmitidos ou rejeitados, caso o tribunal superior considere existentes erro, omissão, contradição ou obscuridade.

Art. 1.026. Os embargos de declaração não possuem efeito suspensivo e interrompem o prazo para a interposição de recurso.

§ 1º A eficácia da decisão monocrática ou colegiada poderá ser suspensa pelo respectivo juiz ou relator se demonstrada a probabilidade de provimento do recurso ou, sendo relevante a fundamentação, se houver risco de dano grave ou de difícil reparação.

§ 2º Quando manifestamente protelatórios os embargos de declaração, o juiz ou o tribunal, em decisão fundamentada, condenará o embargante a pagar ao embargado multa não excedente a dois por cento sobre o valor atualizado da causa.

▸ art. 1º, Res. nº 9/2018, STJ/GP.

§ 3º Na reiteração de embargos de declaração manifestamente protelatórios, a multa será elevada a até dez por cento sobre o valor atualizado da causa, e a interposição de qualquer recurso ficará condicionada ao depósito prévio do valor da multa, à exceção da Fazenda Pública e do beneficiário de gratuidade da justiça, que a recolherão ao final.

▸ Súm. 98, STJ; Súm. 353, TST.

▸ art. 1º, Res. nº 9/2018, STJ.

§ 4º Não serão admitidos novos embargos de declaração se os 2 (dois) anteriores houverem sido considerados protelatórios.

CAPÍTULO VI
DOS RECURSOS PARA O SUPREMO TRIBUNAL FEDERAL E PARA O SUPERIOR TRIBUNAL DE JUSTIÇA

SEÇÃO I
DO RECURSO ORDINÁRIO

▸ arts. 102 a 105, CF.

Art. 1.027. Serão julgados em recurso ordinário:

› arts. 102, II; e 105, II, CF.

I - pelo Supremo Tribunal Federal, os mandados de segurança, os *habeas data* e os mandados de injunção decididos em única instância pelos tribunais superiores, quando denegatória a decisão;

II - pelo Superior Tribunal de Justiça:

a) os mandados de segurança decididos em única instância pelos tribunais regionais federais ou pelos tribunais de justiça dos Estados e do Distrito Federal e Territórios, quando denegatória a decisão;

b) os processos em que forem partes, de um lado, Estado estrangeiro ou organismo internacional e, de outro, Município ou pessoa residente ou domiciliada no País.

§ 1º Nos processos referidos no inciso II, alínea "b", contra as decisões interlocutórias caberá agravo de instrumento dirigido ao Superior Tribunal de Justiça, nas hipóteses do art. 1.015.

§ 2º Aplica-se ao recurso ordinário o disposto nos arts. 1.013, § 3º, e 1.029, § 5º.

Art. 1.028. Ao recurso mencionado no art. 1.027, inciso II, alínea "b", aplicam-se, quanto aos requisitos de admissibilidade e ao procedimento, as disposições relativas à apelação e o Regimento Interno do Superior Tribunal de Justiça.

› Súm. 272 e 513, STF.

§ 1º Na hipótese do art. 1.027, § 1º, aplicam-se as disposições relativas ao agravo de instrumento e o Regimento Interno do Superior Tribunal de Justiça.

§ 2º O recurso previsto no art. 1.027, incisos I e II, alínea "a", deve ser interposto perante o tribunal de origem, cabendo ao seu presidente ou vice-presidente determinar a intimação do recorrido para, em 15 (quinze) dias, apresentar as contrarrazões.

§ 3º Findo o prazo referido no § 2º, os autos serão remetidos ao respectivo tribunal superior, independentemente de juízo de admissibilidade.

SEÇÃO II
DO RECURSO EXTRAORDINÁRIO E DO RECURSO ESPECIAL

SUBSEÇÃO I
DISPOSIÇÕES GERAIS

› Lei 8.038/1990 (Lei dos Recursos Especial e Extraordinário).

Art. 1.029. O recurso extraordinário e o recurso especial, nos casos previstos na Constituição Federal, serão interpostos perante o presidente ou o vice-presidente do tribunal recorrido, em petições distintas que conterão:

› Súm. 272, 279, 282, 288, 513, 634 a 637, 640, 635, 733 e 735, STF.

› Súm. 5, 7, 13, 83, 86, 126, 203, 256 e 579, STJ.

I - a exposição do fato e do direito;

II - a demonstração do cabimento do recurso interposto;

III - as razões do pedido de reforma ou de invalidação da decisão recorrida.

§ 1º Quando o recurso fundar-se em dissídio jurisprudencial, o recorrente fará a prova da divergência com a certidão, cópia ou citação do repositório de jurisprudência, oficial ou credenciado, inclusive em mídia eletrônica, em que houver sido publicado o acórdão divergente, ou ainda com a reprodução de julgado disponível na rede mundial de computadores, com indicação da respectiva fonte, devendo se, em qualquer caso, mencionar as circunstâncias que identifiquem ou assemelhem os casos confrontados.

§ 2º (Revogado pela Lei 13.256/2016)

§ 3º O Supremo Tribunal Federal ou o Superior Tribunal de Justiça poderá desconsiderar vício formal de recurso tempestivo ou determinar sua correção, desde que não o repute grave.

§ 4º Quando, por ocasião do processamento do incidente de resolução de demandas repetitivas, o presidente do Supremo Tribunal Federal ou do Superior Tribunal de Justiça receber requerimento de suspensão de processos em que se discuta questão federal constitucional ou infraconstitucional, poderá, considerando razões de segurança jurídica ou de excepcional interesse social, estender a suspensão a todo o território nacional, até ulterior decisão do recurso extraordinário ou do recurso especial a ser interposto.

§ 5º O pedido de concessão de efeito suspensivo a recurso extraordinário ou a recurso especial poderá ser formulado por requerimento dirigido:

I – ao tribunal superior respectivo, no período compreendido entre a publicação da decisão de admissão do recurso e sua distribuição, ficando o relator designado para seu exame prevento para julgá-lo; (Alterado pela Lei 13.256/2016)

II - ao relator, se já distribuído o recurso;

III – ao presidente ou ao vice-presidente do tribunal recorrido, no período compreendido entre a interposição do recurso e a publicação da decisão de admissão do recurso, assim como no caso de o recurso ter sido sobrestado, nos termos do art. 1.037. (Alterado pela Lei 13.256/2016)

Art. 1.030. Recebida a petição do recurso pela secretaria do tribunal, o recorrido será intimado para apresentar contrarrazões no prazo de 15 (quinze) dias, findo o qual os autos serão conclusos ao presidente ou ao vice-presidente do tribunal recorrido, que deverá: (Alterado pela Lei 13.256/2016)

I – negar seguimento: (Alterado pela Lei 13.256/2016)

a) a recurso extraordinário que discuta questão constitucional à qual o Supremo Tribunal Federal não tenha reconhecido a existência de repercussão geral ou a recurso extraordinário interposto contra acórdão que esteja em conformidade com entendimento do Supremo Tribunal Federal exarado no regime de repercussão geral; (Alterado pela Lei 13.256/2016)

b) a recurso extraordinário ou a recurso especial interposto contra acórdão que esteja em conformidade com entendimento do Supremo Tribunal Federal ou do Superior Tribunal de Justiça, respectivamente, exarado no regime de julgamento de recursos repetitivos; (Alterado pela Lei 13.256/2016)

II – encaminhar o processo ao órgão julgador para realização do juízo de retratação, se o acórdão recorrido divergir do entendimento do Supremo Tribunal Federal ou do Superior Tribunal de Justiça exarado, conforme o caso, nos regimes de repercussão geral ou de recursos repetitivos; (Alterado pela Lei 13.256/2016)

III – sobrestar o recurso que versar sobre controvérsia de caráter repetitivo ainda não decidida pelo Supremo Tribunal Federal ou pelo Superior Tribunal de Justiça, conforme se trate de matéria constitucional ou infraconstitucional; (Alterado pela Lei 13.256/2016)

IV – selecionar o recurso como representativo de controvérsia constitucional ou infraconstitucional, nos termos do § 6º do art. 1.036; (Alterado pela Lei 13.256/2016)

V – realizar o juízo de admissibilidade e, se positivo, remeter o feito ao Supremo Tribunal Federal ou ao Superior Tribunal de Justiça, desde que: (Alterado pela Lei 13.256/2016)

a) o recurso ainda não tenha sido submetido ao regime de repercussão geral ou de julgamento de recursos repetitivos; (Alterado pela Lei 13.256/2016)

b) o recurso tenha sido selecionado como representativo da controvérsia; ou (Alterado pela Lei 13.256/2016)

c) o tribunal recorrido tenha refutado o juízo de retratação. (Alterado pela Lei 13.256/2016)

§ 1º Da decisão de inadmissibilidade proferida com fundamento no inciso V caberá agravo ao tribunal superior, nos termos do art. 1.042. (Alterado pela Lei 13.256/2016)

§ 2º Da decisão proferida com fundamento nos incisos I e III caberá agravo interno, nos termos do art. 1.021. (Alterado pela Lei 13.256/2016)

› Res. 587/2016, STF.

Art. 1.031. Na hipótese de interposição conjunta de recurso extraordinário e recurso especial, os autos serão remetidos ao Superior Tribunal de Justiça.

§ 1º Concluído o julgamento do recurso especial, os autos serão remetidos ao Supremo Tribunal Federal para apreciação do recurso extraordinário, se este não estiver prejudicado.

§ 2º Se o relator do recurso especial considerar prejudicial o recurso extraordinário, em decisão irrecorrível, sobrestará o julgamento e remeterá os autos ao Supremo Tribunal Federal.

§ 3º Na hipótese do § 2º, se o relator do recurso extraordinário, em decisão irrecorrível, rejeitar a prejudicialidade, devolverá os autos ao Superior Tribunal de Justiça para o julgamento do recurso especial.

Art. 1.032. Se o relator, no Superior Tribunal de Justiça, entender que o recurso especial versa sobre questão constitucional, deverá conceder prazo de 15 (quinze) dias para que o recorrente demonstre a existência de repercussão geral e se manifeste sobre a questão constitucional.

Parágrafo único. Cumprida a diligência de que trata o *caput*, o relator remeterá o recurso ao Supremo Tribunal Federal, que, em juízo de admissibilidade, poderá devolvê-lo ao Superior Tribunal de Justiça.

Art. 1.033. Se o Supremo Tribunal Federal considerar como reflexa a ofensa à Constituição afirmada no recurso extraordinário, por pressupor a revisão da interpretação de lei federal ou de tratado, remetê-lo-á ao Superior Tribunal de Justiça para julgamento como recurso especial.

› Súm. 636, STF.

Art. 1.034. Admitido o recurso extraordinário ou o recurso especial, o Supremo Tribunal Federal ou o Superior Tribunal de Justiça julgará o processo, aplicando o direito.

› Súm. 292, STF.

Parágrafo único. Admitido o recurso extraordinário ou o recurso especial por um fundamento, devolve-se ao tribunal superior o conhecimento dos demais fundamentos para a solução do capítulo impugnado.

Art. 1.035. O Supremo Tribunal Federal, em decisão irrecorrível, não conhecerá do recurso extraordinário quando a questão constitucional nele versada não tiver repercussão geral, nos termos deste artigo.

› art. 102, § 3º, CF.

› arts. 321 a 329, RISTF.

§ 1º Para efeito de repercussão geral, será considerada a existência ou não de questões relevantes do ponto de vista econômico, político, social ou jurídico que ultrapassem os interesses subjetivos do processo.

§ 2º O recorrente deverá demonstrar a existência de repercussão geral para apreciação exclusiva pelo Supremo Tribunal Federal.

§ 3º Haverá repercussão geral sempre que o recurso impugnar acórdão que:

I - contrarie súmula ou jurisprudência dominante do Supremo Tribunal Federal;

II – (Revogado pela Lei 13.256/2016)

III - tenha reconhecido a inconstitucionalidade de tratado ou de lei federal, nos termos do art. 97 da Constituição Federal.

§ 4º O relator poderá admitir, na análise da repercussão geral, a manifestação de terceiros, subscrita por procurador habilitado, nos termos do Regimento Interno do Supremo Tribunal Federal.

§ 5º Reconhecida a repercussão geral, o relator no Supremo Tribunal Federal determinará a suspensão do processamento de todos os processos pendentes, individuais ou coletivos, que versem sobre a questão e tramitem no território nacional.

§ 6º O interessado pode requerer, ao presidente ou ao vice-presidente do tribunal de origem, que exclua da decisão de sobrestamento e inadmita o recurso extraordinário que tenha sido interposto intempestivamente, tendo o recorrente o prazo de 5 (cinco) dias para manifestar-se sobre esse requerimento.

§ 7º Da decisão que indeferir o requerimento referido no § 6º ou que aplicar entendimento firmado em regime de repercussão geral ou em julgamento de recursos repetitivos caberá agravo interno. (Alterado pela Lei 13.256/2016)

‣ Res. 587/2016, STF.

§ 8º Negada a repercussão geral, o presidente ou o vice-presidente do tribunal de origem negará seguimento aos recursos extraordinários sobrestados na origem que versem sobre matéria idêntica.

§ 9º O recurso que tiver a repercussão geral reconhecida deverá ser julgado no prazo de 1 (um) ano e terá preferência sobre os demais feitos, ressalvados os que envolvam réu preso e os pedidos de *habeas corpus*.

§ 10. (Revogado pela Lei 13.256/2016)

§ 11. A súmula da decisão sobre a repercussão geral constará de ata, que será publicada no diário oficial e valerá como acórdão.

SUBSEÇÃO II
DO JULGAMENTO DOS RECURSOS EXTRAORDINÁRIO E ESPECIAL REPETITIVOS

Art. 1.036. Sempre que houver multiplicidade de recursos extraordinários ou especiais com fundamento em idêntica questão de direito, haverá afetação para julgamento de acordo com as disposições desta Subseção, observado o disposto no Regimento Interno do Supremo Tribunal Federal e no do Superior Tribunal de Justiça.

‣ arts. 321 a 329, RISTF.

§ 1º O presidente ou o vice-presidente de tribunal de justiça ou de tribunal regional federal selecionará 2 (dois) ou mais recursos representativos da controvérsia, que serão encaminhados ao Supremo Tribunal Federal ou ao Superior Tribunal de Justiça para fins de afetação, determinando a suspensão do trâmite de todos os processos pendentes, individuais ou coletivos, que tramitem no Estado ou na região, conforme o caso.

§ 2º O interessado pode requerer, ao presidente ou ao vice-presidente, que exclua da decisão de sobrestamento e inadmita o recurso especial ou o recurso extraordinário que tenha sido interposto intempestivamente, tendo o recorrente o prazo de 5 (cinco) dias para manifestar-se sobre esse requerimento.

§ 3º Da decisão que indeferir o requerimento referido no § 2º caberá apenas agravo interno. (Alterado pela Lei 13.256/2016)

‣ Res. 587/2016, STF.

§ 4º A escolha feita pelo presidente ou vice-presidente do tribunal de justiça ou do tribunal regional federal não vinculará o relator no tribunal superior, que poderá selecionar outros recursos representativos da controvérsia.

§ 5º O relator em tribunal superior também poderá selecionar 2 (dois) ou mais recursos representativos da controvérsia para julgamento da questão de direito independentemente da iniciativa do presidente ou do vice-presidente do tribunal de origem.

§ 6º Somente podem ser selecionados recursos admissíveis que contenham abrangente argumentação e discussão a respeito da questão a ser decidida.

Art. 1.037. Selecionados os recursos, o relator, no tribunal superior, constatando a presença do pressuposto do *caput* do art. 1.036, proferirá decisão de afetação, na qual:

I - identificará com precisão a questão a ser submetida a julgamento;

II - determinará a suspensão do processamento de todos os processos pendentes, individuais ou coletivos, que versem sobre a questão e tramitem no território nacional;

III - poderá requisitar aos presidentes ou aos vice-presidentes dos tribunais de justiça ou dos tribunais regionais federais a remessa de um recurso representativo da controvérsia.

§ 1º Se, após receber os recursos selecionados pelo presidente ou pelo vice-presidente de tribunal de justiça ou de tribunal regional federal, não se proceder à afetação, o relator, no tribunal superior, comunicará o fato ao presidente ou ao vice-presidente que os houver enviado, para que seja revogada a decisão de suspensão referida no art. 1.036, § 1º.

§ 2º (Revogado pela Lei 13.256/2016)

§ 3º Havendo mais de uma afetação, será prevento o relator que primeiro tiver proferido a decisão a que se refere o inciso I do *caput*.

§ 4º Os recursos afetados deverão ser julgados no prazo de 1 (um) ano e terão preferência sobre os demais feitos, ressalvados os que envolvam réu preso e os pedidos de *habeas corpus*.

§ 5º (Revogado pela Lei 13.256/2016)

§ 6º Ocorrendo a hipótese do § 5º, é permitido a outro relator do respectivo tribunal superior afetar 2 (dois) ou mais recursos representativos da controvérsia na forma do art. 1.036.

§ 7º Quando os recursos requisitados na forma do inciso III do *caput* contiverem outras questões além daquela que é objeto da afetação, caberá ao tribunal decidir esta em primeiro lugar e depois as demais, em acórdão específico para cada processo.

§ 8º As partes deverão ser intimadas da decisão de suspensão de seu processo, a ser proferida pelo respectivo juiz ou relator quando informado da decisão a que se refere o inciso II do *caput*.

§ 9º Demonstrando distinção entre a questão a ser decidida no processo e aquela a ser julgada no recurso especial ou extraordinário afetado, a parte poderá requerer o prosseguimento do seu processo.

§ 10. O requerimento a que se refere o § 9º será dirigido:

I - ao juiz, se o processo sobrestado estiver em primeiro grau;

II - ao relator, se o processo sobrestado estiver no tribunal de origem;

III - ao relator do acórdão recorrido, se for sobrestado recurso especial ou recurso extraordinário no tribunal de origem;

IV - ao relator, no tribunal superior, de recurso especial ou de recurso extraordinário cujo processamento houver sido sobrestado.

§ 11. A outra parte deverá ser ouvida sobre o requerimento a que se refere o § 9º, no prazo de 5 (cinco) dias.

§ 12. Reconhecida a distinção no caso:

I - dos incisos I, II e IV do § 10, o próprio juiz ou relator dará prosseguimento ao processo;

II - do inciso III do § 10, o relator comunicará a decisão ao presidente ou ao vice-presidente que houver determinado o sobrestamento, para que o recurso especial ou o recurso extraordinário seja encaminhado ao respectivo tribunal superior, na forma do art. 1.030, parágrafo único.

§ 13. Da decisão que resolver o requerimento a que se refere o § 9º caberá:

I - agravo de instrumento, se o processo estiver em primeiro grau;

II - agravo interno, se a decisão for de relator.

‣ Res. 587/2016, STF.

Art. 1.038. O relator poderá:

I - solicitar ou admitir manifestação de pessoas, órgãos ou entidades com interesse na controvérsia, considerando a relevância da matéria e consoante dispuser o regimento interno;

II - fixar data para, em audiência pública, ouvir depoimentos de pessoas com experiência e conhecimento na matéria, com a finalidade de instruir o procedimento;

III - requisitar informações aos tribunais inferiores a respeito da controvérsia e, cumprida a diligência, intimará o Ministério Público para manifestar-se.

§ 1º No caso do inciso III, os prazos respectivos são de 15 (quinze) dias, e os atos serão praticados, sempre que possível, por meio eletrônico.

§ 2º Transcorrido o prazo para o Ministério Público e remetida cópia do relatório aos demais ministros, haverá inclusão em pauta, devendo ocorrer o julgamento com preferência sobre os demais feitos, ressalvados os que envolvam réu preso e os pedidos de *habeas corpus*.

§ 3º O conteúdo do acórdão abrangerá a análise dos fundamentos relevantes da tese jurídica discutida. (Alterado pela Lei 13.256/2016)

Art. 1.039. Decididos os recursos afetados, os órgãos colegiados declararão prejudicados os demais recursos versando sobre idêntica controvérsia ou os decidirão aplicando a tese firmada.

Parágrafo único. Negada a existência de repercussão geral no recurso extraordinário afetado, serão considerados automaticamente inadmitidos os recursos extraordinários cujo processamento tenha sido sobrestado.

Art. 1.040. Publicado o acórdão paradigma:

I - o presidente ou o vice-presidente do tribunal de origem negará seguimento aos recursos especiais ou extraordinários sobrestados na origem, se o acórdão recorrido coincidir com a orientação do tribunal superior;

II - o órgão que proferiu o acórdão recorrido, na origem, reexaminará o processo de competência originária, a remessa necessária ou o recurso anteriormente julgado, se o acórdão recorrido contrariar a orientação do tribunal superior;

III - os processos suspensos em primeiro e segundo graus de jurisdição retomarão o curso para julgamento e aplicação da tese firmada pelo tribunal superior;

IV - se os recursos versarem sobre questão relativa a prestação de serviço público objeto de concessão, permissão ou autorização, o resultado do julgamento será comunicado ao órgão, ao ente ou à agência reguladora competente para fiscalização da efetiva aplicação, por parte dos entes sujeitos a regulação, da tese adotada.

§ 1º A parte poderá desistir da ação em curso no primeiro grau de jurisdição, antes de proferida a sentença, se a questão nela discutida for idêntica à resolvida pelo recurso representativo da controvérsia.

§ 2º Se a desistência ocorrer antes de oferecida contestação, a parte ficará isenta do pagamento de custas e de honorários de sucumbência.

§ 3º A desistência apresentada nos termos do § 1º independe de consentimento do réu, ainda que apresentada contestação.

Art. 1.041. Mantido o acórdão divergente pelo tribunal de origem, o recurso especial ou extraordinário será remetido ao respectivo tribunal superior, na forma do art. 1.036, § 1º.

§ 1º Realizado o juízo de retratação, com alteração do acórdão divergente, o tribunal de origem, se for o caso, decidirá as demais questões ainda não decididas cujo enfrentamento se tornou necessário em decorrência da alteração.

§ 2º Quando ocorrer a hipótese do inciso II do *caput* do art. 1.040 e o recurso versar sobre outras questões, caberá ao presidente ou ao vice-presidente do tribunal recorrido, depois do reexame pelo órgão de origem e independentemente de ratificação do recurso, sendo positivo o juízo de admissibilidade, determinar a remessa do recurso ao tribunal superior para julgamento das demais questões. (Alterado pela Lei 13.256/2016)

SEÇÃO III
DO AGRAVO EM RECURSO ESPECIAL E EM RECURSO EXTRAORDINÁRIO

Art. 1.042. Cabe agravo contra decisão do presidente ou do vice-presidente do tribunal recorrido que inadmitir recurso extraordinário ou recurso especial, salvo quando fundada na aplicação de entendimento firmado em regime de repercussão geral ou em julgamento de recursos repetitivos. (Alterado pela Lei 13.256/2016)

- Res. 450/2010, STF.
- Res. 7/2010, STJ.
- Súm. 288 e 727, STF.
- Súm. 315, STJ.

I a III – (Revogados pela Lei 13.256/2016);

§ 1º (Revogado pela Lei 13.256/2016):

I e II – (Revogados pela Lei 13.256/2016);

a) e b) (Revogadas pela Lei 13.256/2016).

§ 2º A petição de agravo será dirigida ao presidente ou ao vice-presidente do tribunal de origem e independe do pagamento de custas e despesas postais, aplicando-se a ela o regime de repercussão geral e de recursos repetitivos, inclusive quanto à possibilidade de sobrestamento e do juízo de retratação. (Alterado pela Lei 13.256/2016)

§ 3º O agravado será intimado, de imediato, para oferecer resposta no prazo de 15 (quinze) dias.

§ 4º Após o prazo de resposta, não havendo retratação, o agravo será remetido ao tribunal superior competente.

§ 5º O agravo poderá ser julgado, conforme o caso, conjuntamente com o recurso especial ou extraordinário, assegurada, neste caso, sustentação oral, observando-se, ainda, o disposto no regimento interno do tribunal respectivo.

§ 6º Na hipótese de interposição conjunta de recursos extraordinário e especial, o agravante deverá interpor um agravo para cada recurso não admitido.

§ 7º Havendo apenas um agravo, o recurso será remetido ao tribunal competente, e, havendo interposição conjunta, os autos serão remetidos ao Superior Tribunal de Justiça.

§ 8º Concluído o julgamento do agravo pelo Superior Tribunal de Justiça e, se for o caso, do recurso especial, independentemente de pedido, os autos serão remetidos ao Supremo Tribunal Federal para apreciação do agravo a ele dirigido, salvo se estiver prejudicado.

SEÇÃO IV
DOS EMBARGOS DE DIVERGÊNCIA

Art. 1.043. É embargável o acórdão de órgão fracionário que:

- Súm. 158; 168; 169; e 316, STJ.

I - em recurso extraordinário ou em recurso especial, divergir do julgamento de qualquer outro órgão do mesmo tribunal, sendo os acórdãos, embargado e paradigma, de mérito;

II - (Revogado pela Lei 13.256/2016)

III - em recurso extraordinário ou em recurso especial, divergir do julgamento de qualquer outro órgão do mesmo tribunal, sendo um acórdão de mérito e outro que não tenha conhecido do recurso, embora tenha apreciado a controvérsia;

IV - (Revogado pela Lei 13.256/2016)

§ 1º Poderão ser confrontadas teses jurídicas contidas em julgamentos de recursos e de ações de competência originária.

§ 2º A divergência que autoriza a interposição de embargos de divergência pode verificar-se na aplicação do direito material ou do direito processual.

§ 3º Cabem embargos de divergência quando o acórdão paradigma for da mesma turma que proferiu a decisão embargada, desde que sua composição tenha sofrido alteração em mais da metade de seus membros.

§ 4º O recorrente provará a divergência com certidão, cópia ou citação de repositório oficial ou credenciado de jurisprudência, inclusive em mídia eletrônica, onde foi publicado o acórdão divergente, ou com a reprodução de julgado disponível na rede mundial de computadores, indicando a respectiva fonte, e mencionará as circunstâncias que identificam ou assemelham os casos confrontados.

§ 5º (Revogado pela Lei 13.256/2016)

Art. 1.044. No recurso de embargos de divergência, será observado o procedimento estabelecido no regimento interno do respectivo tribunal superior.

- Súm. 315 e 316, STJ.

§ 1º A interposição de embargos de divergência no Superior Tribunal de Justiça interrompe o prazo para interposição de recurso extraordinário por qualquer das partes.

§ 2º Se os embargos de divergência forem desprovidos ou não alterarem a conclusão do julgamento anterior, o recurso extraordinário interposto pela outra parte antes da publicação do julgamento dos embargos de divergência será processado e julgado independentemente de ratificação.

LIVRO COMPLEMENTAR
DISPOSIÇÕES FINAIS E TRANSITÓRIAS

Art. 1.045. Este Código entra em vigor após decorrido 1 (um) ano da data de sua publicação oficial.

- art. 8º, § 1º, LC 95/1998.

Art. 1.046. Ao entrar em vigor este Código, suas disposições se aplicarão desde logo aos processos pendentes, ficando revogada a Lei n. 5.869, de 11 de janeiro de 1973.

- arts. 14 e 1.052, CPC.

§ 1º As disposições da Lei n. 5.869, de 11 de janeiro de 1973, relativas ao procedimento sumário e aos procedimentos especiais que forem revogadas aplicar-se-ão às ações propostas e não sentenciadas até o início da vigência deste Código.

§ 2º Permanecem em vigor as disposições especiais dos procedimentos regulados em outras leis, aos quais se aplicará supletivamente este Código.

- IN 39/2016, TST (Normas do CPC aplicáveis e inaplicáveis ao Processo do Trabalho).

§ 3º Os processos mencionados no art. 1.218 da Lei n. 5.869, de 11 de janeiro de 1973, cujo procedimento ainda não tenha sido incorporado por lei submetem-se ao procedimento comum previsto neste Código.

§ 4º As remissões a disposições do Código de Processo Civil revogado, existentes em outras leis, passam a referir-se às que lhes são correspondentes neste Código.

§ 5º A primeira lista de processos para julgamento em ordem cronológica observará a antiguidade da distribuição entre os já conclusos na data da entrada em vigor deste Código.

- art. 12, CPC.

Art. 1.047. As disposições de direito probatório adotadas neste Código aplicam-se apenas às provas requeridas ou determinadas de ofício a partir da data de início de sua vigência.

- arts. 369 a 484, CPC.

Art. 1.048. Terão prioridade de tramitação, em qualquer juízo ou tribunal, os procedimentos judiciais:

I - em que figure como parte ou interessado pessoa com idade igual ou superior a 60 (sessenta) anos ou portadora de doença grave, assim compreendida qualquer das enumeradas no art. 6º, inciso XIV, da Lei n. 7.713, de 22 de dezembro de 1988;

- Lei 7.713/1988 (Imposto de renda).
- art. 71, Estatuto do Idoso.

II - regulados pela Lei n. 8.069, de 13 de julho de 1990 (Estatuto da Criança e do Adolescente).

III - em que figure como parte a vítima de violência doméstica e familiar, nos termos da Lei nº 11.340, de 7 de agosto de 2006 (Lei Maria da Penha). (Acrescido pela Lei 13.894/2019)

IV - em que se discuta a aplicação do disposto nas normas gerais de licitação e contratação a que se refere o inciso XXVII do *caput* do art. 22 da Constituição Federal. (Acrescido pela lei 14.133/2021)

§ 1º A pessoa interessada na obtenção do benefício, juntando prova de sua condição, deverá requerê-lo à autoridade judiciária competente para decidir o feito, que determinará ao cartório do juízo as providências a serem cumpridas.

§ 2º Deferida a prioridade, os autos receberão identificação própria que evidencie o regime de tramitação prioritária.

§ 3º Concedida a prioridade, essa não cessará com a morte do beneficiado, estendendo-se em favor do cônjuge supérstite ou do companheiro em união estável.

§ 4º A tramitação prioritária independe de deferimento pelo órgão jurisdicional e deverá ser imediatamente concedida diante da prova da condição de beneficiário.

Art. 1.049. Sempre que a lei remeter a procedimento previsto na lei processual sem especificá-lo, será observado o procedimento comum previsto neste Código.

Parágrafo único. Na hipótese de a lei remeter ao procedimento sumário, será observado o procedimento comum previsto neste Código, com as modificações previstas na própria lei especial, se houver.

Art. 1.050. A União, os Estados, o Distrito Federal, os Municípios, suas respectivas entidades da administração indireta, o Ministério Público, a Defensoria Pública e a Advocacia Pública, no prazo de 30 (trinta) dias a contar da data da entrada em vigor deste Código, deverão se cadastrar perante a administração do tribunal no qual atuem para cumprimento do disposto nos arts. 246, § 2º, e 270, parágrafo único.

Art. 1.051. As empresas públicas e privadas devem cumprir o disposto no art. 246, § 1º, no prazo de 30 (trinta) dias, a contar da data de inscrição do ato constitutivo da pessoa jurídica, perante o juízo onde tenham sede ou filial.

Parágrafo único. O disposto no *caput* não se aplica às microempresas e às empresas de pequeno porte.

Art. 1.052. Até a edição de lei específica, as execuções contra devedor insolvente, em curso ou que venham a ser propostas, permanecem reguladas pelo Livro II, Título IV, da Lei n. 5.869, de 11 de janeiro de 1973.

Art. 1.053. Os atos processuais praticados por meio eletrônico até a transição definitiva para certificação digital ficam convalidados, ainda que não tenham observado os requisitos mínimos estabelecidos por este Código, desde que tenham atingido sua finalidade e não tenha havido prejuízo à defesa de qualquer das partes.

‣ arts. 193 a 199, CPC.

Art. 1.054. O disposto no art. 503, § 1º, somente se aplica aos processos iniciados após a vigência deste Código, aplicando-se aos anteriores o disposto nos arts. 5º, 325 e 470 da Lei n. 5.869, de 11 de janeiro de 1973.

Art. 1.055. (Vetado).

Art. 1.056. Considerar-se-á como termo inicial do prazo da prescrição prevista no art. 924, inciso V, inclusive para as execuções em curso, a data de vigência deste Código.

Art. 1.057. O disposto no art. 525, §§ 14 e 15, e no art. 535, §§ 7º e 8º, aplica-se às decisões transitadas em julgado após a entrada em vigor deste Código, e, às decisões transitadas em julgado anteriormente, aplica-se o disposto no art. 475-L, § 1º, e no art. 741, parágrafo único, da Lei n. 5.869, de 11 de janeiro de 1973.

Art. 1.058. Em todos os casos em que houver recolhimento de importância em dinheiro, esta será depositada em nome da parte ou do interessado, em conta especial movimentada por ordem do juiz, nos termos do art. 840, inciso I.

Art. 1.059. À tutela provisória requerida contra a Fazenda Pública aplica-se o disposto nos arts. 1º a 4º da Lei n. 8.437, de 30 de junho de 1992, e no art. 7º, § 2º, da Lei n. 12.016, de 7 de agosto de 2009.

Art. 1.060. O inciso II do art. 14 da Lei n. 9.289, de 4 de julho de 1996, passa a vigorar com a seguinte redação:

"Art. 14. [...]

[...]

II – aquele que recorrer da sentença adiantará a outra metade das custas, comprovando o adiantamento no ato de interposição do recurso, sob pena de deserção, observado o disposto nos §§ 1º a 7º do art. 1.007 do Código de Processo Civil;

[...]"

Art. 1.061. O § 3º do art. 33 da Lei n. 9.307, de 23 de setembro de 1996 (Lei de Arbitragem), passa a vigorar com a seguinte redação:

‣ Alteração promovida no texto da referida lei.

Art. 1.062. O incidente de desconsideração da personalidade jurídica aplica-se ao processo de competência dos juizados especiais.

‣ arts. 133 a 137, CPC; art. 50, CC; art. 28, CDC.

‣ art. 4º, Lei 9.605/1998 (Crimes ambientais).

Art. 1.063. Até a edição de lei específica, os juizados especiais cíveis previstos na Lei n. 9.099, de 26 de setembro de 1995, continuam competentes para o processamento e julgamento das causas previstas no art. 275, inciso II, da Lei n. 5.869, de 11 de janeiro de 1973.

Art. 1.064. O *caput* do art. 48 da Lei n. 9.099, de 26 de setembro de 1995, passa a vigorar com a seguinte redação:

‣ Alteração promovida no texto da referida lei.

Art. 1.065. O art. 50 da Lei n. 9.099, de 26 de setembro de 1995, passa a vigorar com a seguinte redação:

‣ Alteração promovida no texto da referida lei.

Art. 1.066. O art. 83 da Lei n. 9.099, de 26 de setembro de 1995, passam a vigorar com a seguinte redação:

‣ Alterações promovidas no texto da referida lei.

Art. 1.067. O art. 275 da Lei n. 4.737, de 15 de julho de 1965 (Código Eleitoral), passa a vigorar com a seguinte redação:

‣ Alteração promovida no texto da referida lei.

Art. 1.068. O art. 274 e o *caput* do art. 2.027 da Lei n. 10.406, de 10 de janeiro de 2002 (Código Civil), passam a vigorar com a seguinte redação:

‣ Alterações promovidas no texto da referida lei.

Art. 1.069. O Conselho Nacional de Justiça promoverá, periodicamente, pesquisas estatísticas para avaliação da efetividade das normas previstas neste Código.

Art. 1.070. É de 15 (quinze) dias o prazo para a interposição de qualquer agravo, previsto em lei ou em regimento interno de tribunal, contra decisão de relator ou outra decisão unipessoal proferida em tribunal.

Art. 1.071. O Capítulo III do Título V da Lei n. 6.015, de 31 de dezembro de 1973 (Lei de Registros Públicos), passa a vigorar acrescida do seguinte art. 216-A:

‣ Alteração promovida no texto da referida lei.

Art. 1.072. Revogam-se:

I - o art. 22 do Decreto-Lei n. 25, de 30 de novembro de 1937;

II - os arts. 227, *caput*, 229, 230, 456, 1.482, 1.483 e 1.768 a 1.773 da Lei n. 10.406, de 10 de janeiro de 2002 (Código Civil);

III - os arts. 2º, 3º, 4º, 6º, 7º, 11, 12 e 17 da Lei n. 1.060, de 5 de fevereiro de 1950;

IV - os arts. 13 a 18, 26 a 29 e 38 da Lei n. 8.038, de 28 de maio de 1990;

V - os arts. 16 a 18 da Lei n. 5.478, de 25 de julho de 1968; e

VI - o art. 98, § 4º, da Lei n. 12.529, de 30 de novembro de 2011.

Brasília, 16 de março de 2015;
194º da Independência e 127º da República.

Dilma Rousseff
José Eduardo Cardozo
Jaques Wagner
Joaquim Vieira Ferreira Levy
Luís Inácio Lucena Adams

ÍNDICE ALFABÉTICO-REMISSIVO DO CÓDIGO DE PROCESSO CIVIL

CPC

CPC

- I -

CPC

- T -

CÓDIGO PENAL

ÍNDICE SISTEMÁTICO DO CÓDIGO PENAL

de 1º de janeiro de 1942, tenha sido absolvido por sentença passada em julgado.

- A referência é à antiga Parte Geral, alterada pela Lei 7.209/1984.

Art. 25. A medida de segurança aplicável ao condenado que, a 1º de janeiro de 1942, ainda não tenha cumprido a pena, é a liberdade vigiada.

Art. 26. A presente Lei não se aplica aos crimes referidos no artigo 360 do Código Penal, salvo os de falência.

- Lei 11.101/2005 (Lei de Recuperação de Empresas e Falências).

Art. 27. Esta Lei entrará em vigor em 1º de janeiro de 1942; revogadas as disposições em contrário.

Rio de Janeiro, 09 de dezembro de 1941; 120º da Independência e 53º da República.

Getúlio Vargas

EXPOSIÇÃO DE MOTIVOS DA NOVA PARTE GERAL DO CÓDIGO PENAL

LEI N. 7.209, DE 11 DE JULHO DE 1984

Excelentíssimo Senhor Presidente da República:

1. Datam de mais de vinte anos as tentativas de elaboração do novo Código Penal. Por incumbência do Governo Federal, já em 1963 o Professor Nélson Hungria apresentava o anteprojeto de sua autoria, ligando-se, pela segunda vez, à reforma de nossa legislação penal.

2. Submetido ao ciclo de conferências e debates do Instituto Latino-Americano de Criminologia, realizado em São Paulo, e a estudos promovidos pela Ordem dos Advogados do Brasil e Faculdades de Direito, foi objeto de numerosas propostas de alteração, distinguindo-se o debate pela amplitude das contribuições oferecidas. Um ano depois, designou o então Ministro Mílton Campos a comissão revisora do anteprojeto, composta dos Professores Nélson Hungria, Aníbal Bruno e Heleno Cláudio Fragoso. A comissão incorporou ao texto numerosas sugestões, reelaborando-o em sua quase inteireza, mas a conclusão não chegou a ser divulgada. A reforma foi retomada pelo Ministro Luiz Antônio da Gama e Silva, que em face do longo e eficiente trabalho de elaboração já realizado submeteu o anteprojeto a revisão final, por comissão composta dos Professores Benjamin Moraes Filho, Heleno Cláudio Fragoso e Ivo D'Aquino. Nessa última revisão punha-se em relevo a necessidade de compatibilizar o anteprojeto do Código Penal com o do Código Penal Militar, também em elaboração. Finalmente, a 21 de outubro de 1969, o Ministro Luiz Antônio da Gama e Silva encaminhou aos Ministros Militares, então no exercício da Chefia do Poder Executivo, o texto do Projeto de Código Penal, convertido em lei pelo Decreto-Lei n. 1.004, da mesma data. Segundo o art. 407, entraria o novo Código Penal em vigor no dia 1º de janeiro de 1970.

3. No Governo do Presidente Emílio Médici, o Ministro Alfredo Buzaid anuiu à conveniência de entrarem simultaneamente em vigor o Código Penal, o Código de Processo Penal e a Lei de Execução Penal, como pressuposto de eficácia da Justiça Criminal. Ao Código Penal, já editado, juntar-se-iam os dois outros diplomas, cujos anteprojetos se encontravam em elaboração. Era a reforma do sistema penal brasileiro, pela modernização de suas leis constitutivas, que no interesse da segurança dos cidadãos e da estabilidade dos direitos então se intentava. Essa a razão das leis proteladoras da vigência do Código Penal, daí por diante editadas. A partir da Lei n. 5.573, de 1º de dezembro de 1969, que remeteu para 1º de agosto de 1970 o início da vigência em apreço, seis diplomas legais, uns inovadores, outros protelatórios, foram impelindo para diante a entrada em vigor do Código Penal de 1969.

4. Processara-se, entrementes, salutar renovação das leis penais e processuais vigentes. Enquanto adiada a entrada em vigor do Código Penal de 1969, o Governo do Presidente Ernesto Geisel, sendo Ministro da Justiça o Dr. Armando Falcão, encaminhou ao Congresso Nacional o Projeto de Lei n. 2, de 22 de fevereiro de 1977, destinado a alterar dispositivos do Código Penal de 1940, do Código de Processo Penal e da Lei das Contravenções Penais. Coincidiam as alterações propostas, em parte relevante, com as recomendações da Comissão Parlamentar de Inquérito instituída em 1975 na Câmara dos Deputados, referentes à administração da Justiça Criminal e à urgente reavaliação dos critérios de aplicação e execução da pena privativa da liberdade. Adaptado à positiva e ampla contribuição do Congresso Nacional, o projeto se transformou na Lei n. 6.416, de 24 de maio de 1977, responsável pelo ajustamento de importantes setores da execução penal à realidade social contemporânea. Foram tais as soluções por ela adotadas que pela Mensagem n. 78, de 30 de agosto de 1978, o Presidente Ernesto Geisel, sendo ainda Ministro da Justiça o Dr. Armando Falcão, encaminhou ao Congresso Nacional o projeto de lei que revogava o Código Penal de 1969. Apoiava-se a Mensagem, entre razões outras, no fato de que o Código Penal de 1940, nas passagens reformuladas, se tornara "mais atualizado do que o vacante". O projeto foi transformado na Lei n. 6.578, de 11 de outubro de 1978, que revogou o Código Penal e as Leis n. 6.016, de 31 de dezembro de 1973, e 6.063, de 27 de junho de 1974, que o haviam parcialmente modificado.

5. Apesar desses inegáveis aperfeiçoamentos, a legislação penal continua inadequada às exigências da sociedade brasileira. A pressão dos índices de criminalidade e suas novas espécies, a constância da medida repressiva como resposta básica ao delito, a rejeição social dos apenados e seus reflexos no incremento da reincidência, a sofisticação tecnológica, que altera a fisionomia da criminalidade contemporânea, são fatores que exigem o aprimoramento dos instrumentos jurídicos de contenção do crime, ainda os mesmos concebidos pelos juristas na primeira metade do século.

6. Essa, em síntese, a razão pela qual instituí, no Ministério da Justiça, comissões de juristas incumbidas de estudar a legislação penal e de conceber as reformas necessárias. Do longo e dedicado trabalho dos componentes dessas comissões resultaram três anteprojetos: o da Parte Geral do Código Penal, o do Código de Processo Penal e o da Lei de Execução Penal. Foram todos amplamente divulgados e debatidos em simpósios e congressos. Para analisar as críticas e sugestões oferecidas por especialistas e instituições, constituí as comissões revisoras, que reexaminaram os referidos anteprojetos e neles introduziram as alterações julgadas convenientes. Desse abrangente e patriótico trabalho participaram, na fase de elaboração, os Professores Francisco de Assis Toledo, Presidente da Comissão, Francisco de Assis Serrano Neves, Ricardo Antunes Andreucci, Miguel Reale Júnior, Hélio Fonseca, Rogério Lauria Tucci e René Ariel Dotti; na segunda fase, destinada à revisão dos textos e à incorporação do material resultante dos debates, os Professores Francisco de Assis Toledo, Coordenador da Comissão, Dínio de Santis Garcia, Jair Leonardo Lopes e Miguel Reale Júnior.

7. Deliberamos remeter à fase posterior a reforma da Parte Especial do Código, quando serão debatidas questões polêmicas, algumas de natureza moral e religiosa. Muitas das concepções que modelaram o elenco de delitos modificaram-se ao longo do tempo, alterando os padrões de conduta, o que importará em possível descriminalização. Por outro lado, o avanço científico e tecnológico impõe a inserção, na esfera punitiva, de condutas lesivas ao interesse social, como versões novas da atividade econômica e financeira ou de atividades predatórias da natureza.

8. A precedência dada à reforma da Parte Geral do Código, à semelhança do que se tem feito em outros países, antecipa a adoção de nova política criminal e possibilita a implementação das reformas do sistema sem suscitar questões de ordem prática.

DA APLICAÇÃO DA LEI PENAL

9. Na aplicação da lei penal no tempo, o Projeto permanece fiel ao critério da lei mais benigna. Amplia, porém, as hipóteses contempladas na legislação vigente, para abranger a garantia assegurada no art. 153, § 16, da Constituição da República. Resguarda-se, assim, a aplicação da *lex mitior* de qualquer caráter restritivo, no tocante ao crime e à pena.

10. Define o Projeto, nos arts. 4º e 6º, respectivamente, o tempo e lugar do crime, absorvendo, no caso, contribuição do Código de 1969, consagrada na doutrina.

11. Na aplicação da lei penal no espaço, o Projeto torna mais precisas as disposições, de forma a suprir, em função dos casos ocorrentes, as omissões do Código de 1940.

DO CRIME

12. Pareceu-nos inconveniente manter a definição de causa no dispositivo pertinente à relação de causalidade, quando ainda discrepantes as teorias e consequentemente imprecisa a doutrina sobre a exatidão do conceito. Pôs-se, portanto, em relevo a ação e a omissão como as duas formas básicas do comportamento humano. Se o crime consiste em uma ação humana, positiva ou negativa (*nullum crimen sine actione*), o destinatário da norma penal e todo aquele que realiza a ação proibida ou omite a ação determinada, desde que, em face das circunstâncias, lhe incumba o dever de participar o ato ou abster-se de fazê-lo.

13. No art. 13, § 2º, cuida o Projeto dos destinatários, em concreto, das normas preceptivas, subordinados à previa existência de um dever de agir. Ao introduzir o conceito de omissão relevante, e ao extremar, no texto da lei, as hipóteses em que estará presente o dever de agir, estabelece-se a clara identificação dos sujeitos a que se destinam as normas preceptivas. Fica dirimida a dúvida relativa à superveniência de causa independente, com a inclusão, no texto do § 1º do art. 13, da palavra relativamente, "se a *causa superveniens*", destaca Nélson Hungria, "se incumbe sozinha do resultado e não tem ligação alguma, nem mesmo ideológica, com a ação ou omissão, esta passa a ser, no tocante ao resultado, uma "não causa" (*Comentários*, v. 1, t. 2, 5. ed., 1978, p. 67).

14. Foram mantidas, nos arts. 14, 15, 17 e 18, as mesmas regras do Código atual, constantes, respectivamente, dos arts. 12, 13, 14 e 15, relativas aos conceitos de crime consumado e tentado, de desistência voluntária e arrependimento eficaz, de crime impossível, de dolo e culpa *stricto sensu*.

15. O Projeto mantém a obrigatoriedade de redução de pena, na tentativa (art. 14, parágrafo único), e cria a figura do arrependimento posterior à consumação do crime como causa igualmente obrigatória de redução de pena. Essa inovação constitui providência de Política Criminal e é instituída menos em favor do agente do crime do que da vítima. Objetiva-se, com ela, instituir um estímulo à reparação do dano, nos crimes cometidos "sem violência ou grave ameaça à pessoa".

16. Retoma o Projeto, no art. 19, o princípio da culpabilidade, nos denominados crimes qualificados pelo resultado, que o Código vigente submeteu a injustificada responsabilidade objetiva. A regra se estende a todas as causas de aumento situadas no desdobramento causal da ação.

17. É, todavia, no tratamento do erro que o princípio *nullum crimen sine culpa* vai aflorar com todo o vigor no direito legislado brasileiro. Com efeito, acolhe o Projeto, nos arts. 20 e 21, as duas formas básicas de erro construídas pela dogmática alemã: erro sobre elementos do tipo (*Tatbestandsirrtum*) e erro sobre a ilicitude do fato (*Verbotsirrtum*). Definiu-se a evitabilidade do erro em função da consciência potencial da ilicitude (parágrafo único do art. 21), mantendo-se no tocante às descriminantes putativas a tradição brasileira, que admite a forma culposa, em sintonia com a denominada "teoria limitada da culpabilidade" ("Culpabilidade e a problemática do erro jurídico penal", de Francisco de Assis Toledo, *in RT, 517*:251).

18. O princípio da culpabilidade estende-se, assim, a todo o Projeto. Aboliu-se a medida de segurança para o imputável. Diversificou-se o tratamento dos partícipes, no concurso de pessoas. Admitiu-se a escusabilidade da falta de consciência da ilicitude. Eliminaram-se os resíduos de responsabilidade objetiva, principalmente os denominados "crimes qualificados pelo resultado".

19. Repete o Projeto as normas do Código de 1940, pertinentes às denominadas "descriminantes putativas". Ajusta-se, assim, o Projeto à teoria limitada da culpabilidade, que distingue o erro incidente sobre os pressupostos fáticos de uma causa de justificação do que incide sobre a norma permissiva. Tal como no Código vigente, admite-se nesta área a figura culposa (art. 17, § 1º).

20. Excetuado o acerto de redação do art. 22, no qual se substitui a palavra "crime" por "fato", mantém os preceitos concernentes ao erro determinado por terceiro, ao erro sobre a pessoa, à coação irresistível e à obediência hierárquica.

21. Permanecem as mesmas, e com o tratamento que lhes deu o Código vigente, as causas de exclusão da ilicitude. A inovação está contida no art. 23, que estende o excesso punível, antes restrito à legítima defesa, a todas as causas de justificação.

DA IMPUTABILIDADE PENAL

22. Além das correções terminológicas necessárias, prevê o Projeto, no parágrafo único, *in fine*, do art. 26, o sistema vicariante para o semi-imputável, como consequência lógica da extinção da medida de segurança para o imputável. Nos casos fronteiriços em que predominar o quadro mórbido, optará o juiz pela medida de segurança. Na hipótese oposta, pela pena reduzida. Adotada, porém, a medida de segurança, dela se extrairão todas as consequências, passando o agente à condição de inimputável e, portanto, submetido às regras do Título VI, onde se situa o art. 98, objeto da remissão contida no mencionado parágrafo único do art. 26.

23. Manteve o Projeto a inimputabilidade penal ao menor de 18 (dezoito) anos. Trata-se de opção apoiada em critérios de Política Criminal. Os que preconizam a redução do limite, sob a justificativa da criminalidade crescente, que a cada dia recruta maior número de menores, não consideram a circunstância de que o menor, ser ainda incompleto, e naturalmente antissocial na medida em que não é socializado ou instruído. O reajustamento do processo de formação do caráter deve ser cometido à educação, não à pena criminal. De resto, com a legislação de menores recentemente editada, dispõe o Estado dos instrumentos necessários ao afastamento do jovem delinquente, menor de 18 (dezoito) anos, do convívio social, sem sua necessária submissão ao tratamento do delinquente adulto, expondo-o à contaminação carcerária.

24. Permanecem íntegros, tal como redigidos no Código vigente, os preceitos sobre paixão, emoção e embriaguez. As correções terminológicas introduzidas não lhes alteram o sentido e o alcance e se destinam a conjugá-los com disposições outras, do novo texto.

DO CONCURSO DE PESSOAS

25. Ao reformular o Título IV, adotou-se a denominação "Do Concurso de Pessoas" decerto mais abrangente, já que a coautoria não esgota as hipóteses do *concursus delinquentium*. O Código de 1940 rompeu a tradição originária do Código Criminal do Império, e adotou neste particular a teoria unitária ou monástica do Código italiano, como corolário da *teoria da equivalência das causas* (Exposição de Motivos do Ministro Francisco Campos, item 22). Sem completo retorno à experiência passada, curva-se, contudo, o Projeto aos críticos dessa teoria, ao optar, na parte final do art. 29, e em seus dois parágrafos, por regras precisas que distinguem a autoria da participação. Distinção, aliás, reclamada com eloquência pela doutrina, em face de decisões reconhecidamente injustas.

DAS PENAS

26. Uma política criminal orientada no sentido de proteger a sociedade terá de restringir a pena privativa da liberdade aos casos de reconhecida necessidade, como meio eficaz de impedir a ação criminógena cada vez maior do cárcere. Esta filosofia importa obviamente na busca de sanções outras para delinquentes sem periculosidade ou crimes menos graves. Não se trata de combater ou condenar a pena privativa da liberdade como resposta penal básica ao delito. Tal como no Brasil, a pena de prisão se encontra no âmago dos sistemas penais de todo o mundo. O que por ora se discute é a sua limitação aos casos de reconhecida necessidade.

27. As críticas que em todos os países se tem feito à pena privativa da liberdade fundamentam-se em fatos de crescente importância social, tais como o tipo de tratamento penal frequentemente inadequado e quase sempre pernicioso, a inutilidade dos métodos até agora empregados no tratamento de delinquentes habituais e multirreincidentes, os elevados custos da construção e manutenção dos estabelecimentos penais, as consequências maléficas para os infratores primários, ocasionais ou responsáveis por delitos de pequena significação, sujeitos, na intimidade do cárcere, a sevícias, corrupção e perda paulatina da aptidão para o trabalho.

28. Esse questionamento da privação da liberdade tem levado penalistas de numerosos países e a própria Organização das Nações Unidas a uma "procura mundial" de soluções alternativas para os infratores que não ponham em risco a paz e a segurança da sociedade.

29. Com o ambivalente propósito de aperfeiçoar a pena de prisão, quando necessária, e de substituí-la, quando aconselhável, por formas diversas de sanção criminal, dotadas de eficiente poder corretivo, adotou o Projeto novo elenco de penas. Fê-lo, contudo, de maneira cautelosa, como convém a toda experiência pioneira nesta área. Por esta razão, o Projeto situa as novas penas na faixa ora reservada ao instituto da suspensão condicional da pena, com significativa ampliação para os crimes culposos. Aprovada a experiência, fácil será, no futuro, estendê-la a novas hipóteses, por via de pequenas modificações no texto. Nenhum prejuízo, porém, advirá da inovação introduzida, já que o instituto da suspensão condicional da pena, tal como vem sendo aplicado com base no Código de 1940, é um quase nada jurídico.

30. Estabeleceram-se com precisão os regimes de cumprimento da pena privativa da liberdade: o fechado, consistente na execução da pena em estabelecimento de segurança máxima ou média; o semiaberto, em colônia agrícola, industrial ou estabelecimento similar; e finalmente o aberto, que consagra a prisão-albergue, cuja execução deverá processar-se em casa de albergado ou instituição adequada.

31. Institui-se, no regime fechado, a obrigatoriedade do exame criminológico para seleção dos condenados conforme o grau de emendabilidade e consequente individualização do tratamento penal.

32. O trabalho, amparado pela Previdência Social, será obrigatório em todos os regimes e se desenvolverá segundo as aptidões ou ofício anterior do preso, nos termos das exigências estabelecidas.

33. O cumprimento da pena superior a 8 (oito) anos será obrigatoriamente iniciado em regime fechado. Abrem-se, contudo, para condenados a penas situadas aquém desse limite, possibilidades de cumprimento em condições menos severas, atentas às condições personalíssimas do agente e à natureza do crime cometido. Assim, o condenado a pena entre 4 (quatro) e 8 (oito) anos poderá iniciar o seu cumprimento em regime semiaberto. Ao condenado a pena igual ou inferior a 4 (quatro) anos, quando primário, poderá ser concedido, *ab initio*, o regime aberto, na forma do art. 33, § 3º, se militarem em seu favor os requisitos do art. 59.

34. A opção pelo regime inicial da execução cabe, pois, ao juiz da sentença, que o estabelecerá no momento da fixação da pena, de acordo com os critérios estabelecidos no art. 59, relativos à culpabilidade, aos antecedentes, à conduta social e à personalidade do agente, bem como aos motivos e circunstâncias do crime.

35. A decisão será, no entanto, provisória, já que poderá ser revista no curso da execução. A fim de humanizar a pena privativa da liberdade, adota o Projeto o sistema progressivo de cumprimento da pena, de nova índole, mediante o qual poderá dar-se a substituição do regime a que estiver sujeito o condenado, segundo seu próprio mérito. A partir do regime fechado, fase mais severa do cumprimento da pena, possibilita o Projeto a outorga progressiva de parcelas da liberdade suprimida.

36. Mas a regressão do regime inicialmente menos severo para outro de maior restrição é igualmente contemplada, se a impuser a conduta do condenado.

37. Sob essa ótica, a progressiva conquista da liberdade pelo mérito substitui o tempo de prisão como condicionante exclusiva da devolução da liberdade.

38. Reorientada a resposta penal nessa nova direção - a da qualidade em interação com a quantidade - esta será tanto mais justificável quanto mais apropriadamente ataque as causas de futura delinquência. Promove-se, assim, a sentença judicial a ato de prognose, direcionada no sentido de uma presumida adaptabilidade social.

39. O Projeto limita-se a estabelecer as causas que justificam a regressão do regime aberto (art. 36, § 2º), remetendo a regulamentação das demais hipóteses à Lei de Execução Penal.

40. Adota o Projeto as penas restritivas de direitos, substitutivas da pena de prisão, consistentes em prestação de serviços à comunidade, interdição temporária de direitos e limitação de fins de semana, fixando o texto os requisitos e critérios norteadores da substituição.

41. Para dotar de força coativa o cumprimento da pena restritiva de direitos, previu-se a conversão dessa modalidade de sanção em privativa da liberdade, pelo tempo da pena aplicada, se injustificadamente descumprida a restrição imposta. A conversão, doutra parte, far-se-á se ocorrer condenação por outro crime à pena privativa da liberdade, cuja execução não tenha sido suspensa.

42. Essas penas privativas de direitos, em sua tríplice concepção, aplicam-se aos delitos dolosos cuja pena, concretamente aplicada, seja inferior a 1 (um) ano e aos delitos culposos de modo geral, resguardando-se, em ambas as hipóteses, o prudente arbítrio do juiz. A culpabilidade, os antecedentes, a conduta social e a personalidade do agente, bem como os motivos e circunstâncias do crime, é que darão a medida de conveniência da substituição.

43. O Projeto revaloriza a pena de multa, cuja força retributiva se tornou ineficaz no Brasil, dada a desvalorização das quantias estabelecidas na legislação em vigor, adotando-se, por essa razão, o critério do dia-multa, nos parâmetros estabelecidos, sujeito a correção monetária no ato da execução.

44. Prevê o Projeto o pagamento em parcelas mensais, bem como o desconto no vencimento ou salário do condenado, desde que não incida sobre os recursos necessários ao seu sustento e ao de sua família.

45. A multa será convertida em detenção quando o condenado, podendo, deixa de pagá-la ou frustra a execução. A cada dia-multa corresponde um dia de detenção. A conversão, contudo, não poderá exceder a 1 (um) ano.

46. As condenações inferiores a 6 (seis) meses poderão ser substituídas por penas de multa, se o condenado não for reincidente e se a substituição constituir medida eficiente (art. 60, § 2º).

DA COMINAÇÃO DAS PENAS

47. Tornou-se necessária a inserção de Capítulo específico, pertinente à cominação das penas substitutivas, já que o mecanismo da substituição não poderia situar-se repetitivamente em cada modalidade de delito.

48. Os preceitos contidos nos arts. 53 e 58 disciplinam os casos em que a cominação está na figura típica legal, nos moldes tradicionais. Nos casos de penas restritivas de direitos (arts. 54 a 57) e de multa substitutiva (parágrafo único do art. 58), adotou-se a técnica de instituir a cominação no próprio Capítulo.

DA APLICAÇÃO DA PENA

49. Sob a mesma fundamentação doutrinária do Código vigente, o Projeto busca assegurar a *individualização da pena* sob critérios mais abrangentes e precisos. Transcende-se, assim, o sentido individualizador do Código vigente, restrito a fixação da quantidade da pena, dentro de limites estabelecidos, para oferecer ao *arbitrium iudices* variada gama de opções, que em determinadas circunstâncias pode envolver o tipo da sanção a ser aplicada.

50. As diretrizes para fixação da pena estão relacionadas no art. 59, segundo o critério da legislação em vigor, tecnicamente aprimorado e necessariamente adaptado ao novo elenco de penas. Preferiu o Projeto a expressão "culpabilidade" em lugar de "intensidade do dolo ou grau de culpa", visto que graduável é a censura, cujo índice, maior ou menor, incide na quantidade da pena. Fez-se referência expressa ao comportamento da vítima, erigido, muitas vezes, em fator criminógeno, por constituir-se em provocação ou estímulo à conduta criminosa, como, entre outras modalidades, o pouco recato da vítima nos crimes contra os costumes. A finalidade da individualização está esclarecida na parte final do preceito: importa em optar, dentre as penas cominadas, pela que for aplicável, com a respectiva quantidade, à vista de sua necessidade e eficácia para "reprovação e prevenção do crime". Nesse conceito se define a Política Criminal preconizada no Projeto, da qual se deverão extrair todas as suas lógicas consequências. Assinale-se, ainda, outro importante acréscimo: cabe ao juiz fixar o regime inicial de cumprimento da pena privativa da liberdade, fator indispensável da individualização que se completará no curso do procedimento executório, em função do exame criminológico.

51. Decorridos quarenta anos da entrada em vigor do Código Penal, remanescem as divergências suscitadas sobre as etapas da aplicação da pena. O Projeto opta claramente pelo critério das três faces, predominante na jurisprudência do Supremo Tribunal Federal. Fixa-se, inicialmente, a pena-base, obedecido o disposto no art. 59; consideram-se, em seguida, as circunstâncias atenuantes e agravantes; incorporam-se ao cálculo, finalmente, as causas de diminuição e aumento. Tal critério permite o completo conhecimento da operação realizada pelo juiz e a exata determinação dos elementos incorporados à dosimetria. Discriminado, por exemplo, em primeira instância, o *quantum* da majoração decorrente de uma agravante, o recurso poderá ferir com precisão essa parte da sentença, permitindo às instâncias superiores a correção de equívocos hoje sepultados no processo mental do juiz. Alcança-se, pelo critério, a plenitude de garantia constitucional da ampla defesa.

52. Duas diferenças alteram o rol das circunstâncias agravantes prescritas na legislação em vigor: cancelou-se a redundante referência a "asfixia", de caráter meramente exemplificativo, já que é tida por insidiosa ou cruel esta espécie de meio, na execução do delito; deu-se melhor redação ao disposto no art. 44, II, *c*, ora assim enunciado no art. 61, II, *e*: "em estado de embriaguez preordenada".

53. O Projeto dedicou atenção ao agente que no concurso de pessoas desenvolve papel saliente. No art. 62 reproduz-se o texto do Código atual, acrescentando-se, porém, como agravante, a ação de induzir outrem à execução material do crime. Estabelece-se, assim, paralelismo com os elementos do tipo do art. 122 (induzimento, instigação ou auxílio ao suicídio).

54. A Lei n. 6.416, de 1977, alterou a disciplina da reincidência, limitando no tempo os efeitos da condenação anterior, a fim de não estigmatizar para sempre o condenado. A partir desse diploma legal deixou de prevalecer a condenação anterior para efeito de reincidência, se decorrido período superior a 5 (cinco) anos entre a data do cumprimento ou da extinção da pena e a da infração posterior. A redação do texto conduziu a situações injustas: o réu que tenha indeferida a suspensão da condicional tem em seu favor a prescrição da reincidência, antes de outro, beneficiado pela suspensão. A distorção importa em que a pena menos grave produz, no caso, efeitos mais graves. Daí a redação dada ao art. 64, I, mandando computar "o período de prova da suspensão ou do livramento condicional, se não houver revogação".

55. As circunstâncias atenuantes sofreram alterações. Tornou-se expresso, para evitar polêmicas, que a atenuante da menoridade será aferida na data do fato; a da velhice, na data da sentença. Incluiu-se no elenco o "desconhecimento da lei" em evidente paralelismo com o disposto no art. 21. A *ignorantia legis* continua inescusável no Projeto, mas atenua a pena. Incluiu-se, ainda, na letra *c*, a hipótese de quem age em cumprimento de ordem superior. Não se justifica que o autor de crime cometido sob coação resistível seja beneficiado com atenuante e não ocorra o mesmo quando a prática do delito ocorre "em cumprimento de ordem superior". Se a coação irresistível e a obediência hierárquica recebem, como dirimentes, idêntico tratamento, a mesma equiparação devem ter a coação e a obediência, quando descaracterizadas em meras atenuantes. Beneficia-se, como estímulo à verdade processual, o agente que confessa espontaneamente, perante a autoridade, a autoria do crime, sem a exigência, em vigor, de ser a autoria "ignorada ou imputada a outrem". Instituiu-se, finalmente, no art. 66, circunstância atenuante genérica e facultativa, que permitirá ao juiz considerar circunstância relevante, ocorrida antes, durante ou após o crime, para a fixação da pena.

56. Foram mantidos os conceitos de concurso material e concurso formal, ajustados ao novo elenco de penas.

57. A inovação contida no parágrafo único do art. 70 visa à tornar explícito que a regra do concurso formal não poderá acarretar punição superior à que, nas mesmas circunstâncias, seria cabível pela aplicação do cúmulo material. Impede-se, assim, que numa hipótese de *aberratio ictus* (homicídio doloso mais lesões culposas), se aplique ao agente pena mais severa, em razão do concurso formal, do que a aplicável, no mesmo exemplo, pelo concurso material. Quem comete mais de um crime, com uma única ação, não pode sofrer pena mais grave do que a imposta ao agente que reiteradamente, com mais de uma ação, comete os mesmos crimes.

58. Mantem-se a definição atual de crime continuado. Expressiva inovação foi introduzida, contudo, no parágrafo do art. 71, *in verbis*: "Nos crimes dolosos, contra vítimas diferentes, cometidos com violência ou grave ameaça à pessoa, poderá o juiz, considerando a culpabilidade, os antecedentes, a conduta social e a personalidade do agente, bem como os motivos e as circunstâncias, aumentar a pena de um só dos crimes, se idênticas, ou a mais grave, se diversas, até o triplo, observadas as regras dos arts. 70, parágrafo único, e 75".

59. O critério da teoria puramente objetiva não revelou na prática maiores inconvenientes, a despeito das objeções formuladas pelos partidários da teoria objetivo-subjetiva. O Projeto optou pelo critério que mais adequadamente se opõe ao crescimento da criminalidade profissional, organizada e violenta, cujas ações se repetem contra vítimas diferentes, em condições de tempo, lugar, modos de execução e circunstâncias outras, marcadas por evidente semelhança. Estender-lhe o conceito de crime continuado importa em beneficiá-la, pois o delinquente profissional tornar-se-ia passível de tratamento penal menos grave que o dispensado a criminosos ocasionais. De resto, com a extinção, no Projeto, da medida de segurança para o imputável, urge reforçar o sistema destinando penas mais longas aos que estariam sujeitos à imposição de medida de segurança detentiva e que serão beneficiados pela abolição da medida. A Política Criminal atua, neste passo, em sentido inverso, a fim de evitar a libertação prematura de determinadas categorias de agentes, dotados de acentuada periculosidade.

60. Manteve-se na exata conceituação atual o erro na execução - *aberratio ictus* - relativo ao objeto material do delito, sendo único o objeto jurídico, bem como o tratamento do resultado diverso do pretendido - *aberratio delicti*.

61. O Projeto baliza a duração máxima das penas privativas da liberdade, tendo em vista o disposto no art. 153, § 11, da Constituição, e veda a prisão perpétua. As penas devem ser limitadas para alimentarem no condenado a esperança da liberdade e a aceitação da disciplina, pressupostos essenciais da eficácia do tratamento penal. Restringiu-se, pois, no art. 75, a duração das penas privativas da liberdade a 30 (trinta) anos, criando-se, porém, mecanismo desestimulador do crime, uma vez alcançado este limite. Caso contrário, o condenado à pena máxima pode ser induzido a outras infrações, no presídio, pela consciência da impunidade, como atualmente ocorre. Daí a regra de interpretação contida no art. 75, § 2º: "sobrevindo condenação por fato posterior ao início do cumprimento da pena, far-se-á nova unificação, computando-se, para esse fim, o tempo restante da pena anteriormente estabelecida".

DA SUSPENSÃO CONDICIONAL

62. O instituto da suspensão condicional da pena foi mantido no Projeto com as adaptações impostas pelas novas modalidades de penas e a sistemática a que estão sujeitas. Tal como no Código Penal vigente, a execução da pena privativa da liberdade não superior a 2 (dois) anos poderá ser suspensa, se o condenado não for reincidente em crime doloso e se a culpabilidade, os antecedentes, a conduta social e a personalidade do agente, bem como os motivos e circunstâncias do crime, indicarem ser necessária e suficiente a concessão do benefício.

63. Conquanto se exija que o condenado não seja reincidente, a condenação anterior a pena da multa não obsta a concessão do benefício, ficando assim adotada a orientação da Súmula 499 do Supremo Tribunal Federal. É óbvio, por outro lado, que a condenação anterior não impede a suspensão, se entre a data do cumprimento da pena e a infração posterior houver decorrido tempo superior a 5 (cinco) anos. Entendeu-se dispensável o Projeto reportar-se a regra geral sobre a temporariedade da reincidência, em cada norma que a ela se refira, por tê-la como implícita e inafastável.

64. Reduziu-se o limite máximo do período de prova, a fim de ajusta-lo à prática judiciária. Todavia, para que o instituto não se transforme em garantia de impunidade, instituíram-se condições mais eficazes, quer pela sua natureza, quer pela possibilidade de fiscalização mais efetiva de sua observância, até mesmo com a participação da comunidade.

65. Tais condições transformaram a suspensão condicional em solução mais severa do que as penas restritivas de direitos, criando-se para o juiz mais esta alternativa à pena privativa da liberdade não superior a 2 (dois) anos. Os condenados ficam sujeitos a regime de prova mais exigente, pois além das condições até agora impostas deverão cumprir, ainda, as de prestação de serviços à comunidade ou de limitação de fim de semana, bem como condições outras, especificadas na sentença, "adequadas ao fato e à situação pessoal do condenado" (arts. 46, 48, 78, § 1º, e 79).

66. Orientado no sentido de assegurar a individualização da pena, o Projeto prevê a modalidade de suspensão especial, na qual o condenado não fica sujeito à prestação de serviço à comunidade ou à limitação de fim de semana. Neste caso o condenado, além de não reincidente em crime doloso, há de ter reparado o dano, se podia fazê-lo; ainda assim, o benefício somente será concedido *se as circunstâncias do art. 59 lhe forem inteiramente favoráveis*, isto é, se mínima a culpabilidade, irretocáveis os antecedentes e de boa índole a personalidade, bem como relevantes os motivos e favoráveis as circunstâncias.

67. Em qualquer das espécies de suspensão é reservado ao juiz a faculdade de especificar outras condições além das expressamente previstas, desde que adequadas ao fato e à situação pessoal do condenado (art. 79), com as cautelas anteriormente mencionadas.

68. A suspensão da execução da pena é *condicional*. Como na legislação em vigor, pode ser obrigatória ou facultativamente revogada. É obrigatória a revogação quando o beneficiário é condenado em sentença definitiva, por crime doloso, no período da prova ou em qualquer das hipóteses previstas nos incisos II e III do art. 81. É facultativa quando descumprida a condição imposta ou sobrevier condenação por crime culposo.

69. Introduzidas no Projeto as penas de prestação de serviços à comunidade e de limitação de fim de semana, tornou-se mister referência expressa ao seu descumprimento como causa de revogação obrigatória (art. 81, III). Esta se opera à falta de reparação do dano, sem motivo justificado e em face de expediente que frustre a execução da pena da multa (art. 81, II). A revogação é facultativa se o beneficiário descumpre condição imposta ou é irrecorrivelmente condenado, seja por contravenção, seja a pena privativa da liberdade ou restritiva de direito em razão de crime culposo.

70. Adotando melhor técnica, o Projeto reúne sob a rubrica "Prorrogação do Período de Prova" as normas dos §§ 2º e 3º do art. 59 do Código vigente, pertinentes à prorrogação de prazo. O § 2º considera prorrogado o prazo "até o julgamento definitivo", se o beneficiário está sendo processado por outro crime ou por contravenção; o § 3º mantém a regra segundo a qual, "quando facultativa a revogação, o juiz pode, ao invés de decretá-la, prorrogar o período de prova até o máximo, se este não foi o fixado".

71. Finalmente, expirado o prazo de prova sem que se verifique a revogação, considera-se extinta a pena privativa da liberdade.

DO LIVRAMENTO CONDICIONAL

72. O Projeto dá novo sentido à execução das penas privativas da liberdade. A ineficácia dos métodos atuais de confinamento absoluto e prolongado, fartamente demonstrada pela experiência, conduziu o Projeto à ampliação do *arbitrium iudicis*, no tocante à concessão do livramento condicional. O juiz poderá conceder o livramento condicional ao condenado a pena privativa da liberdade igual ou superior a 2 (dois) anos, desde que cumprido mais de um terço da pena, se o condenado *não for reincidente* em crime doloso e tiver bons antecedentes (art. 83, I); pode ainda concedê-la se o condenado for reincidente em crime doloso, cumprida mais da metade da pena (art. 83, II). Ao reduzir, porém, os prazos mínimos de concessão do benefício, o Projeto exige do condenado, além dos requisitos já estabelecidos - quantidade da pena aplicada, reincidência, antecedentes e tempo de pena cumprida - a comprovação de comportamento satisfatório durante a execução da pena, bom desempenho no trabalho que lhe foi atribuído e aptidão para prover a própria subsistência mediante trabalho honesto, bem como a reparação do dano, salvo efetiva impossibilidade de fazê-lo (art. 83, III e IV).

73. Tratando-se, no entanto, de condenado *por crime doloso, cometido com violência ou grave ameaça à pessoa*, a concessão do livramento ficará subordinada não só às condições dos mencionados incisos I, II, III e IV do art. 83, mas, ainda, à verificação, em perícia, da superação das condições e circunstâncias que levaram o condenado a delinquir (parágrafo único do art. 83).

74. A norma se destina, obviamente, ao condenado por crime violento, como homicídio, roubo, extorsão, extorsão mediante sequestro em todas as suas formas, estupro, atentado violento ao pudor e outros da mesma índole. Tal exigência é mais uma consequência necessária da extinção da medida de segurança para o imputável.

75. Permite-se, como no Código em vigor, a unificação das penas para efeito de livramento (art. 84). O juiz, ao concedê-lo, especificará na sentença as condições a cuja observância o condenado ficará sujeito.

76. Como na suspensão da pena, a revogação do livramento condicional será obrigatória ou facultativa. Quanto à revogação obrigatória (art. 86), a inovação consiste em suprimir a condenação "por motivo de contravenção", ficando, pois, a revogação obrigatória subordinada somente à condenação por *crime* cometido na vigência do benefício ou por crime anterior, observada a regra da unificação (art. 84). A revogação será facultativa se o condenado deixar de cumprir qualquer das obrigações constantes da sentença ou for irrecorrivelmente condenado por crime a pena que não seja privativa de liberdade ou por contravenção (art. 87). Uma vez revogado, o livramento não poderá ser novamente concedido. Se a revogação resultar de condenação por crime cometido anteriormente à concessão daquele benefício, será descontado na pena a ser cumprida o tempo em que esteve solto o condenado.

77. Cumpridas as condições do livramento, considera-se extinta a pena privativa da liberdade (art. 90).

DOS EFEITOS DA CONDENAÇÃO

78. A novidade do Projeto, nesta matéria, reside em atribuir outros efeitos à condenação, consistentes na perda de cargo, função pública ou mandato eletivo; na incapacidade para o exercício do pátrio poder, tutela ou curatela, e na inabilitação para dirigir veículo (art. 92, I, II, III). Contudo, tais efeitos *não são automáticos*, devendo ser motivadamente declarados na sentença (parágrafo único do art. 92). É que ao juiz incumbe para a declaração da perda do cargo, função pública ou mandato eletivo, verificar se o crime pelo qual houve a condenação foi praticado com abuso de poder ou violação de dever para com a Administração Pública e, ainda, se a pena aplicada foi superior a 4 (quatro) anos. É bem verdade, em tais circunstâncias, a perda do cargo ou da função pública pode igualmente resultar de processo administrativo instaurado contra o servidor. Aqui, porém, resguardada a separação das instâncias administrativa e judicial, a perda do cargo ou função pública independe do processo administrativo. Por outro lado, entre os efeitos da condenação inclui-se a perda do mandato eletivo.

79. Do mesmo modo, a fim de declarar, como efeito da condenação, a incapacidade para o exercício do pátrio poder, tutela ou curatela, deverá o juiz verificar se o crime foi cometido, respectivamente, contra filho, tutelado ou curatelado e se foi doloso, a que se comine pena de reclusão.

80. A inabilitação para dirigir veículo, como efeito da condenação, declara-se quando o veículo tenha sido utilizado como meio para a prática de crime doloso, distinguindo-se, pois, a interdição temporária para dirigir (art. 47, III), que se aplica aos autores de crimes culposos de trânsito. Estes usam o veículo como meio *para fim lícito*, qual seja transportar-se de um ponto para outro, sobrevindo então o crime, que não era o fim do agente. Enquanto aqueles outros, cuja condenação tem como efeito a inabilitação para dirigir veículo, usam-no deliberadamente *como meio* para fim ilícito.

81. Nota-se que todos esses efeitos da condenação serão atingidos pela reabilitação, vedada, porém, a reintegração no cargo, função pública ou mandato eletivo, no exercício do qual o crime tenha ocorrido, bem como vedada a volta ao exercício do pátrio poder, da tutela ou da curatela em relação ao filho, tutelado ou curatelado contra o qual o crime tenha sido cometido (parágrafo único do art. 93).

DA REABILITAÇÃO

82. A reabilitação não é causa extintiva da punibilidade e, por isso, em vez de estar disciplinada naquele Título, como no Código vigente, ganhou Capítulo próprio, no Título V. Trata-se de instituto que não *extingue*, mas tão somente *suspende* alguns efeitos penais da sentença condenatória, visto que a qualquer tempo, revogada a reabilitação, se restabelece o *statu quo ante*. Diferentemente, as causas extintivas da punibilidade operam efeitos irrevogáveis, fazendo cessar definitivamente a pretensão punitiva ou a executória.

83. Segundo o Projeto, a reabilitação não tem, apenas, o efeito de assegurar o sigilo dos registros sobre o processo e a condenação do reabilitado, mas consiste, também, em declaração judicial de que o condenado cumpriu a pena imposta ou esta foi extinta, e de que, durante 2 (dois) anos após o cumprimento ou extinção da pena, teve bom comportamento e ressarciu o dano causado, ou não o fez porque não podia fazê-lo. Tal declaração judicial reabilita o condenado, significando que ele está em plenas condições de voltar ao convívio da sociedade, sem nenhuma restrição ao exercício de seus direitos.

84. Reduziu-se o prazo de 2 (dois) anos, tempo mais do que razoável para a aferição da capacidade de adaptação do condenado às regras do convívio social. Nesse prazo, computa-se o período de prova de suspensão condicional e do livramento, se não sobrevier revogação.

85. A reabilitação distingue-se da *revisão*, porque esta, quando deferida, pode apagar definitivamente a condenação anterior, enquanto aquela não tem esse efeito. Se o reabilitado vier a cometer novo crime será considerado reincidente, ressalvado o disposto no art. 64.

86. A reabilitação será revogada se o reabilitado for condenado, como reincidente, por decisão definitiva, a pena que não seja de multa. Portanto, duas são as condições para a revogação: primeira, que o reabilitado tenha sido condenado, como reincidente, por decisão definitiva, e para que isso ocorra é necessário que entre a data do cumprimento ou extinção da pena e a infração posterior não tenha decorrido período de tempo superior a 5 (cinco) anos (art. 64); segunda, que a pena aplicada seja restritiva de direitos ou privativa da liberdade.

DAS MEDIDAS DE SEGURANÇA

87. Extingue o Projeto a medida de segurança para o imputável e institui o sistema vicariante para os fronteiriços. Não se retomam, com tal método, soluções clássicas. Avança-se, pelo contrário, no sentido da autenticidade do sistema. A medida de segurança, de caráter meramente preventivo e assistencial, ficará reservada aos inimputáveis. Isso, em resumo, significa: culpabilidade - pena; periculosidade - medida de segurança. Ao réu perigoso e culpável não há razão para aplicar o que tem sido, na prática, uma fração de pena eufemisticamente denominada "medida de segurança".

88. Para alcançar esse objetivo, sem prejuízo da repressão aos crimes mais graves, o Projeto reformulou os institutos do crime continuado e do livramento condicional, na forma de esclarecimentos anteriores.

89. Duas espécies de medida de segurança consagra o Projeto: a detentiva e a restritiva. A detentiva consiste na internação em hospital de custódia e tratamento psiquiátrico, fixando-se o prazo mínimo de internação entre 1 (um) e 3 (três) anos. Esse prazo tornar-se-a indeterminado, perdurando a medida enquanto não for verificada a cessação da periculosidade por perícia médica. A perícia deve efetuar-se ao término do prazo mínimo prescrito e repetir-se anualmente.

90. O Projeto consagra significativa inovação ao prever a medida de segurança restritiva, consistente na sujeição do agente a tratamento ambulatorial, cumprindo-lhe comparecer ao hospital nos dias que lhe forem determinados pelo médico, a fim de ser submetido à modalidade terapêutica prescrita.

91. Corresponde a inovação às atuais tendências de "desinstitucionalização", sem o exagero de eliminar a internação. Pelo contrário, o Projeto estabelece limitações estritas para a hipótese de tratamento ambulatorial, apenas admitido quando o ato praticado for previsto como crime *punível com detenção*.

92. A sujeição a tratamento ambulatorial será também determinada pelo prazo mínimo de 1 (um) a 3 (três) anos, devendo perdurar enquanto não verificada a cessação da periculosidade.

93. O agente poderá ser transferido em qualquer fase do regime de tratamento ambulatorial para o detentivo, consistente em internação hospitalar de custódia e tratamento psiquiátrico, se a conduta revelar a necessidade da providência para fins curativos.

94. A liberação do tratamento ambulatorial, a desinternação e a reinternação constituem hipóteses previstas nos casos em que a verificação da cura ou a persistência da periculosidade as aconselhem.

DA AÇÃO PENAL

95. O Título ficou a salvo de modificações, excetuadas pequenas correções de redação nos arts. 100, §§ 2º e 3º, 101 e 102.

DA EXTINÇÃO DA PUNIBILIDADE

96. Excluíram-se do rol das causas extintivas da punibilidade a reabilitação e o ressarcimento do dano no peculato culposo. A primeira porque, dependendo de anterior extinção da pena, não tem a natureza de causa extintiva da punibilidade. Diz mais com certos efeitos secundários de condenação já consumada (item 82). A segunda porque, tratando-se de norma específica e restrita, já contemplada expressamente na Parte Especial, art. 312, § 3º, nada justifica sua inócua repetição entre normas de caráter geral.

97. Deu-se melhor redação à hipótese de casamento da vítima com terceiro, ficando claro que esta forma excepcional de extinção depende da ocorrência concomitante de três condições: o casamento, a inexistência de violência real e a inércia da vítima por mais de 60 (sessenta) dias após o casamento.

98. Incluiu-se o perdão judicial entre as causas em exame (art. 107, IX) e explicitou-se que a sentença que o concede não será considerada para configuração futura de reincidência (art. 120). Afastam-se, com isso, as dúvidas que ora têm suscitado decisões contraditórias em nossos tribunais. A opção se justifica a fim de que o perdão, cabível quando expressamente previsto na Parte Especial ou em lei, não continue, como por vezes se tem entendido, a produzir os efeitos de sentença condenatória.

99. Estatui o art. 110 que, uma vez transitada em julgado a sentença condenatória, a prescrição regula-se pela pena aplicada, verificando-se nos prazos fixados no art. 109, os quais são aumentados de um terço, se o condenado é reincidente. O § 1º dispõe que a prescrição se regula pela pena aplicada, se transitada em julgado a sentença para a acusação ou improvido o recurso desta. Ainda que a norma pareça desnecessária, preferiu-se explicitá-la no texto, para dirimir de vez a dúvida alusiva à prescrição pela pena aplicada, não obstante o recurso da acusação, se este não foi provido. A ausência de tal norma tem estimulado a interposição de recursos destinados a evitar tão somente a prescrição. Manteve-se, por outro lado, a regra segundo a qual, transitada em julgado a sentença para a acusação, haja ou não recurso da defesa, a prescrição se regula pela pena concretizada na sentença.

100. Norma apropriada impede que a prescrição pela pena aplicada tenha por termo inicial data anterior à do recebimento da denúncia (§ 2º do art. 110). A inovação, introduzida no Código Penal pela Lei n. 6.416, de 24 de maio de 1977, vem suscitando controvérsias doutrinárias. Pesou, todavia, em prol de sua manutenção, o fato de que, sendo o recebimento da denúncia causa interruptiva da prescrição (art. 117, I), uma vez interrompida esta o prazo recomeça a correr por inteiro (art. 117, § 2º).

101. Trata-se, além disso, de prescrição pela pena aplicada, o que pressupõe, obviamente, a existência de processo e de seu termo: a sentença condenatória. Admitir, em tal caso, a prescrição da ação penal em período anterior ao recebimento da denúncia importaria em declarar a inexistência tanto do processo quanto da sentença. Mantém-se, pois, o despacho de recebimento da denúncia como causa interruptiva, extraindo-se do princípio as consequências inelutáveis.

102. O prazo de prescrição no crime continuado, antes do trânsito em julgado da sentença condenatória, não mais terá como termo inicial a data em que cessou a continuação (Código Penal, art. 111, c).

103. Adotou o Projeto, nesse passo, orientação mais liberal, em consonância com o princípio introduzido em seu art. 119, segundo o qual, no concurso de crimes, a extinção da punibilidade incidirá isoladamente sobre a pena de cada um. Poderá ocorrer a prescrição do primeiro crime antes da prescrição do último a ele interligado pela continuação. A jurisprudência do Supremo Tribunal Federal orienta-se nesse sentido, tanto que não considera o acréscimo decorrente da continuação para cálculo do prazo prescricional (Súmula 497).

104. Finalmente, nas Disposições Transitórias, cancelaram-se todos os valores de multa previstos no Código atual, de modo que os cálculos de pena pecuniária sejam feitos, doravante, segundo os precisos critérios estabelecidos na Parte Geral. Foram previstos, ainda, prazos e regras para a implementação paulatina das novas penas restritivas de direitos.

CONCLUSÃO

105. São essas, em resumo, as principais inovações introduzidas no anexo Projeto de reforma penal que tenho a honra de submeter a superior consideração de Vossa Excelência. Estou certo de que, se adotado e transformado em lei, há de constituir importante marco na reformulação do nosso Direito Penal, além de caminho seguro para a modernização da nossa Justiça Criminal e dos nossos estabelecimentos penais. Valho-me da oportunidade para renovar a Vossa Excelência a expressão do meu profundo respeito.

Ibrahim Abi-Ackel

EXPOSIÇÃO DE MOTIVOS DA PARTE ESPECIAL DO CÓDIGO PENAL

DECRETO-LEI N. 2.848, DE 07 DE DEZEMBRO DE 1940

Ministério da Justiça e Negócios Interiores

Gabinete do Ministro, em 04.11.1940

Senhor Presidente:

[...]

PARTE ESPECIAL
DOS CRIMES CONTRA A PESSOA

37. O Título I da "Parte Especial" ocupa-se dos crimes contra a pessoa, dividindo-se em seis capítulos, com as seguintes rubricas: "Dos crimes contra a vida", "Das lesões corporais", "Da periclitação da vida e da saúde", "Da rixa", "Dos crimes contra a honra" e "Dos crimes contra a liberdade individual". Não há razão para que continuem em setores autônomos os "crimes contra a honra" e os "crimes contra a liberdade individual" (que a lei atual denomina "crimes contra o livre gozo e exercício dos direitos individuais"): seu verdadeiro lugar é entre os crimes contra a pessoa, de que constituem subclasses. A honra e a liberdade são interesses, ou bens jurídicos inerentes à *pessoa*, tanto quanto o direito à vida ou à integridade física.

DOS CRIMES CONTRA A VIDA

38. O projeto mantém a diferença entre uma forma simples e uma forma qualificada de "homicídio". As circunstâncias qualificativas estão enumeradas no § 2º do art. 121. Umas dizem com a intensidade do dolo, outras com o modo de ação ou com a natureza dos meios empregados; mas todas são especialmente destacadas pelo seu valor sintomático: são circunstâncias reveladoras de maior periculosidade ou extraordinário grau de perversidade do agente. Em primeiro lugar, vem o motivo *torpe* (isto é, o motivo que suscita a aversão ou repugnância geral, *v. g.*: a cupidez, a luxúria, o despeito da imoralidade contrariada, o prazer do mal etc.) ou *fútil* (isto é, que, pela sua mínima importância, não é causa suficiente para o crime). Vem a seguir o "emprego de veneno, fogo, explosivo, asfixia, tortura ou outro meio insidioso (isto é, dissimulado na sua eficiência maléfica) ou *cruel* (isto é, que aumenta inutilmente o sofrimento da vítima, ou revela uma brutalidade fora do comum ou em contraste com o mais elementar sentimento de piedade) ou *de que possa resultar perigo comum*". Deve notar-se que, para a inclusão do motivo fútil e emprego de meio cruel entre as agravantes que qualificam o homicídio, há mesmo uma razão de ordem constitucional, pois o único crime comum, contra o qual a nossa vigente Carta Política permite que a sanção penal possa ir até a pena de morte, é o "homicídio cometido por motivo fútil e com extremos de perversidade" (art. 122, no 13, *j*). São também qualificativas do homicídio as agravantes que traduzem um *modo* insidioso da atividade executiva do crime (não se confundindo, portanto, com o emprego de *meio* insidioso), impossibilitando ou dificultando a defesa da vítima (como a *traição*, a *emboscada*, a *dissimulação* etc.). Finalmente, qualifica o homicídio a circunstância de ter sido cometido "para assegurar a execução, a ocultação, a impunidade ou vantagem de outro crime". É claro que esta qualificação não diz com os casos em que o homicídio é elemento de *crime complexo* (*in exemplis*: arts. 157, § 3º, *in fine*, e 159, § 3º), pois, em tais casos, a pena, quando não mais grave, é, pelo menos, igual a do homicídio qualificado.

39. Ao lado do homicídio com pena especialmente agravada, cuida o projeto do homicídio com pena especialmente atenuada, isto é, o homicídio praticado "por motivo de relevante valor social, ou moral", ou "sob o domínio de emoção violenta, logo em seguida a injusta provocação da vítima". Por "motivo de relevante valor social ou moral", o projeto entende significar o motivo que, em si mesmo, é aprovado pela moral prática, como, por exemplo, a compaixão ante o irremediável sofrimento da vítima (caso do homicídio eutanásico), a indignação contra um traidor da pátria etc. No tratamento do *homicídio culposo*, o projeto atendeu à urgente necessidade de punição mais rigorosa do que a constante da lei penal atual, comprovadamente insuficiente. A pena cominada é a de detenção por 1 (um) a 3 (três) anos, e será especialmente aumentada se o evento "resulta da inobservância de regra técnica de profissão, arte, ofício ou atividade", ou quando "o agente deixa de prestar imediato socorro à vítima, não procura diminuir as consequências do seu ato, ou foge para evitar prisão em flagrante". Deve notar-se, além disso, que entre as *penas acessórias* (Capítulo V do Título V da Parte Geral), figura a de "incapacidade temporária para profissão ou atividade cujo exercício depende de licença, habilitação ou autorização do poder público", quando se trate de crime cometido com infração de dever inerente à profissão ou atividade. Com estes dispositivos, o projeto visa, principalmente, a *condução de automóveis*, que constitui, na atualidade, devido a um generalizado descaso pelas cautelas técnicas (notadamente quanto à velocidade), uma causa frequente de eventos lesivos contra a pessoa, agravando-se o mal com o procedimento *post factum* dos motoristas, que, tão somente com o fim egoístico de escapar à prisão em flagrante ou a ação da justiça penal, sistematicamente imprimem maior velocidade ao veículo, desinteressando-se por completo da vítima, ainda quando um socorro imediato talvez pudesse evitar-lhe a morte.

40. O *infanticídio* é considerado um *delictum exceptum* quando praticado pela parturiente sob a *influência do estado puerperal*. Esta cláusula, como é óbvio, não quer significar que o puerpério acarrete sempre uma perturbação psíquica: é preciso que fique averiguado ter esta realmente sobrevindo em consequência daquele, de modo a diminuir a capacidade de entendimento ou de autoinibição da parturiente. Fora daí, não há por que distinguir entre infanticídio e homicídio. Ainda quando ocorra a *honoris causa* (considerada pela lei vigente como razão de especial abrandamento da pena), a pena aplicável e a de homicídio.

41. Ao configurar o crime de induzimento, instigação ou auxílio ao suicídio, o projeto contém inovações: é punível o fato ainda quando se frustre o suicídio, desde que resulte lesão corporal grave ao que tentou matar-se; e a pena cominada será aplicada em dobro se o crime obedece a móvel egoístico ou é praticado contra menor ou é pessoa que, por qualquer outra causa, tenha diminuída a capacidade de resistência. Mantém o projeto a incriminação do aborto, mas declara penalmente lícito, quando praticado por médico habilitado, o aborto necessário, ou em caso de prenhez resultante de estupro. Militam em favor da exceção razões de ordem social e individual, a que o legislador penal não pode deixar de atender.

DAS LESÕES CORPORAIS

42. O crime de *lesão corporal* é definido como ofensa à *integridade corporal* ou saúde, isto é, como todo e qualquer dano ocasionado à normalidade funcional do corpo humano, quer do ponto de vista anatômico, quer do ponto de vista fisiológico ou mental. Continua-se a discriminar, para diverso tratamento penal, entre a lesão de natureza leve e a de natureza grave. Tal como na lei vigente, a lesão corporal grave, por sua vez é considerada, para o efeito de graduação da pena, segundo sua menor ou maior *gravidade* objetiva. Entre as lesões de *menor gravidade* figura (à semelhança do que ocorre na lei atual) a que produz "incapacidade para as ocupações habituais, por mais de 30 (trinta) dias"; mas, como uma lesão pode apresentar gravíssimo perigo (dado o ponto atingido) e, no entanto, ficar curada antes de I (um) mês, entendeu o projeto de incluir nessa mesma classe, sem referência à condição de *tempo* ou a qualquer outra, a lesão que produz "perigo de vida". Outra inovação é o reconhecimento da gravidade da lesão de que resulte "*debilitação* permanente de membro, sentido ou função", ou "aceleração de parto". Quanto às lesões de *maior gravidade*, também não é o projeto coincidente com a lei atual, pois que: *a*) separa, como condições autônomas ou por si sós suficientes para o reconhecimento da *maior gravidade*, a "incapacidade permanente para o trabalho" ou "enfermidade certa ou provavelmente incurável"; *b*) delimita o conceito de *deformidade* (isto é, acentua que esta deve ser "permanente"); *c*) inclui entre elas a que ocasiona *aborto*. No § 3º do art. 129, é especialmente previsto e resolvido o caso em que sobrevém a morte do ofendido, mas evidenciando as circunstâncias de que o evento letal não se compreendia no dolo do agente, isto é, o agente não queria esse resultado, nem assumira o risco de produzi-lo, tendo procedido apenas *vulnerandi animo*. Costuma-se falar, na hipótese, em "homicídio preterintencional", para reconhecer-se um *grau* intermédio entre o homicídio doloso e o homicídio culposo; mas tal denominação, em face do conceito extensivo do dolo, acolhido pelo projeto, torna-se inadequada: ainda quando o evento "morte" não tenha sido, propriamente, abrangido pela intenção do agente, mas este assumiu o risco de produzi-lo, o homicídio é *doloso*. A *lesão corporal culposa* é tratada no art. 129, § 6º. Em consonância com a lei vigente, não se distingue, aqui, entre a maior ou menor importância do dano material: leve ou grave a lesão, a pena é a mesma, isto é, detenção por 2 (dois) meses a 1 (um) ano (sanção mais severa do que a editada na lei atual). E especialmente agravada a pena nos mesmos casos em que o é a cominada ao *homicídio culposo*. Deve notar-se que o caso de multiplicidade do evento lesivo (várias *lesões corporais*, ou várias *mortes*, ou *lesão corporal* e *morte*), resultante de uma só ação ou omissão culposa, é resolvido segundo a norma genérica do § 1º do art. 51. Ao crime de lesões corporais é aplicável o disposto no § 1º do art. 121 (facultativa diminuição da pena, quando o agente "comete o crime impelido por motivo de relevante valor social ou moral, ou sob a influência de violenta emoção, logo em seguida a injusta provocação da vítima"). Tratando-se de lesões leves, se ocorre qualquer das hipóteses do parágrafo citado, ou se as lesões são recíprocas, o juiz pode substituir a pena de detenção pela de multa (de duzentos mil-reis a dois contos de réis).

DA PERICLITAÇÃO DA VIDA E DA SAÚDE

43. Sob esta epígrafe, o projeto contempla uma série de *crimes de perigo* contra a pessoa, uns já constantes, outros desconhecidos da lei penal vigente. Pelo seu caráter especial, seja quanto ao elemento objetivo, seja quanto ao elemento subjetivo, tais crimes reclamam um capítulo próprio. Do ponto de vista material, reputam-se *consumados* ou *perfeitos* desde que a ação ou omissão cria uma situação objetiva de *possibilidade* de dano à vida ou à saúde de alguém. O evento, aqui (como nos crimes de perigo em geral), é a simples *exposição a perigo de dano*. O *dano efetivo* pode ser *uma condição de maior punibilidade*, mas não condiciona o *momento consumativo* do crime. Por outro lado, o elemento subjetivo é a vontade consciente referida exclusivamente à produção do perigo. A ocorrência do dano não se compreende na volição ou dolo do agente, pois, do contrário, não haveria por que distinguir entre tais crimes e a *tentativa de crime de dano*.

44. Entre as novas entidades prefiguradas no capítulo em questão, depara-se, em primeiro lugar, com o "contágio venéreo". Já há mais de meio século, o médico francês Desprès postulava que se incluísse tal fato entre as *species* do ilícito penal, como já fazia, aliás, desde 1866, a lei dinamarquesa. Tendo o assunto provocado amplo debate, ninguém mais duvida, atualmente, da legitimidade dessa incriminação. A *doença venérea* é uma *lesão corporal* e de consequências gravíssimas, notadamente quando se trata da sífilis. O mal da contaminação (evento lesivo) não fica circunscrito a uma pessoa determinada. O indivíduo que, sabendo-se portador de moléstia venérea, não se priva do ato sexual, cria conscientemente a possibilidade de um contágio extensivo. Justifica-se, portanto, plenamente, não só a incriminação do fato, como o critério de declarar-se suficiente para a consumação do crime a produção do *perigo* de contaminação. Não há dizer-se que, em grande número de casos, será difícil, senão impossível, a prova da autoria. Quando esta não possa ser averiguada, não haverá ação penal (como acontece, aliás, em relação a qualquer crime); mas a dificuldade de prova não é razão para deixar-se de incriminar um fato gravemente atentatório de um relevante bem jurídico. Nem igualmente se objete que a incriminação legal pode dar ensejo, na prática, a *chantagens* ou especulação extorsiva. A tal objeção responde cabalmente Jimenez de Asúa (O delito de contagio venéreo): "... não devemos esquecer de que a chantagem é possível em muitos outros crimes, que, nem por isso, deixam de figurar nos Códigos. O melhor remédio é punir severamente os chantagistas, como propõem Le Foyer e Fiaux". Ao conceituar o crime de contágio venéreo, o projeto rejeitou a fórmula híbrida do Código italiano (seguida pelo projeto Alcântara), que configura, no caso, um "crime de dano com dolo de perigo". Foi preferida a fórmula do Código dinamarquês: o crime se consuma com o simples fato da exposição a perigo de contágio. O *eventus damni* não é elemento constitutivo do crime, nem é tomado em consideração para o efeito de *maior punibilidade*. O crime é punido não só a título de *dolo de perigo*, como a título de *culpa* (isto é, não só quando o agente sabia achar-se infeccionado, como quando devia sabê-lo pelas circunstâncias). Não se faz enumeração taxativa das moléstias venéreas (segundo a lição científica, são elas a *sífilis*, a *blenorragia*, o *ulcus molle* e o *linfogranuloma inguinal*), pois isso é mais próprio de regulamento sanitário. Segundo dispõe o projeto (que, neste ponto, diverge do seu modelo), a ação penal, na espécie, depende sempre de *representação* (e não apenas no caso em que o ofendido seja cônjuge do agente). Este critério é justificado pelo raciocínio de que, na repressão do crime de que se trata, o *strepitus judicii*, em certos casos, pode ter consequências gravíssimas, em desfavor da própria vítima e de sua família.

45. É especialmente prefigurado, para o efeito de majoração da pena, o caso em que o agente tenha procedido com *intenção de transmitir a moléstia venérea*. É possível que o rigor técnico exigisse a inclusão de tal hipótese no capítulo das *lesões corporais*, desde que seu elemento subjetivo é o *dolo de dano*, mas como se trata, ainda nessa modalidade, de um crime para cuja consumação basta o *dano potencial*, pareceu à Comissão revisora que não havia despropósito em classificar o fato entre os crimes de perigo contra a pessoa. No caso de dolo de dano, a incriminação é extensiva à criação do perigo de contágio de qualquer moléstia grave.

46. No art. 132, é igualmente prevista uma entidade criminal estranha à lei atual: "expor a vida ou saúde de outrem a perigo direto e iminente", não constituindo o fato crime mais grave. Trata-se de um crime de caráter eminentemente *subsidiário*. Não o informa o *animus necandi* ou o *animus laedendi*, mas apenas a consciência e vontade de expor a vítima a grave perigo. O *perigo concreto*, que constitui o seu elemento objetivo, é limitado a determinada pessoa, não se confundindo, portanto, o crime em questão com os de *perigo comum* ou *contra a incolumidade pública*. O exemplo frequente e típico dessa *species* criminal é o caso do empreiteiro que, para poupar-se ao dispêndio com medidas técnicas de prudência, na execução da obra, expõe o operário ao risco de grave acidente. Vem daí que Zurcher, ao defender, na espécie, quando da elaboração do Código Penal suíço, um dispositivo incriminador, dizia que este seria um complemento da legislação trabalhista (*Wir haben geglaubt, dieser Artikel werde einen Teil der Arbeiterschutzgesetzgebung bilden*). Este pensamento muito contribuiu para que se formulasse o art. 132; mas este não visa somente proteger a indenidade do operário, quando em trabalho, senão também a de qualquer outra pessoa. Assim, o crime de que ora se trata não pode deixar de ser reconhecido na ação, por exemplo, de quem dispara uma arma de fogo contra alguém, não sendo atingido o alvo, nem constituindo o fato tentativa de homicídio. Ao definir os crimes de *abandono* (art. 133) e *omissão de socorro* (art. 135), o projeto, diversamente da lei atual, não limita a proteção penal aos menores, mas atendendo ao *ubi eadem ratio, ibi eadem dispositio*, amplia-a aos *incapazes* em geral, aos *enfermos*, *inválidos* e *feridos*.

47. Não contém o projeto dispositivo especial sobre o *duelo*. Sobre tratar-se de um fato inteiramente alheio aos nossos costumes, não há razão convincente para que se veja no homicídio ou ferimento causado em duelo um crime *privilegiado*: com ou sem as *regras cavalheirescas*, a destruição da vida ou lesão da integridade física de um homem não pode merecer transigência alguma do direito penal. Pouco importa o consentimento recíproco dos duelistas, pois, quando estão em jogo *direitos inalienáveis*, o *mutuus consensus* não é causa excludente ou sequer minorativa da pena. O desafio para o duelo e a aceitação dele são, em si mesmos, fatos penalmente indiferentes; mas, se não se exaurem como simples jatância, seguindo-se-lhes efetivamente o duelo, os contendores responderão, conforme o resultado, por *homicídio* (consumado ou tentado) ou *lesão corporal*.

DA RIXA

48. Ainda outra inovação do projeto, em matéria de crimes contra a pessoa, é a incriminação da rixa, por si mesma, isto é, da luta corporal entre várias pessoas. A *ratio essendi* da incriminação é dupla: a rixa concretiza um *perigo* à incolumidade pessoal (e nisto se assemelha aos "crimes de perigo contra a vida e a saúde") e é uma perturbação da ordem e disciplina da convivência civil. A *participação* na rixa é punida independentemente das consequências desta. Se ocorre a morte ou lesão corporal grave de algum dos contendores, dá-se uma *condição de maior punibilidade*, isto é, a pena cominada ao simples fato de participação na rixa é especialmente agravada. A pena cominada à rixa em si mesma é aplicável separadamente da pena correspondente ao resultado lesivo (homicídio ou lesão corporal), mas serão ambas aplicadas cumulativamente (como no caso de concurso material) em relação aos contendores que concorrerem para a produção desse resultado. Segundo se vê do art. 137, *in fine*, a participação na rixa deixará de ser crime se o participante visa apenas separar os contendores. É claro que também não haverá crime se a intervenção constituir *legítima defesa*, própria ou de terceiro.

DOS CRIMES CONTRA A HONRA

49. O projeto cuida dos *crimes contra a honra* somente quando não praticados pela imprensa, pois os chamados "delitos de imprensa" (isto é, os crimes contra honra praticados por meio da imprensa) continuam a ser objeto de legislação especial. São definidos como crimes contra a honra a "calúnia", a "injúria" (compreensiva da *injúria* "por violência ou vias de fato" ou com emprego de meios aviltantes, que a lei atual prevê parcialmente no capítulo das "lesões corporais") e a "difamação" (que, de modalidade da injúria, como na lei vigente, passa a constituir crime autônomo). No tratamento do crime de injúria, foi adotado o critério de que a injusta provocação do ofendido ou a reciprocidade das injúrias, se não exclui a pena, autoriza, entretanto, o juiz, conforme as circunstâncias, a abster-se de aplicá-la, ou no caso de reciprocidade, a aplicá-la somente a um dos injuriadores. A *fides veri* ou *exceptio veritatis* é admitida, para exclusão de crime ou de pena tanto no caso de calúnia (salvo as exceções enumeradas no § 3º do art. 138), quanto no de difamação, mas, neste último caso, somente quando o ofendido é agente ou depositário da autoridade pública e a ofensa se refere ao exercício de suas funções, não se tratando do "Presidente da República, ou chefe de Governo estrangeiro em visita ao país". Exceção feita da "injúria por violência ou vias de fato", quando dela resulte lesão corporal, a ação penal, na espécie, depende de queixa, bastando, porém, simples representação, quando o ofendido e qualquer das pessoas indicadas nos n. I e II do art. 141. Os demais dispositivos coincidem, mais ou menos, com os do direito vigente.

DOS CRIMES CONTRA A LIBERDADE INDIVIDUAL

50. Os crimes contra a liberdade individual são objeto do Capítulo VI do título reservado aos crimes contra a pessoa. Subdividem-se em: *a*) crimes contra a liberdade pessoal; *b*) crimes contra a inviolabilidade do domicílio; *c*) crimes contra a inviolabilidade da correspondência; *d*) crimes contra a inviolabilidade de segredos. O projeto não considera contra a *liberdade individual* os chamados crimes eleitorais: estes, por isso mesmo que afetam a *ordem política*, serão naturalmente insertos, de futuro, no catálogo dos crimes políticos, deixados à legislação especial (art. 360).

DOS CRIMES CONTRA A LIBERDADE PESSOAL

51. O crime de *constrangimento ilegal* é previsto no art. 146, com uma fórmula unitária. Não há indagar, para diverso tratamento penal, se a privação da liberdade de agir foi obtida mediante violência, física ou moral, ou com o emprego de outro qualquer meio, como, por exemplo, se o agente, insidiosamente, faz a vítima ingerir um narcótico. A pena relativa ao constrangimento ilegal, como crime *sui generis*, é sempre a mesma. Se há emprego da *vis corporalis*, com resultado lesivo à pessoa da vítima, dá-se um concurso material de crimes. A pena é especialmente agravada (inovação do projeto), quando, para a execução do crime, se houverem reunido mais de três pessoas ou tiver havido emprego de armas. É expressamente declarado que não constituem o crime em questão o "tratamento médico arbitrário", se justificado por iminente perigo de vida, e a "coação exercida para impedir suicídio". Na conceituação do crime de *ameaça* (art. 147), o projeto diverge, em mais de um ponto, da lei atual. Não é preciso que o "mal prometido" constitua *crime*, bastando que seja *injusto* e *grave*. Não se justifica o critério restritivo do direito vigente, pois a ameaça de um mal injusto e grave, embora penalmente indiferente, pode ser, às vezes, mais intimidante que a ameaça de um crime. Não somente é incriminada a ameaça *verbal* ou *por escrito*, mas, também, a ameaça *real* (isto é, por *gestos*, *v. g.*: apontar uma arma de fogo contra alguém) ou *simbólica* (ex.: afixar à porta da casa de alguém o emblema ou sinal usado por uma associação de criminosos). Os crimes de *cárcere privado* e *sequestro*, salvo sensível majoração da pena, são conceituados como na lei atual. No art. 149, é prevista uma entidade criminal ignorada do Código vigente: o fato de reduzir alguém, por qualquer meio, à condição análoga à de escravo, isto é, suprimir-lhe, de fato, o *status libertatis*, sujeitando-o o agente ao seu completo e discricionário poder. É o crime que os antigos chamavam *plagium*. Não é desconhecida a sua prática entre nós, notadamente em certos pontos remotos do nosso *hinterland*.

DOS CRIMES CONTRA A INVIOLABILIDADE DO DOMICÍLIO

52. Com ligeiras diferenças, os dispositivos referentes ao crime de *violação de domicílio* repetem critérios da lei atual. Do texto do art. 150 se depreende, *a contrario*, que a *entrada na casa alheia ou suas dependências* deixa de constituir crime, não somente quando precede licença *expressa*, mas também quando haja consentimento tácito de quem de direito. É especialmente majorada a pena, se o crime é praticado: *a*) durante a noite; *b*) em lugar despovoado; *c*) com emprego de violência ou de armas; *d*) por duas ou mais pessoas. Para maior elucidação do *conteúdo do crime*, é declarado que a expressão "casa" é compreensiva de "qualquer compartimento habitado", "aposento ocupado de uma habitação coletiva" e "qualquer compartimento, não aberto ao público, onde alguém exerce profissão ou atividade".

DOS CRIMES CONTRA A INVIOLABILIDADE DE CORRESPONDÊNCIA

53. O projeto trata a *violação de correspondência* separadamente da *violação de segredos*, divergindo, assim, do Código atual, que as engloba num mesmo capítulo. A inviolabilidade da correspondência é um interesse que reclama a tutela penal independentemente dos *segredos* acaso confiados por esse meio. Na configuração das modalidades do crime de violação de correspondência, são reproduzidos os preceitos da legislação vigente e acrescentados outros, entre os quais o que incrimina especialmente o fato de abusar da condição de sócio, empregado ou preposto, em estabelecimento comercial ou industrial, desviando, sonegando, subtraindo, suprimindo, no todo ou em parte, correspondência, ou revelando a estranho o seu conteúdo. Salvo nos casos em que seja atingido interesse da administração pública, só se procederá, em relação a qualquer das modalidades do crime, mediante *representação*.

DOS CRIMES CONTRA A INVIOLABILIDADE DOS SEGREDOS

54. Ao incriminar a *violação arbitrária de segredos*, o projeto mantém-se fiel aos "moldes" do Código em vigor, salvo uma ou outra modificação. Deixa à margem da proteção penal somente os segredos obtidos por confidência *oral* e *não necessária*. Não foi seguido o exemplo do Código italiano, que exclui da órbita do ilícito penal até mesmo a violação do segredo obtido por confidência *escrita*. Não é convincente a argumentação de Rocco: "Entre o segredo confiado oralmente e o confiado por escrito não há diferença substancial, e como a violação do segredo oral não constitui crime, nem mesmo quando o confidente se tenha obrigado a não revelá-lo, não se compreende porque a diversidade do meio usado, isto é, o escrito, deva tornar punível o fato". Ora, é indisfarçável a diferença entre divulgar ou revelar a confidência que outrem nos faz verbalmente e a que recebemos por escrito: no primeiro caso, a veracidade da comunicação pode ser posta em dúvida, dada a ausência de comprovação material; ao passo que, no segundo, há um *corpus*, que se impõe à credulidade geral. A traição da confiança, no segundo caso, é evidentemente mais grave do que no primeiro. Diversamente da lei atual, é incriminada tanto a publicação do conteúdo *secreto* de correspondência epistolar, por parte do destinatário, quanto a de qualquer outro *documento particular*, por parte do seu *detentor*, e não somente quando daí advenha efetivo dano a alguém (como na lei vigente), senão também quando haja simples *possibilidade de dano*.

55. Definindo o crime de "violação do segredo profissional", o projeto procura dirimir qualquer incerteza acerca do que sejam *confidentes necessários*. Incorrerá na sanção penal todo aquele que revelar segredo, de que tenha ciência em razão de "função, ministério, ofício ou profissão". Assim, já não poderá ser suscitada, como perante a lei vigente, a dúvida sobre se constitui ilícito penal a quebra do "sigilo do confessionário".

DOS CRIMES CONTRA O PATRIMÔNIO

56. Várias são as inovações introduzidas pelo projeto no setor dos *crimes patrimoniais*. Não se distingue, para diverso tratamento penal, entre o maior ou menor valor da lesão patrimonial; mas, tratando-se de *furto*, *apropriação indébita* ou *estelionato*, quando a coisa subtraída, desviada ou captada é de pequeno valor, e desde que o agente é criminoso primário, pode o juiz substituir a pena de reclusão pela de detenção, diminuí-la de um até dois terços, ou aplicar somente a de multa (arts. 155, § 2º, 170, 171, § 1º). Para afastar qualquer dúvida, é expressamente equiparada à *coisa móvel* e, consequentemente, reconhecida como possível objeto de *furto* a "energia elétrica ou qualquer outra que tenha valor econômico". Toda energia economicamente utilizável é suscetível de incidir no poder de disposição material e exclusiva de um indivíduo (como, por exemplo, a eletricidade, a radioatividade, a energia genética dos reprodutores etc.) pode ser incluída, mesmo do ponto de vista técnico, entre as *coisas móveis*, a cuja regulamentação jurídica, portanto, deve ficar sujeita. Somente quando há emprego de força, grave ameaça ou outro meio tendente a suprimir a resistência pessoal da vítima, passa o furto a ser qualificado *roubo*. No caso de *violência contra a coisa*, bem como quando o crime é praticado com escalada ou *emprego de chaves falsas*, não perde o furto seu *nomen juris*, embora seja especialmente aumentada a pena. Também importa majoração de pena o furto com emprego de destreza ou de *meio fraudulento*, com *abuso de confiança* ou *concurso de duas ou mais pessoas*. O furto com abuso de confiança não deve ser confundido com a *apropriação indébita*, pois nesta a posse direta e desvigiada da coisa é precedentemente concedida ao agente pelo próprio *dominus*. É prevista como *agravante especial* do furto a circunstância de ter sido o crime praticado "durante o período do sossego noturno". A *violência* como elementar do roubo, segundo dispõe o projeto, não é somente a que se emprega para o efeito da *apprehensio* da coisa, mas também a exercida *post factum*, para assegurar o agente, em seu proveito, ou de terceiro, a detenção da coisa subtraída ou a impunidade. São declaradas agravantes especiais do roubo as seguintes circunstâncias: ter sido a violência ou ameaça exercida com armas, o concurso de mais de duas pessoas e achar-se a vítima em serviço de transporte de dinheiro, "conhecendo o agente tal circunstância".

57. A *extorsão* é definida numa fórmula unitária, suficientemente ampla para abranger todos os casos possíveis na prática. Seu tratamento penal é idêntico ao do roubo; mas, se é praticada mediante *sequestro* de pessoa, a pena é sensivelmente aumentada. Se do fato resulta a morte do *sequestrado*, é cominada a mais rigorosa sanção penal do projeto: reclusão por 20 (vinte) a 30 (trinta) anos e multa de vinte a cinquenta contos de réis. Esta excepcional severidade da pena é justificada pelo caráter brutal e alarmante dessa forma de criminalidade nos tempos atuais. É prevista no art. 160, cominando-se-lhe pena de reclusão por 1 (um) a 3 (três) anos e multa de dois a cinco contos de réis, a *extorsão indireta*, isto é, o fato de "exigir ou receber, como garantia de dívida, abusando da situação de alguém, documento que pode dar causa a procedimento criminal contra a vítima ou contra terceiro". Destina-se o novo dispositivo a coibir os torpes e opressivos expedientes a que recorrem, por vezes, os agentes de usura, para garantir-se contra o risco do dinheiro mutuado. São bem conhecidos esses recursos, como, por exemplo, o de induzir o necessitado cliente a assinar um contrato simulado de depósito ou a forjar no título de dívida a firma de algum parente abastado, de modo que, não resgatada a dívida no vencimento, ficará o mutuário sob a pressão da ameaça de um processo por apropriação indébita ou falsidade.

58. Sob a rubrica "Da usurpação", o projeto incrimina certos fatos que a lei penal vigente conhece sob diverso *nomen juris* ou ignora completamente, deixando-os na órbita dos delitos civis. Em quase todas as suas modalidades, a usurpação é uma lesão ao interesse jurídico da inviolabilidade da propriedade imóvel. Assim, a "alteração de limites" (art. 161), a "usurpação de águas" (art. 161, § 1º, I) e o "esbulho possessório", quando praticados com violência a pessoa, ou mediante grave ameaça, ou concurso de mais de duas pessoas (art. 161, § 1º, II). O emprego de violência contra a pessoa, na modalidade da invasão possessória, é condição de punibilidade, mas, se dele resulta outro crime, haverá um concurso material de crimes, aplicando-se, somadas, as respectivas penas (art. 161, § 2º). Também constitui crime de usurpação o fato de suprimir ou alterar marca ou qualquer sinal indicativo de propriedade em gado ou rebanho alheio, para dele se apropriar, no todo ou em parte. Não se confunde esta modalidade de usurpação com o *abigeato*, isto é, o furto de animais: o agente limita-se a empregar um meio fraudulento (supressão ou alteração de marca ou sinal) para irrogar-se a propriedade dos animais. Se esse meio fraudulento é usado para dissimular o anterior furto dos animais, já não se tratará de *usurpação*: o crime continuará com o seu *nomen juris*, isto é, *furto*.

59. Ao cuidar do crime de *dano*, o projeto adota uma fórmula genérica ("destruir, inutilizar ou deteriorar coisa alheia") e, a seguir, prevê agravantes e modalidades especiais do crime. Estas últimas, mais ou menos estranhas à lei vigente, são a "introdução ou abandono de animais em propriedade alheia", o "dano em coisa de valor artístico, arqueológico ou histórico" e a "alteração de local especialmente protegido". Certos fatos que a lei atual considera variantes de dano não figuram, como tais, no projeto. Assim, a destruição de documentos públicos ou particulares (art. 326, e seu parágrafo único, da Consolidação das Leis Penais) passa a constituir crime de falsidade (art. 305 do projeto) ou contra a administração pública (arts. 314 e 356).

60. A *apropriação indébita* (*furtum proprium*) é conceituada, em suas modalidades, da mesma forma que na lei vigente; mas o projeto contém inovações no capítulo reservado a tal crime. A pena (que passa a ser reclusão por um a quatro anos e multa de quinhentos mil-reis a dez contos de réis) é aumentada de um terço, se ocorre infidelidade do agente como depositário necessário ou judicial, tutor, curador, síndico, liquidatário, inventariante ou testamenteiro, ou no desempenho de ofício, emprego ou profissão. Diversamente da lei atual, não figura entre as modalidades da apropriação indébita o *abigeato*, que é, indubitavelmente, um caso de *furtum proprium* e, por isso mesmo, não especialmente previsto no texto do projeto. É especialmente equiparado à apropriação indébita o fato do inventor do tesouro em prédio alheio que retém para si a quota pertencente ao proprietário deste.

61. O *estelionato* é assim definido: "Obter, para si ou para outrem, vantagem ilícita, em prejuízo alheio, induzindo ou mantendo alguém em erro, mediante artifício, ardil ou outro meio fraudulento". Como se vê, o dispositivo corrige em três pontos a fórmula genérica do inciso 5 do art. 338 do Código atual: contempla a hipótese da capitação de vantagem para terceiro, declara que a vantagem deve ser *ilícita* e acentua que a fraude elementar do estelionato não é somente a empregada para induzir alguém em erro, mas também a que serve para manter (fazer subsistir, entreter) um erro preexistente. Com a fórmula do projeto, já não haverá dúvida de que o próprio *silêncio*, quando malicioso ou intencional, acerca do preexistente erro da vítima, constitui *meio fraudulento* característico do estelionato. Entre tais crimes, são incluídos alguns não contemplados na lei em vigor, como, *exempli gratia*, a fraude relativa a seguro contra acidentes (art. 171, § 2º, V) e a "frustração de pagamento de cheques" (art. 171, § 2º, VI). A incriminação deste último fato, de par com a da emissão de cheque sem fundo, resulta do raciocínio de que não há distinguir entre um e outro caso: tão criminoso é aquele que emite cheque sem provisão como aquele que, embora dispondo de fundos em poder do sacado, maliciosamente os retira antes da apresentação do cheque ou, por outro modo, ilude o pagamento, em prejuízo do portador. O "abuso de papel em branco", previsto atualmente como modalidade do estelionato, passa, no projeto, para o setor dos *crimes contra a fé pública* (art. 299).

62. A "duplicata simulada" e o "abuso de incapazes" são previstos em artigos distintos. Como forma especial de fraude patrimonial, é também previsto o fato de "abusar, em proveito próprio ou alheio, da inexperiência ou da simplicidade ou inferioridade mental de outrem, induzindo-o a prática de jogo ou aposta, ou a especulação com títulos ou mercadorias, sabendo ou devendo saber que a operação é ruinosa".

63. Com a rubrica de "fraude no comércio", são incriminados vários fatos que a lei atual não prevê especialmente. Entre eles figura o de "vender, como verdadeira ou perfeita, mercadoria falsificada ou deteriorada", devendo entender-se que tal crime constitui "fraude no comércio" quando não importe crime *contra a saúde pública*, mais severamente punido. São destacadas, para o efeito de grande atenuação da pena, certas fraudes de menor gravidade, como sejam a "usurpação de alimentos" *filouterie d'aliments* ou *grivelerie*, dos franceses; *scrocco*, dos italianos, ou *Zechprellerei*, dos alemães), a pousada em hotel e a utilização de meio de transporte, sabendo o agente ser-lhe impossível efetuar o pagamento. É expressamente declarado que, em tais casos, dadas as circunstâncias, pode o juiz abster-se de aplicação da pena, ou substitui-la por *medida de segurança*. As "fraudes e abusos na fundação e administração das sociedades por ações" (não constituindo qualquer dos fatos *crime contra a economia popular* definido na legislação especial, que continua em vigor) são minuciosamente previstas, afeiçoando-se o projeto à recente lei sobre as ditas sociedades. O projeto absteve-se de tratar dos crimes de *falência*, que deverão ser objeto de legislação especial, já em elaboração. Na sanção relativa à fraudulenta insolvência civil é adotada a alternativa entre a pena privativa de liberdade (detenção) e a pecuniária (multa de quinhentos mil-reis a cinco contos de réis), e a ação penal dependerá de *queixa*.

64. Em capítulo especial, como crime *sui generis* contra o patrimônio, e com pena própria, é prevista a receptação (que o Código vigente, na sua *parte geral*, define como forma de cumplicidade *post factum*, resultando daí, muitas vezes, a aplicação de penas desproporcionadas). O projeto distingue, entre a receptação dolosa e a culposa, que a lei atual injustificadamente equipara. É expressamente declarado que a receptação é punível ainda que não seja conhecido ou passível de pena o autor do crime de que proveio a coisa receptada. Tratando-se de criminoso primário, poderá o juiz, em face das circunstâncias, deixar de aplicar a pena, ou substituí-la por medida de segurança. Os dispositivos do projeto em relação à circunstância de *parentesco* entre os sujeitos ativo e passivo, nos crimes patrimoniais, são mais amplos do que os do direito atual, ficando, porém, explícito que o efeito de tal circunstância não aproveita aos copartícipes do *parente*, assim como não se estende aos casos de *roubo*, *extorsão* e, em geral, aos crimes patrimoniais praticados mediante violência contra a pessoa.

DOS CRIMES CONTRA A PROPRIEDADE IMATERIAL

65. Sob esta rubrica é que o projeto alinha os crimes que o direito atual denomina "crimes contra a propriedade literária, artística, industrial e comercial". São tratados como uma classe autônoma, que se reparte em quatro subclasses: "crimes contra a propriedade intelectual", "crimes contra o privilégio de invenção, "crimes contra as marcas de indústria e comércio" e "crimes de concorrência desleal". Tirante uma ou outra alteração ou divergência, são reproduzidos os critérios e fórmulas da legislação vigente.

DOS CRIMES CONTRA A ORGANIZAÇÃO DO TRABALHO

66. O projeto consagra um título especial aos "crimes contra a organização do trabalho", que o Código atual, sob o rótulo de "crimes contra a liberdade do trabalho", classifica entre os "crimes contra o livre gozo e exercício dos direitos individuais" (isto é, contra a liberdade individual). Este critério de classificação, enjeitado pelo projeto, afeiçoa-se a um postulado da *economia liberal*, atualmente desacreditado, que Zanardelli, ao tempo da elaboração do Código Penal italiano de 1889, assim fixava: "A lei deve deixar que cada um proveja aos próprios interesses pelo modo que melhor lhe pareça, e não pode intervir senão quando a livre ação de uns seja lesiva do direito de outros. Não pode ela vedar aos operários a combinada abstenção de trabalho para atender a um objetivo econômico, e não pode impedir a um industrial que feche, quando lhe aprouver, a sua fábrica ou oficina. O trabalho é uma mercadoria, da qual, como de qualquer outra, se pode dispor à vontade, quando se faça uso do próprio direito sem prejudicar o direito de outrem". A tutela exclusivista da liberdade individual abstraía, assim, ou deixava em plano secundário o interesse da coletividade, o bem geral. A greve, o *lockout*, todos os meios incruentos e pacíficos na luta entre o proletariado e o capitalismo eram permitidos e constituíam mesmo o exercício de líquidos direitos individuais. O que cumpria assegurar, antes de tudo, na esfera econômica, era o livre jogo das iniciativas individuais. Ora, semelhante programa, que uma longa experiência demonstrou errôneo e desastroso, já não é mais viável em face da Constituição de 37. Proclamou esta a legitimidade da intervenção do Estado no domínio econômico, "para suprir as deficiências da iniciativa individual e coordenar os fatores da produção, de maneira a evitar ou resolver os seus conflitos e introduzir no jogo das competições individuais o pensamento do interesse da Nação". Para dirimir as contendas entre o trabalho e o capital, foi instituída a justiça do trabalho, tornando-se incompatível com a nova ordem política o *exercício arbitrário das próprias razões* por parte de empregados e empregadores.

67. A greve e o *lockout* (isto é, a paralisação ou suspensão arbitrária do trabalho pelos operários ou patrões) foram declarados "recursos antissociais, nocivos ao trabalho e ao capital e incompatíveis com os superiores interesses da produção nacional". Já não é admissível uma *liberdade de trabalho* entendida como liberdade de iniciativa de uns sem outro limite que igual liberdade de iniciativa de outros. A proteção jurídica já não é concedida à *liberdade do trabalho*, propriamente, mas a *organização do trabalho*, inspirada não somente na defesa e no ajustamento dos direitos e interesses individuais em jogo, mas também, e principalmente, no sentido superior do *bem comum de todos*. Atentatória, ou não, da liberdade individual, toda ação perturbadora da ordem jurídica, no que concerne ao trabalho, é ilícita e está sujeita a sanções repressivas, sejam de direito administrativo, sejam de direito penal. Daí, o novo critério adotado pelo projeto, isto é, a trasladação dos crimes contra o trabalho, do setor dos crimes contra a liberdade individual para uma classe autônoma, sob a já referida rubrica. Não foram, porém, trazidos para o campo do *ilícito penal* todos os fatos contrários à organização do trabalho: são incriminados, de regra, somente aqueles que se fazem acompanhar da violência ou da *fraude*. Se falta qualquer desses elementos, não passará o fato, salvo poucas exceções, de *ilícito administrativo*. É o ponto de vista já fixado em recente legislação trabalhista. Assim, incidirão em sanção penal o cerceamento do trabalho pela força ou intimidação (art. 197, I), a coação para o fim de greve ou de *lockout* (art. 197, II), a boicotagem violenta (art. 198), o atentado violento contra a liberdade de associação profissional (art. 199), a greve seguida de violência contra a pessoa ou contra a coisa (art. 200), a invasão e arbitrária posse de estabelecimento de trabalho (art. 202, 1ª parte), a sabotagem (art. 202, *in fine*), a frustração, mediante *violência* ou *fraude*, de direitos assegurados por lei trabalhista ou de nacionalização do trabalho (arts. 203 e 204). Os demais crimes contra o trabalho, previstos no projeto, dispensam o elemento violência ou fraude (arts. 201, 205, 206, 207), mas explica-se a exceção: é que eles ou atentam *imediatamente* contra o interesse público, ou *imediatamente* ocasionam uma grave perturbação da ordem econômica. É de notar-se que a suspensão ou abandono coletivo de obra pública ou serviço de interesse coletivo somente constituirá o crime previsto no art. 201 quando praticado por "motivos pertinentes às condições do trabalho", pois, de outro modo, o fato importará o crime definido no art. 18 da Lei de Segurança, que continua em pleno vigor.

DOS CRIMES CONTRA O SENTIMENTO RELIGIOSO E CONTRA O RESPEITO AOS MORTOS

68. São classificados como *species* do mesmo *genus* os "crimes contra o *sentimento religioso*" e os "crimes contra o *respeito aos mortos*". É incontestável a afinidade entre uns e outros. O sentimento religioso e o respeito aos mortos são valores eticossociais que se assemelham. O tributo que se rende aos mortos tem um fundo religioso. Idêntica, em ambos os casos, é a *ratio essendi* da tutela penal. O projeto divorcia-se da lei atual, não só quando deixa de considerar os crimes referentes aos cultos religiosos como subclasse dos crimes contra a liberdade individual (pois o que passa a ser, precipuamente, objeto da proteção penal é a religião como um bem em si mesmo), como quando traz para o catálogo dos *crimes* (lesivos do respeito aos mortos) certos fatos que o Código vigente considera simples *contravenções*, como a *violatio sepulchri* e a profanação de cadáver. Entidades criminais desconhecidas da lei vigente são as previstas nos arts. 209 e 211 do projeto: impedimento ou perturbação de enterro ou cerimônia fúnebre e supressão de cadáver ou de alguma de suas partes.

DOS CRIMES CONTRA OS COSTUMES

69. Sob esta epígrafe, cuida o projeto dos crimes que, de modo geral, podem ser também denominados *sexuais*. São os mesmos crimes que a lei vigente conhece sob a extensa rubrica "Dos crimes contra a segurança da honra e honestidade das famílias e do ultraje público ao pudor". Figuram eles com cinco subclasses, assim intituladas: "Dos crimes contra a liberdade sexual", "Da sedução e da corrupção de menores", "Do rapto", "Do lenocínio e do tráfico de mulheres" e "Do ultraje público ao pudor". O crime de *adultério*, que o Código em vigor contempla entre os crimes sexuais, passa a figurar no setor dos *crimes contra a família*.

70. Entre os crimes *contra a liberdade sexual*, de par com as figuras clássicas do *estupro* e do *atentado violento ao pudor*, são incluídas a "posse sexual mediante fraude" e o "atentado ao pudor mediante fraude". Estas duas entidades criminais, na amplitude com que as conceitua o projeto, são estranhas à lei atual. Perante esta, a *fraude* é um dos *meios morais* do crime de *defloramento*, de que só a mulher menor de 21 (vinte e um) anos e maior de 16 (dezesseis) pode ser sujeito passivo. Segundo o projeto, entretanto, existe crime sempre que, sendo a vítima mulher honesta, haja emprego de meio fraudulento (*v.g.*: simular casamento, substituir-se ao marido na escuridão da alcova). Não importa, para a existência do crime, que a ofendida seja, ou não, maior ou *virgo intacta*. Se da cópula resulta o desvirginamento da ofendida, e esta é menor de 18 (dezoito) anos e maior de 14 (quatorze), a pena é especialmente aumentada. Na identificação dos crimes contra a liberdade sexual é presumida a violência (art. 224) quando a vítima: a) não é maior de 14 (quatorze) anos; b) é alienada ou débil mental, conhecendo o agente esta circunstância, ou c) acha-se em estado de inconsciência (provocado, ou não, pelo agente), ou, por doença ou outra causa, impossibilitada de oferecer resistência. Como se vê, o projeto diverge substancialmente da lei atual: reduz, para o efeito de presunção de violência, o limite de idade da vítima e amplia os casos de tal presunção (a lei vigente presume a violência no caso único de ser a vítima menor de dezesseis anos). Com a redução do limite de idade, o projeto atende a evidência de um fato social contemporâneo, qual seja a precocidade no conhecimento dos fatos sexuais. O fundamento da ficção legal de violência, no caso dos adolescentes, e a *innocentia consilii* do sujeito passivo, ou seja, a sua completa insciência em relação aos fatos sexuais, de modo que não se pode dar valor algum ao seu consentimento. Ora, na época atual, seria abstrair hipocritamente a realidade o negar-se que uma pessoa de 14 (quatorze) anos completos já tem uma noção teórica, bastante exata, dos segredos da vida sexual e do risco que corre se se presta à lascívia de outrem. Estendendo a presunção de violência aos casos em que o sujeito passivo é alienado ou débil mental, o projeto obedece ao raciocínio de que, também aqui, há ausência de consentimento válido, e *ubi eadem ratio, ibi eadem dispositio*. Por outro lado, se a *incapacidade de consentimento* faz presumir a violência, com maioria de razão deve ter o mesmo efeito o estado de inconsciência da vítima ou sua incapacidade de resistência, seja esta resultante de causas mórbidas (enfermidade, grande debilidade orgânica, paralisia etc.), ou de especiais condições físicas (como quando o sujeito passivo é um indefeso aleijado, ou se encontra acidentalmente tolhido de movimentos).

71. *Sedução* é o *nomen juris* que o projeto dá ao crime atualmente denominado *defloramento*. Foi repudiado este título, porque faz supor como imprescindível condição material do crime a ruptura do hímen (*flos virgineum*), quando, na realidade, basta que a cópula seja realizada com mulher *virgem*, ainda que não resulte essa ruptura, como nos casos de complacência himenal. O sujeito passivo da *sedução* é a mulher virgem, maior de 14 (quatorze) e menor de 18 (dezoito) anos. No sistema do projeto, a menoridade, do ponto de vista da proteção penal, termina aos 18 (dezoito) anos. Fica, assim, dirimido o ilogismo em que incide a legislação vigente, que, não obstante reconhecer a *maioridade política* e a *capacidade penal* aos 18 (dezoito) anos completos (Constituição, art. 117, e Código Penal, modificado pelo Código de Menores), continua a pressupor a imaturidade psíquica, em matéria de crimes sexuais, até os 21 (vinte e um) anos. Para que se identifique o crime de *sedução* é necessário que seja praticado "com abuso da inexperiência ou justificável confiança" da ofendida. O projeto não protege a moça que se convencionou chamar *emancipada*, nem tampouco aquela que, não sendo de todo ingênua, se deixa iludir por promessas evidentemente insinceras. Ao ser fixada a fórmula relativa ao crime em questão, partiu-se do pressuposto de que os fatos relativos à vida sexual não constituem na nossa época matéria que esteja subtraída, como no passado, ao conhecimento dos adolescentes de 18 (dezoito) anos completos. A vida, no nosso tempo, pelos seus costumes e pelo seu estilo, permite aos indivíduos surpreender, ainda bem não atingida a maturidade, o que antes era o grande e insondável mistério, cujo conhecimento se reservava apenas aos adultos. Certamente, o direito penal não pode abdicar de sua função ética, para acomodar-se ao afrouxamento dos costumes; mas, no caso de que ora se trata, muito mais eficiente que a ameaça da pena aos sedutores, será a retirada da tutela penal à moça maior de 18 (dezoito) anos, que, assim, se fará mais cautelosa ou menos acessível. Em abono do critério do projeto, acresce que, hoje em dia, dados os nossos costumes e formas de vida, não são raros os casos em que a mulher não é a única vítima da sedução. Já foi dito, com acerto, que "nos crimes sexuais, nunca o homem é tão algoz que não possa ser, também, um pouco vítima, e a mulher nem sempre é a maior e a única vítima dos seus pretendidos infortúnios sexuais" (Filipo Manci, *Delitti sessuali*).

72. Ao configurar o *crime de corrupção de menores*, o projeto não distingue, como faz a lei atual, entre corrupção *efetiva* e corrupção *potencial*: engloba as duas espécies e comina a mesma pena. O meio executivo do crime tanto pode ser a prática do *ato libidinoso* com a vítima (pessoa maior de quatorze e menor de dezoito anos), como o induzimento desta a praticar (ainda que com outrem, mas para a satisfação da lascívia do agente) ou a presenciar ato dessa natureza.

73. O *rapto* para fim libidinoso é conservado entre os crimes sexuais, rejeitado o critério do projeto Sá Pereira, que o trasladava para a classe dos *crimes contra a liberdade*. Nem sempre o meio executivo do rapto é a *violência*. Ainda mesmo se tratando de rapto *violento*, deve-se atender a que, segundo a melhor técnica, o que especializa um crime não é o *meio*, mas o *fim*. No rapto, seja violento, fraudulento ou consensual, o fim do agente é a posse da vítima para fim sexual ou libidinoso. Trata-se de um crime dirigido contra o interesse da organização ético-social da família - interesse que sobreleva o da liberdade pessoal. Seu justo lugar, portanto, e entre os crimes *contra os costumes*. O projeto não se distancia muito da lei atual, no tocante aos dispositivos sobre o rapto. Ao rapto violento ou próprio (*vi aut minis*) é equiparado o rapto *per fraudem* (compreensivo do rapto *per insidias*). No rapto consensual (com ou sem sedução), menos severamente punido, a paciente só pode ser a mulher entre os 14 (quatorze) e 21 (vinte e um) anos (se a raptada é menor de quatorze anos, o rapto se presume violento), conservando-se, aqui, o limite da menoridade civil, de vez que essa modalidade do crime é, principalmente, uma ofensa ao *pátrio poder* ou *autoridade tutelar* (*in parentes vel tutores*). A pena, em qualquer caso, é diminuída de um terço se o crime é praticado para fim de casamento, e da metade, se dá a *restitutio in integrum* da vítima e sua reposição *in loco tuto ac libero*. Se ao rapto se segue outro crime contra a raptada, aplica-se a regra do concurso material. Fica, assim, modificada a lei vigente, segundo a qual, se o crime subsequente é o *defloramento* ou *estupro* (omitida referência a qualquer outro crime sexual), a pena do rapto é aumentada da sexta parte.

74. O projeto reserva um capítulo especial às *disposições comuns* aos crimes sexuais até aqui mencionados. A primeira delas se refere às *formas qualificadas* de tais crimes, isto é, aos casos em que, tendo havido emprego de violência, resulta lesão corporal grave ou a morte da vítima: no primeiro caso, a pena será reclusão por 4 (quatro) a 12 (doze) anos; no segundo, a mesma pena, de 8 (oito) a 20 (vinte) anos. A seguir, vêm os preceitos sobre a *violencia ficta*, de que acima já se tratou; sobre a disciplina da ação penal na espécie e sobre *agravantes especiais*. Cumpre notar que uma disposição comum aos crimes em questão não figura na "parte especial", e pois se achou que ficaria melhor colocada no título sobre a *extinção da punibilidade*, da "parte geral": e o que diz respeito ao *subsequens matrimonium* (art. 108, VIII), que, antes ou depois da condenação, exclui a imposição da pena.

75. Ao definir as diversas modalidades do *lenocínio*, o projeto não faz depender o crime de especial *meio executivo*, nem da *habitualidade*, nem do fim de lucro. Se há emprego de violência, intimidação ou fraude, ou se o agente procede *lucri faciendi causa*, a pena é especialmente agravada. Tal como na lei atual, o lenocínio *qualificado* ou *familiar* é mais severamente punido que o lenocínio simples. Na *prestação de local* a encontros para fim libidinoso, é taxativamente declarado que o crime existe independentemente de *mediação direta* do agente para esses encontros ou de *fim de lucro*. São especialmente previstos o *rufianismo alphonsisme*, dos franceses; *mantenutismo*, dos italianos; *Zuhalterei*, dos alemães) e o *tráfico de mulheres*. Na configuração do *ultraje público ao pudor*, o projeto excede de muito em previdência a lei atual.

DOS CRIMES CONTRA A FAMÍLIA

76. O título consagrado aos *crimes contra a família* divide-se em quatro capítulos, que correspondem, respectivamente, aos "crimes contra o casamento", "crimes contra o estado de filiação", "crimes contra a assistência familiar" e "crimes contra o pátrio poder, tutela ou curatela". O primeiro entre os *crimes contra o casamento* é a *bigamia* - *nomen juris* que o projeto substitui ao de *poligamia*, usado pela lei atual. Seguindo-se o mesmo critério desta, distingue-se, para o efeito de pena, entre aquele que, sendo casado, contrai novo casamento e aquele que, sendo solteiro, se casa com pessoa que sabe casada. Conforme expressamente dispõe o projeto, o crime de bigamia existe desde que, ao tempo do segundo casamento, estava vigente o primeiro; mas, se este, a seguir, é judicialmente declarado nulo, o crime se extingue, pois que a declaração de nulidade retroage *ex tunc*. Igualmente não subsistirá o crime se vier a ser anulado o segundo casamento, por motivo outro que não o próprio impedimento do matrimônio anterior (pois a bigamia não pode excluir-se a si mesma). Releva advertir que na "parte geral" (art. 111, e) se determina, com inovação da lei atual, que, no crime de bigamia, o prazo de prescrição da ação penal se conta da *data em que o fato se tornou conhecido*.

77. O projeto mantém a incriminação do *adultério*, que passa, porém, a figurar entre os crimes contra a família, na subclasse dos crimes contra o casamento. Não há razão convincente para que se deixe tal fato à margem da lei penal. É incontestável que o adultério ofende um indeclinável interesse de ordem social, qual seja o que diz com a organização ético-jurídica da vida familiar. O exclusivismo da recíproca posse sexual dos cônjuges é condição de disciplina, harmonia e continuidade do núcleo familiar. Se deixasse impune o adultério, o projeto teria mesmo contrariado o preceito constitucional que coloca a família "sob a proteção especial do Estado". Uma notável inovação contém o projeto: para que se configure o adultério do marido, não é necessário que este *tenha* e *mantenha* concubina, bastando, tal como no adultério da mulher, a simples infidelidade conjugal. Outra inovação apresenta o projeto, no tocante ao crime em questão: a pena é sensivelmente diminuída, passando a ser de detenção por 15 (quinze) dias a 6 (seis) meses; é de 1 (um) mês, apenas, o prazo de *decadência do direito de queixa* (e não *prescrição da ação penal*), e este não pode ser exercido pelo cônjuge desquitado ou que consentiu no adultério ou o perdoou expressa ou tacitamente. Além disso, o juiz pode deixar de aplicar a pena, se havia cessado a vida em comum dos cônjuges ou se o querelante havia praticado qualquer dos atos previstos no art. 317 do Código Civil. De par com a bigamia e o adultério, são previstas, no mesmo capítulo, entidades criminais que a lei atual ignora. Passam a constituir ilícito penal os seguintes fatos, até agora deixados impunes ou sujeitos a meras sanções civis: contrair casamento, induzindo em erro essencial o outro contraente, ou ocultando-lhe impedimento que não seja o resultante de casamento anterior (pois, neste caso, o crime será o de bigamia); contrair casamento, conhecendo a existência de impedimento que acarrete sua nulidade absoluta; fingir de autoridade para celebração do casamento e simular casamento. Nestas duas últimas hipóteses, trata-se de crimes *subsidiários*: só serão punidos por si mesmos quando não constituam participação em crime mais grave ou elemento de outro crime.

78. Ao definir os *crimes contra o estado de filiação*, adota o projeto fórmulas substancialmente idênticas às do Código atual, que os conhece sob a rubrica de "parto suposto e outros fingimentos".

79. É reservado um capítulo especial aos "crimes contra a assistência familiar", quase totalmente ignorados da legislação vigente. Seguindo o exemplo dos Códigos e projetos de codificação mais recentes, o projeto faz incidir sob a sanção penal o *abandono de família*. O reconhecimento desta nova *species* criminal é, atualmente, ponto incontroverso. Na "Semana Internacional de Direito", realizada em Paris, no ano de 1937, Ionesco-Doly, o representante da Romênia, fixou, na espécie, com acerto e precisão, a *ratio* da incriminação: "A instituição essencial que é a família atravessa atualmente uma crise bastante grave. Daí, a firme, embora recente, tendência no sentido de uma intervenção do legislador, para substituir as sanções civis, reconhecidamente ineficazes, por sanções penais contra a violação dos deveres jurídicos de assistência que a consciência jurídica universal considera como o assento básico do *status familiae*. Virá isso contribuir para, em complemento de medidas que se revelaram insuficientes para a proteção da família, conjurar um dos aspectos dolorosos da crise por que passa essa instituição. É, de todo em todo, necessário que desapareçam certos fatos profundamente lamentáveis, e desgraçadamente cada vez mais frequentes, como seja o dos maridos que abandonam suas esposas e filhos, deixando-os sem meios de subsistência, ou o dos filhos que desamparam na miséria seus velhos pais enfermos ou inválidos". É certo que a vida social no Brasil não oferece, tão assustadoramente como em outros países, o fenômeno da desintegração e desprestígio da família; mas a sanção penal contra o "abandono de família", inscrita no futuro Código, virá contribuir, entre nós, para atalhar ou prevenir o mal incipiente. Para a conceituação do novo crime, a legislação comparada oferece dois modelos: o francês, demasiadamente restrito, e o italiano, excessivamente amplo. Segundo a lei francesa, o crime de abandono de família é constituído pelo fato de, durante um certo período (três meses consecutivos), deixar o agente de pagar a pensão alimentar decretada por uma decisão judicial passada em julgado. É o chamado *abandono pecuniário*. Muito mais extensa, entretanto, é a fórmula do Código Penal italiano, que foi até a incriminação do *abandono moral*, sem critérios objetivos na delimitação deste. O projeto preferiu a fórmula transacional do chamado *abandono material*. Dois são os métodos adotados na incriminação: um direto, isto é, o crime pode ser identificado diretamente pelo juiz penal, que deverá verificar, ele próprio, se o agente deixou de prestar os *recursos necessários*; outro *indireto*, isto é, o crime existirá automaticamente se, reconhecida pelo juiz do cível a obrigação de alimentos e fixado o seu *quantum* na sentença, deixar o agente de cumpri-la durante 3 (três) meses consecutivos. Não foi, porém, deixado inteiramente à margem o *abandono moral*. Deste cuida o projeto em casos especiais, precisamente definidos, como, aliás, já faz o atual Código de Menores. É até mesmo incriminado o *abandono intelectual*, embora num caso único e restritíssimo (art. 246): deixar, sem justa causa, de ministrar ou fazer ministrar instrução primária a filho em idade escolar. Segundo o projeto, só é punível o abandono *intencional* ou *doloso*, embora não se indague do motivo determinante: se por egoísmo, cupidez, avareza, ódio etc. Foi rejeitado o critério de fazer depender a ação penal de prévia queixa da vítima, pois isso valeria, na prática, por tornar letra morta o preceito penal. Raro seria o caso de queixa de um cônjuge contra o outro, de um filho contra o pai ou de um pai contra o filho. Não se pode deixar de ter em atenção o que Marc Ancel chama *pudor familial*, isto é, o sentimento que inibe o membro de uma família de revelar as faltas de outro, que, apesar dos pesares, continua a merecer o seu respeito e talvez o seu afeto. A pena cominada na espécie é alternativa: detenção ou multa. Além disso, ficará o agente sujeito, na conformidade da regra geral sobre as "penas acessórias" (Capítulo V, do Título V, da Parte Geral), à privação definitiva ou temporária de poderes que, em relação à vítima ou às vítimas, lhe sejam atribuídos pela lei civil, em consequência do *status familiae*. Cuidando dos *crimes contra o pátrio poder, tutela ou curatela*, o projeto limita-se a reivindicar para o futuro Código Penal certos preceitos do atual Código de Menores, apenas ampliados no sentido de abranger na proteção penal, além dos menores de 18 (dezoito) anos, os interditos.

DOS CRIMES CONTRA A INCOLUMIDADE PÚBLICA

80. Sob este título, são catalogados, no projeto, os crimes que a lei atual denomina contra a *tranquilidade pública*. Estão eles distribuídos em três subclasses: *crimes de perigo comum* (isto é, aqueles que, mais nítida ou imediatamente que os das outras subclasses, criam uma situação de perigo de dano a um indefinido número de pessoas), *crimes contra a segurança dos meios de comunicação e transporte e outros serviços públicos* e *crimes contra a saúde pública*. Além de reproduzir, com ligeiras modificações, a lei vigente, o projeto supre omissões desta, configurando novas entidades criminais, tais como: "uso perigoso de gases tóxicos", o "desabamento ou desmoronamento" (isto é, o fato de causar, em prédio próprio ou alheio, desabamento total ou parcial de alguma construção, ou qualquer desmoronamento, expondo a perigo a vida, integridade física ou patrimônio de outrem), "subtração, ocultação ou inutilização de material de salvamento", "difusão de doença ou praga", "periclitação de qualquer meio de transporte público" (a lei atual somente cuida da periclitação de transportes ferroviários ou marítimos, não se referindo, sequer, à do transporte aéreo, que o projeto equipara àqueles), "atentado contra a segurança de serviços de utilidade pública", "provocação de epidemia", "violação de medidas preventivas contra doenças contagiosas" etc. Relativamente às *formas qualificadas* dos crimes em questão, e adotada a seguinte regra geral (art. 258): no caso de dolo, se resulta a alguém lesão corporal de natureza grave, a pena privativa da liberdade é aumentada de metade, e, se resulta morte, é aplicada em dobro; no caso de culpa, se resulta lesão corporal (leve ou grave), as penas são aumentadas de metade e, se resulta morte, é aplicada a de homicídio culposo, aumentada de um terço.

DOS CRIMES CONTRA A PAZ PÚBLICA

81. É esta a denominação que o projeto atribui ao seguinte grupo de crimes: "incitação de crime", "apologia de crime ou criminoso" e "quadrilha ou bando" (isto é, associação de mais de três pessoas para o fim de prática de crimes comuns). É bem de ver que os dispositivos sobre as duas primeiras entidades criminais citadas não abrangem a provocação ou apologia de crimes politico-sociais, que continuarão sendo objeto de legislação especial, segundo dispõe o art. 360.

DOS CRIMES CONTRA A FÉ PUBLICA

82. O título reservado aos *crimes contra a fé pública* divide-se em quatro capítulos, com as seguintes epígrafes "Da moeda falsa", "Da falsidade de títulos e outros papéis públicos", "Da falsidade documental" e "De outras falsidades". Os crimes de *testemunho falso* e *denunciação caluniosa*, que, no Código atual, figuram entre os crimes lesivos da fé pública, passam para o seu verdadeiro lugar, isto é, para o setor dos *crimes contra a administração da justiça* (subclasse dos *crimes contra a administração pública*).

83. Ao configurar as modalidades do *crimen falsi*, o projeto procurou simplificar a lei penal vigente, evitando superfluidades ou redundâncias, e, no mesmo passo, suprir lacunas de que se ressente a mesma lei. À casuística do *falsum* são acrescentados os seguintes fatos: emissão de moeda com título ou peso inferior ao determinado em lei; desvio e antecipada circulação de moeda; reprodução ou adulteração de selos destinados à filatelia; supressão ou ocultação de documentos (que a lei atual prevê como modalidade de *dano*); falsificação do sinal empregado no contraste de metal precioso ou na fiscalização aduaneira ou sanitária, ou para autenticação ou encerramento de determinados objetos, ou comprovação do cumprimento de formalidades legais; substituição de pessoa e falsa identidade (não constituindo tais fatos elemento de crime mais grave). Para dirimir as incertezas que atualmente oferece a identificação da *falsidade ideológica*, foi adotada uma fórmula suficientemente ampla e explícita: "Omitir, em documento público ou particular, declarações que dele deviam constar, ou inserir ou fazer inserir nele declarações falsas ou diversas das que deviam ser escritas, com o fim de prejudicar um direito, criar uma obrigação ou alterar a verdade de fatos juridicamente relevantes".

DOS CRIMES CONTRA A ADMINISTRAÇÃO PÚBLICA

84. Em último lugar, cuida o projeto dos *crimes contra a administração pública*, e repartidos em três subclasses: "crimes praticados por funcionário público contra a administração em geral", "crimes praticados por particular contra a administração em geral" e "crimes contra a administração da justiça". Várias são as inovações introduzidas, no sentido de suprir omissões ou retificar fórmulas da legislação vigente. Entre os fatos incriminados como lesivos do interesse da administração pública, figuram os seguintes, até agora, injustificadamente, deixados à margem da nossa lei penal: emprego irregular de verbas e rendas públicas; advocacia administrativa (isto é, "patrocinar, direta ou indiretamente, interesse privado junto à administração pública, valendo-se da qualidade de funcionário"); violação do sigilo funcional; violação do sigilo de proposta em concorrência pública; exploração de prestígio junto à autoridade administrativa ou judiciária (*venditio fumi*); obstáculo ou fraude contra concorrência ou hasta pública; inutilização de editais ou sinais oficiais de identificação de objetos; motim de presos; falsos avisos de crime ou contravenção; autoacusação falsa; coação no curso de processo judicial; fraude processual; exercício arbitrário das próprias razões; favorecimento *post factum* a criminosos (o que a lei atual só parcialmente incrimina como forma de cumplicidade); tergiversação do procurador judicial; reingresso de estrangeiro expulso.

85. O art. 327 do projeto fixa, para os efeitos penais, a noção de funcionário público: "Considera-se funcionário público, para os efeitos penais, quem, embora transitoriamente ou sem remuneração, exerce cargo, emprego ou função pública". Ao funcionário público é equiparado o empregado de entidades paraestatais. Os conceitos da *concussão*, da *corrupção* (que a lei atual chama *peita* ou *suborno*), da *resistência* e do *desacato* são ampliados. A *concussão* não se limita, como na lei vigente, ao *crimen super exactionis* (de que o projeto cuida em artigo especial), pois consiste, segundo o projeto, em "exigir, para si ou para outrem, direta ou indiretamente, mesmo fora das funções, ou antes de assumi-las, mas em razão delas, qualquer retribuição indevida". A *corrupção* é reconhecível mesmo quando o funcionário não tenha ainda assumido o cargo. Na *resistência*, o sujeito passivo não é exclusivamente o *funcionário público*, mas também qualquer pessoa que lhe esteja, eventualmente, prestando assistência. O *desacato* se verifica não só quando o funcionário se acha no exercício da função (seja, ou não, o ultraje infligido *propter oficium*), senão também quando se acha *extra oficium*, desde que a ofensa seja *propter oficium*.

CONCLUSÃO

86. É este o projeto que tenho a satisfação e a honra de submeter à apreciação de Vossa Excelência. O trabalho de revisão do projeto Alcântara Machado durou justamente 2 (dois) anos. Houve tempo suficiente para exame e meditação da matéria em todas as suas minúcias e complexidades. Da revisão resultou um novo projeto. Não foi este o propósito inicial. O novo projeto não resultou de plano preconcebido; nasceu, naturalmente, à medida que foi progredindo o trabalho de revisão. Isto em nada diminui o valor do projeto revisto. Este constituiu uma etapa útil e necessária à construção do projeto definitivo. A obra legislativa do Governo de Vossa Excelência é, assim, enriquecida com uma nova codificação, que nada fica a dever aos grandes monumentos legislativos promulgados recentemente em outros países. A Nação ficará a dever a Vossa Excelência, dentre tantos que já lhe deve, mais este inestimável serviço à sua cultura. Acredito que, na perspectiva do tempo, a obra de codificação do Governo de Vossa Excelência há de ser lembrada como um dos mais importantes subsídios trazidos pelo seu Governo, que tem sido um governo de unificação nacional, a obra de unidade política e cultural do Brasil. Não devo encerrar esta exposição sem recomendar especialmente a Vossa Excelência todos quantos contribuíram para que pudesse realizar-se a nova codificação penal no Brasil: Dr. Alcântara Machado, Ministro A. J. da Costa e Silva, Dr. Vieira Braga, Dr. Nélson Hungria, Dr. Roberto Lyra, Dr. Narcélio de Queiroz. Não estaria, porém, completa a lista se não acrescentasse o nome do Dr. Abgar Renault, que me prestou os mais valiosos serviços na redação final do projeto. Aproveito o ensejo, Senhor Presidente, para renovar a Vossa Excelência os protestos do meu mais profundo respeito.

Francisco Campos

CÓDIGO PENAL

DECRETO-LEI N. 2.848, DE 07 DE DEZEMBRO DE 1940

Código Penal.

- DOU, 31.12.1940.
- art. 22, I, CF.

O Presidente da República, usando da atribuição que lhe confere o art. 180 da Constituição, decreta a seguinte Lei:

- Refere-se à CF/1937. Arts. 22, I; 84, IV, CF.

PARTE GERAL

- Parte Geral com redação determinada pela Lei 7.209/1984 (DOU, 13.07.1984).

TÍTULO I
DA APLICAÇÃO DA LEI PENAL

Anterioridade da Lei

Art. 1º Não há crime sem lei anterior que o defina. Não há pena sem prévia cominação legal.

- art. 5º, XXXIX, CF.
- art. 2º, CPP.
- art. 61, Lei 9.099/1995 (Lei dos Juizados Especiais).
- art. 9º, Dec. 678/1992 (Promulga a Convenção Americana sobre Direitos Humanos - Pacto de São José da Costa Rica).
- Súm. 722, STF.

Lei penal no tempo

Art. 2º Ninguém pode ser punido por fato que lei posterior deixa de considerar crime, cessando em virtude dela a execução e os efeitos penais da sentença condenatória.

- art. 5º, XXXVI e XL, CF.
- art. 107, III, deste Código.
- art. 2º, CPP.
- art. 66, I, Lei 7.210/1984 (Lei de Execuções Penais).
- art. 9º, Dec. 678/1992 (Promulga a Convenção Americana sobre Direitos Humanos - Pacto de São José da Costa Rica).
- Súm. 611; 711, STF.

Parágrafo único. A lei posterior, que de qualquer modo favorecer o agente, aplica-se aos fatos anteriores, ainda que decididos por sentença condenatória transitada em julgado.

Lei excepcional ou temporária

Art. 3º A lei excepcional ou temporária, embora decorrido o período de sua duração ou cessadas as circunstâncias que a determinaram, aplica-se ao fato praticado durante sua vigência.

Tempo do crime

Art. 4º Considera-se praticado o crime no momento da ação ou omissão, ainda que outro seja o momento do resultado.

- arts. 13 e 111 e ss., CPP.
- Súm. 711, STF.

Territorialidade

Art. 5º Aplica-se a lei brasileira, sem prejuízo de convenções, tratados e regras de direito internacional, ao crime cometido no território nacional.

- arts. 5º, LII, §§ 2º a 4º; 20, VI, CF.
- arts. 1º; 70; 89; 90, CPP.
- art. 2º, Dec.-Lei 3.688/1941 (Lei das Contravenções Penais).
- arts. 81 a 99 Lei 13.445/2017 (Institui a Lei de Migração).
- art. 40, I, Lei 11.343/2006 (Lei Antidrogas).

§ 1º Para os efeitos penais, consideram-se como extensão do território nacional as embarcações e aeronaves brasileiras, de natureza pública ou a serviço do governo brasileiro onde quer que se encontrem, bem como as aeronaves e as embarcações brasileiras, mercantes ou de propriedade privada, que se achem, respectivamente, no espaço aéreo correspondente ou em alto-mar.

§ 2º É também aplicável a lei brasileira aos crimes praticados a bordo de aeronaves ou embarcações estrangeiras de propriedade privada, achando-se aquelas em pouso no território nacional ou em voo no espaço aéreo correspondente, e estas em porto ou mar territorial do Brasil.

Lugar do crime

Art. 6º Considera-se praticado o crime no lugar em que ocorreu a ação ou omissão, no todo ou em parte, bem como onde se produziu ou deveria produzir-se o resultado.

- arts. 70; 71, CPP.
- art. 63, Lei 9.099/1995 (Lei dos Juizados Especiais).

Extraterritorialidade

Art. 7º Ficam sujeitos à lei brasileira, embora cometidos no estrangeiro:

- arts. 1º; 88, CPP.

I - os crimes:

a) contra a vida ou a liberdade do Presidente da República;

b) contra o patrimônio ou a fé pública da União, do Distrito Federal, de Estado, de Território, de Município, de empresa pública, sociedade de economia mista, autarquia ou fundação instituída pelo Poder Público;

- art. 109, IV, CF.

c) contra a administração pública, por quem está a seu serviço;

- arts. 312 a 327, CP.

d) de genocídio, quando o agente for brasileiro ou domiciliado no Brasil;

- art. 1º, Lei 2.889/1956 (Lei do Crime de Genocídio).
- art. 1º, p.u., Lei 8.072/1990 (Lei de Crimes Hediondos).
- art. 6º, Dec. 4.388/2002 (Estatuto de Roma do Tribunal Penal Internacional).

II - os crimes:

a) que, por tratado ou convenção, o Brasil se obrigou a reprimir;

- art. 109, V, CF.

b) praticados por brasileiro;

- art. 12, CF.

c) praticados em aeronaves ou embarcações brasileiras, mercantes ou de propriedade privada, quando em território estrangeiro e aí não sejam julgados.

§ 1º Nos casos do inciso I, o agente é punido segundo a lei brasileira, ainda que absolvido ou condenado no estrangeiro.

§ 2º Nos casos do inciso II, a aplicação da lei brasileira depende do concurso das seguintes condições:

a) entrar o agente no território nacional;

b) ser o fato punível também no país em que foi praticado;

c) estar o crime incluído entre aqueles pelos quais a lei brasileira autoriza a extradição;

- arts. 81 a 99 Lei 13.445/2017 (Institui a Lei de Migração).

d) não ter sido o agente absolvido no estrangeiro ou não ter aí cumprido a pena;

e) não ter sido o agente perdoado no estrangeiro ou, por outro motivo, não estar extinta a punibilidade, segundo a lei mais favorável.

- arts. 107 a 120 deste Código.

§ 3º A lei brasileira aplica-se também ao crime cometido por estrangeiro contra brasileiro fora do Brasil, se, reunidas as condições previstas no parágrafo anterior:

a) não foi pedida ou foi negada a extradição;

b) houve requisição do Ministro da Justiça.

Pena cumprida no estrangeiro

Art. 8º A pena cumprida no estrangeiro atenua a pena imposta no Brasil pelo mesmo crime, quando diversas, ou nela é computada, quando idênticas.

- arts. 42; 116, II, deste Código.
- arts. 787 a 790, CPP.
- Dec. 5.919/2006 (Convenção Interamericana sobre o Cumprimento de Sentenças Penais no Exterior).

Eficácia de sentença estrangeira

Art. 9º A sentença estrangeira, quando a aplicação da lei brasileira produz na espécie as mesmas consequências, pode ser homologada no Brasil para:

- art. 105, I, i, CF.
- arts. 787 a 790, CPP.
- Súm. 420, STF.

I - obrigar o condenado à reparação do dano, a restituições e a outros efeitos civis;

- arts. 63 a 68, CPP.

II - sujeitá-lo a medida de segurança.

- arts. 96 a 99 deste Código.
- arts. 171 a 179, Lei 7.210/1984 (Lei de Execuções Penais).

Parágrafo único. A homologação depende:

a) para os efeitos previstos no inciso I, de pedido da parte interessada;

b) para os outros efeitos, da existência de tratado de extradição com o país de cuja autoridade judiciária emanou a sentença, ou, na falta de tratado, de requisição do Ministro da Justiça.

Contagem de prazo

Art. 10. O dia do começo inclui-se no cômputo do prazo. Contam-se os dias, os meses e os anos pelo calendário comum.

- art. 798, § 1º, CPP.

Frações não computáveis da pena

Art. 11. Desprezam-se, nas penas privativas de liberdade e nas restritivas de direitos, as frações de dia, e, na pena de multa, as frações de cruzeiro.

Legislação especial

Art. 12. As regras gerais deste Código aplicam-se aos fatos incriminados por lei especial, se esta não dispuser de modo diverso.

- art. 2º, Lei 7.209/1984 ((Altera a Parte Geral do CP).

- art. 1º, Lei 3.688/1941 (Lei das Contravenções Penais).
- Súm. 171, STJ.

TÍTULO II
DO CRIME

Relação de causalidade

Art. 13. O resultado, de que depende a existência do crime, somente é imputável a quem lhe deu causa. Considera-se causa a ação ou omissão sem a qual o resultado não teria ocorrido.

- art. 19 deste Código.

Superveniência de causa independente

§ 1º A superveniência de causa relativamente independente exclui a imputação quando, por si só, produziu o resultado; os fatos anteriores, entretanto, imputam-se a quem os praticou.

Relevância da omissão

§ 2º A omissão é penalmente relevante quando o omitente devia e podia agir para evitar o resultado. O dever de agir incumbe a quem:

a) tenha por lei obrigação de cuidado, proteção ou vigilância;

b) de outra forma, assumiu a responsabilidade de impedir o resultado;

c) com seu comportamento anterior, criou o risco da ocorrência do resultado.

Art. 14. Diz-se o crime:

Crime consumado

I - consumado, quando nele se reúnem todos os elementos de sua definição legal;

- art. 111, I, deste Código.
- Súm. Vinc. 24, STF.
- Súm. 696, STF.
- Súm. 96, STJ.

Tentativa

II - tentado, quando, iniciada a execução, não se consuma por circunstâncias alheias à vontade do agente.

- art. 111, II, deste Código.
- art. 70, CPP.
- art. 4º, Lei 3.688/1941 (Lei das Contravenções Penais).
- Súm. 567, STJ.

Pena de tentativa

Parágrafo único. Salvo disposição em contrário, pune-se a tentativa com a pena correspondente ao crime consumado, diminuída de um a dois terços.

Desistência voluntária e arrependimento eficaz

Art. 15. O agente que, voluntariamente, desiste de prosseguir na execução ou impede que o resultado se produza, só responde pelos atos já praticados.

Arrependimento posterior

Art. 16. Nos crimes cometidos sem violência ou grave ameaça à pessoa, reparado o dano ou restituída a coisa, até o recebimento da denúncia ou da queixa, por ato voluntário do agente, a pena será reduzida de um a dois terços.

- arts. 65, III, b; 312, § 3º, deste Código.
- Súm. 554, STF.

Crime impossível

Art. 17. Não se pune a tentativa quando, por ineficácia absoluta do meio ou por absoluta impropriedade do objeto, é impossível consumar-se o crime.

- arts. 386, III; 397, III; 415, III; 626, CPP.
- Súm. 145, STF.
- Súm. 567, STJ.

Art. 18. Diz-se o crime:

- art. 3º, Dec.-Lei 3.688/1941 (Lei das Contravenções Penais).

Crime doloso

I - doloso, quando o agente quis o resultado ou assumiu o risco de produzi-lo;

Crime culposo

II - culposo, quando o agente deu causa ao resultado por imprudência, negligência ou imperícia.

Parágrafo único. Salvo os casos expressos em lei, ninguém pode ser punido por fato previsto como crime, senão quando o pratica dolosamente.

Agravação pelo resultado

Art. 19. Pelo resultado que agrava especialmente a pena, só responde o agente que o houver causado ao menos culposamente.

Erro sobre elementos do tipo

Art. 20. O erro sobre elemento constitutivo do tipo legal de crime exclui o dolo, mas permite a punição por crime culposo, se previsto em lei.

- arts. 386, III; 397, III; 415, III; 626, CPP.

Descriminantes putativas

§ 1º É isento de pena quem, por erro plenamente justificado pelas circunstâncias, supõe situação de fato que, se existisse, tornaria a ação legítima. Não há isenção de pena quando o erro deriva de culpa e o fato é punível como crime culposo.

- arts. 23 a 25, deste Código.
- arts. 386, III e VI; 397, III; 415, III; e 626, CPP.

Erro determinado por terceiro

§ 2º Responde pelo crime o terceiro que determina o erro.

Erro sobre a pessoa

§ 3º O erro quanto à pessoa contra a qual o crime é praticado não isenta de pena. Não se consideram, neste caso, as condições ou qualidades da vítima, senão as da pessoa contra quem o agente queria praticar o crime.

- arts. 73; 74 deste Código.

Erro sobre a ilicitude do fato

Art. 21. O desconhecimento da lei é inescusável. O erro sobre a ilicitude do fato, se inevitável, isenta de pena; se evitável, poderá diminuí-la de um sexto a um terço.

- art. 65, II, deste Código.
- arts. 386, VI; 397, II; 415, IV; 626, CPP.
- art. 8º, Lei 3.688/1941 (Lei das Contravenções Penais).

Parágrafo único. Considera-se evitável o erro se o agente atua ou se omite sem a consciência da ilicitude do fato, quando lhe era possível, nas circunstâncias, ter ou atingir essa consciência.

Coação irresistível e obediência hierárquica

Art. 22. Se o fato é cometido sob coação irresistível ou em estrita obediência à ordem, não manifestamente ilegal, de superior hierárquico, só é punível o autor da coação ou da ordem.

- arts. 65, III, c; 146 deste Código.
- art. 1º, b, Lei 9.455/1997 (Lei de Tortura).

Exclusão de ilicitude

Art. 23. Não há crime quando o agente pratica o fato:

- arts. 65; 314 CPP.
- art. 188, I, CC/2002.

I - em estado de necessidade;

II - em legítima defesa;

- art. 188, CC.
- ADPF 779/2021: STF, "por unanimidade", conferiu interpretação conforme à Constituição aos arts. 23, II, e 25, caput e parágrafo único, do CP e ao art. 65 do CPP, de modo a excluir a legítima defesa da honra do âmbito do instituto da legítima defesa e, por consequência, obstar à defesa, à acusação, à autoridade policial e ao juízo que utilizem, direta ou indiretamente, a tese de legítima defesa da honra (ou qualquer argumento que induza à tese) nas fases pré-processual ou processual penais, bem como durante julgamento perante o tribunal do júri, sob pena de nulidade do ato e do julgamento. Sessão Virtual de 5.3.2021 a 12.3.2021.

III - em estrito cumprimento de dever legal ou no exercício regular de direito.

- Art. 386, VI, CPP.

Excesso punível

Parágrafo único. O agente, em qualquer das hipóteses deste artigo, responderá pelo excesso doloso ou culposo.

Estado de necessidade

Art. 24. Considera-se em estado de necessidade quem pratica o fato para salvar de perigo atual, que não provocou por sua vontade, nem podia de outro modo evitar, direito próprio ou alheio, cujo sacrifício, nas circunstâncias, não era razoável exigir-se.

- arts. 65; 314, CPP.

§ 1º Não pode alegar estado de necessidade quem tinha o dever legal de enfrentar o perigo.

- art. 13, § 2º, deste Código.

§ 2º Embora seja razoável exigir-se o sacrifício do direito ameaçado, a pena poderá ser reduzida de um a dois terços.

Legítima defesa

Art. 25. Entende-se em legítima defesa quem, usando moderadamente dos meios necessários, repele injusta agressão, atual ou iminente, a direito seu ou de outrem.

- ADPF 779/2021: STF, "por unanimidade", conferiu interpretação conforme à Constituição aos arts. 23, II, e 25, *caput* e parágrafo único, do CP e ao art. 65 do CPP, de modo a excluir a legítima defesa da honra do âmbito do instituto da legítima defesa e, por consequência, obstar à defesa, à acusação, à autoridade policial e ao juízo que utilizem, direta ou indiretamente, a tese de legítima defesa da honra (ou qualquer argumento que induza à tese) nas fases pré-processual ou processual penais, bem como durante julgamento perante o tribunal do júri, sob pena de nulidade do ato e do julgamento. Sessão Virtual de 5.3.2021 a 12.3.2021.
- Art. 65; 314 CPP.

Parágrafo único. Observados os requisitos previstos no *caput* deste artigo, considera-se também em legítima defesa o agente de segurança pública que repele agressão ou risco de agressão a vítima mantida refém durante a prática de crimes. (Incluído pela Lei 13.964/2019)

- ADPF 779/2021: STF, "por unanimidade", conferiu interpretação conforme à Constituição aos arts. 23, II, e 25, *caput* e parágrafo único, do CP e ao art. 65 do CPP, de modo a excluir a legítima defesa da honra do âmbito do instituto da legítima defesa e, por consequência, obstar à defesa, à acusação, à autoridade policial e ao juízo que utilizem, direta ou indiretamente, a tese de legítima defesa da honra (ou qualquer argumento que induza à tese) nas fases pré-processual ou processual penais, bem como durante julgamento perante o tribunal do júri, sob pena de nulidade do ato e do julgamento. Sessão Virtual de 5.3.2021 a 12.3.2021.

TÍTULO III
DA IMPUTABILIDADE PENAL

Inimputáveis

Art. 26. É isento de pena o agente que, por doença mental ou desenvolvimento mental incompleto ou retardado, era, ao tempo da ação ou da omissão, inteiramente incapaz de entender o caráter ilícito do fato ou de determinar-se de acordo com esse entendimento.

- arts. 96 a 99 deste Código.
- arts. 149 a 154; 386, VI; e 415, CPP.
- arts. 175 a 179, Lei 7.210/1984 (Lei de Execuções Penais).

- Lei 10.216/2001 (Dispõe sobre a proteção e os direitos das pessoas portadoras de transtornos mentais e redireciona o modelo assistencial em saúde mental).
- art. 45, Lei 11.343/2006 (Lei Antidrogas).

Redução de pena

Parágrafo único. A pena pode ser reduzida de um a dois terços, se o agente, em virtude de perturbação de saúde mental ou por desenvolvimento mental incompleto ou retardado não era inteiramente capaz de entender o caráter ilícito do fato ou de determinar-se de acordo com esse entendimento.

- art. 46, Lei 11.343/2006 (Lei Antidrogas).

Menores de dezoito anos

Art. 27. Os menores de 18 (dezoito) anos são penalmente inimputáveis, ficando sujeitos às normas estabelecidas na legislação especial.

- art. 228, CF.
- art. 5º, CC/2002.
- art. 104, Lei 8.069/1990 (ECA).
- Súm. 605, STJ.

Emoção e paixão

Art. 28. Não excluem a imputabilidade penal:

I - a emoção ou a paixão;

- arts. 65, III, c; 121, § 1º, deste Código.

Embriaguez

II - a embriaguez, voluntária ou culposa, pelo álcool ou substância de efeitos análogos.

- art. 61, II, l, deste Código.
- arts. 62 e 63, Lei 3.688/1941 (Lei das Contravenções Penais).

§ 1º É isento de pena o agente que, por embriaguez completa, proveniente de caso fortuito ou força maior, era, ao tempo da ação ou da omissão, inteiramente incapaz de entender o caráter ilícito do fato ou de determinar-se de acordo com esse entendimento.

- arts. 386, VI, CPP.
- art. 45, Lei 11.343/2006 (Lei Antidrogas).

§ 2º A pena pode ser reduzida de um a dois terços, se o agente, por embriaguez, proveniente de caso fortuito ou força maior, não possuía, ao tempo da ação ou da omissão, a plena capacidade de entender o caráter ilícito do fato ou de determinar-se de acordo com esse entendimento.

- art. 46, Lei 11.343/2006 (Lei Antidrogas).

TÍTULO IV
DO CONCURSO DE PESSOAS

Art. 29. Quem, de qualquer modo, concorre para o crime incide nas penas a este cominadas, na medida de sua culpabilidade.

- arts. 106, I; 117, § 1º, deste Código.
- arts. 77, I; 580, CPP.
- art. 75, CDC.
- art. 168, § 3º, Lei 11.101/2005 (Lei de Recuperação de Empresas e Falência).

§ 1º Se a participação for de menor importância, a pena pode ser diminuída de um sexto a um terço.

§ 2º Se algum dos concorrentes quis participar de crime menos grave, ser-lhe-á aplicada a pena deste; essa pena será aumentada até metade, na hipótese de ter sido previsível o resultado mais grave.

Circunstâncias incomunicáveis

Art. 30. Não se comunicam as circunstâncias e as condições de caráter pessoal, salvo quando elementares do crime.

Casos de impunibilidade

Art. 31. O ajuste, a determinação ou instigação e o auxílio, salvo disposição expressa em contrário, não são puníveis, se o crime não chega, pelo menos, a ser tentado.

- art. 122 deste Código.
- arts. 549; 555, CPP.

TÍTULO V
DAS PENAS

CAPÍTULO I
DAS ESPÉCIES DE PENA

Art. 32. As penas são:

- art. 5º, XLV a L, LXVII; 84, XII, CF.
- art. 5º, Dec.-Lei 3.688/1941 (Lei das Contravenções Penais).
- Lei 7.210/1984 (Lei de Execuções Penais).
- art. 62, Lei 9.099/1995 (Lei dos Juizados Especiais).

I - privativas de liberdade;
II - restritivas de direitos;
III - de multa.

- art. 2º, Lei 7.209/1984 (Altera a Parte Geral do CP).

SEÇÃO I
DAS PENAS PRIVATIVAS DE LIBERDADE

Reclusão e detenção

Art. 33. A pena de reclusão deve ser cumprida em regime fechado, semiaberto ou aberto. A de detenção, em regime semiaberto, ou aberto, salvo necessidade de transferência a regime fechado.

- art. 5º, XLVIII, CF.
- art. 387, § 2º, CPP.
- arts. 105 a 146; 180, Lei 7.210/1984 (Lei de Execuções Penais).

§ 1º Considera-se:

a) regime fechado a execução da pena em estabelecimento de segurança máxima ou média;

- arts. 87 a 90, Lei 7.210/1984 (Lei de Execuções Penais).
- arts. 2º; 3º, Lei 8.072/1990 (Lei de Crimes Hediondos).

b) regime semiaberto a execução da pena em colônia agrícola, industrial ou estabelecimento similar;

- arts. 91; 92, Lei 7.210/1984 (Lei de Execuções Penais).

c) regime aberto a execução da pena em casa de albergado ou estabelecimento adequado.

- arts. 93 a 95, Lei 7.210/1984 (Lei de Execuções Penais).

§ 2º As penas privativas de liberdade deverão ser executadas em forma progressiva, segundo o mérito do condenado, observados os seguintes critérios e ressalvadas as hipóteses de transferência a regime mais rigoroso:

- Súm. 718; 719, STF.
- Súm. 269; 440, STJ.

a) o condenado a pena superior a 8 (oito) anos deverá começar a cumpri-la em regime fechado;

b) o condenado não reincidente, cuja pena seja superior a 4 (quatro) anos e não exceda a 8 (oito), poderá, desde o princípio, cumpri-la em regime semiaberto;

c) o condenado não reincidente, cuja pena seja igual ou inferior a 4 (quatro) anos, poderá, desde o início, cumpri-la em regime aberto.

§ 3º A determinação do regime inicial de cumprimento da pena far-se-á com observância dos critérios previstos no art. 59 deste Código.

- arts. 93 a 95; 110 a 119, Lei 7.210/1984 (Lei de Execuções Penais).
- art. 2º, § 1º, Lei 8.072/1990 (Lei dos Crimes Hediondos).
- Súm. Vinc. 26, STF.
- Súm. 718; 719, STF.
- Súm. 269; 440, STJ.

§ 4º O condenado por crime contra a administração pública terá a progressão de regime do cumprimento da pena condicionada à reparação do dano que causou, ou à devolução do produto do ilícito praticado, com os acréscimos legais. (Incluído pela Lei 10.763/2003.)

- arts. 312 a 327 deste Código.

Regras do regime fechado

Art. 34. O condenado será submetido, no início do cumprimento da pena, a exame criminológico de classificação para individualização da execução.

- arts. 5º a 9º; 28, § 2º; 31, p.u.; 87 a 90; 200, Lei 7.210/1984 (Lei de Execuções Penais).
- Súm. 40; 439, STJ.

§ 1º O condenado fica sujeito a trabalho no período diurno e a isolamento durante o repouso noturno.

- arts. 31 a 35; 129 a 129, Lei 7.210/1984 (Lei de Execuções Penais).

§ 2º O trabalho será em comum dentro do estabelecimento, na conformidade das aptidões ou ocupações anteriores do condenado, desde que compatíveis com a execução da pena.

§ 3º O trabalho externo é admissível, no regime fechado, em serviços ou obras públicas.

- arts. 36; 37, Lei 7.210/1984 (Lei de Execuções Penais).

Regras do regime semiaberto

Art. 35. Aplica-se a norma do art. 34 deste Código, *caput*, ao condenado que inicie o cumprimento da pena em regime semiaberto.

- arts. 91; 92, Lei 7.210/1984 (Lei de Execuções Penais).

§ 1º O condenado fica sujeito a trabalho em comum durante o período diurno, em colônia agrícola, industrial ou estabelecimento similar.

- arts. 31 a 35; 126 a 129, Lei 7.210/1984 (Lei de Execuções Penais).

§ 2º O trabalho externo é admissível, bem como a frequência a cursos supletivos profissionalizantes, de instrução de segundo grau ou superior.

- arts. 36; 37; 122, II; 124, § 2º, Lei 7.210/1984 (Lei de Execuções Penais).
- Súm. 341, STJ.

Regras do regime aberto

Art. 36. O regime aberto baseia-se na autodisciplina e senso de responsabilidade do condenado.

- arts. 93 a 95; 113 a 119, Lei 7.210/1984 (Lei de Execuções Penais).

§ 1º O condenado deverá, fora do estabelecimento e sem vigilância, trabalhar, frequentar curso ou exercer outra atividade autorizada, permanecendo recolhido durante o período noturno e nos dias de folga.

§ 2º O condenado será transferido do regime aberto, se praticar fato definido como crime doloso, se frustrar os fins da execução ou se, podendo, não pagar a multa cumulativamente aplicada.

- art. 51 deste Código.
- art. 118, Lei 7.210/1984 (Lei de Execuções Penais).

Regime especial

Art. 37. As mulheres cumprem pena em estabelecimento próprio, observando-se os deveres e direitos inerentes à sua condição pessoal, bem como, no que couber, o disposto neste Capítulo.

- art. 5º, XLVIII e L, CF.
- arts. 83; 89, Lei 7.210/1984 (Lei de Execuções Penais).

Direitos do preso

Art. 38. O preso conserva todos os direitos não atingidos pela perda da liberdade, impondo-se a todas as autoridades o respeito à sua integridade física e moral.

- art. 5º, XLIX, CF.
- arts. 3º, 40 a 43, Lei 7.210/1984 (Lei de Execuções Penais).
- Lei 13.869/2019 (Lei de Abuso de Autoridade).

Trabalho do preso

Art. 39. O trabalho do preso será sempre remunerado, sendo-lhe garantidos os benefícios da Previdência Social.

- art. 201, I, CF.
- arts. 28 a 37; 126 a 129, Lei 7.210/1984 (Lei de Execuções Penais).
- art. 80, Lei 8.213/1991 (Planos de Benefício da Previdência Social).
- arts. 116 a 119, Dec. 3.048/1999 (Regulamento da Previdência Social)

Legislação especial

Art. 40. A legislação especial regulará a matéria prevista nos arts. 38 e 39 deste Código, bem como especificará os deveres e direitos do preso, os critérios para revogação e transferência dos regimes e estabelecerá as infrações disciplinares e correspondentes sanções.

- art. 24, I, CF;
- arts. 38 a 60; 110 a 119, Lei 7.210/1984 (Lei de Execuções Penais).

Superveniência de doença mental

Art. 41. O condenado a quem sobrevém doença mental deve ser recolhido a hospital de custódia e tratamento psiquiátrico ou, à falta, a outro estabelecimento adequado.

- art. 26 deste Código.
- art. 154, CPP.
- arts. 99 a 101; 183, Lei 7.210/1984 (Lei de Execuções Penais).

Detração

Art. 42. Computam-se, na pena privativa de liberdade e na medida de segurança, o tempo de prisão provisória, no Brasil ou no estrangeiro, o de prisão administrativa e o de internação em qualquer dos estabelecimentos referidos no artigo anterior.

- art. 8º deste Código.
- arts. 301 a 316; 387, § 2º, CPP.
- art. 111, Lei 7.210/1984 (Lei de Execuções Penais).
- Lei 7.960/1989 (Prisão temporária).

SEÇÃO II
DAS PENAS RESTRITIVAS DE DIREITOS

Penas restritivas de direitos

Art. 43. As penas restritivas de direitos são: (Redação dada pela Lei 9.714/1998.)

- art. 78, CDC.
- arts. 48, 147 a 155, Lei 7.210/1984 (Lei de Execuções Penais).
- art. 41-B, § 2º, Lei 10.671/2003 (Estatuto do Torcedor).
- art. 28, Lei 11.343/2006 (Lei Antidrogas).

I - prestação pecuniária; (Incluído pela Lei 9.714/1998.)

- art. 45, §§ 1º e 2º, deste Código.
- art. 17, Lei 11.340/2006 (Lei Maria da Penha).

II - perda de bens e valores; (Incluído pela Lei 9.714/1998.)

- art. 45, § 3º, deste Código.

III - (Vetado.) (Acrescentado pela Lei 9.714/1998.)

IV - prestação de serviço à comunidade ou a entidades públicas; (Acrescentado pela Lei 9.714/1998.)

- art. 46 deste Código.

V - interdição temporária de direitos; (Acrescentado pela Lei 9.714/1998.)

- art. 47 deste Código.
- arts. 154; 155, Lei 7.210/1984 (Lei de Execuções Penais).

VI - limitação de fim de semana. (Acrescentado pela Lei 9.714/1998.)

- art. 48 deste Código.
- arts. 151 a 153, Lei 7.210/1984 (Lei de Execuções Penais).

Art. 44. As penas restritivas de direitos são autônomas e substituem as privativas de liberdade, quando: (Redação dada pela Lei 9.714/1998.)

- arts. 69, § 1º; e 77, III, deste Código.
- Súm. 493, STJ.

I - aplicada pena privativa de liberdade não superior a quatro anos e o crime não for cometido com violência ou grave ameaça à pessoa ou, qualquer que seja a pena aplicada, se o crime for culposo; (Redação dada pela Lei 9.714/1998.)

- Súm. 588, do STJ.
- art. 312-B, CTB.

II - o réu não for reincidente em crime doloso; (Redação dada pela Lei 9.714/1998.)

III - a culpabilidade, os antecedentes, a conduta social e a personalidade do condenado, bem como os motivos e as circunstâncias indicarem que essa substituição seja suficiente. (Redação dada pela Lei 9.714/1998.)

- art. 59 deste Código.

§ 1º (Vetado.)

§ 2º Na condenação igual ou inferior a um ano, a substituição pode ser feita por multa ou por uma pena restritiva de direitos; se superior a um ano, a pena privativa de liberdade pode ser substituída por uma pena restritiva de direitos e multa ou por duas restritivas de direitos. (Incluído pela Lei 9.714/1998.)

- Súm. 171, STJ.

§ 3º Se o condenado for reincidente, o juiz poderá aplicar a substituição, desde que, em face de condenação anterior, a medida seja socialmente recomendável e a reincidência não se tenha operado em virtude da prática do mesmo crime. (Incluído pela Lei 9.714/1998.)

§ 4º A pena restritiva de direitos converte-se em privativa de liberdade quando ocorrer o descumprimento injustificado da restrição imposta. No cálculo da pena privativa de liberdade a executar será deduzido o tempo cumprido da pena restritiva de direitos, respeitado o saldo mínimo de trinta dias de detenção ou reclusão. (Incluído pela Lei 9.714/1998.)

- art. 11 deste Código.

§ 5º Sobrevindo condenação à pena privativa de liberdade, por outro crime, o juiz da execução penal decidirá sobre a conversão, podendo deixar de aplicá-la se for possível ao condenado cumprir a pena substitutiva anterior. (Incluído pela Lei 9.714/1998.)

Conversão das penas restritivas de direitos

- art. 44, §§ 4º e 5º, CP.

Art. 45. Na aplicação da substituição prevista no artigo anterior, proceder-se-á na forma deste e dos arts. 46, 47 e 48. (Redação dada pela Lei 9.714/1998.)

- art. 181, Lei 7.210/1984 (Lei de Execuções Penais).

§ 1º A prestação pecuniária consiste no pagamento em dinheiro à vítima, a seus dependentes ou a entidade pública ou privada com destinação social, de importância fixada pelo juiz, não inferior a 1 (um) salário-mínimo nem superior a 360 (trezentos e sessenta) salários-mínimos. O valor pago será deduzido do montante de eventual condenação em ação de reparação civil, se coincidentes os beneficiários. (Incluído pela Lei 9.714/1998.)

- art. 91, I, deste Código.
- arts. 63 a 68, CPP.

§ 2º No caso do parágrafo anterior, se houver aceitação do beneficiário, a prestação pecuniária pode consistir em prestação de outra natureza. (Incluído pela Lei 9.714/1998.)

§ 3º A perda de bens e valores pertencentes aos condenados dar-se-á, ressalvada a legislação especial, em favor do Fundo Penitenciário Nacional, e seu valor terá como teto - o que for maior - o montante do prejuízo causado ou do provento obtido pelo agente ou por terceiro, em consequência da prática do crime. (Incluído pela Lei 9.714/1998.)

§ 4º (Vetado.) (Incluído pela Lei 9.714/1998.)

Prestação de serviços à comunidade ou a entidades públicas

Art. 46. A prestação de serviços à comunidade ou a entidades públicas é aplicável às condenações superiores a seis meses de privação da liberdade. (Redação dada pela Lei 9.714/1998.)

- art. 5º, XLVI, d, CF.
- art. 78, § 1º, deste Código.
- arts. 149; 150 Lei 7.210/1984 (Lei de Execuções Penais).

§ 1º A prestação de serviços à comunidade ou a entidades públicas consiste na atribuição de tarefas gratuitas ao condenado. (Incluído pela Lei 9.714/1998.)

§ 2º A prestação de serviço à comunidade dar-se-á em entidades assistenciais, hospitais, escolas, orfanatos e outros estabelecimentos congêneres, em programas comunitários ou estatais. (Incluído pela Lei 9.714/1998.)

§ 3º As tarefas a que se refere o § 1º serão atribuídas conforme as aptidões do condenado, devendo ser cumpridas à razão de uma hora de tarefa por dia de condenação, fixadas de modo a não prejudicar a jornada normal de trabalho. (Incluído pela Lei 9.714/1998.)

§ 4º Se a pena substituída for superior a um ano, é facultado ao condenado cumprir a pena substitutiva em menor tempo (art. 55), nunca inferior à metade da pena privativa de liberdade fixada. (Incluído pela Lei 9.714/1998.)

Interdição temporária de direitos

Art. 47. As penas de interdição temporária de direitos são:

- arts. 5º, XLVI, e, CF.
- art. 2º, Lei 1.079/1950 (Define os crimes de responsabilidade e regula o respectivo processo de julgamento).
- art. 78, I, CDC.
- art. 181, Lei 11.101/2005 (Lei de Recuperação de Empresas e Falência).

I - proibição do exercício de cargo, função ou atividade pública, bem como de mandato eletivo;

- arts. 154; 155, Lei 7.210/1984 (Lei de Execuções Penais).

II - proibição do exercício de profissão, atividade ou ofício que dependam de habilitação especial, de licença ou autorização do Poder Público;

III - suspensão de autorização ou de habilitação para dirigir veículo.

- art. 57 deste Código.

IV - proibição de frequentar determinados lugares. (Incluído pela Lei 9.714/1998.)

- arts. 5º, XLVI; 15, III, CF.
- art. 45 deste Código.

V - proibição de inscrever-se em concurso, avaliação ou exame públicos. (Incluído pela Lei 12.550/2011.)

Limitação de fim de semana

Art. 48. A limitação de fim de semana consiste na obrigação de permanecer, aos sábados e domingos, por 5 (cinco) horas diárias, em casa de albergado ou outro estabelecimento adequado.

- art. 5º, XLVI, e, CF.

‣ art. 78, § 1º, deste Código.

‣ arts. 93 a 95; 151 a 153; 158; 181, Lei 7.210/1984 (Lei de Execuções Penais).

Parágrafo único. Durante a permanência poderão ser ministrados ao condenado cursos e palestras ou atribuídas atividades educativas.

‣ art. 152, Lei 7.210/1984 (Lei de Execuções Penais).

SEÇÃO III
DA PENA DE MULTA

Multa

Art. 49. A pena de multa consiste no pagamento ao fundo penitenciário da quantia fixada na sentença e calculada em dias-multa. Será, no mínimo, de 10 (dez) e, no máximo, de 360 (trezentos e sessenta) dias-multa.

‣ art. 5º, XLVI, c, CF.

‣ arts. 164 a 170, Lei 7.210/1984 (Lei de Execuções Penais).

‣ Súm. 693, STF.

§ 1º O valor do dia-multa será fixado pelo juiz não podendo ser inferior a um trigésimo do maior salário-mínimo mensal vigente ao tempo do fato, nem superior a 5 (cinco) vezes esse salário.

‣ art. 33, Lei 7.492/1986 (Lei dos Crimes Contra o Sistema Financeiro Nacional).

§ 2º O valor da multa será atualizado, quando da execução, pelos índices de correção monetária.

Pagamento da multa

Art. 50. A multa deve ser paga dentro de 10 (dez) dias depois de transitada em julgado a sentença. A requerimento do condenado e conforme as circunstâncias, o juiz pode permitir que o pagamento se realize em parcelas mensais.

‣ arts. 168 a 170, Lei 7.210/1984 (Lei de Execuções Penais).

§ 1º A cobrança da multa pode efetuar-se mediante desconto no vencimento ou salário do condenado quando:

a) aplicada isoladamente;

b) aplicada cumulativamente com pena restritiva de direitos;

c) concedida a suspensão condicional da pena.

§ 2º O desconto não deve incidir sobre os recursos indispensáveis ao sustento do condenado e de sua família.

Modo de conversão

Art. 51. Transitada em julgado a sentença condenatória, a multa será executada perante o juiz da execução penal e será considerada dívida de valor, aplicáveis as normas relativas à dívida ativa da Fazenda Pública, inclusive no que concerne às causas interruptivas e suspensivas da prescrição. (Redação dada pela Lei 13.964/2019)

‣ arts. 5º, LXVII; 98, I, CF.

‣ Lei 6.830/1980 (Lei de Execução Fiscal).

‣ Súm. Vinc. 25, STF.

‣ Súm. 693, STF.

‣ ADI 3.150.

§§ 1º e 2º (Revogados pela Lei 9.268/1996.)

Suspensão da execução da multa

Art. 52. É suspensa a execução da pena de multa, se sobrevém ao condenado doença mental.

‣ art. 167, Lei 7.210/1984 (Lei de Execuções Penais).

CAPÍTULO II
DA COMINAÇÃO DAS PENAS

Penas privativas de liberdade

Art. 53. As penas privativas de liberdade têm seus limites estabelecidos na sanção correspondente a cada tipo legal de crime.

‣ art. 75, deste Código.

Penas restritivas de direitos

Art. 54. As penas restritivas de direitos são aplicáveis, independentemente de cominação na parte especial, em substituição à pena privativa de liberdade, fixada em quantidade inferior a 1 (um) ano, ou nos crimes culposos.

‣ arts. 44; e 59, IV, deste Código.

‣ arts. 147 a 155; 180; 181, Lei 7.210/1984 (Lei de Execuções Penais).

Art. 55. As penas restritivas de direitos referidas nos incisos III, IV, V e VI do art. 43 terão a mesma duração da pena privativa de liberdade substituída, ressalvado o disposto no § 4º do art. 46. (Redação dada pela Lei 9.714/1998.)

Art. 56. As penas de interdição, previstas nos incisos I e II do art. 47 deste Código, aplicam-se para todo o crime cometido no exercício de profissão, atividade, ofício, cargo ou função, sempre que houver violação dos deveres que lhes são inerentes.

Art. 57. A pena de interdição, prevista no inciso III do art. 47 deste Código, aplica-se aos crimes culposos de trânsito.

‣ arts. 302 e 303, CTB.

‣ arts. 154, § 2º; e 181, § 3º, Lei 7.210/1984 (Lei de Execuções Penais).

Pena de multa

Art. 58. A multa, prevista em cada tipo legal de crime, tem os limites fixados no art. 49 e seus parágrafos deste Código.

‣ arts. 164 a 170, Lei 7.210/1984 (Lei de Execuções Penais).

Parágrafo único. A multa prevista no parágrafo único do art. 44 e no § 2º do art. 60 deste Código aplica-se independentemente de cominação na parte especial.

‣ art. 44, § 2º, deste Código, com a alteração promovida pela Lei 9.714/1998

CAPÍTULO III
DA APLICAÇÃO DA PENA

Fixação da pena

Art. 59. O juiz, atendendo à culpabilidade, aos antecedentes, à conduta social, à personalidade do agente, aos motivos, às circunstâncias e consequências do crime, bem como ao comportamento da vítima, estabelecerá, conforme seja necessário e suficiente para reprovação e prevenção do crime:

‣ art. 2º Lei 8.072/1990 (Lei dos Crimes Hediondos).

‣ Súm. Vinc. 26, STF.

‣ Súmulas 231; 269; 440; 444; 636, STJ.

I - as penas aplicáveis dentre as cominadas;

II - a quantidade de pena aplicável, dentro dos limites previstos;

‣ art. 68 deste Código.

III - o regime inicial de cumprimento da pena privativa de liberdade;

‣ art. 33, § 3º, deste Código.

‣ art. 387, § 2º, CPP.

‣ Súm. 440, STJ.

IV - a substituição da pena privativa da liberdade aplicada, por outra espécie de pena, se cabível.

‣ art. 5º, XLVI, CF.

‣ arts. 33, § 3º; 44; 68; 78, § 2º, deste Código.

‣ art. 387, II, CPP.

Critérios especiais da pena de multa

Art. 60. Na fixação da pena de multa o juiz deve atender, principalmente, à situação econômica do réu.

‣ arts. 49 a 52; 58; 72 deste Código.

§ 1º A multa pode ser aumentada até o triplo, se o juiz considerar que, em virtude da situação econômica do réu, é ineficaz, embora aplicada no máximo.

‣ art. 77, CDC.

Multa substitutiva

§ 2º A pena privativa de liberdade aplicada, não superior a 6 (seis) meses, pode ser substituída pela de multa, observados os critérios dos incisos II e III do art. 44 deste Código.

‣ art. 58, p.u., deste Código.

‣ art. 387, II, CPP.

‣ art. 17, Lei 11.340/2006 (Lei Maria da Penha).

‣ Súm. 171, STJ.

Circunstâncias agravantes

Art. 61. São circunstâncias que sempre agravam a pena, quando não constituem ou qualificam o crime:

I - a reincidência;

‣ arts. 63 e 64 deste Código.

‣ Súm. 241; 444; 636, STJ.

II - ter o agente cometido o crime:

a) por motivo fútil ou torpe;

b) para facilitar ou assegurar a execução, a ocultação, a impunidade ou vantagem de outro crime;

c) à traição, de emboscada, ou mediante dissimulação, ou outro recurso que dificultou ou tornou impossível a defesa do ofendido;

d) com emprego de veneno, fogo, explosivo, tortura ou outro meio insidioso ou cruel, ou de que podia resultar perigo comum;

e) contra ascendente, descendente, irmão ou cônjuge;

f) com abuso de autoridade ou prevalecendo-se de relações domésticas, de coabitação ou de hospitalidade, ou com violência contra a mulher na forma da Lei específica; (Redação dada pela Lei 11.340/2006.)

‣ art. 7º, Lei 11.340/2006 (Lei Maria da Penha).

g) com abuso de poder ou violação de dever inerente a cargo, ofício, ministério ou profissão;

h) contra criança, maior de 60 (sessenta) anos, enfermo ou mulher grávida; (Redação dada pela Lei 10.741/2003.)

i) quando o ofendido estava sob a imediata proteção da autoridade;

j) em ocasião de incêndio, naufrágio, inundação ou qualquer calamidade pública, ou de desgraça particular do ofendido;

l) em estado de embriaguez preordenada.

‣ art. 28, II, deste Código.

Agravantes no caso de concurso de pessoas

Art. 62. A pena será ainda agravada em relação ao agente que:

I - promove, ou organiza a cooperação no crime ou dirige a atividade dos demais agentes;

‣ art. 29 deste Código.

II - coage ou induz outrem à execução material do crime;

III - instiga ou determina a cometer o crime alguém sujeito à sua autoridade ou não punível em virtude de condição ou qualidade pessoal;

IV - executa o crime, ou nele participa, mediante paga ou promessa de recompensa.

Reincidência

Art. 63. Verifica-se a reincidência quando o agente comete novo crime, depois de transitar em julgado a sentença que, no país ou no estrangeiro, o tenha condenado por crime anterior.

‣ arts. 33, § 2º; 77, I; 95; 110; 117, VI, deste Código.

‣ art. 699, I, CPP.

‣ Súm. 241; 636, STJ.

Art. 64. Para efeito de reincidência:

I - não prevalece a condenação anterior, se entre a data do cumprimento ou extinção da pena e a infração posterior tiver decorrido período de tempo superior a 5 (cinco) anos, computado o período de prova da suspensão ou do livramento condicional, se não ocorrer revogação;

- art. 313, II, CPP.

II - não se consideram os crimes militares próprios e políticos.

Circunstâncias atenuantes

Art. 65. São circunstâncias que sempre atenuam a pena:

- Súm. 231, STJ.

I - ser o agente menor de 21 (vinte e um), na data do fato, ou maior de 70 (setenta) anos, na data da sentença;

- Súm. 74, STJ.

II - o desconhecimento da lei;

- art. 21 deste Código.

III - ter o agente:

a) cometido o crime por motivo de relevante valor social ou moral;

- art. 121, § 1º, deste Código.

b) procurado, por sua espontânea vontade e com eficiência, logo após o crime, evitar-lhe ou minorar-lhe as consequências, ou ter, antes do julgamento, reparado o dano;

- art. 16 deste Código.

c) cometido o crime sob coação a que podia resistir, ou em cumprimento de ordem de autoridade superior, ou sob a influência de violenta emoção, provocada por ato injusto da vítima;

- arts. 22; 23 III; 121, § 1º, deste Código.

d) confessado espontaneamente, perante a autoridade, a autoria do crime;

- arts. 197 a 200, CPP.
- Súm. 545; 630, STJ

e) cometido o crime sob a influência de multidão em tumulto, se não o provocou.

- art. 13, § 2º, c, CP.

Art. 66. A pena poderá ser ainda atenuada em razão de circunstância relevante, anterior ou posterior ao crime, embora não prevista expressamente em lei.

Concurso de circunstâncias agravantes e atenuantes

Art. 67. No concurso de agravantes e atenuantes, a pena deve aproximar-se do limite indicado pelas circunstâncias preponderantes, entendendo-se como tais as que resultam dos motivos determinantes do crime, da personalidade do agente e da reincidência.

- Súm. 241, STJ.

Cálculo da pena

Art. 68. A pena-base será fixada atendendo-se ao critério do art. 59 deste Código; em seguida serão consideradas as circunstâncias atenuantes e agravantes; por último, as causas de diminuição e de aumento.

- Súm. 231; 241; 443, STJ.

Parágrafo único. No concurso de causas de aumento ou de diminuição previstas na parte especial, pode o juiz limitar-se a um só aumento ou a uma só diminuição, prevalecendo, todavia, a causa que mais aumente ou diminua.

- Súm. 231; 241, STJ.

Concurso material

Art. 69. Quando o agente, mediante mais de uma ação ou omissão, pratica dois ou mais crimes, idênticos ou não, aplicam-se cumulativamente as penas privativas de liberdade em que haja incorrido. No caso de aplicação cumulativa de penas de reclusão e de detenção, executa-se primeiro aquela.

- art. 111, Lei 7.210/1984 (Lei de Execuções Penais).
- Súm. 243, STJ.

§ 1º Na hipótese deste artigo, quando ao agente tiver sido aplicada pena privativa de liberdade, não suspensa, por um dos crimes, para os demais será incabível a substituição de que trata o art. 44 deste Código.

- art. 44, § 5º, deste Código.

§ 2º Quando forem aplicadas penas restritivas de direitos, o condenado cumprirá simultaneamente as que forem compatíveis entre si e sucessivamente as demais.

Concurso formal

Art. 70. Quando o agente, mediante uma só ação ou omissão, pratica dois ou mais crimes, idênticos ou não, aplica-se-lhe a mais grave das penas cabíveis ou, se iguais, somente uma delas, mas aumentada, em qualquer caso, de um sexto até metade. As penas aplicam-se, entretanto, cumulativamente, se a ação ou omissão é dolosa e os crimes concorrentes resultam de desígnios autônomos, consoante o disposto no artigo anterior.

- arts. 73; 74 deste Código.
- art. 77, II, CPP.
- art. 111, Lei 7.210/1984 (Lei de Execuções Penais).
- Súm. 17; 243, STJ.

Parágrafo único. Não poderá a pena exceder a que seria cabível pela regra do art. 69 deste Código.

Crime continuado

Art. 71. Quando o agente, mediante mais de uma ação ou omissão, pratica dois ou mais crimes da mesma espécie e, pelas condições de tempo, lugar, maneira de execução e outras semelhantes, devem os subsequentes ser havidos como continuação do primeiro, aplica-se-lhe a pena de um só dos crimes, se idênticas, ou a mais grave, se diversas, aumentada, em qualquer caso, de um sexto a dois terços.

- art. 71, CPP.
- Súmulas 497, 711; 723, STF.
- Súm. 243, STJ.

Parágrafo único. Nos crimes dolosos, contra vítimas diferentes, cometidos com violência ou grave ameaça à pessoa, poderá o juiz, considerando a culpabilidade, os antecedentes, a conduta social e a personalidade do agente, bem como os motivos e as circunstâncias, aumentar a pena de um só dos crimes, se idênticas, ou a mais grave, se diversas, até o triplo, observadas as regras do parágrafo único do art. 70 e do art. 75 deste Código.

Multas no concurso de crimes

Art. 72. No concurso de crimes, as penas de multa são aplicadas distinta e integralmente.

- arts. 49 e ss., deste Código.

Erro na execução

Art. 73. Quando, por acidente ou erro no uso dos meios de execução, o agente, ao invés de atingir a pessoa que pretendia ofender, atinge pessoa diversa, responde como se tivesse praticado o crime contra aquela, atendendo-se ao disposto no § 3º do art. 20 deste Código. No caso de ser também atingida a pessoa que o agente pretendia ofender, aplica-se a regra do art. 70 deste Código.

Resultado diverso do pretendido

Art. 74. Fora dos casos do artigo anterior, quando, por acidente ou erro na execução do crime, sobrevém resultado diverso do pretendido, o agente responde por culpa, se o fato é previsto como crime culposo; se ocorre também o resultado pretendido, aplica-se a regra do art. 70 deste Código.

Limite das penas

Art. 75. O tempo de cumprimento das penas privativas de liberdade não pode ser superior a 40 (quarenta) anos. (Redação dada pela Lei 13.964/2019)

- art. 5º, XLVII, b; LXXV, CF.
- arts. 66, III, a; 111 Lei 7.210/1984 (Lei de Execuções Penais).
- Súm. 527, STJ.

§ 1º Quando o agente for condenado a penas privativas de liberdade cuja soma seja superior a 40 (quarenta) anos, devem elas ser unificadas para atender ao limite máximo deste artigo. (Redação dada pela Lei 13.964/2019)

- Súm. 715, STF.

§ 2º Sobrevindo condenação por fato posterior ao início do cumprimento da pena, far-se-á nova unificação, desprezando-se, para esse fim, o período de pena já cumprido.

Concurso de infrações

Art. 76. No concurso de infrações, executar-se-á primeiramente a pena mais grave

CAPÍTULO IV
DA SUSPENSÃO CONDICIONAL DA PENA

Requisitos da suspensão da pena

Art. 77. A execução da pena privativa de liberdade, não superior a 2 (dois) anos, poderá ser suspensa, por 2 (dois) a 4 (quatro) anos, desde que:

- art. 11, Dec.-Lei 3.688/1941 (Lei das Contravenções Penais).

I - o condenado não seja reincidente em crime doloso;

II - a culpabilidade, os antecedentes, a conduta social e personalidade do agente, bem como os motivos e as circunstâncias autorizem a concessão do benefício;

III - Não seja indicada ou cabível a substituição prevista no art. 44 deste Código.

- arts. 156 a 163, Lei 7.210/1984 (Lei de Execuções Penais).

§ 1º A condenação anterior à pena de multa não impede a concessão do benefício.

§ 2º A execução da pena privativa de liberdade, não superior a quatro anos, poderá ser suspensa, por quatro a seis anos, desde que o condenado seja maior de setenta anos de idade, ou razões de saúde justifiquem a suspensão. (Redação dada pela Lei 9.714/1998.)

Art. 78. Durante o prazo da suspensão, o condenado ficará sujeito à observação e ao cumprimento das condições estabelecidas pelo juiz.

§ 1º No primeiro ano do prazo, deverá o condenado prestar serviços à comunidade (art. 46) ou submeter-se à limitação de fim de semana (art. 48).

- art. 81, III, deste Código.

§ 2º Se o condenado houver reparado o dano, salvo impossibilidade de fazê-lo, e se as circunstâncias do art. 59 deste Código lhe forem inteiramente favoráveis, o juiz poderá substituir a exigência do parágrafo anterior pelas seguintes condições, aplicadas cumulativamente: (Redação dada pela Lei 9.268/1996.)

a) proibição de frequentar determinados lugares;

b) proibição de ausentar-se da comarca onde reside, sem autorização do juiz;

c) comparecimento pessoal e obrigatório a juízo, mensalmente, para informar e justificar suas atividades.

- arts. 158 e 159, Lei 7.210/1984 (Lei de Execuções Penais).

Art. 79. A sentença poderá especificar outras condições a que fica subordinada a suspensão, desde que adequadas ao fato e à situação pessoal do condenado.

- arts. 158 e 159, Lei 7.210/1984 (Lei de Execuções Penais).

Art. 80. A suspensão não se estende às penas restritivas de direitos nem à multa.

Revogação obrigatória

Art. 81. A suspensão será revogada se, no curso do prazo, o beneficiário:

I - é condenado, em sentença irrecorrível, por crime doloso;

II - frustra, embora solvente, a execução de pena de multa ou não efetua, sem motivo justificado, a reparação do dano;

III - descumpre a condição do § 1º do art. 78 deste Código.

Revogação facultativa

§ 1º A suspensão poderá ser revogada se o condenado descumpre qualquer outra condição imposta ou é irrecorrivelmente condenado, por crime culposo ou por contravenção, a pena privativa de liberdade ou restritiva de direitos.

Prorrogação do período de prova

§ 2º Se o beneficiário está sendo processado por outro crime ou contravenção, considera-se prorrogado o prazo da suspensão até o julgamento definitivo.

§ 3º Quando facultativa a revogação, o juiz pode, ao invés de decretá-la, prorrogar o período de prova até o máximo, se este não foi o fixado.

- arts. 162 e 163, Lei 7.210/1984 (Lei de Execuções Penais).

Cumprimento das condições

Art. 82. Expirado o prazo sem que tenha havido revogação, considera-se extinta a pena privativa de liberdade.

CAPÍTULO V
DO LIVRAMENTO CONDICIONAL

Requisitos do livramento condicional

Art. 83. O juiz poderá conceder livramento condicional ao condenado a pena privativa de liberdade igual ou superior a 2 (dois) anos, desde que:

- arts. 131 a 146, Lei 7.210/1984 (Lei de Execuções Penais).
- art. 5º, Lei 1.521/1951 (Lei dos Crimes contra a Economia Popular).
- Súm. 715, STF.
- Súm. 441, STJ.

I - cumprida mais de um terço da pena se o condenado não for reincidente em crime doloso e tiver bons antecedentes;

- arts. 63 e 64 deste Código.

II - cumprida mais da metade se o condenado for reincidente em crime doloso;

III - comprovado: (Redação dada pela Lei 13.964/2019)

a) bom comportamento durante a execução da pena;

b) não cometimento de falta grave nos últimos 12 (doze) meses;

c) bom desempenho no trabalho que lhe foi atribuído; e

d) aptidão para prover a própria subsistência mediante trabalho honesto;

IV - tenha reparado, salvo efetiva impossibilidade de fazê-lo, o dano causado pela infração;

V - cumpridos mais de dois terços da pena, nos casos de condenação por crime hediondo, prática de tortura, tráfico ilícito de entorpecentes e drogas afins, tráfico de pessoas e terrorismo, se o apenado não for reincidente específico em crimes dessa natureza. (Acrescentado pela Lei 13.344/2016.)

Parágrafo único. Para o condenado por crime doloso, cometido com violência ou grave ameaça à pessoa, a concessão do livramento ficará também subordinada à constatação de condições pessoais que façam presumir que o liberado não voltará a delinquir.

Soma de penas

Art. 84. As penas que correspondem a infrações diversas devem somar-se para efeito do livramento.

- art. 75 deste Código.
- arts. 111 e 118, II, Lei 7.210/1984 (Lei de Execuções Penais).

Especificações das condições

Art. 85. A sentença especificará as condições a que fica subordinado o livramento.

- art. 132, Lei 7.210/1984 (Lei de Execuções Penais).

Revogação do livramento

Art. 86. Revoga-se o livramento, se o liberado vem a ser condenado a pena privativa de liberdade, em sentença irrecorrível:

I - por crime cometido durante a vigência do benefício;

II - por crime anterior, observado o disposto no art. 84 deste Código.

- arts. 140 a 145, Lei 7.210/1984 (Lei de Execuções Penais).

Revogação facultativa

Art. 87. O juiz poderá, também, revogar o livramento, se o liberado deixar de cumprir qualquer das obrigações constantes da sentença, ou for irrecorrivelmente condenado, por crime ou contravenção, a pena que não seja privativa de liberdade.

- arts. 132; e 140, p.u., Lei 7.210/1984 (Lei de Execuções Penais).

Efeitos da revogação

Art. 88. Revogado o livramento, não poderá ser novamente concedido, e, salvo quando a revogação resulta de condenação por outro crime anterior àquele benefício, não se desconta na pena o tempo em que esteve solto o condenado.

Extinção

Art. 89. O juiz não poderá declarar extinta a pena, enquanto não passar em julgado a sentença em processo a que responde o liberado, por crime cometido na vigência do livramento.

- arts. 145 e 146, Lei 7.210/1984 (Lei de Execuções Penais).

Art. 90. Se até o seu término o livramento não é revogado, considera-se extinta a pena privativa de liberdade.

- art. 146, Lei 7.210/1984 (Lei de Execuções Penais).

CAPÍTULO VI
DOS EFEITOS DA CONDENAÇÃO

Efeitos genéricos e específicos

Art. 91. São efeitos da condenação:

I - tornar certa a obrigação de indenizar o dano causado pelo crime;

- arts. 63 a 68, CPP.

II - a perda em favor da União, ressalvado o direito do lesado ou de terceiro de boa-fé:

- arts. 118 a 124, CPP.
- arts. 60 a 64 Lei 11.343/2006 (Lei Antidrogas).

a) dos instrumentos do crime, desde que consistam em coisas cujo fabrico, alienação, uso, porte ou detenção constitua fato ilícito;

b) do produto do crime ou de qualquer bem ou valor que constitua proveito auferido pelo agente com a prática do fato criminoso.

- arts. 5º, XLV, XLVI, b, CF.

§ 1º Poderá ser decretada a perda de bens ou valores equivalentes ao produto ou proveito do crime quando estes não forem encontrados ou quando se localizarem no exterior. (Acrescentado pela Lei 12.694/2012.)

§ 2º Na hipótese do § 1º, as medidas assecuratórias previstas na legislação processual poderão abranger bens ou valores equivalentes do investigado ou acusado para posterior decretação de perda. (Acrescentado pela Lei 12.694/2012.)

Art. 91-A. Na hipótese de condenação por infrações às quais a lei comine pena máxima superior a 6 (seis) anos de reclusão, poderá ser decretada a perda, como produto ou proveito do crime, dos bens correspondentes à diferença entre o valor do patrimônio do condenado e aquele que seja compatível com o seu rendimento lícito. (Incluído pela Lei 13.964/2019)

§ 1º Para efeito da perda prevista no *caput* deste artigo, entende-se por patrimônio do condenado todos os bens:

I - de sua titularidade, ou em relação aos quais ele tenha o domínio e o benefício direto ou indireto, na data da infração penal ou recebidos posteriormente; e

II - transferidos a terceiros a título gratuito ou mediante contraprestação irrisória, a partir do início da atividade criminal.

§ 2º O condenado poderá demonstrar a inexistência da incompatibilidade ou a procedência lícita do patrimônio.

§ 3º A perda prevista neste artigo deverá ser requerida expressamente pelo Ministério Público, por ocasião do oferecimento da denúncia, com indicação da diferença apurada.

§ 4º Na sentença condenatória, o juiz deve declarar o valor da diferença apurada e especificar os bens cuja perda for decretada.

§ 5º Os instrumentos utilizados para a prática de crimes por organizações criminosas e milícias deverão ser declarados perdidos em favor da União ou do Estado, dependendo da Justiça onde tramita a ação penal, ainda que não ponham em perigo a segurança das pessoas, a moral ou a ordem pública, nem ofereçam sério risco de ser utilizados para o cometimento de novos crimes.

Art. 92. São também efeitos da condenação:

- arts. 15; 37, § 4º, CF.
- Súm. 694, STF.

I - a perda de cargo, função pública ou mandato eletivo: (Redação dada pela Lei 9.268/1996.)

- art. 47, I, deste Código

a) quando aplicada pena privativa de liberdade por tempo igual ou superior a um ano, nos crimes praticados com abuso de poder ou violação de dever para com a Administração Pública; (Incluído pela Lei 9.268/1996.)

- art. 83, Lei 8.666/1993 (Lei de Licitações e Contratos Administrativos).
- Lei 14.133/2021 (Nova Lei de Licitações e Contratos Administrativos).

b) quando for aplicada pena privativa de liberdade por tempo superior a 4 (quatro) anos nos demais casos. (Incluído pela Lei 9.268/1996.)

II - a incapacidade para o exercício do poder familiar, da tutela ou da curatela nos crimes dolosos sujeitos à pena de reclusão cometidos contra outrem igualmente titular do mesmo poder familiar, contra filho, filha ou outro descendente ou contra tutelado ou curatelado; (Redação dada pela Lei nº 13.715/2018)

- arts. 1.630 a 1.638, CC.

III - a inabilitação para dirigir veículo, quando utilizado como meio para a prática de crime doloso.

- art. 93, p.u., deste Código.

Parágrafo único. Os efeitos de que trata este artigo não são automáticos, devendo ser motivadamente declarados na sentença.

- art. 202, Lei 7.210/1984 (Lei de Execuções Penais).
- art. 83, Lei 8.666/1993 (Lei de Licitações e Contratos Administrativos).
- Lei 14.133/2021 (Nova Lei de Licitações e Contratos Administrativos).

CAPÍTULO VII
DA REABILITAÇÃO

Reabilitação

Art. 93. A reabilitação alcança quaisquer penas aplicadas em sentença definitiva, assegurando ao condenado o sigilo dos registros sobre o seu processo e condenação.

- arts. 743 a 750, CPP.
- art. 202, Lei 7.210/1984 (Lei de Execuções Penais).

Parágrafo único. A reabilitação poderá, também, atingir os efeitos da condenação, previstos no art. 92 deste Código, vedada reintegração na situação anterior, nos casos dos incisos I e II do mesmo artigo.

Art. 94. A reabilitação poderá ser requerida, decorridos 2 (dois) anos do dia em que for extinta, de qualquer modo, a pena ou terminar sua execução, computando-se o período de prova da suspensão e o do livramento condicional, se não sobrevier revogação, desde que o condenado:

I - tenha tido domicílio no país no prazo acima referido;

II - tenha dado, durante esse tempo, demonstração efetiva e constante de bom comportamento público e privado;

III - tenha ressarcido o dano causado pelo crime ou demonstre a absoluta impossibilidade de o fazer, até o dia do pedido, ou exiba documento que comprove a renúncia da vítima ou novação da dívida.

Parágrafo único. Negada a reabilitação, poderá ser requerida, a qualquer tempo, desde que o pedido seja instruído com novos elementos comprobatórios dos requisitos necessários.

Art. 95. A reabilitação será revogada, de ofício ou a requerimento do Ministério Público, se o reabilitado for condenado, como reincidente, por decisão definitiva, a pena que não seja de multa.

TÍTULO VI
DAS MEDIDAS DE SEGURANÇA

Espécies de medidas de segurança

Art. 96. As medidas de segurança são:

- arts. 26; 42, deste Código.
- arts. 386, p.u., III, 492, II, c; 549 a 555; 596, p.u.; 627; 685; 715, CPP.
- Súm. 525, STF.

I - Internação em hospital de custódia e tratamento psiquiátrico ou, à falta, em outro estabelecimento adequado;

- arts. 99 a 101; 108, Lei 7.210/1984 (Lei de Execuções Penais).

II - sujeição a tratamento ambulatorial.

- art. 184, Lei 7.210/1984 (Lei de Execuções Penais).
- arts. 26; 28, § 7º; 45; 47, Lei 11.343/2006 (Lei Antidrogas).

Parágrafo único. Extinta a punibilidade, não se impõe medida de segurança nem subsiste a que tenha sido imposta.

- art. 107, deste Código.
- arts. 171 a 179, Lei 7.210/1984 (Lei de Execuções Penais).

Imposição da medida de segurança para inimputável

Art. 97. Se o agente for inimputável, o juiz determinará sua internação (art. 26). Se, todavia, o fato previsto como crime for punível com detenção, poderá o juiz submetê-lo a tratamento ambulatorial.

- arts. 101; 175; 178, Lei 7.210/1984 (Lei de Execuções Penais).

Prazo

§ 1º A internação, ou tratamento ambulatorial, será por tempo indeterminado, perdurando enquanto não for averiguada, mediante perícia médica, a cessação de periculosidade. O prazo mínimo deverá ser de 1 (um) a 3 (três) anos.

- Súm. 439; 527, STJ.

Perícia médica

§ 2º A perícia médica realizar-se-á ao termo do prazo mínimo fixado e deverá ser repetida de ano em ano, ou a qualquer tempo, se o determinar o juiz da execução.

Desinternação ou liberação condicional

§ 3º A desinternação, ou a liberação, será sempre condicional devendo ser restabelecida a situação anterior se o agente, antes do decurso de 1 (um) ano, pratica fato indicativo de persistência de sua periculosidade.

- art. 178, Lei 7.210/1984 (Lei de Execuções Penais).

§ 4º Em qualquer fase do tratamento ambulatorial, poderá o juiz determinar a internação do agente, se essa providência for necessária para fins curativos.

Substituição da pena por medida de segurança para o semi-imputável

Art. 98. Na hipótese do parágrafo único do art. 26 deste Código e necessitando o condenado de especial tratamento curativo, a pena privativa de liberdade pode ser substituída pela internação, ou tratamento ambulatorial, pelo prazo mínimo de 1 (um) a 3 (três) anos, nos termos do artigo anterior e respectivos §§ 1º a 4º.

Direitos do internado

Art. 99. O internado será recolhido a estabelecimento dotado de características hospitalares e será submetido a tratamento.

- arts. 3º; 41; 42; 99 a 101, Lei 7.210/1984 (Lei de Execuções Penais).

TÍTULO VII
DA AÇÃO PENAL

Ação pública e de iniciativa privada

Art. 100. A ação penal é pública, salvo quando a lei expressamente a declara privativa do ofendido.

- art. 24 e ss., CPP.
- art. 227, ECA.
- art. 184, Lei 11.101/2005 (Lei de Recuperação de Empresas e Falência).
- Súm. 714, STF.

§ 1º A ação pública é promovida pelo Ministério Público, dependendo, quando a lei o exige, de representação do ofendido ou de requisição do Ministro da Justiça.

- art. 129, I, CF.
- arts. 5º, § 4º; 24 a 39, CPP.
- art. 88, Lei 9.099/1995 (Lei dos Juizados Especiais).
- Súm. 234, STJ.

§ 2º A ação de iniciativa privada é promovida mediante queixa do ofendido ou de quem tenha qualidade para representá-lo.

- arts. 30 a 33, CPP.

§ 3º A ação de iniciativa privada pode intentar-se nos crimes de ação pública, se o Ministério Público não oferece denúncia no prazo legal.

- art. 5º, LIX, CF.
- art. 103 deste Código.
- arts. 29; 257, CPP.

§ 4º No caso de morte do ofendido ou de ter sido declarado ausente por decisão judicial, o direito de oferecer queixa ou de prosseguir na ação passa ao cônjuge, ascendente, descendente ou irmão.

- art. 129, I, CF.
- arts. 24, § 1º, e 31, CPP.

A ação penal no crime complexo

Art. 101. Quando a lei considera como elemento ou circunstâncias do tipo legal fatos que, por si mesmos, constituem crimes, cabe ação pública em relação àquele, desde que, em relação a qualquer destes, se deva proceder por iniciativa do Ministério Público.

Irretratabilidade da representação

Art. 102. A representação será irretratável depois de oferecida a denúncia.

- art. 25, CPP

Decadência do direito de queixa ou de representação

Art. 103. Salvo disposição expressa em contrário, o ofendido decai do direito de queixa ou de representação se não o exerce dentro do prazo de 6 (seis) meses, contado do dia em que veio a saber quem é o autor do crime, ou, no caso do § 3º do art. 100 deste Código, do dia em que se esgota o prazo para oferecimento da denúncia.

- art. 10; 107, IV, deste Código.
- art. 38, CPP.
- Súm. 594, STF.

Renúncia expressa ou tácita do direito de queixa

Art. 104. O direito de queixa não pode ser exercido quando renunciado expressa ou tacitamente.

- arts. 48 a 50, CPP.
- art. 74, p.u., Lei 9.099/1995 (Lei dos Juizados Especiais).

Parágrafo único. Importa renúncia tácita ao direito de queixa a prática de ato incompatível com a vontade de exercê-lo; não a implica, todavia, o fato de receber o ofendido a indenização do dano causado pelo crime.

- art. 57, CPP.

Perdão do ofendido

Art. 105. O perdão do ofendido, nos crimes em que somente se procede mediante queixa, obsta ao prosseguimento da ação.

- arts. 51 a 59, CPP.

Art. 106. O perdão, no processo ou fora dele, expresso ou tácito:

I - se concedido a qualquer dos querelados, a todos aproveita;

- art. 51, CPP.

II - se concedido por um dos ofendidos, não prejudica o direito dos outros;

III - se o querelado o recusa, não produz efeito.

§ 1º Perdão tácito é o que resulta da prática de ato incompatível com a vontade de prosseguir na ação.

§ 2º Não é admissível o perdão depois que passa em julgado a sentença condenatória.

TÍTULO VIII
DA EXTINÇÃO DA PUNIBILIDADE

Extinção da punibilidade

Art. 107. Extingue-se a punibilidade:

- arts. 168-A; 312, § 3º; 337-A deste Código.
- arts. 61; 397, IV, CPP.

I - pela morte do agente;

- art. 5º, XLV, CF.
- art. 61; 62, CPP.

II - pela anistia, graça ou indulto;

- art. 5º, XLV, CF.
- arts. 187 a 193, Lei 7.210/1984 (Lei de Execuções Penais).
- art. 2º, Lei 8.072/1990 ((Lei dos Crimes Hediondos).
- Súm. 631, STJ.

III - pela retroatividade de lei que não mais considera o fato como criminoso;

- art. 2º, p.u., deste Código.

IV - pela prescrição, decadência ou perempção;

- arts. 103; 109 a 119 deste Código.
- arts. 38, 60 e 497, IX, CPP.

V - pela renúncia do direito de queixa ou pelo perdão aceito, nos crimes de ação privada;

- arts. 104 a 106 deste Código.
- arts. 49 a 60, CPP.
- art. 74, Lei 9.099/1995 (Lei dos Juizados Especiais).

VI - pela retratação do agente, nos casos em que a lei a admite;

- arts. 143; 342, § 2º, CP.

VII e VIII - (Revogados pela Lei 11.106/2005.)

IX - pelo perdão judicial, nos casos previstos em lei.

- art. 120 deste Código.
- art. 55 e ss., CPP.
- Súm. 18, STJ.

Art. 108. A extinção da punibilidade de crime que é pressuposto, elemento constitutivo ou circunstância agravante de outro não se estende a este. Nos crimes conexos, a extinção da punibilidade de um deles não impede, quanto aos outros, a agravação da pena resultante da conexão.

Prescrição antes de transitar em julgado a sentença

Art. 109. A prescrição, antes de transitar em julgado a sentença final, salvo o disposto no § 1º do art. 110 deste Código, regula-se pelo máximo da pena privativa de liberdade cominada ao crime, verificando-se: (Redação dada pela Lei 12.234/2010.)

- art. 125, CPM.
- Súmulas 191; 220; 338; 415; 438; 527, STJ.

I - em vinte anos, se o máximo da pena é superior a doze;

II - em dezesseis anos, se o máximo da pena é superior a oito anos e não excede a doze;

III - em doze anos, se o máximo da pena é superior a quatro anos e não excede a oito;

IV - em oito anos, se o máximo da pena é superior a dois anos e não excede a quatro;

V - em quatro anos, se o máximo da pena é igual a um ano ou, sendo superior, não excede a dois;

VI - em 3 (três) anos, se o máximo da pena é inferior a 1 (um) ano. (Redação dada pela Lei 12.234/2010.)

Prescrição das penas restritivas de direito

Parágrafo único. Aplicam-se às penas restritivas de direito os mesmos prazos previstos para as privativas de liberdade.

Prescrição depois de transitar em julgado sentença final condenatória

Art. 110. A prescrição depois de transitar em julgado a sentença condenatória regula-se pela pena aplicada e verifica-se nos prazos fixados no artigo anterior, os quais se aumentam de um terço, se o condenado é reincidente.

- art. 112 deste Código.
- art. 336, p.u., CPP.
- Súmulas 146; 497; 604, STF.
- Súmulas 220; 338; 438; 527, STJ.

§ 1º A prescrição, depois da sentença condenatória com trânsito em julgado para a acusação ou depois de improvido seu recurso, regula-se pela pena aplicada, não podendo, em nenhuma hipótese, ter por termo inicial data anterior à da denúncia ou queixa. (Redação dada pela Lei 12.234/2010.)

§ 2º (Revogado pela Lei 12.234/2010.)

Termo inicial da prescrição antes de transitar em julgado a sentença final

Art. 111. A prescrição, antes de transitar em julgado a sentença final, começa a correr:

- art. 125, § 2º, CPM.

I - do dia em que o crime se consumou;

- Súm, Vinc. 24, STF.

II - no caso de tentativa, do dia em que cessou a atividade criminosa;

III - nos crimes permanentes, do dia em que cessou a permanência;

- Súm. 711, STF.

IV - nos de bigamia e nos de falsificação ou alteração de assentamento do registro civil, da data em que o fato se tornou conhecido.

V - nos crimes contra a dignidade sexual de crianças e adolescentes, previstos neste Código ou em legislação especial, da data em que a vítima completar 18 (dezoito) anos, salvo se a esse tempo já houver sido proposta a ação penal. (Inserido pela Lei 12.650/2012)

Termo inicial da prescrição após a sentença condenatória irrecorrível

Art. 112. No caso do art. 110 deste Código, a prescrição começa a correr:

I - do dia em que transita em julgado a sentença condenatória, para a acusação, ou a que revoga a suspensão condicional da pena ou o livramento condicional;

II - do dia em que se interrompe a execução, salvo quando o tempo da interrupção deva computar-se na pena.

- art. 42 deste Código.

Prescrição no caso de evasão do condenado ou de revogação do livramento condicional

Art. 113. No caso de evadir-se o condenado ou de revogar-se o livramento condicional, a prescrição é regulada pelo tempo que resta da pena.

Prescrição da multa

Art. 114. A prescrição da pena de multa ocorrerá: (Redação dada pela Lei 9.268/1996.)

I - em 2 (dois) anos, quando a multa for a única cominada ou aplicada; (Incluído pela Lei 9.268/1996.)

II - no mesmo prazo estabelecido para prescrição da pena privativa de liberdade, quando a multa for alternativa ou cumulativamente cominada ou cumulativamente aplicada. (Incluído pela Lei 9.268/1996.)

Redução dos prazos de prescrição

Art. 115. São reduzidos de metade os prazos de prescrição quando o criminoso era, ao tempo do crime, menor de 21 (vinte e um) anos, ou, na data da sentença, maior de 70 (setenta) anos.

- Súm. 74, STJ.

Causas impeditivas da prescrição

Art. 116. Antes de passar em julgado a sentença final, a prescrição não corre:

- art. 53, §§ 3º a 5º, CF.
- art. 366, CPP.
- art. 89, § 6º, Lei 9.099/1995 (Lei dos Juizados Especiais).
- Súm. 415, STJ.

I - enquanto não resolvida, em outro processo, questão de que dependa o reconhecimento da existência do crime;

- arts. 92; 93, CPP.

II - enquanto o agente cumpre pena no exterior; (Redação dada pela Lei 13.964/2019)

III - na pendência de embargos de declaração ou de recursos aos Tribunais Superiores, quando inadmissíveis; e (Incluído pela Lei 13.964/2019)

IV - enquanto não cumprido ou não rescindido o acordo de não persecução penal. (Incluído pela Lei 13.964/2019)

Parágrafo único. Depois de passada em julgado a sentença condenatória, a prescrição não corre durante o tempo em que o condenado está preso por outro motivo.

Causas interruptivas da prescrição

Art. 117. O curso da prescrição interrompe-se:

I - pelo recebimento da denúncia ou da queixa;

II - pela pronúncia;

- Súm. 191, STJ.

III - pela decisão confirmatória da pronúncia;

IV - pela publicação da sentença ou acórdão condenatórios recorríveis; (Redação dada pela Lei 11.596, de 2007.)

- Art. 389, CPP.

V - pelo início ou continuação do cumprimento da pena; (Redação dada pela Lei 9.268/1996.)

VI - pela reincidência. (Redação dada pela Lei 9.268/1996.)

§ 1º Excetuados os casos dos incisos V e VI deste artigo, a interrupção da prescrição produz efeitos relativamente a todos os autores do crime. Nos crimes conexos, que sejam objeto do mesmo processo, estende-se aos demais a interrupção relativa a qualquer deles.

§ 2º Interrompida a prescrição, salvo a hipótese do inciso V deste artigo, todo o prazo começa a correr, novamente, do dia da interrupção.

Art. 118. As penas mais leves prescrevem com as mais graves.

Art. 119. No caso de concurso de crimes, a extinção da punibilidade incidirá sobre a pena de cada um, isoladamente.

- arts. 69 a 71 deste Código.
- Súm. 497, STF.

Perdão judicial

Art. 120. A sentença que conceder perdão judicial não será considerada para efeitos de reincidência.

- arts. 107, IX; 121, § 5º; 129, § 8º; 140, § 1º; 176, p.ú., 180, § 5º; 242, p.u.; 249, § 2º, deste Código.
- Súm. 18, STJ.

PARTE ESPECIAL

TÍTULO I
DOS CRIMES CONTRA A PESSOA

- arts. 18 a 23, Dec.-Lei 3.688/1941 (Lei das Contravenções Penais).
- Dec. 3.167/1999 (Convenção sobre a prevenção e punição de crimes contra pessoas que gozam de proteção internacional).

CAPÍTULO I
DOS CRIMES CONTRA A VIDA

- art. 5º, XXXVIII, d, CF.
- arts. 74, § 1º; 406 a 497, CPP.

Homicídio simples

Art. 121. Matar alguém:

Pena - Reclusão, de seis a vinte anos.

- art. 74, § 1º, CPP.
- art. 1º, III, a, Lei 7.960/1989 (Lei da Prisão Temporária).
- art. 1º, I, Lei 8.072/1990 (Lei dos Crimes Hediondos).

Caso de diminuição de pena

§ 1º Se o agente comete o crime impelido por motivo de relevante valor social ou moral, ou sob o domínio de violenta emoção, logo em seguida a injusta provocação da vítima, o juiz pode reduzir a pena de um sexto a um terço.

Homicídio qualificado

§ 2º Se o homicídio é cometido:

- art. 394-A, CPP.

I - mediante paga ou promessa de recompensa, ou por outro motivo torpe;

II - por motivo fútil;

III - com emprego de veneno, fogo, explosivo, asfixia, tortura ou outro meio insidioso ou cruel, ou de que possa resultar perigo comum;

IV - à traição, de emboscada, ou mediante dissimulação ou outro recurso que dificulte ou torne impossível a defesa do ofendido;

V - para assegurar a execução, a ocultação, a impunidade ou vantagem de outro crime:

Feminicídio

- Acrescentado pela Lei 13.104/2015.

VI - contra a mulher por razões da condição de sexo feminino: (Acrescentado pela Lei 13.104/2015.)

VII - contra autoridade ou agente descrito nos arts. 142 e 144 da Constituição Federal, integrantes do sistema prisional e da Força Nacional de Segurança Pública, no exercício da função ou em decorrência dela, ou contra seu cônjuge, companheiro ou parente consanguíneo até terceiro grau, em razão dessa condição: (Acrescentado pela Lei 13.142/2015.)

Pena - Reclusão, de doze a trinta anos.

- arts. 74, § 1º, 76, II, CPP.
- art. 1º, III, a, Lei 7.960/1989 (Lei da Prisão Temporária).
- art. 1º, I, Lei 8.072/1990 (Lei dos Crimes Hediondos).

VIII - com emprego de arma de fogo de uso restrito ou proibido: (Vetado pelo Presidente da República, mantido pelo Congresso Nacional e publicado no DOU de 30/4/2021)

§ 2º-A. Considera-se que há razões de condição de sexo feminino quando o crime envolve: (Acrescentado pela Lei 13.104/2015.)

I - violência doméstica e familiar; (Acrescentado pela Lei 13.104/2015.)

II - menosprezo ou discriminação à condição de mulher. (Acrescentado pela Lei 13.104/2015.)

Homicídio culposo

§ 3º Se o homicídio é culposo:

Pena - Detenção, de um a três anos.

- art. 129, CF.
- art. 302, CTB.
- art. 89, Lei 9.099/1995 (Lei dos Juizados Especiais).
- art. 1º, § 3º, Lei 9.455/1997 (Lei de Tortura).

Aumento de pena

§ 4º No homicídio culposo, a pena é aumentada de 1/3 (um terço), se o crime resulta de inobservância de regra técnica de profissão, arte ou ofício, ou se o agente deixa de prestar imediato socorro à vítima, não procura diminuir as consequências do seu ato, ou foge para evitar prisão em flagrante. Sendo doloso o homicídio, a pena é aumentada de 1/3 (um terço) se o crime é praticado contra pessoa menor de 14 (quatorze) ou maior de 60 (sessenta) anos. (Redação dada pela Lei 10.741/2003.)

- art. 129, § 7º, deste Código.

§ 5º Na hipótese de homicídio culposo, o juiz poderá deixar de aplicar a pena, se as consequências da infração atingirem o próprio agente de forma tão grave que a sanção penal se torne desnecessária. (Incluído pela Lei 6.416/1977.)

- arts. 107, IX; 120; 129, § 7º, deste Código.

§ 6º A pena é aumentada de 1/3 (um terço) até a metade se o crime for praticado por milícia privada, sob o pretexto de prestação de serviço de segurança, ou por grupo de extermínio. (Inserido pela Lei 12.720/2012.)

- art. 129, § 7º, deste Código.

§ 7º A pena do feminicídio é aumentada de 1/3 (um terço) até a metade se o crime for praticado: (Acrescentado pela Lei 13.104/2015.)

I - durante a gestação ou nos 3 (três) meses posteriores ao parto; (Acrescentado pela Lei 13.104/2015.)

II - contra pessoa menor de 14 (catorze) anos, maior de 60 (sessenta) anos, com deficiência ou portadora de doenças degenerativas que acarretem condição limitante ou de vulnerabilidade física ou mental; *(Redação dada pela Lei 13.771/2018)*

III - na presença física ou virtual de descendente ou de ascendente da vítima; *(Redação dada pela Lei 13.771/2018)*

IV - em descumprimento das medidas protetivas de urgência previstas nos incisos I, II e III do *caput* do art. 22 da Lei nº 11.340, de 7 de agosto de 2006. *(Incluído pela Lei 13.771/2018)*

Induzimento, instigação ou auxílio a suicídio ou a automutilação

- Redação dada pela Lei 13.968/2019.

Art. 122. Induzir ou instigar alguém a suicidar-se ou a praticar automutilação ou prestar-lhe auxílio material para que o faça: (Redação dada pela Lei 13.968/2019)

Pena - reclusão, de 6 (seis) meses a 2 (dois) anos.

§ 1º Se da automutilação ou da tentativa de suicídio resulta lesão corporal de natureza grave ou gravíssima, nos termos dos §§ 1º e 2º do art. 129 deste Código: (Incluído pela Lei 13.968/2019)

Pena - reclusão, de 1 (um) a 3 (três) anos.

§ 2º Se o suicídio se consuma ou se da automutilação resulta morte: (Incluído pela Lei 13.968/2019)

Pena - reclusão, de 2 (dois) a 6 (seis) anos.

§ 3º A pena é duplicada: (Incluído pela Lei 13.968/2019)

I - se o crime é praticado por motivo egoístico, torpe ou fútil;

II - se a vítima é menor ou tem diminuída, por qualquer causa, a capacidade de resistência.

§ 4º A pena é aumentada até o dobro se a conduta é realizada por meio da rede de computadores, de rede social ou transmitida em tempo real. (Incluído pela Lei 13.968/2019)

§ 5º Aumenta-se a pena em metade se o agente é líder ou coordenador de grupo ou de rede virtual. (Incluído pela Lei 13.968/2019)

§ 6º Se o crime de que trata o § 1º deste artigo resulta em lesão corporal de natureza gravíssima e é cometido contra menor de 14 (quatorze) anos ou contra quem, por enfermidade ou deficiência mental, não tem o necessário discernimento para a prática do ato, ou que, por qualquer outra causa, não pode oferecer resistência, responde o agente pelo crime descrito no § 2º do art. 129 deste Código. (Incluído pela Lei 13.968/2019)

§ 7º Se o crime de que trata o § 2º deste artigo é cometido contra menor de 14 (quatorze) anos ou contra quem não tem o necessário discernimento para a prática do ato, ou que, por qualquer outra causa, não pode oferecer resistência, responde o agente pelo crime de homicídio, nos termos do art. 121 deste Código. (Incluído pela Lei 13.968/2019)

Infanticídio

Art. 123. Matar, sob a influência do estado puerperal, o próprio filho, durante o parto ou logo após:

Pena - Detenção, de dois a seis anos.

- art. 74, § 1º, CPP.

Aborto provocado pela gestante ou com seu consentimento

Art. 124. Provocar aborto em si mesma ou consentir que outrem lho provoque:

Pena - Detenção, de um a três anos.

- O STF, por maioria de votos, julgou procedente a ADPF 54/2012 para "declarar a inconstitucionalidade da interpretação segundo a qual a interrupção da gravidez de feto anencéfalo é conduta tipificada neste artigo".
- art. 74, § 1º, CPP.
- art. 89, Lei 9.099/1995 (Lei dos Juizados Especiais).
- art. 4º, 1, Pacto de São José da Costa Rica.

Aborto provocado por terceiro

Art. 125. Provocar aborto, sem o consentimento da gestante:

Pena - Reclusão, de três a dez anos.

- art. 74, § 1º, CPP.
- art. 4º, 1, Pacto de São José da Costa Rica.

Art. 126. Provocar aborto com o consentimento da gestante:

Pena - Reclusão, de um a quatro anos.

- O STF, por maioria de votos, julgou procedente a ADPF 54/2012 para "declarar a inconstitucionalidade da interpretação segundo a qual a interrupção da gravidez de feto anencéfalo é conduta tipificada neste artigo".
- art. 4º, 1, Pacto de São José da Costa Rica.

Parágrafo único. Aplica-se a pena do artigo anterior, se a gestante não é maior de quatorze anos, ou é alienada ou débil mental, ou se o consentimento é obtido mediante fraude, grave ameaça ou violência.

- art. 74, § 1º, CPP.
- art. 89, Lei 9.099/1995 (Lei dos Juizados Especiais).

Forma qualificada

Art. 127. As penas cominadas nos dois artigos anteriores são aumentadas de um terço, se, em consequência do aborto ou dos meios empregados para provocá-lo, a gestante sofre lesão corporal de natureza grave; e são duplicadas, se, por qualquer dessas causas, lhe sobrevém a morte.

- art. 74, § 1º, CPP.

Art. 128. Não se pune o aborto praticado por médico:

- art. 4º, 1, Pacto de São José da Costa Rica.

Aborto necessário

I - se não há outro meio de salvar a vida da gestante;

- O STF, por maioria de votos, julgou procedente a ADPF 54/2012 para "declarar a inconstitucionalidade da interpretação segundo a qual a interrupção da gravidez de feto anencéfalo é conduta tipificada neste artigo".

Aborto no caso de gravidez resultante de estupro

II - se a gravidez resulta de estupro e o aborto é precedido de consentimento da gestante ou, quando incapaz, de seu representante legal.

- O STF, por maioria de votos, julgou procedente a ADPF 54/2012 para "declarar a inconstitucionalidade da interpretação segundo a qual a interrupção da gravidez de feto anencéfalo é conduta tipificada neste artigo".

CAPÍTULO II
DAS LESÕES CORPORAIS

Lesão corporal

Art. 129. Ofender a integridade corporal ou a saúde de outrem:

Pena - Detenção, de três meses a um ano.

- arts. 61; 88; 89, Lei 9.099/1995 (Lei dos Juizados Especiais).
- art. 5º, 1, Pacto de São José da Costa Rica.

Lesão corporal de natureza grave

§ 1º Se resulta:

I - incapacidade para as ocupações habituais, por mais de trinta dias;

- art. 168, § 2º, CPP.

II - perigo de vida;

III - debilidade permanente de membro, sentido ou função;

IV - aceleração de parto:

Pena - Reclusão, de um a cinco anos.

§ 2º Se resulta:

- art. 122, § 6º, deste Código.

I - incapacidade permanente para o trabalho;

II - enfermidade incurável;

III - perda ou inutilização do membro, sentido ou função;

IV - deformidade permanente;

V - aborto:

Pena - Reclusão, de dois a oito anos.

Lesão corporal seguida de morte

§ 3º Se resulta morte e as circunstâncias evidenciam que o agente não quis o resultado, nem assumiu o risco de produzi-lo:

Pena - Reclusão, de quatro a doze anos.

Diminuição de pena

§ 4º Se o agente comete o crime impelido por motivo de relevante valor social ou moral ou sob o domínio de violenta emoção, logo em seguida a injusta provocação da vítima, o juiz pode reduzir a pena de um sexto a um terço.

Substituição da pena

§ 5º O juiz, não sendo graves as lesões, pode ainda substituir a pena de detenção pela de multa.

- Redação alterada com o fim de adequação ao disposto no art. 2º da Lei 7.209/1984 (Altera a Parte Geral do CP).

I - se ocorre qualquer das hipóteses do parágrafo anterior;

II - se as lesões são recíprocas.

- art. 88, Lei 9.099/1995 (Lei dos Juizados Especiais).

Lesão corporal culposa

§ 6º Se a lesão é culposa:

Pena - Detenção, de dois meses a um ano.

- art. 129, CF.
- art. 303 do CTB.
- art. 88, Lei 9.099/1995 (Lei dos Juizados Especiais).

Aumento de pena

§ 7º Aumenta-se a pena de 1/3 (um terço) se ocorrer qualquer das hipóteses dos §§ 4º e 6º do art. 121 deste Código. (Redação dada pela Lei 12.720/2012.)

§ 8º Aplica-se à lesão culposa o disposto no § 5º do art. 121. (Redação dada pela Lei 8.069/1990.)

Violência Doméstica

- Lei 11.340/2006 (Lei Maria da Penha).
- Dec. 8.086/2013 (Institui o Programa Mulher Segura e Protegida).

§ 9º Se a lesão for praticada contra ascendente, descendente, irmão, cônjuge ou companheiro, ou com quem conviva ou tenha convivido, ou, ainda, prevalecendo-se o agente das relações domésticas, de coabitação ou de hospitalidade: (Redação dada pela Lei 11.340/2006.)

Pena - Detenção, de 3 (três) meses a 3 (três) anos. (Redação dada pela Lei 11.340/2006.)

§ 10. Nos casos previstos nos §§ 1º a 3º deste artigo, se as circunstâncias são as indicadas no § 9º deste artigo, aumenta-se a pena em 1/3 (um terço). (Incluído pela Lei 10.886/2004.)

§ 11. Na hipótese do § 9º deste artigo, a pena será aumentada de um terço se o crime for cometido contra pessoa portadora de deficiência. (Incluído pela Lei 11.340/2006.)

§ 12. Se a lesão for praticada contra autoridade ou agente descrito nos arts. 142 e 144 da Constituição Federal, integrantes do sistema prisional e da Força Nacional de Segurança Pública, no exercício da função ou em decorrência dela, ou contra seu cônjuge, companheiro ou parente consanguíneo até terceiro grau, em razão dessa condição, a pena é aumentada de um a dois terços. (Alterado pela Lei 13.142/2015.)

CAPÍTULO III
DA PERICLITAÇÃO DA VIDA E DA SAÚDE

Perigo de contágio venéreo

Art. 130. Expor alguém, por meio de relações sexuais ou qualquer ato libidinoso, a contágio de moléstia venérea, de que sabe ou deve saber que está contaminado:

Pena - Detenção, de três meses a um ano, ou multa.

- arts. 61; 89, Lei 9.099/1995 (Lei dos Juizados Especiais).

§ 1º Se é intenção do agente transmitir a moléstia:

Pena - Reclusão, de um a quatro anos, e multa.

§ 2º Somente se procede mediante representação.

Perigo de contágio de moléstia grave

Art. 131. Praticar, com o fim de transmitir a outrem moléstia grave de que está contaminado, ato capaz de produzir o contágio:

Pena - Reclusão, de um a quatro anos, e multa.

- art. 89, Lei 9.099/1995 (Lei dos Juizados Especiais).

Perigo para a vida ou saúde de outrem

Art. 132. Expor a vida ou a saúde de outrem a perigo direto e iminente:

Pena - Detenção, de três meses a um ano, se o fato não constitui crime mais grave.

- arts. 61; 89, Lei 9.099/1995 (Lei dos Juizados Especiais).

Parágrafo único. A pena é aumentada de um sexto a um terço se a exposição da vida ou da saúde de outrem a perigo decorre do transporte de pessoas para a prestação de serviços em estabelecimentos de qualquer natureza, em desacordo com as normas legais. (Incluído pela Lei 9.777/1998.)

Abandono de incapaz

Art. 133. Abandonar pessoa que está sob seu cuidado, guarda, vigilância ou autoridade, e, por qualquer motivo, incapaz de defender-se dos riscos resultantes do abandono:

- art. 13, § 2º, deste Código.
- arts. 1.566, IV, e 1.634, CC.
- arts. 7º a 69, ECA.
- art. 89, Lei 9.099/1995 (Lei dos Juizados Especiais).

Pena - Detenção, de seis meses a três anos.

§ 1º Se do abandono resulta lesão corporal de natureza grave:

Pena - Reclusão, de um a cinco anos.

§ 2º Se resulta a morte:

Pena - Reclusão, de quatro a doze anos.

Aumento de pena

§ 3º As penas cominadas neste artigo aumentam-se de um terço:

I - se o abandono ocorre em lugar ermo;

II - se o agente é ascendente ou descendente, cônjuge, irmão, tutor ou curador da vítima.

III - se a vítima é maior de 60 (sessenta) anos. (Incluído pela Lei 10.741/2003.)

Exposição ou abandono de recém-nascido

Art. 134. Expor ou abandonar recém-nascido, para ocultar desonra própria:

Pena - Detenção, de seis meses a dois anos.

- art. 13, § 2º, deste Código.
- arts. 61; 89, Lei 9.099/1995 (Lei dos Juizados Especiais).

§ 1º Se do fato resulta lesão corporal de natureza grave:

Pena - Detenção, de um a três anos.

§ 2º Se resulta a morte:

Pena - Detenção, de dois a seis anos.

Omissão de socorro

Art. 135. Deixar de prestar assistência, quando possível fazê-lo sem risco pessoal, à criança abandonada ou extraviada, ou à pessoa inválida ou ferida, ao desamparo ou em grave e iminente perigo; ou não pedir, nesses casos, o socorro da autoridade pública:

Pena - Detenção, de um a seis meses, ou multa.

- art. 13, § 2º, deste Código.
- arts. 61; 89, Lei 9.099/1995 (Lei dos Juizados Especiais).

Parágrafo único. A pena é aumentada de metade, se da omissão resulta lesão corporal de natureza grave, e triplicada, se resulta a morte.

- art. 304, CTB.

Condicionamento de atendimento médico-hospitalar emergencial

- Acrescentado pela Lei 12.653/2012.

Art. 135-A. Exigir cheque-caução, nota promissória ou qualquer garantia, bem como o preenchimento prévio de formulários administrativos, como condição para o atendimento médico-hospitalar emergencial: (Artigo acrescido pela Lei nº 12.653/2012)

Pena - detenção, de 3 (três) meses a 1 (um) ano, e multa.

- arts. 156; 171, II; 178, II, CC.
- arts. 39; 61 e ss., CDC.
- art. 35-C, Lei 9.656/1998 (Define e diferencia os atendimentos de urgência e emergencial).
- Lei 12.653/2012 (Tipifica o crime de condicionar atendimento médico-hospitalar emergencial a qualquer garantia).

Parágrafo único. A pena é aumentada até o dobro se da negativa de atendimento resulta lesão corporal de natureza grave, e até o triplo se resulta a morte.

Maus-tratos

Art. 136. Expor a perigo a vida ou a saúde de pessoa sob sua autoridade, guarda ou vigilância, para fim de educação, ensino, tratamento ou custódia, quer privando-a de alimentação ou cuidados indispensáveis, quer sujeitando-a a trabalho excessivo ou inadequado, quer abusando de meios de correção ou disciplina:

Pena - Detenção, de dois meses a um ano, ou multa.

- art. 13, § 2º, a, deste Código.
- arts. 7º a 69, ECA.
- arts. 61; 89, Lei 9.099/1995 (Lei dos Juizados Especiais).
- art. 1º, II, Lei 9.455/1997 (Lei de Tortura).

§ 1º Se do fato resulta lesão corporal de natureza grave:

Pena - Reclusão, de um a quatro anos.

§ 2º Se resulta a morte:

Pena - Reclusão, de quatro a doze anos.

§ 3º Aumenta-se a pena de um terço, se o crime é praticado contra pessoa menor de 14 (catorze) anos. (Incluído pela Lei 8.069/1990.)

CAPÍTULO IV
DA RIXA

Rixa

Art. 137. Participar de rixa, salvo para separar os contendores:

Pena - Detenção, de quinze dias a dois meses, ou multa.

- arts. 61; 89, Lei 9.099/1995 (Lei dos Juizados Especiais).

Parágrafo único. Se ocorre morte ou lesão corporal de natureza grave, aplica-se, pelo fato da participação na rixa, a pena de detenção, de seis meses a dois anos.

- art. 65, III, e, deste Código.

CAPÍTULO V
DOS CRIMES CONTRA A HONRA

- arts. 5º, IX, X; 53, CF.
- art. 71, CDC.
- arts. 519 a 523, CPP.
- art. 58, Lei 9.504/1997 (Lei das Eleições).
- art. 7º, V, Lei 11.340/2006 (Lei Maria da Penha).

Calúnia

Art. 138. Caluniar alguém, imputando-lhe falsamente fato definido como crime:

Pena - Detenção, de seis meses a dois anos, e multa.

- arts. 519 a 523, CPP.
- art. 324, CE.
- art. 53, Lei 4.117/1962 (Código Brasileiro de Telecomunicações).
- art. 26, Lei 7.170/1983 (Lei da Segurança Nacional).
- art. 58, Lei 9.504/1997 (Lei das Eleições).

§ 1º Na mesma pena incorre quem, sabendo falsa a imputação, a propala ou divulga.

§ 2º É punível a calúnia contra os mortos.

Exceção da verdade

§ 3º Admite-se a prova da verdade, salvo:

- Súm. 396, STF.

I - se, constituindo o fato imputado crime de ação privada, o ofendido não foi condenado por sentença irrecorrível;
II - se o fato é imputado a qualquer das pessoas indicadas no n. I do art. 141;
III - se do crime imputado, embora de ação pública, o ofendido foi absolvido por sentença irrecorrível.

Difamação

Art. 139. Difamar alguém, imputando-lhe fato ofensivo à sua reputação:

Pena - Detenção, de três meses a um ano, e multa:

- arts. 519 a 523, CPP.
- art. 325, CE.
- art. 53, Lei 4.117/1962 (Código Brasileiro de Telecomunicações).
- art. 26, Lei 7.170/1983 (Lei da Segurança Nacional).

Exceção da verdade

Parágrafo único. A exceção da verdade somente se admite se o ofendido é funcionário público e a ofensa é relativa ao exercício de suas funções.

- Súm. 396, STF.

Injúria

Art. 140. Injuriar alguém, ofendendo-lhe a dignidade ou o decoro:

Pena - Detenção, de um a seis meses, ou multa.

- arts. 256, 519 a 523, CPP.
- art. 326, CE.
- art. 53, Lei 4.117/1962 (Código Brasileiro de Telecomunicações).
- art. 7º, § 2º, EAOAB.

§ 1º O juiz pode deixar de aplicar a pena:

I - quando o ofendido, de forma reprovável, provocou diretamente a injúria;
II - no caso de retorsão imediata, que consista em outra injúria.

§ 2º Se a injúria consiste em violência ou vias de fato, que, por sua natureza ou pelo meio empregado, se considerem aviltantes:

Pena - Detenção, de três meses a um ano, e multa, além da pena correspondente à violência.

- art. 21, Dec.-Lei 3.688/1941 (Lei das Contravenções Penais).

§ 3º Se a injúria consiste na utilização de elementos referentes a raça, cor, etnia, religião, origem ou a condição de pessoa idosa ou portadora de deficiência: (Redação dada pela Lei 10.741/2003.)

Pena - Reclusão de um a três anos e multa. (Incluído pela Lei 9.459/1997.)

Disposições comuns

Art. 141. As penas cominadas neste Capítulo aumentam-se de um terço, se qualquer dos crimes é cometido:

I - contra o Presidente da República, ou contra chefe de governo estrangeiro;
II - contra funcionário público, em razão de suas funções;
III - na presença de várias pessoas, ou por meio que facilite a divulgação da calúnia, da difamação ou da injúria.
IV - contra pessoa maior de 60 (sessenta) anos ou portadora de deficiência, exceto no caso de injúria. (Incluído pela Lei 10.741/2003.)

§ 1º Se o crime é cometido mediante paga ou promessa de recompensa, aplica-se a pena em dobro.

§ 2º Se o crime é cometido ou divulgado em quaisquer modalidades das redes sociais da rede mundial de computadores, aplica-se em triplo a pena. (Parágrafo vetado pelo Presidente da República, mantido pelo Congresso Nacional e publicado no DOU de 30/4/2021)

Exclusão do crime

Art. 142. Não constituem injúria ou difamação punível:

I - a ofensa irrogada em juízo, na discussão da causa, pela parte ou por seu procurador;

- arts. 15, 445 e 446, III, CPC.
- arts. 78, 360 e 361, NCPC.

II - a opinião desfavorável da crítica literária, artística ou científica, salvo quando inequívoca a intenção de injuriar ou difamar;
III - o conceito desfavorável emitido por funcionário público, em apreciação ou informação que preste no cumprimento de dever do ofício.

Parágrafo único. Nos casos dos n. I e III, responde pela injúria ou pela difamação quem lhe dá publicidade.

Retratação

Art. 143. O querelado que, antes da sentença, se retrata cabalmente da calúnia ou da difamação, fica isento de pena.

- Art. 107, VI, deste Código.

Parágrafo único. Nos casos em que o querelado tenha praticado a calúnia ou a difamação utilizando-se de meios de comunicação, a retratação dar-se-á, se assim desejar o ofendido, pelos mesmos meios em que se praticou a ofensa. (Acrescentado pela Lei 13.188/2015.)

Art. 144. Se, de referências, alusões ou frases, se infere calúnia, difamação ou injúria, quem se julga ofendido pode pedir explicações em juízo. Aquele que se recusa a dá-las ou, a critério do juiz, não as dá satisfatórias, responde pela ofensa.

Art. 145. Nos crimes previstos neste Capítulo somente se procede mediante queixa, salvo quando, no caso do art. 140, § 2º, da violência resulta lesão corporal.

Parágrafo único. Procede-se mediante requisição do Ministro da Justiça, no caso do inciso I do *caput* do art. 141 deste Código, e mediante representação do ofendido, no caso do inciso II do mesmo artigo, bem como no caso do § 3º do art. 140 deste Código. (Redação dada pela Lei 12.033/2009.)

- Súm. 714, STF.

CAPÍTULO VI
DOS CRIMES CONTRA A LIBERDADE INDIVIDUAL

SEÇÃO I
DOS CRIMES CONTRA A LIBERDADE PESSOAL

Constrangimento ilegal

Art. 146. Constranger alguém, mediante violência ou grave ameaça, ou depois de lhe haver reduzido, por qualquer outro meio, a capacidade de resistência, a não fazer o que a lei permite, ou a fazer o que ela não manda:

Pena - Detenção, de três meses a um ano, ou multa.

- art. 5º, II, CF.
- art. 222, CPM.
- art. 71, CDC.
- art. 301, CE.
- art. 232, Lei 8.069/1990 (ECA).
- arts. 6º, 2 e 6, e 9º, 6, Lei 1.079/1950 (Define os crimes de responsabilidade e regula o respectivo processo de julgamento).
- art. 7º, 1, Pacto de São José da Costa Rica.
- Súm. 568, STF.
- Súm. Vinc. 46, STF.

Aumento de pena

§ 1º As penas aplicam-se cumulativamente e em dobro, quando, para a execução do crime, se reúnem mais de três pessoas, ou há emprego de armas.

§ 2º Além das penas cominadas, aplicam-se as correspondentes à violência.

§ 3º Não se compreendem na disposição deste artigo:

I - a intervenção médica ou cirúrgica, sem o consentimento do paciente ou de seu representante legal, se justificada por iminente perigo de vida;
II - a coação exercida para impedir suicídio.

Ameaça

Art. 147. Ameaçar alguém, por palavra, escrito ou gesto, ou qualquer outro meio simbólico, de causar-lhe mal injusto e grave:

Pena - Detenção, de um a seis meses, ou multa.

- art. 223, CPM.
- art. 71, CDC.
- art. 5º, 1, Pacto de São José da Costa Rica.

Parágrafo único. Somente se procede mediante representação.

- art. 100, § 1º, deste Código.
- arts. 24, 38 e 39, CPP.

Perseguição

Art. 147-A. Perseguir alguém, reiteradamente e por qualquer meio, ameaçando-lhe a integridade física ou psicológica, restringindo-lhe a capacidade de locomoção ou, de qualquer forma, invadindo ou perturbando sua esfera de liberdade ou privacidade. (Artigo acrescido pela Lei 14.132/2021)

Pena – reclusão, de 6 (seis) meses a 2 (dois) anos, e multa.

§ 1º A pena é aumentada de metade se o crime é cometido:

I – contra criança, adolescente ou idoso;
II – contra mulher por razões da condição de sexo feminino, nos termos do § 2º-A do art. 121 deste Código;
III – mediante concurso de 2 (duas) ou mais pessoas ou com o emprego de arma.

§ 2º As penas deste artigo são aplicáveis sem prejuízo das correspondentes à violência.

§ 3º Somente se procede mediante representação

Sequestro e cárcere privado

Art. 148. Privar alguém de sua liberdade, mediante sequestro ou cárcere privado:

Pena - Reclusão, de um a três anos.

- art. 225, CPM.
- art. 230, Lei 8.069/1990 (ECA).
- art. 1º, e, Lei 2.889/1956 (Lei do Crime de Genocídio).
- art. 20, Lei 7.170/1983 (Lei da Segurança Nacional).
- art. 1º, III, b, Lei 7.960/1989 (Lei da Prisão Temporária).
- art. 1º, I, Lei 10.446/2002 (Dispõe sobre infrações penais de repercussão interestadual ou internacional que exigem repressão uniforme, para os fins de aplicação do disposto no inciso I do § 1º do art. 144 da CF).
- art. 7º, 1, Pacto de São José da Costa Rica.

§ 1º A pena é de reclusão, de dois a cinco anos:

I - se a vítima é ascendente, descendente, cônjuge ou companheiro do agente ou maior de 60 (sessenta) anos; (Redação dada pela Lei 11.106/2005.)

II - se o crime é praticado mediante internação da vítima em casa de saúde ou hospital;

III - se a privação da liberdade dura mais de quinze dias.

IV - se o crime é praticado contra menor de 18 (dezoito) anos; (Incluído pela Lei 11.106/2005.)

V - se o crime é praticado com fins libidinosos. (Incluído pela Lei 11.106/2005.)

§ 2º Se resulta à vítima, em razão de maus-tratos ou da natureza da detenção, grave sofrimento físico ou moral:

Pena - Reclusão, de dois a oito anos.

Redução à condição análoga à de escravo

- Res. 212/2015, CNJ.

Art. 149. Reduzir alguém à condição análoga à de escravo, quer submetendo-o a trabalhos forçados ou à jornada exaustiva, quer sujeitando-o a condições degradantes de trabalho, quer restringindo, por qualquer meio, sua locomoção em razão de dívida contraída com o empregador ou preposto: (Redação dada pela Lei 10.803/2003.)

Pena - Reclusão, de dois a oito anos, e multa, além da pena correspondente à violência. (Redação dada pela Lei 10.803/2003.)

- art. 6º, Pacto de São José da Costa Rica.

§ 1º Nas mesmas penas incorre quem: (Incluído pela Lei 10.803/2003.)

I - cerceia o uso de qualquer meio de transporte por parte do trabalhador, com o fim de retê-lo no local de trabalho; (Incluído pela Lei 10.803/2003.)

II - mantém vigilância ostensiva no local de trabalho ou se apodera de documentos ou objetos pessoais do trabalhador, com o fim de retê-lo no local de trabalho. (Incluído pela Lei 10.803/2003.)

§ 2º A pena é aumentada de metade, se o crime é cometido: (Incluído pela Lei 10.803/2003.)

I - contra criança ou adolescente; (Incluído pela Lei 10.803/2003.)

II - por motivo de preconceito de raça, cor, etnia, religião ou origem. (Incluído pela Lei 10.803/2003.)

Tráfico de Pessoas (Acrescentado pela Lei 13.344/2016.)

Art. 149-A. Agenciar, aliciar, recrutar, transportar, transferir, comprar, alojar ou acolher pessoa, mediante grave ameaça, violência, coação, fraude ou abuso, com a finalidade de: (Acrescentado pela Lei 13.344/2016.)

- art. 3º, Dec. 5.017/2004 (Protocolo Adicional à Convenção das Nações Unidas contra o Crime Organizado Transnacional Relativo à Prevenção, Repressão e Punição do Tráfico de Pessoas, em Especial Mulheres e Crianças).
- Dec. 7.901/2013 (Institui a Coordenação Tripartite da Política Nacional de Enfrentamento ao Tráfico de Pessoas).

I - remover-lhe órgãos, tecidos ou partes do corpo; (Acrescentado pela Lei 13.344/2016.)

II - submetê-la a trabalho em condições análogas à de escravo; (Acrescentado pela Lei 13.344/2016.)

III - submetê-la a qualquer tipo de servidão; (Acrescentado pela Lei 13.344/2016.)

- Dec. 58.563/1966 (Convenção Suplementar sobre a Abolição da Escravatura, do Tráfico de Escravos e das Instituições e Práticas Análogas à Escravatura).

IV - adoção ilegal; ou (Acrescentado pela Lei 13.344/2016.)

- arts. 39 a 52-D, 237 e 238, Lei 8.069/1990, ECA.
- art. 21, Dec. 99.710/1990 (Convenção sobre os Direitos da Criança).

V - exploração sexual. (Acrescentado pela Lei 13.344/2016.)

- Dec. Leg. 6/1958 (Convenção das Nações Unidas destinada à repressão do tráfico de pessoas e do lenocínio).

Pena - reclusão, de 4 (quatro) a 8 (oito) anos, e multa. (Acrescentado pela Lei 13.344/2016.)

§ 1º A pena é aumentada de um terço até a metade se: (Acrescentado pela Lei 13.344/2016.)

I - o crime for cometido por funcionário público no exercício de suas funções ou a pretexto de exercê-las; (Acrescentado pela Lei 13.344/2016.)

- arts. 327 e § 1º, e 337-D, CP.

II - o crime for cometido contra criança, adolescente ou pessoa idosa ou com deficiência; (Acrescentado pela Lei 13.344/2016.)

- art. 2º, Lei 8.069/1990, ECA.
- art. 1º, Lei 10.741/2003 (Estatuto do Idoso).
- Dec. 3.298/1999 (Regulamenta a Lei 7.853/1989).

III - o agente se prevalecer de relações de parentesco, domésticas, de coabitação, de hospitalidade, de dependência econômica, de autoridade ou de superioridade hierárquica inerente ao exercício de emprego, cargo ou função; ou (Acrescentado pela Lei 13.344/2016.)

- arts. 1.591 a 1.595, CC.

IV - a vítima do tráfico de pessoas for retirada do território nacional. (Acrescentado pela Lei 13.344/2016.)

§ 2º A pena é reduzida de um a dois terços se o agente for primário e não integrar organização criminosa. (Acrescentado pela Lei 13.344/2016.)

- § 1º, art. 1º, Lei 12.850/2013 (organização criminosa).

SEÇÃO II
DOS CRIMES CONTRA A INVIOLABILIDADE DO DOMICÍLIO

Violação de domicílio

Art. 150. Entrar ou permanecer, clandestina ou astuciosamente, ou contra a vontade expressa ou tácita de quem de direito, em casa alheia ou em suas dependências:

Pena - Detenção, de um a três meses, ou multa.

- art. 5º, XI, CF.
- arts. 245 a 248, 283, § 2º, e 293, CPP.
- art. 226, CPM.
- art. 11, Pacto de São José da Costa Rica.

§ 1º Se o crime é cometido durante a noite, ou em lugar ermo, ou com o emprego de violência ou de arma, ou por duas ou mais pessoas:

Pena - Detenção, de seis meses a dois anos, além da pena correspondente à violência.

§ 2º (Revogado pela Lei 13.869/2019)

§ 3º Não constitui crime a entrada ou permanência em casa alheia ou em suas dependências:

I - durante o dia, com observância das formalidades legais, para efetuar prisão ou outra diligência;

II - a qualquer hora do dia ou da noite, quando algum crime está sendo ali praticado ou na iminência de o ser.

§ 4º A expressão "casa" compreende:

I - qualquer compartimento habitado;

II - aposento ocupado de habitação coletiva;

III - compartimento não aberto ao público, onde alguém exerce profissão ou atividade.

§ 5º Não se compreendem na expressão "casa":

I - hospedaria, estalagem ou qualquer outra habitação coletiva, enquanto aberta, salvo a restrição do n. II do parágrafo anterior;

II - taverna, casa de jogo e outras do mesmo gênero.

SEÇÃO III
DOS CRIMES CONTRA A INVIOLABILIDADE DE CORRESPONDÊNCIA

Violação de correspondência

- art. 5º, XII, CF.

Art. 151. Devassar indevidamente o conteúdo de correspondência fechada, dirigida a outrem:

Pena - Detenção, de um a seis meses, ou multa.

- art. 227, CPM.
- art. 41, XV, e p.u., Lei 7.210/1984 (Lei de Execuções Penais).
- art. 40, Lei 6.538/1978 (Dispõe sobre os serviços postais).
- arts. 13 e 14, Lei 7.170/1983 (Lei da Segurança Nacional).
- art. 11, Pacto de São José da Costa Rica.

Sonegação ou destruição de correspondência

§ 1º Na mesma pena incorre:

I - quem se apossa indevidamente de correspondência alheia, embora não fechada e, no todo ou em parte, a sonega ou destrói;

- art. 40, § 1º, Lei 6.538/1978 (Dispõe sobre os serviços postais).

Violação de comunicação telegráfica, radioelétrica ou telefônica

II - quem indevidamente divulga, transmite a outrem ou utiliza abusivamente comunicação telegráfica ou radioelétrica dirigida a terceiro, ou conversação telefônica entre outras pessoas;

III - quem impede a comunicação ou a conversação referidas no número anterior;

IV - quem instala ou utiliza estação ou aparelho radioelétrico, sem observância de disposição legal.

- art. 70, Lei 4.117/1962 (Código Brasileiro de Telecomunicações).

§ 2º As penas aumentam-se de metade, se há dano para outrem.

§ 3º Se o agente comete o crime, com abuso de função em serviço postal, telegráfico, radioelétrico ou telefônico:

Pena - Detenção, de um a três anos.

§ 4º Somente se procede mediante representação, salvo nos casos do § 1º, IV, e do § 3º.

Correspondência comercial

Art. 152. Abusar da condição de sócio ou empregado de estabelecimento comercial ou industrial para, no todo ou em parte, desviar, sonegar, subtrair ou suprimir correspondência, ou revelar a estranho seu conteúdo:

Pena - Detenção, de três meses a dois anos.

- art. 11, Pacto de São José da Costa Rica.

Parágrafo único. Somente se procede mediante representação.

- art. 100, § 1º, deste Código.
- arts. 24, 38 e 39, CPP.

SEÇÃO IV
DOS CRIMES CONTRA A INVIOLABILIDADE DOS SEGREDOS

Divulgação de segredo

Art. 153. Divulgar alguém, sem justa causa, conteúdo de documento particular ou de correspondência confidencial, de que é destinatário ou detentor, e cuja divulgação possa produzir dano a outrem:

Pena - Detenção, de um a seis meses, ou multa.

- art. 229, CC/2002.
- art. 448, NCPC.
- art. 228, CPM.
- art. 11, Pacto de São José da Costa Rica.

§ 1º Somente se procede mediante representação. (Parágrafo único renumerado pela Lei 9.983/2000.)

- art. 100, § 1º, deste Código.
- arts. 24, 38 e 39, CPP.

§ 1º-A. Divulgar, sem justa causa, informações sigilosas ou reservadas, assim definidas em lei, contidas ou não nos sistemas de informações ou banco de dados da Administração Pública: (Incluído pela Lei 9.983/2000.)

Pena - Detenção, de 1 (um) a 4 (quatro) anos, e multa. (Incluído pela Lei 9.983/2000.)

§ 2º Quando resultar prejuízo para a Administração Pública, a ação penal será incondicionada. (Incluído pela Lei 9.983/2000.)

Violação do segredo profissional

Art. 154. Revelar alguém, sem justa causa, segredo, de que tem ciência em razão de função, ministério, ofício ou profissão, e cuja revelação possa produzir dano a outrem:

Pena - Detenção, de três meses a um ano, ou multa.

- art. 230, CPM.
- art. 21, Lei 7.170/1983 (Lei da Segurança Nacional).
- art. 11, Pacto de São José da Costa Rica.
- art. 7º, XIX, EAOAB.

Parágrafo único. Somente se procede mediante representação.

- art. 100, § 1º, deste Código.
- arts. 24, 38 e 39, CPP.

Invasão de dispositivo informático

Art. 154-A. Invadir dispositivo informático de uso alheio, conectado ou não à rede de computadores, com o fim de obter, adulterar ou destruir dados ou informações sem autorização expressa ou tácita do usuário do dispositivo ou de instalar vulnerabilidades para obter vantagem ilícita: (Redação dada pela Lei nº 14.155/2021)

Pena - reclusão, de 1 (um) a 4 (quatro) anos, e multa. (Redação dada pela Lei nº 14.155/2021)

§ 1º Na mesma pena incorre quem produz, oferece, distribui, vende ou difunde dispositivo ou programa de computador com o intuito de permitir a prática da conduta definida no caput. (Acrescido pela Lei nº 12.737/2012)

§ 2º Aumenta-se a pena de 1/3 (um terço) a 2/3 (dois terços) se da invasão resulta prejuízo econômico. (Redação dada pela Lei nº 14.155/2021)

§ 3º Se da invasão resultar a obtenção de conteúdo de comunicações eletrônicas privadas, segredos comerciais ou industriais, informações sigilosas, assim definidas em lei, ou o controle remoto não autorizado do dispositivo invadido: (Acrescido pela Lei nº 12.737, de 30/11/2012)

Pena - reclusão, de 2 (dois) a 5 (cinco) anos, e multa. (Redação dada pela Lei nº 14.155/2021)

§ 4º Na hipótese do § 3º, aumenta-se a pena de um a dois terços se houver divulgação, comercialização ou transmissão a terceiro, a qualquer título, dos dados ou informações obtidos. (Acrescido pela Lei nº 12.737/2012)

§ 5º Aumenta-se a pena de um terço à metade se o crime for praticado contra:

I - Presidente da República, governadores e prefeitos;

II - Presidente do Supremo Tribunal Federal;

III - Presidente da Câmara dos Deputados, do Senado Federal, de Assembleia Legislativa de Estado, da Câmara Legislativa do Distrito Federal ou de Câmara Municipal; ou

IV - dirigente máximo da administração direta e indireta federal, estadual, municipal ou do Distrito Federal. (Acrescido pela Lei nº 12.737/2012)

Ação penal

Art. 154-B. Nos crimes definidos no art. 154-A, somente se procede mediante representação, salvo se o crime é cometido contra a administração pública direta ou indireta de qualquer dos Poderes da União, Estados, Distrito Federal ou Municípios ou contra empresas concessionárias de serviços públicos. (Inserido pela Lei 12.737/2012)

- art. 100 deste Código.

TÍTULO II
DOS CRIMES CONTRA O PATRIMÔNIO

CAPÍTULO I
DO FURTO

Furto

Art. 155. Subtrair, para si ou para outrem, coisa alheia móvel:

Pena - Reclusão, de um a quatro anos, e multa.

- arts. 181 a 183 deste Código.
- arts. 240, 241 e 404, CPM.
- arts. 24 e 25, Dec.-Lei 3.688/1941 (Lei das Contravenções Penais).
- Súm. 567, STJ.

§ 1º A pena aumenta-se de um terço, se o crime é praticado durante o repouso noturno.

§ 2º Se o criminoso é primário, e é de pequeno valor a coisa furtada, o juiz pode substituir a pena de reclusão pela de detenção, diminuí-la de um a dois terços, ou aplicar somente a pena de multa.

- arts. 59, IV, 60, § 2º, 63 e 180, § 5º, deste Código.
- Súm. 511, STJ.

§ 3º Equipara-se à coisa móvel a energia elétrica ou qualquer outra que tenha valor econômico.

Furto qualificado

§ 4º A pena é de reclusão de dois a oito anos, e multa, se o crime é cometido:

I - com destruição ou rompimento de obstáculo à subtração da coisa;

II - com abuso de confiança, ou mediante fraude, escalada ou destreza;

III - com emprego de chave falsa;

IV - mediante concurso de duas ou mais pessoas.

- Súm. 442, STJ.

§ 4º-A. A pena é de reclusão de 4 (quatro) a 10 (dez) anos e multa, se houver emprego de explosivo ou de artefato análogo que cause perigo comum. (Incluído pela Lei nº 13.654, de 2018)

§ 4º-B. A pena é de reclusão, de 4 (quatro) a 8 (oito) anos, e multa, se o furto mediante fraude é cometido por meio de dispositivo eletrônico ou informático, conectado ou não à rede de computadores, com ou sem a violação de mecanismo de segurança ou a utilização de programa malicioso, ou por qualquer outro meio fraudulento análogo. (Acrescido pela Lei nº 14.155/2021)

§ 4º-C. A pena prevista no § 4º-B deste artigo, considerada a relevância do resultado gravoso: (Acrescido pela Lei nº 14.155/2021)

I – aumenta-se de 1/3 (um terço) a 2/3 (dois terços), se o crime é praticado mediante a utilização de servidor mantido fora do território nacional;

II – aumenta-se de 1/3 (um terço) ao dobro, se o crime é praticado contra idoso ou vulnerável.

§ 5º A pena é de reclusão de três a oito anos, se a subtração for de veículo automotor que venha a ser transportado para outro Estado ou para o exterior. (Incluído pela Lei 9.426/1996.)

§ 6º A pena é de reclusão de 2 (dois) a 5 (cinco) anos se a subtração for de semovente domesticável de produção, ainda que abatido ou dividido em partes no local da subtração. (Alterado pela Lei 13.330/2016.)

§ 7º A pena é de reclusão de 4 (quatro) a 10 (dez) anos e multa, se a subtração for de substâncias explosivas ou de acessórios que, conjunta ou isoladamente, possibilitem sua fabricação, montagem ou emprego. (Incluído pela Lei nº 13.654, de 2018)

Furto de coisa comum

Art. 156. Subtrair o condômino, coerdeiro ou sócio, para si ou para outrem, a quem legitimamente a detém, a coisa comum:

Pena - Detenção, de seis meses a dois anos, ou multa.

§ 1º Somente se procede mediante representação.

- art. 100, § 1º, deste Código.
- arts. 24, 38 e 39, CPP.
- Súm. 442, STJ.

§ 2º Não é punível a subtração de coisa comum fungível, cujo valor não excede a quota a que tem direito o agente.

CAPÍTULO II
DO ROUBO E DA EXTORSÃO

Roubo

Art. 157. Subtrair coisa móvel alheia, para si ou para outrem, mediante grave ameaça ou violência a pessoa, ou depois de havê-la, por qualquer meio, reduzido à impossibilidade de resistência:

- Súm. 582, STJ.

Pena - Reclusão, de quatro a dez anos, e multa.

- arts. 242 e 405, CPM.
- art. 20, Lei 7.170/1983 (Lei da Segurança Nacional).
- art. 1º, III, c, Lei 7.960/1989 (Lei da Prisão Temporária).

§ 1º Na mesma pena incorre quem, logo depois de subtraída a coisa, emprega violência contra pessoa ou grave ameaça, a fim de assegurar a impunidade do crime ou a detenção da coisa para si ou para terceiro.

§ 2º A pena aumenta-se de 1/3 (um terço) até metade: (Redação dada pela Lei nº 13.654, de 2018)

- Súm. 443, STJ.

I - (Revogado pela Lei nº 13.654, de 2018.);

II - se há o concurso de duas ou mais pessoas;

- Súm. 442, STJ.

III - se a vítima está em serviço de transporte de valores e o agente conhece tal circunstância.

IV - se a subtração for de veículo automotor que venha a ser transportado para outro Estado ou para o exterior; (Incluído pela Lei 9.426/1996.)

V - se o agente mantém a vítima em seu poder, restringindo sua liberdade. (Incluído pela Lei 9.426/1996.)

VI – se a subtração for de substâncias explosivas ou de acessórios que, conjunta ou isoladamente, possibilitem sua fabricação, montagem ou emprego. (Incluído pela Lei nº 13.654, de 2018)

VII - se a violência ou grave ameaça é exercida com emprego de arma branca; (Incluído pela Lei 13.964/2019)

§ 2º-A. A pena aumenta-se de 2/3 (dois terços): (Incluído pela Lei nº 13.654, de 2018)

I - se a violência ou ameaça é exercida com emprego de arma de fogo; (Incluído pela Lei nº 13.654, de 2018)

II - se há destruição ou rompimento de obstáculo mediante o emprego de explosivo ou de artefato análogo que cause perigo comum. (Incluído pela Lei nº 13.654, de 2018)

§ 2º-B. Se a violência ou grave ameaça é exercida com emprego de arma de fogo de uso restrito ou proibido, aplica-se em dobro a pena prevista no *caput* deste artigo. (Incluído pela Lei 13.964/2019)

§ 3º Se da violência resulta: (Redação dada pela Lei nº 13.654, de 2018)

- art. 5º, XLIII, CF.
- art. 1º, II, Lei 8.072/1990 (Lei dos Crimes Hediondos).
- art. 394-A, CPP.
- Súmulas 603 e 610, STF.

I - lesão corporal grave, a pena é de reclusão de 7 (sete) a 18 (dezoito) anos, e multa; (Incluído pela Lei nº 13.654, de 2018)

II - morte, a pena é de reclusão de 20 (vinte) a 30 (trinta) anos, e multa. (Incluído pela Lei nº 13.654, de 2018)

Extorsão

Art. 158. Constranger alguém, mediante violência ou grave ameaça, e com o intuito de obter para si ou para outrem indevida vantagem econômica, a fazer, tolerar que se faça ou deixar fazer alguma coisa:

Pena - Reclusão, de quatro a dez anos, e multa.

- arts. 243 e 405, CPM.
- art. 20, Lei 7.170/1983 (Lei da Segurança Nacional).
- art. 1º, III, d, Lei 7.960/1989 (Lei da Prisão Temporária).
- Súm. 96, STJ.

§ 1º Se o crime é cometido por duas ou mais pessoas, ou com emprego de arma, aumenta-se a pena de um terço até metade.

§ 2º Aplica-se à extorsão praticada mediante violência o disposto no § 3º do artigo anterior.

- art. 5º, XLIII, CF.
- art. 1º, III, Lei 8.072/1990 (Lei dos Crimes Hediondos).
- art. 394-A, CPP.

§ 3º Se o crime é cometido mediante a restrição da liberdade da vítima, e essa condição é necessária para a obtenção da vantagem econômica, a pena é de reclusão, de 6 (seis) a 12 (doze) anos, além da multa; se resulta lesão corporal grave ou morte, aplicam-se as penas previstas no art. 159, §§ 2º e 3º, respectivamente. (Incluído pela Lei 11.923/2009.)

Extorsão mediante sequestro

Art. 159. Sequestrar pessoa com o fim de obter, para si ou para outrem, qualquer vantagem, como condição ou preço do resgate:

Pena - Reclusão, de oito a quinze anos. (Redação dada pela Lei 8.072/1990.)

- art. 5º, XLIII, CF.
- art. 244, CPM.
- art. 20, Lei 7.170, /1983 (Lei da Segurança Nacional).
- art. 1º, III, e, Lei 7.960/1989 (Lei da Prisão Temporária).
- art.1º, IV, Lei 8.072/1990 (Lei dos Crimes Hediondos).
- art. 1º, IV, Lei 9.613/1998 (Lei dos Crimes de Lavagem de Dinheiro).
- Lei 10.446/2002 (Dispõe sobre infrações penais de repercussão interestadual ou internacional que exigem repressão uniforme, para os fins de aplicação do disposto no inciso I do § 1º do art. 144 da CF.

§ 1º Se o sequestro dura mais de 24 (vinte e quatro) horas, se o sequestrado é menor de 18 (dezoito) ou maior de 60 (sessenta) anos, ou se o crime é cometido por bando ou quadrilha. (Redação dada pela Lei 10.741/2003.)

Pena - Reclusão, de doze a vinte anos. (Redação dada pela Lei 8.072/1990.)

§ 2º Se do fato resulta lesão corporal de natureza grave:

Pena - Reclusão, de dezesseis a vinte e quatro anos. (Redação dada pela Lei 8.072/1990.)

§ 3º Se resulta a morte:

Pena - Reclusão, de vinte e quatro a trinta anos. (Redação dada pela Lei 8.072/1990.)

§ 4º Se o crime é cometido em concurso, o concorrente que o denunciar à autoridade, facilitando a libertação do sequestrado, terá sua pena reduzida de um a dois terços. (Redação dada pela Lei 9.269/1996.)

- Lei 8.072/1990 (Lei dos Crimes Hediondos), alterou as penas deste artigo.
- Lei 9.807/1999 (Estabelece normas para a organização e a manutenção de programas especiais de proteção a vítimas e a testemunhas ameaçadas).
- art. 13, Lei 9.807/1999 (Delação premiada - perdão judicial).

Extorsão indireta

Art. 160. Exigir ou receber, como garantia de dívida, abusando da situação de alguém, documento que pode dar causa a procedimento criminal contra a vítima ou contra terceiro:

Pena - Reclusão, de um a três anos, e multa.

- art. 246, CPM.

CAPÍTULO III
DA USURPAÇÃO

Alteração de limites

Art. 161. Suprimir ou deslocar tapume, marco, ou qualquer outro sinal indicativo de linha divisória, para apropriar-se, no todo ou em parte, de coisa imóvel alheia:

Pena - Detenção, de um a seis meses, e multa.

- art. 257, CPM.
- art. 2º, Lei 8.176/1991 (Lei dos Crimes Contra a Ordem Econômica).

§ 1º Na mesma pena incorre quem:

Usurpação de águas

I - desvia ou represa, em proveito próprio ou de outrem, águas alheias;

Esbulho possessório

II - invade, com violência a pessoa ou grave ameaça, ou mediante concurso de mais de duas pessoas, terreno ou edifício alheio, para o fim de esbulho possessório.

§ 2º Se o agente usa de violência, incorre também na pena a esta cominada.

§ 3º Se a propriedade é particular, e não há emprego de violência, somente se procede mediante queixa.

- art. 100, § 2º, deste Código.
- arts. 29 a 38, CPP.

Supressão ou alteração de marca em animais

Art. 162. Suprimir ou alterar, indevidamente, em gado ou rebanho alheio, marca ou sinal indicativo de propriedade:

Pena - Detenção, de seis meses a três anos, e multa.

- art. 258, CPM.

CAPÍTULO IV
DO DANO

Dano

Art. 163. Destruir, inutilizar ou deteriorar coisa alheia:

Pena - Detenção, de um a seis meses, ou multa.

- arts. 259 a 266, 383 e 384, CPM.
- art. 65, Lei 9.605/1998 (Lei dos Crimes Ambientais).

Dano qualificado

Parágrafo único. Se o crime é cometido:

I - com violência à pessoa ou grave ameaça;

II - com emprego de substância inflamável ou explosiva, se o fato não constitui crime mais grave;

III - contra o patrimônio da União, de Estado, do Distrito Federal, de Município ou de autarquia, fundação pública, empresa pública, sociedade de economia mista ou empresa concessionária de serviços públicos; (Redação dada pela Lei 13.531, de 2017.)

IV - por motivo egoístico ou com prejuízo considerável para a vítima:

Pena - Detenção, de seis meses a três anos, e multa, além da pena correspondente à violência.

Introdução ou abandono de animais em propriedade alheia

Art. 164. Introduzir ou deixar animais em propriedade alheia, sem consentimento de quem de direito, desde que o fato resulte prejuízo:

Pena - Detenção, de quinze dias a seis meses, ou multa.

Dano em coisa de valor artístico, arqueológico ou histórico

Art. 165. Destruir, inutilizar ou deteriorar coisa tombada pela autoridade competente em virtude de valor artístico, arqueológico ou histórico:

Pena - Detenção, de seis meses a dois anos, e multa.

- art. 62, Lei 9.605/1998 (Lei dos Crimes Ambientais).
- Lei 3.924/1961 (Dispõe sobre os monumentos arqueológicos e pré-históricos).

Alteração de local especialmente protegido

Art. 166. Alterar, sem licença da autoridade competente, o aspecto de local especialmente protegido por lei:

Pena - Detenção, de um mês a um ano, ou multa.

- art. 63, Lei 9.605/1998 (Lei dos Crimes Ambientais).

Ação penal

Art. 167. Nos casos do art. 163, do inciso IV do seu parágrafo, e do art. 164, somente se procede mediante queixa.

- art. 100, § 2º, deste Código.
- arts. 29 a 38, CPP.

CAPÍTULO V
DA APROPRIAÇÃO INDÉBITA

Apropriação indébita

Art. 168. Apropriar-se de coisa alheia móvel, de que tem a posse ou a detenção:

Pena - Reclusão, de um a quatro anos, e multa.

- art. 248, CPM.
- art. 5º, Lei 7.492/1986 (Lei dos Crimes Contra o Sistema Financeiro Nacional).
- art. 173, Lei 11.101/2005 (Lei de Recuperação de Empresas e Falências).

Aumento de pena

§ 1º A pena é aumentada de um terço, quando o agente recebeu a coisa:

I - em depósito necessário;

II - na qualidade de tutor, curador, síndico, liquidatário, inventariante, testamenteiro ou depositário judicial;

III - em razão de ofício, emprego ou profissão.

Apropriação indébita previdenciária

› Incluído pela Lei 9.983/2000.

Art. 168-A. Deixar de repassar à previdência social as contribuições recolhidas dos contribuintes, no prazo e forma legal ou convencional: (Incluído pela Lei 9.983/2000.)

Pena - Reclusão, de 2 (dois) a 5 (cinco) anos, e multa. (Incluído pela Lei 9.983/2000.)

› art. 83, Lei 9.430/1996 (Dispõe sobre a legislação tributária federal e as contribuições para a seguridade social).

§ 1º Nas mesmas penas incorre quem deixar de: (Incluído pela Lei 9.983/2000.)

I - recolher, no prazo legal, contribuição ou outra importância destinada à previdência social que tenha sido descontada de pagamento efetuado a segurados, a terceiros ou arrecadada do público; (Incluído pela Lei 9.983/2000.)

II - recolher contribuições devidas à previdência social que tenham integrado despesas contábeis ou custos relativos à venda de produtos ou à prestação de serviços; (Incluído pela Lei 9.983/2000.)

III - pagar benefício devido a segurado, quando as respectivas cotas ou valores já tiverem sido reembolsados à empresa pela previdência social. (Incluído pela Lei 9.983/2000.)

§ 2º É extinta a punibilidade se o agente, espontaneamente, declara, confessa e efetua o pagamento das contribuições, importâncias ou valores e presta as informações devidas à previdência social, na forma definida em lei ou regulamento, antes do início da ação fiscal. (Incluído pela Lei 9.983/2000.)

§ 3º É facultado ao juiz deixar de aplicar a pena ou aplicar somente a de multa se o agente for primário e de bons antecedentes, desde que: (Incluído pela Lei 9.983/2000.)

I - tenha promovido, após o início da ação fiscal e antes de oferecida a denúncia, o pagamento da contribuição social previdenciária, inclusive acessórios; ou (Incluído pela Lei 9.983/2000.)

II - o valor das contribuições devidas, inclusive acessórios, seja igual ou inferior àquele estabelecido pela previdência social, administrativamente, como sendo o mínimo para o ajuizamento de suas execuções fiscais. (Incluído pela Lei 9.983/2000.)

§ 4º A faculdade prevista no § 3° deste artigo não se aplica aos casos de parcelamento de contribuições cujo valor, inclusive dos acessórios, seja superior àquele estabelecido, administrativamente, como sendo o mínimo para o ajuizamento de suas execuções fiscais. (Incluído pela Lei 13.606/2018.)

Apropriação de coisa havida por erro, caso fortuito ou força da natureza

Art. 169. Apropriar-se alguém de coisa alheia vinda ao seu poder por erro, caso fortuito ou força da natureza:

› art. 249, CPM.

Pena - Detenção, de um mês a um ano, ou multa.

Parágrafo único. Na mesma pena incorre:

Apropriação de tesouro

I - quem acha tesouro em prédio alheio e se apropria, no todo ou em parte, da quota a que tem direito o proprietário do prédio;

Apropriação de coisa achada

II - quem acha coisa alheia perdida e dela se apropria, total ou parcialmente, deixando de restituí-la ao dono ou legítimo possuidor ou de entregá-la à autoridade competente, dentro no prazo de quinze dias.

Art. 170. Nos crimes previstos neste Capítulo, aplica-se o disposto no art. 155, § 2º.

CAPÍTULO VI
DO ESTELIONATO E OUTRAS FRAUDES

Estelionato

Art. 171. Obter, para si ou para outrem, vantagem ilícita, em prejuízo alheio, induzindo ou mantendo alguém em erro, mediante artifício, ardil, ou qualquer outro meio fraudulento:

› art. 251, CPM.

› art. 6º, Lei 7.492/1986 (Lei dos Crimes Contra o Sistema Financeiro Nacional).

› Súmulas 17; 48 e 107, STJ.

Pena - Reclusão, de um a cinco anos, e multa.

› Redação alterada com o fim de adequação ao disposto no art. 2º da Lei 7.209/1984 (Altera a Parte Geral do CP).

§ 1º Se o criminoso é primário, e é de pequeno valor o prejuízo, o juiz pode aplicar a pena conforme o disposto no art. 155, § 2º.

§ 2º Nas mesmas penas incorre quem:

Disposição de coisa alheia como própria

I - vende, permuta, dá em pagamento, em locação ou em garantia coisa alheia como própria;

Alienação ou oneração fraudulenta de coisa própria

II - vende, permuta, dá em pagamento ou em garantia coisa própria inalienável, gravada de ônus ou litigiosa, ou imóvel que prometeu vender a terceiro, mediante pagamento em prestações, silenciando sobre qualquer dessas circunstâncias;

Defraudação de penhor

III - defrauda, mediante alienação não consentida pelo credor ou por outro modo, a garantia pignoratícia, quando tem a posse do objeto empenhado;

Fraude na entrega de coisa

IV - defrauda substância, qualidade ou quantidade de coisa que deve entregar a alguém;

Fraude para recebimento de indenização ou valor de seguro

V - destrói, total ou parcialmente, ou oculta coisa própria, ou lesa o próprio corpo ou a saúde, ou agrava as consequências da lesão ou doença, com o intuito de haver indenização ou valor de seguro;

Fraude no pagamento por meio de cheque

VI - emite cheque, sem suficiente provisão de fundos em poder do sacado, ou lhe frustra o pagamento.

› Súmulas 246, 521 e 554, STF.

› Súm. 244, STJ.

Fraude eletrônica (Acrescido pela Lei nº 14.155/2021)

§ 2º-A. A pena é de reclusão, de 4 (quatro) a 8 (oito) anos, e multa, se a fraude é cometida com a utilização de informações fornecidas pela vítima ou por terceiro induzido a erro por meio de redes sociais, contatos telefônicos ou envio de correio eletrônico fraudulento, ou por qualquer outro meio fraudulento análogo. (Acrescido pela Lei nº 14.155/2021)

§ 2º-B. A pena prevista no § 2º-A deste artigo, considerada a relevância do resultado gravoso, aumenta-se de 1/3 (um terço) a 2/3 (dois terços), se o crime é praticado mediante a utilização de servidor mantido fora do território nacional. (Acrescido pela Lei nº 14.155/2021)

§ 3º A pena aumenta-se de um terço, se o crime é cometido em detrimento de entidade de direito público ou de instituto de economia popular, assistência social ou beneficência.

› Súm. 24 e 599, STJ.

Estelionato contra idoso ou vulnerável (Redação dada pela Lei nº 14.155/2021)

§ 4º A pena aumenta-se de 1/3 (um terço) ao dobro, se o crime é cometido contra idoso ou vulnerável, considerada a relevância do resultado gravoso. (Redação dada pela Lei nº 14.155/2021)

§ 5º Somente se procede mediante representação, salvo se a vítima for: (Incluído pela Lei 13.964/2019)

I - a Administração Pública, direta ou indireta;

II - criança ou adolescente;

III - pessoa com deficiência mental; ou

IV - maior de 70 (setenta) anos de idade ou incapaz.

Duplicata simulada

Art. 172. Emitir fatura, duplicata ou nota de venda que não corresponda à mercadoria vendida, em quantidade ou qualidade, ou ao serviço prestado. (Redação dada pela Lei 8.137/1990.)

Pena - Detenção, de 2 (dois) a 4 (quatro) anos, e multa. (Redação dada pela Lei 8.137/1990)

› art. 1º, II e III, Lei 8.137/1990 (Lei dos Crimes Contra a Ordem Tributária, Econômica e Contra as Relações de Consumo).

Parágrafo único. Nas mesmas penas incorrerá aquele que falsificar ou adulterar a escrituração do Livro de Registro de Duplicatas. (Incluído pela Lei 5.474/1968)

Abuso de incapazes

Art. 173. Abusar, em proveito próprio ou alheio, de necessidade, paixão ou inexperiência de menor, ou da alienação ou debilidade mental de outrem, induzindo qualquer deles à prática de ato suscetível de produzir efeito jurídico, em prejuízo próprio ou de terceiro:

Pena - Reclusão, de dois a seis anos, e multa.

› art. 252, CPM.

› art. 4º, b, Lei 1.521/1951 (Lei dos Crimes Contra a Economia Popular).

Induzimento à especulação

Art. 174. Abusar, em proveito próprio ou alheio, da inexperiência ou da simplicidade ou inferioridade mental de outrem, induzindo-o à prática de jogo ou aposta, ou à especulação com títulos ou mercadorias, sabendo ou devendo saber que a operação é ruinosa:

Pena - Reclusão, de um a três anos, e multa.

› arts. 50 a 58, Dec.-Lei 3.688/1941 (Lei das Contravenções Penais).

› art. 2º, Lei 1.521/1951 (Lei dos Crimes Contra a Economia Popular).

Fraude no comércio

Art. 175. Enganar, no exercício de atividade comercial, o adquirente ou consumidor:

› art. 2º, Lei 1.521/1951 (Lei dos Crimes Contra a Economia Popular).

I - vendendo, como verdadeira ou perfeita, mercadoria falsificada ou deteriorada;

II - entregando uma mercadoria por outra:

Pena - Detenção, de seis meses a dois anos, ou multa.

§ 1º Alterar em obra que lhe é encomendada a qualidade ou o peso de metal ou substituir, no mesmo caso, pedra verdadeira por falsa ou por outra de menor valor; vender pedra falsa por verdadeira; vender, como precioso, metal de ou outra qualidade:

Pena - Reclusão, de um a cinco anos, e multa.

§ 2º É aplicável o disposto no art. 155, § 2º.

Outras fraudes

Art. 176. Tomar refeição em restaurante, alojar-se em hotel ou utilizar-se de meio de transporte sem dispor de recursos para efetuar o pagamento:

Pena - Detenção, de quinze dias a dois meses, ou multa.

Parágrafo único. Somente se procede mediante representação, e o juiz pode, conforme as circunstâncias, deixar de aplicar a pena.

- arts. 107, IX, e 120 deste Código.
- arts. 24, 38 e 39, CPP.

Fraudes e abusos na fundação ou administração de sociedade por ações

Art. 177. Promover a fundação de sociedade por ações, fazendo, em prospecto ou em comunicação ao público ou à assembleia, afirmação falsa sobre a constituição da sociedade, ou ocultando fraudulentamente fato a ela relativo:

Pena - Reclusão, de um a quatro anos, e multa, se o fato não constitui crime contra a economia popular.

§ 1º Incorrem na mesma pena, se o fato não constitui crime contra a economia popular:

I - o diretor, o gerente ou o fiscal de sociedade por ações, que, em prospecto, relatório, parecer, balanço ou comunicação ao público ou à assembleia, faz afirmação falsa sobre as condições econômicas da sociedade, ou oculta fraudulentamente, no todo ou em parte, fato a elas relativo;

II - o diretor, o gerente ou o fiscal que promove, por qualquer artifício, falsa cotação das ações ou de outros títulos da sociedade;

III - o diretor ou o gerente que toma empréstimo à sociedade ou usa, em proveito próprio ou de terceiro, dos bens ou haveres sociais, sem prévia autorização da assembleia geral;

IV - o diretor ou o gerente que compra ou vende, por conta da sociedade, ações por ela emitidas, salvo quando a lei o permite;

V - o diretor ou o gerente que, como garantia de crédito social, aceita em penhor ou em caução ações da própria sociedade;

VI - o diretor ou o gerente que, na falta de balanço, em desacordo com este, ou mediante balanço falso, distribui lucros ou dividendos fictícios;

VII - o diretor, o gerente ou o fiscal que, por interposta pessoa, ou conluiado com acionista, consegue a aprovação de conta ou parecer;

VIII - o liquidante, nos casos dos n. I, II, III, IV, V e VII;

IX - o representante da sociedade anônima estrangeira, autorizada a funcionar no país, que pratica os atos mencionados nos n. I e II, ou dá falsa informação ao Governo.

§ 2º Incorre na pena de detenção, de seis meses a dois anos, e multa, o acionista que, a fim de obter vantagem para si ou para outrem, negocia o voto nas deliberações de assembleia geral.

Emissão irregular de conhecimento de depósito ou *warrant*

Art. 178. Emitir conhecimento de depósito ou *warrant*, em desacordo com disposição legal:

Pena - Reclusão, de um a quatro anos, e multa.

Fraude à execução

Art. 179. Fraudar execução, alienando, desviando, destruindo ou danificando bens, ou simulando dívidas:

Pena - Detenção, de seis meses a dois anos, ou multa.

Parágrafo único. Somente se procede mediante queixa.

- art. 100, § 2º, deste Código.
- arts. 29 a 38, CPP.

CAPÍTULO VII
DA RECEPTAÇÃO

Receptação

Art. 180. Adquirir, receber, transportar, conduzir ou ocultar, em proveito próprio ou alheio, coisa que sabe ser produto de crime, ou influir para que terceiro, de boa-fé, a adquira, receba ou oculte: (Redação dada pela Lei 9.426/1996.)

Pena - Reclusão, de um a quatro anos, e multa. (Redação dada pela Lei 9.426/1996.)

- arts. 254 a 256, CPM.
- art. 2º, § 1º, Lei 8.176/1991 (Lei dos Crimes Contra a Ordem Econômica).

Receptação qualificada

§ 1º Adquirir, receber, transportar, conduzir, ocultar, ter em depósito, desmontar, montar, remontar, vender, expor à venda, ou de qualquer forma utilizar, em proveito próprio ou alheio, no exercício de atividade comercial ou industrial, coisa que deve saber ser produto de crime: (Redação dada pela Lei 9.426/1996.)

Pena - Reclusão, de três a oito anos, e multa. (Redação dada pela Lei 9.426/1996.)

§ 2º Equipara-se à atividade comercial, para efeito do parágrafo anterior, qualquer forma de comércio irregular ou clandestino, inclusive o exercício em residência. (Redação dada pela Lei 9.426/1996.)

§ 3º Adquirir ou receber coisa que, por sua natureza ou pela desproporção entre o valor e o preço, ou pela condição de quem a oferece, deve presumir-se obtida por meio criminoso: (Redação dada pela Lei 9.426/1996.)

Pena - Detenção, de um mês a um ano, ou multa, ou ambas as penas. (Redação dada pela Lei 9.426/1996.)

§ 4º A receptação é punível, ainda que desconhecido ou isento de pena o autor do crime de que proveio a coisa. (Redação dada pela Lei 9.426/1996.)

- art. 228, CF.
- arts. 26 e 27 deste Código.

§ 5º Na hipótese do § 3º, se o criminoso é primário, pode o juiz, tendo em consideração as circunstâncias, deixar de aplicar a pena. Na receptação dolosa aplica-se o disposto no § 2º do art. 155. (Incluído pela Lei 9.426/1996.)

- arts. 107, IX, e 120 deste Código.

§ 6º Tratando-se de bens do patrimônio da União, de Estado, do Distrito Federal, de Município ou de autarquia, fundação pública, empresa pública, sociedade de economia mista ou empresa concessionária de serviços públicos, aplica-se em dobro a pena prevista no *caput* deste artigo. (Redação dada pela Lei 13.531, de 2017.)

Receptação de animal

(Acrescentado pela Lei 13.330/2016.)

Art. 180-A. Adquirir, receber, transportar, conduzir, ocultar, ter em depósito ou vender, com a finalidade de produção ou de comercialização, semovente domesticável de produção, ainda que abatido ou dividido em partes, que deve saber ser produto de crime: (Acrescentado pela Lei 13.330/2016.)

Pena - reclusão, de 2 (dois) a 5 (cinco) anos, e multa. (Acrescentado pela Lei 13.330/2016.)

CAPÍTULO VIII
DISPOSIÇÕES GERAIS

Art. 181. É isento de pena quem comete qualquer dos crimes previstos neste título, em prejuízo:

- art. 95, Lei 10.741/2003 (Estatuto do Idoso).

I - do cônjuge, na constância da sociedade conjugal;

II - de ascendente ou descendente, seja o parentesco legítimo ou ilegítimo, seja civil ou natural.

Art. 182. Somente se procede mediante representação, se o crime previsto neste título é cometido em prejuízo:

- art. 95, Lei 10.741/2003 (Estatuto do Idoso).

I - do cônjuge desquitado ou judicialmente separado;

II - de irmão, legítimo ou ilegítimo;

III - de tio ou sobrinho, com quem o agente coabita.

Art. 183. Não se aplica o disposto nos dois artigos anteriores:

I - se o crime é de roubo ou de extorsão, ou, em geral, quando haja emprego de grave ameaça ou violência à pessoa;

II - ao estranho que participa do crime.

III - se o crime é praticado contra pessoa com idade igual ou superior a 60 (sessenta) anos. (Incluído pela Lei 10.741/2003.)

TÍTULO III
DOS CRIMES CONTRA A PROPRIEDADE IMATERIAL

CAPÍTULO I
DOS CRIMES CONTRA A PROPRIEDADE INTELECTUAL

- art. 5º, XXVII a XXIX, CF.
- arts. 524 e ss., CPP.
- Lei 9.610/1998 (Lei de Direitos Autorais).

Violação de direito autoral

Art. 184. Violar direitos de autor e os que lhe são conexos: (Redação dada pela Lei 10.695/2003.)

- Súm. 574, STJ.

Pena - Detenção, de 3 (três) meses a 1 (um) ano, ou multa. (Redação dada pela Lei 10.695/2003.)

- arts. 12 a 14, Lei 9.609/1998 (Dispõe sobre a proteção da propriedade intelectual de programa de computador, sua comercialização no País.

§ 1º Se a violação consistir em reprodução total ou parcial, com intuito de lucro direto ou indireto, por qualquer meio ou processo, de obra intelectual, interpretação, execução ou fonograma, sem autorização expressa do autor, do artista intérprete ou executante, do produtor, conforme o caso, ou de quem os represente: (Redação dada pela Lei 10.695/2003.)

Pena - Reclusão, de 2 (dois) a 4 (quatro) anos, e multa. (Redação dada pela Lei 10.695/2003.)

§ 2º Na mesma pena do § 1º incorre quem, com o intuito de lucro direto ou indireto, distribui, vende, expõe à venda, aluga, introduz no país, adquire, oculta, tem em depósito, original ou cópia de obra intelectual ou fonograma reproduzido com violação do direito de autor, do direito de artista intérprete ou executante ou do direito do produtor de fonograma, ou, ainda, aluga original ou cópia de obra intelectual ou fonograma, sem a expressa autorização dos titulares dos direitos ou de quem os represente. (Redação dada pela Lei 10.695/2003.)

- Súm. 502, STJ.

§ 3º Se a violação consistir no oferecimento ao público, mediante cabo, fibra ótica, satélite, ondas ou qualquer outro sistema que permita ao usuário realizar a seleção da obra ou produção para recebê-la em um tempo e lugar previamente determinados por quem formula a demanda, com intuito de lucro, direto ou indireto, sem autorização expressa, conforme o caso, do autor, do artista intérprete ou executante, do produtor de fonograma, ou de quem os represente: (Redação dada pela Lei 10.695/2003.)

Pena - Reclusão, de 2 (dois) a 4 (quatro) anos, e multa. (Incluído pela Lei 10.695/2003.)

§ 4º O disposto nos §§ 1º, 2º e 3º não se aplica quando se tratar de exceção ou limitação ao direito de autor ou os que lhe são conexos, em conformidade com o previsto na Lei 9.610, de 19 de fevereiro de 1998, nem a cópia de obra intelectual ou fonograma, em um só exemplar, para uso privado do copista, sem intuito de lucro direto ou indireto. (Incluído pela Lei 10.695/2003.)

Usurpação de nome ou pseudônimo alheio

Art. 185. (Revogado pela Lei 10.695/2003.)

Art. 186. Procede-se mediante: (Redação dada pela Lei 10.695/2003.)

› Arts. 24 e ss., CPP

I - queixa, nos crimes previstos no *caput* do art. 184; (Incluído pela Lei 10.695/2003.)

II - ação penal pública incondicionada, nos crimes previstos nos §§ 1º e 2º do art. 184; (Incluído pela Lei 10.695/2003.)

III - ação penal pública incondicionada, nos crimes cometidos em desfavor de entidades de direito público, autarquia, empresa pública, sociedade de economia mista ou fundação instituída pelo Poder Público; (Incluído pela Lei 10.695/2003.)

› Lei 13.303/2016 (Dispõe sobre o estatuto jurídico da empresa pública, da sociedade de economia mista e de suas subsidiárias, no âmbito da União, dos Estados, do Distrito Federal e dos Municípios).

IV - ação penal pública condicionada à representação, nos crimes previstos no § 3º do art. 184. (Incluído pela Lei 10.695/2003.)

CAPÍTULO II
DOS CRIMES CONTRA O PRIVILÉGIO DE INVENÇÃO

Violação de privilégio de invenção

Art. 187. (Revogado pela Lei 9.279/1996.)

Falsa atribuição de privilégio

Art. 188. (Revogado pela Lei 9.279/1996.)

Usurpação ou indevida exploração de modelo ou desenho privilegiado

Art. 189. (Revogado pela Lei 9.279/1996.)

Falsa declaração de depósito em modelo ou desenho

Arts. 190 e 191. (Revogados pela Lei 9.279/1996.)

CAPÍTULO III
DOS CRIMES CONTRA AS MARCAS DE INDÚSTRIA E COMÉRCIO

Violação do direito de marca

Art. 192. (Revogado pela Lei 9.279/1996.)

Uso indevido de armas, brasões e distintivos públicos

Art. 193. (Revogado pela Lei 9.279/1996.)

Marca com falsa indicação de procedência

Arts. 194 e 195. (Revogados pela Lei 9.279/1996.)

CAPÍTULO IV
DOS CRIMES DE CONCORRÊNCIA DESLEAL

Concorrência desleal

Art. 196. (Revogado pela Lei 9.279/1996.)

TÍTULO IV
DOS CRIMES CONTRA A ORGANIZAÇÃO DO TRABALHO

Atentado contra a liberdade de trabalho

Art. 197. Constranger alguém, mediante violência ou grave ameaça:

I - a exercer ou não exercer arte, ofício, profissão ou indústria, ou a trabalhar ou não trabalhar durante certo período ou em determinados dias:

Pena - Detenção, de um mês a um ano, e multa, além da pena correspondente à violência;

II - a abrir ou fechar o seu estabelecimento de trabalho, ou a participar de parede ou paralisação de atividade econômica:

Pena - Detenção, de três meses a um ano, e multa, além da pena correspondente à violência.

Atentado contra a liberdade de contrato de trabalho e boicotagem violenta

Art. 198. Constranger alguém, mediante violência ou grave ameaça, a celebrar contrato de trabalho, ou a não fornecer a outrem ou não adquirir de outrem matéria-prima ou produto industrial ou agrícola:

Pena - Detenção, de um mês a um ano, e multa, além da pena correspondente à violência.

Atentado contra a liberdade de associação

Art. 199. Constranger alguém, mediante violência ou grave ameaça, a participar ou deixar de participar de determinado sindicato ou associação profissional:

Pena - Detenção, de um mês a um ano, e multa, além da pena correspondente à violência.

Paralisação de trabalho, seguida de violência ou perturbação da ordem

Art. 200. Participar de suspensão ou abandono coletivo de trabalho, praticando violência contra pessoa ou contra coisa:

Pena - Detenção, de um mês a um ano, e multa, além da pena correspondente à violência.

Parágrafo único. Para que se considere coletivo o abandono de trabalho é indispensável o concurso de, pelo menos, três empregados.

Paralisação de trabalho de interesse coletivo

Art. 201. Participar de suspensão ou abandono coletivo de trabalho, provocando a interrupção de obra pública ou serviço de interesse coletivo:

Pena - Detenção, de seis meses a dois anos, e multa.

› art. 3º, II, Lei 1.521/1951 (Lei dos Crimes Contra a Economia Popular).

Invasão de estabelecimento industrial, comercial ou agrícola. Sabotagem

Art. 202. Invadir ou ocupar estabelecimento industrial, comercial ou agrícola, com o intuito de impedir ou embaraçar o curso normal do trabalho, ou com o mesmo fim danificar o estabelecimento ou as coisas nele existentes ou delas dispor:

Pena - Reclusão, de um a três anos, e multa.

Frustração de direito assegurado por lei trabalhista

Art. 203. Frustrar, mediante fraude ou violência, direito assegurado pela legislação do trabalho:

Pena - Detenção de um ano a dois anos, e multa, além da pena correspondente à violência. (Redação dada pela Lei 9.777/1998.)

§ 1º Na mesma pena incorre quem: (Incluído pela Lei 9.777/1998.)

I - obriga ou coage alguém a usar mercadorias de determinado estabelecimento, para impossibilitar o desligamento do serviço em virtude de dívida; (Incluído pela Lei 9.777/1998.)

II - impede alguém de se desligar de serviços de qualquer natureza, mediante coação ou por meio da retenção de seus documentos pessoais ou contratuais. (Incluído pela Lei 9.777/1998.)

§ 2º A pena é aumentada de um sexto a um terço se a vítima é menor de dezoito anos, idosa, gestante, indígena ou portadora de deficiência física ou mental. (Incluído pela Lei 9.777/1998.)

Frustração de lei sobre a nacionalização do trabalho

Art. 204. Frustrar, mediante fraude ou violência, obrigação legal relativa à nacionalização do trabalho:

Pena - Detenção, de um mês a um ano, e multa, além da pena correspondente à violência.

› arts. 47 e 48, Dec.-Lei 3.688/1941 (Lei das Contravenções Penais)

Exercício de atividade com infração de decisão administrativa

Art. 205. Exercer atividade, de que está impedido por decisão administrativa:

Pena - Detenção, de três meses a dois anos, ou multa.

Aliciamento para o fim de emigração

Art. 206. Recrutar trabalhadores, mediante fraude, com o fim de levá-los para território estrangeiro. (Redação dada pela Lei 8.683/1993)

Pena - Detenção, de 1 (um) a 3 (três) anos e multa. (Redação dada pela Lei 8.683/1993.)

Aliciamento de trabalhadores de um local para outro do território nacional

Art. 207. Aliciar trabalhadores, com o fim de levá-los de uma para outra localidade do território nacional:

Pena - Detenção de um a três anos, e multa. (Redação dada pela Lei 9.777/1998.)

› arts. 40 e 65, Dec.-Lei 3.688/1941 (Lei das Contravenções Penais).

› art. 58, I, Lei 6.001/1973 (Estatuto do Índio).

§ 1º Incorre na mesma pena quem recrutar trabalhadores fora da localidade de execução do trabalho, dentro do território nacional, mediante fraude ou cobrança de qualquer quantia do trabalhador, ou, ainda, não assegurar condições do seu retorno ao local de origem. (Incluído pela Lei 9.777/1998.)

§ 2º A pena é aumentada de um sexto a um terço se a vítima é menor de dezoito anos, idosa, gestante, indígena ou portadora de deficiência física ou mental. (Incluído pela Lei 9.777/1998.)

TÍTULO V
DOS CRIMES CONTRA O SENTIMENTO RELIGIOSO E CONTRA O RESPEITO AOS MORTOS

CAPÍTULO I
DOS CRIMES CONTRA O SENTIMENTO RELIGIOSO

Ultraje a culto e impedimento ou perturbação de ato a ele relativo

Art. 208. Escarnecer de alguém publicamente, por motivo de crença ou função religiosa; impedir ou perturbar cerimônia ou prática de culto religioso; vilipendiar publicamente ato ou objeto de culto religioso:

Pena - Detenção, de um mês a um ano, ou multa.

Parágrafo único. Se há emprego de violência, a pena é aumentada de um terço, sem prejuízo da correspondente à violência.

CAPÍTULO II
DOS CRIMES CONTRA O RESPEITO AOS MORTOS

Impedimento ou perturbação de cerimônia funerária

Art. 209. Impedir ou perturbar enterro ou cerimônia funerária:

Pena - Detenção, de um mês a um ano, ou multa.

› arts. 40 e 65, Dec.-Lei 3.688/1941 (Lei das Contravenções Penais)

Parágrafo único. Se há emprego de violência, a pena é aumentada de um terço, sem prejuízo da correspondente à violência.

Violação de sepultura

Art. 210. Violar ou profanar sepultura ou urna funerária:

Pena - Reclusão, de um a três anos, e multa.

› art. 67, Dec.-Lei 3.688/1941 (Lei das Contravenções Penais).

Destruição, subtração ou ocultação de cadáver

Art. 211. Destruir, subtrair ou ocultar cadáver ou parte dele:

Pena - Reclusão, de um a três anos, e multa.

› arts. 8º e 19, Lei 9.434/1997 (Lei de Remoção de Órgãos e Tecidos).

Vilipêndio a cadáver

Art. 212. Vilipendiar cadáver ou suas cinzas:

Pena - Detenção, de um a três anos, e multa.

- arts. 8º e 19, Lei 9.434/1997 (Lei de Remoção de Órgãos e Tecidos).

TÍTULO VI DOS CRIMES CONTRA A DIGNIDADE SEXUAL

- Redação dada pela Lei 12.015/2009.

CAPÍTULO I DOS CRIMES CONTRA A LIBERDADE SEXUAL

- Redação dada pela Lei 12.015/2009.

Estupro

Art. 213. Constranger alguém, mediante violência ou grave ameaça, a ter conjunção carnal ou a praticar ou permitir que com ele se pratique outro ato libidinoso: (Redação dada pela Lei 12.015/2009.)

Pena - Reclusão, de 6 (seis) a 10 (dez) anos. (Redação dada pela Lei 12.015/2009.)

- art. 5º, XLIII, CF.
- art. 394-A, CPP.
- arts. 232 e 408, CPM.
- art. 1º, III, f, Lei 7.960/1989 (Lei da Prisão Temporária).
- arts. 1º, V, e 9º Lei 8.072/1990 (Lei dos Crimes Hediondos).
- Súm. 608, STF.

§ 1º Se da conduta resulta lesão corporal de natureza grave ou se a vítima é menor de 18 (dezoito) ou maior de 14 (catorze) anos: (Incluído pela Lei 12.015/2009.)

- art. 394-A, CPP.

Pena - Reclusão, de 8 (oito) a 12 (doze) anos. (Incluído pela Lei 12.015/2009.)

§ 2º Se da conduta resulta morte: (Incluído pela Lei 12.015/2009.)

- art. 394-A, CPP.

Pena - Reclusão, de 12 (doze) a 30 (trinta) anos (Incluído pela Lei 12.015/2009.)

Art. 214. (Revogado pela Lei 12.015/2009.)

Violação sexual mediante fraude

Art. 215. Ter conjunção carnal ou praticar outro ato libidinoso com alguém, mediante fraude ou outro meio que impeça ou dificulte a livre manifestação de vontade da vítima: (Redação dada pela Lei 12.015/2009.)

Pena - Reclusão, de 2 (dois) a 6 (seis) anos. (Redação dada pela Lei 12.015/2009.)

Parágrafo único. Se o crime é cometido com o fim de obter vantagem econômica, aplica-se também multa. (Redação dada pela Lei 12.015/2009.)

Importunação sexual

Art. 215-A. Praticar contra alguém e sem a sua anuência ato libidinoso com o objetivo de satisfazer a própria lascívia ou a de terceiro:

Pena - reclusão, de 1 (um) a 5 (cinco) anos, se o ato não constitui crime mais grave. (Acrescido pela Lei 13.718/2018)

Art. 216. (Revogado pela Lei 12.015/2009.)

Assédio sexual

Art. 216-A. Constranger alguém com o intuito de obter vantagem ou favorecimento sexual, prevalecendo-se o agente da sua condição de superior hierárquico ou ascendência inerentes ao exercício de emprego, cargo ou função. (Incluído pela Lei 10.224/2001.)

Pena - Detenção, de 1 (um) a 2 (dois) anos. (Incluído pela Lei 10.224/2001.)

Parágrafo único. (Vetado.) (Incluído pela Lei 10.224/2001.)

§ 2º A pena é aumentada em até um terço se a vítima é menor de 18 (dezoito) anos. (Incluído pela Lei 12.015/2009.)

CAPÍTULO I-A DA EXPOSIÇÃO DA INTIMIDADE SEXUAL

- Incluído pela Lei 13.772/2018.

Registro não autorizado da intimidade sexual

Art. 216-B. Produzir, fotografar, filmar ou registrar, por qualquer meio, conteúdo com cena de nudez ou ato sexual ou libidinoso de caráter íntimo e privado sem autorização dos participantes: *(Incluído pela Lei 13.772/2018)*

Pena - detenção, de 6 (seis) meses a 1 (um) ano, e multa.

Parágrafo único. Na mesma pena incorre quem realiza montagem em fotografia, vídeo, áudio ou qualquer outro registro com o fim de incluir pessoa em cena de nudez ou ato sexual ou libidinoso de caráter íntimo.

CAPÍTULO II DOS CRIMES SEXUAIS CONTRA VULNERÁVEL

- Redação dada pela Lei 12.015/2009.

Sedução

Art. 217. (Revogado pela Lei 11.106/2005.)

Estupro de vulnerável

Art. 217-A. Ter conjunção carnal ou praticar outro ato libidinoso com menor de 14 (catorze) anos: (Incluído pela Lei 12.015/2009.)

- arts. 190-A e 190-C, ECA.
- Súm. 611, STF.
- Súm. 593, STJ.
- art. 394-A, CPP.

Pena - Reclusão, de 8 (oito) a 15 (quinze) anos. (Incluído pela Lei 12.015/2009.)

§ 1º Incorre na mesma pena quem pratica as ações descritas no *caput* com alguém que, por enfermidade ou deficiência mental, não tem o necessário discernimento para a prática do ato, ou que, por qualquer outra causa, não pode oferecer resistência. (Incluído pela Lei 12.015/2009.)

- art. 394-A, CPP.

§ 2º (Vetado.) (Incluído pela Lei 12.015/2009.)

§ 3º Se da conduta resulta lesão corporal de natureza grave: (Incluído pela Lei 12.015/2009.)

- art. 394-A, CPP.

Pena - Reclusão, de 10 (dez) a 20 (vinte) anos. (Incluído pela Lei 12.015/2009.)

§ 4º Se da conduta resulta morte: (Incluído pela Lei 12.015/2009.)

- art. 394-A, CPP.

Pena - Reclusão, de 12 (doze) a 30 (trinta) anos. (Incluído pela Lei 12.015/2009.)

§ 5º As penas previstas no *caput* e nos §§ 1º, 3º e 4º deste artigo aplicam-se independentemente do consentimento da vítima ou do fato de ela ter mantido relações sexuais anteriormente ao crime. *(Acrescido pela Lei 13.718/2018)*

Corrupção de menores

Art. 218. Induzir alguém menor de 14 (catorze) anos a satisfazer a lascívia de outrem: (Redação dada pela Lei 12.015/2009.)

- arts. 190-A e 190-C, ECA.

Pena - Reclusão, de 2 (dois) a 5 (cinco) anos. (Redação dada pela Lei 12.015/2009.)

- art. 234, CPM.
- arts. 240 e 241, Lei 8.069/1990 (ECA).

Parágrafo único. (Vetado.) (Incluído pela Lei 12.015/2009.)

Satisfação de lascívia mediante presença de criança ou adolescente

Art. 218-A. Praticar, na presença de alguém menor de 14 (catorze) anos, ou induzi-lo a presenciar, conjunção carnal ou outro ato libidinoso, a fim de satisfazer lascívia própria ou de outrem: (Incluído pela Lei 12.015/2009.)

- arts. 190-A e 190-C, ECA.

Pena - Reclusão, de 2 (dois) a 4 (quatro) anos. (Incluído pela Lei 12.015/2009.)

Favorecimento da prostituição ou de outra forma de exploração sexual de criança ou adolescente ou de vulnerável

- Redação dada pela Lei 12.978/2014.

Art. 218-B. Submeter, induzir ou atrair à prostituição ou outra forma de exploração sexual alguém menor de 18 (dezoito) anos ou que, por enfermidade ou deficiência mental, não tem o necessário discernimento para a prática do ato, facilitá-la, impedir ou dificultar que a abandone: (Incluído pela Lei 12.015/2009.)

- arts. 190-A e 190-C, ECA.
- arts. 241-B e 244-A, ECA.
- art. 394-A, CPP.

Pena - Reclusão, de 4 (quatro) a 10 (dez) anos. (Incluído pela Lei 12.015/2009.)

§ 1º Se o crime é praticado com o fim de obter vantagem econômica, aplica-se também multa. (Incluído pela Lei 12.015/2009.)

- art. 394-A, CPP.

§ 2º Incorre nas mesmas penas: (Incluído pela Lei 12.015/2009.)

- art. 394-A, CPP.

I - quem pratica conjunção carnal ou outro ato libidinoso com alguém menor de 18 (dezoito) e maior de 14 (catorze) anos na situação descrita no *caput* deste artigo; (Incluído pela Lei 12.015/2009.)

II - o proprietário, o gerente ou o responsável pelo local em que se verifiquem as práticas referidas no *caput* deste artigo. (Incluído pela Lei 12.015/2009.)

§ 3º Na hipótese do inciso II do § 2º, constitui efeito obrigatório da condenação a cassação da licença de localização e de funcionamento do estabelecimento. (Incluído pela Lei 12.015/2009.)

Divulgação de cena de estupro ou de cena de estupro de vulnerável, de cena de sexo ou de pornografia

Art. 218-C. Oferecer, trocar, disponibilizar, transmitir, vender ou expor à venda, distribuir, publicar ou divulgar, por qualquer meio - inclusive por meio de comunicação de massa ou sistema de informática ou telemática -, fotografia, vídeo ou outro registro audiovisual que contenha cena de estupro ou de estupro de vulnerável ou que faça apologia ou induza a sua prática, ou, sem o consentimento da vítima, cena de sexo, nudez ou pornografia: *(Acrescido pela Lei 13.718/2018)*

Pena - reclusão, de 1 (um) a 5 (cinco) anos, se o fato não constitui crime mais grave.

Aumento de pena

§ 1º A pena é aumentada de 1/3 (um terço) a 2/3 (dois terços) se o crime é praticado por agente que mantém ou tenha mantido relação íntima de afeto com a vítima ou com o fim de vingança ou humilhação.

Exclusão de ilicitude

§ 2º Não há crime quando o agente pratica as condutas descritas no *caput* deste artigo em publicação de natureza jornalística, científica, cultural ou acadêmica com a adoção de recurso que impossibilite a identificação da vítima, ressalvada sua prévia autorização, caso seja maior de 18 (dezoito) anos.

CAPÍTULO III DO RAPTO

Rapto violento ou mediante fraude

Art. 219. (Revogado pela Lei 11.106/2005.)

Rapto consensual

Art. 220. (Revogado pela Lei 11.106/2005.)

Diminuição de pena

Art. 221. (Revogado pela Lei 11.106/2005.)

Concurso de rapto e outro crime

Art. 222. (Revogado pela Lei 11.106/2005.)

CAPÍTULO IV
DISPOSIÇÕES GERAIS

Arts. 223 e 224. (Revogados pela Lei 12.015/2009.)

Ação penal

Art. 225. Nos crimes definidos nos Capítulos I e II deste Título, procede-se mediante ação penal pública incondicionada. (*Redação dada pela Lei 13.718/2018*).

- art. 129, I, CF.
- art. 100, § 1º, deste Código.
- arts. 24 e 39, CPP.

Parágrafo único. (*Revogado pela Lei 13.718/2018.*)

- Súm. 608, STF.

Aumento de pena

Art. 226. A pena é aumentada: (Redação dada pela Lei 11.106/2005.)

- art. 237, CPM.

I - de quarta parte, se o crime é cometido com o concurso de 2 (duas) ou mais pessoas; (Redação dada pela Lei 11.106/2005.)

II - de metade, se o agente é ascendente, padrasto ou madrasta, tio, irmão, cônjuge, companheiro, tutor, curador, preceptor ou empregador da vítima ou por qualquer outro título tiver autoridade sobre ela; (*Redação dada pela Lei 13.718/2018*)

III - (Revogado pela Lei 11.106/2005.)

IV - de 1/3 (um terço) a 2/3 (dois terços), se o crime é praticado: (Acrescido pela Lei 13.718/2018)

Estupro coletivo

a) mediante concurso de 2 (dois) ou mais agentes;

Estupro corretivo

b) para controlar o comportamento social ou sexual da vítima.

CAPÍTULO V
DO LENOCÍNIO E DO TRÁFICO DE PESSOA PARA FIM DE PROSTITUIÇÃO OU OUTRA FORMA DE EXPLORAÇÃO SEXUAL

- Redação dada pela Lei 12.015/2009.

Mediação para servir a lascívia de outrem

Art. 227. Induzir alguém a satisfazer a lascívia de outrem:

Pena - Reclusão, de um a três anos.

§ 1º Se a vítima é maior de 14 (catorze) e menor de 18 (dezoito) anos, ou se o agente é seu ascendente, descendente, cônjuge ou companheiro, irmão, tutor ou curador ou pessoa a quem esteja confiada para fins de educação, de tratamento ou de guarda: (Redação dada pela Lei 11.106/2005.)

Pena - Reclusão, de dois a cinco anos.

§ 2º Se o crime é cometido com emprego de violência, grave ameaça ou fraude:

Pena - Reclusão, de dois a oito anos, além da pena correspondente à violência.

§ 3º Se o crime é cometido com o fim de lucro, aplica-se também multa.

Favorecimento da prostituição ou outra forma de exploração sexual

Art. 228. Induzir ou atrair alguém à prostituição ou outra forma de exploração sexual, facilitá-la, impedir ou dificultar que alguém a abandone: (Redação dada pela Lei 12.015/2009.)

Pena - Reclusão, de 2 (dois) a 5 (cinco) anos, e multa. (Redação dada pela Lei 12.015/2009.)

§ 1º Se o agente é ascendente, padrasto, madrasta, irmão, enteado, cônjuge, companheiro, tutor ou curador, preceptor ou empregador da vítima, ou se assumiu, por lei ou outra forma, obrigação de cuidado, proteção ou vigilância: (Redação dada pela Lei 12.015/2009)

Pena - Reclusão, de 3 (três) a 8 (oito) anos. (Redação dada pela Lei 12.015/2009)

§ 2º Se o crime, é cometido com emprego de violência, grave ameaça ou fraude:

Pena - Reclusão, de quatro a dez anos, além da pena correspondente à violência.

§ 3º Se o crime é cometido com o fim de lucro, aplica-se também multa.

Casa de prostituição

Art. 229. Manter, por conta própria ou de terceiro, estabelecimento em que ocorra exploração sexual, haja, ou não, intuito de lucro ou mediação direta do proprietário ou gerente: (Redação dada pela Lei 12.015/2009.)

Pena - Reclusão, de dois a cinco anos, e multa.

Rufianismo

Art. 230. Tirar proveito da prostituição alheia, participando diretamente de seus lucros ou fazendo-se sustentar, no todo ou em parte, por quem a exerça:

Pena - Reclusão, de um a quatro anos, e multa.

§ 1º Se a vítima é menor de 18 (dezoito) e maior de 14 (catorze) anos ou se o crime é cometido por ascendente, padrasto, madrasta, irmão, enteado, cônjuge, companheiro, tutor ou curador, preceptor ou empregador da vítima, ou por quem assumiu, por lei ou outra forma, obrigação de cuidado, proteção ou vigilância: (Redação dada pela Lei 12.015/2009.)

Pena - Reclusão, de 3 (três) a 6 (seis) anos, e multa. (Redação dada pela Lei 12.015/2009.)

§ 2º Se o crime é cometido mediante violência, grave ameaça, fraude ou outro meio que impeça ou dificulte a livre manifestação da vontade da vítima: (Redação dada pela Lei 12.015/2009.)

Pena - Reclusão, de 2 (dois) a 8 (oito) anos, sem prejuízo da pena correspondente à violência. (Redação dada pela Lei 12.015/2009.)

Tráfico internacional de pessoa para fim de exploração sexual

Art. 231. (Revogado pela Lei 13.344/2016.)

Tráfico interno de pessoa para fim de exploração sexual

Art. 231-A. (Revogado pela Lei 13.344/2016.)

Art. 232. (Revogado pela Lei 12.015/2009.)

Promoção de migração ilegal

- Acrescentado pela Lei 13.445/2017.

Art. 232-A. Promover, por qualquer meio, com o fim de obter vantagem econômica, a entrada ilegal de estrangeiro em território nacional ou de brasileiro em país estrangeiro: (Acrescentado pela Lei 13.445/2017.)

Pena - reclusão, de 2 (dois) a 5 (cinco) anos, e multa. (Acrescentado pela Lei 13.445/2017.)

§ 1º Na mesma pena incorre quem promover, por qualquer meio, com o fim de obter vantagem econômica, a saída de estrangeiro do território nacional para ingressar ilegalmente em país estrangeiro. (Acrescentado pela Lei 13.445/2017.)

§ 2º A pena é aumentada de 1/6 (um sexto) a 1/3 (um terço) se: (Acrescentado pela Lei 13.445/2017.)

I - o crime é cometido com violência; ou (Acrescentado pela Lei 13.445/2017.)

II - a vítima é submetida a condição desumana ou degradante. (Acrescentado pela Lei 13.445/2017.)

§ 3º A pena prevista para o crime será aplicada sem prejuízo das correspondentes às infrações conexas. (Acrescentado pela Lei 13.445/2017.)

CAPÍTULO VI
DO ULTRAJE PÚBLICO AO PUDOR

Ato obsceno

Art. 233. Praticar ato obsceno em lugar público, ou aberto ou exposto ao público:

Pena - Detenção, de três meses a um ano, ou multa.

- art. 238, CPM.
- art. 61, Dec.-Lei 3.688/1941 (Lei das Contravenções Penais).

Escrito ou objeto obsceno

Art. 234. Fazer, importar, exportar, adquirir ou ter sob sua guarda, para fim de comércio, de distribuição ou de exposição pública, escrito, desenho, pintura, estampa ou qualquer objeto obsceno:

Pena - Detenção, de seis meses a dois anos, ou multa.

- art. 234, CPM.
- arts. 240 e 241, Lei 8.069/1990 (ECA).

Parágrafo único. Incorre na mesma pena quem:

I - vende, distribui ou expõe à venda ou ao público qualquer dos objetos referidos neste artigo;

II - realiza, em lugar público ou acessível ao público, representação teatral, ou exibição cinematográfica de caráter obsceno, ou qualquer outro espetáculo, que tenha o mesmo caráter;

III - realiza, em lugar público ou acessível ao público, ou pelo rádio, audição ou recitação de caráter obsceno.

CAPÍTULO VII
DISPOSIÇÕES GERAIS

- Incluído pela Lei 12.015/2009.

Aumento de pena

Art. 234-A. Nos crimes previstos neste Título a pena é aumentada: (Incluído pela Lei 12.015/2009.)

I e II - (Vetados.) (Incluídos pela Lei 12.015/2009.)

III - de metade a 2/3 (dois terços), se do crime resulta gravidez; (*Redação dada pela Lei 13.718/2018*)

IV - de 1/3 (um terço) a 2/3 (dois terços), se o agente transmite à vítima doença sexualmente transmissível de que sabe ou deveria saber ser portador, ou se a vítima é idosa ou pessoa com deficiência. (*Redação dada pela Lei 13.718/2018*)

Art. 234-B. Os processos em que se apuram crimes definidos neste Título correrão em segredo de justiça. (Incluído pela Lei 12.015/2009.)

Art. 234-C. (Vetado.) (Incluído pela Lei 12.015/2009.)

TÍTULO VII
DOS CRIMES CONTRA A FAMÍLIA

CAPÍTULO I
DOS CRIMES CONTRA O CASAMENTO

Bigamia

Art. 235. Contrair alguém, sendo casado, novo casamento:

Pena - Reclusão, de dois a seis anos.

§ 1º Aquele que, não sendo casado, contrai casamento com pessoa casada, conhecendo essa circunstância, é punido com reclusão ou detenção, de um a três anos.

§ 2º Anulado por qualquer motivo o primeiro casamento, ou o outro por motivo que não a bigamia, considera-se inexistente o crime.

- arts. 1.548 a 1.563, CC/2002.

Induzimento a erro essencial e ocultação de impedimento

Art. 236. Contrair casamento, induzindo em erro essencial o outro contraente, ou ocultando-lhe impedimento que não seja casamento anterior:

Pena - Detenção, de seis meses a dois anos.

- arts. 1.517 a 1.524, CC/2002.

Parágrafo único. A ação penal depende de queixa do contraente enganado e não pode ser intentada senão depois de transitar em julgado a sentença que, por motivo de erro ou impedimento, anule o casamento.

- arts. 1.548 a 1.563, CC/2002.

Conhecimento prévio de impedimento

Art. 237. Contrair casamento, conhecendo a existência de impedimento que lhe cause a nulidade absoluta:

Pena - Detenção, de três meses a um ano.

- arts. 1.522, 1.524 e 1.530, CC/2002.

Simulação de autoridade para celebração de casamento

Art. 238. Atribuir-se falsamente autoridade para celebração de casamento:

Pena - Detenção, de um a três anos, se o fato não constitui crime mais grave.

- arts. 1.533 a 1.542, CC/2002.

Simulação de casamento

Art. 239. Simular casamento mediante engano de outra pessoa:

Pena - Detenção, de um a três anos, se o fato não constitui elemento de crime mais grave.

Adultério

Art. 240. (Revogado pela Lei 11.106/2005.)

CAPÍTULO II
DOS CRIMES CONTRA O ESTADO DE FILIAÇÃO

Registro de nascimento inexistente

Art. 241. Promover no registro civil a inscrição de nascimento inexistente:

Pena - Reclusão, de dois a seis anos.

Parto suposto. Supressão ou alteração de direito inerente ao estado civil de recém-nascido

Art. 242. Dar parto alheio como próprio; registrar como seu o filho de outrem; ocultar recém-nascido ou substituí-lo, suprimindo ou alterando direito inerente ao estado civil: (Redação dada pela Lei 6.898/1981.)

Pena - Reclusão, de dois a seis anos. (Redação dada pela Lei 6.898/1981.)

Parágrafo único. Se o crime é praticado por motivo de reconhecida nobreza: (Redação dada pela Lei 6.898/1981.)

Pena - Detenção, de um a dois anos, podendo o juiz deixar de aplicar a pena. (Redação dada pela Lei 6.898/1981.)

Sonegação de estado de filiação

Art. 243. Deixar em asilo de expostos ou outra instituição de assistência filho próprio ou alheio, ocultando-lhe a filiação ou atribuindo-lhe outra, com o fim de prejudicar direito inerente ao estado civil:

Pena - Reclusão, de um a cinco anos, e multa.

CAPÍTULO III
DOS CRIMES CONTRA A ASSISTÊNCIA FAMILIAR

Abandono material

Art. 244. Deixar, sem justa causa, de prover a subsistência do cônjuge, ou de filho menor de 18 (dezoito) anos ou inapto para o trabalho, ou de ascendente inválido ou maior de 60 (sessenta) anos, não lhes proporcionando os recursos necessários ou faltando ao pagamento de pensão alimentícia judicialmente acordada, fixada ou majorada; deixar, sem justa causa, de socorrer descendente ou ascendente, gravemente enfermo: (Redação dada pela Lei 10.741/2003.)

Pena - Detenção, de 1 (um) a 4 (quatro) anos e multa, de uma a dez vezes o maior salário-mínimo vigente no país. (Redação dada pela Lei 5.478/1968.)

Parágrafo único. Nas mesmas penas incide quem, sendo solvente, frustra ou ilide, de qualquer modo, inclusive por abandono injustificado de emprego ou função, o pagamento de pensão alimentícia judicialmente acordada, fixada ou majorada. (Incluído pela Lei 5.478/1968.)

- art. 5º, LXVII, CF.

Entrega de filho menor à pessoa inidônea

Art. 245. Entregar filho menor de 18 (dezoito) anos a pessoa em cuja companhia saiba ou deva saber que o menor fica moral ou materialmente em perigo: (Redação dada pela Lei 7.251/1984.)

Pena - Detenção, de 1 (um) a 2 (dois) anos. (Redação dada pela Lei 7.251/1984.)

§ 1º A pena é de 1 (um) a 4 (quatro) anos de reclusão, se o agente pratica delito para obter lucro, ou se o menor é enviado para o exterior. (Incluído pela Lei 7.251/1984.)

- art. 238, Lei 8.069/1990 (ECA).

§ 2º Incorre, também, na pena do parágrafo anterior quem, embora excluído o perigo moral ou material, auxilia a efetivação de ato destinado ao envio de menor para o exterior, com o fito de obter lucro. (Incluído pela Lei 7.251/1984.)

- art. 239, Lei 8.069/1990 (ECA).

Abandono intelectual

Art. 246. Deixar, sem justa causa, de prover à instrução primária de filho em idade escolar:

Pena - Detenção, de quinze dias a um mês, ou multa.

Art. 247. Permitir alguém que menor de dezoito anos, sujeito a seu poder ou confiado à sua guarda ou vigilância:

I - frequente casa de jogo ou mal-afamada, ou conviva com pessoa viciosa ou de má vida;

- art. 50, § 4º, Dec.-Lei 3.688/1941 (Lei das Contravenções Penais).

II - frequente espetáculo capaz de pervertê-lo ou de ofender-lhe o pudor, ou participe de representação de igual natureza;

- art. 240, Lei 8.069/1990 (ECA).

III - resida ou trabalhe em casa de prostituição;
IV - mendigue ou sirva a mendigo para excitar a comiseração pública:

- art. 60, Dec.-Lei 3.688/1941 (Lei das Contravenções Penais).

Pena - Detenção, de um a três meses, ou multa.

CAPÍTULO IV
DOS CRIMES CONTRA O PÁTRIO PODER, TUTELA OU CURATELA

- A expressão "pátrio poder" foi substituída por "poder familiar" no CC/2002.

Induzimento a fuga, entrega arbitrária ou sonegação de incapazes

Art. 248. Induzir menor de dezoito anos, ou interdito, a fugir do lugar em que se acha por determinação de quem sobre ele exerce autoridade, em virtude de lei ou de ordem judicial; confiar a outrem sem ordem do pai, do tutor ou do curador algum menor de dezoito anos ou interdito, ou deixar, sem justa causa, de entregá-lo a quem legitimamente o reclame:

Pena - Detenção, de um mês a um ano, ou multa.

Subtração de incapazes

Art. 249. Subtrair menor de dezoito anos ou interdito ao poder de quem o tem sob sua guarda em virtude de lei ou de ordem judicial:

Pena - Detenção, de dois meses a dois anos, se o fato não constitui elemento de outro crime.

- art. 237, Lei 8.069/1990 (ECA).

§ 1º O fato de ser o agente pai ou tutor do menor ou curador do interdito não o exime de pena, se destituído ou temporariamente privado do pátrio poder, tutela, curatela ou guarda.

- A expressão "pátrio poder" foi substituída por "poder familiar" no CC/2002.

§ 2º No caso de restituição do menor ou do interdito, se este não sofreu maus-tratos ou privações, o juiz pode deixar de aplicar pena.

TÍTULO VIII
DOS CRIMES CONTRA A INCOLUMIDADE PÚBLICA

CAPÍTULO I
DOS CRIMES DE PERIGO COMUM

Incêndio

Art. 250. Causar incêndio, expondo a perigo a vida, a integridade física ou o patrimônio de outrem:

Pena - Reclusão, de três a seis anos, e multa.

- art. 173, CPP.
- art. 268, CPM.
- art. 20, Lei 7.170/1983 (Lei da Segurança Nacional).

Aumento de pena

§ 1º As penas aumentam-se de um terço:

I - se o crime é cometido com intuito de obter vantagem pecuniária em proveito próprio ou alheio;
II - se o incêndio é:

a) em casa habitada ou destinada a habitação;

b) em edifício público ou destinado a uso público ou a obra de assistência social ou de cultura;

c) em embarcação, aeronave, comboio ou veículo de transporte coletivo;

d) em estação ferroviária ou aeródromo;

e) em estaleiro, fábrica ou oficina;

f) em depósito de explosivo, combustível ou inflamável;

g) em poço petrolífico ou galeria de mineração;

h) em lavoura, pastagem, mata ou floresta.

- art. 41, Lei 9.605/1998 (Lei dos Crimes Ambientais).

Incêndio culposo

§ 2º Se culposo o incêndio, é pena de detenção, de seis meses a dois anos.

Explosão

Art. 251. Expor a perigo a vida, a integridade física ou o patrimônio de outrem, mediante explosão, arremesso ou simples colocação de engenho de dinamite ou de substância de efeitos análogos:

Pena - Reclusão, de três a seis anos, e multa.

- art. 269, CPM.
- art. 20, Lei 7.170/1983 (Lei da Segurança Nacional).

§ 1º Se a substância utilizada não é dinamite ou explosivo de efeitos análogos:

Pena - Reclusão, de um a quatro anos, e multa.

Aumento de pena

§ 2º As penas aumentam-se de um terço, se ocorre qualquer das hipóteses previstas no § 1º, I, do artigo anterior, ou é visada ou atingida qualquer das coisas enumeradas no n. II do mesmo parágrafo.

Modalidade culposa

§ 3º No caso de culpa, se a explosão é de dinamite ou substância de efeitos análogos, a pena é de detenção, de seis meses a dois anos; nos demais casos, é de detenção, de três meses a um ano.

Uso de gás tóxico ou asfixiante

Art. 252. Expor a perigo a vida, a integridade física ou o patrimônio de outrem, usando de gás tóxico ou asfixiante:

Pena - Reclusão, de um a quatro anos, e multa.

- art. 270, CPM.
- art. 56, Lei 9.605/1998 (Lei dos Crimes Ambientais).

Modalidade Culposa

Parágrafo único. Se o crime é culposo:

Pena - Detenção, de três meses a um ano.

Fabrico, fornecimento, aquisição posse ou transporte de explosivos ou gás tóxico, ou asfixiante

Art. 253. Fabricar, fornecer, adquirir, possuir ou transportar, sem licença da autoridade, substância ou engenho explosivo, gás tóxico ou asfixiante, ou material destinado à sua fabricação:

Pena - Detenção, de seis meses a dois anos, e multa.

- art. 242, Lei 8.069/1990 (ECA).
- art. 16, p.u., III, Lei 10.826/2003 (Dispõe sobre registro, posse e comercialização de armas de fogo e munição).

Inundação

Art. 254. Causar inundação, expondo a perigo a vida, a integridade física ou o patrimônio de outrem:

Pena - Reclusão, de três a seis anos, e multa, no caso de dolo, ou detenção, de seis meses a dois anos, no caso de culpa.

- art. 272, CPM.

Perigo de inundação

Art. 255. Remover, destruir ou inutilizar, em prédio próprio ou alheio, expondo a perigo a vida, a integridade física ou o patrimônio de outrem, obstáculo natural ou obra destinada a impedir inundação:

Pena - Reclusão, de um a três anos, e multa.

- art. 273, CPM.

Desabamento ou desmoronamento

Art. 256. Causar desabamento ou desmoronamento, expondo a perigo a vida, a integridade física ou o patrimônio de outrem:

Pena - Reclusão, de um a quatro anos, e multa.

- art. 274, CPM.

Modalidade culposa

Parágrafo único. Se o crime é culposo:

Pena - Detenção, de seis meses a um ano.

Subtração, ocultação ou inutilização de material de salvamento

Art. 257. Subtrair, ocultar ou inutilizar, por ocasião de incêndio, inundação, naufrágio, ou outro desastre ou calamidade, aparelho, material ou qualquer meio destinado a serviço de combate ao perigo, de socorro ou salvamento; ou impedir ou dificultar serviço de tal natureza:

Pena - Reclusão, de dois a cinco anos, e multa.

- art. 275, CPM.

Formas qualificadas de crime de perigo comum

Art. 258. Se do crime doloso de perigo comum resulta lesão corporal de natureza grave, a pena privativa de liberdade é aumentada de metade; se resulta morte, é aplicada em dobro. No caso de culpa, se do fato resulta lesão corporal, a pena aumenta-se de metade; se resulta morte, aplica-se a pena cominada ao homicídio culposo, aumentada de um terço.

- art. 277, CPM.

Difusão de doença ou praga

Art. 259. Difundir doença ou praga que possa causar dano a floresta, plantação ou animais de utilidade econômica:

Pena - Reclusão, de dois a cinco anos, e multa.

- art. 278, CPM.
- Lei 7.347/1985 (Lei da Ação Civil Pública).
- art. 61, Lei 9.605/1998 (Lei dos Crimes Ambientais).

Modalidade culposa

Parágrafo único. No caso de culpa, a pena é de detenção, de um a seis meses, ou multa.

CAPÍTULO II
DOS CRIMES CONTRA A SEGURANÇA DOS MEIOS DE COMUNICAÇÃO E TRANSPORTE E OUTROS SERVIÇOS PÚBLICOS

Perigo de desastre ferroviário

Art. 260. Impedir ou perturbar serviço de estrada de ferro:

- art. 282, CPM.

I - destruindo, danificando ou desarranjando, total ou parcialmente, linha férrea, material rodante ou de tração, obra de arte ou instalação;

II - colocando obstáculo na linha;

III - transmitindo falso aviso acerca do movimento dos veículos ou interrompendo ou embaraçando o funcionamento de telégrafo, telefone ou radiotelegrafia;

- art. 41, Dec.-Lei 3.688/1941 (Lei das Contravenções Penais).

IV - praticando outro ato de que possa resultar desastre:

Pena - Reclusão, de dois a cinco anos, e multa.

Desastre ferroviário

§ 1º Se do fato resulta desastre:

Pena - Reclusão, de quatro a doze anos e multa.

§ 2º No caso de culpa, ocorrendo desastre:

Pena - Detenção, de seis meses a dois anos.

§ 3º Para os efeitos deste artigo, entende-se por estrada de ferro qualquer via de comunicação em que circulem veículos de tração mecânica, em trilhos ou por meio de cabo aéreo.

Atentado contra a segurança de transporte marítimo, fluvial ou aéreo

Art. 261. Expor a perigo embarcação ou aeronave, própria ou alheia, ou praticar qualquer ato tendente a impedir ou dificultar navegação marítima, fluvial ou aérea:

Pena - Reclusão, de dois a cinco anos.

- art. 283, CPM.
- art. 35, Dec.-Lei 3.688/1941 (Lei das Contravenções Penais).
- art. 15, Lei 7.170/1983 (Lei da Segurança Nacional).

Sinistro em transporte marítimo, fluvial ou aéreo

§ 1º Se do fato resulta naufrágio, submersão ou encalhe de embarcação ou a queda ou destruição de aeronave:

Pena - Reclusão, de quatro a doze anos.

Prática do crime com o fim de lucro

§ 2º Aplica-se, também, a pena de multa, se o agente pratica o crime com intuito de obter vantagem econômica, para si ou para outrem.

Modalidade culposa

§ 3º No caso de culpa, se ocorre o sinistro:

Pena - Detenção, de seis meses a dois anos.

Atentado contra a segurança de outro meio de transporte

Art. 262. Expor a perigo outro meio de transporte público, impedir-lhe ou dificultar-lhe o funcionamento:

Pena - Detenção, de um a dois anos.

- art. 284, CPM.
- art. 15, Lei 7.170/1983 (Lei da Segurança Nacional).

§ 1º Se do fato resulta desastre, a pena é de reclusão, de dois a cinco anos.

§ 2º No caso de culpa, se ocorre desastre:

Pena - Detenção, de três meses a um ano.

Forma qualificada

Art. 263. Se de qualquer dos crimes previstos nos arts. 260 a 262, no caso de desastre ou sinistro, resulta lesão corporal ou morte, aplica-se o disposto no art. 258.

- art. 285, CPM.

Arremesso de projétil

Art. 264. Arremessar projétil contra veículo, em movimento, destinado ao transporte público por terra, por água ou pelo ar:

Pena - Detenção, de um a seis meses.

- art. 286, CPM.
- art. 37, Dec.-Lei 3.688/1941 (Lei das Contravenções Penais).

Parágrafo único. Se do fato resulta lesão corporal, a pena é de detenção, de seis meses a dois anos; se resulta morte, a pena é a do art. 121, § 3º, aumentada de um terço.

Atentado contra a segurança de serviço de utilidade pública

Art. 265. Atentar contra a segurança ou o funcionamento de serviço de água, luz, força ou calor, ou qualquer outro de utilidade pública:

Pena - Reclusão, de um a cinco anos, e multa.

- art. 287, CPM.

Parágrafo único. Aumentar-se-á a pena de 1/3 (um terço) até a metade, se o dano ocorrer em virtude de subtração de material essencial ao funcionamento dos serviços. (Incluído pela Lei 5.346/1967.)

Interrupção ou perturbação de serviço telegráfico, telefônico, informático, telemático ou de informação de utilidade pública

- Alterado pela Lei 12.737/2012.

Art. 266. Interromper ou perturbar serviço telegráfico, radiotelegráfico ou telefônico, impedir ou dificultar-lhe o restabelecimento:

Pena - Detenção, de um a três anos, e multa.

- art. 288, CPM.
- art. 41, Dec.-Lei 3.688/1941 (Lei das Contravenções Penais).

§ 1º Incorre na mesma pena quem interrompe serviço telemático ou de informação de utilidade pública, ou impede ou dificulta-lhe o restabelecimento.

- Renumerado pela Lei 12.737/2012.

§ 2º Aplicam-se as penas em dobro se o crime é cometido por ocasião de calamidade pública.

- Inserido pela Lei 12.737/2012.

CAPÍTULO III
DOS CRIMES CONTRA A SAÚDE PÚBLICA

Epidemia

Art. 267. Causar epidemia, mediante a propagação de germes patogênicos:

Pena - Reclusão, de dez a quinze anos. (Redação dada pela Lei 8.072/1990.)

- art. 292, CPM.

§ 1º Se do fato resulta morte, a pena é aplicada em dobro.

- art. 5º, XLIII, CF.
- art. 394-A, CPP.
- art. 1º, III, i, Lei 7.960/1989 (Lei da Prisão Temporária).
- art. 1º, VII, Lei 8.072/1990 (Lei dos Crimes Hediondos).

§ 2º No caso de culpa, a pena é de detenção, de um a dois anos, ou, se resulta morte, de dois a quatro anos.

Infração de medida sanitária preventiva

Art. 268. Infringir determinação do Poder Público, destinada a impedir introdução ou propagação de doença contagiosa:

Pena - Detenção, de um mês a um ano, e multa.

Parágrafo único. A pena é aumentada de um terço, se o agente é funcionário da saúde pública ou exerce a profissão de médico, farmacêutico, dentista ou enfermeiro.

Omissão de notificação de doença

Art. 269. Deixar o médico de denunciar à autoridade pública doença cuja notificação é compulsória:

- art. 169, CLT.

Pena - Detenção, de seis meses a dois anos, e multa.

Envenenamento de água potável ou de substância alimentícia ou medicinal

Art. 270. Envenenar água potável, de uso comum ou particular, ou substância alimentícia ou medicinal destinada a consumo:

Pena - Reclusão, de dez a quinze anos. (Redação dada pela Lei 8.072/1990.)

- art. 5º, XLIII, CF.
- arts. 293 e 385, CPM.
- art. 1º, Lei 2.889/1956 (Lei do Crime de Genocídio).
- art. 1º, III, j, Lei 7.960/1989 (Lei da Prisão Temporária).
- art. 54, Lei 9.605/1998 (Lei dos Crimes Ambientais).

§ 1º Está sujeito à mesma pena quem entrega a consumo ou tem em depósito, para o fim de ser distribuída, a água ou a substância envenenada.

- art. 56, Lei 9.605/1998 (Lei dos Crimes Ambientais).

Modalidade culposa

§ 2º Se o crime é culposo:

Pena - Detenção, de seis meses a dois anos.

Corrupção ou poluição de água potável

Art. 271. Corromper ou poluir água potável, de uso comum ou particular, tornando-a imprópria para consumo ou nociva à saúde:

Pena - Reclusão, de dois a cinco anos.

- arts. 294 e 385, CPM.
- art. 54, Lei 9.605/1998 (Lei dos Crimes Ambientais).

Modalidade culposa

Parágrafo único. Se o crime é culposo:

Pena - Detenção, de dois meses a um ano.

Falsificação, corrupção, adulteração ou alteração de substância ou produtos alimentícios

- Redação dada pela Lei 9.677/1998.

Art. 272. Corromper, adulterar, falsificar ou alterar substância ou produto alimentício destinado a consumo, tornando-o nociva à saúde ou reduzindo-lhe o valor nutritivo: (Redação dada pela Lei 9.677/1998.)

Pena - Reclusão, de 4 (quatro) a 8 (oito) anos, e multa. (Redação dada pela Lei 9.677/1998.)

- art. 295, CPM.

§ 1º-A. Incorre nas penas deste artigo quem fabrica, vende, expõe à venda, importa, tem em depósito para vender ou, de qualquer forma, distribui ou entrega a consumo a substância alimentícia ou o produto falsificado, corrompido ou adulterado. (Incluído pela Lei 9.677/1998.)

§ 1º Está sujeito às mesmas penas quem pratica as ações previstas neste artigo em relação a bebidas, com ou sem teor alcoólico. (Redação dada pela Lei 9.677/1998.)

Modalidade culposa

§ 2º Se o crime é culposo: (Redação dada pela Lei 9.677/1998.)

Pena - Detenção, de 1 (um) a 2 (dois) anos, e multa. (Redação dada pela Lei 9.677/1998.)

Falsificação, corrupção, adulteração ou alteração de produto destinado a fins terapêuticos ou medicinais

- Lei 12.894/2013 (Prevê a atribuição da Polícia Federal para apurar os crimes de falsificação, corrupção e adulteração de medicamentos, assim como sua venda, inclusive pela internet, quando houver repercussão interestadual ou internacional).

Art. 273. Falsificar, corromper, adulterar ou alterar produto destinado a fins terapêuticos ou medicinais: (Redação dada pela Lei 9.677/1998.)

Pena - Reclusão, de 10 (dez) a 15 (quinze) anos, e multa. (Redação dada pela Lei 9.677/1998.)

- art. 394-A, CPP.
- art. 296, CPM.
- art. 1º, VII-B, Lei 8.072/1990 (Lei dos Crimes Hediondos).

§ 1º Nas mesmas penas incorre quem importa, vende, expõe à venda, tem em depósito para vender ou, de qualquer forma, distribui ou entrega a consumo o produto falsificado, corrompido, adulterado ou alterado. (Redação dada pela Lei 9.677/1998.)

- art. 394-A, CPP.

§ 1º-A. Incluem-se entre os produtos a que se refere este artigo os medicamentos, as matérias-primas, os insumos farmacêuticos, os cosméticos, os saneantes e os de uso em diagnóstico. (Incluído pela Lei 9.677/1998.)

- art. 394-A, CPP.

§ 1º-B. Está sujeito às penas deste artigo quem pratica as ações previstas no § 1º em relação a produtos em qualquer das seguintes condições: (Incluído pela Lei 9.677/1998.)

- art. 394-A, CPP.

I - sem registro, quando exigível, no órgão de vigilância sanitária competente; (Incluído pela Lei 9.677/1998.)

II - em desacordo com a fórmula constante do registro previsto no inciso anterior; (Incluído pela Lei 9.677/1998.)

III - sem as características de identidade e qualidade admitidas para a sua comercialização; (Incluído pela Lei 9.677/1998.)

IV - com redução de seu valor terapêutico ou de sua atividade; (Incluído pela Lei 9.677/1998.)

V - de procedência ignorada; (Incluído pela Lei 9.677/1998.)

VI - adquiridos de estabelecimento sem licença da autoridade sanitária competente. (Incluído pela Lei 9.677/1998.)

Modalidade culposa

§ 2º Se o crime é culposo:

Pena - Detenção, de 1 (um) a 3 (três) anos, e multa. (Redação dada pela Lei 9.677/1998.)

Emprego de processo proibido ou de substância não permitida

Art. 274. Empregar, no fabrico de produto destinado a consumo, revestimento, gaseificação artificial, matéria corante, substância aromática, antisséptica, conservadora ou qualquer outra não expressamente permitida pela legislação sanitária:

Pena - Reclusão, de 1 (um) a 5 (cinco) anos, e multa. (Redação dada pela Lei 9.677/1998.)

Invólucro ou recipiente com falsa indicação

Art. 275. Inculcar, em invólucro ou recipiente de produtos alimentícios, terapêuticos ou medicinais, a existência de substância que não se encontra em seu conteúdo ou que nele existe em quantidade menor que a mencionada: (Redação dada pela Lei 9.677/1998.)

Pena - Reclusão, de 1 (um) a 5 (cinco) anos, e multa. (Redação dada pela Lei 9.677/1998.)

Produto ou substância nas condições dos dois artigos anteriores

Art. 276. Vender, expor à venda, ter em depósito para vender ou, de qualquer forma, entregar a consumo produto nas condições dos arts. 274 e 275:

Pena - Reclusão, de 1 (um) a 5 (cinco) anos, e multa. (Redação dada pela Lei 9.677/1998.)

- art. 7º, IV, d, Lei 8.137/1990 (Lei dos Crimes Contra a Ordem Tributária, Econômica e Contra as Relações de Consumo).

Substância destinada à falsificação

Art. 277. Vender, expor à venda, ter em depósito ou ceder substância destinada à falsificação de produtos alimentícios, terapêuticos ou medicinais: (Redação dada pela Lei 9.677/1998.)

Pena - Reclusão, de 1 (um) a 5 (cinco) anos, e multa. (Redação dada pela Lei 9.677/1998.)

Outras substâncias nocivas à saúde pública

Art. 278. Fabricar, vender, expor à venda, ter em depósito para vender ou, de qualquer forma, entregar a consumo coisa ou substância nociva à saúde, ainda que não destinada à alimentação ou a fim medicinal:

Pena - Detenção, de um a três anos, e multa.

Modalidade culposa

Parágrafo único. Se o crime é culposo:

Pena - Detenção, de dois meses a um ano.

Substância avariada

Art. 279. (Revogado pela Lei 8.137/1990.)

Medicamento em desacordo com receita médica

Art. 280. Fornecer substância medicinal em desacordo com receita médica:

Pena - Detenção, de um a três anos, ou multa.

Modalidade culposa

Parágrafo único. Se o crime é culposo:

Pena - Detenção, de dois meses a um ano.

Comércio, posse ou uso de entorpecente ou substância que determine dependência física ou psíquica

Art. 281. (Revogado pela Lei 6.368/1976.)

Exercício ilegal da medicina, arte dentária ou farmacêutica

Art. 282. Exercer, ainda que a título gratuito, a profissão de médico, dentista ou farmacêutico, sem autorização legal ou excedendo-lhe os limites:

Pena - Detenção, de seis meses a dois anos.

Parágrafo único. Se o crime é praticado com o fim de lucro, aplica-se também multa.

- art. 5º, XIII, CF.
- art. 47, Dec.-Lei 3.688/1941 (Lei das Contravenções Penais).

Charlatanismo

Art. 283. Inculcar ou anunciar cura por meio secreto ou infalível:

Pena - Detenção, de três meses a um ano, e multa.

Curandeirismo

Art. 284. Exercer o curandeirismo:

I - prescrevendo, ministrando ou aplicando, habitualmente, qualquer substância;

II - usando gestos, palavras ou qualquer outro meio;

III - fazendo diagnósticos:

Pena - Detenção, de seis meses a dois anos.

Parágrafo único. Se o crime é praticado mediante remuneração, o agente fica também sujeito à multa.

Forma qualificada

Art. 285. Aplica-se o disposto no art. 258 aos crimes previstos neste Capítulo, salvo quanto ao definido no art. 267.

- art. 1º, III, j, Lei 7.960/1989 (Lei da Prisão Temporária).

TÍTULO IX
DOS CRIMES CONTRA A PAZ PÚBLICA

Incitação ao crime

Art. 286. Incitar, publicamente, a prática de crime:

Pena - Detenção, de três a seis meses, ou multa.

- arts. 155, 370 e 371, CPM.
- art. 3º, Lei 2.889/1956 (Lei do Crime de Genocídio).
- art. 23, Lei 7.170/1983 (Lei da Segurança Nacional).
- art. 20, Lei 7.716/1989 (Lei do Racismo).

Apologia de crime ou criminoso

Art. 287. Fazer, publicamente, apologia de fato criminoso ou de autor de crime:

Pena - Detenção, de três a seis meses, ou multa.

- ADPF 187 (DOU, 27.06.2011).
- art. 156, CPM.
- art. 22, Lei 7.170/1983 (Lei da Segurança Nacional).

Associação Criminosa

Art. 288. Associarem-se 3 (três) ou mais pessoas, para o fim específico de cometer crimes: (Alterado pela Lei 12.850/2013.)

Pena - reclusão, de 1 (um) a 3 (três) anos. (Alterado pela Lei 12.850/2013.)

- art. 394-A, CPP.
- arts. 149 a 152 e 154, CPM.
- art. 2º, Lei 2.889/1956 (Lei do Crime de Genocídio).
- arts. 16 e 24, Lei 7.170/1983 (Lei da Segurança Nacional).
- art. 1º, III, l, Lei 7.960/1989 (Lei da Prisão Temporária).
- art. 8º, Lei 8.072/1990 (Lei dos Crimes Hediondos).
- Lei 12.850/2013 (Define organização criminosa e dispõe sobre a investigação criminal, os meios de obtenção da prova, infrações penais correlatas e o procedimento criminal; altera o CP e revoga a Lei 9.034/1995).
- art. 1º, VII, e § 4º, Lei 9.613/1998 (Lei dos Crimes de Lavagem de Dinheiro).

Parágrafo único. A pena aumenta-se até a metade se a associação é armada ou se houver a participação de criança ou adolescente. (Alterado pela Lei 12.850/2013.)

Constituição de milícia privada

Art. 288-A. Constituir, organizar, integrar, manter ou custear organização paramilitar, milícia particular, grupo ou esquadrão com a finalidade de praticar qualquer dos crimes previstos neste Código: (Inserido pela Lei 12.720/2012)

Pena - reclusão, de 4 (quatro) a 8 (oito) anos. (Inserido pela Lei 12.720/2012)

TÍTULO X
DOS CRIMES CONTRA A FÉ PÚBLICA

- Súmulas 17, 48, 62, 73, 104, 107, 165 e 200, STJ.

CAPÍTULO I
DA MOEDA FALSA

Moeda falsa

Art. 289. Falsificar, fabricando-a ou alterando-a, moeda metálica ou papel-moeda de curso legal no país ou no estrangeiro:

Pena - Reclusão, de três a doze anos, e multa.

- arts. 43 e 44, Dec.-Lei 3.688/1941 (Lei das Contravenções Penais).
- Súm. 73, STJ.

§ 1º Nas mesmas penas incorre quem, por conta própria ou alheia, importa ou exporta, adquire, vende, troca, cede, empresta, guarda ou introduz na circulação moeda falsa.

§ 2º Quem, tendo recebido de boa-fé, como verdadeira, moeda falsa ou alterada, a restitui à circulação, depois de conhecer a falsidade, é punido com detenção, de seis meses a dois anos, e multa.

§ 3º É punido com reclusão, de três a quinze anos, e multa, o funcionário público ou diretor, gerente, ou fiscal de banco de emissão que fabrica, emite ou autoriza a fabricação ou emissão:

I - de moeda com título ou peso inferior ao determinado em lei;

II - de papel-moeda em quantidade superior à autorizada.

§ 4º Nas mesmas penas incorre quem desvia e faz circular moeda, cuja circulação não estava ainda autorizada.

Crimes assimilados ao de moeda falsa

Art. 290. Formar cédula, nota ou bilhete representativo de moeda com fragmentos de cédulas, notas ou bilhetes verdadeiros; suprimir, em nota, cédula ou bilhete recolhidos, para o fim de restituí-los à circulação, sinal indicativo de sua inutilização; restituir à circulação cédula, nota ou bilhete em tais condições, ou já recolhidos para o fim de inutilização:

Pena - Reclusão, de dois a oito anos, e multa.

Parágrafo único. O máximo da reclusão é elevado a doze anos e multa, se o crime é cometido por funcionário que trabalha na repartição onde o dinheiro se achava recolhido, ou nela tem fácil ingresso, em razão do cargo.

Petrechos para falsificação de moeda

Art. 291. Fabricar, adquirir, fornecer, a título oneroso ou gratuito, possuir ou guardar maquinismo, aparelho, instrumento ou qualquer objeto especialmente destinado à falsificação de moeda:

Pena - Reclusão, de dois a seis anos, e multa.

Emissão de título ao portador sem permissão legal

Art. 292. Emitir, sem permissão legal, nota, bilhete, ficha, vale ou título que contenha promessa de pagamento em dinheiro ao portador ou a que falte indicação do nome da pessoa a quem deva ser pago:

Pena - Detenção, de um a seis meses, ou multa.

Parágrafo único. Quem recebe ou utiliza como dinheiro qualquer dos documentos referidos neste artigo incorre na pena de detenção, de quinze dias a três meses, ou multa.

CAPÍTULO II
DA FALSIDADE DE TÍTULOS E OUTROS PAPÉIS PÚBLICOS

Falsificação de papéis públicos

Art. 293. Falsificar, fabricando-os ou alterando-os:

I - selo destinado a controle tributário, papel selado ou qualquer papel de emissão legal destinado à arrecadação de tributo; (Redação dada pela Lei 11.035/2004.)

- art. 36, Lei 6.538/1978 (Dispõe sobre os serviços postais).

II - papel de crédito público que não seja moeda de curso legal;

- art. 36, Lei 6.538/1978 (Dispõe sobre os serviços postais).

III - vale postal;

- art. 36, Lei 6.538/1978 (Dispõe sobre os serviços postais).

IV - cautela de penhor, caderneta de depósito de caixa econômica ou de outro estabelecimento mantido por entidade de direito público;

V - talão, recibo, guia, alvará ou qualquer outro documento relativo a arrecadação de rendas públicas ou a depósito ou caução por que o Poder Público seja responsável;

VI - bilhete, passe ou conhecimento de empresa de transporte administrada pela União, por Estado ou por Município:

Pena - Reclusão, de dois a oito anos, e multa.

§ 1º Incorre na mesma pena quem: (Redação dada pela Lei 11.035/2004.)

- art. 36, Lei 6.538/1978 (Dispõe sobre os serviços postais).

I - usa, guarda, possui ou detém qualquer dos papéis falsificados a que se refere este artigo; (Incluído pela Lei 11.035/2004.)

II - importa, exporta, adquire, vende, troca, cede, empresta, guarda, fornece ou restitui à circulação selo falsificado destinado a controle tributário; (Incluído pela Lei 11.035/2004.)

III - importa, exporta, adquire, vende, expõe à venda, mantém em depósito, guarda, troca, cede, empresta, fornece, porta ou, de qualquer forma, utiliza em proveito próprio ou alheio, no exercício de atividade comercial ou industrial, produto ou mercadoria: (Incluído pela Lei 11.035/2004.)

a) em que tenha sido aplicado selo que se destine a controle tributário, falsificado; (Incluído pela Lei 11.035/2004.)

b) sem selo oficial, nos casos em que a legislação tributária determina a obrigatoriedade de sua aplicação. (Incluído pela Lei 11.035/2004.)

- art. 36, Lei 6.538/1978 (Dispõe sobre os serviços postais).

§ 2º Suprimir, em qualquer desses papéis, quando legítimos, com o fim de torná-los novamente utilizáveis, carimbo ou sinal indicativo de sua inutilização:

Pena - Reclusão, de um a quatro anos, e multa.

- art. 37, Lei 6.538/1978 (Dispõe sobre os serviços postais).

§ 3º Incorre na mesma pena quem usa, depois de alterado, qualquer dos papéis a que se refere o parágrafo anterior.

§ 4º Quem usa ou restitui à circulação, embora recibo de boa-fé, qualquer dos papéis falsificados ou alterados, a que se referem este artigo e o seu § 2º, depois de conhecer a falsidade ou alteração, incorre na pena de detenção, de seis meses a dois anos, ou multa.

- Transcrito conforme publicação oficial. Entendemos que o correto deve ser "recebido de boa-fé", e não "recibo de boa-fé".

§ 5º Equipara-se a atividade comercial, para os fins do inciso III do § 1º, qualquer forma de comércio irregular ou clandestino, inclusive o exercido em vias, praças ou outros logradouros públicos e em residências. (Incluído pela Lei 11.035/2004.)

Petrechos de falsificação

Art. 294. Fabricar, adquirir, fornecer, possuir ou guardar objeto especialmente destinado à falsificação de qualquer dos papéis referidos no artigo anterior:

Pena - Reclusão, de um a três anos, e multa.

- art. 38, Lei 6.538/1978 (Dispõe sobre os serviços postais).

Art. 295. Se o agente é funcionário público, e comete o crime prevalecendo-se do cargo, aumenta-se a pena de sexta parte.

CAPÍTULO III
DA FALSIDADE DOCUMENTAL

Falsificação do selo ou sinal público

Art. 296. Falsificar, fabricando-os ou alterando-os:

I - selo público destinado a autenticar atos oficiais da União, de Estado ou de Município;

II - selo ou sinal atribuído por lei a entidade de direito público, ou a autoridade, ou sinal público de tabelião:

Pena - Reclusão, de dois a seis anos, e multa.

§ 1º Incorre nas mesmas penas:

I - quem faz uso do selo ou sinal falsificado;

II - quem utiliza indevidamente o selo ou sinal verdadeiro em prejuízo de outrem ou em proveito próprio ou alheio.

III - quem altera, falsifica ou faz uso indevido de marcas, logotipos, siglas ou quaisquer outros símbolos utilizados ou identificadores de órgãos ou entidades da Administração Pública. (Incluído pela Lei 9.983/2000.)

§ 2º Se o agente é funcionário público, e comete o crime prevalecendo-se do cargo, aumenta-se a pena de sexta parte.

Falsificação de documento público

Art. 297. Falsificar, no todo ou em parte, documento público, ou alterar documento público verdadeiro:

Pena - Reclusão, de dois a seis anos, e multa.

- art. 311, CPM.
- art. 348, CE.
- art. 5º, § 1º, IV, a, Lei 13.254/2016 (Dispõe sobre o Regime Especial de Regularização Cambial e Tributária (RERCT) de recursos, bens ou direitos de origem lícita, não declarados ou declarados incorretamente, remetidos, mantidos no exterior ou repatriados por residentes ou domiciliados no País).

§ 1º Se o agente é funcionário público, e comete o crime prevalecendo-se do cargo, aumenta-se a pena de sexta parte.

§ 2º Para os efeitos penais, equiparam-se a documento público o emanado de entidade paraestatal, o título ao portador ou transmissível por endosso, as ações de sociedade comercial, os livros mercantis e o testamento particular.

§ 3º Nas mesmas penas incorre quem insere ou faz inserir: (Incluído pela Lei 9.983/2000.)

I - na folha de pagamento ou em documento de informações que seja destinado a fazer prova perante a previdência social, pessoa que não possua a qualidade de segurado obrigatório; (Incluído pela Lei 9.983/2000.)

II - na Carteira de Trabalho e Previdência Social do empregado ou em documento que deva produzir efeito perante a previdência social, declaração falsa ou diversa da que deveria ter sido escrita; (Incluído pela Lei 9.983/2000.)

III - em documento contábil ou em qualquer outro documento relacionado com as obrigações da empresa perante a previdência social, declaração falsa ou diversa da que deveria ter constado. (Incluído pela Lei 9.983/2000.)

§ 4º Nas mesmas penas incorre quem omite, nos documentos mencionados no § 3º, nome do segurado e seus dados pessoais, a remuneração, a vigência do contrato de trabalho ou de prestação de serviços. (Incluído pela Lei 9.983/2000.)

Falsificação de documento particular

Art. 298. Falsificar, no todo ou em parte, documento particular ou alterar documento particular verdadeiro:

Pena - Reclusão, de um a cinco anos, e multa.

- art. 311, CPM.
- art. 349, CE.
- art. 1º, III e IV, Lei 8.137/1990 (Lei dos Crimes Contra a Ordem Tributária, Econômica e Contra as Relações de Consumo).
- art. 5º, § 1º, IV, b, Lei 13.254/2016 (Dispõe sobre o Regime Especial de Regularização Cambial e Tributária (RERCT) de recursos, bens ou direitos de origem lícita, não declarados ou declarados incorretamente, remetidos, mantidos no exterior ou repatriados por residentes ou domiciliados no País).

Falsificação de cartão

- Inserido pela Lei 12.737/2012.

Parágrafo único. Para fins do disposto no *caput*, equipara-se a documento particular o cartão de crédito ou débito.

- Inserido pela Lei 12.737/2012.

Falsidade ideológica

Art. 299. Omitir, em documento público ou particular, declaração que dele devia constar, ou nele inserir ou fazer inserir declaração falsa ou diversa da que devia ser escrita, com o fim de prejudicar direito, criar obrigação ou alterar a verdade sobre fato juridicamente relevante:

Pena - Reclusão, de um a cinco anos, e multa, se o documento é público, e reclusão de um a três anos, e multa, se o documento é particular.

- art. 312, CPM.
- art. 315, CE.
- V. Lei 13.445/2017 (Institui a Lei de Migração).
- arts. 9º e 10, Lei 7.492/1986 (Lei dos Crimes Contra o Sistema Financeiro Nacional).
- art. 168, *caput* e § 1º, Lei 11.101/2005 (Lei de Recuperação de Empresas e Falências).

Parágrafo único. Se o agente é funcionário público, e comete o crime prevalecendo-se do cargo, ou se a falsificação ou alteração é de assentamento de registro civil, aumenta-se a pena de sexta parte.

- art. 350, CE.

Falso reconhecimento de firma ou letra

Art. 300. Reconhecer, como verdadeira, no exercício de função pública, firma ou letra que o não seja:

Pena - Reclusão, de um a cinco anos, e multa, se o documento é público; e de um a três anos, e multa, se o documento é particular.

- art. 352, CE.

Certidão ou atestado ideologicamente falso

Art. 301. Atestar ou certificar falsamente, em razão de função pública, fato ou circunstância que habilite alguém a obter cargo público, isenção de ônus ou de serviço de caráter público, ou qualquer outra vantagem:

Pena - Detenção, de dois meses a um ano.

- art. 314, CPM.

Falsidade material de atestado ou certidão

§ 1º Falsificar, no todo ou em parte, atestado ou certidão, ou alterar o teor de certidão ou de atestado verdadeiro, para prova de fato ou circunstância que habilite alguém a obter cargo público, isenção de ônus ou de serviço de caráter público, ou qualquer outra vantagem:

Pena - Detenção, de três meses a dois anos.

§ 2º Se o crime é praticado com o fim de lucro, aplica-se, além da pena privativa de liberdade, a de multa.

Falsidade de atestado médico

Art. 302. Dar o médico, no exercício da sua profissão, atestado falso:

Pena - Detenção, de um mês a um ano.

- art. 47, Dec.-Lei 3.688/1941 (Lei das Contravenções Penais).

Parágrafo único. Se o crime é cometido com o fim de lucro, aplica-se também multa.

Reprodução ou adulteração de selo ou peça filatélica

Art. 303. Reproduzir ou alterar selo ou peça filatélica que tenha valor para coleção, salvo quando a reprodução ou a alteração está visivelmente anotada na face ou no verso do selo ou peça:

Pena - Detenção, de um a três anos, e multa.

- art. 39, Lei 6.538/1978 (Dispõe sobre os serviços postais).

Parágrafo único. Na mesma pena incorre quem, para fins de comércio, faz uso do selo ou peça filatélica.

Uso de documento falso

Art. 304. Fazer uso de qualquer dos papéis falsificados ou alterados, a que se referem os arts. 297 a 302:

Pena - A cominada à falsificação ou à alteração.

- art. 315, CPM.
- art. 14, Lei 7.492/1986 (Lei dos Crimes Contra o Sistema Financeiro Nacional).
- art. 5º, § 1º, IV, d, Lei 13.254/2016 (Dispõe sobre o Regime Especial de Regularização Cambial e Tributária (RERCT) de recursos, bens ou direitos de origem lícita, não declarados ou declarados incorretamente, remetidos, mantidos no exterior ou repatriados por residentes ou domiciliados no País).
- Súmulas 104 e 200, STJ.

Supressão de documento

Art. 305. Destruir, suprimir ou ocultar, em benefício próprio ou de outrem, ou em prejuízo alheio, documento público ou particular verdadeiro, de que não podia dispor:

Pena - Reclusão, de dois a seis anos, e multa, se o documento é público, e reclusão, de um a cinco anos, e multa, se o documento é particular.

- art. 316, CPM.
- art. 168, *caput* e § 1º, Lei 11.101/2005 (Lei de Recuperação de Empresas e Falências).

CAPÍTULO IV
DE OUTRAS FALSIDADES

Falsificação do sinal empregado no contraste de metal precioso ou na fiscalização alfandegária, ou para outros fins

Art. 306. Falsificar, fabricando-o ou alterando-o, marca ou sinal empregado pelo Poder Público no contraste de metal precioso ou na fiscalização alfandegária, ou usar marca ou sinal dessa natureza, falsificado por outrem:

Pena - Reclusão, de dois a seis anos, e multa.

Parágrafo único. Se a marca ou sinal falsificado é o que usa a autoridade pública para o fim de fiscalização sanitária, ou para autenticar ou encerrar determinados objetos, ou comprovar o cumprimento de formalidade legal:

Pena - Reclusão ou detenção, de um a três anos, e multa.

Falsa identidade

Art. 307. Atribuir-se ou atribuir a terceiro falsa identidade para obter vantagem, em proveito próprio ou alheio, ou para causar dano a outrem:

Pena - Detenção, de três meses a um ano, ou multa, se o fato não constitui elemento de crime mais grave.

- art. 318, CPM.
- arts. 45 e 46, Dec.-Lei 3.688/1941 (Lei das Contravenções Penais).
- Súm. 522, STJ.

Art. 308. Usar, como próprio, passaporte, título de eleitor, caderneta de reservista ou qualquer documento de identidade alheia ou ceder a outrem, para que dele se utilize, documento dessa natureza, próprio ou de terceiro:

Pena - Detenção, de quatro meses a dois anos, e multa, se o fato não constitui elemento de crime mais grave.

- art. 317, CPM.
- arts. 45 e 46, Dec.-Lei 3.688/1941 (Lei das Contravenções Penais).
- Súmula 200, STJ.

Fraude de lei sobre estrangeiro

Art. 309. Usar o estrangeiro, para entrar ou permanecer no território nacional, nome que não é o seu:

Pena - Detenção, de um a três anos, e multa.

Parágrafo único. Atribuir a estrangeiro falsa qualidade para promover-lhe a entrada em território nacional: (Incluído pela Lei 9.426/1996.)

Pena - Reclusão, de um a quatro anos, e multa. (Incluído pela Lei 9.426/1996.)

Art. 310. Prestar-se a figurar como proprietário ou possuidor de ação, título ou valor pertencente a estrangeiro, nos casos em que a este é vedada por lei a propriedade ou a posse de tais bens: (Redação dada pela Lei 9.426/1996.)

Pena - Detenção, de seis meses a três anos, e multa. (Redação dada pela Lei 9.426/1996.)

Adulteração de sinal identificador de veículo automotor

- Redação dada pela Lei 9.426/1996.

Art. 311. Adulterar ou remarcar número de chassi ou qualquer sinal identificador de veículo automotor, de seu componente ou equipamento: (Redação dada pela Lei 9.426/1996.)

Pena - Reclusão, de três a seis anos, e multa. (Redação dada pela Lei 9.426/1996.)

§ 1º Se o agente comete o crime no exercício da função pública ou em razão dela, a pena é aumentada de um terço. (Incluído pela Lei 9.426/1996.)

§ 2º Incorre nas mesmas penas o funcionário público que contribui para o licenciamento ou registro do veículo remarcado ou adulterado, fornecendo indevidamente material ou informação oficial. (Incluído pela Lei 9.426/1996.)

CAPÍTULO V

- Acrescentado pela Lei 12.550/2011.

DAS FRAUDES EM CERTAMES DE INTERESSE PÚBLICO

Fraudes em certames de interesse público

Art. 311-A. Utilizar ou divulgar, indevidamente, com o fim de beneficiar a si ou a outrem, ou de comprometer a credibilidade do certame, conteúdo sigiloso de:

I - concurso público;

II - avaliação ou exame públicos;

III - processo seletivo para ingresso no ensino superior; ou

IV - exame ou processo seletivo previstos em lei:

Pena - Reclusão, de 1 (um) a 4 (quatro) anos, e multa.

§ 1º Nas mesmas penas incorre quem permite ou facilita, por qualquer meio, o acesso de pessoas não autorizadas às informações mencionadas no *caput*.

§ 2º Se da ação ou omissão resulta dano à administração pública:

Pena - Reclusão, de 2 (dois) a 6 (seis) anos, e multa.

§ 3º Aumenta-se a pena de 1/3 (um terço) se o fato é cometido por funcionário público.

TÍTULO XI DOS CRIMES CONTRA A ADMINISTRAÇÃO PÚBLICA

CAPÍTULO I DOS CRIMES PRATICADOS POR FUNCIONÁRIO PÚBLICO CONTRA A ADMINISTRAÇÃO EM GERAL

Peculato

Art. 312. Apropriar-se o funcionário público de dinheiro, valor ou qualquer outro bem móvel, público ou particular, de que tem a posse em razão do cargo, ou desviá-lo, em proveito próprio ou alheio:

Pena - Reclusão, de dois a doze anos, e multa.

- art. 303, CPM.
- art. 1º, I, Dec.-Lei 201/1967 (Lei de Responsabilidade dos Prefeitos e Vereadores).
- art. 5º, Lei 7.492/1986 (Lei dos Crimes Contra o Sistema Financeiro Nacional).
- art. 173, Lei 11.101/2005 (Lei de Recuperação de Empresas e Falências).
- Súm 599 do STJ.

§ 1º Aplica-se a mesma pena, se o funcionário público, embora não tendo a posse do dinheiro, valor ou bem, o subtrai, ou concorre para que seja subtraído, em proveito próprio ou alheio, valendo-se de facilidade que lhe proporciona a qualidade de funcionário.

Peculato culposo

§ 2º Se o funcionário concorre culposamente para o crime de outrem:

Pena - Detenção, de três meses a um ano.

§ 3º No caso do parágrafo anterior, a reparação do dano, se precede à sentença irrecorrível, extingue a punibilidade; se lhe é posterior, reduz de metade a pena imposta.

Peculato mediante erro de outrem

Art. 313. Apropriar-se de dinheiro ou qualquer utilidade que, no exercício do cargo, recebeu por erro de outrem:

Pena - Reclusão, de um a quatro anos, e multa.

- art. 304, CPM.

Inserção de dados falsos em sistema de informações

- Incluído pela Lei 9.983/2000.

Art. 313-A. Inserir ou facilitar, o funcionário autorizado, a inserção de dados falsos, alterar ou excluir indevidamente dados corretos nos sistemas informatizados ou bancos de dados da Administração Pública com o fim de obter vantagem indevida para si ou para outrem ou para causar dano: (Incluído pela Lei 9.983/2000.)

Pena - Reclusão, de 2 (dois) a 12 (doze) anos, e multa. (Incluído pela Lei 9.983/2000.)

Modificação ou alteração não autorizada de sistema de informações

Art. 313-B. Modificar ou alterar, o funcionário, sistema de informações ou programa de informática sem autorização ou solicitação de autoridade competente: (Incluído pela Lei 9.983/2000.)

Pena - Detenção, de 3 (três) meses a 2 (dois) anos, e multa. (Incluído pela Lei 9.983/2000.)

Parágrafo único. As penas são aumentadas de um terço até a metade se da modificação ou alteração resulta dano para a Administração Pública ou para o administrado. (Incluído pela Lei 9.983/2000.)

Extravio, sonegação ou inutilização de livro ou documento

Art. 314. Extraviar livro oficial ou qualquer documento, de que tem a guarda em razão do cargo; sonegá-lo ou inutilizá-lo, total ou parcialmente:

Pena - Reclusão, de um a quatro anos, se o fato não constitui crime mais grave.

- art. 337, CPM.

Emprego irregular de verbas ou rendas públicas

Art. 315. Dar às verbas ou rendas públicas aplicação diversa da estabelecida em lei:

Pena - Detenção, de um a três meses, ou multa.

- art. 331, CPM.
- art. 1º, II, Dec.-Lei 201/1967 (Lei de Responsabilidade dos Prefeitos e Vereadores).

Concussão

Art. 316. Exigir, para si ou para outrem, direta ou indiretamente, ainda que fora da função ou antes de assumi-la, mas em razão dela, vantagem indevida:

Pena- reclusão, de 2 (dois) a 12 (doze) anos, e multa. (Redação dada pela Lei 13.964/2019)

- art. 438, CPP.
- art. 305, CPM.
- art. 1º, V, Lei 9.613/1998 (Lei dos Crimes de Lavagem de Dinheiro).

Excesso de exação

§ 1º Se o funcionário exige tributo ou contribuição social que sabe ou deveria saber indevido, ou, quando devido, emprega na cobrança meio vexatório ou gravoso, que a lei não autoriza: (Redação dada pela Lei 8.137/1990 .)

Pena - Reclusão, de 3 (três) a 8 (oito) anos, e multa. (Redação dada pela Lei 8.137/1990 .)

- art. 306, CPM.
- art. 3º, II, Lei 8.137/1990 (Lei dos Crimes Contra a Ordem Tributária, Econômica e Contra as Relações de Consumo).

§ 2º Se o funcionário desvia, em proveito próprio ou de outrem, o que recebeu indevidamente para recolher aos cofres públicos:

Pena - Reclusão, de dois a doze anos, e multa.

Corrupção passiva

Art. 317. Solicitar ou receber, para si ou para outrem, direta ou indiretamente, ainda que fora da função ou antes de assumi-la, mas em razão dela, vantagem indevida, ou aceitar promessa de tal vantagem:

Pena - Reclusão, de 2 (dois) a 12 (doze) anos, e multa. (Redação dada pela Lei 10.763/2003.)

- art. 438, CPP
- art. 308, CPM.

§ 1º A pena é aumentada de um terço, se, em consequência da vantagem ou promessa, o funcionário retarda ou deixa de praticar qualquer ato de ofício ou o pratica infringindo dever funcional.

§ 2º Se o funcionário pratica, deixa de praticar ou retarda ato de ofício, com infração de dever funcional, cedendo a pedido ou influência de outrem:

Pena - Detenção, de três meses a um ano, ou multa.

Facilitação de contrabando ou descaminho

Art. 318. Facilitar, com infração de dever funcional, a prática de contrabando ou descaminho (art. 334):

- Súm. 560, STF.
- Súm. 151, STJ.

Pena - Reclusão, de 3 (três) a 8 (oito) anos, e multa. (Redação dada pela Lei 8.137/1990.)

Prevaricação

Art. 319. Retardar ou deixar de praticar, indevidamente, ato de ofício, ou praticá-lo contra disposição expressa de lei, para satisfazer interesse ou sentimento pessoal:

Pena - Detenção, de três meses a um ano, e multa.

- art. 438, CPP
- art. 319, CPM.
- art. 345, CE.
- art. 10, § 4º, Lei 1.521/1951 (Lei dos Crimes Contra a Economia Popular).
- art. 23, Lei 7.492/1986 (Lei dos Crimes Contra o Sistema Financeiro Nacional).

Art. 319-A. Deixar o Diretor de Penitenciária e/ou agente público, de cumprir seu dever de vedar ao preso o acesso a aparelho telefônico, de rádio ou similar, que permita a comunicação com outros presos ou com o ambiente externo: (Incluído pela Lei 11.466/2007.)

Pena: Detenção, de 3 (três) meses a 1 (um) ano.

- art. 50, VII, Lei 7.210/1984 (Lei de Execuções Penais).
- Súm. 441, STJ.

Condescendência criminosa

Art. 320. Deixar o funcionário, por indulgência, de responsabilizar subordinado que cometeu infração no exercício do cargo ou, quando lhe falte competência, não levar o fato ao conhecimento da autoridade competente:

Pena - Detenção, de quinze dias a um mês, ou multa.

- art. 322, CPM.
- art. 9º, 3, Lei 1.079/1950 (Define os crimes de responsabilidade e regula o respectivo processo de julgamento).
- Súm. Vinc. 46, STF.

Advocacia administrativa

Art. 321. Patrocinar, direta ou indiretamente, interesse privado perante a administração pública, valendo-se da qualidade de funcionário:

Pena - Detenção, de um a três meses, ou multa.

- art. 334, CPM.
- art. 3º, III, Lei 8.137/1990 (Lei dos Crimes Contra a Ordem Tributária, Econômica e Contra as Relações de Consumo).

Parágrafo único. Se o interesse é ilegítimo:

Pena - Detenção, de três meses a um ano, além da multa.

Violência arbitrária

Art. 322. Praticar violência, no exercício de função ou a pretexto de exercê-la:

Pena - Detenção, de seis meses a três anos, além da pena correspondente à violência.

- art. 333, CPM.
- art. 21, Dec.-Lei 3.688/1941 (Lei das Contravenções Penais).

Abandono de função

Art. 323. Abandonar cargo público, fora dos casos permitidos em lei:

Pena - Detenção, de quinze dias a um mês, ou multa.

- art. 344, CE.
- art. 330, CPM.

§ 1º Se do fato resulta prejuízo público:

Pena - Detenção, de três meses a um ano, e multa.

§ 2º Se o fato ocorre em lugar compreendido na faixa de fronteira:

Pena - Detenção, de um a três anos, e multa.

Exercício funcional ilegalmente antecipado ou prolongado

Art. 324. Entrar no exercício de função pública antes de satisfeitas as exigências legais, ou continuar a exercê-la, sem autorização, depois de saber oficialmente que foi exonerado, removido, substituído ou suspenso:

Pena - Detenção, de quinze dias a um mês, ou multa.

- art. 329, CPM.

Violação de sigilo funcional

Art. 325. Revelar fato de que tem ciência em razão do cargo e que deva permanecer em segredo, ou facilitar-lhe a revelação:

Pena - Detenção, de seis meses a dois anos, ou multa, se o fato não constitui crime mais grave.

- art. 326, CPM.

§ 1º Nas mesmas penas deste artigo incorre quem: (Incluído pela Lei 9.983/2000.)

I - permite ou facilita, mediante atribuição, fornecimento e empréstimo de senha ou qualquer outra forma, o acesso de pessoas não autorizadas a sistemas de informações ou banco de dados da Administração Pública; (Incluído pela Lei 9.983/2000.)

II - se utiliza, indevidamente, do acesso restrito. (Incluído pela Lei 9.983/2000.)

§ 2º Se da ação ou omissão resulta dano à Administração Pública ou a outrem: (Incluído pela Lei 9.983/2000.)

Pena - Reclusão, de 2 (dois) a 6 (seis) anos, e multa. (Incluído pela Lei 9.983/2000.)

Violação do sigilo de proposta de concorrência

Art. 326. Devassar o sigilo de proposta de concorrência pública, ou proporcionar a terceiro o ensejo de devassá-lo:

Pena - Detenção, de três meses a um ano, e multa.

- art. 327, CPM.

Funcionário público

Art. 327. Considera-se funcionário público, para os efeitos penais, quem, embora transitoriamente ou sem remuneração, exerce cargo, emprego ou função pública.

§ 1º Equipara-se a funcionário público quem exerce cargo, emprego ou função em entidade paraestatal, e quem trabalha para empresa prestadora de serviço contratada ou conveniada para a execução de atividade típica da Administração Pública. (Incluído pela Lei 9.983/2000.)

§ 2º A pena será aumentada da terça parte quando os autores dos crimes previstos neste Capítulo forem ocupantes de cargos em comissão ou de função de direção ou assessoramento de órgão da administração direta, sociedade de economia mista, empresa pública ou fundação instituída pelo Poder Público. (Incluído pela Lei 6.799/1980.)

- Lei 13.303/2016 (Dispõe sobre o estatuto jurídico da empresa pública, da sociedade de economia mista e de suas subsidiárias, no âmbito da União, dos Estados, do Distrito Federal e dos Municípios).

CAPÍTULO II
DOS CRIMES PRATICADOS POR PARTICULAR CONTRA A ADMINISTRAÇÃO EM GERAL

Usurpação de função pública

Art. 328. Usurpar o exercício de função pública:

Pena - Detenção, de três meses a dois anos, e multa.

- art. 335, CPM.
- arts. 45 a 47, Dec.-Lei 3.688/1941 (Lei das Contravenções Penais).

Parágrafo único. Se do fato o agente aufere vantagem:

Pena - Reclusão, de dois a cinco anos, e multa.

Resistência

Art. 329. Opor-se à execução de ato legal, mediante violência ou ameaça a funcionário competente para executá-lo ou a quem lhe esteja prestando auxílio:

Pena - Detenção, de dois meses a dois anos.

- arts. 284, 292 e 795, p.u., CPP.
- art. 177, CPM.

§ 1º Se o ato, em razão da resistência, não se executa:

Pena - Reclusão, de um a três anos.

§ 2º As penas deste artigo são aplicáveis sem prejuízo das correspondentes à violência.

Desobediência

Art. 330. Desobedecer à ordem legal de funcionário público:

Pena - Detenção, de quinze dias a seis meses, e multa.

- arts. 163, p.u., 245, § 2º, e 656, p.u., CPP.
- arts. 301 e 349, CPM.
- art. 12, Lei 1.079/1950 (Define os crimes de responsabilidade e regula o respectivo processo de julgamento).
- Súm. Vinc. 46, STF.

Desacato

Art. 331. Desacatar funcionário público no exercício da função ou em razão dela:

Pena - Detenção, de seis meses a dois anos, ou multa.

- art. 292, CPP.
- arts. 298 a 300 e 341, CPM.

Tráfico de Influência (Redação dada pela Lei 9.127/1995.)

Art. 332. Solicitar, exigir, cobrar ou obter, para si ou para outrem, vantagem ou promessa de vantagem, a pretexto de influir em ato praticado por funcionário público no exercício da função: (Redação dada pela Lei 9.127/1995.)

Pena - Reclusão, de 2 (dois) a 5 (cinco) anos, e multa. (Redação dada pela Lei 9.127/1995.)

- art. 357 deste Código.
- art. 336, CPM.

Parágrafo único. A pena é aumentada da metade, se o agente alega ou insinua que a vantagem é também destinada ao funcionário. (Redação dada pela Lei 9.127/1995.)

Corrupção ativa

Art. 333. Oferecer ou prometer vantagem indevida a funcionário público, para determiná-lo a praticar, omitir ou retardar ato de ofício:

Pena - Reclusão, de 2 (dois) a 12 (doze) anos, e multa. (Redação dada pela Lei 10.763/2003.)

- art. 299, CE.
- art. 309, CPM.
- art. 6º, 2, Lei 1.079/1950 (Define os crimes de responsabilidade e regula o respectivo processo de julgamento).
- art. 1º, V, Lei 4.729/1965 (Lei do Crime de Sonegação Fiscal).
- Súm. Vinc. 46, STF.

Parágrafo único. A pena é aumentada de um terço, se, em razão da vantagem ou promessa, o funcionário retarda ou omite ato de ofício, ou o pratica infringindo dever funcional.

Descaminho

- (Redação dada pela Lei 13.008/2014.)

Art. 334. Iludir, no todo ou em parte, o pagamento de direito ou imposto devido pela entrada, pela saída ou pelo consumo de mercadoria: (Redação dada pela Lei 13.008/2014.)

- Súm. 560, STF.
- Súm. 151, STJ.

Pena - reclusão, de 1 (um) a 4 (quatro) anos. (Redação dada pela Lei 13.008/2014.)

§ 1º Incorre na mesma pena quem: (Redação dada pela Lei 13.008/2014.)

I - pratica navegação de cabotagem, fora dos casos permitidos em lei; (Redação dada pela Lei 13.008/2014.)

II - pratica fato assimilado, em lei especial, a descaminho; (Redação dada pela Lei 13.008/2014.)

III - vende, expõe à venda, mantém em depósito ou, de qualquer forma, utiliza em proveito próprio ou alheio, no exercício de atividade comercial ou industrial, mercadoria de procedência estrangeira que introduziu clandestinamente no País ou importou fraudulentamente ou que sabe ser produto de introdução clandestina no território nacional ou de importação fraudulenta por parte de outrem; (Redação dada pela Lei 13.008/2014.)

IV - adquire, recebe ou oculta, em proveito próprio ou alheio, no exercício de atividade comercial ou industrial, mercadoria de procedência estrangeira, desacompanhada de documentação legal ou acompanhada de documentos que sabe serem falsos. (Redação dada pela Lei 13.008/2014.)

§ 2º Equipara-se às atividades comerciais, para os efeitos deste artigo, qualquer forma de comércio irregular ou clandestino de mercadorias estrangeiras, inclusive o exercido em residências. (Redação dada pela Lei 13.008/2014.)

§ 3º A pena aplica-se em dobro se o crime de descaminho é praticado em transporte aéreo, marítimo ou fluvial. (Redação dada pela Lei 13.008/2014.)

Contrabando

- (Redação dada pela Lei 13.008/2014.)

Art. 334-A. Importar ou exportar mercadoria proibida: (Acrescentado pela Lei 13.008/2014.)

Pena - reclusão, de 2 (dois) a 5 (cinco) anos. (Acrescentado pela Lei 13.008/2014.)

§ 1º Incorre na mesma pena quem: (Acrescentado pela Lei 13.008/2014.)

I - pratica fato assimilado, em lei especial, a contrabando; (Acrescentado pela Lei 13.008/2014.)

II - importa ou exporta clandestinamente mercadoria que dependa de registro, análise ou autorização de órgão público competente; (Acrescentado pela Lei 13.008/2014.)

III - reinsere no território nacional mercadoria brasileira destinada à exportação; (Acrescentado pela Lei 13.008/2014.)

IV - vende, expõe à venda, mantém em depósito ou, de qualquer forma, utiliza em proveito próprio ou alheio, no exercício de atividade comercial ou industrial, mercadoria proibida pela lei brasileira; (Acrescentado pela Lei 13.008/2014.)

V - adquire, recebe ou oculta, em proveito próprio ou alheio, no exercício de atividade comercial ou industrial, mercadoria proibida pela lei brasileira. (Acrescentado pela Lei 13.008/2014.)

§ 2º Equipara-se às atividades comerciais, para os efeitos deste artigo, qualquer forma de comércio irregular ou clandestino de mercadorias estrangeiras, inclusive o exercido em residências. (Acrescentado pela Lei 13.008/2014.)

§ 3º A pena aplica-se em dobro se o crime de contrabando é praticado em transporte aéreo, marítimo ou fluvial. (Acrescentado pela Lei 13.008/2014.)

Impedimento, perturbação ou fraude de concorrência

Art. 335. Impedir, perturbar ou fraudar concorrência pública ou venda em hasta pública, promovida pela administração federal, estadual ou municipal, ou por entidade paraestatal; afastar ou procurar afastar concorrente ou licitante, por meio de violência, grave ameaça, fraude ou oferecimento de vantagem:

Pena - Detenção, de seis meses a dois anos, ou multa, além da pena correspondente à violência.

- art. 339, CPM.

Parágrafo único. Incorre na mesma pena quem se abstém de concorrer ou licitar, em razão da vantagem oferecida.

Inutilização de edital ou de sinal

Art. 336. Rasgar ou, de qualquer forma, inutilizar ou conspurcar edital afixado por ordem de funcionário público; violar ou inutilizar selo ou sinal empregado, por determinação legal ou por ordem de funcionário público, para identificar ou cerrar qualquer objeto:

Pena - Detenção, de um mês a um ano, ou multa.

- art. 338, CPM.

Subtração ou inutilização de livro ou documento

Art. 337. Subtrair, ou inutilizar, total ou parcialmente, livro oficial, processo ou documento confiado à custódia de funcionário, em razão de ofício, ou de particular em serviço público:

Pena - Reclusão, de dois a cinco anos, se o fato não constitui crime mais grave.

- art. 337, CPM.

Sonegação de contribuição previdenciária

- Incluído pela Lei 9.983/2000.

Art. 337-A. Suprimir ou reduzir contribuição social previdenciária e qualquer acessório, mediante as seguintes condutas: (Incluído pela Lei 9.983/2000.)

- art. 83, Lei 9.430/1996 (Dispõe sobre a legislação tributária federal e as contribuições para a seguridade social

I - omitir de folha de pagamento da empresa ou de documento de informações previsto pela legislação previdenciária segurados empregado, empresário, trabalhador avulso ou trabalhador autônomo ou a este equiparado que lhe prestem serviços; (Incluído pela Lei 9.983/2000.)

II - deixar de lançar mensalmente nos títulos próprios da contabilidade da empresa as quantias descontadas dos segurados ou as devidas pelo empregador ou pelo tomador de serviços; (Incluído pela Lei 9.983/2000.)

III - omitir, total ou parcialmente, receitas ou lucros auferidos, remunerações pagas ou creditadas e demais fatos geradores de contribuições sociais previdenciárias: (Incluído pela Lei 9.983/2000.)

Pena - Reclusão, de 2 (dois) a 5 (cinco) anos, e multa. (Incluído pela Lei 9.983/2000.)

§ 1º É extinta a punibilidade se o agente, espontaneamente, declara e confessa as contribuições, importâncias ou valores e presta as informações devidas à previdência social, na forma definida em lei ou regulamento, antes do início da ação fiscal. (Incluído pela Lei 9.983/2000.)

§ 2º É facultado ao juiz deixar de aplicar a pena ou aplicar somente a de multa se o agente for primário e de bons antecedentes, desde que: (Incluído pela Lei 9.983/2000.)

I - (Vetado.) (Incluído pela Lei 9.983/2000.)

II - o valor das contribuições devidas, inclusive acessórios, seja igual ou inferior àquele estabelecido pela previdência social, administrativamente, como sendo o mínimo para o ajuizamento de suas execuções fiscais. (Incluído pela Lei 9.983/2000.)

§ 3º Se o empregador não é pessoa jurídica e sua folha de pagamento mensal não ultrapassa R$ 1.510,00 (um mil, quinhentos e dez reais), o juiz poderá reduzir a pena de um terço até a metade ou aplicar apenas a de multa. (Incluído pela Lei 9.983/2000.)

- Port. MF 8/2017 (Altera o valor previsto neste parágrafo para R$ 4.883,27).

§ 4º O valor a que se refere o parágrafo anterior será reajustado nas mesmas datas e nos mesmos índices do reajuste dos benefícios da previdência social. (Incluído pela Lei 9.983/2000.)

CAPÍTULO II-A
DOS CRIMES PRATICADOS POR PARTICULAR CONTRA A ADMINISTRAÇÃO PÚBLICA ESTRANGEIRA

- Incluído pela Lei 10.467/2002.

Corrupção ativa em transação comercial internacional

Art. 337-B. Prometer, oferecer ou dar, direta ou indiretamente, vantagem indevida a funcionário público estrangeiro, ou a terceira pessoa, para determiná-lo a praticar, omitir ou retardar ato de ofício relacionado à transação comercial internacional: (Incluído pela Lei 10.467/2002.)

Pena - Reclusão, de 1 (um) a 8 (oito) anos, e multa. (Incluído pela Lei 10.467/2002.)

Parágrafo único. A pena é aumentada de 1/3 (um terço), se, em razão da vantagem ou promessa, o funcionário público estrangeiro retarda ou omite o ato de ofício, ou o pratica infringindo dever funcional. (Incluído pela Lei 10.467/2002.)

Tráfico de influência em transação comercial internacional

Art. 337-C. Solicitar, exigir, cobrar ou obter, para si ou para outrem, direta ou indiretamente, vantagem ou promessa de vantagem a pretexto de influir em ato praticado por funcionário público estrangeiro no exercício de suas funções, relacionado à transação comercial internacional: (Incluído pela Lei 10.467/2002.)

Pena - Reclusão, de 2 (dois) a 5 (cinco) anos, e multa. (Incluído pela Lei 10.467/2002.)

Parágrafo único. A pena é aumentada da metade, se o agente alega ou insinua que a vantagem é também destinada a funcionário estrangeiro. (Incluído pela Lei 10.467/2002.)

Funcionário público estrangeiro

Art. 337-D. Considera-se funcionário público estrangeiro, para os efeitos penais, quem, ainda que transitoriamente ou sem remuneração, exerce cargo, emprego ou função pública em entidades estatais ou em representações diplomáticas de país estrangeiro. (Incluído pela Lei 10.467/2002.)

Parágrafo único. Equipara-se a funcionário público estrangeiro quem exerce cargo, emprego ou função em empresas controladas, diretamente ou indiretamente, pelo Poder Público de país estrangeiro ou em organizações públicas internacionais. (Incluído pela Lei 10.467/2002.)

CAPÍTULO II-B
DOS CRIMES EM LICITAÇÕES E CONTRATOS ADMINISTRATIVOS

- Acrescido pela Lei 14.133/2021.

Contratação direta ilegal

Art. 337-E. Admitir, possibilitar ou dar causa à contratação direta fora das hipóteses previstas em lei: (Acrescido pela Lei 14.133/2021)

Pena - reclusão, de 4 (quatro) a 8 (oito) anos, e multa.

Frustração do caráter competitivo de licitação

Art. 337-F. Frustrar ou fraudar, com o intuito de obter para si ou para outrem vantagem decorrente da adjudicação do objeto da licitação, o caráter competitivo do processo licitatório: (Acrescido pela Lei 14.133/2021)

Pena - reclusão, de 4 (quatro) anos a 8 (oito) anos, e multa.

Patrocínio de contratação indevida

Art. 337-G. Patrocinar, direta ou indiretamente, interesse privado perante a Administração Pública, dando causa à instauração de licitação ou à celebração de contrato cuja invalidação vier a ser decretada pelo Poder Judiciário: (Acrescido pela Lei 14.133/2021)

Pena - reclusão, de 6 (seis) meses a 3 (três) anos, e multa.

Modificação ou pagamento irregular em contrato administrativo

Art. 337-H. Admitir, possibilitar ou dar causa a qualquer modificação ou vantagem, inclusive prorrogação contratual, em favor do contratado, durante a execução dos contratos celebrados com a Administração Pública, sem autorização em lei, no edital da licitação ou nos respectivos instrumentos contratuais, ou, ainda, pagar fatura com preterição da ordem cronológica de sua exigibilidade: (Acrescido pela Lei 14.133/2021)

Pena - reclusão, de 4 (quatro) anos a 8 (oito) anos, e multa.

Perturbação de processo licitatório

Art. 337-I. Impedir, perturbar ou fraudar a realização de qualquer ato de processo licitatório: (Acrescido pela Lei 14.133/2021)

Pena - detenção, de 6 (seis) meses a 3 (três) anos, e multa.

Violação de sigilo em licitação

Art. 337-J. Devassar o sigilo de proposta apresentada em processo licitatório ou proporcionar a terceiro o ensejo de devassá-lo: (Acrescido pela Lei 14.133/2021)

Pena - detenção, de 2 (dois) anos a 3 (três) anos, e multa.

Afastamento de licitante

Art. 337-K. Afastar ou tentar afastar licitante por meio de violência, grave ameaça, fraude ou oferecimento de vantagem de qualquer tipo: (Acrescido pela Lei 14.133/2021)

Pena - reclusão, de 3 (três) anos a 5 (cinco) anos, e multa, além da pena correspondente à violência.

Parágrafo único. Incorre na mesma pena quem se abstém ou desiste de licitar em razão de vantagem oferecida. (Acrescido pela Lei 14.133/2021)

Fraude em licitação ou contrato

Art. 337-L. Fraudar, em prejuízo da Administração Pública, licitação ou contrato dela decorrente, mediante: (Acrescido pela Lei 14.133/2021)

I - entrega de mercadoria ou prestação de serviços com qualidade ou em quantidade diversas das previstas no edital ou nos instrumentos contratuais; (Acrescido pela Lei 14.133/2021)

II - fornecimento, como verdadeira ou perfeita, de mercadoria falsificada, deteriorada, inservível para consumo ou com prazo de validade vencido; (Acrescido pela Lei 14.133/2021)

III - entrega de uma mercadoria por outra; (Acrescido pela Lei 14.133/2021)

IV - alteração da substância, qualidade ou quantidade da mercadoria ou do serviço fornecido; (Acrescido pela Lei 14.133/2021)

V - qualquer meio fraudulento que torne injustamente mais onerosa para a Administração Pública a proposta ou a execução do contrato: (Acrescido pela Lei 14.133/2021)

Pena - reclusão, de 4 (quatro) anos a 8 (oito) anos, e multa.

Contratação inidônea

Art. 337-M. Admitir à licitação empresa ou profissional declarado inidôneo: (Acrescido pela Lei 14.133/2021)

Pena - reclusão, de 1 (um) ano a 3 (três) anos, e multa.

§ 1º Celebrar contrato com empresa ou profissional declarado inidôneo: (Acrescido pela Lei 14.133/2021)

Pena - reclusão, de 3 (três) anos a 6 (seis) anos, e multa.

§ 2º Incide na mesma pena do *caput* deste artigo aquele que, declarado inidôneo, venha a participar de licitação e, na mesma pena do § 1º deste artigo, aquele que, declarado inidôneo, venha a contratar com a Administração Pública. (Acrescido pela Lei 14.133/2021)

Impedimento indevido

Art. 337-N. Obstar, impedir ou dificultar injustamente a inscrição de qualquer interessado nos registros cadastrais ou promover indevidamente a alteração, a suspensão ou o cancelamento de registro do inscrito: (Acrescido pela Lei 14.133/2021)

Pena - reclusão, de 6 (seis) meses a 2 (dois) anos, e multa.

Omissão grave de dado ou de informação por projetista

Art. 337-O. Omitir, modificar ou entregar à Administração Pública levantamento cadastral ou condição de contorno em relevante dissonância com a realidade, em frustração ao caráter competitivo da licitação ou em detrimento da seleção da proposta mais vantajosa para a Administração Pública, em contratação para a elaboração de projeto básico, projeto executivo ou anteprojeto, em diálogo competitivo ou em procedimento de manifestação de interesse: (Acrescido pela Lei 14.133/2021)

Pena - reclusão, de 6 (seis) meses a 3 (três) anos, e multa.

§ 1º Consideram-se condição de contorno as informações e os levantamentos suficientes e necessários para a definição da solução de projeto e dos respectivos preços pelo licitante, incluídos sondagens, topografia, estudos de demanda, condições ambientais e demais elementos ambientais impactantes, considerados requisitos mínimos ou obrigatórios em normas técnicas que orientam a elaboração de projetos. (Acrescido pela Lei 14.133/2021)

§ 2º Se o crime é praticado com o fim de obter benefício, direto ou indireto, próprio ou de outrem, aplica-se em dobro a pena prevista no *caput* deste artigo. (Acrescido pela Lei 14.133/2021)

Art. 337-P. A pena de multa cominada aos crimes previstos neste Capítulo seguirá a metodologia de cálculo prevista neste Código e não poderá ser inferior a 2% (dois por cento) do valor do contrato licitado ou celebrado com contratação direta. (Acrescido pela Lei 14.133/2021)

CAPÍTULO III
DOS CRIMES CONTRA A ADMINISTRAÇÃO DA JUSTIÇA

Reingresso de estrangeiro expulso

Art. 338. Reingressar no território nacional o estrangeiro que dele foi expulso:

Pena - Reclusão, de um a quatro anos, sem prejuízo de nova expulsão após o cumprimento da pena.

- Lei 13.445/2017 (Institui a Lei de Migração).

Denunciação caluniosa

Art. 339. Dar causa à instauração de inquérito policial, de procedimento investigatório criminal, de processo judicial, de processo administrativo disciplinar, de inquérito civil ou de ação de improbidade administrativa contra alguém, imputando-lhe crime, infração ético-disciplinar ou ato ímprobo de que o sabe inocente: (Redação dada pela Lei 14.110/2020)

- art. 343, CPM.
- art. 19, Lei 8.429/1992 (Lei da Improbidade Administrativa).

Pena - Reclusão, de dois a oito anos, e multa.

§ 1º A pena é aumentada de sexta parte, se o agente se serve de anonimato ou de nome suposto.

§ 2º A pena é diminuída de metade, se a imputação é de prática de contravenção.

Comunicação falsa de crime ou de contravenção

Art. 340. Provocar a ação de autoridade, comunicando-lhe a ocorrência de crime ou de contravenção que sabe não se ter verificado:

Pena - Detenção, de um a seis meses, ou multa.

- art. 344, CPM.
- art. 41, Dec.-Lei 3.688/1941 (Lei das Contravenções Penais).

Autoacusação falsa

Art. 341. Acusar-se, perante a autoridade, de crime inexistente ou praticado por outrem:

Pena - Detenção, de três meses a dois anos, ou multa.

- art. 345, CPM.

Falso testemunho ou falsa perícia

Art. 342. Fazer afirmação falsa, ou negar ou calar a verdade como testemunha, perito, contador, tradutor ou intérprete em processo judicial, ou administrativo, inquérito policial, ou em juízo arbitral: (Redação dada pela Lei 10.268/2001.)

Pena - reclusão, de 2 (dois) a 4 (quatro) anos, e multa. (Alterada pela Lei 12.850/2013.)

- art. 346, CPM.
- art. 4º, II, Lei 1.579/1952 (Lei das Comissões Parlamentares de Inquérito).
- art. 171, Lei 11.101/2005 (Lei de Recuperação de Empresas e Falências).
- Súm. 165, STJ.

§ 1º As penas aumentam-se de um sexto a um terço, se o crime é praticado mediante suborno ou se cometido com o fim de obter prova destinada a produzir efeito em processo penal, ou em processo civil em que for parte entidade da administração pública direta ou indireta. (Redação dada pela Lei 10.268/2001.)

§ 2º O fato deixa de ser punível se, antes da sentença no processo em que ocorreu o ilícito, o agente se retrata ou declara a verdade. (Redação dada pela Lei 10.268/2001.)

Art. 343. Dar, oferecer ou prometer dinheiro ou qualquer outra vantagem a testemunha, perito, contador, tradutor ou intérprete, para fazer afirmação falsa, negar ou calar a verdade em depoimento, perícia, cálculos, tradução ou interpretação: (Redação dada pela Lei 10.268/2001.)

Pena - Reclusão, de três a quatro anos, e multa. (Redação dada pela Lei 10.268/2001.)

- art. 347, CPM.

Parágrafo único. As penas aumentam-se de um sexto a um terço, se o crime é cometido com o fim de obter prova destinada a produzir efeito em processo penal ou em processo civil em que for parte entidade da administração pública direta ou indireta. (Redação dada pela Lei 10.268/2001.)

Coação no curso do processo

Art. 344. Usar de violência ou grave ameaça, com o fim de favorecer interesse próprio ou alheio, contra autoridade, parte, ou qualquer outra pessoa que funciona ou é chamada a intervir em processo judicial, policial ou administrativo, ou em juízo arbitral:

Pena - Reclusão, de um a quatro anos, e multa, além da pena correspondente à violência.

- art. 342, CPM.
- Lei 9.307/1996 (Lei da Arbitragem).

Exercício arbitrário das próprias razões

Art. 345. Fazer justiça pelas próprias mãos, para satisfazer pretensão, embora legítima, salvo quando a lei o permite:

Pena - Detenção, de quinze dias a um mês, ou multa, além da pena correspondente à violência.

Parágrafo único. Se não há emprego de violência, somente se procede mediante queixa.

Art. 346. Tirar, suprimir, destruir ou danificar coisa própria, que se acha em poder de terceiro por determinação judicial ou convenção:

Pena - Detenção, de seis meses a dois anos, e multa.

Fraude processual

Art. 347. Inovar artificiosamente, na pendência de processo civil ou administrativo, o estado de lugar, de coisa ou de pessoa, com o fim de induzir a erro o juiz ou o perito:

Pena - Detenção, de três meses a dois anos, e multa.

Parágrafo único. Se a inovação se destina a produzir efeito em processo penal, ainda que não iniciado, as penas aplicam-se em dobro.

Favorecimento pessoal

Art. 348. Auxiliar a subtrair-se à ação de autoridade pública autor de crime a que é cominada pena de reclusão:

Pena - Detenção, de um a seis meses, e multa.

- art. 350, CPM.

§ 1º Se ao crime não é cominada pena de reclusão:

Pena - Detenção, de quinze dias a três meses, e multa.

§ 2º Se quem presta o auxílio é ascendente, descendente, cônjuge ou irmão do criminoso, fica isento de pena.

Favorecimento real

Art. 349. Prestar a criminoso, fora dos casos de coautoria ou de receptação, auxílio destinado a tornar seguro o proveito do crime:

Pena - Detenção, de um a seis meses, e multa.

- art. 351, CPM.

Art. 349-A. Ingressar, promover, intermediar, auxiliar ou facilitar a entrada de aparelho telefônico de comunicação móvel, de rádio ou similar, sem autorização legal, em estabelecimento prisional. (Incluído pela Lei 12.012/2009.)

- art. 319-A deste Código.

Pena: detenção, de 3 (três) meses a 1 (um) ano. (Incluído pela Lei 12.012/2009.)

Exercício arbitrário ou abuso de poder

Art. 350. (Revogado pela Lei 13.869/2019)

Fuga de pessoa presa ou submetida a medida de segurança

Art. 351. Promover ou facilitar a fuga de pessoa legalmente presa ou submetida a medida de segurança detentiva:

Pena - Detenção, de seis meses a dois anos.

- arts. 178 e 179, CPM.
- Súm. 75, STJ.

§ 1º Se o crime é praticado a mão armada, ou por mais de uma pessoa, ou mediante arrombamento, a pena é de reclusão, de dois a seis anos.

§ 2º Se há emprego de violência contra pessoa, aplica-se também a pena correspondente à violência.

§ 3º A pena é de reclusão, de um a quatro anos, se o crime é praticado por pessoa sob cuja custódia ou guarda está o preso ou o internado.

§ 4º No caso de culpa do funcionário incumbido da custódia ou guarda, aplica-se a pena de detenção, de três meses a um ano, ou multa.

Evasão mediante violência contra a pessoa

Art. 352. Evadir-se ou tentar evadir-se o preso ou o indivíduo submetido a medida de segurança detentiva, usando de violência contra a pessoa:

Pena - Detenção, de três meses a um ano, além da pena correspondente à violência.

- art. 180, CPM.

Arrebatamento de preso

Art. 353. Arrebatar preso, a fim de maltratá-lo, do poder de quem o tenha sob custódia ou guarda:

Pena - Reclusão, de um a quatro anos, além da pena correspondente à violência.

- art. 181, CPM.

Motim de presos

Art. 354. Amotinarem-se presos, perturbando a ordem ou disciplina da prisão:

Pena - Detenção, de seis meses a dois anos, além da pena correspondente à violência.

- art. 182, CPM.
- art. 50, Lei 7.210/1984 (Lei de Execuções Penais).
- Súm. 441, STJ.

Patrocínio infiel

Art. 355. Trair, na qualidade de advogado ou procurador, o dever profissional, prejudicando interesse, cujo patrocínio, em juízo, lhe é confiado:

Pena - Detenção, de seis meses a três anos, e multa.

Patrocínio simultâneo ou tergiversação

Parágrafo único. Incorre na pena deste artigo o advogado ou procurador judicial que defende na mesma causa, simultânea ou sucessivamente, partes contrárias.

Sonegação de papel ou objeto de valor probatório

Art. 356. Inutilizar, total ou parcialmente, ou deixar de restituir autos, documento ou objeto de valor probatório, que recebeu na qualidade de advogado ou procurador:

Pena - Detenção, de seis meses a três anos, e multa.

- art. 352, CPM.

Exploração de prestígio

Art. 357. Solicitar ou receber dinheiro ou qualquer outra utilidade, a pretexto de influir em juiz, jurado, órgão do Ministério Público, funcionário de justiça, perito, tradutor, intérprete ou testemunha:

Pena - Reclusão, de um a cinco anos, e multa.

Parágrafo único. As penas aumentam-se de um terço, se o agente alega ou insinua que o dinheiro ou utilidade também se destina a qualquer das pessoas referidas neste artigo.

- art. 332 deste Código.
- art. 353, CPM.

Violência ou fraude em arrematação judicial

Art. 358. Impedir, perturbar ou fraudar arrematação judicial; afastar ou procurar afastar concorrente ou licitante, por meio de violência, grave ameaça, fraude ou oferecimento de vantagem:

Pena - Detenção, de dois meses a um ano, ou multa, além da pena correspondente à violência.

- art. 339, CPM.

Desobediência à decisão judicial sobre perda ou suspensão de direito

Art. 359. Exercer função, atividade, direito, autoridade ou múnus, de que foi suspenso ou privado por decisão judicial:

Pena - Detenção, de três meses a dois anos, ou multa.

- art. 354, CPM.

CAPÍTULO IV
DOS CRIMES CONTRA AS FINANÇAS PÚBLICAS

- Incluído pela Lei 10.028/2000.

Contratação de operação de crédito

Art. 359-A. Ordenar, autorizar ou realizar operação de crédito, interno ou externo, sem prévia autorização legislativa: (Incluído pela Lei 10.028/2000.)

Pena - Reclusão, de 1 (um) a 2 (dois) anos. (Incluído pela Lei 10.028/2000.)

Parágrafo único. Incide na mesma pena quem ordena, autoriza ou realiza operação de crédito, interno ou externo: (Incluído pela Lei 10.028/2000.)

I - com inobservância de limite, condição ou montante estabelecido em lei ou em resolução do Senado Federal; (Incluído pela Lei 10.028/2000.)

II - quando o montante da dívida consolidada ultrapassa o limite máximo autorizado por lei. (Incluído pela Lei 10.028/2000.)

Inscrição de despesas não empenhadas em restos a pagar

Art. 359-B. Ordenar ou autorizar a inscrição em restos a pagar, de despesa que não tenha sido previamente empenhada ou que exceda limite estabelecido em lei: (Incluído pela Lei 10.028/2000.)

Pena - Detenção, de 6 (seis) meses a 2 (dois) anos. (Incluído pela Lei 10.028/2000.)

Assunção de obrigação no último ano do mandato ou legislatura

Art. 359-C. Ordenar ou autorizar a assunção de obrigação, nos dois últimos quadrimestres do último ano do mandato ou legislatura, cuja despesa não possa ser paga no mesmo exercício financeiro ou, caso reste parcela a ser paga no exercício seguinte, que não tenha contrapartida suficiente de disponibilidade de caixa: (Incluído pela Lei 10.028/2000.)

Pena - Reclusão, de 1 (um) a 4 (quatro) anos. (Incluído pela Lei 10.028/2000.)

Ordenação de despesa não autorizada

Art. 359-D. Ordenar despesa não autorizada por lei: (Incluído pela Lei 10.028/2000.)

Pena - Reclusão, de 1 (um) a 4 (quatro) anos. (Incluído pela Lei 10.028/2000.)

- Súm 599 do STJ.

Prestação de garantia graciosa

Art. 359-E. Prestar garantia em operação de crédito sem que tenha sido constituída contragarantia em valor igual ou superior ao valor da garantia prestada, na forma da lei: (Incluído pela Lei 10.028/2000.)

Pena - Detenção, de 3 (três) meses a 1 (um) ano. (Incluído pela Lei 10.028/2000.)

Não cancelamento de restos a pagar

Art. 359-F. Deixar de ordenar, de autorizar ou de promover o cancelamento do montante de restos a pagar inscrito em valor superior ao permitido em lei: (Incluído pela Lei 10.028/2000.)

Pena - Detenção, de 6 (seis) meses a 2 (dois) anos. (Incluído pela Lei 10.028/2000.)

Aumento de despesa total com pessoal no último ano do mandato ou legislatura

Art. 359-G. Ordenar, autorizar ou executar ato que acarrete aumento de despesa total com pessoal, nos cento e oitenta dias anteriores ao final do mandato ou da legislatura: (Incluído pela Lei 10.028/2000.)

Pena - Reclusão, de 1 (um) a 4 (quatro) anos. (Incluído pela Lei 10.028/2000.)

Oferta pública ou colocação de títulos no mercado

Art. 359-H. Ordenar, autorizar ou promover a oferta pública ou a colocação no mercado financeiro de títulos da dívida pública sem que tenham sido criados por lei ou sem que estejam registrados em sistema centralizado de liquidação e de custódia: (Incluído pela Lei 10.028/2000.)

Pena - Reclusão, de 1 (um) a 4 (quatro) anos. (Incluído pela Lei 10.028/2000.)

DISPOSIÇÕES FINAIS

Art. 360. Ressalvada a legislação especial sobre os crimes contra a existência, a segurança e a integridade do Estado e contra a guarda e o emprego da economia popular, os crimes de imprensa e os de falência, os de responsabilidade do Presidente da República e dos Governadores ou Interventores, e os crimes militares, revogam-se as disposições em contrário.

Art. 361. Este Código entrará em vigor no dia 1º de janeiro de 1942.

Rio de Janeiro, 07 de dezembro de 1940; 119º da Independência e 52º da República.

Getúlio Vargas

ÍNDICE ALFABÉTICO-REMISSIVO DO CÓDIGO PENAL

– A –

ÍNDICE ALFABÉTICO-REMISSIVO DO CÓDIGO PENAL

CP

ÍNDICE ALFABÉTICO-REMISSIVO DO CÓDIGO PENAL

ÍNDICE ALFABÉTICO-REMISSIVO DO CÓDIGO PENAL

CÓDIGO DE PROCESSO PENAL

ÍNDICE SISTEMÁTICO DO CÓDIGO DE PROCESSO PENAL

LEI DE INTRODUÇÃO AO CÓDIGO DE PROCESSO PENAL

DECRETO-LEI N. 3.931, DE 11 DE DEZEMBRO DE 1941

Lei de Introdução ao Código de Processo Penal (Decreto-Lei n. 3.689, de 03 de outubro de 1941).

▸ DOU, 13.12.1941.

Art. 1º O Código de Processo Penal aplicar-se-á aos processos em curso a 1º de janeiro de 1942, observado o disposto nos artigos seguintes, sem prejuízo da validade dos atos realizados sob a vigência da legislação anterior.

Art. 2º À prisão preventiva e à fiança aplicar-se-ão os dispositivos que forem mais favoráveis.

Art. 3º O prazo já iniciado, inclusive o estabelecido para a interposição de recurso, será regulado pela lei anterior, se esta não prescrever prazo menor do que o fixado no Código de Processo Penal.

Art. 4º A falta de arguição em prazo já decorrido, ou dentro no prazo iniciado antes da vigência do Código Penal e terminado depois de sua entrada em vigor, sanará a nulidade, se a legislação anterior lhe atribui este efeito.

Art. 5º Se tiver sido intentada ação pública por crime que, segundo o Código Penal, só admite ação privada, esta, salvo decadência intercorrente, poderá prosseguir nos autos daquela, desde que a parte legítima para intentá-la ratifique os atos realizados e promova o andamento do processo.

Art. 6º As ações penais, em que já se tenha iniciado a produção de prova testemunhal, prosseguirão, até a sentença de primeira instância, com o rito estabelecido na lei anterior.

§ 1º Nos processos cujo julgamento, segundo a lei anterior, competia ao júri e, pelo Código de Processo Penal, cabe a juiz singular:

a) concluída a inquirição das testemunhas de acusação, proceder-se-á a interrogatório do réu, observado o disposto nos artigos 395 e 396, parágrafo único, do mesmo Código, prosseguindo-se depois de produzida a prova de defesa, de acordo com o que dispõem os artigos 499 e seguintes;

b) se, embora concluída a inquirição das testemunhas de acusação, ainda não houver sentença de pronúncia ou impronúncia, prosseguir-se-á na forma da letra anterior;

c) se a sentença de pronúncia houver passado em julgado, ou dela não tiver ainda sido interposto recurso, prosseguir-se-á na forma da letra *a*;

d) se, havendo sentença de impronúncia, esta passar em julgado, só poderá ser instaurado o processo no caso do artigo 409, parágrafo único, do Código de Processo Penal;

e) se tiver sido interposto recurso da sentença de pronúncia, aguardar-se-á o julgamento do mesmo, observando-se, afinal, o disposto na letra *b* ou na letra *d*.

§ 2º Aplicar-se-á o disposto no § 1º aos processos da competência do juiz singular nos quais exista a pronúncia, segundo a lei anterior.

§ 3º Subsistem os efeitos da pronúncia, inclusive a prisão.

§ 4º O julgamento caberá ao júri se, na sentença de pronúncia, houver sido ou for o crime classificado no § 1º ou § 2º do artigo 295 da Consolidação das Leis Penais.

Art. 7º O juiz da pronúncia, ao classificar o crime, consumado ou tentado, não poderá reconhecer a existência de causa especial de diminuição da pena.

Art. 8º As perícias iniciadas antes de 1º de janeiro de 1942 prosseguirão de acordo com a legislação anterior.

Art. 9º Os processos de contravenções, em qualquer caso, prosseguirão na forma da legislação anterior.

Art. 10. No julgamento, pelo júri, de crime praticado antes da vigência do Código Penal, observar-se-ão o disposto no artigo 78 do Decreto-Lei n. 167, de 05 de janeiro de 1938, devendo os quesitos ser formulados de acordo com a Consolidação das Leis Penais.

§ 1º Os quesitos sobre causas de exclusão de crime, ou de isenção de pena, serão sempre formulados de acordo com a lei mais favorável.

§ 2º Quando as respostas do júri importarem condenação, o presidente do tribunal fará o confronto da pena resultante dessas respostas e da que seria imposta segundo o Código Penal, e aplicará a mais benigna.

§ 3º Se o confronto das penas concretizadas, segundo uma e outra lei, depender do reconhecimento de algum fato previsto no Código Penal, e que, pelo Código de Processo Penal, deva constituir objeto de quesito, o juiz o formulará.

Art. 11. Já tendo sido interposto recurso de despacho ou de sentença, as condições de admissibilidade, a forma e o julgamento serão regulados pela lei anterior.

Art. 12. No caso do artigo 673 do Código de Processo Penal, se tiver sido imposta medida de segurança detentiva ao condenado, este será removido para estabelecimento adequado.

Art. 13. A aplicação da lei nova a fato julgado por sentença condenatória irrecorrível, nos casos previstos no artigo 2º e seu parágrafo, do Código Penal, far-se-á mediante despacho do juiz, de ofício, ou a requerimento do condenado ou do Ministério Público.

§ 1º Do despacho caberá recurso, em sentido estrito.

§ 2º O recurso interposto pelo Ministério Público terá efeito suspensivo, no caso de condenação por crime a que a lei anterior comine, no máximo, pena privativa de liberdade, por tempo igual ou superior a oito anos.

Art. 14. No caso de infração definida na legislação sobre a caça, verificado que o agente foi, anteriormente, punido, administrativamente, por qualquer infração prevista na mesma legislação, deverão ser os autos remetidos à autoridade judiciária que, mediante portaria, instaurará o processo, na forma do artigo 531 do Código de Processo Penal.

Parágrafo único. O disposto neste artigo não exclui a forma de processo estabelecido no Código de Processo Penal, para o caso de prisão em flagrante de contraventor.

Art. 15. No caso do artigo 145, IV, do Código de Processo Penal, o documento reconhecido como falso será, antes de desentranhado dos autos, rubricado pelo juiz e pelo escrivão em cada uma de suas folhas.

Art. 16. Esta Lei entrará em vigor no dia 1º de janeiro de 1942, revogadas as disposições em contrário.

Rio de Janeiro, 11 de dezembro de 1941; 120º da Independência e 53º da República.

Getúlio Vargas

EXPOSIÇÃO DE MOTIVOS DO CÓDIGO DE PROCESSO PENAL

MINISTÉRIO DA JUSTIÇA E NEGÓCIOS INTERIORES

Gabinete do Ministro, em 08 de setembro de 1941

Senhor Presidente:

Tenho a honra de passar às mãos de Vossa Excelência o projeto do Código de Processo Penal do Brasil.

Como sabe Vossa Excelência, ficara inicialmente resolvido que a elaboração do projeto de Código único para o processo penal não aguardasse a reforma, talvez demorada, do Código Penal de 90. Havia um dispositivo constitucional a atender, e sua execução não devia ser indefinidamente retardada. Entretanto, logo após a entrega do primitivo projeto, organizado pela Comissão oficial e afeiçoado à legislação penal substantiva ainda em vigor, foi apresentado pelo Senhor Alcântara Machado, em desempenho da missão que lhe confiara o Governo, o seu anteprojeto de novo Código Penal. A presteza com que o insigne e pranteado professor da Faculdade de Direito de São Paulo deu conta de sua árdua tarefa fez com que se alterasse o plano traçado em relação ao futuro Código de Processo Penal. Desde que já se podia prever para breve tempo a efetiva remodelação da nossa antiquada lei penal material, deixava de ser aconselhado que se convertesse em lei o projeto acima aludido, pois estaria condenado a uma existência efêmera. Decretado o novo Código Penal, foi então empreendida a elaboração do presente projeto, que resultou de um cuidadoso trabalho de revisão e adaptação do projeto anterior. Se for convertido em lei, não estará apenas regulada a atuação da justiça penal em correspondência com o referido novo Código e com a Lei de Contravenções (cujo projeto, nesta data, apresento igualmente à apreciação de Vossa Excelência): estará, no mesmo passo, finalmente realizada a homogeneidade do direito judiciário penal no Brasil, segundo reclamava, de há muito, o interesse da boa administração da justiça, aliado ao próprio interesse da unidade nacional.

A REFORMA DO PROCESSO PENAL VIGENTE

II - De par com a necessidade de coordenação sistemática das regras do processo penal num Código único para todo o Brasil, impunha-se o seu ajustamento ao objetivo de maior eficiência e energia da ação repressiva do Estado contra os que delinquem. As nossas vigentes leis de processo penal asseguram aos réus, ainda que colhidos em flagrante ou confundidos pela evidência das provas, um tão extenso catálogo de garantias e favores, que a repressão se torna, necessariamente, defeituosa e retardatária, decorrendo daí um indireto estímulo à expansão da criminalidade. Urge que seja abolida a injustificável primazia do interesse do indivíduo sobre o da tutela social. Não se pode continuar a contemporizar com pseudodireitos individuais em prejuízo do bem comum. O indivíduo, principalmente quando vem de se mostrar rebelde à disciplina jurídico-penal da vida em sociedade, não pode invocar, em face do Estado, outras franquias ou imunidades além daquelas que o assegurem contra o exercício do poder público fora da medida reclamada pelo interesse social. Este o critério que presidiu à elaboração do presente projeto de Código. No seu texto, não são reproduzidas as fórmulas tradicionais de um mal avisado favorecimento legal aos criminosos. O processo penal é aliviado dos excessos de formalismo e joeirado de certos critérios normativos com que, sob o influxo de um mal compreendido individualismo ou de um sentimentalismo mais ou menos equívoco, se transige com a necessidade de uma rigorosa e expedita aplicação da justiça penal. As nulidades processuais, reduzidas ao mínimo, deixam de ser o que têm sido até agora, isto é, um meandro técnico por onde se escoa a substância do processo e se perdem o tempo e a gravidade da justiça. É coibido o êxito das fraudes, subterfúgios e alicantinas. É restringida a aplicação do *in dubio pro reo*. É ampliada a noção do *flagrante delito*, para o efeito da prisão provisória. A decretação da prisão preventiva, que, em certos casos, deixa de ser uma faculdade, para ser um *dever* imposto ao juiz, adquire a suficiente elasticidade para tornar-se medida plenamente assecuratória da efetivação da justiça penal. Tratando-se de crime inafiançável, a falta de exibição do mandato não obstará à prisão, desde que o preso seja imediatamente apresentado ao juiz que fez expedir o mandato. É revogado o formalismo complexo da extradição interestadual de criminosos. O prazo da formação da culpa é ampliado, para evitar o atropelo dos processos ou a intercorrente e prejudicial solução de continuidade da detenção provisória dos réus. Não é consagrada a irrestrita proibição do julgamento *ultra petitum*. Todo um capítulo é dedicado às medidas preventivas assecuratórias da reparação do dano *ex delicto*. Quando da última reforma do processo penal na Itália, o Ministro Rocco, referindo-se a algumas dessas medidas e outras análogas, introduzidas no projeto preliminar, advertia que elas certamente iriam provocar o desagrado daqueles que estavam acostumados a aproveitar e mesmo abusar das inveteradas deficiências e fraquezas da processualística penal até então vigente. A mesma previsão é de ser feita em relação ao presente projeto, mas são também de repetir-se as palavras de Rocco: "Já se foi o tempo em que a alvoroçada coligação de alguns poucos interessados podia frustrar as mais acertadas e urgentes reformas legislativas". E se, por um lado, os dispositivos do projeto tendem a fortalecer e prestigiar a atividade do Estado na sua função repressiva, é certo, por outro lado, que asseguram, com muito mais eficiência do que a legislação atual, a defesa dos acusados. Ao invés de uma simples faculdade outorgada a estes e sob a condição de sua presença em juízo, a defesa passa a ser, em qualquer caso, uma indeclinável injunção legal, antes, durante e depois da instrução criminal. Nenhum réu, ainda que ausente do distrito da culpa, foragido ou oculto, poderá ser processado sem a intervenção e assistência de um defensor. A pena de revelia não exclui a garantia constitucional da contrariedade do processo. Ao contrário das leis processuais em vigor, o projeto não pactua, em caso algum, com a insídia de uma acusação sem o correlativo da defesa.

SUBSÍDIO DA LEGISLAÇÃO VIGENTE E PROJETOS ANTERIORES

III - À parte as inovações necessárias à aplicação do novo Código Penal e as orientadas no sentido da melhor adaptação das normas processuais à sua própria finalidade, o projeto não altera o direito atual, senão para corrigir imperfeições apontadas pela experiência, dirimir incertezas da jurisprudência ou evitar ensejo à versatilidade dos exegetas. Tanto quanto o permitiu a orientação do projeto, foi aproveitado o material da legislação atual. Muito se respigou em vários dos códigos de processo penal estaduais, e teve-se também em conta não só o projeto elaborado pela Comissão Legislativa nomeada pelo Governo Provisório em 1931, como o projeto de 1936, este já norteado pelo objetivo de unificação do direito processual penal. A respeito de algumas das inovações introduzidas e da fidelidade do projeto a certas práticas e critérios tradicionais, é feita, a seguir, breve explanação.

A CONSERVAÇÃO, AO DO INQUÉRITO POLICIAL

IV - Foi mantido o inquérito policial como processo preliminar ou preparatório da ação penal, guardadas as suas características atuais. O ponderado exame da realidade brasileira, que não é apenas a dos centros urbanos, senão também a dos remotos distritos das comarcas do interior, desaconselha o repúdio do sistema vigente. O preconizado juízo de instrução, que importaria limitar a função da autoridade policial a prender criminosos, averiguar a materialidade dos crimes e indicar testemunhas, só é praticável sob a condição de que as distâncias dentro do seu território de jurisdição sejam fácil e rapidamente superáveis. Para atuar proficuamente em comarcas extensas, e posto que deva ser excluída a hipótese de criação de juizados de instrução em cada sede do distrito, seria preciso que o juiz instrutor possuísse o dom da ubiquidade. De outro modo, não se compreende como poderia presidir a todos os processos nos pontos diversos da sua zona de jurisdição, a grande distância uns dos outros e da sede da comarca, demandando, muitas vezes, com os morosos meios de condução ainda praticados na maior parte do nosso *hinterland*, vários dias de viagem, seria imprescindível, na prática, a quebra do sistema: nas capitais e nas sedes de comarca em geral, a imediata intervenção do juiz instrutor, ou a instrução única; nos distritos longínquos, a continuação do sistema atual. Não cabe, aqui, discutir as proclamadas vantagens do juízo de instrução. Preliminarmente, a sua adoção entre nós, na atualidade, seria incompatível com o critério de unidade da lei processual. Mesmo, porém, abstraída essa consideração, há em favor do inquérito policial, como instrução provisória antecedendo a propositura da ação penal, um argumento dificilmente contestável: é ele uma garantia contra apressados e errôneos juízos, formados quando ainda persiste a trepidação moral causada pelo crime ou antes que seja possível uma exata visão de conjunto dos fatos, nas suas circunstâncias objetivas e subjetivas. Por mais perspicaz e circunspeta, a autoridade que dirige a investigação inicial, quando ainda perdura o alarma provocado pelo crime, está sujeita a equívocos ou falsos juízos *a priori*, ou a sugestões tendenciosas. Não raro, é preciso voltar atrás, refazer tudo, para que a investigação se oriente no rumo certo, até então despercebido. Por que, então, abolir-se o inquérito preliminar ou instrução provisória, expondo-se a justiça criminal aos azares do detetivismo, às marchas e contramarchas de uma instrução imediata e única? Pode ser mais expedito o sistema de unidade de instrução, mas o nosso sistema tradicional, com o inquérito preparatório, assegura uma justiça menos aleatória, mais prudente e serena.

A AÇÃO PENAL

V - O projeto atende ao princípio *ne procedat judex ex officio*, que, ditado pela evolução do direito judiciário penal e já consagrado pelo novo Código Penal, reclama a completa separação entre o juiz e o órgão da acusação, devendo caber exclusivamente a este a iniciativa da ação penal. O procedimento *ex officio* só é mantido em relação às contravenções, que, dado o caráter essencialmente preventivo que assume, na espécie, a sanção penal, devem ser sujeitas a um processo particularmente célere, sob pena de frustrar-se a finalidade legal. A necessidade de se abolirem, nesse caso, as delongas processuais motivou mesmo a transferência, respeitada pelo projeto de se permitir à autoridade policial, para o efeito de tal processo, excepcional função judiciária.

É devidamente regulada a formalidade da representação, de que depende em certos casos, na conformidade do novo Código Penal, a iniciativa do Ministério Público.

São igualmente disciplinados os institutos da renúncia e do perdão, como causas de extinção da punibilidade nos crimes de ação privada. Para dirimir dúvidas que costumam surgir no caso de recusa do promotor da justiça em oferecer denúncia, adotou o projeto a seguinte norma: "Se o órgão do Ministério Público, ao invés de apresentar a denúncia, requerer o arquivamento do inquérito policial ou de quaisquer peças de informação, o juiz, no caso de considerar improcedentes as razões invocadas, fará remessa do inquérito ou peças de informação ao Procurador-Geral, e este oferecerá a denúncia, designará outro órgão do Ministério Público para oferecê-la ou insistirá no pedido de arquivamento, ao qual só então estará o juiz obrigado a atender".

A REPARAÇÃO DO DANO *EX DELICTO*

VI - O projeto, ajustando-se ao Código Civil e ao novo Código Penal, mantém a separação entre a ação penal e a ação civil *ex delicto*, rejeitando o instituto ambíguo da constituição de "parte civil" no processo penal. A obrigação de reparar o dano resultante do crime não é uma consequência de caráter penal, embora se torne certa quando haja sentença condenatória no juízo criminal. A invocada conveniência prática da economia de juízo não compensa o desfavor que acarretaria ao interesse da repressão a interferência de questões de caráter patrimonial no curso do processo penal. É indissimulável o mérito da argumentação de Sá Pereira na "Exposição de Motivos" do seu "Projeto de Código Penal", refutando as razões com que se defende o deslocamento da reparação do dano *ex delicto* para o campo do direito público:

"A meu ver, o que há de verdade nessas alegações não atinge os dois pontos seguintes: 1) que a reparação do dano é matéria de direito civil, e 2) que a repressão sofreria, se, no crime, a pleiteássemos. Se há lesão patrimonial, a reparação há de ser pedida a um outro patrimônio, e se me afigura impossível deslocar esta relação entre dois patrimônios do campo do direito privado para o do direito público, como querem os positivistas. Abrir no processo-crime a necessária margem à ação reparadora seria ou fazer marcharem simultaneamente as duas ações no mesmo processo, o que se tornaria tumultuário, ou paralisar o processo-crime para que o cível o alcançasse no momento final de pronunciamento da sentença que aplicasse a pena e fixasse a indenização. Não creio que a repressão ganhasse com isto alguma coisa; ao contrário, perderia muito de sua prontidão e rapidez". Limita-se o projeto a outorgar ao juiz da *actio civilis ex delicto* a faculdade de sobrestar no curso desta até o pronunciamento do juízo penal. Desde que existia julgamento definitivo no processo-crime, prevalece o disposto no art. 1.525 do Código Civil, isto é, a prejudicialidade daquele sobre o julgamento no cível, relativamente à existência do fato, ou quem seja o seu autor. É expressamente declarado que faz coisa julgada no cível a sentença penal que reconhecer, no caso concreto, qualquer das hipóteses do art. 19 do Código Penal. Não será prejudicial da ação civil a decisão que, no juízo penal: 1) absolver o acusado, sem reconhecer, categoricamente, a inexistência material do fato; 2) ordenar o arquivamento do inquérito ou das peças de informação, por insuficiência de prova quanto à existência do crime ou à sua autoria; 3) declarar extinta a punibilidade; ou 4) declarar que o fato imputado não é definido como crime. O projeto não descurou de evitar que se torne ilusório o direito à reparação do dano, instituindo ou regulando eficientemente medidas assecuratórias (sequestro e hipoteca legal dos bens do indiciado ou do responsável civil), antes mesmo do início da ação ou do julgamento definitivo, e determinando a intervenção do Ministério Público, quando o titular do direito à indenização não disponha de recursos pecuniários para exercê-lo. Ficará, assim, sem fundamento a crítica, segundo a qual, pelo sistema do direito pátrio, a reparação do dano *ex delicto* não passa de uma promessa vã ou platônica da lei.

AS PROVAS

VII - O projeto abandonou radicalmente o sistema chamado da certeza legal. Atribui ao juiz a faculdade de iniciativa de provas complementares ou supletivas, quer no curso da instrução criminal, quer a final, antes de proferir a sentença. Não serão atendíveis as restrições à prova estabelecidas pela lei civil, salvo quanto ao estado das pessoas; nem é prefixada uma hierarquia de provas: na livre apreciação destas, o juiz formará, honesta e lealmente, a sua convicção. A própria confissão do acusado não constitui, fatalmente, prova plena de sua culpabilidade. Todas as provas são relativas; nenhuma delas terá, *ex vi legis*, valor decisivo, ou necessariamente maior prestígio que outra.

Se é certo que o juiz fica adstrito às provas constantes dos autos, não é menos certo que não fica subordinado a nenhum critério apriorístico no apurar, através delas, a verdade material. O juiz criminal é, assim, restituído a sua própria consciência. Nunca é demais, porém, advertir que livre convencimento não quer dizer puro capricho de opinião ou mero arbítrio na apreciação das provas. O juiz está livre de preconceitos legais na aferição das provas, mas não pode abstrair-se ou alhear-se ao seu conteúdo. Não estará ele dispensado de motivar a sua sentença. E precisamente nisto reside a suficiente garantia do direito das partes e do interesse social. Por outro lado, o juiz deixará de ser um espectador inerte da produção de provas. Sua intervenção na atividade processual é permitida, não somente para dirigir a marcha da ação penal e julgar a final, mas também para ordenar, de ofício, as provas que lhe parecerem úteis ao esclarecimento da verdade. Para a indagação desta, não estará sujeito a preclusões. Enquanto não estiver averiguada a matéria da acusação ou da defesa, e houver uma fonte de prova ainda não explorada, o juiz não deverá pronunciar o *in dubio pro reo* ou o *non liquet*.

Como corolário do sistema de livre convicção do juiz, é rejeitado o velho brocardo *testis unus testis nullus*. Não se compreende a prevenção legal contra a *voix d'un*, quando, tal seja o seu mérito, pode bastar à elucidação da verdade e à certeza moral do juiz. Na atualidade, aliás, a exigência da lei, como se sabe, é contornada por uma simulação prejudicial ao próprio decoro ou gravidade da justiça, qual a consistente em suprir-se o mínimo legal de testemunhas com pessoas cuja inocência acerca do objeto do processo é previamente conhecida, e que somente vão a juízo para declarar que nada sabem.

Outra inovação, em matéria de prova, diz respeito ao interrogatório do acusado. Embora mantido o princípio de que *nemo tenetur se detegere* (não estando o acusado na estrita obrigação de responder o que se lhe pergunta), já não será esse termo do processo, como atualmente, uma série de perguntas predeterminadas, sacramentais, a que o acusado dá as respostas de antemão estudadas, para não comprometer-se, mas uma franca oportunidade de obtenção de prova. É facultado ao juiz formular ao acusado quaisquer perguntas que julgue necessárias à pesquisa da verdade, e se é certo que o silêncio do réu não importará confissão, poderá, entretanto, servir, em face de outros indícios, a formação do convencimento do juiz. O projeto ainda inova quando regula especialmente como meio de prova o "reconhecimento de pessoas e coisas"; quando estabelece a forma de explicação de divergência entre testemunhas presentes e ausentes do distrito da culpa; e, finalmente, quando, ao regular a busca, como expediente de consecução de prova, distingue-se em domiciliar e pessoal, para disciplinar diversamente, como é justo, as duas espécies.

A PRISÃO EM FLAGRANTE E A PRISÃO PREVENTIVA

VIII - A prisão em flagrante e a prisão preventiva são definidas com mais latitude do que na legislação em vigor. O clamor público deixa de ser condição necessária para que se equipare ao estado de flagrância o caso em que o criminoso, após a prática do crime, está a fugir. Basta que, vindo de cometer o crime, o fugitivo seja perseguido "pela autoridade, pelo ofendido ou por qualquer pessoa, em situação que faça presumir ser autor da infração": preso em tais condições, entende-se preso em flagrante delito. Considera-se, igualmente, em estado de flagrância o indivíduo que, logo em seguida à perpetração do crime, é encontrado "com o instrumento, armas, objetos ou papéis que façam presumir ser autor da infração". O interesse da administração da justiça não pode continuar a ser sacrificado por obsoletos escrúpulos formalísticos, que redundam em assegurar, com prejuízo da futura ação penal, a afrontosa intangibilidade de criminosos surpreendidos na atualidade ainda palpitante do crime e em circunstâncias que evidenciam sua relação com este.

A prisão preventiva, por sua vez, desprende-se dos limites estreitos até agora traçados à sua admissibilidade. Pressuposta a existência de suficientes indícios para imputação da autoria do crime, a prisão preventiva poderá ser decretada toda vez que o reclame o interesse da ordem pública, ou da instrução criminal, ou da efetiva aplicação da lei penal. Tratando-se de crime a que seja cominada pena de reclusão por tempo, no máximo, igual ou superior a 10 (dez) anos, a decretação da prisão preventiva será obrigatória, dispensando outro requisito além da prova indiciária contra o acusado. A duração da prisão provisória continua a ser condicionada, até o encerramento da instrução criminal, à efetividade dos atos processuais dentro dos respectivos prazos; mas estes são razoavelmente dilatados.

Vários são os dispositivos do projeto que cuidam de prover à maior praticabilidade da captura de criminosos que já se acham sob decreto de prisão. Assim, a falta de exibição do mandado, como já foi, de início, acentuado, não obstará a prisão, ressalvada a condição de ser o preso conduzido imediatamente à presença da autoridade que decretou a prisão. A prisão do réu ausente do distrito da culpa, seja qual for o ponto do território nacional em que se encontre, será feita mediante simples precatória de uma autoridade a outra, e até mesmo, nos casos urgentes, mediante entendimento entre estas por via telegráfica ou telefônica, tomadas as necessárias precauções para evitar ludíbrio ou ensejo a maliciosas vinditas. Não se compreende ou não se justifica que os Estados, gravitando dentro da unidade nacional, se oponham mutuamente obstáculos na pronta repressão da delinquência. A autoridade policial que recebe um mandado de prisão para dar-lhe cumprimento poderá, de sua própria iniciativa, fazer tirar tantas cópias quantas forem necessárias às diligências.

A LIBERDADE PROVISÓRIA

IX - Abolida a pluralidade do direito formal, já não subsiste razão para que a liberdade provisória mediante fiança, que é matéria tipicamente de caráter processual, continue a ser regulada pela lei penal substantiva. O novo Código Penal não cogitou do instituto da fiança, precisamente para que o futuro Código de Processo Penal reivindicasse a regulamentação de assunto que lhe é pertinente. Inovando na legislação atual, o presente projeto cuidou de imprimir à fiança um cunho menos rígido. O *quantum* da fiança continuará subordinado a uma tabela graduada, mas as regras para a sua fixação tornam possível sua justa correspondência aos casos concretos. E declarado que, "para determinar o valor da fiança, a autoridade terá em conta a natureza da infração, as condições pessoais de fortuna e vida pregressa do acusado, as circunstâncias indicativas de sua periculosidade, bem como a importância provável das custas do processo, até final julgamento". Ainda mais: o juiz não estará inexoravelmente adstrito a tarifa legal, podendo aumentar até o triplo a fiança, quando "reconhecer que, em virtude da situação econômica do réu, não assegurara a ação da justiça, embora fixada no máximo". Não é admitida a fiança fidejussória, mas o projeto contém o seguinte dispositivo, que virá conjurar uma iniquidade frequente no regime legal atual, relativamente aos réus desprovidos de recursos pecuniários: "Nos casos em que couber fiança, o juiz, verificando ser impossível ao réu presta-la, por motivo de pobreza, poderá conceder-lhe a liberdade provisória...". Os casos de inafiançabilidade são taxativamente previstos, corrigindo-se certas anomalias da lei vigente.

A INSTRUÇÃO CRIMINAL

X - O prazo da instrução criminal ou formação da culpa é ampliado (em cotejo com os estabelecidos atualmente): estando o réu preso, será de 20 (vinte) dias; estando o réu solto ou afiançado, de 40 (quarenta) dias. Nesses prazos, que começarão a correr da data do interrogatório, ou da em que deverá ter-se realizado, terminando com a inquirição da última testemunha de acusação, não será computado o tempo de qualquer impedimento.

O sistema de inquirição das testemunhas e o chamado presidencial, isto é, ao juiz que preside à formação da culpa cabe privativamente fazer perguntas diretas à testemunha. As perguntas das partes serão feitas por intermédio do juiz, a cuja censura ficarão sujeitas.

O ACUSADO

XI - Suprindo uma injustificável omissão da atual legislação processual, o projeto autoriza que o acusado, no caso em que não caiba a prisão preventiva, seja forçadamente conduzido à presença da autoridade, quando, regularmente intimado para ato que, sem ele, não possa realizar-se, deixa de comparecer sem motivo justo. Presentemente, essa medida compulsória é aplicável somente à testemunha faltosa, enquanto ao réu é concedido o privilégio de desobedecer à autoridade processante, ainda que a sua presença seja necessária para esclarecer ponto relevante da acusação ou da defesa. Nenhum acusado, ainda que revel, será processado ou julgado sem defensor; mas a sua ausência (salvo tratando-se de crime da competência do Tribunal do Júri) não suspenderá o julgamento, nem o prazo para o recurso, pois, de outro modo, estaria a lei criando uma prerrogativa em favor de réus foragidos, que, garantidos contra o julgamento à revelia, poderiam escapar, indefinidamente, à categoria de reincidentes. Se algum erro judiciário daí provier, poderá ser corrigido pela revisão ou por um decreto de graça.

A SENTENÇA

XII - O projeto, generalizando um princípio já consagrado pela atual Lei do Júri, repudia a proibição de sentença condenatória *ultra petitum* ou a desclassificação *in pejus* do crime imputado. Constituía um dos exageros do liberalismo o transplante dessa proibição, que é própria do direito privado, para a esfera de direito processual penal, que é um ramo do direito público. O interesse da defesa social não pode ser superado pelo unilateralíssimo interesse pessoal dos criminosos. Não se pode reconhecer ao réu, em prejuízo do bem social, estranho direito adquirido a um *quantum* de pena injustificadamente diminuta, só porque o Ministério Público, ainda que por equívoco, não tenha pleiteado maior pena. Em razão do antigo sistema, ocorria, frequentemente, a seguinte inconveniência: não podendo retificar a classificação feita na denúncia, para impor ao réu sanção mais grave, o juiz era obrigado a julgar nulo o processo ou improcedente a ação penal, conforme o caso, devendo o Ministério Público apresentar nova denúncia, se é que já não estivesse extinta a punibilidade pela prescrição. Se o réu estava preso, era posto em liberdade, e o êxito do segundo processo tornava-se, as mais das vezes, impossível, dado o intercorrente desaparecimento dos elementos de prova. Inteiramente diversa é a solução dada pelo projeto, que distingue duas hipóteses: o fato apurado no sumário é idêntico ao descrito na denúncia ou queixa, mas esta o classificou erradamente; ou o fato apurado ocorreu em circunstâncias diversas não contidas explícita ou implicitamente na peça inicial do processo, e estas deslocam a classificação. E os dois casos são assim resolvidos: no primeiro, é conferida ao juiz a faculdade de alterar a classificação, ainda que para aplicar pena mais grave; no segundo, se a circunstância apurada não estava contida, explícita ou implicitamente, na denúncia ou queixa, mas não acarreta a nova classificação pena mais grave, deverá o juiz conceder ao acusado o prazo de 8 (oito) dias para alegação e provas, e se importa classificação que acarrete pena mais grave, o juiz baixará o processo, a fim de que o Ministério Público adite a denúncia ou a queixa e, em seguida, marcará novos prazos sucessivos à defesa, para alegações e prova.

Vê-se que o projeto, ao dirimir a questão, atendeu à necessidade de assegurar à defesa e, ao mesmo tempo, impedir que se repudie um processo realizado com todas as formalidades legais. É declarado, de modo expresso, que, nos crimes de ação pública, o juiz poderá proferir sentença condenatória, ainda que o Ministério Público tenha opinado pela absolvição, bem como reconhecer agravantes, embora nenhuma tenha sido alegada.

Quando o juiz da sentença não for o mesmo que presidiu à instrução criminal, é-lhe facultado ordenar que esta se realize novamente, em sua presença.

A sentença deve ser motivada. Com o sistema do relativo arbítrio judicial na aplicação da pena, consagrado pelo novo Código Penal, e o do livre convencimento do juiz, adotado pelo presente projeto, é a motivação da sentença que oferece garantia contra os excessos, os erros de apreciação, as falhas de raciocínio ou de lógica ou os demais vícios de julgamento. No caso de absolvição, a parte dispositiva da sentença deve conter, de modo preciso, a razão específica pela qual é o réu absolvido. É minudente o projeto, ao regular a motivação e o dispositivo da sentença.

AS FORMAS DO PROCESSO

XIII - São estabelecidas e devidamente reguladas as várias formas do processo.

O processo sumário é limitado às contravenções penais e aos crimes a que seja cominada pena de detenção. Para o efeito da aplicação de medida de segurança, nos casos do art. 76 do Código Penal, é instituído processo especial. Ao cuidar do processo por crimes contra a honra (ressalvada a legislação especial sobre os "crimes de imprensa") o projeto contém uma inovação: o juízo preliminar de reconciliação entre as partes. Antes de receber a queixa, o juiz deverá ouvir, separadamente, o querelante e o querelado e, se julgar possível a reconciliação, promoverá um entendimento entre eles, na sua presença. Se efetivamente se reconciliarem, será lavrado termo de desistência e arquivada a queixa. Os processos por calúnia, difamação ou injúria redundam, por vezes, em agravação de uma recíproca hostilidade. É de boa política, portanto, tentar-se, *in limine litis*, o apaziguamento dos ânimos, sem quebra da dignidade ou amor-próprio de qualquer das partes.

O processo por crime de falência é atribuído integralmente ao juízo criminal, ficando suprimido, por sua consequente inutilidade, o termo de pronúncia. Não são convenientes os argumentos em favor da atual dualidade de juízos, um para o processo até pronúncia e outro para o julgamento. Ao invés das singularidades de um processo anfíbio, com instrução no juízo cível e julgamento no juízo criminal, e estabelecida a competência deste *ab initio*, restituindo-se-lhe uma função específica e ensejando-se-lhe mais segura visão de conjunto, necessária ao acerto da decisão final.

O JÚRI

XIV - Com algumas alterações, impostas pela lição da experiência e pelo sistema de aplicação da pena adotado pelo novo Código Penal, foi incluído no corpo do projeto o Decreto-Lei n. 167, de 5 de janeiro de 1938. Como atestam os aplausos recebidos, de vários pontos do país, pelo Governo da República, e é notório, têm sido excelentes os resultados desse Decreto-Lei que veio afeiçoar o tribunal popular à finalidade precípua da defesa social.

A aplicação da justiça penal pelo júri deixou de ser uma abdicação, para ser uma delegação do Estado, controlada e orientada no sentido do superior interesse da sociedade. Privado de sua antiga soberania, que redundava, na prática, numa sistemática indulgência para com os criminosos, o júri está, agora, integrado na consciência de suas graves responsabilidades e reabilitado na confiança geral.

A relativa individualização da pena, segundo as normas do estatuto penal que entrará em vigor a 1º de janeiro do ano vindouro, não pode ser confiada ao conselho de sentença, pois exige, além da apreciação do fato criminoso em si mesmo, uma indagação em torno de condições e circunstâncias complexas, que não poderiam ser objeto de quesitos, para respostas de plano. Assim, ao conselho de sentença, na conformidade do que dispõe o projeto, apenas incumbirá afirmar ou negar o fato imputado, as circunstâncias elementares ou qualificativas, a desclassificação do crime acaso pedida pela defesa, as causas de aumento ou diminuição especial de pena e as causas de isenção de pena ou de crime. No caso em que as respostas sejam no sentido da condenação, a medida da pena caberá exclusivamente ao presidente do tribunal, pois, com o meditado estudo que já tem do processo, estará aparelhado para o ajustamento *in concreto* da pena aplicável ao réu. Também ao presidente do tribunal incumbe, privativamente, pronunciar-se sobre a aplicação de medidas de segurança e penas acessórias. A decisão do conselho de sentença, prejudicial da sentença proferida pelo juiz-presidente, é reformável, *de meritis*, em grau de apelação, nos estritos casos em que o autoriza a legislação atual; mas do pronunciamento do juiz-presidente cabe apelação segundo a regra geral.

O RECURSO *EX OFFICIO* DA CONCESSÃO DE *HABEAS CORPUS* NA PRIMEIRA INSTÂNCIA

XV - O projeto determina o recurso *ex officio* da sentença proferida pelos juízes inferiores concedendo *habeas corpus*. Não é exato que a Constituição vigente tenha suprimido, implicitamente, essa providência de elementar cautela de administração da justiça penal. A opinião contrária levaria a admitir que tais sentenças são atualmente irrecorríveis, pois delas, pela mesma lógica, não caberia recurso do Ministério Público, ainda que se tornasse obrigatória a intervenção deste nos processos de *habeas corpus*.

A Constituição, em matéria de processo de *habeas corpus*, limita-se a dispor que das decisões denegatórias desse *remedium juris*, proferidas "em última ou única instância", há recurso ordinário para o Supremo Tribunal Federal.

A última instância, a que se refere o dispositivo constitucional, é o Tribunal de Apelação, sendo evidente que, salvo os casos de competência originária deste, a decisão denegatória de *habeas corpus*, de que há recurso para o Supremo Tribunal, pressupõe um anterior recurso, do juiz inferior para o Tribunal de Apelação. Ora, se admitiu recurso para o Tribunal de Apelação, da sentença do juiz inferior no caso de denegação do *habeas corpus*, não seria compreensível que a Constituição, visceralmente informada no sentido da incontrastável supremacia do interesse social, se propusesse à abolição do recurso *ex officio*, para o mesmo Tribunal de Apelação, da decisão concessiva do *habeas corpus*, também emanada do juiz inferior, que passaria a ser, em tal caso, instância única.

É facilmente imaginável o desconchavo que daí poderia resultar. Sabe-se que um dos casos taxativos de concessão de *habeas corpus* é o de não constituir infração penal o fato que motiva o constrangimento à liberdade de ir e vir. E não se poderia conjurar, na prática, a seguinte situação aberrante: o juiz inferior, errada ou injustamente reconhece penalmente lícito o fato imputado ao paciente, e, em consequência, não somente ser este posto em liberdade, como também impedido o prosseguimento da ação penal, sem o pronunciamento da segunda instância.

Não se pode emprestar à Constituição a intenção de expor a semelhante desgarantia o interesse da defesa social.

O que ela fez foi apenas deixar bem claro que das decisões sobre *habeas corpus*, proferidas pelos Tribunais de Apelação, como última ou única instância, somente caberá recurso para o Supremo Tribunal quando denegatórias.

No caso de decisão denegatória, não se tratando de *habeas corpus* originário de tribunal de apelação, haverá, excepcionalmente, três instâncias; se a decisão, porém, é concessiva da medida, duas apenas, segundo a regra geral, serão as instâncias.

OS NOVOS INSTITUTOS DA LEI PENAL MATERIAL

XVI - O projeto consagra capítulos especiais à detalhada regulamentação dos institutos que, estranhos à lei penal ainda vigente, figuram no novo Código Penal, como sejam as medidas de segurança e a reabilitação, do mesmo modo que provê à disciplina da execução das penas principais e acessórias, dentro da sistemática do referido Código.

AS NULIDADES

XVII - Como já foi dito de início, o projeto é infenso ao excessivo rigorismo formal, que dá ensejo, atualmente, à infindável série das nulidades processuais. Segundo a justa advertência de ilustre processualista italiano, "um bom direito processual penal deve limitar as sanções de nulidade àquele estrito mínimo que não pode ser abstraído sem lesar legítimos e graves interesses do Estado e dos cidadãos". O projeto não deixa respiradouro para o frívolo curialismo, que se compraz em espiolhar nulidades. É consagrado o princípio geral de que nenhuma nulidade ocorre se não há prejuízo para a acusação ou a defesa. Não será declarada a nulidade de nenhum ato processual, quando este não haja influído concretamente na decisão da causa ou na apuração da verdade substancial. Somente em casos excepcionais é declarada insanável a nulidade.

Fora desses casos, ninguém pode invocar direito à irredutível subsistência da nulidade. Sempre que o juiz deparar com uma causa de nulidade, deve prover imediatamente à sua eliminação, renovando ou retificando o ato irregular, se possível; mas, ainda que o não faça, a nulidade considera-se sanada:

a) pelo silêncio das partes;

b) pela efetiva consecução do escopo visado pelo ato não obstante sua irregularidade;

c) pela aceitação, ainda que tácita, dos efeitos do ato irregular.

Se a parte interessada não argui a irregularidade ou com esta implicitamente se conforma, aceitando-lhe os efeitos, nada mais natural que se entenda haver renunciado ao direito de argui-la. Se toda formalidade processual visa um determinado fim, e este fim é alcançado, apesar de sua irregularidade, evidentemente carece esta de importância.

Decidir de outro modo será incidir no despropósito de considerar-se a formalidade um fim em si mesma.

É igualmente firmado o princípio de que não pode arguir a nulidade quem lhe tenha dado causa ou não tenha interesse na sua declaração. Não se compreende que alguém provoque a irregularidade e seja admitido em seguida, a especular com ela; nem tampouco que, no silêncio da parte prejudicada, se permita à outra parte investir-se no direito de pleitear a nulidade.

O ESPÍRITO DO CÓDIGO

XVIII - Do que vem de ser ressaltado, e de vários outros critérios adotados pelo projeto, se evidencia que este se norteou no sentido de obter equilíbrio entre o interesse social e o da defesa individual, entre o direito do Estado à punição dos criminosos e o direito do indivíduo às garantias e seguranças de sua liberdade. Se ele não transige com as sistemáticas restrições ao poder público, não o inspira, entretanto, o espírito de um incondicional autoritarismo do Estado ou de uma sistemática prevenção contra os direitos e garantias individuais.

É justo que, ao finalizar esta Exposição de Motivos, deixe aqui consignada a minha homenagem aos autores do projeto, Drs. Vieira Braga, Nelson Hungria, Narcélio de Queiroz, Roberto Lyra, Desembargador Florêncio de Abreu e o saudoso Professor Cândido Mendes de Almeida, que revelaram rara competência e a mais exata e larga compreensão dos problemas de ordem teórica e de ordem prática que o Código se propõe resolver.

Na redação final do projeto contei com a valiosa colaboração do Dr. Abgar Renault.

Aproveito a oportunidade para renovar a Vossa Excelência os protestos de meu mais profundo respeito.

Francisco Campos

DECRETO-LEI N. 3.689, DE 03 DE OUTUBRO DE 1941

Código de Processo Penal.

- DOU 13.10.1941; retificado DOU 24.10.1941.

O Presidente da República, usando da atribuição que lhe confere o art. 180 da Constituição, decreta a seguinte Lei:

LIVRO I
DO PROCESSO EM GERAL

TÍTULO I
DISPOSIÇÕES PRELIMINARES

Art. 1º O processo penal reger-se-á, em todo o território brasileiro, por este Código, ressalvados:

- arts. 4º a 8º, CP.
- arts. 1º a 6º, CPPM.
- Lei 7.565/1986 (Código Brasileiro de Aeronáutica).
- Lei 8.617/1993 (Dispõe sobre o mar territorial, a zona contígua, a zona econômica exclusiva e a plataforma continental brasileiros).

I - os tratados, as convenções e regras de direito internacional;

- art. 109, V, CF.
- Dec. 678/1992 (Pacto de São José da Costa Rica).
- Dec. 4.388/2002 (Promulga o Estatuto de Roma do Tribunal Penal Internacional).

II - as prerrogativas constitucionais do Presidente da República, dos ministros de Estado, nos crimes conexos com os do Presidente da República, e dos ministros do Supremo Tribunal Federal, nos crimes de responsabilidade (Constituição, arts. 86, 89, § 2º, e 100);

- Refere-se à CF/1937. V., na CF/1988, os seguintes arts. 50, § 2º; 52, I, p.u.; 85; 86, § 1º, II; e 102, I, b.
- Lei 1.079/1950 (Define os crimes de responsabilidade e regula o respectivo processo de julgamento).
- Súm. Vinc. 46, STF.

III - os processos da competência da Justiça Militar;

- art. 124, CF.

IV - os processos da competência do tribunal especial (Constituição, art. 122, n. 17);

- Refere-se à CF/1937.
- arts. 5º, XXXV e XXXVII, e 109, CF.
- Lei 7.170/1983 (Lei de Segurança Nacional).
- Lei 5.250/1967 (Lei de Imprensa).
- ADPF 130-7 (DOU e DJe, 12.05.1009).

V - os processos por crimes de imprensa.

- ADPF 130.

Parágrafo único. Aplicar-se-á, entretanto, este Código aos processos referidos nos n. IV e V, quando as leis especiais que os regulam não dispuserem de modo diverso.

Art. 2º A lei processual penal aplicar-se-á desde logo, sem prejuízo da validade dos atos realizados sob a vigência da lei anterior.

- arts. 1º a 3º, CP.

Art. 3º A lei processual penal admitirá interpretação extensiva e aplicação analógica, bem como o suplemento dos princípios gerais de direito.

- art. 1º, CP.
- art. 254, II, CPP.
- arts. 4º e 5º, Lei 4.657/1942 (Lei de Introdução às normas do Direito Brasileiro - LInDB, antiga LICC).
- art. 186, *caput*, Lei 11.101/2005 (Lei de Recuperação de Empresas e Falência).

Juiz das Garantias

Art. 3º-A. O processo penal terá estrutura acusatória, vedadas a iniciativa do juiz na fase de investigação e a substituição da atuação probatória do órgão de acusação. (Incluído pela Lei 13.964/2019)

Art. 3º-B. O juiz das garantias é responsável pelo controle da legalidade da investigação criminal e pela salvaguarda dos direitos individuais cuja franquia tenha sido reservada à autorização prévia do Poder Judiciário, competindo-lhe especialmente: (Incluído pela Lei 13.964/2019)

I - receber a comunicação imediata da prisão, nos termos do inciso LXII do *caput* do art. 5º da Constituição Federal;

II - receber o auto da prisão em flagrante para o controle da legalidade da prisão, observado o disposto no art. 310 deste Código;

III - zelar pela observância dos direitos do preso, podendo determinar que este seja conduzido à sua presença, a qualquer tempo;

IV - ser informado sobre a instauração de qualquer investigação criminal;

V - decidir sobre o requerimento de prisão provisória ou outra medida cautelar, observado o disposto no § 1° deste artigo;

VI - prorrogar a prisão provisória ou outra medida cautelar, bem como substituí-las ou revogá-las, assegurado, no primeiro caso, o exercício do contraditório em audiência pública e oral, na forma do disposto neste Código ou em legislação especial pertinente;

VII - decidir sobre o requerimento de produção antecipada de provas consideradas urgentes e não repetíveis, assegurados o contraditório e a ampla defesa em audiência pública e oral;

VIII - prorrogar o prazo de duração do inquérito, estando o investigado preso, em vista das razões apresentadas pela autoridade policial e observado o disposto no § 2° deste artigo;

IX - determinar o trancamento do inquérito policial quando não houver fundamento razoável para sua instauração ou prosseguimento;

X - requisitar documentos, laudos e informações ao delegado de polícia sobre o andamento da investigação;

XI - decidir sobre os requerimentos de:

a) interceptação telefônica, do fluxo de comunicações em sistemas de informática e telemática ou de outras formas de comunicação;

b) afastamento dos sigilos fiscal, bancário, de dados e telefônico;

c) busca e apreensão domiciliar;

d) acesso a informações sigilosas;

e) outros meios de obtenção da prova que restrinjam direitos fundamentais do investigado;

XII - julgar o *habeas corpus* impetrado antes do oferecimento da denúncia;

XIII - determinar a instauração de incidente de insanidade mental;

XIV - decidir sobre o recebimento da denúncia ou queixa, nos termos do art. 399 deste Código;

XV - assegurar prontamente, quando se fizer necessário, o direito outorgado ao investigado e ao seu defensor de acesso a todos os elementos informativos e provas produzidos no âmbito da investigação criminal, salvo no que concerne, estritamente, às diligências em andamento;

XVI - deferir pedido de admissão de assistente técnico para acompanhar a produção da perícia;

XVII - decidir sobre a homologação de acordo de não persecução penal ou os de colaboração premiada, quando formalizados durante a investigação;

XVIII - outras matérias inerentes às atribuições definidas no *caput* deste artigo.

§ 1º O preso em flagrante ou por força de mandado de prisão provisória será encaminhado à presença do juiz de garantias no prazo de 24 (vinte e quatro) horas, momento em que se realizará audiência com a presença do Ministério Público e da Defensoria Pública ou de advogado constituído, vedado o emprego de videoconferência. (Parágrafo vetado pelo Presidente da República, mantido pelo Congresso Nacional e publicado no DOU de 30/4/2021)

§ 2° Se o investigado estiver preso, o juiz das garantias poderá, mediante representação da autoridade policial e ouvido o Ministério Público, prorrogar, uma única vez, a duração do inquérito por até 15 (quinze) dias, após o que, se ainda assim a investigação não for concluída, a prisão será imediatamente relaxada. (Incluído pela Lei 13.964/2019)

Art. 3°-C. A competência do juiz das garantias abrange todas as infrações penais, exceto as de menor potencial ofensivo, e cessa com o recebimento da denúncia ou queixa na forma do art. 399 deste Código. (Incluído pela Lei 13.964/2019)

§ 1° Recebida a denúncia ou queixa, as questões pendentes serão decididas pelo juiz da instrução e julgamento.

§ 2° As decisões proferidas pelo juiz das garantias não vinculam o juiz da instrução e julgamento, que, após o recebimento da denúncia ou queixa, deverá reexaminar a necessidade das medidas cautelares em curso, no prazo máximo de 10 (dez) dias.

§ 3° Os autos que compõem as matérias de competência do juiz das garantias ficarão acautelados na secretaria desse juízo, à disposição do Ministério Público e da defesa, e não serão apensados aos autos do processo enviados ao juiz da instrução e julgamento, ressalvados os documentos relativos às provas irrepetíveis, medidas de obtenção de provas ou de antecipação de provas, que deverão ser remetidos para apensamento em apartado.

§ 4° Fica assegurado às partes o amplo acesso aos autos acautelados na secretaria do juízo das garantias.

Art. 3°-D. O juiz que, na fase de investigação, praticar qualquer ato incluído nas competências dos arts. 4° e 5° deste Código ficará impedido de funcionar no processo. (Incluído pela Lei 13.964/2019)

Parágrafo único. Nas comarcas em que funcionar apenas um juiz, os tribunais criarão um sistema de rodízio de magistrados, a fim de atender às disposições deste Capítulo.

Art. 3°-E. O juiz das garantias será designado conforme as normas de organização judiciária da União, dos Estados e do Distrito Federal, observando critérios objetivos a serem periodicamente divulgados pelo respectivo tribunal. (Incluído pela Lei 13.964/2019)

Art. 3º-F. O juiz das garantias deverá assegurar o cumprimento das regras para o tratamento dos presos, impedindo o acordo ou ajuste de qualquer autoridade com órgãos da imprensa para explorar a imagem da pessoa submetida à prisão, sob pena de responsabilidade civil, administrativa e penal. (Incluído pela Lei 13.964/2019)

Parágrafo único. Por meio de regulamento, as autoridades deverão disciplinar, em 180 (cento e oitenta) dias, o modo pelo qual as informações sobre a realização da prisão e a identidade do preso serão, de modo padronizado e respeitada a programação normativa aludida no *caput* deste artigo, transmitidas à imprensa, assegurados a efetividade da persecução penal, o direito à informação e a dignidade da pessoa submetida à prisão.

TÍTULO II
DO INQUÉRITO POLICIAL

Art. 4º A polícia judiciária será exercida pelas autoridades policiais no território de suas respectivas circunscrições e terá por fim a apuração das infrações penais e da sua autoria. (Redação dada pela Lei 9.043/1995.)

- art. 144, § 1º, IV, CF.
- arts. 12; 13; 16 a 18; 22; e 107, CPP.
- arts. 7º a 9º, CPPM.
- Lei 12.830/2013 (Dispõe sobre a investigação criminal conduzida pelo delegado de polícia).
- art. 5º, Lei 13.432/2017 (Dispõe sobre o exercício da profissão de detetive particular).

Parágrafo único. A competência definida neste artigo não excluirá a de autoridades administrativas, a quem por lei seja cometida a mesma função.

- arts. 5º, LIII; 51, IV; 52, XIII; e 58, § 3º, CF.
- art. 22, Título V, Livro I, CPP.
- Lei 13.445/2017 (Institui a Lei de Migração).
- arts. 22, § 4º; 186; e 187, Lei 11.101/2005 (Lei de Recuperação de Empresas e Falência).
- Súm. 397, STF.

Art. 5º Nos crimes de ação pública o inquérito policial será iniciado:

- arts. 5º, LIX, e 129, I, VII e VIII, CF.
- arts. 647 e 648, CPP.
- art. 10, CPPM.
- Súm. 397, STF.

I - de ofício;

- Lei n. 12.830/2013 (Dispõe sobre a investigação criminal conduzida pelo delegado de polícia).

II - mediante requisição da autoridade judiciária ou do Ministério Público, ou a requerimento do ofendido ou de quem tiver qualidade para representá-lo.

- arts. 7º, § 3º, b; 145, p.u.; e 339, CP.

§ 1º O requerimento a que se refere o n. II conterá sempre que possível:

- art. 12, § 1º, Lei 11.340/2006 (Coíbe a violência doméstica e familiar contra a mulher).

a) a narração do fato, com todas as circunstâncias;

b) a individualização do indiciado ou seus sinais característicos e as razões de convicção ou de presunção de ser ele o autor da infração, ou os motivos de impossibilidade de o fazer;

c) a nomeação das testemunhas, com indicação de sua profissão e residência.

- arts. 202 e 207 deste Código.

§ 2º Do despacho que indeferir o requerimento de abertura de inquérito caberá recurso para o chefe de Polícia.

§ 3º Qualquer pessoa do povo que tiver conhecimento da existência de infração penal em que caiba ação pública poderá, verbalmente ou por escrito, comunicá-la à autoridade policial, e esta, verificada a procedência das informações, mandará instaurar inquérito.

- art. 340, CP.
- art. 66, I e II, Dec.-Lei 3.688/1941 (Lei das Contravenções Penais).

§ 4º O inquérito, nos crimes em que a ação pública depender de representação, não poderá sem ela ser iniciado.

- arts. 24 e 25 deste Código.
- art. 100, § 1º, CP.

§ 5º Nos crimes de ação privada, a autoridade policial somente poderá proceder a inquérito a requerimento de quem tenha qualidade para intentá-la.

- arts. 30; 31; e 34 deste Código.
- art. 100, § 2º, CP.
- Súm. 594, STF.

Art. 6º Logo que tiver conhecimento da prática da infração penal, a autoridade policial deverá:

- art. 12, CPPM.
- art. 69, Lei 9.099/1995 (Lei dos Juizados Especiais).
- arts. 10 a 12, Lei 11.340/2006 (Coíbe a violência doméstica e familiar contra a mulher).
- art. 90, II, Dec. 6.049/2007 (Regulamento Penitenciário Federal).
- Lei 9.296/1996 (Lei de Interceptação das Comunicações Telefônicas).
- Lei n. 12.830/2013 (Dispõe sobre a investigação criminal conduzida pelo delegado de polícia).

I - dirigir-se ao local, providenciando para que não se alterem o estado e conservação das coisas, até a chegada dos peritos criminais; (Redação dada pela Lei 8.862/1994.)

- arts. 158 a 184 deste Código.
- Lei 5.970/1973 (Exclui da aplicação do disposto neste inciso os casos de acidente de trânsito).

II - apreender os objetos que tiverem relação com o fato, após liberados pelos peritos criminais; (Redação dada pela Lei 8.862/1994.)

- arts. 11; 124; e 240 a 250 deste Código.
- art. 91, II, a e b, CP.

III - colher todas as provas que servirem para o esclarecimento do fato e suas circunstâncias;

- arts. 155 a 250 deste Código.
- art. 12, II, Lei 11.340/2006 (Coíbe a violência doméstica e familiar contra a mulher).

IV - ouvir o ofendido;

- art. 201 deste Código.
- art. 12, I, Lei 11.340/2006 (Coíbe a violência doméstica e familiar contra a mulher).

V - ouvir o indiciado, com observância, no que for aplicável, do disposto no Capítulo III do Título VII, deste Livro, devendo o respectivo termo ser assinado por duas testemunhas que lhe tenham ouvido a leitura;

- art. 5º, LIV e LXIII, CF.
- arts. 185 a 196 deste Código.
- art. 12, V, Lei 11.340/2006 (Coíbe a violência doméstica e familiar contra a mulher).

VI - proceder a reconhecimento de pessoas e coisas e a acareações;

- arts. 226 a 230 deste Código.

VII - determinar, se for caso, que se proceda a exame de corpo de delito e a quaisquer outras perícias;

- arts. 158 a 184 deste Código.
- art. 12, IV, Lei 11.340/2006 (Coíbe a violência doméstica e familiar contra a mulher).

VIII - ordenar a identificação do indiciado pelo processo datiloscópico, se possível, e fazer juntar aos autos sua folha de antecedentes;

- art. 5º, LVIII, CF.
- art. 12, VI, Lei 11.340/2006 (Coíbe a violência doméstica e familiar contra a mulher).
- Lei 12.037/2009 (Dispõe sobre a identificação criminal do civilmente identificado).
- Súm. 568, STF.

IX - averiguar a vida pregressa do indiciado, sob o ponto de vista individual, familiar e social, sua condição econômica, sua atitude e estado de ânimo antes e depois do crime e durante ele, e quaisquer outros elementos que contribuírem para a apreciação do seu temperamento e caráter.

- art. 59, CP.
- art. 5º, Lei 7.210/1984 (Lei de Execuções Penais).

X - colher informações sobre a existência de filhos, respectivas idades e se possuem alguma deficiência e o nome e o contato de eventual responsável pelos cuidados dos filhos, indicado pela pessoa presa. (Acrescentado pela Lei 13.257/2016.)

Art. 7º Para verificar a possibilidade de haver a infração sido praticada de determinado modo, a autoridade policial poderá proceder à reprodução simulada dos fatos, desde que esta não contrarie a moralidade ou a ordem pública.

- art. 5º, LXIII, CF.
- art. 13, CPPM.

Art. 8º Havendo prisão em flagrante, será observado o disposto no Capítulo II do Título IX deste Livro.

- arts. 301 a 310 deste Código.
- art. 69, p.u., Lei 9.099/1995 (Lei dos Juizados Especiais).
- Súm. 145, STF.

Art. 9º Todas as peças do inquérito policial serão, num só processado, reduzidas a escrito ou datilografadas e, neste caso, rubricadas pela autoridade.

- art. 21, CPPM.
- Súm. Vinc. 14, STF.

Art. 10. O inquérito deverá terminar no prazo de 10 dias, se o indiciado tiver sido preso em flagrante, ou estiver preso preventivamente, contado o prazo, nesta hipótese, a partir do dia em que se executar a ordem de prisão, ou no prazo de 30 dias, quando estiver solto, mediante fiança ou sem ela.

- arts. 311; 394-A, 312; 647; 648, II; e 798, § 1º, deste Código.
- art. 20, CPPM.
- art. 66, Lei 5.010/1966 (Lei da Organização da Justiça Federal).
- Lei 7.960/1989 (Dispõe sobre prisão temporária).
- art. 2º, § 3º, Lei 8.072/1990 (Dispõe sobre os crimes hediondos).
- Lei 9.289/1996 (Dispõe sobre as custas devidas à União, na Justiça Federal de primeiro e segundo graus).
- art. 51, Lei 11.343/2006 (Lei Antidrogas).
- O prazo estabelecido neste artigo aplica-se à Justiça Comum.

§ 1º A autoridade fará minucioso relatório do que tiver sido apurado e enviará autos ao juiz competente.

- art. 23 deste Código.
- arts. 22 e 23, CPPM.
- art. 52, I, Lei 11.343/2006 (Lei Antidrogas).

§ 2º No relatório poderá a autoridade indicar testemunhas que não tiverem sido inquiridas, mencionando o lugar onde possam ser encontradas.

§ 3º Quando o fato for de difícil elucidação, e o indiciado estiver solto, a autoridade poderá requerer ao juiz a devolução dos autos, para ulteriores diligências, que serão realizadas no prazo marcado pelo juiz.

- art. 16 deste Código.
- art. 14, CPPM.

Art. 11. Os instrumentos do crime, bem como os objetos que interessarem à prova, acompanharão os autos do inquérito.

- art. 5º, LIV, CF.
- arts. 118 a 124; e 155 a 250 deste Código.

Art. 12. O inquérito policial acompanhará a denúncia ou queixa, sempre que servir de base a uma ou outra.

- arts. 27; 39, § 5º; 40; 46, § 1º; 211; e 573 deste Código.
- art. 28, CPPM.

Art. 13. Incumbirá ainda à autoridade policial:

- art. 322 deste Código.
- art. 8º, CPPM.

I - fornecer às autoridades judiciárias as informações necessárias à instrução e julgamento dos processos;

II - realizar as diligências requisitadas pelo juiz ou pelo Ministério Público;

- art. 129, VIII, CF.
- arts. 297 a 300 deste Código.

III - cumprir os mandados de prisão expedidos pelas autoridades judiciárias;

- arts. 282 a 300; e 378, II, deste Código

IV - representar acerca da prisão preventiva.

- arts. 311 e 312 deste Código.
- arts. 1º e 2º, Lei 7.960/1989 (Dispõe sobre prisão temporária).
- art. 20, *caput*, Lei 11.340/2006 (Coíbe a violência doméstica e familiar contra a mulher).

Art. 13-A. Nos crimes previstos nos arts. 148, 149 e 149-A, no § 3º do art. 158 e no art. 159 do Decreto-Lei n. 2.848, de 7 de dezembro de 1940 (Código Penal), e no art. 239 da Lei n. 8.069, de 13 de julho de 1990 (Estatuto da Criança e do Adolescente), o membro do Ministério Público ou o delegado de polícia poderá requisitar, de quaisquer órgãos do poder público ou de empresas da iniciativa privada, dados e informações cadastrais da vítima ou de suspeitos. (Acrescentado pela Lei 13.344/2016.)

Parágrafo único. A requisição, que será atendida no prazo de 24 (vinte e quatro) horas, conterá: (Acrescentado pela Lei 13.344/2016.)

I - o nome da autoridade requisitante; (Acrescentado pela Lei 13.344/2016.)

II - o número do inquérito policial; e (Acrescentado pela Lei 13.344/2016.)

III - a identificação da unidade de polícia judiciária responsável pela investigação. (Acrescentado pela Lei 13.344/2016.)

Art. 13-B. Se necessário à prevenção e à repressão dos crimes relacionados ao tráfico de pessoas, o membro do Ministério Público ou o delegado de polícia poderão requisitar, mediante autorização judicial, às empresas prestadoras de serviço de telecomunicações e/ou telemática que disponibilizem imediatamente os meios técnicos adequados – como sinais, informações e outros – que permitam a localização da vítima ou dos suspeitos do delito em curso. (Acrescentado pela Lei 13.344/2016.)

§ 1º Para os efeitos deste artigo, sinal significa posicionamento da estação de cobertura, setorização e intensidade de radiofrequência. (Acrescentado pela Lei 13.344/2016.)

§ 2º Na hipótese de que trata o *caput*, o sinal: (Acrescentado pela Lei 13.344/2016.)

I - não permitirá acesso ao conteúdo da comunicação de qualquer natureza, que dependerá de autorização judicial, conforme disposto em lei; (Acrescentado pela Lei 13.344/2016.)

II - deverá ser fornecido pela prestadora de telefonia móvel celular por período não superior a 30 (trinta) dias, renovável por uma única vez, por igual período;

III - para períodos superiores àquele de que trata o inciso II, será necessária a apresentação de ordem judicial. (Acrescentado pela Lei 13.344/2016.)

§ 3º Na hipótese prevista neste artigo, o inquérito policial deverá ser instaurado no prazo máximo de 72 (setenta e duas) horas, contado do registro da respectiva ocorrência policial. (Acrescentado pela Lei 13.344/2016.)

§ 4º Não havendo manifestação judicial no prazo de 12 (doze) horas, a autoridade competente requisitará às empresas prestadoras de serviço de telecomunicações e/ou telemática que disponibilizem imediatamente os meios técnicos adequados – como sinais, informações e outros – que permitam a localização da vítima ou dos suspeitos do delito em curso, com imediata comunicação ao juiz. (Acrescentado pela Lei 13.344/2016.)

Art. 14. O ofendido, ou seu representante legal, e o indiciado poderão requerer qualquer diligência, que será realizada, ou não, a juízo da autoridade.

- arts. 176 e 184 deste Código.
- Súm. Vinc. 14, STF.

Art. 14-A. Nos casos em que servidores vinculados às instituições dispostas no art. 144 da Constituição Federal figurarem como investigados em inquéritos policiais, inquéritos policiais militares e demais procedimentos extrajudiciais, cujo objeto for a investigação de fatos relacionados ao uso da força letal praticados no exercício profissional, de forma consumada ou tentada, incluindo as situações dispostas no art. 23 do Decreto-Lei nº 2.848, de 7 de dezembro de 1940 (Código Penal), o indiciado poderá constituir defensor. (Incluído pela Lei 13.964/2019)

§ 1º Para os casos previstos no *caput* deste artigo, o investigado deverá ser citado da instauração do procedimento investigatório, podendo constituir defensor no prazo de até 48 (quarenta e oito) horas a contar do recebimento da citação.

§ 2º Esgotado o prazo disposto no § 1º deste artigo com ausência de nomeação de defensor pelo investigado, a autoridade responsável pela investigação deverá intimar a instituição a que estava vinculado o investigado à época da ocorrência dos fatos, para que essa, no prazo de 48 (quarenta e oito) horas, indique defensor para a representação do investigado.

§ 3º Havendo necessidade de indicação de defensor nos termos do § 2º deste artigo, a defesa caberá preferencialmente à Defensoria Pública, e, nos locais em que ela não estiver instalada, a União ou a Unidade da Federação correspondente à respectiva competência territorial do procedimento instaurado deverá disponibilizar profissional para acompanhamento e realização de todos os atos relacionados à defesa administrativa do investigado. (Parágrafo vetado pelo Presidente da República, mantido pelo Congresso Nacional e publicado no DOU de 30/4/2021)

§ 4º A indicação do profissional a que se refere o § 3º deste artigo deverá ser precedida de manifestação de que não existe defensor público lotado na área territorial onde tramita o inquérito e com atribuição para nele atuar, hipótese em que poderá ser indicado profissional que não integre os quadros próprios da Administração. (Parágrafo vetado pelo Presidente da República, mantido pelo Congresso Nacional e publicado no DOU de 30/4/2021)

§ 5º Na hipótese de não atuação da Defensoria Pública, os custos com o patrocínio dos interesses dos investigados nos procedimentos de que trata este artigo correrão por conta do orçamento próprio da instituição a que este esteja vinculado à época da ocorrência dos fatos investigados. (Parágrafo vetado pelo Presidente da República, mantido pelo Congresso Nacional e publicado no DOU de 30/4/2021)

§ 6º As disposições constantes deste artigo se aplicam aos servidores militares vinculados às instituições dispostas no art. 142 da Constituição Federal, desde que os fatos investigados digam respeito a missões para a Garantia da Lei e da Ordem.

Art. 15. Se o indiciado for menor, ser-lhe-á nomeado curador pela autoridade policial.

- art. 262 deste Código.
- art. 5º, CC/2002.
- arts. 57 e 65, I, CP.
- Súm. 352, STF.

Art. 16. O Ministério Público não poderá requerer a devolução do inquérito à autoridade policial, senão para novas diligências, imprescindíveis ao oferecimento da denúncia.

- art. 129, VIII, CF.
- arts. 46 e 47 deste Código.
- art. 26, CPPM.
- art. 54, II, Lei 11.343/2006 (Lei Antidrogas).

Art. 17. A autoridade policial não poderá mandar arquivar autos de inquérito.

- arts. 28 e 42 deste Código.
- art. 24, CPPM.

Art. 18. Depois de ordenado o arquivamento do inquérito pela autoridade judiciária, por falta de base para a denúncia, a autoridade policial poderá proceder a novas pesquisas, se de outras provas tiver notícia.

- arts. 67, I, e 414, p.u., deste Código.
- art. 25, CPPM.
- art. 7º, Lei 1.521/1951 (Altera dispositivos da legislação vigente sobre crimes contra a economia popular).
- Súm. 524, STF.

Art. 19. Nos crimes em que não couber ação pública, os autos do inquérito serão remetidos ao juízo competente, onde aguardarão a iniciativa do ofendido ou de seu representante legal, ou serão entregues ao requerente, se o pedir, mediante traslado.

- arts. 30 a 38 e 183 deste Código.
- art. 100, CP.

Art. 20. A autoridade assegurará no inquérito o sigilo necessário à elucidação do fato ou exigido pelo interesse da sociedade.

- art. 5º, XXXIII, CF.
- art. 745 deste Código.
- art. 16, CPPM.
- art. 7º, XIII a XV, e § 1º, Lei 8.906/1994 (EAOAB).
- Súm. Vinc. 14, STF.

Parágrafo único. Nos atestados de antecedentes que lhe forem solicitados, a autoridade policial não poderá mencionar quaisquer anotações referentes a instauração de inquérito contra os requerentes. (Alterado pela Lei 12.681/2012).

- art. 5º, XXXIV, b, CF.
- art. 748 deste Código.

Art. 21. A incomunicabilidade do indiciado dependerá sempre de despacho nos autos e somente será permitida quando o interesse da sociedade ou a conveniência da investigação o exigir.

- arts. 5º, LXII, e 136, § 3º, IV, CF.
- art. 17, CPPM.

Parágrafo único. A incomunicabilidade, que não excederá de três dias, será decretada por despacho fundamentado do Juiz, a requerimento da autoridade policial, ou do órgão do Ministério Público, respeitado, em qualquer hipótese, o disposto no artigo 89, inciso III, do Estatuto da Ordem dos Advogados do Brasil (Lei 4.215/1963) (Redação dada pela Lei 5.010/1966.)

- art. 7º, III, Lei 8.906/1994 (EAOAB).

Art. 22. No Distrito Federal e nas comarcas em que houver mais de uma circunscrição policial, a autoridade com exercício em uma delas poderá, nos inquéritos a que esteja procedendo, ordenar diligências em circunscrição de outra, independentemente de precatórias ou requisições, e bem assim providenciará, até que compareça a autoridade competente, sobre qualquer fato que ocorra em sua presença, noutra circunscrição.

- arts. 4º e 70 deste Código.
- art. 6º, CP.

Art. 23. Ao fazer a remessa dos autos do inquérito ao juiz competente, a autoridade policial oficiará ao Instituto de Identificação e Estatística, ou repartição congênere, mencionando o juízo a que tiverem sido distribuídos, e os dados relativos à infração penal e à pessoa do indiciado.

- arts. 747 e 809 deste Código.
- Dec.-Lei 3.992/1941 (Dispõe sobre a execução das estatísticas criminais).
- art. 202, Lei 7.210/1984 (Lei de Execuções Penais).

TÍTULO III
DA AÇÃO PENAL

- arts. 60 a 62, Lei 9.099/1995 (Lei dos Juizados Especiais).

Art. 24. Nos crimes de ação pública, esta será promovida por denúncia do Ministério Público, mas dependerá, quando a lei o exigir, de requisição do Ministro da Justiça, ou de representação do ofendido ou de quem tiver qualidade para representá-lo.

- arts. 5º, LIX, e 129, I, CF.
- arts. 39; 564, II e III, a; e 569 deste Código.
- arts. 7º, § 3º, b; 100; 101; e 145, p.u., 1ª parte, CP.
- arts. 121 e 122, CPM.
- art. 29, CPPM.
- art. 25, III Lei 8.625/1993 (Lei Orgânica Nacional do Ministério Público).
- arts. 72; 76; 88; e 89, Lei 9.099/1995 (Lei dos Juizados Especiais).
- Súm. 594 e 714, STF.

§ 1º No caso de morte do ofendido ou quando declarado ausente por decisão judicial, o direito de representação passará ao cônjuge, ascendente, descendente ou irmão. (Parágrafo único renumerado pela Lei 8.699/1993.)

- art. 38, p.u., deste Código.
- art. 100, § 4º, CP.
- arts. 6º e 22 a 25, CC/2002.
- art. 1.159, CPC.
- art. 744, NCPC.
- Súm. 594, STF.

§ 2º Seja qual for o crime, quando praticado em detrimento do patrimônio ou interesse da União, Estado e Município, a ação penal será pública. (Incluído pela Lei 8.699/1993.)

Art. 25. A representação será irretratável, depois de oferecida a denúncia.

- arts. 24 e 38 deste Código.
- arts. 100, § 1º, e 102, CP.
- art. 16, Lei 11.340/2006 (Coíbe a violência doméstica e familiar contra a mulher).

Art. 26. A ação penal, nas contravenções, será iniciada com o auto de prisão em flagrante ou por meio de portaria expedida pela autoridade judiciária ou policial.

- Artigo não recepcionado pela CF/1988.
- art. 129, I, CF.
- arts. 5º, LXI, e 129, I, CF.
- art. 17, Dec.-Lei 3.668/1941 (Lei das Contravenções Penais).
- Súm. 601, STF.

Art. 27. Qualquer pessoa do povo poderá provocar a iniciativa do Ministério Público, nos casos em que caiba a ação pública, fornecendo-lhe, por escrito, informações sobre o fato e a autoria e indicando o tempo, o lugar e os elementos de convicção.

- art. 5º, LXXIII, CF.
- art. 5º, § 3º, deste Código.
- arts. 339 e 340, CP.
- art. 33, CPPM.
- art. 66, I e II, Dec.-Lei 3.688/1941 (Lei das Contravenções Penais).

Art. 28. Ordenado o arquivamento do inquérito policial ou de quaisquer elementos informativos da mesma natureza, o órgão do Ministério Público comunicará à vítima, ao investigado e à autoridade policial e encaminhará os autos para a instância de revisão ministerial para fins de homologação, na forma da lei. (Redação dada pela Lei 13.964/2019)

§ 1º Se a vítima, ou seu representante legal, não concordar com o arquivamento do inquérito policial, poderá, no prazo de 30 (trinta) dias do recebimento da comunicação, submeter a matéria à revisão da instância competente do órgão ministerial, conforme dispuser a respectiva lei orgânica. (Incluído pela Lei 13.964/2019)

§ 2º Nas ações penais relativas a crimes praticados em detrimento da União, Estados e Municípios, a revisão do arquivamento do inquérito policial poderá ser provocada pela chefia do órgão a quem couber a sua representação judicial. (Incluído pela Lei 13.964/2019)

Art. 28-A. Não sendo caso de arquivamento e tendo o investigado confessado formal e circunstancialmente a prática de infração penal sem violência ou grave ameaça e com pena mínima inferior a 4 (quatro) anos, o Ministério Público poderá propor acordo de não persecução penal, desde que necessário e suficiente para reprovação e prevenção do crime, mediante as seguintes condições ajustadas cumulativa e alternativamente: (Incluído pela Lei 13.964/2019)

I - reparar o dano ou restituir a coisa à vítima, exceto na impossibilidade de fazê-lo;
II - renunciar voluntariamente a bens e direitos indicados pelo Ministério Público como instrumentos, produto ou proveito do crime;
III - prestar serviço à comunidade ou a entidades públicas por período correspondente à pena mínima cominada ao delito diminuída de um a dois terços, em local a ser indicado pelo juízo da execução, na forma do art. 46 do Decreto-Lei nº 2.848, de 7 de dezembro de 1940 (Código Penal);
IV - pagar prestação pecuniária, a ser estipulada nos termos do art. 45 do Decreto-Lei nº 2.848, de 7 de dezembro de 1940 (Código Penal), a entidade pública ou de interesse social, a ser indicada pelo juízo da execução, que tenha, preferencialmente, como função proteger bens jurídicos iguais ou semelhantes aos aparentemente lesados pelo delito; ou
V - cumprir, por prazo determinado, outra condição indicada pelo Ministério Público, desde que proporcional e compatível com a infração penal imputada.

§ 1º Para aferição da pena mínima cominada ao delito a que se refere o *caput* deste artigo, serão consideradas as causas de aumento e diminuição aplicáveis ao caso concreto.

§ 2º O disposto no *caput* deste artigo não se aplica nas seguintes hipóteses:

I - se for cabível transação penal de competência dos Juizados Especiais Criminais, nos termos da lei;
II - se o investigado for reincidente ou se houver elementos probatórios que indiquem conduta criminal habitual, reiterada ou profissional, exceto se insignificantes as infrações penais pretéritas;
III - ter sido o agente beneficiado nos 5 (cinco) anos anteriores ao cometimento da infração, em acordo de não persecução penal, transação penal ou suspensão condicional do processo; e
IV - nos crimes praticados no âmbito de violência doméstica ou familiar, ou praticados contra a mulher por razões da condição de sexo feminino, em favor do agressor.

§ 3º O acordo de não persecução penal será formalizado por escrito e será firmado pelo membro do Ministério Público, pelo investigado e por seu defensor.

§ 4º Para a homologação do acordo de não persecução penal, será realizada audiência na qual o juiz deverá verificar a sua voluntariedade, por meio da oitiva do investigado na presença do seu defensor, e sua legalidade.

§ 5º Se o juiz considerar inadequadas, insuficientes ou abusivas as condições dispostas no acordo de não persecução penal, devolverá os autos ao Ministério Público para que seja reformulada a proposta de acordo, com concordância do investigado e seu defensor.

§ 6º Homologado judicialmente o acordo de não persecução penal, o juiz devolverá os autos ao Ministério Público para que inicie sua execução perante o juízo de execução penal.

§ 7º O juiz poderá recusar homologação à proposta que não atender aos requisitos legais ou quando não for realizada a adequação a que se refere o § 5º deste artigo.

§ 8º Recusada a homologação, o juiz devolverá os autos ao Ministério Público para a análise da necessidade de complementação das investigações ou o oferecimento da denúncia.

§ 9º A vítima será intimada da homologação do acordo de não persecução penal e de seu descumprimento.

§ 10. Descumpridas quaisquer das condições estipuladas no acordo de não persecução penal, o Ministério Público deverá comunicar ao juízo, para fins de sua rescisão e posterior oferecimento de denúncia.

§ 11. O descumprimento do acordo de não persecução penal pelo investigado também poderá ser utilizado pelo Ministério Público como justificativa para o eventual não oferecimento de suspensão condicional do processo.

§ 12. A celebração e o cumprimento do acordo de não persecução penal não constarão de certidão de antecedentes criminais, exceto para os fins previstos no inciso III do § 2º deste artigo.

§ 13. Cumprido integralmente o acordo de não persecução penal, o juízo competente decretará a extinção de punibilidade.

§ 14. No caso de recusa, por parte do Ministério Público, em propor o acordo de não persecução penal, o investigado poderá requerer a remessa dos autos a órgão superior, na forma do art. 28 deste Código.

Art. 29. Será admitida ação privada nos crimes de ação pública, se esta não for intentada no prazo legal, cabendo ao Ministério Público aditar a queixa, repudiá-la e oferecer denúncia substitutiva, intervir em todos os termos do processo, fornecer elementos de prova, interpor recurso e, a todo tempo, no caso de negligência do querelante, retomar a ação como parte principal.

- art. 5º, LIX, CF.
- arts. 38; 60, I a III; 476, § 2º; e 564, III, a, deste Código.
- art. 100, § 3º, CP.
- art. 184, Lei 11.101/2005 (Lei de Recuperação de Empresas e Falência)

Art. 30. Ao ofendido ou a quem tenha qualidade para representá-lo caberá intentar a ação privada.

- arts. 44 e 564, II e III, a, deste Código.
- art. 100, § 2º, CP.
- art. 5º, Lei 4.657/1942 (Lei de Introdução às normas do Direito Brasileiro - LInDB, antiga LICC).
- art. 74, p.u., Lei 9.099/1995 (Lei dos Juizados Especiais).

Art. 31. No caso de morte do ofendido ou quando declarado ausente por decisão judicial, o direito de oferecer queixa ou prosseguir na ação passará ao cônjuge, ascendente, descendente ou irmão.

- arts. 36; 38; 268; e 598 deste Código.
- art. 100, § 4º, e 236, p.u., CP.
- art. 1.159, CPC.
- art. 744, NCPC.
- arts. 6º e 22, CC/2002.

Art. 32. Nos crimes de ação privada, o juiz, a requerimento da parte que comprovar a sua pobreza, nomeará advogado para promover a ação penal.

- arts. 5º, LXXIV, e 134, CF.
- arts. 68 e 806 deste Código.

§ 1º Considerar-se-á pobre a pessoa que não puder prover às despesas do processo, sem privar-se dos recursos indispensáveis ao próprio sustento ou da família.

- art. 4º, Lei 1.060/1950 (Lei de Assistência Judiciária).

§ 2º Será prova suficiente de pobreza o atestado da autoridade policial em cuja circunscrição residir o ofendido.

Art. 33. Se o ofendido for menor de 18 (dezoito) anos, ou mentalmente enfermo, ou retardado mental, e não tiver representante legal, ou colidirem os interesses deste com os daquele, o direito de queixa poderá ser exercido por curador especial, nomeado, de ofício ou a requerimento do Ministério Público, pelo juiz competente para o processo penal.

- arts. 45 e 53 deste Código.

Art. 34. Se o ofendido for menor de 21 (vinte e um) e maior de 18 (dezoito) anos, o direito de queixa poderá ser exercido por ele ou por seu representante legal.

- arts. 50, p.u.; 52; e 54 deste Código.
- art. 5º, CC/2002.
- art. 104, CP.
- Súm. 594, STF.

Art. 35. (Revogado pela Lei 9.520/1997.)

Art. 36. Se comparecer mais de uma pessoa com direito de queixa, terá preferência o cônjuge, e, em seguida, o parente mais próximo na ordem de enumeração constante do art. 31, podendo, entretanto, qualquer delas prosseguir na ação, caso o querelante desista da instância ou a abandone.

- art. 60, II, deste Código.

Art. 37. As fundações, associações ou sociedades legalmente constituídas poderão exercer a ação penal, devendo ser representadas por quem os respectivos contratos ou estatutos designarem ou, no silêncio destes, pelos seus diretores ou sócios-gerentes.

- art. 5º, XXI, CF.
- art. 60, IV, deste Código.

Art. 38. Salvo disposição em contrário, o ofendido, ou seu representante legal, decairá no direito de queixa ou de representação, se não o exercer dentro do prazo de seis meses, contado do dia em que vier a saber quem é o autor do crime, ou, no caso do art. 29, do dia em que se esgotar o prazo para o oferecimento da denúncia.

- art. 529, deste Código.
- arts. 10; 103; 107, IV; e 236, p.u., CP.
- art. 91, Lei 9.099/1995 (Lei dos Juizados Especiais).

Parágrafo único. Verificar-se-á a decadência do direito de queixa ou representação, dentro do mesmo prazo, nos casos dos arts. 24, parágrafo único, e 31.

- arts. 24, § 1º; 25; 33; 34; 36; 38; 50; e 564, III, a, deste Código.

Art. 39. O direito de representação poderá ser exercido, pessoalmente ou por procurador com poderes especiais, mediante declaração, escrita ou oral, feita ao juiz, ao órgão do Ministério Público, ou à autoridade policial.

- arts. 24; 25; e 564, III, deste Código.
- Súm. 594, STF.

§ 1º A representação feita oralmente ou por escrito, sem assinatura devidamente autenticada do ofendido, de seu representante legal ou procurador, será reduzida a termo, perante o juiz ou autoridade policial, presente o órgão do Ministério Público, quando a este houver sido dirigida.

§ 2º A representação conterá todas as informações que possam servir à apuração do fato e da autoria.

- art. 569 deste Código.

§ 3º Oferecida ou reduzida a termo a representação, a autoridade policial procederá a inquérito, ou, não sendo competente, remetê-lo-á à autoridade que o for.

- art. 5º, § 4º, deste Código.

§ 4º A representação, quando feita ao juiz ou perante este reduzida a termo, será remetida à autoridade policial para que esta proceda a inquérito.

§ 5º O órgão do Ministério Público dispensará o inquérito, se com a representação forem oferecidos elementos que o habilitem a promover a ação penal, e, neste caso, oferecerá a denúncia no prazo de quinze dias.

- art. 12 deste Código.
- Lei 1.408/1951 (Prorroga vencimento de prazos judiciais).

Art. 40. Quando, em autos ou papéis de que conhecerem, os juízes ou tribunais verificarem a existência de crime de ação pública, remeterão ao Ministério Público as cópias e os documentos necessários ao oferecimento da denúncia.

- art. 129, I, CF.
- art. 211 deste Código.
- art. 442, CPPM.

Art. 41. A denúncia ou queixa conterá a exposição do fato criminoso, com todas as suas circunstâncias, a qualificação do acusado ou esclarecimentos pelos quais se possa identificá-lo, a classificação do crime e, quando necessário, o rol das testemunhas.

- arts. 259; 564, III, a; e 569 deste Código.
- art. 77, CPPM.
- art. 8º, 2, b, Pacto de São José da Costa Rica.

Art. 42. O Ministério Público não poderá desistir da ação penal.

- art. 98, I, CF.
- arts. 385 e 576 deste Código.
- art. 32, CPPM.
- art. 89, Lei 9.099/1995 (Lei dos Juizados Especiais).
- Lei 8.625/1993 (Lei Orgânica Nacional do Ministério Público).

Art. 43. (Revogado pela Lei 11.719/2008.)

Art. 44. A queixa poderá ser dada por procurador com poderes especiais, devendo constar do instrumento do mandato o nome do querelante e a menção do fato criminoso, salvo quando tais esclarecimentos dependerem de diligências que devem ser previamente requeridas no juízo criminal.

- arts. 564, III, a, e 568 deste Código.
- art. 339, CP.
- art. 105, NCPC.
- Onde se lê "querelante", leia-se "querelado".

Art. 45. A queixa, ainda quando a ação penal for privativa do ofendido, poderá ser aditada pelo Ministério Público, a quem caberá intervir em todos os termos subsequentes do processo.

- art. 5º, LIX, CF.
- arts. 29; 46, § 2º; 257; 564, III, d; e 572 deste Código.

Art. 46. O prazo para oferecimento da denúncia, estando o réu preso, será de 5 dias, contado da data em que o órgão do Ministério Público receber os autos do inquérito policial, e de 15 dias, se o réu estiver solto ou afiançado. No último caso, se houver devolução do inquérito à autoridade policial (art. 16), contar-se-á o prazo da data em que o órgão do Ministério Público receber novamente os autos.

- arts. 10; 29; 648, II; 798, § 1º; 800, § 2º; e 801 deste Código.
- art. 319, CP.
- art. 79, CPPM.
- art. 187, *caput*, § 1º, Lei 11.101/2005 (Lei de Recuperação de Empresas e Falência).
- arts. 54, III, Lei 11.343/2006 (Lei Antidrogas).

§ 1º Quando o Ministério Público dispensar o inquérito policial, o prazo para o oferecimento da denúncia contar-se-á da data em que tiver recebido as peças de informações ou a representação.

- art. 12 deste Código.

§ 2º O prazo para o aditamento da queixa será de 3 dias, contado da data em que o órgão do Ministério Público receber os autos, e, se este não se pronunciar dentro do tríduo, entender-se-á que não tem o que aditar, prosseguindo-se nos demais termos do processo.

- arts. 81 e 798 deste Código.
- art. 319, CP.

Art. 47. Se o Ministério Público julgar necessários maiores esclarecimentos e documentos complementares ou novos elementos de convicção, deverá requisitá-los, diretamente, de quaisquer autoridades ou funcionários que devam ou possam fornecê-los.

- art. 129, VI e VIII, CF.
- art. 16 deste Código.
- art. 80, CPPM.
- art. 26, I, b, II e IV, §§ 1º e 2º, Lei 8.625/1993 (Lei Orgânica Nacional do Ministério Público).
- art. 54, II, Lei 11.343/2006 (Lei Antidrogas).

Art. 48. A queixa contra qualquer dos autores do crime obrigará ao processo de todos, e o Ministério Público velará pela sua indivisibilidade.

- art. 107, V, CP.
- art. 1º, Lei 8.625/1993 (Lei Orgânica Nacional do Ministério Público)

Art. 49. A renúncia ao exercício do direito de queixa, em relação a um dos autores do crime, a todos se estenderá.

- arts. 104, p.u., e 107, V, CP.
- art. 74, p.u., Lei 9.099/1995 (Lei dos Juizados Especiais).

Art. 50. A renúncia expressa constará de declaração assinada pelo ofendido, por seu representante legal ou procurador com poderes especiais.

- art. 57 deste Código.
- art. 104, p.u., CP.

Parágrafo único. A renúncia do representante legal do menor que houver completado 18 (dezoito) anos não privará este do direito de queixa, nem a renúncia do último excluirá o direito do primeiro.

- art. 34 deste Código.
- art. 5º, CC/2002.
- Súm. 594, STF.

Art. 51. O perdão concedido a um dos querelados aproveitará a todos, sem que produza, todavia, efeito em relação ao que o recusar.
- arts. 105; 106; e 107, V, CP.

Art. 52. Se o querelante for menor de 21 e maior de 18 anos, o direito de perdão poderá ser exercido por ele ou por seu representante legal, mas o perdão concedido por um, havendo oposição do outro, não produzirá efeito.
- art. 5º, CC/2002.

Art. 53. Se o querelado for mentalmente enfermo ou retardado mental e não tiver representante legal, ou colidirem os interesses deste com os do querelado, a aceitação do perdão caberá ao curador que o juiz lhe nomear.
- art. 33 deste Código.

Art. 54. Se o querelado for menor de 21 anos, observar-se-á, quanto à aceitação do perdão, o disposto no art. 52.
- art. 107, V, CP.

Art. 55. O perdão poderá ser aceito por procurador com poderes especiais.

Art. 56. Aplicar-se-á ao perdão extraprocessual expresso o disposto no art. 50.
- art. 50 deste Código.
- art. 106, CP.

Art. 57. A renúncia tácita e o perdão tácito admitirão todos os meios de prova.
- arts. 49 e 51 deste Código.
- arts. 104, p.u., e 106, § 1º, CP.

Art. 58. Concedido o perdão, mediante declaração expressa nos autos, o querelado será intimado a dizer, dentro de três dias, se o aceita, devendo, ao mesmo tempo, ser cientificado de que o seu silêncio importará aceitação.
- art. 106, III, CP.

Parágrafo único. Aceito o perdão, o juiz julgará extinta a punibilidade.
- art. 107, IX, CP.

Art. 59. A aceitação do perdão fora do processo constará de declaração assinada pelo querelado, por seu representante legal ou procurador com poderes especiais.
- art. 56 deste Código
- art. 106, *caput*, CP.

Art. 60. Nos casos em que somente se procede mediante queixa, considerar-se-á perempta a ação penal:
- art. 581, VIII, deste Código.
- art. 107, IV, CP.
- arts. 337 e 485, NCPC.

I - quando, iniciada esta, o querelante deixar de promover o andamento do processo durante 30 dias seguidos;
- art. 798, § 4º, deste Código.
- art. 10, CP.

II - quando, falecendo o querelante, ou sobrevindo sua incapacidade, não comparecer em juízo, para prosseguir no processo, dentro do prazo de 60 (sessenta) dias, qualquer das pessoas a quem couber fazê-lo, ressalvado o disposto no art. 36;
- arts. 31 e 798, § 4º, deste Código.
- arts. 10 e 100, § 4º, CP.

III - quando o querelante deixar de comparecer, sem motivo justificado, a qualquer ato do processo a que deva estar presente, ou deixar de formular o pedido de condenação nas alegações finais;

IV - quando, sendo o querelante pessoa jurídica, esta se extinguir sem deixar sucessor.
- art. 37 deste Código.

Art. 61. Em qualquer fase do processo, o juiz, se reconhecer extinta a punibilidade, deverá declará-lo de ofício.
- arts. 49; 51; 67, II; 497, IX; 581, VIII e IX; e 584, § 1º, deste Código.
- art. 107, CP.

Parágrafo único. No caso de requerimento do Ministério Público, do querelante ou do réu, o juiz mandará autuá-lo em apartado, ouvirá a parte contrária e, se o julgar conveniente, concederá o prazo de cinco dias para a prova, proferindo a decisão dentro de cinco dias ou reservando-se para apreciar a matéria na sentença final.
- art. 497, IX, deste Código.

Art. 62. No caso de morte do acusado, o juiz somente à vista da certidão de óbito, e depois de ouvido o Ministério Público, declarará extinta a punibilidade.
- art. 5º, XLV, CF.
- arts. 155, p.u.; 581, VIII e IX; e 683 deste Código.
- art. 107, I, CP.
- art. 81, CPPM.
- art. 6º, CC/2002.

TÍTULO IV
DA AÇÃO CIVIL

Art. 63. Transitada em julgado a sentença condenatória, poderão promover-lhe a execução, no juízo cível, para o efeito da reparação do dano, o ofendido, seu representante legal ou seus herdeiros.
- art. 5º, XLV, CF.
- arts. 68; 143; e 630 deste Código.
- arts. 186; 927 a 943; 946; 948 a 954; 1.792; e 1.821, CC/2002.
- arts. 9º, I, e 91, I, CP.
- art. 575, IV, CPC.
- arts. 74 e 76, § 6º, Lei 9.099/1995 (Lei dos Juizados Especiais).
- art. 21 da Lei 9.263/1996 (Regula o § 7º do art. 226 da Constituição Federal, que trata do planejamento familiar)
- Súm. 491 e 562, STF.
- Súm. 37, STJ.

Parágrafo único. Transitada em julgado a sentença condenatória, a execução poderá ser efetuada pelo valor fixado nos termos do inciso IV do *caput* do art. 387 deste Código sem prejuízo da liquidação para a apuração do dano efetivamente sofrido. (Incluído pela Lei 11.719/2008.)

Art. 64. Sem prejuízo do disposto no artigo anterior, a ação para ressarcimento do dano poderá ser proposta no juízo cível, contra o autor do crime e, se for caso, contra o responsável civil.
- Lei 5.970/1973 (Exclui da aplicação do disposto nos arts. 6º, I, 64 e 169, deste Código, os casos de acidente de trânsito).
- Súm. 491, STF.

Parágrafo único. Intentada a ação penal, o juiz da ação civil poderá suspender o curso desta, até o julgamento definitivo daquela.

Art. 65. Faz coisa julgada no cível a sentença penal que reconhecer ter sido o ato praticado em estado de necessidade, em legítima defesa, em estrito cumprimento de dever legal ou no exercício regular de direito.
- arts. 23 a 25, CP.
- arts. 188; 929; e 930, CC/2002.
- ADPF 779/2021: STF, "por unanimidade", conferiu interpretação conforme à Constituição aos arts. 23, II, e 25, *caput* e parágrafo único, do CP e ao art. 65 do CPP, de modo a excluir a legítima defesa da honra do âmbito do instituto da legítima defesa e, por consequência, obstar à defesa, à acusação, à autoridade policial e ao juízo que utilizem, direta ou indiretamente, a tese de legítima defesa da honra (ou qualquer argumento que induza à tese) nas fases pré-processual ou processual penais, bem como durante julgamento perante o tribunal do júri, sob pena de nulidade do ato e do julgamento. Sessão Virtual de 5.3.2021 a 12.3.2021.

Art. 66. Não obstante a sentença absolutória no juízo criminal, a ação civil poderá ser proposta quando não tiver sido, categoricamente, reconhecida a inexistência material do fato.
- art. 386 deste Código.
- arts. 186; 927; e 935, CC/2002.

Art. 67. Não impedirão igualmente a propositura da ação civil:

I - o despacho de arquivamento do inquérito ou das peças de informação;
- arts. 17; 18; 28; e 414 deste Código.
- Súm. 524, STF.

II - a decisão que julgar extinta a punibilidade;
- art. 107, CP.

III - a sentença absolutória que decidir que o fato imputado não constitui crime.
- art. 386, III, deste Código.
- arts. 186 e 927, CC/2002.

Art. 68. Quando o titular do direito à reparação do dano for pobre (art. 32, §§ 1º e 2º), a execução da sentença condenatória (art. 63) ou a ação civil (art. 64) será promovida, a seu requerimento, pelo Ministério Público.
- arts. 127, *caput*, e 129, IX, CF.
- art. 177, NCPC.

TÍTULO V
DA COMPETÊNCIA

Art. 69. Determinará a competência jurisdicional:
- art. 5º, LIII, CF.
- art. 564, I, deste Código.
- arts. 85 a 87, CPPM.
- art. 8º, 1, Pacto de São José da Costa Rica.

I - o lugar da infração:
- Súm. 200, STJ.

II - o domicílio ou residência do réu;

III - a natureza da infração;
- Súm. 611, STF.
- Súm. 42, 122, 140, 165, 208 e 209, STJ.

IV - a distribuição;

V - a conexão ou continência;

VI - a prevenção;

VII - a prerrogativa de função.

CAPÍTULO I
DA COMPETÊNCIA PELO LUGAR DA INFRAÇÃO

Art. 70. A competência será, de regra, determinada pelo lugar em que se consumar a infração, ou, no caso de tentativa, pelo lugar em que for praticado o último ato de execução.
- art. 14, I e II, CP.
- arts. 88 a 92, CPPM.
- art. 63, Lei 9.099/1995 (Lei dos Juizados Especiais).
- Súm. 521, STF.

§ 1º Se, iniciada a execução no território nacional, a infração se consumar fora dele, a competência será determinada pelo lugar em que tiver sido praticado, no Brasil, o último ato de execução.
- art. 109, V, CF.
- arts. 5º a 7º, CP.

§ 2º Quando o último ato de execução for praticado fora do território nacional, será competente o juiz do lugar em que o crime, embora parcialmente, tenha produzido ou devia produzir seu resultado.
- art. 109, V, CF.
- arts. 5º a 7º, CP.

§ 3º Quando incerto o limite territorial entre duas ou mais jurisdições, ou quando incerta a jurisdição por ter sido a infração consumada ou tentada nas divisas de duas ou mais jurisdições, a competência firmar-se-á pela prevenção.
- arts. 3º e 83 deste Código.
- art. 43, NCPC.

§ 4º Nos crimes previstos no art. 171 do Decreto-Lei nº 2.848, de 7 de dezembro de 1940 (Código Penal), quando praticados mediante depósito, mediante emissão de cheques sem suficiente provisão de fundos em poder do sacado ou com o pagamento frustrado ou mediante transferência de valores, a competência será definida pelo local do domicílio da vítima, e, em caso de pluralidade de vítimas, a competência firmar-se-á pela prevenção. (Acrescido pela Lei nº 14.155/2021)

Art. 71. Tratando-se de infração continuada ou permanente, praticada em território de duas ou mais jurisdições, a competência firmar-se-á pela prevenção.

- art. 83 deste Código.
- art. 71, CP.
- art. 66, III, a, Lei 7.210/1984 (Lei de Execuções Penais).
- Súm. 151, STJ.

CAPÍTULO II
DA COMPETÊNCIA PELO DOMICÍLIO OU RESIDÊNCIA DO RÉU

Art. 72. Não sendo conhecido o lugar da infração, a competência regular-se-á pelo domicílio ou residência do réu.

- arts. 70 a 73, CC/2002.
- art. 93, CPPM.
- art. 7º, § 8º, Lei 4.657/1942 (Lei de Introdução às normas do Direito Brasileiro - LInDB, antiga LICC).

§ 1º Se o réu tiver mais de uma residência, a competência firmar-se-á pela prevenção.

§ 2º Se o réu não tiver residência certa ou for ignorado o seu paradeiro, será competente o juiz que primeiro tomar conhecimento do fato.

- art. 83 deste Código.

Art. 73. Nos casos de exclusiva ação privada, o querelante poderá preferir o foro de domicílio ou da residência do réu, ainda quando conhecido o lugar da infração.

- art. 30 deste Código.
- art. 100, § 2º, CP.

CAPÍTULO III
DA COMPETÊNCIA PELA NATUREZA DA INFRAÇÃO

- arts. 60 e 61, Lei 9.099/1995 (Lei dos Juizados Especiais).

Art. 74. A competência pela natureza da infração será regulada pelas leis de organização judiciária, salvo a competência privativa do Tribunal do Júri.

- art. 5º, XXXVIII, CF.
- Súm. Vinc. 45, STF.

§ 1º Compete ao Tribunal do Júri o julgamento dos crimes previstos nos arts. 121, §§ 1º e 2º, 122, parágrafo único, 123, 124, 125, 126 e 127 do Código Penal, consumados ou tentados. (Redação dada pela Lei 263/1948.)

- art. 419 deste Código.
- Súm. 603, STF.
- Súm. Vinc. 45, STF.

§ 2º Se, iniciado o processo perante um juiz, houver desclassificação para infração da competência de outro, a este será remetido o processo, salvo se mais graduada for a jurisdição do primeiro, que, em tal caso, terá sua competência prorrogada.

- arts. 383 e 384 deste Código.

§ 3º Se o juiz da pronúncia desclassificar a infração para outra atribuída à competência de juiz singular, observar-se-á o disposto no art. 410; mas, se a desclassificação for feita pelo próprio Tribunal do Júri, a seu presidente caberá proferir a sentença (art. 492, § 2º).

- arts. 419 e 492, § 1º, deste Código.

CAPÍTULO IV
DA COMPETÊNCIA POR DISTRIBUIÇÃO

Art. 75. A precedência da distribuição fixará a competência quando, na mesma circunscrição judiciária, houver mais de um juiz igualmente competente.

- art. 98, CPPM.

Parágrafo único. A distribuição realizada para o efeito da concessão de fiança ou da decretação de prisão preventiva ou de qualquer diligência anterior à denúncia ou queixa prevenirá a da ação penal.

- arts. 311 a 316 e 321 a 350 deste Código.
- Súm. 706, STF.

CAPÍTULO V
DA COMPETÊNCIA POR CONEXÃO OU CONTINÊNCIA

- arts. 108 e 117, § 1º, CP.

Art. 76. A competência será determinada pela conexão:

- arts. 108 e 117, § 1º, CP.
- arts. 99 a 107, CPPM.

I - se, ocorrendo duas ou mais infrações, houverem sido praticadas, ao mesmo tempo, por várias pessoas reunidas, ou por várias pessoas em concurso, embora diverso o tempo e o lugar, ou por várias pessoas, umas contra as outras;

II - se, no mesmo caso, houverem sido umas praticadas para facilitar ou ocultar as outras, ou para conseguir impunidade ou vantagem em relação a qualquer delas;

III - quando a prova de uma infração ou de qualquer de suas circunstâncias elementares influir na prova de outra infração.

Art. 77. A competência será determinada pela continência quando:

- Súm. 704, STF.

I - duas ou mais pessoas forem acusadas pela mesma infração;

- art. 580 deste Código.
- arts. 29; 137; e 288, CP.

II - no caso de infração cometida nas condições previstas nos arts. 51, § 1º, 53, segunda parte, e 54 do Código Penal.

- arts. 70, 73 e 74, atual CP.

Art. 78. Na determinação da competência por conexão ou continência, serão observadas as seguintes regras: (Redação dada pela Lei 263/1948.)

I - no concurso entre a competência do júri e a de outro órgão da jurisdição comum, prevalecerá a competência do júri; (Redação dada pela Lei 263/1948.)

- art. 5º, XXXVIII, CF.

II - no concurso de jurisdições da mesma categoria: (Redação dada pela Lei 263/1948.)

a) preponderará a do lugar da infração, à qual for cominada a pena mais grave; (Redação dada pela Lei 263/1948.)

- Súm. 122, STJ.
- Súm. 52, TFR.

b) prevalecerá a do lugar em que houver ocorrido o maior número de infrações, se as respectivas penas forem de igual gravidade; (Redação dada pela Lei 263/1948.)

c) firmar-se-á a competência pela prevenção, nos outros casos; (Redação dada pela Lei 263/1948.)

- art. 83 deste Código.

III - no concurso de jurisdições de diversas categorias, predominará a de maior graduação; (Redação dada pela Lei 263/1948.)

- art. 83 deste Código.
- Súm. 122, STJ.

IV - no concurso entre a jurisdição comum e a especial, prevalecerá esta. (Redação dada pela Lei 263/1948.)

Art. 79. A conexão e a continência importarão unidade de processo e julgamento, salvo:

- Súm. 704, STF.
- Súm. 234, STJ.

I - no concurso entre a jurisdição comum e a militar;

- Súm. 90, STJ.

II - no concurso entre a jurisdição comum e a do juízo de menores.

- Lei 8.069/1990 (ECA).

§ 1º Cessará, em qualquer caso, a unidade do processo, se, em relação a algum corréu, sobrevier o caso previsto no art. 152.

§ 2º A unidade do processo não importará a do julgamento, se houver corréu foragido que não possa ser julgado à revelia, ou ocorrer a hipótese do art. 461.

- art. 469 deste Código.

Art. 80. Será facultativa a separação dos processos quando as infrações tiverem sido praticadas em circunstâncias de tempo ou de lugar diferentes, ou, quando pelo excessivo número de acusados e para não lhes prolongar a prisão provisória, ou por outro motivo relevante, o juiz reputar conveniente a separação.

- art. 5º, LXVIII, CF.

Art. 81. Verificada a reunião dos processos por conexão ou continência, ainda que no processo da sua competência própria venha o juiz ou tribunal a proferir sentença absolutória ou que desclassifique a infração para outra que não se inclua na sua competência, continuará competente em relação aos demais processos.

Parágrafo único. Reconhecida inicialmente ao júri a competência por conexão ou continência, o juiz, se vier a desclassificar a infração ou impronunciar ou absolver o acusado, de maneira que exclua a competência do júri, remeterá o processo ao juízo competente.

- art. 492, § 2º, deste Código.

Art. 82. Se, não obstante a conexão ou continência, forem instaurados processos diferentes, a autoridade de jurisdição prevalente deverá avocar os processos que corram perante os outros juízes, salvo se já estiverem com sentença definitiva. Neste caso, a unidade dos processos só se dará, ulteriormente, para o efeito de soma ou de unificação das penas.

- arts. 581, XVII, e 674, p.u., deste Código.
- arts. 69, a 71, CP.
- art. 66, III, a, Lei 7.210/1984 (Lei de Execuções Penais).
- Súm. 235, STJ.

CAPÍTULO VI
DA COMPETÊNCIA POR PREVENÇÃO

Art. 83. Verificar-se-á a competência por prevenção toda vez que, concorrendo dois ou mais juízes igualmente competentes ou com jurisdição cumulativa, um deles tiver antecedido aos outros na prática de algum ato do processo ou de medida a este relativa, ainda que anterior ao oferecimento da denúncia ou da queixa (arts. 70, § 3º, 71, 72, § 2º, e 78, II, c).

- arts. 75, p.u., e 91 deste Código.
- arts. 94 e 95, CPPM.
- Súm. 706, STF.

CAPÍTULO VII
DA COMPETÊNCIA PELA PRERROGATIVA DE FUNÇÃO

Art. 84. A competência pela prerrogativa de função é do Supremo Tribunal Federal, do Superior Tribunal de Justiça, dos Tribunais Regionais Federais e Tribunais de Justiça dos Estados e do Distrito Federal, relativamente às pessoas que devam responder perante eles por crimes comuns e de responsabilidade. (Redação dada pela Lei 10.628/2002.)

- art. 108, CPPM.
- Súm. 704, STF.

§ 1º A competência especial por prerrogativa de função, relativa a atos administrativos do agente, prevalece ainda que o inquérito ou a ação judicial sejam iniciados após a cessação do exercício da função pública. (Incluído pela Lei 10.628/2002.)

- Emb. Decl. na ADIn 2.797-DF. (Informativo STF 696.)
- ADIn 2.797-2 e 2.860-0 (DOU, 26.09.2005 e DJU, 19.12.2006) - O STF, por maioria de votos, declarou a inconstitucionalidade dos §§ 1º e 2º, acrescidos pela Lei 10.628/2002.

§ 2º A ação de improbidade, de que trata a Lei n. 8.429, de 02 de junho de 1992, será proposta perante o tribunal competente para processar e julgar criminalmente o funcionário ou autoridade na hipótese de prerrogativa de foro em razão do exercício de função pública, observado o disposto no § 1º.

- ADIn 2.797-2 e 2.860-0 (DOU, 26.09.2005 e DJU, 19.12.2006) - O STF, por maioria de votos, declarou a inconstitucionalidade dos §§ 1º e 2º, acrescidos pela Lei 10.628/2002.
- Emb. Decl. na ADIn 2.797-DF. (Informativo STF 696.)
- arts. 29, X; 102, I, b e c; 105, I, a; 108, I, a; e 125, CF.
- Lei 8.038/1990 (Dispõe sobre as normas procedimentais para os processos que especifica, perante o STJ e o STF).
- Súm. 451, STF.

Art. 85. Nos processos por crime contra a honra, em que forem querelantes as pessoas que a Constituição sujeita à jurisdição do Supremo Tribunal Federal e dos Tribunais de Apelação, àquele ou a estes caberá o julgamento, quando oposta e admitida a exceção da verdade.

- A partir da CF/1946, os Tribunais de Apelação passaram a se denominar Tribunais de Justiça.
- art. 523 deste Código.
- arts. 138, § 3º, e 139, p.u., CP.
- Súm. 396, STF.

Art. 86. Ao Supremo Tribunal Federal competirá, privativamente, processar e julgar:

- art. 102, CF.
- Súm. 451, STF.

I - os seus ministros, nos crimes comuns;

- art. 102, CF.

II - os ministros de Estado, salvo nos crimes conexos com os do Presidente da República;

- art. 52, I e II, e p.u.; e 102, CF.

III - o procurador-geral da República, os desembargadores dos Tribunais de Apelação, os ministros do Tribunal de Contas e os embaixadores e ministros diplomáticos, nos crimes comuns e de responsabilidade.

- A partir da CF/1946, os Tribunais de Apelação passaram a se denominar Tribunais de Justiça.
- arts. 102; 105, I, a; e 108, I, a, CF.

Art. 87. Competirá, originariamente, aos Tribunais de Apelação o julgamento dos governadores ou interventores nos Estados ou Territórios, e prefeito do Distrito Federal, seus respectivos secretários e chefes de Polícia, juízes de instância inferior e órgãos do Ministério Público.

- A partir da CF/1946, os Tribunais de Apelação passaram a se denominar Tribunais de Justiça.
- arts. 108, I, e 125, CF.
- art. 40, IV, Lei 8.625/1993 (Lei Orgânica Nacional do Ministério Público).

CAPÍTULO VIII
DISPOSIÇÕES ESPECIAIS

Art. 88. No processo por crimes praticados fora do território brasileiro, será competente o juízo da Capital do Estado onde houver por último residido o acusado. Se este nunca tiver residido no Brasil, será competente o juízo da Capital da República.

- art. 109, IX, CF.
- art. 7º, CP.
- art. 2º, Dec.-Lei 3.688/1941 (Lei das Contravenções Penais).
- Súm. 522, STF.

Art. 89. Os crimes cometidos em qualquer embarcação nas águas territoriais da República, ou nos rios e lagos fronteiriços, bem como a bordo de embarcações nacionais, em alto-mar, serão processados e julgados pela justiça do primeiro porto brasileiro em que tocar a embarcação, após o crime, ou, quando se afastar do País, pela do último em que houver tocado.

- art. 109, IX, CF.
- arts. 4º e 5º, § 2º, CP.
- art. 2º, Dec.-Lei 3.688/1941 (Lei das Contravenções Penais).
- Súm. 522, STF.

Art. 90. Os crimes praticados a bordo de aeronave nacional, dentro do espaço aéreo correspondente ao território brasileiro, ou ao alto-mar, ou a bordo de aeronave estrangeira, dentro do espaço aéreo correspondente ao território nacional, serão processados e julgados pela justiça da comarca em cujo território se verificar o pouso após o crime, ou pela da comarca de onde houver partido a aeronave.

- art. 109, IX, CF.
- arts. 4º e 5º, § 2º, CP.
- art. 2º, Dec.-Lei 3.688/1941 (Lei das Contravenções Penais).
- Súm. 522, STF.

Art. 91. Quando incerta e não se determinar de acordo com as normas estabelecidas nos arts. 89 e 90, a competência se firmará pela prevenção. (Redação dada pela Lei 4.893/1965.)

- art. 83 deste Código.

TÍTULO VI
DAS QUESTÕES E PROCESSOS INCIDENTES

CAPÍTULO I
DAS QUESTÕES PREJUDICIAIS

Art. 92. Se a decisão sobre a existência da infração depender da solução de controvérsia, que o juiz repute séria e fundada, sobre o estado civil das pessoas, o curso da ação penal ficará suspenso até que no juízo cível seja a controvérsia dirimida por sentença passada em julgado, sem prejuízo, entretanto, da inquirição das testemunhas e de outras provas de natureza urgente.

- art. 581, XVI, deste Código.
- art. 116, I, CP.
- arts. 122 a 127, CPPM.

Parágrafo único. Se for o crime de ação pública, o Ministério Público, quando necessário, promoverá a ação civil ou prosseguirá na que tiver sido iniciada, com a citação dos interessados.

- art. 177, NCPC.

Art. 93. Se o reconhecimento da existência da infração penal depender de decisão sobre questão diversa da prevista no artigo anterior, da competência do juízo cível, e se neste houver sido proposta ação para resolvê-la, o juiz criminal poderá, desde que essa questão seja de difícil solução e não verse sobre direito cuja prova a lei civil limite, suspender o curso do processo, após a inquirição das testemunhas e realização das outras provas de natureza urgente.

- art. 225 deste Código.
- arts. 166 a 184 e 212 a 232, CC/2002.

§ 1º O juiz marcará o prazo da suspensão, que poderá ser razoavelmente prorrogado, se a demora não for imputável à parte. Expirado o prazo, sem que o juiz cível tenha proferido decisão, o juiz criminal fará prosseguir o processo, retomando sua competência para resolver, de fato e de direito, toda a matéria da acusação ou da defesa.

- arts. 265 e 266, CPC.
- arts. 313 e 314, NCPC.

§ 2º Do despacho que denegar a suspensão não caberá recurso.

- art. 581, XVI, deste Código.

§ 3º Suspenso o processo, e tratando-se de crime de ação pública, incumbirá ao Ministério Público intervir imediatamente na causa cível, para o fim de promover-lhe o rápido andamento.

- art. 116, I, CP.

Art. 94. A suspensão do curso da ação penal, nos casos dos artigos anteriores, será decretada pelo juiz, de ofício ou a requerimento das partes.

- art. 581, XVI, deste Código.

CAPÍTULO II
DAS EXCEÇÕES

- art. 407 deste Código.

Art. 95. Poderão ser opostas as exceções de:

- art. 128, CPPM.

I - suspeição;

- arts. 96 a 107; 254 a 256; 258; 470; 564, I; e 581, III, deste Código.
- Súm. 234, STJ.

II - incompetência de juízo;

- arts. 108; 109; 111; 114, I; 564, I; 567; e 581, II, deste Código.

III - litispendência;

- arts. 110; 111; e 581, III, deste Código.

IV - ilegitimidade de parte;

- arts. 110; 111; 564, II; 568; e 581, III, deste Código.

V - coisa julgada.

- arts. 110, § 2º; 111; e 581, III, deste Código.

Art. 96. A arguição de suspeição precederá a qualquer outra, salvo quando fundada em motivo superveniente.

- arts. 254 a 256 deste Código.

Art. 97. O juiz que espontaneamente afirmar suspeição deverá fazê-lo por escrito, declarando o motivo legal, e remeterá imediatamente o processo ao seu substituto, intimadas as partes.

- arts. 254 a 256 deste Código.

Art. 98. Quando qualquer das partes pretender recusar o juiz, deverá fazê-lo em petição assinada por ela própria ou por procurador com poderes especiais, aduzindo as suas razões acompanhadas de prova documental ou do rol de testemunhas.

- arts. 254 a 256 e 564, I, deste Código.
- art. 131, CPPM.

Art. 99. Se reconhecer a suspeição, o juiz sustará a marcha do processo, mandará juntar aos autos a petição do recusante com os documentos que a instruam, e por despacho se declarará suspeito, ordenando a remessa dos autos ao substituto.

- art. 132, CPPM.

Art. 100. Não aceitando a suspeição, o juiz mandará autuar em apartado a petição, dará sua resposta dentro em três dias, podendo instruí-la e oferecer testemunhas, e, em seguida, determinará sejam os autos da exceção remetidos, dentro em vinte e quatro horas, ao juiz ou tribunal a quem competir o julgamento.

- art. 133, CPPM.

§ 1º Reconhecida, preliminarmente, a relevância da arguição, o juiz ou tribunal, com citação das partes, marcará dia e hora para a inquirição das testemunhas, seguindo-se o julgamento, independentemente de mais alegações.

§ 2º Se a suspeição for de manifesta improcedência, o juiz ou relator a rejeitará liminarmente.

- Súm. 322, STF.

Art. 101. Julgada procedente a suspeição, ficarão nulos os atos do processo principal, pagando o juiz as custas, no caso de erro inescusável; rejeitada, evidenciando-se a malícia do excipiente, a este será imposta a multa de duzentos mil-réis a dois contos de réis.

- art. 564, I, deste Código.
- art. 49, CP.
- art. 134, CPPM.

Art. 102. Quando a parte contrária reconhecer a procedência da arguição, poderá ser sustado, a seu requerimento, o processo principal, até que se julgue o incidente da suspeição.

Art. 103. No Supremo Tribunal Federal e nos Tribunais de Apelação, o juiz que se julgar suspeito deverá declará-lo nos autos e, se for revisor, passar o feito ao seu substituto na ordem da precedência, ou, se for relator, apresentar os autos em mesa para nova distribuição.

- A partir da CF/1946, os Tribunais de Apelação passaram a se denominar Tribunais de Justiça.
- art. 135, CPPM.
- arts. 277 a 287, RISTF.
- arts. 272 a 282, RISTJ.

§ 1º Se não for relator nem revisor, o juiz que houver de dar-se por suspeito, deverá fazê-lo verbalmente, na sessão de julgamento, registrando-se na ata a declaração.

§ 2º Se o presidente do tribunal se der por suspeito, competirá ao seu substituto designar dia para o julgamento e presidi-lo.

§ 3º Observar-se-á, quanto à arguição de suspeição pela parte, o disposto nos arts. 98 a 101, no que lhe for aplicável, atendido, se o juiz a reconhecer, o que estabelece este artigo.

- Súm. 322, STF.

§ 4º A suspeição, não sendo reconhecida, será julgada pelo tribunal pleno, funcionando como relator o presidente.

§ 5º Se o recusado for o presidente do tribunal, o relator será o vice-presidente.

Art. 104. Se for arguida a suspeição do órgão do Ministério Público, o juiz, depois de ouvi-lo, decidirá, sem recurso, podendo antes admitir a produção de provas no prazo de três dias.

- arts. 258 e 470 deste Código.
- art. 148, NCPC.
- arts. 136 a 138, CPPM.
- Súm. 234, STJ.

Art. 105. As partes poderão também arguir de suspeitos os peritos, os intérpretes e os serventuários ou funcionários de justiça, decidindo o juiz de plano e sem recurso, à vista da matéria alegada e prova imediata.

- arts. 274; 280; 281; e 470 deste Código.
- art. 148, NCPC.
- arts. 137; 139; e 140, CPPM.

Art. 106. A suspeição dos jurados deverá ser arguida oralmente, decidindo de plano do presidente do Tribunal do Júri, que a rejeitará se, negada pelo recusado, não for imediatamente comprovada, o que tudo constará da ata.

- arts. 448, § 2º; 449; 466; 470; 471; 571, VIII; e 582, I, deste Código.

Art. 107. Não se poderá opor suspeição às autoridades policiais nos atos do inquérito, mas deverão elas declarar-se suspeitas, quando ocorrer motivo legal.

- art. 254 deste Código.
- art. 142, CPPM.

Art. 108. A exceção de incompetência do juízo poderá ser oposta, verbalmente ou por escrito, no prazo de defesa.

- arts. 69 a 91; e 581, II, deste Código.
- arts. 143 a 147, CPPM.
- art. 8º, 1, Pacto de São José da Costa Rica.

§ 1º Se, ouvido o Ministério Público, for aceita a declinatória, o feito será remetido ao juízo competente, onde, ratificados os atos anteriores, o processo prosseguirá.

§ 2º Recusada a incompetência, o juiz continuará no feito, fazendo tomar por termo a declinatória, se formulada verbalmente.

Art. 109. Se em qualquer fase do processo o juiz reconhecer motivo que o torne incompetente, declará-lo-á nos autos, haja ou não alegação da parte, prosseguindo-se na forma do artigo anterior.

- arts. 564, I; 567; e 581, II, deste Código.

Art. 110. Nas exceções de litispendência, ilegitimidade de parte e coisa julgada, será observado, no que lhes for aplicável, o disposto sobre a exceção de incompetência do juízo.

- arts. 564, II, e 581, III, deste Código.
- art. 337, NCPC.
- arts. 148 a 155, CPPM.

§ 1º Se a parte houver de opor mais de uma dessas exceções, deverá fazê-lo numa só petição ou articulado.

§ 2º A exceção de coisa julgada somente poderá ser oposta em relação ao fato principal, que tiver sido objeto da sentença.

- art. 8º, 4, Pacto de São José da Costa Rica.

Art. 111. As exceções serão processadas em autos apartados e não suspenderão, em regra, o andamento da ação penal.

CAPÍTULO III
DAS INCOMPATIBILIDADES E IMPEDIMENTOS

Art. 112. O juiz, o órgão do Ministério Público, os serventuários ou funcionários de justiça e os peritos ou intérpretes abster-se-ão de servir no processo, quando houver incompatibilidade ou impedimento legal, que declararão nos autos. Se não se der a abstenção, a incompatibilidade ou impedimento poderá ser arguido pelas partes, seguindo-se o processo estabelecido para a exceção de suspeição.

- arts. 252; 253; 274; 280; 281; e 466 deste Código.
- Súm. 234, STJ.

CAPÍTULO IV
DO CONFLITO DE JURISDIÇÃO

Art. 113. As questões atinentes à competência resolver-se-ão não só pela exceção própria, como também pelo conflito positivo ou negativo de jurisdição.

- art. 95, II, deste Código.
- art. 111, CPPM.
- Súm. 59, STJ.

Art. 114. Haverá conflito de jurisdição:

- art. 112, CPPM.

I - quando duas ou mais autoridades judiciárias se considerarem competentes, ou incompetentes, para conhecer do mesmo fato criminoso;

II - quando entre elas surgir controvérsia sobre unidade de juízo, junção ou separação de processos.

- arts. 80 a 82 deste Código.

Art. 115. O conflito poderá ser suscitado:

- art. 113, CPPM.

I - pela parte interessada;

II - pelos órgãos do Ministério Público junto a qualquer dos juízos em dissídio;

III - por qualquer dos juízes ou tribunais em causa.

- Súm. 59, STJ.

Art. 116. Os juízes e tribunais, sob a forma de representação, e a parte interessada, sob a de requerimento, darão parte escrita e circunstanciada do conflito, perante o tribunal competente, expondo os fundamentos e juntando os documentos comprobatórios.

- arts. 102, I, o, e 105, I, d, CF.
- arts. 114 a 118, CPPM.

§ 1º Quando negativo o conflito, os juízes e tribunais poderão suscitá-lo nos próprios autos do processo.

§ 2º Distribuído o feito, se o conflito for positivo, o relator poderá determinar imediatamente que se suspenda o andamento do processo.

§ 3º Expedida ou não a ordem de suspensão, o relator requisitará informações às autoridades em conflito, remetendo-lhes cópia do requerimento ou representação.

§ 4º As informações serão prestadas no prazo marcado pelo relator.

§ 5º Recebidas as informações, e depois de ouvido o procurador-geral, o conflito será decidido na primeira sessão, salvo se a instrução do feito depender de diligência.

§ 6º Proferida a decisão, as cópias necessárias serão remetidas, para a sua execução, às autoridades contra as quais tiver sido levantado o conflito ou que o houverem suscitado.

Art. 117. O Supremo Tribunal Federal, mediante avocatória, restabelecerá a sua jurisdição, sempre que exercida por qualquer dos juízes ou tribunais inferiores.

- art. 102, I, CF.
- art. 120, CPPM.

CAPÍTULO V
DA RESTITUIÇÃO DAS COISAS APREENDIDAS

Art. 118. Antes de transitar em julgado a sentença final, as coisas apreendidas não poderão ser restituídas enquanto interessarem ao processo.

- art. 37, § 6º, CF.
- art. 6º deste Código.
- art. 91, II, a e b, CP.
- art. 190, CPPM.

Art. 119. As coisas a que se referem os arts. 74 e 100 do Código Penal não poderão ser restituídas, mesmo depois de transitar em julgado a sentença final, salvo se pertencerem ao lesado ou a terceiro de boa-fé.

- Refere-se ao art. 91, atual CP.
- art. 779 deste Código.
- arts. 1.201 e 1.202, CC/2002.
- art. 25, Lei 10.826/2003 (Dispõe sobre registro, posse e comercialização de armas de fogo e munição).

Art. 120. A restituição, quando cabível, poderá ser ordenada pela autoridade policial ou juiz, mediante termo nos autos, desde que não exista dúvida quanto ao direito do reclamante.

- art. 6º, II, deste Código.
- arts. 191 a 195, CPPM.

§ 1º Se duvidoso esse direito, o pedido de restituição autuar-se-á em apartado, assinando-se ao requerente o prazo de 5 (cinco) dias para a prova. Em tal caso, só o juiz criminal poderá decidir o incidente.

§ 2º O incidente autuar-se-á também em apartado e só a autoridade judicial o resolverá, se as coisas forem apreendidas em poder de terceiro de boa-fé, que será intimado para alegar e provar o seu direito, em prazo igual e sucessivo ao do reclamante, tendo um e outro dois dias para arrazoar.

‣ art. 1.201, CC/2002.

§ 3º Sobre o pedido de restituição será sempre ouvido o Ministério Público.

§ 4º Em caso de dúvida sobre quem seja o verdadeiro dono, o juiz remeterá as partes para o juízo cível, ordenando o depósito das coisas em mãos de depositário ou do próprio terceiro que as detinha, se for pessoa idônea.

‣ arts. 148 a 150, CPC.

‣ arts. 159 a 161, NCPC.

§ 5º Tratando-se de coisas facilmente deterioráveis, serão avaliadas e levadas a leilão público, depositando-se o dinheiro apurado, ou entregues ao terceiro que as detinha, se este for pessoa idônea e assinar termo de responsabilidade.

Art. 121. No caso de apreensão de coisa adquirida com os proventos da infração, aplica-se o disposto no art. 133 e seu parágrafo.

‣ art. 91, II, b, CP.

Art. 122. Sem prejuízo do disposto no art. 120, as coisas apreendidas serão alienadas nos termos do disposto no art. 133 deste Código. (Redação dada pela Lei 13.964/2019)

Parágrafo único. (Revogado pela Lei 13.964/2019)

Art. 123. Fora dos casos previstos nos artigos anteriores, se dentro no prazo de 90 dias, a contar da data em que transitar em julgado a sentença final, condenatória ou absolutória, os objetos apreendidos não forem reclamados ou não pertencerem ao réu, serão vendidos em leilão, depositando-se o saldo à disposição do juízo de ausentes.

‣ art. 198, CPPM.

Art. 124. Os instrumentos do crime, cuja perda em favor da União for decretada, e as coisas confiscadas, de acordo com o disposto no art. 100 do Código Penal, serão inutilizados ou recolhidos a museu criminal, se houver interesse na sua conservação.

‣ Refere-se ao art. 91, II, a, atual CP.

‣ arts. 6º, II, e 779 deste Código.

‣ art. 32 e 60 a 64, Lei 11.343/2006 (Lei Antidrogas).

Art. 124-A. Na hipótese de decretação de perdimento de obras de arte ou de outros bens de relevante valor cultural ou artístico, se o crime não tiver vítima determinada, poderá haver destinação dos bens a museus públicos. (Incluído pela Lei 13.964/2019)

CAPÍTULO VI
DAS MEDIDAS ASSECURATÓRIAS

‣ Lei 13.344/2016 (Dispõe sobre prevenção e repressão ao tráfico interno e internacional de pessoas e sobre medidas de atenção às vítimas).

Art. 125. Caberá o sequestro dos bens imóveis, adquiridos pelo indiciado com os proventos da infração, ainda que já tenham sido transferidos a terceiro.

‣ art. 5º, XLV, CF.

‣ arts. 822 a 825 do CPC.

‣ arts. 79 a 81, CC/2002.

‣ arts. 199 a 205, CPPM.

‣ Dec.-Lei 3.240/1941 (Sujeita a sequestro os bens de pessoas indiciadas por crimes de que resulta prejuízo para a Fazenda Pública).

Art. 126. Para a decretação do sequestro, bastará a existência de indícios veementes da proveniência ilícita dos bens.

‣ art. 239 deste Código.

Art. 127. O juiz, de ofício, a requerimento do Ministério Público ou do ofendido, ou mediante representação da autoridade policial, poderá ordenar o sequestro, em qualquer fase do processo ou ainda antes de oferecida a denúncia ou queixa.

Art. 128. Realizado o sequestro, o juiz ordenará a sua inscrição no Registro de Imóveis.

‣ arts. 167 a 288, Lei 6.015/1973 (Lei dos Registros Públicos).

Art. 129. O sequestro autuar-se-á em apartado e admitirá embargos de terceiro.

‣ arts. 1.046 e ss., CPC.

‣ art. 674 e ss., NCPC.

Art. 130. O sequestro poderá ainda ser embargado:

I - pelo acusado, sob o fundamento de não terem os bens sido adquiridos com os proventos da infração;

II - pelo terceiro, a quem houverem os bens sido transferidos a título oneroso, sob o fundamento de tê-los adquirido de boa-fé.

Parágrafo único. Não poderá ser pronunciada decisão nesses embargos antes de passar em julgado a sentença condenatória.

Art. 131. O sequestro será levantado:

I - se a ação penal não for intentada no prazo de sessenta dias, contado da data em que ficar concluída a diligência;

II - se o terceiro, a quem tiverem sido transferidos os bens, prestar caução que assegure a aplicação do disposto no art. 74, II, b, segunda parte, do Código Penal;

‣ Refere-se ao art. 91, II, b, atual CP.

‣ art. 300 e ss., NCPC.

III - se for julgada extinta a punibilidade ou absolvido o réu, por sentença transitada em julgado.

‣ art. 107, CP.

Art. 132. Proceder-se-á ao sequestro dos bens móveis se, verificadas as condições previstas no art. 126, não for cabível a medida regulada no Capítulo XI do Título VII deste Livro.

‣ arts. 240 a 250 deste Código.

‣ arts. 82 a 84, CC/2002.

Art. 133. Transitada em julgado a sentença condenatória, o juiz, de ofício ou a requerimento do interessado ou do Ministério Público, determinará a avaliação e a venda dos bens em leilão público cujo perdimento tenha sido decretado. (Redação dada pela Lei 13.964/2019)

§ 1º Do dinheiro apurado, será recolhido aos cofres públicos o que não couber ao lesado ou a terceiro de boa-fé. (Incluído pela Lei 13.964/2019)

§ 2º O valor apurado deverá ser recolhido ao Fundo Penitenciário Nacional, exceto se houver previsão diversa em lei especial. (Incluído pela Lei 13.964/2019)

Art. 133-A. O juiz poderá autorizar, constatado o interesse público, a utilização de bem sequestrado, apreendido ou sujeito a qualquer medida assecuratória pelos órgãos de segurança pública previstos no art. 144 da Constituição Federal, do sistema prisional, do sistema socioeducativo, da Força Nacional de Segurança Pública e do Instituto Geral de Perícia, para o desempenho de suas atividades. (Incluído pela Lei 13.964/2019)

§ 1º O órgão de segurança pública participante das ações de investigação ou repressão da infração penal que ensejou a constrição do bem terá prioridade na sua utilização.

§ 2º Fora das hipóteses anteriores, demonstrado o interesse público, o juiz poderá autorizar o uso do bem pelos demais órgãos públicos.

§ 3º Se o bem a que se refere o *caput* deste artigo for veículo, embarcação ou aeronave, o juiz ordenará à autoridade de trânsito ou ao órgão de registro e controle a expedição de certificado provisório de registro e licenciamento em favor do órgão público beneficiário, o qual estará isento do pagamento de multas, encargos e tributos anteriores à disponibilização do bem para a sua utilização, que deverão ser cobrados de seu responsável.

§ 4º Transitada em julgado a sentença penal condenatória com a decretação de perdimento dos bens, ressalvado o direito do lesado ou terceiro de boa-fé, o juiz poderá determinar a transferência definitiva da propriedade ao órgão público beneficiário ao qual foi custodiado o bem.

Art. 134. A hipoteca legal sobre os imóveis do indiciado poderá ser requerida pelo ofendido em qualquer fase do processo, desde que haja certeza da infração e indícios suficientes da autoria.

‣ arts. 142; 144; e 239 deste Código.

‣ arts. 1.489; 1.497; e 1.498, CC/2002.

‣ arts. 206 a 214, CPPM.

Art. 135. Pedida a especialização mediante requerimento, em que a parte estimará o valor da responsabilidade civil, e designará e estimará o imóvel ou imóveis que terão de ficar especialmente hipotecados, o juiz mandará logo proceder ao arbitramento do valor da responsabilidade e à avaliação do imóvel ou imóveis.

‣ arts. 577 e 598 deste Código.

‣ arts. 1.205 a 1.210, CPC.

‣ art. 1.492, CC/2002.

§ 1º A petição será instruída com as provas ou indicação das provas em que se fundar a estimação da responsabilidade, com a relação dos imóveis que o responsável possuir, se outros tiver, além dos indicados no requerimento, e com os documentos comprobatórios do domínio.

§ 2º O arbitramento do valor da responsabilidade e a avaliação dos imóveis designados far-se-ão por perito nomeado pelo juiz, onde não houver avaliador judicial, sendo-lhe facultada a consulta dos autos do processo respectivo.

‣ arts. 275 a 281 deste Código.

§ 3º O juiz, ouvidas as partes no prazo de dois dias, que correrá em cartório, poderá corrigir o arbitramento do valor da responsabilidade, se lhe parecer excessivo ou deficiente.

§ 4º O juiz autorizará somente a inscrição da hipoteca do imóvel ou imóveis necessários à garantia da responsabilidade.

‣ art. 1.497, CC/2002.

‣ art. 167, I, 2, Lei 6.015/1973 (Lei de Registros Públicos).

§ 5º O valor da responsabilidade será liquidado definitivamente após a condenação, podendo ser requerido novo arbitramento se qualquer das partes não se conformar com o arbitramento anterior à sentença condenatória.

§ 6º Se o réu oferecer caução suficiente, em dinheiro ou em títulos de dívida pública, pelo valor de sua cotação em Bolsa, o juiz poderá deixar de mandar proceder à inscrição da hipoteca legal.

Art. 136. O arresto do imóvel poderá ser decretado de início, revogando-se, porém, se no prazo de 15 (quinze) dias não for promovido o processo de inscrição da hipoteca legal. (Redação dada pela Lei 11.435/2006.)

Art. 137. Se o responsável não possuir bens imóveis ou os possuir de valor insuficiente, poderão ser arrestados bens móveis suscetíveis de penhora, nos termos em que é facultada a hipoteca legal dos imóveis. (Redação dada pela Lei 11.435/2006.)

§ 1º Se esses bens forem coisas fungíveis e facilmente deterioráveis, proceder-se-á na forma do § 5º do art. 120.

‣ art. 85, CC/2002.

§ 2º Das rendas dos bens móveis poderão ser fornecidos recursos arbitrados pelo juiz, para a manutenção do indiciado e de sua família.

Art. 138. O processo de especialização da hipoteca e do arresto correrão em auto apartado. (Redação dada pela Lei 11.435/2006.)

Art. 139. O depósito e a administração dos bens arrestados ficarão sujeitos ao regime do processo civil. (Redação dada pela Lei 11.435/2006.)

Art. 140. As garantias do ressarcimento do dano alcançarão também as despesas processuais e as penas pecuniárias, tendo preferência sobre estas a reparação do dano ao ofendido.

- arts. 63 a 68 deste Código.
- art. 91, I, CP.
- art. 1.489, III, CC/2002.

Art. 141. O arresto será levantado ou cancelada a hipoteca, se, por sentença irrecorrível, o réu for absolvido ou julgada extinta a punibilidade. (Redação dada pela Lei 11.435/2006.)

Art. 142. Caberá ao Ministério Público promover as medidas estabelecidas nos arts. 134 e 137, se houver interesse da Fazenda Pública, ou se o ofendido for pobre e o requerer.

- arts. 32 e 257 deste Código.

Art. 143. Passando em julgado a sentença condenatória, serão os autos de hipoteca ou arresto remetidos ao juiz do cível (art. 63). (Redação dada pela Lei 11.435/2006.)

Art. 144. Os interessados ou, nos casos do art. 142, o Ministério Público poderão requerer no juízo cível, contra o responsável civil, as medidas previstas nos arts. 134, 136 e 137.

- art. 932, CC/2002.

Art. 144-A. O juiz determinará a alienação antecipada para preservação do valor dos bens sempre que estiverem sujeitos a qualquer grau de deterioração ou depreciação, ou quando houver dificuldade para sua manutenção.

- Res. 356/2020 CNJ.

§ 1º O leilão far-se-á preferencialmente por meio eletrônico.

§ 2º Os bens deverão ser vendidos pelo valor fixado na avaliação judicial ou por valor maior. Não alcançado o valor estipulado pela administração judicial, será realizado novo leilão, em até 10 (dez) dias contados da realização do primeiro, podendo os bens ser alienados por valor não inferior a 80% (oitenta por cento) do estipulado na avaliação judicial.

§ 3º O produto da alienação ficará depositado em conta vinculada ao juízo até a decisão final do processo, procedendo-se à sua conversão em renda para a União, Estado ou Distrito Federal, no caso de condenação, ou, no caso de absolvição, à sua devolução ao acusado.

§ 4º Quando a indisponibilidade recair sobre dinheiro, inclusive moeda estrangeira, títulos, valores mobiliários ou cheques emitidos como ordem de pagamento, o juízo determinará a conversão do numerário apreendido em moeda nacional corrente e o depósito das correspondentes quantias em conta judicial.

§ 5º No caso da alienação de veículos, embarcações ou aeronaves, o juiz ordenará à autoridade de trânsito ou ao equivalente órgão de registro e controle a expedição de certificado de registro e licenciamento em favor do arrematante, ficando este livre do pagamento de multas, encargos e tributos anteriores, sem prejuízo de execução fiscal em relação ao antigo proprietário.

§ 6º O valor dos títulos da dívida pública, das ações das sociedades e dos títulos de crédito negociáveis em bolsa será o da cotação oficial do dia, provada por certidão ou publicação no órgão oficial.

§ 7º (Vetado).

- Art. 144-A e §§ acrescentados pela Lei 12.694/2012.

CAPÍTULO VII
DO INCIDENTE DE FALSIDADE

Art. 145. Arguida, por escrito, a falsidade de documento constante dos autos, o juiz observará o seguinte processo:

- art. 581, XVIII, deste Código.
- arts. 293 a 311, CP.
- art. 163, CPPM.

I - mandará autuar em apartado a impugnação, e em seguida ouvirá a parte contrária, que, no prazo de 48 horas, oferecerá resposta;

II - assinará o prazo de 3 dias, sucessivamente, a cada uma das partes, para prova de suas alegações;

III - conclusos os autos, poderá ordenar as diligências que entender necessárias;

IV - se reconhecida a falsidade por decisão irrecorrível, mandará desentranhar o documento e remetê-lo, com os autos do processo incidente, ao Ministério Público.

- art. 40 deste Código.
- arts. 296 a 311, CP.
- art. 15, Dec.-Lei 3.931/1941 (Lei de Introdução ao CPP).

Art. 146. A arguição de falsidade, feita por procurador, exige poderes especiais.

- arts. 138 e 339, CP.
- art. 165, CPPM.

Art. 147. O juiz poderá, de ofício, proceder à verificação da falsidade.

- art. 581, XVIII, deste Código.
- art. 430 e ss., NCPC.
- art. 166, CPPM.

Art. 148. Qualquer que seja a decisão, não fará coisa julgada em prejuízo de ulterior processo penal ou civil.

- art. 581, XVIII, deste Código.
- art. 430 e ss., NCPC.
- art. 169, CPPM.

CAPÍTULO VIII
DA INSANIDADE MENTAL DO ACUSADO

Art. 149. Quando houver dúvida sobre a integridade mental do acusado, o juiz ordenará, de ofício ou a requerimento do Ministério Público, do defensor, do curador, do ascendente, descendente, irmão ou cônjuge do acusado, seja este submetido a exame médico-legal.

- arts. 26, p.u., e 97, CP.
- art. 156, CPPM.

§ 1º O exame poderá ser ordenado ainda na fase do inquérito, mediante representação da autoridade policial ao juiz competente.

§ 2º O juiz nomeará curador ao acusado, quando determinar o exame, ficando suspenso o processo, se já iniciada a ação penal, salvo quanto às diligências que possam ser prejudicadas pelo adiamento.

- art. 152, § 2º, deste Código.

Art. 150. Para o efeito do exame, o acusado, se estiver preso, será internado em manicômio judiciário, onde houver, ou, se estiver solto, e o requererem os peritos, em estabelecimento adequado que o juiz designar.

- art. 157, CPPM.
- Súm. 361, STF.

§ 1º O exame não durará mais de quarenta e cinco dias, salvo se os peritos demonstrarem a necessidade de maior prazo.

§ 2º Se não houver prejuízo para a marcha do processo, o juiz poderá autorizar sejam os autos entregues aos peritos, para facilitar o exame.

- art. 803 deste Código.

Art. 151. Se os peritos concluírem que o acusado era, ao tempo da infração, irresponsável nos termos do art. 22 do Código Penal, o processo prosseguirá, com a presença do curador.

- art. 97, CP.
- art. 160, CPPM.
- Súm. 361, STF.

Art. 152. Se se verificar que a doença mental sobreveio à infração o processo continuará suspenso até que o acusado se restabeleça, observado o § 2º do art. 149.

- Refere-se ao art. 26, atual CP.
- art. 79, § 1º, deste Código.
- art. 161, CPPM.

§ 1º O juiz poderá, nesse caso, ordenar a internação do acusado em manicômio judiciário ou em outro estabelecimento adequado.

- art. 5º, LIV e LVII, CF.

§ 2º O processo retomará o seu curso, desde que se restabeleça o acusado, ficando-lhe assegurada a faculdade de reinquirir as testemunhas que houverem prestado depoimento sem a sua presença.

Art. 153. O incidente da insanidade mental processar-se-á em auto apartado, que só depois da apresentação do laudo, será apenso ao processo principal.

- art. 162, CPPM.

Art. 154. Se a insanidade mental sobrevier no curso da execução da pena, observar-se-á o disposto no art. 682.

- art. 41, CP.
- art. 183, Lei 7.210/1984 (Lei de Execuções Penais).

TÍTULO VII
DA PROVA

CAPÍTULO I
DISPOSIÇÕES GERAIS

- Dec. 1.925/1996 (Promulga a Convenção Interamericana sobre Prova).

Art. 155. O juiz formará sua convicção pela livre apreciação da prova produzida em contraditório judicial, não podendo fundamentar sua decisão exclusivamente nos elementos informativos colhidos na investigação, ressalvadas as provas cautelares, não repetíveis e antecipadas. (Redação dada pela Lei 11.690/2008.)

- art. 5º, LV e LVI, CF.
- arts. 182; 184; 200; e 381, III, deste Código.
- art. 297, CPPM.

Parágrafo único. Somente quanto ao estado das pessoas serão observadas as restrições estabelecidas na lei civil. (Incluído pela Lei 11.690/2008.)

- art. 5º, LVI, CF.
- art. 92 deste Código.
- art. 294, CPPM.
- Súm. 74, STJ.

Art. 156. A prova da alegação incumbirá a quem a fizer, sendo, porém, facultado ao juiz de ofício: (Redação dada pela Lei 11.690/2008.)

- arts. 370, 373 e 374, NCPC.
- art. 296, CPPM.
- art. 81, § 1º, Lei 9.099/1995 (Lei dos Juizados Especiais).

I - ordenar, mesmo antes de iniciada a ação penal, a produção antecipada de provas consideradas urgentes e relevantes, observando a necessidade, adequação e proporcionalidade da medida; (Incluído pela Lei 11.690/2008.)

- art. 129, I, CF.

II - determinar, no curso da instrução, ou antes de proferir sentença, a realização de diligências para dirimir dúvida sobre ponto relevante. (Incluído pela Lei 11.690/2008.)

- art. 129, I, CF.

Art. 157. São inadmissíveis, devendo ser desentranhadas do processo, as provas ilícitas, assim entendidas as obtidas em violação a normas constitucionais ou legais. (Redação dada pela Lei 11.690/2008.)

- art. 5º, LVI, CF.

§ 1º São também inadmissíveis as provas derivadas das ilícitas, salvo quando não evidenciado o nexo de causalidade entre umas e outras, ou quando as derivadas puderem ser obtidas por uma fonte independente das primeiras. (Incluído pela Lei 11.690/2008.)

§ 2º Considera-se fonte independente aquela que por si só, seguindo os trâmites típicos e de praxe, próprios da investigação ou instrução criminal, seria capaz de conduzir ao fato objeto da prova. (Incluído pela Lei 11.690/2008.)

§ 3º Preclusa a decisão de desentranhamento da prova declarada inadmissível, esta será inutilizada por decisão judicial, facultado às partes acompanhar o incidente. (Incluído pela Lei 11.690/2008.)

§ 4º (Vetado na Lei 11.690/2008.)

§ 5º O juiz que conhecer do conteúdo da prova declarada inadmissível não poderá proferir a sentença ou acórdão. (Incluído pela Lei 13.964/2019)

CAPÍTULO II
DO EXAME DE CORPO DE DELITO, DA CADEIA DE CUSTÓDIA E DAS PERÍCIAS EM GERAL

- (Redação dada pela Lei 13.964/2019)
- Lei 9.296/1996 (Lei de Interceptação das Comunicações Telefônicas).

Art. 158. Quando a infração deixar vestígios, será indispensável o exame de corpo de delito, direto ou indireto, não podendo supri-lo a confissão do acusado.

- arts. 6º, VIII; 167; 525; e 564, III, b, deste Código.
- art. 328, CPPM.
- arts. 69 e 77, § 1º, Lei 9.099/1995 (Lei dos Juizados Especiais).

Parágrafo único. Dar-se-á prioridade à realização do exame de corpo de delito quando se tratar de crime que envolva: (Incluído pela Lei 13.721/ 2018)

I - violência doméstica e familiar contra mulher; (Incluído pela Lei 13.721/2018)

II - violência contra criança, adolescente, idoso ou pessoa com deficiência. (Incluído pela Lei 13.721/2018)

Art. 158-A. Considera-se cadeia de custódia o conjunto de todos os procedimentos utilizados para manter e documentar a história cronológica do vestígio coletado em locais ou em vítimas de crimes, para rastrear sua posse e manuseio a partir de seu reconhecimento até o descarte. (Incluído pela Lei 13.964/2019)

§ 1º O início da cadeia de custódia dá-se com a preservação do local de crime ou com procedimentos policiais ou periciais nos quais seja detectada a existência de vestígio.

§ 2º O agente público que reconhecer um elemento como de potencial interesse para a produção da prova pericial fica responsável por sua preservação.

§ 3º Vestígio é todo objeto ou material bruto, visível ou latente, constatado ou recolhido, que se relaciona à infração penal.

Art. 158-B. A cadeia de custódia compreende o rastreamento do vestígio nas seguintes etapas: (Incluído pela Lei 13.964/2019)

I - reconhecimento: ato de distinguir um elemento como de potencial interesse para a produção da prova pericial;

II - isolamento: ato de evitar que se altere o estado das coisas, devendo isolar e preservar o ambiente imediato, mediato e relacionado aos vestígios e local de crime;

III - fixação: descrição detalhada do vestígio conforme se encontra no local de crime ou no corpo de delito, e a sua posição na área de exames, podendo ser ilustrada por fotografias, filmagens ou croqui, sendo indispensável a sua descrição no laudo pericial produzido pelo perito responsável pelo atendimento;

IV - coleta: ato de recolher o vestígio que será submetido à análise pericial, respeitando suas características e natureza;

V - acondicionamento: procedimento por meio do qual cada vestígio coletado é embalado de forma individualizada, de acordo com suas características físicas, químicas e biológicas, para posterior análise, com anotação da data, hora e nome de quem realizou a coleta e o acondicionamento;

VI - transporte: ato de transferir o vestígio de um local para o outro, utilizando as condições adequadas (embalagens, veículos, temperatura, entre outras), de modo a garantir a manutenção de suas características originais, bem como o controle de sua posse;

VII - recebimento: ato formal de transferência da posse do vestígio, que deve ser documentado com, no mínimo, informações referentes ao número de procedimento e unidade de polícia judiciária relacionada, local de origem, nome de quem transportou o vestígio, código de rastreamento, natureza do exame, tipo do vestígio, protocolo, assinatura e identifica-ção de quem o recebeu;

VIII - processamento: exame pericial em si, manipulação do vestígio de acordo com a metodologia adequada às suas características biológicas, físicas e químicas, a fim de se obter o resultado desejado, que deverá ser formalizado em laudo produzido por perito;

IX - armazenamento: procedimento referente à guarda, em condições adequadas, do material a ser processado, guardado para realização de contraperícia, descartado ou transportado, com vinculação ao número do laudo correspondente;

X - descarte: procedimento referente à liberação do vestígio, respeitando a legislação vigente e, quando pertinente, mediante autorização judicial.

Art. 158-C. A coleta dos vestígios deverá ser realizada preferencialmente por perito oficial, que dará o encaminhamento necessário para a central de custódia, mesmo quando for necessária a realização de exames complementares. (Incluído pela Lei 13.964/2019)

§ 1º Todos vestígios coletados no decurso do inquérito ou processo devem ser tratados como descrito nesta Lei, ficando órgão central de perícia oficial de natureza criminal responsável por detalhar a forma do seu cumprimento.

§ 2º É proibida a entrada em locais isolados bem como a remoção de quaisquer vestígios de locais de crime antes da liberação por parte do perito responsável, sendo tipificada como fraude processual a sua realização.

Art. 158-D. O recipiente para acondicionamento do vestígio será determinado pela natureza do material. (Incluído pela Lei 13.964/2019)

§ 1º Todos os recipientes deverão ser selados com lacres, com numeração individualizada, de forma a garantir a inviolabilidade e a idoneidade do vestígio durante o transporte.

§ 2º O recipiente deverá individualizar o vestígio, preservar suas características, impedir contaminação e vazamento, ter grau de resistência adequado e espaço para registro de informações sobre seu conteúdo.

§ 3º O recipiente só poderá ser aberto pelo perito que vai proceder à análise e, motivadamente, por pessoa autorizada.

§ 4º Após cada rompimento de lacre, deve se fazer constar na ficha de acompanhamento de vestígio o nome e a matrícula do responsável, a data, o local, a finalidade, bem como as informações referentes ao novo lacre utilizado.

§ 5º O lacre rompido deverá ser acondicionado no interior do novo recipiente.

Art. 158-E. Todos os Institutos de Criminalística deverão ter uma central de custódia destinada à guarda e controle dos vestígios, e sua gestão deve ser vinculada diretamente ao órgão central de perícia oficial de natureza criminal. (Incluído pela Lei 13.964/2019)

§ 1º Toda central de custódia deve possuir os serviços de protocolo, com local para conferência, recepção, devolução de materiais e documentos, possibilitando a seleção, a classificação e a distribuição de materiais, devendo ser um espaço seguro e apresentar condições ambientais que não interfiram nas características do vestígio.

§ 2º Na central de custódia, a entrada e a saída de vestígio deverão ser protocoladas, consignando-se informações sobre a ocorrência no inquérito que a eles se relacionam.

§ 3º Todas as pessoas que tiverem acesso ao vestígio armazenado deverão ser identificadas e deverão ser registradas a data e a hora do acesso.

§ 4º Por ocasião da tramitação do vestígio armazenado, todas as ações deverão ser registradas, consignando-se a identificação do responsável pela tramitação, a destinação, a data e horário da ação.

Art. 158-F. Após a realização da perícia, o material deverá ser devolvido à central de custódia, devendo nela permanecer. (Incluído pela Lei 13.964/2019)

Parágrafo único. Caso a central de custódia não possua espaço ou condições de armazenar determinado material, deverá a autoridade policial ou judiciária determinar as condições de depósito do referido material em local diverso, mediante requerimento do diretor do órgão central de perícia oficial de natureza criminal.

Art. 159. O exame de corpo de delito e outras perícias serão realizados por perito oficial, portador de diploma de curso superior. (Redação dada pela Lei 11.690/2008.)

- art. 178 deste Código.
- art. 318, CPPM.
- art. 50, §§ 1º e 2º, Lei 11.343/2006 (Lei Antidrogas).
- Lei 12.030/2009 (Lei das Perícias Oficiais Criminais).
- Súm. 361, STF.
- art. 2º, Lei 11.690/2008 (Aqueles peritos que ingressaram sem exigência do diploma de curso superior até a data de entrada em vigor desta Lei continuarão a atuar exclusivamente nas respectivas áreas para as quais se habilitaram, ressalvados os peritos médicos).

§ 1º Na falta de perito oficial, o exame será realizado por 2 (duas) pessoas idôneas, portadoras de diploma de curso superior preferencialmente na área específica, dentre as que tiverem habilitação técnica relacionada com a natureza do exame. (Redação dada pela Lei 11.690/2008.)

- art. 179 deste Código.
- art. 48, CPPM.

§ 2º Os peritos não oficiais prestarão o compromisso de bem e fielmente desempenhar o encargo. (Redação dada pela Lei 11.690/2008.)

- arts. 275; 276; 279; 564, IV; e 572 deste Código.
- art. 48, p.u., CPPM.

§ 3º Serão facultadas ao Ministério Público, ao assistente de acusação, ao ofendido, ao querelante e ao acusado a formulação de quesitos e indicação de assistente técnico. (Incluído pela Lei 11.690/2008.)

§ 4º O assistente técnico atuará a partir de sua admissão pelo juiz e após a conclusão dos exames e elaboração do laudo pelos peritos oficiais, sendo as partes intimadas desta decisão. (Incluído pela Lei 11.690/2008.)

§ 5º Durante o curso do processo judicial, é permitido às partes, quanto à perícia: (Incluído pela Lei 11.690/2008.)

I - requerer a oitiva dos peritos para esclarecerem a prova ou para responderem a quesitos, desde que o mandado de intimação e os quesitos ou questões a serem esclarecidas sejam encaminhados com antecedência mínima de 10 (dez) dias, podendo apresentar as respostas em laudo complementar; (Incluído pela Lei 11.690/2008.)

- art. 8º, 2, f, Pacto de São José da Costa Rica.

II - indicar assistentes técnicos que poderão apresentar pareceres em prazo a ser fixado pelo juiz ou ser inquiridos em audiência. (Incluído pela Lei 11.690/2008.)

§ 6º Havendo requerimento das partes, o material probatório que serviu de base à perícia será disponibilizado no ambiente do órgão oficial, que manterá sempre sua guarda, e na presença de perito oficial, para exame pelos assistentes, salvo se for impossível a sua conservação. (Incluído pela Lei 11.690/2008.)

§ 7º Tratando-se de perícia complexa que abranja mais de uma área de conhecimento especializado, poder-se-á designar a atuação de mais de um perito oficial, e a parte indicar mais de um assistente técnico. (Incluído pela Lei 11.690/2008.)

Art. 160. Os peritos elaborarão o laudo pericial, onde descreverão minuciosamente o que examinarem, e responderão aos quesitos formulados. (Redação dada pela Lei 8.862/1994.)

- art. 319, CPPM.

Parágrafo único. O laudo pericial será elaborado no prazo máximo de 10 dias, podendo este prazo ser prorrogado, em casos excepcionais, a requerimento dos peritos. (Redação dada pela Lei 8.862/1994.)

- art. 179, p.u., deste Código.

Art. 161. O exame de corpo de delito poderá ser feito em qualquer dia e a qualquer hora.

- art. 6º, VII, deste Código.
- art. 329, CPPM.

Art. 162. A autópsia será feita pelo menos seis horas depois do óbito, salvo se os peritos, pela evidência dos sinais de morte, julgarem que possa ser feita antes daquele prazo, o que declararão no auto.

- arts. 333 a 335, CPPM.

Parágrafo único. Nos casos de morte violenta, bastará o simples exame externo do cadáver, quando não houver infração penal que apurar, ou quando as lesões externas permitirem precisar a causa da morte e não houver necessidade de exame interno para a verificação de alguma circunstância relevante.

- art. 330, CP.
- art. 67, Dec.-Lei 3.688/1941 (Lei das Contravenções Penais).

Art. 163. Em caso de exumação para exame cadavérico, a autoridade providenciará para que, em dia e hora previamente marcados, se realize a diligência, da qual se lavrará auto circunstanciado.

- art. 338, CPPM.
- art. 67, Dec.-Lei 3.688/1941 (Lei das Contravenções Penais).

Parágrafo único. O administrador de cemitério público ou particular indicará o lugar da sepultura, sob pena de desobediência. No caso de recusa ou de falta de quem indique a sepultura, ou de encontrar-se o cadáver em lugar não destinado a inumações, a autoridade procederá às pesquisas necessárias, o que tudo constará do auto.

- art. 330, CP.

Art. 164. Os cadáveres serão sempre fotografados na posição em que forem encontrados, bem como, na medida do possível, todas as lesões externas e vestígios deixados no local do crime. (Redação dada pela Lei 8.862/1994)

- art. 6º, I, deste Código.
- art. 336, CPPM.

Art. 165. Para representar as lesões encontradas no cadáver, os peritos, quando possível, juntarão ao laudo do exame provas fotográficas, esquemas ou desenhos, devidamente rubricados.

Art. 166. Havendo dúvida sobre a identidade do cadáver exumado, proceder-se-á ao reconhecimento pelo Instituto de Identificação e Estatística ou repartição congênere ou pela inquirição de testemunhas, lavrando-se auto de reconhecimento e de identidade, no qual se descreverá o cadáver, com todos os sinais e indicações.

- art. 337, CPPM.

Parágrafo único. Em qualquer caso, serão arrecadados e autenticados todos os objetos encontrados, que possam ser úteis para a identificação do cadáver.

Art. 167. Não sendo possível o exame de corpo de delito, por haverem desaparecido os vestígios, a prova testemunhal poderá suprir-lhe a falta.

- arts. 202 a 225 e 564, III, b, deste Código.
- art. 328, p.u., CPPM.

Art. 168. Em caso de lesões corporais, se o primeiro exame pericial tiver sido incompleto, proceder-se-á a exame complementar por determinação da autoridade policial ou judiciária, de ofício, ou a requerimento do Ministério Público, do ofendido ou do acusado, ou de seu defensor.

- art. 129, § 1º, I, CP.
- art. 331, CPPM.

§ 1º No exame complementar, os peritos terão presente o auto de corpo de delito, a fim de suprir-lhe a deficiência ou retificá-lo.

§ 2º Se o exame tiver por fim precisar a classificação do delito no art. 129, § 1º, I, do Código Penal, deverá ser feito logo que decorra o prazo de 30 dias, contado da data do crime.

§ 3º A falta de exame complementar poderá ser suprida pela prova testemunhal.

Art. 169. Para o efeito de exame do local onde houver sido praticada a infração, a autoridade providenciará imediatamente para que não se altere o estado das coisas até a chegada dos peritos, que poderão instruir seus laudos com fotografias, desenhos ou esquemas elucidativos.

- art. 6º, I, deste Código.
- arts. 166 e 347, CP.
- art. 339, CPPM.
- Lei 5.970/1973 (Exclui da aplicação do disposto nos arts. 6º, I, 64 e 169, deste Código, os casos de acidente de trânsito).

Parágrafo único. Os peritos registrarão, no laudo, as alterações do estado das coisas e discutirão, no relatório, as consequências dessas alterações na dinâmica dos fatos. (Incluído pela Lei 8.862/1994.)

Art. 170. Nas perícias de laboratório, os peritos guardarão material suficiente para a eventualidade de nova perícia. Sempre que conveniente, os laudos serão ilustrados com provas fotográficas, ou microfotográficas, desenhos ou esquemas.

- art. 340, CPPM
- Lei 5.433/1968 (Regula a microfilmagem de documentos oficiais).
- Súm. 361, STF.

Art. 171. Nos crimes cometidos com destruição ou rompimento de obstáculo a subtração da coisa, ou por meio de escalada, os peritos, além de descrever os vestígios, indicarão com que instrumentos, por que meios e em que época presumem ter sido o fato praticado.

- art. 155, § 4º, I e II, CP.
- art. 341, CPPM.

Art. 172. Proceder-se-á, quando necessário, à avaliação de coisas destruídas, deterioradas ou que constituam produto do crime.

- arts. 155, § 2º, e 171, § 1º, CP.
- art. 342, CPPM.

Parágrafo único. Se impossível a avaliação direta, os peritos procederão à avaliação por meio dos elementos existentes nos autos e dos que resultarem de diligências.

Art. 173. No caso de incêndio, os peritos verificarão a causa e o lugar em que houver começado, o perigo que dele tiver resultado para a vida ou para o patrimônio alheio, a extensão do dano e o seu valor e as demais circunstâncias que interessarem à elucidação do fato.

- art. 250, CP.
- art. 343, CPPM.

Art. 174. No exame para o reconhecimento de escritos, por comparação de letra, observar-se-á o seguinte:

- art. 344, CPPM.

I - a pessoa a quem se atribua ou se possa atribuir o escrito será intimada para o ato, se for encontrada;

II - para a comparação, poderão servir quaisquer documentos que a dita pessoa reconhecer ou já tiverem sido judicialmente reconhecidos como de seu punho, ou sobre cuja autenticidade não houver dúvida;

III - a autoridade, quando necessário, requisitará, para o exame, os documentos que existirem em arquivos ou estabelecimentos públicos, ou nestes realizará a diligência, se daí não puderem ser retirados;

IV - quando não houver escritos para a comparação ou forem insuficientes os exibidos, a autoridade mandará que a pessoa escreva o que lhe for ditado. Se estiver ausente a pessoa, mas em lugar certo, esta última diligência poderá ser feita por precatória, em que se consignarão as palavras que a pessoa será intimada a escrever.

Art. 175. Serão sujeitos a exame os instrumentos empregados para a prática da infração, a fim de se lhes verificar a natureza e a eficiência.

- art. 6º, II, deste Código.
- art. 345, CPPM.

Art. 176. A autoridade e as partes poderão formular quesitos até o ato da diligência.

- art. 14 deste Código.
- art. 316, CPPM.

Art. 177. No exame por precatória, a nomeação dos peritos far-se-á no juízo deprecado. Havendo, porém, no caso de ação privada, acordo das partes, essa nomeação poderá ser feita pelo juiz deprecante.

- arts. 276 e 277 deste Código.
- art. 465, NCPC.
- art. 346, CPPM.

Parágrafo único. Os quesitos do juiz e das partes serão transcritos na precatória.

Art. 178. No caso do art. 159, o exame será requisitado pela autoridade ao diretor da repartição, juntando-se ao processo o laudo assinado pelos peritos.

Art. 179. No caso do § 1º do art. 159, o escrivão lavrará o auto respectivo, que será assinado pelos peritos e, se presente ao exame, também pela autoridade.

Parágrafo único. No caso do art. 160, parágrafo único, o laudo, que poderá ser datilografado, será subscrito e rubricado em suas folhas por todos os peritos.

Art. 180. Se houver divergência entre os peritos, serão consignadas no auto do exame as declarações e respostas de um e de outro, ou cada um redigirá separadamente o seu laudo, e a autoridade nomeará um terceiro; se este divergir de ambos, a autoridade poderá mandar proceder a novo exame por outros peritos.

- art. 322, CPPM.

Art. 181. No caso de inobservância de formalidades, ou no caso de omissões, obscuridades ou contradições, a autoridade judiciária mandará suprir a formalidade, complementar ou esclarecer o laudo. (Redação dada pela Lei 8.862/1994.)

- arts. 563; 564, IV; 566; e 572 deste Código.
- art. 323, CPPM.

Parágrafo único. A autoridade poderá também ordenar que se proceda a novo exame, por outros peritos, se julgar conveniente.

Art. 182. O juiz não ficará adstrito ao laudo, podendo aceitá-lo ou rejeitá-lo, no todo ou em parte.

- arts. 155 e 157 deste Código.
- art. 479, NCPC.
- art. 326, CPPM.

Art. 183. Nos crimes em que não couber ação pública, observar-se-á o disposto no art. 19.

- art. 525 deste Código

Art. 184. Salvo o caso de exame de corpo de delito, o juiz ou a autoridade policial negará a perícia requerida pelas partes, quando não for necessária ao esclarecimento da verdade.

- arts. 14 e 158 deste Código.
- art. 315, p.u., CPPM.

CAPÍTULO III
DO INTERROGATÓRIO DO ACUSADO

- art. 474 deste Código.
- art. 81, Lei 9.099/1995 (Lei dos Juizados Especiais).

Art. 185. O acusado que comparecer perante a autoridade judiciária, no curso do processo penal, será qualificado e interrogado na presença de seu defensor, constituído ou nomeado. (Redação dada pela Lei 10.792/2003.)

- art. 5º, LIII a LVII, CF.
- arts. 6º, V; 304; 400; 474; e 531 deste Código.
- art. 302, CPPM.
- art. 8º, 1, Pacto de São José da Costa Rica.
- Súm. 523, STF.

§ 1º O interrogatório do réu preso será realizado, em sala própria, no estabelecimento em que estiver recolhido, desde que estejam garantidas a segurança do juiz, do membro do Ministério Público e dos auxiliares bem como a presença do defensor e a publicidade do ato. (Redação dada pela Lei 11.900/2009.)

§ 2º Excepcionalmente, o juiz, por decisão fundamentada, de ofício ou a requerimento das partes, poderá realizar o interrogatório do réu preso por sistema de videoconferência ou outro recurso tecnológico de transmissão de sons e imagens em tempo real, desde que a medida seja necessária para atender a uma das seguintes finalidades: (Redação dada pela Lei 11.900/2009.)

I - prevenir risco à segurança pública, quando exista fundada suspeita de que o preso integre organização criminosa ou de que, por outra razão, possa fugir durante o deslocamento; (Incluído pela Lei 11.900/2009.)

II - viabilizar a participação do réu no referido ato processual, quando haja relevante dificuldade para seu comparecimento em juízo, por enfermidade ou outra circunstância pessoal; (Incluído pela Lei 11.900/2009.)

III - impedir a influência do réu no ânimo de testemunha ou da vítima, desde que não seja possível colher o depoimento destas por videoconferência, nos termos do art. 217 deste Código; (Incluído pela Lei 11.900/2009.)

IV - responder à gravíssima questão de ordem pública. (Incluído pela Lei 11.900/2009.)

§ 3º Da decisão que determinar a realização de interrogatório por videoconferência, as partes serão intimadas com 10 (dez) dias de antecedência. (Incluído pela Lei 11.900/2009.)

§ 4º Antes do interrogatório por videoconferência, o preso poderá acompanhar, pelo mesmo sistema tecnológico, a realização de todos os atos da audiência única de instrução e julgamento de que tratam os arts. 400, 411 e 531 deste Código. (Incluído pela Lei 11.900/2009.)

§ 5º Em qualquer modalidade de interrogatório, o juiz garantirá ao réu o direito de entrevista prévia e reservada com o seu defensor; se realizado por videoconferência, fica também garantido o acesso a canais telefônicos reservados para comunicação entre o defensor que esteja no presídio e o advogado presente na sala de audiência do Fórum, e entre este e o preso. (Incluído pela Lei 11.900/2009.)

§ 6º A sala reservada no estabelecimento prisional para a realização de atos processuais por sistema de videoconferência será fiscalizada pelos corregedores e pelo juiz de cada causa, como também pelo Ministério Público e pela Ordem dos Advogados do Brasil. (Incluído pela Lei 11.900/2009.)

§ 7º Será requisitada a apresentação do réu preso em juízo nas hipóteses em que o interrogatório não se realizar na forma prevista nos §§ 1º e 2º deste artigo. (Incluído pela Lei 11.900/2009.)

§ 8º Aplica-se o disposto nos §§ 2º, 3º, 4º e 5º deste artigo, no que couber, à realização de outros atos processuais que dependam da participação de pessoa que esteja presa, como acareação, reconhecimento de pessoas e coisas, e inquirição de testemunha ou tomada de declarações do ofendido. (Incluído pela Lei 11.900/2009.)

§ 9º Na hipótese do § 8º deste artigo, fica garantido o acompanhamento do ato processual pelo acusado e seu defensor. (Incluído pela Lei 11.900/2009.)

§ 10. Do interrogatório deverá constar a informação sobre a existência de filhos, respectivas idades e se possuem alguma deficiência e o nome e o contato de eventual responsável pelos cuidados dos filhos, indicado pela pessoa presa. (Acrescentado pela Lei 13.257/2016.)

Art. 186. Depois de devidamente qualificado e cientificado do inteiro teor da acusação, o acusado será informado pelo juiz, antes de iniciar o interrogatório, do seu direito de permanecer calado e de não responder perguntas que lhe forem formuladas. (Redação dada pela Lei 10.792/2003.)

- art. 5º, LXIII, CF.
- art. 305, CPPM.
- art. 8º, 2, b, Pacto de São José da Costa Rica.

Parágrafo único. O silêncio, que não importará em confissão, não poderá ser interpretado em prejuízo da defesa. (Incluído pela Lei 10.792/2003.)

Art. 187. O interrogatório será constituído de duas partes: sobre a pessoa do acusado e sobre os fatos. (Redação dada pela Lei 10.792/2003.)

- arts. 261 e 263 deste Código.
- art. 306, CPPM.
- art. 68, Dec.-Lei 3.688/1941 (Lei das Contravenções Penais).

§ 1º Na primeira parte o interrogando será perguntado sobre a residência, meios de vida ou profissão, oportunidades sociais, lugar onde exerce a sua atividade, vida pregressa, notadamente se foi preso ou processado alguma vez e, em caso afirmativo, qual o juízo do processo, se houve suspensão condicional ou condenação, qual a pena imposta, se a cumpriu e outros dados familiares e sociais. (Incluído pela Lei 10.792/2003.)

§ 2º Na segunda parte será perguntado sobre: (Incluído pela Lei 10.792/2003.)

I - ser verdadeira a acusação que lhe é feita; (Incluído pela Lei 10.792/2003.)

II - não sendo verdadeira a acusação, se tem algum motivo particular a que atribuí-la, se conhece a pessoa ou pessoas a quem deva ser imputada a prática do crime, e quais sejam, e se com elas esteve antes da prática da infração ou depois dela; (Incluído pela Lei 10.792/2003)

III - onde estava ao tempo em que foi cometida a infração e se teve notícia desta; (Incluído pela Lei 10.792/2003.)

IV - as provas já apuradas; (Incluído pela Lei 10.792/2003.)

- art. 6º, III, deste Código.

V - se conhece as vítimas e testemunhas já inquiridas ou por inquirir, e desde quando, e se tem o que alegar contra elas; (Incluído pela Lei 10.792/2003.)

VI - se conhece o instrumento com que foi praticada a infração, ou qualquer objeto que com esta se relacione e tenha sido apreendido; (Incluído pela Lei 10.792/2003)

- art. 6º, II, deste Código.

VII - todos os demais fatos e pormenores que conduzam à elucidação dos antecedentes e circunstâncias da infração; (Incluído pela Lei 10.792/2003)

VIII - se tem algo mais a alegar em sua defesa. (Incluído pela Lei 10.792/2003.)

Art. 188. Após proceder ao interrogatório, o juiz indagará das partes se restou algum fato para ser esclarecido, formulando as perguntas correspondentes se o entender pertinente e relevante. (Redação dada pela Lei 10.792/2003.)

- arts. 41 e 259 deste Código.
- art. 303, CPPM.
- art. 68, Dec.-Lei 3.688/1941 (Lei das Contravenções Penais).

Art. 189. Se o interrogando negar a acusação, no todo ou em parte, poderá prestar esclarecimentos e indicar provas. (Redação dada pela Lei 10.792/2003.)

- arts. 76; 77; e 79 deste Código.
- art. 29, CP.

Art. 190. Se confessar a autoria, será perguntado sobre os motivos e circunstâncias do fato e se outras pessoas concorreram para a infração, e quais sejam. (Redação dada pela Lei 10.792/2003.)

- arts. 197 a 200; e 318 deste Código.
- arts. 59 e 65, III, d, CP.

Art. 191. Havendo mais de um acusado, serão interrogados separadamente. (Redação dada pela Lei 10.792/2003.)

- art. 304, CPPM.

Art. 192. O interrogatório do mudo, do surdo ou do surdo-mudo será feito pela forma seguinte: (Redação dada pela Lei 10.792/2003.)

- art. 3º, CC/2002.
- art. 299, CPPM.

I - ao surdo serão apresentadas por escrito as perguntas, que ele responderá oralmente; (Redação dada pela Lei 10.792/2003.)

II - ao mudo as perguntas serão feitas oralmente, respondendo-as por escrito; (Redação dada pela Lei 10.792/2003.)

III - ao surdo-mudo as perguntas serão formuladas por escrito e do mesmo modo dará as respostas. (Redação dada pela Lei 10.792/2003.)

- art. 3º, III, CC/2002.

Parágrafo único. Caso o interrogando não saiba ler ou escrever, intervirá no ato, como intérprete e sob compromisso, pessoa habilitada a entendê-lo. (Redação dada pela Lei 10.792/2003.)

- art. 281 deste Código.

Art. 193. Quando o interrogando não falar a língua nacional, o interrogatório será feito por meio de intérprete. (Redação dada pela Lei 10.792/2003.)

- art. 281 deste Código.

Art. 194. (Revogado pela Lei 10.792/2003.)

Art. 195. Se o interrogado não souber escrever, não puder ou não quiser assinar, tal fato será consignado no termo. (Redação dada pela Lei 10.792/2003.)

Art. 196. A todo tempo o juiz poderá proceder a novo interrogatório de ofício ou a pedido fundamentado de qualquer das partes. (Redação dada pela Lei 10.792/2003.)

- art. 616 deste Código.

CAPÍTULO IV
DA CONFISSÃO

Art. 197. O valor da confissão se aferirá pelos critérios adotados para os outros elementos de prova, e para a sua apreciação o juiz deverá confrontá-la com as demais provas do processo, verificando se entre ela e estas existe compatibilidade ou concordância.

- arts. 155 e 630, § 2º, a, deste Código.
- arts. 59 e 65, III, d, CP.
- art. 307, CPPM.
- art. 8º, 3, Pacto de São José da Costa Rica.

Art. 198. O silêncio do acusado não importará confissão, mas poderá constituir elemento para a formação do convencimento do juiz.

- art. 5º, LXIII, CF.
- art. 308, CPPM.
- art. 8º, 2, g, Pacto de São José da Costa Rica.

Art. 199. A confissão, quando feita fora do interrogatório, será tomada por termo nos autos, observado o disposto no art. 195.

- art. 310, CPPM.

Art. 200. A confissão será divisível e retratável, sem prejuízo do livre convencimento do juiz, fundado no exame das provas em conjunto.

- art. 395, NCPC.
- art. 309, CPPM.

CAPÍTULO V
DO OFENDIDO

- Redação dada pela Lei 11.690/2008.

Art. 201. Sempre que possível, o ofendido será qualificado e perguntado sobre as circunstâncias da infração, quem seja ou presuma ser o seu autor, as provas que possa indicar, tomando-se por termo as suas declarações. (Redação dada pela Lei 11.690/2008.)

- art. 339, CP.
- art. 311, CPPM.
- art. 81, Lei 9.099/1995 (Lei dos Juizados Especiais).

§ 1º Se, intimado para esse fim, deixar de comparecer sem motivo justo, o ofendido poderá ser conduzido à presença da autoridade. (Incluído pela Lei 11.690/2008.)

- arts. 218 e 220 deste Código.

§ 2º O ofendido será comunicado dos atos processuais relativos ao ingresso e à saída do acusado da prisão, à designação de data para audiência e à sentença e respectivos acórdãos que a mantenham ou modifiquem. (Incluído pela Lei 11.690/2008.)

§ 3º As comunicações ao ofendido deverão ser feitas no endereço por ele indicado, admitindo-se, por opção do ofendido, o uso de meio eletrônico. (Incluído pela Lei 11.690/2008.)

§ 4º Antes do início da audiência e durante a sua realização, será reservado espaço separado para o ofendido. (Incluído pela Lei 11.690/2008.)

§ 5º Se o juiz entender necessário, poderá encaminhar o ofendido para atendimento multidisciplinar, especialmente nas áreas psicossocial, de assistência jurídica e de saúde, a expensas do ofensor ou do Estado. (Incluído pela Lei 11.690/2008.)

§ 6º O juiz tomará as providências necessárias à preservação da intimidade, vida privada, honra e imagem do ofendido, podendo, inclusive, determinar o segredo de justiça em relação aos dados, depoimentos e outras informações constantes dos autos a seu respeito para evitar sua exposição aos meios de comunicação. (Incluído pela Lei 11.690/2008.)

CAPÍTULO VI
DAS TESTEMUNHAS

Art. 202. Toda pessoa poderá ser testemunha.

- art. 53, §§ 5º e 6º, CF.
- arts. 342 e 343, CP.
- art. 447, NCPC.
- art. 351, CPPM.
- art. 81, Lei 9.099/1995 (Lei dos Juizados Especiais).

Art. 203. A testemunha fará, sob palavra de honra, a promessa de dizer a verdade do que souber e lhe for perguntado, devendo declarar seu nome, sua idade, seu estado e sua residência, sua profissão, lugar onde exerce sua atividade, se é parente, e em que grau, de alguma das partes, ou quais suas relações com qualquer delas, e relatar o que souber, explicando sempre as razões de sua ciência ou as circunstâncias pelas quais possa avaliar-se de sua credibilidade.

- arts. 208 e 342, CP.
- art. 352, CPPM.
- art. 68, Dec.-Lei 3.688/1941 (Lei das Contravenções Penais).

Art. 204. O depoimento será prestado oralmente, não sendo permitido à testemunha trazê-lo por escrito.

- art. 221, § 1º, deste Código.
- art. 300, § 1º, CPPM.

Parágrafo único. Não será vedada à testemunha, entretanto, breve consulta a apontamentos.

Art. 205. Se ocorrer dúvida sobre a identidade da testemunha, o juiz procederá à verificação pelos meios ao seu alcance, podendo, entretanto, tomar-lhe o depoimento desde logo.

- arts. 307 e 342, CP.
- art. 352, § 1º, CPPM.

Art. 206. A testemunha não poderá eximir-se da obrigação de depor. Poderão, entretanto, recusar-se a fazê-lo o ascendente ou descendente, o afim em linha reta, o cônjuge, ainda que desquitado, o irmão e o pai, a mãe, ou o filho adotivo do acusado, salvo quando não for possível, por outro modo, obter-se ou integrar-se a prova do fato e de suas circunstâncias.

- art. 354, CPPM.

Art. 207. São proibidas de depor as pessoas que, em razão de função, ministério, ofício ou profissão, devam guardar segredo, salvo se, desobrigadas pela parte interessada, quiserem dar o seu testemunho.

- art. 214 deste Código.
- art. 229, I, CC/2002.
- art. 154, CP.
- art. 448, NCPC.
- art. 354, CPPM.
- art. 34, VII, Lei 8.906/1994 (EAOAB).

Art. 208. Não se deferirá o compromisso a que alude o art. 203 aos doentes e deficientes mentais e aos menores de 14 (quatorze) anos, nem às pessoas a que se refere o art. 206.

- art. 214 deste Código.
- art. 3º, CC/2002.
- art. 352, § 2º, CPPM.

Art. 209. O juiz, quando julgar necessário, poderá ouvir outras testemunhas, além das indicadas pelas partes.

- art. 356, CPPM.
- art. 8º, 2, f, Pacto de São José da Costa Rica.

§ 1º Se ao juiz parecer conveniente, serão ouvidas as pessoas a que as testemunhas se referirem.

§ 2º Não será computada como testemunha a pessoa que nada souber que interesse à decisão da causa.

Art. 210. As testemunhas serão inquiridas cada uma de per si, de modo que umas não saibam nem ouçam os depoimentos das outras, devendo o juiz adverti-las das penas cominadas ao falso testemunho. (Redação dada pela Lei 11.690/2008.)

- art. 342, CP.
- art. 353, CPPM.

Parágrafo único. Antes do início da audiência e durante a sua realização, serão reservados espaços separados para a garantia da incomunicabilidade das testemunhas. (Incluído pela Lei 11.690/2008.)

Art. 211. Se o juiz, ao pronunciar sentença final, reconhecer que alguma testemunha fez afirmação falsa, calou ou negou a verdade, remeterá cópia do depoimento à autoridade policial para a instauração de inquérito.

- art. 40 deste Código.
- art. 342, CP.
- art. 364, CPPM.
- Súm. 165, STJ.

Parágrafo único. Tendo o depoimento sido prestado em plenário de julgamento, o juiz, no caso de proferir decisão na audiência (art. 538, § 2º), o tribunal (art. 561), ou o conselho de sentença, após a votação dos quesitos, poderão fazer apresentar imediatamente a testemunha à autoridade policial.

- O art. 538, § 2º, foi revogado pela Lei 11.719/2008, e o art. 561, pela Lei 8.658/1993.
- art. 342, CP.

Art. 212. As perguntas serão formuladas pelas partes diretamente à testemunha, não admitindo o juiz aquelas que puderem induzir a resposta, não tiverem relação com a causa ou importarem na repetição de outra já respondida. (Redação dada pela Lei 11.690/2008.)

- arts. 416 e 473, § 1º, deste Código.
- art. 419, CPPM.

Parágrafo único. Sobre os pontos não esclarecidos, o juiz poderá complementar a inquirição. (Incluído pela Lei 11.690/2008.)

Art. 213. O juiz não permitirá que a testemunha manifeste suas apreciações pessoais, salvo quando inseparáveis da narrativa do fato.

- art. 357, CPPM.

Art. 214. Antes de iniciado o depoimento, as partes poderão contraditar a testemunha ou arguir circunstâncias ou defeitos, que a tornem suspeita de parcialidade, ou indigna de fé. O juiz fará consignar a contradita ou arguição e a resposta da testemunha, mas só excluirá a testemunha ou não lhe deferirá compromisso nos casos previstos nos arts. 207 e 208.

- art. 457, NCPC.
- art. 352, § 3º, CPPM.

Art. 215. Na redação do depoimento, o juiz deverá cingir-se, tanto quanto possível, às expressões usadas pelas testemunhas, reproduzindo fielmente as suas frases.

- art. 300, CPPM.

Art. 216. O depoimento da testemunha será reduzido a termo, assinado por ela, pelo juiz e pelas partes. Se a testemunha não souber assinar, ou não puder fazê-lo, pedirá a alguém que o faça por ela, depois de lido na presença de ambos.

- art. 422, CPPM.

Art. 217. Se o juiz verificar que a presença do réu poderá causar humilhação, temor, ou sério constrangimento à testemunha ou ao ofendido, de modo que prejudique a verdade do depoimento, fará a inquirição por videoconferência e, somente na impossibilidade dessa forma, determinará a retirada do réu, prosseguindo na inquirição, com a presença do seu defensor. (Redação dada pela Lei 11.690/2008.)

- arts. 497, VI, e 796 deste Código.
- art. 358, CPPM.

Parágrafo único. A adoção de qualquer das medidas previstas no *caput* deste artigo deverá constar do termo, assim como os motivos que a determinaram. (Incluído pela Lei 11.690/2008.)

Art. 218. Se, regularmente intimada, a testemunha deixar de comparecer sem motivo justificado, o juiz poderá requisitar à autoridade policial a sua apresentação ou determinar seja conduzida por oficial de justiça, que poderá solicitar o auxílio da força pública.

- arts. 201, § 1º; 458; e 461, § 1º, deste Código.
- art. 330, CP.
- art. 347, § 2º, CPPM.

Art. 219. O juiz poderá aplicar à testemunha faltosa a multa prevista no art. 453, sem prejuízo do processo penal por crime de desobediência, e condená-la ao pagamento das custas da diligência. (Redação dada pela Lei 6.416/1977.)

- art. 458 deste Código (a multa é a prevista no art. 436, § 2º, deste Código).
- art. 330, CP.

Art. 220. As pessoas impossibilitadas, por enfermidade ou por velhice, de comparecer para depor, serão inquiridas onde estiverem.

- art. 792, § 2º, deste Código.
- art. 350, b, CPPM.

Art. 221. O Presidente e o Vice-Presidente da República, os senadores e deputados federais, os ministros de Estado, os governadores de Estados e Territórios, os secretários de Estado, os prefeitos do Distrito Federal e dos Municípios, os deputados às Assembleias Legislativas Estaduais, os membros do Poder Judiciário, os ministros e juízes dos Tribunais de Contas da União, dos Estados, do Distrito Federal, bem como os do Tribunal Marítimo serão inquiridos em local, dia e hora previamente ajustados entre eles e o juiz. (Redação dada pela Lei 3.653/1959.)

- art. 350, a, CPPM.

§ 1º O Presidente e o Vice-Presidente da República, os presidentes do Senado Federal, da Câmara dos Deputados e do Supremo Tribunal Federal poderão optar pela prestação de depoimento por escrito, caso em que as perguntas, formuladas pelas partes e deferidas pelo juiz, lhes serão transmitidas por ofício. (Redação dada pela Lei 6.416/1977.)

§ 2º Os militares deverão ser requisitados à autoridade superior. (Redação dada pela Lei 6.416/1977.)

§ 3º Aos funcionários públicos aplicar-se-á o disposto no art. 218, devendo, porém, a expedição do mandado ser imediatamente comunicada ao chefe da repartição em que servirem, com indicação do dia e da hora marcados. (Incluído pela Lei 6.416/1977.)

Art. 222. A testemunha que morar fora da jurisdição do juiz será inquirida pelo juiz do lugar de sua residência, expedindo-se, para esse fim, carta precatória, com prazo razoável, intimadas as partes.

- arts. 359 a 361, CPPM.
- Súm. 155, STF.
- Súm. 273, STJ.

§ 1º A expedição da precatória não suspenderá a instrução criminal.

§ 2º Findo o prazo marcado, poderá realizar-se o julgamento, mas, a todo tempo, a precatória, uma vez devolvida, será junta aos autos.

§ 3º Na hipótese prevista no *caput* deste artigo, a oitiva de testemunha poderá ser realizada por meio de videoconferência ou outro recurso tecnológico de transmissão de sons e imagens em tempo real, permitida a presença do defensor e podendo ser realizada, inclusive, durante a realização da audiência de instrução e julgamento. (Incluído pela Lei 11.900/2009.)

Art. 222-A. As cartas rogatórias só serão expedidas se demonstrada previamente a sua imprescindibilidade, arcando a parte requerente com os custos de envio. (Incluído pela Lei 11.900/2009.)

Parágrafo único. Aplica-se às cartas rogatórias o disposto nos §§ 1º e 2º do art. 222 deste Código. (Incluído pela Lei 11.900/2009.)

Art. 223. Quando a testemunha não conhecer a língua nacional, será nomeado intérprete para traduzir as perguntas e respostas.

- art. 193 deste Código.
- arts. 162 a 164, NCPC.
- art. 298, § 1º, CPPM.

Parágrafo único. Tratando-se de mudo, surdo ou surdo-mudo, proceder-se-á na conformidade do art. 192.

Art. 224. As testemunhas comunicarão ao juiz, dentro de um ano, qualquer mudança de residência, sujeitando-se, pela simples omissão, às penas do não comparecimento.

- art. 362, CPPM.

Art. 225. Se qualquer testemunha houver de ausentar-se, ou, por enfermidade ou por velhice, inspirar receio de que ao tempo da instrução criminal já não exista, o juiz poderá, de ofício ou a requerimento de qualquer das partes, tomar-lhe antecipadamente o depoimento.

- arts. 381 a 383, NCPC.
- art. 363, CPPM.

CAPÍTULO VII
DO RECONHECIMENTO DE PESSOAS E COISAS

Art. 226. Quando houver necessidade de fazer-se o reconhecimento de pessoa, proceder-se-á pela seguinte forma:

- arts. 6º, VI; 400; 411; e 531 deste Código.
- art. 368, CPPM.

I - a pessoa que tiver de fazer o reconhecimento será convidada a descrever a pessoa que deva ser reconhecida;

II - a pessoa, cujo reconhecimento se pretender, será colocada, se possível, ao lado de outras que com ela tiverem qualquer semelhança, convidando-se quem tiver de fazer o reconhecimento a apontá-la;

III - se houver razão para recear que a pessoa chamada para o reconhecimento, por efeito de intimidação ou outra influência, não diga a verdade em face da pessoa que deve ser reconhecida, a autoridade providenciará para que esta não veja aquela;

IV - do ato de reconhecimento lavrar-se-á auto pormenorizado, subscrito pela autoridade, pela pessoa chamada para proceder ao reconhecimento e por duas testemunhas presenciais.

Parágrafo único. O disposto no n. III deste artigo não terá aplicação na fase da instrução criminal ou em plenário de julgamento.

Art. 227. No reconhecimento de objeto, proceder-se-á com as cautelas estabelecidas no artigo anterior, no que for aplicável.

- art. 369, CPPM.

Art. 228. Se várias forem as pessoas chamadas a efetuar o reconhecimento de pessoa ou de objeto, cada uma fará a prova em separado, evitando-se qualquer comunicação entre elas.

- art. 370, CPPM.

CAPÍTULO VIII
DA ACAREAÇÃO

Art. 229. A acareação será admitida entre acusados, entre acusado e testemunha, entre testemunhas, entre acusado ou testemunha e a pessoa ofendida, e entre as pessoas ofendidas, sempre que divergirem, em suas declarações, sobre fatos ou circunstâncias relevantes.

- arts. 6º, VI; 400; 411; e 473, § 3º, deste Código.
- art. 461, NCPC.
- art. 365, CPPM.

Parágrafo único. Os acareados serão reperguntados, para que expliquem os pontos de divergências, reduzindo-se a termo o ato de acareação.

- art. 366, CPPM.

Art. 230. Se ausente alguma testemunha, cujas declarações divirjam das de outra, que esteja presente, a esta se darão a conhecer os pontos da divergência, consignando-se no auto o que explicar ou observar. Se subsistir a discordância, expedir-se-á precatória à autoridade do lugar onde resida a testemunha ausente, transcrevendo-se as declarações desta e as da testemunha presente, nos pontos em que divergirem, bem como o texto do referido auto, a fim de que se complete a diligência, ouvindo-se a testemunha ausente, pela mesma forma estabelecida para a testemunha presente. Esta diligência só se realizará quando não importe demora prejudicial ao processo e o juiz a entenda conveniente.

- art. 222 deste Código.
- art. 367, CPPM.

CAPÍTULO IX
DOS DOCUMENTOS

Art. 231. Salvo os casos expressos em lei, as partes poderão apresentar documentos em qualquer fase do processo.

- art. 479 deste Código.
- arts. 400 e 479, CPPM.

Art. 232. Consideram-se documentos quaisquer escritos, instrumentos ou papéis, públicos ou particulares.

- arts. 109; 212, II; 215; e 219 a 221; CC/2002.
- art. 297, § 2º, CP.
- arts. 405 e ss., NCPC.
- art. 371, CPPM.
- Lei 11.111/2005 (Regulamenta a parte final do disposto no inc. XXXIII, *caput*, art. 5º, CF).

Parágrafo único. À fotografia do documento, devidamente autenticada, se dará o mesmo valor do original.

- art. 237 deste Código
- art. 425, NCPC.

Art. 233. As cartas particulares, interceptadas ou obtidas por meios criminosos, não serão admitidas em juízo.

- art. 5º, LVI, CF.
- art. 157 deste Código.
- arts. 151 e 152, CP.

‣ art. 375, CPPM.

Parágrafo único. As cartas poderão ser exibidas em juízo pelo respectivo destinatário, para a defesa de seu direito, ainda que não haja consentimento do signatário.

‣ art. 376, CPPM.

Art. 234. Se o juiz tiver notícia da existência de documento relativo a ponto relevante da acusação ou da defesa, providenciará, independentemente de requerimento de qualquer das partes, para sua juntada aos autos, se possível.

‣ arts. 156 e 157 deste Código.
‣ art. 396, NCPC.
‣ art. 378, § 1º, CPPM.

Art. 235. A letra e firma dos documentos particulares serão submetidas a exame pericial, quando contestada a sua autenticidade.

‣ art. 174 deste Código.
‣ art. 411, NCPC.
‣ art. 377, CPPM.

Art. 236. Os documentos em língua estrangeira, sem prejuízo de sua juntada imediata, serão, se necessário, traduzidos por tradutor público, ou, na falta, por pessoa idônea nomeada pela autoridade.

‣ arts. 784, § 1º, e 788, V, deste Código.
‣ art. 224, CC/2002.
‣ arts. 342 e 343, CP.
‣ art. 192, p.u., NCPC.
‣ art. 298, § 2º, CPPM.

Art. 237. As públicas-formas só terão valor quando conferidas com o original, em presença da autoridade.

‣ art. 372, CPPM.

Art. 238. Os documentos originais, juntos a processo findo, quando não exista motivo relevante que justifique a sua conservação nos autos, poderão, mediante requerimento, e ouvido o Ministério Público, ser entregues à parte que os produziu, ficando traslado nos autos.

‣ art. 381, CPPM.

CAPÍTULO X
DOS INDÍCIOS

Art. 239. Considera-se indício a circunstância conhecida e provada, que, tendo relação com o fato, autorize, por indução, concluir-se a existência de outra ou outras circunstâncias.

‣ arts. 382 e 383, CPPM.

CAPÍTULO XI
DA BUSCA E DA APREENSÃO

Art. 240. A busca será domiciliar ou pessoal.

‣ art. 5º, XI, CF.
‣ arts. 170 a 172; e 180, CPPM.
‣ art. 11, Pacto de São José da Costa Rica.

§ 1º Proceder-se-á à busca domiciliar, quando fundadas razões a autorizarem, para:

a) prender criminosos;

‣ art. 293 deste Código.

b) apreender coisas achadas ou obtidas por meios criminosos;

‣ art. 169, p.u., II, CP.

c) apreender instrumentos de falsificação ou de contrafação e objetos falsificados ou contrafeitos;

‣ arts. 289 a 311, CP.

d) apreender armas e munições, instrumentos utilizados na prática de crime ou destinados a fim delituoso;

‣ arts. 18; 19; 24; e 25, Dec.-Lei 3.688/1941 (Lei das Contravenções Penais).

e) descobrir objetos necessários à prova de infração ou à defesa do réu;

f) apreender cartas, abertas ou não, destinadas ao acusado ou em seu poder, quando haja suspeita de que o conhecimento do seu conteúdo possa ser útil à elucidação do fato;

g) apreender pessoas vítimas de crimes;

h) colher qualquer elemento de convicção.

§ 2º Proceder-se-á à busca pessoal quando houver fundada suspeita de que alguém oculte consigo arma proibida ou objetos mencionados nas letras *b* a *f* e letra *h* do parágrafo anterior.

Art. 241. Quando a própria autoridade policial ou judiciária não a realizar pessoalmente, a busca domiciliar deverá ser precedida da expedição de mandado.

‣ art. 5º, XI, CF.
‣ art. 150, CP.
‣ art. 177, CPPM.

Art. 242. A busca poderá ser determinada de ofício ou a requerimento de qualquer das partes.

‣ art. 176, CPPM.
‣ art. 11, Pacto de São José da Costa Rica.

Art. 243. O mandado de busca deverá:

‣ art. 178, CPPM.

I - indicar, o mais precisamente possível, a casa em que será realizada a diligência e o nome do respectivo proprietário ou morador; ou, no caso de busca pessoal, o nome da pessoa que terá de sofrê-la ou os sinais que a identifiquem;

II - mencionar o motivo e os fins da diligência;

III - ser subscrito pelo escrivão e assinado pela autoridade que o fizer expedir.

§ 1º Se houver ordem de prisão, constará do próprio texto do mandado de busca.

§ 2º Não será permitida a apreensão de documento em poder do defensor do acusado, salvo quando constituir elemento do corpo de delito.

‣ art. 7º, II, §§ 6º e 7º, Lei 8.906/1994 (EAOAB).

Art. 244. A busca pessoal independerá de mandado, no caso de prisão ou quando houver fundada suspeita de que a pessoa esteja na posse de arma proibida ou de objetos ou papéis que constituam corpo de delito, ou quando a medida for determinada no curso de busca domiciliar.

‣ art. 182, CPPM.
‣ art. 11, Pacto de São José da Costa Rica.

Art. 245. As buscas domiciliares serão executadas de dia, salvo se o morador consentir que se realizem à noite, e, antes de penetrarem na casa, os executores mostrarão e lerão o mandado ao morador, ou a quem o represente, intimando-o, em seguida, a abrir a porta.

‣ art. 5º, XI, CF.
‣ art. 150, § 3º, CP.
‣ art. 212, NCPC.
‣ arts. 175 e 179, CPPM.
‣ art. 11, Pacto de São José da Costa Rica.

§ 1º Se a própria autoridade der a busca, declarará previamente sua qualidade e o objeto da diligência.

§ 2º Em caso de desobediência, será arrombada a porta e forçada a entrada.

‣ art. 330, CP.
‣ art. 11, I a III, Pacto de São José da Costa Rica.

§ 3º Recalcitrando o morador, será permitido o emprego de força contra coisas existentes no interior da casa, para o descobrimento do que se procura.

§ 4º Observar-se-á o disposto nos §§ 2º e 3º, quando ausentes os moradores, devendo, neste caso, ser intimado a assistir à diligência qualquer vizinho, se houver e estiver presente.

§ 5º Se é determinada a pessoa ou coisa que se vai procurar, o morador será intimado a mostrá-la.

§ 6º Descoberta a pessoa ou coisa que se procura, será imediatamente apreendida e posta sob custódia da autoridade ou de seus agentes.

§ 7º Finda a diligência, os executores lavrarão auto circunstanciado, assinando-o com duas testemunhas presenciais, sem prejuízo do disposto no § 4º.

Art. 246. Aplicar-se-á também o disposto no artigo anterior, quando se tiver de proceder a busca em compartimento habitado ou em aposento ocupado de habitação coletiva ou em compartimento não aberto ao público, onde alguém exercer profissão ou atividade.

‣ art. 5º, XI, CF.
‣ art. 150, §§ 4º e 5º, CP.
‣ arts. 173 e 174, CPPM.

Art. 247. Não sendo encontrada a pessoa ou coisa procurada, os motivos da diligência serão comunicados a quem tiver sofrido a busca, se o requerer.

Art. 248. Em casa habitada, a busca será feita de modo que não moleste os moradores mais do que o indispensável para o êxito da diligência.

‣ art. 5º, XI, CF.
‣ art. 150, §§ 4º e 5º, CP.
‣ art. 179, § 3º, CPPM.

Art. 249. A busca em mulher será feita por outra mulher, se não importar retardamento ou prejuízo da diligência.

‣ art. 183, CPPM.

Art. 250. A autoridade ou seus agentes poderão penetrar no território de jurisdição alheia, ainda que de outro Estado, quando, para o fim de apreensão, forem no seguimento de pessoa ou coisa, devendo apresentar-se à competente autoridade local, antes da diligência ou após, conforme a urgência desta.

‣ arts. 22 e 290 deste Código.
‣ arts. 186 e 187, CPPM.

§ 1º Entender-se-á que a autoridade ou seus agentes vão em seguimento da pessoa ou coisa, quando:

a) tendo conhecimento direto de sua remoção ou transporte, a seguirem sem interrupção, embora depois a percam de vista;

b) ainda que não a tenham avistado, mas sabendo, por informações fidedignas ou circunstâncias indiciárias, que está sendo removida ou transportada em determinada direção, forem ao seu encalço.

§ 2º Se as autoridades locais tiverem fundadas razões para duvidar da legitimidade das pessoas que, nas referidas diligências, entrarem pelos seus distritos, ou da legalidade dos mandados que apresentarem, poderão exigir as provas dessa legitimidade, mas de modo que não se frustre a diligência.

TÍTULO VIII
DO JUIZ, DO MINISTÉRIO PÚBLICO, DO ACUSADO E DEFENSOR, DOS ASSISTENTES E AUXILIARES DA JUSTIÇA

CAPÍTULO I
DO JUIZ

Art. 251. Ao juiz incumbirá prover à regularidade do processo e manter a ordem no curso dos respectivos atos, podendo, para tal fim, requisitar a força pública.

‣ arts. 497; 794; e 795 deste Código.
‣ art. 36, CPPM.
‣ arts. 60; 62; e 80, Lei 9.099/1995 (Lei dos Juizados Especiais).
‣ art. 8º, 1, Pacto de São José da Costa Rica.

Art. 252. O juiz não poderá exercer jurisdição no processo em que:

‣ arts. 112; 267; e 564, I, deste Código.
‣ art. 144, NCPC.
‣ art. 37, CPPM.
‣ art. 8º, I, Pacto de São José da Costa Rica.

I - tiver funcionado seu cônjuge ou parente, consanguíneo ou afim, em linha reta ou colateral até o terceiro grau, inclusive, como defensor ou advogado, órgão do Ministério Público, autoridade policial, auxiliar da justiça ou perito;

- arts. 97 e 267 deste Código.

II - ele próprio houver desempenhado qualquer dessas funções ou servido como testemunha;

- art. 112 deste Código.

III - tiver funcionado como juiz de outra instância, pronunciando-se, de fato ou de direito, sobre a questão;

- art. 112 deste Código.
- Súm. 206, STF.

IV - ele próprio ou seu cônjuge ou parente, consanguíneo ou afim em linha reta ou colateral até o terceiro grau, inclusive, for parte ou diretamente interessado no feito.

Art. 253. Nos juízos coletivos, não poderão servir no mesmo processo os juízes que forem entre si parentes, consanguíneos ou afins, em linha reta ou colateral até o terceiro grau, inclusive.

- arts. 112; 448; e 466 deste Código.

Art. 254. O juiz dar-se-á por suspeito, e, se não o fizer, poderá ser recusado por qualquer das partes:

- arts. 97 e 564, I, deste Código.
- art. 145, NCPC.
- art. 38, CPPM.
- art. 8º, I, Pacto de São José da Costa Rica.

I - se for amigo íntimo ou inimigo capital de qualquer deles;

II - se ele, seu cônjuge, ascendente ou descendente, estiver respondendo a processo por fato análogo, sobre cujo caráter criminoso haja controvérsia;

III - se ele, seu cônjuge, ou parente, consanguíneo, ou afim, até o terceiro grau, inclusive, sustentar demanda ou responder a processo que tenha de ser julgado por qualquer das partes;

IV - se tiver aconselhado qualquer das partes;

V - se for credor ou devedor, tutor ou curador, de qualquer das partes;

VI - se for sócio, acionista ou administrador de sociedade interessada no processo.

Art. 255. O impedimento ou suspeição decorrente de parentesco por afinidade cessará pela dissolução do casamento que lhe tiver dado causa, salvo sobrevindo descendentes; mas, ainda que dissolvido o casamento sem descendentes, não funcionará como juiz o sogro, o padrasto, o cunhado, o genro ou enteado de quem for parte no processo.

- art. 40, CPPM.
- art. 2º, p.u., Lei 6.515/1977 (Lei do Divórcio).

Art. 256. A suspeição não poderá ser declarada nem reconhecida, quando a parte injuriar o juiz ou de propósito der motivo para criá-la.

- art. 565 deste Código.
- art. 140, CP.
- art. 41, CPPM.

CAPÍTULO II
DO MINISTÉRIO PÚBLICO

Art. 257. Ao Ministério Público cabe: (Redação dada pela Lei 11.719/2008.)

I - promover, privativamente, a ação penal pública, na forma estabelecida neste Código; e (Incluído pela Lei 11.719/2008.)

- arts. 24; 28; 29; 41; e 46 deste Código.

II - fiscalizar a execução da lei. (Incluído pela Lei 11.719/2008.)

- arts. 127 a 130, CF.
- arts. 42; 45; 48; e 576 deste Código.
- arts. 54 a 59, CPPM.
- Lei 8.625/1993 (Lei Orgânica Nacional do Ministério Público).
- arts. 76 e 89, Lei 9.099/1995 (Lei dos Juizados Especiais).
- arts. 25 e 26, Lei 11.340/2006 (Coíbe a violência doméstica e familiar contra a mulher).

Art. 258. Os órgãos do Ministério Público não funcionarão nos processos em que o juiz ou qualquer das partes for seu cônjuge, ou parente, consanguíneo ou afim, em linha reta ou colateral, até o terceiro grau, inclusive, e a eles se estendem, no que lhes for aplicável, as prescrições relativas à suspeição e aos impedimentos dos juízes.

- arts. 96 a 104; 252 a 256; e 470 deste Código.
- Súm. 234, STJ.

CAPÍTULO III
DO ACUSADO E SEU DEFENSOR

Art. 259. A impossibilidade de identificação do acusado com o seu verdadeiro nome ou outros qualificativos não retardará a ação penal, quando certa a identidade física. A qualquer tempo, no curso do processo, do julgamento ou da execução da sentença, se for descoberta a sua qualificação, far-se-á a retificação, por termo, nos autos, sem prejuízo da validade dos atos precedentes.

- art. 5º, LIII, LIV e LV, CF.
- arts. 6º, VIII, e 41 deste Código.
- arts. 69 e 70, CPPM.

Art. 260. Se o acusado não atender à intimação para o interrogatório, reconhecimento ou qualquer outro ato que, sem ele, não possa ser realizado, a autoridade poderá mandar conduzi-lo à sua presença.

- art. 5º, LXIII, CF.
- arts. 186; 266 a 230; 400; 411; 457; 474; 478; e 531 deste Código.
- arts. 80 e 81, Lei 9.099/1995 (Lei dos Juizados Especiais).
- art. 8º, 2, g, Pacto de São José da Costa Rica.
- Por maioria de votos, o STF declarou que a condução coercitiva de réu ou investigado para interrogatório, constante do artigo 260 do CPP, não foi recepcionada pela CF (ADPFs 395 e 444).

Parágrafo único. O mandado conterá, além da ordem de condução, os requisitos mencionados no art. 352, no que lhe for aplicável.

Art. 261. Nenhum acusado, ainda que ausente ou foragido, será processado ou julgado sem defensor.

- arts. 5º, LV, e 133, CF.
- art. 564, III, c, deste Código.
- art. 71, CPPM.
- arts. 68; 76, § 3º; e 81, Lei 9.099/1995 (Lei dos Juizados Especiais).
- art. 8º, 2, d e e, Pacto de São José da Costa Rica.
- Súm. 523; 707; e 708, STF.

Parágrafo único. A defesa técnica, quando realizada por defensor público ou dativo, será sempre exercida através de manifestação fundamentada. (Incluído pela Lei 10.792/2003).

Art. 262. Ao acusado menor dar-se-á curador.

- art. 5º, CC/2002.
- arts. 15 e 564, III, c, deste Código.
- art. 72, CPPM.
- Súm. 352, STF.

Art. 263. Se o acusado não o tiver, ser-lhe-á nomeado defensor pelo juiz, ressalvado o seu direito de, a todo tempo, nomear outro de sua confiança, ou a si mesmo defender-se, caso tenha habilitação.

- arts. 5º, LV e LXXIV, e 134, CF.
- art. 8º, 2, d e e, Pacto de São José da Costa Rica.

Parágrafo único. O acusado, que não for pobre, será obrigado a pagar os honorários do defensor dativo, arbitrados pelo juiz.

- Lei 1.060/1950 (Lei da Assistência Judiciária).

Art. 264. Salvo motivo relevante, os advogados e solicitadores serão obrigados, sob pena de multa de cem a quinhentos mil-réis, a prestar seu patrocínio aos acusados, quando nomeados pelo Juiz.

- art. 49, CP.
- art. 14, Lei 1.060/1950 (Lei de Assistência Judiciária).

Art. 265. O defensor não poderá abandonar o processo senão por motivo imperioso, comunicado previamente o juiz, sob pena de multa de 10 (dez) a 100 (cem) salários-mínimos, sem prejuízo das demais sanções cabíveis. (Redação dada pela Lei 11.719/2008.)

- art. 403 deste Código.

§ 1º A audiência poderá ser adiada se, por motivo justificado, o defensor não puder comparecer. (Incluído pela Lei 11.719/2008.)

- art. 456 deste Código.

§ 2º Incumbe ao defensor provar o impedimento até a abertura da audiência. Não o fazendo, o juiz não determinará o adiamento de ato algum do processo, devendo nomear defensor substituto, ainda que provisoriamente ou só para o efeito do ato. (Incluído pela Lei 11.719/2008.)

Art. 266. A constituição de defensor independerá de instrumento de mandato, se o acusado o indicar por ocasião do interrogatório.

- arts. 185 e 306, § 1º, deste Código.

Art. 267. Nos termos do art. 252, não funcionarão como defensores os parentes do juiz.

- art. 76, CPPM.

CAPÍTULO IV
DOS ASSISTENTES

Art. 268. Em todos os termos da ação pública, poderá intervir, como assistente do Ministério Público, o ofendido ou seu representante legal, ou, na falta, qualquer das pessoas mencionadas no Art. 31.

- arts. 201, § 2º; 391; 416; 584; e 598 deste Código.
- art. 60, CPPM.
- art. 26, p.u., Lei 7.492/1986 (Define os crimes contra o sistema financeiro nacional).
- Súm. 208; 210; e 448, STF.

Art. 269. O assistente será admitido enquanto não passar em julgado a sentença e receberá a causa no estado em que se achar.

- arts. 430 e 598 deste Código.
- art. 62, CPPM.

Art. 270. O corréu no mesmo processo não poderá intervir como assistente do Ministério Público.

- art. 77, I, deste Código.
- art. 29, CP.
- art. 64, CPPM.

Art. 271. Ao assistente será permitido propor meios de prova, requerer perguntas às testemunhas, aditar o libelo e os articulados, participar do debate oral e arrazoar os recursos interpostos pelo Ministério Público, ou por ele próprio, nos casos dos arts. 584, § 1º, e 598.

- art. 577 deste Código.
- art. 65, CPPM.
- Súm. 208; 210; e 448, STF.

§ 1º O juiz, ouvido o Ministério Público, decidirá acerca da realização das provas propostas pelo assistente.

§ 2º O processo prosseguirá independentemente de nova intimação do assistente, quando este, intimado, deixar de comparecer a qualquer dos atos da instrução ou do julgamento, sem motivo de força maior devidamente comprovado.

- art. 457 deste Código.

Art. 272. O Ministério Público será ouvido previamente sobre a admissão do assistente.

- art. 61, CPPM.

Art. 273. Do despacho que admitir, ou não, o assistente, não caberá recurso, devendo, entretanto, constar dos autos o pedido e a decisão.

- art. 65, § 2º, CPPM.

CAPÍTULO V
DOS FUNCIONÁRIOS DA JUSTIÇA

Art. 274. As prescrições sobre suspeição dos juízes estendem-se aos serventuários e funcionários da justiça, no que lhes for aplicável.

- arts. 105; 252; e 254 a 256 deste Código.
- arts. 42 a 46, CPPM.

CAPÍTULO VI
DOS PERITOS E INTÉRPRETES

Art. 275. O perito, ainda quando não oficial, estará sujeito à disciplina judiciária.

- arts. 105 e 159 deste Código.
- arts. 342 e 343, CP.
- Lei 12.030/2009 (Lei das Perícias Oficiais Criminais).
- art. 8º, 2, f, Pacto de São José da Costa Rica.

Art. 276. As partes não intervirão na nomeação do perito.

- art. 177 deste Código.
- art. 47, CPPM.
- Súm. 361, STF.

Art. 277. O perito nomeado pela autoridade será obrigado a aceitar o encargo, sob pena de multa de cem a quinhentos mil-réis, salvo escusa atendível.

- art. 112 deste Código.
- arts. 49 e 50, CPPM.

Parágrafo único. Incorrerá na mesma multa o perito que, sem justa causa, provada imediatamente:

a) deixar de acudir à intimação ou ao chamado da autoridade;

- arts. 370 a 372 deste Código.

b) não comparecer no dia e local designados para o exame;

c) não der o laudo, ou concorrer para que a perícia não seja feita, nos prazos estabelecidos.

Art. 278. No caso de não comparecimento do perito, sem justa causa, a autoridade poderá determinar a sua condução.

- arts. 159, § 5º, I; 400, § 2º; 411, § 1º; 473, § 3º; e 531 deste Código.
- art. 51, CPPM.
- art. 8º, 2, f, Pacto de São José da Costa Rica.

Art. 279. Não poderão ser peritos:

- art. 5º, *caput*, CC/2002.
- art. 52, CPPM.

I - os que estiverem sujeitos à interdição de direito mencionada nos n. I e IV do art. 69 do Código Penal;

- art. 47, I e II, deste Código.

II - os que tiverem prestado depoimento no processo ou opinado anteriormente sobre o objeto da perícia;

- Súm. 361, STF.

III - os analfabetos e os menores de 21 anos.

- art. 4º, I, CC/2002.

Art. 280. É extensivo aos peritos, no que lhes for aplicável, o disposto sobre suspeição dos juízes.

- arts. 105; 252; e 254 a 256 deste Código.
- art. 53, CPPM.

Art. 281. Os intérpretes são, para todos os efeitos, equiparados aos peritos.

- Art. 8º, 2, a, Pacto de São José da Costa Rica.

TÍTULO IX
DA PRISÃO, DAS MEDIDAS CAUTELARES E DA LIBERDADE PROVISÓRIA

CAPÍTULO I
DISPOSIÇÕES GERAIS

- (Redação dada pela Lei 12.403/2011.)
- art. 413, § 3º, deste Código.

Art. 282. As medidas cautelares previstas neste Título deverão ser aplicadas observando-se a: (Redação dada pela Lei 12.403/2011).

- arts. 5º, LXI a LXVII; 136, § 3º, I a IV; e 139, II, CF.
- arts. 300; 306; 310 a 316; 387, p.u.; e 413, §§ 2º e 3º deste Código.
- art. 221, CPPM.
- art. 2º, § 4º, Lei 8.072/1990 (Dispõe sobre os crimes hediondos).
- Lei 7.960/1989 (Dispõe sobre prisão temporária).
- arts. 7º, 2 a 7, e 11, 1 a 3, Pacto de São José da Costa Rica.

I - necessidade para aplicação da lei penal, para a investigação ou a instrução criminal e, nos casos expressamente previstos, para evitar a prática de infrações penais; (Incluído pela Lei 12.403/2011.)

- arts. 1º a 12, CP.

II - adequação da medida à gravidade do crime, circunstâncias do fato e condições pessoais do indiciado ou acusado. (Incluído pela Lei 12.403/2011.)

§ 1º As medidas cautelares poderão ser aplicadas isolada ou cumulativamente. (Incluído pela Lei 12.403/2011.)

§ 2º As medidas cautelares serão decretadas pelo juiz a requerimento das partes ou, quando no curso da investigação criminal, por representação da autoridade policial ou mediante requerimento do Ministério Público. (Redação dada pela Lei 13.964/2019)

§ 3º Ressalvados os casos de urgência ou de perigo de ineficácia da medida, o juiz, ao receber o pedido de medida cautelar, determinará a intimação da parte contrária, para se manifestar no prazo de 5 (cinco) dias, acompanhada de cópia do requerimento e das peças necessárias, permanecendo os autos em juízo, e os casos de urgência ou de perigo deverão ser justificados e fundamentados em decisão que contenha elementos do caso concreto que justifiquem essa medida excepcional. (Redação dada pela Lei 13.964/2019)

§ 4º No caso de descumprimento de qualquer das obrigações impostas, o juiz, mediante requerimento do Ministério Público, de seu assistente ou do querelante, poderá substituir a medida, impor outra em cumulação, ou, em último caso, decretar a prisão preventiva, nos termos do parágrafo único do art. 312 deste Código. (Redação dada pela Lei 13.964/2019)

§ 5º O juiz poderá, de ofício ou a pedido das partes, revogar a medida cautelar ou substituí-la quando verificar a falta de motivo para que subsista, bem como voltar a decretá-la, se sobrevierem razões que a justifiquem. (Redação dada pela Lei 13.964/2019)

§ 6º A prisão preventiva somente será determinada quando não for cabível a sua substituição por outra medida cautelar, observado o art. 319 deste Código, e o não cabimento da substituição por outra medida cautelar deverá ser justificado de forma fundamentada nos elementos presentes do caso concreto, de forma individualizada. (Redação dada pela Lei 13.964/2019)

Art. 283. Ninguém poderá ser preso senão em flagrante delito ou por ordem escrita e fundamentada da autoridade judiciária competente, em decorrência de prisão cautelar ou em virtude de condenação criminal transitada em julgado. (Redação dada pela Lei 13.964/2019)

- art. 5º, LXI a LXVII, CF.
- arts. 306; e 310 a 316 deste Código.
- art. 221, CPPM.
- art. 236, CE.

§ 1º As medidas cautelares previstas neste Título não se aplicam à infração a que não for isolada, cumulativa ou alternativamente cominada pena privativa de liberdade. (Incluído pela Lei 12.403/2011.)

§ 2º A prisão poderá ser efetuada em qualquer dia e a qualquer hora, respeitadas as restrições relativas à inviolabilidade do domicílio. (Incluído pela Lei 12.403/2011.)

- art. 5º, XI, CF.
- art. 236, CE.
- art. 150, CP.
- art. 226, CPPM.

Art. 284. Não será permitido o emprego de força, salvo a indispensável no caso de resistência ou de tentativa de fuga do preso.

- arts. 322; 329; 330; e 352, CP.
- art. 234, CPPM.
- art. 199, Lei 7.210/1984 (Lei de Execuções Penais).
- Súm. Vinc. 11, STF.

Art. 285. A autoridade que ordenar a prisão fará expedir o respectivo mandado.

- art. 5º, LXI, CF.
- art. 225, CPPM.

Parágrafo único. O mandado de prisão:

- IN 1/2010, CNJ (Dispõe sobre a indicação da condição de possível foragido ou estadia no exterior quando da expedição de mandado de prisão em face de pessoa condenada, com sentença de pronúncia ou prisão preventiva decretada no país).

a) será lavrado pelo escrivão e assinado pela autoridade;

- arts. 564, IV e 572, II, deste Código.

b) designará a pessoa, que tiver de ser presa, por seu nome, alcunha ou sinais característicos;

c) mencionará a infração penal que motivar a prisão;

- art. 7º, 4, Pacto de São José da Costa Rica.

d) declarará o valor da fiança arbitrada, quando afiançável a infração;

- arts. 322 a 350 deste Código.

e) será dirigido a quem tiver qualidade para dar-lhe execução.

Art. 286. O mandado será passado em duplicata, e o executor entregará ao preso, logo depois da prisão, um dos exemplares com declaração do dia, hora e lugar da diligência. Da entrega deverá o preso passar recibo no outro exemplar; se recusar, não souber ou não puder escrever, o fato será mencionado em declaração, assinada por duas testemunhas.

- art. 225, CPPM.

Art. 287. Se a infração for inafiançável, a falta de exibição do mandado não obstará a prisão, e o preso, em tal caso, será imediatamente apresentado ao juiz que tiver expedido o mandado, para a realização de audiência de custódia. (Redação dada pela Lei 13.964/2019)

- arts. 323 e 324 deste Código.

Art. 288. Ninguém será recolhido à prisão, sem que seja exibido o mandado ao respectivo diretor ou carcereiro, a quem será entregue cópia assinada pelo executor ou apresentada a guia expedida pela autoridade competente, devendo ser passado recibo da entrega do preso, com declaração de dia e hora.

- art. 237, CPPM.
- art. 107, Lei 7.210/1984 (Lei de Execuções Penais).

Parágrafo único. O recibo poderá ser passado no próprio exemplar do mandado, se este for o documento exibido.

Art. 289. Quando o acusado estiver no território nacional, fora da jurisdição do juiz processante, será deprecada a sua prisão, devendo constar da precatória o inteiro teor do mandado. (Redação dada pela Lei 12.403/2011.)

- arts. 298; 354; e 665, p.u., deste Código.
- art. 228, CPPM.

§ 1º Havendo urgência, o juiz poderá requisitar a prisão por qualquer meio de comunicação, do qual deverá constar o motivo da prisão, bem como o valor da fiança se arbitrada. (Incluído pela Lei 12.403/2011.)

§ 2º A autoridade a quem se fizer a requisição tomará as precauções necessárias para averiguar a autenticidade da comunicação. (Incluído pela Lei 12.403/2011.)

§ 3º O juiz processante deverá providenciar a remoção do preso no prazo máximo de 30 (trinta) dias, contados da efetivação da medida. (Incluído pela Lei 12.403/2011.)

Art. 289-A. O juiz competente providenciará o imediato registro do mandado de prisão em banco de dados mantido pelo Conselho Nacional de Justiça para essa finalidade. (Incluído pela Lei 12.403/2011.)

- art. 103-B, CF.

§ 1º Qualquer agente policial poderá efetuar a prisão determinada no mandado de prisão registrado no Conselho Nacional de Justiça, ainda que fora da competência territorial do juiz que o expediu. (Incluído pela Lei 12.403/2011.)

§ 2º Qualquer agente policial poderá efetuar a prisão decretada, ainda que sem registro no Conselho Nacional de Justiça, adotando as precauções necessárias para averiguar a autenticidade do mandado e comunicando ao juiz que a decretou, devendo este providenciar, em seguida, o registro do mandado na forma do *caput* deste artigo. (Incluído pela Lei 12.403/2011.)

§ 3º A prisão será imediatamente comunicada ao juiz do local de cumprimento da medida o qual providenciará a certidão extraída do registro do Conselho Nacional de Justiça e informará ao juízo que a decretou. (Incluído pela Lei 12.403/2011.)

§ 4º O preso será informado de seus direitos, nos termos do inciso LXIII do art. 5º da Constituição Federal e, caso o autuado não informe o nome de seu advogado, será comunicado à Defensoria Pública. (Incluído pela Lei 12.403/2011.)

§ 5º Havendo dúvidas das autoridades locais sobre a legitimidade da pessoa do executor ou sobre a identidade do preso, aplica-se o disposto no § 2º do art. 290 deste Código. (Incluído pela Lei 12.403/2011).

§ 6º O Conselho Nacional de Justiça regulamentará o registro do mandado de prisão a que se refere o *caput* deste artigo. (Incluído pela Lei 12.403/2011).

Art. 290. Se o réu, sendo perseguido, passar ao território de outro município ou comarca, o executor poderá efetuar-lhe a prisão no lugar onde o alcançar, apresentando-o imediatamente à autoridade local, que, depois de lavrado, se for o caso, o auto de flagrante, providenciará para a remoção do preso.

- arts. 4º, *caput*; 250; 304, § 1º; e 308 deste Código.
- art. 235, CPPM.

§ 1º Entender-se-á que o executor vai em perseguição do réu, quando:

a) tendo-o avistado, for perseguindo-o sem interrupção, embora depois o tenha perdido de vista;

b) sabendo, por indícios ou informações fidedignas, que o réu tenha passado, há pouco tempo, em tal ou qual direção, pelo lugar em que o procure, for no seu encalço.

§ 2º Quando as autoridades locais tiverem fundadas razões para duvidar da legitimidade da pessoa do executor ou da legalidade do mandado que apresentar, poderão pôr em custódia o réu, até que fique esclarecida a dúvida.

- art. 289-A, § 5º, deste Código.

Art. 291. A prisão em virtude de mandado entender-se-á feita desde que o executor, fazendo-se conhecer do réu, lhe apresente o mandado e o intime a acompanhá-lo.

Art. 292. Se houver, ainda que por parte de terceiros, resistência à prisão em flagrante ou à determinada por autoridade competente, o executor e as pessoas que o auxiliarem poderão usar dos meios necessários para defender-se ou para vencer a resistência, do que tudo se lavrará auto subscrito também por duas testemunhas.

- art. 284 deste Código.
- arts. 23, III; 329 a 331; e 352, CP.
- art. 234, CPPM.
- art. 199, Lei 7.210/1984 (Lei de Execuções Penais).

Parágrafo único. É vedado o uso de algemas em mulheres grávidas durante os atos médico-hospitalares preparatórios para a realização do parto e durante o trabalho de parto, bem como em mulheres durante o período de puerpério imediato. (Acrescentado pela Lei 13.434/2017.)

Art. 293. Se o executor do mandado verificar, com segurança, que o réu entrou ou se encontra em alguma casa, o morador será intimado a entregá-lo, à vista da ordem de prisão. Se não for obedecido imediatamente, o executor convocará duas testemunhas e, sendo dia, entrará à força na casa, arrombando as portas, se preciso; sendo noite, o executor, depois da intimação ao morador, se não for atendido, fará guardar todas as saídas, tornando a casa incomunicável, e, logo que amanheça, arrombará as portas e efetuará a prisão.

- art. 5º, XI e LXI, CF.
- arts. 240, § 1º, a; 245, § 4º; e 283 deste Código.
- art. 150, *caput*, CP.
- arts. 231 e 232, CPPM.
- art. 11, 1 a 3, Pacto de São José da Costa Rica.

Parágrafo único. O morador que se recusar a entregar o réu oculto em sua casa será levado à presença da autoridade, para que se proceda contra ele como for de direito.

- art. 348, CP.

Art. 294. No caso de prisão em flagrante, observar-se-á o disposto no artigo anterior, no que for aplicável.

- art. 233, CPPM.

Art. 295. Serão recolhidos a quartéis ou a prisão especial, à disposição da autoridade competente, quando sujeitos a prisão antes de condenação definitiva:

- art. 242, CPPM.
- art. 112, § 2º, LC 35/1979 (Lei Orgânica da Magistratura Federal).
- Súm. 717, STF.
- Lei 799/1949 (Modifica o art. 295 deste Código).
- Lei 2.860/1956 (Estabelece prisão especial para os dirigentes de entidades sindicais e para o empregado do exercício de representação profissional ou no cargo de administração sindical).
- Lei 3.313/1957 (Assegura aos servidores do Departamento Federal de Segurança Pública, com exercício de atividade estritamente policial, prisão especial, aposentadoria aos 25 anos de serviço e promoção post mortem).
- Lei 3.988/1961 (Estende aos pilotos de aeronaves mercantes nacionais a regalia da prisão especial).
- Lei 5.256/1967 (Lei da Prisão Especial).
- Lei 5.350/1967 (Estende o regime de prisão especial aos funcionários da Polícia Civil dos Estados e Territórios Federais, ocupantes de cargos de atividade policial).
- Lei 7.172/1983 (Outorga a regalia da prisão especial aos professores do ensino de 1º e 2º graus).

I - os ministros de Estado;

II - os governadores ou interventores de Estados ou Territórios, o prefeito do Distrito Federal, seus respectivos secretários, os prefeitos municipais, os vereadores e os chefes de Polícia; (Redação dada pela Lei 3.181/1957.)

III - os membros do Parlamento Nacional, do Conselho de Economia Nacional e das Assembleias Legislativas dos Estados;

- art. 53, §§ 1º e 2º, CF.

IV - os cidadãos inscritos no "Livro de Mérito";

V - os oficiais das Forças Armadas e os militares dos Estados, do Distrito Federal e dos Territórios; (Redação dada pela Lei 10.258/2001.)

VI - os magistrados;

VII - os diplomados por qualquer das faculdades superiores da República;

VIII - os ministros de confissão religiosa;

IX - os ministros do Tribunal de Contas;

X - os cidadãos que já tiverem exercido efetivamente a função de jurado, salvo quando excluídos da lista por motivo de incapacidade para o exercício daquela função;

- art. 439 deste Código.

XI - os delegados de polícia e os guardas-civis dos Estados e Territórios, ativos e inativos. (Redação dada pela Lei 5.126/1966.)

§ 1º A prisão especial, prevista neste Código ou em outras leis, consiste exclusivamente no recolhimento em local distinto da prisão comum. (Incluído pela Lei 10.258/2001.)

§ 2º Não havendo estabelecimento específico para o preso especial, este será recolhido em cela distinta do mesmo estabelecimento. (Incluído pela Lei 10.258/2001.)

§ 3º A cela especial poderá consistir em alojamento coletivo, atendidos os requisitos de salubridade do ambiente, pela concorrência dos fatores de aeração, insolação e condicionamento térmico adequados à existência humana. (Incluído pela Lei 10.258/2001.)

§ 4º O preso especial não será transportado juntamente com o preso comum. (Incluído pela Lei 10.258/2001.)

§ 5º Os demais direitos e deveres do preso especial serão os mesmos do preso comum. (Incluído pela Lei 10.258/2001.)

Art. 296. Os inferiores e praças de pré, onde for possível, serão recolhidos à prisão, em estabelecimentos militares, de acordo com os respectivos regulamentos.

- arts. 239 e 242, p.u., CPPM.

Art. 297. Para o cumprimento de mandado expedido pela autoridade judiciária, a autoridade policial poderá expedir tantos outros quantos necessários às diligências, devendo neles ser fielmente reproduzido o teor do mandado original.

- art. 13, III, deste Código.
- art. 227, CPPM.

Art. 298. (Revogado pela Lei 12.403/2011.)

- art. 4º, *caput*, deste Código.

Art. 299. A captura poderá ser requisitada, à vista de mandado judicial, por qualquer meio de comunicação, tomadas pela autoridade, a quem se fizer a requisição, as precauções necessárias para averiguar a autenticidade desta. (Redação dada pela Lei 12.403/2011.)

- arts. 323 e 324 deste Código.

Art. 300. As pessoas presas provisoriamente ficarão separadas das que já estiverem definitivamente condenadas, nos termos da Lei de Execução Penal. (Redação dada pela Lei 12.403/2011.)

- art. 239, CPPM.
- art. 84, Lei 7.210/1984 (Lei de Execuções Penais).

Parágrafo único. O militar preso em flagrante delito, após a lavratura dos procedimentos legais, será recolhido a quartel da instituição a que pertencer, onde ficará preso à disposição das autoridades competentes. (Incluído pela Lei 12.403/2011.)

CAPÍTULO II
DA PRISÃO EM FLAGRANTE

Art. 301. Qualquer do povo poderá e as autoridades policiais e seus agentes deverão prender quem quer que seja encontrado em flagrante delito.

- arts. 5º, LXI a LXVI; 86, § 3º; 27, § 1º; 32, § 3º; e 53, § 2º, CF.
- arts. 5º, §§ 4º e 5º, e 317 deste Código.
- arts. 13, § 2º, a, e 42, CP.
- art. 243, CPPM.
- art. 301, CTB.
- art. 172, *caput*, Lei 8.069/1990 (ECA).
- art. 33, II, LC 35/1979 (Lei Orgânica da Magistratura Nacional).
- art. 18, II, d, LC 75/1993 (Dispõe sobre a organização, as atribuições e o estatuto do Ministério Público da União).
- art. 40, III, Lei 8.625/1993 (Lei Orgânica Nacional do Ministério Público).
- art. 7º, § 3º, Lei 8.906/1994 (EAOAB).
- art. 69, p.u., Lei 9.099/1995 (Lei dos Juizados Especiais).
- Súm. 145 e 397, STF.

Art. 302. Considera-se em flagrante delito quem:

- art. 244, CPPM.

I - está cometendo a infração penal;
II - acaba de cometê-la;
III - é perseguido, logo após, pela autoridade, pelo ofendido ou por qualquer pessoa, em situação que faça presumir ser autor da infração;

- art. 290, § 1º, deste Código.
- Lei 12.850/2013 (Organização criminosa).
- art. 53, II, p.u., Lei 11.343/2006 (Lei Antidrogas).

IV - é encontrado, logo depois, com instrumentos, armas, objetos ou papéis que façam presumir ser ele autor da infração.

Art. 303. Nas infrações permanentes, entende-se o agente em flagrante delito enquanto não cessar a permanência.

- art. 71 deste Código.
- arts. 148; 149; e 159, CP.
- art. 244, p.u., CPPM.

Art. 304. Apresentado o preso à autoridade competente, ouvirá esta o condutor e colherá, desde logo, sua assinatura, entregando a este cópia do termo e recibo de entrega do preso. Em seguida, procederá à oitiva das testemunhas que o acompanharem e ao interrogatório do acusado sobre a imputação que lhe é feita, colhendo, após cada oitiva suas respectivas assinaturas, lavrando, a autoridade, afinal, o auto. (Redação dada pela Lei 11.113/2005.)

- art. 5º, LXII a LXIV, CF.
- arts. 4º, *caput*; 6º, V; 185 a 196; 290, *caput*; 307; 308; 564, IV; e 572 deste Código.
- arts. 245 e 246, CPPM.
- art. 69, Lei 9.099/1995 (Lei dos JECs).
- art. 8º, 2, d e g, e 3, Pacto de São José da Costa Rica.

§ 1º Resultando das respostas fundada a suspeita contra o conduzido, a autoridade mandará recolhê-lo à prisão, exceto no caso de livrar-se solto ou de prestar fiança, e prosseguirá nos atos do inquérito ou processo, se para isso for competente; se não o for, enviará os autos à autoridade que o seja.

- arts. 4º, *caput*; 290, *caput*; 308; 309; e 321 a 324 deste Código.

§ 2º A falta de testemunhas da infração não impedirá o auto de prisão em flagrante; mas, nesse caso, com o condutor, deverão assiná-lo pelo menos duas pessoas que hajam testemunhado a apresentação do preso à autoridade.

§ 3º Quando o acusado se recusar a assinar, não souber ou não puder fazê-lo, o auto de prisão em flagrante será assinado por duas testemunhas, que tenham ouvido sua leitura na presença deste. (Redação dada pela Lei 11.113/2005.)

§ 4º Da lavratura do auto de prisão em flagrante deverá constar a informação sobre a existência de filhos, respectivas idades e se possuem alguma deficiência e o nome e o contato de eventual responsável pelos cuidados dos filhos, indicado pela pessoa presa. (Acrescentado pela Lei 13.257/2016.)

Art. 305. Na falta ou no impedimento do escrivão, qualquer pessoa designada pela autoridade lavrará o auto, depois de prestado o compromisso legal.

- art. 245, § 5º, CPPM.

Art. 306. A prisão de qualquer pessoa e o local onde se encontre serão comunicados imediatamente ao juiz competente, ao Ministério Público e à família do preso ou à pessoa por ele indicada. (Redação dada pela Lei 12.403/2011.)

- art. 5º, LXII, LXIV, LXV e LXVI, CF.
- art. 648, II, deste Código.
- LC 80/1994 (Defensoria Pública).
- art. 7º, 6, Pacto de São José da Costa Rica.

§ 1º Em até 24 (vinte e quatro) horas após a realização da prisão, será encaminhado ao juiz competente o auto de prisão em flagrante e, caso o autuado não informe o nome de seu advogado, cópia integral para a Defensoria Pública. (Redação dada pela Lei 12.403/2011.)

§ 2º No mesmo prazo, será entregue ao preso, mediante recibo, a nota de culpa, assinada pela autoridade, com o motivo da prisão, o nome do condutor e os das testemunhas. (Redação dada pela Lei 12.403/2011.)

- art. 5º, LXIV, CF.
- art. 648, II, deste Código.
- art. 247, CPPM.
- art. 7º, 4, Pacto de São José da Costa Rica.

Art. 307. Quando o fato for praticado em presença da autoridade, ou contra esta, no exercício de suas funções, constarão do auto a narração deste fato, a voz de prisão, as declarações que fizer o preso e os depoimentos das testemunhas, sendo tudo assinado pela autoridade, pelo preso e pelas testemunhas e remetido imediatamente ao juiz a quem couber tomar conhecimento do fato delituoso, se não o for a autoridade que houver presidido o auto.

- art. 252, II, deste Código.
- art. 249, CPPM.
- Súm. 307, STF.

Art. 308. Não havendo autoridade no lugar em que se tiver efetuado a prisão, o preso será logo apresentado à do lugar mais próximo.

- art. 250, CPPM.
- art. 231, Lei 8.069/1990 (ECA).

Art. 309. Se o réu se livrar solto, deverá ser posto em liberdade, depois de lavrado o auto de prisão em flagrante.

- art. 5º, LXV e LXVI, CF.
- art. 321 deste Código.

Art. 310. Após receber o auto de prisão em flagrante, no prazo máximo de até 24 (vinte e quatro) horas após a realização da prisão, o juiz deverá promover audiência de custódia com a presença do acusado, seu advogado constituído ou membro da Defensoria Pública e o membro do Ministério Público, e, nessa audiência, o juiz deverá, fundamentadamente: (Redação dada pela Lei 13.964/2019)

I - relaxar a prisão ilegal; ou (Incluído pela Lei nº 12.403, de 2011).
II - converter a prisão em flagrante em preventiva, quando presentes os requisitos constantes do art. 312 deste Código, e se revelarem inadequadas ou insuficientes as medidas cautelares diversas da prisão; ou (Incluído pela Lei nº 12.403, de 2011).
III - conceder liberdade provisória, com ou sem fiança. (Incluído pela Lei nº 12.403, de 2011).

§ 1º Se o juiz verificar, pelo auto de prisão em flagrante, que o agente praticou o fato em qualquer das condições constantes dos incisos I, II ou III do *caput* do art. 23 do Decreto-Lei nº 2.848, de 7 de dezembro de 1940 (Código Penal), poderá, fundamentadamente, conceder ao acusado liberdade provisória, mediante termo de comparecimento obrigatório a todos os atos processuais, sob pena de revogação. (Incluído pela Lei 13.964/2019)

§ 2º Se o juiz verificar que o agente é reincidente ou que integra organização criminosa armada ou milícia, ou que porta arma de fogo de uso restrito, deverá denegar a liberdade provisória, com ou sem medidas cautelares. (Incluído pela Lei 13.964/2019)

§ 3º A autoridade que deu causa, sem motivação idônea, à não realização da audiência de custódia no prazo estabelecido no *caput* deste artigo responderá administrativa, civil e penalmente pela omissão. (Incluído pela Lei 13.964/2019)

§ 4º Transcorridas 24 (vinte e quatro) horas após o decurso do prazo estabelecido no *caput* deste artigo, a não realização de audiência de custódia sem motivação idônea ensejará também a ilegalidade da prisão, a ser relaxada pela autoridade competente, sem prejuízo da possibilidade de imediata decretação de prisão preventiva. (Incluído pela Lei 13.964/2019)

CAPÍTULO III
DA PRISÃO PREVENTIVA

- Redação dada pela Lei 5.349/1967.

Art. 311. Em qualquer fase da investigação policial ou do processo penal, caberá a prisão preventiva decretada pelo juiz, a requerimento do Ministério Público, do querelante ou do assistente, ou por representação da autoridade policial. (Redação dada pela Lei 13.964/2019)

- art. 5º, LXI e LXII, CF.
- arts. 13, IV; 317; 387, p.u.; 413, § 3º; 581, V; e 648, I, deste Código.
- art. 42, CP.
- art. 254, CPPM.
- art. 2º, Dec.-Lei 3.931/1941 (Lei de Introdução ao CPP).
- Lei 7.960/1989 (Dispõe sobre prisão temporária).
- art. 20, Lei 11.340/2006 (Coíbe a violência doméstica e familiar contra a mulher).
- art. 7º, 2, Pacto de São José da Costa Rica.
- Súm. 21, 52 e 64, STJ.

Art. 312. A prisão preventiva poderá ser decretada como garantia da ordem pública, da ordem econômica, por conveniência da instrução criminal ou para assegurar a aplicação da lei penal, quando houver prova da existência do crime e indício suficiente de autoria e de perigo gerado pelo estado de liberdade do imputado. (Redação dada pela Lei 13.964/2019)

- art. 86, § 3º, CF.
- art. 324, IV, deste Código.
- art. 255, CPPM.
- art. 99, VII, Lei 11.101/2005 (Lei de Recuperação de Empresas e Falência).

- arts. 29 a 31, Lei 7.492/1986 (Crimes contra o sistema financeiro nacional).
- arts. 4º; 6º; e 7º, Lei 8.137/1990 (Crimes contra a ordem tributária, econômica e relações de consumo).
- art. 2º, II, Lei 8.072/1990 (Crimes hediondos).
- art. 1º, Lei 8.176/1991 (Crimes contra a ordem econômica).
- Lei 12.850/2013 (Dispõe sobre organização criminosa e dispõe sobre a investigação criminal, os meios de obtenção da prova, infrações penais correlatas e o procedimento criminal; altera o CP e revoga a Lei 9.034/1995).
- art. 1º, § 6º, Lei 9.455/1997 (Define os crimes de tortura).
- art. 3º, Lei 9.613/1998 (Dispõe sobre os crimes de "lavagem" ou ocultação de bens, direitos e valores).
- art. 21, Lei 10.826/2003 (Estatuto do Desarmamento).
- art. 44, *caput*, Lei 11.343/2006 (Lei Antidrogas).
- Lei 12.847/2013 (Institui o Sistema Nacional de Prevenção e Combate à Tortura; cria o Comitê Nacional de Prevenção e Combate à Tortura e o Mecanismo Nacional de Prevenção e Combate à Tortura).
- Dec. 6.085/2007 (Promulga o Protocolo Facultativo à Convenção contra a Tortura e Outros Tratamentos ou Penas Cruéis, Desumanos ou Degradantes, adotado em 18.12.2002).
- Dec. 8.154/2013 (Regulamenta o funcionamento do SNPCT, a composição e o funcionamento do CNPCT e dispõe sobre o MNPCT).

§ 1º A prisão preventiva também poderá ser decretada em caso de descumprimento de qualquer das obrigações impostas por força de outras medidas cautelares (art. 282, § 4º). (Incluído pela Lei 12.403/2011.)

§ 2º A decisão que decretar a prisão preventiva deve ser motivada e fundamentada em receio de perigo e existência concreta de fatos novos ou contemporâneos que justifiquem a aplicação da medida adotada. (Incluído pela Lei 13.964/2019)

Art. 313. Nos termos do art. 312 deste Código, será admitida a decretação da prisão preventiva: (Redação dada pela Lei 12.403/2011.)

I - nos crimes dolosos punidos com pena privativa de liberdade máxima superior a 4 (quatro) anos; (Redação dada pela Lei 12.403/2011.)

II - se tiver sido condenado por outro crime doloso, em sentença transitada em julgado, ressalvado o disposto no inciso I do *caput* do art. 64 do Decreto-Lei 2.848/1940 - Código Penal; (Redação dada pela Lei 12.403/2011.)

III - se o crime envolver violência doméstica e familiar contra a mulher, criança, adolescente, idoso, enfermo ou pessoa com deficiência, para garantir a execução das medidas protetivas de urgência; (Redação dada pela Lei 12.403/2011.)

- art. 225 e ss., Lei 8.069/1990 (ECA).
- art. 95 e ss., Lei 10.741/2003 (Estatuto do Idoso).
- Lei 11.340/2006 (Coíbe a violência doméstica e familiar contra a mulher).
- Dec. 8.086/2013 (Institui o Programa Mulher: Viver sem Violência.)

IV - (Revogado pela Lei 12.403/2011.)

§ 1º Também será admitida a prisão preventiva quando houver dúvida sobre a identidade civil da pessoa ou quando esta não fornecer elementos suficientes para esclarecê-la, devendo o preso ser colocado imediatamente em liberdade após a identificação, salvo se outra hipótese recomendar a manutenção da medida. (Incluído pela Lei 12.403/2011).

§ 2º Não será admitida a decretação da prisão preventiva com a finalidade de antecipação de cumprimento de pena ou como decorrência imediata de investigação criminal ou da apresentação ou recebimento de denúncia. (Incluído pela Lei 13.964/2019)

Art. 314. A prisão preventiva em nenhum caso será decretada se o juiz verificar pelas provas constantes dos autos ter o agente praticado o fato nas condições previstas nos incisos I, II e III do *caput* do art. 23 do Decreto-Lei n. 2.848, de 07 de dezembro de 1940 - Código Penal. (Redação dada pela Lei 12.403/2011.)

- art. 648, I, deste Código.
- art. 258, CPPM.

Art. 315. A decisão que decretar, substituir ou denegar a prisão preventiva será sempre motivada e fundamentada. (Redação dada pela Lei 13.964/2019)

§ 1º Na motivação da decretação da prisão preventiva ou de qualquer outra cautelar, o juiz deverá indicar concretamente a existência de fatos novos ou contemporâneos que justifiquem a aplicação da medida adotada. (Incluído pela Lei 13.964/2019)

§ 2º Não se considera fundamentada qualquer decisão judicial, seja ela interlocutória, sentença ou acórdão, que: (Incluído pela Lei 13.964/2019)

I - limitar-se à indicação, à reprodução ou à paráfrase de ato normativo, sem explicar sua relação com a causa ou a questão decidida;

II - empregar conceitos jurídicos indeterminados, sem explicar o motivo concreto de sua incidência no caso;

III - invocar motivos que se prestariam a justificar qualquer outra decisão;

IV - não enfrentar todos os argumentos deduzidos no processo capazes de, em tese, infirmar a conclusão adotada pelo julgador;

V - limitar-se a invocar precedente ou enunciado de súmula, sem identificar seus fundamentos determinantes nem demonstrar que o caso sob julgamento se ajusta àqueles funda-mentos;

VI – deixar de seguir enunciado de súmula, jurisprudência ou precedente invocado pela parte, sem demonstrar a existência de distinção no caso em julgamento ou a superação do entendimento.

Art. 316. O juiz poderá, de ofício ou a pedido das partes, revogar a prisão preventiva se, no correr da investigação ou do processo, verificar a falta de motivo para que ela subsista, bem como novamente decretá-la, se sobrevierem razões que a justifiquem. (Redação dada pela Lei 13.964/2019)

Parágrafo único. Decretada a prisão preventiva, deverá o órgão emissor da decisão revisar a necessidade de sua manutenção a cada 90 (noventa) dias, mediante decisão fundamentada, de ofício, sob pena de tomar a prisão ilegal. (Incluído pela Lei 13.964/2019)

- art. 5º, LXXV, CF.
- arts. 80; 386, p.u., I; 492, II, a; 586; e 648 deste Código.
- art. 954, p.u., III, CC/2002.
- art. 259, CPPM.
- art. 20, p.u., Lei 11.340/2006 (Coíbe a violência doméstica e familiar contra a mulher).

CAPÍTULO IV
DA PRISÃO DOMICILIAR

- Redação dada pela Lei 12.403/2011.
- art. 146-B, IV, Lei 7.210/1984 (Lei de Execuções Penais).
- Lei 5.256/1967 (Lei da Prisão Especial).
- art. 40, V, Lei 8.625/1993 (Lei Orgânica Nacional do Ministério Público).
- art. 7º, V, Lei 8.906/1994 (EAOAB).

Art. 317. A prisão domiciliar consiste no recolhimento do indiciado ou acusado em sua residência, só podendo dela ausentar-se com autorização judicial. (Redação dada pela Lei 12.403/2011.)

Art. 318. Poderá o juiz substituir a prisão preventiva pela domiciliar quando o agente for: (Redação dada pela Lei 12.403/2011.)

I - maior de 80 (oitenta) anos; (Incluído pela Lei 12.403/2011.)

II - extremamente debilitado por motivo de doença grave; (Incluído pela Lei 12.403/2011.)

III - imprescindível aos cuidados especiais de pessoa menor de 6 (seis) anos de idade ou com deficiência; (Incluído pela Lei 12.403/2011.)

IV - gestante; (Alterado pela Lei 13.257/2016.)

V - mulher com filho de até 12 (doze) anos de idade incompletos; (Acrescentado pela Lei 13.257/2016.)

VI - homem, caso seja o único responsável pelos cuidados do filho de até 12 (doze) anos de idade incompletos. (Acrescentado pela Lei 13.257/2016.)

Parágrafo único. Para a substituição, o juiz exigirá prova idônea dos requisitos estabelecidos neste artigo. (Incluído pela Lei 12.403/2011.)

Art. 318-A. A prisão preventiva imposta à mulher gestante ou que for mãe ou responsável por crianças ou pessoas com deficiência será substituída por prisão domiciliar, desde que: (Incluído pela Lei 13.769/2018)

I - não tenha cometido crime com violência ou grave ameaça a pessoa;

II - não tenha cometido o crime contra seu filho ou dependente.

Art. 318-B. A substituição de que tratam os arts. 318 e 318-A poderá ser efetuada sem prejuízo da aplicação concomitante das medidas alternativas previstas no art. 319. (Incluído pela Lei 13.769/2018)

CAPÍTULO V
DAS OUTRAS MEDIDAS CAUTELARES

- Redação dada pela Lei 12.403/2011.

Art. 319. São medidas cautelares diversas da prisão: (Redação dada pela Lei 12.403/2011.)

- art. 5º, LXI, CF.
- arts. 282, § 6º, e 321 deste Código.

I - comparecimento periódico em juízo, no prazo e nas condições fixadas pelo juiz, para informar e justificar atividades; (Redação dada pela Lei 12.403/2011.)

II - proibição de acesso ou frequência a determinados lugares quando, por circunstâncias relacionadas ao fato, deva o indiciado ou acusado permanecer distante desses locais para evitar o risco de novas infrações; (Redação dada pela Lei 12.403/2011.)

III - proibição de manter contato com pessoa determinada quando, por circunstâncias relacionadas ao fato, deva o indiciado ou acusado dela permanecer distante; (Redação dada pela Lei 12.403/2011.)

IV - proibição de ausentar-se da Comarca quando a permanência seja conveniente ou necessária para a investigação ou instrução; (Incluído pela Lei 12.403/2011.)

V - recolhimento domiciliar no período noturno e nos dias de folga quando o investigado ou acusado tenha residência e trabalho fixos; (Incluído pela Lei 12.403/2011.)

VI - suspensão do exercício de função pública ou de atividade de natureza econômica ou financeira quando houver justo receio de sua utilização para a prática de infrações penais; (Incluído pela Lei 12.403/2011.)

VII - internação provisória do acusado nas hipóteses de crimes praticados com violência ou grave ameaça, quando os peritos concluírem ser inimputável ou semi-imputável (art. 26 do Código Penal) e houver risco de reiteração; (Incluído pela Lei 12.403/2011.)

VIII - fiança, nas infrações que a admitem, para assegurar o comparecimento a atos do processo, evitar a obstrução do seu andamento ou em caso de resistência injustificada à ordem judicial; (Incluído pela Lei 12.403/2011.)

IX - monitoração eletrônica. (Incluído pela Lei 12.403/2011.)

- arts. 146-B a 146-D, Lei 7.210/1984 (Lei de Execuções Penais).

§§ 1º a 3º (Revogados pela Lei 12.403/2011.)

§ 4º A fiança será aplicada de acordo com as disposições do Capítulo VI deste Título, podendo ser cumulada com outras medidas cautelares. (Incluído pela Lei 12.403/2011.)

Art. 320. A proibição de ausentar-se do País será comunicada pelo juiz às autoridades encarregadas de fiscalizar as saídas do território nacional, intimando-se o indiciado ou acusado para entregar o passaporte, no prazo de 24 (vinte e quatro) horas. (Redação dada pela Lei 12.403/2011.)

CAPÍTULO VI
DA LIBERDADE PROVISÓRIA, COM OU SEM FIANÇA

- art. 5º, LXVI, CF.

Art. 321. Ausentes os requisitos que autorizam a decretação da prisão preventiva, o juiz deverá conceder liberdade provisória, impondo, se for o caso, as medidas cautelares previstas no art. 319 deste Código e observados os critérios constantes do art. 282 deste Código. (Redação dada pela Lei 12.403/2011.)

- arts. 270 e 271, CPPM.

I e II - (Revogados pela Lei 12.403/2011.)

Art. 322. A autoridade policial somente poderá conceder fiança nos casos de infração cuja pena privativa de liberdade máxima não seja superior a 4 (quatro) anos. (Redação dada pela Lei 12.403/2011.)

Parágrafo único. Nos demais casos, a fiança será requerida ao juiz, que decidirá em 48 (quarenta e oito) horas. (Redação dada pela Lei 12.403/2011.)

- art. 581, V, deste Código.

Art. 323. Não será concedida fiança: (Redação dada pela Lei 12.403/2011.)

I - nos crimes de racismo; (Redação dada pela Lei 12.403/2011.)

- art. 5º, XLII, CF.
- Lei 7.716/1989 (Lei do Racismo).

II - nos crimes de tortura, tráfico ilícito de entorpecentes e drogas afins, terrorismo e nos definidos como crimes hediondos; (Redação dada pela Lei 12.403/2011.)

- art. 2º, II, Lei 8.072/1990 (Dispõe sobre os crimes hediondos).
- Lei 12.847/2013 (Institui o Sistema Nacional de Prevenção e Combate à Tortura; cria o Comitê Nacional de Prevenção e Combate à Tortura e o Mecanismo Nacional de Prevenção e Combate à Tortura).
- Dec. 6.085/2007 (Promulga o Protocolo Facultativo à Convenção contra a Tortura e Outros Tratamentos ou Penas Cruéis, Desumanos ou Degradantes, adotado em 18.12.2002).

III - nos crimes cometidos por grupos armados, civis ou militares, contra a ordem constitucional e o Estado Democrático; (Redação dada pela Lei 12.403/2011.)

IV e V - (Revogados pela Lei 12.403/2011.)

Art. 324. Não será, igualmente, concedida fiança: (Redação dada pela Lei 12.403/2011).

I - aos que, no mesmo processo, tiverem quebrado fiança anteriormente concedida ou infringido, sem motivo justo, qualquer das obrigações a que se referem os arts. 327 e 328 deste Código; (Redação dada pela Lei 12.403/2011.)

II - em caso de prisão civil ou militar; (Redação dada pela Lei 12.403/2011.)

III - (Revogado pela Lei 12.403/2011.)

IV - quando presentes os motivos que autorizam a decretação da prisão preventiva (art. 312). (Redação dada pela Lei 12.403/2011.)

Art. 325. O valor da fiança será fixado pela autoridade que a conceder nos seguintes limites: (Redação dada pela Lei 12.403/2011.)

a) a c) (Revogadas.); (Redação dada pela Lei 12.403/2011.)

I - de 1 (um) a 100 (cem) salários-mínimos, quando se tratar de infração cuja pena privativa de liberdade, no grau máximo, não for superior a 4 (quatro) anos; (Incluído pela Lei 12.403/2011.)

II - de 10 (dez) a 200 (duzentos) salários-mínimos, quando o máximo da pena privativa de liberdade cominada for superior a 4 (quatro) anos. (Incluído pela Lei 12.403/2011.)

§ 1º Se assim recomendar a situação econômica do preso, a fiança poderá ser: (Redação dada pela Lei 12.403/2011.)

I - dispensada, na forma do art. 350 deste Código; (Redação dada pela Lei 12.403/2011.)

II - reduzida até o máximo de 2/3 (dois terços); ou (Redação dada pela Lei 12.403/2011.)

III - aumentada em até 1.000 (mil) vezes. (Incluído pela Lei 12.403/2011.)

§ 2º (Revogado pela Lei 12.403/2011.)

I a III - (Revogados pela Lei 12.403/2011.)

Art. 326. Para determinar o valor da fiança, a autoridade terá em consideração a natureza da infração, as condições pessoais de fortuna e vida pregressa do acusado, as circunstâncias indicativas de sua periculosidade, bem como a importância provável das custas do processo, até final julgamento.

- art. 44, Lei 11.343/2006 (Lei Antidrogas).

Art. 327. A fiança tomada por termo obrigará o afiançado a comparecer perante a autoridade, todas as vezes que for intimado para atos do inquérito e da instrução criminal e para o julgamento. Quando o réu não comparecer, a fiança será havida como quebrada.

- arts. 341 a 343; 346; e 581, VII, deste Código.
- art. 7º, 5, Pacto de São José da Costa Rica.

Art. 328. O réu afiançado não poderá, sob pena de quebramento da fiança, mudar de residência, sem prévia permissão da autoridade processante, ou ausentar-se por mais de 8 (oito) dias de sua residência, sem comunicar àquela autoridade o lugar onde será encontrado.

- art. 5º, II, CF.
- arts. 369 e 581, VII, deste Código.
- art. 7º, 5, Pacto de São José da Costa Rica.

Art. 329. Nos juízos criminais e delegacias de polícia, haverá um livro especial, com termos de abertura e de encerramento, numerado e rubricado em todas as suas folhas pela autoridade, destinado especialmente aos termos de fiança. O termo será lavrado pelo escrivão e assinado pela autoridade e por quem prestar a fiança, e dele extrair-se-á certidão para juntar-se aos autos.

Parágrafo único. O réu e quem prestar a fiança serão pelo escrivão notificados das obrigações e da sanção previstas nos arts. 327 e 328, o que constará dos autos.

Art. 330. A fiança, que será sempre definitiva, consistirá em depósito de dinheiro, pedras, objetos ou metais preciosos, títulos da dívida pública, federal, estadual ou municipal, ou em hipoteca inscrita em primeiro lugar.

- art. 818, CC/2002.

§ 1º A avaliação de imóvel, ou de pedras, objetos ou metais preciosos será feita imediatamente por perito nomeado pela autoridade.

§ 2º Quando a fiança consistir em caução de títulos da dívida pública, o valor será determinado pela sua cotação em Bolsa, e, sendo nominativos, exigir-se-á prova de que se acham livres de ônus.

Art. 331. O valor em que consistir a fiança será recolhido à repartição arrecadadora federal ou estadual, ou entregue ao depositário público, juntando-se aos autos os respectivos conhecimentos.

Parágrafo único. Nos lugares em que o depósito não se puder fazer de pronto, o valor será entregue ao escrivão ou pessoa abonada, a critério da autoridade, e dentro de três dias dar-se-á ao valor o destino que lhe assina este artigo, o que tudo constará do termo de fiança.

Art. 332. Em caso de prisão em flagrante, será competente para conceder a fiança a autoridade que presidir ao respectivo auto, e, em caso de prisão por mandado, o juiz que o houver expedido, ou a autoridade judiciária ou policial a quem tiver sido requisitada a prisão.

- art. 5º, LXVI, CF.
- arts. 209, *caput*; 285; 301 a 310; e 322 deste Código.

Art. 333. Depois de prestada a fiança, que será concedida independentemente de audiência do Ministério Público, este terá vista do processo a fim de requerer o que julgar conveniente.

- art. 581, V, deste Código.

Art. 334. A fiança poderá ser prestada enquanto não transitar em julgado a sentença condenatória. (Redação dada pela Lei 12.403/2011.)

- arts. 413, § 2º, e 660, § 3º, deste Código.

Art. 335. Recusando ou retardando a autoridade policial a concessão da fiança, o preso, ou alguém por ele, poderá prestá-la, mediante simples petição, perante o juiz competente, que decidirá em 48 (quarenta e oito) horas. (Redação dada pela Lei 12.403/2011.)

- art. 5º, LXVI, CF.
- arts. 333 e 648, V, deste Código.

Art. 336. O dinheiro ou objetos dados como fiança servirão ao pagamento das custas, da indenização do dano, da prestação pecuniária e da multa, se o réu for condenado. (Redação dada pela Lei 12.403/2011.)

- art. 63 deste Código.
- arts. 49 e 91, I, CP.

Parágrafo único. Este dispositivo terá aplicação ainda no caso da prescrição depois da sentença condenatória (art. 110 do Código Penal). (Redação dada pela Lei 12.403/2011.)

Art. 337. Se a fiança for declarada sem efeito ou passar em julgado sentença que houver absolvido o acusado ou declarada extinta a ação penal, o valor que a constituir, atualizado, será restituído sem desconto, salvo o disposto no parágrafo único do art. 336 deste Código. (Redação dada pela Lei 12.403/2011.)

- art. 386 deste Código

Art. 338. A fiança que se reconheça não ser cabível na espécie será cassada em qualquer fase do processo.

- arts. 581, V, e 584 deste Código.

Art. 339. Será também cassada a fiança quando reconhecida a existência de delito inafiançável, no caso de inovação na classificação do delito.

- arts. 383; 384; e 418 deste Código.
- Súm. 81, STJ.

Art. 340. Será exigido o reforço da fiança:

I - quando a autoridade tomar, por engano, fiança insuficiente;

II - quando houver depreciação material ou perecimento dos bens hipotecados ou caucionados, ou depreciação dos metais ou pedras preciosas;

III - quando for inovada a classificação do delito.

Parágrafo único. A fiança ficará sem efeito e o réu será recolhido à prisão, quando, na conformidade deste artigo, não for reforçada.

Art. 341. Julgar-se-á quebrada a fiança quando o acusado: (Redação dada pela Lei 12.403/2011.)

- art. 581, VII, deste Código.

I - regularmente intimado para ato do processo, deixar de comparecer, sem motivo justo; (Incluído pela Lei 12.403/2011.)

II - deliberadamente praticar ato de obstrução ao andamento do processo; (Incluído pela Lei 12.403/2011.)

III - descumprir medida cautelar imposta cumulativamente com a fiança; (Incluído pela Lei 12.403/2011.)

- arts. 282 e 319 deste Código.

IV - resistir injustificadamente a ordem judicial; (Incluído pela Lei 12.403/2011.)

V - praticar nova infração penal dolosa. (Incluído pela Lei 12.403/2011.)

Art. 342. Se vier a ser reformado o julgamento em que se declarou quebrada a fiança, esta subsistirá em todos os seus efeitos.

- art. 581, V e VII, deste Código.

Art. 343. O quebramento injustificado da fiança importará na perda de metade do seu valor, cabendo ao juiz decidir sobre a imposição de outras medidas cautelares ou, se for o caso, a decretação da prisão preventiva. (Redação dada pela Lei 12.403/2011.)

- arts. 324, I e 581, VII, deste Código.

Art. 344. Entender-se-á perdido, na totalidade, o valor da fiança, se, condenado, o acusado não se apresentar para o início do cumprimento da pena definitivamente imposta. (Redação dada pela Lei 12.403/2011.)

- art. 581, VII, deste Código.

Art. 345. No caso de perda da fiança, o seu valor, deduzidas as custas e mais encargos a que o acusado estiver obrigado, será recolhido ao fundo penitenciário, na forma da lei. (Redação dada pela Lei 12.403/2011.)

- art. 71, Lei 7.210/1984 (Lei de Execuções Penais).

Art. 346. No caso de quebramento de fiança, feitas as deduções previstas no art. 345 deste Código, o valor restante será recolhido ao fundo penitenciário, na forma da lei. (Redação dada pela Lei 12.403/2011.)

- art. 324, I, deste Código.

Art. 347. Não ocorrendo a hipótese do art. 345, o saldo será entregue a quem houver prestado a fiança, depois de deduzidos os encargos a que o réu estiver obrigado.

Art. 348. Nos casos em que a fiança tiver sido prestada por meio de hipoteca, a execução será promovida no juízo cível pelo órgão do Ministério Público.

- arts. 1.205 e 1.210, CPC.
- art. 784, NCPC.

Art. 349. Se a fiança consistir em pedras, objetos ou metais preciosos, o juiz determinará a venda por leiloeiro ou corretor.

Art. 350. Nos casos em que couber fiança, o juiz, verificando a situação econômica do preso, poderá conceder-lhe liberdade provisória, sujeitando-o às obrigações constantes dos arts. 327 e 328 deste Código e a outras medidas cautelares, se for o caso. (Redação dada pela Lei 12.403/2011.)

Parágrafo único. Se o beneficiado descumprir, sem motivo justo, qualquer das obrigações ou medidas impostas, aplicar-se-á o disposto no § 4º do art. 282 deste Código. (Redação dada pela Lei 12.403/2011.)

TÍTULO X
DAS CITAÇÕES E INTIMAÇÕES

CAPÍTULO I
DAS CITAÇÕES

Art. 351. A citação inicial far-se-á por mandado, quando o réu estiver no território sujeito à jurisdição do juiz que a houver ordenado.

- art. 5º, LV, CF.
- arts. 564, III, e; 570; e 572 deste Código.
- art. 277, CPPM.
- art. 164, Lei 7.210/1984 (Lei de Execuções Penais).
- arts. 66; 68; e 78, Lei 9.099/1995 (Lei dos Juizados Especiais).
- art. 8º, 2, b e e, Pacto de São José da Costa Rica.
- Súm. 351 e 455, STF.

Art. 352. O mandado de citação indicará:

- arts. 41 e 259 deste Código.
- art. 278, CPPM.

I - o nome do juiz;

II - o nome do querelante nas ações iniciadas por queixa;

III - o nome do réu, ou, se for desconhecido, os seus sinais característicos;

IV - a residência do réu, se for conhecida;

V - o fim para que é feita a citação;

- arts. 396, *caput*, e 406, *caput*, deste Código.
- art. 78, § 1º, Lei 9.099/1995 (Lei dos Juizados Especiais).
- art. 56, *caput*, Lei 11.343/2006 (Lei Antidrogas).

VI - o juízo e o lugar, o dia e a hora em que o réu deverá comparecer;

VII - a subscrição do escrivão e a rubrica do juiz.

Art. 353. Quando o réu estiver fora do território da jurisdição do juiz processante, será citado mediante precatória.

- art. 289 deste Código.
- art. 277, II, CPPM.
- art. 65, § 2º, Lei 9.099/1995 (Lei dos Juizados Especiais).
- Súm. 155, STF.
- Súm. 273, STJ.

Art. 354. A precatória indicará:

- art. 283, CPPM.

I - o juiz deprecado e o juiz deprecante;

II - a sede da jurisdição de um e de outro;

III - o fim para que é feita a citação, com todas as especificações;

- arts. 396, e 406, deste Código.
- art. 78, § 1º, Lei 9.099/1995 (Lei dos Juizados Especiais).
- art. 56, *caput*, Lei 11.343/2006 (Lei Antidrogas).

IV - o juízo do lugar, o dia e a hora em que o réu deverá comparecer.

Art. 355. A precatória será devolvida ao juiz deprecante, independentemente de traslado, depois de lançado o "cumpra-se" e de feita a citação por mandado do juiz deprecado.

- art. 284, CPPM.

§ 1º Verificado que o réu se encontra em território sujeito à jurisdição de outro juiz, a este remeterá o juiz deprecado os autos para efetivação da diligência, desde que haja tempo para fazer-se a citação.

§ 2º Certificado pelo oficial de justiça que o réu se oculta para não ser citado, a precatória será imediatamente devolvida, para o fim previsto no art. 362.

Art. 356. Se houver urgência, a precatória, que conterá em resumo os requisitos enumerados no art. 354, poderá ser expedida por via telegráfica, depois de reconhecida a firma do juiz, o que a estação expedidora mencionará.

- art. 289, p.u., deste Código.
- art. 283, p.u., CPPM.

Art. 357. São requisitos da citação por mandado:

- art. 564, IV, deste Código.
- art. 278, CPPM.

I - leitura do mandado ao citando pelo oficial e entrega da contrafé, na qual se mencionarão dia e hora da citação;

- art. 8º, 2, b, Pacto de São José da Costa Rica.

II - declaração do oficial, na certidão, da entrega da contrafé, e sua aceitação ou recusa.

Art. 358. A citação do militar far-se-á por intermédio do chefe do respectivo serviço.

- art. 221, § 2º, deste Código.
- art. 280, CPPM.

Art. 359. O dia designado para funcionário público comparecer em juízo, como acusado, será notificado assim a ele como ao chefe de sua repartição.

- art. 221, § 3º, deste Código.
- art. 281, CPPM.

Art. 360. Se o réu estiver preso, será pessoalmente citado. (Redação dada pela Lei 10.792/2003.)

- art. 282, CPPM.

Art. 361. Se o réu não for encontrado, será citado por edital, com o prazo de 15 (quinze) dias.

- arts. 366; 396, p.u.; 406, § 1º; e 538 deste Código.
- arts. 277, V, e 285, § 3º, CPPM.
- art. 66, p.u., Lei 9.099/1995 (Lei dos Juizados Especiais).
- Súm. 351 e 366, STF.

Art. 362. Verificando que o réu se oculta para não ser citado, o oficial de justiça certificará a ocorrência e procederá à citação com hora certa, na forma estabelecida nos arts. 227 a 229 da Lei 5.869/1973 - Código de Processo Civil. (Redação dada pela Lei 11.719/2008.)

- art. 355, § 2º, deste Código.
- Refere-se ao CPC/1973.
- arts. 252 a 254, NCPC.
- arts. 277, V, e 285, § 3º, CPPM.

Parágrafo único. Completada a citação com hora certa, se o acusado não comparecer, ser-lhe-á nomeado defensor dativo. (Incluído pela Lei 11.719/2008.)

- arts. 261 a 267; e 396-A, § 2º, deste Código.
- art. 8º, 2, d e e, Pacto de São José da Costa Rica.

Art. 363. O processo terá completada a sua formação quando realizada a citação do acusado. (Redação dada pela Lei 11.719/2008.)

- arts. 277, V, e 285, § 3º, CPPM.

I e II - (Revogados); (Redação dada pela Lei 11.719/2008.)

§ 1º Não sendo encontrado o acusado, será procedida a citação por edital. (Incluído pela Lei 11.719/2008.)

- arts. 361; 366; 396, p.u.; e 406, § 1º, deste Código.
- art. 66, p.u., Lei 9.099/1995 (Lei dos Juizados Especiais).

§§ 2º e 3º (Vetados.) (Incluído pela Lei 11.719/2008.)

§ 4º Comparecendo o acusado citado por edital, em qualquer tempo, o processo observará o disposto nos arts. 394 e seguintes deste Código. (Incluído pela Lei 11.719/2008.)

Art. 364. No caso do artigo anterior, n. I, o prazo será fixado pelo juiz entre 15 (quinze) e 90 (noventa) dias, de acordo com as circunstâncias, e, no caso de n. II, o prazo será de trinta dias.

Art. 365. O edital de citação indicará:

- art. 286, CPPM.

I - o nome do juiz que a determinar;

II - o nome do réu, ou, se não for conhecido, os seus sinais característicos, bem como sua residência e profissão, se constarem do processo;

- arts. 41 e 259 deste Código.

III - o fim para que é feita a citação;
- arts. 396, *caput*, e 406, *caput*, deste Código
- art. 78, § 1º, Lei 9.099/1995 (Lei dos Juizados Especiais).
- art. 56, *caput*, Lei 11.343/2006 (Lei Antidrogas).
- Súm. 366, STF.

IV - o juízo e o dia, a hora e o lugar em que o réu deverá comparecer;
V - o prazo, que será contado do dia da publicação do edital na imprensa, se houver, ou da sua afixação.
- arts. 361 e 798 deste Código.
- art. 231, NCPC.
- Súm. 366, STF.

Parágrafo único. O edital será afixado à porta do edifício onde funcionar o juízo e será publicado pela imprensa, onde houver, devendo a afixação ser certificada pelo oficial que a tiver feito e a publicação provada por exemplar do jornal ou certidão do escrivão, da qual conste a página do jornal com a data da publicação.

Art. 366. Se o acusado, citado por edital, não comparecer, nem constituir advogado, ficarão suspensos o processo e o curso do prazo prescricional, podendo o juiz determinar a produção antecipada das provas consideradas urgentes e, se for o caso, decretar prisão preventiva, nos termos do disposto no art. 312. (Redação dada pela Lei 9.271/1996.)
- art. 5º, LV, CF.
- art. 155, *caput*, e 156, I, deste Código.
- art. 8º, 2, b a d, Pacto de São José da Costa Rica.
- art. 2º, § 2º, Lei 9.613/1998 (Dispõe sobre os crimes de "lavagem" ou ocultação de bens, direitos e valores).
- Súm. 415 e 455, STJ.

§§ 1º e 2º (Revogados pela Lei 11.719/2008.)

Art. 367. O processo seguirá sem a presença do acusado que, citado ou intimado pessoalmente para qualquer ato, deixar de comparecer sem motivo justificado, ou, no caso de mudança de residência, não comunicar o novo endereço ao juízo. (Redação dada pela Lei 9.271/1996.)
- arts. 784 a 786 e 392 deste Código.
- art. 36, NCPC.

Art. 368. Estando o acusado no estrangeiro, em lugar sabido, será citado mediante carta rogatória, suspendendo-se o curso do prazo de prescrição até o seu cumprimento. (Redação dada pela Lei 9.271/1996.)
- art. 105, I, i, CF (a concessão de exequatur passou, com a EC 45/2004, a ser competência do STJ).

Art. 369. As citações que houverem de ser feitas em legações estrangeiras serão efetuadas mediante carta rogatória. (Redação dada pela Lei 9.271/1996.)
- arts. 783 a 786 deste Código.
- art. 285, CPPM.

CAPÍTULO II
DAS INTIMAÇÕES

Art. 370. Nas intimações dos acusados, das testemunhas e demais pessoas que devam tomar conhecimento de qualquer ato, será observado, no que for aplicável, o disposto no Capítulo anterior. (Redação dada pela Lei 9.271/1996.)
- art. 5º, LV, CF.
- arts. 201, § 2º; 391; 392; 420; 564, III, o; e 570 deste Código.
- art. 21, Lei 11.340/2006 (Coíbe a violência doméstica e familiar contra a mulher).
- art. 288, CPPM.

§ 1º A intimação do defensor constituído, do advogado do querelante e do assistente far-se-á por publicação no órgão incumbido da publicidade dos atos judiciais da comarca, incluindo, sob pena de nulidade, o nome do acusado. (Redação dada pela Lei 9.271/1996.)
- art. 391 deste Código.
- art. 288, § 2º, CPPM.
- art. 67, Lei 9.099/1995 (Lei dos Juizados Especiais).

§ 2º Caso não haja órgão de publicação dos atos judiciais na comarca, a intimação far-se-á diretamente pelo escrivão, por mandado, ou via postal com comprovante de recebimento, ou por qualquer outro meio idôneo. (Redação dada pela Lei 9.271/1996.)

§ 3º A intimação pessoal, feita pelo escrivão, dispensará a aplicação a que alude o § 1º. (Incluído pela Lei 9.271/1996.)

§ 4º A intimação do Ministério Público e do defensor nomeado será pessoal. (Incluído pela Lei 9.271/1996.)

Art. 371. Será admissível a intimação por despacho na petição em que for requerida, observado o disposto no art. 357.

Art. 372. Adiada, por qualquer motivo, a instrução criminal, o juiz marcará desde logo, na presença das partes e testemunhas, dia e hora para seu prosseguimento, do que se lavrará termo nos autos.

TÍTULO XI
DA APLICAÇÃO PROVISÓRIA DE INTERDIÇÕES DE DIREITOS E MEDIDAS DE SEGURANÇA

Art. 373. A aplicação provisória de interdições de direitos poderá ser determinada pelo juiz, de ofício, ou a requerimento do Ministério Público, do querelante, do assistente, do ofendido, ou de seu representante legal, ainda que este não se tenha constituído como assistente:
I - durante a instrução criminal após a apresentação da defesa ou do prazo concedido para esse fim;
II - na sentença de pronúncia;
III - na decisão confirmatória da pronúncia ou na que, em grau de recurso, pronunciar o réu;
IV - na sentença condenatória recorrível.

§ 1º No caso do n. I, havendo requerimento de aplicação da medida, o réu ou seu defensor será ouvido no prazo de 2 (dois) dias.

§ 2º Decretada a medida, serão feitas as comunicações necessárias para a sua execução, na forma do disposto no Capítulo III do Título II do Livro IV.

Art. 374. Não caberá recurso do despacho ou da parte da sentença que decretar ou denegar a aplicação provisória de interdições de direitos, mas estas poderão ser substituídas ou revogadas:
I - se aplicadas no curso da instrução criminal, durante esta ou pelas sentenças a que se referem os n. II, III e IV do artigo anterior;
II - se aplicadas na sentença de pronúncia, pela decisão que, em grau de recurso, a confirmar, total ou parcialmente, ou pela sentença condenatória recorrível;
III - se aplicadas na decisão a que se refere o n. III do artigo anterior, pela sentença condenatória recorrível.

Art. 375. O despacho que aplicar, provisoriamente, substituir ou revogar interdição de direito, será fundamentado.

Art. 376. A decisão que impronunciar ou absolver o réu fará cessar a aplicação provisória da interdição anteriormente determinada.

Art. 377. Transitando em julgado a sentença condenatória, serão executadas somente as interdições nela aplicadas ou que derivarem da imposição da pena principal.

Art. 378. A aplicação provisória de medida de segurança obedecerá ao disposto nos artigos anteriores, com as modificações seguintes:
I - o juiz poderá aplicar, provisoriamente, a medida de segurança, de ofício, ou a requerimento do Ministério Público;
II - a aplicação poderá ser determinada ainda no curso do inquérito, mediante representação da autoridade policial;
III - a aplicação provisória de medida de segurança, a substituição ou a revogação da anteriormente aplicada poderão ser determinadas, também, na sentença absolutória;
IV - decretada a medida, atender-se-á ao disposto no Título V do Livro IV, no que for aplicável.

Art. 379. Transitando em julgado a sentença, observar-se-á, quanto à execução das medidas de segurança definitivamente aplicadas, o disposto no Título V do Livro IV.

Art. 380. A aplicação provisória de medida de segurança obstará a concessão de fiança, e tornará sem efeito a anteriormente concedida.
- arts. 147, 171 e 172 da Lei 7.210/1984 (Lei de Execuções Penais).

TÍTULO XII
DA SENTENÇA

Art. 381. A sentença conterá:
- art. 93, IX, CF.
- arts. 41; 259; 564, III, m, e IV, e 800, I, deste Código.
- arts. 458 a 463, CPC.
- art. 489 e ss., NCPC.
- art. 438, CPPM.
- art. 81, § 3º, Lei 9.099/1995 (Lei dos Juizados Especiais).

I - os nomes das partes ou, quando não possível, as indicações necessárias para identificá-las;
II - a exposição sucinta da acusação e da defesa;
III - a indicação dos motivos de fato e de direito em que se fundar a decisão;
- art. 93, IX, CF.
- art. 59, CP.

IV - a indicação dos artigos de lei aplicados;
V - o dispositivo;
VI - a data e a assinatura do juiz.

Art. 382. Qualquer das partes poderá, no prazo de 2 (dois) dias, pedir ao juiz que declare a sentença, sempre que nela houver obscuridade, ambiguidade, contradição ou omissão.
- arts. 619 e 798, § 1º, deste Código.
- art. 1.026, NCPC.
- art. 538, CPPM.
- art. 83, Lei 9.099/1995 (Lei dos Juizados Especiais).

Art. 383. O juiz, sem modificar a descrição do fato contida na denúncia ou queixa, poderá atribuir-lhe definição jurídica diversa, ainda que, em consequência, tenha de aplicar pena mais grave. (Redação dada pela Lei 11.719/2008.)
- arts. 41 e 617 deste Código.
- art. 437, a, CPPM.
- Súm. 453, STF.
- Súm. 337, STJ.

§ 1º Se, em consequência de definição jurídica diversa, houver possibilidade de proposta de suspensão condicional do processo, o juiz procederá de acordo com o disposto na lei. (Incluído pela Lei 11.719/2008.)
- art. 89, Lei 9.099/1995 (Lei dos Juizados Especiais).
- art. 28, Lei 9.605/1998 (Lei do Meio Ambiente).
- art. 41, Lei 11.343/2006 (Lei Antidrogas).
- Súm. 696 e 723, STF.
- Súm. 243 e 337, STJ.

§ 2º Tratando-se de infração da competência de outro juízo, a este serão encaminhados os autos. (Incluído pela Lei 11.719/2008.)

- art. 581, II, deste Código.

Art. 384. Encerrada a instrução probatória, se entender cabível nova definição jurídica do fato, em consequência de prova existente nos autos de elemento ou circunstância da infração penal não contida na acusação, o Ministério Público deverá aditar a denúncia ou queixa, no prazo de 5 (cinco) dias, se em virtude desta houver sido instaurado o processo em crime de ação pública, reduzindo-se a termo o aditamento, quando feito oralmente. (Redação dada pela Lei 11.719/2008.)

- art. 5º, LV, CF.
- arts. 41 e 617 deste Código.
- art. 8º, 2, b e c, Pacto de São José da Costa Rica.
- Súm. 453, STF.

§ 1º Não procedendo o órgão do Ministério Público ao aditamento, aplica-se o art. 28 deste Código. (Incluído pela Lei 11.719/2008.)

- art. 129, I, CF.

§ 2º Ouvido o defensor do acusado no prazo de 5 (cinco) dias e admitido o aditamento, o juiz, a requerimento de qualquer das partes, designará dia e hora para continuação da audiência, com inquirição de testemunhas, novo interrogatório do acusado, realização de debates e julgamento. (Incluído pela Lei 11.719/2008.)

- art. 5º, LV, CF.
- art. 8º, 2, c e f, Pacto de São José da Costa Rica.

§ 3º Aplicam-se as disposições dos §§ 1º e 2º do art. 383 ao *caput* deste artigo. (Incluído pela Lei 11.719/2008.)

§ 4º Havendo aditamento, cada parte poderá arrolar até 3 (três) testemunhas, no prazo de 5 (cinco) dias, ficando o juiz, na sentença, adstrito aos termos do aditamento. (Incluído pela Lei 11.719/2008.)

§ 5º Não recebido o aditamento, o processo prosseguirá. (Incluído pela Lei 11.719/2008.)

- Súm. 453, STF.

Art. 385. Nos crimes de ação pública, o juiz poderá proferir sentença condenatória, ainda que o Ministério Público tenha opinado pela absolvição, bem como reconhecer agravantes, embora nenhuma tenha sido alegada.

- arts. 61 e 62, CP.
- art. 437, b, CPPM.

Art. 386. O juiz absolverá o réu, mencionando a causa na parte dispositiva, desde que reconheça:

- arts. 66; 397; 415; 596; e 617 deste Código.
- art. 439, CPPM.

I - estar provada a inexistência do fato;

- arts. 66 e 415, I, deste Código.
- art. 935, CC/2002.

II - não haver prova da existência do fato;

- art. 66 deste Código.

III - não constituir o fato infração penal;

- arts. 67, III; 397, III; e 415, III, deste Código.
- art. 96, CP.

IV - estar provado que o réu não concorreu para a infração penal; (Redação dada pela Lei 11.690/2008.)

- art. 415 deste Código.
- art. 935, CC/2002.

V - não existir prova de ter o réu concorrido para a infração penal; (Redação dada pela Lei 11.690/2008.)

- art. 415 deste Código.

VI - existirem circunstâncias que excluam o crime ou isentem o réu de pena (arts. 20, 21, 22, 23, 26 e § 1º do art. 28, todos do Código Penal), ou mesmo se houver fundada dúvida sobre sua existência; (Redação dada pela Lei 11.690/2008.)

- arts. 65; 397, I e II; e 415, p.u., deste Código.
- art. 97, CP.
- arts. 929 e 930, CC/2002.

VII - não existir prova suficiente para a condenação. (Incluído pela Lei 11.690/2008.)

- Súm. 422, STF.

Parágrafo único. Na sentença absolutória, o juiz:

- arts. 318 e 596 deste Código.

I - mandará, se for o caso, pôr o réu em liberdade;

- art. 596 deste Código.

II - ordenará a cessação das medidas cautelares e provisoriamente aplicadas; (Redação dada pela Lei 11.690/2008.)

III - aplicará medida de segurança, se cabível.

- arts. 96 a 99, CP.
- Súm. 422, STF.

Art. 387. O juiz, ao proferir sentença condenatória:

- arts. 492, I, e 617 deste Código.
- arts. 91 e 98, CP.
- art. 440, CPPM.

I - mencionará as circunstâncias agravantes ou atenuantes definidas no Código Penal, e cuja existência reconhecer;

- arts. 61 a 67; e 492, I, b, deste Código.

II - mencionará as outras circunstâncias apuradas e tudo o mais que deva ser levado em conta na aplicação da pena, de acordo com o disposto nos arts. 59 e 60 do Decreto-Lei 2.848/1940 - Código Penal; (Redação dada pela Lei 11.719/2008.)

- art. 492, I, deste Código.
- Súm. 440; 442; 443; e 444, STJ.

III - aplicará as penas de acordo com essas conclusões; (Redação dada pela Lei 11.719/2008.)

- art. 5º, XLVI, CF.
- art. 492, I, deste Código.

IV - fixará valor mínimo para reparação dos danos causados pela infração, considerando os prejuízos sofridos pelo ofendido; (Redação dada pela Lei 11.719/2008.)

- art. 63, p.u., deste Código.
- art. 20, Lei 9.605/1998 (Lei do Meio Ambiente).

V - atenderá, quanto à aplicação provisória de interdições de direitos e medidas de segurança, ao disposto no Título XI deste Livro;

- art. 492, I, deste Código.
- art. 96, CP.

VI - determinará se a sentença deverá ser publicada na íntegra ou em resumo e designará o jornal em que será feita a publicação (art. 73, § 1º, do Código Penal).

- Refere-se à antiga Parte Geral do CP, revogada pela Lei 7.209/1984.
- art. 492, I, deste Código.

§ 1º O juiz decidirá, fundamentadamente, sobre a manutenção ou, se for o caso, a imposição de prisão preventiva ou de outra medida cautelar, sem prejuízo do conhecimento de apelação que vier a ser interposta. (Renumerado de p.u. após alteração pela Lei 12.736/2012.)

§ 2º O tempo de prisão provisória, de prisão administrativa ou de internação, no Brasil ou no estrangeiro, será computado para fins de determinação do regime inicial de pena privativa de liberdade. (Inserido pela Lei 12.736/2012.)

- arts. 5º, LVII, e 93, IX, CF.
- arts. 311 a 317; 492, I; 581, XV; e 593 deste Código.
- art. 31, Lei 7.492/1986 (Define os crimes contra o sistema financeiro nacional).
- art. 2º, § 3º, Lei 8.072/1990 (Dispõe sobre os crimes hediondos).
- art. 8º, 2, h, Pacto de São José da Costa Rica.
- Lei 12.850/2013 (Define organização criminosa e dispõe sobre a investigação criminal, os meios de obtenção da prova, infrações penais correlatas e o procedimento criminal; altera o CP e revoga a Lei 9.034/1995).
- art. 82, Lei 9.099/1995 (Lei dos Juizados Especiais).
- art. 3º, Lei 9.613/1998 (Dispõe sobre os crimes de "lavagem" ou ocultação de bens, direitos e valores).
- art. 59, Lei 11.343/2006 (Lei Antidrogas).
- Súm. 347, STJ.

Art. 388. A sentença poderá ser datilografada e neste caso o juiz a rubricará em todas as folhas.

- art. 438, § 3º, CPPM.

Art. 389. A sentença será publicada em mão do escrivão, que lavrará nos autos o respectivo termo, registrando-a em livro especialmente destinado a esse fim.

- art. 799 deste Código.
- art. 463, CPC.
- art. 494, NCPC.

Art. 390. O escrivão, dentro de três dias após a publicação, e sob pena de suspensão de cinco dias, dará conhecimento da sentença ao órgão do Ministério Público.

- arts. 370, § 4º; 799; e 800, § 4º, deste Código.

Art. 391. O querelante ou o assistente será intimado da sentença, pessoalmente ou na pessoa de seu advogado. Se nenhum deles for encontrado no lugar da sede do juízo, a intimação será feita mediante edital com o prazo de 10 dias, afixado no lugar de costume.

- arts. 201, § 2º; 268 a 273; 370, §§ 1º a 3º; 416; 584, § 1º; e 598, p.u., deste Código.
- Súm. 208; 210; e 448, STF.

Art. 392. A intimação da sentença será feita:

- art. 5º, LV, CF.
- arts. 577, *caput*, e 798, § 5º, deste Código.
- arts. 443 a 446, CPPM.
- art. 82, §§ 1º e 2º, Lei 9.099/1995 (Lei dos Juizados Especiais).
- Súm. 310 e 710, STF.

I - ao réu, pessoalmente, se estiver preso;

II - ao réu, pessoalmente, ou ao defensor por ele constituído, quando se livrar solto, ou, sendo afiançável a infração, tiver prestado fiança;

- arts. 321; 323; 324; e 370, §§ 1º e 3º, deste Código.

III - ao defensor constituído pelo réu, se este, afiançável, ou não, a infração, expedido o mandado de prisão, não tiver sido encontrado, e assim o certificar o oficial de justiça;

- arts. 370, § 1º e 3º, e 387, p.u., deste Código.

IV - mediante edital, nos casos do n. II, se o réu e o defensor que houver constituído não forem encontrados, e assim o certificar o oficial de justiça;

- arts. 65; 370, §§ 1º e 3º; e 392, §§ 1º e 2º, deste Código.

V - mediante edital, nos casos do n. III, se o defensor que o réu houver constituído também não for encontrado, e assim o certificar o oficial de justiça;

- arts. 65; 370, §§ 1º e 3º; e 392, §§ 1º e 2º, deste Código.

VI - mediante edital, se o réu, não tendo constituído defensor, não for encontrado, e assim o certificar o oficial de justiça.

§ 1º O prazo do edital será de 90 dias, se tiver sido imposta pena privativa de liberdade por tempo igual ou superior a um ano, e de 60 dias, nos outros casos.

§ 2º O prazo para apelação correrá após o término do fixado no edital, salvo se, no curso deste, for feita a intimação por qualquer das outras formas estabelecidas neste artigo.

- art. 231, NCPC.

Art. 393. (Revogado pela Lei 12.403/2011.)

LIVRO II
DOS PROCESSOS EM ESPÉCIE

TÍTULO I
DO PROCESSO COMUM

CAPÍTULO I
DA INSTRUÇÃO CRIMINAL

Art. 394. O procedimento será comum ou especial. (Redação dada pela Lei 11.719/2008.)

- art. 5º, LVII, CF.
- arts. 387, p.u., 492, I, e; e 531 a 540 deste Código.
- art. 8º, 2, *caput*, Pacto de São José da Costa Rica.

§ 1º O procedimento comum será ordinário, sumário ou sumaríssimo: (Incluído pela Lei 11.719/2008.)

I - ordinário, quando tiver por objeto crime cuja sanção máxima cominada for igual ou superior a 4 (quatro) anos de pena privativa de liberdade; (Incluído pela Lei 11.719/2008.)

II - sumário, quando tiver por objeto crime cuja sanção máxima cominada seja inferior a 4 (quatro) anos de pena privativa de liberdade; (Incluído pela Lei 11.719/2008.)

- art. 5º, LVII, CF.
- art. 8º, 2, Pacto de São José da Costa Rica.

III - sumaríssimo, para as infrações penais de menor potencial ofensivo, na forma da lei. (Incluído pela Lei 11.719/2008.)

- art. 538 deste Código.
- art. 94, Lei 10.741/2003 (Estatuto do Idoso).
- arts. 61 e 77 a 83, Lei 9.099/1995 (Lei dos Juizados Especiais).
- art. 41, Lei 11.340/2006 (Coíbe a violência doméstica e familiar contra a mulher).
- Súm. 428, STJ.

§ 2º Aplica-se a todos os processos o procedimento comum, salvo disposições em contrário deste Código ou de lei especial. (Incluído pela Lei 11.719/2008.)

§ 3º Nos processos de competência do Tribunal do Júri, o procedimento observará as disposições estabelecidas nos arts. 406 a 497 deste Código. (Incluído pela Lei 11.719/2008.)

- Súm. Vinc. 45, STF.

§ 4º As disposições dos arts. 395 a 398 deste Código aplicam-se a todos os procedimentos penais de primeiro grau, ainda que não regulados neste Código. (Incluído pela Lei 11.719/2008.)

§ 5º Aplicam-se subsidiariamente aos procedimentos especial, sumário e sumaríssimo as disposições do procedimento ordinário. (Incluído pela Lei 11.719/2008.)

Art. 394-A. Os processos que apurem a prática de crime hediondo terão prioridade de tramitação em todas as instâncias. (Acrescentado pela Lei 13.285/2016).

Art. 395. A denúncia ou queixa será rejeitada quando: (Redação dada pela Lei 11.719/2008.)

- arts. 516; 525; 564, III, a; e 581, I, deste Código.
- art. 82, Lei 9.099/1995 (Lei dos Juizados Especiais)

I - for manifestamente inepta; (Incluído pela Lei 11.719/2008.)

- arts. 41 e 44 deste Código.

II - faltar pressuposto processual ou condição para o exercício da ação penal; ou (Incluído pela Lei 11.719/2008.)

- art. 228, CF.
- arts. 24, *caput*; 386, III; 564, II e III; e 648, VII, deste Código.
- arts. 27; e 107 a 120, CP.
- Súm. 438, STJ.

III - faltar justa causa para o exercício da ação penal. (Incluído pela Lei 11.719/2008.)

- art. 4º, *caput*, deste Código.
- Súm. 524, STF.

Parágrafo único. (Revogado). (Incluído pela Lei 11.719/2008.)

Art. 396. Nos procedimentos ordinário e sumário, oferecida a denúncia ou queixa, o juiz, se não a rejeitar liminarmente, recebê-la-á e ordenará a citação do acusado para responder à acusação, por escrito, no prazo de 10 (dez) dias. (Redação dada pela Lei 11.719/2008.)

- arts. 351 a 369; 406, § 1º; 564, e; e 570 deste Código.
- art. 117, I, CP.
- art. 8º, 2, b e c, Pacto de São José da Costa Rica.
- Súm. 710, STF.

Parágrafo único. No caso de citação por edital, o prazo para a defesa começará a fluir a partir do comparecimento pessoal do acusado ou do defensor constituído. (Redação dada pela Lei 11.719/2008.)

- arts. 361; 363, §§ 1º e 4º; 365; 366; e 406, § 1º, deste Código.

Art. 396-A. Na resposta, o acusado poderá arguir preliminares e alegar tudo o que interesse à sua defesa, oferecer documentos e justificações, especificar as provas pretendidas e arrolar testemunhas, qualificando-as e requerendo sua intimação, quando necessário. (Incluído pela Lei 11.719/2008.)

- arts. 41; 395; 397; e 564 deste Código.
- art. 8º, 2, f, Pacto de São José da Costa Rica.

§ 1º A exceção será processada em apartado, nos termos dos arts. 95 a 112 deste Código. (Incluído pela Lei 11.719/2008.)

§ 2º Não apresentada a resposta no prazo legal, ou se o acusado, citado, não constituir defensor, o juiz nomeará defensor para oferecê-la, concedendo-lhe vista dos autos por 10 (dez) dias. (Incluído pela Lei 11.719/2008.)

- arts. 261 a 267; 351 a 360; 362, p.u.; 367 a 369; e 408 deste Código.
- art. 8º, 2, Pacto de São José da Costa Rica.

Art. 397. Após o cumprimento do disposto no art. 396-A, e parágrafos, deste Código, o juiz deverá absolver sumariamente o acusado quando verificar: (Redação dada pela Lei 11.719/2008.)

- art. 593, I, deste Código.

I - a existência manifesta de causa excludente da ilicitude do fato; (Incluído pela Lei 11.719/2008.)

- arts. 23 a 25, CP.

II - a existência manifesta de causa excludente da culpabilidade do agente, salvo inimputabilidade; (Incluído pela Lei 11.719/2008.)

- arts. 21; 22; 26; e 28, § 1º, CP.

III - que o fato narrado evidentemente não constitui crime; ou (Incluído pela Lei 11.719/2008.)

- art. 5º, XXXIX, CF.
- arts. 1º; 11; 13, § 2º; 14; 15; 17; 18; 20; e 29, CP.
- Súm. 145; 246; 554; e 720, STF.

IV - extinta a punibilidade do agente. (Incluído pela Lei 11.719/2008.)

- arts. 107 e 312, § 3º, CP.
- arts. 74, p.u., e 89, § 5º, Lei 9.099/1995 (Lei dos Juizados Especiais).
- art. 9º, § 2º, Lei 10.684/2003 (Altera a legislação tributária federal).
- art. 69, Lei 11.941/2009 (Altera a legislação tributária federal).

Art. 398. (Revogado pela Lei 11.719/2008.)

Art. 399. Recebida a denúncia ou queixa, o juiz designará dia e hora para a audiência, ordenando a intimação do acusado, de seu defensor, do Ministério Público e, se for o caso, do querelante e do assistente. (Redação dada pela Lei 11.719/2008.)

- art. 5º, LV, CF.
- arts. 44; 271; 351; 360 a 363; 366; 370 a 372; 520; e 526 deste Código.
- art. 117, I, CP.

§ 1º O acusado preso será requisitado para comparecer ao interrogatório, devendo o poder público providenciar sua apresentação. (Incluído pela Lei 11.719/2008.)

- art. 5º, LV, CF.
- arts. 185 a 196; 260; e 564, III, e, deste Código.
- art. 8º, 1 e 2, d e g, Pacto de São José da Costa Rica.

§ 2º O juiz que presidiu a instrução deverá proferir a sentença. (Incluído pela Lei 11.719/2008.)

- art. 5º, LIII, CF.
- arts. 132 e 564, I e IV, deste Código.
- art. 8º, 1 e 2, d e g, Pacto de São José da Costa Rica.

Art. 400. Na audiência de instrução e julgamento, a ser realizada no prazo máximo de 60 (sessenta) dias, proceder-se-á à tomada de declarações do ofendido, à inquirição das testemunhas arroladas pela acusação e pela defesa, nesta ordem, ressalvado o disposto no art. 222 deste Código, bem como aos esclarecimentos dos peritos, às acareações e ao reconhecimento de pessoas e coisas, interrogando-se, em seguida, o acusado. (Redação dada pela Lei 11.719/2008.)

- art. 5º, LV, CF.
- arts. 159, § 5º; 185 a 196; 201; 202 a 230; 411; e 531 deste Código.
- art. 8º, 1 e 2, d, f e g, Pacto de São José da Costa Rica.
- Súm. 15, STM.

§ 1º As provas serão produzidas numa só audiência, podendo o juiz indeferir as consideradas irrelevantes, impertinentes ou protelatórias. (Incluído pela Lei 11.719/2008.)

- art. 5º, LVI, CF.
- art. 157 deste Código.

§ 2º Os esclarecimentos dos peritos dependerão de prévio requerimento das partes. (Incluído pela Lei 11.719/2008.)

- art. 5º, LV, CF.
- arts. 159, § 5º, I; 278; 396-A, *caput*; e 533 deste Código.
- art. 8º, 2, f, Pacto de São José da Costa Rica.

Art. 401. Na instrução poderão ser inquiridas até 8 (oito) testemunhas arroladas pela acusação e 8 (oito) pela defesa. (Redação dada pela Lei 11.719/2008.)

- art. 209 deste Código.

§ 1º Nesse número não se compreendem as que não prestem compromisso e as referidas. (Incluído pela Lei 11.719/2008.)

- art. 208 deste Código.

§ 2º A parte poderá desistir da inquirição de qualquer das testemunhas arroladas, ressalvado o disposto no art. 209 deste Código. (Incluído pela Lei 11.719/2008.)

Art. 402. Produzidas as provas, ao final da audiência, o Ministério Público, o querelante e o assistente e, a seguir, o acusado poderão requerer diligências cuja necessidade se origine de circunstâncias ou fatos apurados na instrução. (Redação dada pela Lei 11.719/2008.)

Art. 403. Não havendo requerimento de diligências, ou sendo indeferido, serão oferecidas alegações finais orais por 20 (vinte) minutos, respectivamente, pela acusação e pela defesa, prorrogáveis por mais 10 (dez), proferindo o juiz, a seguir, sentença. (Redação dada pela Lei 11.719/2008.)

- art. 57, Lei 11.343/2006 (Lei Antidrogas).

§ 1º Havendo mais de um acusado, o tempo previsto para a defesa de cada um será individual. (Incluído pela Lei 11.719/2008.)

§ 2º Ao assistente do Ministério Público, após a manifestação desse, serão concedidos 10 (dez) minutos, prorrogando-se por igual período o tempo de manifestação da defesa. (Incluído pela Lei 11.719/2008.)

- arts. 268 a 273 deste Código.

§ 3º O juiz poderá, considerada a complexidade do caso ou o número de acusados, conceder às partes o prazo de 5 (cinco) dias sucessivamente para a apresentação de memoriais. Nesse caso, terá o prazo de 10 (dez) dias para proferir a sentença. (Incluído pela Lei 11.719/2008.)

Art. 404. Ordenado diligência considerada imprescindível, de ofício ou a requerimento da parte, a audiência será concluída sem as alegações finais. (Redação dada pela Lei 11.719/2008.)

Parágrafo único. Realizada, em seguida, a diligência determinada, as partes apresentarão, no prazo sucessivo de 5 (cinco) dias, suas alegações finais, por memorial, e, no prazo de 10 (dez) dias, o juiz proferirá a sentença. (Incluído pela Lei 11.719/2008.)

Art. 405. Do ocorrido em audiência será lavrado termo em livro próprio, assinado pelo juiz e pelas partes, contendo breve resumo dos fatos relevantes nela ocorridos. (Redação dada pela Lei 11.719/2008.)

§ 1º Sempre que possível, o registro dos depoimentos do investigado, indiciado, ofendido e testemunhas será feito pelos meios ou recursos de gravação magnética, estenotipia, digital ou técnica similar, inclusive audiovisual, destinada a obter maior fidelidade das informações. (Incluído pela Lei 11.719/2008.)

§ 2º No caso de registro por meio audiovisual, será encaminhado às partes cópia do registro original, sem necessidade de transcrição. (Incluído pela Lei 11.719/2008.)

CAPÍTULO II
DO PROCEDIMENTO RELATIVO AOS PROCESSOS DA COMPETÊNCIA DO TRIBUNAL DO JÚRI

- Redação dada pela Lei 11.689/2008.
- art. 5º, XXXVIII, CF.
- art. 74, § 1º, deste Código.
- Súm. Vinc. 45, STF.

SEÇÃO I
DA ACUSAÇÃO E DA INSTRUÇÃO PRELIMINAR

Art. 406. O juiz, ao receber a denúncia ou a queixa, ordenará a citação do acusado para responder a acusação, por escrito, no prazo de 10 (dez) dias. (Redação dada pela Lei 11.689/2008.)

- arts. 351 a 369; 395; 396, *caput*; 564, III, e; 570; e 581, I, deste Código.
- art. 117, I, CP.
- art. 8º, 2, b e c, Pacto de São José da Costa Rica.

§ 1º O prazo previsto no *caput* deste artigo será contado a partir do efetivo cumprimento do mandado ou do comparecimento, em juízo, do acusado ou de defensor constituído, no caso de citação inválida ou por edital. (Redação dada pela Lei 11.689/2008.)

- arts. 361; 363, §§ 1º e 4º; 365; 366; e 396, p.u., deste Código.

§ 2º A acusação deverá arrolar testemunhas, até o máximo de 8 (oito), na denúncia ou na queixa.

- arts. 41; 208; 209; e 401 deste Código.

§ 3º Na resposta, o acusado poderá arguir preliminares e alegar tudo que interesse a sua defesa, oferecer documentos e justificações, especificar as provas pretendidas e arrolar testemunhas, até o máximo de 8 (oito), qualificando-as e requerendo sua intimação, quando necessário. (Incluído pela Lei 11.689/2008.)

- arts. 208; 209; 395; 397; 401; e 564 deste Código.

Art. 407. As exceções serão processadas em apartado, nos termos dos arts. 95 a 112 deste Código. (Redação dada pela Lei 11.689/2008.)

- art. 396-A, § 2º, deste Código.

Art. 408. Não apresentada a resposta no prazo legal, o juiz nomeará defensor para oferecê-la em até 10 (dez) dias, concedendo-lhe vista dos autos. (Redação dada pela Lei 11.689/2008.)

- arts. 261 a 267; 351 a 360; 362, p.u.; 366; 367 a 396; e 396-A, § 2º deste Código.
- art. 8º, 2, e, Pacto de São José da Costa Rica.

Art. 409. Apresentada a defesa, o juiz ouvirá o Ministério Público ou o querelante sobre preliminares e documentos, em 5 (cinco) dias. (Redação dada pela Lei 11.689/2008.)

- art. 5º, LV, CF.

Art. 410. O juiz determinará a inquirição das testemunhas e a realização das diligências requeridas pelas partes, no prazo máximo de 10 (dez) dias. (Redação dada pela Lei 11.689/2008.)

Art. 411. Na audiência de instrução, proceder-se-á à tomada de declarações do ofendido, se possível, à inquirição das testemunhas arroladas pela acusação e pela defesa, nesta ordem, bem como aos esclarecimentos dos peritos, às acareações e ao reconhecimento de pessoas e coisas, interrogando-se, em seguida, o acusado e procedendo-se o debate. (Redação dada pela Lei 11.689/2008.)

- art. 400, *caput*, deste Código.

§ 1º Os esclarecimentos dos peritos dependerão de prévio requerimento e de deferimento pelo juiz. (Incluído pela Lei 11.689/2008.)

- art. 400, § 2º, deste Código.

§ 2º As provas serão produzidas em uma só audiência, podendo o juiz indeferir as consideradas irrelevantes, impertinentes ou protelatórias. (Incluído pela Lei 11.689/2008.)

- art. 400, § 1º, deste Código.

§ 3º Encerrada a instrução probatória, observar-se-á, se for o caso, o disposto no art. 384 deste Código. (Incluído pela Lei 11.689/2008.)

§ 4º As alegações serão orais, concedendo-se a palavra, respectivamente, à acusação e à defesa, pelo prazo de 20 (vinte) minutos, prorrogáveis por mais 10 (dez). (Incluído pela Lei 11.689/2008.)

- arts. 403, *caput*, deste Código.

§ 5º Havendo mais de 1 (um) acusado, o tempo previsto para a acusação e a defesa de cada um deles será individual. (Incluído pela Lei 11.689/2008.)

- art. 403, § 1º, deste Código.

§ 6º Ao assistente do Ministério Público, após a manifestação deste, serão concedidos 10 (dez) minutos, prorrogando-se por igual período o tempo de manifestação da defesa. (Incluído pela Lei 11.689/2008.)

- art. 403, § 2º, deste Código.

§ 7º Nenhum ato será adiado, salvo quando imprescindível à prova faltante, determinando o juiz a condução coercitiva de quem deva comparecer. (Incluído pela Lei 11.689/2008.)

- arts. 201, § 1º; 218; 260; 278; e 535 deste Código.

§ 8º A testemunha que comparecer será inquirida, independentemente da suspensão da audiência, observada em qualquer caso a ordem estabelecida no *caput* deste artigo. (Incluído pela Lei 11.689/2008.)

- art. 536 deste Código.

§ 9º Encerrados os debates, o juiz proferirá a sua decisão, ou o fará em 10 (dez) dias, ordenando que os autos para isso lhe sejam conclusos. (Incluído pela Lei 11.689/2008.)

Art. 412. O procedimento será concluído no prazo máximo de 90 (noventa) dias. (Redação dada pela Lei 11.689/2008.)

- art. 5º, LXXVII, CF.
- art. 390, CPPM.
- art. 8º, 1, Pacto de São José da Costa Rica.

SEÇÃO II
DA PRONÚNCIA, DA IMPRONÚNCIA E DA ABSOLVIÇÃO SUMÁRIA

- Redação dada pela Lei 11.689/2008.

Art. 413. O juiz, fundamentadamente, pronunciará o acusado, se convencido da materialidade do fato e da existência de indícios suficientes de autoria ou de participação. (Redação dada pela Lei 11.689/2008.)

- arts. 5º, LVII, e 93, IX, CF.
- arts. 74, § 3º; 155; 239; 373, II; 564, III, f; 581, IV; e 585 deste Código.
- art. 117, II, CP.
- Súm. 191, STJ.

§ 1º A fundamentação da pronúncia limitar-se-á à indicação da materialidade do fato e da existência de indícios suficientes de autoria ou de participação, devendo o juiz declarar o dispositivo legal em que julgar incurso o acusado e especificar as circunstâncias qualificadoras e as causas de aumento de pena. (Incluído pela Lei 11.689/2008.)

- arts. 564, III, f, e 581, IV, deste Código.
- art. 7º, Dec.-Lei 3.931/1941 (Lei de Introdução a este Código).

§ 2º Se o crime for afiançável, o juiz arbitrará o valor da fiança para a concessão ou manutenção da liberdade provisória. (Incluído pela Lei 11.689/2008.)

- art. 5º, LXVI, CF.
- art. 285, p.u., d; e 323 a 350 deste Código.

§ 3º O juiz decidirá, motivadamente, no caso de manutenção, revogação ou substituição da prisão ou medida restritiva de liberdade anteriormente decretada e, tratando-se de acusado solto, sobre a necessidade da decretação da prisão ou imposição de quaisquer das medidas previstas no Título IX do Livro I deste Código. (Incluído pela Lei 11.689/2008.)

- art. 5º, LVII, CF.
- arts. 311 a 317 e 387, p.u., deste Código.
- art. 8º, 2, Pacto de São José da Costa Rica.

Art. 414. Não se convencendo da materialidade do fato ou da existência de indícios suficientes de autoria ou de participação, o juiz, fundamentadamente, impronunciará o acusado. (Redação dada pela Lei 11.689/2008.)

- art. 93, IX, CF.
- arts. 81, p.u.; 416; 555; 584, § 1º; e 779 deste Código.

Parágrafo único. Enquanto não ocorrer a extinção da punibilidade, poderá ser formulada nova denúncia ou queixa se houver prova nova. (Incluído pela Lei 11.689/2008.)

- art. 18 deste Código.
- art. 107, IV, CP.
- art. 6º, § 1º, d, do Dec.-Lei 3.931/1941 (Lei de Introdução ao CPP).
- Súm. 524, STF.

Art. 415. O juiz, fundamentadamente, absolverá desde logo o acusado, quando: (Redação dada pela Lei 11.689/2008.)

- art. 93, IX, CF.
- arts. 81, p.u.; 416; 574, II; e 596 deste Código.
- art. 397, Lei 11.719/2008 (Altera dispositivos neste Código).

I - provada a inexistência do fato; (Redação dada pela Lei 11.689/2008.)

- art. 386, I, deste Código.

II - provado não ser ele autor ou partícipe do fato; (Redação dada pela Lei 11.689/2008.)

- art. 386, IV, deste Código.

III - o fato não constituir infração penal; (Redação dada pela Lei 11.689/2008.)

- arts. 386, III e 397, III, deste Código.

IV - demonstrada causa de isenção de pena ou de exclusão do crime. (Redação dada pela Lei 11.689/2008.)

Parágrafo único. Não se aplica o disposto no inciso IV do *caput* deste artigo ao caso de inimputabilidade prevista no *caput* do art. 26 do Decreto-Lei n. 2.848, de 07 de dezembro de 1940 - Código Penal, salvo quando esta for a única tese defensiva. (Incluído pela Lei 11.689/2008.)

- arts. 81, p.u.; 397, II; e 416 deste Código.
- Súm. 524, STF.

Art. 416. Contra a sentença de impronúncia ou de absolvição sumária caberá apelação. (Redação dada pela Lei 11.689/2008.)

- arts. 414; 415; 593, I e II; e 596 deste Código.

Art. 417. Se houver indícios de autoria ou de participação de outras pessoas não incluídas na acusação, o juiz, ao pronunciar ou impronunciar o acusado, determinará o retorno dos autos ao Ministério Público, por 15 (quinze) dias, aplicável, no que couber, o art. 80 deste Código. (Redação dada pela Lei 11.689/2008.)

Art. 418. O juiz poderá dar ao fato definição jurídica diversa da constante da acusação, embora o acusado fique sujeito a pena mais grave. (Redação dada pela Lei 11.689/2008.)

- art. 383 deste Código

Art. 419. Quando o juiz se convencer, em discordância com a acusação, da existência de crime diverso dos referidos no § 1º do art. 74 deste Código e não for competente para o julgamento, remeterá os autos ao juiz que o seja. (Redação dada pela Lei 11.689/2008.)

- art. 5º, LV, CF.
- arts. 74, §§ 2º e 3º; 81, p.u.; 492, §§ 1º e 2º; 567; e 581, II, deste Código.
- Súm. 603 e 610, STF.

Parágrafo único. Remetidos os autos do processo a outro juiz, à disposição deste ficará o acusado preso. (Incluído pela Lei 11.689/2008.)

Art. 420. A intimação da decisão de pronúncia será feita: (Redação dada pela Lei 11.689/2008.)

- art. 431 deste Código.

I - pessoalmente ao acusado, ao defensor nomeado e ao Ministério Público; (Incluído pela Lei 11.689/2008.)

- art. 370, § 4º, deste Código.

II - ao defensor constituído, ao querelante e ao assistente do Ministério Público, na forma do disposto no § 1º do art. 370 deste Código. (Incluído pela Lei 11.689/2008.)

Parágrafo único. Será intimado por edital o acusado solto que não for encontrado. (Incluído pela Lei 11.689/2008.)

- arts. 361; 365; e 564, III, f, deste Código.

Art. 421. Preclusa a decisão de pronúncia, os autos serão encaminhados ao juiz presidente do Tribunal do Júri. (Redação dada pela Lei 11.689/2008.)

- art. 564, III, f, deste Código.

§ 1º Ainda que preclusa a decisão de pronúncia, havendo circunstância superveniente que altere a classificação do crime, o juiz ordenará a remessa dos autos ao Ministério Público. (Incluído pela Lei 11.689/2008.)

§ 2º Em seguida, os autos serão conclusos ao juiz para decisão. (Incluído pela Lei 11.689/2008.)

SEÇÃO III
DA PREPARAÇÃO DO PROCESSO PARA JULGAMENTO EM PLENÁRIO

- Redação dada pela Lei 11.689/2008.

Art. 422. Ao receber os autos, o presidente do Tribunal do Júri determinará a intimação do órgão do Ministério Público ou do querelante, no caso de queixa, e do defensor, para, no prazo de 5 (cinco) dias, apresentarem rol de testemunhas que irão depor em plenário, até o máximo de 5 (cinco), oportunidade em que poderão juntar documentos e requerer diligência. (Redação dada pela Lei 11.689/2008.)

- arts. 406, §§ 2º e 3º; e 461 deste Código.

Art. 423. Deliberando sobre os requerimentos de provas a serem produzidas ou exibidas no plenário do júri, e adotadas as providências devidas, o juiz presidente: (Redação dada pela Lei 11.689/2008.)

- art. 430, CPPM.

I - ordenará as diligências necessárias para sanar qualquer nulidade ou esclarecer fato que interesse ao julgamento da causa; (Incluído pela Lei 11.689/2008.)

II - fará relatório sucinto do processo, determinando sua inclusão em pauta da reunião do Tribunal do Júri. (Incluído pela Lei 11.689/2008.)

Art. 424. Quando a lei local de organização judiciária não atribuir ao presidente do Tribunal do Júri o preparo para julgamento, o juiz competente remeter-lhe-á os autos do processo preparado até 5 (cinco) dias antes do sorteio a que se refere o art. 433 deste Código. (Redação dada pela Lei 11.689/2008.)

Parágrafo único. Deverão ser remetidos, também, os processos preparados até o encerramento da reunião, para a realização de julgamento. (Redação dada pela Lei 11.689/2008.)

SEÇÃO IV
DO ALISTAMENTO DOS JURADOS

- Redação dada pela Lei 11.689/2008.

Art. 425. Anualmente, serão alistados pelo presidente do Tribunal do Júri de 800 (oitocentos) a 1.500 (um mil e quinhentos) jurados nas comarcas de mais de 1.000.000 (um milhão) de habitantes, de 300 (trezentos) a 700 (setecentos) nas comarcas de mais de 100.000 (cem mil) habitantes e de 80 (oitenta) a 400 (quatrocentos) nas comarcas de menor população. (Redação dada pela Lei 11.689/2008.)

- arts. 581, XIV, e 586, p.u., deste Código.

§ 1º Nas comarcas onde for necessário, poderá ser aumentado o número de jurados e, ainda, organizada lista de suplentes, depositadas as cédulas em urna especial, com as cautelas mencionadas na parte final do § 3º do art. 426 deste Código. (Incluído pela Lei 11.689/2008.)

§ 2º O juiz presidente requisitará às autoridades locais, associações de classe e de bairro, entidades associativas e culturais, instituições de ensino em geral, universidades, sindicatos, repartições públicas e outros núcleos comunitários a indicação de pessoas que reúnam as condições para exercer a função de jurado. (Incluído pela Lei 11.689/2008.)

Art. 426. A lista geral dos jurados, com indicação das respectivas profissões, será publicada pela imprensa até o dia 10 de outubro de cada ano e divulgada em editais afixados à porta do Tribunal do Júri. (Redação dada pela Lei 11.689/2008.)

§ 1º A lista poderá ser alterada, de ofício ou mediante reclamação de qualquer do povo ao juiz presidente até o dia 10 de novembro, data de sua publicação definitiva. (Incluído pela Lei 11.689/2008.)

- arts. 581, XIV, e 586, p.u., deste Código.

§ 2º Juntamente com a lista, serão transcritos os arts. 436 a 446 deste Código. (Incluído pela Lei 11.689/2008.)

§ 3º Os nomes e endereços dos alistados, em cartões iguais, após serem verificados na presença do Ministério Público, de advogado indicado pela Seção local da Ordem dos Advogados do Brasil e de defensor indicado pelas Defensorias Públicas competentes, permanecerão guardados em urna fechada a chave, sob a responsabilidade do juiz presidente. (Incluído pela Lei 11.689/2008.)

§ 4º O jurado que tiver integrado o Conselho de Sentença nos 12 (doze) meses que antecederem à publicação da lista geral fica dela excluído. (Incluído pela Lei 11.689/2008.)

§ 5º Anualmente, a lista geral de jurados será, obrigatoriamente, completada. (Incluído pela Lei 11.689/2008.)

SEÇÃO V
DO DESAFORAMENTO

- Redação dada pela Lei 11.689/2008.

Art. 427. Se o interesse da ordem pública o reclamar ou houver dúvida sobre a imparcialidade do júri ou a segurança pessoal do acusado, o Tribunal, a requerimento do Ministério Público, do assistente, do querelante ou do acusado ou mediante representação do juiz competente, poderá determinar o desaforamento do julgamento para outra comarca da mesma região, onde não existam aqueles motivos, preferindo-se as mais próximas. (Redação dada pela Lei 11.689/2008.)

- art. 70 deste Código.
- art. 109, CPPM.
- Súm. 712, STF.

§ 1º O pedido de desaforamento será distribuído imediatamente e terá preferência de julgamento na Câmara ou Turma competente. (Incluído pela Lei 11.689/2008.)

- art. 5º, LIII e LV, CF.
- art. 564 deste Código.
- art. 8º, 1, Pacto de São José da Costa Rica.

§ 2º Sendo relevantes os motivos alegados, o relator poderá determinar, fundamentadamente, a suspensão do julgamento pelo júri. (Incluído pela Lei 11.689/2008.)

§ 3º Será ouvido o juiz presidente, quando a medida não tiver sido por ele solicitada. (Incluído pela Lei 11.689/2008.)

§ 4º Na pendência de recurso contra a decisão de pronúncia ou quando efetivado o julgamento, não se admitirá o pedido de desaforamento, salvo, nesta última hipótese, quanto a fato ocorrido durante ou após a realização de julgamento anulado. (Incluído pela Lei 11.689/2008.)

- art. 581, IV, deste Código.

Art. 428. O desaforamento também poderá ser determinado, em razão do comprovado excesso de serviço, ouvidos o juiz presidente e a parte contrária, se o julgamento não puder ser realizado no prazo de 6 (seis) meses, contado do trânsito em julgado da decisão de pronúncia. (Redação dada pela Lei 11.689/2008.)

- art. 5º, LV e LXXXVIII, CF.
- art. 8º, 1, Pacto de São José da Costa Rica.
- Súm. 712, STF.

§ 1º Para a contagem do prazo referido neste artigo, não se computará o tempo de adiamentos, diligências ou incidentes de interesse da defesa. (Incluído pela Lei 11.689/2008.)

- Súm. 64, STJ.

§ 2º Não havendo excesso de serviço ou existência de processos aguardando julgamento em quantidade que ultrapasse a possibilidade de apreciação pelo Tribunal do Júri, nas reuniões periódicas previstas para o exercício, o acusado poderá requerer ao Tribunal que determine a imediata realização do julgamento. (Incluído pela Lei 11.689/2008.)

SEÇÃO VI
DA ORGANIZAÇÃO DA PAUTA

- Incluído pela Lei 11.689/2008.

Art. 429. Salvo motivo relevante que autorize alteração na ordem dos julgamentos, terão preferência: (Redação dada pela Lei 11.689/2008.)

I - os acusados presos; (Incluído pela Lei 11.689/2008.)

II - dentre os acusados presos, aqueles que estiverem há mais tempo na prisão; (Incluído pela Lei 11.689/2008.)

III - em igualdade de condições, os precedentemente pronunciados. (Incluído pela Lei 11.689/2008.)

§ 1º Antes do dia designado para o primeiro julgamento da reunião periódica, será afixada na porta do edifício do Tribunal do Júri a lista dos processos a serem julgados, obedecida a ordem prevista no *caput* deste artigo. (Redação dada pela Lei 11.689/2008.)

§ 2º O juiz presidente reservará datas na mesma reunião periódica para a inclusão de processo que tiver o julgamento adiado. (Redação dada pela Lei 11.689/2008.)

Art. 430. O assistente somente será admitido se tiver requerido sua habilitação até 5 (cinco) dias antes da data da sessão na qual pretenda atuar. (Redação dada pela Lei 11.689/2008.)

- arts. 268 a 273 deste Código.

Art. 431. Estando o processo em ordem, o juiz presidente mandará intimar as partes, o ofendido, se for possível, as testemunhas e os peritos, quando houver requerimento, para a sessão de instrução e julgamento, observando, no que couber, o disposto no art. 420 deste Código. (Redação dada pela Lei 11.689/2008.)

SEÇÃO VII
DO SORTEIO E DA CONVOCAÇÃO DOS JURADOS

- Incluído pela Lei 11.689/2008.

Art. 432. Em seguida à organização da pauta, o juiz presidente determinará a intimação do Ministério Público, da Ordem dos Advogados do Brasil e da Defensoria Pública para acompanharem, em dia e hora designados, o sorteio dos jurados que atuarão na reunião periódica. (Redação dada pela Lei 11.689/2008.)

Art. 433. O sorteio, presidido pelo juiz, far-se-á a portas abertas, cabendo-lhe retirar as cédulas até completar o número de 25 (vinte e cinco) jurados, para a reunião periódica ou extraordinária. (Redação dada pela Lei 11.689/2008.)

§ 1º O sorteio será realizado entre o 15º (décimo quinto) e o 10º (décimo) dia útil antecedente à instalação da reunião. (Incluído pela Lei 11.689/2008.)

§ 2º A audiência de sorteio não será adiada pelo não comparecimento das partes. (Incluído pela Lei 11.689/2008.)

§ 3º O jurado não sorteado poderá ter o seu nome novamente incluído para as reuniões futuras. (Incluído pela Lei 11.689/2008.)

Art. 434. Os jurados sorteados serão convocados pelo correio ou por qualquer outro meio hábil para comparecer no dia e hora designados para a reunião, sob as penas da lei. (Redação dada pela Lei 11.689/2008.)

- art. 465 deste Código.

Parágrafo único. No mesmo expediente de convocação serão transcritos os arts. 436 a 446 deste Código. (Incluído pela Lei 11.689/2008.)

Art. 435. Serão afixados na porta do edifício do Tribunal do Júri a relação dos jurados convocados, os nomes do acusado e dos procuradores das partes, além do dia, hora e local das sessões de instrução e julgamento. (Redação dada pela Lei 11.689/2008.)

- art. 465 deste Código.

SEÇÃO VIII
DA FUNÇÃO DO JURADO

- Incluído pela Lei 11.689/2008.
- arts. 426 e 434 deste Código.

Art. 436. O serviço do júri é obrigatório. O alistamento compreenderá os cidadãos maiores de 18 (dezoito) anos de notória idoneidade. (Redação dada pela Lei 11.689/2008.)

§ 1º Nenhum cidadão poderá ser excluído dos trabalhos do júri ou deixar de ser alistado em razão de cor ou etnia, raça, credo, sexo, profissão, classe social ou econômica, origem ou grau de instrução. (Incluído pela Lei 11.689/2008.)

§ 2º A recusa injustificada ao serviço do júri acarretará multa no valor de 1 (um) a 10 (dez) salários-mínimos, a critério do juiz, de acordo com a condição econômica do jurado. (Incluído pela Lei 11.689/2008.)

- arts. 458 e 466, § 1º, deste Código.

Art. 437. Estão isentos do serviço do júri: (Redação dada pela Lei 11.689/2008.)

I - o Presidente da República e os Ministros de Estado; (Incluído pela Lei 11.689/2008.)

II - os Governadores e seus respectivos Secretários; (Incluído pela Lei 11.689/2008.)

III - os membros do Congresso Nacional, das Assembleias Legislativas e das Câmaras Distrital e Municipais; (Incluído pela Lei 11.689/2008.)

IV - os Prefeitos Municipais; (Incluído pela Lei 11.689/2008.)

V - os Magistrados e membros do Ministério Público e da Defensoria Pública; (Incluído pela Lei 11.689/2008.)

VI - os servidores do Poder Judiciário, do Ministério Público e da Defensoria Pública; (Incluído pela Lei 11.689/2008.)

VII - as autoridades e os servidores da polícia e da segurança pública; (Incluído pela Lei 11.689/2008.)

VIII - os militares em serviço ativo; (Incluído pela Lei 11.689/2008.)

IX - os cidadãos maiores de 70 (setenta) anos que requeiram sua dispensa; (Incluído pela Lei 11.689/2008.)

X - aqueles que o requererem, demonstrando justo impedimento. (Incluído pela Lei 11.689/2008.)

Art. 438. A recusa ao serviço do júri fundada em convicção religiosa, filosófica ou política importará no dever de prestar serviço alternativo, sob pena de suspensão dos direitos políticos, enquanto não prestar o serviço imposto. (Redação dada pela Lei 11.689/2008.)

- arts. 5º, VIII, e 15, IV, CF.

§ 1º Entende-se por serviço alternativo o exercício de atividades de caráter administrativo, assistencial, filantrópico ou mesmo produtivo, no Poder Judiciário, na Defensoria Pública, no Ministério Público ou em entidade conveniada para esses fins. (Incluído pela Lei 11.689/2008.)

§ 2º O juiz fixará o serviço alternativo atendendo aos princípios da proporcionalidade e da razoabilidade. (Incluído pela Lei 11.689/2008.)

Art. 439. O exercício efetivo da função de jurado constituirá serviço público relevante e estabelecerá presunção de idoneidade moral. (Redação dada pela Lei 12.403/2011.)

- art. 295, X, deste Código.
- art. 327, CP.
- art. 84, § 2º, Lei 7.210/1984 (Lei de Execuções Fiscais).

Art. 440. Constitui também direito do jurado, na condição do art. 439 deste Código, preferência, em igualdade de condições, nas licitações públicas e no provimento, mediante concurso, de cargo ou função pública, bem como nos casos de promoção funcional ou remoção voluntária. (Redação dada pela Lei 11.689/2008.)

Art. 441. Nenhum desconto será feito nos vencimentos ou salário do jurado sorteado que comparecer à sessão do júri. (Redação dada pela Lei 11.689/2008.)

- art. 459 deste Código.

Art. 442. Ao jurado que, sem causa legítima, deixar de comparecer no dia marcado para a sessão ou retirar-se antes de ser dispensado pelo presidente será aplicada multa de 1 (um) a 10 (dez) salários-mínimos, a critério do juiz, de acordo com a sua condição econômica. (Redação dada pela Lei 11.689/2008.)

Art. 443. Somente será aceita escusa fundada em motivo relevante devidamente comprovado e apresentada, ressalvadas as hipóteses de força maior, até o momento da chamada dos jurados. (Redação dada pela Lei 11.689/2008.)

Art. 444. O jurado somente será dispensado por decisão motivada do juiz presidente, consignada na ata dos trabalhos. (Redação dada pela Lei 11.689/2008.)

Art. 445. O jurado, no exercício da função ou a pretexto de exercê-la, será responsável criminalmente nos mesmos termos em que o são os juízes togados. (Redação dada pela Lei 11.689/2008.)

- arts. 316; 317, §§ 1º e 2º; e 319, CP.

Art. 446. Aos suplentes, quando convocados, serão aplicáveis os dispositivos referentes às dispensas, faltas e escusas e à equiparação de responsabilidade penal prevista no art. 445 deste Código. (Redação dada pela Lei 11.689/2008.)

SEÇÃO IX
DA COMPOSIÇÃO DO TRIBUNAL DO JÚRI E DA FORMAÇÃO DO CONSELHO DE SENTENÇA

- Incluído pela Lei 11.689/2008.

Art. 447. O Tribunal do Júri é composto por 1 (um) juiz togado, seu presidente e por 25 (vinte e cinco) jurados que serão sorteados dentre os alistados, 7 (sete) dos quais constituirão o Conselho de Sentença em cada sessão de julgamento. (Redação dada pela Lei 11.689/2008.)

- art. 564, III, i e j, deste Código.

Art. 448. São impedidos de servir no mesmo Conselho: (Redação dada pela Lei 11.689/2008.)

- art. 466 deste Código.
- Súm. 206, STF.

I - marido e mulher; (Incluído pela Lei 11.689/2008.)

II - ascendente e descendente; (Incluído pela Lei 11.689/2008.)

III - sogro e genro ou nora; (Incluído pela Lei 11.689/2008.)

IV - irmãos e cunhados, durante o cunhadio; (Incluído pela Lei 11.689/2008.)

V - tio e sobrinho; (Incluído pela Lei 11.689/2008.)

VI - padrasto, madrasta ou enteado. (Incluído pela Lei 11.689/2008.)

§ 1º O mesmo impedimento ocorrerá em relação às pessoas que mantenham união estável reconhecida como entidade familiar. (Incluído pela Lei 11.689/2008.)

§ 2º Aplicar-se-á aos jurados o disposto sobre os impedimentos, a suspeição e as incompatibilidades dos juízes togados. (Incluído pela Lei 11.689/2008.)

- arts. 252, I e IV, e 253 deste Código.

Art. 449. Não poderá servir o jurado que: (Redação dada pela Lei 11.689/2008.)

- art. 466 deste Código.
- Súm. 206, STF.

I - tiver funcionado em julgamento anterior do mesmo processo, independentemente da causa determinante do julgamento posterior; (Incluído pela Lei 11.689/2008.)

II - no caso do concurso de pessoas, houver integrado o Conselho de Sentença que julgou o outro acusado; (Incluído pela Lei 11.689/2008.)

III - tiver manifestado prévia disposição para condenar ou absolver o acusado. (Incluído pela Lei 11.689/2008.)

Art. 450. Dos impedidos entre si por parentesco ou relação de convivência, servirá o que houver sido sorteado em primeiro lugar. (Redação dada pela Lei 11.689/2008.)

Art. 451. Os jurados excluídos por impedimento, suspeição ou incompatibilidade serão considerados para a constituição do número legal exigível para a realização da sessão. (Redação dada pela Lei 11.689/2008.)

- art. 106 deste Código.

Art. 452. O mesmo Conselho de Sentença poderá conhecer de mais de um processo, no mesmo dia, se as partes o aceitarem, hipótese em que seus integrantes deverão prestar novo compromisso. (Redação dada pela Lei 11.689/2008.)

SEÇÃO X
DA REUNIÃO E DAS SESSÕES DO TRIBUNAL DO JÚRI

- Incluído pela Lei 11.689/2008.

Art. 453. O Tribunal do Júri reunir-se-á para as sessões de instrução e julgamento nos períodos e na forma estabelecida pela lei local de organização judiciária. (Redação dada pela Lei 11.689/2008.)

Art. 454. Até o momento de abertura dos trabalhos da sessão, o juiz presidente decidirá os casos de isenção e dispensa de jurados e o pedido de adiamento de julgamento, mandando consignar em ata as deliberações. (Redação dada pela Lei 11.689/2008.)

Art. 455. Se o Ministério Público não comparecer, o juiz presidente adiará o julgamento para o primeiro dia desimpedido da mesma reunião, cientificadas as partes e as testemunhas. (Redação dada pela Lei 11.689/2008.)

- art. 129, I, e §§ 2º e 3º, CF.
- art. 25, p.u., Lei 8.625/1993 (Lei Orgânica Nacional do Ministério Público).

Parágrafo único. Se a ausência não for justificada, o fato será imediatamente comunicado ao Procurador-Geral de Justiça com a data designada para a nova sessão. (Incluído pela Lei 11.689/2008.)

Art. 456. Se a falta, sem escusa legítima, for do advogado do acusado, e se outro não for por este constituído, o fato será imediatamente comunicado ao presidente da seccional da Ordem dos Advogados do Brasil, com a data designada para a nova sessão. (Redação dada pela Lei 11.689/2008.)

- art. 265, p.u., deste Código.
- Súm. 523, STF.

§ 1º Não havendo escusa legítima, o julgamento será adiado somente uma vez, devendo o acusado ser julgado quando chamado novamente. (Incluído pela Lei 11.689/2008.)

§ 2º Na hipótese do § 1º deste artigo, o juiz intimará a Defensoria Pública para o novo julgamento, que será adiado para o primeiro dia desimpedido, observado o prazo mínimo de 10 (dez) dias. (Incluído pela Lei 11.689/2008.)

Art. 457. O julgamento não será adiado pelo não comparecimento do acusado solto, do assistente ou do advogado do querelante, que tiver sido regularmente intimado. (Redação dada pela Lei 11.689/2008.)

- arts. 370, § 1º, e 564, III, g, deste Código.

§ 1º Os pedidos de adiamento e as justificações de não comparecimento deverão ser, salvo comprovado motivo de força maior, previamente submetidos à apreciação do juiz presidente do Tribunal do Júri. (Incluído pela Lei 11.689/2008.)

§ 2º Se o acusado preso não for conduzido, o julgamento será adiado para o primeiro dia desimpedido da mesma reunião, salvo se houver pedido de dispensa de comparecimento subscrito por ele e seu defensor. (Incluído pela Lei 11.689/2008.)

- art. 5º, LV, CF.
- art. 8º, 1 e 2, d e g, Pacto de São José da Costa Rica.

Art. 458. Se a testemunha, sem justa causa, deixar de comparecer, o juiz presidente, sem prejuízo da ação penal pela desobediência, aplicar-lhe-á a multa prevista no § 2º do art. 436 deste Código. (Redação dada pela Lei 11.689/2008.)

- art. 219 deste Código.
- art. 330, CP.

Art. 459. Aplicar-se-á às testemunhas a serviço do Tribunal do Júri o disposto no art. 441 deste Código. (Redação dada pela Lei 11.689/2008.)

Art. 460. Antes de constituído o Conselho de Sentença, as testemunhas serão recolhidas a lugar onde umas não possam ouvir os depoimentos das outras. (Redação dada pela Lei 11.689/2008.)

- art. 210 deste Código

Art. 461. O julgamento não será adiado se a testemunha deixar de comparecer, salvo se uma das partes tiver requerido a sua intimação por mandado, na oportunidade de que trata o art. 422 deste Código, declarando não prescindir do depoimento e indicando a sua localização. (Redação dada pela Lei 11.689/2008.)

- arts. 218 e 564, III, h, deste Código.
- art. 8º, 2, f, Pacto de São José da Costa Rica.

§ 1º Se, intimada, a testemunha não comparecer, o juiz presidente suspenderá os trabalhos e mandará conduzi-la ou adiará o julgamento para o primeiro dia desimpedido, ordenando a sua condução. (Incluído pela Lei 11.689/2008.)

§ 2º O julgamento será realizado mesmo na hipótese de a testemunha não ser encontrada no local indicado, se assim for certificado por oficial de justiça. (Incluído pela Lei 11.689/2008.)

Art. 462. Realizadas as diligências referidas nos arts. 454 a 461 deste Código, o juiz presidente verificará se a urna contém as cédulas dos 25 (vinte e cinco) jurados sorteados, mandando que o escrivão proceda à chamada deles. (Redação dada pela Lei 11.689/2008.)

Art. 463. Comparecendo, pelo menos, 15 (quinze) jurados, o juiz presidente declarará instalados os trabalhos, anunciando o processo que será submetido a julgamento. (Redação dada pela Lei 11.689/2008.)

- art. 564, III, i, deste Código.

§ 1º O oficial de justiça fará o pregão, certificando a diligência nos autos. (Incluído pela Lei 11.689/2008.)

§ 2º Os jurados excluídos por impedimento ou suspeição serão computados para a constituição do número legal. (Incluído pela Lei 11.689/2008.)

Art. 464. Não havendo o número referido no art. 463 deste Código, proceder-se-á ao sorteio de tantos suplentes quantos necessários, e designar-se-á nova data para a sessão do júri. (Redação dada pela Lei 11.689/2008.)

Art. 465. Os nomes dos suplentes serão consignados em ata, remetendo-se o expediente de convocação, com observância do disposto nos arts. 434 e 435 deste Código. (Redação dada pela Lei 11.689/2008.)

- art. 495, V, deste Código.

Art. 466. Antes do sorteio dos membros do Conselho de Sentença, o juiz presidente esclarecerá sobre os impedimentos, a suspeição e as incompatibilidades constantes dos arts. 448 e 449 deste Código. (Redação dada pela Lei 11.689/2008.)

- art. 564, III, j, deste Código.

§ 1º O juiz presidente também advertirá os jurados de que, uma vez sorteados, não poderão comunicar-se entre si e com outrem, nem manifestar sua opinião sobre o processo, sob pena de exclusão do Conselho e multa, na forma do § 2º do art. 436 deste Código. (Redação dada pela Lei 11.689/2008.)

§ 2º A incomunicabilidade será certificada nos autos pelo oficial de justiça. (Redação dada pela Lei 11.689/2008.)

Art. 467. Verificando que se encontram na urna as cédulas relativas aos jurados presentes, o juiz presidente sorteará 7 (sete) dentre eles para a formação do Conselho de Sentença. (Redação dada pela Lei 11.689/2008.)

- arts. 447 a 542 e 564, III, j, deste Código.

Art. 468. À medida que as cédulas forem sendo retiradas da urna, o juiz presidente as lerá, e a defesa e, depois dela, o Ministério Público poderão recusar os jurados sorteados, até 3 (três) cada parte, sem motivar a recusa. (Redação dada pela Lei 11.689/2008.)

- art. 495, XII, deste Código.

Parágrafo único. O jurado recusado imotivadamente por qualquer das partes será excluído daquela sessão de instrução e julgamento, prosseguindo-se o sorteio para a composição do Conselho de Sentença com os jurados remanescentes. (Incluído pela Lei 11.689/2008.)

Art. 469. Se forem 2 (dois) ou mais os acusados, as recusas poderão ser feitas por um só defensor. (Redação dada pela Lei 11.689/2008.)

- art. 80 deste Código.

§ 1º A separação dos julgamentos somente ocorrerá se, em razão das recusas, não for obtido o número mínimo de 7 (sete) jurados para compor o Conselho de Sentença. (Incluído pela Lei 11.689/2008.)

§ 2º Determinada a separação dos julgamentos, será julgado em primeiro lugar o acusado a quem foi atribuída a autoria do fato ou, em caso de coautoria, aplicar-se-á o critério de preferência disposto no art. 429 deste Código. (Incluído pela Lei 11.689/2008.)

Art. 470. Desacolhida a arguição de impedimento, de suspeição ou de incompatibilidade contra o juiz presidente do Tribunal do Júri, órgão do Ministério Público, jurado ou qualquer funcionário, o julgamento não será suspenso, devendo, entretanto, constar da ata o seu fundamento e a decisão. (Redação dada pela Lei 11.689/2008.)

- arts. 106; 112; 252 a 254; 258; 274; e 564, I, deste Código.

Art. 471. Se, em consequência do impedimento, suspeição, incompatibilidade, dispensa ou recusa, não houver número para a formação do Conselho, o julgamento será adiado para o primeiro dia desimpedido, após sorteados os suplentes, com observância do disposto no art. 464 deste Código. (Redação dada pela Lei 11.689/2008.)

Art. 472. Formado o Conselho de Sentença, o presidente, levantando-se, e, com ele, todos os presentes, fará aos jurados a seguinte exortação: (Redação dada pela Lei 11.689/2008.)

Em nome da lei, concito-vos a examinar esta causa com imparcialidade e a proferir a vossa decisão de acordo com a vossa consciência e os ditames da justiça.

Os jurados, nominalmente chamados pelo presidente, responderão:

Assim o prometo.

- art. 495, XIII, deste Código.
- art. 400, CPPM.

Parágrafo único. O jurado, em seguida, receberá cópias da pronúncia ou, se for o caso, das decisões posteriores que julgaram admissível a acusação e do relatório do processo. (Incluído pela Lei 11.689/2008.)

- arts. 413 e 423, II, deste Código.

SEÇÃO XI
DA INSTRUÇÃO EM PLENÁRIO

- Incluído pela Lei 11.689/2008.

Art. 473. Prestado o compromisso pelos jurados, será iniciada a instrução plenária quando o juiz presidente, o Ministério Público, o assistente, o querelante e o defensor do acusado tomarão, sucessiva e diretamente, as declarações do ofendido, se possível, e inquirirão as testemunhas arroladas pela acusação. (Redação dada pela Lei 11.689/2008.)

- art. 212 deste Código.

§ 1º Para a inquirição das testemunhas arroladas pela defesa, o defensor do acusado formulará as perguntas antes do Ministério Público e do assistente, mantidos no mais a ordem e os critérios estabelecidos neste artigo. (Incluído pela Lei 11.689/2008.)

§ 2º Os jurados poderão formular perguntas ao ofendido e às testemunhas, por intermédio do juiz presidente. (Incluído pela Lei 11.689/2008.)

§ 3º As partes e os jurados poderão requerer acareações, reconhecimento de pessoas e coisas e esclarecimento dos peritos, bem como a leitura de peças que se refiram, exclusivamente, às provas colhidas por carta precatória e às provas cautelares, antecipadas ou não repetíveis. (Incluído pela Lei 11.689/2008.)

- art. 155, *caput*, deste Código.
- Súm. Vinc. 11, STF.

Art. 474. A seguir será o acusado interrogado, se estiver presente, na forma estabelecida no Capítulo III do Título VII do Livro I deste Código, com as alterações introduzidas nesta Seção. (Redação dada pela Lei 11.689/2008.)

- arts. 185 a 196; 495, XII; e 564, III, e, deste Código.

§ 1º O Ministério Público, o assistente, o querelante e o defensor, nessa ordem, poderão formular, diretamente, perguntas ao acusado. (Redação dada pela Lei 11.689/2008.)

§ 2º Os jurados formularão perguntas por intermédio do juiz presidente. (Redação dada pela Lei 11.689/2008.)

- art. 473, § 2º, deste Código.

§ 3º Não se permitirá o uso de algemas no acusado durante o período em que permanecer no plenário do júri, salvo se absolutamente necessário à ordem dos trabalhos, à segurança das testemunhas ou à garantia da integridade física dos presentes. (Incluído pela Lei 11.689/2008.)

- art. 5º, XLIX, CF.
- arts. 284; 292; e 564 deste Código.
- arts. 23, III; 329 a 331; e 352, CP.
- arts. 234 e 242, CPPM.
- arts. 42; 117; 180; e 298 a 301, CPM.
- arts. 40 e 199, Lei 7.210/1984 (Lei de Execuções Penais).
- Dec. 8.858/2016 (Regulamenta art. 199 da LEP).
- Súm. Vinc. 11, STF.

Art. 475. O registro dos depoimentos e do interrogatório será feito pelos meios ou recursos de gravação magnética, eletrônica, estenotipia ou técnica similar, destinada a obter maior fidelidade e celeridade na colheita da prova. (Redação dada pela Lei 11.689/2008.)

Parágrafo único. A transcrição do registro, após feita a degravação, constará dos autos. (Incluído pela Lei 11.689/2008.)

SEÇÃO XII
DOS DEBATES

- Incluído pela Lei 11.689/2008.

Art. 476. Encerrada a instrução, será concedida a palavra ao Ministério Público, que fará a acusação, nos limites da pronúncia ou das decisões posteriores que julgaram admissível a acusação, sustentando, se for o caso, a existência de circunstância agravante. (Redação dada pela Lei 11.689/2008.)

§ 1º O assistente falará depois do Ministério Público. (Incluído pela Lei 11.689/2008.)

- arts. 268 a 273 deste Código.

§ 2º Tratando-se de ação penal de iniciativa privada, falará em primeiro lugar o querelante e, em seguida, o Ministério Público, salvo se este houver retomado a titularidade da ação, na forma do art. 29 deste Código. (Incluído pela Lei 11.689/2008.)

§ 3º Finda a acusação, terá a palavra a defesa. (Incluído pela Lei 11.689/2008.)

§ 4º A acusação poderá replicar e a defesa treplicar, sendo admitida a reinquirição de testemunha já ouvida em plenário. (Incluído pela Lei 11.689/2008.)

- art. 564, III, I, deste Código.

Art. 477. O tempo destinado à acusação e à defesa será de uma hora e meia para cada, e de uma hora para a réplica e outro tanto para a tréplica. (Redação dada pela Lei 11.689/2008.)

- art. 564, III, e, deste Código.
- art. 433, CPPM.

§ 1º Havendo mais de um acusador ou mais de um defensor, combinarão entre si a distribuição do tempo, que, na falta de acordo, será dividido pelo juiz presidente, de forma a não exceder o determinado neste artigo. (Incluído pela Lei 11.689/2008.)

§ 2º Havendo mais de 1 (um) acusado, o tempo para a acusação e a defesa será acrescido de 1 (uma) hora e elevado ao dobro o da réplica e da tréplica, observado o disposto no § 1º deste artigo. (Incluído pela Lei 11.689/2008.)

Art. 478. Durante os debates as partes não poderão, sob pena de nulidade, fazer referências: (Redação dada pela Lei 11.689/2008.)

I - à decisão de pronúncia, às decisões posteriores que julgaram admissível a acusação ou à determinação do uso de algemas como argumento de autoridade que beneficiem ou prejudiquem o acusado; (Incluído pela Lei 11.689/2008.)

- arts. 413 e 474, § 3º, deste Código.
- Dec. 8.858/2016 (Regulamenta art. 199 da LEP).
- Súm. Vinc. 11, STF.

II - ao silêncio do acusado ou à ausência de interrogatório por falta de requerimento, em seu prejuízo. (Incluído pela Lei 11.689/2008.)

- art. 5º, LXIII, CF.
- art. 186, p.u., deste Código.
- art. 8º, 2, g, e 3, Pacto de São José da Costa Rica.

Art. 479. Durante o julgamento não será permitida a leitura de documento ou a exibição de objeto que não tiver sido juntado aos autos com a antecedência mínima de 3 (três) dias úteis, dando-se ciência à outra parte. (Redação dada pela Lei 11.689/2008.)

- art. 5º, LV, CF.
- arts. 157; 231; 234; e 564, IV, deste Código.
- arts. 378 e 379, CPPM.

Parágrafo único. Compreende-se na proibição deste artigo a leitura de jornais ou qualquer outro escrito, bem como a exibição de vídeos, gravações, fotografias, laudos, quadros, croqui ou qualquer outro meio assemelhado, cujo conteúdo versar sobre a matéria de fato submetida à apreciação e julgamento dos jurados. (Incluído pela Lei 11.689/2008.)

Art. 480. A acusação, a defesa e os jurados poderão, a qualquer momento e por intermédio do juiz presidente, pedir ao orador que indique a folha dos autos onde se encontra a peça por ele lida ou citada, facultando-se, ainda, aos jurados solicitar-lhe, pelo mesmo meio, o esclarecimento de fato por ele alegado. (Redação dada pela Lei 11.689/2008.)

§ 1º Concluídos os debates, o presidente indagará dos jurados se estão habilitados a julgar ou se necessitam de outros esclarecimentos. (Incluído pela Lei 11.689/2008.)

- art. 434, CPPM.

§ 2º Se houver dúvida sobre questão de fato, o presidente prestará esclarecimentos à vista dos autos. (Incluído pela Lei 11.689/2008.)

§ 3º Os jurados, nesta fase do procedimento, terão acesso aos autos e aos instrumentos do crime se solicitarem ao juiz presidente. (Incluído pela Lei 11.689/2008.)

Art. 481. Se a verificação de qualquer fato, reconhecida como essencial para o julgamento da causa, não puder ser realizada imediatamente, o juiz presidente dissolverá o Conselho, ordenando a realização das diligências entendidas necessárias. (Redação dada pela Lei 11.689/2008.)

- art. 497, VII e XI, deste Código.

Parágrafo único. Se a diligência consistir na produção de prova pericial, o juiz presidente, desde logo, nomeará perito e formulará quesitos, facultando às partes também formulá-los e indicar assistentes técnicos, no prazo de 5 (cinco) dias. (Redação dada pela Lei 11.689/2008.)

- art. 159, §§ 3º a 7º, deste Código.

SEÇÃO XIII
DO QUESTIONÁRIO E SUA VOTAÇÃO

- Incluído pela Lei 11.689/2008.

Art. 482. O Conselho de Sentença será questionado sobre matéria de fato e se o acusado deve ser absolvido. (Redação dada pela Lei 11.689/2008.)

- art. 564, III, k e p.u., deste Código.

Parágrafo único. Os quesitos serão redigidos em proposições afirmativas, simples e distintas, de modo que cada um deles possa ser respondido com suficiente clareza e necessária precisão. Na sua elaboração, o presidente levará em conta os termos da pronúncia ou das decisões posteriores que julgaram admissível a acusação, do interrogatório e das alegações das partes. (Incluído pela Lei 11.689/2008.)

Art. 483. Os quesitos serão formulados na seguinte ordem, indagando sobre: (Redação dada pela Lei 11.689/2008.)

- art. 564, III, k, e p.u., deste Código.
- Súm. 156 e 162, STF.

I - a materialidade do fato; (Incluído pela Lei 11.689/2008.)

II - a autoria ou participação; (Incluído pela Lei 11.689/2008.)

III - se o acusado deve ser absolvido; (Incluído pela Lei 11.689/2008.)

IV - se existe causa de diminuição de pena alegada pela defesa; (Incluído pela Lei 11.689/2008.)

V - se existe circunstância qualificadora ou causa de aumento de pena reconhecidas na pronúncia ou em decisões posteriores que julgaram admissível a acusação. (Incluído pela Lei 11.689/2008.)

§ 1º A resposta negativa, de mais de 3 (três) jurados, a qualquer dos quesitos referidos nos incisos I e II do *caput* deste artigo encerra a votação e implica a absolvição do acusado. (Incluído pela Lei 11.689/2008.)

‣ art. 5º, XXXVIII, b, CF.

§ 2º Respondidos afirmativamente por mais de 3 (três) jurados os quesitos relativos aos incisos I e II do *caput* deste artigo será formulado quesito com a seguinte redação: (Incluído pela Lei 11.689/2008.)

‣ art. 5º, XXXVIII, b, CF.

O jurado absolve o acusado?

§ 3º Decidindo os jurados pela condenação, o julgamento prossegue, devendo ser formulados quesitos sobre: (Incluído pela Lei 11.689/2008.)

I - causa de diminuição de pena alegada pela defesa; (Incluído pela Lei 11.689/2008.)

II - circunstância qualificadora ou causa de aumento de pena, reconhecidas na pronúncia ou em decisões posteriores que julgaram admissível a acusação. (Incluído pela Lei 11.689/2008.)

§ 4º Sustentada a desclassificação da infração para outra de competência do juiz singular, será formulado quesito a respeito, para ser respondido após o 2º (segundo) ou 3º (terceiro) quesito, conforme o caso. (Incluído pela Lei 11.689/2008.)

§ 5º Sustentada a tese de ocorrência do crime na sua forma tentada ou havendo divergência sobre a tipificação do delito, sendo este da competência do Tribunal do Júri, o juiz formulará quesito acerca destas questões, para ser respondido após o segundo quesito. (Incluído pela Lei 11.689/2008.)

§ 6º Havendo mais de um crime ou mais de um acusado, os quesitos serão formulados em séries distintas. (Incluído pela Lei 11.689/2008.)

Art. 484. A seguir, o presidente lerá os quesitos e indagará das partes se têm requerimento ou reclamação a fazer, devendo qualquer deles, bem como a decisão, constar da ata. (Redação dada pela Lei 11.689/2008.)

‣ arts. 495, XV; e 564, p.u., deste Código

Parágrafo único. Ainda em plenário, o juiz presidente explicará aos jurados o significado de cada quesito. (Redação dada pela Lei 11.689/2008.)

Art. 485. Não havendo dúvida a ser esclarecida, o juiz presidente, os jurados, o Ministério Público, o assistente, o querelante, o defensor do acusado, o escrivão e o oficial de justiça dirigir-se-ão à sala especial a fim de ser procedida a votação. (Redação dada pela Lei 11.689/2008.)

§ 1º Na falta de sala especial, o juiz presidente determinará que o público se retire, permanecendo somente as pessoas mencionadas no *caput* deste artigo. (Incluído pela Lei 11.689/2008.)

‣ art. 5º, LX, CF.

‣ art. 8º, 5, Pacto de São José da Costa Rica.

§ 2º O juiz presidente advertirá as partes de que não será permitida qualquer intervenção que possa perturbar a livre manifestação do Conselho e fará retirar da sala quem se portar inconvenientemente. (Incluído pela Lei 11.689/2008.)

‣ arts. 251; 497, I e II; e 794 deste Código.

‣ art. 385, CPPM.

Art. 486. Antes de proceder-se à votação de cada quesito, o juiz presidente mandará distribuir aos jurados pequenas cédulas, feitas de papel opaco e facilmente dobráveis, contendo 7 (sete) delas a palavra *sim*, 7 (sete) a palavra *não*. (Redação dada pela Lei 11.689/2008.)

‣ art. 435, CPPM.

Art. 487. Para assegurar o sigilo do voto, o oficial de justiça recolherá em urnas separadas as cédulas correspondentes aos votos e as não utilizadas. (Redação dada pela Lei 11.689/2008.)

‣ art. 5º, XXXVIII, b, CF.

Art. 488. Após a resposta, verificados os votos e as cédulas não utilizadas, o presidente determinará que o escrivão registre no termo a votação de cada quesito, bem como o resultado do julgamento. (Redação dada pela Lei 11.689/2008.)

‣ art. 491 deste Código.

Parágrafo único. Do termo também constará a conferência das cédulas não utilizadas. (Incluído pela Lei 11.689/2008.)

Art. 489. As decisões do Tribunal do Júri serão tomadas por maioria de votos. (Redação dada pela Lei 11.689/2008.)

‣ art. 435, p.u., CPPM.

Art. 490. Se a resposta a qualquer dos quesitos estiver em contradição com outra ou outras já dadas, o presidente, explicando aos jurados em que consiste a contradição, submeterá novamente à votação os quesitos a que se referirem tais respostas. (Redação dada pela Lei 11.689/2008.)

‣ art. 564, p.u., deste Código.

Parágrafo único. Se, pela resposta dada a um dos quesitos, o presidente verificar que ficam prejudicados os seguintes, assim o declarará, dando por finda a votação. (Incluído pela Lei 11.689/2008.)

Art. 491. Encerrada a votação, será o termo a que se refere o art. 488 deste Código assinado pelo presidente, pelos jurados e pelas partes. (Redação dada pela Lei 11.689/2008.)

SEÇÃO XIV
DA SENTENÇA

‣ Incluído pela Lei 11.689/2008.

Art. 492. Em seguida, o presidente proferirá sentença que: (Redação dada pela Lei 11.689/2008.)

‣ art. 564, III, m, deste Código.

I - no caso de condenação: (Redação dada pela Lei 11.689/2008.)

‣ art. 699 deste Código.

‣ art. 42, CP.

a) fixará a pena-base; (Incluído pela Lei 11.689/2008.)

‣ art. 59, CP.

b) considerará as circunstâncias agravantes ou atenuantes alegadas nos debates; (Incluído pela Lei 11.689/2008.)

‣ arts. 61; 62; 65; e 66, CP.

c) imporá os aumentos ou diminuições da pena, em atenção às causas admitidas pelo júri; (Incluído pela Lei 11.689/2008.)

d) observará as demais disposições do art. 387 deste Código; (Incluído pela Lei 11.689/2008.)

e) mandará o acusado recolher-se ou recomendá-lo-á à prisão em que se encontra, se presentes os requisitos da prisão preventiva, ou, no caso de condenação a uma pena igual ou superior a 15 (quinze) anos de reclusão, determinará a execução provisória das penas, com expedição do mandado de prisão, se for o caso, sem prejuízo do conhecimento de recursos que vierem a ser interpostos; (Redação dada pela Lei 13.964/2019)

‣ arts. 311 a 316 deste Código.

f) estabelecerá os efeitos genéricos e específicos da condenação; (Incluído pela Lei 11.689/2008.)

II - no caso de absolvição: (Redação dada pela Lei 11.689/2008.)

a) mandará colocar em liberdade o acusado se por outro motivo não estiver preso; (Redação dada pela Lei 11.689/2008.)

‣ arts. 386, p.u., I, e 596 deste Código.

b) revogará as medidas restritivas provisoriamente decretadas; (Redação dada pela Lei 11.689/2008.)

‣ art. 386, p.u., II, deste Código.

c) imporá, se for o caso, a medida de segurança cabível. (Redação dada pela Lei 11.689/2008.)

‣ arts. 386, p.u., III; 555; e 596, p.u., deste Código.

‣ arts. 96 a 99, CP.

‣ Súm. 422, STF.

§ 1º Se houver desclassificação da infração para outra, de competência do juiz singular, ao presidente do Tribunal do Júri caberá proferir sentença em seguida, aplicando-se, quando o delito resultante da nova tipificação for considerado pela lei como infração penal de menor potencial ofensivo, o disposto nos arts. 69 e seguintes da Lei n. 9.099, de 26 de setembro de 1995. (Redação dada pela Lei 11.689/2008.)

‣ arts. 74, § 3º, e 81, deste Código.

§ 2º Em caso de desclassificação, o crime conexo que não seja doloso contra a vida será julgado pelo juiz presidente do Tribunal do Júri, aplicando-se, no que couber, o disposto no § 1º deste artigo. (Redação dada pela Lei 11.689/2008.)

§ 3º O presidente poderá, excepcionalmente, deixar de autorizar a execução provisória das penas de que trata a alínea e do inciso I do *caput* deste artigo, se houver questão substancial cuja resolução pelo tribunal ao qual competir o julgamento possa plausivelmente levar à revisão da condenação. (Incluído pela Lei 13.964/2019)

§ 4º A apelação interposta contra decisão condenatória do Tribunal do Júri a uma pena igual ou superior a 15 (quinze) anos de reclusão não terá efeito suspensivo. (Incluído pela Lei 13.964/2019)

§ 5º Excepcionalmente, poderá o tribunal atribuir efeito suspensivo à apelação de que trata o § 4º deste artigo, quando verificado cumulativamente que o recurso: (Incluído pela Lei 13.964/2019)

I - não tem propósito meramente protelatório; e

II - levanta questão substancial e que pode resultar em absolvição, anulação da sentença, novo julgamento ou redução da pena para patamar inferior a 15 (quinze) anos de reclusão.

§ 6º O pedido de concessão de efeito suspensivo poderá ser feito incidentemente na apelação ou por meio de petição em separado dirigida diretamente ao relator, instruída com cópias da sentença condenatória, das razões da apelação e de prova da tempestividade, das contrarrazões e das demais peças necessárias à compreensão da controvérsia. (Incluído pela Lei 13.964/2019)

Art. 493. A sentença será lida em plenário pelo presidente antes de encerrada a sessão de instrução e julgamento. (Redação dada pela Lei 11.689/2008.)

‣ art. 495, XVII, deste Código.

SEÇÃO XV
DA ATA DOS TRABALHOS

‣ Incluído pela Lei 11.689/2008.

Art. 494. De cada sessão de julgamento o escrivão lavrará ata, assinada pelo presidente e pelas partes. (Redação dada pela Lei 11.689/2008.)

‣ arts. 106 e 571, VIII, deste Código.

‣ art. 395, CPPM.

Art. 495. A ata descreverá fielmente todas as ocorrências, mencionando obrigatoriamente: (Redação dada pela Lei 11.689/2008.)

I - a data e a hora da instalação dos trabalhos; (Redação dada pela Lei 11.689/2008.)

II - o magistrado que presidiu a sessão e os jurados presentes; (Redação dada pela Lei 11.689/2008.)

III - os jurados que deixaram de comparecer, com escusa ou sem ela, e as sanções aplicadas; (Redação dada pela Lei 11.689/2008.)

IV - o ofício ou requerimento de isenção ou dispensa; (Redação dada pela Lei 11.689/2008.)

V - o sorteio dos jurados suplentes; (Redação dada pela Lei 11.689/2008.)

VI - o adiamento da sessão, se houver ocorrido, com a indicação do motivo; (Redação dada pela Lei 11.689/2008.)

VII - a abertura da sessão e a presença do Ministério Público, do querelante e do assistente, se houver, e a do defensor do acusado; (Redação dada pela Lei 11.689/2008.)

VIII - o pregão e a sanção imposta, no caso de não comparecimento; (Redação dada pela Lei 11.689/2008.)

IX - as testemunhas dispensadas de depor; (Redação dada pela Lei 11.689/2008.)

X - o recolhimento das testemunhas a lugar de onde umas não pudessem ouvir o depoimento das outras; (Redação dada pela Lei 11.689/2008.)

XI - a verificação das cédulas pelo juiz presidente; (Redação dada pela Lei 11.689/2008.)

XII - a formação do Conselho de Sentença, com o registro dos nomes dos jurados sorteados e recusas; (Redação dada pela Lei 11.689/2008.)

XIII - o compromisso e o interrogatório, com simples referência ao termo; (Redação dada pela Lei 11.689/2008.)

XIV - os debates e as alegações das partes com os respectivos fundamentos; (Redação dada pela Lei 11.689/2008.)

XV - os incidentes; (Redação dada pela Lei 11.689/2008.)

XVI - o julgamento da causa; (Redação dada pela Lei 11.689/2008.)

XVII - a publicidade dos atos da instrução plenária, das diligências e da sentença. (Redação dada pela Lei 11.689/2008.)

Art. 496. A falta da ata sujeitará o responsável a sanções administrativa e penal. (Redação dada pela Lei 11.689/2008.)

SEÇÃO XVI
DAS ATRIBUIÇÕES DO PRESIDENTE DO TRIBUNAL DO JÚRI

‣ Incluído pela Lei 11.689/2008.

Art. 497. São atribuições do juiz presidente do Tribunal do Júri, além de outras expressamente referidas neste Código: (Redação dada pela Lei 11.689/2008.)

I - regular a polícia das sessões e prender os desobedientes; (Redação dada pela Lei 11.689/2008.)

‣ art. 795, p.u., deste Código.

‣ arts. 329 e 330, CP.

II - requisitar o auxílio da força pública, que ficará sob sua exclusiva autoridade; (Redação dada pela Lei 11.689/2008.)

‣ arts. 251 e 794 deste Código.

III - dirigir os debates, intervindo em caso de abuso, excesso de linguagem ou mediante requerimento de uma das partes; (Redação dada pela Lei 11.689/2008.)

‣ arts. 476 a 481 deste Código.

‣ art. 433, §§ 7º e 8º, CPPM.

IV - resolver as questões incidentes que não dependam de pronunciamento do júri; (Redação dada pela Lei 11.689/2008.)

V - nomear defensor ao acusado, quando considerá-lo indefeso, podendo, neste caso, dissolver o Conselho e designar novo dia para o julgamento, com a nomeação ou a constituição de novo defensor; (Redação dada pela Lei 11.689/2008.)

‣ art. 5º, LV, CF.

‣ arts. 261 e 267 deste Código.

‣ art. 8º, 2, d e e, Pacto de São José da Costa Rica.

VI - mandar retirar da sala o acusado que dificultar a realização do julgamento, o qual prosseguirá sem a sua presença; (Redação dada pela Lei 11.689/2008.)

‣ arts. 217 e 796 deste Código.

VII - suspender a sessão pelo tempo indispensável à realização das diligências requeridas ou entendidas necessárias, mantida a incomunicabilidade dos jurados; (Redação dada pela Lei 11.689/2008.)

‣ arts. 481 e 564, III, j, deste Código.

VIII - interromper a sessão por tempo razoável, para proferir sentença e para repouso ou refeição dos jurados; (Redação dada pela Lei 11.689/2008.)

IX - decidir, de ofício, ouvidos o Ministério Público e a defesa, ou a requerimento de qualquer destes, a arguição de extinção de punibilidade; (Redação dada pela Lei 11.689/2008.)

‣ arts. 61 e 67, II, deste Código.

‣ art. 107, IV, CP.

X - resolver as questões de direito suscitadas no curso do julgamento; (Redação dada pela Lei 11.689/2008.)

XI - determinar, de ofício ou a requerimento das partes ou de qualquer jurado, as diligências destinadas a sanar nulidade ou a suprir falta que prejudique o esclarecimento da verdade; (Redação dada pela Lei 11.689/2008.)

‣ art. 481 deste Código.

XII - regulamentar, durante os debates, a intervenção de uma das partes, quando a outra estiver com a palavra, podendo conceder até 3 (três) minutos para cada aparte requerido, que serão acrescidos ao tempo desta última. (Incluído pela Lei 11.689/2008.)

‣ art. 433, § 8º, CPPM.

CAPÍTULO III
DO PROCESSO E DO JULGAMENTO DOS CRIMES DA COMPETÊNCIA DO JUIZ SINGULAR

Arts. 498 a 502. (Revogados pela Lei 11.719/2008.)

TÍTULO II
DOS PROCESSOS ESPECIAIS

CAPÍTULO I
DO PROCESSO E DO JULGAMENTO DOS CRIMES DE FALÊNCIA

‣ arts. 168 a 188, Lei 11.101/2005 (Lei de Recuperação de Empresas e Falência).

Arts. 503 a 512. (Revogados pela Lei 11.101/2005.)

CAPÍTULO II
DO PROCESSO E DO JULGAMENTO DOS CRIMES DE RESPONSABILIDADE DOS FUNCIONÁRIOS PÚBLICOS

‣ Súm. Vinc. 46, STF.

Art. 513. Os crimes de responsabilidade dos funcionários públicos, cujo processo e julgamento competirão aos juízes de direito, a queixa ou a denúncia será instruída com documentos ou justificação que façam presumir a existência do delito ou com declaração fundamentada da impossibilidade de apresentação de qualquer dessas provas.

‣ arts. 312 a 327, CP.

Art. 514. Nos crimes afiançáveis, estando a denúncia ou queixa em devida forma, o juiz mandará autuá-la e ordenará a notificação do acusado, para responder por escrito, dentro do prazo de quinze dias.

‣ art. 5º, LIV e LV, CF.

‣ arts. 323; 324; e 564, III, e, deste Código.

‣ Súm. 330, STJ.

Parágrafo único. Se não for conhecida a residência do acusado, ou este se achar fora da jurisdição do juiz, ser-lhe-á nomeado defensor, a quem caberá apresentar a resposta preliminar.

‣ art. 5º, LV, CF.

‣ arts. 261 a 263; 353 a 356; e 564, III, e, deste Código.

‣ art. 8º, 2, Pacto de São José da Costa Rica.

Art. 515. No caso previsto no artigo anterior, durante o prazo concedido para a resposta, os autos permanecerão em cartório, onde poderão ser examinados pelo acusado ou por seu defensor.

‣ art. 803 deste Código.

Parágrafo único. A resposta poderá ser instruída com documentos e justificações.

‣ art. 381, NCPC.

Art. 516. O juiz rejeitará a queixa ou denúncia, em despacho fundamentado, se convencido, pela resposta do acusado ou do seu defensor, da inexistência do crime ou da improcedência da ação.

‣ arts. 386; 395; 397; 581, I; 583, II; e 800, I, deste Código.

Art. 517. Recebida a denúncia ou a queixa, será o acusado citado, na forma estabelecida no Capítulo I do Título X do Livro I.

‣ arts. 351 a 369; 564, III, e; e 570 deste Código.

‣ art. 117, I, CP.

‣ art. 8º, 2, b e c, Pacto de São José da Costa Rica.

Art. 518. Na instrução criminal e nos demais termos do processo, observar-se-á o disposto nos Capítulos I e III, Título I, deste Livro.

‣ arts. 394 a 405 deste Código.

CAPÍTULO III
DO PROCESSO E DO JULGAMENTO DOS CRIMES DE CALÚNIA E INJÚRIA, DE COMPETÊNCIA DO JUIZ SINGULAR

Art. 519. No processo por crime de calúnia ou injúria, para o qual não haja outra forma estabelecida em lei especial, observar-se-á o disposto nos Capítulos I e III, Titulo I, deste Livro, com as modificações constantes dos artigos seguintes.

‣ arts. 394 a 405 deste Código.

‣ arts. 138 e 140, CP.

Art. 520. Antes de receber a queixa, o juiz oferecerá às partes oportunidade para se reconciliarem, fazendo-as comparecer em juízo e ouvindo-as, separadamente, sem a presença dos seus advogados, não se lavrando termo.

Art. 521. Se depois de ouvir o querelante e o querelado, o juiz achar provável a reconciliação, promoverá entendimento entre eles, na sua presença.

Art. 522. No caso de reconciliação, depois de assinado pelo querelante o termo da desistência, a queixa será arquivada.

‣ art. 107, V, CP.

Art. 523. Quando for oferecida a exceção da verdade ou da notoriedade do fato imputado, o querelante poderá contestar a exceção no prazo de dois dias, podendo ser inquiridas as testemunhas arroladas na queixa, ou outras indicadas naquele prazo, em substituição às primeiras, ou para completar o máximo legal.

‣ art. 85 deste Código.

‣ arts. 138, § 3º, e 139, p.u., CP.

CAPÍTULO IV
DO PROCESSO E DO JULGAMENTO DOS CRIMES CONTRA A PROPRIEDADE IMATERIAL

Art. 524. No processo e julgamento dos crimes contra a propriedade imaterial, observar-se-á o disposto nos Capítulos I e III do Título I deste Livro, com as modificações constantes dos artigos seguintes.

‣ art. 5º, XXIX, CF.

‣ arts. 394 a 405 deste Código.

‣ arts. 183 a 210, Lei 9.279/1996 (Lei da Propriedade Industrial).

Art. 525. No caso de haver o crime deixado vestígio, a queixa ou a denúncia não será recebida se não for instruída com o exame pericial dos objetos que constituam o corpo de delito.

‣ arts. 158 e 564, III, b, deste Código.

Art. 526. Sem a prova de direito à ação, não será recebida a queixa, nem ordenada qualquer diligência preliminarmente requerida pelo ofendido.

Art. 527. A diligência de busca ou de apreensão será realizada por dois peritos nomeados pelo juiz, que verificarão a existência de fundamento para a apreensão, e quer esta se realize, quer não, o laudo pericial será apresentado dentro de 3 (três) dias após o encerramento da diligência.

‣ arts. 159; e 240 a 250 deste Código.

Parágrafo único. O requerente da diligência poderá impugnar o laudo contrário à apreensão, e o juiz ordenará que esta se efetue, se reconhecer a improcedência das razões aduzidas pelos peritos.

Art. 528. Encerradas as diligências, os autos serão conclusos ao juiz para homologação do laudo.

Art. 529. Nos crimes de ação privativa do ofendido, não será admitida queixa com fundamento em apreensão e em perícia, se decorrido o prazo de 30 dias, após a homologação do laudo.

‣ art. 38 deste Código.

Parágrafo único. Será dada vista ao Ministério Público dos autos de busca e apreensão requeridas pelo ofendido, se o crime for de ação pública e não tiver sido oferecida queixa no prazo fixado neste artigo.

‣ art. 29 deste Código.

Art. 530. Se ocorrer prisão em flagrante e o réu não for posto em liberdade, o prazo a que se refere o artigo anterior será de 8 (oito) dias.

Art. 530-A. O disposto nos arts. 524 a 530 será aplicável aos crimes em que se proceda mediante queixa. (Incluído pela Lei 10.695/2003.)

Art. 530-B. Nos casos das infrações previstas nos §§ 1º, 2º e 3º do art. 184 do Código Penal, a autoridade policial procederá à apreensão dos bens ilicitamente produzidos ou reproduzidos, em sua totalidade, juntamente com os equipamentos, suportes e materiais que possibilitaram a sua existência, desde que estes se destinem precipuamente à prática do ilícito. (Incluído pela Lei 10.695/2003.)

Art. 530-C. Na ocasião da apreensão será lavrado termo, assinado por 2 (duas) ou mais testemunhas, com a descrição de todos os bens apreendidos e informações sobre suas origens, o qual deverá integrar o inquérito policial ou o processo. (Incluído pela Lei 10.695/2003.)

Art. 530-D. Subsequente à apreensão, será realizada, por perito oficial, ou, na falta deste, por pessoa tecnicamente habilitada, perícia sobre todos os bens apreendidos e elaborado o laudo que deverá integrar o inquérito policial ou o processo. (Incluído pela Lei 10.695/2003.)

Art. 530-E. Os titulares de direito de autor e os que lhe são conexos serão os fiéis depositários de todos os bens apreendidos, devendo colocá-los à disposição do juiz quando do ajuizamento da ação. (Incluído pela Lei 10.695/2003.)

Art. 530-F. Ressalvada a possibilidade de se preservar o corpo de delito, o juiz poderá determinar, a requerimento da vítima, a destruição da produção ou reprodução apreendida quando não houver impugnação quanto à sua ilicitude ou quando a ação penal não puder ser iniciada por falta de determinação de quem seja o autor do ilícito. (Incluído pela Lei 10.695/2003.)

Art. 530-G. O juiz, ao prolatar a sentença condenatória, poderá determinar a destruição dos bens ilicitamente produzidos ou reproduzidos e o perdimento dos equipamentos apreendidos, desde que precipuamente destinados à produção e reprodução dos bens, em favor da Fazenda Nacional, que deverá destruí-los ou doá-los aos Estados, Municípios e Distrito Federal, a instituições públicas de ensino e pesquisa ou de assistência social, bem como incorporá-los, por economia ou interesse público, ao patrimônio da União, que não poderão retorná-los aos canais de comércio. (Incluído pela Lei 10.695/2003.)

Art. 530-H. As associações de titulares de direitos de autor e os que lhes são conexos poderão, em seu próprio nome, funcionar como assistente da acusação nos crimes previstos no art. 184 do Código Penal, quando praticado em detrimento de qualquer de seus associados. (Incluído pela Lei 10.695/2003.)

Art. 530-I. Nos crimes em que caiba ação penal pública incondicionada ou condicionada, observar-se-ão as normas constantes dos arts. 530-B, 530-C, 530-D, 530-E, 530-F, 530-G e 530-H. (Incluído pela Lei 10.695/2003.)

CAPÍTULO V
DO PROCESSO SUMÁRIO

Art. 531. Na audiência de instrução e julgamento, a ser realizada no prazo máximo de 30 (trinta) dias, proceder-se-á à tomada de declarações do ofendido, se possível, à inquirição das testemunhas arroladas pela acusação e pela defesa, nesta ordem, ressalvado o disposto no art. 222 deste Código, bem como aos esclarecimentos dos peritos, às acareações e ao reconhecimento de pessoas e coisas, interrogando-se, em seguida, o acusado e procedendo-se, finalmente, ao debate. (Redação dada pela Lei 11.719/2008.)

‣ arts. 394, §§ 1º, 4º e 5º; e 400, *caput*, deste Código.

Art. 532. Na instrução, poderão ser inquiridas até 5 (cinco) testemunhas arroladas pela acusação e 5 (cinco) pela defesa. (Redação dada pela Lei 11.719/2008.)

‣ arts. 394, §§ 1º, 4º e 5º; 400, *caput*; e 401 deste Código.

Art. 533. Aplica-se ao procedimento sumário o disposto nos parágrafos do art. 400 deste Código. (Redação dada pela Lei 11.719/2008.)

§§ 1º a 4º (Revogados pela Lei 11.719/2008.)

Art. 534. As alegações finais serão orais, concedendo-se a palavra, respectivamente, à acusação e à defesa, pelo prazo de 20 (vinte) minutos, prorrogáveis por mais 10 (dez), proferindo o juiz, a seguir, sentença. (Redação dada pela Lei 11.719/2008.)

‣ art. 403, *caput*, deste Código.

§ 1º Havendo mais de um acusado, o tempo previsto para a defesa de cada um será individual. (Incluído pela Lei 11.719/2008.)

‣ art. 403, § 1º, deste Código.

§ 2º Ao assistente do Ministério Público, após a manifestação deste, serão concedidos 10 (dez) minutos, prorrogando-se por igual período o tempo de manifestação da defesa. (Incluído pela Lei 11.719/2008.)

‣ art. 403, § 2º, deste Código.

Art. 535. Nenhum ato será adiado, salvo quando imprescindível a prova faltante, determinando o juiz a condução coercitiva de quem deva comparecer. (Redação dada pela Lei 11.719/2008.)

‣ arts. 201, § 1º; 218; 260; 278; e 411, § 7º, deste Código.

‣ art. 80, Lei 9.099/1995 (Lei dos Juizados Especiais).

§§ 1º e 2º (Revogados pela Lei 11.719/2008.)

Art. 536. A testemunha que comparecer será inquirida, independentemente da suspensão da audiência, observada em qualquer caso a ordem estabelecida no art. 531 deste Código. (Redação dada pela Lei 11.719/2008.)

Art. 537. (Revogado pela Lei 11.719/2008.)

Art. 538. Nas infrações penais de menor potencial ofensivo, quando o juizado especial criminal encaminhar ao juízo comum as peças existentes para a adoção de outro procedimento, observar-se-á o procedimento sumário previsto neste Capítulo. (Redação dada pela Lei 11.719/2008.)

‣ arts. 66, p.u., e 77, § 2º, Lei 9.099/1995 (Lei dos Juizados Especiais).

§§ 1º a 4º (Revogados pela Lei 11.719/2008.)

Arts. 539 e 540. (Revogados pela Lei 11.719/2008.)

CAPÍTULO VI
DO PROCESSO DE RESTAURAÇÃO DE AUTOS EXTRAVIADOS OU DESTRUÍDOS

Art. 541. Os autos originais de processo penal extraviados ou destruídos, em primeira ou segunda instância, serão restaurados.

‣ arts. 314; 337; e 356, CP.

‣ art. 481, CPPM.

‣ art. 352, CPM.

§ 1º Se existir e for exibida cópia autêntica ou certidão do processo, será uma ou outra considerada como original.

§ 2º Na falta de cópia autêntica ou certidão do processo, o juiz mandará, de ofício, ou a requerimento de qualquer das partes, que:

a) o escrivão certifique o estado do processo, segundo a sua lembrança, e reproduza o que houver a respeito em seus protocolos e registros;

‣ art. 389 deste Código.

b) sejam requisitadas cópias do que constar a respeito no Instituto Médico-Legal, no Instituto de Identificação e Estatística ou em estabelecimentos congêneres, repartições públicas, penitenciárias ou cadeias;

c) as partes sejam citadas pessoalmente, ou, se não forem encontradas, por edital, com o prazo de dez dias, para o processo de restauração dos autos.

§ 3º Proceder-se-á à restauração na primeira instância, ainda que os autos se tenham extraviado na segunda.

Art. 542. No dia designado, as partes serão ouvidas, mencionando-se em termo circunstanciado os pontos em que estiverem acordes e a exibição e a conferência das certidões e mais reproduções do processo apresentadas e conferidas.

‣ art. 482, CPPM.

Art. 543. O juiz determinará as diligências necessárias para a restauração, observando-se o seguinte:

‣ art. 483, CPPM.

I - caso ainda não tenha sido proferida a sentença, reinquirir-se-ão as testemunhas podendo ser substituídas as que tiverem falecido ou se encontrarem em lugar não sabido;

II - os exames periciais, quando possível, serão repetidos, e de preferência pelos mesmos peritos;

‣ arts. 158 a 184 deste Código.

III - a prova documental será reproduzida por meio de cópia autêntica ou, quando impossível, por meio de testemunhas;

‣ arts. 231 a 238 deste Código.

IV - poderão também ser inquiridas sobre os atos do processo, que deverá ser restaurado, as autoridades, os serventuários, os peritos e mais pessoas que tenham nele funcionado;

V - o Ministério Público e as partes poderão oferecer testemunhas e produzir documentos, para provar o teor do processo extraviado ou destruído.

Art. 544. Realizadas as diligências que, salvo motivo de força maior, deverão concluir-se dentro de vinte dias, serão os autos conclusos para julgamento.

- art. 484, CPPM.

Parágrafo único. No curso do processo, e depois de subirem os autos conclusos para sentença, o juiz poderá, dentro em cinco dias, requisitar de autoridades ou de repartições todos os esclarecimentos para a restauração.

Art. 545. Os selos e as taxas judiciárias, já pagos nos autos originais, não serão novamente cobrados.

Art. 546. Os causadores de extravio de autos responderão pelas custas, em dobro, sem prejuízo da responsabilidade criminal.

- arts. 314, 337 e 356, CP.
- art. 488, CPPM.
- art. 352, CPM.

Art. 547. Julgada a restauração, os autos respectivos valerão pelos originais.

- art. 593, II, deste Código.
- art. 485, CPPM.

Parágrafo único. Se no curso da restauração aparecerem os autos originais, nestes continuará o processo, apensos a eles os autos da restauração.

Art. 548. Até à decisão que julgue restaurados os autos, a sentença condenatória em execução continuará a produzir efeito, desde que conste da respectiva guia arquivada na cadeia ou na penitenciária, onde o réu estiver cumprindo a pena, ou de registro que torne a sua existência inequívoca.

- art. 486, CPPM.

CAPÍTULO VII
DO PROCESSO DE APLICAÇÃO DE MEDIDA DE SEGURANÇA POR FATO NÃO CRIMINOSO

- arts. 96 a 99, CP.

Art. 549. Se a autoridade policial tiver conhecimento de fato que, embora não constituindo infração penal, possa determinar a aplicação de medida de segurança (Código Penal, arts. 14 e 27), deverá proceder a inquérito, a fim de apurá-lo e averiguar todos os elementos que possam interessar à verificação da periculosidade do agente.

- arts. 17; 31; e 96, CP.

Art. 550. O processo será promovido pelo Ministério Público, mediante requerimento que conterá a exposição sucinta do fato, as suas circunstâncias e todos os elementos em que se fundar o pedido.

- art. 96, CP.

Art. 551. O juiz, ao deferir o requerimento, ordenará a intimação do interessado para comparecer em juízo, a fim de ser interrogado.

- art. 96, CP.

Art. 552. Após o interrogatório ou dentro do prazo de dois dias, o interessado ou seu defensor poderá oferecer alegações.

Parágrafo único. O juiz nomeará defensor ao interessado que não o tiver.

Art. 553. O Ministério Público, ao fazer o requerimento inicial, e a defesa, no prazo estabelecido no artigo anterior, poderão requerer exames, diligências e arrolar até três testemunhas.

Art. 554. Após o prazo de defesa ou a realização dos exames e diligências ordenados pelo juiz, de ofício ou a requerimento das partes, será marcada audiência, em que, inquiridas as testemunhas e produzidas alegações orais pelo órgão do Ministério Público e pelo defensor, dentro de dez minutos para cada um, o juiz proferirá sentença.

Parágrafo único. Se o juiz não se julgar habilitado a proferir a decisão, designará, desde logo, outra audiência, que se realizará dentro de cinco dias, para publicar a sentença.

Art. 555. Quando, instaurado processo por infração penal, o juiz, absolvendo ou impronunciando o réu, reconhecer a existência de qualquer dos fatos previstos no art. 14 ou no art. 27 do Código Penal, aplicar-lhe-á, se for caso, medida de segurança.

- arts. 17; 31; e 96, CP.

TÍTULO III
DOS PROCESSOS DE COMPETÊNCIA DO SUPREMO TRIBUNAL FEDERAL E DOS TRIBUNAIS DE APELAÇÃO

- Revogado pela Lei 8.658/1993.

CAPÍTULO I
DA INSTRUÇÃO

- Revogado pela Lei 8.658/1993.

Arts. 556. a 560. (Revogados pela Lei 8.658/1993.)

CAPÍTULO II
DO JULGAMENTO

- Revogado pela Lei 8.658/1993.

Arts. 561. e 562. (Revogados pela Lei 8.658/1993.)

LIVRO III
DAS NULIDADES E DOS RECURSOS EM GERAL

TÍTULO I
DAS NULIDADES

Art. 563. Nenhum ato será declarado nulo, se da nulidade não resultar prejuízo para a acusação ou para a defesa.

- art. 566 deste Código.
- art. 282, NCPC.
- art. 499, CPPM.
- arts. 62 e 65, § 1º, Lei 9.099/1995 (Lei dos Juizados Especiais).
- Súm. 523, STF.

Art. 564. A nulidade ocorrerá nos seguintes casos:

- art. 500, CPPM.

I - por incompetência, suspeição ou suborno do juiz;

- arts. 69 a 91; 96 a 109; 252 a 256; e 567 deste Código.

II - por ilegitimidade de parte;

- arts. 95, IV; 110; 395, II; e 568 deste Código.

III - por falta das fórmulas ou dos termos seguintes:

- art. 603 deste Código.

a) a denúncia ou a queixa e a representação e, nos processos de contravenções penais, a portaria ou o auto de prisão em flagrante;

- arts. 26; 39; e 44 deste Código.

b) o exame do corpo de delito nos crimes que deixam vestígios, ressalvado o disposto no art. 167;

- arts. 158 a 184 deste Código.
- Súm. 361, STF.

c) a nomeação de defensor ao réu presente, que o não tiver, ou ao ausente, e de curador ao menor de 21 anos;

- arts. 261 a 267 deste Código.
- art. 5º, CC/2002.
- Súm. 352; 523; e 708, STF.

d) a intervenção do Ministério Público em todos os termos da ação por ele intentada e nos da intentada pela parte ofendida, quando se tratar de crime de ação pública;

- arts. 24; 29; e 572 deste Código.

e) a citação do réu para ver-se processar, o seu interrogatório, quando presente, e os prazos concedidos à acusação e à defesa;

- arts. 185 a 196; 351 a 369; e 572 deste Código.
- Súm. 351, STF.

f) a sentença de pronúncia, o libelo e a entrega da respectiva cópia, com o rol de testemunhas, nos processos perante o Tribunal do Júri;

- arts. 413; 421; e 422 deste Código.

g) a intimação do réu para a sessão de julgamento, pelo Tribunal do Júri, quando a lei não permitir o julgamento à revelia;

- art. 457 deste Código.

h) a intimação das testemunhas arroladas no libelo e na contrariedade, nos termos estabelecidos pela lei;

- arts. 422 e 572 deste Código.

i) a presença pelo menos de 15 jurados para a constituição do júri;

- art. 463 deste Código.

j) o sorteio dos jurados do conselho de sentença em número legal e sua incomunicabilidade;

- arts. 433; 463 a 468; e 495, XII, deste Código.

k) os quesitos e as respectivas respostas;

- arts. 482 a 491 deste Código.
- Súm. 156 e 162, STF.

l) a acusação e a defesa, na sessão de julgamento;

- arts. 476 a 481 deste Código.

m) a sentença;

- arts. 381 a 393 deste Código.

n) o recurso de oficio, nos casos em que a lei o tenha estabelecido;

- art. 129, I, CF.
- arts. 574, I, e 746 deste Código.

o) a intimação, nas condições estabelecidas pela lei, para ciência de sentenças e despachos de que caiba recurso;

- arts. 370 a 372; 390; 392; e 420 deste Código.

p) no Supremo Tribunal Federal e nos Tribunais de Apelação, o *quorum* legal para o julgamento;

- A partir da CF/1946, os Tribunais de Apelação passaram a se denominar Tribunais de Justiça.

IV - por omissão de formalidade que constitua elemento essencial do ato.

- arts. 482, p.u.; 483; 490; 571; e 572 deste Código.
- Súm. 156 e 162, STF.

V - em decorrência de decisão carente de fundamentação. (Incluído pela Lei 13.964/2019)

Parágrafo único. Ocorrerá ainda a nulidade, por deficiência dos quesitos ou das suas respostas, e contradição entre estas. (Incluído pela Lei 263/1948.)

- arts. 483 e 490 deste Código.
- Súm. 156, STF.

Art. 565. Nenhuma das partes poderá arguir nulidade a que haja dado causa, ou para que tenha concorrido, ou referente a formalidade cuja observância só à parte contrária interesse.

- art. 563 deste Código.
- art. 276, NCPC.
- art. 501, CPPM.

Art. 566. Não será declarada a nulidade de ato processual que não houver influído na apuração da verdade substancial ou na decisão da causa.

- art. 502, CPPM.
- Súm. 352 e 366, STF.

Art. 567. A incompetência do juízo anula somente os atos decisórios, devendo o processo, quando for declarada a nulidade, ser remetido ao juiz competente.

- arts. 108, § 1º, e 564, I, deste Código.
- art. 508, CPPM.

Art. 568. A nulidade por ilegitimidade do representante da parte poderá ser a todo tempo sanada, mediante ratificação dos atos processuais.

- arts. 38 e 44 deste Código.
- art. 36, CPC.

Art. 569. As omissões da denúncia ou da queixa, da representação, ou, nos processos das contravenções penais, da portaria ou do auto de prisão em flagrante, poderão ser supridas a todo o tempo, antes da sentença final.

- arts. 38; 39; 41 e 564, III, a, deste Código.

Art. 570. A falta ou a nulidade da citação, da intimação ou notificação estará sanada, desde que o interessado compareça, antes de o ato consumar-se, embora declare que o faz para o único fim de argui-la. O juiz ordenará, todavia, a suspensão ou o adiamento do ato, quando reconhecer que a irregularidade poderá prejudicar direito da parte.

- arts. 371 a 372; e 564, III, e, g e h, deste Código.
- art. 503, CPPM.
- Súm. 155, STF.

Art. 571. As nulidades deverão ser arguidas:

- art. 504, CPPM.
- Súm. 155; 160; e 523, STF.

I - as da instrução criminal dos processos da competência do júri, nos prazos a que se refere o art. 406;

- art. 411, § 4º, deste Código.
- art. 278, NCPC.
- arts. 504 e 505, CPPM.
- Súm. 156 e 206, STF.

II - as da instrução criminal dos processos de competência do juiz singular e dos processos especiais, salvo os dos Capítulos V e VII do Título II do Livro II, nos prazos a que se refere o art. 500;

- arts. 403; 531 a 538; e 549 a 555 deste Código.

III - as do processo sumário, no prazo a que se refere o art. 537, ou, se verificadas depois desse prazo, logo depois de aberta a audiência e apregoadas as partes;
IV - as do processo regulado no Capítulo VII do Título II do Livro II, logo depois de aberta a audiência;

- arts. 549 a 555 deste Código.

V - as ocorridas posteriormente à pronúncia, logo depois de anunciado o julgamento e apregoadas as partes (art. 447);

- art. 454 deste Código.

VI - as de instrução criminal dos processos de competência do Supremo Tribunal Federal e dos Tribunais de Apelação, nos prazos a que se refere o art. 500;

- A partir da CF/1946, os Tribunais de Apelação passaram a se denominar Tribunais de Justiça.
- art. 610, p.u., deste Código.

VII - se verificadas após a decisão da primeira instância, nas razões de recurso ou logo depois de anunciado o julgamento do recurso e apregoadas as partes;
VIII - as do julgamento em plenário, em audiência ou em sessão do tribunal, logo depois de ocorrerem.

Art. 572. As nulidades previstas no art. 564, III, *d* e *e*, segunda parte, *g* e *h*, e IV, considerar-se-ão sanadas:

- arts. 563 e 566 deste Código.
- art. 505, CPPM.
- Súm. 155 e 156, STF.

I - se não forem arguidas, em tempo oportuno, de acordo com o disposto no artigo anterior;
II - se, praticado por outra forma, o ato tiver atingido o seu fim;

- Súm. 366, STF.

III - se a parte, ainda que tacitamente, tiver aceito os seus efeitos.

Art. 573. Os atos, cuja nulidade não tiver sido sanada, na forma dos artigos anteriores, serão renovados ou retificados.

- art. 282, NCPC.
- art. 506, CPPM.

§ 1º A nulidade de um ato, uma vez declarada, causará a dos atos que dele diretamente dependam ou sejam consequência.

§ 2º O juiz que pronunciar a nulidade declarará os atos a que ela se estende.

TÍTULO II
DOS RECURSOS EM GERAL

CAPÍTULO I
DISPOSIÇÕES GERAIS

Art. 574. Os recursos serão voluntários, excetuando-se os seguintes casos, em que deverão ser interpostos, de ofício, pelo juiz:

- arts. 564, III, n; 583, I; e 746 deste Código.
- art. 496, NCPC.
- arts. 154, p.u., e 696, CPPM.
- art. 7º, Lei 1.521/1951 (Altera dispositivos da legislação vigente sobre crimes contra a economia popular).
- art. 8º, 2, h, Pacto de São José da Costa Rica.
- Súm. 160 e 423, STF.

I - da sentença que conceder *habeas corpus*;

- arts. 581, X, e 647 a 667 deste Código.
- Súm. 344, STF.

II - da que absolver desde logo o réu com fundamento na existência de circunstância que exclua o crime ou isente o réu de pena, nos termos do art. 411.

- arts. 415 e 416 deste Código.

Art. 575. Não serão prejudicados os recursos que, por erro, falta ou omissão dos funcionários, não tiverem seguimento ou não forem apresentados dentro do prazo.

- art. 798, § 4º, deste Código.
- Súm. 320, 428 e 705, STF.

Art. 576. O Ministério Público não poderá desistir de recurso que haja interposto.

- art. 42 deste Código.
- art. 512, CPPM.

Art. 577. O recurso poderá ser interposto pelo Ministério Público, ou pelo querelante, ou pelo réu, seu procurador ou seu defensor.

- arts. 271, *caput*, e 598, *caput*, deste Código.
- art. 511, CPPM.
- Súm. 210 e 448, STF.

Parágrafo único. Não se admitirá, entretanto, recurso da parte que não tiver interesse na reforma ou modificação da decisão.

- art. 385 deste Código.

Art. 578. O recurso será interposto por petição ou por termo nos autos, assinado pelo recorrente ou por seu representante.

- arts. 587, *caput*; 600; 620; 625; 640; e 654, § 1º, deste Código.
- art. 513, CPPM.
- Súm. 160 e 428, STF.

§ 1º Não sabendo ou não podendo o réu assinar o nome, o termo será assinado por alguém, a seu rogo, na presença de duas testemunhas.

§ 2º A petição de interposição de recurso, com o despacho do juiz, será, até o dia seguinte ao último do prazo, entregue ao escrivão, que certificará no termo da juntada a data da entrega.

- Súm. 320 e 428, STF.

§ 3º Interposto por termo o recurso, o escrivão, sob pena de suspensão por dez a trinta dias, fará conclusos os autos ao juiz, até o dia seguinte ao último do prazo.

Art. 579. Salvo a hipótese de má-fé, a parte não será prejudicada pela interposição de um recurso por outro.

- art. 514, CPPM.

Parágrafo único. Se o juiz, desde logo, reconhecer a impropriedade do recurso interposto pela parte, mandará processá-lo de acordo com o rito do recurso cabível.

Art. 580. No caso de concurso de agentes (Código Penal, art. 25), a decisão do recurso interposto por um dos réus, se fundado em motivos que não sejam de caráter exclusivamente pessoal, aproveitará aos outros.

- atual art. 29, deste Código.
- art. 77, I, deste Código.
- arts. 514 e 515, CPPM.

CAPÍTULO II
DO RECURSO EM SENTIDO ESTRITO

Art. 581. Caberá recurso, no sentido estrito, da decisão, despacho ou sentença:

- art. 593, § 4º, deste Código.
- art. 516, CPPM.
- art. 6º, p.u., Lei 1.508/1951 (Regula o processo de contravenções).
- art. 8º, 2, h, Pacto de São José da Costa Rica.

I - que não receber a denúncia ou a queixa;

- art. 395 deste Código.
- Súm. 707 e 709, STF.

II - que concluir pela incompetência do juízo;

- arts. 108; 109; 564, I; e 567 deste Código.

III - que julgar procedentes as exceções, salvo a de suspeição;

- arts. 95 a 111 deste Código.

IV - que pronunciar o réu; (Redação dada pela Lei 11.689/2008.)

- art. 413 deste Código.

V - que conceder, negar, arbitrar, cassar ou julgar inidônea a fiança, indeferir requerimento de prisão preventiva ou revogá-la, conceder liberdade provisória ou relaxar a prisão em flagrante; (Redação dada pela Lei 7.780/1989.)

- art. 5º, LXV e LXVI, CF.
- arts. 310, p.u.; 311 a 316; e 321 a 350 deste Código.
- Súm. 697, STF.

VI - (Revogado pela Lei 11.689/2008.)
VII - que julgar quebrada a fiança ou perdido o seu valor;

- arts. 328; e 341 a 347 deste Código.

VIII - que decretar a prescrição ou julgar, por outro modo, extinta a punibilidade;

- arts. 107 a 120, CP.
- Súm. 438, STJ.

IX - que indeferir o pedido de reconhecimento da prescrição ou de outra causa extintiva da punibilidade;

- arts. 107 a 120, CP.

X - que conceder ou negar a ordem de *habeas corpus*;

- arts. 574, I; e 647 a 667 deste Código.

XI - que conceder, negar ou revogar a suspensão condicional da pena;

- arts. 696 a 709 deste Código.
- arts. 77 a 82, CP.
- arts. 156 a 163, Lei 7.210/1984 (Lei de Execuções Penais).

XII - que conceder, negar ou revogar livramento condicional;

- arts. 710 a 733 deste Código.
- arts. 83 a 90, CP.
- arts. 131 a 146, Lei 7.210/1984 (Lei de Execuções Penais).

XIII - que anular o processo da instrução criminal, no todo ou em parte;

- arts. 563 a 573 deste Código.

XIV - que incluir jurado na lista geral ou des-ta o excluir;

- arts. 425; 426; e 586, p.u., deste Código.

XV - que denegar a apelação ou a julgar deserta;

- arts. 593; 639, I; e 806, § 2º, deste Código.

XVI - que ordenar a suspensão do processo, em virtude de questão prejudicial;

- arts. 92 a 94 deste Código.

XVII - que decidir sobre a unificação de penas;

- arts. 82 e 674 deste Código.
- art. 71, CP.
- art. 66, III, a, Lei 7.210/1984 (Lei de Execuções Penais).

XVIII - que decidir o incidente de falsidade;

- arts. 145 a 148 deste Código.

XIX - que decretar medida de segurança, depois de transitar a sentença em julgado;

- arts. 752 e 753 deste Código.
- art. 96, CP.
- arts. 171 a 179; 183; e 184, Lei 7.210/1984 (Lei de Execuções Penais).

XX - que impuser medida de segurança por transgressão de outra;

- arts. 722 e 774 deste Código.
- art. 96, CP.
- arts. 66, V, d; 171 a 179; 183 e 184; e 197, Lei 7.210/1984 (Lei de Execuções Penais).

XXI - que mantiver ou substituir a medida de segurança, nos casos do art. 774;

- arts. 171 a 179; 183; e 184, Lei 7.210/1984 (Lei de Execuções Penais).

XXII - que revogar a medida de segurança;

- arts. 775 a 777 deste Código.
- art. 96 e 97, § 3º, CP.
- arts. 171 a 179 e 197, Lei 7.210/1984 (Lei de Execuções Penais).

XXIII - que deixar de revogar a medida de segurança, nos casos em que a lei admita a revogação;

- arts. 96 e 97, § 3º, CP.
- arts. 171 a 179, Lei 7.210/1984 (Lei de Execuções Penais).

XXIV - que converter a multa em detenção ou em prisão simples.

- art. 689 deste Código
- art. 51, CP.

XXV - que recusar homologação à proposta de acordo de não persecução penal, previsto no art. 28-A desta Lei. (Incluído pela Lei 13.964/2019)

Art. 582. Os recursos serão sempre para o Tribunal de Apelação, salvo nos casos dos n. V, X e XIV.

- art. 591 deste Código.

Parágrafo único. O recurso, no caso do n. XIV, será para o presidente do Tribunal de Apelação.

- Os Tribunais de Apelação, com a promulgação da CF/1946, passaram a ser denominados Tribunais de Justiça.

Art. 583. Subirão nos próprios autos os recursos:

- art. 517, CPPM.

I - quando interpostos de ofício;
II - nos casos do art. 581, I, III, IV, VI, VIII e X;
III - quando o recurso não prejudicar o andamento do processo.

Parágrafo único. O recurso da pronúncia subirá em traslado, quando, havendo dois ou mais réus, qualquer deles se conformar com a decisão ou todos não tiverem sido ainda intimados da pronúncia.

- arts. 80 e 420 deste Código.

Art. 584. Os recursos terão efeito suspensivo nos casos de perda da fiança, de concessão de livramento condicional e dos n. XV, XVII e XXIV do art. 581.

- arts. 343 a 345 deste Código.
- arts. 83, I, IV e p.u.,CP.
- arts. 131 a 146, Lei 7.210/1984 (Lei de Execuções Penais).

§ 1º Ao recurso interposto de sentença de impronúncia ou no caso do n. VIII do art. 581, aplicar-se-á o disposto nos arts. 596 e 598.

- art. 271, CP.
- Súm. 210, STF.

§ 2º O recurso da pronúncia suspenderá tão somente o julgamento.

§ 3º O recurso do despacho que julgar quebrada a fiança suspenderá unicamente o efeito de perda da metade do seu valor.

Art. 585. O réu não poderá recorrer da pronúncia senão depois de preso, salvo se prestar fiança, nos casos em que a lei a admitir.

- art. 5º, LVII, CF.
- arts. 322 a 350 deste Código.

Art. 586. O recurso voluntário poderá ser interposto no prazo de cinco dias.

- art. 798 deste Código.
- art. 518, CPPM.
- Súm. 319 e 700, STF.

Parágrafo único. No caso do art. 581, XIV, o prazo será de vinte dias, contado da data da publicação definitiva da lista de jurados.

Art. 587. Quando o recurso houver de subir por instrumento, a parte indicará, no respectivo termo, ou em requerimento avulso, as peças dos autos de que pretenda traslado.

- art. 1.018, NCPC.
- Súm. 288, STF.

Parágrafo único. O traslado será extraído, conferido e concertado no prazo de cinco dias, e dele constarão sempre a decisão recorrida, a certidão de sua intimação, se por outra forma não for possível verificar-se a oportunidade do recurso, e o termo de interposição.

- art. 518, p.u., CPPM.

Art. 588. Dentro de dois dias, contados da interposição do recurso, ou do dia em que o escrivão, extraído o traslado, o fizer com vista ao recorrente, este oferecerá as razões e, em seguida, será aberta vista ao recorrido por igual prazo.

- arts. 576; 601; e 643 deste Código.
- art. 519, CPPM.
- Súm. 707, STF.

Parágrafo único. Se o recorrido for o réu, será intimado do prazo na pessoa do defensor.

Art. 589. Com a resposta do recorrido ou sem ela, será o recurso concluso ao juiz, que, dentro de dois dias, reformará ou sustentará o seu despacho, mandando instruir o recurso com os traslados que lhe parecerem necessários.

- art. 520, CPPM.

Parágrafo único. Se o juiz reformar o despacho recorrido, a parte contrária, por simples petição, poderá recorrer da nova decisão, se couber recurso, não sendo mais lícito ao juiz modificá-la. Neste caso, independentemente de novos arrazoados, subirá o recurso nos próprios autos ou em traslado.

- art. 520, CPPM.

Art. 590. Quando for impossível ao escrivão extrair o traslado no prazo da lei, poderá o juiz prorrogá-lo até o dobro.

- arts. 587, p.u., e 643 deste Código.
- art. 521, CPPM.

Art. 591. Os recursos serão apresentados ao juiz ou tribunal *ad quem*, dentro de cinco dias da publicação da resposta do juiz *a quo*, ou entregues ao Correio dentro do mesmo prazo.

- art. 643 deste Código.

Art. 592. Publicada a decisão do juiz ou do tribunal *ad quem*, deverão os autos ser devolvidos, dentro de cinco dias, ao juiz *a quo*.

- art. 643 deste Código.
- art. 525, CPPM.

CAPÍTULO III
DA APELAÇÃO

Art. 593. Caberá apelação no prazo de 5 (cinco) dias: (Redação dada pela Lei 263/1948.)

- arts. 581, XV; 598, p.u.; e 609 deste Código.
- art. 526, CPPM.
- arts. 76, § 5º, e 82, Lei 9.099/1995 (Lei dos Juizados Especiais).
- art. 8º, 2, h, Pacto de São José da Costa Rica.

I - das sentenças definitivas de condenação ou absolvição proferidas por juiz singular; (Redação dada pela Lei 263/1948.)

- arts. 381 a 393 e 800, I, deste Código.

II - das decisões definitivas, ou com força de definitivas, proferidas por juiz singular nos casos não previstos no Capítulo anterior; (Redação dada pela Lei 263/1948.)

III - das decisões do Tribunal do Júri, quando: (Redação dada pela Lei 263/1948.)

- Súm. 713, STF.

a) ocorrer nulidade posterior à pronúncia; (Redação dada pela Lei 263/1948.)

- art. 571, V, deste Código.

b) for a sentença do juiz-presidente contrária à lei expressa ou à decisão dos jurados; (Redação dada pela Lei 263/1948.)

- art. 492 deste Código.

c) houver erro ou injustiça no tocante à aplicação da pena ou da medida de segurança; (Redação dada pela Lei 263/1948.)

- arts. 492 e 493 deste Código.

d) for a decisão dos jurados manifestamente contrária à prova dos autos. (Redação dada pela Lei 263/1948.)

§ 1º Se a sentença do juiz-presidente for contrária à lei expressa ou divergir das respostas dos jurados aos quesitos, o tribunal *ad quem* fará a devida retificação. (Incluído pela Lei 263/1948.)

§ 2º Interposta a apelação com fundamento no n. III, *c*, deste artigo, o tribunal *ad quem*, se lhe der provimento, retificará a aplicação da pena ou da medida de segurança. (Incluído pela Lei 263/1948.)

§ 3º Se a apelação se fundar no n. III, *d*, deste artigo, e o tribunal *ad quem* se convencer de que a decisão dos jurados é manifestamente contrária à prova dos autos, dar-lhe-á provimento para sujeitar o réu a novo julgamento; não se admite, porém, pelo mesmo motivo, segunda apelação. (Incluído pela Lei 263/1948.)

§ 4º Quando cabível a apelação, não poderá ser usado o recurso em sentido estrito, ainda que somente de parte da decisão se recorra. (Parágrafo único renumerado pela Lei 263/1948.)

Art. 594. (Revogado pela Lei 11.719/2008.)

Art. 595. (Revogado pela Lei 12.403/2011.)

Art. 596. A apelação da sentença absolutória não impedirá que o réu seja posto imediatamente em liberdade. (Redação dada pela Lei 263/1948.)

- arts. 318; 386, p.u., I; 492, II, a; 584, § 1º; 669, II; 670; e 673 deste Código.
- art. 532, CPPM.

Parágrafo único. A apelação não suspenderá a execução da medida de segurança aplicada provisoriamente. (Redação dada pela Lei 5.941/1973.)

- arts. 374 e 378 deste Código.
- art. 96, CP.

Art. 597. A apelação de sentença condenatória terá efeito suspensivo, salvo o disposto no art. 393, a aplicação provisória de interdições de direitos e de medidas de segurança (arts. 374 e 378), e o caso de suspensão condicional de pena.

- arts. 669, I; 670; 673; 674; 698; 703; e 706 deste Código.
- art. 533, CPPM.
- O art. 393 deste Código foi revogado pela Lei 12.403/2011.

Art. 598. Nos crimes de competência do Tribunal do Júri, ou do juiz singular, se da sentença não for interposta apelação pelo Ministério Público no prazo legal, o ofendido ou qualquer das pessoas enumeradas no art. 31, ainda que não se tenha habilitado como assistente, poderá interpor apelação, que não terá, porém, efeito suspensivo.

- arts. 29; 268; 271; 391; e 584, § 1º, deste Código.
- Súm. 210 e 448, STF.

Parágrafo único. O prazo para interposição desse recurso será de quinze dias e correrá do dia em que terminar o do Ministério Público.

Art. 599. As apelações poderão ser interpostas quer em relação a todo o julgado, quer em relação a parte dele.

- art. 576 deste Código.
- Súm. 160, STF.

Art. 600. Assinado o termo de apelação, o apelante e, depois dele, o apelado terão o prazo de oito dias cada um para oferecer razões, salvo nos processos de contravenção, em que o prazo será de três dias.

- art. 531, CPPM.

§ 1º Se houver assistente, este arrazoará, no prazo de três dias, após o Ministério Público.

§ 2º Se a ação penal for movida pela parte ofendida, o Ministério Público terá vista dos autos, no prazo do parágrafo anterior.

§ 3º Quando forem dois ou mais os apelantes ou apelados, os prazos serão comuns.

§ 4º Se o apelante declarar, na petição ou no termo, ao interpor a apelação, que deseja arrazoar na superior instância serão os autos remetidos ao tribunal *ad quem* onde será aberta vista às partes, observados os prazos legais, notificadas as partes pela publicação oficial. (Incluído pela Lei 4.336/1964.)

Art. 601. Findos os prazos para razões, os autos serão remetidos à instância superior, com as razões ou sem elas, no prazo de 5 (cinco) dias, salvo no caso do art. 603, segunda parte, em que o prazo será de trinta dias.

- art. 534, CPPM.

§ 1º Se houver mais de um réu, e não houverem todos sido julgados, ou não tiverem todos apelado, caberá ao apelante promover extração do traslado dos autos, o qual deverá ser remetido à instância superior no prazo de trinta dias, contado da data da entrega das últimas razões de apelação, ou do vencimento do prazo para a apresentação das do apelado.

§ 2º As despesas do traslado correrão por conta de quem o solicitar, salvo se o pedido for de réu pobre ou do Ministério Público.

- art. 806, § 2º, deste Código.

Art. 602. Os autos serão, dentro dos prazos do artigo anterior, apresentados ao tribunal *ad quem* ou entregues ao Correio, sob registro.

Art. 603. A apelação subirá nos autos originais e, a não ser no Distrito Federal e nas comarcas que forem sede de Tribunal de Apelação, ficará em cartório traslado dos termos essenciais do processo referidos no art. 564, III.

- A partir da CF/1946, os Tribunais de Apelação passaram a se denominar Tribunais de Justiça.

Arts. 604. a 606. (Revogados pela Lei 263/1948.)

CAPÍTULO IV
DO PROTESTO POR NOVO JÚRI

- Revogado pela Lei 11.689/2008.

Arts. 607. e 608. (Revogados pela Lei 11.689/2008.)

CAPÍTULO V
DO PROCESSO E DO JULGAMENTO DOS RECURSOS EM SENTIDO ESTRITO E DAS APELAÇÕES, NOS TRIBUNAIS DE APELAÇÃO

Art. 609. Os recursos, apelações e embargos serão julgados pelos Tribunais de Justiça, câmaras ou turmas criminais, de acordo com a competência estabelecida nas leis de organização judiciária. (Redação dada pela Lei 1.720-B/1952.)

- arts. 75, § 5º; e 82, Lei 9.099/1995 (Lei dos Juizados Especiais).
- Súm. 293, STF.

Parágrafo único. Quando não for unânime a decisão de segunda instância, desfavorável ao réu, admitem-se embargos infringentes e de nulidade, que poderão ser opostos dentro de 10 (dez) dias, a contar da publicação de acórdão, na forma do art. 613. Se o desacordo for parcial, os embargos serão restritos à matéria objeto de divergência. (Incluído pela Lei 1.720-B/1952.)

- art. 571, VII, deste Código.
- arts. 538 a 549, CPPM.
- Súm. 393, STF.

Art. 610. Nos recursos em sentido estrito, com exceção do de *habeas corpus*, e nas apelações interpostas das sentenças em processo de contravenção ou de crime a que a lei comine pena de detenção, os autos irão imediatamente com vista ao procurador-geral pelo prazo de cinco dias, e, em seguida, passarão, por igual prazo, ao relator, que pedirá designação de dia para o julgamento.

- art. 571, VII, e 581 deste Código.
- Súm. 431, STF.

Parágrafo único. Anunciado o julgamento pelo presidente, e apregoadas as partes, com a presença destas ou à sua revelia, o relator fará a exposição do feito e, em seguida, o presidente concederá, pelo prazo de 10 (dez) minutos, a palavra aos advogados ou às partes que a solicitarem e ao procurador-geral, quando o requerer, por igual prazo.

- arts. 263 e 370, § 2º, deste Código.

Art. 611. (Revogado pelo Decreto-Lei 552/1969.)

Art. 612. Os recursos de *habeas corpus*, designado o relator, serão julgados na primeira sessão.

- arts. 574, I; e 647 a 667 deste Código.
- Súm. 431, STF.

Art. 613. As apelações interpostas das sentenças proferidas em processos por crime a que a lei comine pena de reclusão, deverão ser processadas e julgadas pela forma estabelecida no Art. 610, com as seguintes modificações:

- art. 609 deste Código.

I - exarado o relatório nos autos, passarão estes ao revisor, que terá igual prazo para o exame do processo e pedirá designação de dia para o julgamento;

II - os prazos serão ampliados ao dobro;

III - o tempo para os debates será de um quarto de hora.

Art. 614. No caso de impossibilidade de observância de qualquer dos prazos marcados nos arts. 610 e 613, os motivos da demora serão declarados nos autos.

- arts. 648, II, e 653 deste Código.

Art. 615. O tribunal decidirá por maioria de votos.

§ 1º Havendo empate de votos no julgamento de recursos, se o presidente do tribunal, câmara ou turma, não tiver tomado parte na votação, proferirá o voto de desempate; no caso contrário, prevalecerá a decisão mais favorável ao réu.

§ 2º O acórdão será apresentado à conferência na primeira sessão seguinte à do julgamento, ou no prazo de duas sessões, pelo juiz incumbido de lavrá-lo.

Art. 616. No julgamento das apelações poderá o tribunal, câmara ou turma proceder a novo interrogatório do acusado, reinquirir testemunhas ou determinar outras diligências.

- arts. 185 e 196 deste Código.

Art. 617. O tribunal, câmara ou turma atenderá nas suas decisões ao disposto nos arts. 383, 386 e 387, no que for aplicável, não podendo, porém, ser agravada a pena, quando somente o réu houver apelado da sentença.

- art. 626, p.u., deste Código.
- Súm. 160; 453; e 525, STF.

Art. 618. Os regimentos dos Tribunais de Apelação estabelecerão as normas complementares para o processo e julgamento dos recursos e apelações.

- A partir da CF/1946, os Tribunais de Apelação passaram a se denominar Tribunais de Justiça.

CAPÍTULO VI
DOS EMBARGOS

Art. 619. Aos acórdãos proferidos pelos Tribunais de Apelação, câmaras ou turmas, poderão ser opostos embargos de declaração, no prazo de dois dias contados da sua publicação, quando houver na sentença ambiguidade, obscuridade, contradição ou omissão.

- art. 382 deste Código.
- arts. 494, 1.022 e 1.026, NCPC.
- arts. 538 a 549, CPPM.

Art. 620. Os embargos de declaração serão deduzidos em requerimento de que constem os pontos em que o acórdão é ambíguo, obscuro, contraditório ou omisso.

- art. 578 deste Código

§ 1º O requerimento será apresentado pelo relator e julgado, independentemente de revisão, na primeira sessão.

- arts. 337 a 339, RISTF.
- arts. 263 a 265, RISTJ.

§ 2º Se não preenchidas as condições enumeradas neste artigo, o relator indeferirá desde logo o requerimento.

- art. 609, p.u., deste Código.

CAPÍTULO VII
DA REVISÃO

Art. 621. A revisão dos processos findos será admitida:

- arts. 550 e 551, *caput*, CPPM.
- art. 10, Pacto de São José da Costa Rica.

I - quando a sentença condenatória for contrária ao texto expresso da lei penal ou à evidência dos autos;

- art. 551, CPPM.

II - quando a sentença condenatória se fundar em depoimentos, exames ou documentos comprovadamente falsos;

- arts. 145 a 148 deste Código.
- art. 551, b, CPPM.

III - quando, após a sentença, se descobrirem novas provas de inocência do condenado ou de circunstância que determine ou autorize diminuição especial da pena.

- art. 551, c, CPPM.
- Súm. 611, STF.

Art. 622. A revisão poderá ser requerida em qualquer tempo, antes da extinção da pena ou após.

- art. 552, CPPM.
- Súm. 393 e 611, STF.

Parágrafo único. Não será admissível a reiteração do pedido, salvo se fundado em novas provas.

Art. 623. A revisão poderá ser pedida pelo próprio réu ou por procurador legalmente habilitado ou, no caso de morte do réu, pelo cônjuge, ascendente, descendente ou irmão.

- art. 609, p.u., deste Código.
- art. 553, CPPM.
- Súm. 393, STF.

Art. 624. As revisões criminais serão processadas e julgadas: (Redação dada pelo Decreto-Lei 504/1969.)

- art. 554, CPPM.

I - pelo Supremo Tribunal Federal, quanto às condenações por ele proferidas; (Redação dada pelo Decreto-Lei 504/1969.)

II - pelo Tribunal Federal de Recursos, Tribunais de Justiça ou de Alçada, nos demais casos. (Redação dada pelo Decreto-Lei 504/1969.)

- art. 4º, EC 45/2004 (Determina a extinção dos Tribunais de Alçada).
- art. 105, I, e, CF.

§ 1º No Supremo Tribunal Federal e no Tribunal Federal de Recursos o processo e julgamento obedecerão ao que for estabelecido no respectivo regimento interno. (Incluído pelo Decreto-Lei 504/1969.)

§ 2º Nos Tribunais de Justiça ou de Alçada, o julgamento será efetuado pelas câmaras ou turmas criminais, reunidas em sessão conjunta, quando houver mais de uma, e, no caso contrário, pelo tribunal pleno. (Incluído pelo Decreto-Lei 504/1969.)

- art. 4º, EC 45/2004 (Determina a extinção dos Tribunais de Alçada).

§ 3º Nos tribunais onde houver quatro ou mais câmaras ou turmas criminais, poderão ser constituídos dois ou mais grupos de câmaras ou turmas para o julgamento de revisão, obedecido o que for estabelecido no respectivo regimento interno. (Incluído pelo Decreto-Lei 504/1969.)

Art. 625. O requerimento será distribuído a um relator e a um revisor, devendo funcionar como relator um desembargador que não tenha pronunciado decisão em qualquer fase do processo.

- art. 555, CPPM.

§ 1º O requerimento será instruído com a certidão de haver passado em julgado a sentença condenatória e com as peças necessárias à comprovação dos fatos arguidos.

§ 2º O relator poderá determinar que se apensem os autos originais, se daí não advier dificuldade à execução normal da sentença.

§ 3º Se o relator julgar insuficientemente instruído o pedido e inconveniente ao interesse da justiça que se apensem os autos originais, indeferi-lo-á *in limine*, dando recurso para as câmaras reunidas ou para o tribunal, conforme o caso (art. 624, parágrafo único).

§ 4º Interposto o recurso por petição e independentemente de termo, o relator apresentará o processo em mesa para o julgamento e o relatará, sem tomar parte na discussão.

§ 5º Se o requerimento não for indeferido *in limine*, abrir-se-á vista dos autos ao procurador-geral, que dará parecer no prazo de dez dias. Em seguida, examinados os autos, sucessivamente, em igual prazo, pelo relator e revisor, julgar-se-á o pedido na sessão que o presidente designar.

Art. 626. Julgando procedente a revisão, o tribunal poderá alterar a classificação da infração, absolver o réu, modificar a pena ou anular o processo.

- art. 558, CPPM.

Parágrafo único. De qualquer maneira, não poderá ser agravada a pena imposta pela decisão revista.

- art. 617 deste Código.
- Súm. 160; 453; e 525, STF.

Art. 627. A absolvição implicará o restabelecimento de todos os direitos perdidos em virtude da condenação, devendo o tribunal, se for caso, impor a medida de segurança cabível.

- arts. 753; 754; e 759 deste Código.
- arts. 96 a 99, CP.
- art. 559, CPPM.

Art. 628. Os regimentos internos dos Tribunais de Apelação estabelecerão as normas complementares para o processo e julgamento das revisões criminais.

- A partir da CF/1946, os Tribunais de Apelação passaram a se denominar Tribunais de Justiça.

Art. 629. À vista da certidão do acórdão que cassar a sentença condenatória, o juiz mandará juntá-la imediatamente aos autos, para inteiro cumprimento da decisão.

- Art. 560, CPPM.

Art. 630. O tribunal, se o interessado o requerer, poderá reconhecer o direito a uma justa indenização pelos prejuízos sofridos.

- art. 5º, LXXV, CF.
- arts. 186 e 927, CC/2002.
- arts. 181 e 143, NCPC.
- art. 10, Pacto de São José da Costa Rica.

§ 1º Por essa indenização, que será liquidada no juízo cível, responderá a União, se a condenação tiver sido proferida pela justiça do Distrito Federal ou de Território, ou o Estado, se o tiver sido pela respectiva justiça.

§ 2º A indenização não será devida:

a) se o erro ou a injustiça da condenação proceder de ato ou falta imputável ao próprio impetrante, como a confissão ou a ocultação de prova em seu poder;

- arts. 197 a 200 deste Código.

b) se a acusação houver sido meramente privada.

- art. 5º, LXXV, CF.

Art. 631. Quando, no curso da revisão, falecer a pessoa, cuja condenação tiver de ser revista, o presidente do tribunal nomeará curador para a defesa.

- art. 561, CPPM.

CAPÍTULO VIII
DO RECURSO EXTRAORDINÁRIO

- arts. 26 a 29, Lei 8.038/1990 (Dispõe sobre as normas procedimentais para os processos que especifica, perante o STJ e o STF).

Arts. 632 a 636. (Revogados pela Lei 3.396/1958.)

Art. 637. O recurso extraordinário não tem efeito suspensivo, e uma vez arrazoados pelo recorrido os autos do traslado, os originais baixarão à primeira instância, para a execução da sentença.

Art. 638. O recurso extraordinário e o recurso especial serão processados e julgados no Supremo Tribunal Federal e no Superior Tribunal de Justiça na forma estabelecida por leis especiais, pela lei processual civil e pelos respectivos regimentos internos. (Redação dada pela Lei 13.964/2019)

CAPÍTULO IX
DA CARTA TESTEMUNHÁVEL

Art. 639. Dar-se-á carta testemunhável:

I - da decisão que denegar o recurso;

- art. 581, XV, deste Código.

II - da que, admitindo embora o recurso, obstar à sua expedição e seguimento para o juízo *ad quem*.

Art. 640. A carta testemunhável será requerida ao escrivão, ou ao secretário do tribunal, conforme o caso, nas quarenta e oito horas seguintes ao despacho que denegar o recurso, indicando o requerente as peças do processo que deverão ser trasladadas.

Art. 641. O escrivão, ou o secretário do tribunal, dará recibo da petição à parte e, no prazo máximo de cinco dias, no caso de recurso no sentido estrito, ou de sessenta dias, no caso de recurso extraordinário, fará entrega da carta, devidamente conferida e concertada.

Art. 642. O escrivão, ou o secretário do tribunal, que se negar a dar o recibo, ou deixar de entregar, sob qualquer pretexto, o instrumento, será suspenso por trinta dias. O juiz, ou o presidente do Tribunal de Apelação, em face de representação do testemunhante, imporá a pena e mandará que seja extraído o instrumento, sob a mesma sanção, pelo substituto do escrivão ou do secretário do tribunal. Se o testemunhante não for atendido, poderá reclamar ao presidente do tribunal *ad quem*, que avocará os autos, para o efeito do julgamento do recurso e imposição da pena.

- A partir da CF/1946, os Tribunais de Apelação passaram a se denominar Tribunais de Justiça.

Art. 643. Extraído e autuado o instrumento, observar-se-á o disposto nos arts. 588 a 592, no caso de recurso em sentido estrito, ou o processo estabelecido para o recurso extraordinário, se deste se tratar.

Art. 644. O tribunal, câmara ou turma a que competir o julgamento da carta, se desta tomar conhecimento, mandará processar o recurso, ou, se estiver suficientemente instruída, decidirá logo, *de meritis*.

Art. 645. O processo da carta testemunhável na instância superior seguirá o processo do recurso denegado.

Art. 646. A carta testemunhável não terá efeito suspensivo.

CAPÍTULO X
DO *HABEAS CORPUS* E SEU PROCESSO

Art. 647. Dar-se-á *habeas corpus* sempre que alguém sofrer ou se achar na iminência de sofrer violência ou coação ilegal na sua liberdade de ir e vir, salvo nos casos de punição disciplinar.

- arts. 5º, LXVIII, e 142, § 2º, CF.
- arts. 574, I, e 581, X, deste Código.
- arts. 466 a 480, CPPM.
- art. 7º, Pacto de São José da Costa Rica.
- Súm. 395; e 693 a 695, STF.

Art. 648. A coação considerar-se-á ilegal:

- arts. 467 e 468, CPPM.

I - quando não houver justa causa;

- art. 395, III, deste Código.

II - quando alguém estiver preso por mais tempo do que determina a lei;

- arts. 10, *caput*, e 46, *caput*, deste Código.

III - quando quem ordenar a coação não tiver competência para fazê-lo;

- arts. 69 a 87 deste Código.

IV - quando houver cessado o motivo que autorizou a coação;

V - quando não for alguém admitido a prestar fiança, nos casos em que a lei a autoriza;

- arts. 321 a 350; 581, V; e 660, § 3º, deste Código.

VI - quando o processo for manifestamente nulo;

- arts. 563 a 573 deste Código.

VII - quando extinta a punibilidade.

- arts. 107 e ss., CP.

Art. 649. O juiz ou o tribunal, dentro dos limites da sua jurisdição, fará passar imediatamente a ordem impetrada, nos casos em que tenha cabimento, seja qual for a autoridade coatora.

Art. 650. Competirá conhecer, originariamente, do pedido de *habeas corpus*:

- art. 469, CPPM.

I - ao Supremo Tribunal Federal, nos casos previstos no Art. 101, I, *g*, da Constituição;

- art. 102, I, d e i, CF.

II - aos Tribunais de Apelação, sempre que os atos de violência ou coação forem atribuídos aos governadores ou interventores dos Estados ou Territórios e ao prefeito do Distrito Federal, ou a seus secretários, ou aos chefes de Polícia.

- A partir da CF/1946, os Tribunais de Apelação passaram a se denominar Tribunais de Justiça.
- art. 125, § 1º, CF.

§ 1º A competência do juiz cessará sempre que a violência ou coação provier de autoridade judiciária de igual ou superior jurisdição.

- art. 102, I, i, CF.
- Súm. 606, STF.

§ 2º Não cabe o *habeas corpus* contra a prisão administrativa, atual ou iminente, dos responsáveis por dinheiro ou valor pertencente à Fazenda Pública, alcançados ou omissos em fazer o seu recolhimento nos prazos legais, salvo se o pedido for acompanhado de prova de quitação ou de depósito do alcance verificado, ou se a prisão exceder o prazo legal.

- art. 5º, LXI, CF.

Art. 651. A concessão do *habeas corpus* não obstará, nem porá termo ao processo, desde que este não esteja em conflito com os fundamentos daquela.

- art. 476, CPPM.

Art. 652. Se o *habeas corpus* for concedido em virtude de nulidade do processo, este será renovado.

- arts. 563 a 573 deste Código.
- art. 477, CPPM.

Art. 653. Ordenada a soltura do paciente em virtude de *habeas corpus*, será condenada nas custas a autoridade que, por má-fé ou evidente abuso de poder, tiver determinado a coação.

Parágrafo único. Neste caso, será remetida ao Ministério Público cópia das peças necessárias para ser promovida a responsabilidade da autoridade.

- art. 40 deste Código.

Art. 654. O *habeas corpus* poderá ser impetrado por qualquer pessoa, em seu favor ou de outrem, bem como pelo Ministério Público.

- arts. 5º, LXXVII, e 133, CF.
- art. 257 deste Código.
- art. 470, CPPM.
- art. 32, I, Lei 8.625/1993 (Lei Orgânica do Ministério Público).

§ 1º A petição de *habeas corpus* conterá:

- art. 662 deste Código.
- art. 471, CPPM.

a) o nome da pessoa que sofre ou está ameaçada de sofrer violência ou coação e o de quem exercer a violência, coação ou ameaça;

b) a declaração da espécie de constrangimento ou, em caso de simples ameaça de coação, as razões em que funda o seu temor;

c) a assinatura do impetrante, ou de alguém a seu rogo, quando não souber ou não puder escrever, e a designação das respectivas residências.

§ 2º Os juízes e os tribunais têm competência para expedir de ofício ordem de *habeas corpus*, quando no curso de processo verificarem que alguém sofre ou está na iminência de sofrer coação ilegal.

Art. 655. O carcereiro ou o diretor da prisão, o escrivão, o oficial de justiça ou a autoridade judiciária ou policial que embaraçar ou procrastinar a expedição de ordem de *habeas corpus*, as informações sobre a causa da prisão, a condução e apresentação do paciente, ou a sua soltura, será multado na quantia de duzentos mil-réis a um conto de réis, sem prejuízo das penas em que incorrer. As multas serão impostas pelo juiz do tribunal que julgar o *habeas corpus*, salvo quando se tratar de autoridade judiciária, caso em que caberá ao Supremo Tribunal Federal ou ao Tribunal de Apelação impor as multas.

- A partir da CF/1946, os Tribunais de Apelação passaram a se denominar Tribunais de Justiça.
- arts. 319 e 330, CP.
- art. 480, CPPM.

Art. 656. Recebida a petição de *habeas corpus*, o juiz, se julgar necessário, e estiver preso o paciente, mandará que este lhe seja imediatamente apresentado em dia e hora que designar.

- art. 474, CPPM.
- art. 7º, 5, Pacto de São José da Costa Rica.

Parágrafo único. Em caso de desobediência, será expedido mandado de prisão contra o detentor, que será processado na forma da lei, e o juiz providenciará para que o paciente seja tirado da prisão e apresentado em juízo.

- art. 330, CP.

Art. 657. Se o paciente estiver preso, nenhum motivo escusará a sua apresentação, salvo:

- art. 475, CPPM.

I - grave enfermidade do paciente;
II - não estar ele sob a guarda da pessoa a quem se atribui a detenção;
III - se o comparecimento não tiver sido determinado pelo juiz ou pelo tribunal.

Parágrafo único. O juiz poderá ir ao local em que o paciente se encontrar, se este não puder ser apresentado por motivo de doença.

Art. 658. O detentor declarará à ordem de quem o paciente estiver preso.

- art. 472, § 1º, CPPM.

Art. 659. Se o juiz ou o tribunal verificar que já cessou a violência ou coação ilegal, julgará prejudicado o pedido.

- art. 653, p.u., deste Código.
- Súm. 695, STF.

Art. 660. Efetuadas as diligências, e interrogado o paciente, o juiz decidirá, fundamentadamente, dentro de 24 (vinte e quatro) horas.

§ 1º Se a decisão for favorável ao paciente, será logo posto em liberdade, salvo se por outro motivo dever ser mantido na prisão.

§ 2º Se os documentos que instruírem a petição evidenciarem a ilegalidade da coação, o juiz ou o tribunal ordenará que cesse imediatamente o constrangimento.

- Súm. 431, STF.

§ 3º Se a ilegalidade decorrer do fato de não ter sido o paciente admitido a prestar fiança, o juiz arbitrará o valor desta, que poderá ser prestada perante ele, remetendo, neste caso, à autoridade os respectivos autos, para serem anexados aos do inquérito policial ou aos do processo judicial.

- art. 648, V, deste Código.

§ 4º Se a ordem de *habeas corpus* for concedida para evitar ameaça de violência ou coação ilegal, dar-se-á ao paciente salvo-conduto assinado pelo juiz.

- art. 479, CPPM.

§ 5º Será incontinenti enviada cópia da decisão à autoridade que tiver ordenado a prisão ou tiver o paciente à sua disposição, a fim de juntar-se aos autos do processo.

§ 6º Quando o paciente estiver preso em lugar que não seja o da sede do juízo ou do tribunal que conceder a ordem, o alvará de soltura será expedido pelo telégrafo, se houver, observadas as formalidades estabelecidas no art. 289, parágrafo único, *in fine*, ou por via postal.

Art. 661. Em caso de competência originária do Tribunal de Apelação, a petição de *habeas corpus* será apresentada ao secretário, que a enviará imediatamente ao presidente do tribunal, ou da câmara criminal, ou da turma, que estiver reunida, ou primeiro tiver de reunir-se.

- A partir da CF/1946, os Tribunais de Apelação passaram a se denominar Tribunais de Justiça.

Art. 662. Se a petição contiver os requisitos do art. 654, § 1º, o presidente, se necessário, requisitará da autoridade indicada como coatora informações por escrito. Faltando, porém, qualquer daqueles requisitos, o presidente mandará preenchê-lo, logo que lhe for apresentada a petição.

- Dec.-Lei 552/1969 (Dispõe sobre a concessão de vista ao Ministério Público nos processos de *habeas corpus*).

Art. 663. As diligências do artigo anterior não serão ordenadas, se o presidente entender que o *habeas corpus* deva ser indeferido *in limine*. Nesse caso, levará a petição ao tribunal, câmara ou turma, para que delibere a respeito.

- Súm. 395, STF.

Art. 664. Recebidas as informações, ou dispensadas, o *habeas corpus* será julgado na primeira sessão, podendo, entretanto, adiar-se o julgamento para a sessão seguinte.

- Súm. 431, STF.

Parágrafo único. A decisão será tomada por maioria de votos. Havendo empate, se o presidente não tiver tomado parte na votação, proferirá voto de desempate; no caso contrário, prevalecerá a decisão mais favorável ao paciente.

- art. 615, § 1º, deste Código.

Art. 665. O secretário do tribunal lavrará a ordem que, assinada pelo presidente do tribunal, câmara ou turma, será dirigida, por ofício ou telegrama, ao detentor, ao carcereiro ou autoridade que exercer ou ameaçar exercer o constrangimento.

Parágrafo único. A ordem transmitida por telegrama obedecerá ao disposto no art. 289, parágrafo único, *in fine*.

Art. 666. Os regimentos dos Tribunais de Apelação estabelecerão as normas complementares para o processo e julgamento do pedido de *habeas corpus* de sua competência originária.

- A partir da CF/1946, os Tribunais de Apelação passaram a se denominar Tribunais de Justiça.

Art. 667. No processo e julgamento do *habeas corpus* de competência originária do Supremo Tribunal Federal, bem como nos de recurso das decisões de última ou única instância, denegatórias de *habeas corpus*, observar-se-á, no que lhes for aplicável, o disposto nos artigos anteriores, devendo o regimento interno do tribunal estabelecer as regras complementares.

- art. 102, I, d e i, e II, a, CF.
- Súm. 431, STF.

LIVRO IV
DA EXECUÇÃO

- Lei 7.210/1984 (Lei de Execuções Penais).

TÍTULO I
DISPOSIÇÕES GERAIS

Art. 668. A execução, onde não houver juiz especial, incumbirá ao juiz da sentença, ou, se a decisão for do Tribunal do Júri, ao seu presidente.

Parágrafo único. Se a decisão for de tribunal superior, nos casos de sua competência originária, caberá ao respectivo presidente prover-lhe a execução.

Art. 669. Só depois de passar em julgado, será exequível a sentença, salvo:

› art. 105, Lei 7.210/1984 (Lei de Execuções Penais).

I - quando condenatória, para o efeito de sujeitar o réu a prisão, ainda no caso de crime afiançável, enquanto não for prestada a fiança;

II - quando absolutória, para o fim de imediata soltura do réu, desde que não proferida em processo por crime a que a lei comine pena de reclusão, no máximo, por tempo igual ou superior a oito anos.

Art. 670. No caso de decisão absolutória confirmada ou proferida em grau de apelação, incumbirá ao relator fazer expedir o alvará de soltura, de que dará imediatamente conhecimento ao juiz de primeira instância.

Art. 671. Os incidentes da execução serão resolvidos pelo respectivo juiz.

Art. 672. Computar-se-á na pena privativa da liberdade o tempo:

I - de prisão preventiva no Brasil ou no estrangeiro;

II - de prisão provisória no Brasil ou no estrangeiro;

III - de internação em hospital ou manicômio.

Art. 673. Verificado que o réu, pendente a apelação por ele interposta, já sofreu prisão por tempo igual ao da pena a que foi condenado, o relator do feito mandará pô-lo imediatamente em liberdade, sem prejuízo do julgamento do recurso, salvo se, no caso de crime a que a lei comine pena de reclusão, no máximo, por tempo igual ou superior a 8 anos, o querelante ou o Ministério Público também houver apelado da sentença condenatória.

TÍTULO II
DA EXECUÇÃO DAS PENAS EM ESPÉCIE

CAPÍTULO I
DAS PENAS PRIVATIVAS DE LIBERDADE

› arts. 105 a 146, Lei 7.210/1984 (Lei de Execuções Penais).

Art. 674. Transitando em julgado a sentença que impuser pena privativa de liberdade, se o réu já estiver preso, ou vier a ser preso, o juiz ordenará a expedição de carta de guia para o cumprimento da pena.

Parágrafo único. Na hipótese do art. 82, última parte, a expedição da carta de guia será ordenada pelo juiz competente para a soma ou unificação das penas.

Art. 675. No caso de ainda não ter sido expedido mandado de prisão, por tratar-se de infração penal em que o réu se livra solto ou por estar afiançado, o juiz, ou o presidente da câmara ou tribunal, se tiver havido recurso, fará expedir o mandado de prisão, logo que transite em julgado a sentença condenatória.

§ 1º No caso de reformada pela superior instância, em grau de recurso, a sentença absolutória, estando o réu solto, o presidente da câmara ou do tribunal fará, logo após a sessão de julgamento, remeter ao chefe de Polícia o mandado de prisão do condenado.

§ 2º Se o réu estiver em prisão especial, deverá, ressalvado o disposto na legislação relativa aos militares, ser expedida ordem para sua imediata remoção para prisão comum, até que se verifique a expedição de carta de guia para o cumprimento da pena.

Art. 676. A carta de guia, extraída pelo escrivão e assinada pelo juiz, que a rubricará em todas as folhas, será remetida ao diretor do estabelecimento em que tenha de ser cumprida a sentença condenatória, e conterá:

I - o nome do réu e a alcunha por que for conhecido;

II - a sua qualificação civil (naturalidade, filiação, idade, estado, profissão), instrução e, se constar, número do registro geral do Instituto de Identificação e Estatística ou de repartição congênere;

III - o teor integral da sentença condenatória e a data da terminação da pena.

Parágrafo único. Expedida carta de guia para cumprimento de uma pena, se o réu estiver cumprindo outra, só depois de terminada a execução desta será aquela executada. Retificar-se-á a carta de guia sempre que sobrevenha modificação quanto ao início da execução ou ao tempo de duração da pena.

Art. 677. Da carta de guia e seus aditamentos se remeterá cópia ao Conselho Penitenciário.

Art. 678. O diretor do estabelecimento, em que o réu tiver de cumprir a pena, passará recibo da carta de guia para juntar-se aos autos do processo.

Art. 679. As cartas de guia serão registradas em livro especial, segundo a ordem cronológica do recebimento, fazendo-se no curso da execução as anotações necessárias.

Art. 680. Computar-se-á no tempo da pena o período em que o condenado, por sentença irrecorrível, permanecer preso em estabelecimento diverso do destinado ao cumprimento dela.

Art. 681. Se impostas cumulativamente penas privativas da liberdade, será executada primeiro a de reclusão, depois a de detenção e por último a de prisão simples.

Art. 682. O sentenciado a que sobrevier doença mental, verificada por perícia médica, será internado em manicômio judiciário, ou, à falta, em outro estabelecimento adequado, onde lhe seja assegurada a custódia.

› art. 154 deste Código.

§ 1º Em caso de urgência, o diretor do estabelecimento penal poderá determinar a remoção do sentenciado, comunicando imediatamente a providência ao juiz, que, em face da perícia médica, ratificará ou revogará a medida.

§ 2º Se a internação se prolongar até o término do prazo restante da pena e não houver sido imposta medida de segurança detentiva, o indivíduo terá o destino aconselhado pela sua enfermidade, feita a devida comunicação ao juiz de incapazes.

Art. 683. O diretor da prisão a que o réu tiver sido recolhido provisoriamente ou em cumprimento de pena comunicará imediatamente ao juiz o óbito, a fuga ou a soltura do detido ou sentenciado para que fique constando dos autos.

Parágrafo único. A certidão de óbito acompanhará a comunicação.

Art. 684. A recaptura do réu evadido não depende de prévia ordem judicial e poderá ser efetuada por qualquer pessoa.

Art. 685. Cumprida ou extinta a pena, o condenado será posto, imediatamente, em liberdade, mediante alvará do juiz, no qual se ressalvará a hipótese de dever o condenado continuar na prisão por outro motivo legal.

Parágrafo único. Se tiver sido imposta medida de segurança detentiva, o condenado será removido para estabelecimento adequado (art. 762).

CAPÍTULO II
DAS PENAS PECUNIÁRIAS

› arts. 164 a 170, Lei 7.210/1984 (Lei de Execuções Penais).

Art. 686. A pena de multa será paga dentro em 10 dias após haver transitado em julgado a sentença que a impuser.

Parágrafo único. Se interposto recurso da sentença, esse prazo será contado do dia em que o juiz ordenar o cumprimento da decisão da superior instância.

Art. 687. O juiz poderá, desde que o condenado o requeira:

I - prorrogar o prazo do pagamento da multa até três meses, se as circunstâncias justificarem essa prorrogação;

II - permitir, nas mesmas circunstâncias, que o pagamento se faça em parcelas mensais, no prazo que fixar, mediante caução real ou fidejussória, quando necessário. (Redação dada pela Lei 6.416/1977.)

§ 1º O requerimento, tanto no caso do n. I, como no do n. II, será feito dentro do decêndio concedido para o pagamento da multa.

§ 2º A permissão para o pagamento em parcelas será revogada, se o juiz verificar que o condenado dela se vale para fraudar a execução da pena. Nesse caso, a caução resolver-se-á em valor monetário, devolvendo-se ao condenado o que exceder à satisfação da multa e das custas processuais. (Redação dada pela Lei 6.416/1977.)

Art. 688. Findo o decêndio ou a prorrogação sem que o condenado efetue o pagamento, ou ocorrendo a hipótese prevista no § 2º do artigo anterior, observar-se-á o seguinte:

I - possuindo o condenado bens sobre os quais possa recair a execução, será extraída certidão da sentença condenatória, a fim de que o Ministério Público proceda à cobrança judicial;

II - sendo o condenado insolvente, far-se-á a cobrança:

a) mediante desconto de quarta parte de sua remuneração (arts. 29, § 1º, e 37 do Código Penal), quando cumprir pena privativa da liberdade, cumulativamente imposta com a de multa;

› atuais arts. 34, § 1º, e 50, CP.

b) mediante desconto em seu vencimento ou salário, se, cumprida a pena privativa da liberdade, ou concedido o livramento condicional, a multa não houver sido resgatada;

c) mediante esse desconto, se a multa for a única pena imposta ou no caso de suspensão condicional da pena.

§ 1º O desconto, nos casos das letras *b* e *c*, será feito mediante ordem ao empregador, à repartição competente ou à administração da entidade paraestatal, e, antes de fixá-lo, o juiz requisitará informações e ordenará diligências, inclusive arbitramento, quando necessário, para observância do art. 37, § 3º, do Código Penal.

› atual art. 52, § 2º, CP.

§ 2º Sob pena de desobediência e sem prejuízo da execução a que ficará sujeito, o empregador será intimado a recolher mensalmente, até o dia fixado pelo juiz, a importância correspondente ao desconto, em selo penitenciário, que será inutilizado nos autos pelo juiz.

§ 3º Se o condenado for funcionário estadual ou municipal ou empregado de entidade paraestatal, a importância do desconto será, semestralmente, recolhida ao Tesouro Nacional, delegacia fiscal ou coletoria federal, como receita do selo penitenciário.

§ 4º As quantias descontadas em folha de pagamento de funcionário federal constituirão renda do selo penitenciário.

Art. 689. A multa será convertida, à razão de dez mil-réis por dia, em detenção ou prisão simples, no caso de crime ou de contravenção:

I - se o condenado solvente frustrar o pagamento da multa;

II - se não forem pagas pelo condenado solvente as parcelas mensais autorizadas sem garantia. (Redação dada pela Lei 6.416/1977.)

§ 1º Se o juiz reconhecer desde logo a existência de causa para a conversão, a ela procederá de ofício ou a requerimento do Ministério Público, independentemente de audiência do condenado; caso contrário, depois de ouvir o condenado, se encontrado no lugar da sede do juízo, poderá admitir a apresentação de prova pelas partes, inclusive testemunhal, no prazo de três dias.

§ 2º O juiz, desde que transite em julgado a decisão, ordenará a expedição de mandado de prisão ou aditamento à carta de guia, conforme esteja o condenado solto ou em cumprimento de pena privativa da liberdade.

§ 3º Na hipótese do inciso II deste artigo, a conversão será feita pelo valor das parcelas não pagas. (Incluído pela Lei 6.416/1977.)

- art. 51, CP.

Art. 690. O juiz tornará sem efeito a conversão, expedindo alvará de soltura ou cassando a ordem de prisão, se o condenado, em qualquer tempo:

I - pagar a multa;

II - prestar caução real ou fidejussória que lhe assegure o pagamento.

Parágrafo único. No caso do n. II, antes de homologada a caução, será ouvido o Ministério Público dentro do prazo de dois dias.

CAPÍTULO III
DAS PENAS ACESSÓRIAS

Art. 691. O juiz dará à autoridade administrativa competente conhecimento da sentença transitada em julgado, que impuser ou de que resultar a perda da função pública ou a incapacidade temporária para investidura em função pública ou para exercício de profissão ou atividade.

Art. 692. No caso de incapacidade temporária ou permanente para o exercício do pátrio poder, da tutela ou da curatela, o juiz providenciará para que sejam acautelados, no juízo competente, a pessoa e os bens do menor ou do interdito.

- A expressão "pátrio poder" foi substituída por "poder familiar" no CC/2002.

Art. 693. A incapacidade permanente ou temporária para o exercício da autoridade marital ou do pátrio poder será averbada no registro civil.

- arts. 1.630 a 1.638, CC/2002.
- A expressão "pátrio poder" foi substituída por "poder familiar" no CC/2002.

Art. 694. As penas acessórias consistentes em interdições de direitos serão comunicadas ao Instituto de Identificação e Estatística ou estabelecimento congênere, figurarão na folha de antecedentes do condenado e serão mencionadas no rol de culpados.

Art. 695. Iniciada a execução das interdições temporárias (art. 72, *a* e *b*, do Código Penal), o juiz, de ofício, a requerimento do Ministério Público ou do condenado, fixará o seu termo final, completando as providências determinadas nos artigos anteriores.

- Refere-se à antiga Parte Geral do CP, revogada pela Lei 7.209/1984.

TÍTULO III
DOS INCIDENTES DA EXECUÇÃO

CAPÍTULO I
DA SUSPENSÃO CONDICIONAL DA PENA

- arts. 77 a 82, CP.
- arts. 156 a 163, Lei 7.210/1984 (Lei de Execuções Penais).

Art. 696. O juiz poderá suspender, por tempo não inferior a 2 (dois) nem superior a 6 (seis) anos, a execução das penas de reclusão e de detenção que não excedam a 2 (dois) anos, ou, por tempo não inferior a 1 (um) nem superior a 3 (três) anos, a execução da pena de prisão simples, desde que o sentenciado: (Redação dada pela Lei 6.416/1977.)

I - não haja sofrido, no País ou no estrangeiro, condenação irrecorrível por outro crime a pena privativa da liberdade, salvo o disposto no parágrafo único do art. 46 do Código Penal; (Redação dada pela Lei 6.416/1977.)

- atual art. 64, I, CP.

II - os antecedentes e a personalidade do sentenciado, os motivos e as circunstâncias do crime autorizem a presunção de que não tornará a delinquir.

Parágrafo único. Processado o beneficiário por outro crime ou contravenção, considerar-se-á prorrogado o prazo da suspensão da pena até o julgamento definitivo.

Art. 697. O juiz ou tribunal, na decisão que aplicar pena privativa da liberdade não superior a 2 (dois) anos, deverá pronunciar-se, motivadamente, sobre a suspensão condicional, quer a conceda quer a denegue. (Redação dada pela Lei 6.416/1977.)

Art. 698. Concedida a suspensão, o juiz especificará as condições a que fica sujeito o condenado, pelo prazo previsto, começando este a correr da audiência em que se der conhecimento da sentença ao beneficiário e lhe for entregue documento similar ao descrito no art. 724. (Redação dada pela Lei 6.416/1977.)

§ 1º As condições serão adequadas ao delito e à personalidade do condenado. (Incluído pela Lei 6.416/1977.)

§ 2º Poderão ser impostas, além das estabelecidas no art. 767, como normas de conduta e obrigações, as seguintes condições: (Incluído pela Lei 6.416/1977.)

I - frequentar curso de habilitação profissional ou de instrução escolar; (Incluído pela Lei 6.416/1977.)

II - prestar serviços em favor da comunidade; (Incluído pela Lei 6.416/1977.)

III - atender aos encargos de família; (Incluído pela Lei 6.416/1977.)

IV - submeter-se a tratamento de desintoxicação. (Incluído pela Lei 6.416/1977.)

§ 3º O juiz poderá fixar, a qualquer tempo, de ofício ou a requerimento do Ministério Público, outras condições além das especificadas na sentença e das referidas no parágrafo anterior, desde que as circunstâncias o aconselhem. (Incluído pela Lei 6.416/1977.)

§ 4º A fiscalização do cumprimento das condições deverá ser regulada, nos Estados, Territórios e Distrito Federal, por normas supletivas e atribuída a serviço social penitenciário, patronato, conselho de comunidade ou entidades similares, inspecionadas pelo Conselho Penitenciário, pelo Ministério Público ou ambos, devendo o juiz da execução na comarca suprir, por ato, a falta das normas supletivas. (Incluído pela Lei 6.416/1977.)

§ 5º O beneficiário deverá comparecer periodicamente à entidade fiscalizadora, para comprovar a observância das condições a que está sujeito, comunicando, também, a sua ocupação, os salários ou proventos de que vive, as economias que conseguiu realizar e as dificuldades materiais ou sociais que enfrenta. (Incluído pela Lei 6.416/1977.)

§ 6º A entidade fiscalizadora deverá comunicar imediatamente ao órgão de inspeção, para os fins legais (arts. 730 e 731), qualquer fato capaz de acarretar a revogação do benefício, a prorrogação do prazo ou a modificação das condições. (Incluído pela Lei 6.416/1977.)

§ 7º Se for permitido ao beneficiário mudar-se, será feita comunicação ao juiz e à entidade fiscalizadora do local da nova residência, aos quais deverá apresentar-se imediatamente. (Incluído pela Lei 6.416/1977.)

Art. 699. No caso de condenação pelo Tribunal do Júri, a suspensão condicional da pena competirá ao seu presidente.

Art. 700. A suspensão não compreende a multa, as penas acessórias, os efeitos da condenação nem as custas.

Art. 701. O juiz, ao conceder a suspensão, fixará, tendo em conta as condições econômicas ou profissionais do réu, o prazo para o pagamento, integral ou em prestações, das custas do processo e taxa penitenciária.

Art. 702. Em caso de coautoria, a suspensão poderá ser concedida a uns e negada a outros réus.

Art. 703. O juiz que conceder a suspensão lerá ao réu, em audiência, a sentença respectiva, e o advertirá das consequências de nova infração penal e da transgressão das obrigações impostas.

Art. 704. Quando for concedida a suspensão pela superior instância, a esta caberá estabelecer-lhe as condições, podendo a audiência ser presidida por qualquer membro do tribunal ou câmara, pelo juiz do processo ou por outro designado pelo presidente do tribunal ou câmara.

Art. 705. Se, intimado pessoalmente ou por edital com prazo de 20 dias, o réu não comparecer à audiência a que se refere o art. 703, a suspensão ficará sem efeito e será executada imediatamente a pena, salvo prova de justo impedimento, caso em que será marcada nova audiência.

Art. 706. A suspensão também ficará sem efeito se, em virtude de recurso, for aumentada a pena de modo que exclua a concessão do benefício. (Redação dada pela Lei 6.416/1977.)

Art. 707. A suspensão será revogada se o beneficiário: (Redação dada pela Lei 6.416/1977.)

I - é condenado, por sentença irrecorrível, a pena privativa da liberdade; (Redação dada pela Lei 6.416/1977.)

II - frustra, embora solvente, o pagamento da multa, ou não efetua, sem motivo justificado, a reparação do dano. (Redação dada pela Lei 6.416/1977.)

Parágrafo único. O juiz poderá revogar a suspensão, se o beneficiário deixa de cumprir qualquer das obrigações constantes da sentença, de observar proibições inerentes à pena acessória, ou é irrecorrivelmente condenado à pena que não seja privativa da liberdade; se não a revogar, deverá advertir o beneficiário, ou exacerbar as condições ou, ainda, prorrogar o período da suspensão até o máximo, se esse limite não foi o fixado. (Redação dada pela Lei 6.416/1977.)

Art. 708. Expirado o prazo de suspensão ou a prorrogação, sem que tenha ocorrido motivo de revogação, a pena privativa de liberdade será declarada extinta.

Parágrafo único. O juiz, quando julgar necessário, requisitará, antes do julgamento, nova folha de antecedentes do beneficiário.

Art. 709. A condenação será inscrita, com a nota de suspensão, em livros especiais do Instituto de Identificação e Estatística, ou repartição congênere, averbando-se, mediante comunicação do juiz ou do tribunal, a revogação da suspensão ou a extinção da pena. Em caso de revogação, será feita a averbação definitiva no registro geral.

§ 1º Nos lugares onde não houver Instituto de Identificação e Estatística ou repartição congênere, o registro e a averbação serão feitos em livro próprio no juízo ou no tribunal.

§ 2º O registro será secreto, salvo para efeito de informações requisitadas por autoridade judiciária, no caso de novo processo.

§ 3º Não se aplicará o disposto no § 2º, quando houver sido imposta ou resultar de condenação pena acessória consistente em interdição de direitos.

CAPÍTULO II
DO LIVRAMENTO CONDICIONAL

- arts. 83 a 90, CP.
- arts. 131 a 146, Lei 7.210/1984 (Lei de Execuções Penais).

Art. 710. O livramento condicional poderá ser concedido ao condenado a pena privativa da liberdade igual ou superior a 2 (dois) anos, desde que se verifiquem as condições seguintes: (Redação dada pela Lei 6.416/1977.)

I - cumprimento de mais da metade da pena, ou mais de três quartos, se reincidente o sentenciado; (Redação dada pela Lei 6.416/1977.)

II - ausência ou cessação de periculosidade;

III - bom comportamento durante a vida carcerária;

IV - aptidão para prover à própria subsistência mediante trabalho honesto;

V - reparação do dano causado pela infração, salvo impossibilidade de fazê-lo. (Redação dada pela Lei 6.416/1977.)

Art. 711. As penas que correspondem a infrações diversas podem somar-se, para efeito do livramento. (Redação dada pela Lei 6.416/1977.)

Art. 712. O livramento condicional poderá ser concedido mediante requerimento do sentenciado, de seu cônjuge ou de parente em linha reta, ou por proposta do diretor do estabelecimento penal, ou por iniciativa do Conselho Penitenciário. (Redação dada pelo Decreto-Lei 6.109/1943.)

Parágrafo único. No caso do artigo anterior, a concessão do livramento competirá ao juiz da execução da pena que o condenado estiver cumprindo.

Art. 713. As condições de admissibilidade, conveniência e oportunidade da concessão do livramento serão verificadas pelo Conselho Penitenciário, a cujo parecer não ficará, entretanto, adstrito o juiz.

Art. 714. O diretor do estabelecimento penal remeterá ao Conselho Penitenciário minucioso relatório sobre:

I - o caráter do sentenciado, revelado pelos seus antecedentes e conduta na prisão;

II - o procedimento do liberando na prisão, sua aplicação ao trabalho e seu trato com os companheiros e funcionários do estabelecimento;

III - suas relações, quer com a família, quer com estranhos;

IV - seu grau de instrução e aptidão profissional, com a indicação dos serviços em que haja sido empregado e da especialização anterior ou adquirida na prisão;

V - sua situação financeira, e seus propósitos quanto ao seu futuro meio de vida, juntando o diretor, quando dada por pessoa idônea, promessa escrita de colocação do liberando, com indicação do serviço e do salário.

Parágrafo único. O relatório será, dentro do prazo de quinze dias, remetido ao Conselho, com o prontuário do sentenciado, e, na falta, o Conselho opinará livremente, comunicando à autoridade competente a omissão do diretor da prisão.

Art. 715. Se tiver sido imposta medida de segurança detentiva, o livramento não poderá ser concedido sem que se verifique, mediante exame das condições do sentenciado, a cessação da periculosidade.

Parágrafo único. Consistindo a medida de segurança em internação em casa de custódia e tratamento, proceder-se-á a exame mental do sentenciado.

Art. 716. A petição ou a proposta de livramento será remetida ao juiz ou ao tribunal por ofício do presidente do Conselho Penitenciário, com a cópia do respectivo parecer e do relatório do diretor da prisão.

§ 1º Para emitir parecer, o Conselho poderá determinar diligências e requisitar os autos do processo.

§ 2º O juiz ou o tribunal mandará juntar a petição ou a proposta, com o ofício ou documento que a acompanhar, aos autos do processo, e proferirá sua decisão, previamente ouvido o Ministério Público.

Art. 717. Na ausência da condição prevista no art. 710, I, o requerimento será liminarmente indeferido. (Redação dada pela Lei 6.416/1977.)

Art. 718. Deferido o pedido, o juiz, ao especificar as condições a que ficará subordinado o livramento, atenderá ao disposto no art. 698, §§ 1º, 2º e 5º. (Redação dada pela Lei 6.416/1977.)

§ 1º Se for permitido ao liberado residir fora da jurisdição do juiz da execução, remeter-se-á cópia da sentença do livramento à autoridade judiciária do lugar para onde ele se houver transferido, e à entidade de observação cautelar e proteção. (Redação dada pela Lei 6.416/1977.)

§ 2º O liberado será advertido da obrigação de apresentar-se imediatamente à autoridade judiciária e à entidade de observação cautelar e proteção. (Redação dada pela Lei 6.416/1977.)

Art. 719. O livramento ficará também subordinado à obrigação de pagamento das custas do processo e da taxa penitenciária, salvo caso de insolvência comprovada.

Parágrafo único. O juiz poderá fixar o prazo para o pagamento integral ou em prestações, tendo em consideração as condições econômicas ou profissionais do liberado.

Art. 720. A forma de pagamento da multa, ainda não paga pelo liberando, será determinada de acordo com o disposto no art. 688.

Art. 721. Reformada a sentença denegatória do livramento, os autos baixarão ao juiz da primeira instância, a fim de que determine as condições que devam ser impostas ao liberando.

Art. 722. Concedido o livramento, será expedida carta de guia, com a cópia integral da sentença em duas vias, remetendo-se uma ao diretor do estabelecimento penal e outra ao presidente do Conselho Penitenciário.

Art. 723. A cerimônia do livramento condicional será realizada solenemente, em dia marcado pela autoridade que deva presidi-la, observando-se o seguinte:

I - a sentença será lida ao liberando, na presença dos demais presos, salvo motivo relevante, pelo presidente do Conselho Penitenciário, ou pelo seu representante junto ao estabelecimento penal, ou, na falta, pela autoridade judiciária local;

II - o diretor do estabelecimento penal chamará a atenção do liberando para as condições impostas na sentença de livramento;

III - o preso declarará se aceita as condições.

§ 1º De tudo, em livro próprio, se lavrará termo, subscrito por quem presidir a cerimônia, e pelo liberando, ou alguém a seu rogo, se não souber ou não puder escrever.

§ 2º Desse termo, se remeterá cópia ao juiz do processo.

Art. 724. Ao sair da prisão o liberado, ser-lhe-á entregue, além do saldo do seu pecúlio e do que lhe pertencer, uma caderneta que exibirá à autoridade judiciária ou administrativa sempre que lhe for exigido. Essa caderneta conterá:

I - a reprodução da ficha de identidade, ou o retrato do liberado, sua qualificação e sinais característicos;

II - o texto impresso dos artigos do presente capítulo;

III - as condições impostas ao liberado;

IV - a pena acessória a que esteja sujeito. (Incluído pela Lei 6.416/1977.)

§ 1º Na falta de caderneta, será entregue ao liberado um salvo-conduto, em que constem as condições do livramento e a pena acessória, podendo substituir-se a ficha de identidade ou o retrato do liberado pela descrição dos sinais que possam identificá-lo. (Incluído pela Lei 6.416/1977.)

§ 2º Na caderneta e no salvo-conduto deve haver espaço para consignar o cumprimento das condições referidas no art. 718. (Incluído pela Lei 6.416/1977.)

Art. 725. A observação cautelar e proteção realizadas por serviço social penitenciário, patronato, conselho de comunidade ou entidades similares, terá a finalidade de: (Redação dada pela Lei 6.416/1977.)

I - fazer observar o cumprimento da pena acessória, bem como das condições especificadas na sentença concessiva do benefício; (Redação dada pela Lei 6.416/1977.)

II - proteger o beneficiário, orientando-o na execução de suas obrigações e auxiliando-o na obtenção de atividade laborativa. (Redação dada pela Lei 6.416/1977.)

Parágrafo único. As entidades encarregadas de observação cautelar e proteção do liberado apresentarão relatório ao Conselho Penitenciário, para efeito da representação prevista nos arts. 730 e 731. (Redação dada pela Lei 6.416/1977.)

Art. 726. Revogar-se-á o livramento condicional, se o liberado vier, por crime ou contravenção, a ser condenado por sentença irrecorrível a pena privativa de liberdade.

Art. 727. O juiz pode, também, revogar o livramento, se o liberado deixar de cumprir qualquer das obrigações constantes da sentença, de observar proibições inerentes à pena acessória ou for irrecorrivelmente condenado, por crime, à pena que não seja privativa da liberdade. (Redação dada pela Lei 6.416/1977.)

Parágrafo único. Se o juiz não revogar o livramento, deverá advertir o liberado ou exacerbar as condições. (Incluído pela Lei 6.416/1977.)

Art. 728. Se a revogação for motivada por infração penal anterior à vigência do livramento, computar-se-á no tempo da pena o período em que esteve solto o liberado, sendo permitida, para a concessão de novo livramento, a soma do tempo das duas penas.

Art. 729. No caso de revogação por outro motivo, não se computará na pena o tempo em que esteve solto o liberado, e tampouco se concederá, em relação à mesma pena, novo livramento.

Art. 730. A revogação do livramento será decretada mediante representação do Conselho Penitenciário, ou a requerimento do Ministério Público, ou de ofício, pelo juiz, que, antes, ouvirá o liberado, podendo ordenar diligências e permitir a produção de prova, no prazo de cinco dias. (Redação dada pela Lei 6.416/1977.)

Art. 731. O juiz, de ofício, a requerimento do Ministério Público, ou mediante representação do Conselho Penitenciário, poderá modificar as condições ou normas de conduta especificadas na sentença, devendo a respectiva decisão ser lida ao liberado por uma das autoridades ou por um dos funcionários indicados no inciso I do art. 723, observado o disposto nos incisos II e III, e §§ 1º e 2º do mesmo artigo. (Redação dada pela Lei 6.416/1977.)

Art. 732. Praticada pelo liberado nova infração, o juiz ou o tribunal poderá ordenar a sua prisão, ouvido o Conselho Penitenciário, suspendendo o curso do livramento condicional, cuja revogação ficará, entretanto, dependendo da decisão final no novo processo.

Art. 733. O juiz, de ofício, ou a requerimento do interessado, do Ministério Público, ou do Conselho Penitenciário, julgará extinta a pena privativa de liberdade, se expirar o prazo do livramento sem revogação, ou na hipótese do artigo anterior, for o liberado absolvido por sentença irrecorrível.

TÍTULO IV DA GRAÇA, DO INDULTO, DA ANISTIA E DA REABILITAÇÃO

CAPÍTULO I DA GRAÇA, DO INDULTO E DA ANISTIA

- arts. 21, XVII; 48, VIII; e 84, XII, CF.
- art. 8º, ADCT.
- arts. 187 a 193, Lei 7.210/1984 (Lei de Execuções Penais).

Art. 734. A graça poderá ser provocada por petição do condenado, de qualquer pessoa do povo, do Conselho Penitenciário, ou do Ministério Público, ressalvada, entretanto, ao Presidente da Republica, a faculdade de concedê-la espontaneamente.

Art. 735. A petição de graça, acompanhada dos documentos com que o impetrante a instruir, será remetida ao Ministro da Justiça por intermédio do Conselho Penitenciário.

Art. 736. O Conselho Penitenciário, à vista dos autos do processo, e depois de ouvir o diretor do estabelecimento penal a que estiver recolhido o condenado, fará, em relatório, a narração do fato criminoso, examinará as provas, mencionará qualquer formalidade ou circunstância omitida na petição e exporá os antecedentes do condenado e seu procedimento depois de preso, opinando sobre o mérito do pedido.

Art. 737. Processada no Ministério da Justiça, com os documentos e o relatório do Conselho Penitenciário, a petição subirá a despacho do Presidente da República, a quem serão presentes os autos do processo ou a certidão de qualquer de suas peças, se ele o determinar.

Art. 738. Concedida a graça e junta aos autos cópia do decreto, o juiz declarará extinta a pena ou penas, ou ajustará a execução aos termos do decreto, no caso de redução ou comutação de pena.

Art. 739. O condenado poderá recusar a comutação da pena.

Art. 740. Os autos da petição de graça serão arquivados no Ministério da Justiça.

Art. 741. Se o réu for beneficiado por indulto, o juiz, de ofício ou a requerimento do interessado, do Ministério Público ou por iniciativa do Conselho Penitenciário, providenciará de acordo com o disposto no art. 738.

Art. 742. Concedida a anistia após transitar em julgado a sentença condenatória, o juiz, de ofício ou a requerimento do interessado, do Ministério Público ou por iniciativa do Conselho Penitenciário, declarará extinta a pena.

CAPÍTULO II DA REABILITAÇÃO

- arts. 93 a 95, CP.
- art. 181, § 1º, Lei 11.101/2005 (Lei de Recuperação de Empresas e Falência).

Art. 743. A reabilitação será requerida ao juiz da condenação, após o decurso de quatro ou oito anos, pelo menos, conforme se trate de condenado ou reincidente, contados do dia em que houver terminado a execução da pena principal ou da medida de segurança detentiva, devendo o requerente indicar as comarcas em que haja residido durante aquele tempo.

Art. 744. O requerimento será instruído com:

I - certidões comprobatórias de não ter o requerente respondido, nem estar respondendo a processo penal, em qualquer das comarcas em que houver residido durante o prazo a que se refere o artigo anterior;

II - atestados de autoridades policiais ou outros documentos que comprovem ter residido nas comarcas indicadas e mantido, efetivamente, bom comportamento;

III - atestados de bom comportamento fornecidos por pessoas a cujo serviço tenha estado;

IV - quaisquer outros documentos que sirvam como prova de sua regeneração;

V - prova de haver ressarcido o dano causado pelo crime ou persistir a impossibilidade de fazê-lo.

Art. 745. O juiz poderá ordenar as diligências necessárias para apreciação do pedido, cercando-as do sigilo possível e, antes da decisão final, ouvirá o Ministério Público.

Art. 746. Da decisão que conceder a reabilitação haverá recurso de ofício.

Art. 747. A reabilitação, depois de sentença irrecorrível, será comunicada ao Instituto de Identificação e Estatística ou repartição congênere.

Art. 748. A condenação ou condenações anteriores não serão mencionadas na folha de antecedentes do reabilitado, nem em certidão extraída dos livros do juízo, salvo quando requisitadas por juiz criminal.

Art. 749. Indeferida a reabilitação, o condenado não poderá renovar o pedido senão após o decurso de dois anos, salvo se o indeferimento tiver resultado de falta ou insuficiência de documentos.

- art. 94, p.u., CP.

Art. 750. A revogação de reabilitação (Código Penal, art. 120) será decretada pelo juiz, de ofício ou a requerimento do Ministério Público.

- atual art. 95, CP.

TÍTULO V DA EXECUÇÃO DAS MEDIDAS DE SEGURANÇA

- arts. 96 a 99, CP.
- arts. 171 a 179, Lei 7.210/1984 (Lei de Execuções Penais).

Art. 751. Durante a execução da pena ou durante o tempo em que a ela se furtar o condenado, poderá ser imposta medida de segurança, se:

I - o juiz ou o tribunal, na sentença:

a) omitir sua decretação, nos casos de periculosidade presumida;

b) deixar de aplicá-la ou de excluí-la expressamente;

c) declarar os elementos constantes do processo insuficientes para a imposição ou exclusão da medida e ordenar indagações para a verificação da periculosidade do condenado;

II - tendo sido, expressamente, excluída na sentença a periculosidade do condenado, novos fatos demonstrarem ser ele perigoso.

Art. 752. Poderá ser imposta medida de segurança, depois de transitar em julgado a sentença, ainda quando não iniciada a execução da pena, por motivo diverso de fuga ou ocultação do condenado:

I - no caso da letra *a* do n. I do artigo anterior, bem como no da letra *b*, se tiver sido alegada a periculosidade;

II - no caso da letra *c* do n. I do mesmo artigo.

Art. 753. Ainda depois de transitar em julgado a sentença absolutória, poderá ser imposta a medida de segurança, enquanto não decorrido tempo equivalente ao da sua duração mínima, a indivíduo que a lei presuma perigoso.

- Súm. 422, STF.

Art. 754. A aplicação da medida de segurança, nos casos previstos nos arts. 751 e 752, competirá ao juiz da execução da pena, e, no caso do art. 753, ao juiz da sentença.

Art. 755. A imposição da medida de segurança, nos casos dos arts. 751 a 753, poderá ser decretada de ofício ou a requerimento do Ministério Público.

Parágrafo único. O diretor do estabelecimento penal, que tiver conhecimento de fatos indicativos da periculosidade do condenado a quem não tenha sido imposta medida de segurança, deverá logo comunicá-los ao juiz.

- Súm. 422, STF.

Art. 756. Nos casos do n. I, *a* e *b*, do art. 751, e n. I do art. 752, poderá ser dispensada nova audiência do condenado.

Art. 757. Nos casos do n. I, *c*, e n. II do art. 751 e n. II do art. 752, o juiz, depois de proceder às diligências que julgar convenientes, ouvirá o Ministério Público e concederá ao condenado o prazo de três dias para alegações, devendo a prova requerida ou reputada necessária pelo juiz ser produzida dentro em dez dias.

§ 1º O juiz nomeará defensor ao condenado que o requerer.

§ 2º Se o réu estiver foragido, o juiz procederá às diligências que julgar convenientes, concedendo o prazo de provas, quando requerido pelo Ministério Público.

§ 3º Findo o prazo de provas, o juiz proferirá a sentença dentro de três dias.

Art. 758. A execução da medida de segurança incumbirá ao juiz da execução da sentença.

Art. 759. No caso do art. 753, o juiz ouvirá o curador já nomeado ou que então nomear, podendo mandar submeter o condenado a exame mental, internando-o, desde logo, em estabelecimento adequado.

Art. 760. Para a verificação da periculosidade, no caso do § 3º do art. 78 do Código Penal, observar-se-á o disposto no art. 757, no que for aplicável.

- Refere-se à antiga Parte Geral do CP, revogada pela Lei 7.209/1984.

Art. 761. Para a providência determinada no art. 84, § 2º, do Código Penal, se as sentenças forem proferidas por juízes diferentes, será competente o juiz que tiver sentenciado por último ou a autoridade de jurisdição prevalente no caso do art. 82.

- Refere-se à antiga Parte Geral do CP, revogada pela Lei 7.209/1984.

Art. 762. A ordem de internação, expedida para executar-se medida de segurança detentiva, conterá:

I - a qualificação do internando;

II - o teor da decisão que tiver imposto a medida de segurança;

III - a data em que terminará o prazo mínimo da internação.

Art. 763. Se estiver solto o internando, expedir-se-á mandado de captura, que será cumprido por oficial de justiça ou por autoridade policial.

Art. 764. O trabalho nos estabelecimentos referidos no art. 88, § 1º, III, do Código Penal, será educativo e remunerado, de modo que assegure ao internado meios de subsistência, quando cessar a internação.

- Refere-se à antiga Parte Geral do CP, revogada pela Lei 7.209/1984.

§ 1º O trabalho poderá ser praticado ao ar livre.

§ 2º Nos outros estabelecimentos, o trabalho dependerá das condições pessoais do internado.

Art. 765. A quarta parte do salário caberá ao Estado ou, no Distrito Federal e nos Territórios, à União, e o restante será depositado em nome do internado ou, se este preferir, entregue à sua família.

Art. 766. A internação das mulheres será feita em estabelecimento próprio ou em seção especial.

Art. 767. O juiz fixará as normas de conduta que serão observadas durante a liberdade vigiada.

§ 1º Serão normas obrigatórias, impostas ao indivíduo sujeito à liberdade vigiada:

a) tomar ocupação, dentro de prazo razoável, se for apto para o trabalho;

b) não mudar do território da jurisdição do juiz, sem prévia autorização deste.

§ 2º Poderão ser impostas ao indivíduo sujeito à liberdade vigiada, entre outras obrigações, as seguintes:

a) não mudar de habitação sem aviso prévio ao juiz, ou à autoridade incumbida da vigilância;

b) recolher-se cedo à habitação;

c) não trazer consigo armas ofensivas ou instrumentos capazes de ofender;

d) não frequentar casas de bebidas ou de tavolagem, nem certas reuniões, espetáculos ou diversões públicas.

§ 3º Será entregue ao indivíduo sujeito à liberdade vigiada uma caderneta, de que constarão as obrigações impostas.

Art. 768. As obrigações estabelecidas na sentença serão comunicadas à autoridade policial.

Art. 769. A vigilância será exercida discretamente, de modo que não prejudique o indivíduo a ela sujeito.

Art. 770. Mediante representação da autoridade incumbida da vigilância, a requerimento do Ministério Público ou de ofício, poderá o juiz modificar as normas fixadas ou estabelecer outras.

Art. 771. Para execução do exílio local, o juiz comunicará sua decisão à autoridade policial do lugar ou dos lugares onde o exilado está proibido de permanecer ou de residir.

§ 1º O infrator da medida será conduzido à presença do juiz que poderá mantê-lo detido até proferir decisão.

§ 2º Se for reconhecida a transgressão e imposta, consequentemente, a liberdade vigiada, determinará o juiz que a autoridade policial providencie a fim de que o infrator siga imediatamente para o lugar de residência por ele escolhido, e oficiará à autoridade policial desse lugar, observando-se o disposto no art. 768.

Art. 772. A proibição de frequentar determinados lugares será comunicada pelo juiz à autoridade policial, que lhe dará conhecimento de qualquer transgressão.

Art. 773. A medida de fechamento de estabelecimento ou de interdição de associação será comunicada pelo juiz à autoridade policial, para que a execute.

Art. 774. Nos casos do parágrafo único do art. 83 do Código Penal, ou quando a transgressão de uma medida de segurança importar a imposição de outra, observar-se-á o disposto no art. 757, no que for aplicável.

- Refere-se à antiga Parte Geral do CP, revogada pela Lei 7.209/1984.

Art. 775. A cessação ou não da periculosidade se verificará ao fim do prazo mínimo de duração da medida de segurança pelo exame das condições da pessoa a que tiver sido imposta, observando-se o seguinte:

I - o diretor do estabelecimento de internação ou a autoridade policial incumbida da vigilância, até um mês antes de expirado o prazo de duração mínima da medida, se não for inferior a um ano, ou até quinze dias nos outros casos, remeterá ao juiz da execução minucioso relatório, que o habilite a resolver sobre a cessação ou permanência da medida;

II - se o indivíduo estiver internado em manicômio judiciário ou em casa de custódia e tratamento, o relatório será acompanhado do laudo de exame pericial feito por dois médicos designados pelo diretor do estabelecimento;

III - o diretor do estabelecimento de internação ou a autoridade policial deverá, no relatório, concluir pela conveniência da revogação, ou não, da medida de segurança;

IV - se a medida de segurança for o exílio local ou a proibição de frequentar determinados lugares, o juiz, até um mês ou quinze dias antes de expirado o prazo mínimo de duração, ordenará as diligências necessárias, para verificar se desapareceram as causas da aplicação da medida;

V - junto aos autos o relatório, ou realizadas as diligências, serão ouvidos sucessivamente o Ministério Público e o curador ou o defensor, no prazo de três dias para cada um;

VI - o juiz nomeará curador ou defensor ao interessado que o não tiver;

VII - o juiz, de ofício, ou a requerimento de qualquer das partes, poderá determinar novas diligências, ainda que já expirado o prazo de duração mínima da medida de segurança;

VIII - ouvidas as partes ou realizadas as diligências a que se refere o número anterior o juiz proferirá a sua decisão, no prazo de três dias.

Art. 776. Nos exames sucessivos a que se referem o § 1º, II, e § 2º do art. 81 do Código Penal, observar-se-á, no que lhes for aplicável, o disposto no artigo anterior.

- atual art. 97, § 2º, CP.

Art. 777. Em qualquer tempo, ainda durante o prazo mínimo de duração da medida de segurança, poderá o tribunal, câmara ou turma, a requerimento do Ministério Público ou do interessado, seu defensor ou curador, ordenar o exame, para a verificação da cessação da periculosidade.

- Súm. 520, STF.

§ 1º Designado o relator e ouvido o procurador-geral, se a medida não tiver sido por ele requerida, o pedido será julgado na primeira sessão.

§ 2º Deferido o pedido, a decisão será imediatamente comunicada ao juiz, que requisitará, marcando prazo, o relatório e o exame a que se referem os n. I e II do art. 775 ou ordenará as diligências mencionadas no n. IV do mesmo artigo, prosseguindo de acordo com o disposto nos outros incisos do citado artigo.

Art. 778. Transitando em julgado a sentença de revogação, o juiz expedirá ordem para a desinternação, quando se tratar de medida detentiva, ou para que cesse a vigilância ou a proibição, nos outros casos.

Art. 779. O confisco dos instrumentos e produtos do crime, no caso previsto no art. 100 do Código Penal, será decretado no despacho de arquivamento do inquérito, na sentença de impronúncia ou na sentença absolutória.

- Refere-se à antiga Parte Geral do CP, revogada pela Lei 7.209/1984.

LIVRO V
DAS RELAÇÕES JURISDICIONAIS COM AUTORIDADE ESTRANGEIRA

TÍTULO ÚNICO

CAPÍTULO I
DISPOSIÇÕES GERAIS

- art. 98, CP.

Art. 780. Sem prejuízo de convenções ou tratados, aplicar-se-á o disposto neste Título à homologação de sentenças penais estrangeiras e à expedição e ao cumprimento de cartas rogatórias para citações, inquirições e outras diligências necessárias à instrução de processo penal.

Art. 781. As sentenças estrangeiras não serão homologadas, nem as cartas rogatórias cumpridas, se contrárias à ordem pública e aos bons costumes.

Art. 782. O trânsito, por via diplomática, dos documentos apresentados constituirá prova bastante de sua autenticidade.

CAPÍTULO II
DAS CARTAS ROGATÓRIAS

- arts. 105, I, i, e 109, X, CF.
- arts. 201; 202; 210; 231, § 1º; e 241, IV, deste Código.
- Portaria MRE/MJ 26/1990 (Dispõe sobre a transmissão das cartas rogatórias).
- arts. 55, VIII; 220, § 1º; e 225 a 228, p.u., RISTF.

Art. 783. As cartas rogatórias serão, pelo respectivo juiz, remetidas ao Ministro da Justiça, a fim de ser pedido o seu cumprimento, por via diplomática, às autoridades estrangeiras competentes.

- arts. 105, I, i, e 109, X, CF.
- art. 367 deste Código.

Art. 784. As cartas rogatórias emanadas de autoridades estrangeiras competentes não dependem de homologação e serão atendidas se encaminhadas por via diplomática e desde que o crime, segundo a lei brasileira, não exclua a extradição.

- art. 5º, LI e LII, CF.
- V. Lei 13.445/2017 (Institui a Lei de Migração).

§ 1º As rogatórias, acompanhadas de tradução em língua nacional, feita por tradutor oficial ou juramentado, serão, após *exequatur* do presidente do Supremo Tribunal Federal, cumpridas pelo juiz criminal do lugar onde as diligências tenham de efetuar-se, observadas as formalidades prescritas neste Código.

- art. 105, I, i, CF (A concessão de *exequatur* às cartas rogatórias passou a ser competência do STJ).
- arts. 211 e 212 deste Código.

§ 2º A carta rogatória será pelo presidente do Supremo Tribunal Federal remetida ao presidente do Tribunal de Apelação do Estado, do Distrito Federal, ou do Território, a fim de ser encaminhada ao juiz competente.

§ 3º Versando sobre crime de ação privada, segundo a lei brasileira, o andamento, após o *exequatur*, dependerá do interessado, a quem incumbirá o pagamento das despesas.

§ 4º Ficará sempre na secretaria do Supremo Tribunal Federal cópia da carta rogatória.

Art. 785. Concluídas as diligências, a carta rogatória será devolvida ao presidente do Supremo Tribunal Federal, por intermédio do presidente do Tribunal de Apelação, o qual, antes de devolvê-la, mandará completar qualquer diligência ou sanar qualquer nulidade.

- A partir da CF/1946 os Tribunais de Apelação passaram a denominar-se Tribunais de Justiça.

Art. 786. O despacho que conceder o *exequatur* marcará, para o cumprimento da diligência, prazo razoável, que poderá ser excedido, havendo justa causa, ficando esta consignada em ofício dirigido ao presidente do Supremo Tribunal Federal, juntamente com a carta rogatória.

- arts. 105, I, i, e 109, X, CF.
- art. 105, I, i, CF (A concessão de *exequatur* às cartas rogatórias passou a ser competência do STJ).

CAPÍTULO III DA HOMOLOGAÇÃO DAS SENTENÇAS ESTRANGEIRAS

- arts. 105, I, i, e 109, X, CF.
- arts. 8º e 9º, CP.
- arts. 961 e 965, NCPC.
- arts. 55, XXV; 215 a 224; 347, I; e 367, *caput*, RISTF.

Art. 787. As sentenças estrangeiras deverão ser previamente homologadas pelo Supremo Tribunal Federal para que produzam os efeitos do art. 7º do Código Penal.

- arts. 105, I, i, e 109, X, CF.
- atual art. 9º, CP.
- arts. 215 a 229, RISTF.

Art. 788. A sentença penal estrangeira será homologada, quando a aplicação da lei brasileira produzir na espécie as mesmas consequências e concorrem os seguintes requisitos:

- art. 9º, CP.

I - estar revestida das formalidades externas necessárias, segundo a legislação do país de origem;
II - haver sido proferida por juiz competente, mediante citação regular, segundo a mesma legislação;
III - ter passado em julgado;
IV - estar devidamente autenticada por cônsul brasileiro;
V - estar acompanhada de tradução, feita por tradutor público.

Art. 789. O procurador-geral da República, sempre que tiver conhecimento da existência de sentença penal estrangeira, emanada de Estado que tenha com o Brasil tratado de extradição e que haja imposto medida de segurança pessoal ou pena acessória que deva ser cumprida no Brasil, pedirá ao Ministro da Justiça providências para obtenção de elementos que o habilitem a requerer a homologação da sentença.

- arts. 105, I, i, e 109, X, CF.

§ 1º A homologação de sentença emanada de autoridade judiciária de Estado, que não tiver tratado de extradição com o Brasil, dependerá de requisição do Ministro da Justiça.

§ 2º Distribuído o requerimento de homologação, o relator mandará citar o interessado para deduzir embargos, dentro de dez dias, se residir no Distrito Federal, de trinta dias, no caso contrário.

§ 3º Se nesse prazo o interessado não deduzir os embargos, ser-lhe-á pelo relator nomeado defensor, o qual dentro de dez dias produzirá a defesa.

§ 4º Os embargos somente poderão fundar-se em dúvida sobre a autenticidade do documento, sobre a inteligência da sentença, ou sobre a falta de qualquer dos requisitos enumerados nos arts. 781 e 788.

§ 5º Contestados os embargos dentro de dez dias, pelo procurador-geral, irá o processo ao relator e ao revisor, observando-se no seu julgamento o Regimento Interno do Supremo Tribunal Federal.

- art. 105, I, i, CF (A homologação de sentença estrangeira passou a ser competência do STJ).

§ 6º Homologada a sentença, a respectiva carta será remetida ao presidente do Tribunal de Apelação do Distrito Federal, do Estado, ou do Território.

§ 7º Recebida a carta de sentença, o presidente do Tribunal de Apelação a remeterá ao juiz do lugar de residência do condenado, para a aplicação da medida de segurança ou da pena acessória, observadas as disposições do Título II, Capítulo III, e Título V do Livro IV deste Código.

- A partir da CF/1946 os Tribunais de Apelação passaram a denominar-se Tribunais de Justiça.
- arts. 691 a 695; e 751 a 779 deste Código.

Art. 790. O interessado na execução de sentença penal estrangeira, para a reparação do dano, restituição e outros efeitos civis, poderá requerer ao Supremo Tribunal Federal a sua homologação, observando-se o que a respeito prescreve o Código de Processo Civil.

- arts. 961 e 965, NCPC.
- art. 105, I, i, CF (A homologação de sentença estrangeira passou a ser competência do STJ).

LIVRO VI DISPOSIÇÕES GERAIS

Art. 791. Em todos os juízos e tribunais do crime, além das audiências e sessões ordinárias, haverá as extraordinárias, de acordo com as necessidades do rápido andamento dos feitos.

Art. 792. As audiências, sessões e os atos processuais serão, em regra, públicos e se realizarão nas sedes dos juízos e tribunais, com assistência dos escrivães, do secretário, do oficial de justiça que servir de porteiro, em dia e hora certos, ou previamente designados.

- arts. 5º, LX, e 93, IX, CF.
- arts. 387 e 388, CPPM.
- art. 8º, 5, Pacto de São José da Costa Rica.

§ 1º Se da publicidade da audiência, da sessão ou do ato processual, puder resultar escândalo, inconveniente grave ou perigo de perturbação da ordem, o juiz, ou o tribunal, câmara, ou turma, poderá, de ofício ou a requerimento da parte ou do Ministério Público, determinar que o ato seja realizado a portas fechadas, limitando o número de pessoas que possam estar presentes.

- arts. 5º, LX, e 93, IX, CF.

§ 2º As audiências, as sessões e os atos processuais, em caso de necessidade, poderão realizar-se na residência do juiz, ou em outra casa por ele especialmente designada.

Art. 793. Nas audiências e nas sessões, os advogados, as partes, os escrivães e os espectadores poderão estar sentados. Todos, porém, se levantarão quando se dirigirem aos juízes ou quando estes se levantarem para qualquer ato do processo.

- art. 386, CPPM.

Parágrafo único. Nos atos da instrução criminal, perante os juízes singulares, os advogados poderão requerer sentados.

Art. 794. A polícia das audiências e das sessões compete aos respectivos juízes ou ao presidente do tribunal, câmara, ou turma, que poderão determinar o que for conveniente à manutenção da ordem. Para tal fim, requisitarão força pública, que ficará exclusivamente à sua disposição.

- arts. 251 e 497, I e II, deste Código.
- art. 360, NCPC.
- art. 385, CPPM

Art. 795. Os espectadores das audiências ou das sessões não poderão manifestar-se.

Parágrafo único. O juiz ou o presidente fará retirar da sala os desobedientes, que, em caso de resistência, serão presos e autuados.

- arts. 251; 307; e 497, VI, deste Código.
- art. 329, CP.

Art. 796. Os atos de instrução ou julgamento prosseguirão com a assistência do defensor, se o réu se portar inconvenientemente.

- arts. 217 e 497, VI, deste Código.
- art. 360, NCPC.
- art. 389, CPPM.

Art. 797. Excetuadas as sessões de julgamento, que não serão marcadas para domingo ou dia feriado, os demais atos do processo poderão ser praticados em período de férias, em domingos e dias feriados. Todavia, os julgamentos iniciados em dia útil não se interromperão pela superveniência de feriado ou domingo.

Art. 798. Todos os prazos correrão em cartório e serão contínuos e peremptórios, não se interrompendo por férias, domingo ou dia feriado.

- arts. 221, 223, 224, 233 e 234, NCPC.
- Lei 1.408/1951 (Prorroga vencimento de prazos judiciais).
- Súm. 310, STF.

§ 1º Não se computará no prazo o dia do começo, incluindo-se, porém, o do vencimento.

- art. 10, CP.
- art. 16, CPM.

§ 2º A terminação dos prazos será certificada nos autos pelo escrivão; será, porém, considerado findo o prazo, ainda que omitida aquela formalidade, se feita a prova do dia em que começou a correr.

§ 3º O prazo que terminar em domingo ou dia feriado considerar-se-á prorrogado até o dia útil imediato.

§ 4º Não correrão os prazos, se houver impedimento do juiz, força maior, ou obstáculo judicial oposto pela parte contrária.

- arts. 112 e 152 deste Código.
- art. 393, p.u. CC/2002.

§ 5º Salvo os casos expressos, os prazos correrão:

a) da intimação;

- arts. 370 a 372 deste Código.
- Lei 1.408/1951 (Prorroga vencimento de prazos judiciais).

b) da audiência ou sessão em que for proferida a decisão, se a ela estiver presente a parte;

c) do dia em que a parte manifestar nos autos ciência inequívoca da sentença ou despacho.

Art. 799. O escrivão, sob pena de multa de cinquenta a quinhentos mil-réis e, na reincidência, suspensão até 30 (trinta) dias, executará dentro do prazo de dois dias os atos determinados em lei ou ordenados pelo juiz.

Art. 800. Os juízes singulares darão seus despachos e decisões dentro dos prazos seguintes, quando outros não estiverem estabelecidos:

I - de dez dias, se a decisão for definitiva, ou interlocutória mista;

- arts. 386 a 393 deste Código.
- art. 203, NCPC.

II - de cinco dias, se for interlocutória simples;
III - de um dia, se se tratar de despacho de expediente.

- arts. 162, § 3º, e 187 deste Código.

§ 1º Os prazos para o juiz contar-se-ão do termo de conclusão.

§ 2º Os prazos do Ministério Público contar-se-ão do termo de vista, salvo para a interposição do recurso (art. 798, § 5º).

§ 3º Em qualquer instância, declarando motivo justo, poderá o juiz exceder por igual tempo os prazos a ele fixados neste Código.

§ 4º O escrivão que não enviar os autos ao juiz ou ao órgão do Ministério Público no dia em que assinar termo de conclusão ou de vista estará sujeito à sanção estabelecida no art. 799.

Art. 801. Findos os respectivos prazos, os juízes e os órgãos do Ministério Público, responsáveis pelo retardamento, perderão tantos dias de vencimentos quantos forem os excedidos. Na contagem do tempo de serviço, para o efeito de promoção e aposentadoria, a perda será do dobro dos dias excedidos.

- art. 128, § 5º, I, c, CF.

Art. 802. O desconto referido no artigo antecedente far-se-á à vista da certidão do escrivão do processo ou do secretário do tribunal, que deverão, de ofício, ou a requerimento de qualquer interessado, remetê-la às repartições encarregadas do pagamento e da contagem do tempo de serviço, sob pena de incorrerem, de pleno direito, na multa de quinhentos mil-réis, imposta por autoridade fiscal.

Art. 803. Salvo nos casos expressos em lei, é proibida a retirada de autos do cartório, ainda que em confiança, sob pena de responsabilidade do escrivão.

- arts. 150, § 2º; 716, § 1º; e 736 deste Código
- art. 2º, Lei 3.836/1960 (Dispõe sobre a entrega de autos aos advogados).
- art. 7º, XV e XVI, Lei 8.906/1994 (EAOAB).

Art. 804. A sentença ou o acórdão, que julgar a ação, qualquer incidente ou recurso, condenará nas custas o vencido.

- art. 5º, LXXIV, CF.
- arts. 101; 140; 336; 653; e 701 deste Código.
- art. 712, CPPM

Art. 805. As custas serão contadas e cobradas de acordo com os regulamentos expedidos pela União e pelos Estados.

Art. 806. Salvo o caso do art. 32, nas ações intentadas mediante queixa, nenhum ato ou diligência se realizará, sem que seja depositada em cartório a importância das custas.

§ 1º Igualmente, nenhum ato requerido no interesse da defesa será realizado, sem o prévio pagamento das custas, salvo se o acusado for pobre.

- art. 32, § 1º, deste Código.

§ 2º A falta do pagamento das custas, nos prazos fixados em lei, ou marcados pelo juiz, importará renúncia à diligência requerida ou deserção do recurso interposto.

- art. 581, XV, deste Código.

§ 3º A falta de qualquer prova ou diligência que deixe de realizar-se em virtude do não pagamento de custas não implicará a nulidade do processo, se a prova de pobreza do acusado só posteriormente foi feita.

Art. 807. O disposto no artigo anterior não obstará à faculdade atribuída ao juiz de determinar de ofício inquirição de testemunhas ou outras diligências.

Art. 808. Na falta ou impedimento do escrivão e seu substituto, servirá pessoa idônea, nomeada pela autoridade, perante quem prestará compromisso, lavrando o respectivo termo.

Art. 809. A estatística judiciária criminal, a cargo do Instituto de Identificação e Estatística ou repartições congêneres, terá por base o *boletim individual*, que é parte integrante dos processos e versará sobre:

I - os crimes e as contravenções praticados durante o trimestre, com especificação da natureza de cada um, meios utilizados e circunstâncias de tempo e lugar;

II - as armas proibidas que tenham sido apreendidas;

III - o número de delinquentes, mencionadas as infrações que praticaram, sua nacionalidade, sexo, idade, filiação, estado civil, prole, residência, meios de vida e condições econômicas, grau de instrução, religião, e condições de saúde física e psíquica;

IV - o número dos casos de codelinquência;

V - a reincidência e os antecedentes judiciários;

VI - as sentenças condenatórias ou absolutórias, bem como as de pronúncia ou de impronúncia;

VII - a natureza das penas impostas;

VIII - a natureza das medidas de segurança aplicadas;

IX - a suspensão condicional da execução da pena, quando concedida;

X - as concessões ou denegações de *habeas corpus*.

§ 1º Os dados acima enumerados constituem o mínimo exigível, podendo ser acrescidos de outros elementos úteis ao serviço da estatística criminal.

§ 2º Esses dados serão lançados semestralmente em mapa e remetidos ao Serviço de Estatística Demográfica Moral e Política do Ministério da Justiça. (Redação dada pela Lei 9.061/1995.)

§ 3º O *boletim individual* a que se refere este artigo é dividido em três partes destacáveis, conforme modelo anexo a este Código, e será adotado nos Estados, no Distrito Federal e nos Territórios. A primeira parte ficará arquivada no cartório policial; a segunda será remetida ao Instituto de Identificação e Estatística, ou repartição congênere; e a terceira acompanhará o processo, e, depois de passar em julgado a sentença definitiva, lançados os dados finais, será enviada ao referido Instituto ou repartição congênere.

Art. 810. Este Código entrará em vigor no dia 1º de janeiro de 1942.

Art. 811. Revogam-se as disposições em contrário.

Rio de Janeiro, em 03 de outubro de 1941; 120º da Independência e 53º da República.

Getúlio Vargas

ÍNDICE ALFABÉTICO-REMISSIVO DO CÓDIGO DE PROCESSO PENAL

CPP

ÍNDICE ALFABÉTICO-REMISSIVO DO CÓDIGO DE PROCESSO PENAL

CÓDIGO TRIBUTÁRIO NACIONAL

ÍNDICE SISTEMÁTICO DO CÓDIGO TRIBUTÁRIO NACIONAL

LEI N. 5.172, DE 25 DE OUTUBRO DE 1966

Dispõe sobre o Sistema Tributário Nacional e institui normas gerais de direito tributário aplicáveis à União, Estados e Municípios.

- *DOU*, 27.10.1966, retificada no *DOU*, 31.10.1966.
- art. 7º, Ato Complementar 36/1967 (A Lei n. 5.172, de 25 de outubro de 1966, e alterações posteriores, passa a denominar-se "Código Tributário Nacional").

O Presidente da República. Faço saber que o Congresso Nacional decreta e eu sanciono a seguinte Lei:

DISPOSIÇÃO PRELIMINAR

Art. 1º Esta Lei regula, com fundamento na Emenda Constitucional n. 18, de 1º de dezembro de 1965, o sistema tributário nacional e estabelece, com fundamento no artigo 5º, inciso XV, alínea *b*, da Constituição Federal, as normas gerais de direito tributário aplicáveis à União, aos Estados, ao Distrito Federal e aos Municípios, sem prejuízo da respectiva legislação complementar, supletiva ou regulamentar.

- Refere-se à CF/1946.
- art. 146 e incisos, CF/1988.
- arts. 145 a 162, CF.
- Lei 4.320/1964 (Estabelece Normas Gerais de Direito Financeiro para elaboração e controle dos orçamentos e balanços da União, dos Estados, dos Municípios e do Distrito Federal).

LIVRO PRIMEIRO
SISTEMA TRIBUTÁRIO NACIONAL

TÍTULO I
DISPOSIÇÕES GERAIS

Art. 2º O sistema tributário nacional é regido pelo disposto na Emenda Constitucional n. 18, de 1º de dezembro de 1965, em leis complementares, em resoluções do Senado Federal e, nos limites das respectivas competências, em leis federais, nas Constituições e em leis estaduais e em leis municipais.

- arts. 5º, § 2º; e 145 a 162, CF.
- art. 96 deste Código.
- Lei 4.320/1964 (Estabelece Normas Gerais de Direito Financeiro para elaboração e controle dos orçamentos e balanços da União, dos Estados, dos Municípios e do Distrito Federal).

Art. 3º Tributo é toda prestação pecuniária compulsória, em moeda ou cujo valor nela se possa exprimir, que não constitua sanção de ato ilícito, instituída em lei e cobrada mediante atividade administrativa plenamente vinculada.

- art. 97 deste Código.
- arts. 186 a 188; e 927, CC/2002.
- Súm. 545 e 666, STF.

Art. 4º A natureza jurídica específica do tributo é determinada pelo fato gerador da respectiva obrigação, sendo irrelevantes para qualificá-la:

- arts. 97, III; e 114 a 118 deste Código.

I - a denominação e demais características formais adotadas pela lei;

II - a destinação legal do produto da sua arrecadação.

Art. 5º Os tributos são impostos, taxas e contribuições de melhoria.

- arts. 145; 146, III, *a*; 148 a 149-A; 154; 177, § 4º; 195; e 212, § 5º, CF.
- art. 56, ADTC.

TÍTULO II
COMPETÊNCIA TRIBUTÁRIA

CAPÍTULO I
DISPOSIÇÕES GERAIS

Art. 6º A atribuição constitucional de competência tributária compreende a competência legislativa plena, ressalvadas as limitações contidas na Constituição Federal, nas Constituições dos Estados e nas Leis Orgânicas do Distrito Federal e dos Municípios, e observado o disposto nesta Lei.

Parágrafo único. Os tributos cuja receita seja distribuída, no todo ou em parte, a outras pessoas jurídicas de direito público pertencerá à competência legislativa daquela a que tenham sido atribuídos.

- arts. 146, I e II; e 150 a 156, CF.
- Súm. 69, STF.

Art. 7º A competência tributária é indelegável, salvo atribuição das funções de arrecadar ou fiscalizar tributos, ou de executar leis, serviços, atos ou decisões administrativas em matéria tributária, conferida por uma pessoa jurídica de direito público a outra, nos termos do § 3º do artigo 18 da Constituição.

- Refere-se à CF/1946.
- art. 37, XXII; e 153, § 4º, III, CF.
- art. 33, § 1º, LC 123/2006 (Estatuto Nacional da Microempresa e da Empresa de Pequeno Porte).

§ 1º A atribuição compreende as garantias e os privilégios processuais que competem à pessoa jurídica de direito público que a conferir.

- arts. 183 a 193 deste Código.
- Súm. 483, STJ.

§ 2º A atribuição pode ser revogada, a qualquer tempo, por ato unilateral da pessoa jurídica de direito público que a tenha conferido.

§ 3º Não constitui delegação de competência o cometimento, a pessoas de direito privado, do encargo ou da função de arrecadar tributos.

- art. 150, § 6º, CF.
- art. 119 deste Código.

Art. 8º O não exercício da competência tributária não a defere a pessoa jurídica de direito público diversa daquela a que a Constituição a tenha atribuído.

- art. 155, § 2º, XII, *g*, CF.
- art. 11, LC 101/2000 (Lei da Responsabilidade Fiscal).

CAPÍTULO II
LIMITAÇÕES DA COMPETÊNCIA TRIBUTÁRIA

- arts. 150 a 152, CF.

SEÇÃO I
DISPOSIÇÕES GERAIS

Art. 9º É vedado à União, aos Estados, ao Distrito Federal e aos Municípios:

- art. 150, CF.

I - instituir ou majorar tributos sem que a lei o estabeleça, ressalvado, quanto à majoração, o disposto nos artigos 21, 26 e 65;

- arts. 5º, II; 150, I; e 153, § 4º, CF.
- art. 97, I e II, deste Código.

II - cobrar imposto sobre o patrimônio e a renda com base em lei posterior à data inicial do exercício financeiro a que corresponda;

- art. 150, III, CF.

III - estabelecer limitações ao tráfego, no território nacional, de pessoas ou mercadorias, por meio de tributos interestaduais ou intermunicipais;

- arts. 5º, XV; 150, V; e 155, II, CF.

IV - cobrar imposto sobre:

a) o patrimônio, a renda ou os serviços uns dos outros;

- art. 150, VI, §§ 2º a 4º, CF.
- arts. 12 e 13 deste Código.

b) templos de qualquer culto;

- art. 19, I; e 150, VI, *b*, e § 4º, CF.

c) o patrimônio, a renda ou serviços dos partidos políticos, inclusive suas fundações, das entidades sindicais dos trabalhadores, das instituições de educação e de assistência social, sem fins lucrativos, observados os requisitos fixados na Seção II deste Capítulo; (Redação dada pela LC 104/2001.)

- arts. 150, VI, §§ 1º e 2º; e 195, § 7º, CF.
- art. 14, § 2º, deste Código.
- Súm. 724 e 730, STF.

d) papel destinado exclusivamente à impressão de jornais, periódicos e livros.

- art. 150, VI, §§ 1º a 4º, CF.
- art. 1º, Lei 11.945/2009 (Dispõe sobre a obrigatoriedade de manter Registro Especial na Secretaria da RFB para exercício das atividades de comercialização e importação de papel destinado à impressão).

§ 1º O disposto no inciso IV não exclui a atribuição, por lei, às entidades nele referidas, da condição de responsáveis pelos tributos que lhes caiba reter na fonte, e não as dispensa da prática de atos, previstos em lei, assecuratórios do cumprimento de obrigações tributárias por terceiros.

- arts. 12; 13, p.u.; 14, § 1º; 122; e 128 deste Código.
- Súm. 447, STJ.

§ 2º O disposto na alínea *a* do inciso IV aplica-se, exclusivamente, aos serviços próprios das pessoas jurídicas de direito público a que se refere este artigo, e inerentes aos seus objetivos.

- art. 12 deste Código.

Art. 10. É vedado à União instituir tributo que não seja uniforme em todo o território nacional, ou que importe distinção ou preferência em favor de determinado Estado ou Município.

- arts. 19, III; 150, II; e 151, I, CF.

Art. 11. É vedado aos Estados, ao Distrito Federal e aos Municípios estabelecer diferença tributária entre bens de qualquer natureza, em razão da sua procedência ou do seu destino.

- art. 152, CF.
- Súm. 591, STF.

SEÇÃO II
DISPOSIÇÕES ESPECIAIS

Art. 12. O disposto na alínea *a* do inciso IV do artigo 9º, observado o disposto nos seus §§ 1º e 2º, é extensivo às autarquias criadas pela União, pelos Estados, pelo Distrito Federal ou pelos Municípios, tão somente no que se refere ao patrimônio, à renda ou aos serviços vinculados às suas finalidades essenciais, ou delas decorrentes.

- arts. 37, XIX; e 150, §§ 2º e 3º, CF.
- Súm. 73; 74; 75; 336; e 583, STF.

Art. 13. O disposto na alínea *a* do inciso IV do artigo 9º não se aplica aos serviços públicos concedidos, cujo tratamento tributário é estabelecido pelo poder concedente, no que se refere aos tributos de sua competência, ressalvado o que dispõe o parágrafo único.

- arts. 150, § 3º; e 173, § 1º, CF.

Parágrafo único. Mediante lei especial e tendo em vista o interesse comum, a União pode instituir isenção de tributos federais, estaduais e municipais para os serviços públicos que conceder, observado o disposto no § 1º do artigo 9º.

- art. 150, § 6º; e 151, III, CF.
- art. 152, I, *b*, deste Código.
- Súm. 77; 78; 79; e 81, STF.

Art. 14. O disposto na alínea *c* do inciso IV do artigo 9º é subordinado à observância dos seguintes requisitos pelas entidades nele referidas:

- art. 146, II, CF.
- art. 32, § 1º, Lei 9.430/1996 (Dispõe sobre a legislação tributária federal, as contribuições para a seguridade social e o processo administrativo de consulta).
- Súm. Vinc. 52, STF.

I - não distribuírem qualquer parcela de seu patrimônio ou de suas rendas, a qualquer título; (Redação dada pela LC 104/2001.)

II - aplicarem integralmente, no país, os seus recursos na manutenção dos seus objetivos institucionais;

III - manterem escrituração de suas receitas e despesas em livros revestidos de formalidades capazes de assegurar sua exatidão.

§ 1º Na falta de cumprimento do disposto neste artigo, ou no § 1º do artigo 9º, a autoridade competente pode suspender a aplicação do benefício.

§ 2º Os serviços a que se refere à alínea *c* do inciso IV do artigo 9º são exclusivamente os diretamente relacionados com os objetivos institucionais das entidades de que trata este artigo, previstos nos respectivos estatutos ou atos constitutivos.

- art. 150, § 4º, CF.

Art. 15. Somente a União, nos seguintes casos excepcionais, pode instituir empréstimos compulsórios:

- art. 148, CF.

I - guerra externa, ou sua iminência;

II - calamidade pública que exija auxílio federal impossível de atender com os recursos orçamentários disponíveis;

III - conjuntura que exija a absorção temporária de poder aquisitivo.

- art. 148, CF.
- Súm. 236, TFR.

Parágrafo único. A lei fixará obrigatoriamente o prazo do empréstimo e as condições de seu resgate, observando, no que for aplicável, o disposto nesta Lei.

- Súm. 418, STF.
- Súm. 236, TFR.

TÍTULO III
IMPOSTOS

CAPÍTULO I
DISPOSIÇÕES GERAIS

Art. 16. Imposto é o tributo cuja obrigação tem por fato gerador uma situação independente de qualquer atividade estatal específica, relativa ao contribuinte.

- art. 167, IV, CF.

Art. 17. Os impostos componentes do sistema tributário nacional são exclusivamente os que constam deste Título, com as competências e limitações nele previstas.

- art. 146, III, *a*; e 153 a 156, CF.
- art. 217 deste Código.

Art. 18. Compete:

- arts. 147; 155; e 156, CF.

I - à União, instituir, nos Territórios Federais, os impostos atribuídos aos Estados e, se aqueles não forem divididos em Municípios, cumulativamente, os atribuídos a estes;

II - ao Distrito Federal e aos Estados não divididos em Municípios, instituir, cumulativamente, os impostos atribuídos aos Estados e aos Municípios.

- arts. 147; 155; e 156, CF.

CAPÍTULO II
IMPOSTOS SOBRE O COMÉRCIO EXTERIOR

- Dec. 6.759/2009 (Regulamenta a administração das atividades aduaneiras, e a fiscalização, o controle e a tributação das operações de comércio exterior).

SEÇÃO I
IMPOSTOS SOBRE A IMPORTAÇÃO

- Lei 10.755/2003 (Estabelece multa em operações de importação).

Art. 19. O imposto, de competência da União, sobre a importação de produtos estrangeiros tem como fato gerador a entrada destes no território nacional.

- arts. 146, III, *a*; 150, § 1º; e 153, I, § 1º, CF.
- art. 74, II, deste Código.
- Lei 3.244/1957 (Dispõe sobre a reforma da tarifa das alfândegas).
- Lei 5.314/1967 (Estabelece normas sobre a fiscalização de mercadorias estrangeiras).
- Lei 7.810/1989 (Dispõe sobre a redução de impostos na importação).
- Lei 8.010/1990 (Dispõe sobre importações de bens destinados à pesquisa científica e tecnológica).
- Lei 8.032/1990 (Dispõe sobre a isenção ou redução de impostos de importação).
- Lei 8.085/1990 (Dispõe sobre o Imposto de Importação).
- Lei 8.961/1990 (Dispõe sobre a isenção do Imposto de Importação).
- Lei 9.449/1997 (Reduz o Imposto de Importação para os produtos que especifica).
- arts. 1º; 17; 20; e 23, p.u., Dec.-Lei 37/1966 (Lei do Imposto de Importação).
- Dec.-Lei 1.427/1975 (Estabelece condição para a emissão de guia de importação e cria o registro do importador).
- Dec.-Lei 1.736/1979 (Dispõe sobre débitos com a Fazenda e acréscimo de multa).
- Dec.-Lei 1.804/1980 (Dispõe sobre tributação simplificada das remessas postais internacionais).
- Dec.-Lei 2.120/1984 (Dispõe sobre o tratamento tributário relativo à bagagem).
- Dec.-Lei 2.434/1988 (Dispõe sobre a isenção ou redução de impostos na importação de bens).
- Súm. 89; 132; 142; 302; 308; 404; 534; 577; e 582, STF.
- Súm. 4 a 6; 27; 80; e 165, TFR.

Art. 20. A base de cálculo do imposto é:

- art. 146, III, *a*, CF.

I - quando a alíquota seja específica, a unidade de medida adotada pela lei tributária;

- art. 2º, I, Dec.-Lei 37/1996 (Lei do Imposto de Importação).

II - quando a alíquota seja *ad valorem*, o preço normal que o produto, ou seu similar, alcançaria, ao tempo da importação, em uma venda em condições de livre-concorrência, para entrega no porto ou lugar de entrada do produto no país;

- art. 22, V, § 5º, Lei 8.666/1993 (Lei de Licitações e Contratos da Administração Pública).
- Lei 14.133/2021 (Nova Lei de Licitações).
- arts. 2º, II; e 17 a 21, Dec.-Lei 37/1966 (Lei do Imposto de Importação).
- Súm. 124, STJ.
- Súm. 97, TFR.

III - quando se trate de produto apreendido ou abandonado, levado a leilão, o preço da arrematação.

- arts. 1.204 e 1.263, CC/2002.
- art. 22, V, § 5º, Lei 8.666/1993 (Lei de Licitações e Contratos da Administração Pública).
- Lei 14.133/2021 (Nova Lei de Licitações).
- art. 2º, Dec.-Lei 37/1966 (Lei do Imposto de Importação).

Art. 21. O Poder Executivo pode, nas condições e nos limites estabelecidos em lei, alterar as alíquotas ou as bases de cálculo do imposto, a fim de ajustá-lo aos objetivos da política cambial e do comércio exterior.

- art. 153, § 1º, CF.
- arts. 9º, I; e 97, I, II, e IV, deste Código.
- Lei 7.810/1989 (Dispõe sobre a redução de impostos na importação).
- Dec.-Lei 2.479/1988 (Dispõe sobre a redução de impostos de importação de bens).

Art. 22. Contribuinte do imposto é:

I - o importador ou quem a lei a ele equiparar;

- Dec. 4.543/2002 (Regulamenta a administração das atividades aduaneiras, e a fiscalização, o controle e a tributação das operações de comércio exterior).
- arts. 31; 32; e p.u., Dec.-Lei 37/1966 (Lei do Imposto de Importação).

II - o arrematante de produtos apreendidos ou abandonados.

SEÇÃO II
IMPOSTO SOBRE A EXPORTAÇÃO

- Lei 9.818/1999 (Cria o Fundo de Garantia à Exportação - FGE).
- Lei 10.184/2001 (Dispõe sobre a concessão de financiamento vinculado à exportação de bens ou serviços nacionais).
- Dec.-Lei 1.578/1977 (Dispõe sobre o imposto sobre a exportação).

Art. 23. O imposto, de competência da União, sobre a exportação, para o estrangeiro, de produtos nacionais ou nacionalizados tem como fato gerador a saída destes do território nacional.

- arts. 62, § 2º; e 153, II, § 1º, CF.
- Dec. 4.543/2002 (Regulamenta a administração das atividades aduaneiras, e a fiscalização, o controle e a tributação das operações de comércio exterior).
- art. 1º, Dec.-Lei 1.578/1977 (Dispõe sobre o imposto sobre a exportação).
- Súm. 129, STJ.

Art. 24. A base de cálculo do imposto é:

- art. 146, III, *a*, CF.
- art. 1º, Dec.-Lei 1.578/1977 (Dispõe sobre o imposto sobre a exportação).

I - quando a alíquota seja específica, a unidade de medida adotada pela lei tributária;

II - quando a alíquota seja *ad valorem*, o preço normal que o produto, ou seu similar, alcançaria, ao tempo da exportação, em uma venda em condições de livre-concorrência.

Parágrafo único. Para os efeitos do inciso II, considera-se a entrega como efetuada no porto ou lugar da saída do produto, deduzidos os tributos diretamente incidentes sobre a operação de exportação e, nas vendas efetuadas a prazo superior aos correntes no mercado internacional o custo do financiamento.

Art. 25. A lei pode adotar como base de cálculo a parcela do valor ou do preço, referidos no artigo anterior, excedente de valor básico, fixado de acordo com os critérios e dentro dos limites por ela estabelecidos.

- art. 146, III, *a*, CF.
- art. 2º, Dec.-Lei 1.578/1977 (Dispõe sobre o imposto sobre a exportação).

Art. 26. O Poder Executivo pode, nas condições e nos limites estabelecidos em lei, alterar as alíquotas ou as bases de cálculo do imposto, a fim de ajustá-los aos objetivos da política cambial e do comércio exterior.

- art. 153, § 1º, CF.
- arts. 9º, I; e 97, II e IV, deste Código.
- arts. 2º e 3º, p.u., Dec.-Lei 1.578/1977 (Dispõe sobre o imposto sobre a exportação).

Art. 27. Contribuinte do imposto é o exportador ou quem a lei a ele equiparar.

- art. 5º, Dec.-Lei 1.578/1977 (Dispõe sobre o imposto sobre a exportação).

Art. 28. A receita líquida do imposto destina-se à formação de reservas monetárias, na forma da lei.

- arts. 9º e 28, Dec.-Lei 1.578/1977 (Dispõe sobre o imposto sobre a exportação).

CAPÍTULO III
IMPOSTOS SOBRE O PATRIMÔNIO E A RENDA

SEÇÃO I
IMPOSTO SOBRE A PROPRIEDADE TERRITORIAL RURAL

Art. 29. O imposto, de competência da União, sobre a propriedade territorial rural tem como fato gerador a propriedade, o domínio útil ou a posse de imóvel por natureza, como definido na lei civil, localização fora da zona urbana do Município.

- arts. 146, III, *a*; 153, VI, § 4º; 186; e 191, CF.
- art. 32, § 1º, deste Código.
- arts. 1.196; 1.228; 1.238 a 1.259; 1.473; 1.784; e 1.791, CC/2002.
- art. 47 e ss., Lei 4.504/1964 (Estatuto da Terra).
- Lei 12.651/2012 (Código Florestal).
- arts. 5º e 7º, Lei 5.868/1972 (Cria o Sistema Nacional de Cadastro Rural).
- Lei 8.847/1994 (Dispõe sobre o Imposto sobre a Propriedade Territorial Rural - ITR).
- Lei 9.393/1996 (Dispõe sobre o ITR e o pagamento da dívida representada por Títulos da Dívida Agrária - TDA).
- arts. 8º a 10, Dec.-Lei 57/1966 (Altera dispositivos sobre lançamento e cobrança do ITR e institui normas sobre arrecadação da dívida ativa correspondente).
- Súm. 139, STJ.

Art. 30. A base do cálculo do imposto é o valor fundiário.

- art. 146, III, *a*, CF.
- art. 5º e 50, Lei 4.504/1964 (Estatuto da Terra).
- art. 1º, Lei 9.393/1996 (Dispõe sobre o ITR e sobre pagamento da dívida representada por Títulos da Dívida Agrária – TDA).
- Súm. 595, STF.

Art. 31. Contribuinte do imposto é o proprietário do imóvel, o titular de seu domínio útil, ou o seu possuidor a qualquer título.

- arts 1.196 a 1.224; 1.228 a 1.259; 1.281; e 1.473, III, CC/2002.
- art. 1º, Lei 9.393/1996 (Dispõe sobre o ITR e o pagamento da dívida representada por Títulos da Dívida Agrária - TDA).
- Dec. 6.190/2007 (Dispõe sobre a isenção do pagamento de foros, taxas de ocupação e laudêmios, referentes a imóveis de propriedade da União, para as pessoas consideradas carentes ou de baixa renda).

SEÇÃO II
IMPOSTO SOBRE A PROPRIEDADE PREDIAL E TERRITORIAL URBANA

Art. 32. O imposto, de competência dos Municípios, sobre a propriedade predial e territorial urbana tem como fato gerador a propriedade, o domínio útil ou a posse de bem imóvel por natureza ou por acessão física, como definido na lei civil, localizado na zona urbana do Município.

- arts. 146, III, *a*; 156, I; e 182, § 4º, II, CF.
- arts. 79 a 81; 1.196; 1.224; 1.228 a 1.259; 1.281; 1.473, III; 1.784; e 1.791, CC/2002.
- art. 7º, Lei 10.257/2001 (Estatuto da Cidade).
- Súm. 724, STF.
- Súm. 397, STJ.

§ 1º Para os efeitos deste imposto, entende-se como zona urbana a definida em lei municipal; observado o requisito mínimo da existência de melhoramentos indicados em pelo menos 2 (dois) dos incisos seguintes, construídos ou mantidos pelo Poder Público:

- Súmula 626, STJ.

I - meio-fio ou calçamento, com canalização de águas pluviais;
II - abastecimento de água;
III - sistema de esgotos sanitários;
IV - rede de iluminação pública, com ou sem posteamento para distribuição domiciliar;
V - escola primária ou posto de saúde a uma distância máxima de 3 (três) quilômetros do imóvel considerado.

§ 2º A lei municipal pode considerar urbanas as áreas urbanizáveis, ou de expansão urbana, constantes de loteamentos aprovados pelos órgãos competentes, destinados à habitação, à indústria ou ao comércio, mesmo que localizados fora das zonas definidas nos termos do parágrafo anterior.

- Lei 6.766/1979 (Dispõe sobre o Parcelamento do Solo Urbano).
- art. 16, Dec.-Lei 57/1966 (Dispõe sobre lançamento e cobrança do imposto sobre a Propriedade territorial rural e institui normas sobre arrecadação da Dívida Ativa correspondente).

Art. 33. A base do cálculo do imposto é o valor venal do imóvel.

Parágrafo único. Na determinação da base de cálculo, não se considera o valor dos bens móveis mantidos, em caráter permanente ou temporário, no imóvel, para efeito de sua utilização, exploração, aformoseamento ou comodidade.

- arts. 156, § 1º; e 182, §§ 2º e 4º, II, CF.
- Súm. 539; 589 e 668, STF.
- Súm. 160, STJ.

Art. 34. Contribuinte do imposto é o proprietário do imóvel, o titular do seu domínio útil ou o seu possuidor a qualquer título.

- arts. 156, § 1º; e 182, § 4º, CF.
- Súm. 74; 75; 539; 583; 668; e 724, STF.
- Súm. 397 e 399, STJ.

SEÇÃO III
IMPOSTO SOBRE A TRANSMISSÃO DE BENS IMÓVEIS E DE DIREITOS A ELES RELATIVOS

Art. 35. O imposto, de competência dos Estados, sobre a transmissão de bens imóveis e de direitos a eles relativos tem como fato gerador:

- arts. 155, I, § 1º; e 156, II, § 2º, CF.
- Súm. 75 e 656, STF.

I - a transmissão, a qualquer título, da propriedade ou do domínio útil de bens imóveis por natureza ou por acessão física, como definidos na lei civil;

- art. 156, I, CF.
- arts. 79 a 81; 1.196; 1.224; 1.228 a 1.259; 1.281; 1.473, III; 1.784; e 1.791, CC/2002.
- Lei 6.766/1979 (Dispõe sobre o Parcelamento do Solo Urbano).
- Súm. 328 e 329, STF.

II - a transmissão, a qualquer título, de direitos reais sobre imóveis, exceto os direitos reais de garantia;

- art. 156, II, CF.
- arts. 1.225; 1.228; 1.245; 1.369; 1.378; 1.390; 1.410, III; 1.412; 1.414; 1.417; e 1.419, CC/2002.

III - a cessão de direitos relativos às transmissões referidas nos incisos I e II.

Parágrafo único. Nas transmissões *causa mortis*, ocorrem tantos fatos geradores distintos quantos sejam os herdeiros ou legatários.

- arts. 79 a 81; 1.225; 1.228 a 1.232; 1.245; 1.248; 1.281; 1.473, III; 1.784; 1.786; 1.829 a 1.844; e 1.851 a 1.856, CC/2002.
- Súm. 108; 110 a 115; 326 a 331; 435; 470; e 590, STF.

Art. 36. Ressalvado o disposto no artigo seguinte, o imposto não incide sobre a transmissão dos bens ou direitos referidos no artigo anterior:

I - quando efetuada para sua incorporação ao patrimônio de pessoa jurídica em pagamento de capital nela subscrito;
II - quando decorrente da incorporação ou da fusão de uma pessoa jurídica por outra ou com outra.

Parágrafo único. O imposto não incide sobre a transmissão aos mesmos alienantes, dos bens e direitos adquiridos na forma do inciso I deste artigo, em decorrência da sua desincorporação do patrimônio da pessoa jurídica a que foram conferidos.

- art. 156, § 2º, I, CF.
- art. 1.245, CC/2002.
- arts. 223; 227; e 228, Lei 6.404/1976 Dispõe sobre as sociedades por ações.

Art. 37. O disposto no artigo anterior não se aplica quando a pessoa jurídica adquirente tenha como atividade preponderante a venda ou locação de propriedade imobiliária ou a cessão de direitos relativos à sua aquisição.

- art. 156, § 2º, I, *in fine*, e § 3º, CF.

§ 1º Considera-se caracterizada a atividade preponderante referida neste artigo quando mais de 50% (cinquenta por cento) da receita operacional da pessoa jurídica adquirente, nos 2 (dois) anos anteriores e nos 2 (dois) anos subsequentes à aquisição, decorrer de transações mencionadas neste artigo.

§ 2º Se a pessoa jurídica adquirente iniciar suas atividades após a aquisição, ou menos de 2 (dois) anos antes dela, apurar-se-á a preponderância referida no parágrafo anterior levando em conta os 3 (três) primeiros anos seguintes à data da aquisição.

§ 3º Verificada a preponderância referida neste artigo, tornar-se-á devido o imposto, nos termos da lei vigente à data da aquisição, sobre o valor do bem ou direito nessa data.

§ 4º O disposto neste artigo não se aplica à transmissão de bens ou direitos, quando realizada em conjunto com a da totalidade do patrimônio da pessoa jurídica alienante.

- arts. 481; 565; e 1.245, CC/2002.
- Lei 4.504/1964 (Estatuto da Terra).
- Lei 4.591/1964 (Dispõe sobre o condomínio em edificações e as incorporações imobiliárias).
- Lei 6.120/1974 (Dispõe sobre a alienação de bens imóveis de instituições federais de ensino).
- art. 25, Lei 6.766/1979 (Dispõe sobre o Parcelamento do Solo Urbano).
- Lei 8.245/1991 (Dispõe sobre as locações dos imóveis urbanos e os procedimentos a elas pertinentes).
- Lei 9.636/1998 (Dispõe sobre a regularização, administração, aforamento e alienação

de bens imóveis de domínio da União) e Dec. 3.725/2001 (Regulamento).

- Dec.-Lei 9.760/1946 (Lei dos Bens Imóveis da União).
- Súm. 75; 108; 110; 111; 113; 326; 328; 329; 470; e 590, STF.
- Súm. 132, TFR.

Art. 38. A base de cálculo do imposto é o valor venal dos bens ou direitos transmitidos.

- arts. 79 e 80, CC/2002.

Art. 39. A alíquota do imposto não excederá os limites fixados em resolução do Senado Federal, que distinguirá, para efeito de aplicação de alíquota mais baixa, as transmissões que atendam à política nacional de habitação.

- art. 155, § 1º, IV, CF.
- art. 97, II e IV, deste Código.
- Súm. 656, STF.

Art. 40. O montante do imposto é dedutível do devido à União, a título do imposto de que trata o artigo 43, sobre o provento decorrente da mesma transmissão.

Art. 41. O imposto compete ao Estado da situação do imóvel transmitido, ou sobre que versarem os direitos cedidos, mesmo que a mutação patrimonial decorra de sucessão aberta no estrangeiro.

- art. 155, § 1º, III, *a* e *b*, CF.
- arts. 1.784 e 1.786, CC/2002.

Art. 42. Contribuinte do imposto é qualquer das partes na operação tributada, como dispuser a lei.

- Súm. 75 e 108, STF.

SEÇÃO IV IMPOSTO SOBRE A RENDA E PROVENTOS DE QUALQUER NATUREZA

Art. 43. O imposto, de competência da União, sobre a renda e proventos de qualquer natureza tem como fato gerador a aquisição da disponibilidade econômica ou jurídica:

- art. 153, III, e § 2º, I, CF.
- Ver arts. 40 e 45 deste Código.
- Lei 4.506/1964 (Dispõe sobre o Imposto de Renda - IR).
- Lei 9.249/1995 (Altera a legislação do IR das pessoas jurídicas, bem como da contribuição social sobre o lucro líquido).
- Lei 9.250/1995 (Altera a legislação do IR das pessoas físicas).
- Lei 9.430/1996 (Dispõe sobre a legislação tributária federal, as contribuições para a seguridade social e o processo administrativo de consulta).
- Dec. 3.000/1999 (Regulamenta a tributação, fiscalização, arrecadação e administração do IR e proventos de qualquer natureza).
- Dec.-Lei 1.705/1979 (Dispõe quanto à obrigatoriedade de recolhimento antecipado, pelas pessoas físicas, do IR sobre os rendimentos que especifica).
- Dec.-Lei 1.736/1979 (Dispõe sobre débitos para a Fazenda e acréscimo de multa).
- Dec.-Lei 1.780/1980 (Concede isenção do IR às empresas de pequeno porte e dispensa obrigações acessórias).
- Lei 12.469/2011 (Altera os valores constantes da tabela do Imposto sobre a Renda da Pessoa Física).
- Súm. 447 e 590, STJ.

I - de renda, assim entendido o produto do capital, do trabalho ou da combinação de ambos;

- Súm. 125; 136; 184; 215; 262; 386; e 463, STJ.

II - de proventos de qualquer natureza, assim entendidos os acréscimos patrimoniais não compreendidos no inciso anterior.

- art. 153, § 2º, II, CF.
- Lei 4.506/1964 (Dispõe sobre o Imposto de Renda - IR).
- Lei 8.023/1990 (Altera a legislação do IR sobre o resultado da atividade rural).
- Lei 8.034/1990 (Altera a legislação do IR das pessoas jurídicas).
- art. 4º, Lei 8.383/1991 (Institui a Unidade Fiscal de Referência – UFIR e altera a legislação do IR).
- art. 2º, Lei 8.541/1992 (Altera a legislação do IR).
- art. 7º, Lei 8.981/1995 (Altera a legislação tributária Federal).
- Lei 9.249/1995 (Altera a legislação do IR das pessoas jurídicas, bem como da contribuição social sobre o lucro líquido).
- Lei 9.250/1995 (Altera a legislação do IR das pessoas físicas).
- Lei 9.430/1996 (Dispõe sobre a legislação tributária federal, as contribuições para a seguridade social e o processo administrativo de consulta).
- Lei 12.469/2011 (Altera os valores constantes da tabela do Imposto sobre a Renda da Pessoa Física).
- Súm. 93; 94; 96 a 99; 100; e 587, STF.
- Súm. 125 e 136, STJ.
- Súm. 39; 76; 100; 101; e 174, TFR.

§ 1º A incidência do imposto independe da denominação da receita ou do rendimento, da localização, condição jurídica ou nacionalidade da fonte, da origem e da forma de percepção. (Incluído pela LC 104/2001.)

§ 2º Na hipótese de receita ou de rendimento oriundos do exterior, a lei estabelecerá as condições e o momento em que se dará sua disponibilidade, para fins de incidência do imposto referido neste artigo. (Incluído pela LC 104/2001.)

- art. 74, Med. Prov. 2.158-35/2001 (Altera a legislação das Contribuições para a Seguridade Social - COFINS, para os Programas de Integração Social e de Formação do Patrimônio do Servidor Público - PIS/PASEP e do Imposto sobre a Renda).

Art. 44. A base de cálculo do imposto é o montante, real, arbitrado ou presumido, da renda ou dos proventos tributáveis.

- art. 35, Lei 7.713/1988 (Altera a legislação do imposto de renda).
- arts. 4º a 19, Lei 8.383/1991 (Institui a Unidade Fiscal de Referência – UFIR e altera a legislação do IR).
- art. 2º; 3º; 15; e 22, Lei 8.541/1992 (Altera a legislação do IR).
- Lei 12.469/2011 (Altera os valores constantes da tabela do Imposto sobre a Renda da Pessoa Física).
- Súm. 584, STF.
- Súm. 130 e 182, TFR.

Art. 45. Contribuinte do imposto é o titular da disponibilidade a que se refere o artigo 43, sem prejuízo de atribuir a lei essa condição ao possuidor, a qualquer título, dos bens produtores de renda ou dos proventos tributáveis.

- Lei 8.134/1990 (Altera a legislação do IR).

Parágrafo único. A lei pode atribuir à fonte pagadora da renda ou dos proventos tributáveis a condição de responsável pelo imposto cuja retenção e recolhimento lhe caibam.

- art. 5º, Lei 4.154/1962 (Dispõe sobre o Recolhimento do IR).
- arts. 2º e 5º, Lei 5.421/1968 (Dispõe sobre Cobrança do IR com multa de mora).
- Lei 7.751/1989 (Dispõe sobre a incidência de IR na fonte sobre rendimentos decorrentes das aplicações financeiras).
- Lei 7.782/1989 (Dispõe sobre a incidência de IR na fonte em aplicações de renda fixa).
- art. 36, Lei 8.541/1992 (Altera a legislação do IR).
- art. 64, Lei 9.430/1996 (Dispõe sobre a legislação tributária federal, as contribuições para a seguridade social e o processo administrativo de consulta).
- Dec.-Lei 1.736/1979 (Dispõe sobre débitos com a Fazenda e acréscimo de multa).
- Súm. 94, STF.
- Súm. 447, STJ.
- Súm. 174, TFR.

CAPÍTULO IV IMPOSTOS SOBRE A PRODUÇÃO E A CIRCULAÇÃO

SEÇÃO I IMPOSTO SOBRE PRODUTOS INDUSTRIALIZADOS

- Dec. 7.212/2010 (Regulamenta a cobrança, fiscalização, arrecadação e administração do Imposto sobre Produtos Industrializados – IPI).

Art. 46. O imposto, de competência da União, sobre produtos industrializados tem como fato gerador:

I - o seu desembaraço aduaneiro, quando de procedência estrangeira;

II - a sua saída dos estabelecimentos a que se refere o parágrafo único do artigo 51;

III - a sua arrematação, quando apreendido ou abandonado e levado a leilão.

Parágrafo único. Para os efeitos deste imposto, considera-se industrializado o produto que tenha sido submetido a qualquer operação que lhe modifique a natureza ou a finalidade, ou o aperfeiçoe para o consumo.

- art. 153, IV, e §§ 1º e 3º, CF.
- arts. 74, I; 83; e 86 deste Código.
- Lei 4.502/1964 (Dispõe sobre o Imposto de Consumo).
- Lei 7.798/1989 (Altera a legislação do IPI).
- Lei 8.687/1993 (Retira da incidência do Imposto de Renda benefícios percebidos por deficientes mentais).
- Lei 8.989/1995 (Dispõe sobre a isenção do IPI, na aquisição de automóveis para utilização no transporte autônomo de passageiros, bem como por pessoas portadoras de deficiência física).
- Lei 9.000/1995 (Concede isenção do IPI na aquisição de equipamentos, máquinas, aparelhos e instrumentos).
- Lei 10.182/2001 (Restaura a vigência da Lei 8.989/1995).
- Dec. 542/1992 (Define bens de pequeno valor, para efeito da não incidência do imposto de renda sobre ganhos de capital)
- Dec. 6.006/2006 (Aprova a Tabela de Incidência do Imposto sobre Produtos Industrializados – TIPI).
- Dec. 7.212/2010 (Regulamenta a cobrança, fiscalização, arrecadação e administração do IPI).
- art. 4º, Dec.-Lei 1.199/1971 (Altera a Nomenclatura Brasileira de Mercadorias - NBM, a Tarifa Aduaneira do Brasil – TAB, e a legislação do IPI).
- art. 1º, Dec.-Lei 2.108/1984 (Concede isenção dos impostos de importação e sobre produtos industrializados nos casos que especifica).
- Súm. 536 e 591, STF.
- Súm. 43; 81; e 103, TFR.
- Súm. 95, STJ.

Art. 47. A base de cálculo do imposto é:

- art. 14, Lei 4.502/1964 (Dispõe sobre o Imposto de Consumo).

I - no caso do inciso I do artigo anterior, o preço normal, como definido no inciso II do artigo 20, acrescido do montante:

a) do imposto sobre a importação;

b) das taxas exigidas para entrada do produto no país;

c) dos encargos cambiais efetivamente pagos pelo importador ou dele exigíveis;

II - no caso do inciso II do artigo anterior:

a) o valor da operação de que decorrer a saída da mercadoria;

b) na falta do valor a que se refere a alínea anterior, o preço corrente da mercadoria, ou sua similar, no mercado atacadista da praça do remetente;

III - no caso do inciso III do artigo anterior, o preço da arrematação.

Art. 48. O imposto é seletivo em função da essencialidade dos produtos.

- art. 153, § 3º, I, CF.
- Dec. 6.006/2006, (Aprova a Tabela de Incidência do Imposto sobre Produtos Industrializados – TIPI).
- Dec. 7.212/2010 (Regulamenta a cobrança, fiscalização, arrecadação e administração do IPI).

Art. 49. O imposto é não cumulativo, dispondo a lei de forma que o montante devido resulte da diferença a maior, em determinado período, entre o imposto referente aos produtos saídos do estabelecimento e o pago relativamente aos produtos nele entrados.

Parágrafo único. O saldo verificado, em determinado período, em favor do contribuinte transfere-se para o período ou períodos seguintes.

- art. 153, § 3º, II, CF.
- Súm. 494 e 495, STJ.
- Súm. 411, STJ.

Art. 50. Os produtos sujeitos ao imposto, quando remetidos de um para outro Estado, ou do ou para o Distrito Federal, serão acompanhados de nota fiscal de modelo especial, emitida em séries próprias e contendo, além dos elementos necessários ao controle fiscal, os dados indispensáveis à elaboração da estatística do comércio por cabotagem e demais vias internas.

- art. 113, § 2º, deste Código.

Art. 51. Contribuinte do imposto é:

I - o importador ou quem a lei a ele equiparar;
II - o industrial ou quem a lei a ele equiparar;
III - o comerciante de produtos sujeitos ao imposto, que os forneça aos contribuintes definidos no inciso anterior;
IV - o arrematante de produtos apreendidos ou abandonados, levados a leilão.

Parágrafo único. Para os efeitos deste imposto, considera-se contribuinte autônomo qualquer estabelecimento de importador, industrial, comerciante ou arrematante.

- art. 20, III; e 46, II, deste Código.
- art. 966 a 980; e 1.237, CC/2002.
- art 35, Lei 4.502/1964 (Dispõe sobre o Imposto de Consumo).
- art. 53, § 2º, Lei 8.666/1993 (Lei de Licitações e Contratos da Administração Pública).
- Lei 14.133/2021 (Nova Lei de Licitações).
- Dec. 7.212/2010 (Regulamenta a cobrança, fiscalização, arrecadação e administração do IPI).
- arts. 31 e 32, Dec.-Lei 37/1966 (Lei do Imposto de Importação).

SEÇÃO II
IMPOSTO ESTADUAL SOBRE OPERAÇÕES RELATIVAS À CIRCULAÇÃO DE MERCADORIAS

- art. 155, II, § 2º, CF.

Arts. 52. a 58. (Revogados pelo Dec.-Lei 406/1968.)

SEÇÃO III
IMPOSTO MUNICIPAL SOBRE OPERAÇÕES RELATIVAS À CIRCULAÇÃO DE MERCADORIAS

Arts. 59. a 62. (Revogados pelo Ato Complementar 31/1966.)

SEÇÃO IV
IMPOSTO SOBRE OPERAÇÕES DE CRÉDITO, CÂMBIO E SEGURO, E SOBRE OPERAÇÕES RELATIVAS A TÍTULOS E VALORES MOBILIÁRIOS

- art. 153, V, § 5º, CF.
- Lei 5.143/1966 (Institui o Imposto sobre Operações Financeiras - IOF, regula a respectiva cobrança e dispõe sobre a aplicação das reservas monetárias oriundas de sua receita).
- Dec. 6.306/2007 (Regulamenta o Imposto sobre Operações de Crédito, Câmbio e Seguro, ou relativas a Títulos ou Valores Mobiliários – IOF).

Art. 63. O imposto, de competência da União, sobre operações de crédito, câmbio e seguro, e sobre operações relativas a títulos e valores mobiliários tem como fato gerador:

- Dec.-Lei 1.783/1980 (Dispõe sobre o Imposto sobre Operações de Crédito, Câmbio e Seguro, e sobre Operações relativas a Títulos e Valores Mobiliários).
- Dec. 1.612/1995 (Reduz a alíquota do IOF, nas operações de crédito que menciona).

I - quanto às operações de crédito, a sua efetivação pela entrega total ou parcial do montante ou do valor que constitua o objeto da obrigação, ou sua colocação à disposição do interessado;
II - quanto às operações de câmbio, a sua efetivação pela entrega de moeda nacional ou estrangeira, ou de documento que a represente, ou sua colocação à disposição do interessado em montante equivalente à moeda estrangeira ou nacional entregue ou posta à disposição por este;
III - quanto às operações de seguro, a sua efetivação pela emissão da apólice ou do documento equivalente, ou recebimento do prêmio, na forma da lei aplicável;
IV - quanto às operações relativas a títulos e valores mobiliários, a emissão, transmissão, pagamento ou resgate destes, na forma da lei aplicável.

Parágrafo único. A incidência definida no inciso I exclui a definida no inciso IV, e reciprocamente, quanto à emissão, ao pagamento ou resgate do título representativo de uma mesma operação de crédito.

- art 1º, Lei 5.143/1966 (Institui o IOF, regula a respectiva cobrança e dispõe sobre a aplicação das reservas monetárias oriundas de sua receita).
- Lei 6.385/1976 (Dispõe sobre o mercado de valores mobiliários e cria a Comissão de Valores Mobiliários).
- art. 8º, Lei 7.766/1989 (Dispõe sobre o ouro, ativo financeiro, e sobre seu tratamento tributário).
- art. 1º, Lei 8.033/1990 (Altera a legislação do IOF, instituindo incidências de caráter transitório sobre os atos que menciona).
- Lei 8.894/1994 (Dispõe sobre o IOF).
- Lei 8.981/1995 (Altera a legislação tributária Federal).
- Dec.-Lei 73/1966 (Dispõe sobre o Sistema Nacional de Seguros Privados e regula as Operações de Seguros e Resseguros).
- Dec.-Lei 1.783/1980 (Dispõe sobre o IOF).
- Dec.-Lei 1.821/1996 (Reduz alíquota do IOF).
- Súm. 588, STF.

Art. 64. A base de cálculo do imposto é:

I - quanto às operações de crédito, o montante da obrigação, compreendendo o principal e os juros;
II - quanto às operações de câmbio, o respectivo montante em moeda nacional, recebido, entregue ou posto à disposição;
III - quanto às operações de seguro, o montante do prêmio;
IV - quanto às operações relativas a títulos e valores mobiliários:
a) na emissão, o valor nominal mais o ágio, se houver;
b) na transmissão, o preço ou o valor nominal, ou o valor da cotação em Bolsa, como determinar a lei;
c) no pagamento ou resgate, o preço.

- art. 2º, Lei 5.143/1966 (Institui o IOF, regula a respectiva cobrança e dispõe sobre a aplicação das reservas monetárias oriundas de sua receita).
- art. 1º, Dec.-Lei 1.783/1980 (Dispõe sobre o IOF).

Art. 65. O Poder Executivo pode, nas condições e nos limites estabelecidos em lei, alterar as alíquotas ou as bases de cálculo do imposto, a fim de ajustá-lo aos objetivos da política monetária.

- art. 153, § 1º, CF e art. 4º, Dec.-Lei 1.199/1971 (Regulamento).
- arts. 9º, I; e 97, II e IV, deste Código.
- arts. 3º e 10, Lei 5.143/1966 (Institui o IOF, regula a respectiva cobrança e dispõe sobre a aplicação das reservas monetárias oriundas de sua receita).
- Lei 8.894/1994 (Dispõe sobre o IOF).
- Dec. 1.612/1995 (Reduz a alíquota do IOF, nas operações de crédito que menciona).
- Dec. 6.339/2008 (Altera as alíquotas do IOF).
- Dec.-Lei 1.821/1996 (Reduz alíquota do IOF).

Art. 66. Contribuinte do imposto é qualquer das partes na operação tributada, como dispuser a lei.

- art. 4º, Lei 5.143/1966 (Institui o IOF, regula a respectiva cobrança e dispõe sobre a aplicação das reservas monetárias oriundas de sua receita).
- art. 3º, Dec.-Lei 1.783/1980 (Dispõe sobre o IOF).
- Súm. 430 e 435, STJ.

Art. 67. A receita líquida do imposto destina-se a formação de reservas monetárias, na forma da lei.

- art. 12, Lei 5.143/1966 (Institui o IOF, regula a respectiva cobrança e dispõe sobre a aplicação das reservas monetárias oriundas de sua receita).

SEÇÃO V
IMPOSTO SOBRE SERVIÇOS DE TRANSPORTES E COMUNICAÇÕES

Art. 68. O imposto, de competência da União, sobre serviços de transportes e comunicações, tem como fato gerador:

- art. 155, II, e § 2º, CF.

I - a prestação do serviço de transporte, por qualquer via, de pessoas, bens, mercadorias ou valores, salvo quando o trajeto se contenha inteiramente no território de um mesmo Município;

- Lei 7.450/1985 (Altera a legislação tributária federal e dispõe sobre o Imposto sobre Transportes).
- arts. 1º e 2º, Dec.-Lei 1.438/1975 (Estende a incidência do imposto sobre os serviços de transporte rodoviário de passageiros ao transporte rodoviário de cargas).
- art. 4º, Dec-Lei. 2.186/1984 (Institui o imposto sobre serviços de comunicações).

II - a prestação do serviço de comunicações, assim se entendendo a transmissão e o recebimento, por qualquer processo, de mensagens escritas, faladas ou visuais, salvo quando os pontos de transmissão e de recebimento se situem no território de um mesmo Município e a mensagem em curso não possa ser captada fora desse território.

- art. 1º, Dec-Lei. 2.186/1984 (Institui o imposto sobre serviços de comunicações).
- Súm. 334 e 350, STJ.

Art. 69. A base de cálculo do imposto é o preço do serviço.

- art. 7º, Dec.-Lei 1.438/1975 (Estende a incidência do imposto sobre os serviços de transporte rodoviário de passageiros ao transporte rodoviário de cargas).
- art. 4º, Dec-Lei. 2.186/1984 (Institui o imposto sobre serviços de comunicações).

Art. 70. Contribuinte do imposto é o prestador do serviço.

- arts. 3º e 4º, Dec.-Lei 1.438/1975 (Estende a incidência do imposto sobre os serviços de transporte rodoviário de passageiros ao transporte rodoviário de cargas).

- arts. 3º e 6º, Dec-Lei. 2.186/1984 (Institui o imposto sobre serviços de comunicações).

SEÇÃO VI IMPOSTO SOBRE SERVIÇO DE QUALQUER NATUREZA

- LC 116/2003 (Dispõe sobre o Imposto Sobre Serviços de Qualquer Natureza - ISS, de competência dos Municípios e do Distrito Federal).

Arts. 71. a 73. (Revogados pelo Dec.-Lei 406/1968.)

CAPÍTULO V IMPOSTOS ESPECIAIS

SEÇÃO I IMPOSTO SOBRE OPERAÇÕES RELATIVAS A COMBUSTÍVEIS, LUBRIFICANTES, ENERGIA ELÉTRICA E MINERAIS DO PAÍS

Art. 74. O imposto, de competência da União, sobre operações relativas a combustíveis, lubrificantes, energia elétrica e minerais do país tem como fato gerador:

- art. 155, II, § 2º, XII, *h*, e §§ 3º e 5º, CF.
- EC 3/1993.

I - a produção, como definida no artigo 46 e seu parágrafo único;

II - a importação, como definida no artigo 19;

III - a circulação, como definida no artigo 52;

- O Artigo 52 foi revogado pelo Dec.-Lei 406/1968.

IV - a distribuição, assim entendida a colocação do produto no estabelecimento consumidor ou em local de venda ao público;

V - o consumo, assim entendida a venda do produto ao público.

§ 1º Para os efeitos deste imposto a energia elétrica considera-se produto industrializado.

§ 2º O imposto incide, uma só vez sobre uma das operações previstas em cada inciso deste artigo, como dispuser a lei, e exclui quaisquer outros tributos, sejam quais forem sua natureza ou competência, incidentes sobre aquelas operações.

- art. 155, § 3º, CF.
- arts. 95 e 217 deste Código.

Art. 75. A lei observará o disposto neste Título relativamente:

I - ao imposto sobre produtos industrializados, quando a incidência seja sobre a produção ou sobre o consumo;

- arts. 46 a 51 deste Código.

II - ao imposto sobre a importação, quando a incidência seja sobre essa operação;

- arts. 19 a 22 deste Código.

III - ao imposto sobre operações relativas à circulação de mercadorias, quando a incidência seja sobre a distribuição.

- art. 155, II, e § 2º, CF.
- arts. 1º a 7º, Dec.-Lei 406/1968 (Estabelece normas gerais de direito financeiro, aplicáveis aos impostos sobre operações relativas à circulação de mercadorias e sobre serviços de qualquer natureza).

SEÇÃO II IMPOSTOS EXTRAORDINÁRIOS

- art. 154, II, CF.

Art. 76. Na iminência ou no caso de guerra externa, a União pode instituir, temporariamente, impostos extraordinários compreendidos ou não entre os referidos nesta Lei, suprimidos, gradativamente, no prazo máximo de cinco anos, contados da celebração da paz.

TÍTULO IV TAXAS

Art. 77. As taxas cobradas pela União, pelos Estados, pelo Distrito Federal ou pelos Municípios, no âmbito de suas respectivas atribuições, têm como fato gerador o exercício regular do poder de polícia ou a utilização, efetiva ou potencial, de serviço público específico e divisível, prestado ao contribuinte ou posto à sua disposição.

- Súm. 82; 128; 129; 132; 140; 141; 142; 302; 324; 348; 545; 550; 595; e 596, STF.

Parágrafo único. A taxa não pode ter base de cálculo ou fato gerador idênticos aos que correspondam a imposto nem ser calculada em função do capital das empresas. (Redação dada pelo Ato Complementar 34/1967.)

- arts. 5º, XXXIV; 145, II, e § 2º; 150, V; e 206, IV, CF.
- arts. 78 e 79 deste Código.
- Súm. 80 e 124, STJ.
- Súm. Vinculantes 19 e 29, STF.

Art. 78. Considera-se poder de polícia atividade da administração pública que, limitando ou disciplinando direito, interesse ou liberdade, regula a prática de ato ou abstenção de fato, em razão de interesse público concernente à segurança, à higiene, à ordem, aos costumes, à disciplina da produção e do mercado, ao exercício de atividades econômicas dependentes de concessão ou autorização do Poder Público, à tranquilidade pública ou ao respeito à propriedade e aos direitos individuais ou coletivos. (Redação dada pelo Ato Complementar 31/1966.)

Parágrafo único. Considera-se regular o exercício do poder de polícia quando desempenhado pelo órgão competente nos limites da lei aplicável, com observância do processo legal e, tratando-se de atividade que a lei tenha como discricionária, sem abuso ou desvio de poder.

- arts. 61, II, *g*; 92, I, *a*; e 350, CP.

Art. 79. Os serviços públicos a que se refere o artigo 77 consideram-se:

- Súm. Vinc. 41, STF.

I - utilizados pelo contribuinte:

a) efetivamente, quando por ele usufruídos a qualquer título;

b) potencialmente, quando, sendo de utilização compulsória, sejam postos à sua disposição mediante atividade administrativa em efetivo funcionamento;

- Súm. 670, STF.

II - específicos, quando possam ser destacados em unidades autônomas de intervenção, de utilidade, ou de necessidades públicas;

III - divisíveis, quando suscetíveis de utilização, separadamente, por parte de cada um dos seus usuários.

Art. 80. Para efeito de instituição e cobrança de taxas, consideram-se compreendidas no âmbito das atribuições da União, dos Estados, do Distrito Federal ou dos Municípios, aquelas que, segundo a Constituição Federal, as Constituições dos Estados, as Leis Orgânicas do Distrito Federal e dos Municípios e a legislação com elas compatível, competem a cada uma dessas pessoas de direito público.

TÍTULO V CONTRIBUIÇÃO DE MELHORIA

Art. 81. A contribuição de melhoria cobrada pela União, pelos Estados, pelo Distrito Federal ou pelos Municípios, no âmbito de suas respectivas atribuições, é instituída para fazer face ao custo de obras públicas de que decorra valorização imobiliária, tendo como limite total a despesa realizada e como limite individual o acréscimo de valor que da obra resultar para cada imóvel beneficiado.

- arts. 5º, XII; 145, III; 150, IV; e 170, II, CF.
- arts. 1º a 3º, Dec.-Lei 195/1967 (Dispõe sobre a cobrança da Contribuição de Melhoria).

Art. 82. A lei relativa à contribuição de melhoria observará os seguintes requisitos mínimos:

I - publicação prévia dos seguintes elementos:

a) memorial descritivo do projeto;

b) orçamento do custo da obra;

c) determinação da parcela do custo da obra a ser financiada pela contribuição;

d) delimitação da zona beneficiada;

e) determinação do fator de absorção do benefício da valorização para toda a zona ou para cada uma das áreas diferenciadas, nela contidas;

II - fixação de prazo não inferior a 30 (trinta) dias, para impugnação pelos interessados, de qualquer dos elementos referidos no inciso anterior;

III - regulamentação do processo administrativo de instrução e julgamento da impugnação a que se refere o inciso anterior, sem prejuízo da sua apreciação judicial.

- art. 18, Dec. 70.235/1972 (Dispõe sobre o processo administrativo fiscal).

§ 1º A contribuição relativa a cada imóvel será determinada pelo rateio da parcela do custo da obra a que se refere a alínea *c*, do inciso I, pelos imóveis situados na zona beneficiada em função dos respectivos fatores individuais de valorização.

§ 2º Por ocasião do respectivo lançamento, cada contribuinte deverá ser notificado do montante da contribuição, da forma e dos prazos de seu pagamento e dos elementos que integram o respectivo cálculo.

- arts. 142 a 146 deste Código.
- art. 11, Dec. 70.235/1972 (Dispõe sobre o processo administrativo fiscal).
- arts. 4º a 15, Dec.-Lei 195/1967 (Dispõe sobre a cobrança da Contribuição de Melhoria).

TÍTULO VI DISTRIBUIÇÕES DE RECEITAS TRIBUTÁRIAS

CAPÍTULO I DISPOSIÇÕES GERAIS

Art. 83. Sem prejuízo das demais disposições deste Título, os Estados e Municípios que celebrem com a União convênios destinados a assegurar ampla e eficiente coordenação dos respectivos programas de investimentos e serviços públicos, especialmente no campo da política tributária, poderão participar de até 10% (dez por cento) da arrecadação efetuada, nos respectivos territórios, proveniente do imposto referido no artigo 43, incidente sobre o rendimento das pessoas físicas, e no artigo 46, excluído o incidente sobre o fumo e bebidas alcoólicas.

Parágrafo único. O processo das distribuições previstas neste artigo será regulado nos convênios nele referidos.

- arts. 153, § 5º; e 157 a 162, CF.
- Lei 8.016/1990 (Dispõe sobre a entrega das quotas de participação dos Estados e do Distrito Federal na arrecadação do Imposto sobre Produtos Industrializados).
- LC 61/1989 (Estabelece normas para a participação dos Estados e do Distrito Federal no produto da arrecadação do Imposto sobre Produtos Industrializados IPI, relativamente às exportações).
- LC 62/1989 (Estabelece normas para o cálculo, a entrega e controle das liberações dos recursos dos Fundos de Participação).
- LC 63/1990 (Dispõe sobre os critérios e prazos de crédito das parcelas do produto da arrecadação de impostos de competência dos Esta-

dos e de transferências por estes recebidas, pertencentes aos Municípios).

Art. 84. A lei federal pode cometer aos Estados, ao Distrito Federal ou aos Municípios o encargo de arrecadar os impostos de competência da União cujo produto lhes seja distribuído no todo ou em parte.

Parágrafo único. O disposto neste artigo aplica-se à arrecadação dos impostos de competência dos Estados, cujo produto estes venham a distribuir, no todo ou em parte, aos respectivos Municípios.

- art. 15, § 4º, III, CF.
- arts. 6º a 8º deste Código.

CAPÍTULO II
IMPOSTO SOBRE A PROPRIEDADE TERRITORIAL RURAL E SOBRE A RENDA E PROVENTOS DE QUALQUER NATUREZA

Art. 85. Serão distribuídos pela União:

I - aos Municípios da localização dos imóveis, o produto da arrecadação do imposto a que se refere o artigo 29;

- art. 158, II, CF.

II - aos Estados, ao Distrito Federal e aos Municípios, o produto da arrecadação, na fonte, do imposto a que se refere o artigo 43, incidente sobre a renda das obrigações de sua dívida pública e sobre os proventos dos seus servidores e dos de suas autarquias.

- arts. 158, I; e 159, I, CF.

§ 1º Independentemente de ordem das autoridades superiores e sob pena de demissão, as autoridades arrecadadoras dos impostos a que se refere este artigo farão entrega, aos Estados, ao Distrito Federal e aos Municípios, das importâncias recebidas, à medida que forem sendo arrecadadas, em prazo não superior a 30 (trinta) dias, a contar da data de cada recolhimento.

- arts. 162, CF.

§ 2º A lei poderá autorizar os Estados, o Distrito Federal e os Municípios a incorporar definitivamente à sua receita o produto da arrecadação do imposto a que se refere o inciso II, estipulando as obrigações acessórias a serem cumpridas por aqueles no interesse da arrecadação, pela União, do imposto a ela devido pelos titulares da renda ou dos proventos tributados.

§ 3º A lei poderá dispor que uma parcela, não superior a 20% (vinte por cento), do imposto de que trata o inciso I seja destinada ao custeio do respectivo serviço de lançamento e arrecadação.

- Execução suspensa, por inconstitucionalidade, pela Res. SF 337/1983.
- art. 86, p.u., deste Código.
- arts. 47 e 48, Lei 4.504/1964 (Estatuto da Terra).

CAPÍTULO III
FUNDOS DE PARTICIPAÇÃO DOS ESTADOS E DOS MUNICÍPIOS

SEÇÃO I
CONSTITUIÇÃO DOS FUNDOS

Arts. 86. e 87. (Revogados pela LC 143/2013.)

SEÇÃO II
CRITÉRIO DE DISTRIBUIÇÃO DO FUNDO DE PARTICIPAÇÃO DOS ESTADOS

Arts. 88. e 89. (Revogados pela LC 143/2013.)

Art. 90. O fator representativo do inverso da renda *per capita*, a que se refere o inciso II do artigo 88, será estabelecido da seguinte forma:

Inverso do índice relativo à renda *per capita* da entidade participante:	Fator
Até 0,0045	0,4
Acima de 0,0045 até 0,0055	0,5
Acima de 0,0055 até 0,0065	0,6
Acima de 0,0065 até 0,0075	0,7
Acima de 0,0075 até 0,0085	0,8
Acima de 0,0085 até 0,0095	0,9
Acima de 0,0095 até 0,0110	1,0
Acima de 0,0110 até 0,0130	1,2
Acima de 0,0130 até 0,0150	1,4
Acima de 0,0150 até 0,0170	1,6
Acima de 0,0170 até 0,0190	1,8
Acima de 0,0190 até 0,0220	2,0
Acima de 0,220	2,5

Parágrafo único. Para os efeitos deste artigo, determina-se o índice relativo à renda per capita de cada entidade participante, tomando-se como 100 (cem) a renda *per capita* média do país.

- art. 91, § 1º, *b*, deste Código.
- art. 3º, p.u., *b*, Dec.-Lei 1.881/1981 (Cria a Reserva do Fundo de Participação dos Municípios – FPM).

SEÇÃO III
CRITÉRIO DE DISTRIBUIÇÃO DO FUNDO DE PARTICIPAÇÃO DOS MUNICÍPIOS

- LC 62/1989 (Estabelece normas para o cálculo, a entrega e controle das liberações dos recursos dos Fundos de Participação).

Art. 91. Do Fundo de Participação dos Municípios a que se refere o art. 86 serão atribuídos: (Redação dada pelo Ato Complementar 35/967.)

- art. 159, I, *b*, e § 3º, CF.
- arts. 2º e 3º, Dec.-Lei 1.881/1981 (Cria a Reserva do Fundo de Participação dos Municípios – FPM).

I - 10% (dez por cento) aos Municípios das Capitais dos Estados;

II - 90% (noventa por cento) aos demais Municípios do país.

§ 1º A parcela de que trata o inciso I será distribuída proporcionalmente a um coeficiente individual de participação, resultante do produto dos seguintes fatores: (Redação dada pelo Ato Complementar 35/967.)

a) fator representativo da população, assim estabelecido:

Percentual da População de cada Município em relação à do conjunto das Capitais:

Fator:

Até 2% 2

Mais de 2% até 5%:

Pelos primeiros 2%........................ 2

Cada 0,5% ou fração excedente, mais......... 0,5

Mais de 5% 5

b) Fator representativo do inverso da renda *per capita* do respectivo Estado, de conformidade com o disposto no art. 90.

§ 2º A distribuição da parcela a que se refere o item II deste artigo, deduzido o percentual referido no artigo 3º do Decreto-lei que estabelece a redação deste parágrafo, far-se-á atribuindo-se a cada Município um coeficiente individual de participação determinado na forma seguinte: (Redação dada pelo Dec.-Lei 1.881/1981.)

Categoria do Município, segundo seu número de habitantes	Coeficiente
a) Até 16.980	
Pelos primeiros 10.188	0,6
Para cada 3.396, ou fração excedente, mais	0,2
b) Acima de 16.980 até 50.940	
Pelos primeiros 16.980	1,0
Para cada 6.792 ou fração excedente, mais	0,2
c) Acima de 50.940 até 101,880	
Pelos primeiros 50.940	2,0
Para cada 10.188 ou fração excedente, mais	0,2
d) Acima de 101.880 até 156.216	
Pelos primeiros 101.880	3,0
Para cada 13.584 ou fração excedente, mais	0,2
e) Acima de 156.216	4,0

- Dec. 86.309/1981 (Reajusta os limites das faixas de números de habitantes de que trata este parágrafo).
- LC 91/1997 (Dispõe sobre a fixação dos coeficientes do Fundo de Participação dos Municípios).

§ 3º Para os efeitos deste artigo, consideram-se os municípios regularmente instalados, fazendo-se a revisão das quotas anualmente, a partir de 1989 e com base em dados oficiais de população produzidos pela Fundação Instituto Brasileiro de Geografia e Estatística - IBGE. (Redação dada pela LC 59/1988.)

§§ 4º e 5º (Revogados pela LC 91/1997.)

- art. 159, I, *b*, e § 3º, CF.

SEÇÃO IV
CÁLCULO E PAGAMENTO DAS QUOTAS ESTADUAIS E MUNICIPAIS

Art. 92. O Tribunal de Contas da União comunicará ao Banco do Brasil S.A., conforme os prazos a seguir especificados, os coeficientes individuais de participação nos fundos previstos no art. 159, inciso I, alíneas "a", "b" e "d", da Constituição Federal que prevalecerão no exercício subsequente: (Alterado pela LC 143/2013).

I - até o último dia útil do mês de março de cada exercício financeiro, para cada Estado e para o Distrito Federal; (Acrescentado pela LC 143/2013).

II - até o último dia útil de cada exercício financeiro, para cada Município. (Acrescentado pela LC 143/2013).

Parágrafo único. Far-se-á nova comunicação sempre que houver, transcorrido o prazo fixado no inciso I do *caput*, a criação de novo Estado a ser implantado no exercício subsequente. (Acrescentado pela LC 143/2013).

- art. 3º, LC 143/2013 (que estabelece: "Art. 3º Para os coeficientes dos Estados e do Distrito Federal que vigorarão no exercício de 2013, a comunicação referida no *caput* do art. 92 da Lei n. 5.172, de 1966, será feita até 30 (trinta) dias após a publicação desta Lei Complementar").

Art. 93. (Revogado pela LC 143/2013.)

SEÇÃO V
COMPROVAÇÃO DA APLICAÇÃO DAS QUOTAS ESTADUAIS E MUNICIPAIS

Art. 94. (Revogado pela LC 143/2013.)

CAPÍTULO IV
IMPOSTO SOBRE OPERAÇÕES RELATIVAS A COMBUSTÍVEIS, LUBRIFICANTES, ENERGIA ELÉTRICA E MINERAIS DO PAÍS

Art. 95. (Revogado pela LC 143/2013.)

LIVRO SEGUNDO
NORMAS GERAIS DE DIREITO TRIBUTÁRIO

TÍTULO I
LEGISLAÇÃO TRIBUTÁRIA

CAPÍTULO I
DISPOSIÇÕES GERAIS

SEÇÃO I
DISPOSIÇÃO PRELIMINAR

Art. 96. A expressão "legislação tributária" compreende as leis, os tratados e as convenções internacionais, os decretos e as normas complementares que versem, no todo ou em parte, sobre tributos e relações jurídicas a eles pertinentes.

- arts. 2º e 194 deste Código.

SEÇÃO II
LEIS, TRATADOS E CONVENÇÕES INTERNACIONAIS E DECRETOS

Art. 97. Somente a lei pode estabelecer:

- arts. 5º, II; e 150, I, III, *b*, CF.

I - a instituição de tributos, ou a sua extinção;

- Súm. 185, STJ.
- Súm. Vinc. 31, STF.

II - a majoração de tributos, ou sua redução, ressalvado o disposto nos artigos 21, 26, 39, 57 e 65;

- Art. 57 revogado pelo Dec.-lei 406/1968.
- art. 150, III, *b* e *c*, e § 1º, CF.
- Súm. 95, STJ.

III - a definição do fato gerador da obrigação tributária principal, ressalvado o disposto no inciso I do § 3º do artigo 52, e do seu sujeito passivo;

- Art. 52 revogado pelo Dec.-lei 406/1968.
- art. 4º deste Código.
- Súm. Vinc. 31, STF.
- Súm. 129, STJ.

IV - a fixação de alíquota do tributo e da sua base de cálculo, ressalvado o disposto nos artigos 21, 26, 39, 57 e 65;

- Art. 57 revogado pelo Dec.-lei 406/1968.
- arts. 112 e 153, 1º, deste Código.
- Súm. 95, STJ.

V - a cominação de penalidades para as ações ou omissões contrárias a seus dispositivos, ou para outras infrações nela definidas;

- arts. 106, II, *c*; e 112 deste Código.

VI - as hipóteses de exclusão, suspensão e extinção de créditos tributários, ou de dispensa ou redução de penalidades.

- arts. 139 a 141; e 151 a 182 deste Código.

§ 1º Equipara-se à majoração do tributo a modificação da sua base de cálculo, que importe em torná-lo mais oneroso.

- art. 150, III, *b* e *c*, e § 1º, CF.
- Súm. 160, STJ.

§ 2º Não constitui majoração de tributo, para os fins do disposto no inciso II deste artigo, a atualização do valor monetário da respectiva base de cálculo.

- Súm. 160, STJ.

Art. 98. Os tratados e as convenções internacionais revogam ou modificam a legislação tributária interna, e serão observados pela que lhes sobrevenha.

- art. 5º, §§ 2º e 3º, CF.
- art. 96 deste Código.
- Súm. 20 e 71, STJ.

Art. 99. O conteúdo e o alcance dos decretos restringem-se aos das leis em função das quais sejam expedidos, determinados com observância das regras de interpretação estabelecidas nesta Lei.

SEÇÃO III
NORMAS COMPLEMENTARES

Art. 100. São normas complementares das leis, dos tratados e das convenções internacionais e dos decretos:

I - os atos normativos expedidos pelas autoridades administrativas;

- art 103, I, deste Código.

II - as decisões dos órgãos singulares ou coletivos de jurisdição administrativa, a que a lei atribua eficácia normativa;

- art 103, II, deste Código.

III - as práticas reiteradamente observadas pelas autoridades administrativas;

- art 108, § 2º, deste Código.

IV - os convênios que entre si celebrem a União, os Estados, o Distrito Federal e os Municípios.

- art. 155, XII, *g*, CF.
- arts. 96 e 103, III, deste Código.

Parágrafo único. A observância das normas referidas neste artigo exclui a imposição de penalidades, a cobrança de juros de mora e a atualização do valor monetário da base de cálculo do tributo.

- art. 84, IV, CF.
- Dec. 3.996/2001 (Dispõe sobre a prestação de serviços de certificação digital no âmbito da Administração Pública Federal).
- Med. Prov. 2.200-2/2001 (Institui a Infraestrutura de Chaves Públicas Brasileira - ICP-Brasil e transforma o Instituto Nacional de Tecnologia da Informação em autarquia. Até o encerramento desta edição, esta Medida Provisória não havia sido convertida em Lei).

CAPÍTULO II
VIGÊNCIA DA LEGISLAÇÃO TRIBUTÁRIA

Art. 101. A vigência, no espaço e no tempo, da legislação tributária rege-se pelas disposições legais aplicáveis às normas jurídicas em geral, ressalvado o previsto neste Capítulo.

- art. 2º deste Código.
- arts. 1º a 6º, Lei 4.657/1942 (Lei de Introdução às normas do Direito Brasileiro – LInDB, antiga LICC).

Art. 102. A legislação tributária dos Estados, do Distrito Federal e dos Municípios vigora, no país, fora dos respectivos territórios, nos limites em que lhe reconheçam extraterritorialidade os convênios de que participem, ou do que disponham esta ou outras leis de normas gerais expedidas pela União.

- art. 2º deste Código.
- art. 3º da LC 116/2003 (Dispõe sobre o ISS, de competência dos Municípios e do Distrito Federal).

Art. 103. Salvo disposição em contrário, entram em vigor:

I - os atos administrativos a que se refere o inciso I do artigo 100, na data da sua publicação;
II - as decisões a que se refere o inciso II do artigo 100, quanto a seus efeitos normativos, 30 (trinta) dias após a data da sua publicação;
III - os convênios a que se refere o inciso IV do artigo 100, na data neles prevista.

Art. 104. Entram em vigor no primeiro dia do exercício seguinte àquele em que ocorra a sua publicação os dispositivos de lei, referentes a impostos sobre o patrimônio ou a renda:

- art. 150, III, *b* e *c*, e § 1º, CF.

I - que instituem ou majoram tais impostos;
II - que definem novas hipóteses de incidência;
III - que extinguem ou reduzem isenções, salvo se a lei dispuser de maneira mais favorável ao contribuinte, e observado o disposto no artigo 178.

CAPÍTULO III
APLICAÇÃO DA LEGISLAÇÃO TRIBUTÁRIA

Art. 105. A legislação tributária aplica-se imediatamente aos fatos geradores futuros e aos pendentes, assim entendidos aqueles cuja ocorrência tenha tido início, mas não esteja completa nos termos do artigo 116.

- arts. 5º, XXXVI; e 150, III, *a*, CF.
- art. 2º; e 101 a 104 deste Código.
- arts. 1º; 2º; e 3º, Lei 4.657/1942 (Lei de Introdução às normas do Direito Brasileiro – LInDB, antiga LICC).
- Súm. 669, STF.

Art. 106. A lei aplica-se a ato ou fato pretérito:

- Súm. 448, STJ.

I - em qualquer caso, quando seja expressamente interpretativa, excluída a aplicação de penalidade à infração dos dispositivos interpretados;
II - tratando-se de ato não definitivamente julgado:
a) quando deixe de defini-lo como infração;
b) quando deixe de tratá-lo como contrário a qualquer exigência de ação ou omissão, desde que não tenha sido fraudulento e não tenha implicado em falta de pagamento de tributo;
c) quando lhe comine penalidade menos severa que a prevista na lei vigente ao tempo da sua prática.

- art. 5º, XL, CF.
- art. 2º, p.u., CP.
- art. 66, Lei 7.210/1984 (Lei de Execuções Penais).
- art. 34, Lei 9.245/1995 (Altera dispositivos do Código de Processo Civil).

CAPÍTULO IV
INTERPRETAÇÃO E INTEGRAÇÃO DA LEGISLAÇÃO TRIBUTÁRIA

Art. 107. A legislação tributária será interpretada conforme o disposto neste Capítulo.

- art. 2º deste Código.

Art. 108. Na ausência de disposição expressa, a autoridade competente para aplicar a legislação tributária utilizará sucessivamente, na ordem indicada:

I - a analogia;

- art. 140, NCPC.
- art. 4º, Lei 4.657/1942 (Lei de Introdução às normas do Direito Brasileiro – LInDB, antiga LICC).

II - os princípios gerais de direito tributário;
III - os princípios gerais de direito público;
IV - a equidade.

- art. 140, NCPC.

§ 1º O emprego da analogia não poderá resultar na exigência de tributo não previsto em lei.

- art. 150, I, CF.
- art. 97 deste Código.

§ 2º O emprego da equidade não poderá resultar na dispensa do pagamento de tributo devido.

- art. 172, IV, deste Código.
- arts. 140 e 966, NCPC.
- art. 5º, Lei 4.657/1942 (Lei de Introdução às normas do Direito Brasileiro – LInDB, antiga LICC).

Art. 109. Os princípios gerais de direito privado utilizam-se para pesquisa da definição, do conteúdo e do alcance de seus institutos, conceitos e formas, mas não para definição dos respectivos efeitos tributários.

- art. 110 deste Código.

Art. 110. A lei tributária não pode alterar a definição, o conteúdo e o alcance de institutos, conceitos e formas de direito privado, utilizados, expressa ou implicitamente, pela Constituição Federal, pelas Constituições dos Estados, ou pelas Leis Orgânicas do Distrito Federal ou dos Municípios, para definir ou limitar competências tributárias.

- art. 109 deste Código.

Art. 111. Interpreta-se literalmente a legislação tributária que disponha sobre:

- arts. 2º; 151 a 155; e 175 a 182 deste Código.
- Súm. 95 e 100, STJ.

I - suspensão ou exclusão do crédito tributário;

- arts. 151 a 155; e 175 a 182 deste Código.

II - outorga de isenção;

- art. 175, I; e 176 a 179 deste Código.

III - dispensa do cumprimento de obrigações tributárias acessórias.

- Súm. 95, STJ.

Art. 112. A lei tributária que define infrações, ou lhe comina penalidades, interpreta-se da maneira mais favorável ao acusado, em caso de dúvida quanto:

- art. 133 deste Código.
- art. 2º, p.u., CP.

I - à capitulação legal do fato;

II - à natureza ou às circunstâncias materiais do fato, ou à natureza ou extensão dos seus efeitos;

III - à autoria, imputabilidade, ou punibilidade;

IV - à natureza da penalidade aplicável, ou à sua graduação.

- art. 386, CPP.

TÍTULO II
OBRIGAÇÃO TRIBUTÁRIA

- Súm. Vinc. 50, STF.

CAPÍTULO I
DISPOSIÇÕES GERAIS

Art. 113. A obrigação tributária é principal ou acessória.

§ 1º A obrigação principal surge com a ocorrência do fato gerador, tem por objeto o pagamento de tributo ou penalidade pecuniária e extingue-se juntamente com o crédito dela decorrente.

- art. 139 a 193 deste Código.

§ 2º A obrigação acessória decorre da legislação tributária e tem por objeto as prestações, positivas ou negativas, nela previstas no interesse da arrecadação ou da fiscalização dos tributos.

- arts. 96 e 100; e 128 a 138 deste Código.
- art. 5º, Dec.-Lei 2.124/1984 (Altera a legislação do imposto de renda).

§ 3º A obrigação acessória, pelo simples fato da sua inobservância, converte-se em obrigação principal relativamente à penalidade pecuniária.

- art. 36, Dec.-Lei 82/1966 (Regula o Sistema Tributário do Distrito Federal).

CAPÍTULO II
FATO GERADOR

Art. 114. Fato gerador da obrigação principal é a situação definida em lei como necessária e suficiente à sua ocorrência.

- art. 150, III, a a c, e § 7º, CF.
- art. 2º, § 2º, EC 3/1993.
- art. 1º, Lei 5.143/1966 (Institui o IOF, regula a respectiva cobrança e dispõe sobre a aplicação das reservas monetárias oriundas de sua receita).
- art. 1º, Lei 9.393/1996 (Dispõe sobre o ITR e o pagamento da dívida representada por Títulos da Dívida Agrária - TDA).
- Dec. 7.212/2010 (Regulamenta a cobrança, fiscalização, arrecadação e administração do IPI).
- art. 1º, Dec.-Lei 37/1966 (Lei do Imposto de Importação).
- art. 1º, Dec.-Lei 406/1968 (Estabelece normas gerais de direito financeiro, aplicáveis aos impostos sobre operações relativas à circulação de mercadorias e sobre serviços de qualquer natureza).
- art. 1º, Dec.-Lei 1.578/1977 (Dispõe sobre o imposto sobre a exportação).
- art. 8º, Lei 7.766/1989 (Dispõe sobre o ouro, ativo financeiro, e sobre seu tratamento tributário).

Art. 115. Fato gerador da obrigação acessória é qualquer situação que, na forma da legislação aplicável, impõe a prática ou a abstenção de ato que não configure obrigação principal.

Art. 116. Salvo disposição de lei em contrário, considera-se ocorrido o fato gerador e existentes os seus efeitos:

I - tratando-se de situação de fato, desde o momento em que o se verifiquem as circunstâncias materiais necessárias a que produza os efeitos que normalmente lhe são próprios;

II - tratando-se de situação jurídica, desde o momento em que esteja definitivamente constituída, nos termos de direito aplicável.

- art. 150, § 7º, CF.
- arts. 105 e 146 deste Código.

Parágrafo único. A autoridade administrativa poderá desconsiderar atos ou negócios jurídicos praticados com a finalidade de dissimular a ocorrência do fato gerador do tributo ou a natureza dos elementos constitutivos da obrigação tributária, observados os procedimentos a serem estabelecidos em lei ordinária. (Incluído pela LC 104/2001.)

- art. 149, VII, deste Código.
- arts. 71 a 73, Lei 4.502/1964 (Dispõe sobre o Imposto de Consumo).

Art. 117. Para os efeitos do inciso II do artigo anterior e salvo disposição de lei em contrário, os atos ou negócios jurídicos condicionais reputam-se perfeitos e acabados:

- art. 121, CC/2002.

I - sendo suspensiva a condição, desde o momento de seu implemento;

- art. 118, CC/2002.

II - sendo resolutória a condição, desde o momento da prática do ato ou da celebração do negócio.

- arts. 121 a 128; e 166, CC/2002.

Art. 118. A definição legal do fato gerador é interpretada abstraindo-se:

I - da validade jurídica dos atos efetivamente praticados pelos contribuintes, responsáveis, ou terceiros, bem como da natureza do seu objeto ou dos seus efeitos;

II - dos efeitos dos fatos efetivamente ocorridos.

- arts 107; 109; 166 a 184; 212; 215; e 219 a 221, CC/2002.
- art. 2º, § 2º, LC 87/1996 (Dispõe sobre o ICMS - Lei Kandir).

CAPÍTULO III
SUJEITO ATIVO

Art. 119. Sujeito ativo da obrigação é a pessoa jurídica de direito público, titular da competência para exigir o seu cumprimento.

- arts. 70, p.u.; 71, II e § 2º;153; 155; e 156, CF.
- art. 7º, § 3º, deste Código.
- Súm. 497, STJ.

Art. 120. Salvo disposição de lei em contrário, a pessoa jurídica de direito público, que se constituir pelo desmembramento territorial de outra, sub-roga-se nos direitos desta, cuja legislação tributária aplicará até que entre em vigor a sua própria.

CAPÍTULO IV
SUJEITO PASSIVO

SEÇÃO I
DISPOSIÇÕES GERAIS

Art. 121. Sujeito passivo da obrigação principal é a pessoa obrigada ao pagamento de tributo ou penalidade pecuniária.

- art. 150, § 7º, CF.
- art. 139 deste Código.
- Súm. 399, STJ.
- Súm. 192, TFR.

Parágrafo único. O sujeito passivo da obrigação principal diz-se:

I - contribuinte, quando tenha relação pessoal e direta com a situação que constitua o respectivo fato gerador;

II - responsável, quando, sem revestir a condição de contribuinte, sua obrigação decorra de disposição expressa de lei.

- art. 150, § 7º, CF.
- art. 128 a 183 deste Código.
- art. 40, Lei 4.502/1964 (Dispõe sobre o Imposto de Consumo).
- Dec. 7.212/2010 (Regulamenta a cobrança, fiscalização, arrecadação e administração do Imposto sobre Produtos Industrializados – IPI).
- Súm. 192, TFR.

Art. 122. Sujeito passivo da obrigação acessória é a pessoa obrigada às prestações que constituam o seu objeto.

Art. 123. Salvo disposições de lei em contrário, as convenções particulares, relativas à responsabilidade pelo pagamento de tributos, não podem ser opostas à Fazenda Pública, para modificar a definição legal do sujeito passivo das obrigações tributárias correspondentes.

- art. 21, § 3º, Lei 10.257/2001 (Estatuto da Cidade).

SEÇÃO II
SOLIDARIEDADE

Art. 124. São solidariamente obrigadas:

- arts. 264 a 266, CC/2002.
- Dec. 7.212/2010 (Regulamenta a cobrança, fiscalização, arrecadação e administração do Imposto sobre Produtos Industrializados – IPI).
- art. 32, Dec.-Lei 37/1966 (Lei do Imposto de Importação).
- art. 8º, Dec.-Lei 1.736/1979 (Dispõe sobre débitos com a Fazenda e acréscimo de multa).

I - as pessoas que tenham interesse comum na situação que constitua o fato gerador da obrigação principal;

- arts. 267 a 272, CC/2002.

II - as pessoas expressamente designadas por lei.

- arts. 135; 264 a 266; e 275 a 285 deste Código.
- art. 1º, § 16, Lei 11.941/2009 (Altera a legislação federal relativa ao parcelamento ordinário de débitos tributários).
- Lei 12.382/2011 (Disciplina a representação fiscal para fins penais nos casos em que houve parcelamento do crédito tributário; altera a Lei n. 9.430, de 27 de dezembro de 1996)

Parágrafo único. A solidariedade referida neste artigo não comporta benefício de ordem.

Art. 125. Salvo disposição de lei em contrário, são os seguintes os efeitos da solidariedade:

I - o pagamento efetuado por um dos obrigados aproveita aos demais;

- arts. 157 a 164 deste Código.

II - a isenção ou remissão de crédito exonera todos os obrigados, salvo se outorgada pessoalmente a um deles, subsistindo, nesse caso, a solidariedade quanto aos demais pelo saldo;

- arts. 172; 176; e 179, § 2º, deste Código.

III - a interrupção da prescrição, em favor ou contra um dos obrigados, favorece ou prejudica aos demais.

- arts. 155, p.u.; 156, V; 165 a 169; 174; e 195, p.u., deste Código.

SEÇÃO III
CAPACIDADE TRIBUTÁRIA

Art. 126. A capacidade tributária passiva independe:

I - da capacidade civil das pessoas naturais;

- art. 145, § 1º, CF.
- arts. 1º; e 3º a 5º, CC/2002.

II - de achar-se a pessoa natural sujeita a medidas que importem privação ou limitação do exercício de atividades civis, comerciais ou profissionais, ou da administração direta de seus bens ou negócios;

- arts. 1º a 5º, CC/2002.

III - de estar a pessoa jurídica regularmente constituída, bastando que configure uma unidade econômica ou profissional.

- arts. 1º; 3º a 5º; 40; 41; 43; e 44 a 52, CC/2002.
- art. 12, IV, VI, VII, e § 2º, CPC.
- art. 75, NCPC.

SEÇÃO IV
DOMICÍLIO TRIBUTÁRIO

Art. 127. Na falta de eleição, pelo contribuinte ou responsável, de domicílio tributário, na forma da legislação aplicável, considera-se como tal:

I - quanto às pessoas naturais, a sua residência habitual, ou, sendo esta incerta ou desconhecida, o centro habitual de sua atividade;

- arts. 70 e 71, CC/2002.

II - quanto às pessoas jurídicas de direito privado ou às firmas individuais, o lugar da sua sede, ou, em relação aos atos ou fatos que derem origem à obrigação, o de cada estabelecimento;

- art. 75, CC/2002.
- Súm. 435, STJ.

III - quanto às pessoas jurídicas de direito público, qualquer de suas repartições no território da entidade tributante.

- art. 109, §§ 1º a 5º, CF.
- arts. 74 e 75, I a III, CC/2002.

§ 1º Quando não couber a aplicação das regras fixadas em qualquer dos incisos deste artigo, considerar-se-á como domicílio tributário do contribuinte ou responsável o lugar da situação dos bens ou da ocorrência dos atos ou fatos que deram origem à obrigação.

§ 2º A autoridade administrativa pode recusar o domicílio eleito, quando impossibilite ou dificulte a arrecadação ou a fiscalização do tributo, aplicando-se então a regra do parágrafo anterior.

- arts. 70; 71; e 75, CC/2002.

CAPÍTULO V
RESPONSABILIDADE TRIBUTÁRIA

SEÇÃO I
DISPOSIÇÃO GERAL

Art. 128. Sem prejuízo do disposto neste capítulo, a lei pode atribuir de modo expresso a responsabilidade pelo crédito tributário a terceira pessoa, vinculada ao fato gerador da respectiva obrigação, excluindo a responsabilidade do contribuinte ou atribuindo-a a este em caráter supletivo do cumprimento total ou parcial da referida obrigação.

- Súm. 554, STJ.
- art. 150, § 7º, CF.
- arts. 121, p.u., II; e 128 a 193 deste Código.
- art. 30, Lei 8.383/1991 (Institui a Unidade Fiscal de Referência – UFIR e altera a legislação do IR).
- art. 79, Lei 8.981/1995 (Altera a legislação tributária Federal).
- arts. 5º e 6º, LC 87/1996 (Dispõe sobre o ICMS - Lei Kandir).

SEÇÃO II
RESPONSABILIDADE DOS SUCESSORES

Art. 129. O disposto nesta Seção aplica-se por igual aos créditos tributários definitivamente constituídos ou em curso de constituição à data dos atos nela referidos, e aos constituídos posteriormente aos mesmos atos, desde que relativos a obrigações tributárias surgidas até a referida data.

- arts. 105; 130; 131; 132; e 133 deste Código.
- art. 1.787, CC/2002.
- art. 6º, Lei 4.657/1942 (Lei de Introdução às normas do Direito Brasileiro – LInDB, antiga LICC).
- Súm. 554, STJ.

Art. 130. Os créditos tributários relativos a impostos cujo fato gerador seja a propriedade, o domínio útil ou a posse de bens imóveis, e bem assim os relativos a taxas pela prestação de serviços referentes a tais bens, ou a contribuições de melhoria, sub-rogam-se na pessoa dos respectivos adquirentes, salvo quando conste do título a prova de sua quitação.

Parágrafo único. No caso de arrematação em hasta pública, a sub-rogação ocorre sobre o respectivo preço.

- art. 110 deste Código.
- arts. 79 a 81; 1.196 a 1.224; 1.228 a 1.232; 1.245; 1.281; e 1.473, CC/2002.

Art. 131. São pessoalmente responsáveis:

- art. 141, § 1º, Lei 11.101/2005 (Lei de Recuperação de Empresas e Falências).
- Súm. 554, STJ.

I - o adquirente ou remitente, pelos tributos relativos aos bens adquiridos ou remidos; (V. Dec.-Lei 28/1966, que suprime a expressão "com observância do disposto no art. 191".)

- art. 826, NCPC.

II - o sucessor a qualquer título e o cônjuge meeiro, pelos tributos devidos pelo *de cujus* até a data da partilha ou adjudicação, limitada esta responsabilidade ao montante do quinhão do legado ou da meação;

- arts. 1.784; 1.786; 1.787; 1.796; 1.845; e 1.846, CC/2002.
- Súm. 112, STF.

III - o espólio, pelos tributos devidos pelo *de cujus* até a data da abertura da sucessão.

- art. 75, NCPC.

Art. 132. A pessoa jurídica de direito privado que resultar de fusão, transformação ou incorporação de outra ou em outra é responsável pelos tributos devidos até à data do ato pelas pessoas jurídicas de direito privado fusionadas, transformadas ou incorporadas.

- arts. 220; 223; e 227 a 229, Lei 6.404/1976 (Dispõe sobre as sociedades por ações).
- Súm. 554, STJ.

Parágrafo único. O disposto neste artigo aplica-se aos casos de extinção de pessoas jurídicas de direito privado, quando a exploração da respectiva atividade seja continuada por qualquer sócio remanescente, ou seu espólio, sob a mesma ou outra razão social, ou sob firma individual.

- arts. 206 a 209; e 219, Lei 6.404/1976 (Dispõe sobre as sociedades por ações).
- art. 12, p.u., Lei 12.767/2012 (Dispõe sobre a extinção das concessões de serviço público de energia elétrica e a prestação temporária do serviço, sobre a intervenção para adequação do serviço público de energia elétrica.)

Art. 133. A pessoa natural ou jurídica de direito privado que adquirir de outra, por qualquer título, fundo de comércio ou estabelecimento comercial, industrial ou profissional, e continuar a respectiva exploração, sob a mesma ou outra razão social ou sob firma ou nome individual, responde pelos tributos, relativos ao fundo ou estabelecimento adquirido, devidos até à data do ato:

- arts. 111 e 166, Lei 11.101/2005 (Lei de Recuperação de Empresas e Falências).
- Súm. 554, STJ.

I - integralmente, se o alienante cessar a exploração do comércio, indústria ou atividade;

II - subsidiariamente com o alienante, se este prosseguir na exploração ou iniciar dentro de seis meses a contar da data da alienação, nova atividade no mesmo ou em outro ramo de comércio, indústria ou profissão.

§ 1º O disposto no *caput* deste artigo não se aplica na hipótese de alienação judicial: (Incluído pela LC 118/2005.)

I - em processo de falência; (Incluído pela LC 118/2005.)

II - de filial ou unidade produtiva isolada, em processo de recuperação judicial. (Incluído pela LC 118/2005.)

- art. 60, Lei 11.101/2005 (Lei de Recuperação de Empresas e Falências).

§ 2º Não se aplica o disposto no § 1º deste artigo quando o adquirente for: (Incluído pela LC 118/2005.)

- art. 60, Lei 11.101/2005 (Lei de Recuperação de Empresas e Falências).

I - sócio da sociedade falida ou em recuperação judicial, ou sociedade controlada pelo devedor falido ou em recuperação judicial; (Incluído pela LC 118/2005.)

II - parente, em linha reta ou colateral até o 4º (quarto) grau, consanguíneo ou afim, do devedor falido ou em recuperação judicial ou de qualquer de seus sócios; ou (Incluído pela LC 118/2005.)

III - identificado como agente do falido ou do devedor em recuperação judicial com o objetivo de fraudar a sucessão tributária. (Incluído pela LC 118/2005.)

§ 3º Em processo da falência, o produto da alienação judicial de empresa, filial ou unidade produtiva isolada permanecerá em conta de depósito à disposição do juízo de falência pelo prazo de 1 (um) ano, contado da data de alienação, somente podendo ser utilizado para o pagamento de créditos extraconcursais ou de créditos que preferem ao tributário. (Incluído pela LC 118/2005.)

SEÇÃO III
RESPONSABILIDADE DE TERCEIROS

Art. 134. Nos casos de impossibilidade de exigência do cumprimento da obrigação principal pelo contribuinte, respondem solidariamente com este nos atos em que intervierem ou pelas omissões de que forem responsáveis:

- art. 137, III, *a*, deste Código.
- art. 33, Lei 11.101/2005 (Lei de Recuperação de Empresas e Falências).

I - os pais, pelos tributos devidos por seus filhos menores;

- arts. 3º, I e II; e 4º, I e IV, CC/2002.

II - os tutores e curadores, pelos tributos devidos por seus tutelados ou curatelados;

- arts. 3º e 4º, CC/2002.
- Dec. 3.000/1999 (Regulamenta a tributação, fiscalização, arrecadação e administração do IR e proventos de qualquer natureza).

III - os administradores de bens de terceiros, pelos tributos devidos por estes;

IV - o inventariante, pelos tributos devidos pelo espólio;

V - o síndico e o comissário, pelos tributos devidos pela massa falida ou pelo concordatário;

- art. 33, Lei 11.101/2005 (Lei de Recuperação de Empresas e Falências).
- Súm 192, TFR.

VI - os tabeliães, escrivães e demais serventuários de ofício, pelos tributos devidos sobre os atos praticados por eles, ou perante eles, em razão do seu ofício;

- art. 21, p.u., Lei 9.393/1996 (Dispõe sobre o ITR e o pagamento da dívida representada por Títulos da Dívida Agrária - TDA).

VII - os sócios, no caso de liquidação de sociedade de pessoas.

- Súm. 430 e 435, STJ.

Parágrafo único. O disposto neste artigo só se aplica, em matéria de penalidades, às de caráter moratório.

- art. 137, III, a, deste Código.

Art. 135. São pessoalmente responsáveis pelos créditos correspondentes a obrigações tributárias resultantes de atos praticados com excesso de poderes ou infração de lei, contrato social ou estatutos:

I - as pessoas referidas no artigo anterior;

II - os mandatários, prepostos e empregados;

III - os diretores, gerentes ou representantes de pessoas jurídicas de direito privado.

- art. 137 deste Código.
- art. 158, Lei 6.404/1976 (Dispõe sobre as sociedades por ações).
- Súm. 430, STJ.
- Súm. 112, TFR.

SEÇÃO IV RESPONSABILIDADE POR INFRAÇÕES

Art. 136. Salvo disposição de lei em contrário, a responsabilidade por infrações da legislação tributária independe da intenção do agente ou do responsável e da efetividade, natureza e extensão dos efeitos do ato.

- Súm. 509, STJ.

Art. 137. A responsabilidade é pessoal ao agente:

- Súm. 509, STJ.

I - quanto às infrações conceituadas por lei como crimes ou contravenções, salvo quando praticadas no exercício regular de administração, mandato, função, cargo ou emprego, ou no cumprimento de ordem expressa emitida por quem de direito;

II - quanto às infrações em cuja definição o dolo específico do agente seja elementar;

III - quanto às infrações que decorram direta e exclusivamente de dolo específico:

a) das pessoas referidas no artigo 134, contra aquelas por quem respondem;

b) dos mandatários, prepostos ou empregados, contra seus mandantes, preponentes ou empregadores;

c) dos diretores, gerentes ou representantes de pessoas jurídicas de direito privado, contra estas.

Art. 138. A responsabilidade é excluída pela denúncia espontânea da infração, acompanhada, se for o caso, do pagamento do tributo devido e dos juros de mora, ou do depósito da importância arbitrada pela autoridade administrativa, quando o montante do tributo dependa de apuração.

- art. 34 , Lei 9.249/1995 (Altera a legislação do IR das pessoas jurídicas, bem como da contribuição social sobre o lucro líquido).
- art. 4º, § 7º, Lei 13.254/2016 (Dispõe sobre o Regime Especial de Regularização Cambial e Tributária (RERCT) de recursos, bens ou direitos de origem lícita, não declarados ou declarados incorretamente, remetidos, mantidos no exterior ou repatriados por residentes ou domiciliados no País).
- Dec. 70.235/1972 (Dispõe sobre o processo administrativo fiscal).
- Súm. 360 e 436, STJ.
- Súm. 208, TFR.

Parágrafo único. Não se considera espontânea a denúncia apresentada após o início de qualquer procedimento administrativo ou medida de fiscalização, relacionados com a infração.

- Dec. 70.235/1972 (Dispõe sobre o processo administrativo fiscal).
- Súm. 208, TFR.

TÍTULO III CRÉDITO TRIBUTÁRIO

CAPÍTULO I DISPOSIÇÕES GERAIS

Art. 139. O crédito tributário decorre da obrigação principal e tem a mesma natureza desta.

- art. 113 e 121 deste Código.
- Súm. 436, STJ.

Art. 140. As circunstâncias que modificam o crédito tributário, sua extensão ou seus efeitos, ou as garantias ou os privilégios a ele atribuídos, ou que excluem sua exigibilidade não afetam a obrigação tributária que lhe deu origem.

- arts. 113, § 1º; e 173, II, deste Código.

Art. 141. O crédito tributário regularmente constituído somente se modifica ou extingue, ou tem sua exigibilidade suspensa ou excluída, nos casos previstos nesta Lei, fora dos quais não podem ser dispensadas, sob pena de responsabilidade funcional na forma da lei, a sua efetivação ou as respectivas garantias.

- arts. 145; 151; 156; 168; 170; e 175 deste Código.
- Súm. 437, STJ.

CAPÍTULO II CONSTITUIÇÃO DE CRÉDITO TRIBUTÁRIO

SEÇÃO I LANÇAMENTO

Art. 142. Compete privativamente à autoridade administrativa constituir o crédito tributário pelo lançamento, assim entendido o procedimento administrativo tendente a verificar a ocorrência do fato gerador da obrigação correspondente, determinar a matéria tributável, calcular o montante do tributo devido, identificar o sujeito passivo e, sendo caso, propor a aplicação da penalidade cabível.

- arts. 145; 146; 147; e 150 deste Código.
- Súm. 397, 436, 555 e 622, STJ.
- Súm. Vinc. 24, STF.

Parágrafo único. A atividade administrativa de lançamento é vinculada e obrigatória, sob pena de responsabilidade funcional.

- art. 149, IX, deste Código.
- art. 2º, Lei 6.830/1980 (Lei de Execuções Fiscais).

Art. 143. Salvo disposição de lei em contrário, quando o valor tributário esteja expresso em moeda estrangeira, no lançamento far-se-á sua conversão em moeda nacional ao câmbio do dia da ocorrência do fato gerador da obrigação.

- Dec. 96.915/1988, (Dispõe sobre a liquidação de obrigações em moeda estrangeira devidas por entidades da administração federal).

Art. 144. O lançamento reporta-se à data da ocorrência do fato gerador da obrigação e rege-se pela lei então vigente, ainda que posteriormente modificada ou revogada.

- art. 5º, XL, CF.
- art. 145 e 156, p.u., deste Código.

§ 1º Aplica-se ao lançamento a legislação que, posteriormente à ocorrência do fato gerador da obrigação, tenha instituído novos critérios de apuração ou processos de fiscalização, ampliado os poderes de investigação das autoridades administrativas, ou outorgado ao crédito maiores garantias ou privilégios, exceto, neste último caso, para o efeito de atribuir responsabilidade tributária a terceiros.

- art. 11, § 3º, Lei 9.311/1996 (Institui a Contribuição Provisória sobre Movimentação ou Transmissão de Valores e de Créditos e Direitos de Natureza Financeira – CPMF).

§ 2º O disposto neste artigo não se aplica aos impostos lançados por períodos certos de tempo, desde que a respectiva lei fixe expressamente a data em que o fato gerador se considera ocorrido.

- Súm. 577, STF.

Art. 145. O lançamento regularmente notificado ao sujeito passivo só pode ser alterado em virtude de:

I - impugnação do sujeito passivo;

II - recurso de ofício;

- art. 496, NCPC.

III - iniciativa de ofício da autoridade administrativa, nos casos previstos no artigo 149.

- arts. 121; 122; 142; e 149 deste Código.

Art. 146. A modificação introduzida, de ofício ou em consequência de decisão administrativa ou judicial, nos critérios jurídicos adotados pela autoridade administrativa no exercício do lançamento somente pode ser efetivada, em relação a um mesmo sujeito passivo, quanto a fato gerador ocorrido posteriormente à sua introdução.

- arts. 121 e 122 deste Código.

SEÇÃO II MODALIDADES DE LANÇAMENTO

Art. 147. O lançamento é efetuado com base na declaração do sujeito passivo ou de terceiro, quando um ou outro, na forma da legislação tributária, presta à autoridade administrativa informações sobre matéria de fato, indispensáveis à sua efetivação.

- arts. 121 e 122 deste Código.

§ 1º A retificação da declaração por iniciativa do próprio declarante, quando vise a reduzir ou a excluir tributo, só é admissível mediante comprovação do erro em que se funde, e antes de notificado o lançamento.

§ 2º Os erros contidos na declaração e apuráveis pelo seu exame serão retificados de ofício pela autoridade administrativa a que competir a revisão daquela.

Art. 148. Quando o cálculo do tributo tenha por base, ou tome em consideração, o valor ou o preço de bens, direitos, serviços ou atos jurídicos, a autoridade lançadora, mediante processo regular, arbitrará aquele valor ou preço, sempre que sejam omissos ou não mereçam fé as declarações ou os esclarecimentos prestados, ou os documentos expedidos pelo sujeito passivo ou pelo terceiro legalmente obrigado, ressalvada, em caso de contestação, avaliação contraditória, administrativa ou judicial.

- Súm. 431, STJ.

Art. 149. O lançamento é efetuado e revisto de ofício pela autoridade administrativa nos seguintes casos:

I - quando a lei assim o determine;

II - quando a declaração não seja prestada, por quem de direito, no prazo e na forma da legislação tributária;

- art. 145, III, deste Código.

III - quando a pessoa legalmente obrigada, embora tenha prestado declaração nos termos do inciso anterior, deixe de atender, no prazo e na forma da legislação tributária, a pedido de esclarecimento formulado pela autoridade administrativa, recuse-se a prestá-lo ou não o preste satisfatoriamente, a juízo daquela autoridade;

IV - quando se comprove falsidade, erro ou omissão quanto a qualquer elemento definido na legislação tributária como sendo de declaração obrigatória;

V - quando se comprove omissão ou inexatidão, por parte da pessoa legalmente obrigada, no exercício da atividade a que se refere o artigo seguinte;

VI - quando se comprove ação ou omissão do sujeito passivo, ou de terceiro legalmente obrigado, que dê lugar à aplicação de penalidade pecuniária;

VII - quando se comprove que o sujeito passivo, ou terceiro em benefício daquele, agiu com dolo, fraude ou simulação;

- arts. 145 a 150; 158 a 165; e 167, *caput*, e § 2º, CC/2002.
- arts. 71 a 73, Lei 4.502/1964 (Dispõe sobre o Imposto de Consumo).

VIII - quando deva ser apreciado fato não conhecido ou não provado por ocasião do lançamento anterior;

IX - quando se comprove que, no lançamento anterior, ocorreu fraude ou falta funcional da autoridade que o efetuou, ou omissão, pela mesma autoridade, de ato ou formalidade especial.

- arts. 142. p.u., deste Código.

Parágrafo único. A revisão do lançamento só pode ser iniciada enquanto não extinto o direito da Fazenda Pública.

Art. 150. O lançamento por homologação, que ocorre quanto aos tributos cuja legislação atribua ao sujeito passivo o dever de antecipar o pagamento sem prévio exame da autoridade administrativa, opera-se pelo ato em que a referida autoridade, tomando conhecimento da atividade assim exercida pelo obrigado, expressamente a homologa.

- Súm. 360; 436; e 446, STJ.

§ 1º O pagamento antecipado pelo obrigado nos termos deste artigo extingue o crédito, sob condição resolutória da ulterior homologação ao lançamento.

§ 2º Não influem sobre a obrigação tributária quaisquer atos anteriores à homologação, praticados pelo sujeito passivo ou por terceiro, visando à extinção total ou parcial do crédito.

- art. 156, p.u., deste Código.

§ 3º Os atos a que se refere o parágrafo anterior serão, porém, considerados na apuração do saldo porventura devido e, sendo o caso, na imposição de penalidade, ou sua graduação.

§ 4º Se a lei não fixar prazo a homologação, será ele de cinco anos, a contar da ocorrência do fato gerador; expirado esse prazo sem que a Fazenda Pública se tenha pronunciado, considera-se homologado o lançamento e definitivamente extinto o crédito, salvo se comprovada a ocorrência de dolo, fraude ou simulação.

- art. 167, CC/2002.
- arts. 71 a 73, Lei 4.502/1964 (Dispõe sobre o Imposto de Consumo).

CAPÍTULO III
SUSPENSÃO DO CRÉDITO TRIBUTÁRIO

SEÇÃO I
DISPOSIÇÕES GERAIS

Art. 151. Suspendem a exigibilidade do crédito tributário:

- art. 50, § 5º, Lei 4.504/1964 (Estatuto da Terra).
- art. 8º, Lei 8.541/1992 (Altera a legislação do IR).
- Enunciado 17, AGU.

I - moratória;

II - o depósito do seu montante integral;

- Lei 8.866/1994 (Dispõe sobre o depositário infiel de valor pertencente à Fazenda Pública).
- Súm. 112, STJ.
- Súm. Vinc. 28, STF.

III - as reclamações e os recursos, nos termos das leis reguladoras do processo tributário administrativo;

- art. 585, § 1º, CPC.
- art. 784, NCPC.
- Dec. 70.235/1972 (Dispõe sobre o processo administrativo fiscal).
- Súm. 373, STJ.
- Súm. Vinc. 21, STF.

IV - a concessão de medida liminar em mandado de segurança.

- art. 5º, LXIX e LXX, CF.
- V, art. 41, § 1º, Lei 8.981/1995 (Altera a legislação tributária Federal).
- art. 63, Lei 9.430/1996 (Dispõe sobre a legislação tributária federal, as contribuições para a seguridade social e o processo administrativo de consulta).
- Lei 12.016/2009 (Lei do Mandado de Segurança Individual e Coletivo).
- Súm. 266 e 510, STF.

V - a concessão de medida liminar ou de tutela antecipada, em outras espécies de ação judicial; (Incluído pela LC 104/2001.)

VI - o parcelamento. (Incluído pela LC 104/2001.)

- arts. 6º e 7º, Lei 11.101/2005 (Lei de Recuperação de Empresas e Falências).
- Lei 12.382/2011 (Disciplina a representação fiscal para fins penais nos casos em que houve parcelamento do crédito tributário; altera a Lei 9.430/1996).
- Súm. 437, STJ.

Parágrafo único. O disposto neste artigo não dispensa o cumprimento das obrigações assessórios dependentes da obrigação principal cujo crédito seja suspenso, ou dela consequentes.

- art. 113 deste Código.
- Dec. 70.235/1972 (Dispõe sobre o processo administrativo fiscal).

SEÇÃO II
MORATÓRIA

Art. 152. A moratória somente pode ser concedida:

I - em caráter geral:

a) pela pessoa jurídica de direito público competente para instituir o tributo a que se refira;

b) pela União, quanto a tributos de competência dos Estados, do Distrito Federal ou dos Municípios, quando simultaneamente concedida quanto aos tributos de competência federal e às obrigações de direito privado;

- arts. 155 e 156, CF.
- art. 10, LC 24/1975 (Dispõe sobre os convênios para a concessão de isenções do imposto sobre operações relativas à circulação de mercadorias).

II - em caráter individual, por despacho da autoridade administrativa, desde que autorizada por lei nas condições do inciso anterior.

Parágrafo único. A lei concessiva de moratória pode circunscrever expressamente a sua aplicabilidade à determinada região do território da pessoa jurídica de direito público que a expedir, ou a determinada classe ou categoria de sujeitos passivos.

Art. 153. A lei que conceda moratória em caráter geral ou autorize sua concessão em caráter individual especificará, sem prejuízo de outros requisitos:

I - o prazo de duração do favor;

II - as condições da concessão do favor em caráter individual;

III - sendo caso:

a) os tributos a que se aplica;

b) o número de prestações e seus vencimentos, dentro do prazo a que se refere o inciso I, podendo atribuir a fixação de uns e de outros à autoridade administrativa, para cada caso de concessão em caráter individual;

c) as garantias que devem ser fornecidas pelo beneficiado no caso de concessão em caráter individual.

Art. 154. Salvo disposição de lei em contrário, a moratória somente abrange os créditos definitivamente constituídos à data da lei ou do despacho que a conceder, ou cujo lançamento já tenha sido iniciado àquela data por ato regularmente notificado ao sujeito passivo.

- art. 111 deste Código.

Parágrafo único. A moratória não aproveita aos casos de dolo, fraude ou simulação do sujeito passivo ou do terceiro em benefício daquele.

- arts. 145 e 167, II, CC/2002.
- arts. 71 a 73, Lei 4.502/1964 (Dispõe sobre o Imposto de Consumo).

Art. 155. A concessão da moratória em caráter individual não gera direito adquirido e será revogado de ofício, sempre que se apure que o beneficiado não satisfazia ou deixou de satisfazer as condições ou não cumprira ou deixou de cumprir os requisitos para a concessão do favor, cobrando-se o crédito acrescido de juros de mora:

- arts. 161, § 1º; e 172, p.u., deste Código.
- art. 406, CC/2002.

I - com imposição da penalidade cabível, nos casos de dolo ou simulação do beneficiado, ou de terceiro em benefício daquele;

II - sem imposição de penalidade, nos demais casos.

Parágrafo único. No caso do inciso I deste artigo, o tempo decorrido entre a concessão da moratória e sua revogação não se computa para efeito da prescrição do direito à cobrança do crédito; no caso do inciso II deste artigo, a revogação só pode ocorrer antes de prescrito o referido direito.

Art. 155-A. O parcelamento será concedido na forma e condição estabelecidas em lei específica. (Incluído pela LC 104/2001.)

- art. 174, p.u., IV, deste Código.
- arts. 6º; 7º; e 68, Lei 11.101/2005 (Lei de Recuperação de Empresas e Falências).
- Lei 11.941/2009 (Altera a legislação federal relativa ao parcelamento ordinário de débitos tributários).
- Lei 12.382/2011 (Disciplina a representação fiscal para fins penais nos casos em que houve parcelamento do crédito tributário; altera a Lei n. 9.430, de 27 de dezembro de 1996)
- Súm. 355, STJ.

§ 1º Salvo disposição de lei em contrário, o parcelamento do crédito tributário não exclui a incidência de juros e multas. (Incluído pela LC 104/2001.)

§ 2º Aplicam-se, subsidiariamente, ao parcelamento as disposições desta Lei, relativas à moratória. (Incluído pela LC 104/2001.)

§ 3º Lei específica disporá sobre as condições de parcelamento dos créditos tributários do devedor em recuperação judicial. (Incluído pela LC 118/2005.)

- art. 68, Lei 11.101/2005 (Lei de Recuperação de Empresas e Falências).

§ 4º A inexistência da lei específica a que se refere o § 3º deste artigo importa na aplicação das leis gerais de parcelamento do ente da Federação ao devedor em recuperação judicial, não podendo, neste caso, ser o prazo de parcelamento inferior ao concedido pela lei federal específica. (Incluído pela LC 118/2005.)

CAPÍTULO IV
EXTINÇÃO DO CRÉDITO TRIBUTÁRIO

SEÇÃO I
MODALIDADES DE EXTINÇÃO

Art. 156. Extinguem o crédito tributário:

- art. 78, § 2º, ADCT.
- art. 6º, EC 62/2009.
- arts. 360; 367; 381; e 384, CC/2002.

I - o pagamento;
II - a compensação;

- arts. 170 e 170-A, deste Código.
- art. 66, Lei 8.383/1991 (Institui a Unidade Fiscal de Referência – UFIR e altera a legislação do IR).
- arts. 73 e 74, Lei 9.430/1996 (Dispõe sobre a legislação tributária federal, as contribuições para a seguridade social e o processo administrativo de consulta).
- art. 38, Lei 10.833/2003 (Altera a Legislação Tributária Federal).
- art. 114, Lei 11.196/2005 (Estabeleceu a compensação total ou parcial, pela RFB, de tributos da União e as contribuições sociais devidas ao INSS).
- Dec. 2.138/1997 (Dispõe sobre a compensação de créditos tributários com créditos do sujeito passivo decorrentes de restituição ou ressarcimento de tributos ou contribuições, a ser efetuada pela Secretaria da Receita Federal).

III - a transação;
IV - remissão;

- art. 150, § 6º, CF.

V - a prescrição e a decadência;

- arts. 150, § 4º; 173; e 174 deste Código.
- art. 53, Lei 11.941/2009 (Altera a legislação federal relativa ao parcelamento ordinário de débitos tributários).
- Lei 12.382/2011 (Disciplina a representação fiscal para fins penais nos casos em que houve parcelamento do crédito tributário; altera a Lei 9.430/1996).

VI - a conversão de depósito em renda;
VII - o pagamento antecipado e a homologação do lançamento nos termos do disposto no artigo 150 e seus §§ 1º e 4º;
VIII - a consignação em pagamento, nos termos do disposto no § 2º do artigo 164;
IX - a decisão administrativa irreformável, assim entendida a definitiva na órbita administrativa, que não mais possa ser objeto de ação anulatória;
X - a decisão judicial passada em julgado.
XI - a dação em pagamento em bens imóveis, na forma e condições estabelecidas em lei. (Incluído pela LC 104/2001.)

- art. 2º, EC 30/2000.
- art. 4º, Lei 13.259/2016 (Regulamenta este inciso).

Parágrafo único. A lei disporá quanto aos efeitos da extinção total ou parcial do crédito sobre a ulterior verificação da irregularidade da sua constituição, observado o disposto nos artigos 144 e 149.

- arts. 374; e 381 a 384, CC/2002.

SEÇÃO II
PAGAMENTO

Art. 157. A imposição de penalidade não ilide o pagamento integral do crédito tributário.

- art. 23, Dec.-Lei 1.455/1976 (Dispõe sobre bagagem de passageiro procedente do exterior, disciplina o regime de entreposto aduaneiro e estabelece normas sobre mercadorias estrangeiras apreendidas).
- Súm. 92 e 560, STF.

Art. 158. O pagamento de um crédito não importa em presunção de pagamento:

I - quando parcial, das prestações em que se decomponha;

- art. 322, CC/2002.

II - quando total, de outros créditos referentes ao mesmo ou a outros tributos.

Art. 159. Quando a legislação tributária não dispuser a respeito, o pagamento é efetuado na repartição competente do domicílio do sujeito passivo.

- art. 327 e ss., CC/2002.
- art. 127 deste Código.

Art. 160. Quando a legislação tributária não fixar o tempo do pagamento, o vencimento do crédito ocorre trinta dias depois da data em que se considera o sujeito passivo notificado do lançamento.

- arts. 331 a 333, CC/2002.

Parágrafo único. A legislação tributária pode conceder desconto pela antecipação do pagamento, nas condições que estabeleça.

Art. 161. O crédito não integralmente pago no vencimento é acrescido de juros de mora, seja qual for o motivo determinante da falta, sem prejuízo da imposição das penalidades cabíveis e da aplicação de quaisquer medidas de garantia previstas nesta Lei ou em lei tributária.

§ 1º Se a lei não dispuser de modo diverso, os juros de mora são calculados à taxa de um por cento ao mês.

- art. 192, CF.
- art. 406, CC/2002.
- arts. 84, § 3º; e 85, Lei 8.981/1995 (Altera a legislação tributária Federal).
- arts. 38, § 1º; e 40, Lei 9.069/1995 (Dispõe sobre o Plano Real, o Sistema Monetário Nacional, estabelece as regras e condições de emissão do Real e os critérios para conversão das obrigações para o Real)
- art. 61, Lei 9.430/1996 (Dispõe sobre a legislação tributária federal, as contribuições para a seguridade social e o processo administrativo de consulta).
- Dec. 22.626/1933 (Lei da Usura).
- Súm. 596, STF.
- Súm. 523, STJ.

§ 2º O disposto neste artigo não se aplica na pendência de consulta formulada pelo devedor dentro do prazo legal para pagamento do crédito.

- art. 394, CC/2002.
- Súm. 523, STJ.

Art. 162. O pagamento é efetuado:

I - em moeda corrente, cheque ou vale postal;
II - nos casos previstos em lei, em estampilha, em papel selado, ou por processo mecânico.

- Súm. 547, STF.
- art. 3º deste Código.

§ 1º A legislação tributária pode determinar as garantias exigidas para o pagamento por cheque ou vale postal, desde que não o torne impossível ou mais oneroso que o pagamento em moeda corrente.

- arts. 327 a 333, CC/2002.

§ 2º O crédito pago por cheque somente se considera extinto com o resgate deste pelo sacado.

- Lei 7.357/1985 (Dispõe sobre o cheque).
- Dec. 57.595/1966 (Promulga as Convenções para adoção de uma Lei uniforme em matéria de cheques).

§ 3º O crédito pagável em estampilha considera-se extinto com a inutilização regular daquela, ressalvado o disposto no artigo 150.

§ 4º A perda ou destruição da estampilha, ou o erro no pagamento por esta modalidade, não dão direito a restituição, salvo nos casos expressamente previstos na legislação tributária, ou naquelas em que o erro seja imputável à autoridade administrativa.

§ 5º O pagamento em papel selado ou por processo mecânico equipara-se ao pagamento em estampilha.

- Lei 7.357/1985 (Dispõe sobre o cheque).
- Dec. 57.595/1966 (Promulga as Convenções para adoção de uma Lei uniforme em matéria de cheques).

Art. 163. Existindo simultaneamente dois ou mais débitos vencidos do mesmo sujeito passivo para com a mesma pessoa jurídica de direito público, relativos ao mesmo ou a diferentes tributos ou provenientes de penalidade pecuniária ou juros de mora, a autoridade administrativa competente para receber o pagamento determinará a respectiva imputação, obedecidas as seguintes regras, na ordem em que enumeradas:

- art. 352, CC/2002.

I - em primeiro lugar, aos débitos por obrigação própria, e em segundo lugar, aos decorrentes de responsabilidade tributária;

- art. 128 deste Código.

II - primeiramente, às contribuições de melhoria, depois às taxas, e por fim aos impostos;

- arts. 16; 18; 77; 81; e 82 deste Código.

III - na ordem crescente dos prazos de prescrição;

- art. 174 deste Código.

IV - na ordem decrescente dos montantes.

Art. 164. A importância de crédito tributário pode ser consignada judicialmente pelo sujeito passivo, nos casos:

I - de recusa de recebimento, ou subordinação deste ao pagamento de outro tributo ou de penalidade, ou ao cumprimento de obrigação acessória;
II - de subordinação do recebimento ao cumprimento de exigências administrativas sem fundamento legal;
III - de exigência, por mais de uma pessoa jurídica de direito público, de tributo idêntico sobre um mesmo fato gerador.

- arts. 304; e 334 a 345, CC/2002.
- arts. 890 a 900, CPC.
- arts. 539 a 549, NCPC.

§ 1º A consignação só pode versar sobre o crédito que o consignante se propõe pagar.

§ 2º Julgada procedente a consignação, o pagamento se reputa efetuado e a importância consignada é convertida em renda; julgada improcedente a consignação no todo ou em parte, cobra-se o crédito acrescido de juros de mora, sem prejuízo das penalidades cabíveis.

SEÇÃO III
PAGAMENTO INDEVIDO

Art. 165. O sujeito passivo tem direito, independentemente de prévio protesto, à restituição total ou parcial do tributo, seja qual for a modalidade do seu pagamento, ressalvado o disposto no § 4º do artigo 162, nos seguintes casos:

- Súm. 162; 447; e 461, STJ.

I - cobrança ou pagamento espontâneo de tributo indevido ou maior que o devido em face da legislação tributária aplicável, ou da natureza ou circunstâncias materiais do fato gerador efetivamente ocorrido;

- art. 168, I, deste Código.
- arts. 876 a 883 deste Código.
- Súm. 461, STJ.

II - erro na edificação do sujeito passivo, na determinação da alíquota aplicável, no cálculo do montante do débito ou na elaboração ou conferência de qualquer documento relativo ao pagamento;

- No texto da publicação oficial consta o termo "edificação", porém, o correto seria "identificação".

- art. 168, I, deste Código.
- Súm. 71; 546; e 547, STF.

III - reforma, anulação, revogação ou rescisão de decisão condenatória.

- art. 168, II, deste Código.

Art. 166. A restituição de tributos que comportem, por sua natureza, transferência do respectivo encargo financeiro somente será feita a quem prove haver assumido o referido encargo, ou, no caso de tê-lo transferido a terceiro, estar por este expressamente autorizado a recebê-la.

- art. 2º, § 2º, Dec.-Lei 834/1969 (Dispõe sobre a entrega das parcelas, pertencentes aos Municípios, do produto da arrecadação do imposto sobre circulação de mercadoria e estabelece normas gerais sobre conflito da competência tributaria, sobre o imposto de serviços).
- Súm. 546, STF.

Art. 167. A restituição total ou parcial do tributo dá lugar à restituição, na mesma proporção, dos juros de mora e das penalidades pecuniárias, salvo as referentes a infrações de caráter formal não prejudicadas pela causa da restituição.

Parágrafo único. A restituição vence juros não capitalizáveis, a partir do trânsito em julgado da decisão definitiva que a determinar.

- Súm. 188, STJ.

Art. 168. O direito de pleitear a restituição extingue-se com o decurso do prazo de 5 (cinco) anos, contados:

- Súm. 412 e 625, STJ.

I - nas hipóteses dos incisos I e II do artigo 165, da data da extinção do crédito tributário;

- art. 106, I, deste Código.
- art. 3º, LC 118/2005 (Altera e acrescenta dispositivos a este Código, e dispõe sobre a interpretação deste inciso).

II - na hipótese do inciso III do artigo 165, da data em que se tornar definitiva a decisão administrativa ou passar em julgado a decisão judicial que tenha reformado, anulado, revogado ou rescindido a decisão condenatória.

Art. 169. Prescreve em dois anos a ação anulatória da decisão administrativa que denegar a restituição.

Parágrafo único. O prazo de prescrição é interrompido pelo início da ação judicial, recomeçando o seu curso, por metade, a partir da data da intimação validamente feita ao representante judicial da Fazenda Pública interessada.

SEÇÃO IV
DEMAIS MODALIDADES DE EXTINÇÃO

Art. 170. A lei pode, nas condições e sob as garantias que estipular, ou cuja estipulação em cada caso atribuir à autoridade administrativa, autorizar a compensação de créditos tributários com créditos líquidos e certos, vencidos ou vincendos, do sujeito passivo contra a Fazenda pública.

- arts. 368 e 369, CC/2002.
- art. 66, Lei 8.383/1991 (Institui a Unidade Fiscal de Referência – UFIR e altera a legislação do IR).
- arts. 73 e 74, Lei 9.430/1996 (Dispõe sobre a legislação tributária federal, as contribuições para a seguridade social e o processo administrativo de consulta).
- Dec. 2.138/1997 (Dispõe sobre a compensação de créditos tributários com créditos do sujeito passivo decorrentes de restituição ou ressarcimento de tributos ou contribuições, a ser efetuada pela Secretaria da Receita Federal).
- Dec. 7.212/2010 (Regulamenta a cobrança, fiscalização, arrecadação e administração do IPI).
- Súm. 212; 213; 460; 461; e 464, STJ.

Parágrafo único. Sendo vincendo o crédito do sujeito passivo, a lei determinará, para os efeitos deste artigo, a apuração do seu montante, não podendo, porém, cominar redução maior que a correspondente ao juro de 1% (um por cento) ao mês pelo tempo a decorrer entre a data da compensação e a do vencimento.

Art. 170-A. É vedada a compensação mediante o aproveitamento de tributo, objeto de contestação judicial pelo sujeito passivo, antes do trânsito em julgado da respectiva decisão judicial. (Artigo incluído pela LC 104/2001.)

- art. 5º, XXV, CF.

Art. 171. A lei pode facultar, nas condições que estabeleça, aos sujeitos ativo e passivo da obrigação tributária celebrar transação que, mediante concessões mútuas, importe em determinação de litígio e consequente extinção de crédito tributário.

- Redação conforme publicação oficial.
- LC 174/2020

Parágrafo único. A lei indicará a autoridade competente para autorizar a transação em cada caso.

- arts. 661 e 840, CC/2002.

Art. 172. A lei pode autorizar a autoridade administrativa a conceder, por despacho fundamentado, remissão total ou parcial do crédito tributário, atendendo:

- art. 156, IV, deste Código.
- arts. 385 a 388, CC/2002.

I - à situação econômica do sujeito passivo;
II - ao erro ou ignorância escusáveis do sujeito passivo, quanto à matéria de fato;
III - à diminuta importância do crédito tributário;
IV - a considerações de equidade, em relação com as características pessoais ou materiais do caso;

- art. 108, IV, deste Código.

V - a condições peculiares a determinada região do território da entidade tributante.

Parágrafo único. O despacho referido neste artigo não gera direito adquirido, aplicando-se, quando cabível, o disposto no artigo 155.

- art. 156, IV, deste Código.

Art. 173. O direito de a Fazenda Pública constituir o crédito tributário extingue-se após 5 (cinco) anos, contados:

- art. 45, Lei 8.212/1991 (Lei Orgânica da Seguridade Social).
- Súm. 108; 153; e 219, TFR.
- Súm. Vinc. 8, STF.

I - do primeiro dia do exercício seguinte àquele em que o lançamento poderia ter sido efetuado;

- art. 150, § 4º, deste Código.
- Súm. 555, STJ.

II - da data em que se tornar definitiva a decisão que houver anulado, por vício formal, o lançamento anteriormente efetuado.

Parágrafo único. O direito a que se refere este artigo extingue-se definitivamente com o decurso do prazo nele previsto, contado da data em que tenha sido iniciada a constituição do crédito tributário pela notificação, ao sujeito passivo, de qualquer medida preparatória indispensável ao lançamento.

- arts. 142 a 150 deste Código.
- Súm. 210, STJ.

Art. 174. A ação para a cobrança do crédito tributário prescreve em cinco anos, contados da data da sua constituição definitiva.

- arts. 142 e 145 deste Código.
- art. 40, Lei 6.830/1980 (Lei de Execuções Fiscais).
- art. 53, Lei 11.941/2009 (Altera a legislação federal relativa ao parcelamento ordinário de débitos tributários).
- Lei 12.382/2011 (Disciplina a representação fiscal para fins penais nos casos em que houve parcelamento do crédito tributário; altera a Lei 9.430/1996.
- Súm. 314, 409, STJ.
- Súm. 107, TFR.
- Súm. Vinculantes 8 e 24, STF.

Parágrafo único. A prescrição se interrompe:

- Súmula 625, STJ.

I - pelo despacho do juiz que ordenar a citação em execução fiscal; (Redação dada pela LC 118/2005.)

- arts. 59, 240, 260, 263 e 802, NCPC.
- art. 8º, § 2º, Lei 6.830/1980 (Lei de Execuções Fiscais).
- Súm. 78, TFR.

II - pelo protesto judicial;

- art. 202, II, CC/2002.

III - por qualquer ato judicial que constitua em mora o devedor;

- art. 202, V, CC/2002.

IV - por qualquer ato inequívoco ainda que extrajudicial, que importe em reconhecimento do débito pelo devedor.

- art. 202, VI, CC/2002.
- art. 189, § 1º, Dec.-Lei 5.844/1943 (Dispõe sobre a cobrança e fiscalização do imposto de renda).
- Súm. 248, TFR.

CAPÍTULO V
EXCLUSÃO DE CRÉDITO TRIBUTÁRIO

SEÇÃO I
DISPOSIÇÕES GERAIS

Art. 175. Excluem o crédito tributário:

I - a isenção;

- art. 150, § 6º, CF.
- arts. 176 a 179 deste Código.
- Súm. 544, STF.

II - a anistia.

- arts. 111; e 180 a 182 deste Código.

Parágrafo único. A exclusão do crédito tributário não dispensa o cumprimento das obrigações acessórias dependentes da obrigação principal cujo crédito seja excluído, ou dela consequente.

SEÇÃO II
ISENÇÃO

Art. 176. A isenção, ainda quando prevista em contrato, é sempre decorrente de lei que especifique as condições e requisitos exigidos para a sua concessão, os tributos a que se aplica e, sendo caso, o prazo de sua duração.

- art. 151, I, CF.
- Súm. 544, STF.

Parágrafo único. A isenção pode ser restrita a determinada região do território da entidade tributante, em função de condições a ela peculiares.

Art. 177. Salvo disposição de lei em contrário, a isenção não é extensiva:

I - às taxas e às contribuições de melhoria;
II - aos tributos instituídos posteriormente à sua concessão.

Art. 178. A isenção, salvo se concedida por prazo certo e em função de determinadas condições, pode ser revogada ou modificada por lei, a qualquer tempo, observado o disposto no inciso III do art. 104. (Redação dada pela LC 24/1975.)

Art. 179. A isenção, quando não concedida em caráter geral, é efetivada, em cada caso, por despacho da autoridade administrativa, em requerimento com o qual o interessado faça prova do preenchimento das condições e do cumprimento dos requisitos previstos em lei ou contrato para concessão.

- Súm. 543 e 544, STF.

§ 1º Tratando-se de tributo lançado por período certo de tempo, o despacho referido neste artigo será renovado antes da expiração de cada período, cessando automaticamente os seus efeitos a partir do primeiro dia do período para o qual o interessado deixar de promover a continuidade do reconhecimento da isenção.

§ 2º O despacho referido neste artigo não gera direito adquirido, aplicando-se, quando cabível, o disposto no artigo 155.

SEÇÃO III
ANISTIA

Art. 180. A anistia abrange exclusivamente as infrações cometidas anteriormente à vigência da lei que a concede, não se aplicando:

I - aos atos qualificados em lei como crimes ou contravenções e aos que, mesmo sem essa qualificação, sejam praticados com dolo, fraude ou simulação pelo sujeito passivo ou por terceiro em benefício daquele;

- art. 72, Lei 4.502/1964 (Dispõe sobre o Imposto de Consumo).
- arts. 1º, I; e 2º, I, Lei 8.137/1990 (Lei dos Crimes Contra a Ordem Tributária, Econômica e Contra as Relações de Consumo).

II - salvo disposição em contrário, às infrações resultantes de conluio entre duas ou mais pessoas naturais ou jurídicas.

Art. 181. A anistia pode ser concedida:

I - em caráter geral;

II - limitadamente:

a) às infrações da legislação relativa a determinado tributo;

b) às infrações punidas com penalidades pecuniárias até determinado montante, conjugadas ou não com penalidades de outra natureza;

c) a determinada região do território da entidade tributante, em função de condições a ela peculiares;

d) sob condição do pagamento de tributo no prazo fixado pela lei que a conceder, ou cuja fixação seja atribuída pela mesma lei à autoridade administrativa.

Art. 182. A anistia, quando não concedida em caráter geral, é efetivada, em cada caso, por despacho da autoridade administrativa, em requerimento com a qual o interessado faça prova do preenchimento das condições e do cumprimento dos requisitos previstos em lei para sua concessão.

Parágrafo único. O despacho referido neste artigo não gera direito adquirido, aplicando-se, quando cabível, o disposto no artigo 155.

CAPÍTULO VI
GARANTIAS E PRIVILÉGIOS DO CRÉDITO TRIBUTÁRIO

SEÇÃO I
DISPOSIÇÕES GERAIS

Art. 183. A enumeração das garantias atribuídas neste Capítulo ao crédito tributário não exclui outras que sejam expressamente previstas em lei, em função da natureza ou das características do tributo a que se refiram.

Parágrafo único. A natureza das garantias atribuídas ao crédito tributário não altera a natureza deste nem a da obrigação tributária a que corresponda.

Art. 184. Sem prejuízo dos privilégios especiais sobre determinados bens, que sejam previstos em lei, responde pelo pagamento do crédito tributário a totalidade dos bens e das rendas, de qualquer origem ou natureza, do sujeito passivo, seu espólio ou sua massa falida, inclusive os gravados por ônus real ou cláusula de inalienabilidade ou impenhorabilidade, seja qual for a data da constituição do ônus ou da cláusula, excetuados unicamente os bens e rendas que a lei declare absolutamente impenhoráveis.

- art. 813, CC/2002.
- arts. 832 e 833, NCPC.
- Lei 4.673/1965 (Aplica aos bens penhorados em execuções fiscais as normas de impenhorabilidade).
- art. 30, Lei 6.830/1980 (Lei de Execuções Fiscais).
- art. 3º, IV, Lei 8.009/1990 (Dispõe sobre a impenhorabilidade do bem de família).
- art. 38, Lei 9.610/1998 (Lei de Direitos Autorais).
- art. 45, Dec. 81.402/1978 (Dispõe sobre as entidades de previdência privada, na parte relativa às entidades abertas).

Art. 185. Presume-se fraudulenta a alienação ou oneração de bens ou rendas, ou seu começo, por sujeito passivo em débito para com a Fazenda Pública, por crédito tributário regularmente inscrito como dívida ativa. (Redação dada pela LC 118/2005.)

- art. 204 deste Código.
- art. 792, NCPC.
- art. 168, Lei 11.101/2005 (Lei de Recuperação de Empresas e Falências).

Parágrafo único. O disposto neste artigo não se aplica na hipótese de terem sido reservados, pelo devedor, bens ou rendas suficientes ao total pagamento da dívida inscrita. (Redação dada pela LC 118/2005.)

Art. 185-A. Na hipótese de o devedor tributário, devidamente citado, não pagar nem apresentar bens à penhora no prazo legal e não forem encontrados bens penhoráveis, o juiz determinará a indisponibilidade de seus bens e direitos, comunicando a decisão, preferencialmente por meio eletrônico, aos órgãos e entidades que promovem registros de transferência de bens, especialmente ao registro público de imóveis e às autoridades supervisoras do mercado bancário e do mercado de capitais, a fim de que, no âmbito de suas atribuições, façam cumprir a ordem judicial. (Incluído pela LC 118/2005.)

- Súm. 560, STJ.

§ 1º A indisponibilidade de que trata o *caput* deste artigo limitar-se-á ao valor total exigível, devendo o juiz determinar o imediato levantamento da indisponibilidade dos bens ou valores que excederem esse limite. (Incluído pela LC 118/2005.)

§ 2º Os órgãos e entidades aos quais se fizer a comunicação de que trata o *caput* deste artigo enviarão imediatamente ao juízo a relação discriminada dos bens e direitos cuja indisponibilidade houverem promovido. (Incluído pela LC 118/2005.)

SEÇÃO II
PREFERÊNCIAS

Art. 186. O crédito tributário prefere a qualquer outro, seja qual for sua natureza ou o tempo de sua constituição, ressalvados os créditos decorrentes da legislação do trabalho ou do acidente de trabalho. (Redação dada pela LC 118/2005.)

Parágrafo único. Na falência: (Incluído pela LC 118/2005.)

- art. 83, I e III, Lei 11.101/2005 (Lei de Recuperação de Empresas e Falências).

I - o crédito tributário não prefere aos créditos extraconcursais ou às importâncias passíveis de restituição, nos termos da lei falimentar, nem aos créditos com garantia real, no limite do valor do bem gravado; (Incluído pela LC 118/2005.)

II - a lei poderá estabelecer limites e condições para a preferência dos créditos decorrentes da legislação do trabalho; e (Redação dada pela LC 118/2005.)

- art. 83, I, Lei 11.101/2005 (Lei de Recuperação de Empresas e Falências).

III - a multa tributária prefere apenas aos créditos subordinados. (Incluído pela LC 118/2005.)

- arts. 148 e 449, CLT.
- art. 4º, § 4º, Lei 6.830/1980 (Lei de Execuções Fiscais).
- arts. 83, VI; e 84, Lei 11.101/2005 (Lei de Recuperação de Empresas e Falências).
- Súm. 270, STJ.

Art. 187. A cobrança judicial do crédito tributário não é sujeita a concurso de credores ou habilitação em falência, recuperação judicial, concordata, inventário ou arrolamento. (Redação dada pela LC 118/2005.)

- arts. 955 a 965; e 1.796, CC/2002.
- arts. 4º, § 4º; e 29, p.u., Lei 6.830/1980 (Lei de Execuções Fiscais).
- arts. 76, *caput*; 83, III e VII; 87, VII; e 161, § 1º, Lei 11.101/2005 (Lei de Recuperação de Empresas e Falências).

Parágrafo único. O concurso de preferência somente se verifica entre pessoas jurídicas de direito público, na seguinte ordem:

I - União;

II - Estados, Distrito Federal e Territórios, conjuntamente e *pro rata*;

III - Municípios, conjuntamente e *pro rata*.

- art. 29, p.u., Lei 6.830/1980 (Lei de Execuções Fiscais).
- Súm. 563, STF.
- Súm. 244, TFR.

Art. 188. São extraconcursais os créditos tributários decorrentes de fatos geradores ocorridos no curso do processo de falência. (Redação dada pela LC 118/2005.)

- arts. 83, III; 84; e 150, Lei 11.101/2005 (Lei de Recuperação de Empresas e Falências).

§ 1º Contestado o crédito tributário, o juiz remeterá as partes ao processo competente, mandando reservar bens suficientes à extinção total do crédito e seus acrescidos, se a massa não puder efetuar a garantia da instância por outra forma, ouvido, quanto à natureza e valor dos bens reservados, o representante da Fazenda Pública interessada.

- art. 4º, § 4º, Lei 6.830/1980 (Lei de Execuções Fiscais).
- art. 1º, Dec.-Lei 822/1969 (Extingue a garantia de instância nos recursos de decisão administrativa fiscal).

§ 2º O disposto neste artigo aplica-se aos processos de concordata.

Art. 189. São pagos preferencialmente a quaisquer créditos habilitados em inventário ou arrolamento, ou a outros encargos do monte, os créditos tributários vencidos ou vincendos, a cargo do *de cujus* ou de seu espólio, exigíveis no decurso do processo de inventário ou arrolamento.

- art. 1.796, CC/2002.
- arts. 993, IV, *f*; 1.026; e 1.035, CPC.
- arts. 620, 654 e 663, NCPC.
- art. 4º, § 4º, Lei 6.830/1980 (Lei de Execuções Fiscais).

Parágrafo único. Contestado o crédito tributário, proceder-se-á na forma do disposto no § 1º do artigo anterior.

Art. 190. São pagos preferencialmente a quaisquer outros os créditos tributários vencidos ou vincendos, a cargo de pessoas jurídicas de direito privado em liquidação judicial ou voluntária, exigíveis no decurso da liquidação.

- art. 186 deste Código.
- art. 18, *b*, Lei 6.024/1974 (Dispõe sobre a intervenção e a liquidação extrajudicial de instituições financeiras).
- arts. 4º, § 4º; e 31, Lei 6.830/1980 (Lei de Execuções Fiscais).

- arts. 1º e 2º, Dec.-Lei 1.477/1976 (Dispõe sobre a correção monetária nos casos de liquidação extrajudicial ou falência das entidades que especifica).

Art. 191. A extinção das obrigações do falido requer prova de quitação de todos os tributos. (Redação dada pela LC 118/2005.)

- art. 4º, § 4º, Lei 6.830/1980 (Lei de Execuções Fiscais).
- arts. 48, I; 156; 159; e 160, Lei 11.101/2005 (Lei de Recuperação de Empresas e Falências).
- art. 1º, §§ 1º e 2º, Dec.-Lei 858/1969 (Dispõe sobre a cobrança e a correção monetária dos débitos fiscais nos casos de falência).
- art. 1º, I, Dec.-Lei 1.715/1979 (Regula a expedição de certidão de quitação de tributos federais e extingue a declaração de devedor remisso).

Art. 191-A. A concessão de recuperação judicial depende da apresentação da prova de quitação de todos os tributos, observado o disposto nos arts. 151, 205 e 206 desta Lei. (Incluído pela LC 118/2005.)

- arts. 6º, § 7º; 57; e 58, Lei 11.101/2005 (Lei de Recuperação de Empresas e Falências).

Art. 192. Nenhuma sentença de julgamento de partilha ou adjudicação será proferida sem prova da quitação de todos os tributos relativos aos bens do espólio, ou às suas rendas.

- arts. 276; 836; 943; 1.700; 1.792 e 1.997, CC/2002.
- arts. 1.023, I; e 1.027, IV, CPC.
- arts. 651 e 655, NCPC.
- arts. 4º, § 4º; 29 e 31, Lei 6.830/1980 (Lei de Execuções Fiscais).

Art. 193. Salvo quando expressamente autorizado por lei, nenhum departamento da administração pública da União, dos Estados, do Distrito Federal, ou dos Municípios, ou sua autarquia, celebrará contrato ou aceitará proposta em concorrência pública sem que o contratante ou proponente faça prova da quitação de todos os tributos devidos à Fazenda Pública interessada, relativos à atividade em cujo exercício contrata ou concorre.

- arts. 27, IV; e 29, Lei 8.666/1993 (Lei de Licitações e Contratos da Administração Pública).
- Lei 14.133/2021 (Nova Lei de Licitações).

TÍTULO IV
ADMINISTRAÇÃO TRIBUTÁRIA

CAPÍTULO I
FISCALIZAÇÃO

Art. 194. A legislação tributária, observado o disposto nesta Lei, regulará, em caráter geral, ou especificamente em função da natureza do tributo de que se tratar, a competência e os poderes das autoridades administrativas em matéria de fiscalização da sua aplicação.

- art. 37, XXII, CF.
- art. 96 deste Código.

Parágrafo único. A legislação a que se refere este artigo aplica-se às pessoas naturais ou jurídicas, contribuintes ou não, inclusive às que gozem de imunidade tributária ou de isenção de caráter pessoal.

- art. 9º, § 1º, deste Código.

Art. 195. Para os efeitos da legislação tributária, não têm aplicação quaisquer disposições legais excludentes ou limitativas do direito de examinar mercadorias, livros, arquivos, documentos, papéis e efeitos comerciais ou fiscais, dos comerciantes industriais ou produtores, ou da obrigação destes de exibi-los.

- Súm. 260 e 439, STF.

Parágrafo único. Os livros obrigatórios de escrituração comercial e fiscal e os comprovantes dos lançamentos neles efetuados serão conservados até que ocorra a prescrição dos créditos tributários decorrentes das operações a que se refiram.

- Súm. 439, STF.

Art. 196. A autoridade administrativa que proceder ou presidir a quaisquer diligências de fiscalização lavrará os termos necessários para que se documente o início do procedimento, na forma da legislação aplicável, que fixará prazo máximo para a conclusão daquelas.

- arts. 138 e 173, p.u., deste Código.

Parágrafo único. Os termos a que se refere este artigo serão lavrados, sempre que possível, em um dos livros fiscais exibidos; quando lavrados em separado deles se entregará, à pessoa sujeita à fiscalização, cópia autenticada pela autoridade a que se refere este artigo.

Art. 197. Mediante intimação escrita, são obrigados a prestar à autoridade administrativa todas as informações de que disponham com relação aos bens, negócios ou atividades de terceiros:

I - os tabeliães, escrivães e demais serventuários de ofício;

II - os bancos, casas bancárias, Caixas Econômicas e demais instituições financeiras;

- art. 6º, LC 105/2001 (Lei do Sigilo Bancário) e Dec. 3.724/2001 (Regulamenta o art. 6º da LC 105/2001).

III - as empresas de administração de bens;

IV - os corretores, leiloeiros e despachantes oficiais;

V - os inventariantes;

VI - os síndicos, comissários e liquidatários;

- arts. 21 a 25, Lei 11.101/2005 (Lei de Recuperação de Empresas e Falências).

VII - quaisquer outras entidades ou pessoas que a lei designe, em razão de seu cargo, ofício, função, ministério, atividade ou profissão.

Parágrafo único. A obrigação prevista neste artigo não abrange a prestação de informações quanto a fatos sobre os quais o informante esteja legalmente obrigado a observar segredo em razão de cargo, ofício, função, ministério, atividade ou profissão.

- arts. 5º, X e XII; e 133, CF.
- art. 229, CC/2002.
- arts. 388 e 404, NCPC.
- art. 154, CP.
- art. 38, Lei 4.595/1964 (Lei do Sistema Financeiro Nacional).
- art. 7º, XIX, Lei 8.906/1994 (Estatuto da Advocacia e da OAB).
- Lei 9.296/1996 (Dispõe sobre a interceptação de comunicações telefônicas).
- arts. 1º e 2º, LC 105/2001 (Lei do Sigilo Bancário).

Art. 198. Sem prejuízo do disposto na legislação criminal, é vedada a divulgação, por parte da Fazenda Pública ou de seus servidores, de informação obtida em razão do ofício sobre a situação econômica ou financeira do sujeito passivo ou de terceiros e sobre a natureza e o estado de seus negócios ou atividades. (Redação dada pela LC 104/2001.)

- art. 58, § 3º, CF.
- art. 325, CP.
- art. 16, § 4º, Lei 9.393/1996 (Dispõe sobre o ITR e o pagamento da dívida representada por Títulos da Dívida Agrária - TDA).
- art. 6º, p.u., Lei 11.457/2007 (Dispõe sobre a Administração Tributária Federal).
- art. 11, LC 105/2001 (Lei do Sigilo Bancário) e art. 9º, Dec. 3.724/2001 (Regulamenta o art. 6º da LC 105/2001).
- art. 1º, § 3º, Dec. 5.644/2005 (Dispõe sobre a atuação integrada e o intercâmbio de informações entre a Secretaria da Receita Federal e a Secretaria da Receita Previdenciária).
- Port. RFB 2.344/2011 (Disciplina o acesso a informações protegidas por sigilo fiscal constantes de sistemas informatizados da Secretaria da Receita Federal do Brasil).

§ 1º Excetuam-se do disposto neste artigo, além dos casos previstos no art. 199, os seguintes: (Redação dada pela LC 104/2001.)

I - requisição de autoridade judiciária no interesse da justiça; (Incluído pela LC 104/2001.)

- art. 438, NCPC.

II - solicitações de autoridade administrativa no interesse da Administração Pública, desde que seja comprovada a instauração regular de processo administrativo, no órgão ou na entidade respectiva, com o objetivo de investigar o sujeito passivo a que se refere à informação, por prática de infração administrativa. (Incluído pela LC 104/2001.)

§ 2º O intercâmbio de informação sigilosa, no âmbito da Administração Pública, será realizado mediante processo regularmente instaurado, e a entrega será feita pessoalmente à autoridade solicitante, mediante recibo, que formalize a transferência e assegure a preservação do sigilo. (Incluído pela LC 104/2001.)

§ 3º Não é vedada a divulgação de informações relativas a: (Incluído pela LC 104/2001.)

I - representações fiscais para fins penais; (Incluído pela LC 104/2001.)

- art. 83, Lei 9.430/1996 (Dispõe sobre a legislação tributária federal, as contribuições para a seguridade social e o processo administrativo de consulta).

II - inscrições na Dívida Ativa da Fazenda Pública; (Incluído pela LC 104/2001.)

- art. 202 deste Código.
- art. 2º, Lei 6.830/1980 (Lei de Execuções Fiscais).

III - parcelamento ou moratória. (Incluído pela LC 104/2001.)

- arts. 151, VI; e 152 a 155 deste Código.

Art. 199. A Fazenda Pública da União e as dos Estados, do Distrito Federal e dos Municípios prestar-se-ão mutuamente assistência para a fiscalização dos tributos respectivos e permuta de informações, na forma estabelecida, em caráter geral ou específico, por lei ou convênio.

- art. 37, XXII, CF.
- art. 198, § 2º, deste Código.

Parágrafo único. A Fazenda Pública da União, na forma estabelecida em tratados, acordos ou convênios, poderá permutar informações com Estados estrangeiros no interesse da arrecadação e da fiscalização de tributos. (Incluído pela LC 104/2001.)

Art. 200. As autoridades administrativas federais poderão requisitar o auxílio da força pública federal, estadual ou municipal, e reciprocamente, quando vítimas de embaraço ou desacato no exercício de suas funções, ou quando necessário à efetivação dê medida prevista na legislação tributária, ainda que não se configure fato definido em lei como crime ou contravenção.

- arts. 316, § 1º; 322; e 329 a 331, CP.
- Lei 4.729/1965 (Define o crime de sonegação fiscal).
- art. 29, II, LC 123/2006 (Estatuto Nacional da Microempresa e da Empresa de Pequeno Porte).
- Dec.-Lei 1.060/1969 (Dispõe sobre a declaração de bens, dinheiros ou valores, existentes no estrangeiro, a prisão administrativa e o sequestro de bens por infrações fiscais).

CAPÍTULO II
DÍVIDA ATIVA

Art. 201. Constitui dívida ativa tributária a proveniente de crédito dessa natureza, regularmente inscrita na repartição administrativa competente, depois de esgotado o prazo fixado, para pagamento, pela lei ou por decisão final proferida em processo regular.

Parágrafo único. A fluência de juros de mora não exclui, para os efeitos deste artigo, a liquidez do crédito.

- art. 185 deste Código.
- art. 51, CP.
- art. 39, § 2º, Lei 4.320/1964 (Estabelece Normas Gerais de Direito Financeiro para elaboração e controle dos orçamentos e balanços da União, dos Estados, dos Municípios e do Distrito Federal).
- art. 2º, Lei 6.830/1980 (Lei de Execuções Fiscais).
- Lei 8.397/1992 (Lei da Medida Cautelar Fiscal).
- Lei 9.964/2000 (Institui o Programa de Recuperação Fiscal – Refis) e Dec. 3.431/2000 (Regulamento).
- Súm. 277, STF.
- Súm. 40; 44; 45; 46; 47; 48; e 59, TFR.

Art. 202. O termo de inscrição da dívida ativa, autenticado pela autoridade competente, indicará obrigatoriamente:

- art. 2º, § 5º, Lei 6.830/1980 (Lei de Execuções Fiscais).
- Súm. 392, STJ.

I - o nome do devedor e, sendo caso, o dos corresponsáveis, bem como, sempre que possível, o domicílio ou a residência de um e de outros;

II - a quantia devida e a maneira de calcular os juros de mora acrescidos;

III - a origem e natureza do crédito, mencionada especificamente a disposição da lei em que seja fundado;

IV - a data em que foi inscrita;

V - sendo caso, o número do processo administrativo de que se originar o crédito.

Parágrafo único. A certidão conterá, além dos requisitos deste artigo, a indicação do livro e da folha da inscrição.

Art. 203. A omissão de quaisquer dos requisitos previstos no artigo anterior, ou o erro a eles relativo, são causas de nulidade da inscrição e do processo de cobrança dela decorrente, mas a nulidade poderá ser sanada até a decisão de primeira instância, mediante substituição da certidão nula, devolvido ao sujeito passivo, acusado ou interessado o prazo para defesa, que somente poderá versar sobre a parte modificada.

- art. 26, Lei 6.830/1980 (Lei de Execuções Fiscais).
- Súm. 153 e 392, STJ.

Art. 204. A dívida regularmente inscrita goza da presunção de certeza e liquidez e tem o efeito de prova pré-constituída.

- art. 185 deste Código.
- art. 3º, Lei 6.830/1980 (Lei de Execuções Fiscais).
- Súm. 558, 559 e 569, STJ.

Parágrafo único. A presunção a que se refere este artigo é relativa e pode ser ilidida por prova inequívoca, a cargo do sujeito passivo ou do terceiro a que aproveite.

CAPÍTULO III
CERTIDÕES NEGATIVAS

- Súm. 446, STJ.

Art. 205. A lei poderá exigir que a prova da quitação de determinado tributo, quando exigível, seja feita por certidão negativa, expedida à vista de requerimento do interessado, que contenha todas as informações necessárias à identificação de sua pessoa, domicílio fiscal e ramo de negócio ou atividade e indique o período a que se refere o pedido.

- art. 5º, XXXIV, *b*, CF.
- art. 1º, Lei 7.711/1988 (Dispõe sobre formas de melhoria da administração tributária).
- art. 57, Lei 11.101/2005 (Lei de Recuperação de Empresas e Falências).
- Dec. 84.702/1990 (Simplifica a prova de quitação de tributos, contribuições, anuidades e outros encargos, e restringe a exigência de certidões no âmbito da Administração Federal).
- Dec. 99.476/1990 (Simplifica o cumprimento de exigência de prova de quitação de tributos e contribuições federais e outras imposições pecuniárias compulsórias).
- Dec. 6.106/2007 (Dispõe sobre a prova de regularidade fiscal perante a Fazenda Nacional).
- art. 1º, Dec.-Lei 1.715/1979 (Regula a expedição de certidão de quitação de tributos federais e extingue a declaração de devedor remisso).
- Port. PGFN/SRF 1/2005 (Dispõe sobre a emissão de certidão com os efeitos previstos no art. 205 deste Código, nos casos previstos no art. 13 da Lei 11.051/2004).
- Súm. 547, STF.
- Súm. 73, TFR.

Parágrafo único. A certidão negativa será sempre expedida nos termos em que tenha sido requerida e será fornecida dentro de 10 (dez) dias da data da entrada do requerimento na repartição.

Art. 206. Tem os mesmos efeitos previstos no artigo anterior a certidão de que conste a existência de créditos não vencidos, em curso de cobrança executiva em que tenha sido efetivada a penhora, ou cuja exigibilidade esteja suspensa.

- art. 151 deste Código.
- Dec. 6.106/2007 (Dispõe sobre a prova de regularidade fiscal perante a Fazenda Nacional).
- Súm. 446, STJ.
- Súm. 38, TFR.

Art. 207. Independentemente de disposição legal permissiva, será dispensada a prova de quitação de tributos, ou o seu suprimento, quando se tratar de prática de ato indispensável para evitar a caducidade de direito, respondendo, porém, todos os participantes no ato pelo tributo porventura devido, juros de mora e penalidades cabíveis, exceto as relativas a infrações cuja responsabilidade seja pessoal ao infrator.

Art. 208. A certidão negativa expedida com dolo ou fraude, que contenha erro contra a Fazenda Pública, responsabiliza pessoalmente o funcionário que a expedir, pelo crédito tributário e juros de mora acrescidos.

Parágrafo único. O disposto neste artigo não exclui a responsabilidade criminal e funcional que no caso couber.

- art. 301, CP.

DISPOSIÇÕES FINAIS E TRANSITÓRIAS

Art. 209. A expressão "Fazenda Pública", quando empregada nesta Lei sem qualificação, abrange a Fazenda Pública da União, dos Estados, do Distrito Federal e dos Municípios.

Art. 210. Os prazos fixados nesta Lei ou legislação tributária serão contínuos, excluindo-se na sua contagem o dia de início e incluindo-se o de vencimento.

Parágrafo único. Os prazos só se iniciam ou vencem em dia de expediente normal na repartição em que corra o processo ou deva ser praticado o ato.

- arts. 212, 224 e 230, NCPC.
- Súm. 310, STF.

Art. 211. Incumbe ao Conselho Técnico de Economia e Finanças, do Ministério da Fazenda, prestar assistência técnica aos governos estaduais e municipais, com o objetivo de assegurar a uniforme aplicação da presente Lei.

Art. 212. Os Poderes Executivos federal, estaduais e municipais expedirão, por decreto, dentro de 90 (noventa) dias da entrada em vigor desta Lei, a consolidação, em texto único, da legislação vigente, relativa a cada um dos tributos, repetindo-se esta providência até o dia 31 de janeiro de cada ano.

Art. 213. Os Estados pertencentes a uma mesma região geoeconômica celebrarão entre si convênios para o estabelecimento de alíquota uniforme para o imposto a que se refere o artigo 52.

- O art. 52 foi revogado pelo Dec.-Lei 406/1968.

Parágrafo único. Os Municípios de um mesmo Estado procederão igualmente, no que se refere à fixação da alíquota de que trata o artigo 60.

- Art. 60 revogado pelo Dec.-lei 406/1968.

Art. 214. O Poder Executivo promoverá a realização de convênios com os Estados, para excluir ou limitar a incidência do imposto sobre operações relativas à circulação de mercadorias, no caso de exportação para o exterior.

- art. 155, § 2º, XII, *e*, CF.
- LC 24/1975 (Dispõe sobre os convênios para a concessão de isenções do imposto sobre operações relativas à circulação de mercadorias).

Art. 215. A lei estadual pode autorizar o Poder Executivo a reajustar, no exercício de 1967, a alíquota de imposto a que se refere o artigo 52, dentro de limites e segundo critérios por ela estabelecidos.

- O art. 52 foi revogado pelo Dec.-Lei 406/1968.

Art. 216. O Poder Executivo proporá as medidas legislativas adequadas a possibilitar, sem compressão dos investimentos previstos na proposta orçamentária de 1967, o cumprimento do disposto no artigo 21 da Emenda Constitucional n. 18, de 1965.

Art. 217. As disposições desta Lei, notadamente as dos arts. 17, 74, § 2º e 77, parágrafo único, bem como a do art. 54 da Lei n. 5.025, de 10 de junho de 1966, não excluem a incidência e a exigibilidade: (Incluído pelo Dec.-Lei 27/1966.)

I - da "contribuição sindical", denominação que passa a ter o imposto sindical de que tratam os arts. 578 e seguintes, da Consolidação das Leis do Trabalho, sem prejuízo do disposto no art. 16 da Lei n. 4.589, de 11 de dezembro de 1964; (Incluído pelo Dec.-Lei 27/1966.)

II - das denominadas "quotas de previdência" a que aludem os arts. 71 e 74 da Lei n. 3.807, de 26 de agosto de 1960, com as alterações determinadas pelo art. 34 da Lei n. 4.863, de 29 de novembro de 1965, que integram a contribuição da União para a previdência social, de que trata o art. 157, item XVI, da Constituição Federal; (Incluído pelo Dec.-Lei 27/1966.)

- Refere-se à CF/1946.
- arts. 194 e 195, CF/1988.
- art. 9º, Ato Complementar 27/1966.
- art. 54, Lei 5.025/1966 (Dispõe sobre o intercâmbio comercial com o exterior e cria o Conselho Nacional do Comércio Exterior).

III - da contribuição destinada a constituir o "Fundo de Assistência" e "Previdência do Trabalhador Rural", de que trata o art. 158 da Lei n. 4.214, de 02 de março de 1963; (Incluído pelo Dec.-Lei 27/1966.)

- arts. 19 e 21, Lei 5.889/1973 (Estabelece normas reguladoras do trabalho rural).

IV - da contribuição destinada ao Fundo de Garantia do Tempo de Serviço, criada pelo art. 2º da Lei n. 5.107, de 13 de setembro de 1966; (Incluído pelo Dec.-Lei 27/1966.)

- Lei 8.036/1990 (Dispõe sobre o FGTS).

V - das contribuições enumeradas no § 2º do art. 34 da Lei n. 4.863, de 29 de novembro de 1965, com as alterações decorrentes do disposto nos arts. 22 e 23 da Lei n. 5.107, de 13 de setembro de 1966, e outras de fins sociais criadas por lei. (Incluído pelo Dec.-Lei 27/1966.)

- Lei 8.036/1990 (Dispõe sobre o FGTS).

Art. 218. Esta Lei entrará em vigor, em todo o território nacional, no dia 1º de janeiro de 1967, revogadas as disposições em contrário, especialmente a Lei n. 854, de 10 de outubro de 1949. (Antigo art. 217 renumerado pelo Dec.-Lei 27/1966.)

Brasília, 25 de outubro de 1966; 145º da Independência e 78º da República.

H. Castello Branco

ÍNDICE ALFABÉTICO-REMISSIVO DO CÓDIGO TRIBUTÁRIO NACIONAL

CÓDIGO DE DEFESA DO CONSUMIDOR

ÍNDICE SISTEMÁTICO DO CÓDIGO DE DEFESA DO CONSUMIDOR

LEI N. 8.078, DE 11 DE SETEMBRO DE 1990

Dispõe sobre a proteção do consumidor e dá outras providências.

- *DOU*, 12.09.1990, edição extra, retificada no *DOU*, 10.01.2007.
- Lei 12.291/2010 (Torna obrigatória a manutenção de exemplar do Código de Defesa do Consumidor nos estabelecimentos comerciais e de prestação de serviços).
- Dec. 2.181/1997 (Dispõe sobre a organização do Sistema Nacional de Defesa do Consumidor – SNDC, e estabelece normas gerais de aplicação das sanções administrativas previstas nesta Lei).
- Dec. 5.903/2006 (Regulamenta este Código no que se refere às práticas infracionais que atentam contra o direito básico do consumidor de obter informação adequada e clara sobre produtos e serviços).
- Dec. 6.523/2008 (Regulamenta este Código para fixar normas gerais sobre o Serviço de Atendimento ao Consumidor – SAC).
- Dec. 7.962/2013 (Regulamenta esta lei, para dispor sobre a contratação no comércio eletrônico).
- Dec. 7.963/2013 (Institui o Plano Nacional de Consumo e Cidadania e cria a Câmara Nacional das Relações de Consumo).
- Port. MJ 2.014/2008 (Estabelece o tempo máximo para o contato direto com o atendente e o horário de funcionamento no Serviço de Atendimento ao Consumidor – SAC).
- Súm. 469, STJ.
- Dec. 8.264/2014 (Regulamenta a Lei 12.741/2012, que dispõe sobre as medidas de esclarecimento ao consumidor quanto à carga tributária incidente sobre mercadorias e serviços).
- Lei 13.179/2015 (Obriga o fornecedor de ingresso para evento cultural pela internet a tornar disponível a venda de meia-entrada por esse veículo).
- Dec. 8.573/2015 (Dispõe sobre o Consumidor.gov.br, sistema alternativo de solução de conflitos de consumo).
- Dec. 10.417/2020 (Institui o Conselho Nacional de Defesa do Consumidor).

O Presidente da República. Faço saber que o Congresso Nacional decreta e eu sanciono a seguinte lei:

TÍTULO I
DOS DIREITOS DO CONSUMIDOR

CAPÍTULO I
DISPOSIÇÕES GERAIS

Art. 1º O presente Código estabelece normas de proteção e defesa do consumidor, de ordem pública e interesse social, nos termos dos arts. 5º, inciso XXXII, 170, inciso V, da Constituição Federal e art. 48 de suas Disposições Transitórias.

- arts. 24, VIII; 150, § 5º; e 170, V, CF.

Art. 2º Consumidor é toda pessoa física ou jurídica que adquire ou utiliza produto ou serviço como destinatário final.

- arts. 17 e 29 deste Código.
- Súm. 321, STJ.

Parágrafo único. Equipara-se a consumidor a coletividade de pessoas, ainda que indetermináveis, que haja intervindo nas relações de consumo.

- art. 81, p.u., deste Código.
- Súm. 643, STF.
- Súm. 563, STJ.

Art. 3º Fornecedor é toda pessoa física ou jurídica, pública ou privada, nacional ou estrangeira, bem como os entes despersonalizados, que desenvolvem atividade de produção, montagem, criação, construção, transformação, importação, exportação, distribuição ou comercialização de produtos ou prestação de serviços.

- art. 28 deste Código.
- Súm. 297, STJ.

§ 1º Produto é qualquer bem, móvel ou imóvel, material ou imaterial.

§ 2º Serviço é qualquer atividade fornecida no mercado de consumo, mediante remuneração, inclusive as de natureza bancária, financeira, de crédito e securitária, salvo as decorrentes das relações de caráter trabalhista.

- Súm. 297, 321, 563, STJ.

CAPÍTULO II
DA POLÍTICA NACIONAL DE RELAÇÕES DE CONSUMO

Art. 4º A Política Nacional das Relações de Consumo tem por objetivo o atendimento das necessidades dos consumidores, o respeito à sua dignidade, saúde e segurança, a proteção de seus interesses econômicos, a melhoria da sua qualidade de vida, bem como a transparência e harmonia das relações de consumo, atendidos os seguintes princípios: (Redação dada pela Lei 9.008/1995.)

I - reconhecimento da vulnerabilidade do consumidor no mercado de consumo;

- art. 5º, *caput*, CF.

II - ação governamental no sentido de proteger efetivamente o consumidor:

a) por iniciativa direta;

b) por incentivos à criação e desenvolvimento de associações representativas;

c) pela presença do Estado no mercado de consumo;

d) pela garantia dos produtos e serviços com padrões adequados de qualidade, segurança, durabilidade e desempenho.

III - harmonização dos interesses dos participantes das relações de consumo e compatibilização da proteção do consumidor com a necessidade de desenvolvimento econômico e tecnológico, de modo a viabilizar os princípios nos quais se funda a ordem econômica (art. 170 da Constituição Federal), sempre com base na boa-fé e equilíbrio nas relações entre consumidores e fornecedores;

IV - educação e informação de fornecedores e consumidores, quanto aos seus direitos e deveres, com vistas à melhoria do mercado de consumo;

- arts. 6º e 205 a 214, CF.

V - incentivo à criação pelos fornecedores de meios eficientes de controle de qualidade e segurança de produtos e serviços, assim como de mecanismos alternativos de solução de conflitos de consumo;

- Lei 9.307/1996 (Lei da Arbitragem).

VI - coibição e repressão eficientes de todos os abusos praticados no mercado de consumo, inclusive a concorrência desleal e utilização indevida de inventos e criações industriais das marcas e nomes comerciais e signos distintivos, que possam causar prejuízos aos consumidores;

- art. 170, CF.
- Lei 9.279/1996 (Lei da Propriedade Industrial).

VII - racionalização e melhoria dos serviços públicos;

VIII - estudo constante das modificações do mercado de consumo.

Art. 5º Para a execução da Política Nacional das Relações de Consumo, contará o Poder Público com os seguintes instrumentos, entre outros:

I - manutenção de assistência jurídica, integral e gratuita para o consumidor carente;

- art. 5º, LXXIV, CF.
- Lei 1.060/1950 (Lei de Assistência Judiciária).

II - instituição de Promotorias de Justiça de Defesa do Consumidor, no âmbito do Ministério Público;

- art. 128, § 5º, CF.

III - criação de delegacias de polícia especializadas no atendimento de consumidores vítimas de infrações penais de consumo;

IV - criação de Juizados Especiais de Pequenas Causas e Varas Especializadas para a solução de litígios de consumo;

- arts. 98, I; e 125, CF.
- Lei 9.099/1995 (Dispõe sobre os Juizados Especiais Cíveis e Criminais).
- Lei 10.259/2001 (Dispõe sobre a instituição dos Juizados Especiais Cíveis e Criminais no âmbito da Justiça Federal).

V - concessão de estímulos à criação e desenvolvimento das Associações de Defesa do Consumidor.

- arts. 53 a 61, CC/2002.

§§ 1º e 2º (Vetados.)

CAPÍTULO III
DOS DIREITOS BÁSICOS DO CONSUMIDOR

Art. 6º São direitos básicos do consumidor:

I - a proteção da vida, saúde e segurança contra os riscos provocados por práticas no fornecimento de produtos e serviços considerados perigosos ou nocivos;

- arts. 5º, *caput*; e 196 a 200, CF.

II - a educação e divulgação sobre o consumo adequado dos produtos e serviços, asseguradas a liberdade de escolha e a igualdade nas contratações;

III - a informação adequada e clara sobre os diferentes produtos e serviços, com especificação correta de quantidade, características, composição, qualidade, tributos incidentes e preço, bem como sobre os riscos que apresentem; (Alterado pela Lei 12.741/2012).

- arts. 31 e 66 deste Código.
- Súm. 595, do STJ.
- Lei 10.962/2004 (Dispõe sobre a oferta e as formas de afixação de preços de produtos e serviços para o consumidor) e Dec. 5.903/2006 (Regulamento).

- Dec. 4.680/2003 (Regulamenta o direito à informação quanto aos alimentos e ingredientes alimentares destinados ao consumo humano ou animal que contenham ou sejam produzidos a partir de organismos geneticamente modificados).
- Dec. 5.903/2006 (Regulamenta o CDC e a Lei 10.962/2004).
- Dec. 7.962/2013 (Regulamenta o CDC).
- Dec. 8.264/2014 (Regulamenta a Lei 12.741/2012, que dispõe sobre as medidas de esclarecimento ao consumidor quanto à carga tributária incidente sobre mercadorias e serviços).

IV - a proteção contra a publicidade enganosa e abusiva, métodos comerciais coercitivos ou desleais, bem como contra práticas e cláusulas abusivas ou impostas no fornecimento de produtos e serviços;

- arts. 37; 39 a 41; 51 a 53; e 67 deste Código.

V - a modificação das cláusulas contratuais que estabeleçam prestações desproporcionais ou sua revisão em razão de fatos supervenientes que as tornem excessivamente onerosas;

- arts. 478 a 480, CC/2002.

VI - a efetiva prevenção e reparação de danos patrimoniais e morais, individuais, coletivos e difusos;

- arts. 25; 57, *caput*; e 100, deste Código.
- art. 13, Lei 7.347/1985 (Lei da Ação Civil Pública).
- Súm. 37, STJ.

VII - o acesso aos órgãos judiciários e administrativos com vistas à prevenção ou reparação de danos patrimoniais e morais, individuais, coletivos ou difusos, assegurada a proteção Jurídica, administrativa e técnica aos necessitados;

- art. 5º, LXXIV, CF.
- Lei 1.060/1950 (Lei de Assistência Judiciária).

VIII - a facilitação da defesa de seus direitos, inclusive com a inversão do ônus da prova, a seu favor, no processo civil, quando, a critério do juiz, for verossímil a alegação ou quando for ele hipossuficiente, segundo as regras ordinárias de experiências;

- art. 5º, LV, CF.
- art. 373, NCPC.
- art. 14, Lei 7.347/1985 (Lei da Ação Civil Pública).

IX - (Vetado.);

X - a adequada e eficaz prestação dos serviços públicos em geral.

Parágrafo único. A informação de que trata o inciso III do *caput* deste artigo deve ser acessível à pessoa com deficiência, observado o disposto em regulamento. (Acrescentado pela Lei 13.146/2015.)

Art. 7º Os direitos previstos neste Código não excluem outros decorrentes de tratados ou convenções internacionais de que o Brasil seja signatário, da legislação interna ordinária, de regulamentos expedidos pelas autoridades administrativas competentes, bem como dos que derivem dos princípios gerais do direito, analogia, costumes e equidade.

- art. 4º, Lei 4.657/1942 (Lei de Introdução às normas do Direito Brasileiro – LINDB, antiga LICC).

Parágrafo único. Tendo mais de um autor a ofensa, todos responderão solidariamente pela reparação dos danos previstos nas normas de consumo.

- arts. 264 a 266; 275, *caput*; 285; e 942, *caput*, 2ª parte, CC/2002.
- art. 113, NCPC.

CAPÍTULO IV
DA QUALIDADE DE PRODUTOS E SERVIÇOS, DA PREVENÇÃO E DA REPARAÇÃO DOS DANOS

SEÇÃO I
DA PROTEÇÃO À SAÚDE E SEGURANÇA

Art. 8º Os produtos e serviços colocados no mercado de consumo não acarretarão riscos à saúde ou segurança dos consumidores, exceto os considerados normais e previsíveis em decorrência de sua natureza e fruição, obrigando-se os fornecedores, em qualquer hipótese, a dar as informações necessárias e adequadas a seu respeito.

§ 1º Em se tratando de produto industrial, ao fabricante cabe prestar as informações a que se refere este artigo, através de impressos apropriados que devam acompanhar o produto. (Parágrafo único renumerado para § 1º pela Lei nº 13.486, de 2017)

§ 2º O fornecedor deverá higienizar os equipamentos e utensílios utilizados no fornecimento de produtos ou serviços, ou colocados à disposição do consumidor, e informar, de maneira ostensiva e adequada, quando for o caso, sobre o risco de contaminação. (Incluído pela Lei nº 13.486, de 2017)

Art. 9º O fornecedor de produtos e serviços potencialmente nocivos ou perigosos à saúde ou segurança deverá informar, de maneira ostensiva e adequada, a respeito da sua nocividade ou periculosidade, sem prejuízo da adoção de outras medidas cabíveis em cada caso concreto.

Art. 10. O fornecedor não poderá colocar no mercado de consumo produto ou serviço que sabe ou deveria saber apresentar alto grau de nocividade ou periculosidade à saúde ou segurança.

§ 1º O fornecedor de produtos e serviços que, posteriormente à sua introdução no mercado de consumo, tiver conhecimento da periculosidade que apresentem, deverá comunicar o fato imediatamente às autoridades competentes e aos consumidores, mediante anúncios publicitários.

§ 2º Os anúncios publicitários a que se refere o parágrafo anterior serão veiculados na imprensa, rádio e televisão, às expensas do fornecedor do produto ou serviço.

§ 3º Sempre que tiverem conhecimento de periculosidade de produtos ou serviços à saúde ou segurança dos consumidores, a União, os Estados, o Distrito Federal e os Municípios deverão informá-los a respeito.

Art. 11. (Vetado.)

SEÇÃO II
DA RESPONSABILIDADE PELO FATO DO PRODUTO E DO SERVIÇO

- art. 14, Lei 10.671/2003 (Estatuto do Torcedor).

Art. 12. O fabricante, o produtor, o construtor, nacional ou estrangeiro, e o importador respondem, independentemente da existência de culpa, pela reparação dos danos causados aos consumidores por defeitos decorrentes de projeto, fabricação, construção, montagem, fórmulas, manipulação, apresentação ou acondicionamento de seus produtos, bem como por informações insuficientes ou inadequadas sobre sua utilização e riscos.

§ 1º O produto é defeituoso quando não oferece a segurança que dele legitimamente se espera, levando-se em consideração as circunstâncias relevantes, entre as quais:

I - sua apresentação;

II - o uso e os riscos que razoavelmente dele se esperam;

III - a época em que foi colocado em circulação.

§ 2º O produto não é considerado defeituoso pelo fato de outro de melhor qualidade ter sido colocado no mercado.

§ 3º O fabricante, o construtor, o produtor ou importador só não será responsabilizado quando provar:

I - que não colocou o produto no mercado;

II - que, embora haja colocado o produto no mercado, o defeito inexiste;

III - a culpa exclusiva do consumidor ou de terceiro.

Art. 13. O comerciante é igualmente responsável, nos termos do artigo anterior, quando:

I - o fabricante, o construtor, o produtor ou o importador não puderem ser identificados;

II - o produto for fornecido sem identificação clara do seu fabricante, produtor, construtor ou importador;

III - não conservar adequadamente os produtos perecíveis.

Parágrafo único. Aquele que efetivar o pagamento ao prejudicado poderá exercer o direito de regresso contra os demais responsáveis, segundo sua participação na causação do evento danoso.

- art. 283, CC/2002.

Art. 14. O fornecedor de serviços responde, independentemente da existência de culpa, pela reparação dos danos causados aos consumidores por defeitos relativos à prestação dos serviços, bem como por informações insuficientes ou inadequadas sobre sua fruição e riscos.

- arts. 7º, p.u.; 25; 27; 34; e 51, III, deste Código.
- Súm. 130, 387 e 595, STJ.

§ 1º O serviço é defeituoso quando não fornece a segurança que o consumidor dele pode esperar, levando-se em consideração as circunstâncias relevantes, entre as quais:

I - o modo de seu fornecimento;

II - o resultado e os riscos que razoavelmente dele se esperam;

III - a época em que foi fornecido.

§ 2º O serviço não é considerado defeituoso pela adoção de novas técnicas.

§ 3º O fornecedor de serviços só não será responsabilizado quando provar:

I - que, tendo prestado o serviço, o defeito inexiste;

II - a culpa exclusiva do consumidor ou de terceiro.

§ 4º A responsabilidade pessoal dos profissionais liberais será apurada mediante a verificação de culpa.

Arts. 15. e 16. (Vetados.)

Art. 17. Para os efeitos desta Seção, equiparam-se aos consumidores todas as vítimas do evento.

SEÇÃO III
DA RESPONSABILIDADE POR VÍCIO DO PRODUTO E DO SERVIÇO

Art. 18. Os fornecedores de produtos de consumo duráveis ou não duráveis respondem solidariamente pelos vícios de qualidade ou quantidade que os tornem impróprios ou inadequados ao consumo a que se destinam ou lhes diminuam o valor, assim como por aqueles decorrentes da disparidade, com as indicações constantes do recipiente, da embalagem, rotulagem ou mensagem publicitária, respeitadas as variações decorrentes de sua natureza, podendo o consumidor exigir a substituição das partes viciadas.

- arts. 264 a 266; e 275 a 285, CC/2002.

§ 1º Não sendo o vício sanado no prazo máximo de trinta dias, pode o consumidor exigir, alternativamente e à sua escolha:

I - a substituição do produto por outro da mesma espécie, em perfeitas condições de uso;
II - a restituição imediata da quantia paga, monetariamente atualizada, sem prejuízo de eventuais perdas e danos;
III - o abatimento proporcional do preço.

§ 2º Poderão as partes convencionar a redução ou ampliação do prazo previsto no parágrafo anterior, não podendo ser inferior a sete nem superior a cento e oitenta dias. Nos contratos de adesão, a cláusula de prazo deverá ser convencionada em separado, por meio de manifestação expressa do consumidor.

§ 3º O consumidor poderá fazer uso imediato das alternativas do § 1º deste artigo sempre que, em razão da extensão do vício, a substituição das partes viciadas puder comprometer a qualidade ou características do produto, diminuir-lhe o valor ou se tratar de produto essencial.

- art. 16, Dec. 7.963/2013 (Institui o Plano Nacional de Consumo e Cidadania e cria a Câmara Nacional das Relações de Consumo).

§ 4º Tendo o consumidor optado pela alternativa do inciso I do § 1º deste artigo, e não sendo possível a substituição do bem, poderá haver substituição por outro de espécie, marca ou modelo diversos, mediante complementação ou restituição de eventual diferença de preço, sem prejuízo do disposto nos incisos II e III do § 1º deste artigo.

§ 5º No caso de fornecimento de produtos *in natura*, será responsável perante o consumidor o fornecedor imediato, exceto quando identificado claramente seu produtor.

§ 6º São impróprios ao uso e consumo:

I - os produtos cujos prazos de validade estejam vencidos;
II - os produtos deteriorados, alterados, adulterados, avariados, falsificados, corrompidos, fraudados, nocivos à vida ou à saúde, perigosos ou, ainda, aqueles em desacordo com as normas regulamentares de fabricação, distribuição ou apresentação;
III - os produtos que, por qualquer motivo, se revelem inadequados ao fim a que se destinam.

Art. 19. Os fornecedores respondem solidariamente pelos vícios de quantidade do produto sempre que, respeitadas as variações decorrentes de sua natureza, seu conteúdo líquido for inferior às indicações constantes do recipiente, da embalagem, rotulagem ou de mensagem publicitária, podendo o consumidor exigir, alternativamente e à sua escolha:

- arts. 275 a 285, CC/2002.

I - o abatimento proporcional do preço;
II - complementação do peso ou medida;
III - a substituição do produto por outro da mesma espécie, marca ou modelo, sem os aludidos vícios;
IV - a restituição imediata da quantia paga, monetariamente atualizada, sem prejuízo de eventuais perdas e danos.

§ 1º Aplica-se a este artigo o disposto no § 4º do artigo anterior.

§ 2º O fornecedor imediato será responsável quando fizer a pesagem ou a medição e o instrumento utilizado não estiver aferido segundo os padrões oficiais.

Art. 20. O fornecedor de serviços responde pelos vícios de qualidade que os tornem impróprios ao consumo ou lhes diminuam o valor, assim como por aqueles decorrentes da disparidade com as indicações constantes da oferta ou mensagem publicitária, podendo o consumidor exigir, alternativamente e à sua escolha:

I - a reexecução dos serviços, sem custo adicional e quando cabível;
II - a restituição imediata da quantia paga, monetariamente atualizada, sem prejuízo de eventuais perdas e danos;
III - o abatimento proporcional do preço.

§ 1º A reexecução dos serviços poderá ser confiada a terceiros devidamente capacitados, por conta e risco do fornecedor.

§ 2º São impróprios os serviços que se mostrem inadequados para os fins que razoavelmente deles se esperam, bem como aqueles que não atendam as normas regulamentares de prestabilidade.

- Súm. 595, do STJ.

Art. 21. No fornecimento de serviços que tenham por objetivo a reparação de qualquer produto considerar-se-á implícita a obrigação do fornecedor de empregar componentes de reposição originais adequados e novos, ou que mantenham as especificações técnicas do fabricante, salvo, quanto a estes últimos, autorização em contrário do consumidor.

Art. 22. Os órgãos públicos, por si ou suas empresas, concessionárias, permissionárias ou sob qualquer outra forma de empreendimento, são obrigados a fornecer serviços adequados, eficientes, seguros e, quanto aos essenciais, contínuos.

Parágrafo único. Nos casos de descumprimento, total ou parcial, das obrigações referidas neste artigo, serão as pessoas jurídicas compelidas a cumpri-las e a reparar os danos causados, na forma prevista neste Código.

Art. 23. A ignorância do fornecedor sobre os vícios de qualidade por inadequação dos produtos e serviços não o exime de responsabilidade.

Art. 24. A garantia legal de adequação do produto ou serviço independe de termo expresso, vedada a exoneração contratual do fornecedor.

Art. 25. É vedada a estipulação contratual de cláusula que impossibilite, exonere ou atenue a obrigação de indenizar prevista nesta e nas seções anteriores.

§ 1º Havendo mais de um responsável pela causação do dano, todos responderão solidariamente pela reparação prevista nesta e nas seções anteriores.

§ 2º Sendo o dano causado por componente ou peça incorporada ao produto ou serviço, são responsáveis solidários seu fabricante, construtor ou importador e o que realizou a incorporação.

SEÇÃO IV
DA DECADÊNCIA E DA PRESCRIÇÃO

Art. 26. O direito de reclamar pelos vícios aparentes ou de fácil constatação caduca em:

I - trinta dias, tratando-se de fornecimento de serviço e de produtos não duráveis;
II - noventa dias, tratando-se de fornecimento de serviço e de produtos duráveis.

- Súm. 477, STJ.

§ 1º Inicia-se a contagem do prazo decadencial a partir da entrega efetiva do produto ou do término da execução dos serviços.

§ 2º Obstam a decadência:

I - a reclamação comprovadamente formulada pelo consumidor perante o fornecedor de produtos e serviços até a resposta negativa correspondente, que deve ser transmitida de forma inequívoca;
II - (Vetado.)
III - a instauração de inquérito civil, até seu encerramento.

- arts. 8º, § 1º; e 9º, Lei 7.347/1985 (Lei da Ação Civil Pública).

§ 3º Tratando-se de vício oculto, o prazo decadencial inicia-se no momento em que ficar evidenciado o defeito.

Art. 27. Prescreve em cinco anos a pretensão à reparação pelos danos causados por fato do produto ou do serviço prevista na Seção II deste Capítulo, iniciando-se a contagem do prazo a partir do conhecimento do dano e de sua autoria.

- art. 487, II, NCPC.
- art. 1º-C, Lei 9.494/1997 (Disciplina a aplicação da tutela antecipada contra a Fazenda Pública).

Parágrafo único. (Vetado.)

SEÇÃO V
DA DESCONSIDERAÇÃO DA PERSONALIDADE JURÍDICA

Art. 28. O juiz poderá desconsiderar a personalidade jurídica da sociedade quando, em detrimento do consumidor, houver abuso de direito, excesso de poder, infração da lei, fato ou ato ilícito ou violação dos estatutos ou contrato social. A desconsideração também será efetivada quando houver falência, estado de insolvência, encerramento ou inatividade da pessoa jurídica provocados por má administração.

- arts. 50 e 1.642, I e II, CC/2002.
- arts. 134, VII; e 135, CTN.
- Lei 12.529/2011 (Estrutura o Sistema Brasileiro de Defesa da Concorrência; dispõe sobre a prevenção e repressão às infrações contra a ordem econômica).

§ 1º (Vetado.)

§ 2º As sociedades integrantes dos grupos societários e as sociedades controladas são subsidiariamente responsáveis pelas obrigações decorrentes deste Código.

- art. 1.098, CC/2002.

§ 3º As sociedades consorciadas são solidariamente responsáveis pelas obrigações decorrentes deste Código.

- arts. 275 a 285, CC/2002.

§ 4º As sociedades coligadas só responderão por culpa.

- art. 1.099, CC/2002.

§ 5º Também poderá ser desconsiderada a pessoa jurídica sempre que sua personalidade for, de alguma forma, obstáculo ao ressarcimento de prejuízos causados aos consumidores.

CAPÍTULO V
DAS PRÁTICAS COMERCIAIS

SEÇÃO I
DAS DISPOSIÇÕES GERAIS

Art. 29. Para os fins deste Capítulo e do seguinte, equiparam-se aos consumidores todas as pessoas determináveis ou não, expostas às práticas nele previstas.

- art. 2º deste Código.

SEÇÃO II
DA OFERTA

Art. 30. Toda informação ou publicidade, suficientemente precisa, veiculada por qualquer forma ou meio de comunicação com relação a produtos e serviços oferecidos ou apresentados, obriga o fornecedor que a fizer veicular ou dela se utilizar e integra o contrato que vier a ser celebrado.

- arts. 427 a 435, CC/2002.
- art. 13, VI, Dec. 2.181/1997 (Dispõe sobre a organização do Sistema Nacional de Defesa do Consumidor – SNDC, e estabelece normas gerais de aplicação das sanções administrativas previstas nesta Lei).

Art. 31. A oferta e apresentação de produtos ou serviços devem assegurar informações corretas, claras, precisas, ostensivas e em língua portuguesa sobre suas características, qualidades, quantidade, composição, preço, garantia, prazos de validade e origem, entre outros dados, bem como sobre os riscos que apresentam à saúde e segurança dos consumidores.

- arts. 6º, III; e 66 deste Código.
- arts. 427 a 435, CC/2002.
- Lei 10.962/2004 (Dispõe sobre a oferta e as formas de afixação de preços de produtos e serviços para o consumidor) e Dec. 5.903/2006 (Regulamento).
- art. 13, I, Dec. 2.181/1997 (Dispõe sobre a organização do Sistema Nacional de Defesa do Consumidor – SNDC, e estabelece normas gerais de aplicação das sanções administrativas previstas nesta Lei).

Parágrafo único. As informações de que trata este artigo, nos produtos refrigerados oferecidos ao consumidor, serão gravadas de forma indelével. (Incluído pela Lei 11.989/2009.)

Art. 32. Os fabricantes e importadores deverão assegurar a oferta de componentes e peças de reposição enquanto não cessar a fabricação ou importação do produto.

- arts. 21 e 70 deste Código.
- art. 13, V e XXI, Dec. 2.181/1997 (Dispõe sobre a organização do Sistema Nacional de Defesa do Consumidor – SNDC, e estabelece normas gerais de aplicação das sanções administrativas previstas nesta Lei).

Parágrafo único. Cessadas a produção ou importação, a oferta deverá ser mantida por período razoável de tempo, na forma da lei.

Art. 33. Em caso de oferta ou venda por telefone ou reembolso postal, deve constar o nome do fabricante e endereço na embalagem, publicidade e em todos os impressos utilizados na transação comercial.

- art. 49, *caput*, deste Código.
- art. 13, VII, Dec. 2.181/1997 (Dispõe sobre a organização do Sistema Nacional de Defesa do Consumidor – SNDC, e estabelece normas gerais de aplicação das sanções administrativas previstas nesta Lei).

Parágrafo único. É proibida a publicidade de bens e serviços por telefone, quando a chamada for onerosa ao consumidor que a origina. (Incluído pela Lei 11.800/2008.)

Art. 34. O fornecedor do produto ou serviço é solidariamente responsável pelos atos de seus prepostos ou representantes autônomos.

- arts. 7º, p.u.; 18, *caput*; 19, *caput*; 25, §§ 1º e 2º; 28, § 3º; e 51, deste Código.

Art. 35. Se o fornecedor de produtos ou serviços recusar cumprimento à oferta, apresentação ou publicidade, o consumidor poderá, alternativamente e à sua livre escolha:

- arts. 497 a 500, NCPC.

I - exigir o cumprimento forçado da obrigação, nos termos da oferta, apresentação ou publicidade;

- arts. 48 e 84 deste Código.

II - aceitar outro produto ou prestação de serviço equivalente;

III - rescindir o contrato, com direito à restituição de quantia eventualmente antecipada, monetariamente atualizada, e a perdas e danos.

- art. 13, VI, Dec. 2.181/1997 (Dispõe sobre a organização do Sistema Nacional de Defesa do Consumidor – SNDC, e estabelece normas gerais de aplicação das sanções administrativas previstas nesta Lei).

SEÇÃO III
DA PUBLICIDADE

Art. 36. A publicidade deve ser veiculada de tal forma que o consumidor, fácil e imediatamente, a identifique como tal.

- art. 60 deste Código.

Parágrafo único. O fornecedor, na publicidade de seus produtos ou serviços, manterá, em seu poder, para informação dos legítimos interessados, os dados fáticos, técnicos e científicos que dão sustentação à mensagem.

- art. 69 deste Código.
- art. 19, p.u., Dec. 2.181/1997 (Dispõe sobre a organização do Sistema Nacional de Defesa do Consumidor – SNDC, e estabelece normas gerais de aplicação das sanções administrativas previstas nesta Lei).

Art. 37. É proibida toda publicidade enganosa ou abusiva.

- arts. 60, *caput*; 66; e 67 deste Código.

§ 1º É enganosa qualquer modalidade de informação ou comunicação de caráter publicitário, inteira ou parcialmente falsa, ou, por qualquer outro modo, mesmo por omissão, capaz de induzir em erro o consumidor a respeito da natureza, características, qualidade, quantidade, propriedades, origem, preço e quaisquer outros dados sobre produtos e serviços.

- Súm. 595 do STJ.

§ 2º É abusiva, dentre outras a publicidade discriminatória de qualquer natureza, a que incite à violência, explore o medo ou a superstição, se aproveite da deficiência de julgamento e experiência da criança, desrespeita valores ambientais, ou que seja capaz de induzir o consumidor a se comportar de forma prejudicial ou perigosa à sua saúde ou segurança.

- art. 39, IV, deste Código.

§ 3º Para os efeitos deste Código, a publicidade é enganosa por omissão quando deixar de informar sobre dado essencial do produto ou serviço.

- art. 66 deste Código.
- arts. 14 e 19, Dec. 2.181/1997 (Dispõe sobre a organização do Sistema Nacional de Defesa do Consumidor – SNDC, e estabelece normas gerais de aplicação das sanções administrativas previstas nesta Lei).
- Súmula 595 do STJ.

§ 4º (Vetado.)

Art. 38. O ônus da prova da veracidade e correção da informação ou comunicação publicitária cabe a quem as patrocina.

- arts. 6º, VIII; e 51, VI, deste Código.
- art. 373, NCPC.
- art. 14, § 3º, Dec. 2.181/1997 (Dispõe sobre a organização do Sistema Nacional de Defesa do Consumidor – SNDC, e estabelece normas gerais de aplicação das sanções administrativas previstas nesta Lei).

SEÇÃO IV
DAS PRÁTICAS ABUSIVAS

Art. 39. É vedado ao fornecedor de produtos ou serviços, dentre outras práticas abusivas: (Redação dada pela Lei 8.884/1994.)

- art. 12, Dec. 2.181/1997 (Dispõe sobre a organização do Sistema Nacional de Defesa do Consumidor – SNDC, e estabelece normas gerais de aplicação das sanções administrativas previstas nesta Lei).
- Port. SDE 49/2009 (Considera abusiva, no âmbito dos serviços regulados pelo Poder Público Federal, recusar ou dificultar, quando solicitado pelo consumidor ou por órgão competente, a entrega da gravação das chamadas efetuadas para o SAC, no prazo de dez dias).

I - condicionar o fornecimento de produto ou de serviço ao fornecimento de outro produto ou serviço, bem como, sem justa causa, a limites quantitativos;

II - recusar atendimento às demandas dos consumidores, na exata medida de suas disponibilidades de estoque, e, ainda, de conformidade com os usos e costumes;

- art. 2º, I, Lei 1.521/1951 (Lei dos Crimes Contra a Economia Popular).

III - enviar ou entregar ao consumidor, sem solicitação prévia, qualquer produto, ou fornecer qualquer serviço;

IV - prevalecer-se da fraqueza ou ignorância do consumidor, tendo em vista sua idade, saúde, conhecimento ou condição social, para impingir-lhe seus produtos ou serviços;

V - exigir do consumidor vantagem manifestamente excessiva;

- Port. SDE 7/2003 (Considera abusiva, nos termos deste inciso V, para efeitos de fiscalização pelos órgãos públicos de defesa do consumidor, a interrupção da internação hospitalar em leito clínico, cirúrgico ou em centro de terapia intensiva ou similar, por motivos alheios às prescrições médicas).

VI - executar serviços sem a prévia elaboração de orçamento e autorização expressa do consumidor, ressalvadas as decorrentes de práticas anteriores entre as partes;

- art. 40 deste Código.

VII - repassar informação depreciativa, referente a ato praticado pelo consumidor no exercício de seus direitos;

VIII - colocar, no mercado de consumo, qualquer produto ou serviço em desacordo com as normas expedidas pelos órgãos oficiais competentes ou, se normas específicas não existirem, pela Associação Brasileira de Normas Técnicas ou outra entidade credenciada pelo Conselho Nacional de Metrologia, Normalização e Qualidade Industrial (Conmetro);

- art. 2º, III, Lei 1.521/1951 (Lei dos Crimes Contra a Economia Popular).

IX - recusar a venda de bens ou a prestação de serviços, diretamente a quem se disponha a adquiri-los mediante pronto pagamento, ressalvados os casos de intermediação regulados em leis especiais; (Redação dada pela Lei 8.884/1994.)

- art. 122, CC/2002.
- art. 2º, I, Lei 1.521/1951 (Lei dos Crimes Contra a Economia Popular).
- art. 13, XXIII, Dec. 2.181/1997 (Dispõe sobre a organização do Sistema Nacional de Defesa do Consumidor – SNDC, e estabelece normas gerais de aplicação das sanções administrativas previstas nesta Lei).

X - elevar sem justa causa o preço de produtos ou serviços. (Incluído pela Lei 8.884/1994.)

XI - Dispositivo incluído pela Med. Prov. 1.890-67/1999, transformado em inciso XIII, quando da conversão na Lei 9.870/1999.

- art. 6º, Lei 8.137/1990 (Lei dos Crimes Contra a Ordem Tributária, Econômica e Contra as Relações de Consumo).
- art. 2º, Lei 10.192/2000 (Dispõe sobre medidas complementares ao Plano Real).
- art. 13, XXII, Dec. 2.181/1997 (Dispõe sobre a organização do Sistema Nacional de Defesa do Consumidor – SNDC, e estabelece normas gerais de aplicação das sanções administrativas previstas nesta Lei).

XII - deixar de estipular prazo para o cumprimento de sua obrigação ou deixar a fixação de seu termo inicial a seu exclusivo critério. (Incluído pela Lei 9.008/1995.)

XIII - aplicar fórmula ou índice de reajuste diverso do legal ou contratualmente estabelecido. (Incluído pela Lei 9.870/1999.)

XIV - permitir o ingresso em estabelecimentos comerciais ou de serviços de um número maior de consumidores que o fixado pela autoridade administrativa como máximo. (Acrescentado pela Lei 13.425/2017).

Parágrafo único. Os serviços prestados e os produtos remetidos ou entregues ao consumidor, na hipótese prevista no inciso III, equiparam-se às amostras grátis, inexistindo obrigação de pagamento.

- art. 23, Dec. 2.181/1997 (Dispõe sobre a organização do Sistema Nacional de Defesa do Consumidor – SNDC, e estabelece normas gerais de aplicação das sanções administrativas previstas nesta Lei).

Art. 40. O fornecedor de serviço será obrigado a entregar ao consumidor orçamento prévio discriminando o valor da mão de obra, dos materiais e equipamentos a serem empregados, as condições de pagamento, bem como as datas de início e término dos serviços.

- art. 39, VI, deste Código.
- art. 427, CC/2002.

§ 1º Salvo estipulação em contrário, o valor orçado terá validade pelo prazo de dez dias, contado de seu recebimento pelo consumidor.

§ 2º Uma vez aprovado pelo consumidor, o orçamento obriga os contraentes e somente pode ser alterado mediante livre-negociação das partes.

§ 3º O consumidor não responde por quaisquer ônus ou acréscimos decorrentes da contratação de serviços de terceiros não previstos no orçamento prévio.

Art. 41. No caso de fornecimento de produtos ou de serviços sujeitos ao regime de controle ou de tabelamento de preços, os fornecedores deverão respeitar os limites oficiais sob pena de não o fazendo, responderem pela restituição da quantia recebida em excesso, monetariamente atualizada, podendo o consumidor exigir à sua escolha, o desfazimento do negócio, sem prejuízo de outras sanções cabíveis.

- art. 2º, VI, Lei 1.521/1951 (Lei dos Crimes Contra a Economia Popular).
- art. 6º, Lei 8.137/1990 (Lei dos Crimes Contra a Ordem Tributária, Econômica e Contra as Relações de Consumo).
- art. 13, VIII, Dec. 2.181/1997 (Dispõe sobre a organização do Sistema Nacional de Defesa do Consumidor – SNDC, e estabelece normas gerais de aplicação das sanções administrativas previstas nesta Lei).

SEÇÃO V
DA COBRANÇA DE DÍVIDAS

Art. 42. Na cobrança de débitos, o consumidor inadimplente não será exposto a ridículo, nem será submetido a qualquer tipo de constrangimento ou ameaça.

- art. 71 deste Código.
- art. 13, IX, Dec. 2.181/1997 (Dispõe sobre a organização do Sistema Nacional de Defesa do Consumidor – SNDC, e estabelece normas gerais de aplicação das sanções administrativas previstas nesta Lei).

Parágrafo único. O consumidor cobrado em quantia indevida tem direito à repetição do indébito, por valor igual ao dobro do que pagou em excesso, acrescido de correção monetária e juros legais, salvo hipótese de engano justificável.

Art. 42-A. Em todos os documentos de cobrança de débitos apresentados ao consumidor, deverão constar o nome, o endereço e o número de inscrição no Cadastro de Pessoas Físicas – CPF ou no Cadastro Nacional de Pessoa Jurídica – CNPJ do fornecedor do produto ou serviço correspondente. (Incluído pela Lei 12.039/2009.)

SEÇÃO VI
DOS BANCOS DE DADOS E CADASTROS DE CONSUMIDORES

Art. 43. O consumidor, sem prejuízo do disposto no art. 86, terá acesso às informações existentes em cadastros, fichas, registros e dados pessoais e de consumo arquivados sobre ele, bem como sobre as suas respectivas fontes.

- O referido art. 86 foi vetado.
- art. 72 deste Código.
- art. 13, X, Dec. 2.181/1997 (Dispõe sobre a organização do Sistema Nacional de Defesa do Consumidor – SNDC, e estabelece normas gerais de aplicação das sanções administrativas previstas nesta Lei).
- Súm. 572, STJ.

§ 1º Os cadastros e dados de consumidores devem ser objetivos, claros, verdadeiros e em linguagem de fácil compreensão, não podendo conter informações negativas referentes a período superior a cinco anos.

- Súm. 323, STJ.

§ 2º A abertura de cadastro, ficha, registro e dados pessoais e de consumo deverá ser comunicada por escrito ao consumidor, quando não solicitada por ele.

- art. 13, XIII, Dec. 2.181/1997 (Dispõe sobre a organização do Sistema Nacional de Defesa do Consumidor – SNDC, e estabelece normas gerais de aplicação das sanções administrativas previstas nesta Lei).
- Súm. 359; 385; e 404, STJ.

§ 3º O consumidor, sempre que encontrar inexatidão nos seus dados e cadastros, poderá exigir sua imediata correção, devendo o arquivista, no prazo de cinco dias úteis, comunicar a alteração aos eventuais destinatários das informações incorretas.

- art. 73 deste Código.
- art. 13, XIV e XV, Dec. 2.181/1997 (Dispõe sobre a organização do Sistema Nacional de Defesa do Consumidor – SNDC, e estabelece normas gerais de aplicação das sanções administrativas previstas nesta Lei).

§ 4º Os bancos de dados e cadastros relativos a consumidores, os serviços de proteção ao crédito e congêneres são considerados entidades de caráter público.

- art. 5º, LXXII, *a*, CF.

§ 5º Consumada a prescrição relativa à cobrança de débitos do consumidor, não serão fornecidas, pelos respectivos Sistemas de Proteção ao Crédito, quaisquer informações que possam impedir ou dificultar novo acesso ao crédito junto aos fornecedores.

- Lei 9.507/1997 (Lei do *Habeas data*).
- Súm. 323, STJ.

§ 6º Todas as informações de que trata o *caput* deste artigo devem ser disponibilizadas em formatos acessíveis, inclusive para a pessoa com deficiência, mediante solicitação do consumidor. (Acrescentado pela Lei 13.146/2015.)

Art. 44. Os órgãos públicos de defesa do consumidor manterão cadastros atualizados de reclamações fundamentadas contra fornecedores de produtos e serviços, devendo divulgá-lo pública e anualmente. A divulgação indicará se a reclamação foi atendida ou não pelo fornecedor.

- arts. 3º, XIII; 4º, V; e 57 a 61, Dec. 2.181/1997 (Dispõe sobre a organização do Sistema Nacional de Defesa do Consumidor – SNDC, e estabelece normas gerais de aplicação das sanções administrativas previstas nesta Lei).

§ 1º É facultado o acesso às informações lá constantes para orientação e consulta por qualquer interessado.

§ 2º Aplicam-se a este artigo, no que couber, as mesmas regras enunciadas no artigo anterior e as do parágrafo único do art. 22 deste Código.

Art. 45. (Vetado.)

CAPÍTULO VI
DA PROTEÇÃO CONTRATUAL

SEÇÃO I
DISPOSIÇÕES GERAIS

Art. 46. Os contratos que regulam as relações de consumo não obrigarão os consumidores, se não lhes for dada a oportunidade de tomar conhecimento prévio de seu conteúdo, ou se os respectivos instrumentos forem redigidos de modo a dificultar a compreensão de seu sentido e alcance.

Art. 47. As cláusulas contratuais serão interpretadas de maneira mais favorável ao consumidor.

- art. 423, CC/2002.
- Súm. 181, STJ.

Art. 48. As declarações de vontade constantes de escritos particulares, recibos e pré-contratos relativos às relações de consumo vinculam o fornecedor, ensejando inclusive execução específica, nos termos do art. 84 e parágrafos.

- art. 35, I, deste Código.
- art. 13, XVI, Dec. 2.181/1997 (Dispõe sobre a organização do Sistema Nacional de Defesa do Consumidor – SNDC, e estabelece normas gerais de aplicação das sanções administrativas previstas nesta Lei).

Art. 49. O consumidor pode desistir do contrato, no prazo de 7 dias a contar de sua assinatura ou do ato de recebimento do produto ou serviço, sempre que a contratação de fornecimento de produtos e serviços ocorrer fora do estabelecimento comercial, especialmente por telefone ou a domicílio.

- art. 33 deste Código.

- **Atualização:** Lei 14.010/2020, Art. 8º. Até 30 de outubro de 2020, fica suspensa a aplicação do art. 49 do Código de Defesa do Consumidor na hipótese de entrega domiciliar (delivery) de produtos perecíveis ou de consumo imediato e de medicamentos.

Parágrafo único. Se o consumidor exercitar o direito de arrependimento previsto neste artigo, os valores eventualmente pagos, a qualquer título, durante o prazo de reflexão, serão devolvidos, de imediato, monetariamente atualizados.

- art. 13, XVII e XVIII, Dec. 2.181/1997 (Dispõe sobre a organização do Sistema Nacional de Defesa do Consumidor – SNDC, e estabelece normas gerais de aplicação das sanções administrativas previstas nesta Lei).

Art. 50. A garantia contratual é complementar à legal e será conferida mediante termo escrito.

- arts. 24 e 74 deste Código.

Parágrafo único. O termo de garantia ou equivalente deve ser padronizado e esclarecer, de maneira adequada em que consiste a mesma garantia, bem como a forma, o prazo e o lugar em que pode ser exercitada e os ônus a cargo do consumidor, devendo ser-lhe entregue, devidamente preenchido pelo fornecedor, no ato do fornecimento, acompanhado de manual de instrução, de instalação e uso do produto em linguagem didática, com ilustrações.

- art. 13, XIX, Dec. 2.181/1997 (Dispõe sobre a organização do Sistema Nacional de Defesa do Consumidor – SNDC, e estabelece normas gerais de aplicação das sanções administrativas previstas nesta Lei).

SEÇÃO II
DAS CLÁUSULAS ABUSIVAS

Art. 51. São nulas de pleno direito, entre outras, as cláusulas contratuais relativas ao fornecimento de produtos e serviços que:

- art. 6º, IV, deste Código.
- art. 166, CC/2002.
- Med. Pro2.172-32/2001 (Estabelece a nulidade das disposições contratuais que menciona e inverte, nas hipóteses que prevê, o ônus da prova nas ações intentadas para sua declaração).
- arts. 22 e 56, Dec. 2.181/1997 (Dispõe sobre a organização do Sistema Nacional de Defesa do Consumidor – SNDC, e estabelece normas gerais de aplicação das sanções administrativas previstas nesta Lei).
- Portarias 4/1998; 3/1999; 3/2001; e 5/2002, SDE (Elencam cláusulas consideradas abusivas).
- Súm. 381, STJ.

I - impossibilitem, exonerem ou atenuem a responsabilidade do fornecedor por vícios de qualquer natureza dos produtos e serviços ou impliquem renúncia ou disposição de direitos. Nas relações de consumo entre o fornecedor e o consumidor pessoa jurídica, a indenização poderá ser limitada, em situações justificáveis;

- art. 424, CC/2002.
- Súm. 638, STJ.

II - subtraiam ao consumidor a opção de reembolso da quantia já paga, nos casos previstos neste Código;

- arts. 18, § 1º, II; 19, IV; 20, II; e 49, p.u., deste Código.
- Súm. 543, STJ.

III - transfiram responsabilidades a terceiros;
IV - estabeleçam obrigações consideradas iníquas, abusivas, que coloquem o consumidor em desvantagem exagerada, ou sejam incompatíveis com a boa-fé ou a equidade;

- arts. 4º, III, e 53 deste Código.
- arts. 22, IV; e 56, Dec. 2.181/1997 (Dispõe sobre a organização do Sistema Nacional de Defesa do Consumidor – SNDC, e estabelece normas gerais de aplicação das sanções administrativas previstas nesta Lei).
- Súm. 302 e 381, STJ.

V - (Vetado.);
VI - estabeleçam inversão do ônus da prova em prejuízo do consumidor;

- arts. 6º, VIII; e 38 deste Código.

VII - determinem a utilização compulsória de arbitragem;

- Lei 9.307/1996 (Lei de Arbitragem).

VIII - imponham representante para concluir ou realizar outro negócio jurídico pelo consumidor;

- Súm. 60, STJ.

IX - deixem ao fornecedor a opção de concluir ou não o contrato, embora obrigando o consumidor;

- art. 122, CC/2002.

X - permitam ao fornecedor, direta ou indiretamente, variação do preço de maneira unilateral;
XI - autorizem o fornecedor a cancelar o contrato unilateralmente, sem que igual direito seja conferido ao consumidor;
XII - obriguem o consumidor a ressarcir os custos de cobrança de sua obrigação, sem que igual direito lhe seja conferido contra o fornecedor;
XIII - autorizem o fornecedor a modificar unilateralmente o conteúdo ou a qualidade do contrato, após sua celebração;
XIV - infrinjam ou possibilitem a violação de normas ambientais;
XV - estejam em desacordo com o sistema de proteção ao consumidor;
XVI - possibilitem a renúncia do direito de indenização por benfeitorias necessárias.

§ 1º Presume-se exagerada, entre outros casos, a vantagem que:

I - ofende os princípios fundamentais do sistema jurídico a que pertence;
II - restringe direitos ou obrigações fundamentais inerentes à natureza do contrato, de tal modo a ameaçar seu objeto ou equilíbrio contratual;
III - se mostra excessivamente onerosa para o consumidor, considerando-se a natureza e conteúdo do contrato, o interesse das partes e outras circunstâncias peculiares ao caso.

§ 2º A nulidade de uma cláusula contratual abusiva não invalida o contrato, exceto quando de sua ausência, apesar dos esforços de integração, decorrer ônus excessivo a qualquer das partes.

- art. 184, CC/2002.

§ 3º (Vetado.)

§ 4º É facultado a qualquer consumidor ou entidade que o represente requerer ao Ministério Público que ajuíze a competente ação para ser declarada a nulidade de cláusula contratual que contrarie o disposto neste Código ou de qualquer forma não assegure o justo equilíbrio entre direitos e obrigações das partes.

- art. 82, I, deste Código.
- art. 3º, VI, Dec. 2.181/1997 (Dispõe sobre a organização do Sistema Nacional de Defesa do Consumidor – SNDC, e estabelece normas gerais de aplicação das sanções administrativas previstas nesta Lei).

Art. 52. No fornecimento de produtos ou serviços que envolva outorga de crédito ou concessão de financiamento ao consumidor, o fornecedor deverá, entre outros requisitos, informá-lo prévia e adequadamente sobre:

- art. 66 deste Código.
- Lei 10.962/2004 (Dispõe sobre a oferta e as formas de afixação de preços de produtos e serviços para o consumidor) e art. 3º, Dec. 5.903/2006 (Dispõe sobre as práticas infracionais que atentam contra o direito básico do consumidor de obter informação clara e adequada sobre produtos e serviços).

I - preço do produto ou serviço em moeda corrente nacional;
II - montante dos juros de mora e da taxa efetiva anual de juros;
III - acréscimos legalmente previstos;
IV - número e periodicidade das prestações;
V - soma total a pagar, com e sem financiamento.

- art. 13, XX, Dec. 2.181/1997 (Dispõe sobre a organização do Sistema Nacional de Defesa do Consumidor – SNDC, e estabelece normas gerais de aplicação das sanções administrativas previstas nesta Lei).

§ 1º As multas de mora decorrentes do inadimplemento de obrigações no seu termo não poderão ser superiores a dois por cento do valor da prestação. (Redação dada pela Lei 9.298/1996.)

- art. 22, XIX, Dec. 2.181/1997 (Dispõe sobre a organização do Sistema Nacional de Defesa do Consumidor – SNDC, e estabelece normas gerais de aplicação das sanções administrativas previstas nesta Lei).
- Súm. 285, STJ.

§ 2º É assegurado ao consumidor a liquidação antecipada do débito, total ou parcialmente, mediante redução proporcional dos juros e demais acréscimos.

- art. 7º Dec. 22.626, de 7-4-1933 (Lei da Usura).
- art. 22, XX, Dec. 2.181/1997 (Dispõe sobre a organização do Sistema Nacional de Defesa do Consumidor – SNDC, e estabelece normas gerais de aplicação das sanções administrativas previstas nesta Lei).

§ 3º (Vetado.)

Art. 53. Nos contratos de compra e venda de móveis ou imóveis mediante pagamento em prestações, bem como nas alienações fiduciárias em garantia, consideram-se nulas de pleno direito as cláusulas que estabeleçam a perda total das prestações pagas em benefício do credor que, em razão do inadimplemento, pleitear a resolução do contrato e a retomada do produto alienado.

- art. 51, IV, deste Código.
- art. 22, XVII, Dec. 2.181/1997 (Dispõe sobre a organização do Sistema Nacional de Defesa do Consumidor – SNDC, e estabelece normas gerais de aplicação das sanções administrativas previstas nesta Lei).
- Súm. 284, STJ.

§ 1º (Vetado).

§ 2º Nos contratos do sistema de consórcio de produtos duráveis, a compensação ou a restituição das parcelas quitadas, na forma deste artigo, terá descontada, além da vantagem econômica auferida com a fruição, os prejuízos que o desistente ou inadimplente causar ao grupo.

- art. 54, § 2º, deste Código.
- Lei 11.795/2008 (Lei do Sistema de Consórcio).
- Súm. 35, STJ.

§ 3º Os contratos de que trata o *caput* deste artigo serão expressos em moeda corrente nacional.

- art. 1º, Lei 10.192/2000 (Dispõe sobre medidas complementares ao Plano Real).

SEÇÃO III
DOS CONTRATOS DE ADESÃO

Art. 54. Contrato de adesão é aquele cujas cláusulas tenham sido aprovadas pela autoridade competente ou estabelecidas unilateralmente pelo fornecedor de produtos ou serviços, sem que o consumidor possa discutir ou modificar substancialmente seu conteúdo.

- art. 18, § 2º, parte final, deste Código.
- arts. 423 e 424, CC/2002.
- art. 22, XXII, Dec. 2.181/1997 (Dispõe sobre a organização do Sistema Nacional de Defesa do Consumidor – SNDC, e estabelece normas gerais de aplicação das sanções administrativas previstas nesta Lei).

§ 1º A inserção de cláusula no formulário não desfigura a natureza de adesão do contrato.

§ 2º Nos contratos de adesão admite-se cláusula resolutória, desde que a alternativa, cabendo a escolha ao consumidor, ressalvando-se o disposto no § 2º do artigo anterior.

- Lei 11.795/2008 (Lei do Sistema de Consórcio).

§ 3º Os contratos de adesão escritos serão redigidos em termos claros e com caracteres ostensivos e legíveis, cujo tamanho da fonte não será inferior ao corpo doze, de modo a facilitar sua compreensão pelo consumidor. (Redação dada pela Lei 11.785/2008.)

- art. 46 deste Código.
- Súmula 620, STJ.

§ 4º As cláusulas que implicarem limitação de direito do consumidor deverão ser redigidas com destaque, permitindo sua imediata e fácil compreensão.

§ 5º (Vetado.)

CAPÍTULO VII
DAS SANÇÕES ADMINISTRATIVAS

- Dec. 2.181/1997 (Dispõe sobre a organização do Sistema Nacional de Defesa do Consumidor – SNDC, e estabelece normas gerais de aplicação das sanções administrativas previstas nesta Lei).
- Lei 12.741/2012 (Dispõe sobre as medidas de esclarecimento ao consumidor).

Art. 55. A União, os Estados e o Distrito Federal, em caráter concorrente e nas suas respectivas áreas de atuação administrativa, baixarão normas relativas à produção, industrialização, distribuição e consumo de produtos e serviços.

§ 1º A União, os Estados, o Distrito Federal e os Municípios fiscalizarão e controlarão a produção, industrialização, distribuição, a publicidade de produtos e serviços e o mercado de consumo, no interesse da preservação da vida, da saúde, da segurança, da informação e do bem-estar do consumidor, baixando as normas que se fizerem necessárias.

- Dec. de 28.09.1995 (Cria a Comissão Nacional Permanente de Defesa do Consumidor).

§ 2º (Vetado.)

§ 3º Os órgãos federais, estaduais, do Distrito Federal e municipais com atribuições para fiscalizar e controlar o mercado de consumo manterão comissões permanentes para elaboração, revisão e atualização das normas referidas no § 1º, sendo obrigatória a participação dos consumidores e fornecedores.

- Dec. de 28.09.1995 (Cria a Comissão Nacional Permanente de Defesa do Consumidor).

§ 4º Os órgãos oficiais poderão expedir notificações aos fornecedores para que, sob pena de desobediência, prestem informações sobre questões de interesse do consumidor, resguardado o segredo industrial.

- art. 33, § 1º, Dec. 2.181/1997 (Dispõe sobre a organização do Sistema Nacional de Defesa do Consumidor – SNDC, e estabelece normas gerais de aplicação das sanções administrativas previstas nesta Lei).

Art. 56. As infrações das normas de defesa do consumidor ficam sujeitas, conforme o caso, às seguintes sanções administrativas, sem prejuízo das de natureza civil, penal e das definidas em normas específicas:

- art. 2º, Lei 13.233/2015 (Obriga, nas hipóteses que especifica, a veiculação de mensagem de advertência sobre o risco de escassez e de incentivo ao consumo moderado de água).

I - multa;

- art. 29, Dec. 2.181/1997 (Dispõe sobre a organização do Sistema Nacional de Defesa do Consumidor – SNDC, e estabelece normas gerais de aplicação das sanções administrativas previstas nesta Lei).

II - apreensão do produto;
III - inutilização do produto;
IV - cassação do registro do produto junto ao órgão competente;
V - proibição de fabricação do produto;
VI - suspensão de fornecimento de produtos ou serviço;
VII - suspensão temporária de atividade;
VIII - revogação de concessão ou permissão de uso;
IX - cassação de licença do estabelecimento ou de atividade;
X - interdição, total ou parcial, de estabelecimento, de obra ou de atividade;
XI - intervenção administrativa;
XII - imposição de contrapropaganda.

- arts. 18 e 21, Dec. 2.181/1997 (Dispõe sobre a organização do Sistema Nacional de Defesa do Consumidor – SNDC, e estabelece normas gerais de aplicação das sanções administrativas previstas nesta Lei).

Parágrafo único. As sanções previstas neste artigo serão aplicadas pela autoridade administrativa, no âmbito de sua atribuição, podendo ser aplicadas cumulativamente, inclusive por medida cautelar, antecedente ou incidente de procedimento administrativo.

Art. 57. A pena de multa, graduada de acordo com a gravidade da infração, a vantagem auferida e a condição econômica do fornecedor, será aplicada mediante procedimento administrativo, revertendo para o Fundo de que trata a Lei n. 7.347, de 24 de julho de 1985, os valores cabíveis à União, ou para os Fundos estaduais ou municipais de proteção ao consumidor nos demais casos. (Redação dada pela Lei 8.656/1993.)

- art. 3º, p.u., Lei 8.907/1994 (Determina que o modelo de fardamento escolar adotado nas escolas públicas e privadas não possa ser alterado antes de transcorrido cinco anos).
- arts. 28 e 29, Dec. 2.181/1997 (Dispõe sobre a organização do Sistema Nacional de Defesa do Consumidor – SNDC, e estabelece normas gerais de aplicação das sanções administrativas previstas nesta Lei).

Parágrafo único. A multa será em montante não inferior a duzentas e não superior a três milhões de vezes o valor da Unidade Fiscal de Referência (Ufir), ou índice equivalente que venha a substituí-lo. (Parágrafo acrescentado pela Lei 8.703/1993.)

- art. 29, § 3º, Lei 10.522/2002 (Dispõe sobre o Cadastro Informativo dos créditos não quitados de órgãos e entidades federais).
- art. 2º, III, Dec. 1.306/1994 (Regulamenta o Fundo de Defesa de Direitos Difusos).

Art. 58. As penas de apreensão, de inutilização de produtos, de proibição de fabricação de produtos, de suspensão do fornecimento de produto ou serviço, de cassação do registro do produto e revogação da concessão ou permissão de uso serão aplicadas pela administração, mediante procedimento administrativo, assegurada ampla defesa, quando forem constatados vícios de quantidade ou de qualidade por inadequação ou insegurança do produto ou serviço.

Art. 59. As penas de cassação de alvará de licença, de interdição e de suspensão temporária da atividade, bem como a de intervenção administrativa, serão aplicadas mediante procedimento administrativo, assegurada ampla defesa, quando o fornecedor reincidir na prática das infrações de maior gravidade previstas neste Código e na legislação de consumo.

§ 1º A pena de cassação da concessão será aplicada à concessionária de serviço público, quando violar obrigação legal ou contratual.

§ 2º A pena de intervenção administrativa será aplicada sempre que as circunstâncias de fato desaconselharem a cassação de licença, a interdição ou suspensão da atividade.

§ 3º Pendendo ação judicial na qual se discuta a imposição de penalidade administrativa, não haverá reincidência até o trânsito em julgado da sentença.

Art. 60. A imposição de contrapropaganda será cominada quando o fornecedor incorrer na prática de publicidade enganosa ou abusiva, nos termos do art. 36 e seus parágrafos, sempre às expensas do infrator.

- art. 37 deste Código.

§ 1º A contrapropaganda será divulgada pelo responsável da mesma forma, frequência e dimensão e, preferencialmente no mesmo veículo, local, espaço e horário, de forma capaz de desfazer o malefício da publicidade enganosa ou abusiva.

- art. 47, Dec. 2.181/1997 (Dispõe sobre a organização do Sistema Nacional de Defesa do Consumidor – SNDC, e estabelece normas gerais de aplicação das sanções administrativas previstas nesta Lei).

§§ 2º e 3º (Vetados.)

TÍTULO II
DAS INFRAÇÕES PENAIS

Art. 61. Constituem crimes contra as relações de consumo previstas neste Código, sem prejuízo do disposto no Código Penal e leis especiais, as condutas tipificadas nos artigos seguintes.

- art. 7º, Lei 8.137/1990 (Lei dos Crimes Contra a Ordem Tributária, Econômica e Contra as Relações de Consumo).

Art. 62. (Vetado.)

Art. 63. Omitir dizeres ou sinais ostensivos sobre a nocividade ou periculosidade de produtos, nas embalagens, nos invólucros, recipientes ou publicidade:

Pena - Detenção de seis meses a dois anos e multa.

- arts. 8 a 10 deste Código.

§ 1º Incorrerá nas mesmas penas quem deixar de alertar, mediante recomendações escritas ostensivas, sobre a periculosidade do serviço a ser prestado.

§ 2º Se o crime é culposo:

Pena - Detenção de um a seis meses ou multa.

Art. 64. Deixar de comunicar à autoridade competente e aos consumidores a nocividade ou periculosidade de produtos cujo conhecimento seja posterior à sua colocação no mercado:

Pena - Detenção de seis meses a dois anos e multa.

- art. 10, § 1º, deste Código.
- art. 13, II e III, Dec. 2.181/1997 (Dispõe sobre a organização do Sistema Nacional de Defesa do Consumidor – SNDC, e estabelece normas gerais de aplicação das sanções administrativas previstas nesta Lei).

Parágrafo único. Incorrerá nas mesmas penas quem deixar de retirar do mercado, imediatamente quando determinado pela autoridade competente, os produtos nocivos ou perigosos, na forma deste artigo.

Art. 65. Executar serviço de alto grau de periculosidade, contrariando determinação de autoridade competente:

Pena - Detenção de seis meses a dois anos e multa.

- art. 10 deste Código.
- art. 19, CP.

§ 1º As penas deste artigo são aplicáveis sem prejuízo das correspondentes à lesão corporal e à morte. (Renumerado anterior p.u. pela Lei 13.425/2017.)

§ 2º A prática do disposto no inciso XIV do art. 39 desta Lei também caracteriza o crime previsto no *caput* deste artigo. (Acrescentado pela Lei 13.425/2017).

Art. 66. Fazer afirmação falsa ou enganosa, ou omitir informação relevante sobre a natureza, característica, qualidade, quantidade, segurança, desempenho, durabilidade, preço ou garantia de produtos ou serviços:

Pena - Detenção de três meses a um ano e multa.

- arts. 6º, III; 31; e 37 deste Código.
- art. 13, I, Dec. 2.181/1997 (Dispõe sobre a organização do Sistema Nacional de Defesa do Consumidor – SNDC, e estabelece normas gerais de aplicação das sanções administrativas previstas nesta Lei).
- art. 9º, Dec. 5.903/2006 (Regulamenta este Código no que se refere às práticas infracionais que atentam contra o direito básico do consumidor de obter informação adequada e clara sobre produtos e serviços).

§ 1º Incorrerá nas mesmas penas quem patrocinar a oferta.

§ 2º Se o crime é culposo:

Pena - Detenção de um a seis meses ou multa.

Art. 67. Fazer ou promover publicidade que sabe ou deveria saber ser enganosa ou abusiva:

Pena - Detenção de três meses a um ano e multa.

- arts. 6º, IV; 36; e 37 deste Código.
- arts. 14 e 19, Dec. 2.181/1997 (Dispõe sobre a organização do Sistema Nacional de Defesa do Consumidor – SNDC, e estabelece normas gerais de aplicação das sanções administrativas previstas nesta Lei).

Parágrafo único. (Vetado.)

Art. 68. Fazer ou promover publicidade que sabe ou deveria saber ser capaz de induzir o consumidor a se comportar de forma prejudicial ou perigosa a sua saúde ou segurança:

Pena - Detenção de seis meses a dois anos e multa:

- arts. 6º, IV; 36; e 37, § 2º, deste Código.
- arts. 14 e 19 Dec. 2.181/1997 (Dispõe sobre a organização do Sistema Nacional de Defesa do Consumidor – SNDC, e estabelece normas gerais de aplicação das sanções administrativas previstas nesta Lei).

Parágrafo único. (Vetado.)

Art. 69. Deixar de organizar dados fáticos, técnicos e científicos que dão base à publicidade:

Pena - Detenção de um a seis meses ou multa.

- arts. 36, p.u., e 38 deste Código.

Art. 70. Empregar na reparação de produtos, peça ou componentes de reposição usados, sem autorização do consumidor:

Pena - Detenção de três meses a um ano e multa.

▸ arts. 21 e 32 deste Código.

Art. 71. Utilizar, na cobrança de dívidas, de ameaça, coação, constrangimento físico ou moral, afirmações falsas incorretas ou enganosas ou de qualquer outro procedimento que exponha o consumidor, injustificadamente, a ridículo ou interfira com seu trabalho, descanso ou lazer:

▸ arts. 146 e 147, CP.

Pena - Detenção de três meses a um ano e multa.

▸ art. 42 deste Código.

Art. 72. Impedir ou dificultar o acesso do consumidor às informações que sobre ele constem em cadastros, banco de dados, fichas e registros:

▸ Lei 12.414/2011 (Disciplina a formação e consulta a bancos de dados com informações de adimplemento, de pessoas naturais ou de pessoas jurídicas, para formação de histórico de crédito).

Pena - Detenção de seis meses a um ano ou multa.

▸ arts. 43 e 44 deste Código.

Art. 73. Deixar de corrigir imediatamente informação sobre consumidor constante de cadastro, banco de dados, fichas ou registros que sabe ou deveria saber ser inexata:

Pena - Detenção de um a seis meses ou multa.

▸ art. 43, § 3º, deste Código.

▸ Lei 12.414/2011 (Disciplina a formação e consulta a bancos de dados com informações de adimplemento, de pessoas naturais ou de pessoas jurídicas, para formação de histórico de crédito).

Art. 74. Deixar de entregar ao consumidor o termo de garantia adequadamente preenchido e com especificação clara de seu conteúdo;

Pena - Detenção de um a seis meses ou multa.

▸ arts. 24 e 50 deste Código.

Art. 75. Quem, de qualquer forma, concorrer para os crimes referidos neste Código, incide as penas a esses cominadas na medida de sua culpabilidade, bem como o diretor, administrador ou gerente da pessoa jurídica que promover, permitir ou por qualquer modo aprovar o fornecimento, oferta, exposição à venda ou manutenção em depósito de produtos ou a oferta e prestação de serviços nas condições por ele proibidas.

▸ art. 28 deste Código.

▸ art. 29, CP.

Art. 76. São circunstâncias agravantes dos crimes tipificados neste Código:

▸ art. 61, CP.

I - serem cometidos em época de grave crise econômica ou por ocasião de calamidade;

▸ art. 61, II, *j*, CP.

II - ocasionarem grave dano individual ou coletivo;

III - dissimular-se a natureza ilícita do procedimento;

IV - quando cometidos:

a) por servidor público, ou por pessoa cuja condição econômico-social seja manifestamente superior à da vítima;

b) em detrimento de operário ou rurícola; de menor de dezoito ou maior de sessenta anos ou de pessoas portadoras de deficiência mental interditadas ou não;

V - serem praticados em operações que envolvam alimentos, medicamentos ou quaisquer outros produtos ou serviços essenciais.

Art. 77. A pena pecuniária prevista nesta Seção será fixada em dias-multa, correspondente ao mínimo e ao máximo de dias de duração da pena privativa da liberdade cominada ao crime. Na individualização desta multa, o juiz observará o disposto no art. 60, § 1º, do Código Penal.

Art. 78. Além das penas privativas de liberdade e de multa, podem ser impostas, cumulativa ou alternadamente, observado o disposto nos arts. 44 a 47 do Código Penal:

I - a interdição temporária de direitos;

II - a publicação em órgãos de comunicação de grande circulação ou audiência, às expensas do condenado, de notícia sobre os fatos e a condenação;

III - a prestação de serviços à comunidade.

Art. 79. O valor da fiança, nas infrações de que trata este Código, será fixado pelo juiz, ou pela autoridade que presidir o inquérito, entre cem e duzentas mil vezes o valor do Bônus do Tesouro Nacional (BTN), ou índice equivalente que venha a substituí-lo.

▸ art. 3º, Lei 8.177/1991 (Estabelece regras para a desindexação da economia e extingue o BTN).

Parágrafo único. Se assim recomendar a situação econômica do indiciado ou réu, a fiança poderá ser:

a) reduzida até a metade do seu valor mínimo;

b) aumentada pelo juiz até vinte vezes.

Art. 80. No processo penal atinente aos crimes previstos neste Código, bem como a outros crimes e contravenções que envolvam relações de consumo, poderão intervir, como assistentes do Ministério Público, os legitimados indicados no art. 82, inciso III e IV, aos quais também é facultado propor ação penal subsidiária, se a denúncia não for oferecida no prazo legal.

▸ art. 5º, LIX, CF.

TÍTULO III
DA DEFESA DO CONSUMIDOR EM JUÍZO

CAPÍTULO I
DISPOSIÇÕES GERAIS

▸ Lei 7.347/1985 (Lei da Ação Civil Pública).

Art. 81. A defesa dos interesses e direitos dos consumidores e das vítimas poderá ser exercida em juízo individualmente, ou a título coletivo.

▸ art. 129, III, CF.

▸ Dec. 2.181/1997 (Dispõe sobre a organização do Sistema Nacional de Defesa do Consumidor – SNDC, e estabelece normas gerais de aplicação das sanções administrativas previstas nesta Lei).

Parágrafo único. A defesa coletiva será exercida quando se tratar de:

▸ arts 82; 91; 93; e 98, § 2º, deste Código.

I - interesses ou direitos difusos, assim entendidos, para efeitos deste Código, os transindividuais, de natureza indivisível, de que sejam titulares pessoas indeterminadas e ligadas por circunstâncias de fato;

▸ arts. 103, I, § 1º; e 104 deste Código.

II - interesses ou direitos coletivos, assim entendidos, para efeitos deste Código, os transindividuais, de natureza indivisível de que seja titular grupo, categoria ou classe de pessoas ligadas entre si ou com a parte contrária por uma relação jurídica base;

▸ arts. 103, II, § 1º; e 104 deste Código.

III - interesses ou direitos individuais homogêneos, assim entendidos os decorrentes de origem comum.

▸ arts. 93 a 100; e 103, III, e § 2º, deste Código.

Art. 82. Para os fins do art. 81, parágrafo único, são legitimados concorrentemente: (Redação dada pela Lei 9.008/1995.)

▸ arts. 83; 90; 91; 97; 98; e 100 deste Código.

▸ art. 139, X, NCPC.

▸ art. 5º, Lei 7.347/1985 (Lei da Ação Civil Pública).

▸ art. 56, § 3º, Dec. 2.181/1997 (Dispõe sobre a organização do Sistema Nacional de Defesa do Consumidor – SNDC, e estabelece normas gerais de aplicação das sanções administrativas previstas nesta Lei).

▸ Lei 12.529/2011 (Estrutura o Sistema Brasileiro de Defesa da Concorrência; dispõe sobre a prevenção e repressão às infrações contra a ordem econômica).

I - o Ministério Público,

▸ arts. 127 a 129, III, CF.

▸ arts. 51, § 4º; 80; e 92 deste Código.

▸ art. 177, NCPC.

▸ arts. 3º, VI, Dec. 2.181/1997 (Dispõe sobre a organização do Sistema Nacional de Defesa do Consumidor – SNDC, e estabelece normas gerais de aplicação das sanções administrativas previstas nesta Lei).

II - a União, os Estados, os Municípios e o Distrito Federal;

III - as entidades e órgãos da Administração Pública, direta ou indireta, ainda que sem personalidade jurídica, especificamente destinados à defesa dos interesses e direitos protegidos por este Código;

▸ art. 80 deste Código.

IV - as associações legalmente constituídas há pelo menos um ano e que incluam entre seus fins institucionais a defesa dos interesses e direitos protegidos por este Código, dispensada a autorização assemblear.

▸ arts. 5º, XXI e LXX; e 8º, III, CF.

▸ art. 80 deste Código.

▸ arts. 45 a 61, CC/2002.

▸ art. 114, I, Lei 6.015/1973 (Lei dos Registros Públicos).

▸ art. 5º, Lei 7.347/1985 (Lei da Ação Civil Pública).

▸ art. 3º, Lei 8.073/1990 (Estabelece a Política Nacional de Salários).

▸ art. 7º, Lei 9.870/1999 (Dispõe sobre o valor total das anuidades escolares).

▸ art. 8º, II, Dec. 2.181/1997 (Dispõe sobre a organização do Sistema Nacional de Defesa do Consumidor – SNDC, e estabelece normas gerais de aplicação das sanções administrativas previstas nesta Lei).

§ 1º O requisito da pré-constituição pode ser dispensado pelo juiz, nas ações previstas nos arts. 91 e seguintes, quando haja manifesto interesse social evidenciado pela dimensão ou característica do dano, ou pela relevância do bem jurídico a ser protegido.

§§ 2º e 3º (Vetados.)

Art. 83. Para a defesa dos direitos e interesses protegidos por este Código são admissíveis todas as espécies de ações capazes de propiciar sua adequada e efetiva tutela.

Parágrafo único. (Vetado.)

Art. 84. Na ação que tenha por objeto o cumprimento da obrigação de fazer ou não fazer, o juiz concederá a tutela específica da obrigação ou determinará providências que assegurem o resultado prático equivalente ao do adimplemento.

▸ arts 30; 35, I; e 48 deste Código.

▸ arts. 497, 499, 500, 536 e 537, NCPC.

§ 1º A conversão da obrigação em perdas e danos somente será admissível se por elas optar o autor ou se impossível a tutela específica ou a obtenção do resultado prático correspondente.

§ 2º A indenização por perdas e danos se fará sem prejuízo da multa (art. 287 do Código de Processo Civil).

▸ Refere-se ao CPC/1973.

§ 3º Sendo relevante o fundamento da demanda e havendo justificado receio de ineficácia do provimento final, é lícito ao juiz conceder a tutela liminarmente ou após justificação prévia, citado o réu.

▸ arts. 303 a 305, NCPC.

§ 4º O juiz poderá, na hipótese do § 3º ou na sentença, impor multa diária ao réu, independentemente de pedido do autor, se for suficiente ou compatível com a obrigação, fixando prazo razoável para o cumprimento do preceito.

- art. 537, NCPC.

§ 5º Para a tutela específica ou para a obtenção do resultado prático equivalente, poderá o juiz determinar as medidas necessárias, tais como busca e apreensão, remoção de coisas e pessoas, desfazimento de obra, impedimento de atividade nociva, além de requisição de força policial.

Arts. 85. e 86. (Vetados.)

Art. 87. Nas ações coletivas de que trata este Código não haverá adiantamento de custas, emolumentos, honorários periciais e quaisquer outras despesas, nem condenação da associação autora, salvo comprovada má-fé, em honorários de advogados, custas e despesas processuais.

- art. 18, Lei 7.347/1985 (Lei da Ação Civil Pública).
- art. 4º, IV, Lei 9.289/1996 (Dispõe sobre as custas devidas à União, na Justiça Federal de primeiro e segundo graus).

Parágrafo único. Em caso de litigância de má-fé, a associação autora e os diretores responsáveis pela propositura da ação serão solidariamente condenados em honorários advocatícios e ao décuplo das custas, sem prejuízo da responsabilidade por perdas e danos.

- arts. 264; 265; e 402 a 405, CC/2002.
- arts. 79 a 81, 82, 84 e 85, NCPC.

Art. 88. Na hipótese do art. 13, parágrafo único, deste Código, a ação de regresso poderá ser ajuizada em processo autônomo, facultada a possibilidade de prosseguir-se nos mesmos autos, vedada a denunciação da lide.

- art. 283, CC/2002.
- arts. 125 a 128, NCPC.

Art. 89. (Vetado.)

Art. 90. Aplicam-se às ações previstas neste título as normas do Código de Processo Civil e da Lei n. 7.347, de 24 de julho de 1985, inclusive no que respeita ao inquérito civil, naquilo que não contrariar suas disposições.

- art. 26, § 2º, III, deste Código.
- art. 1.046, § 4º, NCPC.
- arts. 8º, § 1º; e 9º, Lei 7.347/1985 (Lei da Ação Civil Pública).

CAPÍTULO II
DAS AÇÕES COLETIVAS PARA A DEFESA DE INTERESSES INDIVIDUAIS HOMOGÊNEOS

Art. 91. Os legitimados de que trata o art. 82 poderão propor, em nome próprio e no interesse das vítimas ou seus sucessores, ação civil coletiva de responsabilidade pelos danos individualmente sofridos, de acordo com o disposto nos artigos seguintes. (Redação dada pela Lei 9.008/1995.)

- art. 82, § 1º, deste Código.
- art. 18, NCPC.

Art. 92. O Ministério Público, se não ajuizar a ação, atuará sempre como fiscal da lei.

- arts. 127 a 129, IX, CF.
- arts. 51, § 4º; e 82, I, deste Código.
- art. 178, NCPC.

Parágrafo único. (Vetado.)

Art. 93. Ressalvada a competência da Justiça Federal, é competente para a causa a justiça local:

- art. 109, I, e § 2º, CF.
- art. 51, NCPC.

I - no foro do lugar onde ocorreu ou deva ocorrer o dano, quando de âmbito local;

- art. 53, NCPC.

II - no foro da Capital do Estado ou no do Distrito Federal, para os danos de âmbito nacional ou regional, aplicando-se as regras do Código de Processo Civil aos casos de competência concorrente.

- arts. 46, 51, 57 e 58, NCPC.
- art. 2º, Lei 7.347/1985 (Lei da Ação Civil Pública).

Art. 94. Proposta a ação, será publicado edital no órgão oficial, a fim de que os interessados possam intervir no processo como litisconsortes, sem prejuízo de ampla divulgação pelos meios de comunicação social por parte dos órgãos de defesa do consumidor.

- arts. 113 a 118 e 257, NCPC.
- art. 5º, § 2º, Lei 7.347/1985 (Lei da Ação Civil Pública).

Art. 95. Em caso de procedência do pedido, a condenação será genérica, fixando a responsabilidade do réu pelos danos causados.

- arts. 509 e 512, NCPC.

Art. 96. (Vetado.)

Art. 97. A liquidação e a execução de sentença poderão ser promovidas pela vítima e seus sucessores, assim como pelos legitimados de que trata o art. 82.

- art. 103, § 3º, deste Código.
- art. 509 e ss., NCPC.

Parágrafo único. (Vetado.)

Art. 98. A execução poderá ser coletiva, sendo promovida pelos legitimados de que trata o art. 82, abrangendo as vítimas cujas indenizações já tiveram sido fixadas em sentença de liquidação, sem prejuízo do ajuizamento de outras execuções. (Redação dada pela Lei 9.008/1995.)

- art. 103, § 3º, deste Código.

§ 1º A execução coletiva far-se-á com base em certidão das sentenças de liquidação, da qual deverá constar a ocorrência ou não do trânsito em julgado.

§ 2º É competente para a execução o juízo:

I - da liquidação da sentença ou da ação condenatória, no caso de execução individual;

II - da ação condenatória, quando coletiva a execução.

Art. 99. Em caso de concurso de créditos decorrentes de condenação prevista na Lei n. 7.347, de 24 de julho de 1985 e de indenizações pelos prejuízos individuais resultantes do mesmo evento danoso, estas terão preferência no pagamento.

- art. 103, § 3º, deste Código.
- Lei 7.347/1985 (Lei da Ação Civil Pública).

Parágrafo único. Para efeito do disposto neste artigo, a destinação da importância recolhida ao fundo criado pela Lei n. 7.347, de 24 de julho de 1985, ficará sustada enquanto pendentes de decisão de segundo grau as ações de indenização pelos danos individuais, salvo na hipótese de o patrimônio do devedor ser manifestamente suficiente para responder pela integralidade das dívidas.

- art. 57 deste Código.
- Dec. 1.306/1994 (Regulamenta o Fundo de Defesa de Direitos Difusos).

Art. 100. Decorrido o prazo de um ano sem habilitação de interessados em número compatível com a gravidade do dano, poderão os legitimados do art. 82 promover a liquidação e execução da indenização devida.

- art. 57 deste Código.
- art. 13, Lei 7.347/1985 (Lei da Ação Civil Pública).
- Dec. 1.306/1994 (Regulamenta o Fundo de Defesa de Direitos Difusos).

Parágrafo único. O produto da indenização devida reverterá para o fundo criado pela Lei n. 7.347, de 24 de julho de 1985.

- art. 13, Lei 7.347/1985 (Lei da Ação Civil Pública).
- art. 2º, III, Dec. 1.306/1994 (Regulamenta o Fundo de Defesa de Direitos Difusos).

CAPÍTULO III
DAS AÇÕES DE RESPONSABILIDADE DO FORNECEDOR DE PRODUTOS E SERVIÇOS

Art. 101. Na ação de responsabilidade civil do fornecedor de produtos e serviços, sem prejuízo do disposto nos Capítulos I e II deste Título, serão observadas as seguintes normas:

- arts. 27; e 81 a 100 deste Código.

I - a ação pode ser proposta no domicílio do autor;

- art. 22, NCPC.

II - o réu que houver contratado seguro de responsabilidade poderá chamar ao processo o segurador, vedada a integração do contraditório pelo Instituto de Resseguros do Brasil. Nesta hipótese, a sentença que julgar procedente o pedido condenará o réu nos termos do art. 80 do Código de Processo Civil. Se o réu houver sido declarado falido, o síndico será intimado a informar a existência de seguro de responsabilidade, facultando-se, em caso afirmativo, o ajuizamento de ação de indenização diretamente contra o segurador, vedada a denunciação da lide ao Instituto de Resseguros do Brasil e dispensado o litisconsórcio obrigatório com este.

- Refere-se ao CPC/1973.
- arts. 53, 125 a 128, 130 a 132, NCPC.
- arts. 21 a 25, Lei 11.101/2005 (Lei de Recuperação de Empresas e Falências).

Art. 102. Os legitimados a agir na forma deste Código poderão propor ação visando compelir o Poder Público competente a proibir, em todo o território nacional, a produção, divulgação distribuição ou venda, ou a determinar a alteração na composição, estrutura, fórmula ou acondicionamento de produto, cujo uso ou consumo regular se revele nocivo ou perigoso à saúde pública e à incolumidade pessoal.

- art. 82 deste Código.

§§ 1º e 2º (Vetados.)

CAPÍTULO IV
DA COISA JULGADA

Art. 103. Nas ações coletivas de que trata este Código, a sentença fará coisa julgada:

- arts. 496 e 502 a 508, NCPC.

I - *erga omnes*, exceto se o pedido for julgado improcedente por insuficiência de provas, hipótese em que qualquer legitimado poderá intentar outra ação, com idêntico fundamento valendo-se de nova prova, na hipótese do inciso I do parágrafo único do art. 81;

II - *ultra partes*, mas limitadamente ao grupo, categoria ou classe, salvo improcedência por insuficiência de provas, nos termos do inciso anterior, quando se tratar da hipótese prevista no inciso II do parágrafo único do art. 81;

- art. 104 deste Código.

III - *erga omnes*, apenas no caso de procedência do pedido, para beneficiar todas as vítimas e seus sucessores, na hipótese do inciso III do parágrafo único do art. 81.

- art. 104 deste Código.

§ 1º Os efeitos da coisa julgada previstos nos incisos I e II não prejudicarão interesses e direitos individuais dos integrantes da coletividade, do grupo, categoria ou classe.

§ 2º Na hipótese prevista no inciso III, em caso de improcedência do pedido, os interessados que não tiverem intervindo no processo como litisconsortes poderão propor ação de indenização a título individual.

§ 3º Os efeitos da coisa julgada de que cuida o art. 16, combinado com o art. 13 da Lei n. 7.347, de 24 de julho de 1985, não prejudicarão as ações de indenização por danos pessoalmente sofridos, propostas individualmente ou na forma prevista neste Código, mas, se procedente o pedido, beneficiarão as vítimas e seus sucessores, que poderão proceder à liquidação e à execução, nos termos dos arts. 96 a 99.

- O referido art. 96 foi vetado.
- Lei 7.347/1985 (Lei da Ação Civil Pública).

§ 4º Aplica-se o disposto no parágrafo anterior à sentença penal condenatória.

Art. 104. As ações coletivas, previstas nos incisos I e II e do parágrafo único do art. 81, não induzem litispendência para as ações individuais, mas os efeitos da coisa julgada *erga omnes* ou *ultra partes* a que aludem os incisos II e III do artigo anterior não beneficiarão os autores das ações individuais, se não for requerida sua suspensão no prazo de trinta dias, a contar da ciência nos autos do ajuizamento da ação coletiva.

- arts. 81, p.u., II e III, deste Código.
- art. 337, NCPC.

TÍTULO IV
DO SISTEMA NACIONAL DE DEFESA DO CONSUMIDOR

Art. 105. Integram o Sistema Nacional de Defesa do Consumidor (SNDC), os órgãos federais, estaduais, do Distrito Federal e municipais e as entidades privadas de defesa do consumidor.

- art. 2º, Dec. 2.181/1997 (Dispõe sobre a organização do Sistema Nacional de Defesa do Consumidor – SNDC, e estabelece normas gerais de aplicação das sanções administrativas previstas nesta Lei).

Art. 106. O Departamento Nacional de Defesa do Consumidor, da Secretaria Nacional de Direito Econômico (MJ), ou órgão federal que venha substituí-lo, é organismo de coordenação da política do Sistema Nacional de Defesa do Consumidor, cabendo-lhe:

- art. 3º, Dec. 2.181/1997 (Dispõe sobre a organização do Sistema Nacional de Defesa do Consumidor – SNDC, e estabelece normas gerais de aplicação das sanções administrativas previstas nesta Lei).

I - planejar, elaborar, propor, coordenar e executar a política nacional de proteção ao consumidor;

II - receber, analisar, avaliar e encaminhar consultas, denúncias ou sugestões apresentadas por entidades representativas ou pessoas jurídicas de direito público ou privado;

III - prestar aos consumidores orientação permanente sobre seus direitos e garantias;

IV - informar, conscientizar e motivar o consumidor através dos diferentes meios de comunicação;

V - solicitar à polícia judiciária a instauração de inquérito policial para a apreciação de delito contra os consumidores, nos termos da legislação vigente;

VI - representar ao Ministério Público competente para fins de adoção de medidas processuais no âmbito de suas atribuições;

VII - levar ao conhecimento dos órgãos competentes as infrações de ordem administrativa que violarem os interesses difusos, coletivos ou individuais dos consumidores;

VIII - solicitar o concurso de órgãos e entidades da União, Estados, do Distrito Federal e Municípios, bem como auxiliar a fiscalização de preços, abastecimento, quantidade e segurança de bens e serviços;

IX - incentivar, inclusive com recursos financeiros e outros programas especiais, a formação de entidades de defesa do consumidor pela população e pelos órgãos públicos estaduais e municipais;

X a XII - (Vetados.)

XIII - desenvolver outras atividades compatíveis com suas finalidades.

Parágrafo único. Para a consecução de seus objetivos, o Departamento Nacional de Defesa do Consumidor poderá solicitar o concurso de órgãos e entidades de notória especialização técnico-científica.

TÍTULO V
DA CONVENÇÃO COLETIVA DE CONSUMO

Art. 107. As entidades civis de consumidores e as associações de fornecedores ou sindicatos de categoria econômica podem regular, por convenção escrita, relações de consumo que tenham por objeto estabelecer condições relativas ao preço, à qualidade, à quantidade, à garantia e características de produtos e serviços, bem como à reclamação e composição do conflito de consumo.

§ 1º A convenção tornar-se-á obrigatória a partir do registro do instrumento no cartório de títulos e documentos.

§ 2º A convenção somente obrigará os filiados às entidades signatárias.

§ 3º Não se exime de cumprir a convenção o fornecedor que se desligar da entidade em data posterior ao registro do instrumento.

Art. 108. (Vetado.)

TÍTULO VI
DISPOSIÇÕES FINAIS

Art. 109. (Vetado.)

Art. 110. Acrescente-se o seguinte inciso IV ao art. 1º da Lei n. 7.347, de 24 de julho de 1985:

- Alteração promovida no texto da referida lei.

Art. 111. O inciso II do art. 5º da Lei n. 7.347, de 24 de julho de 1985, passa a ter a seguinte redação:

- Alteração promovida no texto da referida lei.

Art. 112. O § 3º do art. 5º da Lei n. 7.347, de 24 de julho de 1985, passa a ter a seguinte redação:

- Alteração promovida no texto da referida lei.

Art. 113. Acrescentem-se os seguintes §§ 4º, 5º e 6º ao art. 5º da Lei n. 7.347, de 24 de julho de 1985:

- Alteração promovida no texto da referida lei.

Art. 114. O art. 15 da Lei n. 7.347, de 24 de julho de 1985, passa a ter a seguinte redação:

- Alteração promovida no texto da referida lei.

Art. 115. Suprima-se o *caput* do art. 17 da Lei n. 7.347, de 24 de julho de 1985, passando o parágrafo único a constituir o *caput*, com a seguinte redação:

- Alteração promovida no texto da referida lei.

Art. 116. Dê-se a seguinte redação ao art. 18 da Lei n. 7.347, de 24 de julho de 1985:

- Alteração promovida no texto da referida lei.

Art. 117. Acrescente-se à Lei n. 7.347, de 24 de julho de 1985, o seguinte dispositivo, renumerando-se os seguintes:

- Alteração promovida no texto da referida lei.

Art. 118. Este Código entrará em vigor dentro de cento e oitenta dias a contar de sua publicação.

Art. 119. Revogam-se as disposições em contrário.

Brasília, 11 de setembro de 1990; 169º da Independência e 102º da República.

Fernando Collor

ÍNDICE ALFABÉTICO-REMISSIVO DO CÓDIGO DE DEFESA DO CONSUMIDOR

ÍNDICE REMISSIVO DO CÓDIGO DE DEFESA DO CONSUMIDOR

CÓDIGO FLORESTAL

ÍNDICE SISTEMÁTICO DO CÓDIGO FLORESTAL

LEI N. 12.651, DE 25 DE MAIO DE 2012

Dispõe sobre a proteção da vegetação nativa; altera as Leis n. 6.938, de 31 de agosto de 1981, 9.393, de 19 de dezembro de 1996, e 11.428, de 22 de dezembro de 2006; revoga as Leis n. 4.771, de 15 de setembro de 1965, e 7.754, de 14 de abril de 1989, e a Medida Provisória n. 2.166-67, de 24 de agosto de 2001; e dá outras providências.

- *DOU*, 28.05.2012.
- Lei 12.854/2013 (Fomenta e incentiva ações que promovam a recuperação florestal e a implantação de sistemas agroflorestais em áreas rurais desapropriadas e em áreas degradadas, nos casos que especifica).
- Decreto 7.830/2012 (Dispõe sobre o Sistema de Cadastro Ambiental Rural, o Cadastro Ambiental Rural, estabelece normas de caráter geral aos Programas de Regularização Ambiental, de que trata a Lei 12.651/2012).
- Dec. 8.235/2014 (Estabelece normas gerais complementares aos Programas de Regularização Ambiental dos Estados e do Distrito Federal, de que trata este decreto, institui o Programa Mais Ambiente Brasil.)
- Dec. 8.576/2015 (Institui a Comissão Nacional para Redução das Emissões de Gases de Efeito Estufa Provenientes do Desmatamento e da Degradação Florestal, Conservação dos Estoques de Carbono Florestal, Manejo Sustentável de Florestas e Aumento de Estoques de Carbono Florestal - REDD+).
- Dec. 8.914/2016 (Institui o Centro Integrado Multiagências de Coordenação Operacional Nacional - Ciman).
- Dec. 8.972/2017 (Institui a Política Nacional de Recuperação da Vegetação Nativa).

A Presidenta da República. Faço saber que o Congresso Nacional decreta e eu sanciono a seguinte Lei:

CAPÍTULO I
DISPOSIÇÕES GERAIS

Art. 1º (Vetado.)

Art. 1º-A. Esta Lei estabelece normas gerais sobre a proteção da vegetação, áreas de Preservação Permanente e as áreas de Reserva Legal; a exploração florestal, o suprimento de matéria-prima florestal, o controle da origem dos produtos florestais e o controle e prevenção dos incêndios florestais, e prevê instrumentos econômicos e financeiros para o alcance de seus objetivos. (Alterado pela Lei 12.727/2012.)

Parágrafo único. Tendo como objetivo o desenvolvimento sustentável, esta Lei atenderá aos seguintes princípios: (Alterado pela Lei 12.727/2012.)

- Dec. 8.892/2016 (Cria a Comissão Nacional para os Objetivos de Desenvolvimento Sustentável).

I - afirmação do compromisso soberano do Brasil com a preservação das suas florestas e demais formas de vegetação nativa, bem como da biodiversidade, do solo, dos recursos hídricos e da integridade do sistema climático, para o bem estar das gerações presentes e futuras; (Acrescentado pela Lei 12.727/2012.)

II - reafirmação da importância da função estratégica da atividade agropecuária e do papel das florestas e demais formas de vegetação nativa na sustentabilidade, no crescimento econômico, na melhoria da qualidade de vida da população brasileira e na presença do País nos mercados nacional e internacional de alimentos e bioenergia; (Acrescentado pela Lei 12.727/2012.)

III - ação governamental de proteção e uso sustentável de florestas, consagrando o compromisso do País com a compatibilização e harmonização entre o uso produtivo da terra e a preservação da água, do solo e da vegetação; (Acrescentado pela Lei 12.727/2012.)

IV - responsabilidade comum da União, Estados, Distrito Federal e Municípios, em colaboração com a sociedade civil, na criação de políticas para a preservação e restauração da vegetação nativa e de suas funções ecológicas e sociais nas áreas urbanas e rurais; (Acrescentado pela Lei 12.727/2012.)

V - fomento à pesquisa científica e tecnológica na busca da inovação para o uso sustentável do solo e da água, a recuperação e a preservação das florestas e demais formas de vegetação nativa; (Acrescentado pela Lei 12.727/2012.)

VI - criação e mobilização de incentivos econômicos para fomentar a preservação e a recuperação da vegetação nativa e para promover o desenvolvimento de atividades produtivas sustentáveis. (Acrescentado pela Lei 12.727/2012.)

Art. 2º As florestas existentes no território nacional e as demais formas de vegetação nativa, reconhecidas de utilidade às terras que revestem, são bens de interesse comum a todos os habitantes do País, exercendo-se os direitos de propriedade com as limitações que a legislação em geral e especialmente esta Lei estabelecem.

§ 1º Na utilização e exploração da vegetação, as ações ou omissões contrárias às disposições desta Lei são consideradas uso irregular da propriedade, aplicando-se o procedimento sumário previsto no inciso II do art. 275 da Lei n. 5.869, de 11 de janeiro de 1973 - Código de Processo Civil, sem prejuízo da responsabilidade civil, nos termos do § 1º do art. 14 da Lei n. 6.938, de 31 de agosto de 1981, e das sanções administrativas, civis e penais.

- Refere-se ao CPC/1973.

§ 2º As obrigações previstas nesta Lei têm natureza real e são transmitidas ao sucessor, de qualquer natureza, no caso de transferência de domínio ou posse do imóvel rural.

Art. 3º Para os efeitos desta Lei, entende-se por:

I - Amazônia Legal: os Estados do Acre, Pará, Amazonas, Roraima, Rondônia, Amapá e Mato Grosso e as regiões situadas ao norte do paralelo 13º S, dos Estados de Tocantins e Goiás, e ao oeste do meridiano de 44º W, do Estado do Maranhão;

II - Área de Preservação Permanente - APP: área protegida, coberta ou não por vegetação nativa, com a função ambiental de preservar os recursos hídricos, a paisagem, a estabilidade geológica e a biodiversidade, facilitar o fluxo gênico de fauna e flora, proteger o solo e assegurar o bem-estar das populações humanas;

III - Reserva Legal: área localizada no interior de uma propriedade ou posse rural, delimitada nos termos do art. 12, com a função de assegurar o uso econômico de modo sustentável dos recursos naturais do imóvel rural, auxiliar a conservação e a reabilitação dos processos ecológicos e promover a conservação da biodiversidade, bem como o abrigo e a proteção de fauna silvestre e da flora nativa;

IV - área rural consolidada: área de imóvel rural com ocupação antrópica preexistente a 22 de julho de 2008, com edificações, benfeitorias ou atividades agrossilvipastoris, admitida, neste último caso, a adoção do regime de pousio;

V - pequena propriedade ou posse rural familiar: aquela explorada mediante o trabalho pessoal do agricultor familiar e empreendedor familiar rural, incluindo os assentamentos e projetos de reforma agrária, e que atenda ao disposto no art. 3º da Lei n. 11.326, de 24 de julho de 2006;

VI - uso alternativo do solo: substituição de vegetação nativa e formações sucessoras por outras coberturas do solo, como atividades agropecuárias, industriais, de geração e transmissão de energia, de mineração e de transporte, assentamentos urbanos ou outras formas de ocupação humana;

VII - manejo sustentável: administração da vegetação natural para a obtenção de benefícios econômicos, sociais e ambientais, respeitando-se os mecanismos de sustentação do ecossistema objeto do manejo e considerando-se, cumulativa ou alternativamente, a utilização de múltiplas espécies madeireiras ou não, de múltiplos produtos e subprodutos da flora, bem como a utilização de outros bens e serviços;

VIII - utilidade pública:

a) as atividades de segurança nacional e proteção sanitária;

b) as obras de infraestrutura destinadas às concessões e aos serviços públicos de transporte, sistema viário, inclusive aquele necessário aos parcelamentos de solo urbano aprovados pelos Municípios, saneamento, gestão de resíduos, energia, telecomunicações, radiodifusão, instalações necessárias à realização de competições esportivas estaduais, nacionais ou internacionais, bem como mineração, exceto, neste último caso, a extração de areia, argila, saibro e cascalho;

- ADC 42/2016, ADIN Nº 4.903/2013 e ADIN Nº 4.937/2013: o STF, em controle concentrado, declarou a inconstitucionalidade das expressões sublinhadas.

c) atividades e obras de defesa civil;

d) atividades que comprovadamente proporcionem melhorias na proteção das funções ambientais referidas no inciso II deste artigo;

e) outras atividades similares devidamente caracterizadas e motivadas em procedimento administrativo próprio, quando inexistir alternativa técnica e locacional ao empreendimento proposto, definidas em ato do Chefe do Poder Executivo federal;

IX - interesse social:

a) as atividades imprescindíveis à proteção da integridade da vegetação nativa, tais como prevenção, combate e controle do fogo, controle da erosão, erradicação de invasoras e proteção de plantios com espécies nativas;

b) a exploração agroflorestal sustentável praticada na pequena propriedade ou posse rural familiar ou por povos e comunidades tradicionais, desde que não descaracterize a cobertura vegetal existente e não prejudique a função ambiental da área;

- Lei 12.854/2013 (Fomenta e incentiva ações que promovam a recuperação florestal e a implantação de sistemas agroflorestais em áreas rurais desapropriadas e em áreas degradadas, nos casos que especifica).

c) a implantação de infraestrutura pública destinada a esportes, lazer e atividades educacionais e culturais ao ar livre em áreas urbanas e rurais consolidadas, observadas as condições estabelecidas nesta Lei;

d) a regularização fundiária de assentamentos humanos ocupados predominantemente por população de baixa renda em áreas urbanas consolidadas, observadas as condições estabelecidas na Lei n. 11.977, de 7 de julho de 2009;

e) implantação de instalações necessárias à captação e condução de água e de efluentes tratados para projetos cujos recursos hídricos são partes integrantes e essenciais da atividade;

f) as atividades de pesquisa e extração de areia, argila, saibro e cascalho, outorgadas pela autoridade competente;

g) outras atividades similares devidamente caracterizadas e motivadas em procedimento administrativo próprio, quando inexistir alternativa técnica e locacional à atividade proposta, definidas em ato do Chefe do Poder Executivo federal;

X - atividades eventuais ou de baixo impacto ambiental:

a) abertura de pequenas vias de acesso interno e suas pontes e pontilhões, quando necessárias à travessia de um curso d'água, ao acesso de pessoas e animais para a obtenção de água ou à retirada de produtos oriundos das atividades de manejo agroflorestal sustentável;

b) implantação de instalações necessárias à captação e condução de água e efluentes tratados, desde que comprovada a outorga do direito de uso da água, quando couber;

c) implantação de trilhas para o desenvolvimento do ecoturismo;

d) construção de rampa de lançamento de barcos e pequeno ancoradouro;

e) construção de moradia de agricultores familiares, remanescentes de comunidades quilombolas e outras populações extrativistas e tradicionais em áreas rurais, onde o abastecimento de água se dê pelo esforço próprio dos moradores;

f) construção e manutenção de cercas na propriedade;

g) pesquisa científica relativa a recursos ambientais, respeitados outros requisitos previstos na legislação aplicável;

h) coleta de produtos não madeireiros para fins de subsistência e produção de mudas, como sementes, castanhas e frutos, respeitada a legislação específica de acesso a recursos genéticos;

i) plantio de espécies nativas produtoras de frutos, sementes, castanhas e outros produtos vegetais, desde que não implique supressão da vegetação existente nem prejudique a função ambiental da área;

j) exploração agroflorestal e manejo florestal sustentável, comunitário e familiar, incluindo a extração de produtos florestais não madeireiros, desde que não descaracterizem a cobertura vegetal nativa existente nem prejudiquem a função ambiental da área;

- Lei 12.854/2013 (Fomenta e incentiva ações que promovam a recuperação florestal e a implantação de sistemas agroflorestais em áreas rurais desapropriadas e em áreas degradadas, nos casos que especifica).

k) outras ações ou atividades similares, reconhecidas como eventuais e de baixo impacto ambiental em ato do Conselho Nacional do Meio Ambiente - CONAMA ou dos Conselhos Estaduais de Meio Ambiente;

XI - (Vetado.);

XII - vereda: fitofisionomia de savana, encontrada em solos hidromórficos, usualmente com a palmeira arbórea Mauritia flexuosa - buriti emergente, sem formar dossel, em meio a agrupamentos de espécies arbustivo-herbáceas; (Alterado pela Lei 12.727/2012.)

XIII - manguezal: ecossistema litorâneo que ocorre em terrenos baixos, sujeitos à ação das marés, formado por vasas lodosas recentes ou arenosas, às quais se associa, predominantemente, a vegetação natural conhecida como mangue, com influência fluviomarinha, típica de solos limosos de regiões estuarinas e com dispersão descontínua ao longo da costa brasileira, entre os Estados do Amapá e de Santa Catarina;

XIV - salgado ou marismas tropicais hipersalinos: áreas situadas em regiões com frequências de inundações intermediárias entre marés de sizígias e de quadratura, com solos cuja salinidade varia entre 100 (cem) e 150 (cento e cinquenta) partes por 1.000 (mil), onde pode ocorrer a presença de vegetação herbácea específica;

XV - apicum: áreas de solos hipersalinos situadas nas regiões entremarés superiores, inundadas apenas pelas marés de sizígias, que apresentam salinidade superior a 150 (cento e cinquenta) partes por 1.000 (mil), desprovidas de vegetação vascular;

XVI - restinga: depósito arenoso paralelo à linha da costa, de forma geralmente alongada, produzido por processos de sedimentação, onde se encontram diferentes comunidades que recebem influência marinha, com cobertura vegetal em mosaico, encontrada em praias, cordões arenosos, dunas e depressões, apresentando, de acordo com o estágio sucessional, estrato herbáceo, arbustivo e arbóreo, este último mais interiorizado;

XVII - nascente: afloramento natural do lençol freático que apresenta perenidade e dá início a um curso d'água;

XVIII - olho d'água: afloramento natural do lençol freático, mesmo que intermitente;

XIX - leito regular: a calha por onde correm regularmente as águas do curso d'água durante o ano;

XX - área verde urbana: espaços, públicos ou privados, com predomínio de vegetação, preferencialmente nativa, natural ou recuperada, previstos no Plano Diretor, nas Leis de Zoneamento Urbano e Uso do Solo do Município, indisponíveis para construção de moradias, destinados aos propósitos de recreação, lazer, melhoria da qualidade ambiental urbana, proteção dos recursos hídricos, manutenção ou melhoria paisagística, proteção de bens e manifestações culturais;

XXI - várzea de inundação ou planície de inundação: áreas marginais a cursos d'água sujeitas a enchentes e inundações periódicas;

XXII - faixa de passagem de inundação: área de várzea ou planície de inundação adjacente a cursos d'água que permite o escoamento da enchente;

XXIII - relevo ondulado: expressão geomorfológica usada para designar área caracterizada por movimentações do terreno que geram depressões, cuja intensidade permite sua classificação como relevo suave ondulado, ondulado, fortemente ondulado e montanhoso.

XXIV - pousio: prática de interrupção temporária de atividades ou usos agrícolas, pecuários ou silviculturais, por no máximo 5 (cinco) anos, para possibilitar a recuperação da capacidade de uso ou da estrutura física do solo; (Acrescentado pela Lei 12.727/2012.)

XXV - áreas úmidas: pantanais e superfícies terrestres cobertas de forma periódica por águas, cobertas originalmente por florestas ou outras formas de vegetação adaptadas à inundação; (Acrescentado pela Lei 12.727/2012.)

XXVI – área urbana consolidada: aquela de que trata o inciso II do *caput* do art. 47 da Lei n. 11.977, de 7 de julho de 2009; e (Acrescentado pela Lei 12.727/2012.)

XXVII – crédito de carbono: título de direito sobre bem intangível e incorpóreo transacionável. (Acrescentado pela Lei 12.727/2012.)

Parágrafo único. Para os fins desta Lei, estende-se o tratamento dispensado aos imóveis a que se refere o inciso V deste artigo às propriedades e posses rurais com até 4 (quatro) módulos fiscais que desenvolvam atividades agrossilvipastoris, bem como às terras indígenas demarcadas e às demais áreas tituladas de povos e comunidades tradicionais que façam uso coletivo do seu território.

- ADC 42/2016 e ADIN Nº 4.903/2013: o STF, em controle concentrado, declarou a inconstitucionalidade das expressões sublinhadas.

CAPÍTULO II
DAS ÁREAS DE PRESERVAÇÃO PERMANENTE

SEÇÃO I
DA DELIMITAÇÃO DAS ÁREAS DE PRESERVAÇÃO PERMANENTE

Art. 4º Considera-se Área de Preservação Permanente, em zonas rurais ou urbanas, para os efeitos desta Lei:

I - as faixas marginais de qualquer curso d'água natural perene e intermitente, excluídos os efêmeros, desde a borda da calha do leito regular, em largura mínima de: (Alterado pela Lei 12.727/2012.)

a) 30 (trinta) metros, para os cursos d'água de menos de 10 (dez) metros de largura;

b) 50 (cinquenta) metros, para os cursos d'água que tenham de 10 (dez) a 50 (cinquenta) metros de largura;

c) 100 (cem) metros, para os cursos d'água que tenham de 50 (cinquenta) a 200 (duzentos) metros de largura;

d) 200 (duzentos) metros, para os cursos d'água que tenham de 200 (duzentos) a 600 (seiscentos) metros de largura;

e) 500 (quinhentos) metros, para os cursos d'água que tenham largura superior a 600 (seiscentos) metros;

II - as áreas no entorno dos lagos e lagoas naturais, em faixa com largura mínima de:

a) 100 (cem) metros, em zonas rurais, exceto para o corpo d'água com até 20 (vinte) hectares de superfície, cuja faixa marginal será de 50 (cinquenta) metros;

b) 30 (trinta) metros, em zonas urbanas;

III - as áreas no entorno dos reservatórios d'água artificiais, decorrentes de barramento ou represamento de cursos d'água naturais, na faixa definida na licença ambiental do empreendimento; (Alterado pela Lei 12.727/2012.)

IV – as áreas no entorno das nascentes e dos olhos d'água perenes, qualquer que seja sua situação topográfica, no raio mínimo de 50 (cinquenta) metros; (Alterado pela Lei 12.727/2012.)

V - as encostas ou partes destas com declividade superior a 45º, equivalente a 100% (cem por cento) na linha de maior declive;

VI - as restingas, como fixadoras de dunas ou estabilizadoras de mangues;

VII - os manguezais, em toda a sua extensão;

VIII - as bordas dos tabuleiros ou chapadas, até a linha de ruptura do relevo, em faixa nunca inferior a 100 (cem) metros em projeções horizontais;

IX - no topo de morros, montes, montanhas e serras, com altura mínima de 100 (cem) metros e inclinação média maior que 25º, as áreas delimitadas a partir da curva de nível correspondente a 2/3 (dois terços) da altura mínima da elevação sempre em relação à base, sendo esta definida pelo plano horizontal determinado por planície ou espelho d'água adjacente ou, nos relevos ondulados, pela cota do ponto de sela mais próximo da elevação;

X - as áreas em altitude superior a 1.800 (mil e oitocentos) metros, qualquer que seja a vegetação;

XI – em veredas, a faixa marginal, em projeção horizontal, com largura mínima de 50 (cinquenta) metros, a partir do espaço permanentemente brejoso e encharcado. (Alterado pela Lei 12.727/2012.)

§ 1º Não será exigida Área de Preservação Permanente no entorno de reservatórios artificiais de água que não decorram de barramento ou represamento de cursos d'água naturais. (Alterado pela Lei 12.727/2012.)

§ 2º (Revogado pela Lei 12.727/2012.)

§ 3º (Vetado.)

§ 4º Nas acumulações naturais ou artificiais de água com superfície inferior a 1 (um) hectare, fica dispensada a reserva da faixa de proteção prevista nos incisos II e III do *caput*, vedada nova supressão de áreas de vegetação nativa, salvo autorização do órgão ambiental competente do Sistema Nacional do Meio Ambiente - Sisnama. (Alterado pela Lei 12.727/2012.)

§ 5º É admitido, para a pequena propriedade ou posse rural familiar, de que trata o inciso V do art. 3º desta Lei, o plantio de culturas temporárias e sazonais de vazante de ciclo curto na faixa de terra que fica exposta no período de vazante dos rios ou lagos, desde que não implique supressão de novas áreas de vegetação nativa, seja conservada a qualidade da água e do solo e seja protegida a fauna silvestre.

§ 6º Nos imóveis rurais com até 15 (quinze) módulos fiscais, é admitida, nas áreas de que tratam os incisos I e II do *caput* deste artigo, a prática da aquicultura e a infraestrutura física diretamente a ela associada, desde que:

I - sejam adotadas práticas sustentáveis de manejo de solo e água e de recursos hídricos, garantindo sua qualidade e quantidade, de acordo com norma dos Conselhos Estaduais de Meio Ambiente;

II - esteja de acordo com os respectivos planos de bacia ou planos de gestão de recursos hídricos;

III - seja realizado o licenciamento pelo órgão ambiental competente;

IV - o imóvel esteja inscrito no Cadastro Ambiental Rural - CAR.

- Decreto 7.830/2012 (Dispõe sobre o Sistema de Cadastro Ambiental Rural, o Cadastro Ambiental Rural, estabelece normas de caráter geral aos Programas de Regularização Ambiental, de que trata a Lei 12.651/2012).

V – não implique novas supressões de vegetação nativa. (Alterado pela Lei 12.727/2012.)

§§ 7º e 8º (Vetados.)

§ 9º (Vetado pela Lei 12.727/2012.)

Art. 5º Na implantação de reservatório d'água artificial destinado a geração de energia ou abastecimento público, é obrigatória a aquisição, desapropriação ou instituição de servidão administrativa pelo empreendedor das Áreas de Preservação Permanente criadas em seu entorno, conforme estabelecido no licenciamento ambiental, observando-se a faixa mínima de 30 (trinta) metros e máxima de 100 (cem) metros em área rural, e a faixa mínima de 15 (quinze) metros e máxima de 30 (trinta) metros em área urbana. (Alterado pela Lei 12.727/2012.)

§ 1º Na implantação de reservatórios d'água artificiais de que trata o *caput*, o empreendedor, no âmbito do licenciamento ambiental, elaborará Plano Ambiental de Conservação e Uso do Entorno do Reservatório, em conformidade com termo de referência expedido pelo órgão competente do Sistema Nacional do Meio Ambiente - Sisnama, não podendo o uso exceder a 10% (dez por cento) do total da Área de Preservação Permanente. (Alterado pela Lei 12.727/2012.)

§ 2º O Plano Ambiental de Conservação e Uso do Entorno de Reservatório Artificial, para os empreendimentos licitados a partir da vigência desta Lei, deverá ser apresentado ao órgão ambiental concomitantemente com o Plano Básico Ambiental e aprovado até o início da operação do empreendimento, não constituindo a sua ausência impedimento para a expedição da licença de instalação.

§ 3º (Vetado.)

Art. 6º Consideram-se, ainda, de preservação permanente, quando declaradas de interesse social por ato do Chefe do Poder Executivo, as áreas cobertas com florestas ou outras formas de vegetação destinadas a uma ou mais das seguintes finalidades:

I - conter a erosão do solo e mitigar riscos de enchentes e deslizamentos de terra e de rocha;

II - proteger as restingas ou veredas;

III - proteger várzeas;

IV - abrigar exemplares da fauna ou da flora ameaçados de extinção;

V - proteger sítios de excepcional beleza ou de valor científico, cultural ou histórico;

VI - formar faixas de proteção ao longo de rodovias e ferrovias;

VII - assegurar condições de bem-estar público;

VIII - auxiliar a defesa do território nacional, a critério das autoridades militares.

IX – proteger áreas úmidas, especialmente as de importância internacional. (Alterado pela Lei 12.727/2012.)

SEÇÃO II
DO REGIME DE PROTEÇÃO DAS ÁREAS DE PRESERVAÇÃO PERMANENTE

Art. 7º A vegetação situada em Área de Preservação Permanente deverá ser mantida pelo proprietário da área, possuidor ou ocupante a qualquer título, pessoa física ou jurídica, de direito público ou privado.

§ 1º Tendo ocorrido supressão de vegetação situada em Área de Preservação Permanente, o proprietário da área, possuidor ou ocupante a qualquer título é obrigado a promover a recomposição da vegetação, ressalvados os usos autorizados previstos nesta Lei.

§ 2º A obrigação prevista no § 1º tem natureza real e é transmitida ao sucessor no caso de transferência de domínio ou posse do imóvel rural.

§ 3º No caso de supressão não autorizada de vegetação realizada após 22 de julho de 2008, é vedada a concessão de novas autorizações de supressão de vegetação enquanto não cumpridas as obrigações previstas no § 1º.

Art. 8º A intervenção ou a supressão de vegetação nativa em Área de Preservação Permanente somente ocorrerá nas hipóteses de utilidade pública, de interesse social ou de baixo impacto ambiental previstas nesta Lei.

§ 1º A supressão de vegetação nativa protetora de nascentes, dunas e restingas somente poderá ser autorizada em caso de utilidade pública.

§ 2º A intervenção ou a supressão de vegetação nativa em Área de Preservação Permanente de que tratam os incisos VI e VII do *caput* do art. 4º poderá ser autorizada, excepcionalmente, em locais onde a função ecológica do manguezal esteja comprometida, para execução de obras habitacionais e de urbanização, inseridas em projetos de regularização fundiária de interesse social, em áreas urbanas consolidadas ocupadas por população de baixa renda.

§ 3º É dispensada a autorização do órgão ambiental competente para a execução, em caráter de urgência, de atividades de segurança nacional e obras de interesse da defesa civil destinadas à prevenção e mitigação de acidentes em áreas urbanas.

§ 4º Não haverá, em qualquer hipótese, direito à regularização de futuras intervenções ou supressões de vegetação nativa, além das previstas nesta Lei.

Art. 9º É permitido o acesso de pessoas e animais às Áreas de Preservação Permanente para obtenção de água e para realização de atividades de baixo impacto ambiental.

CAPÍTULO III
DAS ÁREAS DE USO RESTRITO

Art. 10. Nos pantanais e planícies pantaneiras, é permitida a exploração ecologicamente sustentável, devendo-se considerar as recomendações técnicas dos órgãos oficiais de pesquisa, ficando novas supressões de vegetação nativa para uso alternativo do solo condicionadas à autorização do órgão estadual do meio ambiente, com base nas recomendações mencionadas neste artigo. (Alterado pela Lei 12.727/2012.)

Art. 11. Em áreas de inclinação entre 25º e 45º, serão permitidos o manejo florestal sustentável e o exercício de atividades agrossilvipastoris, bem como a manutenção da infraestrutura física associada ao desenvolvimento das atividades, observadas boas práticas agronômicas, sendo vedada a conversão de novas áreas, excetuadas as hipóteses de utilidade pública e interesse social.

CAPÍTULO III-A
DO USO ECOLOGICAMENTE SUSTENTÁVEL DOS APICUNS E SALGADOS

- (Acrescentado pela Lei 12.727/2012.)

Art. 11-A. A Zona Costeira é patrimônio nacional, nos termos do § 4º do art. 225 da Constituição Federal, devendo sua ocupação e exploração dar-se de modo ecologicamente sustentável. (Acrescentado pela Lei 12.727/2012.)

§ 1º Os apicuns e salgados podem ser utilizados em atividades de carcinicultura e salinas, desde que observados os seguintes requisitos: (Acrescentado pela Lei 12.727/2012.)

I - área total ocupada em cada Estado não superior a 10% (dez por cento) dessa modalidade de fitofisionomia no bioma amazônico e a 35% (trinta e cinco por cento) no restante do País, excluídas as ocupações consolidadas que atendam ao disposto no § 6º deste artigo; (Acrescentado pela Lei 12.727/2012.)

II - salvaguarda da absoluta integridade dos manguezais arbustivos e dos processos ecológicos essenciais a eles associados, bem como da sua produtividade biológica e condição de berçário de recursos pesqueiros; (Acrescentado pela Lei 12.727/2012.)

III - licenciamento da atividade e das instalações pelo órgão ambiental estadual, cientificado o Instituto Brasileiro do Meio Ambiente e dos Recursos Naturais Renováveis - IBAMA e, no caso de uso de terrenos de marinha ou outros bens da União, realizada regularização prévia da titulação perante a União; (Acrescentado pela Lei 12.727/2012.)

IV - recolhimento, tratamento e disposição adequados dos efluentes e resíduos; (Acrescentado pela Lei 12.727/2012.)

V - garantia da manutenção da qualidade da água e do solo, respeitadas as Áreas de Preservação Permanente; e (Acrescentado pela Lei 12.727/2012.)

VI - respeito às atividades tradicionais de sobrevivência das comunidades locais. (Acrescentado pela Lei 12.727/2012.)

§ 2º A licença ambiental, na hipótese deste artigo, será de 5 (cinco) anos, renovável apenas se o empreendedor cumprir as exigências da legislação ambiental e do próprio licenciamento, mediante comprovação anual, inclusive por mídia fotográfica. (Acrescentado pela Lei 12.727/2012.)

§ 3º São sujeitos à apresentação de Estudo Prévio de Impacto Ambiental - EPIA e Relatório de Impacto Ambiental - RIMA os novos empreendimentos: (Acrescentado pela Lei 12.727/2012.)

I - com área superior a 50 (cinquenta) hectares, vedada a fragmentação do projeto para ocultar ou camuflar seu porte; (Acrescentado pela Lei 12.727/2012.)

II - com área de até 50 (cinquenta) hectares, se potencialmente causadores de significativa degradação do meio ambiente; ou (Acrescentado pela Lei 12.727/2012.)

III - localizados em região com adensamento de empreendimentos de carcinicultura ou salinas cujo impacto afete áreas comuns. (Acrescentado pela Lei 12.727/2012.)

§ 4º O órgão licenciador competente, mediante decisão motivada, poderá, sem prejuízo das sanções administrativas, cíveis e penais cabíveis, bem como do dever de recuperar os danos ambientais causados, alterar as condicionantes e as medidas de controle e adequação, quando ocorrer: (Acrescentado pela Lei 12.727/2012.)

I - descumprimento ou cumprimento inadequado das condicionantes ou medidas de controle previstas no licenciamento, ou desobediência às normas aplicáveis; (Acrescentado pela Lei 12.727/2012.)

II - fornecimento de informação falsa, dúbia ou enganosa, inclusive por omissão, em qualquer fase do licenciamento ou período de validade da licença; ou (Acrescentado pela Lei 12.727/2012.)

III - superveniência de informações sobre riscos ao meio ambiente ou à saúde pública. (Acrescentado pela Lei 12.727/2012.)

§ 5º A ampliação da ocupação de apicuns e salgados respeitará o Zoneamento Ecológico-Econômico da Zona Costeira - ZEEZOC, com a individualização das áreas ainda passíveis de uso, em escala mínima de 1:10.000, que deverá ser concluído por cada Estado no prazo máximo de 1 (um) ano a partir da data da publicação desta Lei. (Acrescentado pela Lei 12.727/2012.)

§ 6º É assegurada a regularização das atividades e empreendimentos de carcinicultura e salinas cuja ocupação e implantação tenham ocorrido antes de 22 de julho de 2008, desde que o empreendedor, pessoa física ou jurídica, comprove sua localização em apicum ou salgado e se obrigue, por termo de compromisso, a proteger a integridade dos manguezais arbustivos adjacentes. (Acrescentado pela Lei 12.727/2012.)

§ 7º É vedada a manutenção, licenciamento ou regularização, em qualquer hipótese ou forma, de ocupação ou exploração irregular em apicum ou salgado, ressalvadas as exceções previstas neste artigo. (Acrescentado pela Lei 12.727/2012.)

CAPÍTULO IV
DA ÁREA DE RESERVA LEGAL

SEÇÃO I
DA DELIMITAÇÃO DA ÁREA DE RESERVA LEGAL

Art. 12. Todo imóvel rural deve manter área com cobertura de vegetação nativa, a título de Reserva Legal, sem prejuízo da aplicação das normas sobre as Áreas de Preservação Permanente, observados os seguintes percentuais mínimos em relação à área do imóvel, excetuados os casos previstos no art. 68 desta Lei: (Alterado pela Lei 12.727/2012.)

I - localizado na Amazônia Legal:

a) 80% (oitenta por cento), no imóvel situado em área de florestas;

b) 35% (trinta e cinco por cento), no imóvel situado em área de cerrado;

c) 20% (vinte por cento), no imóvel situado em área de campos gerais;

II - localizado nas demais regiões do País: 20% (vinte por cento.)

§ 1º Em caso de fracionamento do imóvel rural, a qualquer título, inclusive para assentamentos pelo Programa de Reforma Agrária, será considerada, para fins do disposto do *caput*, a área do imóvel antes do fracionamento.

§ 2º O percentual de Reserva Legal em imóvel situado em área de formações florestais, de cerrado ou de campos gerais na Amazônia Legal será definido considerando separadamente os índices contidos nas alíneas *a*, *b* e *c* do inciso I do *caput*.

§ 3º Após a implantação do CAR, a supressão de novas áreas de floresta ou outras formas de vegetação nativa apenas será autorizada pelo órgão ambiental estadual integrante do Sisnama se o imóvel estiver inserido no mencionado cadastro, ressalvado o previsto no art. 30.

§ 4º Nos casos da alínea *a* do inciso I, o poder público poderá reduzir a Reserva Legal para até 50% (cinquenta por cento), para fins de recomposição, quando o Município tiver mais de 50% (cinquenta por cento) da área ocupada por unidades de conservação da natureza de domínio público e por terras indígenas homologadas.

§ 5º Nos casos da alínea *a* do inciso I, o poder público estadual, ouvido o Conselho Estadual de Meio Ambiente, poderá reduzir a Reserva Legal para até 50% (cinquenta por cento), quando o Estado tiver Zoneamento Ecológico-Econômico aprovado e mais de 65% (sessenta e cinco por cento) do seu território ocupado por unidades de conservação da natureza de domínio público, devidamente regularizadas, e por terras indígenas homologadas.

§ 6º Os empreendimentos de abastecimento público de água e tratamento de esgoto não estão sujeitos à constituição de Reserva Legal.

§ 7º Não será exigido Reserva Legal relativa às áreas adquiridas ou desapropriadas por detentor de concessão, permissão ou autorização para exploração de potencial de energia hidráulica, nas quais funcionem empreendimentos de geração de energia elétrica, subestações ou sejam instaladas linhas de transmissão e de distribuição de energia elétrica.

§ 8º Não será exigido Reserva Legal relativa às áreas adquiridas ou desapropriadas com o objetivo de implantação e ampliação de capacidade de rodovias e ferrovias.

Art. 13. Quando indicado pelo Zoneamento Ecológico-Econômico - ZEE estadual, realizado segundo metodologia unificada, o poder público federal poderá:

I - reduzir, exclusivamente para fins de regularização, mediante recomposição, regeneração ou compensação da Reserva Legal de imóveis com área rural consolidada, situados em área de floresta localizada na Amazônia Legal, para até 50% (cinquenta por cento) da propriedade, excluídas as áreas prioritárias para conservação da biodiversidade e dos recursos hídricos e os corredores ecológicos;

II - ampliar as áreas de Reserva Legal em até 50% (cinquenta por cento) dos percentuais previstos nesta Lei, para cumprimento de metas nacionais de proteção à biodiversidade ou de redução de emissão de gases de efeito estufa.

§ 1º No caso previsto no inciso I do *caput*, o proprietário ou possuidor de imóvel rural que mantiver Reserva Legal conservada e averbada em área superior aos percentuais exigidos no referido inciso poderá instituir servidão ambiental sobre a área excedente, nos termos da Lei n. 6.938, de 31 de agosto de 1981, e Cota de Reserva Ambiental.

§ 2º Os Estados que não possuem seus Zoneamentos Ecológico-Econômicos - ZEEs segundo a metodologia unificada, estabelecida em norma federal, terão o prazo de 5 (cinco) anos, a partir da data da publicação desta Lei, para a sua elaboração e aprovação.

Art. 14. A localização da área de Reserva Legal no imóvel rural deverá levar em consideração os seguintes estudos e critérios:

I - o plano de bacia hidrográfica;

II - o Zoneamento Ecológico-Econômico

III - a formação de corredores ecológicos com outra Reserva Legal, com Área de Preservação Permanente, com Unidade de Conservação ou com outra área legalmente protegida;

IV - as áreas de maior importância para a conservação da biodiversidade; e

V - as áreas de maior fragilidade ambiental.

§ 1º O órgão estadual integrante do Sisnama ou instituição por ele habilitada deverá aprovar a localização da Reserva Legal após a inclusão do imóvel no CAR, conforme o art. 29 desta Lei.

§ 2º Protocolada a documentação exigida para a análise da localização da área de Reserva Legal, ao proprietário ou possuidor rural não poderá ser imputada sanção administrativa, inclusive restrição a direitos, por qualquer órgão ambiental competente integrante do Sisnama, em razão da não formalização da área de Reserva Legal. (Alterado pela Lei 12.727/2012.)

Art. 15. Será admitido o cômputo das Áreas de Preservação Permanente no cálculo do percentual da Reserva Legal do imóvel, desde que:

I - o benefício previsto neste artigo não implique a conversão de novas áreas para o uso alternativo do solo;

II - a área a ser computada esteja conservada ou em processo de recuperação, conforme comprovação do proprietário ao órgão estadual integrante do Sisnama; e

III - o proprietário ou possuidor tenha requerido inclusão do imóvel no Cadastro Ambiental Rural - CAR, nos termos desta Lei.

- Decreto 7.830/2012 (Dispõe sobre o Sistema de Cadastro Ambiental Rural, o Cadastro Ambiental Rural, estabelece normas de caráter geral aos Programas de Regularização Ambiental, de que trata a Lei 12.651/2012).

§ 1º O regime de proteção da Área de Preservação Permanente não se altera na hipótese prevista neste artigo.

§ 2º O proprietário ou possuidor de imóvel com Reserva Legal conservada e inscrita no Cadastro Ambiental Rural - CAR de que trata o art. 29, cuja área ultrapasse o mínimo exigido por esta Lei, poderá utilizar a área excedente para fins de constituição de servidão ambiental, Cota de Reserva Ambiental e outros instrumentos congêneres previstos nesta Lei.

- Decreto 7.830/2012 (Dispõe sobre o Sistema de Cadastro Ambiental Rural, o Cadastro Ambiental Rural, estabelece normas de caráter geral aos Programas de Regularização Ambiental, de que trata a Lei 12.651/2012).

§ 3º O cômputo de que trata o *caput* aplica-se a todas as modalidades de cumprimento da Reserva Legal, abrangendo a regeneração, a recomposição e a compensação. (Alterado pela Lei 12.727/2012.)

§ 4º É dispensada a aplicação do inciso I do *caput* deste artigo, quando as Áreas de Preservação Permanente conservadas ou em processo de recuperação, somadas às demais florestas e outras formas de vegetação nativa existentes em imóvel, ultrapassarem: (Acrescentado pela Lei 12.727/2012.)

I - 80% (oitenta por cento) do imóvel rural localizado em áreas de floresta na Amazônia Legal; e (Acrescentado pela Lei 12.727/2012.)

II - (Vetado pela Lei 12.727/2012.)

Art. 16. Poderá ser instituído Reserva Legal em regime de condomínio ou coletiva entre propriedades rurais, respeitado o percentual previsto no art. 12 em relação a cada imóvel. (Alterado pela Lei 12.727/2012.)

Parágrafo único. No parcelamento de imóveis rurais, a área de Reserva Legal poderá ser agrupada em regime de condomínio entre os adquirentes.

SEÇÃO II DO REGIME DE PROTEÇÃO DA RESERVA LEGAL

Art. 17. A Reserva Legal deve ser conservada com cobertura de vegetação nativa pelo proprietário do imóvel rural, possuidor ou ocupante a qualquer título, pessoa física ou jurídica, de direito público ou privado.

§ 1º Admite-se a exploração econômica da Reserva Legal mediante manejo sustentável, previamente aprovado pelo órgão competente do Sisnama, de acordo com as modalidades previstas no art. 20.

§ 2º Para fins de manejo de Reserva Legal na pequena propriedade ou posse rural familiar, os órgãos integrantes do Sisnama deverão estabelecer procedimentos simplificados de elaboração, análise e aprovação de tais planos de manejo.

§ 3º É obrigatória a suspensão imediata das atividades em área de Reserva Legal desmatada irregularmente após 22 de julho de 2008. (Alterado pela Lei 12.727/2012.)

§ 4º Sem prejuízo das sanções administrativas, cíveis e penais cabíveis, deverá ser iniciado, nas áreas de que trata o § 3º deste artigo, o processo de recomposição da Reserva Legal em até 2 (dois) anos contados a partir da data da publicação desta Lei, devendo tal processo ser concluído nos prazos estabelecidos pelo Programa de Regularização Ambiental - PRA, de que trata o art. 59. (Acrescentado pela Lei 12.727/2012.)

Art. 18. A área de Reserva Legal deverá ser registrada no órgão ambiental competente por meio de inscrição no CAR de que trata o art. 29, sendo vedada a alteração de sua destinação, nos casos de transmissão, a qualquer título, ou de desmembramento, com as exceções previstas nesta Lei.

§ 1º A inscrição da Reserva Legal no CAR será feita mediante a apresentação de planta e memorial descritivo, contendo a indicação das coordenadas geográficas com pelo menos um ponto de amarração, conforme ato do Chefe do Poder Executivo.

§ 2º Na posse, a área de Reserva Legal é assegurada por termo de compromisso firmado pelo possuidor com o órgão competente do Sisnama, com força de título executivo extrajudicial, que explicite, no mínimo, a localização da área de Reserva Legal e as obrigações assumidas pelo possuidor por força do previsto nesta Lei.

§ 3º A transferência da posse implica a sub-rogação das obrigações assumidas no termo de compromisso de que trata o § 2º.

§ 4º O registro da Reserva Legal no CAR desobriga a averbação no Cartório de Registro de Imóveis, sendo que, no período entre a data da publicação desta Lei e o registro no CAR, o proprietário ou possuidor rural que desejar fazer a averbação terá direito à gratuidade deste ato. (Alterado pela Lei 12.727/2012.)

Art. 19. A inserção do imóvel rural em perímetro urbano definido mediante lei municipal não desobriga o proprietário ou posseiro da manutenção da área de Reserva Legal, que só será extinta concomitantemente ao registro do parcelamento do solo para fins urbanos aprovado segundo a legislação específica e consoante as diretrizes do plano diretor de que trata o § 1º do art. 182 da Constituição Federal.

Art. 20. No manejo sustentável da vegetação florestal da Reserva Legal, serão adotadas práticas de exploração seletiva nas modalidades de manejo sustentável sem propósito comercial para consumo na propriedade e manejo sustentável para exploração florestal com propósito comercial.

Art. 21. É livre a coleta de produtos florestais não madeireiros, tais como frutos, cipós, folhas e sementes, devendo-se observar:

I - os períodos de coleta e volumes fixados em regulamentos específicos, quando houver;

II - a época de maturação dos frutos e sementes;

III - técnicas que não coloquem em risco a sobrevivência de indivíduos e da espécie coletada no caso de coleta de flores, folhas, cascas, óleos, resinas, cipós, bulbos, bambus e raízes.

Art. 22. O manejo florestal sustentável da vegetação da Reserva Legal com propósito comercial depende de autorização do órgão competente e deverá atender as seguintes diretrizes e orientações:

I - não descaracterizar a cobertura vegetal e não prejudicar a conservação da vegetação nativa da área;

II - assegurar a manutenção da diversidade das espécies;

III - conduzir o manejo de espécies exóticas com a adoção de medidas que favoreçam a regeneração de espécies nativas.

Art. 23. O manejo sustentável para exploração florestal eventual sem propósito comercial, para consumo no próprio imóvel, independe de autorização dos órgãos competentes, devendo apenas ser declarados previamente ao órgão ambiental a motivação da exploração e o volume explorado, limitada a exploração anual a 20 (vinte) metros cúbicos.

Art. 24. No manejo florestal nas áreas fora de Reserva Legal, aplica-se igualmente o disposto nos arts. 21, 22 e 23.

SEÇÃO III DO REGIME DE PROTEÇÃO DAS ÁREAS VERDES URBANAS

Art. 25. O poder público municipal contará, para o estabelecimento de áreas verdes urbanas, com os seguintes instrumentos:

I - o exercício do direito de preempção para aquisição de remanescentes florestais relevantes, conforme dispõe a Lei n. 10.257, de 10 de julho de 2001;

II - a transformação das Reservas Legais em áreas verdes nas expansões urbanas

III - o estabelecimento de exigência de áreas verdes nos loteamentos, empreendimentos comerciais e na implantação de infraestrutura; e

IV - aplicação em áreas verdes de recursos oriundos da compensação ambiental.

CAPÍTULO V DA SUPRESSÃO DE VEGETAÇÃO PARA USO ALTERNATIVO DO SOLO

Art. 26. A supressão de vegetação nativa para uso alternativo do solo, tanto de domínio público como de domínio privado, dependerá do cadastramento do imóvel no CAR, de que trata o art. 29, e de prévia autorização do órgão estadual competente do Sisnama.

§§ 1º e 2º (Vetados.)

§ 3º No caso de reposição florestal, deverão ser priorizados projetos que contemplem a utilização de espécies nativas do mesmo bioma onde ocorreu a supressão.

§ 4º O requerimento de autorização de supressão de que trata o *caput* conterá, no mínimo, as seguintes informações:

I - a localização do imóvel, das Áreas de Preservação Permanente, da Reserva Legal e das áreas de uso restrito, por coordenada geográfica, com pelo menos um ponto de amarração do perímetro do imóvel;

II - a reposição ou compensação florestal, nos termos do § 4º do art. 33;

III - a utilização efetiva e sustentável das áreas já convertidas;

IV - o uso alternativo da área a ser desmatada.

Art. 27. Nas áreas passíveis de uso alternativo do solo, a supressão de vegetação que abrigue espécie da flora ou da fauna ameaçada de extinção, segundo lista oficial publicada pelos órgãos federal ou estadual ou municipal do Sisnama, ou espécies migratórias, dependerá da adoção de medidas compensatórias e mitigadoras que assegurem a conservação da espécie.

Art. 28. Não é permitida a conversão de vegetação nativa para uso alternativo do solo no imóvel rural que possuir área abandonada.

CAPÍTULO VI DO CADASTRO AMBIENTAL RURAL

- Decreto 7.830/2012 (Dispõe sobre o Sistema de Cadastro Ambiental Rural, o Cadastro Ambiental Rural, estabelece normas de caráter geral aos Programas de Regularização Ambiental, de que trata a Lei 12.651/2012).

Art. 29. É criado o Cadastro Ambiental Rural - CAR, no âmbito do Sistema Nacional de Informação sobre Meio Ambiente - SINIMA, registro público eletrônico de âmbito nacional, obrigatório para todos os imóveis rurais, com a finalidade de integrar as informações ambientais das propriedades e posses rurais, compondo base de dados para controle, monitoramento, planejamento ambiental e econômico e combate ao desmatamento.

§ 1º A inscrição do imóvel rural no CAR deverá ser feita, preferencialmente, no órgão ambiental municipal ou estadual, que, nos termos do regulamento, exigirá do proprietário ou possuidor rural: (Alterado pela Lei 12.727/2012.)

I - identificação do proprietário ou possuidor rural;

II - comprovação da propriedade ou posse;

III - identificação do imóvel por meio de planta e memorial descritivo, contendo a indicação das coordenadas geográficas com pelo menos um ponto de amarração do perímetro do imóvel, informando a localização dos remanescentes de vegetação nativa, das Áreas de Preservação Permanente, das Áreas de Uso Restrito, das áreas consolidadas e, caso existente, também da localização da Reserva Legal.

§ 2º O cadastramento não será considerado título para fins de reconhecimento do direito de propriedade ou posse, tampouco elimina a necessidade de cumprimento do disposto no art. 2º da Lei n. 10.267, de 28 de agosto de 2001.

§ 3º A inscrição no CAR é obrigatória e por prazo indeterminado para todas as propriedades e posses rurais. (Redação dada pela Lei 13.887/2019)

- Dec. 8.439/2015 (Delega competência ao Ministro de Estado do Meio Ambiente para prorrogação do prazo previsto neste parágrafo.)
- Vide Decreto nº 9.395/2018 que prorrogou até 31/12/2018 o prazo para requerer a inscrição no CAR.

§ 4º Os proprietários e possuidores dos imóveis rurais que os inscreverem no CAR até o dia 31 de dezembro de 2020 terão direito à adesão ao Programa de Regularização Ambiental (PRA), de que trata o art. 59 desta Lei. (Acrescido pela Lei 13.887/2019)

Art. 30. Nos casos em que a Reserva Legal já tenha sido averbada na matrícula do imóvel e em que essa averbação identifique o perímetro e a localização da reserva, o proprietário não será obrigado a fornecer ao órgão ambiental as informações relativas à Reserva Legal previstas no inciso III do § 1º do art. 29.

Parágrafo único. Para que o proprietário se desobrigue nos termos do *caput*, deverá apresentar ao órgão ambiental competente a certidão de registro de imóveis onde conste a averbação da Reserva Legal ou termo de compromisso já firmado nos casos de posse.

CAPÍTULO VII
DA EXPLORAÇÃO FLORESTAL

Art. 31. A exploração de florestas nativas e formações sucessoras, de domínio público ou privado, ressalvados os casos previstos nos arts. 21, 23 e 24, dependerá de licenciamento pelo órgão competente do Sisnama, mediante aprovação prévia de Plano de Manejo Florestal Sustentável - PMFS que contemple técnicas de condução, exploração, reposição florestal e manejo compatíveis com os variados ecossistemas que a cobertura arbórea forme.

§ 1º O PMFS atenderá os seguintes fundamentos técnicos e científicos:

I - caracterização dos meios físico e biológico;
II - determinação do estoque existente;
III - intensidade de exploração compatível com a capacidade de suporte ambiental da floresta;
IV - ciclo de corte compatível com o tempo de restabelecimento do volume de produto extraído da floresta;
V - promoção da regeneração natural da floresta;
VI - adoção de sistema silvicultural adequado;
VII - adoção de sistema de exploração adequado;
VIII - monitoramento do desenvolvimento da floresta remanescente;
IX - adoção de medidas mitigadoras dos impactos ambientais e sociais.

§ 2º A aprovação do PMFS pelo órgão competente do Sisnama confere ao seu detentor a licença ambiental para a prática do manejo florestal sustentável, não se aplicando outras etapas de licenciamento ambiental.

§ 3º O detentor do PMFS encaminhará relatório anual ao órgão ambiental competente com as informações sobre toda a área de manejo florestal sustentável e a descrição das atividades realizadas.

§ 4º O PMFS será submetido a vistorias técnicas para fiscalizar as operações e atividades desenvolvidas na área de manejo.

§ 5º Respeitado o disposto neste artigo, serão estabelecidas em ato do Chefe do Poder Executivo disposições diferenciadas sobre os PMFS em escala empresarial, de pequena escala e comunitário.

§ 6º Para fins de manejo florestal na pequena propriedade ou posse rural familiar, os órgãos do Sisnama deverão estabelecer procedimentos simplificados de elaboração, análise e aprovação dos referidos PMFS.

§ 7º Compete ao órgão federal de meio ambiente a aprovação de PMFS incidentes em florestas públicas de domínio da União.

Art. 32. São isentos de PMFS:

I - a supressão de florestas e formações sucessoras para uso alternativo do solo;
II - o manejo e a exploração de florestas plantadas localizadas fora das Áreas de Preservação Permanente e de Reserva Legal;
III - a exploração florestal não comercial realizada nas propriedades rurais a que se refere o inciso V do art. 3º ou por populações tradicionais.

Art. 33. As pessoas físicas ou jurídicas que utilizam matéria-prima florestal em suas atividades devem suprir-se de recursos oriundos de:

I - florestas plantadas;
II - PMFS de floresta nativa aprovado pelo órgão competente do Sisnama;
III - supressão de vegetação nativa autorizada pelo órgão competente do Sisnama;
IV - outras formas de biomassa florestal definidas pelo órgão competente do Sisnama.

§ 1º São obrigadas à reposição florestal as pessoas físicas ou jurídicas que utilizam matéria-prima florestal oriunda de supressão de vegetação nativa ou que detenham autorização para supressão de vegetação nativa.

§ 2º É isento da obrigatoriedade da reposição florestal aquele que utilize:

I - costaneiras, aparas, cavacos ou outros resíduos provenientes da atividade industrial
II - matéria-prima florestal:
a) oriunda de PMFS;
b) oriunda de floresta plantada;
c) não madeireira.

§ 3º A isenção da obrigatoriedade da reposição florestal não desobriga o interessado da comprovação perante a autoridade competente da origem do recurso florestal utilizado.

§ 4º A reposição florestal será efetivada no Estado de origem da matéria-prima utilizada, mediante o plantio de espécies preferencialmente nativas, conforme determinações do órgão competente do Sisnama.

Art. 34. As empresas industriais que utilizam grande quantidade de matéria-prima florestal são obrigadas a elaborar e implementar Plano de Suprimento Sustentável - PSS, a ser submetido à aprovação do órgão competente do Sisnama.

§ 1º O PSS assegurará produção equivalente ao consumo de matéria-prima florestal pela atividade industrial.

§ 2º O PSS incluirá, no mínimo:

I - programação de suprimento de matéria-prima florestal
II - indicação das áreas de origem da matéria-prima florestal georreferenciadas;
III - cópia do contrato entre os particulares envolvidos, quando o PSS incluir suprimento de matéria-prima florestal oriunda de terras pertencentes a terceiros.

§ 3º Admite-se o suprimento mediante matéria-prima em oferta no mercado:

I - na fase inicial de instalação da atividade industrial, nas condições e durante o período, não superior a 10 (dez) anos, previstos no PSS, ressalvados os contratos de suprimento mencionados no inciso III do § 2º;
II - no caso de aquisição de produtos provenientes do plantio de florestas exóticas, licenciadas por órgão competente do Sisnama, o suprimento será comprovado posteriormente mediante relatório anual em que conste a localização da floresta e as quantidades produzidas.

§ 4º O PSS de empresas siderúrgicas, metalúrgicas ou outras que consumam grandes quantidades de carvão vegetal ou lenha estabelecerá a utilização exclusiva de matéria-prima oriunda de florestas plantadas ou de PMFS e será parte integrante do processo de licenciamento ambiental do empreendimento.

§ 5º Serão estabelecidos, em ato do Chefe do Poder Executivo, os parâmetros de utilização de matéria-prima florestal para fins de enquadramento das empresas industriais no disposto no *caput*.

CAPÍTULO VIII
DO CONTROLE DA ORIGEM DOS PRODUTOS FLORESTAIS

Art. 35. O controle da origem da madeira, do carvão e de outros produtos ou subprodutos florestais incluirá sistema nacional que integre os dados dos diferentes entes federativos, coordenado, fiscalizado e regulamentado pelo órgão federal competente do Sisnama. (Alterado pela Lei 12.727/2012.)

§ 1º O plantio ou reflorestamento com espécies florestais nativas ou exóticas independem de autorização prévia, desde que observadas as limitações e condições previstas nesta Lei, devendo ser informados ao órgão competente, no prazo de até 1 (um) ano, para fins de controle de origem.

§ 2º É livre a extração de lenha e demais produtos de florestas plantadas nas áreas não consideradas Áreas de Preservação Permanente e Reserva Legal.

§ 3º O corte ou a exploração de espécies nativas plantadas em área de uso alternativo do solo serão permitidos independentemente de autorização prévia, devendo o plantio ou reflorestamento estar previamente cadastrado no órgão ambiental competente e a exploração ser previamente declarada nele para fins de controle de origem.

§ 4º Os dados do sistema referido no *caput* serão disponibilizados para acesso público por meio da rede mundial de computadores, cabendo ao órgão federal coordenador do sistema fornecer os programas de informática a serem utilizados e definir o prazo para integração dos dados e as informações que deverão ser aportadas ao sistema nacional.

§ 5º O órgão federal coordenador do sistema nacional poderá bloquear a emissão de Documento de Origem Florestal - DOF dos entes federativos não integrados ao sistema e fiscalizar os dados e relatórios respectivos. (Alterado pela Lei 12.727/2012.)

Art. 36. O transporte, por qualquer meio, e o armazenamento de madeira, lenha, carvão e outros produtos ou subprodutos florestais oriundos de florestas de espécies nativas, para fins comerciais ou industriais, requerem licença do órgão competente do Sisnama, observado o disposto no art. 35.

§ 1º A licença prevista no *caput* será formalizada por meio da emissão do DOF, que deverá acompanhar o material até o beneficiamento final.

§ 2º Para a emissão do DOF, a pessoa física ou jurídica responsável deverá estar registrada no Cadastro Técnico Federal de Atividades Potencialmente Poluidoras ou Utilizadoras de Recursos Ambientais, previsto no art. 17 da Lei n. 6.938, de 31 de agosto de 1981.

§ 3º Todo aquele que recebe ou adquire, para fins comerciais ou industriais, madeira, lenha, carvão e outros produtos ou subprodutos de florestas de espécies nativas é obrigado a exigir a apresentação do DOF e munir-se da via que deverá acompanhar o material até o beneficiamento final.

§ 4º No DOF deverão constar a especificação do material, sua volumetria e dados sobre sua origem e destino.

§ 5º O órgão ambiental federal do Sisnama regulamentará os casos de dispensa da licença prevista no *caput*. (Alterado pela Lei 12.727/2012.)

Art. 37. O comércio de plantas vivas e outros produtos oriundos da flora nativa dependerá de licença do órgão estadual competente do Sisnama e de registro no Cadastro Técnico Federal de Atividades Potencialmente Poluidoras ou Utilizadoras de Recursos Ambientais, previsto no art. 17 da Lei n. 6.938, de 31 de agosto de 1981, sem prejuízo de outras exigências cabíveis.

Parágrafo único. A exportação de plantas vivas e outros produtos da flora dependerá de licença do órgão federal competente do Sisnama, observadas as condições estabelecidas no *caput*.

CAPÍTULO IX
DA PROIBIÇÃO DO USO DE FOGO E DO CONTROLE DOS INCÊNDIOS

Art. 38. É proibido o uso de fogo na vegetação, exceto nas seguintes situações:

I - em locais ou regiões cujas peculiaridades justifiquem o emprego do fogo em práticas agropastoris ou florestais, mediante prévia aprovação do órgão estadual ambiental competente do Sisnama, para cada imóvel rural ou de forma regionalizada, que estabelecerá os critérios de monitoramento e controle;

II - emprego da queima controlada em Unidades de Conservação, em conformidade com o respectivo plano de manejo e mediante prévia aprovação do órgão gestor da Unidade de Conservação, visando ao manejo conservacionista da vegetação nativa, cujas características ecológicas estejam associadas evolutivamente à ocorrência do fogo;

III - atividades de pesquisa científica vinculada a projeto de pesquisa devidamente aprovado pelos órgãos competentes e realizada por instituição de pesquisa reconhecida, mediante prévia aprovação do órgão ambiental competente do Sisnama.

§ 1º Na situação prevista no inciso I, o órgão estadual ambiental competente do Sisnama exigirá que os estudos demandados para o licenciamento da atividade rural contenham planejamento específico sobre o emprego do fogo e o controle dos incêndios.

§ 2º Excetuam-se da proibição constante no *caput* as práticas de prevenção e combate aos incêndios e as de agricultura de subsistência exercidas pelas populações tradicionais e indígenas.

§ 3º Na apuração da responsabilidade pelo uso irregular do fogo em terras públicas ou particulares, a autoridade competente para fiscalização e autuação deverá comprovar o nexo de causalidade entre a ação do proprietário ou qualquer preposto e o dano efetivamente causado.

§ 4º É necessário o estabelecimento de nexo causal na verificação das responsabilidades por infração pelo uso irregular do fogo em terras públicas ou particulares.

Art. 39. Os órgãos ambientais do Sisnama, bem como todo e qualquer órgão público ou privado responsável pela gestão de áreas com vegetação nativa ou plantios florestais, deverão elaborar, atualizar e implantar planos de contingência para o combate aos incêndios florestais.

- Dec. 8.914/2016 (Institui o Centro Integrado Multiagências de Coordenação Operacional Nacional - Ciman).

Art. 40. O Governo Federal deverá estabelecer uma Política Nacional de Manejo e Controle de Queimadas, Prevenção e Combate aos Incêndios Florestais, que promova a articulação institucional com vistas na substituição do uso do fogo no meio rural, no controle de queimadas, na prevenção e no combate aos incêndios florestais e no manejo do fogo em áreas naturais protegidas.

- Dec. 8.914/2016 (Institui o Centro Integrado Multiagências de Coordenação Operacional Nacional - Ciman).

§ 1º A Política mencionada neste artigo deverá prever instrumentos para a análise dos impactos das queimadas sobre mudanças climáticas e mudanças no uso da terra, conservação dos ecossistemas, saúde pública e fauna, para subsidiar planos estratégicos de prevenção de incêndios florestais.

§ 2º A Política mencionada neste artigo deverá observar cenários de mudanças climáticas e potenciais aumentos de risco de ocorrência de incêndios florestais.

CAPÍTULO X
DO PROGRAMA DE APOIO E INCENTIVO À PRESERVAÇÃO E RECUPERAÇÃO DO MEIO AMBIENTE

Art. 41. É o Poder Executivo federal autorizado a instituir, sem prejuízo do cumprimento da legislação ambiental, programa de apoio e incentivo à conservação do meio ambiente, bem como para adoção de tecnologias e boas práticas que conciliem a produtividade agropecuária e florestal, com redução dos impactos ambientais, como forma de promoção do desenvolvimento ecologicamente sustentável, observados sempre os critérios de progressividade, abrangendo as seguintes categorias e linhas de ação: (Alterado pela Lei 12.727/2012.)

I - pagamento ou incentivo a serviços ambientais como retribuição, monetária ou não, às atividades de conservação e melhoria dos ecossistemas e que gerem serviços ambientais, tais como, isolada ou cumulativamente:

a) o sequestro, a conservação, a manutenção e o aumento do estoque e a diminuição do fluxo de carbono;

b) a conservação da beleza cênica natural;

c) a conservação da biodiversidade;

d) a conservação das águas e dos serviços hídricos;

e) a regulação do clima;

f) a valorização cultural e do conhecimento tradicional ecossistêmico;

g) a conservação e o melhoramento do solo;

h) a manutenção de Áreas de Preservação Permanente, de Reserva Legal e de uso restrito;

II - compensação pelas medidas de conservação ambiental necessárias para o cumprimento dos objetivos desta Lei, utilizando-se dos seguintes instrumentos, dentre outros:

a) obtenção de crédito agrícola, em todas as suas modalidades, com taxas de juros menores, bem como limites e prazos maiores que os praticados no mercado;

b) contratação do seguro agrícola em condições melhores que as praticadas no mercado;

c) dedução das Áreas de Preservação Permanente, de Reserva Legal e de uso restrito da base de cálculo do Imposto sobre a Propriedade Territorial Rural - ITR, gerando créditos tributários;

d) destinação de parte dos recursos arrecadados com a cobrança pelo uso da água, na forma da Lei n. 9.433, de 8 de janeiro de 1997, para a manutenção, recuperação ou recomposição das Áreas de Preservação Permanente, de Reserva Legal e de uso restrito na bacia de geração da receita;

e) linhas de financiamento para atender iniciativas de preservação voluntária de vegetação nativa, proteção de espécies da flora nativa ameaçadas de extinção, manejo florestal e agroflorestal sustentável realizados na propriedade ou posse rural, ou recuperação de áreas degradadas;

- Lei 12.854/2013 (Fomenta e incentiva ações que promovam a recuperação florestal e a implantação de sistemas agroflorestais em áreas rurais desapropriadas e em áreas degradadas, nos casos que especifica).

f) isenção de impostos para os principais insumos e equipamentos, tais como: fios de arame, postes de madeira tratada, bombas d'água, trado de perfuração de solo, dentre outros utilizados para os processos de recuperação e manutenção das Áreas de Preservação Permanente, de Reserva Legal e de uso restrito;

III - incentivos para comercialização, inovação e aceleração das ações de recuperação, conservação e uso sustentável das florestas e demais formas de vegetação nativa, tais como:

a) participação preferencial nos programas de apoio à comercialização da produção agrícola;

b) destinação de recursos para a pesquisa científica e tecnológica e a extensão rural relacionadas à melhoria da qualidade ambiental.

§ 1º Para financiar as atividades necessárias à regularização ambiental das propriedades rurais, o programa poderá prever:

I - destinação de recursos para a pesquisa científica e tecnológica e a extensão rural relacionadas à melhoria da qualidade ambiental;

II - dedução da base de cálculo do imposto de renda do proprietário ou possuidor de imóvel rural, pessoa física ou jurídica, de parte dos gastos efetuados com a recomposição das Áreas de Preservação Permanente, de Reserva Legal e de uso restrito cujo desmatamento seja anterior a 22 de julho de 2008;

III - utilização de fundos públicos para concessão de créditos reembolsáveis e não reembolsáveis destinados à compensação, recuperação ou recomposição das Áreas de Preservação Permanente, de Reserva Legal e de uso restrito cujo desmatamento seja anterior a 22 de julho de 2008.

§ 2º O programa previsto no *caput* poderá, ainda, estabelecer diferenciação tributária para empresas que industrializem ou comercializem produtos originários de propriedades ou posses rurais que cumpram os padrões e limites estabelecidos nos arts. 4º, 6º, 11 e 12 desta Lei, ou que estejam em processo de cumpri-los.

§ 3º Os proprietários ou possuidores de imóveis rurais inscritos no CAR, inadimplentes em relação ao cumprimento do termo de compromisso ou PRA ou que estejam sujeitos a sanções por infrações ao disposto nesta Lei, exceto aquelas suspensas em virtude do disposto no Capítulo XIII, não são elegíveis para os incentivos previstos nas alíneas *a* a *e* do inciso II do *caput* deste artigo até que as referidas sanções sejam extintas.

§ 4º As atividades de manutenção das Áreas de Preservação Permanente, de Reserva Legal e de uso restrito são elegíveis para quaisquer pagamentos ou incentivos por serviços ambientais, configurando adicionalidade para fins de mercados nacionais e internacionais de reduções de emissões certificadas de gases de efeito estufa.

§ 5º O programa relativo a serviços ambientais previsto no inciso I do *caput* deste artigo deverá integrar os sistemas em âmbito nacional e estadual, objetivando a criação de um mercado de serviços ambientais.

§ 6º Os proprietários localizados nas zonas de amortecimento de Unidades de Conservação de Proteção Integral são elegíveis para receber apoio técnico-financeiro da compensação prevista no art. 36 da Lei n. 9.985, de 18 de julho de 2000, com a finalidade de recuperação e manutenção de áreas prioritárias para a gestão da unidade.

§ 7º O pagamento ou incentivo a serviços ambientais a que se refere o inciso I deste artigo serão prioritariamente destinados aos agricultores familiares como definidos no inciso V do art. 3º desta Lei. (Acrescentado pela Lei 12.727/2012.)

Art. 42. O Governo Federal implantará programa para conversão da multa prevista no art. 50 do Decreto n. 6.514, de 22 de julho de 2008, destinado a imóveis rurais, referente a autuações vinculadas a desmatamentos em áreas onde não era vedada a supressão, que foram promovidos sem autorização ou licença, em data anterior a 22 de julho de 2008. (Acrescentado pela Lei 12.727/2012.)

Art. 43. (Vetado.)

Art. 44. É instituída a Cota de Reserva Ambiental - CRA, título nominativo representativo de área com vegetação nativa, existente ou em processo de recuperação:

- Decreto 9.640/2018 (Regulamenta a Cota de Reserva Ambiental).

I - sob regime de servidão ambiental, instituída na forma do art. 9º-A da Lei n. 6.938, de 31 de agosto de 1981;

II - correspondente à área de Reserva Legal instituída voluntariamente sobre a vegetação que exceder os percentuais exigidos no art. 12 desta Lei;

III - protegida na forma de Reserva Particular do Patrimônio Natural - RPPN, nos termos do art. 21 da Lei n. 9.985, de 18 de julho de 2000;

IV - existente em propriedade rural localizada no interior de Unidade de Conservação de domínio público que ainda não tenha sido desapropriada.

§ 1º A emissão de CRA será feita mediante requerimento do proprietário, após inclusão do imóvel no CAR e laudo comprobatório emitido pelo próprio órgão ambiental ou por entidade credenciada, assegurado o controle do órgão federal competente do Sisnama, na forma de ato do Chefe do Poder Executivo.

§ 2º A CRA não pode ser emitida com base em vegetação nativa localizada em área de RPPN instituída em sobreposição à Reserva Legal do imóvel.

§ 3º A Cota de Reserva Florestal - CRF emitida nos termos do art. 44-B da Lei n. 4.771, de 15 de setembro de 1965, passa a ser considerada, pelo efeito desta Lei, como Cota de Reserva Ambiental.

§ 4º Poderá ser instituída CRA da vegetação nativa que integra a Reserva Legal dos imóveis a que se refere o inciso V do art. 3º desta Lei.

Art. 45. A CRA será emitida pelo órgão competente do Sisnama em favor de proprietário de imóvel incluído no CAR que mantenha área nas condições previstas no art. 44.

§ 1º O proprietário interessado na emissão da CRA deve apresentar ao órgão referido no *caput* proposta acompanhada de:

I - certidão atualizada da matrícula do imóvel expedida pelo registro de imóveis competente;

II - cédula de identidade do proprietário, quando se tratar de pessoa física;

III - ato de designação de responsável, quando se tratar de pessoa jurídica;

IV - certidão negativa de débitos do Imposto sobre a Propriedade Territorial Rural - ITR;

V - memorial descritivo do imóvel, com a indicação da área a ser vinculada ao título, contendo pelo menos um ponto de amarração georreferenciado relativo ao perímetro do imóvel e um ponto de amarração georreferenciado relativo à Reserva Legal.

§ 2º Aprovada a proposta, o órgão referido no *caput* emitirá a CRA correspondente, identificando:

I - o número da CRA no sistema único de controle;

II - o nome do proprietário rural da área vinculada ao título;

III - a dimensão e a localização exata da área vinculada ao título, com memorial descritivo contendo pelo menos um ponto de amarração georreferenciado;

IV - o bioma correspondente à área vinculada ao título;

V - a classificação da área em uma das condições previstas no art. 46.

§ 3º O vínculo de área à CRA será averbado na matrícula do respectivo imóvel no registro de imóveis competente.

§ 4º O órgão federal referido no *caput* pode delegar ao órgão estadual competente atribuições para emissão, cancelamento e transferência da CRA, assegurada a implementação de sistema único de controle.

Art. 46. Cada CRA corresponderá a 1 (um) hectare:

I - de área com vegetação nativa primária ou com vegetação secundária em qualquer estágio de regeneração ou recomposição;

II - de áreas de recomposição mediante reflorestamento com espécies nativas.

§ 1º O estágio sucessional ou o tempo de recomposição ou regeneração da vegetação nativa será avaliado pelo órgão ambiental estadual competente com base em declaração do proprietário e vistoria de campo.

§ 2º A CRA não poderá ser emitida pelo órgão ambiental competente quando a regeneração ou recomposição da área forem improváveis ou inviáveis.

Art. 47. É obrigatório o registro da CRA pelo órgão emitente, no prazo de 30 (trinta) dias, contado da data da sua emissão, em bolsas de mercadorias de âmbito nacional ou em sistemas de registro e de liquidação financeira de ativos autorizados pelo Banco Central do Brasil.

Art. 48. A CRA pode ser transferida, onerosa ou gratuitamente, a pessoa física ou a pessoa jurídica de direito público ou privado, mediante termo assinado pelo titular da CRA e pelo adquirente.

§ 1º A transferência da CRA só produz efeito uma vez registrado o termo previsto no *caput* no sistema único de controle.

§ 2º A CRA só pode ser utilizada para compensar Reserva Legal de imóvel rural situado no mesmo bioma da área à qual o título está vinculado.

§ 3º A CRA só pode ser utilizada para fins de compensação de Reserva Legal se respeitados os requisitos estabelecidos no § 6º do art. 66.

§ 4º A utilização de CRA para compensação da Reserva Legal será averbada na matrícula do imóvel no qual se situa a área vinculada ao título e na do imóvel beneficiário da compensação.

Art. 49. Cabe ao proprietário do imóvel rural em que se situa a área vinculada à CRA a responsabilidade plena pela manutenção das condições de conservação da vegetação nativa da área que deu origem ao título.

§ 1º A área vinculada à emissão da CRA com base nos incisos I, II e III do art. 44 desta Lei poderá ser utilizada conforme PMFS.

§ 2º A transmissão *inter vivos* ou *causa mortis* do imóvel não elimina nem altera o vínculo de área contida no imóvel à CRA.

Art. 50. A CRA somente poderá ser cancelada nos seguintes casos:

I - por solicitação do proprietário rural, em caso de desistência de manter áreas nas condições previstas nos incisos I e II do art. 44;

II - automaticamente, em razão de término do prazo da servidão ambiental;

III - por decisão do órgão competente do Sisnama, no caso de degradação da vegetação nativa da área vinculada à CRA cujos custos e prazo de recuperação ambiental inviabilizem a continuidade do vínculo entre a área e o título.

§ 1º O cancelamento da CRA utilizada para fins de compensação de Reserva Legal só pode ser efetivado se assegurada Reserva Legal para o imóvel no qual a compensação foi aplicada.

§ 2º O cancelamento da CRA nos termos do inciso III do *caput* independe da aplicação das devidas sanções administrativas e penais decorrentes de infração à legislação ambiental, nos termos da Lei n. 9.605, de 12 de fevereiro de 1998.

§ 3º O cancelamento da CRA deve ser averbado na matrícula do imóvel no qual se situa a área vinculada ao título e do imóvel no qual a compensação foi aplicada.

CAPÍTULO XI
DO CONTROLE DO DESMATAMENTO

Art. 51. O órgão ambiental competente, ao tomar conhecimento do desmatamento em desacordo com o disposto nesta Lei, deverá embargar a obra ou atividade que deu causa ao uso alternativo do solo, como medida administrativa voltada a impedir a continuidade do dano ambiental, propiciar a regeneração do meio ambiente e dar viabilidade à recuperação da área degradada.

§ 1º O embargo restringe-se aos locais onde efetivamente ocorreu o desmatamento ilegal, não alcançando as atividades de subsistência ou as demais atividades realizadas no imóvel não relacionadas com a infração.

§ 2º O órgão ambiental responsável deverá disponibilizar publicamente as informações sobre o imóvel embargado, inclusive por meio da rede mundial de computadores, resguardados os dados protegidos por legislação específica, caracterizando o exato local da área embargada e informando em que estágio se encontra o respectivo procedimento administrativo.

§ 3º A pedido do interessado, o órgão ambiental responsável emitirá certidão em que conste a atividade, a obra e a parte da área do imóvel que são objetos do embargo, conforme o caso.

CAPÍTULO XII
DA AGRICULTURA FAMILIAR

Art. 52. A intervenção e a supressão de vegetação em Áreas de Preservação Permanente e de Reserva Legal para as atividades eventuais ou de baixo impacto ambiental, previstas no inciso X do art. 3º, excetuadas as alíneas *b* e *g*, quando desenvolvidas nos imóveis a que se refere o inciso V do art. 3º, dependerão de simples declaração ao órgão ambiental competente, desde que esteja o imóvel devidamente inscrito no CAR.

Art. 53. Para o registro no CAR da Reserva Legal, nos imóveis a que se refere o inciso V do art. 3º, o proprietário ou possuidor apresentará os dados identificando a área proposta de Reserva Legal, cabendo aos órgãos competentes integrantes do Sisnama, ou instituição por ele habilitada, realizar a captação das respectivas coordenadas geográficas.

Parágrafo único. O registro da Reserva Legal nos imóveis a que se refere o inciso V do art. 3º é gratuito, devendo o poder público prestar apoio técnico e jurídico.

Art. 54. Para cumprimento da manutenção da área de reserva legal nos imóveis a que se refere o inciso V do art. 3º, poderão ser computados os plantios de árvores frutíferas, ornamentais ou industriais, compostos por espécies exóticas, cultivadas em sistema intercalar ou em consórcio com espécies nativas da região em sistemas agroflorestais.

Parágrafo único. O poder público estadual deverá prestar apoio técnico para a recomposição da vegetação da Reserva Legal nos imóveis a que se refere o inciso V do art. 3º.

Art. 55. A inscrição no CAR dos imóveis a que se refere o inciso V do art. 3º observará procedimento simplificado no qual será obrigatória apenas a apresentação dos documentos mencionados nos incisos I e II do § 1º do art. 29 e de croqui indicando o perímetro do imóvel, as Áreas de Preservação Permanente e os remanescentes que formam a Reserva Legal.

Art. 56. O licenciamento ambiental de PMFS comercial nos imóveis a que se refere o inciso V do art. 3º se beneficiará de procedimento simplificado de licenciamento ambiental.

§ 1º O manejo sustentável da Reserva Legal para exploração florestal eventual, sem propósito comercial direto ou indireto, para consumo no próprio imóvel a que se refere o inciso V do art. 3º, independe de autorização dos órgãos ambientais competentes, limitada a retirada anual de material lenhoso a 2 (dois) metros cúbicos por hectare.

§ 2º O manejo previsto no § 1º não poderá comprometer mais de 15% (quinze por cento) da biomassa da Reserva Legal nem ser superior a 15 (quinze) metros cúbicos de lenha para uso doméstico e uso energético, por propriedade ou posse rural, por ano.

§ 3º Para os fins desta Lei, entende-se por manejo eventual, sem propósito comercial, o suprimento, para uso no próprio imóvel, de lenha ou madeira serrada destinada a benfeitorias e uso energético nas propriedades e posses rurais, em quantidade não superior ao estipulado no § 1º deste artigo.

§ 4º Os limites para utilização previstos no § 1º deste artigo no caso de posse coletiva de populações tradicionais ou de agricultura familiar serão adotados por unidade familiar.

§ 5º As propriedades a que se refere o inciso V do art. 3º são desobrigadas da reposição florestal se a matéria-prima florestal for utilizada para consumo próprio.

Art. 57. Nos imóveis a que se refere o inciso V do art. 3º, o manejo florestal madeireiro sustentável da Reserva Legal com propósito comercial direto ou indireto depende de autorização simplificada do órgão ambiental competente, devendo o interessado apresentar, no mínimo, as seguintes informações:

I - dados do proprietário ou possuidor rural;
II - dados da propriedade ou posse rural, incluindo cópia da matrícula do imóvel no Registro Geral do Cartório de Registro de Imóveis ou comprovante de posse;
III - croqui da área do imóvel com indicação da área a ser objeto do manejo seletivo, estimativa do volume de produtos e subprodutos florestais a serem obtidos com o manejo seletivo, indicação da sua destinação e cronograma de execução previsto.

Art. 58. Assegurado o controle e a fiscalização dos órgãos ambientais competentes dos respectivos planos ou projetos, assim como as obrigações do detentor do imóvel, o poder público poderá instituir programa de apoio técnico e incentivos financeiros, podendo incluir medidas indutoras e linhas de financiamento para atender, prioritariamente, os imóveis a que se refere o inciso V do *caput* do art. 3º, nas iniciativas de: (Alterado pela Lei 12.727/2012.)

I - preservação voluntária de vegetação nativa acima dos limites estabelecidos no art. 12;
II - proteção de espécies da flora nativa ameaçadas de extinção;
III - implantação de sistemas agroflorestal e agrossilvipastoril;
IV - recuperação ambiental de Áreas de Preservação Permanente e de Reserva Legal;
V - recuperação de áreas degradadas;
VI - promoção de assistência técnica para regularização ambiental e recuperação de áreas degradadas;
VII - produção de mudas e sementes;
VIII - pagamento por serviços ambientais.

CAPÍTULO XIII
DISPOSIÇÕES TRANSITÓRIAS

SEÇÃO I
DISPOSIÇÕES GERAIS

Art. 59. A União, os Estados e o Distrito Federal deverão implantar Programas de Regularização Ambiental (PRAs) de posses e propriedades rurais, com o objetivo de adequá-las aos termos deste Capítulo. (Redação dada pela Lei 13.887/2019)

§ 1º Na regulamentação dos PRAs, a União estabelecerá normas de caráter geral, e os Estados e o Distrito Federal ficarão incumbidos do seu detalhamento por meio da edição de normas de caráter específico, em razão de suas peculiaridades territoriais, climáticas, históricas, culturais, econômicas e sociais, conforme preceitua o art. 24 da Constituição Federal. (Redação dada pela Lei nº 13.887/2019)

§ 2º A inscrição do imóvel rural no CAR é condição obrigatória para a adesão ao PRA, que deve ser requerida em até 2 (dois) anos, observado o disposto no § 4º do art. 29 desta Lei. (Redação dada pela Lei nº 13.887/2019)

- Dec. 8.439/2015 (Delega competência ao Ministro de Estado do Meio Ambiente para prorrogação do prazo previsto neste parágrafo.)

§ 3º Com base no requerimento de adesão ao PRA, o órgão competente integrante do Sisnama convocará o proprietário ou possuidor para assinar o termo de compromisso, que constituirá título executivo extrajudicial.

§ 4º No período entre a publicação desta Lei e a implantação do PRA em cada Estado e no Distrito Federal, bem como após a adesão do interessado ao PRA e enquanto estiver sendo cumprido o termo de compromisso, o proprietário ou possuidor não poderá ser autuado por infrações cometidas antes de 22 de julho de 2008, relativas à supressão irregular de vegetação em Áreas de Preservação Permanente, de Reserva Legal e de uso restrito.

§ 5º A partir da assinatura do termo de compromisso, serão suspensas as sanções decorrentes das infrações mencionadas no § 4º deste artigo e, cumpridas as obrigações estabelecidas no PRA ou no termo de compromisso para a regularização ambiental das exigências desta Lei, nos prazos e condições neles estabelecidos, as multas referidas neste artigo serão consideradas como convertidas em serviços de preservação, melhoria e recuperação da qualidade do meio ambiente, regularizando o uso de áreas rurais consolidadas conforme definido no PRA.

§ 6º (Vetado pela Lei 12.727/2012.)

§ 7º Caso os Estados e o Distrito Federal não implantem o PRA até 31 de dezembro de 2020, o proprietário ou possuidor de imóvel rural poderá aderir ao PRA implantado pela União, observado o disposto no § 2º deste artigo. (Acrescido pela Lei 13.887/2019)

Art. 60. A assinatura de termo de compromisso para regularização de imóvel ou posse rural perante o órgão ambiental competente, mencionado no art. 59, suspenderá a punibilidade dos crimes previstos nos arts. 38, 39 e 48 da Lei n. 9.605, de 12 de fevereiro de 1998, enquanto o termo estiver sendo cumprido.

§ 1º A prescrição ficará interrompida durante o período de suspensão da pretensão punitiva.

§ 2º Extingue-se a punibilidade com a efetiva regularização prevista nesta Lei.

SEÇÃO II
DAS ÁREAS CONSOLIDADAS EM ÁREAS DE PRESERVAÇÃO PERMANENTE

Art. 61. (Vetado.)

Art. 61-A. Nas Áreas de Preservação Permanente, é autorizada, exclusivamente, a continuidade das atividades agrossilvipastoris, de ecoturismo e de turismo rural em áreas rurais consolidadas até 22 de julho de 2008. (Acrescentado pela Lei 12.727/2012.)

§ 1º Para os imóveis rurais com área de até 1 (um) módulo fiscal que possuam áreas consolidadas em Áreas de Preservação Permanente ao longo de cursos d'água naturais, será obrigatória a recomposição das respectivas faixas marginais em 5 (cinco) metros, contados da borda da calha do leito regular, independentemente da largura do curso d´água. (Acrescentado pela Lei 12.727/2012.)

§ 2º Para os imóveis rurais com área superior a 1 (um) módulo fiscal e de até 2 (dois) módulos fiscais que possuam áreas consolidadas em Áreas de Preservação Permanente ao longo de cursos d'água naturais, será obrigatória a recomposição das respectivas faixas marginais em 8 (oito) metros, contados da borda da calha do leito regular, independentemente da largura do curso d´água. (Acrescentado pela Lei 12.727/2012.)

§ 3º Para os imóveis rurais com área superior a 2 (dois) módulos fiscais e de até 4 (quatro) módulos fiscais que possuam áreas consolidadas em Áreas de Preservação Permanente ao longo de cursos d'água naturais, será obrigatória a recomposição das respectivas faixas marginais em 15 (quinze) metros, contados da borda da calha do leito regular, independentemente da largura do curso d'água. (Acrescentado pela Lei 12.727/2012.)

§ 4º Para os imóveis rurais com área superior a 4 (quatro) módulos fiscais que possuam áreas consolidadas em Áreas de Preservação Permanente ao longo de cursos d'água naturais, será obrigatória a recomposição das respectivas faixas marginais: (Acrescentado pela Lei 12.727/2012.)

I - (Vetado pela Lei 12.727/2012.) e
II - nos demais casos, conforme determinação do PRA, observado o mínimo de 20 (vinte) e o máximo de 100 (cem) metros, contados da borda da calha do leito regular. (Acrescentado pela Lei 12.727/2012.)

§ 5º Nos casos de áreas rurais consolidadas em Áreas de Preservação Permanente no entorno de nascentes e olhos d'água perenes, será admitida a manutenção de atividades agrossilvipastoris, de ecoturismo ou de turismo rural, sendo obrigatória a recomposição do raio mínimo de 15 (quinze) metros. (Acrescentado pela Lei 12.727/2012.)

§ 6º Para os imóveis rurais que possuam áreas consolidadas em Áreas de Preservação Permanente no entorno de lagos e lagoas naturais, será admitida a manutenção de atividades agrossilvipastoris, de ecoturismo ou de turismo rural, sendo obrigatória a recomposição de faixa marginal com largura mínima de: (Acrescentado pela Lei 12.727/2012.)

I - 5 (cinco) metros, para imóveis rurais com área de até 1 (um) módulo fiscal; (Acrescentado pela Lei 12.727/2012.)

II - 8 (oito) metros, para imóveis rurais com área superior a 1 (um) módulo fiscal e de até 2 (dois) módulos fiscais; (Acrescentado pela Lei 12.727/2012.)

III - 15 (quinze) metros, para imóveis rurais com área superior a 2 (dois) módulos fiscais e de até 4 (quatro) módulos fiscais; e (Acrescentado pela Lei 12.727/2012.)

IV - 30 (trinta) metros, para imóveis rurais com área superior a 4 (quatro) módulos fiscais. (Acrescentado pela Lei 12.727/2012.)

§ 7º Nos casos de áreas rurais consolidadas em veredas, será obrigatória a recomposição das faixas marginais, em projeção horizontal, delimitadas a partir do espaço brejoso e encharcado, de largura mínima de: (Acrescentado pela Lei 12.727/2012.)

I - 30 (trinta) metros, para imóveis rurais com área de até 4 (quatro) módulos fiscais; e (Acrescentado pela Lei 12.727/2012.)

II - 50 (cinquenta) metros, para imóveis rurais com área superior a 4 (quatro) módulos fiscais. (Acrescentado pela Lei 12.727/2012.)

§ 8º Será considerada, para os fins do disposto no *caput* e nos §§ 1º a 7º, a área detida pelo imóvel rural em 22 de julho de 2008. (Acrescentado pela Lei 12.727/2012.)

§ 9º A existência das situações previstas no *caput* deverá ser informada no CAR para fins de monitoramento, sendo exigida, nesses casos, a adoção de técnicas de conservação do solo e da água que visem à mitigação dos eventuais impactos. (Acrescentado pela Lei 12.727/2012.)

§ 10. Antes mesmo da disponibilização do CAR, no caso das intervenções já existentes, é o proprietário ou possuidor rural responsável pela conservação do solo e da água, por meio de adoção de boas práticas agronômicas. (Acrescentado pela Lei 12.727/2012.)

§ 11. A realização das atividades previstas no *caput* observará critérios técnicos de conservação do solo e da água indicados no PRA previsto nesta Lei, sendo vedada a conversão de novas áreas para uso alternativo do solo nesses locais. (Acrescentado pela Lei 12.727/2012.)

§ 12. Será admitida a manutenção de residências e da infraestrutura associada às atividades agrossilvipastoris, de ecoturismo e de turismo rural, inclusive o acesso a essas atividades, independentemente das determinações contidas no *caput* e nos §§ 1º a 7º, desde que não estejam em área que ofereça risco à vida ou à integridade física das pessoas. (Acrescentado pela Lei 12.727/2012.)

§ 13. A recomposição de que trata este artigo poderá ser feita, isolada ou conjuntamente, pelos seguintes métodos: (Acrescentado pela Lei 12.727/2012.)

I - condução de regeneração natural de espécies nativas; (Acrescentado pela Lei 12.727/2012.)

II - plantio de espécies nativas; (Acrescentado pela Lei 12.727/2012.)

III - plantio de espécies nativas conjugado com a condução da regeneração natural de espécies nativas; (Acrescentado pela Lei 12.727/2012.)

IV - plantio intercalado de espécies lenhosas, perenes ou de ciclo longo, exóticas com nativas de ocorrência regional, em até 50% (cinquenta por cento) da área total a ser recomposta, no caso dos imóveis a que se refere o inciso V do *caput* do art. 3º; (Acrescentado pela Lei 12.727/2012.)

V - (Vetado pela Lei 12.727/2012.)

§ 14. Em todos os casos previstos neste artigo, o poder público, verificada a existência de risco de agravamento de processos erosivos ou de inundações, determinará a adoção de medidas mitigadoras que garantam a estabilidade das margens e a qualidade da água, após deliberação do Conselho Estadual de Meio Ambiente ou de órgão colegiado estadual equivalente. (Acrescentado pela Lei 12.727/2012.)

§ 15. A partir da data da publicação desta Lei e até o término do prazo de adesão ao PRA de que trata o § 2º do art. 59, é autorizada a continuidade das atividades desenvolvidas nas áreas de que trata o *caput*, as quais deverão ser informadas no CAR para fins de monitoramento, sendo exigida a adoção de medidas de conservação do solo e da água. (Acrescentado pela Lei 12.727/2012.)

§ 16. As Áreas de Preservação Permanente localizadas em imóveis inseridos nos limites de Unidades de Conservação de Proteção Integral criadas por ato do poder público até a data de publicação desta Lei não são passíveis de ter quaisquer atividades consideradas como consolidadas nos termos do *caput* e dos §§ 1º a 15, ressalvado o que dispuser o Plano de Manejo elaborado e aprovado de acordo com as orientações emitidas pelo órgão competente do Sisnama, nos termos do que dispuser regulamento do Chefe do Poder Executivo, devendo o proprietário, possuidor rural ou ocupante a qualquer título adotar todas as medidas indicadas. (Acrescentado pela Lei 12.727/2012.)

§ 17. Em bacias hidrográficas consideradas críticas, conforme previsto em legislação específica, o Chefe do Poder Executivo poderá, em ato próprio, estabelecer metas e diretrizes de recuperação ou conservação da vegetação nativa superiores às definidas no *caput* e nos §§ 1º a 7º, como projeto prioritário, ouvidos o Comitê de Bacia Hidrográfica e o Conselho Estadual de Meio Ambiente. (Acrescentado pela Lei 12.727/2012.)

§ 18. (Vetado pela Lei 12.727/2012.)

Art. 61-B. Aos proprietários e possuidores dos imóveis rurais que, em 22 de julho de 2008, detinham até 10 (dez) módulos fiscais e desenvolviam atividades agrossilvipastoris nas áreas consolidadas em Áreas de Preservação Permanente é garantido que a exigência de recomposição, nos termos desta Lei, somadas todas as Áreas de Preservação Permanente do imóvel, não ultrapassará: (Acrescentado pela Lei 12.727/2012.)

I - 10% (dez por cento) da área total do imóvel, para imóveis rurais com área de até 2 (dois) módulos fiscais; (Acrescentado pela Lei 12.727/2012.)

II - 20% (vinte por cento) da área total do imóvel, para imóveis rurais com área superior a 2 (dois) e de até 4 (quatro) módulos fiscais; (Acrescentado pela Lei 12.727/2012.)

III - (Vetado pela Lei 12.727/2012.)

Art. 61-C. Para os assentamentos do Programa de Reforma Agrária, a recomposição de áreas consolidadas em Áreas de Preservação Permanente ao longo ou no entorno de cursos d›água, lagos e lagoas naturais observará as exigências estabelecidas no art. 61-A, observados os limites de cada área demarcada individualmente, objeto de contrato de concessão de uso, até a titulação por parte do Instituto Nacional de Colonização e Reforma Agrária - Incra. (Acrescentado pela Lei 12.727/2012.)

Art. 62. Para os reservatórios artificiais de água destinados a geração de energia ou abastecimento público que foram registrados ou tiveram seus contratos de concessão ou autorização assinados anteriormente à Medida Provisória n. 2.166-67, de 24 de agosto de 2001, a faixa da Área de Preservação Permanente será a distância entre o nível máximo operativo normal e a cota máxima *maximorum*.

Art. 63. Nas áreas rurais consolidadas nos locais de que tratam os incisos V, VIII, IX e X do art. 4º, será admitida a manutenção de atividades florestais, culturas de espécies lenhosas, perenes ou de ciclo longo, bem como da infraestrutura física associada ao desenvolvimento de atividades agrossilvipastoris, vedada a conversão de novas áreas para uso alternativo do solo.

§ 1º O pastoreio extensivo nos locais referidos no *caput* deverá ficar restrito às áreas de vegetação campestre natural ou já convertidas para vegetação campestre, admitindo-se o consórcio com vegetação lenhosa perene ou de ciclo longo.

§ 2º A manutenção das culturas e da infraestrutura de que trata o *caput* é condicionada à adoção de práticas conservacionistas do solo e da água indicadas pelos órgãos de assistência técnica rural.

§ 3º Admite-se, nas Áreas de Preservação Permanente, previstas no inciso VIII do art. 4º, dos imóveis rurais de até 4 (quatro) módulos fiscais, no âmbito do PRA, a partir de boas práticas agronômicas e de conservação do solo e da água, mediante deliberação dos Conselhos Estaduais de Meio Ambiente ou órgãos colegiados estaduais equivalentes, a consolidação de outras atividades agrossilvipastoris, ressalvadas as situações de risco de vida.

Art. 64. Na Reurb-S dos núcleos urbanos informais que ocupam Áreas de Preservação Permanente, a regularização fundiária será admitida por meio da aprovação do projeto de regularização fundiária, na forma da lei específica de regularização fundiária urbana. (Redação dada pela Lei 13.465/2017)

§ 1º O projeto de regularização fundiária de interesse social deverá incluir estudo técnico que demonstre a melhoria das condições ambientais em relação à situação anterior com a adoção das medidas nele preconizadas.

§ 2º O estudo técnico mencionado no § 1º deverá conter, no mínimo, os seguintes elementos:

I - caracterização da situação ambiental da área a ser regularizada;

II - especificação dos sistemas de saneamento básico;

III - proposição de intervenções para a prevenção e o controle de riscos geotécnicos e de inundações;

IV - recuperação de áreas degradadas e daquelas não passíveis de regularização;

V - comprovação da melhoria das condições de sustentabilidade urbano-ambiental, considerados o uso adequado dos recursos hídricos, a não ocupação das áreas de risco e a proteção das unidades de conservação, quando for o caso;

VI - comprovação da melhoria da habitabilidade dos moradores propiciada pela regularização proposta; e

VII - garantia de acesso público às praias e aos corpos d'água.

Art. 65. Na Reurb-E dos núcleos urbanos informais que ocupam Áreas de Preservação Permanente não identificadas como áreas de risco, a regularização fundiária será admitida por meio da aprovação do projeto de regularização fundiária, na forma da lei específica de regularização fundiária urbana. (Redação dada pela Lei 13.465/2017).

§ 1º O processo de regularização fundiária de interesse específico deverá incluir estudo técnico que demonstre a melhoria das condições ambientais em relação à situação anterior e ser instruído com os seguintes elementos: (Redação dada pela Lei 13.465/2017)

I - a caracterização físico-ambiental, social, cultural e econômica da área;
II - a identificação dos recursos ambientais, dos passivos e fragilidades ambientais e das restrições e potencialidades da área;
III - a especificação e a avaliação dos sistemas de infraestrutura urbana e de saneamento básico implantados, outros serviços e equipamentos públicos;
IV - a identificação das unidades de conservação e das áreas de proteção de mananciais na área de influência direta da ocupação, sejam elas águas superficiais ou subterrâneas;
V - a especificação da ocupação consolidada existente na área;
VI - a identificação das áreas consideradas de risco de inundações e de movimentos de massa rochosa, tais como deslizamento, queda e rolamento de blocos, corrida de lama e outras definidas como de risco geotécnico;
VII - a indicação das faixas ou áreas em que devem ser resguardadas as características típicas da Área de Preservação Permanente com a devida proposta de recuperação de áreas degradadas e daquelas não passíveis de regularização;
VIII - a avaliação dos riscos ambientais;
IX - a comprovação da melhoria das condições de sustentabilidade urbano-ambiental e de habitabilidade dos moradores a partir da regularização; e
X - a demonstração de garantia de acesso livre e gratuito pela população às praias e aos corpos d'água, quando couber.

§ 2º Para fins da regularização ambiental prevista no *caput*, ao longo dos rios ou de qualquer curso d'água, será mantida faixa não edificável com largura mínima de 15 (quinze) metros de cada lado.

§ 3º Em áreas urbanas tombadas como patrimônio histórico e cultural, a faixa não edificável de que trata o § 2º poderá ser redefinida de maneira a atender aos parâmetros do ato do tombamento.

SEÇÃO III
DAS ÁREAS CONSOLIDADAS EM ÁREAS DE RESERVA LEGAL

Art. 66. O proprietário ou possuidor de imóvel rural que detinha, em 22 de julho de 2008, área de Reserva Legal em extensão inferior ao estabelecido no art. 12, poderá regularizar sua situação, independentemente da adesão ao PRA, adotando as seguintes alternativas, isolada ou conjuntamente:

I - recompor a Reserva Legal;
II - permitir a regeneração natural da vegetação na área de Reserva Legal;
III - compensar a Reserva Legal.

§ 1º A obrigação prevista no *caput* tem natureza real e é transmitida ao sucessor no caso de transferência de domínio ou posse do imóvel rural.

§ 2º A recomposição de que trata o inciso I do *caput* deverá atender os critérios estipulados pelo órgão competente do Sisnama e ser concluída em até 20 (vinte) anos, abrangendo, a cada 2 (dois) anos, no mínimo 1/10 (um décimo) da área total necessária à sua complementação.

§ 3º A recomposição de que trata o inciso I do *caput* poderá ser realizada mediante o plantio intercalado de espécies nativas com exóticas ou frutíferas, em sistema agroflorestal, observados os seguintes parâmetros: (Alterado pela Lei 12.727/2012.)

- Lei 12.854/2013 (Fomenta e incentiva ações que promovam a recuperação florestal e a implantação de sistemas agroflorestais em áreas rurais desapropriadas e em áreas degradadas, nos casos que especifica).

I - o plantio de espécies exóticas deverá ser combinado com as espécies nativas de ocorrência regional;
II - a área recomposta com espécies exóticas não poderá exceder a 50% (cinquenta por cento) da área total a ser recuperada.

§ 4º Os proprietários ou possuidores do imóvel que optarem por recompor a Reserva Legal na forma dos §§ 2º e 3º terão direito à sua exploração econômica, nos termos desta Lei.

§ 5º A compensação de que trata o inciso III do *caput* deverá ser precedida pela inscrição da propriedade no CAR e poderá ser feita mediante:

I - aquisição de Cota de Reserva Ambiental - CRA;
II - arrendamento de área sob regime de servidão ambiental ou Reserva Legal;
III - doação ao poder público de área localizada no interior de Unidade de Conservação de domínio público pendente de regularização fundiária;
IV - cadastramento de outra área equivalente e excedente à Reserva Legal, em imóvel de mesma titularidade ou adquirida em imóvel de terceiro, com vegetação nativa estabelecida, em regeneração ou recomposição, desde que localizada no mesmo bioma.

§ 6º As áreas a serem utilizadas para compensação na forma do § 5º deverão:

I - ser equivalentes em extensão à área da Reserva Legal a ser compensada;
II - estar localizadas no mesmo bioma da área de Reserva Legal a ser compensada;
III - se fora do Estado, estar localizadas em áreas identificadas como prioritárias pela União ou pelos Estados.

§ 7º A definição de áreas prioritárias de que trata o § 6º buscará favorecer, entre outros, a recuperação de bacias hidrográficas excessivamente desmatadas, a criação de corredores ecológicos, a conservação de grandes áreas protegidas e a conservação ou recuperação de ecossistemas ou espécies ameaçados.

§ 8º Quando se tratar de imóveis públicos, a compensação de que trata o inciso III do *caput* poderá ser feita mediante concessão de direito real de uso ou doação, por parte da pessoa jurídica de direito público proprietária de imóvel rural que não detém Reserva Legal em extensão suficiente, ao órgão público responsável pela Unidade de Conservação de área localizada no interior de Unidade de Conservação de domínio público, a ser criada ou pendente de regularização fundiária.

§ 9º As medidas de compensação previstas neste artigo não poderão ser utilizadas como forma de viabilizar a conversão de novas áreas para uso alternativo do solo.

Art. 67. Nos imóveis rurais que detinham, em 22 de julho de 2008, área de até 4 (quatro) módulos fiscais e que possuam remanescente de vegetação nativa em percentuais inferiores ao previsto no art. 12, a Reserva Legal será constituída com a área ocupada com a vegetação nativa existente em 22 de julho de 2008, vedadas novas conversões para uso alternativo do solo.

Art. 68. Os proprietários ou possuidores de imóveis rurais que realizaram supressão de vegetação nativa respeitando os percentuais de Reserva Legal previstos pela legislação em vigor à época em que ocorreu a supressão são dispensados de promover a recomposição, compensação ou regeneração para os percentuais exigidos nesta Lei.

§ 1º Os proprietários ou possuidores de imóveis rurais poderão provar essas situações consolidadas por documentos tais como a descrição de fatos históricos de ocupação da região, registros de comercialização, dados agropecuários da atividade, contratos e documentos bancários relativos à produção, e por todos os outros meios de prova em direito admitidos.

§ 2º Os proprietários ou possuidores de imóveis rurais, na Amazônia Legal, e seus herdeiros necessários que possuam índice de Reserva Legal maior que 50% (cinquenta por cento) de cobertura florestal e não realizaram a supressão da vegetação nos percentuais previstos pela legislação em vigor à época poderão utilizar a área excedente de Reserva Legal também para fins de constituição de servidão ambiental, Cota de Reserva Ambiental - CRA e outros instrumentos congêneres previstos nesta Lei.

CAPÍTULO XIV
DISPOSIÇÕES COMPLEMENTARES E FINAIS

Art. 69. São obrigados a registro no órgão federal competente do Sisnama os estabelecimentos comerciais responsáveis pela comercialização de motosserras, bem como aqueles que as adquirirem.

§ 1º A licença para o porte e uso de motosserras será renovada a cada 2 (dois) anos.

§ 2º Os fabricantes de motosserras são obrigados a imprimir, em local visível do equipamento, numeração cuja sequência será encaminhada ao órgão federal competente do Sisnama e constará nas correspondentes notas fiscais.

Art. 70. Além do disposto nesta Lei e sem prejuízo da criação de unidades de conservação da natureza, na forma da Lei n. 9.985, de 18 de julho de 2000, e de outras ações cabíveis voltadas à proteção das florestas e outras formas de vegetação, o poder público federal, estadual ou municipal poderá:

I - proibir ou limitar o corte das espécies da flora raras, endêmicas, em perigo ou ameaçadas de extinção, bem como das espécies necessárias à subsistência das populações tradicionais, delimitando as áreas compreendidas no ato, fazendo depender de autorização prévia, nessas áreas, o corte de outras espécies;
II - declarar qualquer árvore imune de corte, por motivo de sua localização, raridade, beleza ou condição de porta-sementes;
III - estabelecer exigências administrativas sobre o registro e outras formas de controle de pessoas físicas ou jurídicas que se dedicam à extração, indústria ou comércio de produtos ou subprodutos florestais.

Art. 71. A União, em conjunto com os Estados, o Distrito Federal e os Municípios, realizará o Inventário Florestal Nacional, para subsidiar a análise da existência e qualidade das florestas do País, em imóveis privados e terras públicas.

Parágrafo único. A União estabelecerá critérios e mecanismos para uniformizar a coleta, a manutenção e a atualização das informações do Inventário Florestal Nacional.

Art. 72. Para efeitos desta Lei, a atividade de silvicultura, quando realizada em área apta ao uso alternativo do solo, é equiparada à atividade agrícola, nos termos da Lei n. 8.171, de 17 de janeiro de 1991, que "dispõe sobre a política agrícola".

Art. 73. Os órgãos centrais e executores do Sisnama criarão e implementarão, com a participação dos órgãos estaduais, indicadores de sustentabilidade, a serem publicados semestralmente, com vistas em aferir a evolução dos componentes do sistema abrangidos por disposições desta Lei.

Art. 74. A Câmara de Comércio Exterior - CAMEX, de que trata o art. 20-B da Lei n. 9.649, de 27 de maio de 1998, com a redação dada pela Medida Provisória n. 2.216-37, de 31 de agosto de 2001, é autorizada a adotar medidas de restrição às importações de bens de origem agropecuária ou florestal produzidos em países que não observem normas e padrões de proteção do meio ambiente compatíveis com as estabelecidas pela legislação brasileira.

Art. 75. Os PRAs instituídos pela União, Estados e Distrito Federal deverão incluir mecanismo que permita o acompanhamento de sua implementação, considerando os objetivos e metas nacionais para florestas, especialmente a implementação dos instrumentos previstos nesta Lei, a adesão cadastral dos proprietários e possuidores de imóvel rural, a evolução da regularização das propriedades e posses rurais, o grau de regularidade do uso de matéria-prima florestal e o controle e prevenção de incêndios florestais.

Arts. 76. e 77. (Vetados.)

Art. 78. O art. 9º-A da Lei n. 6.938, de 31 de agosto de 1981, passa a vigorar com a seguinte redação:

‣ Alteração promovida no texto da referida lei.

Art. 78-A. Após 31 de dezembro de 2017, as instituições financeiras só concederão crédito agrícola, em qualquer de suas modalidades, para proprietários de imóveis rurais que estejam inscritos no CAR. (Alterado pela Lei 13.295/2016).

Parágrafo único. O prazo de que trata este artigo será prorrogado em observância aos novos prazos de que trata o § 3º do art. 29. (Acrescentado pela Lei 13.295/2016).

‣ Decreto 7.830/2012 (Dispõe sobre o Sistema de Cadastro Ambiental Rural, o Cadastro Ambiental Rural, estabelece normas de caráter geral aos Programas de Regularização Ambiental, de que trata a Lei 12.651/2012).

Art. 79. A Lei n. 6.938, de 31 de agosto de 1981, passa a vigorar acrescida dos seguintes arts. 9º-B e 9º-C:

‣ Dispositivos acrescentados no texto da referida lei.

Art. 80. A alínea *d* do inciso II do § 1º do art. 10 da Lei 9.393, de 19 de dezembro de 1996, passa a vigorar com a seguinte redação:

"Art. 10. [...]

§ 1º [...]

II – [...]

d) sob regime de servidão ambiental; [...]" (NR)

Art. 81. O *caput* do art. 35 da Lei n. 11.428, de 22 de dezembro de 2006, passa a vigorar com a seguinte redação:

‣ Alteração promovida no texto da referida lei.

Art. 82. São a União, os Estados, o Distrito Federal e os Municípios autorizados a instituir, adaptar ou reformular, no prazo de 6 (seis) meses, no âmbito do Sisnama, instituições florestais ou afins, devidamente aparelhadas para assegurar a plena consecução desta Lei.

Parágrafo único. As instituições referidas no *caput* poderão credenciar, mediante edital de seleção pública, profissionais devidamente habilitados para apoiar a regularização ambiental das propriedades previstas no inciso V do art. 3º, nos termos de regulamento baixado por ato do Chefe do Poder Executivo.

Art. 83. Revogam-se as Leis n. 4.771, de 15 de setembro de 1965, e 7.754, de 14 de abril de 1989, e suas alterações posteriores, e a Medida Provisória n. 2.166-67, de 24 de agosto de 2001.

Art. 84. Esta Lei entra em vigor na data de sua publicação.

Brasília, 25 de maio de 2012;
191º da Independência e 124º da República.
Dilma Rousseff

ÍNDICE ALFABÉTICO-REMISSIVO DO CÓDIGO FLORESTAL

CFlo

ÍNDICE ALFABÉTICO-REMISSIVO DO CÓDIGO FLORESTAL

ESTATUTOS

LEI Nº 4.504, DE 30 DE NOVEMBRO DE 1964

Dispõe sobre o Estatuto da Terra, e dá outras providências.

- DOU 30.11.1964; retificado em 17.12.1964 e 6.4.1965.

TÍTULO I
DISPOSIÇÕES PRELIMINARES

CAPÍTULO I
PRINCÍPIOS E DEFINIÇÕES

Art. 1º Esta Lei regula os direitos e obrigações concernentes aos bens imóveis rurais, para os fins de execução da Reforma Agrária e promoção da Política Agrícola.

§ 1º Considera-se Reforma Agrária o conjunto de medidas que visem a promover melhor distribuição da terra, mediante modificações no regime de sua posse e uso, a fim de atender aos princípios de justiça social e ao aumento de produtividade.

§ 2º Entende-se por Política Agrícola o conjunto de providências de amparo à propriedade da terra, que se destinem a orientar, no interesse da economia rural, as atividades agropecuárias, seja no sentido de garantir-lhes o pleno emprego, seja no de harmonizá-las com o processo de industrialização do país.

Art. 2º É assegurada a todos a oportunidade de acesso à propriedade da terra, condicionada pela sua função social, na forma prevista nesta Lei.

§ 1º A propriedade da terra desempenha integralmente a sua função social quando, simultaneamente:

a) favorece o bem-estar dos proprietários e dos trabalhadores que nela labutam, assim como de suas famílias;

b) mantém níveis satisfatórios de produtividade;

c) assegura a conservação dos recursos naturais;

d) observa as disposições legais que regulam as justas relações de trabalho entre os que a possuem e a cultivem.

§ 2º É dever do Poder Público:

a) promover e criar as condições de acesso do trabalhador rural à propriedade da terra economicamente útil, de preferência nas regiões onde habita, ou, quando as circunstâncias regionais, o aconselhem em zonas previamente ajustadas na forma do disposto na regulamentação desta Lei;

b) zelar para que a propriedade da terra desempenhe sua função social, estimulando planos para a sua racional utilização, promovendo a justa remuneração e o acesso do trabalhador aos benefícios do aumento da produtividade e ao bem-estar coletivo.

§ 3º A todo agricultor assiste o direito de permanecer na terra que cultive, dentro dos termos e limitações desta Lei, observadas sempre que for o caso, as normas dos contratos de trabalho.

§ 4º É assegurado às populações indígenas o direito à posse das terras que ocupam ou que lhes sejam atribuídas de acordo com a legislação especial que disciplina o regime tutelar a que estão sujeitas.

Art. 3º O Poder Público reconhece às entidades privadas, nacionais ou estrangeiras, o direito à propriedade da terra em condomínio, quer sob a forma de cooperativas quer como sociedades abertas constituídas na forma da legislação em vigor.

Parágrafo único. Os estatutos das cooperativas e demais sociedades, que se organizarem na forma prevista neste artigo, deverão ser aprovados pelo Instituto Brasileiro de Reforma Agrária (I.B.R.A.) que estabelecerá condições mínimas para a democratização dessas sociedades.

Art. 4º Para os efeitos desta Lei, definem-se:

I - "Imóvel Rural", o prédio rústico, de área contínua qualquer que seja a sua localização que se destina à exploração extrativa agrícola, pecuária ou agroindustrial, quer através de planos públicos de valorização, quer através de iniciativa privada;

II - "Propriedade Familiar", o imóvel rural que, direta e pessoalmente explorado pelo agricultor e sua família, lhes absorva toda a força de trabalho, garantindo-lhes a subsistência e o progresso social e econômico, com área máxima fixada para cada região e tipo de exploração, e eventualmente trabalho com a ajuda de terceiros;

III - "Módulo Rural", a área fixada nos termos do inciso anterior;

IV - "Minifúndio", o imóvel rural de área e possibilidades inferiores às da propriedade familiar;

V - "Latifúndio", o imóvel rural que:

a) exceda a dimensão máxima fixada na forma do artigo 46, § 1º, alínea b, desta Lei, tendo-se em vista as condições ecológicas, sistemas agrícolas regionais e o fim a que se destine;

b) não excedendo o limite referido na alínea anterior, e tendo área igual ou superior à dimensão do módulo de propriedade rural, seja mantido inexplorado em relação às possibilidades físicas, econômicas e sociais do meio, com fins especulativos, ou seja, deficiente ou inadequadamente explorado, de modo a vedar-lhe a inclusão no conceito de empresa rural;

VI - "Empresa Rural" é o empreendimento de pessoa física ou jurídica, pública ou privada, que explore econômica e racionalmente imóvel rural, dentro de condição de rendimento econômico [...] (Vetado) [...] da região em que se situe e que explore área mínima agricultável do imóvel segundo padrões fixados, pública e previamente, pelo Poder Executivo. Para esse fim, equiparam-se às áreas cultivadas, as pastagens, as matas naturais e artificiais e as áreas ocupadas com benfeitorias;

VII - "Parceleiro", aquele que venha a adquirir lotes ou parcelas em área destinada à Reforma Agrária ou à colonização pública ou privada;

VIII - "Cooperativa Integral de Reforma Agrária (C.I.R.A.)", toda sociedade cooperativa mista, de natureza civil, [...] (Vetado) [...] criada nas áreas prioritárias de Reforma Agrária, contando temporariamente com a contribuição financeira e técnica do Poder Público, através do Instituto Brasileiro de Reforma Agrária, com a finalidade de industrializar, beneficiar, preparar e padronizar a produção agropecuária, bem como realizar os demais objetivos previstos na legislação vigente;

IX - "Colonização", toda a atividade oficial ou particular, que se destine a promover o aproveitamento econômico da terra, pela sua divisão em propriedade familiar ou através de Cooperativas [...] (Vetado) [...]

Parágrafo único. Não se considera latifúndio:

a) o imóvel rural, qualquer que seja a sua dimensão, cujas características recomendem, sob o ponto de vista técnico e econômico, a exploração florestal racionalmente realizada, mediante planejamento adequado;

b) o imóvel rural, ainda que de domínio particular, cujo objeto de preservação florestal ou de outros recursos naturais haja sido reconhecido para fins de tombamento, pelo órgão competente da administração pública.

Art. 5º A dimensão da área dos módulos de propriedade rural será fixada para cada zona de características econômicas e ecológicas homogêneas, distintamente, por tipos de exploração rural que nela possam ocorrer.

Parágrafo único. No caso de exploração mista, o módulo será fixado pela média ponderada das partes do imóvel destinadas a cada um dos tipos de exploração considerados.

CAPÍTULO II
DOS ACORDOS E CONVÊNIOS

Art. 6º A União, os Estados, o Distrito Federal e os Municípios poderão unir seus esforços e recursos, mediante acordos, convênios ou contratos para a solução de problemas de interesse rural, principalmente os relacionados com a aplicação da presente Lei, visando a implantação da Reforma Agrária e à unidade de critérios na execução desta.

§ 1º Para os efeitos da Reforma Agrária, o Instituto Nacional de Colonização e Reforma Agrária – INCRA representará a União nos acordos, convênios ou contratos multilaterais referidos neste artigo. (Incluído pela Medida Provisória nº 2.183-56, de 2001)

§ 2º A União, mediante convênio, poderá delegar aos Estados, ao Distrito Federal e aos Municípios o cadastramento, as vistorias e avaliações de propriedades rurais situadas no seu território, bem como outras atribuições relativas à execução do Programa Nacional de Reforma Agrária, observados os parâmetros e critérios estabelecidos nas leis e nos atos normativos federais. (Incluído pela Medida Provisória nº 2.183-56, de 2001)

§ 3º O convênio de que trata o *caput* será celebrado com os Estados, com o Distrito Federal e com os Municípios que tenham instituído órgão colegiado, com a participação das organizações dos agricultores familiares e trabalhadores rurais sem terra, mantida a paridade de representação entre o poder público e a sociedade civil organizada, com a finalidade de formular propostas para a adequada implementação da política agrária. (Incluído pela Medida Provisória nº 2.183-56, de 2001)

§ 4º Para a realização da vistoria e avaliação do imóvel rural para fins de reforma agrária, poderá o Estado utilizar-se de força policial. (Incluído pela Medida Provisória nº 2.183-56, de 2001)

§ 5º O convênio de que trata o *caput* deverá prever que a União poderá utilizar servidores integrantes dos quadros de pessoal dos órgãos e das entidades da Administração Pública dos Estados, do Distrito Federal e dos Municípios, para a execução das atividades referidas neste artigo. (Incluído pela Medida Provisória nº 2.183-56, de 2001)

Art. 7º Mediante acordo com a União, os Estados poderão encarregar funcionários federais da execução de Leis e serviços estaduais ou de atos e decisões das suas autoridades, pertinentes aos problemas rurais, e, reciprocamente, a União poderá, em matéria de sua competência, cometer a funcionários estaduais, encargos análogos, provendo às necessárias despesas de conformidade com o disposto no parágrafo terceiro do artigo 18 da Constituição Federal.

Art. 8º Os acordos, convênios ou contratos poderão conter cláusula que permita expressamente a adesão de outras pessoas de direito público, interno ou externo, bem como de pessoas físicas nacionais ou estrangeiras, não participantes direta dos atos jurídicos celebrados.

Parágrafo único. A adesão efetivar-se-á com a só notificação oficial às partes contratantes, independentemente de condição ou termo.

CAPÍTULO III
DAS TERRAS PÚBLICAS E PARTICULARES

SEÇÃO I
DAS TERRAS PÚBLICAS

Art. 9º Dentre as terras públicas, terão prioridade, subordinando-se aos itens previstos nesta Lei, as seguintes:

I - as de propriedade da União, que não tenham outra destinação específica;

II - as reservadas pelo Poder Público para serviços ou obras de qualquer natureza, ressalvadas as pertinentes à segurança nacional, desde que o órgão competente considere sua utilização econômica compatível com a atividade principal, sob a forma de exploração agrícola;

III - as devolutas da União, dos Estados e dos Municípios.

Art. 10. O Poder Público poderá explorar direta ou indiretamente, qualquer imóvel rural de sua propriedade, unicamente para fins de pesquisa, experimentação, demonstração e fomento, visando ao desenvolvimento da agricultura, a programas de colonização ou fins educativos de assistência técnica e de readaptação.

§ 1º Somente se admitirá a existência de imóveis rurais de propriedade pública, com objetivos diversos dos previstos neste artigo, em caráter transitório, desde que não haja viabilidade de transferi-los para a propriedade privada.

§ 2º Executados os projetos de colonização nos imóveis rurais de propriedade pública, com objetivos diversos dos previstos neste artigo, em caráter transitório.

§ 3º Os imóveis rurais pertencentes à União, cuja utilização não se enquadre nos termos deste artigo, poderão ser transferidos ao Instituto Brasileiro de Reforma Agrária, ou com ele permutados por ato do Poder Executivo.

Art. 11. O Instituto Brasileiro de Reforma Agrária fica investido de poderes de representação da União, para promover a discriminação das terras devolutas federais, restabelecida a instância administrativa disciplinada pelo Decreto-Lei nº 9.760, de 5 de setembro de 1946, e com autoridade para reconhecer as posses legítimas manifestadas através de cultura efetiva e morada habitual, bem como para incorporar ao patrimônio público as terras devolutas federais ilegalmente ocupadas e as que se encontrarem desocupadas.

§ 1º Através de convênios, celebrados com os Estados e Municípios, iguais poderes poderão ser atribuídos ao Instituto Brasileiro de Reforma Agrária, quanto às terras devolutas estaduais e municipais, respeitada a legislação local, o regime jurídico próprio das terras situadas na faixa da fronteira nacional bem como a atividade dos órgãos de valorização regional.

§ 2º Tanto quanto possível, o Instituto Brasileiro de Reforma Agrária imprimirá ao instituto das terras devolutas orientação tendente a harmonizar as peculiaridades regionais com os altos interesses do desbravamento através da colonização racional visando a erradicar os males do minifúndio e do latifúndio.

SEÇÃO II
DAS TERRAS PARTICULARES

Art. 12. À propriedade privada da terra cabe intrinsecamente uma função social e seu uso é condicionado ao bem-estar coletivo previsto na Constituição Federal e caracterizado nesta Lei.

Art. 13. O Poder Público promoverá a gradativa extinção das formas de ocupação e de exploração da terra que contrariem sua função social.

Art. 14. O Poder Público facilitará e prestigiará a criação e a expansão de associações de pessoas físicas e jurídicas que tenham por finalidade o racional desenvolvimento extrativo agrícola, pecuário ou agroindustrial, e promoverá a ampliação do sistema cooperativo, bem como de outras modalidades associativas e societárias que objetivem a democratização do capital. (Redação dada Medida Provisória nº 2.183-56, 2001)

§ 1º Para a implementação dos objetivos referidos neste artigo, os agricultores e trabalhadores rurais poderão constituir entidades societárias por cotas, em forma consorcial ou condominial, com a denominação de "consórcio" ou "condomínio", nos termos dos arts. 3º e 6º desta Lei. (Incluído pela Medida Provisória nº 2.183-56, de 2001)

§ 2º Os atos constitutivos dessas sociedades deverão ser arquivados na Junta Comercial, quando elas praticarem atos de comércio, e no Cartório de Registro das Pessoas Jurídicas, quando não envolver essa atividade. (Incluído pela Medida Provisória nº 2.183-56, de 2001)

Art. 15. A implantação da Reforma Agrária em terras particulares será feita em caráter prioritário, quando se tratar de zonas críticas ou de tensão social.

TÍTULO II
DA REFORMA AGRÁRIA

CAPÍTULO I
DOS OBJETIVOS E DOS MEIOS DE ACESSO À PROPRIEDADE RURAL

Art. 16. A Reforma Agrária visa a estabelecer um sistema de relações entre o homem, a propriedade rural e o uso da terra, capaz de promover a justiça social, o progresso e o bem-estar do trabalhador rural e o desenvolvimento econômico do país, com a gradual extinção do minifúndio e do latifúndio.

Parágrafo único. O Instituto Brasileiro de Reforma Agrária será o órgão competente para promover e coordenar a execução dessa reforma, observadas as normas gerais da presente Lei e do seu regulamento.

Art. 17. O acesso à propriedade rural será promovido mediante a distribuição ou a redistribuição de terras, pela execução de qualquer das seguintes medidas:

a) desapropriação por interesse social;

b) doação;

c) compra e venda;

d) arrecadação dos bens vagos;

e) reversão à posse (Vetado) do Poder Público de terras de sua propriedade, indevidamente ocupadas e exploradas, a qualquer título, por terceiros;

f) herança ou legado.

Art. 18. À desapropriação por interesse social tem por fim:

a) condicionar o uso da terra à sua função social;

b) promover a justa e adequada distribuição da propriedade;

c) obrigar a exploração racional da terra;

d) permitir a recuperação social e econômica de regiões;

e) estimular pesquisas pioneiras, experimentação, demonstração e assistência técnica;

f) efetuar obras de renovação, melhoria e valorização dos recursos naturais;

g) incrementar a eletrificação e a industrialização no meio rural;

h) facultar a criação de áreas de proteção à fauna, à flora ou a outros recursos naturais, a fim de preservá-los de atividades predatórias.

Art. 19. A desapropriação far-se-á na forma prevista na Constituição Federal, obedecidas as normas constantes da presente Lei.

§ 1º Se for intentada desapropriação parcial, o proprietário poderá optar pela desapropriação de todo o imóvel que lhe pertence, quando a área agricultável remanescente, inferior a cinquenta por cento da área original, ficar:

a) reduzida a superfície inferior a três vezes a dimensão do módulo de propriedade; ou

b) prejudicada substancialmente em suas condições de exploração econômica, caso seja o seu valor inferior ao da parte desapropriada.

§ 2º Para efeito de desapropriação observar-se-ão os seguintes princípios:

a) para a fixação da justa indenização, na forma do artigo 147, § 1º., da Constituição Federal, levar-se-ão em conta o valor declarado do imóvel para efeito do Imposto Territorial Rural, o valor constante do cadastro acrescido das benfeitorias com a correção monetária porventura cabível, apurada na forma da legislação específica, e o valor venal do mesmo;

b) o poder expropriante não será obrigado a consignar, para fins de imissão de posse dos bens, quantia superior à que lhes tiver sido atribuída pelo proprietário na sua última declaração, exigida pela Lei do Imposto de Renda, a partir de 1965, se se tratar de pessoa física ou o valor constante do ativo, se se tratar de pessoa jurídica, num e noutro caso com a correção monetária cabível;

c) efetuada a imissão de posse, fica assegurado ao expropriado o levantamento de oitenta por cento da quantia depositada para obtenção da medida possessória.

§ 3º Salvo por motivo de necessidade ou utilidade pública, estão isentos da desapropriação:

a) os imóveis rurais que, em cada zona, não excederem de três vezes o módulo de propriedade, fixado nos termos do artigo 4º., inciso III;

b) os imóveis que satisfizerem os requisitos pertinentes à empresa rural, enunciados no artigo 4º., inciso VI;

c) os imóveis que, embora não classificados como empresas rurais, situados fora da área prioritária de Reforma Agrária, tiverem aprovados pelo Instituto Brasileiro de Reforma Agrária, e em execução projetos que em prazo determinado, os elevem àquela categoria.

§ 4º O foro competente para desapropriação é o da situação do imóvel.

§ 5º De toda decisão que fixar o preço em quantia superior à oferta formulada pelo órgão expropriante, haverá, obrigatoriamente, recurso de ofício para o Tribunal Federal de Recursos. Verificado, em ação expropriatório, ter o imóvel valor superior ao declarado pelo expropriado, e apurada a má-fé ou o dolo deste, poderá a sentença condená-lo à penalidade prevista no artigo 49, § 3º., desta Lei, deduzindo-se do valor da indenização o montante da penalidade.

Art. 20. As desapropriações a serem realizadas pelo Poder Público, nas áreas prioritárias, recairão sobre:

I - os minifúndios e latifúndios;

II - as áreas já beneficiadas ou a serem por obras públicas de vulto;

III - as áreas cujos proprietários desenvolverem atividades predatórias, recusando-se a pôr em prática normas de conservação dos recursos naturais;

IV - as áreas destinadas a empreendimentos de colonização, quando estes não tiverem logrado atingir seus objetivos;

V - as áreas que apresentem elevada incidência de arrendatários, parceiros e posseiros;

VI - as terras cujo uso atual, estudos levados a efeito pelo Instituto Brasileiro de Reforma Agrária comprovem não ser o adequado à sua vocação de uso econômico.

Art. 21. Em áreas de minifúndio, o Poder Público tomará as medidas necessárias à organização de unidades econômicas adequadas, desapropriando, aglutinando e redistribuindo as áreas.

Art. 22. É o Instituto Brasileiro de Reforma Agrária autorizado, para todos os efeitos legais, a promover as desapropriações necessárias ao cumprimento da presente Lei.

Parágrafo único. A União poderá desapropriar, por interesse social, bens do domínio dos Estados, Municípios, Distrito Federal e Territórios, precedido o ato, em qualquer caso, de autorização legislativa.

Art. 23. Os bens desapropriados por sentença definitiva, uma vez incorporados ao patrimônio público, não podem ser objeto de reivindicação, ainda que fundada em nulidade do processo de desapropriação. Qualquer ação julgada procedente, resolver-se-á em perdas e danos.

Parágrafo único. A regra deste artigo aplica-se aos imóveis rurais incorporados ao domínio da União, em consequência de ações por motivo de enriquecimento ilícito em prejuízo do Patrimônio Federal, os quais transferidos ao Instituto Brasileiro de Reforma Agrária, serão aplicados aos objetivos desta Lei.

CAPÍTULO II
DA DISTRIBUIÇÃO DE TERRAS

Art. 24. As terras desapropriadas para os fins da Reforma Agrária que, a qualquer título, vierem a ser incorporadas ao patrimônio do Instituto Brasileiro de Reforma Agrária, respeitada a ocupação de terras devolutas federais manifestada em cultura efetiva e moradia habitual, só poderão ser distribuídas:

I - sob a forma de propriedade familiar, nos termos das normas aprovadas pelo Instituto Brasileiro de Reforma Agrária;

II - a agricultores cujos imóveis rurais sejam comprovadamente insuficientes para o sustento próprio e o de sua família;

III - para a formação de glebas destinadas à exploração extrativa, agrícola, pecuária ou agroindustrial, por associações de agricultores organizadas sob regime cooperativo;

IV - para fins de realização, a cargo do Poder Público, de atividades de demonstração educativa, de pesquisa, experimentação, assistência técnica e de organização de colônias-escolas;

V - para fins de reflorestamento ou de conservação de reservas florestais a cargo da União, dos Estados ou dos Municípios.

Art. 25. As terras adquiridas pelo Poder Público, nos termos desta Lei, deverão ser vendidas, atendidas as condições de maioridade, sanidade e de bons antecedentes, ou de reabilitação, de acordo com a seguinte ordem de preferência:

I - ao proprietário do imóvel desapropriado, desde que venha a explorar a parcela, diretamente ou por intermédio de sua família;

II - aos que trabalhem no imóvel desapropriado como posseiros, assalariados, parceiros ou arrendatários;

III - aos agricultores cujas propriedades não alcancem a dimensão da propriedade familiar da região;

IV - aos agricultores cujas propriedades sejam comprovadamente insuficientes para o sustento próprio e o de sua família;

V - aos tecnicamente habilitados na forma dá legislação em vigor, ou que tenham comprovada competência para a prática das atividades agrícolas.

§ 1º Na ordem de preferência de que trata este artigo, terão prioridade os chefes de família numerosas cujos membros se proponham a exercer atividade agrícola na área a ser distribuída.

§ 2º Só poderão adquirir lotes os trabalhadores sem terra, salvo as exceções previstas nesta Lei.

§ 3º Não poderá ser beneficiário da distribuição de terras a que se refere este artigo o proprietário rural, salvo nos casos dos incisos I, III e IV, nem quem exerça função pública, autárquica ou em órgão paraestatal, ou se ache investido de atribuições parafiscais.

§ 4º Sob pena de nulidade, qualquer alienação ou concessão de terras públicas, nas regiões prioritárias, definidas na forma do artigo 43, será precedida de consulta ao Instituto Brasileiro de Reforma Agrária, que se pronunciará obrigatoriamente no prazo de sessenta dias.

Art. 26. Na distribuição de terras regulada por este Capítulo, ressalvar-se-á sempre a prioridade pública dos terrenos de marinha e seus acrescidos na orla oceânica e na faixa marginal dos rios federais, até onde se faça sentir a influência das marés, bem como a reserva à margem dos rios navegáveis e dos que formam os navegáveis.

CAPÍTULO III
DO FINANCIAMENTO DA REFORMA AGRÁRIA

SEÇÃO I
DO FUNDO NACIONAL DE REFORMA AGRÁRIA

Art. 27. É criado o Fundo Nacional de Reforma Agrária, destinado a fornecer os meios necessários para o financiamento da Reforma Agrária e dos órgãos incumbidos da sua execução.

Art. 28. O Fundo Nacional de Reforma Agrária será constituído:

I - do produto da arrecadação da Contribuição de Melhoria cobrada pela União de acordo com a legislação vigente;

II - da destinação específica de 3% (três por cento) da receita tributária da União;

III - dos recursos destinados em lei à Superintendência de Política Agrária (SUPRA), ressalvado o disposto no artigo 117;

IV - dos recursos oriundos das verbas de órgãos e de entidades vinculados por convênios ao Instituto Brasileiro de Reforma Agrária;

V - de doações recebidas;

VI - da receita do Instituto Brasileiro de Reforma Agrária.

§ 1º Os recursos de que tratam os incisos I e II, deste artigo, bem como os provenientes de quaisquer créditos adicionais destinados à execução dos planos nacional e regionais de Reforma Agrária, não poderão ser suprimidos, nem aplicados em outros fins.

§ 2º Os saldos dessas dotações em poder do Instituto Brasileiro de Reforma Agrária ou a seu favor, verificados no final de cada exercício, não prescrevem, e serão aplicados, na sua totalidade, em consonância com os objetivos da presente Lei.

§ 3º Os tributos, dotações e recursos referidos nos incisos deste artigo terão a destinação, durante vinte anos, vinculada à execução dos programas da Reforma Agrária.

§ 4º Os atos relativos à receita do Instituto Brasileiro de Reforma Agrária constituída pelos recursos previstos no inciso II, e pelos resultados apurados no exercício anterior, nas hipóteses dos incisos I, III e IV, considerar-se-ão registrados, pelo Tribunal de Contas, a 1º de janeiro, e os respectivos recursos distribuídos ao Tesouro Nacional, que os depositará no Banco do Brasil, à disposição do referido Instituto, em quatro parcelas, até 31 de janeiro, 30 de abril, 31 de julho e 31 de outubro, respectivamente.

Art. 29. Além dos recursos do Fundo Nacional de Reforma Agrária, a execução dos projetos regionais contará com as contribuições financeiras dos órgãos e entidades vinculadas por convênios ao Instituto Brasileiro de Reforma Agrária, notadamente os de valorização regional, como a Superintendência do Desenvolvimento Econômico do Nordeste (SUDENE), a Superintendência do Plano de Valorização Econômica da Amazônia (SPVEA) a Comissão do Vale do São Francisco (CVSF) e a Superintendência do Plano de Valorização Econômica da Região da Fronteira Sudoeste do País (SUDOESTE), os quais deverão destinar, para este fim, vinte por cento, no mínimo de suas dotações globais.

Parágrafo único. Os recursos referidos neste artigo, depois de aprovados os planos para as respectivas regiões, serão entregues ao Instituto Brasileiro de Reforma Agrária, que, para a execução destes, contribuirá com igual quantia.

Art. 30. Para fins da presente Lei, é o Poder Executivo autorizado a receber doações, bem como a contrair empréstimos no país e no exterior, até o limite fixado no artigo 105.

Art. 31. É o Instituto Brasileiro de Reforma Agrária autorizado a:

I - firmar convênios com os Estados, Municípios, entidades públicas e privadas, para financiamento, execução ou administração dos planos regionais de Reforma Agrária;

II - colocar os títulos da Dívida Agrária Nacional para os fins desta Lei;

III - realizar operações financeiras ou de compra e venda para os objetivos desta Lei;

IV - praticar atos, tanto no contencioso como no administrativo, inclusive os relativos à desapropriação por interesse social ou por utilidade ou necessidade públicas.

SEÇÃO II
DO PATRIMÔNIO DO ÓRGÃO DE REFORMA AGRÁRIA

Art. 32. O Patrimônio do Instituto Brasileiro de Reforma Agrária será constituído:

I - do Fundo Nacional de Reforma Agrária;

II - dos bens das entidades públicas incorporadas ao Instituto Brasileiro de Reforma Agrária;

III - das terras e demais bens adquiridos a qualquer título.

CAPÍTULO IV
DA EXECUÇÃO E DA ADMINISTRAÇÃO DA REFORMA AGRÁRIA

SEÇÃO I
DOS PLANOS NACIONAL E REGIONAIS DE REFORMA AGRÁRIA

Art. 33. A Reforma Agrária será realizada por meio de planos periódicos, nacionais e regionais, com prazos e objetivos determinados, de acordo com projetos específicos.

Art. 34. O Plano Nacional de Reforma Agrária, elaborado pelo Instituto Brasileiro de Reforma Agrária e aprovado pelo Presidente da República, consignará necessariamente:

I - a delimitação de áreas regionais prioritárias;

II - a especificação dos órgãos regionais, zonas e locais, que vierem a ser criados para a execução e a administração da Reforma Agrária;

III - a determinação dos objetivos que deverão condicionar a elaboração dos Planos Regionais;

IV - a hierarquização das medidas a serem programadas pelos órgãos públicos, nas áreas prioritárias, nos setores de obras de saneamento, educação e assistência técnica;

V - a fixação dos limites das dotações destinadas à execução do Plano Nacional e de cada um dos planos regionais.

§ 1º Uma vez aprovados, os Planos terão prioridade absoluta para atuação dos órgãos e serviços federais já existentes nas áreas escolhidas.

§ 2º As entidades públicas e privadas que firmarem acordos, convênios ou tratados com o Instituto Brasileiro de Reforma Agrária, nos termos desta Lei, assumirão, igualmente compromisso expresso, quanto à prioridade aludida no parágrafo anterior, relativamente aos assuntos e serviços de sua alçada nas respectivas áreas.

Art. 35. Os Planos Regionais de Reforma Agrária antecederão, sempre, qualquer desapropriação por interesse social, e serão elaborados pelas Delegacias Regionais do Instituto Brasileiro de Reforma Agrária (I.B.R.A.), obedecidos os seguintes requisitos mínimos:

I - delimitação da área de ação;

II - determinação dos objetivos específicos da Reforma Agrária na região respectiva;

III - fixação das prioridades regionais;

IV - extensão e localização das áreas desapropriáveis;

V - previsão das obras de melhoria;

VI - estimativa das inversões necessárias e dos custos.

Art. 36. Os projetos elaborados para regiões geo-econômicas ou grupos de imóveis rurais, que possam ser tratados em comum, deverão consignar:

I - o levantamento sócio-econômico da área;

II - os tipos e as unidades de exploração econômica perfeitamente determinados e caracterizados;

III - as obras de infra-estrutura e os órgãos de defesa econômica dos parceleiros necessários à implementação do projeto;

IV - o custo dos investimentos e o seu esquema de aplicação;

V - os serviços essenciais a serem instalados no centro da comunidade;

VI - a renda familiar que se pretende alcançar;

VII - a colaboração a ser recebida dos órgãos públicos ou privados que celebrarem convênios ou acordos para a execução do projeto.

SEÇÃO II
DOS ÓRGÃOS ESPECÍFICOS

Art. 37. São órgãos específicos para a execução da Reforma Agrária: (Redação dada pela Decreto Lei nº 582, de 1969)

I - O Grupo Executivo da Reforma Agrária (GERA); (Redação dada pela Decreto Lei nº 582, de 1969)

II - O Instituto Brasileiro de Reforma Agrária (IBRA), diretamente, ou através de suas Delegacias Regionais; (Redação dada pela Decreto Lei nº 582, de 1969)

III - as Comissões Agrárias. (Redação dada pela Decreto Lei nº 582, de 1969)

Art. 38. O IBRA será dirigido por um Presidente nomeado pelo Presidente da República. (Redação dada pela Decreto Lei nº 582, de 1969)

§ 1º O Presidente do IBRA terá a remuneração correspondente a 75% (setenta e cinco por cento) do que percebem os Ministros de Estado. (Redação dada pela Decreto Lei nº 582, de 1969)

§ 2º Integrarão, ainda, a Administração Superior do IBRA Diretores, até o máximo de seis, de nomeação do Presidente do IBRA, mediante aprovação do GERA. (Redação dada pela Decreto Lei nº 582, de 1969)

Art. 39. Ao Conselho Técnico competirá discutir e propor as diretrizes dos planos nacional e regionais de Reforma Agrária, estudar e sugerir medidas de caráter legislativo e administrativo, necessárias à boa execução da Reforma.

Art. 40. À Secretaria Executiva competirá elaborar e promover a execução do plano nacional de Reforma Agrária, assessorar as Delegacias Regionais, analisar os projetos regionais e dirigir a vida administrativa do Instituto Brasileiro de Reforma Agrária.

Art. 41. As Delegacias Regionais do Instituto Brasileiro de Reforma Agrária (I.B.R.A.), cada qual dirigida por um Delegado Regional, nomeado pelo Presidente do Instituto Brasileiro de Reforma Agrária dentre técnicos de comprovada experiência em problemas agrários e reconhecida idoneidade, são órgãos executores da Reforma nas regiões do país, com áreas de jurisdição, competência e funções que serão fixadas na regulamentação da presente Lei, compreendendo a elaboração do cadastro, classificação das terras, formas e condições de uso atual e potencial da propriedade, preparo das propostas de desapropriação, e seleção dos candidatos à aquisição das parcelas.

Parágrafo único. Dentro de cento e oitenta dias, após a publicação do decreto que a criar, a Delegacia Regional apresentará ao Presidente do Instituto Brasileiro de Reforma Agrária o plano regional de Reforma Agrária, na forma prevista nesta Lei.

Art. 42. A Comissão Agrária, constituída de um representante do Instituto Brasileiro de Reforma Agrária, que a presidirá, de três representantes dos trabalhadores rurais, eleitos ou indicados pelos órgãos de classe respectivos, de três representantes dos proprietários rurais eleitos ou indicados pelos órgãos de classe respectivos, um representante categorizado de entidade pública vinculada à agricultura e um representante dos estabelecimentos de ensino agrícola, é o órgão competente para:

I - instruir e encaminhar os pedidos de aquisição e de desapropriação de terras;

II - manifestar-se sobre a lista de candidatos selecionados para a adjudicação de lotes;

III - oferecer sugestões à Delegacia Regional na elaboração e execução dos programas regionais de Reforma Agrária;

IV - acompanhar, até sua implantação, os programas de reformas nas áreas escolhidas, mantendo a Delegacia Regional informada sobre o andamento dos trabalhos.

§ 1º A Comissão Agrária será constituída quando estiver definida a área prioritária regional de reforma agrária e terá vigência até a implantação dos respectivos projetos.

§ 2º Vetado.

SEÇÃO III
DO ZONEAMENTO E DOS CADASTROS

Art. 43. O Instituto Brasileiro de Reforma Agrária promoverá a realização de estudos para o zoneamento do país em regiões homogêneas do ponto de vista socioeconômico e das características da estrutura agrária, visando a definir:

I - as regiões críticas que estão exigindo reforma agrária com progressiva eliminação dos minifúndios e dos latifúndios;

II - as regiões em estágio mais avançado de desenvolvimento social e econômico, em que não ocorram tenções nas estruturas demográficas e agrárias;

III - as regiões já economicamente ocupadas em que predomine economia de subsistência e cujos lavradores e pecuaristas careçam de assistência adequada;

IV - as regiões ainda em fase de ocupação econômica, carentes de programa de desbravamento, povoamento e colonização de áreas pioneiras.

§ 1º Para a elaboração do zoneamento e caracterização das áreas prioritárias, serão levados em conta, essencialmente, os seguintes elementos:

a) a posição geográfica das áreas, em relação aos centros econômicos de várias ordens, existentes no país;

b) o grau de intensidade de ocorrência de áreas em imóveis rurais acima de mil hectares e abaixo de cinquenta hectares;

c) o número médio de hectares por pessoa ocupada;

d) as populações rurais, seu incremento anual e a densidade específica da população agrícola;

e) a relação entre o número de proprietários e o número de rendeiros, parceiros e assalariados em cada área.

§ 2º A declaração de áreas prioritárias será feita por decreto do Presidente da República, mencionando:

a) a criação da Delegacia Regional do Instituto Brasileiro de Reforma Agrária com a exata delimitação de sua área de jurisdição;

b) a duração do período de intervenção governamental na área;

c) os objetivos a alcançar, principalmente o número de unidades familiares e cooperativas a serem criadas;

d) outras medidas destinadas a atender a peculiaridades regionais.

Art. 44. São objetivos dos zoneamentos definidos no artigo anterior:

I - estabelecer as diretrizes da política agrária a ser adotada em cada tipo de região;

II - programar a ação dos órgãos governamentais, para desenvolvimento do setor rural, nas regiões delimitadas como de maior significação econômica e social.

Art. 45. A fim de completar os trabalhos de zoneamento serão elaborados pelo Instituto Brasileiro de Reforma Agrária levantamentos e análises para:

I - orientar as disponibilidades agropecuárias nas áreas sob o controle do Instituto Brasileiro de Reforma Agrária quanto à melhor destinação econômica das terras, adoção de práticas adequadas segundo as condições ecológicas, capacidade potencial de uso e mercados interno e externo;

II - recuperar, diretamente, mediante projetos especiais, as áreas degradadas em virtude de uso predatório e ausência de medidas de proteção dos recursos naturais renováveis e que se situem em regiões de elevado valor econômico.

Art. 46. O Instituto Brasileiro de Reforma Agrária promoverá levantamentos, com utilização, nos casos indicados, dos meios previstos no Capítulo II do Título I, para a elaboração do cadastro dos imóveis rurais em todo o país, mencionando:

I - dados para caracterização dos imóveis rurais com indicação:

a) do proprietário e de sua família;

b) dos títulos de domínio, da natureza da posse e da forma de administração;

c) da localização geográfica;

d) da área com descrição das linhas de divisas e nome dos respectivos confrontantes;

e) das dimensões das testadas para vias públicas;

f) do valor das terras, das benfeitorias, dos equipamentos e das instalações existentes discriminadamente;

II - natureza e condições das vias de acesso e respectivas distâncias dos centros demográficos mais próximos com população:

a) até 5.000 habitantes;

b) de mais de 5.000 a 10.000 habitantes;

c) de mais de 10.000 a 20.000 habitantes;

d) de mais de 20.000 a 50.000 habitantes;

e) de mais de 50.000 a 100.000 habitantes;

f) de mais de 100.000 habitantes;

III - condições da exploração e do uso da terra, indicando:

a) as percentagens da superfície total em cerrados, matas, pastagens, glebas de cultivo (especificadamente em exploração e inexplorados) e em áreas inaproveitáveis;

b) os tipos de cultivo e de criação, as formas de proteção e comercialização dos produtos;

c) os sistemas de contrato de trabalho, com discriminação de arrendatários, parceiros e trabalhadores rurais;

d) as práticas conservacionistas empregadas e o grau de mecanização;

e) os volumes e os índices médios relativos à produção obtida;

f) as condições para o beneficiamento dos produtos agropecuários.

§ 1º Nas áreas prioritárias de reforma agrária serão complementadas as fichas cadastrais elaboradas para atender às finalidades fiscais, com dados relativos ao relevo, às pendentes, à drenagem, aos solos e a outras características ecológicas que permitam avaliar a capacidade do uso atual e potencial, e fixar uma classificação das terras para os fins de realização de estudos microeconômicos, visando, essencialmente, à determinação por amostragem para cada zona e forma de exploração:

a) das áreas mínimas ou módulos de propriedade rural determinados de acordo com elementos enumerados neste parágrafo e, mais a força de trabalho do conjunto familiar médio, o nível tecnológico predominante e a renda familiar a ser obtida;

b) dos limites máximos permitidos de áreas dos imóveis rurais, os quais não excederão a seiscentas vezes o módulo médio da propriedade rural nem a seiscentas vezes a área média dos imóveis rurais, na respectiva zona;

c) das dimensões ótimas do imóvel rural do ponto de vista do rendimento econômico;

d) do valor das terras em função das características do imóvel rural, da classificação da capacidade potencial de uso e da vocação agrícola das terras;

e) dos limites mínimos de produtividade agrícola para confronto com os mesmos índices obtidos em cada imóvel nas áreas prioritárias de reforma agrária.

§ 2º Os cadastros serão organizados de acordo com normas e fichas aprovadas pelo Instituto Brasileiro de Reforma Agrária na forma indicada no regulamento, e poderão ser executados centralizadamente pelos órgãos de valorização regional, pelos Estados ou pelos Municípios, caso em que o Instituto Brasileiro de Reforma Agrária lhes prestará assistência técnica e financeira com o objetivo de acelerar sua realização em áreas prioritárias de Reforma Agrária.

§ 3º Os cadastros terão em vista a possibilidade de garantir a classificação, a identificação e o grupamento dos vários imóveis rurais que pertençam a um único proprietário, ainda que situados em municípios distintos, sendo fornecido ao proprietário o certificado de cadastro na forma indicada na regulamentação desta Lei.

§ 4º Os cadastros serão continuamente atualizados para inclusão das novas propriedades que forem sendo constituídas e, no mínimo, de cinco em cinco anos serão feitas revisões gerais para atualização das fichas já levantadas.

§ 5º Poderão os proprietários requerer a atualização de suas fichas, dentro de um ano da data das modificações substanciais relativas aos respectivos imóveis rurais, desde que comprovadas as alterações, a critério do Instituto Brasileiro de Reforma Agrária.

§ 6º No caso de imóvel rural em comum por força de herança, as partes ideais, para os fins desta Lei, serão consideradas como se divisão houvesse, devendo ser cadastrada a área que, na partilha, tocaria a cada herdeiro e admitidos os demais dados médios verificados na área total do imóvel rural.

§ 7º O cadastro inscreverá o valor de cada imóvel de acordo com os elementos enumerados neste artigo, com base na declaração do proprietário relativa ao valor da terra nua, quando não impugnado pelo Instituto Brasileiro de Reforma Agrária, ou o valor que resultar da avaliação cadastral.

TÍTULO III
DA POLÍTICA DE DESENVOLVIMENTO RURAL

CAPÍTULO I
DA TRIBUTAÇÃO DA TERRA

SEÇÃO I
CRITÉRIOS BÁSICOS

Art. 47. Para incentivar a política de desenvolvimento rural, o Poder Público se utilizará da tributação progressiva da terra, do Imposto de Renda, da colonização pública e particular, da assistência e proteção à economia rural e ao cooperativismo e, finalmente, da regulamentação do uso e posse temporários da terra, objetivando:

I - desestimular os que exercem o direito de propriedade sem observância da função social e econômica da terra;

II - estimular a racionalização da atividade agropecuária dentro dos princípios de conservação dos recursos naturais renováveis;

III - proporcionar recursos à União, aos Estados e Municípios para financiar os projetos de Reforma Agrária;

IV - aperfeiçoar os sistemas de controle da arrecadação dos impostos.

SEÇÃO II
DO IMPOSTO TERRITORIAL RURAL

Art. 48. Observar-se-ão, quanto ao Imposto Territorial Rural, os seguintes princípios:

I - a União poderá atribuir, por convênio, aos Estados e Municípios, o lançamento, tendo por base os levantamentos cadastrais executados e periodicamente atualizados;

II - a União também poderá atribuir, por convênio, aos Municípios, a arrecadação, ficando a eles garantida a utilização da importância arrecadada;

III - quando a arrecadação for atribuída, por convênio, ao Município, à União caberá o controle da cobrança;

IV - as épocas de cobrança deverão ser fixadas em regulamento, de tal forma que, em cada região, se ajustem, o mais possível, aos períodos normais de comercialização da produção;

V - o imposto arrecadado será contabilizado diariamente como depósito à ordem, exclusivamente, do Município, a que pertencer e a ele entregue diretamente pelas repartições arrecadadoras, no último dia útil de cada mês;

VI - o imposto não incidirá sobre sítios de área não excedente a vinte hectares, quando os cultive só ou com sua família, o proprietário que não possua outro imóvel (artigo 29, parágrafo único, da Constituição Federal).

Art. 49. As normas gerais para a fixação do imposto sobre a propriedade territorial rural obedecerão a critérios de progressividade e regressividade, levando-se em conta os seguintes fatores: (Redação dada pela Lei nº 6.746, de 1979)

I - o valor da terra nua; (Redação dada pela Lei nº 6.746, de 1979)

II - a área do imóvel rural; (Redação dada pela Lei nº 6.746, de 1979)

III - o grau de utilização da terra na exploração agrícola, pecuária e florestal; (Redação dada pela Lei nº 6.746, de 1979)

IV - o grau de eficiência obtido nas diferentes explorações; (Redação dada pela Lei nº 6.746, de 1979)

V - a área total, no País, do conjunto de imóveis rurais de um mesmo proprietário. (Redação dada pela Lei nº 6.746, de 1979)

§ 1º Os fatores mencionados neste artigo serão estabelecidos com base nas informações apresentadas pelos proprietários, titulares do domínio útil ou possuidores, a qualquer título, de imóveis rurais, obrigados a prestar declaração para cadastro, nos prazos e segundo normas fixadas na regulamentação desta Lei. (Redação dada pela Lei nº 6.746, de 1979)

§ 2º O órgão responsável pelo lançamento do imposto poderá efetuar o levantamento e a revisão das declarações prestadas pelos proprietários, titulares do domínio útil ou possuidores, a qualquer título, de imóveis rurais, procedendo-se a verificações "in loco" se necessário. (Redação dada pela Lei nº 6.746, de 1979)

§ 3º As declarações previstas no parágrafo primeiro serão apresentadas sob inteira responsabilidade dos proprietários, titulares do domínio útil ou possuidores, a qualquer título, de imóvel rural, e, no caso de dolo ou má-fé, os obrigará ao pagamento em dobro dos tributos devidos, além das multas decorrentes e das despesas com as verificações necessárias. (Redação dada pela Lei nº 6.746, de 1979)

§ 4º Fica facultado ao órgão responsável pelo lançamento, quando houver omissão dos proprietários, titulares do domínio útil ou possuidores, a qualquer título, de imóvel rural, na prestação da declaração para cadastro, proceder ao lançamento do imposto com a utilização de dados indiciários, além da cobrança de multas e despesas necessárias à apuração dos referidos dados. (Incluído pela Lei nº 6.746, de 1979)

Art. 50. Para cálculo do imposto, aplicar-se-á sobre o valor da terra nua, constante da declaração para cadastro, e não impugnado pelo órgão competente, ou resultante de avaliação, a alíquota correspondente ao número de módulos fiscais do imóvel, de acordo com a tabela adiante: (Redação dada pela Lei nº 6.746, de 1979)

NÚMERO DE MÓDULOS FISCAIS	Alíquotas
Até 2	0,2%
Acima de 2 até 3	0,3%
Acima de 3 até 4	0,4%
Acima de 4 até 5	0,5%
Acima de 5 até 6	0,6%
Acima de 6 até 7	0,7%
Acima de 7 até 8	0,8%
Acima de 8 até 9	0,9%
Acima de 9 até 10	1,0%
Acima de 10 até 15	1,2%
Acima de 15 até 20	1,4%
Acima de 20 até 25	1,6%
Acima de 25 até 30	1,8%
Acima de 30 até 35	2,0%
Acima de 35 até 40	2,2%
Acima de 40 até 50	2,4%
Acima de 50 até 60	2,6%
Acima de 60 até 70	2,8%
Acima de 70 até 80	3,0%
Acima de 80 até 90	3,2%
Acima de 90 até 100	3,4%
Acima de 100	3,5%

§ 1º O imposto não incidirá sobre o imóvel rural, ou conjunto de imóveis rurais, de área igual ou inferior a um módulo fiscal, desde que seu proprietário, titular do domínio útil ou possuidor, a qualquer título, o cultive só ou com sua família, admitida a ajuda eventual de terceiros. (Redação dada pela Lei nº 6.746, de 1979)

§ 2º O módulo fiscal de cada Município, expresso em hectares, será determinado levando-se em conta os seguintes fatores: (Redação dada pela Lei nº 6.746, de 1979)

a) o tipo de exploração predominante no Município:

I - hortifrutigranjeira;
II - cultura permanente;
III - cultura temporária;
IV - pecuária;
V - florestal;

b) a renda obtida no tipo de exploração predominante;

c) outras explorações existentes no Município que, embora não predominantes, sejam expressivas em função da renda ou da área utilizada;

d) o conceito de "propriedade familiar", definido no item II do artigo 4º desta Lei.

§ 3º O número de módulos fiscais de um imóvel rural será obtido dividindo-se sua área aproveitável total pelo modulo fiscal do Município. (Redação dada pela Lei nº 6.746, de 1979)

§ 4º Para os efeitos desta Lei; constitui área aproveitável do imóvel rural a que for passível de exploração agrícola, pecuária ou florestal. Não se considera aproveitável: (Redação dada pela Lei nº 6.746, de 1979)

a) a área ocupada por benfeitoria;

b) a área ocupada por floresta ou mata de efetiva preservação permanente, ou reflorestada com essências nativas;

c) a área comprovadamente imprestável para qualquer exploração agrícola, pecuária ou florestal.

§ 5º O imposto calculado na forma do *caput* deste artigo poderá ser objeto de redução de até 90% (noventa por cento) a título de estímulo fiscal, segundo o grau de utilização econômica do imóvel rural, da forma seguinte: (Redação dada pela Lei nº 6.746, de 1979)

a) redução de até 45% (quarenta e cinco por cento), pelo grau de utilização da terra, medido pela relação entre a área efetivamente utilizada e a área aproveitável total do imóvel rural;

b) redução de até 45% (quarenta e cinco por cento), pelo grau de eficiência na exploração, medido pela relação entre o rendimento obtido por hectare para cada produto explorado e os correspondentes índices regionais fixados pelo Poder Executivo e multiplicado pelo grau de utilização da terra, referido na alínea "a" deste parágrafo.

§ 6º A redução do imposto de que trata o § 5º deste artigo não se aplicará para o imóvel que, na data do lançamento, não esteja com o imposto de exercícios anteriores devidamente quitado, ressalvadas as hipóteses previstas no artigo 151 do Código Tributário Nacional. (Redação dada pela Lei nº 6.746, de 1979)

§ 7º O Poder Executivo poderá, mantido o limite máximo de 90% (noventa por cento), alterar a distribuição percentual prevista nas alíneas a e b do § 5º deste artigo, ajustando-a à política agrícola adotada para as diversas regiões do País. (Redação dada pela Lei nº 6.746, de 1979)

§ 8º Nos casos de intempérie ou calamidade de que resulte frustração de safras ou mesmo destruição de pastos, para o cálculo da redução prevista nas alíneas "a" e "b" do § 5º deste artigo, poderão ser utilizados os dados do período anterior ao da ocorrência, podendo ainda o Ministro da Agricultura fixar as percentagens de redução do imposto que serão utilizadas. (Redação dada pela Lei nº 6.746, de 1979)

§ 9º Para os imóveis rurais que apresentarem grau de utilização da terra, calculado na forma da alínea a § 5º deste artigo, inferior aos limites fixados no § 11, a alíquota a ser aplicada será multiplicada pelos seguintes coeficientes: (Incluído pela Lei nº 6.746, de 1979)

a) no primeiro ano: 2,0 (dois);

b) no segundo ano: 3,0 (três);

c) no terceiro ano e seguintes: 4,0 (quatro).

§ 10. Em qualquer hipótese, a aplicação do disposto no § 9º não resultará em alíquotas inferiores a: (Incluído pela Lei nº 6.746, de 1979)

a) no primeiro ano: 2% (dois por cento);

b) no segundo ano: 3% (três por cento);

c) no terceiro ano e seguintes: 4% (quatro por cento).

§ 11. Os limites referidos no § 9º são fixados segundo o tamanho do módulo fiscal do Município de localização do imóvel rural, da seguinte forma: (Incluído pela Lei nº 6.746, de 1979)

ÁREA DO MÓDULO FISCAL	GRAU DE UTILIZAÇÃO DA TERRA
Até 25 hectares	30%
Acima de 25 hectares até 50 hectares	25%
Acima de 50 hectares até 80 hectares	18%
Acima de 80 hectares	10%

§ 12. Nos casos de projetos agropecuários, a suspensão da aplicação do disposto nos §§ 9º 10 e 11 deste artigo, poderá ser requerida por um período de até 3 (três) anos. (Incluído pela Lei nº 6.746, de 1979)

Art. 51. Vetado.

Art. 52. (Revogado pela Lei nº 6.746, de 1979)

SEÇÃO III
DO RENDIMENTO DA EXPLORAÇÃO AGRÍCOLA E PASTORIL E DAS INDÚSTRIAS EXTRATIVAS, VEGETAL E ANIMAL

Art. 53. Na determinação, para efeitos do Imposto de Renda, do rendimento líquido da exploração agrícola ou pastoril, das indústrias extrativas, vegetal e animal, e de transformação de produtos agrícolas e pecuários feita pelo próprio agricultor ou criador, com matéria-prima da propriedade explorada, aplicar-se-á o coeficiente de três por cento sobre o valor referido no inciso I do artigo 49 desta Lei, constante da declaração de bens ou do balanço patrimonial.

§ 1º As construções e benfeitorias serão deduzidas do valor do imposto, sobre elas não recaindo a tributação de que trata este artigo.

§ 2º No caso de não ser possível apurar o valor exato das construções e benfeitorias existentes, será ele arbitrado em trinta por cento do valor da terra nua, conforme declaração para efeito do pagamento do imposto territorial.

§ 3º Igualmente será deduzido o valor do gado, das máquinas agrícolas e das culturas permanentes, sobre ele aplicando-se o coeficiente da um por cento para a determinação da renda tributável.

§ 4º No caso de imóvel rural explorado por arrendatário, o valor anual do arrendamento poderá ser deduzido da importância tributável, calculado nos termos deste artigo e §§ 1º., 2º e 3º.. Admitir-se-á essa dedução dentro do limite de cinquenta por cento do respectivo valor, desde que se comuniquem à repartição arrecadadora o nome e endereço do proprietário, e o valor do pagamento que lhe houver sido feito.

§ 5º Poderá também ser deduzida do valor tributável, referido no parágrafo anterior, a importância paga pelo contribuinte no último exercício, a título de Imposto Territorial Rural.

§ 6º Não serão permitidas quaisquer outras deduções do rendimento líquido calculado na forma deste artigo, ressalvado o disposto nos §§ 4º e 5º.

§ 7º Ao proprietário do imóvel rural, total ou parcialmente arrendado, conceder-se-á o direito de excluir o valor dos bens arrendados, desde que declarado e comprovado o valor do arrendamento e identificado o arrendatário.

§ 8º Às pessoas físicas é facultado reajustar o valor dos imóveis rurais em suas declarações de renda e de bens, a partir do exercício financeiro de 1965, independentemente de qualquer comprovação, sem que seja tributável o aumento de patrimônio resultante desse reajustamento. Às empresas rurais, organizadas sob a forma de sociedade civil, serão outorgados idênticos benefícios quanto ao registro contábil e ao aumento do ativo líquido.

§ 9º À falta de integralização do capital das empresas rurais, referidas no parágrafo anterior, não impede a correção do ativo, prevista neste artigo. O aumento do ativo líquido e do capital resultante dessa correção não poderá ser aplicado na integralização de ações ou quotas.

§ 10. Os aumentos de capital das pessoas jurídicas resultantes da incorporação, a seu ativo, de ações distribuídas em virtude da correção monetária realizada por empresas rurais, de que sejam acionistas ou sócios nos termos deste artigo, não sofrerão qualquer tributação. Idêntica isenção vigorará relativamente às ações resultantes daquele aumento de capital.

§ 11. Os valores de que tratam os §§ 8º e 10, deste artigo, não poderão ser inferiores ao preço de aquisição do imóvel e das inversões em benfeitorias, atualizadas de acordo com os coeficientes de correção monetária, fixados pelo Conselho Nacional de Economia.

Art. 54. Vetado.

CAPÍTULO II
DA COLONIZAÇÃO

SEÇÃO I
DA COLONIZAÇÃO OFICIAL

Art. 55. Na colonização oficial, o Poder Público tomará a iniciativa de recrutar e selecionar pessoas ou famílias, dentro ou fora do território nacional, reunindo-as em núcleos agrícolas ou agroindustriais, podendo encarregar-se de seu transporte, recepção, hospedagem e encaminhamento, até a sua colocação e integração nos respectivos núcleos.

Art. 56. A colonização oficial deverá ser realizada em terras já incorporadas ao Patrimônio Público ou que venham a sê-lo. Ela será efetuada, preferencialmente, nas áreas:

I - ociosas ou de aproveitamento inadequado;
II - próximas a grandes centros urbanos e de mercados de fácil acesso, tendo em vista os problemas de abastecimento;
III - de êxodo, em locais de fácil acesso e comunicação, de acordo com os planos nacionais e regionais de vias de transporte;
IV - de colonização predominantemente estrangeira, tendo em mira facilitar o processo de interculturação;
V - de desbravamento ao longo dos eixos viários, para ampliar a fronteira econômica do país.

Art. 57. Os programas de colonização têm em vista, além dos objetivos especificados no artigo 56:

I - a integração e o progresso social e econômico do parceleiro;
II - o levantamento do nível de vida do trabalhador rural;
III - a conservação dos recursos naturais e a recuperação social e econômica de determinadas áreas;
IV - o aumento da produção e da produtividade no setor primário.

Art. 58. Nas regiões prioritárias definidas pelo zoneamento e na fixação de suas populações em outras regiões, caberão ao Instituto Brasileiro de Reforma Agrária as atividades colonizadoras.

§ 1º Nas demais regiões, a colonização oficial obedecerá à metodologia observada nos projetos realizados nas áreas prioritárias, e será coordenada pelo Órgão do Ministério da Agricultura referido no artigo 74, e executada por este, pelos Governos Estaduais ou por entidades de valorização regional, mediante convênios.

§ 2º As atribuições referentes à seleção de imigrantes são da competência do Ministério das Relações Exteriores, conforme diretrizes fixadas pelo Ministério da Agricultura, em articulação com o Ministério do Trabalho e Previdência Social, cabendo ao órgão referido no artigo 74 a recepção e o encaminhamento dos imigrantes.

Art. 59. O órgão competente do Ministério da Agricultura referido no artigo 74, poderá criar núcleos de colonização, visando a fins especiais, e deverá igualmente entrar em entendimentos com o Ministério da Guerra para o estabelecimento de colônias, com assistência militar, na fronteira continental.

SEÇÃO II
DA COLONIZAÇÃO PARTICULAR

Art. 60. Para os efeitos desta Lei, consideram-se empresas particulares de colonização as pessoas físicas, nacionais ou estrangeiras, residentes ou domiciliadas no Brasil, ou jurídicas, constituídas e sediadas no País, que tiverem por finalidade executar programa de valorização de área ou distribuição de terras. (Redação dada pela Lei nº 5.709, de 19/01/71)

§ 1º É dever do Estado estimular, pelos meios enumerados no artigo 73, as iniciativas particulares de colonização.

§ 2º A empresa rural, definida no inciso VI do artigo 4º., desde que incluída em projeto de colonização, deverá permitir a livre participação em seu capital dos respectivos parceleiros.

Art. 61. Os projetos de colonização particular, quanto à metodologia, deverão ser previamente examinados pelo Instituto Brasileiro de Reforma Agrária, que inscreverá a entidade e o respectivo projeto em registro próprio. Tais projetos serão aprovados pelo Ministério da Agricultura, cujo órgão próprio coordenará a respectiva execução.

§ 1º Sem prévio registro da entidade colonizadora e do projeto e sem a aprovação deste, nenhuma parcela poderá ser vendida em programas particulares de colonização.

§ 2º O proprietário de terras próprias para a lavoura ou pecuária, interessados em loteá-las para fins de urbanização ou formação de sítios de recreio, deverá submeter o respectivo projeto à prévia aprovação e fiscalização do órgão competente do Ministério da Agricultura ou do Instituto Brasileiro de Reforma Agrária, conforme o caso.

§ 3º A fim de possibilitar o cadastro, o controle e a fiscalização dos loteamentos rurais, os Cartórios de Registro de Imóveis são obrigados a comunicar aos órgãos competentes, referidos no parágrafo anterior, os registros efetuados nas respectivas circunscrições, nos termos da legislação em vigor, informando o nome do proprietário, a denominação do imóvel e sua localização, bem como a área, o número de lotes, e a data do registro nos citados órgãos.

§ 4º Nenhum projeto de colonização particular será aprovado para gozar das vantagens desta Lei, se não consignar para a empresa colonizadora as seguintes obrigações mínimas:

a) abertura de estradas de acesso e de penetração à área a ser colonizada;

b) divisão dos lotes e respectivo piqueteamento, obedecendo a divisão, tanto quanto possível, ao critério de acompanhar as vertentes, partindo a sua orientação no sentido do espigão para as águas, de modo a todos os lotes possuírem água própria ou comum;

c) manutenção de uma reserva florestal nos vértices dos espigões e nas nascentes;

d) prestação de assistência médica e técnica aos adquirentes de lotes e aos membros de suas famílias;

e) fomento da produção de uma determinada cultura agrícola já predominante na região ou ecologicamente aconselhada pelos técnicos do Instituto Brasileiro de Reforma Agrária ou do Ministério da Agricultura;

f) entrega de documentação legalizada e em ordem aos adquirentes de lotes.

§§ 5º a 8º Vetados.

Art. 62. Os interessados em projetos de colonização destinados à ocupação e valorização econômica da terra, em que predominem o trabalho assalariado ou contratos de arrendamento e parceria, não gozarão dos benefícios previstos nesta Lei.

SEÇÃO III
DA ORGANIZAÇÃO DA COLONIZAÇÃO

Art. 63. Para atender aos objetivos da presente Lei e garantir as melhores condições de fixação do homem à terra e seu progresso social e econômico, os programas de colonização serão elaborados prevendo-se os grupamentos de lotes em núcleos de colonização, e destes em distritos, e associação dos parceleiros em cooperativas.

Art. 64. Os lotes de colonização podem ser:

I - parcelas, quando se destinem ao trabalho agrícola do parceleiro e de sua família cuja moradia, quando não for no próprio local, há de ser no centro da comunidade a que elas correspondam;
II - urbanos, quando se destinem a constituir o centro da comunidade, incluindo as residências dos trabalhadores dos vários serviços implantados no núcleo ou distritos, eventualmente às dos próprios parceleiros, e as instalações necessárias à localização dos serviços administrativos assistenciais, bem como das atividades cooperativas, comerciais, artesanais e industriais.

§ 1º Sempre que o órgão competente do Ministério da Agricultura ou o Instituto Brasileiro de Reforma Agrária não manifestarem, dentro de noventa dias da consulta, a preferência a que terão direito, os lotes de colonização poderão ser alienados:

a) a pessoas que se enquadrem nas condições e ordem de preferência, previstas no artigo 25; ou

b) livremente, após cinco anos, contados da data de sua transcrição.

§ 2º No caso em que o adquirente ou seu sucessor venha a desistir da exploração direta, os imóveis rurais, vendidos nos termos desta Lei, reverterão ao patrimônio do alienante, podendo o regulamento prever as condições em que se dará essa reversão, resguardada a restituição da quantia já paga pelo adquirente, com a correção monetária de acordo com os índices do Conselho Nacional de Economia, apurados entre a data do pagamento e da restituição, se tal cláusula constar do contrato de venda respectivo.

§ 3º Se os adquirentes mantiverem inexploradas áreas suscetíveis de aproveitamento, desde que à sua disposição existam condições objetivas para explorá-las, perderão o direito a essas áreas, que reverterão ao patrimônio do alienante, com a simples devolução das despesas feitas.

§ 4º Na regulamentação das matérias de que trata este capítulo, com a observância das primazias já codificadas, se estipularão:

a) as exigências quanto aos títulos de domínio e à demarcação de divisas;

b) os critérios para fixação das áreas-limites de parcelas, lotes urbanos e glebas de uso comum, bem como dos preços, condições de financiamento e pagamento;

c) o sistema de seleção dos parceleiros e artesãos;

d) as limitações para distribuição, desmembramentos, alienação e transmissão dos lotes;

e) as sanções pelo inadimplemento das cláusulas contratuais;

f) os serviços que devam ser assegurados aos promitentes compradores, bem como os encargos e isenções tributárias que, nos termos da lei, lhes sejam conferidos.

Art. 65. O imóvel rural não é divisível em áreas de dimensão inferior à constitutiva do módulo de propriedade rural.

§ 1º Em caso de sucessão causa mortis e nas partilhas judiciais ou amigáveis, não se poderão dividir imóveis em áreas inferiores às da dimensão do módulo de propriedade rural.

§ 2º Os herdeiros ou os legatários, que adquirirem por sucessão o domínio de imóveis rurais, não poderão dividi-los em outros de dimensão inferior ao módulo de propriedade rural.

§ 3º No caso de um ou mais herdeiros ou legatários desejar explorar as terras assim havidas, o Instituto Brasileiro de Reforma Agrária poderá prover no sentido de o requerente ou requerentes obterem financiamentos que lhes facultem o numerário para indenizar os demais condôminos.

§ 4º O financiamento referido no parágrafo anterior só poderá ser concedido mediante prova de que o requerente não possui recursos para adquirir o respectivo lote.

§ 5º Não se aplica o disposto no *caput* deste artigo aos parcelamentos de imóveis rurais em dimensão inferior à do módulo, fixada pelo órgão fundiário federal, quando promovidos pelo Poder Público, em programas oficiais de apoio à atividade agrícola familiar, cujos beneficiários sejam agricultores que não possuam outro imóvel rural ou urbano. (Incluído pela Lei nº 11.446, de 2007).

§ 6º Nenhum imóvel rural adquirido na forma do § 5º deste artigo poderá ser desmembrado ou dividido. (Incluído pela Lei nº 11.446, de 2007).

Art. 66. Os compradores e promitentes compradores de parcelas resultantes de colonização oficial ou particular, ficam isentos do pagamento dos tributos federais que incidam diretamente sobre o imóvel durante o período de cinco anos, a contar da data da compra ou compromisso.

Parágrafo único. O órgão competente firmará convênios com o fim de obter, para os compradores e promitentes compradores, idênticas isenções de tributos estaduais e municipais.

Art. 67. O Núcleo de Colonização, como unidade básica, caracteriza-se por um conjunto de parcelas integradas por uma sede administrativa e serviços comunitários.

Parágrafo único. O número de parcelas de um núcleo será condicionado essencialmente pela possibilidade de conhecimento mútuo entre os parceleiros e de sua identificação pelo administrador, em função das dimensões adequadas a cada região.

Art. 68. A emancipação do núcleo ocorrerá quando este tiver condições de vida autônoma, e será declarada por ato do órgão competente, observados os preceitos legais e regulamentares.

Art. 69. O custo operacional do núcleo de colonização será progressivamente transferido aos proprietários das parcelas, através de cooperativas ou outras entidades que os congreguem. O prazo para essa transferência, nunca superior a cinco anos, contar-se-á:

a) a partir de sua emancipação;

b) desde quando a maioria dos parceleiros já tenha recebido os títulos definitivos, embora o núcleo não tenha adquirido condições de vida autônoma.

Art. 70. O Distrito de Colonização caracteriza-se como unidade constituída por três ou mais núcleos interligados, subordinados a uma única chefia, integrado por serviços gerais administrativos e comunitários.

Art. 71. Nos casos de regiões muito afastadas dos centros urbanos e dos mercados consumidores, só se permitirá a organização de Distrito de Colonização.

Art. 72. A regulamentação deste capítulo estabelecerá, para os projetos de colonização que venham a gozar dos benefícios desta Lei:

a) a forma de administração, a composição, a área de jurisdição e os critérios de vinculação, desmembramento e incorporação dos núcleos aos Distritos de Colonização;

b) os serviços gerais administrativos e comunitários indispensáveis para a implantação de núcleos e Distrito de Colonizações;

c) os serviços complementares de assistência educacional, sanitária, social, técnica e creditícia;

d) os serviços de produção, de beneficiamento e de industrialização e de eletrificação rural, de comercialização e transportes;

e) os serviços de planejamento e execução de obras que, em cada caso, sejam aconselháveis e devam ser considerados para a eficácia dos programas.

CAPÍTULO III
DA ASSISTÊNCIA E PROTEÇÃO À ECONOMIA RURAL

Art. 73. Dentro das diretrizes fixadas para a política de desenvolvimento rural, com o fim de prestar assistência social, técnica e fomentista e de estimular a produção agropecuária, de forma a que ela atenda não só ao consumo nacional, mas também à possibilidade de obtenção de excedentes exportáveis, serão mobilizados, entre outros, os seguintes meios:

I - assistência técnica;

II - produção e distribuição de sementes e mudas;

III - criação, venda e distribuição de reprodutores e uso da inseminação artificial;

IV - mecanização agrícola;

V - cooperativismo;

VI - assistência financeira e creditícia;

VII - assistência à comercialização;

VIII - industrialização e beneficiamento dos produtos;

IX - eletrificação rural e obras de infraestrutura;

X - seguro agrícola;

XI - educação, através de estabelecimentos agrícolas de orientação profissional;

XII - garantia de preços mínimos à produção agrícola.

§ 1º Todos os meios enumerados neste artigo serão utilizados para dar plena capacitação ao agricultor e sua família e visam, especialmente, ao preparo educacional, à formação empresarial e técnico-profissional:

a) garantindo sua integração social e ativa participação no processo de desenvolvimento rural;

b) estabelecendo, no meio rural, clima de cooperação entre o homem e o Estado, no aproveitamento da terra.

§ 2º No que tange aos campos de ação dos órgãos incumbidos de orientar, normalizar ou executar a política de desenvolvimento rural, através dos meios enumerados neste artigo, observar-se-á o seguinte:

a) nas áreas abrangidas pelas regiões prioritárias e incluídas nos planos nacional e regionais de Reforma Agrária, a atuação competirá sempre ao Instituto Brasileiro de Reforma Agrária;

b) nas demais áreas do país, esses meios de assistência e proteção serão utilizados sob coordenação do Ministério da Agricultura; no âmbito de atuação dos órgãos federais, pelas repartições e entidades subordinadas ou vinculadas àquele Ministério; nas áreas de jurisdição dos Estados, pelas respectivas Secretarias de Agricultura e entidades de economia mista, criadas e adequadamente organizadas com a finalidade de promover o desenvolvimento rural;

c) nas regiões em que atuem órgãos de valorização econômica, tais como a Superintendência do Desenvolvimento Econômico do Nordeste (SUDENE), a Superintendência do Plano de Valorização Econômica da Amazônia (SPVEA), a Comissão do Vale do São Francisco (CVSF), a Fundação Brasil Central (FBC), a Superintendência do Plano de Valorização Econômica da Região Fronteira Sudoeste do País (SUDOESTE), a utilização desses meios poderá ser, no todo ou em parte, exercida Por esses órgãos.

§ 3º Os projetos de Reforma Agrária receberão assistência integral, assim compreendido o emprego de todos os meios enumerados neste artigo, ficando a cargo dos organismos criados pela presente Lei e daqueles já existentes, sob coordenação do Instituto Brasileiro de Reforma Agrária.

§ 4º Nas regiões prioritárias de Reforma Agrária, será essa assistência prestada, também, pelo Instituto Brasileiro de Reforma Agrária, em colaboração com os órgãos estaduais pertinentes, aos proprietários rurais aí existentes, desde que se constituam em cooperativas, requeiram os benefícios aqui mencionados e se comprometam a observar as normas estabelecidas.

Art. 74. É criado, para atender às atividades atribuídas por esta Lei ao Ministério da Agricultura, o Instituto Nacional do Desenvolvimento Agrário (INDA), entidade autárquica vinculada ao mesmo Ministério, com personalidade jurídica e autonomia financeira, de acordo com o prescrito nos dispositivos seguintes:

I - o Instituto Nacional do Desenvolvimento Agrário tem por finalidade promover o desenvolvimento rural nos setores da colonização, da extensão rural e do cooperativismo;

II - o Instituto Nacional do Desenvolvimento Agrário terá os recursos e o patrimônio definidos na presente Lei;

III - o Instituto Nacional do Desenvolvimento Agrário será dirigido por um Presidente e um Conselho Diretor, composto de três membros, de nomeação do Presidente da República, mediante indicação do Ministro da Agricultura;

IV - Presidente do Instituto Nacional do Desenvolvimento Agrário integrará a Comissão de Planejamento da Política Agrícola;

V - além das atribuições que esta Lei lhe confere, cabe ao Instituto Nacional do Desenvolvimento Agrário:

a) vetado;

b) planejar, programar, orientar, promover e fiscalizar as atividades relativas ao cooperativismo e associativismo rural;

c) colaborar em programas de colonização e de recolonização;

d) planejar, programar, promover e controlar as atividades relativas à extensão rural e cooperar com outros órgãos ou entidades que a executem;

e) planejar, programar e promover medidas visando à implantação e desenvolvimento da eletrificação rural;

f) proceder à avaliação do desenvolvimento das atividades de extensão rural. Vetado;

g) realizar estudos e pesquisas sobre a organização rural e propor as medidas deles decorrentes;

h) vetado;

i) atuar, em colaboração com os órgãos do Ministério do Trabalho incumbidos da sindicalização rural visando a harmonizar as atribuições legais com os propósitos sociais, econômicos e técnicos da agricultura;

j) estabelecer normas, proceder ao registro e promover a fiscalização do funcionamento das cooperativas e de outras entidades de associativismo rural;

k) planejar e promover a aquisição e revenda de materiais agropecuários, reprodutores, sementes e mudas;

l) controlar os estoques e as operações financeiras de revenda;

m) centralizar a movimentação de recursos financeiros destinados à aquisição e revenda de materiais agropecuários, de acordo com o plano geral aprovado pela Comissão de Planejamento da Política Agrícola;

n) exercer as atribuições de que trata o artigo 88, desta Lei, no âmbito federal;

o) desempenhar as atribuições constantes do artigo 162 da Constituição Federal, observado o disposto no § 2º do artigo 58, desta Lei, coordenadas as suas atividades com as do Banco Nacional de Crédito Cooperativo;

p) firmar convênios com os Estados, Municípios e entidades privadas para execução dos programas de desenvolvimento rural nos setores da colonização, extensão rural, cooperativismo e demais atividades de sua atribuição;

VI - a organização do Instituto Nacional do Desenvolvimento Agrário e de seus sistemas de funcionamento será estabelecida em regulamento, com competência idêntica à fixada para o Instituto Brasileiro de Reforma Agrária, no artigo 104 e seus parágrafos.

SEÇÃO I
DA ASSISTÊNCIA TÉCNICA

Art. 75. A assistência técnica, nas modalidades e com os objetivos definidos nos parágrafos seguintes, será prestada por todos os órgãos referidos no artigo 73, § 2º, alíneas a, b e c.

§ 1º Nas áreas dos projetos de reforma agrária, a prestação de assistência técnica será feita através do Administrador do Projeto, dos agentes de extensão rural e das equipes de especialistas. O Administrador residirá obrigatoriamente, na área do projeto. Os agentes de extensão rural e as equipes de especialistas atuarão ao nível da Delegacia Regional do Instituto Brasileiro de Reforma Agrária e deverão residir na sua área de jurisdição, e durante a fase da implantação, se necessário, na própria área do projeto.

§ 2º Nas demais áreas, fora das regiões prioritárias, este tipo de assistência técnica será prestado na forma indicada no artigo 73, parágrafo 2º, alínea b.

§ 3º Os estabelecimentos rurais isolados continuarão a ser atendidos pelos órgãos de assistência técnica do Ministério da Agricultura e das Secretarias Estaduais, na forma atual ou através de técnicos e sistemas que vierem a ser adotados por aqueles organismos.

§ 4º As atividades de assistência técnica tanto nas áreas prioritárias de Reforma Agrária como nas previstas no § 3º deste artigo, terão, entre outros, os seguintes objetivos:

a) a planificação de empreendimentos e atividades agrícolas;

b) a elevação do nível sanitário, através de serviços próprios de saúde e saneamento rural, melhoria de habitação e de capacitação de lavradores e criadores, bem como de suas famílias;

c) a criação do espírito empresarial e a formação adequada em economia doméstica, indispensável à gerência dos pequenos estabelecimentos rurais e à administração da própria vida familiar;

d) a transmissão de conhecimentos e acesso a meios técnicos concernentes a métodos e práticas agropecuárias e extrativas, visando a escolha econômica das culturas e criações, a racional implantação e desenvolvimento, e ao emprego de medidas de defesa sanitária, vegetal e animal;

e) o auxílio e a assistência para o uso racional do solo, a execução de planos de reflorestamento, a obtenção de crédito e financiamento, a defesa e preservação dos recursos naturais;

f) a promoção, entre os agricultores, do espírito de liderança e de associativismo.

SEÇÃO II
DA PRODUÇÃO E DISTRIBUIÇÃO DE SEMENTES E MUDAS

Art. 76. Os órgãos referidos no artigo 73, § 2º., alínea b, deverão expandir suas atividades no setor de produção e distribuição e de material de plantio, inclusive o básico, de modo a atender tanto aos parceleiros como aos agricultores em geral.

Parágrafo único. A produção e distribuição de sementes e mudas, inclusive de novas variedades, poderão também ser feitas por organizações particulares, dentro do sistema de certificação de material de plantio, sob a fiscalização, controle e amparo do Poder Público.

SEÇÃO III
DA CRIAÇÃO, VENDA, DISTRIBUIÇÃO DE REPRODUTORES E USO DA INSEMINAÇÃO ARTIFICIAL

Art. 77. A melhoria dos rebanhos e plantéis será feita através de criação, venda de reprodutores e uso da inseminação artificial, devendo os órgãos referidos no artigo 73, § 2º, alínea b, ampliar para esse fim, a sua rede de postos especializados.

Parágrafo único. A criação de reprodutores e o emprego da inseminação artificial poderão ser feitos por entidades privadas, sob fiscalização, controle e amparo do Poder Público.

SEÇÃO IV
DA MECANIZAÇÃO AGRÍCOLA

Art. 78. Os planos de mecanização agrícola, elaborados pelos órgãos referidos no artigo 73, § 2º, alínea b, levarão em conta o mercado de mão-de-obra regional, as necessidades de preparação e capacitação de pessoal, para utilização e manutenção de maquinaria.

§ 1º Esses planos serão dimensionados em função do grau de produtividade que se pretende alcançar em cada uma das áreas geoeconômicas do país, e deverão ser condicionados ao nível tecnológico já existente e à composição da força de trabalho ocorrente.

§ 2º Nos mesmos planos poderão ser incluídos serviços adequados de manutenção e de orientação técnica para o uso econômico das máquinas e implementos, os quais, sempre que possível deverão ser realizados por entidades privadas especializadas.

SEÇÃO V
DO COOPERATIVISMO

Art. 79. A Cooperativa Integral de Reforma Agrária (CIRA) contará com a contribuição financeira do Poder Público, através do Instituto Brasileiro de Reforma Agrária, durante o período de implantação dos respectivos projetos.

§ 1º A contribuição financeira referida neste artigo será feita de acordo com o vulto do empreendimento, a possibilidade de obtenção de crédito, empréstimo ou financiamento externo e outras facilidades.

§ 2º A Cooperativa Integral de Reforma Agrária terá um Delegado indicado pelo Instituto Brasileiro de Reforma Agrária, integrante do Conselho de Administração, sem direito a voto, com a função de prestar assistência técnico-administrativa à Diretoria e de orientar e fiscalizar a aplicação de recursos que o Instituto Brasileiro de Reforma Agrária tiver destinado à entidade cooperativa.

§ 3º Às cooperativas assim constituídas será permitida a contratação de gerentes não-cooperados na forma de lei.

§ 4º A participação direta do Instituto Brasileiro de Reforma Agrária na constituição, instalação e desenvolvimento da Cooperativa Integral de Reforma Agrária, quando constituir contribuição financeira, será feita com recursos do Fundo Nacional de Reforma Agrária, na forma de investimentos sem recuperação direta, considerada a finalidade social e econômica desses investimentos. Quando se tratar de assistência creditícia, tal participação será feita por intermédio do Banco Nacional de Crédito Cooperativo, de acordo com normas traçadas pela entidade coordenadora do crédito rural.

§ 5º A Contribuição do Estado será feita pela Cooperativa Integral de Reforma Agrária, levada à conta de um Fundo de Implantação da própria cooperativa.

§ 6º Quando o empreendimento resultante do projeto de Reforma Agrária tiver condições de vida autônoma, sua emancipação será declarada pelo Instituto Brasileiro de Reforma Agrária, cessando as funções do Delegado de que trata o § 2º deste artigo e incorporando-se ao patrimônio da cooperativa o Fundo requerido no parágrafo anterior.

§ 7º O Estatuto da Cooperativa integral de Reforma Agrária deverá determinar a incorporação ao Banco Nacional de Crédito Cooperativo do remanescente patrimonial, no caso de dissolução da sociedade.

§ 8º Além da sua designação qualitativa, a Cooperativa Integral de Reforma Agrária adotará a denominação que o respectivo Estatuto estabelecer.

§ 9º As cooperativas já existentes nas áreas prioritárias poderão transformar-se em Cooperativas Integradas de Reforma Agrária, a critério do Instituto Brasileiro de Reforma Agrária.

§ 10. O disposto nesta seção aplica-se, no que couber, às demais cooperativas, inclusive às destinadas a atividades extrativas.

Art. 80. O órgão referido no artigo 74 deverá promover a expansão do sistema cooperativista, prestando, quando necessário, assistência técnica, financeira e comercial às cooperativas visando à capacidade e ao treinamento dos cooperados para garantir a implantação dos serviços administrativos, técnicos, comerciais e industriais.

SEÇÃO VI
DA ASSISTÊNCIA FINANCEIRA E CREDITÍCIA

Art. 81. Para aquisição de terra destinada a seu trabalho e de sua família, o trabalhador rural terá direito a um empréstimo correspondente ao valor do salário-mínimo anual da região, pelo Fundo Nacional de Reforma Agrária, prazo de vinte anos, ao juro de seis por cento ao ano.

Parágrafo único. Poderão acumular o empréstimo de que trata este artigo, dois ou mais trabalhadores rurais que se entenderem para aquisição de propriedade de área superior à que estabelece o número 2 do artigo 4º., desta Lei, sob a administração comum ou em forma de cooperativa.

Art. 82. Nas áreas prioritárias de Reforma Agrária, a assistência creditícia aos parceleiros e demais cooperados será prestada, preferencialmente, através das cooperativas.

Parágrafo único. Nas demais regiões, sempre que possível, far-se-á o mesmo com referência aos pequenos e médios proprietários.

Art. 83. O Instituto Brasileiro de Reforma Agrária, em colaboração com o Ministério da Agricultura, a Superintendência da Moeda e do Crédito (SUMOC) e a Coordenação Nacional do Crédito Rural, promoverá as medidas legais necessárias para a institucionalização do crédito rural, tecnificado.

§ 1º A Coordenação Nacional do Crédito Rural fixará as normas do contrato padrão de financiamento que permita assegurar proteção ao agricultor, desde a fase do preparo da terra, até a venda de suas safras, ou entrega das mesmas à cooperativa para comercialização ou industrialização.

§ 2º O mesmo organismo deverá prover à forma de desconto de títulos oriundos de operações de financiamento a agricultores ou de venda de produtos, máquinas, implementos e utilidades agrícolas necessários ao custeio de safras, construção de benfeitorias e melhoramentos fundiários.

§ 3º A Superintendência da Moeda e do Crédito poderá determinar que dos depósitos compulsórios dos Bancos particulares, à sua ordem, sejam deduzidas as quantias a serem utilizadas em operações de crédito rural, na forma por ela regulamentada.

SEÇÃO VII
DA ASSISTÊNCIA À COMERCIALIZAÇÃO

Art. 84. Os planos de armazenamento e proteção dos produtos agropecuários levarão em conta o zoneamento de que trata o artigo 43, a fim de condicionar aos objetivos desta Lei, as atividades da Superintendência Nacional de Abastecimento (SUNAB) e de outros órgãos federais e estaduais com atividades que objetivem o desenvolvimento rural.

§ 1º Os órgãos referidos neste artigo, se necessário, deverão instalar em convênio com o Instituto Brasileiro de Reforma Agrária, armazéns, silos, frigoríficos, postos ou agências de compra, visando a dar segurança à produção agrícola.

§ 2º Os planos deverão também levar em conta a classificação dos produtos e o adequado e oportuno escoamento das safras.

Art. 85. A fixação dos preços mínimos, de acordo com a essencialidade dos produtos agropecuários, visando aos mercados interno e externo, deverá ser feita, no mínimo, sessenta dias antes da época do plantio em cada região e reajustados, na época da venda, de acordo com os índices de correção fixados pelo Conselho Nacional de Economia.

§ 1º Para fixação do preço mínimo se tomará por base o custo efetivo da produção, acrescido das despesas de transporte para o mercado mais próximo e da margem de lucro do produtor, que não poderá ser inferior a trinta por cento.

§ 2º As despesas do armazenamento, expurgo, conservação e embalagem dos produtos agrícolas correrão por conta do órgão executor da política de garantia de preços mínimos, não sendo dedutíveis do total a ser pago ao produtor.

Art. 86. Os órgãos referidos no artigo 73, § 2º, alínea b, deverão, se necessário e quando a rede comercial se mostrar insuficiente, promover a expansão desta ou expandir seus postos de revenda para atender aos interesses de lavradores e de criadores na obtenção de mercadorias e utilidades necessárias às suas atividades rurais, de forma oportuna e econômica, visando à melhoria da produção e ao aumento da produtividade, através, entre outros, de serviços locais, para distribuição de produção própria ou revenda de:

I - tratores, implementos agrícolas, conjuntos de irrigação e perfuração de poços, aparelhos e utensílios para pequenas indústrias de beneficiamento da produção;

II - arames, herbicidas, inseticidas, fungicidas, rações, misturas, soros, vacinas e medicamentos para animais;

III - corretivo de solo, fertilizantes e adubos, sementes e mudas.

SEÇÃO VIII
DA INDUSTRIALIZAÇÃO E BENEFICIAMENTO DOS PRODUTOS AGRÍCOLAS

Art. 87. Nas áreas prioritárias da Reforma Agrária, a industrialização e o beneficiamento dos produtos agrícolas serão promovidos pelas Cooperativas Integrais de Reforma Agrária.

Art. 88. O Poder Público, através dos órgãos referidos no artigo 73, § 2º., alínea b, exercerá atividades de orientação, planificação, execução e controle, com o objetivo de promover o incentivo da industrialização, do beneficiamento dos produtos agropecuários e dos meios indispensáveis ao aumento da produção e da produtividade agrícola, especialmente os referidos no artigo 86.

Parágrafo único. Vetado.

SEÇÃO IX
DA ELETRIFICAÇÃO RURAL E OBRAS DE INFRAESTRUTURA

Art. 89. Os planos nacional e regional de Reforma Agrária incluirão, obrigatoriamente, as providências de valorização, relativas a eletrificação rural e outras obras de melhoria de infraestrutura, tais como reflorestamento, regularização dos deflúvios dos cursos d'água, açudagem, barragens submersas, drenagem, irrigação, abertura de poços, saneamento, obras de conservação do solo, além do sistema viário indispensável à realização do projeto.

Art. 90. Os órgãos públicos federais ou estaduais referidos no artigo 73, § 2º, alíneas a, b e c, bem como o Banco Nacional de Crédito Cooperativo, na medida de suas disponibilidades técnicas e financeiras, promoverão a difusão das atividades de reflorestamento e de eletrificação rural, estas essencialmente através de cooperativas de eletrificação e industrialização rural, organizadas pelos lavradores e pecuaristas da região.

§ 1º Os mesmos órgãos especialmente as entidades de economia mista destinadas a promover o desenvolvimento rural, deverão manter serviços para atender à orientação, planificação, execução e fiscalização das obras de melhoria e outras de infraestrutura, referidas neste artigo.

§ 2º Os consumidores rurais de energia elétrica distribuída através de cooperativa de eletrificação e industrialização rural ficarão isentos do respectivo empréstimo compulsório.

§ 3º Os projetos de eletrificação rural feitos pelas cooperativas rurais terão prioridade nos financiamentos e poderão receber auxílio do Governo federal, estadual e municipal.

SEÇÃO X
DO SEGURO AGRÍCOLA

Art. 91. A Companhia Nacional de Seguro Agrícola (C.N.S.A.), em convênio com o Instituto Brasileiro de Reforma Agrária, atuará nas áreas do projeto de Reforma Agrária, garantindo culturas, safras, colheitas, rebanhos e plantéis.

§ 1º O estabelecimento das tabelas dos prêmios de seguro para os vários tipos de atividade de agropecuária nas diversas regiões do pais será feito tendo-se em vista a necessidade de sua aplicação, não somente nas áreas prioritárias de Reforma Agrária, como também nas outras regiões selecionadas pela Companhia Nacional de Seguro Agrícola, nas quais a produção agropecuária represente fator essencial de desenvolvimento.

§ 2º Os contratos de financiamento e empréstimo e os contratos agropecuários, de qualquer natureza, realizados através dos órgãos oficiais de crédito, deverão ser segurados na Companhia Nacional de Seguro Agrícola.

CAPÍTULO IV
DO USO OU DA POSSE TEMPORÁRIA DA TERRA

SEÇÃO I
DAS NORMAS GERAIS

Art. 92. A posse ou uso temporário da terra serão exercidos em virtude de contrato expresso ou tácito, estabelecido entre o proprietário e os que nela exercem atividade agrícola ou pecuária, sob forma de arrendamento rural, de parceria agrícola, pecuária, agro-industrial e extrativa, nos termos desta Lei.

§ 1º O proprietário garantirá ao arrendatário ou parceiro o uso e gozo do imóvel arrendado ou cedido em parceria.

§ 2º Os preços de arrendamento e de parceria fixados em contrato [...] (Vetado). serão reajustados periodicamente, de acordo com os índices aprovados pelo Conselho Nacional de Economia. Nos casos em que ocorra exploração de produtos com preço oficialmente fixado, a relação entre os preços reajustados e os iniciais não pode ultrapassar a relação entre o novo preço fixado para os produtos e o respectivo preço na época do contrato, obedecidas as normas do Regulamento desta Lei.

§ 3º No caso de alienação do imóvel arrendado, o arrendatário terá preferência para adquiri-lo em igualdade de condições, devendo o proprietário dar-lhe conhecimento da venda, a fim de que possa exercitar o direito de perempção dentro de trinta dias, a contar da notificação judicial ou comprovadamente efetuada, mediante recibo.

§ 4º O arrendatário a quem não se notificar a venda poderá, depositando o preço, haver para si o imóvel arrendado, se o requerer no prazo de seis meses, a contar da transcrição do ato de alienação no Registro de Imóveis.

§ 5º A alienação ou a imposição de ônus real ao imóvel não interrompe a vigência dos contratos de arrendamento ou de parceria ficando o adquirente sub-rogado nos direitos e obrigações do alienante.

§ 6º O inadimplemento das obrigações assumidas por qualquer das partes dará lugar, facultativamente, à rescisão do contrato de arrendamento ou de parceria observado o disposto em lei.

§ 7º Qualquer simulação ou fraude do proprietário nos contratos de arrendamento ou de parceria, em que o preço seja satisfeito em produtos agrícolas, dará ao arrendatário ou ao parceiro o direito de pagar pelas taxas mínimas vigorantes na região para cada tipo de contrato.

§ 8º Para prova dos contratos previstos neste artigo, será permitida a produção de testemunhas. A ausência de contrato não poderá elidir a aplicação dos princípios estabelecidos neste Capítulo e nas normas regulamentares.

§ 9º Para solução dos casos omissos na presente Lei, prevalecerá o disposto no Código Civil.

Art. 93. Ao proprietário é vedado exigir do arrendatário ou do parceiro:

I - prestação de serviço gratuito;

II - exclusividade da venda da colheita;

III - obrigatoriedade do beneficiamento da produção em seu estabelecimento;

IV - obrigatoriedade da aquisição de gêneros e utilidades em seus armazéns ou barracões;

V - aceitação de pagamento em "ordens", "vales", "borós" ou outras formas regionais substitutivas da moeda.

Parágrafo único. Ao proprietário que houver financiado o arrendatário ou parceiro, por inexistência de financiamento direto, será facultado exigir a venda da colheita até o limite do financiamento concedido, observados os níveis de preços do mercado local.

Art. 94. É vedado contrato de arrendamento ou parceria na exploração de terras de propriedade pública, ressalvado o disposto no parágrafo único deste artigo.

Parágrafo único. Excepcionalmente, poderão ser arrendadas ou dadas em parceria terras de propriedade púbica, quando:

a) razões de segurança nacional o determinarem;

b) áreas de núcleos de colonização pioneira, na sua fase de implantação, forem organizadas para fins de demonstração;

c) forem motivo de posse pacífica e a justo título, reconhecida pelo Poder Público, antes da vigência desta Lei.

SEÇÃO II
DO ARRENDAMENTO RURAL

Art. 95. Quanto ao arrendamento rural, observar-se-ão os seguintes princípios:

I - os prazos de arrendamento terminarão sempre depois de ultimada a colheita, inclusive a de plantas forrageiras temporárias cultiváveis. No caso de retardamento da colheita por motivo de força maior, considerar-se-ão esses prazos prorrogados nas mesmas condições, até sua ultimação;

II - presume-se feito, no prazo mínimo de três anos, o arrendamento por tempo indeterminado, observada a regra do item anterior;

III - o arrendatário, para iniciar qualquer cultura cujos frutos não possam ser recolhidos antes de terminado o prazo de arrendamento, deverá ajustar, previamente, com o arrendador a forma de pagamento do uso da terra por esse prazo excedente; (Redação dada pela Lei nº 11.443, de 2007).

IV - em igualdade de condições com estranhos, o arrendatário terá preferência à renovação do arrendamento, devendo o proprietário, até 6 (seis) meses antes do vencimento do contrato, fazer-lhe a competente notificação extrajudicial das propostas existentes. Não se verificando a notificação extrajudicial, o contrato considera-se automaticamente renovado, desde que o arrendador, nos 30 (trinta) dias seguintes, não manifeste sua desistência ou formule nova proposta, tudo mediante simples registro de suas declarações no competente Registro de Títulos e Documentos; (Redação dada pela Lei nº 11.443, de 2007).

V - os direitos assegurados no inciso IV do *caput* deste artigo não prevalecerão se, no prazo de 6 (seis) meses antes do vencimento do contrato, o proprietário, por via de notificação extrajudicial, declarar sua intenção de retomar o imóvel para explorá-lo diretamente ou por intermédio de descendente seu; (Redação dada pela Lei nº 11.443, de 2007).

VI - sem expresso consentimento do proprietário é vedado o subarrendamento;

VII - poderá ser acertada, entre o proprietário e arrendatário, cláusula que permita a substituição de área arrendada por outra equivalente no mesmo imóvel rural, desde que respeitadas as condições de arrendamento e os direitos do arrendatário;

VIII - o arrendatário, ao termo do contrato, tem direito à indenização das benfeitorias necessárias e úteis; será indenizado das benfeitorias voluptuárias quando autorizadas pelo proprietário do solo; e, enquanto o arrendatário não for indenizado das benfeitorias necessárias e úteis, poderá permanecer no imóvel, no uso e gozo das vantagens por ele oferecidas, nos termos do contrato de arrendamento e das disposições do inciso I deste artigo; (Redação dada pela Lei nº 11.443, de 2007).

IX - constando do contrato de arrendamento animais de cria, de corte ou de trabalho, cuja forma de restituição não tenha sido expressamente regulada, o arrendatário é obrigado, findo ou rescindido o contrato, a restituí-los em igual número, espécie e valor;

X - o arrendatário não responderá por qualquer deterioração ou prejuízo a que não tiver dado causa;

XI - na regulamentação desta Lei, serão complementadas as seguintes condições que, obrigatoriamente, constarão dos contratos de arrendamento:

a) limites da remuneração e formas de pagamento em dinheiro ou no seu equivalente em produtos; (Redação dada pela Lei nº 11.443, de 2007).

b) prazos mínimos de arrendamento e limites de vigência para os vários tipos de atividades agrícolas; (Redação dada pela Lei nº 11.443, de 2007).

c) bases para as renovações convencionadas;

d) formas de extinção ou rescisão;

e) direito e formas de indenização ajustadas quanto às benfeitorias realizadas;

XII - a remuneração do arrendamento, sob qualquer forma de pagamento, não poderá ser superior a 15% (quinze por cento) do valor cadastral do imóvel, incluídas as benfeitorias que entrarem na composição do contrato, salvo se o arrendamento for parcial e recair apenas em glebas selecionadas para fins de exploração intensiva de alta rentabilidade, caso em que a remuneração poderá ir até o limite de 30% (trinta por cento) (Redação dada pela Lei nº 11.443, de 2007).

XIII - a todo aquele que ocupar, sob qualquer forma de arrendamento, por mais de cinco anos, um imóvel rural desapropriado, em área prioritária de Reforma Agrária, é assegurado o direito preferencial de acesso à terra [...] Vetado [...]

Art. 95-A. Fica instituído o Programa de Arrendamento Rural, destinado ao atendimento complementar de acesso à terra por parte dos trabalhadores rurais qualificados para participar do Programa Nacional de Reforma Agrária, na forma estabelecida em regulamento. (Incluído pela Medida Provisória nº 2.183-56, de 2001)

Parágrafo único. Os imóveis que integrarem o Programa de Arrendamento Rural não serão objeto de desapropriação para fins de reforma agrária enquanto se mantiverem arrendados, desde que atendam aos requisitos estabelecidos em regulamento. (Incluído pela Medida Provisória nº 2.183-56, de 2001)

SEÇÃO III
DA PARCERIA AGRÍCOLA, PECUÁRIA, AGROINDUSTRIAL E EXTRATIVA

Art. 96. Na parceria agrícola, pecuária, agroindustrial e extrativa, observar-se-ão os seguintes princípios:

I - o prazo dos contratos de parceria, desde que não convencionados pelas partes, será no mínimo de três anos, assegurado ao parceiro o direito à conclusão da colheita, pendente, observada a norma constante do inciso I, do artigo 95;

II - expirado o prazo, se o proprietário não quiser explorar diretamente a terra por conta própria, o parceiro em igualdade de condições com estranhos, terá preferência para firmar novo contrato de parceria;

III - as despesas com o tratamento e criação dos animais, não havendo acordo em contrário, correrão por conta do parceiro tratador e criador;

IV - o proprietário assegurará ao parceiro que residir no imóvel rural, e para atender ao uso exclusivo da família deste, casa de moradia higiênica e área suficiente para horta e criação de animais de pequeno porte;

V - no Regulamento desta Lei, serão complementadas, conforme o caso, as seguintes condições, que constarão, obrigatoriamente, dos contratos de parceria agrícola, pecuária, agroindustrial ou extrativa:

a) quota-limite do proprietário na participação dos frutos, segundo a natureza de atividade agropecuária e facilidades oferecidas ao parceiro;

b) prazos mínimos de duração e os limites de vigência segundo os vários tipos de atividade agrícola;

c) bases para as renovações convencionadas;

d) formas de extinção ou rescisão;

e) direitos e obrigações quanto às indenizações por benfeitorias levantadas com consentimento do proprietário e aos danos substanciais causados pelo parceiro, por práticas predatórias na área de exploração ou nas benfeitorias, nos equipamentos, ferramentas e implementos agrícolas a ele cedidos;

f) direito e oportunidade de dispor sobre os frutos repartidos;

VI - na participação dos frutos da parceria, a quota do proprietário não poderá ser superior a:

a) 20% (vinte por cento), quando concorrer apenas com a terra nua; (Redação dada pela Lei nº 11.443, de 2007).

b) 25% (vinte e cinco por cento), quando concorrer com a terra preparada; (Redação dada pela Lei nº 11.443, de 2007).

c) 30% (trinta por cento), quando concorrer com a terra preparada e moradia; (Redação dada pela Lei nº 11.443, de 2007).

d) 40% (quarenta por cento), caso concorra com o conjunto básico de benfeitorias, constituído especialmente de casa de moradia, galpões, banheiro para gado, cercas, valas ou currais, conforme o caso; (Redação dada pela Lei nº 11.443, de 2007).

e) 50% (cinquenta por cento), caso concorra com a terra preparada e o conjunto básico de benfeitorias enumeradas na alínea d deste inciso e mais o fornecimento de máquinas e implementos agrícolas, para atender aos tratos culturais, bem como as sementes e animais de tração, e, no caso de parceria pecuária, com animais de cria em proporção superior a 50% (cinquenta por cento) do número total de cabeças objeto de parceria; (Redação dada pela Lei nº 11.443, de 2007).

f) 75% (setenta e cinco por cento), nas zonas de pecuária ultra-extensiva em que forem os animais de cria em proporção superior a 25% (vinte e cinco por cento) do rebanho e onde se adotarem a meação do leite e a comissão mínima de 5% (cinco por cento) por animal vendido; (Redação dada pela Lei nº 11.443, de 2007).

g) nos casos não previstos nas alíneas anteriores, a quota adicional do proprietário será fixada com base em percentagem máxima de dez por cento do valor das benfeitorias ou dos bens postos à disposição do parceiro;

VII - aplicam-se à parceria agrícola, pecuária, agropecuária, agroindustrial ou extrativa as normas pertinentes ao arrendamento rural, no que couber, bem como as regras do contrato de sociedade, no que não estiver regulado pela presente Lei.

VIII - o proprietário poderá sempre cobrar do parceiro, pelo seu preço de custo, o valor de fertilizantes e inseticidas fornecidos no percentual que corresponder à participação deste, em qualquer das modalidades previstas nas alíneas do inciso VI do *caput* deste artigo; (Incluído pela Lei nº 11.443, de 2007).

IX - nos casos não previstos nas alíneas do inciso VI do *caput* deste artigo, a quota adicional do proprietário será fixada com base em percentagem máxima de 10% (dez por cento) do valor das benfeitorias ou dos bens postos à disposição do parceiro. (Incluído pela Lei nº 11.443, de 2007).

§ 1º Parceria rural é o contrato agrário pelo qual uma pessoa se obriga a ceder à outra, por tempo determinado ou não, o uso específico de imóvel rural, de parte ou partes dele, incluindo, ou não, benfeitorias, outros bens e/ou facilidades, com o objetivo de nele ser exercida atividade de exploração agrícola, pecuária, agroindustrial, extrativa vegetal ou mista; e/ou lhe entrega animais para cria, recria, invernagem, engorda ou extração de matérias-primas de origem animal, mediante partilha, isolada ou cumulativamente, dos seguintes riscos: (Incluído pela Lei nº 11.443, de 2007).

I - caso fortuito e de força maior do empreendimento rural; (Incluído pela Lei nº 11.443, de 2007).

II - dos frutos, produtos ou lucros havidos nas proporções que estipularem, observados os limites percentuais estabelecidos no inciso VI do *caput* deste artigo; (Incluído pela Lei nº 11.443, de 2007).

III - variações de preço dos frutos obtidos na exploração do empreendimento rural. (Incluído pela Lei nº 11.443, de 2007).

§ 2º As partes contratantes poderão estabelecer a prefixação, em quantidade ou volume, do montante da participação do proprietário, desde que, ao final do contrato, seja realizado o ajustamento do percentual pertencente ao proprietário, de acordo com a produção. (Incluído pela Lei nº 11.443, de 2007).

§ 3º Eventual adiantamento do montante prefixado não descaracteriza o contrato de parceria. (Incluído pela Lei nº 11.443, de 2007).

§ 4º Os contratos que prevejam o pagamento do trabalhador, parte em dinheiro e parte em percentual na lavoura cultivada ou em gado tratado, são considerados simples locação de serviço, regulada pela legislação trabalhista, sempre que a direção dos trabalhos seja de inteira e exclusiva responsabilidade do proprietário, locatário do serviço a quem cabe todo o risco, assegurando-se ao locador, pelo menos, a percepção do salário mínimo no cômputo das 2 (duas) parcelas. (Incluído pela Lei nº 11.443, de 2007).

§ 5º O disposto neste artigo não se aplica aos contratos de parceria agroindustrial, de aves e suínos, que serão regulados por lei específica. (Incluído pela Lei nº 11.443, de 2007).

SEÇÃO IV
DOS OCUPANTES DE TERRAS PÚBLICAS FEDERAIS

Art. 97. Quanto aos legítimos possuidores de terras devolutas federais, observar-se-á o seguinte:

I - o Instituto Brasileiro de Reforma Agrária promoverá a discriminação das áreas ocupadas por posseiros, para a progressiva regularização de suas condições de uso e posse da terra, providenciando, nos casos e condições previstos nesta Lei, a emissão dos títulos de domínio;

II - todo o trabalhador agrícola que, à data da presente Lei, tiver ocupado, por um ano, terras devolutas, terá preferência para adquirir um lote da dimensão do módulo de propriedade rural, que for estabelecido para a região, obedecidas as prescrições da lei.

Art. 98. Todo aquele que, não sendo proprietário rural nem urbano, ocupar por dez anos ininterruptos, sem oposição nem reconhecimento de domínio alheio, tornando-o produtivo por seu trabalho, e tendo nele sua morada, trecho de terra com área caracterizada como suficiente para, por seu cultivo direto pelo lavrador e sua família, garantir-lhes a subsistência, o progresso social e econômico, nas dimensões fixadas por esta Lei, para o módulo de propriedade, adquirir-lhe-á o domínio, mediante sentença declaratória devidamente transcrita.

Art. 99. A transferência do domínio ao posseiro de terras devolutas federais efetivar-se-á no competente processo administrativo de legitimação de posse, cujos atos e termos obedecerão às normas do Regulamento da presente Lei.

Art. 100. O título de domínio expedido pelo Instituto Brasileiro de Reforma Agrária será, dentro do prazo que o Regulamento estabelecer, transcrito no competente Registro Geral de Imóveis.

Art. 101. As taxas devidas pelo legitimante de posse em terras devolutas federais, constarão de tabela a ser periodicamente expedida pelo Instituto Brasileiro de Reforma Agrária, atendendo-se à ancianidade da posse, bem como às diversificações das regiões em que se verificar a respectiva discriminação.

Art. 102. Os direitos dos legítimos possuidores de terras devolutas federais estão condicionados ao implemento dos requisitos absolutamente indispensáveis da cultura efetiva e da morada habitual.

TÍTULO IV
DAS DISPOSIÇÕES GERAIS E TRANSITÓRIAS

Art. 103. A aplicação da presente Lei deverá objetivar, antes e acima de tudo, a perfeita ordenação do sistema agrário do país, de acordo com os princípios da justiça social, conciliando a liberdade de iniciativa com a valorização do trabalho humano.

§ 1º Para a plena execução do disposto neste artigo, o Poder Executivo, através dos órgãos da sua administração centralizada e descentralizada, deverá prover no sentido de facultar e garantir todas as atividades extrativas, agrícolas, pecuárias e agro-industriais, de modo a não prejudicar, direta ou indiretamente, o harmônico desenvolvimento da vida rural.

§ 2º Dentro dessa orientação, a implantação dos serviços e trabalhos previstos nesta Lei processar-se-á progressivamente, seguindo-se os critérios, as condições técnicas e as prioridades fixados pelas mesmas, a fim de que a política de desenvolvimento rural de nenhum modo tenha solução de continuidade.

§ 3º De acordo com os princípios normativos deste artigo e dos parágrafos anteriores, será dada prioridade à elaboração do zoneamento e do cadastro, previstos no Título II, Capítulo IV, Seção III, desta Lei.

Art. 104. O Quadro de servidores do Instituto Brasileiro de Reforma Agrária será constituído de pessoal dos órgãos e repartições a ele incorporados, ou para ele transferidos, e de pessoal admitido na forma da lei.

§ 1º O disposto neste artigo não se aplica aos cargos ou funções cujos ocupantes estejam em exercício como requisitados, nos mencionados órgãos incorporados ou transferidos, bem como aos funcionários públicos civis ou militares, assim definidos pela legislação especial.

§ 2º O Instituto Brasileiro de Reforma Agrária poderá admitir, mediante portaria ou contrato, em regime especial de trabalho e salário, dentro das dotações orçamentárias próprias, especialistas necessários ao desempenho de atividades técnicas e científicas para cuja execução não dispuser de servidores habilitados.

§ 3º O Instituto Brasileiro de Reforma Agrária poderá requisitar servidores da administração centralizada ou descentralizada, sem prejuízo dos seus vencimentos, direitos e vantagens.

§ 4º Nenhuma admissão de pessoal, com exceção do parágrafo segundo, poderá ser feita senão mediante prestação de concurso de provas ou de títulos e provas.

§ 5º Os servidores da Superintendência da Política Agrária (SUPRA), pertencentes aos quadros do extinto Instituto Nacional de Imigração e Colonização (I.N.I.C.), e do Serviço Social Rural (S.S.R.) poderão optar pela sua lotação em qualquer órgão onde existirem cargos ou funções por eles ocupados.

Art. 105. Fica o Poder Executivo autorizado a emitir títulos, denominados Títulos da Dívida Agrária, distribuídos em séries autônomas, respeitado o limite máximo de circulação equivalente a 500.000.000 de OTN (quinhentos milhões de Obrigações do Tesouro Nacional). (Redação dada pela Lei nº 7.647, de 19/01/88)

§ 1º Os títulos de que trata este artigo vencerão juros de seis por cento a doze por cento ao ano, terão cláusula de garantia contra eventual desvalorização da moeda, em função dos índices fixados pelo Conselho Nacional de Economia, e poderão ser utilizados:

a) em pagamento de até cinquenta por cento do Imposto Territorial Rural;

b) em pagamento de preço de terras públicas;

c) em caução para garantia de quaisquer contratos, obras e serviços celebrados com a União;

d) como fiança em geral;

e) em caução como garantia de empréstimos ou financiamentos em estabelecimentos da União, autarquias federais e sociedades de economia mista, em entidades ou fundos de aplicação às atividades rurais criadas para este fim;

f) em depósito, para assegurar a execução em ações judiciais ou administrativas.

§ 2º Esses títulos serão nominativos ou ao portador e de valor nominal de referência equivalente ao de 5 (cinco), 10 (dez), 20 (vinte), 50 (cinquenta) e 100 (cem) Obrigações do Tesouro Nacional, ou outra unidade de correção monetária plena que venha a substituí-las, de acordo com o que estabelecer a regulamentação desta Lei. (Redação dada pela Lei nº 7.647, de 19/01/88)

§ 3º Os títulos de cada série autônoma serão resgatados a partir do segundo ano de sua efetiva colocação em prazos variáveis de cinco, dez, quinze e vinte anos, de conformidade com o que estabelecer a regulamentação desta Lei. Dentro de uma mesma série não se poderá fazer diferenciação de juros e de prazo.

§ 4º Os orçamentos da União, a partir do relativo ao exercício de 1966, consignarão verbas específicas destinadas ao serviço de juros e amortização decorrentes desta Lei, inclusive as dotações necessárias para cumprimento da cláusula de correção monetária, as quais serão distribuídas automaticamente ao Tesouro Nacional.

§ 5º O Poder Executivo, de acordo com autorização e as normas constantes deste artigo e dos parágrafos anteriores, regulamentará a expedição, condições e colocação dos Títulos da Dívida Agrária.

Art. 106. A lei que for baixada para institucionalização do crédito rural tecnificado nos termos do artigo 83 fixará as normas gerais a que devem satisfazer os fundos de garantia e as formas permitidas para aplicação dos recursos provenientes da colocação, relativamente aos Títulos da Dívida Agrária ou de Bônus Rurais, emitidos pelos Governos Estaduais, para que estes possam ter direito à coobrigação da União Federal.

Art. 107. Os litígios judiciais entre proprietários e arrendatários rurais obedecerão ao rito processual previsto pelo artigo 685, do Código do Processo Civil.

§ 1º Não terão efeito suspensivo os recursos interpostos contra as decisões proferidas nos processos de que trata o presente artigo.

§ 2º Os litígios relativos às relações de trabalho rural em geral, inclusive as reclamações de trabalhadores agrícolas, pecuários, agroindustriais ou extrativos, são de competência da Justiça do Trabalho, regendo-se o seu processo pelo rito processual trabalhista.

Art. 108. Para fins de enquadramento serão revistos, a partir da data da publicação desta Lei, os regulamentos, portarias, instruções, circulares e outras disposições administrativas ou técnicas expedidas pelos Ministérios e Repartições.

Art. 109. Observado o disposto nesta Lei, será permitido o reajustamento das prestações mensais de amortizações e juros e dos saldos devedores nos contratos de venda a prazo de:

I - lotes de terra com ou sem benfeitorias, em projetos de Reforma Agrária e em núcleos de colonização;

II - máquinas, equipamentos e implementos agrícolas, a cooperativas agrícolas ou entidades especializadas em prestação de serviço e assistência à mecanização;

III - instalação de indústrias de beneficiamento, para cooperativas agrícolas ou empresas rurais.

§ 1º O reajustamento de que trata este artigo será feito em intervalos não inferiores a um ano, proporcionalmente aos índices gerais de preços, fixados pelo Conselho Nacional de Economia.

§ 2º Os contratos relativos às operações referidas no inciso I, serão limitados ao prazo máximo de vinte anos; os relativos às do inciso II ao prazo máximo de cinco anos; e as referentes às do inciso III ao prazo máximo de quinze anos.

§ 3º A correção monetária [...] (Vetado) [...] não constituirá rendimento tributável dos seus beneficiários.

Art. 110. Será permitida a negociação nas Bolsas de Valores do País, warrants fornecidos pelos armazéns-gerais, silos e frigoríficos.

Art. 111. Os oficiais do Registro de Imóveis inscreverão obrigatoriamente os contratos de promessa de venda ou de hipoteca celebrados de acordo com a presente Lei, declarando expressamente que os valores deles constantes são meramente estimativos, estando sujeitos, como as prestações mensais, às correções de valor determinadas nesta Lei.

§ 1º Mediante simples requerimento, firmado por qualquer das partes contratantes, acompanhado da publicação oficial do índice de correção aplicado, os oficiais do Registro de Imóveis averbarão, à margem das respectivas instruções, as correções de valor determinadas por esta Lei, com indicação do novo valor do preço ou da dívida e do saldo respectivo, bem como da nova prestação contratual.

§ 2º Se o promitente comprador ou mutuário se recusar a assinar o requerimento de averbação das correções verificadas, ficará, não obstante, obrigado ao pagamento da nova prestação, podendo a entidade financiadora, se lhe convier, rescindir o contrato com notificação prévia no prazo de noventa dias.

Art. 112. Passa a ter a seguinte redação o artigo 38, alínea b, do Decreto nº 22.239, de 19 de dezembro de 1932, revigorado pelo Decreto-Lei nº 8.401, de 19 de dezembro de 1945:

"b) do beneficiamento, industrialização e venda em comum de produtos de origem extrativa, agrícola ou de criação de animais".

Art. 113. O Estabelecimento Rural do Tapajós, incorporado à Superintendência de Política Agrária pela Lei Delegada nº 11, de 11 de outubro de 1962, fica, para todos os efeitos legais e patrimoniais, transferido para o Ministério da Agricultura.

Art. 114. Para fins de regularização, os núcleos coloniais e as terras pertencentes ao antigo Instituto Nacional de Imigração e Colonização, incorporados à Superintendência de Política Agrária pela Lei Delegada referida no artigo anterior, serão transferidos:

a) ao Instituto Brasileiro de Reforma Agrária, os localizados nas áreas prioritárias de reforma agrária;

b) ao patrimônio do Instituto Nacional de Desenvolvimento Agrário, os situados nas demais áreas do país.

Art. 115. As atribuições conferidas à Superintendência de Política Agrária pela Lei Delegada nº 11, de 11 de outubro de 1962, e que não são transferidas para o Instituto Brasileiro de Reforma Agrária, ficam distribuídas pelos órgãos federais, na forma dos seguintes dispositivos:

I - para os órgãos próprios do Ministério da Agricultura, transferem-se as atribuições, de:

a) planejar e executar, direta ou indiretamente, programas de colonização visando à fixação e ao acesso à terra própria de agricultores e trabalhadores sem terra nacionais ou estrangeiros, radicados no país, mediante a formação de unidades familiares reunidas em cooperativas nas áreas de ocupação pioneira e, nos vazios demográficos e econômicos;

b) promover, supletivamente, a entrada de imigrantes necessários ao aperfeiçoamento e à difusão de métodos agrícolas mais avançados;

c) fixar diretrizes para o serviço de imigração e seleção de imigrantes, exercido pelo Ministério das Relações Exteriores, através de seus órgãos próprios de representação;

d) administrar, direta ou indiretamente, os núcleos de colonização fora das áreas prioritárias de Reforma Agrária;

II - para os órgãos próprios de representação do Ministério das Relações Exteriores, as atividades concernentes à seleção de imigrantes;

III - para os órgãos próprios do Ministério da Justiça e Negócios Interiores, os assuntos pertinentes à legalização de permanência, prorrogação e retificação de nacionalidade de estrangeiros, no território nacional;

IV - para a Divisão de Turismo e Certames, do Departamento Nacional de Comércio, do Ministério da Indústria e do Comércio, o registro e a fiscalização de empresas de turismo e venda de passagens;

V - para os órgãos próprios do Ministério do Trabalho e Previdência Social:

a) a assistência e o encaminhamento dos trabalhadores rurais migrantes de uma para outra região, à vista das necessidades do desenvolvimento harmônico do país;

b) a recepção dos imigrantes selecionados pelo Ministério das Relações Exteriores, encaminhando-os para áreas predeterminadas de acordo com as normas gerais convencionadas com o Ministério da Agricultura.

Art. 116. Fica revogada a Lei Delegada nº 11, de 11 de outubro de 1962, extinta a Superintendência de Política Agrária (SUPRA) e incorporados ao Instituto Brasileiro de Reforma Agrária, ao Ministério da Agricultura, ao Instituto Nacional do Desenvolvimento Agrário e aos demais Ministérios, na forma do artigo 115, para todos os efeitos legais, jurídicos e patrimoniais, os serviços, atribuições e bens patrimoniais, na forma do disposto nesta Lei.

Parágrafo único. São transferidos para o Instituto Brasileiro de Reforma Agrária e para o Instituto Nacional do Desenvolvimento Agrário, quando for o caso, os saldos das dotações orçamentárias e dos créditos especiais destinados à Superintendência de Política Agrária, inclusive os recursos financeiro arrecadados e os que forem a ela devidos até a data da promulgação da presente Lei.

Art. 117. As atividades do Serviço Social Rural, incorporados à Superintendência de Política Agrária pela Lei Delegada nº 11, de 11 de outubro de 1962, bem como o produto da arrecadação das contribuições criadas pela Lei nº 2.613, de 23 de setembro de 1955, serão transferidas, de acordo com o disposto nos seguintes incisos:

I - ao Instituto Nacional do Desenvolvimento Agrário caberão as atribuições relativas à extensão rural e cinqüenta por cento da arrecadação;

II - ao órgão do Serviço Social da Previdência que atenderá aos trabalhos rurais, [...] (Vetado) [...] caberão as demais atribuições e cinqüenta por cento da arrecadação. Enquanto não for criado esse órgão, suas atribuições e arrecadações serão da competência da autarquia referida no inciso I;

III - Vetado.

Art. 118. São extensivos ao Instituto Brasileiro de Reforma Agrária os privilégios da Fazenda Pública no tocante à cobrança dos seus créditos e processos em geral, custas, prazos de prescrição, imunidades tributárias e isenções fiscais.

Art. 119. Não poderão gozar dos benefícios desta Lei, inclusive a obtenção de financiamentos, empréstimos e outras facilidades financeiras, os proprietários de imóveis rurais, cujos certificados de cadastro os classifiquem na forma prevista no artigo 4º, inciso V.

§ 1º Os órgãos competentes do Instituto Brasileiro de Reforma Agrária e do Ministério da Agricultura, poderão acordar com o proprietário, a forma e o prazo de enquadramento do imóvel nos objetivos desta Lei, dando deste fato ciência aos estabelecimentos de crédito de economia mista.

§ 2º Vetado.

Art. 120. É instituído o Fundo Agro-Industrial de Reconversão, com a finalidade de financiar projetos apresentados por proprietários cujos imóveis rurais tiverem sido desapropriados contra pagamento por meio de Títulos da Dívida Agrária.

§ 1º O Fundo, administrado pelo Banco Nacional do Desenvolvimento Econômico (B.N.D.E.), terá as seguintes fontes:

I - dez por cento do Fundo Nacional de Reforma Agrária;

II - recursos provenientes de empréstimos contraídos no país e no exterior;

III - resultado de suas operações;

IV - recursos próprios do Banco Nacional de Desenvolvimento Econômico ou de outras entidades governamentais que venham a ser atribuídos ao Fundo.

§ 2º O Fundo somente financiará projetos de desenvolvimento econômico agropecuário ou industrial, que satisfaçam as condições técnicas e econômicas estabelecidas pelo Banco Nacional de Desenvolvimento Econômico e que se enquadrem dentro dos critérios de propriedade fixados pelo Ministério Extraordinário para o Planejamento e Coordenação Econômica.

§ 3º Os encargos resultantes do financiamento, inclusive amortização e juros, serão liquidados em Títulos da Dívida Agrária.

§ 4º Dentro dos recursos do Fundo, o financiamento será concedido em total nunca superior a cinqüenta por cento do montante dos Títulos da Dívida Agrária que tiverem entrado na composição do preço da desapropriação.

Art. 121. É o Poder Executivo autorizado a abrir, pelo Ministério da Agricultura, o crédito especial de CR$ 100.000.000,00 (cem milhões de cruzeiros) para atender às despesas de qualquer natureza com a instalação, organização e funcionamento do Instituto Brasileiro de Reforma Agrária, bem como as relativas ao cumprimento do disposto nesta Lei.

Art. 122. O Poder Executivo, dentro do prazo de cento e oitenta dias, a partir da publicação da presente Lei, deverá baixar a regulamentação necessária à sua execução.

Art. 123. O critério da tributação constante do Título III, Capítulo I, passará a vigorar a partir de 1º de janeiro de 1965.

Parágrafo único. Do Imposto Territorial Rural, calculado na forma do disposto no artigo 50 e seus parágrafos serão feitas, nos três primeiros anos de aplicação desta Lei, as seguintes deduções:

a) no primeiro ano, setenta e cinco por cento do acréscimo verificado entre o valor apurado e o imposto pago no último exercício anterior à aplicação da Lei;

b) no segundo ano, cinquenta por cento do acréscimo verificado entre o valor apurado naquele ano e o imposto pago no último exercício anterior à aplicação da Lei, com a correção monetária pelos índices do Conselho Nacional de Economia;

c) no terceiro ano, vinte e cinco por cento do acréscimo verificado para o respectivo ano, na forma do disposto na alínea anterior.

Art. 124. A aplicação do disposto no artigo 19, § 2º., a e b, só terá a vigência respectivamente a partir das datas de encerramento da inscrição do cadastro das propriedades agrícolas e da de declaração do Imposto de Renda relativa ao ano-base de 1964.

Art. 125. Dentro de dez anos contados da publicação da presente Lei ficam isentas do pagamento do imposto sobre lucro imobiliário as transmissões de imóveis rurais realizadas com o objetivo imediato de eliminar latifúndio ou efetuar reagrupamentos de glebas, no propósito de corrigir minifúndios, desde que tais objetivos sejam verificados pelo Instituto Brasileiro de Reforma Agrária.

Art. 126. A Carteira de Colonização do Banco do Brasil, sem prejuízo de suas atribuições legais, atuará como entidade financiadora nas operações de venda de lotes rurais [...] (Vetado) [...]

§ 1º As Letras Hipotecárias que o Banco do Brasil está autorizado a emitir, em provimento de recursos e em empréstimos da sua Carteira de Colonização, poderão conter cláusula de garantia contra eventual desvalorização de moeda, de acordo com índices que forem sugeridos pelo Conselho Nacional de Economia, assegurando ao mesmo Banco o ressarcimento de prejuízos já previstos no artigo 4º da Lei nº 2.237, de 19 de junho de 1954.

§ 2º Caberá à Diretoria do Banco do Brasil fixar o limite do valor dos empréstimos que o Banco fica autorizado a realizar no país ou no estrangeiro para aplicação, pela sua Carteira de Colonização, revogado, portanto o limite estabelecido no parágrafo único do artigo 8º da Lei nº 2.237, de 19 de junho de 1954, e as disposições em contrário.

Art. 127. Vetado.

Art. 128. Esta Lei entrará em vigor na data de sua publicação, revogadas as disposições em contrário.

Brasília, 30 de novembro de 1964;
143º da Independência e
76º da República.
H. Castello Branco

LEI Nº 6.001, DE 19 DE DEZEMBRO DE 1973

Dispõe sobre o Estatuto do Índio.

- DOU, 21.12.1973.
- arts. 22, XIV. 231 e 232, CF.
- art. 4º, p.u., CC.

O Presidente da República. Faço saber que o Congresso Nacional decreta e eu sanciono a seguinte Lei:

TÍTULO I
DOS PRINCÍPIOS E DEFINIÇÕES

Art. 1º Esta Lei regula a situação jurídica dos índios ou silvícolas e das comunidades indígenas, com o propósito de preservar a sua cultura e integrá-los, progressiva e harmoniosamente, à comunhão nacional.

Parágrafo único. Aos índios e às comunidades indígenas se estende a proteção das leis do País, nos mesmos termos em que se aplicam aos demais brasileiros, resguardados os usos, costumes e tradições indígenas, bem como as condições peculiares reconhecidas nesta Lei.

Art. 2º Cumpre à União, aos Estados e aos Municípios, bem como aos órgãos das respectivas administrações indiretas, nos limites de sua competência, para a proteção das comunidades indígenas e a preservação dos seus direitos:

I - estender aos índios os benefícios da legislação comum, sempre que possível a sua aplicação;

II - prestar assistência aos índios e às comunidades indígenas ainda não integrados à comunhão nacional;

III - respeitar, ao proporcionar aos índios meios para o seu desenvolvimento, as peculiaridades inerentes à sua condição;

IV - assegurar aos índios a possibilidade de livre escolha dos seus meios de vida e subsistência;

V - garantir aos índios a permanência voluntária no seu *habitat*, proporcionando-lhes ali recursos para seu desenvolvimento e progresso;

VI - respeitar, no processo de integração do índio à comunhão nacional, a coesão das comunidades indígenas, os seus valores culturais, tradições, usos e costumes;

VII - executar, sempre que possível mediante a colaboração dos índios, os programas e projetos tendentes a beneficiar as comunidades indígenas;

VIII - utilizar a cooperação, o espírito de iniciativa e as qualidades pessoais do índio, tendo em vista a melhoria de suas condições de vida e a sua integração no processo de desenvolvimento;

IX - garantir aos índios e comunidades indígenas, nos termos da Constituição, a posse permanente das terras que habitam, reconhecendo-lhes o direito ao usufruto exclusivo das riquezas naturais e de todas as utilidades naquelas terras existentes;

X - garantir aos índios o pleno exercício dos direitos civis e políticos que em face da legislação lhes couberem.

Parágrafo único. (Vetado.)

Art. 3º Para os efeitos de lei, ficam estabelecidas as definições a seguir discriminadas:

I - Índio ou Silvícola - É todo indivíduo de origem e ascendência pré-colombiana que se identifica e é identificado como pertencente a um grupo étnico cujas características culturais o distinguem da sociedade nacional;

II - Comunidade Indígena ou Grupo Tribal - É um conjunto de famílias ou comunidades índias, quer vivendo em estado de completo isolamento em relação aos outros setores da comunhão nacional, quer em contatos intermitentes ou permanentes, sem contudo estarem neles integrados.

Art. 4º Os índios são considerados:

I - Isolados - Quando vivem em grupos desconhecidos ou de que se possuem poucos e vagos informes através de contatos eventuais com elementos da comunhão nacional;

II - Em vias de integração - Quando, em contato intermitente ou permanente com grupos estranhos, conservam menor ou maior parte das condições de sua vida nativa, mas aceitam algumas práticas e modos de existência comuns aos demais setores da comunhão nacional, da qual vão necessitando cada vez mais para o próprio sustento;

III - Integrados - Quando incorporados à comunhão nacional e reconhecidos no pleno exercício dos direitos civis, ainda que conservem usos, costumes e tradições característicos da sua cultura.

TÍTULO II
DOS DIREITOS CIVIS E POLÍTICOS

CAPÍTULO I
DOS PRINCÍPIOS

Art. 5º Aplicam-se aos índios ou silvícolas as normas dos artigos 145 e 146 da Constituição Federal, relativas à nacionalidade e à cidadania.

- Refere-se aos arts. 231 e 232, CF.

Parágrafo único. O exercício dos direitos civis e políticos pelo índio depende da verificação das condições especiais estabelecidas nesta Lei e na legislação pertinente.

Art. 6º Serão respeitados os usos, costumes e tradições das comunidades indígenas e seus efeitos, nas relações de família, na ordem de sucessão, no regime de propriedade e nos atos ou negócios realizados entre índios, salvo se optarem pela aplicação do direito comum.

Parágrafo único. Aplicam-se as normas de direito comum às relações entre índios não integrados e pessoas estranhas à comunidade indígena, excetuados os que forem menos favoráveis a eles e ressalvado o disposto nesta Lei.

CAPÍTULO II
DA ASSISTÊNCIA OU TUTELA

- art. 4º, p.u., CC.

Art. 7º Os índios e as comunidades indígenas ainda não integrados à comunhão nacional ficam sujeito ao regime tutelar estabelecido nesta Lei.

§ 1º Ao regime tutelar estabelecido nesta Lei aplicam-se no que couber, os princípios e normas da tutela de direito comum, independendo, todavia, o exercício da tutela da especialização de bens imóveis em hipoteca legal, bem como da prestação de caução real ou fidejussória.

§ 2º Incumbe a tutela à União, que a exercerá através do competente órgão federal de assistência aos silvícolas.

Art. 8º São nulos os atos praticados entre o índio não integrado e qualquer pessoa estranha à comunidade indígena quando não tenha havido assistência do órgão tutelar competente.

Parágrafo único. Não se aplica a regra deste artigo no caso em que o índio revele consciência e conhecimento do ato praticado, desde que não lhe seja prejudicial, e da extensão dos seus efeitos.

Art. 9º Qualquer índio poderá requerer ao Juiz competente a sua liberação do regime tutelar previsto nesta Lei, investindo-se na plenitude da capacidade civil, desde que preencha os requisitos seguintes:

I - idade mínima de 21 anos;

II - conhecimento da língua portuguesa;

III - habilitação para o exercício de atividade útil, na comunhão nacional;

IV - razoável compreensão dos usos e costumes da comunhão nacional.

Parágrafo único. O Juiz decidirá após instrução sumária, ouvidos o órgão de assistência ao índio e o Ministério Público, transcrita a sentença concessiva no registro civil.

Art. 10. Satisfeitos os requisitos do artigo anterior e a pedido escrito do interessado, o órgão de assistência poderá reconhecer ao índio, mediante declaração formal, a condição de integrado, cessando toda restrição à capacidade, desde que, homologado judicialmente o ato, seja inscrito no registro civil.

Art. 11. Mediante decreto do Presidente da República, poderá ser declarada a emancipação da comunidade indígena e de seus membros, quanto ao regime tutelar estabelecido em lei, desde que requerida pela maioria dos membros do grupo e comprovada, em inquérito realizado pelo órgão federal competente, a sua plena integração na comunhão nacional.

Parágrafo único. Para os efeitos do disposto neste artigo, exigir-se-á o preenchimento, pelos requerentes, dos requisitos estabelecidos no artigo 9º.

CAPÍTULO III
DO REGISTRO CIVIL

- Lei 6.015/1973 (Lei de Registros Públicos).

Art. 12. Os nascimentos e óbitos, e os casamentos civis dos índios não integrados, serão registrados de acordo com a legislação comum, atendidas as peculiaridades de sua condição quanto à qualificação do nome, prenome e filiação.

Parágrafo único. O registro civil será feito a pedido do interessado ou da autoridade administrativa competente.

Art. 13. Haverá livros próprios, no órgão competente de assistência, para o registro administrativo de nascimentos e óbitos dos índios, da cessação de sua incapacidade e dos casamentos contraídos segundo os costumes tribais.

Parágrafo único. O registro administrativo constituirá, quando couber documento hábil para proceder ao registro civil do ato corresponte, admitido, na falta deste, como meio subsidiário de prova.

CAPÍTULO IV
DAS CONDIÇÕES DE TRABALHO

Art. 14. Não haverá discriminação entre trabalhadores indígenas e os demais trabalhadores, aplicando-se-lhes todos os direitos e garantias das leis trabalhistas e de previdência social.

Parágrafo único. É permitida a adaptação de condições de trabalho aos usos e costumes da comunidade a que pertencer o índio.

Art. 15. Será nulo o contrato de trabalho ou de locação de serviços realizado com os índios de que trata o artigo 4º, I.

Art. 16. Os contratos de trabalho ou de locação de serviços realizados com indígenas em processo de integração ou habitantes de parques ou colônias agrícolas dependerão de prévia aprovação do órgão de proteção ao índio, obedecendo, quando necessário, a normas próprias.

§ 1º Será estimulada a realização de contratos por equipe, ou a domicílio, sob a orientação do órgão competente, de modo a favorecer a continuidade da via comunitária.

§ 2º Em qualquer caso de prestação de serviços por indígenas não integrados, o órgão de proteção ao índio exercerá permanente fiscalização das condições de trabalho, denunciando os abusos e providenciando a aplicação das sanções cabíveis.

§ 3º O órgão de assistência ao indígena propiciará o acesso, aos seus quadros, de índios integrados, estimulando a sua especialização indigenista.

TÍTULO III
DAS TERRAS DOS ÍNDIOS

CAPÍTULO I
DAS DISPOSIÇÕES GERAIS

Art. 17. Reputam-se terras indígenas:

I - as terras ocupadas ou habitadas pelos silvícolas, a que se referem os artigos 4º, IV, e 198, da Constituição;

‣ arts. 231 e 232, CF.

II - as áreas reservadas de que trata o Capítulo III deste Título;

III - as terras de domínio das comunidades indígenas ou de silvícolas.

Art. 18. As terras indígenas não poderão ser objeto de arrendamento ou de qualquer ato ou negócio jurídico que restrinja o pleno exercício da posse direta pela comunidade indígena ou pelos silvícolas.

§ 1º Nessas áreas, é vedada a qualquer pessoa estranha aos grupos tribais ou comunidades indígenas a prática da caça, pesca ou coleta de frutos, assim como de atividade agropecuária ou extrativa.

§ 2º (Vetado.)

Art. 19. As terras indígenas, por iniciativa e sob orientação do órgão federal de assistência ao índio, serão administrativamente demarcadas, de acordo com o processo estabelecido em decreto do Poder Executivo.

§ 1º A demarcação promovida nos termos deste artigo, homologada pelo Presidente da República, será registrada em livro próprio do Serviço do Patrimônio da União (SPU) e do registro imobiliário da comarca da situação das terras.

§ 2º Contra a demarcação processada nos termos deste artigo não caberá a concessão de interdito possessório, facultado aos interessados contra ela recorrer à ação petitória ou à demarcatória.

Art. 20. Em caráter excepcional e por qualquer dos motivos adiante enumerados, poderá a União intervir, se não houver solução alternativa, em área indígena, determinada a providência por decreto do Presidente da República.

§ 1º A intervenção poderá ser decretada:

a) para pôr termo à luta entre grupos tribais;

b) para combater graves surtos epidêmicos, que possam acarretar o extermínio da comunidade indígena, ou qualquer mal que ponha em risco a integridade do silvícola ou do grupo tribal;

c) por imposição da segurança nacional;

d) para a realização de obras públicas que interessem ao desenvolvimento nacional;

e) para reprimir a turbação ou esbulho em larga escala;

f) para a exploração de riquezas do subsolo de relevante interesse para a segurança e o desenvolvimento nacional.

§ 2º A intervenção executar-se-á nas condições estipuladas no decreto e sempre por meios suasórios, dela podendo resultar, segundo a gravidade do fato, uma ou algumas das medidas seguintes:

a) contenção de hostilidades, evitando-se o emprego de força contra os índios;

b) deslocamento temporário de grupos tribais de uma para outra área;

c) remoção de grupos tribais de uma para outra área.

§ 3º Somente caberá a remoção de grupo tribal quando de todo impossível ou desaconselhável a sua permanência na área sob intervenção, destinando-se à comunidade indígena removida área equivalente à anterior, inclusive quanto às condições ecológicas.

§ 4º A comunidade indígena removida será integralmente ressarcida dos prejuízos decorrentes da remoção.

§ 5º O ato de intervenção terá a assistência direta do órgão federal que exercita a tutela do índio.

Art. 21. As terras espontânea e definitivamente abandonadas por comunidade indígena ou grupo tribal reverterão, por proposta do órgão federal de assistência ao índio e mediante ato declaratório do Poder Executivo, à posse e ao domínio pleno da União.

CAPÍTULO II
DAS TERRAS OCUPADAS

‣ arts. 231 e 232, CF.

Art. 22. Cabe aos índios ou silvícolas a posse permanente das terras que habitam e o direito ao usufruto exclusivo das riquezas naturais e de todas as utilidades naquelas terras existentes.

Parágrafo único. As terras ocupadas pelos índios, nos termos deste artigo, serão bens inalienáveis da União (artigo 4º, IV, e 198, da Constituição Federal).

Art. 23. Considera-se posse do índio ou silvícola a ocupação efetiva da terra que, de acordo com os usos, costumes e tradições tribais, detém e onde habita ou exerce atividade indispensável à sua subsistência ou economicamente útil.

Art. 24. O usufruto assegurado aos índios ou silvícolas compreende o direito à posse, uso e percepção das riquezas naturais e de todas as utilidades existentes nas terras ocupadas, bem assim ao produto da exploração econômica de tais riquezas naturais e utilidades.

§ 1º Incluem-se, no usufruto, que se estende aos acessórios e seus acrescidos, o uso dos mananciais e das águas dos trechos das vias fluviais compreendidos nas terras ocupadas.

§ 2º É garantido ao índio o exclusivo exercício da caça e pesca nas áreas por ele ocupadas, devendo ser executadas por forma suasória as medidas de polícia que em relação a ele eventualmente tiverem de ser aplicadas.

Art. 25. O reconhecimento do direito dos índios e grupos tribais à posse permanente das terras por eles habitadas, nos termos do artigo 198, da Constituição Federal, independerá de sua demarcação, e será assegurado pelo órgão federal de assistência aos silvícolas, atendendo à situação atual e ao consenso histórico sobre a antiguidade da ocupação, sem prejuízo das medidas cabíveis que, na omissão ou erro do referido órgão, tomar qualquer dos Poderes da República.

CAPÍTULO III
DAS ÁREAS RESERVADAS

Art. 26. A União poderá estabelecer, em qualquer parte do território nacional, áreas destinadas à posse e ocupação pelos índios, onde possam viver e obter meios de subsistência, com direito ao usufruto e utilização das riquezas naturais e dos bens nelas existentes, respeitadas as restrições legais.

Parágrafo único. As áreas reservadas na forma deste artigo não se confundem com as de posse imemorial das tribos indígenas, podendo organizar-se sob uma das seguintes modalidades:

a) reserva indígena;

b) parque indígena;

c) colônia agrícola indígena.

Art. 27. Reserva indígena é uma área destinada a servidor de *habitat* a grupo indígena, com os meios suficientes à sua subsistência.

Art. 28. Parque indígena é a área contida em terra na posse de índios, cujo grau de integração permita assistência econômica, educacional e sanitária dos órgãos da União, em que se preservem as reservas de flora e fauna e as belezas naturais da região.

§ 1º Na administração dos parques serão respeitados a liberdade, usos, costumes e tradições dos índios.

§ 2º As medidas de polícia, necessárias à ordem interna e à preservação das riquezas existentes na área do parque, deverão ser tomadas por meios suasórios e de acordo com o interesse dos índios que nela habitem.

§ 3º O loteamento das terras dos parques indígenas obedecerá ao regime de propriedade, usos e costumes tribais, bem como às normas administrativas nacionais, que deverão ajustar-se aos interesses das comunidades indígenas.

Art. 29. Colônia agrícola indígena é a área destinada à exploração agropecuária, administrada pelo órgão de assistência ao índio, onde convivam tribos aculturadas e membros da comunidade nacional.

Art. 30. Território federal indígena é a unidade administrativa subordinada à União, instituída em região na qual pelo menos um terço da população seja formado por índios.

Art. 31. As disposições deste Capítulo serão aplicadas, no que couber, às áreas em que a posse decorra da aplicação do artigo 198, da Constituição Federal.

CAPÍTULO IV
DAS TERRAS DE DOMÍNIO INDÍGENA

Art. 32. São de propriedade plena do índio ou da comunidade indígena, conforme o caso, as terras havidas por qualquer das formas de aquisição do domínio, nos termos da legislação civil.

Art. 33. O índio, integrado ou não, que ocupe como próprio, por dez anos consecutivos, trecho de terra inferior a cinquenta hectares, adquirir-lhe-á a propriedade plena.

Parágrafo único. O disposto neste artigo não se aplica às terras do domínio da União, ocupadas por grupos tribais, às áreas reservadas de que trata esta Lei, nem às terras de propriedade coletiva de grupo tribal.

CAPÍTULO V
DA DEFESA DAS TERRAS INDÍGENAS

Art. 34. O órgão federal de assistência ao índio poderá solicitar a colaboração das Forças Armadas e Auxiliares e da Polícia Federal, para assegurar a proteção das terras ocupadas pelos índios e pelas comunidades indígenas.

Art. 35. Cabe ao órgão federal de assistência ao índio a defesa judicial ou extrajudicial dos direitos dos silvícolas e das comunidades indígenas.

Art. 36. Sem prejuízo do disposto no artigo anterior, compete à União adotar as medidas administrativas ou propor, por intermédio do Ministério Público Federal, as medidas judiciais adequadas à proteção da posse dos silvícolas sobre as terras que habitem.

Parágrafo único. Quando as medidas judiciais previstas neste artigo forem propostas pelo órgão federal de assistência, ou contra ele, a União será litisconsorte ativa ou passiva.

Art. 37. Os grupos tribais ou comunidades indígenas são partes legítimas para a defesa dos seus direitos em juízo, cabendo-lhes, no caso, a assistência do Ministério Público Federal ou do órgão de proteção ao índio.

Art. 38. As terras indígenas são inusucapíveis e sobre elas não poderá recair desapropriação, salvo o previsto no artigo 20.

TÍTULO IV
DOS BENS E RENDA DO PATRIMÔNIO INDÍGENA

Art. 39. Constituem bens do Patrimônio Indígena:

I - as terras pertencentes ao domínio dos grupos tribais ou comunidades indígenas;

II - o usufruto exclusivo das riquezas naturais e de todas as utilidades existentes nas terras ocupadas por grupos tribais ou comunidades indígenas e nas áreas a eles reservadas;

III - os bens móveis ou imóveis, adquiridos a qualquer título.

Art. 40. São titulares do Patrimônio Indígena:

I - a população indígena do País, no tocante a bens ou rendas pertencentes ou destinadas aos silvícolas, sem discriminação de pessoas ou grupos tribais;

II - o grupo tribal ou comunidade indígena determinada, quanto à posse e usufruto das terras por ele exclusivamente ocupadas, ou a ele reservadas;

III - a comunidade indígena ou grupo tribal nomeado no título aquisitivo da propriedade, em relação aos respectivos imóveis ou móveis.

Art. 41. Não integram o Patrimônio Indígena:

I - as terras de exclusiva posse ou domínio do índio ou silvícola, individualmente considerado, e o usufruto das respectivas riquezas naturais e utilidades;

II - a habitação, os móveis e utensílios domésticos, os objetos de uso pessoal, os instrumentos de trabalho e os produtos da lavoura, caça, pesca e coleta ou do trabalho em geral dos silvícolas.

Art. 42. Cabe ao órgão de assistência a gestão do Patrimônio Indígena, propiciando-se, porém, a participação dos silvícolas e dos grupos tribais na administração dos próprios bens, sendo-lhes totalmente confiado o encargo, quando demonstrem capacidade efetiva para o seu exercício.

Parágrafo único. O arrolamento dos bens do Patrimônio Indígena será permanentemente atualizado, procedendo-se à fiscalização rigorosa de sua gestão, mediante controle interno e externo, a fim de tornar efetiva a responsabilidade dos seus administradores.

Art. 43. A renda indígena é a resultante da aplicação de bens e utilidades integrantes do Patrimônio Indígena, sob a responsabilidade do órgão de assistência ao índio.

§ 1º A renda indígena será preferencialmente reaplicada em atividades rentáveis ou utilizada em programas de assistência ao índio.

§ 2º A reaplicação prevista no parágrafo anterior reverterá principalmente em benefício da comunidade que produziu os primeiros resultados econômicos.

Art. 44. As riquezas do solo, nas áreas indígenas, somente pelos silvícolas podem ser exploradas, cabendo-lhes com exclusividade o exercício da garimpagem, faiscação e cata das áreas referidas.

- Dec. 88.985/1983 (Regulamenta este artigo).

Art. 45. A exploração das riquezas do subsolo nas áreas pertencentes aos índios, ou do domínio da União, mas na posse de comunidades indígenas, far-se-á nos termos da legislação vigente, observado o disposto nesta Lei.

- Dec. 88.985/1983 (Regulamenta este artigo).

§ 1º O Ministério do Interior, através do órgão competente de assistência aos índios, representará os interesses da União, como proprietária do solo, mas a participação no resultado da exploração, as indenizações e a renda devida pela ocupação do terreno, reverterão em benefício dos índios e constituirão fontes de renda indígena.

§ 2º Na salvaguarda dos interesses do Patrimônio Indígena e do bem-estar dos silvícolas, a autorização de pesquisa ou lavra, a terceiros, nas posses tribais, estará condicionada a prévio entendimento com o órgão de assistência ao índio.

Art. 46. O corte de madeira nas florestas indígenas, consideradas em regime de preservação permanente, de acordo com a letra g e § 2º, do artigo 3º, do Código Florestal, está condicionado à existência de programas ou projetos para o aproveitamento das terras respectivas na exploração agropecuária, na indústria ou no reflorestamento.

- Refere-se à Lei 4.771/1965 (antigo Código Florestal.)
- Lei 12.651/2012 (Código Florestal).

TÍTULO V
DA EDUCAÇÃO, CULTURA E SAÚDE

Art. 47. É assegurado o respeito ao patrimônio cultural das comunidades indígenas, seus valores artísticos e meios de expressão.

Art. 48. Estende-se à população indígena, com as necessárias adaptações, o sistema de ensino em vigor no País.

Art. 49. A alfabetização dos índios far-se-á na língua do grupo a que pertençam, e em português, salvaguardado o uso da primeira.

Art. 50. A educação do índio será orientada para a integração na comunhão nacional mediante processo de gradativa compreensão dos problemas gerais e valores da sociedade nacional, bem como do aproveitamento das suas aptidões individuais.

Art. 51. A assistência aos menores, para fins educacionais, será prestada, quanto possível, sem afastá-los do convívio familiar ou tribal.

Art. 52. Será proporcionada ao índio a formação profissional adequada, de acordo com o seu grau de aculturação.

Art. 53. O artesanato e as indústrias rurais serão estimulados, no sentido de elevar o padrão de vida do índio com a conveniente adaptação às condições técnicas modernas.

Art. 54. Os índios têm direito aos meios de proteção à saúde facultados à comunhão nacional.

Parágrafo único. Na infância, na maternidade, na doença e na velhice, deve ser assegurada ao silvícola, especial assistência dos poderes públicos, em estabelecimentos a esse fim destinados.

Art. 55. O regime geral da previdência social será extensivo aos índios, atendidas as condições sociais, econômicas e culturais das comunidades beneficiadas.

TÍTULO VI
DAS NORMAS PENAIS

CAPÍTULO I
DOS PRINCÍPIOS

- Súm. 140, STJ.

Art. 56. No caso de condenação de índio por infração penal, a pena deverá ser atenuada e na sua aplicação o Juiz atenderá também ao grau de integração do silvícola.

Parágrafo único. As penas de reclusão e de detenção serão cumpridas, se possível, em regime especial de semiliberdade, no local de funcionamento do órgão federal de assistência aos índios mais próximos da habitação do condenado.

Art. 57. Será tolerada a aplicação, pelos grupos tribais, de acordo com as instituições próprias, de sanções penais ou disciplinares contra os seus membros, desde que não revistam caráter cruel ou infamante, proibida em qualquer caso a pena de morte.

CAPÍTULO II
DOS CRIMES CONTRA OS ÍNDIOS

Art. 58. Constituem crimes contra os índios e a cultura indígena:

I - escarnecer de cerimônia, rito, uso, costume ou tradição culturais indígenas, vilipendiá-los ou perturbar, de qualquer modo, a sua prática. Pena - detenção de um a três meses;

- art. 208, CP.

II - utilizar o índio ou comunidade indígena como objeto de propaganda turística ou de exibição para fins lucrativos.

Pena – detenção de dois a seis meses;

III - propiciar, por qualquer meio, a aquisição, o uso e a disseminação de bebidas alcoólicas, nos grupos tribais ou entre índios não integrados. Pena - detenção de seis meses a dois anos.

Parágrafo único. As penas estatuídas neste artigo são agravadas de um terço, quando o crime for praticado por funcionário ou empregado do órgão de assistência ao índio.

- art. 327, CP.

Art. 59. No caso de crime contra a pessoa, o patrimônio ou os costumes, em que o ofendido seja índio não integrado ou comunidade indígena, a pena será agravada de um terço.

TÍTULO VII
DISPOSIÇÕES GERAIS

Art. 60. Os bens e rendas do Patrimônio Indígena gozam de plena isenção tributária.

Art. 61. São extensivos aos interesses do Patrimônio Indígena os privilégios da Fazenda Pública, quanto à impenhorabilidade de bens, rendas e serviços, ações especiais, prazos processuais, juros e custas.

Art. 62. Ficam declaradas a nulidade e a extinção dos efeitos jurídicos dos atos de qualquer natureza que tenham por objeto o domínio, a posse ou a ocupação das terras habitadas pelos índios ou comunidades indígenas.

› art. 231, § 6º, CF.

§ 1º Aplica-se o disposto deste artigo às terras que tenham sido desocupadas pelos índios ou comunidades indígenas em virtude de ato ilegítimo de autoridade e particular.

§ 2º Ninguém terá direito a ação ou indenização contra a União, o órgão de assistência ao índio ou os silvícolas em virtude da nulidade e extinção de que trata este artigo, ou de suas consequências econômicas.

§ 3º Em caráter excepcional e a juízo exclusivo do dirigente do órgão de assistência ao índio, será permitida a continuação, por prazo razoável dos efeitos dos contratos de arrendamento em vigor na data desta lei, desde que a sua extinção acarrete graves consequências sociais.

Art. 63. Nenhuma medida judicial será concedida liminarmente em causas que envolvam interesse de silvícolas ou do Patrimônio Indígena, sem prévia audiência da União e do órgão de proteção ao índio.

Art. 64. (Vetado.)

Parágrafo único. (Vetado.)

Art. 65. O Poder Executivo fará, no prazo de cinco anos, a demarcação das terras indígenas, ainda não demarcadas.

Art. 66. O órgão de proteção ao silvícola fará divulgar e respeitar as normas da Convenção 107, promulgada pelo Decreto n. 58.824, de 14 julho de 1966.

Art. 67. É mantida a Lei n. 5.371, de 05 de dezembro de 1967.

Art. 68. Esta Lei entrará em vigor na data de sua publicação, revogadas as disposições em contrário.

Emílio G. Medici

ESTATUTO DOS MILITARES

LEI Nº 6.880, DE 09 DE DEZEMBRO DE 1980

Dispõe sobre o Estatuto dos Militares.

‣ DOU 11.12.1980.

O PRESIDENTE DA REPÚBLICA.

Faço saber que o Congresso Nacional decreta e eu sanciono a seguinte Lei:

ESTATUTO DOS MILITARES

TÍTULO I
GENERALIDADES

CAPÍTULO I
DISPOSIÇÕES PRELIMINARES

Art. 1º O presente Estatuto regula a situação, obrigações, deveres, direitos e prerrogativas dos membros das Forças Armadas.

‣ EC 18/1998 (Dispõe sobre o regime constitucional dos militares).

Art. 2º As Forças Armadas, essenciais à execução da política de segurança nacional, são constituídas pela Marinha, pelo Exército e pela Aeronáutica, e destinam-se a defender a Pátria e a garantir os poderes constituídos, a lei e a ordem. São instituições nacionais, permanentes e regulares, organizadas com base na hierarquia e na disciplina, sob a autoridade suprema do Presidente da República e dentro dos limites da lei.

‣ art. 142, CF.

Art. 3º Os membros das Forças Armadas, em razão de sua destinação constitucional, formam uma categoria especial de servidores da Pátria e são denominados militares.

§ 1º Os militares encontram-se em uma das seguintes situações:

a) na ativa:

I - os de carreira;

II - os temporários, incorporados às Forças Armadas para prestação de serviço militar, obrigatório ou voluntário, durante os prazos previstos na legislação que trata do serviço militar ou durante as prorrogações desses prazos; (Redação dada pela Lei 13.954/2019)

III - os componentes da reserva das Forças Armadas quando convocados, reincluídos, designados ou mobilizados;

IV - os alunos de órgão de formação de militares da ativa e da reserva; e

V - em tempo de guerra, todo cidadão brasileiro mobilizado para o serviço ativo nas Forças Armadas.

b) na inatividade:

I - os da reserva remunerada, quando pertençam à reserva das Forças Armadas e percebam remuneração da União, porém sujeitos, ainda, à prestação de serviço na ativa, mediante convocação ou mobilização; e

II - os reformados, quando, tendo passado por uma das situações anteriores estejam dispensados, definitivamente, da prestação de serviço na ativa, mas continuem a perceber remuneração da União.

III - os da reserva remunerada e, excepcionalmente, os reformados, que estejam executando tarefa por tempo certo, segundo regulamentação para cada Força Armada. (Redação dada pela Lei 13.954/2019)

§ 2º Os militares de carreira são aqueles da ativa que, no desempenho voluntário e permanente do serviço militar, tenham vitaliciedade, assegurada ou presumida, ou estabilidade adquirida nos termos da alínea "a" do inciso IV do *caput* do art. 50 desta Lei. (Redação dada pela Lei 13.954/2019)

§ 3º Os militares temporários não adquirem estabilidade e passam a compor a reserva não remunerada das Forças Armadas após serem desligados do serviço ativo. (Acrescido pela Lei 13.954/2019)

Art. 4º São considerados reserva das Forças Armadas:

I - individualmente:

a) os militares da reserva remunerada; e

b) os demais cidadãos em condições de convocação ou de mobilização para a ativa.

II - no seu conjunto:

a) as Polícias Militares; e

b) os Corpos de Bombeiros Militares.

§ 1º A Marinha Mercante, a Aviação Civil e as empresas declaradas diretamente devotadas às finalidades precípuas das Forças Armadas, denominada atividade efeitos de mobilização e de emprego, reserva das Forças Armadas.

§ 2º O pessoal componente da Marinha Mercante, da Aviação Civil e das empresas declaradas diretamente relacionadas com a segurança nacional, bem como os demais cidadãos em condições de convocação ou mobilização para a ativa, só serão considerados militares quando convocados ou mobilizados para o serviço nas Forças Armadas.

Art. 5º A carreira militar é caracterizada por atividade continuada e inteiramente devotada às finalidades precípuas das Forças Armadas, denominada atividade militar.

§ 1º A carreira militar é privativa do pessoal da ativa, inicia-se com o ingresso nas Forças Armadas e obedece às diversas sequências de graus hierárquicos.

§ 2º São privativas de brasileiro nato as carreiras de oficial da Marinha, do Exército e da Aeronáutica.

Art. 6º São equivalentes as expressões "na ativa", "da ativa", "em serviço ativo", "em serviço na ativa", "em serviço", "em atividade" ou "em atividade militar", conferidas aos militares no desempenho de cargo, comissão, encargo, incumbência ou missão, serviço ou atividade militar ou considerada de natureza militar nas organizações militares das Forças Armadas, bem como na Presidência da República, na Vice-Presidência da República, no Ministério da Defesa e nos demais órgãos quando previsto em lei, ou quando incorporados às Forças Armadas. (Redação dada pela Med. Prov. 2.215-10/2001.)

Art. 7º A condição jurídica dos militares é definida pelos dispositivos da Constituição que lhes sejam aplicáveis, por este Estatuto e pela legislação, que lhes outorgam direitos e prerrogativas e lhes impõem deveres e obrigações.

Art. 8º O disposto neste Estatuto aplica-se, no que couber:

I - aos militares da reserva remunerada e reformados;

II - aos alunos de órgão de formação da reserva;

III - aos membros do Magistério Militar; e

IV - aos Capelães Militares.

Art. 9º Os oficiais-generais nomeados Ministros do Superior Tribunal Militar, os membros do Magistério Militar e os Capelães Militares são regidos por legislação específica.

CAPÍTULO II
DO INGRESSO NAS FORÇAS ARMADAS

Art. 10. O ingresso nas Forças Armadas é facultado, mediante incorporação, matrícula ou nomeação, a todos os brasileiros que preencham os requisitos estabelecidos em lei e nos regulamentos da Marinha, do Exército e da Aeronáutica.

§ 1º Quando houver conveniência para o serviço de qualquer das Forças Armadas, o brasileiro possuidor de reconhecida competência técnico-profissional ou de notória cultura científica poderá, mediante sua aquiescência e proposta do Ministro da Força interessada, ser incluído nos Quadros ou Corpos da Reserva e convocado para o serviço na ativa em caráter transitório.

‣ Dec. 9.530/2018 (regulamenta este parágrafo no âmbito da Marinha).

§ 2º A inclusão nos termos do parágrafo anterior será feita em grau hierárquico compatível com sua idade, atividades civis e responsabilidades que lhe serão atribuídas, nas condições reguladas pelo Poder Executivo.

‣ Dec. 9.530/2018 (regulamenta este parágrafo no âmbito da Marinha).

Art. 11. Para matrícula nos estabelecimentos de ensino militar destinados à formação de oficiais, da ativa e da reserva, e de graduados, além das condições relativas à nacionalidade, idade, aptidão intelectual, capacidade física e idoneidade moral, é necessário que o candidato não exerça ou não tenha exercido atividades prejudiciais ou perigosas à segurança nacional.

‣ Lei 12.705/2012 (Dispõe sobre os requisitos para ingresso nos cursos de formação de militares de carreira do Exército.)

Parágrafo único. O disposto neste artigo e no anterior aplica-se, também, aos candidatos ao ingresso nos Corpos ou Quadros de Oficiais em que é exigido o diploma de estabelecimento de ensino superior reconhecido pelo Governo Federal.

Art. 12. A convocação em tempo de paz é regulada pela legislação que trata do serviço militar.

§ 1º Em tempo de paz e independentemente de convocação, os integrantes da reserva poderão ser designados para o serviço ativo, em caráter transitório e mediante aceitação voluntária.

‣ Dec. 88.455/1983 (Regulamenta este parágrafo).

§ 2º O disposto no parágrafo anterior será regulamentado pelo Poder Executivo.

Art. 13. A mobilização é regulada em legislação específica.

Parágrafo único. A incorporação às Forças Armadas de Deputados Federais e Senadores, embora militares e ainda que em tempo de guerra, dependerá de licença da Câmara respectiva.

CAPÍTULO III
DA HIERARQUIA MILITAR
E DA DISCIPLINA

Art. 14. A hierarquia e a disciplina são a base institucional das Forças Armadas. A autoridade e a responsabilidade crescem com o grau hierárquico.

§ 1º A hierarquia militar é a ordenação da autoridade, em níveis diferentes, dentro da estrutura das Forças Armadas. A ordenação se faz por postos ou graduações; dentro de um mesmo posto ou graduação se faz pela antiguidade no posto ou na graduação. O respeito à hierarquia é consubstanciado no espírito de acatamento à sequência de autoridade.

§ 2º Disciplina é a rigorosa observância e o acatamento integral das leis, regulamentos, normas e disposições que fundamentam o organismo militar e coordenam seu funcionamento regular e harmônico, traduzindo-se pelo perfeito cumprimento do dever por parte de todos e de cada um dos componentes desse organismo.

§ 3º A disciplina e o respeito à hierarquia devem ser mantidos em todas as circunstâncias da vida entre militares da ativa, da reserva remunerada e reformados.

Art. 15. Círculos hierárquicos são âmbitos de convivência entre os militares da mesma categoria e têm a finalidade de desenvolver o espírito de camaradagem, em ambiente de estima e confiança, sem prejuízo do respeito mútuo.

Art. 16. Os círculos hierárquicos e a escala hierárquica nas Forças Armadas, bem como a correspondência entre os postos e as graduações da Marinha, do Exército e da Aeronáutica, são fixados nos parágrafos seguintes e no Quadro em anexo.

§ 1º Posto é o grau hierárquico do oficial, conferido por ato do Presidente da República ou do Ministro de Força Singular e confirmado em Carta Patente.

§ 2º Os postos de Almirante, Marechal e Marechal-do-Ar somente serão providos em tempo de guerra.

§ 3º Graduação é o grau hierárquico da praça, conferido pela autoridade militar competente.

§ 4º Os Guardas-Marinha, os Aspirantes-a-Oficial e os alunos de órgãos específicos de formação de militares são denominados praças especiais.

§ 5º Os graus hierárquicos inicial e final dos diversos Corpos, Quadros, Armas, Serviços, Especialidades ou Subespecialidades são fixados, separadamente, para cada caso, na Marinha, no Exército e na Aeronáutica.

§ 6º Os militares da Marinha, do Exército e da Aeronáutica, cujos graus hierárquicos tenham denominação comum, acrescentarão aos mesmos, quando julgado necessário, a indicação do respectivo Corpo, Quadro, Arma ou Serviço e, se ainda necessário, a Força Armada a que pertencerem, conforme os regulamentos ou normas em vigor.

§ 7º Sempre que o militar da reserva remunerada ou reformado fizer uso do posto ou graduação, deverá fazê-lo com as abreviaturas respectivas de sua situação.

Art. 17. A precedência entre militares da ativa do mesmo grau hierárquico, ou correspondente, é assegurada pela antiguidade no posto ou graduação, salvo nos casos de precedência funcional estabelecida em lei.

§ 1º A antiguidade em cada posto ou graduação é contada a partir da data da assinatura do ato da respectiva promoção, nomeação, declaração ou incorporação, salvo quando estiver taxativamente fixada outra data.

§ 2º No caso do parágrafo anterior, havendo empate, a antiguidade será estabelecida:

a) entre militares do mesmo Corpo, Quadro, Arma ou Serviço, pela posição nas respectivas escalas numéricas ou registros existentes em cada Força;

b) nos demais casos, pela antiguidade no posto ou graduação anterior; se, ainda assim, subsistir a igualdade, recorrer-se-á, sucessivamente, aos graus hierárquicos anteriores, à data de praça e à data de nascimento para definir a precedência, e, neste último caso, o de mais idade será considerado o mais antigo;

c) na existência de mais de uma data de praça, inclusive de outra Força Singular, prevalece a antiguidade do militar que tiver maior tempo de efetivo serviço na praça anterior ou nas praças anteriores; e

d) entre os alunos de um mesmo órgão de formação de militares, de acordo com o regulamento do respectivo órgão, se não estiverem especificamente enquadrados nas letras *a*, *b* e *c*.

§ 3º Em igualdade de posto ou de graduação, os militares da ativa têm precedência sobre os da inatividade.

§ 4º Em igualdade de posto ou de graduação, a precedência entre os militares de carreira na ativa e os da reserva remunerada ou não, que estejam convocados, é definida pelo tempo de efetivo serviço no posto ou graduação.

Art. 18. Em legislação especial, regular-se-á:

I - a precedência entre militares e civis, em missões diplomáticas, ou em comissão no país ou no estrangeiro; e

II - a precedência nas solenidades oficiais.

Art. 19. A precedência entre as praças especiais e as demais praças é assim regulada:

I - os Guardas-Marinha e os Aspirantes-a-Oficial são hierarquicamente superiores às demais praças;

II - os Aspirantes da Escola Naval, os Cadetes da Academia Militar das Agulhas Negras e da Academia da Força Aérea e os alunos do Instituto Tecnológico de Aeronáutica, do Instituto Militar de Engenharia e das demais instituições de graduação de oficiais da Marinha e do Exército são hierarquicamente superiores aos Suboficiais e aos Subtenentes; (Redação dada pela Lei 13.954/2019)

III - os alunos de Escola Preparatória de Cadetes e do Colégio Naval têm precedência sobre os Terceiros-Sargentos, aos quais são equiparados;

IV - os alunos dos órgãos de formação de oficiais da reserva, quando fardados, têm precedência sobre os Cabos, aos quais são equiparados; e

V - os Cabos têm precedência sobre os alunos das escolas ou dos centros de formação de sargentos, que a eles são equiparados, respeitada, no caso de militares, a antiguidade relativa.

CAPÍTULO IV
DO CARGO E DA FUNÇÃO MILITARES

Art. 20. Cargo militar é um conjunto de atribuições, deveres e responsabilidades cometidos a um militar em serviço ativo.

§ 1º O cargo militar, a que se refere este artigo, é o que se encontra especificado nos Quadros de Efetivo ou Tabelas de Lotação das Forças Armadas ou previsto, caracterizado ou definido como tal em outras disposições legais.

§ 2º As obrigações inerentes ao cargo militar devem ser compatíveis com o correspondente grau hierárquico e definidas em legislação ou regulamentação específicas.

Art. 21. Os cargos militares são providos com pessoal que satisfaça aos requisitos de grau hierárquico e de qualificação exigidos para o seu desempenho.

Parágrafo único. O provimento de cargo militar far-se-á por ato de nomeação ou determinação expressa da autoridade competente.

Art. 22. O cargo militar é considerado vago a partir de sua criação e até que um militar nele tome posse, ou desde o momento em que o militar exonerado, ou que tenha recebido determinação expressa da autoridade competente, o deixe e até que outro militar nele tome posse de acordo com as normas de provimento previstas no parágrafo único do artigo anterior.

Parágrafo único. Consideram-se também vagos os cargos militares cujos ocupantes tenham:

a) falecido;

b) sido considerados extraviados;

c) sido feitos prisioneiros; e

d) sido considerados desertores.

Art. 23. Função militar é o exercício das obrigações inerentes ao cargo militar.

Art. 24. Dentro de uma mesma organização militar, a sequência de substituições para assumir cargo ou responder por funções, bem como as normas, atribuições e responsabilidades relativas, são as estabelecidas na legislação ou regulamentação específicas, respeitadas a precedência e a qualificação exigidas para o cargo ou o exercício da função.

Art. 25. O militar ocupante de cargo da estrutura das Forças Armadas, provido em caráter efetivo ou interino, observado o disposto no parágrafo único do art. 21 desta Lei, faz jus aos direitos correspondentes ao cargo, conforme previsto em lei. (Redação dada pela Lei 13.954/2019)

Parágrafo único. A remuneração do militar será calculada com base no soldo inerente ao seu posto ou à sua graduação, independentemente do cargo que ocupar. (Acrescido pela Lei 13.954/2019)

Art. 26. As obrigações que, pela generalidade, peculiaridade, duração, vulto ou natureza, não são catalogadas como posições tituladas em "Quadro de Efetivo", "Quadro de Organização", "Tabela de Lotação" ou dispositivo legal, são cumpridas como encargo, incumbência, comissão, serviço ou atividade, militar ou de natureza militar.

Parágrafo único. Aplica-se, no que couber, a encargo, incumbência, comissão, serviço ou atividade, militar ou de natureza militar, o disposto neste Capítulo para cargo militar.

TÍTULO II
DAS OBRIGAÇÕES E
DOS DEVERES MILITARES

- EC 18/1998 (Dispõe sobre o regime constitucional dos militares).

CAPÍTULO I
DAS OBRIGAÇÕES MILITARES

SEÇÃO I
DO VALOR MILITAR

Art. 27. São manifestações essenciais do valor militar:

I - o patriotismo, traduzido pela vontade inabalável de cumprir o dever militar e pelo solene juramento de fidelidade à Pátria até com o sacrifício da própria vida;

II - o civismo e o culto das tradições históricas;

III - a fé na missão elevada das Forças Armadas;

IV - o espírito de corpo, orgulho do militar pela organização onde serve;

V - o amor à profissão das armas e o entusiasmo com que é exercida; e

VI - o aprimoramento técnico-profissional.

SEÇÃO II
DA ÉTICA MILITAR

Art. 28. O sentimento do dever, o pundonor militar e o decoro da classe impõem, a cada um dos integrantes das Forças Armadas, conduta moral e profissional irrepreensíveis, com a observância dos seguintes preceitos de ética militar:

I - amar a verdade e a responsabilidade como fundamento de dignidade pessoal;

II - exercer, com autoridade, eficiência e probidade, as funções que lhe couberem em decorrência do cargo;

III - respeitar a dignidade da pessoa humana;

IV - cumprir e fazer cumprir as leis, os regulamentos, as instruções e as ordens das autoridades competentes;

V - ser justo e imparcial no julgamento dos atos e na apreciação do mérito dos subordinados;

VI - zelar pelo preparo próprio, moral, intelectual e físico e, também, pelo dos subordinados, tendo em vista o cumprimento da missão comum;

VII - empregar todas as suas energias em benefício do serviço;

VIII - praticar a camaradagem e desenvolver, permanentemente, o espírito de cooperação;

IX - ser discreto em suas atitudes, maneiras e em sua linguagem escrita e falada;

X - abster-se de tratar, fora do âmbito apropriado, de matéria sigilosa de qualquer natureza;

XI - acatar as autoridades civis;

XII - cumprir seus deveres de cidadão;

XIII - proceder de maneira ilibada na vida pública e na particular;

XIV - observar as normas da boa educação;

XV - garantir assistência moral e material ao seu lar e conduzir-se como chefe de família modelar;

XVI - conduzir-se, mesmo fora do serviço ou quando já na inatividade, de modo que não sejam prejudicados os princípios da disciplina, do respeito e do decoro militar;

XVII - abster-se de fazer uso do posto ou da graduação para obter facilidades pessoais de qualquer natureza ou para encaminhar negócios particulares ou de terceiros;

XVIII - abster-se, na inatividade, do uso das designações hierárquicas:

a) em atividades político-partidárias;

b) em atividades comerciais;

c) em atividades industriais;

d) para discutir ou provocar discussões pela imprensa a respeito de assuntos políticos ou militares, excetuando-se os de natureza exclusivamente técnica, se devidamente autorizado; e

e) no exercício de cargo ou função de natureza civil, mesmo que seja da Administração Pública;

XIX - zelar pelo bom nome das Forças Armadas e de cada um de seus integrantes, obedecendo e fazendo obedecer aos preceitos da ética militar.

Art. 29. Ao militar da ativa é vedado comerciar ou tomar parte na administração ou gerência de sociedade ou dela ser sócio ou participar, exceto como acionista ou quotista, em sociedade anônima ou por quotas de responsabilidade limitada.

§ 1º Os integrantes da reserva, quando convocados, ficam proibidos de tratar, nas organizações militares e nas repartições públicas civis, de interesse de organizações ou empresas privadas de qualquer natureza.

§ 2º Os militares da ativa podem exercer, diretamente, a gestão de seus bens, desde que não infrinjam o disposto no presente artigo.

§ 3º No intuito de desenvolver a prática profissional, é permitido aos oficiais titulares dos Quadros ou Serviços de Saúde e de Veterinária o exercício de atividade técnico-profissional no meio civil, desde que tal prática não prejudique o serviço e não infrinja o disposto neste artigo.

Art. 30. Os Ministros das Forças Singulares poderão determinar aos militares da ativa da respectiva Força que, no interesse da salvaguarda da dignidade dos mesmos, informem sobre a origem e natureza dos seus bens, sempre que houver razões que recomendem tal medida.

CAPÍTULO II
DOS DEVERES MILITARES

SEÇÃO I
CONCEITUAÇÃO

Art. 31. Os deveres militares emanam de um conjunto de vínculos racionais, bem como morais, que ligam o militar à Pátria e ao seu serviço, e compreendem, essencialmente:

I - a dedicação e a fidelidade à Pátria, cuja honra, integridade e instituições devem ser defendidas mesmo com o sacrifício da própria vida;

II - o culto aos Símbolos Nacionais;

III - a probidade e a lealdade em todas as circunstâncias;

IV - a disciplina e o respeito à hierarquia;

V - o rigoroso cumprimento das obrigações e das ordens; e

VI - a obrigação de tratar o subordinado dignamente e com urbanidade.

SEÇÃO II
DO COMPROMISSO MILITAR

Art. 32. Todo cidadão, após ingressar em uma das Forças Armadas mediante incorporação, matrícula ou nomeação, prestará compromisso de honra, no qual afirmará a sua aceitação consciente das obrigações e dos deveres militares e manifestará a sua firme disposição de bem cumpri-los.

Art. 33. O compromisso do incorporado, do matriculado e do nomeado, a que se refere o artigo anterior, terá caráter solene e será sempre prestado sob a forma de juramento à Bandeira na presença de tropa ou guarnição formada, conforme os dizeres estabelecidos nos regulamentos específicos das Forças Armadas, e tão logo o militar tenha adquirido um grau de instrução compatível com o perfeito entendimento de seus deveres como integrante das Forças Armadas.

§ 1º O compromisso de Guarda-Marinha ou Aspirante-a-Oficial é prestado nos estabelecimentos de formação, obedecendo o cerimonial ao fixado nos respectivos regulamentos.

§ 2º O compromisso como oficial, quando houver, será regulado em cada Força Armada.

SEÇÃO III
DO COMANDO E DA SUBORDINAÇÃO

Art. 34. Comando é a soma de autoridade, deveres e responsabilidades de que o militar é investido legalmente quando conduz homens ou dirige uma organização militar. O comando é vinculado ao grau hierárquico e constitui uma prerrogativa impessoal, em cujo exercício o militar se define e se caracteriza como chefe.

Parágrafo único. Aplica-se à direção e à chefia de organização militar, no que couber, o estabelecido para comando.

Art. 35. A subordinação não afeta, de modo algum, a dignidade pessoal do militar e decorre, exclusivamente, da estrutura hierarquizada das Forças Armadas.

Art. 36. O oficial é preparado, ao longo da carreira, para o exercício de funções de comando, de chefia e de direção.

Art. 37. Os graduados auxiliam ou complementam as atividades dos oficiais, quer no adestramento e no emprego de meios, quer na instrução e na administração.

Parágrafo único. No exercício das atividades mencionadas neste artigo e no comando de elementos subordinados, os suboficiais, os subtenentes e os sargentos deverão impor-se pela lealdade, pelo exemplo e pela capacidade profissional e técnica, incumbindo-lhes assegurar a observância minuciosa e ininterrupta das ordens, das regras do serviço e das normas operativas pelas praças que lhes estiverem diretamente subordinadas e a manutenção da coesão e do moral das mesmas praças em todas as circunstâncias.

Art. 38. Os Cabos, Taifeiros-Mores, Soldados de Primeira Classe, Taifeiros de Primeira Classe, Marinheiros, Soldados, Soldados de Segunda Classe e Taifeiros de Segunda Classe são, essencialmente, elementos de execução.

Art. 39. Os Marinheiros-Recrutas, Recrutas, Soldados-Recrutas e Soldados de Segunda Classe constituem os elementos incorporados às Forças Armadas para a prestação do serviço militar inicial.

Art. 40. Às praças especiais cabe a rigorosa observância das prescrições dos regulamentos que lhes são pertinentes, exigindo-se-lhes inteira dedicação ao estudo e ao aprendizado técnico-profissional.

Parágrafo único. Às praças especiais também se assegura a prestação do serviço militar inicial.

Art. 41. Cabe ao militar a responsabilidade integral pelas decisões que tomar, pelas ordens que emitir e pelos atos que praticar.

CAPÍTULO III
DA VIOLAÇÃO DAS OBRIGAÇÕES E DOS DEVERES MILITARES

SEÇÃO I
CONCEITUAÇÃO

Art. 42. A violação das obrigações ou dos deveres militares constituirá crime, contravenção ou transgressão disciplinar, conforme dispuser a legislação ou regulamentação específicas.

§ 1º A violação dos preceitos da ética militar será tão mais grave quanto mais elevado for o grau hierárquico de quem a cometer.

§ 2º No concurso de crime militar e de contravenção ou transgressão disciplinar, quando forem da mesma natureza, será aplicada somente a pena relativa ao crime.

Art. 43. A inobservância dos deveres especificados nas leis e regulamentos, ou a falta de exação no cumprimento dos mesmos, acarreta para o militar responsabilidade funcional, pecuniária, disciplinar ou penal, consoante a legislação específica.

Parágrafo único. A apuração da responsabilidade funcional, pecuniária, disciplinar ou penal poderá concluir pela incompatibilidade do militar com o cargo ou pela incapacidade para o exercício das funções militares a ele inerentes.

Art. 44. O militar que, por sua atuação, se tornar incompatível com o cargo, ou demonstrar incapacidade no exercício de funções militares a ele inerentes, será afastado do cargo.

§ 1º São competentes para determinar o imediato afastamento do cargo ou o impedimento do exercício da função:

a) o Presidente da República;

b) os titulares das respectivas pastas militares e o Chefe do Estado-Maior das Forças Armadas; e

c) os comandantes, os chefes e os diretores, na conformidade da legislação ou regulamentação específica de cada Força Armada.

§ 2º O militar afastado do cargo, nas condições mencionadas neste artigo, ficará privado do exercício de qualquer função militar até a solução do processo ou das providências legais cabíveis.

Art. 45. São proibidas quaisquer manifestações coletivas, tanto sobre atos de superiores quanto as de caráter reivindicatório ou político.

SEÇÃO II
DOS CRIMES MILITARES

Art. 46. O Código Penal Militar relaciona e classifica os crimes militares, em tempo de paz e em tempo de guerra, e dispõe sobre a aplicação aos militares das penas correspondentes aos crimes por eles cometidos.

SEÇÃO III
DAS CONTRAVENÇÕES OU TRANSGRESSÕES DISCIPLINARES

Art. 47. Os regulamentos disciplinares das Forças Armadas especificarão e classificarão as contravenções ou transgressões disciplinares e estabelecerão as normas relativas à amplitude e aplicação das penas disciplinares, à classificação do comportamento militar e à interposição de recursos contra as penas disciplinares.

§ 1º As penas disciplinares de impedimento, detenção ou prisão não podem ultrapassar 30 (trinta) dias.

§ 2º À praça especial aplicam-se, também, as disposições disciplinares previstas no regulamento do estabelecimento de ensino onde estiver matriculada.

SEÇÃO IV
DOS CONSELHOS DE JUSTIFICAÇÃO E DE DISCIPLINA

Art. 48. O oficial presumivelmente incapaz de permanecer como militar da ativa será, na forma da legislação específica, submetido a Conselho de Justificação.

§ 1º O oficial, ao ser submetido a Conselho de Justificação, poderá ser afastado do exercício de suas funções, a critério do respectivo Ministro, conforme estabelecido em legislação específica.

§ 2º Compete ao Superior Tribunal Militar, em tempo de paz, ou a Tribunal Especial, em tempo de guerra, julgar, em instância única, os processos oriundos dos Conselhos de Justificação, nos casos previstos em lei específica.

§ 3º A Conselho de Justificação poderá, também, ser submetido o oficial da reserva remunerada ou reformado, presumivelmente incapaz de permanecer na situação de inatividade em que se encontra.

Art. 49. O Guarda-Marinha, o Aspirante-a-Oficial e as praças com estabilidade assegurada, presumivelmente incapazes de permanecerem como militares da ativa, serão submetidos a Conselho de Disciplina e afastados das atividades que estiverem exercendo, na forma da regulamentação específica.

§ 1º O Conselho de Disciplina obedecerá a normas comuns às três Forças Armadas.

§ 2º Compete aos Ministros das Forças Singulares julgarem, em última instância, os processos oriundos dos Conselhos de Disciplina convocados no âmbito das respectivas Forças Armadas.

§ 3º A Conselho de Disciplina poderá, também, ser submetida a praça na reserva remunerada ou reformada, presumivelmente incapaz de permanecer na situação de inatividade em que se encontra.

TÍTULO III
DOS DIREITOS E DAS PRERROGATIVAS DOS MILITARES

CAPÍTULO I
DOS DIREITOS

SEÇÃO I
ENUMERAÇÃO

Art. 50. São direitos dos militares:

I - a garantia da patente em toda a sua plenitude, com as vantagens, prerrogativas e deveres a ela inerentes, quando oficial, nos termos da Constituição;

I-A - a proteção social, nos termos do art. 50-A desta Lei; (Acrescido pela Lei 13.954/2019)

II - o provento calculado com base no soldo integral do posto ou da graduação que possuía por ocasião da transferência para a inatividade remunerada: (Redação dada pela Lei 13.954/2019)

a) por contar mais de 35 (trinta e cinco) anos de serviço; (Acrescida pela Lei 13.954/2019)

b) por atingir a idade-limite de permanência em atividade no posto ou na graduação; (Acrescida pela Lei 13.954/2019)

c) por estar enquadrado em uma das hipóteses previstas nos incisos VIII ou IX do *caput* do art. 98 desta Lei; ou (Acrescida pela Lei 13.954/2019)

d) por ter sido incluído em quota compulsória unicamente em razão do disposto na alínea "c" do inciso III do *caput* do art. 101 desta Lei; (Acrescida pela Lei 13.954/2019)

III - o provento calculado com base em tantas quotas de soldo do posto ou da graduação quantos forem os anos de serviço, até o limite de 35 (trinta e cinco) anos, quando tiver sido abrangido pela quota compulsória, ressalvado o disposto na alínea "d" do inciso II do *caput* deste artigo; (Redação dada pela Lei 13.954/2019)

IV - nas condições ou nas limitações impostas por legislação e regulamentação específicas, os seguintes: (Redação dada pela Lei 13.954/2019)

a) a estabilidade, somente se praça de carreira com 10 (dez) anos ou mais de tempo de efetivo serviço; (Redação dada pela Lei 13.954/2019)

b) o uso das designações hierárquicas;

c) a ocupação de cargo correspondente ao posto ou à graduação;

d) a percepção de remuneração;

e) a assistência médico-hospitalar para si e seus dependentes, assim entendida como o conjunto de atividades relacionadas com a prevenção, conservação ou recuperação da saúde, abrangendo serviços profissionais médicos, farmacêuticos e odontológicos, bem como o fornecimento, a aplicação de meios e os cuidados e demais atos médicos e paramédicos necessários;

f) o funeral para si e seus dependentes, constituindo-se no conjunto de medidas tomadas pelo Estado, quando solicitado, desde o óbito até o sepultamento condigno;

g) a alimentação, assim entendida como as refeições fornecidas aos militares em atividade;

h) o fardamento, constituindo-se no conjunto de uniformes, roupa branca e roupa de cama, fornecido ao militar na ativa de graduação inferior a terceiro-sargento e, em casos especiais, a outros militares;

i) a moradia para o militar em atividade, compreendendo:

1 - alojamento em organização militar, quando aquartelado ou embarcado; e

2 - habitação para si e seus dependentes, em imóvel sob a responsabilidade da União, de acordo com a disponibilidade existente;

j) (Revogada pela Med. Prov. 2.215-10/2001.)

l) a constituição de pensão militar;

m) a promoção;

n) a transferência a pedido para a reserva remunerada;

o) as férias, os afastamentos temporários do serviço e as licenças;

p) a demissão e o licenciamento voluntários;

q) o porte de arma quando oficial em serviço ativo ou em inatividade, salvo caso de inatividade por alienação mental ou condenação por crimes contra a segurança do Estado ou por atividades que desaconselhem aquele porte;

r) o porte de arma, pelas praças, com as restrições impostas pela respectiva Força Armada; e

s) outros direitos previstos em leis específicas.

§ 1º (Revogado pela Med. Prov. 2.215-10/2001.)

§ 2º São considerados dependentes do militar, desde que assim declarados por ele na organização militar competente: (Redação dada pela Lei 13.954/2019)

I - o cônjuge ou o companheiro com quem viva em união estável, na constância do vínculo; (Redação dada pela Lei 13.954/2019)

II - o filho ou o enteado: (Redação dada pela Lei 13.954/2019)

a) menor de 21 (vinte e um) anos de idade; (Acrescida pela Lei 13.954/2019)

b) inválido; (Acrescida pela Lei 13.954/2019)

III a VIII - (Revogados pela Lei 13.954/2019)

§ 3º Podem, ainda, ser considerados dependentes do militar, desde que não recebam rendimentos e sejam declarados por ele na organização militar competente: (Parágrafo com redação dada pela Lei nº 13.954, de 16/12/2019)

a) a j) (Revogadas pela Lei 13.954/2019)

I - o filho ou o enteado estudante menor de 24 (vinte e quatro) anos de idade; (Redação dada pela Lei 13.954/2019)

II - o pai e a mãe; (Redação dada pela Lei 13.954/2019)

III - o tutelado ou o curatelado inválido ou menor de 18 (dezoito) anos de idade que viva sob a sua guarda por decisão judicial. (Redação dada pela Lei 13.954/2019)

§ 4º (Revogado pela Lei 13.954/2019)

§ 5º Após o falecimento do militar, manterão os direitos previstos nas alíneas "e", "f" e "s" do inciso IV do *caput* deste artigo, enquanto conservarem os requisitos de dependência, mediante participação nos custos e no pagamento das contribuições devidas, conforme estabelecidos em regulamento: (Acrescido pela Lei 13.954/2019)

I - o viúvo, enquanto não contrair matrimônio ou constituir união estável;

II - o filho ou o enteado menor de 21 (vinte e um) anos de idade ou inválido;

III - o filho ou o enteado estudante menor de 24 (vinte e quatro) anos de idade;

IV - os dependentes a que se refere o § 3º deste artigo, por ocasião do óbito do militar.

Art. 50-A. O Sistema de Proteção Social dos Militares das Forças Armadas é o conjunto integrado de direitos, serviços e ações, permanentes e interativas, de remuneração, pensão, saúde e assistência, nos termos desta Lei e das regulamentações específicas. (Acrescido pela Lei 13.954/2019)

Art. 51. O militar que se julgar prejudicado ou ofendido por qualquer ato administrativo ou disciplinar de superior hierárquico poderá recorrer ou interpor pedido de reconsideração, queixa ou representação, segundo regulamentação específica de cada Força Armada.

§ 1º O direito de recorrer na esfera administrativa prescreverá:

a) em 15 (quinze) dias corridos, a contar do recebimento da comunicação oficial, quanto a ato que decorra de inclusão em quota compulsória ou de composição de Quadro de Acesso; e

b) em 45 (quarenta e cinco) dias, nas demais hipóteses. (Redação dada pela Lei 13.954/2019)

§ 2º O pedido de reconsideração, a queixa e a representação não podem ser feitos coletivamente.

§ 3º (Revogado pela Lei 13.954/2019)

Art. 52. Os militares são alistáveis, como eleitores, desde que oficiais, guardas-marinha ou aspirantes-a-oficial, suboficiais ou subtenentes, sargentos ou alunos das escolas militares de nível superior para formação de oficiais.

Parágrafo único. Os militares alistáveis são elegíveis, atendidas às seguintes condições:

a) se contar menos de 5 (cinco) anos de serviço, será, ao se candidatar a cargo eletivo, excluído do serviço ativo mediante demissão ou licenciamento *ex officio*; e

b) se em atividade, com 5 (cinco) ou mais anos de serviço, será, ao se candidatar a cargo eletivo, afastado, temporariamente, do serviço ativo e agregado, considerado em licença para tratar de interesse particular; se eleito, será, no ato da diplomação, transferido para a reserva remunerada, percebendo a remuneração a que fizer jus em função do seu tempo de serviço.

SEÇÃO II
DA REMUNERAÇÃO

Art. 53. A remuneração dos militares será estabelecida em legislação específica, comum às Forças Armadas. (Redação dada pela Med. Prov. 2.215-10/2001.)

Art. 53-A. A remuneração dos militares ativos e inativos é encargo financeiro do Tesouro Nacional. (Artigo acrescido pela Lei 13.954/2019)

Art. 54. O soldo é irredutível e não está sujeito à penhora, sequestro ou arresto, exceto nos casos previstos em lei.

Art. 55. O valor do soldo é igual para o militar da ativa, da reserva remunerada ou reformado, de um mesmo grau hierárquico, ressalvado o disposto no item II, *caput*, do artigo 50.

Art. 56. Por ocasião de sua passagem para a inatividade, o militar terá direito a tantas quotas de soldo quantos forem os anos de serviço computáveis para a inatividade, até o máximo de 35 (trinta e cinco) anos, ressalvado o disposto nas alíneas "b", "c" e "d" do inciso II do *caput* do art. 50 desta Lei. (Redação dada pela Lei 13.954/2019)

Parágrafo único. (Revogado pela Lei 13.954/2019)

Art. 57. Nos termos do § 9º, do artigo 93, da Constituição, a proibição de acumular proventos de inatividade não se aplica aos militares da reserva remunerada e aos reformados quanto ao exercício de mandato eletivo, quanto ao de função de magistério ou de cargo em comissão ou quanto ao contrato para prestação de serviços técnicos ou especializados.

Art. 58. Os proventos de inatividade serão revistos sempre que, por motivo de alteração do poder aquisitivo da moeda, se modificarem os vencimentos dos militares em serviço ativo.

Parágrafo único. Ressalvados os casos previstos em lei, os proventos da inatividade não poderão exceder à remuneração percebida pelo militar da ativa no posto ou graduação correspondente aos dos seus proventos.

SEÇÃO III
DA PROMOÇÃO

Art. 59. O acesso na hierarquia militar, fundamentado principalmente no valor moral e profissional, é seletivo, gradual e sucessivo e será feito mediante promoções, de conformidade com a legislação e regulamentação de promoções de oficiais e de praças, de modo a obter-se um fluxo regular e equilibrado de carreira para os militares.

Parágrafo único. O planejamento da carreira dos oficiais e das praças é atribuição de cada um dos Ministérios das Forças Singulares.

Art. 60. As promoções serão efetuadas pelos critérios de antiguidade, merecimento ou escolha, ou, ainda, por bravura e post mortem.

§ 1º Em casos extraordinários e independentemente de vagas, poderá haver promoção em ressarcimento de preterição.

§ 2º A promoção de militar feita em ressarcimento de preterição será efetuada segundo os critérios de antiguidade ou merecimento, recebendo ele o número que lhe competir na escala hierárquica, como se houvesse sido promovido, na época devida, pelo critério em que ora é feita sua promoção.

Art. 61. A fim de manter a renovação, o equilíbrio e a regularidade de acesso nos diferentes Corpos, Quadros, Armas ou Serviços, haverá anual e obrigatoriamente um número fixado de vagas à promoção, nas proporções abaixo indicadas:

‣ art. 1º, § 1º, Dec. 10.575/2020.

I - Almirantes-de-Esquadra, Generais-de-Exército e Tenentes-Brigadeiros – 1/4 (um quarto) dos respectivos Corpos ou Quadros;

II - Vice-Almirantes, Generais-de-Divisão e Majores-Brigadeiros – 1/4 (um quarto) dos respectivos Corpos ou Quadros;

III - Contra-Almirantes, Generais-de-Brigada e Brigadeiros – 1/4 (um quarto) dos respectivos Corpos ou Quadros;

IV - Capitães-de-Mar-e-Guerra e Coronéis – no mínimo 1/8 (um oitavo) dos respectivos Corpos, Quadros, Armas ou Serviços;

V - Capitães-de-Fragata e Tenentes-Coronéis – no mínimo 1/15 (um quinze avos) dos respectivos Corpos, Quadros, Armas ou Serviços;

VI - Capitães-de-Corveta e Majores – no mínimo 1/20 (um vinte avos) dos respectivos Corpos, Quadros, Armas ou Serviços; e

VII - Oficiais dos 3 (três) últimos postos dos Quadros de que trata a alínea *b* do inciso I do art. 98, 1/4 para o último posto, no mínimo 1/10 para o penúltimo posto, e no mínimo 1/15 para o antepenúltimo posto, dos respectivos Quadros, exceto quando o último e o penúltimo postos forem Capitão-Tenente ou capitão e 1º Tenente, caso em que as proporções serão no mínimo 1/10 e 1/20, respectivamente. (Redação dada pela Lei 7.666/1988.)

§ 1º O número de vagas para promoção obrigatória em cada ano-base para os postos relativos aos itens IV, V, VI e VII deste artigo será fixado, para cada Força, em decretos separados, até o dia 15 (quinze) de janeiro do ano seguinte.

§ 2º As frações que resultarem da aplicação das proporções estabelecidas neste artigo serão adicionadas, cumulativamente, aos cálculos correspondentes dos anos seguintes, até completar-se pelo menos 1 (um) inteiro que, então, será computado para obtenção de uma vaga para promoção obrigatória.

§ 3º As vagas serão consideradas abertas:

a) na data da assinatura do ato que promover, passar para a inatividade, transferir de Corpo ou Quadro, demitir ou agregar o militar;

b) na data fixada na Lei de Promoções de Oficiais da Ativa das Forças Armadas ou seus regulamentos, em casos neles indicados; e

c) na data oficial do óbito do militar.

Art. 62. Não haverá promoção de militar por ocasião de sua transferência para a reserva remunerada ou reforma.

SEÇÃO IV
DAS FÉRIAS E DE OUTROS AFASTAMENTOS TEMPORÁRIOS DO SERVIÇO

Art. 63. Férias são afastamentos totais do serviço, anual e obrigatoriamente concedidos aos militares para descanso, a partir do último mês do ano a que se referem e durante todo o ano seguinte.

§ 1º O Poder Executivo fixará a duração das férias, inclusive para os militares servindo em localidades especiais.

§ 2º Compete aos Ministros Militares regulamentar a concessão de férias.

§ 3º A concessão de férias não é prejudicada pelo gozo anterior de licença para tratamento de saúde, nem por punição anterior decorrente de contravenção ou transgressão disciplinar, ou pelo estado de guerra, ou para que sejam cumpridos atos em serviço, bem como não anula o direito àquela licença. (Redação dada pela Med. Prov. 2.215-10/2001.)

§ 4º Somente em casos de interesse da segurança nacional, de manutenção da ordem, de extrema necessidade do serviço, de transferência para a inatividade, ou para cumprimento de punição decorrente de contravenção ou de transgressão disciplinar de natureza grave e em caso de baixa a hospital, os militares terão interrompido ou deixarão de gozar na época prevista o período de férias a que tiverem direito, registrando-se o fato em seus assentamentos.

§ 5º (Revogado pela Med. Prov. 2.215-10/2001.)

Art. 64. Os militares têm direito, ainda, aos seguintes períodos de afastamento total do serviço, obedecidas às disposições legais e regulamentares, por motivo de:

I - núpcias: 8 (oito) dias;

II - luto: 8 (oito) dias;

III - instalação: até 10 (dez) dias; e

IV - trânsito: até 30 (trinta) dias.

Art. 65. As férias e os afastamentos mencionados no artigo anterior são concedidos com a remuneração prevista na legislação específica e computados como tempo de efetivo serviço para todos os efeitos legais.

Art. 66. As férias, instalação e trânsito dos militares que se encontrem a serviço no estrangeiro devem ter regulamentação idêntica para as três Forças Armadas.

SEÇÃO V
DAS LICENÇAS

Art. 67. Licença é a autorização para afastamento total do serviço, em caráter temporário, concedida ao militar, obedecidas às disposições legais e regulamentares.

§ 1º A licença pode ser:

a) (Revogada pela Med. Prov. 2.215-10/2001.)

b) para tratar de interesse particular;

c) para tratamento de saúde de pessoa da família;

d) para tratamento de saúde própria; e.

e) para acompanhar cônjuge ou companheiro; (Redação dada pela Lei 13.954/2019)

f) para maternidade, paternidade ou adoção. (Acrescida pela Lei 13.954/2019)

§ 2º A remuneração do militar licenciado será regulada em legislação específica.

§ 3º A concessão da licença é regulada pelo Comandante da Força. (Redação dada pela Med. Prov. 2.215-10/2001.)

Art. 68. (Revogado pela Med. Prov. 2.215-10/2001.)

Art. 69. Licença para tratar de interesse particular é a autorização para o afastamento total do serviço, concedida ao militar, com mais de 10 (dez) anos de efetivo serviço, que a requeira com aquela finalidade.

Parágrafo único. A licença de que trata este artigo será sempre concedida com prejuízo da remuneração e da contagem de tempo de efetivo serviço, exceto, quanto a este último, para fins de indicação para a quota compulsória.

Art. 69-A. A licença para acompanhar cônjuge ou companheiro é a autorização para o afastamento total do serviço concedida a militar de carreira que a requeira para acompanhar cônjuge ou companheiro servidor público da União ou militar das Forças Armadas que for, de ofício, exercer atividade em órgão da administração pública federal situado em outro ponto do território nacional ou no exterior, diverso da localização da organização militar do requerente. (Redação dada pela Lei 13.954/2019)

§ 1º A licença será concedida sempre com prejuízo da remuneração e da contagem de tempo de efetivo serviço, exceto, quanto a este último, para fins de indicação para a quota compulsória. (Incluído Lei 11.447/2007.)

§ 2º O prazo-limite para a licença será de 36 (trinta e seis) meses, podendo ser concedido de forma contínua ou fracionada. (Incluído Lei 11.447/2007.)

§ 3º Para a concessão da licença para acompanhar companheiro(a), há necessidade de que seja reconhecida a união estável entre o homem e a mulher como entidade familiar, de acordo com a legislação específica. (Incluído Lei 11.447/2007.)

§ 4º Não será concedida a licença de que trata este artigo quando o militar acompanhante puder ser passado à disposição ou à situação de adido ou ser classificado/lotado em organização militar das Forças Armadas para o desempenho de funções compatíveis com o seu nível hierárquico. (Incluído Lei 11.447/2007.)

§ 5º A passagem à disposição ou à situação de adido ou a classificação/lotação em organização militar, de que trata o § 4º deste artigo, será efetivada sem ônus para a União e sempre com a aquiescência das Forças Armadas envolvidas. (Incluído Lei 11.447/2007.)

Art. 70. As licenças poderão ser interrompidas a pedido ou nas condições estabelecidas neste artigo.

§ 1º A interrupção da licença especial, da licença para tratar de interesse particular e da licença para acompanhar cônjuge ou companheiro(a) poderá ocorrer: (Redação dada Lei 11.447/2007.)

a) em caso de mobilização e estado de guerra;

b) em caso de decretação de estado de emergência ou de estado de sítio;

c) para cumprimento de sentença que importe em restrição da liberdade individual;

d) para cumprimento de punição disciplinar, conforme regulamentação de cada Força; (Redação dada pela Med. Prov. 2.215-10/2001.).

e) em caso de denúncia ou de pronúncia em processo criminal ou indiciação em inquérito militar, a juízo da autoridade que efetivou a denúncia, a pronúncia ou a indiciação.

§ 2º A interrupção da licença para tratar de interesse particular e da licença para acompanhar cônjuge ou companheiro(a) será definitiva quando o militar for reformado ou transferido, de ofício, para a reserva remunerada. (Redação dada Lei 11.447/2007.)

§ 3º A interrupção da licença para tratamento de saúde de pessoa da família, para cumprimento de pena disciplinar que importe em restrição da liberdade individual, será regulada em cada Força.

SEÇÃO VI
DA PENSÃO MILITAR

Art. 71. A pensão militar destina-se a amparar os beneficiários do militar falecido ou extraviado e será paga conforme o disposto em legislação específica.

§ 1º Para fins de aplicação da legislação específica, será considerado como posto ou graduação do militar o correspondente ao soldo sobre o qual forem calculadas as suas contribuições.

§ 2º Todos os militares são contribuintes obrigatórios da pensão militar correspondente ao seu posto ou graduação, com as exceções previstas em legislação específica.

§ 2º-A. As pensões militares são custeadas com recursos provenientes da contribuição dos militares das Forças Armadas, de seus pensionistas e do Tesouro Nacional. (Parágrafo acrescido pela Lei nº 13.954, de 16/12/2019)

§ 3º Todo militar é obrigado a fazer sua declaração de beneficiários que, salvo prova em contrário, prevalecerá para a habilitação dos mesmos à pensão militar.

Art. 72. A pensão militar defere-se nas prioridades e condições estabelecidas em legislação específica.

CAPÍTULO II
DAS PRERROGATIVAS

SEÇÃO I
CONSTITUIÇÃO E ENUMERAÇÃO

Art. 73. As prerrogativas dos militares são constituídas pelas honras, dignidades e distinções devidas aos graus hierárquicos e cargos.

Parágrafo único. São prerrogativas dos militares:

a) uso de títulos, uniformes, distintivos, insígnias e emblemas militares das Forças Armadas, correspondentes ao posto ou graduação, Corpo, Quadro, Arma, Serviço ou Cargo;

b) honras, tratamento e sinais de respeito que lhes sejam assegurados em leis e regulamentos;

c) cumprimento de pena de prisão ou detenção somente em organização militar da respectiva Força cujo comandante, chefe ou diretor tenha precedência hierárquica sobre o preso ou, na impossibilidade de cumprir esta disposição, em organização militar de outra Força cujo comandante, chefe ou diretor tenha a necessária precedência; e

d) julgamento em foro especial, nos crimes militares.

Art. 74. Somente em caso de flagrante delito o militar poderá ser preso por autoridade policial, ficando esta obrigada a entregá-lo imediatamente à autoridade militar mais próxima, só podendo retê-lo, na delegacia ou posto policial, durante o tempo necessário à lavratura do flagrante.

§ 1º Cabe à autoridade militar competente a iniciativa de responsabilizar a autoridade policial que não cumprir ao disposto neste artigo e a que maltratar ou consentir que seja maltratado qualquer preso militar ou não lhe der o tratamento devido ao seu posto ou graduação.

§ 2º Se, durante o processo e julgamento no foro civil, houver perigo de vida para qualquer preso militar, a autoridade militar competente, mediante requisição da autoridade judiciária, mandará guardar os pretórios ou tribunais por força federal.

Art. 75. Os militares da ativa, no exercício de funções militares, são dispensados do serviço na instituição do Júri e do serviço na Justiça Eleitoral.

SEÇÃO II
DO USO DOS UNIFORMES

Art. 76. Os uniformes das Forças Armadas, com seus distintivos, insígnias e emblemas, são privativos dos militares e simbolizam a autoridade militar, com as prerrogativas que lhe são inerentes.

Parágrafo único. Constituem crimes previstos na legislação específica o desrespeito aos uniformes, distintivos, insígnias e emblemas militares, bem como seu uso por quem a eles não tiver direito.

Art. 77. O uso dos uniformes com seus distintivos, insígnias e emblemas, bem como os modelos, descrição, composição, peças acessórias e outras disposições, são os estabelecidos na regulamentação específica de cada Força Armada.

§ 1º É proibido ao militar o uso dos uniformes:

a) em manifestação de caráter político-partidário;

b) em atividade não militar no estrangeiro, salvo quando expressamente determinado ou autorizado; e

c) na inatividade, salvo para comparecer a solenidades militares, a cerimônias cívicas comemorativas de datas nacionais ou a atos sociais solenes de caráter particular, desde que autorizado.

§ 2º O oficial na inatividade, quando no cargo de Ministro de Estado da Marinha, do Exército ou da Aeronáutica, poderá usar os mesmos uniformes dos militares na ativa.

§ 3º Os militares na inatividade cuja conduta possa ser considerada como ofensiva à dignidade da classe poderão ser definitivamente proibidos de usar uniformes por decisão do Ministro da respectiva Força Singular.

Art. 78. O militar fardado tem as obrigações correspondentes ao uniforme que use e aos distintivos, emblemas ou às insígnias que ostente.

Art. 79. É vedado às Forças Auxiliares e a qualquer elemento civil ou organizações civis usar uniformes ou ostentar distintivos, insígnias ou emblemas que possam ser confundidos com os adotados nas Forças Armadas.

Parágrafo único. São responsáveis pela infração das disposições deste artigo, além dos indivíduos que a tenham cometido, os comandantes das Forças Auxiliares, diretores ou chefes de repartições, organizações de qualquer natureza, firmas ou empregadores, empresas, institutos ou departamentos que tenham adotado ou consentido sejam usados uniformes ou ostentados distintivos, insígnias ou emblemas que possam ser confundidos com os adotados nas Forças Armadas.

TÍTULO IV
DAS DISPOSIÇÕES DIVERSAS

CAPÍTULO I
DAS SITUAÇÕES ESPECIAIS

SEÇÃO I
DA AGREGAÇÃO

Art. 80. Agregação é a situação na qual o militar da ativa deixa de ocupar vaga na escala hierárquica de seu Corpo, Quadro, Arma ou Serviço, nela permanecendo sem número.

Art. 81. O militar será agregado e considerado, para todos os efeitos legais, como em serviço ativo quando:

I - for nomeado para cargo, militar ou considerado de natureza militar, estabelecido em lei ou decreto, no país ou no estrangeiro, não previstos nos Quadros de Organização ou Tabelas de Lotação da respectiva Força Armada, exceção feita aos membros das comissões de estudo ou de aquisição de material, aos observadores de guerra e aos estagiários para aperfeiçoamento de conhecimentos militares em organizações militares ou industriais no estrangeiro;

II - for posto à disposição exclusiva do Ministério da Defesa ou de Força Armada diversa daquela a que pertença, para ocupar cargo militar ou considerado de natureza militar; (Redação dada pela Med. Prov. 2.215-10/2001.)

III - aguardar transferência *ex officio* para a reserva, por ter sido enquadrado em quaisquer dos requisitos que a motivaram;

IV - o órgão competente para formalizar o respectivo processo tiver conhecimento oficial do pedido de transferência do militar para a reserva; e

V - houver ultrapassado 6 (seis) meses contínuos na situação de convocado para funcionar como Ministro do Superior Tribunal Militar.

§ 1º A agregação de militar nos casos dos itens I e II é contada a partir da data da posse no novo cargo até o regresso à Força Armada a que pertence ou a transferência *ex officio* para a reserva.

§ 2º A agregação de militar no caso do item III é contada a partir da data indicada no ato que tornar público o respectivo evento.

§ 3º A agregação de militar no caso do item IV é contada a partir da data indicada no ato que tornar pública a comunicação oficial até a transferência para a reserva.

§ 4º A agregação de militar no caso do item V é contada a partir do primeiro dia após o respectivo prazo e enquanto durar o evento.

Art. 82. O militar será agregado quando for afastado temporariamente do serviço ativo por motivo de:

I - ter sido julgado incapaz temporariamente, após 1 (um) ano contínuo de tratamento;

II - haver ultrapassado 1 (um) ano contínuo em licença para tratamento de saúde própria;

III - haver ultrapassado 6 (seis) meses contínuos em licença para tratar de interesse particular ou em licença para acompanhar cônjuge ou companheiro(a); (Redação dada Lei 11.447/2007.)

IV - haver ultrapassado 6 (seis) meses contínuos em licença para tratar de saúde de pessoa da família;

V - ter sido julgado incapaz definitivamente, enquanto tramita o processo de reforma;

VI - ter sido considerado oficialmente extraviado;

VII - ter-se esgotado o prazo que caracteriza o crime de deserção previsto no Código Penal Militar, se oficial ou praça com estabilidade assegurada;

VIII - como desertor, ter-se apresentado voluntariamente, ou ter sido capturado, e reincluído a fim de se ver processar;

IX - se ver processar, após ficar exclusivamente à disposição da Justiça Comum;

X - ter sido condenado à pena restritiva de liberdade superior a 6 (seis) meses, em sentença transitada em julgado, enquanto durar a execução, excluído o período de sua suspensão condicional, se concedida esta, ou até ser declarado indigno de pertencer às Forças Armadas ou com elas incompatível;

XI - ter sido condenado à pena de suspensão do exercício do posto, graduação, cargo ou função prevista no Código Penal Militar;

XII - ter passado à disposição de Ministério Civil, de órgão do Governo Federal, de Governo Estadual, de Território ou Distrito Federal, para exercer função de natureza civil;

XIII - ter sido nomeado para qualquer cargo público civil temporário, não eletivo, inclusive da administração indireta; e

XIV - ter-se candidatado a cargo eletivo, desde que conte 5 (cinco) ou mais anos de serviço.

§ 1º A agregação de militar nos casos dos itens I, II, III e IV é contada a partir do primeiro dia após os respectivos prazos e enquanto durar o evento.

§ 2º A agregação de militar nos casos dos itens V, VI, VII, VIII, IX, X e XI é contada a partir da data indicada no ato que tornar público o respectivo evento.

§ 3º A agregação de militar nos casos dos itens XII e XIII é contada a partir da data de posse no novo cargo até o regresso à Força Armada a que pertence ou transferência *ex officio* para a reserva.

§ 4º A agregação de militar no caso do item XIV é contada a partir da data do registro como candidato até sua diplomação ou seu regresso à Força Armada a que pertence, se não houver sido eleito.

Art. 82-A. Considera-se incapaz para o serviço ativo o militar que, temporária ou definitivamente, se encontrar física ou mentalmente inapto para o exercício de cargos, funções e atividades militares. (Acrescido pela Lei 13.954/2019)

Art. 83. O militar agregado fica sujeito às obrigações disciplinares concernentes às suas relações com outros militares e autoridades civis, salvo quando titular de cargo que lhe dê precedência funcional sobre outros militares mais graduados ou mais antigos.

Art. 84. O militar agregado ficará adido, para efeito de alterações e remuneração, à organização militar que lhe for designada, continuando a figurar no respectivo registro, sem número, no lugar que até então ocupava.

Art. 85. A agregação se faz por ato do Presidente da República ou da autoridade à qual tenha sido delegada a devida competência.

SEÇÃO II
DA REVERSÃO

Art. 86. Reversão é o ato pelo qual o militar agregado retorna ao respectivo Corpo, Quadro, Arma ou Serviço tão logo cesse o motivo que determinou sua agregação, voltando a ocupar o lugar que lhe competir na respectiva escala numérica, na primeira vaga que ocorrer, observado o disposto no § 3º do artigo 100.

Parágrafo único. Em qualquer tempo poderá ser determinada a reversão do militar agregado nos casos previstos nos itens IX, XII e XIII do artigo 82.

Art. 87. A reversão será efetuada mediante ato do Presidente da República ou da autoridade à qual tenha sido delegada a devida competência.

SEÇÃO III
DO EXCEDENTE

Art. 88. Excedente é a situação transitória a que, automaticamente, passa o militar que:

I - tendo cessado o motivo que determinou sua agregação, reverta ao respectivo Corpo, Quadro, Arma ou Serviço, estando qualquer destes com seu efetivo completo;

II - aguarda a colocação a que faz jus na escala hierárquica, após haver sido transferido de Corpo ou Quadro, estando os mesmos com seu efetivo completo;

III - é promovido por bravura, sem haver vaga;

IV - é promovido indevidamente;

V - sendo o mais moderno da respectiva escala hierárquica, ultrapasse o efetivo de seu Corpo, Quadro, Arma ou Serviço, em virtude de promoção de outro militar em ressarcimento de preterição; e

VI - tendo cessado o motivo que determinou sua reforma por incapacidade definitiva, retorne ao respectivo Corpo, Quadro, Arma ou Serviço, estando qualquer destes com seu efetivo completo.

§ 1º O militar cuja situação é a de excedente, salvo o indevidamente promovido, ocupa a mesma posição relativa, em antiguidade, que lhe cabe na escala hierárquica e receberá o número que lhe competir, em consequência da primeira vaga que se verificar, observado o disposto no § 3º do artigo 100.

§ 2º O militar, cuja situação é de excedente, é considerado, para todos os efeitos, como em efetivo serviço e concorre, respeitados os requisitos legais, em igualdade de condições e sem nenhuma restrição, a qualquer cargo militar, bem como à promoção e à quota compulsória.

§ 3º O militar promovido por bravura sem haver vaga ocupará a primeira vaga aberta, observado o disposto no § 3º do artigo 100, deslocando o critério de promoção a ser seguido para a vaga seguinte.

§ 4º O militar promovido indevidamente só contará antiguidade e receberá o número que lhe competir na escala hierárquica quando a vaga que deverá preencher corresponder ao critério pelo qual deveria ter sido promovido, desde que satisfaça aos requisitos para promoção.

SEÇÃO IV
DO AUSENTE E DO DESERTOR

Art. 89. É considerado ausente o militar que, por mais de 24 (vinte e quatro) horas consecutivas:

I - deixar de comparecer à sua organização militar sem comunicar qualquer motivo de impedimento; e

II - ausentar-se, sem licença, da organização militar onde serve ou local onde deve permanecer.

Parágrafo único. Decorrido o prazo mencionado neste artigo, serão observadas as formalidades previstas em legislação específica.

Art. 90. O militar é considerado desertor nos casos previstos na legislação penal militar.

SEÇÃO V
DO DESAPARECIDO E DO EXTRAVIADO

Art. 91. É considerado desaparecido o militar na ativa que, no desempenho de qualquer serviço, em viagem, em campanha ou em caso de calamidade pública, tiver paradeiro ignorado por mais de 8 (oito) dias.

Parágrafo único. A situação de desaparecimento só será considerada quando não houver indício de deserção.

Art. 92. O militar que, na forma do artigo anterior, permanecer desaparecido por mais de 30 (trinta) dias, ser oficialmente considerado extraviado.

SEÇÃO VI
DO COMISSIONADO

Art. 93. Após a declaração de estado de guerra, os militares em serviço ativo poderão ser comissionados, temporariamente, em postos ou graduações superiores aos que efetivamente possuírem.

Parágrafo único. O comissionamento de que trata este artigo será regulado em legislação específica.

CAPÍTULO II
DA EXCLUSÃO DO SERVIÇO ATIVO

SEÇÃO I
DA OCORRÊNCIA

Art. 94. A exclusão do serviço ativo das Forças Armadas e o consequente desligamento da organização a que estiver vinculado o militar decorrem dos seguintes motivos:

I - transferência para a reserva remunerada;

II - reforma;

III - demissão;

IV - perda de posto e patente;

V - licenciamento;

VI - anulação de incorporação;

VII - desincorporação;

VIII - a bem da disciplina;

IX - deserção;

X - falecimento; e

XI - extravio.

§ 1º O militar excluído do serviço ativo e desligado da organização a que estiver vinculado passará a integrar a reserva das Forças Armadas, exceto se incidir em qualquer dos itens II, IV, VI, VIII, IX, X e XI deste artigo ou for licenciado, *ex officio*, a bem da disciplina.

§ 2º Os atos referentes às situações de que trata o presente artigo são da alçada do Presidente da República, ou da autoridade competente para realizá-los, por delegação.

Art. 95. O militar na ativa, enquadrado em um dos itens I, II, V e VII do artigo anterior, ou demissionário a pedido, continuará no exercício de suas funções até ser desligado da organização militar em que serve.

§ 1º O desligamento do militar da organização em que serve deverá ser feito após a publicação em *Diário Oficial*, em Boletim ou em Ordem de Serviço de sua organização militar, do ato oficial correspondente, e não poderá exceder 45 (quarenta e cinco) dias da data da primeira publicação oficial.

§ 2º Ultrapassado o prazo a que se refere o parágrafo anterior, o militar será considerado desligado da organização a que estiver vinculado, deixando de contar tempo de serviço, para fins de transferência para a inatividade.

SEÇÃO II
DA TRANSFERÊNCIA PARA A RESERVA REMUNERADA

Art. 96. A passagem do militar à situação de inatividade, mediante transferência para a reserva remunerada, se efetua:

I - a pedido; e

II - *ex officio*.

Parágrafo único. A transferência do militar para a reserva remunerada pode ser suspensa na vigência do estado de guerra, estado de sítio, estado de emergência ou em caso de mobilização.

Art. 97. A transferência para a reserva remunerada, a pedido, será concedida, por meio de requerimento, ao militar de carreira que contar, no mínimo, 35 (trinta e cinco) anos de serviço, dos quais: (Redação dada pela Lei 13.954/2019)

I - no mínimo, 30 (trinta) anos de exercício de atividade de natureza militar nas Forças Armadas, para os oficiais formados na Escola Naval, na Academia Militar das Agulhas Negras, na Academia da Força Aérea, no Instituto Militar de Engenharia, no Instituto Tecnológico de Aeronáutica e em escola ou centro de formação de oficiais oriundos de carreira de praça e para as praças; ou (Acrescido pela Lei 13.954/2019)

II - no mínimo, 25 (vinte e cinco) anos de exercício de atividade de natureza militar nas Forças Armadas, para os oficiais não enquadrados na hipótese prevista no inciso I do *caput* deste artigo. (Acrescido pela Lei 13.954/2019)

§ 1º O oficial de carreira da ativa pode pleitear transferência para a reserva remunerada por meio de inclusão voluntária na quota compulsória, nos termos do art. 101 desta Lei. (Redação dada pela Lei 13.954/2019)

§ 2º Na hipótese de o militar haver realizado qualquer curso ou estágio de duração superior a 6 (seis) meses custeado pela União, no exterior ou no País fora das instituições militares, sem que tenham decorridos 3 (três) anos de seu término, a transferência para a reserva será concedida após a indenização de todas as despesas correspondentes à realização do referido curso ou estágio, inclusive as diferenças de vencimentos, no caso de cursos no exterior, e o cálculo de indenização será efetuado pela respectiva Força Armada, conforme estabelecido em regulamento pelo Ministério da Defesa. (Redação dada pela Lei 13.954/2019)

§ 3º O disposto no parágrafo anterior não se aplica aos oficiais que deixem de ser incluídos em Lista de Escolha, quando nela tenha entrado oficial mais moderno do seu respectivo Corpo, Quadro, Arma ou Serviço.

§ 4º (Revogado pela Lei 13.954/2019)

a) e b) (Revogada pela Lei 13.954/2019)

§ 5º O valor correspondente à indenização referida no § 2º deste artigo poderá ser descontado diretamente da remuneração do militar. (Acrescido pela Lei 13.954/2019)

Art. 98. A transferência de ofício para a reserva remunerada ocorrerá sempre que o militar se enquadrar em uma das seguintes hipóteses: (Redação dada pela Lei 13.954/2019)

I - atingir as seguintes idades-limites: (Redação dada pela Lei 13.954/2019)

a) na Marinha, no Exército e na Aeronáutica, para todos os oficiais-generais e para os oficiais dos Corpos, Quadros, Armas e Serviços não incluídos na alínea "b" deste inciso: (Redação dada pela Lei 13.954/2019)

1. 70 (setenta) anos, nos postos de Almirante de Esquadra, General de Exército e Tenente-Brigadeiro; (Acrescido pela Lei 13.954/2019)

2. 69 (sessenta e nove) anos, nos postos de Vice-Almirante, General de Divisão e Major-Brigadeiro; (Acrescido pela Lei 13.954/2019)

3. 68 (sessenta e oito) anos, nos postos de Contra-Almirante, General de Brigada e Brigadeiro; (Acrescido pela Lei 13.954/2019)

4. 67 (sessenta e sete) anos, nos postos de Capitão de Mar e Guerra e Coronel; (Acrescido pela Lei 13.954/2019)

5. 64 (sessenta e quatro) anos, nos postos de Capitão de Fragata e Tenente-Coronel; (Acrescido pela Lei 13.954/2019)

6. 61 (sessenta e um) anos, nos postos de Capitão de Corveta e Major; (Acrescido pela Lei 13.954/2019)

7. 55 (cinquenta e cinco) anos, nos postos de Capitão-Tenente, Capitão e oficiais subalternos; (Acrescido pela Lei 13.954/2019)

b) na Marinha, para os oficiais do Quadro de Cirurgiões-Dentistas (CD) e do Quadro de Apoio à Saúde (S), integrantes do Corpo de Saúde da Marinha, e do Quadro Técnico (T), do Quadro Auxiliar da Armada (AA) e do Quadro Auxiliar de Fuzileiros Navais (AFN), integrantes do Corpo Auxiliar da Marinha; no Exército, para os oficiais do Quadro Complementar de Oficiais (QCO), do Quadro Auxiliar de Oficiais (QAO), do Quadro de Oficiais Médicos (QOM), do Quadro de Oficiais Farmacêuticos (QOF) e do Quadro de Oficiais Dentistas (QOD); na Aeronáutica, para os oficiais do Quadro de Oficiais Médicos (QOMed), do Quadro de Oficiais Farmacêuticos (QOFarm), do Quadro de Oficiais Dentistas (QODent), dos Quadros de Oficiais Especialistas em Aviões (QOEAv), em Comunicações (QOECom), em Armamento (QOEArm), em Fotografia (QOEFot), em Meteorologia (QOEMet), em Controle de Tráfego Aéreo (QOECTA), e em Suprimento Técnico (QOESup), do Quadro de Oficiais Especialistas da Aeronáutica (QOEA) e do Quadro de Oficiais de Apoio (QOAp): (Redação dada pela Lei 13.954/2019)

1. 67 (sessenta e sete) anos, nos postos de Capitão de Mar e Guerra e Coronel; (Acrescido pela Lei 13.954/2019)

2. 65 (sessenta e cinco) anos, nos postos de Capitão de Fragata e Tenente-Coronel; (Acrescido pela Lei 13.954/2019)

3. 64 (sessenta e quatro) anos, nos postos de Capitão de Corveta e Major; (Acrescido pela Lei 13.954/2019)

4. 63 (sessenta e três) anos, nos postos de Capitão-Tenente, Capitão e oficiais subalternos; (Acrescido pela Lei 13.954/2019)

c) na Marinha, no Exército e na Aeronáutica, para praças: (Redação dada pela Lei 13.954/2019)

1. 63 (sessenta e três) anos, nas graduações de Suboficial e Subtenente; (Acrescido pela Lei 13.954/2019)

2. 57 (cinquenta e sete) anos, nas graduações de Primeiro-Sargento e Taifeiro-Mor; (Acrescido pela Lei 13.954/2019)

3. 56 (cinquenta e seis) anos, nas graduações de Segundo-Sargento e Taifeiro de Primeira Classe; (Acrescido pela Lei 13.954/2019)

4. 55 (cinquenta e cinco) anos, na graduação de Terceiro-Sargento; (Acrescido pela Lei 13.954/2019)

5. 54 (cinquenta e quatro) anos, nas graduações de Cabo e Taifeiro de Segunda Classe; (Acrescido pela Lei 13.954/2019)

6. 50 (cinquenta) anos, nas graduações de Marinheiro, Soldado e Soldado de Primeira Classe; (Acrescido pela Lei 13.954/2019)

II - completar o Oficial-General 4 (quatro) anos no último posto da hierarquia, em tempo de paz, prevista para cada Corpo ou Quadro da respectiva Força. (Redação dada pela Lei 7.659/1988.)

III - completar os seguintes tempos de serviço como Oficial-General:

a) nos Corpos ou Quadros que possuírem até o posto de Almirante-de-Esquadra, General-de-Exército e Tenente-Brigadeiro, 12 (doze) anos;

b) nos Corpos ou Quadros que possuírem até o posto de Vice-Almirante, General-de-Divisão e Major-Brigadeiro, 8 (oito) anos; e

c) nos Corpos ou Quadros que possuírem apenas o posto de Contra-Almirante, General-de-Brigada e Brigadeiro, 4 (quatro) anos;

IV - ultrapassar o oficial 6 (seis) anos de permanência no último posto da hierarquia de paz de seu Corpo, Quadro, Arma ou Serviço, e, para o Capitão de Mar e Guerra ou Coronel, esse prazo será acrescido de 4 (quatro) anos se, ao completar os primeiros 6 (seis) anos no posto, já possuir os requisitos para a promoção ao primeiro posto de oficial-general; (Redação dada pela Lei 13.954/2019)

V - for o oficial abrangido pela quota compulsória;

VI - for a praça abrangida pela quota compulsória, na forma regulada em decreto, para cada Força Singular;

VII - for o militar considerado não habilitado para o acesso em caráter definitivo, no momento em que vier a ser objeto de apreciação para ingresso em quadro de acesso ou lista de escolha; (Redação dada pela Lei 13.954/2019)

VIII - deixar o Oficial-General, o Capitão-de-Mar-e-Guerra ou o Coronel de integrar a Lista de Escolha a ser apresentada ao Presidente da República, pelo número de vezes fixado pela Lei de Promoções de Oficiais da Ativa das Forças Armadas, quando na referida Lista de Escolha tenha entrado oficial mais moderno do seu respectivo Corpo, Quadro, Arma ou Serviço;

IX - for o Capitão de Mar e Guerra ou o Coronel inabilitado para o acesso por não possuir os requisitos para a promoção ao primeiro posto de oficial-general, ultrapassado 2 (duas) vezes, consecutivas ou não, por oficial mais moderno do respectivo Corpo, Quadro, Arma ou Serviço que tenha sido incluído em lista de escolha; (Redação dada pela Lei 13.954/2019)

X - deixar o oficial do penúltimo posto de Quadro, Arma ou Serviço, cujo último posto seja de oficial superior, de ingressar em Quadro de Acesso por Merecimento pelo número de vezes estabelecido pela Lei nº 5.821, de 10 de novembro de 1972, quando nele tenha entrado oficial mais moderno do respectivo Quadro, Arma ou Serviço; (Redação dada pela Lei 13.954/2019)

XI - (Revogado pela Lei 13.954/2019)

XII - ultrapassar 2 (dois) anos, contínuos ou não, em licença para tratar de interesse particular;

XIII - ultrapassar 2 (dois) anos contínuos em licença para tratamento de saúde de pessoa de sua família;

XIV - (Revogado pela Lei 9.297/1996.);

XV - ultrapassar 2 (dois) anos de afastamento, contínuos ou não, agregado em virtude de ter passado a exercer cargo ou emprego público civil temporário, não eletivo, inclusive da administração indireta; e

XVI - ser diplomado em cargo eletivo, na forma da letra *b* do parágrafo único do artigo 52.

§ 1º A transferência para a reserva será processada quando o militar for enquadrado em uma das hipóteses previstas neste artigo, exceto quanto ao disposto no inciso V do *caput* deste artigo, situação em que será processada na primeira quinzena de março, e quanto ao disposto no inciso VIII do *caput* deste artigo, situação em que será processada na data prevista para aquela promoção. (Redação dada pela Lei 13.954/2019)

§ 2º (Revogado pela Lei 9.297/1996.)

§ 3º A nomeação ou admissão do militar para os cargos ou empregos públicos de que trata o inciso XV deste artigo somente poderá ser feita se: (Redação dada pela Lei 9.297/1996.)

a) oficial, pelo Presidente da República ou mediante sua autorização quando a nomeação ou admissão for da alçada de qualquer outra autoridade federal, estadual ou municipal; e

b) praça, mediante autorização do respectivo Ministro.

§ 4º Enquanto o militar permanecer no cargo ou emprego de que trata o item XV:

a) é-lhe assegurada a opção entre a remuneração do cargo ou emprego e a do posto ou da graduação;

b) somente poderá ser promovido por antiguidade; e

c) o tempo de serviço é contado apenas para aquela promoção e para a transferência para a inatividade.

§ 5º Entende-se como Lista de Escolha aquela que como tal for definida na lei que dispõe sobre as promoções dos oficiais da ativa das Forças Armadas.

Art. 99. A quota compulsória, a que se refere o item V do artigo anterior, é destinada a assegurar a renovação, o equilíbrio, a regularidade de acesso e a adequação dos efetivos de cada Força Singular.

Art. 100. Para assegurar o número fixado de vagas à promoção na forma estabelecida no artigo 61, quando este número não tenha sido alcançado com as vagas ocorridas durante o ano considerado ano-base, aplicar-se-á a quota compulsória a que se refere o artigo anterior.

§ 1º A quota compulsória é calculada deduzindo-se das vagas fixadas para o ano-base para um determinado posto:

a) as vagas fixadas para o posto imediatamente superior no referido ano-base; e

b) as vagas havidas durante o ano-base e abertas a partir de 1º (primeiro) de janeiro até 31 (trinta e um) de dezembro, inclusive.

§ 2º Não estarão enquadradas na letra *b* do parágrafo anterior as vagas que:

a) resultarem da fixação de quota compulsória para o ano anterior ao base; e

b) abertas durante o ano-base, tiverem sido preenchidas por oficiais excedentes nos Corpos, Quadros, Armas ou Serviços ou que a eles houverem revertido em virtude de terem cessado as causas que deram motivo à agregação, observado o disposto no § 3º deste artigo.

§ 3º As vagas decorrentes da aplicação direta da quota compulsória e as resultantes das promoções efetivadas nos diversos postos, em face daquela aplicação inicial, não serão preenchidas por oficiais excedentes ou agregados que reverterem em virtude de haverem cessado as causas da agregação.

§ 4º As quotas compulsórias só serão aplicadas quando houver, no posto imediatamente abaixo, oficiais que satisfaçam às condições de acesso.

Art. 101. Para a indicação dos oficiais que integrarão a quota compulsória, será observado, sempre respeitada a conveniência da Administração Militar, o seguinte: (Redação dada pela Lei 13.954/2019)

I - (Revogado pela Lei 13.954/2019)

II - em cada posto, a referida quota será composta pelos oficiais que: (Redação dada pela Lei 13.954/2019)

a) contarem, no mínimo, o seguinte tempo de efetivo serviço: (Redação dada pela Lei 13.954/2019)

1. 30 (trinta) anos, se oficial-general; (Redação dada pela Lei 13.954/2019)

2. 28 (vinte e oito) anos, se Capitão de Mar e Guerra ou Coronel; (Redação dada pela Lei 13.954/2019)

3. 25 (vinte e cinco) anos, se Capitão de Fragata ou Tenente-Coronel; (Redação dada pela Lei 13.954/2019)

4. 20 (vinte) anos, se Capitão de Corveta ou Major; (Redação dada pela Lei 13.954/2019)

b) possuírem interstício para promoção, quando for o caso;

c) estiverem compreendidos nos limites quantitativos de antiguidade que definem a faixa daqueles que concorrem à composição dos Quadros de Acesso por Antiguidade, Merecimento ou Escolha; (Redação dada pela Lei 13.954/2019)

d) estiverem compreendidos nos limites quantitativos de antiguidade estabelecidos para a organização dos referidos Quadros, ainda que não estejam concorrendo à composição dos Quadros de Acesso por Escolha; (Redação dada pela Lei 13.954/2019)

e) (Revogada pela Lei 13.954/2019)

1ª a 3ª) (Revogadas pela Lei 13.954/2019)

III - a seguinte ordem entre os oficiais que satisfizerem as condições previstas no inciso II do *caput* deste artigo: (Acrescido pela Lei 13.954/2019)

a) os de menor merecimento ou desempenho dentre aqueles que não revelarem suficiente proficiência no exercício dos cargos que lhes forem cometidos, conceito profissional ou conceito moral, conforme avaliação feita pelo órgão competente de cada Força Armada, hipótese em que os indicados serão submetidos a processo administrativo que lhes garanta os princípios do contraditório e da ampla defesa;

b) os requerentes de inclusão voluntária na quota compulsória, desde que contem mais de 25 (vinte e cinco) anos de efetivo serviço, observada, em todos os casos, a conveniência da Administração Militar;

c) os de mais idade e, no caso da mesma idade, os mais modernos.

§ 1º Aos oficiais excedentes, aos agregados e aos não numerados em decorrência de lei especial, aplicam-se as disposições deste artigo, e os que forem relacionados para a compulsória serão transferidos para a reserva juntamente com os demais componentes da quota, não sendo computados, entretanto, no total das vagas fixadas. (Redação dada pela Lei 13.954/2019)

§§ 2º e 3º (Revogado pela Lei 13.954/2019)

Art. 102. O órgão competente da Marinha, do Exército e da Aeronáutica organizará, até o dia 31 (trinta e um) de janeiro de cada ano, a lista dos oficiais destinados a integrarem a quota compulsória, na forma do artigo anterior.

§ 1º Os oficiais indicados para integrarem a quota compulsória anual serão notificados imediatamente e terão, para apresentar recursos contra essa medida, o prazo previsto na letra *a*, do § 1º, do artigo 51.

§ 2º Não serão relacionados para integrarem a quota compulsória os oficiais que estiverem agregados por terem sido declarados extraviados ou desertores.

Art. 103. Para assegurar a adequação dos efetivos à necessidade de cada Corpo, Quadro, Arma ou Serviço, o Poder Executivo poderá aplicar também a quota compulsória aos Capitães-de-Mar-e-Guerra e Coronéis não numerados, por não possuírem o curso exigido para ascender ao primeiro posto de Oficial-General.

§ 1º Para aplicação da quota compulsória na forma deste artigo, o Poder Executivo fixará percentual calculado sobre os efetivos de oficiais não remunerados existentes em cada Corpo, Quadro, Arma ou Serviço, em 31 de dezembro de cada ano.

§ 2º A indicação de oficiais não numerados para integrarem a quota compulsória, os quais deverão ter, no mínimo, 28 (vinte e oito) anos de efetivo serviço, obedecerá às seguintes prioridades:

1ª) os que requererem sua inclusão na quota compulsória;

2ª) os de menor merecimento a ser apreciado pelo órgão competente da Marinha, do Exército e da Aeronáutica; em igualdade de merecimento, os de mais idade e, em caso de mesma idade, os mais modernos; e

3ª) forem os de mais idade e, no caso de mesma idade, os mais modernos.

§ 3º Observar-se-ão na aplicação da quota compulsória, referida no parágrafo anterior, as disposições estabelecidas no artigo 102.

SEÇÃO III
DA REFORMA

Art. 104. A passagem do militar à situação de inatividade por reforma será efetuada de ofício. (Redação dada pela Lei 13.954/2019)

I e II - (Revogado pela Lei 13.954/2019)

Art. 105. (Revogado pela Lei nº 13.954, de 16/12/2019)

Art. 106. A reforma será aplicada ao militar que: (Redação dada pela Lei 13.954/2019)

I - atingir as seguintes idades-limite de permanência na reserva:

a) para oficial-general, 75 (setenta e cinco) anos; (Redação dada pela Lei 13.954/2019)

b) para oficial superior, 72 (setenta e dois) anos; (Redação dada pela Lei 13.954/2019)

c) para Capitão-Tenente, Capitão e oficial subalterno, 68 (sessenta e oito) anos; (Redação dada pela Lei 13.954/2019)

d) para praças, 68 (sessenta e oito) anos; (Redação dada pela Lei 13.954/2019)

II - se de carreira, for julgado incapaz, definitivamente, para o serviço ativo das Forças Armadas; (Redação dada pela Lei 13.954/2019)

II-A - se temporário: (Acrescido pela Lei 13.954/2019)

a) for julgado inválido;

b) for julgado incapaz, definitivamente, para o serviço ativo das Forças Armadas, quando enquadrado no disposto nos incisos I e II do *caput* do art. 108 desta Lei;

III - estiver agregado por mais de 2 (dois) anos por ter sido julgado incapaz, temporariamente, mediante homologação de Junta Superior de Saúde, ainda que se trate de moléstia curável;
IV - for condenado à pena de reforma prevista no Código Penal Militar, por sentença transitada em julgado;
V - sendo oficial, a tiver determinada em julgado do Superior Tribunal Militar, efetuado em consequência de Conselho de Justificação a que foi submetido; e

VI - se Guarda-Marinha, Aspirante a Oficial ou praça com estabilidade assegurada, for a ela indicado ao Comandante de Força Singular respectiva, em julgamento de Conselho de Disciplina. (Redação dada pela Lei 13.954/2019)

§ 1º O militar reformado na forma prevista nos incisos V ou VI do *caput* deste artigo só poderá readquirir a situação militar anterior: (Parágrafo único transformado em § 1º, com redação dada pela Lei 13.954/2019)

a) e b) (Revogadas pela Lei 13.954/2019)

I - na hipótese prevista no inciso V do *caput* deste artigo, por outra sentença do Superior Tribunal Militar, nas condições nela estabelecidas; (Acrescido pela Lei 13.954/2019)
II - na hipótese prevista no inciso VI do *caput* deste artigo, por decisão do Comandante de Força Singular respectivo. (Acrescido pela Lei 13.954/2019)

§ 2º O disposto nos incisos III e IV do *caput* deste artigo não se aplica ao militar temporário. (Acrescido pela Lei 13.954/2019)

Art. 107. Anualmente, no mês de fevereiro, o órgão competente da Marinha, do Exército e da Aeronáutica organizará a relação dos militares, inclusive membros do Magistério Militar, que houverem atingido a idade-limite de permanência na reserva, a fim de serem reformados.

Parágrafo único. A situação de inatividade do militar da reserva remunerada, quando reformado por limite de idade, não sofre solução de continuidade, exceto quanto às condições de mobilização.

Art. 108. A incapacidade definitiva pode sobrevir em consequência de:

I - ferimento recebido em campanha ou na manutenção da ordem pública;
II - enfermidade contraída em campanha ou na manutenção da ordem pública, ou enfermidade cuja causa eficiente decorra de uma dessas situações;
III - acidente em serviço;
IV - doença, moléstia ou enfermidade adquirida em tempo de paz, com relação de causa e efeito a condições inerentes ao serviço;
V - tuberculose ativa, alienação mental, esclerose múltipla, neoplasia maligna, cegueira, lepra, paralisia irreversível e incapacitante, cardiopatia grave, mal de Parkinson, pênfigo, espondiloartrose anquilosante, nefropatia grave e outras moléstias que a lei indicar com base nas conclusões da medicina especializada; e (Alterado pela Lei 12.670/2012).
VI - acidente ou doença, moléstia ou enfermidade, sem relação de causa e efeito com o serviço.

§ 1º Os casos de que tratam os itens I, II, III e IV serão provados por atestado de origem, inquérito sanitário de origem ou ficha de evacuação, sendo os termos do acidente, baixa ao hospital, papeleta de tratamento nas enfermarias e hospitais e os registros de baixa utilizados como meios subsidiários para esclarecer a situação.

§ 2º Os militares julgados incapazes por um dos motivos constantes do item V deste artigo somente poderão ser reformados após a homologação, por Junta Superior de Saúde, da inspeção de saúde que concluiu pela incapacidade definitiva, obedecida à regulamentação específica de cada Força Singular.

Art. 109. O militar de carreira julgado incapaz definitivamente para a atividade militar por uma das hipóteses previstas nos incisos I, II, III, IV e V do *caput* do art. 108 desta Lei será reformado com qualquer tempo de serviço. (Redação dada pela Lei 13.954/2019)

§ 1º O disposto neste artigo aplica-se ao militar temporário enquadrado em uma das hipóteses previstas nos incisos I e II do *caput* do art. 108 desta Lei. (Acrescido pela Lei 13.954/2019)

§ 2º O disposto neste artigo aplica-se ao militar temporário enquadrado em uma das hipóteses previstas nos incisos III, IV e V do *caput* do art. 108 desta Lei se, concomitantemente, for considerado inválido por estar impossibilitado total e permanentemente para qualquer atividade laboral, pública ou privada. (Acrescido pela Lei 13.954/2019)

§ 3º O militar temporário que estiver enquadrado em uma das hipóteses previstas nos incisos III, IV e V do *caput* do art. 108 desta Lei, mas não for considerado inválido por não estar impossibilitado total e permanentemente para qualquer atividade laboral, pública ou privada, será licenciado ou desincorporado na forma prevista na legislação do serviço militar. (Acrescido pela Lei 13.954/2019)

Art. 110. O militar da ativa ou da reserva remunerada, julgado incapaz definitivamente por um dos motivos constantes dos incisos I e II do art. 108, será reformado com a remuneração calculada com base no soldo correspondente ao grau hierárquico imediato ao que possuir ou que possuía na ativa, respectivamente. (Redação dada pela Lei 7.580/1986.)

§ 1º Aplica-se o disposto neste artigo aos casos previstos nos itens III, IV e V do artigo 108 quando, verificada a incapacidade definitiva, for o militar considerado inválido, isto é, impossibilitado total e permanentemente para qualquer trabalho.

§ 2º Considera-se, para efeito deste artigo, grau hierárquico imediato:

a) o de Primeiro-Tenente, para Guarda-Marinha, Aspirante-a-Oficial e Suboficial ou Subtenente;
b) o de Segundo-Tenente, para Primeiro-Sargento, Segundo-Sargento e Terceiro-Sargento; e
c) o de Terceiro-Sargento, para Cabo e demais praças constantes do Quadro a que se refere o artigo 16.

§ 3º Aos benefícios previstos neste artigo e seus parágrafos poderão ser acrescidos outros relativos à remuneração, estabelecidos em leis especiais, desde que o militar, ao ser reformado, já satisfaça às condições por elas exigidas.

§§ 4º e 5º (Revogados pela Med. Prov. 2.215-10/2001.)

Art. 111. O militar da ativa julgado incapaz definitivamente por um dos motivos constantes do item VI do artigo 108 será reformado:

I - com remuneração proporcional ao tempo de serviço, se oficial ou praça com estabilidade assegurada; e
II - com remuneração calculada com base no soldo integral do posto ou graduação, desde que, com qualquer tempo de serviço, seja considerado inválido, isto é, impossibilitado total e permanentemente para qualquer trabalho.

§ 1º O militar temporário, na hipótese prevista neste artigo, só fará jus à reforma se for considerado inválido por estar impossibilitado total e permanentemente para qualquer atividade laboral, pública ou privada. (Acrescido pela Lei 13.954/2019)

§ 2º Será licenciado ou desincorporado, na forma prevista na legislação pertinente, o militar temporário que não for considerado inválido. (Acrescido pela Lei 13.954/2019)

Art. 112. O militar reformado por incapacidade definitiva que for julgado apto em inspeção de saúde por junta superior, em grau de recurso ou revisão, poderá retornar ao serviço ativo ou ser transferido para a reserva remunerada, conforme dispuser regulamentação específica.

§ 1º O retorno ao serviço ativo ocorrerá se o tempo decorrido na situação de reformado não ultrapassar 2 (dois) anos e na forma do disposto no § 1º do artigo 88.

§ 2º A transferência para a reserva remunerada, observado o limite de idade para a permanência nessa reserva, ocorrerá se o tempo transcorrido na situação de reformado ultrapassar 2 (dois) anos.

Art. 112-A. O militar reformado por incapacidade definitiva para o serviço ativo das Forças Armadas ou reformado por invalidez poderá ser convocado, por iniciativa da Administração Militar, a qualquer momento, para revisão das condições que ensejaram a reforma. (Acrescido pela Lei 13.954/2019)

§ 1º O militar reformado por incapacidade definitiva para o serviço ativo das Forças Armadas ou reformado por invalidez é obrigado, sob pena de suspensão da remuneração, a submeter-se à inspeção de saúde a cargo da Administração Militar.

§ 2º Na hipótese da convocação referida no *caput* deste artigo, os prazos previstos no art. 112 desta Lei serão interrompidos.

Art. 113. A interdição judicial do militar reformado por alienação mental deverá ser providenciada junto ao Ministério Público, por iniciativa de beneficiários, parentes ou responsáveis, até 60 (sessenta) dias a contar da data do ato da reforma.

§ 1º A interdição judicial do militar e seu internamento em instituição apropriada, militar ou não, deverão ser providenciados pelo Ministério Militar, sob cuja responsabilidade houver sido preparado o processo de reforma, quando:

a) não existirem beneficiários, parentes ou responsáveis, ou estes não promoverem a interdição conforme previsto no parágrafo anterior; ou

b) não forem satisfeitas às condições de tratamento exigidas neste artigo.

§ 2º Os processos e os atos de registro de interdição do militar terão andamento sumário, serão instruídos com laudo proferido por Junta Militar de Saúde e isentos de custas.

§ 3º O militar reformado por alienação mental, enquanto não ocorrer a designação judicial do curador, terá sua remuneração paga aos seus beneficiários, desde que estes o tenham sob sua guarda e responsabilidade e lhe dispensem tratamento humano e condigno.

Art. 114. Para fins de passagem à situação de inatividade, mediante reforma *ex officio*, as praças especiais, constantes do Quadro a que se refere o artigo 16, são consideradas como:

I - Segundo-Tenente: os Guardas-Marinha e os Aspirantes a Oficial; (Redação dada pela Lei 13.954/2019)
II - Guarda-Marinha ou Aspirante a Oficial: os Aspirantes, os Cadetes e os alunos do Instituto Tecnológico de Aeronáutica, do Instituto Militar de Engenharia e das demais instituições de graduação de oficiais da Marinha e do Exército, conforme o caso específico; (Redação dada pela Lei 13.954/2019)
III - Segundo-Sargento: os alunos do Colégio Naval e da Escola Preparatória de Cadetes; (Redação dada pela Lei 13.954/2019)

IV - Terceiro-Sargento: os alunos de órgão de formação de oficiais da reserva e de escola ou centro de formação de sargentos; e

V - Cabos: os Aprendizes-Marinheiros e os demais alunos de órgãos de formação de praças, da ativa e da reserva.

Parágrafo único. O disposto nos itens II, III e IV é aplicável às praças especiais em qualquer ano escolar.

SEÇÃO IV
DA DEMISSÃO

Art. 115. A demissão das Forças Armadas, aplicada exclusivamente aos oficiais, se efetua:

I - a pedido; e

II - *ex officio*.

Art. 116. A demissão a pedido será concedida mediante requerimento do interessado:

I - sem indenização das despesas efetuadas pela União com a sua preparação, formação ou adaptação, quando contar mais de 3 (três) anos de oficialato; (Redação dada pela Lei 13.954/2019)

II - com indenização das despesas efetuadas pela União com a sua preparação, formação ou adaptação, quando contar menos de 3 (três) anos de oficialato. (Redação dada pela Lei 13.954/2019)

§ 1º O oficial de carreira que requerer demissão deverá indenizar o erário pelas despesas que a União tiver realizado com os demais cursos ou estágios frequentados no País ou no exterior, acrescidas, se for o caso, daquelas previstas no inciso II do *caput* deste artigo, quando não decorridos: (Redação dada pela Lei 13.954/2019)

a) 2 (dois) anos, para curso ou estágio de duração igual ou superior a 2 (dois) meses e inferior a 6 (seis) meses;

b) 3 (três) anos, para curso ou estágio de duração igual ou superior a 6 (seis) meses; (Redação dada pela Lei 13.954/2019)

c) (Revogada pela Lei 13.954/2019)

§ 2º A forma e o cálculo das indenizações a que se referem o inciso II do *caput* e o § 1º deste artigo serão estabelecidos em ato do Ministro de Estado da Defesa, cabendo o cálculo aos Comandos da Marinha, do Exército ou da Aeronáutica. (Redação dada pela Lei 13.954/2019)

§ 3º O oficial demissionário, a pedido, ingressará na reserva, onde permanecerá sem direito a qualquer remuneração. O ingresso na reserva será no mesmo posto que tinha no serviço ativo e sua situação, inclusive promoções, será regulada pelo Regulamento do Corpo de Oficiais da Reserva da respectiva Força.

§ 4º O direito à demissão a pedido pode ser suspenso na vigência de estado de guerra, estado de emergência, estado de sítio ou em caso de mobilização.

Art. 117. O oficial da ativa que passar a exercer cargo ou emprego público permanente, estranho à sua carreira, será imediatamente demitido *ex officio* e transferido para a reserva não remunerada, onde ingressará com o posto que possuía na ativa e com as obrigações estabelecidas na legislação do serviço militar, obedecidos os preceitos do art. 116 no que se refere às indenizações. (Redação dada pela Lei 9.297/1996.)

SEÇÃO V
DA PERDA DO POSTO E DA PATENTE

Art. 118. O oficial perderá o posto e a patente se for declarado indigno do oficialato, ou com ele incompatível, por decisão do Superior Tribunal Militar, em tempo de paz, ou de Tribunal Especial, em tempo de guerra, em decorrência de julgamento a que for submetido.

Parágrafo único. O oficial declarado indigno do oficialato, ou com ele incompatível, e condenado à perda de posto e patente só poderá readquirir a situação militar anterior por outra sentença dos tribunais referidos neste artigo e nas condições nela estabelecidas.

Art. 119. O oficial que houver perdido o posto e a patente será demitido *ex officio* sem direito a qualquer remuneração ou indenização e receberá a certidão de situação militar prevista na legislação que trata do serviço militar.

Art. 120. Ficará sujeito à declaração de indignidade para o oficialato, ou de incompatibilidade com o mesmo, o oficial que:

I - for condenado, por tribunal civil ou militar, em sentença transitada em julgado, à pena restritiva de liberdade individual superior a 2 (dois) anos;

II - for condenado, em sentença transitada em julgado, por crimes para os quais o Código Penal Militar comina essas penas acessórias e por crimes previstos na legislação especial concernente à segurança do Estado;

III - incidir nos casos, previstos em lei específica, que motivam o julgamento por Conselho de Justificação e neste for considerado culpado; e

IV - houver perdido a nacionalidade brasileira.

SEÇÃO VI
DO LICENCIAMENTO

Art. 121. O licenciamento do serviço ativo se efetua:

I - a pedido; e

II - *ex officio*.

§ 1º No caso de militar temporário, o licenciamento a pedido poderá ser concedido, desde que não haja prejuízo para o serviço: (Redação dada pela Lei 13.954/2019)

a) e b) (Revogada pela Lei 13.954/2019)

I - ao oficial da reserva convocado, após prestação de serviço ativo durante 6 (seis) meses; (Acrescido pela Lei 13.954/2019)

II - à praça engajada ou reengajada, desde que tenha cumprido, no mínimo, a metade do tempo de serviço a que estava obrigada. (Acrescido pela Lei 13.954/2019)

§ 1º-A. No caso de praça de carreira, o licenciamento a pedido será concedido por meio de requerimento do interessado: (Acrescido pela Lei 13.954/2019)

I - sem indenização das despesas efetuadas pela União com a sua preparação, formação ou adaptação, quando contar mais de 3 (três) anos de formado como praça de carreira;

II - com indenização das despesas efetuadas pela União com a sua preparação, formação ou adaptação, quando contar menos de 3 (três) anos de formado como praça de carreira.

§ 1º-B. A praça de carreira que requerer licenciamento deverá indenizar o erário pelas despesas que a União tiver realizado com os demais cursos ou estágios frequentados no País ou no exterior, acrescidas, se for o caso, daquelas previstas no inciso II do § 1º-A deste artigo, quando não decorridos: (Acrescido pela Lei 13.954/2019)

I - 2 (dois) anos, para curso ou estágio com duração igual ou superior a 2 (dois) meses e inferior a 6 (seis) meses;

II - 3 (três) anos, para curso ou estágio com duração igual ou superior a 6 (seis) meses.

§ 1º-C. A forma e o cálculo das indenizações a que se referem o inciso II do § 1ºA e o § 1º-B deste artigo serão estabelecidos em ato do Ministro de Estado da Defesa, cabendo o cálculo aos Comandos da Marinha, do Exército ou da Aeronáutica. (Acrescido pela Lei 13.954/2019)

§ 1º-D. O disposto no § 1º-A e no § 1º-B deste artigo será aplicado às praças especiais, aos Guardas-Marinha e aos Aspirantes a Oficial após a conclusão do curso de formação. (Acrescido pela Lei 13.954/2019)

§ 2º A praça com estabilidade assegurada, quando licenciada para fins de matrícula em estabelecimento de ensino de formação ou preparatório de outra Força Singular ou Auxiliar, caso não conclua o curso no qual tenha sido matriculada, poderá ser reincluída na Força de origem, por meio de requerimento ao Comandante da Força Singular correspondente. (Redação dada pela Lei 13.954/2019)

§ 3º O licenciamento *ex officio* será feito na forma da legislação que trata do serviço militar e dos regulamentos específicos de cada Força Armada:

a) por conclusão de tempo de serviço ou de estágio;

b) por conveniência do serviço; (Redação dada pela Lei 13.954/2019)

c) a bem da disciplina; (Redação dada pela Lei 13.954/2019)

d) por outros casos previstos em lei. (Acrescida pela Lei 13.954/2019)

§ 4º O militar licenciado não tem direito a qualquer remuneração e, exceto o licenciado *ex officio* a bem da disciplina, deve ser incluído ou reincluído na reserva.

§ 5º O licenciado *ex officio* a bem da disciplina receberá o certificado de isenção do serviço militar, previsto na legislação que trata do serviço militar.

Art. 122. Os Guardas-Marinha, os Aspirantes a Oficial e as demais praças empossados em cargos ou empregos públicos permanentes estranhos à sua carreira serão imediatamente, por meio de licenciamento de ofício, transferidos para a reserva não remunerada, com as obrigações estabelecidas na legislação do serviço militar, observado o disposto no art. 121 desta Lei quanto às indenizações. (Redação dada pela Lei 13.954/2019)

Art. 123. O licenciamento poderá ser suspenso na vigência de estado de guerra, estado de emergência, estado de sítio ou em caso de mobilização.

SEÇÃO VII
DA ANULAÇÃO DE INCORPORAÇÃO E DA DESINCORPORAÇÃO DA PRAÇA

Art. 124. A anulação de incorporação e a desincorporação da praça resultam na interrupção do serviço militar com a consequente exclusão do serviço ativo.

Parágrafo único. A legislação que trata do serviço militar estabelece os casos em que haverá anulação de incorporação ou desincorporação da praça.

SEÇÃO VIII
DA EXCLUSÃO DA PRAÇA A BEM DA DISCIPLINA

Art. 125. A exclusão a bem da disciplina será aplicada *ex officio* ao Guarda-Marinha, ao Aspirante-a-Oficial ou às praças com estabilidade assegurada:

I - quando assim se pronunciar o Conselho Permanente de Justiça, em tempo de paz, ou Tribunal Especial, em tempo de guerra, ou Tribunal Civil após terem sido essas praças condenadas, em sentença transitada em julgado, à pena restritiva de liberdade individual superior a 2 (dois) anos ou, nos crimes previstos na legislação especial concernente à segurança do Estado, a pena de qualquer duração;

II - quando assim se pronunciar o Conselho Permanente de Justiça, em tempo de paz, ou Tribunal Especial, em tempo de guerra, por haverem perdido a nacionalidade brasileira; e

III - que incidirem nos casos que motivarem o julgamento pelo Conselho de Disciplina previsto no artigo 49 e nele forem considerados culpados.

Parágrafo único. O Guarda-Marinha, o Aspirante-a-Oficial ou a praça com estabilidade assegurada que houver sido excluído a bem da disciplina só poderá readquirir a situação militar anterior:

a) por outra sentença do Conselho Permanente de Justiça, em tempo de paz, ou Tribunal Especial, em tempo de guerra, e nas condições nela estabelecidas, se a exclusão tiver sido consequência de sentença de um daqueles Tribunais; e

b) por decisão do Ministro respectivo, se a exclusão foi consequência de ter sido julgado culpado em Conselho de Disciplina.

Art. 126. É da competência dos Ministros das Forças Singulares, ou autoridades às quais tenha sido delegada competência para isso, o ato de exclusão a bem da disciplina do Guarda-Marinha e do Aspirante-a-Oficial, bem como das praças com estabilidade assegurada.

Art. 127. A exclusão da praça a bem da disciplina acarreta a perda de seu grau hierárquico e não a isenta das indenizações dos prejuízos causados à Fazenda Nacional ou a terceiros, nem das pensões decorrentes de sentença judicial.

Parágrafo único. A praça excluída a bem da disciplina receberá o certificado de isenção do serviço militar previsto na legislação que trata do serviço militar, sem direito a qualquer remuneração ou indenização.

SEÇÃO IX
DA DESERÇÃO

Art. 128. A deserção do militar acarreta interrupção do serviço militar, com a consequente demissão *ex officio* para o oficial, ou a exclusão do serviço ativo, para a praça.

§ 1º A demissão do oficial ou a exclusão da praça com estabilidade assegurada processar-se-á após 1 (um) ano de agregação, se não houver captura ou apresentação voluntária antes desse prazo.

§ 2º A praça sem estabilidade assegurada será automaticamente excluída após oficialmente declarada desertora.

§ 3º O militar desertor que for capturado ou que se apresentar voluntariamente, depois de haver sido demitido ou excluído, será reincluído no serviço ativo e, a seguir, agregado para se ver processar.

§ 4º A reinclusão em definitivo do militar de que trata o parágrafo anterior dependerá de sentença de Conselho de Justiça.

SEÇÃO X
DO FALECIMENTO E DO EXTRAVIO

Art. 129. O militar na ativa que vier a falecer será excluído do serviço ativo e desligado da organização a que estava vinculado, a partir da data da ocorrência do óbito.

Art. 130. O extravio do militar na ativa acarreta interrupção do serviço militar, com o consequente afastamento temporário do serviço ativo, a partir da data em que o mesmo for oficialmente considerado extraviado.

§ 1º A exclusão do serviço ativo será feita 6 (seis) meses após a agregação por motivo de extravio.

§ 2º Em caso de naufrágio, sinistro aéreo, catástrofe, calamidade pública ou outros acidentes oficialmente reconhecidos, o extravio ou o desaparecimento de militar da ativa será considerado, para fins deste Estatuto, como falecimento, tão logo sejam esgotados os prazos máximos de possível sobrevivência ou quando se deem por encerradas as providências de salvamento.

Art. 131. O militar reaparecido será submetido a Conselho de Justificação ou a Conselho de Disciplina, por decisão do Ministro da respectiva Força, se assim for julgado necessário.

Parágrafo único. O reaparecimento de militar extraviado, já excluído do serviço ativo, resultará em sua reinclusão e nova agregação enquanto se apuram as causas que deram origem ao seu afastamento.

CAPÍTULO III
DA REABILITAÇÃO

Art. 132. A reabilitação do militar será efetuada:

I - de acordo com o Código Penal Militar e o Código de Processo Penal Militar, se tiver sido condenado, por sentença definitiva, a quaisquer penas previstas no Código Penal Militar;

II - de acordo com a legislação que trata do serviço militar, se tiver sido excluído ou licenciado a bem da disciplina.

Parágrafo único. Nos casos em que a condenação do militar acarretar sua exclusão a bem da disciplina, a reabilitação prevista na legislação que trata do serviço militar poderá anteceder a efetuada de acordo com o Código Penal Militar e o Código de Processo Penal Militar.

Art. 133. A concessão da reabilitação implica em que sejam cancelados, mediante averbação, os antecedentes criminais do militar e os registros constantes de seus assentamentos militares ou alterações, ou substituídos seus documentos comprobatórios de situação militar pelos adequados à nova situação.

CAPÍTULO IV
DO TEMPO DE SERVIÇO

Art. 134. Os militares começam a contar tempo de serviço nas Forças Armadas a partir da data de seu ingresso em qualquer organização militar da Marinha, do Exército ou da Aeronáutica.

§ 1º Considera-se como data de ingresso, para fins deste artigo:

a) a do ato em que o convocado ou voluntário é incorporado em uma organização militar;

b) a de matrícula como praça especial; e

c) a do ato de nomeação.

§ 2º O tempo de serviço como aluno de órgão de formação da reserva é computado, apenas, para fins de inatividade na base de 1 (um) dia para cada período de 8 (oito) horas de instrução, desde que concluída com aproveitamento a formação militar.

§ 3º O militar reincluído recomeça a contar tempo de serviço a partir da data de sua reinclusão.

§ 4º Quando, por motivo de força maior, oficialmente reconhecida, decorrente de incêndio, inundação, naufrágio, sinistro aéreo e outras calamidades, faltarem dados para contagem de tempo de serviço, caberá aos Ministros Militares arbitrar o tempo a ser computado para cada caso particular, de acordo com os elementos disponíveis.

Art. 135. Na apuração do tempo de serviço militar, será feita distinção entre:

I - tempo de efetivo serviço; e

II - anos de serviço.

Art. 136. Tempo de efetivo serviço é o espaço de tempo computado dia a dia entre a data de ingresso e a data-limite estabelecida para a contagem ou a data do desligamento em consequência da exclusão do serviço ativo, mesmo que tal espaço de tempo seja parcelado.

§ 1º O tempo de serviço em campanha é computado pelo dobro como tempo de efetivo serviço, para todos os efeitos, exceto indicação para a quota compulsória.

§ 2º Será, também, computado como tempo de efetivo serviço o tempo passado dia a dia nas organizações militares, pelo militar da reserva convocado ou mobilizado, no exercício de funções militares.

§ 3º Não serão deduzidos do tempo de efetivo serviço, além dos afastamentos previstos no artigo 65, os períodos em que o militar estiver afastado do exercício de suas funções em gozo de licença especial.

§ 4º Ao tempo de efetivo serviço, de que trata este artigo, apurado e totalizado em dias, será aplicado o divisor 365 (trezentos e sessenta e cinco) para a correspondente obtenção dos anos de efetivo serviço.

Art. 137. Anos de serviço é a expressão que designa o tempo de efetivo serviço a que se refere o artigo anterior, com os seguintes acréscimos:

I - tempo de serviço público federal, estadual ou municipal, prestado pelo militar anteriormente à sua incorporação, matrícula, nomeação ou reinclusão em qualquer organização militar;

II - (Revogado pela Med. Prov. 2.215-10/2001.)

III - tempo de serviço computável durante o período matriculado como aluno de órgão de formação da reserva;

IV e V - (Revogados pela Med. Prov. 2.215-10/2001.)

VI - 1/3 (um terço) para cada período consecutivo ou não de 2 (dois) anos de efetivo serviço passados pelo militar nas guarnições especiais da Categoria "A", a partir da vigência da Lei n. 5.774, de 23 de dezembro de 1971. (Redação dada pela Lei 7.698/1988.)

§ 1º Os acréscimos a que se referem os itens I, III e VI serão computados somente no momento da passagem do militar à situação de inatividade e para esse fim.

§§ 2º e 3º (Revogados pela Med. Prov. 2.215-10/2001.)

§ 4º Não é computável para efeito algum, salvo para fins de indicação para a quota compulsória, o tempo:

a) que ultrapassar de 1 (um) ano, contínuo ou não, em licença para tratamento de saúde de pessoa da família;

b) passado em licença para tratar de interesse particular ou para acompanhar cônjuge ou companheiro(a); (Redação dada Lei 11.447/2007.)

c) passado como desertor;

d) decorrido em cumprimento de pena de suspensão do exercício do posto, graduação, cargo ou função por sentença transitada em julgado; e

e) decorrido em cumprimento de pena restritiva da liberdade, por sentença transitada em julgado, desde que não tenha sido concedida suspensão condicional de pena, quando, então, o tempo correspondente ao período da pena será computado apenas para fins de indicação para a quota compulsória e o que dele exceder, para todos os efeitos, caso as condições estipuladas na sentença não o impeçam.

Art. 138. (Revogado pela Med. Prov. 2.215-10/2001.)

Art. 139. O tempo que o militar passou ou vier a passar afastado do exercício de suas funções, em consequência de ferimentos recebidos em acidente quando em serviço, combate, na defesa da Pátria e na garantia dos poderes constituídos, da lei e da ordem, ou de moléstia adquirida no exercício de qualquer função militar, será computado como se o tivesse passado no exercício efetivo daquelas funções.

Art. 140. Entende-se por tempo de serviço em campanha o período em que o militar estiver em operações de guerra.

Parágrafo único. A participaçao do militar em atividades dependentes ou decorrentes das operações de guerra será regulada em legislação específica.

Art. 141. O tempo de serviço dos militares beneficiados por anistia será contado como estabelecer o ato legal que a conceder.

Art. 142. A data-limite estabelecida para final da contagem dos anos de serviço para fins de passagem para a inatividade será do desligamento em consequência da exclusão do serviço ativo.

Art. 143. Na contagem dos anos de serviço não poderá ser computada qualquer superposição dos tempos de serviço público federal, estadual e municipal ou passado em administração indireta, entre si, nem com os acréscimos de tempo, para os possuidores de curso universitário, e nem com o tempo de serviço computável após a incorporação em organização militar, matrícula em órgão de formação de militares ou nomeação para posto ou graduação nas Forças Armadas.

CAPÍTULO V
DO CASAMENTO

Art. 144. O militar da ativa pode contrair matrimônio, desde que observada a legislação civil específica.

§§ 1º a 3º (Revogados pela Lei 13.954/2019)

§ 4º O militar que contrair matrimônio ou constituir união estável com pessoa estrangeira deverá comunicar o fato ao Comandante da Força a que pertence, para fins de registro. (Acrescido pela Lei 13.954/2019)

Art. 144-A. Não ter filhos ou dependentes e não ser casado ou haver constituído união estável, por incompatibilidade com o regime exigido para formação ou graduação, constituem condições essenciais para ingresso e permanência nos órgãos de formação ou graduação de oficiais e de praças que os mantenham em regime de internato, de dedicação exclusiva e de disponibilidade permanente peculiar à carreira militar. (Acrescido pela Lei 13.954/2019)

Parágrafo único. As praças especiais assumirão expressamente o compromisso de que atendem, no momento da matrícula, e de que continuarão a atender, ao longo de sua formação ou graduação, as condições essenciais de que trata o *caput* deste artigo, e o descumprimento desse compromisso ensejará o cancelamento da matrícula e o licenciamento do serviço ativo, conforme estabelecido no regulamento de cada Força Armada.

Art. 145. As praças especiais que contraírem matrimônio serão excluídas do serviço ativo, sem direito a qualquer remuneração ou indenização. (Artigo como redação dada pela Lei nº 13.954, de 16/12/2019)

CAPÍTULO VI
DAS RECOMPENSAS E DAS DISPENSAS DO SERVIÇO

Art. 146. As recompensas constituem reconhecimento dos bons serviços prestados pelos militares.

§ 1º São recompensas:

a) os prêmios de Honra ao Mérito;

b) as condecorações por serviços prestados na paz e na guerra;

c) os elogios, louvores e referências elogiosas; e

d) as dispensas de serviço.

§ 2º As recompensas serão concedidas de acordo com as normas estabelecidas nos regulamentos da Marinha, do Exército e da Aeronáutica.

Art. 147. As dispensas de serviço são autorizações concedidas aos militares para afastamento total do serviço, em caráter temporário.

Art. 148. As dispensas de serviço podem ser concedidas aos militares:

I - como recompensa;

II - para desconto em férias; e

III - em decorrência de prescrição médica.

Parágrafo único. As dispensas de serviço serão concedidas com a remuneração integral e computadas como tempo de efetivo serviço.

TÍTULO V
DISPOSIÇÕES GERAIS, TRANSITÓRIAS E FINAIS

Art. 149. A transferência para a reserva remunerada ou a reforma não isentam o militar da indenização dos prejuízos causados à Fazenda Nacional ou a terceiros, nem do pagamento das pensões decorrentes de sentença judicial.

Art. 150. A Assistência Religiosa às Forças Armadas é regulada por lei específica.

Art. 151. É vedado o uso por organização civil de designações que possam sugerir sua vinculação às Forças Armadas.

Parágrafo único. Excetuam-se das prescrições deste artigo as associações, clubes, círculos e outras organizações que congreguem membros das Forças Armadas e que se destinem, exclusivamente, a promover intercâmbio social e assistencial entre os militares e suas famílias e entre esses e a sociedade civil.

Art. 152. Ao militar amparado por uma ou mais das Leis n. 288, de 08 de junho de 1948, 616, de 02 de fevereiro de 1949, 1.156, de 12 de julho de 1950, e 1.267, de 09 de dezembro de 1950, e que em virtude do disposto no artigo 62 desta lei não mais usufruirá as promoções previstas naquelas leis, fica assegurada, por ocasião da transferência para a reserva ou da reforma, a remuneração da inatividade relativa ao posto ou graduação a que seria promovido em decorrência da aplicação das referidas leis.

Parágrafo único. A remuneração de inatividade assegurada neste artigo não poderá exceder, em nenhum caso, a que caberia ao militar, se fosse ele promovido até 2 (dois) graus hierárquicos acima daquele que tiver por ocasião do processamento de sua transferência para a reserva ou reforma, incluindo-se nesta limitação a aplicação do disposto no § 1º do artigo 50 e no artigo 110 e seu § 1º

Art. 153. Na passagem para a reserva remunerada, aos militares obrigados ao voo serão computados os acréscimos de tempo de efetivo serviço decorrentes das horas de voo realizadas até 20 de outubro de 1946, na forma da legislação então vigente.

Art. 154. Os militares da Aeronáutica que, por enfermidade, acidente ou deficiência psicofisiológica, verificada em inspeção de saúde, na forma regulamentar, forem considerados definitivamente incapacitados para o exercício da atividade aérea, exigida pelos regulamentos específicos, só passarão à inatividade se essa incapacidade o for também para todo o serviço militar.

Parágrafo único. A regulamentação própria da Aeronáutica estabelece a situação do pessoal enquadrado neste artigo.

Art. 155. Aos Cabos que, na data da vigência desta lei, tenham adquirido estabilidade será permitido permanecer no serviço ativo, em caráter excepcional, de acordo com o interesse da respectiva Força Singular, até completarem 50 (cinquenta) anos de idade, ressalvadas outras disposições legais.

Art. 156. (Revogado pela Med. Prov. 2.215-10/2001.)

Art. 157. As disposições deste Estatuto não retroagem para alcançar situações definidas anteriormente à data de sua vigência.

Art. 158. Após a vigência do presente Estatuto serão a ele ajustadas todas as disposições legais e regulamentares que com ele tenham ou venham a ter pertinência.

Art. 159. O presente Estatuto entrará em vigor a partir de 1º de janeiro de 1981, salvo quanto ao disposto no item IV do artigo 98, que terá vigência 1 (um) ano após a data da publicação desta lei.

Parágrafo único. Até a entrada em vigor do disposto no item IV do artigo 98, permanecerão em vigor as disposições constantes dos itens IV e V do artigo 102 da Lei n. 5.774, de 23 de dezembro de 1971.

Art. 160. (Revogado pela Med. Prov. 2.215-10/2001.)

João Figueiredo

ANEXO
(Redação dada pelo Anexo I da Lei nº 13.954/2019)

CÍRCULOS E ESCALA HIERÁRQUICA NAS FORÇAS ARMADAS

HIERARQUIZAÇÃO			MARINHA	EXÉRCITO	AERONÁUTICA
CÍRCULO DE OFICIAIS	Círculo de Oficiais-Generais	POSTO	Almirante	Marechal	Marechal do Ar
			Almirante de Esquadra	General de Exército	Tenente-Brigadeiro
			Vice-Almirante	General de Divisão	Major-Brigadeiro
			Contra-Almirante	General de Brigada	Brigadeiro
	Círculo de Oficiais Superiores		Capitão de Mar e Guerra	Coronel	Coronel
			Capitão de Fragata	Tenente-Coronel	Tenente-Coronel
			Capitão de Corveta	Major	Major
	Círculo de Oficiais Intermediários		Capitão-Tenente	Capitão	Capitão
	Círculo de Oficiais Subalternos		Primeiro-Tenente	Primeiro-Tenente	Primeiro-Tenente
			Segundo-Tenente	Segundo-Tenente	Segundo-Tenente

CÍRCULO DE PRAÇAS	Círculo de Suboficiais, Subtenentes e Sargentos	GRADUAÇÃO	Suboficial Primeiro-Sargento Segundo-Sargento Terceiro-Sargento	Subtenente Primeiro-Sargento Segundo-Sargento Terceiro-Sargento	Suboficial Primeiro-Sargento Segundo-Sargento Terceiro-Sargento
	Círculo de Cabos e Soldados		Cabo	Cabo e Taifeiro-Mor	Cabo e Taifeiro-Mor
			Marinheiro Especializado e Soldado Especializado Marinheiro e Soldado Marinheiro-Recruta e Recruta	Soldado e Taifeiro de Primeira Classe Soldado-Recruta e Taifeiro de Segunda Classe	Soldado de Primeira Classe Taifeiro de Primeira Classe Soldado de Segunda Classe e Taifeiro de Segunda Classe

PRAÇAS ESPECIAIS	Frequentam o círculo de Oficiais Subalternos	Guarda-Marinha	Aspirante a Oficial	Aspirante a Oficial
	Excepcionalmente ou em reuniões sociais têm acesso aos círculos dos oficiais	Aspirante (Aluno da Escola Naval) e Aluno das instituições de graduação de Oficiais da Marinha	Cadete (Aluno da Academia Militar) e Aluno do Instituto Militar de Engenharia e Aluno das instituições de graduação de Oficiais do Exército	Cadete (Aluno da Academia da Força Aérea) e Aluno do Instituto Tecnológico de Aeronáutica
		Aluno do Colégio Naval	Aluno da Escola Preparatória de Cadetes do Exército	Aluno da Escola Preparatória de Cadetes do Ar
		Aluno de órgão de formação de Oficiais da Reserva	Aluno de órgão de formação de Oficiais da Reserva	Aluno de órgão de formação de Oficiais da Reserva
	Excepcionalmente ou em reuniões sociais têm acesso ao círculo dos Suboficiais, Subtenentes e Sargentos	Aluno de escola ou centro de formação de Sargentos	Aluno de escola ou centro de formação de Sargentos	Aluno de escola ou centro de formação de Sargentos
	Frequentam o círculo de Cabos e Soldados	Aprendiz-Marinheiro, Grumete e Aluno de órgão de formação de Praças da Reserva	Aluno de órgão de formação de Praças da Reserva	

LEI Nº 8.069, DE 13 DE JULHO DE 1990

Dispõe sobre o Estatuto da Criança e do Adolescente e dá outras providências.

- DOU 16.7.1990; retificado em 27.9.1990.

O Presidente da República. Faço saber que o Congresso Nacional decreta e eu sanciono a seguinte Lei:

TÍTULO I
DAS DISPOSIÇÕES PRELIMINARES

Art. 1º Esta Lei dispõe sobre a proteção integral à criança e ao adolescente.

- Lei 12.852/2013 (Estatuto da Juventude).

Art. 2º Considera-se criança, para os efeitos desta lei, a pessoa até doze anos de idade incompletos, e adolescente aquela entre doze e dezoito anos de idade.

Parágrafo único. Nos casos expressos em lei, aplica-se excepcionalmente este Estatuto às pessoas entre dezoito e vinte e um anos de idade.

- art. 5º, CC.
- Súm. 605, STJ.

Art. 3º A criança e o adolescente gozam de todos os direitos fundamentais inerentes à pessoa humana, sem prejuízo da proteção integral de que trata esta Lei, assegurando-se-lhes, por lei ou por outros meios, todas as oportunidades e facilidades, a fim de lhes facultar o desenvolvimento físico, mental, moral, espiritual e social, em condições de liberdade e de dignidade.

Parágrafo único. Os direitos enunciados nesta Lei aplicam-se a todas as crianças e adolescentes, sem discriminação de nascimento, situação familiar, idade, sexo, raça, etnia ou cor, religião ou crença, deficiência, condição pessoal de desenvolvimento e aprendizagem, condição econômica, ambiente social, região e local de moradia ou outra condição que diferencie as pessoas, as famílias ou a comunidade em que vivem. (Acrescentado pela Lei 13.257/2016.)

Art. 4º É dever da família, da comunidade, da sociedade em geral e do Poder Público assegurar, com absoluta prioridade, a efetivação dos direitos referentes à vida, à saúde, à alimentação, à educação, ao esporte, ao lazer, à profissionalização, à cultura, à dignidade, ao respeito, à liberdade e à convivência familiar e comunitária.

Parágrafo único. A garantia de prioridade compreende:

a) primazia de receber proteção e socorro em quaisquer circunstâncias;

b) precedência de atendimento nos serviços públicos ou de relevância pública;

c) preferência na formulação e na execução das políticas sociais públicas;

- Lei 13.257/2016 (Dispõe sobre políticas para a primeira infância).

d) destinação privilegiada de recursos públicos nas áreas relacionadas com a proteção à infância e à juventude.

Art. 5º Nenhuma criança ou adolescente será objeto de qualquer forma de negligência, discriminação, exploração, violência, crueldade e opressão, punido na forma da lei qualquer atentado, por ação ou omissão, aos seus direitos fundamentais.

Art. 6º Na interpretação desta lei levar-se-ão em conta os fins sociais a que ela se dirige, as exigências do bem comum, os direitos e deveres individuais e coletivos, e a condição peculiar da criança e do adolescente como pessoas em desenvolvimento.

TÍTULO II
DOS DIREITOS FUNDAMENTAIS

CAPÍTULO I
DO DIREITO À VIDA E À SAÚDE

Art. 7º A criança e o adolescente têm direito a proteção à vida e à saúde, mediante a efetivação de políticas sociais públicas que permitam o nascimento e o desenvolvimento sadio e harmonioso, em condições dignas de existência.

- Lei 13.257/2016 (Dispõe sobre políticas para a primeira infância).

Art. 8º É assegurado a todas as mulheres o acesso aos programas e às políticas de saúde da mulher e de planejamento reprodutivo e, às gestantes, nutrição adequada, atenção humanizada à gravidez, ao parto e ao puerpério e atendimento pré-natal, perinatal e pós-natal integral no âmbito do Sistema Único de Saúde. (Alterado pela Lei 13.257/2016.)

§ 1º O atendimento pré-natal será realizado por profissionais da atenção primária. (Alterado pela Lei 13.257/2016.)

§ 2º Os profissionais de saúde de referência da gestante garantirão sua vinculação, no último trimestre da gestação, ao estabelecimento em que será realizado o parto, garantido o direito de opção da mulher. (Alterado pela Lei 13.257/2016.)

§ 3º Os serviços de saúde onde o parto for realizado assegurarão às mulheres e aos seus filhos recém-nascidos alta hospitalar responsável e contrarreferência na atenção primária, bem como o acesso a outros serviços e a grupos de apoio à amamentação. (Alterado pela Lei 13.257/2016.)

§ 4º Incumbe ao Poder Público proporcionar assistência psicológica à gestante e à mãe, no período pré e pós-natal, inclusive como forma de prevenir ou minorar as consequências do estado puerperal. (Incluído pela Lei 12.010/2009.)

§ 5º A assistência referida no § 4º deste artigo deverá ser prestada também a gestantes e mães que manifestem interesse em entregar seus filhos para adoção, bem como a gestantes e mães que se encontrem em situação de privação de liberdade. (Alterado pela Lei 13.257/2016.)

§ 6º A gestante e a parturiente têm direito a 1 (um) acompanhante de sua preferência durante o período do pré-natal, do trabalho de parto e do pós-parto imediato. (Acrescentado pela Lei 13.257/2016.)

§ 7º A gestante deverá receber orientação sobre aleitamento materno, alimentação complementar saudável e crescimento e desenvolvimento infantil, bem como sobre formas de favorecer a criação de vínculos afetivos e de estimular o desenvolvimento integral da criança. (Acrescentado pela Lei 13.257/2016.)

§ 8º A gestante tem direito a acompanhamento saudável durante toda a gestação e a parto natural cuidadoso, estabelecendo-se a aplicação de cesariana e outras intervenções cirúrgicas por motivos médicos. (Acrescentado pela Lei 13.257/2016.)

§ 9º A atenção primária à saúde fará a busca ativa da gestante que não iniciar ou que abandonar as consultas de pré-natal, bem como da puérpera que não comparecer às consultas pós-parto. (Acrescentado pela Lei 13.257/2016.)

§ 10. Incumbe ao poder público garantir, à gestante e à mulher com filho na primeira infância que se encontrem sob custódia em unidade de privação de liberdade, ambiência que atenda às normas sanitárias e assistenciais do Sistema Único de Saúde para o acolhimento do filho, em articulação com o sistema de ensino competente, visando ao desenvolvimento integral da criança. (Acrescentado pela Lei 13.257/2016.)

Art. 8º-A. Fica instituída a Semana Nacional de Prevenção da Gravidez na Adolescência, a ser realizada anualmente na semana que incluir o dia 1º de fevereiro, com o objetivo de disseminar informações sobre medidas preventivas e educativas que contribuam para a redução da incidência da gravidez na adolescência. *(Inserido pela Lei 13.798/2019)*

Parágrafo único. As ações destinadas a efetivar o disposto no *caput* deste artigo ficarão a cargo do poder público, em conjunto com organizações da sociedade civil, e serão dirigidas prioritariamente ao público adolescente.

Art. 9º O Poder Público, as instituições e os empregadores propiciarão condições adequadas ao aleitamento materno, inclusive aos filhos de mães submetidas à medida privativa de liberdade.

§ 1º Os profissionais das unidades primárias de saúde desenvolverão ações sistemáticas, individuais ou coletivas, visando ao planejamento, à implementação e à avaliação de ações de promoção, proteção e apoio ao aleitamento materno e à alimentação complementar saudável, de forma contínua. (Acrescentado pela Lei 13.257/2016.)

§ 2º Os serviços de unidades de terapia intensiva neonatal deverão dispor de banco de leite humano ou unidade de coleta de leite humano. (Acrescentado pela Lei 13.257/2016.)

Art. 10. Os hospitais e demais estabelecimentos de atenção à saúde de gestantes, públicos e particulares, são obrigados a:

I - manter registro das atividades desenvolvidas, através de prontuários individuais, pelo prazo de dezoito anos;

II - identificar o recém-nascido mediante o registro de sua impressão plantar e digital e da impressão digital da mãe, sem prejuízo de outras formas normatizadas pela autoridade administrativa competente;

III - proceder a exames visando ao diagnóstico e terapêutica de anormalidades no metabolismo do recém-nascido, bem como prestar orientação aos pais;

IV - fornecer declaração de nascimento onde constem necessariamente as intercorrências do parto e do desenvolvimento do neonato;

V - manter alojamento conjunto, possibilitando ao neonato a permanência junto à mãe;

VI - acompanhar a prática do processo de amamentação, prestando orientações quanto à técnica adequada, enquanto a mãe permanecer na unidade hospitalar, utilizando o corpo técnico já existente. (Acrescentado pela Lei 13.436/2017.)

› **Atualização:** § 1º Os testes para o rastreamento de doenças no recém-nascido serão disponibilizados pelo Sistema Único de Saúde, no âmbito do Programa Nacional de Triagem Neonatal (PNTN), na forma da regulamentação elaborada pelo Ministério da Saúde, com implementação de forma escalonada, de acordo com a seguinte ordem de progressão (Acrescido pela Lei 14.154/2021 em vigor 365 dias após sua publicação - DOU de 27.05.2021):

I – etapa 1:

a) fenilcetonúria e outras hiperfenilalaninemias;

b) hipotireoidismo congênito;

c) doença falciforme e outras hemoglobinopatias;

d) fibrose cística;

e) hiperplasia adrenal congênita;

f) deficiência de biotinidase;

g) toxoplasmose congênita;

II – etapa 2:

a) galactosemias;

b) aminoacidopatias;

c) distúrbios do ciclo da ureia;

d) distúrbios da betaoxidação dos ácidos graxos;

III – etapa 3: doenças lisossômicas;

IV – etapa 4: imunodeficiências primárias;

V – etapa 5: atrofia muscular espinhal.

§ 2º A delimitação de doenças a serem rastreadas pelo teste do pezinho, no âmbito do PNTN, será revisada periodicamente, com base em evidências científicas, considerados os benefícios do rastreamento, do diagnóstico e do tratamento precoce, priorizando as doenças com maior prevalência no País, com protocolo de tratamento aprovado e com tratamento incorporado no Sistema Único de Saúde (Acrescido pela Lei 14.154/2021 em vigor 365 dias após sua publicação - DOU de 27.05.2021).

§ 3º O rol de doenças constante do § 1º deste artigo poderá ser expandido pelo poder público com base nos critérios estabelecidos no § 2º deste artigo (Acrescido pela Lei 14.154/2021 em vigor 365 dias após sua publicação - DOU de 27.05.2021).

§ 4º Durante os atendimentos de pré-natal e de puerpério imediato, os profissionais de saúde devem informar a gestante e os acompanhantes sobre a importância do teste do pezinho e sobre as eventuais diferenças existentes entre as modalidades oferecidas no Sistema Único de Saúde e na rede privada de saúde (Acrescido pela Lei 14.154/2021 em vigor 365 dias após sua publicação - DOU de 27.05.2021).

Art. 11. É assegurado acesso integral às linhas de cuidado voltadas à saúde da criança e do adolescente, por intermédio do Sistema Único de Saúde, observado o princípio da equidade no acesso a ações e serviços para promoção, proteção e recuperação da saúde. (Alterado pela Lei 13.257/2016.)

§ 1º A criança e o adolescente com deficiência serão atendidos, sem discriminação ou segregação, em suas necessidades gerais de saúde e específicas de habilitação e reabilitação. (Alterado pela Lei 13.257/2016.)

§ 2º Incumbe ao poder público fornecer gratuitamente, àqueles que necessitarem, medicamentos, órteses, próteses e outras tecnologias assistivas relativas ao tratamento, habilitação ou reabilitação para crianças e adolescentes, de acordo com as linhas de cuidado voltadas às suas necessidades específicas. (Alterado pela Lei 13.257/2016.)

§ 3º Os profissionais que atuam no cuidado diário ou frequente de crianças na primeira infância receberão formação específica e permanente para a detecção de sinais de risco para o desenvolvimento psíquico, bem como para o acompanhamento que se fizer necessário. (Acrescentado pela Lei 13.257/2016.)

Art. 12. Os estabelecimentos de atendimento à saúde, inclusive as unidades neonatais, de terapia intensiva e de cuidados intermediários, deverão proporcionar condições para a permanência em tempo integral de um dos pais ou responsável, nos casos de internação de criança ou adolescente. (Alterado pela Lei 13.257/2016.)

Art. 13. Os casos de suspeita ou confirmação de castigo físico, de tratamento cruel ou degradante e de maus-tratos contra criança ou adolescente serão obrigatoriamente comunicados ao Conselho Tutelar da respectiva localidade, sem prejuízo de outras providências legais. (Alterado pela Lei 13.010/2014.)

§ 1º As gestantes ou mães que manifestem interesse em entregar seus filhos para adoção serão obrigatoriamente encaminhadas, sem constrangimento, à Justiça da Infância e da Juventude. (Alterado de p.u. pela Lei 13.257/2016.)

§ 2º Os serviços de saúde em suas diferentes portas de entrada, os serviços de assistência social em seu componente especializado, o Centro de Referência Especializado de Assistência Social (Creas) e os demais órgãos do Sistema de Garantia de Direitos da Criança e do Adolescente deverão conferir máxima prioridade ao atendimento das crianças na faixa etária da primeira infância com suspeita ou confirmação de violência de qualquer natureza, formulando projeto terapêutico singular que inclua intervenção em rede e, se necessário, acompanhamento domiciliar. (Acrescentado pela Lei 13.257/2016.)

Art. 14. O Sistema Único de Saúde promoverá programas de assistência médica e odontológica para a prevenção das enfermidades que ordinariamente afetam a população infantil, e campanhas de educação sanitária para pais, educadores e alunos.

§ 1º É obrigatória a vacinação das crianças nos casos recomendados pelas autoridades sanitárias. (Renumerado de p.u. pela Lei 13.257/2016.)

§ 2º O Sistema Único de Saúde promoverá a atenção à saúde bucal das crianças e das gestantes, de forma transversal, integral e intersetorial com as demais linhas de cuidado direcionadas à mulher e à criança. (Acrescentado pela Lei 13.257/2016.)

§ 3º A atenção odontológica à criança terá função educativa protetiva e será prestada, inicialmente, antes de o bebê nascer, por meio de aconselhamento pré-natal, e, posteriormente, no sexto e no décimo segundo anos de vida, com orientações sobre saúde bucal. (Acrescentado pela Lei 13.257/2016.)

§ 4º A criança com necessidade de cuidados odontológicos especiais será atendida pelo Sistema Único de Saúde. (Acrescentado pela Lei 13.257/2016.)

§ 5º É obrigatória a aplicação a todas as crianças, nos seus primeiros dezoito meses de vida, de protocolo ou outro instrumento construído com a finalidade de facilitar a detecção, em consulta pediátrica de acompanhamento da criança, de risco para o seu desenvolvimento psíquico. (Acrescentado pela Lei 13.438/2017)

CAPÍTULO II
DO DIREITO À LIBERDADE, AO RESPEITO E À DIGNIDADE

Art. 15. A criança e o adolescente têm direito à liberdade, ao respeito e à dignidade como pessoas humanas em processo de desenvolvimento e como sujeitos de direitos civis, humanos e sociais garantidos na Constituição e nas leis.

Art. 16. O direito à liberdade compreende os seguintes aspectos:

I - ir, vir e estar nos logradouros públicos e espaços comunitários, ressalvadas as restrições legais;

II - opinião e expressão;

III - crença e culto religioso;

IV - brincar, praticar esportes e divertir-se;

V - participar da vida familiar e comunitária, sem discriminação;

VI - participar da vida política, na forma da lei;

VII - buscar refúgio, auxílio e orientação.

Art. 17. O direito ao respeito consiste na inviolabilidade da integridade física, psíquica e moral da criança e do adolescente, abrangendo a preservação da imagem, da identidade, da autonomia, dos valores, ideias e crenças, dos espaços e objetos pessoais.

Art. 18. É dever de todos velar pela dignidade da criança e do adolescente, pondo-os a salvo de qualquer tratamento desumano, violento, aterrorizante, vexatório ou constrangedor.

› Lei 13.815/2015 (Institui o Programa de Combate à Intimidação Sistemática "Bullying").

Art. 18-A. A criança e o adolescente têm o direito de ser educados e cuidados sem o uso de castigo físico ou de tratamento cruel ou degradante, como formas de correção, disciplina, educação ou qualquer outro pretexto, pelos pais, pelos integrantes da família ampliada, pelos responsáveis, pelos agentes públicos executores de medidas socioeducativas ou por qualquer pessoa encarregada de cuidar deles, tratá-los, educá-los ou protegê-los. (Acrescentado pela Lei 13.010/2014.)

Parágrafo único. Para os fins desta Lei, considera-se: (Acrescentado pela Lei 13.010/2014.)

I - castigo físico: ação de natureza disciplinar ou punitiva aplicada com o uso da força física sobre a criança ou o adolescente que resulte em: (Acrescentado pela Lei 13.010/2014.)

a) sofrimento físico; ou (Acrescentado pela Lei 13.010/2014.)

b) lesão; (Acrescentado pela Lei 13.010/2014.)

II - tratamento cruel ou degradante: conduta ou forma cruel de tratamento em relação à criança ou ao adolescente que: (Acrescentado pela Lei 13.010/2014.)

a) humilhe; ou (Acrescentado pela Lei 13.010/2014.)

b) ameace gravemente; ou (Acrescentado pela Lei 13.010/2014.)

c) ridicularize. (Acrescentado pela Lei 13.010/2014.)

Art. 18-B. Os pais, os integrantes da família ampliada, os responsáveis, os agentes públicos executores de medidas socioeducativas ou qualquer pessoa encarregada de cuidar de crianças e de adolescentes, tratá-los, educá-los ou protegê-los que utilizarem castigo físico ou tratamento cruel ou degradante como formas de correção, disciplina, educação ou qualquer outro pretexto estarão sujeitos, sem prejuízo de outras sanções cabíveis, às seguintes medidas, que serão aplicadas de acordo com a gravidade do caso: (Acrescentado pela Lei 13.010/2014.)

I - encaminhamento a programa oficial ou comunitário de proteção à família; (Acrescentado pela Lei 13.010/2014.)

II - encaminhamento a tratamento psicológico ou psiquiátrico; (Acrescentado pela Lei 13.010/2014.)

III - encaminhamento a cursos ou programas de orientação; (Acrescentado pela Lei 13.010/2014.)

IV - obrigação de encaminhar a criança a tratamento especializado; (Acrescentado pela Lei 13.010/2014.)

V - advertência. (Acrescentado pela Lei 13.010/2014.)

Parágrafo único. As medidas previstas neste artigo serão aplicadas pelo Conselho Tutelar, sem prejuízo de outras providências legais. (Acrescentado pela Lei 13.010/2014.)

CAPÍTULO III
DO DIREITO À CONVIVÊNCIA FAMILIAR E COMUNITÁRIA

SEÇÃO I
DISPOSIÇÕES GERAIS

‣ Lei 12.318/2010 (Lei da Alienação Parental).

Art. 19. É direito da criança e do adolescente ser criado e educado no seio de sua família e, excepcionalmente, em família substituta, assegurada a convivência familiar e comunitária, em ambiente que garanta seu desenvolvimento integral. (Alterado pela Lei 13.257/2016.)

§ 1º Toda criança ou adolescente que estiver inserido em programa de acolhimento familiar ou institucional terá sua situação reavaliada, no máximo, a cada 3 (três) meses, devendo a autoridade judiciária competente, com base em relatório elaborado por equipe interprofissional ou multidisciplinar, decidir de forma fundamentada pela possibilidade de reintegração familiar ou pela colocação em família substituta, em quaisquer das modalidades previstas no art. 28 desta Lei. (Redação dada pela Lei nº 13.509, de 2017)

§ 2º A permanência da criança e do adolescente em programa de acolhimento institucional não se prolongará por mais de 18 (dezoito meses), salvo comprovada necessidade que atenda ao seu superior interesse, devidamente fundamentada pela autoridade judiciária. (Redação dada pela Lei nº 13.509, de 2017)

§ 3º A manutenção ou a reintegração de criança ou adolescente à sua família terá preferência em relação a qualquer outra providência, caso em que será esta incluída em serviços e programas de proteção, apoio e promoção, nos termos do § 1º do art. 23, dos incisos I e IV do *caput* do art. 101 e dos incisos I a IV do *caput* do art. 129 desta Lei. (Alterado pela Lei 13.257/2016.)

§ 4º Será garantida a convivência da criança e do adolescente com a mãe ou o pai privado de liberdade, por meio de visitas periódicas promovidas pelo responsável ou, nas hipóteses de acolhimento institucional, pela entidade responsável, independentemente de autorização judicial. (Acrescentado pela Lei 12.962/2014).

§ 5º Será garantida a convivência integral da criança com a mãe adolescente que estiver em acolhimento institucional. (Incluído pela Lei nº 13.509, de 2017)

§ 6º A mãe adolescente será assistida por equipe especializada multidisciplinar. (Incluído pela Lei nº 13.509, de 2017)

Art. 19-A. A gestante ou mãe que manifeste interesse em entregar seu filho para adoção, antes ou logo após o nascimento, será encaminhada à Justiça da Infância e da Juventude. (Incluído pela Lei nº 13.509, de 2017)

§ 1º A gestante ou mãe será ouvida pela equipe interprofissional da Justiça da Infância e da Juventude, que apresentará relatório à autoridade judiciária, considerando inclusive os eventuais efeitos do estado gestacional e puerperal. (Incluído pela Lei nº 13.509, de 2017)

§ 2º De posse do relatório, a autoridade judiciária poderá determinar o encaminhamento da gestante ou mãe, mediante sua expressa concordância, à rede pública de saúde e assistência social para atendimento especializado. (Incluído pela Lei nº 13.509, de 2017)

§ 3º A busca à família extensa, conforme definida nos termos do parágrafo único do art. 25 desta Lei, respeitará o prazo máximo de 90 (noventa) dias, prorrogável por igual período. (Incluído pela Lei nº 13.509, de 2017)

§ 4º Na hipótese de não haver a indicação do genitor e de não existir outro representante da família extensa apto a receber a guarda, a autoridade judiciária competente deverá decretar a extinção do poder familiar e determinar a colocação da criança sob a guarda provisória de quem estiver habilitado a adotá-la ou de entidade que desenvolva programa de acolhimento familiar ou institucional. (Incluído pela Lei nº 13.509, de 2017)

§ 5º Após o nascimento da criança, a vontade da mãe ou de ambos os genitores, se houver pai registral ou pai indicado, deve ser manifestada na audiência a que se refere o § 1º do art. 166 desta Lei, garantido o sigilo sobre a entrega. (Incluído pela Lei nº 13.509, de 2017)

§ 6º Na hipótese de não comparecerem à audiência nem o genitor nem representante da família extensa para confirmar a intenção de exercer o poder familiar ou a guarda, a autoridade judiciária suspenderá o poder familiar da mãe, e a criança será colocada sob a guarda provisória de quem esteja habilitado a adotá-la. (Incluído pela Lei nº 13.509, de 2017)

§ 7º Os detentores da guarda possuem o prazo de 15 (quinze) dias para propor a ação de adoção, contado do dia seguinte à data do término do estágio de convivência. (Incluído pela Lei nº 13.509, de 2017)

§ 8º Na hipótese de desistência pelos genitores - manifestada em audiência ou perante a equipe interprofissional – da entrega da criança após o nascimento, a criança será mantida com os genitores, e será determinado pela Justiça da Infância e da Juventude o acompanhamento familiar pelo prazo de 180 (cento e oitenta) dias. (Incluído pela Lei nº 13.509, de 2017)

§ 9º É garantido à mãe o direito ao sigilo sobre o nascimento, respeitado o disposto no art. 48 desta Lei. (Incluído pela Lei nº 13.509, de 2017)

§ 10. Serão cadastrados para adoção recém-nascidos e crianças acolhidas não procuradas por suas famílias no prazo de 30 (trinta) dias, contado a partir do dia do acolhimento. (Incluído pela Lei nº 13.509, de 2017)

Art. 19-B. A criança e o adolescente em programa de acolhimento institucional ou familiar poderão participar de programa de apadrinhamento. (Incluído pela Lei nº 13.509, de 2017)

§ 1º O apadrinhamento consiste em estabelecer e proporcionar à criança e ao adolescente vínculos externos à instituição para fins de convivência familiar e comunitária e colaboração com o seu desenvolvimento nos aspectos social, moral, físico, cognitivo, educacional e financeiro. (Incluído pela Lei nº 13.509, de 2017)

§ 2º Podem ser padrinhos ou madrinhas pessoas maiores de 18 (dezoito) anos não inscritas nos cadastros de adoção, desde que cumpram os requisitos exigidos pelo programa de apadrinhamento de que fazem parte. (Incluído pela Lei nº 13.509, de 2017)

§ 3º Pessoas jurídicas podem apadrinhar criança ou adolescente a fim de colaborar para o seu desenvolvimento. (Incluído pela Lei nº 13.509, de 2017)

§ 4º O perfil da criança ou do adolescente a ser apadrinhado será definido no âmbito de cada programa de apadrinhamento, com prioridade para crianças ou adolescentes com remota possibilidade de reinserção familiar ou colocação em família adotiva. (Incluído pela Lei nº 13.509, de 2017)

§ 5º Os programas ou serviços de apadrinhamento apoiados pela Justiça da Infância e da Juventude poderão ser executados por órgãos públicos ou por organizações da sociedade civil. (Incluído pela Lei nº 13.509, de 2017)

§ 6º Se ocorrer violação das regras de apadrinhamento, os responsáveis pelo programa e pelos serviços de acolhimento deverão imediatamente notificar a autoridade judiciária competente. (Incluído pela Lei nº 13.509, de 2017)

Art. 20. Os filhos, havidos ou não da relação do casamento, ou por adoção, terão os mesmos direitos e qualificações, proibidas quaisquer designações discriminatórias relativas à filiação.

‣ art. 1.596, CC.

‣ Lei 10.421/2002 (Estende à mãe adotiva direito à licença-maternidade e ao salário-maternidade).

Art. 21. O poder familiar será exercido, em igualdade de condições, pelo pai e pela mãe, na forma do que dispuser a legislação civil, assegurado a qualquer deles o direito de, em caso de discordância, recorrer à autoridade judiciária competente para a solução da divergência.

‣ arts. 1.630 a 1.638, CC.

Art. 22. Aos pais incumbe o dever de sustento, guarda e educação dos filhos menores, cabendo-lhes ainda, no interesse destes, a obrigação de cumprir e fazer cumprir as determinações judiciais.

Parágrafo único. A mãe e o pai, ou os responsáveis, têm direitos iguais e deveres e responsabilidades compartilhados no cuidado e na educação da criança, devendo ser resguardado o direito de transmissão familiar de suas crenças e culturas, assegurados os direitos da criança estabelecidos nesta Lei. (Acrescentado pela Lei 13.257/2016.)

Art. 23. A falta ou a carência de recursos materiais não constitui motivo suficiente para a perda ou a suspensão do poder familiar.

§ 1º Não existindo outro motivo que por si só autorize a decretação da medida, a criança ou o adolescente será mantido em sua família de origem, a qual deverá obrigatoriamente ser incluída em serviços e programas oficiais de proteção, apoio e promoção. (Alterado pela Lei 13.257/2016)

§ 2º A condenação criminal do pai ou da mãe não implicará a destituição do poder familiar, exceto na hipótese de condenação por crime doloso sujeito à pena de reclusão contra outrem igualmente titular do mesmo poder familiar ou contra filho, filha ou outro descendente. (Redação dada pela Lei 13.715/2018)

Art. 24. A perda e a suspensão do poder familiar serão decretadas judicialmente, em procedimento contraditório, nos casos previstos na legislação civil, bem como na hipótese de descumprimento injustificado dos deveres e obrigações a que alude o art. 22.

‣ arts. 1.630 a 1.638, CC.

SEÇÃO II
DA FAMÍLIA NATURAL

Art. 25. Entende-se por família natural a comunidade formada pelos pais ou qualquer deles e seus descendentes.

Parágrafo único. Entende-se por família extensa ou ampliada aquela que se estende para além da unidade pais e filhos ou da unidade do casal, formada por parentes próximos com os quais a criança ou adolescente convive e mantém vínculos de afinidade e afetividade. (Incluído pela Lei 12.010/2009.)

Art. 26. Os filhos havidos fora do casamento poderão ser reconhecidos pelos pais, conjunta ou separadamente, no próprio termo de nascimento, por testamento, mediante escritura ou outro documento público, qualquer que seja a origem da filiação.

- arts. 1.607; 1.609; 1.614, CC /2002.
- Lei 8.560/1992 (Lei de Investigação de Paternidade).
- Súm. 301, STJ.

Parágrafo único. O reconhecimento pode preceder o nascimento do filho ou suceder-lhe ao falecimento, se deixar descendentes.

- art. 1.609, CC.

Art. 27. O reconhecimento do estado de filiação é direito personalíssimo, indisponível e imprescritível, podendo ser exercitado contra os pais ou seus herdeiros, sem qualquer restrição, observado o segredo de Justiça.

- art. 1.606, CC.

SEÇÃO III
DA FAMÍLIA SUBSTITUTA

SUBSEÇÃO I
DISPOSIÇÕES GERAIS

Art. 28. A colocação em família substituta far-se-á mediante guarda, tutela ou adoção, independentemente da situação jurídica da criança ou adolescente, nos termos desta lei.

§ 1º Sempre que possível, a criança ou o adolescente será previamente ouvido por equipe interprofissional, respeitado seu estágio de desenvolvimento e grau de compreensão sobre as implicações da medida, e terá sua opinião devidamente considerada. (Redação dada pela Lei 12.010/2009.)

§ 2º Tratando-se de maior de 12 (doze) anos de idade, será necessário seu consentimento, colhido em audiência. (Redação dada pela Lei 12.010/2009.)

§ 3º Na apreciação do pedido levar-se-á em conta o grau de parentesco e a relação de afinidade ou de afetividade, a fim de evitar ou minorar as consequências decorrentes da medida. (Incluído pela Lei 12.010/2009.)

§ 4º Os grupos de irmãos serão colocados sob adoção, tutela ou guarda da mesma família substituta, ressalvada a comprovada existência de risco de abuso ou outra situação que justifique plenamente a excepcionalidade de solução diversa, procurando-se, em qualquer caso, evitar o rompimento definitivo dos vínculos fraternais. (Incluído pela Lei 12.010/2009.)

§ 5º A colocação da criança ou adolescente em família substituta será precedida de sua preparação gradativa e acompanhamento posterior, realizados pela equipe interprofissional a serviço da Justiça da Infância e da Juventude, preferencialmente com o apoio dos técnicos responsáveis pela execução da política municipal de garantia do direito à convivência familiar. (Incluído pela Lei 12.010/2009.)

§ 6º Em se tratando de criança ou adolescente indígena ou proveniente de comunidade remanescente de quilombo, é ainda obrigatório: (Incluído pela Lei 12.010/2009.)

I - que sejam consideradas e respeitadas sua identidade social e cultural, os seus costumes e tradições, bem como suas instituições, desde que não sejam incompatíveis com os direitos fundamentais reconhecidos por esta Lei e pela Constituição Federal; (Incluído pela Lei 12.010/2009.)

II - que a colocação familiar ocorra prioritariamente no seio de sua comunidade ou junto a membros da mesma etnia; (Incluído pela Lei 12.010/2009.)

III - a intervenção e oitiva de representantes do órgão federal responsável pela política indigenista, no caso de crianças e adolescentes indígenas, e de antropólogos, perante a equipe interprofissional ou multidisciplinar que irá acompanhar o caso. (Incluído pela Lei 12.010/2009.)

Art. 29. Não se deferirá colocação em família substituta a pessoa que revele, por qualquer modo, incompatibilidade com a natureza da medida ou não ofereça ambiente familiar adequado.

Art. 30. A colocação em família substituta não admitirá transferência da criança ou adolescente a terceiros ou a entidades governamentais ou não governamentais, sem autorização judicial.

Art. 31. A colocação em família substituta estrangeira constitui medida excepcional, somente admissível na modalidade de adoção.

Art. 32. Ao assumir a guarda ou a tutela, o responsável prestará compromisso de bem e fielmente desempenhar o encargo, mediante termo nos autos.

SUBSEÇÃO II
DA GUARDA

- arts. 1.566, IV;583 a 1.590; 1.634, II, CC.

Art. 33. A guarda obriga a prestação de assistência material, moral e educacional à criança ou adolescente, conferindo a seu detentor o direito de opor-se a terceiros, inclusive aos pais.

§ 1º A guarda destina-se a regularizar a posse de fato, podendo ser deferida, liminar ou incidentalmente, nos procedimentos de tutela e adoção, exceto no de adoção por estrangeiros.

§ 2º Excepcionalmente, deferir-se-á a guarda, fora dos casos de tutela e adoção, para atender a situações peculiares ou suprir a falta eventual dos pais ou responsável, podendo ser deferido o direito de representação para a prática de atos determinados.

§ 3º A guarda confere à criança ou adolescente a condição de dependente, para todos os fins e efeitos de direito, inclusive previdenciários.

§ 4º Salvo expressa e fundamentada determinação em contrário, da autoridade judiciária competente, ou quando a medida for aplicada em preparação para adoção, o deferimento da guarda de criança ou adolescente a terceiros não impede o exercício do direito de visitas pelos pais, assim como o dever de prestar alimentos, que serão objeto de regulamentação específica, a pedido do interessado ou do Ministério Público. (Incluído pela Lei 12.010/2009.)

Art. 34. O Poder Público estimulará, por meio de assistência jurídica, incentivos fiscais e subsídios, o acolhimento, sob a forma de guarda, de criança ou adolescente afastado do convívio familiar. (Redação dada pela Lei 12.010/2009.)

§ 1º A inclusão da criança ou adolescente em programas de acolhimento familiar terá preferência a seu acolhimento institucional, observado, em qualquer caso, o caráter temporário e excepcional da medida, nos termos desta lei. (Incluído pela Lei 12.010/2009.)

§ 2º Na hipótese do § 1º deste artigo a pessoa ou casal cadastrado no programa de acolhimento familiar poderá receber a criança ou adolescente mediante guarda, observado o disposto nos arts. 28 a 33 desta lei. (Incluído pela Lei 12.010/2009.)

§ 3º A União apoiará a implementação de serviços de acolhimento em família acolhedora como política pública, os quais deverão dispor de equipe que organize o acolhimento temporário de crianças e de adolescentes em residências de famílias selecionadas, capacitadas e acompanhadas que não estejam no cadastro de adoção. (Acrescentado pela Lei 13.257/2016.)

§ 4º Poderão ser utilizados recursos federais, estaduais, distritais e municipais para a manutenção dos serviços de acolhimento em família acolhedora, facultando-se o repasse de recursos para a própria família acolhedora. (Acrescentado pela Lei 13.257/2016.)

Art. 35. A guarda poderá ser revogada a qualquer tempo, mediante ato judicial fundamentado, ouvido o Ministério Público.

SUBSEÇÃO III
DA TUTELA

- arts. 1.728 a 1.766, CC.

Art. 36. A tutela será deferida, nos termos da lei civil, a pessoa de até 18 (dezoito) anos incompletos. (Redação dada pela Lei 12.010/2009.)

Parágrafo único. O deferimento da tutela pressupõe a prévia decretação da perda ou suspensão do poder familiar e implica necessariamente o dever de guarda.

Art. 37. O tutor nomeado por testamento ou qualquer documento autêntico, conforme previsto no parágrafo único do art. 1.729 da Lei n. 10.406, de 10 de janeiro de 2002 - Código Civil, deverá, no prazo de 30 (trinta) dias após a abertura da sucessão, ingressar com pedido destinado ao controle judicial do ato, observando o procedimento previsto nos arts. 165 a 170 desta lei. (Redação dada pela Lei 12.010/2009.)

Parágrafo único. Na apreciação do pedido, serão observados os requisitos previstos nos arts. 28 e 29 desta lei, somente sendo deferida a tutela à pessoa indicada na disposição de última vontade, se restar comprovado que a medida é vantajosa ao tutelando e que não existe outra pessoa em melhores condições de assumi-la. (Redação dada pela Lei 12.010/2009.)

Art. 38. Aplica-se à destituição da tutela o disposto no art. 24.

SUBSEÇÃO IV
DA ADOÇÃO

- arts. 1.618 e 1.619, CC.
- Lei 10.421/2002 (Estende à mãe adotiva direito à licença-maternidade e ao salário-maternidade).
- Lei 10.447/2002 (Institui o Dia Nacional da Adoção).
- Dec. 2.429/1997 (Promulga Convenção Interamericana sobre Conflito de Leis em Matéria de Adoção de Menores).
- Dec. 3.087/1999 (Promulga Convenção Relativa à Proteção das Crianças e à Cooperação em Matéria de Adoção Internacional, concluída em Haia, em 29.05.1993).
- Dec. 5.491/2005 (Regulamenta atuação de organismos estrangeiros e nacionais de adoção internacional).

Art. 39. A adoção de criança e de adolescente reger-se-á segundo o disposto nesta Lei.

- art. 1.623, *caput*, CC.

§ 1º A adoção é medida excepcional e irrevogável, à qual se deve recorrer apenas quando esgotados os recursos de manutenção da criança ou adolescente na família natural ou extensa, na forma do parágrafo único do art. 25 desta lei. (Incluído pela Lei 12.010/2009.)

§ 2º É vedada a adoção por procuração. (Incluído pela Lei 12.010/2009.)

§ 3º Em caso de conflito entre direitos e interesses do adotando e de outras pessoas, inclusive seus pais biológicos, devem prevalecer os direitos e os interesses do adotando. (Incluído pela Lei nº 13.509, de 2017)

Art. 40. O adotando deve contar com, no máximo, dezoito anos à data do pedido, salvo se já estiver sob a guarda ou tutela dos adotantes.

Art. 41. A adoção atribui a condição de filho ao adotado, com os mesmos direitos e deveres, inclusive sucessórios, desligando-o de qualquer vínculo com pais e parentes, salvo os impedimentos matrimoniais.

- arts. 1.521, III e V; 1.829 a 1.844, CC.

§ 1º Se um dos cônjuges ou concubinos adota o filho do outro, mantêm-se os vínculos de filiação entre o adotado e o cônjuge ou concubino do adotante e os respectivos parentes.

§ 2º É recíproco o direito sucessório entre o adotado, seus descendentes, o adotante, seus ascendentes, descendentes e colaterais até o 4º grau, observada a ordem de vocação hereditária.

Art. 42. Podem adotar os maiores de 18 (dezoito) anos, independentemente do estado civil. (Redação dada pela Lei 12.010/2009.)

§ 1º Não podem adotar os ascendentes e os irmãos do adotando.

§ 2º Para adoção conjunta, é indispensável que os adotantes sejam casados civilmente ou mantenham união estável, comprovada a estabilidade da família. (Redação dada pela Lei 12.010/2009.)

§ 3º O adotante há de ser, pelo menos, dezesseis anos mais velho do que o adotando.

‣ art. 1.619, CC.

§ 4º Os divorciados, os judicialmente separados e os ex-companheiros podem adotar conjuntamente, contanto que acordem sobre a guarda e o regime de visitas e desde que o estágio de convivência tenha sido iniciado na constância do período de convivência e que seja comprovada a existência de vínculos de afinidade e afetividade com aquele não detentor da guarda, que justifiquem a excepcionalidade da concessão. (Redação dada pela Lei 12.010/2009.)

§ 5º Nos casos do § 4º deste artigo, desde que demonstrado efetivo benefício ao adotando, será assegurada a guarda compartilhada, conforme previsto no art. 1.584 da Lei n. 10.406, de 10 de janeiro de 2002 - Código Civil. (Redação dada pela Lei 12.010/2009.)

§ 6º A adoção poderá ser deferida ao adotante que, após inequívoca manifestação de vontade, vier a falecer no curso do procedimento, antes de prolatada a sentença. (Incluído pela Lei 12.010/2009.)

Art. 43. A adoção será deferida quando apresentar reais vantagens para o adotando e fundar-se em motivos legítimos.

Art. 44. Enquanto não der conta de sua administração e saldar o seu alcance, não pode o tutor ou o curador adotar o pupilo ou o curatelado.

Art. 45. A adoção depende do consentimento dos pais ou do representante legal do adotando.

§ 1º O consentimento será dispensado em relação à criança ou adolescente cujos pais sejam desconhecidos ou tenham sido destituídos do poder familiar.

§ 2º Em se tratando de adotando maior de doze anos de idade, será também necessário o seu consentimento.

Art. 46. A adoção será precedida de estágio de convivência com a criança ou adolescente, pelo prazo máximo de 90 (noventa) dias, observadas a idade da criança ou adolescente e as peculiaridades do caso. (Redação dada pela Lei nº 13.509, de 2017)

§ 1º O estágio de convivência poderá ser dispensado se o adotando já estiver sob a tutela ou guarda legal do adotante durante tempo suficiente para que seja possível avaliar a conveniência da constituição do vínculo. (Redação dada pela Lei 12.010/2009.)

§ 2º A simples guarda de fato não autoriza, por si só, a dispensa da realização do estágio de convivência. (Redação dada pela Lei 12.010/2009.)

§ 2º-A. O prazo máximo estabelecido no *caput* deste artigo pode ser prorrogado por até igual período, mediante decisão fundamentada da autoridade judiciária. (Incluído pela Lei nº 13.509, de 2017)

§ 3º Em caso de adoção por pessoa ou casal residente ou domiciliado fora do País, o estágio de convivência será de, no mínimo, 30 (trinta) dias e, no máximo, 45 (quarenta e cinco) dias, prorrogável por até igual período, uma única vez, mediante decisão fundamentada da autoridade judiciária. (Redação dada pela Lei nº 13.509, de 2017)

§ 3º-A. Ao final do prazo previsto no § 3º deste artigo, deverá ser apresentado laudo fundamentado pela equipe mencionada no § 4o deste artigo, que recomendará ou não o deferimento da adoção à autoridade judiciária. (Incluído pela Lei nº 13.509, de 2017)

§ 4º O estágio de convivência será acompanhado pela equipe interprofissional a serviço da Justiça da Infância e da Juventude, preferencialmente com apoio dos técnicos responsáveis pela execução da política de garantia do direito à convivência familiar, que apresentarão relatório minucioso acerca da conveniência do deferimento da medida. (Incluído pela Lei 12.010/2009.)

§ 5º O estágio de convivência será cumprido no território nacional, preferencialmente na comarca de residência da criança ou adolescente, ou, a critério do juiz, em cidade limítrofe, respeitada, em qualquer hipótese, a competência do juízo da comarca de residência da criança. (Incluído pela Lei nº 13.509, de 2017)

Art. 47. O vínculo da adoção constitui-se por sentença judicial, que será inscrita no registro civil mediante mandado do qual não se fornecerá certidão.

§ 1º A inscrição consignará o nome dos adotantes como pais, bem como o nome de seus ascendentes.

§ 2º O mandado judicial, que será arquivado, cancelará o registro original do adotado.

§ 3º A pedido do adotante, o novo registro poderá ser lavrado no Cartório do Registro Civil do Município de sua residência. (Redação dada pela Lei 12.010/2009.)

§ 4º Nenhuma observação sobre a origem do ato poderá constar nas certidões do registro. (Redação dada pela Lei 12.010/2009.)

§ 5º A sentença conferirá ao adotado o nome do adotante e, a pedido de qualquer deles, poderá determinar a modificação do prenome. (Redação dada pela Lei 12.010/2009.)

§ 6º Caso a modificação de prenome seja requerida pelo adotante, é obrigatória a oitiva do adotando, observado o disposto nos §§ 1º e 2º do art. 28 desta lei. (Redação dada pela Lei 12.010/2009.)

§ 7º A adoção produz seus efeitos a partir do trânsito em julgado da sentença constitutiva, exceto na hipótese prevista no § 6º do art. 42 desta lei, caso em que terá força retroativa à data do óbito. (Incluído pela Lei 12.010/2009.)

§ 8º O processo relativo à adoção assim como outros a ele relacionados serão mantidos em arquivo, admitindo-se seu armazenamento em microfilme ou por outros meios, garantida a sua conservação para consulta a qualquer tempo. (Incluído pela Lei 12.010/2009.)

§ 9º Terão prioridade de tramitação os processos de adoção em que o adotando for criança ou adolescente com deficiência ou com doença crônica. (Acrescentado pela Lei 12.955/2014.)

§ 10. O prazo máximo para conclusão da ação de adoção será de 120 (cento e vinte) dias, prorrogável uma única vez por igual período, mediante decisão fundamentada da autoridade judiciária. (Incluído pela Lei nº 13.509, de 2017)

Art. 48. O adotado tem direito de conhecer sua origem biológica, bem como de obter acesso irrestrito ao processo no qual a medida foi aplicada e seus eventuais incidentes, após completar 18 (dezoito) anos. (Redação dada pela Lei 12.010/2009.)

Parágrafo único. O acesso ao processo de adoção poderá ser também deferido ao adotado menor de 18 (dezoito) anos, a seu pedido, assegurada orientação e assistência jurídica e psicológica. (Incluído pela Lei 12.010/2009.)

Art. 49. A morte dos adotantes não restabelece o poder familiar dos pais naturais.

Art. 50. A autoridade judiciária manterá, em cada comarca ou foro regional, um registro de crianças e adolescentes em condições de serem adotados e outro de pessoas interessadas na adoção.

§ 1º O deferimento da inscrição dar-se-á após prévia consulta aos órgãos técnicos do juizado, ouvido o Ministério Público.

§ 2º Não será deferida a inscrição se o interessado não satisfazer os requisitos legais, ou verificada qualquer das hipóteses previstas no art. 29.

§ 3º A inscrição de postulantes à adoção será precedida de um período de preparação psicossocial e jurídica, orientado pela equipe técnica da Justiça da Infância e da Juventude, preferencialmente com apoio dos técnicos responsáveis pela execução da política municipal de garantia do direito à convivência familiar. (Incluído pela Lei 12.010/2009.)

‣ art. 6º, Lei 12.010/2009 (Lei da Adoção).

§ 4º Sempre que possível e recomendável, a preparação referida no § 3º deste artigo incluirá o contato com crianças e adolescentes em acolhimento familiar ou institucional em condições de serem adotados, a ser realizado sob a orientação, supervisão e avaliação da equipe técnica da Justiça da Infância e da Juventude, com apoio dos técnicos responsáveis pelo programa de acolhimento e pela execução da política municipal de garantia do direito à convivência familiar. (Incluído pela Lei 12.010/2009.)

‣ art. 6º, Lei 12.010/2009 (Lei da Adoção).

§ 5º Serão criados e implementados cadastros estaduais e nacional de crianças e adolescentes em condições de serem adotados e de pessoas ou casais habilitados à adoção. (Incluído pela Lei 12.010/2009.)

‣ art. 258-A desta lei.

§ 6º Haverá cadastros distintos para pessoas ou casais residentes fora do país, que somente serão consultados na inexistência de postulantes nacionais habilitados nos cadastros mencionados no § 5º deste artigo. (Incluído pela Lei 12.010/2009.)

§ 7º As autoridades estaduais e federais em matéria de adoção terão acesso integral aos cadastros, incumbindo-lhes a troca de informações e a cooperação mútua, para melhoria do sistema. (Incluído pela Lei 12.010/2009.)

§ 8º A autoridade judiciária providenciará, no prazo de 48 (quarenta e oito) horas, a inscrição das crianças e adolescentes em condições de serem adotados que não tiveram colocação familiar na comarca de origem, e das pessoas ou casais que tiveram deferida sua habilitação à adoção nos cadastros estadual e nacional referidos no § 5º deste artigo, sob pena de responsabilidade. (Incluído pela Lei 12.010/2009.)

§ 9º Compete à Autoridade Central Estadual zelar pela manutenção e correta alimentação dos cadastros, com posterior comunicação à Autoridade Central Federal Brasileira. (Incluído pela Lei 12.010/2009.)

§ 10. Consultados os cadastros e verificada a ausência de pretendentes habilitados residentes no País com perfil compatível e interesse manifesto pela adoção de criança ou adolescente inscrito nos cadastros existentes, será realizado o encaminhamento da criança ou adolescente à adoção internacional. (Redação dada pela Lei nº 13.509, de 2017)

§ 11. Enquanto não localizada pessoa ou casal interessado em sua adoção, a criança ou o adolescente, sempre que possível e recomendável, será colocado sob guarda de família cadastrada em programa de acolhimento familiar. (Incluído pela Lei 12.010/2009.)

§ 12. A alimentação do cadastro e a convocação criteriosa dos postulantes à adoção serão fiscalizadas pelo Ministério Público. (Incluído pela Lei 12.010/2009.)

§ 13. Somente poderá ser deferida adoção em favor de candidato domiciliado no Brasil não cadastrado previamente nos termos desta lei quando: (Incluído pela Lei 12.010/2009.)

I - se tratar de pedido de adoção unilateral; (Incluído pela Lei 12.010/2009.)

II - for formulada por parente com o qual a criança ou adolescente mantenha vínculos de afinidade e afetividade; (Incluído pela Lei 12.010/2009.)

III - oriundo o pedido de quem detém a tutela ou guarda legal de criança maior de 3 (três) anos ou adolescente, desde que o lapso de tempo de convivência comprove a fixação de laços de afinidade e afetividade, e não seja constatada a ocorrência de má-fé ou qualquer das situações previstas nos arts. 237 ou 238 desta lei. (Incluído pela Lei 12.010/2009.)

§ 14. Nas hipóteses previstas no § 13 deste artigo, o candidato deverá comprovar, no curso do procedimento, que preenche os requisitos necessários à adoção, conforme previsto nesta Lei. (Incluído pela Lei 12.010/2009.)

§ 15. Será assegurada prioridade no cadastro a pessoas interessadas em adotar criança ou adolescente com deficiência, com doença crônica ou com necessidades específicas de saúde, além de grupo de irmãos. (Incluído pela Lei nº 13.509, de 2017)

Art. 51. Considera-se adoção internacional aquela na qual o pretendente possui residência habitual em país-parte da Convenção de Haia, de 29 de maio de 1993, Relativa à Proteção das Crianças e à Cooperação em Matéria de Adoção Internacional, promulgada pelo Decreto nº 3.087, de 21 junho de 1999, e deseja adotar criança em outro país-parte da Convenção. (Redação dada pela Lei nº 13.509, de 2017)

§ 1º A adoção internacional de criança ou adolescente brasileiro ou domiciliado no Brasil somente terá lugar quando restar comprovado: (Redação dada pela Lei 12.010/2009.)

I - que a colocação em família adotiva é a solução adequada ao caso concreto; (Redação dada pela Lei nº 13.509, de 2017)

II - que foram esgotadas todas as possibilidades de colocação da criança ou adolescente em família adotiva brasileira, com a comprovação, certificada nos autos, da inexistência de adotantes habilitados residentes no Brasil com perfil compatível com a criança ou adolescente, após consulta aos cadastros mencionados nesta Lei; (Redação dada pela Lei nº 13.509, de 2017)

III - que, em se tratando de adoção de adolescente, este foi consultado, por meios adequados ao seu estágio de desenvolvimento, e que se encontra preparado para a medida, mediante parecer elaborado por equipe interprofissional, observado o disposto nos §§ 1º e 2º do art. 28 desta lei. (Incluído pela Lei 12.010/2009.)

§ 2º Os brasileiros residentes no exterior terão preferência aos estrangeiros, nos casos de adoção internacional de criança ou adolescente brasileiro. (Redação dada pela Lei 12.010/2009.)

§ 3º A adoção internacional pressupõe a intervenção das Autoridades Centrais Estaduais e Federal em matéria de adoção internacional. (Redação dada pela Lei 12.010/2009.)

Art. 52. A adoção internacional observará o procedimento previsto nos arts. 165 a 170 desta lei, com as seguintes adaptações: (Redação dada pela Lei 12.010/2009.)

I - a pessoa ou casal estrangeiro, interessado em adotar criança ou adolescente brasileiro, deverá formular pedido de habilitação à adoção perante a Autoridade Central em matéria de adoção internacional no país de acolhida, assim entendido aquele onde está situada sua residência habitual; (Incluído pela Lei 12.010/2009.)

II - se a Autoridade Central do país de acolhida considerar que os solicitantes estão habilitados e aptos para adotar, emitirá um relatório que contenha informações sobre a identidade, a capacidade jurídica e adequação dos solicitantes para adotar, sua situação pessoal, familiar e médica, seu meio social, os motivos que os animam e sua aptidão para assumir uma adoção internacional; (Incluído pela Lei 12.010/2009.)

III - a Autoridade Central do país de acolhida enviará o relatório à Autoridade Central Estadual, com cópia para a Autoridade Central Federal Brasileira; (Incluído pela Lei 12.010/2009.)

IV - o relatório será instruído com toda a documentação necessária, incluindo estudo psicossocial elaborado por equipe interprofissional habilitada e cópia autenticada da legislação pertinente, acompanhada da respectiva prova de vigência; (Incluído pela Lei 12.010/2009.)

V - os documentos em língua estrangeira serão devidamente autenticados pela autoridade consular, observados os tratados e convenções internacionais, e acompanhados da respectiva tradução, por tradutor público juramentado; (Incluído pela Lei 12.010/2009.)

VI - a Autoridade Central Estadual poderá fazer exigências e solicitar complementação sobre o estudo psicossocial do postulante estrangeiro à adoção, já realizado no país de acolhida; (Incluído pela Lei 12.010/2009.)

VII - verificada, após estudo realizado pela Autoridade Central Estadual, a compatibilidade da legislação estrangeira com a nacional, além do preenchimento por parte dos postulantes à medida dos requisitos objetivos e subjetivos necessários ao seu deferimento, tanto à luz do que dispõe esta Lei como da legislação do país de acolhida, será expedido laudo de habilitação à adoção internacional, que terá validade por, no máximo, 1 (um) ano; (Incluído pela Lei 12.010/2009.)

VIII - de posse do laudo de habilitação, o interessado será autorizado a formalizar pedido de adoção perante o Juízo da Infância e da Juventude do local em que se encontra a criança ou adolescente, conforme indicação efetuada pela Autoridade Central Estadual. (Incluído pela Lei 12.010/2009.)

§ 1º Se a legislação do país de acolhida assim o autorizar, admite-se que os pedidos de habilitação à adoção internacional sejam intermediados por organismos credenciados. (Incluído pela Lei 12.010/2009.)

§ 2º Incumbe à Autoridade Central Federal Brasileira o credenciamento de organismos nacionais e estrangeiros encarregados de intermediar pedidos de habilitação à adoção internacional, com posterior comunicação às Autoridades Centrais Estaduais e publicação nos órgãos oficiais de imprensa e em sítio próprio da internet. (Incluído pela Lei 12.010/2009.)

§ 3º Somente será admissível o credenciamento de organismos que: (Incluído pela Lei 12.010/2009.)

I - sejam oriundos de países que ratificaram a Convenção de Haia e estejam devidamente credenciados pela Autoridade Central do país onde estiverem sediados e no país de acolhida do adotando para atuar em adoção internacional no Brasil; (Incluído pela Lei 12.010/2009.)

II - satisfizerem as condições de integridade moral, competência profissional, experiência e responsabilidade exigidas pelos países respectivos e pela Autoridade Central Federal Brasileira; (Incluído pela Lei 12.010/2009.)

III - forem qualificados por seus padrões éticos e sua formação e experiência para atuar na área de adoção internacional; (Incluído pela Lei 12.010/2009.)

IV - cumprirem os requisitos exigidos pelo ordenamento jurídico brasileiro e pelas normas estabelecidas pela Autoridade Central Federal Brasileira. (Incluído pela Lei 12.010/2009.)

§ 4º Os organismos credenciados deverão ainda: (Incluído pela Lei 12.010/2009.)

I - perseguir unicamente fins não lucrativos, nas condições e dentro dos limites fixados pelas autoridades competentes do país onde estiverem sediados, do país de acolhida e pela Autoridade Central Federal Brasileira; (Incluído pela Lei 12.010/2009.)

II - ser dirigidos e administrados por pessoas qualificadas e de reconhecida idoneidade moral, com comprovada formação ou experiência para atuar na área de adoção internacional, cadastradas pelo Departamento de Polícia Federal e aprovadas pela Autoridade Central Federal Brasileira, mediante publicação de portaria do órgão federal competente; (Incluída pela Lei 12.010/2009.)

III - estar submetidos à supervisão das autoridades competentes do país onde estiverem sediados e no país de acolhida, inclusive quanto à sua composição, funcionamento e situação financeira; (Incluído pela Lei 12.010/2009.)

IV - apresentar à Autoridade Central Federal Brasileira, a cada ano, relatório geral das atividades desenvolvidas, bem como relatório de acompanhamento das adoções internacionais efetuadas no período, cuja cópia será encaminhada ao Departamento de Polícia Federal; (Incluído pela Lei 12.010/2009.)

V - enviar relatório pós-adotivo semestral para a Autoridade Central Estadual, com cópia para a Autoridade Central Federal Brasileira, pelo período mínimo de 2 (dois) anos. O envio do relatório será mantido até a juntada de cópia autenticada do registro civil, estabelecendo a cidadania do país de acolhida para o adotado; (Incluído pela Lei 12.010/2009.)

VI - tomar as medidas necessárias para garantir que os adotantes encaminhem à Autoridade Central Federal Brasileira cópia da certidão de registro de nascimento estrangeira e do certificado de nacionalidade tão logo lhes sejam concedidos. (Incluído pela Lei 12.010/2009.)

§ 5º A não apresentação dos relatórios referidos no § 4º deste artigo pelo organismo credenciado poderá acarretar a suspensão de seu credenciamento. (Incluído pela Lei 12.010/2009.)

§ 6º O credenciamento de organismo nacional ou estrangeiro encarregado de intermediar pedidos de adoção internacional terá validade de 2 (dois) anos. (Incluído pela Lei 12.010/2009.)

§ 7º A renovação do credenciamento poderá ser concedida mediante requerimento protocolado na Autoridade Central Federal Brasileira nos 60 (sessenta) dias anteriores ao término do respectivo prazo de validade. (Incluído pela Lei 12.010/2009.)

§ 8º Antes de transitada em julgado a decisão que concedeu a adoção internacional, não será permitida a saída do adotando do território nacional. (Incluído pela Lei 12.010/2009.)

§ 9º Transitada em julgado a decisão, a autoridade judiciária determinará a expedição de alvará com autorização de viagem, bem como para obtenção de passaporte, constando, obrigatoriamente, as características da criança ou adolescente adotado, como idade, cor, sexo, eventuais sinais ou traços peculiares, assim como foto recente e a aposição da impressão digital do seu polegar direito, instruindo o documento com cópia autenticada da decisão e certidão de trânsito em julgado. (Incluído pela Lei 12.010/2009.)

§ 10. A Autoridade Central Federal Brasileira poderá, a qualquer momento, solicitar informações sobre a situação das crianças e adolescentes adotados. (Incluído pela Lei 12.010/2009.)

§ 11. A cobrança de valores por parte dos organismos credenciados, que sejam considerados abusivos pela Autoridade Central Federal Brasileira e que não estejam devidamente comprovados, é causa de seu descredenciamento. (Incluído pela Lei 12.010/2009.)

§ 12. Uma mesma pessoa ou seu cônjuge não podem ser representados por mais de uma entidade credenciada para atuar na cooperação em adoção internacional. (Incluído pela Lei 12.010/2009.)

§ 13. A habilitação de postulante estrangeiro ou domiciliado fora do Brasil terá validade máxima de 1 (um) ano, podendo ser renovada. (Incluído pela Lei 12.010/2009.)

§ 14. É vedado o contato direto de representantes de organismos de adoção, nacionais ou estrangeiros, com dirigentes de programas de acolhimento institucional ou familiar, assim como com crianças e adolescentes em condições de serem adotados, sem a devida autorização judicial. (Incluído pela Lei 12.010/2009.)

§ 15. A Autoridade Central Federal Brasileira poderá limitar ou suspender a concessão de novos credenciamentos sempre que julgar necessário, mediante ato administrativo fundamentado. (Incluído pela Lei 12.010/2009.)

Art. 52-A. É vedado, sob pena de responsabilidade e descredenciamento, o repasse de recursos provenientes de organismos estrangeiros encarregados de intermediar pedidos de adoção internacional a organismos nacionais ou a pessoas físicas. (Incluído pela Lei 12.010/2009.)

Parágrafo único. Eventuais repasses somente poderão ser efetuados via Fundo dos Direitos da Criança e do Adolescente e estarão sujeitos às deliberações do respectivo Conselho de Direitos da Criança e do Adolescente. (Incluído pela Lei 12.010/2009.)

Art. 52-B. A adoção por brasileiro residente no exterior em país ratificante da Convenção de Haia, cujo processo de adoção tenha sido processado em conformidade com a legislação vigente no país de residência e atendido o disposto na alínea *c* do Artigo 17 da referida Convenção, será automaticamente recepcionada com o reingresso no Brasil. (Incluído pela Lei 12.010/2009.)

§ 1º Caso não tenha sido atendido o disposto na alínea c do Artigo 17 da Convenção de Haia, deverá a sentença ser homologada pelo Superior Tribunal de Justiça. (Incluído pela Lei 12.010/2009.)

§ 2º O pretendente brasileiro residente no exterior em país não ratificante da Convenção de Haia, uma vez reingressado no Brasil, deverá requerer a homologação da sentença estrangeira pelo Superior Tribunal de Justiça. (Incluído pela Lei 12.010/2009.)

Art. 52-C. Nas adoções internacionais, quando o Brasil for o país de acolhida, a decisão da autoridade competente do país de origem da criança ou do adolescente será conhecida pela Autoridade Central Estadual que tiver processado o pedido de habilitação dos pais adotivos, que comunicará o fato à Autoridade Central Federal e determinará as providências necessárias à expedição do Certificado de Naturalização Provisório. (Incluído pela Lei 12.010/2009.)

§ 1º A Autoridade Central Estadual, ouvido o Ministério Público, somente deixará de reconhecer os efeitos daquela decisão se restar demonstrado que a adoção é manifestamente contrária à ordem pública ou não atende ao interesse superior da criança ou do adolescente. (Incluído pela Lei 12.010/2009.)

§ 2º Na hipótese de não reconhecimento da adoção, prevista no § 1º deste artigo, o Ministério Público deverá imediatamente requerer o que for de direito para resguardar os interesses da criança ou do adolescente, comunicando-se as providências à Autoridade Central Estadual, que fará a comunicação à Autoridade Central Federal Brasileira e à Autoridade Central do país de origem. (Incluído pela Lei 12.010/2009.)

Art. 52-D. Nas adoções internacionais, quando o Brasil for o país de acolhida e a adoção não tenha sido deferida no país de origem porque a sua legislação a delega ao país de acolhida, ou, ainda, na hipótese de, mesmo com decisão, a criança ou o adolescente ser oriundo de país que não tenha aderido à Convenção referida, o processo de adoção seguirá as regras da adoção nacional. (Incluído pela Lei 12.010/2009.)

CAPÍTULO IV
DO DIREITO À EDUCAÇÃO, À CULTURA, AO ESPORTE E AO LAZER

Art. 53. A criança e o adolescente têm direito à educação, visando ao pleno desenvolvimento de sua pessoa, preparo para o exercício da cidadania e qualificação para o trabalho, assegurando-se-lhes:

I - igualdade de condições para o acesso e permanência na escola;

II - direito de ser respeitado por seus educadores;

III - direito de contestar critérios avaliativos, podendo recorrer às instâncias escolares superiores;

IV - direito de organização e participação em entidades estudantis;

V - acesso à escola pública e gratuita, próxima de sua residência, garantindo-se vagas no mesmo estabelecimento a irmãos que frequentem a mesma etapa ou ciclo de ensino da educação básica. (Redação dada pela Lei 13.845/2019)

Parágrafo único. É direito dos pais ou responsáveis ter ciência do processo pedagógico, bem como participar da definição das propostas educacionais.

Art. 53-A. É dever da instituição de ensino, clubes e agremiações recreativas e de estabelecimentos congêneres assegurar medidas de conscientização, prevenção e enfrentamento ao uso ou dependência de drogas ilícitas. (Incluído pela Lei nº 13.840, de 2019)

Art. 54. É dever do Estado assegurar à criança e ao adolescente:

I - ensino fundamental, obrigatório e gratuito, inclusive para os que a ele não tiveram acesso na idade própria;

II - progressiva extensão da obrigatoriedade e gratuidade ao ensino médio;

III - atendimento educacional especializado aos portadores de deficiência, preferencialmente na rede regular de ensino;

IV - atendimento em creche e pré-escola às crianças de zero a cinco anos de idade; (Alterado pela Lei 13.306/2016.)

- arts. 7º, XXV; 208, IV, CF.

V - acesso aos níveis mais elevados do ensino, da pesquisa e da criação artística, segundo a capacidade de cada um;

VI - oferta de ensino noturno regular, adequado às condições do adolescente trabalhador;

VII - atendimento no ensino fundamental, através de programas suplementares de material didático-escolar, transporte, alimentação e assistência à saúde.

§ 1º O acesso ao ensino obrigatório e gratuito é direito público subjetivo.

§ 2º O não oferecimento do ensino obrigatório pelo Poder Público ou sua oferta irregular importa responsabilidade da autoridade competente.

§ 3º Compete ao Poder Público recensear os educandos no ensino fundamental, fazer-lhes a chamada e zelar, junto aos pais ou responsável, pela frequência à escola.

Art. 55. Os pais ou responsável têm a obrigação de matricular seus filhos ou pupilos na rede regular de ensino.

Art. 56. Os dirigentes de estabelecimentos de ensino fundamental comunicarão ao Conselho Tutelar os casos de:

I - maus-tratos envolvendo seus alunos;

II - reiteração de faltas injustificadas e de evasão escolar, esgotados os recursos escolares;

III - elevados níveis de repetência.

Art. 57. O Poder Público estimulará pesquisas, experiências e novas propostas relativas a calendário, seriação, currículo, metodologia, didática e avaliação, com vistas à inserção de crianças e adolescentes excluídos do ensino fundamental obrigatório.

Art. 58. No processo educacional respeitar-se-ão os valores culturais, artísticos e históricos próprios do contexto social da criança e do adolescente, garantindo-se a estes a liberdade da criação e o acesso às fontes de cultura.

Art. 59. Os municípios, com apoio dos estados e da União, estimularão e facilitarão a destinação de recursos e espaços para programações culturais, esportivas e de lazer voltadas para a infância e a juventude.

CAPÍTULO V
DO DIREITO À PROFISSIONALIZAÇÃO E À PROTEÇÃO NO TRABALHO

- arts. 402 a 441, CLT.
- art. 149, CP.
- arts. 14 a 16, Lei 12.852/2013 (Estatuto da Juventude).
- Dec. 9.579/2018 (Regulamenta a contratação de aprendizes).

Art. 60. É proibido qualquer trabalho a menores de quatorze anos de idade, salvo na condição de aprendiz.

- art. 7º, XXXIII, CF.

Art. 61. A proteção ao trabalho dos adolescentes é regulada por legislação especial, sem prejuízo do disposto nesta Lei.

Art. 62. Considera-se aprendizagem a formação técnico-profissional ministrada segundo as diretrizes e bases da legislação de educação em vigor.

Art. 63. A formação técnico-profissional obedecerá aos seguintes princípios:

I - garantia de acesso e frequência obrigatória ao ensino regular;

II - atividade compatível com o desenvolvimento do adolescente;

III - horário especial para o exercício das atividades.

Art. 64. Ao adolescente até quatorze anos de idade é assegurada bolsa de aprendizagem.

Art. 65. Ao adolescente aprendiz, maior de quatorze anos, são assegurados os direitos trabalhistas e previdenciários.

Art. 66. Ao adolescente portador de deficiência é assegurado trabalho protegido.

Art. 67. Ao adolescente empregado, aprendiz, em regime familiar de trabalho, aluno de escola técnica, assistido em entidade governamental ou não governamental, é vedado trabalho:

I - noturno, realizado entre as vinte e duas horas de um dia e as cinco horas do dia seguinte;

II - perigoso, insalubre ou penoso;

III - realizado em locais prejudiciais à sua formação e ao seu desenvolvimento físico, psíquico, moral e social;

IV - realizado em horários e locais que não permitam a frequência à escola.

Art. 68. O programa social que tenha por base o trabalho educativo, sob responsabilidade de entidade governamental ou não governamental sem fins lucrativos, deverá assegurar ao adolescente que dele participe condições de capacitação para o exercício de atividade regular remunerada.

§ 1º Entende-se por trabalho educativo a atividade laboral em que as exigências pedagógicas relativas ao desenvolvimento pessoal e social do educando prevalecem sobre o aspecto produtivo.

§ 2º A remuneração que o adolescente recebe pelo trabalho efetuado ou a participação na venda dos produtos de seu trabalho não desfigura o caráter educativo.

Art. 69. O adolescente tem direito à profissionalização e à proteção no trabalho, observados os seguintes aspectos, entre outros:

I - respeito à condição peculiar de pessoa em desenvolvimento;

II - capacitação profissional adequada ao mercado de trabalho.

TÍTULO III
DA PREVENÇÃO

- Dec. 3.951/2001 (Designa a Autoridade Central para dar cumprimento às obrigações impostas pela Convenção sobre os Aspectos Civis do Sequestro Internacional de Crianças, cria o Conselho da Autoridade Central Administrativa Federal contra o Sequestro Internacional de Crianças e institui o Programa Nacional para Cooperação no Regresso de Crianças e Adolescentes Brasileiros Sequestrados Internacionalmente).

CAPÍTULO I
DISPOSIÇÕES GERAIS

Art. 70. É dever de todos prevenir a ocorrência de ameaça ou violação dos direitos da criança e do adolescente.

Art. 70-A. A União, os Estados, o Distrito Federal e os Municípios deverão atuar de forma articulada na elaboração de políticas públicas e na execução de ações destinadas a coibir o uso de castigo físico ou de tratamento cruel ou degradante e difundir formas não violentas de educação de crianças e de adolescentes, tendo como principais ações: (Acrescentado pela Lei 13.010/2014.)

I - a promoção de campanhas educativas permanentes para a divulgação do direito da criança e do adolescente de serem educados e cuidados sem o uso de castigo físico ou de tratamento cruel ou degradante e dos instrumentos de proteção aos direitos humanos; (Acrescentado pela Lei 13.010/2014.)

II - a integração com os órgãos do Poder Judiciário, do Ministério Público e da Defensoria Pública, com o Conselho Tutelar, com os Conselhos de Direitos da Criança e do Adolescente e com as entidades não governamentais que atuam na promoção, proteção e defesa dos direitos da criança e do adolescente; (Acrescentado pela Lei 13.010/2014.)

III - a formação continuada e a capacitação dos profissionais de saúde, educação e assistência social e dos demais agentes que atuam na promoção, proteção e defesa dos direitos da criança e do adolescente para o desenvolvimento das competências necessárias à prevenção, à identificação de evidências, ao diagnóstico e ao enfrentamento de todas as formas de violência contra a criança e o adolescente; (Acrescentado pela Lei 13.010/2014.)

IV - o apoio e o incentivo às práticas de resolução pacífica de conflitos que envolvam violência contra a criança e o adolescente; (Acrescentado pela Lei 13.010/2014.)

V - a inclusão, nas políticas públicas, de ações que visem a garantir os direitos da criança e do adolescente, desde a atenção pré-natal, e de atividades junto aos pais e responsáveis com o objetivo de promover a informação, a reflexão, o debate e a orientação sobre alternativas ao uso de castigo físico ou de tratamento cruel ou degradante no processo educativo; (Acrescentado pela Lei 13.010/2014.)

VI - a promoção de espaços intersetoriais locais para a articulação de ações e a elaboração de planos de atuação conjunta focados nas famílias em situação de violência, com participação de profissionais de saúde, de assistência social e de educação e de órgãos de promoção, proteção e defesa dos direitos da criança e do adolescente. (Acrescentado pela Lei 13.010/2014.)

Parágrafo único. As famílias com crianças e adolescentes com deficiência terão prioridade de atendimento nas ações e políticas públicas de prevenção e proteção. (Acrescentado pela Lei 13.010/2014.)

Art. 70-B. As entidades, públicas e privadas, que atuem nas áreas a que se refere o art. 71, dentre outras, devem contar, em seus quadros, com pessoas capacitadas a reconhecer e comunicar ao Conselho Tutelar suspeitas ou casos de maus-tratos praticados contra crianças e adolescentes. (Alterado pela Lei 13.046/2014.)

Parágrafo único. São igualmente responsáveis pela comunicação de que trata este artigo, as pessoas encarregadas, por razão de cargo, função, ofício, ministério, profissão ou ocupação, do cuidado, assistência ou guarda de crianças e adolescentes, punível, na forma deste Estatuto, o injustificado retardamento ou omissão, culposos ou dolosos. (Alterado pela Lei 13.046/2014.)

Art. 71. A criança e o adolescente têm direito a informação, cultura, lazer, esportes, diversões, espetáculos e produtos e serviços que respeitem sua condição peculiar de pessoa em desenvolvimento.

- Lei 12.933/2013 (Lei da meia-entrada).

Art. 72. As obrigações previstas nesta Lei não excluem da prevenção especial outras decorrentes dos princípios por ela adotados.

Art. 73. A inobservância das normas de prevenção importará em responsabilidade da pessoa física ou jurídica, nos termos desta lei.

- arts. 208 a 224 e 245 a 258, desta lei.

CAPÍTULO II
DA PREVENÇÃO ESPECIAL

SEÇÃO I
DA INFORMAÇÃO, CULTURA, LAZER, ESPORTES, DIVERSÕES E ESPETÁCULOS

Art. 74. O Poder Público, através do órgão competente, regulará as diversões e espetáculos públicos, informando sobre a natureza deles, as faixas etárias a que não se recomendem, locais e horários em que sua apresentação se mostre inadequada.

Parágrafo único. Os responsáveis pelas diversões e espetáculos públicos deverão afixar, em lugar visível e de fácil acesso, à entrada do local de exibição, informação destacada sobre a natureza do espetáculo e a faixa etária especificada no certificado de classificação.

Art. 75. Toda criança ou adolescente terá acesso às diversões e espetáculos públicos classificados como adequados à sua faixa etária.

Parágrafo único. As crianças menores de dez anos somente poderão ingressar e permanecer nos locais de apresentação ou exibição quando acompanhadas dos pais ou responsável.

Art. 76. As emissoras de rádio e televisão somente exibirão, no horário recomendado para o público infantojuvenil, programas com finalidades educativas, artísticas, culturais e informativas.

Parágrafo único. Nenhum espetáculo será apresentado ou anunciado sem aviso de sua classificação, antes de sua transmissão, apresentação ou exibição.

Art. 77. Os proprietários, diretores, gerentes e funcionários de empresas que explorem a venda ou aluguel de fitas de programação em vídeo cuidarão para que não haja venda ou locação em desacordo com a classificação atribuída pelo órgão competente.

Parágrafo único. As fitas a que alude este artigo deverão exibir, no invólucro, informação sobre a natureza da obra e a faixa etária a que se destinam.

Art. 78. As revistas e publicações contendo material impróprio ou inadequado a crianças e adolescentes deverão ser comercializadas em embalagem lacrada, com a advertência de seu conteúdo.

Parágrafo único. As editoras cuidarão para que as capas que contenham mensagens pornográficas ou obscenas sejam protegidas com embalagem opaca.

Art. 79. As revistas e publicações destinadas ao público infantojuvenil não poderão conter ilustrações, fotografias, legendas, crônicas ou anúncios de bebidas alcoólicas, tabaco, armas e munições, e deverão respeitar os valores éticos e sociais da pessoa e da família.

Art. 80. Os responsáveis por estabelecimentos que explorem comercialmente bilhar, sinuca ou congênere ou por casas de jogos, assim entendidas as que realizem apostas, ainda que eventualmente, cuidarão para que não seja permitida a entrada e a permanência de crianças e adolescentes no local, afixando aviso para orientação do público.

SEÇÃO II
DOS PRODUTOS E SERVIÇOS

Art. 81. É proibida a venda à criança ou ao adolescente de:

- Lei 12.291/2013 (Torna obrigatória a manutenção de exemplar do CDC nos estabelecimentos comerciais e de prestação de serviços).

I - armas, munições e explosivos;

II - bebidas alcoólicas;

- art. 258-C, desta lei.

III - produtos cujos componentes possam causar dependência física ou psíquica ainda que por utilização indevida;

IV - fogos de estampido e de artifício, exceto aqueles que pelo seu reduzido potencial sejam incapazes de provocar qualquer dano físico em caso de utilização indevida;

V - revistas e publicações a que alude o art. 78;

VI - bilhetes lotéricos e equivalentes.

Art. 82. É proibida a hospedagem de criança ou adolescente em hotel, motel, pensão ou estabelecimento congênere, salvo se autorizado ou acompanhado pelos pais ou responsável.

SEÇÃO III
DA AUTORIZAÇÃO PARA VIAJAR

Art. 83. Nenhuma criança ou adolescente menor de 16 (dezesseis) anos poderá viajar para fora da comarca onde reside desacompanhado dos pais ou dos responsáveis sem expressa autorização judicial. (Redação dada pela Lei nº 13.812, de 2019)

§ 1º A autorização não será exigida quando:

a) tratar-se de comarca contígua à da residência da criança ou do adolescente menor de 16 (dezesseis) anos, se na mesma unidade da Federação, ou incluída na mesma região metropolitana; (Redação dada pela Lei nº 13.812, de 2019)

b) a criança ou o adolescente menor de 16 (dezesseis) anos estiver acompanhado: (Redação dada pela Lei nº 13.812, de 2019)

1) de ascendente ou colateral maior, até o terceiro grau, comprovado documentalmente o parentesco;

2) de pessoa maior, expressamente autorizada pelo pai, mãe ou responsável.

§ 2º A autoridade judiciária poderá, a pedido dos pais ou responsável, conceder autorização válida por dois anos.

Art. 84. Quando se tratar de viagem ao exterior, a autorização é dispensável, se a criança ou adolescente:

I - estiver acompanhado de ambos os pais ou responsável;

II - viajar na companhia de um dos pais, autorizado expressamente pelo outro através de documento com firma reconhecida.

Art. 85. Sem prévia e expressa autorização judicial, nenhuma criança ou adolescente nascido em território nacional poderá sair do país em companhia de estrangeiro residente ou domiciliado no exterior.

PARTE ESPECIAL

TÍTULO I
DA POLÍTICA DE ATENDIMENTO

CAPÍTULO I
DISPOSIÇÕES GERAIS

Art. 86. A política de atendimento dos direitos da criança e do adolescente far-se-á através de um conjunto articulado de ações governamentais e não governamentais, da União, dos Estados, do Distrito Federal e dos Municípios.

Art. 87. São linhas de ação da política de atendimento:

I - políticas sociais básicas;

II - serviços, programas, projetos e benefícios de assistência social de garantia de proteção social e de prevenção e redução de violações de direitos, seus agravamentos ou reincidências; (Alterado pela Lei 13.257/2016.)

III - serviços especiais de prevenção e atendimento médico e psicossocial às vítimas de negligência, maus-tratos, exploração, abuso, crueldade e opressão;

IV - serviço de identificação e localização de pais, responsável, crianças e adolescentes desaparecidos;

- Lei 12.127/2009 (Cria o Cadastro Nacional de Crianças e Adolescentes Desaparecidos).

V - proteção jurídico-social por entidades de defesa dos direitos da criança e do adolescente;

VI - políticas e programas destinados a prevenir ou abreviar o período de afastamento do convívio familiar e a garantir o efetivo exercício do direito à convivência familiar de crianças e adolescentes; (Incluído pela Lei 12.010/2009.)

VII - campanhas de estímulo ao acolhimento sob forma de guarda de crianças e adolescentes afastados do convívio familiar e à adoção, especificamente inter-racial, de crianças maiores ou de adolescentes, com necessidades específicas de saúde ou com deficiências e de grupos de irmãos. (Incluído pela Lei 12.010/2009.)

Art. 88. São diretrizes da política de atendimento:

I - municipalização do atendimento;

II - criação de conselhos municipais, estaduais e nacional dos direitos da criança e do adolescente, órgãos deliberativos e controladores das ações em todos os níveis, assegurada a participação popular paritária por meio de organizações representativas, segundo leis federal, estaduais e municipais;

- art. 4º, § 1º, Lei 12.594/2012 (Institui o Sistema Nacional de Atendimento Socioeducativo – SINASE).
- Dec. 10.069/2019 (Dispõe sobre o Conselho Nacional de Juventude).

III - criação e manutenção de programas específicos, observada a descentralização político-administrativa;

IV - manutenção de fundos nacional, estaduais e municipais vinculados aos respectivos conselhos dos direitos da criança e do adolescente;

V - integração operacional de órgãos do Judiciário, Ministério Público, Defensoria, Segurança Pública e Assistência Social, preferencialmente em um mesmo local, para efeito de agilização do atendimento inicial a adolescente a quem se atribua autoria de ato infracional;

- art. 4º, VII, Lei 12.594/2012 (Institui o Sistema Nacional de Atendimento Socioeducativo – SINASE).

VI - integração operacional de órgãos do Judiciário, Ministério Público, Defensoria, Conselho Tutelar e encarregados da execução das políticas sociais básicas e de assistência social, para efeito de agilização do atendimento de crianças e de adolescentes inseridos em programas de acolhimento familiar ou institucional, com vista na sua rápida reintegração à família de origem ou, se tal solução se mostrar comprovadamente inviável, sua colocação em família substituta, em quaisquer das modalidades previstas no art. 28 desta lei; (Redação dada pela Lei 12.010/2009.)

VII - mobilização da opinião pública para a indispensável participação dos diversos segmentos da sociedade; (Incluído pela Lei 12.010/2009.)

VIII - especialização e formação continuada dos profissionais que trabalham nas diferentes áreas da atenção à primeira infância, incluindo os conhecimentos sobre direitos da criança e sobre desenvolvimento infantil; (Acrescentado pela Lei 13.257/2016.)

IX - formação profissional com abrangência dos diversos direitos da criança e do adolescente que favoreça a intersetorialidade no atendimento da criança e do adolescente e seu desenvolvimento integral; (Acrescentado pela Lei 13.257/2016.)

X - realização e divulgação de pesquisas sobre desenvolvimento infantil e sobre prevenção da violência. (Acrescentado pela Lei 13.257/2016.)

Art. 89. A função de membro do conselho nacional e dos conselhos estaduais e municipais dos direitos da criança e do adolescente é considerada de interesse público relevante e não será remunerada.

CAPÍTULO II
DAS ENTIDADES DE ATENDIMENTO

SEÇÃO I
DISPOSIÇÕES GERAIS

Art. 90. As entidades de atendimento são responsáveis pela manutenção das próprias unidades, assim como pelo planejamento e execução de programas de proteção e socioeducativos destinados a crianças e adolescentes, em regime de:

I - orientação e apoio sociofamiliar;

II - apoio socioeducativo em meio aberto;

III - colocação familiar;

IV - acolhimento institucional; (Redação dada pela Lei 12.010/2009.)

V - prestação de serviços à comunidade; (Acrescentado pela Lei 12.594/2012.)

VI - liberdade assistida;

VII - semiliberdade;

VIII - internação. (Incisos V a VIII renumerados pela Lei 12.594/2012).

§ 1º As entidades governamentais e não governamentais deverão proceder à inscrição de seus programas, especificando os regimes de atendimento, na forma definida neste artigo, no Conselho Municipal dos Direitos da Criança e do Adolescente, o qual manterá registro das inscrições e de suas alterações, do que fará comunicação ao Conselho Tutelar e à autoridade judiciária. (Incluído pela Lei 12.010/2009.)

§ 2º Os recursos destinados à implementação e manutenção dos programas relacionados neste artigo serão previstos nas dotações orçamentárias dos órgãos públicos encarregados das áreas de Educação, Saúde e Assistência Social, dentre outros, observando-se o princípio da prioridade absoluta à criança e ao adolescente preconizado pelo *caput* do art. 227 da Constituição Federal e pelo *caput* e parágrafo único do art. 4º desta lei. (Incluído pela Lei 12.010/2009.)

§ 3º Os programas em execução serão reavaliados pelo Conselho Municipal dos Direitos da Criança e do Adolescente, no máximo, a cada 2 (dois) anos, constituindo-se critérios para renovação da autorização de funcionamento: (Incluído pela Lei 12.010/2009.)

I - o efetivo respeito às regras e princípios desta lei, bem como às resoluções relativas à modalidade de atendimento prestado expedidas pelos Conselhos de Direitos da Criança e do Adolescente, em todos os níveis; (Incluído pela Lei 12.010/2009.)

II - a qualidade e eficiência do trabalho desenvolvido, atestadas pelo Conselho Tutelar, pelo Ministério Público e pela Justiça da Infância e da Juventude; (Incluído pela Lei 12.010/2009.)

III - em se tratando de programas de acolhimento institucional ou familiar, serão considerados os índices de sucesso na reintegração familiar ou de adaptação à família substituta, conforme o caso. (Incluído pela Lei 12.010/2009.)

Art. 91. As entidades não governamentais somente poderão funcionar depois de registradas no Conselho Municipal dos Direitos da Criança e do Adolescente, o qual comunicará o registro ao Conselho Tutelar e à autoridade judiciária da respectiva localidade.

§ 1º Será negado o registro à entidade que: (Incluído pela Lei 12.010/2009.)

a) não ofereça instalações físicas em condições adequadas de habitabilidade, higiene, salubridade e segurança;

b) não apresente plano de trabalho compatível com os princípios desta lei;

c) esteja irregularmente constituída;

d) tenha em seus quadros pessoas inidôneas;

e) não se adequar ou deixar de cumprir as resoluções e deliberações relativas à modalidade de atendimento prestado expedidas pelos Conselhos de Direitos da Criança e do Adolescente, em todos os níveis. (Incluída pela Lei 12.010/2009.)

§ 2º O registro terá validade máxima de 4 (quatro) anos, cabendo ao Conselho Municipal dos Direitos da Criança e do Adolescente, periodicamente, reavaliar o cabimento de sua renovação, observado o disposto no § 1º deste artigo. (Incluído pela Lei 12.010/2009.)

Art. 92. As entidades que desenvolvam programas de acolhimento familiar ou institucional deverão adotar os seguintes princípios: (Redação dada pela Lei 12.010/2009.)

I - preservação dos vínculos familiares e promoção da reintegração familiar; (Redação dada pela Lei 12.010/2009.)

II - integração em família substituta, quando esgotados os recursos de manutenção na família natural ou extensa;

III - atendimento personalizado e em pequenos grupos;

IV - desenvolvimento de atividades em regime de coeducação;

V - não desmembramento de grupos de irmãos;

VI - evitar, sempre que possível, a transferência para outras entidades de crianças e adolescentes abrigados;

VII - participação na vida da comunidade local;

VIII - preparação gradativa para o desligamento;

IX - participação de pessoas da comunidade no processo educativo.

§ 1º O dirigente de entidade que desenvolve programa de acolhimento institucional é equiparado ao guardião, para todos os efeitos de direito. (Incluído pela Lei 12.010/2009.)

§ 2º Os dirigentes de entidades que desenvolvem programas de acolhimento familiar ou institucional remeterão à autoridade judiciária, no máximo a cada 6 (seis) meses, relatório circunstanciado acerca da situação de cada criança ou adolescente acolhido e sua família, para fins da reavaliação prevista no § 1º do art. 19 desta lei. (Incluído pela Lei 12.010/2009.)

§ 3º Os entes federados, por intermédio dos Poderes Executivo e Judiciário, promoverão conjuntamente a permanente qualificação dos profissionais que atuam direta ou indiretamente em programas de acolhimento institucional e destinados à colocação familiar de crianças e adolescentes, incluindo membros do Poder Judiciário, Ministério Público e Conselho Tutelar. (Incluído pela Lei 12.010/2009.)

§ 4º Salvo determinação em contrário da autoridade judiciária competente, as entidades que desenvolvem programas de acolhimento familiar ou institucional, se necessário com o auxílio do Conselho Tutelar e dos órgãos de assistência social, estimularão o contato da criança ou adolescente com seus pais e parentes, em cumprimento ao disposto nos incisos I e VIII do *caput* deste artigo. (Incluído pela Lei 12.010/2009.)

§ 5º As entidades que desenvolvem programas de acolhimento familiar ou institucional somente poderão receber recursos públicos se comprovado o atendimento dos princípios, exigências e finalidades desta lei. (Incluído pela Lei 12.010/2009.)

§ 6º O descumprimento das disposições desta lei pelo dirigente de entidade que desenvolva programas de acolhimento familiar ou institucional é causa de sua destituição, sem prejuízo da apuração de sua responsabilidade administrativa, civil e criminal. (Incluído pela Lei 12.010/2009.)

§ 7º Quando se tratar de criança de 0 (zero) a 3 (três) anos em acolhimento institucional, dar-se-á especial atenção à atuação de educadores de referência estáveis e qualitativamente significativos, às rotinas específicas e ao atendimento das necessidades básicas, incluindo as de afeto como prioritárias. (Acrescentado pela Lei 13.257/2016.)

Art. 93. As entidades que mantenham programa de acolhimento institucional poderão, em caráter excepcional e de urgência, acolher crianças e adolescentes sem prévia determinação da autoridade competente, fazendo comunicação do fato em até 24 (vinte e quatro) horas ao Juiz da Infância e da Juventude, sob pena de responsabilidade. (Redação dada pela Lei 12.010/2009.)

Parágrafo único. Recebida a comunicação, a autoridade judiciária, ouvido o Ministério Público e se necessário com o apoio do Conselho Tutelar local, tomará as medidas necessárias para promover a imediata reintegração familiar da criança ou do adolescente ou, se por qualquer razão não for isso possível ou recomendável, para seu encaminhamento a programa de acolhimento familiar, institucional ou a família substituta, observado o disposto no § 2º do art. 101 desta lei. (Incluído pela Lei 12.010/2009.)

Art. 94. As entidades que desenvolvem programas de internação têm as seguintes obrigações, entre outras:

I - observar os direitos e garantias de que são titulares os adolescentes;

II - não restringir nenhum direito que não tenha sido objeto de restrição na decisão de internação;

III - oferecer atendimento personalizado, em pequenas unidades e grupos reduzidos;

IV - preservar a identidade e oferecer ambiente de respeito e dignidade ao adolescente;

V - diligenciar no sentido do restabelecimento e da preservação dos vínculos familiares;

VI - comunicar à autoridade judiciária, periodicamente, os casos em que se mostre inviável ou impossível o reatamento dos vínculos familiares;

VII - oferecer instalações físicas em condições adequadas de habitabilidade, higiene, salubridade e segurança e os objetos necessários à higiene pessoal;

VIII - oferecer vestuário e alimentação suficientes e adequados à faixa etária dos adolescentes atendidos;

IX - oferecer cuidados médicos, psicológicos, odontológicos e farmacêuticos;

X - propiciar escolarização e profissionalização;

XI - propiciar atividades culturais, esportivas e de lazer;

XII - propiciar assistência religiosa àqueles que desejarem, de acordo com suas crenças;

XIII - proceder a estudo social e pessoal de cada caso;

XIV - reavaliar periodicamente cada caso, com intervalo máximo de seis meses, dando ciência dos resultados à autoridade competente;

XV - informar, periodicamente, o adolescente internado sobre sua situação processual;

XVI - comunicar às autoridades competentes todos os casos de adolescentes portadores de moléstias infectocontagiosas;

XVII - fornecer comprovante de depósito dos pertences dos adolescentes;

XVIII - manter programas destinados ao apoio e acompanhamento de egressos;

XIX - providenciar os documentos necessários ao exercício da cidadania àqueles que não os tiverem;

XX - manter arquivo de anotações onde constem data e circunstâncias do atendimento, nome do adolescente, seus pais ou responsável, parentes, endereços, sexo, idade, acompanhamento da sua formação, relação de seus pertences e demais dados que possibilitem sua identificação e a individualização do atendimento.

§ 1º Aplicam-se, no que couber, as obrigações constantes deste artigo às entidades que mantêm programas de acolhimento institucional e familiar. (Redação dada pela Lei 12.010/2009.)

§ 2º No cumprimento das obrigações a que alude este artigo as entidades utilizarão preferencialmente os recursos da comunidade.

Art. 94-A. As entidades, públicas ou privadas, que abriguem ou recepcionem crianças e adolescentes, ainda que em caráter temporário, devem ter, em seus quadros, profissionais capacitados a reconhecer e reportar ao Conselho Tutelar suspeitas ou ocorrências de maus-tratos (Alterado pela Lei 13.046/2014.)

SEÇÃO II
DA FISCALIZAÇÃO DAS ENTIDADES

Art. 95. As entidades governamentais e não governamentais referidas no art. 90 serão fiscalizadas pelo Judiciário, pelo Ministério Público e pelos Conselhos Tutelares.

Art. 96. Os planos de aplicação e as prestações de contas serão apresentados ao estado ou ao município, conforme a origem das dotações orçamentárias.

Art. 97. São medidas aplicáveis às entidades de atendimento que descumprirem obrigação constante do art. 94, sem prejuízo da responsabilidade civil e criminal de seus dirigentes ou prepostos:

- Texto conforme publicação oficial.

I - às entidades governamentais:

a) advertência;

b) afastamento provisório de seus dirigentes;

c) afastamento definitivo de seus dirigentes;

d) fechamento de unidade ou interdição de programa.

II - às entidades não governamentais:

a) advertência;

b) suspensão total ou parcial do repasse de verbas públicas;

c) interdição de unidades ou suspensão de programa;

d) cassação do registro.

§ 1º Em caso de reiteradas infrações cometidas por entidades de atendimento, que coloquem em risco os direitos assegurados nesta Lei, deverá ser o fato comunicado ao Ministério Público ou representado perante autoridade judiciária competente para as providências cabíveis, inclusive suspensão das atividades ou dissolução da entidade. (Redação dada pela Lei 12.010/2009.)

§ 2º As pessoas jurídicas de direito público e as organizações não governamentais responderão pelos danos que seus agentes causarem às crianças e aos adolescentes, caracterizado o descumprimento dos princípios norteadores das atividades de proteção específica. (Redação dada pela Lei 12.010/2009.)

TÍTULO II
DAS MEDIDAS DE PROTEÇÃO

CAPÍTULO I
DISPOSIÇÕES GERAIS

Art. 98. As medidas de proteção à criança e ao adolescente são aplicáveis sempre que os direitos reconhecidos nesta Lei forem ameaçados ou violados:

- Súm. 594, do STJ.

I - por ação ou omissão da sociedade ou do Estado;

II - por falta, omissão ou abuso dos pais ou responsável;

III - em razão de sua conduta.

CAPÍTULO II
DAS MEDIDAS ESPECÍFICAS DE PROTEÇÃO

Art. 99. As medidas previstas neste Capítulo poderão ser aplicadas isolada ou cumulativamente, bem como substituídas a qualquer tempo.

Art. 100. Na aplicação das medidas levar-se-ão em conta as necessidades pedagógicas, preferindo-se aquelas que visem ao fortalecimento dos vínculos familiares e comunitários.

Parágrafo único. São também princípios que regem a aplicação das medidas: (Incluído pela Lei 12.010/2009.)

I - condição da criança e do adolescente como sujeitos de direitos: crianças e adolescentes são os titulares dos direitos previstos nesta e em outras Leis, bem como na Constituição Federal; (Incluído pela Lei 12.010/2009.)

II - proteção integral e prioritária: a interpretação e aplicação de toda e qualquer norma contida nesta Lei deve ser voltada à proteção integral e prioritária dos direitos de que crianças e adolescentes são titulares; (Incluído pela Lei 12.010/2009.)

III - responsabilidade primária e solidária do Poder Público: a plena efetivação dos direitos assegurados a crianças e a adolescentes por esta Lei e pela Constituição Federal, salvo nos casos por esta expressamente ressalvados, é de responsabilidade primária e solidária das 3 (três) esferas de governo, sem prejuízo da municipalização do atendimento e da possibilidade da execução de programas por entidades não governamentais; (Incluído pela Lei 12.010/2009.)

IV - interesse superior da criança e do adolescente: a intervenção deve atender prioritariamente aos interesses e direitos da criança e do adolescente, sem prejuízo da consideração que for devida a outros interesses legítimos no âmbito da pluralidade dos interesses presentes no caso concreto; (Incluído pela Lei 12.010/2009.)

V - privacidade: a promoção dos direitos e proteção da criança e do adolescente deve ser efetuada no respeito pela intimidade, direito à imagem e reserva da sua vida privada; (Incluído pela Lei 12.010/2009.)

VI - intervenção precoce: a intervenção das autoridades competentes deve ser efetuada logo que a situação de perigo seja conhecida; (Incluído pela Lei 12.010/2009.)

VII - intervenção mínima: a intervenção deve ser exercida exclusivamente pelas autoridades e instituições cuja ação seja indispensável à efetiva promoção dos direitos e à proteção da criança e do adolescente; (Incluído pela Lei 12.010/2009.)

VIII - proporcionalidade e atualidade: a intervenção deve ser a necessária e adequada à situação de perigo em que a criança ou o adolescente se encontram no momento em que a decisão é tomada; (Incluído pela Lei 12.010/2009.)

IX - responsabilidade parental: a intervenção deve ser efetuada de modo que os pais assumam os seus deveres para com a criança e o adolescente; (Incluído pela Lei 12.010/2009.)

X - prevalência da família: na promoção de direitos e na proteção da criança e do adolescente deve ser dada prevalência às medidas que os mantenham ou reintegrem na sua família natural ou extensa ou, se isso não for possível, que promovam a sua integração em família adotiva; (Redação dada pela Lei nº 13.509, de 2017)

XI - obrigatoriedade da informação: a criança e o adolescente, respeitado seu estágio de desenvolvimento e capacidade de compreensão, seus pais ou responsável devem ser informados dos seus direitos, dos motivos que determinaram a intervenção e da forma como esta se processa; (Incluído pela Lei 12.010/2009.)

XII - oitiva obrigatória e participação: a criança e o adolescente, em separado ou na companhia dos pais, de responsável ou de pessoa por si indicada, bem como os seus pais ou responsável, têm direito a ser ouvidos e a participar nos atos e na definição da medida de promoção dos direitos e de proteção, sendo sua opinião devidamente considerada pela autoridade judiciária competente, observado o disposto nos §§ 1º e 2º do art. 28 desta lei. (Incluído pela Lei 12.010/2009.)

Art. 101. Verificada qualquer das hipóteses previstas no art. 98, a autoridade competente poderá determinar, dentre outras, as seguintes medidas:

I - encaminhamento aos pais ou responsável, mediante termo de responsabilidade;

II - orientação, apoio e acompanhamento temporários;

III - matrícula e frequência obrigatórias em estabelecimento oficial de ensino fundamental;

IV - inclusão em serviços e programas oficiais ou comunitários de proteção, apoio e promoção da família, da criança e do adolescente; (Alterado pela Lei 13.257/2016.)

V - requisição de tratamento médico, psicológico ou psiquiátrico, em regime hospitalar ou ambulatorial;

VI - inclusão em programa oficial ou comunitário de auxílio, orientação e tratamento a alcoólatras e toxicômanos;

VII - acolhimento institucional; (Redação dada pela Lei 12.010/2009.)

VIII - inclusão em programa de acolhimento familiar; (Redação dada pela Lei 12.010/2009.)

IX - colocação em família substituta. (Incluído pela Lei 12.010/2009.)

§ 1º O acolhimento institucional e o acolhimento familiar são medidas provisórias e excepcionais, utilizáveis como forma de transição para reintegração familiar ou, não sendo esta possível, para colocação em família substituta, não implicando privação de liberdade. (Incluído pela Lei 12.010/2009.)

§ 2º Sem prejuízo da tomada de medidas emergenciais para proteção de vítimas de violência ou abuso sexual e das providências a que alude o art. 130 desta lei, o afastamento da criança ou adolescente do convívio familiar é de competência exclusiva da autoridade judiciária e importará na deflagração, a pedido do Ministério Público ou de quem tenha legítimo interesse, de procedimento judicial contencioso, no qual se garanta aos pais ou ao responsável legal o exercício do contraditório e da ampla defesa. (Incluído pela Lei 12.010/2009.)

§ 3º Crianças e adolescentes somente poderão ser encaminhados às instituições que executam programas de acolhimento institucional, governamentais ou não, por meio de uma Guia de Acolhimento, expedida pela autoridade judiciária, na qual obrigatoriamente constará, dentre outros: (Incluído pela Lei 12.010/2009.)

I - sua identificação e a qualificação completa de seus pais ou de seu responsável, se conhecidos; (Incluído pela Lei 12.010/2009.)

II - o endereço de residência dos pais ou do responsável, com pontos de referência; (Incluído pela Lei 12.010/2009.)

III - os nomes de parentes ou de terceiros interessados em tê-los sob sua guarda; (Incluído pela Lei 12.010/2009.)

IV - os motivos da retirada ou da não reintegração ao convívio familiar. (Incluído pela Lei 12.010/2009.)

§ 4º Imediatamente após o acolhimento da criança ou do adolescente, a entidade responsável pelo programa de acolhimento institucional ou familiar elaborará um plano individual de atendimento, visando à reintegração familiar, ressalvada a existência de ordem escrita e fundamentada em contrário de autoridade judiciária competente, caso em que também deverá contemplar sua colocação em família substituta, observadas as regras e princípios desta lei. (Incluído pela Lei 12.010/2009.)

§ 5º O plano individual será elaborado sob a responsabilidade da equipe técnica do respectivo programa de atendimento e levará em consideração a opinião da criança ou do adolescente e a oitiva dos pais ou do responsável. (Incluído pela Lei 12.010/2009.)

§ 6º Constarão do plano individual, dentre outros: (Incluído pela Lei 12.010/2009.)

I - os resultados da avaliação interdisciplinar; (Incluído pela Lei 12.010/2009.)

II - os compromissos assumidos pelos pais ou responsável; e (Incluído pela Lei 12.010/2009.)

III - a previsão das atividades a serem desenvolvidas com a criança ou com o adolescente acolhido e seus pais ou responsável, com vista na reintegração familiar ou, caso seja esta vedada por expressa e fundamentada determinação judicial, as providências a serem tomadas para sua colocação em família substituta, sob direta supervisão da autoridade judiciária. (Incluído pela Lei 12.010/2009.)

§ 7º O acolhimento familiar ou institucional ocorrerá no local mais próximo à residência dos pais ou do responsável e, como parte do processo de reintegração familiar, sempre que identificada a necessidade, a família de origem será incluída em programas oficiais de orientação, de apoio e de promoção social, sendo facilitado e estimulado o contato com a criança ou com o adolescente acolhido. (Incluído pela Lei 12.010/2009.)

§ 8º Verificada a possibilidade de reintegração familiar, o responsável pelo programa de acolhimento familiar ou institucional fará imediata comunicação à autoridade judiciária, que dará vista ao Ministério Público, pelo prazo de 5 (cinco) dias, decidindo em igual prazo. (Incluído pela Lei 12.010/2009.)

§ 9º Em sendo constatada a impossibilidade de reintegração da criança ou do adolescente à família de origem, após seu encaminhamento a programas oficiais ou comunitários de orientação, apoio e promoção social, será enviado relatório fundamentado ao Ministério Público, no qual conste a descrição pormenorizada das providências tomadas e a expressa recomendação, subscrita pelos técnicos da entidade ou responsáveis pela execução da política municipal de garantia do direito à convivência familiar, para a destituição do poder familiar, ou destituição de tutela ou guarda. (Incluído pela Lei 12.010/2009.)

§ 10. Recebido o relatório, o Ministério Público terá o prazo de 15 (quinze) dias para o ingresso com a ação de destituição do poder familiar, salvo se entender necessária a realização de estudos complementares ou de outras providências indispensáveis ao ajuizamento da demanda. (Redação dada pela Lei nº 13.509, de 2017)

§ 11. A autoridade judiciária manterá, em cada comarca ou foro regional, um cadastro contendo informações atualizadas sobre as crianças e adolescentes em regime de acolhimento familiar e institucional sob sua responsabilidade, com informações pormenorizadas sobre a situação jurídica de cada um, bem como as providências tomadas para sua reintegração familiar ou colocação em família substituta, em qualquer das modalidades previstas no art. 28 desta lei. (Incluído pela Lei 12.010/2009.)

- art. 258-A deste lei.

§ 12. Terão acesso ao cadastro o Ministério Público, o Conselho Tutelar, o órgão gestor da Assistência Social e os Conselhos Municipais dos Direitos da Criança e do Adolescente e da Assistência Social, aos quais incumbe deliberar sobre a implementação de políticas públicas que permitam reduzir o número de crianças e adolescentes afastados do convívio familiar e abreviar o período de permanência em programa de acolhimento. (Incluído pela Lei 12.010/2009.)

Art. 102. As medidas de proteção de que trata este Capítulo serão acompanhadas da regularização do registro civil.

§ 1º Verificada a inexistência de registro anterior, o assento de nascimento da criança ou adolescente será feito à vista dos elementos disponíveis, mediante requisição da autoridade judiciária.

§ 2º Os registros e certidões necessários à regularização de que trata este artigo são isentos de multas, custas e emolumentos, gozando de absoluta prioridade.

§ 3º Caso ainda não definida a paternidade, será deflagrado procedimento específico destinado à sua averiguação, conforme previsto pela Lei n. 8.560, de 29 de dezembro de 1992. (Incluído pela Lei 12.010/2009.)

§ 4º Nas hipóteses previstas no § 3º deste artigo, é dispensável o ajuizamento de ação de investigação de paternidade pelo Ministério Público se, após o não comparecimento ou a recusa do suposto pai em assumir a paternidade a ele atribuída, a criança for encaminhada para adoção. (Incluído pela Lei 12.010/2009.)

§ 5º Os registros e certidões necessários à inclusão, a qualquer tempo, do nome do pai no assento de nascimento são isentos de multas, custas e emolumentos, gozando de absoluta prioridade. (Acrescentado pela Lei 13.257/2016.)

§ 6º São gratuitas, a qualquer tempo, a averbação requerida do reconhecimento de paternidade no assento de nascimento e a certidão correspondente. (Acrescentado pela Lei 13.257/2016.)

TÍTULO III
DA PRÁTICA DE ATO INFRACIONAL

CAPÍTULO I
DISPOSIÇÕES GERAIS

Art. 103. Considera-se ato infracional a conduta descrita como crime ou contravenção penal.

Art. 104. São penalmente inimputáveis os menores de dezoito anos, sujeitos às medidas previstas nesta Lei.

Parágrafo único. Para os efeitos desta lei, deve ser considerada a idade do adolescente à data do fato.

› Súm. 605, STJ.

Art. 105. Ao ato infracional praticado por criança corresponderão as medidas previstas no art. 101.

CAPÍTULO II
DOS DIREITOS INDIVIDUAIS

Art. 106. Nenhum adolescente será privado de sua liberdade senão em flagrante de ato infracional ou por ordem escrita e fundamentada da autoridade judiciária competente.

Parágrafo único. O adolescente tem direito à identificação dos responsáveis pela sua apreensão, devendo ser informado acerca de seus direitos.

› art. 5º, LXIV, CF

Art. 107. A apreensão de qualquer adolescente e o local onde se encontra recolhido serão incontinenti comunicados à autoridade judiciária competente e à família do apreendido ou à pessoa por ele indicada.

› art. 5º, LXII, CF.

Parágrafo único. Examinar-se-á, desde logo e sob pena de responsabilidade, a possibilidade de liberação imediata.

› art. 5º, LXV, CF.

Art. 108. A internação, antes da sentença, pode ser determinada pelo prazo máximo de quarenta e cinco dias.

Parágrafo único. A decisão deverá ser fundamentada e basear-se em indícios suficientes de autoria e materialidade, demonstrada a necessidade imperiosa da medida.

Art. 109. O adolescente civilmente identificado não será submetido à identificação compulsória pelos órgãos policiais, de proteção e judiciais, salvo para efeito de confrontação, havendo dúvida fundada.

› art. 5º, LVIII, CF.

CAPÍTULO III
DAS GARANTIAS PROCESSUAIS

Art. 110. Nenhum adolescente será privado de sua liberdade sem o devido processo legal.

› art. 5º, LIV, CF.

› Súm. 265 e 342, STJ.

Art. 111. São asseguradas ao adolescente, entre outras, as seguintes garantias:

I - pleno e formal conhecimento da atribuição de ato infracional, mediante citação ou meio equivalente;

II - igualdade na relação processual, podendo confrontar-se com vítimas e testemunhas e produzir todas as provas necessárias à sua defesa;

III - defesa técnica por advogado;

IV - assistência judiciária gratuita e integral aos necessitados, na forma da lei;

› arts. 5º, LXXIV e 134, CF.

› Lei 1.060/1950 (Lei de assistência judiciária).

V - direito de ser ouvido pessoalmente pela autoridade competente;

› Súm. 265, STJ.

VI - direito de solicitar a presença de seus pais ou responsável em qualquer fase do procedimento.

CAPÍTULO IV
DAS MEDIDAS SOCIOEDUCATIVAS

› Lei 12.106/2009 (Cria, no âmbito do Conselho Nacional de Justiça, o Departamento de Monitoramento e Fiscalização do Sistema Carcerário e do Sistema de Execução de Medidas Socioeducativas).

› Lei 12.594/2012 (Institui o Sistema Nacional de Atendimento Socioeducativo – SINASE).

› Súm. 338 e 342, STJ.

SEÇÃO I
DISPOSIÇÕES GERAIS

Art. 112. Verificada a prática de ato infracional, a autoridade competente poderá aplicar ao adolescente as seguintes medidas:

I - advertência;

II - obrigação de reparar o dano;

III - prestação de serviços à comunidade;

IV - liberdade assistida;

V - inserção em regime de semiliberdade;

VI - internação em estabelecimento educacional;

VII - qualquer uma das previstas no art. 101, I a VI.

› Súm. 108, STJ.

§ 1º A medida aplicada ao adolescente levará em conta a sua capacidade de cumpri-la, as circunstâncias e a gravidade da infração.

§ 2º Em hipótese alguma e sob pretexto algum, será admitida a prestação de trabalho forçado.

§ 3º Os adolescentes portadores de doença ou deficiência mental receberão tratamento individual e especializado, em local adequado às suas condições.

Art. 113. Aplica-se a este Capítulo o disposto nos arts. 99 e 100.

Art. 114. A imposição das medidas previstas nos incisos II a VI do art. 112 pressupõe a existência de provas suficientes da autoria e da materialidade da infração, ressalvada a hipótese de remissão, nos termos do art. 127.

Parágrafo único. A advertência poderá ser aplicada sempre que houver prova da materialidade e indícios suficientes da autoria.

SEÇÃO II
DA ADVERTÊNCIA

Art. 115. A advertência consistirá em admoestação verbal, que será reduzida a termo e assinada.

SEÇÃO III
DA OBRIGAÇÃO DE REPARAR O DANO

Art. 116. Em se tratando de ato infracional com reflexos patrimoniais, a autoridade poderá determinar, se for o caso, que o adolescente restitua a coisa, promova o ressarcimento do dano, ou, por outra forma, compense o prejuízo da vítima.

Parágrafo único. Havendo manifesta impossibilidade, a medida poderá ser substituída por outra adequada.

SEÇÃO IV
DA PRESTAÇÃO DE SERVIÇOS À COMUNIDADE

Art. 117. A prestação de serviços comunitários consiste na realização de tarefas gratuitas de interesse geral, por período não excedente a seis meses, junto a entidades assistenciais, hospitais, escolas e outros estabelecimentos congêneres, bem como em programas comunitários ou governamentais.

Parágrafo único. As tarefas serão atribuídas conforme as aptidões do adolescente, devendo ser cumpridas durante jornada máxima de oito horas semanais, aos sábados, domingos e feriados ou em dias úteis, de modo a não prejudicar a frequência à escola ou à jornada normal de trabalho.

SEÇÃO V
DA LIBERDADE ASSISTIDA

› arts. 42; 43, Lei 12.594/2012 (Institui o Sistema Nacional de Atendimento Socioeducativo – SINASE).

Art. 118. A liberdade assistida será adotada sempre que se afigurar a medida mais adequada para o fim de acompanhar, auxiliar e orientar o adolescente.

§ 1º A autoridade designará pessoa capacitada para acompanhar o caso, a qual poderá ser recomendada por entidade ou programa de atendimento.

§ 2º A liberdade assistida será fixada pelo prazo mínimo de seis meses, podendo a qualquer tempo ser prorrogada, revogada ou substituída por outra medida, ouvido o orientador, o Ministério Público e o defensor.

Art. 119. Incumbe ao orientador, com o apoio e a supervisão da autoridade competente, a realização dos seguintes encargos, entre outros:

I - promover socialmente o adolescente e sua família, fornecendo-lhes orientação e inserindo-os, se necessário, em programa oficial ou comunitário de auxílio e assistência social;

II - supervisionar a frequência e o aproveitamento escolar do adolescente, promovendo, inclusive, sua matrícula;

III - diligenciar no sentido da profissionalização do adolescente e de sua inserção no mercado de trabalho;

IV - apresentar relatório do caso.

SEÇÃO VI
DO REGIME DE SEMILIBERDADE

Art. 120. O regime de semiliberdade pode ser determinado desde o início, ou como forma de transição para o meio aberto, possibilitada a realização de atividades externas, independentemente de autorização judicial.

§ 1º São obrigatórias a escolarização e a profissionalização, devendo, sempre que possível, ser utilizados os recursos existentes na comunidade.

§ 2º A medida não comporta prazo determinado aplicando-se, no que couber, as disposições relativas à internação.

SEÇÃO VII
DA INTERNAÇÃO

Art. 121. A internação constitui medida privativa da liberdade, sujeita aos princípios de brevidade, excepcionalidade e respeito à condição peculiar de pessoa em desenvolvimento.

§ 1º Será permitida a realização de atividades externas, a critério da equipe técnica da entidade, salvo expressa determinação judicial em contrário.

§ 2º A medida não comporta prazo determinado, devendo sua manutenção ser reavaliada, mediante decisão fundamentada, no máximo a cada seis meses.

§ 3º Em nenhuma hipótese o período máximo de internação excederá a três anos.

§ 4º Atingido o limite estabelecido no parágrafo anterior, o adolescente deverá ser liberado, colocado em regime de semiliberdade ou de liberdade assistida.

§ 5º A liberação será compulsória aos vinte e um anos de idade.

- Súm. 605, STJ.

§ 6º Em qualquer hipótese a desinternação será precedida de autorização judicial, ouvido o Ministério Público.

§ 7º A determinação judicial mencionada no § 1º poderá ser revista a qualquer tempo pela autoridade judiciária. (Acrescentado pela Lei 12.594/2012.)

Art. 122. A medida de internação só poderá ser aplicada quando:

- Súm. 492, STJ.

I - tratar-se de ato infracional cometido mediante grave ameaça ou violência a pessoa;
II - por reiteração no cometimento de outras infrações graves;
III - por descumprimento reiterado e injustificável da medida anteriormente imposta.

§ 1º O prazo de internação na hipótese do inciso III deste artigo não poderá ser superior a 3 (três) meses, devendo ser decretada judicialmente após o devido processo legal. (Substituído pela Lei 12.594/2012.)

§ 2º Em nenhuma hipótese será aplicada a internação, havendo outra medida adequada.

Art. 123. A internação deverá ser cumprida em entidade exclusiva para adolescentes, em local distinto daquele destinado ao abrigo, obedecida rigorosa separação por critérios de idade, compleição física e gravidade da infração.

Parágrafo único. Durante o período de internação, inclusive provisória, serão obrigatórias atividades pedagógicas.

Art. 124. São direitos do adolescente privado de liberdade, entre outros, os seguintes:

- arts. 60 a 62, Lei 12.594/2012 (Institui o Sistema Nacional de Atendimento Socioeducativo – SINASE).

I - entrevistar-se pessoalmente com o representante do Ministério Público;
II - peticionar diretamente a qualquer autoridade;

- art. 5º, XXXIV, CF.

III - avistar-se reservadamente com seu defensor;
IV - ser informado de sua situação processual, sempre que solicitada;
V - ser tratado com respeito e dignidade;
VI - permanecer internado na mesma localidade ou naquela mais próxima ao domicílio de seus pais ou responsável;
VII - receber visitas, ao menos, semanalmente;

- arts. 67 a 70, Lei 12.594/2012 (Institui o Sistema Nacional de Atendimento Socioeducativo – SINASE)

VIII - corresponder-se com seus familiares e amigos;
IX - ter acesso aos objetos necessários à higiene e asseio pessoal;
X - habitar alojamento em condições adequadas de higiene e salubridade;
XI - receber escolarização e profissionalização;
XII - realizar atividades culturais, esportivas e de lazer;
XIII - ter acesso aos meios de comunicação social;
XIV - receber assistência religiosa, segundo a sua crença, e desde que assim o deseje;
XV - manter a posse de seus objetos pessoais e dispor de local seguro para guardá-los, recebendo comprovante daqueles porventura depositados em poder da entidade;
XVI - receber, quando de sua desinternação, os documentos pessoais indispensáveis à vida em sociedade.

§ 1º Em nenhum caso haverá incomunicabilidade.

§ 2º A autoridade judiciária poderá suspender temporariamente a visita, inclusive de pais ou responsável, se existirem motivos sérios e fundados de sua prejudicialidade aos interesses do adolescente.

Art. 125. É dever do Estado zelar pela integridade física e mental dos internos, cabendo-lhe adotar as medidas adequadas de contenção e segurança.

CAPÍTULO V
DA REMISSÃO

Art. 126. Antes de iniciado o procedimento judicial para apuração de ato infracional, o representante do Ministério Público poderá conceder a remissão, como forma de exclusão do processo, atendendo às circunstâncias e consequências do fato, ao contexto social, bem como à personalidade do adolescente e sua maior ou menor participação no ato infracional.

- Súm. 108, STJ.

Parágrafo único. Iniciado o procedimento, a concessão da remissão pela autoridade judiciária importará na suspensão ou extinção do processo.

Art. 127. A remissão não implica necessariamente o reconhecimento ou comprovação da responsabilidade, nem prevalece para efeito de antecedentes, podendo incluir eventualmente a aplicação de qualquer das medidas previstas em lei, exceto a colocação em regime de semiliberdade e a internação.

- Súm. 108, STJ.

Art. 128. A medida aplicada por força da remissão poderá ser revista judicialmente, a qualquer tempo, mediante pedido expresso do adolescente ou de seu representante legal, ou do Ministério Público.

TÍTULO IV
DAS MEDIDAS PERTINENTES AOS PAIS OU RESPONSÁVEL

Art. 129. São medidas aplicáveis aos pais ou responsável:

I - encaminhamento a serviços e programas oficiais ou comunitários de proteção, apoio e promoção da família; (Alterado pela Lei 13.257/2016.)
II - inclusão em programa oficial ou comunitário de auxílio, orientação e tratamento a alcoólatras e toxicômanos;
III - encaminhamento a tratamento psicológico ou psiquiátrico;
IV - encaminhamento a cursos ou programas de orientação;
V - obrigação de matricular o filho ou pupilo e acompanhar sua frequência e aproveitamento escolar;
VI - obrigação de encaminhar a criança ou adolescente a tratamento especializado;
VII - advertência;
VIII - perda da guarda;
IX - destituição da tutela;
X - suspensão ou destituição do poder familiar.

Parágrafo único. Na aplicação das medidas previstas nos incisos IX e X deste artigo, observar-se-á o disposto nos arts. 23 e 24.

Art. 130. Verificada a hipótese de maus-tratos, opressão ou abuso sexual impostos pelos pais ou responsável, a autoridade judiciária poderá determinar, como medida cautelar, o afastamento do agressor da moradia comum.

Parágrafo único. Da medida cautelar constará, ainda, a fixação provisória dos alimentos de que necessitem a criança ou o adolescente dependentes do agressor. (Incluído pela Lei 12.415/2011.)

TÍTULO V
DO CONSELHO TUTELAR

CAPÍTULO I
DISPOSIÇÕES GERAIS

Art. 131. O Conselho Tutelar é órgão permanente e autônomo, não jurisdicional, encarregado pela sociedade de zelar pelo cumprimento dos direitos da criança e do adolescente, definidos nesta Lei.

Art. 132. Em cada Município e em cada Região Administrativa do Distrito Federal haverá, no mínimo, 1 (um) Conselho Tutelar como órgão integrante da administração pública local, composto de 5 (cinco) membros, escolhidos pela população local para mandato de 4 (quatro) anos, permitida recondução por novos processos de escolha. (Artigo com redação dada pela Lei 13.824/2019)

Art. 133. Para a candidatura a membro do Conselho Tutelar, serão exigidos os seguintes requisitos:

I - reconhecida idoneidade moral;
II - idade superior a vinte e um anos;
III - residir no município.

Art. 134. Lei municipal ou distrital disporá sobre o local, dia e horário de funcionamento do Conselho Tutelar, inclusive quanto à remuneração dos respectivos membros, aos quais é assegurado o direito a:

I - cobertura previdenciária;
II - gozo de férias anuais remuneradas, acrescidas de 1/3 (um terço) do valor da remuneração mensal;
III - licença-maternidade;
IV - licença-paternidade;
V - gratificação natalina. (Alterado pela Lei 12.696/2012.)

Parágrafo único. Constará da lei orçamentária municipal e da do Distrito Federal previsão dos recursos necessários ao funcionamento do Conselho Tutelar e à remuneração e formação continuada dos conselheiros tutelares. (Alterado pelas Lei 12.696/2012)

Art. 135. O exercício efetivo da função de conselheiro constituirá serviço público relevante e estabelecerá presunção de idoneidade moral. (Alterado pela Lei 12.696/2012)

CAPÍTULO II
DAS ATRIBUIÇÕES DO CONSELHO

Art. 136. São atribuições do Conselho Tutelar:

I - atender as crianças e adolescentes nas hipóteses previstas nos arts. 98 e 105, aplicando as medidas previstas no art. 101, I a VII;
II - atender e aconselhar os pais ou responsável, aplicando as medidas previstas no art. 129, I a VII;
III - promover a execução de suas decisões, podendo para tanto:

a) requisitar serviços públicos nas áreas de saúde, educação, serviço social, previdência, trabalho e segurança;

b) representar junto à autoridade judiciária nos casos de descumprimento injustificado de suas deliberações.

IV - encaminhar ao Ministério Público notícia de fato que constitua infração administrativa ou penal contra os direitos da criança ou adolescente;

V - encaminhar à autoridade judiciária os casos de sua competência;

VI - providenciar a medida estabelecida pela autoridade judiciária, dentre as previstas no art. 101, de I a VI, para o adolescente autor de ato infracional;

VII - expedir notificações;

VIII - requisitar certidões de nascimento e de óbito de criança ou adolescente quando necessário;

IX - assessorar o Poder Executivo local na elaboração da proposta orçamentária para planos e programas de atendimento dos direitos da criança e do adolescente;

X - representar, em nome da pessoa e da família, contra a violação dos direitos previstos no art. 220, § 3º, inciso II, da Constituição Federal;

XI - representar ao Ministério Público para efeito das ações de perda ou suspensão do poder familiar, após esgotadas as possibilidades de manutenção da criança ou do adolescente junto à família natural. (Redação dada pela Lei 12.010/2009.)

XII - promover e incentivar, na comunidade e nos grupos profissionais, ações de divulgação e treinamento para o reconhecimento de sintomas de maus-tratos em crianças e adolescentes. (Inserido pela Lei 13.046/2014.)

Parágrafo único. Se, no exercício de suas atribuições, o Conselho Tutelar entender necessário o afastamento do convívio familiar, comunicará incontinenti o fato ao Ministério Público, prestando-lhe informações sobre os motivos de tal entendimento e as providências tomadas para a orientação, o apoio e a promoção social da família. (Incluído pela Lei 12.010/2009.)

Art. 137. As decisões do Conselho Tutelar somente poderão ser revistas pela autoridade judiciária a pedido de quem tenha legítimo interesse.

CAPÍTULO III
DA COMPETÊNCIA

Art. 138. Aplica-se ao Conselho Tutelar a regra de competência constante do art. 147.

CAPÍTULO IV
DA ESCOLHA DOS CONSELHEIROS

Art. 139. O processo para a escolha dos membros do Conselho Tutelar será estabelecido em lei municipal e realizado sob a responsabilidade do Conselho Municipal dos Direitos da Criança e do Adolescente, e a fiscalização do Ministério Público. (Redação dada pela Lei 8.242/1991.)

§ 1º O processo de escolha dos membros do Conselho Tutelar ocorrerá em data unificada em todo o território nacional a cada 4 (quatro) anos, no primeiro domingo do mês de outubro do ano subsequente ao da eleição presidencial. (Incluído pela Lei 12.696/2012.)

§ 2º A posse dos conselheiros tutelares ocorrerá no dia 10 de janeiro do ano subsequente ao processo de escolha. (Incluído pela Lei 12.696/2012.)

§ 3º No processo de escolha dos membros do Conselho Tutelar, é vedado ao candidato doar, oferecer, prometer ou entregar ao eleitor bem ou vantagem pessoal de qualquer natureza, inclusive brindes de pequeno valor. (Incluído pela Lei 12.696/2012.)

CAPÍTULO V
DOS IMPEDIMENTOS

Art. 140. São impedidos de servir no mesmo Conselho marido e mulher, ascendentes e descendentes, sogro e genro ou nora, irmãos, cunhados, durante o cunhadio, tio e sobrinho, padrasto ou madrasta e enteado.

Parágrafo único. Estende-se o impedimento do conselheiro, na forma deste artigo, em relação à autoridade judiciária e ao representante do Ministério Público com atuação na Justiça da Infância e da Juventude, em exercício na comarca, foro regional ou distrital.

TÍTULO VI
DO ACESSO À JUSTIÇA

CAPÍTULO I
DISPOSIÇÕES GERAIS

Art. 141. É garantido o acesso de toda criança ou adolescente à Defensoria Pública, ao Ministério Público e ao Poder Judiciário, por qualquer de seus órgãos.

- arts. 5º, LXXIV; 134, CF.

§ 1º A assistência judiciária gratuita será prestada aos que dela necessitarem, através de defensor público ou advogado nomeado.

- arts. 5º, LXXIV, CF
- Lei 1.060/1950 (Lei de Assistência Judiciária).

§ 2º As ações judiciais da competência da Justiça da Infância e da Juventude são isentas de custas e emolumentos, ressalvada a hipótese de litigância de má-fé.

Art. 142. Os menores de dezesseis anos serão representados e os maiores de dezesseis e menores de vinte e um anos assistidos por seus pais, tutores ou curadores, na forma da legislação civil ou processual.

- art. 5º, CC.

Parágrafo único. A autoridade judiciária dará curador especial à criança ou adolescente, sempre que os interesses destes colidirem com os de seus pais ou responsável, ou quando carecer de representação ou assistência legal ainda que eventual.

- art. 1.692, CC.

Art. 143. É vedada a divulgação de atos judiciais, policiais e administrativos que digam respeito a crianças e adolescentes a que se atribua autoria de ato infracional.

Parágrafo único. Qualquer notícia a respeito do fato não poderá identificar a criança ou adolescente, vedando-se fotografia, referência a nome, apelido, filiação, parentesco, residência e, inclusive, iniciais do nome e sobrenome. (Redação dada pela Lei 10.764/2003.)

Art. 144. A expedição de cópia ou certidão de atos a que se refere o artigo anterior somente será deferida pela autoridade judiciária competente, se demonstrado o interesse e justificada a finalidade.

CAPÍTULO II
DA JUSTIÇA DA INFÂNCIA E DA JUVENTUDE

SEÇÃO I
DISPOSIÇÕES GERAIS

Art. 145. Os estados e o Distrito Federal poderão criar varas especializadas e exclusivas da infância e da juventude, cabendo ao Poder Judiciário estabelecer sua proporcionalidade por número de habitantes, dotá-las de infraestrutura e dispor sobre o atendimento, inclusive em plantões.

SEÇÃO II
DO JUIZ

Art. 146. A autoridade a que se refere esta Lei é o Juiz da Infância e da Juventude, ou o juiz que exerce essa função, na forma da lei de organização judiciária local.

- Súm. 108, STJ.

Art. 147. A competência será determinada:

I - pelo domicílio dos pais ou responsável;

- Súm. 383, STJ.

II - pelo lugar onde se encontre a criança ou adolescente, à falta dos pais ou responsável.

§ 1º Nos casos de ato infracional, será competente a autoridade do lugar da ação ou omissão, observadas as regras de conexão, continência e prevenção.

§ 2º A execução das medidas poderá ser delegada à autoridade competente da residência dos pais ou responsável, ou do local onde sediar-se a entidade que abrigar a criança ou adolescente.

§ 3º Em caso de infração cometida através de transmissão simultânea de rádio ou televisão, que atinja mais de uma comarca, será competente, para aplicação da penalidade, a autoridade judiciária do local da sede estadual da emissora ou rede, tendo a sentença eficácia para todas as transmissoras ou retransmissoras do respectivo estado.

Art. 148. A Justiça da Infância e da Juventude é competente para:

I - conhecer de representações promovidas pelo Ministério Público, para apuração de ato infracional atribuído a adolescente, aplicando as medidas cabíveis;

II - conceder a remissão, como forma de suspensão ou extinção do processo;

III - conhecer de pedidos de adoção e seus incidentes;

IV - conhecer de ações civis fundadas em interesses individuais, difusos ou coletivos afetos à criança e ao adolescente, observado o disposto no art. 209;

V - conhecer de ações decorrentes de irregularidades em entidades de atendimento, aplicando as medidas cabíveis;

VI - aplicar penalidades administrativas nos casos de infrações contra norma de proteção à criança ou adolescente;

VII - conhecer de casos encaminhados pelo Conselho Tutelar, aplicando as medidas cabíveis.

- Súm. 108, STJ.

Parágrafo único. Quando se tratar de criança ou adolescente nas hipóteses do art. 98, é também competente a Justiça da Infância e da Juventude para o fim de:

a) conhecer de pedidos de guarda e tutela;

b) conhecer de ações de destituição do poder familiar, perda ou modificação da tutela ou guarda;

c) suprir a capacidade ou o consentimento para o casamento;

- art. 1.519, CC.

d) conhecer de pedidos baseados em discordância paterna ou materna, em relação ao exercício do poder familiar;

e) conceder a emancipação, nos termos da lei civil, quando faltarem os pais;

f) designar curador especial em casos de apresentação de queixa ou representação, ou de outros procedimentos judiciais ou extrajudiciais em que haja interesses de criança ou adolescente;

- art. 1.692, CC.

g) conhecer de ações de alimentos;

- Lei 5.478/1968 (Ação de Alimentos).

h) determinar o cancelamento, a retificação e o suprimento dos registros de nascimento e óbito.

- arts. 109 a 113, Lei 6.015/1973 (Lei de Registros Públicos).

Art. 149. Compete à autoridade judiciária disciplinar, através de portaria, ou autorizar, mediante alvará:

I - a entrada e permanência de criança ou adolescente, desacompanhado dos pais ou responsável, em:

a) estádio, ginásio e campo desportivo;

b) bailes ou promoções dançantes;

c) boate ou congêneres;

d) casa que explore comercialmente diversões eletrônicas;

e) estúdios cinematográficos, de teatro, rádio e televisão.

II - a participação de criança e adolescente em:

a) espetáculos públicos e seus ensaios;

b) certames de beleza.

§ 1º Para os fins do disposto neste artigo, a autoridade judiciária levará em conta, dentre outros fatores:

a) os princípios desta lei;

b) as peculiaridades locais;

c) a existência de instalações adequadas;

d) o tipo de frequência habitual ao local;

e) a adequação do ambiente a eventual participação ou frequência de crianças e adolescentes;

f) a natureza do espetáculo.

§ 2º As medidas adotadas na conformidade deste artigo deverão ser fundamentadas, caso a caso, vedadas as determinações de caráter geral.

SEÇÃO III
DOS SERVIÇOS AUXILIARES

Art. 150. Cabe ao Poder Judiciário, na elaboração de sua proposta orçamentária, prever recursos para manutenção de equipe interprofissional, destinada a assessorar a Justiça da Infância e da Juventude.

Art. 151. Compete à equipe interprofissional dentre outras atribuições que lhe forem reservadas pela legislação local, fornecer subsídios por escrito, mediante laudos, ou verbalmente, na audiência, e bem assim desenvolver trabalhos de aconselhamento, orientação, encaminhamento, prevenção e outros, tudo sob a imediata subordinação à autoridade judiciária, assegurada a livre manifestação do ponto de vista técnico.

Parágrafo único. Na ausência ou insuficiência de servidores públicos integrantes do Poder Judiciário responsáveis pela realização dos estudos psicossociais ou de quaisquer outras espécies de avaliações técnicas exigidas por esta Lei ou por determinação judicial, a autoridade judiciária poderá proceder à nomeação de perito, nos termos do art. 156 da Lei nº 13.105, de 16 de março de 2015 (Código de Processo Civil). (Incluído pela Lei nº 13.509, de 2017)

CAPÍTULO III
DOS PROCEDIMENTOS

SEÇÃO I
DISPOSIÇÕES GERAIS

Art. 152. Aos procedimentos regulados nesta Lei aplicam-se subsidiariamente as normas gerais previstas na legislação processual pertinente.

§ 1º É assegurada, sob pena de responsabilidade, prioridade absoluta na tramitação dos processos e procedimentos previstos nesta Lei, assim como na execução dos atos e diligências judiciais a eles referentes. (Incluído pela Lei 12.010/2009.)

§ 2º Os prazos estabelecidos nesta Lei e aplicáveis aos seus procedimentos são contados em dias corridos, excluído o dia do começo e incluído o dia do vencimento, vedado o prazo em dobro para a Fazenda Pública e o Ministério Público. (Incluído pela Lei nº 13.509, de 2017)

Art. 153. Se a medida judicial a ser adotada não corresponder a procedimento previsto nesta ou em outra lei, a autoridade judiciária poderá investigar os fatos e ordenar de ofício as providências necessárias, ouvido o Ministério Público.

Parágrafo único. O disposto neste artigo não se aplica para o fim de afastamento da criança ou do adolescente de sua família de origem e em outros procedimentos necessariamente contenciosos. (Incluído pela Lei 12.010/2009.)

Art. 154. Aplica-se às multas o disposto no art. 214.

SEÇÃO II
DA PERDA E DA SUSPENSÃO DO PODER FAMILIAR

Art. 155. O procedimento para a perda ou a suspensão do poder familiar terá início por provocação do Ministério Público ou de quem tenha legítimo interesse.

Art. 156. A petição inicial indicará:

I - a autoridade judiciária a que for dirigida;

II - o nome, o estado civil, a profissão e a residência do requerente e do requerido, dispensada a qualificação em se tratando de pedido formulado por representante do Ministério Público;

III - a exposição sumária do fato e o pedido;

IV - as provas que serão produzidas, oferecendo, desde logo, o rol de testemunhas e documentos.

Art. 157. Havendo motivo grave, poderá a autoridade judiciária, ouvido o Ministério Público, decretar a suspensão do poder familiar, liminar ou incidentalmente, até o julgamento definitivo da causa, ficando a criança ou adolescente confiado a pessoa idônea, mediante termo de responsabilidade.

§ 1º Recebida a petição inicial, a autoridade judiciária determinará, concomitantemente ao despacho de citação e independentemente de requerimento do interessado, a realização de estudo social ou perícia por equipe interprofissional ou multidisciplinar para comprovar a presença de uma das causas de suspensão ou destituição do poder familiar, ressalvado o disposto no § 10 do art. 101 desta Lei, e observada a Lei nº 13.431, de 4 de abril de 2017. (Incluído pela Lei nº 13.509, de 2017)

§ 2º Em sendo os pais oriundos de comunidades indígenas, é ainda obrigatória a intervenção, junto à equipe interprofissional ou multidisciplinar referida no § 1º deste artigo, de representantes do órgão federal responsável pela política indigenista, observado o disposto no § 6º do art. 28 desta Lei. (Incluído pela Lei nº 13.509, de 2017)

Art. 158. O requerido será citado para, no prazo de dez dias, oferecer resposta escrita, indicando as provas a serem produzidas e oferecendo desde logo o rol de testemunhas e documentos.

§ 1º A citação será pessoal, salvo se esgotados todos os meios para sua realização. (Acrescentado pela Lei 12.962/2014).

§ 2º O requerido privado de liberdade deverá ser citado pessoalmente. (Acrescentado pela Lei 12.962/2014).

§ 3º Quando, por 2 (duas) vezes, o oficial de justiça houver procurado o citando em seu domicílio ou residência sem o encontrar, deverá, havendo suspeita de ocultação, informar qualquer pessoa da família ou, em sua falta, qualquer vizinho do dia útil em que voltará a fim de efetuar a citação, na hora que designar, nos termos do art. 252 e seguintes da Lei nº 13.105, de 16 de março de 2015 (Código de Processo Civil). (Incluído pela Lei nº 13.509, de 2017)

§ 4º Na hipótese de os genitores encontrarem-se em local incerto ou não sabido, serão citados por edital no prazo de 10 (dez) dias, em publicação única, dispensado o envio de ofícios para a localização. (Incluído pela Lei nº 13.509, de 2017)

Art. 159. Se o requerido não tiver possibilidade de constituir advogado, sem prejuízo do próprio sustento e de sua família, poderá requerer, em cartório, que lhe seja nomeado dativo, ao qual incumbirá a apresentação de resposta, contando-se o prazo a partir da intimação do despacho de nomeação.

Parágrafo único. Na hipótese de requerido privado de liberdade, o oficial de justiça deverá perguntar, no momento da citação pessoal, se deseja que lhe seja nomeado defensor. (Acrescentado pela Lei 12.962/2014).

Art. 160. Sendo necessário, a autoridade judiciária requisitará de qualquer repartição ou órgão público a apresentação de documento que interesse à causa, de ofício ou a requerimento das partes ou do Ministério Público.

Art. 161. Se não for contestado o pedido e tiver sido concluído o estudo social ou a perícia realizada por equipe interprofissional ou multidisciplinar, a autoridade judiciária dará vista dos autos ao Ministério Público, por 5 (cinco) dias, salvo quando este for o requerente, e decidirá em igual prazo. (Redação dada pela Lei nº 13.509, de 2017)

§ 1º A autoridade judiciária, de ofício ou a requerimento das partes ou do Ministério Público, determinará a oitiva de testemunhas que comprovem a presença de uma das causas de suspensão ou destituição do poder familiar previstas nos arts. 1.637 e 1.638 da Lei nº 10.406, de 10 de janeiro de 2002 (Código Civil), ou no art. 24 desta Lei. (Redação dada pela Lei nº 13.509, de 2017)

§ 2º (*Revogado pela Lei nº 13.509, de 2017*))

§ 3º Se o pedido importar em modificação de guarda, será obrigatória, desde que possível e razoável, a oitiva da criança ou adolescente, respeitado seu estágio de desenvolvimento e grau de compreensão sobre as implicações da medida. (Incluído pela Lei 12.010/2009.)

§ 4º É obrigatória a oitiva dos pais sempre que eles forem identificados e estiverem em local conhecido, ressalvados os casos de não comparecimento perante a Justiça quando devidamente citados. (Redação dada pela Lei nº 13.509, de 2017)

§ 5º Se o pai ou a mãe estiverem privados de liberdade, a autoridade judicial requisitará sua apresentação para a oitiva. (Acrescentado pela Lei 12.962/2014).

Art. 162. Apresentada a resposta, a autoridade judiciária dará vista dos autos ao Ministério Público, por cinco dias, salvo quando este for o requerente, designando, desde logo, audiência de instrução e julgamento.

§ 1º (*Revogado pela Lei nº 13.509, de 2017*)

§ 2º Na audiência, presentes as partes e o Ministério Público, serão ouvidas as testemunhas, colhendo-se oralmente o parecer técnico, salvo quando apresentado por escrito, manifestando-se sucessivamente o requerente, o requerido e o Ministério Público, pelo tempo de 20 (vinte) minutos cada um, prorrogável por mais 10 (dez) minutos. (Redação dada pela Lei nº 13.509, de 2017)

§ 3º A decisão será proferida na audiência, podendo a autoridade judiciária, excepcionalmente, designar data para sua leitura no prazo máximo de 5 (cinco) dias. (Incluído pela Lei nº 13.509, de 2017)

§ 4º Quando o procedimento de destituição de poder familiar for iniciado pelo Ministério Público, não haverá necessidade de nomeação de curador especial em favor da criança ou adolescente. (Incluído pela Lei nº 13.509, de 2017)

Art. 163. O prazo máximo para conclusão do procedimento será de 120 (cento e vinte) dias, e caberá ao juiz, no caso de notória inviabilidade de manutenção do poder familiar, dirigir esforços para preparar a criança ou o adolescente com vistas à colocação em família substituta. (Redação dada pela Lei nº 13.509, de 2017)

Parágrafo único. A sentença que decretar a perda ou a suspensão do poder familiar será averbada à margem do registro de nascimento da criança ou do adolescente. (Incluído pela Lei 12.010/2009.)

SEÇÃO III
DA DESTITUIÇÃO DA TUTELA

Art. 164. Na destituição da tutela, observar-se-á o procedimento para a remoção de tutor previsto na lei processual civil e, no que couber, o disposto na seção anterior.

SEÇÃO IV
DA COLOCAÇÃO EM FAMÍLIA SUBSTITUTA

Art. 165. São requisitos para a concessão de pedidos de colocação em família substituta:

I - qualificação completa do requerente e de seu eventual cônjuge, ou companheiro, com expressa anuência deste;

II - indicação de eventual parentesco do requerente e de seu cônjuge, ou companheiro, com a criança ou adolescente, especificando se tem ou não parente vivo;

III - qualificação completa da criança ou adolescente e de seus pais, se conhecidos;

IV - indicação do cartório onde foi inscrito nascimento, anexando, se possível, uma cópia da respectiva certidão;

V - declaração sobre a existência de bens, direitos ou rendimentos relativos à criança ou ao adolescente.

Parágrafo único. Em se tratando de adoção, observar-se-ão também os requisitos específicos.

› Lei 10.421/2002 (Estende à mãe adotiva o direito à licença-maternidade e ao salário-maternidade).

Art. 166. Se os pais forem falecidos, tiverem sido destituídos ou suspensos do poder familiar, ou houverem aderido expressamente ao pedido de colocação em família substituta, este poderá ser formulado diretamente em cartório, em petição assinada pelos próprios requerentes, dispensada a assistência de advogado. (Redação dada pela Lei 12.010/2009.)

§ 1º Na hipótese de concordância dos pais, o juiz: (Redação dada pela Lei nº 13.509, de 2017)

I - na presença do Ministério Público, ouvirá as partes, devidamente assistidas por advogado ou por defensor público, para verificar sua concordância com a adoção, no prazo máximo de 10 (dez) dias, contado da data do protocolo da petição ou da entrega da criança em juízo, tomando por termo as declarações; e (Incluído pela Lei nº 13.509, de 2017)

II - declarará a extinção do poder familiar. (Incluído pela Lei nº 13.509, de 2017)

§ 2º O consentimento dos titulares do poder familiar será precedido de orientações e esclarecimentos prestados pela equipe interprofissional da Justiça da Infância e da Juventude, em especial, no caso de adoção, sobre a irrevogabilidade da medida. (Incluído pela Lei 12.010/2009.)

§ 3º São garantidos a livre manifestação de vontade dos detentores do poder familiar e o direito ao sigilo das informações. (Redação dada pela Lei nº 13.509, de 2017)

§ 4º O consentimento prestado por escrito não terá validade se não for ratificado na audiência a que se refere o § 1º deste artigo. (Redação dada pela Lei nº 13.509, de 2017)

§ 5º O consentimento é retratável até a data da realização da audiência especificada no § 1º deste artigo, e os pais podem exercer o arrependimento no prazo de 10 (dez) dias, contado da data de prolação da sentença de extinção do poder familiar. (Redação dada pela Lei nº 13.509, de 2017)

§ 6º O consentimento somente terá valor se for dado após o nascimento da criança. (Incluído pela Lei 12.010/2009.)

§ 7º A família natural e a família substituta receberão a devida orientação por intermédio de equipe técnica interprofissional a serviço da Justiça da Infância e da Juventude, preferencialmente com apoio dos técnicos responsáveis pela execução da política municipal de garantia do direito à convivência familiar. (Redação dada pela Lei nº 13.509, de 2017)

Art. 167. A autoridade judiciária, de ofício ou a requerimento das partes ou do Ministério Público, determinará a realização de estudo social ou, se possível, perícia por equipe interprofissional, decidindo sobre a concessão de guarda provisória, bem como, no caso de adoção, sobre o estágio de convivência.

Parágrafo único. Deferida a concessão da guarda provisória ou do estágio de convivência, a criança ou o adolescente será entregue ao interessado, mediante termo de responsabilidade. (Incluído pela Lei 12.010/2009.)

Art. 168. Apresentado o relatório social ou o laudo pericial, e ouvida, sempre que possível, a criança ou o adolescente, dar-se-á vista dos autos ao Ministério Público, pelo prazo de cinco dias, decidindo a autoridade judiciária em igual prazo.

Art. 169. Nas hipóteses em que a destituição da tutela, a perda ou a suspensão do poder familiar constituir pressuposto lógico da medida principal de colocação em família substituta, será observado o procedimento contraditório previsto nas Seções II e III deste Capítulo.

Parágrafo único. A perda ou a modificação da guarda poderá ser decretada nos mesmos autos do procedimento, observado o disposto no art. 35.

Art. 170. Concedida a guarda ou a tutela, observar-se-á o disposto no art. 32, e, quanto à adoção, o contido no art. 47.

Parágrafo único. A colocação de criança ou adolescente sob a guarda de pessoa inscrita em programa de acolhimento familiar será comunicada pela autoridade judiciária à entidade por este responsável no prazo máximo de 5 (cinco) dias. (Incluído pela Lei 12.010/2009.)

SEÇÃO V
DA APURAÇÃO DE ATO INFRACIONAL ATRIBUÍDO A ADOLESCENTE

Art. 171. O adolescente apreendido por força de ordem judicial será, desde logo, encaminhado à autoridade judiciária.

Art. 172. O adolescente apreendido em flagrante de ato infracional será, desde logo, encaminhado à autoridade policial competente.

Parágrafo único. Havendo repartição policial especializada para atendimento de adolescente e em se tratando de ato infracional praticado em coautoria com maior, prevalecerá a atribuição da repartição especializada, que, após as providências necessárias e conforme o caso, encaminhará o adulto à repartição policial própria.

Art. 173. Em caso de flagrante de ato infracional cometido mediante violência ou grave ameaça a pessoa, a autoridade policial, sem prejuízo do disposto nos arts. 106, parágrafo único, e 107, deverá:

I - lavrar auto de apreensão, ouvidos as testemunhas e o adolescente;

II - apreender o produto e os instrumentos da infração;

III - requisitar os exames ou perícias necessários à comprovação da materialidade e autoria da infração.

Parágrafo único. Nas demais hipóteses de flagrante, a lavratura do auto poderá ser substituída por boletim de ocorrência circunstanciada.

Art. 174. Comparecendo qualquer dos pais ou responsável, o adolescente será prontamente liberado pela autoridade policial, sob termo de compromisso e responsabilidade de sua apresentação ao representante do Ministério Público, no mesmo dia ou, sendo impossível, no primeiro dia útil imediato, exceto quando, pela gravidade do ato infracional e sua repercussão social, deva o adolescente permanecer sob internação para garantia de sua segurança pessoal ou manutenção da ordem pública.

Art. 175. Em caso de não liberação, a autoridade policial encaminhará, desde logo, o adolescente ao representante do Ministério Público, juntamente com cópia do auto de apreensão ou boletim de ocorrência.

§ 1º Sendo impossível a apresentação imediata, a autoridade policial encaminhará o adolescente à entidade de atendimento, que fará a apresentação ao representante do Ministério Público no prazo de vinte e quatro horas.

§ 2º Nas localidades onde não houver entidade de atendimento, a apresentação far-se-á pela autoridade policial. À falta de repartição policial especializada, o adolescente aguardará a apresentação em dependência separada da destinada a maiores, não podendo, em qualquer hipótese, exceder o prazo referido no parágrafo anterior.

Art. 176. Sendo o adolescente liberado, a autoridade policial encaminhará imediatamente ao representante do Ministério Público cópia do auto de apreensão ou boletim de ocorrência.

Art. 177. Se, afastada a hipótese de flagrante, houver indícios de participação de adolescente na prática de ato infracional, a autoridade policial encaminhará ao representante do Ministério Público relatório das investigações e demais documentos.

Art. 178. O adolescente a quem se atribua autoria de ato infracional não poderá ser conduzido ou transportado em compartimento fechado de veículo policial, em condições atentatórias à sua dignidade, ou que impliquem risco à sua integridade física ou mental, sob pena de responsabilidade.

Art. 179. Apresentado o adolescente, o representante do Ministério Público, no mesmo dia e à vista do auto de apreensão, boletim de ocorrência ou relatório policial, devidamente autuados pelo cartório judicial e com informação sobre os antecedentes do adolescente, procederá imediata e informalmente à sua oitiva e, em sendo possível, de seus pais ou responsável, vítima e testemunhas.

Parágrafo único. Em caso de não apresentação, o representante do Ministério Público notificará os pais ou responsável para apresentação do adolescente, podendo requisitar o concurso das polícias civil e militar.

Art. 180. Adotadas as providências a que alude o artigo anterior, o representante do Ministério Público poderá:

I - promover o arquivamento dos autos;

II - conceder a remissão;

III - representar à autoridade judiciária para aplicação de medida socioeducativa.

› Súm. 108, STJ.

Art. 181. Promovido o arquivamento dos autos ou concedida a remissão pelo representante do Ministério Público, mediante termo fundamentado, que conterá o resumo dos fatos, os autos serão conclusos à autoridade judiciária para homologação.

§ 1º Homologado o arquivamento ou a remissão, a autoridade judiciária determinará, conforme o caso, o cumprimento da medida.

§ 2º Discordando, a autoridade judiciária fará remessa dos autos ao Procurador-Geral de Justiça, mediante despacho fundamentado, e este oferecerá representação, designará outro membro do Ministério Público para apresentá-la, ou ratificará o arquivamento ou a remissão, que só então estará a autoridade judiciária obrigada a homologar.

Art. 182. Se, por qualquer razão, o representante do Ministério Público não promover o arquivamento ou conceder a remissão, oferecerá representação à autoridade judiciária, propondo a instauração de procedimento para aplicação da medida socioeducativa que se afigurar a mais adequada.

‣ Súm. 108, STJ.

§ 1º A representação será oferecida por petição, que conterá o breve resumo dos fatos e a classificação do ato infracional e, quando necessário, o rol de testemunhas, podendo ser deduzida oralmente, em sessão diária instalada pela autoridade judiciária.

§ 2º A representação independe de prova pré-constituída da autoria e materialidade.

Art. 183. O prazo máximo e improrrogável para a conclusão do procedimento, estando o adolescente internado provisoriamente, será de quarenta e cinco dias.

Art. 184. Oferecida a representação, a autoridade judiciária designará audiência de apresentação do adolescente, decidindo, desde logo, sobre a decretação ou manutenção da internação, observado o disposto no art. 108 e parágrafo.

§ 1º O adolescente e seus pais ou responsável serão cientificados do teor da representação, e notificados a comparecer à audiência, acompanhados de advogado.

§ 2º Se os pais ou responsável não forem localizados, a autoridade judiciária dará curador especial ao adolescente.

§ 3º Não sendo localizado o adolescente, a autoridade judiciária expedirá mandado de busca e apreensão, determinando o sobrestamento do feito, até a efetiva apresentação.

§ 4º Estando o adolescente internado, será requisitada a sua apresentação, sem prejuízo da notificação dos pais ou responsável.

Art. 185. A internação, decretada ou mantida pela autoridade judiciária, não poderá ser cumprida em estabelecimento prisional.

§ 1º Inexistindo na comarca entidade com as características definidas no art. 123, o adolescente deverá ser imediatamente transferido para a localidade mais próxima.

§ 2º Sendo impossível a pronta transferência, o adolescente aguardará sua remoção em repartição policial, desde que em seção isolada dos adultos e com instalações apropriadas, não podendo ultrapassar o prazo máximo de cinco dias, sob pena de responsabilidade.

Art. 186. Comparecendo o adolescente, seus pais ou responsável, a autoridade judiciária procederá à oitiva dos mesmos, podendo solicitar opinião de profissional qualificado.

‣ Súm. 342, STJ.

§ 1º Se a autoridade judiciária entender adequada a remissão, ouvirá o representante do Ministério Público, proferindo decisão.

§ 2º Sendo o fato grave, passível de aplicação de medida de internação ou colocação em regime de semiliberdade, a autoridade judiciária, verificando que o adolescente não possui advogado constituído, nomeará defensor, designando, desde logo, audiência em continuação, podendo determinar a realização de diligências e estudo do caso.

§ 3º O advogado constituído ou o defensor nomeado, no prazo de três dias contado da audiência de apresentação, oferecerá defesa prévia e rol de testemunhas.

§ 4º Na audiência em continuação, ouvidas as testemunhas arroladas na representação e na defesa prévia, cumpridas as diligências e juntado o relatório da equipe interprofissional, será dada a palavra ao representante do Ministério Público e ao defensor, sucessivamente, pelo tempo de vinte minutos para cada um, prorrogável por mais dez, a critério da autoridade judiciária, que em seguida proferirá decisão.

Art. 187. Se o adolescente, devidamente notificado, não comparecer, injustificadamente à audiência de apresentação, a autoridade judiciária designará nova data, determinando sua condução coercitiva.

Art. 188. A remissão, como forma de extinção ou suspensão do processo, poderá ser aplicada em qualquer fase do procedimento, antes da sentença.

Art. 189. A autoridade judiciária não aplicará qualquer medida, desde que reconheça na sentença:

I - estar provada a inexistência do fato;
II - não haver prova da existência do fato;
III - não constituir o fato ato infracional;
IV - não existir prova de ter o adolescente concorrido para o ato infracional.

Parágrafo único. Na hipótese deste artigo, estando o adolescente internado, será imediatamente colocado em liberdade.

Art. 190. A intimação da sentença que aplicar medida de internação ou regime de semiliberdade será feita:

I - ao adolescente e ao seu defensor;
II - quando não for encontrado o adolescente, a seus pais ou responsável, sem prejuízo do defensor.

§ 1º Sendo outra a medida aplicada, a intimação far-se-á unicamente na pessoa do defensor.

§ 2º Recaindo a intimação na pessoa do adolescente, deverá este manifestar se deseja ou não recorrer da sentença.

SEÇÃO V-A
DA INFILTRAÇÃO DE AGENTES DE POLÍCIA PARA A INVESTIGAÇÃO DE CRIMES CONTRA A DIGNIDADE SEXUAL DE CRIANÇA E DE ADOLESCENTE

‣ Acrescentada pela Lei 13.441/2017.

Art. 190-A. A infiltração de agentes de polícia na internet com o fim de investigar os crimes previstos nos arts. 240, 241, 241-A, 241-B, 241-C e 241-D desta Lei e nos arts. 154-A, 217-A, 218, 218-A e 218-B do Decreto-Lei n. 2.848, de 7 de dezembro de 1940 (Código Penal), obedecerá às seguintes regras: (Acrescentado pela Lei 13.441/2017.)

I - será precedida de autorização judicial devidamente circunstanciada e fundamentada, que estabelecerá os limites da infiltração para obtenção de prova, ouvido o Ministério Público; (Acrescentado pela Lei 13.441/2017.)

II - dar-se-á mediante requerimento do Ministério Público ou representação de delegado de polícia e conterá a demonstração de sua necessidade, o alcance das tarefas dos policiais, os nomes ou apelidos das pessoas investigadas e, quando possível, os dados de conexão ou cadastrais que permitam a identificação dessas pessoas; (Acrescentado pela Lei 13.441/2017.)

III - não poderá exceder o prazo de 90 (noventa) dias, sem prejuízo de eventuais renovações, desde que o total não exceda a 720 (setecentos e vinte) dias e seja demonstrada sua efetiva necessidade, a critério da autoridade judicial. (Acrescentado pela Lei 13.441/2017.)

§ 1º A autoridade judicial e o Ministério Público poderão requisitar relatórios parciais da operação de infiltração antes do término do prazo de que trata o inciso II do § 1º deste artigo. (Acrescentado pela Lei 13.441/2017.)

§ 2º Para efeitos do disposto no inciso I do § 1º deste artigo, consideram-se: (Acrescentado pela Lei 13.441/ 2017.)

I - dados de conexão: informações referentes a hora, data, início, término, duração, endereço de Protocolo de Internet (IP) utilizado e terminal de origem da conexão; (Acrescentado pela Lei 13.441/2017.)

II - dados cadastrais: informações referentes a nome e endereço de assinante ou de usuário registrado ou autenticado para a conexão a quem endereço de IP, identificação de usuário ou código de acesso tenha sido atribuído no momento da conexão. (Acrescentado pela Lei 13.441/2017.)

§ 3º A infiltração de agentes de polícia na internet não será admitida se a prova puder ser obtida por outros meios. (Acrescentado pela Lei 13.441/2017.)

Art. 190-B. As informações da operação de infiltração serão encaminhadas diretamente ao juiz responsável pela autorização da medida, que zelará por seu sigilo. (Acrescentado pela Lei 13.441/2017.)

Parágrafo único. Antes da conclusão da operação, o acesso aos autos será reservado ao juiz, ao Ministério Público e ao delegado de polícia responsável pela operação, com o objetivo de garantir o sigilo das investigações. (Acrescentado pela Lei 13.441/2017.)

Art. 190-C. Não comete crime o policial que oculta a sua identidade para, por meio da internet, colher indícios de autoria e materialidade dos crimes previstos nos arts. 240, 241, 241-A, 241-B, 241-C e 241-D desta Lei e nos arts. 154-A, 217-A, 218, 218-A e 218-B do Decreto-Lei n. 2.848, de 7 de dezembro de 1940 (Código Penal). (Acrescentado pela Lei 13.441/2017.)

Parágrafo único. O agente policial infiltrado que deixar de observar a estrita finalidade da investigação responderá pelos excessos praticados. (Acrescentado pela Lei 13.441/2017.)

Art. 190-D. Os órgãos de registro e cadastro público poderão incluir nos bancos de dados próprios, mediante procedimento sigiloso e requisição da autoridade judicial, as informações necessárias à efetividade da identidade fictícia criada. (Acrescentado pela Lei 13.441/2017.)

Parágrafo único. O procedimento sigiloso de que trata esta Seção será numerado e tombado em livro específico. (Acrescentado pela Lei 13.441/2017.)

Art. 190-E. Concluída a investigação, todos os atos eletrônicos praticados durante a operação deverão ser registrados, gravados, armazenados e encaminhados ao juiz e ao Ministério Público, juntamente com relatório circunstanciado. (Acrescentado pela Lei 13.441/2017.)

Parágrafo único. Os atos eletrônicos registrados citados no *caput* deste artigo serão reunidos em autos apartados e apensados ao processo criminal juntamente com o inquérito policial, assegurando-se a preservação da identidade do agente policial infiltrado e a intimidade das crianças e dos adolescentes envolvidos. (Acrescentado pela Lei 13.441/2017.)

SEÇÃO VI
DA APURAÇÃO DE IRREGULARIDADES EM ENTIDADE DE ATENDIMENTO

Art. 191. O procedimento de apuração de irregularidades em entidade governamental e não governamental terá início mediante portaria da autoridade judiciária ou representação do Ministério Público ou do Conselho Tutelar, onde conste, necessariamente, resumo dos fatos.

Parágrafo único. Havendo motivo grave, poderá a autoridade judiciária, ouvido o Ministério Público, decretar liminarmente o afastamento provisório do dirigente da entidade, mediante decisão fundamentada.

Art. 192. O dirigente da entidade será citado para, no prazo de dez dias, oferecer resposta escrita, podendo juntar documentos e indicar as provas a produzir.

Art. 193. Apresentada ou não a resposta, e sendo necessário, a autoridade judiciária designará audiência de instrução e julgamento, intimando as partes.

§ 1º Salvo manifestação em audiência, as partes e o Ministério Público terão cinco dias para oferecer alegações finais, decidindo a autoridade judiciária em igual prazo.

§ 2º Em se tratando de afastamento provisório ou definitivo de dirigente de entidade governamental, a autoridade judiciária oficiará à autoridade administrativa imediatamente superior ao afastado, marcando prazo para a substituição.

§ 3º Antes de aplicar qualquer das medidas, a autoridade judiciária poderá fixar prazo para a remoção das irregularidades verificadas. Satisfeitas as exigências, o processo será extinto, sem julgamento de mérito.

§ 4º A multa e a advertência serão impostas ao dirigente da entidade ou programa de atendimento.

SEÇÃO VII
DA APURAÇÃO DE INFRAÇÃO ADMINISTRATIVA ÀS NORMAS DE PROTEÇÃO À CRIANÇA E AO ADOLESCENTE

Art. 194. O procedimento para imposição de penalidade administrativa por infração às normas de proteção à criança e ao adolescente terá início por representação do Ministério Público, ou do Conselho Tutelar, ou auto de infração elaborado por servidor efetivo ou voluntário credenciado, e assinado por duas testemunhas, se possível.

§ 1º No procedimento iniciado com o auto de infração, poderão ser usadas fórmulas impressas, especificando-se a natureza e as circunstâncias da infração.

§ 2º Sempre que possível, à verificação da infração seguir-se-á a lavratura do auto, certificando-se, em caso contrário, dos motivos do retardamento.

Art. 195. O requerido terá prazo de dez dias para apresentação de defesa, contado da data da intimação, que será feita:

I - pelo autuante, no próprio auto, quando este for lavrado na presença do requerido;

II - por oficial de justiça ou funcionário legalmente habilitado, que entregará cópia do auto ou da representação ao requerido, ou a seu representante legal, lavrando certidão;

III - por via postal, com aviso de recebimento, se não for encontrado o requerido ou seu representante legal;

IV - por edital, com prazo de trinta dias, se incerto ou não sabido o paradeiro do requerido ou de seu representante legal.

Art. 196. Não sendo apresentada a defesa no prazo legal, a autoridade judiciária dará vista dos autos do Ministério Público, por cinco dias, decidindo em igual prazo.

Art. 197. Apresentada a defesa, a autoridade judiciária procederá na conformidade do artigo anterior, ou, sendo necessário, designará audiência de instrução e julgamento. (Acrescentado pela Lei 12.010/2009.)

Parágrafo único. Colhida a prova oral, manifestar-se-ão sucessivamente o Ministério Público e o procurador do requerido, pelo tempo de vinte minutos para cada um, prorrogável por mais dez, a critério da autoridade judiciária, que em seguida proferirá sentença. (Acrescentado pela Lei 12.010/2009.)

SEÇÃO VIII
DA HABILITAÇÃO DE PRETENDENTES À ADOÇÃO

‣ Incluída pela Lei 12.010/2009.

Art. 197-A. Os postulantes à adoção, domiciliados no Brasil, apresentarão petição inicial na qual conste: (Incluído pela Lei 12.010/2009.)

I - qualificação completa; (Incluído pela Lei 12.010/2009.)

II - dados familiares; (Incluído pela Lei 12.010/2009.)

III - cópias autenticadas de certidão de nascimento ou casamento, ou declaração relativa ao período de união estável; (Incluído pela Lei 12.010/2009.)

IV - cópias da cédula de identidade e inscrição no Cadastro de Pessoas Físicas; (Incluído pela Lei 12.010/2009.)

V - comprovante de renda e domicílio; (Incluído pela Lei 12.010/2009.)

VI - atestados de sanidade física e mental; (Incluído pela Lei 12.010/2009.)

VII - certidão de antecedentes criminais; (Incluído pela Lei 12.010/2009.)

VIII - certidão negativa de distribuição cível. (Incluído pela Lei 12.010/2009.)

Art. 197-B. A autoridade judiciária, no prazo de 48 (quarenta e oito) horas, dará vista dos autos ao Ministério Público, que no prazo de 5 (cinco) dias poderá: (Incluído pela Lei 12.010/2009.)

I - apresentar quesitos a serem respondidos pela equipe interprofissional encarregada de elaborar o estudo técnico a que se refere o art. 197-C desta lei; (Incluído pela Lei 12.010/2009.)

II - requerer a designação de audiência para oitiva dos postulantes em juízo e testemunhas; (Incluído pela Lei 12.010/2009.)

III - requerer a juntada de documentos complementares e a realização de outras diligências que entender necessárias. (Incluído pela Lei 12.010/2009.)

Art. 197-C. Intervirá no feito, obrigatoriamente, equipe interprofissional a serviço da Justiça da Infância e da Juventude, que deverá elaborar estudo psicossocial, que conterá subsídios que permitam aferir a capacidade e o preparo dos postulantes para o exercício de uma paternidade ou maternidade responsável, à luz dos requisitos e princípios desta lei. (Incluído pela Lei 12.010/2009.)

§ 1º É obrigatória a participação dos postulantes em programa oferecido pela Justiça da Infância e da Juventude, preferencialmente com apoio dos técnicos responsáveis pela execução da política municipal de garantia do direito à convivência familiar e dos grupos de apoio à adoção devidamente habilitados perante a Justiça da Infância e da Juventude, que inclua preparação psicológica, orientação e estímulo à adoção inter-racial, de crianças ou de adolescentes com deficiência, com doenças crônicas ou com necessidades específicas de saúde, e de grupos de irmãos. (Redação dada pela Lei nº 13.509, de 2017)

§ 2º Sempre que possível e recomendável, a etapa obrigatória da preparação referida no § 1o deste artigo incluirá o contato com crianças e adolescentes em regime de acolhimento familiar ou institucional, a ser realizado sob orientação, supervisão e avaliação da equipe técnica da Justiça da Infância e da Juventude e dos grupos de apoio à adoção, com apoio dos técnicos responsáveis pelo programa de acolhimento familiar e institucional e pela execução da política municipal de garantia do direito à convivência familiar. (Redação dada pela Lei nº 13.509, de 2017)

§ 3º É recomendável que as crianças e os adolescentes acolhidos institucionalmente ou por família acolhedora sejam preparados por equipe interprofissional antes da inclusão em família adotiva. (Incluído pela Lei nº 13.509, de 2017)

Art. 197-D. Certificada nos autos a conclusão da participação no programa referido no art. 197-C desta lei, a autoridade judiciária, no prazo de 48 (quarenta e oito) horas, decidirá acerca das diligências requeridas pelo Ministério Público e determinará a juntada do estudo psicossocial, designando, conforme o caso, audiência de instrução e julgamento. (Incluído pela Lei 12.010/2009.)

Parágrafo único. Caso não sejam requeridas diligências, ou sendo essas indeferidas, a autoridade judiciária determinará a juntada do estudo psicossocial, abrindo a seguir vista dos autos ao Ministério Público, por 5 (cinco) dias, decidindo em igual prazo. (Incluído pela Lei 12.010/2009.)

Art. 197-E. Deferida a habilitação, o postulante será inscrito nos cadastros referidos no art. 50 desta lei, sendo a sua convocação para a adoção feita de acordo com ordem cronológica de habilitação e conforme a disponibilidade de crianças ou adolescentes adotáveis. (Incluído pela Lei 12.010/2009.)

§ 1º A ordem cronológica das habilitações somente poderá deixar de ser observada pela autoridade judiciária nas hipóteses previstas no § 13 do art. 50 desta lei, quando comprovado ser essa a melhor solução no interesse do adotando. (Incluído pela Lei 12.010/2009.)

§ 2º A habilitação à adoção deverá ser renovada no mínimo trienalmente mediante avaliação por equipe interprofissional. (Redação dada pela Lei nº 13.509, de 2017)

§ 3º Quando o adotante candidatar-se a uma nova adoção, será dispensável a renovação da habilitação, bastando a avaliação por equipe interprofissional. (Incluído pela Lei nº 13.509, de 2017)

§ 4º Após 3 (três) recusas injustificadas, pelo habilitado, à adoção de crianças ou adolescentes indicados dentro do perfil escolhido, haverá reavaliação da habilitação concedida. (Incluído pela Lei nº 13.509, de 2017)

§ 5º A desistência do pretendente em relação à guarda para fins de adoção ou a devolução da criança ou do adolescente depois do trânsito em julgado da sentença de adoção importará na sua exclusão dos cadastros de adoção e na vedação de renovação da habilitação, salvo decisão judicial fundamentada, sem prejuízo das demais sanções previstas na legislação vigente. (Incluído pela Lei nº 13.509, de 2017)

Art. 197-F. O prazo máximo para conclusão da habilitação à adoção será de 120 (cento e vinte) dias, prorrogável por igual período, mediante decisão fundamentada da autoridade judiciária. (Incluído pela Lei nº 13.509, de 2017)

CAPÍTULO IV
DOS RECURSOS

Art. 198. Nos procedimentos afetos à Justiça da Infância e da Juventude, inclusive os relativos à execução das medidas socioeducativas, adotar-se-á o sistema recursal da Lei n. 5.869, de 11 de janeiro de 1973 (Código de Processo Civil), com as seguintes adaptações: (Alterado pela Lei 12.594/2012.)

‣ arts. 994 a 1.044, NCPC.

I - os recursos serão interpostos independentemente de preparo;

II - em todos os recursos, salvo nos embargos de declaração, o prazo para o Ministério Público e para a defesa será sempre de 10 (dez) dias; (Substituído pela Lei 12.594/2012.)

III - os recursos terão preferência de julgamento e dispensarão revisor;

IV a VI - (Revogados pela Lei 12.010/2009.)

VII - antes de determinar a remessa dos autos à superior instância, no caso de apelação, ou do instrumento, no caso de agravo, a autoridade judiciária proferirá despacho fundamentado, mantendo ou reformando a decisão, no prazo de cinco dias;

VIII - mantida a decisão apelada ou agravada, o escrivão remeterá os autos ou o instrumento à superior instância dentro de vinte e quatro horas, independentemente de novo pedido do recorrente, se a reformar, a remessa dos autos dependerá de pedido expresso da parte interessada ou do Ministério Público, no prazo de cinco dias, contados da intimação.

Art. 199. Contra as decisões proferidas com base no art. 149 caberá recurso de apelação.

- arts. 1.009 e ss., NCPC.

Art. 199-A. A sentença que deferir a adoção produz efeito desde logo, embora sujeita a apelação, que será recebida exclusivamente no efeito devolutivo, salvo se se tratar de adoção internacional ou se houver perigo de dano irreparável ou de difícil reparação ao adotando. (Incluído pela Lei 12.010/2009.)

Art. 199-B. A sentença que destituir ambos ou qualquer dos genitores do poder familiar fica sujeita a apelação, que deverá ser recebida apenas no efeito devolutivo. (Incluído pela Lei 12.010/2009.)

Art. 199-C. Os recursos nos procedimentos de adoção e de destituição de poder familiar, em face da relevância das questões, serão processados com prioridade absoluta, devendo ser imediatamente distribuídos, ficando vedado que aguardem, em qualquer situação, oportuna distribuição, e serão colocados em mesa para julgamento sem revisão e com parecer urgente do Ministério Público. (Incluído pela Lei 12.010/2009.)

Art. 199-D. O relator deverá colocar o processo em mesa para julgamento no prazo máximo de 60 (sessenta) dias, contado da sua conclusão. (Incluído pela Lei 12.010/2009.)

Parágrafo único. O Ministério Público será intimado da data do julgamento e poderá na sessão, se entender necessário, apresentar oralmente seu parecer. (Incluído pela Lei 12.010/2009.)

Art. 199-E. O Ministério Público poderá requerer a instauração de procedimento para apuração de responsabilidades se constatar o descumprimento das providências e do prazo previstos nos artigos anteriores. (Incluído pela Lei 12.010/2009.)

CAPÍTULO V
DO MINISTÉRIO PÚBLICO

Art. 200. As funções do Ministério Público previstas nesta Lei serão exercidas nos termos da respectiva lei orgânica.

Art. 201. Compete ao Ministério Público:

I - conceder a remissão como forma de exclusão do processo;

II - promover e acompanhar os procedimentos relativos às infrações atribuídas a adolescentes;

III - promover e acompanhar as ações de alimentos e os procedimentos de suspensão e destituição do poder familiar, nomeação e remoção de tutores, curadores e guardiães, bem como oficiar em todos os demais procedimentos da competência da Justiça da Infância e da Juventude;

- Súm. 594, do STJ.

IV - promover, de ofício ou por solicitação dos interessados, a especialização e a inscrição de hipoteca legal e a prestação de contas dos tutores, curadores e quaisquer administradores de bens de crianças e adolescentes nas hipóteses do art. 98;

V - promover o inquérito civil e a ação civil pública para a proteção dos interesses individuais, difusos ou coletivos relativos à infância e à adolescência, inclusive os definidos no art. 220, § 3º inciso II, da Constituição Federal;

VI - instaurar procedimentos administrativos e, para instruí-los:

a) expedir notificações para colher depoimentos ou esclarecimentos e, em caso de não comparecimento injustificado, requisitar condução coercitiva, inclusive pela polícia civil ou militar;

b) requisitar informações, exames, perícias e documentos de autoridades municipais, estaduais e federais, da administração direta ou indireta, bem como promover inspeções e diligências investigatórias;

c) requisitar informações e documentos a particulares e instituições privadas;

VII - instaurar sindicâncias, requisitar diligências investigatórias e determinar a instauração de inquérito policial, para apuração de ilícitos ou infrações às normas de proteção à infância e à juventude;

VIII - zelar pelo efetivo respeito aos direitos e garantias legais assegurados às crianças e adolescentes, promovendo as medidas judiciais e extrajudiciais cabíveis;

IX - impetrar mandado de segurança, de injunção e *habeas corpus*, em qualquer juízo, instância ou tribunal, na defesa dos interesses sociais e individuais indisponíveis afetos à criança e ao adolescente;

X - representar ao juízo visando à aplicação de penalidade por infrações cometidas contra as normas de proteção à infância e à juventude, sem prejuízo da promoção da responsabilidade civil e penal do infrator, quando cabível;

XI - inspecionar as entidades públicas e particulares de atendimento e os programas de que trata esta Lei, adotando de pronto as medidas administrativas ou judiciais necessárias à remoção de irregularidades porventura verificadas;

XII - requisitar força policial, bem como a colaboração dos serviços médicos, hospitalares, educacionais e de assistência social, públicos ou privados, para o desempenho de suas atribuições.

§ 1º A legitimação do Ministério Público para as ações cíveis previstas neste artigo não impede a de terceiros, nas mesmas hipóteses, segundo dispuserem a Constituição e esta Lei.

§ 2º As atribuições constantes deste artigo não excluem outras, desde que compatíveis com a finalidade do Ministério Público.

§ 3º O representante do Ministério Público, no exercício de suas funções, terá livre acesso a todo local onde se encontre criança ou adolescente.

§ 4º O representante do Ministério Público será responsável pelo uso indevido das informações e documentos que requisitar, nas hipóteses legais de sigilo.

§ 5º Para o exercício da atribuição de que trata o inciso VIII deste artigo, poderá o representante do Ministério Público:

a) reduzir a termo as declarações do reclamante, instaurando o competente procedimento, sob sua presidência;

b) entender-se diretamente com a pessoa ou autoridade reclamada, em dia, local e horário previamente notificados ou acertados;

c) efetuar recomendações visando à melhoria dos serviços públicos e de relevância pública afetos à criança e ao adolescente, fixando prazo razoável para sua perfeita adequação.

Art. 202. Nos processos e procedimentos em que não for parte, atuará obrigatoriamente o Ministério Público na defesa dos direitos e interesses de que cuida esta Lei, hipótese em que terá vista dos autos depois das partes, podendo juntar documentos e requerer diligências, usando os recursos cabíveis.

Art. 203. A intimação do Ministério Público, em qualquer caso, será feita pessoalmente.

Art. 204. A falta de intervenção do Ministério Público acarreta a nulidade do feito, que será declarada de ofício pelo juiz ou a requerimento de qualquer interessado.

Art. 205. As manifestações processuais do representante do Ministério Público deverão ser fundamentadas.

CAPÍTULO VI
DO ADVOGADO

Art. 206. A criança ou o adolescente, seus pais ou responsável, e qualquer pessoa que tenha legítimo interesse na solução da lide poderão intervir nos procedimentos de que trata esta Lei, através de advogado, o qual será intimado para todos os atos, pessoalmente ou por publicação oficial, respeitado o segredo de justiça.

Parágrafo único. Será prestada assistência judiciária integral e gratuita àqueles que dela necessitarem.

Art. 207. Nenhum adolescente a quem se atribua a prática de ato infracional, ainda que ausente ou foragido, será processado sem defensor.

§ 1º Se o adolescente não tiver defensor, ser-lhe-á nomeado pelo juiz, ressalvado o direito de, a todo tempo, constituir outro de sua preferência.

§ 2º A ausência do defensor não determinará o adiamento de nenhum ato do processo, devendo o juiz nomear substituto, ainda que provisoriamente, ou para o só efeito do ato.

§ 3º Será dispensada a outorga de mandato, quando se tratar de defensor nomeado ou, sido constituído, tiver sido indicado por ocasião de ato formal com a presença da autoridade judiciária.

CAPÍTULO VII
DA PROTEÇÃO JUDICIAL DOS INTERESSES INDIVIDUAIS, DIFUSOS E COLETIVOS

Art. 208. Regem-se pelas disposições desta lei as ações de responsabilidade por ofensa aos direitos assegurados à criança e ao adolescente, referentes ao não oferecimento ou oferta irregular:

I - do ensino obrigatório;

II - de atendimento educacional especializado aos portadores de deficiência;

III - de atendimento em creche e pré-escola às crianças de zero a cinco anos de idade; (Alterado pela Lei 13.306/2016.)

IV - de ensino noturno regular, adequado às condições do educando;

V - de programas suplementares de oferta de material didático-escolar, transporte e assistência à saúde do educando do ensino fundamental;

VI - de serviço de assistência social visando à proteção à família, à maternidade, à infância e à adolescência, bem como ao amparo às crianças e adolescentes que dele necessitem;

VII - de acesso às ações e serviços de saúde;

VIII - de escolarização e profissionalização dos adolescentes privados de liberdade;

IX - de ações, serviços e programas de orientação, apoio e promoção social de famílias e destinados ao pleno exercício do direito à convivência familiar por crianças e adolescentes. (Incluído pela Lei 12.010/2009.)

X - de programas de atendimento para a execução das medidas socioeducativas e aplicação de medidas de proteção. (Acrescentado pela Lei 12.594/2012.)

XI - de políticas e programas integrados de atendimento à criança e ao adolescente vítima ou testemunha de violência. (Acrescentado pela Lei 13.431/2017.)

§ 1º As hipóteses previstas neste artigo não excluem da proteção judicial outros interesses individuais, difusos ou coletivos, próprios da infância e da adolescência, protegidos pela Constituição e pela Lei. (Renumerado do parágrafo único pela Lei 11.259/2005.)

§ 2º A investigação do desaparecimento de crianças ou adolescentes será realizada imediatamente após notificação aos órgãos competentes, que deverão comunicar o fato aos portos, aeroportos, Polícia Rodoviária e companhias de transporte interestaduais e internacionais, fornecendo-lhes todos os dados necessários à identificação do desaparecido. (Incluído pela Lei 11.259/2005.)

› Lei 12.127/2009 (Cria o Cadastro Nacional de Crianças e Adolescentes Desaparecidos).

Art. 209. As ações previstas neste Capítulo serão propostas no foro do local onde ocorreu ou deva ocorrer a ação ou omissão, cujo juízo terá competência absoluta para processar a causa, ressalvadas a competência da Justiça Federal e a competência originária dos tribunais superiores.

Art. 210. Para as ações cíveis fundadas em interesses coletivos ou difusos, consideram-se legitimados concorrentemente:

I - o Ministério Público;

II - a União, os Estados, os Municípios, o Distrito Federal e os Territórios;

III - as associações legalmente constituídas há pelo menos um ano e que incluam entre seus fins institucionais a defesa dos interesses e direitos protegidos por esta Lei, dispensada a autorização da assembleia, se houver prévia autorização estatutária.

§ 1º Admitir-se-á litisconsórcio facultativo entre os Ministérios Públicos da União e dos Estados na defesa dos interesses e direitos de que cuida esta Lei.

§ 2º Em caso de desistência ou abandono da ação por associação legitimada, o Ministério Público ou outro legitimado poderá assumir a titularidade ativa.

Art. 211. Os órgãos públicos legitimados poderão tomar dos interessados compromisso de ajustamento de sua conduta às exigências legais, o qual terá eficácia de título executivo extrajudicial.

Art. 212. Para defesa dos direitos e interesses protegidos por esta Lei, são admissíveis todas as espécies de ações pertinentes.

§ 1º Aplicam-se às ações previstas neste Capítulo as normas do Código de Processo Civil.

§ 2º Contra atos ilegais ou abusivos de autoridade pública ou agente de pessoa jurídica no exercício de atribuições do Poder Público, que lesem direito líquido e certo previsto nesta Lei, caberá ação mandamental, que se regerá pelas normas da lei do mandado de segurança.

Art. 213. Na ação que tenha por objeto o cumprimento de obrigação de fazer ou não fazer, o juiz concederá a tutela específica da obrigação ou determinará providências que assegurem o resultado prático equivalente ao do adimplemento.

§ 1º Sendo relevante o fundamento da demanda e havendo justificado receio de ineficácia do provimento final, é lícito ao juiz conceder a tutela liminarmente ou após justificação prévia, citando o réu.

§ 2º O juiz poderá, na hipótese do parágrafo anterior ou na sentença, impor multa diária ao réu, independentemente de pedido do autor, se for suficiente ou compatível com a obrigação, fixando prazo razoável para o cumprimento do preceito.

§ 3º A multa só será exigível do réu após o trânsito em julgado da sentença favorável ao autor, mas será devida desde o dia em que se houver configurado o descumprimento.

Art. 214. Os valores das multas reverterão ao fundo gerido pelo Conselho dos Direitos da Criança e do Adolescente do respectivo município.

§ 1º As multas não recolhidas até trinta dias após o trânsito em julgado da decisão serão exigidas através de execução promovida pelo Ministério Público, nos mesmos autos, facultada igual iniciativa aos demais legitimados.

§ 2º Enquanto o fundo não for regulamentado, o dinheiro ficará depositado em estabelecimento oficial de crédito, em conta com correção monetária.

Art. 215. O juiz poderá conferir efeito suspensivo aos recursos, para evitar dano irreparável à parte.

Art. 216. Transitada em julgado a sentença que impuser condenação ao Poder Público, o juiz determinará a remessa de peças à autoridade competente, para apuração da responsabilidade civil e administrativa do agente a que se atribua a ação ou omissão.

Art. 217. Decorridos sessenta dias do trânsito em julgado da sentença condenatória sem que a associação autora lhe promova a execução, deverá fazê-lo o Ministério Público, facultada igual iniciativa aos demais legitimados.

Art. 218. O juiz condenará a associação autora a pagar ao réu os honorários advocatícios arbitrados na conformidade do § 4º do art. 20 da Lei n. 5.869, de 11 de janeiro de 1973 (Código de Processo Civil), quando reconhecer que a pretensão é manifestamente infundada.

› Refere-se ao CPC/1973. art. 85, § 8º, NCPC.

Parágrafo único. Em caso de litigância de má-fé, a associação autora e os diretores responsáveis pela propositura da ação serão solidariamente condenados ao décuplo das custas, sem prejuízo de responsabilidade por perdas e danos.

Art. 219. Nas ações de que trata este Capítulo, não haverá adiantamento de custas, emolumentos, honorários periciais e quaisquer outras despesas.

Art. 220. Qualquer pessoa poderá e o servidor público deverá provocar a iniciativa do Ministério Público, prestando-lhe informações sobre fatos que constituam objeto de ação civil, e indicando-lhe os elementos de convicção.

Art. 221. Se, no exercício de suas funções, os juízos e tribunais tiverem conhecimento de fatos que possam ensejar a propositura de ação civil, remeterão peças ao Ministério Público para as providências cabíveis.

Art. 222. Para instruir a petição inicial, o interessado poderá requerer às autoridades competentes as certidões e informações que julgar necessárias, que serão fornecidas no prazo de quinze dias.

Art. 223. O Ministério Público poderá instaurar, sob sua presidência, inquérito civil, ou requisitar, de qualquer pessoa, organismo público ou particular, certidões, informações, exames ou perícias, no prazo que assinalar, o qual não poderá ser inferior a dez dias úteis.

§ 1º Se o órgão do Ministério Público, esgotadas todas as diligências, se convencer da inexistência de fundamento para a propositura da ação cível, promoverá o arquivamento dos autos do inquérito civil ou das peças informativas, fazendo-o fundamentadamente.

§ 2º Os autos do inquérito civil ou as peças de informação arquivados serão remetidos, sob pena de se incorrer em falta grave, no prazo de três dias, ao Conselho Superior do Ministério Público.

§ 3º Até que seja homologada ou rejeitada a promoção de arquivamento, em sessão do Conselho Superior do Ministério público, poderão as associações legitimadas apresentar razões escritas ou documentos, que serão juntados aos autos do inquérito ou anexados às peças de informação.

§ 4º A promoção de arquivamento será submetida a exame e deliberação do Conselho Superior do Ministério Público, conforme dispuser o seu regimento.

§ 5º Deixando o Conselho Superior de homologar a promoção de arquivamento, designará, desde logo, outro órgão do Ministério Público para o ajuizamento da ação.

Art. 224. Aplicam-se subsidiariamente, no que couber, as disposições da Lei n. 7.347, de 24 de julho de 1985.

TÍTULO VII
DOS CRIMES E DAS INFRAÇÕES ADMINISTRATIVAS

CAPÍTULO I
DOS CRIMES

SEÇÃO I
DISPOSIÇÕES GERAIS

Art. 225. Este Capítulo dispõe sobre crimes praticados contra a criança e o adolescente, por ação ou omissão, sem prejuízo do disposto na legislação penal.

Art. 226. Aplicam-se aos crimes definidos nesta Lei as normas da Parte Geral do Código Penal e, quanto ao processo, as pertinentes ao Código de Processo Penal.

› Súm. 338, STJ.

Art. 227. Os crimes definidos nesta Lei são de ação pública incondicionada.

Art. 227-A. Os efeitos da condenação prevista no inciso I do *caput* do art. 92 do Decreto-Lei nº 2.848, de 7 de dezembro de 1940 (Código Penal), para os crimes previstos nesta Lei, praticados por servidores públicos com abuso de autoridade, são condicionados à ocorrência de reincidência. (Acrescido pela Lei 13.869/2019)

Parágrafo único. A perda do cargo, do mandato ou da função, nesse caso, independerá da pena aplicada na reincidência.

SEÇÃO II
DOS CRIMES EM ESPÉCIE

Art. 228. Deixar o encarregado de serviço ou o dirigente de estabelecimento de atenção à saúde de gestante de manter registro das atividades desenvolvidas, na forma e prazo referidos no art. 10 desta lei, bem como de fornecer à parturiente ou a seu responsável, por ocasião da alta médica, declaração de nascimento, onde constem as intercorrências do parto e do desenvolvimento do neonato:

Pena - Detenção de seis meses a dois anos.

Parágrafo único. Se o crime é culposo:

Pena - Detenção de dois a seis meses, ou multa.

Art. 229. Deixar o médico, enfermeiro ou dirigente de estabelecimento de atenção à saúde de gestante de identificar corretamente o neonato e a parturiente, por ocasião do parto, bem como deixar de proceder aos exames referidos no art. 10 desta lei:

Pena - Detenção de seis meses a dois anos.

Parágrafo único. Se o crime é culposo:

Pena - Detenção de dois a seis meses, ou multa.

Art. 230. Privar a criança ou o adolescente de sua liberdade, procedendo à sua apreensão sem estar em flagrante de ato infracional ou inexistindo ordem escrita da autoridade judiciária competente:

Pena - Detenção de seis meses a dois anos.

Parágrafo único. Incide na mesma pena aquele que procede à apreensão sem observância das formalidades legais.

Art. 231. Deixar a autoridade policial responsável pela apreensão de criança ou adolescente de fazer imediata comunicação à autoridade judiciária competente e à família do apreendido ou à pessoa por ele indicada:

Pena - Detenção de seis meses a dois anos.

Art. 232. Submeter criança ou adolescente sob sua autoridade, guarda ou vigilância a vexame ou a constrangimento:

Pena - Detenção de seis meses a dois anos.

Art. 233. (Revogado pela Lei 9.455/1997.)

Art. 234. Deixar a autoridade competente, sem justa causa, de ordenar a imediata liberação de criança ou adolescente, tão logo tenha conhecimento da ilegalidade da apreensão:

Pena - Detenção de seis meses a dois anos.

Art. 235. Descumprir, injustificadamente, prazo fixado nesta Lei em benefício de adolescente privado de liberdade:

Pena - Detenção de seis meses a dois anos.

Art. 236. Impedir ou embaraçar a ação de autoridade judiciária, membro do Conselho Tutelar ou representante do Ministério Público no exercício de função prevista nesta Lei:

Pena - Detenção de seis meses a dois anos.

Art. 237. Subtrair criança ou adolescente ao poder de quem o tem sob sua guarda em virtude de lei ou ordem judicial, com o fim de colocação em lar substituto:

Pena - Reclusão de dois a seis anos, e multa.

Art. 238. Prometer ou efetivar a entrega de filho ou pupilo a terceiro, mediante paga ou recompensa:

Pena - Reclusão de um a quatro anos, e multa.

Parágrafo único. Incide nas mesmas penas quem oferece ou efetiva a paga ou recompensa.

Art. 239. Promover ou auxiliar a efetivação de ato destinado ao envio de criança ou adolescente para o exterior com inobservância das formalidades legais ou com o fito de obter lucro:

Pena - Reclusão de quatro a seis anos, e multa.

- art. 13-A, CPP.
- Lei 13.344/2016 (Dispõe sobre prevenção e repressão ao tráfico interno e internacional de pessoas e sobre medidas de atenção às vítimas).

Parágrafo único. Se há emprego de violência, grave ameaça ou fraude: (Incluído pela Lei 10.764/2003.)

Pena - Reclusão, de 6 (seis) a 8 (oito) anos, além da pena correspondente à violência.

Art. 240. Produzir, reproduzir, dirigir, fotografar, filmar ou registrar, por qualquer meio, cena de sexo explícito ou pornográfica, envolvendo criança ou adolescente: (Redação dada pela Lei 11.829/2008.)

Pena - Reclusão, de 4 (quatro) a 8 (oito) anos, e multa. (Redação dada pela Lei 11.829/2008.)

§ 1º Incorre nas mesmas penas quem agencia, facilita, recruta, coage, ou de qualquer modo intermedeia a participação de criança ou adolescente nas cenas referidas no *caput* deste artigo, ou ainda quem com esses contracena. (Redação dada pela Lei 11.829/2008.)

§ 2º Aumenta-se a pena de 1/3 (um terço) se o agente comete o crime: (Redação dada pela Lei 11.829/ 2008.)

I - no exercício de cargo ou função pública ou a pretexto de exercê-la; (Redação dada pela Lei 11.829/2008.)

II - prevalecendo-se de relações domésticas, de coabitação ou de hospitalidade; ou (Redação dada pela Lei 11.829/2008.)

III - prevalecendo-se de relações de parentesco consanguíneo ou afim até o terceiro grau, ou por adoção, de tutor, curador, preceptor, empregador da vítima ou de quem, a qualquer outro título, tenha autoridade sobre ela, ou com seu consentimento. (Incluído pela Lei 11.829/2008.)

Art. 241. Vender ou expor à venda fotografia, vídeo ou outro registro que contenha cena de sexo explícito ou pornográfica envolvendo criança ou adolescente: (Redação dada pela Lei 11.829/2008.)

Pena - Reclusão, de 4 (quatro) a 8 (oito) anos, e multa. (Redação dada pela Lei 11.829/2008)

Art. 241-A. Oferecer, trocar, disponibilizar, transmitir, distribuir, publicar ou divulgar por qualquer meio, inclusive por meio de sistema de informática ou telemático, fotografia, vídeo ou outro registro que contenha cena de sexo explícito ou pornográfica envolvendo criança ou adolescente: (Incluído pela Lei 11.829/2008.)

Pena - Reclusão, de 3 (três) a 6 (seis) anos, e multa. (Incluído pela Lei 11.829/2008.)

§ 1º Nas mesmas penas incorre quem: (Incluído pela Lei 11.829/2008.)

I - assegura os meios ou serviços para o armazenamento das fotografias, cenas ou imagens de que trata o *caput* deste artigo; (Incluído pela Lei 11.829/2008.)

II - assegura, por qualquer meio, o acesso por rede de computadores às fotografias, cenas ou imagens de que trata o *caput* deste artigo. (Incluído pela Lei 11.829/2008.)

§ 2º As condutas tipificadas nos incisos I e II do § 1º deste artigo são puníveis quando o responsável legal pela prestação do serviço, oficialmente notificado, deixa de desabilitar o acesso ao conteúdo ilícito de que trata o *caput* deste artigo. (Incluído pela Lei 11.829/2008.)

Art. 241-B. Adquirir, possuir ou armazenar, por qualquer meio, fotografia, vídeo ou outra forma de registro que contenha cena de sexo explícito ou pornográfica envolvendo criança ou adolescente: (Incluído pela Lei 11.829/2008.)

Pena - Reclusão, de 1 (um) a 4 (quatro) anos, e multa. (Incluído pela Lei 11.829/2008.)

§ 1º A pena é diminuída de 1 (um) a 2/3 (dois terços) se de pequena quantidade o material a que se refere o *caput* deste artigo. (Incluído pela Lei 11.829/2008.)

§ 2º Não há crime se a posse ou o armazenamento tem a finalidade de comunicar às autoridades competentes a ocorrência das condutas descritas nos arts. 240, 241, 241-A e 241-C desta lei, quando a comunicação for feita por: (Incluído pela Lei 11.829/2008.)

I - agente público no exercício de suas funções; (Incluído pela Lei 11.829/2008.)

II - membro de entidade, legalmente constituída, que inclua, entre suas finalidades institucionais, o recebimento, o processamento e o encaminhamento de notícia dos crimes referidos neste parágrafo; (Incluído pela Lei 11.829/2008.)

III - representante legal e funcionários responsáveis de provedor de acesso ou serviço prestado por meio de rede de computadores, até o recebimento do material relativo à notícia feita à autoridade policial, ao Ministério Público ou ao Poder Judiciário. (Incluído pela Lei 11.829/2008.)

§ 3º As pessoas referidas no § 2º deste artigo deverão manter sob sigilo o material ilícito referido. (Incluído pela Lei 11.829/2008.)

Art. 241-C. Simular a participação de criança ou adolescente em cena de sexo explícito ou pornográfica por meio de adulteração, montagem ou modificação de fotografia, vídeo ou qualquer outra forma de representação visual: (Incluído pela Lei 11.829/2008.)

Pena - Reclusão, de 1 (um) a 3 (três) anos, e multa. (Incluído pela Lei 11.829/2008.)

Parágrafo único. Incorre nas mesmas penas quem vende, expõe à venda, disponibiliza, distribui, publica ou divulga por qualquer meio, adquire, possui ou armazena o material produzido na forma do *caput* deste artigo. (Incluído pela Lei 11.829/2008.)

Art. 241-D. Aliciar, assediar, instigar ou constranger, por qualquer meio de comunicação, criança, com o fim de com ela praticar ato libidinoso: (Incluído pela Lei 11.829/2008.)

Pena - Reclusão, de 1 (um) a 3 (três) anos, e multa. (Incluído pela Lei 11.829/2008.)

Parágrafo único. Nas mesmas penas incorre quem: (Incluído pela Lei 11.829/2008.)

I - facilita ou induz o acesso à criança de material contendo cena de sexo explícito ou pornográfica com o fim de com ela praticar ato libidinoso; (Incluído pela Lei 11.829/2008.)

II - pratica as condutas descritas no *caput* deste artigo com o fim de induzir criança a se exibir de forma pornográfica ou sexualmente explícita. (Incluído pela Lei 11.829/2008.)

Art. 241-E. Para efeito dos crimes previstos nesta Lei, a expressão "cena de sexo explícito ou pornográfica" compreende qualquer situação que envolva criança ou adolescente em atividades sexuais explícitas, reais ou simuladas, ou exibição dos órgãos genitais de uma criança ou adolescente para fins primordialmente sexuais. (Incluído pela Lei 11.829/2008.)

Art. 242. Vender, fornecer ainda que gratuitamente ou entregar, de qualquer forma, a criança ou adolescente arma, munição ou explosivo:

Pena - Reclusão, de 3 (três) a 6 (seis) anos. (Redação dada pela Lei 10.764/2003.)

Art. 243. Vender, fornecer, servir, ministrar ou entregar, ainda que gratuitamente, de qualquer forma, a criança ou a adolescente, bebida alcoólica ou, sem justa causa, outros produtos cujos componentes possam causar dependência física ou psíquica: (Alterado pela Lei 13.106/2015.)

Pena - detenção, de 2 (dois) a 4 (quatro) anos, e multa, se o fato não constitui crime mais grave. (Alterado pela Lei 13.106/2015.)

Art. 244. Vender, fornecer ainda que gratuitamente ou entregar, de qualquer forma, a criança ou adolescente fogos de estampido ou de artifício, exceto aqueles que, pelo seu reduzido potencial, sejam incapazes de provocar qualquer dano físico em caso de utilização indevida:

Pena - Detenção de seis meses a dois anos, e multa.

Art. 244-A. Submeter criança ou adolescente, como tais definidos no *caput* do art. 2º desta lei, à prostituição ou à exploração sexual: (Incluído pela Lei 9.975/2000.)

Pena - reclusão de quatro a dez anos e multa, além da perda de bens e valores utilizados na prática criminosa em favor do Fundo dos Direitos da Criança e do Adolescente da unidade da Federação (Estado ou Distrito Federal) em que foi cometido o crime, ressalvado o direito de terceiro de boa-fé. (Alterado pela Lei 13.440/2017.)

- Lei 11.577/2007 (Torna obrigatória a divulgação de mensagem relativa à exploração sexual e tráfico de crianças e adolescentes apontando formas para efetuar denúncia).

§ 1º Incorrem nas mesmas penas o proprietário, o gerente ou o responsável pelo local em que se verifique a submissão de criança ou adolescente às práticas referidas no *caput* deste artigo. (Incluído pela Lei 9.975/2000.)

§ 2º Constitui efeito obrigatório da condenação a cassação da licença de localização e de funcionamento do estabelecimento. (Incluído pela Lei 9.975/2000.)

Art. 244-B. Corromper ou facilitar a corrupção de menor de 18 (dezoito) anos, com ele praticando infração penal ou induzindo-o a praticá-la: (Incluído pela Lei 12.015/2009.)

- Súm. 500, STJ.

Pena - Reclusão, de 1 (um) a 4 (quatro) anos. (Incluído pela Lei 12.015/2009.)

§ 1º Incorre nas penas previstas no *caput* deste artigo quem pratica as condutas ali tipificadas utilizando-se de quaisquer meios eletrônicos, inclusive salas de bate-papo da internet. (Incluído pela Lei 12.015/2009.)

§ 2º As penas previstas no *caput* deste artigo são aumentadas de um terço no caso de a infração cometida ou induzida estar incluída no rol do art. 1º da Lei n. 8.072, de 25 de julho de 1990. (Incluído pela Lei 12.015/2009.)

CAPÍTULO II
DAS INFRAÇÕES ADMINISTRATIVAS

Art. 245. Deixar o médico, professor ou responsável por estabelecimento de atenção à saúde e de ensino fundamental, pré-escola ou creche, de comunicar à autoridade competente os casos de que tenha conhecimento, envolvendo suspeita ou confirmação de maus-tratos contra criança ou adolescente:

Pena - Multa de três a vinte salários de referência, aplicando-se o dobro em caso de reincidência.

Art. 246. Impedir o responsável ou funcionário de entidade de atendimento o exercício dos direitos constantes nos incisos II, III, VII, VIII e XI do art. 124 desta lei:

Pena - Multa de três a vinte salários de referência, aplicando-se o dobro em caso de reincidência.

Art. 247. Divulgar, total ou parcialmente, sem autorização devida, por qualquer meio de comunicação, nome, ato ou documento de procedimento policial, administrativo ou judicial relativo a criança ou adolescente a que se atribua ato infracional:

Pena - Multa de três a vinte salários de referência, aplicando-se o dobro em caso de reincidência.

§ 1º Incorre na mesma pena quem exibe, total ou parcialmente, fotografia de criança ou adolescente envolvido em ato infracional, ou qualquer ilustração que lhe diga respeito ou se refira a atos que lhe sejam atribuídos, de forma a permitir sua identificação, direta ou indiretamente.

§ 2º Se o fato for praticado por órgão de imprensa ou emissora de rádio ou televisão, além da pena prevista neste artigo, a autoridade judiciária poderá determinar a apreensão da publicação ou a suspensão da programação da emissora até por dois dias, bem como da publicação do periódico até por dois números.

- O STF julgou procedente a ADIn 869-2 para declarar inconstitucional a expressão "ou na suspensão da programação da emissora até por dois dias, bem como da publicação do periódico até por dois números" contida neste parágrafo.

Art. 248. (Revogado pela Lei 13.431/2017.)

Art. 249. Descumprir, dolosa ou culposamente, os deveres inerentes ao poder familiar ou decorrente de tutela ou guarda, bem assim determinação da autoridade judiciária ou Conselho Tutelar:

Pena - Multa de três a vinte salários de referência, aplicando-se o dobro em caso de reincidência.

Art. 250. Hospedar criança ou adolescente desacompanhado dos pais ou responsável, ou sem autorização escrita desses ou da autoridade judiciária, em hotel, pensão, motel ou congênere: (Redação dada pela Lei 12.038/2009.)

Pena - Multa. (Redação dada pela Lei 12.038/2009.)

§ 1º Em caso de reincidência, sem prejuízo da pena de multa, a autoridade judiciária poderá determinar o fechamento do estabelecimento por até 15 (quinze) dias. (Incluído pela Lei 12.038/2009.)

§ 2º Se comprovada a reincidência em período inferior a 30 (trinta) dias, o estabelecimento será definitivamente fechado e terá sua licença cassada (Incluído pela Lei 12.038/2009.)

Art. 251. Transportar criança ou adolescente, por qualquer meio, com inobservância do disposto nos arts. 83, 84 e 85 desta lei:

Pena - Multa de três a vinte salários de referência, aplicando-se o dobro em caso de reincidência.

Art. 252. Deixar o responsável por diversão ou espetáculo público de afixar, em lugar visível e de fácil acesso, à entrada do local de exibição, informação destacada sobre a natureza da diversão ou espetáculo e a faixa etária especificada no certificado de classificação:

Pena - Multa de três a vinte salários de referência, aplicando-se o dobro em caso de reincidência.

Art. 253. Anunciar peças teatrais, filmes ou quaisquer representações ou espetáculos, sem indicar os limites de idade a que não se recomendem:

Pena - Multa de três a vinte salários de referência, duplicada em caso de reincidência, aplicável, separadamente, à casa de espetáculo e aos órgãos de divulgação ou publicidade.

Art. 254. Transmitir, através de rádio ou televisão, espetáculo em horário diverso do autorizado ou sem aviso de sua classificação:

- O STF julgou procedente a ADI 2.404/DF para declarar a inconstitucionalidade da expressão "em horário diverso do autorizado", constante deste artigo.

Pena - Multa de vinte a cem salários de referência, duplicada em caso de reincidência a autoridade judiciária poderá determinar a suspensão da programação da emissora por até dois dias.

Art. 255. Exibir filme, trailer, peça, amostra ou congênere classificado pelo órgão competente como inadequado às crianças ou adolescentes admitidos ao espetáculo:

Pena - Multa de vinte a cem salários de referência, na reincidência, a autoridade poderá determinar a suspensão do espetáculo ou o fechamento do estabelecimento por até quinze dias.

Art. 256. Vender ou locar a criança ou adolescente fita de programação em vídeo, em desacordo com a classificação atribuída pelo órgão competente:

Pena - Multa de três a vinte salários de referência; em caso de reincidência, a autoridade judiciária poderá determinar o fechamento do estabelecimento por até quinze dias.

Art. 257. Descumprir obrigação constante dos arts. 78 e 79 desta lei:

Pena - Multa de três a vinte salários de referência, duplicando-se a pena em caso de reincidência, sem prejuízo de apreensão da revista ou publicação.

Art. 258. Deixar o responsável pelo estabelecimento ou o empresário de observar o que dispõe esta Lei sobre o acesso de criança ou adolescente aos locais de diversão, ou sobre sua participação no espetáculo:

Pena - Multa de três a vinte salários de referência; em caso de reincidência, a autoridade judiciária poderá determinar o fechamento do estabelecimento por até quinze dias.

Art. 258-A. Deixar a autoridade competente de providenciar a instalação e operacionalização dos cadastros previstos no art. 50 e no § 11 do art. 101 desta lei: (Incluído pela Lei 12.010/2009.)

Pena - Multa de R$ 1.000,00 (mil reais) a R$ 3.000,00 (três mil reais). (Incluído pela Lei 12.010/2009.)

Parágrafo único. Incorre nas mesmas penas a autoridade que deixa de efetuar o cadastramento de crianças e de adolescentes em condições de serem adotadas, de pessoas ou casais habilitados à adoção e de crianças e adolescentes em regime de acolhimento institucional ou familiar. (Incluído pela Lei 12.010/2009.)

Art. 258-B. Deixar o médico, enfermeiro ou dirigente de estabelecimento de atenção à saúde de gestante de efetuar imediato encaminhamento à autoridade judiciária de caso de que tenha conhecimento de mãe ou gestante interessada em entregar seu filho para adoção: (Incluído pela Lei 12.010/2009.)

Pena - Multa de R$ 1.000,00 (mil reais) a R$ 3.000,00 (três mil reais). (Incluído pela Lei 12.010/2009.)

Parágrafo único. Incorre na mesma pena o funcionário de programa oficial ou comunitário destinado à garantia do direito à convivência familiar que deixa de efetuar a comunicação referida no *caput* deste artigo. (Incluído pela Lei 12.010/2009.)

Art. 258-C. Descumprir a proibição estabelecida no inciso II do art. 81: (Acrescentado pela Lei 13.106/2015.)

Pena - multa de R$ 3.000,00 (três mil reais) a R$ 10.000,00 (dez mil reais); (Acrescentado pela Lei 13.106/2015.)

Medida Administrativa - interdição do estabelecimento comercial até o recolhimento da multa aplicada. (Acrescentado pela Lei 13.106/2015.)

DISPOSIÇÕES FINAIS
E TRANSITÓRIAS

Art. 259. A União, no prazo de noventa dias contados da publicação deste Estatuto, elaborará projeto de lei dispondo sobre a criação ou adaptação de seus órgãos às diretrizes da política de atendimento fixadas no art. 88 e ao que estabelece o Título V do Livro II.

Parágrafo único. Compete aos Estados e Municípios promoverem a adaptação de seus órgãos e programas às diretrizes e princípios estabelecidos nesta Lei.

Art. 260. Os contribuintes poderão efetuar doações aos Fundos dos Direitos da Criança e do Adolescente nacional, distrital, estaduais ou municipais, devidamente comprovadas, sendo essas integralmente deduzidas do imposto de renda, obedecidos os seguintes limites: (Alterado pela Lei 12.594/2012.)

- art. 91, I, Dec. 9.579/2018 (dispõe sobre as doações previstas neste artigo).

I - 1% (um por cento) do imposto sobre a renda devido apurado pelas pessoas jurídicas tributadas com base no lucro real; e

II - 6% (seis por cento) do imposto sobre a renda apurado pelas pessoas físicas na Declaração de Ajuste Anual, observado o disposto no art. 22 da Lei n. 9.532, de 10 de dezembro de 1997.

§ 1º (Revogado pela Lei 9.532/1997.)

§ 1º-A Na definição das prioridades a serem atendidas com os recursos captados pelos fundos nacional, estaduais e municipais dos direitos da criança e do adolescente, serão consideradas as disposições do Plano Nacional de Promoção, Proteção e Defesa do Direito de Crianças e Adolescentes à Convivência Familiar e Comunitária e as do Plano Nacional pela Primeira Infância. (Alterado pela Lei 13.257/2016.)

§ 2º Os conselhos nacional, estaduais e municipais dos direitos da criança e do adolescente fixarão critérios de utilização, por meio de planos de aplicação, das dotações subsidiadas e demais receitas, aplicando necessariamente percentual para incentivo ao acolhimento, sob a forma de guarda, de crianças e adolescentes e para programas de atenção integral à primeira infância em áreas de maior carência socioeconômica e em situações de calamidade. (Alterado pela Lei 13.257/2016.)

§ 3º O Departamento da Receita Federal, do Ministério da Economia, Fazenda e Planejamento, regulamentará a comprovação das doações feitas aos fundos, nos termos deste artigo. (Incluído pela Lei 8.242/1991.)

§ 4º O Ministério Público determinará em cada comarca a forma de fiscalização da aplicação, pelo Fundo Municipal dos Direitos da Criança e do Adolescente, dos incentivos fiscais referidos neste artigo. (Incluído pela Lei 8.242/1991.)

§ 5º Observado o disposto no § 4º do art. 3º da Lei n. 9.249, de 26 de dezembro de 1995, a dedução de que trata o inciso I do *caput* : (Alterado pela Lei 12.594/2012.)

I - será considerada isoladamente, não se submetendo a limite em conjunto com outras deduções do imposto; e

II - não poderá ser computada como despesa operacional na apuração do lucro real. (NR)

Art. 260-A. A partir do exercício de 2010, ano-calendário de 2009, a pessoa física poderá optar pela doação de que trata o inciso II do *caput* do art. 260 diretamente em sua Declaração de Ajuste Anual. (Acrescentado pela Lei 12.594/2012.)

§ 1º A doação de que trata o *caput* poderá ser deduzida até os seguintes percentuais aplicados sobre o imposto apurado na declaração:

I e II - (Vetados.)

III - 3% (três por cento) a partir do exercício de 2012.

§ 2º A dedução de que trata o *caput*:

I - está sujeita ao limite de 6% (seis por cento) do imposto sobre a renda apurado na declaração de que trata o inciso II do *caput* do art. 260;

II - não se aplica à pessoa física que:

a) utilizar o desconto simplificado;

b) apresentar declaração em formulário; ou

c) entregar a declaração fora do prazo;

III - só se aplica às doações em espécie; e

IV - não exclui ou reduz outros benefícios ou deduções em vigor.

§ 3º O pagamento da doação deve ser efetuado até a data de vencimento da primeira quota ou quota única do imposto, observadas instruções específicas da Secretaria da Receita Federal do Brasil.

§ 4º O não pagamento da doação no prazo estabelecido no § 3º implica a glosa definitiva desta parcela de dedução, ficando a pessoa física obrigada ao recolhimento da diferença de imposto devido apurado na Declaração de Ajuste Anual com os acréscimos legais previstos na legislação.

§ 5º A pessoa física poderá deduzir do imposto apurado na Declaração de Ajuste Anual as doações feitas, no respectivo ano-calendário, aos fundos controlados pelos Conselhos dos Direitos da Criança e do Adolescente municipais, distrital, estaduais e nacional concomitantemente com a opção de que trata o *caput*, respeitado o limite previsto no inciso II do art. 260.

Art. 260-B. A doação de que trata o inciso I do art. 260 poderá ser deduzida: (Acrescentado pela Lei 12.594/2012.)

I - do imposto devido no trimestre, para as pessoas jurídicas que apuram o imposto trimestralmente; e

II - do imposto devido mensalmente e no ajuste anual, para as pessoas jurídicas que apuram o imposto anualmente.

Parágrafo único. A doação deverá ser efetuada dentro do período a que se refere a apuração do imposto.

Art. 260-C. As doações de que trata o art. 260 desta Lei podem ser efetuadas em espécie ou em bens. (Acrescentado pela Lei 12.594/2012.)

Parágrafo único. As doações efetuadas em espécie devem ser depositadas em conta específica, em instituição financeira pública, vinculadas aos respectivos fundos de que trata o art. 260.

Art. 260-D. Os órgãos responsáveis pela administração das contas dos Fundos dos Direitos da Criança e do Adolescente nacional, estaduais, distrital e municipais devem emitir recibo em favor do doador, assinado por pessoa competente e pelo presidente do Conselho correspondente, especificando: (Acrescentado pela Lei 12.594/2012.)

I - número de ordem;

II - nome, Cadastro Nacional da Pessoa Jurídica (CNPJ) e endereço do emitente;

III - nome, CNPJ ou Cadastro de Pessoas Físicas (CPF) do doador;

IV - data da doação e valor efetivamente recebido; e

V - ano-calendário a que se refere a doação.

§ 1º O comprovante de que trata o *caput* deste artigo pode ser emitido anualmente, desde que discrimine os valores doados mês a mês.

§ 2º No caso de doação em bens, o comprovante deve conter a identificação dos bens, mediante descrição em campo próprio ou em relação anexa ao comprovante, informando também se houve avaliação, o nome, CPF ou CNPJ e endereço dos avaliadores.

Art. 260-E. Na hipótese da doação em bens, o doador deverá: (Acrescentado pela Lei 12.594/2012.)

I - comprovar a propriedade dos bens, mediante documentação hábil;

II - baixar os bens doados na declaração de bens e direitos, quando se tratar de pessoa física, e na escrituração, no caso de pessoa jurídica; e

III - considerar como valor dos bens doados:

a) para as pessoas físicas, o valor constante da última declaração do imposto de renda, desde que não exceda o valor de mercado;

b) para as pessoas jurídicas, o valor contábil dos bens.

Parágrafo único. O preço obtido em caso de leilão não será considerado na determinação do valor dos bens doados, exceto se o leilão for determinado por autoridade judiciária.

Art. 260-F. Os documentos a que se referem os arts. 260-D e 260-E devem ser mantidos pelo contribuinte por um prazo de 5 (cinco) anos para fins de comprovação da dedução perante a Receita Federal do Brasil. (Acrescentado pela Lei 12.594/2012.)

Art. 260-G. Os órgãos responsáveis pela administração das contas dos Fundos dos Direitos da Criança e do Adolescente nacional, estaduais, distrital e municipais devem: (Acrescentado pela Lei 12.594/2012.)

I - manter conta bancária específica destinada exclusivamente a gerir os recursos do Fundo;

II - manter controle das doações recebidas; e

III - informar anualmente à Secretaria da Receita Federal do Brasil as doações recebidas mês a mês, identificando os seguintes dados por doador:

a) nome, CNPJ ou CPF;

b) valor doado, especificando se a doação foi em espécie ou em bens.

Art. 260-H. Em caso de descumprimento das obrigações previstas no art. 260-G, a Secretaria da Receita Federal do Brasil dará conhecimento do fato ao Ministério Público. (Acrescentado pela Lei 12.594/2012.)

Art. 260-I. Os Conselhos dos Direitos da Criança e do Adolescente nacional, estaduais, distrital e municipais divulgarão amplamente à comunidade: (Acrescentado pela Lei 12.594/2012.)

I - o calendário de suas reuniões;

II - as ações prioritárias para aplicação das políticas de atendimento à criança e ao adolescente;

III - os requisitos para a apresentação de projetos a serem beneficiados com recursos dos Fundos dos Direitos da Criança e do Adolescente nacional, estaduais, distrital ou municipais;

IV - a relação dos projetos aprovados em cada ano-calendário e o valor dos recursos previstos para implementação das ações, por projeto;

V - o total dos recursos recebidos e a respectiva destinação, por projeto atendido, inclusive com cadastramento na base de dados do Sistema de Informações sobre a Infância e a Adolescência; e

VI - a avaliação dos resultados dos projetos beneficiados com recursos dos Fundos dos Direitos da Criança e do Adolescente nacional, estaduais, distrital e municipais.

Art. 260-J. O Ministério Público determinará, em cada Comarca, a forma de fiscalização da aplicação dos incentivos fiscais referidos no art. 260 desta Lei. (Acrescentado pela Lei 12.594/2012.)

Parágrafo único. O descumprimento do disposto nos arts. 260-G e 260-I sujeitará os infratores a responder por ação judicial proposta pelo Ministério Público, que poderá atuar de ofício, a requerimento ou representação de qualquer cidadão.

Art. 260-K. A Secretaria de Direitos Humanos da Presidência da República (SDH/PR) encaminhará à Secretaria da Receita Federal do Brasil, até 31 de outubro de cada ano, arquivo eletrônico contendo a relação atualizada dos Fundos dos Direitos da Criança e do Adolescente nacional, distrital, estaduais e municipais, com a indicação dos respectivos números de inscrição no CNPJ e das contas bancárias específicas mantidas em instituições financeiras públicas, destinadas exclusivamente a gerir os recursos dos Fundos. (Acrescentado pela Lei 12.594/2012.)

Art. 260-L. A Secretaria da Receita Federal do Brasil expedirá as instruções necessárias à aplicação do disposto nos arts. 260 a 260-K. (Acrescentado pela Lei 12.594/2012.)

Art. 261. Na falta dos Conselhos Municipais dos Direitos da Criança e do Adolescente, os registros, inscrições e alterações a que se referem os arts. 90, parágrafo único, e 91 desta Lei serão efetuados perante a autoridade judiciária da comarca a que pertencer a entidade.

Parágrafo único. A União fica autorizada a repassar aos Estados e Municípios, e os Estados aos Municípios, os recursos referentes aos programas e atividades previstos nesta Lei, tão logo estejam criados os Conselhos dos Direitos da Criança e do Adolescente nos seus respectivos níveis.

Art. 262. Enquanto não instalados os Conselhos Tutelares, as atribuições a eles conferidas serão exercidas pela autoridade judiciária.

Art. 263. O Decreto-Lei n. 2.848, de 07 de dezembro de 1940 (Código Penal), passa a vigorar com as seguintes alterações:

▸ Alteração promovida no texto do referido Código.

Art. 264. O art. 102 da Lei n. 6.015, de 31 de dezembro de 1973, fica acrescido do seguinte item:

▸ Alteração promovida no texto da referida lei.

Art. 265. A Imprensa Nacional e demais gráficas da União, da administração direta ou indireta, inclusive fundações instituídas e mantidas pelo Poder Público federal, promoverão edição popular do texto integral deste Estatuto, que será posto à disposição das escolas e das entidades de atendimento e de defesa dos direitos da criança e do adolescente.

Art. 265-A. O poder público fará periodicamente ampla divulgação dos direitos da criança e do adolescente nos meios de comunicação social. (Acrescentado pela Lei 13.257/2016.)

Parágrafo único. A divulgação a que se refere o *caput* será veiculada em linguagem clara, compreensível e adequada a crianças e adolescentes, especialmente às crianças com idade inferior a 6 (seis) anos. (Acrescentado pela Lei 13.257/2016.)

Art. 266. Esta Lei entra em vigor noventa dias após sua publicação.

Parágrafo único. Durante o período de vacância deverão ser promovidas atividades e campanhas de divulgação e esclarecimentos acerca do disposto nesta Lei.

Art. 267. Revogam-se as Leis n. 4.513, de 1964, e 6.697, de 10 de outubro de 1979 (Código de Menores), e as demais disposições em contrário.

Brasília, 13 de julho de 1990, 169º da Independência e 102º da República.

Fernando Collor

LEI Nº 9.474, DE 22 DE JULHO DE 1997

‣ DOU, 23.07.1997.

Define mecanismos para a implementação do Estatuto dos Refugiados de 1951, e determina outras providências.

O Presidente da República. Faço saber que o Congresso Nacional decreta e eu sanciono a seguinte Lei:

TÍTULO I
DOS ASPECTOS CARACTERIZADORES

CAPÍTULO I
DO CONCEITO, DA EXTENSÃO E DA EXCLUSÃO

SEÇÃO I
DO CONCEITO

Art. 1º Será reconhecido como refugiado todo indivíduo que:

I - devido a fundados temores de perseguição por motivos de raça, religião, nacionalidade, grupo social ou opiniões políticas encontre-se fora de seu país de nacionalidade e não possa ou não queira acolher-se à proteção de tal país;

II - não tendo nacionalidade e estando fora do país onde antes teve sua residência habitual, não possa ou não queira regressar a ele, em função das circunstâncias descritas no inciso anterior;

III - devido a grave e generalizada violação de direitos humanos, é obrigado a deixar seu país de nacionalidade para buscar refúgio em outro país.

SEÇÃO II
DA EXTENSÃO

Art. 2º Os efeitos da condição dos refugiados serão extensivos ao cônjuge, aos ascendentes e descendentes, assim como aos demais membros do grupo familiar que do refugiado dependerem economicamente, desde que se encontrem em território nacional.

SEÇÃO III
DA EXCLUSÃO

Art. 3º Não se beneficiarão da condição de refugiado os indivíduos que:

I - já desfrutem de proteção ou assistência por parte de organismo ou instituição das Nações Unidas que não o Alto Comissariado das Nações Unidas para os Refugiados - ACNUR;

II - sejam residentes no território nacional e tenham direitos e obrigações relacionados com a condição de nacional brasileiro;

III - tenham cometido crime contra a paz, crime de guerra, crime contra a humanidade, crime hediondo, participado de atos terroristas ou tráfico de drogas;

IV - sejam considerados culpados de atos contrários aos fins e princípios das Nações Unidas.

CAPÍTULO II
DA CONDIÇÃO JURÍDICA DE REFUGIADO

Art. 4º O reconhecimento da condição de refugiado, nos termos das definições anteriores, sujeitará seu beneficiário ao preceituado nesta Lei, sem prejuízo do disposto em instrumentos internacionais de que o Governo brasileiro seja parte, ratifique ou venha a aderir.

Art. 5º O refugiado gozará de direitos e estará sujeito aos deveres dos estrangeiros no Brasil, ao disposto nesta Lei, na Convenção sobre o Estatuto dos Refugiados de 1951 e no Protocolo sobre o Estatuto dos Refugiados de 1967, cabendo-lhe a obrigação de acatar as leis, regulamentos e providências destinados à manutenção da ordem pública.

Art. 6º O refugiado terá direito, nos termos da Convenção sobre o Estatuto dos Refugiados de 1951, a cédula de identidade comprobatória de sua condição jurídica, carteira de trabalho e documento de viagem.

TÍTULO II
DO INGRESSO NO TERRITÓRIO NACIONAL E DO PEDIDO DE REFÚGIO

Art. 7º O estrangeiro que chegar ao território nacional poderá expressar sua vontade de solicitar reconhecimento como refugiado a qualquer autoridade migratória que se encontre na fronteira, a qual lhe proporcionará as informações necessárias quanto ao procedimento cabível.

§ 1º Em hipótese alguma será efetuada sua deportação para fronteira de território em que sua vida ou liberdade esteja ameaçada, em virtude de raça, religião, nacionalidade, grupo social ou opinião política.

§ 2º O benefício previsto neste artigo não poderá ser invocado por refugiado considerado perigoso para a segurança do Brasil.

Art. 8º O ingresso irregular no território nacional não constitui impedimento para o estrangeiro solicitar refúgio às autoridades competentes.

Art. 9º A autoridade a quem for apresentada a solicitação deverá ouvir o interessado e preparar termo de declaração, que deverá conter as circunstâncias relativas à entrada no Brasil e às razões que o fizeram deixar o país de origem.

Art. 10. A solicitação, apresentada nas condições previstas nos artigos anteriores, suspenderá qualquer procedimento administrativo ou criminal pela entrada irregular, instaurado contra o peticionário e pessoas de seu grupo familiar que o acompanhem.

§ 1º Se a condição de refugiado for reconhecida, o procedimento será arquivado, desde que demonstrado que a infração correspondente foi determinada pelos mesmos fatos que justificaram o dito reconhecimento.

§ 2º Para efeito do disposto no parágrafo anterior, a solicitação de refúgio e a decisão sobre a mesma deverão ser comunicadas à Polícia Federal, que as transmitirá ao órgão onde tramitar o procedimento administrativo ou criminal.

TÍTULO III
DO CONARE

Art. 11. Fica criado o Comitê Nacional para os Refugiados - CONARE, órgão de deliberação coletiva, no âmbito do Ministério da Justiça.

‣ O Ministério da Justiça foi transformado em Ministério da Justiça e Cidadania pela Lei 13.341/2016.

CAPÍTULO I
DA COMPETÊNCIA

Art. 12. Compete ao CONARE, em consonância com a Convenção sobre o Estatuto dos Refugiados de 1951, com o Protocolo sobre o Estatuto dos Refugiados de 1967 e com as demais fontes de direito internacional dos refugiados:

I - analisar o pedido e declarar o reconhecimento, em primeira instância, da condição de refugiado;

II - decidir a cessação, em primeira instância, *ex officio* ou mediante requerimento das autoridades competentes, da condição de refugiado;

III - determinar a perda, em primeira instância, da condição de refugiado;

IV - orientar e coordenar as ações necessárias à eficácia da proteção, assistência e apoio jurídico aos refugiados;

V - aprovar instruções normativas esclarecedoras à execução desta lei.

Art. 13. O regimento interno do CONARE será aprovado pelo Ministro de Estado da Justiça.

Parágrafo único. O regimento interno determinará a periodicidade das reuniões do CONARE.

CAPÍTULO II
DA ESTRUTURA E DO FUNCIONAMENTO

Art. 14. O CONARE será constituído por:

I - um representante do Ministério da Justiça, que o presidirá;

‣ O Ministério da Justiça foi transformado em Ministério da Justiça e Cidadania pela Lei 13.341/2016.

II - um representante do Ministério das Relações Exteriores;

III - um representante do Ministério do Trabalho;

IV - um representante do Ministério da Saúde;

V - um representante do Ministério da Educação e do Desporto;

VI - um representante do Departamento de Polícia Federal;

VII - um representante de organização não governamental, que se dedique a atividades de assistência e proteção de refugiados no país.

§ 1º O Alto Comissariado das Nações Unidas para Refugiados - ACNUR será sempre membro convidado para as reuniões do CONARE, com direito a voz, sem voto.

§ 2º Os membros do CONARE serão designados pelo Presidente da República, mediante indicações dos órgãos e da entidade que o compõem.

§ 3º O CONARE terá um Coordenador-Geral, com a atribuição de preparar os processos de requerimento de refúgio e a pauta de reunião.

Art. 15. A participação no CONARE será considerada serviço relevante e não implicará remuneração de qualquer natureza ou espécie.

Art. 16. O CONARE reunir-se-á com quórum de quatro membros com direito a voto, deliberando por maioria simples.

Parágrafo único. Em caso de empate, será considerado voto decisivo o do Presidente do CONARE.

TÍTULO IV
DO PROCESSO DE REFÚGIO

CAPÍTULO I
DO PROCEDIMENTO

Art. 17. O estrangeiro deverá apresentar-se à autoridade competente e externar vontade de solicitar o reconhecimento da condição de refugiado.

Art. 18. A autoridade competente notificará o solicitante para prestar declarações, ato que marcará a data de abertura dos procedimentos.

Parágrafo único. A autoridade competente informará o Alto Comissariado das Nações Unidas para Refugiados - ACNUR sobre a existência do processo de solicitação de refúgio e facultará a esse organismo a possibilidade de oferecer sugestões que facilitem seu andamento.

Art. 19. Além das declarações, prestadas se necessário com ajuda de intérprete, deverá o estrangeiro preencher a solicitação de reconhecimento como refugiado, a qual deverá conter identificação completa, qualificação profissional, grau de escolaridade do solicitante e membros do seu grupo familiar, bem como relato das circunstâncias e fatos que fundamentem o pedido de refúgio, indicando os elementos de prova pertinentes.

Art. 20. O registro de declaração e a supervisão do preenchimento da solicitação do refúgio devem ser efetuados por funcionários qualificados e em condições que garantam o sigilo das informações.

CAPÍTULO II
DA AUTORIZAÇÃO DE RESIDÊNCIA PROVISÓRIA

Art. 21. Recebida a solicitação de refúgio, o Departamento de Polícia Federal emitirá protocolo em favor do solicitante e de seu grupo familiar que se encontre no território nacional, o qual autorizará a estada até a decisão final do processo.

§ 1º O protocolo permitirá ao Ministério do Trabalho expedir carteira de trabalho provisória, para o exercício de atividade remunerada no país.

§ 2º No protocolo do solicitante de refúgio serão mencionados, por averbamento, os menores de quatorze anos.

Art. 22. Enquanto estiver pendente o processo relativo à solicitação de refúgio, ao peticionário será aplicável a legislação sobre estrangeiros, respeitadas as disposições específicas contidas nesta Lei.

CAPÍTULO III
DA INSTRUÇÃO E DO RELATÓRIO

Art. 23. A autoridade competente procederá a eventuais diligências requeridas pelo CONARE, devendo averiguar todos os fatos cujo conhecimento seja conveniente para uma justa e rápida decisão, respeitando sempre o princípio da confidencialidade.

Art. 24. Finda a instrução, a autoridade competente elaborará, de imediato, relatório, que será enviado ao Secretário do CONARE, para inclusão na pauta da próxima reunião daquele Colegiado.

Art. 25. Os intervenientes nos processos relativos às solicitações de refúgio deverão guardar segredo profissional quanto às informações a que terão acesso no exercício de suas funções.

CAPÍTULO IV
DA DECISÃO, DA COMUNICAÇÃO E DO REGISTRO

Art. 26. A decisão pelo reconhecimento da condição de refugiado será considerada ato declaratório e deverá estar devidamente fundamentada.

Art. 27. Proferida a decisão, o CONARE notificará o solicitante e o Departamento de Polícia Federal, para as medidas administrativas cabíveis.

Art. 28. No caso de decisão positiva, o refugiado será registrado junto ao Departamento de Polícia Federal, devendo assinar termo de responsabilidade e solicitar cédula de identidade pertinente.

CAPÍTULO V
DO RECURSO

Art. 29. No caso de decisão negativa, esta deverá ser fundamentada na notificação ao solicitante, cabendo direito de recurso ao Ministro de Estado da Justiça, no prazo de quinze dias, contados do recebimento da notificação.

Art. 30. Durante a avaliação do recurso, será permitido ao solicitante de refúgio e aos seus familiares permanecer no território nacional, sendo observado o disposto nos §§ 1º e 2º do art. 21 desta lei.

Art. 31. A decisão do Ministro de Estado da Justiça não será passível de recurso, devendo ser notificada ao CONARE, para ciência do solicitante, e ao Departamento de Polícia Federal, para as providências devidas.

Art. 32. No caso de recusa definitiva de refúgio, ficará o solicitante sujeito à legislação de estrangeiros, não devendo ocorrer sua transferência para o seu país de nacionalidade ou de residência habitual, enquanto permanecerem as circunstâncias que põem em risco sua vida, integridade física e liberdade, salvo nas situações determinadas nos incisos III e IV do art. 3º desta lei.

TÍTULO V
DOS EFEITOS DO ESTATUTO DE REFUGIADOS SOBRE A EXTRADIÇÃO E A EXPULSÃO

CAPÍTULO I
DA EXTRADIÇÃO

Art. 33. O reconhecimento da condição de refugiado obstará o seguimento de qualquer pedido de extradição baseado nos fatos que fundamentaram a concessão de refúgio.

Art. 34. A solicitação de refúgio suspenderá, até decisão definitiva, qualquer processo de extradição pendente, em fase administrativa ou judicial, baseado nos fatos que fundamentaram a concessão de refúgio.

Art. 35. Para efeito do cumprimento do disposto nos arts. 33 e 34 desta lei, a solicitação de reconhecimento como refugiado será comunicada ao órgão onde tramitar o processo de extradição.

CAPÍTULO II
DA EXPULSÃO

Art. 36. Não será expulso do território nacional o refugiado que esteja regularmente registrado, salvo por motivos de segurança nacional ou de ordem pública.

Art. 37. A expulsão de refugiado do território nacional não resultará em sua retirada para país onde sua vida, liberdade ou integridade física possam estar em risco, e apenas será efetivada quando da certeza de sua admissão em país onde não haja riscos de perseguição.

TÍTULO VI
DA CESSAÇÃO E DA PERDA DA CONDIÇÃO DE REFUGIADO

CAPÍTULO I
DA CESSAÇÃO DA CONDIÇÃO DE REFUGIADO

Art. 38. Cessará a condição de refugiado nas hipóteses em que o estrangeiro:

I - voltar a valer-se da proteção do país de que é nacional;

II - recuperar voluntariamente a nacionalidade outrora perdida;

III - adquirir nova nacionalidade e gozar da proteção do país cuja nacionalidade adquiriu;

IV - estabelecer-se novamente, de maneira voluntária, no país que abandonou ou fora do qual permaneceu por medo de ser perseguido;

V - não puder mais continuar a recusar a proteção do país de que é nacional por terem deixado de existir as circunstâncias em consequência das quais foi reconhecido como refugiado;

VI - sendo apátrida, estiver em condições de voltar ao país no qual tinha sua residência habitual, uma vez que tenham deixado de existir as circunstâncias em consequência das quais foi reconhecido como refugiado.

CAPÍTULO II
DA PERDA DA CONDIÇÃO DE REFUGIADO

Art. 39. Implicará perda da condição de refugiado:

I - a renúncia;

II - a prova da falsidade dos fundamentos invocados para o reconhecimento da condição de refugiado ou a existência de fatos que, se fossem conhecidos quando do reconhecimento, teriam ensejado uma decisão negativa;

III - o exercício de atividades contrárias à segurança nacional ou à ordem pública;

IV - a saída do território nacional sem prévia autorização do Governo brasileiro.

Parágrafo único. Os refugiados que perderem essa condição com fundamento nos incisos I e IV deste artigo serão enquadrados no regime geral de permanência de estrangeiros no território nacional, e os que a perderem com fundamento nos incisos II e III estarão sujeitos às medidas compulsórias previstas na Lei n. 6.815, de 19 de agosto de 1980.

- A Lei 6.815/1980 foi revogada pela Lei 13.445/2017 (Institui a Lei de Migração).

CAPÍTULO III
DA AUTORIDADE COMPETENTE E DO RECURSO

Art. 40. Compete ao CONARE decidir em primeira instância sobre cessação ou perda da condição de refugiado, cabendo, dessa decisão, recurso ao Ministro de Estado da Justiça, no prazo de quinze dias, contados do recebimento da notificação.

§ 1º A notificação conterá breve relato dos fatos e fundamentos que ensejaram a decisão e cientificará o refugiado do prazo para interposição do recurso.

§ 2º Não sendo localizado o estrangeiro para a notificação prevista neste artigo, a decisão será publicada no Diário Oficial da União, para fins de contagem do prazo de interposição de recurso.

Art. 41. A decisão do Ministro de Estado da Justiça é irrecorrível e deverá ser notificada ao CONARE, que a informará ao estrangeiro e ao Departamento de Polícia Federal, para as providências cabíveis.

TÍTULO VII
DAS SOLUÇÕES DURÁVEIS

CAPÍTULO I
DA REPATRIAÇÃO

Art. 42. A repatriação de refugiados aos seus países de origem deve ser caracterizada pelo caráter voluntário do retorno, salvo nos casos em que não possam recusar a proteção do país de que são nacionais, por não mais subsistirem as circunstâncias que determinaram o refúgio.

CAPÍTULO II
DA INTEGRAÇÃO LOCAL

Art. 43. No exercício de seus direitos e deveres, a condição atípica dos refugiados deverá ser considerada quando da necessidade da apresentação de documentos emitidos por seus países de origem ou por suas representações diplomáticas e consulares.

Art. 44. O reconhecimento de certificados e diplomas, os requisitos para a obtenção da condição de residente e o ingresso em instituições acadêmicas de todos os níveis deverão ser facilitados, levando-se em consideração a situação desfavorável vivenciada pelos refugiados.

CAPÍTULO III
DO REASSENTAMENTO

Art. 45. O reassentamento de refugiados em outros países deve ser caracterizado, sempre que possível, pelo caráter voluntário.

Art. 46. O reassentamento de refugiados no Brasil se efetuará de forma planificada e com a participação coordenada dos órgãos estatais e, quando possível, de organizações não governamentais, identificando áreas de cooperação e de determinação de responsabilidades.

TÍTULO VIII
DAS DISPOSIÇÕES FINAIS

Art. 47. Os processos de reconhecimento da condição de refugiado serão gratuitos e terão caráter urgente.

Art. 48. Os preceitos desta lei deverão ser interpretados em harmonia com a Declaração Universal dos Direitos do Homem de 1948, com a Convenção sobre o Estatuto dos Refugiados de 1951, com o Protocolo sobre o Estatuto dos Refugiados de 1967 e com todo dispositivo pertinente de instrumento internacional de proteção de direitos humanos com o qual o Governo brasileiro estiver comprometido.

Art. 49. Esta Lei entra em vigor na data de sua publicação.

Brasília, 22 de julho de 1997; 176º da Independência e 109º da República.

Fernando Henrique Cardoso

LEI Nº 10.257, DE 10 DE JULHO DE 2001

Regulamenta os arts. 182 e 183 da Constituição Federal, estabelece diretrizes gerais da política urbana e dá outras providências.

▸ DOU 11.7.2001; retificado em 17.7.2001.

O PRESIDENTE DA REPÚBLICA

Faço saber que o Congresso Nacional decreta e eu sanciono a seguinte Lei:

CAPÍTULO I
DIRETRIZES GERAIS

Art. 1º Na execução da política urbana, de que tratam os arts. 182 e 183 da Constituição Federal, será aplicado o previsto nesta Lei.

Parágrafo único. Para todos os efeitos, esta Lei, denominada Estatuto da Cidade, estabelece normas de ordem pública e interesse social que regulam o uso da propriedade urbana em prol do bem coletivo, da segurança e do bem-estar dos cidadãos, bem como do equilíbrio ambiental.

▸ arts. 182, § 2º; 225, CF.

▸ Lei 6.938/1981, dispõe sobre a Política Nacional do Meio Ambiente.

▸ Lei 9.605/1998, dispõe sobre os crimes ambientais.

▸ Lei 9.985/2000 (Institui o Sistema Nacional de Unidades de Conservação da Natureza).

▸ art. 9º, Lei 13.089/2015 (Estatuto da Metrópole).

Art. 2º A política urbana tem por objetivo ordenar o pleno desenvolvimento das funções sociais da cidade e da propriedade urbana, mediante as seguintes diretrizes gerais:

▸ art. 7º, Lei 13.089/2015 (Estatuto da Metrópole).

I - garantia do direito a cidades sustentáveis, entendido como o direito à terra urbana, à moradia, ao saneamento ambiental, à infraestrutura urbana, ao transporte e aos serviços públicos, ao trabalho e ao lazer, para as presentes e futuras gerações;

II - gestão democrática por meio da participação da população e de associações representativas dos vários segmentos da comunidade na formulação, execução e acompanhamento de planos, programas e projetos de desenvolvimento urbano;

III - cooperação entre os governos, a iniciativa privada e os demais setores da sociedade no processo de urbanização, em atendimento ao interesse social;

IV - planejamento do desenvolvimento das cidades, da distribuição espacial da população e das atividades econômicas do Município e do território sob sua área de influência, de modo a evitar e corrigir as distorções do crescimento urbano e seus efeitos negativos sobre o meio ambiente;

V - oferta de equipamentos urbanos e comunitários, transporte e serviços públicos adequados aos interesses e necessidades da população e às características locais;

VI - ordenação e controle do uso do solo, de forma a evitar:

a) a utilização inadequada dos imóveis urbanos;

b) a proximidade de usos incompatíveis ou inconvenientes;

c) o parcelamento do solo, a edificação ou o uso excessivos ou inadequados em relação à infraestrutura urbana;

d) a instalação de empreendimentos ou atividades que possam funcionar como polos geradores de tráfego, sem a previsão da infraestrutura correspondente;

e) a retenção especulativa de imóvel urbano, que resulte na sua subutilização ou não utilização;

f) a deterioração das áreas urbanizadas;

g) a poluição e a degradação ambiental;

▸ Lei 6.766/1979 (Dispõe sobre o parcelamento do solo urbano).

▸ Lei 9.605/1998, (Dispõe sobre os crimes ambientais).

h) a exposição da população a riscos de desastres. (Incluído dada pela Lei nº 12.608, de 2012)

VII - integração e complementaridade entre as atividades urbanas e rurais, tendo em vista o desenvolvimento socioeconômico do Município e do território sob sua área de influência;

VIII - adoção de padrões de produção e consumo de bens e serviços e de expansão urbana compatíveis com os limites da sustentabilidade ambiental, social e econômica do Município e do território sob sua área de influência;

IX - justa distribuição dos benefícios e ônus decorrentes do processo de urbanização;

X - adequação dos instrumentos de política econômica, tributária e financeira e dos gastos públicos aos objetivos do desenvolvimento urbano, de modo a privilegiar os investimentos geradores de bem-estar geral e a fruição dos bens pelos diferentes segmentos sociais;

XI - recuperação dos investimentos do Poder Público de que tenha resultado a valorização de imóveis urbanos;

XII - proteção, preservação e recuperação do meio ambiente natural e construído, do patrimônio cultural, histórico, artístico, paisagístico e arqueológico;

▸ arts. 5º, LXXIII; 23, III, IV; 24, VII; 170, VI; 216; 225, CF.

▸ Lei 7.347/1985 (Ação Civil Pública).

XIII - audiência do Poder Público municipal e da população interessada nos processos de implantação de empreendimentos ou atividades com efeitos potencialmente negativos sobre o meio ambiente natural ou construído, o conforto ou a segurança da população;

XIV - regularização fundiária e urbanização de áreas ocupadas por população de baixa renda mediante o estabelecimento de normas especiais de urbanização, uso e ocupação do solo e edificação, consideradas a situação socioeconômica da população e as normas ambientais;

XV - simplificação da legislação de parcelamento, uso e ocupação do solo e das normas edilícias, com vistas a permitir a redução dos custos e o aumento da oferta dos lotes e unidades habitacionais;

▸ Lei 6.766/1979 (Dispõe sobre o parcelamento do solo urbano).

XVI - isonomia de condições para os agentes públicos e privados na promoção de empreendimentos e atividades relativos ao processo de urbanização, atendido o interesse social.

XVII - estímulo à utilização, nos parcelamentos do solo e nas edificações urbanas, de sistemas operacionais, padrões construtivos e aportes tecnológicos que objetivem a redução de impactos ambientais e a economia de recursos naturais. (Incluído pela Lei nº 12.836, de 2013)

XVIII - tratamento prioritário às obras e edificações de infraestrutura de energia, telecomunicações, abastecimento de água e saneamento. (Incluído pela Lei nº 13.116, de 2015)

XIX - garantia de condições condignas de acessibilidade, utilização e conforto nas dependências internas das edificações urbanas, inclusive nas destinadas à moradia e ao serviço dos trabalhadores domésticos, observados requisitos mínimos de dimensionamento, ventilação, iluminação, ergonomia, privacidade e qualidade dos materiais empregados. (Acrescido pela Lei 13.699/2018)

Art. 3º Compete à União, entre outras atribuições de interesse da política urbana:

I - legislar sobre normas gerais de direito urbanístico;

II - legislar sobre normas para a cooperação entre a União, os Estados, o Distrito Federal e os Municípios em relação à política urbana, tendo em vista o equilíbrio do desenvolvimento e do bem-estar em âmbito nacional;

III - promover, por iniciativa própria e em conjunto com os Estados, o Distrito Federal e os Municípios, programas de construção de moradias e melhoria das condições habitacionais, de saneamento básico, das calçadas, dos passeios públicos, do mobiliário urbano e dos demais espaços de uso público; (Redação dada pela Lei nº 13.146, de 2015)

IV - instituir diretrizes para desenvolvimento urbano, inclusive habitação, saneamento básico, transporte e mobilidade urbana, que incluam regras de acessibilidade aos locais de uso público; (Redação dada pela Lei nº 13.146, de 2015)

V - elaborar e executar planos nacionais e regionais de ordenação do território e de desenvolvimento econômico e social.

CAPÍTULO II
DOS INSTRUMENTOS DA POLÍTICA URBANA

SEÇÃO I
DOS INSTRUMENTOS EM GERAL

Art. 4º Para os fins desta Lei, serão utilizados, entre outros instrumentos:

▸ art. 9º, Lei 13.089/2015 (Estatuto da Metrópole).

I - planos nacionais, regionais e estaduais de ordenação do território e de desenvolvimento econômico e social;

▸ art. 21, IX, CF.

II - planejamento das regiões metropolitanas, aglomerações urbanas e microrregiões;

III - planejamento municipal, em especial:

a) plano diretor;

b) disciplina do parcelamento, do uso e da ocupação do solo;

c) zoneamento ambiental;

d) plano plurianual;

e) diretrizes orçamentárias e orçamento anual;

f) gestão orçamentária participativa;

g) planos, programas e projetos setoriais;

h) planos de desenvolvimento econômico e social;

IV - institutos tributários e financeiros:

a) imposto sobre a propriedade predial e territorial urbana – IPTU;

b) contribuição de melhoria;

c) incentivos e benefícios fiscais e financeiros;

V - institutos jurídicos e políticos:

a) desapropriação;

- arts. 5º, XXIV; 22, II; 182, §§ 3º, 4º, III; 216, § 1º, CF.
- Dec.-lei 3.365/1941, (Lei das Desapropriações).

b) servidão administrativa;

c) limitações administrativas;

d) tombamento de imóveis ou de mobiliário urbano;

e) instituição de unidades de conservação;

f) instituição de zonas especiais de interesse social;

g) concessão de direito real de uso;

h) concessão de uso especial para fins de moradia;

- art. 183, § 1º, CF.
- MP 2.220/2001, dispõe sobre a concessão de uso especial de que trata o art. 183, § 1º da CF.

i) parcelamento, edificação ou utilização compulsórios;

j) usucapião especial de imóvel urbano;

l) direito de superfície;

m) direito de preempção;

n) outorga onerosa do direito de construir e de alteração de uso;

o) transferência do direito de construir;

p) operações urbanas consorciadas;

q) regularização fundiária;

r) assistência técnica e jurídica gratuita para as comunidades e grupos sociais menos favorecidos;

- Lei nº 1.060, de 5-2-1950, dispõe sobre assistência judiciária aos necessitados.
- Lei 11.888/2008 (Assegura às famílias de baixa renda assistência técnica pública e gratuita para o projeto e a construção de habitação de interesse social).

s) referendo popular e plebiscito;

- Lei 9.709/1998 (Lei da Soberania Popular).

t) demarcação urbanística para fins de regularização fundiária; (Incluído pela Lei nº 11.977, de 2009)

u) legitimação de posse. (Incluído pela Lei nº 11.977, de 2009)

VI - estudo prévio de impacto ambiental (EIA) e estudo prévio de impacto de vizinhança (EIV).

§ 1º Os instrumentos mencionados neste artigo regem-se pela legislação que lhes é própria, observado o disposto nesta Lei.

§ 2º Nos casos de programas e projetos habitacionais de interesse social, desenvolvidos por órgãos ou entidades da Administração Pública com atuação específica nessa área, a concessão de direito real de uso de imóveis públicos poderá ser contratada coletivamente.

§ 3º Os instrumentos previstos neste artigo que demandam dispêndio de recursos por parte do Poder Público municipal devem ser objeto de controle social, garantida a participação de comunidades, movimentos e entidades da sociedade civil.

SEÇÃO II
DO PARCELAMENTO, EDIFICAÇÃO OU UTILIZAÇÃO COMPULSÓRIOS

Art. 5º Lei municipal específica para área incluída no plano diretor poderá determinar o parcelamento, a edificação ou a utilização compulsórios do solo urbano não edificado, subutilizado ou não utilizado, devendo fixar as condições e os prazos para implementação da referida obrigação.

§ 1º Considera-se subutilizado o imóvel:

I - cujo aproveitamento seja inferior ao mínimo definido no plano diretor ou em legislação dele decorrente;

II - (Vetado).

§ 2º O proprietário será notificado pelo Poder Executivo municipal para o cumprimento da obrigação, devendo a notificação ser averbada no cartório de registro de imóveis.

- Lei 6.015/1973 (Lei de Registros Públicos).

§ 3º A notificação far-se-á:

I - por funcionário do órgão competente do Poder Público municipal, ao proprietário do imóvel ou, no caso de este ser pessoa jurídica, a quem tenha poderes de gerência geral ou administração;

II - por edital quando frustrada, por três vezes, a tentativa de notificação na forma prevista pelo inciso I.

§ 4º Os prazos a que se refere o *caput* não poderão ser inferiores a:

I - um ano, a partir da notificação, para que seja protocolado o projeto no órgão municipal competente;

II - dois anos, a partir da aprovação do projeto, para iniciar as obras do empreendimento.

§ 5º Em empreendimentos de grande porte, em caráter excepcional, a lei municipal específica a que se refere o *caput* poderá prever a conclusão em etapas, assegurando-se que o projeto aprovado compreenda o empreendimento como um todo.

Art. 6º A transmissão do imóvel, por ato inter vivos ou causa mortis, posterior à data da notificação, transfere as obrigações de parcelamento, edificação ou utilização previstas no art. 5º desta Lei, sem interrupção de quaisquer prazos.

- arts. 155, I; 156, II, CF.

SEÇÃO III
DO IPTU PROGRESSIVO NO TEMPO

- Súm. nº 668 do STF.

Art. 7º Em caso de descumprimento das condições e dos prazos previstos na forma do *caput* do art. 5º desta Lei, ou não sendo cumpridas as etapas previstas no § 5º do art. 5º desta Lei, o Município procederá à aplicação do imposto sobre a propriedade predial e territorial urbana (IPTU) progressivo no tempo, mediante a majoração da alíquota pelo prazo de cinco anos consecutivos.

§ 1º O valor da alíquota a ser aplicado a cada ano será fixado na lei específica a que se refere o *caput* do art. 5º desta Lei e não excederá a duas vezes o valor referente ao ano anterior, respeitada a alíquota máxima de quinze por cento.

§ 2º Caso a obrigação de parcelar, edificar ou utilizar não esteja atendida em cinco anos, o Município manterá a cobrança pela alíquota máxima, até que se cumpra a referida obrigação, garantida a prerrogativa prevista no art. 8º.

§ 3º É vedada a concessão de isenções ou de anistia relativas à tributação progressiva de que trata este artigo.

SEÇÃO IV
DA DESAPROPRIAÇÃO COM PAGAMENTO EM TÍTULOS

Art. 8º Decorridos cinco anos de cobrança do IPTU progressivo sem que o proprietário tenha cumprido a obrigação de parcelamento, edificação ou utilização, o Município poderá proceder à desapropriação do imóvel, com pagamento em títulos da dívida pública.

- arts. 5º, XXIV; 22, II; 182, §§ 3º, 4º, III; 216, § 1º, CF.
- Dec.-lei 3.365/1941, (Lei das Desapropriações).

§ 1º Os títulos da dívida pública terão prévia aprovação pelo Senado Federal e serão resgatados no prazo de até dez anos, em prestações anuais, iguais e sucessivas, assegurados o valor real da indenização e os juros legais de seis por cento ao ano.

§ 2º O valor real da indenização:

I - refletirá o valor da base de cálculo do IPTU, descontado o montante incorporado em função de obras realizadas pelo Poder Público na área onde o mesmo se localiza após a notificação de que trata o § 2º do art. 5º desta Lei;

II - não computará expectativas de ganhos, lucros cessantes e juros compensatórios.

§ 3º Os títulos de que trata este artigo não terão poder liberatório para pagamento de tributos.

§ 4º O Município procederá ao adequado aproveitamento do imóvel no prazo máximo de cinco anos, contado a partir da sua incorporação ao patrimônio público.

§ 5º O aproveitamento do imóvel poderá ser efetivado diretamente pelo Poder Público ou por meio de alienação ou concessão a terceiros, observando-se, nesses casos, o devido procedimento licitatório.

- Lei 8.666/1993 (Lei de Licitações e Contratos da Administração Pública).
- Lei 14.133/2021 (Nova Lei de Licitações).

§ 6º Ficam mantidas para o adquirente de imóvel nos termos do § 5º as mesmas obrigações de parcelamento, edificação ou utilização previstas no art. 5º desta Lei.

SEÇÃO V
DA USUCAPIÃO ESPECIAL DE IMÓVEL URBANO

- arts. 183, §§ 1º a 3º; 191, p.ú., CF.
- arts. 1.238 a 1.244, CC.
- MP 2.220/2001, (Dispõe sobre a concessão de uso especial de que trata o art. 183, § 1º da CF).

Art. 9º Aquele que possuir como sua área ou edificação urbana de até duzentos e cinquenta metros quadrados, por cinco anos, ininterruptamente e sem oposição, utilizando-a para sua moradia ou de sua família, adquirir-lhe-á o domínio, desde que não seja proprietário de outro imóvel urbano ou rural.

§ 1º O título de domínio será conferido ao homem ou à mulher, ou a ambos, independentemente do estado civil.

- art. 5º, *caput, CF.*

§ 2º O direito de que trata este artigo não será reconhecido ao mesmo possuidor mais de uma vez.

- Lei 6.015/1973 (Lei de Registros Públicos).

§ 3º Para os efeitos deste artigo, o herdeiro legítimo continua, de pleno direito, a posse de seu antecessor, desde que já resida no imóvel por ocasião da abertura da sucessão.

Art. 10. Os núcleos urbanos informais existentes sem oposição há mais de cinco anos e cuja área total dividida pelo número de possuidores seja inferior a duzentos e cinquenta metros quadrados por possuidor são suscetíveis de serem usucapidos coletivamente, desde que os possuidores não sejam proprietários de outro imóvel urbano ou rural. (Redação dada pela Lei nº 13.465, de 2017)

§ 1º O possuidor pode, para o fim de contar o prazo exigido por este artigo, acrescentar sua posse à de seu antecessor, contanto que ambas sejam contínuas.

§ 2º A usucapião especial coletiva de imóvel urbano será declarada pelo juiz, mediante sentença, a qual servirá de título para registro no cartório de registro de imóveis.

§ 3º Na sentença, o juiz atribuirá igual fração ideal de terreno a cada possuidor, independentemente da dimensão do terreno que cada um ocupe, salvo hipótese de acordo escrito entre os condôminos, estabelecendo frações ideais diferenciadas.

§ 4º O condomínio especial constituído é indivisível, não sendo passível de extinção, salvo deliberação favorável tomada por, no mínimo, dois terços dos condôminos, no caso de execução de urbanização posterior à constituição do condomínio.

§ 5º As deliberações relativas à administração do condomínio especial serão tomadas por maioria de votos dos condôminos presentes, obrigando também os demais, discordantes ou ausentes.

Art. 11. Na pendência da ação de usucapião especial urbana, ficarão sobrestadas quaisquer outras ações, petitórias ou possessórias, que venham a ser propostas relativamente ao imóvel usucapiendo.

Art. 12. São partes legítimas para a propositura da ação de usucapião especial urbana:

I - o possuidor, isoladamente ou em litisconsórcio originário ou superveniente;
II - os possuidores, em estado de composse;
III - como substituto processual, a associação de moradores da comunidade, regularmente constituída, com personalidade jurídica, desde que explicitamente autorizada pelos representados.

§ 1º Na ação de usucapião especial urbana é obrigatória a intervenção do Ministério Público.

§ 2º O autor terá os benefícios da justiça e da assistência judiciária gratuita, inclusive perante o cartório de registro de imóveis.

- Lei 1.060/1950 (Lei de Assistência judiciária).

Art. 13. A usucapião especial de imóvel urbano poderá ser invocada como matéria de defesa, valendo a sentença que a reconhecer como título para registro no cartório de registro de imóveis.

- Lei 6.015/1973 (Lei de Registros Públicos).

Art. 14. Na ação judicial de usucapião especial de imóvel urbano, o rito processual a ser observado é o sumário.

- arts. 318 a 512, NCPC.

SEÇÃO VI
DA CONCESSÃO DE USO ESPECIAL PARA FINS DE MORADIA

- art. 183, § 1º, CF.
- MP nº 2.220/2001, dispõe sobre a concessão de uso especial de que trata o art. 183, § 1º da CF.

Arts. 15 a 20. (Vetados)

SEÇÃO VII
DO DIREITO DE SUPERFÍCIE

- arts. 1.369 a 1.377, CC.

Art. 21. O proprietário urbano poderá conceder a outrem o direito de superfície do seu terreno, por tempo determinado ou indeterminado, mediante escritura pública registrada no cartório de registro de imóveis.

- art. 1.369, *caput, CC.*
- art. 167, I-39, Lei 6.015/1973 (Lei de Registros Públicos).

§ 1º O direito de superfície abrange o direito de utilizar o solo, o subsolo ou o espaço aéreo relativo ao terreno, na forma estabelecida no contrato respectivo, atendida a legislação urbanística.

- art. 1.369, p.ú., CC.

§ 2º A concessão do direito de superfície poderá ser gratuita ou onerosa.

- art. 1.370, CC.

§ 3º O superficiário responderá integralmente pelos encargos e tributos que incidirem sobre a propriedade superficiária, arcando, ainda, proporcionalmente à sua parcela de ocupação efetiva, com os encargos e tributos sobre a área objeto da concessão do direito de superfície, salvo disposição em contrário do contrato respectivo.

- art. 1.371, CC.

§ 4º O direito de superfície pode ser transferido a terceiros, obedecidos os termos do contrato respectivo.

- art. 1.372, CC.

§ 5º Por morte do superficiário, os seus direitos transmitem-se a seus herdeiros.

- art. 1.372, CC.

Art. 22. Em caso de alienação do terreno, ou do direito de superfície, o superficiário e o proprietário, respectivamente, terão direito de preferência, em igualdade de condições à oferta de terceiros.

- art. 1.373, CC.

Art. 23. Extingue-se o direito de superfície:

I - pelo advento do termo;
II - pelo descumprimento das obrigações contratuais assumidas pelo superficiário.

Art. 24. Extinto o direito de superfície, o proprietário recuperará o pleno domínio do terreno, bem como das acessões e benfeitorias introduzidas no imóvel, independentemente de indenização, se as partes não houverem estipulado o contrário no respectivo contrato.

- art. 1.375, CC.

§ 1º Antes do termo final do contrato, extinguir-se-á o direito de superfície se o superficiário der ao terreno destinação diversa daquela para a qual for concedida.

- art. 1.374, CC.

§ 2º A extinção do direito de superfície será averbada no cartório de registro de imóveis.

- Lei 6.015/1973 (Lei de Registros Públicos).

SEÇÃO VIII
DO DIREITO DE PREEMPÇÃO

Art. 25. O direito de preempção confere ao Poder Público municipal preferência para aquisição de imóvel urbano objeto de alienação onerosa entre particulares.

§ 1º Lei municipal, baseada no plano diretor, delimitará as áreas em que incidirá o direito de preempção e fixará prazo de vigência, não superior a cinco anos, renovável a partir de um ano após o decurso do prazo inicial de vigência.

§ 2º O direito de preempção fica assegurado durante o prazo de vigência fixado na forma do § 1º, independentemente do número de alienações referentes ao mesmo imóvel.

Art. 26. O direito de preempção será exercido sempre que o Poder Público necessitar de áreas para:

I - regularização fundiária;
II - execução de programas e projetos habitacionais de interesse social;
III - constituição de reserva fundiária;
IV - ordenamento e direcionamento da expansão urbana;
V - implantação de equipamentos urbanos e comunitários;
VI - criação de espaços públicos de lazer e áreas verdes;
VII - criação de unidades de conservação ou proteção de outras áreas de interesse ambiental;
VIII - proteção de áreas de interesse histórico, cultural ou paisagístico;
IX - (Vetado)

Parágrafo único. A lei municipal prevista no § 1º do art. 25 desta Lei deverá enquadrar cada área em que incidirá o direito de preempção em uma ou mais das finalidades enumeradas por este artigo.

Art. 27. O proprietário deverá notificar sua intenção de alienar o imóvel, para que o Município, no prazo máximo de trinta dias, manifeste por escrito seu interesse em comprá-lo.

§ 1º À notificação mencionada no *caput* será anexada proposta de compra assinada por terceiro interessado na aquisição do imóvel, da qual constarão preço, condições de pagamento e prazo de validade.

§ 2º O Município fará publicar, em órgão oficial e em pelo menos um jornal local ou regional de grande circulação, edital de aviso da notificação recebida nos termos do *caput* e da intenção de aquisição do imóvel nas condições da proposta apresentada.

§ 3º Transcorrido o prazo mencionado no *caput* sem manifestação, fica o proprietário autorizado a realizar a alienação para terceiros, nas condições da proposta apresentada.

§ 4º Concretizada a venda a terceiro, o proprietário fica obrigado a apresentar ao Município, no prazo de trinta dias, cópia do instrumento público de alienação do imóvel.

§ 5º A alienação processada em condições diversas da proposta apresentada é nula de pleno direito.

§ 6º Ocorrida a hipótese prevista no § 5º o Município poderá adquirir o imóvel pelo valor da base de cálculo do IPTU ou pelo valor indicado na proposta apresentada, se este for inferior àquele.

SEÇÃO IX
DA OUTORGA ONEROSA DO DIREITO DE CONSTRUIR

- arts. 1.299 a 1.313, CC.

Art. 28. O plano diretor poderá fixar áreas nas quais o direito de construir poderá ser exercido acima do coeficiente de aproveitamento básico adotado, mediante contrapartida a ser prestada pelo beneficiário.

§ 1º Para os efeitos desta Lei, coeficiente de aproveitamento é a relação entre a área edificável e a área do terreno.

§ 2º O plano diretor poderá fixar coeficiente de aproveitamento básico único para toda a zona urbana ou diferenciado para áreas específicas dentro da zona urbana.

§ 3º O plano diretor definirá os limites máximos a serem atingidos pelos coeficientes de aproveitamento, considerando a proporcionalidade entre a infra-estrutura existente e o aumento de densidade esperado em cada área.

Art. 29. O plano diretor poderá fixar áreas nas quais poderá ser permitida alteração de uso do solo, mediante contrapartida a ser prestada pelo beneficiário.

Art. 30. Lei municipal específica estabelecerá as condições a serem observadas para a outorga onerosa do direito de construir e de alteração de uso, determinando:

I - a fórmula de cálculo para a cobrança;
II - os casos passíveis de isenção do pagamento da outorga;
III - a contrapartida do beneficiário.

Art. 31. Os recursos auferidos com a adoção da outorga onerosa do direito de construir e de alteração de uso serão aplicados com as finalidades previstas nos incisos I a IX do art. 26 desta Lei.

SEÇÃO X
DAS OPERAÇÕES URBANAS CONSORCIADAS

Art. 32. Lei municipal específica, baseada no plano diretor, poderá delimitar área para aplicação de operações consorciadas.

§ 1º Considera-se operação urbana consorciada o conjunto de intervenções e medidas coordenadas pelo Poder Público municipal, com a participação dos proprietários, moradores, usuários permanentes e investidores privados, com o objetivo de alcançar em uma área transformações urbanísticas estruturais, melhorias sociais e a valorização ambiental.

§ 2º Poderão ser previstas nas operações urbanas consorciadas, entre outras medidas:

I - a modificação de índices e características de parcelamento, uso e ocupação do solo e subsolo, bem como alterações das normas edilícias, considerado o impacto ambiental delas decorrente;

II - a regularização de construções, reformas ou ampliações executadas em desacordo com a legislação vigente.

III - a concessão de incentivos a operações urbanas que utilizam tecnologias visando a redução de impactos ambientais, e que comprovem a utilização, nas construções e uso de edificações urbanas, de tecnologias que reduzam os impactos ambientais e economizem recursos naturais, especificadas as modalidades de design e de obras a serem contempladas. (Incluído pela Lei nº 12.836, de 2013)

Art. 33. Da lei específica que aprovar a operação urbana consorciada constará o plano de operação urbana consorciada, contendo, no mínimo:

I - definição da área a ser atingida;

II - programa básico de ocupação da área;

III - programa de atendimento econômico e social para a população diretamente afetada pela operação;

IV - finalidades da operação;

V - estudo prévio de impacto de vizinhança;

VI - contrapartida a ser exigida dos proprietários, usuários permanentes e investidores privados em função da utilização dos benefícios previstos nos incisos I, II e III do § 2º do art. 32 desta Lei; (Redação dada pela Lei nº 12.836, de 2013)

VII - forma de controle da operação, obrigatoriamente compartilhado com representação da sociedade civil.

VIII - natureza dos incentivos a serem concedidos aos proprietários, usuários permanentes e investidores privados, uma vez atendido o disposto no inciso III do § 2º do art. 32 desta Lei. (Incluído pela Lei nº 12.836, de 2013)

§ 1º Os recursos obtidos pelo Poder Público municipal na forma do inciso VI deste artigo serão aplicados exclusivamente na própria operação urbana consorciada.

§ 2º A partir da aprovação da lei específica de que trata o *caput*, são nulas as licenças e autorizações a cargo do Poder Público municipal expedidas em desacordo com o plano de operação urbana consorciada.

Art. 34. A lei específica que aprovar a operação urbana consorciada poderá prever a emissão pelo Município de quantidade determinada de certificados de potencial adicional de construção, que serão alienados em leilão ou utilizados diretamente no pagamento das obras necessárias à própria operação.

§ 1º Os certificados de potencial adicional de construção serão livremente negociados, mas conversíveis em direito de construir unicamente na área objeto da operação.

§ 2º Apresentado pedido de licença para construir, o certificado de potencial adicional será utilizado no pagamento da área de construção que supere os padrões estabelecidos pela legislação de uso e ocupação do solo, até o limite fixado pela lei específica que aprovar a operação urbana consorciada.

Art. 34-A. Nas regiões metropolitanas ou nas aglomerações urbanas instituídas por lei complementar estadual, poderão ser realizadas operações urbanas consorciadas interfederativas, aprovadas por leis estaduais específicas. (Incluído pela Lei nº 13.089, de 2015)

Parágrafo único. As disposições dos arts. 32 a 34 desta Lei aplicam-se às operações urbanas consorciadas interfederativas previstas no *caput* deste artigo, no que couber. (Incluído pela Lei nº 13.089, de 2015)

SEÇÃO XI
DA TRANSFERÊNCIA DO DIREITO DE CONSTRUIR

Art. 35. Lei municipal, baseada no plano diretor, poderá autorizar o proprietário de imóvel urbano, privado ou público, a exercer em outro local, ou alienar, mediante escritura pública, o direito de construir previsto no plano diretor ou em legislação urbanística dele decorrente, quando o referido imóvel for considerado necessário para fins de:

I - implantação de equipamentos urbanos e comunitários;

II - preservação, quando o imóvel for considerado de interesse histórico, ambiental, paisagístico, social ou cultural;

III - servir a programas de regularização fundiária, urbanização de áreas ocupadas por população de baixa renda e habitação de interesse social.

§ 1º A mesma faculdade poderá ser concedida ao proprietário que doar ao Poder Público seu imóvel, ou parte dele, para os fins previstos nos incisos I a III do *caput*.

§ 2º A lei municipal referida no *caput* estabelecerá as condições relativas à aplicação da transferência do direito de construir.

SEÇÃO XII
DO ESTUDO DE IMPACTO DE VIZINHANÇA

Art. 36. Lei municipal definirá os empreendimentos e atividades privados ou públicos em área urbana que dependerão de elaboração de estudo prévio de impacto de vizinhança (EIV) para obter as licenças ou autorizações de construção, ampliação ou funcionamento a cargo do Poder Público municipal.

Art. 37. O EIV será executado de forma a contemplar os efeitos positivos e negativos do empreendimento ou atividade quanto à qualidade de vida da população residente na área e suas proximidades, incluindo a análise, no mínimo, das seguintes questões:

I - adensamento populacional;

II - equipamentos urbanos e comunitários;

III - uso e ocupação do solo;

IV - valorização imobiliária;

V - geração de tráfego e demanda por transporte público;

VI - ventilação e iluminação;

VII - paisagem urbana e patrimônio natural e cultural.

Parágrafo único. Dar-se-á publicidade aos documentos integrantes do EIV, que ficarão disponíveis para consulta, no órgão competente do Poder Público municipal, por qualquer interessado.

Art. 38. A elaboração do EIV não substitui a elaboração e a aprovação de estudo prévio de impacto ambiental (EIA), requeridas nos termos da legislação ambiental.

CAPÍTULO III
DO PLANO DIRETOR

Art. 39. A propriedade urbana cumpre sua função social quando atende às exigências fundamentais de ordenação da cidade expressas no plano diretor, assegurando o atendimento das necessidades dos cidadãos quanto à qualidade de vida, à justiça social e ao desenvolvimento das atividades econômicas, respeitadas as diretrizes previstas no art. 2º desta Lei.

Art. 40. O plano diretor, aprovado por lei municipal, é o instrumento básico da política de desenvolvimento e expansão urbana.

§ 1º O plano diretor é parte integrante do processo de planejamento municipal, devendo o plano plurianual, as diretrizes orçamentárias e o orçamento anual incorporar as diretrizes e as prioridades nele contidas.

§ 2º O plano diretor deverá englobar o território do Município como um todo.

§ 3º A lei que instituir o plano diretor deverá ser revista, pelo menos, a cada dez anos.

§ 4º No processo de elaboração do plano diretor e na fiscalização de sua implementação, os Poderes Legislativo e Executivo municipais garantirão:

I - a promoção de audiências públicas e debates com a participação da população e de associações representativas dos vários segmentos da comunidade;

II - a publicidade quanto aos documentos e informações produzidos;

III - o acesso de qualquer interessado aos documentos e informações produzidos.

§ 5º (Vetado)

Art. 41. O plano diretor é obrigatório para cidades:

I - com mais de vinte mil habitantes;

II - integrantes de regiões metropolitanas e aglomerações urbanas;

III - onde o Poder Público municipal pretenda utilizar os instrumentos previstos no § 4º do art. 182 da Constituição Federal;

IV - integrantes de áreas de especial interesse turístico;

V - inseridas na área de influência de empreendimentos ou atividades com significativo impacto ambiental de âmbito regional ou nacional.

VI - incluídas no cadastro nacional de Municípios com áreas suscetíveis à ocorrência de deslizamentos de grande impacto, inundações bruscas ou processos geológicos ou hidrológicos correlatos. (Incluído pela Lei nº 12.608, de 2012)

§ 1º No caso da realização de empreendimentos ou atividades enquadrados no inciso V do *caput*, os recursos técnicos e financeiros para a elaboração do plano diretor estarão inseridos entre as medidas de compensação adotadas.

§ 2º No caso de cidades com mais de quinhentos mil habitantes, deverá ser elaborado um plano de transporte urbano integrado, compatível com o plano diretor ou nele inserido.

› art. 24, § 1º, Lei nº 12.587/2012, dispõe sobre Política Nacional de Mobilidade Urbana.

§ 3º As cidades de que trata o *caput* deste artigo devem elaborar plano de rotas acessíveis, compatível com o plano diretor no qual está inserido, que disponha sobre os passeios públicos a serem implantados ou reformados pelo poder público, com vistas a garantir acessibilidade da pessoa com deficiência ou com mobilidade reduzida a todas as rotas e vias existentes, inclusive as que concentrem os focos geradores de maior circulação de pedestres, como os órgãos públicos e os locais de prestação de serviços públicos e privados de saúde, educação, assistência social, esporte, cultura, correios e telégrafos, bancos, entre outros, sempre que possível de maneira integrada com os sistemas de transporte coletivo de passageiros. (Incluído pela Lei nº 13.146, de 2015)

Art. 42. O plano diretor deverá conter no mínimo:

I - a delimitação das áreas urbanas onde poderá ser aplicado o parcelamento, edificação ou utilização compulsórios, considerando a existência de infraestrutura e de demanda para utilização, na forma do art. 5º desta Lei;

II - disposições requeridas pelos arts. 25, 28, 29, 32 e 35 desta Lei;

III - sistema de acompanhamento e controle.

Art. 42-A. Além do conteúdo previsto no art. 42, o plano diretor dos Municípios incluídos no cadastro nacional de municípios com áreas suscetíveis à ocorrência de deslizamentos de grande impacto, inundações bruscas ou processos geológicos ou hidrológicos correlatos deverá conter: (Incluído pela Lei nº 12.608, de 2012)

I - parâmetros de parcelamento, uso e ocupação do solo, de modo a promover a diversidade de usos e a contribuir para a geração de emprego e renda; (Incluído pela Lei nº 12.608, de 2012)

II - mapeamento contendo as áreas suscetíveis à ocorrência de deslizamentos de grande impacto, inundações bruscas ou processos geológicos ou hidrológicos correlatos; (Incluído pela Lei nº 12.608, de 2012)

III - planejamento de ações de intervenção preventiva e realocação de população de áreas de risco de desastre; (Incluído pela Lei nº 12.608, de 2012)

IV - medidas de drenagem urbana necessárias à prevenção e à mitigação de impactos de desastres; e (Incluído pela Lei nº 12.608, de 2012)

V - diretrizes para a regularização fundiária de assentamentos urbanos irregulares, se houver, observadas a Lei nº 11.977, de 7 de julho de 2009, e demais normas federais e estaduais pertinentes, e previsão de áreas para habitação de interesse social por meio da demarcação de zonas especiais de interesse social e de outros instrumentos de política urbana, onde o uso habitacional for permitido. (Incluído pela Lei nº 12.608, de 2012)

VI - identificação e diretrizes para a preservação e ocupação das áreas verdes municipais, quando for o caso, com vistas à redução da impermeabilização das cidades. (Incluído pela Lei nº 12.983, de 2014)

§ 1º A identificação e o mapeamento de áreas de risco levarão em conta as cartas geotécnicas. (Incluído pela Lei nº 12.608, de 2012)

§ 2º O conteúdo do plano diretor deverá ser compatível com as disposições insertas nos planos de recursos hídricos, formulados consoante a Lei nº 9.433, de 8 de janeiro de 1997. (Incluído pela Lei nº 12.608, de 2012)

§ 3º Os Municípios adequarão o plano diretor às disposições deste artigo, por ocasião de sua revisão, observados os prazos legais. (Incluído pela Lei nº 12.608, de 2012)

§ 4º Os Municípios enquadrados no inciso VI do art. 41 desta Lei e que não tenham plano diretor aprovado terão o prazo de 5 (cinco) anos para o seu encaminhamento para aprovação pela Câmara Municipal. (Incluído pela Lei nº 12.608, de 2012)

Art. 42-B. Os Municípios que pretendam ampliar o seu perímetro urbano após a data de publicação desta Lei deverão elaborar projeto específico que contenha, no mínimo: (Incluído pela Lei nº 12.608, de 2012)

I - demarcação do novo perímetro urbano; (Incluído pela Lei nº 12.608, de 2012)

II - delimitação dos trechos com restrições à urbanização e dos trechos sujeitos a controle especial em função de ameaça de desastres naturais; (Incluído pela Lei nº 12.608, de 2012)

III - definição de diretrizes específicas e de áreas que serão utilizadas para infraestrutura, sistema viário, equipamentos e instalações públicas, urbanas e sociais; (Incluído pela Lei nº 12.608, de 2012)

IV - definição de parâmetros de parcelamento, uso e ocupação do solo, de modo a promover a diversidade de usos e contribuir para a geração de emprego e renda; (Incluído pela Lei nº 12.608, de 2012)

V - a previsão de áreas para habitação de interesse social por meio da demarcação de zonas especiais de interesse social e de outros instrumentos de política urbana, quando o uso habitacional for permitido; (Incluído pela Lei nº 12.608, de 2012)

VI - definição de diretrizes e instrumentos específicos para proteção ambiental e do patrimônio histórico e cultural; e (Incluído pela Lei nº 12.608, de 2012)

VII - definição de mecanismos para garantir a justa distribuição dos ônus e benefícios decorrentes do processo de urbanização do território de expansão urbana e a recuperação para a coletividade da valorização imobiliária resultante da ação do poder público.

§ 1º O projeto específico de que trata o *caput* deste artigo deverá ser instituído por lei municipal e atender às diretrizes do plano diretor, quando houver. (Incluído pela Lei nº 12.608, de 2012)

§ 2º Quando o plano diretor contemplar as exigências estabelecidas no *caput*, o Município ficará dispensado da elaboração do projeto específico de que trata o *caput* deste artigo (Incluído pela Lei nº 12.608, de 2012)

§ 3º A aprovação de projetos de parcelamento do solo no novo perímetro urbano ficará condicionada à existência do projeto específico e deverá obedecer às suas disposições. (Incluído pela Lei nº 12.608, de 2012)

CAPÍTULO IV
DA GESTÃO DEMOCRÁTICA DA CIDADE

Art. 43. Para garantir a gestão democrática da cidade, deverão ser utilizados, entre outros, os seguintes instrumentos:

‣ art. 9º, Lei 13.089/2015 (Estatuto da Metrópole).

I - órgãos colegiados de política urbana, nos níveis nacional, estadual e municipal;

II - debates, audiências e consultas públicas;

III - conferências sobre assuntos de interesse urbano, nos níveis nacional, estadual e municipal;

IV - iniciativa popular de projeto de lei e de planos, programas e projetos de desenvolvimento urbano;

V - (Vetado)

Art. 44. No âmbito municipal, a gestão orçamentária participativa de que trata a alínea f do inciso III do art. 4º desta Lei incluirá a realização de debates, audiências e consultas públicas sobre as propostas do plano plurianual, da lei de diretrizes orçamentárias e do orçamento anual, como condição obrigatória para sua aprovação pela Câmara Municipal.

Art. 45. Os organismos gestores das regiões metropolitanas e aglomerações urbanas incluirão obrigatória e significativa participação da população e de associações representativas dos vários segmentos da comunidade, de modo a garantir o controle direto de suas atividades e o pleno exercício da cidadania.

CAPÍTULO V
DISPOSIÇÕES GERAIS

Art. 46. O poder público municipal poderá facultar ao proprietário da área atingida pela obrigação de que trata o *caput* do art. 5º desta Lei, ou objeto de regularização fundiária urbana para fins de regularização fundiária, o estabelecimento de consórcio imobiliário como forma de viabilização financeira do aproveitamento do imóvel. (Redação dada pela Lei nº 13.465, de 2017)

§ 1º Considera-se consórcio imobiliário a forma de viabilização de planos de urbanização, de regularização fundiária ou de reforma, conservação ou construção de edificação por meio da qual o proprietário transfere ao poder público municipal seu imóvel e, após a realização das obras, recebe, como pagamento, unidades imobiliárias devidamente urbanizadas ou edificadas, ficando as demais unidades incorporadas ao patrimônio público. (Redação dada pela Lei nº 13.465, de 2017)

§ 2º O valor das unidades imobiliárias a serem entregues ao proprietário será correspondente ao valor do imóvel antes da execução das obras. (Redação dada pela Lei nº 13.465, de 2017)

§ 3º A instauração do consórcio imobiliário por proprietários que tenham dado causa à formação de núcleos urbanos informais, ou por seus sucessores, não os eximirá das responsabilidades administrativa, civil ou criminal (incluído pela Lei nº 13.465, de 2017)

Art. 47. Os tributos sobre imóveis urbanos, assim como as tarifas relativas a serviços públicos urbanos, serão diferenciados em função do interesse social.

Art. 48. Nos casos de programas e projetos habitacionais de interesse social, desenvolvidos por órgãos ou entidades da Administração Pública com atuação específica nessa área, os contratos de concessão de direito real de uso de imóveis públicos:

I - terão, para todos os fins de direito, caráter de escritura pública, não se aplicando o disposto no inciso II do art. 134 do Código Civil;

‣ CC: art. 108.

II - constituirão título de aceitação obrigatória em garantia de contratos de financiamentos habitacionais.

Art. 49. Os Estados e Municípios terão o prazo de noventa dias, a partir da entrada em vigor desta Lei, para fixar prazos, por lei, para a expedição de diretrizes de empreendimentos urbanísticos, aprovação de projetos de parcelamento e de edificação, realização de vistorias e expedição de termo de verificação e conclusão de obras.

Parágrafo único. Não sendo cumprida a determinação do *caput*, fica estabelecido o prazo de sessenta dias para a realização de cada um dos referidos atos administrativos, que valerá até que os Estados e Municípios disponham em lei de forma diversa.

Art. 50. Os Municípios que estejam enquadrados na obrigação prevista nos incisos I e II do *caput* do art. 41 desta Lei e que não tenham plano diretor aprovado na data de entrada em vigor desta Lei deverão aprová-lo até 30 de junho de 2008. (Redação dada pela Lei nº 11.673, 2008)

Art. 51. Para os efeitos desta Lei, aplicam-se ao Distrito Federal e ao Governador do Distrito Federal as disposições relativas, respectivamente, a Município e a Prefeito.

Art. 52. Sem prejuízo da punição de outros agentes públicos envolvidos e da aplicação de outras sanções cabíveis, o Prefeito incorre em improbidade administrativa, nos termos da Lei nº 8.429, de 2 de junho de 1992, quando:

I - (Vetado)

II - deixar de proceder, no prazo de cinco anos, o adequado aproveitamento do imóvel incorporado ao patrimônio público, conforme o disposto no § 4º do art. 8º desta Lei;

III - utilizar áreas obtidas por meio do direito de preempção em desacordo com o disposto no art. 26 desta Lei;

IV - aplicar os recursos auferidos com a outorga onerosa do direito de construir e de alteração de uso em desacordo com o previsto no art. 31 desta Lei;

V - aplicar os recursos auferidos com operações consorciadas em desacordo com o previsto no § 1º do art. 33 desta Lei;

VI - impedir ou deixar de garantir os requisitos contidos nos incisos I a III do § 4º do art. 40 desta Lei;

VII - deixar de tomar as providências necessárias para garantir a observância do disposto no § 3º do art. 40 e no art. 50 desta Lei;

VIII - adquirir imóvel objeto de direito de preempção, nos termos dos arts. 25 a 27 desta Lei, pelo valor da proposta apresentada, se este for, comprovadamente, superior ao de mercado.

Art. 53. Revogado de acordo com a MP nº 2.180-35, de 24-8-2001.

Art. 54. O art. 4º da Lei nº 7.347, de 1985, passa a vigorar com a seguinte redação:

- Alteração incorporada ao texto da referida lei.

Art. 55. O art. 167, inciso I, item 28, da Lei nº 6.015, de 31 de dezembro de 1973, alterado pela Lei nº 6.216, de 30 de junho de 1975, passa a vigorar com a seguinte redação:

- Alteração incorporada ao texto da referida lei.
- MP 2.220/2001, dispõe sobre a concessão de uso especial de que trata o art. 183, § 1º da CF.

Art. 56. O art. 167, inciso I, da Lei nº 6.015, de 1973, passa a vigorar acrescido dos seguintes itens 37, 38 e 39:

- Acréscimos promovidos no texto da referida lei.
- art. 167, I, Lei 6.015/1973 (Lei de Registros Públicos).

Art. 57. O art. 167, inciso II, da Lei nº 6.015, de 1973, passa a vigorar acrescido dos seguintes itens 18, 19 e 20:

- Acréscimos promovidos no texto da referida lei.
- art. 167, II, Lei 6.015/1973 (Lei de Registros Públicos).

Art. 58. Esta Lei entra em vigor após decorridos noventa dias de sua publicação.

Brasília, 10 de julho de 2001;
180º da Independência e
113º da República.
Fernando Henrique Cardoso

LEI Nº 10.741, DE 1º DE OUTUBRO DE 2003

Dispõe sobre o Estatuto do Idoso e dá outras providências

- DOU 3.10.2003.

O PRESIDENTE DA REPÚBLICA

Faço saber que o Congresso Nacional decreta e eu sanciono a seguinte Lei:

TÍTULO I
DISPOSIÇÕES PRELIMINARES

Art. 1º É instituído o Estatuto do Idoso, destinado a regular os direitos assegurados às pessoas com idade igual ou superior a 60 (sessenta) anos.

Art. 2º O idoso goza de todos os direitos fundamentais inerentes à pessoa humana, sem prejuízo da proteção integral de que trata esta Lei, assegurando-se-lhe, por lei ou por outros meios, todas as oportunidades e facilidades, para preservação de sua saúde física e mental e seu aperfeiçoamento moral, intelectual, espiritual e social, em condições de liberdade e dignidade.

Art. 3º É obrigação da família, da comunidade, da sociedade e do Poder Público assegurar ao idoso, com absoluta prioridade, a efetivação do direito à vida, à saúde, à alimentação, à educação, à cultura, ao esporte, ao lazer, ao trabalho, à cidadania, à liberdade, à dignidade, ao respeito e à convivência familiar e comunitária.

§ 1º A garantia de prioridade compreende: (Anterior par. único renumerado para § 1º pela Lei nº 13.466, de 2017)

I - atendimento preferencial imediato e individualizado junto aos órgãos públicos e privados prestadores de serviços à população;

II - preferência na formulação e na execução de políticas sociais públicas específicas;

III - destinação privilegiada de recursos públicos nas áreas relacionadas com a proteção ao idoso;

IV - viabilização de formas alternativas de participação, ocupação e convívio do idoso com as demais gerações;

V - priorização do atendimento do idoso por sua própria família, em detrimento do atendimento asilar, exceto dos que não a possuam ou careçam de condições de manutenção da própria sobrevivência;

VI - capacitação e reciclagem dos recursos humanos nas áreas de geriatria e gerontologia e na prestação de serviços aos idosos;

VII - estabelecimento de mecanismos que favoreçam a divulgação de informações de caráter educativo sobre os aspectos biopsicossociais de envelhecimento;

VIII - garantia de acesso à rede de serviços de saúde e de assistência social locais.

IX - prioridade no recebimento da restituição do Imposto de Renda. (Incluído pela Lei nº 11.765, de 2008).

§ 2º Dentre os idosos, é assegurada prioridade especial aos maiores de oitenta anos, atendendo-se suas necessidades sempre preferencialmente em relação aos demais idosos. (Incluído pela Lei nº 13.466, de 2017)

Art. 4º Nenhum idoso será objeto de qualquer tipo de negligência, discriminação, violência, crueldade ou opressão, e todo atentado aos seus direitos, por ação ou omissão, será punido na forma da lei.

§ 1º É dever de todos prevenir a ameaça ou violação aos direitos do idoso.

§ 2º As obrigações previstas nesta Lei não excluem da prevenção outras decorrentes dos princípios por ela adotados.

Art. 5º A inobservância das normas de prevenção importará em responsabilidade à pessoa física ou jurídica nos termos da lei.

Art. 6º Todo cidadão tem o dever de comunicar à autoridade competente qualquer forma de violação a esta Lei que tenha testemunhado ou de que tenha conhecimento.

Art. 7º Os Conselhos Nacional, Estaduais, do Distrito Federal e Municipais do Idoso, previstos na Lei nº 8.842, de 4 de janeiro de 1994, zelarão pelo cumprimento dos direitos do idoso, definidos nesta Lei.

TÍTULO II
DOS DIREITOS FUNDAMENTAIS

CAPÍTULO I
DO DIREITO À VIDA

Art. 8º O envelhecimento é um direito personalíssimo e a sua proteção um direito social, nos termos desta Lei e da legislação vigente.

Art. 9º É obrigação do Estado, garantir à pessoa idosa a proteção à vida e à saúde, mediante efetivação de políticas sociais públicas que permitam um envelhecimento saudável e em condições de dignidade.

CAPÍTULO II
DO DIREITO À LIBERDADE, AO RESPEITO E À DIGNIDADE

Art. 10. É obrigação do Estado e da sociedade, assegurar à pessoa idosa a liberdade, o respeito e a dignidade, como pessoa humana e sujeito de direitos civis, políticos, individuais e sociais, garantidos na Constituição e nas leis.

§ 1º O direito à liberdade compreende, entre outros, os seguintes aspectos:

I - faculdade de ir, vir e estar nos logradouros públicos e espaços comunitários, ressalvadas as restrições legais;

II - opinião e expressão;

III - crença e culto religioso;

IV - prática de esportes e de diversões;

V - participação na vida familiar e comunitária;

VI - participação na vida política, na forma da lei;

VII - faculdade de buscar refúgio, auxílio e orientação.

§ 2º O direito ao respeito consiste na inviolabilidade da integridade física, psíquica e moral, abrangendo a preservação da imagem, da identidade, da autonomia, de valores, ideias e crenças, dos espaços e dos objetos pessoais.

§ 3º É dever de todos zelar pela dignidade do idoso, colocando-o a salvo de qualquer tratamento desumano, violento, aterrorizante, vexatório ou constrangedor.

CAPÍTULO III
DOS ALIMENTOS

Art. 11. Os alimentos serão prestados ao idoso na forma da lei civil.

- Lei 5.478/1968 (Lei de Alimentos).

Art. 12. A obrigação alimentar é solidária, podendo o idoso optar entre os prestadores.

- arts. 264 a 285, CC.

Art. 13. As transações relativas a alimentos poderão ser celebradas perante o Promotor de Justiça ou Defensor Público, que as referendará, e passarão a ter efeito de título executivo extrajudicial nos termos da lei processual civil. (Redação dada pela Lei nº 11.737, de 2008)

- arts. 771 e ss.; 784, II a IV, NCPC.

Art. 14. Se o idoso ou seus familiares não possuírem condições econômicas de prover o seu sustento, impõe-se ao Poder Público esse provimento, no âmbito da assistência social.

- arts. 203 e ss, CF.
- Lei 8.742/1993 (Dispõe sobre a organização da Assistência Social).
- Dec. 6.214/2007 (Regulamenta o benefício de prestação continuada da assistência social devido à pessoa com deficiência e ao idoso).

CAPÍTULO IV
DO DIREITO À SAÚDE

Art. 15. É assegurada a atenção integral à saúde do idoso, por intermédio do Sistema Único de Saúde – SUS, garantindo-lhe o acesso universal e igualitário, em conjunto articulado e contínuo das ações e serviços, para a prevenção, promoção, proteção e recuperação da saúde, incluindo a atenção especial às doenças que afetam preferencialmente os idosos.

- arts. 196 e ss., CF.

§ 1º A prevenção e a manutenção da saúde do idoso serão efetivadas por meio de:

I - cadastramento da população idosa em base territorial;

II - atendimento geriátrico e gerontológico em ambulatórios;

III - unidades geriátricas de referência, com pessoal especializado nas áreas de geriatria e gerontologia social;

IV - atendimento domiciliar, incluindo a internação, para a população que dele necessitar e esteja impossibilitada de se locomover, inclusive para idosos abrigados e acolhidos por instituições públicas, filantrópicas ou sem fins lucrativos e eventualmente conveniadas com o Poder Público, nos meios urbano e rural;

- art. 230, § 1º, CF.

V - reabilitação orientada pela geriatria e gerontologia, para redução das sequelas decorrentes do agravo da saúde.

§ 2º Incumbe ao Poder Público fornecer aos idosos, gratuitamente, medicamentos, especialmente os de uso continuado, assim como próteses, órteses e outros recursos relativos ao tratamento, habilitação ou reabilitação.

§ 3º É vedada a discriminação do idoso nos planos de saúde pela cobrança de valores diferenciados em razão da idade.

§ 4º Os idosos portadores de deficiência ou com limitação incapacitante terão atendimento especializado, nos termos da lei.

§ 5º É vedado exigir o comparecimento do idoso enfermo perante os órgãos públicos, hipótese na qual será admitido o seguinte procedimento: (Incluído pela Lei nº 12.896, de 2013)

I - quando de interesse do poder público, o agente promoverá o contato necessário com o idoso em sua residência; ou (Incluído pela Lei nº 12.896, de 2013)

II - quando de interesse do próprio idoso, este se fará representar por procurador legalmente constituído. (Incluído pela Lei nº 12.896, de 2013)

§ 6º É assegurado ao idoso enfermo o atendimento domiciliar pela perícia médica do Instituto Nacional do Seguro Social – INSS, pelo serviço público de saúde ou pelo serviço privado de saúde, contratado ou conveniado, que integre o Sistema Único de Saúde – SUS, para expedição do laudo de saúde necessário ao exercício de seus direitos sociais e de isenção tributária. (Incluído pela Lei nº 12.896, de 2013)

§ 7º Em todo atendimento de saúde, os maiores de oitenta anos terão preferência especial sobre os demais idosos, exceto em caso de emergência. (Incluído pela Lei nº 13.466, de 2017)

Art. 16. Ao idoso internado ou em observação é assegurado o direito a acompanhante, devendo o órgão de saúde proporcionar as condições adequadas para a sua permanência em tempo integral, segundo o critério médico.

Parágrafo único. Caberá ao profissional de saúde responsável pelo tratamento conceder autorização para o acompanhamento do idoso ou, no caso de impossibilidade, justificá-la por escrito.

Art. 17. Ao idoso que esteja no domínio de suas faculdades mentais é assegurado o direito de optar pelo tratamento de saúde que lhe for reputado mais favorável.

Parágrafo único. Não estando o idoso em condições de proceder à opção, esta será feita:

I - pelo curador, quando o idoso for interditado;

‣ arts. 1.767 a 1.783, CC.

II - pelos familiares, quando o idoso não tiver curador ou este não puder ser contactado em tempo hábil;

III - pelo médico, quando ocorrer iminente risco de vida e não houver tempo hábil para consulta a curador ou familiar;

IV - pelo próprio médico, quando não houver curador ou familiar conhecido, caso em que deverá comunicar o fato ao Ministério Público.

Art. 18. As instituições de saúde devem atender aos critérios mínimos para o atendimento às necessidades do idoso, promovendo o treinamento e a capacitação dos profissionais, assim como orientação a cuidadores familiares e grupos de auto-ajuda.

Art. 19. Os casos de suspeita ou confirmação de violência praticada contra idosos serão objeto de notificação compulsória pelos serviços de saúde públicos e privados à autoridade sanitária, bem como serão obrigatoriamente comunicados por eles a quaisquer dos seguintes órgãos: (Redação dada pela Lei nº 12.461, de 2011)

I - autoridade policial;

II - Ministério Público;

III - Conselho Municipal do Idoso;

IV - Conselho Estadual do Idoso;

V - Conselho Nacional do Idoso.

§ 1º Para os efeitos desta Lei, considera-se violência contra o idoso qualquer ação ou omissão praticada em local público ou privado que lhe cause morte, dano ou sofrimento físico ou psicológico. (Incluído pela Lei nº 12.461, de 2011)

§ 2º Aplica-se, no que couber, à notificação compulsória prevista no *caput* deste artigo, o disposto na Lei nº 6.259, de 30 de outubro de 1975. (Incluído pela Lei nº 12.461, de 2011)

CAPÍTULO V
DA EDUCAÇÃO, CULTURA, ESPORTE E LAZER

Art. 20. O idoso tem direito a educação, cultura, esporte, lazer, diversões, espetáculos, produtos e serviços que respeitem sua peculiar condição de idade.

Art. 21. O Poder Público criará oportunidades de acesso do idoso à educação, adequando currículos, metodologias e material didático aos programas educacionais a ele destinados.

§ 1º Os cursos especiais para idosos incluirão conteúdo relativo às técnicas de comunicação, computação e demais avanços tecnológicos, para sua integração à vida moderna.

§ 2º Os idosos participarão das comemorações de caráter cívico ou cultural, para transmissão de conhecimentos e vivências às demais gerações, no sentido da preservação da memória e da identidade culturais.

Art. 22. Nos currículos mínimos dos diversos níveis de ensino formal serão inseridos conteúdos voltados ao processo de envelhecimento, ao respeito e à valorização do idoso, de forma a eliminar o preconceito e a produzir conhecimentos sobre a matéria.

Art. 23. A participação dos idosos em atividades culturais e de lazer será proporcionada mediante descontos de pelo menos 50% (cinquenta por cento) nos ingressos para eventos artísticos, culturais, esportivos e de lazer, bem como o acesso preferencial aos respectivos locais.

‣ Lei 12.933/2013 (Lei da meia-entrada).

Art. 24. Os meios de comunicação manterão espaços ou horários especiais voltados aos idosos, com finalidade informativa, educativa, artística e cultural, e ao público sobre o processo de envelhecimento.

Art. 25. As instituições de educação superior ofertarão às pessoas idosas, na perspectiva da educação ao longo da vida, cursos e programas de extensão, presenciais ou a distância, constituídos por atividades formais e não formais. (Redação dada pela Lei n° 13.535, de 2017)

Parágrafo único. O poder público apoiará a criação de universidade aberta para as pessoas idosas e incentivará a publicação de livros e periódicos, de conteúdo e padrão editorial adequados ao idoso, que facilitem a leitura, considerada a natural redução da capacidade visual. (Incluído pela Lei nº 13.535, de 2017)

CAPÍTULO VI
DA PROFISSIONALIZAÇÃO E DO TRABALHO

Art. 26. O idoso tem direito ao exercício de atividade profissional, respeitadas suas condições físicas, intelectuais e psíquicas.

Art. 27. Na admissão do idoso em qualquer trabalho ou emprego, é vedada a discriminação e a fixação de limite máximo de idade, inclusive para concursos, ressalvados os casos em que a natureza do cargo o exigir.

‣ Súm. nº 683; 684; 686 do STF.

Parágrafo único. O primeiro critério de desempate em concurso público será a idade, dando-se preferência ao de idade mais elevada.

Art. 28. O Poder Público criará e estimulará programas de:

I - profissionalização especializada para os idosos, aproveitando seus potenciais e habilidades para atividades regulares e remuneradas;

II - preparação dos trabalhadores para a aposentadoria, com antecedência mínima de 1 (um) ano, por meio de estímulo a novos projetos sociais, conforme seus interesses, e de esclarecimento sobre os direitos sociais e de cidadania;

III - estímulo às empresas privadas para admissão de idosos ao trabalho.

CAPÍTULO VII
DA PREVIDÊNCIA SOCIAL

Art. 29. Os benefícios de aposentadoria e pensão do Regime Geral da Previdência Social observarão, na sua concessão, critérios de cálculo que preservem o valor real dos salários sobre os quais incidiram contribuição, nos termos da legislação vigente.

Parágrafo único. Os valores dos benefícios em manutenção serão reajustados na mesma data de reajuste do salário-mínimo, pro rata, de acordo com suas respectivas datas de início ou do seu último reajustamento, com base em percentual definido em regulamento, observados os critérios estabelecidos pela Lei nº 8.213, de 24 de julho de 1991.

Art. 30. A perda da condição de segurado não será considerada para a concessão da aposentadoria por idade, desde que a pessoa conte com, no mínimo, o tempo de contribuição correspondente ao exigido para efeito de carência na data de requerimento do benefício.

Parágrafo único. O cálculo do valor do benefício previsto no *caput* observará o disposto no *caput* e § 2º do art. 3º da Lei nº 9.876, de 26 de novembro de 1999, ou, não havendo salários-de-contribuição recolhidos a partir da competência de julho de 1994, o disposto no art. 35 da Lei nº 8.213, de 1991.

Art. 31. O pagamento de parcelas relativas a benefícios, efetuado com atraso por responsabilidade da Previdência Social, será atualizado pelo mesmo índice utilizado para os reajustamentos dos benefícios do Regime Geral de Previdência Social, verificado no período compreendido entre o mês que deveria ter sido pago e o mês do efetivo pagamento.

Art. 32. O Dia Mundial do Trabalho, 1º de Maio, é a data-base dos aposentados e pensionistas.

CAPÍTULO VIII
DA ASSISTÊNCIA SOCIAL

‣ arts. 203 e ss., CF.

‣ Lei 8.742/1993 (Dispõe sobre a organização da Assistência Social).

‣ Dec. 6.214/2007 (Regulamenta o benefício de prestação continuada da assistência social devido à pessoa com deficiência e ao idoso).

Art. 33. A assistência social aos idosos será prestada, de forma articulada, conforme os princípios e diretrizes previstos na Lei Orgânica da Assistência Social, na Política Nacional do Idoso, no Sistema Único de Saúde e demais normas pertinentes.

Art. 34. Aos idosos, a partir de 65 (sessenta e cinco) anos, que não possuam meios para prover sua subsistência, nem de tê-la provida por sua família, é assegurado o benefício mensal de 1 (um) salário-mínimo, nos termos da Lei Orgânica da Assistência Social – Loas.

‣ arts. 203, V, CF.

‣ Dec. 6.214/2007 (Regulamenta o benefício de prestação continuada da assistência social devido à pessoa com deficiência e ao idoso).

Parágrafo único. O benefício já concedido a qualquer membro da família nos termos do *caput* não será computado para os fins do cálculo da renda familiar per capita a que se refere a Loas.

Art. 35. Todas as entidades de longa permanência, ou casa-lar, são obrigadas a firmar contrato de prestação de serviços com a pessoa idosa abrigada.

§ 1º No caso de entidades filantrópicas, ou casa-lar, é facultada a cobrança de participação do idoso no custeio da entidade.

§ 2º O Conselho Municipal do Idoso ou o Conselho Municipal da Assistência Social estabelecerá a forma de participação prevista no § 1º, que não poderá exceder a 70% (setenta por cento) de qualquer benefício previdenciário ou de assistência social percebido pelo idoso.

§ 3º Se a pessoa idosa for incapaz, caberá a seu representante legal firmar o contrato a que se refere o *caput* deste artigo.

Art. 36. O acolhimento de idosos em situação de risco social, por adulto ou núcleo familiar, caracteriza a dependência econômica, para os efeitos legais.

CAPÍTULO IX
DA HABITAÇÃO

Art. 37. O idoso tem direito a moradia digna, no seio da família natural ou substituta, ou desacompanhado de seus familiares, quando assim o desejar, ou, ainda, em instituição pública ou privada.

§ 1º A assistência integral na modalidade de entidade de longa permanência será prestada quando verificada inexistência de grupo familiar, casa-lar, abandono ou carência de recursos financeiros próprios ou da família.

§ 2º Toda instituição dedicada ao atendimento ao idoso fica obrigada a manter identificação externa visível, sob pena de interdição, além de atender toda a legislação pertinente.

§ 3º As instituições que abrigarem idosos são obrigadas a manter padrões de habitação compatíveis com as necessidades deles, bem como provê-los com alimentação regular e higiene indispensáveis às normas sanitárias e com estas condizentes, sob as penas da lei.

Art. 38. Nos programas habitacionais, públicos ou subsidiados com recursos públicos, o idoso goza de prioridade na aquisição de imóvel para moradia própria, observado o seguinte:

I - reserva de pelo menos 3% (três por cento) das unidades habitacionais residenciais para atendimento aos idosos; (Redação dada pela Lei nº 12.418, de 2011)

II - implantação de equipamentos urbanos comunitários voltados ao idoso;

III - eliminação de barreiras arquitetônicas e urbanísticas, para garantia de acessibilidade ao idoso;

IV - critérios de financiamento compatíveis com os rendimentos de aposentadoria e pensão.

Parágrafo único. As unidades residenciais reservadas para atendimento a idosos devem situar-se, preferencialmente, no pavimento térreo. (Incluído pela Lei nº 12.419, de 2011)

CAPÍTULO X
DO TRANSPORTE

Art. 39. Aos maiores de 65 (sessenta e cinco) anos fica assegurada a gratuidade dos transportes coletivos públicos urbanos e semi-urbanos, exceto nos serviços seletivos e especiais, quando prestados paralelamente aos serviços regulares.

› art. 230, § 2º, CF.

§ 1º Para ter acesso à gratuidade, basta que o idoso apresente qualquer documento pessoal que faça prova de sua idade.

§ 2º Nos veículos de transporte coletivo de que trata este artigo, serão reservados 10% (dez por cento) dos assentos para os idosos, devidamente identificados com a placa de reservado preferencialmente para idosos.

§ 3º No caso das pessoas compreendidas na faixa etária entre 60 (sessenta) e 65 (sessenta e cinco) anos, ficará a critério da legislação local dispor sobre as condições para exercício da gratuidade nos meios de transporte previstos no *caput* deste artigo.

Art. 40. No sistema de transporte coletivo interestadual observar-se-á, nos termos da legislação específica: (Decreto nº 5.934, de 2006)

I - a reserva de 2 (duas) vagas gratuitas por veículo para idosos com renda igual ou inferior a 2 (dois) salários-mínimos;

II - desconto de 50% (cinquenta por cento), no mínimo, no valor das passagens, para os idosos que excederem as vagas gratuitas, com renda igual ou inferior a 2 (dois) salários-mínimos.

Parágrafo único. Caberá aos órgãos competentes definir os mecanismos e os critérios para o exercício dos direitos previstos nos incisos I e II.

Art. 41. É assegurada a reserva, para os idosos, nos termos da lei local, de 5% (cinco por cento) das vagas nos estacionamentos públicos e privados, as quais deverão ser posicionadas de forma a garantir a melhor comodidade ao idoso.

Art. 42. São asseguradas a prioridade e a segurança do idoso nos procedimentos de embarque e desembarque nos veículos do sistema de transporte coletivo. (Redação dada pela Lei nº 12.899, de 2013)

TÍTULO III
DAS MEDIDAS DE PROTEÇÃO

CAPÍTULO I
DAS DISPOSIÇÕES GERAIS

Art. 43. As medidas de proteção ao idoso são aplicáveis sempre que os direitos reconhecidos nesta Lei forem ameaçados ou violados:

I - por ação ou omissão da sociedade ou do Estado;

II - por falta, omissão ou abuso da família, curador ou entidade de atendimento;

III - em razão de sua condição pessoal.

CAPÍTULO II
DAS MEDIDAS ESPECÍFICAS DE PROTEÇÃO

Art. 44. As medidas de proteção ao idoso previstas nesta Lei poderão ser aplicadas, isolada ou cumulativamente, e levarão em conta os fins sociais a que se destinam e o fortalecimento dos vínculos familiares e comunitários.

Art. 45. Verificada qualquer das hipóteses previstas no art. 43, o Ministério Público ou o Poder Judiciário, a requerimento daquele, poderá determinar, dentre outras, as seguintes medidas:

I - encaminhamento à família ou curador, mediante termo de responsabilidade;

II - orientação, apoio e acompanhamento temporários;

III - requisição para tratamento de sua saúde, em regime ambulatorial, hospitalar ou domiciliar;

IV - inclusão em programa oficial ou comunitário de auxílio, orientação e tratamento a usuários dependentes de drogas lícitas ou ilícitas, ao próprio idoso ou à pessoa de sua convivência que lhe cause perturbação;

V - abrigo em entidade;

VI - abrigo temporário.

TÍTULO IV
DA POLÍTICA DE ATENDIMENTO AO IDOSO

CAPÍTULO I
DISPOSIÇÕES GERAIS

Art. 46. A política de atendimento ao idoso far-se-á por meio do conjunto articulado de ações governamentais e não-governamentais da União, dos Estados, do Distrito Federal e dos Municípios.

Art. 47. São linhas de ação da política de atendimento:

I - políticas sociais básicas, previstas na Lei nº 8.842, de 4 de janeiro de 1994;

II - políticas e programas de assistência social, em caráter supletivo, para aqueles que necessitarem;

III - serviços especiais de prevenção e atendimento às vítimas de negligência, maus-tratos, exploração, abuso, crueldade e opressão;

IV - serviço de identificação e localização de parentes ou responsáveis por idosos abandonados em hospitais e instituições de longa permanência;

V - proteção jurídico-social por entidades de defesa dos direitos dos idosos;

VI - mobilização da opinião pública no sentido da participação dos diversos segmentos da sociedade no atendimento do idoso.

CAPÍTULO II
DAS ENTIDADES DE ATENDIMENTO AO IDOSO

Art. 48. As entidades de atendimento são responsáveis pela manutenção das próprias unidades, observadas as normas de planejamento e execução emanadas do órgão competente da Política Nacional do Idoso, conforme a Lei nº 8.842, de 1994.

Parágrafo único. As entidades governamentais e não-governamentais de assistência ao idoso ficam sujeitas à inscrição de seus programas, junto ao órgão competente da Vigilância Sanitária e Conselho Municipal da Pessoa Idosa, e em sua falta, junto ao Conselho Estadual ou Nacional da Pessoa Idosa, especificando os regimes de atendimento, observados os seguintes requisitos:

I - oferecer instalações físicas em condições adequadas de habitabilidade, higiene, salubridade e segurança;

II - apresentar objetivos estatutários e plano de trabalho compatíveis com os princípios desta Lei;

III - estar regularmente constituída;

IV - demonstrar a idoneidade de seus dirigentes.

Art. 49. As entidades que desenvolvam programas de institucionalização de longa permanência adotarão os seguintes princípios:

I - preservação dos vínculos familiares;

II - atendimento personalizado e em pequenos grupos;

III - manutenção do idoso na mesma instituição, salvo em caso de força maior;

IV - participação do idoso nas atividades comunitárias, de caráter interno e externo;

V - observância dos direitos e garantias dos idosos;

VI - preservação da identidade do idoso e oferecimento de ambiente de respeito e dignidade.

Parágrafo único. O dirigente de instituição prestadora de atendimento ao idoso responderá civil e criminalmente pelos atos que praticar em detrimento do idoso, sem prejuízo das sanções administrativas.

Art. 50. Constituem obrigações das entidades de atendimento:

I - celebrar contrato escrito de prestação de serviço com o idoso, especificando o tipo de atendimento, as obrigações da entidade e prestações decorrentes do contrato, com os respectivos preços, se for o caso;

II - observar os direitos e as garantias de que são titulares os idosos;

III - fornecer vestuário adequado, se for pública, e alimentação suficiente;

IV - oferecer instalações físicas em condições adequadas de habitabilidade;

V - oferecer atendimento personalizado;

VI - diligenciar no sentido da preservação dos vínculos familiares;

VII - oferecer acomodações apropriadas para recebimento de visitas;

VIII - proporcionar cuidados à saúde, conforme a necessidade do idoso;

IX - promover atividades educacionais, esportivas, culturais e de lazer;

X - propiciar assistência religiosa àqueles que desejarem, de acordo com suas crenças;

XI - proceder a estudo social e pessoal de cada caso;

XII - comunicar à autoridade competente de saúde toda ocorrência de idoso portador de doenças infecto-contagiosas;

XIII - providenciar ou solicitar que o Ministério Público requisite os documentos necessários ao exercício da cidadania àqueles que não os tiverem, na forma da lei;

XIV - fornecer comprovante de depósito dos bens móveis que receberem dos idosos;

XV - manter arquivo de anotações onde constem data e circunstâncias do atendimento, nome do idoso, responsável, parentes, endereços, cidade, relação de seus pertences, bem como o valor de contribuições, e suas alterações, se houver, e demais dados que possibilitem sua identificação e a individualização do atendimento;

XVI - comunicar ao Ministério Público, para as providências cabíveis, a situação de abandono moral ou material por parte dos familiares;

XVII - manter no quadro de pessoal profissionais com formação específica.

Art. 51. As instituições filantrópicas ou sem fins lucrativos prestadoras de serviço ao idoso terão direito à assistência judiciária gratuita.

▸ Lei 1.060/1990 (Lei de Assistência Judiciária).

CAPÍTULO III
DA FISCALIZAÇÃO DAS ENTIDADES DE ATENDIMENTO

Art. 52. As entidades governamentais e não-governamentais de atendimento ao idoso serão fiscalizadas pelos Conselhos do Idoso, Ministério Público, Vigilância Sanitária e outros previstos em lei.

Art. 53. O art. 7º da Lei nº 8.842, de 1994, passa a vigorar com a seguinte redação: "Art. 7º Compete aos Conselhos de que trata o art. 6º desta Lei a supervisão, o acompanhamento, a fiscalização e a avaliação da política nacional do idoso, no âmbito das respectivas instâncias político-administrativas."

Art. 54. Será dada publicidade das prestações de contas dos recursos públicos e privados recebidos pelas entidades de atendimento.

Art. 55. As entidades de atendimento que descumprirem as determinações desta Lei ficarão sujeitas, sem prejuízo da responsabilidade civil e criminal de seus dirigentes ou prepostos, às seguintes penalidades, observado o devido processo legal:

I - as entidades governamentais:

a) advertência;

b) afastamento provisório de seus dirigentes;

c) afastamento definitivo de seus dirigentes;

d) fechamento de unidade ou interdição de programa;

II - as entidades não-governamentais:

a) advertência;

b) multa;

c) suspensão parcial ou total do repasse de verbas públicas;

d) interdição de unidade ou suspensão de programa;

e) proibição de atendimento a idosos a bem do interesse público.

§ 1º Havendo danos aos idosos abrigados ou qualquer tipo de fraude em relação ao programa, caberá o afastamento provisório dos dirigentes ou a interdição da unidade e a suspensão do programa.

§ 2º A suspensão parcial ou total do repasse de verbas públicas ocorrerá quando verificada a má aplicação ou desvio de finalidade dos recursos.

§ 3º Na ocorrência de infração por entidade de atendimento, que coloque em risco os direitos assegurados nesta Lei, será o fato comunicado ao Ministério Público, para as providências cabíveis, inclusive para promover a suspensão das atividades ou dissolução da entidade, com a proibição de atendimento a idosos a bem do interesse público, sem prejuízo das providências a serem tomadas pela Vigilância Sanitária.

§ 4º Na aplicação das penalidades, serão consideradas a natureza e a gravidade da infração cometida, os danos que dela provierem para o idoso, as circunstâncias agravantes ou atenuantes e os antecedentes da entidade.

CAPÍTULO IV
DAS INFRAÇÕES ADMINISTRATIVAS

Art. 56. Deixar a entidade de atendimento de cumprir as determinações do art. 50 desta Lei:

Pena – multa de R$ 500,00 (quinhentos reais) a R$ 3.000,00 (três mil reais), se o fato não for caracterizado como crime, podendo haver a interdição do estabelecimento até que sejam cumpridas as exigências legais.

Parágrafo único. No caso de interdição do estabelecimento de longa permanência, os idosos abrigados serão transferidos para outra instituição, a expensas do estabelecimento interditado, enquanto durar a interdição.

Art. 57. Deixar o profissional de saúde ou o responsável por estabelecimento de saúde ou instituição de longa permanência de comunicar à autoridade competente os casos de crimes contra idoso de que tiver conhecimento:

Pena – multa de R$ 500,00 (quinhentos reais) a R$ 3.000,00 (três mil reais), aplicada em dobro no caso de reincidência.

Art. 58. Deixar de cumprir as determinações desta Lei sobre a prioridade no atendimento ao idoso:

Pena – multa de R$ 500,00 (quinhentos reais) a R$ 1.000,00 (um mil reais) e multa civil a ser estipulada pelo juiz, conforme o dano sofrido pelo idoso.

CAPÍTULO V
DA APURAÇÃO ADMINISTRATIVA DE INFRAÇÃO ÀS NORMAS DE PROTEÇÃO AO IDOSO

Art. 59. Os valores monetários expressos no Capítulo IV serão atualizados anualmente, na forma da lei.

Art. 60. O procedimento para a imposição de penalidade administrativa por infração às normas de proteção ao idoso terá início com requisição do Ministério Público ou auto de infração elaborado por servidor efetivo e assinado, se possível, por duas testemunhas.

§ 1º No procedimento iniciado com o auto de infração poderão ser usadas fórmulas impressas, especificando-se a natureza e as circunstâncias da infração.

§ 2º Sempre que possível, à verificação da infração seguir-se-á a lavratura do auto, ou este será lavrado dentro de 24 (vinte e quatro) horas, por motivo justificado.

Art. 61. O autuado terá prazo de 10 (dez) dias para a apresentação da defesa, contado da data da intimação, que será feita:

I - pelo autuante, no instrumento de autuação, quando for lavrado na presença do infrator;

II - por via postal, com aviso de recebimento.

Art. 62. Havendo risco para a vida ou à saúde do idoso, a autoridade competente aplicará à entidade de atendimento as sanções regulamentares, sem prejuízo da iniciativa e das providências que vierem a ser adotadas pelo Ministério Público ou pelas demais instituições legitimadas para a fiscalização.

Art. 63. Nos casos em que não houver risco para a vida ou a saúde da pessoa idosa abrigada, a autoridade competente aplicará à entidade de atendimento as sanções regulamentares, sem prejuízo da iniciativa e das providências que vierem a ser adotadas pelo Ministério Público ou pelas demais instituições legitimadas para a fiscalização.

CAPÍTULO VI
DA APURAÇÃO JUDICIAL DE IRREGULARIDADES EM ENTIDADE DE ATENDIMENTO

Art. 64. Aplicam-se, subsidiariamente, ao procedimento administrativo de que trata este Capítulo as disposições das Leis nºs 6.437, de 20 de agosto de 1977, e 9.784, de 29 de janeiro de 1999.

Art. 65. O procedimento de apuração de irregularidade em entidade governamental e não-governamental de atendimento ao idoso terá início mediante petição fundamentada de pessoa interessada ou iniciativa do Ministério Público.

Art. 66. Havendo motivo grave, poderá a autoridade judiciária, ouvido o Ministério Público, decretar liminarmente o afastamento provisório do dirigente da entidade ou outras medidas que julgar adequadas, para evitar lesão aos direitos do idoso, mediante decisão fundamentada.

Art. 67. O dirigente da entidade será citado para, no prazo de 10 (dez) dias, oferecer resposta escrita, podendo juntar documentos e indicar as provas a produzir.

Art. 68. Apresentada a defesa, o juiz procederá na conformidade do art. 69 ou, se necessário, designará audiência de instrução e julgamento, deliberando sobre a necessidade de produção de outras provas.

§ 1º Salvo manifestação em audiência, as partes e o Ministério Público terão 5 (cinco) dias para oferecer alegações finais, decidindo a autoridade judiciária em igual prazo.

§ 2º Em se tratando de afastamento provisório ou definitivo de dirigente de entidade governamental, a autoridade judiciária oficiará a autoridade administrativa imediatamente superior ao afastado, fixando-lhe prazo de 24 (vinte e quatro) horas para proceder à substituição.

§ 3º Antes de aplicar qualquer das medidas, a autoridade judiciária poderá fixar prazo para a remoção das irregularidades verificadas. Satisfeitas as exigências, o processo será extinto, sem julgamento do mérito.

§ 4º A multa e a advertência serão impostas ao dirigente da entidade ou ao responsável pelo programa de atendimento.

TÍTULO V
DO ACESSO À JUSTIÇA

CAPÍTULO I
DISPOSIÇÕES GERAIS

Art. 69. Aplica-se, subsidiariamente, às disposições deste Capítulo, o procedimento sumário previsto no Código de Processo Civil, naquilo que não contrarie os prazos previstos nesta Lei.

▸ arts. 318 e ss., NCPC.

Art. 70. O Poder Público poderá criar varas especializadas e exclusivas do idoso.

Art. 71. É assegurada prioridade na tramitação dos processos e procedimentos e na execução dos atos e diligências judiciais em que figure como parte ou interveniente pessoa com idade igual ou superior a 60 (sessenta) anos, em qualquer instância.

§ 1º O interessado na obtenção da prioridade a que alude este artigo, fazendo prova de sua idade, requererá o benefício à autoridade judiciária competente para decidir o feito, que determinará as providências a serem cumpridas, anotando-se essa circunstância em local visível nos autos do processo.

§ 2º A prioridade não cessará com a morte do beneficiado, estendendo-se em favor do cônjuge supérstite, companheiro ou companheira, com união estável, maior de 60 (sessenta) anos.

- arts. 1.723 a 1.727, CC.

§ 3º A prioridade se estende aos processos e procedimentos na Administração Pública, empresas prestadoras de serviços públicos e instituições financeiras, ao atendimento preferencial junto à Defensoria Pública da União, dos Estados e do Distrito Federal em relação aos Serviços de Assistência Judiciária.

- Lei 1.060/1950 (Lei de Assistência Judiciária).

§ 4º Para o atendimento prioritário será garantido ao idoso o fácil acesso aos assentos e caixas, identificados com a destinação a idosos em local visível e caracteres legíveis.

§ 5º Dentre os processos de idosos, dar-se-á prioridade especial aos maiores de oitenta anos. (Incluído pela Lei nº 13.466, de 2017)

CAPÍTULO II
DO MINISTÉRIO PÚBLICO

Art. 72. (Vetado)

Art. 73. As funções do Ministério Público, previstas nesta Lei, serão exercidas nos termos da respectiva Lei Orgânica.

- Lei 8.625/1993 (Lei Orgânica do Ministério Público).

Art. 74. Compete ao Ministério Público:

I - instaurar o inquérito civil e a ação civil pública para a proteção dos direitos e interesses difusos ou coletivos, individuais indisponíveis e individuais homogêneos do idoso;

II - promover e acompanhar as ações de alimentos, de interdição total ou parcial, de designação de curador especial, em circunstâncias que justifiquem a medida e oficiar em todos os feitos em que se discutam os direitos de idosos em condições de risco;

III - atuar como substituto processual do idoso em situação de risco, conforme o disposto no art. 43 desta Lei;

IV - promover a revogação de instrumento procuratório do idoso, nas hipóteses previstas no art. 43 desta Lei, quando necessário ou o interesse público justificar;

V - instaurar procedimento administrativo e, para instruí-lo:

a) expedir notificações, colher depoimentos ou esclarecimentos e, em caso de não comparecimento injustificado da pessoa notificada, requisitar condução coercitiva, inclusive pela Polícia Civil ou Militar;

b) requisitar informações, exames, perícias e documentos de autoridades municipais, estaduais e federais, da administração direta e indireta, bem como promover inspeções e diligências investigatórias;

c) requisitar informações e documentos particulares de instituições privadas;

VI - instaurar sindicâncias, requisitar diligências investigatórias e a instauração de inquérito policial, para a apuração de ilícitos ou infrações às normas de proteção ao idoso;

VII - zelar pelo efetivo respeito aos direitos e garantias legais assegurados ao idoso, promovendo as medidas judiciais e extrajudiciais cabíveis;

VIII - inspecionar as entidades públicas e particulares de atendimento e os programas de que trata esta Lei, adotando de pronto as medidas administrativas ou judiciais necessárias à remoção de irregularidades porventura verificadas;

IX - requisitar força policial, bem como a colaboração dos serviços de saúde, educacionais e de assistência social, públicos, para o desempenho de suas atribuições;

X - referendar transações envolvendo interesses e direitos dos idosos previstos nesta Lei.

§ 1º A legitimação do Ministério Público para as ações cíveis previstas neste artigo não impede a de terceiros, nas mesmas hipóteses, segundo dispuser a lei.

§ 2º As atribuições constantes deste artigo não excluem outras, desde que compatíveis com a finalidade e atribuições do Ministério Público.

§ 3º O representante do Ministério Público, no exercício de suas funções, terá livre acesso a toda entidade de atendimento ao idoso.

Art. 75. Nos processos e procedimentos em que não for parte, atuará obrigatoriamente o Ministério Público na defesa dos direitos e interesses de que cuida esta Lei, hipóteses em que terá vista dos autos depois das partes, podendo juntar documentos, requerer diligências e produção de outras provas, usando os recursos cabíveis.

Art. 76. A intimação do Ministério Público, em qualquer caso, será feita pessoalmente.

Art. 77. A falta de intervenção do Ministério Público acarreta a nulidade do feito, que será declarada de ofício pelo juiz ou a requerimento de qualquer interessado.

CAPÍTULO III
DA PROTEÇÃO JUDICIAL DOS INTERESSES DIFUSOS, COLETIVOS E INDIVIDUAIS INDISPONÍVEIS OU HOMOGÊNEOS

Art. 78. As manifestações processuais do representante do Ministério Público deverão ser fundamentadas.

Art. 79. Regem-se pelas disposições desta Lei as ações de responsabilidade por ofensa aos direitos assegurados ao idoso, referentes à omissão ou ao oferecimento insatisfatório de:

I - acesso às ações e serviços de saúde;

II - atendimento especializado ao idoso portador de deficiência ou com limitação incapacitante;

III - atendimento especializado ao idoso portador de doença infectocontagiosa;

IV - serviço de assistência social visando ao amparo do idoso.

Parágrafo único. As hipóteses previstas neste artigo não excluem da proteção judicial outros interesses difusos, coletivos, individuais indisponíveis ou homogêneos, próprios do idoso, protegidos em lei.

Art. 80. As ações previstas neste Capítulo serão propostas no foro do domicílio do idoso, cujo juízo terá competência absoluta para processar a causa, ressalvadas as competências da Justiça Federal e a competência originária dos Tribunais Superiores.

Art. 81. Para as ações cíveis fundadas em interesses difusos, coletivos, individuais indisponíveis ou homogêneos, consideram-se legitimados, concorrentemente:

I - o Ministério Público;

II - a União, os Estados, o Distrito Federal e os Municípios;

III - a Ordem dos Advogados do Brasil;

IV - as associações legalmente constituídas há pelo menos 1 (um) ano e que incluam entre os fins institucionais a defesa dos interesses e direitos da pessoa idosa, dispensada a autorização da assembleia, se houver prévia autorização estatutária.

§ 1º Admitir-se-á litisconsórcio facultativo entre os Ministérios Públicos da União e dos Estados na defesa dos interesses e direitos de que cuida esta Lei.

§ 2º Em caso de desistência ou abandono da ação por associação legitimada, o Ministério Público ou outro legitimado deverá assumir a titularidade ativa.

Art. 82. Para defesa dos interesses e direitos protegidos por esta Lei, são admissíveis todas as espécies de ação pertinentes.

Parágrafo único. Contra atos ilegais ou abusivos de autoridade pública ou agente de pessoa jurídica no exercício de atribuições de Poder Público, que lesem direito líquido e certo previsto nesta Lei, caberá ação mandamental, que se regerá pelas normas da lei do mandado de segurança.

- Lei 12.016/2009 (Lei do Mandado de Segurança Individual e Coletivo).

Art. 83. Na ação que tenha por objeto o cumprimento de obrigação de fazer ou não-fazer, o juiz concederá a tutela específica da obrigação ou determinará providências que assegurem o resultado prático equivalente ao adimplemento.

§ 1º Sendo relevante o fundamento da demanda e havendo justificado receio de ineficácia do provimento final, é lícito ao juiz conceder a tutela liminarmente ou após justificação prévia, na forma do art. 273 do Código de Processo Civil.

- Refere-se ao CPC/1973. Arts. 294 a 311, NCPC.

§ 2º O juiz poderá, na hipótese do § 1º ou na sentença, impor multa diária ao réu, independentemente do pedido do autor, se for suficiente ou compatível com a obrigação, fixando prazo razoável para o cumprimento do preceito.

§ 3º A multa só será exigível do réu após o trânsito em julgado da sentença favorável ao autor, mas será devida desde o dia em que se houver configurado.

Art. 84. Os valores das multas previstas nesta Lei reverterão ao Fundo do Idoso, onde houver, ou na falta deste, ao Fundo Municipal de Assistência Social, ficando vinculados ao atendimento ao idoso.

Parágrafo único. As multas não recolhidas até 30 (trinta) dias após o trânsito em julgado da decisão serão exigidas por meio de execução promovida pelo Ministério Público, nos mesmos autos, facultada igual iniciativa aos demais legitimados em caso de inércia daquele.

Art. 85. O juiz poderá conferir efeito suspensivo aos recursos, para evitar dano irreparável à parte.

Art. 86. Transitada em julgado a sentença que impuser condenação ao Poder Público, o juiz determinará a remessa de peças à autoridade competente, para apuração da responsabilidade civil e administrativa do agente a que se atribua a ação ou omissão.

Art. 87. Decorridos 60 (sessenta) dias do trânsito em julgado da sentença condenatória favorável ao idoso sem que o autor lhe promova a execução, deverá fazê-lo o Ministério Público, facultada, igual iniciativa aos demais legitimados, como assistentes ou assumindo o pólo ativo, em caso de inércia desse órgão.

Art. 88. Nas ações de que trata este Capítulo, não haverá adiantamento de custas, emolumentos, honorários periciais e quaisquer outras despesas.

Parágrafo único. Não se imporá sucumbência ao Ministério Público.

Art. 89. Qualquer pessoa poderá, e o servidor deverá, provocar a iniciativa do Ministério Público, prestando-lhe informações sobre os fatos que constituam objeto de ação civil e indicando-lhe os elementos de convicção.

Art. 90. Os agentes públicos em geral, os juízes e tribunais, no exercício de suas funções, quando tiverem conhecimento de fatos que possam configurar crime de ação pública contra idoso ou ensejar a propositura de ação para sua defesa, devem encaminhar as peças pertinentes ao Ministério Público, para as providências cabíveis.

Art. 91. Para instruir a petição inicial, o interessado poderá requerer às autoridades competentes as certidões e informações que julgar necessárias, que serão fornecidas no prazo de 10 (dez) dias.

Art. 92. O Ministério Público poderá instaurar sob sua presidência, inquérito civil, ou requisitar, de qualquer pessoa, organismo público ou particular, certidões, informações, exames ou perícias, no prazo que assinalar, o qual não poderá ser inferior a 10 (dez) dias.

§ 1º Se o órgão do Ministério Público, esgotadas todas as diligências, se convencer da inexistência de fundamento para a propositura da ação civil ou de peças informativas, determinará o seu arquivamento, fazendo-o fundamentadamente.

§ 2º Os autos do inquérito civil ou as peças de informação arquivados serão remetidos, sob pena de se incorrer em falta grave, no prazo de 3 (três) dias, ao Conselho Superior do Ministério Público ou à Câmara de Coordenação e Revisão do Ministério Público.

§ 3º Até que seja homologado ou rejeitado o arquivamento, pelo Conselho Superior do Ministério Público ou por Câmara de Coordenação e Revisão do Ministério Público, as associações legitimadas poderão apresentar razões escritas ou documentos, que serão juntados ou anexados às peças de informação.

§ 4º Deixando o Conselho Superior ou a Câmara de Coordenação e Revisão do Ministério Público de homologar a promoção de arquivamento, será designado outro membro do Ministério Público para o ajuizamento da ação.

TÍTULO VI
DOS CRIMES

CAPÍTULO I
DISPOSIÇÕES GERAIS

Art. 93. Aplicam-se subsidiariamente, no que couber, as disposições da Lei nº 7.347, de 24 de julho de 1985.

Art. 94. Aos crimes previstos nesta Lei, cuja pena máxima privativa de liberdade não ultrapasse 4 (quatro) anos, aplica-se o procedimento previsto na Lei nº 9.099, de 26 de setembro de 1995, e, subsidiariamente, no que couber, as disposições do Código Penal e do Código de Processo Penal.

- O STF julgou parcialmente procedente a ADIN 3.096-5, para dar interpretação conforme a CF a este artigo, com redução de texto, para suprimir a expressão "Código Penal e", no sentido de aplicar-se apenas o procedimento sumaríssimo previsto na Lei 9.099/1995, e não outros benefícios ali previstos (DOU 27.09.2010).

CAPÍTULO II
DOS CRIMES EM ESPÉCIE

Art. 95. Os crimes definidos nesta Lei são de ação penal pública incondicionada, não se lhes aplicando os arts. 181 e 182 do Código Penal.

Art. 96. Discriminar pessoa idosa, impedindo ou dificultando seu acesso a operações bancárias, aos meios de transporte, ao direito de contratar ou por qualquer outro meio ou instrumento necessário ao exercício da cidadania, por motivo de idade:

Pena – reclusão de 6 (seis) meses a 1 (um) ano e multa.

§ 1º Na mesma pena incorre quem desdenhar, humilhar, menosprezar ou discriminar pessoa idosa, por qualquer motivo.

§ 2º A pena será aumentada de 1/3 (um terço) se a vítima se encontrar sob os cuidados ou responsabilidade do agente.

Art. 97. Deixar de prestar assistência ao idoso, quando possível fazê-lo sem risco pessoal, em situação de iminente perigo, ou recusar, retardar ou dificultar sua assistência à saúde, sem justa causa, ou não pedir, nesses casos, o socorro de autoridade pública:

Pena – detenção de 6 (seis) meses a 1 (um) ano e multa.

Parágrafo único. A pena é aumentada de metade, se da omissão resulta lesão corporal de natureza grave, e triplicada, se resulta a morte.

Art. 98. Abandonar o idoso em hospitais, casas de saúde, entidades de longa permanência, ou congêneres, ou não prover suas necessidades básicas, quando obrigado por lei ou mandado:

Pena – detenção de 6 (seis) meses a 3 (três) anos e multa.

Art. 99. Expor a perigo a integridade e a saúde, física ou psíquica, do idoso, submetendo-o a condições desumanas ou degradantes ou privando-o de alimentos e cuidados indispensáveis, quando obrigado a fazê-lo, ou sujeitando-o a trabalho excessivo ou inadequado:

Pena – detenção de 2 (dois) meses a 1 (um) ano e multa.

§ 1º Se do fato resulta lesão corporal de natureza grave:

Pena – reclusão de 1 (um) a 4 (quatro) anos.

§ 2º Se resulta a morte:

Pena – reclusão de 4 (quatro) a 12 (doze) anos.

Art. 100. Constitui crime punível com reclusão de 6 (seis) meses a 1 (um) ano e multa:

I - obstar o acesso de alguém a qualquer cargo público por motivo de idade;

II - negar a alguém, por motivo de idade, emprego ou trabalho;

III - recusar, retardar ou dificultar atendimento ou deixar de prestar assistência à saúde, sem justa causa, a pessoa idosa;

IV - deixar de cumprir, retardar ou frustrar, sem justo motivo, a execução de ordem judicial expedida na ação civil a que alude esta Lei;

V - recusar, retardar ou omitir dados técnicos indispensáveis à propositura da ação civil objeto desta Lei, quando requisitados pelo Ministério Público.

Art. 101. Deixar de cumprir, retardar ou frustrar, sem justo motivo, a execução de ordem judicial expedida nas ações em que for parte ou interveniente o idoso:

Pena – detenção de 6 (seis) meses a 1 (um) ano e multa.

Art. 102. Apropriar-se de ou desviar bens, proventos, pensão ou qualquer outro rendimento do idoso, dando-lhes aplicação diversa da de sua finalidade:

Pena – reclusão de 1 (um) a 4 (quatro) anos e multa.

Art. 103. Negar o acolhimento ou a permanência do idoso, como abrigado, por recusa deste em outorgar procuração à entidade de atendimento:

Pena – detenção de 6 (seis) meses a 1 (um) ano e multa.

Art. 104. Reter o cartão magnético de conta bancária relativa a benefícios, proventos ou pensão do idoso, bem como qualquer outro documento com objetivo de assegurar recebimento ou ressarcimento de dívida:

Pena – detenção de 6 (seis) meses a 2 (dois) anos e multa.

Art. 105. Exibir ou veicular, por qualquer meio de comunicação, informações ou imagens depreciativas ou injuriosas à pessoa do idoso:

Pena – detenção de 1 (um) a 3 (três) anos e multa.

Art. 106. Induzir pessoa idosa sem discernimento de seus atos a outorgar procuração para fins de administração de bens ou deles dispor livremente:

Pena – reclusão de 2 (dois) a 4 (quatro) anos.

Art. 107. Coagir, de qualquer modo, o idoso a doar, contratar, testar ou outorgar procuração:

Pena – reclusão de 2 (dois) a 5 (cinco) anos.

Art. 108. Lavrar ato notarial que envolva pessoa idosa sem discernimento de seus atos, sem a devida representação legal:

Pena – reclusão de 2 (dois) a 4 (quatro) anos.

TÍTULO VII
DISPOSIÇÕES FINAIS E TRANSITÓRIAS

Art. 109. Impedir ou embaraçar ato do representante do Ministério Público ou de qualquer outro agente fiscalizador:

Pena – reclusão de 6 (seis) meses a 1 (um) ano e multa.

Art. 110. O Decreto-Lei nº 2.848, de 7 de dezembro de 1940, Código Penal, passa a vigorar com as seguintes alterações:

- alteração promovida no referido código.

Art. 111. O art. 21 do Decreto-Lei nº 3.688, de 3 de outubro de 1941, Lei das Contravenções Penais, passa a vigorar acrescido do seguinte parágrafo único:

- alteração promovida no referido Decreto-Lei.

Art. 112. O inciso II do § 4º do art. 1º da Lei nº 9.455, de 7 de abril de 1997, passa a vigorar com a seguinte redação:

- alteração promovida no texto da referida lei.

Art. 113. O inciso III do art. 18 da Lei nº 6.368, de 21 de outubro de 1976, passa a vigorar com a seguinte redação:

"Art. 18. [...]

[...]

III – se qualquer deles decorrer de associação ou visar a menores de 21 (vinte e um) anos ou a pessoa com idade igual ou superior a 60 (sessenta) anos ou a quem tenha, por qualquer causa, diminuída ou suprimida a capacidade de discernimento ou de autodeterminação:

[...]." (NR)

Art. 114. O art. 1º da Lei nº 10.048, de 8 de novembro de 2000, passa a vigorar com a seguinte redação:

- Alteração promovida no texto da referida lei.

Art. 115. O Orçamento da Seguridade Social destinará ao Fundo Nacional de Assistência Social, até que o Fundo Nacional do Idoso seja criado, os recursos necessários, em cada exercício financeiro, para aplicação em programas e ações relativos ao idoso.

Art. 116. Serão incluídos nos censos demográficos dados relativos à população idosa do País.

Art. 117. O Poder Executivo encaminhará ao Congresso Nacional projeto de lei revendo os critérios de concessão do Benefício de Prestação Continuada previsto na Lei Orgânica da Assistência Social, de forma a garantir que o acesso ao direito seja condizente com o estágio de desenvolvimento socioeconômico alcançado pelo País.

Art. 118. Esta Lei entra em vigor decorridos 90 (noventa) dias da sua publicação, ressalvado o disposto no *caput* do art. 36, que vigorará a partir de 1º de janeiro de 2004.

Brasília, 1º de outubro de 2003;
182º da Independência e
115º da República.

Luiz Inácio Lula da Silva

LEI Nº 10.826, DE 22 DE DEZEMBRO DE 2003

Dispõe sobre registro, posse e comercialização de armas de fogo e munição, sobre o Sistema Nacional de Armas – SINARM, define crimes e dá outras providências.

▸ DOU 23.12.2003.

O PRESIDENTE DA REPÚBLICA

Faço saber que o Congresso Nacional decreta e eu sanciono a seguinte Lei:

CAPÍTULO I
DO SISTEMA NACIONAL DE ARMAS

Art. 1º O Sistema Nacional de Armas – SINARM, instituído no Ministério da Justiça, no âmbito da Polícia Federal, tem circunscrição em todo o território nacional.

Art. 2º Ao SINARM compete:

I - identificar as características e a propriedade de armas de fogo, mediante cadastro;
II - cadastrar as armas de fogo produzidas, importadas e vendidas no País;
III - cadastrar as autorizações de porte de arma de fogo e as renovações expedidas pela Polícia Federal;
IV - cadastrar as transferências de propriedade, extravio, furto, roubo e outras ocorrências suscetíveis de alterar os dados cadastrais, inclusive as decorrentes de fechamento de empresas de segurança privada e de transporte de valores;
V - identificar as modificações que alterem as características ou o funcionamento de arma de fogo;
VI - integrar no cadastro os acervos policiais já existentes;
VII - cadastrar as apreensões de armas de fogo, inclusive as vinculadas a procedimentos policiais e judiciais;
VIII - cadastrar os armeiros em atividade no País, bem como conceder licença para exercer a atividade;
IX - cadastrar mediante registro os produtores, atacadistas, varejistas, exportadores e importadores autorizados de armas de fogo, acessórios e munições;
X - cadastrar a identificação do cano da arma, as características das impressões de raiamento e de microestriamento de projétil disparado, conforme marcação e testes obrigatoriamente realizados pelo fabricante;
XI - informar às Secretarias de Segurança Pública dos Estados e do Distrito Federal os registros e autorizações de porte de armas de fogo nos respectivos territórios, bem como manter o cadastro atualizado para consulta.

Parágrafo único. As disposições deste artigo não alcançam as armas de fogo das Forças Armadas e Auxiliares, bem como as demais que constem dos seus registros próprios.

CAPÍTULO II
DO REGISTRO

Art. 3º É obrigatório o registro de arma de fogo no órgão competente.

Parágrafo único. As armas de fogo de uso restrito serão registradas no Comando do Exército, na forma do regulamento desta Lei.

Art. 4º Para adquirir arma de fogo de uso permitido o interessado deverá, além de declarar a efetiva necessidade, atender aos seguintes requisitos:

I - comprovação de idoneidade, com a apresentação de certidões negativas de antecedentes criminais fornecidas pela Justiça Federal, Estadual, Militar e Eleitoral e de não estar respondendo a inquérito policial ou a processo criminal, que poderão ser fornecidas por meios eletrônicos; (Redação dada pela Lei nº 11.706, de 2008)
II - apresentação de documento comprobatório de ocupação lícita e de residência certa;
III - comprovação de capacidade técnica e de aptidão psicológica para o manuseio de arma de fogo, atestadas na forma disposta no regulamento desta Lei.

§ 1º O SINARM expedirá autorização de compra de arma de fogo após atendidos os requisitos anteriormente estabelecidos, em nome do requerente e para a arma indicada, sendo intransferível esta autorização.

§ 2º A aquisição de munição somente poderá ser feita no calibre correspondente à arma registrada e na quantidade estabelecida no regulamento desta Lei. (Redação dada pela Lei nº 11.706, de 2008)

§ 3º A empresa que comercializar arma de fogo em território nacional é obrigada a comunicar a venda à autoridade competente, como também a manter banco de dados com todas as características da arma e cópia dos documentos previstos neste artigo.

§ 4º A empresa que comercializa armas de fogo, acessórios e munições responde legalmente por essas mercadorias, ficando registradas como de sua propriedade enquanto não forem vendidas.

§ 5º A comercialização de armas de fogo, acessórios e munições entre pessoas físicas somente será efetivada mediante autorização do SINARM.

§ 6º A expedição da autorização a que se refere o § 1º será concedida, ou recusada com a devida fundamentação, no prazo de 30 (trinta) dias úteis, a contar da data do requerimento do interessado.

§ 7º O registro precário a que se refere o § 4º prescinde do cumprimento dos requisitos dos incisos I, II e III deste artigo.

§ 8º Estará dispensado das exigências constantes do inciso III do *caput* deste artigo, na forma do regulamento, o interessado em adquirir arma de fogo de uso permitido que comprove estar autorizado a portar arma com as mesmas características daquela a ser adquirida. (Incluído pela Lei nº 11.706, de 2008)

Art. 5º O certificado de Registro de Arma de Fogo, com validade em todo o território nacional, autoriza o seu proprietário a manter a arma de fogo exclusivamente no interior de sua residência ou domicílio, ou dependência desses, ou, ainda, no seu local de trabalho, desde que seja ele o titular ou o responsável legal pelo estabelecimento ou empresa. (Redação dada pela Lei nº 10.884, de 2004)

§ 1º O certificado de registro de arma de fogo será expedido pela Polícia Federal e será precedido de autorização do SINARM.

§ 2º Os requisitos de que tratam os incisos I, II e III do art. 4º deverão ser comprovados periodicamente, em período não inferior a 3 (três) anos, na conformidade do estabelecido no regulamento desta Lei, para a renovação do Certificado de Registro de Arma de Fogo.

§ 3º O proprietário de arma de fogo com certificados de registro de propriedade expedido por órgão estadual ou do Distrito Federal até a data da publicação desta Lei que não optar pela entrega espontânea prevista no art. 32 desta Lei deverá renová-lo mediante o pertinente registro federal, até o dia 31 de dezembro de 2008, ante a apresentação de documento de identificação pessoal e comprovante de residência fixa, ficando dispensado do pagamento de taxas e do cumprimento das demais exigências constantes dos incisos I a III do *caput* do art. 4º desta Lei. (Redação dada pela Lei nº 11.706, de 2008)

§ 4º Para fins do cumprimento do disposto no § 3º deste artigo, o proprietário de arma de fogo poderá obter, no Departamento de Polícia Federal, certificado de registro provisório, expedido na rede mundial de computadores – internet, na forma do regulamento e obedecidos os procedimentos a seguir: (Redação dada pela Lei nº 11.706, de 2008)

I - emissão de certificado de registro provisório pela internet, com validade inicial de 90 (noventa) dias; e (Incluído pela Lei nº 11.706, de 2008)
II - revalidação pela unidade do Departamento de Polícia Federal do certificado de registro provisório pelo prazo que estimar como necessário para a emissão definitiva do certificado de registro de propriedade. (Incluído pela Lei nº 11.706, de 2008)

§ 5º Aos residentes em área rural, para os fins do disposto no *caput* deste artigo, considera-se residência ou domicílio toda a extensão do respectivo imóvel rural. (Acrescido pela Lei 13.870/2019)

CAPÍTULO III
DO PORTE

Art. 6º É proibido o porte de arma de fogo em todo o território nacional, salvo para os casos previstos em legislação própria e para:

▸ Portaria Interministerial MD e MJSP 412/2020.

I - os integrantes das Forças Armadas;
II - os integrantes de órgãos referidos nos incisos I, II, III, IV e V do *caput* do art. 144 da Constituição Federal e os da Força Nacional de Segurança Pública (FNSP); (Redação dada pela Lei nº 13.500, de 2017)
III - os integrantes das guardas municipais das capitais dos Estados e dos Municípios com mais de 500.000 (quinhentos mil) habitantes, nas condições estabelecidas no regulamento desta Lei;

▸ Inciso declarado inconstitucional, em controle concentrado, pelo Supremo Tribunal Federal, a fim de invalidar as expressões "das capitais dos Estados" e "com mais de 500.000 (quinhentos mil) habitantes", pela ADC nº 38/2015, ADI nº 5.538/2016 e ADI nº 5.948/2018, publicadas no DOU de 11/3/2021.

▸ Lei 13.022/2014 (Dispõe sobre o Estatuto Geral das Guardas Municipais).

IV - os integrantes das guardas municipais dos Municípios com mais de 50.000 (cinquenta mil) e menos de 500.000 (quinhentos mil) habitantes, quando em serviço; (Redação dada pela Lei nº 10.867, de 2004)

› Inciso declarado inconstitucional, em controle concentrado, pelo Supremo Tribunal Federal, pela ADC nº 38/2015, ADI nº 5.538/2016 e ADI nº 5.948/2018, publicadas no DOU de 11/3/2021.

V - os agentes operacionais da Agência Brasileira de Inteligência e os agentes do Departamento de Segurança do Gabinete de Segurança Institucional da Presidência da República;

VI - os integrantes dos órgãos policiais referidos no art. 51, IV, e no art. 52, XIII, da Constituição Federal;

VII - os integrantes do quadro efetivo dos agentes e guardas prisionais, os integrantes das escoltas de presos e as guardas portuárias;

VIII - as empresas de segurança privada e de transporte de valores constituídas, nos termos desta Lei;

IX - para os integrantes das entidades de desporto legalmente constituídas, cujas atividades esportivas demandem o uso de armas de fogo, na forma do regulamento desta Lei, observando-se, no que couber, a legislação ambiental.

X - integrantes das Carreiras de Auditoria da Receita Federal do Brasil e de Auditoria-Fiscal do Trabalho, cargos de Auditor-Fiscal e Analista Tributário. (Redação dada pela Lei nº 11.501, de 2007)

XI - os tribunais do Poder Judiciário descritos no art. 92 da Constituição Federal e os Ministérios Públicos da União e dos Estados, para uso exclusivo de servidores de seus quadros pessoais que efetivamente estejam no exercício de funções de segurança, na forma de regulamento a ser emitido pelo Conselho Nacional de Justiça - CNJ e pelo Conselho Nacional do Ministério Público - CNMP. (Incluído pela Lei nº 12.694, de 2012)

§ 1º As pessoas previstas nos incisos I, II, III, V e VI do *caput* deste artigo terão direito de portar arma de fogo de propriedade particular ou fornecida pela respectiva corporação ou instituição, mesmo fora de serviço, nos termos do regulamento desta Lei, com validade em âmbito nacional para aquelas constantes dos incisos I, II, V e VI. (Redação dada pela Lei nº 11.706, de 2008)

§ 1º-A (Revogado de acordo com a Lei nº 11.706, de 2008)

§ 1º-B Os integrantes do quadro efetivo de agentes e guardas prisionais poderão portar arma de fogo de propriedade particular ou fornecida pela respectiva corporação ou instituição, mesmo fora de serviço, desde que estejam: (Incluído pela Lei nº 12.993, de 17/06/2014)

I - submetidos a regime de dedicação exclusiva; (Incluído pela Lei nº 12.993, de 17/06/2014)

II - sujeitos à formação funcional, nos termos do regulamento; e (Incluído pela Lei nº 12.993, de 17/06/2014)

III - subordinados a mecanismos de fiscalização e de controle interno. (Incluído pela Lei nº 12.993, de 17/06/2014)

§ 1º-C (Vetado) (Incluído pela Lei nº 12.993, de 17/06/2014)

§ 2º A autorização para o porte de arma de fogo aos integrantes das instituições descritas nos incisos V, VI, VII e X do *caput* deste artigo está condicionada à comprovação do requisito a que se refere o inciso III do *caput* do art. 4º desta Lei nas condições estabelecidas no regulamento desta Lei. (Redação dada pela Lei nº 11.706, de 2008)

§ 3º A autorização para o porte de arma de fogo das guardas municipais está condicionada à formação funcional de seus integrantes em estabelecimentos de ensino de atividade policial, à existência de mecanismos de fiscalização e de controle interno, nas condições estabelecidas no regulamento desta Lei, observada a supervisão do Ministério da Justiça. (Redação dada pela Lei nº 10.884, de 2004)

§ 4º Os integrantes das Forças Armadas, das polícias federais e estaduais e do Distrito Federal, bem como os militares dos Estados e do Distrito Federal, ao exercerem o direito descrito no art. 4º, ficam dispensados do cumprimento do disposto nos incisos I, II e III do mesmo artigo, na forma do regulamento desta Lei.

§ 5º Aos residentes em áreas rurais, maiores de 25 (vinte e cinco) anos que comprovem depender do emprego de arma de fogo para prover sua subsistência alimentar familiar será concedido pela Polícia Federal o porte de arma de fogo, na categoria caçador para subsistência, de uma arma de uso permitido, de tiro simples, com 1 (um) ou 2 (dois) canos, de alma lisa e de calibre igual ou inferior a 16 (dezesseis), desde que o interessado comprove a efetiva necessidade em requerimento ao qual deverão ser anexados os seguintes documentos: (Redação dada pela Lei nº 11.706, de 2008)

I - documento de identificação pessoal; (Incluído pela Lei nº 11.706, de 2008)

II - comprovante de residência em área rural; e (Incluído pela Lei nº 11.706, de 2008)

III - atestado de bons antecedentes. (Incluído pela Lei nº 11.706, de 2008)

§ 6º O caçador para subsistência que der outro uso à sua arma de fogo, independentemente de outras tipificações penais, responderá, conforme o caso, por porte ilegal ou por disparo de arma de fogo de uso permitido. (Redação dada pela Lei nº 11.706, de 2008)

§ 7º Aos integrantes das guardas municipais dos Municípios que integram regiões metropolitanas será autorizado porte de arma de fogo, quando em serviço. (Incluído pela Lei nº 11.706, de 2008)

Art. 7º As armas de fogo utilizadas pelos empregados das empresas de segurança privada e de transporte de valores, constituídas na forma da lei, serão de propriedade, responsabilidade e guarda das respectivas empresas, somente podendo ser utilizadas quando em serviço, devendo essas observar as condições de uso e de armazenagem estabelecidas pelo órgão competente, sendo o certificado de registro e a autorização de porte expedidos pela Polícia Federal em nome da empresa.

§ 1º O proprietário ou diretor responsável de empresa de segurança privada e de transporte de valores responderá pelo crime previsto no parágrafo único do art. 13 desta Lei, sem prejuízo das demais sanções administrativas e civis, se deixar de registrar ocorrência policial e de comunicar à Polícia Federal perda, furto, roubo ou outras formas de extravio de armas de fogo, acessórios e munições que estejam sob sua guarda, nas primeiras 24 (vinte e quatro) horas depois de ocorrido o fato.

§ 2º A empresa de segurança e de transporte de valores deverá apresentar documentação comprobatória do preenchimento dos requisitos constantes do art. 4º desta Lei quanto aos empregados que portarão arma de fogo.

§ 3º A listagem dos empregados das empresas referidas neste artigo deverá ser atualizada semestralmente junto ao SINARM.

Art. 7º-A. As armas de fogo utilizadas pelos servidores das instituições descritas no inciso XI do art. 6º serão de propriedade, responsabilidade e guarda das respectivas instituições, somente podendo ser utilizadas quando em serviço, devendo estas observar as condições de uso e de armazenagem estabelecidas pelo órgão competente, sendo o certificado de registro e a autorização de porte expedidos pela Polícia Federal em nome da instituição. (Incluído pela Lei nº 12.694, de 2012)

§ 1º A autorização para o porte de arma de fogo de que trata este artigo independe do pagamento de taxa. (Incluído pela Lei nº 12.694, de 2012)

§ 2º O presidente do tribunal ou o chefe do Ministério Público designará os servidores de seus quadros pessoais no exercício de funções de segurança que poderão portar arma de fogo, respeitado o limite máximo de 50% (cinquenta por cento) do número de servidores que exerçam funções de segurança. (Incluído pela Lei nº 12.694, de 2012)

§ 3º O porte de arma pelos servidores das instituições de que trata este artigo fica condicionado à apresentação de documentação comprobatória do preenchimento dos requisitos constantes do art. 4º desta Lei, bem como à formação funcional em estabelecimentos de ensino de atividade policial e à existência de mecanismos de fiscalização e de controle interno, nas condições estabelecidas no regulamento desta Lei. (Incluído pela Lei nº 12.694, de 2012)

§ 4º A listagem dos servidores das instituições de que trata este artigo deverá ser atualizada semestralmente no SINARM. (Incluído pela Lei nº 12.694, de 2012)

§ 5º As instituições de que trata este artigo são obrigadas a registrar ocorrência policial e a comunicar à Polícia Federal eventual perda, furto, roubo ou outras formas de extravio de armas de fogo, acessórios e munições que estejam sob sua guarda, nas primeiras 24 (vinte e quatro) horas depois de ocorrido o fato. (Incluído pela Lei nº 12.694, de 2012)

Art. 8º As armas de fogo utilizadas em entidades desportivas legalmente constituídas devem obedecer às condições de uso e de armazenagem estabelecidas pelo órgão competente, respondendo o possuidor ou o autorizado a portar a arma pela sua guarda na forma do regulamento desta Lei.

Art. 9º Compete ao Ministério da Justiça a autorização do porte de arma para os responsáveis pela segurança de cidadãos estrangeiros em visita ou sediados no Brasil e, ao Comando do Exército, nos termos do regulamento desta Lei, o registro e a concessão de porte de trânsito de arma de fogo para colecionadores, atiradores e caçadores e de representantes estrangeiros em competição internacional oficial de tiro realizada no território nacional.

Art. 10. A autorização para o porte de arma de fogo de uso permitido, em todo o território nacional, é de competência da Polícia Federal e somente será concedida após autorização do SINARM.

§ 1º A autorização prevista neste artigo poderá ser concedida com eficácia temporária e territorial limitada, nos termos de atos regulamentares, e dependerá de o requerente:

I - demonstrar a sua efetiva necessidade por exercício de atividade profissional de risco ou de ameaça à sua integridade física;

II - atender às exigências previstas no art. 4º desta Lei;

III - apresentar documentação de propriedade de arma de fogo, bem como o seu devido registro no órgão competente.

§ 2º A autorização de porte de arma de fogo, prevista neste artigo, perderá automaticamente sua eficácia caso o portador dela seja detido ou abordado em estado de embriaguez ou sob efeito de substâncias químicas ou alucinógenas.

Art. 11. Fica instituída a cobrança de taxas, nos valores constantes do Anexo desta Lei, pela prestação de serviços relativos:

› art. 8º, Lei 13.202/2015 (autoriza o Poder Executivo a atualizar monetariamente os valores das taxas descritas neste artigo).

I - ao registro de arma de fogo;

II - à renovação de registro de arma de fogo;
III - à expedição de segunda via de registro de arma de fogo;
IV - à expedição de porte federal de arma de fogo;
V - à renovação de porte de arma de fogo;
VI - à expedição de segunda via de porte federal de arma de fogo.

§ 1º Os valores arrecadados destinam-se ao custeio e à manutenção das atividades do SINARM, da Polícia Federal e do Comando do Exército, no âmbito de suas respectivas responsabilidades.

§ 2º São isentas do pagamento das taxas previstas neste artigo as pessoas e as instituições a que se referem os incisos I a VII e X e o § 5º do art. 6º desta Lei. (Redação dada pela Lei nº 11.706, de 2008)

Art. 11-A. O Ministério da Justiça disciplinará a forma e as condições do credenciamento de profissionais pela Polícia Federal para comprovação da aptidão psicológica e da capacidade técnica para o manuseio de arma de fogo. (Incluído pela Lei nº 11.706, de 2008)

§ 1º Na comprovação da aptidão psicológica, o valor cobrado pelo psicólogo não poderá exceder ao valor médio dos honorários profissionais para realização de avaliação psicológica constante do item 1.16 da tabela do Conselho Federal de Psicologia. (Incluído pela Lei nº 11.706, de 2008)

§ 2º Na comprovação da capacidade técnica, o valor cobrado pelo instrutor de armamento e tiro não poderá exceder R$ 80,00 (oitenta reais), acrescido do custo da munição. (Incluído pela Lei nº 11.706, de 2008)

§ 3º A cobrança de valores superiores aos previstos nos §§ 1º e 2º deste artigo implicará o descredenciamento do profissional pela Polícia Federal. (Incluído pela Lei nº 11.706, de 2008)

CAPÍTULO IV
DOS CRIMES E DAS PENAS

Posse irregular de arma de fogo de uso permitido

Art. 12. Possuir ou manter sob sua guarda arma de fogo, acessório ou munição, de uso permitido, em desacordo com determinação legal ou regulamentar, no interior de sua residência ou dependência desta, ou, ainda no seu local de trabalho, desde que seja o titular ou o responsável legal do estabelecimento ou empresa:

Pena – detenção, de 1 (um) a 3 (três) anos, e multa.

Omissão de cautela

Art. 13. Deixar de observar as cautelas necessárias para impedir que menor de 18 (dezoito) anos ou pessoa portadora de deficiência mental se apodere de arma de fogo que esteja sob sua posse ou que seja de sua propriedade:

Pena – detenção, de 1 (um) a 2 (dois) anos, e multa.

Parágrafo único. Nas mesmas penas incorrem o proprietário ou diretor responsável de empresa de segurança e transporte de valores que deixarem de registrar ocorrência policial e de comunicar à Polícia Federal perda, furto, roubo ou outras formas de extravio de arma de fogo, acessório ou munição que estejam sob sua guarda, nas primeiras 24 (vinte quatro) horas depois de ocorrido o fato.

Porte ilegal de arma de fogo de uso permitido

Art. 14. Portar, deter, adquirir, fornecer, receber, ter em depósito, transportar, ceder, ainda que gratuitamente, emprestar, remeter, empregar, manter sob guarda ou ocultar arma de fogo, acessório ou munição, de uso permitido, sem autorização e em desacordo com determinação legal ou regulamentar:

Pena – reclusão, de 2 (dois) a 4 (quatro) anos, e multa.

Parágrafo único. O crime previsto neste artigo é inafiançável, salvo quando a arma de fogo estiver registrada em nome do agente.

- O STF, ao julgar a ADIn 3.112-1, declarou a inconstitucionalidade deste p.u. DOU (10-05-2007).

Disparo de arma de fogo

Art. 15. Disparar arma de fogo ou acionar munição em lugar habitado ou em suas adjacências, em via pública ou em direção a ela, desde que essa conduta não tenha como finalidade a prática de outro crime:

Pena – reclusão, de 2 (dois) a 4 (quatro) anos, e multa.

Parágrafo único. O crime previsto neste artigo é inafiançável.

- O STF, ao julgar a ADIn 3.112-1, declarou a inconstitucionalidade deste p.u. DOU (10-05-2007).

Posse ou porte ilegal de arma de fogo de uso restrito

Art. 16. Possuir, deter, portar, adquirir, fornecer, receber, ter em depósito, transportar, ceder, ainda que gratuitamente, emprestar, remeter, empregar, manter sob sua guarda ou ocultar arma de fogo, acessório ou munição de uso restrito, sem autorização e em desacordo com determinação legal ou regulamentar: (Redação dada pela Lei 13.964/2019)

Pena – reclusão, de 3 (três) a 6 (seis) anos, e multa.

§ 1º Nas mesmas penas incorre quem:

I - suprimir ou alterar marca, numeração ou qualquer sinal de identificação de arma de fogo ou artefato;
II - modificar as características de arma de fogo, de forma a torná-la equivalente a arma de fogo de uso proibido ou restrito ou para fins de dificultar ou de qualquer modo induzir a erro autoridade policial, perito ou juiz;
III - possuir, detiver, fabricar ou empregar artefato explosivo ou incendiário, sem autorização ou em desacordo com determinação legal ou regulamentar;
IV - portar, possuir, adquirir, transportar ou fornecer arma de fogo com numeração, marca ou qualquer outro sinal de identificação raspado, suprimido ou adulterado;
V - vender, entregar ou fornecer, ainda que gratuitamente, arma de fogo, acessório, munição ou explosivo a criança ou adolescente; e
VI - produzir, recarregar ou reciclar, sem autorização legal, ou adulterar, de qualquer forma, munição ou explosivo.

§ 2º Se as condutas descritas no *caput* e no § 1º deste artigo envolverem arma de fogo de uso proibido, a pena é de reclusão, de 4 (quatro) a 12 (doze) anos. (Incluído pela Lei 13.964/2019)

Comércio ilegal de arma de fogo

Art. 17. Adquirir, alugar, receber, transportar, conduzir, ocultar, ter em depósito, desmontar, montar, remontar, adulterar, vender, expor à venda, ou de qualquer forma utilizar, em proveito próprio ou alheio, no exercício de atividade comercial ou industrial, arma de fogo, acessório ou munição, sem autorização ou em desacordo com determinação legal ou regulamentar:

Pena – reclusão, de 6 (seis) a 12 (doze) anos, e multa. (Redação dada pela Lei 13.964/2019)

- art. 1º, p.u., Lei 8.072/1990 (Lei dos Crimes Hediondos).

§ 1º Equipara-se à atividade comercial ou industrial, para efeito deste artigo, qualquer forma de prestação de serviços, fabricação ou comércio irregular ou clandestino, inclusive o exercido em residência.

§ 2º Incorre na mesma pena quem vende ou entrega arma de fogo, acessório ou munição, sem autorização ou em desacordo com a determinação legal ou regulamentar, a agente policial disfarçado, quando presentes elementos probatórios razoáveis de conduta criminal preexistente. (Incluído pela Lei 13.964/2019)

Tráfico internacional de arma de fogo

Art. 18. Importar, exportar, favorecer a entrada ou saída do território nacional, a qualquer título, de arma de fogo, acessório ou munição, sem autorização da autoridade competente:

Pena - reclusão, de 8 (oito) a 16 (dezesseis) anos, e multa. (Redação dada pela Lei 13.964/2019)

- art. 1º, p.u., Lei 8.072/1990 (Lei dos Crimes Hediondos).

Parágrafo único. Incorre na mesma pena quem vende ou entrega arma de fogo, acessório ou munição, em operação de importação, sem autorização da autoridade competente, a agente policial disfarçado, quando presentes elementos probatórios razoáveis de conduta criminal preexistente. (Incluído pela Lei 13.964/2019)

- Lei nº 7.170, de 14-12-1983, art. 12, dispõe sobre os Crimes contra a Segurança Nacional.

Art. 19. Nos crimes previstos nos arts. 17 e 18, a pena é aumentada da metade se a arma de fogo, acessório ou munição forem de uso proibido ou restrito.

Art. 20. Nos crimes previstos nos arts. 14, 15, 16, 17 e 18, a pena é aumentada da metade se: (Redação dada pela Lei 13.964/2019)

I - forem praticados por integrante dos órgãos e empresas referidas nos arts. 6º, 7º e 8° desta Lei; ou
II - o agente for reincidente específico em crimes dessa natureza.

Art. 21. Os crimes previstos nos arts. 16, 17 e 18 são insuscetíveis de liberdade provisória.

- O STF, ao julgar a ADIn 3.112-1, declarou a inconstitucionalidade deste artigo. DOU (10-05-2007).

CAPÍTULO V
DISPOSIÇÕES GERAIS

Art. 22. O Ministério da Justiça poderá celebrar convênios com os Estados e o Distrito Federal para o cumprimento do disposto nesta Lei.

Art. 23. A classificação legal, técnica e geral bem como a definição das armas de fogo e demais produtos controlados, de usos proibidos, restritos, permitidos ou obsoletos e de valor histórico serão disciplinadas em ato do chefe do Poder Executivo Federal, mediante proposta do Comando do Exército. (Redação dada pela Lei nº 11.706, de 2008)

§ 1º Todas as munições comercializadas no País deverão estar acondicionadas em embalagens com sistema de código de barras, gravado na caixa, visando possibilitar a identificação do fabricante e do adquirente, entre outras informações definidas pelo regulamento desta Lei.

§ 2º Para os órgãos referidos no art. 6º, somente serão expedidas autorizações de compra de munição com identificação do lote e do adquirente no culote dos projéteis, na forma do regulamento desta Lei.

§ 3º As armas de fogo fabricadas a partir de 1 (um) ano da data de publicação desta Lei conterão dispositivo intrínseco de segurança e de identificação, gravado no corpo da arma, definido pelo regulamento desta Lei, exclusive para os órgãos previstos no art. 6º.

§ 4º As instituições de ensino policial e as guardas municipais referidas nos incisos III e IV do *caput* do art. 6º desta Lei e no seu § 7º poderão adquirir insumos e máquinas de recarga de munição para o fim exclusivo de suprimento de suas atividades, mediante autorização concedida nos termos definidos em regulamento. (Incluído pela Lei nº 11.706, de 2008)

Art. 24. Excetuadas as atribuições a que se refere o art. 2º desta Lei, compete ao Comando do Exército autorizar e fiscalizar a produção, exportação, importação, desembaraço alfandegário e o comércio de armas de fogo e demais produtos controlados, inclusive o registro e o porte de trânsito de arma de fogo de colecionadores, atiradores e caçadores.

Art. 25. As armas de fogo apreendidas, após a elaboração do laudo pericial e sua juntada aos autos, quando não mais interessarem à persecução penal serão encaminhadas pelo juiz competente ao Comando do Exército, no prazo de até 48 (quarenta e oito) horas, para destruição ou doação aos órgãos de segurança pública ou às Forças Armadas, na forma do regulamento desta Lei. (Redação dada pela Lei 13.886/2019)

§ 1º As armas de fogo encaminhadas ao Comando do Exército que receberem parecer favorável à doação, obedecidos o padrão e a dotação de cada Força Armada ou órgão de segurança pública, atendidos os critérios de prioridade estabelecidos pelo Ministério da Justiça e ouvido o Comando do Exército, serão arroladas em relatório reservado trimestral a ser encaminhado àquelas instituições, abrindo-se-lhes prazo para manifestação de interesse. (Incluído pela Lei nº 11.706, de 2008)

§ 1º-A. As armas de fogo e munições apreendidas em decorrência do tráfico de drogas de abuso, ou de qualquer forma utilizadas em atividades ilícitas de produção ou comercialização de drogas abusivas, ou, ainda, que tenham sido adquiridas com recursos provenientes do tráfico de drogas de abuso, perdidas em favor da União e encaminhadas para o Comando do Exército, devem ser, após perícia ou vistoria que atestem seu bom estado, destinadas com prioridade para os órgãos de segurança pública e do sistema penitenciário da unidade da federação responsável pela apreensão. (Acrescido pela Lei 13.886/2019)

§ 2º O Comando do Exército encaminhará a relação das armas a serem doadas ao juiz competente, que determinará o seu perdimento em favor da instituição beneficiada. (Incluído pela Lei nº 11.706, de 2008)

§ 3º O transporte das armas de fogo doadas será de responsabilidade da instituição beneficiada, que procederá ao seu cadastramento no SINARM ou no Sigma. (Incluído pela Lei nº 11.706, de 2008)

§ 4º (Vetado) (Incluído pela Lei nº 11.706, de 2008)

§ 5º O Poder Judiciário instituirá instrumentos para o encaminhamento ao SINARM ou ao Sigma, conforme se trate de arma de uso permitido ou de uso restrito, semestralmente, da relação de armas acauteladas em juízo, mencionando suas características e o local onde se encontram. (Incluído pela Lei nº 11.706, de 2008)

Art. 26. São vedadas a fabricação, a venda, a comercialização e a importação de brinquedos, réplicas e simulacros de armas de fogo, que com estas se possam confundir.

Parágrafo único. Excetuam-se da proibição as réplicas e os simulacros destinados à instrução, ao adestramento, ou à coleção de usuário autorizado, nas condições fixadas pelo Comando do Exército.

Art. 27. Caberá ao Comando do Exército autorizar, excepcionalmente, a aquisição de armas de fogo de uso restrito.

Parágrafo único. O disposto neste artigo não se aplica às aquisições dos Comandos Militares.

Art. 28. É vedado ao menor de 25 (vinte e cinco) anos adquirir arma de fogo, ressalvados os integrantes das entidades constantes dos incisos I, II, III, V, VI, VII e X do *caput* do art. 6º desta Lei. (Redação dada pela Lei nº 11.706, de 2008)

Art. 29. As autorizações de porte de armas de fogo já concedidas expirar-se-ão 90 (noventa) dias após a publicação desta Lei.

Parágrafo único. O detentor de autorização com prazo de validade superior a 90 (noventa) dias poderá renová-la, perante a Polícia Federal, nas condições dos arts. 4º, 6º e 10 desta Lei, no prazo de 90 (noventa) dias após sua publicação, sem ônus para o requerente.

Art. 30. Os possuidores e proprietários de arma de fogo de uso permitido ainda não registrada deverão solicitar seu registro até o dia 31 de dezembro de 2008, mediante apresentação de documento de identificação pessoal e comprovante de residência fixa, acompanhados de nota fiscal de compra ou comprovação da origem lícita da posse, pelos meios de prova admitidos em direito, ou declaração firmada na qual constem as características da arma e a sua condição de proprietário, ficando este dispensado do pagamento de taxas e do cumprimento das demais exigências constantes dos incisos I a III do *caput* do art. 4º desta Lei. (Redação dada pela Lei nº 11.706, de 2008)

‣ Súm. 513, STJ.

Parágrafo único. Para fins do cumprimento do disposto no *caput* deste artigo, o proprietário de arma de fogo poderá obter, no Departamento de Polícia Federal, certificado de registro provisório, expedido na forma do § 4º do art. 5º desta Lei. (Incluído pela Lei nº 11.706, de 2008)

Art. 31. Os possuidores e proprietários de armas de fogo adquiridas regularmente poderão, a qualquer tempo, entregá-las à Polícia Federal, mediante recibo e indenização, nos termos do regulamento desta Lei.

Art. 32. Os possuidores e proprietários de arma de fogo poderão entregá-la, espontaneamente, mediante recibo, e, presumindo-se de boa-fé, serão indenizados, na forma do regulamento, ficando extinta a punibilidade de eventual posse irregular da referida arma. (Redação dada pela Lei nº 11.706, de 2008)

‣ Súm. 513, STJ.

Parágrafo único. Revogado de acordo com a Lei nº 11.706, de 2008.

Art. 33. Será aplicada multa de R$ 100.000,00 (cem mil reais) a R$ 300.000,00 (trezentos mil reais), conforme especificar o regulamento desta Lei:

I - à empresa de transporte aéreo, rodoviário, ferroviário, marítimo, fluvial ou lacustre que deliberadamente, por qualquer meio, faça, promova, facilite ou permita o transporte de arma ou munição sem a devida autorização ou com inobservância das normas de segurança;

II - à empresa de produção ou comércio de armamentos que realize publicidade para venda, estimulando o uso indiscriminado de armas de fogo, exceto nas publicações especializadas.

Art. 34. Os promotores de eventos em locais fechados, com aglomeração superior a 1000 (um mil) pessoas, adotarão, sob pena de responsabilidade, as providências necessárias para evitar o ingresso de pessoas armadas, ressalvados os eventos garantidos pelo inciso VI do art. 5º da Constituição Federal.

Parágrafo único. As empresas responsáveis pela prestação dos serviços de transporte internacional e interestadual de passageiros adotarão as providências necessárias para evitar o embarque de passageiros armados.

Art. 34-A. Os dados relacionados à coleta de registros balísticos serão armazenados no Banco Nacional de Perfis Balísticos. (Incluído pela Lei 13.964/2019)

§ 1º O Banco Nacional de Perfis Balísticos tem como objetivo cadastrar armas de fogo e armazenar características de classe e individualizadoras de projéteis e de estojos de munição deflagrados por arma de fogo.

§ 2º O Banco Nacional de Perfis Balísticos será constituído pelos registros de elementos de munição deflagrados por armas de fogo relacionados a crimes, para subsidiar ações destinadas às apurações criminais federais, estaduais e distritais.

§ 3º O Banco Nacional de Perfis Balísticos será gerido pela unidade oficial de perícia criminal.

§ 4º Os dados constantes do Banco Nacional de Perfis Balísticos terão caráter sigiloso, e aquele que permitir ou promover sua utilização para fins diversos dos previstos nesta Lei ou em decisão judicial responderá civil, penal e administrativamente.

§ 5º É vedada a comercialização, total ou parcial, da base de dados do Banco Nacional de Perfis Balísticos.

§ 6º A formação, a gestão e o acesso ao Banco Nacional de Perfis Balísticos serão regulamentados em ato do Poder Executivo federal.

CAPÍTULO VI
DISPOSIÇÕES FINAIS

Art. 35. É proibida a comercialização de arma de fogo e munição em todo o território nacional, salvo para as entidades previstas no art. 6º desta Lei.

§ 1º Este dispositivo, para entrar em vigor, dependerá de aprovação mediante referendo popular, a ser realizado em outubro de 2005.

§ 2º Em caso de aprovação do referendo popular, o disposto neste artigo entrará em vigor na data de publicação de seu resultado pelo Tribunal Superior Eleitoral.

Art. 36. É revogada a Lei nº 9.437, de 20 de fevereiro de 1997.

Art. 37. Esta Lei entra em vigor na data de sua publicação.

Brasília, 22 de dezembro de 2003;
182º da Independência e
115º da República.
Luiz Inácio Lula da Silva

ANEXO
TABELA DE TAXAS
(Redação dada pela Lei nº 11.706, de 2008)

ATO ADMINISTRATIVO	R$
I – Registro de arma de fogo:	
– até 31 de dezembro de 2008	Gratuito (art. 30)
– a partir de 1º de janeiro de 2009	60,00
II – Renovação do certificado de registro de arma de fogo:	
– até 31 de dezembro de 2008	Gratuito (art. 5º, § 3º)
– a partir de 1º de janeiro de 2009	60,00
III – Registro de arma de fogo para empresa de segurança privada e de transporte de valores	60,00
IV – Renovação do certificado de registro de arma de fogo para empresa de segurança privada e de transporte de valores:	
– até 30 de junho de 2008	30,00
– de 1º de julho de 2008 a 31 de outubro de 2008	45,00
– a partir de 1º de novembro de 2008	60,00
V – Expedição de porte de arma de fogo	1.000,00
VI – Renovação de porte de arma de fogo	1.000,00
VII – Expedição de segunda via de certificado de registro de arma de fogo	60,00
VIII – Expedição de segunda via de porte de arma de fogo	60,00

ESTATUTO DA JUVENTUDE

LEI Nº 12.852, DE 05 DE AGOSTO DE 2013

Institui o Estatuto da Juventude e dispõe sobre os direitos dos jovens, os princípios e diretrizes das políticas públicas de juventude e o Sistema Nacional de Juventude - SINAJUVE.

- DOU 6.8.2013.

A Presidenta da República.

Faço saber que o Congresso Nacional decreta e eu sanciono a seguinte Lei:

TÍTULO I
DOS DIREITOS E DAS POLÍTICAS PÚBLICAS DE JUVENTUDE

CAPÍTULO I
DOS PRINCÍPIOS E DIRETRIZES DAS POLÍTICAS PÚBLICAS DE JUVENTUDE

Art. 1º Esta Lei institui o Estatuto da Juventude e dispõe sobre os direitos dos jovens, os princípios e diretrizes das políticas públicas de juventude e o Sistema Nacional de Juventude - SINAJUVE.

- art. 227, § 8º, CF.

§ 1º Para os efeitos desta Lei, são consideradas jovens as pessoas com idade entre 15 (quinze) e 29 (vinte e nove) anos de idade.

§ 2º Aos adolescentes com idade entre 15 (quinze) e 18 (dezoito) anos aplica-se a Lei n. 8.069, de 13 de julho de 1990 - Estatuto da Criança e do Adolescente, e, excepcionalmente, este Estatuto, quando não conflitar com as normas de proteção integral do adolescente.

SEÇÃO I
DOS PRINCÍPIOS

Art. 2º O disposto nesta Lei e as políticas públicas de juventude são regidos pelos seguintes princípios:

I - promoção da autonomia e emancipação dos jovens;

II - valorização e promoção da participação social e política, de forma direta e por meio de suas representações;

III - promoção da criatividade e da participação no desenvolvimento do País;

IV - reconhecimento do jovem como sujeito de direitos universais, geracionais e singulares;

V - promoção do bem-estar, da experimentação e do desenvolvimento integral do jovem;

VI - respeito à identidade e à diversidade individual e coletiva da juventude;

VII - promoção da vida segura, da cultura da paz, da solidariedade e da não discriminação; e

VIII - valorização do diálogo e convívio do jovem com as demais gerações.

Parágrafo único. A emancipação dos jovens a que se refere o inciso I do *caput* refere-se à trajetória de inclusão, liberdade e participação do jovem na vida em sociedade, e não ao instituto da emancipação disciplinado pela Lei n. 10.406, de 10 de janeiro de 2002 - Código Civil.

- arts. 5º, p.u.; 9º, II, 1.635, II; 1.763, I, CC.
- art. 148, p.u., e, Lei 8.069/1991 (ECA).

SEÇÃO II
DIRETRIZES GERAIS

Art. 3º Os agentes públicos ou privados envolvidos com políticas públicas de juventude devem observar as seguintes diretrizes:

I - desenvolver a intersetorialidade das políticas estruturais, programas e ações;

II - incentivar a ampla participação juvenil em sua formulação, implementação e avaliação;

III - ampliar as alternativas de inserção social do jovem, promovendo programas que priorizem o seu desenvolvimento integral e participação ativa nos espaços decisórios;

- Lei 11.129/2005 (Institui o Programa Nacional de Jovens – PROJOVEM).

IV - proporcionar atendimento de acordo com suas especificidades perante os órgãos públicos e privados prestadores de serviços à população, visando ao gozo de direitos simultaneamente nos campos da saúde, educacional, político, econômico, social, cultural e ambiental;

- arts. 6º; 215, CF.

V - garantir meios e equipamentos públicos que promovam o acesso à produção cultural, à prática esportiva, à mobilidade territorial e à fruição do tempo livre;

- arts. 5º, XV; 215; 216-A; 217, CF.
- Lei 8.313/1991 (institui o Programa Nacional de Apoio à Cultura – Pronac). Dec. 5.761/2006 (Regulamento).

VI - promover o território como espaço de integração;

VII - fortalecer as relações institucionais com os entes federados e as redes de órgãos, gestores e conselhos de juventude;

VIII - estabelecer mecanismos que ampliem a gestão de informação e produção de conhecimento sobre juventude;

IX - promover a integração internacional entre os jovens, preferencialmente no âmbito da América Latina e da África, e a cooperação internacional;

X - garantir a integração das políticas de juventude com os Poderes Legislativo e Judiciário, com o Ministério Público e com a Defensoria Pública; e

XI - zelar pelos direitos dos jovens com idade entre 18 (dezoito) e 29 (vinte e nove) anos privados de liberdade e egressos do sistema prisional, formulando políticas de educação e trabalho, incluindo estímulos à sua reinserção social e laboral, bem como criando e estimulando oportunidades de estudo e trabalho que favoreçam o cumprimento do regime semiaberto.

CAPÍTULO II
DOS DIREITOS DOS JOVENS

SEÇÃO I
DO DIREITO À CIDADANIA, À PARTICIPAÇÃO SOCIAL E POLÍTICA E À REPRESENTAÇÃO JUVENIL

Art. 4º O jovem tem direito à participação social e política e na formulação, execução e avaliação das políticas públicas de juventude.

Parágrafo único. Entende-se por participação juvenil:

I - a inclusão do jovem nos espaços públicos e comunitários a partir da sua concepção como pessoa ativa, livre, responsável e digna de ocupar uma posição central nos processos políticos e sociais;

- Lei 11.129/2005 (Institui o Programa Nacional de Jovens – PROJOVEM).

II - o envolvimento ativo dos jovens em ações de políticas públicas que tenham por objetivo o próprio benefício, o de suas comunidades, cidades e regiões e o do País;

III - a participação individual e coletiva do jovem em ações que contemplem a defesa dos direitos da juventude ou de temas afetos aos jovens; e

IV - a efetiva inclusão dos jovens nos espaços públicos de decisão com direito a voz e voto.

- art. 14, § 1º, CF.
- art. 42 e ss., CE.

Art. 5º A interlocução da juventude com o poder público pode realizar-se por intermédio de associações, redes, movimentos e organizações juvenis.

- art. 5º, XVII, CF.

Parágrafo único. É dever do poder público incentivar a livre associação dos jovens.

Art. 6º São diretrizes da interlocução institucional juvenil:

I - a definição de órgão governamental específico para a gestão das políticas públicas de juventude;

II - o incentivo à criação de conselhos de juventude em todos os entes da Federação.

Parágrafo único. Sem prejuízo das atribuições do órgão governamental específico para a gestão das políticas públicas de juventude e dos conselhos de juventude com relação aos direitos previstos neste Estatuto, cabe ao órgão governamental de gestão e aos conselhos dos direitos da criança e do adolescente a interlocução institucional com adolescentes de idade entre 15 (quinze) e 18 (dezoito) anos.

SEÇÃO II
DO DIREITO À EDUCAÇÃO

Art. 7º O jovem tem direito à educação de qualidade, com a garantia de educação básica, obrigatória e gratuita, inclusive para os que a ela não tiveram acesso na idade adequada.

- arts. 6º; 205, CF.

§ 1º A educação básica será ministrada em língua portuguesa, assegurada aos jovens indígenas e de povos e comunidades tradicionais a utilização de suas línguas maternas e de processos próprios de aprendizagem.

- Lei 6.001/1973 (Estatuto do Índio).
- Dec. 6.861/2009 (Dispõe sobre a Educação Escolar Indígena e define sua organização em territórios etnoeducacionais).

§ 2º É dever do Estado oferecer aos jovens que não concluíram a educação básica programas na modalidade da educação de jovens e adultos, adaptados às necessidades e especificidades da juventude, inclusive no período noturno, ressalvada a legislação educacional específica.

§ 3º São assegurados aos jovens com surdez o uso e o ensino da Língua Brasileira de Sinais - LIBRAS, em todas as etapas e modalidades educacionais.

- Lei 10.436/2002 (Dispõe sobre a Língua Brasileira de Sinais – Libras).

§ 4º É assegurada aos jovens com deficiência a inclusão no ensino regular em todos os níveis e modalidades educacionais, incluindo o atendimento educacional especializado, observada a acessibilidade a edificações, transportes, espaços, mobiliários, equipamentos, sistemas e meios de comunicação e assegurados os recursos de tecnologia assistiva e adaptações necessárias a cada pessoa.

- Lei 7.853/1989 (Dispõe sobre o apoio às pessoas portadoras de deficiência, sua integração social, sobre a Coordenadoria Nacional para Integração da Pessoa Portadora de Deficiência - Corde, institui a tutela jurisdicional de interesses coletivos ou difusos dessas pessoas, disciplina a atuação do Ministério Público e define crimes).
- Dec. 7.611/2011 (Dispõe sobre a educação especial, o atendimento educacional especializado).

§ 5º A Política Nacional de Educação no Campo contemplará a ampliação da oferta de educação para os jovens do campo, em todos os níveis e modalidades educacionais.

Art. 8º O jovem tem direito à educação superior, em instituições públicas ou privadas, com variados graus de abrangência do saber ou especialização do conhecimento, observadas as regras de acesso de cada instituição.

- Lei 10.260/2001 (Dispõe sobre o Fundo de Financiamento ao estudante do Ensino Superior).
- Lei 11.096/2005 (Institui o Programa Universidade para Todos – PROUNI e regula a atuação de entidades beneficentes de assistência social no ensino superior).

§ 1º É assegurado aos jovens negros, indígenas e alunos oriundos da escola pública o acesso ao ensino superior nas instituições públicas por meio de políticas afirmativas, nos termos da lei.

- Lei 12.711/2012 (Dispõe sobre o ingresso nas universidades federais e nas instituições federais de ensino técnico de nível médio e dá outras providências). Dec. 7.824/2012 (Regulamento).

§ 2º O poder público promoverá programas de expansão da oferta de educação superior nas instituições públicas, de financiamento estudantil e de bolsas de estudos nas instituições privadas, em especial para jovens com deficiência, negros, indígenas e alunos oriundos da escola pública.

- Lei 11.692/2008 (Dispõe sobre o Programa Nacional de Inclusão de Jovens – Projovem).
- Dec. 7.790/2012 (Dispõe sobre financiamento do Fundo de Financiamento Estudantil – FIES).

Art. 9º O jovem tem direito à educação profissional e tecnológica, articulada com os diferentes níveis e modalidades de educação, ao trabalho, à ciência e à tecnologia, observada a legislação vigente.

- Lei 12.513/2011 (Institui o Programa Nacional de Acesso ao Ensino Técnico e Emprego – Pronatec).

Art. 10. É dever do Estado assegurar ao jovem com deficiência o atendimento educacional especializado gratuito, preferencialmente, na rede regular de ensino.

- Dec.-Lei 1.044/1969 (Dispõe sobre o tratamento excepcional para os alunos portadores das afecções que indica).
- Dec. 7.611/2011 (Dispõe sobre a educação especial, o atendimento educacional especializado).

Art. 11. O direito ao programa suplementar de transporte escolar de que trata o art. 4º da Lei n. 9.394, de 20 de dezembro de 1996, será progressivamente estendido ao jovem estudante do ensino fundamental, do ensino médio e da educação superior, no campo e na cidade.

- Lei 10.880/2004 (Institui o Programa Nacional de Apoio ao Transporte do Escolar - PNATE e o Programa de Apoio aos Sistemas de Ensino para Atendimento à Educação de Jovens e Adultos, dispõe sobre o repasse de recursos financeiros do Programa Brasil Alfabetizado).

§§ 1º e 2º (Vetados.).

Art. 12. É garantida a participação efetiva do segmento juvenil, respeitada sua liberdade de organização, nos conselhos e instâncias deliberativas de gestão democrática das escolas e universidades.

Art. 13. As escolas e as universidades deverão formular e implantar medidas de democratização do acesso e permanência, inclusive programas de assistência estudantil, ação afirmativa e inclusão social para os jovens estudantes.

SEÇÃO III
DO DIREITO À PROFISSIONALIZAÇÃO, AO TRABALHO E À RENDA

Art. 14. O jovem tem direito à profissionalização, ao trabalho e à renda, exercido em condições de liberdade, equidade e segurança, adequadamente remunerado e com proteção social.

- art. 7º, XXXIII, CF.
- arts. 402 e ss., CLT.

Art. 15. A ação do poder público na efetivação do direito do jovem à profissionalização, ao trabalho e à renda contempla a adoção das seguintes medidas:

I - promoção de formas coletivas de organização para o trabalho, de redes de economia solidária e da livre associação;

II - oferta de condições especiais de jornada de trabalho por meio de:

a) compatibilização entre os horários de trabalho e de estudo;

- arts. 411 a 414, CLT.

b) oferta dos níveis, formas e modalidades de ensino em horários que permitam a compatibilização da frequência escolar com o trabalho regular;

III - criação de linha de crédito especial destinada aos jovens empreendedores;

IV - atuação estatal preventiva e repressiva quanto à exploração e precarização do trabalho juvenil;

V - adoção de políticas públicas voltadas para a promoção do estágio, aprendizagem e trabalho para a juventude;

- arts. 428 e ss., CLT
- Lei 11.788/2008 (Dispõe sobre o estágio de estudantes).

VI - apoio ao jovem trabalhador rural na organização da produção da agricultura familiar e dos empreendimentos familiares rurais, por meio das seguintes ações:

- Dec. 7.352/2010 (Dispõe sobre a política de educação do campo e o Programa Nacional de Educação na Reforma Agrária – PRONERA).

a) estímulo à produção e à diversificação de produtos;

b) fomento à produção sustentável baseada na agroecologia, nas agroindústrias familiares, na integração entre lavoura, pecuária e floresta e no extrativismo sustentável;

c) investimento em pesquisa de tecnologias apropriadas à agricultura familiar e aos empreendimentos familiares rurais;

d) estímulo à comercialização direta da produção da agricultura familiar, aos empreendimentos familiares rurais e à formação de cooperativas;

e) garantia de projetos de infraestrutura básica de acesso e escoamento de produção, priorizando a melhoria das estradas e do transporte;

f) promoção de programas que favoreçam o acesso ao crédito, à terra e à assistência técnica rural;

VII - apoio ao jovem trabalhador com deficiência, por meio das seguintes ações:

a) estímulo à formação e à qualificação profissional em ambiente inclusivo;

b) oferta de condições especiais de jornada de trabalho;

c) estímulo à inserção no mercado de trabalho por meio da condição de aprendiz.

Art. 16. O direito à profissionalização e à proteção no trabalho dos adolescentes com idade entre 15 (quinze) e 18 (dezoito) anos de idade será regido pelo disposto na Lei n. 8.069, de 13 de julho de 1990 - Estatuto da Criança e do Adolescente, e em leis específicas, não se aplicando o previsto nesta Seção.

SEÇÃO IV
DO DIREITO À DIVERSIDADE E À IGUALDADE

Art. 17. O jovem tem direito à diversidade e à igualdade de direitos e de oportunidades e não será discriminado por motivo de:

- art. 3º, IV; 5º, XLI, CF.

I - etnia, raça, cor da pele, cultura, origem, idade e sexo;

II - orientação sexual, idioma ou religião;

III - opinião, deficiência e condição social ou econômica.

Art. 18. A ação do poder público na efetivação do direito do jovem à diversidade e à igualdade contempla a adoção das seguintes medidas:

I - adoção, nos âmbitos federal, estadual, municipal e do Distrito Federal, de programas governamentais destinados a assegurar a igualdade de direitos aos jovens de todas as raças e etnias, independentemente de sua origem, relativamente à educação, à profissionalização, ao trabalho e renda, à cultura, à saúde, à segurança, à cidadania e ao acesso à justiça;

- Lei 12.288/2010 (Estatuto da Igualdade Racial).

II - capacitação dos professores dos ensinos fundamental e médio para a aplicação das diretrizes curriculares nacionais no que se refere ao enfrentamento de todas as formas de discriminação;

III - inclusão de temas sobre questões étnicas, raciais, de deficiência, de orientação sexual, de gênero e de violência doméstica e sexual praticada contra a mulher na formação dos profissionais de educação, de saúde e de segurança pública e dos operadores do direito;

IV - observância das diretrizes curriculares para a educação indígena como forma de preservação dessa cultura;

V - inclusão, nos conteúdos curriculares, de informações sobre a discriminação na sociedade brasileira e sobre o direito de todos os grupos e indivíduos a tratamento igualitário perante a lei; e

VI - inclusão, nos conteúdos curriculares, de temas relacionados à sexualidade, respeitando a diversidade de valores e crenças.

SEÇÃO V
DO DIREITO À SAÚDE

- arts. 196 e ss., CF.

Art. 19. O jovem tem direito à saúde e à qualidade de vida, considerando suas especificidades na dimensão da prevenção, promoção, proteção e recuperação da saúde de forma integral.

Art. 20. A política pública de atenção à saúde do jovem será desenvolvida em consonância com as seguintes diretrizes:

I - acesso universal e gratuito ao Sistema Único de Saúde - SUS e a serviços de saúde humanizados e de qualidade, que respeitem as especificidades do jovem;

II - atenção integral à saúde, com especial ênfase ao atendimento e à prevenção dos agravos mais prevalentes nos jovens;

III - desenvolvimento de ações articuladas entre os serviços de saúde e os estabelecimentos de ensino, a sociedade e a família, com vistas à prevenção de agravos;

IV - garantia da inclusão de temas relativos ao consumo de álcool, tabaco e outras drogas, à saúde sexual e reprodutiva, com enfoque de gênero e dos direitos sexuais e reprodutivos nos projetos pedagógicos dos diversos níveis de ensino;

V - reconhecimento do impacto da gravidez planejada ou não, sob os aspectos médico, psicológico, social e econômico;

VI - capacitação dos profissionais de saúde, em uma perspectiva multiprofissional, para lidar com temas relativos à saúde sexual e reprodutiva dos jovens, inclusive com deficiência, e ao abuso de álcool, tabaco e outras drogas pelos jovens;

VII - habilitação dos professores e profissionais de saúde e de assistência social para a identificação dos problemas relacionados ao uso abusivo e à dependência de álcool, tabaco e outras drogas e o devido encaminhamento aos serviços assistenciais e de saúde;

VIII - valorização das parcerias com instituições da sociedade civil na abordagem das questões de prevenção, tratamento e reinserção social dos usuários e dependentes de álcool, tabaco e outras drogas;

- Lei 11.343/2006 (Lei Antidrogas).

IX - proibição de propagandas de bebidas contendo qualquer teor alcoólico com a participação de pessoa com menos de 18 (dezoito) anos de idade;

- arts. 79; 81, II, ECA.

X - veiculação de campanhas educativas relativas ao álcool, ao tabaco e a outras drogas como causadores de dependência; e

- art. 81, II, Lei 8.069/1991 (ECA).
- Lei 9.294/1996 (Dispõe sobre as restrições ao uso e à propaganda de produtos fumígeros, bebidas alcoólicas, medicamentos, terapias e defensivos agrícolas, nos termos do § 4° do art. 220 da CF).

XI - articulação das instâncias de saúde e justiça na prevenção do uso e abuso de álcool, tabaco e outras drogas, inclusive esteróides anabolizantes e, especialmente, crack.

SEÇÃO VI
DO DIREITO À CULTURA

- arts. 215 a 216-A, CF.
- Lei 12.761/2013 (Institui o Programa de Cultura do Trabalhador e cria o vale-cultura).

Art. 21. O jovem tem direito à cultura, incluindo a livre criação, o acesso aos bens e serviços culturais e a participação nas decisões de política cultural, à identidade e diversidade cultural e à memória social.

- Lei 8.313/1991 (institui o Programa Nacional de Apoio à Cultura – Pronac). Dec. 5.761/2006 (Regulamento).

Art. 22. Na consecução dos direitos culturais da juventude, compete ao poder público:

I - garantir ao jovem a participação no processo de produção, reelaboração e fruição dos bens culturais;

II - propiciar ao jovem o acesso aos locais e eventos culturais, mediante preços reduzidos, em âmbito nacional;

III - incentivar os movimentos de jovens a desenvolver atividades artístico-culturais e ações voltadas à preservação do patrimônio histórico;

IV - valorizar a capacidade criativa do jovem, mediante o desenvolvimento de programas e projetos culturais;

V - propiciar ao jovem o conhecimento da diversidade cultural, regional e étnica do País;

VI - promover programas educativos e culturais voltados para a problemática do jovem nas emissoras de rádio e televisão e nos demais meios de comunicação de massa;

VII - promover a inclusão digital dos jovens, por meio do acesso às novas tecnologias da informação e comunicação;

VIII - assegurar ao jovem do campo o direito à produção e à fruição cultural e aos equipamentos públicos que valorizem a cultura camponesa; e

IX - garantir ao jovem com deficiência acessibilidade e adaptações razoáveis.

- Lei 7.853/1989 (Dispõe sobre o apoio às pessoas portadoras de deficiência, sua integração social, sobre a Coordenadoria Nacional para Integração da Pessoa Portadora de Deficiência - Corde, institui a tutela jurisdicional de interesses coletivos ou difusos dessas pessoas, disciplina a atuação do Ministério Público e define crimes).

Parágrafo único. A aplicação dos incisos I, III e VIII do *caput* deve observar a legislação específica sobre o direito à profissionalização e à proteção no trabalho dos adolescentes.

- arts. 402 a 441, CLT.
- arts. 60 e ss., Lei 8.069/1991 (ECA).

Art. 23. É assegurado aos jovens de até 29 (vinte e nove) anos pertencentes a famílias de baixa renda e aos estudantes, na forma do regulamento, o acesso a salas de cinema, cineclubes, teatros, espetáculos musicais e circenses, eventos educativos, esportivos, de lazer e entretenimento, em todo o território nacional, promovidos por quaisquer entidades e realizados em estabelecimentos públicos ou particulares, mediante pagamento da metade do preço do ingresso cobrado do público em geral.

- Lei 12.761/2013 (Institui o Programa de Cultura do Trabalhador e cria o vale-cultura).
- Lei 12.933/2013 (Lei 12.933/2013 (Lei da meia-entrada).

§ 1º Terão direito ao benefício previsto no *caput* os estudantes regularmente matriculados nos níveis e modalidades de educação e ensino previstos no Título V da Lei n. 9.394, de 20 de dezembro de 1996 - Lei de Diretrizes e Bases da Educação Nacional, que comprovem sua condição de discente, mediante apresentação, no momento da aquisição do ingresso e na portaria do local de realização do evento, da Carteira de Identificação Estudantil - CIE.

§ 2º A CIE será expedida preferencialmente pela Associação Nacional de Pós-Graduandos, pela União Nacional dos Estudantes, pela União Brasileira dos Estudantes Secundaristas e por entidades estudantis estaduais e municipais a elas filiadas.

§ 3º É garantida a gratuidade na expedição da CIE para estudantes pertencentes a famílias de baixa renda, nos termos do regulamento.

§ 4º As entidades mencionadas no § 2º deste artigo deverão tornar disponível, para eventuais consultas pelo poder público e pelos estabelecimentos referidos no *caput*, banco de dados com o nome e o número de registro dos estudantes portadores da Carteira de Identificação Estudantil, expedida nos termos do § 3º deste artigo.

§ 5º A CIE terá validade até o dia 31 de março do ano subsequente à data de sua expedição.

§ 6º As entidades mencionadas no § 2º deste artigo são obrigadas a manter o documento comprobatório do vínculo do aluno com o estabelecimento escolar, pelo mesmo prazo de validade da respectiva Carteira de Identificação Estudantil.

§ 7º Caberá aos órgãos públicos competentes federais, estaduais, municipais e do Distrito Federal a fiscalização do cumprimento do disposto neste artigo e a aplicação das sanções cabíveis, nos termos do regulamento.

§ 8º Os benefícios previstos neste artigo não incidirão sobre os eventos esportivos de que tratam as Leis n. 12.663, de 5 de junho de 2012, e 12.780, de 9 de janeiro de 2013.

§ 9º Considera-se de baixa renda, para os fins do disposto no *caput*, a família inscrita no Cadastro Único para Programas Sociais do Governo Federal - CadÚnico cuja renda mensal seja de até 2 (dois) salários mínimos.

§ 10. A concessão do benefício da meia-entrada de que trata o *caput* é limitada a 40% (quarenta por cento) do total de ingressos disponíveis para cada evento.

Art. 24. O poder público destinará, no âmbito dos respectivos orçamentos, recursos financeiros para o fomento dos projetos culturais destinados aos jovens e por eles produzidos.

Art. 25. Na destinação dos recursos do Fundo Nacional da Cultura - FNC, de que trata a Lei n. 8.313, de 23 de dezembro de 1991, serão consideradas as necessidades específicas dos jovens em relação à ampliação do acesso à cultura e à melhoria das condições para o exercício do protagonismo no campo da produção cultural.

Parágrafo único. As pessoas físicas ou jurídicas poderão optar pela aplicação de parcelas do imposto sobre a renda a título de doações ou patrocínios, de que trata a Lei n. 8.313, de 23 de dezembro de 1991, no apoio a projetos culturais apresentados por entidades juvenis legalmente constituídas há, pelo menos, 1 (um) ano.

SEÇÃO VII
DO DIREITO À COMUNICAÇÃO E À LIBERDADE DE EXPRESSÃO

- arts. 5º, IV, IX, XIV; 220, CF.

Art. 26. O jovem tem direito à comunicação e à livre expressão, à produção de conteúdo, individual e colaborativo, e ao acesso às tecnologias de informação e comunicação.

Art. 27. A ação do poder público na efetivação do direito do jovem à comunicação e à liberdade de expressão contempla a adoção das seguintes medidas:

I - incentivar programas educativos e culturais voltados para os jovens nas emissoras de rádio e televisão e nos demais meios de comunicação de massa;

II - promover a inclusão digital dos jovens, por meio do acesso às novas tecnologias de informação e comunicação;

III - promover as redes e plataformas de comunicação dos jovens, considerando a acessibilidade para os jovens com deficiência;

IV - incentivar a criação e manutenção de equipamentos públicos voltados para a promoção do direito do jovem à comunicação; e

V - garantir a acessibilidade à comunicação por meio de tecnologias assistivas e adaptações razoáveis para os jovens com deficiência.

SEÇÃO VIII
DO DIREITO AO DESPORTO E AO LAZER

- art. 217, CF.
- Lei 9.615/1998 (Institui normas gerais sobre desportos).

Art. 28. O jovem tem direito à prática desportiva destinada a seu pleno desenvolvimento, com prioridade para o desporto de participação.

Parágrafo único. O direito à prática desportiva dos adolescentes deverá considerar sua condição peculiar de pessoa em desenvolvimento.

Art. 29. A política pública de desporto e lazer destinada ao jovem deverá considerar:

I - a realização de diagnóstico e estudos estatísticos oficiais acerca da educação física e dos desportos e dos equipamentos de lazer no Brasil;

II - a adoção de lei de incentivo fiscal para o esporte, com critérios que priorizem a juventude e promovam a equidade;

III - a valorização do desporto e do paradesporto educacional;

IV - a oferta de equipamentos comunitários que permitam a prática desportiva, cultural e de lazer.

Art. 30. Todas as escolas deverão buscar pelo menos um local apropriado para a prática de atividades poliesportivas.

SEÇÃO IX
DO DIREITO AO TERRITÓRIO E À MOBILIDADE

Art. 31. O jovem tem direito ao território e à mobilidade, incluindo a promoção de políticas públicas de moradia, circulação e equipamentos públicos, no campo e na cidade.

› Art. 5º, XV, CF.

Parágrafo único. Ao jovem com deficiência devem ser garantidas a acessibilidade e as adaptações necessárias.

Art. 32. No sistema de transporte coletivo interestadual, observar-se-á, nos termos da legislação específica:

› art. 13, Dec. 8.537/2015 (Regulamenta este artigo).

I - a reserva de 2 (duas) vagas gratuitas por veículo para jovens de baixa renda;

II - a reserva de 2 (duas) vagas por veículo com desconto de 50% (cinquenta por cento), no mínimo, no valor das passagens, para os jovens de baixa renda, a serem utilizadas após esgotadas as vagas previstas no inciso I.

Parágrafo único. Os procedimentos e os critérios para o exercício dos direitos previstos nos incisos I e II serão definidos em regulamento.

Art. 33. A União envidará esforços, em articulação com os Estados, o Distrito Federal e os Municípios, para promover a oferta de transporte público subsidiado para os jovens, com prioridade para os jovens em situação de pobreza e vulnerabilidade, na forma do regulamento.

SEÇÃO X
DO DIREITO À SUSTENTABILIDADE E AO MEIO AMBIENTE

Art. 34. O jovem tem direito à sustentabilidade e ao meio ambiente ecologicamente equilibrado, bem de uso comum do povo, essencial à sadia qualidade de vida, e o dever de defendê-lo e preservá-lo para a presente e as futuras gerações.

Art. 35. O Estado promoverá, em todos os níveis de ensino, a educação ambiental voltada para a preservação do meio ambiente e a sustentabilidade, de acordo com a Política Nacional do Meio Ambiente.

Art. 36. Na elaboração, na execução e na avaliação de políticas públicas que incorporem a dimensão ambiental, o poder público deverá considerar:

I - o estímulo e o fortalecimento de organizações, movimentos, redes e outros coletivos de juventude que atuem no âmbito das questões ambientais e em prol do desenvolvimento sustentável;

II - o incentivo à participação dos jovens na elaboração das políticas públicas de meio ambiente;

III - a criação de programas de educação ambiental destinados aos jovens; e

IV - o incentivo à participação dos jovens em projetos de geração de trabalho e renda que visem ao desenvolvimento sustentável nos âmbitos rural e urbano.

Parágrafo único. A aplicação do disposto no inciso IV do *caput* deve observar a legislação específica sobre o direito à profissionalização e à proteção no trabalho dos adolescentes.

SEÇÃO XI
DO DIREITO À SEGURANÇA PÚBLICA E AO ACESSO À JUSTIÇA

› art. 5º, XXXIV, CF.

Art. 37. Todos os jovens têm direito de viver em um ambiente seguro, sem violência, com garantia da sua incolumidade física e mental, sendo-lhes asseguradas a igualdade de oportunidades e facilidades para seu aperfeiçoamento intelectual, cultural e social.

Art. 38. As políticas de segurança pública voltadas para os jovens deverão articular ações da União, dos Estados, do Distrito Federal e dos Municípios e ações não governamentais, tendo por diretrizes:

I - a integração com as demais políticas voltadas à juventude;

II - a prevenção e enfrentamento da violência;

III - a promoção de estudos e pesquisas e a obtenção de estatísticas e informações relevantes para subsidiar as ações de segurança pública e permitir a avaliação periódica dos impactos das políticas públicas quanto às causas, às consequências e à frequência da violência contra os jovens;

IV - a priorização de ações voltadas para os jovens em situação de risco, vulnerabilidade social e egressos do sistema penitenciário nacional;

V - a promoção do acesso efetivo dos jovens à Defensoria Pública, considerando as especificidades da condição juvenil; e

› arts. 134; 135, CF.

VI - a promoção do efetivo acesso dos jovens com deficiência à justiça em igualdade de condições com as demais pessoas, inclusive mediante a provisão de adaptações processuais adequadas a sua idade.

TÍTULO II
DO SISTEMA NACIONAL DE JUVENTUDE

› Dec. 9.306/2018 (Dispõe sobre o Sistema Nacional de Juventude).

CAPÍTULO I
DO SISTEMA NACIONAL DE JUVENTUDE - SINAJUVE

Art. 39. É instituído o Sistema Nacional de Juventude - SINAJUVE, cujos composição, organização, competência e funcionamento serão definidos em regulamento.

Art. 40. O financiamento das ações e atividades realizadas no âmbito do Sinajuve será definido em regulamento.

CAPÍTULO II
DAS COMPETÊNCIAS

Art. 41. Compete à União:

I - formular e coordenar a execução da Política Nacional de Juventude;

II - coordenar e manter o Sinajuve;

III - estabelecer diretrizes sobre a organização e o funcionamento do Sinajuve;

IV - elaborar o Plano Nacional de Políticas de Juventude, em parceria com os Estados, o Distrito Federal, os Municípios e a sociedade, em especial a juventude;

V - convocar e realizar, em conjunto com o Conselho Nacional de Juventude, as Conferências Nacionais de Juventude, com intervalo máximo de 4 (quatro) anos;

VI - prestar assistência técnica e suplementação financeira aos Estados, ao Distrito Federal e aos Municípios para o desenvolvimento de seus sistemas de juventude;

VII - contribuir para a qualificação e ação em rede do Sinajuve em todos os entes da Federação;

VIII - financiar, com os demais entes federados, a execução das políticas públicas de juventude;

IX - estabelecer formas de colaboração com os Estados, o Distrito Federal e os Municípios para a execução das políticas públicas de juventude; e

X - garantir a publicidade de informações sobre repasses de recursos para financiamento das políticas públicas de juventude aos conselhos e gestores estaduais, do Distrito Federal e municipais.

Art. 42. Compete aos Estados:

I - coordenar, em âmbito estadual, o Sinajuve;

II - elaborar os respectivos planos estaduais de juventude, em conformidade com o Plano Nacional, com a participação da sociedade, em especial da juventude;

III - criar, desenvolver e manter programas, ações e projetos para a execução das políticas públicas de juventude;

IV - convocar e realizar, em conjunto com o Conselho Estadual de Juventude, as Conferências Estaduais de Juventude, com intervalo máximo de 4 (quatro) anos;

V - editar normas complementares para a organização e o funcionamento do Sinajuve, em âmbito estadual e municipal;

VI - estabelecer com a União e os Municípios formas de colaboração para a execução das políticas públicas de juventude; e

VII - cofinanciar, com os demais entes federados, a execução de programas, ações e projetos das políticas públicas de juventude.

Parágrafo único. Serão incluídos nos censos demográficos dados relativos à população jovem do País.

Art. 43. Compete aos Municípios:

I - coordenar, em âmbito municipal, o Sinajuve;

II - elaborar os respectivos planos municipais de juventude, em conformidade com os respectivos Planos Nacional e Estadual, com a participação da sociedade, em especial da juventude;

III - criar, desenvolver e manter programas, ações e projetos para a execução das políticas públicas de juventude;

IV - convocar e realizar, em conjunto com o Conselho Municipal de Juventude, as Conferências Municipais de Juventude, com intervalo máximo de 4 (quatro) anos;

V - editar normas complementares para a organização e funcionamento do Sinajuve, em âmbito municipal;

VI - cofinanciar, com os demais entes federados, a execução de programas, ações e projetos das políticas públicas de juventude; e

VII - estabelecer mecanismos de cooperação com os Estados e a União para a execução das políticas públicas de juventude.

Parágrafo único. Para garantir a articulação federativa com vistas ao efetivocumprimento das políticas públicas de juventude, os Municípios podem instituir os consórcios de que trata a Lei n. 11.107, de 6 de abril de 2005, ou qualquer outro instrumento jurídico adequado, como forma de compartilhar responsabilidades.

Art. 44. As competências dos Estados e Municípios são atribuídas, cumulativamente, ao Distrito Federal.

CAPÍTULO III
DOS CONSELHOS DE JUVENTUDE

Art. 45. Os conselhos de juventude são órgãos permanentes e autônomos, não jurisdicionais, encarregados de tratar das políticas públicas de juventude e da garantia do exercício dos direitos do jovem, com os seguintes objetivos:

I - auxiliar na elaboração de políticas públicas de juventude que promovam o amplo exercício dos direitos dos jovens estabelecidos nesta Lei;

II - utilizar instrumentos de forma a buscar que o Estado garanta aos jovens o exercício dos seus direitos;

III - colaborar com os órgãos da administração no planejamento e na implementação das políticas de juventude;

IV - estudar, analisar, elaborar, discutir e propor a celebração de instrumentos de cooperação, visando à elaboração de programas, projetos e ações voltados para a juventude;

V - promover a realização de estudos relativos à juventude, objetivando subsidiar o planejamento das políticas públicas de juventude;

VI - estudar, analisar, elaborar, discutir e propor políticas públicas que permitam e garantam a integração e a participação do jovem nos processos social, econômico, político e cultural no respectivo ente federado;

VII - propor a criação de formas de participação da juventude nos órgãos da administração pública;

VIII - promover e participar de seminários, cursos, congressos e eventos correlatos para o debate de temas relativos à juventude;

IX - desenvolver outras atividades relacionadas às políticas públicas de juventude.

§ 1º A lei, em âmbito federal, estadual, do Distrito Federal e municipal, disporá sobre a organização, o funcionamento e a composição dos conselhos de juventude, observada a participação da sociedade civil mediante critério, no mínimo, paritário com os representantes do poder público.

§ 2º (Vetado).

Art. 46. São atribuições dos conselhos de juventude:

I - encaminhar ao Ministério Público notícia de fato que constitua infração administrativa ou penal contra os direitos do jovem garantidos na legislação;

II - encaminhar à autoridade judiciária os casos de sua competência;

III - expedir notificações;

IV - solicitar informações das autoridades públicas;

V - assessorar o Poder Executivo local na elaboração dos planos, programas, projetos, ações e proposta orçamentária das políticas públicas de juventude.

Art. 47. Sem prejuízo das atribuições dos conselhos de juventude com relação aos direitos previstos neste Estatuto, cabe aos conselhos de direitos da criança e do adolescente deliberar e controlar as ações em todos os níveis relativas aos adolescentes com idade entre 15 (quinze) e 18 (dezoito) anos.

Art. 48. Esta Lei entra em vigor após decorridos 180 (cento e oitenta) dias de sua publicação oficial.

Brasília, 5 de agosto de 2013; 192º da Independência e 125º da República.

Dilma Rousseff

LEI Nº 13.146, DE 6 DE JULHO DE 2015

Institui a Lei Brasileira de Inclusão da Pessoa com Deficiência (Estatuto da Pessoa com Deficiência).

› DOU 7.7.2015.

LIVRO I
PARTE GERAL

TÍTULO I
DISPOSIÇÕES PRELIMINARES

CAPÍTULO I
DISPOSIÇÕES GERAIS

Art. 1º É instituída a Lei Brasileira de Inclusão da Pessoa com Deficiência (Estatuto da Pessoa com Deficiência), destinada a assegurar e a promover, em condições de igualdade, o exercício dos direitos e das liberdades fundamentais por pessoa com deficiência, visando à sua inclusão social e cidadania.

› arts. 5º; 6º; 7º, XXXI; 23, II; 24, XIV; 37, VIII; 40, § 4º; 201, § 1º; 203, IV, V; 208, III; 227, §§ 1º e 2º; 244, CF.

Parágrafo único. Esta Lei tem como base a Convenção sobre os Direitos das Pessoas com Deficiência e seu Protocolo Facultativo, ratificados pelo Congresso Nacional por meio do Decreto Legislativo nº 186, de 9 de julho de 2008, em conformidade com o procedimento previsto no § 3º do art. 5º da Constituição da República Federativa do Brasil, em vigor para o Brasil, no plano jurídico externo, desde 31 de agosto de 2008, e promulgados pelo Decreto nº 6.949, de 25 de agosto de 2009, data de início de sua vigência no plano interno.

Art. 2º Considera-se pessoa com deficiência aquela que tem impedimento de longo prazo de natureza física, mental, intelectual ou sensorial, o qual, em interação com uma ou mais barreiras, pode obstruir sua participação plena e efetiva na sociedade em igualdade de condições com as demais pessoas.

› art. 2º, I, Dec. 10.415/2020.

§ 1º A avaliação da deficiência, quando necessária, será biopsicossocial, realizada por equipe multiprofissional e interdisciplinar e considerará:

› art. 124 desta lei.

I - os impedimentos nas funções e nas estruturas do corpo;

II - os fatores socioambientais, psicológicos e pessoais;

III - a limitação no desempenho de atividades; e

IV - a restrição de participação.

§ 2º O Poder Executivo criará instrumentos para avaliação da deficiência.

Art. 3º Para fins de aplicação desta Lei, consideram-se:

I - acessibilidade: possibilidade e condição de alcance para utilização, com segurança e autonomia, de espaços, mobiliários, equipamentos urbanos, edificações, transportes, informação e comunicação, inclusive seus sistemas e tecnologias, bem como de outros serviços e instalações abertos ao público, de uso público ou privados de uso coletivo, tanto na zona urbana como na rural, por pessoa com deficiência ou com mobilidade reduzida;

II - desenho universal: concepção de produtos, ambientes, programas e serviços a serem usados por todas as pessoas, sem necessidade de adaptação ou de projeto específico, incluindo os recursos de tecnologia assistiva;

III - tecnologia assistiva ou ajuda técnica: produtos, equipamentos, dispositivos, recursos, metodologias, estratégias, práticas e serviços que objetivem promover a funcionalidade, relacionada à atividade e à participação da pessoa com deficiência ou com mobilidade reduzida, visando à sua autonomia, independência, qualidade de vida e inclusão social;

IV - barreiras: qualquer entrave, obstáculo, atitude ou comportamento que limite ou impeça a participação social da pessoa, bem como o gozo, a fruição e o exercício de seus direitos à acessibilidade, à liberdade de movimento e de expressão, à comunicação, ao acesso à informação, à compreensão, à circulação com segurança, entre outros, classificadas em:

a) barreiras urbanísticas: as existentes nas vias e nos espaços públicos e privados abertos ao público ou de uso coletivo;

b) barreiras arquitetônicas: as existentes nos edifícios públicos e privados;

c) barreiras nos transportes: as existentes nos sistemas e meios de transportes;

d) barreiras nas comunicações e na informação: qualquer entrave, obstáculo, atitude ou comportamento que dificulte ou impossibilite a expressão ou o recebimento de mensagens e de informações por intermédio de sistemas de comunicação e de tecnologia da informação;

e) barreiras atitudinais: atitudes ou comportamentos que impeçam ou prejudiquem a participação social da pessoa com deficiência em igualdade de condições e oportunidades com as demais pessoas;

f) barreiras tecnológicas: as que dificultam ou impedem o acesso da pessoa com deficiência às tecnologias;

V - comunicação: forma de interação dos cidadãos que abrange, entre outras opções, as línguas, inclusive a Língua Brasileira de Sinais (Libras), a visualização de textos, o Braille, o sistema de sinalização ou de comunicação tátil, os caracteres ampliados, os dispositivos multimídia, assim como a linguagem simples, escrita e oral, os sistemas auditivos e os meios de voz digitalizados e os modos, meios e formatos aumentativos e alternativos de comunicação, incluindo as tecnologias da informação e das comunicações;

VI - adaptações razoáveis: adaptações, modificações e ajustes necessários e adequados que não acarretem ônus desproporcional e indevido, quando requeridos em cada caso, a fim de assegurar que a pessoa com deficiência possa gozar ou exercer, em igualdade de condições e oportunidades com as demais pessoas, todos os direitos e liberdades fundamentais;

VII - elemento de urbanização: quaisquer componentes de obras de urbanização, tais como os referentes a pavimentação, saneamento, encanamento para esgotos, distribuição de energia elétrica e de gás, iluminação pública, serviços de comunicação, abastecimento e distribuição de água, paisagismo e os que materializam as indicações do planejamento urbanístico;

VIII - mobiliário urbano: conjunto de objetos existentes nas vias e nos espaços públicos, superpostos ou adicionados aos elementos de urbanização ou de edificação, de forma que sua modificação ou seu traslado não provoque alterações substanciais nesses elementos, tais como semáforos, postes de sinalização e similares, terminais e pontos de acesso coletivo às telecomunicações, fontes de água, lixeiras, toldos, marquises, bancos, quiosques e quaisquer outros de natureza análoga;

IX - pessoa com mobilidade reduzida: aquela que tenha, por qualquer motivo, dificuldade de movimentação, permanente ou temporária, gerando redução efetiva da mobilidade, da flexibilidade, da coordenação motora ou da percepção, incluindo idoso, gestante, lactante, pessoa com criança de colo e obeso;

X - residências inclusivas: unidades de oferta do Serviço de Acolhimento do Sistema Único de Assistência Social (Suas) localizadas em áreas residenciais da comunidade, com estruturas adequadas, que possam contar com apoio psicossocial para o atendimento das necessidades da pessoa acolhida, destinadas a jovens e adultos com deficiência, em situação de dependência, que não dispõem de condições de autossustentabilidade e com vínculos familiares fragilizados ou rompidos;

XI - moradia para a vida independente da pessoa com deficiência: moradia com estruturas adequadas capazes de proporcionar serviços de apoio coletivos e individualizados que respeitem e ampliem o grau de autonomia de jovens e adultos com deficiência;

XII - atendente pessoal: pessoa, membro ou não da família, que, com ou sem remuneração, assiste ou presta cuidados básicos e essenciais à pessoa com deficiência no exercício de suas atividades diárias, excluídas as técnicas ou os procedimentos identificados com profissões legalmente estabelecidas;

XIII - profissional de apoio escolar: pessoa que exerce atividades de alimentação, higiene e locomoção do estudante com deficiência e atua em todas as atividades escolares nas quais se fizer necessária, em todos os níveis e modalidades de ensino, em instituições públicas e privadas, excluídas as técnicas ou os procedimentos identificados com profissões legalmente estabelecidas;

XIV - acompanhante: aquele que acompanha a pessoa com deficiência, podendo ou não desempenhar as funções de atendente pessoal.

CAPÍTULO II
DA IGUALDADE E DA NÃO DISCRIMINAÇÃO

› Lei 7.853/1989 (Dispõe sobre o apoio às pessoas portadoras de deficiência, sua integração social, sobre a Coordenadoria Nacional para Integração da Pessoa Portadora de Deficiência - Corde, institui a tutela jurisdicional de interesses coletivos ou difusos dessas pessoas, disciplina a atuação do Ministério Público e define crimes).

Art. 4º Toda pessoa com deficiência tem direito à igualdade de oportunidades com as demais pessoas e não sofrerá nenhuma espécie de discriminação.

§ 1º Considera-se discriminação em razão da deficiência toda forma de distinção, restrição ou exclusão, por ação ou omissão, que tenha o propósito ou o efeito de prejudicar, impedir ou anular o reconhecimento ou o exercício dos direitos e das liberdades fundamentais de pessoa com deficiência, incluindo a recusa de adaptações razoáveis e de fornecimento de tecnologias assistivas.

§ 2º A pessoa com deficiência não está obrigada à fruição de benefícios decorrentes de ação afirmativa.

Art. 5º A pessoa com deficiência será protegida de toda forma de negligência, discriminação, exploração, violência, tortura, crueldade, opressão e tratamento desumano ou degradante.

Parágrafo único. Para os fins da proteção mencionada no *caput* deste artigo, são considerados especialmente vulneráveis a criança, o adolescente, a mulher e o idoso, com deficiência.

Art. 6º A deficiência não afeta a plena capacidade civil da pessoa, inclusive para:

I - casar-se e constituir união estável;

II - exercer direitos sexuais e reprodutivos;

III - exercer o direito de decidir sobre o número de filhos e de ter acesso a informações adequadas sobre reprodução e planejamento familiar;

IV - conservar sua fertilidade, sendo vedada a esterilização compulsória;

V - exercer o direito à família e à convivência familiar e comunitária; e

VI - exercer o direito à guarda, à tutela, à curatela e à adoção, como adotante ou adotando, em igualdade de oportunidades com as demais pessoas.

‣ arts. 1.583 e ss.; 1.618; 1.619; 1.728 e ss., CC.

Art. 7º É dever de todos comunicar à autoridade competente qualquer forma de ameaça ou de violação aos direitos da pessoa com deficiência.

Parágrafo único. Se, no exercício de suas funções, os juízes e os tribunais tiverem conhecimento de fatos que caracterizem as violações previstas nesta Lei, devem remeter peças ao Ministério Público para as providências cabíveis.

Art. 8º É dever do Estado, da sociedade e da família assegurar à pessoa com deficiência, com prioridade, a efetivação dos direitos referentes à vida, à saúde, à sexualidade, à paternidade e à maternidade, à alimentação, à habitação, à educação, à profissionalização, ao trabalho, à previdência social, à habilitação e à reabilitação, ao transporte, à acessibilidade, à cultura, ao desporto, ao turismo, ao lazer, à informação, à comunicação, aos avanços científicos e tecnológicos, à dignidade, ao respeito, à liberdade, à convivência familiar e comunitária, entre outros decorrentes da Constituição Federal, da Convenção sobre os Direitos das Pessoas com Deficiência e seu Protocolo Facultativo e das leis e de outras normas que garantam seu bem-estar pessoal, social e econômico.

SEÇÃO ÚNICA
DO ATENDIMENTO PRIORITÁRIO

Art. 9º A pessoa com deficiência tem direito a receber atendimento prioritário, sobretudo com a finalidade de:

I - proteção e socorro em quaisquer circunstâncias;

II - atendimento em todas as instituições e serviços de atendimento ao público;

III - disponibilização de recursos, tanto humanos quanto tecnológicos, que garantam atendimento em igualdade de condições com as demais pessoas;

IV - disponibilização de pontos de parada, estações e terminais acessíveis de transporte coletivo de passageiros e garantia de segurança no embarque e no desembarque;

V - acesso a informações e disponibilização de recursos de comunicação acessíveis;

VI - recebimento de restituição de imposto de renda;

VII - tramitação processual e procedimentos judiciais e administrativos em que for parte ou interessada, em todos os atos e diligências.

§ 1º Os direitos previstos neste artigo são extensivos ao acompanhante da pessoa com deficiência ou ao seu atendente pessoal, exceto quanto ao disposto nos incisos VI e VII deste artigo.

§ 2º Nos serviços de emergência públicos e privados, a prioridade conferida por esta Lei é condicionada aos protocolos de atendimento médico.

TÍTULO II
DOS DIREITOS FUNDAMENTAIS

CAPÍTULO I
DO DIREITO À VIDA

Art. 10. Compete ao poder público garantir a dignidade da pessoa com deficiência ao longo de toda a vida.

Parágrafo único. Em situações de risco, emergência ou estado de calamidade pública, a pessoa com deficiência será considerada vulnerável, devendo o poder público adotar medidas para sua proteção e segurança.

Art. 11. A pessoa com deficiência não poderá ser obrigada a se submeter a intervenção clínica ou cirúrgica, a tratamento ou a institucionalização forçada.

Parágrafo único. O consentimento da pessoa com deficiência em situação de curatela poderá ser suprido, na forma da lei.

Art. 12. O consentimento prévio, livre e esclarecido da pessoa com deficiência é indispensável para a realização de tratamento, procedimento, hospitalização e pesquisa científica.

§ 1º Em caso de pessoa com deficiência em situação de curatela, deve ser assegurada sua participação, no maior grau possível, para a obtenção de consentimento.

‣ arts. 1.728 e ss., CC.

§ 2º A pesquisa científica envolvendo pessoa com deficiência em situação de tutela ou de curatela deve ser realizada, em caráter excepcional, apenas quando houver indícios de benefício direto para sua saúde ou para a saúde de outras pessoas com deficiência e desde que não haja outra opção de pesquisa de eficácia comparável com participantes não tutelados ou curatelados.

Art. 13. A pessoa com deficiência somente será atendida sem seu consentimento prévio, livre e esclarecido em casos de risco de morte e de emergência em saúde, resguardado seu superior interesse e adotadas as salvaguardas legais cabíveis.

CAPÍTULO II
DO DIREITO À HABILITAÇÃO E À REABILITAÇÃO

‣ Dec. 8.725/2016 (Institui a Rede Intersetorial de Reabilitação Integral e dá outras providências.).

Art. 14. O processo de habilitação e de reabilitação é um direito da pessoa com deficiência.

Parágrafo único. O processo de habilitação e de reabilitação tem por objetivo o desenvolvimento de potencialidades, talentos, habilidades e aptidões físicas, cognitivas, sensoriais, psicossociais, atitudinais, profissionais e artísticas que contribuam para a conquista da autonomia da pessoa com deficiência e de sua participação social em igualdade de condições e oportunidades com as demais pessoas.

‣ Lei 10.216/2001 (Dispõe sobre a proteção e os direitos das pessoas portadoras de transtornos mentais e redireciona o modelo assistencial em saúde mental).

Art. 15. O processo mencionado no art. 14 desta Lei baseia-se em avaliação multidisciplinar das necessidades, habilidades e potencialidades de cada pessoa, observadas as seguintes diretrizes:

I - diagnóstico e intervenção precoces;

II - adoção de medidas para compensar perda ou limitação funcional, buscando o desenvolvimento de aptidões;

III - atuação permanente, integrada e articulada de políticas públicas que possibilitem a plena participação social da pessoa com deficiência;

IV - oferta de rede de serviços articulados, com atuação intersetorial, nos diferentes níveis de complexidade, para atender às necessidades específicas da pessoa com deficiência;

V - prestação de serviços próximo ao domicílio da pessoa com deficiência, inclusive na zona rural, respeitadas a organização das Redes de Atenção à Saúde (RAS) nos territórios locais e as normas do Sistema Único de Saúde (SUS).

Art. 16. Nos programas e serviços de habilitação e de reabilitação para a pessoa com deficiência, são garantidos:

I - organização, serviços, métodos, técnicas e recursos para atender às características de cada pessoa com deficiência;

II - acessibilidade em todos os ambientes e serviços;

III - tecnologia assistiva, tecnologia de reabilitação, materiais e equipamentos adequados e apoio técnico profissional, de acordo com as especificidades de cada pessoa com deficiência;

IV - capacitação continuada de todos os profissionais que participem dos programas e serviços.

Art. 17. Os serviços do SUS e do Suas deverão promover ações articuladas para garantir à pessoa com deficiência e sua família a aquisição de informações, orientações e formas de acesso às políticas públicas disponíveis, com a finalidade de propiciar sua plena participação social.

Parágrafo único. Os serviços de que trata o *caput* deste artigo podem fornecer informações e orientações nas áreas de saúde, de educação, de cultura, de esporte, de lazer, de transporte, de previdência social, de assistência social, de habitação, de trabalho, de empreendedorismo, de acesso ao crédito, de promoção, proteção e defesa de direitos e nas demais áreas que possibilitem à pessoa com deficiência exercer sua cidadania.

CAPÍTULO III
DO DIREITO À SAÚDE

Art. 18. É assegurada atenção integral à saúde da pessoa com deficiência em todos os níveis de complexidade, por intermédio do SUS, garantido acesso universal e igualitário.

§ 1º É assegurada a participação da pessoa com deficiência na elaboração das políticas de saúde a ela destinadas.

§ 2º É assegurado atendimento segundo normas éticas e técnicas, que regulamentarão a atuação dos profissionais de saúde e contemplarão aspectos relacionados aos direitos e às especificidades da pessoa com deficiência, incluindo temas como sua dignidade e autonomia.

§ 3º Aos profissionais que prestam assistência à pessoa com deficiência, especialmente em serviços de habilitação e de reabilitação, deve ser garantida capacitação inicial e continuada.

§ 4º As ações e os serviços de saúde pública destinados à pessoa com deficiência devem assegurar:

I - diagnóstico e intervenção precoces, realizados por equipe multidisciplinar;
II - serviços de habilitação e de reabilitação sempre que necessários, para qualquer tipo de deficiência, inclusive para a manutenção da melhor condição de saúde e qualidade de vida;
III - atendimento domiciliar multidisciplinar, tratamento ambulatorial e internação;
IV - campanhas de vacinação;
V - atendimento psicológico, inclusive para seus familiares e atendentes pessoais;
VI - respeito à especificidade, à identidade de gênero e à orientação sexual da pessoa com deficiência;
VII - atenção sexual e reprodutiva, incluindo o direito à fertilização assistida;
VIII - informação adequada e acessível à pessoa com deficiência e a seus familiares sobre sua condição de saúde;
IX - serviços projetados para prevenir a ocorrência e o desenvolvimento de deficiências e agravos adicionais;
X - promoção de estratégias de capacitação permanente das equipes que atuam no SUS, em todos os níveis de atenção, no atendimento à pessoa com deficiência, bem como orientação a seus atendentes pessoais;
XI - oferta de órteses, próteses, meios auxiliares de locomoção, medicamentos, insumos e fórmulas nutricionais, conforme as normas vigentes do Ministério da Saúde.

§ 5º As diretrizes deste artigo aplicam-se também às instituições privadas que participem de forma complementar do SUS ou que recebam recursos públicos para sua manutenção.

Art. 19. Compete ao SUS desenvolver ações destinadas à prevenção de deficiências por causas evitáveis, inclusive por meio de:

I - acompanhamento da gravidez, do parto e do puerpério, com garantia de parto humanizado e seguro;
II - promoção de práticas alimentares adequadas e saudáveis, vigilância alimentar e nutricional, prevenção e cuidado integral dos agravos relacionados à alimentação e nutrição da mulher e da criança;
III - aprimoramento e expansão dos programas de imunização e de triagem neonatal;
IV - identificação e controle da gestante de alto risco.

Art. 20. As operadoras de planos e seguros privados de saúde são obrigadas a garantir à pessoa com deficiência, no mínimo, todos os serviços e produtos ofertados aos demais clientes.

‣ Lei 9.656/1998 (Dispõe sobre os planos e seguros privados de assistência à saúde).

Art. 21. Quando esgotados os meios de atenção à saúde da pessoa com deficiência no local de residência, será prestado atendimento fora de domicílio, para fins de diagnóstico e de tratamento, garantidos o transporte e a acomodação da pessoa com deficiência e de seu acompanhante.

Art. 22. À pessoa com deficiência internada ou em observação é assegurado o direito a acompanhante ou a atendente pessoal, devendo o órgão ou a instituição de saúde proporcionar condições adequadas para sua permanência em tempo integral.

§ 1º Na impossibilidade de permanência do acompanhante ou do atendente pessoal junto à pessoa com deficiência, cabe ao profissional de saúde responsável pelo tratamento justificá-la por escrito.

§ 2º Na ocorrência da impossibilidade prevista no § 1º deste artigo, o órgão ou a instituição de saúde deve adotar as providências cabíveis para suprir a ausência do acompanhante ou do atendente pessoal.

Art. 23. São vedadas todas as formas de discriminação contra a pessoa com deficiência, inclusive por meio de cobrança de valores diferenciados por planos e seguros privados de saúde, em razão de sua condição.

Art. 24. É assegurado à pessoa com deficiência o acesso aos serviços de saúde, tanto públicos como privados, e às informações prestadas e recebidas, por meio de recursos de tecnologia assistiva e de todas as formas de comunicação previstas no inciso V do art. 3º desta Lei.

Art. 25. Os espaços dos serviços de saúde, tanto públicos quanto privados, devem assegurar o acesso da pessoa com deficiência, em conformidade com a legislação em vigor, mediante a remoção de barreiras, por meio de projetos arquitetônico, de ambientação de interior e de comunicação que atendam às especificidades das pessoas com deficiência física, sensorial, intelectual e mental.

Art. 26. Os casos de suspeita ou de confirmação de violência praticada contra a pessoa com deficiência serão objeto de notificação compulsória pelos serviços de saúde públicos e privados à autoridade policial e ao Ministério Público, além dos Conselhos dos Direitos da Pessoa com Deficiência.

Parágrafo único. Para os efeitos desta Lei, considera-se violência contra a pessoa com deficiência qualquer ação ou omissão, praticada em local público ou privado, que lhe cause morte ou dano ou sofrimento físico ou psicológico.

CAPÍTULO IV
DO DIREITO À EDUCAÇÃO

‣ arts. 58 a 60, Lei 9.394/1996 (Lei de Diretrizes e Bases da Educação Nacional).

Art. 27. A educação constitui direito da pessoa com deficiência, assegurados sistema educacional inclusivo em todos os níveis e aprendizado ao longo de toda a vida, de forma a alcançar o máximo desenvolvimento possível de seus talentos e habilidades físicas, sensoriais, intelectuais e sociais, segundo suas características, interesses e necessidades de aprendizagem.

Parágrafo único. É dever do Estado, da família, da comunidade escolar e da sociedade assegurar educação de qualidade à pessoa com deficiência, colocando-a a salvo de toda forma de violência, negligência e discriminação.

Art. 28. Incumbe ao poder público assegurar, criar, desenvolver, implementar, incentivar, acompanhar e avaliar:

I - sistema educacional inclusivo em todos os níveis e modalidades, bem como o aprendizado ao longo de toda a vida;
II - aprimoramento dos sistemas educacionais, visando a garantir condições de acesso, permanência, participação e aprendizagem, por meio da oferta de serviços e de recursos de acessibilidade que eliminem as barreiras e promovam a inclusão plena;
III - projeto pedagógico que institucionalize o atendimento educacional especializado, assim como os demais serviços e adaptações razoáveis, para atender às características dos estudantes com deficiência e garantir o seu pleno acesso ao currículo em condições de igualdade, promovendo a conquista e o exercício de sua autonomia;
IV - oferta de educação bilíngue, em Libras como primeira língua e na modalidade escrita da língua portuguesa como segunda língua, em escolas e classes bilíngues e em escolas inclusivas;
V - adoção de medidas individualizadas e coletivas em ambientes que maximizem o desenvolvimento acadêmico e social dos estudantes com deficiência, favorecendo o acesso, a permanência, a participação e a aprendizagem em instituições de ensino;
VI - pesquisas voltadas para o desenvolvimento de novos métodos e técnicas pedagógicas, de materiais didáticos, de equipamentos e de recursos de tecnologia assistiva;
VII - planejamento de estudo de caso, de elaboração de plano de atendimento educacional especializado, de organização de recursos e serviços de acessibilidade e de disponibilização e usabilidade pedagógica de recursos de tecnologia assistiva;
VIII - participação dos estudantes com deficiência e de suas famílias nas diversas instâncias de atuação da comunidade escolar;
IX - adoção de medidas de apoio que favoreçam o desenvolvimento dos aspectos linguísticos, culturais, vocacionais e profissionais, levando-se em conta o talento, a criatividade, as habilidades e os interesses do estudante com deficiência;
X - adoção de práticas pedagógicas inclusivas pelos programas de formação inicial e continuada de professores e oferta de formação continuada para o atendimento educacional especializado;
XI - formação e disponibilização de professores para o atendimento educacional especializado, de tradutores e intérpretes da Libras, de guias intérpretes e de profissionais de apoio;
XII - oferta de ensino da Libras, do Sistema Braille e de uso de recursos de tecnologia assistiva, de forma a ampliar habilidades funcionais dos estudantes, promovendo sua autonomia e participação;
XIII - acesso à educação superior e à educação profissional e tecnológica em igualdade de oportunidades e condições com as demais pessoas;
XIV - inclusão em conteúdos curriculares, em cursos de nível superior e de educação profissional técnica e tecnológica, de temas relacionados à pessoa com deficiência nos respectivos campos de conhecimento;
XV - acesso da pessoa com deficiência, em igualdade de condições, a jogos e a atividades recreativas, esportivas e de lazer, no sistema escolar;
XVI - acessibilidade para todos os estudantes, trabalhadores da educação e demais integrantes da comunidade escolar às edificações, aos ambientes e às atividades concernentes a todas as modalidades, etapas e níveis de ensino;
XVII - oferta de profissionais de apoio escolar;
XVIII - articulação intersetorial na implementação de políticas públicas.

§ 1º Às instituições privadas, de qualquer nível e modalidade de ensino, aplica-se obrigatoriamente o disposto nos incisos I, II, III, V, VII, VIII, IX, X, XI, XII, XIII, XIV, XV, XVI, XVII e XVIII do *caput* deste artigo, sendo vedada a cobrança de valores adicionais de qualquer natureza em suas mensalidades, anuidades e matrículas no cumprimento dessas determinações.

§ 2º Na disponibilização de tradutores e intérpretes da Libras a que se refere o inciso XI do *caput* deste artigo, deve-se observar o seguinte:

I - os tradutores e intérpretes da Libras atuantes na educação básica devem, no mínimo, possuir ensino médio completo e certificado de proficiência na Libras;
II - os tradutores e intérpretes da Libras, quando direcionados à tarefa de interpretar nas salas de aula dos cursos de graduação e pós-graduação, devem possuir nível superior, com habilitação, prioritariamente, em Tradução e Interpretação em Libras.

Art. 29. (Vetado).

Art. 30. Nos processos seletivos para ingresso e permanência nos cursos oferecidos pelas instituições de ensino superior e de educação profissional e tecnológica, públicas e privadas, devem ser adotadas as seguintes medidas:

I - atendimento preferencial à pessoa com deficiência nas dependências das Instituições de Ensino Superior (IES) e nos serviços;

II - disponibilização de formulário de inscrição de exames com campos específicos para que o candidato com deficiência informe os recursos de acessibilidade e de tecnologia assistiva necessários para sua participação;

III - disponibilização de provas em formatos acessíveis para atendimento às necessidades específicas do candidato com deficiência;

IV - disponibilização de recursos de acessibilidade e de tecnologia assistiva adequados, previamente solicitados e escolhidos pelo candidato com deficiência;

V - dilação de tempo, conforme demanda apresentada pelo candidato com deficiência, tanto na realização de exame para seleção quanto nas atividades acadêmicas, mediante prévia solicitação e comprovação da necessidade;

VI - adoção de critérios de avaliação das provas escritas, discursivas ou de redação que considerem a singularidade linguística da pessoa com deficiência, no domínio da modalidade escrita da língua portuguesa;

VII - tradução completa do edital e de suas retificações em Libras.

CAPÍTULO V
DO DIREITO À MORADIA

Art. 31. A pessoa com deficiência tem direito à moradia digna, no seio da família natural ou substituta, com seu cônjuge ou companheiro ou desacompanhada, ou em moradia para a vida independente da pessoa com deficiência, ou, ainda, em residência inclusiva.

§ 1º O poder público adotará programas e ações estratégicas para apoiar a criação e a manutenção de moradia para a vida independente da pessoa com deficiência.

§ 2º A proteção integral na modalidade de residência inclusiva será prestada no âmbito do Suas à pessoa com deficiência em situação de dependência que não disponha de condições de autossustentabilidade, com vínculos familiares fragilizados ou rompidos.

Art. 32. Nos programas habitacionais, públicos ou subsidiados com recursos públicos, a pessoa com deficiência ou o seu responsável goza de prioridade na aquisição de imóvel para moradia própria, observado o seguinte:

I - reserva de, no mínimo, 3% (três por cento) das unidades habitacionais para pessoa com deficiência;

II - (Vetado);

III - em caso de edificação multifamiliar, garantia de acessibilidade nas áreas de uso comum e nas unidades habitacionais no piso térreo e de acessibilidade ou de adaptação razoável nos demais pisos;

IV - disponibilização de equipamentos urbanos comunitários acessíveis;

V - elaboração de especificações técnicas no projeto que permitam a instalação de elevadores.

§ 1º O direito à prioridade, previsto no *caput* deste artigo, será reconhecido à pessoa com deficiência beneficiária apenas uma vez.

§ 2º Nos programas habitacionais públicos, os critérios de financiamento devem ser compatíveis com os rendimentos da pessoa com deficiência ou de sua família.

§ 3º Caso não haja pessoa com deficiência interessada nas unidades habitacionais reservadas por força do disposto no inciso I do *caput* deste artigo, as unidades não utilizadas serão disponibilizadas às demais pessoas.

Art. 33. Ao poder público compete:

I - adotar as providências necessárias para o cumprimento do disposto nos arts. 31 e 32 desta Lei; e

II - divulgar, para os agentes interessados e beneficiários, a política habitacional prevista nas legislações federal, estaduais, distrital e municipais, com ênfase nos dispositivos sobre acessibilidade.

CAPÍTULO VI
DO DIREITO AO TRABALHO

SEÇÃO I
DISPOSIÇÕES GERAIS

Art. 34. A pessoa com deficiência tem direito ao trabalho de sua livre escolha e aceitação, em ambiente acessível e inclusivo, em igualdade de oportunidades com as demais pessoas.

§ 1º As pessoas jurídicas de direito público, privado ou de qualquer natureza são obrigadas a garantir ambientes de trabalho acessíveis e inclusivos.

§ 2º A pessoa com deficiência tem direito, em igualdade de oportunidades com as demais pessoas, a condições justas e favoráveis de trabalho, incluindo igual remuneração por trabalho de igual valor.

§ 3º É vedada restrição ao trabalho da pessoa com deficiência e qualquer discriminação em razão de sua condição, inclusive nas etapas de recrutamento, seleção, contratação, admissão, exames admissional e periódico, permanência no emprego, ascensão profissional e reabilitação profissional, bem como exigência de aptidão plena.

§ 4º A pessoa com deficiência tem direito à participação e ao acesso a cursos, treinamentos, educação continuada, planos de carreira, promoções, bonificações e incentivos profissionais oferecidos pelo empregador, em igualdade de oportunidades com os demais empregados.

§ 5º É garantida aos trabalhadores com deficiência acessibilidade em cursos de formação e de capacitação.

Art. 35. É finalidade primordial das políticas públicas de trabalho e emprego promover e garantir condições de acesso e de permanência da pessoa com deficiência no campo de trabalho.

Parágrafo único. Os programas de estímulo ao empreendedorismo e ao trabalho autônomo, incluídos o cooperativismo e o associativismo, devem prever a participação da pessoa com deficiência e a disponibilização de linhas de crédito, quando necessárias.

- art. 1º, § 3º, LC 123/2006 (Estatuto Nacional da Microempresa e da Empresa de Pequeno Porte).

SEÇÃO II
DA HABILITAÇÃO PROFISSIONAL E REABILITAÇÃO PROFISSIONAL

Art. 36. O poder público deve implementar serviços e programas completos de habilitação profissional e de reabilitação profissional para que a pessoa com deficiência possa ingressar, continuar ou retornar ao campo do trabalho, respeitados sua livre escolha, sua vocação e seu interesse.

- art. 428, §§ 3º, 5º, 6º, CLT.

§ 1º Equipe multidisciplinar indicará, com base em critérios previstos no § 1º do art. 2º desta Lei, programa de habilitação ou de reabilitação que possibilite à pessoa com deficiência restaurar sua capacidade e habilidade profissional ou adquirir novas capacidades e habilidades de trabalho.

§ 2º A habilitação profissional corresponde ao processo destinado a propiciar à pessoa com deficiência aquisição de conhecimentos, habilidades e aptidões para exercício de profissão ou de ocupação, permitindo nível suficiente de desenvolvimento profissional para ingresso no campo de trabalho.

- art. 461, § 4º, CLT.

§ 3º Os serviços de habilitação profissional, de reabilitação profissional e de educação profissional devem ser dotados de recursos necessários para atender a toda pessoa com deficiência, independentemente de sua característica específica, a fim de que ela possa ser capacitada para trabalho que lhe seja adequado e ter perspectivas de obtê-lo, de conservá-lo e de nele progredir.

- art. 7º, XXXI, CF.

§ 4º Os serviços de habilitação profissional, de reabilitação profissional e de educação profissional deverão ser oferecidos em ambientes acessíveis e inclusivos.

§ 5º A habilitação profissional e a reabilitação profissional devem ocorrer articuladas com as redes públicas e privadas, especialmente de saúde, de ensino e de assistência social, em todos os níveis e modalidades, em entidades de formação profissional ou diretamente com o empregador.

§ 6º A habilitação profissional pode ocorrer em empresas por meio de prévia formalização do contrato de emprego da pessoa com deficiência, que será considerada para o cumprimento da reserva de vagas prevista em lei, desde que por tempo determinado e concomitante com a inclusão profissional na empresa, observado o disposto em regulamento.

§ 7º A habilitação profissional e a reabilitação profissional atenderão à pessoa com deficiência.

SEÇÃO III
DA INCLUSÃO DA PESSOA COM DEFICIÊNCIA NO TRABALHO

- Dec. 9.508/2018 (Reserva às pessoas com deficiência percentual de cargos e de empregos públicos ofertados em concursos públicos e em processos seletivos no âmbito da administração pública federal direta e indireta).

Art. 37. Constitui modo de inclusão da pessoa com deficiência no trabalho a colocação competitiva, em igualdade de oportunidades com as demais pessoas, nos termos da legislação trabalhista e previdenciária, na qual devem ser atendidas as regras de acessibilidade, o fornecimento de recursos de tecnologia assistiva e a adaptação razoável no ambiente de trabalho.

Parágrafo único. A colocação competitiva da pessoa com deficiência pode ocorrer por meio de trabalho com apoio, observadas as seguintes diretrizes:

I - prioridade no atendimento à pessoa com deficiência com maior dificuldade de inserção no campo de trabalho;

II - provisão de suportes individualizados que atendam a necessidades específicas da pessoa com deficiência, inclusive a disponibilização de recursos de tecnologia assistiva, de agente facilitador e de apoio no ambiente de trabalho;

III - respeito ao perfil vocacional e ao interesse da pessoa com deficiência apoiada;

IV - oferta de aconselhamento e de apoio aos empregadores, com vistas à definição de estratégias de inclusão e de superação de barreiras, inclusive atitudinais;

V - realização de avaliações periódicas;

VI - articulação intersetorial das políticas públicas;

VII - possibilidade de participação de organizações da sociedade civil.

Art. 38. A entidade contratada para a realização de processo seletivo público ou privado para cargo, função ou emprego está obrigada à observância do disposto nesta Lei e em outras normas de acessibilidade vigentes.

CAPÍTULO VII
DO DIREITO À ASSISTÊNCIA SOCIAL

Art. 39. Os serviços, os programas, os projetos e os benefícios no âmbito da política pública de assistência social à pessoa com deficiência e sua família têm como objetivo a garantia da segurança de renda, da acolhida, da habilitação e da reabilitação, do desenvolvimento da autonomia e da convivência familiar e comunitária, para a promoção do acesso a direitos e da plena participação social.

- arts. 23, II; 24, XIV, CF.

§ 1º A assistência social à pessoa com deficiência, nos termos do *caput* deste artigo, deve envolver conjunto articulado de serviços do âmbito da Proteção Social Básica e da Proteção Social Especial, ofertados pelo Suas, para a garantia de seguranças fundamentais no enfrentamento de situações de vulnerabilidade e de risco, por fragilização de vínculos e ameaça ou violação de direitos.

§ 2º Os serviços socioassistenciais destinados à pessoa com deficiência em situação de dependência deverão contar com cuidadores sociais para prestar-lhe cuidados básicos e instrumentais.

Art. 40. É assegurado à pessoa com deficiência que não possua meios para prover sua subsistência nem de tê-la provida por sua família o benefício mensal de 1 (um) salário-mínimo, nos termos da Lei nº 8.742, de 7 de dezembro de 1993.

- arts. 2º, I, e; 20, Lei 8.742/1993 (Dispõe sobre a organização da Assistência Social).

CAPÍTULO VIII
DO DIREITO À PREVIDÊNCIA SOCIAL

Art. 41. A pessoa com deficiência segurada do Regime Geral de Previdência Social (RGPS) tem direito à aposentadoria nos termos da Lei Complementar nº 142, de 8 de maio de 2013.

CAPÍTULO IX
DO DIREITO À CULTURA, AO ESPORTE, AO TURISMO E AO LAZER

Art. 42. A pessoa com deficiência tem direito à cultura, ao esporte, ao turismo e ao lazer em igualdade de oportunidades com as demais pessoas, sendo-lhe garantido o acesso:

I - a bens culturais em formato acessível;
II - a programas de televisão, cinema, teatro e outras atividades culturais e desportivas em formato acessível; e
III - a monumentos e locais de importância cultural e a espaços que ofereçam serviços ou eventos culturais e esportivos.

§ 1º É vedada a recusa de oferta de obra intelectual em formato acessível à pessoa com deficiência, sob qualquer argumento, inclusive sob a alegação de proteção dos direitos de propriedade intelectual.

§ 2º O poder público deve adotar soluções destinadas à eliminação, à redução ou à superação de barreiras para a promoção do acesso a todo patrimônio cultural, observadas as normas de acessibilidade, ambientais e de proteção do patrimônio histórico e artístico nacional.

Art. 43. O poder público deve promover a participação da pessoa com deficiência em atividades artísticas, intelectuais, culturais, esportivas e recreativas, com vistas ao seu protagonismo, devendo:

I - incentivar a provisão de instrução, de treinamento e de recursos adequados, em igualdade de oportunidades com as demais pessoas;
II - assegurar acessibilidade nos locais de eventos e nos serviços prestados por pessoa ou entidade envolvida na organização das atividades de que trata este artigo; e
III - assegurar a participação da pessoa com deficiência em jogos e atividades recreativas, esportivas, de lazer, culturais e artísticas, inclusive no sistema escolar, em igualdade de condições com as demais pessoas.

Art. 44. Nos teatros, cinemas, auditórios, estádios, ginásios de esporte, locais de espetáculos e de conferências e similares, serão reservados espaços livres e assentos para a pessoa com deficiência, de acordo com a capacidade de lotação da edificação, observado o disposto em regulamento.

§ 1º Os espaços e assentos a que se refere este artigo devem ser distribuídos pelo recinto em locais diversos, de boa visibilidade, em todos os setores, próximos aos corredores, devidamente sinalizados, evitando-se áreas segregadas de público e obstrução das saídas, em conformidade com as normas de acessibilidade.

§ 2º No caso de não haver comprovada procura pelos assentos reservados, esses podem, excepcionalmente, ser ocupados por pessoas sem deficiência ou que não tenham mobilidade reduzida, observado o disposto em regulamento.

§ 3º Os espaços e assentos a que se refere este artigo devem situar-se em locais que garantam a acomodação de, no mínimo, 1 (um) acompanhante da pessoa com deficiência ou com mobilidade reduzida, resguardado o direito de se acomodar proximamente a grupo familiar e comunitário.

§ 4º Nos locais referidos no *caput* deste artigo, deve haver, obrigatoriamente, rotas de fuga e saídas de emergência acessíveis, conforme padrões das normas de acessibilidade, a fim de permitir a saída segura da pessoa com deficiência ou com mobilidade reduzida, em caso de emergência.

§ 5º Todos os espaços das edificações previstas no *caput* deste artigo devem atender às normas de acessibilidade em vigor.

§ 6º As salas de cinema devem oferecer, em todas as sessões, recursos de acessibilidade para a pessoa com deficiência.

- art. 125, II, desta lei.

§ 7º O valor do ingresso da pessoa com deficiência não poderá ser superior ao valor cobrado das demais pessoas.

Art. 45. Os hotéis, pousadas e similares devem ser construídos observando-se os princípios do desenho universal, além de adotar todos os meios de acessibilidade, conforme legislação em vigor.

- Dec. 9.296/2018 (Regulamenta este artigo).

§ 1º Os estabelecimentos já existentes deverão disponibilizar, pelo menos, 10% (dez por cento) de seus dormitórios acessíveis, garantida, no mínimo, 1 (uma) unidade acessível.

§ 2º Os dormitórios mencionados no § 1º deste artigo deverão ser localizados em rotas acessíveis.

CAPÍTULO X
DO DIREITO AO TRANSPORTE E À MOBILIDADE

Art. 46. O direito ao transporte e à mobilidade da pessoa com deficiência ou com mobilidade reduzida será assegurado em igualdade de oportunidades com as demais pessoas, por meio de identificação e de eliminação de todos os obstáculos e barreiras ao seu acesso.

- arts. 24, I, IV; Lei 12.587/2012 (Institui as diretrizes da Política Nacional de Mobilidade Urbana).

§ 1º Para fins de acessibilidade aos serviços de transporte coletivo terrestre, aquaviário e aéreo, em todas as jurisdições, consideram-se como integrantes desses serviços os veículos, os terminais, as estações, os pontos de parada, o sistema viário e a prestação do serviço.

§ 2º São sujeitas ao cumprimento das disposições desta Lei, sempre que houver interação com a matéria nela regulada, a outorga, a concessão, a permissão, a autorização, a renovação ou a habilitação de linhas e de serviços de transporte coletivo.

§ 3º Para colocação do símbolo internacional de acesso nos veículos, as empresas de transporte coletivo de passageiros dependem da certificação de acessibilidade emitida pelo gestor público responsável pela prestação do serviço.

Art. 47. Em todas as áreas de estacionamento aberto ao público, de uso público ou privado de uso coletivo e em vias públicas, devem ser reservadas vagas próximas aos acessos de circulação de pedestres, devidamente sinalizadas, para veículos que transportem pessoa com deficiência com comprometimento de mobilidade, desde que devidamente identificados.

§ 1º As vagas a que se refere o *caput* deste artigo devem equivaler a 2% (dois por cento) do total, garantida, no mínimo, 1 (uma) vaga devidamente sinalizada e com as especificações de desenho e traçado de acordo com as normas técnicas vigentes de acessibilidade.

§ 2º Os veículos estacionados nas vagas reservadas devem exibir, em local de ampla visibilidade, a credencial de beneficiário, a ser confeccionada e fornecida pelos órgãos de trânsito, que disciplinarão suas características e condições de uso.

§ 3º A utilização indevida das vagas de que trata este artigo sujeita os infratores às sanções previstas no inciso XX do art. 181 da Lei nº 9.503, de 23 de setembro de 1997 (Código de Trânsito Brasileiro). (Redação dada pela Lei nº 13.281, de 2016)

§ 4º A credencial a que se refere o § 2º deste artigo é vinculada à pessoa com deficiência que possui comprometimento de mobilidade e é válida em todo o território nacional.

Art. 48. Os veículos de transporte coletivo terrestre, aquaviário e aéreo, as instalações, as estações, os portos e os terminais em operação no País devem ser acessíveis, de forma a garantir o seu uso por todas as pessoas.

§ 1º Os veículos e as estruturas de que trata o *caput* deste artigo devem dispor de sistema de comunicação acessível que disponibilize informações sobre todos os pontos do itinerário.

§ 2º São asseguradas à pessoa com deficiência prioridade e segurança nos procedimentos de embarque e de desembarque nos veículos de transporte coletivo, de acordo com as normas técnicas.

§ 3º Para colocação do símbolo internacional de acesso nos veículos, as empresas de transporte coletivo de passageiros dependem da certificação de acessibilidade emitida pelo gestor público responsável pela prestação do serviço.

Art. 49. As empresas de transporte de fretamento e de turismo, na renovação de suas frotas, são obrigadas ao cumprimento do disposto nos arts. 46 e 48 desta Lei.

Art. 50. O poder público incentivará a fabricação de veículos acessíveis e a sua utilização como táxis e vans, de forma a garantir o seu uso por todas as pessoas.

Art. 51. As frotas de empresas de táxi devem reservar 10% (dez por cento) de seus veículos acessíveis à pessoa com deficiência.

§ 1º É proibida a cobrança diferenciada de tarifas ou de valores adicionais pelo serviço de táxi prestado à pessoa com deficiência.

§ 2º O poder público é autorizado a instituir incentivos fiscais com vistas a possibilitar a acessibilidade dos veículos a que se refere o *caput* deste artigo.

› Dec. 9.762/2019 (Regulamenta este artigo).

Art. 52. As locadoras de veículos são obrigadas a oferecer 1 (um) veículo adaptado para uso de pessoa com deficiência, a cada conjunto de 20 (vinte) veículos de sua frota.

Parágrafo único. O veículo adaptado deverá ter, no mínimo, câmbio automático, direção hidráulica, vidros elétricos e comandos manuais de freio e de embreagem.

› Dec. 9.762/2019 (Regulamenta este artigo).

TÍTULO III
DA ACESSIBILIDADE

CAPÍTULO I
DISPOSIÇÕES GERAIS

Art. 53. A acessibilidade é direito que garante à pessoa com deficiência ou com mobilidade reduzida viver de forma independente e exercer seus direitos de cidadania e de participação social.

› Lei 10.098/2000 (Estabelece normas gerais e critérios básicos para a promoção da acessibilidade das pessoas portadoras de deficiência ou com mobilidade reduzida).

Art. 54. São sujeitas ao cumprimento das disposições desta Lei e de outras normas relativas à acessibilidade, sempre que houver interação com a matéria nela regulada:

I - a aprovação de projeto arquitetônico e urbanístico ou de comunicação e informação, a fabricação de veículos de transporte coletivo, a prestação do respectivo serviço e a execução de qualquer tipo de obra, quando tenham destinação pública ou coletiva;

II - a outorga ou a renovação de concessão, permissão, autorização ou habilitação de qualquer natureza;

III - a aprovação de financiamento de projeto com utilização de recursos públicos, por meio de renúncia ou de incentivo fiscal, contrato, convênio ou instrumento congênere; e

IV - a concessão de aval da União para obtenção de empréstimo e de financiamento internacionais por entes públicos ou privados.

Art. 55. A concepção e a implantação de projetos que tratem do meio físico, de transporte, de informação e comunicação, inclusive de sistemas e tecnologias da informação e comunicação, e de outros serviços, equipamentos e instalações abertos ao público, de uso público ou privado de uso coletivo, tanto na zona urbana como na rural, devem atender aos princípios do desenho universal, tendo como referência as normas de acessibilidade.

§ 1º O desenho universal será sempre tomado como regra de caráter geral.

§ 2º Nas hipóteses em que comprovadamente o desenho universal não possa ser empreendido, deve ser adotada adaptação razoável.

§ 3º Caberá ao poder público promover a inclusão de conteúdos temáticos referentes ao desenho universal nas diretrizes curriculares da educação profissional e tecnológica e do ensino superior e na formação das carreiras de Estado.

§ 4º Os programas, os projetos e as linhas de pesquisa a serem desenvolvidos com o apoio de organismos públicos de auxílio à pesquisa e de agências de fomento deverão incluir temas voltados para o desenho universal.

§ 5º Desde a etapa de concepção, as políticas públicas deverão considerar a adoção do desenho universal.

Art. 56. A construção, a reforma, a ampliação ou a mudança de uso de edificações abertas ao público, de uso público ou privadas de uso coletivo deverão ser executadas de modo a serem acessíveis.

§ 1º As entidades de fiscalização profissional das atividades de Engenharia, de Arquitetura e correlatas, ao anotarem a responsabilidade técnica de projetos, devem exigir a responsabilidade profissional declarada de atendimento às regras de acessibilidade previstas em legislação e em normas técnicas pertinentes.

§ 2º Para a aprovação, o licenciamento ou a emissão de certificado de projeto executivo arquitetônico, urbanístico e de instalações e equipamentos temporários ou permanentes e para o licenciamento ou a emissão de certificado de conclusão de obra ou de serviço, deve ser atestado o atendimento às regras de acessibilidade.

§ 3º O poder público, após certificar a acessibilidade de edificação ou de serviço, determinará a colocação, em espaços ou em locais de ampla visibilidade, do símbolo internacional de acesso, na forma prevista em legislação e em normas técnicas correlatas.

Art. 57. As edificações públicas e privadas de uso coletivo já existentes devem garantir acessibilidade à pessoa com deficiência em todas as suas dependências e serviços, tendo como referência as normas de acessibilidade vigentes.

Art. 58. O projeto e a construção de edificação de uso privado multifamiliar devem atender aos preceitos de acessibilidade, na forma regulamentar.

› Dec. 9.451/2018 (Regulamenta este artigo).

§ 1º As construtoras e incorporadoras responsáveis pelo projeto e pela construção das edificações a que se refere o *caput* deste artigo devem assegurar percentual mínimo de suas unidades internamente acessíveis, na forma regulamentar.

§ 2º É vedada a cobrança de valores adicionais para a aquisição de unidades internamente acessíveis a que se refere o § 1º deste artigo.

Art. 59. Em qualquer intervenção nas vias e nos espaços públicos, o poder público e as empresas concessionárias responsáveis pela execução das obras e dos serviços devem garantir, de forma segura, a fluidez do trânsito e a livre circulação e acessibilidade das pessoas, durante e após sua execução.

Art. 60. Orientam-se, no que couber, pelas regras de acessibilidade previstas em legislação e em normas técnicas, observado o disposto na Lei nº 10.098, de 19 de dezembro de 2000, nº 10.257, de 10 de julho de 2001, e nº 12.587, de 3 de janeiro de 2012:

I - os planos diretores municipais, os planos diretores de transporte e trânsito, os planos de mobilidade urbana e os planos de preservação de sítios históricos elaborados ou atualizados a partir da publicação desta Lei;

II - os códigos de obras, os códigos de postura, as leis de uso e ocupação do solo e as leis do sistema viário;

III - os estudos prévios de impacto de vizinhança;

IV - as atividades de fiscalização e a imposição de sanções; e

V - a legislação referente à prevenção contra incêndio e pânico.

§ 1º A concessão e a renovação de alvará de funcionamento para qualquer atividade são condicionadas à observação e à certificação das regras de acessibilidade.

§ 2º A emissão de carta de habite-se ou de habilitação equivalente e sua renovação, quando esta tiver sido emitida anteriormente às exigências de acessibilidade, é condicionada à observação e à certificação das regras de acessibilidade.

Art. 61. A formulação, a implementação e a manutenção das ações de acessibilidade atenderão às seguintes premissas básicas:

I - eleição de prioridades, elaboração de cronograma e reserva de recursos para implementação das ações; e

II - planejamento contínuo e articulado entre os setores envolvidos.

Art. 62. É assegurado à pessoa com deficiência, mediante solicitação, o recebimento de contas, boletos, recibos, extratos e cobranças de tributos em formato acessível.

CAPÍTULO II
DO ACESSO À INFORMAÇÃO E À COMUNICAÇÃO

Art. 63. É obrigatória a acessibilidade nos sítios da internet mantidos por empresas com sede ou representação comercial no País ou por órgãos de governo, para uso da pessoa com deficiência, garantindo-lhe acesso às informações disponíveis, conforme as melhores práticas e diretrizes de acessibilidade adotadas internacionalmente.

§ 1º Os sítios devem conter símbolo de acessibilidade em destaque.

§ 2º Telecentros comunitários que receberem recursos públicos federais para seu custeio ou sua instalação e lan houses devem possuir equipamentos e instalações acessíveis.

§ 3º Os telecentros e as lan houses de que trata o § 2º deste artigo devem garantir, no mínimo, 10% (dez por cento) de seus computadores com recursos de acessibilidade para pessoa com deficiência visual, sendo assegurado pelo menos 1 (um) equipamento, quando o resultado percentual for inferior a 1 (um).

Art. 64. A acessibilidade nos sítios da internet de que trata o art. 63 desta Lei deve ser observada para obtenção do financiamento de que trata o inciso III do art. 54 desta Lei.

Art. 65. As empresas prestadoras de serviços de telecomunicações deverão garantir pleno acesso à pessoa com deficiência, conforme regulamentação específica.

Art. 66. Cabe ao poder público incentivar a oferta de aparelhos de telefonia fixa e móvel celular com acessibilidade que, entre outras tecnologias assistivas, possuam possibilidade de indicação e de ampliação sonoras de todas as operações e funções disponíveis.

Art. 67. Os serviços de radiodifusão de sons e imagens devem permitir o uso dos seguintes recursos, entre outros:

I - subtitulação por meio de legenda oculta;

II - janela com intérprete da Libras;

III - audiodescrição.

› arts. 218; 219-A; 219-B, CF.

Art. 68. O poder público deve adotar mecanismos de incentivo à produção, à edição, à difusão, à distribuição e à comercialização de livros em formatos acessíveis, inclusive em publicações da administração pública ou financiadas com recursos públicos, com vistas a garantir à pessoa com deficiência o direito de acesso à leitura, à informação e à comunicação.

§ 1º Nos editais de compras de livros, inclusive para o abastecimento ou a atualização de acervos de bibliotecas em todos os níveis e modalidades de educação e de bibliotecas públicas, o poder público deverá adotar cláusulas de impedimento à participação de editoras que não ofertem sua produção também em formatos acessíveis.

§ 2º Consideram-se formatos acessíveis os arquivos digitais que possam ser reconhecidos e acessados por softwares leitores de telas ou outras tecnologias assistivas que vierem a substituí-los, permitindo leitura com voz sintetizada, ampliação de caracteres, diferentes contrastes e impressão em Braille.

§ 3º O poder público deve estimular e apoiar a adaptação e a produção de artigos científicos em formato acessível, inclusive em Libras.

Art. 69. O poder público deve assegurar a disponibilidade de informações corretas e claras sobre os diferentes produtos e serviços ofertados, por quaisquer meios de comunicação empregados, inclusive em ambiente virtual, contendo a especificação correta de quantidade, qualidade, características, composição e preço, bem como sobre os eventuais riscos à saúde e à segurança do consumidor com deficiência, em caso de sua utilização, aplicando-se, no que couber, os arts. 30 a 41 da Lei nº 8.078, de 11 de setembro de 1990.

§ 1º Os canais de comercialização virtual e os anúncios publicitários veiculados na imprensa escrita, na internet, no rádio, na televisão e nos demais veículos de comunicação abertos ou por assinatura devem disponibilizar, conforme a compatibilidade do meio, os recursos de acessibilidade de que trata o art. 67 desta Lei, a expensas do fornecedor do produto ou do serviço, sem prejuízo da observância do disposto nos arts. 36 a 38 da Lei nº 8.078, de 11 de setembro de 1990.

§ 2º Os fornecedores devem disponibilizar, mediante solicitação, exemplares de bulas, prospectos, textos ou qualquer outro tipo de material de divulgação em formato acessível.

Art. 70. As instituições promotoras de congressos, seminários, oficinas e demais eventos de natureza científico-cultural devem oferecer à pessoa com deficiência, no mínimo, os recursos de tecnologia assistiva previstos no art. 67 desta Lei.

Art. 71. Os congressos, os seminários, as oficinas e os demais eventos de natureza científico-cultural promovidos ou financiados pelo poder público devem garantir as condições de acessibilidade e os recursos de tecnologia assistiva.

Art. 72. Os programas, as linhas de pesquisa e os projetos a serem desenvolvidos com o apoio de agências de financiamento e de órgãos e entidades integrantes da administração pública que atuem no auxílio à pesquisa devem contemplar temas voltados à tecnologia assistiva.

Art. 73. Caberá ao poder público, diretamente ou em parceria com organizações da sociedade civil, promover a capacitação de tradutores e intérpretes da Libras, de guias intérpretes e de profissionais habilitados em Braille, audiodescrição, estenotipia e legendagem.

CAPÍTULO III
DA TECNOLOGIA ASSISTIVA

Art. 74. É garantido à pessoa com deficiência acesso a produtos, recursos, estratégias, práticas, processos, métodos e serviços de tecnologia assistiva que maximizem sua autonomia, mobilidade pessoal e qualidade de vida.

Art. 75. O poder público desenvolverá plano específico de medidas, a ser renovado em cada período de 4 (quatro) anos, com a finalidade de:

I - facilitar o acesso a crédito especializado, inclusive com oferta de linhas de crédito subsidiadas, específicas para aquisição de tecnologia assistiva;

II - agilizar, simplificar e priorizar procedimentos de importação de tecnologia assistiva, especialmente as questões atinentes a procedimentos alfandegários e sanitários;

III - criar mecanismos de fomento à pesquisa e à produção nacional de tecnologia assistiva, inclusive por meio de concessão de linhas de crédito subsidiado e de parcerias com institutos de pesquisa oficiais;

IV - eliminar ou reduzir a tributação da cadeia produtiva e de importação de tecnologia assistiva;

V - facilitar e agilizar o processo de inclusão de novos recursos de tecnologia assistiva no rol de produtos distribuídos no âmbito do SUS e por outros órgãos governamentais.

Parágrafo único. Para fazer cumprir o disposto neste artigo, os procedimentos constantes do plano específico de medidas deverão ser avaliados, pelo menos, a cada 2 (dois) anos.

CAPÍTULO IV
DO DIREITO À PARTICIPAÇÃO NA VIDA PÚBLICA E POLÍTICA

Art. 76. O poder público deve garantir à pessoa com deficiência todos os direitos políticos e a oportunidade de exercê-los em igualdade de condições com as demais pessoas.

§ 1º À pessoa com deficiência será assegurado o direito de votar e de ser votada, inclusive por meio das seguintes ações:

I - garantia de que os procedimentos, as instalações, os materiais e os equipamentos para votação sejam apropriados, acessíveis a todas as pessoas e de fácil compreensão e uso, sendo vedada a instalação de seções eleitorais exclusivas para a pessoa com deficiência;

II - incentivo à pessoa com deficiência a candidatar-se e a desempenhar quaisquer funções públicas em todos os níveis de governo, inclusive por meio do uso de novas tecnologias assistivas, quando apropriado;

III - garantia de que os pronunciamentos oficiais, a propaganda eleitoral obrigatória e os debates transmitidos pelas emissoras de televisão possuam, pelo menos, os recursos elencados no art. 67 desta Lei;

IV - garantia do livre exercício do direito ao voto e, para tanto, sempre que necessário e a seu pedido, permissão para que a pessoa com deficiência seja auxiliada na votação por pessoa de sua escolha.

§ 2º O poder público promoverá a participação da pessoa com deficiência, inclusive quando institucionalizada, na condução das questões públicas, sem discriminação e em igualdade de oportunidades, observado o seguinte:

I - participação em organizações não governamentais relacionadas à vida pública e à política do País e em atividades e administração de partidos políticos;

II - formação de organizações para representar a pessoa com deficiência em todos os níveis;

III - participação da pessoa com deficiência em organizações que a representem.

TÍTULO IV
DA CIÊNCIA E TECNOLOGIA

‣ arts. 218; 219-A; 219-B, CF.

Art. 77. O poder público deve fomentar o desenvolvimento científico, a pesquisa e a inovação e a capacitação tecnológicas, voltados à melhoria da qualidade de vida e ao trabalho da pessoa com deficiência e sua inclusão social.

§ 1º O fomento pelo poder público deve priorizar a geração de conhecimentos e técnicas que visem à prevenção e ao tratamento de deficiências e ao desenvolvimento de tecnologias assistiva e social.

§ 2º A acessibilidade e as tecnologias assistiva e social devem ser fomentadas mediante a criação de cursos de pós-graduação, a formação de recursos humanos e a inclusão do tema nas diretrizes de áreas do conhecimento.

§ 3º Deve ser fomentada a capacitação tecnológica de instituições públicas e privadas para o desenvolvimento de tecnologias assistiva e social que sejam voltadas para melhoria da funcionalidade e da participação social da pessoa com deficiência.

§ 4º As medidas previstas neste artigo devem ser reavaliadas periodicamente pelo poder público, com vistas ao seu aperfeiçoamento.

Art. 78. Devem ser estimulados a pesquisa, o desenvolvimento, a inovação e a difusão de tecnologias voltadas para ampliar o acesso da pessoa com deficiência às tecnologias da informação e comunicação e às tecnologias sociais.

Parágrafo único. Serão estimulados, em especial:

I - o emprego de tecnologias da informação e comunicação como instrumento de superação de limitações funcionais e de barreiras à comunicação, à informação, à educação e ao entretenimento da pessoa com deficiência;

II - a adoção de soluções e a difusão de normas que visem a ampliar a acessibilidade da pessoa com deficiência à computação e aos sítios da internet, em especial aos serviços de governo eletrônico.

LIVRO II
PARTE ESPECIAL

TÍTULO I
DO ACESSO À JUSTIÇA

CAPÍTULO I
DISPOSIÇÕES GERAIS

Art. 79. O poder público deve assegurar o acesso da pessoa com deficiência à justiça, em igualdade de oportunidades com as demais pessoas, garantindo, sempre que requeridos, adaptações e recursos de tecnologia assistiva.

§ 1º A fim de garantir a atuação da pessoa com deficiência em todo o processo judicial, o poder público deve capacitar os membros e os servidores que atuam no Poder Judiciário, no Ministério Público, na Defensoria Pública, nos órgãos de segurança pública e no sistema penitenciário quanto aos direitos da pessoa com deficiência.

§ 2º Devem ser assegurados à pessoa com deficiência submetida a medida restritiva de liberdade todos os direitos e garantias a que fazem jus os apenados sem deficiência, garantida a acessibilidade.

§ 3º A Defensoria Pública e o Ministério Público tomarão as medidas necessárias à garantia dos direitos previstos nesta Lei.

Art. 80. Devem ser oferecidos todos os recursos de tecnologia assistiva disponíveis para que a pessoa com deficiência tenha garantido o acesso à justiça, sempre que figure em um dos polos da ação ou atue como testemunha, partícipe da lide posta em juízo, advogado, defensor público, magistrado ou membro do Ministério Público.

Parágrafo único. A pessoa com deficiência tem garantido o acesso ao conteúdo de todos os atos processuais de seu interesse, inclusive no exercício da advocacia.

‣ art. 228, º 2º, CC.

‣ art. 208, CPP.

Art. 81. Os direitos da pessoa com deficiência serão garantidos por ocasião da aplicação de sanções penais.

Art. 82. (Vetado).

Art. 83. Os serviços notariais e de registro não podem negar ou criar óbices ou condições diferenciadas à prestação de seus serviços em razão de deficiência do solicitante, devendo reconhecer sua capacidade legal plena, garantida a acessibilidade.

Parágrafo único. O descumprimento do disposto no *caput* deste artigo constitui discriminação em razão de deficiência.

CAPÍTULO II
DO RECONHECIMENTO IGUAL PERANTE A LEI

Art. 84. A pessoa com deficiência tem assegurado o direito ao exercício de sua capacidade legal em igualdade de condições com as demais pessoas.

› art. 208, CPP.

§ 1º Quando necessário, a pessoa com deficiência será submetida à curatela, conforme a lei.

§ 2º É facultado à pessoa com deficiência a adoção de processo de tomada de decisão apoiada.

§ 3º A definição de curatela de pessoa com deficiência constitui medida protetiva extraordinária, proporcional às necessidades e às circunstâncias de cada caso, e durará o menor tempo possível.

§ 4º Os curadores são obrigados a prestar, anualmente, contas de sua administração ao juiz, apresentando o balanço do respectivo ano.

Art. 85. A curatela afetará tão somente os atos relacionados aos direitos de natureza patrimonial e negocial.

§ 1º A definição da curatela não alcança o direito ao próprio corpo, à sexualidade, ao matrimônio, à privacidade, à educação, à saúde, ao trabalho e ao voto.

§ 2º A curatela constitui medida extraordinária, devendo constar da sentença as razões e motivações de sua definição, preservados os interesses do curatelado.

§ 3º No caso de pessoa em situação de institucionalização, ao nomear curador, o juiz deve dar preferência a pessoa que tenha vínculo de natureza familiar, afetiva ou comunitária com o curatelado.

Art. 86. Para emissão de documentos oficiais, não será exigida a situação de curatela da pessoa com deficiência.

Art. 87. Em casos de relevância e urgência e a fim de proteger os interesses da pessoa com deficiência em situação de curatela, será lícito ao juiz, ouvido o Ministério Público, de ofício ou a requerimento do interessado, nomear, desde logo, curador provisório, o qual estará sujeito, no que couber, às disposições do Código de Processo Civil.

TÍTULO II
DOS CRIMES E DAS INFRAÇÕES ADMINISTRATIVAS

Art. 88. Praticar, induzir ou incitar discriminação de pessoa em razão de sua deficiência:

Pena – reclusão, de 1 (um) a 3 (três) anos, e multa.

› art. 140, § 3º, CP.

§ 1º Aumenta-se a pena em 1/3 (um terço) se a vítima encontrar-se sob cuidado e responsabilidade do agente.

§ 2º Se qualquer dos crimes previstos no *caput* deste artigo é cometido por intermédio de meios de comunicação social ou de publicação de qualquer natureza:

Pena – reclusão, de 2 (dois) a 5 (cinco) anos, e multa.

§ 3º Na hipótese do § 2º deste artigo, o juiz poderá determinar, ouvido o Ministério Público ou a pedido deste, ainda antes do inquérito policial, sob pena de desobediência:

I - recolhimento ou busca e apreensão dos exemplares do material discriminatório;

II - interdição das respectivas mensagens ou páginas de informação na internet.

§ 4º Na hipótese do § 2º deste artigo, constitui efeito da condenação, após o trânsito em julgado da decisão, a destruição do material apreendido.

Art. 89. Apropriar-se de ou desviar bens, proventos, pensão, benefícios, remuneração ou qualquer outro rendimento de pessoa com deficiência:

Pena – reclusão, de 1 (um) a 4 (quatro) anos, e multa.

Parágrafo único. Aumenta-se a pena em 1/3 (um terço) se o crime é cometido:

› art. 168-A, CP.

I - por tutor, curador, síndico, liquidatário, inventariante, testamenteiro ou depositário judicial; ou

II - por aquele que se apropriou em razão de ofício ou de profissão.

› arts. 312 e ss., CP.

Art. 90. Abandonar pessoa com deficiência em hospitais, casas de saúde, entidades de abrigamento ou congêneres:

Pena – reclusão, de 6 (seis) meses a 3 (três) anos, e multa.

Parágrafo único. Na mesma pena incorre quem não prover as necessidades básicas de pessoa com deficiência quando obrigado por lei ou mandado.

› arts. 133; 244, CP.

Art. 91. Reter ou utilizar cartão magnético, qualquer meio eletrônico ou documento de pessoa com deficiência destinados ao recebimento de benefícios, proventos, pensões ou remuneração ou à realização de operações financeiras, com o fim de obter vantagem indevida para si ou para outrem:

Pena – detenção, de 6 (seis) meses a 2 (dois) anos, e multa.

Parágrafo único. Aumenta-se a pena em 1/3 (um terço) se o crime é cometido por tutor ou curador.

TÍTULO III
DISPOSIÇÕES FINAIS E TRANSITÓRIAS

Art. 92. É criado o Cadastro Nacional de Inclusão da Pessoa com Deficiência (Cadastro-Inclusão), registro público eletrônico com a finalidade de coletar, processar, sistematizar e disseminar informações georreferenciadas que permitam a identificação e a caracterização socioeconômica da pessoa com deficiência, bem como das barreiras que impedem a realização de seus direitos.

§ 1º O Cadastro-Inclusão será administrado pelo Poder Executivo federal e constituído por base de dados, instrumentos, procedimentos e sistemas eletrônicos.

§ 2º Os dados constituintes do Cadastro-Inclusão serão obtidos pela integração dos sistemas de informação e da base de dados de todas as políticas públicas relacionadas aos direitos da pessoa com deficiência, bem como por informações coletadas, inclusive em censos nacionais e nas demais pesquisas realizadas no País, de acordo com os parâmetros estabelecidos pela Convenção sobre os Direitos das Pessoas com Deficiência e seu Protocolo Facultativo.

§ 3º Para coleta, transmissão e sistematização de dados, é facultada a celebração de convênios, acordos, termos de parceria ou contratos com instituições públicas e privadas, observados os requisitos e procedimentos previstos em legislação específica.

§ 4º Para assegurar a confidencialidade, a privacidade e as liberdades fundamentais da pessoa com deficiência e os princípios éticos que regem a utilização de informações, devem ser observadas as salvaguardas estabelecidas em lei.

§ 5º Os dados do Cadastro-Inclusão somente poderão ser utilizados para as seguintes finalidades:

I - formulação, gestão, monitoramento e avaliação das políticas públicas para a pessoa com deficiência e para identificar as barreiras que impedem a realização de seus direitos;

II - realização de estudos e pesquisas.

§ 6º As informações a que se refere este artigo devem ser disseminadas em formatos acessíveis.

Art. 93. Na realização de inspeções e de auditorias pelos órgãos de controle interno e externo, deve ser observado o cumprimento da legislação relativa à pessoa com deficiência e das normas de acessibilidade vigentes.

Art. 94. Terá direito a auxílio-inclusão, nos termos da lei, a pessoa com deficiência moderada ou grave que:

I - receba o benefício de prestação continuada previsto no art. 20 da Lei nº 8.742, de 7 de dezembro de 1993, e que passe a exercer atividade remunerada que a enquadre como segurado obrigatório do RGPS;

II - tenha recebido, nos últimos 5 (cinco) anos, o benefício de prestação continuada previsto no art. 20 da Lei nº 8.742, de 7 de dezembro de 1993, e que exerça atividade remunerada que a enquadre como segurado obrigatório do RGPS.

Art. 95. É vedado exigir o comparecimento de pessoa com deficiência perante os órgãos públicos quando seu deslocamento, em razão de sua limitação funcional e de condições de acessibilidade, imponha-lhe ônus desproporcional e indevido, hipótese na qual serão observados os seguintes procedimentos:

I - quando for de interesse do poder público, o agente promoverá o contato necessário com a pessoa com deficiência em sua residência;

II - quando for de interesse da pessoa com deficiência, ela apresentará solicitação de atendimento domiciliar ou fará representar-se por procurador constituído para essa finalidade.

Parágrafo único. É assegurado à pessoa com deficiência atendimento domiciliar pela perícia médica e social do Instituto Nacional do Seguro Social (INSS), pelo serviço público de saúde ou pelo serviço privado de saúde, contratado ou conveniado, que integre o SUS e pelas entidades da rede socioassistencial integrantes do Suas, quando seu deslocamento, em razão de sua limitação funcional e de condições de acessibilidade, imponha-lhe ônus desproporcional e indevido.

Art. 96. O § 6º-A do art. 135 da Lei nº 4.737, de 15 de julho de 1965 (Código Eleitoral), passa a vigorar com a seguinte redação:

› Alterações já incorporadas ao texto da referida lei.

Art. 97. A Consolidação das Leis do Trabalho (CLT), aprovada pelo Decreto-Lei nº 5.452, de 1º de maio de 1943, passa a vigorar com as seguintes alterações:

› Alterações já incorporadas ao texto da CLT.

Art. 98. A Lei nº 7.853, de 24 de outubro de 1989, passa a vigorar com as seguintes alterações:

› Alterações já incorporadas ao texto da referida lei.

Art. 99. O art. 20 da Lei nº 8.036, de 11 de maio de 1990, passa a vigorar acrescido do seguinte inciso XVIII:

› Alterações já incorporadas ao texto da referida lei.

Art. 100. A Lei nº 8.078, de 11 de setembro de 1990 (Código de Defesa do Consumidor), passa a vigorar com as seguintes alterações:

› Alterações já incorporadas ao texto da referida lei.

Art. 101. A Lei nº 8.213, de 24 de julho de 1991, passa a vigorar com as seguintes alterações:

- Alterações já incorporadas ao texto da referida lei.

Art. 102. O art. 2º da Lei nº 8.313, de 23 de dezembro de 1991, passa a vigorar acrescido do seguinte § 3º:

"Art. 2º [...]

[...]

§ 3º Os incentivos criados por esta Lei somente serão concedidos a projetos culturais que forem disponibilizados, sempre que tecnicamente possível, também em formato acessível à pessoa com deficiência, observado o disposto em regulamento." (NR)

Art. 103. O art. 11 da Lei nº 8.429, de 2 de junho de 1992, passa a vigorar acrescido do seguinte inciso IX:

- Alterações já incorporadas ao texto da referida lei.

Art. 104. A Lei nº 8.666, de 21 de junho de 1993, passa a vigorar com as seguintes alterações:

- Alterações já incorporadas ao texto da referida lei.

Art. 105. O art. 20 da Lei nº 8.742, de 7 de dezembro de 1993, passa a vigorar com as seguintes alterações:

- Alterações já incorporadas ao texto da referida lei.

Art. 106. (Vetado).

Art. 107. A Lei nº 9.029, de 13 de abril de 1995, passa a vigorar com as seguintes alterações:

- Alterações já incorporadas ao texto da referida lei.

Art. 108. O art. 35 da Lei nº 9.250, de 26 de dezembro de 1995, passa a vigorar acrescido do seguinte § 5º:

"Art. 35. [...]

[...]

§ 5º Sem prejuízo do disposto no inciso IX do parágrafo único do art. 3º da Lei nº 10.741, de 1º de outubro de 2003, a pessoa com deficiência, ou o contribuinte que tenha dependente nessa condição, tem preferência na restituição referida no inciso III do art. 4º e na alínea "c" do inciso II do art. 8º." (NR)

Art. 109. A Lei nº 9.503, de 23 de setembro de 1997 (Código de Trânsito Brasileiro), passa a vigorar com as seguintes alterações:

- Alterações já incorporadas ao texto da referida lei.

Art. 110. O inciso VI e o § 1º do art. 56 da Lei nº 9.615, de 24 de março de 1998, passam a vigorar com a seguinte redação:

"Art. 56. [...]

[...]

VI – 2,7% (dois inteiros e sete décimos por cento) da arrecadação bruta dos concursos de prognósticos e loterias federais e similares cuja realização estiver sujeita a autorização federal, deduzindo-se esse valor do montante destinado aos prêmios;

[...]

§ 1º Do total de recursos financeiros resultantes do percentual de que trata o inciso VI do *caput*, 62,96% (sessenta e dois inteiros e noventa e seis centésimos por cento) serão destinados ao Comitê Olímpico Brasileiro (COB) e 37,04% (trinta e sete inteiros e quatro centésimos por cento) ao Comitê Paralímpico Brasileiro (CPB), devendo ser observado, em ambos os casos, o conjunto de normas aplicáveis à celebração de convênios pela União.

[...]" (NR)

Art. 111. O art. 1º da Lei nº 10.048, de 8 de novembro de 2000, passa a vigorar com a seguinte redação:

- Alterações já incorporadas ao texto da referida lei.

Art. 112. A Lei nº 10.098, de 19 de dezembro de 2000, passa a vigorar com as seguintes alterações:

- Alterações já incorporadas ao texto da referida lei.

Art. 113. A Lei nº 10.257, de 10 de julho de 2001 (Estatuto da Cidade), passa a vigorar com as seguintes alterações:

- Alterações já incorporadas ao texto da referida lei.

Art. 114. A Lei nº 10.406, de 10 de janeiro de 2002 (Código Civil), passa a vigorar com as seguintes alterações:

- Alterações já incorporadas ao texto da referida lei.

Art. 115. O Título IV do Livro IV da Parte Especial da Lei nº 10.406, de 10 de janeiro de 2002 (Código Civil), passa a vigorar com a seguinte redação:

- Alterações já incorporadas ao texto da referida lei.

Art. 116. O Título IV do Livro IV da Parte Especial da Lei nº 10.406, de 10 de janeiro de 2002 (Código Civil), passa a vigorar acrescido do seguinte Capítulo III:

- Alterações já incorporadas ao texto da referida lei.

Art. 117. O art. 1º da Lei nº 11.126, de 27 de junho de 2005, passa a vigorar com a seguinte redação:

"Art. 1º É assegurado à pessoa com deficiência visual acompanhada de cão-guia o direito de ingressar e de permanecer com o animal em todos os meios de transporte e em estabelecimentos abertos ao público, de uso público e privados de uso coletivo, desde que observadas as condições impostas por esta Lei.

[...]

§ 2º O disposto no *caput* deste artigo aplica-se a todas as modalidades e jurisdições do serviço de transporte coletivo de passageiros, inclusive em esfera internacional com origem no território brasileiro." (NR)

Art. 118. O inciso IV do art. 46 da Lei nº 11.904, de 14 de janeiro de 2009, passa a vigorar acrescido da seguinte alínea "k":

"Art. 46. [...]

[...]

IV – [...]

[...]

k) de acessibilidade a todas as pessoas.

[...]" (NR)

Art. 119. A Lei nº 12.587, de 3 de janeiro de 2012, passa a vigorar acrescida do seguinte art. 12-B:

- Alterações já incorporadas ao texto da referida lei.

Art. 120. Cabe aos órgãos competentes, em cada esfera de governo, a elaboração de relatórios circunstanciados sobre o cumprimento dos prazos estabelecidos por força das Leis nº 10.048, de 8 de novembro de 2000, e nº 10.098, de 19 de dezembro de 2000, bem como o seu encaminhamento ao Ministério Público e aos órgãos de regulação para adoção das providências cabíveis.

Parágrafo único. Os relatórios a que se refere o *caput* deste artigo deverão ser apresentados no prazo de 1 (um) ano a contar da entrada em vigor desta Lei.

Art. 121. Os direitos, os prazos e as obrigações previstos nesta Lei não excluem os já estabelecidos em outras legislações, inclusive em pactos, tratados, convenções e declarações internacionais aprovados e promulgados pelo Congresso Nacional, e devem ser aplicados em conformidade com as demais normas internas e acordos internacionais vinculantes sobre a matéria.

Parágrafo único. Prevalecerá a norma mais benéfica à pessoa com deficiência.

Art. 122. Regulamento disporá sobre a adequação do disposto nesta Lei ao tratamento diferenciado, simplificado e favorecido a ser dispensado às microempresas e às empresas de pequeno porte, previsto no § 3º do art. 1º da Lei Complementar nº 123, de 14 de dezembro de 2006.

Art. 123. Revogam-se os seguintes dispositivos:

I - o inciso II do § 2º do art. 1º da Lei nº 9.008, de 21 de março de 1995;

II - os incisos I, II e III do art. 3º da Lei nº 10.406, de 10 de janeiro de 2002 (Código Civil);

III - os incisos II e III do art. 228 da Lei nº 10.406, de 10 de janeiro de 2002 (Código Civil);

IV - o inciso I do art. 1.548 da Lei nº 10.406, de 10 de janeiro de 2002 (Código Civil);

V - o inciso IV do art. 1.557 da Lei nº 10.406, de 10 de janeiro de 2002 (Código Civil);

VI - os incisos II e IV do art. 1.767 da Lei nº 10.406, de 10 de janeiro de 2002 (Código Civil);

VII - os arts. 1.776 e 1.780 da Lei nº 10.406, de 10 de janeiro de 2002 (Código Civil).

Art. 124. O § 1º do art. 2º desta Lei deverá entrar em vigor em até 2 (dois) anos, contados da entrada em vigor desta Lei.

Art. 125. Devem ser observados os prazos a seguir discriminados, a partir da entrada em vigor desta Lei, para o cumprimento dos seguintes dispositivos:

I - incisos I e II do § 2º do art. 28, 48 (quarenta e oito) meses;

II - § 6º do art. 44, 84 (oitenta e quatro) meses; (Redação dada pela Lei 14.159/2021).

III - art. 45, 24 (vinte e quatro) meses;

IV - art. 49, 48 (quarenta e oito) meses.

Art. 126. Prorroga-se até 31 de dezembro de 2021 a vigência da Lei nº 8.989, de 24 de fevereiro de 1995.

Art. 127. Esta Lei entra em vigor após decorridos 180 (cento e oitenta) dias de sua publicação oficial.

Brasília, 6 de julho de 2015;
194º da Independência e 127º da República.

Dilma Roussef

ESTATUTO JURÍDICO DA EMPRESA PÚBLICA, DA SOCIEDADE DE ECONOMIA MISTA E DE SUAS SUBSIDIÁRIAS

LEI Nº 13.303, DE 30 DE JUNHO DE 2016

Dispõe sobre o estatuto jurídico da empresa pública, da sociedade de economia mista e de suas subsidiárias, no âmbito da União, dos Estados, do Distrito Federal e dos Municípios.

▸ DOU 1º.7.2016

TÍTULO I
DISPOSIÇÕES APLICÁVEIS ÀS EMPRESAS PÚBLICAS E ÀS SOCIEDADES DE ECONOMIA MISTA

CAPÍTULO I
DISPOSIÇÕES PRELIMINARES

Art. 1º Esta Lei dispõe sobre o estatuto jurídico da empresa pública, da sociedade de economia mista e de suas subsidiárias, abrangendo toda e qualquer empresa pública e sociedade de economia mista da União, dos Estados, do Distrito Federal e dos Municípios que explore atividade econômica de produção ou comercialização de bens ou de prestação de serviços, ainda que a atividade econômica esteja sujeita ao regime de monopólio da União ou seja de prestação de serviços públicos.

§ 1º O Título I desta Lei, exceto o disposto nos arts. 2º, 3º, 4º, 5º, 6º, 7º, 8º, 11, 12 e 27, não se aplica à empresa pública e à sociedade de economia mista que tiver, em conjunto com suas respectivas subsidiárias, no exercício social anterior, receita operacional bruta inferior a R$ 90.000.000,00 (noventa milhões de reais).

§ 2º O disposto nos Capítulos I e II do Título II desta Lei aplica-se inclusive à empresa pública dependente, definida nos termos do inciso III do art. 2º da Lei Complementar nº 101, de 4 de maio de 2000, que explore atividade econômica, ainda que a atividade econômica esteja sujeita ao regime de monopólio da União ou seja de prestação de serviços públicos.

§ 3º Os Poderes Executivos poderão editar atos que estabeleçam regras de governança destinadas às suas respectivas empresas públicas e sociedades de economia mista que se enquadrem na hipótese do § 1º, observadas as diretrizes gerais desta Lei.

§ 4º A não edição dos atos de que trata o § 3º no prazo de 180 (cento e oitenta) dias a partir da publicação desta Lei submete as respectivas empresas públicas e sociedades de economia mista às regras de governança previstas no Título I desta Lei.

§ 5º Submetem-se ao regime previsto nesta Lei a empresa pública e a sociedade de economia mista que participem de consórcio, conforme disposto no art. 279 da Lei nº 6.404, de 15 de dezembro de 1976, na condição de operadora.

§ 6º Submete-se ao regime previsto nesta Lei a sociedade, inclusive a de propósito específico, que seja controlada por empresa pública ou sociedade de economia mista abrangidas no *caput*.

§ 7º Na participação em sociedade empresarial em que a empresa pública, a sociedade de economia mista e suas subsidiárias não detenham o controle acionário, essas deverão adotar, no dever de fiscalizar, práticas de governança e controle proporcionais à relevância, à materialidade e aos riscos do negócio do qual são partícipes, considerando, para esse fim:

I - documentos e informações estratégicos do negócio e demais relatórios e informações produzidos por força de acordo de acionistas e de Lei considerados essenciais para a defesa de seus interesses na sociedade empresarial investida;

II - relatório de execução do orçamento e de realização de investimentos programados pela sociedade, inclusive quanto ao alinhamento dos custos orçados e dos realizados com os custos de mercado;

III - informe sobre execução da política de transações com partes relacionadas;

IV - análise das condições de alavancagem financeira da sociedade;

V - avaliação de inversões financeiras e de processos relevantes de alienação de bens móveis e imóveis da sociedade;

VI - relatório de risco das contratações para execução de obras, fornecimento de bens e prestação de serviços relevantes para os interesses da investidora;

VII - informe sobre execução de projetos relevantes para os interesses da investidora;

VIII - relatório de cumprimento, nos negócios da sociedade, de condicionantes socioambientais estabelecidas pelos órgãos ambientais;

IX - avaliação das necessidades de novos aportes na sociedade e dos possíveis riscos de redução da rentabilidade esperada do negócio;

X - qualquer outro relatório, documento ou informação produzido pela sociedade empresarial investida considerado relevante para o cumprimento do comando constante do *caput*.

Art. 2º A exploração de atividade econômica pelo Estado será exercida por meio de empresa pública, de sociedade de economia mista e de suas subsidiárias.

§ 1º A constituição de empresa pública ou de sociedade de economia mista dependerá de prévia autorização legal que indique, de forma clara, relevante interesse coletivo ou imperativo de segurança nacional, nos termos do *caput* do art. 173 da Constituição Federal.

§ 2º Depende de autorização legislativa a criação de subsidiárias de empresa pública e de sociedade de economia mista, assim como a participação de qualquer delas em empresa privada, cujo objeto social deve estar relacionado ao da investidora, nos termos do inciso XX do art. 37 da Constituição Federal.

§ 3º A autorização para participação em empresa privada prevista no § 2º não se aplica a operações de tesouraria, adjudicação de ações em garantia e participações autorizadas pelo Conselho de Administração em linha com o plano de negócios da empresa pública, da sociedade de economia mista e de suas respectivas subsidiárias.

Art. 3º Empresa pública é a entidade dotada de personalidade jurídica de direito privado, com criação autorizada por lei e com patrimônio próprio, cujo capital social é integralmente detido pela União, pelos Estados, pelo Distrito Federal ou pelos Municípios.

Parágrafo único. Desde que a maioria do capital votante permaneça em propriedade da União, do Estado, do Distrito Federal ou do Município, será admitida, no capital da empresa pública, a participação de outras pessoas jurídicas de direito público interno, bem como de entidades da administração indireta da União, dos Estados, do Distrito Federal e dos Municípios.

Art. 4º Sociedade de economia mista é a entidade dotada de personalidade jurídica de direito privado, com criação autorizada por lei, sob a forma de sociedade anônima, cujas ações com direito a voto pertençam em sua maioria à União, aos Estados, ao Distrito Federal, aos Municípios ou a entidade da administração indireta.

§ 1º A pessoa jurídica que controla a sociedade de economia mista tem os deveres e as responsabilidades do acionista controlador, estabelecidos na Lei nº 6.404, de 15 de dezembro de 1976, e deverá exercer o poder de controle no interesse da companhia, respeitado o interesse público que justificou sua criação.

§ 2º Além das normas previstas nesta Lei, a sociedade de economia mista com registro na Comissão de Valores Mobiliários sujeita-se às disposições da Lei nº 6.385, de 7 de dezembro de 1976.

CAPÍTULO II
DO REGIME SOCIETÁRIO DA EMPRESA PÚBLICA E DA SOCIEDADE DE ECONOMIA MISTA

SEÇÃO I
DAS NORMAS GERAIS

Art. 5º A sociedade de economia mista será constituída sob a forma de sociedade anônima e, ressalvado o disposto nesta Lei, estará sujeita ao regime previsto na Lei nº 6.404, de 15 de dezembro de 1976.

Art. 6º O estatuto da empresa pública, da sociedade de economia mista e de suas subsidiárias deverá observar regras de governança corporativa, de transparência e de estruturas, práticas de gestão de riscos e de controle interno, composição da administração e, havendo acionistas, mecanismos para sua proteção, todos constantes desta Lei.

Art. 7º Aplicam-se a todas as empresas públicas, as sociedades de economia mista de capital fechado e as suas subsidiárias as disposições da Lei nº 6.404, de 15 de dezembro de 1976, e as normas da Comissão de Valores Mobiliários sobre escrituração e elaboração de demonstrações financeiras, inclusive a obrigatoriedade de auditoria independente por auditor registrado nesse órgão.

Art. 8º As empresas públicas e as sociedades de economia mista deverão observar, no mínimo, os seguintes requisitos de transparência:

I - elaboração de carta anual, subscrita pelos membros do Conselho de Administração, com a explicitação dos compromissos de consecução de objetivos de políticas públicas pela empresa pública, pela sociedade de economia mista e por suas subsidiárias, em atendimento ao interesse coletivo ou ao imperativo de segurança nacional que justificou a autorização para suas respectivas criações, com definição clara dos recursos a serem empregados para esse fim, bem como dos impactos econômico-financeiros da consecução desses objetivos, mensuráveis por meio de indicadores objetivos;

II - adequação de seu estatuto social à autorização legislativa de sua criação;

III - divulgação tempestiva e atualizada de informações relevantes, em especial as relativas a atividades desenvolvidas, estrutura de controle, fatores de risco, dados econômico-financeiros, comentários dos administradores sobre o desempenho, políticas e práticas de governança corporativa e descrição da composição e da remuneração da administração;

IV - elaboração e divulgação de política de divulgação de informações, em conformidade com a legislação em vigor e com as melhores práticas;

V - elaboração de política de distribuição de dividendos, à luz do interesse público que justificou a criação da empresa pública ou da sociedade de economia mista;

VI - divulgação, em nota explicativa às demonstrações financeiras, dos dados operacionais e financeiros das atividades relacionadas à consecução dos fins de interesse coletivo ou de segurança nacional;

VII - elaboração e divulgação da política de transações com partes relacionadas, em conformidade com os requisitos de competitividade, conformidade, transparência, equidade e comutatividade, que deverá ser revista, no mínimo, anualmente e aprovada pelo Conselho de Administração;

VIII - ampla divulgação, ao público em geral, de carta anual de governança corporativa, que consolide em um único documento escrito, em linguagem clara e direta, as informações de que trata o inciso III;

IX - divulgação anual de relatório integrado ou de sustentabilidade.

§ 1º O interesse público da empresa pública e da sociedade de economia mista, respeitadas as razões que motivaram a autorização legislativa, manifesta-se por meio do alinhamento entre seus objetivos e aqueles de políticas públicas, na forma explicitada na carta anual a que se refere o inciso I do *caput*.

§ 2º Quaisquer obrigações e responsabilidades que a empresa pública e a sociedade de economia mista que explorem atividade econômica assumam em condições distintas às de qualquer outra empresa do setor privado em que atuam deverão:

I - estar claramente definidas em lei ou regulamento, bem como previstas em contrato, convênio ou ajuste celebrado com o ente público competente para estabelecê-las, observada a ampla publicidade desses instrumentos;

II - ter seu custo e suas receitas discriminados e divulgados de forma transparente, inclusive no plano contábil.

§ 3º Além das obrigações contidas neste artigo, as sociedades de economia mista com registro na Comissão de Valores Mobiliários sujeitam-se ao regime informacional estabelecido por essa autarquia e devem divulgar as informações previstas neste artigo na forma fixada em suas normas.

§ 4º Os documentos resultantes do cumprimento dos requisitos de transparência constantes dos incisos I a IX do *caput* deverão ser publicamente divulgados na internet de forma permanente e cumulativa.

Art. 9º A empresa pública e a sociedade de economia mista adotarão regras de estruturas e práticas de gestão de riscos e controle interno que abranjam:

I - ação dos administradores e empregados, por meio da implementação cotidiana de práticas de controle interno;

II - área responsável pela verificação de cumprimento de obrigações e de gestão de riscos;

III - auditoria interna e Comitê de Auditoria Estatutário.

§ 1º Deverá ser elaborado e divulgado Código de Conduta e Integridade, que disponha sobre:

I - princípios, valores e missão da empresa pública e da sociedade de economia mista, bem como orientações sobre a prevenção de conflito de interesses e vedação de atos de corrupção e fraude;

II - instâncias internas responsáveis pela atualização e aplicação do Código de Conduta e Integridade;

III - canal de denúncias que possibilite o recebimento de denúncias internas e externas relativas ao descumprimento do Código de Conduta e Integridade e das demais normas internas de ética e obrigacionais;

IV - mecanismos de proteção que impeçam qualquer espécie de retaliação a pessoa que utilize o canal de denúncias;

V - sanções aplicáveis em caso de violação às regras do Código de Conduta e Integridade;

VI - previsão de treinamento periódico, no mínimo anual, sobre Código de Conduta e Integridade, a empregados e administradores, e sobre a política de gestão de riscos, a administradores.

§ 2º A área responsável pela verificação de cumprimento de obrigações e de gestão de riscos deverá ser vinculada ao diretor-presidente e liderada por diretor estatutário, devendo o estatuto social prever as atribuições da área, bem como estabelecer mecanismos que assegurem atuação independente.

§ 3º A auditoria interna deverá:

I - ser vinculada ao Conselho de Administração, diretamente ou por meio do Comitê de Auditoria Estatutário;

II - ser responsável por aferir a adequação do controle interno, a efetividade do gerenciamento dos riscos e dos processos de governança e a confiabilidade do processo de coleta, mensuração, classificação, acumulação, registro e divulgação de eventos e transações, visando ao preparo de demonstrações financeiras.

§ 4º O estatuto social deverá prever, ainda, a possibilidade de que a área de compliance se reporte diretamente ao Conselho de Administração em situações em que se suspeite do envolvimento do diretor-presidente em irregularidades ou quando este se furtar à obrigação de adotar medidas necessárias em relação à situação a ele relatada.

Art. 10. A empresa pública e a sociedade de economia mista deverão criar comitê estatutário para verificar a conformidade do processo de indicação e de avaliação de membros para o Conselho de Administração e para o Conselho Fiscal, com competência para auxiliar o acionista controlador na indicação desses membros.

Parágrafo único. Devem ser divulgadas as atas das reuniões do comitê estatutário referido no *caput* realizadas com o fim de verificar o cumprimento, pelos membros indicados, dos requisitos definidos na política de indicação, devendo ser registradas as eventuais manifestações divergentes de conselheiros.

Art. 11. A empresa pública não poderá:

I - lançar debêntures ou outros títulos ou valores mobiliários, conversíveis em ações;

II - emitir partes beneficiárias.

Art. 12. A empresa pública e a sociedade de economia mista deverão:

I - divulgar toda e qualquer forma de remuneração dos administradores;

II - adequar constantemente suas práticas ao Código de Conduta e Integridade e a outras regras de boa prática de governança corporativa, na forma estabelecida na regulamentação desta Lei.

Parágrafo único. A sociedade de economia mista poderá solucionar, mediante arbitragem, as divergências entre acionistas e a sociedade, ou entre acionistas controladores e acionistas minoritários, nos termos previstos em seu estatuto social.

‣ Lei 9.307/1996 (Lei da Arbitragem).

Art. 13. A lei que autorizar a criação da empresa pública e da sociedade de economia mista deverá dispor sobre as diretrizes e restrições a serem consideradas na elaboração do estatuto da companhia, em especial sobre:

I - constituição e funcionamento do Conselho de Administração, observados o número mínimo de 7 (sete) e o número máximo de 11 (onze) membros;

II - requisitos específicos para o exercício do cargo de diretor, observado o número mínimo de 3 (três) diretores;

III - avaliação de desempenho, individual e coletiva, de periodicidade anual, dos administradores e dos membros de comitês, observados os seguintes quesitos mínimos:

a) exposição dos atos de gestão praticados, quanto à licitude e à eficácia da ação administrativa;

b) contribuição para o resultado do exercício;

c) consecução dos objetivos estabelecidos no plano de negócios e atendimento à estratégia de longo prazo;

IV - constituição e funcionamento do Conselho Fiscal, que exercerá suas atribuições de modo permanente;

V - constituição e funcionamento do Comitê de Auditoria Estatutário;

VI - prazo de gestão dos membros do Conselho de Administração e dos indicados para o cargo de diretor, que será unificado e não superior a 2 (dois) anos, sendo permitidas, no máximo, 3 (três) reconduções consecutivas;

VII - (Vetado);

VIII - prazo de gestão dos membros do Conselho Fiscal não superior a 2 (dois) anos, permitidas 2 (duas) reconduções consecutivas.

SEÇÃO II
DO ACIONISTA CONTROLADOR

Art. 14. O acionista controlador da empresa pública e da sociedade de economia mista deverá:

I - fazer constar do Código de Conduta e Integridade, aplicável à alta administração, a vedação à divulgação, sem autorização do órgão competente da empresa pública ou da sociedade de economia mista, de informação que possa causar impacto na cotação dos títulos da empresa pública ou da sociedade de economia mista e em suas relações com o mercado ou com consumidores e fornecedores;

II - preservar a independência do Conselho de Administração no exercício de suas funções;

III - observar a política de indicação na escolha dos administradores e membros do Conselho Fiscal.

Art. 15. O acionista controlador da empresa pública e da sociedade de economia mista responderá pelos atos praticados com abuso de poder, nos termos da Lei nº 6.404, de 15 de dezembro de 1976.

§ 1º A ação de reparação poderá ser proposta pela sociedade, nos termos do art. 246 da Lei nº 6.404, de 15 de dezembro de 1976, pelo terceiro prejudicado ou pelos demais sócios, independentemente de autorização da assembleia-geral de acionistas.

§ 2º Prescreve em 6 (seis) anos, contados da data da prática do ato abusivo, a ação a que se refere o § 1º.

SEÇÃO III
DO ADMINISTRADOR

Art. 16. Sem prejuízo do disposto nesta Lei, o administrador de empresa pública e de sociedade de economia mista é submetido às normas previstas na Lei nº 6.404, de 15 de dezembro de 1976.

Parágrafo único. Consideram-se administradores da empresa pública e da sociedade de economia mista os membros do Conselho de Administração e da diretoria.

Art. 17. Os membros do Conselho de Administração e os indicados para os cargos de diretor, inclusive presidente, diretor-geral e diretor-presidente, serão escolhidos entre cidadãos de reputação ilibada e de notório conhecimento, devendo ser atendidos, alternativamente, um dos requisitos das alíneas "a", "b" e "c" do inciso I e, cumulativamente, os requisitos dos incisos II e III:

I - ter experiência profissional de, no mínimo:

a) 10 (dez) anos, no setor público ou privado, na área de atuação da empresa pública ou da sociedade de economia mista ou em área conexa àquela para a qual forem indicados em função de direção superior; ou

b) 4 (quatro) anos ocupando pelo menos um dos seguintes cargos:

1. cargo de direção ou de chefia superior em empresa de porte ou objeto social semelhante ao da empresa pública ou da sociedade de economia mista, entendendo-se como cargo de chefia superior aquele situado nos 2 (dois) níveis hierárquicos não estatutários mais altos da empresa;

2. cargo em comissão ou função de confiança equivalente a DAS-4 ou superior, no setor público;

3. cargo de docente ou de pesquisador em áreas de atuação da empresa pública ou da sociedade de economia mista;

c) 4 (quatro) anos de experiência como profissional liberal em atividade direta ou indiretamente vinculada à área de atuação da empresa pública ou sociedade de economia mista;

II - ter formação acadêmica compatível com o cargo para o qual foi indicado; e

III - não se enquadrar nas hipóteses de inelegibilidade previstas nas alíneas do inciso I do *caput* do art. 1º da Lei Complementar nº 64, de 18 de maio de 1990, com as alterações introduzidas pela Lei Complementar nº 135, de 4 de junho de 2010.

§ 1º O estatuto da empresa pública, da sociedade de economia mista e de suas subsidiárias poderá dispor sobre a contratação de seguro de responsabilidade civil pelos administradores.

‣ art. 787, CC.

§ 2º É vedada a indicação, para o Conselho de Administração e para a diretoria:

I - de representante do órgão regulador ao qual a empresa pública ou a sociedade de economia mista está sujeita, de Ministro de Estado, de Secretário de Estado, de Secretário Municipal, de titular de cargo, sem vínculo permanente com o serviço público, de natureza especial ou de direção e assessoramento superior na administração pública, de dirigente estatutário de partido político e de titular de mandato no Poder Legislativo de qualquer ente da federação, ainda que licenciados do cargo;

II - de pessoa que atuou, nos últimos 36 (trinta e seis) meses, como participante de estrutura decisória de partido político ou em trabalho vinculado a organização, estruturação e realização de campanha eleitoral;

III - de pessoa que exerça cargo em organização sindical;

IV - de pessoa que tenha firmado contrato ou parceria, como fornecedor ou comprador, demandante ou ofertante, de bens ou serviços de qualquer natureza, com a pessoa político-administrativa controladora da empresa pública ou da sociedade de economia mista ou com a própria empresa ou sociedade em período inferior a 3 (três) anos antes da data de nomeação;

V - de pessoa que tenha ou possa ter qualquer forma de conflito de interesse com a pessoa político-administrativa controladora da empresa pública ou da sociedade de economia mista ou com a própria empresa ou sociedade.

§ 3º A vedação prevista no inciso I do § 2º estende-se também aos parentes consanguíneos ou afins até o terceiro grau das pessoas nele mencionadas.

§ 4º Os administradores eleitos devem participar, na posse e anualmente, de treinamentos específicos sobre legislação societária e de mercado de capitais, divulgação de informações, controle interno, código de conduta, a Lei nº 12.846, de 1º de agosto de 2013 (Lei Anticorrupção), e demais temas relacionados às atividades da empresa pública ou da sociedade de economia mista.

§ 5º Os requisitos previstos no inciso I do *caput* poderão ser dispensados no caso de indicação de empregado da empresa pública ou da sociedade de economia mista para cargo de administrador ou como membro de comitê, desde que atendidos os seguintes quesitos mínimos:

I - o empregado tenha ingressado na empresa pública ou na sociedade de economia mista por meio de concurso público de provas ou de provas e títulos;

II - o empregado tenha mais de 10 (dez) anos de trabalho efetivo na empresa pública ou na sociedade de economia mista;

III - o empregado tenha ocupado cargo na gestão superior da empresa pública ou da sociedade de economia mista, comprovando sua capacidade para assumir as responsabilidades dos cargos de que trata o *caput*.

SEÇÃO IV
DO CONSELHO DE ADMINISTRAÇÃO

Art. 18. Sem prejuízo das competências previstas no art. 142 da Lei nº 6.404, de 15 de dezembro de 1976, e das demais atribuições previstas nesta Lei, compete ao Conselho de Administração:

I - discutir, aprovar e monitorar decisões envolvendo práticas de governança corporativa, relacionamento com partes interessadas, política de gestão de pessoas e código de conduta dos agentes;

II - implementar e supervisionar os sistemas de gestão de riscos e de controle interno estabelecidos para a prevenção e mitigação dos principais riscos a que está exposta a empresa pública ou a sociedade de economia mista, inclusive os riscos relacionados à integridade das informações contábeis e financeiras e os relacionados à ocorrência de corrupção e fraude;

III - estabelecer política de porta-vozes visando a eliminar risco de contradição entre informações de diversas áreas e as dos executivos da empresa pública ou da sociedade de economia mista;

IV - avaliar os diretores da empresa pública ou da sociedade de economia mista, nos termos do inciso III do art. 13, podendo contar com apoio metodológico e procedimental do comitê estatutário referido no art. 10.

Art. 19. É garantida a participação, no Conselho de Administração, de representante dos empregados e dos acionistas minoritários.

§ 1º As normas previstas na Lei nº 12.353, de 28 de dezembro de 2010, aplicam-se à participação de empregados no Conselho de Administração da empresa pública, da sociedade de economia mista e de suas subsidiárias e controladas e das demais empresas em que a União, direta ou indiretamente, detenha a maioria do capital social com direito a voto.

§ 2º É assegurado aos acionistas minoritários o direito de eleger 1 (um) conselheiro, se maior número não lhes couber pelo processo de voto múltiplo previsto na Lei nº 6.404, de 15 de dezembro de 1976.

‣ art. 141, Lei 6.404/1976 (Dispõe sobre as sociedades por ações).

Art. 20. É vedada a participação remunerada de membros da administração pública, direta ou indireta, em mais de 2 (dois) conselhos, de administração ou fiscal, de empresa pública, de sociedade de economia mista ou de suas subsidiárias.

Art. 21. (Vetado).

SEÇÃO V
DO MEMBRO INDEPENDENTE DO CONSELHO DE ADMINISTRAÇÃO

Art. 22. O Conselho de Administração deve ser composto, no mínimo, por 25% (vinte e cinco por cento) de membros independentes ou por pelo menos 1 (um), caso haja decisão pelo exercício da faculdade do voto múltiplo pelos acionistas minoritários, nos termos do art. 141 da Lei nº 6.404, de 15 de dezembro de 1976.

§ 1º O conselheiro independente caracteriza-se por:

I - não ter qualquer vínculo com a empresa pública ou a sociedade de economia mista, exceto participação de capital;

II - não ser cônjuge ou parente consanguíneo ou afim, até o terceiro grau ou por adoção, de chefe do Poder Executivo, de Ministro de Estado, de Secretário de Estado ou Município ou de administrador da empresa pública ou da sociedade de economia mista;

III - não ter mantido, nos últimos 3 (três) anos, vínculo de qualquer natureza com a empresa pública, a sociedade de economia mista ou seus controladores, que possa vir a comprometer sua independência;

IV - não ser ou não ter sido, nos últimos 3 (três) anos, empregado ou diretor da empresa pública, da sociedade de economia mista ou de sociedade controlada, coligada ou subsidiária da empresa pública ou da sociedade de economia mista, exceto se o vínculo for exclusivamente com instituições públicas de ensino ou pesquisa;

V - não ser fornecedor ou comprador, direto ou indireto, de serviços ou produtos da empresa pública ou da sociedade de economia mista, de modo a implicar perda de independência;

VI - não ser funcionário ou administrador de sociedade ou entidade que esteja oferecendo ou demandando serviços ou produtos à empresa pública ou à sociedade de economia mista, de modo a implicar perda de independência;

VII - não receber outra remuneração da empresa pública ou da sociedade de economia mista além daquela relativa ao cargo de conselheiro, à exceção de proventos em dinheiro oriundos de participação no capital.

§ 2º Quando, em decorrência da observância do percentual mencionado no *caput*, resultar número fracionário de conselheiros, proceder-se-á ao arredondamento para o número inteiro:

I - imediatamente superior, quando a fração for igual ou superior a 0,5 (cinco décimos);

II - imediatamente inferior, quando a fração for inferior a 0,5 (cinco décimos).

§ 3º Não serão consideradas, para o cômputo das vagas destinadas a membros independentes, aquelas ocupadas pelos conselheiros eleitos por empregados, nos termos do § 1º do art. 19.

§ 4º Serão consideradas, para o cômputo das vagas destinadas a membros independentes, aquelas ocupadas pelos conselheiros eleitos por acionistas minoritários, nos termos do § 2º do art. 19.

§ 5º (Vetado).

SEÇÃO VI
DA DIRETORIA

Art. 23. É condição para investidura em cargo de diretoria da empresa pública e da sociedade de economia mista a assunção de compromisso com metas e resultados específicos a serem alcançados, que deverá ser aprovado pelo Conselho de Administração, a quem incumbe fiscalizar seu cumprimento.

§ 1º Sem prejuízo do disposto no *caput*, a diretoria deverá apresentar, até a última reunião ordinária do Conselho de Administração do ano anterior, a quem compete sua aprovação:

I - plano de negócios para o exercício anual seguinte;

II - estratégia de longo prazo atualizada com análise de riscos e oportunidades para, no mínimo, os próximos 5 (cinco) anos.

§ 2º Compete ao Conselho de Administração, sob pena de seus integrantes responderem por omissão, promover anualmente análise de atendimento das metas e resultados na execução do plano de negócios e da estratégia de longo prazo, devendo publicar suas conclusões e informá-las ao Congresso Nacional, às Assembleias Legislativas, à Câmara Legislativa do Distrito Federal ou às Câmaras Municipais e aos respectivos tribunais de contas, quando houver.

§ 3º Excluem-se da obrigação de publicação a que se refere o § 2º as informações de natureza estratégica cuja divulgação possa ser comprovadamente prejudicial ao interesse da empresa pública ou da sociedade de economia mista.

SEÇÃO VII
DO COMITÊ DE AUDITORIA ESTATUTÁRIO

Art. 24. A empresa pública e a sociedade de economia mista deverão possuir em sua estrutura societária Comitê de Auditoria Estatutário como órgão auxiliar do Conselho de Administração, ao qual se reportará diretamente.

§ 1º Competirá ao Comitê de Auditoria Estatutário, sem prejuízo de outras competências previstas no estatuto da empresa pública ou da sociedade de economia mista:

I - opinar sobre a contratação e destituição de auditor independente;

II - supervisionar as atividades dos auditores independentes, avaliando sua independência, a qualidade dos serviços prestados e a adequação de tais serviços às necessidades da empresa pública ou da sociedade de economia mista;

III - supervisionar as atividades desenvolvidas nas áreas de controle interno, de auditoria interna e de elaboração das demonstrações financeiras da empresa pública ou da sociedade de economia mista;

IV - monitorar a qualidade e a integridade dos mecanismos de controle interno, das demonstrações financeiras e das informações e medições divulgadas pela empresa pública ou pela sociedade de economia mista;

V - avaliar e monitorar exposições de risco da empresa pública ou da sociedade de economia mista, podendo requerer, entre outras, informações detalhadas sobre políticas e procedimentos referentes a:

a) remuneração da administração;

b) utilização de ativos da empresa pública ou da sociedade de economia mista;

c) gastos incorridos em nome da empresa pública ou da sociedade de economia mista;

VI - avaliar e monitorar, em conjunto com a administração e a área de auditoria interna, a adequação das transações com partes relacionadas;

VII - elaborar relatório anual com informações sobre as atividades, os resultados, as conclusões e as recomendações do Comitê de Auditoria Estatutário, registrando, se houver, as divergências significativas entre administração, auditoria independente e Comitê de Auditoria Estatutário em relação às demonstrações financeiras;

VIII - avaliar a razoabilidade dos parâmetros em que se fundamentam os cálculos atuariais, bem como o resultado atuarial dos planos de benefícios mantidos pelo fundo de pensão, quando a empresa pública ou a sociedade de economia mista for patrocinadora de entidade fechada de previdência complementar.

§ 2º O Comitê de Auditoria Estatutário deverá possuir meios para receber denúncias, inclusive sigilosas, internas e externas à empresa pública ou à sociedade de economia mista, em matérias relacionadas ao escopo de suas atividades.

§ 3º O Comitê de Auditoria Estatutário deverá se reunir quando necessário, no mínimo bimestralmente, de modo que as informações contábeis sejam sempre apreciadas antes de sua divulgação.

§ 4º A empresa pública e a sociedade de economia mista deverão divulgar as atas das reuniões do Comitê de Auditoria Estatutário.

§ 5º Caso o Conselho de Administração considere que a divulgação da ata possa pôr em risco interesse legítimo da empresa pública ou da sociedade de economia mista, a empresa pública ou a sociedade de economia mista divulgará apenas o extrato das atas.

§ 6º A restrição prevista no § 5º não será oponível aos órgãos de controle, que terão total e irrestrito acesso ao conteúdo das atas do Comitê de Auditoria Estatutário, observada a transferência de sigilo.

§ 7º O Comitê de Auditoria Estatutário deverá possuir autonomia operacional e dotação orçamentária, anual ou por projeto, dentro de limites aprovados pelo Conselho de Administração, para conduzir ou determinar a realização de consultas, avaliações e investigações dentro do escopo de suas atividades, inclusive com a contratação e utilização de especialistas externos independentes.

Art. 25. O Comitê de Auditoria Estatutário será integrado por, no mínimo, 3 (três) e, no máximo, 5 (cinco) membros, em sua maioria independentes.

§ 1º São condições mínimas para integrar o Comitê de Auditoria Estatutário:

I - não ser ou ter sido, nos 12 (doze) meses anteriores à nomeação para o Comitê:

a) diretor, empregado ou membro do conselho fiscal da empresa pública ou sociedade de economia mista ou de sua controladora, controlada, coligada ou sociedade em controle comum, direta ou indireta;

b) responsável técnico, diretor, gerente, supervisor ou qualquer outro integrante com função de gerência de equipe envolvida nos trabalhos de auditoria na empresa pública ou sociedade de economia mista;

II - não ser cônjuge ou parente consanguíneo ou afim, até o segundo grau ou por adoção, das pessoas referidas no inciso I;

III - não receber qualquer outro tipo de remuneração da empresa pública ou sociedade de economia mista ou de sua controladora, controlada, coligada ou sociedade em controle comum, direta ou indireta, que não seja aquela relativa à função de integrante do Comitê de Auditoria Estatutário;

IV - não ser ou ter sido ocupante de cargo público efetivo, ainda que licenciado, ou de cargo em comissão da pessoa jurídica de direito público que exerça o controle acionário da empresa pública ou sociedade de economia mista, nos 12 (doze) meses anteriores à nomeação para o Comitê de Auditoria Estatutário.

§ 2º Ao menos 1 (um) dos membros do Comitê de Auditoria Estatutário deve ter reconhecida experiência em assuntos de contabilidade societária.

§ 3º O atendimento às previsões deste artigo deve ser comprovado por meio de documentação mantida na sede da empresa pública ou sociedade de economia mista pelo prazo mínimo de 5 (cinco) anos, contado a partir do último dia de mandato do membro do Comitê de Auditoria Estatutário.

SEÇÃO VIII
DO CONSELHO FISCAL

Art. 26. Além das normas previstas nesta Lei, aplicam-se aos membros do Conselho Fiscal da empresa pública e da sociedade de economia mista as disposições previstas na Lei nº 6.404, de 15 de dezembro de 1976, relativas a seus poderes, deveres e responsabilidades, a requisitos e impedimentos para investidura e a remuneração, além de outras disposições estabelecidas na referida Lei.

§ 1º Podem ser membros do Conselho Fiscal pessoas naturais, residentes no País, com formação acadêmica compatível com o exercício da função e que tenham exercido, por prazo mínimo de 3 (três) anos, cargo de direção ou assessoramento na administração pública ou cargo de conselheiro fiscal ou administrador em empresa.

§ 2º O Conselho Fiscal contará com pelo menos 1 (um) membro indicado pelo ente controlador, que deverá ser servidor público com vínculo permanente com a administração pública.

CAPÍTULO III
DA FUNÇÃO SOCIAL DA EMPRESA PÚBLICA E DA SOCIEDADE DE ECONOMIA MISTA

Art. 27. A empresa pública e a sociedade de economia mista terão a função social de realização do interesse coletivo ou de atendimento a imperativo da segurança nacional expressa no instrumento de autorização legal para a sua criação.

§ 1º A realização do interesse coletivo de que trata este artigo deverá ser orientada para o alcance do bem-estar econômico e para a alocação socialmente eficiente dos recursos geridos pela empresa pública e pela sociedade de economia mista, bem como para o seguinte:

I - ampliação economicamente sustentada do acesso de consumidores aos produtos e serviços da empresa pública ou da sociedade de economia mista;

II - desenvolvimento ou emprego de tecnologia brasileira para produção e oferta de produtos e serviços da empresa pública ou da sociedade de economia mista, sempre de maneira economicamente justificada.

§ 2º A empresa pública e a sociedade de economia mista deverão, nos termos da lei, adotar práticas de sustentabilidade ambiental e de responsabilidade social corporativa compatíveis com o mercado em que atuam.

§ 3º A empresa pública e a sociedade de economia mista poderão celebrar convênio ou contrato de patrocínio com pessoa física ou com pessoa jurídica para promoção de atividades culturais, sociais, esportivas, educacionais e de inovação tecnológica, desde que comprovadamente vinculadas ao fortalecimento de sua marca, observando-se, no que couber, as normas de licitação e contratos desta Lei.

TÍTULO II
DISPOSIÇÕES APLICÁVEIS ÀS EMPRESAS PÚBLICAS, ÀS SOCIEDADES DE ECONOMIA MISTA E ÀS SUAS SUBSIDIÁRIAS QUE EXPLOREM ATIVIDADE ECONÔMICA DE PRODUÇÃO OU COMERCIALIZAÇÃO DE BENS OU DE PRESTAÇÃO DE SERVIÇOS, AINDA QUE A ATIVIDADE ECONÔMICA ESTEJA SUJEITA AO REGIME DE MONOPÓLIO DA UNIÃO OU SEJA DE PRESTAÇÃO DE SERVIÇOS PÚBLICOS

CAPÍTULO I
DAS LICITAÇÕES

SEÇÃO I
DA EXIGÊNCIA DE LICITAÇÃO E DOS CASOS DE DISPENSA E DE INEXIGIBILIDADE

Art. 28. Os contratos com terceiros destinados à prestação de serviços às empresas públicas e às sociedades de economia mista, inclusive de engenharia e de publicidade, à aquisição e à locação de bens, à alienação de bens e ativos integrantes do respectivo patrimônio ou à execução de obras a serem integradas a esse patrimônio, bem como à implementação de ônus real sobre tais bens, serão precedidos de licitação nos termos desta Lei, ressalvadas as hipóteses previstas nos arts. 29 e 30.

§ 1º Aplicam-se às licitações das empresas públicas e das sociedades de economia mista as disposições constantes dos arts. 42 a 49 da Lei Complementar nº 123, de 14 de dezembro de 2006.

§ 2º O convênio ou contrato de patrocínio celebrado com pessoas físicas ou jurídicas de que trata o § 3º do art. 27 observará, no que couber, as normas de licitação e contratos desta Lei.

§ 3º São as empresas públicas e as sociedades de economia mista dispensadas da observância dos dispositivos deste Capítulo nas seguintes situações:

I - comercialização, prestação ou execução, de forma direta, pelas empresas mencionadas no *caput*, de produtos, serviços ou obras especificamente relacionados com seus respectivos objetos sociais;

II - nos casos em que a escolha do parceiro esteja associada a suas características particulares, vinculada a oportunidades de negócio definidas e específicas, justificada a inviabilidade de procedimento competitivo.

§ 4º Consideram-se oportunidades de negócio a que se refere o inciso II do § 3º a formação e a extinção de parcerias e outras formas associativas, societárias ou contratuais, a aquisição e a alienação de participação em sociedades e outras formas associativas, societárias ou contratuais e as operações realizadas no âmbito do mercado de capitais, respeitada a regulação pelo respectivo órgão competente.

Art. 29. É dispensável a realização de licitação por empresas públicas e sociedades de economia mista:

I - para obras e serviços de engenharia de valor até R$ 100.000,00 (cem mil reais), desde que não se refiram a parcelas de uma mesma obra ou serviço ou ainda a obras e serviços de mesma natureza e no mesmo local que possam ser realizadas conjunta e concomitantemente;

II - para outros serviços e compras de valor até R$ 50.000,00 (cinquenta mil reais) e para alienações, nos casos previstos nesta Lei, desde que não se refiram a parcelas de um mesmo serviço, compra ou alienação de maior vulto que possa ser realizado de uma só vez;

III - quando não acudirem interessados à licitação anterior e essa, justificadamente, não puder ser repetida sem prejuízo para a empresa pública ou a sociedade de economia mista, bem como para suas respectivas subsidiárias, desde que mantidas as condições preestabelecidas;

IV - quando as propostas apresentadas consignarem preços manifestamente superiores aos praticados no mercado nacional ou incompatíveis com os fixados pelos órgãos oficiais competentes;

V - para a compra ou locação de imóvel destinado ao atendimento de suas finalidades precípuas, quando as necessidades de instalação e localização condicionarem a escolha do imóvel, desde que o preço seja compatível com o valor de mercado, segundo avaliação prévia;

VI - na contratação de remanescente de obra, de serviço ou de fornecimento, em consequência de rescisão contratual, desde que atendida a ordem de classificação da licitação anterior e aceitas as mesmas condições do contrato encerrado por rescisão ou distrato, inclusive quanto ao preço, devidamente corrigido;

VII - na contratação de instituição brasileira incumbida regimental ou estatutariamente da pesquisa, do ensino ou do desenvolvimento institucional ou de instituição dedicada à recuperação social do preso, desde que a contratada detenha inquestionável reputação ético-profissional e não tenha fins lucrativos;

VIII - para a aquisição de componentes ou peças de origem nacional ou estrangeira necessários à manutenção de equipamentos durante o período de garantia técnica, junto ao fornecedor original desses equipamentos, quando tal condição de exclusividade for indispensável para a vigência da garantia;

IX - na contratação de associação de pessoas com deficiência física, sem fins lucrativos e de comprovada idoneidade, para a prestação de serviços ou fornecimento de mão de obra, desde que o preço contratado seja compatível com o praticado no mercado;

X - na contratação de concessionário, permissionário ou autorizado para fornecimento ou suprimento de energia elétrica ou gás natural e de outras prestadoras de serviço público, segundo as normas da legislação específica, desde que o objeto do contrato tenha pertinência com o serviço público.

XI - nas contratações entre empresas públicas ou sociedades de economia mista e suas respectivas subsidiárias, para aquisição ou alienação de bens e prestação ou obtenção de serviços, desde que os preços sejam compatíveis com os praticados no mercado e que o objeto do contrato tenha relação com a atividade da contratada prevista em seu estatuto social;

XII - na contratação de coleta, processamento e comercialização de resíduos sólidos urbanos recicláveis ou reutilizáveis, em áreas com sistema de coleta seletiva de lixo, efetuados por associações ou cooperativas formadas exclusivamente por pessoas físicas de baixa renda que tenham como ocupação econômica a coleta de materiais recicláveis, com o uso de equipamentos compatíveis com as normas técnicas, ambientais e de saúde pública;

XIII - para o fornecimento de bens e serviços, produzidos ou prestados no País, que envolvam, cumulativamente, alta complexidade tecnológica e defesa nacional, mediante parecer de comissão especialmente designada pelo dirigente máximo da empresa pública ou da sociedade de economia mista;

XIV - nas contratações visando ao cumprimento do disposto nos arts. 3º, 4º, 5º e 20 da Lei nº 10.973, de 2 de dezembro de 2004, observados os princípios gerais de contratação dela constantes;

XV - em situações de emergência, quando caracterizada urgência de atendimento de situação que possa ocasionar prejuízo ou comprometer a segurança de pessoas, obras, serviços, equipamentos e outros bens, públicos ou particulares, e somente para os bens necessários ao atendimento da situação emergencial e para as parcelas de obras e serviços que possam ser concluídas no prazo máximo de 180 (cento e oitenta) dias consecutivos e ininterruptos, contado da ocorrência da emergência, vedada a prorrogação dos respectivos contratos, observado o disposto no § 2º;

XVI - na transferência de bens a órgãos e entidades da administração pública, inclusive quando efetivada mediante permuta;

XVII - na doação de bens móveis para fins e usos de interesse social, após avaliação de sua oportunidade e conveniência socioeconômica relativamente à escolha de outra forma de alienação;

XVIII - na compra e venda de ações, de títulos de crédito e de dívida e de bens que produzam ou comercializem.

§ 1º Na hipótese de nenhum dos licitantes aceitar a contratação nos termos do inciso VI do *caput*, a empresa pública e a sociedade de economia mista poderão convocar os licitantes remanescentes, na ordem de classificação, para a celebração do contrato nas condições ofertadas por estes, desde que o respectivo valor seja igual ou inferior ao orçamento estimado para a contratação, inclusive quanto aos preços atualizados nos termos do instrumento convocatório.

§ 2º A contratação direta com base no inciso XV do *caput* não dispensará a responsabilização de quem, por ação ou omissão, tenha dado causa ao motivo ali descrito, inclusive no tocante ao disposto na Lei nº 8.429, de 2 de junho de 1992.

§ 3º Os valores estabelecidos nos incisos I e II do *caput* podem ser alterados, para refletir a variação de custos, por deliberação do Conselho de Administração da empresa pública ou sociedade de economia mista, admitindo-se valores diferenciados para cada sociedade.

Art. 30. A contratação direta será feita quando houver inviabilidade de competição, em especial na hipótese de:

I - aquisição de materiais, equipamentos ou gêneros que só possam ser fornecidos por produtor, empresa ou representante comercial exclusivo;

II - contratação dos seguintes serviços técnicos especializados, com profissionais ou empresas de notória especialização, vedada a inexigibilidade para serviços de publicidade e divulgação:

a) estudos técnicos, planejamentos e projetos básicos ou executivos;

b) pareceres, perícias e avaliações em geral;

c) assessorias ou consultorias técnicas e auditorias financeiras ou tributárias;

d) fiscalização, supervisão ou gerenciamento de obras ou serviços;

e) patrocínio ou defesa de causas judiciais ou administrativas;

f) treinamento e aperfeiçoamento de pessoal;

g) restauração de obras de arte e bens de valor histórico.

§ 1º Considera-se de notória especialização o profissional ou a empresa cujo conceito no campo de sua especialidade, decorrente de desempenho anterior, estudos, experiência, publicações, organização, aparelhamento, equipe técnica ou outros requisitos relacionados com suas atividades, permita inferir que o seu trabalho é essencial e indiscutivelmente o mais adequado à plena satisfação do objeto do contrato.

§ 2º Na hipótese do *caput* e em qualquer dos casos de dispensa, se comprovado, pelo órgão de controle externo, sobrepreço ou superfaturamento, respondem solidariamente pelo dano causado quem houver decidido pela contratação direta e o fornecedor ou o prestador de serviços.

§ 3º O processo de contratação direta será instruído, no que couber, com os seguintes elementos:

I - caracterização da situação emergencial ou calamitosa que justifique a dispensa, quando for o caso;

II - razão da escolha do fornecedor ou do executante;

III - justificativa do preço.

SEÇÃO II
DISPOSIÇÕES DE CARÁTER GERAL SOBRE LICITAÇÕES E CONTRATOS

Art. 31. As licitações realizadas e os contratos celebrados por empresas públicas e sociedades de economia mista destinam-se a assegurar a seleção da proposta mais vantajosa, inclusive no que se refere ao ciclo de vida do objeto, e a evitar operações em que se caracterize sobrepreço ou superfaturamento, devendo observar os princípios da impessoalidade, da moralidade, da igualdade, da publicidade, da eficiência, da probidade administrativa, da economicidade, do desenvolvimento nacional sustentável, da vinculação ao instrumento convocatório, da obtenção de competitividade e do julgamento objetivo.

§ 1º Para os fins do disposto no *caput*, considera-se que há:

I - sobrepreço quando os preços orçados para a licitação ou os preços contratados são expressivamente superiores aos preços referenciais de mercado, podendo referir-se ao valor unitário de um item, se a licitação ou a contratação for por preços unitários de serviço, ou ao valor global do objeto, se a licitação ou a contratação for por preço global ou por empreitada;

II - superfaturamento quando houver dano ao patrimônio da empresa pública ou da sociedade de economia mista caracterizado, por exemplo:

a) pela medição de quantidades superiores às efetivamente executadas ou fornecidas;

b) pela deficiência na execução de obras e serviços de engenharia que resulte em diminuição da qualidade, da vida útil ou da segurança;

c) por alterações no orçamento de obras e de serviços de engenharia que causem o desequilíbrio econômico-financeiro do contrato em favor do contratado;

d) por outras alterações de cláusulas financeiras que gerem recebimentos contratuais antecipados, distorção do cronograma físico-financeiro, prorrogação injustificada do prazo contratual com custos adicionais para a empresa pública ou a sociedade de economia mista ou reajuste irregular de preços.

§ 2º O orçamento de referência do custo global de obras e serviços de engenharia deverá ser obtido a partir de custos unitários de insumos ou serviços menores ou iguais à mediana de seus correspondentes no Sistema Nacional de Pesquisa de Custos e Índices da Construção Civil (Sinapi), no caso de construção civil em geral, ou no Sistema de Custos Referenciais de Obras (Sicro), no caso de obras e serviços rodoviários, devendo ser observadas as peculiaridades geográficas.

§ 3º No caso de inviabilidade da definição dos custos consoante o disposto no § 2º, a estimativa de custo global poderá ser apurada por meio da utilização de dados contidos em tabela de referência formalmente aprovada por órgãos ou entidades da administração pública federal, em publicações técnicas especializadas, em banco de dados e sistema específico instituído para o setor ou em pesquisa de mercado.

§ 4º A empresa pública e a sociedade de economia mista poderão adotar procedimento de manifestação de interesse privado para o recebimento de propostas e projetos de empreendimentos com vistas a atender necessidades previamente identificadas, cabendo a regulamento a definição de suas regras específicas.

§ 5º Na hipótese a que se refere o § 4º, o autor ou financiador do projeto poderá participar da licitação para a execução do empreendimento, podendo ser ressarcido pelos custos aprovados pela empresa pública ou sociedade de economia mista caso não vença o certame, desde que seja promovida a cessão de direitos de que trata o art. 80.

Art. 32. Nas licitações e contratos de que trata esta Lei serão observadas as seguintes diretrizes:

I - padronização do objeto da contratação, dos instrumentos convocatórios e das minutas de contratos, de acordo com normas internas específicas;

II - busca da maior vantagem competitiva para a empresa pública ou sociedade de economia mista, considerando custos e benefícios, diretos e indiretos, de natureza econômica, social ou ambiental, inclusive os relativos à manutenção, ao desfazimento de bens e resíduos, ao índice de depreciação econômica e a outros fatores de igual relevância;

III - parcelamento do objeto, visando a ampliar a participação de licitantes, sem perda de economia de escala, e desde que não atinja valores inferiores aos limites estabelecidos no art. 29, incisos I e II;

IV - adoção preferencial da modalidade de licitação denominada pregão, instituída pela Lei nº 10.520, de 17 de julho de 2002, para a aquisição de bens e serviços comuns, assim considerados aqueles cujos padrões de desempenho e qualidade possam ser objetivamente definidos pelo edital, por meio de especificações usuais no mercado;

- Lei 14.133/2021 (Nova Lei de Licitações).
- Dec. 3.555/2000 (Aprova o Regulamento para a modalidade de licitação denominada pregão, para aquisição de bens e serviços comuns).

V - observação da política de integridade nas transações com partes interessadas.

§ 1º As licitações e os contratos disciplinados por esta Lei devem respeitar, especialmente, as normas relativas à:

I - disposição final ambientalmente adequada dos resíduos sólidos gerados pelas obras contratadas;

II - mitigação dos danos ambientais por meio de medidas condicionantes e de compensação ambiental, que serão definidas no procedimento de licenciamento ambiental;

III - utilização de produtos, equipamentos e serviços que, comprovadamente, reduzam o consumo de energia e de recursos naturais;

IV - avaliação de impactos de vizinhança, na forma da legislação urbanística;

V - proteção do patrimônio cultural, histórico, arqueológico e imaterial, inclusive por meio da avaliação do impacto direto ou indireto causado por investimentos realizados por empresas públicas e sociedades de economia mista;

VI - acessibilidade para pessoas com deficiência ou com mobilidade reduzida.

§ 2º A contratação a ser celebrada por empresa pública ou sociedade de economia mista da qual decorra impacto negativo sobre bens do patrimônio cultural, histórico, arqueológico e imaterial tombados dependerá de autorização da esfera de governo encarregada da proteção do respectivo patrimônio, devendo o impacto ser compensado por meio de medidas determinadas pelo dirigente máximo da empresa pública ou sociedade de economia mista, na forma da legislação aplicável.

§ 3º As licitações na modalidade de pregão, na forma eletrônica, deverão ser realizadas exclusivamente em portais de compras de acesso público na internet.

§ 4º Nas licitações com etapa de lances, a empresa pública ou sociedade de economia mista disponibilizará ferramentas eletrônicas para envio de lances pelos licitantes.

Art. 33. O objeto da licitação e do contrato dela decorrente será definido de forma sucinta e clara no instrumento convocatório.

Art. 34. O valor estimado do contrato a ser celebrado pela empresa pública ou pela sociedade de economia mista será sigiloso, facultando-se à contratante, mediante justificação na fase de preparação prevista no inciso I do art. 51 desta Lei, conferir publicidade ao valor estimado do objeto da licitação, sem prejuízo da divulgação do detalhamento dos quantitativos e das demais informações necessárias para a elaboração das propostas.

§ 1º Na hipótese em que for adotado o critério de julgamento por maior desconto, a informação de que trata o *caput* deste artigo constará do instrumento convocatório.

§ 2º No caso de julgamento por melhor técnica, o valor do prêmio ou da remuneração será incluído no instrumento convocatório.

§ 3º A informação relativa ao valor estimado do objeto da licitação, ainda que tenha caráter sigiloso, será disponibilizada a órgãos de controle externo e interno, devendo a empresa pública ou a sociedade de economia mista registrar em documento formal sua disponibilização aos órgãos de controle, sempre que solicitado.

§ 4º (Vetado).

Art. 35. Observado o disposto no art. 34, o conteúdo da proposta, quando adotado o modo de disputa fechado e até sua abertura, os atos e os procedimentos praticados em decorrência desta Lei submetem-se à legislação que regula o acesso dos cidadãos às informações detidas pela administração pública, particularmente aos termos da Lei nº 12.527, de 18 de novembro de 2011.

Art. 36. A empresa pública e a sociedade de economia mista poderão promover a pré-qualificação de seus fornecedores ou produtos, nos termos do art. 64.

Art. 37. A empresa pública e a sociedade de economia mista deverão informar os dados relativos às sanções por elas aplicadas aos contratados, nos termos definidos no art. 83, de forma a manter atualizado o cadastro de empresas inidôneas de que trata o art. 23 da Lei nº 12.846, de 1º de agosto de 2013.

§ 1º O fornecedor incluído no cadastro referido no *caput* não poderá disputar licitação ou participar, direta ou indiretamente, da execução de contrato.

§ 2º Serão excluídos do cadastro referido no *caput*, a qualquer tempo, fornecedores que demonstrarem a superação dos motivos que deram causa à restrição contra eles promovida.

Art. 38. Estará impedida de participar de licitações e de ser contratada pela empresa pública ou sociedade de economia mista a empresa:

I - cujo administrador ou sócio detentor de mais de 5% (cinco por cento) do capital social seja diretor ou empregado da empresa pública ou sociedade de economia mista contratante;

II - suspensa pela empresa pública ou sociedade de economia mista;

III - declarada inidônea pela União, por Estado, pelo Distrito Federal ou pela unidade federativa a que está vinculada a empresa pública ou sociedade de economia mista, enquanto perdurarem os efeitos da sanção;

IV - constituída por sócio de empresa que estiver suspensa, impedida ou declarada inidônea;

V - cujo administrador seja sócio de empresa suspensa, impedida ou declarada inidônea;

VI - constituída por sócio que tenha sido sócio ou administrador de empresa suspensa, impedida ou declarada inidônea, no período dos fatos que deram ensejo à sanção;

VII - cujo administrador tenha sido sócio ou administrador de empresa suspensa, impedida ou declarada inidônea, no período dos fatos que deram ensejo à sanção;

VIII - que tiver, nos seus quadros de diretoria, pessoa que participou, em razão de vínculo de mesma natureza, de empresa declarada inidônea.

Parágrafo único. Aplica-se a vedação prevista no *caput*:

I - à contratação do próprio empregado ou dirigente, como pessoa física, bem como à participação dele em procedimentos licitatórios, na condição de licitante;

II - a quem tenha relação de parentesco, até o terceiro grau civil, com:

a) dirigente de empresa pública ou sociedade de economia mista;

b) empregado de empresa pública ou sociedade de economia mista cujas atribuições envolvam a atuação na área responsável pela licitação ou contratação;

c) autoridade do ente público a que a empresa pública ou sociedade de economia mista esteja vinculada.

III - cujo proprietário, mesmo na condição de sócio, tenha terminado seu prazo de gestão ou rompido seu vínculo com a respectiva empresa pública ou sociedade de economia mista promotora da licitação ou contratante há menos de 6 (seis) meses.

Art. 39. Os procedimentos licitatórios, a pré-qualificação e os contratos disciplinados por esta Lei serão divulgados em portal específico mantido pela empresa pública ou sociedade de economia mista na internet, devendo ser adotados os seguintes prazos mínimos para apresentação de propostas ou lances, contados a partir da divulgação do instrumento convocatório:

I - para aquisição de bens:

a) 5 (cinco) dias úteis, quando adotado como critério de julgamento o menor preço ou o maior desconto;

b) 10 (dez) dias úteis, nas demais hipóteses;

II - para contratação de obras e serviços:

a) 15 (quinze) dias úteis, quando adotado como critério de julgamento o menor preço ou o maior desconto;

b) 30 (trinta) dias úteis, nas demais hipóteses;

III - no mínimo 45 (quarenta e cinco) dias úteis para licitação em que se adote como critério de julgamento a melhor técnica ou a melhor combinação de técnica e preço, bem como para licitação em que haja contratação semi-integrada ou integrada.

Parágrafo único. As modificações promovidas no instrumento convocatório serão objeto de divulgação nos mesmos termos e prazos dos atos e procedimentos originais, exceto quando a alteração não afetar a preparação das propostas.

Art. 40. As empresas públicas e as sociedades de economia mista deverão publicar e manter atualizado regulamento interno de licitações e contratos, compatível com o disposto nesta Lei, especialmente quanto a:

I - glossário de expressões técnicas;

II - cadastro de fornecedores;

III - minutas-padrão de editais e contratos;

IV - procedimentos de licitação e contratação direta;

V - tramitação de recursos;

VI - formalização de contratos;

VII - gestão e fiscalização de contratos;

VIII - aplicação de penalidades;

IX - recebimento do objeto do contrato.

Art. 41. Aplicam-se às licitações e contratos regidos por esta Lei as normas de direito penal contidas nos arts. 89 a 99 da Lei nº 8.666, de 21 de junho de 1993.

> ‣ Artigos revogados pela Lei 14.133/2021 (Nova Lei de Licitações). Trata da matéria atualmente os arts. 337-E a 337-P do CP.

SEÇÃO III
DAS NORMAS ESPECÍFICAS PARA OBRAS E SERVIÇOS

Art. 42. Na licitação e na contratação de obras e serviços por empresas públicas e sociedades de economia mista, serão observadas as seguintes definições:

I - empreitada por preço unitário: contratação por preço certo de unidades determinadas;

II - empreitada por preço global: contratação por preço certo e total;

III - tarefa: contratação de mão de obra para pequenos trabalhos por preço certo, com ou sem fornecimento de material;

IV - empreitada integral: contratação de empreendimento em sua integralidade, com todas as etapas de obras, serviços e instalações necessárias, sob inteira responsabilidade da contratada até a sua entrega ao contratante em condições de entrada em operação, atendidos os requisitos técnicos e legais para sua utilização em condições de segurança estrutural e operacional e com as características adequadas às finalidades para as quais foi contratada;

V - contratação semi-integrada: contratação que envolve a elaboração e o desenvolvimento do projeto executivo, a execução de obras e serviços de engenharia, a montagem, a realização de testes, a pré-operação e as demais operações necessárias e suficientes para a entrega final do objeto, de acordo com o estabelecido nos § 1º e 3º deste artigo;

VI - contratação integrada: contratação que envolve a elaboração e o desenvolvimento dos projetos básico e executivo, a execução de obras e serviços de engenharia, a montagem, a realização de testes, a pré-operação e as demais operações necessárias e suficientes para a entrega final do objeto, de acordo com o estabelecido nos § 1º, 2º e 3º deste artigo;

VII - anteprojeto de engenharia: peça técnica com todos os elementos de contornos necessários e fundamentais à elaboração do projeto básico, devendo conter minimamente os seguintes elementos:

a) demonstração e justificativa do programa de necessidades, visão global dos investimentos e definições relacionadas ao nível de serviço desejado;

b) condições de solidez, segurança e durabilidade e prazo de entrega;

c) estética do projeto arquitetônico;

d) parâmetros de adequação ao interesse público, à economia na utilização, à facilidade na execução, aos impactos ambientais e à acessibilidade;

e) concepção da obra ou do serviço de engenharia;

f) projetos anteriores ou estudos preliminares que embasaram a concepção adotada;

g) levantamento topográfico e cadastral;

h) pareceres de sondagem;

i) memorial descritivo dos elementos da edificação, dos componentes construtivos e dos materiais de construção, de forma a estabelecer padrões mínimos para a contratação;

VIII - projeto básico: conjunto de elementos necessários e suficientes, com nível de precisão adequado, para, observado o disposto no § 3º, caracterizar a obra ou o serviço, ou o complexo de obras ou de serviços objeto da licitação, elaborado com base nas indicações dos estudos técnicos preliminares, que assegure a viabilidade técnica e o adequado tratamento do impacto ambiental do empreendimento e que possibilite a avaliação do custo da obra e a definição dos métodos e do prazo de execução, devendo conter os seguintes elementos:

a) desenvolvimento da solução escolhida, de forma a fornecer visão global da obra e a identificar todos os seus elementos constitutivos com clareza;

b) soluções técnicas globais e localizadas, suficientemente detalhadas, de forma a minimizar a necessidade de reformulação ou de variantes durante as fases de elaboração do projeto executivo e de realização das obras e montagem;

c) identificação dos tipos de serviços a executar e de materiais e equipamentos a incorporar à obra, bem como suas especificações, de modo a assegurar os melhores resultados para o empreendimento, sem frustrar o caráter competitivo para a sua execução;

d) informações que possibilitem o estudo e a dedução de métodos construtivos, instalações provisórias e condições organizacionais para a obra, sem frustrar o caráter competitivo para a sua execução;

e) subsídios para montagem do plano de licitação e gestão da obra, compreendendo a sua programação, a estratégia de suprimentos, as normas de fiscalização e outros dados necessários em cada caso;

f) (Vetado);

IX - projeto executivo: conjunto dos elementos necessários e suficientes à execução completa da obra, de acordo com as normas técnicas pertinentes;

X - matriz de riscos: cláusula contratual definidora de riscos e responsabilidades entre as partes e caracterizadora do equilíbrio econômico-financeiro inicial do contrato, em termos de ônus financeiro decorrente de eventos supervenientes à contratação, contendo, no mínimo, as seguintes informações:

a) listagem de possíveis eventos supervenientes à assinatura do contrato, impactantes no equilíbrio econômico-financeiro da avença, e previsão de eventual necessidade de prolação de termo aditivo quando de sua ocorrência;

b) estabelecimento preciso das frações do objeto em que haverá liberdade das contratadas para inovar em soluções metodológicas ou tecnológicas, em obrigações de resultado, em termos de modificação das soluções previamente delineadas no anteprojeto ou no projeto básico da licitação;

c) estabelecimento preciso das frações do objeto em que não haverá liberdade das contratadas para inovar em soluções metodológicas ou tecnológicas, em obrigações de meio, devendo haver obrigação de identidade entre a execução e a solução pré-definida no anteprojeto ou no projeto básico da licitação.

§ 1º As contratações semi-integradas e integradas referidas, respectivamente, nos incisos V e VI do *caput* deste artigo restringir-se-ão a obras e serviços de engenharia e observarão os seguintes requisitos:

I - o instrumento convocatório deverá conter:

a) anteprojeto de engenharia, no caso de contratação integrada, com elementos técnicos que permitam a caracterização da obra ou do serviço e a elaboração e comparação, de forma isonômica, das propostas a serem ofertadas pelos particulares;

b) projeto básico, nos casos de empreitada por preço unitário, de empreitada por preço global, de empreitada integral e de contratação semi-integrada, nos termos definidos neste artigo;

c) documento técnico, com definição precisa das frações do empreendimento em que haverá liberdade de as contratadas inovarem em soluções metodológicas ou tecnológicas, seja em termos de modificação das soluções previamente delineadas no anteprojeto ou no projeto básico da licitação, seja em termos de detalhamento dos sistemas e procedimentos construtivos previstos nessas peças técnicas;

d) matriz de riscos;

II - o valor estimado do objeto a ser licitado será calculado com base em valores de mercado, em valores pagos pela administração pública em serviços e obras similares ou em avaliação do custo global da obra, aferido mediante orçamento sintético ou metodologia expedita ou paramétrica;

III - o critério de julgamento a ser adotado será o de menor preço ou de melhor combinação de técnica e preço, pontuando-se na avaliação técnica as vantagens e os benefícios que eventualmente forem oferecidos para cada produto ou solução;

IV - na contratação semi-integrada, o projeto básico poderá ser alterado, desde que demonstrada a superioridade das inovações em termos de redução de custos, de aumento da qualidade, de redução do prazo de execução e de facilidade de manutenção ou operação.

§ 2º No caso dos orçamentos das contratações integradas:

I - sempre que o anteprojeto da licitação, por seus elementos mínimos, assim o permitir, as estimativas de preço devem se basear em orçamento tão detalhado quanto possível, devendo a utilização de estimativas paramétricas e a avaliação aproximada baseada em outras obras similares ser realizadas somente nas frações do empreendimento não suficientemente detalhadas no anteprojeto da licitação, exigindo-se das contratadas, no mínimo, o mesmo nível de detalhamento em seus demonstrativos de formação de preços;

II - quando utilizada metodologia expedita ou paramétrica para abalizar o valor do empreendimento ou de fração dele, consideradas as disposições do inciso I, entre 2 (duas) ou mais técnicas estimativas possíveis, deve ser utilizada nas estimativas de preço-base a que viabilize a maior precisão orçamentária, exigindo-se das licitantes, no mínimo, o mesmo nível de detalhamento na motivação dos respectivos preços ofertados.

§ 3º Nas contratações integradas ou semi-integradas, os riscos decorrentes de fatos supervenientes à contratação associados à escolha da solução de projeto básico pela contratante deverão ser alocados como de sua responsabilidade na matriz de riscos.

§ 4º No caso de licitação de obras e serviços de engenharia, as empresas públicas e as sociedades de economia mista abrangidas por esta Lei deverão utilizar a contratação semi-integrada, prevista no inciso V do *caput*, cabendo a elas a elaboração ou a contratação do projeto básico antes da licitação de que trata este parágrafo, podendo ser utilizadas outras modalidades previstas nos incisos do *caput* deste artigo, desde que essa opção seja devidamente justificada.

§ 5º Para fins do previsto na parte final do § 4º, não será admitida, por parte da empresa pública ou da sociedade de economia mista, como justificativa para a adoção da modalidade de contratação integrada, a ausência de projeto básico.

Art. 43. Os contratos destinados à execução de obras e serviços de engenharia admitirão os seguintes regimes:

I - empreitada por preço unitário, nos casos em que os objetos, por sua natureza, possuam imprecisão inerente de quantitativos em seus itens orçamentários;

II - empreitada por preço global, quando for possível definir previamente no projeto básico, com boa margem de precisão, as quantidades dos serviços a serem posteriormente executados na fase contratual;

III - contratação por tarefa, em contratações de profissionais autônomos ou de pequenas empresas para realização de serviços técnicos comuns e de curta duração;

IV - empreitada integral, nos casos em que o contratante necessite receber o empreendimento, normalmente de alta complexidade, em condição de operação imediata;

V - contratação semi-integrada, quando for possível definir previamente no projeto básico as quantidades dos serviços a serem posteriormente executados na fase contratual, em obra ou serviço de engenharia que possa ser executado com diferentes metodologias ou tecnologias;

VI - contratação integrada, quando a obra ou o serviço de engenharia for de natureza predominantemente intelectual e de inovação tecnológica do objeto licitado ou puder ser executado com diferentes metodologias ou tecnologias de domínio restrito no mercado.

§ 1º Serão obrigatoriamente precedidas pela elaboração de projeto básico, disponível para exame de qualquer interessado, as licitações para a contratação de obras e serviços, com exceção daquelas em que for adotado o regime previsto no inciso VI do *caput* deste artigo.

§ 2º É vedada a execução, sem projeto executivo, de obras e serviços de engenharia.

Art. 44. É vedada a participação direta ou indireta nas licitações para obras e serviços de engenharia de que trata esta Lei:

I - de pessoa física ou jurídica que tenha elaborado o anteprojeto ou o projeto básico da licitação;

II - de pessoa jurídica que participar de consórcio responsável pela elaboração do anteprojeto ou do projeto básico da licitação;

III - de pessoa jurídica da qual o autor do anteprojeto ou do projeto básico da licitação seja administrador, controlador, gerente, responsável técnico, subcontratado ou sócio, neste último caso quando a participação superar 5% (cinco por cento) do capital votante.

§ 1º A elaboração do projeto executivo constituirá encargo do contratado, consoante preço previamente fixado pela empresa pública ou pela sociedade de economia mista.

§ 2º É permitida a participação das pessoas jurídicas e da pessoa física de que tratam os incisos II e III do *caput* deste artigo em licitação ou em execução de contrato, como consultor ou técnico, nas funções de fiscalização, supervisão ou gerenciamento, exclusivamente a serviço da empresa pública e da sociedade de economia mista interessadas.

§ 3º Para fins do disposto no *caput*, considera-se participação indireta a existência de vínculos de natureza técnica, comercial, econômica, financeira ou trabalhista entre o autor do projeto básico, pessoa física ou jurídica, e o licitante ou responsável pelos serviços, fornecimentos e obras, incluindo-se os fornecimentos de bens e serviços a estes necessários.

§ 4º O disposto no § 3º deste artigo aplica-se a empregados incumbidos de levar a efeito atos e procedimentos realizados pela empresa pública e pela sociedade de economia mista no curso da licitação.

Art. 45. Na contratação de obras e serviços, inclusive de engenharia, poderá ser estabelecida remuneração variável vinculada ao desempenho do contratado, com base em metas, padrões de qualidade, critérios de sustentabilidade ambiental e prazos de entrega definidos no instrumento convocatório e no contrato.

Parágrafo único. A utilização da remuneração variável respeitará o limite orçamentário fixado pela empresa pública ou pela sociedade de economia mista para a respectiva contratação.

Art. 46. Mediante justificativa expressa e desde que não implique perda de economia de escala, poderá ser celebrado mais de um contrato para executar serviço de mesma natureza quando o objeto da contratação puder ser executado de forma concorrente e simultânea por mais de um contratado.

§ 1º Na hipótese prevista no *caput* deste artigo, será mantido controle individualizado da execução do objeto contratual relativamente a cada um dos contratados.

§ 2º (Vetado).

SEÇÃO IV
DAS NORMAS ESPECÍFICAS PARA AQUISIÇÃO DE BENS

Art. 47. A empresa pública e a sociedade de economia mista, na licitação para aquisição de bens, poderão:

I - indicar marca ou modelo, nas seguintes hipóteses:

a) em decorrência da necessidade de padronização do objeto;

b) quando determinada marca ou modelo comercializado por mais de um fornecedor constituir o único capaz de atender o objeto do contrato;

c) quando for necessária, para compreensão do objeto, a identificação de determinada marca ou modelo apto a servir como referência, situação em que será obrigatório o acréscimo da expressão "ou similar ou de melhor qualidade";

II - exigir amostra do bem no procedimento de pré-qualificação e na fase de julgamento das propostas ou de lances, desde que justificada a necessidade de sua apresentação;

III - solicitar a certificação da qualidade do produto ou do processo de fabricação, inclusive sob o aspecto ambiental, por instituição previamente credenciada.

Parágrafo único. O edital poderá exigir, como condição de aceitabilidade da proposta, a adequação às normas da Associação Brasileira de Normas Técnicas (ABNT) ou a certificação da qualidade do produto por instituição credenciada pelo Sistema Nacional de Metrologia, Normalização e Qualidade Industrial (Sinmetro).

Art. 48. Será dada publicidade, com periodicidade mínima semestral, em sítio eletrônico oficial na internet de acesso irrestrito, à relação das aquisições de bens efetivadas pelas empresas públicas e pelas sociedades de economia mista, compreendidas as seguintes informações:

I - identificação do bem comprado, de seu preço unitário e da quantidade adquirida;

II - nome do fornecedor;

III - valor total de cada aquisição.

SEÇÃO V
DAS NORMAS ESPECÍFICAS PARA ALIENAÇÃO DE BENS

Art. 49. A alienação de bens por empresas públicas e por sociedades de economia mista será precedida de:

I - avaliação formal do bem contemplado, ressalvadas as hipóteses previstas nos incisos XVI a XVIII do art. 29;

II - licitação, ressalvado o previsto no § 3º do art. 28.

Art. 50. Estendem-se à atribuição de ônus real a bens integrantes do acervo patrimonial de empresas públicas e de sociedades de economia mista as normas desta Lei aplicáveis à sua alienação, inclusive em relação às hipóteses de dispensa e de inexigibilidade de licitação.

SEÇÃO VI
DO PROCEDIMENTO DE LICITAÇÃO

Art. 51. As licitações de que trata esta Lei observarão a seguinte sequência de fases:

I - preparação;

II - divulgação;

III - apresentação de lances ou propostas, conforme o modo de disputa adotado;

IV - julgamento;

V - verificação de efetividade dos lances ou propostas;

VI - negociação;

VII - habilitação;

VIII - interposição de recursos;

IX - adjudicação do objeto;

X - homologação do resultado ou revogação do procedimento.

§ 1º A fase de que trata o inciso VII do *caput* poderá, excepcionalmente, anteceder as referidas nos incisos III a VI do *caput*, desde que expressamente previsto no instrumento convocatório.

§ 2º Os atos e procedimentos decorrentes das fases enumeradas no *caput* praticados por empresas públicas, por sociedades de economia mista e por licitantes serão efetivados preferencialmente por meio eletrônico, nos termos definidos pelo instrumento convocatório, devendo os avisos contendo os resumos dos editais das licitações e contratos abrangidos por esta Lei ser previamente publicados no Diário Oficial da União, do Estado ou do Município e na internet.

Art. 52. Poderão ser adotados os modos de disputa aberto ou fechado, ou, quando o objeto da licitação puder ser parcelado, a combinação de ambos, observado o disposto no inciso III do art. 32 desta Lei.

§ 1º No modo de disputa aberto, os licitantes apresentarão lances públicos e sucessivos, crescentes ou decrescentes, conforme o critério de julgamento adotado.

§ 2º No modo de disputa fechado, as propostas apresentadas pelos licitantes serão sigilosas até a data e a hora designadas para que sejam divulgadas.

Art. 53. Quando for adotado o modo de disputa aberto, poderão ser admitidos:

I - a apresentação de lances intermediários;

II - o reinício da disputa aberta, após a definição do melhor lance, para definição das demais colocações, quando existir diferença de pelo menos 10% (dez por cento) entre o melhor lance e o subsequente.

Parágrafo único. Consideram-se intermediários os lances:

I - iguais ou inferiores ao maior já ofertado, quando adotado o julgamento pelo critério da maior oferta;

II - iguais ou superiores ao menor já ofertado, quando adotados os demais critérios de julgamento.

Art. 54. Poderão ser utilizados os seguintes critérios de julgamento:

I - menor preço;

II - maior desconto;

III - melhor combinação de técnica e preço;

IV - melhor técnica;

V - melhor conteúdo artístico;

VI - maior oferta de preço;

VII - maior retorno econômico;

VIII - melhor destinação de bens alienados.

§ 1º Os critérios de julgamento serão expressamente identificados no instrumento convocatório e poderão ser combinados na hipótese de parcelamento do objeto, observado o disposto no inciso III do art. 32.

§ 2º Na hipótese de adoção dos critérios referidos nos incisos III, IV, V e VII do *caput* deste artigo, o julgamento das propostas será efetivado mediante o emprego de parâmetros específicos, definidos no instrumento convocatório, destinados a limitar a subjetividade do julgamento.

§ 3º Para efeito de julgamento, não serão consideradas vantagens não previstas no instrumento convocatório.

§ 4º O critério previsto no inciso II do *caput*:

I - terá como referência o preço global fixado no instrumento convocatório, estendendo-se o desconto oferecido nas propostas ou lances vencedores a eventuais termos aditivos;

II - no caso de obras e serviços de engenharia, o desconto incidirá de forma linear sobre a totalidade dos itens constantes do orçamento estimado, que deverá obrigatoriamente integrar o instrumento convocatório.

§ 5º Quando for utilizado o critério referido no inciso III do *caput*, a avaliação das propostas técnicas e de preço considerará o percentual de ponderação mais relevante, limitado a 70% (setenta por cento).

§ 6º Quando for utilizado o critério referido no inciso VII do *caput*, os lances ou propostas terão o objetivo de proporcionar economia à empresa pública ou à sociedade de economia mista, por meio da redução de suas despesas correntes, remunerando-se o licitante vencedor com base em percentual da economia de recursos gerada.

§ 7º Na implementação do critério previsto no inciso VIII do *caput* deste artigo, será obrigatoriamente considerada, nos termos do respectivo instrumento convocatório, a repercussão, no meio social, da finalidade para cujo atendimento o bem será utilizado pelo adquirente.

§ 8º O descumprimento da finalidade a que se refere o § 7º deste artigo resultará na imediata restituição do bem alcançado ao acervo patrimonial da empresa pública ou da sociedade de economia mista, vedado, nessa hipótese, o pagamento de indenização em favor do adquirente.

Art. 55. Em caso de empate entre 2 (duas) propostas, serão utilizados, na ordem em que se encontram enumerados, os seguintes critérios de desempate:

I - disputa final, em que os licitantes empatados poderão apresentar nova proposta fechada, em ato contínuo ao encerramento da etapa de julgamento;

II - avaliação do desempenho contratual prévio dos licitantes, desde que exista sistema objetivo de avaliação instituído;

III - os critérios estabelecidos no art. 3º da Lei nº 8.248, de 23 de outubro de 1991, e no § 2º do art. 3º da Lei nº 8.666, de 21 de junho de 1993;

‣ Lei 14.133/2021 (Nova Lei de Licitações).

IV - sorteio.

Art. 56. Efetuado o julgamento dos lances ou propostas, será promovida a verificação de sua efetividade, promovendo-se a desclassificação daqueles que:

I - contenham vícios insanáveis;

II - descumpram especificações técnicas constantes do instrumento convocatório;

III - apresentem preços manifestamente inexequíveis;

IV - se encontrem acima do orçamento estimado para a contratação de que trata o § 1º do art. 57, ressalvada a hipótese prevista no *caput* do art. 34 desta Lei;

V - não tenham sua exequibilidade demonstrada, quando exigido pela empresa pública ou pela sociedade de economia mista;

VI - apresentem desconformidade com outras exigências do instrumento convocatório, salvo se for possível a acomodação a seus termos antes da adjudicação do objeto e sem que se prejudique a atribuição de tratamento isonômico entre os licitantes.

§ 1º A verificação da efetividade dos lances ou propostas poderá ser feita exclusivamente em relação aos lances e propostas mais bem classificados.

§ 2º A empresa pública e a sociedade de economia mista poderão realizar diligências para aferir a exequibilidade das propostas ou exigir dos licitantes que ela seja demonstrada, na forma do inciso V do *caput*.

§ 3º Nas licitações de obras e serviços de engenharia, consideram-se inexequíveis as propostas com valores globais inferiores a 70% (setenta por cento) do menor dos seguintes valores:

I - média aritmética dos valores das propostas superiores a 50% (cinquenta por cento) do valor do orçamento estimado pela empresa pública ou sociedade de economia mista; ou

II - valor do orçamento estimado pela empresa pública ou sociedade de economia mista.

§ 4º Para os demais objetos, para efeito de avaliação da exequibilidade ou de sobrepreço, deverão ser estabelecidos critérios de aceitabilidade de preços que considerem o preço global, os quantitativos e os preços unitários, assim definidos no instrumento convocatório.

Art. 57. Confirmada a efetividade do lance ou proposta que obteve a primeira colocação na etapa de julgamento, ou que passe a ocupar essa posição em decorrência da desclassificação de outra que tenha obtido colocação superior, a empresa pública e a sociedade de economia mista deverão negociar condições mais vantajosas com quem o apresentou.

§ 1º A negociação deverá ser feita com os demais licitantes, segundo a ordem inicialmente estabelecida, quando o preço do primeiro colocado, mesmo após a negociação, permanecer acima do orçamento estimado.

§ 2º (Vetado).

§ 3º Se depois de adotada a providência referida no § 1º deste artigo não for obtido valor igual ou inferior ao orçamento estimado para a contratação, será revogada a licitação.

Art. 58. A habilitação será apreciada exclusivamente a partir dos seguintes parâmetros:

I - exigência da apresentação de documentos aptos a comprovar a possibilidade da aquisição de direitos e da contração de obrigações por parte do licitante;

II - qualificação técnica, restrita a parcelas do objeto técnica ou economicamente relevantes,

de acordo com parâmetros estabelecidos de forma expressa no instrumento convocatório;
III - capacidade econômica e financeira;
IV - recolhimento de quantia a título de adiantamento, tratando-se de licitações em que se utilize como critério de julgamento a maior oferta de preço.

§ 1º Quando o critério de julgamento utilizado for a maior oferta de preço, os requisitos de qualificação técnica e de capacidade econômica e financeira poderão ser dispensados.

§ 2º Na hipótese do § 1º, reverterá a favor da empresa pública ou da sociedade de economia mista o valor de quantia eventualmente exigida no instrumento convocatório a título de adiantamento, caso o licitante não efetue o restante do pagamento devido no prazo para tanto estipulado.

Art. 59. Salvo no caso de inversão de fases, o procedimento licitatório terá fase recursal única.

§ 1º Os recursos serão apresentados no prazo de 5 (cinco) dias úteis após a habilitação e contemplarão, além dos atos praticados nessa fase, aqueles praticados em decorrência do disposto nos incisos IV e V do *caput* do art. 51 desta Lei.

§ 2º Na hipótese de inversão de fases, o prazo referido no § 1º será aberto após a habilitação e após o encerramento da fase prevista no inciso V do *caput* do art. 51, abrangendo o segundo prazo também atos decorrentes da fase referida no inciso IV do *caput* do art. 51 desta Lei.

Art. 60. A homologação do resultado implica a constituição de direito relativo à celebração do contrato em favor do licitante vencedor.

Art. 61. A empresa pública e a sociedade de economia mista não poderão celebrar contrato com preterição da ordem de classificação das propostas ou com terceiros estranhos à licitação.

Art. 62. Além das hipóteses previstas no § 3º do art. 57 desta Lei e no inciso II do § 2º do art. 75 desta Lei, quem dispuser de competência para homologação do resultado poderá revogar a licitação por razões de interesse público decorrentes de fato superveniente que constitua óbice manifesto e incontornável, ou anulá-la por ilegalidade, de ofício ou por provocação de terceiros, salvo quando for viável a convalidação do ato ou do procedimento viciado.

§ 1º A anulação da licitação por motivo de ilegalidade não gera obrigação de indenizar, observado o disposto no § 2º deste artigo.

§ 2º A nulidade da licitação induz à do contrato.

§ 3º Depois de iniciada a fase de apresentação de lances ou propostas, referida no inciso III do *caput* do art. 51 desta Lei, a revogação ou a anulação da licitação somente será efetivada depois de se conceder aos licitantes que manifestem interesse em contestar o respectivo ato prazo apto a lhes assegurar o exercício do direito ao contraditório e à ampla defesa.

§ 4º O disposto no *caput* e nos § 1º e 2º deste artigo aplica-se, no que couber, aos atos por meio dos quais se determine a contratação direta.

SEÇÃO VII
DOS PROCEDIMENTOS AUXILIARES DAS LICITAÇÕES

Art. 63. São procedimentos auxiliares das licitações regidas por esta Lei:
I - pré-qualificação permanente;
II - cadastramento;
III - sistema de registro de preços;
IV - catálogo eletrônico de padronização.

Parágrafo único. Os procedimentos de que trata o *caput* deste artigo obedecerão a critérios claros e objetivos definidos em regulamento.

Art. 64. Considera-se pré-qualificação permanente o procedimento anterior à licitação destinado a identificar:

› art. 36 desta lei.

I - fornecedores que reúnam condições de habilitação exigidas para o fornecimento de bem ou a execução de serviço ou obra nos prazos, locais e condições previamente estabelecidos;
II - bens que atendam às exigências técnicas e de qualidade da administração pública.

§ 1º O procedimento de pré-qualificação será público e permanentemente aberto à inscrição de qualquer interessado.

§ 2º A empresa pública e a sociedade de economia mista poderão restringir a participação em suas licitações a fornecedores ou produtos pré-qualificados, nas condições estabelecidas em regulamento.

§ 3º A pré-qualificação poderá ser efetuada nos grupos ou segmentos, segundo as especialidades dos fornecedores.

§ 4º A pré-qualificação poderá ser parcial ou total, contendo alguns ou todos os requisitos de habilitação ou técnicos necessários à contratação, assegurada, em qualquer hipótese, a igualdade de condições entre os concorrentes.

§ 5º A pré-qualificação terá validade de 1 (um) ano, no máximo, podendo ser atualizada a qualquer tempo.

§ 6º Na pré-qualificação aberta de produtos, poderá ser exigida a comprovação de qualidade.

§ 7º É obrigatória a divulgação dos produtos e dos interessados que forem pré-qualificados.

Art. 65. Os registros cadastrais poderão ser mantidos para efeito de habilitação dos inscritos em procedimentos licitatórios e serão válidos por 1 (um) ano, no máximo, podendo ser atualizados a qualquer tempo.

§ 1º Os registros cadastrais serão amplamente divulgados e ficarão permanentemente abertos para a inscrição de interessados.

§ 2º Os inscritos serão admitidos segundo requisitos previstos em regulamento.

§ 3º A atuação do licitante no cumprimento de obrigações assumidas será anotada no respectivo registro cadastral.

§ 4º A qualquer tempo poderá ser alterado, suspenso ou cancelado o registro do inscrito que deixar de satisfazer as exigências estabelecidas para habilitação ou para admissão cadastral.

Art. 66. O Sistema de Registro de Preços especificamente destinado às licitações de que trata esta Lei reger-se-á pelo disposto em decreto do Poder Executivo e pelas seguintes disposições:

§ 1º Poderá aderir ao sistema referido no *caput* qualquer órgão ou entidade responsável pela execução das atividades contempladas no art. 1º desta Lei.

§ 2º O registro de preços observará, entre outras, as seguintes condições:
I - efetivação prévia de ampla pesquisa de mercado;
II - seleção de acordo com os procedimentos previstos em regulamento;
III - desenvolvimento obrigatório de rotina de controle e atualização periódicos dos preços registrados;
IV - definição da validade do registro;
V - inclusão, na respectiva ata, do registro dos licitantes que aceitarem cotar os bens ou serviços com preços iguais ao do licitante vencedor na sequência da classificação do certame, assim como dos licitantes que mantiverem suas propostas originais.

§ 3º A existência de preços registrados não obriga a administração pública a firmar os contratos que deles poderão advir, sendo facultada a realização de licitação específica, assegurada ao licitante registrado preferência em igualdade de condições.

Art. 67. O catálogo eletrônico de padronização de compras, serviços e obras consiste em sistema informatizado, de gerenciamento centralizado, destinado a permitir a padronização dos itens a serem adquiridos pela empresa pública ou sociedade de economia mista que estarão disponíveis para a realização de licitação.

Parágrafo único. O catálogo referido no *caput* poderá ser utilizado em licitações cujo critério de julgamento seja o menor preço ou o maior desconto e conterá toda a documentação e todos os procedimentos da fase interna da licitação, assim como as especificações dos respectivos objetos, conforme disposto em regulamento.

CAPÍTULO II
DOS CONTRATOS

SEÇÃO I
DA FORMALIZAÇÃO DOS CONTRATOS

Art. 68. Os contratos de que trata esta Lei regulam-se pelas suas cláusulas, pelo disposto nesta Lei e pelos preceitos de direito privado.

Art. 69. São cláusulas necessárias nos contratos disciplinados por esta Lei:
I - o objeto e seus elementos característicos;
II - o regime de execução ou a forma de fornecimento;
III - o preço e as condições de pagamento, os critérios, a data-base e a periodicidade do reajustamento de preços e os critérios de atualização monetária entre a data do adimplemento das obrigações e a do efetivo pagamento;
IV - os prazos de início de cada etapa de execução, de conclusão, de entrega, de observação, quando for o caso, e de recebimento;
V - as garantias oferecidas para assegurar a plena execução do objeto contratual, quando exigidas, observado o disposto no art. 68;
VI - os direitos e as responsabilidades das partes, as tipificações das infrações e as respectivas penalidades e valores das multas;
VII - os casos de rescisão do contrato e os mecanismos para alteração de seus termos;
VIII - a vinculação ao instrumento convocatório da respectiva licitação ou ao termo que a dispensou ou a inexigiu, bem como ao lance ou proposta do licitante vencedor;
IX - a obrigação do contratado de manter, durante a execução do contrato, em compatibilidade com as obrigações por ele assumidas, as condições de habilitação e qualificação exigidas no curso do procedimento licitatório;
X - matriz de riscos.

§ 1º (Vetado).

§ 2º Nos contratos decorrentes de licitações de obras ou serviços de engenharia em que tenha sido adotado o modo de disputa aberto, o contratado deverá reelaborar e apresentar à empresa pública ou à sociedade de economia mista e às suas respectivas subsidiárias, por meio eletrônico, as planilhas com indicação dos quantitativos e dos custos unitários, bem como do detalhamento das Bonificações e Despesas Indiretas (BDI) e dos Encargos Sociais (ES), com os respectivos valores adequados ao lance vencedor, para fins do disposto no inciso III do *caput* deste artigo.

Art. 70. Poderá ser exigida prestação de garantia nas contratações de obras, serviços e compras.

§ 1º Caberá ao contratado optar por uma das seguintes modalidades de garantia:
I - caução em dinheiro;
II - seguro-garantia;
III - fiança bancária.

§ 2º A garantia a que se refere o *caput* não excederá a 5% (cinco por cento) do valor do contrato e terá seu valor atualizado nas mesmas condições nele estabelecidas, ressalvado o previsto no § 3º deste artigo.

§ 3º Para obras, serviços e fornecimentos de grande vulto envolvendo complexidade técnica e riscos financeiros elevados, o limite de garantia previsto no § 2º poderá ser elevado para até 10% (dez por cento) do valor do contrato.

§ 4º A garantia prestada pelo contratado será liberada ou restituída após a execução do contrato, devendo ser atualizada monetariamente na hipótese do inciso I do § 1º deste artigo.

Art. 71. A duração dos contratos regidos por esta Lei não excederá a 5 (cinco) anos, contados a partir de sua celebração, exceto:

I - para projetos contemplados no plano de negócios e investimentos da empresa pública ou da sociedade de economia mista;

II - nos casos em que a pactuação por prazo superior a 5 (cinco) anos seja prática rotineira de mercado e a imposição desse prazo inviabilize ou onere excessivamente a realização do negócio.

Parágrafo único. É vedado o contrato por prazo indeterminado.

Art. 72. Os contratos regidos por esta Lei somente poderão ser alterados por acordo entre as partes, vedando-se ajuste que resulte em violação da obrigação de licitar.

Art. 73. A redução a termo do contrato poderá ser dispensada no caso de pequenas despesas de pronta entrega e pagamento das quais não resultem obrigações futuras por parte da empresa pública ou da sociedade de economia mista.

Parágrafo único. O disposto no *caput* não prejudicará o registro contábil exaustivo dos valores despendidos e a exigência de recibo por parte dos respectivos destinatários.

Art. 74. É permitido a qualquer interessado o conhecimento dos termos do contrato e a obtenção de cópia autenticada de seu inteiro teor ou de qualquer de suas partes, admitida a exigência de ressarcimento dos custos, nos termos previstos na Lei nº 12.527, de 18 de novembro de 2011.

Art. 75. A empresa pública e a sociedade de economia mista convocarão o licitante vencedor ou o destinatário de contratação com dispensa ou inexigibilidade de licitação para assinar o termo de contrato, observados o prazo e as condições estabelecidos, sob pena de decadência do direito à contratação.

§ 1º O prazo de convocação poderá ser prorrogado 1 (uma) vez, por igual período.

§ 2º É facultado à empresa pública ou à sociedade de economia mista, quando o convocado não assinar o termo de contrato no prazo e nas condições estabelecidos:

I - convocar os licitantes remanescentes, na ordem de classificação, para fazê-lo em igual prazo e nas mesmas condições propostas pelo primeiro classificado, inclusive quanto aos preços atualizados em conformidade com o instrumento convocatório;

II - revogar a licitação.

Art. 76. O contratado é obrigado a reparar, corrigir, remover, reconstruir ou substituir, às suas expensas, no total ou em parte, o objeto do contrato em que se verificarem vícios, defeitos ou incorreções resultantes da execução ou de materiais empregados, e responderá por danos causados diretamente a terceiros ou à empresa pública ou sociedade de economia mista, independentemente da comprovação de sua culpa ou dolo na execução do contrato.

Art. 77. O contratado é responsável pelos encargos trabalhistas, fiscais e comerciais resultantes da execução do contrato.

§ 1º A inadimplência do contratado quanto aos encargos trabalhistas, fiscais e comerciais não transfere à empresa pública ou à sociedade de economia mista a responsabilidade por seu pagamento, nem poderá onerar o objeto do contrato ou restringir a regularização e o uso das obras e edificações, inclusive perante o Registro de Imóveis.

§ 2º (Vetado).

Art. 78. O contratado, na execução do contrato, sem prejuízo das responsabilidades contratuais e legais, poderá subcontratar partes da obra, serviço ou fornecimento, até o limite admitido, em cada caso, pela empresa pública ou pela sociedade de economia mista, conforme previsto no edital do certame.

§ 1º A empresa subcontratada deverá atender, em relação ao objeto da subcontratação, as exigências de qualificação técnica impostas ao licitante vencedor.

§ 2º É vedada a subcontratação de empresa ou consórcio que tenha participado:

I - do procedimento licitatório do qual se originou a contratação;

II - direta ou indiretamente, da elaboração de projeto básico ou executivo.

§ 3º As empresas de prestação de serviços técnicos especializados deverão garantir que os integrantes de seu corpo técnico executem pessoal e diretamente as obrigações a eles imputadas, quando a respectiva relação for apresentada em procedimento licitatório ou em contratação direta.

Art. 79. Na hipótese do § 6º do art. 54, quando não for gerada a economia prevista no lance ou proposta, a diferença entre a economia contratada e a efetivamente obtida será descontada da remuneração do contratado.

Parágrafo único. Se a diferença entre a economia contratada e a efetivamente obtida for superior à remuneração do contratado, será aplicada a sanção prevista no contrato, nos termos do inciso VI do *caput* do art. 69 desta Lei.

Art. 80. Os direitos patrimoniais e autorais de projetos ou serviços técnicos especializados desenvolvidos por profissionais autônomos ou por empresas contratadas passam a ser propriedade da empresa pública ou sociedade de economia mista que os tenha contratado, sem prejuízo da preservação da identificação dos respectivos autores e da responsabilidade técnica a eles atribuída.

SEÇÃO II
DA ALTERAÇÃO DOS CONTRATOS

Art. 81. Os contratos celebrados nos regimes previstos nos incisos I a V do art. 43 contarão com cláusula que estabeleça a possibilidade de alteração, por acordo entre as partes, nos seguintes casos:

I - quando houver modificação do projeto ou das especificações, para melhor adequação técnica aos seus objetivos;

II - quando necessária a modificação do valor contratual em decorrência de acréscimo ou diminuição quantitativa de seu objeto, nos limites permitidos por esta Lei;

III - quando conveniente a substituição da garantia de execução;

IV - quando necessária a modificação do regime de execução da obra ou serviço, bem como do modo de fornecimento, em face de verificação técnica da inaplicabilidade dos termos contratuais originários;

V - quando necessária a modificação da forma de pagamento, por imposição de circunstâncias supervenientes, mantido o valor inicial atualizado, vedada a antecipação do pagamento, com relação ao cronograma financeiro fixado, sem a correspondente contraprestação de fornecimento de bens ou execução de obra ou serviço;

VI - para restabelecer a relação que as partes pactuaram inicialmente entre os encargos do contratado e a retribuição da administração para a justa remuneração da obra, serviço ou fornecimento, objetivando a manutenção do equilíbrio econômico-financeiro inicial do contrato, na hipótese de sobrevirem fatos imprevisíveis, ou previsíveis porém de consequências incalculáveis, retardadores ou impeditivos da execução do ajustado, ou, ainda, em caso de força maior, caso fortuito ou fato do príncipe, configurando álea econômica extraordinária e extracontratual.

§ 1º O contratado poderá aceitar, nas mesmas condições contratuais, os acréscimos ou supressões que se fizerem nas obras, serviços ou compras, até 25% (vinte e cinco por cento) do valor inicial atualizado do contrato, e, no caso particular de reforma de edifício ou de equipamento, até o limite de 50% (cinquenta por cento) para os seus acréscimos.

§ 2º Nenhum acréscimo ou supressão poderá exceder os limites estabelecidos no § 1º, salvo as supressões resultantes de acordo celebrado entre os contratantes.

§ 3º Se no contrato não houverem sido contemplados preços unitários para obras ou serviços, esses serão fixados mediante acordo entre as partes, respeitados os limites estabelecidos no § 1º.

§ 4º No caso de supressão de obras, bens ou serviços, se o contratado já houver adquirido os materiais e posto no local dos trabalhos, esses materiais deverão ser pagos pela empresa pública ou sociedade de economia mista pelos custos de aquisição regularmente comprovados e monetariamente corrigidos, podendo caber indenização por outros danos eventualmente decorrentes da supressão, desde que regularmente comprovados.

§ 5º A criação, a alteração ou a extinção de quaisquer tributos ou encargos legais, bem como a superveniência de disposições legais, quando ocorridas após a data da apresentação da proposta, com comprovada repercussão nos preços contratados, implicarão a revisão destes para mais ou para menos, conforme o caso.

§ 6º Em havendo alteração do contrato que aumente os encargos do contratado, a empresa pública ou a sociedade de economia mista deverá restabelecer, por aditamento, o equilíbrio econômico-financeiro inicial.

§ 7º A variação do valor contratual para fazer face ao reajuste de preços previsto no próprio contrato e as atualizações, compensações ou penalizações financeiras decorrentes das condições de pagamento nele previstas, bem como o empenho de dotações orçamentárias suplementares até o limite do seu valor corrigido, não caracterizam alteração do contrato e podem ser registrados por simples apostila, dispensada a celebração de aditamento.

§ 8º É vedada a celebração de aditivos decorrentes de eventos supervenientes alocados, na matriz de riscos, como de responsabilidade da contratada.

SEÇÃO III
DAS SANÇÕES ADMINISTRATIVAS

Art. 82. Os contratos devem conter cláusulas com sanções administrativas a serem aplicadas em decorrência de atraso injustificado na execução do contrato, sujeitando o contratado a multa de mora, na forma prevista no instrumento convocatório ou no contrato.

§ 1º A multa a que alude este artigo não impede que a empresa pública ou a sociedade de economia mista rescinda o contrato e aplique as outras sanções previstas nesta Lei.

§ 2º A multa, aplicada após regular processo administrativo, será descontada da garantia do respectivo contratado.

§ 3º Se a multa for de valor superior ao valor da garantia prestada, além da perda desta, responderá o contratado pela sua diferença, a qual será descontada dos pagamentos eventualmente devidos pela empresa pública ou pela sociedade de economia mista ou, ainda, quando for o caso, cobrada judicialmente.

Art. 83. Pela inexecução total ou parcial do contrato a empresa pública ou a sociedade de economia mista poderá, garantida a prévia defesa, aplicar ao contratado as seguintes sanções:

I - advertência;

II - multa, na forma prevista no instrumento convocatório ou no contrato;

III - suspensão temporária de participação em licitação e impedimento de contratar com a entidade sancionadora, por prazo não superior a 2 (dois) anos.

§ 1º Se a multa aplicada for superior ao valor da garantia prestada, além da perda desta, responderá o contratado pela sua diferença, que será descontada dos pagamentos eventualmente devidos pela empresa pública ou pela sociedade de economia mista ou cobrada judicialmente.

§ 2º As sanções previstas nos incisos I e III do *caput* poderão ser aplicadas juntamente com a do inciso II, devendo a defesa prévia do interessado, no respectivo processo, ser apresentada no prazo de 10 (dez) dias úteis.

Art. 84. As sanções previstas no inciso III do art. 83 poderão também ser aplicadas às empresas ou aos profissionais que, em razão dos contratos regidos por esta Lei:

I - tenham sofrido condenação definitiva por praticarem, por meios dolosos, fraude fiscal no recolhimento de quaisquer tributos;

II - tenham praticado atos ilícitos visando a frustrar os objetivos da licitação;

III - demonstrem não possuir idoneidade para contratar com a empresa pública ou a sociedade de economia mista em virtude de atos ilícitos praticados.

CAPÍTULO III
DA FISCALIZAÇÃO PELO ESTADO E PELA SOCIEDADE

Art. 85. Os órgãos de controle externo e interno das 3 (três) esferas de governo fiscalizarão as empresas públicas e as sociedades de economia mista a elas relacionadas, inclusive aquelas domiciliadas no exterior, quanto à legitimidade, à economicidade e à eficácia da aplicação de seus recursos, sob o ponto de vista contábil, financeiro, operacional e patrimonial.

§ 1º Para a realização da atividade fiscalizatória de que trata o *caput*, os órgãos de controle deverão ter acesso irrestrito aos documentos e às informações necessários à realização dos trabalhos, inclusive aqueles classificados como sigilosos pela empresa pública ou pela sociedade de economia mista, nos termos da Lei nº 12.527, de 18 de novembro de 2011.

› arts. 5º, XXXIII; 37, § 3º, II; 216, § 2º, CF.

§ 2º O grau de confidencialidade será atribuído pelas empresas públicas e sociedades de economia mista no ato de entrega dos documentos e informações solicitados, tornando-se o órgão de controle com o qual foi compartilhada a informação sigilosa corresponsável pela manutenção do seu sigilo.

§ 3º Os atos de fiscalização e controle dispostos neste Capítulo aplicar-se-ão, também, às empresas públicas e às sociedades de economia mista de caráter e constituição transnacional no que se refere aos atos de gestão e aplicação do capital nacional, independentemente de estarem incluídos ou não em seus respectivos atos e acordos constitutivos.

Art. 86. As informações das empresas públicas e das sociedades de economia mista relativas a licitações e contratos, inclusive aqueles referentes a bases de preços, constarão de bancos de dados eletrônicos atualizados e com acesso em tempo real aos órgãos de controle competentes.

§ 1º As demonstrações contábeis auditadas da empresa pública e da sociedade de economia mista serão disponibilizadas no sítio eletrônico da empresa ou da sociedade na internet, inclusive em formato eletrônico editável.

§ 2º As atas e demais expedientes oriundos de reuniões, ordinárias ou extraordinárias, dos conselhos de administração ou fiscal das empresas públicas e das sociedades de economia mista, inclusive gravações e filmagens, quando houver, deverão ser disponibilizados para os órgãos de controle sempre que solicitados, no âmbito dos trabalhos de auditoria.

§ 3º O acesso dos órgãos de controle às informações referidas no *caput* e no § 2º será restrito e individualizado.

§ 4º As informações que sejam revestidas de sigilo bancário, estratégico, comercial ou industrial serão assim identificadas, respondendo o servidor administrativa, civil e penalmente pelos danos causados à empresa pública ou à sociedade de economia mista e a seus acionistas em razão de eventual divulgação indevida.

§ 5º Os critérios para a definição do que deve ser considerado sigilo estratégico, comercial ou industrial serão estabelecidos em regulamento.

Art. 87. O controle das despesas decorrentes dos contratos e demais instrumentos regidos por esta Lei será feito pelos órgãos do sistema de controle interno e pelo tribunal de contas competente, na forma da legislação pertinente, ficando as empresas públicas e as sociedades de economia mista responsáveis pela demonstração da legalidade e da regularidade da despesa e da execução, nos termos da Constituição.

§ 1º Qualquer cidadão é parte legítima para impugnar edital de licitação por irregularidade na aplicação desta Lei, devendo protocolar o pedido até 5 (cinco) dias úteis antes da data fixada para a ocorrência do certame, devendo a entidade julgar e responder à impugnação em até 3 (três) dias úteis, sem prejuízo da faculdade prevista no § 2º.

§ 2º Qualquer licitante, contratado ou pessoa física ou jurídica poderá representar ao tribunal de contas ou aos órgãos integrantes do sistema de controle interno contra irregularidades na aplicação desta Lei, para os fins do disposto neste artigo.

§ 3º Os tribunais de contas e os órgãos integrantes do sistema de controle interno poderão solicitar para exame, a qualquer tempo, documentos de natureza contábil, financeira, orçamentária, patrimonial e operacional das empresas públicas, das sociedades de economia mista e de suas subsidiárias no Brasil e no exterior, obrigando-se, os jurisdicionados, à adoção das medidas corretivas pertinentes que, em função desse exame, lhes forem determinadas.

Art. 88. As empresas públicas e as sociedades de economia mista deverão disponibilizar para conhecimento público, por meio eletrônico, informação completa mensalmente atualizada sobre a execução de seus contratos e de seu orçamento, admitindo-se retardo de até 2 (dois) meses na divulgação das informações.

§ 1º A disponibilização de informações contratuais referentes a operações de perfil estratégico ou que tenham por objeto segredo industrial receberá proteção mínima necessária para lhes garantir confidencialidade.

§ 2º O disposto no § 1º não será oponível à fiscalização dos órgãos de controle interno e do tribunal de contas, sem prejuízo da responsabilização administrativa, civil e penal do servidor que der causa à eventual divulgação dessas informações.

Art. 89. O exercício da supervisão por vinculação da empresa pública ou da sociedade de economia mista, pelo órgão a que se vincula, não pode ensejar a redução ou a supressão da autonomia conferida pela lei específica que autorizou a criação da entidade supervisionada ou da autonomia inerente a sua natureza, nem autoriza a ingerência do supervisor em sua administração e funcionamento, devendo a supervisão ser exercida nos limites da legislação aplicável.

Art. 90. As ações e deliberações do órgão ou ente de controle não podem implicar interferência na gestão das empresas públicas e das sociedades de economia mista a ele submetidas nem ingerência no exercício de suas competências ou na definição de políticas públicas.

TÍTULO III
DISPOSIÇÕES FINAIS E TRANSITÓRIAS

Art. 91. A empresa pública e a sociedade de economia mista constituídas anteriormente à vigência desta Lei deverão, no prazo de 24 (vinte e quatro) meses, promover as adaptações necessárias à adequação ao disposto nesta Lei.

§ 1º A sociedade de economia mista que tiver capital fechado na data de entrada em vigor desta Lei poderá, observado o prazo estabelecido no *caput*, ser transformada em empresa pública, mediante resgate, pela empresa, da totalidade das ações de titularidade de acionistas privados, com base no valor de patrimônio líquido constante do último balanço aprovado pela assembleia-geral.

§ 2º (Vetado).

§ 3º Permanecem regidos pela legislação anterior procedimentos licitatórios e contratos iniciados ou celebrados até o final do prazo previsto no *caput*.

Art. 92. O Registro Público de Empresas Mercantis e Atividades Afins manterá banco de dados público e gratuito, disponível na internet, contendo a relação de todas as empresas públicas e as sociedades de economia mista.

Parágrafo único. É a União proibida de realizar transferência voluntária de recursos a Estados, ao Distrito Federal e a Municípios que não fornecerem ao Registro Público de Empresas Mercantis e Atividades Afins as informações relativas às empresas públicas e às sociedades de economia mista a eles vinculadas.

Art. 93. As despesas com publicidade e patrocínio da empresa pública e da sociedade de economia mista não ultrapassarão, em cada exercício, o limite de 0,5% (cinco décimos por cento) da receita operacional bruta do exercício anterior.

§ 1º O limite disposto no *caput* poderá ser ampliado, até o limite de 2% (dois por cento) da receita bruta do exercício anterior, por proposta da diretoria da empresa pública ou da sociedade de economia mista justificada com base em parâmetros de mercado do setor específico de atuação da empresa ou da sociedade e aprovada pelo respectivo Conselho de Administração.

§ 2º É vedado à empresa pública e à sociedade de economia mista realizar, em ano de eleição para cargos do ente federativo a que sejam vinculadas, despesas com publicidade e patrocínio que excedam a média dos gastos nos 3 (três) últimos anos que antecedem o pleito ou no último ano imediatamente anterior à eleição.

Art. 94. Aplicam-se à empresa pública, à sociedade de economia mista e às suas subsidiárias as sanções previstas na Lei nº 12.846, de 1º de agosto de 2013, salvo as previstas nos incisos II, III e IV do *caput* do art. 19 da referida Lei.

Art. 95. A estratégia de longo prazo prevista no art. 23 deverá ser aprovada em até 180 (cento e oitenta) dias da data de publicação da presente Lei.

Art. 96. Revogam-se:

I - o § 2º do art. 15 da Lei nº 3.890-A, de 25 de abril de 1961, com a redação dada pelo art. 19 da Lei nº 11.943, de 28 de maio de 2009;

II - os arts. 67 e 68 da Lei nº 9.478, de 6 de agosto de 1997.

Art. 97. Esta Lei entra em vigor na data de sua publicação.

Brasília, 30 de junho de 2016; 195º da Independência e 128º da República.

Michel Temer

ESTATUTO DA ADVOCACIA E DA OAB

LEI N. 8.906, DE 04 DE JULHO DE 1994

Dispõe sobre o Estatuto da Advocacia e da Ordem dos Advogados do Brasil (OAB).

- DOU, 05.07.1994.

O PRESIDENTE DA REPÚBLICA

Faço saber que o Congresso Nacional decreta e eu sanciono a seguinte lei:

TÍTULO I
DA ADVOCACIA

CAPÍTULO I
DA ATIVIDADE DE ADVOCACIA

- art. 5º, Regulamento Geral.

Art. 1º São atividades privativas de advocacia:

- art. 133, CF.
- art. 103, NCPC.
- Súm. Vinc. 5, STF.
- Súm. 343, STF.

I - a postulação a qualquer órgão do Poder Judiciário e aos juizados especiais;

- O STF julgou procedente a ADIn 1.127-8 (DOU, 26.05.2006) para declarar a inconstitucionalidade da expressão "qualquer" contida neste inciso.

II - as atividades de consultoria, assessoria e direção jurídicas.

§ 1º Não se inclui na atividade privativa de advocacia a impetração de *habeas corpus* em qualquer instância ou tribunal.

§ 2º Os atos e contratos constitutivos de pessoas jurídicas, sob pena de nulidade, só podem ser admitidos a registro, nos órgãos competentes, quando visados por advogados.

- art. 9º, § 2º, LC 123/2006 (Estatuto Nacional da Microempresa e da Empresa de Pequeno Porte).

§ 3º É vedada a divulgação de advocacia em conjunto com outra atividade.

Art. 2º O advogado é indispensável à administração da justiça.

§ 1º No seu ministério privado, o advogado presta serviço público e exerce função social.

§ 2º No processo judicial, o advogado contribui, na postulação de decisão favorável ao seu constituinte, ao convencimento do julgador, e seus atos constituem múnus publico.

§ 3º No exercício da profissão, o advogado é inviolável por seus atos e manifestações, nos limites desta lei.

Art. 3º O exercício da atividade de advocacia no território brasileiro e a denominação de advogado são privativos dos inscritos na Ordem dos Advogados do Brasil (OAB),

§ 1º Exercem atividade de advocacia, sujeitando-se ao regime desta lei, além do regime próprio a que se subordinem, os integrantes da Advocacia-Geral da União, da Procuradoria da Fazenda Nacional, da Defensoria Pública e das Procuradorias e Consultorias Jurídicas dos Estados, do Distrito Federal, dos Municípios e das respectivas entidades de administração indireta e fundacional.

§ 2º O estagiário de advocacia, regularmente inscrito, pode praticar os atos previstos no art. 1º, na forma do regimento geral, em conjunto com advogado e sob responsabilidade deste.

Art. 3º-A. Os serviços profissionais de advogado são, por sua natureza, técnicos e singulares, quando comprovada sua notória especialização, nos termos da lei.

Parágrafo único. Considera-se notória especialização o profissional ou a sociedade de advogados cujo conceito no campo de sua especialidade, decorrente de desempenho anterior, estudos, experiências, publicações, organização, aparelhamento, equipe técnica ou de outros requisitos relacionados com suas atividades, permita inferir que o seu trabalho é essencial e indiscutivelmente o mais adequado à plena satisfação do objeto do contrato. (Acrescido pela Lei 14.039/2020)

Art. 4º São nulos os atos privativos de advogado praticados por pessoa não inscrita na OAB, sem prejuízo das sanções civis, penais e administrativas.

Parágrafo único. São também nulos os atos praticados por advogado impedido - no âmbito do impedimento - suspenso, licenciado ou que passar a exercer atividade incompatível com a advocacia.

Art. 5º O advogado postula, em juízo ou fora dele, fazendo prova do mandato.

§ 1º O advogado, afirmando urgência, pode atuar sem procuração, obrigando-se a apresentá-la no prazo de quinze dias, prorrogável por igual período.

§ 2º A procuração para o foro em geral habilita o advogado a praticar todos os atos judiciais, em qualquer juízo ou instância, salvo os que exijam poderes especiais.

§ 3º O advogado que renunciar ao mandato continuará, durante os dez dias seguintes à notificação da renúncia, a representar o mandante, salvo se for substituído antes do término desse prazo.

CAPÍTULO II
DOS DIREITOS DO ADVOGADO

Art. 6º Não há hierarquia nem subordinação entre advogados, magistrados e membros do Ministério Público, devendo todos tratar-se com consideração e respeito recíprocos.

Parágrafo único. As autoridades, os servidores públicos e os serventuários da justiça devem dispensar ao advogado, no exercício da profissão, tratamento compatível com a dignidade da advocacia e condições adequadas a seu desempenho.

- Súm. Vinc. 14, STF.

Art. 7º São direitos do advogado:

I - exercer, com liberdade, a profissão em todo o território nacional;

II - a inviolabilidade de seu escritório ou local de trabalho, bem como de seus instrumentos de trabalho, de sua correspondência escrita, eletrônica, telefônica e telemática, desde que relativas ao exercício da advocacia; (Redação dada pela Lei 11.767/2008.)

III - comunicar-se com seus clientes, pessoal e reservadamente, mesmo sem procuração, quando estes se acharem presos, detidos ou recolhidos em estabelecimentos civis ou militares, ainda que considerados incomunicáveis;

IV - ter a presença de representante da OAB, quando preso em flagrante, por motivo ligado ao exercício da advocacia, para lavratura do auto respectivo, sob pena de nulidade e, nos demais casos, a comunicação expressa à seccional da OAB;

V - não ser recolhido preso, antes de sentença transitada em julgado, senão em sala de Estado Maior, com instalações e comodidades condignas, assim reconhecidas pela OAB, e, na sua falta, em prisão domiciliar;

- O STF julgou procedente a ADIn 1.127-8 (DOU, 26.05.2006) para declarar a inconstitucionalidade da expressão "assim reconhedias pela OAB", contida neste inciso.

VI - ingressar livremente:

a) nas salas de sessões dos tribunais, mesmo além dos cancelos que separam a parte reservada aos magistrados;

b) nas salas e dependências de audiências, secretarias, cartórios, ofícios de justiça, serviços notariais e de registro, e, no caso de delegacias e prisões, mesmo fora da hora de expediente e independentemente da presença de seus titulares;

c) em qualquer edifício ou recinto em que funcione repartição judicial ou outro serviço público onde o advogado deva praticar ato ou colher prova ou informação útil ao exercício da atividade profissional, dentro do expediente ou fora dele, e ser atendido, desde que se ache presente qualquer servidor ou empregado;

d) em qualquer assembleia ou reunião de que participe ou possa participar o seu cliente, ou perante a qual este deva comparecer, desde que munido de poderes especiais;

VII - permanecer sentado ou em pé e retirar-se de quaisquer locais indicados no inciso anterior, independentemente de licença;

VIII - dirigir-se diretamente aos magistrados nas salas e gabinetes de trabalho, independentemente de horário previamente marcado ou outra condição, observando-se a ordem de chegada;

IX - sustentar oralmente as razões de qualquer recurso ou processo, nas sessões de julgamento, após o voto do relator, em instância judicial ou administrativa, pelo prazo de quinze minutos, salvo se prazo maior for concedido;

- O STF julgou procedente as ADIns 1.127-8 (DOU, 26.05.2006) e 1.105-7 (26.05.2006) para declarar a inconstitucionalidade deste inciso.

X - usar da palavra, pela ordem, em qualquer juízo ou tribunal, mediante intervenção sumária, para esclarecer equívoco ou dúvida surgida em relação a fatos, documentos ou afirmações que influam no julgamento, bem como para replicar acusação ou censura que lhe forem feitas;

XI - reclamar, verbalmente ou por escrito, perante qualquer juízo, tribunal ou autoridade, contra a inobservância de preceito de lei, regulamento ou regimento;

XII - falar, sentado ou em pé, em juízo, tribunal ou órgão de deliberação coletiva da Administração Pública ou do Poder Legislativo;

XIII - examinar, em qualquer órgão dos Poderes Judiciário e Legislativo, ou da Administração Pública em geral, autos de processos findos ou em andamento, mesmo sem procuração, quando não estiverem sujeitos a sigilo ou segredo de justiça, assegurada a obtenção de cópias, com possibilidade de tomar apontamentos; (Redação dada pela Lei 13.793/2019)

- Súm. Vinc. 14, STF.

XIV - examinar, em qualquer instituição responsável por conduzir investigação, mesmo sem procuração, autos de flagrante e de investigações de qualquer natureza, findos ou em andamento, ainda que conclusos à autoridade, podendo copiar peças e tomar apontamentos, em meio físico ou digital; (Alterado pela Lei 13.245/2016.)

- Súm. Vinc. 14, STF.

XV - ter vista dos processos judiciais ou administrativos de qualquer natureza, em cartório ou na repartição competente, ou retirá-los pelos prazos legais;

XVI - retirar autos de processos findos, mesmo sem procuração, pelo prazo de dez dias;

XVII - ser publicamente desagravado, quando ofendido no exercício da profissão ou em razão dela;

XVIII - usar os símbolos privativos da profissão de advogado;

XIX - recusar-se a depor como testemunha em processo no qual funcionou ou deva funcionar, ou sobre fato relacionado com pessoa de quem seja ou foi advogado, mesmo quando autorizado ou solicitado pelo constituinte, bem como sobre fato que constitua sigilo profissional;

XX - retirar-se do recinto onde se encontre aguardando pregão para ato judicial, após trinta minutos do horário designado e ao qual ainda não tenha comparecido a autoridade que deva presidir a ele, mediante comunicação protocolizada em juízo;

XXI - assistir a seus clientes investigados durante a apuração de infrações, sob pena de nulidade absoluta do respectivo interrogatório ou depoimento e, subsequentemente, de todos os elementos investigatórios e probatórios dele decorrentes ou derivados, direta ou indiretamente, podendo, inclusive, no curso da respectiva apuração: (Acrescentado pela Lei 13.245/2016.)

a) apresentar razões e quesitos;

b) (Vetado). (Acrescentado pela Lei 13.245/2016.)

§ 1º Não se aplica o disposto nos incisos XV e XVI:

1) aos processos sob regime de segredo de justiça;

2) quando existirem nos autos documentos originais de difícil restauração ou ocorrer circunstância relevante que justifique a permanência dos autos no cartório, secretaria ou repartição, reconhecida pela autoridade em despacho motivado, proferido de ofício, mediante representação ou a requerimento da parte interessada;

3) até o encerramento do processo, ao advogado que houver deixado de devolver os respectivos autos no prazo legal, e só o fizer depois de intimado.

§ 2º O advogado tem imunidade profissional, não constituindo injúria, difamação ou desacato puníveis qualquer manifestação de sua parte, no exercício de sua atividade, em juízo ou fora dele, sem prejuízo das sanções disciplinares perante a OAB, pelos excessos que cometer.

- O STF julgou procedente a ADIn 1.127-8 (DOU, 26.05.2006) para declarar inconstitucional a expressão "ou desacato" presente neste parágrafo.

§ 3º O advogado somente poderá ser preso em flagrante, por motivo de exercício da profissão, em caso de crime inafiançável, observado o disposto no inciso IV deste artigo.

§ 4º O Poder Judiciário e o Poder Executivo devem instalar, em todos os juizados, fóruns, tribunais, delegacias de polícia e presídios, salas especiais permanentes para os advogados, com uso e controle assegurados à OAB.

- O STF julgou procedente a ADIn 1.127-8 (DOU, 26.05.2006) para declarar inconstitucional a expressão "e controle" presente neste parágrafo.

§ 5º No caso de ofensa a inscrito na OAB, no exercício da profissão ou de cargo ou função de órgão da OAB, o conselho competente deve promover o desagravo público do ofendido, sem prejuízo da responsabilidade criminal em que incorrer o infrator.

§ 6º Presentes indícios de autoria e materialidade da prática de crime por parte de advogado, a autoridade judiciária competente poderá decretar a quebra da inviolabilidade de que trata o inciso II do *caput* deste artigo, em decisão motivada, expedindo mandado de busca e apreensão, específico e pormenorizado, a ser cumprido na presença de representante da OAB, sendo, em qualquer hipótese, vedada a utilização dos documentos, das mídias e dos objetos pertencentes a clientes do advogado averiguado, bem como dos demais instrumentos de trabalho que contenham informações sobre clientes. (Incluído pela Lei 11.767/2008)

§ 7º A ressalva constante do § 6º deste artigo não se estende a clientes do advogado averiguado que estejam sendo formalmente investigados como seus partícipes ou coautores pela prática do mesmo crime que deu causa à quebra da inviolabilidade. (Incluído pela Lei 11.767/2008)

§§ 8º e 9º (Vetados.) (Incluídos pela Lei 11.767/2008.)

§ 10. Nos autos sujeitos a sigilo, deve o advogado apresentar procuração para o exercício dos direitos de que trata o inciso XIV. (Acrescentado pela Lei 13.245/2016.)

§ 11. No caso previsto no inciso XIV, a autoridade competente poderá delimitar o acesso do advogado aos elementos de prova relacionados a diligências em andamento e ainda não documentados nos autos, quando houver risco de comprometimento da eficiência, da eficácia ou da finalidade das diligências. (Acrescentado pela Lei 13.245/2016.)

§ 12. A inobservância aos direitos estabelecidos no inciso XIV, o fornecimento incompleto de autos ou o fornecimento de autos em que houve a retirada de peças já incluídas no caderno investigativo implicará responsabilização criminal e funcional por abuso de autoridade do responsável que impedir o acesso do advogado com o intuito de prejudicar o exercício da defesa, sem prejuízo do direito subjetivo do advogado de requerer acesso aos autos ao juiz competente. (Acrescentado pela Lei 13.245/2016.)

§ 13. O disposto nos incisos XIII e XIV do *caput* deste artigo aplica-se integralmente a processos e a procedimentos eletrônicos, ressalvado o disposto nos §§ 10 e 11 deste artigo. (Inserido pela Lei 13.793/2019)

Art. 7º-A. São direitos da advogada: (Acrescentado pela Lei 13.363/2016.)

I - gestante: (Acrescentado pela Lei 13.363/2016.)

a) entrada em tribunais sem ser submetida a detectores de metais e aparelhos de raios X;

b) reserva de vaga em garagens dos fóruns dos tribunais;

II - lactante, adotante ou que der à luz, acesso a creche, onde houver, ou a local adequado ao atendimento das necessidades do bebê; (Acrescentado pela Lei 13.363/2016.)

III - gestante, lactante, adotante ou que der à luz, preferência na ordem das sustentações orais e das audiências a serem realizadas a cada dia, mediante comprovação de sua condição; (Acrescentado pela Lei 13.363/2016.)

IV - adotante ou que der à luz, suspensão de prazos processuais quando for a única patrona da causa, desde que haja notificação por escrito ao cliente. (Acrescentado pela Lei 13.363/2016.)

§ 1º Os direitos previstos à advogada gestante ou lactante aplicam-se enquanto perdurar, respectivamente, o estado gravídico ou o período de amamentação. (Acrescentado pela Lei 13.363/2016.)

§ 2º Os direitos assegurados nos incisos II e III deste artigo à advogada adotante ou que der à luz serão concedidos pelo prazo previsto no art. 392 do Decreto-Lei n. 5.452, de 1º de maio de 1943 (Consolidação das Leis do Trabalho). (Acrescentado pela Lei 13.363/2016.)

§ 3º O direito assegurado no inciso IV deste artigo à advogada adotante ou que der à luz será concedido pelo prazo previsto no § 6º do art. 313 da Lei n. 13.105, de 16 de março de 2015 (Código de Processo Civil). (Acrescentado pela Lei 13.363/2016.)

Art. 7º-B. Constitui crime violar direito ou prerrogativa de advogado previstos nos incisos II, III, IV e V do *caput* do art. 7º desta Lei: *(Artigo vetado pelo Presidente da República na Lei 13.869/2019, mantido pelo Congresso Nacional, publicado em 30.09.2019)*

- Prov. CFOAB 201/2020

Pena - detenção, de 3 (três) meses a 1 (um) ano, e multa.

CAPÍTULO III
DA INSCRIÇÃO

Art. 8º Para inscrição como advogado é necessário:

I - capacidade civil;

II - diploma ou certidão de graduação em direito, obtido em instituição de ensino oficialmente autorizada e credenciada;

III - título de eleitor e quitação do serviço militar, se brasileiro;

IV - aprovação em Exame de Ordem;

- Prov. 144/2011 do Conselho Federal da OAB (Dispõe sobre o Exame de Ordem).

V - não exercer atividade incompatível com a advocacia;

VI - idoneidade moral;

VII - prestar compromisso perante o conselho.

§ 1º O Exame da Ordem é regulamentado em provimento do Conselho Federal da OAB.

- Prov. 144/2011 do Conselho Federal da OAB (Dispõe sobre o Exame de Ordem).

§ 2º O estrangeiro ou brasileiro, quando não graduado em direito no Brasil, deve fazer prova do título de graduação, obtido em instituição estrangeira, devidamente revalidado, além de atender aos demais requisitos previstos neste artigo.

- Prov. 129/2008, Conselho Federal da OAB (Regulamenta inscrição de advogados de nacionalidade portuguesa na OAB).

§ 3º A inidoneidade moral, suscitada por qualquer pessoa, deve ser declarada mediante decisão que obtenha no mínimo dois terços dos votos de todos os membros do conselho competente, em procedimento que observe os termos do processo disciplinar.

§ 4º Não atende ao requisito de idoneidade moral aquele que tiver sido condenado por crime infamante, salvo reabilitação judicial.

Art. 9º Para inscrição como estagiário é necessário:

I - preencher os requisitos mencionados nos incisos I, III, V, VI e VII do art. 8º;

II - ter sido admitido em estágio profissional de advocacia.

§ 1º O estágio profissional de advocacia, com duração de dois anos, realizado nos últimos anos do curso jurídico, pode ser mantido pelas respectivas instituições de ensino superior pelos Conselhos da OAB, ou por setores, órgãos jurídicos e escritórios de advocacia credenciados pela OAB, sendo obrigatório o estudo deste Estatuto e do Código de Ética e Disciplina.

§ 2º A inscrição do estagiário é feita no Conselho Seccional em cujo território se localize seu curso jurídico.

§ 3º O aluno de curso jurídico que exerça atividade incompatível com a advocacia pode frequentar o estágio ministrado pela respectiva instituição de ensino superior, para fins de aprendizagem, vedada a inscrição na OAB.

§ 4º O estágio profissional poderá ser cumprido por bacharel em Direito que queira se inscrever na Ordem.

Art. 10. A inscrição principal do advogado deve ser feita no Conselho Seccional em cujo território pretende estabelecer o seu domicílio profissional, na forma do regulamento geral.

§ 1º Considera-se domicílio profissional a sede principal da atividade de advocacia, prevalecendo, na dúvida, o domicílio da pessoa física do advogado.

§ 2º Além da principal, o advogado deve promover a inscrição suplementar nos Conselhos Seccionais em cujos territórios passar a exercer habitualmente a profissão considerando-se habitualidade a intervenção judicial que exceder de cinco causas por ano.

§ 3º No caso de mudança efetiva de domicílio profissional para outra unidade federativa, deve o advogado requerer a transferência de sua inscrição para o Conselho Seccional correspondente.

§ 4º O Conselho Seccional deve suspender o pedido de transferência ou de inscrição suplementar, ao verificar a existência de vício ou ilegalidade na inscrição principal, contra ela representando ao Conselho Federal.

Art. 11. Cancela-se a inscrição do profissional que:

I - assim o requerer;
II - sofrer penalidade de exclusão;
III - falecer;
IV - passar a exercer, em caráter definitivo, atividade incompatível com a advocacia;
V - perder qualquer um dos requisitos necessários para inscrição.

§ 1º Ocorrendo uma das hipóteses dos incisos II, III e IV, o cancelamento deve ser promovido, de ofício, pelo conselho competente ou em virtude de comunicação por qualquer pessoa.

§ 2º Na hipótese de novo pedido de inscrição - que não restaura o número de inscrição anterior - deve o interessado fazer prova dos requisitos dos incisos I, V, VI e VII do art. 8º.

§ 3º Na hipótese do inciso II deste artigo, o novo pedido de inscrição também deve ser acompanhado de provas de reabilitação.

Art. 12. Licencia-se o profissional que:

I - assim o requerer, por motivo justificado;
II - passar a exercer, em caráter temporário, atividade incompatível com o exercício da advocacia;
III - sofrer doença mental considerada curável.

Art. 13. O documento de identidade profissional, na forma prevista no regulamento geral, é de uso obrigatório no exercício da atividade de advogado ou de estagiário e constitui prova de identidade civil para todos os fins legais.

Art. 14. É obrigatória a indicação do nome e do número de inscrição em todos os documentos assinados pelo advogado, no exercício de sua atividade.

Parágrafo único. É vedado anunciar ou divulgar qualquer atividade relacionada com o exercício da advocacia ou o uso da expressão escritório de advocacia, sem indicação expressa do nome e do número de inscrição dos advogados que o integrem ou o número de registro da sociedade de advogados na OAB.

CAPÍTULO IV
DA SOCIEDADE DE ADVOGADOS

‣ Prov. 170/2016 (Dispõe sobre as sociedades unipessoais de advocacia).

Art. 15. Os advogados podem reunir-se em sociedade simples de prestação de serviços de advocacia ou constituir sociedade unipessoal de advocacia, na forma disciplinada nesta Lei e no regulamento geral. (Alterado pela Lei 13.247/2016.)

§ 1º A sociedade de advogados e a sociedade unipessoal de advocacia adquirem personalidade jurídica com o registro aprovado dos seus atos constitutivos no Conselho Seccional da OAB em cuja base territorial tiver sede. (Alterado pela Lei 13.247/2016.)

§ 2º Aplica-se à sociedade de advogados e à sociedade unipessoal de advocacia o Código de Ética e Disciplina, no que couber. (Alterado pela Lei 13.247/2016.)

§ 3º As procurações devem ser outorgadas individualmente aos advogados e indicar a sociedade de que façam parte.

§ 4º Nenhum advogado pode integrar mais de uma sociedade de advogados, constituir mais de uma sociedade unipessoal de advocacia, ou integrar, simultaneamente, uma sociedade de advogados e uma sociedade unipessoal de advocacia, com sede ou filial na mesma área territorial do respectivo Conselho Seccional. (Alterado pela Lei 13.247/2016.)

§ 5º O ato de constituição de filial deve ser averbado no registro da sociedade e arquivado no Conselho Seccional onde se instalar, ficando os sócios, inclusive o titular da sociedade unipessoal de advocacia, obrigados à inscrição suplementar. (Alterado pela Lei 13.247/2016.)

§ 6º Os advogados sócios de uma mesma sociedade profissional não podem representar em juízo clientes de interesses opostos.

§ 7º A sociedade unipessoal de advocacia pode resultar da concentração por um advogado das quotas de uma sociedade de advogados, independentemente das razões que motivaram tal concentração. (Acrescentado pela Lei 13.247/2016.)

Art. 16. Não são admitidas a registro nem podem funcionar todas as espécies de sociedades de advogados que apresentem forma ou características de sociedade empresária, que adotem denominação de fantasia, que realizem atividades estranhas à advocacia, que incluam como sócio ou titular de sociedade unipessoal de advocacia pessoa não inscrita como advogado ou totalmente proibida de advogar. (Alterado pela Lei 13.247/2016.)

§ 1º A razão social deve ter, obrigatoriamente, o nome de, pelo menos, um advogado responsável pela sociedade, podendo permanecer o de sócio falecido, desde que prevista tal possibilidade no ato constitutivo.

§ 2º O licenciamento do sócio para exercer atividade incompatível com a advocacia em caráter temporário deve ser averbado no registro da sociedade, não alterando sua constituição.

§ 3º É proibido o registro, nos cartórios de registro civil de pessoas jurídicas e nas juntas comerciais, de sociedade que inclua, entre outras finalidades, a atividade de advocacia.

§ 4º A denominação da sociedade unipessoal de advocacia deve ser obrigatoriamente formada pelo nome do seu titular, completo ou parcial, com a expressão 'Sociedade Individual de Advocacia'. (Acrescentado pela Lei 13.247/2016.)

Art. 17. Além da sociedade, o sócio e o titular da sociedade individual de advocacia respondem subsidiária e ilimitadamente pelos danos causados aos clientes por ação ou omissão no exercício da advocacia, sem prejuízo da responsabilidade disciplinar em que possam incorrer. (Alterado pela Lei 13.247/2016.)

CAPÍTULO V
DO ADVOGADO EMPREGADO

Art. 18. A relação de emprego, na qualidade de advogado, não retira a isenção técnica nem reduz a independência profissional inerentes à advocacia.

Parágrafo único. O advogado empregado não está obrigado à prestação de serviços profissionais de interesse pessoal dos empregadores, fora da relação de emprego.

Art. 19. O salário-mínimo profissional do advogado será fixado em sentença normativa, salvo se ajustado em acordo ou convenção coletiva de trabalho.

Art. 20. A jornada de trabalho do advogado empregado, no exercício da profissão, não poderá exceder a duração diária de quatro horas contínuas e a de vinte horas semanais, salvo acordo ou convenção coletiva ou em caso de dedicação exclusiva.

‣ OJ SBDI-1 403, TST.

§ 1º Para efeitos deste artigo, considera-se como período de trabalho o tempo em que o advogado estiver à disposição do empregador, aguardando ou executando ordens, no seu escritório ou em atividades externas, sendo-lhe reembolsadas as despesas feitas com transporte, hospedagem e alimentação.

§ 2º As horas trabalhadas que excederem a jornada normal são remuneradas por um adicional não inferior a cem por cento sobre o valor da hora normal, mesmo havendo contrato escrito.

§ 3º As horas trabalhadas no período das vinte horas de um dia até as cinco horas do dia seguinte são remuneradas como noturnas, acrescidas do adicional de vinte e cinco por cento.

Art. 21. Nas causas em que for parte o empregador, ou pessoa por este representada, os honorários de sucumbência são devidos aos advogados empregados.

‣ O STF julgou parcialmente procedente a ADIn 1.194 (DOU 28.09.2009) para dar interpretação conforme a CF a este *caput* e p.u., estabelecendo que "os honorários sucumbenciais podem ser tanto do advogado quanto da sociedade ou de ambos, dependendo de disposição contratual".

Parágrafo único. Os honorários de sucumbência, percebidos por advogado empregado de sociedade de advogados são partilhados entre ele e a empregadora, na forma estabelecida em acordo.

CAPÍTULO VI
DOS HONORÁRIOS ADVOCATÍCIOS

Art. 22. A prestação de serviço profissional assegura aos inscritos na OAB o direito aos honorários convencionados, aos fixados por arbitramento judicial e aos de sucumbência.

§ 1º O advogado, quando indicado para patrocinar causa de juridicamente necessitado, no caso de impossibilidade da Defensoria Pública no local da prestação de serviço, tem direito aos honorários fixados pelo juiz, segundo tabela organizada pelo Conselho Seccional da OAB, e pagos pelo Estado.

§ 2º Na falta de estipulação ou de acordo, os honorários são fixados por arbitramento judicial, em remuneração compatível com o trabalho e o valor econômico da questão, não podendo ser inferiores aos estabelecidos na tabela organizada pelo Conselho Seccional da OAB.

§ 3º Salvo estipulação em contrário, um terço dos honorários é devido no início do serviço, outro terço até a decisão de primeira instância e o restante no final.

§ 4º Se o advogado fizer juntar aos autos o seu contrato de honorários antes de expedir-se o mandado de levantamento ou precatório, o juiz deve determinar que lhe sejam pagos diretamente, por dedução da quantia a ser recebida pelo constituinte, salvo se este provar que já os pagou.

- Súm. Vinc. 47, STF.

§ 5º O disposto neste artigo não se aplica quando se tratar de mandato outorgado por advogado para defesa em processo oriundo de ato ou omissão praticada no exercício da profissão.

§ 6º O disposto neste artigo aplica-se aos honorários assistenciais, compreendidos como os fixados em ações coletivas propostas por entidades de classe em substituição processual, sem prejuízo aos honorários convencionais. (Parágrafo acrescido pela Lei 13.725/2018)

§ 7º Os honorários convencionados com entidades de classe para atuação em substituição processual poderão prever a faculdade de indicar os beneficiários que, ao optarem por adquirir os direitos, assumirão as obrigações decorrentes do contrato originário a partir do momento em que este foi celebrado, sem a necessidade de mais formalidades. (Parágrafo acrescido pela Lei 13.725/2018)

Art. 23. Os honorários incluídos na condenação, por arbitramento ou sucumbência, pertencem ao advogado, tendo este direito autônomo para executar a sentença nesta parte, podendo requerer que o precatório, quando necessário, seja expedido em seu favor.

- O STF, por maioria, declarou a constitucionalidade da percepção de honorários de sucumbência pelos advogados públicos e julgou parcialmente procedente o pedido formulado na ADI 6053 para: "conferindo interpretação conforme à Constituição ao art. 23 da Lei 8.906/1994, ao art. 85, § 19, da Lei 13.105/2015, e aos arts. 27 e 29 a 36 da Lei 13.327/2016, estabelecer que a somatória dos subsídios e honorários de sucumbência percebidos mensalmente pelos advogados públicos não poderá exceder ao teto dos Ministros do STF, conforme o que dispõe o art. 37, XI, da Constituição Federal".
- Súm. Vinc. 47, STF.
- Súm. 306, STJ.

Art. 24. A decisão judicial que fixar ou arbitrar honorários e o contrato escrito que os estipular são títulos executivos e constituem crédito privilegiado na falência, concordata, concurso de credores, insolvência civil e liquidação extrajudicial.

- Lei 11.101/2005 (Lei de Recuperação de Empresas e Falência) - A expressão "Concordata" foi substituída por "Recuperação judicial".
- arts. 585, VII, e 745, CPC.

§ 1º A execução dos honorários pode ser promovida nos mesmos autos da ação em que tenha atuado o advogado, se assim lhe convier.

§ 2º Na hipótese de falecimento ou incapacidade civil do advogado, os honorários de sucumbência, proporcionais ao trabalho realizado, são recebidos por seus sucessores ou representantes legais.

§ 3º É nula qualquer disposição, cláusula, regulamento ou convenção individual ou coletiva que retire do advogado o direito ao recebimento dos honorários de sucumbência.

- O STF julgou procedente a ADIn 1.194-4 (DOU, 28.05.2009) para declarar a inconstitucionalidade deste parágrafo.

§ 4º O acordo feito pelo cliente do advogado e a parte contrária, salvo aquiescência do profissional, não lhe prejudica os honorários, quer os convencionados, quer os concedidos por sentença.

Art. 25. Prescreve em cinco anos a ação de cobrança de honorários de advogado, contado o prazo:

I - do vencimento do contrato, se houver;
II - do trânsito em julgado da decisão que os fixar;
III - da ultimação do serviço extrajudicial;
IV - da desistência ou transação;
V - da renúncia ou revogação do mandato.

Art. 25-A. Prescreve em cinco anos a ação de prestação de contas pelas quantias recebidas pelo advogado de seu cliente, ou de terceiros por conta dele (art. 34, XXI). (Incluído pela Lei 11.902/2009.)

Art. 26. O advogado substabelecido, com reserva de poderes, não pode cobrar honorários sem a intervenção daquele que lhe conferiu o substabelecimento.

CAPÍTULO VII
DAS INCOMPATIBILIDADES E IMPEDIMENTOS

Art. 27. A incompatibilidade determina a proibição total, e o impedimento, a proibição parcial do exercício da advocacia.

Art. 28. A advocacia é incompatível, mesmo em causa própria, com as seguintes atividades:

I - chefe do Poder Executivo e membros da Mesa do Poder Legislativo e seus substitutos legais;
II - membros de órgãos do Poder Judiciário, do Ministério Público, dos tribunais e conselhos de contas, dos juizados especiais, da justiça de paz, juízes classistas, bem como de todos os que exerçam função de julgamento em órgãos de deliberação coletiva da administração pública direta e indireta;

- O STF julgou parcialmente procedente a ADIn 1.127-8 (DOU, 26.05.2006). para "excluir da abrangência deste inciso os juízes eleitorais e seus suplentes".

III - ocupantes de cargos ou funções de direção em Órgãos da Administração Pública direta ou indireta, em suas fundações e em suas empresas controladas ou concessionárias de serviço público;
IV - ocupantes de cargos ou funções vinculados direta ou indiretamente a qualquer órgão do Poder Judiciário e os que exercem serviços notariais e de registro;
V - ocupantes de cargos ou funções vinculados direta ou indiretamente a atividade policial de qualquer natureza;
VI - militares de qualquer natureza, na ativa;
VII - ocupantes de cargos ou funções que tenham competência de lançamento, arrecadação ou fiscalização de tributos e contribuições parafiscais;
VIII - ocupantes de funções de direção e gerência em instituições financeiras, inclusive privadas.

§ 1º A incompatibilidade permanece mesmo que o ocupante do cargo ou função deixe de exercê-lo temporariamente.

§ 2º Não se incluem nas hipóteses do inciso III os que não detenham poder de decisão relevante sobre interesses de terceiro, a juízo do conselho competente da OAB, bem como a administração acadêmica diretamente relacionada ao magistério jurídico.

Art. 29. Os Procuradores Gerais, Advogados Gerais, Defensores Gerais e dirigentes de órgãos jurídicos da Administração Pública direta, indireta e fundacional são exclusivamente legitimados para o exercício da advocacia vinculada à função que exerçam, durante o período da investidura.

Art. 30. São impedidos de exercer a advocacia:

I - os servidores da administração direta, indireta e fundacional, contra a Fazenda Pública que os remunere ou à qual seja vinculada a entidade empregadora;
II - os membros do Poder Legislativo, em seus diferentes níveis, contra ou a favor das pessoas jurídicas de direito público, empresas públicas, sociedades de economia mista, fundações públicas, entidades paraestatais ou empresas concessionárias ou permissionárias de serviço público.

Parágrafo único. Não se incluem nas hipóteses do inciso I os docentes dos cursos jurídicos.

CAPÍTULO VIII
DA ÉTICA DO ADVOGADO

Art. 31. O advogado deve proceder de forma que o torne merecedor de respeito e que contribua para o prestígio da classe e da advocacia.

§ 1º O advogado, no exercício da profissão, deve manter independência em qualquer circunstância.

§ 2º Nenhum receio de desagradar a magistrado ou a qualquer autoridade, nem de incorrer em impopularidade, deve deter o advogado no exercício da profissão.

Art. 32. O advogado é responsável pelos atos que, no exercício profissional, praticar com dolo ou culpa.

Parágrafo único. Em caso de lide temerária, o advogado será solidariamente responsável com seu cliente, desde que coligado com este para lesar a parte contrária, o que será apurado em ação própria.

Art. 33. O advogado obriga-se a cumprir rigorosamente os deveres consignados no Código de Ética e Disciplina.

Parágrafo único. O Código de Ética e Disciplina regula os deveres do advogado para com a comunidade, o cliente, o outro profissional e, ainda, a publicidade, a recusa do patrocínio, o dever de assistência jurídica, o dever geral de urbanidade e os respectivos procedimentos disciplinares.

CAPÍTULO IX
DAS INFRAÇÕES E SANÇÕES DISCIPLINARES

Art. 34. Constitui infração disciplinar:

I - exercer a profissão, quando impedido de fazê-lo, ou facilitar, por qualquer meio, o seu exercício aos não inscritos, proibidos ou impedidos;
II - manter sociedade profissional fora das normas e preceitos estabelecidos nesta lei;
III - valer-se de agenciador de causas, mediante participação nos honorários a receber;
IV - angariar ou captar causas, com ou sem a intervenção de terceiros;
V - assinar qualquer escrito destinado a processo judicial ou para fim extrajudicial que não tenha feito, ou em que não tenha colaborado;
VI - advogar contra literal disposição de lei, presumindo-se a boa-fé quando fundamentado na inconstitucionalidade, na injustiça da lei ou em pronunciamento judicial anterior;
VII - violar, sem justa causa, sigilo profissional;
VIII - estabelecer entendimento com a parte adversa sem autorização do cliente ou ciência do advogado contrário;
IX - prejudicar, por culpa grave, interesse confiado ao seu patrocínio;
X - acarretar, conscientemente, por ato próprio, a anulação ou a nulidade do processo em que funcione;
XI - abandonar a causa sem justo motivo ou antes de decorridos dez dias da comunicação da renúncia;

XII - recusar-se a prestar, sem justo motivo, assistência jurídica, quando nomeado em virtude de impossibilidade da Defensoria Pública;
XIII - fazer publicar na imprensa, desnecessária e habitualmente, alegações forenses ou relativas a causas pendentes;
XIV - deturpar o teor de dispositivo de lei, de citação doutrinária ou de julgado, bem como de depoimentos, documentos e alegações da parte contrária, para confundir o adversário ou iludir o juiz da causa;
XV - fazer, em nome do constituinte, sem autorização escrita deste, imputação a terceiro de fato definido como crime;
XVI - deixar de cumprir, no prazo estabelecido, determinação emanada do órgão ou de autoridade da Ordem, em matéria da competência desta, depois de regularmente notificado;
XVII - prestar concurso a clientes ou a terceiros para realização de ato contrário à lei ou destinado a fraudá-la;
XVIII - solicitar ou receber de constituinte qualquer importância para aplicação ilícita ou desonesta;
XIX - receber valores, da parte contrária ou de terceiro, relacionados com o objeto do mandato, sem expressa autorização do constituinte;
XX - locupletar-se, por qualquer forma, à custa do cliente ou da parte adversa, por si ou interposta pessoa;
XXI - recusar-se, injustificadamente, a prestar contas ao cliente de quantias recebidas dele ou de terceiros por conta dele;

› art. 25-A desta lei.

XXII - reter, abusivamente, ou extraviar autos recebidos com vista ou em confiança;
XXIII - deixar de pagar as contribuições, multas e preços de serviços devidos à OAB, depois de regularmente notificado a fazê-lo;
XXIV - incidir em erros reiterados que evidenciem inépcia profissional;
XXV - manter conduta incompatível com a advocacia;
XXVI - fazer falsa prova de qualquer dos requisitos para inscrição na OAB;
XXVII - tornar-se moralmente inidôneo para o exercício da advocacia;
XXVIII - praticar crime infamante;
XXIX - praticar, o estagiário, ato excedente de sua habilitação.

Parágrafo único. Inclui-se na conduta incompatível:

a) prática reiterada de jogo de azar, não autorizado por lei;

b) incontinência pública e escandalosa;

c) embriaguez ou toxicomania habituais.

Art. 35. As sanções disciplinares consistem em:

I - censura;
II - suspensão;
III - exclusão;
IV - multa.

Parágrafo único. As sanções devem constar dos assentamentos do inscrito, após o trânsito em julgado da decisão, não podendo ser objeto de publicidade a de censura.

Art. 36. A censura é aplicável nos casos de:

I - infrações definidas nos incisos I a XVI e XXIX do art. 34;
II - violação a preceito do Código de Ética e Disciplina;
III - violação a preceito desta lei, quando para a infração não se tenha estabelecido sanção mais grave.

Parágrafo único. A censura pode ser convertida em advertência, em ofício reservado, sem registro nos assentamentos do inscrito, quando presente circunstância atenuante.

Art. 37. A suspensão é aplicável nos casos de:

I - infrações definidas nos incisos XVII a XXV do art. 34;
II - reincidência em infração disciplinar.

§ 1º A suspensão acarreta ao infrator a interdição do exercício profissional, em todo o território nacional, pelo prazo de trinta dias a doze meses, de acordo com os critérios de individualização previstos neste capítulo.

§ 2º Nas hipóteses dos incisos XXI e XXIII do art. 34, a suspensão perdura até que satisfaça integralmente a dívida, inclusive com correção monetária.

§ 3º Na hipótese do inciso XXIV do art. 34, a suspensão perdura até que preste novas provas de habilitação.

Art. 38. A exclusão é aplicável nos casos de:

I - aplicação, por três vezes, de suspensão;

II - infrações definidas nos incisos XXVI a XXVIII do art. 34.

Parágrafo único. Para a aplicação da sanção disciplinar de exclusão, é necessária a manifestação favorável de dois terços dos membros do Conselho Seccional competente.

Art. 39. A multa, variável entre o mínimo correspondente ao valor de uma anuidade e o máximo de seu décuplo, é aplicável cumulativamente com a censura ou suspensão, em havendo circunstâncias agravantes.

Art. 40. Na aplicação das sanções disciplinares, são consideradas, para fins de atenuação, as seguintes circunstâncias, entre outras:

I - falta cometida na defesa de prerrogativa profissional;
II - ausência de punição disciplinar anterior;
III - exercício assíduo e proficiente de mandato ou cargo em qualquer órgão da OAB;
IV - prestação de relevantes serviços à advocacia ou à causa pública.

Parágrafo único. Os antecedentes profissionais do inscrito, as atenuantes, o grau de culpa por ele revelada, as circunstâncias e as consequências da infração são considerados para o fim de decidir:

a) sobre a conveniência da aplicação cumulativa da multa e de outra sanção disciplinar;

b) sobre o tempo de suspensão e o valor da multa aplicáveis.

Art. 41. É permitido ao que tenha sofrido qualquer sanção disciplinar requerer, um ano após seu cumprimento, a reabilitação, em face de provas efetivas de bom comportamento.

Parágrafo único. Quando a sanção disciplinar resultar da prática de crime, o pedido de reabilitação depende também da correspondente reabilitação criminal.

Art. 42. Fica impedido de exercer o mandato o profissional a quem forem aplicadas as sanções disciplinares de suspensão ou exclusão.

Art. 43. A pretensão à punibilidade das infrações disciplinares prescreve em cinco anos, contados da data da constatação oficial do fato.

§ 1º Aplica-se a prescrição a todo processo disciplinar paralisado por mais de três anos, pendente de despacho ou julgamento, devendo ser arquivado de ofício, ou a requerimento da parte interessada, sem prejuízo de serem apuradas as responsabilidades pela paralisação.

§ 2º A prescrição interrompe-se:

I - pela instauração de processo disciplinar ou pela notificação válida feita diretamente ao representado;

II - pela decisão condenatória recorrível de qualquer órgão julgador da OAB.

TÍTULO II
DA ORDEM DOS ADVOGADOS DO BRASIL

CAPÍTULO I
DOS FINS E DA ORGANIZAÇÃO

Art. 44. A Ordem dos Advogados do Brasil (OAB), serviço público, dotada de personalidade jurídica e forma federativa, tem por finalidade:

I - defender a Constituição, a ordem jurídica do Estado democrático de direito, os direitos humanos, a justiça social, e pugnar pela boa aplicação das leis, pela rápida administração da justiça e pelo aperfeiçoamento da cultura e das instituições jurídicas;

II - promover, com exclusividade, a representação, a defesa, a seleção e a disciplina dos advogados em toda a República Federativa do Brasil.

§ 1º A OAB não mantém com órgãos da Administração Pública qualquer vínculo funcional ou hierárquico.

§ 2º O uso da sigla OAB é privativo da Ordem dos Advogados do Brasil.

Art. 45. São órgãos da OAB:

I - o Conselho Federal;
II - os Conselhos Seccionais;
III - as Subseções;
IV - as Caixas de Assistência dos Advogados.

§ 1º O Conselho Federal, dotado de personalidade jurídica própria, com sede na capital da República, é o órgão supremo da OAB.

§ 2º Os Conselhos Seccionais, dotados de personalidade jurídica própria, têm jurisdição sobre os respectivos territórios dos Estados-membros, do Distrito Federal e dos Territórios.

§ 3º As Subseções são partes autônomas do Conselho Seccional, na forma desta lei e de seu ato constitutivo.

§ 4º As Caixas de Assistência dos Advogados, dotadas de personalidade jurídica própria, são criadas pelos Conselhos Seccionais, quando estes contarem com mais de mil e quinhentos inscritos.

§ 5º A OAB, por constituir serviço público, goza de imunidade tributária total em relação a seus bens, rendas e serviços.

§ 6º Os atos, as notificações e as decisões dos órgãos da OAB, salvo quando reservados ou de administração interna, serão publicados no Diário Eletrônico da Ordem dos Advogados do Brasil, a ser disponibilizado na internet, podendo ser afixados no fórum local, na íntegra ou em resumo. (*Redação dada pela Lei 13.688/2018*).

Art. 46. Compete à OAB fixar e cobrar, de seus inscritos, contribuições, preços de serviços e multas.

Parágrafo único. Constitui título executivo extrajudicial a certidão passada pela diretoria do Conselho competente, relativa a crédito previsto neste artigo.

Art. 47. O pagamento da contribuição anual à OAB isenta os inscritos nos seus quadros do pagamento obrigatório da contribuição sindical.

Art. 48. O cargo de conselheiro ou de membro de diretoria de órgão da OAB é de exercício gratuito e obrigatório, considerado serviço público relevante, inclusive para fins de disponibilidade e aposentadoria.

Art. 49. Os Presidentes dos Conselhos e das Subseções da OAB têm legitimidade para agir, judicial e extrajudicialmente, contra qualquer pessoa que infringir as disposições ou os fins desta lei.

Parágrafo único. As autoridades mencionadas no *caput* deste artigo têm, ainda, legitimidade para intervir, inclusive como assistentes, nos inquéritos e processos em que sejam indiciados, acusados ou ofendidos os inscritos na OAB.

Art. 50. Para os fins desta lei, os Presidentes dos Conselhos da OAB e das Subseções podem requisitar cópias de peças de autos e documentos a qualquer tribunal, magistrado, cartório e órgão da Administração Pública direta, indireta e fundacional.

- O STF, por maioria de votos, julgou parcialmente procedente a ADIn 1.127-8 (DOU, 26.05.2006) para dar interpretação a este artigo conforme a constituição nos seguintes termos: "de modo a fazer compreender a palavra 'requisitar' como dependente de motivação, compatibilização com as finalidades da lei e atendimento de custos desta requisição. Ficam ressalvados, desde já, os documentos cobertos por sigilo".

CAPÍTULO II
DO CONSELHO FEDERAL

Art. 51. O Conselho Federal compõe-se:

I - dos conselheiros federais, integrantes das delegações de cada unidade federativa;

II - dos seus ex-presidentes, na qualidade de membros honorários vitalícios.

§ 1º Cada delegação é formada por três conselheiros federais.

§ 2º Os ex-presidentes têm direito apenas a voz nas sessões.

Art. 52. Os presidentes dos Conselhos Seccionais, nas sessões do Conselho Federal, têm lugar reservado junto à delegação respectiva e direito somente a voz.

Art. 53. O Conselho Federal tem sua estrutura e funcionamento definidos no Regulamento Geral da OAB.

§ 1º O Presidente, nas deliberações do Conselho, tem apenas o voto de qualidade.

§ 2º O voto é tomado por delegação, e não pode ser exercido nas matérias de interesse da unidade que represente.

§ 3º Na eleição para a escolha da Diretoria do Conselho Federal, cada membro da delegação terá direito a 1 (um) voto, vedado aos membros honorários vitalícios. (Incluído pela Lei 11.179/2005)

Art. 54. Compete ao Conselho Federal:

I - dar cumprimento efetivo às finalidades da OAB;

II - representar, em juízo ou fora dele, os interesses coletivos ou individuais dos advogados;

III - velar pela dignidade, independência, prerrogativas e valorização da advocacia;

IV - representar, com exclusividade, os advogados brasileiros nos órgãos e eventos internacionais da advocacia;

V - editar e alterar o Regulamento Geral, o Código de Ética e Disciplina, e os Provimentos que julgar necessários;

VI - adotar medidas para assegurar o regular funcionamento dos Conselhos Seccionais;

VII - intervir nos Conselhos Seccionais, onde e quando constatar grave violação desta lei ou do regulamento geral;

VIII - cassar ou modificar, de ofício ou mediante representação, qualquer ato, de órgão ou autoridade da OAB, contrário a esta lei, ao regulamento geral, ao Código de Ética e Disciplina, e aos Provimentos, ouvida a autoridade ou o órgão em causa;

IX - julgar, em grau de recurso, as questões decididas pelos Conselhos Seccionais, nos casos previstos neste estatuto e no regulamento geral;

X - dispor sobre a identificação dos inscritos na OAB e sobre os respectivos símbolos privativos;

XI - apreciar o relatório anual e deliberar sobre o balanço e as contas de sua diretoria;

XII - homologar ou mandar suprir relatório anual, o balanço e as contas dos Conselhos Seccionais;

XIII - elaborar as listas constitucionalmente previstas, para o preenchimento dos cargos nos tribunais judiciários de âmbito nacional ou interestadual, com advogados que estejam em pleno exercício da profissão, vedada a inclusão de nome de membro do próprio Conselho ou de outro órgão da OAB;

XIV - ajuizar ação direta de inconstitucionalidade de normas legais e atos normativos, ação civil pública, mandado de segurança coletivo, mandado de injunção e demais ações cuja legitimação lhe seja outorgada por lei;

- Lei 13.300/2016 (Disciplina o processo e o julgamento dos mandados de injunção individual e coletivo).

XV - colaborar com o aperfeiçoamento dos cursos jurídicos, e opinar, previamente, nos pedidos apresentados aos órgãos competentes para criação, reconhecimento ou credenciamento desses cursos;

XVI - autorizar, pela maioria absoluta das delegações, a oneração ou alienação de seus bens imóveis;

XVII - participar de concursos públicos, nos casos previstos na Constituição e na lei, em todas as suas fases, quando tiverem abrangência nacional ou interestadual;

XVIII - resolver os casos omissos neste estatuto.

Parágrafo único. A intervenção referida no inciso VII deste artigo depende de prévia aprovação por dois terços das delegações, garantido o amplo direito de defesa do Conselho Seccional respectivo, nomeando-se diretoria provisória para o prazo que se fixar.

Art. 55. A diretoria do Conselho Federal é composta de um Presidente, de um Vice-Presidente, de um Secretário-Geral, de um Secretário-Geral Adjunto e de um Tesoureiro.

§ 1º O Presidente exerce a representação nacional e internacional da OAB, competindo-lhe convocar o Conselho Federal, presidi-lo, representá-lo ativa e passivamente, em juízo ou fora dele, promover-lhe a administração patrimonial e dar execução às suas decisões.

§ 2º O regulamento geral define as atribuições dos membros da diretoria e a ordem de substituição em caso de vacância, licença, falta ou impedimento.

§ 3º Nas deliberações do Conselho Federal, os membros da diretoria votam como membros de suas delegações, cabendo ao Presidente, apenas, o voto de qualidade e o direito de embargar a decisão, se esta não for unânime.

CAPÍTULO III
DO CONSELHO SECCIONAL

Art. 56. O Conselho Seccional compõe-se de conselheiros em número proporcional ao de seus inscritos, segundo critérios estabelecidos no regulamento geral.

§ 1º São membros honorários vitalícios os seus ex-presidentes, somente com direito a voz em suas sessões.

§ 2º O Presidente do Instituto dos Advogados local é membro honorário, somente com direito a voz nas sessões do Conselho.

§ 3º Quando presentes às sessões do Conselho Seccional, o Presidente do Conselho Federal, os Conselheiros Federais integrantes da respectiva delegação, o Presidente da Caixa de Assistência dos Advogados e os Presidentes das Subseções, têm direito a voz.

Art. 57. O Conselho Seccional exerce e observa, no respectivo território, as competências, vedações e funções atribuídas ao Conselho Federal, no que couber e no âmbito de sua competência material e territorial, e as normas gerais estabelecidas nesta lei, no regulamento geral, no Código de Ética e Disciplina, e nos Provimentos.

Art. 58. Compete privativamente ao Conselho Seccional:

I - editar seu regimento interno e resoluções;

II - criar as Subseções e a Caixa de Assistência dos Advogados;

III - julgar, em grau de recurso, as questões decididas por seu Presidente, por sua diretoria, pelo Tribunal de Ética e Disciplina, pelas diretorias das Subseções e da Caixa de Assistência dos Advogados;

IV - fiscalizar a aplicação da receita, apreciar o relatório anual e deliberar sobre o balanço e as contas de sua diretoria, das diretorias das Subseções e da Caixa de Assistência dos Advogados;

V - fixar a tabela de honorários, válida para todo o território estadual;

VI - realizar o Exame de Ordem;

VII - decidir os pedidos de inscrição nos quadros de advogados e estagiários;

VIII - manter cadastro de seus inscritos;

IX - fixar, alterar e receber contribuições obrigatórias, preços de serviços e multas;

X - participar da elaboração dos concursos públicos, em todas as suas fases, nos casos previstos na Constituição e nas leis, no âmbito do seu território;

XI - determinar, com exclusividade, critérios para o traje dos advogados, no exercício profissional;

XII - aprovar e modificar seu orçamento anual;

XIII - definir a composição e o funcionamento do Tribunal de Ética e Disciplina, e escolher seus membros;

XIV - eleger as listas, constitucionalmente previstas, para preenchimento dos cargos nos tribunais judiciários, no âmbito de sua competência e na forma do Provimento do Conselho Federal, vedada a inclusão de membros do próprio Conselho e de qualquer órgão da OAB;

XV - intervir nas Subseções e na Caixa de Assistência dos Advogados;

XVI - desempenhar outras atribuições previstas no regulamento geral.

Art. 59. A diretoria do Conselho Seccional tem composição idêntica e atribuições equivalentes às do Conselho Federal, na forma do regimento interno daquele.

CAPÍTULO IV
DA SUBSEÇÃO

Art. 60. A Subseção pode ser criada pelo Conselho Seccional, que fixa sua área territorial e seus limites de competência e autonomia.

§ 1º A área territorial da Subseção pode abranger um ou mais municípios, ou parte de município, inclusive da capital do Estado, contando com um mínimo de quinze advogados, nela profissionalmente domiciliados.

§ 2º A Subseção é administrada por uma diretoria, com atribuições e composição equivalentes às da diretoria do Conselho Seccional.

§ 3º Havendo mais de cem advogados, a Subseção pode ser integrada, também, por um conselho em número de membros fixado pelo Conselho Seccional.

§ 4º Os quantitativos referidos nos §§ 1º e 3º deste artigo podem ser ampliados, na forma do regimento interno do Conselho Seccional.

§ 5º Cabe ao Conselho Seccional fixar, em seu orçamento, dotações específicas destinadas à manutenção das Subseções.

§ 6º O Conselho Seccional, mediante o voto de dois terços de seus membros, pode intervir nas Subseções, onde constatar grave violação desta lei ou do regimento interno daquele.

Art. 61. Compete à Subseção, no âmbito de seu território:

I - dar cumprimento efetivo às finalidades da OAB;

II - velar pela dignidade, independência e valorização da advocacia, e fazer valer as prerrogativas do advogado;

III - representar a OAB perante os poderes constituídos;

IV - desempenhar as atribuições previstas no regulamento geral ou por delegação de competência do Conselho Seccional.

Parágrafo único. Ao Conselho da Subseção, quando houver, compete exercer as funções e atribuições do Conselho Seccional, na forma do regimento interno deste, e ainda:

a) editar seu regimento interno, a ser referendado pelo Conselho Seccional;

b) editar resoluções, no âmbito de sua competência;

c) instaurar e instruir processos disciplinares, para julgamento pelo Tribunal de Ética e Disciplina;

d) receber pedido de inscrição nos quadros de advogado e estagiário, instruindo e emitindo parecer prévio, para decisão do Conselho Seccional.

CAPÍTULO V
DA CAIXA DE ASSISTÊNCIA DOS ADVOGADOS

Art. 62. A Caixa de Assistência dos Advogados, com personalidade jurídica própria, destina-se a prestar assistência aos inscritos no Conselho Seccional a que se vincule.

§ 1º A Caixa é criada e adquire personalidade jurídica com a aprovação e registro de seu estatuto pelo respectivo Conselho Seccional da OAB, na forma do regulamento geral.

§ 2º A Caixa pode, em benefício dos advogados, promover a seguridade complementar.

§ 3º Compete ao Conselho Seccional fixar contribuição obrigatória devida por seus inscritos, destinada à manutenção do disposto no parágrafo anterior, incidente sobre atos decorrentes do efetivo exercício da advocacia.

§ 4º A diretoria da Caixa é composta de cinco membros, com atribuições definidas no seu regimento interno.

§ 5º Cabe à Caixa a metade da receita das anuidades recebidas pelo Conselho Seccional, considerado o valor resultante após as deduções regulamentares obrigatórias.

§ 6º Em caso de extinção ou desativação da Caixa, seu patrimônio se incorpora ao do Conselho Seccional respectivo.

§ 7º O Conselho Seccional, mediante voto de dois terços de seus membros, pode intervir na Caixa de Assistência dos Advogados, no caso de descumprimento de suas finalidades, designando diretoria provisória, enquanto durar a intervenção.

CAPÍTULO VI
DAS ELEIÇÕES E DOS MANDATOS

Art. 63. A eleição dos membros de todos os órgãos da OAB será realizada na segunda quinzena do mês de novembro, do último ano do mandato, mediante cédula única e votação direta dos advogados regularmente inscritos.

§ 1º A eleição, na forma e segundo os critérios e procedimentos estabelecidos no regulamento geral, é de comparecimento obrigatório para todos os advogados inscritos na OAB.

§ 2º O candidato deve comprovar situação regular perante a OAB, não ocupar cargo exonerável *ad nutum*, não ter sido condenado por infração disciplinar, salvo reabilitação, e exercer efetivamente a profissão há mais de 3 (três) anos, nas eleições para os cargos de Conselheiro Seccional e das Subseções, quando houver, e há mais de 5 (cinco) anos, nas eleições para os demais cargos. (Parágrafo com redação dada pela Lei nº 13.875, de 20/9/2019)

Art. 64. Consideram-se eleitos os candidatos integrantes da chapa que obtiver a maioria dos votos válidos.

§ 1º A chapa para o Conselho Seccional deve ser composta dos candidatos ao conselho e à sua diretoria e, ainda, à delegação ao Conselho Federal e à Diretoria da Caixa de Assistência dos Advogados para eleição conjunta.

§ 2º A chapa para a Subseção deve ser composta com os candidatos à diretoria, e de seu conselho quando houver.

Art. 65. O mandato em qualquer órgão da OAB é de três anos, iniciando-se em primeiro de janeiro do ano seguinte ao da eleição, salvo o Conselho Federal.

Parágrafo único. Os conselheiros federais eleitos iniciam seus mandatos em primeiro de fevereiro do ano seguinte ao da eleição.

Art. 66. Extingue-se o mandato automaticamente, antes do seu término, quando:

I - ocorrer qualquer hipótese de cancelamento de inscrição ou de licenciamento do profissional;

II - o titular sofrer condenação disciplinar;

III - o titular faltar, sem motivo justificado, a três reuniões ordinárias consecutivas de cada órgão deliberativo do conselho ou da diretoria da Subseção ou da Caixa de Assistência dos Advogados, não podendo ser reconduzido no mesmo período de mandato.

Parágrafo único. Extinto qualquer mandato, nas hipóteses deste artigo, cabe ao Conselho Seccional escolher o substituto, caso não haja suplente.

Art. 67. A eleição da Diretoria do Conselho Federal, que tomará posse no dia 1º de fevereiro, obedecerá às seguintes regras:

I - será admitido registro, junto ao Conselho Federal, de candidatura à presidência, desde seis meses até um mês antes da eleição;

II - o requerimento de registro deverá vir acompanhado do apoiamento de, no mínimo, seis Conselhos Seccionais;

III - até um mês antes das eleições, deverá ser requerido o registro da chapa completa, sob pena de cancelamento da candidatura respectiva;

IV - no dia 31 de janeiro do ano seguinte ao da eleição, o Conselho Federal elegerá, em reunião presidida pelo conselheiro mais antigo, por voto secreto e para mandato de 3 (três) anos, sua diretoria, que tomará posse no dia seguinte; (Redação dada pela Lei 11.179/2005)

V - será considerada eleita a chapa que obtiver maioria simples dos votos dos Conselheiros Federais, presente a metade mais 1 (um) de seus membros. (Redação dada pela Lei 11.179/2005)

Parágrafo único. Com exceção do candidato a Presidente, os demais integrantes da chapa deverão ser conselheiros federais eleitos.

TÍTULO III
DO PROCESSO NA OAB

CAPÍTULO I
DISPOSIÇÕES GERAIS

Art. 68. Salvo disposição em contrário, aplicam-se subsidiariamente ao processo disciplinar as regras da legislação processual penal comum e, aos demais processos, as regras gerais do procedimento administrativo comum e da legislação processual civil, nessa ordem.

Art. 69. Todos os prazos necessários à manifestação de advogados, estagiários e terceiros, nos processos em geral da OAB, são de quinze dias, inclusive para interposição de recursos.

§ 1º Nos casos de comunicação por ofício reservado, ou de notificação pessoal, o prazo se conta a partir do dia útil imediato ao da notificação do recebimento.

§ 2º No caso de atos, notificações e decisões divulgados por meio do Diário Eletrônico da Ordem dos Advogados do Brasil, o prazo terá início no primeiro dia útil seguinte à publicação, assim considerada o primeiro dia útil seguinte ao da disponibilização da informação no Diário. (*Redação dada pela Lei 13.688/2018*).

CAPÍTULO II
DO PROCESSO DISCIPLINAR

Art. 70. O poder de punir disciplinarmente os inscritos na OAB compete exclusivamente ao Conselho Seccional em cuja base territorial tenha ocorrido a infração, salvo se a falta for cometida perante o Conselho Federal.

‣ arts. 51; 52, Código de Ética OAB.

§ 1º Cabe ao Tribunal de Ética e Disciplina, do Conselho Seccional competente, julgar os processos disciplinares, instruídos pelas Subseções ou por relatores do próprio conselho.

§ 2º A decisão condenatória irrecorrível deve ser imediatamente comunicada ao Conselho Seccional onde o representado tenha inscrição principal, para constar dos respectivos assentamentos.

‣ art. 24, § 3º, Regulamento Geral da OAB.

§ 3º O Tribunal de Ética e Disciplina do Conselho onde o acusado tenha inscrição principal pode suspendê-lo preventivamente, em caso de repercussão prejudicial à dignidade da advocacia, depois de ouvi-lo em sessão especial para a qual deve ser notificado a comparecer, salvo se não atender à notificação. Neste caso, o processo disciplinar deve ser concluído no prazo máximo de noventa dias.

Art. 71. A jurisdição disciplinar não exclui a comum e, quando o fato constituir crime ou contravenção, deve ser comunicado às autoridades competentes.

Art. 72. O processo disciplinar instaura-se de ofício ou mediante representação de qualquer autoridade ou pessoa interessada.

§ 1º O Código de Ética e Disciplina estabelece os critérios de admissibilidade da representação e os procedimentos disciplinares.

§ 2º O processo disciplinar tramita em sigilo, até o seu término, só tendo acesso às suas informações as partes, seus defensores e a autoridade judiciária competente.

Art. 73. Recebida a representação, o Presidente deve designar relator, a quem compete a instrução do processo e o oferecimento de parecer preliminar a ser submetido ao Tribunal de Ética e Disciplina.

§ 1º Ao representado deve ser assegurado amplo direito de defesa, podendo acompanhar o processo em todos os termos, pessoalmente ou por intermédio de procurador, oferecendo defesa prévia após ser notificado, razões finais após a instrução e defesa oral perante o Tribunal de Ética e Disciplina, por ocasião do julgamento.

§ 2º Se, após a defesa prévia, o relator se manifestar pelo indeferimento liminar da representação, este deve ser decidido pelo Presidente do Conselho Seccional, para determinar seu arquivamento.

§ 3º O prazo para defesa prévia pode ser prorrogado por motivo relevante, a juízo do relator.

§ 4º Se o representado não for encontrado, ou for revel, o Presidente do Conselho ou da Subseção deve designar-lhe defensor dativo;

§ 5º É também permitida a revisão do processo disciplinar, por erro de julgamento ou por condenação baseada em falsa prova.

Art. 74. O Conselho Seccional pode adotar as medidas administrativas e judiciais pertinentes, objetivando a que o profissional suspenso ou excluído devolva os documentos de identificação.

CAPÍTULO III
DOS RECURSOS

Art. 75. Cabe recurso ao Conselho Federal de todas as decisões definitivas proferidas pelo Conselho Seccional, quando não tenham sido unânimes ou, sendo unânimes, contrariem esta lei, decisão do Conselho Federal ou de outro Conselho Seccional e, ainda, o regulamento geral, o Código de Ética e Disciplina e os Provimentos.

Parágrafo único. Além dos interessados, o Presidente do Conselho Seccional é legitimado a interpor o recurso referido neste artigo.

Art. 76. Cabe recurso ao Conselho Seccional de todas as decisões proferidas por seu Presidente, pelo Tribunal de Ética e Disciplina, ou pela diretoria da Subseção ou da Caixa de Assistência dos Advogados.

Art. 77. Todos os recursos têm efeito suspensivo, exceto quando tratarem de eleições (arts. 63 e seguintes), de suspensão preventiva decidida pelo Tribunal de Ética e Disciplina, e de cancelamento da inscrição obtida com falsa prova.

Parágrafo único. O regulamento geral disciplina o cabimento de recursos específicos, no âmbito de cada órgão julgador.

TÍTULO IV
DAS DISPOSIÇÕES GERAIS E TRANSITÓRIAS

Art. 78. Cabe ao Conselho Federal da OAB, por deliberação de dois terços, pelo menos, das delegações, editar o regulamento geral deste estatuto, no prazo de seis meses, contados da publicação desta lei.

Art. 79. Aos servidores da OAB, aplica-se o regime trabalhista.

§ 1º Aos servidores da OAB, sujeitos ao regime da Lei n. 8.112, de 11 de dezembro de 1990, é concedido o direito de opção pelo regime trabalhista, no prazo de noventa dias a partir da vigência desta lei, sendo assegurado aos optantes o pagamento de indenização, quando da aposentadoria, correspondente a cinco vezes o valor da última remuneração.

§ 2º Os servidores que não optarem pelo regime trabalhista serão posicionados no quadro em extinção, assegurado o direito adquirido ao regime legal anterior.

Art. 80. Os Conselhos Federal e Seccionais devem promover trienalmente as respectivas Conferências, em data não coincidente com o ano eleitoral, e, periodicamente, reunião do colégio de presidentes a eles vinculados, com finalidade consultiva.

Art. 81. Não se aplicam aos que tenham assumido originariamente o cargo de Presidente do Conselho Federal ou dos Conselhos Seccionais, até a data da publicação desta lei, as normas contidas no Título II, acerca da composição desses Conselhos, ficando assegurado o pleno direito de voz e voto em suas sessões.

Art. 82. Aplicam-se as alterações previstas nesta lei, quanto a mandatos, eleições, composição e atribuições dos órgãos da OAB, a partir do término do mandato dos atuais membros, devendo os Conselhos Federal e Seccionais disciplinarem os respectivos procedimentos de adaptação.

Parágrafo único. Os mandatos dos membros dos órgãos da OAB, eleitos na primeira eleição sob a vigência desta lei, e na forma do Capítulo VI do Título II, terão início no dia seguinte ao término dos atuais mandatos, encerrando-se em 31 de dezembro do terceiro ano do mandato e em 31 de janeiro do terceiro ano do mandato, neste caso com relação ao Conselho Federal.

Art. 83. Não se aplica o disposto no art. 28, inciso II, desta lei, aos membros do Ministério Público que, na data de promulgação da Constituição, se incluam na previsão do art. 29, § 3º, do seu Ato das Disposições Constitucionais Transitórias.

Art. 84. O estagiário, inscrito no respectivo quadro, fica dispensado do Exame de Ordem, desde que comprove, em até dois anos da promulgação desta lei, o exercício e resultado do estágio profissional ou a conclusão, com aproveitamento, do estágio de Prática Forense e Organização Judiciária, realizado junto à respectiva faculdade, na forma da legislação em vigor.

Art. 85. O Instituto dos Advogados Brasileiros e as instituições a ele filiadas têm qualidade para promover perante a OAB o que julgarem do interesse dos advogados em geral ou de qualquer dos seus membros.

Art. 86. Esta lei entra em vigor na data de sua publicação.

Art. 87. Revogam-se as disposições em contrário, especialmente a Lei n. 4.215, de 27 de abril de 1963, a Lei n. 5.390, de 23 de fevereiro de 1968, o Decreto-Lei n. 505, de 18 de março de 1969, a Lei n. 5.681, de 20 de julho de 1971, a Lei n. 5.842, de 06 de dezembro de 1972, a Lei n. 5.960, de 10 de dezembro de 1973, a Lei n. 6.743, de 05 de dezembro de 1979, a Lei n. 6.884, de 09 de dezembro de 1980, a Lei n. 6.994, de 26 de maio de 1982, mantidos os efeitos da Lei n. 7.346, de 22 de julho de 1985.

Brasília, 04 de julho de 1994; 173º da Independência e 106º da República.

Itamar Franco

REGULAMENTO GERAL DO ESTATUTO DA ADVOCACIA E DA OAB

Dispõe sobre o Regulamento Geral previsto na Lei n. 8.906, de 04 de julho de 1994.

‣ DJU 16.11.1994.

O Conselho Federal da Ordem dos Advogados do Brasil, no uso das atribuições conferidas pelos artigos 54, V, e 78 da Lei n. 8.906, de 04 de julho de 1994,

Resolve:

TÍTULO I
DA ADVOCACIA

CAPÍTULO I
DA ATIVIDADE DE ADVOCACIA

SEÇÃO I
DA ATIVIDADE DE ADVOCACIA EM GERAL

Art. 1º A atividade de advocacia é exercida com observância da Lei n. 8.906/94 (Estatuto), deste Regulamento Geral, do Código de Ética e Disciplina e dos Provimentos.

Art. 2º O visto do advogado em atos constitutivos de pessoas jurídicas, indispensável ao registro e arquivamento nos órgãos competentes, deve resultar da efetiva constatação, pelo profissional que os examinar, de que os respectivos instrumentos preenchem as exigências legais pertinentes.

‣ Redação determinada pelo Conselho Pleno, CFOAB (DJU, 12.12.2000).

Parágrafo único. Estão impedidos de exercer o ato de advocacia referido neste artigo os advogados que prestem serviços a órgãos ou entidades da Administração Pública direta ou indireta, da unidade federativa a que se vincule a Junta Comercial, ou a quaisquer repartições administrativas competentes para o mencionado registro.

Art. 3º É defeso ao advogado funcionar no mesmo processo, simultaneamente, como patrono e preposto do empregador ou cliente.

Art. 4º A prática de atos privativos de advocacia, por profissionais e sociedades não inscritos na OAB, constitui exercício ilegal da profissão.

Parágrafo único. É defeso ao advogado prestar serviços de assessoria e consultoria jurídicas para terceiros, em sociedades que não possam ser registradas na OAB.

Art. 5º Considera-se efetivo exercício da atividade de advocacia a participação anual mínima em cinco atos privativos previstos no artigo 1º do Estatuto, em causas ou questões distintas.

Parágrafo único. A comprovação do efetivo exercício faz-se mediante:

a) certidão expedida por cartórios ou secretarias judiciais;

b) cópia autenticada de atos privativos;

c) certidão expedida pelo órgão público no qual o advogado exerça função privativa do seu ofício, indicando os atos praticados.

Art. 6º O advogado deve notificar o cliente da renúncia ao mandato (art. 5º, § 3º, do Estatuto), preferencialmente mediante carta com aviso de recepção, comunicando, após, o Juízo.

Art. 7º A função de diretoria e gerência jurídicas em qualquer empresa pública, privada ou paraestatal, inclusive em instituições financeiras, é privativa de advogado, não podendo ser exercida por quem não se encontre inscrito regularmente na OAB.

Art. 8º A incompatibilidade prevista no art. 28, II do Estatuto, não se aplica aos advogados que participam dos órgãos nele referidos, na qualidade de titulares ou suplentes, como representantes dos advogados.

‣ Redação determinada pelo Conselho Pleno, CFOAB (DJU, 12.12.2000).

§ 1º Ficam, entretanto, impedidos de exercer a advocacia perante os órgãos em que atuam, enquanto durar a investidura.

§ 2º A indicação dos representantes dos advogados nos juizados especiais deverá ser promovida pela Subseção ou, na sua ausência, pelo Conselho Seccional.

SEÇÃO II
DA ADVOCACIA PÚBLICA

Art. 9º Exercem a advocacia pública os integrantes da Advocacia-Geral da União, da Defensoria Pública e das Procuradorias e Consultorias Jurídicas dos Estados, do Distrito Federal, dos Municípios, das autarquias e das fundações públicas, estando obrigados à inscrição na OAB, para o exercício de suas atividades.

Parágrafo único. Os integrantes da advocacia pública são elegíveis e podem integrar qualquer órgão da OAB.

Art. 10. Os integrantes da advocacia pública, no exercício de atividade privativa prevista no art. 1º do Estatuto, sujeitam-se ao regime do Estatuto, deste Regulamento Geral e do Código de Ética e Disciplina, inclusive quanto às infrações e sanções disciplinares.

SEÇÃO III
DO ADVOGADO EMPREGADO

Art. 11. Compete a sindicato de advogados e, na sua falta, a federação ou confederação de advogados, a representação destes nas convenções coletivas celebradas com as entidades sindicais representativas dos empregadores, nos acordos coletivos celebrados com a empresa empregadora e nos dissídios coletivos perante a Justiça do Trabalho, aplicáveis às relações de trabalho.

Art. 12. Para os fins do art. 20 da Lei n. 8.906/94, considera-se de dedicação exclusiva o regime de trabalho que for expressamente previsto em contrato individual de trabalho.

Parágrafo único. Em caso de dedicação exclusiva, serão remuneradas como extraordinárias as horas trabalhadas que excederem a jornada normal de oito horas diárias.

Art. 13. (Revogado pelo Conselho Pleno, CFOAB (*DJU*, 12.12.2000).

Art. 14. Os honorários de sucumbência, por decorrerem precipuamente do exercício da advocacia e só acidentalmente da relação de emprego, não integram o salário ou a remuneração, não podendo, assim, ser considerados para efeitos trabalhistas ou previdenciários.

Parágrafo único. Os honorários de sucumbência dos advogados empregados constituem fundo comum, cuja destinação é decidida pelos profissionais integrantes do serviço jurídico da empresa ou por seus representantes.

CAPÍTULO II
DOS DIREITOS E DAS PRERROGATIVAS

SEÇÃO I
DA DEFESA JUDICIAL DOS DIREITOS E DAS PRERROGATIVAS

Art. 15. Compete ao Presidente do Conselho Federal, do Conselho Seccional ou da Subseção, ao tomar conhecimento de fato que possa causar, ou que já causou, violação de direitos ou prerrogativas da profissão, adotar as providências judiciais e extrajudiciais cabíveis para prevenir ou restaurar o império do Estatuto, em sua plenitude, inclusive mediante representação administrativa.

Parágrafo único. O Presidente pode designar advogado, investido de poderes bastantes, para as finalidades deste artigo.

Art. 16. Sem prejuízo da atuação de seu defensor, contará o advogado com a assistência de representante da OAB nos inquéritos policiais ou nas ações penais em que figurar como indiciado, acusado ou ofendido, sempre que o fato a ele imputado decorrer do exercício da profissão ou a este vincular-se.

‣ Redação determinada pelo Conselho Pleno, CFOAB (DJU, 24.11.1997).

Art. 17. Compete ao Presidente do Conselho ou da Subseção representar contra o responsável por abuso de autoridade, quando configurada hipótese de atentado à garantia legal de exercício profissional, prevista na Lei n. 4.898, de 09 de dezembro de 1965.

‣ Lei 13.869/2019 (Lei do Abuso de Autoridade).

SEÇÃO II
DO DESAGRAVO PÚBLICO

Art. 18. O inscrito na OAB, quando ofendido comprovadamente em razão do exercício profissional ou de cargo ou função da OAB, tem direito ao desagravo público promovido pelo Conselho competente, de ofício, a seu pedido ou de qualquer pessoa.

‣ Redação determinada pelo Conselho Pleno, CFOAB (DJU, 24.11.1997).

§ 1º O pedido será submetido à Diretoria do Conselho competente, que poderá, nos casos de urgência e notoriedade, conceder imediatamente o desagravo, ad referendum do órgão competente do Conselho, conforme definido em regimento interno. (Redação dada pela Res. 1/2018, do CFOAB)

§ 2º Nos demais casos, a Diretoria remeterá o pedido de desagravo ao órgão competente para instrução e decisão, podendo o relator, convencendo-se da existência de prova ou indício de ofensa relacionada ao exercício da profissão ou de cargo da OAB, solicitar informações da pessoa ou autoridade ofensora, no prazo de 15 (quinze) dias, sem que isso configure condição para a concessão do desagravo. (Redação dada pela Res. 1/2018, do CFOAB)

§ 3º O relator pode propor o arquivamento do pedido se a ofensa for pessoal, se não estiver relacionada com o exercício profissional ou com as prerrogativas gerais do advogado ou se configurar crítica de caráter doutrinário, político ou religioso. (Redação dada pela Res. 1/2018, do CFOAB)

§ 4º Recebidas ou não as informações e convencendo-se da procedência da ofensa, o relator emite parecer que é submetido ao órgão competente do Conselho, conforme definido em regimento interno. (Redação dada pela Res. 1/2018, do CFOAB)

§ 5º Os desagravos deverão ser decididos no prazo máximo de 60 (sessenta) dias. (Redação dada pela Res. 1/2018, do CFOAB)

§ 6º Em caso de acolhimento do parecer, é designada a sessão de desagravo, amplamente divulgada, devendo ocorrer, no prazo máximo de 30 (trinta) dias, preferencialmente, no local onde a ofensa foi sofrida ou onde se encontre a autoridade ofensora. (Redação dada pela Res. 1/2018, do CFOAB)

§ 7º Na sessão de desagravo o Presidente lê a nota a ser publicada na imprensa, encaminhada ao ofensor e às autoridades, e registrada nos assentamentos do inscrito e no Registro Nacional de Violações de Prerrogativas. (Redação dada pela Res. 1/2018, do CFOAB)

§ 8º Ocorrendo a ofensa no território da Subseção a que se vincule o inscrito, a sessão de desagravo pode ser promovida pela diretoria ou conselho da Subseção, com representação do Conselho Seccional. (Acrescentado pela Res. 1/2018, do CFOAB)

§ 9º O desagravo público, como instrumento de defesa dos direitos e prerrogativas da advocacia, não depende de concordância do ofendido, que não pode dispensá-lo, devendo ser promovido a critério do Conselho. (Acrescentado pela Res. 1/2018, do CFOAB)

Art. 19. Compete ao Conselho Federal promover o desagravo público de Conselheiro Federal ou de Presidente de Conselho Seccional, quando ofendidos no exercício das atribuições de seus cargos e ainda quando a ofensa a advogado se revestir de relevância e grave violação às prerrogativas profissionais, com repercussão nacional.

Parágrafo único. O Conselho Federal, observado o procedimento previsto no art. 18 deste Regulamento, indica seus representantes para a sessão pública de desagravo, na sede do Conselho Seccional, salvo no caso de ofensa a Conselheiro Federal.

CAPÍTULO III
DA INSCRIÇÃO NA OAB

Art. 20. O requerente à inscrição principal no quadro de advogados presta o seguinte compromisso perante o Conselho Seccional, a Diretoria ou o Conselho da Subseção:

"Prometo exercer a advocacia com dignidade e independência, observar a ética, os deveres e prerrogativas profissionais e defender a Constituição, a ordem jurídica do Estado Democrático, os direitos humanos, a justiça social, a boa aplicação das leis, a rápida administração da justiça e o aperfeiçoamento da cultura e das instituições jurídicas."

§ 1º É indelegável, por sua natureza solene e personalíssima, o compromisso referido neste artigo.

§ 2º A conduta incompatível com a advocacia, comprovadamente imputável ao requerente, impede a inscrição no quadro de advogados.

- Primitivo § 3º renumerado após supressão do primitivo § 2º, pelo Conselho Pleno, CFOAB, DJU, 24.11.1997.

Art. 21. O advogado pode requerer o registro, nos seus assentamentos, de fatos comprovados de sua atividade profissional ou cultural, ou a ela relacionados, e de serviços prestados à classe, à OAB e ao País.

Art. 22. O advogado, regularmente notificado, deve quitar seu débito relativo às anuidades, no prazo de 15 dias da notificação, sob pena de suspensão, aplicada em processo disciplinar.

Parágrafo único. Cancela-se a inscrição quando ocorrer a terceira suspensão, relativa ao não pagamento de anuidades distintas.

- Prazo alterado pelo Conselho Pleno, CFOAB (DJU, 13.11.1999 - Processo 4393/98/COP).

Art. 23. O requerente à inscrição no quadro de advogados, na falta de diploma regularmente registrado, apresenta certidão de graduação em direito, acompanhada de cópia autenticada do respectivo histórico escolar.

Parágrafo único. (Revogado pelo Conselho Pleno, CFOAB) (*DJU*, 12.12.2000.)

Art. 24. Aos Conselhos Seccionais da OAB incumbe alimentar, automaticamente, por via eletrônica, o Cadastro Nacional dos Advogados - CNA, mantendo as informações correspondentes constantemente atualizadas. (Alterado pela Res. 5/2016, CFOAB.)

§ 1º O CNA deve conter o nome completo de cada advogado, o nome social, o número da inscrição, o Conselho Seccional e a Subseção a que está vinculado, o número de inscrição no CPF, a filiação, o sexo, a data de inscrição na OAB e sua modalidade, a existência de penalidades eventualmente aplicadas, estas em campo reservado, a fotografia, o endereço completo e o número de telefone profissional, o endereço do correio eletrônico e o nome da sociedade de advogados de que eventualmente faça parte, ou esteja associado, e, opcionalmente, o nome profissional, a existência de deficiência de que seja portador, opção para doação de órgãos, Registro Geral, data e órgão emissor, número do título de eleitor, zona, seção, UF eleitoral, certificado militar e passaporte. (Alterado pela Res. 5/2016, CFOAB.)

§ 2º No cadastro são incluídas, igualmente, informações sobre o cancelamento das inscrições.

§ 3º Conselho Seccional em que o advogado mantenha inscrição suplementar deverá registrar a punição disciplinar imposta por outra Seccional, no CNA, em até 24 (vinte e quatro) horas, a contar da comunicação de que trata o art. 70, § 2º, do EAOAB. (Acrescentado pela Res. 3/2018, do CFOAB)

Art. 24-A. Aos Conselhos Seccionais da OAB incumbe alimentar, automaticamente e em tempo real, por via eletrônica, o Cadastro Nacional das Sociedades de Advogados - CNSA, mantendo as informações correspondentes constantemente atualizadas.

§ 1º O CNSA deve conter a razão social, o número de registro perante a seccional, a data do pedido de registro e a do efetivo registro, o prazo de duração, o endereço completo, inclusive telefone e correio eletrônico, nome, nome social e qualificação de todos os sócios e as modificações ocorridas em seu quadro social. (Alterado pela Res. 5/2016, CFOAB.)

§ 2º Mantendo a sociedade filiais, os dados destas, bem como os números de inscrição suplementar de seus sócios (Provimento n. 112/2006, art. 7º, § 1º), após averbados no Conselho Seccional no qual se localiza o escritório sede, serão averbados no CNSA.

§ 3º São igualmente averbados no CNSA os ajustes de associação ou de colaboração.

§ 4º São proibidas razões sociais iguais ou semelhantes, prevalecendo a razão social da sociedade com inscrição mais antiga.

§ 5º Constatando-se semelhança ou identidade de razões sociais, o Conselho Federal da OAB solicitará, de ofício, a alteração da razão social mais recente, caso a sociedade com registro mais recente não requeira a alteração da sua razão social, acrescentando ou excluindo dados que a distinga da sociedade precedentemente registrada.

§ 6º Verificado conflito de interesses envolvendo sociedades em razão de identidade ou semelhança de razões sociais, em Estados diversos, a questão será apreciada pelo Conselho Federal da OAB, garantindo-se o devido processo legal.

- Art. 24-A acrescido pela Res. OAB 01/2012.

Art. 24-B. Aplicam-se ao Cadastro Nacional das Sociedades de Advogados - CNSA as normas estabelecidas no Provimento n. 95/2000 para os advogados, assim como as restrições quanto à divulgação das informações nele inseridas.

- Art. 24-B acrescido pela Res. OAB 01/2012.

Art. 25. Os pedidos de transferência de inscrição de advogados são regulados em Provimento do Conselho Federal.

- Redação determinada pelo Conselho Pleno, CFOAB (DJU, 24.11.1997).

Art. 26. O advogado fica dispensado de comunicar o exercício eventual da profissão, até o total de cinco causas por ano, acima do qual obriga-se à inscrição suplementar.

CAPÍTULO IV
DO ESTÁGIO PROFISSIONAL

Art. 27. O estágio profissional de advocacia, inclusive para graduados, é requisito necessário à inscrição no quadro de estagiários da OAB e meio adequado de aprendizagem prática.

§ 1º O estágio profissional de advocacia pode ser oferecido pela instituição de ensino superior autorizada e credenciada, em convênio com a OAB, complementando-se a carga horária do estágio curricular supervisionado com atividades práticas típicas de advogado e de estudo do Estatuto e do Código de Ética e Disciplina, observado o tempo conjunto mínimo de 300 (trezentas) horas, distribuído em dois ou mais anos.

§ 2º A complementação da carga horária, no total estabelecido no convênio, pode ser efetivada na forma de atividades jurídicas no núcleo de prática jurídica da instituição de ensino, na Defensoria Pública, em escritórios de advocacia ou em setores jurídicos públicos ou privados, credenciados e fiscalizados pela OAB.

§ 3º As atividades de estágio ministrado por instituição de ensino, para fins de convênio com a OAB, são exclusivamente práticas, incluindo a redação de atos processuais e profissionais, as rotinas processuais, a assistência e a atuação em audiências e sessões, as visitas a órgãos judiciários, a prestação de serviços jurídicos e as técnicas de negociação coletiva, de arbitragem e de conciliação.

Art. 28. O estágio realizado na Defensoria Pública da União, do Distrito Federal ou dos Estados, na forma do artigo 145 da Lei Complementar n. 80, de 12 de janeiro de 1994, é considerado válido para fins de inscrição no quadro de estagiários da OAB.

Art. 29. Os atos de advocacia, previstos no art. 1º do Estatuto, podem ser subscritos por estagiário inscrito na OAB, em conjunto com o advogado ou o defensor público.

§ 1º O estagiário inscrito na OAB pode praticar isoladamente os seguintes atos, sob a responsabilidade do advogado:

I - retirar e devolver autos em cartório, assinando a respectiva carga;
II - obter junto aos escrivães e chefes de secretarias certidões de peças ou autos de processos em curso ou findos;
III - assinar petições de juntada de documentos a processos judiciais ou administrativos.

§ 2º Para o exercício de atos extrajudiciais, o estagiário pode comparecer isoladamente, quando receber autorização ou substabelecimento do advogado.

Art. 30. O estágio profissional de advocacia, realizado integralmente fora da instituição de ensino, compreende as atividades fixadas em convênio entre o escritório de advocacia ou entidade que receba o estagiário e a OAB.

Art. 31. Cada Conselho Seccional mantém uma Comissão de Estágio e Exame de Ordem, a quem incumbe coordenar, fiscalizar e executar as atividades decorrentes do estágio profissional da advocacia.

§ 1º Os convênios de estágio profissional e suas alterações, firmados pelo Presidente do Conselho ou da Subseção, quando esta receber delegação de competência, são previamente elaborados pela Comissão, que tem poderes para negociá-los com as instituições interessadas.

§ 2º A Comissão pode instituir subcomissões nas Subseções.

§ 3º (Revogado.)

§ 4º Compete ao Presidente do Conselho Seccional designar a Comissão, que pode ser composta por advogados não integrantes do Conselho.

CAPÍTULO V
DA IDENTIDADE PROFISSIONAL

Art. 32. São documentos de identidade profissional a carteira e o cartão emitidos pela OAB, de uso obrigatório pelos advogados e estagiários inscritos, para o exercício de suas atividades, os quais podem ser emitidos de forma digital. (Alterado pela Resolução 01/2020)

Parágrafo único. O uso do cartão dispensa o da carteira.

Art. 33. A carteira de identidade do advogado, relativa à inscrição originária, tem as dimensões de 7,00 (sete) x 11,00 (onze) centímetros e observa os seguintes critérios:

I - a capa, em fundo vermelho, contém as armas da República e as expressões "Ordem dos Advogados do Brasil" e "Carteira de Identidade de Advogado";

II - a primeira página repete o conteúdo da capa, acrescentado da expressão "Conselho Seccional de (...)" e do inteiro teor do art. 13 do Estatuto;

III - a segunda página destina-se aos dados de identificação do advogado, na seguinte ordem: número da inscrição, nome, nome social, filiação, naturalidade, data do nascimento, nacionalidade, data da colação de grau, data do compromisso e data da expedição, e à assinatura do Presidente do Conselho Seccional; (Alterado pela Res. 5/2016, CFOAB.)

IV - a terceira página é dividida para os espaços de uma foto 3 (três) x 4 (quatro) centímetros, da impressão digital e da assinatura do portador;

V - as demais páginas, em branco e numeradas, destinam-se ao reconhecimento de firma dos signatários e às anotações da OAB, firmadas pelo Secretário-Geral ou Adjunto, incluindo as incompatibilidades e os impedimentos, o exercício de mandatos, as designações para comissões, as funções na OAB, os serviços relevantes à profissão e os dados da inscrição suplementar, pelo Conselho que a deferir;

VI - a última página destina-se à transcrição do art. 7º do Estatuto.

Parágrafo único. O nome social é a designação pela qual a pessoa travesti ou transexual se identifica e é socialmente reconhecida e será inserido na identificação do advogado mediante requerimento. (Acrescentado pela Res. 5/2016, CFOAB.)

Art. 34. O cartão de identidade tem o mesmo modelo e conteúdo do cartão de identificação pessoal (registro geral), com as seguintes adaptações, segundo o modelo aprovado pela Diretoria do Conselho Federal:

- Res. 25/2020 do CFOAB (Institui o Porta-cartão de Identidade Profissional da Ordem dos Advogados do Brasil com escrita em Sistema Braille).

I - o fundo é de cor branca e a impressão dos caracteres e armas da República, de cor vermelha;

II - O anverso contém os seguintes dados, nesta sequência: Ordem dos Advogados do Brasil, Conselho Seccional de (...), Identidade de Advogado (em destaque), n. da inscrição, nome, nome social, filiação, naturalidade, data do nascimento e data da expedição, e a assinatura do Presidente, podendo ser acrescentados os dados de identificação de registro geral, de CPF, eleitoral e outros; (Acrescentado pela Res. 5/2016, CFOAB.)

III - o verso destina-se à fotografia, observações e assinatura do portador.

§ 1º No caso de inscrição suplementar o cartão é específico, indicando-se: "N. da Inscrição Suplementar:" (em negrito ou sublinhado).

§ 2º Os Conselhos Federal e Seccionais podem emitir cartão de identidade para os seus membros e para os membros das Subseções, acrescentando, abaixo do termo "Identidade de Advogado", sua qualificação de conselheiro ou dirigente da OAB e, no verso, o prazo de validade, coincidente com o mandato.

§ 3º O cartão de identidade profissional digital dos advogados e estagiários, constituindo versão eletrônica de identidade para todos os fins legais (art. 13 da Lei n. 8.906/94 – EAOAB), submete-se à disciplina prevista no presente artigo. (Incluído pela Resolução 01/2020)

Art. 35. O cartão de identidade do estagiário tem o mesmo modelo e conteúdo do cartão de identidade do advogado, com a indicação de "Identidade de Estagiário", em destaque, e do prazo de validade, que não pode ultrapassar três anos nem ser prorrogado.

- Res. 25/2020 do CFOAB (Institui o Porta-cartão de Identidade Profissional da Ordem dos Advogados do Brasil com escrita em Sistema Braille).

Parágrafo único. O cartão de identidade do estagiário perde sua validade imediatamente após a prestação do compromisso como advogado.

- Redação determinada pelo Conselho Pleno, CFOAB (DJU, 24.11.1997).

Art. 36. O suporte material do cartão de identidade é resistente, devendo conter dispositivo para armazenamento de certificado digital.

CAPÍTULO VI
DAS SOCIEDADES DE ADVOGADOS

- Prov. 170/2016 (Dispõe sobre as sociedades unipessoais de advocacia).

Art. 37. Os advogados podem constituir sociedade simples, unipessoal ou pluripessoal, de prestação de serviços de advocacia, a qual deve ser regularmente registrada no Conselho Seccional da OAB em cuja base territorial tiver sede. (Alterado pela Res. CFOAB 2/2016.)

§ 1º As atividades profissionais privativas dos advogados são exercidas individualmente, ainda que revertam à sociedade os honorários respectivos. (Alterado pela Res. CFOAB 2/2016.)

§ 2º As sociedades unipessoais e as pluripessoais de advocacia são reguladas em Provimento do Conselho Federal. (Alterado pela Res. CFOAB 2/2016.)

Art. 38. O nome completo ou abreviado, ou o nome social de, no mínimo, um advogado responsável pela sociedade consta obrigatoriamente da razão social, podendo permanecer o nome ou o nome social de sócio falecido se, no ato constitutivo ou na alteração contratual em vigor, essa possibilidade tiver sido prevista. (Alterado pela Res. 5/2016, CFOAB.)

Art. 39. A sociedade de advogados pode associar-se com advogados, sem vínculo de emprego, para participação nos resultados.

- Prov. 169/2015.

Parágrafo único. Os contratos referidos neste artigo são averbados no registro da sociedade de advogados.

Art. 40. Os advogados sócios e os associados respondem subsidiária e ilimitadamente pelos danos causados diretamente ao cliente, nas hipóteses de dolo ou culpa e por ação ou omissão, no exercício dos atos privativos da advocacia, sem prejuízo da responsabilidade disciplinar em que possam incorrer.

Art. 41. As sociedades de advogados podem adotar qualquer forma de administração social, permitida a existência de sócios gerentes, com indicação dos poderes atribuídos.

Art. 42. Podem ser praticados pela sociedade de advogados, com uso da razão social, os atos indispensáveis às suas finalidades, que não sejam privativos de advogado.

Art. 43. O registro da sociedade de advogados observa os requisitos e procedimentos previstos em Provimento do Conselho Federal.

- Redação determinada pelo Conselho Pleno, CFOAB (DJU, 24.11.1997).

TÍTULO II
DA ORDEM DOS ADVOGADOS DO BRASIL (OAB)

CAPÍTULO I
DOS FINS E DA ORGANIZAÇÃO

Art. 44. As finalidades da OAB, previstas no art. 44 do Estatuto, são cumpridas pelos Conselhos Federal e Seccionais e pelas Subseções, de modo integrado, observadas suas competências específicas.

Art. 45. A exclusividade da representação dos advogados pela OAB, prevista no art. 44, II, do Estatuto, não afasta a competência própria dos sindicatos e associações sindicais de advogados, quanto à defesa dos direitos peculiares da relação de trabalho do profissional empregado.

Art. 46. Os novos Conselhos Seccionais serão criados mediante Resolução do Conselho Federal.

Art. 47. O patrimônio do Conselho Federal, do Conselho Seccional, da Caixa de Assistência dos Advogados e da Subseção é constituído de bens móveis e imóveis e outros bens e valores que tenham adquirido ou venham a adquirir.

Art. 48. A alienação ou oneração de bens imóveis depende de aprovação do Conselho Federal ou do Conselho Seccional, competindo à Diretoria do órgão decidir pela aquisição de qualquer bem e dispor sobre os bens móveis.

Parágrafo único. A alienação ou oneração de bens imóveis depende de autorização da maioria das delegações, no Conselho Federal, e da maioria dos membros efetivos, no Conselho Seccional.

Art. 49. Os cargos da Diretoria do Conselho Seccional têm as mesmas denominações atribuídas aos da Diretoria do Conselho Federal.

Parágrafo único. Os cargos da Diretoria da Subseção e da Caixa de Assistência dos Advogados têm as seguintes denominações: Presidente, Vice-Presidente, Secretário, Secretário Adjunto e Tesoureiro.

Art. 50. Ocorrendo vaga de cargo de diretoria do Conselho Federal ou do Conselho Seccional, inclusive do Presidente, em virtude de perda do mandato (art. 66 do Estatuto), morte ou renúncia, o substituto é eleito pelo Conselho a que se vincule, dentre os seus membros.

Art. 51. A elaboração das listas constitucionalmente previstas, para preenchimento dos cargos nos tribunais judiciários, é disciplinada em Provimento do Conselho Federal.

Art. 52. A OAB participa dos concursos públicos, previstos na Constituição e nas leis, em todas as suas fases, por meio de representante do Conselho competente, designado pelo Presidente, incumbindo-lhe apresentar relatório sucinto de suas atividades.

Parágrafo único. Incumbe ao representante da OAB velar pela garantia da isonomia e da integridade do certame, retirando-se quando constatar irregularidades ou favorecimentos e comunicando os motivos ao Conselho.

Art. 53. Os conselheiros e dirigentes dos órgãos da OAB tomam posse firmando, juntamente com o Presidente, o termo específico, após prestar o seguinte compromisso: "Prometo manter, defender e cumprir os princípios e finalidades da OAB, exercer com dedicação e ética as atribuições que me são delegadas e pugnar pela dignidade, independência, prerrogativas e valorização da advocacia."

Art. 54. Compete à Diretoria dos Conselhos Federal e Seccionais, da Subseção ou da Caixa de Assistência declarar extinto o mandato, ocorrendo uma das hipóteses previstas no art. 66 do Estatuto, encaminhando ofício ao Presidente do Conselho Seccional.

§ 1º A Diretoria, antes de declarar extinto o mandato, salvo no caso de morte ou renúncia, ouve o interessado no prazo de quinze dias, notificando-o mediante ofício com aviso de recebimento.

§ 2º Havendo suplentes de Conselheiros, a ordem de substituição é definida no Regimento Interno do Conselho Seccional.

§ 3º Inexistindo suplentes, o Conselho Seccional elege, na sessão seguinte à data do recebimento do ofício, o Conselheiro Federal, o diretor do Conselho Seccional, o Conselheiro Seccional, o diretor da Subseção ou o diretor da Caixa de Assistência dos Advogados, onde se deu a vaga.

§ 4º Na Subseção onde houver conselho, este escolhe o substituto.

CAPÍTULO II
DA RECEITA

Art. 55. Aos inscritos na OAB incumbe o pagamento das anuidades, contribuições, multas e preços de serviços fixados pelo Conselho Seccional.

- Redação determinada pelo Conselho Pleno, CFOAB (DJU, 24.11.1997).

§ 1º As anuidades, contribuições, multas e preços de serviços previstos no *caput* deste artigo serão fixados pelo Conselho Seccional, devendo seus valores ser comunicados ao Conselho Federal até o dia 30 de novembro do ano anterior, salvo em ano eleitoral, quando serão determinadas e comunicadas ao Conselho Federal até o dia 31 de janeiro do ano da posse, podendo ser estabelecidos pagamentos em cotas periódicas.

- Redação determinada pelo Conselho Pleno, CFOAB 2/2007 (DJU, 24.10.2007).

§ 2º (Revogado pelo Conselho Pleno, CFOAB)

§ 3º O edital a que se refere o *caput* do art. 128 deste Regulamento divulgará a possibilidade de parcelamento e o número máximo de parcelas.

- Acrescentado pelo Conselho Pleno, CFOAB (DJU, 12.12.2000).

Art. 56. As receitas brutas mensais das anuidades, incluídas as eventuais atualizações monetárias e juros, serão deduzidas em 60% (sessenta por cento) para seguinte destinação: (Alterado pela Res. CFOAB 2/2013.)

I - 10% (dez por cento) para o Conselho Federal;

II - 3% (três por cento) para o Fundo Cultural;

III - 2% (dois por cento) para o Fundo de Integração e Desenvolvimento Assistencial dos Advogados - FIDA, regulamentado em Provimento do Conselho Federal.

IV - 45% (quarenta e cinco por cento) para as despesas administrativas e manutenção do Conselho Seccional.

§ 1º Os repasses das receitas previstas neste artigo efetuam-se em instituição financeira, indicada pelo Conselho Federal em comum acordo com o Conselho Seccional, através de compartilhamento obrigatório, automático e imediato, com destinação em conta-corrente específica deste, do Fundo Cultural, do Fundo de Integração e Desenvolvimento Assistencial dos Advogados - FIDA e da Caixa de Assistência dos Advogados, vedado o recebimento na Tesouraria do Conselho Seccional, exceto quanto às receitas de preços e serviços, e observados os termos do modelo aprovado pelo Diretor-Tesoureiro do Conselho Federal, sob pena de aplicação do art. 54, VII, do Estatuto da Advocacia e da OAB.

§ 2º O Fundo Cultural será administrado pela Escola Superior de Advocacia, mediante deliberação da Diretoria do Conselho Seccional.

§ 3º O Fundo de Integração e Desenvolvimento Assistencial dos Advogados - FIDA será administrado por um Conselho Gestor designado pela Diretoria do Conselho Federal.

§ 4º Os Conselhos Seccionais elaborarão seus orçamentos anuais considerando o limite disposto no inciso IV para manutenção da sua estrutura administrativa e das subseções, utilizando a margem resultante para suplementação orçamentária do exercício, caso se faça necessária.

§ 5º Qualquer transferência de bens ou recursos de um Conselho Seccional a outro depende de autorização do Conselho Federal.

Art. 57. Cabe à Caixa de Assistência dos Advogados a metade da receita das anuidades, incluídas as eventuais atualizações monetárias e juros, recebidas pelo Conselho Seccional, considerado o valor resultante após as deduções obrigatórias, nos percentuais previstos no art. 56 do Regulamento Geral. (Alterado pela Res. CFOAB 2/2013.)

§ 1º Poderão ser deduzidas despesas nas receitas destinadas à Caixa de Assistência, desde que previamente pactuadas.

§ 2º A aplicação dos recursos da Caixa de Assistência deverá estar devidamente demonstrada nas prestações de contas periódicas do Conselho Seccional, obedecido o disposto no § 5º do art. 60 do Regulamento Geral.

Art. 58. Compete privativamente ao Conselho Seccional, na primeira sessão ordinária do ano, apreciar o relatório anual e deliberar sobre o balanço e as contas da Diretoria do Conselho Seccional, da Caixa de Assistência dos Advogados e das Subseções, referentes ao exercício anterior, na forma de seu Regimento Interno.

§ 1º O Conselho Seccional elege, dentre seus membros, uma comissão de orçamento e contas para fiscalizar a aplicação da receita e opinar previamente sobre a proposta de orçamento anual e as contas.

§ 2º O Conselho Seccional pode utilizar os serviços de auditoria independente para auxiliar a comissão de orçamento e contas.

§ 3º O exercício financeiro dos Conselhos Federal e Seccionais encerra-se no dia 31 de dezembro de cada ano.

Art. 59. Deixando o cargo, por qualquer motivo, no curso do mandato, os Presidentes do Conselho Federal, do Conselho Seccional, da Caixa de Assistência e da Subseção apresentam, de forma sucinta, relatório e contas ao seu sucessor.

Art. 60. Os Conselhos Seccionais aprovarão seus orçamentos anuais, para o exercício seguinte, até o mês de outubro e o Conselho Federal até a última sessão do ano, permitida a alteração dos mesmos no curso do exercício, mediante justificada necessidade, devidamente aprovada pelos respectivos colegiados.

- Sessões plenárias dos dias 17 de junho, 17 de agosto e 17 de novembro de 1997 (DJ, 24.11.1997, p. 61.378, S.1).

§ 1º O orçamento do Conselho Seccional, incluindo as Subseções, estima a receita, fixa a despesa e prevê as deduções destinadas ao Conselho Federal, ao Fundo Cultural, ao Fundo de Integração e Desenvolvimento Assistencial dos Advogados - FIDA e à Caixa de Assistência, e deverá ser encaminhado, mediante cópia, até o dia 10 do mês subsequente, ao Conselho Federal, podendo o seu Diretor-Tesoureiro, após análise prévia, devolvê-lo à Seccional, para os devidos ajustes.

§ 2º Aprovado o orçamento e, igualmente, as eventuais suplementações orçamentárias, encaminhar-se-á cópia ao Conselho Federal, até o dia 10 do mês subsequente, para os fins regulamentares.

- Sessões plenárias dos dias 17 de junho, 17 de agosto e 17 de novembro de 1997 (DJ, 24.11.1997, p. 61.378, S.1).

§ 3º O Conselho Seccional recém empossado deverá promover, se necessário, preferencialmente nos dois primeiros meses de gestão, a reformulação do orçamento anual, encaminhando cópia do instrumento respectivo ao Conselho Federal, até o dia 10 do mês de março do ano em curso.

§ 4º A Caixa de Assistência dos Advogados aprovará seu orçamento para o exercício seguinte, até a última sessão do ano.

§ 5º O Conselho Seccional fixa o modelo e os requisitos formais e materiais para o orçamento, o relatório e as contas da Caixa de Assistência e das Subseções.

Art. 61. O relatório, o balanço e as contas dos Conselhos Seccionais e da Diretoria do Conselho Federal, na forma prevista em Provimento, são julgados pela Terceira Câmara do Conselho Federal, com recurso para o Órgão Especial.

§ 1º Cabe à Terceira Câmara fixar os modelos dos orçamentos, balanços e contas da Diretoria do Conselho Federal e dos Conselhos Seccionais.

§ 2º A Terceira Câmara pode determinar a realização de auditoria independente nas contas do Conselho Seccional, com ônus para este, sempre que constatar a existência de graves irregularidades.

§ 3º O relatório, o balanço e as contas dos Conselhos Seccionais do ano anterior serão remetidos à Terceira Câmara até o final do quarto mês do ano seguinte.

- Sessões plenárias dos dias 17 de junho, 17 de agosto e 17 de novembro de 1997 (DJ, 24.11.1997, p. 61.378, S.1).

§ 4º O relatório, o balanço e as contas da Diretoria do Conselho Federal são apreciados pela Terceira Câmara a partir da primeira sessão ordinária do ano seguinte ao do exercício.

§ 5º Os Conselhos Seccionais só podem pleitear recursos materiais e financeiros ao Conselho Federal se comprovadas as seguintes condições:

a) remessa de cópia do orçamento e das eventuais suplementações orçamentárias, no prazo estabelecido pelo § 2º do art. 60;

b) prestação de contas aprovada na forma regulamentar; e

c) repasse atualizado da receita devida ao Conselho Federal, suspendendo-se o pedido, em caso de controvérsia, até decisão definitiva sobre a liquidez dos valores correspondentes.

- Sessões plenárias dos dias 17 de junho, 17 de agosto e 17 de novembro de 1997 (DJ, 24.11.1997, p. 61.378, S.1).

CAPÍTULO III
DO CONSELHO FEDERAL

SEÇÃO I
DA ESTRUTURA E DO FUNCIONAMENTO

Art. 62. O Conselho Federal, órgão supremo da OAB, com sede na Capital da República, compõe-se de um Presidente, dos Conselheiros Federais integrantes das delegações de cada unidade federativa e de seus ex-presidentes.

§ 1º Os ex-presidentes têm direito a voz nas sessões do Conselho, sendo assegurado o direito de voto aos que exerceram mandato antes de 05 de julho de 1994 ou em seu exercício se encontravam naquela data.

- Sessões plenárias dos dias 17 de junho, 17 de agosto e 17 de novembro de 1997 (DJ, 24.11.1997, p. 61.379, S.1) e Res. 001/2006 (DJ, 04.09.2006, p. 775, S.1).

§ 2º O Presidente, nas suas relações externas, apresenta-se como Presidente Nacional da OAB.

§ 3º O Presidente do Conselho Seccional tem lugar reservado junto à delegação respectiva e direito a voz em todas as sessões do Conselho e de suas Câmaras.

Art. 63. O Presidente do Instituto dos Advogados Brasileiros e os agraciados com a "Medalha Rui Barbosa" podem participar das sessões do Conselho Pleno, com direito a voz.

Art. 64. O Conselho Federal atua mediante os seguintes órgãos:

I - Conselho Pleno;
II - Órgão Especial do Conselho Pleno;
III - Primeira, Segunda e Terceira Câmaras;
IV - Diretoria;
V - Presidente.

Parágrafo único. Para o desempenho de suas atividades, o Conselho conta também com comissões permanentes, definidas em Provimento, e com comissões temporárias, todas designadas pelo Presidente, integradas ou não por Conselheiros Federais, submetidas a um regimento interno único, aprovado pela Diretoria do Conselho Federal, que o levará ao conhecimento do Conselho Pleno.

Art. 65. No exercício do mandato, o Conselheiro Federal atua no interesse da advocacia nacional e não apenas no de seus representados diretos.

§ 1º O cargo de Conselheiro Federal é incompatível com o de membro de outros órgãos da OAB, exceto quando se tratar de ex-presidente do Conselho Federal e do Conselho Seccional, ficando impedido de debater e votar as matérias quando houver participado da deliberação local.

§ 2º Na apuração da antiguidade do Conselheiro Federal somam-se todos os períodos de mandato, mesmo que interrompidos.

Art. 66. Considera-se ausente das sessões ordinárias mensais dos órgãos deliberativos do Conselho Federal o Conselheiro que, sem motivo justificado, faltar a qualquer uma.

Parágrafo único. Compete ao Conselho Federal fornecer ajuda de transporte e hospedagem aos Conselheiros Federais integrantes das bancadas dos Conselho Seccionais que não tenham capacidade financeira para suportar a despesa correspondente.

- Sessões plenárias dos dias 17 de junho, 17 de agosto e 17 de novembro de 1997 (DJ, 24.11.1997, p. 61.379, S.1).

Art. 67. Os Conselheiros Federais, integrantes de cada delegação, após a posse, são distribuídos pelas três Câmaras especializadas, mediante deliberação da própria delegação, comunicada ao Secretário-Geral, ou, na falta desta, por decisão do Presidente, dando-se preferência ao mais antigo no Conselho e, havendo coincidência, ao de inscrição mais antiga.

§ 1º O Conselheiro, na sua delegação, é substituto dos demais, em qualquer órgão do Conselho, nas faltas ou impedimentos ocasionais ou no caso de licença.

§ 2º Quando estiverem presentes dois substitutos, concomitantemente, a preferência é do mais antigo no Conselho e, em caso de coincidência, do que tiver inscrição mais antiga.

§ 3º A delegação indica seu representante ao Órgão Especial do Conselho Pleno.

Art. 68. O voto em qualquer órgão colegiado do Conselho Federal é tomado por delegação, em ordem alfabética, seguido dos ex-presidentes presentes, com direito a voto.

§ 1º Os membros da Diretoria votam como integrantes de suas delegações.

§ 2º O Conselheiro Federal opina mas não participa da votação de matéria de interesse específico da unidade que representa.

§ 3º Na eleição dos membros da Diretoria do Conselho Federal, somente votam os Conselheiros Federais, individualmente.

Art. 69. A seleção das decisões dos órgãos deliberativos do Conselho Federal é periodicamente divulgada em forma de ementário.

Art. 70. Os órgãos deliberativos do Conselho Federal podem cassar ou modificar atos ou deliberações de órgãos ou autoridades da OAB, ouvidos estes e os interessados previamente, no prazo de quinze dias, contado do recebimento da notificação, sempre que contrariem o Estatuto, este Regulamento Geral, o Código de Ética e Disciplina e os Provimentos.

Art. 71. Toda matéria pertinente às finalidades e às competências do Conselho Federal da OAB será distribuída automaticamente no órgão colegiado competente a um relator, mediante sorteio eletrônico, com inclusão na pauta da sessão seguinte, organizada segundo critério de antiguidade. (Alterado pela Res. CFOAB 1/2013.)

§ 1º Se o relator determinar alguma diligência, o processo é retirado da ordem do dia, figurando em anexo da pauta com indicação da data do despacho.

§ 2º Incumbe ao relator apresentar na sessão seguinte, por escrito, o relatório, o voto e a proposta de ementa.

§ 3º O relator pode determinar diligências, requisitar informações, instaurar representação incidental, propor ao Presidente a redistribuição da matéria e o arquivamento, quando for irrelevante ou impertinente às finalidades da OAB, ou o encaminhamento do processo ao Conselho Seccional competente, quando for de interesse local.

§ 4º Em caso de inevitável perigo de demora da decisão, pode o relator conceder provimento cautelar, com recurso de ofício ao órgão colegiado, para apreciação preferencial na sessão posterior.

§ 5º O relator notifica o Conselho Seccional e os interessados, quando forem necessárias suas manifestações.

§ 6º Compete ao relator manifestar-se sobre as desistências, prescrições, decadências e intempestividades dos recursos, para decisão do Presidente do órgão colegiado.

Art. 72. O processo será redistribuído automaticamente caso o relator, após a inclusão em pauta, não o apresente para julgamento na sessão seguinte ou quando, fundamentadamente e no prazo de 05 (cinco) dias, a contar do recebimento dos autos, declinar da relatoria. (Alterado pela Res. CFOAB 1/2013.)

§ 1º O presidente do colegiado competente poderá deferir a prorrogação do prazo de apresentação do processo para julgamento estipulado no *caput*, por 01 (uma) sessão, mediante requerimento por escrito e fundamentado do relator. (Acrescentado pela Res. CFOAB 1/2013.)

§ 2º Redistribuído o processo, caso os autos encontrem-se com o relator, o presidente do órgão colegiado determinará sua devolução à secretaria, em até 05 (cinco) dias.(Acrescentado pela Res. CFOAB 1/2013.)

Art. 73. Em caso de matéria complexa, o Presidente designa uma comissão em vez de relator individual.

Parágrafo único. A comissão escolhe um relator e delibera coletivamente, não sendo considerados os votos minoritários para fins de relatório e voto.

SEÇÃO II
DO CONSELHO PLENO

Art. 74. O Conselho Pleno é integrado pelos Conselheiros Federais de cada delegação e pelos ex-presidentes, sendo presidido pelo Presidente do Conselho Federal e secretariado pelo Secretário-Geral.

Art. 75. Compete ao Conselho Pleno deliberar, em caráter nacional, sobre propostas e indicações relacionadas às finalidades institucionais da OAB (art. 44, I, do Estatuto) e sobre as demais atribuições previstas no art. 54 do Estatuto, respeitadas as competências privativas dos demais órgãos deliberativos do Conselho Federal, fixadas neste Regulamento Geral, e ainda:

I - eleger o sucessor dos membros da Diretoria do Conselho Federal, em caso de vacância;
II - regular, mediante resolução, matérias de sua competência que não exijam edição de Provimento;
III - instituir, mediante Provimento, comissões permanentes para assessorar o Conselho Federal e a Diretoria.

- Sessões plenárias dos dias 16 de outubro, 06 e 07 de novembro de 2000 (DJ, 12.12.2000, p. 574, S.1), Prov. 115/2007 e 163/2015.

Parágrafo único. O Conselho Pleno pode decidir sobre todas as matérias privativas de seu órgão Especial, quando o Presidente atribuir-lhes caráter de urgência e grande relevância.

Art. 76. As proposições e os requerimentos deverão ser oferecidos por escrito, cabendo ao relator apresentar relatório e voto na sessão seguinte, acompanhados de ementa do acórdão. (Alterado pela Res. CFOAB 1/2013.)

§ 1º No Conselho Pleno, o Presidente, em caso de urgência e relevância, pode designar relator para apresentar relatório e voto orais na mesma sessão.

§ 2º Quando a proposta importar despesas não previstas no orçamento, pode ser apreciada apenas depois de ouvido o Diretor Tesoureiro quanto às disponibilidades financeiras para sua execução.

Art. 77. O voto da delegação é o de sua maioria, havendo divergência entre seus membros, considerando-se invalidado em caso de empate.

§ 1º O Presidente não integra a delegação de sua unidade federativa de origem e não vota, salvo em caso de empate.

§ 2º Os ex-Presidentes empossados antes de 5 de julho de 1994 têm direito de voto equivalente ao de uma delegação, em todas as matérias, exceto na eleição dos membros da Diretoria do Conselho Federal.

Art. 78. Para editar e alterar o Regulamento Geral, o Código de Ética e Disciplina e os Provimentos e para intervir nos Conselhos Seccionais é indispensável o *quorum* de dois terços das delegações.

Parágrafo único. Para as demais matérias prevalece o *quorum* de instalação e de votação estabelecido neste Regulamento Geral.

Art. 79. A proposta que implique baixar normas gerais de competência do Conselho Pleno ou encaminhar projeto legislativo ou emendas aos Poderes competentes somente pode ser deliberada se o relator ou a comissão designada elaborar o texto normativo, a ser remetido aos Conselheiros juntamente com a convocação da sessão.

§ 1º Antes de apreciar proposta de texto normativo, o Conselho Pleno delibera sobre a admissibilidade da relevância da matéria.

§ 2º Admitida a relevância, o Conselho passa a decidir sobre o conteúdo da proposta do texto normativo, observados os seguintes critérios:

a) procede-se à leitura de cada dispositivo, considerando-o aprovado se não houver destaque levantado por qualquer membro ou encaminhado por Conselho Seccional;

b) havendo destaque, sobre ele manifesta-se apenas aquele que o levantou e a comissão relatora ou o relator, seguindo-se a votação.

§ 3º Se vários membros levantarem destaque sobre o mesmo ponto controvertido, um, dentre eles, é eleito como porta-voz.

§ 4º Se o texto for totalmente rejeitado ou prejudicado pela rejeição, o Presidente designa novo relator ou comissão revisora para redigir outro.

Art. 80. A OAB pode participar e colaborar em eventos internacionais, de interesse da advocacia, mas somente se associa a organismos internacionais que congreguem entidades congêneres.

Parágrafo único. Os Conselhos Seccionais podem representar a OAB em geral ou os advogados brasileiros em eventos internacionais ou no exterior, quando autorizados pelo Presidente Nacional.

Art. 81. Constatando grave violação do Estatuto ou deste Regulamento Geral, a Diretoria do Conselho Federal notifica o Conselho Seccional para apresentar defesa e, havendo necessidade, designa representantes para promover verificação ou sindicância, submetendo o relatório ao Conselho Pleno.

§ 1º Se o relatório concluir pela intervenção, notifica-se o Conselho Seccional para apresentar defesa por escrito e oral perante o Conselho Pleno, no prazo e tempo fixados pelo Presidente.

§ 2º Se o Conselho Pleno decidir pela intervenção, fixa prazo determinado, que pode ser prorrogado, cabendo à Diretoria designar diretoria provisória.

§ 3º Ocorrendo obstáculo imputável à Diretoria do Conselho Seccional para a sindicância, ou no caso de irreparabilidade do perigo pela demora, o Conselho Pleno pode aprovar liminarmente a intervenção provisória.

Art. 82. As indicações de ajuizamento de ação direta de inconstitucionalidade submetem-se ao juízo prévio de admissibilidade da Diretoria para aferição da relevância da defesa dos princípios e normas constitucionais e, sendo admitidas, observam o seguinte procedimento:

I - o relator, designado pelo Presidente, independentemente da decisão da Diretoria, pode levantar preliminar de inadmissibilidade perante o Conselho Pleno, quando não encontrar norma ou princípio constitucional violados pelo ato normativo;

II - aprovado o ajuizamento da ação, esta será proposta pelo Presidente do Conselho Federal;

- Sessões plenárias dos dias 16 de outubro, 06 e 07 de novembro de 2000 (DJ, 12.12.2000, p. 574, S.1).

III - cabe à assessoria do Conselho acompanhar o andamento da ação.

§ 1º Em caso de urgência que não possa aguardar a sessão ordinária do Conselho Pleno, ou durante o recesso do Conselho Federal, a Diretoria decide quanto ao mérito, *ad referendum* daquele.

§ 2º Quando a indicação for subscrita por Conselho Seccional da OAB, por entidade de caráter nacional ou por delegação do Conselho Federal, a matéria não se sujeita ao juízo de admissibilidade da Diretoria.

Art. 83. Compete à Comissão Nacional de Educação Jurídica do Conselho Federal opinar previamente nos pedidos para criação, reconhecimento e credenciamento dos cursos jurídicos referidos no art. 54, XV, do Estatuto.

§ 1º O Conselho Seccional em cuja área de atuação situar-se a instituição de ensino superior interessada será ouvido, preliminarmente, nos processos que tratem das matérias referidas neste artigo, devendo a seu respeito manifestar-se no prazo de 30 (trinta) dias.

§ 2º A manifestação do Conselho Seccional terá em vista, especialmente, os seguintes aspectos:

a) a verossimilhança do projeto pedagógico do curso, em face da realidade local;

b) a necessidade social da criação do curso, aferida em função dos critérios estabelecidos pela Comissão de Ensino Jurídico do Conselho Federal;

c) a situação geográfica do município sede do curso, com indicação de sua população e das condições de desenvolvimento cultural e econômico que apresente, bem como da distância em relação ao município mais próximo onde haja curso jurídico;

d) as condições atuais das instalações físicas destinadas ao funcionamento do curso;

e) a existência de biblioteca com acervo adequado, a que tenham acesso direto os estudantes.

§ 3º A manifestação do Conselho Seccional deverá informar sobre cada um dos itens mencionados no parágrafo anterior, abstendo-se, porém, de opinar, conclusivamente, sobre a conveniência ou não da criação do curso.

§ 4º O Conselho Seccional encaminhará sua manifestação diretamente à Comissão de Ensino Jurídico do Conselho Federal, dela não devendo fornecer cópia à instituição interessada ou a terceiro antes do pronunciamento final do Conselho Federal.

SEÇÃO III
DO ÓRGÃO ESPECIAL DO CONSELHO PLENO

Art. 84. O Órgão Especial é composto por um Conselheiro Federal integrante de cada delegação, sem prejuízo de sua participação no Conselho Pleno, e pelos ex-Presidentes, sendo presidido pelo Vice-Presidente e secretariado pelo Secretário-Geral Adjunto.

Parágrafo único. O Presidente do Órgão Especial, além de votar por sua delegação, tem o voto de qualidade, no caso de empate, salvo quando se tratar de procedimento disciplinar passível de aplicação de sanção prevista no art. 35 do Estatuto da Advocacia e da OAB, caso em que, quando houver empate de votos, o Presidente votará apenas por sua delegação, prevalecendo a decisão mais favorável ao advogado representado. (Redação dada pela Res. 01/2019)

Art. 85. Compete ao Órgão Especial deliberar, privativamente e em caráter irrecorrível, sobre:

I - recurso contra decisões das Câmaras, quando não tenham sido unânimes ou, sendo unânimes, contrariem a Constituição, as leis, o Estatuto, decisões do Conselho Federal, este Regulamento Geral, o Código de Ética e Disciplina ou os Provimentos;

II - recurso contra decisões unânimes das Turmas, quando estas contrariarem a Constituição, as leis, o Estatuto, decisões do Conselho Federal, este Regulamento Geral, o Código de Ética e Disciplina ou os Provimentos;

III - recurso contra decisões do Presidente ou da Diretoria do Conselho Federal e do Presidente do Órgão Especial;

IV - consultas escritas, formuladas em tese, relativas às matérias de competência das Câmaras especializadas ou à interpretação do Estatuto, deste Regulamento Geral, do Código de Ética e Disciplina e dos Provimentos, devendo todos os Conselhos Seccionais ser cientificados do conteúdo das respostas;

V - conflitos ou divergências entre órgãos da OAB;

VI - determinação ao Conselho Seccional competente para instaurar processo, quando, em autos ou peças submetidos ao conhecimento do Conselho Federal, encontrar fato que constitua infração disciplinar.

§ 1º Os recursos ao Órgão Especial podem ser manifestados pelo Presidente do Conselho Federal, pelas partes ou pelos recorrentes originários.

§ 2º O relator pode propor ao Presidente do Órgão Especial o arquivamento da consulta, quando não se revestir de caráter geral ou não tiver pertinência com as finalidades da OAB, ou o seu encaminhamento ao Conselho Seccional, quando a matéria for de interesse local.

Art. 86. A decisão do Órgão Especial constitui orientação dominante da OAB sobre a matéria, quando consolidada em súmula publicada no Diário Eletrônico da OAB. *(Redação dada pela Res. 5/2018).*

SEÇÃO IV
DAS CÂMARAS

Art. 87. As Câmaras são presididas:

I - a Primeira, pelo Secretário-Geral;

II - a Segunda, pelo Secretário-Geral Adjunto;

III - a Terceira, pelo Tesoureiro.

§ 1º Os Secretários das Câmaras são designados, dentre seus integrantes, por seus Presidentes.

§ 2º Nas suas faltas e impedimentos, os Presidentes e Secretários das Câmaras são substituídos pelos Conselheiros mais antigos e, havendo coincidência, pelos de inscrição mais antiga.

§ 3º O Presidente da Câmara, além de votar por sua delegação, tem o voto de qualidade, no caso de empate, salvo quando se tratar de procedimento disciplinar passível de aplicação de sanção prevista no art. 35 do Estatuto da Advocacia e da OAB, caso em que, quando houver empate de votos, o Presidente votará apenas por sua delegação, prevalecendo a decisão mais favorável ao advogado representado. (Redação dada pela Res. 01/2019)

Art. 88. Compete à Primeira Câmara:

I - decidir os recursos sobre:

a) atividade de advocacia e direitos e prerrogativas dos advogados e estagiários;

b) inscrição nos quadros da OAB;

c) incompatibilidades e impedimentos.

II - expedir resoluções regulamentando o Exame de Ordem, para garantir sua eficiência e padronização nacional, ouvida a Comissão Nacional de Exame de Ordem;

- Sessões plenárias dos dias 16 de outubro, 06 e 07 de novembro de 2000 (DJ, 12.12.2000, p. 574, S.1); Prov. 144/2011;

III - julgar as representações sobre as matérias de sua competência;

- Sessões plenárias dos dias 17 de junho, 17 de agosto e 17 de novembro de 1997 (DJ, 24.11.1997, p. 61.379, S.1).

IV - propor, instruir e julgar os incidentes de uniformização de decisões de sua competência.

- Sessões plenárias dos dias 17 de junho, 17 de agosto e 17 de novembro de 1997 (DJ, 24.11.1997, p. 61.379, S.1).

V - determinar ao Conselho Seccional competente a instauração de processo quando, em autos ou peças submetidas ao seu julgamento, tomar conhecimento de fato que constitua infração disciplinar;

VI - julgar os recursos interpostos contra decisões de seu Presidente.

Art. 89. Compete à Segunda Câmara:

I - decidir os recursos sobre ética e deveres do advogado, infrações e sanções disciplinares;

II - promover em âmbito nacional a ética do advogado, juntamente com os Tribunais de Ética e Disciplina, editando resoluções regulamentares ao Código de Ética e Disciplina.

III - julgar as representações sobre as matérias de sua competência;

- Sessões plenárias dos dias 17 de junho, 17 de agosto e 17 de novembro de 1997 (DJ, 24.11.1997, p. 61.379, S.1).

IV - propor, instruir e julgar os incidentes de uniformização de decisões de sua competência;

- Sessões plenárias dos dias 17 de junho, 17 de agosto e 17 de novembro de 1997 (DJ, 24.11.1997, p. 61.379, S.1).

V - determinar ao Conselho Seccional competente a instauração de processo quando, em autos ou peças submetidas ao seu julgamento, tomar conhecimento de fato que constitua infração disciplinar;

- Sessões plenárias dos dias 16 de outubro, 06 e 07 de novembro de 2000 (DJ, 12.12.2000, p. 574, S.1).

VI - julgar os recursos interpostos contra decisões de seu Presidente;

- Sessões plenárias dos dias 16 de outubro, 06 e 07 de novembro de 2000 (DJ, 12.12.2000, p. 574, S.1).

VII - eleger, dentre seus integrantes, os membros da Corregedoria do Processo Disciplinar, em número máximo de três, com atribuição, em caráter nacional, de orientar e fiscalizar a tramitação dos processos disciplinares de competência da OAB, podendo, para tanto, requerer informações e realizar diligências, elaborando relatório anual dos processos em trâmite no Conselho Federal e nos Conselhos Seccionais e Subseções.

Art. 89-A. A Segunda Câmara será dividida em três Turmas, entre elas repartindo-se, com igualdade, os processos recebidos pela Secretaria.

§ 1º Na composição das Turmas, que se dará por ato do Presidente da Segunda Câmara, será observado o critério de representatividade regional, de sorte a nelas estarem presentes todas as Regiões do País.

§ 2º As Turmas serão presididas pelo Conselheiro presente de maior antiguidade no Conselho Federal, admitindo-se o revezamento, a critério dos seus membros, salvo a Turma integrada pelo Presidente da Segunda Câmara, que será por ele presidida.

§ 3º Das decisões não unânimes das Turmas caberá recurso para o Pleno da Segunda Câmara.

§ 4º No julgamento do recurso, o relator ou qualquer membro da Turma poderá propor que esta o afete ao Pleno da Câmara, em vista da relevância ou especial complexidade da matéria versada, podendo proceder do mesmo modo quando suscitar questões de ordem que impliquem a adoção de procedimentos comuns pelas Turmas.

Art. 90. Compete à Terceira Câmara:

I - decidir os recursos relativos à estrutura, aos órgãos e ao processo eleitoral da OAB;

II - decidir os recursos sobre sociedades de advogados, advogados associados e advogados empregados;

III - apreciar os relatórios anuais e deliberar sobre o balanço e as contas da Diretoria do Conselho Federal e dos Conselhos Seccionais;

IV - suprir as omissões ou regulamentar as normas aplicáveis às Caixas de Assistência dos Advogados, inclusive mediante resoluções;

V - modificar ou cancelar, de ofício ou a pedido de qualquer pessoa, dispositivo do Regimento Interno do Conselho Seccional que contrarie o Estatuto ou este Regulamento Geral;

VI - julgar as representações sobre as matérias de sua competência;

- Sessões plenárias dos dias 17 de junho, 17 de agosto e 17 de novembro de 1997 (DJ, 24.11.97, p. 61.379, S.1).

VII - propor, instruir e julgar os incidentes de uniformização de decisões de sua competência;

- Sessões plenárias dos dias 17 de junho, 17 de agosto e 17 de novembro de 1997 (DJ, 24.11.1997, p. 61.379, S.1).

VIII - determinar ao Conselho Seccional competente a instauração de processo quando, em autos ou peças submetidas ao seu julgamento, tomar conhecimento de fato que constitua infração disciplinar;

- Sessões plenárias dos dias 16 de outubro, 06 e 07 de novembro de 2000 (DJ, 12.12.2000, p. 575, S.1).

IX - julgar os recursos interpostos contra decisões de seu Presidente.

- Sessões plenárias dos dias 16 de outubro, 06 e 07 de novembro de 2000 (DJ, 12.12.2000, p. 575, S.1).

SEÇÃO V
DAS SESSÕES

Art. 91. Os órgãos colegiados do Conselho Federal reúnem-se ordinariamente nos meses de fevereiro a dezembro de cada ano, em sua sede no Distrito Federal, nas datas fixadas pela Diretoria.

§ 1º Em caso de urgência ou no período de recesso (janeiro), o Presidente ou um terço das delegações do Conselho Federal pode convocar sessão extraordinária.

§ 2º A sessão extraordinária, em caráter excepcional e de grande relevância, pode ser convocada para local diferente da sede do Conselho Federal.

§ 3º As convocações para as sessões ordinárias são acompanhadas de minuta da ata da sessão anterior e dos demais documentos necessários.

§ 4º Mediante prévia deliberação do Conselho Pleno, poderá ser dispensada a realização da sessão ordinária do mês de julho, sem prejuízo da regular fruição dos prazos processuais e regulamentares.

Art. 92. Para instalação e deliberação dos órgãos colegiados do Conselho Federal da OAB exige-se a presença de metade das delegações, salvo nos casos de *quorum* qualificado, previsto neste Regulamento Geral.

§ 1º A deliberação é tomada pela maioria de votos dos presentes.

§ 2º Comprova-se a presença pela assinatura no documento próprio, sob controle do Secretário da sessão.

§ 3º Qualquer membro presente pode requerer a verificação do *quorum*, por chamada.

§ 4º A ausência à sessão, depois da assinatura de presença, não justificada ao Presidente, é contada para efeito de perda do mandato.

Art. 93. Nas sessões observa-se a seguinte ordem:

I - verificação do *quorum* e abertura;

II - leitura, discussão e aprovação da ata da sessão anterior;

III - comunicações do Presidente;

IV - ordem do dia;

V - expediente e comunicações dos presentes.

Parágrafo único. A ordem dos trabalhos ou da pauta pode ser alterada pelo Presidente, em caso de urgência ou de pedido de preferência.

Art. 94. O julgamento de qualquer processo ocorre do seguinte modo:

I - leitura do relatório, do voto e da proposta de ementa do acórdão, todos escritos, pelo relator;

II - sustentação oral pelo interessado ou seu advogado, com o prazo de 15 (quinze) minutos, a qual, em se tratando de embargos de declaração, somente será admitida se estes tiverem efeitos infringentes, caso em que a sustentação se dará no limite de 5 (cinco) minutos, tendo o respectivo processo preferência no julgamento; (Redação dada pela Res. 04/2019)

III - discussão da matéria, dentro do prazo máximo fixado pelo Presidente, não podendo cada Conselheiro fazer uso da palavra mais de uma vez nem por mais de três minutos, salvo se lhe for concedida prorrogação;

IV - votação da matéria, não sendo permitidas questões de ordem ou justificativa oral de voto, precedendo as questões prejudiciais e preliminares às de mérito;

V - a votação da matéria será realizada mediante chamada em ordem alfabética das bancadas, iniciando-se com a delegação integrada pelo relator do processo em julgamento; (Acrescentado pela Res. CFOAB 3/2013.)

VI - proclamação do resultado pelo Presidente, com leitura da súmula da decisão. (Renumerado pela Res. CFOAB 3/2013.)

§ 1º Os apartes só serão admitidos quando concedidos pelo orador. Não será admitido aparte:

- Sessões plenárias dos dias 16 de outubro, 06 e 07 de novembro de 2000 (DJ, 12.12.2000, p. 575, S.1).

a) à palavra do Presidente;

b) ao Conselheiro que estiver suscitando questão de ordem.

§ 2º Se durante a discussão o Presidente julgar que a matéria é complexa e não se encontra suficientemente esclarecida, suspende o julgamento, designando revisor para sessão seguinte.

§ 3º A justificação escrita do voto pode ser encaminhada à Secretaria até quinze dias após a votação da matéria.

§ 4º O Conselheiro pode pedir preferência para antecipar seu voto se necessitar ausentar-se justificadamente da sessão.

§ 5º O Conselheiro pode eximir-se de votar se não tiver assistido à leitura do relatório.

§ 6º O relatório e o voto do relator, na ausência deste, são lidos pelo Secretário.

§ 7º Vencido o relator, o autor do voto vencedor lavra o acórdão.

Art. 95. O pedido justificado de vista por qualquer Conselheiro, quando não for em mesa, não adia a discussão, sendo deliberado como preliminar antes da votação da matéria.

Parágrafo único. A vista concedida é coletiva, permanecendo os autos do processo na Secretaria, com envio de cópias aos que as solicitarem, devendo a matéria ser julgada na sessão ordinária seguinte, com preferência sobre as demais, ainda que ausentes o relator ou o Conselheiro requerente.

Art. 96. As decisões coletivas são formalizadas em acórdãos, assinados pelo Presidente e pelo relator, e publicadas.

§ 1º As manifestações gerais do Conselho Pleno podem dispensar a forma de acórdão.

§ 2º As ementas têm numeração sucessiva e anual, relacionada ao órgão deliberativo.

Art. 97. As pautas e decisões são publicadas no Diário Eletrônico da OAB, ou comunicadas pessoalmente aos interessados, e afixadas em local de fácil acesso na sede do Conselho Federal. *(Redação dada pela Res. 5/2018)*

Art. 97-A. Será admitido o julgamento de processos dos órgãos colegiados em ambiente telepresencial, denominado Sessão Virtual, observando-se, quando cabíveis, as disposições dos arts. 91 a 97 deste Regulamento Geral. (Inserido pela Resolução 19/2020)

§ 1º Poderão ser incluídos nas sessões virtuais processos que tenham sido pautados em sessões ordinárias ou extraordinárias presenciais anteriores, para início ou continuidade de julgamento.

§ 2º As sessões virtuais serão convocadas pelos presidentes dos órgãos colegiados, com, pelo menos, 15 (quinze) dias úteis de antecedência.

§ 3º As partes, os interessados e seus procuradores serão notificados pelo Diário Eletrônico da OAB de que o julgamento se dará em ambiente telepresencial.

§ 4º Nas hipóteses regulamentares em que couber sustentação oral, facultada à parte, ao interessado ou a seus procuradores, esta, com duração de, no máximo, 15 (quinze) minutos, será realizada na sessão virtual, após a leitura do relatório e do voto pelo Relator.

§ 5º A sustentação oral de que trata o parágrafo anterior, bem como a participação telepresencial, deverá ser previamente requerida pela parte, pelo interessado ou por seus procuradores, em até 24 (vinte e quatro) horas antes do início da sessão virtual.

§ 6º O requerimento previsto no parágrafo anterior deverá ser realizado por correio eletrônico ou petição nos autos, com a identificação do processo, do órgão julgador, da data da sessão virtual de julgamento e do endereço eletrônico do requerente, que será utilizado para incluí-lo na respectiva sessão.

§ 7º A sustentação oral ou a participação telepresencial será realizada por videoconferência, com a utilização de plataforma disponibilizada pelo Conselho Federal, sendo de inteira responsabilidade da parte, do interessado ou de seus advogados toda a infraestrutura tecnológica necessária para sua participação na sessão virtual.

§ 8º Não serão incluídos na sessão virtual, ou dela serão excluídos, os seguintes processos:

I - os indicados pelo Relator, mediante despacho fundamentado, para julgamento em sessão presencial;

II - os destacados por um ou mais conselheiros para julgamento em sessão presencial, após o encerramento da fase de debates, mediante acolhimento ou não do presidente do órgão colegiado correspondente;

III - os que tiverem pedido de sustentação oral presencial e os destacados por quaisquer das partes, dos interessados ou de seus procuradores, desde que requerido em até 24 (vinte e quatro) horas antes do início da sessão virtual, e deferido pelo relator.

§ 9º Os julgamentos em sessão virtual serão públicos e poderão ser acompanhados pela rede mundial de computadores (internet), exceto no tocante aos processos que tramitam em sigilo, aos quais terão acesso somente as partes, os interessados e seus procuradores.

SEÇÃO VI
DA DIRETORIA DO CONSELHO FEDERAL

Art. 98. O Presidente é substituído em suas faltas, licenças e impedimentos pelo Vice-Presidente, pelo Secretário-Geral, pelo Secretário-Geral Adjunto e pelo Tesoureiro, sucessivamente.

§ 1º O Vice-Presidente, o Secretário-Geral, o Secretário-Geral Adjunto e o Tesoureiro substituem-se nessa ordem, em suas faltas e impedimentos ocasionais, sendo o último substituído pelo Conselheiro Federal mais antigo e, havendo coincidência de mandatos, pelo de inscrição mais antiga.

§ 2º No caso de licença temporária, o Diretor é substituído pelo Conselheiro designado pelo Presidente.

§ 3º No caso de vacância de cargo da Diretoria, em virtude de perda do mandato, morte ou renúncia, o sucessor é eleito pelo Conselho Pleno.

§ 4º Para o desempenho de suas atividades, a Diretoria contará, também, com dois representantes institucionais permanentes, cujas funções serão exercidas por Conselheiros Federais por ela designados, *ad referendum* do Conselho Pleno, destinadas ao acompanhamento dos interesses da Advocacia no Conselho Nacional de Justiça e no Conselho Nacional do Ministério Público. (Acrescentado pela Res. CFOAB 1/2015.)

Art. 99. Compete à Diretoria, coletivamente:

I - dar execução às deliberações dos órgãos deliberativos do Conselho;

II - elaborar e submeter à Terceira Câmara, na forma e prazo estabelecidos neste Regulamento Geral, o orçamento anual da receita e da despesa, o relatório anual, o balanço e as contas;

III - elaborar estatística anual dos trabalhos e julgados do Conselho;

IV - distribuir e redistribuir as atribuições e competências entre os seus membros;

V - elaborar e aprovar o plano de cargos e salários e a política de administração de pessoal do Conselho, propostos pelo Secretário-Geral;

VI - promover assistência financeira aos órgãos da OAB, em caso de necessidade comprovada e de acordo com previsão orçamentária;

VII - definir critérios para despesas com transporte e hospedagem dos Conselheiros, membros das comissões e convidados;

VIII - alienar ou onerar bens móveis;

IX - resolver os casos omissos no Estatuto e no Regulamento Geral, *ad referendum* do Conselho Pleno.

Art. 100. Compete ao Presidente:

I - representar a OAB em geral e os advogados brasileiros, no país e no exterior, em juízo ou fora dele;

II - representar o Conselho Federal, em juízo ou fora dele;

III - convocar e presidir o Conselho Federal e executar suas decisões;

IV - adquirir, onerar e alienar bens imóveis, quando autorizado, e administrar o patrimônio do Conselho Federal, juntamente com o Tesoureiro;

V - aplicar penas disciplinares, no caso de infração cometida no âmbito do Conselho Federal;

VI - assinar, com o Tesoureiro, cheques e ordens de pagamento;

VII - executar e fazer executar o Estatuto e a legislação complementar.

Art. 101. Compete ao Vice-Presidente:

I - presidir o órgão Especial e executar suas decisões;

II - executar as atribuições que lhe forem cometidas pela Diretoria ou delegadas, por portaria, pelo Presidente.

Art. 102. Compete ao Secretário-Geral:

I - presidir a Primeira Câmara e executar suas decisões;

II - dirigir todos os trabalhos de Secretaria do Conselho Federal;

III - secretariar as sessões do Conselho Pleno;

IV - manter sob sua guarda e inspeção todos os documentos do Conselho Federal;

V - controlar a presença e declarar a perda de mandato dos Conselheiros Federais;

VI - executar a administração do pessoal do Conselho Federal;

VII - emitir certidões e declarações do Conselho Federal.

Art. 103. Compete ao Secretário-Geral Adjunto:

I - presidir a Segunda Câmara e executar suas decisões;

II - organizar e manter o cadastro nacional dos advogados e estagiários, requisitando os dados e informações necessários aos Conselhos Seccionais e promovendo as medidas necessárias;

- Provimentos n. 95/2000, CFOAB (Dispõe sobre o Cadastro Nacional dos Advogados).

III - executar as atribuições que lhe forem cometidas pela Diretoria ou delegadas pelo Secretário-Geral;

IV - secretariar o Órgão Especial.

Art. 104. Compete ao Tesoureiro:

I - presidir a Terceira Câmara e executar suas decisões;

II - manter sob sua guarda os bens e valores e o almoxarifado do Conselho;

III - administrar a Tesouraria, controlar e pagar todas as despesas autorizadas e assinar cheques e ordens de pagamento com o Presidente;

IV - elaborar a proposta de orçamento anual, o relatório, os balanços e as contas mensais e anuais da Diretoria;

V - propor à Diretoria a tabela de custas do Conselho Federal;

VI - fiscalizar e cobrar as transferências devidas pelos Conselhos Seccionais ao Conselho Federal, propondo à Diretoria a intervenção nas Tesourarias dos inadimplentes;

VII - manter inventário dos bens móveis e imóveis do Conselho Federal, atualizado anualmente;

VIII - receber e dar quitação dos valores recebidos pelo Conselho Federal.

§ 1º Em casos imprevistos, o Tesoureiro pode realizar despesas não constantes do orçamento anual, quando autorizadas pela Diretoria.

§ 2º Cabe ao Tesoureiro propor à Diretoria o regulamento para aquisições de material de consumo e permanente.

CAPÍTULO IV
DO CONSELHO SECCIONAL

Art. 105. Compete ao Conselho Seccional, além do previsto nos arts. 57 e 58 do Estatuto:

I - cumprir o disposto nos incisos I, II e III do art. 54 do Estatuto;

II - adotar medidas para assegurar o regular funcionamento das Subseções;

III - intervir, parcial ou totalmente, nas Subseções e na Caixa de Assistência dos Advogados, onde e quando constatar grave violação do Estatuto, deste Regulamento Geral e do Regimento Interno do Conselho Seccional;

IV - cassar ou modificar, de ofício ou mediante representação, qualquer ato de sua diretoria e dos demais órgãos executivos e deliberativos, da diretoria ou do conselho da Subseção e da diretoria da Caixa de Assistência dos Advogados, contrários ao Estatuto, ao Regulamento Geral, aos Provimentos, ao Código de Ética e Disciplina, ao seu Regimento Interno e às suas Resoluções;

V - ajuizar, após deliberação:

a) ação direta de inconstitucionalidade de leis ou atos normativos estaduais e municipais, em face da Constituição Estadual ou da Lei Orgânica do Distrito Federal;

b) ação civil pública, para defesa de interesses difusos de caráter geral e coletivos e individuais homogêneos;

- Sessões plenárias dos dias 16 de outubro, 06 e 07 de novembro de 2000 (DJ, 12.12.2000, p. 575, S.1).

c) mandado de segurança coletivo, em defesa de seus inscritos, independentemente de autorização pessoal dos interessados;

d) mandado de injunção, em face da Constituição Estadual ou da Lei Orgânica do Distrito Federal.

- Lei 13.300/2016 (Disciplina o processo e o julgamento dos mandados de injunção individual e coletivo).

Parágrafo único. O ajuizamento é decidido pela Diretoria, no caso de urgência ou recesso do Conselho Seccional.

Art. 106. Os Conselhos Seccionais são compostos de conselheiros eleitos, incluindo os membros da Diretoria, proporcionalmente ao número de advogados com inscrição concedida, observados os seguintes critérios:

I - abaixo de 3.000 (três mil) inscritos, até 30 (trinta) membros;

II - a partir de 3.000 (três mil) inscritos, mais um membro por grupo completo de 3.000 (três mil) inscritos, até o total de 80 (oitenta) membros.

§ 1º Cabe ao Conselho Seccional, observado o número da última inscrição concedida, fixar o número de seus membros, mediante resolução, sujeita a referendo do Conselho Federal, que aprecia a base de cálculo e reduz o excesso, se houver.

§ 2º O Conselho Seccional, a delegação do Conselho Federal, a diretoria da Caixa de Assistência dos Advogados, a diretoria e o conselho da Subseção podem ter suplentes, eleitos na chapa vencedora, em número fixado entre a metade e o total de conselheiros titulares.

- § 2º alterado pela Res. OAB 03/2012.

§ 3º Não se incluem no cálculo da composição dos elegíveis ao Conselho seus ex-Presidentes e o Presidente do Instituto dos Advogados.

Art. 107. Todos os órgãos vinculados ao Conselho Seccional reúnem-se, ordinariamente, nos meses de fevereiro a dezembro, em suas sedes, e para a sessão de posse no mês de janeiro do primeiro ano do mandato.

§ 1º Em caso de urgência ou nos períodos de recesso (janeiro), os Presidentes dos órgãos ou um terço de seus membros podem convocar sessão extraordinária.

§ 2º As convocações para as sessões ordinárias são acompanhadas de minuta da ata da sessão anterior e dos demais documentos necessários.

Art. 108. Para aprovação ou alteração do Regimento Interno do Conselho, de criação e intervenção em Caixa de Assistência dos Advogados e Subseções e para aplicação da pena de exclusão de inscrito é necessário *quorum* de presença de dois terços dos conselheiros.

§ 1º Para as demais matérias exige-se *quorum* de instalação e deliberação de metade dos membros de cada órgão deliberativo, não se computando no cálculo os ex-Presidentes presentes, com direito a voto.

§ 2º A deliberação é tomada pela maioria dos votos dos presentes, incluindo os ex-Presidentes com direito a voto.

§ 3º Comprova-se a presença pela assinatura no documento próprio, sob controle do Secretário da sessão.

§ 4º Qualquer membro presente pode requerer a verificação do *quorum*, por chamada.

§ 5º A ausência à sessão depois da assinatura de presença, não justificada ao Presidente, é contada para efeito de perda do mandato.

Art. 109. O Conselho Seccional pode dividir-se em órgãos deliberativos e instituir comissões especializadas, para melhor desempenho de suas atividades.

§ 1º Os órgãos do Conselho podem receber a colaboração gratuita de advogados não conselheiros, inclusive para instrução processual, considerando-se função relevante em benefício da advocacia.

§ 2º No Conselho Seccional e na Subseção que disponha de conselho é obrigatória a instalação e o funcionamento da Comissão de Direitos Humanos, da Comissão de Orçamento e Contas e da Comissão de Estágio e Exame de Ordem.

§ 3º Os suplentes podem desempenhar atividades permanentes e temporárias, na forma do Regimento Interno.

§ 4º As Câmaras e os órgãos julgadores em que se dividirem os Conselhos Seccionais para o exercício das respectivas competências serão integradas exclusivamente por Conselheiros eleitos, titulares ou suplentes.

Art. 110. Os relatores dos processos em tramitação no Conselho Seccional têm competência para instrução, podendo ouvir depoimentos, requisitar documentos, determinar diligências e propor o arquivamento ou outra providência porventura cabível ao Presidente do órgão colegiado competente.

Art. 111. O Conselho Seccional fixa tabela de honorários advocatícios, definindo as referências mínimas e as proporções, quando for o caso.

Parágrafo único. A tabela é amplamente divulgada entre os inscritos e encaminhada ao Poder Judiciário para os fins do art. 22 do Estatuto.

Art. 112. O Exame de Ordem será regulamentado por Provimento editado pelo Conselho Federal.

§ 1º O Exame de Ordem é organizado pela Coordenação Nacional de Exame de Ordem, na forma de Provimento do Conselho Federal.

§ 2º Às Comissões de Estágio e Exame de Ordem dos Conselhos Seccionais compete fiscalizar a aplicação da prova e verificar o preenchimento dos requisitos exigidos dos examinandos quando dos pedidos de inscrição, assim como difundir as diretrizes e defender a necessidade do Exame de Ordem.

Art. 113. O Regimento Interno do Conselho Seccional define o procedimento de intervenção total ou parcial nas Subseções e na Caixa de Assistência dos Advogados, observados os critérios estabelecidos neste Regulamento Geral para a intervenção no Conselho Seccional.

Art. 114. Os Conselhos Seccionais definem nos seus Regimentos Internos a composição, o modo de eleição e o funcionamento dos Tribunais de Ética e Disciplina, observados os procedimentos do Código de Ética e Disciplina.

§ 1º Os membros dos Tribunais de Ética e Disciplina, inclusive seus Presidentes, são eleitos na primeira sessão ordinária após a posse dos Conselhos Seccionais, dentre os seus integrantes ou advogados de notável reputação ético-profissional, observados os mesmos requisitos para a eleição do Conselho Seccional.

§ 2º O mandato dos membros dos Tribunais de Ética e Disciplina tem a duração de três anos.

§ 3º Ocorrendo qualquer das hipóteses do art. 66 do Estatuto, o membro do Tribunal de Ética e Disciplina perde o mandato antes do seu término, cabendo ao Conselho Seccional eleger o substituto.

CAPÍTULO V
DAS SUBSEÇÕES

Art. 115. Compete às subseções dar cumprimento às finalidades previstas no art. 61 do Estatuto e neste Regulamento Geral.

Art. 116. O Conselho Seccional fixa, em seu orçamento anual, dotações específicas para as subseções, e as repassa segundo programação financeira aprovada ou em duodécimos.

Art. 117. A criação de Subseção depende, além da observância dos requisitos estabelecidos no Regimento Interno do Conselho Seccional, de estudo preliminar de viabilidade realizado por comissão especial designada pelo Presidente do Conselho Seccional, incluindo o número de advogados efetivamente residentes na base territorial, a existência de comarca judiciária, o levantamento e a perspectiva do mercado de trabalho, o custo de instalação e de manutenção.

Art. 118. A resolução do Conselho Seccional que criar a Subseção deve:

I - fixar sua base territorial;

II - definir os limites de suas competências e autonomia;

III - fixar a data da eleição da diretoria e do conselho, quando for o caso, e o início do mandato com encerramento coincidente com o do Conselho Seccional;

IV - definir a composição do conselho da Subseção e suas atribuições, quando for o caso.

§ 1º Cabe à Diretoria do Conselho Seccional encaminhar cópia da resolução ao Conselho Federal, comunicando a composição da diretoria e do conselho.

§ 2º Os membros da diretoria da Subseção integram seu conselho, que tem o mesmo Presidente.

Art. 119. Os conflitos de competência entre subseções e entre estas e o Conselho Seccional são por este decididos, com recurso voluntário ao Conselho Federal.

Art. 120. Quando a Subseção dispuser de conselho, o Presidente deste designa um de seus membros, como relator, para instruir processo de inscrição no quadro da OAB, para os residentes em sua base territorial, ou processo disciplinar, quando o fato tiver ocorrido na sua base territorial.

§ 1º Os relatores dos processos em tramitação na Subseção têm competência para instrução, podendo ouvir depoimentos, requisitar documentos, determinar diligências e propor o arquivamento ou outra providência ao Presidente.

§ 2º Concluída a instrução do pedido de inscrição, o relator submete parecer prévio ao conselho da Subseção, que pode ser acompanhado pelo relator do Conselho Seccional.

§ 3º Concluída a instrução do processo disciplinar, nos termos previstos no Estatuto e no Código de Ética e Disciplina, o relator emite parecer prévio, o qual, se homologado pelo Conselho da Subseção, é submetido ao julgamento do Tribunal de Ética e Disciplina.

§ 4º Os demais processos, até mesmo os relativos à atividade de advocacia, incompatibilidades e impedimentos, obedecem a procedimento equivalente.

CAPÍTULO VI
DAS CAIXAS DE ASSISTÊNCIA DOS ADVOGADOS

Art. 121. As Caixas de Assistência dos Advogados são criadas mediante aprovação e registro de seus estatutos pelo Conselho Seccional.

Art. 122. O estatuto da Caixa define as atividades da Diretoria e a sua estrutura organizacional.

§ 1º A Caixa pode contar com departamentos específicos, integrados por profissionais designados por sua Diretoria.

§ 2º O plano de empregos e salários do pessoal da Caixa é aprovado por sua Diretoria e homologado pelo Conselho Seccional.

Art. 123. A assistência aos inscritos na OAB é definida no estatuto da Caixa e está condicionada à:

I - regularidade do pagamento, pelo inscrito, da anuidade à OAB;

II - carência de um ano, após o deferimento da inscrição;

III - disponibilidade de recursos da Caixa.

Parágrafo único. O estatuto da Caixa pode prever a dispensa dos requisitos de que cuidam os incisos I e II, em casos especiais.

Art. 124. A seguridade complementar pode ser implementada pela Caixa, segundo dispuser seu estatuto.

Art. 125. As Caixas promovem entre si convênios de colaboração e execução de suas finalidades.

Art. 126. A Coordenação Nacional das Caixas, por elas mantida, composta de seus presidentes, é órgão de assessoramento do Conselho Federal da OAB para a política nacional de assistência e seguridade dos advogados, tendo seu Coordenador direito a voz nas sessões, em matéria a elas pertinente.

Art. 127. O Conselho Federal pode constituir fundos nacionais de seguridade e assistência dos advogados, coordenados pelas Caixas, ouvidos os Conselhos Seccionais.

CAPÍTULO VII
DAS ELEIÇÕES

Art. 128. O Conselho Seccional, até 45 (quarenta e cinco) dias antes da data da votação, no último ano do mandato, convocará os advogados inscritos para a votação obrigatória, mediante edital resumido, publicado no Diário Eletrônico da OAB, do qual constarão, dentre outros, os seguintes itens: (Redação dada pela Res. 5/2018.).

I - dia da eleição, na segunda quinzena de novembro, dentro do prazo contínuo de oito horas, com início fixado pelo Conselho Seccional;

II - prazo para o registro das chapas, na Secretaria do Conselho, até trinta dias antes da votação;

III - modo de composição da chapa, incluindo o número de membros do Conselho Seccional;

IV - prazo de três dias úteis, tanto para a impugnação das chapas quanto para a defesa, após o encerramento do prazo do pedido de registro (item II), e de cinco dias úteis para a decisão da Comissão Eleitoral;

V - nominata dos membros da Comissão Eleitoral escolhida pela Diretoria;

VI - locais de votação;

VII - referência a este capítulo do Regulamento Geral, cujo conteúdo estará à disposição dos interessados.

§ 1º O edital define se as chapas concorrentes às Subseções são registradas nestas ou na Secretaria do próprio Conselho.

§ 2º Cabe aos Conselhos Seccionais promover ampla divulgação das eleições, em seus meios de comunicação, não podendo recusar a publicação, em condições de absoluta igualdade, do programa de todas as chapas.

- Sessões plenárias dos dias 16 de outubro, 06 e 07 de novembro de 2000 (DJ, 12.12.2000, p. 575, S.1).

§ 3º Mediante requerimento escrito formulado pela chapa e assinado por seu representante legal, dirigido ao Presidente da Comissão Eleitoral, esta fornecerá, em 72 (setenta e duas) horas, listagem atualizada com nome, nome social e endereço postal dos advogados. (Alterado pela Res. 5/2016, CFOAB.)

§ 4º A listagem a que se refere o parágrafo 3º será fornecida mediante o pagamento das taxas fixadas pelo Conselho Seccional, não se admitindo mais de um requerimento por chapa concorrente.

Art. 128-A. A Diretoria do Conselho Federal, no mês de fevereiro do ano das eleições, designará Comissão Eleitoral Nacional, composta por 03 (três) advogados e 03 (três) advogadas e presidida, preferencialmente, por Conselheiro(a) Federal que não seja candidato(a), como órgão deliberativo encarregado de supervisionar, com função correcional e consultiva, as eleições Seccionais e a eleição para a Diretoria do Conselho Federal. (Redação dada pela Res. do CFOAB 5/2020)

Art. 129. A Comissão Eleitoral é composta 03 (três) advogados e 03 (três) advogadas, sendo um Presidente, que não integrem qualquer das chapas concorrentes. (Redação dada pela Res. do CFOAB 5/2020)

§ 1º A Comissão Eleitoral utiliza os serviços das Secretarias do Conselho Seccional e das subseções, com o apoio necessário de suas Diretorias, convocando ou atribuindo tarefas aos respectivos servidores.

§ 2º No prazo de cinco dias úteis, após a publicação do edital de convocação das eleições, qualquer advogado pode arguir a suspeição de membro da Comissão Eleitoral, a ser julgada pelo Conselho Seccional.

§ 3º A Comissão Eleitoral pode designar Subcomissões para auxiliar suas atividades nas subseções.

§ 4º As mesas eleitorais são designadas pela Comissão Eleitoral.

§ 5º A Diretoria do Conselho Seccional pode substituir os membros da Comissão Eleitoral quando, comprovadamente, não estejam cumprindo suas atividades, em prejuízo da organização e da execução das eleições.

Art. 130. Contra decisão da Comissão Eleitoral cabe recurso ao Conselho Seccional, no prazo de quinze dias, e deste para o Conselho Federal, no mesmo prazo, ambos sem efeito suspensivo.

Parágrafo único. Quando a maioria dos membros do Conselho Seccional estiver concorrendo às eleições, o recurso contra decisão da Comissão Eleitoral será encaminhado diretamente ao Conselho Federal.

Art. 131. São admitidas a registro apenas chapas completas, que deverão atender ao percentual de 50% para candidaturas de cada gênero e, ao mínimo, de 30% (trinta por cento) de advogados negros e de advogadas negras, assim considerados os(as) inscritos(as) na Ordem dos Advogados do Brasil que se classificam (autodeclaração) como negros(as), ou seja, pretos(as) ou pardos(as), ou definição análoga (critérios subsidiários de heteroidentificação), entre titulares e entre suplentes, com indicação dos(as) candidatos(as) aos cargos de diretoria do Conselho Federal, do Conselho Seccional, da Caixa de Assistência dos(as) Advogados(as) e das Subseções, dos(as) conselheiros(as) federais, dos(as) conselheiros(as) seccionais e dos(as) conselheiros(as) subseccionais, sendo vedadas candidaturas isoladas ou que integrem mais de uma chapa. (Redação dada pela Res. do CFOAB 5/2020)

§ 1º O percentual previsto no caput deste artigo aplicar-se-à quanto às Diretorias do Conselho Federal, dos Conselhos Seccionais, das Subseções e das Caixas de Assistência e deverá incidir sobre os cargos de titulares e suplentes, se houver, salvo se o número for ímpar, quando se aplicará o percentual mais próximo a 50% na composição de cada gênero, e o percentual de 30% na composição de cotas raciais para advogados negros e advogadas negras. (Redação dada pela Res. do CFOAB 5/2020)

§ 2º Em relação ao registro das vagas ao Conselho Federal, o percentual referido no caput deste artigo levará em consideração a soma entre os titulares e suplentes, devendo a chapa garantir pelo menos uma vaga de titularidade para cada gênero, pelo menos uma vaga de titularidade para um advogado negro ou uma advogada negra, e pelo menos uma vaga de suplência para um advogado negro ou uma advogada negra. (Redação dada pela Res. do CFOAB 5/2020)

§ 3º As regras deste artigo aplicam-se também à chapas das Subseções. (Alterado pela Res. 4/2018, do CFOAB)

§ 4º O requerimento de inscrição, dirigido ao Presidente da Comissão Eleitoral, é subscrito pelo candidato a Presidente e por 02 (dois) outros candidatos à Diretoria, contendo nome completo, nome social, nº de inscrição na OAB e endereço profissional de cada candidato, com indicação do cargo a que concorre, acompanhado das autorizações escritas dos integrantes da chapa. (Alterado pela Res. 5/2016, CFOAB.)

§ 5º Somente integra chapa o candidato que, cumulativamente: (Alterado pela Res. CFOAB 1/2014.)

a) seja advogado regularmente inscrito na respectiva Seccional da OAB, com inscrição principal ou suplementar; (Alterado pela Res. CFOAB 1/2014.)

b) esteja em dia com as anuidades; (Alterado pela Res. CFOAB 1/2014.)

c) não ocupe cargos ou funções incompatíveis com a advocacia, referidos no art. 28 do Estatuto, em caráter permanente ou temporário, ressalvado o disposto no art. 83 da mesma Lei; (Alterado pela Res. CFOAB 1/2014.)

d) não ocupe cargos ou funções dos quais possa ser exonerável ad nutum, mesmo que compatíveis com a advocacia; (Alterado pela Res. CFOAB 1/2014.)

e) não tenha sido condenado em definitivo por qualquer infração disciplinar, salvo se reabilitado pela OAB, ou não tenha representação disciplinar em curso, já julgada procedente por órgão do Conselho Federal; (Alterado pela Res. CFOAB 1/2014.)

f) exerça efetivamente a profissão, há mais de cinco anos, excluído o período de estagiário, sendo facultado à Comissão Eleitoral exigir a devida comprovação; (Alterado pela Res. CFOAB 1/2014.)

g) não esteja em débito com a prestação de contas ao Conselho Federal, na condição de dirigente do Conselho Seccional ou da Caixa de Assistência dos Advogados, responsável pelas referidas contas, ou não tenha tido prestação de contas rejeitada, após apreciação do Conselho Federal, com trânsito em julgado, nos 08 (oito) anos seguintes; (Alterado pela Res. CFOAB 1/2014.)

h) com contas rejeitadas segundo o disposto na alínea "a" do inciso II do art. 7º do Provimento n. 101/2003, ressarcir o dano apurado pelo Conselho Federal, sem prejuízo do cumprimento do prazo de 08 (oito) anos previsto na alínea "g"; (Alterado pela Res. CFOAB 1/2014.)

i) não integre listas, com processo em tramitação, para provimento de cargos nos tribunais judiciais ou administrativos. (Alterado pela Res. CFOAB 1/2014.)

§ 6º A Comissão Eleitoral publica no quadro de avisos das Secretarias do Conselho Seccional e das subseções a composição das chapas com registro requerido, para fins de impugnação por qualquer advogado inscrito. (Alterado pela Res. CFOAB 1/2014.)

§ 7º A Comissão Eleitoral suspende o registro da chapa incompleta ou que inclua candidato inelegível na forma do § 5º, concedendo ao candidato a Presidente do Conselho Seccional prazo improrrogável de cinco dias úteis para sanar a irregularidade, devendo a Secretaria e a Tesouraria do Conselho ou da Subseção prestar as informações necessárias. (Alterado pela Res. CFOAB 1/2014.)

§ 8º A chapa é registrada com denominação própria, observada a preferência pela ordem de apresentação dos requerimentos, não podendo as seguintes utilizar termos, símbolos ou expressões iguais ou assemelhados. (Alterado pela Res. CFOAB 1/2014.)

§ 9º Em caso de desistência, morte ou inelegibilidade de qualquer integrante da chapa, a substituição pode ser requerida, sem alteração da cédula única já composta, considerando-se votado o substituído. (Alterado pela Res. CFOAB 1/2014.)

§ 10. Os membros dos órgãos da OAB, no desempenho de seus mandatos, podem neles permanecer se concorrerem às eleições. (Alterado pela Res. CFOAB 1/2014.)

Art. 131-A. São condições de elegibilidade: ser o candidato advogado inscrito na Seccional, com inscrição principal ou suplementar, em efetivo exercício há mais de 05 (cinco) anos, e estar em dia com as anuidades na data de protocolo do pedido de registro de candidatura, considerando-se regulares aqueles que parcelaram seus débitos e estão adimplentes com a quitação das parcelas. (Acrescentado pela Res. CFOAB 2/2011.)

§ 1º O candidato deverá comprovar sua adimplência junto à OAB por meio da apresentação de certidão da Seccional onde é candidato. (Acrescentado pela Res. CFOAB 2/2011.)

§ 2º Sendo o candidato inscrito em várias Seccionais, deverá, ainda, quando da inscrição da chapa na qual concorrer, declarar, sob a sua responsabilidade e sob as penas legais, que se encontra adimplente com todas elas. (Acrescentado pela Res. CFOAB 2/2011.)

§ 3º O período de 05 (cinco) anos estabelecido no *caput* deste artigo é o que antecede imediatamente a data da posse, computado continuamente. (Acrescentado pela Res. CFOAB 2/2011.)

Art. 131-B. Desde o pedido de registro da chapa, poderá ser efetuada doação para a campanha por advogados, inclusive candidatos, sendo vedada a doação por pessoas físicas que não sejam advogados e por qualquer empresa ou pessoa jurídica, sob pena de indeferimento de registro ou cassação do mandato. (Acrescentado pela Res. CFOAB 1/2014.)

§ 1º Será obrigatória a prestação de contas de campanha por parte das chapas concorrentes, devendo ser fixado pelo Conselho Federal o limite máximo de gastos. (Alterado pela Res. 2/2018, do CFOAB)

§ 2º Também será fixado pelo Conselho Federal o limite máximo de doações para as campanhas eleitorais por parte de quem não é candidato. (Alterado pela Res. 2/2018, do CFOAB)

Art. 132. A votação será realizada, preferencialmente, através de urnas eletrônicas, devendo ser feita no número atribuído a cada chapa, por ordem de inscrição.

§ 1º Caso não seja adotada a votação eletrônica, a cédula eleitoral será única, contendo as chapas concorrentes na ordem em que foram registradas, com uma só quadrícula ao lado de cada denominação, e agrupadas em colunas, observada a seguinte ordem.

I - denominação da chapa e nome ou nome social do candidato a Presidente, em destaque; (Alterado pela Res. 5/2016, CFOAB.)

II - Diretoria do Conselho Seccional;

III - Conselheiros Seccionais;

IV - Conselheiros Federais;

V - Diretoria da Caixa de Assistência dos Advogados;

VI - Suplentes.

§ 2º Nas Subseções, não sendo adotado o voto eletrônico, além da cédula referida neste Capítulo, haverá outra cédula para as chapas concorrentes à Diretoria da Subseção e do respectivo Conselho, se houver, observando-se idêntica forma.

§ 3º O Conselho Seccional, ao criar o Conselho da Subseção, fixará, na resolução, a data da eleição suplementar, regulamentando-a segundo as regras deste Capítulo.

§ 4º Os eleitos ao primeiro Conselho da Subseção complementam o prazo do mandato da Diretoria.

Art. 133. Perderá o registro a chapa que praticar ato de abuso de poder econômico, político e dos meios de comunicação, ou for diretamente beneficiada, ato esse que se configura por:

I - propaganda transmitida por meio de emissora de televisão ou rádio, permitindo-se entrevistas e debates com os candidatos;

II - propaganda por meio de *outdoors* ou com emprego de carros de som ou assemelhados;

III - propaganda na imprensa, a qualquer título, ainda que gratuita, que exceda, por edição, a um oitavo de página de jornal padrão e a um quarto de página de revista ou tabloide;

IV - uso de bens imóveis e móveis pertencentes à OAB, à Administração direta ou indireta da União, dos Estados, do Distrito Federal e dos Municípios, ou de serviços por estes custeados, em benefício de chapa ou de candidato, ressalvados os espaços da Ordem que devam ser utilizados, indistintamente, pelas chapas concorrentes;

V - pagamento, por candidato ou chapa, de anuidades de advogados ou fornecimento de quaisquer outros tipos de recursos financeiros ou materiais que possam desvirtuar a liberdade do voto;

VI - utilização de servidores da OAB em atividades de campanha eleitoral.

§ 1º A propaganda eleitoral, que só poderá ter início após o pedido de registro da chapa, tem como finalidade apresentar e debater propostas e ideias relacionadas às finalidades da OAB e aos interesses da Advocacia, sendo vedada a prática de atos que visem a exclusiva promoção pessoal de candidatos e, ainda, a abordagem de temas de modo a comprometer a dignidade da profissão e da Ordem dos Advogados do Brasil ou ofender a honra e imagem de candidatos. (Alterado pela Res. CFOAB 1/2014.)

§ 2º A propaganda antecipada ou proibida importará em notificação de advertência a ser expedida pela Comissão Eleitoral competente para que, em 24 (vinte e quatro horas), seja suspensa, sob pena de aplicação de multa correspondente ao valor de 01(uma) até 10 (dez) anuidades. (Alterado pela Res. CFOAB 1/2014.)

§ 3º Havendo recalcitrância ou reincidência, a Comissão Eleitoral procederá à abertura de procedimento de indeferimento ou cassação de registro da chapa ou do mandato, se já tiver sido eleita. (Alterado pela Res. CFOAB 1/2014.)

§ 4º Se a Comissão Eleitoral entender que qualquer ato configure infração disciplinar, deverá notificar os órgãos correcionais competentes da OAB. (Alterado pela Res. CFOAB 1/2014.)

§ 5º É vedada: (Alterado pela Res. CFOAB 1/2014.)

I - no período de 15 (quinze) dias antes da data das eleições, a divulgação de pesquisa eleitoral; (Alterado pela Res. CFOAB 1/2014.)

II - no período de 30 (trinta) dias antes da data das eleições, a regularização da situação financeira de advogado perante a OAB para torná-lo apto a votar; (Alterado pela Res. CFOAB 1/2014.)

III - no período de 60 (sessenta) dias antes das eleições, a promoção pessoal de candidatos na inauguração de obras e serviços da OAB; (Alterado pela Res. CFOAB 1/2014.)

IV - no período de 90 (noventa) dias antes da data das eleições, a concessão ou distribuição, às Seccionais e Subseções, por dirigente, candidato ou chapa, de recursos financeiros, salvo os destinados ao pagamento de despesas de pessoal e de custeio ou decorrentes de obrigações e de projetos preexistentes, bem como de máquinas, equipamentos, móveis e utensílios, ressalvados os casos de reposição, e a convolação de débitos em auxílios financeiros, salvo quanto a obrigações e a projetos preexistentes. (Alterado pela Res. CFOAB 1/2014.)

§ 6º Qualquer chapa pode representar, à Comissão Eleitoral, relatando fatos e indicando provas, indícios e circunstâncias, para que se promova a apuração de abuso. (Alterado pela Res. CFOAB 1/2014.)

§ 7º Cabe ao Presidente da Comissão Eleitoral, de ofício ou mediante representação, até a proclamação do resultado do pleito, instaurar processo e determinar a notificação da chapa representada, por intermédio de qualquer dos candidatos à Diretoria do Conselho ou, se for o caso, da Subseção, para que apresente defesa no prazo de 5 (cinco) dias, acompanhada de documentos e rol de testemunhas. (Alterado pela Res. CFOAB 1/2014.)

§ 8º Pode o Presidente da Comissão Eleitoral determinar à representada que suspenda o ato impugnado, se entender relevante o fundamento e necessária a medida para preservar a normalidade e legitimidade do pleito, cabendo recurso, à Comissão Eleitoral, no prazo de 3 (três) dias. (Alterado pela Res. CFOAB 1/2014.)

§ 9º Apresentada ou não a defesa, a Comissão Eleitoral procede, se for o caso, a instrução do processo, pela requisição de documentos e a oitiva de testemunhas, no prazo de 3 (três) dias. (Alterado pela Res. CFOAB 1/2014.)

§ 10. Encerrada a dilação probatória, as partes terão prazo comum de 2 (dois) dias para apresentação das alegações finais. (Alterado pela Res. CFOAB 1/2014.)

§ 11. Findo o prazo de alegações finais, a Comissão Eleitoral decidirá, em no máximo 2 (dois) dias, notificando as partes da decisão, podendo, para isso, valer-se do uso de fax. (Alterado pela Res. CFOAB 1/2014.)

§ 12. A decisão que julgar procedente a representação implica no cancelamento de registro da chapa representada e, se for o caso, na anulação dos votos, com a perda do mandato de seus componentes. (Alterado pela Res. CFOAB 1/2014.)

§ 13. Se a nulidade atingir mais da metade dos votos a eleição estará prejudicada, convocando-se outra no prazo de 30 (trinta) dias. (Alterado pela Res. CFOAB 1/2014.)

§ 14. Os candidatos da chapa que tiverem dado causa à anulação da eleição não podem concorrer no pleito que se realizar em complemento.

§ 15. Ressalvado o disposto no § 7º deste artigo, os prazos correm em Secretaria, publicando-se, no quadro de avisos do Conselho Seccional ou da Subseção, se for o caso, os editais relativos aos atos do processo eleitoral. (Alterado pela Res. CFOAB 1/2014.)

Art. 134. O voto é obrigatório para todos os advogados inscritos da OAB, sob pena de multa equivalente a 20% (vinte por cento) do valor da anuidade, salvo ausência justificada por escrito, a ser apreciada pela Diretoria do Conselho Seccional.

§ 1º O eleitor faz prova de sua legitimação apresentando sua carteira ou cartão de identidade profissional e o comprovante de quitação com a OAB, suprível por listagem atualizada da Tesouraria do Conselho ou da Subseção.

§ 2º O eleitor, na cabine indevassável, deverá assinalar o quadrículo correspondente à chapa de sua escolha, na cédula fornecida e rubricada pelo presidente da mesa eleitoral.

- Sessões plenárias dos dias 16 de outubro, 06 e 07 de novembro de 2000 (DJ, 12.12.2000, p. 575, S.1).

§ 3º Não pode o eleitor suprir ou acrescentar nomes ou rasurar a cédula, sob pena de nulidade do voto.

§ 4º O advogado com inscrição suplementar pode exercer opção de voto, comunicando ao Conselho onde tenha inscrição principal.

§ 5º O eleitor somente pode votar no local que lhe for designado, sendo vedada a votação em trânsito.

§ 6º Na hipótese de voto eletrônico, adotar-se-ão, no que couber, as regras estabelecidas na legislação eleitoral.

- Sessões plenárias dos dias 17 de junho, 17 de agosto e 17 de novembro de 1997 (DJ, 24.11.97, p. 61.379, S.1) e Res. 16/2003 (DJ, 14.07.03, p. 86, S.1).

§ 7º A transferência do domicílio eleitoral para exercício do voto somente poderá ser requerida até as 18 (dezoito) horas do dia anterior à publicação do edital de abertura do período eleitoral da respectiva Seccional, observado o art. 10 do Estatuto e ressalvados os casos do § 4º do art. 134 do Regulamento Geral e dos novos inscritos. (Acrescentado pela Res. 04/2012.)

Art. 135. Encerrada a votação, as mesas receptoras apuram os votos das respectivas urnas, nos mesmos locais ou em outros designados pela Comissão Eleitoral, preenchendo e assinando os documentos dos resultados e entregando todo o material à Comissão Eleitoral ou à Subcomissão.

§ 1º As chapas concorrentes podem credenciar até dois fiscais para atuar alternadamente junto a cada mesa eleitoral e assinar os documentos dos resultados.

§ 2º As impugnações promovidas pelos fiscais são registradas nos documentos dos resultados, pela mesa, para decisão da Comissão Eleitoral ou de sua Subcomissão, mas não prejudicam a contagem de cada urna.

§ 3º As impugnações devem ser formuladas às mesas eleitorais, sob pena de preclusão.

Art. 136. Concluída a totalização da apuração pela Comissão Eleitoral, esta proclamará o resultado, lavrando ata encaminhada ao Conselho Seccional.

§ 1º São considerados eleitos os integrantes da chapa que obtiver a maioria dos votos válidos, proclamada vencedora pela Comissão Eleitoral, sendo empossados no primeiro dia do início de seus mandatos.

§ 2º A totalização dos votos relativos às eleições para diretoria da Subseção e do conselho, quando houver, é promovida pela Subcomissão Eleitoral, que proclama o resultado, lavrando ata encaminhada à Subseção e ao Conselho Seccional.

Art. 137. A eleição para a Diretoria do Conselho Federal observa o disposto no art. 67 do Estatuto.

§ 1º O requerimento de registro das candidaturas, a ser apreciado pela Diretoria do Conselho Federal, deve ser protocolado ou postado com endereçamento ao Presidente da entidade:

I - de 31 de julho a 31 de dezembro do ano anterior à eleição, para registro de candidatura à Presidência, acompanhado das declarações de apoio de, no mínimo, seis Conselhos Seccionais;

II - até 31 de dezembro do ano anterior à eleição, para registro de chapa completa, com assinaturas, nomes, nomes sociais, números de inscrição na OAB e comprovantes de eleição para o Conselho Federal, dos candidatos aos demais cargos da Diretoria. (Alterado pela Res. 5/2016, CFOAB.)

§ 2º Os recursos interpostos nos processos de registro de chapas serão decididos pelo Conselho Pleno do Conselho Federal.

§ 3º A Diretoria do Conselho Federal concederá o prazo de cinco dias úteis para a correção de eventuais irregularidades sanáveis.

§ 4º O Conselho Federal confecciona as cédulas únicas, com indicação dos nomes das chapas, dos respectivos integrantes e dos cargos a que concorrem, na ordem em que forem registradas.

§ 5º O eleitor indica seu voto assinalando a quadrícula ao lado da chapa escolhida.

§ 6º Não pode o eleitor suprimir ou acrescentar nomes ou rasurar a cédula, sob pena de nulidade do voto.

Art. 137-A. A eleição dos membros da Diretoria do Conselho Federal será realizada às 19 horas do dia 31 de janeiro do ano seguinte ao da eleição nas Seccionais.

§ 1º Comporão o colégio eleitoral os Conselheiros Federais eleitos no ano anterior, nas respectivas Seccionais.

§ 2º O colégio eleitoral será presidido pelo mais antigo dos Conselheiros Federais eleitos, e, em caso de empate, o de inscrição mais antiga, o qual designará um dos membros como Secretário.

§ 3º O colégio eleitoral reunir-se-á no Plenário do Conselho Federal, devendo os seus membros ocupar as bancadas das respectivas Unidades federadas.

§ 4º Instalada a sessão, com a presença da maioria absoluta dos Conselheiros Federais eleitos, será feita a distribuição da cédula de votação a todos os eleitores, incluído o Presidente.

§ 5º As cédulas serão rubricadas pelo Presidente e pelo Secretário-Geral e distribuídas entre todos os membros presentes.

§ 6º O colégio eleitoral contará com serviços de apoio de servidores do Conselho Federal, especificamente designados pela Diretoria.

§ 7º As cédulas deverão ser recolhidas mediante o chamamento dos representantes de cada uma das Unidades federadas, observada a ordem alfabética, devendo ser depositadas em urna colocada na parte central e à frente da mesa, após o que o eleitor deverá assinar lista de frequência, sob guarda do Secretário-Geral.

§ 8º Imediatamente após a votação, será feita a apuração dos votos por comissão de três membros, designada pelo Presidente, dela não podendo fazer parte eleitor da mesma Unidade federada dos integrantes das chapas.

§ 9º Será proclamada eleita a chapa que obtiver a maioria simples do colegiado, presente metade mais um dos eleitores.

§ 10. No caso de nenhuma das chapas atingir a maioria indicada no § 9º, haverá outra votação, na qual concorrerão as duas chapas mais votadas, repetindo-se a votação até que a maioria seja atingida.

§ 11. Proclamada a chapa eleita, será suspensa a reunião para a elaboração da ata, que deverá ser lida, discutida e votada, considerada aprovada se obtiver a maioria de votos dos presentes. As impugnações serão apreciadas imediatamente pelo colégio eleitoral.

Art. 137-B. Os membros do colegiado tomarão posse para o exercício do mandato trienal de Conselheiro Federal, em reunião realizada no Plenário, presidida pelo Presidente do Conselho Federal, após prestarem o respectivo compromisso.

Art. 137-C. Na ausência de normas expressas no Estatuto e neste Regulamento, ou em Provimento, aplica-se, supletivamente, no que couber, a legislação eleitoral.

CAPÍTULO VIII
DAS NOTIFICAÇÕES E DOS RECURSOS

Art. 137-D. A notificação inicial para a apresentação de defesa prévia ou manifestação em processo administrativo perante a OAB deverá ser feita através de correspondência, com aviso de recebimento, enviada para o endereço profissional ou residencial constante do cadastro do Conselho Seccional.

§ 1º Incumbe ao advogado manter sempre atualizado o seu endereço residencial e profissional no cadastro do Conselho Seccional, presumindo-se recebida a correspondência enviada para o endereço nele constante.

§ 2º Frustrada a entrega da notificação de que trata o *caput* deste artigo, será a mesma realizada através de edital, a ser publicado no Diário Eletrônico da OAB. (Redação dada pela Res. 5/2018)

§ 3º Quando se tratar de processo disciplinar, a notificação inicial feita através de edital deverá respeitar o sigilo de que trata o artigo 72, § 2º, da Lei 8.906/94, dele não podendo constar qualquer referência de que se trate de matéria disciplinar, constando apenas o nome completo do advogado, nome social, o seu número de inscrição e a observação de que ele deverá comparecer à sede do Conselho Seccional ou da Subseção para tratar de assunto de seu interesse. (Alterado pela Res. 5/2016, CFOAB.)

§ 4º As demais notificações no curso do processo disciplinar serão feitas através de correspondência, na forma prevista no *caput* deste artigo, ou através de publicação no Diário Eletrônico da OAB, devendo, as publicações, observar que o nome e o nome social do representado deverão ser substituídos pelas suas respectivas iniciais, indicando-se o nome completo do seu procurador ou os seus, na condição de advogado, quando postular em causa própria. (Redação dada pela Res. 5/2018)

§ 5º A notificação de que trata o inciso XXIII, do artigo 34, da Lei 8.906/1994 será feita na forma prevista no *caput* deste artigo ou através de edital coletivo publicado no Diário Eletrônico da OAB. (Redação dada pela Res. 5/2018)

Art. 138. À exceção dos embargos de declaração, os recursos são dirigidos ao órgão julgador superior competente, embora interpostos perante a autoridade ou órgão que proferiu a decisão recorrida.

§ 1º O juízo de admissibilidade é do relator do órgão julgador a que se dirige o recurso, não podendo a autoridade ou órgão recorrido rejeitar o encaminhamento.

§ 2º O recurso tem efeito suspensivo, exceto nas hipóteses previstas no Estatuto.

§ 3º Os embargos de declaração são dirigidos ao relator da decisão recorrida, que lhes pode negar seguimento, fundamentadamente, se os tiver por manifestamente protelatórios, intempestivos ou carentes dos pressupostos legais para interposição.

§ 4º Admitindo os embargos de declaração, o relator os colocará em mesa para julgamento, independentemente de inclusão em pauta ou publicação, na primeira sessão seguinte, salvo justificado impedimento.

§ 5º Não cabe recurso contra as decisões referidas nos §§ 3º e 4º

§ 6º Excetuando-se os processos ético-disciplinares, nos casos de nulidade ou extinção processual para retorno dos autos à origem, com regular prosseguimento do feito, o órgão recursal deve logo julgar o mérito da causa, desde que presentes as condições de imediato julgamento. (Inserido pela Res. 03/2019)

Art. 139. Todos os prazos processuais necessários à manifestação de advogados, estagiários e terceiros, nos processos em geral da OAB, são de quinze dias, computados somente os dias úteis e contados do primeiro dia útil seguinte, seja da publicação da decisão no Diário Eletrônico da OAB, seja da data do recebimento da notificação, anotada pela Secretaria do órgão da OAB ou pelo agente dos Correios. (Redação dada pela Res. 5/2018)

§ 1º O recurso poderá ser interposto via *fac-símile* ou similar, devendo o original ser entregue até 10 (dez) dias da data da interposição.

§ 2º Os recursos poderão ser protocolados nos Conselhos Seccionais ou nas Subseções nos quais se originaram os processos correspondentes, devendo o interessado indicar a quem recorre e remeter cópia integral da peça, no prazo de 10 (dez) dias, ao órgão julgador superior competente, via sistema postal rápido, fac-símile ou correio eletrônico.

- § 2º alterado pela Res. OAB 02/2012.

§ 3º Entre os dias 20 e 31 de dezembro e durante o período de recesso (janeiro) do Conselho da OAB que proferiu a decisão recorrida, os prazos são suspensos, reiniciando-se no primeiro dia útil após o seu término. (Alterado pela Res. 10/2016, CFOAB.)

§ 4º A contagem dos prazos processuais em dias úteis prevista neste artigo passará a vigorar a partir de 1º de janeiro de 2017, devendo ser adotada nos processos administrativos em curso. (Acrescentado pela Res. 9/2016, CFOAB).

Art. 140. O relator, ao constatar intempestividade ou ausência dos pressupostos legais para interposição do recurso, profere despacho indicando ao Presidente do órgão julgador o indeferimento liminar, devolvendo-se o processo ao órgão recorrido para executar a decisão.

Parágrafo único. Contra a decisão do Presidente, referida neste artigo, cabe recurso voluntário ao órgão julgador.

Art. 141. Se o relator da decisão recorrida também integrar o órgão julgador superior, fica neste impedido de relatar o recurso.

Art. 142. Quando a decisão, inclusive dos Conselhos Seccionais, conflitar com orientação de órgão colegiado superior, fica sujeita ao duplo grau de jurisdição.

Art. 143. Contra decisão do Presidente ou da Diretoria da Subseção cabe recurso ao Conselho Seccional, mesmo quando houver conselho na Subseção.

Art. 144. Contra a decisão do Tribunal de Ética e Disciplina cabe recurso ao plenário ou órgão especial equivalente do Conselho Seccional.

Parágrafo único. O Regimento Interno do Conselho Seccional disciplina o cabimento dos recursos no âmbito de cada órgão julgador.

Art. 144-A. Para a formação do recurso interposto contra decisão de suspensão preventiva de advogado (art. 77, Lei n. 8.906/1994), dever-se-á juntar cópia integral dos autos da representação disciplinar, permanecendo o processo na origem para cumprimento da pena preventiva e tramitação final, nos termos do artigo 70, § 3º, do Estatuto.

- Sessões plenárias dos dias 16 de outubro, 06 e 07 de novembro de 2000 (DJ, 12.12.2000, p. 575, S.1).

Art. 144-B. Não se pode decidir, em grau algum de julgamento, com base em fundamento a respeito do qual não se tenha dado às partes oportunidade de se manifestar anteriormente, ainda que se trate de matéria sobre a qual se deva decidir de ofício, salvo quanto às medidas de urgência previstas no Estatuto. (Inserido pela Res. 02/2019)

CAPÍTULO IX
DAS CONFERÊNCIAS E DOS COLÉGIOS DE PRESIDENTES

Art. 145. A Conferência Nacional da Advocacia Brasileira é órgão consultivo máximo do Conselho Federal, reunindo-se trienalmente, no segundo ano do mandato, tendo por objetivo o estudo e o debate das questões e problemas que digam respeito às finalidades da OAB e ao congraçamento da advocacia. (Alterado pela Res. CFOAB 8/2016).

§ 1º As Conferências da Advocacia dos Estados e do Distrito Federal são órgãos consultivos dos Conselhos Seccionais, reunindo-se trienalmente, no segundo ano do mandato. (Alterado pela Res. CFOAB 8/2016).

§ 2º No primeiro ano do mandato do Conselho Federal ou do Conselho Seccional, decidem-se a data, o local e o tema central da Conferência.

§ 3º As conclusões das Conferências têm caráter de recomendação aos Conselhos correspondentes.

Art. 146. São membros das Conferências:

I - efetivos: os Conselheiros e Presidentes dos órgãos da OAB presentes, os advogados e estagiários inscritos na Conferência, todos com direito a voto;

II - convidados: as pessoas a quem a Comissão Organizadora conceder tal qualidade, sem direito a voto, salvo se for advogado.

§ 1º Os convidados, expositores e membros dos órgãos da OAB têm identificação especial durante a Conferência.

§ 2º Os estudantes de direito, mesmo inscritos como estagiários na OAB, são membros ouvintes, escolhendo um porta-voz entre os presentes em cada sessão da Conferência.

Art. 147. A Conferência é dirigida por uma Comissão Organizadora, designada pelo Presidente do Conselho, por ele presidida e integrada pelos membros da Diretoria e outros convidados.

§ 1º O Presidente pode desdobrar a Comissão Organizadora em comissões específicas, definindo suas composições e atribuições.

§ 2º Cabe à Comissão Organizadora definir a distribuição do temário, os nomes dos expositores, a programação dos trabalhos, os serviços de apoio e infraestrutura e o regimento interno da Conferência.

Art. 148. Durante o funcionamento da Conferência, a Comissão Organizadora é representada pelo Presidente, com poderes para cumprir a programação estabelecida e decidir as questões ocorrentes e os casos omissos.

Art. 149. Os trabalhos da Conferência desenvolvem-se em sessões plenárias, painéis ou outros modos de exposição ou atuação dos participantes.

§ 1º As sessões são dirigidas por um Presidente e um Relator, escolhidos pela Comissão Organizadora.

§ 2º Quando as sessões se desenvolvem em forma de painéis, os expositores ocupam a metade do tempo total e a outra metade é destinada aos debates e votação de propostas ou conclusões pelos participantes.

§ 3º É facultado aos expositores submeter as suas conclusões à aprovação dos participantes.

Art. 150. O Colégio de Presidentes dos Conselhos Seccionais é regulamentado em Provimento.

Parágrafo único. O Colégio de Presidentes das subseções é regulamentado no Regimento Interno do Conselho Seccional.

TÍTULO III
DAS DISPOSIÇÕES GERAIS E TRANSITÓRIAS

Art. 151. Os órgãos da OAB não podem se manifestar sobre questões de natureza pessoal, exceto em caso de homenagem a quem tenha prestado relevantes serviços à sociedade e à advocacia.

Parágrafo único. As salas e dependências dos órgãos da OAB não podem receber nomes de pessoas vivas ou inscrições estranhas às suas finalidades, respeitadas as situações já existentes na data da publicação deste Regulamento Geral.

Art. 152. A "Medalha Rui Barbosa" é a comenda máxima conferida pelo Conselho Federal às grandes personalidades da advocacia brasileira.

Parágrafo único. A Medalha só pode ser concedida uma vez, no prazo do mandato do Conselho, e será entregue ao homenageado em sessão solene.

Art. 153. Os estatutos das Caixas criadas anteriormente ao advento do Estatuto serão a ele adaptados e submetidos ao Conselho Seccional, no prazo de cento e vinte dias, contado da publicação deste Regulamento Geral.

Art. 154. Os Provimentos editados pelo Conselho Federal complementam este Regulamento Geral, no que não sejam com ele incompatíveis.

Parágrafo único. Todas as matérias relacionadas à Ética do advogado, às infrações e sanções disciplinares e ao processo disciplinar são regulamentadas pelo Código de Ética e Disciplina.

Art. 155. Os Conselhos Seccionais, até o dia 31 de dezembro de 2007, adotarão os documentos de identidade profissional na forma prevista nos artigos 32 a 36 deste Regulamento.

§ 1º Os advogados inscritos até a data da implementação a que se refere o *caput* deste artigo deverão substituir os cartões de identidade até 31 de janeiro de 2009.

§ 2º Facultar-se-á ao advogado inscrito até 31 de dezembro de 1997 o direito de usar e permanecer exclusivamente com a carteira de identidade, desde que, até 31 de dezembro de 1999, assim solicite formalmente.

- Sessões plenárias dos dias 17 de junho, 17 de agosto e 17 de novembro de 1997 (DJ, 24.11.1997, p. 61.379, S.1).

§ 3º O pedido de uso e permanência da carteira de identidade, que impede a concessão de uma nova, deve ser anotado no documento profissional, como condição de sua validade.

- Sessões plenárias dos dias 17 de junho, 17 de agosto e 17 de novembro de 1997 (DJ, 24.11.1997, p. 61.379, S.1).

§ 4º Salvo nos casos previstos neste artigo, findos os prazos nele fixados, os atuais documentos perderão a validade, mesmo que permaneçam em poder de seus portadores.

Art. 156. Os processos em pauta para julgamento das Câmaras Reunidas serão apreciados pelo Órgão Especial, a ser instalado na primeira sessão após a publicação deste Regulamento Geral, mantidos os relatores anteriormente designados, que participarão da respectiva votação.

Art. 156-A. Excetuados os prazos regulados pelo Provimento n. 102/2004, previstos em editais próprios, ficam suspensos até 1º de agosto de 2010 os prazos processuais iniciados antes ou durante o mês de julho de 2010.

Art. 156-B. As alterações das regras estabelecidas no art. 131, caput e parágrafos 1º, 2º e 3º, deste Regulamento Geral, promovidas em 2020, passarão a vigorar a partir das eleições de 2021, inclusive, e, no caso do percentual mínimo de 30% (trinta por cento) estipulado de cotas raciais para advogados negros e advogadas negras, valerão pelo prazo de 10 (dez) mandatos. (Redação dada pela Res. do CFOAB 5/2020)

Art. 156-C. As eleições nos Conselhos Seccionais e nas Subseções em 2021 e no Conselho Federal em 2022 serão regidas pelas regras do Provimento n. 146/2011 e deste Regulamento Geral, vigentes em 2021. (Redação dada pela Res. do CFOAB 5/2020)

Art. 156-D. O uso de meio eletrônico na tramitação de processos administrativos, comunicação de atos e transmissão de peças processuais será admitido mediante instituição de Sistema de Processo Eletrônico, nos termos de ato normativo a ser editado pelo Conselho Pleno do Conselho Federal da OAB. (Acrescido pela Res. 05/2019)

Art. 157. Revogam-se as disposições em contrário, especialmente os Provimentos de n. 1, 2, 3, 5, 6, 7, 9, 10, 11, 12, 13, 14, 15, 16, 17, 18, 19, 20, 21, 22, 24, 25, 27, 28, 29, 30, 31, 32, 33, 34, 35, 36, 38, 39, 40, 41, 46, 50, 51, 52, 54, 57, 59, 60, 63, 64, 65, 67 e 71, e o Regimento Interno do Conselho Federal, mantidos os efeitos das Resoluções n. 01/1994 e 02/1994.

Art. 158. Este Regulamento Geral entra em vigor na data de sua publicação.

Sala das Sessões, em Brasília, 16 de outubro e 06 de novembro de 1994.

José Roberto Batochio
Presidente

Paulo Luiz Netto Lôbo
Relator

RESOLUÇÃO Nº 02/2015, DO CONSELHO FEDERAL DA OAB

Aprova o Código de Ética e Disciplina da Ordem dos Advogados do Brasil – OAB.

- DOU, S. 1, de 04.11.2015, p. 77-80.
- Vigência: 02.05.2016, 180 dias após a sua publicação.

O CONSELHO FEDERAL DA ORDEM DOS ADVOGADOS DO BRASIL, no uso das atribuições que lhe são conferidas pelos arts. 33 e 54, V, da Lei n. 8.906, de 04 de julho de 1994 – Estatuto da Advocacia e da OAB, e considerando o decidido nos autos da Proposição n. 49.0000.2015.000250-3/COP;

Considerando que a realização das finalidades institucionais da Ordem dos Advogados do Brasil inclui o permanente zelo com a conduta dos profissionais inscritos em seus quadros;

Considerando que o advogado é indispensável à administração da Justiça, devendo guardar atuação compatível com a elevada função social que exerce, velando pela observância dos preceitos éticos e morais no exercício de sua profissão;

Considerando que as mudanças na dinâmica social exigem a inovação na regulamentação das relações entre os indivíduos, especialmente na atuação do advogado em defesa dos direitos do cidadão;

Considerando a necessidade de modernização e atualização das práticas advocatícias, em consonância com a dinamicidade das transformações sociais e das novas exigências para a defesa efetiva dos direitos de seus constituintes e da ordem jurídica do Estado Democrático de Direito;

Considerando que, uma vez aprovado o texto do novo Código de Ética e Disciplina, cumpre publicá-lo para que entre em vigor 180 (cento e oitenta) dias após a data de sua publicação, segundo o disposto no seu art. 79;

Considerando que, com a publicação, tem-se como editado o Código de Ética e Disciplina da Ordem dos Advogados do Brasil – OAB:

Resolve:

Art. 1º Fica aprovado o Código de Ética e Disciplina da Ordem dos Advogados do Brasil – OAB, na forma do Anexo Único da presente Resolução.

Art. 2º Esta Resolução entra em vigor na data da sua publicação, revogadas as disposições em contrário.

Brasília, 19 de outubro de 2015.
Marcus Vinicius Furtado Coêlho
Presidente Nacional da OAB

ANEXO ÚNICO DA RESOLUÇÃO CFOAB N. 02/2015

CÓDIGO DE ÉTICA E DISCIPLINA DA ORDEM DOS ADVOGADOS DO BRASIL – OAB

O CONSELHO FEDERAL DA ORDEM DOS ADVOGADOS DO BRASIL, ao instituir o Código de Ética e Disciplina, norteou-se por princípios que formam a consciência profissional do advogado e representam imperativos de sua conduta, os quais se traduzem nos seguintes mandamentos: lutar sem receio pelo primado da Justiça; pugnar pelo cumprimento da Constituição e pelo respeito à Lei, fazendo com que o ordenamento jurídico seja interpretado com retidão, em perfeita sintonia com os fins sociais a que se dirige e as exigências do bem comum; ser fiel à verdade para poder servir à Justiça como um de seus elementos essenciais; proceder com lealdade e boa-fé em suas relações profissionais e em todos os atos do seu ofício; empenhar-se na defesa das causas confiadas ao seu patrocínio, dando ao constituinte o amparo do Direito, e proporcionando-lhe a realização prática de seus legítimos interesses; comportar-se, nesse mister, com independência e altivez, defendendo com o mesmo denodo humildes e poderosos; exercer a advocacia com o indispensável senso profissional, mas também com desprendimento, jamais permitindo que o anseio de ganho material sobreleve a finalidade social do seu trabalho; aprimorar-se no culto dos princípios éticos e no domínio da ciência jurídica, de modo a tornar-se merecedor da confiança do cliente e da sociedade como um todo, pelos atributos intelectuais e pela probidade pessoal; agir, em suma, com a dignidade e a correção dos profissionais que honram e engrandecem a sua classe. Inspirado nesses postulados, o Conselho Federal da Ordem dos Advogados do Brasil, no uso das atribuições que lhe são conferidas pelos arts. 33 e 54, V, da Lei n. 8.906, de 04 de julho de 1994, aprova e edita este Código, exortando os advogados brasileiros à sua fiel observância.

TÍTULO I
DA ÉTICA DO ADVOGADO

CAPÍTULO I
DOS PRINCÍPIOS FUNDAMENTAIS

Art. 1º O exercício da advocacia exige conduta compatível com os preceitos deste Código, do Estatuto, do Regulamento Geral, dos Provimentos e com os princípios da moral individual, social e profissional.

Art. 2º O advogado, indispensável à administração da Justiça, é defensor do Estado Democrático de Direito, dos direitos humanos e garantias fundamentais, da cidadania, da moralidade, da Justiça e da paz social, cumprindo-lhe exercer o seu ministério em consonância com a sua elevada função pública e com os valores que lhe são inerentes.

Parágrafo único. São deveres do advogado:

I - preservar, em sua conduta, a honra, a nobreza e a dignidade da profissão, zelando pelo caráter de essencialidade e indispensabilidade da advocacia;

II - atuar com destemor, independência, honestidade, decoro, veracidade, lealdade, dignidade e boa-fé;

III - velar por sua reputação pessoal e profissional;

IV - empenhar-se, permanentemente, no aperfeiçoamento pessoal e profissional;

V - contribuir para o aprimoramento das instituições, do Direito e das leis;

VI - estimular, a qualquer tempo, a conciliação e a mediação entre os litigantes, prevenindo, sempre que possível, a instauração de litígios;

VII - desaconselhar lides temerárias, a partir de um juízo preliminar de viabilidade jurídica;

VIII - abster-se de:

a) utilizar de influência indevida, em seu benefício ou do cliente;

b) vincular seu nome ou nome social a empreendimentos sabidamente escusos; (Alterado pela Res. 07/2016, CFOAB.)

c) emprestar concurso aos que atentem contra a ética, a moral, a honestidade e a dignidade da pessoa humana;

d) entender-se diretamente com a parte adversa que tenha patrono constituído, sem o assentimento deste;

e) ingressar ou atuar em pleitos administrativos ou judiciais perante autoridades com as quais tenha vínculos negociais ou familiares;

f) contratar honorários advocatícios em valores aviltantes.

IX - pugnar pela solução dos problemas da cidadania e pela efetivação dos direitos individuais, coletivos e difusos;

X - adotar conduta consentânea com o papel de elemento indispensável à administração da Justiça;

XI - cumprir os encargos assumidos no âmbito da Ordem dos Advogados do Brasil ou na representação da classe;

XII - zelar pelos valores institucionais da OAB e da advocacia;

XIII - ater-se, quando no exercício da função de defensor público, à defesa dos necessitados.

Art. 3º O advogado deve ter consciência de que o Direito é um meio de mitigar as desigualdades para o encontro de soluções justas e que a lei é um instrumento para garantir a igualdade de todos.

Art. 4º O advogado, ainda que vinculado ao cliente ou constituinte, mediante relação empregatícia ou por contrato de prestação permanente de serviços, ou como integrante de departamento jurídico, ou de órgão de assessoria jurídica, público ou privado, deve zelar pela sua liberdade e independência.

Parágrafo único. É legítima a recusa, pelo advogado, do patrocínio de causa e de manifestação, no âmbito consultivo, de pretensão concernente a direito que também lhe seja aplicável ou contrarie orientação que tenha manifestado anteriormente.

Art. 5º O exercício da advocacia é incompatível com qualquer procedimento de mercantilização.

Art. 6º É defeso ao advogado expor os fatos em Juízo ou na via administrativa falseando deliberadamente a verdade e utilizando de má-fé.

Art. 7º É vedado o oferecimento de serviços profissionais que implique, direta ou indiretamente, angariar ou captar clientela.

CAPÍTULO II
DA ADVOCACIA PÚBLICA

Art. 8º As disposições deste Código obrigam igualmente os órgãos de advocacia pública, e advogados públicos, incluindo aqueles que ocupem posição de chefia e direção jurídica.

§ 1º O advogado público exercerá suas funções com independência técnica, contribuindo para a solução ou redução de litigiosidade, sempre que possível.

§ 2º O advogado público, inclusive o que exerce cargo de chefia ou direção jurídica, observará nas relações com os colegas, autoridades, servidores e o público em geral, o dever de urbanidade, tratando a todos com respeito e consideração, ao mesmo tempo em que preservará suas prerrogativas e o direito de receber igual tratamento das pessoas com as quais se relacione.

CAPÍTULO III
DAS RELAÇÕES COM O CLIENTE

Art. 9º O advogado deve informar o cliente, de modo claro e inequívoco, quanto a eventuais riscos da sua pretensão, e das consequências que poderão advir da demanda. Deve, igualmente, denunciar, desde logo, a quem lhe solicite parecer ou patrocínio, qualquer circunstância que possa influir na resolução de submeter-lhe a consulta ou confiar-lhe a causa.

Art. 10. As relações entre advogado e cliente baseiam-se na confiança recíproca. Sentindo o advogado que essa confiança lhe falta, é recomendável que externe ao cliente sua impressão e, não se dissipando as dúvidas existentes, promova, em seguida, o substabelecimento do mandato ou a ele renuncie.

Art. 11. O advogado, no exercício do mandato, atua como patrono da parte, cumprindo-lhe, por isso, imprimir à causa orientação que lhe pareça mais adequada, sem se subordinar a intenções contrárias do cliente, mas, antes, procurando esclarecê-lo quanto à estratégia traçada.

Art. 12. A conclusão ou desistência da causa, tenha havido, ou não, extinção do mandato, obriga o advogado a devolver ao cliente bens, valores e documentos que lhe hajam sido confiados e ainda estejam em seu poder, bem como a prestar-lhe contas, pormenorizadamente, sem prejuízo de esclarecimentos complementares que se mostrem pertinentes e necessários.

Parágrafo único. A parcela dos honorários paga pelos serviços até então prestados não se inclui entre os valores a ser devolvidos.

Art. 13. Concluída a causa ou arquivado o processo, presume-se cumprido e extinto o mandato.

Art. 14. O advogado não deve aceitar procuração de quem já tenha patrono constituído, sem prévio conhecimento deste, salvo por motivo plenamente justificável ou para adoção de medidas judiciais urgentes e inadiáveis.

Art. 15. O advogado não deve deixar ao abandono ou ao desamparo as causas sob seu patrocínio, sendo recomendável que, em face de dificuldades insuperáveis ou inércia do cliente quanto a providências que lhe tenham sido solicitadas, renuncie ao mandato.

Art. 16. A renúncia ao patrocínio deve ser feita sem menção do motivo que a determinou, fazendo cessar a responsabilidade profissional pelo acompanhamento da causa, uma vez decorrido o prazo previsto em lei (EAOAB, art. 5º, § 3º).

§ 1º A renúncia ao mandato não exclui responsabilidade por danos eventualmente causados ao cliente ou a terceiros.

§ 2º O advogado não será responsabilizado por omissão do cliente quanto a documento ou informação que lhe devesse fornecer para a prática oportuna de ato processual do seu interesse.

Art. 17. A revogação do mandato judicial por vontade do cliente não o desobriga do pagamento das verbas honorárias contratadas, assim como não retira o direito do advogado de receber o quanto lhe seja devido em eventual verba honorária de sucumbência, calculada proporcionalmente em face do serviço efetivamente prestado.

Art. 18. O mandato judicial ou extrajudicial não se extingue pelo decurso de tempo, salvo se o contrário for consignado no respectivo instrumento.

Art. 19. Os advogados integrantes da mesma sociedade profissional, ou reunidos em caráter permanente para cooperação recíproca, não podem representar, em juízo ou fora dele, clientes com interesses opostos.

Art. 20. Sobrevindo conflitos de interesse entre seus constituintes e não conseguindo o advogado harmonizá-los, caber-lhe-á optar, com prudência e discrição, por um dos mandatos, renunciando aos demais, resguardado sempre o sigilo profissional.

Art. 21. O advogado, ao postular em nome de terceiros, contra ex-cliente ou ex-empregador, judicial e extrajudicialmente, deve resguardar o sigilo profissional.

Art. 22. Ao advogado cumpre abster-se de patrocinar causa contrária à validade ou legitimidade de ato jurídico em cuja formação haja colaborado ou intervindo de qualquer maneira; da mesma forma, deve declinar seu impedimento ou o da sociedade que integre quando houver conflito de interesses motivado por intervenção anterior no trato de assunto que se prenda ao patrocínio solicitado.

Art. 23. É direito e dever do advogado assumir a defesa criminal, sem considerar sua própria opinião sobre a culpa do acusado.

Parágrafo único. Não há causa criminal indigna de defesa, cumprindo ao advogado agir, como defensor, no sentido de que a todos seja concedido tratamento condizente com a dignidade da pessoa humana, sob a égide das garantias constitucionais.

Art. 24. O advogado não se sujeita à imposição do cliente que pretenda ver com ele atuando outros advogados, nem fica na contingência de aceitar a indicação de outro profissional para com ele trabalhar no processo.

Art. 25. É defeso ao advogado funcionar no mesmo processo, simultaneamente, como patrono e preposto do empregador ou cliente.

Art. 26. O substabelecimento do mandato, com reserva de poderes, é ato pessoal do advogado da causa.

§ 1º O substabelecimento do mandato sem reserva de poderes exige o prévio e inequívoco conhecimento do cliente.

§ 2º O substabelecido com reserva de poderes deve ajustar antecipadamente seus honorários com o substabelecente.

CAPÍTULO IV
DAS RELAÇÕES COM OS COLEGAS, AGENTES POLÍTICOS, AUTORIDADES, SERVIDORES PÚBLICOS E TERCEIROS

Art. 27. O advogado observará, nas suas relações com os colegas de profissão, agentes políticos, autoridades, servidores públicos e terceiros em geral, o dever de urbanidade, tratando a todos com respeito e consideração, ao mesmo tempo em que preservará seus direitos e prerrogativas, devendo exigir igual tratamento de todos com quem se relacione.

§ 1º O dever de urbanidade há de ser observado, da mesma forma, nos atos e manifestações relacionados aos pleitos eleitorais no âmbito da Ordem dos Advogados do Brasil.

§ 2º No caso de ofensa à honra do advogado ou à imagem da instituição, adotar-se-ão as medidas cabíveis, instaurando-se processo ético-disciplinar e dando-se ciência às autoridades competentes para apuração de eventual ilícito penal.

Art. 28. Consideram-se imperativos de uma correta atuação profissional o emprego de linguagem escorreita e polida, bem como a observância da boa técnica jurídica.

Art. 29. O advogado que se valer do concurso de colegas na prestação de serviços advocatícios, seja em caráter individual, seja no âmbito de sociedade de advogados ou de empresa ou entidade em que trabalhe, dispensar-lhes-á tratamento condigno, que não os torne subalternos seus nem lhes avilte os serviços prestados mediante remuneração incompatível com a natureza do trabalho profissional ou inferior ao mínimo fixado pela Tabela de Honorários que for aplicável.

Parágrafo único. Quando o aviltamento de honorários for praticado por empresas ou entidades públicas ou privadas, os advogados responsáveis pelo respectivo departamento ou gerência jurídica serão instados a corrigir o abuso, inclusive intervindo junto aos demais órgãos competentes e com poder de decisão da pessoa jurídica de que se trate, sem prejuízo das providências que a Ordem dos Advogados do Brasil possa adotar com o mesmo objetivo.

CAPÍTULO V
DA ADVOCACIA *PRO BONO*

- Prov. CFOAB 166/2015 (Dispõe sobre a advocacia pro bono).

Art. 30. No exercício da advocacia *pro bono*, e ao atuar como defensor nomeado, conveniado ou dativo, o advogado empregará o zelo e a dedicação habituais, de forma que a parte por ele assistida se sinta amparada e confie no seu patrocínio.

§ 1º Considera-se advocacia *pro bono* a prestação gratuita, eventual e voluntária de serviços jurídicos em favor de instituições sociais sem fins econômicos e aos seus assistidos, sempre que os beneficiários não dispuserem de recursos para a contratação de profissional.

§ 2º A advocacia *pro bono* pode ser exercida em favor de pessoas naturais que, igualmente, não dispuserem de recursos para, sem prejuízo do próprio sustento, contratar advogado.

§ 3º A advocacia *pro bono* não pode ser utilizada para fins político-partidários ou eleitorais, nem beneficiar instituições que visem a tais objetivos, ou como instrumento de publicidade para captação de clientela.

CAPÍTULO VI
DO EXERCÍCIO DE CARGOS E FUNÇÕES NA OAB E NA REPRESENTAÇÃO DA CLASSE

Art. 31. O advogado, no exercício de cargos ou funções em órgãos da Ordem dos Advogados do Brasil ou na representação da classe junto a quaisquer instituições, órgãos ou comissões, públicos ou privados, manterá conduta consentânea com as disposições deste Código e que revele plena lealdade aos interesses, direitos e prerrogativas da classe dos advogados que representa.

Art. 32. Não poderá o advogado, enquanto exercer cargos ou funções em órgãos da OAB ou representar a classe junto a quaisquer instituições, órgãos ou comissões, públicos ou privados, firmar contrato oneroso de prestação de serviços ou fornecimento de produtos com tais entidades nem adquirir bens imóveis ou móveis infungíveis de quaisquer órgãos da OAB, ou a estes aliená-los. (Alterado pela Res. 04/2016, CFOAB.)

Parágrafo único. Não há impedimento ao exercício remunerado de atividade de magistério na Escola Nacional de Advocacia - ENA, nas Escolas de Advocacia - ESAs e nas Bancas do Exame de Ordem, observados os princípios da moralidade e da modicidade dos valores estabelecidos a título de remuneração. (Acrescentado pela Res. 04/2016, CFOAB.)

Art. 33. Salvo em causa própria, não poderá o advogado, enquanto exercer cargos ou funções em órgãos da OAB ou tiver assento, em qualquer condição, nos seus Conselhos, atuar em processos que tramitem perante a entidade nem oferecer pareceres destinados a instruí-los.

Parágrafo único. A vedação estabelecida neste artigo não se aplica aos dirigentes de Seccionais quando atuem, nessa qualidade, como legitimados a recorrer nos processos em trâmite perante os órgãos da OAB.

Art. 34. Ao submeter seu nome à apreciação do Conselho Federal ou dos Conselhos Seccionais com vistas à inclusão em listas destinadas ao provimento de vagas reservadas à classe nos tribunais, no Conselho Nacional de Justiça, no Conselho Nacional do Ministério Público e em outros colegiados, o candidato assumirá o compromisso de respeitar os direitos e prerrogativas do advogado, não praticar nepotismo nem agir em desacordo com a moralidade administrativa e com os princípios deste Código, no exercício de seu mister.

CAPÍTULO VII
DO SIGILO PROFISSIONAL

Art. 35. O advogado tem o dever de guardar sigilo dos fatos de que tome conhecimento no exercício da profissão.

Parágrafo único. O sigilo profissional abrange os fatos de que o advogado tenha tido conhecimento em virtude de funções desempenhadas na Ordem dos Advogados do Brasil.

Art. 36. O sigilo profissional é de ordem pública, independendo de solicitação de reserva que lhe seja feita pelo cliente.

§ 1º Presumem-se confidenciais as comunicações de qualquer natureza entre advogado e cliente.

§ 2º O advogado, quando no exercício das funções de mediador, conciliador e árbitro, se submete às regras de sigilo profissional.

Art. 37. O sigilo profissional cederá em face de circunstâncias excepcionais que configurem justa causa, como nos casos de grave ameaça ao direito à vida e à honra ou que envolvam defesa própria.

Art. 38. O advogado não é obrigado a depor, em processo ou procedimento judicial, administrativo ou arbitral, sobre fatos a cujo respeito deva guardar sigilo profissional.

CAPÍTULO VIII
DA PUBLICIDADE PROFISSIONAL

- Art. 1º, § 3º, Lei 8.906/1994 (EOAB).
- Prov. 94/2000 da OAB (Dispõe sobre a publicidade, a propaganda e a informação da advocacia).

Art. 39. A publicidade profissional do advogado tem caráter meramente informativo e deve primar pela discrição e sobriedade, não podendo configurar captação de clientela ou mercantilização da profissão.

Art. 40. Os meios utilizados para a publicidade profissional hão de ser compatíveis com a diretriz estabelecida no artigo anterior, sendo vedados:

I - a veiculação da publicidade por meio de rádio, cinema e televisão;

II - o uso de outdoors, painéis luminosos ou formas assemelhadas de publicidade;

III - as inscrições em muros, paredes, veículos, elevadores ou em qualquer espaço público;

IV - a divulgação de serviços de advocacia juntamente com a de outras atividades ou a indicação de vínculos entre uns e outras;

V - o fornecimento de dados de contato, como endereço e telefone, em colunas ou artigos literários, culturais, acadêmicos ou jurídicos, publicados na imprensa, bem assim quando de eventual participação em programas de rádio ou televisão, ou em veiculação de matérias pela internet, sendo permitida a referência a e-mail;

VI - a utilização de mala direta, a distribuição de panfletos ou formas assemelhadas de publicidade, com o intuito de captação de clientela.

Parágrafo único. Exclusivamente para fins de identificação dos escritórios de advocacia, é permitida a utilização de placas, painéis luminosos e inscrições em suas fachadas, desde que respeitadas as diretrizes previstas no artigo 39.

Art. 41. As colunas que o advogado mantiver nos meios de comunicação social ou os textos que por meio deles divulgar não deverão induzir o leitor a litigar nem promover, dessa forma, captação de clientela.

Art. 42. É vedado ao advogado:

I - responder com habitualidade a consulta sobre matéria jurídica, nos meios de comunicação social;

II - debater, em qualquer meio de comunicação, causa sob o patrocínio de outro advogado;

III - abordar tema de modo a comprometer a dignidade da profissão e da instituição que o congrega;

IV - divulgar ou deixar que sejam divulgadas listas de clientes e demandas;

V - insinuar-se para reportagens e declarações públicas.

Art. 43. O advogado que eventualmente participar de programa de televisão ou de rádio, de entrevista na imprensa, de reportagem televisionada ou veiculada por qualquer outro meio, para manifestação profissional, deve visar a objetivos exclusivamente ilustrativos, educacionais e instrutivos, sem propósito de promoção pessoal ou profissional, vedados pronunciamentos sobre métodos de trabalho usados por seus colegas de profissão.

Parágrafo único. Quando convidado para manifestação pública, por qualquer modo e forma, visando ao esclarecimento de tema jurídico de interesse geral, deve o advogado evitar insinuações com o sentido de promoção pessoal ou profissional, bem como o debate de caráter sensacionalista.

Art. 44. Na publicidade profissional que promover ou nos cartões e material de escritório de que se utilizar, o advogado fará constar seu nome, nome social ou o da sociedade de advogados, o número ou os números de inscrição na OAB. (Alterado pela Res. 07/2016, CFOAB.)

- Prov. 169/2015, CFOAB (sociedade de advogados).

§ 1º Poderão ser referidos apenas os títulos acadêmicos do advogado e as distinções honoríficas relacionadas à vida profissional, bem como as instituições jurídicas de que faça parte, e as especialidades a que se dedicar, o endereço, e-mail, site, página eletrônica, QR code, logotipo e a fotografia do escritório, o horário de atendimento e os idiomas em que o cliente poderá ser atendido.

§ 2º É vedada a inclusão de fotografias pessoais ou de terceiros nos cartões de visitas do advogado, bem como menção a qualquer emprego, cargo ou função ocupado, atual ou pretérito, em qualquer órgão ou instituição, salvo o de professor universitário.

Art. 45. São admissíveis como formas de publicidade o patrocínio de eventos ou publicações de caráter científico ou cultural, assim como a divulgação de boletins, por meio físico ou eletrônico, sobre matéria cultural de interesse dos advogados, desde que sua circulação fique adstrita a clientes e a interessados do meio jurídico.

Art. 46. A publicidade veiculada pela internet ou por outros meios eletrônicos deverá observar as diretrizes estabelecidas neste capítulo.

Parágrafo único. A telefonia e a internet podem ser utilizadas como veículo de publicidade, inclusive para o envio de mensagens a destinatários certos, desde que estas não impliquem o oferecimento de serviços ou representem forma de captação de clientela.

Art. 47. As normas sobre publicidade profissional constantes deste capítulo poderão ser complementadas por outras que o Conselho Federal aprovar, observadas as diretrizes do presente Código.

Art. 47-A. Será admitida a celebração de termo de ajustamento de conduta no âmbito dos Conselhos Seccionais e do Conselho Federal para fazer cessar a publicidade irregular praticada por advogados e estagiários. (Acrescido pela Resolução 04/2020)

Parágrafo único. O termo previsto neste artigo será regulamentado mediante edição de provimento do Conselho Federal, que estabelecerá seus requisitos e condições.

CAPÍTULO IX
DOS HONORÁRIOS PROFISSIONAIS

- arts. 21 a 26; 34, III, Lei 8.906/1994 (EOAB).
- Súm. 201, STJ.

Art. 48. A prestação de serviços profissionais por advogado, individualmente ou integrado em sociedades, será contratada, preferentemente, por escrito.

§ 1º O contrato de prestação de serviços de advocacia não exige forma especial, devendo estabelecer, porém, com clareza e precisão, o seu objeto, os honorários ajustados, a forma de pagamento, a extensão do patrocínio, esclarecendo se este abrangerá todos os atos do processo ou limitar-se-á a determinado grau de jurisdição, além de dispor sobre a hipótese de a causa encerrar-se mediante transação ou acordo.

§ 2º A compensação de créditos, pelo advogado, de importâncias devidas ao cliente, somente será admissível quando o contrato de prestação de serviços a autorizar ou quando houver autorização especial do cliente para esse fim, por este firmada.

§ 3º O contrato de prestação de serviços poderá dispor sobre a forma de contratação de profissionais para serviços auxiliares, bem como sobre o pagamento de custas e emolumentos, os quais, na ausência de disposição em contrário, presumem-se devam ser atendidos pelo cliente. Caso o contrato preveja que o advogado antecipe tais despesas, ser-lhe-á lícito reter o respectivo valor atualizado, no ato de prestação de contas, mediante comprovação documental.

§ 4º As disposições deste capítulo aplicam-se à mediação, à conciliação, à arbitragem ou a qualquer outro método adequado de solução dos conflitos.

§ 5º É vedada, em qualquer hipótese, a diminuição dos honorários contratados em decorrência da solução do litígio por qualquer mecanismo adequado de solução extrajudicial.

§ 6º Deverá o advogado observar o valor mínimo da Tabela de Honorários instituída pelo respectivo Conselho Seccional onde for realizado o serviço, inclusive aquele referente às diligências, sob pena de caracterizar-se aviltamento de honorários.

§ 7º O advogado promoverá, preferentemente, de forma destacada a execução dos honorários contratuais ou sucumbenciais.

Art. 49. Os honorários profissionais devem ser fixados com moderação, atendidos os elementos seguintes:

I - a relevância, o vulto, a complexidade e a dificuldade das questões versadas;

II - o trabalho e o tempo a ser empregados;

III - a possibilidade de ficar o advogado impedido de intervir em outros casos, ou de se desavir com outros clientes ou terceiros;

IV - o valor da causa, a condição econômica do cliente e o proveito para este resultante do serviço profissional;

V - o caráter da intervenção, conforme se trate de serviço a cliente eventual, frequente ou constante;

VI - o lugar da prestação dos serviços, conforme se trate do domicílio do advogado ou de outro;

VII - a competência do profissional;

VIII - a praxe do foro sobre trabalhos análogos.

Art. 50. Na hipótese da adoção de cláusula quota litis, os honorários devem ser necessariamente representados por pecúnia e, quando acrescidos dos honorários da sucumbência, não podem ser superiores às vantagens advindas a favor do cliente.

§ 1º A participação do advogado em bens particulares do cliente só é admitida em caráter excepcional, quando esse, comprovadamente, não tiver condições pecuniárias de satisfazer o débito de honorários e ajustar com o seu patrono, em instrumento contratual, tal forma de pagamento.

§ 2º Quando o objeto do serviço jurídico versar sobre prestações vencidas e vincendas, os honorários advocatícios poderão incidir sobre o valor de umas e outras, atendidos os requisitos da moderação e da razoabilidade.

Art. 51. Os honorários da sucumbência e os honorários contratuais, pertencendo ao advogado que houver atuado na causa, poderão ser por ele executados, assistindo-lhe direito autônomo para promover a execução do capítulo da sentença que os estabelecer ou para postular, quando for o caso, a expedição de precatório ou requisição de pequeno valor em seu favor.

§ 1º No caso de substabelecimento, a verba correspondente aos honorários da sucumbência será repartida entre o substabelecente e o substabelecido, proporcionalmente à atuação de cada um no processo ou conforme haja sido entre eles ajustado.

§ 2º Quando for o caso, a Ordem dos Advogados do Brasil ou os seus Tribunais de Ética e Disciplina poderão ser solicitados a indicar mediador que contribua no sentido de que a distribuição dos honorários da sucumbência, entre advogados, se faça segundo o critério estabelecido no § 1º.

§ 3º Nos processos disciplinares que envolverem divergência sobre a percepção de honorários da sucumbência, entre advogados, deverá ser tentada a conciliação destes, preliminarmente, pelo relator.

Art. 52. O crédito por honorários advocatícios, seja do advogado autônomo, seja de sociedade de advogados, não autoriza o saque de duplicatas ou qualquer outro título de crédito de natureza mercantil, podendo, apenas, ser emitida fatura, quando o cliente assim pretender, com fundamento no contrato de prestação de serviços, a qual, porém, não poderá ser levada a protesto.

Parágrafo único. Pode, todavia, ser levado a protesto o cheque ou a nota promissória emitido pelo cliente em favor do advogado, depois de frustrada a tentativa de recebimento amigável.

Art. 53. É lícito ao advogado ou à sociedade de advogados empregar, para o recebimento de honorários, sistema de cartão de crédito, mediante credenciamento junto a empresa operadora do ramo.

Parágrafo único. Eventuais ajustes com a empresa operadora que impliquem pagamento antecipado não afetarão a responsabilidade do advogado perante o cliente, em caso de rescisão do contrato de prestação de serviços, devendo ser observadas as disposições deste quanto à hipótese.

Art. 54. Havendo necessidade de promover arbitramento ou cobrança judicial de honorários, deve o advogado renunciar previamente ao mandato que recebera do cliente em débito.

TÍTULO II
DO PROCESSO DISCIPLINAR

CAPÍTULO I
DOS PROCEDIMENTOS

Art. 55. O processo disciplinar instaura-se de ofício ou mediante representação do interessado.

§ 1º A instauração, de ofício, do processo disciplinar dar-se-á em função do conhecimento do fato, quando obtido por meio de fonte idônea ou em virtude de comunicação da autoridade competente.

§ 2º Não se considera fonte idônea a que consistir em denúncia anônima.

Art. 56. A representação será formulada ao Presidente do Conselho Seccional ou ao Presidente da Subseção, por escrito ou verbalmente, devendo, neste último caso, ser reduzida a termo.

Parágrafo único. Nas Seccionais cujos Regimentos Internos atribuírem competência ao Tribunal de Ética e Disciplina para instaurar o processo ético disciplinar, a representação poderá ser dirigida ao seu Presidente ou será a este encaminhada por qualquer dos dirigentes referidos no *caput* deste artigo que a houver recebido.

Art. 57. A representação deverá conter:

I - a identificação do representante, com a sua qualificação civil e endereço;

II - a narração dos fatos que a motivam, de forma que permita verificar a existência, em tese, de infração disciplinar;

III - os documentos que eventualmente a instruam e a indicação de outras provas a ser produzidas, bem como, se for o caso, o rol de testemunhas, até o máximo de cinco;

IV - a assinatura do representante ou a certificação de quem a tomou por termo, na impossibilidade de obtê-la.

Art. 58. Recebida a representação, o Presidente do Conselho Seccional ou o da Subseção, quando esta dispuser de Conselho, designa relator, por sorteio, um de seus integrantes, para presidir a instrução processual.

§ 1º Os atos de instrução processual podem ser delegados ao Tribunal de Ética e Disciplina, conforme dispuser o regimento interno do Conselho Seccional, caso em que caberá ao seu Presidente, por sorteio, designar relator.

§ 2º Antes do encaminhamento dos autos ao relator, serão juntadas a ficha cadastral do representado e certidão negativa ou positiva sobre a existência de punições anteriores, com menção das faltas atribuídas. Será providenciada, ainda, certidão sobre a existência ou não de representações em andamento, a qual, se positiva, será acompanhada da informação sobre as faltas imputadas.

§ 3º O relator, atendendo aos critérios de admissibilidade, emitirá parecer propondo a instauração de processo disciplinar ou o arquivamento liminar da representação, no prazo de 30 (trinta) dias, sob pena de redistribuição do feito pelo Presidente do Conselho Seccional ou da Subseção para outro relator, observando-se o mesmo prazo. 28

§ 4º O Presidente do Conselho competente ou, conforme o caso, o do Tribunal de Ética e Disciplina, proferirá despacho declarando instaurado o processo disciplinar ou determinando o arquivamento da representação, nos termos do parecer do relator ou segundo os fundamentos que adotar.

§ 5º A representação contra membros do Conselho Federal e Presidentes de Conselhos Seccionais é processada e julgada pelo Conselho Federal, sendo competente a Segunda Câmara reunida em sessão plenária. A representação contra membros da diretoria do Conselho Federal, Membros Honorários Vitalícios e detentores da Medalha Rui Barbosa será processada e julgada pelo Conselho Federal, sendo competente o Conselho Pleno.

§ 6º A representação contra dirigente de Subseção é processada e julgada pelo Conselho Seccional.

§ 7º Os Conselhos Seccionais poderão instituir Comissões de Admissibilidade no âmbito dos Tribunais de Ética e Disciplina, compostas por seus membros ou por Conselheiros Seccionais, com atribuição de análise prévia dos pressupostos de admissibilidade das representações ético-disciplinares, podendo propor seu arquivamento liminar. (Acrescentado pela Res. 04/2016, CFOAB.)

Art. 58-A. Nos casos de infração ético-disciplinar punível com censura, será admissível a celebração de termo de ajustamento de conduta, se o fato apurado não tiver gerado repercussão negativa à advocacia. (Acrescido pela Resolução 04/2020)

Parágrafo único. O termo de ajustamento de conduta previsto neste artigo será regulamentado em provimento do Conselho Federal da OAB.

Art. 59. Compete ao relator do processo disciplinar determinar a notificação dos interessados para prestar esclarecimentos ou a do representado para apresentar defesa prévia, no prazo de 15 (quinze) dias, em qualquer caso.

§ 1º A notificação será expedida para o endereço constante do cadastro de inscritos do Conselho Seccional, observando-se, quanto ao mais, o disposto no Regulamento Geral.

§ 2º Se o representado não for encontrado ou ficar revel, o Presidente do Conselho competente ou, conforme o caso, o do Tribunal de Ética e Disciplina designar-lhe-á defensor dativo.

§ 3º Oferecida a defesa prévia, que deve ser acompanhada dos documentos que possam instruí-la e do rol de testemunhas, até o limite de 5 (cinco), será proferido despacho saneador e, ressalvada a hipótese do § 2º do art. 73 do EAOAB, designada, se for o caso, audiência para oitiva do representante, do representado e das testemunhas.

§ 4º O representante e o representado incumbir-se-ão do comparecimento de suas testemunhas, salvo se, ao apresentarem o respectivo rol, requererem, por motivo justificado, sejam elas notificadas a comparecer à audiência de instrução do processo.

§ 5º O relator pode determinar a realização de diligências que julgar convenientes, cumprindo-lhe dar andamento ao processo, de modo que este se desenvolva por impulso oficial.

§ 6º O relator somente indeferirá a produção de determinado meio de prova quando esse for ilícito, impertinente, desnecessário ou protelatório, devendo fazê-lo fundamentadamente.

§ 7º Concluída a instrução, o relator profere parecer preliminar, a ser submetido ao Tribunal de Ética e Disciplina, dando enquadramento legal aos fatos imputados ao representado.

§ 8º Abre-se, em seguida, prazo comum de 15 (quinze) dias para apresentação de razões finais.

Art. 60. O Presidente do Tribunal de Ética e Disciplina, após o recebimento do processo, devidamente instruído, designa, por sorteio, relator para proferir voto.

§ 1º Se o processo já estiver tramitando perante o Tribunal de Ética e Disciplina ou perante o Conselho competente, o relator não será o mesmo designado na fase de instrução.

§ 2º O processo será incluído em pauta na primeira sessão de julgamentos após a distribuição ao relator. (Alterado pela Res. 1/2016, CFOAB.)

§ 3º O representante e o representado são notificados pela Secretaria do Tribunal, com 15 (quinze) dias de antecedência, para comparecerem à sessão de julgamento.

§ 4º Na sessão de julgamento, após o voto do relator, é facultada a sustentação oral pelo tempo de 15 (quinze) minutos, primeiro pelo representante e, em seguida, pelo representado.

Art. 61. Do julgamento do processo disciplinar lavrar-se-á acórdão, do qual constarão, quando procedente a representação, o enquadramento legal da infração, a sanção aplicada, o quórum de instalação e o de deliberação, a indicação de haver sido esta adotada com base no voto do relator ou em voto divergente, bem como as circunstâncias agravantes ou atenuantes consideradas e as razões determinantes de eventual conversão da censura aplicada em advertência sem registro nos assentamentos do inscrito.

Art. 62. Nos acórdãos serão observadas, ainda, as seguintes regras:

§ 1º O acórdão trará sempre a ementa, contendo a essência da decisão.

§ 2º O autor do voto divergente que tenha prevalecido figurará como redator para o acórdão.

§ 3º O voto condutor da decisão deverá ser lançado nos autos, com os seus fundamentos.

§ 4º O voto divergente, ainda que vencido, deverá ter seus fundamentos lançados nos autos, em voto escrito ou em transcrição na ata de julgamento do voto oral proferido, com seus fundamentos.

§ 5º Será atualizado nos autos o relatório de antecedentes do representado, sempre que o relator o determinar.

Art. 63. Na hipótese prevista no art. 70, § 3º, do EAOAB, em sessão especial designada pelo Presidente do Tribunal, serão facultadas ao representado ou ao seu defensor a apresentação de defesa, a produção de prova e a sustentação oral.

Art. 64. As consultas submetidas ao Tribunal de Ética e Disciplina receberão autuação própria, sendo designado relator, por sorteio, para o seu exame, podendo o Presidente, em face da complexidade da questão, designar, subsequentemente, revisor.

Parágrafo único. O relator e o revisor têm prazo de 10 (dez) dias cada um para elaboração de seus pareceres, apresentando-os na primeira sessão seguinte, para deliberação.

Art. 65. As sessões do Tribunal de Ética e Disciplina obedecerão ao disposto no respectivo Regimento Interno, aplicando-se-lhes, subsidiariamente, o do Conselho Seccional.

Art. 66. A conduta dos interessados, no processo disciplinar, que se revele temerária ou caracterize a intenção de alterar a verdade dos fatos, assim como a interposição de recursos com intuito manifestamente protelatório, contrariam os princípios deste Código, sujeitando-os responsáveis à correspondente sanção.

Art. 67. Os recursos contra decisões do Tribunal de Ética e Disciplina, ao Conselho Seccional, regem-se pelas disposições do Estatuto da Advocacia e da Ordem dos Advogados do Brasil, do Regulamento Geral e do Regimento Interno do Conselho Seccional.

Parágrafo único. O Tribunal dará conhecimento de todas as suas decisões ao Conselho Seccional, para que determine periodicamente a publicação de seus julgados.

Art. 68. Cabe revisão do processo disciplinar, na forma prevista no Estatuto da Advocacia e da Ordem dos Advogados do Brasil (art. 73, § 5º).

§ 1º Tem legitimidade para requerer a revisão o advogado punido com a sanção disciplinar.

§ 2º A competência para processar e julgar o processo de revisão é do órgão de que emanou a condenação final.

§ 3º Quando o órgão competente for o Conselho Federal, a revisão processar-se-á perante a Segunda Câmara, reunida em sessão plenária.

§ 4º Observar-se-á, na revisão, o procedimento do processo disciplinar, no que couber.

§ 5º O pedido de revisão terá autuação própria, devendo os autos respectivos ser apensados aos do processo disciplinar a que se refira.

§ 6º O pedido de revisão não suspende os efeitos da decisão condenatória, salvo quando o relator, ante a relevância dos fundamentos e o risco de consequências irreparáveis para o requerente, conceder tutela cautelar para que se suspenda a execução. (Acrescentado pela Res. 04/2016, CFOAB.)

§ 7º A parte representante somente será notificada para integrar o processo de revisão quando o relator entender que deste poderá resultar dano ao interesse jurídico que haja motivado a representação. (Acrescentado pela Res. 04/2016, CFOAB.)

Art. 69. O advogado que tenha sofrido sanção disciplinar poderá requerer reabilitação, no prazo e nas condições previstos no Estatuto da Advocacia e da Ordem dos Advogados do Brasil (art. 41).

§ 1º A competência para processar e julgar o pedido de reabilitação é do Conselho Seccional em que tenha sido aplicada a sanção disciplinar. Nos casos de competência originária do Conselho Federal, perante este tramitará o pedido de reabilitação.

§ 2º Observar-se-á, no pedido de reabilitação, o procedimento do processo disciplinar, no que couber.

§ 3º O pedido de reabilitação terá autuação própria, devendo os autos respectivos ser apensados aos do processo disciplinar a que se refira.

§ 4º O pedido de reabilitação será instruído com provas de bom comportamento, no exercício da advocacia e na vida social, cumprindo à Secretaria do Conselho competente certificar, nos autos, o efetivo cumprimento da sanção disciplinar pelo requerente.

§ 5º Quando o pedido não estiver suficientemente instruído, o relator assinará prazo ao requerente para que complemente a documentação; não cumprida a determinação, o pedido será liminarmente arquivado.

CAPÍTULO II
DOS ÓRGÃOS DISCIPLINARES

SEÇÃO I
DOS TRIBUNAIS DE ÉTICA E DISCIPLINA

- arts. 58, III, p.u. c; 68; 70 a 74, Lei 8.906/1994 (EOAB).

Art. 70. O Tribunal de Ética e Disciplina poderá funcionar dividido em órgãos fracionários, de acordo com seu regimento interno.

Art. 71. Compete aos Tribunais de Ética e Disciplina:

I - julgar, em primeiro grau, os processos ético-disciplinares;

II - responder a consultas formuladas, em tese, sobre matéria éticodisciplinar;

III - exercer as competências que lhe sejam conferidas pelo Regimento Interno da Seccional ou por este Código para a instauração, instrução e julgamento de processos ético-disciplinares;

IV - suspender, preventivamente, o acusado, em caso de conduta suscetível de acarretar repercussão prejudicial à advocacia, nos termos do Estatuto da Advocacia e da Ordem dos Advogados do Brasil;

V - organizar, promover e ministrar cursos, palestras, seminários e outros eventos da mesma natureza acerca da ética profissional do advogado ou estabelecer parcerias com as Escolas de Advocacia, com o mesmo objetivo;

VI - atuar como órgão mediador ou conciliador nas questões que envolvam:

a) dúvidas e pendências entre advogados;

b) partilha de honorários contratados em conjunto ou decorrentes de substabelecimento, bem como os que resultem de sucumbência, nas mesmas hipóteses;

c) controvérsias surgidas quando da dissolução de sociedade de advogados.

SEÇÃO II
DAS CORREGEDORIAS-GERAIS

Art. 72. As Corregedorias-Gerais integram o sistema disciplinar da Ordem dos Advogados do Brasil.

§ 1º O Secretário-Geral Adjunto exerce, no âmbito do Conselho Federal, as funções de Corregedor-Geral, cuja competência é definida em Provimento.

§ 2º Nos Conselhos Seccionais, as Corregedorias-Gerais terão atribuições da mesma natureza, observando, no que couber, Provimento do Conselho Federal sobre a matéria.

§ 3º A Corregedoria-Geral do Processo Disciplinar coordenará ações do Conselho Federal e dos Conselhos Seccionais voltadas para o objetivo de reduzir a ocorrência das infrações disciplinares mais frequentes.

TÍTULO III
DAS DISPOSIÇÕES GERAIS E TRANSITÓRIAS

Art. 73. O Conselho Seccional deve oferecer os meios e o suporte de apoio material, logístico, de informática e de pessoal necessários ao pleno funcionamento e ao desenvolvimento das atividades do Tribunal de Ética e Disciplina.

§ 1º Os Conselhos Seccionais divulgarão, trimestralmente, na internet, a quantidade de processos ético-disciplinares em andamento e as punições decididas em caráter definitivo, preservadas as regras de sigilo.

§ 2º A divulgação das punições referidas no parágrafo anterior destacará cada infração tipificada no artigo 34 da Lei n. 8.906/94.

Art. 74. Em até 180 (cento e oitenta) dias após o início da vigência do presente Código de Ética e Disciplina da OAB, os Conselhos Seccionais e os Tribunais de Ética e Disciplina deverão elaborar ou rever seus Regimentos Internos, adaptando-os às novas regras e disposições deste Código. No caso dos Tribunais de Ética e Disciplina, os Regimentos Internos serão submetidos à aprovação do respectivo Conselho Seccional e, subsequentemente, do Conselho Federal.

Art. 75. A pauta de julgamentos do Tribunal é publicada no Diário Eletrônico da OAB e no quadro de avisos gerais, na sede do Conselho Seccional, com antecedência de 15 (quinze) dias, devendo ser dada prioridade, nos julgamentos, aos processos cujos interessados estiverem presentes à respectiva sessão. (Redação dada pela Res. 5/2018)

Art. 76. As disposições deste Código obrigam igualmente as sociedades de advogados, os consultores e as sociedades consultoras em direito estrangeiro e os estagiários, no que lhes forem aplicáveis.

Art. 77. As disposições deste Código aplicam-se, no que couber, à mediação, à conciliação e à arbitragem, quando exercidas por advogados.

Art. 78. Os autos do processo disciplinar podem ter caráter virtual, mediante adoção de processo eletrônico.

Parágrafo único. O Conselho Federal da OAB regulamentará em Provimento o processo ético-disciplinar por meio eletrônico.

Art. 79. Este Código entra em vigor a 1º de setembro de 2016, cabendo ao Conselho Federal e aos Conselhos Seccionais, bem como às Subseções da OAB, promover-lhe ampla divulgação. (Alterado pela Res. 3/2016, CFOAB.)

Art. 80. Fica revogado o Código de Ética e Disciplina editado em 13 de fevereiro de 1995, bem como as demais disposições em contrário.

Brasília, 19 de outubro de 2015.

Marcus Vinicius Furtado Coêlho
Presidente Nacional da OAB

Paulo Roberto de Gouvêa Medina
Relator originário e para sistematização final

Humberto Henrique Costa Fernandes do Rêgo
Relator em Plenário

ÍNDICE ALFABÉTICO-REMISSIVO DO CÓDIGO DE ÉTICA E DISCIPLINA DA OAB

LEGISLAÇÃO COMPLEMENTAR

DECRETO Nº 2.044, DE 31 DE DEZEMBRO DE 1908

Define a letra de câmbio e a nota promissória e regula as operações cambiais.

- *Letra de câmbio e nota promissória*

O PRESIDENTE DA REPÚBLICA DOS ESTADOS UNIDOS DO BRASIL Faço saber que o Congresso Nacional decreta e eu sanciono a seguinte Resolução:

TÍTULO I. DA LETRA DE CÂMBIO

- Decreto 427/1969 – Dispõe sobre a tributação do imposto de renda na fonte, registro de letras de câmbio e notas promissórias.
- Decreto 57.663/1966 – Promulga as Convenções para adoção de uma lei uniforme em matéria de letras de câmbio e notas promissórias.

CAPÍTULO I. DO SAQUE

Art. 1º. A letra de câmbio é uma ordem de pagamento e deve conter estes requisitos, lançados, por extenso, no contexto:

I – a denominação "letra de câmbio" ou a denominação equivalente na língua em que for emitida;

II – a soma de dinheiro a pagar e a espécie de moeda;

III – o nome da pessoa que deve pagá-la. Esta indicação pode ser inserida abaixo do contexto;

IV – o nome da pessoa a quem deve ser paga. A letra pode ser ao portador e também pode ser emitida por ordem e conta de terceiro. O sacador pode designar-se como tomador;

V – a assinatura do próprio punho do sacador ou do mandatário especial. A assinatura deve ser firmada abaixo do contexto.

- Vide art. 892 do CC.

Art. 2º. Não será letra de câmbio o escrito a que faltar qualquer dos requisitos acima enumerados.

Art. 3º. Esses requisitos são considerados lançados ao tempo da emissão da letra. A prova em contrário será admitida no caso de má-fé do portador.

- Súm. 387 do STF.

Art. 4º. Presume-se mandato ao portador para inserir a data e o lugar do saque, na letra que não os contiver.

Art. 5º. Havendo diferença entre o valor lançado por algarismo e o que se achar por extenso no corpo da letra, este último será sempre considerado verdadeiro e a diferença não prejudicará a letra. Diversificando as indicações da soma de dinheiro no contexto, o título não será letra de câmbio.

Art. 6º. A letra pode ser passada:

I – à vista;

II – a dia certo;

III – a tempo certo da data;

IV – a tempo certo da vista.

Art. 7º. A época do pagamento deve ser precisa, uma e única para a totalidade da soma cambial.

CAPÍTULO II. DO ENDOSSO

- CC: arts. 910 e ss.

Art. 8º. O endosso transmite a propriedade da letra de câmbio. Para a validade do endosso, é suficiente a simples assinatura do próprio punho do endossador ou do mandatário especial, no verso da letra. O endossatário pode completar este endosso.

§ 1º. A cláusula "por procuração", lançada no endosso, indica o mandato com todos os poderes, salvo o caso de restrição, que deve ser expressa no mesmo endosso.

§ 2º. O endosso posterior ao vencimento da letra tem o efeito de cessão civil.

§ 3º. É vedado o endosso parcial.

CAPÍTULO III. DO ACEITE

Art. 9º. A apresentação da letra ao aceite é facultativa quando certa a data do vencimento. A letra a tempo certo da vista deve ser apresentada ao aceite do sacado, dentro do prazo nela marcado; na falta de designação, dentro de 6 (seis) meses contados da data da emissão do título, sob pena de perder o portador o direito regressivo contra o sacador, endossadores e avalistas.

Parágrafo único. O aceite da letra, a tempo certo da vista, deve ser datado, presumindo-se, na falta de data, o mandato ao portador para inseri-la.

Art. 10. Sendo dois ou mais os sacados, o portador deve apresentar a letra ao primeiro nomeado; na falta ou recusa do aceite, ao segundo, se estiver domiciliado na mesma praça; assim, sucessivamente, sem embargo da forma da indicação na letra dos nomes dos sacados.

Art. 11. Para a validade do aceite é suficiente a simples assinatura do próprio punho do sacado ou do mandatário especial, no anverso da letra.

Vale, como aceite puro, a declaração que não traduzir inequivocamente a recusa, limitação ou modificação.

Parágrafo único. Para os efeitos cambiais, a limitação ou modificação do aceite equivale à recusa, ficando, porém, o aceitante cambialmente vinculado, nos termos da limitação ou modificação.

Art. 12. O aceite, uma vez firmado, não pode ser cancelado nem retirado.

Art. 13. A falta ou recusa do aceite prova-se pelo protesto.

CAPÍTULO IV. DO AVAL

- CC: arts. 897 a 900.

Art. 14. O pagamento de uma letra de câmbio, independente do aceite e do endosso, pode ser garantido por aval. Para a validade do aval, é suficiente a simples assinatura do próprio punho do avalista ou do mandatário especial, no verso ou no anverso da letra.

Art. 15. O avalista é equiparado àquele cujo nome indicar; na falta de indicação, àquele abaixo de cuja assinatura lançar a sua; fora destes casos, ao aceitante e, não estando aceita a letra, ao sacador.

- Súm. 189 do STF.

CAPÍTULO V. DA MULTIPLICAÇÃO DA LETRA DE CÂMBIO

SEÇÃO ÚNICA. DAS DUPLICATAS

Art. 16. O sacador, sob pena de responder por perdas e interesses, é obrigado a dar, ao portador, as vias de letra que este reclamar antes do vencimento, diferençadas, no contexto, por números de ordem ou pela ressalva, das que se extraviaram. Na falta da diferenciação ou da ressalva, que torne inequívoca a unicidade da obrigação, cada exemplar valerá como letra distinta.

§ 1º. O endossador e o avalista, sob pena de responderem por perdas e interesses, são obrigados a repetir, na duplicata, o endosso e o aval firmados no original.

§ 2º. O sacado fica cambialmente obrigado por cada um dos exemplares em que firmar o aceite.

§ 3º. O endossador de dois ou mais exemplares da mesma letra a pessoas diferentes, e os sucessivos endossadores e avalistas ficam cambialmente obrigados.

§ 4º. O detentor da letra expedida para o aceite é obrigado a entregá-la ao legítimo portador da duplicata, sob pena de responder por perdas e interesses.

CAPÍTULO VI. DO VENCIMENTO

Art. 17. A letra à vista vence-se no ato da apresentação ao sacado.

A letra, a dia certo, vence-se nesse dia. A letra, a dias da data ou da vista, vence-se no último dia do prazo; não se conta, para a primeira, o dia do saque, e, para a segunda, o dia do aceite.

A letra a semanas, meses ou anos da data ou da vista vence no dia da semana, mês ou ano do pagamento, correspondente ao dia do saque ou dia do aceite. Na falta do dia correspondente, vence-se no último dia do mês do pagamento.

Art. 18. Sacada a letra em país onde vigorar outro calendário, sem a declaração do adotado, verifica-se o termo do vencimento contando-se do dia do calendário gregoriano, correspondente ao da emissão da letra pelo outro calendário.

Art. 19. A letra é considerada vencida, quando protestada:

I – pela falta ou recusa do aceite;

II – pela falência do aceitante.

- Vide arts. 77 e 94, I e II, Lei 11.101/2005 (Lei de Recuperação de Empresas e Falências).

O pagamento, nestes casos, continua diferido até ao dia do vencimento ordinário da letra, ocorrendo o aceite de outro sacado nomeado ou, na falta, a aquiescência do portador, expressa no ato do protesto, ao aceite na letra, pelo interveniente voluntário.

CAPÍTULO VII. DO PAGAMENTO

Art. 20. A letra deve ser apresentada ao sacado ou ao aceitante para o pagamento, no lugar designado e no dia do vencimento ou, sendo este dia feriado por lei, no primeiro dia útil imediato, sob pena de perder o portador o direito de regresso contra o sacador, endossadores e avalistas.

§ 1º. Será pagável à vista a letra que não indicar a época do vencimento. Será pagável, no lugar mencionado ao pé do nome do sacado, a letra que não indicar o lugar do pagamento.

É facultada a indicação alternativa de lugares de pagamento, tendo o portador direito de opção. A letra pode ser sacada sobre uma pessoa, para ser paga no domicílio de outra, indicada pelo sacador ou pelo aceitante.

§ 2º. No caso de recusa ou falta de pagamento pelo aceitante, sendo dois ou mais os sacados, o portador deve apresentar a letra ao primeiro nomeado, se estiver domiciliado na mesma praça; assim sucessivamente, sem embargo da forma da indicação na letra dos nomes dos sacados.

‣ Súm. 189 do STF.

§ 3º. Sobrevindo caso fortuito ou força maior, a apresentação deve ser feita, logo que cessar o impedimento.

Art. 21. A letra à vista deve ser apresentada ao pagamento dentro do prazo nela marcado; na falta desta designação, dentro de 12 (doze) meses, contados da data da emissão do título, sob pena de perder o portador o direito de regresso contra o sacador, endossadores e avalistas.

Art. 22. O portador não é obrigado a receber o pagamento antes do vencimento da letra. Aquele que paga uma letra, antes do respectivo vencimento, fica responsável pela validade desse pagamento.

§ 1º. O portador é obrigado a receber o pagamento parcial, ao tempo do vencimento.

§ 2º. O portador é obrigado a entregar a letra com a quitação àquele que efetua o pagamento; no caso do pagamento parcial, em que se não opera a tradição do título, além da quitação em separado, outra deve ser firmada na própria letra.

Art. 23. Presume-se validamente desonerado aquele que paga a letra no vencimento, sem oposição.

Parágrafo único. A oposição ao pagamento é somente admissível no caso de extravio da letra, de falência ou incapacidade do portador para recebê-lo.

Art. 24. O pagamento feito pelo aceitante ou pelos respectivos avalistas desonera da responsabilidade cambial todos os coobrigados.

O pagamento feito pelo sacador, pelos endossadores ou respectivos avalistas desonera da responsabilidade cambial os coobrigados posteriores.

Parágrafo único. O endossador ou avalista, que paga ao endossatário ou ao avalista posterior, pode riscar o próprio endosso ou aval e os dos endossadores ou avalistas posteriores.

Art. 25. A letra de câmbio deve ser paga na moeda indicada. Designada moeda estrangeira, o pagamento, salvo determinação em contrário, expressa na letra, deve ser efetuado em moeda nacional, ao câmbio à vista do dia do vencimento e do lugar do pagamento; não havendo no lugar curso de câmbio, pelo da praça mais próxima.

Art. 26. Se o pagamento de uma letra de câmbio não for exigido no vencimento, o aceitante pode, depois de expirado o prazo para o protesto por falta de pagamento, depositar o valor da mesma, por conta e risco do portador, independente de qualquer citação.

Art. 27. A falta ou recusa, total ou parcial, de pagamento, prova-se pelo protesto.

CAPÍTULO VIII. DO PROTESTO

‣ Vide Lei nº 9.492/1997 e 13.775/2018.

Art. 28. A letra que houver de ser protestada por falta de aceite ou de pagamento deve ser entregue ao oficial competente, no primeiro dia útil que se seguir ao da recusa do aceite ou ao do vencimento, e o respectivo protesto tirado dentro de 3 (três) dias úteis.

Parágrafo único. O protesto deve ser tirado do lugar indicado na letra para o aceite ou para o pagamento. Sacada ou aceita a letra para ser paga em outro domicílio que não o do sacado, naquele domicílio deve ser tirado o protesto.

‣ Vide Lei 6.690/1979 (Cancelamento de protesto de títulos cambiais).

Art. 29. O instrumento de protesto deve conter:

I – a data;

II – a transcrição literal da letra e das declarações nela inseridas pela ordem respectiva;

III – a certidão da intimação ao sacado ou ao aceitante ou aos outros sacados, nomeados na letra para aceitar ou pagar, a resposta dada ou a declaração da falta da resposta.

A intimação é dispensada no caso do sacado ou aceitante firmar na letra a declaração da recusa do aceite ou do pagamento e, na hipótese de protesto, por causa da falência do aceitante;

IV – a certidão de não haver sido encontrada ou de ser desconhecida a pessoa indicada para aceitar ou para pagar. Nesta hipótese, o oficial afixará a intimação nos lugares do estilo e, se possível, a publicará pela imprensa;

V – a indicação dos intervenientes voluntários e das firmas por eles honradas;

VI – a aquiescência do portador ao aceite por honra;

VII – a assinatura, com o sinal público, do oficial do protesto.

Parágrafo único. Este instrumento, depois de registrado no livro de protesto, deverá ser entregue ao detentor ou portador da letra ou àquele que houver efetuado o pagamento.

Art. 30. O portador é obrigado a dar aviso do protesto ao último endossador, dentro de 2 (dois) dias, contados da data do instrumento do protesto e cada endossatário, dentro de 2 (dois) dias, contados do recebimento do aviso, deve transmiti-lo ao seu endossador, sob pena de responder por perdas e interesses.

Não constando do endosso o domicílio ou a residência do endossador, o aviso deve ser transmitido ao endossador anterior, que houver satisfeito aquela formalidade.

Parágrafo único. O aviso pode ser dado em carta registrada. Para esse fim, a carta será levada aberta ao Correio, onde, verificada a existência do aviso, se declarará o conteúdo da carta registrada no conhecimento e talão respectivo.

Art. 31. Recusada a entrega da letra por aquele que a recebeu para firmar o aceite ou para efetuar o pagamento, o protesto pode ser tirado por outro exemplar ou, na falta, pelas indicações do protestante.

Parágrafo único. Pela prova do fato, pode ser decretada a prisão do detentor da letra, salvo depositando este a soma cambial e a importância das despesas feitas.

Art. 32. O portador que não tira, em tempo útil e forma regular, o instrumento do protesto da letra perde o direito de regresso contra o sacador, endossadores e avalistas.

Art. 33. O oficial que não lavra, em tempo útil e forma regular, o instrumento do protesto, além da pena em que incorrer, segundo o Código Penal, responde por perdas e interesses.

CAPÍTULO IX. DA INTERVENÇÃO

Art. 34. No ato do protesto pela falta ou recusa do aceite, a letra pode ser aceita por terceiro, mediante a aquiescência do detentor ou portador.

A responsabilidade cambial deste interveniente é equiparada à do sacado que aceita.

Art. 35. No ato do protesto, excetuada apenas a hipótese do artigo anterior, qualquer pessoa tem o direito de intervir para efetuar o pagamento da letra, por honra de qualquer das firmas.

§ 1º. O pagamento, por honra da firma do aceitante ou dos respectivos avalistas, desonera da responsabilidade cambial todos os coobrigados.

O pagamento, por honra da firma do sacador, do endossador ou dos respectivos avalistas desonera da responsabilidade cambial todos os coobrigados posteriores.

§ 2º. Não indicada a firma, entende-se ter sido honrada a do sacador; quando aceita a letra, a do aceitante.

§ 3º. Sendo múltiplas as intervenções, concorram ou não coobrigados, deve ser preferido o interveniente que desonera maior número de firmas.

Múltiplas as intervenções pela mesma firma, deve ser preferido o interveniente coobrigado, na falta deste, o sacado; na falta de ambos, o detentor ou portador tem a opção. É vedada a intervenção ao aceitante ou ao respectivo avalista.

CAPÍTULO X. DA ANULAÇÃO DA LETRA

Art. 36. Justificando a propriedade e o extravio ou a destruição total ou parcial da letra, descrita com clareza e precisão, o proprietário pode requerer ao juiz competente do lugar do pagamento, na hipótese de extravio, a intimação do sacado ou do aceitante e dos coobrigados, para não pagarem a aludida letra, e a citação do detentor para apresentá-la em juízo, dentro do prazo de 3 (três) meses, e, nos casos de extravio e de destruição, a citação dos coobrigados para, dentro do referido prazo, oporem contestação firmada em defeito de forma do título ou, na falta de requisito essencial, ao exercício da ação cambial.

Estas citações e intimações devem ser feitas pela imprensa, publicadas no jornal oficial do Estado e no *Diário Oficial* para o Distrito Federal e nos periódicos indicados pelo juiz, além de afixadas nos lugares do estilo e na bolsa da praça do pagamento.

‣ Vide art. 909 do CC.

§ 1º. O prazo de 3 (três) meses corre da data do vencimento; estando vencida a letra, da data da publicação no jornal oficial.

§ 2º. Durante o curso desse prazo, munido da certidão do requerimento e do despacho favorável do juiz, fica o proprietário autorizado a praticar todos os atos necessários à garantia do direito creditório, podendo, vencida a letra, reclamar do aceitante o depósito judicial da soma devida.

§ 3º. Decorrido o prazo, sem se apresentar o portador legitimado (art. 39) da letra, ou sem a contestação do coobrigado (art. 36), o juiz decretará a nulidade do título extraviado ou destruído e ordenará, em benefício do proprietário, o levantamento do depósito da soma, caso tenha sido feito.

§ 4º. Por esta sentença, fica o proprietário habilitado, para o exercício da ação executiva, contra o aceitante e os outros coobrigados.

§ 5º. Apresentada a letra pelo portador legitimado (art. 39) ou oferecida a contestação (art. 36) pelo coobrigado, o juiz julgará prejudicado o pedido de anulação da letra, deixando, salvo à parte, o recurso aos meios ordinários.

§ 6º. Da sentença proferida no processo cabe o recurso de agravo com efeito suspensivo.

§ 7º. Este processo não impede o recurso à duplicata e nem para os efeitos da responsabilidade civil do coobrigado dispensa o aviso imediato do extravio, por cartas registradas endereçadas ao sacado, ao aceitante e aos outros coobrigados, pela forma indicada no parágrafo único do art. 30.

CAPÍTULO XI. DO RESSAQUE

Art. 37. O portador da letra protestada pode haver o embolso da soma devida, pelo ressaque de nova letra de câmbio, à vista, sobre qualquer dos obrigados.

O ressacado que paga pode, por seu turno, ressacar sob qualquer dos coobrigados a ele anteriores.

Parágrafo único. O ressaque deve ser acompanhado da letra protestada, do instrumento de protesto e da conta de retorno.

Art. 38. A conta de retorno deve indicar:

I – a soma cambial e a dos juros legais, desde o dia do vencimento;

II – a soma das despesas legais: protesto, comissão, porte de cartas, selos, e dos juros legais, desde o dia em que foram feitas;

III – o nome do ressacado;

IV – o preço do câmbio, certificado por corretor ou, na falta, por dois comerciantes.

§ 1º. O recâmbio é regulado pelo curso do câmbio da praça do pagamento, sobre a praça do domicílio ou da residência do ressacado; o recâmbio, devido ao endossador ou ao avalista que ressaca, é regulado pelo curso do câmbio da praça do ressaque, sobre a praça da residência ou do domicílio do ressacado.

Não havendo curso de câmbio na praça do ressaque, o recâmbio é regulado pelo curso do câmbio da praça mais próxima.

§ 2º. É facultado o cúmulo dos recâmbios nos sucessivos ressaques.

CAPÍTULO XII. DOS DIREITOS E DAS OBRIGAÇÕES CAMBIAIS

SEÇÃO I. DOS DIREITOS

Art. 39. O possuidor é considerado legítimo proprietário da letra ao portador e da letra endossada em branco.

O último endossatário é considerado legítimo proprietário da letra endossada em preto, se o primeiro endosso estiver assinado pelo tomador e cada um dos outros, pelo endossatário do endosso, imediatamente anterior.

Seguindo-se ao endosso em branco outro endosso presume-se haver o endossador deste adquirido por aquele a propriedade da letra.

§ 1º. No caso de pluralidade de tomadores ou endossatários, conjuntos ou disjuntos, o tomador ou o endossatário possuidor da letra é considerado, para os efeitos cambiais, o credor único da obrigação.

§ 2º. O possuidor, legitimado de acordo com este artigo, somente no caso de má-fé na aquisição, pode ser obrigado a abrir mão da letra de câmbio.

Art. 40. Quem paga não está obrigado a verificar a autenticidade dos endossos.

Parágrafo único. O interveniente voluntário que paga fica sub-rogado em todos os direitos daquele, cuja firma foi por ele honrada.

Art. 41. O detentor, embora sem título algum, está autorizado a praticar as diligências necessárias à garantia do crédito, a reclamar o aceite, a tirar os protestos, a exigir, ao tempo do vencimento, o depósito da soma cambial.

SEÇÃO II. DAS OBRIGAÇÕES

Art. 42. Pode obrigar-se, por letra de câmbio, quem tem a capacidade civil ou comercial.

‣ Vide arts. 5º e 972 do CC.

Parágrafo único. Tendo a capacidade pela lei brasileira, o estrangeiro fica obrigado pela declaração que firmar, sem embargo da sua incapacidade, pela lei do Estado a que pertencer.

Art. 43. As obrigações cambiais são autônomas e independentes umas das outras. O signatário da declaração cambial fica, por ela, vinculado e solidariamente responsável pelo aceite e pelo pagamento da letra, sem embargo da falsidade, da falsificação ou da nulidade de qualquer outra assinatura.

‣ Vide art. 914, *caput*, do CC.

‣ Vide art. 264 e 265, do CC.

Art. 44. Para os efeitos cambiais, são consideradas não escritas:

I – a cláusula de juros;

II – a cláusula proibitiva do endosso ou do protesto, a excludente da responsabilidade pelas despesas e qualquer outra, dispensando a observância dos termos ou das formalidades prescritas por esta Lei;

III – a cláusula proibitiva da apresentação da letra ao aceite do sacado;

IV – a cláusula excludente ou restritiva da responsabilidade e qualquer outra beneficiando o devedor ou o credor, além dos limites fixados por esta Lei.

§ 1º. Para os efeitos cambiais, o endosso ou aval cancelado é considerado não escrito.

§ 2º. Não é letra de câmbio o título em que o emitente exclui ou restringe a sua responsabilidade cambial.

Art. 45. Pelo aceite, o sacado fica cambialmente obrigado para com o sacador e respectivos avalistas.

§ 1º. A letra endossada ao aceitante pode ser por este reendossada, antes do vencimento.

§ 2º. Pelo reendosso da letra, endossada ao sacador, ao endossado ou ao avalista, continuam cambialmente obrigados os codevedores intermédios.

Art. 46. Aquele que assina a declaração cambial, como mandatário ou representante legal de outrem, sem estar devidamente autorizado, fica, por ela, pessoalmente obrigado.

Art. 47. A substância, os efeitos, a forma extrínseca e os meios de prova da obrigação cambial são regulados pela lei do lugar onde a obrigação foi firmada.

Art. 48. Sem embargo da desoneração da responsabilidade cambial o sacador ou aceitante fica obrigado a restituir ao portador com os juros legais, a soma com a qual se locupletou à custa deste.

A ação do portador, para este fim, é ordinária.

CAPÍTULO XIII. DA AÇÃO CAMBIAL

Art. 49. A ação cambial é a executiva.

Por ela tem também o credor o direito de reclamar a importância que receberia pelo ressaque (art. 38).

Art. 50. A ação cambial pode ser proposta contra um, alguns ou todos os coobrigados, sem estar o credor adstrito à observância da ordem dos endossos.

Art. 51. Na ação cambial, somente é admissível defesa fundada no direito pessoal do réu contra o autor, em defeito de forma do título e na falta de requisito necessário ao exercício da ação.

‣ Vide art. 906, do CC.

CAPÍTULO XIV. DA PRESCRIÇÃO DA AÇÃO CAMBIAL

Art. 52. A ação cambial, contra o sacador, aceitante e respectivos avalistas, prescreve em 5 (cinco) anos.

A ação cambial contra o endossador e respectivo avalista prescreve em 12 (doze) meses.

Art. 53. O prazo da prescrição é contado do dia em que a ação pode ser proposta; para o endossador ou respectivo avalista que paga, do dia desse pagamento.

‣ Vide Súm. 153, STF.

TÍTULO II. DA NOTA PROMISSÓRIA

CAPÍTULO I. DA EMISSÃO

Art. 54. A nota promissória é uma promessa de pagamento e deve conter estes requisitos essenciais, lançados, por extenso, no contexto:

I – a denominação de "nota promissória" ou termo correspondente, na língua em que for emitida;

II – a soma de dinheiro a pagar;

III – o nome da pessoa a quem deve ser paga;

IV – a assinatura do próprio punho do emitente ou do mandatário especial.

§ 1º. Presume-se ter o portador o mandato para inserir a data e lugar da emissão da nota promissória, que não contiver estes requisitos.

§ 2º. Será pagável à vista a nota promissória que não indicar a época do vencimento. Será pagável no domicílio do emitente a nota promissória que não indicar o lugar do pagamento.

É facultada a indicação alternativa de lugar de pagamento, tendo o portador direito de opção.

§ 3º. Diversificando as indicações da soma do dinheiro, será considerada verdadeira a que se achar lançada por extenso no contexto.

Diversificando no contexto as indicações da soma de dinheiro, o título não será nota promissória.

§ 4º. Não será nota promissória o escrito ao qual faltar qualquer dos requisitos acima enumerados. Os requisitos essenciais são considerados lançados ao tempo da emissão da nota promissória. No caso de má-fe do portador, será admitida prova em contrário.

Art. 55. A nota promissória pode ser passada:

I – à vista;

II – a dia certo;

III – a tempo certo da data.

Parágrafo único. A época do pagamento deve ser precisa e única para toda a soma devida.

CAPÍTULO II. DISPOSIÇÕES GERAIS

Art. 56. São aplicáveis à nota promissória, com as modificações necessárias, todos os dispositivos do Título I desta Lei, exceto os que se referem ao aceite e às duplicatas.

Para o efeito da aplicação de tais dispositivos, o emitente da nota promissória é equiparado ao aceitante da letra de câmbio.

Art. 57. Ficam revogados todos os artigos do Título XVI do Código Comercial e mais disposições em contrário.

Rio de Janeiro, 31 de dezembro de 1908; 20º da República.

AFONSO AUGUSTO MOREIRA PENA

Coleção de Leis do Brasil, 31.12.1908, D.O.U. de 6.1.1909

DECRETO Nº 20.910, DE 6 DE JANEIRO DE 1932

Regula a prescrição quinquenal.

‣ *Prescrição quinquenal*

O Chefe do Governo Provisório da República dos Estados Unidos do Brasil, usando das atribuições contidas no art. 1º do Dec. nº 19.398, de 11 de novembro de 1930, decreta:

Art. 1º. As dívidas passivas da União, dos Estados e dos Municípios, bem assim todo e qualquer direito ou ação contra a Fazenda federal, estadual ou municipal, seja qual for a sua natureza, prescrevem em 5 (cinco) anos, contados da data do ato ou fato do qual se originarem.

- Vide Súm. 39, 85 e 467 do STJ.
- Vide art. 37, § 5º, da CF.
- CTN: art. 174.
- Lei 9.873/1999: art. 1º.
- Decreto-lei 4.597/1942: arts. 2º e 3º.

Art. 2º. Prescrevem igualmente no mesmo prazo todo o direito e as prestações correspondentes a pensões vencidas ou por vencerem, ao meio soldo e ao montepio civil e militar ou a quaisquer restituições ou diferenças.

Art. 3º. Quando o pagamento se dividir por dias, meses ou anos, a prescrição atingirá progressivamente as prestações, à medida que completarem os prazos estabelecidos pelo presente decreto.

- Súm. 443 do STF.

Art. 4º. Não corre a prescrição durante a demora que, no estudo, no reconhecimento ou no pagamento da dívida, considerada líquida, tiverem as repartições ou funcionários encarregados de estudar e apurá-la.

Parágrafo único. A suspensão da prescrição, neste caso, verificar-se-á pela entrada do requerimento do titular do direito ou do credor nos livros ou protocolos das repartições públicas, com designação do dia, mês e ano.

- Vide Súm. 625 do STJ.

Art. 5º. *(Revogado pela Lei nº 2.211, de 1954).*

Art. 6º. O direito à reclamação administrativa, que não tiver prazo fixado em disposição de lei para ser formulada, prescreve em 1 (um) ano a contar da data do ato ou fato do qual a mesma se originar.

Art. 7º. A citação inicial não interrompe a prescrição quando, por qualquer motivo, o processo tenha sido anulado.

- Vide art. 240, § 1º, do CPC/2015.
- Lei 6.830/1980: art. 8º, § 2º.

Art. 8º. A prescrição somente poderá ser interrompida uma vez.

- Vide art. 3º, Decreto-lei 4.597/1942 (Prescrição das ações contra a Fazenda Pública).

Art. 9º. A prescrição interrompida recomeça a correr, pela metade do prazo, da data do ato que a interrompeu ou do último ato ou termo do respectivo processo.

- Vide art. 3º, Decreto-lei 4.597/1942 (Prescrição das ações contra a Fazenda Pública).

Art. 10. O disposto nos artigos anteriores não altera as prescrições de menor prazo, constantes das leis e regulamentos, as quais ficam subordinadas às mesmas regras.

Art. 11. Revogam-se as disposições em contrário.

Rio de Janeiro, 6 de janeiro de 1932; 111º da Independência e 44º da República.
GETÚLIO VARGAS
D.O.U. 8.1.1932

DECRETO-LEI Nº 25, DE 30 DE NOVEMBRO DE 1937

Organiza a proteção do patrimônio histórico e artístico nacional.

- *Lei do tombamento*

O PRESIDENTE DA REPÚBLICA, usando da atribuição que lhe confere o art. 180 da Constituição, decreta:

CAPÍTULO I. DO PATRIMÔNIO HISTÓRICO E ARTÍSTICO NACIONAL

Art. 1º. Constitui o patrimônio histórico e artístico nacional o conjunto dos bens móveis e imóveis existentes no país e cuja conservação seja de interesse público, quer por sua vinculação a fatos memoráveis da história do Brasil, quer por seu excepcional valor arqueológico ou etnográfico, bibliográfico ou artístico.

- CF/1988: art. 216.

§ 1º. Os bens a que se refere o presente artigo só serão considerados parte integrante do patrimônio histórico o artístico nacional, depois de inscritos separada ou agrupadamente num dos quatro Livros do Tombo, de que trata o art. 4º desta Lei.

§ 2º. Equiparam-se aos bens a que se refere o presente artigo e são também sujeitos a tombamento os monumentos naturais, bem como os sítios e paisagens que importe conservar e proteger pela feição notável com que tenham sido dotados pela natureza ou agenciados pela indústria humana.

- CP: art. 166.
- Lei 9.605/1998: art. 63.

Art. 2º. A presente lei se aplica às coisas pertencentes às pessoas naturais, bem como às pessoas jurídicas de direito privado e de direito público interno.

Art. 3º. Excluem-se do patrimônio histórico e artístico nacional as obras de origem estrangeira:

1) que pertençam às representações diplomáticas ou consulares acreditadas no país;

2) que adornem quaisquer veículos pertencentes a empresas estrangeiras, que façam carreira no país;

3) que se incluam entre os bens referidos no art. 10 da Introdução do Código Civil, e que continuam sujeitas à lei pessoal do proprietário;

4) que pertençam a casas de comércio de objetos históricos ou artísticos;

5) que sejam trazidas para exposições comemorativas, educativas ou comerciais:

6) que sejam importadas por empresas estrangeiras expressamente para adorno dos respectivos estabelecimentos.

Parágrafo único. As obras mencionadas nas alíneas 4 e 5 terão guia de licença para livre trânsito, fornecida pelo Serviço ao Patrimônio Histórico e Artístico Nacional.

CAPÍTULO II. DO TOMBAMENTO

- CF/1988: art. 216, § 1º.
- Lei 8.394/1991 – Preservação, organização e proteção dos acervos documentais privados dos presidentes da República.

Art. 4º. O Serviço do Patrimônio Histórico e Artístico Nacional possuirá quatro Livros do Tombo, nos quais serão inscritas as obras a que se refere o art. 1º desta Lei, a saber:

1) no Livro do Tombo Arqueológico, Etnográfico e Paisagístico, as coisas pertencentes às categorias de arte arqueológica, etnográfica, ameríndia e popular, e bem assim as mencionadas no § 2º do citado art. 1º.

2) no Livro do Tombo Histórico, as coisas de interesse histórico e as obras de arte histórica;

3) no Livro do Tombo das Belas Artes, as coisas de arte erudita, nacional ou estrangeira;

4) no Livro do Tombo das Artes Aplicadas, as obras que se incluírem na categoria das artes aplicadas, nacionais ou estrangeiras.

§ 1º. Cada um dos Livros do Tombo poderá ter vários volumes.

§ 2º. Os bens, que se incluem nas categorias enumeradas nas alíneas 1, 2, 3 e 4 do presente artigo, serão definidos e especificados no regulamento que for expedido para execução da presente lei.

Art. 5º. O tombamento dos bens pertencentes à União, aos Estados e aos Municípios se fará de ofício, por ordem do diretor do Serviço do Patrimônio Histórico e Artístico Nacional, mas deverá ser notificado à entidade a quem pertencer, ou sob cuja guarda estiver a coisa tombada, a fim de produzir os necessários efeitos.

Art. 6º. O tombamento de coisa pertencente à pessoa natural ou à pessoa jurídica de direito privado se fará voluntária ou compulsoriamente.

Art. 7º. Proceder-se-á ao tombamento voluntário sempre que o proprietário o pedir e a coisa se revestir dos requisitos necessários para constituir parte integrante do patrimônio histórico e artístico nacional, a juízo do Conselho Consultivo do Serviço do Patrimônio Histórico e Artístico Nacional, ou sempre que o mesmo proprietário anuir, por escrito, à notificação, que se lhe fizer, para a inscrição da coisa em qualquer dos Livros do Tombo.

Art. 8º. Proceder-se-á ao tombamento compulsório quando o proprietário se recusar a anuir à inscrição da coisa.

Art. 9º. O tombamento compulsório se fará de acordo com o seguinte processo:

1) o Serviço do Patrimônio Histórico e Artístico Nacional, por seu órgão competente, notificará o proprietário para anuir ao tombamento, dentro do prazo de quinze dias, a contar do recebimento da notificação, ou para, si o quiser impugnar, oferecer dentro do mesmo prazo as razões de sua impugnação.

2) no caso de não haver impugnação dentro do prazo assinado que é fatal, o diretor do Serviço do Patrimônio Histórico e Artístico Nacional mandará por simples despacho que se proceda à inscrição da coisa no competente Livro do Tombo.

3) se a impugnação for oferecida dentro do prazo assinado, far-se-á vista da mesma, dentro de outros quinze dias fatais, ao órgão de que houver emanado a iniciativa do tombamento, a fim de sustentá-la. Em seguida, independentemente de custas, será o processo remetido ao Conselho Consultivo do Serviço do Patrimônio Histórico e Artístico Nacional, que proferirá decisão a respeito, dentro do prazo de sessenta dias, a contar do seu recebimento. Dessa decisão não caberá recurso.

Art. 10. O tombamento dos bens, a que se refere o art. 6º desta Lei, será considerado provisório ou definitivo, conforme esteja o respectivo processo iniciado pela notificação ou concluído pela inscrição dos referidos bens no competente Livro do Tombo.

Parágrafo único. Para todos os efeitos, salvo a disposição do art. 13 desta Lei, o tombamento provisório se equiparará ao definitivo.

CAPÍTULO III. DOS EFEITOS DO TOMBAMENTO

Art. 11. As coisas tombadas, que pertençam a União, aos Estados ou aos Municípios, inalienáveis por natureza, só poderão ser transferidas de uma à outra das referidas entidades.

Parágrafo único. Feita a transferência, dela deve o adquirente dar imediato conhecimento ao Serviço do Patrimônio Histórico e Artístico Nacional.

Art. 12. A alienabilidade das obras históricas ou artísticas tombadas, de propriedade de pessoas naturais ou jurídicas de direito privado sofrerá as restrições constantes da presente lei.

Art. 13. O tombamento definitivo dos bens de propriedade particular será, por iniciativa do órgão competente do Serviço do Patrimônio Histórico e Artístico Nacional, transcrito para os devidos efeitos em livro a cargo dos oficiais do registro de imóveis e averbado ao lado da transcrição do domínio.

§ 1º. No caso de transferência de propriedade dos bens de que trata este artigo, deverá o adquirente, dentro do prazo de trinta dias, sob pena de multa de dez por cento sobre o respectivo valor, fazê-la constar do registro, ainda que se trate de transmissão judicial ou causa mortis.

§ 2º. Na hipótese de deslocação de tais bens, deverá o proprietário, dentro do mesmo prazo e sob pena da mesma multa, inscrevê-los no registro do lugar para que tiverem sido deslocados.

§ 3º. A transferência deve ser comunicada pelo adquirente, e a deslocação pelo proprietário, ao Serviço do Patrimônio Histórico e Artístico Nacional, dentro do mesmo prazo e sob a mesma pena.

Art. 14. A. coisa tombada não poderá sair do país, senão por curto prazo, sem transferência de domínio e para fim de intercâmbio cultural, a juízo do Conselho Consultivo do Serviço do Patrimônio Histórico e Artístico Nacional.

Art. 15. Tentada, a não ser no caso previsto no artigo anterior, a exportação, para fora do país, da coisa tombada, será esta sequestrada pela União ou pelo Estado em que se encontrar.

- Lei 13.105/15: art. 301.

§ 1º. Apurada a responsabilidade do proprietário, ser-lhe-á imposta a multa de cinquenta por cento do valor da coisa, que permanecerá sequestrada em garantia do pagamento, e até que este se faça.

§ 2º. No caso de reincidência, a multa será elevada ao dobro.

§ 3º. A pessoa que tentar a exportação de coisa tombada, além de incidir na multa a que se referem os parágrafos anteriores, incorrerá, nas penas cominadas no Código Penal para o crime de contrabando.

- CP: art. 334.

Art. 16. No caso de extravio ou furto de qualquer objeto tombado, o respectivo proprietário deverá dar conhecimento do fato ao Serviço do Patrimônio Histórico e Artístico Nacional, dentro do prazo de cinco dias, sob pena de multa de dez por cento sobre o valor da coisa.

Art. 17. As coisas tombadas não poderão, em caso nenhum ser destruídas, demolidas ou mutiladas, nem, sem prévia autorização especial do Serviço do Patrimônio Histórico e Artístico Nacional, ser reparadas, pintadas ou restauradas, sob pena de multa de cinquenta por cento do dano causado.

- CP: art. 165.

Parágrafo único. Tratando-se de bens pertencentes à União, aos Estados ou aos municípios, a autoridade responsável pela infração do presente artigo incorrerá pessoalmente na multa.

Art. 18. Sem prévia autorização do Serviço do Patrimônio Histórico e Artístico Nacional, não se poderá, na vizinhança da coisa tombada, fazer construção que lhe impeça ou reduza a visibilidade, nem nela colocar anúncios ou cartazes, sob pena de ser mandada destruir a obra ou retirar o objeto, impondo-se neste caso a multa de cinquenta por cento do valor do mesmo objeto.

Art. 19. O proprietário de coisa tombada, que não dispuser de recursos para proceder às obras de conservação e reparação que a mesma requerer, levará ao conhecimento do Serviço do Patrimônio Histórico e Artístico Nacional a necessidade das mencionadas obras, sob pena de multa correspondente ao dobro da importância em que for avaliado o dano sofrido pela mesma coisa.

§ 1º. Recebida a comunicação, e consideradas necessárias as obras, o diretor do Serviço do Patrimônio Histórico e Artístico Nacional mandará executá-las, a expensas da União, devendo as mesmas ser iniciadas dentro do prazo de seis meses, ou providenciará para que seja feita a desapropriação da coisa.

§ 2º. À falta de qualquer das providências previstas no parágrafo anterior, poderá o proprietário requerer que seja cancelado o tombamento da coisa.

- Lei 6.292/1975 – Tombamento de bens no Instituto do Patrimônio Histórico e Artístico Nacional (IPHAN).

§ 3º. Uma vez que verifique haver urgência na realização de obras e conservação ou reparação em qualquer coisa tombada, poderá o Serviço do Patrimônio Histórico e Artístico Nacional tomar a iniciativa de projetá-las e executá-las, a expensas da União, independentemente da comunicação a que alude este artigo, por parte do proprietário.

Art. 20. As coisas tombadas ficam sujeitas à vigilância permanente do Serviço do Patrimônio Histórico e Artístico Nacional, que poderá inspecioná-los sempre que for julgado conveniente, não podendo os respectivos proprietários ou responsáveis criar obstáculos à inspeção, sob pena de multa de cem mil-réis, elevada ao dobro em caso de reincidência.

Art. 21. Os atentados cometidos contra os bens de que trata o art. 1º desta Lei são equiparados aos cometidos contra o patrimônio nacional.

CAPÍTULO IV. DO DIREITO DE PREFERÊNCIA

Art. 22. *(Revogado pela Lei nº 13.105, de 2015)*

CAPÍTULO V. DISPOSIÇÕES GERAIS

Art. 23. O Poder Executivo providenciará a realização de acordos entre a União e os Estados, para melhor coordenação e desenvolvimento das atividades relativas à proteção do patrimônio histórico e artístico nacional e para a uniformização da legislação estadual complementar sobre o mesmo assunto.

Art. 24. A União manterá, para a conservação e a exposição de obras históricas e artísticas de sua propriedade, além do Museu Histórico Nacional e do Museu Nacional de Belas Artes, tantos outros museus nacionais quantos se tornarem necessários, devendo, outrossim, providenciar no sentido de favorecer a instituição de museus estaduais e municipais, com finalidades similares.

Art. 25. O Serviço do Patrimônio Histórico e Artístico Nacional procurará entendimentos com as autoridades eclesiásticas, instituições científicas, históricas ou artísticas e pessoas naturais ou jurídicas, com o objetivo de obter a cooperação das mesmas em benefício do patrimônio histórico e artístico nacional.

Art. 26. Os negociantes de antiguidades, de obras de arte de qualquer natureza, de manuscritos e livros antigos ou raros são obrigados a um registro especial no Serviço do Patrimônio Histórico e Artístico Nacional, cumprindo-lhes, outrossim, apresentar semestralmente ao mesmo relações completas das coisas históricas e artísticas que possuírem.

Art. 27. Sempre que os agentes de leilões tiverem de vender objetos de natureza idêntica a dos mencionados no artigo anterior, deverão apresentar a respectiva relação ao órgão competente do Serviço do Patrimônio Histórico e Artístico Nacional, sob pena de incidirem na multa de cinquenta por cento sobre o valor dos objetos vendidos.

Art. 28. Nenhum objeto de natureza idêntica à dos referidos no art. 26 desta Lei poderá ser posto à venda pelos comerciantes ou agentes de leilões, sem que tenha sido previamente autenticado pelo Serviço do Patrimônio Histórico e Artístico Nacional, ou por perito em que o mesmo se louvar, sob pena de multa de cinquenta por cento sobre o valor atribuído ao objeto.

Parágrafo único. A. autenticação do mencionado objeto será feita mediante o pagamento de uma taxa de peritagem de cinco por cento sobre o valor da coisa, se este for inferior ou equivalente a um conto de réis, e de mais cinco mil-réis por conto de réis ou fração, que exceder.

Art. 29. O titular do direito de preferência goza de privilégio especial sobre o valor produzido em praça por bens tombados, quanto ao pagamento de multas impostas em virtude de infrações da presente lei.

Parágrafo único. Só terão prioridade sobre o privilégio a que se refere este artigo os créditos inscritos no registro competente, antes do tombamento da coisa pelo Serviço do Patrimônio Histórico e Artístico Nacional.

Art. 30. Revogam-se as disposições em contrário.

Rio de Janeiro, 30 de novembro de 1937, 116º da Independência e 49º da República.

GETULIO VARGAS

D.O.U. de 6.12.1937

DECRETO-LEI 1.608, DE 18 DE SETEMBRO DE 1939

Código de Processo Civil.

- *CPC de 1939*

O PRESIDENTE DA REPÚBLICA, usando da atribuição que lhe confere o artigo 180 da Constituição, decreta a seguinte Lei:

(...)

CÓDIGO DE PROCESSO CIVIL

LIVRO IV DOS PROCESSOS ESPECIAIS

TÍTULO IX DO LOTEAMENTO E VENDA DE IMÓVEIS A PRESTAÇÕES

Art. 345. Quando terceiro impugnar o registro de imóvel loteado para a venda em prestações, ou quando o oficial tiver dúvida em registrá-lo, os autos serão conclusos ao juiz competente para conhecer da impugnação ou dúvida.

§ 1º A impugnação não fundada em direito real comprovado será rejeitada in limine.

§ 2º Se a impugnação for acompanhada de prova de direito real, o juiz dará vista ao impugnado pelo prazo de 5 (cinco) dias, findo o qual proferirá a decisão, que será publicada pelo oficial, em cartório, para ciência dos interessados.

§ 3º Em caso de dúvida manifestada pelo oficial, o juiz poderá ouvir quem promoveu o registro.

Art. 346. Recusando-se o compromitente a outorgar escritura definitiva de compra e venda, será intimado, se o requerer o compromissário, a dá-la nos 5 (cinco) dias seguintes, que correrão em cartório.

§ 1º Se o compromitente nada alegar, o juiz, depositado o restante do preço, adjudicará o lote ao comprador, mandando:

a) que se consignem no termo, além de outras especificações, as cláusulas do compromisso;

b) que se expeça a carta de adjudicação, depois de pagos os impostos devidos, inclusive o de transmissão;

c) que se cancele a inscrição hipotecária relativa aos lotes adjudicados.

§ 2º Se, no prazo referido neste artigo, o compromitente alegar matéria relevante, o juiz mandará que o compromissário a conteste em 5 (cinco) dias.

§ 3º Havendo alegações que dependam de prova, proceder-se-á de conformidade com o disposto no art. 685.

§ 4º Estando a propriedade hipotecada, será também citado o credor para autorizar o cancelamento parcial da inscrição, quanto aos lotes comprometidos.

Art. 347. O compromitente que houver recebido todas as prestações, e apresentar documento comprobatório do registro, poderá requerer a notificação do compromissário, para, no prazo de 30 (trinta) dias, que correrá em cartório, receber a escritura definitiva de compra e venda.

Parágrafo único. Não sendo assinada a escritura nesse prazo, o lote comprometido será depositado, por conta e risco do compromissário, que responderá pelas despesas judiciais e custas do depósito.

Art. 348. No mesmo despacho em que conceder penhora, arresto ou sequestro de imóvel loteado, o juiz, ex officio, mandará fazer, no registro, as devidas anotações.

Art. 349. As multas previstas na lei civil serão impostas pelo juiz, à vista de comunicação documentada do oficial, e inscritas e cobradas pela União.

(...)

TÍTULO XXXVIII
DA DISSOLUÇÃO E LIQUIDAÇÃO DAS SOCIEDADES

Art. 655. A dissolução da sociedade civil, ou mercantil, nos casos previstos em lei ou no contrato social, poderá ser declarada, a requerimento de qualquer interessado, para o fim de ser promovida a liquidação judicial.

Art. 656. A petição inicial será instruída com o contrato social ou com os estatutos.

§ 1º Nos casos de dissolução de pleno direito, o juiz ouvirá os interessados no prazo de 48 (quarenta e oito) horas e decidirá.

§ 2º Nos casos de dissolução contenciosa, apresentada a petição e ouvidos os interessados no prazo de 5 (cinco) dias, o juiz proferirá imediatamente a sentença, se julgar provadas as alegações do requerente.

Se a prova não for suficiente, o juiz designará audiência para instrução e julgamento, e procederá de conformidade com o disposto nos arts. 267 a 272.

Art. 657. Se o juiz declarar, ou decretar, a dissolução, na mesma sentença nomeará liquidante a pessoa a quem pelo contrato, pelos estatutos, ou pela lei, competir tal função.

§ 1º Se a lei, o contrato e os estatutos nada dispuserem a respeito, o liquidante será escolhido pelos interessados, por meio de votos entregues em cartório.

A decisão tomar-se-á por maioria, computada pelo capital dos sócios que votarem e, nas sociedades de capital variável, naquelas em que houver divergência, sobre o capital de cada sócio nas de fins não econômicos, pelo número de sócios votantes, tendo os sucessores apenas um voto.

§ 2º Se forem somente dois os sócios e divergirem, a escolha do liquidante será feita pelo juiz entre pessoas estranhas à sociedade.

§ 3º Em qualquer caso, porém, poderão os interessados, se concordes, indicar, em petição, o liquidante.

Art. 658. Nomeado, o liquidante assinará, dentro de 48 (quarenta e oito) horas, o respectivo termo; não comparecendo, ou recusando a nomeação, o juiz nomeará o imediato em votos ou terceiro estranho, se por aquele também recusada a nomeação.

Art. 659. Se houver fundado receio de rixa, crime, ou extravio, ou danificação de bens sociais, o juiz poderá, a requerimento do interessado, decretar o sequestro daqueles bens e nomear depositário idôneo para administrá-los, até nomeação do liquidante.

Art. 660. O liquidante deverá:

I – levantar o inventário dos bens e fazer o balanço da sociedade, nos 15 (quinze) dias seguintes à nomeação, prazo que o juiz poderá prorrogar por motivo justo;

II – promover a cobrança das dívidas ativas e pagar as passivas, certas e exigíveis, reclamando dos sócios, na proporção de suas quotas na sociedade, os fundos necessários, quando insuficientes os da caixa;

III – vender, com autorização do juiz, os bens de fácil deterioração ou de guarda dispendiosa, e os indispensáveis para os encargos da liquidação, quando se recusarem os sócios a suprir os fundos necessários;

IV – praticar os atos necessários para assegurar os direitos da sociedade, e representá-la ativa e passivamente nas ações que interessarem à liquidação, podendo contratar advogados e empregados com autorização do juiz e ouvidos os sócios;

V – apresentar, mensalmente, ou sempre que o juiz o determinar, balancete da liquidação;

VI – propor a forma da divisão, ou partilha, ou do pagamento dos sócios, quando ultimada a liquidação, apresentando o relatório dos atos e operações que houver praticado;

VII – prestar contas de sua gestão, quando terminados os trabalhos, ou destituído das funções.

Art. 661. Os liquidantes serão destituídos pelo juiz, ex officio, ou a requerimento de qualquer interessado, se faltarem ao cumprimento do dever, ou retardarem injustificadamente o andamento do processo, ou procederem com dolo ou má-fé, ou tiverem interesse contrário ao da liquidação.

Art. 662. As reclamações contra a nomeação do liquidante e os pedidos de sua destituição serão processados e julgados na forma do Título XXVIII deste Livro.

Art. 663. Feito o inventário e levantado o balanço, os interessados serão ouvidos no prazo comum de 5 (cinco) dias, e o juiz decidirá as reclamações, se as comportar a natureza do processo, ou, em caso contrário, remeterá os reclamantes para as vias ordinárias.

Art. 664. Apresentado o plano de partilha, sobre ele dirão os interessados, em prazo comum de 5 (cinco) dias, que correrá em cartório; e o liquidante, em seguida, dirá, em igual prazo, sobre as reclamações.

Art. 665. Vencidos os prazos do artigo antecedente e conclusos os autos, o juiz aprovará, ou não, o plano de partilha, homologando-a, por sentença, ou mandando proceder ao respectivo cálculo, depois de decidir as dúvidas e reclamações.

Art. 666. Se a impugnação formulada pelos interessados exigir prova, o juiz designará dia e hora para a audiência de instrução e julgamento.

Art. 667. Ao liquidante estranho o juiz arbitrará a comissão de 1% (um por cento) a 5% (cinco por cento) sobre o ativo líquido, atendendo à importância do acervo social e ao trabalho da liquidação.

Art. 668. Se a morte ou a retirada de qualquer dos sócios não causar a dissolução da sociedade, serão apurados exclusivamente os seus haveres, fazendo-se o pagamento pelo modo estabelecido no contrato social, ou pelo convencionado, ou, ainda, pelo determinado na sentença. (Redação dada pelo Dec.-lei 4.565/1942)

Art. 669. A liquidação de firma individual far-se-á no juízo onde for requerido o inventário.

Art. 670. A sociedade civil com personalidade jurídica, que promover atividade ilícita ou imoral, será dissolvida por ação direta, mediante denúncia de qualquer do povo, ou do órgão do Ministério Público.

Art. 671. A divisão e a partilha dos bens sociais serão feitas de acordo com os princípios que regem a partilha dos bens da herança.

Parágrafo único. Os bens que aparecerem depois de julgada a partilha serão sobrepartilhados pelo mesmo processo estabelecido para a partilha dos bens da herança.

Art. 672. Não sendo mercantil a sociedade, as importâncias em dinheiro pertencentes à liquidação serão recolhidas ao Banco do Brasil, ou, se não houver agência desse Banco, a outro estabelecimento bancário acreditado, de onde só por alvará do juiz poderão ser retiradas.

Art. 673. Não havendo contrato ou instrumento de constituição de sociedade, que regule os direitos e obrigações dos sócios, a dissolução judicial será requerida pela forma do processo ordinário e a liquidação far-se-á pelo modo estabelecido para a liquidação das sentenças.

Art. 674. A dissolução das sociedades anônimas far-se-á na forma do processo ordinário.

Se não for contestado, o juiz mandará que se proceda à liquidação, na forma estabelecida para a liquidação das sociedades civis ou mercantis.

(...)

LIVRO V
DOS PROCESSOS ACESSÓRIOS

TÍTULO X
DOS PROTESTOS, NOTIFICAÇÕES E INTERPELAÇÕES E DOS PROTESTOS FORMADOS A BORDO

CAPÍTULO II
DOS PROTESTOS FORMADOS A BORDO

Art. 725. O protesto ou processo testemunhável formado a bordo declarará os motivos da determinação do capitão, conterá relatório circunstanciado do sinistro e referirá, em resumo, a derrota até o ponto do mesmo sinistro, declarando a altura em que ocorreu.

Art. 726. O protesto ou processo testemunhável será escrito pelo piloto, datado e assinado pelo capitão, pelos maiores da tripulação, imediato, chefe de máquina, médico, pilotos, mestres, e por igual número de passageiros, com a indicação dos respectivos domicílios.

Parágrafo único. Lavrar-se-á no diário de navegação ata, que precederá o protesto e conterá a determinação motivada do capitão.

Art. 727. Dentro das 24 (vinte e quatro) horas úteis da entrada do navio no porto, o capitão se apresentará ao juiz, fazendo-lhe entrega do protesto ou processo testemunhável, formado a bordo, e do diário de navegação.

O juiz não admitirá a ratificação, se a ata não constar do diário.

Art. 728. Feita a notificação dos interessados, o juiz, nomeando curador aos ausentes, procederá na forma do art. 685.

Art. 729. Finda a inquirição e conclusos os autos, o juiz, por sentença, ratificará o protesto, mandando dar instrumento à parte.

TÍTULO XI
DO PROTESTO E APREENSÃO DE TÍTULOS

Art. 730. A intimação do protesto de títulos, ou contas assinadas ou judicialmente verificadas, far-se-á por carta do oficial competente, registada ou entregue em mão própria.

Parágrafo único. Quando não for encontrado o devedor ou se tratar de pessoa desconhecida ou incerta, a intimação far-se-á pela imprensa.

Art. 731. Si o oficial opuser dúvidas ou dificuldades à tomada do protesto, ou à entrega do respectivo instrumento, a parte poderá reclamar em petição ao juiz, que ouvirá imediatamente o oficial e decidirá. A decisão será transcrita no instrumento.

Art. 732. A apreensão judicial do título não restituído ou sonegado, pelo emitente, sacado, ou aceitante, e a prisão daquele que tendo-o recebido para firmar o aceite ou efetuar o pagamento, se recusar a entregá-lo, serão precedidas de prova da entrega do título.

Parágrafo único. O juiz procederá de acordo com o disposto no art. 685, e, justificado o pedido, ordenará a apreensão do título e decretará a prisão.

Art. 733. Cessará a prisão:

I – si o devedor restituir o título, ou pagar o seu valor e as despesas feitas, ou o exibir para ser levado a depósito;

II – quando o requerente desistir;

III – não sendo iniciada a ação penal dentro do prazo da lei;

IV – não sendo proferido o julgamento dentro de noventa (90) dias da data da execução do mandado.

Art. 734. Havendo contestação do crédito, o depósito das importâncias referido no artigo antecedente não será levantado antes de passada em julgado a sentença.

TÍTULO XII
DA JUSTIFICAÇÃO

Art. 735. A parte que pretender justificar, para servir de prova em processo regular, a existência de ato ou relação jurídica, deduzirá, em petição circunstanciada, a sua intenção, requerendo que, provado quanto baste, com a citação dos interessados, as julgue a justificação por sentença.

Art. 736. A justificação consistirá na inquirição de testemunhas sobre os fatos alegados, podendo o justificante juntar quaisquer títulos ou documentos que a comprovem.

Art. 737. A parte citada para a justificação poderá contestar as testemunhas, reinquiri-las e pronunciar-se sobre os documentos, dos quais terá vista em cartório por vinte e quatro (24) horas.

Art. 738. Produzida a prova, o juiz dará sentença, de que não caberá recurso, e os autos serão entregues ao justificante, quarenta e oito (48) horas depois, independentemente de traslado, salvo se, dentro daquele prazo, a parte interessada houver pedido certidão.

TÍTULO XIII
DA POSSE EM NOME DO NASCITURO

ART. 739. A mulher que, para garantia dos direitos do filho nascituro, quiser provar seu estado de gravidez, requererá ao juiz que, ouvido o órgão do Ministério Público, mande examiná-la por dois (2) médicos, instruindo o requerimento com a certidão de óbito da pessoa em cujos bens deva suceder o nascituro.

§ 1º Será dispensado o exame, se os herdeiros do de cujus aceitarem a declaração da requerente.

§ 2º Em caso algum a falta de exame prejudicará os direitos do nascituro.

Art. 740. Nomeados, os peritos farão o exame, comunicando o resultado em documento subscrito por ambos.

Parágrafo único. Divergindo os peritos, o juiz nomeará desempatador, que apresentará laudo por escrito.

Art. 741. Verificada a gravidez, o juiz, por sentença, declarará a requerente investida na posse dos direitos que assistam ao nascituro.

Parágrafo único. Si à requerente não couber o exercício do pátrio poder, o juiz nomeará curador ao nascituro.

TÍTULO XIV
DA HABILITAÇÃO PARA CASAMENTO

Art. 742. Na habilitação para casamento, os interessados apresentarão, além dos documentos exigidos pela lei civil, atestado de residência firmado pela autoridade policial, se o exigir o órgão do Ministério Público.

Art. 743. As justificações requeridas serão feitas com a ciência do órgão do Ministério Público e julgadas pelo juiz.

O órgão do Ministério Público acompanhará os processos de habilitação e requererá o que for conveniente à sua regularidade.

Art. 744. Para a dispensa de proclamas, nos casos em que a lei a permite, os contraentes, em petição dirigida ao juiz, deduzirão os motivos da urgência do casamento, provando-os desde logo por documentos ou testemunhas ouvidas com a ciência do órgão do Ministério Público.

Parágrafo único. Quando o pedido se fundar em crime contra a honra da mulher, a dispensa dos proclamas será precedida de audiência dos contraentes, em separado, e em segredo de justiça.

Art. 745. Nos casamentos celebrados em iminente risco de vida, sem a presença da autoridade competente, os depoimentos das testemunhas serão reduzidos a termo, dentro de um tríduo, pelo processo das justificações avulsas, e o juiz verificará se os contraentes poderiam ter-se habilitado na forma comum e decidirá, afinal, no prazo de dez (10) dias, ouvidos os interessados que o requererem.

TÍTULO XV
DA HABILITAÇÃO INCIDENTE

Art. 746. A habilitação, que se processará nos próprios autos da causa, poderá ser promovida pelos herdeiros da parte falecida ou por qualquer interessado.

Art. 747. Não será necessária a sentença de habilitação:

I – si ficar cônjuges ou herdeiro necessário, bastando que o cônjuge sobrevivente ou o herdeiro prove, por documentos, a sua qualidade e o óbito do de cujus, e promova a citação da parte contrária para a renovação da instância;

II – si, em outra causa, sentença passada em julgado houver atribuído a qualidade de herdeiro ao habilitando;

III – si, oferecidos os artigos de habilitação, a parte confessar por petição nos autos e não houver oposição de terceiro.

Art. 748. Exceto os casos previstos no artigo antecedente, a habilitação dependerá, de sentença e será deduzida por petição, citada a outra parte para contestá-la, dentro do prazo de cinco (5) dias.

§ 1º A citação será pessoal, si a parte não tiver procurador constituído na causa.

§ 2º Quando incertos, os herdeiros serão, citados por edital, na forma determinada neste Código, correndo a causa com o curador nomeado e com o órgão do Ministério Público, si, findo o prazo, os citados não comparecerem.

Art. 749. Findo o prazo, com a contestação, ou sem ela, proceder-se-á de acordo com o disposto no art. 685.

Art. 750. O cessionário ou sub-rogado poderá, sem habilitação, prosseguir na causa, juntando aos autos o título da cessão ou da sub-rogação e promovendo a citação da parte adversa.

Parágrafo único. Todavia, os cessionários dos herdeiros só depois da habilitação destes poderão apresentar-se.

Art. 751. Pendente o feito de decisão da instância superior, a habilitação será requerida ao juiz relator e perante ele processada, na forma estabelecida neste Capítulo.

Art. 752. Preparado o processo, serão os autos conclusos ao relator, que, apresentando-os em mesa, relatará o incidente e, com os demais juízes, julgará a habilitação.

Art. 753. O processo não será interrompido pela habilitação, que se fará depois de publicada a sentença, quando:

I – na primeira instância, estiver encerrada a instrução;

II – na superior instância, estiver com dia para julgamento. ter-se habilitado na forma comum e decidirá, afinal, no prazo de 10 (dez) dias, ouvidos os interessados que o requererem.

TÍTULO XVI
DO DINHEIRO A RISCO

Art. 754. Para que o capitão, à falta de outros meios, possa tomar dinheiro a risco sobre o casco e pertenças do navio e remanescentes dos fretes, ou vender mercadorias da carga, é indispensável:

I – que prove o pagamento das soldadas;

II – que prove absoluta falta de fundos em seu poder, pertencentes à embarcação;

III – que não se ache presente o proprietário da embarcação, ou mandatário ou consignatário, nem qualquer interessado na carga, ou que, presente qualquer deles, prove o capitão haver-lhe, sem resultado, pedido providências;

IV – que seja a deliberação tomada de acordo com os oficiais, lavrando-se, no diário de navegação, termo de que conste a necessidade da medida.

Art. 755. A justificação desses requisitos far-se-á perante o juiz de direito do porto onde se tomar o dinheiro a risco ou se venderem as mercadorias, e será julgada procedente para produzir os efeitos de direito.

TÍTULO XVII
DA VISTORIA DE FAZENDAS AVARIADAS

Art. 756. Salvo prova em contrário, o recebimento de bagagem ou mercadorias, sem protesto do destinatário, constituirá presunção de que foram entregues em bom estado e em conformidade com o documento de transporte.

§ 1º Em caso de avaria, o destinatário deverá protestar junto ao transportador dentro em 3 (três) dias do recebimento da bagagem, e em 5 (cinco) da data do recebimento da mercadoria.

§ 2º A reclamação, por motivo de atraso, far-se-á dentro de 15 (quinze) dias, contados daquele em que a bagagem ou mercadoria tiver sido posta à disposição do destinatário.

§ 3º O protesto, nos casos acima, far-se-á mediante ressalva no próprio documento de transporte, ou em separado.

§ 4º Salvo o caso de fraude do transportador, contra ele não se admitirá ação, se não houver protesto nos prazos deste artigo.

TÍTULO XVIII
DA APREENSÃO DE EMBARCAÇÕES

Art. 757. Provando-se que navio registrado como nacional obteve o registro sub-repticiamente ou que perdeu, há mais de 6 (seis) meses, as condições para continuar considerado nacional, a autoridade fiscal competente do lugar, em que se houver realizado o registro ou do lugar onde se verificar a infração dos preceitos legais, apreenderá o navio, pondo-o imediatamente à disposição do juiz de direito da comarca.

Art. 758. Enquanto o juiz não nomear depositário, exercerá tal função a autoridade a quem competia o registro, a qual procederá ao arrolamento e inventário do que existir a bordo, mediante termo assinado pelo capitão, ou pelo mestre, se o quiser assinar.

Art. 759. As mercadorias encontradas a bordo serão, para todos os efeitos, havidas como contrabando.

Parágrafo único. Serão da competência das autoridades fiscais a apreensão do contrabando e o processo administrativo, inclusive a aplicação de multas.

Art. 760. O juiz julgará por sentença a apreensão e mandará proceder à venda, em hasta pública, da coisa apreendida.

Art. 761. Efetuada a venda e deduzidas as despesas, inclusive a percentagem do depositário, arbitrada pelo juiz, depositar-se-á o saldo para ser levantado por quem de direito.

TÍTULO XIX
DA AVARIA A CARGO DO SEGURADOR

Art. 762. Para que o dano sofrido pelo navio ou por sua carga se considere avaria, a cargo do segurador, dois peritos arbitradores declararão, após os exames necessários:

I – a causa do dano;
II – a parte da carga avariada, como indicação de marcas, números ou volumes;
III – o valor dos objetos avariados e o custo provável do conserto ou restauração, se se tratar do navio ou de suas pertenças.

§ 1º As diligências, vistorias e exames se processarão com a presença dos interessados, por ordem do juiz de direito da comarca, que, na ausência das partes, nomeará, ex officio, pessoa idônea que as represente.

§ 2º As diligências, vistorias e exames relativos ao casco do navio e suas pertenças serão realizados antes de iniciado o conserto.

Art. 763. Os efeitos avariados serão vendidos em leilão público a quem mais der, e pagos no ato da arrematação. Quando o navio tiver de ser vendido, o juiz determinará a venda, em separado, do casco e de cada pertença, se lhe parecer conveniente.

Art. 764. A estimação do preço para o cálculo da avaria será feita em conformidade com o disposto na lei comercial.

TÍTULO XX
DAS AVARIAS

ART. 765. O capitão, antes de abrir as escotilhas do navio, poderá exigir dos consignatários da carga que caucionem o pagamento da avaria, a que suas respectivas mercadorias foram obrigadas no rateio da contribuição comum.

Recusando-se os consignatários a prestar a caução, o capitão poderá requerer depósito judicial dos efeitos obrigados à contribuição, ficando o preço da venda sub-rogado para com ele efetuar-se o pagamento da avaria comum, logo que se proceda ao rateio.

Art. 766. Nos prazos de 60 (sessenta) dias, se se tratar de embarcadores residentes no Brasil, e de 120 (cento e vinte), se de residentes no estrangeiro, contados do dia em que tiver sido requerida a caução de que trata o artigo antecedente, o armador fornecerá os documentos necessários ao ajustador para regular a avaria, sob pena de ficar sujeito aos juros da mora.

O ajustador terá o prazo de 1 (um) ano, contado da data da entrega dos documentos, para apresentar o regulamento da avaria, sob pena de desconto de 10% (dez por cento) dos honorários, por mês de retardamento, aplicada pelo juiz, ex officio, e cobrável em selos, quando conclusos os autos para o despacho de homologação.

Art. 767. Oferecido o regulamento da avaria, dele terão vista os interessados em cartório, por 20 (vinte) dias. Não havendo impugnação, o regulamento será homologado; em caso contrário, terá o ajustador o prazo de 10 (dez) dias para contrariá-la, subindo o processo, em seguida, ao juiz.

Art. 768. A sentença que homologar a repartição das avarias comuns mandará indenizar cada um dos contribuintes, tendo força de definitiva e sendo exequível desde logo, ainda que dela se recorra.

TÍTULO XXI
DOS SALVADOS MARÍTIMOS

(Título XXI revogado pela Lei 7.542/1986)

Art. 769. (Revogado pela Lei 7.542/1986).

Art. 770. (Revogado pela Lei 7.542/1986).

Art. 771. (Revogado pela Lei 7.542/1986).

TÍTULO XXII
DAS ARRIBADAS FORÇADAS

Art. 772. Nos portos não alfandegados ou não habilitados competirá ao juiz autorizar a descarga do navio arribado que necessitar de conserto.

O juiz que autorizar a descarga comunicará logo o ocorrido à alfândega ou mesa de rendas mais próxima, a fim de que providencie de acordo com as leis alfandegárias.

Art. 773. As providências do artigo precedente serão também autorizadas nos seguintes casos:

I – quando, abandonado o navio arribado, ou havido por inavegável, o capitão requererá depósito da carga ou baldeação desta para outro navio;
II – quando a descarga for necessária para aliviar navio encalhado em baixio ou banco, em águas jurisdicionais.

Art. 774. Nas hipóteses dos artigos anteriores, se necessária a venda de mercadorias da carga do navio arribado, para pagamento de despesas com seu conserto, ou com a descarga, ou com o depósito e reembarque das mercadorias, ou seu aparelhamento para navegação, ou outras despesas semelhantes, o capitão, ou o consignatário, requererá ao juiz, nos casos em que este for competente, autorização para a venda.

§ 1º A venda não será autorizada sem caução para garantia do pagamento dos impostos devidos.

§ 2º O juiz que autorizar a venda comunicará logo o fato à alfândega ou mesa de rendas mais próxima e ao Ministério da Fazenda.

§ 3º Igualmente se procederá no caso de ser requerida venda de mercadorias avariadas não suscetíveis de beneficiamento.

Art. 775. A decisão das dúvidas e contestações sobre a entrega das mercadorias, ou do seu produto, competirá privativamente ao juiz de direito, ainda que se trate de embarcações estrangeiras, quando não houver, na localidade, agente consular do país com o qual o Brasil tenha celebrado tratado ou convenção.

Parágrafo único. Ouvido, no prazo de 5 (cinco) dias, o órgão do Ministério Público, ou o procurador da República, se o houver na comarca, o juiz decidirá no mesmo prazo, à vista da promoção e das alegações e provas produzidas pelos interessados.

(...)

Rio de Janeiro, em 18 de setembro de 1939; 118º da Independência e 51º da República.

Getúlio Vargas

D.O.U. de 31.12.1939

DECRETO-LEI Nº 2.627, DE 26 DE SETEMBRO DE 1940

Dispõe sobre as sociedades por ações.

▸ *Sociedade anônima*

O PRESIDENTE DA REPÚBLICA, usando da atribuição que lhe confere o art. 180 da Constituição, decreta:

CAPÍTULO I. DAS CARACTERÍSTICAS E NATUREZA DA SOCIEDADE ANÔNIMA OU COMPANHIA

Arts. 1º a 3º. (Revogados pela Lei nº 6.404, de 1976).

CAPÍTULO II. DO CAPITAL SOCIAL

Arts. 4º a 8º. (Revogados pela Lei nº 6.404, de 1976)

CAPÍTULO III. DAS AÇÕES

Arts. 9º a 30. (Revogados pela Lei nº 6.404, de 1976)

CAPÍTULO IV. DAS PARTES BENEFICIÁRIAS

Arts. 31 a 37. (Revogados pela Lei nº 6.404, de 1976).

CAPÍTULO V. DA CONSTITUIÇÃO DA SOCIEDADE ANÔNIMA OU COMPANHIA

Arts. 38 a 49. (Revogados pela Lei nº 6.404, de 1976).

CAPÍTULO VI. DO ARQUIVAMENTO E DA PUBLICIDADE DOS ATOS CONSTITUTIVOS

Arts. 50 a 55. (Revogados pela Lei nº 6.404, de 1976).

CAPÍTULO VII. DOS LIVROS

Arts. 56 a 58. (Revogados pela Lei nº 6.404, de 1976).

CAPÍTULO VIII. DA SOCIEDADE ANÔNIMA OU COMPANHIA CUJO FUNCIONAMENTO DEPENDE DE AUTORIZAÇÃO DO GOVERNO, SOCIEDADES ANÔNIMAS OU COMPANHIAS NACIONAIS E ESTRANGEIRAS.

Art. 59. A sociedade anônima ou companhia que dependa de autorização do Governo para funcionar, reger-se-á por esta lei, sem prejuízo do que estabelecer a lei especial.

Parágrafo único. A competência para a autorização é sempre do Governo Federal.

Art. 60. São nacionais as sociedades organizadas na conformidade da lei brasileira e que têm no país a sede de sua administração.

Parágrafo único. Quando a lei exigir que todos os acionistas ou certo número deles sejam brasileiros, as ações da companhia ou sociedade anônima revestirão a forma nominativa. Na sede da sociedade ficará arquivada uma cópia autêntica do documento comprobatório da nacionalidade.

Art. 61. O requerimento ou pedido de autorização das sociedades nacionais deve ser acompanhado:

a) do projeto dos estatutos;

b) da lista dos subscritores, organizada como se prescreve em o art. 42;

c) do documento comprobatório do depósito, em dinheiro, da décima parte do capital, se maior percentagem não for exigida pela lei especial (art. 38);

d) de cópia autêntica da ata da assembleia de constituição ou certidão da escritura pública, se por essa forma se houver constituído a sociedade.

§ 1º. O Governo poderá determinar alterações ou aditamentos nos estatutos da sociedade. Verificada tal hipótese, os fundadores convocarão os subscritores, afim de que deliberem, em assembleia, que funcionará na forma prevista no art. 44, sobre as alterações ou aditamentos exigidos pelo Governo; aprovadas as alterações ou aditamentos, os fundadores juntarão ao processo de autorização cópia autêntica da ata.

§ 2º. O Governo poderá ordenar que a sociedade, cumpridas as formalidades legais para o seu funcionamento, promova, na Bolsa de Valores da Capital da República, a cotação de seus títulos. Essa determinação é obrigatória para as sociedades que gozem, ou venham a gozar, de favores do Governo Federal.

§ 3º. Concedida a autorização, o respectivo decreto e os demais atos a que alude este artigo deverão, mediante certidões passadas pela repartição competente e dentro de 30 (trinta) dias, depois de pagos os emolumentos e impostos devidos, ser publicados no órgão oficial da União, do qual se arquivará um exemplar no Registro do Comércio da sede da sociedade.

§ 4º. A certidão do arquivamento será publicada no referido órgão oficial.

§ 5º. Qualquer alteração ou modificação dos estatutos sociais dependerá de aprovação do Governo Federal.

Art. 62. O Governo Federal poderá recusar a autorização pedida, se a sociedade anônima ou companhia não satisfizer as condições econômicas, financeiras ou jurídicas especificadas na lei, ou quando sua criação contrariar os interesses da economia nacional.

Art. 63. As sociedades anônimas ou companhias nacionais, que dependem de autorização do Governo para funcionar, não poderão constituir-se sem prévia autorização, quando seus fundadores pretenderem recorrer a subscrição pública para a formação do capital.

Parágrafo único. Os fundadores deverão juntar ao seu requerimento cópias autênticas do projeto dos estatutos e do prospecto (artigo 40, I e II), observando-se o disposto nos §§ 1º e 2º do art. 61. Obtida a autorização e constituída a sociedade, serão os respectivos atos arquivados e publicados, como dispõem os arts. 51 a 54.

Art. 64. As sociedades anônimas ou companhias estrangeiras, qualquer que seja o seu objeto, não podem, sem autorização do Governo Federal, funcionar no país, por si mesmas, ou por filiais, sucursais, agências, ou estabelecimentos que as representem, podendo, todavia, ressalvados os casos expressos em lei, ser acionistas de sociedade anônima brasileira (art. 60).

Parágrafo único. O pedido ou requerimento de autorização deve ser instruído com:

a) prova de achar-se a sociedade constituída conforme a lei de seu país;

b) o inteiro teor dos estatutos;

c) a lista dos acionistas, com os nomes, profissões, domicílios e número de ações de cada um, salvo quando, por serem as ações ao portador, for impossível cumprir tal exigência;

d) cópia da ata da assembleia geral que autorizou o funcionamento no Brasil e fixou o capital destinado às operações no território nacional;

e) prova de nomeação do representante no Brasil, ao qual devem ser concedidos poderes para aceitar as condições em que é dada a autorização:

f) o último balanço.

Todos os documentos devem estar autenticados, na conformidade da lei nacional da sociedade anônima requerente, e legalizados no Consulado Brasileiro da sede respectiva.

Com os documentos originais, serão oferecidas as respectivas traduções em vernáculo, feitas por tradutor público juramentado.

Art. 65. O Governo Federal, na autorização, poderá estabelecer as condições que julgar convenientes à defesa dos interesses nacionais, além das exigidas por lei especial, inclusive a constante do art. 61, § 2º.

Aceitas as condições pelo representante da sociedade anônima requerente, o Governo expedirá o decreto de autorização, observando-se, em seguida, as prescrições dos §§ 3º e 4º do art. 61.

Parágrafo único. Será também arquivado o documento comprobatório do depósito, em dinheiro, da parte do capital destinado às operações no país, capital que o Governo fixará no decreto de autorização.

Art. 66. As sociedades anônimas estrangeiras funcionarão no território nacional com a mesma denominação que tiverem no seu país de origem, podendo, entretanto, acrescentar as palavras – "do Brasil" ou "para o Brasil".

Art. 67. As sociedades anônimas estrangeiras, autorizadas a funcionar, são obrigadas a ter, permanentemente, representante no Brasil, com plenos poderes para tratar de quaisquer questões e resolvê-las definitivamente, podendo ser demandado e receber citação inicial pela sociedade.

Parágrafo único. Só depois de arquivado no Registro do Comércio o instrumento de sua nomeação poderá o representante entrar em relação com terceiros.

Art. 68. As sociedades anônimas estrangeiras autorizadas a funcionar ficarão sujeitas às leis e aos tribunais brasileiros quanto aos atos ou operações que praticarem no Brasil.

Art. 69. Qualquer alteração que a sociedade anônima estrangeira fizer nos seus estatutos dependerá de aprovação do Governo Federal para produzir efeitos em território brasileiro.

Art. 70. As sociedades anônimas estrangeiras devem, sob pena de ser-lhes cassada a autorização para funcionar no país, reproduzir no órgão oficial da União, e do Estado, si for caso (art. 173), as publicações que, segundo a sua lei nacional ou de origem, sejam obrigadas a fazer relativamente ao balanço, conta de lucros e perdas e atos de sua administração.

Parágrafo único. Sob a mesma pena, deverão as referidas sociedades publicar o balanço anual e a conta de lucros e perdas das sucursais, filiais ou agências existentes no país.

Art. 71. A sociedade anônima estrangeira, autorizada a funcionar no país, pode, mediante autorização do Governo Federal, nacionalizar-se, transferindo sua sede para o Brasil.

§ 1º. Para esse fim, deverá, por seus representantes habilitados; oferecer, com o requerimento, os documentos exigidos no art. 64, parágrafo único, letras a, b e c, sem a exceção admitida nesta letra, e f, a prova da realização do capital, pela forma declarada nos estatutos, e a ata, da assembleia geral em que foi resolvida a nacionalização.

§ 2º. O Governo Federal poderá impor as condições que julgar convenientes à defesa dos interesses nacionais.

§ 3º. Aceitas pelo representante habilitado as condições, expedirá o Governo Federal o decreto de nacionalização, observando-se, em seguida, o disposto nos §§ 3º o 4º do art. 61.

Art. 72. A sociedade anônima ou companhia brasileira somente poderá mudar de nacionalidade mediante o consentimento unânime dos acionistas.

Art. 73. O Governo Federal poderá, a qualquer tempo, e sem prejuízo da responsabilidade penal que couber, cassar a autorização, concedida às sociedades anônimas, nacionais ou estrangeiras, quando infringirem disposição de ordem pública ou praticarem atos contrários aos fins declarados nos estatutos ou nocivos à economia nacional.

CAPÍTULO IX. DAS RELAÇÕES ENTRE A SOCIEDADE ANÔNIMA OU COMPANHIA E SEUS ACIONISTAS

Arts. 74 a 85. (Revogados pela Lei nº 6.404, de 1976).

CAPÍTULO X. DA ASSEMBLEIA GERAL

SEÇÃO I. DISPOSIÇÕES GERAIS

Arts. 86 a 97. (Revogados pela Lei nº 6.404, de 1976).

SEÇÃO II. DA ASSEMBLEIA GERAL ORDINÁRIA

Arts. 98 a 103. (Revogados pela Lei nº 6.404, de 1976).

SEÇÃO III. DA ASSEMBLEIA GERAL EXTRAORDINÁRIA REFORMA DOS ESTATUTOS

Arts. 104 a 115. (Revogados pela Lei nº 6.404, de 1976)

CAPÍTULO XI. DA DIRETORIA

Arts. 116 a 123. (Revogados pela Lei nº 6.404, de 1976)

CAPÍTULO XII. DO CONSELHO FISCAL

Arts. 124 a 128. (Revogados pela Lei nº 6.404, de 1976).

CAPÍTULO XIII. DO EXERCÍCIO SOCIAL BALANÇO, AMORTIZAÇÕES, RESERVAS E DIVIDENDOS

Arts. 129 a 136. (Revogados pela Lei nº 6.404, de 1976).

CAPÍTULO XIV. DA LIQUIDAÇÃO

Arts. 137 a 148. (Revogados pela Lei nº 6.404, de 1976).

CAPÍTULO XV. DA TRANSFORMAÇÃO, DA INCORPORAÇÃO E DA FUSÃO

Arts. 149 a 154. (Revogados pela Lei nº 6.404, de 1976).

CAPÍTULO XVI. DAS AÇÕES, DA PRESCRIÇÃO E DA CADUCIDADE

Arts. 155 a 162. (Revogados pela Lei nº 6.404, de 1976).

CAPÍTULO XVII.
DAS SOCIEDADES EM COMANDITA POR AÇÕES

Arts. 163 a 166. (Revogados pela Lei nº 6.404, de 1976).

CAPÍTULO XVIII.
DISPOSIÇÕES PENAIS

Arts. 167 a 172. (Revogados pela Lei nº 6.404, de 1976).

CAPÍTULO XIX.
DISPOSIÇÕES GERAIS

Arts. 173 a 177. (Revogados pela Lei nº 6.404, de 1976).

CAPÍTULO XX.
DISPOSIÇÕES TRANSITÓRIAS

Art. 178. A presente lei entrará em vigor sessenta dias depois de publicada; aplicando-se, todavia, a partir da data da publicação às sociedades por ações que se constituirem.

Arts. 179 e 180. (Revogados pela Lei 6.404, de 1976).

Rio de Janeiro, 26 de setembro de 1940, 119º da Independência e 52º da República.

GETÚLIO VARGAS
D.O.U. de 1º.10.1988

DECRETO-LEI Nº 3.240, DE 8 DE MAIO DE 1941

Sujeita a seqüestro os bens de pessoas indiciadas por crimes de que resulta prejuizo para a fazenda pública, e outros.

O PRESIDENTE DA REPÚBLICA, usando da atribuição que lhe confere o art. 180 da Constituição,

DECRETA:

Art. 1º Ficam sujeitos a sequestro os bens de pessoa indiciada por crime de que resulta prejuizo para a fazenda pública, ou por crime definido no Livro II, Títulos V, VI e VII da Consolidação das Leis Penais desde que dele resulte locupletamento ilícito para o indiciado.

Art. 2º O sequestro é decretado pela autoridade judiciária, sem audiência da parte, a requerimento do ministério público fundado em representação da autoridade incumbida do processo administrativo ou do inquérito policial.

§ 1º A ação penal terá início dentro de noventa dias contados da decretação do sequestro.

§ 2º O sequestro só pode ser embargado por terceiros.

Art. 3º Para a decretação do sequestro é necessário que haja indícios veementes da responsabilidade, os quais serão comunicados ao juiz em segredo, por escrito ou por declarações orais reduzidas a termo, e com indicação dos bens que devam ser objeto da medida.

Art. 4º O sequestro pode recair sobre todos os bens do indiciado, e compreender os bens em poder de terceiros desde que estes os tenham adquirido dolosamente, ou com culpa grave.

Os bens doados após a pratica do crime serão sempre compreendidos no sequestro.

§ 1º Quanto se tratar de bens moveis, a autoridade judiciária nomeará depositário, que assinará termo de compromisso de bem e fielmente desempenhar o cargo e de assumir todas as responsabilidades a este inerentes.

§ 2º Tratando-se de imoveis:

1) o juiz determinará, ex-officio, a averbação do sequestro no registo de imoveis;

2) o ministério público promoverá a hipoteca legal em favor da fazenda pública.

Art. 5º Incumbe ao depósitario, alem dos demais atos relativo ao cargo:

1) informar à autoridade judiciária da existência de bens ainda não compreendidos no sequestro;

2) fornecer, à custa dos bens arrecadados, pensão módica, arbitrada pela autoridade judiciária, para a manutenção do indiciado e das pessoas que vivem a suas expensas;

3) prestar mensalmente contas da administração.

Art. 6º Cessa o sequestro, ou a hipoteca:

1) se a ação penal não é iniciada, ou reiniciada, no prazo do artigo 2º, parágrafo único;

2) se, por sentença, transitada em julgado, é julgada extinta a ação ou o réu absolvido.

Art. 7º A cessação do sequestro, ou da hipoteca, não exclue:

1) tratando-se de pessoa que exerça, ou tenha exercido função pública, à incorporação, à fazenda pública, dos bens que foram julgado de aquisição ilegítima;

2) o direito, para a fazenda pública, de pleitear a reparação do dano de acordo com a lei civil.

Art. 8º Transitada em julgado, a sentença condenatória importa a perda, em favor da fazenda pública, dos bens que forem produto, ou adquiridos com o produto do crime, ressalvado o direito de terceiro de boa fé.

Art. 9º Se do crime resulta, para a fazenda pública, prejuizo que não seja coberto na forma do artigo anterior, promover-se-á, no juizo competente, a execução da sentença condenatória, a qual recairá sobre tantos bens quantos bastem para ressarci-lo.

Art. 10. Esta lei aplica-se aos processos criminais já iniciados na data da sua publicação.

Rio de Janeiro, em 8 de maio de 1941, 120º da Independência e 53º da República.

GETÚLIO VARGAS
Francisco Campos
A. de Souza Costa
D.O.U. de 10.5.1941.

DECRETO-LEI Nº 3.365, DE 21 DE JUNHO DE 1941

Dispõe sobre desapropriações por utilidade pública.

- *Desapropriação por utilidade pública*

O PRESIDENTE DA REPÚBLICA, usando da atribuição que lhe confere o art. 180 da Constituição, decreta:

DISPOSIÇÕES PRELIMINARES

Art. 1º. A desapropriação por utilidade pública regular-se-á por esta Lei, em todo o território nacional.

- CF/1988: arts. 5º, XXIV, 22, II, 182, §§ 3º e 4º, III, 184 a 186.
- CC: arts. 1.228, § 3º, e 1.275, V.
- Lei 4.504/1964: arts. 17, a, 18 a 23.
- Lei 4.132/1962 – Desapropriação por interesse social.

Art. 2º. Mediante declaração de utilidade pública, todos os bens poderão ser desapropriados, pela União, pelos Estados, Municípios, Distrito Federal e Territórios.

§ 1º. A desapropriação do espaço aéreo ou do subsolo só se tornará necessária, quando de sua utilização resultar prejuízo patrimonial do proprietário do solo.

- CF/1988: art. 176.

§ 2º Os bens do domínio dos Estados, Municípios, Distrito Federal e Territórios poderão ser desapropriados pela União, e os dos Municípios pelos Estados, mas, em qualquer caso, ao ato deverá preceder autorização legislativa.

§ 3º. É vedada a desapropriação, pelos Estados, Distrito Federal, Territórios e Municípios, de ações, cotas e direitos representativos do capital de instituições e empresas cujo funcionamento dependa de autorização do Governo Federal e se subordine à sua fiscalização, salvo mediante prévia autorização, por decreto do Presidente da República. (Incluído pelo Decreto-lei nº 856, de 1969)

- Súm. 157 do STF.

Art. 3º. Os concessionários de serviços públicos e os estabelecimentos de carater público ou que exerçam funções delegadas de poder público poderão promover desapropriações mediante autorização expressa, constante de lei ou contrato.

Art. 4º. A desapropriação poderá abranger a área contígua necessária ao desenvolvimento da obra a que se destina, e as zonas que se valorizarem extraordinariamente, em consequência da realização do serviço. Em qualquer caso, a declaração de utilidade pública deverá compreendê-las, mencionando-se quais as indispensáveis à continuação da obra e as que se destinam à revenda.

Parágrafo único. Quando a desapropriação destinar-se à urbanização ou à reurbanização realizada mediante concessão ou parceria público-privada, o edital de licitação poderá prever que a receita decorrente da revenda ou utilização imobiliária integre projeto associado por conta e risco do concessionário, garantido ao poder concedente no mínimo o ressarcimento dos desembolsos com indenizações, quando estas ficarem sob sua responsabilidade. (Incluído pela Lei nº 12.873, de 2013)

Art. 5º. Consideram-se casos de utilidade pública:

- Súm. 476 do STF.

a) a segurança nacional;

b) a defesa do Estado;

c) o socorro público em caso de calamidade;

d) a salubridade pública;

e) a criação e melhoramento de centros de população, seu abastecimento regular de meios de subsistência;

f) o aproveitamento industrial das minas e das jazidas minerais, das águas e da energia hidráulica;

g) a assistência pública, as obras de higiene e decoração, casas de saúde, clínicas, estações de clima e fontes medicinais;

h) a exploração ou a conservação dos serviços públicos;

i) a abertura, conservação e melhoramento de vias ou logradouros públicos; a execução de planos de urbanização; o parcelamento do solo, com ou sem edificação, para sua melhor utilização econômica, higiênica ou estética; a construção ou ampliação de distritos industriais; (Redação dada pela Lei nº 9.785, de 1999)

j) o funcionamento dos meios de transporte coletivo;

k) a preservação e conservação dos monumentos históricos e artísticos, isolados ou integrados em conjuntos urbanos ou rurais, bem como as medidas necessárias a manter-lhes e realçar-lhes os aspectos mais valiosos ou característicos e, ainda, a proteção de paisagens e locais particularmente dotados pela natureza;

l) a preservação e a conservação adequada de arquivos, documentos e outros bens móveis de valor histórico ou artístico;

m) a construção de edifícios públicos, monumentos comemorativos e cemitérios;

n) a criação de estádios, aeródromos ou campos de pouso para aeronaves;

o) a reedição ou divulgação de obra ou invento de natureza científica, artística ou literária;

p) os demais casos previstos por leis especiais.

§ 1º. A construção ou ampliação de distritos industriais, de que trata a alínea *i* do *caput* deste artigo, inclui o loteamento das áreas necessárias à instalação de indústrias e atividades correlatas, bem como a revenda ou locação dos respectivos lotes a empresas previamente qualificadas. (Incluído pela Lei nº 6.602, de 1978)

§ 2º. A efetivação da desapropriação para fins de criação ou ampliação de distritos industriais depende de aprovação, prévia e expressa, pelo Poder Público competente, do respectivo projeto de implantação. (Incluído pela Lei nº 6.602, de 1978)

§ 3º Ao imóvel desapropriado para implantação de parcelamento popular, destinado às classes de menor renda, não se dará outra utilização nem haverá retrocessão. (Incluído pela Lei nº 9.785, de 1999)

Art. 6º. A declaração de utilidade pública far-se-á por decreto do Presidente da República, governador, interventor ou prefeito.

Art. 7º. Declarada a utilidade pública, ficam as autoridades administrativas autorizadas a penetrar nos prédios compreendidos na declaração, podendo recorrer, em caso de oposição, ao auxílio de força policial.

Àquele que for molestado por excesso ou abuso de poder, cabe indenização por perdas e danos, sem prejuízo da ação penal.

Art. 8º. O Poder Legislativo poderá tomar a iniciativa da desapropriação, cumprindo, neste caso, ao Executivo, praticar os atos necessários à sua efetivação.

Art. 9º. Ao Poder Judiciário é vedado, no processo de desapropriação, decidir se se verificam ou não os casos de utilidade pública.

Art. 10. A desapropriação deverá efetivar-se mediante acordo ou intentar-se judicialmente dentro de 5 (cinco) anos, contados da data da expedição do respectivo decreto e findos os quais este caducará.

Neste caso, somente decorrido 1 (um) ano, poderá ser o mesmo bem objeto de nova declaração.

Parágrafo único. Extingue-se em 5 (cinco) anos o direito de propor ação que vise a indenização por restrições decorrentes de atos do Poder Público. (Incluído pela Medida Provisória nº 2.183-56, de 2001)

Art. 10-A. O poder público deverá notificar o proprietário e apresentar-lhe oferta de indenização. (Acrescido pela Lei 13.867/2019)

§ 1º A notificação de que trata o *caput* deste artigo conterá:

I - cópia do ato de declaração de utilidade pública;

II - planta ou descrição dos bens e suas confrontações;

III - valor da oferta;

IV - informação de que o prazo para aceitar ou rejeitar a oferta é de 15 (quinze) dias e de que o silêncio será considerado rejeição;

V - (VETADO na Lei 13.867/2019)

§ 2º Aceita a oferta e realizado o pagamento, será lavrado acordo, o qual será título hábil para a transcrição no registro de imóveis.

§ 3º Rejeitada a oferta, ou transcorrido o prazo sem manifestação, o poder público procederá na forma dos arts. 11 e seguintes deste Decreto-Lei.

Art. 10-B. Feita a opção pela mediação ou pela via arbitral, o particular indicará um dos órgãos ou instituições especializados em mediação ou arbitragem previamente cadastrados pelo órgão responsável pela desapropriação. (Acrescido pela Lei 13.867/2019)

§ 1º A mediação seguirá as normas da Lei nº 13.140, de 26 de junho de 2015, e, subsidiariamente, os regulamentos do órgão ou instituição responsável.

§ 2º Poderá ser eleita câmara de mediação criada pelo poder público, nos termos do art. 32 da Lei nº 13.140, de 26 de junho de 2015.

§ 3º (VETADO na Lei 13.867/2019)

§ 4º A arbitragem seguirá as normas da Lei nº 9.307, de 23 de setembro de 1996, e, subsidiariamente, os regulamentos do órgão ou instituição responsável.

§ 5º (VETADO na Lei 13.867/2019)

Art. 11. A ação, quando a União for autora, será proposta no Distrito Federal ou no foro da Capital do Estado onde for domiciliado o réu, perante o juízo privativo, se houver; sendo outro o autor, no foro da situação dos bens.

- Súmulas 150 e 324 do STJ.
- CF/1988: art. 109, I.

Art. 12. Somente os juízes que tiverem garantia da vitaliciedade, inamovibilidade e irredutibilidade de vencimentos poderão conhecer dos processos de desapropriação.

Art. 13. A petição inicial, além dos requisitos previstos no Código de Processo Civil, conterá a oferta do preço e será instruída com um exemplar do contrato, ou do jornal oficial que houver publicado o decreto de desapropriação, ou cópia autenticada dos mesmos, e a planta ou descrição dos bens e suas confrontações.

- Lei 13.105/15: arts. 319 a 321, e 334.

Parágrafo único. Sendo o valor da causa igual ou inferior a dois contos de réis, dispensam-se os autos suplementares.

Art. 14. Ao despachar a inicial, o juiz designará um perito de sua livre escolha, sempre que possível, técnico, para proceder à avaliação dos bens.

Parágrafo único. O autor e o réu poderão indicar assistente técnico do perito.

Art. 15. Se o expropriante alegar urgência e depositar quantia arbitrada de conformidade com o art. 685 do Código de Processo Civil, o juiz mandará imiti-lo provisoriamente na posse dos bens.

- Súmulas 164 e 476 do STF.
- Súmulas 69 e 70 do STJ.
- Lei 13.105/15: arts. 371, 307 e 874.

§ 1º. A imissão provisória poderá ser feita, independentemente da citação do réu, mediante o depósito: (Incluído pela Lei nº 2.786, de 1956)

- Súmula 652 do STF.

a) do preço oferecido, se este for superior a 20 (vinte) vezes o valor locativo, caso o imóvel esteja sujeito ao imposto predial; (Incluído pela Lei nº 2.786, de 1956)

b) da quantia correspondente a 20 (vinte) vezes o valor locativo, estando o imóvel sujeito ao imposto predial e sendo menor o preço oferecido; (Incluído pela Lei nº 2.786, de 1956)

c) do valor cadastral do imóvel, para fins de lançamento do imposto territorial, urbano ou rural, caso o referido valor tenha sido atualizado no ano fiscal imediatamente anterior; (Incluído pela Lei nº 2.786, de 1956)

d) não tendo havido a atualização a que se refere o inciso c, o juiz fixará, independentemente de avaliação, a importância do depósito, tendo em vista a época em que houver sido fixado originariamente o valor cadastral e a valorização ou desvalorização posterior do imóvel. (Incluído pela Lei nº 2.786, de 1956)

§ 2º. A alegação de urgência, que não poderá ser renovada, obrigará o expropriante a requerer a imissão provisória dentro do prazo improrrogável de 120 (cento e vinte) dias. (Incluído pela Lei nº 2.786, de 1956)

§ 3º. Excedido o prazo fixado no parágrafo anterior não será concedida a imissão provisória. (Incluído pela Lei nº 2.786, de 1956)

§ 4º. A imissão provisória na posse será registrada no registro de imóveis competente. (Incluído pela Lei nº 11.977, de 2009)

Art. 15-A. No caso de imissão prévia na posse, na desapropriação por necessidade ou utilidade pública e interesse social, inclusive para fins de reforma agrária, havendo divergência entre o preço ofertado em juízo e o valor do bem, fixado na sentença, expressos em termos reais, incidirão juros compensatórios de até seis por cento ao ano sobre o valor da diferença eventualmente apurada, a contar da imissão na posse, vedado o cálculo de juros compostos. (Incluído pela Medida Provisória nº 2.183-56, de 2001)

- ADIn 2.332-2 (DJ 28.05.2018): o STF declarou a inconstitucionalidade do vocábulo "até", e interpretar conforme a Constituição o *caput* deste artigo.

§ 1º. Os juros compensatórios destinam-se, apenas, a compensar a perda de renda comprovadamente sofrida pelo proprietário. (Incluído pela Medida Provisória nº 2.183-56, de 2001)

§ 2º. Não serão devidos juros compensatórios quando o imóvel possuir graus de utilização da terra e de eficiência na exploração iguais a zero. (Incluído pela Medida Provisória nº 2.183-56, de 2001)

§ 3º. O disposto no *caput* deste artigo aplica-se também às ações ordinárias de indenização por apossamento administrativo ou desapropriação indireta, bem assim às ações que visem a indenização por restrições decorrentes de atos do Poder Público, em especial aqueles destinados à proteção ambiental, incidindo os juros sobre o valor fixado na sentença. (Incluído pela Medida Provisória nº 2.183-56, de 2001)

§ 4º. Nas ações referidas no § 3º, não será o Poder Público onerado por juros compensatórios relativos a período anterior à aquisição da propriedade ou posse titulada pelo autor da ação. (Incluído pela Medida Provisória nº 2.183-56, de 2001)

- ADIn 2.332-2 (DJ 28.05.2018): o STF, em controle concentrado, declarou inconstitucional o parágrafo.

Art. 15-B. Nas ações a que se refere o art. 15-A, os juros moratórios destinam-se a recompor a perda decorrente do atraso no efetivo pagamento da indenização fixada na decisão final de mérito, e somente serão devidos à razão de até 6% (seis por cento) ao ano, a partir de 1º de janeiro do exercício seguinte àquele em que o pagamento deveria ser feito, nos termos do art. 100 da Constituição. (Incluído pela Medida Provisória nº 2.183-56, de 2001)

Art. 16. A citação far-se-á por mandado na pessoa do proprietário dos bens; a do marido dispensa a da mulher; a de um sócio, ou administrador, a dos demais, quando o bem pertencer a sociedade; a do administrador da coisa, no caso de condomínio, exceto o de edifício de apartamento constituindo cada um propriedade autônoma, a dos demais condôminos e a do inventariante, e, se não houver, a do cônjuge, herdeiro, ou legatário, detentor da herança, a dos demais interessados, quando o bem pertencer a espólio.

Parágrafo único. Quando não encontrar o citando, mas ciente de que se encontra no território da jurisdição do juiz, o oficial portador do mandado marcará desde logo hora certa para a citação, ao fim de 48 (quarenta e oito) horas, independentemente de nova diligência ou despacho.

Art. 17. Quando a ação não for proposta no foro do domicílio ou da residência do réu, a citação far-se-á por precatória, se o mesmo estiver em lugar certo, fora do território da jurisdição do juiz.

- Lei 13.105/15: arts. 260 a 268, e 960.

Art. 18. A citação far-se-á por edital se o citando não for conhecido, ou estiver em lugar ignorado, incerto ou inacessível, ou, ainda, no estrangeiro, o que dois oficiais do juízo certificarão.

- Lei 13.105/15: arts. 256 a 258.

Art. 19. Feita a citação, a causa seguirá com o rito ordinário.

- Lei 13.105/15: arts. 146, 294, 297, 302 a 337, 341 a 248, 356, parágrafo único, 358 a 362, 367, § 6º, 368, 369, 371, 373, 375 a 380, 385 a 410, 412 a 435, 437, § 1º, 438, 442 a 448, 449, parágrafo único, 450 a 470, 472, 473, § 3º, 474 a 483, 489, 490, 492 a 495, 497, 499, 500 a 508, e 536 a 538.

Art. 20. A contestação só poderá versar sobre vício do processo judicial ou impugnação do preço; qualquer outra questão deverá ser decidida por ação direta.

Art. 21. A instância não se interrompe. No caso de falecimento do réu, ou perda de sua capacidade civil, o juiz, logo que disso tenha conhecimento, nomeará curador à lide, até que se habilite o interessado.

Parágrafo único. Os atos praticados da data do falecimento ou perda da capacidade à investidura do curador à lide poderão ser ratificados ou impugnados por ele, ou pelo representante do espólio ou do incapaz.

Art. 22. Havendo concordância sobre o preço, o juiz o homologará por sentença no despacho saneador.

- Lei 13.105/15: arts. 203, § 1º, e 487, II, b.

Art. 23. Findo o prazo para a contestação e não havendo concordância expressa quanto ao preço, o perito apresentará o laudo em cartório até 5 (cinco) dias, pelo menos, antes da audiência de instrução e julgamento.

§ 1º. O perito poderá requisitar das autoridades públicas os esclarecimentos ou documentos que se tornarem necessários à elaboração do laudo, e deverá indicar nele, entre outras circunstâncias atendíveis para a fixação da indenização, as enumeradas no art. 27. Ser-lhe-ão abonadas, como custas, as despesas com certidões e, a arbítrio do juiz, as de outros documentos que juntar ao laudo.

§ 2º. Antes de proferido o despacho saneador, poderá o perito solicitar prazo especial para apresentação do laudo.

Art. 24. Na audiência de instrução e julgamento proceder-se-á na conformidade do Código de Processo Civil. Encerrado o debate, o juiz proferirá sentença fixando o preço da indenização.

- Lei 13.105/15: arts. 356, parágrafo único, 358 a 361, 364 a 368.

Parágrafo único. Se não se julgar habilitado a decidir, o juiz designará desde logo outra audiência que se realizará dentro de 10 (dez) dias, a fim de publicar a sentença.

Art. 25. O principal e os acessórios serão computados em parcelas autônomas.

Parágrafo único. O juiz poderá arbitrar quantia módica para desmonte e transporte de maquinismos instalados e em funcionamento.

Art. 26. No valor da indenização que será contemporâneo da avaliação não se incluirão direitos de terceiros contra o expropriado. (Redação dada pela Lei nº 2.786, de 1956)

- Súmulas 69 e 70 do STJ.

§ 1º. Serão atendidas as benfeitorias necessárias feitas após a desapropriação; as úteis, quando feitas com autorização do expropriante. (Renumerado pela Lei nº 4.686, de 1965)

- Súmula 23 do STF.

§ 2º. Decorrido prazo superior a 1 (um) ano a partir da avaliação, o juiz ou o tribunal, antes da decisão final, determinará a correção monetária do valor apurado, conforme índice que será fixado, trimestralmente, pela Secretaria de Planejamento da Presidência da República. (Redação dada pela Lei nº 6.306, de 1975)

- Súmulas 164, 254, 475 e 618 do STF.
- Súmulas 12, 56, 102, 113 e 114 do STJ.

Art. 27. O juiz indicará na sentença os fatos que motivaram o seu convencimento e deverá atender, especialmente, à estimação dos bens para efeitos fiscais; ao preço de aquisição e interesse que deles aufere o proprietário; à sua situação, estado de conservação e segurança; ao valor venal dos da mesma espécie, nos últimos 5 (cinco) anos, à valorização ou depreciação de área remanescente, pertencente ao réu.

- Súmula 617 do STF.

§ 1º. A sentença que fixar o valor da indenização quando este for superior ao preço oferecido condenará o desapropriante a pagar honorários do advogado, que serão fixados entre meio e cinco por cento do valor da diferença, observado o disposto no § 4º do art. 20 do Código de Processo Civil, não podendo os honorários ultrapassar R$ 151.000,00 (cento e cinquenta e um mil reais). (Redação dada pela Medida Provisória nº 2.183-56, de 2001)

- Súmula 141 do STJ.
- ADIn 2.332-2 (DJ 28.05.2018): o STF declarou a inconstitucionalidade da expressão "não podendo os honorários ultrapassar R$ 151.000,00 (cento e cinqüenta e um mil reais)", contido neste parágrafo.
- Lei 13.105/15: arts. 82, 84 e 85.

§ 2º. A transmissão da propriedade decorrente de desapropriação amigável ou judicial não ficará sujeita ao Imposto de Lucro Imobiliário. (Incluído pela Lei nº 2.786, de 1956)

§ 3º. O disposto no § 1º deste artigo se aplica: (Incluído pela Medida Provisória nº 2.183-56, de 2001)

I – ao procedimento contraditório especial, de rito sumário, para o processo de desapropriação de imóvel rural, por interesse social, para fins de reforma agrária; (Incluído pela Medida Provisória nº 2.183-56, de 2001)

II – às ações de indenização por apossamento administrativo ou desapropriação indireta. (Incluído pela Medida Provisória nº 2.183-56, de 2001)

§ 4º. O valor a que se refere o § 1º será atualizado, a partir de maio de 2000, no dia 1º de janeiro de cada ano, com base na variação acumulada do Índice de Preços ao Consumidor Amplo – IPCA do respectivo período. (Incluído pela Medida Provisória nº 2.183-56, de 2001)

Art. 28. Da sentença que fixar o preço da indenização caberá apelação com efeito simplesmente devolutivo, quando interposta pelo expropriado, e com ambos os efeitos, quando o for pelo expropriante.

§ 1º. A sentença que condenar a Fazenda Pública em quantia superior ao dobro da oferecida fica sujeita ao duplo grau de jurisdição. (Redação dada pela Lei nº 6.071, de 1974)

§ 2º. Nas causas de valor igual ou inferior a dois contos de réis observar-se-á o disposto no art. 839 do Código de Processo Civil.

Art. 29. Efetuando o pagamento ou a consignação, expedir-se-á, em favor do expropriante, mandado de imissão de posse valendo a sentença como título hábil para a transcrição no Registro de Imóveis.

Art. 30. As custas serão pagas pelo autor se o réu aceitar o preço oferecido; em caso contrário, pelo vencido, ou em proporção, na forma da lei.

DISPOSIÇÕES FINAIS

Art. 31. Ficam sub-rogados no preço quaisquer ônus ou direitos que recaiam sobre o bem expropriado.

Art. 32. O pagamento do preço será prévio e em dinheiro. (Redação dada pela Lei nº 2.786, de 1956)

- Súmula 416 do STF.

§ 1º. As dívidas fiscais serão deduzidas dos valores depositados, quando inscritas e ajuizadas. (Incluído pela Lei nº 11.977, de 2009)

§ 2º Incluem-se na disposição prevista no § 1º as multas decorrentes de inadimplemento e de obrigações fiscais. (Incluído pela Lei nº 11.977, de 2009)

§ 3º A discussão acerca dos valores inscritos ou executados será realizada em ação própria. (Incluído pela Lei nº 11.977, de 2009)

Art. 33. O depósito do preço fixado por sentença, à disposição do juiz da causa, é considerado pagamento prévio da indenização.

§ 1º. O depósito far-se-á no Banco do Brasil ou, onde este não tiver agência, em estabelecimento bancário acreditado, a critério do juiz. (Renumerado pela Lei nº 2.786, de 1956)

§ 2º. O desapropriado, ainda que discorde do preço oferecido, do arbitrado ou do fixado pela sentença, poderá levantar até 80% (oitenta por cento) do depósito feito para o fim previsto neste e no art. 15, observado o processo estabelecido no art. 34. (Incluído pela Lei nº 2.786, de 1956)

Art. 34. O levantamento do preço será deferido mediante prova de propriedade, de quitação de dívidas fiscais que recaiam sobre o bem expropriado, e publicação de editais, com o prazo de 10 (dez) dias, para conhecimento de terceiros.

Parágrafo único. Se o juiz verificar que há dúvida fundada sobre o domínio, o preço ficará em depósito, ressalvada aos interessados a ação própria para disputá-lo.

Art. 34-A. Se houver concordância, reduzida a termo, do expropriado, a decisão concessiva da imissão provisória na posse implicará a aquisição da propriedade pelo expropriante com o consequente registro da propriedade na matrícula do imóvel. (Incluído pela Lei nº 13.465, de 2017)

§ 1º. A concordância escrita do expropriado não implica renúncia ao seu direito de questionar o preço ofertado em juízo. (Incluído pela Lei nº 13.465, de 2017)

§ 2º. Na hipótese deste artigo, o expropriado poderá levantar 100% (cem por cento) do depósito de que trata o art. 33 deste Decreto-Lei. (Incluído pela Lei nº 13.465, de 2017)

§ 3º. Do valor a ser levantado pelo expropriado devem ser deduzidos os valores dispostos nos §§ 1º e 2º do art. 32 deste Decreto-Lei, bem como, a critério do juiz, aqueles tidos como necessários para o custeio das despesas processuais. (Incluído pela Lei nº 13.465, de 2017)

Art. 35. Os bens expropriados, uma vez incorporados à Fazenda Pública, não podem ser objeto de reivindicação, ainda que fundada em nulidade do processo de desapropriação. Qualquer ação, julgada procedente, resolver-se-á em perdas e danos.

- Súmula 111 do STF.

Art. 36. É permitida a ocupação temporária, que será indenizada, a final, por ação própria, de terrenos não edificados, vizinhos às obras e necessários à sua realização. O expropriante prestará caução, quando exigida.

Art. 37. Aquele cujo bem for prejudicado extraordinariamente em sua destinação econômica pela desapropriação de áreas contíguas terá direito a reclamar perdas e danos do expropriante.

Art. 38. O réu responderá perante terceiros, e por ação própria, pela omissão ou sonegação de quaisquer informações que possam interessar à marcha do processo ou ao recebimento da indenização.

Art. 39. A ação de desapropriação pode ser proposta durante as férias forenses, e não se interrompe pela superveniência destas.

Art. 40. O expropriante poderá constituir servidões, mediante indenização na forma desta Lei.

Art. 41. As disposições desta Lei aplicam-se aos processos de desapropriação em curso, não se permitindo depois de sua vigência outros termos e atos além dos por ela admitidos, nem o seu processamento por forma diversa da que por ela é regulada.

Art. 42. No que esta Lei for omissa aplica-se o Código de Processo Civil.

- Lei 13.105/2015 – CPC.

Art. 43. Esta Lei entrará em vigor 10 (dez) dias depois de publicada, no Distrito Federal, e 30 (trinta) dias nos Estados e Território do Acre; revogadas as disposições em contrário.

Rio de Janeiro, em 21 de junho de 1941; 120º da Independência e 53º da República.

GETÚLIO VARGAS

D.O.U. de 18.7.1941

DECRETO-LEI Nº 3.688, DE 3 DE OUTUBRO DE 1941

- *Lei das Contravenções Penais*

O PRESIDENTE DA REPÚBLICA, usando das atribuições que lhe confere o artigo 180 da Constituição, decreta:

O Art. 2º da Lei nº 7.209/1984 cancelou, na Parte Especial do Código Penal e nas leis especiais alcançadas pelo art. 12 do Código Penal, quaisquer referências a valores de multas, substituindo-se a expressão multa de por multa. (*D.O.U.* de 13.7.1984).

LEI DAS CONTRAVENÇÕES PENAIS PARTE GERAL

A aplicação das regras gerais do Código Penal

Art. 1º. Aplicam-se as contravenções às regras gerais do Código Penal, sempre que a presente lei não disponha de modo diverso.

Territorialidade

Art. 2º. A lei brasileira só é aplicável à contravenção praticada no território nacional.

Voluntariedade. Dolo e culpa

Art. 3º. Para a existência da contravenção, basta a ação ou omissão voluntária. Deve-se, todavia, ter em conta o dolo ou a culpa, se a lei faz depender, de um ou de outra, qualquer efeito jurídico.

Tentativa

Art. 4º. Não é punível a tentativa de contravenção.

Penas principais

Art. 5º. As penas principais são:

I – prisão simples.

II – multa.

Prisão simples

Art. 6º. A pena de prisão simples deve ser cumprida, sem rigor penitenciário, em estabelecimento especial ou seção especial de prisão comum, em regime semiaberto ou aberto. (Redação dada pela Lei nº 6.416, de 1977)

§ 1º. O condenado a pena de prisão simples fica sempre separado dos condenados a pena de reclusão ou de detenção.

§ 2º. O trabalho é facultativo, se a pena aplicada, não excede a quinze dias.

Reincidência

Art. 7º. Verifica-se a reincidência quando o agente pratica uma contravenção depois de passar em julgado a sentença que o tenha condenado, no Brasil ou no estrangeiro, por qualquer crime, ou, no Brasil, por motivo de contravenção.

Erro de direito

Art. 8º. No caso de ignorância ou de errada compreensão da lei, quando escusáveis, a pena pode deixar de ser aplicada.

Conversão da multa em prisão simples

Art. 9º. A multa converte-se em prisão simples, de acordo com o que dispõe o Código Penal sobre a conversão de multa em detenção.

Parágrafo único. Se a multa é a única pena cominada, a conversão em prisão simples se faz entre os limites de quinze dias e três meses.

Limites das penas

Art. 10. A duração da pena de prisão simples não pode, em caso algum, ser superior a 5 (cinco) anos, nem a importância das multas ultrapassar cinquenta contos.

Suspensão condicional da pena de prisão simples

Art. 11. Desde que reunidas as condições legais, o juiz pode suspender por tempo não inferior a 1 (um) ano nem superior a 3 (três), a execução da pena de prisão simples, bem como conceder livramento condicional. (Redação dada pela Lei nº 6.416, de 1977)

Penas acessórias

Art. 12. As penas acessórias são a publicação da sentença e as seguintes interdições de direitos:

I – a incapacidade temporária para profissão ou atividade, cujo exercício dependa de habilitação especial, licença ou autorização do poder público;

II – a suspensão dos direitos políticos.

Parágrafo único. Incorrem:

a) na interdição sob n. I, por 1 (um) mês a 2 (dois) anos, o condenado por motivo de contravenção cometida com abuso de profissão ou atividade ou com infração de dever a ela inerente;

b) na interdição sob n. II, o condenado a pena privativa de liberdade, enquanto dure a execução da pena ou a aplicação da medida de segurança detentiva.

Medidas de segurança

Art. 13. Aplicam-se, por motivo de contravenção, as medidas de segurança estabelecidas no Código Penal, à exceção do exílio local.

Presunção de periculosidade

Art. 14. Presumem-se perigosos, além dos indivíduos a que se referem os ns. I e II do art. 78 do Código Penal:

I – o condenado por motivo de contravenção cometido, em estado de embriaguez pelo álcool ou substância de efeitos análogos, quando habitual a embriaguez;

II – o condenado por vadiagem ou mendicância;

III – (*Revogado pela Lei nº 6.416, de 1977*);

IV – (*Revogado pela Lei nº 6.416, de 1977*).

Internação em colônia agrícola ou em instituto de trabalho, de reeducação ou de ensino profissional

Art. 15. São internados em colônia agrícola ou em instituto de trabalho, de reeducação ou de ensino profissional, pelo prazo mínimo de 1 (um) ano:

I – o condenado por vadiagem (art. 59);

II – o condenado por mendicância (art. 60 e seu parágrafo);

III – (*Revogado pela Lei nº 6.416, de 1977*).

Internação em manicômio judiciário ou em casa de custódia e tratamento

Art. 16. O prazo mínimo de duração da internação em manicômio judiciário ou em casa de custódia e tratamento é de 6 (seis) meses.

Parágrafo único. O juiz, entretanto, pode, ao invés de decretar a internação, submeter o indivíduo a liberdade vigiada.

Ação penal

Art. 17. A ação penal é pública, devendo a autoridade proceder de ofício.

PARTE ESPECIAL

CAPÍTULO I. DAS CONTRAVENÇÕES REFERENTES À PESSOA

Fabrico, comércio, ou detenção de armas ou munição

Art. 18. Fabricar, importar, exportar, ter em depósito ou vender, sem permissão da autoridade, arma ou munição:

Pena – prisão simples, de 3 (três) meses a 1 (um) ano, ou multa, de um a cinco contos de réis, ou ambas cumulativamente, se o fato não constitui crime contra a ordem política ou social.

Porte de arma

Art. 19. Trazer consigo arma fora de casa ou de dependência desta, sem licença da autoridade:

Pena – prisão simples, de quinze dias a seis meses, ou multa, de duzentos mil réis a três contos de réis, ou ambas cumulativamente.

§ 1º. A pena é aumentada de 1/3 (um terço) até 1/2 (metade), se o agente já foi condenado, em sentença irrecorrível, por violência contra pessoa.

§ 2º. Incorre na pena de prisão simples, de 15 (quinze) dias a 3 (três) meses, ou multa, de duzentos mil réis a um conto de réis, quem, possuindo arma ou munição:

a) deixa de fazer comunicação ou entrega à autoridade, quando a lei o determina;

b) permite que alienado menor de 18 anos ou pessoa inexperiente no manejo de arma a tenha consigo;

c) omite as cautelas necessárias para impedir que dela se apodere facilmente alienado, menor de 18 (dezoito) anos ou pessoa inexperiente em manejá-la.

Anúncio de meio abortivo

Art. 20. Anunciar processo, substância ou objeto destinado a provocar aborto: (Redação dada pela Lei nº 6.734, de 1979)

Pena – multa de hum mil cruzeiros a dez mil cruzeiros. (Redação dada pela Lei nº 6.734, de 1979)

Vias de fato

Art. 21. Praticar vias de fato contra alguém:

Pena – prisão simples, de 15 (quinze) dias a 3 (três) meses, ou multa, de cem mil réis a um conto de réis, se o fato não constitui crime.

Parágrafo único. Aumenta-se a pena de 1/3 (um terço) até a 1/2 metade se a vítima é maior de 60 (sessenta) anos. (Incluído pela Lei nº 10.741, de 2003)

Internação irregular em estabelecimento psiquiátrico

Art. 22. Receber em estabelecimento psiquiátrico, e nele internar, sem as formalidades legais, pessoa apresentada como doente mental:

Pena – multa, de trezentos mil réis a três contos de réis.

§ 1º. Aplica-se a mesma pena a quem deixa de comunicar a autoridade competente, no prazo legal, internação que tenha admitido, por motivo de urgência, sem as formalidades legais.

§ 2º. Incorre na pena de prisão simples, de 15 (quinze) dias a 3 (três) meses, ou multa de quinhentos mil réis a cinco contos de réis, aquele que, sem observar as prescrições legais, deixa retirar-se ou despede de estabelecimento psiquiátrico pessoa nele, internada.

Indevida custódia de doente mental

Art. 23. Receber e ter sob custódia doente mental, fora do caso previsto no artigo anterior, sem autorização de quem de direito:

Pena – prisão simples, de 15 (quinze) dias a 3 (três) meses, ou multa, de quinhentos mil réis a cinco contos de réis.

CAPÍTULO II. DAS CONTRAVENÇÕES REFERENTES AO PATRIMÔNIO

Instrumento de emprego usual na prática de furto

Art. 24. Fabricar, ceder ou vender gazua ou instrumento empregado usualmente na prática de crime de furto:

Pena – prisão simples, de 6 (seis) meses a 2 (dois) anos, e multa, de trezentos mil réis a três contos de réis.

Posse não justificada de instrumento de emprego usual na prática de furto

Art. 25. Ter alguém em seu poder, depois de condenado, por crime de furto ou roubo, ou enquanto sujeito à liberdade vigiada ou quando conhecido como vadio ou mendigo, gazuas, chaves falsas ou alteradas ou instrumentos empregados usualmente na prática de crime de furto, desde que não prove destinação legítima:

Pena – prisão simples, de 2 (dois) meses a 1 (um) ano, e multa de duzentos mil réis a dois contos de réis.

Violação de lugar ou objeto

Art. 26. Abrir alguém, no exercício de profissão de serralheiro ou ofício análogo, a pedido ou por incumbência de pessoa de cuja legitimidade não se tenha certificado previamente, fechadura ou qualquer outro aparelho destinado à defesa de lugar ou objeto:

Pena – prisão simples, de 15 (quinze) dias a 3 (três) meses, ou multa, de duzentos mil réis a um conto de réis.

Exploração da credulidade pública

Art. 27. (*Revogado pela Lei nº 9.521, de 1997*).

CAPÍTULO III. DAS CONTRAVENÇÕES REFERENTES À INCOLUMIDADE PÚBLICA

Disparo de arma de fogo

Art. 28. Disparar arma de fogo em lugar habitado ou em suas adjacências, em via pública ou em direção a ela:

Pena – prisão simples, de 1 (um) a 6 (seis) meses, ou multa, de trezentos mil réis a três contos de réis.

Parágrafo único. Incorre na pena de prisão simples, de 15 (quinze) dias a 2 (dois) meses, ou multa, de duzentos mil réis a dois contos de réis, quem, em lugar habitado ou em suas adjacências, em via pública ou em direção a ela, sem licença da autoridade, causa deflagração perigosa, queima fogo de artifício ou solta balão aceso.

Desabamento de construção

Art. 29. Provocar o desabamento de construção ou, por erro no projeto ou na execução, dar-lhe causa:

Pena – multa, de um a dez contos de réis, se o fato não constitui crime contra a incolumidade pública.

Perigo de desabamento

Art. 30. Omitir alguém a providência reclamada pelo Estado ruinoso de construção que lhe pertence ou cuja conservação lhe incumbe:

Pena – multa, de um a cinco contos de réis.

Omissão de cautela na guarda ou condução de animais

Art. 31. Deixar em liberdade, confiar à guarda de pessoa inexperiente, ou não guardar com a devida cautela animal perigoso:

Pena – prisão simples, de 10 (dez) dias a 2 (dois) meses, ou multa, de cem mil réis a um conto de réis.

Parágrafo único. Incorre na mesma pena quem:

a) na via pública, abandona animal de tiro, carga ou corrida, ou o confia à pessoa inexperiente;

b) excita ou irrita animal, expondo a perigo a segurança alheia;

c) conduz animal, na via pública, pondo em perigo a segurança alheia.

Falta de habilitação para dirigir veículo

Art. 32. Dirigir, sem a devida habilitação, veículo na via pública, ou embarcação a motor em águas públicas:

- Súm. 720 do STF.

Pena – multa, de duzentos mil réis a dois contos de réis.

Direção não licenciada de aeronave

Art. 33. Dirigir aeronave sem estar devidamente licenciado:

Pena – prisão simples, de 15 (quinze) dias a 3 (três) meses, e multa, de duzentos mil réis a dois contos de réis.

Direção perigosa de veículo na via pública

Art. 34. Dirigir veículos na via pública, ou embarcações em águas públicas, pondo em perigo a segurança alheia:

Pena – prisão simples, de 15 (quinze) das a 3 (três) meses, ou multa, de trezentos mil réis a dois contos de réis.

Abuso na prática da aviação

Art. 35. Entregar-se na prática da aviação, a acrobacias ou a voos baixos, fora da zona em que a lei o permite, ou fazer descer a aeronave fora dos lugares destinados a esse fim:

Pena – prisão simples, de 15 (quinze) dias a 3 (três) meses, ou multa, de quinhentos mil réis a cinco contos de réis.

Sinais de perigo

Art. 36. Deixar de colocar na via pública, sinal ou obstáculo, determinado em lei ou pela autoridade e destinado a evitar perigo a transeuntes:

Pena – prisão simples, de 10 (dez) dias a 2 (dois) meses, ou multa, de duzentos mil réis a dois contos de réis.

Parágrafo único. Incorre na mesma pena quem:

a) apaga sinal luminoso, destrói ou remove sinal de outra natureza ou obstáculo destinado a evitar perigo a transeuntes;

b) remove qualquer outro sinal de serviço público.

Arremesso ou colocação perigosa

Art. 37. Arremessar ou derramar em via pública, ou em lugar de uso comum, ou do uso alheio, coisa que possa ofender, sujar ou molestar alguém:

Pena – multa, de duzentos mil réis a dois contos de réis.

Parágrafo único. Na mesma pena incorre aquele que, sem as devidas cautelas, coloca ou deixa suspensa coisa que, caindo em via pública ou em lugar de uso comum ou de uso alheio, possa ofender, sujar ou molestar alguém.

Emissão de fumaça, vapor ou gás

Art. 38. Provocar, abusivamente, emissão de fumaça, vapor ou gás, que possa ofender ou molestar alguém:

Pena – multa, de duzentos mil réis a dois contos de réis.

CAPÍTULO IV. DAS CONTRAVENÇÕES REFERENTES À PAZ PÚBLICA

Associação secreta

Art. 39. Participar de associação de mais de 5 (cinco) pessoas, que se reúnam periodicamente, sob compromisso de ocultar à autoridade a existência, objetivo, organização ou administração da associação:

Pena – prisão simples, de 1 (um) a 6 (seis) meses, ou multa, de trezentos mil réis a três contos de réis.

§ 1º. Na mesma pena incorre o proprietário ou ocupante de prédio que o cede, no todo ou em parte, para reunião de associação que saiba ser de caráter secreto.

§ 2º. O juiz pode, tendo em vista as circunstâncias, deixar de aplicar a pena, quando lícito o objeto da associação.

Provocação de tumulto. Conduta inconveniente

Art. 40. Provocar tumulto ou portar-se de modo inconveniente ou desrespeitoso, em solenidade ou ato oficial, em assembleia ou espetáculo público, se o fato não constitui infração penal mais grave;

Pena – prisão simples, de 15 (quinze) dias a 6 (seis) meses, ou multa, de duzentos mil réis a dois contos de réis.

Falso alarma

Art. 41. Provocar alarma, anunciando desastre ou perigo inexistente, ou praticar qualquer ato capaz de produzir pânico ou tumulto:

Pena – prisão simples, de 15 (quinze) dias a 6 (seis) meses, ou multa, de duzentos mil réis a dois contos de réis.

Perturbação do trabalho ou do sossego alheios

Art. 42. Perturbar alguém o trabalho ou o sossego alheios:

I – com gritaria ou algazarra;

II – exercendo profissão incômoda ou ruidosa, em desacordo com as prescrições legais;

III – abusando de instrumentos sonoros ou sinais acústicos;

IV – provocando ou não procurando impedir barulho produzido por animal de que tem a guarda:

Pena – prisão simples, de 15 (quinze) dias a 3 (três) meses, ou multa, de duzentos mil réis a dois contos de réis.

CAPÍTULO V. DAS CONTRAVENÇÕES REFERENTES À FÉ PÚBLICA

Recusa de moeda de curso legal

Art. 43. Recusar-se a receber, pelo seu valor, moeda de curso legal no país:

Pena – multa, de duzentos mil réis a dois contos de réis.

Imitação de moeda para propaganda

Art. 44. Usar, como propaganda, de impresso ou objeto que pessoa inexperiente ou rústica possa confundir com moeda:

Pena – multa, de duzentos mil réis a dois contos de réis.

Simulação da qualidade de funcionário

Art. 45. Fingir-se funcionário público:

Pena – prisão simples, de 1 (um) a 3 (três) meses, ou multa, de quinhentos mil réis a três contos de réis.

Uso ilegítimo de uniforme ou distintivo

Art. 46. Usar, publicamente, de uniforme, ou distintivo de função pública que não exerce; usar, indevidamente, de sinal, distintivo ou denominação cujo emprego seja regulado por lei. (Redação dada pelo Decreto-lei nº 6.916, de 1944)

Pena – multa, de duzentos a dois mil cruzeiros, se o fato não constitui infração penal mais grave. (Redação dada pelo Decreto-lei nº 6.916, de 1944)

CAPÍTULO VI. DAS CONTRAVENÇÕES RELATIVAS À ORGANIZAÇÃO DO TRABALHO

Exercício ilegal de profissão ou atividade

Art. 47. Exercer profissão ou atividade econômica ou anunciar que a exerce, sem preencher as condições a que por lei está subordinado o seu exercício:

Pena – prisão simples, de 15 (quinze) dias a 3 (três) meses, ou multa, de quinhentos mil réis a cinco contos de réis.

Exercício ilegal do comércio de coisas antigas e obras de arte

Art. 48. Exercer, sem observância das prescrições legais, comércio de antiguidades, de obras de arte, ou de manuscritos e livros antigos ou raros:

Pena – prisão simples de 1 (um) a 6 (seis) meses, ou multa, de um a dez contos de réis.

Matrícula ou escrituração de indústria e profissão

Art. 49. Infringir determinação legal relativa à matrícula ou à escrituração de indústria, de comércio, ou de outra atividade:

Pena – multa, de duzentos mil réis a cinco contos de réis.

CAPÍTULO VII. DAS CONTRAVENÇÕES RELATIVAS À POLÍCIA DE COSTUMES

Jogo de azar

Art. 50. Estabelecer ou explorar jogo de azar em lugar público ou acessível ao público, mediante o pagamento de entrada ou sem ele:

Pena – prisão simples, de 3 (três) meses a 1 (um) ano, e multa, de dois a quinze contos de réis, estendendo-se os efeitos da condenação à perda dos móveis e objetos de decoração do local.

§ 1º. A pena é aumentada de um terço, se existe entre os empregados ou participa do jogo pessoa menor de dezoito anos.

§ 2º. Incorre na pena de multa, de R$ 2.000,00 (dois mil reais) a R$ 200.000,00 (duzentos mil reais), quem é encontrado a participar do jogo, ainda que pela internet ou por qualquer outro meio de comunicação, como ponteiro ou apostador. (Redação dada pela Lei nº 13.155, de 2015)

§ 3º. Consideram-se, jogos de azar:

a) o jogo em que o ganho e a perda dependem exclusiva ou principalmente da sorte;

b) as apostas sobre corrida de cavalos fora de hipódromo ou de local onde sejam autorizadas;

c) as apostas sobre qualquer outra competição esportiva.

§ 4º. Equiparam-se, para os efeitos penais, a lugar acessível ao público:

a) a casa particular em que se realizam jogos de azar, quando deles habitualmente participam pessoas que não sejam da família de quem a ocupa;

b) o hotel ou casa de habitação coletiva, a cujos hóspedes e moradores se proporciona jogo de azar;

c) a sede ou dependência de sociedade ou associação, em que se realiza jogo de azar;

d) o estabelecimento destinado à exploração de jogo de azar, ainda que se dissimule esse destino.

Loteria não autorizada

Art. 51. Promover ou fazer extrair loteria, sem autorização legal:

Pena – prisão simples, de 6 (seis) meses a 2 (dois) anos, e multa, de cinco a dez contos de réis, estendendo-se os efeitos da condenação à perda dos móveis existentes no local.

§ 1º. Incorre na mesma pena quem guarda, vende ou expõe à venda, tem sob sua guarda para o fim de venda, introduz ou tenta introduzir na circulação bilhete de loteria não autorizada.

§ 2º. Considera-se loteria toda operação que, mediante a distribuição de bilhete, listas, cupões, vales, sinais, símbolos ou meios análogos, faz depender de sorteio a obtenção de prêmio em dinheiro ou bens de outra natureza.

§ 3º. Não se compreendem na definição do parágrafo anterior os sorteios autorizados na legislação especial.

Loteria estrangeira

Art. 52. Introduzir, no país, para o fim de comércio, bilhete de loteria, rifa ou tômbola estrangeiras:

Pena – prisão simples, de 4 (quatro) meses a 1 (um) ano, e multa, de um a cinco contos de réis.

Parágrafo único. Incorre na mesma pena quem vende, expõe à venda, tem sob sua guarda, para o fim de venda, introduz ou tenta introduzir na circulação, bilhete de loteria estrangeira.

Loteria estadual

Art. 53. Introduzir, para o fim de comércio, bilhete de loteria estadual em território onde não possa legalmente circular:

Pena – prisão simples, de 2 (dois) a 6 (seis) meses, e multa, de um a três contos de réis.

Parágrafo único. Incorre na mesma pena quem vende, expõe à venda, tem sob sua guarda, para o fim de venda, introduz ou torta introduzir na circulação, bilhete de loteria estadual, em território onde não possa legalmente circular.

Exibição ou guarda de lista de sorteio

Art. 54. Exibir ou ter sob sua guarda lista de sorteio de loteria estrangeira:

Pena – prisão simples, de 1 (um) a 3 (três) meses, e multa, de duzentos mil réis a um conto de réis.

Parágrafo único. Incorre na mesma pena quem exibe ou tem sob sua guarda lista de sorteio de loteria estadual, em território onde esta não possa legalmente circular.

Impressão de bilhetes, listas ou anúncios

Art. 55. Imprimir ou executar qualquer serviço de feitura de bilhetes, lista de sorteio, avisos ou cartazes relativos a loteria, em lugar onde ela não possa legalmente circular:

Pena – prisão simples, de 1 (um) a 6 (seis) meses, e multa, de duzentos mil réis a dois contos de réis.

Distribuição ou transporte de listas ou avisos

Art. 56. Distribuir ou transportar cartazes, listas de sorteio ou avisos de loteria, onde ela não possa legalmente circular:

Pena – prisão simples, de 1 (um) a 3 (três) meses, e multa, de cem a quinhentos mil réis.

Publicidade de sorteio

Art. 57. Divulgar, por meio de jornal ou outro impresso, de rádio, cinema, ou qualquer outra forma, ainda que disfarçadamente, anúncio, aviso ou resultado de extração de loteria, onde a circulação dos seus bilhetes não seria legal:

Pena – multa, de 1 (um) a 10 (dez) contos de réis.

Jogo do bicho

Art. 58. Explorar ou realizar a loteria denominada jogo do bicho, ou praticar qualquer ato relativo à sua realização ou exploração:

Pena – prisão simples, de 4 (quatro) meses a 1 (um) ano, e multa, de dois a vinte contos de réis.

Parágrafo único. Incorre na pena de multa, de duzentos mil réis a dois contos de réis, aquele que participa da loteria, visando a obtenção de prêmio, para si ou para terceiro.

Vadiagem

Art. 59. Entregar-se alguém habitualmente à ociosidade, sendo válido para o trabalho, sem ter renda que lhe assegure meios bastantes de subsistência, ou prover à própria subsistência mediante ocupação ilícita:

Pena – prisão simples, de 15 (quinze) dias a 3 (três) meses.

Parágrafo único. A aquisição superveniente de renda, que assegure ao condenado meios bastantes de subsistência, extingue a pena.

Mendicância

Art. 60. (*Revogado pela Lei nº 11.983, de 2009*).

Importunação ofensiva ao pudor

Art. 61. (*Revogado pela Lei 13.718/2018*).

Embriaguez

Art. 62. Apresentar-se publicamente em estado de embriaguez, de modo que cause escândalo ou ponha em perigo a segurança própria ou alheia:

Pena – prisão simples, de 15 (quinze) dias a 3 (três) meses, ou multa, de duzentos mil réis a dois contos de réis.

Parágrafo único. Se habitual a embriaguez, o contraventor é internado em casa de custódia e tratamento.

Bebidas alcoólicas

Art. 63. Servir bebidas alcoólicas:

I – (*Revogado pela Lei nº 13.106, de 2015*);

II – a quem se acha em estado de embriaguez;

III – a pessoa que o agente sabe sofrer das faculdades mentais;

IV – a pessoa que o agente sabe estar judicialmente proibida de frequentar lugares onde se consome bebida de tal natureza:

Pena – prisão simples, de 2 (dois) meses a 1 (um) ano, ou multa, de quinhentos mil réis a cinco contos de réis.

Crueldade contra animais

Art. 64. Tratar animal com crueldade ou submetê-lo a trabalho excessivo:

Pena – prisão simples, de 10 (dez) dias a 1 (um) mês, ou multa, de cem a quinhentos mil réis.

§ 1º. Na mesma pena incorre aquele que, embora para fins didáticos ou científicos, realiza em lugar público ou exposto ao publico, experiência dolorosa ou cruel em animal vivo.

§ 2º. Aplica-se a pena com aumento de metade, se o animal é submetido a trabalho excessivo ou tratado com crueldade, em exibição ou espetáculo público.

Art. 65. (Revogado pela Lei 14.132/2021)

CAPÍTULO VIII. DAS CONTRAVENÇÕES REFERENTES À ADMINISTRAÇÃO PÚBLICA

Omissão de comunicação de crime

Art. 66. Deixar de comunicar à autoridade competente:

I – crime de ação pública, de que teve conhecimento no exercício de função pública, desde que a ação penal não dependa de representação;

II – crime de ação pública, de que teve conhecimento no exercício da medicina ou de outra profissão sanitária, desde que a ação penal não dependa de representação e a comunicação não exponha o cliente a procedimento criminal:

Pena – multa, de trezentos mil réis a três contos de réis.

Inumação ou exumação de cadáver

Art. 67. Inumar ou exumar cadáver, com infração das disposições legais:

Pena – prisão simples, de 1 (um) mês a 1 (um) ano, ou multa, de duzentos mil réis a dois contos de réis.

Recusa de dados sobre própria identidade ou qualificação

Art. 68. Recusar à autoridade, quando por esta, justificadamente solicitados ou exigidos, dados ou indicações concernentes à própria identidade, estado, profissão, domicílio e residência:

Pena – multa, de duzentos mil réis a dois contos de réis.

Parágrafo único. Incorre na pena de prisão simples, de 1 (um) a 6 (seis) meses, e multa, de duzentos mil réis a dois contos de réis, se o fato não constitui infração penal mais grave, quem, nas mesmas circunstâncias, faz declarações inverídicas a respeito de sua identidade pessoal, estado, profissão, domicílio e residência.

Proibição de atividade remunerada a estrangeiro

Art. 69. (*Revogado pela Lei nº 6.815, de 1980*).

Violação do privilégio postal da União

Art. 70. Praticar qualquer ato que importe violação do monopólio postal da União:

Pena – prisão simples, de 3 (três) meses a 1 (um) ano, ou multa, de três a dez contos de réis, ou ambas cumulativamente.

Disposições finais

Art. 71. Ressalvada a legislação especial sobre florestas, caça e pesca, revogam-se as disposições em contrário.

Art. 72. Esta lei entrará em vigor no dia 1º de janeiro de 1942.

Rio de Janeiro, 3 de outubro de 1941; 120º da Independência e 58º da República.

GETÚLIO VARGAS
Francisco Campos
D.O.U. de 3.10.1941

DECRETO-LEI Nº 4.597, DE 19 DE AGOSTO DE 1942

Dispõe sobre a prescrição das ações contra a Fazenda Pública e dá outras providências.

▸ *Prescrição – Fazenda Pública*

▸ A ementa refere-se à Constituição de 1937.

O PRESIDENTE DA REPÚBLICA, usando da atribuição que lhe confere o art. 180 da Constituição, decreta:

Art. 1º. Salvo o caso do foro do contrato, compete, à justiça de cada Estado e à do Distrito Federal, processar e julgar as causas em que for interessado, como autor, réu assistente ou opoente, respectivamente, o mesmo Estado ou seus Municípios, e o Distrito Federal.

▸ CF/88: art. 100.

Parágrafo único. O disposto neste artigo não se aplica às causas já ajuizadas.

Art. 2º. O Dec. 20.910, de 6 de janeiro de 1932, que regula a prescrição quinquenal, abrange as dívidas passivas das autarquias, ou entidades e órgãos paraestatais, criados por lei e mantidos mediante impostos, taxas ou quaisquer contribuições exigidas em virtude de lei federal, estadual ou municipal, bem como a todo e qualquer direito e ação contra os mesmos.

▸ CTN: arts. 156, V, e 174.

Art. 3º. A prescrição das dívidas, direitos e ações a que se refere o Dec. 20.910, de 6 de janeiro de 1932, somente pode ser interrompida uma vez, e recomeça a correr, pela metade do prazo, da data do ato que a interrompeu, ou do último do processo para a interromper; consumar-se-á a prescrição no curso da lide sempre que a partir do último ato ou termo da mesma, inclusive da sentença nela proferida, embora passada em julgado, decorrer o prazo de dois anos e meio.

▸ Súm. 383 do STF.

Art. 4º. As disposições do artigo anterior aplicam-se desde logo a todas as dívidas, direitos e ações a que se referem, ainda não extintos por qualquer causa, ajuizados ou não, devendo a prescrição ser alegada e decretada em qualquer tempo e instância, inclusive nas execuções de sentença.

Art. 5º. Este Decreto-lei entrará em vigor na data de sua publicação, revogadas as disposições em contrário.

Rio de Janeiro, 19 de agosto de 1942; 121º da Independência e 54º da República.

GETÚLIO VARGAS
D.O.U. 20.8.1942

DECRETO-LEI 6.259, DE 10 DE FEVEREIRO DE 1944

Dispõe sôbre o serviço de loterias, e dá outras providências.

▸ *Serviço de loterias*

O PRESIDENTE DA REPÚBLICA, usando da atribuição que lhe confere o artigo 180 da Constituição,

DECRETA:

Art. 1º O Serviço de loteria, federal ou estadual, executar-se-á, em todo o território do país, de acôrdo com as disposições do presente Decreto-lei.

Art. 2º Os Governos da União e dos Estados poderão atribuir a exploração do serviço de loteria a concessionários de comprovada idoneidade moral e financeira.

§ 1º A loteria federal terá livre circulação em todo o território do país, enquanto que as loterias estaduais ficarão adstritas aos limites do Estado respectivo.

§ 2º A circulação da loteria federal não poderá ser obstada ou embaraçada por quaisquer autoridades estaduais ou municipais.

Art. 3º A concessão ou exploração lotérica, como derrogação das normas do Direito Penal, que proíbem o jôgo de azar, emanará sempre da União, por autorização direta quanto à loteria federal ou mediante decreto de ratificação quanto às loterias estaduais.

Parágrafo único. O Govêrno Federal decretará a nulidade de loteria ratificada, no caso de transgressão de qualquer das suas cláusulas.

DAS CONCESSÕES

Art. 4º Somente a União e os Estados poderão explorar ou conceder serviço de loteria, vedada àquela e a estes mais de uma exploração ou concessão lotérica.

Art. 5º As concessões serão precedidas de concorrência pública.

§ 1º As concorrências serão abertas, mediante edital publicado no órgão oficial da União, por prazo nunca inferior a trinta (30) dias ou noventa (90) no máximo.

§ 2º Quando se tratar de concorrência para o serviço de loteria estadual, o edital deverá ser também publicado no respectivo órgão oficial, ou, em sua falta, no de maior circulação no Estado.

§ 3º Cada concorrente (pessoa física, sociedade civil ou sociedade mercantil) apresentará, até dez (10) dias antes da data fixada para a abertura das propostas, as provas de sua idoneidade e capacidade financeira.

§ 4º Na concorrência para a loteria federal, o Ministro de Estado dos Negócios da Fazenda fixará a importância mínima a que se obrigará o concessionário anualmente, entre quota fixa e impôsto de 5% sôbre as emissões, condição essa que constará do edital, não podendo a referida importância ser inferior a paga durante o ano de maior arrecadação da vigência do último contato.

Art. 6º Entre as provas de idoneidade, os candidatos à concorrência apresentarão:

a) fôlha corrida e atestados de bons antecedentes, entendendo-se que quando se tratar de sociedade, essa prova será exigida de cada um dos sócios;

b) quitação de impôstos federais, estaduais e municipais, mediante certidão negativa passada por autoridade competente.

§ 1º Provar-se-á a capacidade financeira pela propriedade de bens equivalentes ao triplo do prêmio maior a que se refere o art. 9º, nº 4, dêste Decreto-lei.

§ 2º Os bens a que alude o presente artigo deverão ser constituídos: dois terços (2/3) de imóveis aceitos pelo valor relativo ao pagamento do impôsto de transmissão de propriedade, ou na base do lançamento do impôsto predial ou territorial, para cobrança no ano anterior, observadas as disposições do parágrafo único do art. 27 do Decreto-lei nº 3.365, de 21 de junho de 1941; e o restante em títulos da dívida pública, federal ou estadual, pela cotação em bolsa.

§ 3º Os bens imóveis indicados na forma do § 3º pelo concorrente vencedor, não poderão ser alienados nem gravados durante a vigência da concessão, procedendo-se a anotação nêsse sentido no Registro de Imóveis.

Art. 7º A concessão só será outorgada a brasileiros ou a firma composta de sócios brasileiros, excluídas as sociedades anônimas cujas ações não sejam tôdas nominativas.

Parágrafo único. Pretendendo concorrer várias pessoas com uma só proposta, deverão as mesmas constituir-se previamente em sociedade regular.

Art. 8º É expressamente vedada a renovação ou prorrogação de contratos, bem como a preferência em igualdade de condições.

Art. 9º A loteria federal e as estaduais subodinar-se-ão às seguintes condições:

1) prazo máximo de cinco (5) anos para as concessões;

2) distribuição da percentagem mínima de setenta por cento (70%) em prêmios, sôbre cada emissão;

3) impossibilidade de exploração, simultânea, direta ou indiretamente, de mais de um serviço lotérico pela mesma pessoa, física ou jurídica;

4) 2 (duas) extrações por semana, com os prêmios maiores de Cr$ 100.000,00 (cem mil cruzeiros) a Cr$ 5.000.000,00 (cinco milhões de cruzeiros) para a loteria federal, e 1 (uma) extração semanal ou quinzenal, com os prêmios maiores de Cr$ 100.000,00 (cem mil cruzeiros) a Cr$ 2.000.000,00 (dois milhões de cruzeiros), no caso de loterias estaduais. (Redação dada pela Lei nº 2.528, de 1955)

4) 2 (duas) extrações por semana, com prêmios maiores de Cr$ 100.000,00 (cem mil cruzeiros) a Cr$ 5.000.000,00 (cinco milhões de cruzeiros) para a loteria federal; (Redação dada pela Lei nº 4.161, de 1962)

1 (uma) extração semanal ou quinzenal, com prêmios maiores de Cr$ 100.000,00 (cem mil cruzeiros) a Cr$ 2.000.000,00 (dois milhões de cruzeiros), no caso de loterias estaduais: 1 (uma) extração semanal, com prêmios maiores de Cr$ 100.000,00 (cem mil cruzeiros) a Cr$ 5.000.000,00 (cinco milhões de cruzeiros) e ainda 2 (duas) extrações anuais nas semanas de São João e de Natal, com prêmios maiores até Cr$ 20.000.000,00 (vinte milhões de cruzeiros), no caso de loterias estaduais em exploração direta pelo Estado ou por autarquia estadual. (Redação dada pela Lei nº 4.161, de 1962)

5) emissão máxima, pela loteria federal, de quarenta mil (40.000) bilhetes para cada extração, e, pelas estaduais, de seis mil (6.000) por milhão de habitantes ou fração, fixado em qualquer caso o limite máximo de quarenta mil (40.000) bilhetes, salvo autorização especial para emissão em duas (2) séries, as quais, entretanto, obrigatòriamente, serão do mesmo plano e se decidirão por um único sorteio, no mesmo dia;

6) pagamento do impôsto de 5% na forma do art. 13 e seus parágrafos.

7) Os Estados que executam o serviço de loteria, diretamente ou em regime de autarquia, poderão realizar, uma vez ao ano, extração especial, para fins de assistência social, hospitalar, educacional e cultural, a cargo do Poder Executivo, com a emissão máxima de 100.000 (cem mil) bilhetes, ao preço maior de Cr$ 500,00 (quinhentos cruzeiros) cada um e distribuição de prêmios e comissões, com as demais despesas, até Cr$ 20.000.000,00 (vinte milhões de cruzeiros).e distribuição de prêmios e comissões, com as demais despesas, até Cr$ 20.000.000,00 (vinte milhões de cruzeiros)". (Incluído pela Lei nº 3.346, de 1957) (Redigido pela Lei nº 3.491, de 1958)

Art. 10. É defeso ao concessionário modificar a sua firma ou transferir a concessão, sem prévio assentimento do poder concedeste, exigida sempre a inalterável idoneidade moral do responsável, e perfeita garantia financeira, pelo prazo restante do contrato.

DAS CAUÇÕES

Art. 11. O concessionário da loteria federal caucionará na Tesouraria Geral do Tesouro Nacional, até a véspera da assinatura do contrato a importância de três milhões de cruzeiros (Cr$ 3.000.000,00), em dinheiro ou em títulos da dívida pública federal, para garantia da execução do serviço.

§ 1º Aos Estados concedentes compete arbitrar a caução, indicando o lugar do seu recolhimento.

§ 2º Tratando-se da loteria federal, a caução em dinheiro poderá ser prestada em caderneta da Caixa Econômica ou do Banco do Brasil S.A.

§ 3º A caução reverterá em favor do poder concedente, se por culpa do concessionário fôr rescindido o contrato; e, findo êste, sòmente será levantada seis (6) meses após a última extração, uma vez verificado que o concessionário cumpriu tôdas as obrigações contratuais.

Art. 12. Quando o prêmio maior ultrapassar o valor da caução, o concessionário fica obrigado a recolher, nas espécies previstas no art. 11, até oito (8) dias antes do sorteio, a diferença verificada entre a caução e o prêmio.

§ 1º O recolhimento da diferença a que alude êste artigo será feito onde o poder concedente determinar, sob pena de imediata rescisão do contrato.

§ 2º O direito à restituição da diferença pleiteada pelo concessionário da loteria federal provar-se-á com o certificado expedido pelo Fiscal Geral de loterias.

§ 3º Na hipótese de que trata o parágrafo anterior, far-se-á a restituição da diferença, quando devida, por simples despacho exarado pelo Diretor das Rendas Internas, no verso do conhecimento do depósito e nêsse documento, que constituirá o comprovante da despesa, o concessionário passará recibo na forma legal.

DAS CONTRIBUIÇÕES

Art. 13. (Extinto pela Lei nº 8.522, de 1992)

§ 1º Nenhuma extração de loteria estadual será permitida sem que, até a véspera da data designada para o sorteio se efetue o pagamento do impôsto de 5% sôbre a mesma extração, exibido ao Fiscal o talão comprobatório do recolhimento.

§ 2º A loteria federal poderá recolher o imposto de que trata êste artigo relativo às loterias de um mês, até o décimo quinto (15º) dia do mês seguinte, desde que esteja intacta a sua caução.

Art. 14. O concessionário da loteria federal recolherá mensal e adiantadamente, até o décimo quinto (15º) dia útil de cada mês, o duodécimo da cota a que está obrigado, ex-vi do § 4º do art. 5º dêste Decreto-lei.

Art. 15. (Extinto pelo Decreto-Lei nº 34, de 1966)

Art. 16. As contribuições previstas nêste capítulo serão escrituradas como "Renda Ordinária da União", na rubrica própria da lei orçamentária, destinando-se as de que tratam os arts. 13 e 14, a indenizar as despesas custeadas pelo Govêrno Federal com as obras de caridade e instrução em todo país.

DOS PLANOS, AGÊNCIAS E LICENÇAS

Art. 17. Não serão postos em circulação bilhetes de loteria cujos planos não tenham sido previamente aprovados pelo Diretor das Rendas Internas do Tesouro Nacional, quando se tratar da loteria federal, ou pelo Delegado Fiscal no respectivo Estado, quando se tratar de loteria estadual.

Parágrafo único. A decisão será comunicada ao interessado dentro de quinze (15) dias da data da apresentação dos planos, considerando-se tacitamente aprovados se a autoridade não se houver manifestado dentro do referido prazo.

Art. 18. O concessionário da loteria federal poderá estabelecer agências em todos os Estados, no Distrito Federal e territórios, as quais funcionarão mediante licença expedida pela Diretoria das Rendas Internas.

§ 1º No edifício da sede da loteria federal haverá lugar apropriado para a venda direta de bilhetes ao público, sem ágio.

§ 2º A loteria federal comunicará à Fiscalização Geral de Loterias, antes de feita qualquer remessa de bilhetes, a nomeação dos seus agentes ou as alterações que com êles ocorram. Multa de mil cruzeiros (Cr$ 1.000,00) a cinco mil cruzeiros (Cr$ 5.000,00) e o dôbro na reincidência.

Art. 19. A loteria federal, bem assim as estaduais em regime de exploração direta pelo Estado ou por órgão autárquico, excetuadas as hipóteses das loterias de São João e Natal a que se refere o inciso 4º do artigo 9º, somente poderão apresentar plano com prêmio maior que o de Cr$ 5.000.000,00 (cinco milhões de cruzeiros), mediante prévia autorização do Ministro de Estado dos Negócios da Fazenda e prestadas as garantias que forem exigidas. (Redação dada pela Lei nº 4.161, de 1962)

Art. 20. Ninguém poderá distribuir, vender ou expor à venda bilhetes de loteria federal ou estadual, sem ter sido previamente licenciado pela repartição federal competente, sob pena de multa igual ao valor da licença e o dôbro na reincidência.

Art. 21. A licença será anual e paga em estampilhas do sêlo adesivo, na seguinte conformidade:

a) para agências em cidades de mais de 500.000 habitantes .... Cr$ 1.000,00

b) para agências, em cidades de mais de 50.000 habitantes até 500.000.................... Cr$ 500,00

c) para agências, em cidades de menos de 50.000 habitantes .... Cr$ 250,00

d) para estabelecimentos fixos em cidades de mais de 50.000 habitantes .... Cr$ 250,00

e) para estabelecimentos fixos em cidades de menos de 50.000 habitantes ..... Cr$ 150,00

§ 1º Não obstante a concessão da licença federal, poderão os Estados sujeitar a colocação dos bilhetes das loterias, que concederem, a quaisquer outras licenças, taxas, impostos ou emolumentos.

§ 2º Os vendedores ambulantes pagarão, em estampilhas do sêlo adesivo, mediante guia expedida, no Distrito Federal pela Fiscalização Geral das Loterias e nos Estados pela repartição arrecadadora competente, a licença anual de dez cruzeiros (Cr$ 10,00), não estando sujeitos a quaisquer outros impostos, taxas ou emolumentos federais, estaduais ou municipais, pelo exercício dessa atividade, exceto o sêlo penitenciário e a taxa de educação.

Art. 22. Antes do fornecimento de bilhetes e revendedores, fixos ou ambulantes, as agências ou filiais lhes deverão exigir a prova de estarem devidamente registrados.

DOS BILHETES E DOS PRÊMIOS

Art. 23. O bilhete de loteria, documento pelo qual alguém se habilita ao sorteio, é considerado, para todos os efeitos, título ao portador.

Art. 24. Os bilhetes ou serão inteiros ou divididos, mas sempre uniformemente, em meios, quintos, décimos, vigésimos e quadragésimos.

Art. 25. Cada bilhete ou fração consignará ao anverso, além de outras declarações que o Diretor das Rendas Internas determinar:

a) a denominação da loteria: "Loteria Federal do Brasil", e no caso de loteria estadual – "Loteria" seguida do nome do respectivo Estado;

b) o número com que concorrerá ao sorteio;

c) o preço de plano, do bilhete inteiro e o de cada fração, acrescidos do impôsto de 5% previsto no art. 9º, nº 6;

d) a declaração de ser inteiro, meio, quinto, décimo, vigésimo ou quadragésimo e, sendo fração, o número de ordem desta.

Art. 26. Cada bilhete ou fração consignará no verso, além de outras declarações que o Diretor das Rendas Internas determinar:

a) a indicação da lei e do contrato que autorizem a loteria;

b) o plano da loteria;

c) a indicação do lugar, dia e hora do sorteio;

d) a firma impressa do concessionário.

Art. 27. Os modelos de bilhetes da loteria federal dependem de prévia aprovação do fiscal geral de loterias.

Art. 28. Far-se-á o pagamento do prêmio mediante apresentação e resgate do respectivo bilhete, desde que coincida exatamente com o canhoto do qual se destacou, e não ofereça vícios ou defeitos que prejudiquem a verificação de sua autenticidade.

Art. 29. Em hipótese alguma se admitirá a substituição de bilhetes postos em circulação, ainda que sob o pretexto de furto, destruição ou extravio.

Art. 30. O pagamento será imediato à apresentação do bilhete na sede da loteria e, dentro de quinze (15) dias, se em qualquer das agências sediadas nas capitais dos Estados.

Parágrafo único. O portador do bilhete que não fôr satisfeito no pagamento do prêmio apresentar-lo-á ao Diretor das Rendas Internas do Tesouro Nacional, se se tratar de loteria federal, ou ao diretor do Tesouro do Estado, se tratar de loteria estadual, os quais, ouvido o concessionário no prazo de cinco (5) dias, e verificada a ilegitimidade da recusa, fornecerão guia ao interessado para que receba no Tesouro Nacional ou no Estadual, conforme o caso, a importância devida.

Art. 31. No caso de ordem judicial para não se efetuar o pagamento de algum prêmio, será êste depositado judicialmente, ficando assim ilidida a ação de cobrança.

Art. 32. Os canhotos grampeados em maços de cem (100) serão rubricados na primeira e última fôlha pelo fiscal geral de loterias, ou pessoa por êle designada, e ficarão guardados em cofre de segurança pelo concessionário.

DAS EXPLORAÇÕES

Art. 33. As extrações serão feitas, em sala franqueada ao público, pelo sistema de urnas transparentes e esferas numeradas por inteiro.

Art. 34. A loteria federal e as loterias estaduais serão extraídas nos dias designados pelo Diretor das Rendas Internas.

Art. 35. Depois de postos os bilhetes em circulação, a extração só deixará de realizar-se ou será adiada, por deliberação do Diretor das Rendas Internas.

Parágrafo único. No primeiro caso serão recolhidos os bilhetes e restituídos os respectivos preços, e nos segundos avisar-se-á pela imprensa o novo dia designado para a extração.

Art. 36. Nenhuma loteria correrá em dia feriado no local de sua extração, mas ficará adiada para o primeiro dia útil seguinte.

Art. 37. As esferas referentes ao número e ao prêmio, saídas da urna, serão colocadas lado a lado no mesmo taboleiro.

Art. 38. Durante a extração da loteria federal, o fiscal geral de loterias verificará, uma a uma, as esferas postas nos taboleiros, para efeito de correção dos enganos porventura constatados em ata. A conferência relativa aos cinco (5) prêmios maiores será feita imediatamente após o pregão, submetendo-se as respectivas esferas, antes de colocadas no taboleiro, ao exame das pessoas presentes.

Parágrafo único. Logo após a conferência definitiva feita pelo fiscal geral de loterias, serão os taboleiros com as esferas de números e do prêmio expostos ao público.

Art. 39. A ata, manuscrita ou dactilografada, será redigida durante a extração, consignando os números premiados à medida que saírem da urna. A lista impressa, entretanto, para maior facilidade de consulta, classificará os números premiados pela ordem numérica e em escala ascendente.

Parágrafo único. Sòmente a verificação feita em face da ata oficial servirá de fundamento a qualquer reclamação do pagamento do prêmio.

DAS LOTERIAS PROIBIDAS

Art. 40. Constitui jôgo de azar passível de repressão penal, a loteria de qualquer espécie não autorizada ou ratificada expressamente pelo Govêrno Federal.

Parágrafo único. Seja qual fôr a sua denominação e processo de sorteio adotado, considera-se loteria tôda operação, jôgo ou aposta para a obtenção de um prêmio em dinheiro ou em bens de outra natureza, mediante colocação de bilhetes, listas, cupões, vales, papéis, manuscritos, sinais, símbolos, ou qualquer outro meio de distribuição dos números e designação dos jogadores ou apostadores.

Art. 41. Não se compreendem na disposição do artigo anterior:

a) os sorteios realizados para simples resgate de ações ou debêntures, desde que não haja qualquer bonificação;

b) a venda de imóveis ou de artigos de comércio, mediante sorteio, na forma do respectivo regulamento, sendo defeso converter em dinheiro os prêmios sorteados ou concedê-los em proporção que desvirtue a operação de compra e venda;

c) os sorteios de apólices da dívida pública da União, dos Estados e dos Municípios, autorizados pelo Govêrno Federal;

d) os sorteios de apólices realizados pelas companhias de seguro de vida, que operem pelo sistema de prêmios fixos atuariais, desde que os respectivos regulamentos o permitam;

e) os sorteios das sociedades de capitalização, feitos exclusivamente para amortização do capital garantido;

f) os sorteios bi-anuais autorizados pelos Decretos-leis números 338, de 16 de março de 1938, e 2.870, de 13 de dezembro de 1940.

Parágrafo único. Para os sorteios de mercadorias e imóveis não se permitirá emissão de bilhetes, cupões, ou vales, ao portador, mas deverão constar do livro apropriado os nomes de todos os prestamistas, com indicação dos pagamentos feitos e por fazer.

Art. 42. Fica permitida a distribuição de títulos da Dívida Pública Federal, Estadual ou Municipal como prêmio de sorteio, competindo à fiscalização verificar a prévia aquisição dos títulos e sua efetiva distribuição aos contemplados.

Parágrafo único. Nenhum prêmio poderá ser constituído de mais de uma apólice faderal, estadual ou municipal, englobadamente.

Art. 43. A título de propaganda poderão os estabelecimentos comerciais, quando autorizados por cartas-patente, distribuir brindes aos seus clientes, mediante coleção de bilhetes, vales ou cupões sorteáveis, desde que as respectivas cautelas sejam gratuitas e os prêmios de pequeno valor.

Art. 44. Compete ao Diretor Geral da Fazenda Nacional conceder cartas-patentes para funcionamento de clubes de mercadorias mediante sorteio.

Parágrafo único. Sempre que houver deturpação dos fins para que foi concedida, a carta-patente será cancelada pelo Diretor Geral da Fazenda Nacional.

DAS CONTRAVENÇÕES

Art. 45. Extrair loteria sem concessão regular do poder competente ou sem a ratificação de que cogita o art. 3º Penas: de um (1) a quatro (4) anos de prisão simples, multa de cinco mil cruzeiros (Cr$ 5.000,00) a dez mil cruzeiros (Cr$ 10.000,00), além da perda para a Fazenda Nacional de todos os aparelhos de extração, mobiliário, utensílios e valores pertencentes à loteria.

Art. 46. Introduzir no país bilhetes de loterias, rifas ou tômbolas estrangeiras, ou em qualquer Estado, bilhetes de outra loteria estadual. Penas: de seis (6) meses a um (1) ano de prisão simples, multa de mil cruzeiros (Cr$ 1.000,00) a cinco mil cruzeiros (Cr$ 5.000,00), além da perda para a Fazenda Nacional de todos os bilhetes apreendidos.

Art. 47. Possuir, ter sob a sua guarda, procurar colocar, distribuir ou lançar em circulação bilhetes de loterias estrangeiras. Penas: de seis (6) meses e um (1) ano de prisão simples, multa de mil cruzeiros (Cr$ 1.000,00) a cinco mil cruzeiros (Cr$ 5.000,00), além de perda para a Fazenda Nacional de todos os bilhetes apreendidos.

Art. 48. Possuir, ter sob sua guarda, procurar colocar, distribuir ou lançar em circulação bilhetes de loteria estadual fora do território do Estado respectivo. Penas: de dois (2) a seis (6) meses de prisão simples, multa de quinhentos cruzeiros (Cr$ 500,00) a mil cruzeiros (Cr$ 1.000,00), além de perda para a Fazenda Nacional dos bilhetes apreendidos.

Art. 49. Exibir, ou ter sob sua guarda, listas de sorteios de loteria estrangeira ou de estadual fora do território do Estado respectivo. Penas: de em (1) a quatro (4) meses de prisão simples e multa de duzentos cruzeiros (Cr$ 200,00) a quinhentos cruzeiros (Cr$ 500,00).

Art. 50. Efetuar o pagamento de prêmio relativo a bilhete de loteria estrangeira ou estadual que não possa circular legalmente no lugar do pagamento. Penas: de dois (2) a seis (6) meses de prisão simples e multa de quinhentos cruzeiros (Cr$ 500,00) a mil cruzeiros (Cr$ 1.000,00).

Art. 51. Executar serviços de impressão ou acabamento de bilhetes, listas, avisos ou cartazes, relativos a loteria que não possa legalmente circular no lugar onde se executem tais serviços. Penas: de dois (2) a seis (6) meses de prisão simples, multa de quinhentos cruzeiros (Cr$ 500,00) a mil cruzeiros (Cr$ 1.000,00), e a inutilização dos bilhetes, listas, avisos e cartazes, além da pena de prisão aos proprietários e gerentes dos respectivos estabelecimentos.

Art. 52. Distribuir ou transportar cartazes, listas ou avisos de loterias onde os mesmos não possam legalmente circular. Penas: de um (1) a quatro (4) meses de prisão simples e multa de duzentos cruzeiros (Cr$ 200,00) a quinhentos cruzeiros (Cr$ 500,00).

Art. 53. Colocar, distribuir ou lançar em circulação bilhetes de loterias relativos a extrações já feitas. Penas: as do art. 171 do Código Penal.

Art. 54. Falsificar emendar ou adulterar bilhetes de loteria. Penas: as do art. 298 do Código Penal.

Art. 55. Divulgar por meio de jornal, revista, rádio, cinema ou por qualquer outra forma, clara ou disfarçadamente, anúncio, aviso ou resultado de extração de loteria que não possa legalmente circular no lugar em que funciona a emprêsa divulgadora. Penas: de multa de mil cruzeiros (Cr$ 1.000,00) a cinco mil cruzeiros (Cr$ 5.000,00) aplicável aos proprietários e gerentes das respectivas emprêsas, e o dôbro na reincidência.

Parágrafo único. A Fiscalização Geral de Loterias deverá apreender os jornais, revistas ou impressos que inserirem reiteradamente anúncio ou aviso proibidos, e requisitar a cassação da licença para o funcionamento das emprêsas de rádio e cinema que, da mesma forma, infringirem a disposição dêste artigo.

Art. 56. Transmitir pelo telégrafo ou por qualquer outro meio o resultado da extração da loteria que não possa circular no lugar para onde se fizer a transmissão. Penas: de multa de quinhentos cruzeiros (Cr$ 500,00) a mil cruzeiros (Cr$ 1.000,00).

Parágrafo único. Nas mesmas penas incorrerá a emprêsa telegráfica particular que efetuar a transmissão;

Art. 57. As repartições postais não farão a remessa de bilhetes, listas, avisos ou cartazes referentes a loterias consideradas ilegais ou os de loteria de determinado Estado, quando se destinem a outro Estado, ao Distrito Federal ou aos territórios.

§ 1º Serão apreendidos os bilhetes, listas, avisos ou cartazes encontrados em repartição situada em lugar onde a loteria não possa legalmente circular, devendo os funcionários efetuar, quando possível, a prisão em flagrante do contraventor.

§ 2º Efetuada a prisão do contraventor, a cousa apreendida será entregue à autoridade policial que lavrar o flagrante. No caso de simples apreensão, caberá aos funcionários lavrar o respectivo auto, para pronunciamento das Recebedorias Federais no Rio de Janeiro e em São Paulo, ou das Delegacias Fiscais nos demais Estados, às quais, se caracterizada e provada a infração, caberá impor as multas previstas neste capítulo.

§ 3º Aos funcionários apreendedores fica assegurada a vantagem prevista no parágrafo único do art. 62.

Art. 58. Realizar o denominado "jôgo do bicho", em que um dos participantes, considerado comprador ou ponto, entrega certa quantia com a indicação de combinações de algarismos ou nome de animais, a que correspondem números, ao outro participante, considerado o vendedor ou banqueiro, que se obriga mediante qualquer sorteio ao pagamento de prêmios em dinheiro. Penas: de seis (6) meses a um (1) ano de prisão simples e multa de dez mil cruzeiros (Cr$ 10.000,00) a cinqüenta mil cruzeiros (Cr$ 50.000,00) ao vendedor ou banqueiro, e de quarenta (40) a trinta (30) dias de prisão celular ou multa de duzentos cruzeiros (Cr$ 200,00) a quinhentos cruzeiros (Cr$ 500,00) ao comprador ou ponto.

§ 1º Incorrerão nas penas estabelecidas para vendedores ou banqueiros:

a) os que servirem de intermediários na efetuação do jôgo;

b) os que transportarem, conduzirem, possuírem, tiverem sob sua guarda ou poder, fabricarem, darem, cederem, trocarem, guardarem em qualquer parte, listas com indicações do jôgo ou material próprio para a contravenção, bem como de qualquer forma contribuírem para a sua confecção, utilização, curso ou emprêgo, seja qual for a sua espécie ou quantidade;

c) os que procederem à apuração de listas ou à organização de mapas relativos ao movimento do jôgo;

d) os que por qualquer modo promoverem ou facilitarem a realização do jôgo.

§ 2º Consideram-se idôneos para a prova do ato contravencional quaisquer listas com indicações claras ou disfarçadas, uma vez que a perícia revele se destinarem à perpetração do jôgo do bicho.

§ 3º (Revogado pela Lei nº 1.508, de 1951)

Art. 59. Serão inafiançáveis as contravenções previstas nos arts. 45 a 49 e 58 e seus parágrafos.

Art. 60. Constituem contravenções, puníveis com as penas do art. 45, o jôgo sôbre corridas de cavalos, feito fora dos hipódromos, ou da sede e dependências das entidades autorizadas, e as apostas sôbre quaisquer outras competições esportivas.

Parágrafo único. Consideram-se competições esportivas, aquelas em que se classifiquem vencedores

a) pelo esfôrço físico, destreza ou habilidade do homem;

b) pela seleção ou adestramento de animais, postos em disputa, carreira ou luta de qualquer natureza.

DO PROCESSO FISCAL

Art. 61. O processo fiscal das contravenções a que se refere êste Decreto-lei, obedecerá as normas estabelecidas pelo Decreto-lei nº 739, de 24 de setembro de 1938.

Art. 62. Os bilhetes apreendidos em virtude de contravenção meramente administrativa serão conservados, no Distrito Federal, pela Fiscalização Geral de Loterias, e nos Estados pelas Delegacias Fiscais, em invólucro fechado e lacrado, com as declarações necessárias.

Parágrafo único. Na hipótese de ser premiado qualquer dos bilhetes apreendidos, efetuar-se-á a cobrança, ficando o produto em depósito no Tesouro Nacional ou suas Delegacias Fiscais, até decisão final do processo. Metade dos prêmios pertencerá aos apreensores que tiverem assinado o respectivo auto, e a outra metade será convertida em renda eventual da União.

Art. 63. Além das autoridades policiais, são competentes os Funcionários da Fiscalização Geral de Loterias, os Fiscais de loterias, os Delegados Fiscais do Tesouro, os Coletores federais, os Agentes fiscais do impôsto de consumo, os Fiscais dos clubes de mercadorias, os funcionários postais, os empregados ferroviários e os Agentes do fisco estadual e municipal, para efetuar a prisão em flagrante quando ocorrerem as infrações dêste Decreto-lei puníveis com pena de prisão, apreender bilhetes, aparelhos e utensílios, e inutilizar listas, cartazes ou quaisquer papéis relativos a loterias clandestinas ou jogos proibidos.

Parágrafo único. No desempenho das atribuições previstas neste artigo, poderão os funcionários e autoridades, quando necessário, proceder a revistas pessoais, bem como arrombar portas ou imóveis em estabelecimentos de comércio.

DA FISCALIZAÇÃO GERAL DE LOTERIAS

Art. 64. A Fiscalização Geral de Loterias, diretamente subordinada à Diretoria das Rendas Internas do Tesouro Nacional, será exercida por um Funcionário designado pelo Presidente da República para exercer a função gratificada de Fiscal Geral.

Art. 65. Nos Estados em que existir loteria, haverá um Fiscal Regional, subordinado à Fiscalização Geral e designado pelo Delegado Fiscal.

Parágrafo único. O funcionário designado na forma dêste artigo será dispensado das funções de seu cargo efetivo nos dias de extração da loteria e nenhuma vantagem perceberá.

Art. 66. Para os fins do art. 63, é facultado ao concessionário da Loteria Federal manter auxiliares em todo o território do pais, os quais serão designados pelo Fiscal Geral de loterias.

Art. 67. Compete ao Fiscal Geral de loterias:

a) superintender todo o serviço da Fiscalização;

b) distribuí-lo pelos seus auxiliares;

c) abrir, rubricar e encerrar livros da Fiscalização e dar as necessárias instruções para a escrituração dos mesmos;

d) despachar os papéis dependentes de sua decisão e subscrever as certidões;

e) mandar arquivar os papéis findos;

f) assistir às extrações da loteria federal, examinando pessoalmente ou fazendo examinar por técnicos de sua confiança, os aparelhos empregados nas mesmas extrações;

g) velar pela estrita observância do contrato celebrado entre a União e os concessionários;

h) fazer apreender os bilhetes indevidamente em circulação, quer expostos à venda, quer ocultos, bem como os ultimatos ou em via de ultimação;

i) requisitar das autoridades policiais a fôrca necessária para tornar efetivas quaisquer diligências regulamentares;

j) lavrar as designações dos auxiliares mantidos pelos concessionários;

l) impedir, por todos os meios ao seu alcance, o curso de bilhetes de loterias estrangeiras, bem como o das estaduais fora dos limites dos Estados concedentes;

m) fornecer guias para o pagamento da cota fixa e do impôsto proporcional de 5% sôbre o montante de cada emissão, da Loteria Federal;

n) fornecer o certificado para levantamento da caução nos têrmos do § 3º do art. 11;

o) determinar ns livros especiais que as emprêsas lotéricas devem possuir;

p) aprovar os modêlos de bilhetes na foma do art. 27; e

q) apresentar ao Diretor das Rendes Internas, no primeiro trimestre de cada ano, o relatório dos trabalhos e das mais importantes ocorrências concernentes ao ano anterior.

Art. 68. Compete aos fiscais regionais:

a) apreender ou fazer apreender os bilhetes indevidamente em circulação, quer expostos à venda, quer ocultos bem como os ultimados ou em via de ultimação;

b) requisitar das autoridades policiais a fôrça necessária para tornar efetivas quaisquer diligências regulamentares;

c) impedir, por todos os meios ao seu alcance, o curso de bilhetes de loterias estrangeiras, bem como o das estaduais fora dos limites dos Estados respectivos;

d) fornecer guias para o pagamento do impôsto proporcional de 5 % sôbre o montante de cada emissão da loteria estadual;

e) apresentar ao fiscal geral de loterias, até o dia 31 de janeiro de cada ano, o relatório dos trabalhos e das mais importantes ocorrências concernentes ao ano anterior;

f) exigir a prova do pagamento do impôsto de 5 %, na forma do art. 13, § 1º, impedindo a extração da loteria caso não tenha sido preenchida essa formalidade; e

g) assistir às extrações da lotoria.

Art. 69. São nulas de pleno direito quaisquer obrigações resultantes de loterias não autorizadas.

Art. 70. Os estrangeiros que contravierem as disposições dos arts. 45 a 54 e 58 dêste decreto-lei serão expulsos do território nacional, após o cumprimento da pena.

Art. 71. Além dos ônus previstos neste Decreto-lei e do impôsto de renda, nenhum outro impôsto, contribuição ou taxa, federais, estaduais ou municipais, incidirá sôbre os bilhetes da loteria federal e respectivos prêmios.

Art. 72. Os livros e papéis pertencentes a concessionários de serviços lotéricos e a quaisquer agências ou casas onde se vendam bilhetes, poderão em qualquer momento, ser examinados pelo fiscal geral de loterias ou pelos funcionários expressamente designados pela autoridade competente.

Art. 73. O presente Decreto-lei entrará em vigor na data de sua publicação.

Art. 74. Revogam-se as disposições em contrário.

Rio de Janeiro, 10 de fevereiro de 1944,
123º da Independência e
56º da República.

GETULIO VARGAS.
DOU de 18.2.1944

DECRETO-LEI Nº 9.760, DE 5 DE SETEMBRO DE 1946

Dispõe sobre os bens imóveis da União dá outras providências.

▸ *Bens imóveis da União*

O PRESIDENTE DA REPÚBLICA, usando da atribuição que lhe confere o artigo 180, da Constituição,

DECRETA:

TÍTULO I
DOS BENS IMÓVEIS DA UNIÃO

CAPÍTULO I
DA DECLARAÇÃO DOS BENS

SEÇÃO I
DA ENUNCIAÇÃO

Art. 1º. Incluem-se entre os bens imóveis da União:

a) os terrenos de marinha e seus acrescidos ;

b) os terrenos marginais dos rios navegáveis, em Territórios Federais, se, por qualquer título legítimo, não pertencerem a particular;

c) os terrenos marginais de rios e as ilhas nestes situadas na faixa da fronteira do território nacional e nas zonas onde se faça sentir a influência das marés;

d) as ilhas situadas nos mares territoriais ou não, se por qualquer título legítimo não pertencerem aos Estados, Municípios ou particulares;

e) a porção de terras devolutas que fôr indispensável para a defesa da fronteira, fortificações, construções militares e estradas de ferro federais;

f) as terras devolutas situadas nos Territórios Federais;

g) as estradas de ferro, instalações portuárias, telégrafos, telefones, fábricas oficinas e fazendas nacionais;

h) os terrenos dos extintos aldeamentos de índios e das colônias militares, que não tenham passado, legalmente, para, o domínio dos Estados, Municípios ou particulares;

i) os arsenais com todo o material de marinha, exército e aviação, as fortalezas, fortificações e construções militares, bem como os terrenos adjacentes, reservados por ato imperial;

j) os que foram do domínio da Coroa;

k) os bens perdidos pelo criminoso condenado por sentença proferida em processo judiciário federal;

l) os que tenham sido a algum título, ou em virtude de lei, incorporados ao seu patrimônio.

SEÇÃO II
DA CONCEITUAÇÃO

Art. 2º. São terrenos de marinha, em uma profundidade de 33 (trinta e três) metros, medidos horizontalmente, para a parte da terra, da posição da linha do preamar-médido de 1831:

a) os situados no continente, na costa marítima e nas margens dos rios e lagoas, até onde se faça sentir a influência das marés;

b) os que contornam as ilhas situadas em zona onde se faça sentir a influência das marés.

Parágrafo único. Para os efeitos dêste artigo a influência das marés é caracterizada pela oscilação periódica de 5 (cinco) centímetros pelo menos, do nível das águas, que ocorra qualquer época do ano.

Art. 3º. São terrenos acrescidos de marinha os que se tiverem formado natural ou artificialmente, Para o lado do mar ou dos rios e lagoas, em seguimento aos terrenos de marinha.

Art. 4º. São terrenos marginais os que banhados pelas correntes navegáveis, fora do alcance das marés, vão até a distância de 15 (quinze) metros, medidos horizontalmente para a parte da terra, contados dêsde a linha média das enchentes ordinárias.

Art. 5º. São devolutas, na faixa da fronteira, nos Territórios Federais e no Distrito Federal, as terras que, não sendo próprios nem aplicadas a algum uso público federal, estadual territorial ou municipal, não se incorporaram ao domínio privado:

a) por fôrça da Lei nº 601, de 18 de setembro de 1850, Decreto nº 1.318, de 30 de janeiro de 1854, e outras leis e decretos gerais, federais e estaduais,

b) em virtude de alienação, concessão ou reconhecimento por parte da União ou dos Estados;

c) em virtude de lei ou concessão emanada de govêrno estrangeiro e ratificada ou reconhecida, expressa ou implìcitamente, pelo Brasil, em tratado ou convenção de limites:

d) em virtude de sentença judicial com fôrça de coisa julgada;

e) por se acharem em posse contínua e incontestada com justo título e boa fé, por têrmo superior a 20 (vinte) anos;

f) por se acharem em posse pacífica e ininterrupta, por 30 (trinta) anos, independentemente de justo título e boa fé;

g) por fôrça de sentença declaratória proferida nos têrmos do art. 148 da Constituição Federal, de 10 de Novembro de 1937.

Parágrafo único. A posse a que a União condiciona a sua liberalidade não pode constituir latifúndio e depende do efetivo aproveitamento e morada do possuidor ou do seu preposto, integralmente satisfeitas por êstes, no caso de posse de terras situadas na faixa da fronteira, as condições especiais impostas na lei.

CAPÍTULO II
DA IDENTIFICAÇÃO DOS BENS

SEÇÃO I
DISPOSIÇÕES GERAIS

Arts. 6º a 8º. *(Revogados pela Lei 11.481/2007)*

SEÇÃO II
DA DEMARCAÇÃO DOS TERRENOS DE MARINHA

Art. 9º. É da competência do Serviço do Patrimônio da União (S.P.U.) a determinação da posição das linhas do preamar médio do ano de 1831 e da média das enchentes ordinárias.

Art. 10. A determinação será feita à vista de documentos e plantas de autenticidade irrecusável, relativos àquele ano, ou, quando não obtidos, a época que do mesmo se aproxime.

Art. 11. Antes de dar início aos trabalhos demarcatórios e com o objetivo de contribuir para sua efetivação, a Secretaria do Patrimônio da União do Ministério do Planejamento, Orçamento e Gestão realizará audiência pública, preferencialmente, na Câmara de Vereadores do Município ou dos Municípios onde estiver situado o trecho a ser demarcado. *("Caput" do artigo com redação dada pela Lei 13.139/2015)*

§ 1º Na audiência pública, além de colher plantas, documentos e outros elementos relativos aos terrenos compreendidos no trecho a ser demarcado, a Secretaria do Patrimônio da União do Ministério do Planejamento, Orçamento e Gestão apresentará à população interessada informações e esclarecimentos sobre o procedimento demarcatório. *(Parágrafo acrescido pela Lei 13.139/2015)*

§ 2º A Secretaria do Patrimônio da União do Ministério do Planejamento, Orçamento e Gestão fará o convite para a audiência pública, por meio de publicação em jornal de grande circulação nos Municípios abrangidos pelo trecho a ser demarcado e no Diário Oficial da União, com antecedência mínima de 30 (trinta) dias da data de sua realização. *(Parágrafo acrescido pela Lei 13.139/2015)*

§ 3º A Secretaria do Patrimônio da União do Ministério do Planejamento, Orçamento e Gestão notificará o Município para que apresente os documentos e plantas que possuir relativos ao trecho a ser demarcado, com antecedência mínima de 30 (trinta) dias da data da realização da audiência pública a que se refere o *caput*. *(Parágrafo acrescido pela Lei 13.139/2015)*

§ 4º Serão realizadas pelo menos 2 (duas) audiências públicas em cada Município situado no trecho a ser demarcado cuja população seja superior a 100.000 (cem mil) habitantes, de acordo com o último censo oficial. *(Parágrafo acrescido pela Lei 13.139/2015)*

Art. 12. Após a realização dos trabalhos técnicos que se fizerem necessários, o Superintendente do Patrimônio da União no Estado determinará a posição da linha demarcatória por despacho. *("Caput" do artigo com redação dada pela Lei 13.139/2015)*

Parágrafo único. *(Revogado pela Lei 13.139/2015)*

Art. 12-A. A Secretaria do Patrimônio da União do Ministério do Planejamento, Orçamento e Gestão fará notificação pessoal dos interessados certos alcançados pelo traçado da linha demarcatória para, no prazo de 60 (sessenta) dias, oferecerem quaisquer impugnações.

§ 1º Na área urbana, considera-se interessado certo o responsável pelo imóvel alcançado pelo traçado da linha demarcatória até a linha limite de terreno marginal ou de terreno de marinha que esteja cadastrado na Secretaria do Patrimônio da União ou inscrito no cadastro do Imposto Predial e Territorial Urbano (IPTU) ou outro cadastro que vier a substituí-lo.

§ 2º Na área rural, considera-se interessado certo o responsável pelo imóvel alcançado pelo traçado da linha demarcatória até a linha limite de terreno marginal que esteja cadastrado na Secretaria do Patrimônio da União e, subsidiariamente, esteja inscrito no Cadastro Nacional de Imóveis Rurais (CNIR) ou outro que vier a substituí-lo.

§ 3º O Município e o Instituto Nacional de Colonização e Reforma Agrária (Incra), no prazo de 30 (trinta) dias contado da solicitação da Secretaria do Patrimônio da União, deverão fornecer a relação dos inscritos nos cadastros previstos nos §§ 1º e 2º.

§ 4º A relação dos imóveis constantes dos cadastros referidos nos §§ 1º e 2º deverá ser fornecida pelo Município e pelo Incrano prazo de 30 (trinta) dias contado da solicitação da Secretariado Patrimônio da União.

§ 5º A atribuição da qualidade de interessado certo independe da existência de título registrado no Cartório de Registro de Imóveis. *(Artigo acrescido pela Lei 13.139/2015)*

Art. 12-B. A Secretaria do Patrimônio da União do Ministério do Planejamento, Orçamento e Gestão fará notificação por edital, por meio de publicação em jornal de grande circulação no local do trecho demarcado e no Diário Oficial da União, dos interessados incertos alcançados pelo traçado da linha demarcatória para, no prazo de 60 (sessenta) dias, apresentarem quaisquer impugnações, que poderão ser dotadas de efeito suspensivo nos termos do parágrafo único do art. 61 da Lei no 9.784, de 29 de janeiro de 1999. *(Artigo acrescido pela Lei 13.139/2015)*

Art. 12-C. Fica a Secretaria do Patrimônio da União (SPU) autorizada a concluir até 31 de dezembro de 2025 a identificação dos terrenos marginais de rio federal navegável, dos terrenos de marinha e seus acrescidos, de que tratam os arts. 2º, 3º e 4º deste Decreto-Lei.

Parágrafo único. A conclusão de que trata este artigo refere-se ao disposto no *caput* do art. 12 deste Decreto-Lei. *(Artigo acrescido pela Lei 13.465/2017)*

Art. 13. Tomando conhecimento das impugnações eventualmente apresentadas, o Superintendente do Patrimônio da União no Estado reexaminará o assunto e, se confirmar sua decisão, notificará os recorrentes que, no prazo improrrogável de 20 (vinte) dias contado da data de sua ciência, poderão interpor recurso, que poderá ser dotado de efeito suspensivo, dirigido ao Secretário do Patrimônio da União do Ministério do Planejamento, Orçamento e Gestão. *("Caput" do artigo com redação dada pela Lei 13.139/2015)*

Parágrafo único. O efeito suspensivo de que tratam o *caput* e o art. 12-B aplicar-se-á apenas à demarcação do trecho impugnado, salvo se o fundamento alegado na impugnação ou no recurso for aplicável a trechos contíguos, hipótese em que o efeito suspensivo, se deferido, será estendido a todos eles. *(Parágrafo único com redação dada pela Lei 13.139/2015)*

Art. 14. Da decisão proferida pelo Secretário de Coordenação e Governança do Patrimônio da União da Secretaria Especial de Desestatização, Desinvestimento e Mercados do Ministério da Economia será dado conhecimento aos recorrentes que, no prazo de 20 (vinte) dias, contado da data de sua ciência, poderão interpor recurso, sem efeito suspensivo, dirigido ao superior hierárquico, em última instância. (Redação dada pela Lei 13.874/2019)

SEÇÃO III
DA DEMARÇÃO DE TERRAS INTERIORES

Art. 15. Serão promovidas pelo S. P. U. as demarcações e aviventações de rumos, desde que necessárias à exata individuação dos imóveis de domínio da União e sua perfeita discriminação da propriedade de terceiros.

Art. 16. Na eventualidade prevista, no artigo anterior, o órgão local do S. P. U. convidará. por edital. sem prejuízo. sempre que possível, de convite por outro meio, os que se julgarem com direito aos imóveis confinantes a. dentro do prazo de 60 (sessenta) dias, oferecerem a exame os títulos, em que fundamentem seus direitos. e bem assim quaisquer documentos elucidativos, como plantas, memoriais, etc.

Parágrafo único. O edital será afirmado na repartição arrecadadora da Fazenda Nacional, na localidade da situação do imóvel, e publicado no órgão oficial do Estado ou Território, ou na fôlha que lhe publicar o expediente, e no Diário Oficial da União, em se tratando de imóvel situado no Distrito Federal.

Art. 17. Examinados os documentos exibidos pelos interessados e quaisquer outros de que possa dispor. o S. P. U., se entender aconselhável, proporá ao confinante a realização da diligência de demarcação administrativa, mediante prévia assinatura de têrmo em que as partes interessadas se comprometam a aceitar a decisão que fôr proferida em última instância pelo C. T. U., desde que seja o caso.

§ 1º Se não concordarem as partes na indicação de um só, os trabalhos demarcatórios serão efetuados por 2 (dois) peritos, obrigatòriamente engenheiros ou agrimensores, designados um pelo S. P. U., outro pelo confinante.

§ 2º Concluídas suas investigações preliminares os peritos apresentarão, conjuntamente ou não, laudo minucioso, concluindo pelo estabelecimento da linha divisória das propriedades demarcadas.

§ 3º Em face do laudo ou laudos apresentados, se houver acôrdo entre a União, representada pelo Procurador da Fazenda Pública, e o confinante, quanto ao estabelecimento da linha divisória, lavrar-se-á têrmo em livro próprio, do órgão local do S. P.U., efetuando o seu perito a cravação dos marcos, de acôrdo como vencido.

§ 4º O têrmo a que se refere o parágrafo anterior, isento de selos ou quaisquer emolumentos, terá fôrça, de escritura pública e por meio de certidão de inteiro teor será devidamente averbado no Registro Geral da situação dos imóveis demarcados.

§ 5º Não chegando as partes ao acôrdo a que se refere o § 3º dêste artigo, o processo será submetido ao exame do C. T. U., cuja decisão terá fôrça de sentença definitiva para a averbação aludida no parágrafo anterior.

§ 6º As despesas com a diligência da demarcação serão rateadas entre o confinante e a União, indenizada esta da metade a cargo daquele.

Art. 18. Não sendo atendido pelo confinante o convite mencionado no Art. 19. ou se êle se recusar a assinar o têrmo em que se comprometa aceitar a demarcação administrativa, o S. P. U. providenciará no sentido de se proceder a, demarcação judicial, pelos meios ordinários.

SEÇÃO III-A
DA DEMARCAÇÃO DE TERRENOS PARA REGULARIZAÇÃO FUNDIÁRIA DE INTERESSE SOCIAL

(Seção acrescida pela Lei 11.481/2007)

Art. 18-A. A União poderá lavrar auto de demarcação nos seus imóveis, nos casos de regularização fundiária de interesse social, com base no levantamento da situação da área a ser regularizada.

§ 1º Considera-se regularização fundiária de interesse social aquela destinada a atender a famílias com renda familiar mensal não superior a 5 (cinco) salários mínimos.

§ 2º O auto de demarcação assinado pelo Secretário do Patrimônio da União deve ser instruído com:

I – planta e memorial descritivo da área a ser regularizada, dos quais constem a sua descrição, com suas medidas perimetrais, área total, localização, confrontantes, coordenadas preferencialmente georreferenciadas dos vértices definidores de seus limites, bem como seu número de matrícula ou transcrição e o nome do pretenso proprietário, quando houver;

II – planta de sobreposição da área demarcada com a sua situação constante do registro de imóveis e, quando houver, transcrição ou matrícula respectiva;

III – certidão da matrícula ou transcrição relativa à área a ser regularizada, emitida pelo registro de imóveis competente e das circunscrições imobiliárias anteriormente competentes, quando houver;

IV – certidão da Secretaria do Patrimônio da União de que a área pertence ao patrimônio da União, indicando o Registro Imobiliário Patrimonial – RIP e o responsável pelo imóvel, quando for o caso;

V – planta de demarcação da Linha Preamar Média – LPM, quando se tratar de terrenos de marinha ou acrescidos; e

VI – planta de demarcação da Linha Média das Enchentes Ordinárias – LMEO, quando se tratar de terrenos marginais de rios federais.

§ 3º As plantas e memoriais mencionados nos incisos I e II do § 2º deste artigo devem ser assinados por profissional legalmente habilitado, com prova de anotação de responsabilidade técnica no competente Conselho Regional de Engenharia e Arquitetura – CREA.

§ 4º Entende-se por responsável pelo imóvel o titular de direito outorgado pela União, devidamente identificado no RIP. *(Artigo acrescido pela Lei 11.481/2007)*

Art. 18-B. Prenotado e autuado o pedido de registro da demarcação no registro de imóveis, o oficial, no prazo de 30 (trinta) dias, procederá às buscas para identificação de matrículas ou transcrições correspondentes à área a ser regularizada e examinará os documentos apresentados, comunicando ao apresentante, de 1 (uma) única vez, a existência de eventuais exigências para a efetivação do registro. *(Artigo acrescido pela Lei 11.481/2007)*

Art. 18-C. Inexistindo matrícula ou transcrição anterior e estando a documentação em ordem, ou atendidas as exigências feitas no art. 18-B desta Lei, o oficial do registro de imóveis deve abrir matrícula do imóvel em nome da União e registrar o auto de demarcação. *(Artigo acrescido pela Lei 11.481/2007)*

Art. 18-D. Havendo registro anterior, o oficial do registro de imóveis deve notificar pessoalmente o titular de domínio, no imóvel, no endereço que constar do registro imobiliário ou no endereço fornecido pela União, e, por meio de edital, os confrontantes, ocupantes e terceiros interessados.

§ 1º Não sendo encontrado o titular de domínio, tal fato será certificado pelo oficial encarregado da diligência, que promoverá sua notificação mediante o edital referido no *caput* deste artigo.

§ 2º O edital conterá resumo do pedido de registro da demarcação, com a descrição que permita a identificação da área demarcada, e deverá ser publicado por 2 (duas) vezes, dentro do prazo de 30 (trinta) dias, em um jornal de grande circulação local.

§ 3º No prazo de 15 (quinze) dias, contado da última publicação, poderá ser apresentada impugnação do pedido de registro do auto de demarcação perante o registro de imóveis.

§ 4º Presumir-se-á a anuência dos notificados que deixarem de apresentar impugnação no prazo previsto no § 3º deste artigo.

§ 5º A publicação dos editais de que trata este artigo será feita pela União, que encaminhará ao oficial do registro de imóveis os exemplares dos jornais que os tenham publicado. *(Artigo acrescido pela Lei 11.481/2007)*

Art. 18-E. Decorrido o prazo previsto no § 3º do art. 18-D desta Lei sem impugnação, o oficial do registro de imóveis deve abrir matrícula do imóvel em nome da União e registrar o auto de demarcação, procedendo às averbações necessárias nas matrículas ou transcrições anteriores, quando for o caso.

Parágrafo único. Havendo registro de direito real sobre a área demarcada ou parte dela, o oficial deverá proceder ao cancelamento de seu registro em decorrência da abertura da nova matrícula em nome da União. *(Artigo acrescido pela Lei 11.481/2007)*

Art. 18-F. Havendo impugnação, o oficial do registro de imóveis dará ciência de seus termos à União.

§ 1º Não havendo acordo entre impugnante e a União, a questão deve ser encaminhada ao juízo competente, dando-se continuidade ao procedimento de registro relativo ao remanescente incontroverso.

§ 2º Julgada improcedente a impugnação, os autos devem ser encaminhados ao registro de imóveis para que o oficial proceda na forma do art. 18-E desta Lei.

§ 3º Sendo julgada procedente a impugnação, os autos devem ser restituídos ao registro de imóveis para as anotações necessárias e posterior devolução ao poder público.

§ 4º A prenotação do requerimento de registro da demarcação ficará prorrogada até o cumprimento da decisão proferida pelo juiz ou até seu cancelamento a requerimento da União, não se aplicando às regularizações previstas nesta Seção o cancelamento por decurso de prazo. *(Artigo acrescido pela Lei 11.481/2007)*

SEÇÃO IV
DA DISCRIMINAÇÃO DE TERRAS DA UNIÃO

SUBSEÇÃO I
DISPOSIÇÕES PRELIMINARES

Art. 19. Incumbe ao S. P. U. promover, em nome da Fazenda Nacional, a discriminação administrativa das terras na faixa de fronteira e nos Territórios Federais, bem como de outras terras do domínio da União, a fim de escreve-las, medi-las e extremá-las do domínio particular.

Art. 20. Aos bens imóveis da União, do indevidamente ocupados, invadidos, turbados na posse, ameaçados de perigos ou confundidos em suas limitações, cabem os remédios de direito comum.

Art. 21. Desdobra-se em duas fases ou instâncias o processo discriminatório, uma administrativa ou amigável, outra judicial, recorrendo a Fazenda Nacional à segunda, relativamente àqueles contra quem não houve surtido ou não puder surtir efeitos a primeira.

Parágrafo único. Dispensar-se-á, todavia, a fase administrativa ou amigável, nas discriminatórias, em que a Fazenda Nacional verificar ser a mesma de todo ou em grande parte ineficaz pela incapacidade, ausência ou conhecida oposição da totalidade ou maioria dos interessados.

SUBSEÇÃO II
DA DISCRIMINAÇÃO ADMINISTRATIVA

Art. 22. Precederá à abertura da instância administrativa o estudo e reconhecimento prévio da área discriminada, por engenheiro ou agrimensor com exercício no órgão local do S. P. U., que apresentará relatório ou memorial descritivo:

a) do perímetro com suas características e continência certa ou aproximada ;

b) das propriedades e posses nêle localizadas ou a êle confinantes, com os nomes e residências dos respectivos proprietários e possuidores;

c) das criações, benfeitorias e culturas, encontradas, assim como de qualquer manifestação evidente de posse das terras;

d) de um croquis circunstanciado quanto possível;

e) de outras quaisquer informações interessantes.

Art. 23. Com o memorial e documentos que porventura o instruírem, o Procurador da Fazenda Pública iniciará o processo, convocando os interessados para em dia, hora e lugar indicados com prazo antecedente não menor de 60 (sessenta) dias se instalarem os trabalhos de discriminação e apresentarem as partes seus títulos documentos e informações que lhe possam interessar.

§ 1º O processo discriminatório correrá na sede da situação da área discriminada ou de sua maior parte;

§ 2º A convocação ou citação será feita aos proprietários, possuidores, confinantes, a todos os interessados em geral, inclusive as mulheres casadas, por editais, e, além disso, cautelàriamente, por carta aquêles cujos nomes constarem do memorial do engenheiro ou agrimensor.

§ 3º Os editais serão afixado em lugares públicos nas sedes dos municípios e distritos de paz, publicados 3 (três) vêzes do Diário Oficial da União, do Estado ou Território, consoante seja o caso, ou na fôlha que lhe dar publicidade ao expediente, e 2 (duas) vêzes, na imprensa local, onde houver.

Art. 24. No dia, hora e lugar aprazados, o Procurador da Fazenda Pública, acompanhado do engenheiro ou agrimensor autor do memorial, do escrivão para isso designado pelo Chefe do órgão local do S.P.U., e dos servidores dêste, que forem necessários, abrirá a diligência, dará por instalados os trabalhos e mandará fazer pelo escrivão a chamada dos interessados, procedendo-se a seguir ao recebimento, exame e conferência dos memoriais, requerimentos, informações, títulos e documentos apresentados pelos mesmos, bem como ao arrolamento das testemunhas informantes e indicação de 1 (um) ou 2 (dois) peritos que os citados porventura queiram eleger, por maioria de votos, para acompanhar e esclarecer o engenheiro ou agrimensor nos trabalhos topográficos.

§ 1º Com os documentos, pedidos e informações, deverão os interessados, sempre que lhes fôr possível e tanto quanto o fôr prestar esclarecimentos, por escrito ou verbalmente, para serem reduzidos a têrmo pelo escrivão, acêrca da origem e seqüência de seus títulos ou posse, da localização, valor estimado e área certa ou aproximada das terras de que se julgarem legítimos senhores ou possuidores, de suas confrontações, dos nomes dos confrontantes, da natureza, qualidade, quantidades e valor das benfeitorias culturas e criações nelas existentes e o montante do impôsto territorial porventura pago.

§ 2º As testemunhas oferecidas podem ser ouvidas desde logo e seus depoimentos tomados por escrito, como elementos instrutivos do direito dos interessados.

§ 3º A diligência se prolongará por tantos dias quantos necessários, lavrando-se diàriamente auto do que se passa, com assinatura dos presentes.

§ 4º Ultimados os trabalhos desta diligência, serão designados dia e hora para a seguinte, ficando as partes, presentes e revéis, convocadas para ela sem mais intimação.

§ 5º Entre as duas diligências mediará intervalo de 30 (trinta) e 60 (sessenta) dias, durante o qual o Procurador da Fazenda Pública estudará os autos, habilitando-se a pronunciar sôbre as alegações, documentos e direitos dos interessados.

Art. 25. A segunda diligência instalar-se-á com as formalidades da primeira, tendo por objeto a audiência dos interessados de lado a lado, o acôrdo que entre êles se firmar sôbre a propriedade e posses que forem reconhecidas, o registro dos que são excluídos do processo, por não haverem chegado a acôrdo ou serem revéis, e a designação do ponto de partida dos trabalhos topográficos; o que tudo se assentará em autos circunstanciados, com assinatura dos interessados presentes.

Art. 26. Em seguida o engenheiro ou agrimensor acompanhado de tantos auxiliares quantos necessários, procederá aos trabalhos geodésicos e topográficos de levantamento da planta geral das terras, sua situação quanto à divisão administrativa e judiciária do Estado, Distrito ou Território, sua discriminação, medição e demarcação, separando as da Fazenda Nacional das dos particulares.

§ 1º O levantamento técnico se fará com instrumentos de precisão, orientada a planta segundo o meridiano do lugar e determinada e declinação da agulha magnética.

§ 2º A planta deve ser tão minuciosa quanto possível, assinalando as correntes de água com seu valor mecânico, e conformação orográfica aproximativa dos terrenos, as construções existentes, os quinhões de cada um, com as respectivas áreas e situação na divisão administrativa e judiciária do Estado, Distrito ou Território, valos, cercas, muros, tapumes, limites ou marcos divisórios, vias de comunicação e por meio de convenções, as culturas, campos, matas, capoeiras, cerrados, caatingas e brejos.

§ 3º A planta será acompanhada de relatório que descreverá circunstanciadamente as indicações daquela, as propriedades culturais, mineralógicas, pastoris e industriais do solo a qualidade e quantidade das várias áreas de vegetação diversa, a distância dos povoados, pontos de embarque e vias de comunicação.

§ 4º Os peritos nomeados e as partes que quiserem poderão acompanhar os trabalhos topográficos.

§ 5º Se durante êstes surgirem dúvidas que interrompam ou embaracem as operações, o engenheiro ou agrimensor as submeterá ao Chefe do órgão local do S. P. U. para que as resolva com a parte interessada, ouvindo os peritos e testemunhas, se preciso.

Art. 27. Tomar-se-á nos autos têrmo à parte para cada um dos interessados, assinado pelo representante do órgão local do S. P. U., contendo a descrição precisa, das linhas e marcos divisórios, culturas e outras especificações constantes da planta geral e relatório do engenheiro ou agrimensor.

Art. 28. Findos os trabalhos, de tudo se lavrará auto solene e circunstanciado, em que as partes de lado a lado reconheçam e aceitem, em todos os seus atos, dizeres e operações, a discriminação feita.

O auto fará menção expressa de cada um dos têrmos a que alude o artigo antecedente e será assinado por todos os interessados, fazendo-o em nome da União, o Procurador da Fazenda Pública.

Art. 29. A discriminação administrativa ou amigável não confere direito algum contra terceiros, senão contra a União e aqueles que forem partes no feito.

Art. 30. É lícito ao interessado tirar no S. P. U., para seu título, instrumento de discriminação, em forma de carta de sentença, contendo o têrmo e auto solene a que aludem os arts. 27 e 28.

Tal carta, assinada pelo Diretor do S. P. U., terá fôrça orgânica de instrumento público e conterá todos os requisitos necessários, para transcrições e averbações nos Registros Públicos.

Parágrafo único. Para a providência de que trata êste artigo, subirão ao Diretor do S. P. U., em traslado todas as peças que interessem ao despacho do pedido, com o parecer do órgão local do mesmo Serviço.

Art. 31. Os particulares não pagam custas no processo discriminatório administrativo, salvo pelas diligências a seu exclusivo interêsse e pela expedição das cartas de discriminação, para as quais as taxas serão as do Regimento de Custas.

Parágrafo único. Serão fornecidas gratuitamente as certidões necessárias à instrução do processo e as cartas de discriminação requeridas pelos possuidores de áreas consideradas diminutas, cujo valor declarado não seja superior a Cr$ 5.000,00 (cinco mil cruzeiros), a critério do S.P.U.

SUBSEÇÃO III
DA DISCRIMINAÇÃO JUDICIAL

Art. 32. Contra queles que discordarem em qualquer têrmo da instância administrativa ou por qualquer motivo não entrarem em composição amigável, abrirá União, por seu representante em Juízo, a instância judicial contenciosa.

Art. 33. Correrá o processo judiciário de discriminação perante o Juizo competente, de côdo com a organização judiciária.

Art. 34. Na petição inicial, a União requererá a citação dos proprietários, possuidores, confinantes e em geral de todos os interessados, para acompanharem o processo de discriminação até o final, exibindo seus títulos de propriedade ou prestando minuciosas informações sôbre suas posses ou ocupações, ainda que sem títulos documentários.

Parágrafo único. A petição será instruída com o relatório a que alude o artigo 22.

Art. 35. A citação inicial compreenderá todos os atos do processo discriminatório sendo de rigor a citação da mulher casada e do Ministério Público, quando houver menor interessado.

Art. 36. A forma e os prazos de citação obedecerão ao que dispõe o Código do Processo Civil.

Art. 37. Entregue em cartório o mandato de citação pessoal devidamente cumprido e findo o prazo da citação edital, terão os interessados o prazo comum de 30 (trinta) dias para as providências ao artigo seguinte.

Art. 38. Com os títulos, documentos e informações, deverão os interessados oferecer esclarecimentos por escrito, tão minuciosos quanto possível, especialmente acêrca da origem e seqüência de seus títulos, posses e ocupação.

Art. 39. Organizados os autos, têlos-á com vista por 60 (sessenta) dias o representante da União em Juízo para manifestar-se em memorial minucioso sôbre os documentos, informações e pretensões dos interessados, bem como sôbre o direito da União às terras que não forem do domínio particular, nos têrmos do artigo 5º dêste Decreto-Lei.

Parágrafo único. O Juiz poderá prorrogar, mediante requerimento, o prazo de que trata êste artigo no máximo por mais 60 (sessenta) dias.

Art. 40. No memorial, depois de requerer a exclusão das áreas que houver reconhecido como do domínio particular, na forma do artigo antecedente, pedirá, a Procuradoria da República a discriminação das remanescentes como de domínio da União, indicando todos os elementos indispensáveis para esclarecimento da causa e, especialmente, os característicos das áreas que devam ser declaradas do mesmo domínio.

Art. 41. No memorial pedir-se-á a produção das provas juntamente com as perícias necessárias à demonstração do alegado pela União.

Art. 42. Devolvidos os autos a cartório, dar-se-á por edital, com prazo de 30 (trinta) dias, conhecimento das conclusões do memorial aos interessados, para que possam, querendo, concordar com as conclusões da Fazenda Nacional, e requerer a regularização de sua posses ou sanar quaisquer omissões que hajam cometido na defesa de seus direitos.

Êste edital será publicado 1 (uma) vez no Diário Oficial da União, do Estado, ou do Território, consoante seja o caso, ou na fôlha que lhe publicar o expediente, bem como na imprensa local, onde houver.

Art. 43. Conclusos os autos, o Juiz tomando conhecimento do memorial da União excluirá as áreas por essa reconhecidas como do domínio particular e quanto ao pedido de discriminação das áreas restantes, nomeará para as operações discriminatórias o engenheiro ou agrimensor, 2 (dois) peritos da confiança dêle Juiz e os suplentes daquele e dêstes.

§ 1º O engenheiro ou agrimensor e seu suplente, serão propostos pelo S.P.U. dentre os servidores de que dispuser, ficando-lhe facultado o contratar auxiliares para os serviços de campo.

§ 2º Poderão as partes, por maioria de votos, indicar, ao Juiz, assistente técnico de sua confiança ao engenheiro ou agrimensor.

Art. 44. Em seguida terão as partes o praso comum de 20 (vinte) dias para contestação, a contar da publicação do despacho a que se refere o artigo precedente, e que se fará no Diário Oficial da União, do Estado ou do Território, consoante seja o caso, ou na fôlha que lhe editar o expediente, bem como na imprensa local, se houver.

Art. 45. Se nenhum interessado contestar o pedido, o Juiz julgará de plano procedente a ação.

Parágrafo único. Havendo contestação, a causa tomará o curso ordinário e o Juiz proferirá o despacho saneador.

Art. 46. No despacho saneador procederá o Juiz na forma do art. 294 do Código do Processo Civil.

Art. 47. Se não houver sido requerida prova, alguma ou findo o prazo para sua produção, mandará o Juiz que se proceda à audiência da instrução e julgamento na forma do Código de Processo Civil.

Art. 48. Proferida a sentença e dêle intimados os interessados, iniciar-se-á, a despeito de qualquer recurso, o levantamento e demarcação do perímetro declarado devoluto, extremando-o das áreas declaradas particulares, contestes e incontestes; para o que requererá a Fazenda Nacional, ou qualquer dos interessados, designação de dia, hora e lugar para começo das operações técnicas da discriminação, notificadas as partes presentes ou representadas, o engenheiro ou agrimensor e os peritos.

§ 1º O recurso da sentença será o que determinar o Código do Processo Civil para decisões, análogas;

§ 2º O recurso subirá ao Juizo ad quem nos autos suplementares, que se organizarão como no processo ordinário;

§ 3º Serão desde logo avaliadas, na forma do direito, as benfeitorias indenizáveis dos interessados que foram excluídos ou de terceiros, reconhecidos de boa fé pela sentença (Código do Processo Civil, art. 996, parágrafo único).

Art. 49. Em seguida, o engenheiro ou agrimensor, acompanhado de seus auxiliares procederá aos trabalhos geográficos e topográficos de levantamento da planta, geral das terras, sua situação quanto à divisão administrativa e judiciária do Estado, Distrito ou Território, sua discriminação, medição e demarcação, separando-as das terras particulares.

Parágrafo único. Na demarcação do perímetro devoluto atenderá o engenheiro ou agrimensor à sentença, títulos, posses, marcos, rumos, vestígios encontrados, fama da vizinhança, informações de testemunhas e antigos conhecedores do lugar e a outros elementos que coligir.

Art. 50. A planta levantada com os requisitos do artigo antecedente, será instruída pelo engenheiro ou agrimensor com minucioso relatório ou memorial, donde conste necessàriamente a descrição de tôdas as glebas devolutas abarcadas pelo perímetro geral. Para execução dêsses trabalhos o Juiz marcará prazo prorrogável a seu prudente arbítrio.

Art. 51. A planta, que será autenticada pelo Juiz, engenheiro ou agrimensor e peritos, deverá ser tão minuciosa quanto possível, assinalando as correntes dágua, a conformação orográfica aproximativa dos terrenos, as construções existentes, os quinhões de cada um, com as respectivas áreas e situação na divisão administrativa e judiciária do Estado, Distrito ou Território, valos, cêrcas, muros, tapumes, limites ou marcos divisórios, vias de comunicação e, por meio de convenções, as culturas, campos, matas, capoeiras, cerrados, caatingas e brejos.

Art. 52. O relatório ou memorial descreverá circunstanciadamente as indicações da planta, as propriedades culturais, mineralógicas, pastoris e industriais do solo, a qualidade e quantidade das várias áreas de vegetação diversa, a distância dos povoados, pontos de embarque e vias de comunicação.

Art. 53. Se durante os trabalhos técnicos da discriminação surgirem dúvidas que reclamem a deliberação do Juiz, a êste as submeterá o engenheiro ou agrimensor a fim de que as resolva, ouvidos, se preciso, os peritos.

Parágrafo único. O Juiz ouvirá os peritos, quando qualquer interessado alegar falta que deva ser corrigida.

Art. 54. As plantas serão organizadas com observância das normas técnicas que lhes forem aplicáveis.

Art. 55. À planta anexar-se-ão o relatório ou memorial descritivo e as cadernetas das operações de campo, autenticadas pelo engenheiro ou agrimensor.

Art. 56. Concluídas as operações técnicas de discriminação, assinará o Juiz o prazo comum de 30 (trinta) dias aos interessados e outro igual à Fazenda Nacional, para sucessivamente falarem sôbre o feito.

Art. 57. A seguir, subirão os autos à conclusão do Juiz para êste homologar a discriminação e declarar judicialmente do domínio da União as, terras devolutas apuradas no perímetro discriminado e incorporadas ao patrimônio dos particulares, respectivamente, as declaradas do domínio particular, ordenando antes as diligências ou retificações que lhe parecerem necessárias para sua sentença homologatória.

Parágrafo único. Será meramente devolutivo, o recurso que couber contra a sentença homologatória.

Art. 58. As custas do primeiro estádio da causa serão pagas pela, parte vencida; as do estádio das operações executivas, topográficas e geodésicas, sê-lo-ão pela União e pelos particulares pro-rata, na proporção da área dos respectivos domínios.

Art. 59. Constituirá atentado, que o Juiz coibirá, mediante simples monitório, o ato da parte que no decurso do processo, dilatar a área de seus domínios ou ocupações, assim como o do terceiro que se intruzar no imóvel em discriminação.

Art. 60. As áreas disputadas pelos que houverem recorrido da sentença a que alude o art. 48, serão discriminadas com as demais, descritas no relatório ou memorial do engenheiro ou agrimensor e assinaladas na planta, em convenções específicas, a fim de que, julgados os recursos se atribuam à União ou aos particulares conforme o caso, mediante simples juntada aos autos da decisão superior, despacho do Juiz mandando cumpri-la e anotação do engenheiro ou agrimensor na planta.

Parágrafo único. Terão os recorrentes direito de continuar a intervir nos atos discriminatórios e deverão ser para êles intimados até decisão final dos respectivos recursos.

SEÇÃO V
DA REGULARIZAÇÃO DA OCUPAÇÃO DE IMÓVEIS PRESUMIDAMENTE DE DOMÍNIO DA UNIÃO

Art. 61. O S. P. U. exigirá de todo aquêle que estiver ocupando imóvel presumidamente pertencente à União, que lhe apresente os documentos e títulos comprobatórios de seus direitos sôbre o mesmo.

§ 1º Para cumprimento do disposto neste artigo, o órgão local do S. P. U., por edital, sem prejuízo de intimação por outro meio, dará aos interessados o prazo de 60 (sessenta) dias, prorrogáveis por igual têrmo, a seu prudente arbítrio.

§ 2º O edital será afixado na repartição arrecadadora da Fazenda Nacional, na localidade da situação do imóvel, e publicado no órgão oficial do Estado ou Território, ou na fôlha que lhe publicar o expediente, e no Diário Oficial da União, em se tratando de imóvel situado no Distrito Federal.

Art. 62. Apreciados os documentos exibidos pelos interessados e quaisquer outros que possa produzir, o S. P. U., com seu parecer, submeterá ao C. T. U. a apreciação do caso.

Parágrafo único. Examinado o estado de fato e declarado o direito que lhe é aplicável, o C.T.U. restituirá o processo ao S.P.U. para cumprimento da decisão, que então proferir.

Art. 63. Não exibidos os documentos na forma prevista no art. 61, o S.P.U. declarará irregular a situação do ocupante, e, imediatamente, providenciará no sentido de recuperar a União a posse do imóvel esbulhado.

§ 1º Para advertência a eventuais interessados de boa fé e imputação de responsabilidades civis e penais se fôr o caso, o S.P.U. tornará pública, por edital, a decisão que declarar a irregularidade da detenção do imóvel esbulhado.

§ 2º A partir da publicação da decisão a que alude o § 1º, se do processo já não constar a prova do vício manifesto da ocupação anterior, considera-se constituída em má fé a detenção de imóvel do domínio presumido da União, obrigado o detentor a satisfazer plenamente as composições da lei.

TÍTULO II
DA UTILIZAÇÃO DOS BENS IMÓVEIS DA UNIÃO

CAPÍTULO I
DISPOSIÇÕES GERAIS

Art. 64. Os bens imóveis da União não utilizados em serviço público poderão, qualquer que seja a sua natureza, ser alugados, aforados ou cedidos.

§ 1º A locação se fará quando houver conveniência em tornar o imóvel produtivo, conservando porém, a União, sua plena propriedade, considerada arrendamento mediante condições especiais, quando objetivada a exploração de frutos ou prestação de serviços.

§ 2º O aforamento se dará quando coexistirem a conveniência de radicar-se o indivíduo ao solo e a de manter-se o vínculo da propriedade pública.

§ 3º A cessão se fara quando interessar à União Concientizar, com a permissão da utilização gratuita de imóvel seu, auxílio ou colaboração que entenda prestar.

Art. 65. *(Revogado pela Lei 9.636/1998)*

Art. 66. *(Revogado pela Lei 9.636/1998)*

Art. 67. Cabe privativamente ao S.P.U. a fixação do valor locativo e venal das imóveis de que trata êste Decreto-Lei.

Art. 68. Os foros, laudêmios, taxas, cotas, aluguéis e multas serão recolhidos na estação arrecadadora da Fazenda Nacional com jurisdição na localidade do imóvel.

Parágrafo único. Excetuam-se dessa disposição os pagamentos que, na forma dêste Decreto-Lei, devam ser efetuados mediante desconto em fôlha.

Art. 69. As repartições pagadoras da União remeterão mensalmente ao S. P. U. relação nominal dos servidores que, a título de taxa ou aluguel, tenham sofrido desconto em fôlha de pagamento, com indicação das importância, correspondentes.

Parágrafo único. O desconto a que se refere o presente artigo não se somará a outras consignações, para efeiro de qualquer limite.

Art. 70. O ocupante do próprio nacional, sob qualquer das modalidades previstas neste Decreto-Lei, é obrigado a zelar pela conservação do imóvel, sendo responsável pelos danos ou prejuizos que nele tenha causado.

Art. 71. O ocupante de imóvel da União sem assentimento desta poderá ser sumàriamente despejado e perderá, sem direito a qualquer indenização, tudo quanto haja incorporado ao solo, ficando ainda sujeito ao disposto nos arts. 513, 515 e 517 do Código Civil.

Parágrafo único. Excetuam-se dessa disposição os ocupantes de boa fé, com cultura efetiva e moradia habitual, e os direitos assegurados por êste Decreto-Lei.

Art. 72. Os editais de convocação a concorrências serão obrigatoriamente afixados, pelo prazo mínimo de 15 dias, na estação arrecadadora da Fazenda Nacional com jurisdição na localidade do imóvel e, quando convier, em outras repartições federais, devendo, ainda, sempre que possível, ter ampla divulgação em órgão de imprensa oficial e por outros meios de publicidade.

Parágrafo único. A fixação do edital será sempre atestada pelo Chefe da repartição em que se tenha feito.

Art. 73. As concorrências serão realizadas na sede da repartição local do S. P. U.

§ 1º Quando o Diretor do mesmo Serviço julgar conveniente, poderá, qualquer concorrência ser realizada na sede do órgão central da repartição.

§ 2º Quando o objeto da concorrência for imóvel situado em lugar distante ou de difícil comunicação, poderá o Chefe da repartição local do S. P. U. delegar competência ao Coletor Federal da localidade para realizá-la.

§ 3º As concorrências serão aprovadas pelo chefe da repartição local do S.P.U., ad referendum do Diretor do mesmo Serviço, salvo no caso previsto no § 1º dêste artigo, era que compete ao Diretor do S.P.U. aprová-las.

Art. 74. Os têrmos, ajustes ou contratos relativos a imóveis da União, serão lavrados na repartição local ao S. P. U. e terão, para qualquer efeito, fôrça de escritura pública. sendo isentos de publicação, para seu registro pelo Tribunal de Contas.

§ 1º Quando as circunstâncias aconselharem, poderão os atos de que trata o presente artigo ser lavrados em repartição arrecadadora da, Fazenda Nacional, situada na localidade do imóvel

§ 2º Os têrmos de que trata o item I do art. 85 serão lavrados na sede da repartição a que tenha sido entregue o imóvel.

§ 3º São isentos de registro pelo Tribunal de Contas os têrmos e contratos celebrados para os fins previstos nos arts. 79 e 80 dêste Decreto-Lei.

Art. 75. Nos têrmos, ajustes e contratos relativos a imóveis, a União será, representada por Procurador da Fazenda Pública que poderá, para êsse fim delegar competência a outro servidor federal.

§ 1º Nos têrmos de que trata o artigo 79, representará o S.P.U. o Chefe de sua repartição local, que, no interêsse do serviço, poderá para isso delegar competência a outro funcionário do Ministério da Fazenda.

§ 2º Os têrmos a que se refere o art. 85 serão assinados perante o Chefe da repartição interessada.

CAPÍTULO II
DA UTILIZAÇÃO EM SERVIÇO PÚBLICO

SEÇÃO I
DISPOSIÇÕES GERAIS

Art. 76. São considerados como utilizados em serviço público os imóveis ocupados:

I – por serviço federal;

II – por servidor da União, como residência em caráter obrigatório.

Art. 77. A administração dos próprios nacionais aplicados em serviço público compete às repartições que os tenham a seu cargo, enquanto durar a aplicação. Cessada esta passarão êses imóveis, independentemente do ato especial. à administração do S.P.U.

Art. 78. O S.P.U velará para que não sejam mantidos em uso público ou administrativo imóveis da União que ao mesmo, uso não sejam estritamente necessários, levando ao conhecimento da autoridade competente as ocorrências que a êsse respeito se verifiquem.

SEÇÃO II
DA APLICAÇÃO EM SERVIÇO FEDERAL

Art. 79. A entrega de imóvel para uso da Administração Pública Federal direta compete privativamente à Secretaria do Patrimônio da União – SPU. *("Caput" do artigo com redação dada pela Lei 9.636/1998)*

§ 1º A entrega, que se fará mediante têrmo, ficará sujeita a confirmação 2 (dois) anos após a assinatura do mesmo, cabendo ao S.P.U. ratificá-la, desde que, nêsse período tenha o imóvel sido devidamente utilizado no fim para que fôra entregue.

§ 2º O chefe de repartição, estabelecimento ou serviço federal que tenha a seu cargo próprio nacional, não poderá permitir, sob pena de responsabilidade, sua invasão, cessão, locação ou utilização em fim diferente do que lhe tenha sido prescrito.

§ 3º Havendo necessidade de destinar imóvel ao uso de entidade da Administração Pública Federal indireta, a aplicação se fará sob o regime da cessão de uso. *(Parágrafo acrescido pela Lei 9.636/1998)*

§ 4º Não subsistindo o interesse do órgão da administração pública federal direta na utilização de imóvel da União entregue para uso no serviço público, deverá ser formalizada a devolução mediante termo acompanhado de laudo de vistoria, recebido pela gerência regional da Secretaria do Patrimônio da União, no qual deverá ser informada a data da devolução. *(Parágrafo acrescido pela Lei 11.481/2007)*

§ 5º Constatado o exercício de posse para fins de moradia em bens entregues a órgãos ou entidades da administração pública federal e havendo interesse público na utilização destes bens para fins de implantação de programa ou ações de regularização fundiária ou para titulação em áreas ocupadas por comunidades tradicionais, a Secretaria do Patrimônio da União fica autorizada a reaver o imóvel por meio de ato de cancelamento da entrega, destinando o imóvel para a finalidade que motivou a medida, ressalvados os bens imóveis da União que estejam sob a administração do Ministério da Defesa e dos Comandos da Marinha, do Exército e da Aeronáutica, e observado o disposto no inciso III do § 1º do art. 91 da Constituição Federal. *(Parágrafo acrescido pela Lei 11.481/2007)*

§ 6º O disposto no § 5º deste artigo aplica-se, também, a imóveis não utilizados para a finalidade prevista no ato de entrega de que trata o *caput* deste artigo, quando verificada a necessidade de sua utilização em programas de provisão habitacional de interesse social. *(Parágrafo acrescido pela Lei 11.481/2007)*

SEÇÃO III
DA RESIDÊNCIA OBRIGATÓRIA DE SERVIDOR DA UNIÃO

Art. 80. A residência de servidor da União em próprio nacional ou em outro imóvel utilizado em serviço publico federal, sòmente será considerada obrigatória quando fôr indispensável, por necessidade de vigilância ou assistência constante.

Art. 81. O ocupante, em caráter obrigatório de próprio nacional ou de outro imóvel utilizado em serviço público federal, fica, sujeito ao pagamento da taxa de 3% (três por cento) ao ano sôbre o valor atualizado, do imóvel ou da parte nêle ocupada, sem exceder a 20% (vinte por cento) do seu vencimento o salário.

§ 1º Em caso de ocupação de imóvel alugado pela União, a taxa será de 50% (cinqüenta por cento) sôbre o valor locativo da parte ocupada.

§ 2º A taxa de que trata o presente artigo será arrecadada mediante desconto mensal em fôlha de pagamento.

§ 3º É isento do pagamento da taxa o servidor da União que ocupar;

I – construção improvisada, junto à obra em que esteja trabalhando;

II – próprio nacional ou prédio utilizado por serviço público federal, em missão de caráter transitório, de guarda, plantão, proteção ou assistência: ou

III – Alojamentos militares ou instalações semelhantes.

§ 4º O servidor que ocupar próprio nacional ou outro imóvel utilizado em serviço público da União, situado na zona rural, pagará apenas a taxa anual de 0,50, sôbre o valor atualizado do imóvel, ou da parte nêle ocupada. *(Parágrafo acrescido pela Lei 225/1948)*

§ 5º A taxa de uso dos imóveis ocupados por servidores militares continuará a ser regida pela legislação específica que dispõe sobre a remuneração dos militares, resguardado o disposto no § 3º em se tratando de residência em alojamentos militares ou em instalações semelhantes. *(Parágrafo acrescido pela Lei 9.636/1998)*

Art. 82. A obrigatoriedade da residência será determinada expressamente por ato do ministro de Estado, sob a jurisdição de cujo Ministério se encontrar o imóvel, ouvido previamente o SPU. *("Caput" do artigo com redação dada pela Lei 225/1948)*

Parágrafo único. Os imóveis residenciais administrados pelos órgãos militares e destinados a ocupação por servidor militar, enquanto utilizados nesta finalidade, serão considerados de caráter obrigatório, independentemente dos procedimentos previstos neste artigo. *(Parágrafo com redação dada pela Lei 9.636/1998)*

Art. 83. O ocupante, em caráter obrigatório, de próprio nacional, não poderá no todo ou em parte, cedê-lo, alugá-lo ou dar-lhe destino diferente do residencial.

§ 1º A infração do disposto neste artigo constituirá falta grave, para o fim previsto no artigo 234 do Decreto-Lei nº 1.713, de 28 de outubro de 1939.

§ 2º Verificada a hipótese prevista no parágrafo anterior, o S. P. U., ouvida a repartição interessada, examinará a necessidade de ser mantida a condição de obrigatoriedade de residência no imóvel, e submeterá o assunto, com o seu parecer e pelos meios competentes, à deliberação do Presidente da República.

Art. 84. Baixado o ato a que se refere o art. 82 se o caso fôr de residência em próprio nacional, o Ministério o remeterá, por cópia, ao S.P.U.

Parágrafo único. A repartição federal que dispuser de imóvel que deva ser ocupado nas condições previstas no § 3º do art. 81 dêste Decreto-Lei, comunica-lo-á ao S. P. U., justificando-o.

Art. 85. A repartição federal que tenha sob sua jurisdição imóvel utilizado como residência obrigatória de servidor da União deverá:

I – entregá-lo ou recebê-lo do respectivo ocupante, mediante têrmo de que constarão as condições prescritas pelo S. P. U.;

II – remeter cópia do têrmo ao S. P. U.;

III – comunicar à repartição pagadora competente a importância do desconto que deva ser feito em fôlha de pagamento, para o fim previsto no § 2º do artigo 81, remetendo ao S. P. U. cópia dêsse expediente;

IV – comunicar ao S. P. U. qualquer alteração havida no desconto a que se refere o item anterior, esclarecendo devidamente o motivo que a determinou: e

V – comunicar imediatamente ao S.P.U. qualquer infração das disposições dêste Decreto-Lei, bem como a cessação da obrigatoriedade de residência, não podendo utilizar o imóvel em nenhum outro fim sem autorisação do mesmo Serviço.

CAPÍTULO III
DA LOCAÇÃO

SEÇÃO I
DISPOSIÇÕES GERAIS

Art. 86. Os próprios nacionais não aplicados, total ou parcialmente, nos fins previstos no art. 76 dêste Decreto-Lei, poderão, a juízo do S.P.U., ser alugados:

I – para residência de autoridades federais ou de outros servidores da União, no interêsse do serviço:

II – para residência de servidor da União, em caráter voluntário;

III – a quaisquer interessados.

Art. 87. A locação de imóveis da União se fará mediante contrato, não ficando sujeita a disposições de outras leis concernentes à locação.

Art. 88. É proibida a sublocação do imóvel, no todo ou em parte, bem como a transferência de locação.

Art. 89. O contrato de locação poderá ser rescindido:

I – quando ocorrer infração do disposto no artigo anterior;

II – quando os aluguеis não forem pagos nos prazos estipulados;

III – quando o imóvel fôr necessário a serviço público, e desde que não tenha a locação sido feita em condições especiais, aprovadas pelo Ministro da Fazenda;

IV – quando ocorrer inadimplemento de cláusula contratual.

§ 1º Nos casos previstos nos itens I e II, a rescisão dar-se-à de pleno direito, imitindo-se a União sumàriamente na posse da coisa locada.

§ 2º Na hipótese do item III, a rescisão poderá ser feita em qualquer tempo, por ato administrativo da União, sem que esta fique por isso obrigada a pagar ao locatário indenização de qualquer espécie, excetuada a que se refira a benfeitorias necessárias.

§ 3º A rescisão, no caso do parágrafo anterior, será feita por notificação, em que se consignará o prazo para restituição do imóvel, que será:

a) de 90 (noventa) dias, quando situado em zona urbana;

b) de 180 (cento e oitenta) dias, quando em zona rural.

§ 4º Os prazos fixados no parágrafo precedente poderão, a critério do S.P.U., ser prorrogados, se requerida a prorrogação em tempo hábil e justificadamente.

Art. 90. As benfeitorias necessárias só serão indenizáveis pela União, quando o S.P.U. tiver sido notificado da realização das mesmas dentro de 120 (cento e vinte) dias contados da sua execução.

Art. 91. Os aluguéis serão pagos:

I – mediante desconto em fôlha de pagamento, quando a locação se fizer na forma do item I do art. 86;

II – mediante recolhimento à estação arrecadadora da Fazenda Nacional, nos casos previstos nos itens II e III do mesmo art. 86.

§ 1º O S. P. U. comunicará às repartições competentes a importância, dos descontos que devam ser feitos para os fins previstos nêste artigo.

§ 2º O pagamento dos aluguéis de que trata o item II dêste artigo será garantido por depósito em dinheiro, em importância correspondente a 3 (três) meses de aluguel.

SEÇÃO II
DA RESIDÊNCIA DE SERVIDOR DA UNIÃO, NO INTERÊSSE DO SERVIÇO

Art. 92. Poderão ser reservados pelo S. P. U. próprios nacionais, no todo ou em parte, para moradia de servidores da União no exercício de cargo em comissão ou função gratificada, ou que, no interêsse do serviço, convenha, residam nas repartições respectivas ou nas suas proximidades.

Parágrafo único. A locação se fará sem concorrência e por aluguel correspondente à parte ocupada do imóvel.

Art. 93. As repartições que necessitem de imóveis para o fim previsto no artigo anterior, solicitarão sua reserva ao S. P. U., justificando a necessidade.

Parágrafo único. Reservado o imóvel e assinado o contrato le locação, o S. P. U. fará sua entrega ao servidor que deverá, ocupá-lo.

SEÇÃO III
DA RESIDÊNCIA VOLUNTÁRIA DE SERVIDOR DA UNIÃO

Art. 94. Os próprios nacionais não aplicados nos fins previstos no artigo 76 ou no item I do art. 86 dêste Decreto-Lei, e que se prestem para moradia, poderão ser alugados para residência de servidor da União.

§ 1º A locação se fará, pelo aluguel que for fixado e mediante concorrência, que versará sôbre as qualidades preferenciais dos candidatos, relativas ao número de dependentes, remuneração e tempo de serviço público.

§ 2º As qualidades preferenciais serão apuradas conforme tabela organizada pelo S. P. U. e aprovada pelo Diretor Geral da Fazenda Nacional, tendo em vista o amparo dos mais necessitados.

SEÇÃO IV
DA LOCAÇÃO A QUAISQUER INTERESSADOS

Art. 95. Os imóveis da União não aplicados em serviço público e que não forem utilizados nos fins previstos nos itens I e II do art. 86, poderão ser alugados a quaisquer interessados.

Parágrafo único. A locação se fará, em concorrência pública e pelo maior prêço oferecido, na base mínima da Valor locativo fixado.

Art. 96. Em se tratando de exploração de frutos ou prestação de serviços, a locação se fará sob forma de arrendamento, mediante condições especiais, aprovadas pelo Ministro da Fazenda.

Parágrafo único. Salvo em casos especiais, expressamente determinados em lei, não se fará arrendamento por prazo superior a 20 (vinte) anos. *(Parágrafo único com redação dada pela Lei 11.314/2006)*

Art. 97. Terão preferência para a locação de próprio nacional os Estados e Municípios, que, porém, ficarão sujeitos ao pagamento da cota ou aluguel fixado e ao cumprimento das demais obrigações estipuladas em contrato.

Art. 98. Ao possuidor de benfeitorias, que estiver cultivando, por si e regularmente, terras compreendidas entre as de que trata o art. 65, fica assegurada a preferência para o seu arrendamento, se tal regime houver sido julgado aconselhável para a utilização das mesmas.

Parágrafo único. Não usando dêsse direito no prazo que for estipulada, será o possuidor das benfeitorias indenizado do valor das mesmas, arbitrado pelo S. P. U.

CAPÍTULO IV
DO AFORAMENTO

SEÇÃO I
DISPOSIÇÕES GERAIS

Art. 99. A utilização do terreno da União sob regime de aforamento dependerá de prévia autorização do Presidente da República, salvo se ja permitida em expressa disposição legal.

Parágrafo único. Em se tratando de terreno beneficiado com construção constituída de unidades autônomas, ou, comprovadamente, para tal fim destinado, o aforamento poderá ter por objeto as partes ideais correspondentes às mesmas unidades.

Art. 100. A aplicação do regime de aforamento a terras da União, quando autorizada na forma dêste Decreto-Lei, compete ao S. P. U., sujeita, porém, a prévia audiência:

a) dos Ministérios da Guerra, por intermédio dos Comandos das Regiões Militares; da Marinha por intermédio das Capitanias dos Portos; da Aeronáutica por intermédio dos Comandos das Zonas Aéreas, quando se tratar de terrenos situados dentro da faixa de fronteiras, da faixa de 100 (cem) metros ao longo da costa marítima ou de uma circunferência de 1.320 (mil trezentos e vinte) metros de raio em tôrno das fortificações e estabelecimentos militares;

b) do Ministério da Agricultura, por intermédio dos seus órgãos locais interessados, quando se tratar de terras suscetíveis de aproveitamento agrícola ou pastoril;

c) do Ministério da Viação e Obras Públicas por intermédio de seus órgãos próprios locais quando se tratar de terrenos situados nas proximidades de obras portuárias ferroviárias, rodoviárias, de saneamento ou de irrigação;

d) das Prefeituras Municipais, quando se tratar de terreno situado em zona que esteja sendo urbanizada.

§ 1º A consulta versará sôbre zona determinada devidamente caracterizada.

§ 2º Os órgãos consultados deverão se pronunciar dentro de 30 (trinta) dias do recebimento da consulta, prazo que poderá ser prorrogado por outros 30 (trinta) dias quando solicitado, importando o silêncio em assentimento à aplicação do regime enfitêutico na zona caracterizada na consulta.

§ 3º As impugnações, que se poderão restringir a parte da zona sôbre que haja versado a consulta, deverão ser devidamente fundamentadas.

§ 4º O aforamento, à vista de ponderações dos órgãos consultados, poderá subordinar-se a condições especiais.

§ 5º Considerada improcedente a impugnação, a autoridade submeterá o recurso à autoridade superior, nos termos estabelecidos em regulamento. (Redação dada pela Lei 13.874/2019)

§ 6º Nos casos de aplicação do regime de aforamento gratuito com vistas à regularização fundiária de interesse social, ficam dispensadas as audiências previstas neste artigo, ressalvados os bens imóveis sob administração do Ministério da Defesa e dos Comandos do Exército, da Marinha e da Aeronáutica. *(Parágrafo acrescido pela Lei 11.481/2007)*

§ 7º Quando se tratar de imóvel situado em áreas urbanas consolidadas e fora da faixa de segurança de que trata o § 3º do art. 49 do Ato das Disposições Constitucionais Transitórias, serão dispensadas as audiências previstas neste artigo e o procedimento será estabelecido em norma da Secretaria do Patrimônio da União. *(Parágrafo acrescido pela Lei 13.240/2015)*

Art. 101. Os terrenos aforados pela União ficam sujeitos ao foro de 0,6% (seis décimos por cento) do valor do respectivo domínio pleno, que será anualmente atualizado. *("Caput" do artigo com redação dada pela Lei 7.450/1985)*

Parágrafo único. O não-pagamento do foro durante três anos consecutivos, ou quatro anos intercalados, importará a caducidade do aforamento. *(Primitivo § 2º transformado em Parágrafo único pela Lei 9.636/1998)*

Art. 102. *(Revogado pelo Decreto-Lei 2.398/1987)*

Art. 103. O aforamento extinguir-se-á: *("Caput" do artigo com redação dada pela Lei 11.481/2007)*

I – por inadimplemento de cláusula contratual; *(Inciso acrescido pela Lei 11.481/2007)*

II – por acordo entre as partes; *(Inciso acrescido pela Lei 11.481/2007)*

III – pela remição do foro, nas zonas onde não mais subsistam os motivos determinantes da aplicação do regime enfitêutico; *(Inciso acrescido pela Lei 11.481/2007)*

IV – pelo abandono do imóvel, caracterizado pela ocupação, por mais de cinco anos, sem contestação, de assentamentos informais de baixa renda, retornando o domínio útil à União; ou *(Inciso acrescido pela Lei 11.481/2007)*

V – por interesse público, mediante prévia indenização. *(Inciso acrescido pela Lei 11.481/2007)*

§ 1º Consistindo o inadimplemento de cláusula contratual no não-pagamento do foro durante três anos consecutivos, ou quatro anos intercalados, é facultado ao foreiro, sem prejuízo do disposto no art. 120, revigorar o aforamento mediante as condições que lhe forem impostas. *(Parágrafo com redação dada pela Lei 9.636/1998)*

§ 2º Na consolidação pela União do domínio pleno de terreno que haja concedido em aforamento, deduzir-se-á do valor do mesmo domínio a importância equivalente a 17% (dezessete por cento), correspondente ao valor do domínio direto. *(Parágrafo com redação dada pela Lei 9.636/1998)*

SEÇÃO II
DA CONSTITUIÇÃO

Art. 104. Decidida a aplicação do regime enfitêutico a terrenos compreendidos em determinada zona, a SPU notificará os interessados com preferência ao aforamento nos termos dos arts. 105 e 215, para que o requeiram dentro do prazo de cento e oitenta dias, sob pena de perda dos direitos que porventura lhes assistam. *("Caput" do artigo com redação dada pela Lei 9.636/1998)*

Parágrafo único. A notificação será feita por edital afixado na repartição arrecadadora da Fazenda Nacional com jurisdição na localidade do imóvel, e publicado no Diário Oficial da União, mediante aviso publicado três vezes, durante o período de convocação, nos dois jornais de maior veiculação local e, sempre que houver interessados conhecidos, por carta registrada. *(Parágrafo único com redação dada pela Lei 9.636/1998)*

Art. 105. Tem preferência ao aforamento:

1º – os que tiverem título de propriedade devidamente transcrito no Registo de Imóveis;

2º – os que estejam na posse dos terrenos, com fundamento em título outorgado pelos Estados ou Municípios;

3º – os que, necessariamente, utilizam os terrenos para acesso às suas propriedades;

4º – os ocupantes inscritos até o ano de 1940, e que estejam quites com o pagamento das devidas taxas, quanto aos terrenos de marinha e seus acréscidos;

5º – *(Revogado pela Lei 9.636/1998)*

6º – os concessionários de terrenos de marinha, quanto aos seus acréscidos desde que êstes não possam constituir unidades autônomas;

7º – os que no terreno possuam benfeitoriais, anteriores ao ano de 1940, do valor apreciável em relação ao daquele;

8º – *(Revogado pela Lei 9.636/1998)*

9º – *(Revogado pela Lei 9.636/1998)*

10º – *(Revogado pela Lei 9.636/1998)*

§ 1º As divergências sobre propriedade, servidão ou posse devem ser decididas pelo Poder Judiciário. *(Parágrafo único renumerado § 1º e com redação dada pela Lei 13.139/2015)*

§ 2º A decisão da Secretaria do Patrimônio da União quanto ao pedido formulado com fundamento no direito de preferência previsto neste artigo constitui ato vinculado e somente poderá ser desfavorável, de forma fundamentada, caso haja algum impedimento, entre aqueles já previstos em lei, informado em consulta formulada entre aquelas previstas na legislação em vigor, ou nas hipóteses previstas no inciso II do art. 9o da Lei no 9.636, de 15 de maio de 1998. *(Parágrafo acrescido pela Lei 13.139/2015)*

Art. 106. Os pedidos de aforamento serão dirigidos ao Chefe do órgão local do S.P.U., acompanhados dos documentos comprobatorios dos direitos alegados pelo interessado e de planta ou croquis que identifique o terreno.

Art. 107. *(Revogado pelo Decreto-Lei 2.398/1987)*

Art. 108. O Superintendente do Patrimônio da União no Estado apreciará a documentação e, deferindo o pedido, calculará o foro, com base no art. 101, e concederá o aforamento, devendo o foreiro comprovar sua regularidade fiscal perante a Fazenda Nacional até o ato da contratação. *("Caput" do artigo com redação dada pela Lei 13.139/2015)*

Parágrafo único. O Ministério do Planejamento, Orçamento e Gestão estabelecerá diretrizes e procedimentos simplificados para a concessão do aforamento de que trata o *caput*. *(Parágrafo único acrescido pela Lei 13.139/2015)*

Art. 109. Concedido o aforamento, será lavrado em livro próprio da Superintendência do Patrimônio da União o contrato enfitêutico de que constarão as condições estabelecidas e as características do terreno aforado. *(Artigo com redação dada pela Lei 13.139/2015)*

Art. 110. Expirado o prazo de que trata o art. 104 e não havendo interesse do serviço público na manutenção do imóvel no domínio pleno da União, a SPU promoverá a venda do domínio útil dos terrenos sem posse, ou daqueles que se encontrem na posse de quem não tenha atendido à notificação a que se refere o mesmo artigo ou de quem, tendo requerido, não tenha preenchido as condições necessárias para obter a concessão do aforamento. *(Artigo com redação dada pela Lei 9.636/1998)*

Art. 111. *(Revogado pelo Decreto-Lei 2.398/1987)*

SEÇÃO III
DA TRANSFERÊNCIA

Arts. 112 a 115. *(Revogados pelo Decreto-Lei 2.398/1987)*

Art. 115-A. Efetuada a transação e transcrito o título no registro de imóveis, o antigo foreiro, exibindo os documentos comprobatórios, deverá comunicar a transferência à Superintendência do Patrimônio da União, no prazo de até sessenta dias, sob pena de permanecer responsável pelos débitos que vierem a incidir sobre o imóvel até a data da comunicação. *(Artigo acrescido pela Lei 13.465/2017)*

Art. 116. Efetuada a transação e transcrito o título no Registro de imóveis, o adquirente, exibindo os documentos comprobatórios, deverá requerer, no prazo de 60 (sessenta) dias, que para o seu nome se transfiram as obrigações enfitêuticas.

§ 1º A transferência das obrigações será feita mediante averbação, no órgão local do S.P.U., do título de aquisição devidamente transcrito no Registro de Imóveis, ou, em caso de transmissão parcial do terreno mediante têrmo.

§ 2º O adquirente estará sujeito à multa de 0,50% (cinquenta centésimos por cento), por mês ou fração, sobre o valor do terreno, caso não requeira a transferência no prazo estabelecido no *caput* deste artigo. *(Parágrafo com redação dada pela Lei 13.465/2017)*

§ 3º Para fatos geradores anteriores a 22 de dezembro de 2016, a cobrança da multa de que trata o § 2º deste artigo será efetuada de forma proporcional, regulamentada por intermédio de ato específico da Secretaria do Patrimônio da União (SPU). *(Parágrafo acrescido pela Lei 13.465/2017)*

Art. 117. *(Revogado pelo Decreto-Lei 2.398/1987)*

SEÇÃO IV
DA CADUCIDADE E REVIGORIÇÃO

Art. 118. Caduco o aforamento na forma do parágrafo único do art. 101, o órgão local da SPU notificará o foreiro, por edital, ou quando possível por carta registrada, marcando-lhe o prazo de noventa dias para apresentar qualquer reclamação ou solicitar a revigoração do aforamento. *("Caput" do artigo com redação dada pela Lei 9.636/1998)*

Parágrafo único. Em caso de apresentação de reclamação, o prazo para o pedido de revigoração será contado da data da notificação ao foreiro da decisão final proferida.

Art. 119. Reconhecido o direito do requerente e pagos os foros em atraso, o chefe do órgão local da Secretaria do Patrimônio da União concederá a revigoração do aforamento. *("Caput" do artigo com redação dada pela Lei 11.481/2007)*

Parágrafo único. A Secretaria do Patrimônio da União disciplinará os procedimentos operacionais destinados à revigoração de que trata o *caput* deste artigo. *(Parágrafo único acrescido pela Lei 11.481/2007)*

Art. 120. A revigoração do aforamento poderá ser negada se a União necessitar do terreno para serviço público, ou, quanto às terras de que trata o art. 65, quando não estiverem as mesmas sendo utilizadas apropriadamente, obrigando-se, nesses casos, à indenização das benfeitorias porventura existentes.

Art. 121. Decorrido o prazo de que trata o art. 118, sem que haja sido solicitada a revigoração do aforamento, o Chefe do órgão local do S.P.U. providenciará no sentido de ser cancelado o aforamento no Registro de Imóveis e procederá na forma do disposto no art. 110.

Parágrafo único. Nos casos de cancelamento do registro de aforamento, considera-se a certidão da Secretaria do Patrimônio da União de cancelamento de aforamento documento hábil para o cancelamento de registro nos termos do inciso III do *caput* do art. 250 da Lei nº 6.015, de 31 de dezembro de 1973. *(Parágrafo único acrescido pela Lei 11.481/2007)*

SEÇÃO V
DA REMISSÃO

Art. 122. Autorizada, na forma do disposto no art. 103, a remissão do aforamento dos terrenos compreendidos em determinada zona, o S.P.U. notificará os foreiros, na forma do parágrafo único do art. 104, da autorização concedida.

Parágrafo único. A decisão da Secretaria do Patrimônio da União sobre os pedidos de remissão do aforamento de terreno de marinha e/ou acrescido de marinha localizado fora da faixa de segurança constitui ato vinculado. *(Parágrafo único com redação dada pela Lei 13.139/2015)*

Art. 123. A remição do aforamento será feita pela importância correspondente a 17% (dezessete por cento) do valor do domínio pleno do terreno, excluídas as benfeitorias. *(Artigo com redação dada pela Lei 13.240/2015)*

Art. 124. Efetuado o resgate, o órgão local do S.P.U. expedirá certificado de remissão, para averbação no Registro de Imóveis.

CAPÍTULO V
DA CESSÃO

Art. 125. *(Revogado pela Lei 9.636/1998)*

Art. 126. *(Revogado pela Lei 9.636/1998)*

CAPÍTULO VI
DA OCUPAÇÃO

Art. 127. Os atuais ocupantes de terrenos da União, sem título outorgado por esta, ficam obrigados ao pagamento anual da taxa de ocupação.

§ 1º *(Revogado pelo Decreto-Lei 2.398/1987)*

§ 2º *(Revogado pelo Decreto-Lei 2.398/1987)*

Art. 128. O pagamento da taxa será devido a partir da inscrição de ocupação, efetivada de ofício ou a pedido do interessado, não se vinculando ao cadastramento do imóvel. *("Caput" do artigo com redação dada pela Lei 13.139/2015)*

§ 1º *(Revogado pela Lei 13.139/2015)*

§ 2º *(Revogado pela Lei 13.139/2015)*

§ 3º *(Revogado pela Lei 13.139/2015)*

§ 4º Caso o imóvel objeto do pedido de inscrição de ocupação não se encontre cadastrado, a Secretaria do Patrimônio da União do Ministério do Planejamento, Orçamento e Gestão efetuará o cadastramento. *(Parágrafo acrescido pela Lei 13.139/2015)*

Art. 129. *(Revogado pelo Decreto-Lei 2.398/1987)*

Art. 130. *(Revogado pelo Decreto-Lei 2.398/1987)*

Art. 131. A inscrição e o pagamento da taxa de ocupação, não importam, em absoluto, no reconhecimento, pela União, de qualquer direito de propriedade do ocupante sôbre o terreno ou ao seu aforamento, salvo no caso previsto no item 4 do artigo 105

Art. 132. A União poderá, em qualquer tempo que necessitar do terreno, imitir-se na posse do mesmo, promovendo sumàriamente a sua desocupação, observados os prazos fixados no § 3º, do art. 89.

§ 1º As benfeitorias existentes no terreno sòmente serão indenizadas, pela importância arbitrada pelo S.P.U., se por êste fôr julgada de boa fé a ocupação.

§ 2º Do julgamento proferido na forma do parágrafo anterior, cabe recurso para o C.T.U., no prazo de 30 (trinta) dias da ciência dada ao ocupante.

§ 3º O preço das benfeitorias serão, depositado em Juizo pelo S.P.U., desde que a parte interessada não se proponha a recebê-lo.

Art. 132-A. Efetuada a transferência do direito de ocupação, o antigo ocupante, exibindo os documentos comprobatórios, deverá comunicar a transferência à Superintendência do Patrimônio da União, no prazo de até sessenta dias, sob pena de permanecer responsável pelos débitos que vierem a incidir sobre o imóvel até a data da comunicação. *(Artigo acrescido pela Lei 13.465/2017)*

Art. 133. *(Revogado pela Lei 9.636/1998)*

TÍTULO III
DA ALIENAÇÃO DOS BENS IMÓVEIS DA UNIÃO

CAPÍTULO I
DISPOSIÇÕES GERAIS

Arts. 134 a 140. *(Revogados pelo Decreto-Lei 2.398/1987)*

CAPÍTULO II
DOS IMÓVEIS UTILIZÁVEIS EM FINS RESIDENCIAIS

Arts. 141 a 144. *(Revogados pelo Decreto-Lei 2.398/1987)*

CAPÍTULO III
DOS IMÓVEIS UTILIZÁVEIS EM FINS COMERCIAIS OU INDUSTRIAIS

Arts. 145 a 148. *(Revogados pelo Decreto-Lei 2.398/1987)*

CAPÍTULO IV
DOS TERRENOS DESTINADOS A FINS AGRÍCOLAS E DE COLONIZAÇÃO

Art. 149. Serão reservados em zonas rurais, mediante escolha do Ministério da Agricultura, na forma da lei, terrenos da União, para estabelecimento de núcleos coloniais.

§ 1º Os terrenos assim reservados, excluídas as áreas destinadas à sede, logradouros e outros serviços gerais do núcleo, serão loteadas para venda de acôrdo com plano organizado pelo Ministério da Agricultura.

§ 2º O Ministério da Agricultura remeterá ao S.P.U. cópia do plano geral do núcleo, devidamente aprovado.

Art. 150. Os lotes de que trata o § 1º do artigo anterior serão vendidos a nacionais que queiram dedicar-se à agricultura e a estrangeiros agricultores, a critério, na forma da lei, do Ministério da Agricultura.

Art. 151. O preço de venda dos lotes será estabelecido por comissão de avaliação designada pelo Diretor da Divisão de Terras e Colonização (D.T.C.) do Departamento Nacional da Produção Vegetal, do Ministério da Agricultura.

Art. 152. O preço da aquisição poderá ser pago em prestações anuais, até o máximo de 15 (quinze), compreendendo amortização e juros de 6 % (seis por cento) ao ano, em total constante e discriminável conforme o estado real da dívida.

§ 1º A Primeira prestação vencer-se-á no último dia do terceiro ano e as demais no último dos anos restantes, sob pena de multa de mora de 5% (cinco por cento) ao ano sôbre o valor da dívida.

§ 2º Em caso de atraso de pagamento superior a 2 (dois) anos proceder-se-à à cobrança executiva da dívida, salvo motivo justificado, a critério da D.T.C.

§ 3º O adquirente poderá, em qualquer tempo, antecipar o pagamento da dívida, bem como fazer amortizações em cotas parciais, não inferiores a Cr$ 1.000,00 (um mil cruzeiros), para o fim de reduzir a importância ou o número das prestações, ou ambos.

Art. 153. Ajustada a transação, lavrar-se-à contrato de promessa de compra e venda, de que constarão tôdas as condições que hajam sido estipuladas.

Parágrafo único. Para elaboração da minuta do contrato a D.T.C. remeterá ao S.P.U. os elementos necessários, concernentes à qualificação do adquirente, à identificação do lote e às obrigações estabelecidas, quanto ao pagamento e à utilização do terreno.

Art. 154. Pago o preço total da aquisição, e cumpridas as demais obrigações assumidas, será lavrado o contrato definitivo de compra e venda.

Parágrafo único. Em caso de falecimento do adquirente que tenha pago 3 (três) prestações, será dispensado o pagamento do restante da divida aos seus herdeiros, aos quais será outorgado o titulo definitivo.

Art. 155. O promitente comprador e, quanto a núcleos coloniais não emancipados, o proprietário do lote, não poderão onerar nem por qualquer forma transferir o imóvel, sem prévia licença da D.T.C.

Parágrafo único. A D.T.C. dará conhecimento ao S. P. U. das licenças que tiver concedido para os fins de que trata o presente artigo.

Art. 156. As terras de que trata o Art. 65 poderão ser alienadas sem concorrência, pelo S.P.U., com prévia audiência do Ministério da Agricultura, aos seus arrendatários, possuidores ou ocupantes.

Parágrafo único. A alienação poderá ser feita nas condições previstas nos arts. 152, 153 e 154, vencível, porém, a primeira prestação no último dia do primeiro ano, e excluída a dispensa de que trata, o parágrafo único do art. 154.

Art. 157. Os contratos de que tratam os artigos anteriores, são sujeitos às disposições dêste Decreto-Lei.

Art. 158. Cabe ao S.P.U. fiscalizar o pagamento das prestações devidas e à D.T.C. o cumprimento das demais obrigações contratuais.

CAPÍTULO V
DOS TERRENOS OCUPADOS

Arts. 159 a 163. *(Revogados pelo Decreto-Lei 2.398/1987)*

CAPÍTULO VI
DA LEGITIMAÇÃO DE POSSE DE TERRAS DEVOLUTAS

Art. 164. Proferida a sentença homologatória a que se refere o art. 57, iniciará a Fazenda Nacional a execução, sem embargo de qualquer recurso, requerendo preliminarmente ao Juíz da causa a intimação dos possuidores de áreas reconhecidas ou julgadas devolutas a legitimarem suas posses, caso o queiram, a lei o permita e o Govêrno Federal consinta-lhes fazê-lo, mediante pagamento das custas que porventura estiverem devendo e recolhimento aos cofres da União, dentro de 60 (sessenta) dias, da taxa de legitimação.

Parágrafo único. O têrmo de 60 (sessenta) dias começará a correr da data em que entrar em cartório a avaliação da área possuída.

Art. 165. Declarar-se-ão no requerimento aqueles a quem o Govêrno Federal recusa legitimação.

Dentro de 20 (vinte) dias da intimação os possuidores que quiserem e puderem legitimar suas posses fa-lo-ão saber, mediante comunicação autêntica ao Juiz da causa ou ao S.P.U.

Art. 166. Consistirá a taxa de legitimação em porcentagem sôbre a avaliação, que será feita por perito residente no foro rei sitae, nomeado pelo Juíz.

O perito não terá direito a emolumentos superiores os cifrados no Regimento de Custas Judiciais.

Art. 167. A avaliação recairá exclusivamente sôbre o valor do solo, excluído o das benfeitorias, culturas, animais, acessórios e pertences do legitimante.

Art. 168. A taxa será de 5% (cinco por cento) em relação posses tituladas de menos de 20 (vinte) e mais de 10 (dez) anos, de 10% (dez por cento) às tituladas e menos de 10 (dez) anos: de 20% (vinte por cento) e 15% (quinze por cento) para as não tituladas respectivamente de 15 quinze) anos ou menos de 30 (trinta) e mais de 15 (quinze) .

Art. 169. Recolhidas aos cofres públicos nacionais as custas porventura devidas as da avaliação e a taxa de legitimação expedirá o Diretor do S.P.U., a quem ubirá o respectivo processo, o título de legitimação pelo qual pagará o legitimante apenas o sêlo devido.

§ 1º O titulo será confeccionado em forma de carta de sentença, com todos os característicos e individuações da propriedade a que se refere, segundo modêlo oficial.

§ 2º Deverá ser registrado em livro a isso destinado pelo S.P.U., averbando-se a o lado em coluna própria, a publicação no Diário Oficial da União, do Estado ou do Território, consoante seja , caso, ou na fôlha que lhe publicar o expediente bem como a transcrição que do respectivo título se fizer no Registro Geral de Imóveis da Comarca de situação das terras, segundo o artigo subsequente.

Art. 170. Será o título transcrito no competente Registro Geral de Imóveis, feita a necessária publicação no Diário Oficial da União, do Estado ou do Território, conforme o caso, ou na fôlha que lhe editar o expediente.

§ 1º O oficial do Registro de Imóveis remeterá ao S.P.U. uma certidão em relatório da transcrição feita, a fim de ser junta aos autos.

§ 2º Incorrerá na multa de Cr$.. 200,00 (duzentos cruzeiros) a Cr$... 1.000,00 (um mil cruzeiros), aplicada pela autoridade judiciária local, a requerimento do S.P.U., o oficial que não fizer a transcrição ou remessa dentro de 30 (trinta) dias do recebimento do título.

Art. 171. Contra os que, sendo-lhes permitido fazer, não fizerem a legitimação no prazo legal, promoverá o S.P.U., a execução de sentença por mandado de imissão de posse.

Art. 172. Providenciará o S.P.U. a transcrição no competente Registro Geral de Imóveis, das terras sôbre que versar a execução, assim como de todas declaradas de domínio da União e a êle incorporadas, para o que se habilitará com carta de sentença, aparelhada no estilo do direito comum.

Art. 173. Aos brasileiros naturalizados natos ou possuidores de áreas consideradas diminutas, atendendo-se ás peculiaridades locais, com títulos extremamente perfeitos de aquisições de boa fé, é licito requerer e ao S.O.U, conceder expedição de título de domínio, sem taxa ou com taxa inferior á fixada no presente Decreto-Lei

Art. 174. O Governo Federal negará legitimação, quando assim entender de justiça, de interêsse público ou quando assim lhe ordenar a disposição da lei, cumprindo-lhe, se fôr o caso, indenizar as benfeitorias feitas de boa fé.

TÍTULO IV
DA JUSTIFICAÇÃO DE POSSE DE TERRAS DEVOLUTAS

Art. 175. Aos interessados que se acharem nas condições das letras e, f, g, e parágrafo único do art. 5º será facultada a justificação administrativa de suas posses perante o órgão local do S.P.U., a fim de se forrarem a possíveis inquietações da parte da União e a incômodos de pleitos em tela judicial.

Art. 176. As justificações só têm eficácia nas relações dos justificantes com a Fazenda Nacional e não obstam, ainda em caso de malogro, ao uso dos remédios que porventura lhes caibam e a dedução de seus direitos em Juízo, na forma e medida da legislação civil.

Art. 177. O requerimento de justificação será dirigido ao Chefe do órgão local do S.P.U., indicando o nome, nacionalidade, estado civil e residência do requerente e de seu representante no local da posse, se o tiver; a data da posse e os documentos que possam determinar a época do seu início e continuidade; a situação das terras e indicação da área certa ou aproximada, assim como a natureza das benfeitorias, culturas e criações que houver, com o valor real ou aproximado de uma e outras, a descrição dos limites da posse com indicação de todos os confrontantes e suas residências, o rol de testemunhas documentos que acaso corroborem o alegado.

Art. 178. Recebido, protocolado e autuado o requerimento com os documentos que o instruírem, serão os autos distribuídos ao Procurador da Fazenda Pública para tomar conhecimento do pedido e dirigir o processo.

Parágrafo único. se o pedido não se achar em forma, ordenará o referido Procurador ao requerente que complete as omissões, que contiver se se achar em forma ou fôr sanado das omissões, admiti-lo-á a processo

Art. 179. Do pedido dar-se-á então conhecimento a terceiros, por aviso circunstanciado publicado 3 (três vezes dentro de 60 (sessenta) dias, no Diário Oficial da União, do Estado ou Território, consoante for o caso, ou na fôlha que lhe der publicidade ao expediente, e 2 (duas) vêzes com intervalo de 20 (vinte) dias no jornal da Comarca, ou Município onde estiverem as terras, se houver adiantadas as respectivas despesas pelo requerente.

Art. 180. Poderão contestar e pedido, terceiros por êle prejudicados, dentro de 30 (trinta) dias, depois de findo o prazo edital.

Parágrafo único. A contestação mencionará o nome e residência do contestante, motivos de sua oposição e provas em que se fundar. Apresentada a contestação ou findo o prazo para ela marcado, o Procurador da Fazenda Pública requisitará ao S.P.U. um dos seus engenheiros ou agrimensores para, em face dos autos, proceder a uma vistoria sumária da área objeto da justificação e prestar tôdas as informações que interessem ao despacho do pedido.

Art. 181. Realizada a vistoria, serão as partes admitidas, uma após outra, a inquirir suas testemunhas, cujos depoimentos serão reduzidos a escrito em forma breve pelo escrivão ad hoc, que fôr designado para servir no processo.

Art. 182. Terminadas as inquirições serão os autos encaminhados, com parecer do Procurador da Fazenda Pública ao Chefe do órgão local do S.P.U., para decidir o caso de acôrdo com as provas colhidas e com outras que possa, determinar ex-offício.

Art. 183. Da decisão proferida pelo Chefe do órgão local do S.P.U. cabe ao Procurador da Fazenda Pública e às partes, recurso voluntário e para o Conselho de Terras da União (C.T.U.), dentro do prazo de 30 (trinta) dias da ciência dada aos interessados pessoalmente ou por carta registrada.

Parágrafo único. Antes de presente ao C. T. U. subirão os autos do recurso ao Diretor do S. P. U. para manifestar-se sôbre o mesmo.

Art. 184. Julgada procedente a justificação e transitando em julgado a decisão administrativa, expedirá o Diretor do S.P.U., à vista do processo respectivo, título recognitivo do domínio do justificante, título que será devidamente formalizado como o de legitimação.

Art. 185. Carregar-se-ão às partes interessadas as custas e despesas feitas, salvo as de justificação com assento no art. 148 da Constituição Federal, que serão gratuitas, quando julgadas procedentes.

A contagem se fará pelo Regimento das Custas Judiciais.

TÍTULO V
DO CONSELHO DE TERRAS DA UNIÃO

Art. 186. Fica criado, no Ministério da Fazenda, o Conselho de Terras da União (C.T.U.), órgão coletivo de julgamento e deliberação, na esfera administrativa, de questões concernentes a direitos de propriedade ou posse de imóveis entre a União e terceiros, e de consulta do Ministro da Fazenda.

Parágrafo único. O C.T.U. terá, além disso, as atribuições específicas que lhe forem conferidas no presente Decreto-Lei.

Art. 187. O C.T.U. será constituí-do por 6 (seis) membros, nomeados pelo Presidente da República, e cujos mandatos, com a duração de 3 (três) anos, serão renovados pelo têrço.

§ 1º As nomeações recairão em 3 (três) servidores da União, 2 (dois) dos quais Engenheiros e 1 (um) Bacharel em Direito, dentre nomes indicados pelo Ministro da Fazenda, e os restantes escolhidos de listas tríplices apresentadas pela Federação Brasileira de Engenheiros, pela Ordem dos Advogados do Brasil e pela Federação das Associações de Proprietários de Imóveis, do Brasil ou, na falta dêstes, por entidades congêneres.

§ 2º Os Conselhos terão Suplentes, indicados e nomeados na mesma forma daqueles.

§ 3º Aos Suplentes cabe, quando convocados pelo Presidente do Conselho, substituir, nos impedimentos temporário, e nos casos de perda ou renúncia de mandato, os respectivos Conselheiros.

Art. 188. O C.T.U. será presidido por um Conselheiro, eleito anualmente pelos seus pares na primeira reunião de cada ano.

Parágrafo único. Concomitantemente com a do Presidente, far-se-á a eleição do Vice-Presidente, que substituirá aquele em suas faltas e impedimentos.

Art. 189. O C.T.U. funcionará com a maioria de seus membros e realizará no mínimo 8 (oito) sessões mensais, das quais será lavrada ata circunstanciada.

Art. 190. Os processos submetidos ao Conselho serão distribuídos, em sessão, ao Conselheiro relator, mediante sorteio.

§ 1º Os Conselheiros poderão reter pelo prazo de 15 (quinze) dias, prorrogável, quando solicitado, a critério do Conselho, os processos que lhe tenham sido distribuídos para o relatório, ou conclusos, mediante pedido de vista.

§ 2º Ao Presidente do Conselho, além das que lhes forem cometidas pelo Regimento, compete as mesmas atribuições dos demais Conselheiros.

Art. 191. O C.T.U. decidirá por maioria de votos dos membros presentes, cabendo ao seu Presidente, além do de qualidade, o voto de desempate.

Art. 192. Das decisões do Conselho caberá recurso para o próprio Conselho, no prazo de 20 (vinte) dias úteis, contados da data da decisão proferida.

Parágrafo único. Os recursos sòmente serão julgados com a presença de no mínimo igual número dos membros presentes á sessão em que haja sido preferida a decisão recorrida.

Art. 193. Junto ao conselho serão admitidas procuradores das partes interessadas no julgamento aos quais será permitido pronunciamento oral em sessão, constando do processo o instrumento do mandato.

§ 1º A Fazenda Nacional será representada por servidor da União, designado pelo Ministro da Fazenda, cabendo-lhe ter visto dos processos, pelo prazo improrrogável de 15 (quinze) dias antes do julgamento e depois de estudados pelo Conselheiro relator

§ 2º O Representante da Fazenda terá Suplente, pela mesma forma designado, que o substituíra em suas faltas e impedimentos.

Art. 194. O C.T.U., votará e aprovará seu Regimento.

Parágrafo único. Nenhuma alteração se fará no Regimento sem aprovação do Conselho em 2 (duas) sessões consecutivas, a que estejam presentes pelo menos 5 (cinco) Conselheiros.

Art. 195. O Conselho terá uma Secretaria, que será chefiada por um Secretário e têra os auxiliares necessários, todos designados pelo Diretor Geral da Fazenda Nacional.

Parágrafo único. Ao Secretário competirá, além das atribuições que lhe forem cometidas no Regimento, lavrar e assinar ns atas das sessões, que serão submetidas à aprovação do Conselho.

Art. 196. O Conselho, que sem causa justificada, a critério do próprio Conselho, faltar a 4 (quatro) sessões Consecutivas, perderá o mandato.

Art. 197. Serão considerados de efetivo exercício os dias em que o Conselheiro, servidor da União, ou o Representante da Fazenda estiver afastado do serviço público ordinário, em virtude de comparecimento a sessão do Conselho.

TÍTULO V
DISPOSIÇÕES FINAIS E TRANSITÓRIAS

Art. 198. A União tem por insubsistentes e nulas quaisquer pretensões sôbre o domínio pleno de terrenos de marinha e seus acrescidos, salvo quando originais em títulos por ela outorgadas na forma do presente Decreto-Lei.

Art. 199. A partir da data da publicação do presente Decreto-Lei, cessarão as atribuições cometidas a outros órgãos da administração federal que não o C.T.U., concernentes ao exame e julgamento na esfera administrativa de questões entre a União e terceiros relativas à propriedade ou posse de imóvel.

§ 1º Os órgãos a que se refere êste artigo remeterão ao C. T. U., dentro de 30 (trinta) dias, os respectivos processos pendentes de decisão final.

§ 2º Poderá, a critério do Govêrno, ser concedido novo prazo para apresentação, ao C.T.U., dos títulos de que trata o art. 2 º do Decreto-Lei nº 893, de 26 de novembro de 1938.

Art. 200. Os bens imóveis da União, seja qual fôr a sua natureza, não são sujeitos a usucapião.

Art. 201. São consideradas divida ativa da União para efeito de cobrança executiva, as provenientes de aluguéis, taxas, foros, laudêmios e outras contribuições concernentes utilização de bens imóveis da União.

Art. 202. Ficam confirmadas as demarcações de terrenos de marinha com fundamento em lei vigente na época em que tenham sido realizadas.

Art. 203. Fora dos casos expressos em lei, não poderão as terras devolutas da União ser alienadas ou concedidas senão a título oneroso.

Parágrafo único. Até que sejam regularmente instalados nos Territórios Federais os orgãos locais do S. P. U., continuarão os Governadores a exercer as atribuições que a lei lhes confere, no que respeita às concessões de terras.

Art. 204. Na faixa de fronteira observar-se-á rigorosamente, em matéria de concessão de terras, o que a respeito estatuir a lei especial, cujos dispositivos prevalecerão em qualquer circunstância.

Art. 205. A pessoa estrangeira, física ou jurídica, não serão alienadas, concedidos ou transferidos imóveis da União situados nas zonas de que trata a letra a do art. 100, exceto se houver autorização do Presidente da República.

§ 1º Fica dispensada a autorização quando se tratar de unidade autônoma de condomínios, regulados pela Lei nº 4.591, de 16 de dezembro de 1964, desde que o imóvel esteja situado em zona urbana, e as frações ideais pretendidas, em seu conjunto, não ultrapassem 1/3 (um terço) de sua área total. *(Parágrafo acrescido pela Lei 7.450/1985)*

§ 2º A competência prevista neste artigo poderá ser delegada ao Ministro de Estado do Planejamento, Orçamento e Gestão, permitida a subdelegação ao Secretário do Patrimônio da União do Ministério do Planejamento, Orçamento e Gestão. *(Parágrafo acrescido pela Lei 7.450/1985 e com redação dada pela Lei 13.139/2015)*

§ 3º Exclusivamente para pessoas físicas, fica dispensada a autorização quando se tratar de transferência de titularidade de terrenos de até mil metros quadrados, situados dentro da faixa de cem metros ao longo da costa marítima. *(Parágrafo acrescido pela Lei 13.465/2017)*

§ 4º A dispensa de que trata o § 3º deste artigo aplica-se, também, aos processos de transferência protocolados na Secretaria do Patrimônio da União (SPU) até 22 de dezembro de 2016. *(Parágrafo acrescido pela Lei 13.465/2017)*

Art. 206. Os pedidos de aforamento de terrenos da União, já formulados ao S. P. U., deverão prosseguir em seu processamento, observadas, porém, as disposições dêste Decreto-Lei, no que fôr aplicável.

Art. 207. A D T. C. do Departamento Nacional da Produção Vegetal do Ministério da Agricultura, remeterá ao S. P U., no prazo de 180 (cento e oitenta) dias da publicação dêste Decreto-Lei, cópia das plantas dos núcleos coloniais, bem como dos têrmos, ajustes, contratos e títulos referentes à aquisição de lotes dos mesmos núcleos, e, ainda, relação dos adquirentes e dos pagamentos por êles efetuados.

Art. 208. Dentro de 90 (noventa) dias da publicação dêste Decreto-Lei, as repartições federais interessadas deverão remeter ao S. P. U. relação dos imóveis de que necessitem, total ou parcialmente, para os fins previstos no artigo 76 e no item I do artigo 86, justificando o pedido.

Parágrafo único. Findo êsse prazo, o S. P. U. encaminhará dentro de 30 (trinta) dias ao Presidente da República as relações que dependam de sua aprovação, podendo dar aos demais imóveis da União a aplicação que julgar conveniente, na forma dêste Decreto-Lei.

Art. 209. As repartições federais deverão remeter ao S. P.U., no prazo de 60 (sessenta) dias da publicação dêste Decreto-Lei, relação dos imóveis que tenham a seu cargo, acompanhada da documentação respectiva, com indicação dos que estejam servindo de residência de servidor da União, em caráter obrigatório, e do ato determinante da obrigatoriedade.

Art. 210. Fica cancelada tôda dívida existente, até à data da publicação dêste Decreto-Lei oriunda de aluguel de imóvel ocupado por servidor da União como residência em caráter obrigatório, determinado em lei, regulamento, regimento ou outros atos do Govêrno.

Art. 211. Enquanto não forem aprovadas, na forma dêste Decreto-Lei, as relações de que trata o art. 208, os ocupantes de imóveis que devam constituir residência obrigatória de servidor da União, ficam sujeitos ao pagamento do aluguel comum que fôr fixado.

Art. 212. Serão mantidas as locações, mediante contrato, de imóveis da União, existentes na data da publicação dêste Decreto-Lei.

Parágrafo único. Findo o prazo contratual, o S. P. U. promoverá a conveniente utilização do imóvel.

Art. 213. Havendo, na data da publicação dêste Decreto-Lei, prédio residencial ocupado sem contrato e que não seja necessário aos fins previstos no artigo 76 e no item I do artigo 86, o S. P. U. promoverá a realização de concorrência para sua regular locação.

§ 1º Enquanto não realizada a concorrência, poderá o ocupante permanecer no imóvel, pagando o aluguel fôr fixado.

§ 2º Será mantida a locação, independentemente de concorrência, de próprio nacional ocupado por servidor da União pelo tempo ininterrupto de 3 (três) ou mais anos, contados da data da publicação dêste Decreto-Lei, desde que durante êsse período tenha o locatário pago com pontualidade os respectivos aluguéis e, a critério do S. P. U., conservado satisfatòriamete o imóvel.

§ 3º Na hipótese prevista no parágrafo precedente, o órgão local do S. P. U. promoverá imediatamente a assinatura do respectivo contrato de locação, mediante o aluguel que fôr fixado.

§ 4º Nos demais casos, ao ocupante será assegurada, na concorrência, preferência à locação , em igualdade de condições.

§ 5º Ao mesmo ocupante far-se-á notificação, com antecedência de 30 (trinta) dias, da abertura da concorrência.

Art. 214. No caso do artigo anterior, sendo, porém, necessário o imóvel aos f'ins nêle mencionados ou não convindo à União alugá-lo por prazo certo, poderá o ocupante nêle permanecer, sem contrato, pagando o aluguel que fôr fixado enquanto não utilizar-se a União do imóvel ou não lhe der outra aplicação.

Art. 215. Os direitos perremptos por fôrça do disposto nos arts. 20, 28 e 35 do Decreto-Lei n° 3.438, de 17 de Julho de 1941, e 7º do Decreto-Lei n° 5.666, de 15 da Julho de 1943, ficam revigorados correndo os prazos para o seu exercício da data da notificação de que trata o art. 104 dêste Decreto-Lei.

Art. 216. O Ministro de Estado da Economia, diretamente ou por ato do Secretário Especial de Desestatização, Desinvestimento e Mercados do Ministério da Economia, ouvido previamente o Secretário de Coordenação e Governança do Patrimônio da União, editará os atos necessários à execução do disposto neste Decreto-Lei. (Redação dada pela Lei 13.874/2019)

Art. 217. O presente Decreto-Lei entra em vigor na data de sua publicação.

Art. 218. Revogam-se as disposições em contrário.

Rio de Janeiro, 5 de Setembro de 1946, 125º da Independência e 58º da República.

EURICO G. DUTRA.
Gastão Vidigal.
Carlos Coimbra da Luz.

LEI Nº 1.060, DE 5 DE FEVEREIRO DE 1950

Estabelece normas para a concessão de assistência judiciária aos necessitados.

- *Assistência judiciária gratuita*

O PRESIDENTE DA REPÚBLICA Faço saber que o Congresso Nacional decreta e eu sanciono a seguinte Lei:

- CF/1988: arts. 134 e 135.
- CPC/15: arts. 185 a 187.
- LC 80/1994 - Organiza a Defensoria Pública da União, do Distrito Federal e dos Territórios e prescre normas gerais para sua organização nos Estados, e dá outras providências.

Art. 1º. Os poderes públicos federal e estadual, independentemente da colaboração que possam receber dos municípios e da Ordem dos Advogados do Brasil – OAB, concederão assistência judiciária aos necessitados, nos termos desta Lei *(vetado)*. (Redação dada pela Lei 7.510, de 1986)

- Súm. 79 do JEF.
- CF/88: art. 5º, LXXIV.
- CPC/15: arts. 26, *caput*, II, 82, e 98 a 102.

Art. 2º. *(Revogado pela Lei nº 13.105, de 2015)*

Art. 3º. *(Revogado pela Lei nº 13.105, de 2015)*

Art. 4º. *(Revogado pela Lei nº 13.105, de 2015)*

Art. 5º. O juiz, se não tiver fundadas razões para indeferir o pedido, deverá julgá-lo de plano, motivando ou não o deferimento dentro do prazo de 72 (setenta e duas) horas.

§ 1º. Deferido o pedido, o juiz determinará que o serviço de assistência judiciária, organizado e mantido pelo Estado, onde houver, indique, no prazo de 2 (dois) dias úteis, o advogado que patrocinará a causa do necessitado.

§ 2º. Se no Estado não houver serviço de assistência judiciária, por ele mantido, caberá a indicação à Ordem dos Advogados, por suas seções estaduais, ou subseções municipais.

§ 3º. Nos municípios em que não existem Subseções da Ordem dos Advogados do Brasil, o próprio juiz fará a nomeação do advogado que patrocinará a causa do necessitado.

§ 4º. Será preferido para a defesa da causa o advogado que o interessado indicar e que declare aceitar o encargo.

§ 5º. Nos Estados onde a Assistência Judiciária seja organizada e por eles mantida, o Defensor Público, ou quem exerça cargo equivalente, será intimado pessoalmente de todos os atos do processo, em ambas as Instâncias, contando-se lhes em dobro todos os prazos. (Incluído pela Lei nº 7.871, de 1989)

Arts. 6º e 7º *(Revogados pela Lei nº 13.105, de 2015).*

Parágrafo único. Tal requerimento não suspenderá o curso da ação e se processará pela forma estabelecida no final do art. 6º desta Lei.

Art. 8º. Ocorrendo as circunstâncias mencionadas no artigo anterior, poderá o juiz, *ex officio*, decretar a revogação dos benefícios, ouvida a parte interessada dentro de 48 (quarenta e oito) horas improrrogáveis.

Art. 9º. Os benefícios da assistência judiciária compreendem todos os atos do processo até decisão final do litígio, em todas as instâncias.

Art. 10. São individuais e concedidos em cada caso ocorrente os benefícios de assistência judiciária que se não transmitem ao cessionário de direito e se extinguem pela morte do beneficiário, podendo, entretanto, ser concedidos aos herdeiros que continuarem a demanda, e que necessitarem de tais favores na forma estabelecida nesta Lei.

Art. 11. *(Revogado pela Lei nº 13.105, de 2015)*

Art. 12. *(Revogado pela Lei nº 13.105, de 2015)*

Art. 13. Se o assistido puder atender, em parte, às despesas do processo, o juiz mandará pagar as custas, que serão rateadas entre os que tiverem direito ao seu recebimento.

Art. 14. Os profissionais liberais designados para o desempenho do encargo de defensor ou de perito, conforme o caso, salvo justo motivo previsto em lei ou, na sua omissão, a critério da autoridade judiciária competente, são obrigados ao respectivo cumprimento, sob pena de multa de mil cruzeiros a dez mil cruzeiros, sujeita ao reajustamento estabelecido na Lei nº 6.205, de 29 de abril de 1975, sem prejuízo da sanção disciplinar cabível. (Redação dada pela Lei nº 6.465, de 1977)

§ 1º. Na falta de indicação pela assistência ou pela própria parte, o juiz solicitará a do órgão de classe respectivo. (Incluído pela Lei nº 6.465, de 1977)

§ 2º. A multa prevista neste artigo reverterá em benefício do profissional que assumir o encargo na causa. (Renumerado do Parágrafo único, com nova redação, pela Lei nº 6.465, de 1977)

Art. 15. São motivos para a recusa do mandato pelo advogado designado ou nomeado:

1º) estar impedido de exercer a advocacia;

2º) ser procurador constituído pela parte contrária ou ter com ela relações profissionais de interesse atual;

3º) ter necessidade de se ausentar da sede do juízo para atender a outro mandato anteriormente outorgado ou para defender interesses próprios inadiáveis;

4º) já haver manifestado, por escrito, sua opinião contrária ao direito que o necessitado pretende pleitear;

5º) haver dado à parte contrária parecer escrito sobre a contenda.

Parágrafo único. A recusa será solicitada ao juiz que, de plano, a concederá, temporária ou definitivamente, ou a denegará.

Art. 16. Se o advogado, ao comparecer em juízo, não exibir o instrumento de mandato outorgado pelo assistido, o juiz determinará que se exarem na ata da audiência os termos da referida outorga.

Parágrafo único. O instrumento de mandato não será exigido, quando a parte for representada em juízo por advogado integrante de entidade de direito público incumbido, na forma da lei, de prestação de assistência judiciária gratuita, ressalvados: (Incluído pela Lei nº 6.248, de 1975)

a) os atos previstos no art. 38 do Código de Processo Civil; (Incluído pela Lei nº 6.248, de 1975)

- CPC/15: art. 105.

b) o requerimento de abertura de inquérito por crime de ação privada, a proposição de ação penal privada ou o oferecimento de representação por crime de ação pública condicionada. (Incluído pela Lei nº 6.248, de 1975)

Art. 17. *(Revogado pela Lei nº 13.105, de 2015)*

Art. 18. Os acadêmicos de direito, a partir da 4ª série, poderão ser indicados pela assistência judiciária, ou nomeados pelo juiz para auxiliar o patrocínio das causas dos necessitados, ficando sujeitos às mesmas obrigações impostas por esta Lei aos advogados.

Art. 19. Esta Lei entrará em vigor 30 (trinta) dias depois de sua publicação no *Diário Oficial da União*, revogadas as disposições em contrário.

Rio de Janeiro, 5 de fevereiro de 1950; 129º da Independência e 62º da República.

EURICO G. DUTRA
D.O.U. 13.2.1950

LEI Nº 1.079, DE 10 DE ABRIL DE 1950

Define os crimes de responsabilidade e regula o respectivo processo de julgamento.

- *Crimes de responsabilidade*

O PRESIDENTE DA REPÚBLICA Faço saber que o Congresso Nacional decreta e eu sanciono a seguinte Lei:

PARTE PRIMEIRA. DO PRESIDENTE DA REPÚBLICA E MINISTROS DE ESTADO

Art. 1º. São crimes de responsabilidade os que esta Lei especifica.

- Súm. Vinculante 46 do STF.
- Súm. 396 e 451 do STF.
- Decreto-lei 201/1967 – Dispõe sobre a responsabilidade dos Prefeitos e Vereadores.

Art. 2º. Os crimes definidos nesta Lei, ainda quando simplesmente tentados, são passíveis da pena de perda do cargo, com inabilitação, até 5 (cinco) anos, para o exercício de qualquer função pública, imposta pelo Senado Federal nos processos contra o Presidente da República ou ministros de Estado, contra os ministros do Supremo Tribunal Federal ou contra o procurador-geral da República.

- CF/1988: arts. 52 e 85.

Art. 3º. A imposição da pena referida no artigo anterior não exclui o processo e julgamento do acusado por crime comum, na justiça ordinária, nos termos das leis de processo penal.

Art. 4º. São crimes de responsabilidade os atos do Presidente da República que atentarem contra a Constituição Federal, e, especialmente, contra:

I – a existência da União;

II – o livre exercício do poder Legislativo, do Poder Judiciário e dos poderes constitucionais dos Estados;

III – o exercício dos direitos políticos, individuais e sociais;

IV – a segurança interna do País;

V – a probidade na administração;

VI – a lei orçamentária;

VII – a guarda e o legal emprego dos dinheiros públicos;

VIII – o cumprimento das decisões judiciárias (Constituição, art. 89).

- Refere-se à Constituição de 1946.
- CF/1988: art. 85.

TÍTULO I.

CAPÍTULO I. DOS CRIMES CONTRA A EXISTÊNCIA DA UNIÃO

Art. 5º. São crimes de responsabilidade contra a existência política da União:

- CF/1988: art. 85, I.
- Lei 7.170/1983 – Define os crimes contra a segurança nacional, a ordem política e social, estabelece seu processo e julgamento.

1) entreter, direta ou indiretamente, inteligência com governo estrangeiro, provocando-o a fazer guerra ou cometer hostilidade contra a República, prometer-lhe assistência ou favor, ou dar-lhe qualquer auxílio nos preparativos ou planos de guerra contra a República;

2) tentar, diretamente, e por fatos, submeter a União ou algum dos Estados ou Territórios a domínio estrangeiro, ou dela separar qualquer Estado ou porção do território nacional;

3) cometer ato de hostilidade contra nação estrangeira, expondo a República ao perigo da guerra, ou comprometendo-lhe a neutralidade;

4) revelar negócios políticos ou militares, que devam ser mantidos secretos a bem da defesa da segurança externa ou dos interesses da Nação;

5) auxiliar, por qualquer modo, nação inimiga a fazer a guerra ou a cometer hostilidade contra a República;

6) celebrar tratados, convenções ou ajustes que comprometam a dignidade da Nação;

7) violar a imunidade dos embaixadores ou ministros estrangeiros acreditados no País;

8) declarar a guerra, salvo os casos de invasão ou agressão estrangeira, ou fazer a paz, sem autorização do Congresso Nacional;

9) não empregar contra o inimigo os meios de defesa de que poderia dispor;

10) permitir o Presidente da República, durante as sessões legislativas e sem autorização do Congresso Nacional, que forças estrangeiras transitem pelo território do País, ou, por motivo de guerra, nele permaneçam temporariamente;

11) violar tratados legitimamente feitos com nações estrangeiras.

CAPÍTULO II. DOS CRIMES CONTRA O LIVRE EXERCÍCIO DOS PODERES CONSTITUCIONAIS

Art. 6º. São crimes de responsabilidade contra o livre exercício dos Poderes Legislativo e Judiciário e dos poderes constitucionais dos Estados:

- CF/1988: arts. 49, II, e 85, II.

1) tentar dissolver o Congresso Nacional, impedir a reunião ou tentar impedir por qualquer modo o funcionamento de qualquer de suas Câmaras;

2) usar de violência ou ameaça contra algum representante da nação para afastá-lo da Câmara a que pertença ou para coagi-lo no modo de exercer o seu mandato bem como conseguir ou tentar conseguir o mesmo objetivo mediante suborno ou outras formas de corrupção;

3) violar as imunidades asseguradas aos membros do Congresso Nacional, das Assembleias Legislativas dos Estados, da Câmara dos Vereadores do Distrito Federal e das Câmaras Municipais;

4) permitir que força estrangeira transite pelo território do país ou nele permaneça quando a isso se oponha o Congresso Nacional;

- CF/1988: art. 84, XXII.

5) opor-se diretamente e por fatos ao livre exercício do Poder Judiciário, ou obstar, por meios violentos, ao efeito dos seus atos, mandados ou sentenças;

6) usar de violência ou ameaça, para constranger juiz, ou jurado, a proferir ou deixar de proferir despacho, sentença ou voto, ou a fazer ou deixar de fazer ato do seu ofício;

7) praticar contra os poderes estaduais ou municipais ato definido como crime neste artigo;

8) intervir em negócios peculiares aos Estados ou aos Municípios com desobediência às normas constitucionais.

CAPÍTULO III. DOS CRIMES CONTRA O EXERCÍCIO DOS DIREITOS POLÍTICOS, INDIVIDUAIS E SOCIAIS

Art. 7º. São crimes de responsabilidade contra o livre exercício dos direitos políticos, individuais e sociais:

- CF/1988: art. 85, III.
- Lei 7.170/1983 – Define os crimes contra a segurança nacional, a ordem política e social, estabelece seu processo e julgamento.

1) impedir por violência, ameaça ou corrupção, o livre exercício do voto;

2) obstar ao livre exercício das funções dos mesários eleitorais;

3) violar o escrutínio de seção eleitoral ou inquinar de nulidade o seu resultado pela subtração, desvio ou inutilização do respectivo material;

4) utilizar o poder federal para impedir a livre execução da lei eleitoral;

5) servir-se das autoridades sob sua subordinação imediata para praticar abuso do poder, ou tolerar que essas autoridades o pratiquem sem repressão sua;

6) subverter ou tentar subverter por meios violentos a ordem política e social;

7) incitar militares à desobediência à lei ou infração à disciplina;

8) provocar animosidade entre as classes armadas ou contra elas, ou delas contra as instituições civis;

9) violar patentemente qualquer direito ou garantia individual constante do art. 141, e bem assim os direitos sociais assegurados no art. 157 da Constituição;

- Refere-se à Constituição de 1946.
- CF/1988: arts. 5º, 7º, e 201.

10) tomar ou autorizar, durante o estado de sítio, medidas de repressão que excedam os limites estabelecidos na Constituição.

CAPÍTULO IV. DOS CRIMES CONTRA A SEGURANÇA INTERNA DO PAÍS

Art. 8º. São crimes contra a segurança interna do país:

- CF/1988: art. 85, IV.
- Lei 7.170/1983 – Define os crimes contra a segurança nacional, a ordem política e social, estabelece seu processo e julgamento.

1) tentar mudar por violência a forma de governo da República;

2) tentar mudar por violência a Constituição Federal ou de algum dos Estados, ou lei da União, de Estado ou Município;

3) decretar o estado de sítio, estando reunido o Congresso Nacional, ou no recesso deste, não havendo comoção interna grave nem fatos que evidenciem estar a mesma a irromper ou não ocorrendo guerra externa;

4) praticar ou concorrer para que se perpetre qualquer dos crimes contra a segurança interna, definidos na legislação penal;

5) não dar as providências de sua competência para impedir ou frustrar a execução desses crimes;

6) ausentar-se do País sem autorização do Congresso Nacional;

7) permitir, de forma expressa ou tácita, a infração de lei federal de ordem pública;

8) deixar de tomar, nos prazos fixados, as providências determinadas por lei ou tratado federal e necessárias à sua execução e cumprimento.

CAPÍTULO V. DOS CRIMES CONTRA A PROBIDADE NA ADMINISTRAÇÃO

Art. 9º. São crimes de responsabilidade contra a probidade na administração:

- CF/1988: arts. 37, § 4º, e 84, V.
- Lei 8.429/1992 – Dispõe sobre as sanções aplicáveis aos agentes públicos nos casos de enriquecimento ilícito no exercício de mandato, cargo, emprego ou função na administração pública direta, indireta ou fundacional. (Lei de Improbidade Administrativa)

1) omitir ou retardar dolosamente a publicação das leis e resoluções do Poder Legislativo ou dos atos do Poder Executivo;

2) não prestar ao Congresso Nacional, dentro de 60 (sessenta) dias após a abertura da sessão legislativa, as contas relativas ao exercício anterior;

3) não tornar efetiva a responsabilidade dos seus subordinados, quando manifesta em delitos funcionais ou na prática de atos contrários à Constituição;

4) expedir ordens ou fazer requisição de forma contrária às disposições expressas da Constituição;

5) infringir, no provimento dos cargos públicos, as normas legais;

6) usar de violência ou ameaça contra funcionário público para coagi-lo a proceder ilegalmente, bem como utilizar-se de suborno ou de qualquer outra forma de corrupção para o mesmo fim;

7) proceder de modo incompatível com a dignidade, a honra e o decoro do cargo.

CAPÍTULO VI. DOS CRIMES CONTRA A LEI ORÇAMENTÁRIA

- CF/1988: art. 85, VI.
- Lei 1.079/1950 – Define os crimes de responsabilidade e regula o respecti processo de julgamento.

Art. 10. São crimes de responsabilidade contra a lei orçamentária:

1) não apresentar ao Congresso Nacional a proposta do orçamento da República dentro dos primeiros dois meses de cada sessão legislativa;

2) exceder ou transportar, sem autorização legal, as verbas do orçamento;

3) realizar o estorno de verbas;

4) infringir, patentemente, e de qualquer modo, dispositivo da lei orçamentária;

5) deixar de ordenar a redução do montante da dívida consolidada, nos prazos estabelecidos em lei, quando o montante ultrapassar o valor resultante da aplicação do limite máximo fixado pelo Senado Federal; (Incluído pela Lei nº 10.028, de 2000)

- CF/1988: art. 52, VI.

6) ordenar ou autorizar a abertura de crédito em desacordo com os limites estabelecidos pelo Senado Federal, sem fundamento na lei orçamentária ou na de crédito adicional ou com inobservância de prescrição legal; (Incluído pela Lei nº 10.028, de 2000)

- CF/1988: arts. 98, § 5º, 165, § 8º, 167, V, § 3º.

7) deixar de promover ou ordenar na forma de lei, o cancelamento, a amortização ou a constituição de reserva para anular os efeitos da operação de crédito realizada com inobservância de limite, condição ou montante estabelecido em lei; (Incluído pela Lei nº 10.028, de 2000)

- CF/1988: art. 99, § 5º.

8) deixar de promover ou de ordenar a liquidação integral de operação de crédito por antecipação de receita orçamentária, inclusive os respectivos juros e demais encargos, até o encerramento do exercício financeiro; (Incluído pela Lei nº 10.028, de 2000)

9) ordenar ou autorizar, em desacordo com a lei, a realização de operação de crédito com qualquer um dos demais entes da Federação, inclusive suas entidades de administração indireta, ainda que na forma de novação, refinanciamento ou postergação de dívida contraída anteriormente; (Incluído pela Lei nº 10.028, de 2000)

10) captar recursos a título de antecipação de receita de tributo ou contribuição cujo fato gerador ainda não tenha ocorrido; (Incluído pela Lei nº 10.028, de 2000)

11) ordenar ou autorizar a destinação de recursos provenientes da emissão de títulos para finalidade diversa da prevista na lei que a autorizou; (Incluído pela Lei nº 10.028, de 2000)

12) realizar ou receber transferência voluntária em desacordo com limite ou condição estabelecida em lei. (Incluído pela Lei nº 10.028, de 2000)

CAPÍTULO VII. DOS CRIMES CONTRA A GUARDA E LEGAL EMPREGO DOS DINHEIROS PÚBLICOS

- Lei 8.429/1992 – Dispõe sobre as sanções aplicáveis aos agentes públicos nos casos de enriquecimento ilícito no exercício de mandato, cargo, emprego ou função na administração pública direta, indireta ou fundacional. (Lei de Improbidade Administrativa)

Art. 11. São crimes de responsabilidade contra a guarda e o legal emprego dos dinheiros públicos:

1) ordenar despesas não autorizadas por lei ou sem observância das prescrições legais relativas às mesmas;

2) abrir crédito sem fundamento em lei ou sem as formalidades legais;

3) contrair empréstimo, emitir moeda corrente ou apólices, ou efetuar operação de crédito sem autorização legal;

4) alienar imóveis nacionais ou empenhar rendas públicas sem autorização em lei;

5) negligenciar a arrecadação das rendas, impostos e taxas, bem como a conservação do patrimônio nacional.

CAPÍTULO VIII. DOS CRIMES CONTRA O CUMPRIMENTO DAS DECISÕES JUDICIÁRIAS

Art. 12. São crimes de responsabilidade contra as decisões judiciárias:

- CF/1988: art. 85, VII.
- CP: arts. 329 e 330.

1) impedir, por qualquer meio, o efeito dos atos, mandados ou decisões do Poder Judiciário;

2) recusar o cumprimento das decisões do Poder Judiciário no que depender do exercício das funções do Poder Executivo;

3) deixar de atender a requisição de intervenção federal do Supremo Tribunal Federal ou do Tribunal Superior Eleitoral;

- CF/88: arts. 49, IV e 84, X.

4) impedir ou frustrar pagamento determinado por sentença judiciária.

TÍTULO II. DOS MINISTROS DE ESTADO

- CF/1988: arts. 87 e 88.

Art. 13. São crimes de responsabilidade dos ministros de Estado:

- Lei 8.429/1992 – Dispõe sobre as sanções aplicáveis aos agentes públicos nos casos de enriquecimento ilícito no exercício de mandato, cargo, emprego ou função na administração pública direta, indireta ou fundacional. (Lei de Improbidade Administrativa)

1) os atos definidos nesta Lei, quando por eles praticados ou ordenados;

2) os atos previstos nesta Lei, que os ministros assinarem com o Presidente da República ou por ordem deste praticarem;

3) a falta de comparecimento sem justificação, perante a Câmara dos Deputados ou o Senado Federal, ou qualquer das suas comissões, quando uma ou outra casa do Congresso os convocar para, pessoalmente, prestarem informações acerca de assunto previamente determinado;

4) não prestarem dentro em 30 (trinta) dias e sem motivo justo, a qualquer das Câmaras do Congresso Nacional, as informações que ela lhes solicitar por escrito, ou prestarem-nas com falsidade.

PARTE SEGUNDA. PROCESSO E JULGAMENTO

TÍTULO ÚNICO. DO PRESIDENTE DA REPÚBLICA E MINISTROS DE ESTADO

- CF/1988: arts. 85 e 88.

CAPÍTULO I. DA DENÚNCIA

Art. 14. É permitido a qualquer cidadão denunciar o Presidente da República ou ministro de Estado, por crime de responsabilidade, perante a Câmara dos Deputados.

Art. 15. A denúncia só poderá ser recebida enquanto o denunciado não tiver, por qualquer motivo, deixado definitivamente o cargo.

Art. 16. A denúncia assinada pelo denunciante e com a firma reconhecida, deve ser acompanhada dos documentos que a comprovem, ou da declaração de impossibilidade de apresentá-los, com a indicação do local onde possam ser encontrados. Nos crimes de que haja prova testemunhal, a denúncia deverá conter o rol das testemunhas, em número de cinco no mínimo.

Art. 17. No processo de crime de responsabilidade, servirá de escrivão um funcionário da secretaria da Câmara dos Deputados, ou do Senado, conforme se achar o mesmo em uma ou outra casa do Congresso Nacional.

Art. 18. As testemunhas arroladas no processo deverão comparecer para prestar o seu depoimento, e a mesa da Câmara dos Deputados ou do Senado, por ordem de quem serão notificadas, tomará as providências legais que se tornarem necessárias para compeli-las à obediência.

CAPÍTULO II. DA ACUSAÇÃO

- CF/1988: arts. 52, I, 86, e 102, II, b.

Art. 19. Recebida a denúncia, será lida no expediente da sessão seguinte e despachada a uma comissão especial eleita, da qual participem, observada a respectiva proporção, representantes de todos os partidos para opinar sobre a mesma.

Art. 20. A comissão a que alude o artigo anterior se reunirá dentro de 48 (quarenta e oito) horas e, depois de eleger seu presidente e relator, emitirá parecer, dentro do prazo de 10 (dez) dias, sobre se a denúncia deve ser ou não julgada objeto de deliberação. Dentro desse período poderá a comissão proceder as diligências que julgar necessárias ao esclarecimento da denúncia.

§ 1º. O parecer da comissão especial será lido no expediente da sessão da Câmara dos Deputados e publicado integralmente no Diário do Congresso Nacional e em avulsos, juntamente com a denúncia, devendo as publicações ser distribuídas a todos os deputados.

§ 2º. Quarenta e oito horas após a publicação oficial do parecer da comissão especial, será o mesmo incluído, em primeiro lugar, na ordem do dia da Câmara dos Deputados, para uma discussão única.

Art. 21. Cinco representantes de cada partido poderão falar, durante uma hora, sobre o parecer, ressalvado ao relator da comissão especial o direito de responder a cada um.

Art. 22. Encerrada a discussão do parecer, e submetido o mesmo a votação nominal, será a denúncia, com os documentos que a instruam, arquivada, se não for considerada objeto de deliberação. No caso contrário, será remetida por cópia autêntica ao denunciado, que terá o prazo de 20 (vinte) dias para contestá-la e indicar os meios de prova com que pretenda demonstrar a verdade do alegado.

§ 1º. Findo esse prazo e com ou sem a contestação, a comissão especial determinará as diligências requeridas, ou que julgar convenientes, e realizará as sessões necessárias para a tomada do depoimento das testemunhas de ambas as partes, podendo ouvir o denunciante e o denunciado, que poderá assistir pessoalmente, ou por seu procurador, a todas as audiências e diligências realizadas pela comissão, interrogando e contestando as testemunhas e requerendo a reinquirição ou acareação das mesmas.

§ 2º. Findas essas diligências, a comissão especial proferirá, no prazo de 10 (dez) dias, parecer sobre a procedência ou improcedência da denúncia.

§ 3º. Publicado e distribuído esse parecer na forma do § 1º do art. 20, será o mesmo incluído na ordem do dia da sessão imediata para ser submetido a duas discussões, com o interregno de 48 (quarenta e oito) horas entre uma e outra.

§ 4º. Nas discussões do parecer sobre a procedência ou improcedência da denúncia, cada representante de partido poderá falar uma só vez e durante uma hora, ficando as questões de ordem subordinadas ao disposto no § 2º do art. 20.

Art. 23. Encerrada a discussão do parecer, será o mesmo submetido a votação nominal, não sendo permitida, então, questões de ordem, nem encaminhamento de votação.

§ 1º. Se da aprovação do parecer resultar a procedência da denúncia, considerar-se-á decretada a acusação pela Câmara dos Deputados.

§ 2º. Decretada a acusação, será o denunciado intimado imediatamente pela mesa da Câmara dos Deputados, por intermédio do 1º secretário.

§ 3º. Se o denunciado estiver ausente do Distrito Federal, a sua intimação será solicitada pela mesa da Câmara dos Deputados, ao presidente do Tribunal de Justiça do Estado em que ele se encontrar.

§ 4º. A Câmara dos Deputados elegerá uma comissão de três membros para acompanhar o julgamento do acusado.

§ 5º. São efeitos imediatos ao decreto da acusação do Presidente da República, ou de ministro de Estado, a suspensão do exercício das funções do acusado e da metade do subsídio ou do vencimento, até sentença final.

§ 6º. Conforme se trate da acusação de crime comum ou de responsabilidade, o processo será enviado ao Supremo Tribunal Federal ou ao Senado Federal.

CAPÍTULO III. DO JULGAMENTO

‣ CF/1988: art. 52, par. único.

Art. 24. Recebido no Senado o decreto de acusação com o processo enviado pela Câmara dos Deputados e apresentado o libelo pela comissão acusadora, remeterá o presidente cópia de tudo ao acusado, que, na mesma ocasião e nos termos dos §§ 2º e 3º do art. 23, será notificado para comparecer em dia prefixado perante o Senado.

Parágrafo único. Ao presidente do Supremo Tribunal Federal enviar-se-á o processo em original, com a comunicação do dia designado para o julgamento.

Art. 25. O acusado comparecerá, por si ou pelos seus advogados, podendo, ainda, oferecer novos meios de prova.

Art. 26. No caso de revelia, marcará o presidente novo dia para o julgamento e nomeará para a defesa do acusado um advogado, a quem se facultará o exame de todas as peças de acusação.

Art. 27. No dia aprazado para o julgamento, presentes o acusado, seus advogados, ou o defensor nomeado a sua revelia, e a comissão acusadora, o presidente do Supremo Tribunal Federal, abrindo a sessão, mandará ler o processo preparatório, o libelo e os artigos de defesa; em seguida inquirirá as testemunhas, que deverão depor publicamente e fora da presença umas das outras.

Art. 28. Qualquer membro da comissão acusadora ou do Senado, e bem assim o acusado ou seus advogados poderão requerer que se façam às testemunhas perguntas que julgarem necessárias.

Parágrafo único. A comissão acusadora, ou o acusado ou seus advogados, poderão contestar ou arguir as testemunhas sem contudo interrompê-las e requerer a acareação.

Art. 29. Realizar-se-á a seguir o debate verbal entre a comissão acusadora e o acusado ou os seus advogados pelo prazo que o presidente fixar e que não poderá exceder de 2 (duas) horas.

Art. 30. Findos os debates orais e retiradas as partes, abrir-se-á discussão sobre o objeto da acusação.

Art. 31. Encerrada a discussão o presidente do Supremo Tribunal Federal fará relatório resumido da denúncia e das provas da acusação e da defesa e submeterá à votação nominal dos senadores o julgamento.

Art. 32. Se o julgamento for absolutório produzirá, desde logo, todos os efeitos a favor do acusado.

Art. 33. No caso de condenação, o Senado por iniciativa do presidente fixará o prazo de inabilitação do condenado para o exercício de qualquer função pública; e no caso de haver crime comum deliberará ainda sobre se o presidente o deverá submeter à justiça ordinária, independentemente da ação de qualquer interessado.

Art. 34. Proferida a sentença condenatória, o acusado estará, *ipso facto*, destituído do cargo.

Art. 35. A resolução do Senado constará da sentença que será lavrada, nos autos do processo, pelo presidente do Supremo Tribunal Federal, assinada pelos senadores que funcionarem como juízes, transcrita na ata da sessão e, dentro desta, publicada no *Diário Oficial* e no *Diário do Congresso Nacional*.

Art. 36. Não pode interferir, em nenhuma fase do processo de responsabilidade do Presidente da República ou dos Ministros de Estado, o deputado ou senador:

a) que tiver parentesco consanguíneo ou afim, com o acusado, em linha reta; em linha colateral, os irmãos, cunhados, enquanto durar o cunhadio, e os primos coirmãos;

b) que, como testemunha do processo, tiver deposto de ciência própria.

Art. 37. O Congresso Nacional deverá ser convocado, extraordinariamente, pelo terço de uma de suas câmaras, caso a sessão legislativa se encerre sem que se tenha ultimado o julgamento do Presidente da República, ou de ministro de Estado, bem como no caso de ser necessário o início imediato do processo.

Art. 38. No processo e julgamento do Presidente da República e dos ministros de Estado, serão subsidiários desta lei naquilo em que lhes forem aplicáveis, assim os regimentos internos da Câmara dos Deputados e do Senado Federal, como o Código de Processo Penal.

PARTE TERCEIRA.

TÍTULO I.

CAPÍTULO I. DOS MINISTROS DO SUPREMO TRIBUNAL FEDERAL

‣ CF/1988: arts. 101 a 103-B.

Art. 39. São crimes de responsabilidade dos ministros do Supremo Tribunal Federal:

1) alterar, por qualquer forma, exceto por via de recurso, a decisão ou voto já proferido em sessão do tribunal;

2) proferir julgamento, quando, por lei, seja suspeito na causa;

3) exercer atividade político-partidária;

4) ser patentemente desidioso no cumprimento dos deveres do cargo;

5) proceder de modo incompatível com a honra, dignidade e decoro de suas funções.

Art. 39-A. Constituem, também, crimes de responsabilidade do Presidente do Supremo Tribunal Federal ou de seu substituto quando no exercício da Presidência, as condutas previstas no art. 10 desta Lei, quando por eles ordenadas ou praticadas. (Incluído pela Lei nº 10.028, de 2000)

Parágrafo único. O disposto neste artigo aplica-se aos Presidentes, e respectivos substitutos quando no exercício da Presidência, dos Tribunais Superiores, dos Tribunais de Contas, dos Tribunais Regionais Federais, do Trabalho e Eleitorais, dos Tribunais de Justiça e de Alçada dos Estados e do Distrito Federal, e aos Juízes Diretores de Foro ou função equivalente no primeiro grau de jurisdição. (Incluído pela Lei nº 10.028, de 2000)

‣ Com a promulgação da Constituição de 1946, o Tribunal de Apelação passou a ter a denominação Tribunal de Justiça.

‣ EC 45/2004: art. 4º. Ficam extintos os tribunais de Alçada, onde houver, passando os seus membros a integrar os Tribunais de Justiça dos respectivos Estados, respeitadas a antiguidade e classe de origem. (...)

CAPÍTULO II. DO PROCURADOR-GERAL DA REPÚBLICA

‣ CF/1988: art. 52, II.

Art. 40. São crimes de responsabilidade do procurador-geral da República:

1) emitir parecer, quando, por lei, seja suspeito na causa;

2) recusar-se à prática de ato que lhe incumba;

3) ser patentemente desidioso no cumprimento de suas atribuições;

4) proceder de modo incompatível com a dignidade e o decoro do cargo.

Art. 40-A. Constituem, também, crimes do Procurador-Geral da República, ou de seu substituto quando no exercício da chefia do Ministério Público da União, as condutas previstas no art. 10 desta Lei, quando por eles ordenadas ou praticadas. (Incluído pela Lei nº 10.028, de 2000)

Parágrafo único. O disposto neste artigo aplica-se: (Incluído pela Lei nº 10.028, de 2000)

I – ao Advogado-Geral da União; (Incluído pela Lei nº 10.028, de 2000)

II – aos Procuradores-Gerais do Trabalho, Eleitoral e Militar, aos Procuradores-Gerais de Justiça dos Estados e do Distrito Federal, aos Procuradores-Gerais dos Estados e do Distrito Federal, e aos membros do Ministério Público da União e dos Estados, da Advocacia-Geral da União, das Procuradorias dos Estados e do Distrito Federal, quando no exercício de função de chefia das unidades regionais ou locais das respectivas instituições. (Incluído pela Lei nº 10.028, de 2000)

TÍTULO II. DO PROCESSO E JULGAMENTO

CAPÍTULO I. DA DENÚNCIA

Art. 41. É permitido a todo cidadão denunciar, perante o Senado Federal, os ministros do Supremo Tribunal Federal e o procurador-geral da República, pelos crimes de responsabilidade que cometerem (arts. 39 e 40).

› CF/1988: art. 52, II.

Art. 41-A. Respeitada a prerrogativa de foro que assiste às autoridades a que se referem o parágrafo único do art. 39-A e o inciso II do parágrafo único do art. 40-A, as ações penais contra elas ajuizadas pela prática dos crimes de responsabilidade previstos no art. 10 desta Lei serão processadas e julgadas de acordo com o rito instituído pela Lei nº 8.038, de 28 de maio de 1990, permitido, a todo cidadão, o oferecimento da denúncia. (Incluído pela Lei nº 10.028, de 2000)

Art. 42. A denúncia só poderá ser recebida se o denunciado não tiver, por qualquer motivo, deixado definitivamente o cargo.

Art. 43. A denúncia, assinada pelo denunciante com a firma reconhecida, deve ser acompanhada dos documentos que a comprovem ou da declaração de impossibilidade de apresentá-los, com a indicação do local onde possam ser encontrados. Nos crimes de que haja prova testemunhal, a denúncia deverá conter o rol das testemunhas, em número de cinco, no mínimo.

Art. 44. Recebida a denúncia pela mesa do Senado, será lida no expediente da sessão seguinte e despachada a uma comissão especial, eleita para opinar sobre a mesma.

Art. 45. A comissão a que alude o artigo anterior, reunir-se-á dentro de 48 (quarenta e oito) horas e, depois de eleger o seu presidente e relator, emitirá parecer no prazo de 10 (dez) dias sobre se a denúncia deve ser, ou não, julgada objeto de deliberação. Dentro desse período poderá a comissão proceder às diligências que julgar necessárias.

Art. 46. O parecer da comissão, com a denúncia e os documentos que a instruírem será lido no expediente de sessão do Senado, publicado no *Diário do Congresso Nacional* e em avulsos, que deverão ser distribuídos entre os senadores, e dado para ordem do dia da sessão seguinte.

Art. 47. O parecer será submetido a uma só discussão, e a votação nominal, considerando-se aprovado se reunir a maioria simples de votos.

Art. 48. Se o Senado resolver que a denúncia não deve constituir objeto de deliberação, serão os papéis arquivados.

Art. 49. Se a denúncia for considerada objeto de deliberação, a mesa remeterá cópia de tudo ao denunciado, para responder à acusação no prazo de 10 (dez) dias.

Art. 50. Se o denunciado estiver fora do Distrito Federal, a cópia lhe será entregue pelo presidente do Tribunal de Justiça do Estado em que se achar. Caso se ache fora do País ou em lugar incerto e não sabido, o que será verificado pelo 1º secretário do Senado, a intimação far-se-á por edital, publicado no *Diário do Congresso Nacional*, com a antecedência de 60 (sessenta) dias, aos quais se acrescerá, em comparecendo o denunciado, o prazo do art. 49.

Art. 51. Findo o prazo para a resposta do denunciado, seja esta recebida, ou não, a comissão dará parecer, dentro de 10 (dez) dias, sobre a procedência ou improcedência da acusação.

Art. 52. Perante a comissão, o denunciante e o denunciado poderão comparecer pessoalmente ou por procurador, assistir a todos os atos e diligências por ela praticados, inquirir, reinquirir, contestar testemunhas e requerer a sua acareação. Para esse efeito, a comissão dará aos interessados conhecimento das suas reuniões e das diligências a que deva proceder, com a indicação de lugar, dia e hora.

Art. 53. Findas as diligências, a comissão emitirá sobre elas o seu parecer, que será publicado e distribuído, com todas as peças que o instruírem, e dado para ordem do dia 48 (quarenta e oito) horas, no mínimo, depois da distribuição.

Art. 54. Esse parecer terá uma só discussão e considerar-se-á aprovado se, em votação nominal, reunir a maioria simples dos votos.

Art. 55. Se o Senado entender que não procede a acusação, serão os papéis arquivados. Caso decida o contrário, a mesa dará imediato conhecimento dessa decisão ao Supremo Tribunal Federal, ao Presidente da República, ao denunciante e ao denunciado.

Art. 56. Se o denunciado não estiver no Distrito Federal, a decisão ser-lhe-á comunicada à requisição da mesa, pelo presidente do Tribunal de Justiça do Estado onde se achar. Se estiver fora do País ou em lugar incerto e não sabido, o que será verificado pelo 1º secretário do Senado, far-se-á a intimação mediante edital pelo *Diário do Congresso Nacional*, com a antecedência de 60 (sessenta) dias.

Art. 57. A decisão produzirá desde a data da sua intimação os seguintes efeitos contra o denunciado:

a) ficar suspenso do exercício das suas funções até sentença final;

b) ficar sujeito à acusação criminal;

c) perder, até sentença final, 1/3 (um terço) dos vencimentos, que lhe será pago no caso de absolvição.

CAPÍTULO II. DA ACUSAÇÃO E DA DEFESA

Art. 58. Intimado o denunciante ou o seu procurador da decisão a que aludem os três últimos artigos, ser-lhe-á dada vista do processo, na secretaria do Senado, para, dentro de 48 (quarenta e oito) horas, oferecer o libelo acusatório e o rol das testemunhas. Em seguida abrir-se-á vista ao denunciado ou ao seu defensor, pelo mesmo prazo para oferecer a contrariedade e o rol das testemunhas.

Art. 59. Decorridos esses prazos, com o libelo e a contrariedade ou sem eles, serão os autos remetidos, em original, ao presidente do Supremo Tribunal Federal, ou ao seu substituto legal, quando seja ele o denunciado, comunicando-se-lhe o dia designado para o julgamento e convidando-o para presidir a sessão.

Art. 60. O denunciante e o acusado serão notificados pela forma estabelecida no art. 56, para assistirem ao julgamento, devendo as testemunhas ser, por um magistrado, intimadas a comparecer à requisição da mesa.

Parágrafo único. Entre a notificação e o julgamento deverá mediar o prazo mínimo de 10 (dez) dias.

Art. 61. No dia e hora marcados para o julgamento, o Senado reunir-se-á, sob a presidência do presidente do Supremo Tribunal Federal ou do seu substituto legal. Verificada a presença de número legal de senadores, será aberta a sessão e feita a chamada das partes, acusador e acusado, que poderão comparecer pessoalmente ou pelos seus procuradores.

Art. 62. A revelia do acusador não importará transferência do julgamento, nem perempção da acusação.

§ 1º. A revelia do acusado determinará o adiamento do julgamento, para o qual o presidente designará novo dia, nomeando um advogado para defender o revel.

§ 2º. Ao defensor nomeado será facultado o exame de todas as peças do processo.

Art. 63. No dia definitivamente aprazado para o julgamento, verificado o número legal de senadores, será aberta a sessão e facultado o ingresso às partes ou aos seus procuradores. Serão juízes todos os senadores presentes, com exceção dos impedidos nos termos do art. 36.

Parágrafo único. O impedimento poderá ser oposto pelo acusador ou pelo acusado e invocado por qualquer senador.

Art. 64. Constituído o Senado em tribunal de julgamento, o presidente mandará ler o processo e, em seguida, inquirirá publicamente as testemunhas, fora da presença umas das outras.

Art. 65. O acusador e o acusado, ou os seus procuradores, poderão reinquirir as testemunhas, contestá-las sem interrompê-las e requerer a sua acareação. Qualquer senador poderá requerer sejam feitas as perguntas que julgar necessárias.

Art. 66. Finda a inquirição, haverá debate oral, facultadas a réplica e a tréplica entre o acusador e o acusado, pelo prazo que o presidente determinar.

Parágrafo único. Ultimado o debate, retirar-se-ão as partes do recinto da sessão e abrir-se-á uma discussão única entre os senadores sobre o objeto da acusação.

Art. 67. Encerrada a discussão, fará o presidente um relatório resumido dos fundamentos da acusação e da defesa, bem como das respectivas provas, submetendo em seguida o caso a julgamento.

CAPÍTULO III. DA SENTENÇA

Art. 68. O julgamento será feito, em votação nominal pelos senadores desimpedidos que responderão "sim" ou "não" à seguinte pergunta enunciada pelo presidente: "Cometeu o acusado F o crime que lhe é imputado e deve ser condenado à perda do seu cargo?"

Parágrafo único. Se a resposta afirmativa obtiver, pelo menos, 2/3 (dois terços) dos votos dos senadores presentes, o presidente fará nova consulta ao plenário sobre o tempo não excedente de 5 (cinco) anos, durante o qual o condenado deverá ficar inabilitado para o exercício de qualquer função pública.

Art. 69. De acordo com a decisão do Senado, o presidente lavrará, nos autos, a sentença que será assinada por ele e pelos senadores, que tiverem tomado parte no julgamento, e transcrita na ata.

Art. 70. No caso de condenação, fica o acusado desde logo destituído do seu cargo. Se a sentença for absolutória, produzirá a imediata reabilitação do acusado, que voltará ao exercício do cargo, com direito à parte dos vencimentos de que tenha sido privado.

Art. 71. Da sentença, dar-se-á imediato conhecimento ao Presidente da República, ao Supremo Tribunal Federal e ao acusado.

Art. 72. SE no dia do encerramento do Congresso Nacional não estiver concluído o processo ou julgamento de ministro do Supremo Tribunal Federal ou do procurador-geral da República, deverá ele ser convocado extraordinariamente pelo terço do Senado Federal.

Art. 73. No processo e julgamento de ministro do Supremo Tribunal, ou do procurador-geral da República, serão subsidiários desta lei, naquilo em que lhes forem aplicáveis, o Regimento Interno do Senado Federal e o Código de Processo Penal.

PARTE QUARTA.

TÍTULO ÚNICO.

CAPÍTULO I. DOS GOVERNADORES E SECRETÁRIOS DOS ESTADOS

Art. 74. Constituem crimes de responsabilidade dos governadores dos Estados ou dos seus secretários, quando por eles praticados, os atos definidos como crime nesta Lei.

- CPP: art. 87.
- Lei 7.106/1983 – Crimes de responsabilidade do Governador do Distrito Federal, dos Governadores dos Territórios Federais e de seus respectivos Secretários.

CAPÍTULO II. DA DENÚNCIA, ACUSAÇÃO E JULGAMENTO

Art. 75. É permitido a todo cidadão denunciar o governador perante a Assembleia Legislativa, por crime de responsabilidade.

Art. 76. A denúncia, assinada pelo denunciante e com a firma reconhecida, deve ser acompanhada dos documentos que a comprovem, ou da declaração de impossibilidade de apresentá-los, com a indicação do local em que possam ser encontrados. Nos crimes de que houver prova testemunhal, conterá o rol das testemunhas, em número de cinco pelo menos.

Parágrafo único. Não será recebida a denúncia depois que o governador, por qualquer motivo, houver deixado definitivamente o cargo.

Art. 77. Apresentada a denúncia e julgada objeto de deliberação, se a Assembleia Legislativa, por maioria absoluta, decretar a procedência da acusação, será o governador imediatamente suspenso de suas funções.

Art. 78. O governador será julgado, nos crimes de responsabilidade, pela forma que determinar a Constituição do Estado e não poderá ser condenado, senão à perda do cargo, com inabilitação, até 5 (cinco) anos, para o exercício de qualquer função pública, sem prejuízo da ação da justiça comum.

§ 1º. Quando o tribunal de julgamento for de jurisdição mista, serão iguais, pelo número, os representantes dos órgãos que o integrarem, excluído o presidente, que será o presidente do Tribunal de Justiça.

§ 2º. Em qualquer hipótese, só poderá ser decretada a condenação pelo voto de 2/3 (dois terços) dos membros de que se compuser o tribunal de julgamento.

§ 3º. Nos Estados, onde as Constituições não determinarem o processo nos crimes de responsabilidade dos governadores, aplicar-se-á o disposto nesta lei, devendo, porém, o julgamento ser proferido por um tribunal composto de cinco membros do Legislativo e de cinco desembargadores, sob a presidência do Tribunal de Justiça local, que terá direito de voto no caso de empate. A escolha desse tribunal será feita: a dos membros do Legislativo, mediante eleição pela Assembleia; a dos desembargadores, mediante sorteio.

§ 4º. Esses atos deverão ser executados dentro em 5 (cinco) dias contados da data em que a Assembleia enviar ao presidente do Tribunal de Justiça os autos do processo, depois de decretada a procedência da acusação.

Art. 79. No processo e julgamento do governador serão subsidiários desta lei naquilo em que lhe forem aplicáveis, assim o regimento interno da Assembleia Legislativa e do Tribunal de Justiça, como o Código de Processo Penal.

Parágrafo único. Os secretários de Estado, nos crimes conexos com os dos governadores, serão sujeitos ao mesmo processo e julgamento.

DISPOSIÇÕES GERAIS

Art. 80. Nos crimes de responsabilidade do Presidente da República e dos ministros de Estado, a Câmara dos Deputados é tribunal de pronúncia e o Senado Federal, tribunal de julgamento; nos crimes de responsabilidade dos ministros do Supremo Tribunal Federal e do procurador-geral da República, o Senado Federal é, simultaneamente, tribunal de pronúncia e julgamento.

Parágrafo único. O Senado Federal, na apuração e julgamento dos crimes de responsabilidade, funciona sob a presidência do presidente do Supremo Tribunal, e só proferirá sentença condenatória pelo voto de 2/3 (dois terços) dos seus membros.

Art. 81. A declaração de procedência da acusação nos crimes de responsabilidade só poderá ser decretada pela maioria absoluta da Câmara que a proferir.

Art. 82. Não poderá exceder de 120 (cento e vinte) dias, contados da data da declaração da procedência da acusação, o prazo para o processo e julgamento dos crimes definidos nesta Lei.

Art. 83. Esta Lei entrará em vigor na data da sua publicação, revogadas as disposições em contrário.

Rio de Janeiro, 10 de abril de 1950; 129º da Independência e 62º da República.

EURICO G. DUTRA

D.O.U. de 12.4.1950

LEI Nº 1.521, DE 26 DE DEZEMBRO DE 1951

Altera dispositivos da legislação vigente sobre crimes contra a economia popular.

- *Crimes contra a economia popular*

O PRESIDENTE DA REPÚBLICA Faço saber que o Congresso Nacional decreta e eu sanciono a seguinte Lei:

- Lei 12.529/2011 – Estrutura o Sistema Brasileiro de Defesa da Concorrência; dispõe sobre a prevenção e repressão às infrações contra a ordem econômica; altera a Lei 8.137/1990, o Decreto-Lei 3.689/1941 (Código de Processo Penal), e a Lei 7.347/1985; revoga dispositivos da Lei 8.884/1994, e a Lei 9.781/1999.
- Lei 8.137/1990 – Define crimes contra a ordem tributária, econômica e contra as relações de consumo.
- Lei 8.078/1990 (CDC): arts. 61 e ss.
- Lei 7.492/1986 – Define os crimes contra o sistema financeiro nacional.

Art. 1º. Serão punidos, na forma desta Lei, os crimes e as contravenções contra a economia popular. Esta Lei regulará o seu julgamento.

Art. 2º. São crimes desta natureza:

I – recusar individualmente em estabelecimento comercial a prestação de serviços essenciais à subsistência; sonegar mercadoria ou recusar vendê-la a quem esteja em condições de comprar a pronto pagamento;

- CDC: art. 39, II e IX.

II – favorecer ou preferir comprador ou freguês em detrimento de outro, ressalvados os sistemas de entrega ao consumo por intermédio de distribuidores ou revendedores;

III – expor à venda ou vender mercadoria ou produto alimentício, cujo fabrico haja desatendido a determinações oficiais, quanto ao peso e composição;

- CDC: arts. 18, § 6º e 39, VIII.

IV – negar ou deixar o fornecedor de serviços essenciais de entregar ao freguês a nota relativa à prestação de serviço, desde que a importância exceda de 15 (quinze) cruzeiros, e com a indicação do preço, do nome e endereço do estabelecimento, do nome da firma ou responsável, da data e do local da transação e do nome e residência do freguês;

V – misturar gêneros e mercadorias de espécies diferentes, expô-los à venda ou vendê-los, como puros; misturar gêneros e mercadorias de qualidades desiguais para expô-los à venda ou vendê-lo por preço marcado para os de mais alto custo;

- CDC: art. 18, § 6º.

VI – transgredir tabelas oficiais de gêneros e mercadorias, ou de serviços essenciais, bem como expor à venda ou oferecer ao público ou vender tais gêneros, mercadorias ou serviços, por preço superior ao tabelado, assim como não manter afixadas, em lugar visível e de fácil leitura, as tabelas de preços aprovadas pelos órgãos competentes;

- CDC: art. 39, X.

VII – negar ou deixar o vendedor de fornecer nota ou caderno de venda de gêneros de primeira necessidade, seja à vista ou a prazo, e cuja a importância exceda de dez cruzeiros, ou de especificar na nota ou caderno – que serão isentos de selo – o preço da mercadoria vendida, o nome e o endereço do estabelecimento, a firma ou o responsável, a data e local da transação e o nome e residência do freguês;

VIII – celebrar ajuste para impor determinado preço de revenda ou exigir do comprador que não compre de outro vendedor;

IX – obter ou tentar obter ganhos ilícitos em detrimento do povo ou de número indeterminado de pessoas mediante especulações ou processos fraudulentos ("bola de neve", "cadeias", "pichardismo" e quaisquer outros equivalentes);

X – violar contrato de venda a prestações, fraudando sorteios ou deixando de entregar a coisa vendida, sem devolução das prestações pagas, ou descontar destas, nas vendas com reserva de domínio, quando o contrato for rescindido por culpa do comprador, quantia maior do que a correspondente à depreciação do objeto;

XI – fraudar pesos ou medidas padronizados em lei ou regulamentos; possuí-los ou detê-los, para efeitos de comércio, sabendo estarem fraudados.

- CDC: art. 18, § 6º, II.

Pena – detenção, de 6 (seis) meses a 2 (dois) anos, e multa de dois mil a cinquenta mil cruzeiros.

Parágrafo único. Na configuração dos crimes previstos nesta Lei, bem como na de qualquer outro de defesa da economia popular, sua guarda e seu emprego considerar-se-ão como de primeira necessidade ou necessários ao consumo do povo, os gêneros, artigos, mercadorias e qualquer outra espécie de coisas ou bens indispensáveis à subsistência do indivíduo em condições higiênicas e ao exercício normal de suas atividades. Estão compreendidos nesta definição os artigos destinados à alimentação, ao vestuário e à iluminação, os terapêuticos ou sanitários, o combustível, a habitação e os materiais de construção.

Art. 3º. São também crimes desta natureza:

I – destruir ou inutilizar, intencionalmente e sem autorização legal, com o fim de determinar alta de preços, em proveito próprio ou de terceiro, matérias-primas ou produtos necessários ao consumo do povo;

II – abandonar ou fazer abandonar lavoura ou plantações, suspender ou fazer suspender a atividade de fábricas, usinas ou quaisquer estabelecimentos de produção, ou meios de transporte, mediante indenização paga pela desistência da competição;

III – promover ou participar de consórcio, convênio, ajuste, aliança ou fusão de capitais, com o fim de impedir ou dificultar, para o efeito de aumento arbitrário de lucros, a concorrência em matéria de produção, transportes ou comércio;

IV – reter ou açambarcar matérias-primas, meios de produção ou produtos necessários ao consumo do povo, com o fim de dominar o mercado em qualquer ponto do País e provocar a alta dos preços;

V – vender mercadorias abaixo do preço de custo com o fim de impedir a concorrência;

VI – provocar a alta ou baixa de preços de mercadorias, títulos públicos, valores ou salários por meio de notícias falsas, operações fictícias ou qualquer outro artifício;

VII – dar indicações ou fazer afirmações falsas em prospectos ou anúncios, para fim de substituição, compra ou venda de títulos, ações ou quotas;

VIII – exercer funções de direção, administração ou gerência de mais de uma empresa ou sociedade do mesmo ramo de indústria ou comércio com o fim de impedir ou dificultar a concorrência;

IX – gerir fraudulenta ou temerariamente bancos ou estabelecimentos bancários, ou de capitalização; sociedades de seguros, pecúlios ou pensões vitalícias; sociedades para empréstimos ou financiamento de construções e de vendas de imóveis a prestações, com ou sem sorteio ou preferência por meio de pontos ou quotas; caixas econômicas; caixas Raiffeisen; caixas mútuas de beneficência, socorros ou empréstimos; caixas de pecúlios, pensão e aposentadoria; caixas construtoras; cooperativas; sociedades de economia coletiva, levando-as à falência ou à insolvência, ou não cumprindo qualquer das cláusulas contratuais com prejuízo dos interessados;

X – fraudar de qualquer modo escriturações, lançamentos, registros, relatórios, pareceres e outras informações devidas a sócios de sociedades civis ou comerciais, em que o capital seja fracionado em ações, ou quotas de valor nominativo igual ou inferior a um mil cruzeiros com o fim de sonegar lucros, dividendos, percentagens, rateios ou bonificações, ou de desfalcar ou desviar fundos de reserva ou reservas técnicas.

Pena – detenção, de 2 (dois) anos a 10 (dez) anos, e multa de vinte mil a cem mil cruzeiros.

Art. 4º. Constitui crime da mesma natureza a usura pecuniária ou real, assim se considerando:

a) cobrar juros, comissões ou descontos percentuais, sobre dívidas em dinheiro, superiores à taxa permitida por lei; cobrar ágio superior à taxa oficial de câmbio, sobre quantia permutada por moeda estrangeira; ou, ainda, emprestar sob penhor que seja privativo de instituição oficial de crédito;

▸ Lei 1.807/1953: art. 10.

b) obter, ou estipular, em qualquer contrato, abusando da premente necessidade, inexperiência ou leviandade de outra parte, lucro patrimonial que exceda o quinto do valor corrente ou justo da prestação feita ou prometida.

▸ CDC: art. 39, IV.

Pena – detenção, de 6 (seis) meses a 2 (dois) anos, e multa de cinco mil a vinte mil cruzeiros.

§ 1º. Nas mesmas penas incorrerão os procuradores, mandatários ou mediadores que intervierem na operação usurária, bem como os cessionários de crédito usurário que, cientes de sua natureza ilícita, o fizerem valer em sucessiva transmissão ou execução judicial.

§ 2º. São circunstâncias agravantes do crime de usura:

I – ser cometido em época de grave crise econômica;

II – ocasionar grave dano individual;

III – dissimular-se a natureza usurária do contrato;

IV – quando cometido:

a) por militar, funcionário público, ministro de culto religioso; por pessoa cuja condição econômico-social seja manifestamente superior à da vítima;

b) em detrimento de operário ou de agricultor; de menor de 18 (dezoito) anos ou de deficiente mental, interditado ou não.

§ 3º. A estipulação de juros ou lucros usurários será nula, devendo o juiz ajustá-los à medida legal, ou, caso já tenha sido cumprida, ordenar a restituição da quantia para em excesso, com os juros legais a contar da data do pagamento indevido. (Eficácia suspensa pela Medida Provisória nº 2.172-32, de 2001)

Art. 5º. Nos crimes definidos nesta lei, haverá suspensão da pena e livramento condicional em todos os casos permitidos pela legislação comum. Será a fiança concedida nos termos da legislação em vigor, devendo ser arbitrada dentro dos limites de cinco mil cruzeiros a cinquenta mil cruzeiros, nas hipóteses do artigo 2º, e dentro dos limites de dez mil cruzeiros a cem mil cruzeiros nos demais casos, reduzida a metade dentro desses limites, quando o infrator for empregado do estabelecimento comercial ou industrial, ou não ocupe cargo ou posto de direção dos negócios. (Redação dada pela Lei nº 3.290, de 1957)

▸ CP: arts. 77 e 78.

▸ Lei 9.099/1995: art. 89.

Art. 6º. Verificado qualquer crime contra a economia popular ou contra a saúde pública (Capítulo III do Título VIII do Código Penal) e atendendo à gravidade do fato, sua repercussão e efeitos, o juiz, na sentença, declarará a interdição de direito, determinada no art. 69, IV, do Código Penal, de 6 (seis) meses a 1 (um) ano, assim como, mediante representação da autoridade policial, poderá decretar, dentro de 48 (quarenta e oito) horas, a suspensão provisória, pelo prazo de 15 (quinze) dias, do exercício da profissão ou atividade do infrator.

▸ A referência antecede a Lei 7.209/1984.

▸ CP: art. 47.

Art. 7º. Os juízes recorrerão de ofício sempre que absolverem os acusados em processo por crime contra a economia popular ou contra a saúde pública, ou quando determinarem o arquivamento dos autos do respectivo inquérito policial.

Art. 8º. Nos crimes contra a saúde pública, os exames periciais serão realizados, no Distrito Federal, pelas repartições da Secretaria-Geral da Saúde e Assistência e da Secretaria da Agricultura, Indústria e Comércio da Prefeitura ou pelo Gabinete de Exames Periciais do Departamento de Segurança Pública e nos Estados e Territórios pelos serviços congêneres, valendo qualquer dos laudos como corpo de delito.

Art. 9º. *(Revogado pela Lei nº 6.649, de 1979).*

Art. 10. Terá forma sumária, nos termos do Capítulo V, Título II, Livro II, do Código de Processo Penal, o processo das contravenções e dos crimes contra a economia popular, não submetidos ao julgamento pelo júri.

§ 1º. Os atos policiais (inquérito ou processo iniciado por portaria) deverão terminar no prazo de 10 (dez) dias.

§ 2º. O prazo para oferecimento da denúncia será de 2 (dois) dias, esteja ou não o réu preso.

§ 3º. A sentença do juiz será proferida dentro do prazo de 30 (trinta) dias contados do recebimento dos autos da autoridade policial (art. 536 do Código de Processo Penal).

§ 4º. A retardação injustificada, pura e simples, dos prazos indicados nos parágrafos anteriores, importa em crime de prevaricação (art. 319 do Código Penal).

Art. 11. No Distrito Federal, o processo das infrações penais relativas à economia popular caberá, indistintamente, a todas as varas criminais com exceção das 1ª e 20ª, observadas as disposições quanto aos crimes da competência do júri de que trata o art. 12.

Art. 12 a 32. *(Artigos inaplicáveis, conforme EC 1/1969).*

Art. 33. Esta Lei entrará em vigor 60 (sessenta) dias depois de sua publicação, aplicando-se aos processos iniciados na sua vigência.

Art. 34. Revogam-se as disposições em contrário.

Rio de Janeiro, 26 de dezembro de 1951;
130º da Independência e 63º
da República.
GETÚLIO VARGAS
D.O.U. de 27.12.1951

LEI Nº 1.579, DE 18 DE MARÇO DE 1952

Dispõe sobre as Comissões Parlamentares de Inquérito.

▸ *Comissões Parlamentares de Inquérito – CPI*

O PRESIDENTE DA REPÚBLICA Faço saber que o Congresso Nacional decreta e eu sanciono a seguinte Lei:

▸ Lei 10.001/2000 – Dispõe sobre a prioridade nos procedimentos a serem adotados pelo Ministério Público e por outros órgãos a respeito das conclusões das comissões parlamentares de inquérito.

Art. 1º. As Comissões Parlamentares de Inquérito, criadas na forma do § 3º do art. 58 da Constituição Federal, terão poderes de investigação próprios das autoridades judiciais, além de outros previstos nos regimentos da Câmara dos Deputados e do Senado Federal, com ampla ação nas pesquisas destinadas a apurar fato determinado e por prazo certo. (Redação dada pela Lei nº 13.367, de 2016)

Parágrafo único. A criação de Comissão Parlamentar de Inquérito dependerá de requerimento de um terço da totalidade dos membros da Câmara dos Deputados e do Senado Federal, em conjunto ou separadamente. (Redação dada pela Lei nº 13.367, de 2016)

Art. 2º. No exercício de suas atribuições, poderão as Comissões Parlamentares de Inquérito determinar diligências que reputarem necessárias e requerer a convocação de Ministros de Estado, tomar o depoimento de quaisquer autoridades federais, estaduais ou municipais, ouvir os indiciados, inquirir testemunhas sob compromisso, requisitar da administração pública direta, indireta ou fundacional informações e documentos, e transportar-se aos lugares onde se fizer mister a sua presença. (Redação dada pela Lei nº 13.367, de 2016)

Art. 3º. Indiciados e testemunhas serão intimados de acordo com as prescrições estabelecidas na legislação penal.

§ 1º. Em caso de não comparecimento da testemunha sem motivo justificado, a sua intimação será solicitada ao juiz criminal da localidade em que resida ou se encontre, nos termos dos arts. 218 e 219 do Decreto-Lei nº 3.689, de 3 de outubro de 1941 – Código de Processo Penal. (Redação dada pela Lei nº 13.367, de 2016)

§ 2º. O depoente poderá fazer-se acompanhar de advogado, ainda que em reunião secreta. (Incluído pela Lei nº 10.679, de 2003)

Art. 3º-A. Caberá ao presidente da Comissão Parlamentar de Inquérito, por deliberação desta, solicitar, em qualquer fase da investigação, ao juízo criminal competente medida cautelar necessária, quando se verificar a existência de indícios veementes da proveniência ilícita de bens. (Incluído pela Lei nº 13.367, de 2016)

Art. 4º. Constitui crime:

I – impedir, ou tentar impedir, mediante violência, ameaça ou assuadas, o regular funcionamento de Comissão Parlamentar de Inquérito, ou o livre exercício das atribuições de qualquer dos seus membros:

Pena – a do art. 329 do Código Penal.

II – fazer afirmação falsa, ou negar ou calar a verdade como testemunha, perito, tradutor ou intérprete, perante a Comissão Parlamentar de Inquérito:

Pena – a do art. 342 do Código Penal.

Art. 5º. As Comissões Parlamentares de Inquérito apresentarão relatório de seus trabalhos à respectiva Câmara, concluindo por projeto de resolução.

§ 1º. Se forem diversos os fatos, objeto de inquérito, a comissão dirá, em separado, sobre cada um, podendo fazê-lo antes mesmo de finda a investigação dos demais.

§ 2º. A incumbência da Comissão Parlamentar de Inquérito termina com a sessão legislativa em que tiver sido outorgada, salvo deliberação da respectiva Câmara, prorrogando-a dentro da legislatura em curso.

Art. 6º. O processo e a instrução dos inquéritos obedecerão ao que prescreve esta Lei, no que lhes for aplicável, às normas do processo penal.

Art. 6º-A. A Comissão Parlamentar de Inquérito encaminhará relatório circunstanciado, com suas conclusões, para as devidas providências, entre outros órgãos, ao Ministério Público ou à Advocacia-Geral da União, com cópia da documentação, para que promovam a responsabilidade civil ou criminal por infrações apuradas e adotem outras medidas decorrentes de suas funções institucionais. (Incluído pela Lei nº 13.367, de 2016)

Art. 7º. Esta Lei entrará em vigor na data de sua publicação, revogadas as disposições em contrário.

Rio de Janeiro, 18 de março de 1952; 131º da Independência e 64º da República.

GETÚLIO VARGAS
D.O.U. de 21.3.1952

LEI Nº 2.889, DE 1º DE OUTUBRO DE 1956

Define e pune o crime de genocídio.

- *Genocídio*

O PRESIDENTE DA REPÚBLICA Faço saber que o Congresso Nacional decreta e eu sanciono a seguinte Lei:

- Decreto 4.388/2002 – Promulga o Estatuto de Roma do Tribunal Penal Internacional.
- Decreto 30.822/1952 – Promulga a Convenção para a Prevenção e a Repressão do Crime de Genocídio, concluída em Paris, a 11 de dezembro de 1948, por ocasião da III Sessão da Assembleia Geral das Nações Unidas.

Art. 1º. Quem, com a intenção de destruir, no todo ou em parte, grupo nacional, étnico, racial ou religioso, como tal:

- CF/88: art. 109, V-A.
- CP: art. 7º, I, d.
- Decreto 4.388/2002: art. 6º
- Lei 8.072/1990: art. 1º, par. único.

a) matar membros do grupo;

b) causar lesão grave à integridade física ou mental de membros do grupo;

c) submeter intencionalmente o grupo a condições de existência capazes de ocasionar-lhe a destruição física total ou parcial;

d) adotar medidas destinadas a impedir os nascimentos no seio do grupo;

e) efetuar a transferência forçada de crianças do grupo para outro grupo.

Será punido:

com as penas do art. 121, § 2º, do Código Penal, no caso da letra *a*;

com as penas do art. 129, § 2º, no caso da letra *b*;

com as penas do art. 270, no caso da letra *c*;

com as penas do art. 125, no caso da letra *d*;

com as penas do art. 148, no caso da letra *e*.

Art. 2º. Associarem-se mais de três pessoas para prática dos crimes mencionados no artigo anterior:

- CP: art. 288.
- Lei 12.850/2013 – Define organização criminosa e dispõe sobre a investigação criminal, os meios de obtenção da prova, infrações penais correlatas e o procedimento criminal.

Pena – metade da cominada aos crimes ali previstos.

Art. 3º. Incitar, direta e publicamente, alguém a cometer qualquer dos crimes de que trata o art. 1º:

- CP: art. 286.

Pena – metade das penas ali cominadas.

§ 1º. A pena pelo crime de incitação será a mesma de crime incitado, se este se consumar.

§ 2º. A pena será aumentada de 1/3 (um terço), quando a incitação for cometida pela imprensa.

Art. 4º. A pena será agravada de 1/3 (um terço), no caso dos arts. 1º, 2º e 3º, quando cometido o crime por governante ou funcionário público.

Art. 5º. Será punida com 2/3 (dois terços) das respectivas penas a tentativa dos crimes definidos nesta Lei.

- CP: art. 14, II.

Art. 6º. Os crimes de que trata esta Lei não serão considerados crimes políticos para efeitos de extradição.

- CF/88: art. 5º, LII.

Art. 7º. Revogam-se as disposições em contrário.

Rio de Janeiro, em 1º de outubro de 1956; 135º da Independência e 68º da República.

JUSCELINO KUBITSCHEK
D.O.U. de 2.10.1956

LEI Nº 4.117, DE 27 DE AGOSTO DE 1962

Institui o Código Brasileiro de Telecomunicações.

- *Código Brasileiro de Telecomunicações*

O PRESIDENTE DA REPÚBLICA

Faço saber que o CONGRESSO NACIONAL decreta e eu sanciono a seguinte Lei:

CAPÍTULO I
INTRODUÇÃO

Art. 1º Os serviços de telecomunicações em todo território do País, inclusive águas territoriais e espaço aéreo, assim como nos lugares em que princípios e convenções internacionais lhes reconheçam extraterritorialidade obedecerão aos preceitos da presente lei e aos regulamentos baixados para a sua execução.

Art. 2º Os atos internacionais de natureza normativa, qualquer que seja a denominação adotada serão considerados tratados ou convenções e só entrarão em vigor a partir de sua aprovação pelo Congresso Nacional.

Parágrafo único. O Poder Executivo enviará ao Congresso Nacional no prazo de 180 (cento e oitenta) dias, a contar da data da assinatura, os atos normativos sobre telecomunicações, anexando-lhes os respectivos regulamentos, devidamente traduzidos.

Art. 3º Os atos internacionais de natureza administrativa entrarão em vigor na data estabelecida em sua publicação depois de aprovados pelo Presidente da República (art. 29, a1). *(Artigo vetado pelo Presidente da República e mantido pelo Congresso Nacional, em 17/12/1962)*

CAPÍTULO II
DAS DEFINIÇÕES

Art. 4º Para os efeitos desta lei, constituem serviços de telecomunicações a transmissão, emissão ou recepção de símbolos, caracteres, sinais, escritos, imagens, sons ou informações de qualquer natureza, por fio, rádio, eletricidade, meios óticos ou qualquer outro processo eletromagnético.

Telegrafia é o processo de telecomunicação destinado à transmissão de escritos, pelo uso de um código de sinais.

Telefonia é o processo de telecomunicação destinado à transmissão da palavra falada ou de sons.

§ 1º Os termos não definidos nesta lei têm o significado estabelecido nos atos internacionais aprovados pelo Congresso Nacional.

§ 2º Os contratos de concessão, as autorizações e permissões serão interpretados e executados de acordo com as definições vigentes na época em que os mesmos tenham sido celebrados ou expedidos. *(Parágrafo vetado pelo Presidente da República e mantido pelo Congresso Nacional, em 17/12/1962)*

Art. 5º Quanto ao seu âmbito, os serviços de telecomunicações se classificam em:

a) serviço interior, estabelecido entre estações brasileiras, fixas ou móveis, dentro dos limites da jurisdição territorial da União;

b) serviço internacional, estabelecido entre estações brasileiras, fixas ou móveis, e estações estrangeiras ou estações brasileiras móveis que se achem fora dos limites da jurisdição territorial da União.

Art. 6º Quanto aos fins a que se destinam, as telecomunicações assim se classificam:

a) serviço público, destinado ao uso do público em geral;

b) serviço público restrito, facultado ao uso dos passageiros dos navios, aeronaves, veículos em movimento ou ao uso do público em localidade ainda não atendidas por serviço público de telecomunicação;

c) serviço limitado, executado por estações não abertas à correspondência pública e destinada ao uso de pessoas físicas ou jurídicas nacionais. Constituem serviço limitado entre outros:

1) o de segurança, regularidade, orientação e administração dos transportes em geral;

2) o de múltiplos destinos;

3) o serviço rural;

4) o serviço privado;

d) serviço de radiodifusão, destinado a ser recebido direta e livremente pelo público em geral, compreendendo radiodifusão sonora e televisão;

e) serviço de rádio-amador, destinado a treinamento próprio, intercomunicação e investigações técnicas levadas a efeito por amadores, devidamente autorizados, interessados na radiotécnica unicamente a título pessoal a que não visem a qualquer objetivo pecuniário ou comercial;

f) serviço especial, relativo a determinados serviços de interesse geral, não abertos à correspondência pública e não incluídos nas definições das alíneas anteriores entre os quais:

1) o de sinais horários;

2) o de freqüência padrão;

3) o de boletins meteorológicos;

4) o que se destine a fins científicos ou experimentais;

5) o de música funcional;

6) o de radiodeterminação.

Art. 7º Os meios, através dos quais se executam os serviços de telecomunicações constituirão troncos e redes contínuos, que formarão o Sistema Nacional de Telecomunicações.

§ 1º O Sistema Nacional de Telecomunicações será integrado por troncos e redes a eles ligados.

§ 2º Objetivando a estruturação e o emprego do Sistema Nacional de Telecomunicações, o Governo estabelecerá as normas técnicas e as condições de tráfego mútuo a serem compulsoriamente observadas pelos executores dos serviços segundo o que for especificado nos Regulamentos.

Art. 8º Constituem troncos do Sistema Nacional de Telecomunicações os circuitos portadores comuns, que interligam os centros principais de telecomunicações.

§1º Circuitos portadores comuns são aqueles que realizam o transporte integrado de diversas modalidades de telecomunicações.

§2º Centro principais de telecomunicações são aqueles nos quais se realiza a concentração e distribuição das diversas modalidades de telecomunicações destinadas ao transporte integrado.

§ 3º Entendem-se por urbanas as redes telefônicas situadas dentro dos limites de um município ou do Distrito Federal e por interurbanas as intermunicipais dentro dos limites de um Estado ou Território.

Art. 9º O Conselho Nacional de Telecomunicações ao planejar o Sistema Nacional de Telecomunicações, discriminará os troncos e os centro principais de telecomunicações.

§ 1º Na discriminação a que se refere, este artigo serão incluídas, na medida das possibilidades e conveniências entre os centros principais de telecomunicação, a Capital da República e as capitais de todos os Estados e Territórios.

§2º O Conselho Nacional de Telecomunicações estabelecerá as prioridades, segundo as quais se procederá à instalação dos troncos e redes do Sistema Nacional de Telecomunicações. *(Artigo vetado pelo Presidente da República e mantido pelo Congresso Nacional, em 17/12/1962).*

CAPÍTULO III
DA COMPETÊNCIA DA UNIÃO

Art. 10. Compete privativamente à União:

I – manter e explorar diretamente:

a) os serviços dos troncos que integram o Sistema Nacional de Telecomunicações, inclusive suas conexões internacionais; *(Expressão "dos troncos" vetada pelo Presidente da República e mantida pelo Congresso Nacional, em 17/12/1962)*

b) os serviços públicos de telégrafos, de telefones interestaduais e de radiocomunicações, ressalvadas as exceções constantes desta lei, inclusive quanto aos de radiodifusão e ao serviço internacional;

II – fiscalizar os serviços de telecomunicações por ela concedidos, autorizados ou permitidos.

Art. 11. Compete, também, a União: fiscalizar os serviços de telecomunicações concedidos, permitidos ou autorizados pelos Estados ou Municípios, em tudo que disser respeito a observância das normas gerais estabelecidas nesta lei e a integração desses serviços no Sistema Nacional de Telecomunicações.

Art. 12. As concessões feitas na faixa de 150 (cento e cinqüenta) quilômetros estabelecida na Lei nº 2.597, de 12 de setembro de 1955 obedecerão às normas fixadas na referida lei, observando-se iguais restrições relativamente aos serviços explorados pela União.

Art. 13. Dentro dos seus limites respectivos, os Estados e Municípios poderão organizar, regular e executar serviços de telefones, diretamente ou mediante concessão, obedecidas as normas gerais fixadas pelo Conselho Nacional de Telecomunicações.

CAPÍTULO IV
DO CONSELHO NACIONAL DE TELECOMUNICAÇÕES

Art. 14. É criado o Conselho Nacional de Telecomunicações (C.O.N.T.E.L.), com a organização e competência, definidas nesta lei, diretamente subordinado ao Presidente da República. *(Expressões "e competência" e "diretamente subordinado ao Presidente da República" vetadas pelo Presidente da República e mantidas pelo Congresso Nacional, em 17/12/1962).*

Art. 15. O Conselho Nacional de Telecomunicações terá um Presidente de livre nomeação do Presidente da República e será constituído:

a) do Diretor do Departamento dos Correios e Telégrafos em exercício no referido cargo, o qual pode ser representado por pessoa escolhida entre os membros de seu Gabinete ou Diretores de sua repartição; *(Expressão "pessoa escolhida entre os membros de seu Gabinete ou" vetada pelo Presidente da República e mantida pelo Congresso Nacional, em 17/12/1962)*

b) de 3 (três) membros indicados, respectivamente, pelos Ministros da Guerra, Marinha e Aeronáutica;

c) de 1 (um) membro indicado pelo Chefe do Estado Maior das Forças Armadas;

d) de 4 (quatro) membros indicados, respectivamente pelos Ministros da Justiça e Negócios Interiores, da Educação e Cultura, das Relações Exteriores e da Indústria e Comércio;

e) de 3 (três) representantes dos 3 (três) maiores partidos políticos, segundo a respectiva representação na Câmara dos Deputados no início da legislatura, indicados pela direção nacional de cada agremiação. *(Alínea vetada pelo Presidente da República e mantida pelo Congresso Nacional, em 17/12/1962)*

f) do diretor da empresa pública que terá a seu cargo a exploração dos troncos do Sistema Nacional de Telecomunicações e serviços correlatos, o qual pode ser representado por pessoa escolhida entre os membros de seu Gabinete ou Diretores da empresa; *(Expressões "dos troncos" e "pessoa escolhida entre os membros de seu Gabinete ou" vetadas pelo Presidente da República e mantidas pelo Congresso Nacional, em 17/12/1962)*

g) do Diretor Geral do Departamento Nacional de Telecomunicações, sem direito a voto. *(Alínea vetada pelo Presidente da República e mantida pelo Congresso Nacional, em 17/12/1962)*

§ 1º Se os três partidos a que se refere a alínea "e" estiveram todos apoiando o Governo, o partido de menor representação será substituído pelo maior partido de oposição, com representação na Câmara dos Deputados. *(Parágrafo vetado pelo Presidente da República e mantido pelo Congresso Nacional, em 17/12/1962)*

§ 2º Os representantes dos partidos políticos de que trata este artigo serão indicados até 30 (trinta) dias após o início de cada legislatura. *(Parágrafo vetado pelo Presidente da República e mantido pelo Congresso Nacional, em 17/12/1962)*

Art. 16. O mandato dos membros do Conselho mencionado nas alíneas b, c, d, e e terá a duração de 4 (quatro) anos. *(Expressão "e e" vetada pelo Presidente da República e mantida pelo Congresso Nacional, em 17/12/1962)*

Parágrafo único. Será de dois anos apenas o primeiro mandato dos membros indicados nas alíneas "b" e "e" observado o disposto no § 2º do artigo anterior. *(Parágrafo único vetado pelo Presidente da República e mantido pelo Congresso Nacional, em 17/12/1962)*

Art. 17. Em caso de vaga, o membro que for nomeado em substituição exercerá o mandato até o fim do período que caberia ao substituído.

Parágrafo único. É vedada a substituição dos membros do Conselho no decurso do mandato, salvo por justa causa verificada mediante inquérito administrativo, sob pena de nulidade das decisões tomadas com o voto do substituto.

Art. 18. O membro do Conselho que faltar, sem motivo justo, a 3 (três) reuniões consecutivas perderá automaticamente o cargo.

§ 1º O Regimento Interno do Conselho disporá sobre a justificação das faltas.

§ 2º Serão nulas as deliberações de que participar, com voto decisivo, membro que tenha incorrido nas sanções deste artigo, incidindo o presidente, que houver admitido esse voto, em perda imediata de seu cargo.

Art. 19. O presidente será substituído, em seus impedimentos, pelo vice presidente eleito pelo Conselho dentre seus membros.

Parágrafo único. O presidente tem voto de qualidade nas deliberações do Conselho.

Art. 20. Os membros do Conselho ao se empossarem, devem fazer prova de quitação do imposto sobre a renda, declaração de bens e rendas próprias, de suas esposas e dependentes, renovando-as em 30 de julho de cada ano.

§ 1º Os documentos constantes, dessas declarações serão lacrados e arquivados.

§ 2º O exame desses documentos só será admitido por determinação do Presidente da República ou do Poder Judiciário.

Art. 21. *(Artigo revogado pela Lei nº 5.535, de 20/11/1968)*

Art. 22. *(Artigo revogado pela Lei nº 5.535, de 20/11/1968)*

Art. 23. Nenhum membro do Conselho ou servidor, que no mesmo tenha exercício poderá fazer parte de qualquer empresa, companhia, sociedade ou firma, que tenha por objetivo comercial a telecomunicação, como diretor, técnico, consultor, advogado, perito, acionista, cotista, debenturista, sócio ou assalariado, nem tão pouco ter qualquer interesse direito ou indireto na manufatura ou venda de matéria aplicável a telecomunicação. *(Expressão "como diretor, técnico, consultor, advogado, perito, acionista, cotista, debenturista, sócio ou assalariado, nem tão pouco ter qualquer interesse direito ou indireto na manufatura ou venda de matéria aplicável a telecomunicação" vetada pelo Presidente da República e mantida pelo Congresso Nacional, em 17/12/1962)*

§ 1º A infração deste artigo – devidamente comprovada, acarretará a perda imediata do mandato no Conselho.

§ 2º Caberá ao Conselho tomar conhecimento das denúncias feitas nesse sentido e, quando por dois terços de seus votos, entender comprovadas as acusações, encaminhar ao Presidente da República o pedido de nomeação do substitutivo.

Art. 24. Das deliberações do Conselho caberá pedido de reconsideração para o mesmo e, em instância superior, recurso para o Ministro das Comunicações, salvo das deliberações tomadas sob a sua presidência, quando será dirigido diretamente ao Presidente da República.

§ 1º As decisões serão tomadas por maioria absoluta de votos dos representantes que compõem o Conselho, considerando-se unânimes tão somente as que contarem com a totalidade destes.

§ 2º O pedido de reconsideração ou o recurso de que trata este artigo deve ser apresentado no prazo de trinta (30) dias contados da notificação feita ao interessado por telegrama, ou carta registrada um e outro com aviso de recebimento, ou da publicação dessa notificação feita no Diário Oficial da União.

§ 3º O recurso terá efeito suspensivo. *(Artigo com redação dada pela Lei nº 5.535, de 20/11/1968)*

Art. 25. O Departamento Nacional de Telecomunicações é a secretaria executiva do Conselho e terá a, seguinte organização administrativa:

I- Divisão de Engenharia
II- Divisão Jurídica
III- Divisão Administrativa
IV- Divisão de Estatística
V- Divisão de Fiscalização
VI- Delegacias Regionais. *(Artigo vetado pelo Presidente da República e mantido pelo Congresso Nacional, em 17/12/1962)*

Art. 26. O território nacional fica dividido em oito Distritos, a cada um dos quais corresponderá uma Delegacia Regional, com sede, respectivamente em:

Brasília (DF)
Belém (PA)
Recife (PE)
Salvador (BA)
Rio de Janeiro (GB)
São Paulo (SP)
Porto Alegre (RS)
Campo Grande (MT)

Parágrafo único. Cada Distrito terá a jurisdição delimitada pelo Conselho. *(Artigo vetado pelo Presidente da República e mantido pelo Congresso Nacional, em 17/12/1962)*

Art. 27. São criados, no Conselho, os cargos de provimento em comissão constantes da tabela anexa. *(Artigo vetado pelo Presidente da República e mantido pelo Congresso Nacional, em 17/12/1962)*

Art. 28. Os membros do Conselho, o seu presidente, o diretor geral os diretores de divisão e os delegados regionais serão cidadãos brasileiros de reputação ilibada e notórios conhecimentos de assuntos ligados aos diversos ramos de telecomunicações. *(Expressão "o diretor geral os diretores de divisão e os delegados regionais" vetada pelo Presidente da República e mantida pelo Congresso Nacional, em 17/12/1962)*

Art. 29. Compete ao Conselho Nacional de Telecomunicações:

a) elaborar o seu Regimento Interno;

b) organizar, na forma da lei os serviços de sua administração;

c) elaborar o plano nacional de telecomunicações e proceder à sua revisão, pelo menos, de cinco em cinco anos, para a devida apropriação pelo Congresso Nacional; *(Expressão "para a devida apropriação pelo Congresso Nacional;" vetada pelo Presidente da República e mantida pelo Congresso Nacional, em 17/12/1962)*

d) adotar medidas que assegurem a continuidade dos serviços de telecomunicações quando as concessões, autorizações ou permissões não forem renovadas ou tenham sido cassadas, e houver interesse público na continuação desses serviços;

e) promover, orientar e coordenar o desenvolvimento das telecomunicações, bem como a constituição, organização, articulação e expansão dos serviços públicos de telecomunicações; *(Expressões "promover" e "bem como a constituição, organização, articulação e expansão dos serviços públicos de telecomunicações;" vetadas pelo Presidente da República e mantidas pelo Congresso Nacional, em 17/12/1962)*

f) estabelecer as prioridades previstas no art. 9º, § 2º, desta lei.; *(Alínea vetada pelo Presidente da República e mantida pelo Congresso Nacional, em 17/12/1962)*

g) propor ou promover as medidas adequadas à execução da presente lei;

h) fiscalizar o cumprimento das obrigações decorrentes das concessões, autorizações e permissões de serviços de telecomunicações e aplicar as sanções que estiverem na sua alçada;

i) rever os contratos de concessão ou atos de autorização ou permissão, por efeito da aprovação pelo Congresso, de atos internacionais;

j) fiscalizar as concessões, autorizações e permissões em vigor; opinar sobre a respectiva renovação e propor a declaração de caducidade e perempção;

l) estudar os temas a serem debatidos pelas delegações brasileiras, nas conferências e reuniões internacionais de telecomunicações, sugerindo e propondo diretrizes;

m) estabelecer normas para a padronização da escrita e contabilidade das empresas que explorem serviços de telecomunicação;

n) promover e superintender o tombamento dos bens e a perícia contábil das empresas concessionárias ou permissionárias de serviços de telecomunicação, e das empresas subsidiárias associadas ou dependentes delas, ou a elas vinculadas, inclusive das que sejam controladas por acionistas estrangeiros ou tenham como acionistas pessoas jurídicas com sede no estrangeiro, com o objetivo de determinação do investimento efetivamente realizado e do conhecimento de todos os elementos, que concorram para a emposição do custo do serviço, requisitando para esse fim os funcionários federais que possam contribuir para a apuração desses dados;

o) estabelecer normas técnicas dentro das leis e regulamentos em vigor, visando à eficiência e integração dos serviços no sistema nacional de telecomunicações;

p) propor ao Presidente da República o valor das taxas a serem pagas pela execução dos serviços concedidos, autorizados ou permitidos, e destinadas ao custeio do serviço de fiscalização;

q) cooperar para o desenvolvimento do ensino técnico profissional dos ramos pertinentes à telecomunicação;

r) promover e estimular o desenvolvimento de indústria de equipamentos de telecomunicações dando preferência àqueles cujo capital, na sua maioria, pertençam a acionistas brasileiros;

s) estabelecer ou aprovar normas técnicas e especificações a serem observadas na planificação da produção industrial e na fabricação de peças, aparelhos e equipamentos utilizados nos serviços de telecomunicações;

t) sugerir normas para censura nos serviços de telecomunicações, em caso de declaração de estado de sítio;

u) fiscalizar a execução dos convênios firmados pelo Governo brasileiro com outros países;

v) encaminhar à autoridade superior os recursos regularmente interpostos de seus atos, decisões ou resoluções;

x) outorgar ou renovar quaisquer permissões e autorizações de serviço de radiodifusão de caráter local (art. 33 § 5º) e opinar sobre a outorga ou renovação de concessões e autorizações (art. 34 §§ 1º e 3º);

z) estabelecer normas, fixar critérios e taxas para redistribuição de tarifa nos casos de tráfego mútuo entre as empresas de telecomunicações de todo o País;

aa) expedir certificados de licença para o funcionamento das estações de radiocomunicação e radiodifusão uma vez verificado, em vistoria, o atendimento às condições técnicas exigidas;

ab) estabelecer as quantificações necessárias ao desempenho de funções técnicas e operacionais pertinentes às telecomunicações, expedindo os certificados correspondentes;

ac) solicitar a prestação de serviços de quaisquer repartições ou autarquias federais;

ad) aplicar as penas de multa e suspensão à estação de radiodifusão que transmitir ou utilizar, total ou parcialmente, as emissões de estações congêneres sem prévia autorização;

ae) fiscalizar, durante as retransmissões de radiodifusão, a declaração de prefixo ou indicativo e a localização da estação emissora e da estação de origem;

af) fiscalizar o cumprimento, por parte das emissoras de radiodifusão, das finalidades e obrigações de programação, definidas no art. 38;

ag) estabelecer ou aprovar normas técnicas e especificações para a fabricação e uso de quaisquer instalações ou equipamentos elétricos que possam vir a causar interferências prejudiciais aos serviços de telecomunicações, incluindo-se nessa disposição as linhas de transmissão de energia e as estações e subestações transformadoras;

ah) propor ao Presidente do Conselho a imposição das penas da competência do Conselho;

ai) opinar sobre a aplicação da pena de cassação ou de suspensão, quando fundada em motivos de ordem técnica;

aj) propor, em parecer fundamentado, a declaração da caducidade ou perempção, da concessão, autorização ou permissão;

al) opinar sobre os atos internacionais de natureza administrativa, antes de sua aprovação pelo Presidente da República (artigo 3º); *(Expressão "de natureza administrativa, antes de sua aprovação pelo Presidente da República (artigo 3º)" vetada pelo Presidente da República e mantida pelo Congresso Nacional, em 17/12/1962)*

am) aprovar as especificações das redes telefônicas de exploração ou concessão estadual ou municipal.

CAPÍTULO V
DOS SERVIÇOS DE TELECOMUNICAÇÕES

Art. 30. Os serviços de telégrafos, radiocomunicações e telefones interestaduais estão sob a jurisdição da União, que explorará diretamente os troncos integrantes do Sistema Nacional de Telecomunicações, e poderá explorar diretamente ou através de concessão, autorização ou permissão, as linhas e canais subsidiários.

§ 1º Os troncos que constituem o Sistema Nacional de Telecomunicações serão explorados pela União através de empresa pública, com os direitos privilegiados e prerrogativas do Departamento dos Correios e Telégrafos, a qual avocará todos os serviços processados pelos referidos troncos, à medida que expirarem as concessões ou autorizações vigentes ou que se tornar conveniente a revogação das autorizações sem prazo determinado.

§ 2º Os serviços telefônicos explorados pelo Estado ou Município, diretamente ou através de concessão ou autorização, a partir do momento em que se ligarem direta ou indiretamente a serviços e congêneres existentes em outra unidade federativa, ficarão sob fiscalização do Conselho Nacional de Telecomunicações, que terá poderes para determinar as condições de tráfego mútuo, a redistribuição das taxas daí resultante, e as normas e especificações a serem obedecidas na operação e instalação desses serviços, inclusive para fixação das tarifas.

Art. 31. Os serviços internacionais de telecomunicações serão explorados pela União diretamente ou através de concessão outorgada, sem caráter exclusivo para instalação e operação de estações em pontos determinados do território nacional, com o fim único de estabelecer serviço público internacional.

Parágrafo único. As estações dos concessionários serão ligadas ao Serviço Nacional de Telecomunicações através do qual será encaminhado e recebido o tráfego telegráfico e telefônico para os locais não compreendidos na concessão.

Art. 32. Os serviços de radiodifusão, nos quais se compreendem os de televisão, serão executados diretamente pela União ou através de concessão, autorização ou permissão.

Art. 33. Os serviços de telecomunicações, não executados diretamente pela União, poderão ser explorados por concessão, autorização ou permissão, observadas as disposições desta Lei. *("Caput" do artigo com redação dada pela Lei nº 13.424, de 28/3/2017)*

§ 1º Na atribuição de freqüência para a execução dos serviços de telecomunicações serão levadas em consideração:

a) o emprego ordenado e econômico do spectrum eletromagnético;

b) as consignações de freqüências anteriormente feitas, objetivando, evitar interferência prejudicial.

§ 2º Considera-se interferência qualquer emissão, irradiação ou indução que obstrua, total ou parcialmente, ou interrompa repetidamente serviços radioelétricos;

§ 3º Os prazos de concessão, permissão e autorização serão de dez anos para o serviço de radiodifusão sonora e de quinze anos para o de televisão, podendo ser renovados por períodos sucessivos e iguais. *(Parágrafo com redação dada pela Lei nº 13.424, de 28/3/2017)*

§ 4º *(Revogado pela Lei nº 13.424, de 28/3/2017)*

§ 5º *(Revogado pela Lei nº 13.424, de 28/3/2017)*

§ 6º *(Revogado pela Lei nº 13.424, de 28/3/2017)*

Art. 34. As novas concessões ou permissões para o serviço de radiodifusão serão precedidas de edital, publicado com sessenta dias de antecedência pelo órgão competente do Poder Executivo, convidando as entidades interessadas a apresentar suas propostas em prazo determinado. *("Caput" do artigo com redação dada pela Lei nº 13.424, de 28/3/2017)*

a) *(Revogada pela Lei nº 13.424, de 28/3/2017)*

b) *(Revogada pela Lei nº 13.424, de 28/3/2017)*

c) *(Revogada pela Lei nº 13.424, de 28/3/2017)*

§ 1º A outorga da concessão ou permissão é prerrogativa do Presidente da República, depois de ouvido o órgão competente do Poder Executivo sobre as propostas e requisitos exigidos pelo edital e de publicado o respectivo parecer. *(Parágrafo com redação dada pela Lei nº 13.424, de 28/3/2017)*

§ 2º Terão preferência para a concessão as pessoas jurídicas de direito público interno, inclusive universidades.

§ 3º As disposições do presente artigo regulam as novas autorizações de serviços de caráter local no que lhes forem aplicáveis.

Art. 35. As concessões e autorizações não têm caráter de exclusividade, e se restringem, quando envolvem a utilização de radiofreqüência ao respectivo uso sem limitação do direito, que assiste à União, de executar, diretamente, serviço idêntico.

Art. 36. O funcionamento das estações de telecomunicações fica subordinado a prévia licença, de que constarão as respectivas características, e que só será expedida depois de verificada a observância de todas as exigências legais.

§ 1º A vistoria, para as estações de radiodifusão, após o atendimento das condições legais a que se refere este artigo e do registro do contrato de concessão pelo Tribunal de Contas, deverá ser procedida dentro de 30 (trinta) dias após a data da entrada do pedido de vistoria, e, aprovada esta, o fornecimento da licença para funcionamento não poderá ser retardado por mais de 30 (trinta) dias.

§ 2º O disposto neste artigo não se aplica às redes por fio do Departamento dos Correios e Telégrafos e das estradas de ferro, cumprindo-lhes, todavia, comunicar ao Conselho Nacional de Telecomunicações a data da inauguração e as características da estação, para inscrição no cadastro e ulterior verificação.

§ 3º Expirado o prazo da concessão ou autorização, perde, automaticamente, a sua validade a licença para o funcionamento da estação.

§ 4º A estação transmissora de emissora de radiodifusão deve ser instalada em local que assegure o atendimento aos requisitos mínimos de cobertura do Município objeto da outorga, conforme critérios estabelecidos nas normas técnicas dos serviços correspondentes, permitida a instalação em outro Município, mediante avaliação de estudo que indique a necessidade técnica ou econômica da instalação no local proposto e o atendimento dos critérios de cobertura do Município objeto da outorga, na forma da regulamentação. (Acrescido pela Lei 14.173/2021)

Art. 37. Os serviços de telecomunicações podem ser desapropriados, ou requisitados nos termos do artigo 141, § 16 da Constituição, e das leis vigentes.

Parágrafo único. No cálculo da indenização serão deduzidos os favores cambiais e fiscais concedidos pela União e pelos Estados. *(Artigo vetado pelo Presidente da República e mantido pelo Congresso Nacional, em 17/12/1962)*

Art. 38. Nas concessões, permissões ou autorizações para explorar serviços de radiodifusão, serão observados, além de outros requisitos, os seguintes preceitos e cláusulas: *("Caput" do artigo com redação dada pela Lei nº 10.610, de 23/12/2002)*

a) pelo menos 70% (setenta por cento) do capital total e do capital votante deverá pertencer, direta ou indiretamente, a brasileiros natos ou naturalizados há mais de dez anos, que exercerão obrigatoriamente a gestão das atividades e estabelecerão o conteúdo da programação; *(Alínea com redação dada pela Lei nº 13.424, de 28/3/2017)*

b) as alterações contratuais ou estatutárias deverão ser encaminhadas ao órgão competente do Poder Executivo, no prazo de sessenta dias a contar da realização do ato, acompanhadas de todos os documentos que comprovam atendimento à legislação em vigor, nos termos regulamentares; *(Alínea com redação dada pela Lei nº 13.424, de 28/3/2017)*

c) a transferência da concessão ou permissão de uma pessoa jurídica para outra depende, para sua validade, de prévia anuência do órgão competente do Poder Executivo; *(Alínea com redação dada pela Lei nº 13.424, de 28/3/2017)*

d) os serviços de informação, divertimento, propaganda e publicidade das empresas de radiodifusão estão subordinadas às finalidades educativas e culturais inerentes à radiodifusão, visando aos superiores interesses do País; *(Alínea com redação dada pela Lei nº 10.610, de 23/12/2002)*

e) as emissoras de radiodifusão sonora são obrigadas a retransmitir, diariamente, no horário compreendido entre as dezenove horas e as vinte e duas horas, exceto aos sábados, domingos e feriados, o programa oficial de informações dos Poderes da República, ficando reservados sessenta minutos ininterruptos, assim distribuídos: vinte e cinco minutos para o Poder Executivo, cinco minutos para o Poder Judiciário, dez minutos para o Senado Federal e vinte minutos para a Câmara dos Deputados; *(Alínea com redação dada pela Lei nº 13.644, de 4/4/2018)*

f) as empresas, não só através da seleção de seu pessoal, mas também das normas de trabalho observadas nas estações emissoras devem criar as condições mais eficazes para que se evite a prática de qualquer das infrações previstas na presente lei; *(Alínea com redação dada pela Lei nº 10.610, de 23/12/2002)*

g) a mesma pessoa não poderá participar da administração ou da gerência de mais de uma concessionária, permissionária ou autorizada do mesmo tipo de serviço de radiodifusão, na mesma localidade. *(Alínea com redação dada pela Lei nº 10.610, de 23/12/2002)*

h) as emissoras de radiodifusão, inclusive televisão, deverão cumprir sua finalidade informativa, destinando um mínimo de 5% (cinco por cento) de seu tempo para transmissão de serviço noticioso. *(Alínea com redação dada pela Lei nº 10.610, de 23/12/2002)*

i) as concessionárias e permissionárias de serviços de radiodifusão deverão apresentar, até o último dia útil de cada ano, ao órgão do Poder Executivo e aos órgãos de registro comercial ou de registro civil de pessoas jurídicas, declaração com a composição de seu capital social, incluindo a nomeação dos brasileiros natos ou naturalizados há mais de dez anos titulares, direta ou indiretamente, de pelo menos setenta por cento do capital total e do capital votante; *(Alínea acrescida pela Lei nº 10.610, de 23/12/2002)*

j) declaração de que nenhum dos dirigentes e sócios da entidade se encontra condenado em decisão transitada em julgado ou proferida por órgão judicial colegiado nos ilícitos previstos nas alíneas *b, c, d, e, f, g, h, i, j, k, l, m, n, o, p* e *q* do inciso I do art. 1º da Lei Complementar nº 64, de 18 de maio de 1990. *(Alínea acrescida pela Lei nº 13.424, de 28/3/2017)*

§ 1º Não poderá exercer a função de diretor ou gerente de concessionária, permissionária ou autorizada de serviço de radiodifusão quem esteja no gozo de imunidade parlamentar ou de foro especial. *(Parágrafo único com redação dada pela Lei nº 10.610, de 23/12/2002, transformado em § 1º em virtude do acréscimo do § 2º pela Lei nº 12.872, de 24/10/2013)*

§ 2º *(Parágrafo acrescido pela Lei nº 12.872, de 24/10/2013, e revogado pela Lei nº 13.424, de 28/3/2017)*

§ 3º A falsidade das informações prestadas nos termos da alínea *j* deste artigo sujeitará os responsáveis às sanções penais, civis e administrativas cabíveis. *(Parágrafo acrescido pela Lei nº 13.424, de 28/3/2017)*

§ 4º O programa de que trata a alínea e do *caput* deste artigo deverá ser retransmitido sem cortes, com início:

I – às dezenove horas, horário oficial de Brasília, pelas emissoras educativas;

II – entre as dezenove horas e as vinte e duas horas, horário oficial de Brasília, pelas emissoras educativas vinculadas aos Poderes Legislativos federal, estadual ou municipal, nos dias em que houver sessão deliberativa no plenário da respectiva Casa Legislativa. *(Parágrafo acrescido pela Lei nº 13.644, de 4/4/2018)*

§ 5º Os casos excepcionais de flexibilização ou dispensa de retransmissão do programa serão regulamentados pelo Poder Executivo. *(Parágrafo acrescido pela Lei nº 13.644, de 4/4/2018)*

§ 6º As emissoras de radiodifusão sonora são obrigadas a veicular, diariamente, às dezenove horas, exceto aos sábados, domingos e feriados, inserção informativa sobre horário de retransmissão do programa de que trata a alínea e do *caput* deste artigo. *(Parágrafo acrescido pela Lei nº 13.644, de 4/4/2018)*

Art. 39. As estações de radiodifusão, nos 90 (noventa) dias anteriores às eleições gerais do País ou da circunscrição eleitoral, onde tiverem sede reservarão diariamente 2 (duas) horas à propaganda partidária gratuita, sendo uma delas durante o dia e outra entre 20 (vinte) e 23 (vinte e três) horas e destinadas, sob critério de rigorosa rotatividade, aos diferentes partidos e com proporcionalidade no tempo de acordo com as respectivas legendas no Congresso Nacional e Assembléias Legislativas.

§ 1º Para efeito deste artigo a distribuição dos horários a serem utilizados pelos diversos partidos será fixada pela Justiça Eleitoral, ouvidos os representantes das direções partidárias.

§ 2º Requerida aliança de partidos, a rotatividade prevista no parágrafo anterior será alternada entre os partidos requerentes de alianças diversas.

§ 3º O horário não utilizado por qualquer partido será redistribuído pelos demais, não sendo permitida cessão ou transferência.

§ 4º Caberá à Justiça Eleitoral disciplinar as divergências oriundas da aplicação deste artigo.

Art. 40. As estações de rádio ficam obrigadas, a divulgar, 60 (sessenta) dias antes das eleições mencionadas no artigo anterior, os comunicados da Justiça Eleitoral até o máximo de tempo de 30 (trinta) minutos.

Art. 41. As estações de rádio e de televisão não poderão cobrar, na publicidade política, preços superiores aos em vigor, nos 6 (seis) meses anteriores, para a publicidade comum.

Art. 42. É o Poder Executivo autorizado a constituir uma entidade autônoma, sob a forma de empresa pública, de cujo capital participem exclusivamente pessoas jurídicas de direito público interno, bancos e empresas governamentais, com o fim de explorar industrialmente serviços de telecomunicações postos, nos termos da presente lei, sob o regime de exploração direta da União.

§ 1º A entidade a que se refere este artigo ampliará progressivamente seus encargos, de acordo com as diretrizes elaboradas pelo Conselho Nacional de Telecomunicações, mediante:

a) transferência, por decreto do Poder Executivo, de serviços hoje executados pelo Departamento dos Correios e Telégrafos;

b) incorporação de serviços hoje explorados mediante concessão ou autorização, à medida que estas sejam extintas;

c) desapropriação de serviços existentes, na forma da legislação vigente. *(Alínea vetada pelo Presidente da República e mantida pelo Congresso Nacional, em 17/12/1962)*

§ 2º O Presidente da República nomeará uma comissão para organizar a nova entidade e a ela incorporar os bens móveis e imóveis pertencentes à União, atualmente sob a administração do Departamento dos Correios e Telégrafos aplicados nos serviços transferidos.

§ 3º A entidade poderá contratar pessoal de acordo com a legislação trabalhista, recrutado dentro ou fora do país, para exercer as funções de natureza técnico-especializada, relativas à instalação e uso de equipamentos especiais.

§ 4º A entidade poderá requisitar do Departamento dos Correios e Telégrafos o pessoal de que necessite para o seu funcionamento, correndo o pagamento respectivo à conta de seus recursos próprios. *(Parágrafo vetado pelo Presidente da República e mantido pelo Congresso Nacional, em 17/12/1962)*

§ 5º Os recursos da nova entidade serão constituídos:

a) das tarifas cobradas pela prestação de seus serviços;

b) dos recursos do Fundo Nacional de Telecomunicações criado no art. 51 desta lei, cuja aplicação obedecerá ao Plano Nacional de Telecomunicações elaborado pelo Conselho Nacional de Telecomunicações e aprovado por decreto do Presidente da República;

c) das dotações consignadas no Orçamento Geral da União;

d) do produto de operações de crédito, juros de depósitos bancários, rendas de bens patrimoniais, venda de materiais inservíveis ou de bens patrimoniais.

§ 6º A arrecadação das taxas de outras fontes de receita será efetuada diretamente pela entidade ou mediante convênios e acordos com órgãos do Poder Público.

Art. 43. As tarifas devidas pela utilização dos serviços de telecomunicações prestados pela entidade serão fixados pelo Conselho Nacional de Telecomunicações de forma a remunerar os custos totais dos serviços, as amortizações do capital investido e a formação dos fundos necessários à conservação, reposição, modernização dos equipamentos e ampliações dos serviços.

Art. 44. É vedada a concessão ou autorização do serviço de radiodifusão a sociedades por ações ao portador ou a empresas que não sejam constituídas exclusivamente dos brasileiros a que se referem as alíneas I e II do art. 129 da Constituição Federal.

Art. 45. A cada modalidade de telecomunicação corresponderá uma concessão, autorização ou permissão distinta que será considerada isoladamente para efeito da fiscalização e das contribuições previstas nesta lei.

Art. 46. Os Estados e Territórios Federais poderão obter permissão para o serviço telegráfico interior limitado sob sua direta administração e responsabilidade, dentro dos respectivos limites e destinado exclusivamente a comunicações oficiais.

Art. 47. Nenhuma estação de radiodifusão, de propriedade da União, dos Estados, Territórios ou Municípios ou nas quais possuam essas pessoas de direito público maioria de cotas ou ações, poderá ser utilizada para fazer propaganda política ou difundir opiniões favoráveis ou contrárias a qualquer partido político, seus órgãos, representantes ou candidatos, ressalvado o disposto na legislação eleitoral.

Art. 48. Nenhuma estação de radiodifusão poderá transmitir ou utilizar, total ou parcialmente, as emissões de estações congêneres, nacionais ou estrangeiras, sem estar por estas previamente autorizada. Durante a irradiação, a estação dará a conhecer que se trata de retransmissão ou aproveitamento de transmissão alheia, declarando, além do próprio indicativo e localização, os da estação de origem.

Art. 49. A qualquer particular pode ser dada, pelo Conselho Nacional de Telecomunicações permissão para executar serviço limitado, para uso privado entre duas localidades ou em uma mesma cidade, de telex, fac-símile ou processo semelhante.

Parágrafo único. Só será permitido o telex internacional desde que os serviços para o Brasil sejam executados através da Rede Nacional de Telecomunicações e assegurado o recolhimento, pelo permissionário, das taxas terminais brasileiras e das de execução do trabalho pela União. *(Artigo vetado pelo Presidente da República e mantido pelo Congresso Nacional, em 17/12/1962)*

Art. 50. As concessões e autorizações para a execução de serviços de telecomunicações poderão ser revistas sempre que se fizer necessária a sua adaptação a cláusulas de atos internacionais aprovados pelo Congresso Nacional ou a leis supervenientes de atos, observado o disposto no art. 141, § 3º da Constituição Federal.

CAPÍTULO VI
DO FUNDO NACIONAL DE TELECOMUNICAÇÕES

Art. 51. *(Revogado pelo Decreto-Lei nº 2.186, de 20/12/1984)*

CAPÍTULO VII
DAS INFRAÇÕES E PENALIDADES

Art. 52. A liberdade de radiodifusão não exclui a punição dos que praticarem abusos no seu exercício.

Art. 53. Constitui abuso, no exercício de liberdade da radiodifusão, o emprego desse meio de comunicação para a prática de crime ou contravenção previstos na legislação em vigor no país, inclusive:

a) incitar a desobediência às leis ou decisões judiciárias;

b) divulgar segredos de Estado ou assuntos que prejudiquem a defesa nacional;

c) ultrajar a honra nacional;

d) fazer propaganda de guerra ou de processos de subversão da ordem política e social;

e) promover campanha discriminatória de classe, cor, raça ou religião;

f) insuflar a rebeldia ou a indisciplina nas forças armadas ou nas organizações de segurança pública;

g) comprometer as relações internacionais do País;

h) ofender a moral familiar pública, ou os bons costumes;

i) caluniar, injuriar ou difamar os Poderes Legislativos, Executivo ou Judiciário ou os respectivos membros;

j) veicular notícias falsas, com perigo para ordem pública, econômica e social;

l) colaborar na prática de rebeldia, desordens ou manifestações proibidas. *(Artigo com redação dada pelo Decreto-Lei nº 236, de 28/2/1967)*

Art. 54. São livres as críticas e os conceitos desfavoráveis, ainda que veementes, bem como a narrativa de fatos verdadeiros, guardadas as restrições estabelecidas em lei, inclusive de atos de qualquer dos poderes do Estado. *(Artigo vetado pelo Presidente da República e mantido pelo Congresso Nacional, em 17/12/1962)*

Art. 55. É inviolável a telecomunicação nos termos desta lei. *(Artigo vetado pelo Presidente da República e mantido pelo Congresso Nacional, em 17/12/1962)*

Art. 56. Pratica crime de violação de telecomunicação quem, transgredindo lei ou regulamento, exiba autógrafo ou qualquer documento do arquivo, divulgue ou comunique, informe ou capte, transmita a outrem ou utilize o conteúdo, resumo, significado, interpretação, indicação ou efeito de qualquer comunicação dirigida a terceiro.

§ 1º Pratica, também, crime de violação de telecomunicações quem ilegalmente receber, divulgar ou utilizar, telecomunicação interceptada.

§ 2º Somente os serviços fiscais das estações e postos oficiais poderão interceptar telecomunicação.

Art. 57. Não constitui violação de telecomunicação:

I – A recepção de telecomunicação dirigida por quem diretamente ou como cooperação esteja legalmente autorizado;

II – O conhecimento dado:

a) ao destinatário da telecomunicação ou a seu representante legal;

b) aos intervenientes necessários ao curso da telecomunicação;

c) ao comandante ou chefe, sob cujas ordens imediatas estiver servindo;

d) aos fiscais do Governo junto aos concessionários ou permissionários;

e) ao juiz competente, mediante requisição ou intimação deste.

Parágrafo único. Não estão compreendidas nas proibições contidas nesta lei as radiocomunicações destinadas a ser livremente recebidas, as de amadores, as relativas a navios e aeronaves em perigo, ou as transmitidas nos casos de calamidade pública.

Art. 58. Nos crimes de violação da telecomunicação, a que se referem esta Lei e o artigo 151 do Código Penal, caberão, ainda as seguintes penas:

I – Para as concessionárias ou permissionárias as previstas nos artigos 62 e 63, se culpados por ação ou omissão e independentemente da ação criminal.

II – Para as pessoas físicas:

a) 1 (um) a 2 (dois) anos de detenção ou perda de cargo ou emprego, apurada a responsabilidade em processo regular, iniciado com o afastamento imediato do acusado até decisão final;

b) para autoridade responsável por violação da telecomunicação, as penas previstas na legislação em vigor serão aplicadas em dobro;

c) serão suspensos ou cassados, na proporção da gravidade da infração, os certificados dos operadores profissionais e dos amadores responsáveis pelo crime de violação da telecomunicação. *(Artigo com redação dada pelo Decreto-Lei nº 236, de 28/2/1967)*

Art. 59. As penas por infração desta lei são:

a) multa, até o valor de NCr$ 10.000,00;

b) suspensão, até trinta (30) dias;

c) cassação;

d) detenção.

§ 1º Nas infrações em que, a juízo do CONTEL, não se justificar a aplicação de pena, o infrator será advertido, considerando-se a advertência como agravante na aplicação de penas por inobservância do mesmo ou de outro preceito desta Lei.

§ 2º A pena de multa poderá ser aplicada isolada ou conjuntamente, com outras sanções especiais e estatuídas nesta Lei.

§ 3º O valor das multas será atualizado de 3 em 3 anos, de acordo com os níveis de correção monetária. *(Artigo com redação dada pelo Decreto-Lei nº 236, de 28/2/1967)*

Art. 60. A aplicação das penas desta Lei compete:

a) ao CONTEL: multa e suspensão, em qualquer caso, cassação, quando se tratar de permissão;

b) ao Presidente da República: cassação, mediante representação do CONTEL em parecer fundamentado. *(Artigo com redação dada pelo Decreto-Lei nº 236, de 28/2/1967)*

Art. 61. A pena será imposta de acordo com a infração cometida, considerados os seguintes fatores:

a) gravidade da falta;

b) antecedentes da entidade faltosa;

c) reincidência específica. *(Artigo com redação dada pelo Decreto-Lei nº 236, de 28/2/1967)*

Art. 62. A pena de multa poderá ser aplicada por infração de qualquer dispositivo legal, ou quando a concessionária ou permissionária não houver cumprido, dentro do prazo estipulado, exigência que tenha sido feita pela CONTEL. *(Artigo com redação dada pelo Decreto-Lei nº 236, de 28/2/1967)*

Art. 63. A pena de suspensão poderá ser aplicada nos seguintes casos:

a) infração dos artigos 38, alíneas *a, b, c, e, g* e *h* ; 53, 57, 71 e seus parágrafos;

b) infração à liberdade de manifestação do pensamento e de informação (Lei número 5.250 de 9 de fevereiro de 1967).

c) quando a concessionária ou permissionária não houver cumprido, dentro do prazo estipulado, exigência que lhe tenha sido feita pelo CONTEL;

d) quando seja criada situação de perigo de vida;

e) utilização de equipamentos diversos dos aprovados ou instalações fora das especificações técnicas constantes da portaria que as tenha aprovado;

f) execução de serviço para o qual não está autorizado.

Parágrafo único. No caso das letras *d, e* e *f* deste artigo, poderá ser determinada a interrupção do serviço pelo agente fiscalizador, "ad-referendum" do CONTEL. *(Artigo com redação dada pelo Decreto-Lei nº 236, de 28/2/1967)*

Art. 64. A pena de cassação poderá ser imposta nos seguintes casos:

a) infringência do artigo 53;

b) reincidência em infração anteriormente punida com suspensão;

c) interrupção do funcionamento por mais de trinta (30) dias consecutivos, exceto quando tenha, para isso, obtido autorização prévia do CONTEL;

d) superveniência da incapacidade legal, técnica, financeira ou econômica para execução dos serviços da concessão ou permissão;

e) não haver a concessionária ou permissionária, no prazo estipulado, corrigido as irregularidades motivadoras da suspensão anteriormente imposta;

f) não haver a concessionária ou permissionária cumprido as exigências e prazos estipulados, até o licenciamento definitivo de sua estação. *(Artigo com redação dada pelo Decreto-Lei nº 236, de 28/2/1967)*

g) não-observância, pela concessionária ou permissionária, das disposições contidas no art. 222, *caput* e seus §§ 1º e 2º, da Constituição. *(Alínea acrescida pela Medida Provisória nº 70, de 1/10/2002* convertida na Lei nº 10.610, de 23/12/2002)

Art. 65. O CONTEL promoverá as medidas cabíveis, punindo ou propondo a punição, por iniciativa própria ou sempre que receber representação de qualquer autoridade. *(Artigo com redação dada pelo Decreto-Lei nº 236, de 28/2/1967)*

Art. 66. Antes de decidir da aplicação de qualquer das penalidades previstas, o CONTEL notificará a interessada para exercer o direito de defesa, dentro do prazo de 5 (cinco) dias, contados do recebimento da notificação.

§ 1º A repetição da falta no período decorrido entre o recebimento da notificação e a tomada de decisão, será considerada como reincidência e, no caso das transgressões citadas no artigo 53, o Presidente do CONTEL suspenderá a emissora provisoriamente.

§ 2º Quando a representação for feita por uma das autoridades a seguir relacionadas, o Presidente do CONTEL verificará "*in limine*" sua procedência, podendo deixar de ser feita a notificação a que se refere este artigo:

I – Em todo o território nacional:

a) Mesa da Câmara dos Deputados ou do Senado Federal;

b) Presidente do Supremo Tribunal Federal;

c) Ministros de Estado;

d) Secretário Geral do Conselho de Segurança Nacional;

e) Procurador Geral da República;

f) Chefe do Estado Maior das Forças Armadas.

II – Nos Estados:

a) Mesa da Assembléia Legislativa;

b) Presidente do Tribunal de Justiça;

c) Secretário de assuntos relativos à Justiça;

d) Chefe do Ministério Público Estadual.

III – Nos Municípios:

a) Mesa da Câmara Municipal;

b) Prefeito Municipal. *(Artigo com redação dada pelo Decreto-Lei nº 236, de 28/2/1967)*

Art. 67. A perempção da concessão ou autorização será declarada pelo Presidente da República, precedendo parecer do Conselho Nacional de Telecomunicações, se a concessionária ou permissionária decair do direito à renovação.

Parágrafo único. O direito à renovação decorre do cumprimento pela empresa, de seu contrato de concessão ou permissão, das exigências legais e regulamentares, bem como das finalidades educacionais, culturais e morais a que se obrigou, e de persistirem a possibilidade técnica e o interesse público em sua existência. *(Artigo com redação dada pelo Decreto-Lei nº 236, de 28/2/1967)*

Art. 68. A caducidade da concessão ou da autorização será declarada pelo Presidente da República, precedendo parecer do Conselho Nacional de Telecomunicações, nos seguintes casos:

a) quando a concessão ou a autorização decorra de convênio com outro país, cuja denúncia a torne inexeqüível;

b) quando expirarem os prazos de concessão ou autorização decorrente de convênio com outro país, sendo inviável a prorrogação.

Parágrafo único. A declaração de caducidade só se dará se for impossível evitá-la por convênio com qualquer país ou por inexistência comprovada de freqüência no Brasil que possa ser atribuída à concessionária ou permissionária, a fim de que não cesse seu funcionamento. *(Artigo com redação dada pelo Decreto-Lei nº 236, de 28/2/1967)*

Art. 69. A declaração da perempção ou da caducidade, quando viciada por ilegalidade, abuso do poder ou pela desconformidade com os fins ou motivos alegados, titulará o prejudicado a postular reparação do seu direito perante o Judiciário. *(Artigo com redação dada pelo Decreto-Lei nº 236, de 28/2/1967)*

Art. 70. Constitui crime punível com a pena de detenção de 1 (um) a 2 (dois) anos, aumentada da metade se houver dano a terceiro, a instalação ou utilização de telecomunicações, sem observância do disposto nesta Lei e nos regulamentos.

Parágrafo único. Precedendo ao processo penal, para os efeitos referidos neste artigo, será liminarmente procedida a busca e apreensão da estação ou aparelho ilegal. *(Artigo com redação dada pelo Decreto-Lei nº 236, de 28/2/1967)*

Art. 71. Toda irradiação será gravada e mantida em arquivo durante as 24 horas subsequentes ao encerramento dos trabalhos diários de emissora.

§ 1º As emissoras de televisão poderão gravar apenas o som dos programas transmitidos.

§ 2º As emissoras deverão conservar em seus arquivos os textos dos programas, inclusive noticiosos, devidamente autenticados pelos responsáveis, durante 60 (sessenta) dias.

§ 3º As gravações dos programas políticos, de debates, entrevistas, pronunciamentos da mesma natureza e qualquer irradiação não registrada em texto, deverão ser conservados em arquivo pelo prazo de 20 (vinte) dias depois de transmitidas, para as concessionárias até 1 kw e 30 (trinta) dias para as demais.

§ 4º As transmissões compulsoriamente estatuídas por lei serão gravadas em material fornecido pelos interessados. *(Artigo com redação dada pelo Decreto-Lei nº 236, de 28/2/1967)*

Art. 72. A autoridade que impedir ou embaraçar a liberdade da radiodifusão ou da televisão fora dos casos autorizados em lei, incidirá no que couber, na sanção do artigo 322 do Código Penal. *(Artigo com redação dada pelo Decreto-Lei nº 236, de 28/2/1967)*

Arts. 73 a 99. *(Revogados pelo Decreto-Lei nº 236, de 28/2/1967)*

CAPÍTULO VIII
DAS TAXAS E TARIFAS

Art. 100. A execução de qualquer serviço de telecomunicações, por meio de concessão, autorização ou permissão, está sujeita ao pagamento de taxas cujo valor será fixado em lei. *(Expressão "cujo valor será fixado em lei" vetada pelo Presidente da República e mantida pelo Congresso Nacional, em 17/12/1962)*

Art. 101. Os critérios para determinação da tarifa dos serviços de telecomunicações, excluídas as referentes à Radiodifusão, serão fixados pelo Conselho Nacional de Telecomunicações de modo a permitirem:

a) cobertura das despesas de custeio;

b) justa remuneração do capital;

c) melhoramentos e expansão dos serviços (Constituição, art. 151, parágrafo único).

§ 1º As tarifas dos serviços internacionais obedecerão aos mesmos princípios deste artigo, observando-se o que estiver ou vier a ser estabelecido em acordos e convenções a que o Brasil esteja obrigado.

§ 2º Nenhuma tarifa entrará em vigor sem prévia aprovação pelo Conselho Nacional de Telecomunicações.

Art. 102. A parte da tarifa que se destinar a melhoramentos e expansão dos serviços de telecomunicações, de que trata o art. 101, letra "c", será escriturada em rubrica especial na contabilidade da empresa.

Art. 103. Não poderão ser incluídos na composição do custo do serviço, para efeito da revisão ou fixação tarifária:

a) despesas de publicidade das concessionárias e permissionárias;

b) assistência técnica devida a empresas que pertençam a holding, de que faça parte também a concessionária ou permissionária;

c) honorários advocatícios, ou despesas com pareceres, quando a empresa possua órgãos técnicos permanentes para o serviço forense;

d) despesa com peritos da parte, sempre que no quadro da empresa figurem pessoas habilitadas para a perícia em questão;

e) vencimentos de diretores ou chefes de serviços, no que vierem a exceder a remuneração atribuída, no serviço federal, ao Ministro de Estado;

f) despesas não cobradas com serviços de qualquer natureza que a lei não haja tornado gratuitos ou que não tenham sido dispensados de pagamento em resolução do Conselho Nacional de Telecomunicações, publicada no Diário Oficial .

Parágrafo único. A publicação de editais ou de notícias de evidente interesse público, não se incluirá na redação da letra "a" desde que previamente autorizada pelo Conselho Nacional de Telecomunicações e distribuída uniformemente por todos os jornais diários.

Art. 104. Será adotada tarifa especial para os programas educativos dos Estados, Municípios e Distrito Federal, assim como para as instalações privadas de ensino e de cultura.

Art. 105. Na ocorrência de novas modalidades do serviço, poderá o Governo até que a lei disponha a respeito, adotar taxas e tarifas provisórias, calculadas na base das que são cobradas em serviço análogo ou fixadas para a espécie em regulamento internacional. *(Expressão "e tarifas" vetada pelo Presidente da República e mantida pelo Congresso Nacional, em 17/12/1962)*

Art. 106. A tarifa do serviço telegráfico público interior será constituída de uma taxa fixa por grupo de palavras ou fração, e de taxa de percurso por palavra. A tarifa dos serviços telefônicos, de foto-telegramas, de telex e outros congêneres, terá por base a ocupação do circuito e a distância entre as estações. *(Artigo vetado pelo Presidente da República e mantido pelo Congresso Nacional, em 17/12/1962)*

Art. 107. No serviço telegráfico público internacional a União terá direito às taxas de terminal e de trânsito brasileiras.

Art. 108. Em relação à que for cobrada pela União em serviço interior idêntico, a tarifa dos concessionários e permissionários, deverá ser:

a) igual, no serviço telegráfico das estradas de ferro;

b) nunca inferior nos casos de serviço público restrito interior;

c) sempre mais elevada, nos demais casos.

Art. 109. No serviço público telegráfico interior em tráfego mútuo entre redes da União e de estradas de ferro, a pró-rateação das taxas obedecerá ao que for estipulado pelo Conselho Nacional de Telecomunicações.

Parágrafo único. Os convênios serão aprovados pelo Conselho Nacional de Telecomunicações e o rateio das taxas obedecerá às normas por ele estabelecidas.

Art. 110. Nos serviços de telegramas e radiocomunicações de múltiplos destinos será cobrada a tarifa que vigorar para a imprensa.

Art. 111. A tarifa dos radiotelegramas internacionais será estabelecida segundo os respectivos regulamentos, considerando-se, porém, serviço público interior para esse efeito os radiotelegramas diretamente permutados entre as estações brasileiras fixas ou móveis e as estações brasileiras móveis que se acharem fora da jurisdição territorial do Brasil.

Art. 112. As disposições sobre tarifas somente têm aplicação nos casos de serviços remunerados.

Parágrafo único. O Orçamento consignará anualmente dotação suficiente para cobertura das despesas, correspondentes às taxas postais-telegráficas resultantes dos serviços dos órgãos dos Poderes Executivo, Legislativo e Judiciário.

Art. 113. Os concessionários e permissionários não poderão cobrar tarifas diferentes das que, para os mesmos destinos no exterior e pela mesma via, estejam em vigor nas estações do Departamento de Correios e Telégrafos. *(Expressão "nas estações do Departamento de Correios e Telégrafos" vetada pelo Presidente da República e mantida pelo Congresso Nacional, em 17/12/1962)*

Art. 114. Ficam revogados os dispositivos em vigor referentes ao registro de aparelhos receptores de radiodifusão.

Art. 115. São anistiadas as dívidas pelo não pagamento de taxa de registro de aparelhos receptores de radiodifusão, devendo o Poder Executivo providenciar o imediato cancelamento dessas dívidas, inclusive as já inscritas e ajuizadas.

Art. 116. Regulamentada esta lei, constituído e instalado o Conselho Nacional de Telecomunicações, ficará extinta a Comissão Técnica de Rádio, transferindo-se o seu pessoal, arquivo, expediente e instalações para o Conselho Nacional de Telecomunicações.

Art. 117. As concessões e autorizações para os serviços de radiodifusão em funcionamento ficam automaticamente mantidas pelos prazos fixados no art. 33, § 3º, desta lei. *(Artigo vetado pelo Presidente da República e mantido pelo Congresso Nacional, em 17/12/1962)*

Art. 118. O Conselho Nacional de Telecomunicações procederá, imediatamente, ao levantamento das concessões, autorizações e permissões, propondo ao Presidente da República a extinção daquelas cujos serviços não estiverem funcionando por culpa dos concessionários.

Art. 119. Até que seja aprovado o seu Quadro de Pessoal os serviços a cargo do Conselho Nacional de Telecomunicações serão executados por servidores públicos civis e militares, requisitados na forma da legislação em vigor.

Art. 120. Após a sua instalação, o Conselho Nacional de Telecomunicações proporá, dentro de 90 (noventa) dias, a organização dos quadros de seus serviços e órgãos.

Art. 121. O Conselho Nacional de Telecomunicações procederá à revisão dos contratos das empresas de telecomunicações que funcionam no país, observando:

a) a padronização de todos os contratos, observadas as circunstâncias peculiares a cada tipo de serviço;

b) a fixação de prazo para as concessionárias autorizadas a funcionar no país se adaptarem aos preceitos da presente lei e às disposições do seu respectivo regulamento.

Art. 122. É o Departamento dos Correios e Telégrafos dispensado de, no último dia do ano, recolher à conta de "restos a pagar", as importâncias empenhadas na aquisição de material ou na contratação ou ajuste de serviços de terceiros, não entregues ou não concluídos antes daquela data.

§ 1º As importâncias serão depositadas no Banco do Brasil, em conta vinculada com o fornecedor, só podendo ser liberadas quando certificado o recebimento.

§ 2º A conta vinculada mencionará especificamente a data limite de entrega ou de conclusão dos serviços.

§ 3º 30 (trinta) dias após a data limite e não tendo o Departamento dos Correios e Telégrafos liberado a conta, o Banco do Brasil recolherá o depósito à conta de "restos a pagar" da União.

Art. 123. As disposições legais e regulamentares que disciplinam os serviços de telecomunicações não colidentes com esta lei e não revogadas ou derrogadas, explícita ou implicitamente, pela mesma, deverão ser consolidadas pelo Poder Executivo.

Art. 124. O tempo destinado na programação das estações de radiodifusão, à publicidade comercial, não poderá exceder de 25% (vinte e cinco por cento) do total.

Art. 125. O Departamento dos Correios e Telégrafos continuará a exercer as atribuições de fiscalização e a efetuar a arrecadação das atuais taxas, prêmios e contribuições, até que o Conselho Nacional de Telecomunicações esteja devidamente aparelhado para o exercício destas atribuições. *(Artigo vetado pelo Presidente da República e mantido pelo Congresso Nacional, em 17/12/1962)*

Art. 126. Enquanto não houver serviços telefônicos entre Brasília e as demais regiões do país, em condições de atender aos membros do Congresso Nacional em assuntos relacionados com o exercício de seus mandatos, o Conselho Nacional de Telecomunicações deverá reservar freqüências para serem utilizadas por estações transmissoras e receptoras particulares, com aquele objetivo, observados os preceitos legais e regulamentares que disciplinam a matéria. *(Artigo vetado pelo Presidente da República e mantido pelo Congresso Nacional, em 17/12/1962)*

Art. 127. É o Poder Executivo autorizado a abrir, no Ministério da Fazenda, o crédito especial de Cr$ 30.000.000,00 (trinta milhões de cruzeiros) destinado a atender, no corrente exercício, às despesas de qualquer natureza com a instalação e funcionamento do Conselho Nacional de Telecomunicações.

Art. 128. Esta lei entrará em vigor na data de sua publicação e deverá ser regulamentada, por ato do Poder Executivo, dentro de 90 (noventa) dias.

Art. 129. Revogam-se as disposições em contrário.

Brasília, 27 de agosto de 1962; 141º da Independência e 74º da República.

JOÃO GOULART
Francisco Brochado da Rocha
Candido de Oliveira Neto
Pedro Paulo de Araújo Suzano
Miguel Calmon
Hélio de Almeida
Reynaldo de Carvalho Filho
Carlos Siqueira Castro

CONSELHO NACIONAL DE TELECOMUNICAÇÕES

TABELA I
Cargos de Provimento em Comissão

Número de Cargos	DENOMINAÇÃO	Símbolo	Qualificação
1	Presidente do Conselho Nacional de Telecomunicações	1-c	*
13	Membros do Conselho Nacional de Telecomunicações	1-c	
1	Diretor-Geral do Departamento Nacional de Telecomunicações	1-c	*
1	Diretor da Divisão de Engenharia do Departamento Nacional de Telecomunicações	3-c	Engenheiro
1	Diretor da Divisão Jurídica do Departamento Nacional de Telecomunicações	3-c	Bacharel
1	Diretor da Divisão de Administração do Departamento Nacional de Telecomunicações	3-c	**
1	Diretor da Divisão de Estatística do Departamento Nacional de Telecomunicações	3-c	Estatístico
1	Diretor da Divisão de Fiscalização do Departamento Nacional de Telecomunicações	3-c	Engenheiro
1	Delegado Regional, em Belém, o Departamento Nacional de Telecomunicações	5-c	Engenheiro
1	Delegado Regional, em Recife, Departamento Nacional de Telecomunicações	5-c	Engenheiro
1	Delegado Regional, em Brasília, do Departamento Nacional de Telecomunicações	5-c	Engenheiro
1	Delegado Regional, em Salvador, do Departamento Nacional de Telecomunicações	5-c	Engenheiro
1	Delegado Regional, na Guanabara, do Departamento Nacional de Telecomunicações	5-c	Engenheiro
1	Delegado Regional, em São Paulo, do Departamento Nacional de Telecomunicações	5-c	Engenheiro
1	Delegado Regional, em Porto Alegre, do Departamento Nacional de Telecomunicações	5-c	Engenheiro
1	Delegado Regional, em Campo Grande, MT, do Departamento Nacional de Telecomunicações	5-c	Engenheiro

LEI Nº 4.132, DE 10 DE SETEMBRO DE 1962

Define os casos de desapropriação por interesse social e dispõe sobre sua aplicação.

- *Desapropriação por interesse social*

O PRESIDENTE DA REPÚBLICA Faço saber que o Congresso Nacional decreta e eu sanciono a seguinte Lei:

Art. 1º. A desapropriação por interesse social será decretada para promover a justa distribuição da propriedade ou condicionar o seu uso ao bem-estar social, na forma do art. 147 da Constituição Federal.

- Referência de acordo com a Constituição de 1946.
- CF/88: arts. 5º, XXIII e XXIV, 22, II, e 184 a 186.
- CC: arts. 1.228, § 3º, e 1.275, V.
- LC 76/1993 – Dispõe sobre o procedimento contraditório especial, de rito sumário, para o processo de desapropriação de imóvel rural, por interesse social, para fins de reforma agrária.
- Lei 4.504/1964: arts. 17, a, e 18 a 23.
- Decreto-lei 3.365/1941 – Dispõe sobre desapropriações por utilidade pública.

Art. 2º. Considera-se de interesse social:

I – o aproveitamento de todo bem improdutivo ou explorado sem correspondência com as necessidades de habitação, trabalho e consumo dos centros de população a que deve ou possa suprir por seu destino econômico;

II – a instalação ou a intensificação das culturas nas áreas em cuja exploração não se obedeça a plano de zoneamento agrícola *(vetado)*;

III – o estabelecimento e a manutenção de colônias ou cooperativas de povoamento e trabalho agrícola;

IV – a manutenção de posseiros em terrenos urbanos onde, com a tolerância expressa ou tácita do proprietário, tenham construído sua habitação, formando núcleos residenciais de mais de dez famílias;

V – a construção de casas populares;

VI – as terras e águas suscetíveis de valorização extraordinária, pela conclusão de obras e serviços públicos, notadamente de saneamento, portos, transporte, eletrificação, armazenamento de água e irrigação, no caso em que não sejam ditas áreas socialmente aproveitadas;

VII – a proteção do solo e a preservação de cursos e mananciais de água e de reservas florestais;

VIII – a utilização de áreas, locais ou bens que, por suas características, sejam apropriados ao desenvolvimento de atividades turísticas. (Incluído pela Lei nº 6.513, de 1977)

§ 1º. O disposto no item I deste artigo só se aplicará nos casos de bens retirados de produção ou tratando-se de imóveis rurais cuja produção, por ineficientemente explorados, seja inferior à média da região, atendidas as condições naturais do seu solo e sua situação em relação aos mercados.

§ 2º. As necessidades de habitação, trabalho e consumo serão apuradas anualmente segundo a conjuntura e condições econômicas locais, cabendo o seu estudo e verificação às autoridades encarregadas de velar pelo bem-estar e pelo abastecimento das respectivas populações.

Art. 3º. O expropriante tem o prazo de 2 (dois) anos, a partir da decretação da desapropriação por interesse social, para efetivar a aludida desapropriação e iniciar as providências de aproveitamento do bem expropriado.

Parágrafo único. *(VETADO).*

Art. 4º. Os bens desapropriados serão objeto de venda ou locação, a quem estiver em condições de dar-lhes a destinação social prevista.

Art. 5º. No que esta Lei for omissa aplicam-se as normas legais que regulam a desapropriação por utilidade pública, inclusive no tocante ao processo e à justa indenização devida ao proprietário.

Art. 6º. Revogam-se as disposições em contrário.

Brasília, 10 de setembro de 1962; 141º da Independência e 74º da República.

JOÃO GOULART

D.O.U. de 7.11.1962

LEI Nº 4.320, DE 17 DE MARÇO DE 1964

Estatui Normas Gerais de Direito Financeiro para elaboração e controle dos orçamentos e balanços da União, dos Estados, dos Municípios e do Distrito Federal.

- *Normas gerais de Direito Financeiro*

Faço saber que o Congresso Nacional decreta e eu sanciono a seguinte Lei:

Disposição Preliminar

Art. 1º. Esta Lei estatui normas gerais de direito financeiro para elaboração e controle dos orçamentos e balanços da União, dos Estados, dos Municípios e do Distrito Federal, de acordo com o disposto no art. 5º, XV, *b*, da Constituição Federal.

- Referência à Constituição Federal de 1946.
- CTN: art. 1º.
- LC 101/2000 – Estabelece normas de finanças públicas voltadas para a responsabilidade na gestão fiscal. (Lei de Responsabilidade Fiscal)
- Decreto 93.872/1986 – Dispõe sobre a unificação dos recursos de caixa do Tesouro Nacional, atualiza e consolida a legislação pertinente.
- Decreto-Lei 1.805/1980 – Dispõe sobre a transferência aos Estados, Distrito Federal, Territórios e Municípios das parcelas ou quotas-partes dos recursos tributários arrecadados pela União.

TÍTULO I. DA LEI DE ORÇAMENTO

CAPÍTULO I. DISPOSIÇÕES GERAIS

Art. 2º. A Lei de Orçamento conterá a discriminação da receita e despesa de forma a evidenciar a política econômico-financeira e o programa de trabalho do Governo, obedecidos os princípios de unidade universalidade e anualidade.

- CF/88: arts. 24, II, 84, XXIII, 165 a 169.

§ 1º. Integrarão a Lei de Orçamento:

I – sumário geral da receita por fontes e da despesa por funções do Governo;

II – quadro demonstrativo da receita e despesa segundo as categorias econômicas, na forma do Anexo 1;

III – quadro discriminativo da receita por fontes e respectiva legislação;

IV – quadro das dotações por órgãos do Governo e da Administração.

§ 2º. Acompanharão a Lei de Orçamento:

I – quadros demonstrativos da receita e planos de aplicação dos fundos especiais;

II – quadros demonstrativos da despesa, na forma dos Anexos 6 a 9;

III – quadro demonstrativo do programa anual de trabalho do Governo, em termos de realização de obras e de prestação de serviços.

Art. 3º. A Lei de Orçamento compreenderá todas as receitas, inclusive as de operações de crédito autorizadas em lei.

Parágrafo único. Não se consideram para os fins deste artigo as operações de crédito por antecipação da receita, as emissões de papel-moeda e outras entradas compensatórias, no ativo e passivo financeiros.

Art. 4º. A Lei de Orçamento compreenderá todas as despesas próprias dos órgãos do Governo e da Administração centralizada, ou que, por intermédio deles se devam realizar, observado o disposto no artigo 2º.

Art. 5º. A Lei de Orçamento não consignará dotações globais destinadas a atender indiferentemente a despesas de pessoal, material, serviços de terceiros, transferências ou quaisquer outras, ressalvado o disposto no artigo 20 e seu parágrafo único.

Art. 6º. Todas as receitas e despesas constarão da Lei de Orçamento pelos seus totais, vedadas quaisquer deduções.

§ 1º. As cotas de receitas que uma entidade pública deva transferir a outra incluir-se-ão, como despesa, no orçamento da entidade obrigada à transferência e, como receita, no orçamento da que as deva receber.

§ 2º. Para cumprimento do disposto no parágrafo anterior, o cálculo das cotas terá por base os dados apurados no balanço do exercício anterior àquele em que se elaborar a proposta orçamentária do Governo obrigado a transferência.

Art. 7º. A Lei de Orçamento poderá conter autorização ao Executivo para:

I – abrir créditos suplementares até determinada importância obedecidas as disposições do artigo 43;

II – realizar em qualquer mês do exercício financeiro, operações de crédito por antecipação da receita, para atender a insuficiências de caixa.

§ 1º. Em casos de *deficit*, a Lei de Orçamento indicará as fontes de recursos que o Poder Executivo fica autorizado a utilizar para atender a sua cobertura.

§ 2º. O produto estimado de operações de crédito e de alienação de bens imóveis somente se incluirá na receita quando umas e outras forem especificamente autorizadas pelo Poder Legislativo em forma que juridicamente possibilite ao Poder Executivo realizá-las no exercício.

§ 3º. A autorização legislativa a que se refere o parágrafo anterior, no tocante a operações de crédito, poderá constar da própria Lei de Orçamento.

Art. 8º. A discriminação da receita geral e da despesa de cada órgão do Governo ou unidade administrativa, a que se refere o artigo 2º, § 1º, III e IV, obedecerá à forma do Anexo 2.

§ 1º. Os itens da discriminação da receita e da despesa, mencionados nos artigos 11, § 4º, e 13, serão identificados por números de código decimal, na forma dos Anexos 3 e 4.

§ 2º. Completarão os números do código decimal referido no parágrafo anterior os algarismos caracterizadores da classificação funcional da despesa, conforme estabelece o Anexo 5.

§ 3º. O código geral estabelecido nesta Lei não prejudicará a adoção de códigos locais.

CAPÍTULO II. DA RECEITA

Art. 9º. Tributo é a receita derivada instituída pelas entidades de direito público, compreendendo os impostos, as taxas e contribuições nos termos da Constituição e das leis vigentes em matéria financeira destinando-se o seu produto ao custeio de atividades gerais ou específicas exercidas por essa entidades. (Artigo vetado pelo Presidente da República e mantido pelo Congresso Nacional, em 4/5/1964).

Art. 10. *(VETADO).*

Art. 11. A receita classificar-se-á nas seguintes categorias econômicas: Receitas Correntes e Receitas de Capital. (Redação dada pelo Decreto-lei nº 1.939, de 1982)

§ 1º. São Receitas Correntes as receitas tributária, de contribuições, patrimonial, agropecuária, industrial, de serviços e outras e, ainda, as provenientes de recursos financeiros recebidos de outras pessoas de direito público ou privado, quando destinadas a atender despesas classificáveis em Despesas Correntes. (Redação dada pelo Decreto-lei nº 1.939, de 1982)

§ 2º. São Receitas de Capital as provenientes da realização de recursos financeiros oriundos de constituição de dívidas; da conversão, em espécie, de bens e direitos; os recursos recebidos de outras pessoas de direito público ou privado, destinados a atender despesas classificáveis em Despesas de Capital e, ainda, o *superavit* do Orçamento Corrente. (Redação dada pelo Decreto-lei nº 1.939, de 1982)

§ 3º. O *superavit* do Orçamento Corrente resultante do balanceamento dos totais das receitas e despesas correntes, apurado na demonstração a que se refere o Anexo 1, não constituirá item de receita orçamentária. (Redação dada pelo Decreto-lei nº 1.939, de 1982)

§ 4º. A classificação da receita obedecerá ao seguinte esquema: (Redação dada pelo Decreto-lei nº 1.939, de 1982)

RECEITAS CORRENTES
RECEITA TRIBUTÁRIA
Impostos.
Taxas.
Contribuições de Melhoria.
RECEITA DE CONTRIBUIÇÕES
RECEITA PATRIMONIAL
RECEITA AGROPECUÁRIA
RECEITA INDUSTRIAL
RECEITA DE SERVIÇOS
TRANSFERÊNCIAS CORRENTES
OUTRAS RECEITAS CORRENTES
RECEITAS DE CAPITAL
OPERAÇÕES DE CRÉDITO
ALIENAÇÃO DE BENS
AMORTIZAÇÃO DE EMPRÉSTIMOS
TRANSFERÊNCIAS DE CAPITAL
OUTRAS RECEITAS DE CAPITAL

CAPÍTULO III. DA DESPESA

Art. 12. A despesa será classificada nas seguintes categorias econômicas:

‣ Decreto-lei nº 1.805/1980: art. 3º, § 1º.

DESPESAS CORRENTES

Despesas de Custeio.

Transferências Correntes.

DESPESAS DE CAPITAL

Investimentos.

Inversões Financeiras.

Transferências de Capital.

§ 1º. Classificam-se como Despesas de Custeio as dotações para manutenção de serviços anteriormente criados, inclusive as destinadas a atender a obras de conservação e adaptação de bens imóveis.

§ 2º. Classificam-se como Transferências Correntes as dotações para despesas as quais não corresponda contraprestação direta em bens ou serviços, inclusive para contribuições e subvenções destinadas a atender à manifestação de outras entidades de direito público ou privado.

§ 3º. Consideram-se subvenções, para os efeitos desta Lei, as transferências destinadas a cobrir despesas de custeio das entidades beneficiadas, distinguindo-se como:

I – subvenções sociais, as que se destinem a instituições públicas ou privadas de caráter assistencial ou cultural, sem finalidade lucrativa;

II – subvenções econômicas, as que se destinem a empresas públicas ou privadas de caráter industrial, comercial, agrícola ou pastoril.

§ 4º. Classificam-se como investimentos as dotações para o planejamento e a execução de obras, inclusive as destinadas à aquisição de imóveis considerados necessários à realização destas últimas, bem como para os programas especiais de trabalho, aquisição de instalações, equipamentos e material permanente e constituição ou aumento do capital de empresas que não sejam de caráter comercial ou financeiro.

§ 5º. Classificam-se como Inversões Financeiras as dotações destinadas a:

I – aquisição de imóveis, ou de bens de capital já em utilização;

II – aquisição de títulos representativos do capital de empresas ou entidades de qualquer espécie, já constituídas, quando a operação não importe aumento do capital;

III – constituição ou aumento do capital de entidades ou empresas que visem a objetivos comerciais ou financeiros, inclusive operações bancárias ou de seguros.

§ 6º. São Transferências de Capital as dotações para investimentos ou inversões financeiras que outras pessoas de direito público ou privado devam realizar, independentemente de contraprestação direta em bens ou serviços, constituindo essas transferências auxílios ou contribuições, segundo derivem diretamente da Lei de Orçamento ou de lei especialmente anterior, bem como as dotações para amortização da dívida pública.

Art. 13. Observadas as categorias econômicas do art. 12, a discriminação ou especificação da despesa por elementos, em cada unidade administrativa ou órgão de governo, obedecerá ao seguinte esquema:

DESPESAS CORRENTES

Despesas de Custeio

Pessoal Civil.

Pessoal Militar.

Material de Consumo.

Serviços de Terceiros.

Encargos Diversos.

Transferências Correntes

Subvenções Sociais.

Subvenções Econômicas.

Inativos.

Pensionistas.

Salário-Família e Abono Familiar.

Juros da Dívida Pública.

Contribuições de Previdência Social.

Diversas Transferências Correntes.

DESPESAS DE CAPITAL

Investimentos

Obras Públicas.

Serviços em Regime de Programação Especial.

Equipamentos e Instalações.

Material Permanente.

Participação em Constituição ou Aumento de Capital de Empresas ou Entidades Industriais ou Agrícolas.

Inversões Financeiras

Aquisição de Imóveis.

Participação em Constituição ou Aumento de Capital de Empresas ou Entidades Comerciais ou Financeiras.

Aquisição de Títulos Representativos de Capital de Empresa em Funcionamento.

Constituição de Fundos Rotativos.

Concessão de Empréstimos.

Diversas Inversões Financeiras.

Transferências de Capital

Amortização da Dívida Pública.

Auxílios para Obras Públicas.

Auxílios para Equipamentos e Instalações.

Auxílios para Inversões Financeiras.

Outras Contribuições.

Art. 14. Constitui unidade orçamentária o agrupamento de serviços subordinados ao mesmo órgão ou repartição a que serão consignadas dotações próprias.

Parágrafo único. Em casos excepcionais, serão consignadas dotações a unidades administrativas subordinadas ao mesmo órgão.

Art. 15. Na Lei de Orçamento a discriminação da despesa far-se-á no mínimo por elementos.

§ 1º Entende-se por elementos o desdobramento da despesa com pessoal, material, serviços, obras e outros meios de que se serve a administração pública para consecução dos seus fins.

§ 2º Para efeito de classificação da despesa, considera-se material permanente o de duração superior a 2 (dois) anos.

SEÇÃO I.
DAS DESPESAS CORRENTES

SUBSEÇÃO ÚNICA.
DAS TRANSFERÊNCIAS CORRENTES

I) Das subvenções sociais

Art. 16. Fundamentalmente e nos limites das possibilidades financeiras a concessão de subvenções sociais visará a prestação de serviços essenciais de assistência social, médica e educacional, sempre que a suplementação de recursos de origem privada aplicados a esses objetivos, revelar-se mais econômica.

Parágrafo único. O valor das subvenções, sempre que possível, será calculado com base em unidades de serviços efetivamente prestados ou postos à disposição dos interessados obedecidos os padrões mínimos de eficiência previamente fixados.

Art. 17. Somente à instituição cujas condições de funcionamento forem julgadas satisfatórias pelos órgãos oficiais de fiscalização serão concedidas subvenções.

II) Das subvenções econômicas

Art. 18. A cobertura dos *deficit* de manutenção das empresas públicas, de natureza autárquica ou não, far-se-á mediante subvenções econômicas expressamente incluídas nas despesas correntes do orçamento da União, do Estado, do Município ou do Distrito Federal.

Parágrafo único. Consideram-se, igualmente, como subvenções econômicas:

a) as dotações destinadas a cobrir a diferença entre os preços de mercado e os preços de revenda, pelo Governo, de gêneros alimentícios ou outros materiais;

b) as dotações destinadas ao pagamento de bonificações a produtores de determinados gêneros ou materiais.

Art. 19. A Lei de Orçamento não consignará ajuda financeira, a qualquer título, a empresa de fins lucrativos, salvo quando se tratar de subvenções cuja concessão tenha sido expressamente autorizada em lei especial.

SEÇÃO II.
DAS DESPESAS DE CAPITAL

SUBSEÇÃO PRIMEIRA.
DOS INVESTIMENTOS

Art. 20. Os investimentos serão discriminados na Lei de Orçamento segundo os projetos de obras e de outras aplicações.

Parágrafo único. Os programas especiais de trabalho que, por sua natureza, não possam cumprir-se subordinadamente às normas gerais de execução da despesa poderão ser custeados por dotações globais, classificadas entre as Despesas de Capital.

SUBSEÇÃO SEGUNDA.
DAS TRANSFERÊNCIAS DE CAPITAL

Art. 21. A Lei de Orçamento não consignará auxílio para investimentos que se devam incorporar ao patrimônio das empresas privadas de fins lucrativos.

Parágrafo único. O disposto neste artigo aplica-se às transferências de capital à conta de fundos especiais ou dotações sob regime excepcional de aplicação.

TÍTULO II.
DA PROPOSTA ORÇAMENTÁRIA

CAPÍTULO I.
CONTEÚDO E FORMA DA PROPOSTA ORÇAMENTÁRIA

Art. 22. A proposta orçamentária que o Poder Executivo encaminhará ao Poder Legislativo nos prazos estabelecidos nas Constituições e nas Leis Orgânicas dos Municípios, compor-se-á:

I – mensagem, que conterá: exposição circunstanciada da situação econômico-financeira, documentada com demonstração da dívida fundada e flutuante, saldos de créditos especiais, restos a pagar e outros compromissos financeiros exigíveis; exposição e justificação da política econômico-financeira do Governo; justificação da receita e despesa, particularmente no tocante ao orçamento de capital;

II – projeto de Lei de Orçamento;

III – tabelas explicativas, das quais, além das estimativas de receita e despesa, constarão, em colunas distintas e para fins de comparação:

a) a receita arrecadada nos três últimos exercícios anteriores àquele em que se elaborou a proposta;

b) a receita prevista para o exercício em que se elabora a proposta;

c) a receita prevista para o exercício a que se refere a proposta;

d) a despesa realizada no exercício imediatamente anterior;

e) a despesa fixada para o exercício em que se elabora a proposta; e

f) a despesa prevista para o exercício a que se refere a proposta;

IV – especificação dos programas especiais de trabalho custeados por dotações globais, em termos de metas visadas, decompostas em estimativa do custo das obras a realizar e dos serviços a prestar, acompanhadas de justificação econômica, financeira, social e administrativa.

Parágrafo único. Constará da proposta orçamentária, para cada unidade administrativa, descrição sucinta de suas principais finalidades, com indicação da respectiva legislação.

CAPÍTULO II. DA ELABORAÇÃO DA PROPOSTA ORÇAMENTÁRIA

SEÇÃO PRIMEIRA. DAS PREVISÕES PLURIENAIS

Art. 23. As receitas e despesas de capital serão objeto de um Quadro de Recursos de Aplicação de Capital, aprovado por decreto do Poder Executivo, abrangendo, no mínimo um triênio.

Parágrafo único. O Quadro de Recursos e de Aplicação de Capital será anualmente reajustado acrescentando-se-lhe as previsões de mais 1 (um) ano, de modo a assegurar a projeção contínua dos períodos.

Art. 24. O Quadro de Recursos e de Aplicação de Capital abrangerá:

I – as despesas e, como couber, também as receitas previstas em planos especiais aprovados em lei e destinados a atender a regiões ou a setores da administração ou da economia;

II – as despesas à conta de fundos especiais e, como couber, as receitas que os constituam;

III – em anexos, as despesas de capital das entidades referidas no Título X desta Lei, com indicação das respectivas receitas, para as quais forem previstas transferências de capital.

Art. 25. Os programas constantes do Quadro de Recursos e de Aplicação de Capital sempre que possível serão correlacionados a metas objetivas em termos de realização de obras e de prestação de serviços.

Parágrafo único. Consideram-se metas os resultados que se pretendem obter com a realização de cada programa.

Art. 26. A proposta orçamentária conterá o programa anual atualizado dos investimentos, inversões financeiras e transferências previstos no Quadro de Recursos e de Aplicação de Capital.

SEÇÃO SEGUNDA. DAS PREVISÕES ANUAIS

Art. 27. As propostas parciais de orçamento guardarão estrita conformidade com a política econômico-financeira, o programa anual de trabalho do Governo e, quando fixado, o limite global máximo para o orçamento de cada unidade administrativa.

Art. 28. As propostas parciais das unidades administrativas, organizadas em formulário próprio, serão acompanhadas de:

I – tabelas explicativas da despesa, sob a forma estabelecida no artigo 22, III, *d, e* e *f*;

II – justificação pormenorizada de cada dotação solicitada, com a indicação dos atos de aprovação de projetos e orçamentos de obras públicas, para cujo início ou prosseguimento ela se destina.

Art. 29. Caberá aos órgãos de contabilidade ou de arrecadação organizar demonstrações mensais da receita arrecadada, segundo as rubricas, para servirem de base a estimativa da receita, na proposta orçamentária.

Parágrafo único. Quando houver órgão central de orçamento, essas demonstrações ser-lhe-ão remetidas mensalmente.

Art. 30. A estimativa da receita terá por base as demonstrações a que se refere o artigo anterior à arrecadação dos três últimos exercícios, pelo menos bem como as circunstâncias de ordem conjuntural e outras, que possam afetar a produtividade de cada fonte de receita.

Art. 31. As propostas orçamentárias parciais serão revistas e coordenadas na proposta geral, considerando-se a receita estimada e as novas circunstâncias.

TÍTULO III. DA ELABORAÇÃO DA LEI DE ORÇAMENTO

Art. 32. Se não receber a proposta orçamentária no prazo fixado nas Constituições ou nas Leis Orgânicas dos Municípios, o Poder Legislativo considerará como proposta a Lei de Orçamento vigente.

Art. 33. Não se admitirão emendas ao projeto de Lei de Orçamento que visem a:

a) alterar a dotação solicitada para despesa de custeio, salvo quando provada, nesse ponto, a inexatidão da proposta;

b) conceder dotação para o início de obra cujo projeto não esteja aprovado pelos órgãos competentes;

c) conceder dotação para instalação ou funcionamento de serviço que não esteja anteriormente criado;

d) conceder dotação superior aos quantitativos previamente fixados em resolução do Poder Legislativo para concessão de auxílios e subvenções.

TÍTULO IV. DO EXERCÍCIO FINANCEIRO

Art. 34. O exercício financeiro coincidirá com o ano civil.

Art. 35. Pertencem ao exercício financeiro:

I – as receitas nele arrecadadas;

II – as despesas nele legalmente empenhadas.

Art. 36. Consideram-se Restos a Pagar as despesas empenhadas mas não pagas até o dia 31 de dezembro distinguindo-se as processadas das não processadas.

Parágrafo único. Os empenhos que sorvem a conta de créditos com vigência plurienal, que não tenham sido liquidados, só serão computados como Restos a Pagar no último ano de vigência do crédito.

Art. 37. As despesas de exercícios encerrados, para as quais o orçamento respectivo consignava crédito próprio, com saldo suficiente para atendê-las, que não se tenham processado na época própria, bem como os Restos a Pagar com prescrição interrompida e os compromissos reconhecidos após o encerramento do exercício correspondente poderão ser pagos à conta de dotação específica consignada no orçamento, discriminada por elementos, obedecida, sempre que possível, a ordem cronológica.

Art. 38. Reverte à dotação a importância de despesa anulada no exercício, quando a anulação ocorrer após o encerramento deste considerar-se-á receita do ano em que se efetivar.

Art. 39. Os créditos da Fazenda Pública, de natureza tributária ou não tributária, serão escriturados como receita do exercício em que forem arrecadados, nas respectivas rubricas orçamentárias. (Redação dada pelo Decreto-lei nº 1.735, de 1979)

§ 1º. Os créditos de que trata este artigo, exigíveis pelo transcurso do prazo para pagamento, serão inscritos, na forma da legislação própria, como Dívida Ativa, em registro próprio, após apurada a sua liquidez e certeza, e a respectiva receita será escriturada a esse título. (Incluído pelo Decreto-lei nº 1.735, de 1979)

§ 2º. Dívida Ativa Tributária é o crédito da Fazenda Pública dessa natureza, proveniente de obrigação legal relativa a tributos e respectivos adicionais e multas, e Dívida Ativa não-Tributária são os demais créditos da Fazenda Pública, tais como os provenientes de empréstimos compulsórios, contribuições estabelecidas em lei, multas de qualquer origem ou natureza, exceto as tributárias, foros, laudêmios, aluguéis ou taxas de ocupação, custas processuais, preços de serviços prestados por estabelecimentos públicos, indenizações, reposições, restituições, alcances dos responsáveis definitivamente julgados, bem assim os créditos decorrentes de obrigações em moeda estrangeira, de sub-rogação de hipoteca, fiança, aval ou outra garantia, de contratos em geral ou de outras obrigações legais. (Incluído pelo Decreto-lei nº 1.735, de 1979)

- CTN: art. 202.
- Lei 6.830/1980: art. 2º.

§ 3º. O valor do crédito da Fazenda Nacional em moeda estrangeira será convertido ao correspondente valor na moeda nacional à taxa cambial oficial, para compra, na data da notificação ou intimação do devedor, pela autoridade administrativa, ou, à sua falta, na data da inscrição da Dívida Ativa, incidindo, a partir da conversão, a atualização monetária e os juros de mora, de acordo com preceitos legais pertinentes aos débitos tributários. (Incluído pelo Decreto-lei nº 1.735, de 1979)

§ 4º. A receita da Dívida Ativa abrange os créditos mencionados nos parágrafos anteriores, bem como os valores correspondentes à respectiva atualização monetária, à multa e juros de mora e ao encargo de que tratam o art. 1º do Decreto-lei nº 1.025, de 21 de outubro de 1969, e o art. 3º do Decreto-lei nº 1.645, de 11 de dezembro de 1978. (Incluído pelo Decreto-lei nº 1.735, de 1979)

§ 5º. A Dívida Ativa da União será apurada e inscrita na Procuradoria da Fazenda Nacional. (Incluído pelo Decreto-lei nº 1.735, de 1979)

TÍTULO V. DOS CRÉDITOS ADICIONAIS

Art. 40. São créditos adicionais, as autorizações de despesa não computadas ou insuficientemente dotadas na Lei de Orçamento.

Art. 41. Os créditos adicionais classificam-se em:

I – suplementares, os destinados a reforço de dotação orçamentária;

II – especiais, os destinados a despesas para as quais não haja dotação orçamentária específica;

III – extraordinários, os destinados a despesas urgentes e imprevistas, em caso de guerra, comoção intestina ou calamidade pública.

Art. 42. Os créditos suplementares e especiais serão autorizados por lei e abertos por decreto executivo.

Art. 43. A abertura dos créditos suplementares e especiais depende da existência de recursos disponíveis para ocorrer a despesa e será precedida de exposição justificativa.

§ 1º. Consideram-se recursos para o fim deste artigo, desde que não comprometidos:

I – o *superavit* financeiro apurado em balanço patrimonial do exercício anterior;

II – os provenientes de excesso de arrecadação;

III – os resultantes de anulação parcial ou total de dotações orçamentárias ou de créditos adicionais, autorizados em lei;

IV – o produto de operações de crédito autorizadas, em forma que juridicamente possibilite ao Poder Executivo realizá-las.

§ 2º. Entende-se por *superavit* financeiro a diferença positiva entre o ativo financeiro e o passivo financeiro, conjugando-se, ainda, os saldos dos créditos adicionais transferidos e as operações de crédito a eles vinculadas.

§ 3º. Entende-se por excesso de arrecadação, para os fins deste artigo, o saldo positivo das diferenças acumuladas mês a mês entre a arrecadação prevista e a realizada, considerando-se, ainda, a tendência do exercício.

§ 4º. Para o fim de apurar os recursos utilizáveis, provenientes de excesso de arrecadação, deduzir-se-á a importância dos créditos extraordinários abertos no exercício.

Art. 44. Os créditos extraordinários serão abertos por decreto do Poder Executivo, que deles dará imediato conhecimento ao Poder Legislativo.

Art. 45. Os créditos adicionais terão vigência adstrita ao exercício financeiro em que forem abertos, salvo expressa disposição legal em contrário, quanto aos especiais e extraordinários.

Art. 46. O ato que abrir crédito adicional indicará a importância, a espécie do mesmo e a classificação da despesa, até onde for possível.

TÍTULO VI. DA EXECUÇÃO DO ORÇAMENTO

CAPÍTULO I. DA PROGRAMAÇÃO DA DESPESA

Art. 47. Imediatamente após a promulgação da Lei de Orçamento e com base nos limites nela fixados, o Poder Executivo aprovará um quadro de cotas trimestrais da despesa que cada unidade orçamentária fica autorizada a utilizar.

Art. 48. A fixação das cotas a que se refere o artigo anterior atenderá aos seguintes objetivos:

a) assegurar às unidades orçamentárias, em tempo útil a soma de recursos necessários e suficientes a melhor execução do seu programa anual de trabalho;

b) manter, durante o exercício, na medida do possível o equilíbrio entre a receita arrecadada e a despesa realizada, de modo a reduzir ao mínimo eventuais insuficiências de tesouraria.

Art. 49. A programação da despesa orçamentária, para efeito do disposto no artigo anterior, levará em conta os créditos adicionais e as operações extraorçamentárias.

Art. 50. As cotas trimestrais poderão ser alteradas durante o exercício, observados o limite da dotação e o comportamento da execução orçamentária.

CAPÍTULO II. DA RECEITA

Art. 51. Nenhum tributo será exigido ou aumentado sem que a lei o estabeleça, nenhum será cobrado em cada exercício sem prévia autorização orçamentária, ressalvados a tarifa aduaneira e o imposto lançado por motivo de guerra.

Art. 52. São objeto de lançamento os impostos diretos e quaisquer outras rendas com vencimento determinado em lei, regulamento ou contrato.

Art. 53. O lançamento da receita é ato da repartição competente, que verifica a procedência do crédito fiscal e a pessoa que lhe é devedora e inscreve o débito desta.

Art. 54. Não será admitida a compensação da observação de recolher rendas ou receitas com direito creditório contra a Fazenda Pública.

Art. 55. Os agentes da arrecadação devem fornecer recibos das importâncias que arrecadarem.

§ 1º. Os recibos devem conter o nome da pessoa que paga a soma arrecadada, proveniência e classificação, bem como a data e assinatura do agente arrecadador.

§ 2º. Os recibos serão fornecidos em uma única via.

Art. 56. O recolhimento de todas as receitas far-se-á em estrita observância ao princípio de unidade de tesouraria, vedada qualquer fragmentação para criação de caixas especiais.

Art. 57. Ressalvado o disposto no parágrafo único do artigo 3º desta Lei serão classificadas como receita orçamentária, sob as rubricas próprias, todas as receitas arrecadadas, inclusive as provenientes de operações de crédito, ainda que não previstas no Orçamento.

CAPÍTULO III. DA DESPESA

Art. 58. O empenho de despesa é o ato emanado de autoridade competente que cria para o Estado obrigação de pagamento pendente ou não de implemento de condição.

Art. 59. O empenho da despesa não poderá exceder o limite dos créditos concedidos. (Redação dada pela Lei nº 6.397, de 1976)

§ 1º. Ressalvado o disposto no art. 67 da Constituição Federal, é vedado aos Municípios empenhar, no último mês do mandato do prefeito, mais do que o duodécimo da despesa prevista no Orçamento vigente. (Incluído pela Lei nº 6.397, de 1976)

§ 2º. Fica, também, vedado aos Municípios, no mesmo período, assumir, por qualquer forma, compromissos financeiros para execução depois do término do mandato do prefeito. (Incluído pela Lei nº 6.397, de 1976)

§ 3º. As disposições dos parágrafos anteriores não se aplicam nos casos comprovados de calamidade pública. (Incluído pela Lei nº 6.397, de 1976)

§ 4º. Reputam-se nulos e de nenhum efeito os empenhos e atos praticados em desacordo com o disposto nos parágrafos 1º e 2º deste artigo, sem prejuízo da responsabilidade do prefeito nos termos do art. 1º, V, do Decreto-lei nº 201, de 27 de fevereiro de 1967. (Incluído pela Lei nº 6.397, de 1976)

Art. 60. É vedada a realização de despesa sem prévio empenho.

§ 1º. Em casos especiais previstos na legislação específica será dispensada a emissão da nota de empenho.

§ 2º. Será feito por estimativa o empenho da despesa cujo montante não se possa determinar.

§ 3º. É permitido o empenho global de despesas contratuais e outras, sujeitas a parcelamento.

Art. 61. Para cada empenho será extraído um documento denominado "nota de empenho" que indicará o nome do credor, a representação e a importância da despesa bem como a dedução desta do saldo da dotação própria.

Art. 62. O pagamento da despesa só será efetuado quando ordenado após sua regular liquidação.

Art. 63. A liquidação da despesa consiste na verificação do direito adquirido pelo credor tendo por base os títulos e documentos comprobatórios do respectivo crédito.

§ 1º. Essa verificação tem por fim apurar:

I – a origem e o objeto do que se deve pagar;

II – a importância exata a pagar;

- Lei 12.712/2012: art. 13, § 4º.
- Lei 12.793/2013: art. 1º.

III – a quem se deve pagar a importância, para extinguir a obrigação.

§ 2º. A liquidação da despesa por fornecimentos feitos ou serviços prestados terá por base:

I – o contrato, ajuste ou acordo respectivo;

II – a nota de empenho;

III – os comprovantes da entrega de material ou da prestação efetiva do serviço.

Art. 64. A ordem de pagamento é o despacho exarado por autoridade competente, determinando que a despesa seja paga.

Parágrafo único. A ordem de pagamento só poderá ser exarada em documentos processados pelos serviços de contabilidade.

Art. 65. O pagamento da despesa será efetuado por tesouraria ou pagadoria regularmente instituídos por estabelecimentos bancários credenciados e, em casos excepcionais, por meio de adiantamento.

Art. 66. As dotações atribuídas às diversas unidades orçamentárias poderão quando expressamente determinado na Lei de Orçamento ser movimentadas por órgãos centrais de administração geral.

Parágrafo único. É permitida a redistribuição de parcelas das dotações de pessoal, de uma para outra unidade orçamentária, quando considerada indispensável à movimentação de pessoal dentro das tabelas ou quadros comuns às unidades interessadas, a que se realize em obediência à legislação específica.

Art. 67. Os pagamentos devidos pela Fazenda Pública, em virtude de sentença judiciária, far-se-ão na ordem de apresentação dos precatórios e à conta dos créditos respectivos, sendo proibida a designação de casos ou de pessoas nas dotações orçamentárias e nos créditos adicionais abertos para esse fim.

Art. 68. O regime de adiantamento é aplicável aos casos de despesas expressamente definidos em lei e consiste na entrega de numerário a servidor, sempre precedida de empenho na dotação própria para o fim de realizar despesas, que não possam subordinar-se ao processo normal de aplicação.

Art. 69. Não se fará adiantamento a servidor em alcance nem a responsável por dois adiantamentos.

Art. 70. A aquisição de material, o fornecimento e a adjudicação de obras e serviços serão regulados em lei, respeitado o princípio da concorrência.

TÍTULO VII. DOS FUNDOS ESPECIAIS

Art. 71. Constitui fundo especial o produto de receitas especificadas que por lei se vinculam à realização de determinados objetivos ou serviços, facultada a adoção de normas peculiares de aplicação.

Art. 72. A aplicação das receitas orçamentárias vinculadas a fundos especiais far-se-á através de dotação consignada na Lei de Orçamento ou em créditos adicionais.

Art. 73. Salvo determinação em contrário da lei que o instituiu, o saldo positivo do fundo especial apurado em balanço será transferido para o exercício seguinte, a crédito do mesmo fundo.

Art. 74. A lei que instituir fundo especial poderá determinar normas peculiares de controle, prestação e tomada de contas, sem de qualquer modo, elidir a competência específica do Tribunal de Contas ou órgão equivalente.

TÍTULO VIII. DO CONTROLE DA EXECUÇÃO ORÇAMENTÁRIA

CAPÍTULO I. DISPOSIÇÕES GERAIS

Art. 75. O controle da execução orçamentária compreenderá:

› CF/88: arts. 33, § 2ª e 71.

I – a legalidade dos atos de que resultem a arrecadação da receita ou a realização da despesa, o nascimento ou a extinção de direitos e obrigações;

II – a fidelidade funcional dos agentes da administração, responsáveis por bens e valores públicos;

III – o cumprimento do programa de trabalho expresso em termos monetários e em termos de realização de obras e prestação de serviços.

CAPÍTULO II. DO CONTROLE INTERNO

› CF/88: arts. 33, § 2ª e 71.

Art. 76. O Poder Executivo exercerá os três tipos de controle a que se refere o artigo 75, sem prejuízo das atribuições do Tribunal de Contas ou órgão equivalente.

Art. 77. A verificação da legalidade dos atos de execução orçamentária será prévia, concomitante e subsequente.

Art. 78. Além da prestação ou tomada de contas anual, quando instituída em lei, ou por fim de gestão, poderá haver, a qualquer tempo, levantamento, prestação ou tomada de contas de todos os responsáveis por bens ou valores públicos.

Art. 79. Ao órgão incumbido da elaboração da proposta orçamentária ou a outro indicado na legislação, caberá o controle estabelecido no inciso III do artigo 75.

Parágrafo único. Esse controle far-se-á, quando for o caso, em termos de unidades de medida, previamente estabelecidos para cada atividade.

Art. 80. Compete aos serviços de contabilidade ou órgãos equivalentes verificar a exata observância dos limites das cotas trimestrais atribuídas a cada unidade orçamentária, dentro do sistema que for instituído para esse fim.

CAPÍTULO III. DO CONTROLE EXTERNO

› CF/88: arts. 33, § 2ª e 71.

Art. 81. O controle da execução orçamentária, pelo Poder Legislativo, terá por objetivo verificar a probidade da administração, a guarda e legal emprego dos dinheiros públicos e o cumprimento da Lei de Orçamento.

Art. 82. O Poder Executivo, anualmente, prestará contas ao Poder Legislativo, no prazo estabelecido nas Constituições ou nas Leis Orgânicas dos Municípios.

§ 1º. As contas do Poder Executivo serão submetidas ao Poder Legislativo, com Parecer prévio do Tribunal de Contas ou órgão equivalente.

§ 2º. Quando, no Município não houver Tribunal de Contas ou órgão equivalente, a Câmara de Vereadores poderá designar peritos contadores para verificarem as contas do prefeito e sobre elas emitirem parecer.

TÍTULO IX. DA CONTABILIDADE

CAPÍTULO I. DISPOSIÇÕES GERAIS

Art. 83. A contabilidade evidenciará perante a Fazenda Pública a situação de todos quantos, de qualquer modo, arrecadem receitas, efetuem despesas, administrem ou guardem bens a ela pertencentes ou confiados.

Art. 84. Ressalvada a competência do Tribunal de Contas ou órgão equivalente, a tomada de contas dos agentes responsáveis por bens ou dinheiros públicos será realizada ou superintendida pelos serviços de contabilidade.

Art. 85. Os serviços de contabilidade serão organizados de forma a permitirem o acompanhamento da execução orçamentária, o conhecimento da composição patrimonial, a determinação dos custos dos serviços industriais, o levantamento dos balanços gerais, a análise e a interpretação dos resultados econômicos e financeiros.

Art. 86. A escrituração sintética das operações financeiras e patrimoniais efetuar-se-á pelo método das partidas dobradas.

Art. 87. Haverá controle contábil dos direitos e obrigações oriundos de ajustes ou contratos em que a administração pública for parte.

Art. 88. Os débitos e créditos serão escriturados com individuação do devedor ou do credor e especificação da natureza, importância e data do vencimento, quando fixada.

Art. 89. A contabilidade evidenciará os fatos ligados à administração orçamentária, financeira patrimonial e industrial.

CAPÍTULO II. DA CONTABILIDADE ORÇAMENTÁRIA E FINANCEIRA

Art. 90. A contabilidade deverá evidenciar, em seus registros, o montante dos créditos orçamentários vigentes, a despesa empenhada e a despesa realizada, à conta dos mesmos créditos, e às dotações disponíveis.

Art. 91. O registro contábil da receita e da despesa far-se-á de acordo com as especificações constantes da Lei de Orçamento e dos créditos adicionais.

Art. 92. A dívida flutuante compreende:

I – os restos a pagar, excluídos os serviços da dívida;

II – os serviços da dívida a pagar;

III – os depósitos;

IV – os débitos de tesouraria.

Parágrafo único. O registro dos restos a pagar far-se-á por exercício e por credor distinguindo-se as despesas processadas das não processadas.

Art. 93. Todas as operações de que resultem débitos e créditos de natureza financeira, não compreendidas na execução orçamentária, serão também objeto de registro, individuação e controle contábil.

CAPÍTULO III. DA CONTABILIDADE PATRIMONIAL E INDUSTRIAL

Art. 94. Haverá registros analíticos de todos os bens de caráter permanente, com indicação dos elementos necessários para a perfeita caracterização de cada um deles e dos agentes responsáveis pela sua guarda e administração.

Art. 95. A contabilidade manterá registros sintéticos dos bens móveis e imóveis.

Art. 96. O levantamento geral dos bens móveis e imóveis terá por base o inventário analítico de cada unidade administrativa e os elementos da escrituração sintética na contabilidade.

Art. 97. Para fins orçamentários e determinação dos devedores, ter-se-á o registro contábil das receitas patrimoniais, fiscalizando-se sua efetivação.

Art. 98. A dívida fundada compreende os compromissos de exigibilidade superior a 12 (doze) meses, contraídos para atender a desequilíbrio orçamentário ou a financeiro de obras e serviços públicos.

Parágrafo único. A dívida fundada será escriturada com individuação e especificações que permitem verificar, a qualquer momento, a posição dos empréstimos, bem como os respectivos serviços de amortização e juros.

Art. 99. Os serviços públicos industriais, ainda que não organizados como empresa pública ou autárquica, manterão contabilidade especial para determinação dos custos, ingressos e resultados, sem prejuízo da escrituração patrimonial e financeiro comum.

Art. 100. As alterações da situação líquida patrimonial, que abrangem os resultados da execução orçamentária, bem como as variações independentes dessa execução e as superveniências e insubsistência ativas e passivas, constituirão elementos da conta patrimonial.

CAPÍTULO IV. DOS BALANÇOS

Art. 101. Os resultados gerais do exercício serão demonstrados no Balanço Orçamentário, no Balanço Financeiro, no Balanço Patrimonial, na Demonstração das Variações Patrimoniais, segundo os Anexos 12, 13, 14 e 15 e os quadros demonstrativos constantes dos Anexos 1, 6, 7, 8, 9, 10, 11, 16 e 17.

Art. 102. O Balanço Orçamentário demonstrará as receitas e despesas previstas em confronto com as realizadas.

Art. 103. O Balanço Financeiro demonstrará a receita e a despesa orçamentárias bem como os recebimentos e os pagamentos de natureza extraorçamentária, conjugados com os saldos em espécie provenientes do exercício anterior, e os que se transferem para o exercício seguinte.

Parágrafo único. Os Restos a Pagar do exercício serão computados na receita extraorçamentária para compensar sua inclusão na despesa orçamentária.

Art. 104. A Demonstração das Variações Patrimoniais evidenciará as alterações verificadas no patrimônio, resultantes ou independentes da execução orçamentária, e indicará o resultado patrimonial do exercício.

Art. 105. O Balanço Patrimonial demonstrará:

I – o Ativo Financeiro;

II – o Ativo Permanente;

III – o Passivo Financeiro;

IV – o Passivo Permanente;

V – o Saldo Patrimonial;

VI – as Contas de Compensação.

§ 1º. O Ativo Financeiro compreenderá os créditos e valores realizáveis independentemente de autorização orçamentária e os valores numerários.

§ 2º. O Ativo Permanente compreenderá os bens, créditos e valores, cuja mobilização ou alienação dependa de autorização legislativa.

§ 3º. O Passivo Financeiro compreenderá as dívidas fundadas e outras, cujo pagamento independa de autorização orçamentária.

§ 4º. O Passivo Permanente compreenderá as dívidas fundadas e outras que dependam de autorização legislativa para amortização ou resgate.

§ 5º. Nas contas de compensação serão registrados os bens, valores, obrigações, e situações não compreendidas nos parágrafos anteriores e que, imediata ou indiretamente, possam vir a afetar o patrimônio.

Art. 106. A avaliação dos elementos patrimoniais obedecerá as normas seguintes:

I – os débitos e créditos, bem como os títulos de renda, pelo seu valor nominal, feita a conversão, quando em moeda estrangeira, à taxa de câmbio vigente na data do balanço;

II – os bens móveis e imóveis, pelo valor de aquisição ou pelo custo de produção ou de construção;

III – os bens de almoxarifado, pelo preço médio ponderado das compras.

§ 1º. Os valores em espécie, assim como os débitos e créditos, quando em moeda estrangeira, deverão figurar ao lado das correspondentes importâncias em moeda nacional.

§ 2º. As variações resultantes da conversão dos débitos, créditos e valores em espécie serão levadas à conta patrimonial.

§ 3º. Poderão ser feitas reavaliações dos bens móveis e imóveis.

TÍTULO X. DAS AUTARQUIAS E OUTRAS ENTIDADES

Art. 107. As entidades autárquicas ou paraestatais, inclusive de previdência social ou investidas de delegação para arrecadação de contribuições para fiscais da União, dos Estados, dos Municípios e do Distrito Federal terão seus orçamentos aprovados por decreto do Poder Executivo, salvo se disposição legal expressa determinar que o sejam pelo Poder Legislativo.

Parágrafo único. Compreendem-se nesta disposição as empresas com autonomia financeira e administrativa cujo capital pertencer, integralmente, ao Poder Público.

Art. 108. Os orçamentos das entidades referidas no artigo anterior vincular-se-ão ao orçamento da União, dos Estados, dos Municípios e do Distrito Federal, pela inclusão:

I – como receita, salvo disposição legal em contrário, de saldo positivo previsto entre os totais das receitas e despesas;

II – como subvenção econômica, na receita do orçamento da beneficiária, salvo disposição legal em contrário, do saldo negativo previsto entre os totais das receitas e despesas.

§ 1º. Os investimentos ou inversões financeiras da União, dos Estados, dos Municípios e do Distrito Federal, realizados por intermédio das entidades aludidas no artigo anterior, serão classificados como receita de capital destas e despesa de transferência de capital daqueles.

§ 2º. As previsões para depreciação serão computadas para efeito de apuração do saldo líquido das mencionadas entidades.

Art. 109. Os orçamentos e balanços das entidades compreendidas no artigo 107 serão publicados como complemento dos orçamentos e balanços da União, dos Estados, dos Municípios e do Distrito Federal a que estejam vinculados.

Art. 110. Os orçamentos e balanços das entidades já referidas, obedecerão aos padrões e normas instituídas por esta Lei, ajustados às respectivas peculiaridades.

Parágrafo único. Dentro do prazo que a legislação fixar, os balanços serão remetidos ao órgão central de contabilidade da União, dos Estados, dos Municípios e do Distrito Federal, para fins de incorporação dos resultados, salvo disposição legal em contrário.

TÍTULO XI. DISPOSIÇÕES FINAIS

Art. 111. O Conselho Técnico de Economia e Finanças do Ministério da Fazenda, além de outras apurações, para fins estatísticos, de interesse nacional, organizará e publicará o balanço consolidado das contas da União, Estados, Municípios e Distrito Federal, suas autarquias e outras entidades, bem como um quadro estruturalmente idêntico, baseado em dados orçamentários.

§ 1º. Os quadros referidos neste artigo terão a estrutura do Anexo 1.

§ 2º. O quadro baseado nos orçamentos será publicado até o último dia do primeiro semestre do próprio exercício e o baseado nos balanços, até o último dia do segundo semestre do exercício imediato àquele a que se referirem.

Art. 112. Para cumprimento do disposto no artigo precedente, a União, os Estados, os Municípios e o Distrito Federal remeterão ao mencionado órgão, até 30 de abril, os orçamentos do exercício, e até 30 de junho, os balanços do exercício anterior.

Parágrafo único. O pagamento, pela União, de auxílio ou contribuição a Estados, Municípios ou Distrito Federal, cuja concessão não decorra de imperativo constitucional, dependerá de prova do atendimento ao que se determina neste artigo.

Art. 113. Para fiel e uniforme aplicação das presentes normas, o Conselho Técnico de Economia e Finanças do Ministério da Fazenda atenderá a consultas, coligirá elementos, promoverá o intercâmbio de dados informativos, expedirá recomendações técnicas, quando solicitadas, e atualizará sempre que julgar conveniente, os anexos que integram a presente Lei.

Parágrafo único. Para os fins previstos neste artigo, poderão ser promovidas, quando necessário, conferências ou reuniões técnicas, com a participação de representantes das entidades abrangidas por estas normas.

Art. 114. Os efeitos desta Lei são contados a partir de 1º de janeiro de 1964 para o fim da elaboração dos orçamentos e a partir de 1º de janeiro de 1965, quanto às demais atividades estatuídas. (Redação dada pela Lei nº 4.489, de 1964)

Art. 115. Revogam-se as disposições em contrário.

▸ Não publicamos os anexos a esta Lei.

Brasília, 17 de março de 1964; 143º da Independência e 76º da República.
JOÃO GOULART
D.O.U. 23.3.1964; ret. 9.4.1964 e 3.6.1964

LEI Nº 4.380, DE 21 DE AGOSTO DE 1964

Institui a correção monetária nos contratos imobiliários de interêsse social, o sistema financeiro para aquisição da casa própria, cria o Banco Nacional da Habitação (BNH), e Sociedades de Crédito Imobiliário, as Letras Imobiliárias, o Serviço Federal de Habitação e Urbanismo e dá outras providências.

▸ *Sistema Financeiro da Habitação*

CAPITULO I DA COORDENAÇÃO DOS ÓRGÃOS PÚBLICOS E DA INICIATIVA PRIVADA

Art. 1° O Govêrno Federal, através do Ministro de Planejamento, formulará a política nacional de habitação e de planejamento territorial, coordenando a ação dos órgãos públicos e orientando a iniciativa privada no sentido de estimular a construção de habitações de interêsse social e o financiamento da aquisição da casa própria, especialmente pelas classes da população de menor renda.

Art. 2º O Govêrno Federal intervirá no setor habitacional por intermédio:

I – do Banco Nacional da Habitação;

II – do Serviço Federal de Habitação e Urbanismo;

III – das Caixas Econômicas Federais, IPASE, das Caixas Militares, dos órgãos federais de desenvolvimento regional e das sociedades de economia mista.

Art. 3º Os órgãos federais enumerados no artigo anterior exercerão de preferência atividades de coordenação, orientação e assistência técnica e financeira, ficando reservados:

I – aos Estados e Municípios, com a assistência dos órgãos federais, a elaboração e execução de planos diretores, projetos e orçamentos para a solução dos seus problemas habitacionais;

II – à iniciativa privada, a promoção e execução de projetos de construção de habitações segundo as diretrizes urbanísticas locais.

§ 1° Será estimulada a coordenação dos esforços, na mesma área ou local, dos órgãos públicos federais, estaduais e municipais, bem como das iniciativas privadas, de modo que se obtenha a concentração e melhor utilização dos recursos disponíveis.

§ 2º A execução dos projetos sòmente caberá aos órgãos federais para suprir a falta de iniciativa local, pública ou privada.

Art. 4º Terão prioridade na aplicação dos recursos:

I – a construção de conjuntos habitacionais destinados à eliminação de favelas, mocambos e outras aglomerações em condições sub-humanas de habitação;

II – os projetos municipais ou estaduais que com as ofertas de terrenos já urbanizados e dotados dos necessários melhoramentos, permitirem o início imediato da construção de habitações;

III – os projetos de cooperativas e outras formas associativas de construção de casa própria;

IV – os projetos da iniciativa privada que contribuam para a solução de problemas habitacionais ...(Vetado);

V – a construção de moradia a população rural. (Parte mantida pelo Congresso Nacional)

CAPÍTULO II DA CORREÇÃO MONETÁRIA DOS CONTRATOS IMOBILIÁRIOS

Art. 5º Observado o disposto na presente lei, os contratos de vendas ou construção de habitações para pagamento a prazo ou de empréstimos para aquisição ou construção de habitações poderão prever o reajustamento das prestações mensais de amortização e juros, com a conseqüente correção do valor monetário da dívida tôda a vez que o salário mínimo legal fôr alterado.

§ 1° O reajustamento será baseado em índice geral de preços mensalmente apurado ou adotado pelo Conselho Nacional de Economia que reflita adequadamente as variações no poder aquisitivo da moeda nacional.

§ 2º O reajustamento contratual será efetuado ...(Vetado)... na mesma proporção da variação do índice referido no parágrafo anterior:

a) desde o mês da data do contrato até o mês da entrada em vigor do nôvo nível de salário-mínimo, no primeiro reajustamento após a data do contrato;

b) entre os meses de duas alterações sucessivas do nível de salário-mínimo nos reajustamentos subseqüentes ao primeiro.

§ 3º Cada reajustamento entrará em vigor após 60 (sessenta) dias da data de vigência da alteração do salário-mínimo que o autorizar e a prestação mensal reajustada vigorará até nôvo reajustamento.

§ 4º Do contrato constará, obrigatòriamente, na hipótese de adotada a cláusula de reajustamento, a relação original entre a prestação mensal de amortização e juros e o salário-mínimo em vigor na data do contrato.

§ 5º Durante a vigência do contrato, a prestação mensal reajustada não poderá exceder em relação ao salário-mínimo em vigor, a percentagem nêle estabelecida.

§ 6º Para o efeito de determinar a data do reajustamento e a percentagem referida no parágrafo anterior, tomar-se-á por base o salário-mínimo da região onde se acha situado o imóvel.

§ 7º (Vetado).

§ 8º (Vetado).

§ 9º O disposto neste artigo, quando o adquirente fôr servidor público ou autárquico poderá ser aplicado tomando como base a vigência da lei que lhes altere os vencimentos.

Art. 6° O disposto no artigo anterior sòmente se aplicará aos contratos de venda, promessa de venda, cessão ou promessa de cessão, ou empréstimo que satisfaçam às seguintes condições:

a) tenham por objeto imóveis construídos, em construção, ou cuja construção, seja simultâneamente contratada, cuja área total de construção, entendida como a que inclua paredes e quotas-partes comuns, quando se tratar de apartamento, de habitação coletiva ou vila, não ultrapasse 100 (cem) metros quadrados;

b) o valor da transação não ultrapasse 200 (duzentas) vêzes o maior salário-mínimo vigente no país;

c) ao menos parte do financiamento, ou do preço a ser pago, seja amortizado em prestações mensais sucessivas, de igual valor, antes do reajustamento, que incluam amortizações e juros;

d) além das prestações mensais referidas na alínea anterior, quando convencionadas prestações intermediárias, fica vedado o reajustamento das mesmas, e do saldo devedor a elas correspondente;

e) os juros convencionais não excedem de 10% ao ano;

f) se assegure ao devedor, comprador, promitente comprador, cessionário ou promitente cessionário o direito a liquidar antecipadamente a dívida em forma obrigatòriamente prevista no contrato, a qual poderá prever a correção monetária do saldo devedor, de acôrdo com os índices previstos no § 1° do artigo anterior.

Parágrafo único. As restrições dos incisos a e b não obrigam as entidades integrantes do sistema financeiro da habitação, cujas aplicações, a êste respeito, são regidas pelos artigos 11 e 12.

Art. 7º Após 180 dias da concessão do "habite-se", caracterizando a conclusão da construção, nenhuma unidade residencial pode ser vendida, ou prometida vender ou ceder, com o benefício de pagamentos regidos pelos artigos 5º e 6º desta Lei.

§ 1° Para os efeitos dêsse artigo equipara-se ao "habite-se" das autoridades municipais a ocupação efetiva da unidade residencial.

§ 2º O disposto neste artigo não se aplica os imóveis já construídos, cuja alienação seja contratada, nos têrmos dos artigos 5º e 6º, pelos respectivos titulares, desde que êstes incorporem ao capital de Sociedade de Crédito Imobiliário o preço da transação.

§ 3º Aos imóveis de propriedade das pessoas jurídicas de direito público ou de sociedade de economia mista, de que o Poder Público seja majoritário, não se aplica o disposto neste artigo.

§ 4º A restrição dêste artigo não se aplicará àquele que, não sendo proprietário, promitente comprador ou promitente cessionário de mais de uma habitação, desejar aliená-la de modo a adquirir outra, na forma dos artigos 5º e 6º desta lei, desde que a aquisição seja de qualquer forma contratada simultâneamente com a alienação.

§ 5º Não se aplicam as restrições dêste artigo aos imóveis ocupados há mais de 2 (dois) anos pelo locatário que pretender adquiri-lo mediante financiamento de qualquer dos agentes financeiros do Sistema Financeiro de Habitação, desde que os recursos obtidos pelo locador sejam utilizados na construção de novas habitações, conforme normas regulamentares a serem baixadas pelo Banco Nacional de Habitação ou que permaneçam depositados no Sistema Financeiro de Habitação, pelo prazo mínimo de 5 (cinco) anos. (Incluído pela Lei nº 5.455, de 1968)

CAPÍTULO III
DO SISTEMA FINANCEIRO, DA HABITAÇÃO DE INTERÊSSE SOCIAL

SEÇÃO I
ÓRGÃOS COMPONENTES DO SISTEMA

Art. 8° O sistema financeiro da habitação, destinado a facilitar e promover a construção e a aquisição da casa própria ou moradia, especialmente pelas classes de menor renda da população, será integrado. (Redação dada pela Lei nº 8.245, de 1991)

I – pelos bancos múltiplos; (Incluído pela Lei nº 11.977, de 2009)

II – pelos bancos comerciais; (Incluído pela Lei nº 11.977, de 2009)

III – pelas caixas econômicas; (Incluído pela Lei nº 11.977, de 2009)

IV – pelas sociedades de crédito imobiliário; (Incluído pela Lei nº 11.977, de 2009)

V – pelas associações de poupança e empréstimo; (Incluído pela Lei nº 11.977, de 2009)

VI – pelas companhias hipotecárias; (Incluído pela Lei nº 11.977, de 2009)

VII – pelos órgãos federais, estaduais e municipais, inclusive sociedades de economia mista em que haja participação majoritária do poder público, que operem, de acordo com o disposto nesta Lei, no financiamento de habitações e obras conexas; (Incluído pela Lei nº 11.977, de 2009)

VIII – pelas fundações, cooperativas e outras formas associativas para construção ou aquisição da casa própria sem finalidade de lucro, que se constituirão de acordo com as diretrizes desta Lei; (Incluído pela Lei nº 11.977, de 2009)

IX – pelas caixas militares; (Incluído pela Lei nº 11.977, de 2009)

X – pelas entidades abertas de previdência complementar; (Incluído pela Lei nº 11.977, de 2009)

XI – pelas companhias securitizadoras de crédito imobiliário; e (Incluído pela Lei nº 11.977, de 2009)

XII – por outras instituições que venham a ser consideradas pelo Conselho Monetário Nacional como integrantes do Sistema Financeiro da Habitação. (Incluído pela Lei nº 11.977, de 2009)

Parágrafo único. O Conselho da Superintendência da Moeda e do Crédito fixará as normas que regulam as relações entre o sistema financeiro da habitação e o restante do sistema financeiro nacional, especialmente quanto à possibilidade, às condições e aos limites de aplicação de recursos da rêde bancária em letras imobiliárias, emitidas, nos têrmos desta lei, pelo Banco Nacional da Habitação.

SEÇÃO II
DAS APLICAÇÕES DO SISTEMA FINANCEIRO DA HABITAÇÃO

Art. 9º Tôdas as aplicações do sistema, terão por objeto, fundamentalmente a aquisição de casa para residência do adquirente, sua família e seus dependentes, vedadas quaisquer aplicações em terrenos não construídos, salvo como parte de operação financeira destinada à construção da mesma.

§ 1º (Revogado pela Medida Provisória nº 2.197-43, de 2001)

§ 2º Após 180 dias da concessão do «habite-se», caracterizando a conclusão da construção, nenhuma unidade residencial pode ser objeto de aplicação pelo sistema financeiro da habitação, equiparando-se ao «habite-se» das autoridades municipais a ocupação efetiva da unidade residencial.

§ 3º O disposto no parágrafo anterior não se aplicará aos imóveis já construídos, que sejam alienados a partir desta lei por seus proprietários ou promitentes compradores por motivo de aquisição de outro imóvel que satisfaça às condições desta lei para ser objeto de aplicação pelo sistema financeiro de habitação.

Art. 10. Tôdas as aplicações do sistema financeiro da habitação revestirão a forma de créditos reajustáveis de acôrdo com os artigos 5º e 6º desta Lei.

§ 1° Os financiamentos para aquisição ou construção de habitações e as vendas a prazo de habitações, efetuadas pelas Caixas Econômicas ...(Vetado)... e outras autarquias ...(Vetado)... ou por sociedades de economia mista ...(Vetado)... estabelecerão, obrigatòriamente, o reajustamento do saldo devedor e das prestações de amortização e juros, obedecidas as disposições dos artigos 5º e 6º.

§ 2º As entidades estatais, inclusive as sociedades de economia mista, em que o Poder Público seja majoritário, adotarão, nos seus financiamentos, critérios e classificação dos candidatos aprovados pelo Banco Nacional de Habitação, ouvido o Serviço Federal de Habitação e Urbanismo, e darão, obrigatòriamente, ampla publicidade das inscrições e dos financiamentos concedidos.

§ 3º Os órgãos federais deverão aplicar os recursos por êles arrecadados para o sistema financeiro da habitação, até 50% no Estado de origem dos recursos, redistribuindo o restante pelas unidades federativas compreendidas em regiões de menor desenvolvimento econômico.

Art. 11. Os recursos destinados ao setor habitacional pelas entidades estatais, inclusive sociedades de economia mista de que o Poder Público seja majoritário, distribuir-se-ão, permanentemente, da seguinte forma: (Redação dada pela Lei nº 4.864, de 1965).

I – em habitações de valor unitário inferior a 100 (cem) vêzes o maior salário-mínimo mensal, vigente no País, uma percentagem mínima dos recursos a ser fixada, bienalmente, pelo Banco Nacional de Habitação, em função das condições do mercado e das regiões, e por instituição ou tipo de instituição. (Redação dada pela Lei nº 4.864, de 1965).

II – em habitações de valor unitário compreendido entre 300 (trezentas) e 400 (quatrocentas) vêzes o maior salário-mínimo, vigente no País, no máximo, 20% (vinte por cento) dos recursos, vedadas as aplicações em habitações de valor unitário superior a 400 (quatrocentas) vêzes o maior salário-mínimo citado. (Redação dada pela Lei nº 4.864, de 1965).

§ 1º Dentro do limite de recursos obrigatòriamente aplicados em habitações de valor unitário inferior a 100 (cem) vêzes o maior salário-mínimo do País, o Banco Nacional de Habitação fixará, para cada região ou localidade, a percentagem mínima de recursos que devem ser aplicados no financiamento de projetos destinados à eliminação de favelas, mocambos e outras aglomerações em condições sub-humanas de habitação. (Redação dada pela Lei nº 4.864, de 1965).

§ 2º Nas aplicações a que se refere o inciso II, a parcela financiada do valor do imóvel não poderá ultrapassar 80% (oitenta por cento) do mesmo. (Redação dada pela Lei nº 4.864, de 1965).

§ 3º Os recursos aplicados ou com aplicação contratada, no setor habitacional, na data da publicação desta Lei, pelas entidades estatais, inclusive sociedades de economia mista, não serão computadas nas percentagens de aplicação a que se refere êste artigo. (Redação dada pela Lei nº 4.864, de 1965).

§ 4º O disposto neste artigo não se aplica aos processos das Caixas Econômicas Federais, Caixas Militares e IPASE, já deferidos pelos órgãos e autoridades competentes, na data da publicação desta Lei. (Redação dada pela Lei nº 4.864, de 1965).

§ 5º Em função das condições de mercado e das regiões, o Banco Nacional de Habitação poderá alterar os critérios de distribuição das aplicações previstas no inciso II dêste artigo. (Incluído pela Lei nº 4.864, de 1965).

Art. 12. Os recursos aplicados pelas entidades privadas integrantes do sistema financeiro da habitação se distribuirão permanentemente da seguinte forma:

I – no mínimo 60% (sessenta por cento) dos recursos deverão estar aplicados em habitações de valor unitário inferior a 300 (trezentas) vêzes o maior salário-mínimo mensal vigente no País; (Redação dada pela Lei nº 4.864, de 1965).
II – no máximo 20% (vinte por cento) dos recursos poderão estar aplicados em habitações de valor unitário superior a 400 (quatrocentas) vêzes o maior salário-mínimo mensal vigente no País; (Redação dada pela Lei nº 4.864, de 1965).
III – serão vedadas as aplicações em habitações de valor unitário superior a 500 (quinhentas) vêzes o maior salário-mínimo mensal vigente no País. (Redação dada pela Lei nº 4.864, de 1965).

Parágrafo único. Nas aplicações a que se refere o inciso II, a parcela financiada do valor do imóvel não poderá ultrapassar de 80% do mesmo.

Art. 13 A partir do 3º ano da aplicação da presente lei, o Banco Nacional da Habitação poderá alterar os critérios de distribuição das aplicações previstas nos artigos anteriores.

Art. 14. (Revogado pela Medida Provisória nº 2.197-43, de 2001)

SEÇÃO III
DOS RECURSOS DO SISTEMA FINANCEIRO DA HABITAÇÃO

Art. 15. As entidades integrantes do sistema financeiro da Habitação poderão assegurar reajustamento monetário nas condições previstas no artigo 5º:

I – aos depósitos no sistema que obedeça às normas gerais fixadas pelo Banco Nacional da Habitação cujo prazo não poderá ser inferior a um ano, e que não poderão ser movimentados com cheques;
II – aos financiamentos contraídos no país ou no exterior para a execução de projetos de habitações, desde que observem os limites e as normas gerais estabelecidas pelo Banco Nacional da Habitação;
III – as letras imobiliárias emitidas nos têrmos desta Lei pelo Banco Nacional da Habitação ou pelas sociedades de crédito imobiliário.

§ 1° Em relação às Caixas Econômicas Federais e a outras entidades do sistema, que não operem exclusivamente no setor habitacional, o reajustamento previsto neste artigo sòmente poderá ser assegurado aos depósitos e empréstimos das suas carteiras especializadas no setor habitacional.

§ 2° O sistema manterá depósitos especiais de acumulação de poupanças para os pretendentes a financiamento de casa própria, cujos titulares terão preferência na obtenção dêsses financiamentos, obedecidas as condições gerais estabelecidas pelo Banco Nacional da Habitação.

§ 3° Todos os financiamentos externos e acôrdos de assistência técnica relacionados com a habitação, dependerão da aprovação prévia do Banco Nacional da Habitação e não poderão estar condicionados à utilização de patentes, licenças e materiais de procedência estrangeira.

Art. 15-A. É permitida a pactuação de capitalização de juros com periodicidade mensal nas operações realizadas pelas entidades integrantes do Sistema Financeiro da Habitação – SFH. (Incluído pela Lei nº 11.977, de 2009)

§ 1º No ato da contratação e sempre que solicitado pelo devedor será apresentado pelo credor, por meio de planilha de cálculo que evidencie de modo claro e preciso, e de fácil entendimento e compreensão, o seguinte conjunto de informações: (Incluído pela Lei nº 11.977, de 2009)

I – saldo devedor e prazo remanescente do contrato; (Incluído pela Lei nº 11.977, de 2009)
II – taxa de juros contratual, nominal e efetiva, nas periodicidades mensal e anual; (Incluído pela Lei nº 11.977, de 2009)
III – valores repassados pela instituição credora às seguradoras, a título de pagamento de prêmio de seguro pelo mutuário, por tipo de seguro ; (Incluído pela Lei nº 11.977, de 2009)
IV – taxas, custas e demais despesas cobradas juntamente com a prestação, discriminadas uma a uma; (Incluído pela Lei nº 11.977, de 2009)
V – somatório dos valores já pagos ou repassados relativos a: (Incluído pela Lei nº 11.977, de 2009)

a) juros; (Incluído pela Lei nº 11.977, de 2009)
b) amortização; (Incluído pela Lei nº 11.977, de 2009)
c) prêmio de seguro por tipo de seguro; (Incluído pela Lei nº 11.977, de 2009)
d) taxas, custas e demais despesas, discriminando por tipo; (Incluído pela Lei nº 11.977, de 2009)

VI – valor mensal projetado das prestações ainda não pagas, pelo prazo remanescente do contrato, e o respectivo somatório, decompostos em juros e amortizações; (Incluído pela Lei nº 11.977, de 2009)
VII – valor devido em multas e demais penalidades contratuais quando houver atraso no pagamento da prestação. (Incluído pela Lei nº 11.977, de 2009)

§ 2º No cômputo dos valores de que trata o inciso VI do § 1º, a instituição credora deve desconsiderar os efeitos de eventual previsão contratual de atualização monetária do saldo devedor ou das prestações. (Incluído pela Lei nº 11.977, de 2009)

Art. 15-B. Nas operações de empréstimo ou financiamento realizadas por instituições integrantes do Sistema Financeiro da Habitação que prevejam pagamentos por meio de prestações periódicas, os sistemas de amortização do saldo devedor poderão ser livremente pactuados entre as partes. (Incluído pela Lei nº 11.977, de 2009)

§ 1º O valor presente do fluxo futuro das prestações, compostas de amortização do principal e juros, geradas pelas operações de que trata o caput, deve ser calculado com a utilização da taxa de juros pactuada no contrato, não podendo resultar em valor diferente ao do empréstimo ou do financiamento concedido. (Incluído pela Lei nº 11.977, de 2009)

§ 2º No caso de empréstimos e financiamentos com previsão de atualização monetária do saldo devedor ou das prestações, para fins de apuração do valor presente de que trata o § 1º, não serão considerados os efeitos da referida atualização monetária. (Incluído pela Lei nº 11.977, de 2009)

§ 3º Nas operações de empréstimo ou financiamento de que dispõe o caput é obrigatório o oferecimento ao mutuário do Sistema de Amortização Constante – SAC e de, no mínimo, outro sistema de amortização que atenda o disposto nos §§ 1º e 2º, entre eles o Sistema de Amortização Crescente – SACRE e o Sistema Francês de Amortização (Tabela Price). (Incluído pela Lei nº 11.977, de 2009)

CAPÍTULO IV
DO BANCO NACIONAL DA HABITAÇÃO

Art. 16. Fica criado, vinculado ao Ministério da Fazenda, o Banco Nacional da Habitação (BNH), que terá personalidade jurídica de Direito Público, patrimônio próprio e autonomia administrativa, gozando de imunidade tributária.

§ 1° O Banco Nacional da Habitação poderá instalar agências em todo o território nacional, mas operará de preferência, usando como agentes e representantes as Caixas Econômicas Federais e Estaduais, os bancos oficiais e de economia mista e as demais entidades integrantes do sistema financeiro da habitação.

§ 2º O Banco Nacional da Habitação poderá utilizar-se da rêde bancária comercial nas localidades em que não haja agentes ou representantes das entidades referidas no parágrafo anterior.

Art. 17. O Banco Nacional da Habitação terá por finalidade:

I – orientar, disciplinar e controlar o sistema financeiro da habitação;
II – incentivar a formação de poupanças e sua canalização para o sistema financeiro da habitação;
III – disciplinar o acesso das sociedades de crédito imobiliário ao mercado nacional de capitais;
IV – manter serviços de redesconto e de seguro para garantia das aplicações do sistema financeiro da habitação e dos recursos a êle entregues;
V – manter serviços de seguro de vida de renda temporária para os compradores de imóveis objeto de aplicações do sistema;
VI – financiar ou refinanciar a elaboração e execução de projetos promovidos por entidades locais ...(Vetado)... de conjuntos habitacionais, obras e serviços correlatos;
VII – refinanciar as operações das sociedades de crédito imobiliário;
VIII – financiar ou refinanciar projetos relativos a ...(Vetado)... instalação e desenvolvimento da indústria ...(Vetado)... de materiais de construção e pesquisas tecnológicas, necessárias à melhoria das condições habitacionais do país ...(Vetado)..

Parágrafo único. O Banco Nacional da Habitação operará exclusivamente como órgão orientador, disciplinador e de assistência financeira, sendo-lhe vedado operar diretamente em financiamento, compra e venda ou construção de habitações, salvo para a venda dos terrenos referidos no artigo 26 ou para realização de bens recebidos em liquidação de garantias.

Art. 18. Compete ao Banco Nacional da Habitação:

I – autorizar e fiscalizar o funcionamento das sociedades de crédito imobiliário;
II – fixar as condições gerais quanto a limites, prazos, retiradas, juros e seguro obrigatório das contas de depósito no sistema financeiro da habitação;
III – estabelecer as condições gerais a que deverão satisfazer as aplicações do Sistema Financeiro da Habitação quanto a garantias, juros, prazos, limites de risco e valores máximos de financiamento e de aquisição dos imóveis financiados no âmbito do Sistema Financeiro da Habitação (Redação dada pela Medida Provisória nº 2.197-43, de 2001)
IV – fixar os limites, em relação ao capital e reservas, dos depósitos recebidos e dos empréstimos tomados pelas Sociedades de Crédito Imobiliário;

V – fixar os limites mínimos de diversificações de aplicações a serem observados pelas entidades integrantes do sistema financeiro da habitação;

VI – fixar os limites de emissão e as condições de colocação, vencimento e juros das Letras Imobiliárias, bem como as condições dos seguros de suas emissões;

VII – fixar as condições e os prêmios dos seguros de depósitos e de aplicações a que serão obrigadas as entidades integrantes do sistema financeiro da habitação;

VIII – fixar as condições gerais de operação da sua carteira de redesconto das aplicações do sistema financeiro da habitação;

IX – determinar as condições em que a rêde seguradora privada nacional operará nas várias modalidades de seguro previstas na presente lei;

X – (Vetado);

XI – exercer as demais atribuições previstas nesta lei.

Parágrafo único No exercício de suas atribuições, o Banco Nacional da Habitação obedecerá aos limites globais e as condições gerais fixadas pelo Conselho da Superintendência da Moeda e do Crédito, com o objetivo de subordinar o sistema financeiro de habitação à política financeira, monetária e econômica em execução pelo Govêrno Federal.

Art. 19. O Banco Nacional da Habitação ...(Vetado)... poderá receber depósitos:

a) de entidades governamentais, autárquicas, para estatais e de economia mista;

b) das entidades integrantes do sistema financeiro da habitação;

c) que resultarem de operações realizadas pelo Banco ou que a elas estejam diretamente vinculadas.

Art. 20. Mediante autorização do Ministro da Fazenda, o Banco Nacional da Habitação poderá tomar empréstimos, no país ou no exterior, a fim de obter recursos para a realização das suas finalidades.

§ 1° Os empréstimos internos referidos neste artigo poderão ser corrigidos de acôrdo com o artigo 5° ou revestir a forma de Letras Imobiliárias.

§ 2° O Ministro da Fazenda poderá dar a garantia do Tesouro Nacional aos empréstimos referidos neste artigo, até um saldo devedor total, em cada momento, de um trilhão de cruzeiros para os empréstimos internos e US$300 milhões, o equivalente em outras moedas, para os empréstimos em moeda estrangeira.

§ 3° O limite em cruzeiros constante do parágrafo anterior será anualmente reajustado pelos índices referidos no artigo 5°.

Art. 21. O Serviço Social da Indústria (SESI) e o Serviço Social do Comércio (SESC) inclusive os Departamentos Regionais, aplicarão anualmente na aquisição de Letras Imobiliárias de emissão do Banco Nacional da Habitação, a partir do exercício de 1965, 20% (vinte por cento) das receitas compulsórias a êles vinculadas. (Vide Lei nº 5.107, de 1966)

§ 1° (Vetado).

§ 2° O Ministro da Fazenda fixará periòdicamente a percentagem dos depósitos das Caixas Econômicas Federais, que deverá ser obrigatòriamente aplicada em depósitos no BNH. (Renumerado pela Lei nº 5.455, de 1968)

Art. 22. Tôdas as emprêsas do país que mantenham empregados sujeitos a desconto para Institutos de Aposentadorias e Pensões são obrigadas a contribuir com a percentagem de 1% mensal sôbre o montante das suas fôlhas de pagamento para a constituição do capital do Banco Nacional da Habitação. (Vide Lei nº 4.380, de 1965)

§ 1° A cobrança dessa percentagem obedecerá aos dispositivos da legislação vigente sôbre as contribuições previdenciárias.

§ 2° Os Institutos de Aposentadoria e Pensões recolherão, mensalmente, ao Banco Nacional da Habitação o produto da arrecadação prevista neste artigo, descontada a taxa correspondente às despesas de administração fixada de comum acôrdo entre o DNPS e o Banco Nacional da Habitação.

§ 3° O recolhimento a que se refere o presente artigo será devido a partir do segundo mês após a promulgação desta Lei.

§ 4° Na forma a ser estabelecida em regulamento a ser baixado pelo BNH, as emprêsas abrangidas por êste artigo poderão deduzir a importância correspondente a 50% do valor das aplicações que façam em planos de habitação destinados à casa própria de seus empregados, da contribuição prevista neste artigo.

§ 5° Os planos a que se refere o parágrafo anterior dependem de prévia aprovação e execução, controlada pelo BNH, diretamente ou por delegação.

§ 6º Não estão obrigados ao recolhimento da contribuição prevista neste artigo as instituições de educação e de assistência social, amparadas pela Lei nº 3.193, de 4 de julho de 1957, e Lei nº 3.577, de 4 de julho de 1959, bem como pelo Decreto número 1.117, de 1º de junho de 1962. (Incluído pela Lei nº 5.127, de 1966)

Art. 23. A construção de prédios residenciais, cujo custo seja superior a 850 vêzes o maior salário-mínimo vigente no País, considerado êsse custo para cada unidade residencial, seja em prédio individual, seja em edifícios de apartamentos ou vilas, fica sujeita ao pagamento de uma subscrição pelo proprietário, promitente comprador ou promitente cessionário do respectivo terreno, de letras imobiliárias emitidas pelo Banco Nacional de Habitação, com as características do art. 45 desta Lei. (Redação dada pela Lei nº 4.864, de 1965).

§ 1º O montante dessa subscrição será de 5% (cinco por cento) sôbre o valor da construção, quando esta estiver entre os limites de 850 e 1.150 vêzes o maior salário-mínimo vigente no País à época da concessão do respectivo "habite-se" e de 10% (dez por cento) sôbre a que exceder de tal limite. (Redação dada pela Lei nº 4.864, de 1965).

§ 2º As autoridades municipais, antes de concederem o «habite-se» para os prédios residenciais, exigirão do construtor uma declaração do seu custo efetivo e, quando fôr o caso, do proprietário comprovação de cumprimento do disposto no presente artigo. (Redação dada pela Lei nº 4.864, de 1965).

§ 3º Só poderão gozar dos benefícios e vantagens previstos na presente Lei os municípios que obedecerem ao disposto neste artigo. (Redação dada pela Lei nº 4.864, de 1965).

Art. 24. O Banco Nacional da Habitação poderá operar em:

I – prestação de garantia em financiamento obtido, no país ou no exterior, pelas entidades integrantes do sistema financeiro da habitação destinados a execução de projetos de habitação de interêsse social;

II – carteira de seguro dos créditos resultantes da venda ou construção de habitação a prazo ou de empréstimos para aquisição ou construção de habitações;

III – carteira de seguro dos depósitos nas entidades integrantes do sistema financeiro da habitação;

IV – carteira de redesconto para assegurar a liquidez do sistema financeiro da habitação;

V – carteira de seguro de vida de renda temporária dos adquirentes, financiados pelo sistema financeiro da habitação;

VI – carteira de seguro de resgate e pagamento de juros das Letras Imobiliárias emitidas pelas sociedades de crédito imobiliário;

VII – financiamento ou refinanciamento da elaboração ou execução de projetos de construção de conjuntos habitacionais ...(Vetado) ... instalação e desenvolvimento da indústria ...(Vetado)... de materiais de construção e pesquisas tecnológicas;

VIII – refinanciamento parcial dos créditos concedidos pelas sociedades de crédito imobiliário.

§ 1° O Banco Nacional da Habitação sòmente operará ...(Vetado)... para aplicação dos recursos disponíveis, depois de asseguradas as reservas técnicas necessárias às operações referidas nos incisos I a VI, inclusive.

§ 2° Os recursos disponíveis do Banco Nacional da Habitação serão mantidos em depósito no Banco do Brasil S.A. ...(Vetado).

§ 3° Dos recursos recolhidos ao Banco Nacional da Habitação, serão destinadas anualmente as verbas necessárias ao custeio das atividades do Serviço Federal da Habitação e Urbanismo ...(Vetado).

Art. 25. O capital do Banco Nacional de Habitação pertencerá integralmente à União Federal.

Parágrafo único. O capital inicial do Banco Nacional da Habitação será de Cr$1 bilhão de cruzeiros.

Art. 26. O Poder Executivo transferirá, dentro de um ano, para o patrimônio do Banco Nacional da Habitação, terrenos de propriedade da União Federal que não sejam necessários aos serviços públicos federais ou que possam ser vendidos, para realizar recursos líquidos destinados ao aumento do Capital do Banco, desde que se prestem à construção de conjuntos residenciais de interêsse social.

§ 1° O Banco poderá igualmente receber dos Governos Estaduais, Municipais e particulares ou de entidades de direito privado, êstes sob a forma de doações, terras ou terrenos rurais ou urbanos, apropriados para a construção de imóveis.

§ 2° No caso de doações previstas no parágrafo anterior nenhum ônus recairá sôbre o doador de terras ou terrenos recebidos pelo Banco.

Art. 27. O Banco Nacional da Habitação será administrado por um Conselho de Administração e uma Diretoria, cujos membros serão nomeados pelo Presidente da República e aprovados pelo Senado Federal.

§ 1° O Conselho de Administração será composto de:

a) o Presidente do Banco Nacional da Habitação, como seu Presidente, e com voto de qualidade;

b) de seis a nove Conselheiros, com mandato de 3 anos cada um;

c) os Diretores do Banco.

§ 2° A Diretoria será composta de:

a) o Presidente do Banco Nacional da Habitação, demissível ad nutum;

b) o Diretor-Superintendente com mandato de 4 anos;

c) dois a cinco Diretores com mandato de 4 anos.

Art. 28. Os membros da Diretoria e três dos membros do Conselho de Administração serão escolhidos dentre cidadãos de reconhecida idoneidade moral e comprovada capacidade em assuntos econômico-financeiros, sendo dois outros membros do Conselho de Administração escolhidos dentre os especialistas, respectivamente, em assuntos de saúde pública, de previdência social, e o sexto, o Superintendente do Serviço Federal de Habitação e Urbanismo.

§ 1º (Vetado).

§ 2º Os Conselheiros serão anualmente renovados pelo têrço e na composição inicial, 1/3 terá mandato de um ano, 1/3 mandato de dois anos e 1/3 mandato de três anos.

§ 3º Na composição inicial da Diretoria, metade dos diretores terá mandato de dois anos.

Art. 29. Compete ao Conselho de Administração:

I – organizar e modificar o regimento interno do Banco, que será aprovado por ato do Ministro da Fazenda;

II – decidir sôbre a orientação geral das operações do Banco;

III – exercer as atribuições normativas do Banco, como órgão da orientação, disciplina e contrôle do sistema financeiro da habitação;

IV – aprovar os orçamentos de custeio, recursos e aplicações do Banco e as normas gerais a serem observadas nos seus serviços;

V – distribuir os serviços do Banco entre os Diretores, observado o disposto nesta Lei;

VI – criar ou extingüir cargo e funções, fixando os respectivos vencimentos e vantagens, mediante proposta do Diretor-Superintendente, bem como dirimir dúvidas quanto aos direitos, vantagens e deveres dos servidores, podendo ainda baixar o Regulamento do Pessoal do Banco;

VII – examinar e aprovar os balancetes e balanços do Banco, financeiros e patrimoniais;

VIII – escolher substitutos no caso de vaga ou impedimento dos Diretores, até que o Presidente da República o faça em caráter efetivo;

IX – examinar e dar parecer sôbre a prestação anual das contas do Banco;

X – deliberar sôbre os assuntos que lhe forem submetidos pela Diretoria.

Art. 30. Compete à Diretoria:

I – decidir sôbre todos os assuntos da direção executiva do Banco, de acôrdo com o seu Regimento Interno;

II – aprovar as operações do Banco, que excedam os limites fixados pelo Regimento Interno para cada Diretor.

Art. 31. Compete ao Presidente do Banco:

I – representar o Banco em suas relações com terceiros em juízo ou fora dêle, sem prejuízo do disposto no artigo 29;

II – convocar extraordinàriamente o Conselho e a Diretoria, sempre que necessário;

III – enviar ao Tribunal de Contas, até 31 de janeiro de cada ano, as contas dos administradores do Banco relativas ao exercício anterior, para os fins do artigo 77, II, da Constituição;

IV – enviar ao Tribunal de Contas, até 31 de janeiro de cada ano as contas gerais do Banco relativas ao exercício anterior.

Art. 32. Compete ao Diretor-Superintendente:

I – substituir o Presidente nos seus impedimentos ocasionais, sem prejuízo do exercício normal de suas funções;

II – administrar e dirigir os negócios ordinários do Banco decidindo das operações que se contiverem no limite da sua competência, de acôrdo com o Regimento Interno;

III – outorgar e aceitar escrituras, ou assinar contratos, conjuntamente com o Presidente ou outro Diretor;

IV – designar, conjuntamente com o Presidente, procuradores com poderes especiais, agentes ou representantes do Banco;

V – praticar os atos referentes à administração do pessoal, podendo delegar poderes, salvo quando se tratar de nomeação, promoção ou demissão;

VI – superintender e coordenar os serviços dos diferentes setôres do Banco e zelar pelo fiel cumprimento das deliberações do Conselho de Administração e da Diretoria;

VII – prover, interinamente, até que o Presidente da República o faça em caráter efetivo, as vagas dos membros do Conselho de Administração, cuja substituição não esteja prevista no Regulamento do Banco.

Art. 33. Os Diretores referidos no artigo 27, § 2º, alínea c terão as atribuições que forem determinadas no Regimento Interno.

Art. 34. O pessoal contratado pelo Banco será regido pela Consolidação das Leis do Trabalho e legislação complementar e admitido mediante concurso de provas ou de provas e títulos.

§ 1º Poderão ser requisitados pelo Banco servidores dos quadros do serviço público federal, das autarquias federais, ou de sociedades de economia mista, controladas pelo Govêrno Federal.

§ 2º (Vetado).

CAPÍTULO V
DAS SOCIEDADES DE CRÉDITO IMOBILIÁRIO

Art. 35. As Sociedades de crédito imobiliário são instituições de crédito especializado, dependem de autorização do Banco Nacional da Habitação para funcionar, e estão sujeitas a permanente fiscalização do Govêrno Federal, através do referido Banco e da Superintendência da Moeda e do Crédito.

§ 1º As sociedades de crédito imobiliário se organizarão sob a forma anônima de ações nominativas, observando nos atos de sua constituição todos os dispositivos legais aplicáveis, mas só poderão dar início às suas atividades após publicação, no Diário Oficial da União, da autorização do Banco Nacional da Habitação.

§ 2º As sociedades de crédito imobiliário serão constituídas com o capital mínimo de 100 milhões de cruzeiros em moeda corrente, na forma da legislação que rege as sociedades anônimas, mas a emissão de autorização para funcionar dependerá da integralização mínima de 50%, mediante débito do BNH.

§ 3º O limite mínimo referido no parágrafo anterior será anualmente atualizado, com base nos índices de que trata o artigo 5º, § 1º.

Art. 36. A autorização para funcionar será concedida por tempo indeterminado, enquanto a sociedade observar as disposições legais e regulamentares em vigor.

§ 1º Sòmente poderão ser membros dos órgãos da administração e do Conselho Fiscal das sociedades de crédito imobiliário, pessoas de reconhecida idoneidade moral e comercial, sendo que dois diretores deverão comprovar capacidade financeira e técnica.

§ 2º Os diretores sòmente poderão ser investidos nos seus cargos depois da aprovação pelo Banco Nacional da Habitação, à vista das provas exigidas pela SUMOC para investimento de diretores de estabelecimento bancário em geral.

§ 3º A responsabilidade dos administradores de sociedade de crédito imobiliário é a mesma prevista na lei para os diretores de bancos.

§ 4º A expressão «crédito imobiliário», constará obrigatòriamente da denominação das sociedades referidas neste artigo.

§ 5º As sociedades de crédito imobiliário enviarão para publicação até o 10º dia de cada mês, no Diário Oficial do estado onde funcionarem, os balancetes mensais.

Art. 37. Ficarão sujeitos à prévia aprovação do Banco Nacional da Habitação:

I – as alterações dos estatutos sociais das sociedades de crédito imobiliário;

II – a abertura de agências ou escritórios das referidas sociedades;

III – a cessação de operações da matriz ou das dependências das referidas sociedades.

Art. 38. Os pedidos de autorização para funcionamento, alteração estatutária, abertura ou fechamento de agências ou dependências e aprovação de administradores deverão ser decididos pelo Banco Nacional da Habitação, dentro de 120 dias da sua apresentação e das decisões do Banco caberá recurso voluntário para o Ministro da Fazenda.

Parágrafo único. O regulamento discriminará a documentação a ser apresentada, com os requerimentos referidos neste artigo, podendo o Banco Nacional da Habitação fazer as exigências que considerar de interêsse para a apreciação do pedido e fixar prazo razoável para o seu atendimento.

Art. 39. As sociedades de crédito imobiliário sòmente poderão operar em financiamentos para construção, venda ou aquisição de habitações, mediante:

I – abertura de crédito a favor de empresários que promovam projetos de construção de habitações para venda a prazo;

II – abertura de crédito para a compra ou construção de casa própria com liquidação a prazo de crédito utilizado;

III – desconto, mediante cessão de direitos de receber a prazo o preço da construção ou venda de habitações;

IV – outras modalidades de operações autorizadas pelo Banco Nacional da Habitação.

§ 1º Cada sociedade de crédito imobiliário sòmente poderá operar com imóveis situados na área geográfica para a qual fôr autorizada a funcionar.

§ 2º As sociedades de crédito imobiliário não poderão operar em compra e venda ou construção de imóveis, salvo para liquidação de bens que tenham recebido em pagamento dos seus créditos ou no caso dos imóveis necessários a instalação de seus serviços.

§ 3º Nas suas operações as sociedades de crédito imobiliário observarão as normas desta lei e as expedidas pelo Banco Nacional da Habitação, com relação aos limites do valor unitário, prazo, condições de pagamento, juros, garantias, seguro, ágio e deságios na colocação de Letras Imobiliárias e diversificação de aplicações.

§ 4º As disponibilidades das sociedades de crédito imobiliário serão mantidas em depósito no Banco Nacional da Habitação, no Banco do Brasil S.A., nos demais bancos oficiais da União e dos Estados e nas Caixas Econômicas ...(Vetado).

Art. 40. As sociedades de crédito imobiliário não poderão:

a) receber depósitos de terceiros que não sejam proprietários de ações nominativas, a não ser nas condições e nos limites autorizados pelo Banco Nacional da Habitação;

b) tomar empréstimos em moeda nacional ou estrangeira, a não ser nas condições mínimas de prazo e nos limites máximos, em relação ao capital e reservas, estabelecidos pelo Banco Nacional da Habitação;

c) emitir Letras Imobiliárias em valor superior aos limites máximos aprovados pelo Banco Nacional da Habitação em relação ao capital e reservas e ao montante dos créditos em carteira;

d) admitir a movimentação de suas contas por meio de cheques contra ela girados ou emitir cheques na forma do Decreto n. 24.777, de 14 de junho de 1934;

e) possuir participação em outras emprêsas.

§ 1º O Banco Nacional da Habitação fixará o limite de recursos de terceiros que as sociedades poderão receber, até o máximo de 15 vêzes os recursos próprios.

§ 2° O Banco Nacional da Habitação fixará também os limites mínimos de prazo dos vencimentos dos recursos de terceiros recebidos pela sociedade em relação aos prazos de suas aplicações.

Art. 41. O Banco Nacional de Habitação e a SUMOC manterão fiscalização permanente e ampla das Sociedades de Crédito Imobiliário podendo para isso, a qualquer tempo, examinar livros de registros, papéis e documentação de qualquer natureza, atos e contratos.

§ 1° As sociedades são obrigadas a prestar tôda e qualquer informação que lhes fôr solicitada pelo Banco Nacional da Habitação ou pela SUMOC.

§ 2° A recusa, a criação de embaraços, a divulgação ou fornecimento de informações falsas sôbre as operações e as condições financeiras da sociedade serão punidas na forma da lei.

§ 3° O Banco Nacional da Habitação e a SUMOC manterão sigilo com relação a documentos e informações que as sociedades de crédito imobiliário lhe fornecerem.

Art. 42. As sociedades de crédito imobiliário são obrigadas a observar o plano de contas e as normas de contabilização aprovadas pelo Banco Nacional da Habitação, bem como a divulgar, em seus relatórios semestrais, as informações mínimas exigidas pelo Banco Nacional da Habitação, quanto às suas condições financeiras.

§ 1° As sociedades de crédito imobiliário são obrigadas a enviar ao Banco Nacional de Habitação, até o último dia do mês seguinte, cópia do balancete do mês anterior, do balanço semestral e da demonstração de lucros e perdas, bem como prova de envio para publicação das atas de assembléias gerais, dentro de 30 dias da realização destas.

§ 2° O BNH poderá exigir quando a seu critério, considerar necessário, que Sociedades de Crédito Imobiliário se sujeitem à auditoria externa por emprêsas especializadas por êle aprovadas.

§ 3° As sociedades de crédito imobiliário mencionarão em sua publicidade os respectivos capitais realizados, suas reservas e o total de recursos mutuados aplicados, constantes de seu último balancete mensal.

Art. 43. (Revogado pela Lei nº 13.506, de 2017)

CAPÍTULO VI
LETRAS IMOBILIÁRIAS

Arts. 44 a 53. (Revogados pela Lei nº 13.137, de 2015)

CAPÍTULO VII
DO SERVIÇO FEDERAL DE HABITAÇÃO E URBANISMO

Art. 54. A Fundação da Casa Popular, criada pelo Decreto-lei n. 9.218, de 1° de maio de 1946, passa a constituir com o seu patrimônio, revogada a legislação que lhe concerne, o "Serviço Federal de Habitação e Urbanismo", entidade autárquica ...(Vetado).

§ 1° O Serviço Federal de Habitação e Urbanismo será dirigido por um Superintendente ..... (Vetado).

§ 2° O Superintendente, de notória competência em matéria de habitação e urbanismo, será nomeado ...(Vetado)... pelo Conselho de Administração do Banco Nacional de Habitação.

§ 3° (Vetado).

§ 4° Ficam extintos o Conselho Central, o Conselho Técnico e a Junta de Contrôle da Fundação da Casa Popular.

§ 5° Os servidores do Serviço Nacional de Habitação e Urbanismo serão admitidos no regime da legislação trabalhista ...(Vetado).

§ 6º – Os servidores da atual Fundação da Casa Popular serão aproveitados no Serviço Nacional de Habitação e Urbanismo ou em outros serviços de igual regime. (Parte mantida pelo Congresso Nacional)

Art. 55. O Serviço Federal de Habitação e Urbanismo terá as seguintes atribuições:

a) promover pesquisas e estudos relativos ao deficit habitacional, aspectos do planejamento físico, técnico e sócio-econômico da habitação;

b) promover, coordenar e prestar assistência técnica a programas regionais e municipais de habitação de interêsse social, os quais deverão necessàriamente ser acompanhados de programas educativos e de desenvolvimento e organização de comunidade;

c) fomentar o desenvolvimento da indústria de construção, através de pesquisas e assistência técnica, estimulando a iniciativa regional e local;

d) incentivar o aproveitamento de mão-de-obra e dos materiais característicos de cada região;

e) estimular a organização de fundações, cooperativas, mútuas e outras formas associativas em programas habitacionais, propiciando-lhes assistência técnica;

f) incentivar a investigação tecnológica, a formação de técnicos, em qualquer nível, relacionadas com habitação e urbanismo;

g) prestar assistência técnica aos Estados e Municípios na elaboração dos planos diretores, bem como no planejamento da desapropriação por interêsse social, de áreas urbanas adequadas a construção de conjuntos habitacionais;

h) promover, em colaboração com o Instituto Brasileiro de Geografia e Estatística, a realização de estatísticas sôbre a habitação no país;

i) (Vetado);

j) prestar assistência técnica aos Estados, aos Municípios e às emprêsas do país para constituição, organização e implantação de entidades de caráter público, de economia mista ou privadas, que terão por objetivo promover a execução de planos habitacionais ou financiá-los, inclusive assistí-los para se candidatarem aos empréstimos do Banco Nacional da Habitação ou das sociedades de crédito imobiliário;

l) prestar assistência técnica na elaboração de planos de emergência, intervindo na normalização de situações provocadas por calamidades públicas;

m) estabelecer normas técnicas para a elaboração de Planos Diretores, de acôrdo com as peculiaridades das diversas regiões do país;

n) assistir aos municípios na elaboração ou adaptação de seus Planos Diretores às normas técnicas a que se refere o item anterior.

§ 1° Os municípios que não tiverem códigos de obras adaptados às normas técnicas do Serviço Federal de Habitação e Urbanismo ou que aprovarem projetos e planos habitacionais em desacôrdo com as mesmas normas, não poderão receber recursos provenientes de entidades governamentais, destinados a programas de habitação e urbanismo.

§ 2° (Vetado).

Art. 56. A organização administrativa do Serviço Federal de Habitação e Urbanismo será estabelecida em decreto, devendo ser prevista a sua descentralização regional.

Parágrafo único. (Vetado).

CAPÍTULO VIII
DISPOSIÇÕES GERAIS E TRANSITÓRIAS

Art. 57. (Revogado pelo Decreto-Lei nº 1.338, de 1974).

Art. 58. Ficam isentos do Impôsto de Renda, até 31 de dezembro de 1970, os lucros e rendimentos auferidos pelas pessoas físicas ou jurídicas, resultantes de operações de construção e primeira transação, inclusive alienação e locação, relativos aos prédios residenciais que vierem a ser construídos no Distrito Federal, cujo valor não ultrapasse 60 (sessenta) vêzes o salário-mínimo da região.

Parágrafo único. Ficam igualmente isentos os mesmos imóveis, pelo mesmo prazo, dos impostos de transmissão, "causa mortis" e "inter vivos" relativos à primeira transferência de propriedade.

Art. 59. São isentos de impôsto de sêlo:

a) a emissão, colocação, transferência, cessão, endôsso, inscrição ou averbação de letras imobiliárias;

b) os atos e contratos, de qualquer natureza, entre as entidades que integram o sistema financeiro da habitação;

c) os contratos de que participem entidades integrantes do sistema financeiro da habitação, e que tenham por objeto habitações de menos de 50 metros quadrados, não incluídas as partes comuns, se fôr o caso, e de valor inferior a 60 vêzes o maior salário-mínimo legal vigente no país;

d) os contratos de construção, venda, ou promessa de venda a prazo, promessa de cessão e hipoteca, de habitações que satisfaçam aos requisitos da alínea anterior.

Art. 60. A aplicação da presente lei, pelo seu sentido social, far-se-á de modo a que sejam simplificados todos os processo e métodos pertinentes às respectivas transações, objetivando principalmente:

I – o maior rendimento dos serviços e a segurança e rapidez na tramitação dos processos e papéis;

II – economia de tempo e de emolumentos devidos aos Cartórios;

III – simplificação das escrituras e dos critérios para efeito do Registro de Imóveis.

Art. 61. Para plena consecução do disposto no artigo anterior, as escrituras deverão consignar exclusivamente as cláusulas, têrmos ou condições variáveis ou específicas.

§ 1° As cláusulas legais, regulamentares, regimentais ou, ainda, quaisquer normas administrativas ou técnicas e, portanto, comuns a todos os mutuários não figurarão expressamente nas respectivas escrituras.

§ 2° As escrituras, no entanto, consignarão obrigatòriamente que as partes contratantes adotam e se comprometem a cumprir as cláusulas, têrmos e condições a que se refere o parágrafo anterior, sempre transcritas, verbum ad verbum, no respectivo Cartório ou Ofício, mencionado inclusive o número do Livro e das fôlhas do competente registro.

§ 3° Aos mutuários, ao receberem os respectivos traslados de escritura, será obrigatòriamente entregue cópia, impressa ou mimeografada, autenticada, do contrato padrão constante das cláusulas, têrmos e condições referidas no parágrafo 1° dêste artigo.

§ 4° Os Cartórios de Registro de Imóveis, obrigatòriamente, para os devidos efeitos legais e jurídicos, receberão, autenticadamente, das pessoas jurídicas mencionadas na presente Lei, o instrumento a que se refere o parágrafo anterior, tudo de modo a facilitar os competentes registros.

§ 5° Os contratos de que forem parte o Banco Nacional de Habitação ou entidades que integrem o Sistema Financeiro da Habitação, bem como as operações efetuadas por determinação da presente Lei, poderão ser celebrados por instrumento particular, os quais poderão ser impressos, não se aplicando aos mesmos as disposições do art. 134, II, do Código Civil, atribuindo-se o caráter de escritura pública, para todos os fins de direito, aos contratos particulares firmados pelas entidades acima citados até a data da publicação desta Lei. (Incluído pela Lei nº 5.049, de 1966).

§ 6º Os contratos de que trata o parágrafo anterior serão obrigatòriamente rubricados por tôdas as partes em tôdas as suas fôlhas. (Incluído pela Lei nº 5.049, de 1966).

§ 7º Todos os contratos, públicos ou particulares, serão obrigatòriamente transcritos no Cartório de Registro de Imóveis competente, dentro do prazo de 15 (quinze) dias, a contar da data de sua assinatura, devendo tal obrigação figurar como cláusula contratual. (Incluído pela Lei nº 5.049, de 1966).

Art. 62. Os oficiais do Registro de Imóveis inscreverão obrigatòriamente, os contratos de promessa de venda, promessa de cessão ou de hipoteca celebrados de acôrdo com a presente Lei, declarando expressamente que os valôres dêles constantes são meramente estimativos, estando sujeitos os saldos devedores, assim como as prestações mensais, às correções do valor, determinadas nesta Lei.

§ 1° Mediante simples requerimento, firmado por ambas as partes contratantes, os Oficiais do Registro de Imóveis averbarão, à margem das respectivas inscrições, as correções de valôres determinados por esta Lei, com indicação do nôvo valor do preço ou da dívida e do saldo respectivo, bem como da nova prestação contratual.

§ 2° Se o promitente comprador, promitente cessionário ou mutuário se recusar a assinar o requerimento de averbação das correções verificadas, ficará, não obstante, obrigado ao pagamento da nova prestação, podendo a entidade financiadora, se lhe convier, rescindir o contrato, com notificação prévia no prazo de 90 dias.

Art. 63. Os órgãos da administração federal, centralizada ou descentralizada ficam autorizados a firmar acôrdos ou convênios com as entidades estaduais e municipais, buscando sempre a plena execução da presente Lei e o máximo de cooperação inter-administrativa.

Art. 64. O Banco Nacional da Habitação poderá promover desapropriações por utilidade pública ou por interêsse social.

Art. 65. A partir da data da vigência desta Lei as Carteiras Imobiliárias dos Institutos de Aposentadoria e Pensões não poderão iniciar novas operações imobiliárias e seus segurados passarão a ser atendidos de conformidade com êste diploma legal.

§ 1º Institutos de Aposentadoria e Pensões, as Autarquias em geral, as Fundações ~~e as Sociedades de Economia Mista, inclusive a Petrobrás S.A e o Banco do Brasil S.A.~~, efetuarão, no prazo máximo de 12 (doze) meses, a venda de seus conjuntos e unidades residenciais, em consonância com o Sistema Financeiro da Habitação de que trata esta Lei, de acôrdo com as instruções expedidas, no prazo de 90 (noventa) dias, conjuntamente, pelo Banco Nacional de Habitação e Departamento Nacional da Previdência Social. (Redação dada pela Lei nº 5.049, de 1996).

§ 2º Os recursos provenientes da alienação de que trata o parágrafo anterior serão aplicados na aquisição ou construção de imóveis destinados à instalação de órgãos do Instituto. (Redação dada pela Lei nº 5.455, de 1968)

§ 3º Não sendo oportuna a aplicação prevista no parágrafo anterior, os recursos serão aplicados em Letras Imobiliárias, cuja liquidação se fará em 24 (vinte e quatro) parcelas mensais consecutivas, para a aquisição ou construção de edifícios-sede. (Incluído pela Lei nº 5.455, de 1968)

§ 4º Os órgãos referidos no § 1º dêste artigo que possuam unidades residenciais em Brasília, conjuntamente com a Caixa Econômica Federal de Brasília, submeterão à aprovação do Presidente da República, por intermédio do Ministro do Planejamento e Coordenação Econômica, no prazo de 90 (noventa) dias, sugestões e normas, em consonância com o sistema Financeiro da Habitação, referentes à sua alienação. (Redação dada pela Lei nº 5.049, de 1996). (Renumerado pela Lei nº 5.455, de 1968)

§ 5º Os órgãos de que trata o parágrafo anterior, celebrarão convênio com a Caixa Econômica Federal de Brasília, incumbindo-a da alienação, aos respectivos ocupantes, dos imóveis residenciais que possuírem no Distrito Federal, devendo o produto da operação constituir fundo rotativo destinado a novos investimentos em construções residenciais em Brasília, assegurado às entidades convenientes rateio financeiro anual, que lhes permita a retirada de valôres correspondentes no mínimo, a cinqüenta por cento (50%) da renda líquida atual, efetivamente realizada, com a locação de tais imóveis. (Renumerado pela Lei nº 5.455, de 1968)

§ 6º Os imóveis residenciais que deixarem de ser alienados aos ocupantes, por desinteresse ou impossibilidade legal dos mesmos, serão objeto de aquisição pela União que poderá para resgatá-los, solicitar a abertura de crédito especial, dar em pagamento imóveis não necessários aos seus serviços ou ações de sua propriedade em emprêsas de economia mista, mantida, nesta hipótese, a situação majoritária da União. (Renumerado pela Lei nº 5.455, de 1968)

§ 7° A administração dos imóveis adquiridos pela União, na forma do parágrafo anterior, será feita pelo Serviço do Patrimônio da União. (Renumerado pela Lei nº 5.455, de 1968)

§ 8° Realizadas as operações previstas no parágrafo primeiro, extingüir-se-ão as Carteiras Imobiliárias dos IAPs. (Renumerado pela Lei nº 5.455, de 1968)

§ 9° Os atuais inquilinos ou ocupantes de imóveis residenciais dos IAPs e, sucessivamente, os seus contribuintes, êstes inscritos e classificados de acôrdo com a legislação vigente, terão preferência no atendimento pelos órgãos estatais integrantes do sistema financeiro da habitação (Renumerado pela Lei nº 5.455, de 1968)

Art. 66. O Ministro do Planejamento adotará as medidas necessárias para a criação de um Fundo de Assistência Habitacional objetivando o financiamento às populações de renda insuficiente, destinando-lhes recursos próprios.

Art. 67. O Banco Nacional da Habitação e o Serviço Federal de Habitação e Urbanismo deverão publicar mensalmente a relação dos servidores admitidos ao seu serviço, a qualquer título, no mês anterior à publicação.

Art. 68. O Poder Executivo baixará os regulamentos necessários à execução desta Lei, inclusive os relativos à extinção dos órgãos federais que vêm exercendo funções e atividades que possam ser por elas reguladas, podendo incorporar serviços, órgãos e departamentos, dispondo sôbre a situação dos respectivos servidores e objetivando o enquadramento dos órgãos federais que integram o sistema financeiro da habitação.

Parágrafo único. Dentro do prazo de noventa (90) dias, o Poder Executivo baixará os atos necessários à adaptação do funcionamento das Caixas Econômicas Federais, Caixas Militares e IPASE aos dispositivos desta Lei.

Art. 69. O contrato de promessa de cessão de direitos relativos a imóveis não loteados, sem cláusula de arrependimento e com emissão de posse, uma vez inscrita no Registro Geral de Imóveis, atribui ao promitente cessionário direito real oponível a terceiro e confere direito a obtenção compulsória da escritura definitiva de cessão, aplicando-se, neste caso, no que couber, o disposto no artigo 16 do Decreto-lei n. 58, de 10 de dezembro de 1937, e no artigo 346 do Código do Processo Civil.

Parágrafo único. O disposto neste artigo se aplica aos contratos em via de execução compulsória, em qualquer instância.

Art. 70. Fica assegurada às Caixas Econômicas Federais, na forma em que o Poder Executivo regulamentar, dentro do prazo previsto no parágrafo único do artigo 68, a exploração da Loteria Federal.

Parágrafo único. (Revogado pelo Decreto-lei nº 204, de 1967)

Art. 71. Fica o Poder Executivo autorizado a abrir, pelo Ministério da Fazenda, crédito especial no montante de Cr$1 bilhão, com vigência durante três anos, destinado à integralização gradativa do capital do Banco Nacional da Habitação.

Art. 72. Esta lei entrará em vigor na data da sua publicação, revogadas as disposições em contrário.

Brasília, 21 de agosto de 1964; 143º da Independência e 76º da República.

H. CASTELLO BRANCO

DOU de 11.9.1964, DOU de 30.9.1964 e ret. em 12.10.1964

LEI Nº 4.591, DE 16 DE DEZEMBRO DE 1964

Dispõe sobre o condomínio em edificações e as incorporações imobiliárias.

› *Lei do condomínio*

O PRESIDENTE DA REPÚBLICA Faço saber que o Congresso Nacional decreta e eu sanciono a seguinte Lei:

TÍTULO I. DO CONDOMÍNIO

› CC: arts. 1.331 a 1.358.

Art. 1º. As edificações ou conjuntos de edificações, de um ou mais pavimentos, construídos sob a forma de unidades isoladas entre si, destinadas a fins residenciais ou não residenciais, poderão ser alienados, no todo ou em parte, objetivamente considerados, e constituirá, cada unidade, propriedade autônoma, sujeita às limitações desta Lei.

§ 1º. Cada unidade será assinalada por designação especial, numérica ou alfabética, para efeitos de identificação e discriminação.

§ 2º. A cada unidade caberá, como parte inseparável, uma fração ideal do terreno e coisas comuns, expressa sob forma decimal ou ordinária.

Art. 2º. Cada unidade com saída para a via pública, diretamente ou por processo de passagem comum, será sempre tratada como objeto de propriedade exclusiva, qualquer que seja o número de suas peças e sua destinação, inclusive (*vetado*) edifício-garagem, com ressalva das restrições que se lhe imponham.

› Súm. 449 do STJ.

§ 1º. O direito à guarda de veículos nas garagens ou locais a isso destinados nas edificações ou conjuntos de edificações será tratado como objeto de propriedade exclusiva, com ressalva das restrições que ao mesmo sejam impostas por instrumentos contratuais adequados, e será vinculada à unidade habitacional a que corresponder, no caso de não lhe ser atribuída fração ideal específica de terreno. (Incluído pela Lei nº 4.864, de 1965)

§ 2º. O direito de que trata o § 1º deste artigo poderá ser transferido a outros condôminos independentemente da alienação da unidade a que corresponder, vedada sua transferência a pessoas estranhas ao condomínio. (Incluído pela Lei nº 4.864, de 1965)

§ 3º. Nos edifícios-garagem, às vagas serão atribuídas frações ideais de terreno específicas. (Incluído pela Lei nº 4.864, de 1965)

Art. 3º. O terreno em que se levantam a edificação ou o conjunto de edificações e suas instalações, bem como as fundações, paredes externas, o teto, as áreas internas de ventilação, e tudo o mais que sirva a qualquer dependência de uso comum dos proprietários ou titulares de direito à aquisição de unidades ou ocupantes, constituirão condomínio de todos, e serão insuscetíveis de divisão, ou de alienação destacada da respectiva unidade. Serão, também, insuscetíveis de utilização exclusiva por qualquer condômino (*vetado*).

Art. 4º. A alienação de cada unidade, a transferência de direitos pertinentes à sua aquisição e a constituição de direitos reais sobre ela independerão do consentimento dos condôminos (*vetado*).

Parágrafo único. A alienação ou transferência de direitos de que trata este artigo dependerá de prova de quitação das obrigações do alienante para com o respectivo condomínio. (Redação dada pela Lei nº 7.182, de 1984)

‣ Lei 7.433/1985: art. 2º, § 2º.

Art. 5º. O condomínio por meação de parede, soalhos e tetos das unidades isoladas regular-se-á pelo disposto no Código Civil, no que lhe for aplicável.

‣ CC: art. 1.327.

Art. 6º. Sem prejuízo do disposto nesta Lei, regular-se-á pelas disposições de direito comum o condomínio por quota ideal de mais de uma pessoa sobre a mesma unidade autônoma.

Art. 7º. O condomínio por unidades autônomas instituir-se-á por ato entre vivos ou por testamento, com inscrição obrigatória no Registro de Imóveis, dele constando: a individualização de cada unidade, sua identificação e discriminação, bem como a fração ideal sobre o terreno e partes comuns, atribuída a cada unidade, dispensando-se a descrição interna da unidade.

‣ CC: art. 1.332.

Art. 8º. Quando, em terreno onde não houver edificação, o proprietário, o promitente comprador, o cessionário deste ou o promitente cessionário sobre ele desejar erigir mais de uma edificação, observar-se-á também o seguinte:

a) em relação às unidades autônomas que se constituírem em casas térreas ou assobradadas, será discriminada a parte do terreno ocupada pela edificação e também aquela eventualmente reservada como de utilização exclusiva dessas casas, como jardim e quintal, bem assim a fração ideal do todo do terreno e de partes comuns, que corresponderá às unidades;

b) em relação às unidades autônomas que constituírem edifícios de dois ou mais pavimentos, será discriminada a parte do terreno ocupada pela edificação, aquela que eventualmente for reservada como de utilização exclusiva, correspondente às unidades do edifício, e ainda a fração ideal do todo do terreno e de partes comuns, que corresponderá a cada uma das unidades;

c) serão discriminadas as partes do total do terreno que poderão ser utilizadas em comum pelos titulares de direito sobre os vários tipos de unidades autônomas;

d) serão discriminadas as áreas que se constituírem em passagem comum para as vias públicas ou para as unidades entre si.

CAPÍTULO II. DA CONVENÇÃO DE CONDOMÍNIO

‣ CC: arts. 1.333 e 1.334.

Art. 9º. Os proprietários, promitentes compradores, cessionários ou promitentes cessionários dos direitos pertinentes à aquisição de unidades autônomas, em edificações a serem construídas, em construção ou já construídas, elaborarão, por escrito, a Convenção de Condomínio, e deverão, também, por contrato ou por deliberação, em assembleia, aprovar o Regimento Interno da edificação ou conjunto de edificações.

§ 1º. Far-se-á o registro da Convenção no Registro de Imóveis, bem como a averbação das suas eventuais alterações.

§ 2º. Considera-se aprovada, e obrigatória para os proprietários de unidades, promitentes compradores, cessionários e promitentes cessionários, atuais e futuros, como para qualquer ocupante, a Convenção que reúna as assinaturas de titulares de direitos que representem, no mínimo, 2/3 (dois terços) das frações ideais que compõem o condomínio.

§ 3º. Além de outras normas aprovadas pelos interessados, a Convenção deverá conter:

a) a discriminação das partes de propriedade exclusiva, e as de condomínio, com especificações das diferentes áreas;

b) o destino das diferentes partes;

c) o modo de usar as coisas e serviços comuns;

d) encargos, forma e proporção das contribuições dos condôminos para as despesas de custeio e para as extraordinárias;

e) o modo de escolher o síndico e o Conselho Consultivo;

f) as atribuições do síndico, além das legais;

g) a definição da natureza gratuita ou remunerada de suas funções;

h) o modo e o prazo de convocação das assembleias gerais dos condôminos;

i) o *quorum* para os diversos tipos de votações;

j) a forma de contribuição para constituição de fundo de reserva;

l) a forma e o *quorum* para as alterações de convenção;

m) a forma e o *quorum* para a aprovação do Regimento Interno, quando não incluídos na própria Convenção.

§ 4º. No caso de conjunto de edificações, a que se refere o art. 8º, a Convenção de Condomínio fixará os direitos e as relações de propriedade entre os condôminos das várias edificações, podendo estipular formas pelas quais se possam desmembrar e alienar porções do terreno, inclusive as edificadas. (Incluído pela Lei nº 4.864, de 1965)

Art. 10. É defeso a qualquer condômino:

‣ CC: art. 1.336.

I – alterar a forma externa da fachada;

II – decorar as partes e esquadrias externas com tonalidades ou cores diversas das empregadas no conjunto da edificação;

III – destinar a unidade a utilização diversa da finalidade do prédio, ou usá-la de forma nociva ou perigosa ao sossego, à salubridade e à segurança dos demais condôminos;

IV – embaraçar o uso das partes comuns.

§ 1º. O transgressor ficará sujeito ao pagamento de multa prevista na Convenção ou no Regulamento do Condomínio, além de ser compelido a desfazer a obra ou abster-se da prática do ato, cabendo, ao síndico, com autorização judicial, mandar desmanchá-la, à custa do transgressor, se este não a desfizer no prazo que lhe for estipulado.

§ 2º. O proprietário ou titular de direito à aquisição de unidade poderá fazer obra que (*vetado*) ou modifique sua fachada, se obtiver a aquiescência da unanimidade dos condôminos.

Art. 11. Para efeitos tributários, cada unidade autônoma será tratada como prédio isolado, contribuindo o respectivo condômino, diretamente, com as importâncias relativas aos impostos e taxas federais, estaduais e municipais, na forma dos respectivos lançamentos.

CAPÍTULO III. DAS DESPESAS DO CONDOMÍNIO

Art. 12. Cada condômino concorrerá nas despesas do condomínio, recolhendo, nos prazos previstos na Convenção, a quota-parte que lhe couber em rateio.

‣ CC: art. 1.336, I, e §§ 1º e 2º.

§ 1º. Salvo disposição em contrário na Convenção, a fixação da quota do rateio corresponderá à fração ideal de terreno de cada unidade.

§ 2º. Cabe ao síndico arrecadar as contribuições, competindo-lhe promover, por via executiva, a cobrança judicial das quotas atrasadas.

§ 3º. O condômino que não pagar a sua contribuição no prazo fixado na Convenção fica sujeito ao juro moratório de 1% (um por cento) ao mês, e multa de até 20% (vinte por cento) sobre o débito, que será atualizado, se o estipular a Convenção, com a aplicação dos índices de correção monetária levantados pelo Conselho Nacional de Economia, no caso de mora por período igual ou superior a seis meses.

§ 4º. As obras que interessarem à estrutura integral da edificação ou conjunto de edificações, ou ao serviço comum, serão feitas com o concurso pecuniário de todos os proprietários ou titulares de direito à aquisição de unidades, mediante orçamento prévio aprovado em Assembleia Geral, podendo incumbir-se de sua execução o síndico, ou outra pessoa, com aprovação da assembleia.

§ 5º. A renúncia de qualquer condômino aos seus direitos, em caso algum valerá como escusa para exonerá-lo de seus encargos.

CAPÍTULO IV. DO SEGURO, DO INCÊNDIO, DA DEMOLIÇÃO E DA RECONSTRUÇÃO OBRIGATÓRIA

Art. 13. Proceder-se-á ao seguro da edificação ou do conjunto de edificações, neste caso, discriminadamente, abrangendo todas as unidades autônomas e partes comuns, contra incêndio ou outro sinistro que cause destruição no todo ou em parte, computando-se o prêmio nas despesas ordinárias do condomínio.

Parágrafo único. O seguro de que trata este artigo será obrigatoriamente feito dentro de 120 (cento e vinte) dias, contados da data da concessão do "habite-se", sob pena de ficar o condomínio sujeito à multa mensal equivalente a 1/12 (um doze avos) do imposto predial, cobrável executivamente pela Municipalidade.

Art. 14. Na ocorrência de sinistro total, ou que destrua mais de 2/3 (dois terços) de uma edificação, seus condôminos reunir-se-ão em assembleia especial, e deliberarão sobre a sua reconstrução ou venda do terreno e materiais, por *quorum* mínimo de votos que representem metade mais uma das frações ideais do respectivo terreno.

§ 1º. Rejeitada a proposta de reconstrução, a mesma assembleia, ou outra para este fim convocada, decidirá, pelo mesmo *quorum*, do destino a ser dado ao terreno, e aprovará a partilha do valor do seguro entre os condôminos, sem prejuízo do que receber cada um pelo seguro facultativo de sua unidade.

§ 2º. Aprovada, a reconstrução será feita, guardados, obrigatoriamente, o mesmo destino, a mesma forma externa e a mesma disposição interna.

§ 3º. Na hipótese do parágrafo anterior, a minoria não poderá ser obrigada a contribuir para a reedificação, caso em que a maioria poderá adquirir as partes dos dissidentes, mediante avaliação judicial, feita em vistoria.

Art. 15. Na hipótese de que trata o § 3º do artigo antecedente, à maioria poderão ser adjudicadas, por sentença, as frações ideais da minoria.

§ 1º. Como condição para o exercício da ação prevista neste artigo, com a inicial, a maioria oferecerá e depositará, à disposição do juízo, as importâncias arbitradas na vistoria para avaliação, prevalecendo as de eventual desempatador.

§ 2º. Feito o depósito de que trata o parágrafo anterior, o juiz, liminarmente, poderá autorizar a adjudicação à maioria, e a minoria poderá levantar as importâncias depositadas; o oficial de registro de imóveis, nestes casos, fará constar do registro que a adjudicação foi resultante de medida liminar.

§ 3º. Feito o depósito, será expedido o mandado de citação, com o prazo de 10 (dez) dias para a contestação (*vetado*).

§ 4º. Se não contestado, o juiz, imediatamente, julgará o pedido.

§ 5º. Se contestado o pedido, seguirá o processo o rito ordinário.

§ 6º. Se a sentença fixar valor superior ao da avaliação feita na vistoria, o condomínio, em execução, restituirá à minoria a respectiva diferença, acrescida de juros de mora à razão de 1% (um por cento) ao mês, desde a data da concessão de eventual liminar, ou pagará o total devido, com os juros de mora a contar da citação.

§ 7º. Transitada em julgado a sentença, servirá ela de título definitivo para a maioria, que deverá registrá-la no Registro de Imóveis.

§ 8º. A maioria poderá pagar e cobrar da minoria, em execução de sentença, encargos fiscais necessários à adjudicação definitiva a cujo pagamento se recusar a minoria.

Art. 16. Em caso de sinistro que destrua menos de 2/3 (dois terços) da edificação, o síndico promoverá o recebimento do seguro e a reconstrução ou os reparos nas partes danificadas.

Art. 17. Os condôminos que representem, pelo menos, 2/3 (dois terços) do total de unidades isoladas e frações ideais correspondentes a 80% (oitenta por cento) do terreno e coisas comuns poderão decidir sobre a demolição e reconstrução do prédio, ou sua alienação, por motivos urbanísticos ou arquitetônicos, ou, ainda, no caso de condenação do edifício pela autoridade pública, em razão de sua insegurança ou insalubridade. (Redação dada pela Lei nº 6.709, de 1979)

§ 1º. A minoria não fica obrigada a contribuir para as obras, mas assegura-se à maioria o direito de adquirir as partes dos dissidentes, mediante avaliação judicial, aplicando-se o processo previsto no art. 15. (Redação dada pela Lei nº 6.709, de 1979)

§ 2º. Ocorrendo desgaste, pela ação do tempo, das unidades habitacionais de uma edificação, que deprecie seu valor unitário em relação ao valor global do terreno onde se acha construída, os condôminos, pelo *quorum* mínimo de votos que representem 2/3 (dois terços) das unidades isoladas e frações ideais correspondentes a 80% (oitenta por cento) do terreno e coisas comuns, poderão decidir por sua alienação total, procedendo-se em relação à minoria na forma estabelecida no art. 15, e seus parágrafos, desta Lei. (Redação dada pela Lei nº 6.709, de 1979)

§ 3º. Decidida por maioria a alienação do prédio, o valor atribuído à quota dos condôminos vencidos será correspondente ao preço efetivo e, no mínimo, à avaliação prevista no § 2º ou, a critério desses, a imóvel localizado em área próxima ou adjacente com a mesma área útil de construção. (Redação dada pela Lei nº 6.709, de 1979)

Art. 18. A aquisição parcial de uma edificação, ou de um conjunto de edificações, ainda que por força de desapropriação, importará no ingresso do adquirente no condomínio, ficando sujeito às disposições desta Lei, bem assim às da Convenção do Condomínio e do Regulamento Interno. (Redação dada pelo Decreto-lei nº 981, de 1969)

CAPÍTULO V. UTILIZAÇÃO DA EDIFICAÇÃO OU DO CONJUNTO DE EDIFICAÇÕES

Art. 19. Cada condômino tem o direito de usar e fruir, com exclusividade, de sua unidade autônoma, segundo suas conveniências e interesses, condicionados, umas e outros, às normas de boa vizinhança, e poderá usar as partes e coisas comuns de maneira a não causar dano ou incômodo aos demais condôminos ou moradores, nem obstáculo ou embaraço ao bom uso das mesmas partes por todos.

Parágrafo único. *(VETADO).*

Art. 20. Aplicam-se ao ocupante do imóvel, a qualquer título, todas as obrigações referentes ao uso, fruição e destino da unidade.

Art. 21. A violação de qualquer dos deveres estipulados na Convenção sujeitará o infrator à multa fixada na própria Convenção ou no Regimento Interno, sem prejuízo da responsabilidade civil ou criminal que, no caso, couber.

Parágrafo único. Compete ao síndico a iniciativa do processo e a cobrança da multa, por via executiva, em benefício do condomínio, e, em caso de omitir-se ele, a qualquer condômino.

CAPÍTULO VI. DA ADMINISTRAÇÃO DO CONDOMÍNIO

Art. 22. Será eleito, na forma prevista pela Convenção, um síndico do condomínio, cujo mandato não poderá exceder a dois anos, permitida a reeleição.

§ 1º. Compete ao síndico:

a) representar, ativa e passivamente, o condomínio, em juízo ou fora dele, e praticar os atos de defesa dos interesses comuns, nos limites das atribuições conferidas por esta Lei ou pela Convenção;

b) exercer a administração interna da edificação ou do conjunto de edificações, no que respeita à sua vigilância, moralidade e segurança, bem como aos serviços que interessam a todos os moradores;

c) praticar os atos que lhe atribuírem as leis, a Convenção e o Regimento Interno;

d) impor as multas estabelecidas na Lei, na Convenção ou no Regimento Interno;

e) cumprir e fazer cumprir a Convenção e o Regimento Interno, bem como executar e fazer executar as deliberações da Assembleia;

f) prestar contas à Assembleia dos condôminos;

g) manter guardada durante o prazo de 5 (cinco) anos, para eventuais necessidades de verificação contábil, toda a documentação relativa ao condomínio. (Incluído pela Lei nº 6.434, de 1977)

§ 2º. As funções administrativas podem ser delegadas a pessoas de confiança do síndico, e sob a sua inteira responsabilidade, mediante aprovação da Assembleia Geral dos condôminos.

§ 3º. A Convenção poderá estipular que dos atos do síndico caiba recurso para a Assembleia, convocada pelo interessado.

§ 4º. Ao síndico, que poderá ser condômino ou pessoa física ou jurídica estranha ao condomínio, será fixada a remuneração pela mesma assembleia que o eleger, salvo se a Convenção dispuser diferentemente.

§ 5º. O síndico poderá ser destituído pela forma e sob as condições previstas na Convenção, ou, no silêncio desta, pelo voto de 2/3 (dois terços) dos condôminos, presentes, em assembleia geral especialmente convocada.

§ 6º. A Convenção poderá prever a eleição de subsíndicos, definindo-lhes atribuições e fixando-lhes o mandato, que não poderá exceder de 2 (dois) anos, permitida a reeleição.

Art. 23. Será eleito, na forma prevista na Convenção, um Conselho Consultivo, constituído de três condôminos, com mandatos que não poderão exceder de 2 (dois) anos, permitida a reeleição.

Parágrafo único. Funcionará o Conselho como órgão consultivo do síndico, para assessorá-lo na solução dos problemas que digam respeito ao condomínio, podendo a Convenção definir suas atribuições específicas.

CAPÍTULO VII. DA ASSEMBLEIA GERAL

- CC: arts. 1.347 a 1.356.

Art. 24. Haverá, anualmente, uma assembleia geral ordinária dos condôminos, convocada pelo síndico na forma prevista na Convenção, à qual compete, além das demais matérias inscritas na ordem do dia, aprovar, por maioria dos presentes, as verbas para as despesas de condomínio, compreendendo as de conservação da edificação ou conjunto de edificações, manutenção de seus serviços e correlatas.

§ 1º. As decisões da Assembleia, tomadas, em cada caso, pelo *quorum* que a Convenção fixar, obrigam todos os condôminos.

§ 2º. O síndico, nos oito dias subsequentes à Assembleia, comunicará aos condôminos o que tiver sido deliberado, inclusive no tocante à previsão orçamentária, o rateio das despesas, e promoverá a arrecadação, tudo na forma que a Convenção previr.

§ 3º. Nas Assembleias Gerais, os votos serão proporcionais às frações ideais do terreno e partes comuns, pertencentes a cada condômino, salvo disposição diversa da Convenção.

§ 4º. Nas decisões da Assembleia que não envolvam despesas extraordinárias do condomínio, o locatário poderá votar, caso o condômino-locador a ela não compareça. (Redação dada pela Lei nº 9.267, de 1996)

Art. 25. Ressalvado o disposto no § 3º do art. 22, poderá haver Assembleias Gerais Extraordinárias, convocadas pelo síndico ou por condôminos que representem 1/4 (um quarto), no mínimo, do condomínio, sempre que o exigirem os interesses gerais.

Parágrafo único. Salvo estipulação diversa da Convenção, esta só poderá ser modificada em Assembleia Geral Extraordinária, pelo voto mínimo de condôminos que representem 2/3 (dois terços) do total das frações ideais.

Art. 26. *(VETADO).*

Art. 27. Se a Assembleia não se reunir para exercer qualquer dos poderes que lhe competem, quinze dias após o pedido de convocação, o juiz decidirá a respeito, mediante requerimento dos interessados.

TÍTULO II. DAS INCORPORAÇÕES

CAPÍTULO I. DISPOSIÇÕES GERAIS

Art. 28. As incorporações imobiliárias, em todo o território nacional, reger-se-ão pela presente Lei.

- Lei 10.931/2004 – Dispõe sobre o patrimônio de afetação de incorporações imobiliárias, Letra de Crédito Imobiliário, Cédula de Crédito Imobiliário, Cédula de Crédito Bancário, altera o Decreto-Lei 911/1969, as Leis 4.591/1964, 4.728/1965, e 10.406/2002.

Parágrafo único. Para efeito desta Lei, considera-se incorporação imobiliária a atividade exercida com o intuito de promover e realizar a construção, para alienação total ou parcial, de edificações, ou conjunto de edificações compostas de unidades autônomas (*vetado*).

Art. 29. Considera-se incorporador a pessoa física ou jurídica, comerciante ou não, que, embora não efetuando a construção, compromisse ou efetive a venda de frações ideais de terreno objetivando a vinculação de tais frações a unidades autônomas (*vetado*), em edificações a serem construídas ou em construção sob regime condominial, ou que meramente aceita propostas para efetivação de tais transações, coordenando e levando a termo a incorporação e responsabilizando-se, conforme o caso, pela entrega, a certo prazo, preço e determinadas condições, das obras concluídas.

Parágrafo único. Presume-se a vinculação entre a alienação das frações do terreno e o negócio de construção, se, ao ser contratada a venda, ou promessa de venda ou de cessão das frações de terreno, já houver sido aprovado e estiver em vigor, ou pender de aprovação de autoridade administrativa, o respectivo projeto de construção, respondendo o alienante como incorporador.

Art. 30. Estende-se a condição de incorporador aos proprietários e titulares de direitos aquisitivos que contratem a construção de edifícios que se destinem a constituição em condomínio, sempre que iniciarem as alienações antes da conclusão das obras.

Arts. 30-A a 30-G. *(Revogados pela Lei nº 10.931, de 2004).*

Art. 31. A iniciativa e a responsabilidade das incorporações imobiliárias caberão ao incorporador, que somente poderá ser:

a) o proprietário do terreno, o promitente comprador, o cessionário deste ou promitente cessionário com título que satisfaça os requisitos da alínea *a* do art. 32;

b) o construtor (Decretos nº 23.569, de 11 de dezembro de 1933, e 3.995, de 31 de dezembro de 1941, e Dec.-lei nº 8.620, de 10 de janeiro de 1946) ou corretor de imóveis (Lei nº 4.116, de 27 de agosto de 1962);

c) o ente da Federação imitido na posse a partir de decisão proferida em processo judicial de desapropriação em curso ou o cessionário deste, conforme comprovado mediante registro no registro de imóveis competente. (Incluído pela Lei nº 12.424, de 2011)

§ 1º. No caso da alínea *b*, o incorporador será investido, pelo proprietário do terreno, o promitente comprador e cessionário deste ou o promitente cessionário, de mandato outorgado por instrumento público, onde se faça menção expressa desta Lei e se transcreva o disposto no § 4º do art. 35, para concluir todos os negócios tendentes à alienação das frações ideais do terreno, mas se obrigará pessoalmente pelos atos que praticar na qualidade de incorporador.

§ 2º. Nenhuma incorporação poderá ser proposta à venda sem a indicação expressa do incorporador, devendo também seu nome permanecer indicado ostensivamente no local da construção.

§ 3º. Toda e qualquer incorporação, independentemente da forma por que seja constituída, terá um ou mais incorporadores solidariamente responsáveis, ainda que em fase subordinada a período de carência, referido no art. 34.

CAPÍTULO I-A. DO PATRIMÔNIO DE AFETAÇÃO

- (Incluído pela Lei nº 10.931, de 2004)

Art. 31-A. A critério do incorporador, a incorporação poderá ser submetida ao regime da afetação, pelo qual o terreno e as acessões objeto de incorporação imobiliária, bem como os demais bens e direitos a ela vinculados, manter-se-ão apartados do patrimônio do incorporador e constituirão patrimônio de afetação, destinado à consecução da incorporação correspondente e à entrega das unidades imobiliárias aos respectivos adquirentes. (Incluído pela Lei nº 10.931, de 2004)

§ 1º. O patrimônio de afetação não se comunica com os demais bens, direitos e obrigações do patrimônio geral do incorporador ou de outros patrimônios de afetação por ele constituídos e só responde por dívidas e obrigações vinculadas à incorporação respectiva. (Incluído pela Lei nº 10.931, de 2004)

§ 2º. O incorporador responde pelos prejuízos que causar ao patrimônio de afetação. (Incluído pela Lei nº 10.931, de 2004)

§ 3º. Os bens e direitos integrantes do patrimônio de afetação somente poderão ser objeto de garantia real em operação de crédito cujo produto seja integralmente destinado à consecução da edificação correspondente e à entrega das unidades imobiliárias aos respectivos adquirentes. (Incluído pela Lei nº 10.931, de 2004)

§ 4º. No caso de cessão, plena ou fiduciária, de direitos creditórios oriundos da comercialização das unidades imobiliárias componentes da incorporação, o produto da cessão também passará a integrar o patrimônio de afetação, observado o disposto no § 6º. (Incluído pela Lei nº 10.931, de 2004)

§ 5º. As quotas de construção correspondentes a acessões vinculadas a frações ideais serão pagas pelo incorporador até que a responsabilidade pela sua construção tenha sido assumida por terceiros, nos termos da parte final do § 6º do art. 35. (Incluído pela Lei nº 10.931, de 2004)

§ 6º. Os recursos financeiros integrantes do patrimônio de afetação serão utilizados para pagamento ou reembolso das despesas inerentes à incorporação. (Incluído pela Lei nº 10.931, de 2004)

§ 7º. O reembolso do preço de aquisição do terreno somente poderá ser feito quando da alienação das unidades autônomas, na proporção das respectivas frações ideais, considerando-se tão somente os valores efetivamente recebidos pela alienação. (Incluído pela Lei nº 10.931, de 2004)

§ 8º. Excluem-se do patrimônio de afetação: (Incluído pela Lei nº 10.931, de 2004)

I – os recursos financeiros que excederem a importância necessária à conclusão da obra (art. 44), considerando-se os valores a receber até sua conclusão e, bem assim, os recursos necessários à quitação de financiamento para a construção, se houver; e (Incluído pela Lei nº 10.931, de 2004)

II – o valor referente ao preço de alienação da fração ideal de terreno de cada unidade vendida, no caso de incorporação em que a construção seja contratada sob o regime por empreitada (art. 55) ou por administração (art. 58). (Incluído pela Lei nº 10.931, de 2004)

§ 9º. No caso de conjuntos de edificações de que trata o art. 8º, poderão ser constituídos patrimônios de afetação separados, tantos quantos forem os: (Incluído pela Lei nº 10.931, de 2004)

I – subconjuntos de casas para as quais esteja prevista a mesma data de conclusão (art. 8º, alínea *a*); e (Incluído pela Lei nº 10.931, de 2004)

II – edifícios de dois ou mais pavimentos (art. 8º, alínea *b*). (Incluído pela Lei nº 10.931, de 2004)

§ 10. A constituição de patrimônios de afetação separados de que trata o § 9º deverá estar declarada no memorial de incorporação. (Incluído pela Lei nº 10.931, de 2004)

§ 11. Nas incorporações objeto de financiamento, a comercialização das unidades deverá contar com a anuência da instituição financiadora ou deverá ser a ela cientificada, conforme vier a ser estabelecido no contrato de financiamento. (Incluído pela Lei nº 10.931, de 2004)

§ 12. A contratação de financiamento e constituição de garantias, inclusive mediante transmissão, para o credor, da propriedade fiduciária sobre as unidades imobiliárias integrantes da incorporação, bem como a cessão, plena ou fiduciária, de direitos creditórios decorrentes da comercialização dessas unidades, não implicam a transferência para o credor de nenhuma das obrigações ou responsabilidades do cedente, do incorporador ou do construtor, permanecendo estes como únicos responsáveis pelas obrigações e pelos deveres que lhes são imputáveis. (Incluído pela Lei nº 10.931, de 2004)

Art. 31-B. Considera-se constituído o patrimônio de afetação mediante averbação, a qualquer tempo, no Registro de Imóveis, de termo firmado pelo incorporador e, quando for o caso, também pelos titulares de direitos reais de aquisição sobre o terreno. (Incluído pela Lei nº 10.931, de 2004)

Parágrafo único. A averbação não será obstada pela existência de ônus reais que tenham sido constituídos sobre o imóvel objeto da incorporação para garantia do pagamento do preço de sua aquisição ou do cumprimento de obrigação de construir o empreendimento. (Incluído pela Lei nº 10.931, de 2004)

Art. 31-C. A Comissão de Representantes e a instituição financiadora da construção poderão nomear, às suas expensas, pessoa física ou jurídica para fiscalizar e acompanhar o patrimônio de afetação. (Incluído pela Lei nº 10.931, de 2004)

§ 1º. A nomeação a que se refere o *caput* não transfere para o nomeante qualquer responsabilidade pela qualidade da obra, pelo prazo de entrega do imóvel ou por qualquer outra obrigação decorrente da responsabilidade do incorporador ou do construtor, seja legal ou a oriunda dos contratos de alienação das unidades imobiliárias, de construção e de outros contratos eventualmente vinculados à incorporação. (Incluído pela Lei nº 10.931, de 2004)

§ 2º. A pessoa que, em decorrência do exercício da fiscalização de que trata o *caput* deste artigo, obtiver acesso às informações comerciais, tributárias e de qualquer outra natureza referentes ao patrimônio afetado responderá pela falta de zelo, dedicação e sigilo destas informações. (Incluído pela Lei nº 10.931, de 2004)

§ 3º. A pessoa nomeada pela instituição financiadora deverá fornecer cópia de seu relatório ou parecer à Comissão de Representantes, a requerimento desta, não constituindo esse fornecimento quebra de sigilo de que trata o § 2º deste artigo. (Incluído pela Lei nº 10.931, de 2004)

Art. 31-D. Incumbe ao incorporador: (Incluído pela Lei nº 10.931, de 2004)

I – promover todos os atos necessários à boa administração e à preservação do patrimônio de afetação, inclusive mediante adoção de medidas judiciais; (Incluído pela Lei nº 10.931, de 2004)
II – manter apartados os bens e direitos objeto de cada incorporação; (Incluído pela Lei nº 10.931, de 2004)
III – diligenciar a captação dos recursos necessários à incorporação e aplicá-los na forma prevista nesta Lei, cuidando de preservar os recursos necessários à conclusão da obra; (Incluído pela Lei nº 10.931, de 2004)
IV – entregar à Comissão de Representantes, no mínimo a cada três meses, demonstrativo do estado da obra e de sua correspondência com o prazo pactuado ou com os recursos financeiros que integrem o patrimônio de afetação recebidos no período, firmados por profissionais habilitados, ressalvadas eventuais modificações sugeridas pelo incorporador e aprovadas pela Comissão de Representantes; (Incluído pela Lei nº 10.931, de 2004)
V – manter e movimentar os recursos financeiros do patrimônio de afetação em conta de depósito aberta especificamente para tal fim; (Incluído pela Lei nº 10.931, de 2004)
VI – entregar à Comissão de Representantes balancetes coincidentes com o trimestre civil, relativos a cada patrimônio de afetação; (Incluído pela Lei nº 10.931, de 2004)
VII – assegurar à pessoa nomeada nos termos do art. 31-C o livre acesso à obra, bem como aos livros, contratos, movimentação da conta de depósito exclusiva referida no inciso V deste artigo e quaisquer outros documentos relativos ao patrimônio de afetação; e (Incluído pela Lei nº 10.931, de 2004)
VIII – manter escrituração contábil completa, ainda que esteja desobrigado pela legislação tributária. (Incluído pela Lei nº 10.931, de 2004)

Art. 31-E. O patrimônio de afetação extinguir-se-á pela: (Incluído pela Lei nº 10.931, de 2004)

I – averbação da construção, registro dos títulos de domínio ou de direito de aquisição em nome dos respectivos adquirentes e, quando for o caso, extinção das obrigações do incorporador perante a instituição financiadora do empreendimento; (Incluído pela Lei nº 10.931, de 2004)
II – revogação em razão de denúncia da incorporação, depois de restituídas aos adquirentes as quantias por eles pagas (art. 36), ou de outras hipóteses previstas em lei; e (Incluído pela Lei nº 10.931, de 2004)
III – liquidação deliberada pela assembleia geral nos termos do art. 31-F, § 1º. (Incluído pela Lei nº 10.931, de 2004)

Art. 31-F. Os efeitos da decretação da falência ou da insolvência civil do incorporador não atingem os patrimônios de afetação constituídos, não integrando a massa concursal o terreno, as acessões e demais bens, direitos creditórios, obrigações e encargos objeto da incorporação. (Incluído pela Lei nº 10.931, de 2004)

§ 1º. Nos 60 (sessenta) dias que se seguirem à decretação da falência ou da insolvência civil do incorporador, o condomínio dos adquirentes, por convocação da sua Comissão de Representantes ou, na sua falta, de 1/6 (um sexto) dos titulares de frações ideais, ou, ainda, por determinação do juiz prolator da decisão, realizará assembleia geral, na qual, por maioria simples, ratificará o mandato da Comissão de Representantes ou elegerá novos membros, e, em primeira convocação, por 2/3 (dois terços) dos votos dos adquirentes ou, em segunda convocação, pela maioria absoluta desses votos, instituirá o condomínio da construção, por instrumento público ou particular, e deliberará sobre os termos da continuação da obra ou da liquidação do patrimônio de afetação (art. 43, inciso III); havendo financiamento para construção, a convocação poderá ser feita pela instituição financiadora. (Incluído pela Lei nº 10.931, de 2004)

§ 2º. O disposto no § 1º aplica-se também à hipótese de paralisação das obras prevista no art. 43, inciso VI. (Incluído pela Lei nº 10.931, de 2004)

§ 3º. Na hipótese de que tratam os §§ 1º e 2º, a Comissão de Representantes ficará investida de mandato irrevogável para firmar com os adquirentes das unidades autônomas o contrato definitivo a que estiverem obrigados o incorporador, o titular do domínio e o titular dos direitos aquisitivos do imóvel objeto da incorporação em decorrência de contratos preliminares. (Incluído pela Lei nº 10.931, de 2004)

§ 4º. O mandato a que se refere o § 3º será válido mesmo depois de concluída a obra. (Incluído pela Lei nº 10.931, de 2004)

§ 5º. O mandato outorgado à Comissão de Representantes confere poderes para transmitir domínio, direito, posse e ação, manifestar a responsabilidade do alienante pela evicção e imitir os adquirentes na posse das unidades respectivas. (Incluído pela Lei nº 10.931, de 2004)

§ 6º. Os contratos definitivos serão celebrados mesmo com os adquirentes que tenham obrigações a cumprir perante o incorporador ou a instituição financiadora, desde que comprovadamente adimplentes, situação em que a outorga do contrato fica condicionada à constituição de garantia real sobre o imóvel, para assegurar o pagamento do débito remanescente. (Incluído pela Lei nº 10.931, de 2004)

§ 7º. Ainda na hipótese dos §§ 1º e 2º, a Comissão de Representantes ficará investida de mandato irrevogável para, em nome dos adquirentes, e em cumprimento da decisão da assembleia geral que deliberar pela liquidação do patrimônio de afetação, efetivar a alienação do terreno e das acessões, transmitindo posse, direito, domínio e ação, manifestar a responsabilidade pela evicção, imitir os futuros adquirentes na posse do terreno e das acessões. (Incluído pela Lei nº 10.931, de 2004)

§ 8º. Na hipótese do § 7º, será firmado o respectivo contrato de venda, promessa de venda ou outra modalidade de contrato compatível com os direitos objeto da transmissão. (Incluído pela Lei nº 10.931, de 2004)

§ 9º. A Comissão de Representantes cumprirá o mandato nos termos e nos limites estabelecidos pela deliberação da assembleia geral e prestará contas aos adquirentes, entregando-lhes o produto líquido da alienação, no prazo de 5 (cinco) dias da data em que tiver recebido o preço ou cada parcela do preço. (Incluído pela Lei nº 10.931, de 2004)

§ 10. Os valores pertencentes aos adquirentes não localizados deverão ser depositados em Juízo pela Comissão de Representantes. (Incluído pela Lei nº 10.931, de 2004)

§ 11. Caso decidam pela continuação da obra, os adquirentes ficarão automaticamente sub-rogados nos direitos, nas obrigações e nos encargos relativos à incorporação, inclusive aqueles relativos ao contrato de financiamento da obra, se houver. (Incluído pela Lei nº 10.931, de 2004)

§ 12. Para os efeitos do § 11 deste artigo, cada adquirente responderá individualmente pelo saldo porventura existente entre as receitas do empreendimento e o custo da conclusão da incorporação na proporção dos coeficientes de construção atribuíveis às respectivas unidades, se outro critério de rateio não for deliberado em assembleia geral por 2/3 (dois terços) dos votos dos adquirentes, observado o seguinte: (Incluído pela Lei nº 10.931, de 2004)

I – os saldos dos preços das frações ideais e acessões integrantes da incorporação que não tenham sido pagos ao incorporador até a data da decretação da falência ou da insolvência civil passarão a ser pagos à Comissão de Representantes, permanecendo o somatório desses recursos submetido à afetação, nos termos do art. 31-A, até o limite necessário à conclusão da incorporação; (Incluído pela Lei nº 10.931, de 2004)
II – para cumprimento do seu encargo de administradora da incorporação, a Comissão de Representantes fica investida de mandato legal, em caráter irrevogável, para, em nome do incorporador ou do condomínio de construção, conforme o caso, receber as parcelas do saldo do preço e dar quitação, bem como promover as medidas extrajudiciais ou judiciais necessárias a esse recebimento, praticando todos os atos relativos ao leilão de que trata o art. 63 ou os atos relativos à consolidação da propriedade e ao leilão de que tratam os arts. 26 e 27 da Lei nº 9.514, de 20 de novembro de 1997, devendo realizar a garantia e aplicar na incorporação todo o produto do recebimento do saldo do preço e do leilão; (Incluído pela Lei nº 10.931, de 2004)
III – consideram-se receitas do empreendimento os valores das parcelas a receber, vincendas e vencidas e ainda não pagas, de cada adquirente, correspondentes ao preço de aquisição das respectivas unidades ou do preço de custeio de construção, bem como os recursos disponíveis afetados; e (Incluído pela Lei nº 10.931, de 2004)
IV – compreendem-se no custo de conclusão da incorporação todo o custeio da construção do edifício e a averbação da construção das edificações para efeito de individualização e discriminação das unidades, nos termos do art. 44. (Incluído pela Lei nº 10.931, de 2004)

§ 13. Havendo saldo positivo entre as receitas da incorporação e o custo da conclusão da incorporação, o valor correspondente a esse saldo deverá ser entregue à massa falida pela Comissão de Representantes. (Incluído pela Lei nº 10.931, de 2004)

§ 14. Para assegurar as medidas necessárias ao prosseguimento das obras ou à liquidação do patrimônio de afetação, a Comissão de Representantes, no prazo de 60 (sessenta) dias, a contar da data de realização da assembleia geral de que trata o § 1º, promoverá, em leilão público, com observância dos critérios estabelecidos pelo art. 63, a venda das frações ideais e respectivas acessões que, até a data da decretação da falência ou insolvência não tiverem sido alienadas pelo incorporador. (Incluído pela Lei nº 10.931, de 2004)

§ 15. Na hipótese de que trata o § 14, o arrematante ficará sub-rogado, na proporção atribuível à fração e acessões adquiridas, nos direitos e nas obrigações relativas ao empreendimento, inclusive nas obrigações de eventual financiamento, e, em se tratando da hipótese do art. 39 desta Lei, nas obrigações perante o proprietário do terreno. (Incluído pela Lei nº 10.931, de 2004)

§ 16. Dos documentos para anúncio da venda de que trata o § 14 e, bem assim, o inciso III do art. 43, constarão o valor das acessões não pagas pelo incorporador (art. 35, § 6º) e o preço da fração ideal do terreno e das acessões (arts. 40 e 41). (Incluído pela Lei nº 10.931, de 2004)

§ 17. No processo de venda de que trata o § 14, serão asseguradas, sucessivamente, em igualdade de condições com terceiros: (Incluído pela Lei nº 10.931, de 2004)

I – ao proprietário do terreno, nas hipóteses em que este seja pessoa distinta da pessoa do incorporador, a preferência para aquisição das acessões vinculadas à fração objeto da venda, a ser exercida nas vinte e quatro horas seguintes à data designada para a venda; e (Incluído pela Lei nº 10.931, de 2004)

II – ao condomínio, caso não exercida a preferência de que trata o inciso I, ou caso não haja licitantes, a preferência para aquisição da fração ideal e acessões, desde que deliberada em assembleia geral, pelo voto da maioria simples dos adquirentes presentes, e exercida no prazo de 48 (quarenta e oito) horas a contar da data designada para a venda. (Incluído pela Lei nº 10.931, de 2004)

§ 18. Realizada a venda prevista no § 14, incumbirá à Comissão de Representantes, sucessivamente, nos 5 (cinco) dias que se seguirem ao recebimento do preço: (Incluído pela Lei nº 10.931, de 2004)

I – pagar as obrigações trabalhistas, previdenciárias e tributárias, vinculadas ao respectivo patrimônio de afetação, observada a ordem de preferência prevista na legislação, em especial o disposto no art. 186 do Código Tributário Nacional; (Incluído pela Lei nº 10.931, de 2004)

II – reembolsar aos adquirentes as quantias que tenham adiantado, com recursos próprios, para pagamento das obrigações referidas no inciso I; (Incluído pela Lei nº 10.931, de 2004)

III – reembolsar à instituição financiadora a quantia que esta tiver entregue para a construção, salvo se outra forma for convencionada entre as partes interessadas; (Incluído pela Lei nº 10.931, de 2004)

IV – entregar ao condomínio o valor que este tiver desembolsado para construção das acessões de responsabilidade do incorporador (§ 6º do art. 35 e § 5º do art. 31-A), na proporção do valor obtido na venda; (Incluído pela Lei nº 10.931, de 2004)

V – entregar ao proprietário do terreno, nas hipóteses em que este seja pessoa distinta da pessoa do incorporador, o valor apurado na venda, em proporção ao valor atribuído à fração ideal; e (Incluído pela Lei nº 10.931, de 2004)

VI – entregar à massa falida o saldo que porventura remanescer. (Incluído pela Lei nº 10.931, de 2004)

§ 19. O incorporador deve assegurar à pessoa nomeada nos termos do art. 31-C, o acesso a todas as informações necessárias à verificação do montante das obrigações referidas no § 12, inciso I, do art. 31-F vinculadas ao respectivo patrimônio de afetação. (Incluído pela Lei nº 10.931, de 2004)

§ 20. Ficam excluídas da responsabilidade dos adquirentes as obrigações relativas, de maneira direta ou indireta, ao imposto de renda e à contribuição social sobre o lucro, devidas pela pessoa jurídica do incorporador, inclusive por equiparação, bem como as obrigações oriundas de outras atividades do incorporador não relacionadas diretamente com as incorporações objeto de afetação. (Incluído pela Lei nº 10.931, de 2004)

CAPÍTULO II. DAS OBRIGAÇÕES E DIREITOS DO INCORPORADOR

Art. 32. O incorporador somente poderá negociar sobre unidades autônomas após ter arquivado, no cartório competente de Registro de Imóveis, os seguintes documentos:

a) título de propriedade de terreno, ou de promessa, irrevogável e irretratável, de compra e venda ou de cessão de direitos ou de permuta, do qual conste cláusula de imissão na posse do imóvel, não haja estipulações impeditivas de sua alienação em frações ideais e inclua consentimento para demolição e construção, devidamente registrado;

b) certidões negativas de impostos federais, estaduais e municipais, de protesto de títulos, de ações cíveis e criminais e de ônus reais relativamente ao imóvel, aos alienantes do terreno e ao incorporador;

c) histórico dos títulos de propriedade do imóvel, abrangendo os últimos 20 anos, acompanhado de certidão dos respectivos registros;

d) projeto de construção devidamente aprovado pelas autoridades competentes;

e) cálculo das áreas das edificações, discriminando, além da global, a das partes comuns, e indicando, para cada tipo de unidade, a respectiva metragem de área construída;

f) certidão negativa de débito para com a Previdência Social, quando o titular de direitos sobre o terreno for responsável pela arrecadação das respectivas contribuições;

g) memorial descritivo das especificações da obra projetada, segundo modelo a que se refere o inciso IV, do art. 53, desta Lei;

h) avaliação do custo global da obra, atualizada à data do arquivamento, calculada de acordo com a norma do inciso III, do art. 53, com base nos custos unitários referidos no art. 54, discriminando-se, também, o custo de construção de cada unidade, devidamente autenticada pelo profissional responsável pela obra;

i) discriminação das frações ideais de terreno, com as unidades autônomas que a elas corresponderão;

j) minuta da futura Convenção de Condomínio que regerá a edificação ou o conjunto de edificações;

l) declaração em que se defina a parcela do preço de que trata o inciso II, do art. 39;

m) certidão do instrumento público de mandato, referido no § 1º do art. 31;

n) declaração expressa em que se fixe, se houver, o prazo de carência (art. 34);

o) atestado de idoneidade financeira, fornecido por estabelecimento de crédito que opere no País há mais de cinco anos;

p) declaração, acompanhada de plantas elucidativas, sobre o número de veículos que a garagem comporta e os locais destinados à guarda dos mesmos. (Incluído pela Lei nº 4.864, de 1965)

§ 1º. A documentação referida neste artigo, após o exame do oficial de registro de imóveis, será arquivada em cartório, fazendo-se o competente registro.

§ 2º. Os contratos de compra e venda, promessa de venda, cessão ou promessa de cessão de unidades autônomas são irretratáveis e, uma vez registrados, conferem direito real oponível a terceiros, atribuindo direito a adjudicação compulsória perante o incorporador ou a quem o suceder, inclusive na hipótese de insolvência posterior ao término da obra. (Redação dada pela Lei nº 10.931, de 2004)

§ 3º. O número do registro referido no § 1º, bem como a indicação do cartório competente, constará, obrigatoriamente, dos anúncios, impressos, publicações, propostas, contratos, preliminares ou definitivos, referentes à incorporação, salvo dos anúncios "classificados".

§ 4º. O Registro de Imóveis dará certidão ou fornecerá, a quem o solicitar, cópia fotostática, heliográfica, termofax, microfilmagem ou outra equivalente, dos documentos especificados neste artigo, ou autenticará cópia apresentada pela parte interessada.

§ 5º. A existência de ônus fiscais ou reais, salvo os impeditivos de alienação, não impedem o registro, que será feito com as devidas ressalvas, mencionando-se, em todos os documentos, extraídos do Registro, a existência e a extensão dos ônus.

§ 6º. Os oficiais de Registro de Imóveis terão 15 (quinze) dias para apresentar, por escrito, todas as exigências que julgarem necessárias ao arquivamento, e, satisfeitas as referidas exigências, terão o prazo de 15 (quinze) dias para fornecer certidão, relacionando a documentação apresentada, e devolver, autenticadas, as segundas vias da mencionada documentação, com exceção dos documentos públicos. Em casos de divergência, o oficial levantará a dúvida segundo as normas processuais aplicáveis.

§ 7º. O oficial do registro de imóveis responde, civil e criminalmente, se efetuar o arquivamento de documentação contraveniente à lei ou der certidão (*vetado*) sem o arquivamento de todos os documentos exigidos.

§ 8º. O oficial do registro de imóveis que não observar os prazos previstos no § 6º ficará sujeito à penalidade imposta pela autoridade judiciária competente em montante igual ao dos emolumentos devidos pelo registro de que trata este artigo, aplicável por quinzena ou fração de quinzena de superação de cada um daqueles prazos. (Incluído pela Lei nº 4.864, de 1965)

§ 9º. O oficial do registro de imóveis não responde pela exatidão dos documentos que lhe forem apresentados para arquivamento em obediência ao disposto nas alíneas *e, g, h, l* e p deste artigo, desde que assinados pelo profissional responsável pela obra. (Incluído pela Lei nº 4.864, de 1965)

§ 10. As plantas do projeto aprovado (alínea *d* deste artigo) poderão ser apresentadas em cópia autenticada pelo profissional responsável pela obra, acompanhada de cópia de licença de construção. (Incluído pela Lei nº 4.864, de 1965)

§ 11. Até 30 de junho de 1966, se, dentro de 15 dias da entrega ao Cartório do Registro de Imóveis da documentação completa prevista neste artigo, feita por carta enviada pelo Ofício de Títulos e Documentos, não tiver o Cartório de Imóveis entregue a certidão de arquivamento e registro, nem formulado, por escrito, as exigências previstas no § 6º, considerar-se-á de pleno direito completado o registro provisório. (Incluído pela Lei nº 4.864, de 1965)

§ 12. O registro provisório previsto no parágrafo anterior autoriza o incorporador a negociar as unidades da incorporação, indicando na sua publicação o número do Registro de Títulos e Documentos referente à remessa dos documentos ao Cartório de Imóveis, sem prejuízo, todavia, da sua responsabilidade perante o adquirente da unidade e da obrigação de satisfazer as exigências posteriormente formuladas pelo Cartório, bem como de completar o registro definitivo. (Incluído pela Lei nº 4.864, de 1965)

§ 13. Na incorporação sobre imóvel objeto de imissão na posse registrada conforme item 36 do inciso I do art. 167 da Lei nº 6.015, de 31 de dezembro de 1973, fica dispensada a apresentação, relativamente ao ente público, dos documentos mencionados nas alíneas *a, b, c, f* e *o* deste artigo, devendo o incorporador celebrar contrato de cessão de posse com os adquirentes das unidades autônomas, aplicando-se a regra prevista nos §§ 4º, 5º e 6º do art. 26 da Lei nº 6.766, de 19 de dezembro de 1979. (Incluído pela Lei nº 12.424, de 2011)

Art. 33. O registro da incorporação será válido pelo prazo de 120 (cento e vinte) dias, findo o qual, se ela ainda não se houver concretizado, o incorporador só poderá negociar unidades depois de atualizar a documentação a que se refere o artigo anterior, revalidado o registro por igual prazo.

- Lei 4.864/1965: art. 12, (o prazo foi elevado para 180 dias).

Art. 34. O incorporador poderá fixar, para efetivação da incorporação, prazo de carência, dentro do qual lhe é lícito desistir do empreendimento.

§ 1º. A fixação do prazo de carência será feita pela declaração a que se refere a alínea *n*, do art. 32, onde se fixem as condições que autorizarão o incorporador a desistir do empreendimento.

§ 2º. Em caso algum poderá o prazo de carência ultrapassar o termo final do prazo da validade do registro ou, se for o caso, de sua revalidação.

§ 3º. Os documentos preliminares de ajuste, se houver, mencionarão, obrigatoriamente, o prazo de carência, inclusive para efeitos do art. 45.

§ 4º. A desistência da incorporação será denunciada, por escrito, ao Registro de Imóveis (*vetado*) e comunicada, por escrito, a cada um dos adquirentes ou candidatos à aquisição, sob pena de responsabilidade civil e criminal do incorporador.

§ 5º. Será averbada no registro da incorporação a desistência de que trata o parágrafo anterior, arquivando-se em cartório o respectivo documento.

§ 6º. O prazo de carência é improrrogável.

Art. 35. O incorporador terá o prazo máximo de 45 (quarenta e cinco) dias, a contar do termo final do prazo de carência, se houver, para promover a celebração do competente contrato relativo à fração ideal de terreno, e, bem assim, do contrato de construção e da Convenção do Condomínio, de acordo com discriminação constante da alínea *i* do art. 32.

- Lei 4.864/1965: art. 13 (o prazo foi elevado para 60 dias).

§ 1º. No caso de não haver prazo de carência, o prazo acima se contará da data de qualquer documento de ajuste preliminar.

§ 2º. Quando houver prazo de carência, a obrigação somente deixará de existir se o incorporador tiver denunciado, dentro do mesmo prazo e nas condições previamente estabelecidas, por escrito, ao Registro de Imóveis, a não concretização do empreendimento.

§ 3º. Se, dentro do prazo de carência, o incorporador não denunciar a incorporação, embora não se tenham reunido as condições a que se refere o § 1º, o outorgante do mandato, de que trata o § 1º, do art. 31, poderá fazê-lo nos cinco dias subsequentes ao prazo de carência, e nesse caso ficará solidariamente responsável com o incorporador pela devolução das quantias que os adquirentes ou candidatos à aquisição houverem entregue ao incorporador, resguardado o direito de regresso sobre eles, dispensando-se, então, do cumprimento da obrigação fixada no *caput* deste artigo.

§ 4º. Descumprida pelo incorporador e pelo mandante de que trata o § 1º do art. 31, a obrigação da outorga dos contratos referidos no *caput* deste artigo nos prazos ora fixados, a carta-proposta ou o documento de ajuste preliminar poderão ser averbados no Registro de Imóveis, averbação que conferirá direito real oponível a terceiros, com o consequente direito à obtenção compulsória do contrato correspondente.

§ 5º. Na hipótese do parágrafo anterior, o incorporador incorrerá também na multa de 50% (cinquenta por cento) sobre a quantia que efetivamente tiver recebido, cobrável por via executiva, em favor do adquirente ou candidato à aquisição.

§ 6º. Ressalvado o disposto no art. 43, do contrato de construção deverá constar expressamente a menção dos responsáveis pelo pagamento da construção de cada uma das unidades. O incorporador responde, em igualdade de condições, com os demais contratantes, pelo pagamento da construção das unidades que não tenham tido a responsabilidade pela sua construção assumida por terceiros e até que o tenham.

Art. 35-A. Os contratos de compra e venda, promessa de venda, cessão ou promessa de cessão de unidades autônomas integrantes de incorporação imobiliária serão iniciados por quadro-resumo, que deverá conter: *(Incluído pela Lei 13.786/2018)*

I - o preço total a ser pago pelo imóvel;

II - o valor da parcela do preço a ser tratada como entrada, a sua forma de pagamento, com destaque para o valor pago à vista, e os seus percentuais sobre o valor total do contrato;

III - o valor referente à corretagem, suas condições de pagamento e a identificação precisa de seu beneficiário;

IV - a forma de pagamento do preço, com indicação clara dos valores e vencimentos das parcelas;

V - os índices de correção monetária aplicáveis ao contrato e, quando houver pluralidade de índices, o período de aplicação de cada um;

VI - as consequências do desfazimento do contrato, seja por meio de distrato, seja por meio de resolução contratual motivada por inadimplemento de obrigação do adquirente ou do incorporador, com destaque negritado para as penalidades aplicáveis e para os prazos para devolução de valores ao adquirente;

VII - as taxas de juros eventualmente aplicadas, se mensais ou anuais, se nominais ou efetivas, o seu período de incidência e o sistema de amortização;

VIII - as informações acerca da possibilidade do exercício, por parte do adquirente do imóvel, do direito de arrependimento previsto no art. 49 da Lei nº 8.078, de 11 de setembro de 1990 (Código de Defesa do Consumidor), em todos os contratos firmados em estandes de vendas e fora da sede do incorporador ou do estabelecimento comercial;

IX - o prazo para quitação das obrigações pelo adquirente após a obtenção do auto de conclusão da obra pelo incorporador;

X - as informações acerca dos ônus que recaiam sobre o imóvel, em especial quando o vinculem como garantia real do financiamento destinado à construção do investimento;

XI - o número do registro do memorial de incorporação, a matrícula do imóvel e a identificação do cartório de registro de imóveis competente;

XII - o termo final para obtenção do auto de conclusão da obra (habite-se) e os efeitos contratuais da intempestividade prevista no art. 43-A desta Lei.

§ 1º Identificada a ausência de quaisquer das informações previstas no *caput* deste artigo, será concedido prazo de 30 (trinta) dias para aditamento do contrato e saneamento da omissão, findo o qual, essa omissão, se não sanada, caracterizará justa causa para rescisão contratual por parte do adquirente.

§ 2º A efetivação das consequências do desfazimento do contrato, referidas no inciso VI do *caput* deste artigo, dependerá de anuência prévia e específica do adquirente a seu respeito, mediante assinatura junto a essas cláusulas, que deverão ser redigidas conforme o disposto no § 4º do art. 54 da Lei nº 8.078, de 11 de setembro de 1990 *(Código de Defesa do Consumidor)*.

Art. 36. No caso de denúncia de incorporação, nos termos do art. 34, se o incorporador, até 30 (trinta) dias a contar da denúncia, não restituir aos adquirentes as importâncias pagas, estes poderão cobrá-la por via executiva, reajustado o seu valor a contar da data do recebimento, em função do índice geral de preços mensalmente publicado pelo Conselho Nacional de Economia, que reflita as variações no poder aquisitivo da moeda nacional, e acrescido de juros de 6% (seis por cento) ao ano, sobre o total corrigido.

Art. 37. Se o imóvel estiver gravado de ônus real ou fiscal ou se contra os alienantes houver qualquer ação que possa comprometê-lo, o fato será obrigatoriamente mencionado em todos os documentos de ajuste, com a indicação de sua natureza e das condições de liberação.

Art. 38. Também constará, obrigatoriamente, dos documentos de ajuste, se for o caso, o fato de encontrar-se ocupado o imóvel, esclarecendo-se a que título se deve esta ocupação e quais as condições de desocupação.

Art. 39. Nas incorporações em que a aquisição do terreno se der com pagamento total ou parcial em unidades a serem construídas, deverão ser discriminadas em todos os documentos de ajuste:

I – a parcela que, se houver, será paga em dinheiro;

II – a quota-parte da área das unidades a serem entregues em pagamento do terreno que corresponderá a cada uma das unidades, a qual deverá ser expressa em metros quadrados.

Parágrafo único. Deverá constar, também, de todos os documentos de ajuste, se o alienante do terreno ficou ou não sujeito a qualquer prestação ou encargo.

Art. 40. No caso de rescisão de contrato de alienação do terreno ou de fração ideal, ficarão rescindidas as cessões ou promessas de cessão de direitos correspondentes à aquisição do terreno.

§ 1º. Nesta hipótese, consolidar-se-á, no alienante em cujo favor se opera a resolução, o direito sobre a construção porventura existente.

§ 2º. No caso do parágrafo anterior, cada um dos ex-titulares de direito à aquisição de unidades autônomas haverá do mencionado alienante o valor da parcela de construção que haja adicionado à unidade, salvo se a rescisão houver sido causada pelo ex-titular.

§ 3º. Na hipótese dos parágrafos anteriores, sob pena de nulidade, não poderá o alienante em cujo favor se operou a resolução voltar a negociar seus direitos sobre a unidade autônoma, sem a prévia indenização aos titulares, de que trata o § 2º.

§ 4º. No caso do parágrafo anterior, se os ex-titulares tiverem de recorrer à cobrança judicial do que lhes for devido, somente poderão garantir o seu pagamento a unidade e respectiva fração de terreno objeto do presente artigo.

Art. 41. Quando as unidades imobiliárias forem contratadas pelo incorporador por preço global compreendendo quota de terreno e construção, inclusive com parte do pagamento após a entrega da unidade, discriminar-se-ão, no contrato, o preço da quota de terreno e o da construção.

§ 1º. Poder-se-á estipular que, na hipótese de o adquirente atrasar o pagamento de parcela relativa à construção, os efeitos da mora recairão não apenas sobre a aquisição da parte construída, mas, também, sobre a fração ideal de terreno, ainda que esta tenha sido totalmente paga.

§ 2º. Poder-se-á também estipular que, na hipótese de o adquirente atrasar o pagamento da parcela relativa à fração ideal de terreno, os efeitos da mora recairão não apenas sobre a aquisição da fração ideal, mas, também, sobre a parte construída, ainda que totalmente paga.

Art. 42. No caso de rescisão do contrato relativo à fração ideal de terreno e partes comuns, a pessoa em cujo favor se tenha operado a resolução sub-rogar-se-á nos direitos e obrigações contratualmente atribuídos ao inadimplente, com relação à construção.

Art. 43. Quando o incorporador contratar a entrega da unidade a prazo e preços certos, determinados ou determináveis, mesmo quando pessoa física, ser-lhe-ão impostas as seguintes normas:

I – informar obrigatoriamente aos adquirentes, por escrito, no mínimo de seis em seis meses, o estado da obra;

II – responder civilmente pela execução da incorporação, devendo indenizar os adquirentes ou compromissários, dos prejuízos que a estes advierem do fato de não se concluir a edificação ou de se retardar injustificadamente a conclusão das obras, cabendo-lhe ação regressiva contra o construtor, se for o caso e se a este couber a culpa;

III – em caso de falência do incorporador, pessoa física ou jurídica, e não ser possível à maioria prosseguir na construção das edificações, os subscritores ou candidatos à aquisição de unidades serão credores privilegiados pelas quantias que houverem pago ao incorporador, respondendo subsidiariamente os bens pessoais deste;

IV – é vedado ao incorporador alterar o projeto, especialmente no que se refere à unidade do adquirente e às partes comuns, modificar as especificações, ou desviar-se do plano da construção, salvo autorização unânime dos interessados ou exigência legal;

V – não poderá modificar as condições de pagamento nem reajustar o preço das unidades, ainda no caso de elevação dos preços dos materiais e da mão de obra, salvo se tiver sido expressamente ajustada a faculdade de reajustamento, procedendo-se, então, nas condições estipuladas;

VI – se o incorporador, sem justa causa devidamente comprovada, paralisar as obras por mais de 30 (trinta) dias, ou retardar-lhes excessivamente o andamento, poderá o juiz notificá-lo para que no prazo mínimo de 30 (trinta) dias as reinicie ou torne a dar-lhes o andamento normal. Desatendida a notificação, poderá o incorporador ser destituído pela maioria absoluta dos votos dos adquirentes, sem prejuízo da responsabilidade civil ou penal que couber, sujeito à cobrança executiva das importâncias comprovadamente devidas, facultando-se aos interessados prosseguir na obra (*vetado*).

VII – em caso de insolvência do incorporador que tiver optado pelo regime da afetação e não sendo possível à maioria prosseguir na construção, a assembleia geral poderá, pelo voto de 2/3 (dois terços) dos adquirentes, deliberar pela venda do terreno, das acessões e demais bens e direitos integrantes do patrimônio de afetação, mediante leilão ou outra forma que estabelecer, distribuindo entre si, na proporção dos recursos que comprovadamente tiverem aportado, o resultado líquido da venda, depois de pagas as dívidas do patrimônio de afetação e deduzido e entregue ao proprietário do terreno a quantia que lhe couber, nos termos do art. 40; não se obtendo, na venda, a reposição dos aportes efetivados pelos adquirentes, reajustada na forma da lei e de acordo com os critérios do contrato celebrado com o incorporador, os adquirentes serão credores privilegiados pelos valores da diferença não reembolsada, respondendo subsidiariamente os bens pessoais do incorporador. (Incluído pela Lei nº 10.931, de 2004)

Art. 43-A. A entrega do imóvel em até 180 (cento e oitenta) dias corridos da data estipulada contratualmente como data prevista para conclusão do empreendimento, desde que expressamente pactuado, de forma clara e destacada, não dará causa à resolução do contrato por parte do adquirente nem ensejará o pagamento de qualquer penalidade pelo incorporador. *(Incluído pela Lei 13.786/2018)*

§ 1º Se a entrega do imóvel ultrapassar o prazo estabelecido no *caput* deste artigo, desde que o adquirente não tenha dado causa ao atraso, poderá ser promovida por este a resolução do contrato, sem prejuízo da devolução da integralidade de todos os valores pagos e da multa estabelecida, em até 60 (sessenta) dias corridos contados da resolução, corrigidos nos termos do § 8º do art. 67-A desta Lei.

§ 2º Na hipótese de a entrega do imóvel estender-se por prazo superior àquele previsto no *caput* deste artigo, e não se tratar de resolução do contrato, será devida ao adquirente adimplente, por ocasião da entrega da unidade, indenização de 1% (um por cento) do valor efetivamente pago à incorporadora, para cada mês de atraso, *pro rata die*, corrigido monetariamente conforme índice estipulado em contrato.

§ 3º A multa prevista no § 2º deste artigo, referente a mora no cumprimento da obrigação, em hipótese alguma poderá ser cumulada com a multa estabelecida no § 1º deste artigo, que trata da inexecução total da obrigação.

Art. 44. Após a concessão do "habite-se" pela autoridade administrativa, o incorporador deverá requerer (*vetado*) a averbação da construção das edificações, para efeito de individualização e discriminação das unidades, respondendo perante os adquirentes pelas perdas e danos que resultem da demora no cumprimento dessa obrigação.

§ 1º. Se o incorporador não requerer a averbação (*vetado*) o construtor requerê-la-á (*vetado*) sob pena de ficar solidariamente responsável com o incorporador perante os adquirentes.

§ 2º. Na omissão do incorporador e do construtor, a averbação poderá ser requerida por qualquer dos adquirentes de unidade.

Art. 45. É lícito ao incorporador recolher o Imposto do Selo devido, mediante apresentação dos contratos preliminares, até 10 (dez) dias a contar do vencimento do prazo de carência a que se refere o art. 34, extinta a obrigação se, dentro deste prazo, for denunciada a incorporação.

Art. 46. Quando o pagamento do Imposto sobre Lucro Imobiliário e respectivos acréscimos e adicionais for de responsabilidade do vendedor do terreno, será lícito ao adquirente reter o pagamento das últimas prestações anteriores à data limite em que é lícito pagar, sem reajuste, o referido imposto e os adicionais, caso o vendedor não apresente a quitação até 10 (dez) dias antes do vencimento das prestações cujo pagamento torne inferior ao débito fiscal a parte do preço a ser ainda paga até a referida data limite.

Parágrafo único. No caso de retenção pelo adquirente, esse ficará responsável, para todos os efeitos, perante o Fisco, pelo recolhimento do tributo, adicionais e acréscimos, inclusive pelos reajustamentos que vier a sofrer o débito fiscal (*vetado*).

Art. 47. Quando se fixar no contrato que a obrigação do pagamento do Imposto sobre Lucro Imobiliário, acréscimos e adicionais devidos pelo alienante é transferida ao adquirente, dever-se-á explicitar o montante que tal obrigação atingiria, se sua satisfação se desse na data da escritura.

§ 1º. Neste caso, o adquirente será tido, para todos os efeitos, como responsável perante o Fisco.

§ 2º. Havendo parcela restituível, a restituição será feita ao adquirente e, se for o caso, em nome deste serão emitidas as Obrigações do Tesouro Nacional a que se refere o art. 4º da Lei nº 4.357, de 16 de julho de 1964.

§ 3º. Para efeitos fiscais, não importará em aumento do preço de aquisição a circunstância de obrigar-se o adquirente ao pagamento do Imposto sobre Lucro Imobiliário, seus acréscimos e adicionais.

CAPÍTULO III. DA CONSTRUÇÃO DE EDIFICAÇÕES EM CONDOMÍNIO

SEÇÃO I. DA CONSTRUÇÃO EM GERAL

Art. 48. A construção de imóveis, objeto de incorporação nos moldes previstos nesta Lei, poderá ser contratada sob o regime da empreitada ou de administração, conforme adiante definidos, e poderá estar incluída no contrato com o incorporador (*vetado*), ou ser contratada diretamente entre os adquirentes e o construtor.

§ 1º. O projeto e o memorial descritivo das edificações farão parte integrante e complementar do contrato.

§ 2º. Do contrato deverá constar o prazo da entrega das obras e as condições e formas de sua eventual prorrogação.

Art. 49. Os contratantes da construção, inclusive no caso do art. 43, para tratar de seus interesses, com relação a ela, poderão reunir-se em assembleia, cujas deliberações, desde que aprovadas por maioria simples dos votos presentes, serão válidas e obrigatórias para todos eles, salvo no que afetar ao direito de propriedade previsto na legislação.

§ 1º. As Assembleias serão convocadas, pelo menos, por 1/3 (um terço) dos votos dos contratantes, pelo incorporador ou pelo construtor, com menção expressa do assunto a tratar, sendo admitido comparecimento de procurador bastante.

§ 2º. A convocação da Assembleia será feita por carta registrada ou protocolo, com antecedência mínima de 5 (cinco) dias para a primeira convocação, e mais 3 (três) dias para a segunda, podendo ambas as convocações ser feitas no mesmo aviso.

§ 3º. A Assembleia instalar-se-á, no mínimo, com metade dos contratantes, em primeira convocação, e com qualquer número, em segunda, sendo, porém, obrigatória a presença, em qualquer caso, do incorporador ou do construtor, quando convocantes, e, pelo menos, com metade dos contratantes que a tenham convocado, se for o caso.

§ 4º. Na assembleia os votos dos contratantes serão proporcionais às respectivas frações ideais de terreno.

Art. 50. Será designada no contrato de construção ou eleita em assembleia geral uma Comissão de Representantes composta de três membros, pelo menos, escolhidos entre os adquirentes, para representá-los perante o construtor ou, no caso do art. 43, ao incorporador, em tudo o que interessar ao bom andamento da incorporação, e, em especial, perante terceiros, para praticar os atos resultantes da aplicação dos arts. 31-A a 31-F. (Redação dada pela Lei nº 10.931, de 2004)

§ 1º. Uma vez eleita a Comissão, cuja constituição se comprovará com a ata da Assembleia, devidamente inscrita no Registro de Títulos e Documentos, esta ficará de pleno direito investida dos poderes necessários para exercer todas as atribuições e praticar todos os atos que esta Lei e o contrato de construção lhe deferirem, sem necessidade de instrumento especial outorgado pelos contratantes ou, se for o caso, pelos que se sub-rogarem nos direitos e obrigações destes.

§ 2º. A assembleia geral poderá, pela maioria absoluta dos votos dos adquirentes, alterar a composição da Comissão de Representantes e revogar qualquer de suas decisões, ressalvados os direitos de terceiros quanto aos efeitos já produzidos. (Redação dada pela Lei nº 10.931, de 2004)

§ 3º. Respeitados os limites constantes desta Lei, o contrato poderá discriminar as atribuições da Comissão e deverá dispor sobre os mandatos de seus membros, sua destituição e a forma de preenchimento das vagas eventuais, sendo lícita a estipulação de que o mandato conferido a qualquer membro, no caso de sub-rogação de seu contrato a terceiros, se tenha por transferido, de pleno direito, ao sub-rogatário, salvo se este não o aceitar.

§ 4º. Nas incorporações em que o número de contratantes de unidades for igual ou inferior a três, a totalidade deles exercerá, em conjunto, as atribuições que esta Lei confere à Comissão, aplicando-se, no que couber, o disposto nos parágrafos anteriores.

Art. 51. Nos contratos de construção, seja qual for seu regime, deverá constar expressamente a quem caberão as despesas com ligações de serviços públicos, devidas ao Poder Público, bem como as despesas indispensáveis à instalação, funcionamento e regulamentação do condomínio.

Parágrafo único. Quando o serviço público for explorado mediante concessão, os contratos de construção deverão também especificar a quem caberão as despesas com as ligações que incumbam às concessionárias, no caso de não estarem elas obrigadas a fazê-las, ou, em o estando, se a isto se recusarem ou alegarem impossibilidade.

Art. 52. Cada contratante da construção só será imitido na posse de sua unidade se estiver em dia com as obrigações assumidas, inclusive as relativas à construção, exercendo o construtor e o condomínio, até então, o direito de retenção sobre a respectiva unidade; no caso do art. 43, este direito será exercido pelo incorporador.

Art. 53. O Poder Executivo, através do Banco Nacional da Habitação, promoverá a celebração de contratos com a Associação Brasileira de Normas Técnicas (ABNT), no sentido de que esta, tendo em vista o disposto na Lei nº 4.150, de 21 de novembro de 1962, prepare, no prazo máximo de 120 (cento e vinte) dias, normas que estabeleçam, para cada tipo de prédio que padronizar:

I – critérios e normas para cálculo de custos unitários de construção, para uso dos sindicatos, na forma do art. 54;

II – critérios e normas para execução de orçamentos de custos de construção, para fins do disposto no art. 59;

III – critérios e normas para a avaliação de custo global de obra, para fins da alínea *h*, do art. 32;

IV – modelo de memorial descritivo dos acabamentos de edificação, para fins do disposto no art. 32;

V – critério para entrosamento entre o cronograma das obras e o pagamento das prestações, que poderá ser introduzido nos contratos de incorporação inclusive para o efeito de aplicação do disposto no § 2º do art. 48.

§ 1º. O número de tipos padronizados deverá ser reduzido e na fixação se atenderá primordialmente:

a) o número de pavimentos e a existência de pavimentos especiais (subsolo, pilotis etc.);

b) o padrão da construção (baixo, normal, alto), tendo em conta as condições de acabamento, a qualidade dos materiais empregados, os equipamentos, o número de elevadores e as inovações de conforto;

c) as áreas de construção.

§ 2º. Para custear o serviço a ser feito pela ABNT, definido neste artigo, fica autorizado o Poder Executivo a abrir um crédito especial no valor de Cr$ 10.000.000,00 (dez milhões de cruzeiros), em favor do Banco Nacional da Habitação, vinculado a este fim, podendo o Banco adiantar a importância à ABNT, se necessário.

§ 3º. No contrato a ser celebrado com a ABNT, estipular-se-á a atualização periódica das normas previstas neste artigo, mediante remuneração razoável.

Art. 54. Os sindicatos estaduais da indústria da construção civil ficam obrigados a divulgar mensalmente, até o dia 5 de cada mês, os custos unitários de construção a serem adotados nas respectivas regiões jurisdicionais, calculados com observância dos critérios e normas a que se refere o inciso I do artigo anterior.

§ 1º. O sindicato estadual que deixar de cumprir a obrigação prevista neste artigo deixará de receber dos cofres públicos, enquanto perdurar a omissão, qualquer subvenção ou auxílio que pleiteie ou a que tenha direito.

§ 2º. Na ocorrência de omissão de sindicato estadual, o construtor usará os índices fixados por outro sindicato estadual, em cuja região os custos de construção mais lhe pareçam aproximados dos da sua.

§ 3º. Os orçamentos ou estimativas baseados nos custos unitários a que se refere este artigo só poderão ser considerados atualizados, em certo mês, para os efeitos desta Lei, se baseados em custos unitários relativos ao próprio mês ou a um dos dois meses anteriores.

SEÇÃO II.
DA CONSTRUÇÃO POR EMPREITADA

Art. 55. Nas incorporações em que a construção seja feita pelo regime de empreitada, esta poderá ser a preço fixo ou a preço reajustável por índices previamente determinados.

§ 1º. Na empreitada a preço fixo, o preço da construção será irreajustável, independentemente das variações que sofrer o custo efetivo das obras e quaisquer que sejam suas causas.

§ 2º. Na empreitada a preço reajustável, o preço fixado no contrato será reajustado na forma e nas épocas nele expressamente previstas, em função da variação dos índices adotados, também previstos obrigatoriamente no contrato.

§ 3º. Nos contratos de construção por empreitada, a Comissão de Representantes fiscalizará o andamento da obra e a obediência ao projeto e às especificações, exercendo as demais obrigações inerentes à sua função representativa dos contratantes e fiscalizadora da construção.

§ 4º. Nos contratos de construção fixados sob regime de empreitada, reajustável, a Comissão de Representantes fiscalizará, também, o cálculo do reajustamento.

§ 5º. No contrato deverá ser mencionado o montante do orçamento atualizado da obra, calculado de acordo com as normas do inciso III do art. 53, com base nos custos unitários referidos no art. 54, quando o preço estipulado for inferior ao mesmo.

§ 6º. Na forma de expressa referência, os contratos de empreitada entendem-se como sendo a preço fixo.

Art. 56. Em toda a publicidade ou propaganda escrita, destinada a promover a venda de incorporação com construção pelo regime de empreitada reajustável, em que conste preço, serão discriminados explicitamente o preço da fração ideal do terreno e o preço da construção, com indicação expressa da reajustabilidade.

§ 1º. As mesmas indicações deverão constar em todos os papéis utilizados para a realização da incorporação, tais como cartas, propostas, escrituras, contratos e documentos semelhantes.

§ 2º. Esta exigência será dispensada nos anúncios "classificados" dos jornais.

Art. 57. Ao construtor que contratar, por empreitada a preço fixo, uma obra de incorporação, aplicar-se-á, no que couber, o disposto nos itens II, III, IV (*vetado*) e VI do art. 43.

SEÇÃO III.
DA CONSTRUÇÃO POR ADMINISTRAÇÃO

Art. 58. Nas incorporações em que a construção for contratada pelo regime de administração, também chamado "a preço de custo", será de responsabilidade dos proprietários ou adquirentes o pagamento do custo integral de obra, observadas as seguintes disposições:

I – todas as faturas, duplicatas, recibos e quaisquer documentos referentes às transações ou aquisições para construção serão emitidos em nome do condomínio dos contratantes da construção;

II – todas as contribuições dos condôminos para qualquer fim relacionado com a construção serão depositadas em contas abertas em nome do condomínio dos contratantes em estabelecimentos bancários, as quais serão movimentadas pela forma que for fixada no contrato.

Art. 59. No regime de construção por administração será obrigatório constar do respectivo contrato o montante do orçamento do custo da obra, elaborado com estrita observância dos critérios e normas referidos no inciso II do art. 53, e a data em que se iniciará efetivamente a obra.

§ 1º. Nos contratos lavrados até o término das fundações, este montante não poderá ser inferior ao da estimativa atualizada, a que se refere o § 3º do art. 54.

§ 2º. Nos contratos celebrados após o término das fundações, este montante não poderá ser inferior à última revisão efetivada na forma do artigo seguinte.

§ 3º. Às transferências e sub-rogações do contrato, em qualquer fase da obra, aplicar-se-á o disposto neste artigo.

Art. 60. As revisões da estimativa de custo da obra serão efetuadas, pelo menos semestralmente, em comum entre a Comissão de Representantes e o construtor. O contrato poderá estipular que, em função das necessidades da obra, sejam alteráveis os esquemas de contribuições quanto ao total, ao número, ao valor e à distribuição no tempo das prestações.

Parágrafo único. Em caso de majoração de prestações, o novo esquema deverá ser comunicado aos contratantes, com antecedência mínima de 45 (quarenta e cinco) dias da data em que deverão ser efetuados os depósitos das primeiras prestações alteradas.

Art. 61. A Comissão de Representantes terá poderes para, em nome de todos os contratantes e na forma prevista no contrato:

a) examinar os balancetes organizados pelos construtores, dos recebimentos e despesas do condomínio dos contratantes, aprová-los ou impugná-los, examinando a documentação respectiva;

b) fiscalizar concorrências relativas às compras dos materiais necessários à obra ou aos serviços a ela pertinentes;

c) contratar, em nome do condomínio, com qualquer condômino, modificações por ele solicitadas em sua respectiva unidade, a serem administradas pelo construtor, desde que não prejudiquem unidade de outro condômino e não estejam em desacordo com o parecer técnico do construtor;

d) fiscalizar a arrecadação das contribuições destinadas à construção;

e) exercer as demais obrigações inerentes a sua função representativa dos contratantes e fiscalizadora da construção, e praticar todos os atos necessários ao funcionamento regular do condomínio.

Art. 62. Em toda publicidade ou propaganda escrita destinada a promover a venda de incorporação com construção, pelo regime de administração em que conste preço, serão discriminados explicitamente o preço da fração ideal de terreno e o montante do orçamento atualizado do custo da construção, na forma dos arts. 59 e 60, com a indicação do mês a que se refere o dito orçamento e do tipo padronizado a que se vincule o mesmo.

§ 1º. As mesmas indicações deverão constar em todos os papéis utilizados para a realização da incorporação, tais como cartas, propostas, escrituras, contratos e documentos semelhantes.

§ 2º. Esta exigência será dispensada nos anúncios "classificados" dos jornais.

CAPÍTULO IV. DAS INFRAÇÕES

Art. 63. É lícito estipular no contrato, sem prejuízo de outras sanções, que a falta de pagamento, por parte do adquirente ou contratante, de três prestações do preço da construção, quer estabelecidas inicialmente, quer alteradas ou criadas posteriormente, quando for o caso, depois de prévia notificação com o prazo de 10 (dez) dias para purgação da mora, implique na rescisão do contrato, conforme nele se fixar, ou que, na falta de pagamento pelo débito respondem os direitos à respectiva fração ideal de terreno e à parte construída adicionada, na forma abaixo estabelecida, se outra forma não fixar o contrato.

§ 1º. Se o débito não for liquidado no prazo de 10 (dez) dias, após solicitação da Comissão de Representantes, esta ficará, desde logo, de pleno direito, autorizada a efetuar, no prazo que fixar, em público leilão anunciado pela forma que o contrato previr, a venda, promessa de venda ou de cessão, ou a cessão da quota de terreno e correspondente parte construída e direitos, bem como a sub-rogação do contrato de construção.

§ 2º. Se o maior lanço obtido for inferior ao desembolso efetuado pelo inadimplente, para a quota do terreno e a construção, despesas acarretadas e as percentagens expressas no parágrafo seguinte, será realizada nova praça no prazo estipulado no contrato. Nesta segunda praça, será aceito o maior lanço apurado, ainda que inferior àquele total (*vetado*).

§ 3º. No prazo de 24 (vinte e quatro) horas após a realização do leilão final, o condomínio, por decisão unânime de Assembleia Geral, em condições de igualdade com terceiros, terá preferência na aquisição dos bens, caso em que serão adjudicados ao condomínio.

§ 4º. Do preço que for apurado no leilão, serão deduzidas as quantias em débito, todas as despesas ocorridas, inclusive honorários de advogado e anúncios, e mais 5% (cinco por cento) a título de comissão e 10% (dez por cento) de multa compensatória, que reverterão em benefício do condomínio de todos os contratantes, com exceção do faltoso, ao qual será entregue o saldo, se houver.

§ 5º. Para os fins das medidas estipuladas neste artigo, a Comissão de Representantes ficará investida de mandato irrevogável, isento do Imposto do Selo, na vigência do contrato geral de construção da obra, com poderes necessários para, em nome do condômino inadimplente, efetuar as citadas transações, podendo para este fim fixar preços, ajustar condições, sub-rogar o arrematante nos direitos e obrigações decorrentes do contrato de construção e da quota de terreno e construção; outorgar as competentes escrituras e contratos, receber preços, dar quitações; imitir o arrematante na posse do imóvel; transmitir domínio, direito e ação; responder pela evicção; receber citação, propor e variar de ações; e também dos poderes *ad juditia*, a serem substabelecidos a advogado legalmente habilitado.

§ 6º. A morte, falência ou concordata do condômino ou sua dissolução, se se tratar de sociedade, não revogará o mandato de que trata o parágrafo anterior, o qual poderá ser exercido pela Comissão de Representantes até a conclusão dos pagamentos devidos, ainda que a unidade pertença a menor de idade.

§ 7º. Os eventuais débitos, fiscais ou para com a Previdência Social, não impedirão a alienação por leilão público. Neste caso, ao condômino somente será entregue o saldo, se houver, desde que prove estar quite com o Fisco e a Previdência Social, devendo a Comissão de Representantes, em caso contrário, consignar judicialmente a importância equivalente aos débitos existentes, dando ciência do fato à entidade credora.

§ 8º. Independentemente das disposições deste artigo e seus parágrafos, e como penalidades preliminares, poderá o contrato de construção estabelecer a incidência de multas e juros de mora em caso de atraso no depósito de contribuições, sem prejuízo do disposto no parágrafo seguinte.

§ 9º. O contrato poderá dispor que o valor das prestações pagas com atraso seja corrigível em função da variação do índice geral de preços mensalmente publicado pelo Conselho Nacional de Economia, que reflita as oscilações do poder aquisitivo da moeda nacional.

§ 10. O membro da Comissão de Representantes que incorrer na falta prevista neste artigo estará sujeito à perda automática do mandato e deverá ser substituído segundo dispuser o contrato.

Art. 64. Os órgãos de informação e publicidade que divulgarem publicidade sem os requisitos exigidos pelo § 3º do art. 32 e pelos arts. 56 e 62, desta Lei, sujeitar-se-ão à multa em importância correspondente ao dobro do preço pago pelo anunciante, a qual reverterá em favor da respectiva Municipalidade.

Art. 65. É crime contra a economia popular promover incorporação, fazendo, em proposta, contratos, prospectos ou comunicação ao público ou aos interessados, afirmação falsa sobre a constituição do condomínio, alienação das frações ideais do terreno ou sobre a construção das edificações.

Pena – reclusão de 1 (um) a 4 (quatro) anos e multa de cinco a cinquenta vezes o maior salário mínimo legal vigente no País.

§ 1º. Incorrem na mesma pena:

I – o incorporador, o corretor e o construtor, individuais, bem como os diretores ou gerentes de empresa coletiva, incorporadora, corretora ou construtora que, em proposta, contrato, publicidade, prospecto, relatório, parecer, balanço ou comunicação ao público ou aos condôminos, candidatos ou subscritores de unidades, fizerem afirmação falsa sobre a constituição do condomínio, alienação das frações ideais ou sobre a construção das edificações;

II – o incorporador, o corretor e o construtor individuais, bem como os diretores ou gerentes de empresa coletiva, incorporadora, corretora ou construtora que usar, ainda que a título de empréstimo, em proveito próprio ou de terceiro, bens ou haveres destinados a incorporação contratada por administração, sem prévia autorização dos interessados.

§ 2º. O julgamento destes crimes será de competência de juízo singular, aplicando-se os arts. 5º, 6º e 7º da Lei nº 1.521, de 26 de dezembro de 1951.

§ 3º. Em qualquer fase do procedimento criminal objeto deste artigo, a prisão do indiciado dependerá sempre de mandado do juízo referido no § 2º. (Incluído pela Lei nº 4.864, de 1965)

Art. 66. São contravenções relativas à economia popular, puníveis na forma do art. 10 da Lei nº 1.521, de 26 de dezembro de 1951:

I – negociar o incorporador frações ideais de terreno, sem previamente satisfazer às exigências constantes desta Lei;

II – omitir o incorporador, em qualquer documento de ajuste, as indicações a que se referem os arts. 37 e 38, desta Lei;

III – deixar o incorporador, sem justa causa, no prazo do art. 35 e ressalvada a hipótese de seus §§ 2º e 3º, de promover a celebração do contrato relativo à fração ideal de terreno, do contrato de construção ou da Convenção do Condomínio;

IV – (*VETADO*);

V – omitir o incorporador, no contrato, a indicação a que se refere o § 5º do art. 55 desta Lei;

VI – paralisar o incorporador a obra, por mais de 30 (trinta) dias, ou retardar-lhe excessivamente o andamento sem justa causa.

Pena – multa de cinco a vinte vezes o maior salário mínimo legal vigente no País.

Parágrafo único. No caso de contratos relativos a incorporações, de que não participe o incorporador, responderão solidariamente pelas faltas capituladas neste artigo o construtor, o corretor, o proprietário ou titular de direitos aquisitivos do terreno, desde que figurem no contrato, com direito regressivo sobre o incorporador, se as faltas cometidas lhe forem imputáveis.

CAPÍTULO V. DAS DISPOSIÇÕES FINAIS E TRANSITÓRIAS

Art. 67. Os contratos poderão consignar exclusivamente as cláusulas, termos ou condições variáveis ou específicas.

§ 1º. As cláusulas comuns a todos os adquirentes não precisarão figurar expressamente nos respectivos contratos.

§ 2º. Os contratos, no entanto, consignarão obrigatoriamente que as partes contratantes adotem e se comprometam a cumprir as cláusulas, termos e condições contratuais a que se refere o parágrafo anterior, sempre transcritas, verbo *ad verbum*, no respectivo cartório ou ofício, mencionando, inclusive, o número do Livro e das folhas do competente registro.

§ 3º. Aos adquirentes, ao receberem os respectivos instrumentos, será obrigatoriamente entregue cópia, impressa ou mimeografada, autenticada, do contrato padrão contendo as cláusulas, termos e condições referidas no § 1º deste artigo.

§ 4º. Os Cartórios de Registro de Imóveis, para os devidos efeitos, receberão dos incorporadores, autenticadamente, o instrumento a que se refere o parágrafo anterior.

Art. 67-A. Em caso de desfazimento do contrato celebrado exclusivamente com o incorporador, mediante distrato ou resolução por inadimplemento absoluto de obrigação do adquirente, este fará jus à restituição das quantias que houver pago diretamente ao incorporador, atualizadas com base no índice contratualmente estabelecido para a correção monetária das parcelas do preço do imóvel, delas deduzidas, cumulativamente: *(Incluído pela Lei 13.786/2018)*

I - a integralidade da comissão de corretagem;

II - a pena convencional, que não poderá exceder a 25% (vinte e cinco por cento) da quantia paga.

§ 1º Para exigir a pena convencional, não é necessário que o incorporador alegue prejuízo.

§ 2º Em função do período em que teve disponibilizada a unidade imobiliária, responde ainda o adquirente, em caso de resolução ou de distrato, sem prejuízo do disposto no *caput* e no § 1º deste artigo, pelos seguintes valores:

I - quantias correspondentes aos impostos reais incidentes sobre o imóvel;

II - cotas de condomínio e contribuições devidas a associações de moradores;

III - valor correspondente à fruição do imóvel, equivalente à 0,5% (cinco décimos por cento) sobre o valor atualizado do contrato, *pro rata die*;

IV - demais encargos incidentes sobre o imóvel e despesas previstas no contrato.

§ 3º Os débitos do adquirente correspondentes às deduções de que trata o § 2º deste artigo poderão ser pagos mediante compensação com a quantia a ser restituída.

§ 4º Os descontos e as retenções de que trata este artigo, após o desfazimento do contrato, estão limitados aos valores efetivamente pagos pelo adquirente, salvo em relação às quantias relativas à fruição do imóvel.

§ 5º Quando a incorporação estiver submetida ao regime do patrimônio de afetação, de que tratam os arts. 31-A a 31-F desta Lei, o incorporador restituirá os valores pagos pelo adquirente, deduzidos os valores descritos neste artigo e atualizados com base no índice contratualmente estabelecido para a correção monetária das parcelas do preço do imóvel, no prazo máximo de 30 (trinta) dias após o habite-se ou documento equivalente expedido pelo órgão público municipal competente, admitindose, nessa hipótese, que a pena referida no inciso II do *caput* deste artigo seja estabelecida até o limite de 50% (cinquenta por cento) da quantia paga.

§ 6º Caso a incorporação não esteja submetida ao regime do patrimônio de afetação de que trata a Lei nº 10.931, de 2 de agosto de 2004, e após as deduções a que se referem os parágrafos anteriores, se houver remanescente a ser ressarcido ao adquirente, o pagamento será realizado em parcela única, após o prazo de 180 (cento e oitenta) dias, contado da data do desfazimento do contrato.

§ 7º Caso ocorra a revenda da unidade antes de transcorrido o prazo a que se referem os §§ 5º ou 6º deste artigo, o valor remanescente devido ao adquirente será pago em até 30 (trinta) dias da revenda.

§ 8º O valor remanescente a ser pago ao adquirente nos termos do § 7º deste artigo deve ser atualizado com base no índice contratualmente estabelecido para a correção monetária das parcelas do preço do imóvel.

§ 9º Não incidirá a cláusula penal contratualmente prevista na hipótese de o adquirente que der causa ao desfazimento do contrato encontrar comprador substituto que o sub-rogue nos direitos e obrigações originalmente assumidos, desde que haja a devida anuência do incorporador e a aprovação dos cadastros e da capacidade financeira e econômica do comprador substituto.

§ 10. Os contratos firmados em estandes de vendas e fora da sede do incorporador permitem ao adquirente o exercício do direito de arrependimento, durante o prazo improrrogável de 7 (sete) dias, com a devolução de todos os valores eventualmente antecipados, inclusive a comissão de corretagem.

§ 11. Caberá ao adquirente demonstrar o exercício tempestivo do direito de arrependimento por meio de carta registrada, com aviso de recebimento, considerada a data da postagem como data inicial da contagem do prazo a que se refere o § 10 deste artigo.

§ 12. Transcorrido o prazo de 7 (sete) dias a que se refere o § 10 deste artigo sem que tenha sido exercido o direito de arrependimento, será observada a irretratabilidade do contrato de incorporação imobiliária, conforme disposto no § 2º do art. 32 da Lei nº 4.591, de 16 de dezembro de 1964.

§ 13. Poderão as partes, em comum acordo, por meio de instrumento específico de distrato, definir condições diferenciadas das previstas nesta Lei.

§ 14. Nas hipóteses de leilão de imóvel objeto de contrato de compra e venda com pagamento parcelado, com ou sem garantia real, de promessa de compra e venda ou de cessão e de compra e venda com pacto adjeto de alienação fiduciária em garantia, realizado o leilão no contexto de execução judicial ou de procedimento extrajudicial de execução ou de resolução, a restituição far-se-á de acordo com os critérios estabelecidos na respectiva lei especial ou com as normas aplicáveis à execução em geral.

Art. 68. Os proprietários ou titulares de direito aquisitivo sobre as terras rurais ou os terrenos onde pretendam construir ou mandar construir habitações isoladas para aliená-las antes de concluídas, mediante pagamento do preço a prazo, deverão, previamente, satisfazer às exigências constantes no art. 32, ficando sujeitos ao regime instituído nesta Lei para os incorporadores, no que lhes for aplicável.

Art. 69. O Poder Executivo baixará, no prazo de 90 (noventa) dias, regulamento sobre o registro no Registro de Imóveis (*vetado*).

Art. 70. A presente Lei entrará em vigor na data de sua publicação, revogados o Dec. nº 5.481, de 25 de junho de 1928 e quaisquer disposições em contrário.

Brasília, 16 de dezembro de 1964; 143º da Independência e 76º da República.

H. CASTELLO BRANCO

D.O.U. de 21.12.1964

LEI Nº 4.595, DE 31 DE DEZEMBRO DE 1964

Dispõe sobre a Política e as Instituições Monetárias, Bancárias e Creditícias, cria o Conselho Monetário Nacional e dá outras providências.

▸ *Sistema financeiro nacional*

O PRESIDENTE DA REPÚBLICA Faço saber que o Congresso Nacional decreta e eu sanciono a seguinte Lei:

CAPÍTULO I. DO SISTEMA FINANCEIRO NACIONAL

▸ Lei 13.294/2016 – Dispõe sobre o prazo para emissão de recibo de quitação integral de débitos de qualquer natureza pelas instituições integrantes do Sistema Financeiro Nacional, nos termos da Lei 4.595/1964.

Art. 1º. O sistema Financeiro Nacional, estruturado e regulado pela presente Lei, será constituído:

I – do Conselho Monetário Nacional;

II – do Banco Central do Brasil; (Redação dada pelo Decreto-lei nº 278, de 1967)

III – do Banco do Brasil S.A.;

IV – do Banco Nacional do Desenvolvimento Econômico;

V – das demais instituições financeiras públicas e privadas.

CAPÍTULO II. DO CONSELHO MONETÁRIO NACIONAL

Art. 2º. Fica extinto o Conselho da atual Superintendência da Moeda e do Crédito, e criado em substituição, o Conselho Monetário Nacional, com a finalidade de formular a política da moeda e do crédito como previsto nesta Lei, objetivando o progresso econômico e social do País.

Art. 3º. A política do Conselho Monetário Nacional objetivará:

I a III – (Revogados pela LC nº 179, de 2021).

IV – orientar a aplicação dos recursos das instituições financeiras, quer públicas, quer privadas; tendo em vista propiciar, nas diferentes regiões do País, condições favoráveis ao desenvolvimento harmônico da economia nacional;

V – propiciar o aperfeiçoamento das instituições e dos instrumentos financeiros, com vistas à maior eficiência do sistema de pagamentos e de mobilização de recursos;

VI – zelar pela liquidez e solvência das instituições financeiras;

VII – coordenar as políticas monetária, creditícia, orçamentária, fiscal e da dívida pública, interna e externa.

Art. 4º. Compete ao Conselho Monetário Nacional, segundo diretrizes estabelecidas pelo Presidente da República: (Redação dada pela Lei nº 6.045, de 1974)

I e II – (Revogados pela LC nº 179, de 2021).

III – aprovar os orçamentos monetários, preparados pelo Banco Central da República do Brasil, por meio dos quais se estimarão as necessidades globais de moeda e crédito;

IV – determinar as características gerais (*Vetado*) das cédulas e das moedas;

V – fixar as diretrizes e normas da política cambial, inclusive quanto a compra e venda de ouro e quaisquer operações em Direitos Especiais de Saque e em moeda estrangeira; (Redação dada pelo Decreto-lei nº 581, de 1969)

VI – disciplinar o crédito em todas as suas modalidades e as operações creditícias em todas as suas formas, inclusive aceites, avais e prestações de quaisquer garantias por parte das instituições financeiras;

VII – coordenar a política de que trata o art. 3º desta Lei com a de investimentos do Governo Federal;

VIII – regular a constituição, funcionamento e fiscalização dos que exercerem atividades subordinadas a esta Lei, bem como a aplicação das penalidades previstas;

IX – limitar, sempre que necessário, as taxas de juros, descontos comissões e qualquer outra forma de remuneração de operações e serviços bancários ou financeiros, inclusive os prestados pelo Banco Central da República do Brasil, assegurando taxas favorecidas aos financiamentos que se destinem a promover:

- recuperação e fertilização do solo;
- reflorestamento;
- combate a epizootias e pragas, nas atividades rurais;
- eletrificação rural;
- mecanização;
- irrigação;
- investimento indispensáveis às atividades agropecuárias;

X – determinar a percentagem máxima dos recursos que as instituições financeiras poderão emprestar a um mesmo cliente ou grupo de empresas;

XI – estipular índices e outras condições técnicas sobre encaixes, mobilizações e outras relações patrimoniais, a serem observadas pelas instituições financeiras;

XII – expedir normas gerais de contabilidade e estatística a serem observadas pelas instituições financeiras;

XIII – delimitar, com periodicidade não inferior a 2 (dois) anos o capital mínimo das instituições financeiras privadas, levando em conta sua natureza, bem como a localização de suas sedes e agências ou filiais;

XIV – (Revogado pela LC nº 179, de 2021).

XV – estabelecer para as instituições financeiras públicas, a dedução dos depósitos de pessoas jurídicas de direito público que lhes detenham o controle acionário, bem como dos das respectivas autarquias e sociedades de economia mista, no cálculo a que se refere o inciso anterior;

XVI e XVII – (Revogados pela LC nº 179, de 2021).

XVIII – outorgar ao Banco Central da República do Brasil o monopólio das operações de câmbio quando ocorrer grave desequilíbrio no balanço de pagamentos ou houver sérias razões para prever a iminência de tal situação;

XIX – (Revogado pela LC nº 179, de 2021).

XX – autoriza o Banco Central da República do Brasil e as instituições financeiras públicas federais a efetuar a subscrição, compra e venda de ações e outros papéis emitidos ou de responsabilidade das sociedades de economia mista e empresas do Estado;

XXI – disciplinar as atividades das bolsas de valores e dos corretores de fundos públicos;

XXII – estatuir normas para as operações das instituições financeiras públicas, para preservar sua solidez e adequar seu funcionamento aos objetivos desta Lei;

XXIII – fixar, até 15 (quinze) vezes a soma do capital realizado e reservas livres, o limite além do qual os excedentes dos depósitos das instituições financeiras serão recolhidos ao Banco Central da República do Brasil ou aplicados de acordo com as normas que o Conselho estabelecer;

XXIV – decidir de sua própria organização; elaborando seu regimento interno no prazo máximo de 30 (trinta) dias;

XXV – (Revogado pela LC nº 179, de 2021).

XXVI – conhecer dos recursos de decisões do Banco Central da República do Brasil;

XXVII – aprovar o regimento interno e as contas do Banco Central do Brasil e decidir sobre seu orçamento e sobre seus sistemas de contabilidade, bem como sobre a forma e prazo de transferência de seus resultados para o Tesouro Nacional, sem prejuízo da competência do Tribunal de Contas da União; (Redação dada pelo Decreto-lei nº 2.376, de 1987)

XXVIII – aplicar aos bancos estrangeiros que funcionem no País as mesmas vedações ou restrições equivalentes, que vigorem nas praças de suas matrizes, em relação a bancos brasileiros ali instalados ou que nelas desejem estabelecer-se;

XXIX – colaborar com o Senado Federal, na instrução dos processos de empréstimos externos dos Estados, do Distrito Federal e dos Municípios, para cumprimento do disposto no art. 63, II, da Constituição Federal;

XXX – expedir normas e regulamentação para as designações e demais efeitos do art. 7º, desta Lei;

XXXI – baixar normas que regulem as operações de câmbio, inclusive swaps, fixando limites, taxas, prazos e outras condições;

XXXII – regular os depósitos a prazo de instituições financeiras e demais sociedades autorizadas a funcionar pelo Banco Central do Brasil, inclusive entre aquelas sujeitas ao mesmo controle acionário ou coligadas. (Redação dada pelo Decreto-lei nº 2.290, de 1986)

§ 1º O Conselho Monetário Nacional, no exercício das atribuições previstas no inciso VIII deste artigo, poderá determinar que o Banco Central da República do Brasil recuse autorização para o funcionamento de novas instituições financeiras, em função de conveniências de ordem geral.

§ 2º. Competirá ao Banco Central da República do Brasil acompanhar a execução dos orçamentos monetários e relatar a matéria ao Conselho Monetário Nacional, apresentando as sugestões que considerar convenientes.

§ 3º (Revogado pela LC nº 179, de 2021).

§ 4º O Conselho Monetário Nacional poderá convidar autoridades, pessoas ou entidades para prestar esclarecimentos considerados necessários.

§ 5º Nas hipóteses do art. 4º, inciso I, e do § 6º, do art. 49, desta Lei, se o Congresso Nacional negar homologação à emissão extraordinária efetuada, as autoridades responsáveis serão responsabilizadas nos termos da Lei nº 1.079, de 10.4.1950.

§ 6º. O Conselho Monetário Nacional encaminhará ao Congresso Nacional, até 31 de março de cada ano, relatório da evolução da situação monetária e creditícia do País no ano anterior, no qual descreverá, minudentemente as providências adotadas para cumprimento dos objetivos estabelecidos nesta Lei, justificando, destacadamente, os montantes das emissões de papel-moeda que tenham sido feitas para atendimento das atividades produtivas.

§ 7º. O Banco Nacional da Habitação é o principal instrumento de execução da política habitacional do Governo Federal e integra o sistema financeiro nacional, juntamente com as sociedades de crédito imobiliário, sob orientação, autorização, coordenação e fiscalização do Conselho Monetário Nacional e do Banco Central da República do Brasil, quanto à execução, nos termos desta Lei, revogadas as disposições especiais em contrário.

Art. 5º. As deliberações do Conselho Monetário Nacional entendem-se de responsabilidade de seu Presidente para os efeitos do art. 104, I, letra *b*, da Constituição Federal e obrigarão também os órgãos oficiais, inclusive autarquias e sociedades de economia mista, nas atividades que afetem o mercado financeiro e o de capitais.

Arts. 6º e 7º (Revogados pela LC nº 179, de 2021).

CAPÍTULO III. DO BANCO CENTRAL DA REPÚBLICA DO BRASIL

Art. 8º. A atual Superintendência da Moeda e do Crédito é transformada em autarquia federal, tendo sede e foro na Capital da República, sob a denominação de Banco Central da República do Brasil, com personalidade jurídica e patrimônio próprios este constituído dos bens, direitos e valores que lhe são transferidos na forma desta Lei e ainda da apropriação dos juros e rendas resultantes, na data da vigência desta Lei, do disposto no art. 9º do Decreto-Lei número 8.495, de 28.12.1945, dispositivo que ora é expressamente revogado.

Parágrafo único. Os resultados obtidos pelo Banco Central do Brasil, consideradas as receitas e despesas de todas as suas operações, serão, a partir de 1º de janeiro de 1988, apurados pelo regime de competência e transferidos para o Tesouro Nacional, após compensados eventuais prejuízos de exercícios anteriores. (Redação dada pelo Decreto-lei nº 2.376, de 1987)

Art. 9º. Compete ao Banco Central da República do Brasil cumprir e fazer cumprir as disposições que lhe são atribuídas pela legislação em vigor e as normas expedidas pelo Conselho Monetário Nacional.

Art. 10. Compete privativamente ao Banco Central da República do Brasil:

I – emitir moeda-papel e moeda metálica, nas condições e limites autorizados pelo Conselho Monetário Nacional (*Vetado*);

II – executar os serviços do meio-circulante;

III – determinar o recolhimento de até 100% (cem por cento) do total dos depósitos à vista e de até 60% (sessenta por cento) de outros títulos contábeis das instituições financeiras, seja na forma de subscrição de Letras ou Obrigações do Tesouro Nacional ou compra de títulos da Dívida Pública Federal, seja através de recolhimento em espécie, em ambos os casos entregues ao Banco Central do Brasil, a forma e condições por ele determinadas, podendo: (Incluído pela Lei nº 7.730, de 1989)

a) adotar percentagens diferentes em função: (Incluído pela Lei nº 7.730, de 1989)

1. das regiões geoeconômicas; (Incluído pela Lei nº 7.730, de 1989)

2. das prioridades que atribuir às aplicações; (Incluído pela Lei nº 7.730, de 1989)

3. da natureza das instituições financeiras; (Incluído pela Lei nº 7.730, de 1989)

b) determinar percentuais que não serão recolhidos, desde que tenham sido reaplicados em financiamentos à agricultura, sob juros favorecidos e outras condições por ele fixadas. (Incluído pela Lei nº 7.730, de 1989)

IV – receber os recolhimentos compulsórios de que trata o inciso anterior e, ainda, os depósitos voluntários à vista das instituições financeiras, nos termos do inciso III e § 2° do art. 19; (Redação dada pela Lei nº 7.730, de 1989)

V – realizar operações de redesconto e empréstimo com instituições financeiras públicas e privadas, consoante remuneração, limites, prazos, garantias, formas de negociação e outras condições estabelecidos em regulamentação por ele editada; (Inciso com redação dada pela LC nº 179, de 2021)

VI – Exercer o controle do crédito sob todas as suas formas; (Renumerado pela Lei nº 7.730, de 1989)

VII – Efetuar o controle dos capitais estrangeiros, nos termos da lei; (Renumerado pela Lei nº 7.730, de 1989)

VIII – Ser depositário das reservas oficiais de ouro e moeda estrangeira e de Direitos Especiais de Saque e fazer com estas últimas todas e quaisquer operações previstas no Convênio Constitutivo do Fundo Monetário Internacional; (Renumerado pela Lei nº 7.730, de 1989)

IX – Exercer a fiscalização das instituições financeiras e aplicar as penalidades previstas; (Renumerado pela Lei nº 7.730, de 1989)

X – Conceder autorização às instituições financeiras, a fim de que possam: (Renumerado pela Lei nº 7.730, de 1989)

a) funcionar no País;

b) instalar ou transferir suas sedes, ou dependências, inclusive no exterior;

c) ser transformadas, fundidas, incorporadas ou encampadas;

d) praticar operações de câmbio, crédito real e venda habitual de títulos da dívida pública federal, estadual ou municipal, ações Debêntures, letras hipotecárias e outros títulos de crédito ou mobiliários;

e) ter prorrogados os prazos concedidos para funcionamento;

f) alterar seus estatutos;

g) alienar ou, por qualquer outra forma, transferir o seu controle acionário. (Incluído pelo Decreto-lei nº 2.321, de 1987)

XI – Estabelecer condições para a posse e para o exercício de quaisquer cargos de administração de instituições financeiras privadas, assim como para o exercício de quaisquer funções em órgãos consultivos, fiscais e semelhantes, segundo normas que forem expedidas pelo Conselho Monetário Nacional; (Renumerado pela Lei nº 7.730, de 1989)

XII – efetuar, como instrumento de política monetária, operações de compra e venda de títulos públicos federais, consoante remuneração, limites, prazos, formas de negociação e outras condições estabelecidos em regulamentação por ele editada, sem prejuízo do disposto no art. 39 da Lei Complementar nº 101, de 4 de maio de 2000; (Inciso com redação dada pela LC nº 179, de 2021)

XIII – Determinar que as matrizes das instituições financeiras registrem os cadastros das firmas que operam com suas agências há mais de um ano. (Renumerado pela Lei nº 7.730, de 1989)

XIV – aprovar seu regimento interno; (Inciso acrescido pela LC nº 179, de 2021)

XV – efetuar, como instrumento de política cambial, operações de compra e venda de moeda estrangeira e operações com instrumentos derivativos no mercado interno, consoante remuneração, limites, prazos, formas de negociação e outras condições estabelecidos em regulamentação por ele editada. (Inciso acrescido pela LC nº 179, de 2021)

§ 1º. No exercício das atribuições a que se refere o inciso IX deste artigo, com base nas normas estabelecidas pelo Conselho Monetário Nacional, o Banco Central da República do Brasil, estudará os pedidos que lhe sejam formulados e resolverá conceder ou recusar a autorização pleiteada, podendo (*Vetado*) incluir as cláusulas que reputar convenientes ao interesse público.

§ 2º. Observado o disposto no parágrafo anterior, as instituições financeiras estrangeiras dependem de autorização do Poder Executivo, mediante decreto, para que possam funcionar no País (*Vetado*).

§ 3º O Banco Central do Brasil informará previamente ao Conselho Monetário Nacional sobre o deferimento de operações na forma estabelecida no inciso V do *caput* deste artigo, sempre que identificar a possibilidade de impacto fiscal relevante. (Parágrafo acrescido pela Lei Complementar nº 179, de 2021)

Art. 11. Compete ainda ao Banco Central da República do Brasil:

I – Entender-se, em nome do Governo Brasileiro, com as instituições financeiras estrangeiras e internacionais.

II – Promover, como agente do Governo Federal, a colocação de empréstimos internos ou externos, podendo, também, encarregar-se dos respectivos serviços.

III – Atuar no sentido do funcionamento regular do mercado cambial, da estabilidade relativa das taxas de câmbio e do equilíbrio no balanço de pagamentos, podendo para esse fim comprar e vender ouro e moeda estrangeira, bem como realizar operações de crédito no exterior, inclusive as referentes aos Direitos Especiais de Saque, e separar os mercados de câmbio financeiro e comercial. (Redação dada pelo Decreto-lei nº 581, de 1969)

IV – (Revogado pela LC nº 179, de 2021)

V – Emitir títulos de responsabilidade própria, de acordo com as condições estabelecidas pelo Conselho Monetário Nacional.

VI – Regular a execução dos serviços de compensação de cheques e outros papéis.

VII – Exercer permanente vigilância nos mercados financeiros e de capitais sobre empresas que, direta ou indiretamente, interfiram nesses mercados e em relação às modalidades ou processos operacionais que utilizem.

VIII – Prover, sob controle do Conselho Monetário Nacional, os serviços de sua Secretaria.

§ 1º. No exercício das atribuições a que se refere o inciso VIII do artigo 10 desta Lei, o Banco Central do Brasil poderá examinar os livros e documentos das pessoas naturais ou jurídicas que detenham o controle acionário de instituição financeira, ficando essas pessoas sujeitas ao disposto no artigo 44, § 8º, desta Lei. (Incluído pelo Decreto-lei nº 2.321, de 1987)

§ 2º. O Banco Central da República do Brasil instalará delegacias, com autorização do Conselho Monetário Nacional, nas diferentes regiões geoeconômicas do País, tendo em vista a descentralização administrativa para distribuição e recolhimento da moeda e o cumprimento das decisões adotadas pelo mesmo Conselho ou prescritas em lei. (Renumerado pelo Decreto-lei nº 2.321, de 1987)

Art. 12. O Banco Central da República do Brasil operará exclusivamente com instituições financeiras públicas e privadas, vedadas operações bancárias de qualquer natureza com outras pessoas de direito público ou privado, salvo as expressamente autorizadas por lei.

Art. 13. Os encargos e serviços de competência do Banco Central, quando por ele não executados diretamente, serão contratados de preferência com o Banco do Brasil S.A., exceto nos casos especialmente autorizados pelo Conselho Monetário Nacional. (Redação dada pelo Decreto-lei nº 278, de 1967)

Art. 14. (Revogado pela LC nº 179, de 2021)

Art. 15. O regimento interno do Banco Central da República do Brasil, a que se refere o inciso XXVII, do art. 4º, desta Lei, prescreverá as atribuições do Presidente e dos Diretores e especificará os casos que dependerão de deliberação da Diretoria, a qual será tomada por maioria de votos, presentes no mínimo o Presidente ou seu substituto eventual e 2 (dois) outros Diretores, cabendo ao Presidente também o voto de qualidade.

Parágrafo único. A Diretoria se reunirá, ordinariamente, 1 (uma) vez por semana, e, extraordinariamente, sempre que necessário, por convocação do Presidente ou a requerimento de, pelo menos, dois de seus membros.

Art. 16. Constituem receita do Banco Central do Brasil as rendas: (Redação dada pelo Decreto-lei nº 2.376, de 1987)

I – de operações financeiras e de outras aplicações de seus recursos; (Redação dada pelo Decreto-lei nº 2.376, de 1987)

II – das operações de câmbio, de compra e venda de ouro e de quaisquer outras operações em moeda estrangeira; (Redação dada pelo Decreto-lei nº 2.376, de 1987)

III – eventuais, inclusive as derivadas de multas e de juros de mora aplicados por força do disposto na legislação em vigor. (Redação dada pelo Decreto-lei nº 2.376, de 1987)

CAPÍTULO IV. DAS INSTITUIÇÕES FINANCEIRAS

SEÇÃO I. DA CARACTERIZAÇÃO E SUBORDINAÇÃO

Art. 17. Consideram-se instituições financeiras, para os efeitos da legislação em vigor, as pessoas jurídicas públicas ou privadas, que tenham como atividade principal ou acessória a coleta, intermediação ou aplicação de recursos financeiros próprios ou de terceiros, em moeda nacional ou estrangeira, e a custódia de valor de propriedade de terceiros.

Parágrafo único. Para os efeitos desta Lei e da legislação em vigor, equiparam-se às instituições financeiras as pessoas físicas que exerçam qualquer das atividades referidas neste artigo, de forma permanente ou eventual.

Art. 18. As instituições financeiras somente poderão funcionar no País mediante prévia autorização do Banco Central da República do Brasil ou decreto do Poder Executivo, quando forem estrangeiras.

§ 1º. Além dos estabelecimentos bancários oficiais ou privados, das sociedades de crédito, financiamento e investimentos, das caixas econômicas e das cooperativas de crédito ou a seção de crédito das cooperativas que a tenham, também se subordinam às disposições e disciplina desta Lei no que for aplicável, as bolsas de valores, companhias de seguros e de capitalização, as sociedades que efetuam distribuição de prêmios em imóveis, mercadorias ou dinheiro, mediante sorteio de títulos de sua emissão ou por qualquer forma, e as pessoas físicas ou jurídicas que exerçam, por conta própria ou de terceiros, atividade relacionada com a compra e venda de ações e outros quaisquer títulos, realizando nos mercados financeiros e de capitais operações ou serviços de natureza dos executados pelas instituições financeiras.

§ 2º. O Banco Central da Republica do Brasil, no exercício da fiscalização que lhe compete, regulará as condições de concorrência entre instituições financeiras, coibindo-lhes os abusos com a aplicação da pena (*Vetado*) nos termos desta Lei.

§ 3º. Dependerão de prévia autorização do Banco Central da República do Brasil as campanhas destinadas à coleta de recursos do público, praticadas por pessoas físicas ou jurídicas abrangidas neste artigo, salvo para subscrição pública de ações, nos termos da lei das sociedades por ações.

SEÇÃO II. DO BANCO DO BRASIL S.A.

- Lei 11.908/2009 – Autoriza o Banco do Brasil S.A. e a Caixa Econômica Federal a constituírem subsidiárias e a adquirirem participação em instituições financeiras sediadas no Brasil.

Art. 19. Ao Banco do Brasil S.A. competirá precipuamente, sob a supervisão do Conselho Monetário Nacional e como instrumento de execução da política creditícia e financeira do Governo Federal:

I – na qualidade de Agente, Financeiro do Tesouro Nacional, sem prejuízo de outras funções que lhe venham a ser atribuídas e ressalvado o disposto no art. 8º, da Lei nº 1.628, de 20 de junho de 1952:

a) receber, a crédito do Tesouro Nacional, as importâncias provenientes da arrecadação de tributos ou rendas federais e ainda o produto das operações de que trata o art. 49, desta Lei;

b) realizar os pagamentos e suprimentos necessários à execução do Orçamento Geral da União e leis complementares, de acordo com as autorizações que lhe forem transmitidas pelo Ministério da Fazenda, as quais não poderão exceder o montante global dos recursos a que se refere a letra anterior, vedada a concessão, pelo Banco, de créditos de qualquer natureza ao Tesouro Nacional;

c) conceder aval, fiança e outras garantias, consoante expressa autorização legal;

d) adquirir e financiar estoques de produção exportável;

e) executar a política de preços mínimos dos produtos agropastoris;

f) ser agente pagador e recebedor fora do País;

g) executar o serviço da dívida pública consolidada.

II – como principal executor dos serviços bancários de interesse do Governo Federal, inclusive suas autarquias, receber em depósito, com exclusividade, as disponibilidades de quaisquer entidades federais, compreendendo as repartições de todos os ministérios civis e militares, instituições de previdência e outras autarquias, comissões, departamentos, entidades em regime especial de administração e quaisquer pessoas físicas ou jurídicas responsáveis por adiantamentos, ressalvados o disposto no § 5º deste artigo, as exceções previstas em lei ou casos especiais, expressamente autorizados pelo Conselho Monetário Nacional, por proposta do Banco Central da República do Brasil;

III – arrecadar os depósitos voluntários, à vista, das instituições de que trata o inciso III, do art. 10, desta Lei, escriturando as respectivas contas; (Redação dada pelo Decreto-lei nº 2.284, de 1986)

IV – executar os serviços de compensação de cheques e outros papéis;

V – receber, com exclusividade, os depósitos de que tratam os artigos 38, item 3º, do Decreto-lei nº 2.627, de 26 de setembro de 1940, e 1º do Decreto-lei nº 5.956, de 1.11.1943, ressalvado o disposto no art. 27, desta Lei;

VI – realizar, por conta própria, operações de compra e venda de moeda estrangeira e, por conta do Banco Central da República do Brasil, nas condições estabelecidas pelo Conselho Monetário Nacional;

VII – realizar recebimentos ou pagamentos e outros serviços de interesse do Banco Central da República do Brasil, mediante contratação na forma do art. 13, desta Lei;

VIII – dar execução à política de comércio exterior (*Vetado*);

IX – financiar a aquisição e instalação da pequena e média propriedade rural, nos termos da legislação que regular a matéria;

X – financiar as atividades industriais e rurais, estas com o favorecimento referido no art. 4º, inciso IX, e art. 53, desta Lei;

XI – difundir e orientar o crédito, inclusive às atividades comerciais suplementando a ação da rede bancária;

a) no financiamento das atividades econômicas, atendendo às necessidades creditícias das diferentes regiões do País;

b) no financiamento das exportações e importações.

§ 1º. O Conselho Monetário Nacional assegurará recursos específicos que possibilitem ao Banco do Brasil S.A., sob adequada remuneração, o atendimento dos encargos previstos nesta Lei.

§ 2º. Do montante global dos depósitos arrecadados, na forma do inciso III deste artigo o Banco do Brasil S.A. Colocará à disposição do Banco Central da República do Brasil, observadas as normas que forem estabelecidas pelo Conselho Monetário Nacional, a parcela que exceder as necessidades normais de movimentação das contas respectivas, em função dos serviços aludidos no inciso IV deste artigo.

§ 3º. Os encargos referidos no inciso I, deste artigo, serão objeto de contratação entre o Banco do Brasil S.A. e a União Federal, esta representada pelo Ministro da Fazenda.

§ 4º. O Banco do Brasil S.A. prestará ao Banco Central da República do Brasil todas as informações por este julgadas necessárias para a exata execução desta Lei.

§ 5º. Os depósitos de que trata o inciso II deste artigo, também poderão ser feitos nas Caixas econômicas Federais, nos limites e condições fixadas pelo Conselho Monetário Nacional.

Art. 20. O Banco do Brasil S.A. e o Banco Central da República do Brasil elaborarão, em conjunto, o programa global de aplicações e recursos do primeiro, para fins de inclusão nos orçamentos monetários de que trata o inciso III, do artigo 4º desta Lei.

Art. 21. O Presidente e os Diretores do Banco do Brasil S.A. deverão ser pessoas de reputação ilibada e notória capacidade.

§ 1º. A nomeação do Presidente do Banco do Brasil S.A. será feita pelo Presidente da República, após aprovação do Senado Federal.

§ 2º. As substituições eventuais do Presidente do Banco do Brasil S.A. não poderão exceder o prazo de 30 (trinta) dias consecutivos, sem que o Presidente da República submeta ao Senado Federal o nome do substituto.

§ 3º. (*VETADO*).

§ 4º. (*VETADO*).

SEÇÃO III. DAS INSTITUIÇÕES FINANCEIRAS PÚBLICAS

Art. 22. As instituições financeiras públicas são órgãos auxiliares da execução da política de crédito do Governo Federal.

§ 1º. O Conselho Monetário Nacional regulará as atividades, capacidade e modalidade operacionais das instituições financeiras públicas federais, que deverão submeter à aprovação daquele órgão, com a prioridade por ele prescrita, seus programas de recursos e aplicações, de forma que se ajustem à política de crédito do Governo Federal.

§ 2º. A escolha dos Diretores ou Administradores das instituições financeiras públicas federais e a nomeação dos respectivos Presidentes e designação dos substitutos observarão o disposto no art. 21, parágrafos 1º e 2º, desta Lei.

§ 3º. A atuação das instituições financeiras públicas será coordenada nos termos do art. 4º desta Lei.

Art. 23. O Banco Nacional do Desenvolvimento Econômico é o principal instrumento de execução de política de investimentos do Governo Federal, nos termos das Leis números 1.628, de 20.6.1952 e 2.973, de 26.11.1956.

Art. 24. As instituições financeiras públicas não federais ficam sujeitas às disposições relativas às instituições financeiras privadas, assegurada a forma de constituição das existentes na data da publicação desta Lei.

Parágrafo único. As Caixas Econômicas Estaduais equiparam-se, no que couber, às Caixas Econômicas Federais, para os efeitos da legislação em vigor, estando isentas do recolhimento a que se refere o art. 4º, inciso XIV, e à taxa de fiscalização, mencionada no art. 16, desta Lei.

SEÇÃO IV. DAS INSTITUIÇÕES FINANCEIRAS PRIVADAS

Art. 25. As instituições financeiras privadas, exceto as cooperativas de crédito, constituir-se-ão unicamente sob a forma de sociedade anônima, devendo a totalidade de seu capital com direito a voto ser representada por ações nominativas. (Redação dada pela Lei nº 5.710, de 1971)

§ 1º. Observadas as normas fixadas pelo Conselho Monetário Nacional as instituições a que se refere este artigo poderão emitir até o limite de 50% (cinquenta por cento) de seu capital social em ações preferenciais, nas formas nominativas, e ao portador, sem direito a voto, às quais não se aplicará o disposto no parágrafo único do art. 81 do Decreto-lei nº 2.627, de 26 de setembro de 1940. (Incluído pela Lei nº 5.710, de 1971)

§ 2º. A emissão de ações preferenciais ao portador, que poderá ser feita em virtude de aumento de capital, conversão de ações ordinárias ou de ações preferenciais nominativas, ficará sujeita a alterações prévias dos estatutos das sociedades, a fim de que sejam neles incluídas as declarações sobre: (Incluído pela Lei nº 5.710, de 1971)

I – as vantagens, preferenciais e restrições atribuídas a cada classe de ações preferenciais, de acordo com o Decreto-lei nº 2.627, de 26 de setembro de 1940; (Incluído pela Lei nº 5.710, de 1971)

II – as formas e prazos em que poderá ser autorizada a conversão das ações, vedada a conversão das ações preferenciais em outro tipo de ações com direito a voto. (Incluído pela Lei nº 5.710, de 1971)

§ 3º. Os títulos e cautelas representativas das ações preferenciais, emitidos nos termos dos parágrafos anteriores, deverão conter expressamente as restrições ali especificadas. (Incluído pela Lei nº 5.710, de 1971)

Art. 26. O capital inicial das instituições financeiras públicas e privadas será sempre realizado em moeda corrente.

Art. 27. Na subscrição do capital inicial e na de seus aumentos em moeda corrente, será exigida no ato a realização de, pelo menos 50% (cinquenta por cento) do montante subscrito.

§ 1º. As quantias recebidas dos subscritores de ações serão recolhidas no prazo de 5 (cinco) dias, contados do recebimento, ao Banco Central da República do Brasil, permanecendo indisponíveis até a solução do respectivo processo.

§ 2º. O remanescente do capital subscrito, inicial ou aumentado, em moeda corrente, deverá ser integralizado dentro de um ano da data da solução do respectivo processo.

Art. 28. Os aumentos de capital que não forem realizados em moeda corrente, poderão decorrer da incorporação de reservas, segundo normas expedidas pelo Conselho Monetário Nacional, e da reavaliação da parcela dos bens do ativo imobilizado, representado por imóveis de uso e instalações, aplicados no caso, como limite máximo, os índices fixados pelo Conselho Nacional de Economia.

Art. 29. As instituições financeiras privadas deverão aplicar, de preferência, não menos de 50% (cinquenta por cento) dos depósitos do público que recolherem, na respectiva Unidade Federada ou Território.

§ 1º. O Conselho Monetário Nacional poderá, em casos especiais, admitir que o percentual referido neste artigo seja aplicado em cada Estado e Território isoladamente ou por grupos de Estados e Territórios componentes da mesma região geoeconômica.

§ 2º. (*Revogado pelo Decreto-lei nº 48, de 1966*).

Art. 30. As instituições financeiras de direito privado, exceto as de investimento, só poderão participar de capital de quaisquer sociedades com prévia autorização do Banco Central da República do Brasil, solicitada justificadamente e concedida expressamente, ressalvados os casos de garantia de subscrição, nas condições que forem estabelecidas, em caráter geral, pelo Conselho Monetário Nacional.

Parágrafo único. (*VETADO*).

Art. 31. As instituições financeiras levantarão balanços gerais a 30 de junho e 31 de dezembro de cada ano, obrigatoriamente, com observância das regras contábeis estabelecidas pelo Conselho Monetário Nacional.

Art. 32. As instituições financeiras públicas deverão comunicar ao Banco Central da República do Brasil a nomeação ou a eleição de diretores e membros de órgãos consultivos, fiscais e semelhantes, no prazo de 15 (quinze) dias da data de sua ocorrência.

Art. 33. As instituições financeiras privadas deverão comunicar ao Banco Central da República do Brasil os atos relativos à eleição de diretores e membros de órgão consultivos, fiscais e semelhantes, no prazo de 15 (quinze) dias de sua ocorrência, de acordo com o estabelecido no art. 10, inciso X, desta Lei.

§ 1º. O Banco Central da República do Brasil, no prazo máximo de 60 (sessenta) dias, decidirá aceitar ou recusar o nome do eleito, que não atender às condições a que se refere o artigo 10, inciso X, desta Lei.

§ 2º. A posse do eleito dependerá da aceitação a que se refere o parágrafo anterior.

§ 3º. Oferecida integralmente a documentação prevista nas normas referidas no art. 10, X, desta Lei, e decorrido, sem manifestação do Banco Central da República do Brasil, o prazo mencionado no § 1º deste artigo, entender-se-á não ter havido recusa a posse.

Art. 34. É vedado às instituições financeiras realizar operação de crédito com a parte relacionada. (Redação dada pela Lei nº 13.506, de 2017)

I – (Revogado); (Redação dada pela Lei nº 13.506, de 2017)
II – (Revogado); (Redação dada pela Lei nº 13.506, de 2017)
III – (Revogado); (Redação dada pela Lei nº 13.506, de 2017)
IV – (Revogado); (Redação dada pela Lei nº 13.506, de 2017)
V – (Revogado); (Redação dada pela Lei nº 13.506, de 2017)

§ 1° (Revogado). (Redação dada pela Lei nº 13.506, de 2017)

§ 2° (Revogado). (Redação dada pela Lei nº 13.506, de 2017)

§ 3° Considera-se parte relacionada à instituição financeira, para efeitos deste artigo: (Incluído pela Lei nº 13.506, de 2017)

I – seus controladores, pessoas físicas ou jurídicas, nos termos do art. 116 da Lei n° 6.404, de 15 de dezembro de 1976; (Incluído pela Lei nº 13.506, de 2017)
II – seus diretores e membros de órgãos estatutários ou contratuais; (Incluído pela Lei nº 13.506, de 2017)
III – o cônjuge, o companheiro e os parentes, consanguíneos ou afins, até o segundo grau, das pessoas mencionadas nos incisos I e II deste parágrafo; (Incluído pela Lei nº 13.506, de 2017)
IV – as pessoas físicas com participação societária qualificada em seu capital; e (Incluído pela Lei nº 13.506, de 2017)
V – as pessoas jurídicas: (Incluído pela Lei nº 13.506, de 2017)

a) com participação qualificada em seu capital; (Incluído pela Lei nº 13.506, de 2017)

b) em cujo capital, direta ou indiretamente, haja participação societária qualificada; (Incluído pela Lei nº 13.506, de 2017)

c) nas quais haja controle operacional efetivo ou preponderância nas deliberações, independentemente da participação societária; e (Incluído pela Lei nº 13.506, de 2017)

d) que possuírem diretor ou membro de conselho de administração em comum. (Incluído pela Lei nº 13.506, de 2017)

§ 4° Excetuam-se da vedação de que trata o *caput* deste artigo, respeitados os limites e as condições estabelecidos em regulamentação: (Incluído pela Lei nº 13.506, de 2017)

I – as operações realizadas em condições compatíveis com as de mercado, inclusive quanto a limites, taxas de juros, carência, prazos, garantias requeridas e critérios para classificação de risco para fins de constituição de provisão para perdas prováveis e baixa como prejuízo, sem benefícios adicionais ou diferenciados comparativamente às operações deferidas aos demais clientes de mesmo perfil das respectivas instituições; (Incluído pela Lei nº 13.506, de 2017)
II – as operações com empresas controladas pela União, no caso das instituições financeiras públicas federais; (Incluído pela Lei nº 13.506, de 2017)
III – as operações de crédito que tenham como contraparte instituição financeira integrante do mesmo conglomerado prudencial, desde que contenham cláusula contratual de subordinação, observado o disposto no inciso V do art. 10 desta Lei, no caso das instituições financeiras bancárias; (Incluído pela Lei nº 13.506, de 2017)
IV – os depósitos interfinanceiros regulados na forma do inciso XXXII do *caput* do art. 4° desta Lei; (Incluído pela Lei nº 13.506, de 2017)
V – as obrigações assumidas entre partes relacionadas em decorrência de responsabilidade imposta a membros de compensação e demais participantes de câmaras ou prestadores de serviços de compensação e de liquidação autorizados pelo Banco Central do Brasil ou pela Comissão de Valores Mobiliários e suas respectivas contrapartes em operações conduzidas no âmbito das referidas câmaras ou prestadores de serviços; e (Incluído pela Lei nº 13.506, de 2017)
VI – os demais casos autorizados pelo Conselho Monetário Nacional. (Incluído pela Lei nº 13.506, de 2017)

§ 5° Considera-se também realizada com parte relacionada qualquer operação que caracterize negócio indireto, simulado ou mediante interposição de terceiro, com o fim de realizar operação vedada nos termos deste artigo. (Incluído pela Lei nº 13.506, de 2017)

§ 6° O Conselho Monetário Nacional disciplinará o disposto neste artigo, inclusive a definição de operação de crédito, de limites e de participação qualificada. (Incluído pela Lei nº 13.506, de 2017)

Art. 35. *(Revogado pela Lei nº 13.506, de 2017)*

Art. 36. *(Revogado pela Lei nº 13.506, de 2017)*

Art. 37. As instituições financeiras, entidades e pessoas referidas nos artigos 17 e 18 desta Lei, bem como os corretores de fundos públicos, ficam, obrigados a fornecer ao Banco Central da República do Brasil, na forma por ele determinada, os dados ou informes julgados necessários para o fiel desempenho de suas atribuições.

Art. 38. *(Revogado pela Lei Complementar nº 105, de 2001)*

Art. 39. Aplicam-se às instituições financeiras estrangeiras, em funcionamento ou que venham a se instalar no País, as disposições da presente Lei, sem prejuízo das que se contém na legislação vigente.

Art. 40. *(Revogado pela Lei Complementar nº 130, de 2009)*

Art. 41. *(Revogado pela Lei Complementar nº 130, de 2009)*

CAPÍTULO V. DAS PENALIDADES

- Lei 7.492/1986 – Define os crimes contra o sistema financeiro nacional.

Art.. 42 a 44. *(Revogados pela Lei nº 13.506, de 2017)*

Art. 45. As instituições financeiras públicas não federais e as privadas estão sujeitas, nos termos da legislação vigente, à intervenção efetuada pelo Banco Central da República do Brasil ou à liquidação extrajudicial.

Parágrafo único. A partir da vigência desta Lei, as instituições de que trata este artigo não poderão impetrar concordata.

CAPÍTULO VI. DISPOSIÇÕES GERAIS

Art. 46. Ficam transferidas as atribuições legais e regulamentares do Ministério da Fazenda relativamente ao meio circulante inclusive as exercidas pela Caixa de Amortização para o Conselho Monetário Nacional, e (*Vetado*) para o Banco Central da República do Brasil.

Art. 47. Será transferida à responsabilidade do Tesouro Nacional, mediante encampação, sendo definitivamente incorporado ao meio circulante, o montante das emissões feitas por solicitação da Carteira de Redescontos do Banco do Brasil S.A. e da Caixa de Mobilização Bancária.

§ 1º. O valor correspondente à encampação será destinado à liquidação das responsabilidades financeiras do Tesouro Nacional no Banco do Brasil S.A., inclusive as decorrentes de operações de câmbio concluídas até a data da vigência desta Lei, mediante aprovação específica do Poder Legislativo, ao qual será submetida a lista completa dos débitos assim amortizados.

§ 2º. Para a liquidação do saldo remanescente das responsabilidades do Tesouro Nacional, após a encampação das emissões atuais por solicitação da Carteira de Redescontos do Banco do Brasil S.A. e da Caixa de Mobilização Bancária, o Poder Executivo submeterá ao Poder Legislativo proposta específica, indicando os recursos e os meios necessários a esse fim.

Art. 48. Concluídos os acertos financeiros previstos no artigo anterior, a responsabilidade da moeda em circulação passará a ser do Banco Central da República do Brasil.

Art. 49. As operações de crédito da União, por antecipação de receita orçamentária ou a qualquer outro título, dentro dos limites legalmente autorizados, somente serão realizadas mediante colocação de obrigações, apólices ou letras do Tesouro Nacional.

§ 1º. A lei de orçamento, nos termos do artigo 73, § 1º inciso II, da Constituição Federal, determinará, quando for o caso, a parcela do déficit que poderá ser coberta pela venda de títulos do Tesouro Nacional diretamente ao Banco Central da República do Brasil.

§ 2º. O Banco Central da República do Brasil mediante autorização do Conselho Monetário Nacional baseada na lei orçamentária do exercício, poderá adquirir diretamente letras do Tesouro Nacional, com emissão de papel-moeda.

§ 3º. O Conselho Monetário Nacional decidirá, a seu exclusivo critério, a política de sustentação em bolsa da cotação dos títulos de emissão do Tesouro Nacional.

§ 4º. No caso de despesas urgentes e inadiáveis do Governo Federal, a serem atendidas mediante créditos suplementares ou especiais, autorizados após a lei do orçamento, o Congresso Nacional determinará, especificamente, os recursos a serem utilizados na cobertura de tais despesas, estabelecendo, quando a situação do Tesouro Nacional for deficitária, a discriminação prevista neste artigo.

§ 5º. Na ocorrência das hipóteses citadas no parágrafo único, do artigo 75, da Constituição Federal, o Presidente da República poderá determinar que o Conselho Monetário Nacional, através do Banco Central da República do Brasil, faça a aquisição de letras do Tesouro Nacional com a emissão de papel-moeda até o montante do crédito extraordinário que tiver sido decretado.

§ 6º. O Presidente da República fará acompanhar a determinação ao Conselho Monetário Nacional, mencionada no parágrafo anterior, de cópia da mensagem que deverá dirigir ao Congresso Nacional, indicando os motivos que tornaram indispensável a emissão e solicitando a sua homologação.

§ 7º. As letras do Tesouro Nacional, colocadas por antecipação de receita, não poderão ter vencimentos posteriores a 120 (cento e vinte) dias do encerramento do exercício respectivo.

§ 8º. Até 15 de março do ano seguinte, o Poder Executivo enviará mensagem ao Poder Legislativo, propondo a forma de liquidação das letras do Tesouro Nacional emitidas no exercício anterior e não resgatadas.

§ 9º. É vedada a aquisição dos títulos mencionados neste artigo pelo Banco do Brasil S.A. e pelas instituições bancárias de que a União detenha a maioria das ações.

Art. 50. O Conselho Monetário Nacional, o Banco Central da República do Brasil, o Banco Nacional do Desenvolvimento Econômico, o Banco do Brasil S.A., O Banco do Nordeste do Brasil S.A. e o Banco de Crédito da Amazônia S.A. gozarão dos favores, isenções e privilégios, inclusive fiscais, que são próprios da Fazenda Nacional, ressalvado quanto aos três últimos, o regime especial de tributação do Imposto de Renda a que estão sujeitos, na forma da legislação em vigor.

Parágrafo único. São mantidos os favores, isenções e privilégios de que atualmente gozam as instituições financeiras.

Art. 51. Ficam abolidas, após 3 (três) meses da data da vigência desta Lei, as exigências de "visto" em "pedidos de licença" para efeitos de exportação, excetuadas as referentes a armas, munições, entorpecentes, materiais estratégicos, objetos e obras de valor artístico, cultural ou histórico.

Parágrafo único. Quando o interesse nacional exigir, o Conselho Monetário Nacional criará o "visto" ou exigência equivalente.

Art. 52. O quadro de pessoal do Banco Central da República do Brasil será constituído de:

I – Pessoal próprio, admitido mediante concurso público de provas ou de títulos e provas, sujeita á pena de nulidade a admissão que se processar com inobservância destas exigências;

II – Pessoal requisitado ao Banco do Brasil S.A. e a outras instituições financeiras federais, de comum acordo com as respectivas administrações;

III – Pessoal requisitado a outras instituições e que venham prestando serviços à Superintendência da Moeda e do Crédito há mais de 1 (um) ano, contado da data da publicação desta Lei.

§ 1º. O Banco Central da República do Brasil baixará dentro de 90 (noventa) dias da vigência desta Lei, o Estatuto de seus funcionários e servidores, no qual serão garantidos os direitos legalmente atribuídos a seus atuais servidores e mantidos deveres e obrigações que lhes são inerentes.

§ 2º. Aos funcionários e servidores requisitados, na forma deste artigo as instituições de origem lhes assegurarão os direitos e vantagens que lhes cabem ou lhes venham a ser atribuídos, como se em efetivo exercício nelas estivessem.

§ 3º. Correrão por conta do Banco Central da República do Brasil todas as despesas decorrentes do cumprimento do disposto no parágrafo anterior, inclusive as de aposentadoria e pensão que sejam de responsabilidade das instituições de origem ali mencionadas, estas últimas rateadas proporcionalmente em função dos prazos de vigência da requisição.

§ 4º. Os funcionários do quadro de pessoal próprio permanecerão com seus direitos e garantias regidos pela legislação de proteção ao trabalho e de previdência social, incluídos na categoria profissional de bancários.

§ 5º. Durante o prazo de 10 (dez) anos, cotados da data da vigência desta Lei, é facultado aos funcionários de que tratam os incisos II e III deste artigo, manifestarem opção para transferência para o Quadro do pessoal próprio do Banco Central da República do Brasil, desde que:

a) tenham sido admitidos nas respectivas instituições de origem, consoante determina o inciso I, deste artigo;

b) estejam em exercício (*Vetado*) há mais de 2 (dois) anos;

c) seja a opção aceita pela Diretoria do Banco Central da República do Brasil, que sobre ela deverá pronunciar-se conclusivamente no prazo máximo de 3 (três) meses, contados da entrega do respectivo requerimento.

Art. 53. (*Revogado pela Lei nº 4.829, de 1965*).

CAPÍTULO VII. DISPOSIÇÕES TRANSITÓRIAS

Art. 54. O Poder Executivo, com base em proposta do Conselho Monetário Nacional, que deverá ser apresentada dentro de 90 (noventa) dias de sua instalação, submeterá ao Poder Legislativo projeto de lei que institucionalize o crédito rural, regule seu campo específico e caracterize as modalidades de aplicação, indicando as respectivas fontes de recurso.

Parágrafo único. A Comissão Consultiva do Crédito Rural dará assessoramento ao Conselho Monetário Nacional, na elaboração da proposta que estabelecerá a coordenação das instituições existentes ou que venham a ser cridas, com o objetivo de garantir sua melhor utilização e da rede bancária privada na difusão do crédito rural, inclusive com redução de seu custo.

Art. 55. Ficam transferidas ao Banco Central da República do Brasil as atribuições cometidas por lei ao Ministério da Agricultura, no que concerne à autorização de funcionamento e fiscalização de cooperativas de crédito de qualquer tipo, bem assim da seção de crédito das cooperativas que a tenham.

Art. 56. Ficam extintas a Carteira de Redescontos do Banco do Brasil S.A. e a Caixa de Mobilização Bancária, incorporando-se seus bens, direitos e obrigações ao Banco Central da República do Brasil.

Parágrafo único. As atribuições e prerrogativas legais da Caixa de Mobilização Bancária passam a ser exercidas pelo Banco Central da República do Brasil, sem solução de continuidade.

Art. 57. Passam à competência do Conselho Monetário Nacional as atribuições de caráter normativo da legislação cambial vigente e as executivas ao Banco Central da República do Brasil e ao Banco do Brasil S.A., nos termos desta Lei.

Parágrafo único. Fica extinta a Fiscalização Bancária do Banco do Brasil S.A., passando suas atribuições e prerrogativas legais ao Banco Central da República do Brasil.

Art. 58. Os prejuízos decorrentes das operações de câmbio concluídas e eventualmente não regularizadas nos termos desta Lei, bem como os das operações de câmbio contratadas e não concluídas até a data de vigência desta Lei, pelo Banco do Brasil S.A., como mandatário do Governo Federal, serão na medida em que se efetivarem, transferidos ao Banco Central da República do Brasil, sendo neste registrados como responsabilidade do Tesouro Nacional.

§ 1º. Os débitos do Tesouro Nacional perante o Banco Central da República do Brasil, provenientes das transferências de que trata este artigo, serão regularizados com recursos orçamentários da União.

§ 2º. O disposto neste artigo se aplica também aos prejuízos decorrentes de operações de câmbio que outras instituições financeiras federais, de natureza bancária, tenham realizado como mandatárias do Governo Federal.

Art. 59. É mantida, no Banco do Brasil S.A., a Carteira de Comércio Exterior, criada nos termos da Lei nº 2.145, de 29 de dezembro de 1953, e regulamentada pelo Decreto nº 42.820, de 16 de dezembro de 1957, como órgão executor da política de comércio exterior, (*Vetado*).

Art. 60. O valor equivalente aos recursos financeiros que, nos termos desta Lei, passarem a responsabilidade do Banco Central da República do Brasil, e estejam, na data de sua vigência em poder do Baco do Brasil S.A., será neste escriturado em conta em nome do primeiro, considerando-se como suprimento de recursos, nos termos do § 1º, do artigo 19, desta Lei.

Art. 61. Para cumprir as disposições desta Lei o Banco do Brasil S.A. tomará providências no sentido de que seja remodelada sua estrutura administrativa, a fim de que possa eficazmente exercer os encargos e executar os serviços que lhe estão reservados, como principal instrumento de execução da política de crédito do Governo Federal.

Art. 62. O Conselho Monetário Nacional determinará providências no sentido de que a transferência de atribuições dos órgãos existentes para o Banco Central da República do Brasil se processe sem solução de continuidade dos serviços atingidos por esta Lei.

Art. 63. Os mandatos dos primeiros membros do Conselho Monetário Nacional, a que alude o inciso IV, do artigo 6º desta Lei serão respectivamente de 6 (seis), 5 (cinco), 4 (quatro), 3 (três), 2 (dois) e 1 (um) anos.

Art. 64. O Conselho Monetário Nacional fixará prazo de até 1 (um) ano da vigência desta Lei para a adaptação das instituições financeiras às disposições desta Lei.

§ 1º. Em casos excepcionais, o Conselho Monetário Nacional poderá prorrogar até mais 1 (um) ano o prazo para que seja complementada a adaptação a que se refere este artigo.

§ 2º. Será de 1 (um) ano, prorrogável, nos termos do parágrafo anterior, o prazo para cumprimento do estabelecido por força do art. 30 desta Lei.

Art. 65. Esta Lei entrará em vigor 90 (noventa) dias após data de sua publicação, revogadas as disposições em contrário.

Brasília, 31 de dezembro de 1964; 143º da Independência e 76º da República.

H. CASTELO BRANCO

D.O.U. de 31.1.1965; ret. 3.2.1965

LEI Nº 4.717, DE 29 DE JUNHO DE 1965

Regula a ação popular.

‣ *Ação popular*

O PRESIDENTE DA REPÚBLICA Faço saber que o Congresso Nacional decreta e eu sanciono a seguinte Lei:

Art. 1º. Qualquer cidadão será parte legítima para pleitear a anulação ou a declaração de nulidade de atos lesivos ao patrimônio da União, do Distrito Federal, dos Estados, dos Municípios, de entidades autárquicas, de sociedades de economia mista (Constituição, art. 141, § 38), de sociedades mútuas de seguro nas quais a União represente os segurados ausentes, de empresas públicas, de serviços sociais autônomos, de instituições ou fundações para cuja criação ou custeio o tesouro público haja concorrido ou concorra com mais de cinquenta por cento do patrimônio ou da receita ânua, de empresas incorporadas ao patrimônio da União, do Distrito Federal, dos Estados e dos Municípios, e de quaisquer pessoas jurídicas ou entidades subvencionadas pelos cofres públicos.

- Refere-se à Constituição de 1946.
- CF/88: arts. 5º, LXXIII e 129, III.

§ 1º. Consideram-se patrimônio público para os fins referidos neste artigo, os bens e direitos de valor econômico, artístico, estético, histórico ou turístico. (Redação dada pela Lei nº 6.513, de 1977)

§ 2º. Em se tratando de instituições ou fundações, para cuja criação ou custeio o tesouro público concorra com menos de cinquenta por cento do patrimônio ou da receita ânua, bem como de pessoas jurídicas ou entidades subvencionadas, as consequências patrimoniais da invalidez dos atos lesivos terão por limite a repercussão deles sobre a contribuição dos cofres públicos.

§ 3º. A prova da cidadania, para ingresso em juízo, será feita com o título eleitoral, ou com documento que a ele corresponda.

§ 4º. Para instruir a inicial, o cidadão poderá requerer às entidades, a que se refere este artigo, as certidões e informações que julgar necessárias, bastando para isso indicar a finalidade das mesmas.

§ 5º. As certidões e informações, a que se refere o parágrafo anterior, deverão ser fornecidas dentro de 15 (quinze) dias da entrega, sob recibo, dos respectivos requerimentos, e só poderão ser utilizadas para a instrução de ação popular.

§ 6º. Somente nos casos em que o interesse público, devidamente justificado, impuser sigilo, poderá ser negada certidão ou informação.

§ 7º. Ocorrendo a hipótese do parágrafo anterior, a ação poderá ser proposta desacompanhada das certidões ou informações negadas, cabendo ao juiz, após apreciar os motivos do indeferimento, e salvo em se tratando de razão de segurança nacional, requisitar umas e outras; feita a requisição, o processo correrá em segredo de justiça, que cessará com o trânsito em julgado de sentença condenatória.

Art. 2º. São nulos os atos lesivos ao patrimônio das entidades mencionadas no artigo anterior, nos casos de:

a) incompetência;

b) vício de forma;

c) ilegalidade do objeto;

d) inexistência dos motivos;

e) desvio de finalidade.

Parágrafo único. Para a conceituação dos casos de nulidade observar-se-ão as seguintes normas:

a) a incompetência fica caracterizada quando o ato não se incluir nas atribuições legais do agente que o praticou;

b) o vício de forma consiste na omissão ou na observância incompleta ou irregular de formalidades indispensáveis à existência ou seriedade do ato;

c) a ilegalidade do objeto ocorre quando o resultado do ato importa em violação de lei, regulamento ou outro ato normativo;

d) a inexistência dos motivos se verifica quando a matéria de fato ou de direito, em que se fundamenta o ato, é materialmente inexistente ou juridicamente inadequada ao resultado obtido;

e) o desvio de finalidade se verifica quando o agente pratica o ato visando a fim diverso daquele previsto, explícita ou implicitamente, na regra de competência.

Art. 3º. Os atos lesivos ao patrimônio das pessoas de direito público ou privado, ou das entidades mencionadas no art. 1º, cujos vícios não se compreendam nas especificações do artigo anterior, serão anuláveis, segundo as prescrições legais, enquanto compatíveis com a natureza deles.

Art. 4º. São também nulos os seguintes atos ou contratos, praticados ou celebrados por quaisquer das pessoas ou entidades referidas no art. 1º.

I – A admissão ao serviço público remunerado, com desobediência, quanto às condições de habilitação, das normas legais, regulamentares ou constantes de instruções gerais.

II – A operação bancária ou de crédito real, quando:

a) for realizada com desobediência a normas legais, regulamentares, estatutárias, regimentais ou internas;

b) o valor real do bem dado em hipoteca ou penhor for inferior ao constante de escritura, contrato ou avaliação.

III – A empreitada, a tarefa e a concessão do serviço público, quando:

a) o respectivo contrato houver sido celebrado sem prévia concorrência pública ou administrativa, sem que essa condição seja estabelecida em lei, regulamento ou norma geral;

b) no edital de concorrência forem incluídas cláusulas ou condições, que comprometam o seu caráter competitivo;

c) a concorrência administrativa for processada em condições que impliquem na limitação das possibilidades normais de competição.

IV – As modificações ou vantagens, inclusive prorrogações que forem admitidas, em favor do adjudicatário, durante a execução dos contratos de empreitada, tarefa e concessão de serviço público, sem que estejam previstas em lei ou nos respectivos instrumentos;

V – A compra e venda de bens móveis ou imóveis, nos casos em que não cabível concorrência pública ou administrativa, quando:

a) for realizada com desobediência a normas legais, regulamentares, ou constantes de instruções gerais;

b) o preço de compra dos bens for superior ao corrente no mercado, na época da operação;

c) o preço de venda dos bens for inferior ao corrente no mercado, na época da operação.

VI – A concessão de licença de exportação ou importação, qualquer que seja a sua modalidade, quando:

a) houver sido praticada com violação das normas legais e regulamentares ou de instruções e ordens de serviço;

b) resultar em exceção ou privilégio, em favor de exportador ou importador.

VII – A operação de redesconto quando sob qualquer aspecto, inclusive o limite de valor, desobedecer a normas legais, regulamentares ou constantes de instruções gerais.

VIII – O empréstimo concedido pelo Banco Central da República, quando:

a) concedido com desobediência de quaisquer normas legais, regulamentares, regimentais ou constantes de instruções gerias:

b) o valor dos bens dados em garantia, na época da operação, for inferior ao da avaliação.

IX – A emissão, quando efetuada sem observância das normas constitucionais, legais e regulamentadoras que regem a espécie.

DA COMPETÊNCIA

Art. 5º. Conforme a origem do ato impugnado, é competente para conhecer da ação, processá-la e julgá-la o juiz que, de acordo com a organização judiciária de cada Estado, o for para as causas que interessem à União, ao Distrito Federal, ao Estado ou ao Município.

§ 1º. Para fins de competência, equiparam-se atos da União, do Distrito Federal, do Estado ou dos Municípios os atos das pessoas criadas ou mantidas por essas pessoas jurídicas de direito público, bem como os atos das sociedades de que elas sejam acionistas e os das pessoas ou entidades por elas subvencionadas ou em relação às quais tenham interesse patrimonial.

§ 2º. Quando o pleito interessar simultaneamente à União e a qualquer outra pessoa ou entidade, será competente o juiz das causas da União, se houver; quando interessar simultaneamente ao Estado e ao Município, será competente o juiz das causas do Estado, se houver.

§ 3º. A propositura da ação prevenirá a jurisdição do juízo para todas as ações, que forem posteriormente intentadas contra as mesmas partes e sob os mesmos fundamentos.

§ 4º. Na defesa do patrimônio público caberá a suspensão liminar do ato lesivo impugnado. (Incluído pela Lei nº 6.513, de 1977)

DOS SUJEITOS PASSIVOS DA AÇÃO E DOS ASSISTENTES

Art. 6º. A ação será proposta contra as pessoas públicas ou privadas e as entidades referidas no art. 1º, contra as autoridades, funcionários ou administradores que houverem autorizado, aprovado, ratificado ou praticado o ato impugnado, ou que, por omissas, tiverem dado oportunidade à lesão, e contra os beneficiários diretos do mesmo.

§ 1º. Se não houver benefício direto do ato lesivo, ou se for ele indeterminado ou desconhecido, a ação será proposta somente contra as outras pessoas indicadas neste artigo.

§ 2º. No caso de que trata o inciso II, item b, do art. 4º, quando o valor real do bem for inferior ao da avaliação, citar-se-ão como réus, além das pessoas públicas ou privadas e entidades referidas no art. 1º, apenas os responsáveis pela avaliação inexata e os beneficiários da mesma.

§ 3º. A pessoas jurídica de direito público ou de direito privado, cujo ato seja objeto de impugnação, poderá abster-se de contestar o pedido, ou poderá atuar ao lado do autor, desde que isso se afigure útil ao interesse público, a juízo do respectivo representante legal ou dirigente.

§ 4º. O Ministério Público acompanhará a ação, cabendo-lhe apressar a produção da prova e promover a responsabilidade, civil ou criminal, dos que nela incidirem, sendo-lhe vedado, em qualquer hipótese, assumir a defesa do ato impugnado ou dos seus autores.

§ 5º. É facultado a qualquer cidadão habilitar-se como litisconsorte ou assistente do autor da ação popular.

DO PROCESSO

Art. 7º. A ação obedecerá ao procedimento ordinário, previsto no Código de Processo Civil, observadas as seguintes normas modificativas:

- CPC/15: art. 318 e ss.

I – Ao despachar a inicial, o juiz ordenará:

a) além da citação dos réus, a intimação do representante do Ministério Público;

- CF/88: art. 127.

b) a requisição, às entidades indicadas na petição inicial, dos documentos que tiverem sido referidos pelo autor (art. 1º, § 6º), bem como a de outros que se lhe afigurem necessários ao esclarecimento dos fatos, fixando prazos de 15 (quinze) a 30 (trinta) dias para o atendimento.

§ 1º. O representante do Ministério Público providenciará para que as requisições, a que se refere o inciso anterior, sejam atendidas dentro dos prazos fixados pelo juiz.

- CF/88: art. 127.

§ 2º. Se os documentos e informações não puderem ser oferecidos nos prazos assinalados, o juiz poderá autorizar prorrogação dos mesmos, por prazo razoável.

II – Quando o autor o preferir, a citação dos beneficiários far-se-á por edital com o prazo de 30 (trinta) dias, afixado na sede do juízo e publicado três vezes no jornal oficial do Distrito Federal, ou da Capital do Estado ou Território em que seja ajuizada a ação. A publicação será gratuita e deverá iniciar-se no máximo 3 (três) dias após a entrega, na repartição competente, sob protocolo, de uma via autenticada do mandado.

III – Qualquer pessoa, beneficiada ou responsável pelo ato impugnado, cuja existência ou identidade se torne conhecida no curso do processo e antes de proferida a sentença final de primeira instância, deverá ser citada para a integração do contraditório, sendo-lhe restituído o prazo para contestação e produção de provas, Salvo, quanto a beneficiário, se a citação se houver feito na forma do inciso anterior.

IV – O prazo de contestação é de 20 (vinte) dias, prorrogáveis por mais 20 (vinte), a requerimento do interessado, se particularmente difícil a produção de prova documental, e será comum a todos os interessados, correndo da entrega em cartório do mandado cumprido, ou, quando for o caso, do decurso do prazo assinado em edital.

V – Caso não requerida, até o despacho saneador, a produção de prova testemunhal ou pericial, o juiz ordenará vista às partes por 10 (dez) dias, para alegações, sendo-lhe os autos conclusos, para sentença, 48 (quarenta e oito) horas após a expiração desse prazo; havendo requerimento de prova, o processo tomará o rito ordinário.

VI – A sentença, quando não prolatada em audiência de instrução e julgamento, deverá ser proferida dentro de 15 (quinze) dias do recebimento dos autos pelo juiz.

Parágrafo único. O proferimento da sentença além do prazo estabelecido privará o juiz da inclusão em lista de merecimento para promoção, durante 2 (dois) anos, e acarretará a perda, para efeito de promoção por antiguidade, de tantos dias quantos forem os do retardamento, salvo motivo justo, declinado nos autos e comprovado perante o órgão disciplinar competente.

Art. 8º. Ficará sujeita à pena de desobediência, salvo motivo justo devidamente comprovado, a autoridade, o administrador ou o dirigente, que deixar de fornecer, no prazo fixado no art. 1º, § 5º, ou naquele que tiver sido estipulado pelo juiz (art. 7º, n. I, letra b), informações e certidão ou fotocópia de documento necessários à instrução da causa.

‣ CP: art. 330.

Parágrafo único. O prazo contar-se-á do dia em que entregue, sob recibo, o requerimento do interessado ou o ofício de requisição (art. 1º, § 5º, e art. 7º, n. I, letra b).

Art. 9º. Se o autor desistir da ação ou der motivo à absolvição da instância, serão publicados editais nos prazos e condições previstos no art. 7º, inciso II, ficando assegurado a qualquer cidadão, bem como ao representante do Ministério Público, dentro do prazo de 90 (noventa) dias da última publicação feita, promover o prosseguimento da ação.

Art. 10. As partes só pagarão custas e preparo a final.

Art. 11. A sentença que, julgando procedente a ação popular, decretar a invalidade do ato impugnado, condenará ao pagamento de perdas e danos os responsáveis pela sua prática e os beneficiários dele, ressalvada a ação regressiva contra os funcionários causadores de dano, quando incorrerem em culpa.

Art. 12. A sentença incluirá sempre, na condenação dos réus, o pagamento, ao autor, das custas e demais despesas, judiciais e extrajudiciais, diretamente relacionadas com a ação e comprovadas, bem como o dos honorários de advogado.

Art. 13. A sentença que, apreciando o fundamento de direito do pedido, julgar a lide manifestamente temerária, condenará o autor ao pagamento do décuplo das custas.

Art. 14. Se o valor da lesão ficar provado no curso da causa, será indicado na sentença; se depender de avaliação ou perícia, será apurado na execução.

§ 1º. Quando a lesão resultar da falta ou isenção de qualquer pagamento, a condenação imporá o pagamento devido, com acréscimo de juros de mora e multa legal ou contratual, se houver.

§ 2º. Quando a lesão resultar da execução fraudulenta, simulada ou irreal de contratos, a condenação versará sobre a reposição do débito, com juros de mora.

§ 3º. Quando o réu condenado perceber dos cofres públicos, a execução far-se-á por desconto em folha até o integral ressarcimento do dano causado, se assim mais convier ao interesse público.

§ 4º. A parte condenada a restituir bens ou valores ficará sujeita a sequestro e penhora, desde a prolação da sentença condenatória.

Art. 15. Se, no curso da ação, ficar provada a infringência da lei penal ou a prática de falta disciplinar a que a lei comine a pena de demissão ou a de rescisão de contrato de trabalho, o juiz, *ex officio*, determinará a remessa de cópia autenticada das peças necessárias às autoridades ou aos administradores a quem competir aplicar a sanção.

Art. 16. Caso decorridos 60 (sessenta) dias da publicação da sentença condenatória de segunda instância, sem que o autor ou terceiro promova a respectiva execução o representante do Ministério Público a promoverá nos 30 (trinta) dias seguintes, sob pena de falta grave.

Art. 17. É sempre permitida às pessoas ou entidades referidas no art. 1º, ainda que hajam contestado a ação, promover, em qualquer tempo, e no que as beneficiar, a execução da sentença contra os demais réus.

Art. 18. A sentença terá eficácia de coisa julgada oponível erga omnes, exceto no caso de haver sido a ação julgada improcedente por deficiência de prova; neste caso, qualquer cidadão poderá intentar outra ação com idêntico fundamento, valendo-se de nova prova.

Art. 19. A sentença que concluir pela carência ou pela improcedência da ação está sujeita ao duplo grau de jurisdição, não produzindo efeito senão depois de confirmada pelo tribunal; da que julgar a ação procedente caberá apelação, com efeito suspensivo. (Redação dada pela Lei nº 6.014, de 1973)

§ 1º. Das decisões interlocutórias cabe agravo de instrumento. (Redação dada pela Lei nº 6.014, de 1973)

§ 2º. Das sentenças e decisões proferidas contra o autor da ação e suscetíveis de recurso, poderá recorrer qualquer cidadão e também o Ministério Público. (Redação dada pela Lei nº 6.014, de 1973)

DISPOSIÇÕES GERAIS

Art. 20. Para os fins desta lei, consideram-se entidades autárquicas:

a) o serviço estatal descentralizado com personalidade jurídica, custeado mediante orçamento próprio, independente do orçamento geral;

b) as pessoas jurídicas especialmente instituídas por lei, para a execução de serviços de interesse público ou social, custeados por tributos de qualquer natureza ou por outros recursos oriundos do Tesouro Público;

c) as entidades de direito público ou privado a que a lei tiver atribuído competência para receber e aplicar contribuições parafiscais.

Art. 21. A ação prevista nesta lei prescreve em 5 (cinco) anos.

Art. 22. Aplicam-se à ação popular as regras do Código de Processo Civil, naquilo em que não contrariem os dispositivos desta Lei, nem a natureza específica da ação.

‣ Lei 13.105/2015 – Código de Processo Civil.

Brasília, 29 de junho de 1965; 144º da Independência e 77º da República.

H. CASTELLO BRANCO

D.O.U. de 5.7.1965, rep. 8.4.1974

LEI Nº 4.728, DE 14 DE JULHO DE 1965

Disciplina o mercado de capitais e estabelece medidas para o seu desenvolvimento.

‣ *Mercado de capitais*

O PRESIDENTE DA REPÚBLICA Faço saber que o Congresso Nacional decreta e eu sanciono a seguinte Lei:

SEÇÃO I. ATRIBUIÇÕES DOS ÓRGÃOS ADMINISTRATIVOS

Art. 1º. Os mercados financeiro e de capitais serão disciplinados pelo Conselho Monetário Nacional e fiscalizados pelo Banco Central da República do Brasil.

Art. 2º. O Conselho Monetário Nacional e o Banco Central exercerão as suas atribuições legais relativas aos mercados financeiro e de capitais com a finalidade de:

‣ Lei 11.908/2009 – Autoriza o Banco do Brasil S.A. e a Caixa Econômica Federal a constituírem subsidiárias e a adquirirem participação em instituições financeiras sediadas no Brasil.

I – facilitar o acesso do público a informações sobre os títulos ou valores mobiliários distribuídos no mercado e sobre as sociedades que os emitirem;

II – proteger os investidores contra emissões ilegais ou fraudulentas de títulos ou valores mobiliários;

III – evitar modalidades de fraude e manipulação destinadas a criar condições artificiais da demanda, oferta ou preço de títulos ou valores mobiliários distribuídos no mercado;

IV – assegurar a observância de práticas comerciais equitativas por todos aqueles que exerçam, profissionalmente, funções de intermediação na distribuição ou negociação de títulos ou valores mobiliários;

V – disciplinar a utilização do crédito no mercado de títulos ou valores mobiliários;

VI – regular o exercício da atividade corretora de títulos mobiliários e de câmbio.

Art. 3º. Compete ao Banco Central:

I – autorizar a constituição e fiscalizar o funcionamento das Bolsas de Valores;

II – autorizar o funcionamento e fiscalizar as operações das sociedades corretoras membros das Bolsas de Valores (arts. 8º e 9º) das sociedades de investimento;

III – autorizar o funcionamento e fiscalizar as operações das instituições financeiras, sociedades ou firmas individuais que tenham por objeto a subscrição para revenda e a distribuição de títulos ou valores mobiliários;

IV – manter registro e fiscalizar as operações das sociedades e firmas individuais que exerçam as atividades de intermediação na distribuição de títulos ou valores mobiliários, ou que efetuem, com qualquer propósito, a captação de poupança popular no mercado de capitais;

V – registrar títulos e valores mobiliários para efeito de sua negociação nas Bolsas de Valores;

VI – registrar as emissões de títulos ou valores mobiliários a serem distribuídos no mercado de capitais;

VII – fiscalizar a observância, pelas sociedades emissoras de títulos ou valores mobiliários negociados na Bolsa, das disposições legais e regulamentares relativas a:

a) publicidade da situação econômica e financeira da sociedade, sua administração e aplicação dos seus resultados;

b) proteção dos interesses dos portadores de títulos e valores mobiliários distribuídos nos mercados financeiro e de capitais;

VIII – fiscalizar a observância das normas legais e regulamentares relativas à emissão, ao lançamento, à subscrição e à distribuição de títulos ou valores mobiliários colocados no mercado de capitais;

IX – manter e divulgar as estatísticas relativas ao mercado de capitais, em coordenação com o sistema estatístico nacional;

X – fiscalizar a utilização de informações não divulgadas ao público em benefício próprio ou de terceiros, por acionistas ou pessoas que, por força de cargos que exerçam, a elas tenham acesso.

Art. 4º. No exercício de suas atribuições, o Banco Central poderá examinar os livros e documentos das instituições financeiras, sociedades, empresas e pessoas referidas no artigo anterior, as quais serão obrigadas a prestar as informações e os esclarecimentos solicitados pelo Banco Central.

§ 1º. Nenhuma sanção será imposta pelo Banco Central, sem antes ter assinado prazo, não inferior a 30 (trinta) dias, ao interessado, para se manifestar, ressalvado o disposto no § 3º do art. 16, desta Lei.

§ 2º. Quando, no exercício das suas atribuições, o Banco Central tomar conhecimento de crime definido em lei como de ação pública, oficiará ao Ministério Público para instalação de inquérito policial.

§ 3º. Os pedidos de registro submetidos ao Banco Central, nos termos dos arts. 19 e 20 desta Lei, consideram-se deferidos dentro de 30 (trinta) dias da sua apresentação, se nesse prazo não forem indeferidos.

§ 4º. A fluência do prazo referido no parágrafo anterior poderá ser interrompida uma única vez, se o Banco Central pedir informações ou documentos suplementares, em cumprimento das normas legais ou regulamentares em vigor.

§ 5º. Ressalvado o disposto no § 3º, o Conselho Monetário Nacional fixará os prazos em que o Banco Central deverá processar os pedidos de autorização, registro ou aprovação previstos nesta Lei.

§ 6º. (*Revogado pela Lei nº 13.506, de 2017*)

SEÇÃO II. SISTEMA DE DISTRIBUIÇÃO NO MERCADO DE CAPITAIS

Art. 5º. O sistema de distribuição de títulos ou valores mobiliários no mercado de capitais será constituído:

I – das Bolsas de Valores e das sociedades corretoras que sejam seus membros;

II – das instituições financeiras autorizadas a operar no mercado de capitais;

III – das sociedades ou empresas que tenham por objeto a subscrição de títulos para revenda, ou sua distribuição no mercado, e que sejam autorizadas a funcionar nos termos do art. 11;

IV – das sociedades ou empresas que tenham por objeto atividades de intermediação na distribuição de títulos ou valores mobiliários, e que estejam registradas nos termos do art. 12.

Art. 6º. As Bolsas de Valores terão autonomia administrativa, financeira e patrimonial, e operarão sob a supervisão do Banco Central, de acordo com a regulamentação expedida pelo Conselho Monetário Nacional.

Art. 7º. Compete ao Conselho Monetário Nacional fixar as normas gerais a serem observadas na constituição, organização e funcionamento das Bolsas de Valores, e relativas a:

I – condições de constituição e extinção; forma jurídica; órgãos de administração e seu preenchimento; exercício de poder disciplinar sobre os membros da Bolsa, imposição de penas e condições de exclusão;

II – número de sociedades corretoras membros da Bolsa, requisitos ou condições de admissão quanto à idoneidade, capacidade financeira, habilitação técnica dos seus administradores e forma de representação nas Bolsas;

III – espécies de operações admitidas nas Bolsas; normas, métodos e práticas a serem observados nessas operações; responsabilidade das sociedades corretoras nas operações;

IV – administração financeira das Bolsas; emolumentos, comissões e quaisquer outros custos cobrados pelas Bolsas ou seus membros;

V – normas destinadas a evitar ou reprimir manipulações de preços e operações fraudulentas; condições a serem observadas nas operações autorizadas de sustentação de preços;

VI – registro das operações a ser mantido pelas Bolsas e seus membros; dados estatísticos a serem apurados pelas Bolsas e fornecidos ao Banco Central;

VII – fiscalização do cumprimento de obrigações legais pelas sociedades cujos títulos sejam negociados na Bolsa;

VIII – percentagem mínima do preço dos títulos negociados a termo, que deverá ser obrigatoriamente liquidada à vista;

IX – crédito para aquisição de títulos e valores mobiliários no mercado de capitais.

§ 1º. Exceto na matéria prevista no inciso VIII, as normas a que se refere este artigo somente poderão ser aprovadas pelo Conselho Monetário Nacional depois de publicadas para receber sugestões durante 30 (trinta) dias.

§ 2º. As sugestões referidas no parágrafo anterior serão feitas por escrito, por intermédio do Banco Central.

Art. 8º. A intermediação dos negócios nas Bolsas de Valores será exercida por sociedades corretoras membros da Bolsa, cujo capital mínimo será fixado pelo Conselho Monetário Nacional.

§ 1º. *(Revogado pelo Decreto-lei nº 2.313, de 1986).*

§ 2º. As sociedades referidas neste artigo somente poderão funcionar depois de autorizadas pelo Banco Central, e a investidura dos seus dirigentes estará sujeita às condições legais vigentes para os administradores de instituições financeiras.

§ 3º. Nas condições fixadas pelo Conselho Monetário Nacional, a sociedade corretora poderá ser membro de mais de uma Bolsa de Valores.

§ 4º. Os administradores das sociedades corretoras não poderão exercer qualquer cargo administrativo, consultivo, fiscal ou deliberativo em outras empresas cujos títulos ou valores mobiliários sejam negociados em Bolsa.

§ 5º. As sociedades referidas neste artigo, ainda que não revistam a forma anônima, são obrigadas a observar as normas de que trata o art. 20, § 1º, *a* e *b*.

§ 6º. O Conselho Monetário Nacional assegurará aos atuais corretores de fundos públicos a faculdade de se registrarem no Banco Central, para intermediar a negociação nas Bolsas de Valores, sob a forma da firma individual, observados os mesmos requisitos estabelecidos para as sociedades corretoras previstas neste artigo, e sob a condição de extinção da firma, por morte do respectivo titular, ou pela participação deste em sociedade corretora.

Art. 9º. O Conselho Monetário Nacional fixará as normas gerais a serem observadas em matéria de organização, disciplina e fiscalização das atribuições e atividades das sociedades corretoras membros das Bolsas e dos corretores de câmbio.

§ 1º. A partir de 1 (um) ano, a contar da vigência desta Lei, prorrogável, no máximo, por mais 3 (três) meses, a critério do Conselho Monetário Nacional, será facultativa a intervenção de corretores nas operações de câmbio e negociações das respectivas letras, quando realizadas fora das Bolsas.

§ 2º. Para efeito da fixação do curso de câmbio, todas as operações serão obrigatoriamente comunicadas ao Banco Central.

§ 3º. Aos atuais corretores inscritos nas Bolsas de Valores será permitido o exercício simultâneo da profissão de corretor de câmbio com a de membro da sociedade corretora ou de titular de firma individual organizada de acordo com o § 6º do art. 8º desta Lei.

§ 4º. O Conselho Monetário Nacional fixará o prazo de até 1 (um) ano, prorrogável, a seu critério, por mais 1 (um) ano, para que as Bolsas de Valores existentes e os atuais corretores de fundos públicos se adaptem aos dispositivos desta Lei.

§ 5º. A facultatividade a que se refere o § 1º deste artigo entrará em vigor na data da vigência desta Lei, para as transações de compra e venda de câmbio por parte da União, dos Estados, dos Municípios, das sociedades de economia mista, das autarquias e das entidades paraestatais excetuadas as operações de câmbio dos bancos oficiais com pessoas físicas ou jurídicas não estatais.

§ 6º. O Banco Central é autorizado, durante o prazo de 2 (dois) anos, a contar da vigência desta Lei, a prestar assistência financeira às Bolsas de Valores, quando, a seu critério, se fizer necessário para que se adaptem aos dispositivos desta Lei.

Art. 10. Compete ao Conselho Monetário Nacional fixar as normas gerais a serem observadas no exercício das atividades de subscrição para revenda, distribuição, ou intermediação na colocação, no mercado, de títulos ou valores mobiliários, e relativos a:

I – capital mínimo das sociedades que tenham por objeto a subscrição para revenda e a distribuição de títulos no mercado;

II – condições de registro das sociedades ou firmas individuais que tenham por objeto atividades de intermediação na distribuição de títulos no mercado;

III – condições de idoneidade, capacidade financeira e habilitação técnica a que deverão satisfazer os administradores ou responsáveis pelas sociedades ou firmas individuais referidas nos incisos anteriores;

IV – procedimento administrativo de autorização para funcionar das sociedades referidas no inciso I e do registro das sociedades e firmas individuais referidas no inciso II;

V – espécies de operações das sociedades referidas nos incisos anteriores; normas, métodos e práticas a serem observados nessas operações;

VI – comissões, ágios, descontos ou quaisquer outros custos cobrados pelas sociedades de empresas referidas nos incisos anteriores;

VII – normas destinadas a evitar manipulações de preço e operações fraudulentas;

VIII – registro das operações a serem mantidas pelas sociedades e empresas referidas nos incisos anteriores, e dados estatísticos a serem apurados e fornecidos ao Banco Central;

IX – condições de pagamento a prazo dos títulos negociados.

Art. 11. Depende de prévia autorização do Banco Central o funcionamento de sociedades ou firmas individuais que tenham por objeto a subscrição para revenda e a distribuição no mercado de títulos ou valores mobiliários.

Parágrafo único. Depende igualmente de aprovação pelo Banco Central:

a) a modificação de contratos ou estatutos sociais das sociedades referidas neste artigo;

b) a investidura de administradores, responsáveis ou prepostos das sociedades e empresas referidas neste artigo.

Art. 12. Depende de prévio registro no Banco Central o funcionamento de sociedades que tenham por objeto qualquer atividade de intermediação na distribuição, ou colocação no mercado, de títulos ou valores mobiliários.

Art. 13. A autorização para funcionar e o registro referidos nos arts. 11 e 12 observarão o disposto no § 1º do art. 10 da Lei nº 4.595, de 31 de dezembro de 1964, e somente poderão ser cassados nos casos previstos em normas gerais aprovadas pelo Conselho Monetário Nacional.

Art. 14. Compete ao Conselho Monetário Nacional fixar as normas gerais a serem observadas nas operações das instituições financeiras autorizadas a operar em aceite ou coobrigação em títulos cambiais a serem distribuídos no mercado, e relativas a:

I – capital mínimo;

II – limites de riscos, prazo mínimo e máximo dos títulos, espécie das garantias recebidas, relação entre o valor das garantias e o valor dos títulos objeto do aceite ou coobrigação;

III – disciplina ou proibição de redesconto de papéis;

IV – fiscalização das operações pelo Banco Central;

V – organização e funcionamento de consórcios (art. 15).

Art. 15. As instituições financeiras autorizadas a operar no mercado financeiro e de capitais poderão organizar consórcio para o fim especial de colocar títulos ou valores mobiliários no mercado.

§ 1º. Quando o consórcio tiver por objetivo aceite ou coobrigação em títulos cambiais, a responsabilidade poderá ser distribuída entre os membros do consórcio.

§ 2º. O consórcio será regulado por contrato que só entrará em vigor depois de registrado no Banco Central e do qual constarão, obrigatoriamente, as condições e os limites de coobrigação de cada instituição participante, a designação da instituição líder do consórcio e a outorga, a esta, de poderes de representação das demais participantes.

§ 3º. A responsabilidade de cada uma das instituições participantes do consórcio formado nos termos deste artigo será limitada ao montante do risco que assumir no instrumento de contrato de que trata o parágrafo anterior.

§ 4º. Os contratos previstos no presente artigo são isentos do Imposto do Selo.

▸ CTN: arts. 63 a 67.

SEÇÃO III.
ACESSO AOS MERCADOS FINANCEIRO E DE CAPITAIS

Art. 16. As emissões de títulos ou valores mobiliários somente poderão ser feitas nos mercados financeiro e de capitais através do sistema de distribuição previsto no art. 5º.

§ 1º. Para os efeitos deste artigo considera-se emissão a oferta ou negociação de títulos ou valores mobiliários:

a) pela sociedade emissora ou coobrigada;

b) por sociedades ou empresas que exerçam habitualmente as atividades de subscrição, distribuição ou intermediação na colocação no mercado de títulos ou valores mobiliários;

c) pela pessoa natural ou jurídica que mantém o controle da sociedade emissora dos títulos ou valores mobiliários oferecidos ou negociados.

§ 2º. Entende-se por colocação ou distribuição de títulos ou valores mobiliários nos mercados financeiro e de capitais a negociação, oferta ou aceitação de oferta para negociação:

a) mediante qualquer modalidade de oferta pública;

b) mediante a utilização de serviços públicos de comunicação;

c) em lojas, escritórios ou quaisquer outros estabelecimentos acessíveis ao público;

d) através de corretores ou intermediários que procurem tomadores para os títulos.

§ 3º. As sociedades que infringirem o disposto neste artigo ficarão sujeitas à cessação imediata de suas atividades de colocação de títulos ou valores mobiliários no mercado, mediante intimação do Banco Central, que requisitará, se necessário, a intervenção da autoridade policial.

Art. 17. Os títulos cambiais deverão ter a coobrigação de instituição financeira para sua colocação no mercado, salvo os casos regulamentados pelo Conselho Monetário Nacional em caráter geral e de modo a assegurar garantia adequada aos que os adquirirem.

§ 1º. As empresas que, a partir da publicação desta Lei, colocarem papéis no mercado de capitais em desobediência ao disposto neste Capítulo, não terão acesso aos bancos oficiais e os títulos de sua emissão ou aceite não terão curso na Carteira de Redescontos, ressalvado o disposto no parágrafo seguinte.

§ 2º. As empresas que, na data da publicação desta Lei, tiverem em circulação títulos cambiais com sua responsabilidade em condições proibidas por esta Lei, poderão ser autorizadas pelo Banco Central a continuar a colocação com a redução gradativa do total dos papéis em circulação, desde que dentro de 60 (sessenta) dias o requeiram, com a indicação do valor total dos títulos em circulação e apresentação da proposta de sua liquidação no prazo de até 12 (doze) meses, prorrogável, pelo Banco Central, no caso de comprovada necessidade, no máximo, por mais 6 (seis) meses.

§ 3º. As empresas que utilizarem a faculdade indicada no parágrafo anterior poderão realizar assembleia geral ou alterar seus contratos sociais, no prazo de 60 (sessenta) dias da vigência desta Lei, de modo a assegurar opção aos tomadores para converter seus créditos em ações ou cotas de capital da empresa devedora, opção válida até a data do vencimento dos respectivos títulos.

§ 4º. A infração ao disposto neste artigo sujeitará os emitentes, coobrigados e tomadores de títulos de crédito à multa de até 50% (cinquenta por cento) do valor do título.

Art. 18. São isentas do Imposto do Selo quaisquer conversões, livremente pactuadas, em ações ou cotas do capital das empresas obrigadas em títulos de dívida em circulação na data da presente Lei, sem a coobrigação de instituições financeiras, concretizadas no prazo de 180 (cento e oitenta) dias da vigência desta Lei.

▸ CTN: arts. 63 a 67.

Art. 19. Somente poderão ser negociados nas Bolsas de Valores os títulos ou valores mobiliários de emissão:

I – de pessoas jurídicas de direito público;

II – de pessoas jurídicas de direito privado registradas no Banco Central.

§ 1º. O disposto neste artigo não se aplica aos títulos cambiais colocados no mercado de acordo com o art. 17.

§ 2º. Para as sociedades que já tenham requerido a cotação de suas ações nas Bolsas de Valores, o disposto neste artigo entrará em vigor a partir de 1º de janeiro de 1966, quando ficará revogado o Dec.-lei nº 9.783, de 6 de setembro de 1946.

Art. 20. Compete ao Conselho Monetário Nacional expedir normas gerais sobre o registro referido no inciso II do artigo anterior, e relativas a:

I – informações e documentos a serem apresentados para obtenção do registro inicial;

II – informações e documentos a serem apresentados periodicamente para a manutenção do registro;

III – casos em que o Banco Central poderá recusar, suspender ou cancelar o registro.

§ 1º. Caberá ainda ao Conselho Monetário Nacional expedir normas a serem observadas pelas pessoas jurídicas referidas neste artigo, e relativas a:

a) natureza, detalhe e periodicidade da publicação de informações sobre a situação econômica e financeira da pessoa jurídica, suas operações, administração e acionistas que controlam a maioria do seu capital votante;

b) organização do balanço e das demonstrações de resultado, padrões de organização contábil, relatórios e pareceres de auditores independentes registrados no Banco Central;

c) manutenção de mandatários para a prática dos atos relativos ao registro de ações e obrigações nominativas, ou nominativas endossáveis.

§ 2º. As normas referidas neste artigo não poderão ser aprovadas antes de decorridos 30 (trinta) dias de sua publicação para receber sugestões.

Art. 21. Nenhuma emissão de títulos ou valores mobiliários poderá ser lançada, oferecida publicamente, ou ter iniciada a sua distribuição no mercado, sem estar registrada no Banco Central.

§ 1º. Caberá ao Conselho Monetário Nacional estabelecer normas gerais relativas às informações que deverão ser prestadas no pedido de registro previsto neste artigo em matéria de:

a) pessoa jurídica emitente ou coobrigada, sua situação econômica e financeira, administração e acionistas que controlam a maioria de seu capital votante;

b) características e condições dos títulos ou valores mobiliários a serem distribuídos;

c) pessoas que participarão da distribuição.

§ 2º. O pedido de registro será acompanhado dos prospectos e quaisquer outros documentos a serem publicados, ou distribuídos, para oferta, anúncio ou promoção de lançamento da emissão.

§ 3º. O Banco Central poderá suspender ou proibir a distribuição de títulos ou valores:

a) cuja oferta, lançamento, promoção ou anúncio esteja sendo feito em condições diversas das constantes do registro da emissão, ou com a divulgação de informações falsas ou manifestamente tendenciosas ou imprecisas;

b) cuja emissão tenha sido julgada ilegal ou fraudulenta, ainda que em data posterior ao respectivo registro.

§ 4º. O disposto neste artigo não se aplica aos títulos cambiais colocados no mercado com a coobrigação de instituições financeiras.

SEÇÃO IV. ACESSO DE EMPRESAS DE CAPITAL ESTRANGEIRO AO SISTEMA FINANCEIRO NACIONAL

› Lei 11.908/2009 – Autoriza o Banco do Brasil S.A. e a Caixa Econômica Federal a constituírem subsidiárias e a adquirirem participação em instituições financeiras sediadas no Brasil.

Art. 22. Em períodos de desequilíbrio do balanço de pagamentos, reconhecidos pelo Conselho Monetário Nacional, o Banco Central, ao adotar medidas de contenção do crédito, poderá limitar o recurso ao sistema financeiro do País, no caso das empresas que tenham acesso ao mercado financeiro internacional.

§ 1º. Para os efeitos deste artigo considera-se que têm acesso ao mercado financeiro internacional:

a) filiais de empresas estrangeiras;

b) empresas com sede no País cujo capital pertença integralmente a residentes ou domiciliados no Exterior;

c) sociedades com sede no País controladas por pessoas residentes ou domiciliadas no Exterior.

§ 2º. Considera-se empresa controlada por pessoas residentes ou domiciliadas no Exterior, quando estas detenham direta ou indiretamente a maioria do capital com direito a voto.

Art. 23. O limite de acesso ao sistema financeiro referido no art. 22 não poderá ser fixado em nível inferior:

a) 150% (cento e cinquenta por cento) dos recursos próprios pertencentes a residentes ou domiciliados no Exterior;

b) 250% (duzentos e cinquenta por cento) dos recursos próprios pertencentes a residentes ou domiciliados no País.

§ 1º. O limite previsto no presente artigo será apurado pela média mensal em cada exercício social da empresa.

§ 2º. Para efeitos deste artigo, os recursos próprios compreendem:

a) o capital declarado para a filial, ou o capital da empresa com sede no País;

b) o resultado das correções monetárias de ativo fixo ou de manutenção de capital de giro próprio;

c) os saldos credores de acionistas, matriz ou empresas associadas, sempre que não vencerem juros e tiverem a natureza de capital adicional, avaliados, em moeda estrangeira, à taxa de câmbio, em vigor para a amortização de empréstimos externos;

d) as reservas e os lucros suspensos ou pendentes.

§ 3º. As reservas referidas na alínea *d* do parágrafo anterior compreendem as facultativas ou obrigatoriamente formadas com lucros acumulados, excluídas as contas passivas de regularização do ativo, tais como depreciação, amortização ou exaustão, e as provisões para quaisquer riscos, inclusive contas de liquidação duvidosa e técnicas de seguro de capitalização.

§ 4º. O sistema financeiro nacional, para os efeitos deste artigo, compreende o mercado de capitais e todas as instituições financeiras, públicas ou privadas, com sede ou autorizada a funcionar no País.

§ 5º. O saldo devedor da empresa no sistema financeiro corresponderá à soma de todos os empréstimos desse sistema, seja qual for a forma do contrato, inclusive abertura de créditos e emissão ou desconto, de efeitos comerciais, títulos cambiais ou debêntures, não computados os seguintes valores:

a) empréstimos realizados nos termos da Lei nº 2.300, de 23 de agosto de 1954;

b) empréstimos sob a forma de debêntures conversíveis em ações;

c) depósitos em moeda em instituições financeiras;

d) créditos contra quaisquer pessoas de direito público interno, autarquias federais e sociedades de economia mista controladas pelos Governos Federal, Estadual ou Municipal;

e) adiantamentos sobre venda de câmbio resultantes de exportações.

§ 6º. O disposto neste artigo e no artigo seguinte não se aplica às instituições financeiras, cujos limites serão fixados de acordo com a Lei nº 4.595, de 31 de dezembro de 1964.

Art. 24. Dentro de quatro meses do encerramento de cada exercício social seguinte ao da decisão prevista no art. 22, as empresas referidas no art. 23 apresentarão ao Banco Central quadro demonstrativo da observância, no exercício encerrado, dos limites de dívidas no sistema financeiro nacional.

Parágrafo único. A empresa que deixar de observar, em algum exercício social, o limite previsto no art. 23, ficará sujeita a multa imposta pelo Banco Central, de até 30% (trinta por cento) do excesso da dívida no sistema financeiro nacional, multa que será duplicada no caso de reincidência.

Art. 25. O Banco Central, ao aplicar a norma prevista no art. 22, fixará as condições seguintes:

I – se a média mensal das dívidas da empresa no sistema financeiro nacional, durante os 12 meses anteriores, não tiver excedido os limites previstos no art. 23, esses limites serão obrigatórios inclusive para o exercício social em curso;

II – se a média mensal das dívidas da empresa no sistema financeiro nacional, durante os 12 meses anteriores, tiver excedido os limites previstos no art. 23, a empresa deverá aumentar os recursos próprios ou reduzir progressivamente o total das suas dívidas no sistema financeiro nacional, de modo a alcançar os limites do art. 23, no prazo máximo de 2 (dois) anos, a contar da data da resolução do Banco Central.

SEÇÃO V. OBRIGAÇÕES COM CLÁUSULA DE CORREÇÃO MONETÁRIA

› Lei 10.192/2001 – Dispõe sobre medidas complementares ao Plano Real.

Art. 26. As sociedades por ações poderão emitir debêntures ou obrigações ao portador ou nominativas endossáveis, com cláusula de correção monetária, desde que observadas as seguintes condições:

› Lei 6.404/1976 – Dispõe sobre as Sociedades por Ações.

I – prazo de vencimento igual ou superior a 1 (um) ano;

II – correção efetuada em períodos não inferiores a três meses, em bases idênticas às aplicáveis às Obrigações do Tesouro Nacional; (Redação dada pelo Decreto-lei nº 614, de 1969)

III – subscrição por instituições financeiras especialmente autorizadas pelo Banco Central, ou colocação no mercado de capitais com a intermediação dessas instituições.

§ 1º. A emissão de debêntures nos termos deste artigo terá por limite máximo a importância do patrimônio líquido da companhia, apurado nos termos fixados pelo Conselho Monetário Nacional.

§ 2º. O Conselho Monetário Nacional expedirá, para cada tipo de atividade, normas relativas a:

a) limite da emissão de debêntures observado o máximo estabelecido no parágrafo anterior;

b) análise técnica e econômico-financeira da empresa emissora e do projeto a ser financiado com os recursos da emissão, que deverá ser procedida pela instituição financeira que subscrever ou colocar a emissão;

c) coeficientes ou índices mínimos de rentabilidade, solvabilidade ou liquidez a que deverá satisfazer a empresa emissora;

d) sustentação das debêntures no mercado pelas instituições financeiras que participem da colocação.

§ 3º. As diferenças nominais resultantes da correção do principal das debêntures emitidas nos termos deste artigo não constituem rendimento tributável para efeitos do Imposto de Renda, nem obrigarão a complementação do Imposto do Selo pago na emissão das debêntures.

§ 4º. Será assegurado às instituições financeiras intermediárias no lançamento das debêntures a que se refere este artigo, enquanto obrigadas à sustentação prevista na alínea *d* do § 2º, o direito de indicar um representante como membro do Conselho Fiscal da empresa emissora, até o final resgate de todas as obrigações emitidas.

§ 5º. A instituição financeira intermediária na colocação representa os portadores de debêntures ausentes das assembleias de debenturistas.

§ 6º. As condições de correção monetária estabelecidas no inciso II deste artigo poderão ser aplicadas às operações previstas nos arts. 5º, 15 e 52, § 2º, da Lei nº 4.380, de 21 de agosto de 1964.

Art. 27. As sociedades de fins econômicos poderão sacar, emitir ou aceitar letras de câmbio ou notas promissórias cujo principal fique sujeito à correção monetária, desde que observadas as seguintes condições:

I – prazo de vencimento igual ou superior a 1 (um) ano, e dentro do limite máximo fixado pelo Conselho Monetário Nacional;

II – correção segundo os coeficientes aprovados pelo Conselho Nacional de Economia para a correção atribuída às Obrigações do Tesouro;

III – sejam destinadas à colocação no mercado de capitais com o aceite ou coobrigação de instituições financeiras autorizadas pelo Banco Central.

§ 1º. O disposto no art. 26, § 3º, aplica-se à correção monetária dos títulos referidos neste artigo.

§ 2º. As letras de câmbio e as promissórias a que se refere este artigo deverão conter, no seu contexto, a cláusula de correção monetária.

Art. 28. As instituições financeiras que satisfizerem as condições gerais fixadas pelo Banco Central, para esses tipos de operações, poderão assegurar a correção monetária a depósitos a prazo fixo não inferior a 1 (um) ano e não movimentáveis durante todo seu prazo.

§ 1º. Observadas as normas aprovadas pelo Conselho Monetário Nacional, as instituições financeiras a que se refere este artigo poderão contratar empréstimos com as mesmas condições de correção, desde que:

a) tenham prazo mínimo de 1 (um) ano;

b) o total dos empréstimos corrigidos não exceda o montante dos depósitos corrigidos referidos neste artigo;

c) o total da remuneração da instituição financeira, nessas transações, não exceda os limites fixados pelo Conselho Monetário Nacional.

§ 2º. Os depósitos e empréstimos referidos neste artigo não poderão ser corrigidos além dos coeficientes fixados pelo Conselho Nacional de Economia para a correção das Obrigações do Tesouro.

§ 3º. As diferenças nominais, resultantes da correção, nos termos deste artigo, do principal de depósitos, não constituem rendimento tributável para os efeitos do Imposto de Renda.

Art. 29. Compete ao Banco Central autorizar a constituição de bancos de investimento de natureza privada cujas operações e condições de funcionamento serão reguladas pelo Conselho Monetário Nacional, prevendo:

I – o capital mínimo;

II – a proibição de receber depósitos à vista ou movimentáveis por cheque;

III – a permissão para receber depósitos a prazo não inferior a 1 (um) ano, não movimentáveis e com cláusula de correção monetária do seu valor;

IV – a permissão para conceder empréstimos a prazo não inferior a 1 (um) ano, com cláusula de correção monetária;

V – a permissão para administração dos fundos em condomínio de que trata o art. 50;

VI – os juros e taxas máximas admitidos nas operações indicadas nos incisos III e VI;

VII – as condições operacionais, de modo geral, inclusive garantias exigíveis, montantes e prazos máximos.

§ 1º. O Conselho Monetário Nacional fixará ainda as normas a serem observadas pelos bancos de investimento e relativas a:

a) espécies de operações ativas e passivas, inclusive as condições para concessão de aval em moeda nacional ou estrangeira;

b) análise econômico-financeira e técnica do mutuário e do projeto a ser financiado; coeficientes ou índices mínimos de rentabilidade, solvabilidade e liquidez a que deverá satisfazer o mutuário;

c) condições de diversificação de riscos.

§ 2º. Os bancos de investimentos adotarão em suas operações ativas e passivas sujeitas à correção monetária as mesmas regras ditadas no art. 28.

§ 3º. Os bancos de que trata este artigo ficarão sujeitos à disciplina ditada pela Lei 4.595, de 31 de dezembro de 1964, para as instituições financeiras privadas.

§ 4º. Atendidas as exigências que forem estabelecidas em caráter geral pelo Conselho Monetário Nacional, o Banco Central autorizará a transformação, em bancos de investimentos, de instituições financeiras que pratiquem operações relacionadas com a concessão de crédito a médio e longo prazos, por conta própria ou de terceiros, a subscrição para revenda e a distribuição no mercado de títulos ou valores mobiliários.

Art. 30. *(Revogado pela Lei 13.986/2020)*

Art. 31. Os bancos referidos no art. 29, quando previamente autorizados pelo Banco Central e nas condições estabelecidas pelo Conselho Monetário Nacional, poderão emitir "certificados de depósitos em garantia", relativos a ações preferenciais, obrigações, debêntures ou títulos cambiais emitidos por sociedades interessadas em negociá-las em mercados externos, ou no País.

§ 1º. Os títulos depositados nestas condições permanecerão custodiados no estabelecimento emitente do certificado até a devolução deste.

§ 2º. O certificado poderá ser desdobrado por conveniências do seu proprietário.

§ 3º. O capital, ingressado do Exterior na forma deste artigo, será registrado no Banco Central, mediante comprovação da efetiva negociação das divisas no País.

§ 4º. A emissão de "certificados de depósitos em garantia" e respectivas inscrições, ou averbações, não estão sujeitas ao Imposto do Selo.

SEÇÃO VI. AÇÕES E OBRIGAÇÕES ENDOSSÁVEIS

Art. 32. As ações de sociedades anônimas, além das formas nominativas e ao portador, poderão ser endossáveis.

- Lei 6.404/1976 – Dispõe sobre as Sociedades por Ações.

§ 1º. As sociedades por ações, além do "Livro de Registro de Ações Nominativas", deverão ter o "Livro de Registro de Ações Endossáveis".

§ 2º. No "Livro de Registro de Ações Endossáveis" será inscrita a propriedade das ações endossáveis e averbadas as transferências de propriedade e os direitos sobre elas constituídos.

§ 3º. Os registros referidos neste artigo poderão ser mantidos em livros ou em diários copiativos, nos quais serão copiados cronologicamente os atos sujeitos a registro.

Art. 33. O certificado de ação endossável conterá, além dos demais requisitos da lei:

I – a declaração de sua transferibilidade mediante endosso;

II – o nome e a qualificação do proprietário da ação inscrito no "Livro de Registro das Ações Endossáveis";

III – se a ação não estiver integralizada, o débito do acionista e a época e lugar de seu pagamento, de acordo com o estatuto ou as condições da subscrição.

Art. 34. A transferência das ações endossáveis opera-se:

I – pela averbação do nome do adquirente no livro de registro e no próprio certificado efetuado pela sociedade emitente ou pela emissão de novo certificado em nome do adquirente;

II – no caso de ação integralizada, mediante endosso no próprio certificado, datado e assinado pelo proprietário da ação, ou por mandatário especial, com a indicação do nome e a qualificação do endossatário;

III – no caso de ação não integralizada, mediante endosso nas condições do inciso anterior e assinatura do endossatário no próprio certificado.

§ 1º. Aquele que pedir averbação da ação endossável em favor de terceiro, ou a emissão de novo certificado em nome de terceiro, deverá provar perante a sociedade emitente sua identidade e o poder de dispor da ação.

§ 2º. O adquirente que pedir a averbação da transferência ou a emissão de novo certificado em seu nome deve apresentar à sociedade emitente o instrumento de aquisição, que será por esta arquivado.

§ 3º. Se a ação não estiver integralizada, a sociedade somente procederá à averbação da transferência para terceiro, ou à emissão de novo certificado em nome de terceiro, se o adquirente assinar o certificado averbado ou cancelado.

§ 4º. A transferência mediante endosso não terá eficácia perante a sociedade emitente, enquanto não for feita a averbação no livro de registro e no próprio certificado, mas o endossatário que demonstrar ser possuidor do título, com base em série contínua de endossos, tem direito a obter a averbação da transferência ou a emissão de novo certificado em seu nome, ou no nome que indicar.

§ 5º. O adquirente da ação não integralizada responde pela sua integralização.

§ 6º. Aqueles que transferirem ação endossável antes de sua integralização responderão subsidiariamente pelo pagamento devido à sociedade, se esta não conseguir receber o seu crédito em ação executiva contra o proprietário da ação, ou mediante a venda da ação.

§ 7º. As sociedades por ações deverão completar, dentro de 15 (quinze) dias do pedido do acionista ou interessado, os atos de registro, averbação, conversão ou transferência de ações.

§ 8º. A falta de cumprimento, do disposto no parágrafo anterior, autorizará o acionista a exigir indenização correspondente a 1% (um por cento) sobre o valor nominal das ações objeto do pedido de registro, averbação ou transferência.

§ 9º. Se o estatuto social admite mais de uma forma de ação não poderá limitar a conversibilidade de uma forma em outra, ressalvada a cobrança do custo de substituição dos certificados.

§ 10. As sociedades cujas ações sejam admitidas à cotação das Bolsas de Valores deverão colocar à disposição dos acionistas, no prazo máximo de 60 (sessenta) dias, a contar da data da publicação da Ata da Assembleia Geral, os dividendos e as bonificações em dinheiro distribuídos, assim como as ações correspondentes ao aumento de capital mediante incorporação de reservas e correção monetária. (Redação dada pela Lei nº 5.589, de 1970)

§ 11. As sociedades por ações são obrigadas a comunicar, às Bolsas nas quais os seus títulos são negociados, a suspensão transitória de transferência de ações no livro competente, com 15 (quinze) dias de antecedência, aceitando o registro das transferências que lhes forem apresentadas com data anterior.

§ 12. É facultado às sociedades por ações o direito de suspender os serviços de conversão, transferência e desdobramento de ações, para atender a determinações de assembleia geral, não podendo fazê-lo, porém, por mais de 90 (noventa) dias intercalados durante o ano, nem por mais de 15 (quinze) dias consecutivos.

Art. 35. Os direitos constituídos sobre ações endossáveis somente produzem efeitos perante a sociedade emitente e terceiros, depois de anotada a sua constituição no livro de registro.

Parágrafo único. As ações endossáveis poderão, entretanto, ser dadas em penhor ou caução mediante endosso com a expressa indicação dessa finalidade e, a requerimento de credor pignoratício ou do proprietário da ação, a sociedade emitente averbará o penhor no "Livro de Registro".

Art. 36. A sociedade emitente fiscalizará, por ocasião da averbação ou emissão do novo certificado, a regularidade das transferências e dos direitos constituídos sobre a ação.

§ 1º. As dúvidas suscitadas entre a sociedade emitente e o titular da ação ou qualquer interessado, a respeito das emissões ou averbações previstas nos artigos anteriores, serão dirimidas pelo juiz competente para solucionar as dúvidas levantadas pelos oficiais dos registros públicos, excetuadas as questões atinentes à substância do direito.

§ 2º. A autenticidade do endosso não poderá ser posta em dúvida pela sociedade emitente da ação, quando atestada por sociedade corretora membro da Bolsa de Valores, reconhecida por cartório de ofício de notas, ou abonada por estabelecimento bancário.

§ 3º. Nas transferências feitas por procurador ou representante legal do cedente, a sociedade emitente fiscalizará a regularidade da representação e arquivará o respectivo instrumento.

Art. 37. No caso de perda ou extravio do certificado das ações endossáveis, cabe ao respectivo titular ou a seus sucessores, a ação de recuperação prevista nos arts. 336 e 341 do Código de Processo Civil, para obter a expedição de novo certificado em substituição ao extraviado.

Parágrafo único. Até que os certificados sejam recuperados ou substituídos, as transferências serão averbadas sob condição, e a sociedade emitente poderá exigir do titular ou cessionário, para o pagamento dos dividendos, garantia de sua eventual restituição, mediante fiança idônea.

Art. 38. A sociedade anônima somente poderá pagar dividendos, bonificações em dinheiro, amortizações, reembolso ou resgate às ações endossáveis, contra recibo da pessoa registrada como proprietária da ação, no Livro de Registro das Ações Endossáveis, ou mediante cheque nominativo a favor dessa pessoa.

§ 1º. Se a ação tiver sido transferida desde a época do último pagamento do dividendo, bonificação ou amortização, a transferência deverá ser obrigatoriamente averbada no livro de registro e no certificado da ação antes do novo pagamento.

§ 2º. O recibo do dividendo, bonificação, amortização, reembolso ou resgate poderá ser assinado por sociedade corretora de Bolsa de Valores, ou instituição financeira que tenha o título em custódia, depósito ou penhor, e que certifique continuar o mesmo de propriedade da pessoa em cujo nome se acha inscrito ou averbado no Livro de Registro da Ações Endossáveis.

Art. 39. O certificado, ação ou respectiva cautela, deverá conter a assinatura de um diretor ou de um procurador especialmente designado pela diretoria para esse fim.

§ 1º. A sociedade anônima poderá constituir instituição financeira, ou sociedade corretora membro de Bolsa de Valores, como mandatária, para a prática dos atos relativos ao registro e averbação de transferência das ações endossáveis e a constituição de direitos sobre as mesmas.

§ 2º. *(Revogado pela Lei nº 5.589, de 1970).*

Art. 40. As debêntures ou obrigações emitidas por sociedades anônimas poderão ser ao portador ou endossáveis.

Parágrafo único. As sociedades que emitirem obrigações nominativas e endossáveis manterão um "Livro de Registro de Obrigações Endossáveis", ao qual se aplicarão, no que couber, os dispositivos relativos aos livros das ações endossáveis de sociedades anônimas.

Art. 41. Aplica-se às obrigações endossáveis o disposto no § 3º do art. 32 e nos arts. 33 a 37 e 39.

Art. 42. As sociedades anônimas somente poderão pagar juros, amortização ou resgate de obrigações endossáveis, contra recibo da pessoa registrada como proprietária do respectivo título no Livro de Registro de Obrigações Endossáveis, ou mediante cheque nominativo a favor dessa pessoa.

§ 1º. Se a obrigação tiver sido transferida desde a época do último pagamento de juros ou amortizações, a transferência deverá ser obrigatoriamente averbada no livro de registro e no certificado, antes do novo pagamento.

§ 2º. Aplica-se às obrigações endossáveis o disposto no art. 38, § 2º.

Art. 43. O Imposto do Selo não incide nos negócios de transferência, promessa de transferência, opção, ou constituição de direitos sobre ações, obrigações endossáveis, quotas de fundos em condomínios, e respectivos contratos, inscrições ou averbações.

› CTN: arts. 63 a 67.

SEÇÃO VII. DEBÊNTURES CONVERSÍVEIS EM AÇÕES

Art. 44. As sociedades anônimas poderão emitir debêntures ou obrigações, assegurando aos respectivos titulares o direito de convertê-las em ações do capital da sociedade emissora.

§ 1º. Constarão obrigatoriamente da ata da assembleia geral, que terá força de escritura autorizando a emissão de debêntures ou obrigações ao portador, as condições para conversão em ações relativas a:

a) prazo ou épocas para exercício do direito à conversão;

b) bases da conversão, com relação ao número de ações a serem emitidas por debêntures ou obrigações endossáveis ou entre o valor do principal das debêntures e das ações em que forem convertidas.

§ 2º. As condições de conversão deverão constar também dos certificados ou cautelas das debêntures.

§ 3º. As condições da emissão de debêntures ou obrigações conversíveis em ações deverão ser aprovadas pela assembleia de acionistas observado quorum previsto nos arts. 94 e 104 do Dec.-lei nº 2.627, de 26 de setembro de 1940.

§ 4º. A conversão de debêntures ou obrigações em ações, nas condições da emissão aprovada pela assembleia geral, independerá de nova assembleia de acionistas e será efetivada pela diretoria da sociedade, à vista da quitação da obrigação e pedido escrito do seu titular, no caso de obrigações endossáveis ou mediante tradição do certificado da debênture, no caso de obrigação ao portador.

§ 5º. Dentro de 30 (trinta) dias de cada aumento de capital efetuado nos termos do parágrafo anterior a diretoria da sociedade o registrará mediante requerimento ao Registro do Comércio.

§ 6º. Os acionistas da sociedade por ações do capital subscrito terão preferência para aquisição das debêntures e obrigações conversíveis em ações, nos termos do art. 111, do Dec.-lei nº 2.627, de 26 de setembro de 1940.

§ 7º. Nas sociedades anônimas de capital autorizado, a preferência dos acionistas à aquisição das debêntures e das obrigações conversíveis em ação obedecerá às mesmas normas de preferência para subscrição das emissões de capital autorizado.

§ 8º. O direito à subscrição de capital poderá ser negociado ou transferido separadamente da debênture conversível em ação, desde que seja objeto de cupão destacável ou sua transferência seja averbada pela sociedade emissora, no próximo título e no livro de registro, se for o caso.

§ 9º. O Imposto do Selo não incide na conversão de debêntures ou obrigações em ações e, assim, no aumento do capital pela incorporação dos respectivos valores.

SEÇÃO VIII. SOCIEDADES ANÔNIMAS DE CAPITAL AUTORIZADO

Art. 45. As sociedades anônimas cujas ações sejam nominativas, ou endossáveis, poderão ser constituídas com capital subscrito inferior ao autorizado pelo estatuto social.

§ 1º. As sociedades referidas neste artigo poderão, outrossim, aumentar o seu capital autorizado, independentemente de subscrição, ou com a subscrição imediata, de apenas parte do aumento.

§ 2º. Em todas as publicações e documentos em que declarar o seu capital, a sociedade com capital autorizado deverá indicar o montante do seu capital subscrito e integralizado.

§ 3º. A emissão de ações dentro dos limites do capital autorizado não importa modificação do estatuto social.

§ 4º. Dentro de 30 (trinta) dias de cada emissão de ações do capital autorizado, a diretoria da sociedade registrará o aumento do capital subscrito, mediante requerimento ao Registro do Comércio.

§ 5º. Na subscrição de ações de sociedade de capital autorizado, o mínimo de integralização inicial será fixado pelo Conselho Monetário Nacional, e as importâncias correspondentes poderão ser recebidas pela sociedade, independentemente de depósito bancário.

§ 6º. As sociedades referidas neste artigo não poderão emitir ações *(vetado)* de gozo ou fruição, ou partes beneficiárias.

Art. 46. O estatuto da sociedade com capital autorizado regulará obrigatoriamente:

I – a emissão e colocação das ações com prévia aprovação da assembleia geral ou por deliberação da diretoria;

II – as condições de subscrição e integralização a serem observadas pela assembleia geral ou pela diretoria, na emissão e colocação das ações de capital autorizado;

III – a emissão e colocação das ações com ou sem preferência para os acionistas da sociedade, e as condições do exercício do direito de preferência, quando houver.

§ 1º. As ações do capital autorizado não podem ser colocadas por valor inferior ao nominal.

§ 2º. Salvo disposição expressa no estatuto social, a emissão de ações para integralização em bens ou créditos, dependerá de prévia aprovação pela assembleia geral.

§ 3º. Nem o estatuto social nem a assembleia geral poderão negar a preferência dos acionistas à subscrição das ações emitidas que se destinem à colocação:

a) por valor inferior ao de sua cotação em Bolsa, se as ações da sociedade forem negociáveis nas Bolsas de Valores; ou

b) por valor inferior ao do patrimônio líquido, se as ações da sociedade não tiverem cotação nas Bolsas de Valores.

§ 4º. Quando a emissão de ações se processar por deliberação da diretoria, será obrigatória a prévia audiência do Conselho Fiscal.

Art. 47. As sociedades anônimas de capital autorizado somente poderão adquirir as próprias ações mediante a aplicação de lucros acumulados ou capital excedente, e sem redução do capital subscrito, ou por doação.

§ 1º. O capital em circulação da sociedade corresponde ao subscrito menos as ações adquiridas e em tesouraria.

§ 2º. As ações em tesouraria na sociedade não terão direito de voto enquanto não forem novamente colocadas no mercado.

Art. 48. Nas condições previstas no estatuto, ou aprovadas pela assembleia geral, a sociedade poderá assegurar opções para a subscrição futura de ações do capital autorizado.

SEÇÃO IX. SOCIEDADES E FUNDOS DE INVESTIMENTO

Art. 49. Depende de prévia autorização do Banco Central o funcionamento das sociedades de investimento que tenham por objeto:

I – a aplicação de capital em carteira diversificada de títulos ou valores mobiliários; ou

II – a administração de fundos em condomínio ou de terceiros, para aplicação nos termos do inciso anterior.

§ 1º. Compete ao Conselho Monetário Nacional fixar as normas a serem observadas pelas sociedades referidas neste artigo, e relativas a:

a) diversificação mínima da carteira segundo empresas, grupos de empresas associadas, e espécie de atividade;

b) limites máximos de aplicação em títulos de crédito;

c) condições de reembolso ou aquisição de suas ações pelas sociedades de investimento, ou de resgate das quotas de participação do fundo em condomínio;

d) normas e práticas na administração da carteira de títulos e limites máximos de custos de administração.

§ 2º. As sociedades de investimento são sempre a forma anônima, e suas ações serão nominativas, ou endossáveis.

§ 3º. Compete ao Banco Central, de acordo com as normas fixadas pelo Conselho Monetário Nacional, fiscalizar as sociedades de investimento e os fundos por elas administrados.

§ 4º. A alteração do estatuto social e a investidura de administradores das sociedades de investimentos dependerão de prévia aprovação do Banco Central.

Art. 50. Os fundos em condomínios de títulos ou valores mobiliários poderão converter-se em sociedades anônimas de capital autorizado, a que se refere a Seção VIII, ficando isentos de encargos fiscais os atos relativos à transformação.

§ 1º. A administração da carteira de investimentos dos fundos, a que se refere este artigo, será sempre contratada com companhia de investimentos, com observância das normas gerais que serão traçadas pelo Conselho Monetário Nacional.

§ 2º. Anualmente os administradores dos fundos em condomínios farão realizar assembleia geral dos condôminos, com a finalidade de tomar as contas aos administradores e deliberar sobre o balanço por eles apresentado.

§ 3º. Será obrigatória aos fundos em condomínio a auditoria realizada por auditor independente, registrado no Banco Central.

§ 4º. As quotas de Fundos Mútuos de Investimento constituídos em condomínio, observadas as condições estabelecidas pelo Conselho Monetário Nacional, poderão ser emitidas sob a forma nominativa, endossável ou ao portador, podendo assumir a forma escritural. (Redação dada pelo Decreto-lei nº 2.287, de 1986)

§ 5º. *(VETADO).*

§ 6º. *(VETADO).*

§ 7º. *(VETADO).*

SEÇÃO X. CONTAS CORRENTES BANCÁRIAS

Art. 51. Os bancos e casas bancárias que devolvem aos seus depositantes os cheques por estes sacados depois de liquidados poderão fazer prova da movimentação das respectivas contas de depósito mediante cópia fotográfica ou microfotográfica dos cheques devolvidos desde que mantenham esse serviço de acordo com as normas de segurança aprovadas pelo Banco Central.

Art. 52. O endosso no cheque nominativo, pago pelo banco contra o qual foi sacado, prova o recebimento da respectiva importância pela pessoa a favor da qual foi emitido, e pelos endossantes subsequentes.

Parágrafo único. Se o cheque indica a nota, fatura, conta, cambial, imposto lançado ou declarado a cujo pagamento se destina, ou outra causa da sua emissão, o endosso do cheque pela pessoa a favor da qual foi emitido e a sua liquidação pelo banco sacado provam o pagamento da obrigação indicada no cheque.

SEÇÃO XI. TRIBUTAÇÃO DE RENDIMENTOS DE TÍTULOS DE CRÉDITO E AÇÕES

Art. 53. Está sujeito ao desconto do Imposto de Renda na fonte, à razão de 15% (quinze por cento) o deságio concedido na venda, ou colocação no mercado por pessoa jurídica a pessoa física, de debêntures ou obrigações ao portador, letras de câmbio ou outros quaisquer títulos de crédito.

§ 1º. Considera-se deságio a diferença para menos entre o valor nominal do título e o prazo de sua venda ou colocação no mercado.

§ 2º. Na circulação dos títulos referidos no presente artigo, o imposto não incidirá na fonte nos deságios concedidos entre pessoas jurídicas, mas a primeira pessoa jurídica que vender ou revender o título a pessoa física deverá:

a) reter o imposto previsto neste artigo, calculado sobre o deságio referido ao valor nominal do título;

b) exigir a identificação do adquirente e o recibo correspondente ao deságio;

c) declarar no próprio título a retenção do imposto nos termos da alínea *a*, e o montante do deságio sobre o qual incidiu;

d) fornecer ao beneficiário do deságio declaração da retenção do imposto, da qual deverão constar a identificação do título e as datas de sua negociação e do seu vencimento.

§ 3º. Os títulos dos quais constar a anotação de retenção do imposto previsto no § 2º, *c*, deste artigo, poderão circular entre pessoas jurídicas e físicas sem nova incidência do imposto, salvo se uma pessoa jurídica revendê-lo a pessoa física com deságio superior ao que serviu de base à incidência do imposto pago, caso em que o imposto incidirá sobre a diferença entre o novo deságio e o já tributado, observado o disposto no § 2º.

§ 4º. O deságio percebido por pessoas físicas na aquisição das obrigações ou títulos cambiais referidos neste artigo será obrigatoriamente incluído pelo beneficiário na sua declaração anual de rendimentos, classificado como juros compensando-se o imposto retido na fonte com o devido, de acordo com a declaração anual de rendimentos.

§ 5º. Se o prazo entre a aquisição e o vencimento do título tiver sido superior a 12 (doze) meses, a pessoa física beneficiária do primeiro deságio poderá deduzir do respectivo rendimento bruto, na sua declaração anual do Imposto de Renda, a importância correspondente à correção monetária do capital aplicado na obrigação ou letra de câmbio, observadas as seguintes normas:

a) a correção será procedida entre as datas de aquisição e liquidação do título, segundo os coeficientes de correção monetária fixados pelo Conselho Nacional de Economia, para a correção das Obrigações do Tesouro;

b) a data e o valor de aquisição serão comprovados através da declaração de retenção do imposto (§ 2º, *d*) anexada à declaração.

§ 6º. Os lucros obtidos por pessoas jurídicas na aquisição e revenda, ou liquidação, de obrigações e títulos cambiais, integrarão o respectivo lucro real sem compensação de imposto na fonte referido neste artigo, se tiver sido pago, e com a dedução da correção monetária nos casos e nos termos previstos no § 5º.

§ 7º. Para efeito da declaração anual de renda, o rendimento dos títulos, a que se refere o § 5º, considera-se percebido no ano da sua liquidação.

§ 8º. O disposto no presente artigo entrará em vigor a 1º de janeiro de 1967, quando ficarão revogadas as disposições vigentes relativas à tributação de deságio, inclusive a opção pela não identificação do respectivo beneficiário; salvo em relação ao disposto nos §§ 5º e 7º, que será aplicável desde a publicação desta Lei, nos casos em que o beneficiário do deságio optar pela sua identificação.

Art. 54. Os juros de debêntures ou obrigações ao portador e a remuneração das partes beneficiárias estão sujeitos à incidência do Imposto de Renda na fonte:

I – à razão de 15% (quinze por cento), no caso de identificação do beneficiário nos termos do art. 3º, da Lei nº 4.154, de 23 de novembro de 1962;

II – à razão de 60% (sessenta por cento), se o beneficiário optar pela não identificação.

Parágrafo único. No caso do inciso I deste artigo o imposto retido na fonte será compensado com o imposto devido com base na declaração anual de renda, na qual serão obrigatoriamente incluídos os juros percebidos.

Art. 55. A incidência do Imposto de Renda na fonte, a que se refere o art. 18 da Lei nº 4.357, de 16 de julho de 1964, sobre rendimentos de ações ao portador, quando o beneficiário não se identifica, fica reduzida para 25% (vinte e cinco por cento) quando se tratar de sociedade anônima de capital aberto definida nos termos do art. 59 desta Lei, e 40% (quarenta por cento) para as demais sociedades.

§ 1º. O Imposto de Renda não incidirá na fonte sobre os rendimentos distribuídos por sociedades anônimas de capital aberto aos seus acionistas titulares de ações nominativas, endossáveis ou ao portador, se optarem pela identificação, bem como sobre os juros dos títulos da dívida pública federal, estadual ou municipal, subscritos voluntariamente.

§ 2º. *(Revogado pelo Decreto-lei nº 1.338, de 1974).*

§ 3º. *(Revogado pelo Decreto-lei nº 1.338, de 1974).*

Art. 56. *(Revogado pelo Decreto-lei nº 1.338, de 1974).*

Art. 57. *(Revogado pelo Decreto-lei nº 1.338, de 1974).*

Art. 58. Na emissão de ações, as importâncias recebidas dos subscritores a título de ágio não serão consideradas como rendimento tributável da pessoa jurídica, constituindo obrigatoriamente reserva específica, enquanto não forem incorporadas ao capital da sociedade. (Redação dada pela Lei nº 4.862, de 1965)

§ 1º. Não sofrerão nova tributação na declaração de pessoa física, ou na fonte, os aumentos de capital das pessoas jurídicas mediante a utilização das importâncias recebidas a título de ágio, quando realizados, nos termos deste artigo, por sociedades das quais sejam as referidas pessoas físicas acionistas, bem como as novas ações distribuídas em virtude daqueles aumentos de capital. (Incluído pela Lei nº 4.862, de 1965)

§ 2º. As quantias relativas aos aumentos de capital das pessoas jurídicas, mediante a utilização de acréscimos do valor do ativo decorrentes de aumentos de capital realizados nos termos deste artigo por sociedades das quais sejam acionistas, não sofrerão nova tributação. (Incluído pela Lei nº 4.862, de 1965)

Art. 59. Caberá ao Conselho Monetário Nacional fixar periodicamente as condições em que, para efeitos legais, a sociedade anônima é considerada de capital aberto.

§ 1º. A deliberação do Conselho Monetário Nacional aumentando as exigências para a conceituação das sociedades de capital aberto somente entrará em vigor no exercício financeiro que se inicie, no mínimo, seis meses depois da data em que for publicada a deliberação.

§ 2º. Para efeito do cálculo da percentagem mínima do capital com direito a voto, representado por ações efetivamente cotadas nas Bolsas de Valores, o Conselho Monetário Nacional levará em conta a participação acionária da União, dos Estados, dos Municípios, das autarquias, bem como das instituições de educação e de assistência social, das fundações e das ordens religiosas de qualquer culto.

SEÇÃO XII. DA ALIENAÇÃO DE AÇÕES DAS SOCIEDADES DE ECONOMIA MISTA

Art. 60. O Poder Executivo poderá promover a alienação de ações de propriedade da União, representativas do capital social de sociedades anônimas de economia mista, mantendo-se 51% (cinquenta e um por cento), no mínimo, das ações com direito a voto, das empresas, nas quais deva assegurar o controle estatal. (Redação dada pela Lei nº 5.710, de 1971)

Parágrafo único. As transferências de ações de propriedade da União, representativas do capital social da Petróleo Brasileiro S.A. – PETROBRÁS, e de suas subsidiárias em território nacional, reger-se-ão pelo disposto no art. 11 da Lei nº 2.004, de 3 de outubro de 1953. (Redação dada pela Lei nº 5.710, de 1971)

Art. 61. O Conselho Monetário Nacional fixará a participação da União nas diferentes sociedades referidas no artigo anterior, ouvido o Conselho de Segurança Nacional, nos casos de sua competência e nos das empresas cujo controle estatal é determinada em lei especial. (Redação dada pela Lei nº 5.710, de 1971)

§ 1º. As ações de que tratam este artigo e o anterior, serão negociadas através do sistema de distribuição instituído no art. 5º desta Lei, com a participação do Banco Central do Brasil, na forma do inciso IV do art. 11 da Lei nº 4.595, de 31 de dezembro de 1964. (Redação dada pela Lei nº 5.710, de 1971)

§ 2º. O Poder Executivo, através do Ministério da Fazenda, poderá manter no Banco Central do Brasil, em conta especial de depósitos, os recursos originários da alienação de ações de propriedade da União, representativas do capital social de sociedades referidas no art. 60. (Redação dada pela Lei nº 5.710, de 1971)

SEÇÃO XIII. DAS SOCIEDADES IMOBILIÁRIAS

Art. 62. As sociedades que tenham por objeto a compra e venda de imóveis construídos ou em construção, a construção e venda de unidades habitacionais, a incorporação de edificações ou conjunto de edificações em condomínio e a venda de terrenos loteados e construídos ou com a construção contratada, quando revestirem a forma anônima, poderão ter o seu capital dividido em ações nominativas ou nominativas endossáveis.

Art. 63. Na alienação, promessa de alienação ou transferência de direito à aquisição de imóveis, quando o adquirente for sociedade que tenha por objeto alguma das atividades referidas no artigo anterior, a pessoa física que alienar ou prometer alienar o imóvel, ceder ou prometer ceder o direito à sua aquisição, ficará sujeita ao Imposto sobre Lucro Imobiliário, à taxa de 5% (cinco por cento).

§ 1º. Nos casos previstos neste artigo, o contribuinte poderá optar pela subscrição de Obrigações do Tesouro, nos termos do art. 3º, § 8º, da Lei nº 4.357, de 16 de julho de 1964.

§ 2º. Nos casos previstos neste artigo, se a sociedade adquirente vier, a qualquer tempo, a alienar o terreno ou transferir o direito à sua aquisição sem construí-lo ou sem a simultânea contratação de sua construção, responderá pela diferença do imposto da pessoa física, entre as taxas normais e a prevista neste artigo, diferença que será atualizada nos termos do art. 7º, da Lei nº 4.357, de 16 de julho de 1964.

Art. 64. As sociedades que tenham por objeto alguma das atividades referidas no art. 62 poderão corrigir, nos termos do art. 3º da Lei nº 4.357, de 16 de julho de 1964, o custo do terreno e da construção objeto de suas transações.

§ 1º. Para efeito de determinar o lucro auferido pelas sociedades mencionadas neste artigo, o custo do terreno e da construção poderá ser atualizado, em cada operação, com base nos coeficientes a que se refere o art. 7º, § 1º, da Lei nº 4.357, de 16 de julho de 1964, e as diferenças nominais resultantes dessa atualização terão o mesmo tratamento fiscal previsto na lei para o resultado das correções a que se refere o art. 3º da referida Lei *(vetado)*.

§ 2º. Nas operações a prazo, das sociedades referidas neste artigo, a apuração do lucro obedecerá ao disposto no parágrafo anterior, até o final do pagamento.

Art. 65. Por proposta do Banco Nacional da Habitação, o Conselho Monetário Nacional poderá autorizar a emissão de Letras Imobiliárias com prazo superior a 1 (um) ano.

Parágrafo único. O Banco Nacional da Habitação deverá regulamentar, adaptando-as ao disposto nesta Lei, as condições e características das Letras Imobiliárias previstas no art. 44 da Lei nº 4.380, de 21 de agosto de 1964.

SEÇÃO XIV. ALIENAÇÃO FIDUCIÁRIA EM GARANTIA NO ÂMBITO DO MERCADO FINANCEIRO E DE CAPITAIS

(Redação dada pela Lei nº 10.931, de 2004)

Art. 66. *(Revogado pela Lei nº 10.931, de 2004).*

Art. 66-A. *(Revogado pela Lei nº 10.931, de 2004).*

Art. 66-B. O contrato de alienação fiduciária celebrado no âmbito do mercado financeiro e de capitais, bem como em garantia de créditos fiscais e previdenciários, deverá conter, além dos requisitos definidos na Lei nº 10.406, de 10 de janeiro de 2002 – Código Civil, a taxa de juros, a cláusula penal, o índice de atualização monetária, se houver, e as demais comissões e encargos. (Incluído pela Lei nº 10.931, de 2004)

§ 1º. Se a coisa objeto de propriedade fiduciária não se identifica por números, marcas e sinais no contrato de alienação fiduciária, cabe ao proprietário fiduciário o ônus da prova, contra terceiros, da identificação dos bens do seu domínio que se encontram em poder do devedor. (Incluído pela Lei nº 10.931, de 2004)

§ 2º. O devedor que alienar, ou der em garantia a terceiros, coisa que já alienara fiduciariamente em garantia, ficará sujeito à pena prevista no art. 171, § 2º, I, do Código Penal. (Incluído pela Lei nº 10.931, de 2004)

§ 3º. É admitida a alienação fiduciária de coisa fungível e a cessão fiduciária de direitos sobre coisas móveis, bem como de títulos de crédito, hipóteses em que, salvo disposição em contrário, a posse direta e indireta do bem objeto da propriedade fiduciária ou do título representativo do direito ou do crédito é atribuída ao credor, que, em caso de inadimplemento ou mora da obrigação garantida, poderá vender a terceiros o bem objeto da propriedade fiduciária independente de leilão, hasta pública ou qualquer outra medida judicial ou extrajudicial, devendo aplicar o preço da venda no pagamento do seu crédito e das despesas decorrentes da realização da garantia, entregando ao devedor o saldo, se houver, acompanhado do demonstrativo da operação realizada. (Incluído pela Lei nº 10.931, de 2004)

§ 4º. No tocante à cessão fiduciária de direitos sobre coisas móveis ou sobre títulos de crédito aplica-se, também, o disposto nos arts. 18 a 20 da Lei nº 9.514, de 20 de novembro de 1997. (Incluído pela Lei nº 10.931, de 2004)

§ 5º. Aplicam-se à alienação fiduciária e à cessão fiduciária de que trata esta Lei os arts. 1.421, 1.425, 1.426, 1.435 e 1.436 da Lei nº 10.406, de 10 de janeiro de 2002. (Incluído pela Lei nº 10.931, de 2004)

§ 6º. Não se aplica à alienação fiduciária e à cessão fiduciária de que trata esta Lei o disposto no art. 644 da Lei nº 10.406, de 10 de janeiro de 2002. (Incluído pela Lei nº 10.931, de 2004)

SEÇÃO XV. DISPOSIÇÕES DIVERSAS

Art. 67. O Conselho Monetário Nacional poderá autorizar emissões de Obrigações do Tesouro a que se refere a Lei nº 4.357, de 16 de julho de 1964, com prazos inferiores a 3 (três) anos.

Art. 68. O resultado líquido das correções monetárias do ativo imobilizado e do capital de giro próprio, efetuadas nos termos da legislação em vigor, poderão, à opção da pessoa jurídica, ser incorporados ao capital social ou a reservas.

§ 1º. No caso de correção monetária do ativo imobilizado, o imposto devido, sem prejuízo do disposto no art. 76 da Lei nº 4.506, de 30 de novembro de 1964, incidirá sobre o aumento líquido do ativo resultante da correção, independentemente de sua incorporação ao capital.

§ 2º. *(Revogado pelo Decreto-lei nº 1.338, de 1974)*

§ 3º. *O Conselho Monetário Nacional poderá excluir da obrigatoriedade do § 2º as empresas que requererem e justificarem a exclusão.*

§ 4º. As sociedades que no corrente exercício, e em virtude de correção monetária, tenham aprovado aumento de capital ainda não registrado pelo Registro do Comércio, poderão usar da opção prevista neste artigo, desde que paguem imposto nos termos do § 1º.

Art. 69. Os fundos contábeis de natureza financeira, em estabelecimentos oficiais de crédito, para aplicação de doações, dotações ou financiamentos, obtidos de entidades nacionais ou estrangeiras, não incluídos no orçamento, dependem de decreto do Presidente da República.

§ 1º. Os fundos contábeis consistirão de contas gráficas abertas e serão exclusivamente para os objetos designados pelo decreto do Poder Executivo, admitidas apenas as deduções necessárias ao custeio das operações.

§ 2º. O decreto executivo de constituição de fundo deverá indicar:

I – origem dos recursos que o constituirão;

II – objetivo das aplicações explicitando a natureza das operações, o setor de aplicação e demais condições;

III – mecanismo geral das operações;

IV – a gestão do fundo, podendo atribuí-la ao próprio estabelecimento de crédito no qual será aberta a conta, ou a um administrador ou órgão colegiado;

V – a representação ativa e passiva do órgão gestor do fundo.

Art. 70. O Imposto de Consumo, relativo a produto industrializado saído do estabelecimento produtor diretamente para depósito em armazém-geral, poderá ser recolhido, mediante guia especial, na quinzena imediatamente subsequente à sua saída do armazém-geral.

§ 1º. Para o transporte do produto até o armazém-geral a que se destinar, o estabelecimento produtor remetente emitirá guia de trânsito, na forma do art. 54 da Lei nº 4.502, de 30 de novembro de 1964.

§ 2º. A empresa de armazém-geral fica obrigada a manter escrituração que permita à repartição fiscal competente o controle da movimentação de produtos feita na forma supra, da qual constarão os tipos, quantidades, lotes, valores, destinos e notas fiscais respectivas.

§ 3º. No verso do recibo de depósito, do *warrant* e da guia de trânsito, emitidos para estes fins, constará expressa referência ao presente artigo de lei e seus parágrafos.

§ 4º. Não terá aplicação este artigo de lei nos casos do art. 26, I e II, da Lei nº 4.502, de 30 de novembro de 1964.

§ 5º. O Departamento de Rendas Internas do Ministério da Fazenda expedirá as instruções e promoverá os formulários necessários ao cumprimento do presente dispositivo.

Art. 71. Não se aplicam aos títulos da Dívida Pública Federal, Estadual ou Municipal, as disposições do art. 1.509 e seu parágrafo único, do Código Civil, ficando, consequentemente, a Fazenda Pública da União, dos Estados e dos Municípios excluídas da formalidade de intimação prevista neste ou em quaisquer outros dispositivos legais reguladores do processo de recuperação de títulos ao portador, extraviados.

- Refere-se ao CC de 1916.

§ 1º. Os juros e as amortizações ou resgates dos títulos a que se refere este artigo serão pagos, nas épocas próprias, pelas repartições competentes, à vista dos cupões respectivos, verificada a autenticidade destes e independentemente de outras formalidades.

§ 2º. Fica dispensada, para a caução de títulos ao portador, a certidão a que se refere a primeira parte da alínea *a* do § 1º do art. 860 do Regulamento Geral de Contabilidade Pública, ou outros documentos semelhantes.

Art. 72. Ninguém poderá gravar ou produzir clichês, compor tipograficamente, imprimir, fazer, reproduzir ou fabricar de qualquer forma, papéis representativos de ações ou cautelas, que os representem, ou títulos negociáveis de sociedades, sem autorização escrita e assinada pelos respectivos representantes legais, na quantidade autorizada.

Art. 73. Ninguém poderá fazer, imprimir ou fabricar ações de sociedades anônimas, ou cautelas que as representem, sem autorização escrita e assinada pela respectiva representação legal da sociedade, com firmas reconhecidas.

§ 1º. Ninguém poderá fazer, imprimir ou fabricar prospectos ou qualquer material de propaganda para venda de ações de sociedade anônima, sem autorização dada pela respectiva representação legal da sociedade.

§ 2º. A violação de qualquer dos dispositivos constituirá crime de ação pública, punido com pena de 1 (um) a 3 (três) anos de detenção, recaindo a responsabilidade, quando se tratar de pessoa jurídica, em todos os seus diretores.

Art. 74. Quem colocar no mercado ações de sociedade anônima, ou cautelas que a representem, falsas ou falsificadas, responderá por delito de ação pública, e será punido com pena de 1 (um) a 4 (quatro) anos de reclusão. (Redação dada pela Lei nº 5.589, de 1970)

Parágrafo único. Incorrerá nas penas previstas neste artigo quem falsificar ou concorrer para a falsificação ou uso indevido de assinatura autenticada mediante chancela mecânica.

Art. 75. O contrato de câmbio, desde que protestado por oficial competente para o protesto de títulos, constitui instrumento bastante para requerer a ação executiva.

§ 1º. Por esta via, o credor haverá a diferença entre a taxa de câmbio do contrato e a data em que se efetuar o pagamento, conforme cotação fornecida pelo Banco Central, acrescida dos juros de mora.

§ 2º. Pelo mesmo rito, serão processadas as ações para cobrança dos adiantamentos feitos pelas instituições financeiras aos exportadores, por conta do valor do contrato de câmbio, desde que as importâncias correspondentes estejam averbadas no contrato, com anuência do vendedor.

§ 3º. No caso de falência ou concordata, o credor poderá pedir a restituição das importâncias adiantadas, a que se refere o parágrafo anterior.

§ 4º. As importâncias adiantadas na forma do § 2º deste artigo serão destinadas, na hipótese de falência, liquidação extrajudicial ou intervenção em instituição financeira, ao pagamento das linhas de crédito comercial que lhes deram origem, nos termos e condições estabelecidas pelo Banco Central do Brasil. (Incluído pela Lei nº 9.450, de 1997)

Art. 76. O Conselho Monetário Nacional, quando entender aconselhável, em face de situação conjuntural da economia, poderá autorizar as companhias de seguro a aplicarem, em percentagens por ele fixadas, parte de suas reservas técnicas em letras de câmbio, ações de sociedades anônimas de capital aberto, e em quotas de fundos em condomínio de títulos ou valores mobiliários.

Art. 77. Os contribuintes em débito para com a Fazenda Nacional, em decorrência do não pagamento do Imposto do Selo federal, incidente sobre contratos ou quaisquer outros atos jurídicos em que tenham sido parte ou interveniente a União, os Estados, os Municípios, o Distrito Federal, os Territórios, e suas autarquias, levados a efeito anteriormente à Lei nº 4.388, de 28 de agosto de 1964, poderão, dentro do prazo de 30 (trinta) dias, a contar da publicação desta Lei, recolher aos cofres federais o imposto devido, isentos de qualquer penalidade ou correção monetária.

Art. 78. A alínea *i* do art. 20 do Dec.-lei nº 2.627, de 26 de setembro de 1940, passa a vigorar com a seguinte redação:

"*i*) as assinaturas de dois diretores, se a empresa possuir mais de 1 (um), ou as de dois procuradores com poderes especiais, cujos mandatos devem ser previamente registrados na Bolsa de Valores em que a sociedade seja inscrita, juntamente com os respectivos fac-símiles de assinaturas."

Art. 79. O art. 21 do Dec.-lei nº 2.627, de 26 de setembro de 1940, é acrescido do seguinte parágrafo:

"Parágrafo único. Nenhuma ação ou título que a represente poderá ostentar valor nominal inferior a Cr$ 1.000,00 (um mil cruzeiros)."

Art. 80. É fixado o prazo máximo de 12 (doze) meses, a contar da data da publicação desta Lei, para que as companhias ou sociedades anônimas cujas ações ou títulos que as representem tenham o valor nominal inferior a um mil cruzeiros providenciem o reajustamento delas para este valor, através da necessária modificação estatutária, sob pena de não terem os seus títulos admitidos à cotação nas Bolsas de Valores.

Art. 81. Os membros dos Conselhos Administrativos das Caixas Econômicas Federais nos Estados serão nomeados pelo Presidente da República, escolhidos entre brasileiros de ilibada reputação e notória capacidade em assuntos administrativos ou econômico-financeiros, com o mandato de 5 (cinco) anos, podendo ser reconduzidos.

Parágrafo único. As nomeações de que trata o artigo anterior, bem como as designações dos presidentes dos respectivos Conselhos, também pelo Presidente da República, independerão da aprovação do Senado Federal, prevista no § 2º do art. 22 da Lei nº 4.595, de 31 de dezembro de 1964.

Art. 82. Até que sejam expedidos os Títulos da Dívida Agrária, criados pelo art. 105 da Lei nº 4.504, de 30 de novembro de 1964, poderá o Poder Executivo, para os fins previstos naquela Lei, se utilizar das Obrigações do Tesouro Nacional – Tipo Reajustável, criadas pela Lei nº 4.357, de 16 de julho de 1964.

Parágrafo único. As condições e vantagens asseguradas aos Títulos da Dívida Agrária serão atribuídas às Obrigações do Tesouro Nacional – Tipo Reajustável, emitidas na forma deste artigo, e constarão obrigatoriamente dos respectivos certificados.

Art. 83. A presente Lei entra em vigor na data de sua publicação.

Art. 84. Revogam-se as disposições em contrário.

Brasília, 14 de julho de 1965; 144º da Independência e 77º da República.

H. CASTELLO BRANCO

D.O.U. 16.7.1965;
ret. 16.8.1965

LEI Nº 4.729, DE 14 DE JULHO DE 1965

Define o crime de sonegação fiscal e dá outras providências.

- *Sonegação fiscal*

O PRESIDENTE DA REPÚBLICA Faço saber que o Congresso Nacional decreta e eu sanciono a seguinte Lei:

Art. 1º. Constitui crime de sonegação fiscal:

- Lei 13.428/2017 – Altera a Lei 13.254/2016.
- Lei 13.254/2016 – Dispõe sobre o Regime Especial de Regularização Cambial e Tributária (RERCT) de recursos, bens ou direitos de origem lícita, não declarados ou declarados incorretamente, remetidos, mantidos no exterior ou repatriados por residentes ou domiciliados no País.
- Lei 8.137/1990 – Define crimes contra a ordem tributária, econômica e contra as relações de consumo.
- Decreto-Lei 1.060/1969 – Dispõe sobre a declaração de bens, dinheiros ou valores, existentes no estrangeiro, a prisão administrati e o sequestro de bens por infrações fiscais.

I – prestar declaração falsa ou omitir, total ou parcialmente, informação que deva ser produzida a agentes das pessoas jurídicas de direito público interno, com a intenção de eximir-se, total ou parcialmente, do pagamento de tributos, taxas e quaisquer adicionais devidos por lei;

- Decreto 3.000/1999 – Regulamenta a tributação, fiscalização, arrecadação e administração do Imposto sobre a Renda e Proventos de Qualquer Natureza.

II – inserir elementos inexatos ou omitir rendimentos ou operações de qualquer natureza em documentos ou livros exigidos pelas leis fiscais, com a intenção de exonerar-se do pagamento de tributos devidos à Fazenda Pública;

III – alterar faturas e quaisquer documentos relativos a operações mercantis com o propósito de fraudar a Fazenda Pública;

IV – fornecer ou emitir documentos graciosos ou alterar despesas, majorando-as, com o objetivo de obter dedução de tributos devidos à Fazenda Pública, sem prejuízo das sanções administrativas cabíveis;

V – exigir, pagar ou receber, para si ou para o contribuinte beneficiário da paga, qualquer percentagem sobre a parcela dedutível ou deduzida do Imposto sobre a Renda como incentivo fiscal. (Incluído pela Lei nº 5.569, de 1969)

Pena – detenção, de 6 (seis) meses a 2 (dois) anos, e multa de duas a cinco vezes o valor do tributo.

- Súm. 609 do STF.

§ 1º. Quando se tratar de criminoso primário, a pena será reduzida à multa de dez vezes o valor do tributo.

§ 2º. Se o agente cometer o crime prevalecendo-se do cargo público que exerce, a pena será aumentada da sexta parte.

§ 3º. O funcionário público com atribuições de verificação, lançamento ou fiscalização de tributos, que concorrer para a prática do crime de sonegação fiscal, será punido com a pena deste artigo, aumentada da terça parte, com a abertura obrigatória do competente processo administrativo.

Art. 2º. *(Revogado pela Lei nº 8.383, de 1991).*

Art. 3º. Somente os atos definidos nesta Lei poderão constituir crime de sonegação fiscal.

Art. 4º. A multa aplicada nos termos desta Lei será computada e recolhida, integralmente, como receita pública extraordinária.

Art. 5º. No art. 334, do Código Penal, substituam-se os §§ 1º e 2º pelos seguintes:

- Alteração incorporada ao texto do Código Penal.

Art. 6º. Quando se tratar de pessoa jurídica, a responsabilidade penal pelas infrações previstas nesta Lei será de todos os que, direta ou indiretamente ligados à mesma, de modo permanente ou eventual, tenham praticado ou concorrido para a prática da sonegação fiscal.

Art. 7º. As autoridades administrativas que tiverem conhecimento de crime previsto nesta Lei, inclusive em autos e papéis que conhecerem, sob pena de responsabilidade, remeterão ao Ministério Público os elementos comprobatórios da infração, para instrução do procedimento criminal cabível.

- Decreto 325/1991 – Disciplina a comunicação, ao Ministério Público Federal, da prática de ilícitos penais previstos na legislação tributária e de crime funcional contra a ordem tributária.

§ 1º. Se os elementos comprobatórios forem suficientes, o Ministério Público oferecerá, desde logo, denúncia.

§ 2º. Sendo necessários esclarecimentos, documentos ou diligências complementares, o Ministério Público os requisitará, na forma estabelecida no Código de Processo Penal.

Art. 8º. Em tudo o mais em que couber e não contrariar os arts. 1º a 7º desta Lei, aplicar-se-ão o Código Penal e o Código de Processo Penal.

Art. 9º. *(Revogado pela Lei nº 8.021, de 1990).*

Art. 10. O Poder Executivo procederá às alterações do Regulamento do Imposto de Renda decorrentes das modificações constantes desta Lei.

Art. 11. Esta Lei entrará em vigor 60 (sessenta) dias após sua publicação.

Art. 12. Revogam-se as disposições em contrário.

Brasília, em 14 de julho de 1965; 144º da Independência e 77º da República.

H. CASTELLO BRANCO

D.O.U. 19.7.1965

LEI Nº 4.886, DE 9 DE DEZEMBRO DE 1965

Regula as atividades dos representantes comerciais autônomos.

- *Representante comercial autônomo*

O PRESIDENTE DA REPÚBLICA Faço saber que o Congresso Nacional decreta e eu sanciono a seguinte Lei:

Art. 1º. Exerce a representação comercial autônoma a pessoa jurídica ou a pessoa física, sem relação de emprego, que desempenha, em caráter não eventual por conta de uma ou mais pessoas, a mediação para a realização de negócios mercantis, agenciando propostas ou pedidos, para transmiti-los aos representados, praticando ou não atos relacionados com a execução dos negócios.

Parágrafo único. Quando a representação comercial incluir poderes atinentes ao mandato mercantil, serão aplicáveis, quanto ao exercício deste, os preceitos próprios da legislação comercial.

Art. 2º. É obrigatório o registro dos que exerçam a representação comercial autônoma nos Conselhos Regionais criados pelo art. 6º desta Lei.

Parágrafo único. As pessoas que, na data da publicação da presente Lei, estiverem no exercício da atividade, deverão registrar-se nos Conselhos Regionais, no prazo de 90 (noventa) dias a contar da data em que estes forem instalados.

Art. 3º. O candidato a registro, como representante comercial, deverá apresentar:

a) prova de identidade;

b) prova de quitação com o serviço militar, quando a ele obrigado;

c) prova de estar em dia com as exigências da legislação eleitoral;

d) folha corrida de antecedentes, expedida pelos cartórios criminais das comarcas em que o registrado houver sido domiciliado nos últimos dez anos;

e) quitação com o Imposto Sindical.

§ 1º. O estrangeiro é desobrigado da apresentação dos documentos constantes das alíneas *b* e *c* deste artigo.

§ 2º. Nos casos de transferência ou de exercício simultâneo da profissão, em mais de uma região, serão feitas as devidas anotações na carteira profissional do interessado, pelos respectivos Conselhos Regionais.

§ 3º. As pessoas jurídicas deverão fazer prova de sua existência legal.

Art. 4º. Não pode ser representante comercial:

a) o que não pode ser comerciante;

- CC: arts. 972 a 980.

b) o falido não reabilitado;

- Lei 11.101/2005: art. 176.

c) o que tenha sido condenado por infração penal de natureza infamante, tais como falsidade, estelionato, apropriação indébita, contrabando, roubo, furto, lenocínio ou crimes também punidos com a perda de cargo público;

d) o que estiver com seu registro comercial cancelado como penalidade.

Art. 5º. Somente será devida remuneração, como mediador de negócios comerciais, a representante comercial devidamente registrado.

Art. 6º. São criados o Conselho Federal e os Conselhos Regionais dos Representantes Comerciais, aos quais incumbirá a fiscalização do exercício da profissão, na forma desta Lei.

Parágrafo único. É vedado, aos Conselhos Federal e Regionais dos Representantes Comerciais, desenvolverem quaisquer atividades não compreendidas em suas finalidades previstas nesta Lei, inclusive as de caráter político e partidárias.

Art. 7º. O Conselho Federal instalar-se-á dentro de 90 dias, a contar da vigência da presente Lei, no Estado da Guanabara, onde funcionará provisoriamente, transferindo-se para a Capital da República, quando estiver em condições de fazê-lo a juízo da maioria dos Conselhos Regionais.

- LC. 20/1974 – Fusão entre o Estado do Rio de Janeiro e da Guanabara.

§ 1º. O Conselho Federal será presidido por um dos seus membros, na forma que dispuser o Regimento Interno do Conselho, cabendo-lhe, além do próprio voto, o de qualidade, no caso de empate.

§ 2º. A renda do Conselho Federal será constituída de 20% (vinte por cento) da renda bruta dos Conselhos Regionais.

Art. 8º. O Conselho Federal será composto de representantes comerciais de cada Estado, eleitos pelos Conselhos Regionais, dentre seus membros, cabendo a cada Conselho Regional a escolha de dois delegados.

Art. 9º. Compete ao Conselho Federal determinar o número dos Conselhos Regionais, o qual não poderá ser superior a um por Estado, Território Federal e Distrito Federal e estabelecer-lhes as bases territoriais.

Art. 10. Compete, privativamente, ao Conselho Federal:

I – elaborar o seu regimento interno; (Renumerado pela Lei nº 12.246, de 2010)

II – dirimir as dúvidas suscitadas pelos Conselhos Regionais; (Renumerado pela Lei nº 12.246, de 2010)

III – aprovar os regimentos internos dos Conselhos Regionais; (Renumerado pela Lei nº 12.246, de 2010)

IV – julgar quaisquer recursos relativos às decisões dos Conselhos Regionais; (Renumerado pela Lei nº 12.246, de 2010)

V – baixar instruções para a fiel observância da presente Lei; (Renumerado pela Lei nº 12.246, de 2010)

VI – elaborar o Código de Ética Profissional; (Renumerado pela Lei nº 12.246, de 2010)

VII – resolver os casos omissos; (Renumerado pela Lei nº 12.246, de 2010)

VIII – fixar, mediante resolução, os valores das anuidades e emolumentos devidos pelos representantes comerciais, pessoas físicas e jurídicas, aos Conselhos Regionais dos Representantes Comerciais nos quais estejam registrados, observadas as peculiaridades regionais e demais situações inerentes à capacidade contributiva da categoria profissional nos respectivos Estados e necessidades de cada entidade, e respeitados os seguintes limites máximos: (Incluído pela Lei nº 12.246, de 2010)

a) anuidade para pessoas físicas – até R$ 300,00 (trezentos reais); (Incluído pela Lei nº 12.246, de 2010)

b) (VETADA); (Incluído pela Lei nº 12.246, de 2010)

c) anuidade para pessoas jurídicas, de acordo com as seguintes classes de capital social: (Incluído pela Lei nº 12.246, de 2010)

1. de R$ 1,00 (um real) a R$ 10.000,00 (dez mil reais) – até R$ 350,00 (trezentos e cinquenta reais); (Incluído pela Lei nº 12.246, de 2010)

2. de R$ 10.000,01 (dez mil reais e um centavo) a R$ 50.000,00 (cinquenta mil reais) – até R$ 420,00 (quatrocentos e vinte reais); (Incluído pela Lei nº 12.246, de 2010)

3. de R$ 50.000,01 (cinquenta mil reais e um centavo) a R$ 100.000,00 (cem mil reais) – até R$ 504,00 (quinhentos e quatro reais); (Incluído pela Lei nº 12.246, de 2010)

4. de R$ 100.000,01 (cem mil reais e um centavo) a R$ 300.000,00 (trezentos mil reais) – até R$ 604,00 (seiscentos e quatro reais); (Incluído pela Lei nº 12.246, de 2010)

5. de R$ 300.000,01 (trezentos mil reais e um centavo) a R$ 500.000,00 (quinhentos mil reais) – até R$ 920,00 (novecentos e vinte reais); (Incluído pela Lei nº 12.246, de 2010)

6. acima de R$ 500.000,00 (quinhentos mil reais) – até R$ 1.370,00 (mil, trezentos e setenta reais); (Incluído pela Lei nº 12.246, de 2010)

d) (VETADA); (Incluído pela Lei nº 12.246, de 2010)

e) (VETADA). (Incluído pela Lei nº 12.246, de 2010)

§ 1º. *(Suprimido pela Lei nº 12.246, de 2010).*

§ 2º. Os valores correspondentes aos limites máximos estabelecidos neste artigo serão corrigidos anualmente pelo índice oficial de preços ao consumidor. (Incluído pela Lei nº 12.246, de 2010)

§ 3º. O pagamento da anuidade será efetuado pelo representante comercial, pessoa física ou jurídica, até o dia 31 de março de cada ano, com desconto de 10% (dez por cento), ou em até 3 (três) parcelas, sem descontos, vencendo-se a primeira em 30 de abril, a segunda em 31 de agosto e a terceira em 31 de dezembro de cada ano. (Incluído pela Lei nº 12.246, de 2010)

§ 4º. Ao pagamento antecipado será concedido desconto de 20% (vinte por cento) até 31 de janeiro e 15% (quinze por cento) até 28 de fevereiro de cada ano. (Incluído pela Lei nº 12.246, de 2010)

§ 5º. As anuidades que forem pagas após o vencimento serão acrescidas de 2% (dois por cento) de multa, 1% (um por cento) de juros de mora por mês de atraso e atualização monetária pelo índice oficial de preços ao consumidor. (Incluído pela Lei nº 12.246, de 2010)

§ 6º. A filial ou representação de pessoa jurídica instalada em jurisdição de outro Conselho Regional que não o da sua sede pagará anuidade em valor que não exceda a 50% (cinquenta por cento) do que for pago pela matriz. (Incluído pela Lei nº 12.246, de 2010)

§ 7º. *(VETADO).* (Incluído pela Lei nº 12.246, de 2010)

§ 8º. *(VETADO).* (Incluído pela Lei nº 12.246, de 2010)

§ 9º. O representante comercial pessoa física, como responsável técnico de pessoa jurídica devidamente registrada no Conselho Regional dos Representantes Comerciais, pagará anuidade em valor correspondente a 50% (cinquenta por cento) da anuidade devida pelos demais profissionais autônomos registrados no mesmo Conselho. (Incluído pela Lei nº 12.246, de 2010)

Parágrafo único. (Suprimido pela Lei nº 8.420, de 1992).

Art. 11. Dentro de 60 dias, contados da vigência da presente Lei, serão instalados os Conselhos Regionais correspondentes aos Estados onde existirem órgãos sindicais de representação da classe dos representantes comerciais, atualmente reconhecidos pelo Ministério do Trabalho e Previdência Social.

‣ Lei 4.886/1965: art. 26.

Art. 12. Os Conselhos Regionais terão a seguinte composição:

‣ Lei 4.886/1965: art. 26.

a) 2/3 (dois terços) de seus membros serão constituídos pelo presidente do mais antigo sindicato da classe do respectivo Estado e por diretores de sindicatos da classe, do mesmo Estado, eleitos estes em assembleia geral;

b) 1/3 (um terço) formado de representantes comerciais no exercício efetivo da profissão, eleitos em assembleia geral realizada no sindicato da classe.

§ 1º. A secretaria do sindicato incumbido da realização das eleições organizará cédula única, por ordem alfabética dos candidatos, destinada à votação.

§ 2º. Se os órgãos sindicais de representação da classe não tomarem as providências previstas quanto à instalação dos Conselhos Regionais, o Conselho Federal determinará, imediatamente, a sua constituição, mediante eleições em assembleia geral, com a participação dos representantes comerciais no exercício efetivo da profissão no respectivo Estado.

§ 3º. Havendo, num mesmo Estado, mais de um sindicato de representantes comerciais, as eleições a que se refere este artigo se processarão na sede do sindicato da classe situado na Capital e, na sua falta, na sede do mais antigo.

§ 4º. O Conselho Regional será presidido por um dos seus membros, na forma que dispuser o seu Regimento Interno, cabendo-lhe, além do próprio voto, o de qualidade, no caso de empate.

§ 5º. Os Conselhos Regionais terão no máximo trinta membros e, no mínimo, o número que for fixado pelo Conselho Federal.

Art. 13. Os mandatos dos membros do Conselho Federal e dos Conselhos Regionais serão de 3 (três) anos.

§ 1º. Todos os mandatos serão exercidos gratuitamente.

§ 2º. A aceitação do cargo de presidente, secretário ou tesoureiro importará na obrigação de residir na localidade em que estiver sediado o respectivo Conselho.

Art. 14. O Conselho Federal e os Conselhos Regionais serão administrados por uma diretoria que não poderá exceder a 1/3 (um terço) dos seus integrantes.

Art. 15. Os presidentes dos Conselhos Federal e Regionais completarão o prazo do seu mandato, caso sejam substituídos na presidência do sindicato.

Art. 16. Constituem renda dos Conselhos Regionais as contribuições e multas devidas pelos representantes comerciais, pessoas físicas ou jurídicas, neles registrados.

Art. 17. Compete aos Conselhos Regionais:

a) elaborar o seu regimento interno, submetendo-o à apreciação do Conselho Federal;

b) decidir sobre os pedidos de registros de representantes comerciais, pessoas físicas ou jurídicas, na conformidade desta Lei;

c) manter o cadastro profissional;

d) expedir as carteiras profissionais e anotá-las, quando necessário;

e) impor as sanções disciplinares previstas nesta Lei, mediante a feitura de processo adequado, de acordo com o disposto no art. 18;

f) arrecadar, cobrar e executar as anuidades e emolumentos devidos pelos representantes comerciais, pessoas físicas e jurídicas, registrados, servindo como título executivo extrajudicial a certidão relativa aos seus créditos. (Redação dada pela Lei nº 12.246, de 2010)

Parágrafo único. *(Suprimido pela Lei nº 8.420, de 1992).*

Art. 18. Compete aos Conselhos Regionais aplicar, ao representante comercial faltoso, as seguintes penas disciplinares:

a) advertência, sempre sem publicidade;

b) multa até a importância equivalente ao maior salário mínimo vigente no País;

c) suspensão do exercício profissional, até um ano;

d) cancelamento do registro, com apreensão da carteira profissional.

§ 1º. No caso de reincidência ou de falta manifestamente grave, o representante comercial poderá ser suspenso do exercício de sua atividade ou ter cancelado o seu registro.

§ 2º. As penas disciplinares serão aplicadas após processo regular, sem prejuízo, quando couber, da responsabilidade civil ou criminal.

§ 3º. O acusado deverá ser citado, inicialmente, dando sê-lhe ciência do inteiro teor da denúncia ou queixa, sendo-lhe assegurado, sempre, o amplo direito de defesa, por si ou por procurador regularmente constituído.

§ 4º. O processo disciplinar será presidido por um dos membros do Conselho Regional, ao qual incumbirá coligir as provas necessárias.

§ 5º. Encerradas as provas de iniciativa da autoridade processante, ao acusado será dado requerer e produzir as suas próprias provas, após o que lhe será assegurado o direito de apresentar, por escrito, defesa final e o de sustentar, oralmente, suas razões, na sessão do julgamento.

§ 6º. Da decisão dos Conselhos Regionais caberá recurso voluntário, com efeito suspensivo, para o Conselho Federal.

Art. 19. Constituem faltas no exercício da profissão de representante comercial:

a) prejudicar, por dolo ou culpa, os interesses confiados aos seus cuidados;

b) auxiliar ou facilitar, por qualquer meio, o exercício da profissão aos que estiverem proibidos, impedidos ou não habilitados a exercê-la;

c) promover ou facilitar negócios ilícitos, bem como quaisquer transações que prejudiquem interesse da Fazenda Pública;

d) violar o sigilo profissional;

e) negar ao representado as competentes prestações de contas, recibos de quantias ou documentos que lhe tiverem sido entregues, para qualquer fim;

f) recusar a apresentação da carteira profissional, quando solicitada por quem de direito.

Art. 20. Observados os princípios desta Lei, o Conselho Federal dos Representantes Comerciais expedirá instruções relativas à aplicação das penalidades em geral e, em particular, aos casos em que couber imposições da pena de multa.

Art. 21. As repartições federais, estaduais e municipais, ao receberem tributos relativos à atividade do representante comercial, pessoa física ou jurídica, exigirão prova de seu registro no Conselho Regional da respectiva região.

Art. 22. Da propaganda deverá constar, obrigatoriamente, o número da carteira profissional.

Parágrafo único. As pessoas jurídicas farão constar, também, da propaganda, além do número da carteira do representante comercial responsável, o seu próprio número de registro no Conselho Regional.

Art. 23. O exercício financeiro dos Conselhos Federal e Regionais coincidirá com o ano civil.

Art. 24. As diretorias dos Conselhos Regionais prestarão contas da sua gestão ao próprio Conselho, até o dia 15 de fevereiro de cada ano. (Redação dada pela Lei nº 8.420, de 1992)

Art. 25. Os Conselhos Regionais prestarão contas até o último dia do mês de fevereiro de cada ano ao Conselho Federal. (Redação dada pela Lei nº 8.420, de 1992)

Parágrafo único. A diretoria do Conselho Federal prestará contas ao respectivo plenário até o último dia do mês de março de cada ano. (Redação dada pela Lei nº 8.420, de 1992)

Art. 26. Os sindicatos incumbidos do processamento das eleições, a que se refere o art. 12, deverão tomar, dentro do prazo de 30 (trinta) dias, a contar da publicação desta Lei, as providências necessárias à instalação dos Conselhos Regionais dentro do prazo previsto no art. 11.

Art. 27. Do contrato de representação comercial, além dos elementos comuns e outros, a juízo dos interessados, constarão, obrigatoriamente: (Redação dada pela Lei nº 8.420, de 1992)

a) condições e requisitos gerais da representação;

b) indicação genérica ou específica dos produtos ou artigos objeto da representação;

c) prazo certo ou indeterminado da representação;

d) indicação da zona ou zonas em que será exercida a representação; (Redação dada pela Lei nº 8.420, de 1992)

e) garantia ou não, parcial ou total, ou por certo prazo, da exclusividade de zona ou setor de zona;

f) retribuição e época do pagamento, pelo exercício da representação, dependente da efetiva realização dos negócios, e recebimento, ou não, pelo representado, dos valores respectivos;

g) os casos em que se justifique a restrição de zona concedida com exclusividade;

h) obrigações e responsabilidades das partes contratantes;

i) exercício exclusivo ou não da representação a favor do representado;

j) indenização devida ao representante, pela rescisão do contrato fora dos casos previstos no art. 35, cujo montante não poderá ser inferior a 1/12 (um doze avos) do total da retribuição auferida durante o tempo em que exerceu a representação. (Redação dada pela Lei nº 8.420, de 1992)

§ 1º. Na hipótese de contrato a prazo certo, a indenização corresponderá à importância equivalente à média mensal da retribuição auferida até a data da rescisão, multiplicada pela metade dos meses resultantes do prazo contratual. (Redação dada pela Lei nº 8.420, de 1992)

§ 2º. O contrato com prazo determinado, uma vez prorrogado o prazo inicial, tácita ou expressamente, torna-se a prazo indeterminado. (Incluído pela Lei nº 8.420, de 1992)

§ 3º. Considera-se por prazo indeterminado todo contrato que suceder, dentro de seis meses, a outro contrato, com ou sem determinação de prazo. (Incluído pela Lei nº 8.420, de 1992)

Art. 28. O representante comercial fica obrigado a fornecer ao representado, segundo as disposições do contrato ou, sendo este omisso, quando lhe for solicitado, informações detalhadas sobre o andamento dos negócios a seu cargo, devendo dedicar-se à representação, de modo a expandir os negócios do representado e promover os seus produtos.

- Lei 4.886/1965: art. 30, par. único.

Art. 29. Salvo autorização expressa, não poderá o representante conceder abatimentos, descontos ou dilações, nem agir em desacordo com as instruções do representado.

Art. 30. Para que o representante possa exercer a representação em juízo, em nome do representado, requer-se mandato expresso. Incumbir-lhe-á, porém, tomar conhecimento das reclamações atinentes aos negócios, transmitindo-as ao representado e sugerindo as providências acauteladoras do interesse deste.

Parágrafo único. O representante, quanto aos atos que praticar, responde segundo as normas do contrato e, sendo este omisso, na conformidade do direito comum.

Art. 31. Prevendo o contrato de representação a exclusividade de zona ou zonas, ou quando este for omisso, fará jus o representante à comissão pelos negócios aí realizados, ainda que diretamente pelo representado ou por intermédio de terceiros. (Redação dada pela Lei nº 8.420, de 1992)

Parágrafo único. A exclusividade de representação não se presume na ausência de ajustes expressos. (Redação dada pela Lei nº 8.420, de 1992)

- Lei 4.886/1965: art. 41.

Art. 32. O representante comercial adquire o direito às comissões quando do pagamento dos pedidos ou propostas. (Redação dada pela Lei nº 8.420, de 1992)

§ 1º. O pagamento das comissões deverá ser efetuado até o dia 15 do mês subsequente ao da liquidação da fatura, acompanhada das respectivas cópias das notas fiscais. (Incluído pela Lei nº 8.420, de 1992)

§ 2º. As comissões pagas fora do prazo previsto no parágrafo anterior deverão ser corrigidas monetariamente. (Incluído pela Lei nº 8.420, de 1992)

§ 3º. É facultado ao representante comercial emitir títulos de créditos para cobrança de comissões. (Incluído pela Lei nº 8.420, de 1992)

§ 4º. As comissões deverão ser calculadas pelo valor total das mercadorias. (Incluído pela Lei nº 8.420, de 1992)

§ 5º. Em caso de rescisão injusta do contrato por parte do representando, a eventual retribuição pendente, gerada por pedidos em carteira ou em fase de execução e recebimento, terá vencimento na data da rescisão. (Incluído pela Lei nº 8.420, de 1992)

§ 6º. *(VETADO).* (Incluído pela Lei nº 8.420, de 1992)

§ 7º. São vedadas na representação comercial alterações que impliquem, direta ou indiretamente, a diminuição da média dos resultados auferidos pelo representante nos últimos seis meses de vigência. (Incluído pela Lei nº 8.420, de 1992)

Art. 33. Não sendo previstos, no contrato de representação, os prazos para recusa das propostas ou pedidos, que hajam sido entregues pelo representante, acompanhados dos requisitos exigíveis, ficará o representado obrigado a creditar-lhe a respectiva comissão, se não manifestar a recusa, por escrito, nos prazos de 15 (quinze), 30 (trinta), 60 (sessenta) ou 120 (cento e vinte) dias, conforme se trate de comprador domiciliado, respectivamente, na mesma praça, em outra do mesmo Estado, em outro Estado ou no estrangeiro.

§ 1º. Nenhuma retribuição será devida ao representante comercial, se a falta de pagamento resultar de insolvência do comprador, bem como se o negócio vier a ser por ele desfeito ou for sustada a entrega de mercadorias devido à situação comercial do comprador, capaz de comprometer ou tornar duvidosa a liquidação.

§ 2º. Salvo ajuste em contrário, as comissões devidas serão pagas mensalmente, expedindo o representado a conta respectiva, conforme cópias das faturas remetidas aos compradores, no respectivo período.

§ 3º. Os valores das comissões para efeito tanto do pré-aviso como da indenização, prevista nesta Lei, deverão ser corrigidos monetariamente. (Incluído pela Lei nº 8.420, de 1992)

Art. 34. A denúncia, por qualquer das partes, sem causa justificada, do contrato de representação, ajustado por tempo indeterminado e que haja vigorado por mais de 6 (seis) meses, obriga o denunciante, salvo outra garantia prevista no contrato, à concessão de pré-aviso, com antecedência mínima de 30 (trinta) dias, ou ao pagamento de importância igual a 1/3 (um terço) das comissões auferidas pelo representante, nos três meses anteriores.

Art. 35. Constituem motivos justos para rescisão do contrato de representação comercial, pelo representado:

a) a desídia do representante no cumprimento das obrigações decorrentes do contrato;

b) a prática de atos que importem em descrédito comercial do representado;

c) a falta de cumprimento de quaisquer obrigações inerentes ao contrato de representação comercial;

d) a condenação definitiva por crime considerado infamante;

e) força maior.

Art. 36. Constituem motivos justos para rescisão do contrato de representação comercial, pelo representante:

a) redução de esfera de atividade do representante em desacordo com as cláusulas do contrato;

b) a quebra, direta ou indireta, da exclusividade, se prevista no contrato;

c) a fixação abusiva de preços em relação à zona do representante, com o exclusivo escopo de impossibilitar-lhe ação regular;

d) o não pagamento de sua retribuição na época devida;

e) força maior.

Art. 37. Somente ocorrendo motivo justo para a rescisão do contrato, poderá o representado reter comissões devidas ao representante, com o fim de ressarcir-se de danos por este causados e, bem assim, nas hipóteses previstas no art. 35, a título de compensação.

Art. 38. Não serão prejudicados os direitos dos representantes comerciais quando, a título de cooperação, desempenhem, temporariamente, a pedido do representado, encargos ou atribuições diversos dos previstos no contrato de representação.

Art. 39. Para julgamento das controvérsias que surgirem entre representante e representado é competente a Justiça Comum e o Foro do domicílio do representante, aplicando-se o procedimento sumaríssimo previsto no art. 275 do Código de Processo Civil, ressalvada a competência do Juizado de Pequenas Causas. (Redação dada pela Lei nº 8.420, de 1992)

- CPC/15: arts. 54 a 63.
- Lei 9.099/1995 – Dispõe sobre os Juizados Especiais Cíveis e Criminais.

Art. 40. Dentro de 180 (cento e oitenta) dias da publicação da presente Lei, serão formalizadas, entre representado e representantes, em documento escrito, as condições das representações comerciais vigentes.

Parágrafo único. A indenização devida pela rescisão dos contratos de representação comercial vigentes na data desta Lei, fora dos casos previstos no art. 35, e quando as partes não tenham usado da faculdade prevista neste artigo, será calculada, sobre a retribuição percebida, pelo representante, nos últimos cinco anos anteriores à vigência desta Lei.

Art. 41. Ressalvada expressa vedação contratual, o representante comercial poderá exercer sua atividade para mais de uma empresa e empregá-la em outros misteres ou ramos de negócios. (Incluído pela Lei nº 8.420, de 1992)

Art. 42. Observadas as disposições constantes do artigo anterior, é facultado ao representante contratar com outros representantes comerciais a execução dos serviços relacionados com a representação. (Incluído pela Lei nº 8.420, de 1992)

§ 1º Na hipótese deste artigo, o pagamento das comissões a representante comercial contratado dependerá da liquidação da conta de comissão devida pelo representando ao representante contratante. (Incluído pela Lei nº 8.420, de 1992)

§ 2º Ao representante contratado, no caso de rescisão de representação será devida pelo representante contratante a participação no que houver recebido da representada a título de indenização e aviso prévio, proporcionalmente às retribuições auferidas pelo representante contratado na vigência do contrato. (Incluído pela Lei nº 8.420, de 1992)

§ 3º Se o contrato referido no *caput* deste artigo for rescindido sem motivo justo pelo representante contratante, o representante contratado fará jus ao aviso prévio e indenização na forma da lei. (Incluído pela Lei nº 8.420, de 1992)

§ 4º Os prazos de que trata o art. 33 desta Lei são aumentados em 10 (dez) dias quando se tratar de contrato realizado entre representantes comerciais. (Incluído pela Lei nº 8.420, de 1992)

Art. 43. É vedada no contrato de representação comercial a inclusão de cláusulas *delcredere*. (Incluído pela Lei nº 8.420, de 1992)

Art. 44. No caso de falência do representado as importâncias por ele devidas ao representante comercial, relacionadas com a representação, inclusive comissões vencidas e vincendas, indenização e aviso prévio, serão considerados créditos da mesma natureza dos créditos trabalhistas. (Incluído pela Lei nº 8.420, de 1992)

- Lei 11.101/2005 – Regula a recuperação judicial, a extrajudicial e a falência do empresário e da sociedade empresária.

Parágrafo único. Prescreve em 5 (cinco) anos a ação do representante comercial para pleitear a retribuição que lhe é devida e os demais direitos que lhe são garantidos por esta Lei. (Incluído pela Lei nº 8.420, de 1992)

Art. 45. Não constitui motivo justo para rescisão do contrato de representação comercial o impedimento temporário do representante comercial que estiver em gozo do benefício de auxílio-doença concedido pela Previdência Social. (Incluído pela Lei nº 8.420, de 1992)

Art. 46. Os valores a que se referem a alínea *j* do art. 27, o § 5º do art. 32 e o art. 34 desta Lei serão corrigidos monetariamente com base na variação dos BTNs ou por outro indexador que venha a substituí-los e legislação ulterior aplicável à matéria. (Incluído pela Lei nº 8.420, de 1992)

Art. 47. Compete ao Conselho Federal dos Representantes Comerciais fiscalizar a execução da presente Lei. (Incluído pela Lei nº 8.420, de 1992)

Parágrafo único. Em caso de inobservância das prescrições legais, caberá intervenção do Conselho Federal nos Conselhos Regionais, por decisão da Diretoria do primeiro, *ad referendum* da reunião plenária, assegurado, em qualquer caso, o direito de defesa. A intervenção cessará quando do cumprimento da Lei. (Incluído pela Lei nº 8.420, de 1992)

Art. 48. Esta Lei entra em vigor na data de sua publicação.

Art. 49. Revogam-se as disposições em contrário.

Brasília, 9 de dezembro de 1965; 144º da Independência e 77º da República.

H. CASTELLO BRANCO

D.O.U. de 10.12.1965

LEI Nº 4.947, DE 6 DE ABRIL DE 1966

Fixa Normas de Direito Agrário, dispõe sobre o Sistema de Organização e Funcionamento do Instituto Brasileiro de Reforma Agrária, e dá outras Providências.

- *Normas de Direito Agrário*

O PRESIDENTE DA REPÚBLICA: Faço saber que o Congresso Nacional decreta e eu sanciono a seguinte Lei:

(...)

CAPÍTULO V DISPOSIÇÕES GERAIS

(...)

Art. 19. Utilizar, como prova de propriedade ou de direitos a ela relativos, documento expedido pelo IBRA para fins cadastrais ou tributários, em prejuízo de outrem ou em proveito próprio ou alheio:

Pena: Reclusão de 2 a 6 anos.

Parágrafo único. Se o agente é funcionário público e comete o crime prevalecendo-se do cargo, aumenta-se a pena de sexta parte.

Art. 20. Invadir, com intenção de ocupá-las, terras da União, dos Estados e dos Municípios:

Pena: Detenção de 6 meses a 3 anos.

Parágrafo único. Na mesma pena incorre quem, com idêntico propósito, invadir terras de órgãos ou entidades federais, estaduais ou municipais, destinadas à Reforma Agrária.

(...)

Art. 27. A presente Lei entrará em vigor na data de sua publicação, revogadas as disposições em contrário.

Brasília, 6 de abril de 1966; 145º da Independência e 78º da República.

H. CASTELLO BRANCO

DOU de 11.4.1966 e retificado em 24.7.1966

DECRETO-LEI Nº 73, DE 21 DE NOVEMBRO DE 1966

Dispõe sobre o Sistema Nacional de Seguros Privados, regula as operações de seguros e resseguros e dá outras providências.

- *Lei do Seguro Privado*

O PRESIDENTE DA REPÚBLICA, usando da atribuição que lhe confere o art. 2º do Ato Complementar 23, de 20 de outubro de 1966, decreta:

CAPÍTULO I. INTRODUÇÃO

Art. 1º. Todas as operações de seguros privados realizados no País ficarão subordinadas às disposições do presente Decreto-lei.

Art. 2º. O controle do Estado se exercerá pelos órgãos instituídos neste Decreto-lei, no interesse dos segurados e beneficiários dos contratos de seguro.

Art. 3º. Consideram-se operações de seguros privados os seguros de coisas, pessoas, bens, responsabilidades, obrigações, direitos e garantias.

Parágrafo único. Ficam excluídos das disposições deste Decreto-lei os seguros do âmbito da Previdência Social, regidos pela legislação especial pertinente.

Art. 4º. Integra-se nas operações de seguros privados o sistema de cosseguro, resseguro e retrocessão, por forma a pulverizar os riscos e fortalecer as relações econômicas do mercado.

Parágrafo único. Aplicam-se aos estabelecimentos autorizados a operar em resseguro e retrocessão, no que couber, as regras estabelecidas para as sociedades seguradoras. (Incluído pela Lei nº 9.932, de 1999)

Art. 5º. A política de seguros privados objetivará:

I – promover a expansão do mercado de seguros e propiciar condições operacionais necessárias para sua integração no processo econômico e social do País;

II – evitar evasão de divisas, pelo equilíbrio do balanço dos resultados do intercâmbio, de negócios com o exterior;

III - (Revogado pela Lei 13.874/2019)

IV – promover o aperfeiçoamento das Sociedades Seguradoras;

V – preservar a liquidez e a solvência das Sociedades Seguradoras;

VI – coordenar a política de seguros com a política de investimentos do Governo Federal, observados os critérios estabelecidos para as políticas monetária, creditícia e fiscal.

Art. 6º. (Revogado pela Lei Complementar nº 126, de 2007).

CAPÍTULO II. DO SISTEMA NACIONAL DE SEGUROS PRIVADOS

Art. 7º. Compete privativamente ao Governo Federal formular a política de seguros privados, legislar sobre suas normas gerais e fiscalizar as operações no mercado nacional; (Redação dada pelo Decreto-lei nº 296, de 1967)

Art. 8º. Fica instituído o Sistema Nacional de Seguros Privados, regulado pelo presente Decreto-lei e constituído:

a) do Conselho Nacional de Seguros Privados – CNSP;

b) da Superintendência de Seguros Privados – SUSEP;

c) dos resseguradores; (Redação dada pela Lei Complementar nº 126, de 2007)

d) das Sociedades autorizadas a operar em seguros privados;

e) dos corretores habilitados.

CAPÍTULO III. DISPOSIÇÕES ESPECIAIS APLICÁVEIS AO SISTEMA

Art. 9º. Os seguros serão contratados mediante propostas assinadas pelo segurado, seu representante legal ou por corretor habilitado, com emissão das respectivas apólices, ressalvado o disposto no artigo seguinte.

Art. 10. É autorizada a contratação de seguros por simples emissão de bilhete de seguro, mediante solicitação verbal do interessado.

§ 1º. O CNSP regulamentará os casos previstos neste artigo, padronizando as cláusulas e os impressos necessários.

§ 2º. Não se aplicam a tais seguros as disposições do artigo 1.433 do Código Civil.

Art. 11. Quando o seguro for contratado na forma estabelecida no artigo anterior, a boa-fé da Sociedade Seguradora, em sua aceitação, constitui presunção *juris tantum*.

§ 1º. Sobrevindo o sinistro, a prova da ocorrência do risco coberto pelo seguro e a justificação de seu valor competirão ao segurado ou beneficiário.

§ 2º. Será lícito à Sociedade Seguradora arguir a existência de circunstância relativa ao objeto ou interesse segurado cujo conhecimento prévio influiria na sua aceitação ou na taxa de seguro, para exonerar-se da responsabilidade assumida, até no caso de sinistro. Nessa hipótese, competirá ao segurado ou beneficiário provar que a Sociedade Seguradora teve ciência prévia da circunstância arguida.

§ 3º. A violação ou inobservância, pelo segurado, seu preposto ou beneficiário, de qualquer das condições estabelecidas para a contratação de seguros na forma do disposto no artigo 10 exonera a Sociedade Seguradora da responsabilidade assumida. (Redação dada pelo Decreto-lei nº 296, de 1967)

§ 4º. É vedada a realização de mais de um seguro cobrindo o mesmo objeto ou interesse, desde que qualquer deles seja contratado mediante a emissão de simples certificado, salvo nos casos de seguros de pessoas.

Art. 12. A obrigação do pagamento do prêmio pelo segurado vigerá a partir do dia previsto na apólice ou bilhete de seguro, ficando suspensa a cobertura do seguro até o pagamento do prêmio e demais encargos.

Parágrafo único. Qualquer indenização decorrente do contrato de seguros dependerá de prova de pagamento do prêmio devido, antes da ocorrência do sinistro.

Art. 13. As apólices não poderão conter cláusula que permita rescisão unilateral dos contratos de seguro ou por qualquer modo subtraia sua eficácia e validade além das situações previstas em lei.

Art. 14. Fica autorizada a contratação de seguros com a cláusula de correção monetária para capitais e valores, observadas equivalência atuarial dos compromissos futuros assumidos pelas partes contratantes, na forma das instruções do Conselho Nacional de Seguros Privados.

Art. 15. (Revogado pela Lei Complementar nº 126, de 2007).

Art. 16. (Revogado pela Lei Complementar nº 137, de 2010, com efeitos a partir da data da extinção do Fundo de Estabilidade do Seguro Rural).

Art. 17. (Revogado pela Lei Complementar nº 137, de 2010, com efeitos a partir da data da extinção do Fundo de Estabilidade do Seguro Rural).

Art. 18. (Revogado pela Lei Complementar nº 126, de 2007).

Art. 19. (Revogado pela Lei Complementar nº 137, de 2010, a partir de 1º de julho do ano seguinte ao do início de operação do Fundo).

Art. 20. Sem prejuízo do disposto em leis especiais, são obrigatórios os seguros de:

a) danos pessoais a passageiros de aeronaves comerciais;

b) responsabilidade civil do proprietário de aeronaves e do transportador aéreo; (Redação dada pela Lei nº 8.374, de 1991)

c) responsabilidade civil do construtor de imóveis em zonas urbanas por danos a pessoas ou coisas;

d) (Revogada pela Lei nº 13.986, de 7/4/2020)

e) garantia do cumprimento das obrigações do incorporador e construtor de imóveis;

f) garantia do pagamento a cargo de mutuário da construção civil, inclusive obrigação imobiliária;

g) edifícios divididos em unidades autônomas;

h) incêndio e transporte de bens pertencentes a pessoas jurídicas, situados no País ou nele transportados;

i) (Revogada pela Lei Complementar nº 126, de 2007).

j) crédito à exportação, quando julgado conveniente pelo CNSP, ouvido o Conselho Nacional do Comércio Exterior (Concex); (Redação dada pelo Decreto-lei nº 826, de 1969)

l) danos pessoais causados por veículos automotores de vias terrestres e por embarcações, ou por sua carga, a pessoas transportadas ou não; (Redação dada pela Lei nº 8.374, de 1991)

m) responsabilidade civil dos transportadores terrestres, marítimos, fluviais e lacustres, por danos à carga transportada. (Incluído pela Lei nº 8.374, de 1991)

Parágrafo único. Não se aplica à União a obrigatoriedade estatuída na alínea *h* deste artigo. (Incluído pela Lei nº 10.190, de 2001)

Art. 21. Nos casos de seguros legalmente obrigatórios, o estipulante equipara-se ao segurado para os eleitos de contratação e manutenção do seguro.

§ 1º. Para os efeitos deste Decreto-lei, estipulante é a pessoa que contrata seguro por conta de terceiros, podendo acumular a condição de beneficiário.

§ 2º. Nos seguros facultativos o estipulante é mandatário dos segurados.

§ 3º. O CNSP estabelecerá os direitos e obrigações do estipulante, quando for o caso, na regulamentação de cada ramo ou modalidade de seguro.

§ 4º. O não recolhimento dos prêmios recebidos de segurados, nos prazos devidos, sujeita o estipulante à multa, imposta pela SUSEP, de importância igual ao dobro do valor dos prêmios por ele retidos, sem prejuízo da ação penal que couber. (Incluído pela Lei nº 5.627, de 1970)

Art. 22. As instituições financeiras públicas não poderão realizar operações ativas de crédito com as pessoas jurídicas e firmas individuais que não tenham em dia os seguros obrigatórios por lei, salvo mediante aplicação da parcela de crédito, que for concedido, no pagamento dos prêmios em atraso. (Redação dada pelo Decreto-lei nº 296, de 1967)

Parágrafo único. Para participar de concorrências abertas pelo Poder Público, é indispensável comprovar o pagamento dos prêmios dos seguros legalmente obrigatórios.

Art. 23. (Revogado pela Lei Complementar nº 126, de 2007)

Art. 24. Poderão operar em seguros privados apenas Sociedades Anônimas ou Cooperativas, devidamente autorizadas.

Parágrafo único. As Sociedades Cooperativas operarão unicamente em seguros agrícolas, de saúde e de acidentes do trabalho.

Art. 25. As ações das Sociedades Seguradoras serão sempre nominativas.

Art. 26. As sociedades seguradoras não poderão requerer concordata e não estão sujeitas à falência, salvo, neste último caso, se decretada a liquidação extrajudicial, o ativo não for suficiente para o pagamento de pelo menos a metade dos credores quirografários, ou quando houver fundados indícios da ocorrência de crime falimentar. (Redação dada pela Lei nº 10.190, de 2001)

Art. 27. Serão processadas pela forma executiva as ações de cobrança dos prêmios dos contratos de seguro.

Art. 28. A partir da vigência deste Decreto-lei, a aplicação das reservas técnicas das Sociedades Seguradoras será feita conforme as diretrizes do Conselho Monetário Nacional.

Art. 29. Os investimentos compulsórios das Sociedades Seguradoras obedecerão a critérios que garantam remuneração adequada, segurança e liquidez.

Parágrafo único. Nos casos de seguros contratados com a cláusula de correção monetária é obrigatório o investimento das respectivas reservas nas condições estabelecidas neste artigo.

Art. 30. As Sociedades Seguradoras não poderão conceder aos segurados comissões ou bonificações de qualquer espécie, nem vantagens especiais que importem dispensa ou redução de prêmio.

Art. 31. É assegurada ampla defesa em qualquer processo instaurado por infração ao presente Decreto-lei sendo nulas as decisões proferidas com inobservância deste preceito. (Redação dada pelo Decreto-lei nº 296, de 1967)

CAPÍTULO IV. DO CONSELHO NACIONAL DE SEGUROS PRIVADOS

Art. 32. É criado o Conselho Nacional de Seguros Privados – CNSP, ao qual compete privativamente: (Redação dada pelo Decreto-lei nº 296, de 1967)

I – fixar as diretrizes e normas da política de seguros privados;

II – regular a constituição, organização, funcionamento e fiscalização dos que exercerem atividades subordinadas a este Decreto-lei, bem como a aplicação das penalidades previstas;

III – estipular índices e demais condições técnicas sobre tarifas, investimentos e outras relações patrimoniais a serem observadas pelas Sociedades Seguradoras;

IV – fixar as características gerais dos contratos de seguros;

V – fixar normas gerais de contabilidade e estatística a serem observadas pelas Sociedades Seguradoras;

VI – delimitar o capital das sociedades seguradoras e dos resseguradores; (Redação dada pela Lei Complementar nº 126, de 2007)

VII – estabelecer as diretrizes gerais das operações de resseguro;

VIII – disciplinar as operações de cosseguro; (Redação dada pela Lei Complementar nº 126, de 2007)

IX – (Revogado pela Lei Complementar nº 126, de 2007).

X – (Revogado pela Lei 13.874/2019)

XI – prescrever os critérios de constituição das Sociedades Seguradoras, com fixação dos limites legais e técnicos das operações de seguro;

XII – disciplinar a corretagem de seguros e a profissão de corretor;

XIII – (Revogado pela Lei Complementar nº 126, de 2007).

XIV – decidir sobre sua própria organização, elaborando o respectivo Regimento interno;

XV – regular a organização, a composição e o funcionamento de suas Comissões Consultivas;

XVI – regular a instalação e o funcionamento das Bolsas de Seguro;

XVII – fixar as condições de constituição e extinção de entidades autorreguladoras do mercado de corretagem, sua forma jurídica, seus órgãos de administração e a forma de preenchimento de cargos administrativos; (Incluído pela Lei Complementar nº 137, de 2010)

XVIII – regular o exercício do poder disciplinar das entidades autorreguladoras do mercado de corretagem sobre seus membros, inclusive do poder de impor penalidades e de excluir membros; (Incluído pela Lei Complementar nº 137, de 2010)

XIX – disciplinar a administração das entidades autorreguladoras do mercado de corretagem e a fixação de emolumentos, comissões e quaisquer outras despesas cobradas por tais entidades, quando for o caso. (Incluído pela Lei Complementar nº 137, de 2010)

Art. 33. O CNSP será integrado pelos seguintes membros: (Redação dada pela Lei nº 10.190, de 2001)

I – Ministro de Estado da Fazenda, ou seu representante; (Redação dada pela Lei nº 10.190, de 2001)

II – representante do Ministério da Justiça; (Redação dada pela Lei nº 10.190, de 2001)

III – representante do Ministério da Previdência e Assistência Social; (Redação dada pela Lei nº 10.190, de 2001)

IV – Superintendente da Superintendência de Seguros Privados – SUSEP, (Redação dada pela Lei nº 10.190, de 2001)

V – representante do Banco Central do Brasil; (Redação dada pela Lei nº 10.190, de 2001)

VI – representante da Comissão de Valores Mobiliários – CVM. (Redação dada pela Lei nº 10.190, de 2001)

§ 1º. O CNSP será presidido pelo Ministro de Estado da Fazenda e, na sua ausência, pelo Superintendente da SUSEP. (Redação dada pela Lei nº 10.190, de 2001)

§ 2º. O CNSP terá seu funcionamento regulado em regimento interno. (Redação dada pela Lei nº 10.190, de 2001)

Art. 34. Com audiência obrigatória nas deliberações relativas às respectivas finalidades específicas, funcionarão junto ao CNSP as seguintes Comissões Consultivas:

I – de Saúde;

II – do Trabalho;

III – de Transporte;

IV – Mobiliária e de Habitação;
V – Rural;
VI – Aeronáutica;
VII – de Crédito;
VIII – de Corretores.

§ 1º. O CNSP poderá criar outras Comissões Consultivas, desde que ocorra justificada necessidade.

§ 2º. A organização, a composição e o funcionamento das Comissões Consultivas serão regulados pelo CNSP, cabendo ao seu Presidente designar os representantes que as integrarão, mediante indicação das entidades participantes delas. (Redação dada pelo Decreto-lei nº 296, de 1967)

CAPÍTULO V. DA SUPERINTENDÊNCIA DE SEGUROS PRIVADOS

SEÇÃO I.

Art. 35. Fica criada a Superintendência de Seguros Privados (SUSEP), entidade autárquica, jurisdicionada ao Ministério da Indústria e do Comércio, dotada de personalidade jurídica de Direito Público, com autonomia administrativa e financeira.

Parágrafo único. A sede da SUSEP será na cidade do Rio de Janeiro, Estado da Guanabara, até que o Poder Executivo a fixe, em definitivo, em Brasília.

Art. 36. Compete à SUSEP, na qualidade de executora da política traçada pelo CNSP, como órgão fiscalizador da constituição, organização, funcionamento e operações das Sociedades Seguradoras:

a) processar os pedidos de autorização, para constituição, organização, funcionamento, fusão, encampação, grupamento, transferência de controle acionário e reforma dos Estatutos das Sociedades Seguradoras, opinar sobre os mesmos e encaminhá-los ao CNSP;

b) baixar instruções e expedir circulares relativas à regulamentação das operações de seguro, de acordo com as diretrizes do CNSP;

c) fixar condições de apólices, planos de operações e tarifas a serem utilizadas obrigatoriamente pelo mercado segurador nacional;

d) aprovar os limites de operações das Sociedades Seguradoras, de conformidade com o critério fixado pelo CNSP;

e) examinar e aprovar as condições de coberturas especiais, bem como fixas as taxas aplicáveis; (Redação dada pelo Decreto-lei nº 296, de 1967)

f) autorizar a movimentação e liberação dos bens e valores obrigatoriamente inscritos em garantia das reservas técnicas e do capital vinculado;

g) fiscalizar a execução das normas gerais de contabilidade e estatística fixadas pelo CNSP para as Sociedades Seguradoras;

h) fiscalizar as operações das Sociedades Seguradoras, inclusive o exato cumprimento deste Decreto-lei, de outras leis pertinentes, disposições regulamentares em geral, resoluções do CNSP e aplicar as penalidades cabíveis;

i) proceder à liquidação das Sociedades Seguradoras que tiverem cassada a autorização para funcionar no País;

j) organizam seus serviços, elaborar e executar seu orçamento;

k) fiscalizar as operações das entidades autorreguladoras do mercado de corretagem, inclusive o exato cumprimento deste Decreto-lei, de outras leis pertinentes, de disposições regulamentares em geral e de resoluções do Conselho Nacional de Seguros Privados (CNSP), e aplicar as penalidades cabíveis; e (Incluído pela Lei Complementar nº 137, de 2010)

l) celebrar convênios para a execução dos serviços de sua competência em qualquer parte do território nacional, observadas as normas da legislação em vigor. (Incluído pela Lei Complementar nº 137, de 2010)

SEÇÃO II. DA ADMINISTRAÇÃO DA SUSEP

Art. 37. A administração da SUSEP será exercida por um Superintendente, nomeado pelo Presidente da República, mediante indicação do Ministro da Indústria e do Comércio, que terá as suas atribuições definidas no Regulamento deste Decreto-lei e seus vencimentos fixados em Portaria do mesmo Ministro. (Redação dada pelo Decreto-lei nº 168, de 1967)

Parágrafo único. A organização interna da SUSEP constará de seu Regimento, que será aprovado pelo CNSP. (Redação dada pelo Decreto-lei nº 168, de 1967)

SEÇÃO III.

Art. 38. Os cargos da SUSEP somente poderão ser preenchidas mediante concurso público de provas, ou de provas e títulos, salvo os da direção e os casos de contratação, por prazo determinado, de prestação de serviços técnicos ou de natureza especializada. (Redação dada pelo Decreto-lei nº 168, de 1967)

Parágrafo único. O pessoal da SUSEP reger-se-á pela legislação trabalhista e os seus níveis salariais serão fixados pelo Superintendente, com observância do mercado de trabalho, ouvido o CNSP. (Redação dada pelo Decreto-lei nº 168, de 1967)

SEÇÃO IV. DOS RECURSOS FINANCEIROS

Art. 39. Do produto da arrecadação do imposto sobre operações financeiras a que se refere a Lei nº 5.143, de 20 de outubro de 1966, será destacada a parcela necessária ao custeio das atividades da SUSEP.

Art. 40. Constituem ainda recursos da SUSEP:
I – o produto das multas aplicadas pela SUSEP;
II – dotação orçamentária específica ou créditos especiais;
III – juros de depósitos bancários;
IV – a participação que lhe for atribuída pelo CNSP no fundo previsto no art. 16;
V – outras receitas ou valores adventícios, resultantes de suas atividades.

CAPÍTULO VI. DO INSTITUTO DE RESSEGUROS DO BRASIL

SEÇÃO I. DA NATUREZA JURÍDICA, FINALIDADE, CONSTITUIÇÃO E COMPETÊNCIA

Art. 41. O IRB é uma sociedade de economia mista, dotada de personalidade jurídica própria de Direito Privado e gozando de autonomia administrativa e financeira.

Parágrafo único. O IRB será representado em juízo ou fora dele por seu Presidente e responderá no foro comum.

Art. 42. (Revogado pela Lei Complementar nº 126, de 2007)

Art. 43. O capital social do IRB é representado por ações escriturais, ordinárias e preferenciais, todas sem valor nominal. (Redação dada pela Lei nº 9.482, de 1997)

Parágrafo único. As ações ordinárias, com direito a voto, representam, no mínimo, 50% (cinquenta por cento) do capital social. (Incluído pela Lei nº 9.482, de 1997)

Art. 44. (Revogado pela Lei Complementar nº 126, de 2007)

Art. 45. (Revogado pela Lei Complementar nº 126, de 2007)

SEÇÃO II. DA ADMINISTRAÇÃO E DO CONSELHO FISCAL

Art. 46. São órgãos de administração do IRB o Conselho de Administração e a Diretoria. (Redação dada pela Lei nº 9.482, de 1997)

§ 1º. O Conselho de Administração é composto por seis membros, eleitos pela Assembleia Geral, sendo: (Incluído pela Lei nº 9.482, de 1997)

I – três membros indicados pelo Ministro de Estado da Fazenda, dentre eles: (Incluído pela Lei nº 9.482, de 1997)

a) o Presidente do Conselho; (Incluído pela Lei nº 9.482, de 1997)

b) o Presidente do IRB, que será o Vice-Presidente do Conselho; (Incluído pela Lei nº 9.482, de 1997)

II – um membro indicado pelo Ministro de Estado do Planejamento e orçamento; (Incluído pela Lei nº 9.482, de 1997)
III – um membro indicado pelos acionistas detentores de ações preferenciais; (Incluído pela Lei nº 9.482, de 1997)
IV – um membro indicado pelos acionistas minoritários, detentores de ações ordinárias. (Incluído pela Lei nº 9.482, de 1997)

§ 2º. A Diretoria do IRB é composta por seis membros, sendo o Presidente e o Vice-Presidente Executivo nomeados pelo Presidente da República, por indicação do Ministro de Estado da Fazenda, e os demais eleitos pelo Conselho, de Administração. (Incluído pela Lei nº 9.482, de 1997)

§ 3º. Enquanto a totalidade das ações ordinárias permanecer com a União, aos acionistas detentores de ações preferenciais será facultado o direito de indicar até dois membros para o Conselho de Administração do IRB. (Incluído pela Lei nº 9.482, de 1997)

§ 4º. Os membros do Conselho de Administração e da Diretoria do IRB terão mandato de três anos, observado o disposto na Lei nº 6.404, de 15 de dezembro de 1976. (Incluído pela Lei nº 9.482, de 1997)

Art. 47. O Conselho Fiscal do IRB é composto por 5 (cinco) membros efetivos e respectivos suplentes, eleitos pela Assembleia Geral, sendo: (Redação dada pela Lei nº 9.482, de 1997)

I – três membros e respectivos suplentes indicados pelo Ministro de Estado da Fazenda, dentre os quais um representante do Tesouro Nacional; (Incluído pela Lei nº 9.482, de 1997)
II – um membro e respectivo suplente eleitos, em votação em separado, pelos acionistas minoritários detentores de ações ordinárias; (Incluído pela Lei nº 9.482, de 1997)
III – um membro e respectivo suplente eleitos pelos acionistas detentores de ações preferenciais sem direito a voto ou com voto restrito, excluído o acionista controlador, se detentor dessa espécie de ação. (Incluído pela Lei nº 9.482, de 1997)

Parágrafo único. Enquanto a totalidade das ações ordinárias permanecer com a União, aos acionistas detentores de ações preferenciais será facultado o direito de indicar até dois membros para o Conselho Fiscal do IRB. (Incluído pela Lei nº 9.482, de 1997)

Art. 48. Os estatutos fixarão a competência do Conselho de Administração e da Diretoria do IRB. (Redação dada pela Lei nº 9.482, de 1997)

Arts. 49 a 54. (Revogados pela Lei nº 9.482, de 1997).

SEÇÃO III.
DO PESSOAL

Art. 55. Os serviços do IRB serão executados por pessoal admitido mediante concurso público de provas ou de provas e títulos, cabendo aos Estatutos regular suas condições de realização, bem como os direitos, vantagens e deveres dos servidores, inclusive as punições aplicáveis.

§ 1º. A nomeação para cargo em comissão será feita pelo Presidente, depois de aprovada sua criação pelo Conselho Técnico.

§ 2º. É permitida a contratação de pessoal destinado a funções técnicas especializadas ou para serviços auxiliares de manutenção, transporte, higiene e limpeza.

§ 3º. Ficam assegurados aos servidores do IRB os direitos decorrentes de normas legais em vigor, no que digam respeito à participação nos lucros, aposentadoria, enquadramento sindical, estabilidade de aplicação da legislação do trabalho. (Redação dada pelo Decreto-lei nº 296, de 1967)

§ 4º. (Revogado pela Lei Complementar nº 126, de 2007).

SEÇÃO IV.
DAS OPERAÇÕES

Arts. 56 a 71. (Revogados pela Lei Complementar nº 126, de 2007).

CAPÍTULO VII.
DAS SOCIEDADES SEGURADORAS

SEÇÃO I.
LEGISLAÇÃO APLICÁVEL

Art. 72. As Sociedades Seguradoras serão reguladas pela legislação geral no que lhes for aplicável e, em especial, pelas disposições do presente Decreto-lei.

Parágrafo único. Aplicam-se às sociedades seguradoras o disposto no art. 25 da Lei nº 4.595, de 31 de dezembro de 1964, com a redação que lhe dá o art. 1º desta Lei. (Incluído pela Lei nº 5.710, de 1971)

Art. 73. As Sociedades Seguradoras não poderão explorar qualquer outro ramo de comércio ou indústria.

SEÇÃO II.
DA AUTORIZAÇÃO PARA FUNCIONAMENTO

Art. 74. A autorização para funcionamento será concedida através de Portaria do Ministro da Indústria e do Comércio, mediante requerimento firmado pelos incorporadores, dirigido ao CNSP e apresentado por intermédio da SUSEP.

Art. 75. Concedida a autorização para funcionamento, a Sociedade terá o prazo de 90 (noventa) dias para comprovar perante a SUSEP, o cumprimento de todas as formalidades legais ou exigências feitas no ato da autorização.

Art. 76. Feita a comprovação referida no artigo anterior, será expedido a carta-patente pelo Ministro da Indústria e do Comércio.

Art. 77. As alterações dos Estatutos das Sociedades Seguradoras dependerão de prévia autorização do Ministro da Indústria e do Comércio, ouvidos a SUSEP e o CNSP.

SEÇÃO III.
DAS OPERAÇÕES DAS SOCIEDADES SEGURADORAS

Art. 78. As Sociedades Seguradoras só poderão operar em seguros para os quais tenham a necessária autorização, segundo os planos, tarifas e normas aprovadas pelo CNSP.

Art. 79. É vedado às Sociedades Seguradoras reter responsabilidades cujo valor ultrapasse os limites técnicos, fixados pela SUSEP de acordo com as normas aprovadas pelo CNSP, e que levarão em conta:

a) a situação econômico-financeira das Sociedades Seguradoras;

b) as condições técnicas das respectivas carteiras;

c) (Revogada pela Lei Complementar nº 126, de 2007).

§ 1º. (Revogado pela Lei Complementar nº 126, de 2007).

§ 2º. Não haverá cobertura de resseguro para as responsabilidades assumidas pelas Sociedades Seguradoras em desacordo com as normas e instruções em vigor.

Art. 80. As operações de cosseguro obedecerão a critérios fixados pelo CNSP, quanto à obrigatoriedade e normas técnicas.

Art. 81. (Revogado pela Lei Complementar nº 126, de 2007)

Art. 82. (Revogado pela Lei Complementar nº 126, de 2007)

Art. 83. As apólices, certificados e bilhetes de seguro mencionarão a responsabilidade máxima da Sociedade Seguradora, expressa em moeda nacional, para cobertura dos riscos neles descritos e caracterizados.

Art. 84. Para garantia de todas as suas obrigações, as Sociedades Seguradoras constituirão reservas técnicas, fundos especiais e provisões, de conformidade com os critérios fixados pelo CNSP, além das reservas e fundos determinados em leis especiais.

§ 1º. (Revogado pela Lei nº 11.941, de 2009).

§ 2º. (Revogado pela Lei nº 11.941, de 2009).

§ 3º. (Revogado pela Lei nº 11.941, de 2009).

Art. 85. Os bens garantidores das reservas técnicas, fundos e previsões serão registrados na SUSEP e não poderão ser alienados, prometidos alienar ou de qualquer forma gravados em sua previa e expressa autorização, sendo nulas, de pleno direito, as alienações realizadas ou os gravames constituídos com violação deste artigo. (Redação dada pelo Decreto-lei nº 296, de 1967)

Parágrafo único. Quando a garantia recair em bem imóvel, será obrigatoriamente inscrita no competente Cartório do Registro Geral de imóveis, mediante simples requerimento firmado pela Sociedade Seguradora e pela SUSEP.

Art. 86. Os segurados e beneficiários que sejam credores por indenização ajustada ou por ajustar têm privilégio especial sobre reservas técnicas, fundos especiais ou provisões garantidoras das operações de seguro, de resseguro e de retrocessão. (Redação dada pela Lei Complementar nº 126, de 2007)

Parágrafo único. Após o pagamento aos segurados e beneficiários mencionados no *caput* deste artigo, o privilégio citado será conferido, relativamente aos fundos especiais, reservas técnicas ou provisões garantidoras das operações de resseguro e de retrocessão, às sociedades seguradoras e, posteriormente, aos resseguradores. (Incluído pela Lei Complementar nº 126, de 2007)

Art. 87. As Sociedades Seguradoras não poderão distribuir lucros ou quaisquer fundos correspondentes às reservas patrimoniais, desde que essa distribuição possa prejudicar o investimento obrigatório do capital e reserva, de conformidade com os critérios estabelecidos neste Decreto-lei.

Art. 88. As sociedades seguradoras e os resseguradores obedecerão às normas e instruções dos órgãos regulador e fiscalizador de seguros sobre operações de seguro, cosseguro, resseguro e retrocessão, bem como lhes fornecerão dados e informações atinentes a quaisquer aspectos de suas atividades. (Redação dada pela Lei Complementar nº 126, de 2007)

Parágrafo único. Os inspetores e funcionários credenciados do órgão fiscalizador de seguros terão livre acesso às sociedades seguradoras e aos resseguradores, deles podendo requisitar e apreender livros, notas técnicas e documentos, caracterizando-se como embaraço à fiscalização, sujeito às penas previstas neste Decreto-lei, qualquer dificuldade oposta aos objetivos deste artigo. (Redação dada pela Lei Complementar nº 126, de 2007)

CAPÍTULO VIII.
DO REGIME ESPECIAL DE FISCALIZAÇÃO

(Renumerado pelo Decreto-lei nº 296, de 1967)

Art. 89. Em caso de insuficiência de cobertura das reservas técnicas ou de má situação econômico-financeira da Sociedade Seguradora, a critério da SUSEP, poderá esta, além de outras providências cabíveis, inclusive fiscalização especial, nomear, por tempo indeterminado, às expensas da Sociedade Seguradora, um diretor-fiscal com as atribuições e vantagens que lhe forem indicadas pelo CNSP.

§ 1º. Sempre que julgar necessário ou conveniente à defesa dos interesses dos segurados, a SUSEP verificará, nas indenizações, o fiel cumprimento do contrato, inclusive a exatidão do cálculo da reserva técnica e se as causas protelatórias do pagamento, porventura existentes, decorrem de dificuldades econômico-financeiras da empresa. (Renumerado pelo Decreto-lei nº 1.115, de 1970)

§ 2º. (Revogado pela Lei Complementar nº 126, de 2007).

Art. 90. Não surtindo efeito as medidas especiais ou a intervenção, a SUSEP encaminhará ao CNSP proposta de cassação da autorização para funcionamento da Sociedade Seguradora.

Parágrafo único. Aplica-se à intervenção a que se refere este artigo o disposto nos arts. 55 a 62 da Lei nº 6.435, de 15 de julho de 1977. (Incluído pela Lei nº 10.190, de 2001)

Art. 91. O descumprimento de qualquer determinação do Diretor-Fiscal por Diretores, administradores, gerentes, fiscais ou funcionários da Sociedade Seguradora em regime especial de fiscalização acarretará o afastamento do infrator, sem prejuízo das sanções penais cabíveis.

Art. 92. Os administradores das Sociedades Seguradoras ficarão suspensos do exercício de suas funções desde que instaurado processo-crime por atos ou fatos relativos à respectiva gestão perdendo imediatamente seu mandato na hipótese de condenação. (Redação dada pelo Decreto-lei nº 296, de 1967)

Art. 93. Cassada a autorização de uma Sociedade Seguradora para funcionar, a alienação ou gravame de qualquer de seus bens dependerá de autorização da SUSEP, que, para salvaguarda dessa inalienabilidade, terá poderes para controlar o movimento de contas bancárias e promover o levantamento do respectivo ônus junto às Autoridades ou Registros Públicos.

CAPÍTULO IX.
DA LIQUIDAÇÃO DAS SOCIEDADES SEGURADORAS

(Renumerado pelo Decreto-lei nº 296, de 1967)

Art. 94. A cessação das operações das Sociedades Seguradoras poderá ser:

a) voluntária, por deliberação dos sócios em Assembleia Geral;

b) compulsória, por ato do Ministro da Indústria e do Comércio, nos termos deste Decreto-lei.

Art. 95. Nos casos de cessação voluntária das operações, os Diretores requererão ao Ministro da Indústria e do Comércio o cancelamento da autorização para funcionamento da Sociedade Seguradora, no prazo de 5 (cinco) dias da respectiva Assembleia Geral.

Parágrafo único. Devidamente instruído, o requerimento será encaminhado por intermédio da SUSEP, que opinará sobre a cessação deliberada.

Art. 96. Além dos casos previstos neste Decreto-lei ou em outras leis, ocorrerá a cessação compulsória das operações da Sociedade Seguradora que:

a) praticar atos nocivos à política de seguros determinada pelo CNSP;

b) não formar as reservas, fundos e provisões a que esteja obrigada ou deixar de aplicá-las pela forma prescrita neste Decreto-lei;

c) acumular obrigações vultosas devidas aos resseguradores, a juízo do órgão fiscalizador de seguros, observadas as determinações do órgão regulador de seguros; (Redação dada pela Lei Complementar nº 126, de 2007)

d) configurar a insolvência econômico-financeira.

Art. 97. A liquidação voluntária ou compulsória das Sociedades Seguradoras será processada pela SUSEP. (Redação dada pelo Decreto-lei nº 296, de 1967)

Art. 98. O ato da cassação será publicado no Diário Oficial da União, produzindo imediatamente os seguintes efeitos:

a) suspensão das ações e execuções judiciais, excetuadas as que tiveram início anteriormente, quando intentadas por credores com privilégio sobre determinados bens da Sociedade Seguradora;

b) vencimento de todas as obrigações civis ou comerciais da Sociedade Seguradora liquidanda, incluídas as cláusulas penais dos contratos;

c) suspensão da incidência de juros, ainda que estipulados, se a massa liquidanda não bastar para o pagamento do principal;

d) cancelamento dos poderes de todos os órgãos de administração da Sociedade liquidanda.

§ 1º. Durante a liquidação, fica interrompida a prescrição extintiva contra ou a favor da massa liquidanda. (Renumerado pelo Decreto-lei nº 296, de 1967)

§ 2º. Quando a sociedade tiver oradores por salários ou indenizações trabalhistas, também ficarão suspensas as ações e execuções a que se refere a parte final da alínea *a* deste artigo. (Incluído pelo Decreto-lei nº 296, de 1967)

§ 3º. Poderá ser arguida em qualquer fase processual, inclusive quanto às questões trabalhistas, a nulidade dos despachos ou decisões que contravenham o disposto na alínea a deste artigo ou em seu parágrafo 2º. Nos processos sujeitos à suspensão, caberá à sociedade liquidanda, para realização do ativo, requerer o levantamento de penhoras, arrestos e quaisquer outras medidas de apreensão ou reserva de bens, sem prejuízo do estatuído adiante no parágrafo único do artigo 103. (Incluído pelo Decreto-lei nº 296, de 1967)

§ 4º. A massa liquidanda não estará obrigada a reajustamentos salariais sobrevindos durante a liquidação, nem responderá pelo pagamento de multas, custas, honorários e demais despesas feitas pelos credores em interesse próprio, assim como não se aplicará correção monetária aos créditos pela mora resultante de liquidação. (Incluído pelo Decreto-lei nº 296, de 1967)

Art. 99. Além dos poderes gerais de administração, a SUSEP ficará investida de poderes especiais para representar a Sociedade Seguradora liquidanda ativa e passivamente, em juízo ou fora dele, podendo:

a) propor e contestar ações, inclusive para integralização de capital pelos acionistas;

b) nomear e demitir funcionários;

c) fixar os vencimentos de funcionários;

d) outorgar ou revogar mandatos;

e) transigir;

f) vender valores móveis e bens imóveis.

Art. 100. Dentro de 90 (noventa) dias da cassação para funcionamento, a SUSEP levantará o balanço do ativo e do passivo da Sociedade Seguradora liquidanda e organizará:

a) o arrolamento pormenorizado dos bens do ativo, com as respectivas avaliações, especificando os garantidores das reservas técnicas ou do capital;

b) a lista dos credores por dívida de indenização de sinistro, capital garantidor de reservas técnicas ou restituição de prêmios, com a indicação das respectivas importâncias;

c) a relação dos créditos da Fazenda Pública e da Previdência Social; (Redação dada pela Lei Complementar nº 126, de 2007)

d) a relação dos demais credores, com indicação das importâncias e procedência dos créditos, bem como sua classificação, de acordo com a legislação de falências.

Parágrafo único. (Revogado pela Lei nº 9.932, de 1999).

Art. 101. Os interessados poderão impugnar o quadro geral de credores, mas decairão desse direito se não o exercerem no prazo de 15 (quinze) dias.

Art. 102. A SUSEP examinará as impugnações e fará publicar no Diário Oficial da União, sua decisão, dela notificando os recorrentes por via postal, sob AR.

Parágrafo único. Da decisão da SUSEP caberá recurso para o Ministro da Indústria e do Comércio, no prazo de 15 (quinze) dias.

Art. 103. Depois da decisão relativa a seus créditos ou aos créditos contra os quais tenham reclamado, os credores não incluídos nas relações a que se refere o art. 100, os delas excluídos, os incluídos sem os privilégios a que se julguem com direito, inclusive por atribuição de importância inferior à reclamada, poderão prosseguir na ação já iniciada ou propor a que lhes competir.

Parágrafo único. Até que sejam julgadas as ações, a SUSEP reservará cota proporcional do ativo para garantia dos credores de que trata este artigo.

Art. 104. A SUSEP promoverá a realização do ativo e efetuará o pagamento dos credores pelo crédito apurado e aprovado, no prazo de 6 (seis) meses, observados os respectivos privilégios e classificação, de acordo com a cota apurada em rateio.

Art. 105. Ultimada a liquidação e levantado e balanço final, será o mesmo submetido à aprovação do Ministro da Indústria e do Comércio, com relatório da SUSEP.

Art. 106. A SUSEP terá direito à comissão de 5% (cinco por cento) sobre o ativo apurado nos trabalhos de liquidação, competindo ao Superintendente arbitrar a gratificação a ser paga aos inspetores e funcionários encarregados de executá-los.

Art. 107. Nos casos omissos, são aplicáveis as disposições da legislação de falências, desde que não contrariem as disposições do presente Decreto-lei.

Parágrafo único. Nos casos de cessação parcial, restrita às operações de um ramo, serão observadas as disposições deste Capítulo, na parte aplicável.

CAPÍTULO X.
O REGIME REPRESSIVO

(Renumerado pelo Decreto-lei nº 296, de 1967)

Art. 108. A infração às normas referentes às atividades de seguro, cosseguro, resseguro, retrocessão e capitalização sujeita, na forma definida pelo órgão regulador de seguros, a pessoa natural ou jurídica responsável às seguintes penalidades administrativas, aplicadas pelo órgão fiscalizador de seguros: (Redação dada pela Lei Complementar nº 137, de 2010)

I – advertência; (Redação dada pela Lei Complementar nº 126, de 2007)

II – suspensão do exercício das atividades ou profissão abrangidas por este Decreto-lei pelo prazo de até 180 (cento e oitenta) dias; (Redação dada pela Lei Complementar nº 126, de 2007)

III – inabilitação, pelo prazo de 2 (dois) anos a 10 (dez) anos, para o exercício de cargo ou função no serviço público e em empresas públicas, sociedades de economia mista e respectivas subsidiárias, entidades de previdência complementar, sociedades de capitalização, instituições financeiras, sociedades seguradoras e resseguradores; (Redação dada pela Lei Complementar nº 126, de 2007)

IV – multa de R$ 10.000,00 (dez mil reais) a R$ 1.000.000,00 (um milhão de reais); e (Redação dada pela Lei Complementar nº 126, de 2007)

V – suspensão para atuação em 1 (um) ou mais ramos de seguro ou resseguro. (Redação dada pela Lei Complementar nº 126, de 2007)

VI – (Revogado pela Lei Complementar nº 126, de 2007)

VII – (Revogado pela Lei Complementar nº 126, de 2007)

VIII – Revogado pela Lei Complementar nº 126, de 2007)

IX – (Revogado pela Lei Complementar nº 126, de 2007)

§ 1º. Caso a penalidade prevista no inciso IV do *caput* deste artigo seja aplicada à pessoa natural, responderá solidariamente o ressegurador ou a sociedade seguradora ou de capitalização, assegurado o direito de regresso, e a penalidade poderá ser cumulada com aquelas constantes dos incisos I, II, III ou V do *caput* deste artigo. (Redação dada pela Lei nº 13.195, de 2015)

§ 2º. Das decisões do órgão fiscalizador de seguros caberá recurso, no prazo de 30 (trinta) dias, com efeito suspensivo, ao órgão competente. (Incluído pela Lei Complementar nº 126, de 2007)

§ 3º. O recurso a que se refere o § 2º deste artigo, na hipótese do inciso IV do *caput* deste artigo, somente será conhecido se for comprovado pelo requerente o pagamento antecipado, em favor do órgão fiscalizador de seguros, de 30% (trinta por cento) do valor da multa aplicada. (Incluído pela Lei Complementar nº 126, de 2007)

§ 4º. Julgada improcedente a aplicação da penalidade de multa, o órgão fiscalizador de seguros devolverá, no prazo máximo de 90 (noventa) dias a partir de requerimento da parte interessada, o valor depositado. (Incluído pela Lei Complementar nº 126, de 2007)

§ 5º. Em caso de reincidência, a multa será agravada até o dobro em relação à multa anterior, conforme critérios estipulados pelo órgão regulador de seguros. (Incluído pela Lei Complementar nº 126, de 2007)

Art. 109. Os Diretores, administradores, gerentes e fiscais das Sociedades Seguradoras responderão solidariamente com a mesma pelos prejuízos causados a terceiros, inclusive aos seus acionistas, em consequência do descumprimento de leis, normas e instruções referentes às operações de seguro, cosseguro, resseguro ou retrosseção, e em especial, pela falta de constituição das reservas obrigatórias.

Art. 110. Constitui crime contra a economia popular, punível de acordo com a legislação respectiva, a ação ou omissão, pessoal ou coletiva, de que decorra a insuficiência das reservas e de sua cobertura, vinculadas à garantia das obrigações das sociedades seguradoras.

Art. 111. Compete ao órgão fiscalizador de seguros expedir normas sobre relatórios e pareceres de prestadores de serviços de auditoria independente aos resseguradores, às sociedades seguradoras, às sociedades de capitalização e às entidades abertas de previdência complementar. (Redação dada pela Lei Complementar nº 126, de 2007)

a) a *i)* (Revogadas pela Lei Complementar nº 126, de 2007).

§ 1º. Os prestadores de serviços de auditoria independente aos resseguradores, às sociedades seguradoras, às sociedades de capitalização e às entidades abertas de previdência complementar responderão, civilmente, pelos prejuízos que causarem a terceiros em virtude de culpa ou dolo no exercício das funções previstas neste artigo. (Incluído pela Lei Complementar nº 126, de 2007)

§ 2º. Sem prejuízo do disposto no *caput* deste artigo, os prestadores de serviços de auditoria independente responderão administrativamente perante o órgão fiscalizador de seguros pelos atos praticados ou omissões em que houverem incorrido no desempenho das atividades de auditoria independente aos resseguradores, às sociedades seguradoras, às sociedades de capitalização e às entidades abertas de previdência complementar. (Incluído pela Lei Complementar nº 126, de 2007)

§ 3º. Instaurado processo administrativo contra resseguradores, sociedades seguradoras, sociedades de capitalização e entidades abertas de previdência complementar, o órgão fiscalizador poderá, considerada a gravidade da infração, cautelarmente, determinar a essas empresas a substituição do prestador de serviços de auditoria independente. (Incluído pela Lei Complementar nº 126, de 2007)

§ 4º. Apurada a existência de irregularidade cometida pelo prestador de serviços de auditoria independente mencionado no *caput* deste artigo, serão a ele aplicadas as penalidades previstas no art. 108 deste Decreto-lei. (Incluído pela Lei Complementar nº 126, de 2007)

§ 5º. Quando as entidades auditadas relacionadas no *caput* deste artigo forem reguladas ou fiscalizadas pela Comissão de Valores Mobiliários ou pelos demais órgãos reguladores e fiscalizadores, o disposto neste artigo não afastará a competência desses órgãos para disciplinar e fiscalizar a atuação dos respectivos prestadores de serviço de auditoria independente e para aplicar, inclusive a esses auditores, as penalidades previstas na legislação própria. (Incluído pela Lei Complementar nº 126, de 2007)

Art. 112. Às pessoas que deixarem de contratar os seguros legalmente obrigatórios, sem prejuízo de outras sanções legais, será aplicada multa de: (Redação dada pela Lei Complementar nº 126, de 2007)

I – o dobro do valor do prêmio, quando este for definido na legislação aplicável; e (Incluído pela Lei Complementar nº 126, de 2007)

II – nos demais casos, o que for maior entre 10% (dez por cento) da importância segurável ou R$ 1.000,00 (mil reais). (Incluído pela Lei Complementar nº 126, de 2007)

Art. 113. As pessoas naturais ou jurídicas que realizarem operações de capitalização, seguro, cosseguro ou resseguro sem a devida autorização estão sujeitas às penalidades administrativas previstas no art. 108, aplicadas pelo órgão fiscalizador de seguros, aumentadas até o triplo. (Redação dada pela Lei nº 13.195, de 2015)

§ 1º. Caso a penalidade de multa seja aplicada à pessoa natural, responderá solidariamente a pessoa jurídica, assegurado o direito de regresso, e a penalidade poderá ser cumulada com aquelas constantes dos incisos I, II, III e V do *caput* do art. 108. (Incluído pela Lei nº 13.195, de 2015)

§ 2º. A multa prevista no *caput* será fixada com base na importância segurada ou em outro parâmetro a ser definido pelo órgão regulador de seguros. (Incluído pela Lei nº 13.195, de 2015)

Art. 114. (Revogado pela Lei Complementar nº 126, de 2007)

Art. 115. A suspensão de autorização para operar em determinado ramo de seguro será aplicada quando verificada má condução técnica ou financeira dos respectivos negócios.

Art. 116. (Revogado pela Lei Complementar nº 126, de 2007).

Art. 117. A cassação da carta patente se fará nas hipóteses de infringência dos artigos 81 e 82, nos casos previstos no artigo 96 ou de reincidência na proibição estabelecida nas letras c e i do artigo 111, todos do presente Decreto-lei.

Art. 118. As infrações serão apuradas mediante processo administrativo que tenha por base o auto, a representação ou a denúncia positivando fatos irregulares, e o CNSP disporá sobre as respectivas instaurações, recursos e seus efeitos, instâncias, prazos, perempção e outros atos processualísticos.

Art. 119. As multas aplicadas de conformidade com o disposto neste Capítulo e seguinte serão recolhidas aos cofres da SUSEP.

Art. 120. Os valores monetários das penalidades previstas nos artigos precedentes ficam sujeitos à correção monetária pelo CNSP.

Art. 121. Provada qualquer infração penal a SUSEP remeterá cópia do processo ao Ministério Público para fins de direito.

CAPÍTULO XI. DOS CORRETORES DE SEGUROS

(Renumerado pelo Decreto-lei nº 296, de 1967)

Art. 122. O corretor de seguros, pessoa física ou jurídica, é o intermediário legalmente autorizado a angariar e promover contratos de seguros entre as Sociedades Seguradoras e as pessoas físicas ou jurídicas de Direito Privado.

Art. 123. O exercício da profissão de corretor de seguros depende de prévia habilitação e registro.

§ 1º. A habilitação será feita perante a SUSEP, mediante prova de capacidade técnico-profissional, na forma das instruções baixadas pelo CNSP.

§ 2º. O corretor de seguros poderá ter preposto de sua livre escolha e designará, dentre eles, o que o substituirá.

§ 3º. Os corretores e prepostos serão registrados na SUSEP, com obediência aos requisitos estabelecidos pelo CNSP.

Art. 124. As comissões de corretagem só poderão ser pagas a corretor de seguros, devidamente habilitado.

Art. 125. É vedado aos corretores e seus prepostos:

a) aceitar ou exercer emprego de pessoa jurídica de Direito Público;

b) manter relação de emprego ou de direção com Sociedade Seguradora.

Parágrafo único. Os impedimentos deste artigo aplicam-se também aos Sócios e Diretores de Empresas de corretagem.

Art. 126. O corretor de seguros responderá civilmente perante os segurados e as Sociedades Seguradoras pelos prejuízos que causar, por omissão, imperícia ou negligência no exercício da profissão.

Art. 127. Caberá responsabilidade profissional, perante a SUSEP, ao corretor que deixar de cumprir as leis, regulamentos e resoluções em vigor, ou que der causa dolosa ou culposa a prejuízos às Sociedades Seguradoras ou aos segurados.

Art. 127-A. As entidades autorreguladoras do mercado de corretagem terão autonomia administrativa, financeira e patrimonial, operando sob a supervisão da Superintendência de Seguros Privados (Susep), aplicando-se a elas, inclusive, o disposto no art. 108 deste Decreto-lei. (Incluído pela Lei Complementar nº 137, de 2010)

Parágrafo único. Incumbe às entidades autorreguladoras do mercado de corretagem, na condição de órgãos auxiliares da SUSEP, fiscalizar os respectivos membros e as operações de corretagem que estes realizarem. (Incluído pela Lei Complementar nº 137, de 2010)

Art. 128. O corretor de seguros estará sujeito às penalidades seguintes:

a) multa;

b) suspensão temporária do exercício da profissão;

c) cancelamento do registro.

Parágrafo único. As penalidades serão aplicadas pela Susep, em processo regular, na forma prevista no art. 119 desta Lei. (Redação dada pelo Decreto-lei 296, de 1967)

CAPÍTULO XII. DISPOSIÇÕES GERAIS E TRANSITÓRIAS

(Renumerado pelo Decreto-lei nº 296, de 1967)

SEÇÃO I. DO SEGURO-SAÚDE

Art. 129. Fica instituído o Seguro-Saúde para dar cobertura aos riscos de assistência médica e hospitalar.

Art. 130. A garantia do Seguro-Saúde consistirá no pagamento em dinheiro, efetuado pela Sociedade Seguradora, à pessoa física ou jurídica prestante da assistência médico-hospitalar ao segurado.

§ 1º. A cobertura do Seguro-Saúde ficará sujeita ao regime de franquia, de acordo com os critérios fixados pelo CNSP.

§ 2º. A livre escolha do médico e do hospital é condição obrigatória nos contratos referidos no artigo anterior.

Art. 131. Para os efeitos do artigo 130 deste Decreto-lei, o CNSP estabelecerá tabelas de honorários médico-hospitalares e fixará percentuais de participação obrigatória dos segurados nos sinistros.

§ 1º. Na elaboração das tabelas, o CNSP observará a média regional dos honorários e a renda média dos pacientes, incluindo a possibilidade da ampliação voluntária da cobertura pelo acréscimo do prêmio.

§ 2º. Na fixação das percentagens de participação, o CNSP levará em conta os índices salariais dos segurados e seus encargos familiares.

Art. 132. O pagamento das despesas cobertas pelo Seguro-Saúde dependerá de apresentação da documentação médico é hospitalar que possibilite a identificação do sinistro. (Redação dada pelo Decreto-lei nº 296, de 1967)

Art. 133. É vedado às Sociedades Seguradoras acumular assistência financeira com assistência médico-hospitalar.

Art. 134. As sociedades civis ou comerciais que, na data deste Decreto-lei, tenham vendido títulos, contratos, garantias de saúde, segurança de saúde, benefícios de saúde, títulos de saúde ou seguros sob qualquer outra denominação, para atendimento médico, farmacêutico e hospitalar, integral ou parcial, ficam proibidas de efetuar novas transações do mesmo gênero, ressalvado o disposto no art. 135, § 1º. (Redação dada pelo Decreto-lei nº 296, de 1967)

§ 1º. As Sociedades civis e comerciais que se enquadrem no disposto neste artigo poderão continuar prestando os serviços nele referidos exclusivamente às pessoas físicas ou jurídicas com as quais os tenham ajustado ante da promulgação deste Decreto-lei, facultada opção bilateral pelo regime do Seguro-Saúde.

§ 2º. No caso da opção prevista no parágrafo anterior, as pessoas jurídicas prestantes da assistência médica, farmacêutica e hospitalar, ora regulada, ficarão responsáveis pela contribuição do Seguro-Saúde devida pelas pessoas físicas optantes.

§ 3º. Ficam excluídas das obrigações previstas neste artigo as Sociedades Beneficentes que estiverem em funcionamento na data da promulgação desse Decreto-lei, as quais poderão preferir o regime do Seguro-Saúde a qualquer tempo.

Art. 135. As entidades organizadas sem objetivo de lucro, por profissionais médicos e paramédicos ou por estabelecimentos hospitalares, visando a institucionalizar suas atividades para a prática da medicina social e para a melhoria das condições técnicas e econômicas dos serviços assistenciais, isoladamente ou em regime de associação, poderão operar sistemas próprios de pré-pagamento de serviços médicos e/ou hospitalares, sujeitas ao que dispuser a Regulamentação desta Lei, às resoluções do CNSP e à fiscalização dos órgãos competentes.

SEÇÃO II.

Art. 136. Fica extinto o Departamento Nacional de Seguros Privados e Capitalização (DNSPC), da Secretaria do Comércio, do Ministério da Indústria e do Comércio, cujo acervo e documentação passarão para a Superintendência de Seguros Privados (SUSEP). (Redação dada pelo Decreto-lei nº 168, de 1967)

§ 1º. Até que entre em funcionamento a SUSEP, as atribuições a ela conferidas pelo presente Decreto-lei continuarão a ser desempenhadas pelo DNSPC. (Redação dada pelo Decreto-lei nº 168, de 1967)

§ 2º. Fica extinto, no Quadro de Pessoal do Ministério da Indústria e do Comércio, o cargo em comissão de Diretor-Geral do Departamento Nacional de Seguros Privados e Capitalização, símbolo 2-C. (Redação dada pelo Decreto-lei nº 168, de 1967)

§ 3º. Serão considerados extintos, no Quadro de Pessoal do Ministério da Indústria e do Comércio, a partir da criação dos cargos correspondentes nos quadros da SUSEP, os oito cargos em comissão do Delegado Regional de Seguros, símbolo 5-C. (Redação dada pelo Decreto-lei nº 168, de 1967)

Art. 137. Os funcionários atualmente em exercício do DNSPC continuarão a integrar o Quadro de Pessoal do Ministério da Indústria e do Comércio. (Redação dada pelo Decreto-lei nº 168, de 1967)

Art. 138. Poderá a SUSEP requisitar servidores da administração pública federal, centralizada e descentralizada, sem prejuízo dos vencimentos e vantagens relativos aos cargos que ocuparem. (Redação dada pelo Decreto-lei nº 168, de 1967)

Art. 139. Os servidores requisitados antes da aprovação, pelo CNSP, do Quadro de Pessoal da SUSEP, poderão nele ser aproveitado, desde que consultados os interesses da Autarquia e dos servidores. (Redação dada pelo Decreto-lei nº 168, de 1967)

Parágrafo único. O aproveitamento de que trata este artigo implica na aceitação do regime de pessoal da SUSEP devendo ser contado o tempo de serviço, no órgão de origem, para todos os efeitos legais. (Redação dada pelo Decreto-lei nº 168, de 1967)

Art. 140. As dotações consignadas no Orçamento da União, para o exercício de 1967, à conta do DNSPC, serão transferidas para a SUSEP excluídas as relativas às despesas decorrentes de vencimentos e vantagens de Pessoal Permanente.

Art. 141. Fica dissolvida a Companhia Nacional de Seguro Agrícola, competindo ao Ministério da Agricultura promover sua liquidação e aproveitamento de seu pessoal.

Art. 142. Ficam incorporadas ao Fundo de Estabilidade do Seguro Rural:

a) Fundo de Estabilidade do Seguro Agrário, a que se refere o artigo 3º da Lei nº 2.168, de 11 de janeiro de 1954; (Redação dada pelo Decreto-lei nº 296, de 1967)

b) O Fundo de Estabilização previsto no artigo 3º da Lei 4.430, de 20 de outubro de 1964.

Art. 143. Os órgãos do Poder Público que operam em seguros privados enquadrarão suas atividades ao regime deste Decreto-lei prazo de 180 (cento e oitenta) dias, ficando autorizados a constituir a necessária Sociedade Anônima ou Cooperativa.

§ 1º. As Associações de Classe, de Beneficência e de Socorros mútuos e os Montepios que instituem pensões ou pecúlios, atualmente em funcionamento, ficam excluídos do regime estabelecido neste Decreto-lei, facultado ao CNSP mandar fiscalizá-los se e quando julgar conveniente.

§ 2º. As Sociedades Seguradoras estrangeiras que operam no País, adaptarão suas organizações às novas exigências legais, no prazo deste artigo e nas condições determinadas pelo CNSP. (Redação dada pelo Decreto-lei nº 296, de 1967)

Art. 144. O CNSP proporá ao Poder Executivo no prazo de 180 (cento e oitenta) dias, as normas de regulamentação dos seguros obrigatórios previstos no artigo 20 deste Decreto-lei. (Redação dada pelo Decreto-lei nº 296, de 1967)

Art. 145. Até a instalação do CNSP e da SUSEP, será mantida a jurisdição e a competência do DNSPC, conservadas em vigor as disposições legais e regulamentares, inclusive as baixadas pelo IRB, no que forem cabíveis.

Art. 146. O Poder Executivo fica autorizado a abrir o crédito especial de Cr$ 500.000.000 (quinhentos milhões de cruzeiros), no exercício de 1967, destinado à instalação do CNSP e da SUSEP.

Art. 147. (Revogado pelo Decreto-lei nº 261, de 1967).

Art. 148. As resoluções do Conselho Nacional de Seguros Privados vigorarão imediatamente e serão publicadas no *Diário Oficial da União*.

Art. 149. O Poder Executivo regulamentará este Decreto-lei no prazo de 120 (cento e vinte) dias, vigendo idêntico prazo para a aprovação dos Estatutos do IRB. (Redação dada pelo Decreto-lei nº 168, de 1967)

Art. 150. (Revogado pelo Decreto-lei nº 261, de 1967)

Art. 151. Para eleito do artigo precedente ficam suprimidos os cargos e funções de Delegado do Governo Federal e de liquidante designado pela sociedade, a que se referem os artigos 24 e 25 do Decreto nº 22.456, de 10 de fevereiro de 1933, ressalvadas as liquidações decretadas até dezembro de 1965.

Art. 152. O risco de acidente de trabalho continua a ser regido pela legislação específica, devendo ser objeto de nova legislação dentro de 90 (noventa) dias.

Art. 153. Este Decreto-lei entrará em vigor na data de sua publicação, ficando revogadas expressamente todas as disposições de leis, decretos e regulamentos que dispuserem em sentido contrário.

Brasília, 21 de novembro de 1966; 145º da independência e 78º da República.

H. CASTELLO BRANCO

D.O.U. de 22.11.1966

DECRETO-LEI Nº 195, DE 24 DE FEVEREIRO DE 1967

Dispõe sobre a cobrança da Contribuição de Melhoria.

› *Contribuição de melhoria*

O PRESIDENTE DA REPÚBLICA, usando das atribuições que lhe confere o § 2º do art. 9º do Ato Institucional nº 4, de 7 de dezembro de 1966,

Resolve baixar o seguinte Decreto-Lei:

Art. 1º. A Contribuição de Melhoria, prevista na Constituição Federal tem como fato gerador o acréscimo do valor do imóvel localizado nas áreas beneficiadas direta ou indiretamente por obras públicas.

Art. 2º. Será devida a Contribuição de Melhoria, no caso de valorização de imóveis de propriedade privada, em virtude de qualquer das seguintes obras públicas:

I – abertura, alargamento, pavimentação, iluminação, arborização, esgotos pluviais e outros melhoramentos de praças e vias públicas;

II – construção e ampliação de parques, campos de desportos, pontes, túneis e viadutos;

III – construção ou ampliação de sistemas de trânsito rápido inclusive todas as obras e edificações necessárias ao funcionamento do sistema;

IV – serviços e obras de abastecimento de água potável, esgotos, instalações de redes elétricas, telefônicas, transportes e comunicações em geral ou de suprimento de gás, funiculares, ascensores e instalações de comodidade pública;

V – proteção contra secas, inundações, erosão, ressacas, e de saneamento de drenagem em geral, diques, cais, desobstrução de barras, portos e canais, retificação e regularização de cursos d'água e irrigação;

VI – construção de estradas de ferro e construção, pavimentação e melhoramento de estradas de rodagem;

VII – construção de aeródromos e aeroportos e seus acessos;

VIII – aterros e realizações de embelezamento em geral, inclusive desapropriações em desenvolvimento de plano de aspecto paisagístico.

Art. 3º. A Contribuição de Melhoria a ser exigida pela União, Estado, Distrito Federal e Municípios para fazer face ao custo das obras públicas, será cobrada pela Unidade Administrativa que as realizar, adotando-se como critério o benefício resultante da obra, calculado através de índices cadastrais das respectivas zonas de influência, a serem fixados em regulamentação deste Decreto-lei.

§ 1º. A apuração, dependendo da natureza das obras, far-se-á levando em conta a situação do imóvel na zona de influência, sua testada, área, finalidade de exploração econômica e outros elementos a serem considerados, isolada ou conjuntamente.

§ 2º. A determinação da Contribuição de Melhoria far-se-á rateando, proporcionalmente, o custo parcial ou total das obras, entre todos os imóveis incluídos nas respectivas zonas de influência.

§ 3º. A Contribuição de Melhoria será cobrada dos proprietários de imóveis do domínio privado, situados nas áreas direta e indiretamente beneficiadas pela obra.

§ 4º. Reputam-se feitas pela União as obras executadas pelos Territórios.

Art. 4º. A cobrança da Contribuição de Melhoria terá como limite o custo das obras, computadas as despesas de estudos, projetos, fiscalização, desapropriações, administração, execução e financiamento, inclusive prêmios de reembolso e outras de praxe em financiamento ou empréstimos e terá a sua expressão monetária atualizada na época do lançamento mediante aplicação de coeficientes de correção monetária.

§ 1º. Serão incluídos nos orçamentos de custo das obras, todos os investimentos necessários para que os benefícios delas decorrentes sejam integralmente alcançados pelos imóveis situados nas respectivas zonas de influência.

§ 2º. A percentagem do custo real a ser cobrada mediante Contribuição de Melhoria será fixada tendo em vista a natureza da obra, os benefícios para os usuários, as atividades econômicas predominantes e o nível de desenvolvimento da região.

Art. 5º. Para cobrança da Contribuição de Melhoria, a Administração competente deverá publicar o Edital, contendo, entre outros, os seguintes elementos:

I – Delimitação das áreas direta e indiretamente beneficiadas e a relação dos imóveis nelas compreendidos;

II – memorial descritivo do projeto;

III – orçamento total ou parcial do custo das obras;

IV – determinação da parcela do custo das obras a ser ressarcida pela contribuição, com o correspondente plano de rateio entre os imóveis beneficiados.

Parágrafo único. O disposto neste artigo aplica-se, também, aos casos de cobrança da Contribuição de Melhoria por obras públicas em execução, constantes de projetos ainda não concluídos.

Art. 6º. Os proprietários de imóveis situados nas zonas beneficiadas pelas obras públicas têm o prazo de 30 (trinta) dias, a começar da data da publicação do Edital referido no artigo 5º, para a impugnação de qualquer dos elementos dele constantes, cabendo ao impugnante o ônus da prova.

Art. 7º. A impugnação deverá ser dirigida à Administração competente, através de petição, que servirá para o início do processo administrativo conforme venha a ser regulamentado por decreto federal.

Art. 8º. Responde pelo pagamento da Contribuição de Melhoria o proprietário do imóvel ao tempo do seu lançamento, e esta responsabilidade se transmite aos adquirentes e sucessores, a qualquer título, do domínio do imóvel.

§ 1º. No caso de enfiteuse, responde pela Contribuição de Melhoria o enfiteuta.

§ 2º. No imóvel locado é licito ao locador exigir aumento de aluguel correspondente a 10% (dez por cento) ao ano da Contribuição de Melhoria efetivamente paga.

§ 3º. É nula a cláusula do contrato de locação que atribua ao locatário o pagamento, no todo ou em parte, da Contribuição de Melhoria lançada sobre o imóvel.

§ 4º. Os bens indivisos, serão considerados como pertencentes a um só proprietário e àquele que for lançado terá direito de exigir dos condôminos as parcelas que lhes couberem.

Art. 9º. Executada a obra de melhoramento na sua totalidade ou em parte suficiente para beneficiar determinados imóveis, de modo a justificar o início da cobrança da Contribuição de Melhoria, proceder-se-á ao lançamento referente a esses imóveis depois de publicado o respectivo demonstrativo de custos.

Art. 10. O órgão encarregado do lançamento deverá escriturar, em registro próprio, o débito da Contribuição de Melhoria correspondente a cada imóvel, notificando o proprietário, diretamente ou por edital, do:

I – valor da Contribuição de Melhoria lançada;

II – prazo para o seu pagamento, suas prestações e vencimentos;

III – prazo para a impugnação;

IV – local do pagamento.

Parágrafo único. Dentro do prazo que lhe for concedido na notificação do lançamento, que não será inferior a 30 (trinta) dias, o contribuinte poderá reclamar, ao órgão lançador, contra:

I – o erro na localização e dimensões do imóvel;

II – o cálculo dos índices atribuídos;

III – o valor da contribuição;

IV – o número de prestações.

Art. 11. Os requerimentos de impugnação de reclamação, como também quaisquer recursos administrativos não suspendem o início ou prosseguimento das obras e nem terão efeito de obstar a administração a pratica dos atos necessários ao lançamento e cobrança da contribuição de melhoria.

Art. 12. A Contribuição de Melhoria será paga pelo contribuinte da forma que a sua parcela anual não exceda a 3% (três por cento) do maior valor fiscal do seu imóvel, atualizado à época da cobrança.

§ 1º. O ato da autoridade que determinar o lançamento poderá fixar descontos para o pagamento à vista, ou em prazos menores que o lançado.

§ 2º. As prestações da Contribuição de Melhoria serão corrigidas monetariamente, de acordo com os coeficientes aplicáveis na correção dos débitos fiscais.

§ 3º. O atraso no pagamento das prestações fixadas no lançamento sujeitará o contribuinte à multa de mora de 12% (doze por cento), ao ano.

§ 4º. É lícito ao contribuinte, liquidar a Contribuição de Melhoria com títulos da dívida pública, emitidos especialmente para financiamento da obra pela qual foi lançado; neste caso, o pagamento será feito pelo valor nominal do título, se o preço do mercado for inferior.

§ 5º. No caso do serviço público concedido, o poder concedente poderá lançar e arrecadar a contribuição.

§ 6º. Mediante convênio, a União poderá legar aos Estados e Municípios, ou ao Distrito Federal, o lançamento e a arrecadação da Contribuição de Melhoria devida por obra pública federal, fixando a percentagem na receita, que caberá ao Estado ou Município que arrecadar a Contribuição.

§ 7º. Nas obras federais, quando, por circunstâncias da área ser lançada ou da natureza da obra, o montante previsto na arrecadação da Contribuição de Melhoria não compensar o lançamento pela União, ou por seus órgãos, o lançamento poderá ser delegado aos municípios interessados e neste caso:

a) caberão aos Municípios o lançamento, arrecadação e as receitas apuradas; e

b) o órgão federal delegante se limitará a fixar os índices e critérios para o lançamento.

Art. 13. A cobrança da Contribuição de Melhorias, resultante de obras executadas pela União, situadas em áreas urbanas de um único Município, poderá ser efetuada pelo órgão arrecadador municipal, em convênio com o órgão federal que houver realizado as referidas obras.

Art. 14. A conservação, a operação e a manutenção das obras referidas no artigo anterior, depois de concluídas constituem encargos do Município em que estiverem situadas.

Art. 15. Os encargos de conservação, operação e manutenção das obras de drenagem e irrigação, não abrangidas pelo art. 13 e implantadas através da Contribuição de Melhorias, serão custeados pelos seus usuários.

Art. 16. Do produto de arrecadação de Contribuição de Melhorias, nas áreas prioritárias para a Reforma Agrária, cobrado pela União e prevista como integrante do Fundo Nacional de Reforma Agrária (art. 28, I, da Lei nº 4.504, de 30.11.1964), o Instituto Brasileiro de Reforma Agrária, destinará importância idêntica a recolhida, para ser aplicada em novas obras e projetos de Reforma Agrária pelo mesmo órgão que realizou as obras públicas do que decorreu a contribuição.

Art. 17. Para efeito do imposto sobre a renda, devido, sobre a valorização imobiliária resultante de obra pública, deduzir-se-á a importância que o contribuinte houver pagado, o título de Contribuição de Melhorias.

Art. 18. A dívida fiscal oriunda da Contribuição de Melhoria, terá preferência sobre outras dívidas fiscais quanto ao imóvel beneficiado.

Art. 19. Fica revogada a Lei número 854, de 10 de outubro de 1949, e demais disposições legais em contrário.

Art. 20. Dentro de 90 (noventa) dias o Poder Executivo baixará decreto regulamentando o presente decreto-lei, que entra em vigor na data de sua publicação.

Brasília, 24 de fevereiro de 1967; 146º da Independência e 79º da República.
H. CASTELLO BRANCO
D.O.U. 25.2.1967

DECRETO-LEI Nº 200, DE 25 DE FEVEREIRO DE 1967

Dispõe sobre a organização da Administração Federal, estabelece diretrizes para a Reforma Administrativa e dá outras providências.

‣ *Organização da Administração Federal*

TÍTULO I. DA ADMINISTRAÇÃO FEDERAL

Art. 1º. O Poder Executivo é exercido pelo Presidente da República auxiliado pelos Ministros de Estado.

‣ CF: art. 76.

Art. 2º. O Presidente da República e os Ministros de Estado exercem as atribuições de sua competência constitucional, legal e regulamentar com o auxílio dos órgãos que compõem a Administração Federal.

Art. 3º. Respeitada a competência constitucional do Poder Legislativo estabelecida no artigo 46, inciso II e IV, da Constituição, o Poder Executivo regulará a estruturação, as atribuições e funcionamento dos órgãos da Administração Federal. (Redação dada pelo Decreto-Lei nº 900, de 1969)

‣ CF: art. 48, XI.

Art. 4º. A Administração Federal compreende:

I – A Administração Direta, que se constitui dos serviços integrados na estrutura administrativa da Presidência da República e dos Ministérios.

II – A Administração Indireta, que compreende as seguintes categorias de entidades, dotadas de personalidade jurídica própria:

a) Autarquias;

b) Empresas Públicas;

c) Sociedades de Economia Mista.

d) fundações públicas. (Incluído pela Lei nº 7.596, de 1987)

‣ CF: arts. 37, II, XXI, 52 e 165, § 5º.

§ 1º. Revogado.

Parágrafo único. As entidades compreendidas na Administração Indireta vinculam-se ao Ministério em cuja área de competência estiver enquadrada sua principal atividade. (Renumerado pela Lei nº 7.596, de 1987)

‣ CF: arts. 70, 71, 74, II, e 87.

‣ Lei nº 13.844, de 18 de junho de 2019, que estabelece a organização básica dos órgãos da Presidência da República e dos Ministérios e dá outras providências.

§§ 2º e 3º. Revogados. (Revogado pela Lei nº 7.596, de 1987)

Art. 5º. Para os fins desta lei, considera-se:

I – Autarquia – o serviço autônomo, criado por lei, com personalidade jurídica, patrimônio e receita próprios, para executar atividades típicas da Administração Pública, que requeiram, para seu melhor funcionamento, gestão administrativa e financeira descentralizada.

‣ CF: arts. 21, XI, e 177, § 2º.

‣ CC: art. 41, IV.

II – Empresa Pública – a entidade dotada de personalidade jurídica de direito privado, com patrimônio próprio e capital exclusivo da União, criado por lei para a exploração de atividade econômica que o Governo seja levado a exercer por força de contingência ou de conveniência administrativa podendo revestir-se de qualquer das formas admitidas em direito. (Redação dada pelo Decreto-Lei nº 900, de 1969)

III – Sociedade de Economia Mista – a entidade dotada de personalidade jurídica de direito privado, criada por lei para a exploração de atividade econômica, sob a forma de sociedade anônima, cujas ações com direito a voto pertençam em sua maioria à União ou a entidade da Administração Indireta. (Redação dada pelo Decreto-Lei nº 900, de 1969)

IV – Fundação Pública – a entidade dotada de personalidade jurídica de direito privado, sem fins lucrativos, criada em virtude de autorização legislativa, para o desenvolvimento de atividades que não exijam execução por órgãos ou entidades de direito público, com autonomia administrativa, patrimônio próprio gerido pelos respectivos órgãos de direção, e funcionamento custeado por recursos da União e de outras fontes. (Incluído pela Lei nº 7.596, de 1987)

§ 1º. No caso do inciso III, quando a atividade for submetida a regime de monopólio estatal, a maioria acionária caberá apenas à União, em caráter permanente.

§ 2º. O Poder Executivo enquadrará as entidades da Administração Indireta existentes nas categorias constantes deste artigo.

§ 3º. As entidades de que trata o inciso IV deste artigo adquirem personalidade jurídica com a inscrição da escritura pública de sua constituição no Registro Civil de Pessoas Jurídicas, não se lhes aplicando as demais disposições do Código Civil concernentes às fundações. (Incluído pela Lei nº 7.596, de 1987)

TÍTULO II. DOS PRINCÍPIOS FUNDAMENTAIS

Art. 6º. As atividades da Administração Federal obedecerão aos seguintes princípios fundamentais:

I – Planejamento.

II – Coordenação.

III – Descentralização.

IV – Delegação de Competência.

V – Controle.

‣ CF: art. 37.

CAPÍTULO I. DO PLANEJAMENTO

Art. 7º. A ação governamental obedecerá a planejamento que vise a promover o desenvolvimento econômico-social do País e a segurança nacional, norteando-se segundo planos e programas elaborados, na forma do Título III, e compreenderá a elaboração e atualização dos seguintes instrumentos básicos:

a) plano geral de governo;

b) programas gerais, setoriais e regionais, de duração plurianual;

c) orçamento-programa anual;

d) programação financeira de desembolso.

CAPÍTULO II. DA COORDENAÇÃO

Art. 8º. As atividades da Administração Federal e, especialmente, a execução dos planos e programas de governo, serão objeto de permanente coordenação.

§ 1º. A coordenação será exercida em todos os níveis da administração, mediante a atuação das chefias individuais, a realização sistemática de reuniões com a participação das chefias subordinadas e a instituição e funcionamento de comissões de coordenação em cada nível administrativo.

§ 2º. No nível superior da Administração Federal, a coordenação será assegurada através de reuniões do Ministério, reuniões de Ministros de Estado responsáveis por áreas afins, atribuição de incumbência coordenadora a um dos Ministros de Estado (art. 36), funcionamento das Secretarias Gerais (art. 23, § 1º) e coordenação central dos sistemas de atividades auxiliares (art. 31).

§ 3º. Quando submetidos ao Presidente da República, os assuntos deverão ter sido previamente coordenados com todos os setores neles interessados, inclusive no que respeita aos aspectos administrativos pertinentes, através de consultas e entendimentos, de modo a sempre compreenderem soluções integradas e que se harmonizem com a política geral e setorial do Governo. Idêntico procedimento será adotado nos demais níveis da Administração Federal, antes da submissão dos assuntos à decisão da autoridade competente.

Art. 9º. Os órgãos que operam na mesma área geográfica serão submetidos à coordenação com o objetivo de assegurar a programação e execução integrada dos serviços federais.

Parágrafo único. Quando ficar demonstrada a inviabilidade de celebração de convênio (alínea b do § 1º do art. 10) com os órgãos estaduais e municipais que exerçam atividades idênticas, os órgãos federais buscarão com eles coordenar-se, para evitar dispersão de esforços e de investimentos na mesma área geográfica.

10) com os órgãos estaduais e municipais que exerçam atividades idênticas, os órgãos federais buscarão com eles coordenar-se, para evitar dispersão de esforços e de investimentos na mesma área geográfica.

CAPÍTULO III. DA DESCENTRALIZAÇÃO

Art. 10. A execução das atividades da Administração Federal deverá ser amplamente descentralizada.

§ 1º. A descentralização será posta em prática em três planos principais:

a) dentro dos quadros da Administração Federal, distinguindo-se claramente o nível de direção do de execução;

b) da Administração Federal para a das unidades federadas, quando estejam devidamente aparelhadas e mediante convênio;

c) da Administração Federal para a órbita privada, mediante contratos ou concessões.

§ 2º. Em cada órgão da Administração Federal, os serviços que compõem a estrutura central de direção devem permanecer liberados das rotinas de execução e das tarefas de mera formalização de atos administrativos, para que possam concentrar-se nas atividades de planejamento, supervisão, coordenação e controle.

§ 3º. A Administração casuística, assim entendida a decisão de casos individuais, compete, em princípio, ao nível de execução, especialmente aos serviços de natureza local, que estão em contato com os fatos e com o público.

§ 4º. Compete à estrutura central de direção o estabelecimento das normas, critérios, programas e princípios, que os serviços responsáveis pela execução são obrigados a respeitar na solução dos casos individuais e no desempenho de suas atribuições.

§ 5º. Ressalvados os casos de manifesta impraticabilidade ou inconveniência, a execução de programas federais de caráter nitidamente local deverá ser delegada, no todo ou em parte, mediante convênio, aos órgãos estaduais ou municipais incumbidos de serviços correspondentes.

§ 6º. Os órgãos federais responsáveis pelos programas conservarão a autoridade normativa e exercerão controle e fiscalização indispensáveis sobre a execução local, condicionando-se a liberação dos recursos ao fiel cumprimento dos programas e convênios.

§ 7º. Para melhor desincumbir-se das tarefas de planejamento, coordenação, supervisão e controle e com o objetivo de impedir o crescimento desmesurado da máquina administrativa, a Administração procurará desobrigar-se da realização material de tarefas executivas, recorrendo, sempre que possível, à execução indireta, mediante contrato, desde que exista, na área, iniciativa privada suficientemente desenvolvida e capacitada a desempenhar os encargos de execução.

§ 8º. A aplicação desse critério está condicionada, em qualquer caso, aos ditames do interesse público e às conveniências da segurança nacional.

CAPÍTULO IV. DA DELEGAÇÃO DE COMPETÊNCIA

Art. 11. A delegação de competência será utilizada como instrumento de descentralização administrativa, com o objetivo de assegurar maior rapidez e objetividade às decisões, situando-as na proximidade dos fatos, pessoas ou problemas a atender.

Art. 12. É facultado ao Presidente da República, aos Ministros de Estado e, em geral, às autoridades da Administração Federal delegar competência para a prática de atos administrativos, conforme se dispuser em regulamento.

Parágrafo único. O ato de delegação indicará com precisão a autoridade delegante, a autoridade delegada e as atribuições objeto de delegação.

CAPÍTULO V. DO CONTROLE

Art. 13. O controle das atividades da Administração Federal deverá exercer-se em todos os níveis e em todos os órgãos, compreendendo, particularmente:

a) o controle, pela chefia competente, da execução dos programas e da observância das normas que governam a atividade específica do órgão controlado;

b) o controle, pelos órgãos próprios de cada sistema, da observância das normas gerais que regulam o exercício das atividades auxiliares;

c) o controle da aplicação dos dinheiros públicos e da guarda dos bens da União pelos órgãos próprios do sistema de contabilidade e auditoria.

Art. 14. O trabalho administrativo será racionalizado mediante simplificação de processos e supressão de controles que se evidenciarem como puramente formais ou cujo custo seja evidentemente superior ao risco.

TÍTULO III. DO PLANEJAMENTO, DO ORÇAMENTO-PROGRAMA E DA PROGRAMAÇÃO FINANCEIRA

Art. 15. A ação administrativa do Poder Executivo obedecerá a programas gerais, setoriais e regionais de duração plurianual, elaborados através dos órgãos de planejamento, sob a orientação e a coordenação superiores do Presidente da República.

§ 1º. Cabe a cada Ministro de Estado orientar e dirigir a elaboração do programa setorial e regional correspondente a seu Ministério e ao Ministro de Estado, Chefe da Secretaria de Planejamento, auxiliar diretamente o Presidente da República na coordenação, revisão e consolidação dos programas setoriais e regionais e na elaboração da programação geral do Governo. (Redação dada pela Lei nº 6.036, de 1974)

§ 2º. Com relação à Administração Militar, observar-se-á a finalidade precípua que deve regê-la, tendo em vista a destinação constitucional das Forças Armadas, sob a responsabilidade dos respectivos Ministros, que são os seus Comandantes Superiores. (Redação dada pelo Decreto-Lei nº 900, de 1969)

§ 3º. A aprovação dos planos e programas gerais, setoriais e regionais é da competência do Presidente da República.

Art. 16. Em cada ano, será elaborado um orçamento-programa, que pormenorizará a etapa do programa plurianual a ser realizada no exercício seguinte e que servirá de roteiro à execução coordenada do programa anual.

Parágrafo único. Na elaboração do orçamento-programa serão considerados, além dos recursos consignados no Orçamento da União, os recursos extra-orçamentários vinculados à execução do programa do Governo.

Art. 17. Para ajustar o ritmo de execução do orçamento-programa ao fluxo provável de recursos, o Ministério do Planejamento e Coordenação Geral e o Ministério da Fazenda elaborarão, em conjunto, a programação financeira de desembolso, de modo a assegurar a liberação automática e oportuna dos recursos necessários à execução dos programas anuais de trabalho.

Art. 18. Toda atividade deverá ajustar-se à programação governamental e ao orçamento-programa e os compromissos financeiros só poderão ser assumidos em consonância com a programação financeira de desembolso.

TÍTULO IV. DA SUPERVISÃO MINISTERIAL

Art. 19. Todo e qualquer órgão da Administração Federal, direta ou indireta, está sujeito à supervisão do Ministro de Estado competente, excetuados unicamente os órgãos mencionados no art. 32, que estão submetidos à supervisão direta do Presidente da República.

Art. 20. O Ministro de Estado é responsável, perante o Presidente da República, pela supervisão dos órgãos da Administração Federal enquadrados em sua área de competência.

Parágrafo único. A supervisão ministerial exercer-se-á através da orientação, coordenação e controle das atividades dos órgãos subordinados ou vinculados ao Ministério, nos termos desta lei.

Art. 21. O Ministro de Estado exercerá a supervisão de que trata este título com apoio nos Órgãos Centrais. (Redação dada pelo Decreto-Lei nº 900, de 1969)

Parágrafo único. No caso dos Ministros Militares a supervisão ministerial terá, também, como objetivo, colocar a administração, dentro dos princípios gerais estabelecidos nesta lei, em coerência com a destinação constitucional precípua das Forças Armadas, que constitui a atividade afim dos respectivos Ministérios. (Incluído pelo Decreto-Lei nº 900, de 1969)

Art. 22. Haverá na estrutura de cada Ministério Civil os seguintes Órgãos Centrais:

I – Órgãos Centrais de planejamento, coordenação e controle financeiro.

II – Órgãos Centrais de direção superior.

Art. 23. Os órgãos a que se refere o item I do art. 22, têm a incumbência de assessorar diretamente o Ministro de Estado e, por força de suas atribuições, em nome e sob a direção do Ministro, realizar estudos para formulação de diretrizes e desempenhar funções de planejamento, orçamento, orientação, coordenação, inspeção e controle financeiro, desdobrando-se em:

I – Uma Secretaria Geral.

II – Uma Inspetoria Geral de Finanças.

§ 1º. A Secretaria Geral atua como órgão setorial de planejamento e orçamento, na forma do Título III, e será dirigida por um Secretário-Geral, o qual poderá exercer funções delegadas pelo Ministro de Estado.

§ 2º. A Inspetoria Geral de Finanças, que será dirigida por um Inspetor-Geral, integra, como órgão setorial, os sistemas de administração financeiro, contabilidade e auditoria, superintendendo o exercício dessas funções no âmbito do Ministério e cooperação com a Secretaria Geral no acompanhamento da execução do programa e do orçamento.

§ 3º. Além das funções previstas neste título, a Secretária-Geral do Ministério do Planejamento e Coordenação Geral exercerá as atribuições de Órgão Central dos sistemas de planejamento e orçamento, e a Inspetoria-Geral de Finanças do Ministério da Fazenda, as de Órgãos Central do sistema de administração financeira, contabilidade e auditoria. (Redação dada pelo Decreto-Lei nº 900, de 1969)

Art. 24. Os Órgãos Centrais de direção superior (art. 22, item II) executam funções de administração das atividades específicas e auxiliares do Ministério e serão, preferentemente, organizados em base departamental, observados os princípios estabelecidos nesta lei.

Art. 25. A supervisão ministerial tem por principal objetivo, na área de competência do Ministro de Estado:

I – Assegurar a observância da legislação federal.

II – Promover a execução dos programas do Governo.

III – Fazer observar os princípios fundamentais enunciados no Título II.

IV – Coordenar as atividades dos órgãos supervisionados e harmonizar sua atuação com a dos demais Ministérios.

V – Avaliar o comportamento administrativo dos órgãos supervisionados e diligenciar no sentido de que estejam confiados a dirigentes capacitados.

VI – Proteger a administração dos órgãos supervisionados contra interferências e pressões ilegítimas.

VII – Fortalecer o sistema do mérito.

VIII – Fiscalizar a aplicação e utilização de dinheiros, valores e bens públicos.

IX – Acompanhar os custos globais dos programas setoriais do Governo, a fim de alcançar uma prestação econômica de serviços.

X – Fornecer ao órgão próprio do Ministério da Fazenda os elementos necessários à prestação de contas do exercício financeiro.

XI – Transmitir ao Tribunal de Contas, sem prejuízo da fiscalização deste, informes relativos à administração financeira e patrimonial dos órgãos do Ministério.

Art. 26. No que se refere à Administração Indireta, a supervisão ministerial visará a assegurar, essencialmente:

I – A realização dos objetivos fixados nos atos de constituição da entidade.

II – A harmonia com a política e a programação do Governo no setor de atuação da entidade.

III – A eficiência administrativa.

IV – A autonomia administrativa, operacional e financeira da entidade.

Parágrafo único. A supervisão exercer-se-á mediante adoção das seguintes medidas, além de outras estabelecidas em regulamento:

a) indicação ou nomeação pelo Ministro ou, se for o caso, eleição dos dirigentes da entidade, conforme sua natureza jurídica;

b) designação, pelo Ministro dos representantes do Governo Federal nas Assembleias Gerais e órgãos de administração ou controle da entidade;

c) recebimento sistemático de relatórios, boletins, balancetes, balanços e informações que permitam ao Ministro acompanhar as atividades da entidade e a execução do orçamento-programa e da programação financeira aprovados pelo Governo;

d) aprovação anual da proposta de orçamento-programa e da programação financeira da entidade, no caso de autarquia;

e) aprovação de contas, relatórios e balanços, diretamente ou através dos representantes ministeriais nas Assembleias e órgãos de administração ou controle;

f) fixação, em níveis compatíveis com os critérios de operação econômica, das despesas de pessoal e de administração;

g) fixação de critérios para gastos de publicidade, divulgação e relações públicas;

h) realização de auditoria e avaliação periódica de rendimento e produtividade;

i) intervenção, por motivo de interesse público.

Art. 27. Assegurada a supervisão ministerial, o Poder Executivo outorgará aos órgãos da Administração Federal a autoridade executiva necessária ao eficiente desempenho de sua responsabilidade legal ou regulamentar.

Parágrafo único. Assegurar-se-á às empresas públicas e às sociedades de economia mista condições de funcionamento idênticas às do setor privado cabendo a essas entidades, sob a supervisão ministerial, ajustar-se ao plano geral do Governo.

Art. 28. A entidade da Administração Indireta deverá estar habilitada a:

I – Prestar contas da sua gestão, pela forma e nos prazos estipulados em cada caso.

II – Prestar a qualquer momento, por intermédio do Ministro de Estado, as informações solicitadas pelo Congresso Nacional.

III – Evidenciar os resultados positivos ou negativos de seus trabalhos, indicando suas causas e justificando as medidas postas em prática ou cuja adoção se impuser, no interesse do Serviço Público.

Art. 29. Em cada Ministério Civil, além dos órgãos Centrais de que trata o art. 22, o Ministro de Estado disporá da assistência direta e imediata de:

I – Gabinete.
II – Consultor Jurídico, exceto no Ministério da Fazenda.
III – Divisão de Segurança e Informações.

§ 1º. O Gabinete assiste o Ministro de Estado em sua representação política e social, e incumbe-se das relações públicas, encarregando-se do preparo e despacho do expediente pessoal do Ministro.

§ 2º. O Consultor Jurídico incumbe-se do assessoramento jurídico do Ministro de Estado.

§ 3º. A Divisão de Segurança e Informações colabora com a Secretaria Geral do Conselho de Segurança Nacional e com o Serviço Nacional de Informações.

§ 4º. No Ministério da Fazenda, o serviço de consulta jurídica continua afeto à Procuradoria-Geral da Fazenda Nacional e aos seus órgãos integrantes, cabendo a função de Consultor Jurídico do Ministro de Estado ao Procurador-Geral, nomeado em comissão, pelo critério de confiança e livre escolha, entre bacharéis em Direito.

TÍTULO V. DOS SISTEMAS DE ATIVIDADES AUXILIARES

Art. 30. Serão organizadas sob a forma de sistema as atividades de pessoal, orçamento, estatística, administração financeira, contabilidade e auditoria, e serviços gerais, além de outras atividades auxiliares comuns a todos os órgãos da Administração que, a critério do Poder Executivo, necessitem de coordenação central.

§ 1º. Os serviços incumbidos do exercício das atividades de que trata este artigo consideram-se integrados no sistema respectivo e ficam, consequentemente, sujeitos à orientação normativa, à supervisão técnica e à fiscalização específica do órgão central do sistema, sem prejuízo da subordinação ao órgão em cuja estrutura administrativa estiverem integrados.

§ 2º. O chefe do órgão central do sistema é responsável pelo fiel cumprimento das leis e regulamentos pertinentes e pelo funcionamento eficiente e coordenado do sistema.

§ 3º. É dever dos responsáveis pelos diversos órgãos competentes dos sistemas atuar de modo a imprimir o máximo rendimento e a reduzir os custos operacionais da Administração.

§ 4º. Junto ao órgão central de cada sistema poderá funcionar uma Comissão de Coordenação, cujas atribuições e composição serão definidas em decreto.

Art. 31. A estruturação dos sistemas de que trata o artigo 30 e a subordinação dos respectivos Órgãos Centrais serão estabelecidas em decreto. (Redação dada pelo Decreto-Lei nº 900, de 1969)

TÍTULO VI. DA PRESIDÊNCIA DA REPÚBLICA

- Lei nº 13.844, de 18 de junho de 2019, que estabelece a organização básica dos órgãos da Presidência da República e dos Ministérios e dá outras providências.

Art. 32. A Presidência da República é constituída essencialmente pelo Gabinete Civil e pelo Gabinete Militar. Também dela fazem parte, como órgãos de assessoramento imediato ao Presidente da República:

I – o Conselho de Segurança Nacional; (Redação dada pela Lei nº 7.232, de 1984)
II – o Conselho de Desenvolvimento Econômico; (Redação dada pela Lei nº 7.232, de 1984)
III – o Conselho de Desenvolvimento Social; (Redação dada pela Lei nº 7.232, de 1984)
IV – a Secretaria de Planejamento; (Redação dada pela Lei nº 7.232, de 1984)
V – o Serviço Nacional de Informações; (Redação dada pela Lei nº 7.232, de 1984)
VI – o Estado-Maior das Forças Armadas; (Redação dada pela Lei nº 7.232, de 1984)
VII – o Departamento Administrativo do Serviço Público; (Redação dada pela Lei nº 7.232, de 1984)
VIII – a Consultoria-Geral da República; (Redação dada pela Lei nº 7.232, de 1984)
IX – o Alto Comando das Forças Armadas; (Redação dada pela Lei nº 7.232, de 1984)
X – o Conselho Nacional de Informática e Automação. (Redação dada pela Lei nº 7.232, de 1984)

Parágrafo único. O Chefe do Gabinete Civil, o Chefe do Gabinete Militar, o Chefe da Secretaria de Planejamento, o Chefe do Serviço Nacional de Informações e o Chefe do Estado-Maior das Forças Armadas são Ministros de Estado titulares dos respectivos órgãos. (Redação dada pela Lei nº 7.232, de 1984)

Art. 33. Ao Gabinete Civil incumbe:

I – Assistir, direta e imediatamente, o Presidente da República no desempenho de suas atribuições e, em especial, nos assuntos referentes à administração civil.
II – Promover a divulgação de atos e atividades governamentais.
III – Acompanhar a tramitação de projetos de lei no Congresso Nacional e coordenar a colaboração dos Ministérios e demais órgãos da administração, no que respeita aos projetos de lei submetidos à sanção presidencial.

- Lei nº 13.844, de 18 de junho de 2019, que estabelece a organização básica dos órgãos da Presidência da República e dos Ministérios e dá outras providências.

Art. 34. Ao Gabinete Militar incumbe:

I – Assistir, direta e imediatamente, o Presidente da República no desempenho de suas atribuições e, em especial, nos assuntos referentes à Segurança Nacional e à Administração Militar.
II – Zelar pela segurança do Presidente da República e dos Palácios Presidenciais.

Parágrafo único. O Chefe do Gabinete Militar exerce as funções de Secretário-Geral do Conselho de Segurança Nacional.

TÍTULO VII. DOS MINISTÉRIOS E RESPECTIVAS ÁREAS DE COMPETÊNCIA

- Lei nº 13.844, de 18 de junho de 2019, que estabelece a organização básica dos órgãos da Presidência da República e dos Ministérios e dá outras providências.

Art. 35. Os Ministérios são os seguintes: (Redação dada pela Lei nº 6.036, de 1974) Ministério da Justiça (Redação dada pela Lei nº 6.036, de 1974)

Ministério das Relações Exteriores (Redação dada pela Lei nº 6.036, de 1974)

Ministério da Fazenda (Redação dada pela Lei nº 6.036, de 1974)

Ministério dos Transportes (Redação dada pela Lei nº 6.036, de 1974)

Ministério da Agricultura (Redação dada pela Lei nº 6.036, de 1974)

Ministério da Indústria e do Comércio (Redação dada pela Lei nº 6.036, de 1974)

Ministério das Minas e Energia (Redação dada pela Lei nº 6.036, de 1974)

Ministério do Interior (Redação dada pela Lei nº 6.036, de 1º.5.1974)

Ministério da Educação e Cultura (Redação dada pela Lei nº 6.036, de 1974)

Ministério do Trabalho (Redação dada pela Lei nº 6.036, de 1974)

Ministério da Previdência e Assistência Social (Redação dada pela Lei nº 6.036, de 1974)

Ministério da Saúde (Redação dada pela Lei nº 6.036, de 1974)

Ministério das Comunicações (Redação dada pela Lei nº 6.036, de 1974)

Ministério da Marinha (Redação dada pela Lei nº 6.036, de 1974)

Ministério do Exército (Redação dada pela Lei nº 6.036, de 1974)

Ministério da Aeronáutica (Redação dada pela Lei nº 6.036, de 1974)

Parágrafo único. Os titulares dos Ministérios são Ministros de Estado (Art. 20). (Incluído pela Lei nº 6.036, de 1974)

Art. 36. Para auxiliá-lo na coordenação de assuntos afins ou interdependentes, que interessem a mais de um Ministério, o Presidente da República poderá incumbir de missão coordenadora um dos Ministros de Estado, cabendo essa missão, na ausência de designação específica ao Ministro de Estado Chefe da Secretaria de Planejamento. (Redação dada pela Lei nº 6.036, de 1974)

§ 1º. O Ministro Coordenador, sem prejuízo das atribuições da Pasta ou órgão de que for titular atuará em harmonia com as instruções emanadas do Presidente da República, buscando os elementos necessários ao cumprimento de sua missão mediante cooperação dos Ministros de Estado em cuja área de competência estejam compreendidos os assuntos objeto de coordenação. (Redação dada pela Lei nº 6.036, de 1974)

§ 2º. O Ministro Coordenador formulará soluções para a decisão final do Presidente da República. (Redação dada pela Lei nº 6.036, de 1974)

Art. 37. O Presidente da República poderá prover até 4 (quatro) cargos de Ministro Extraordinário para o desempenho de encargos temporários de natureza relevante. (Redação dada pelo Decreto-Lei nº 900, de 1969)

Art. 38. O Ministro Extraordinário e o Ministro Coordenador disporão de assistência técnica e administrativa essencial para o desempenho das missões de que forem incumbidos pelo Presidente da República na forma por que se dispuser em decreto.

Art. 39. Os assuntos que constituem a área de competência de cada Ministério são, a seguir, especificados:

MINISTÉRIO DA JUSTIÇA

I – Ordem jurídica, nacionalidade, cidadania, direitos políticos, garantias constitucionais.
II – Segurança interna. Polícia Federal.
III – Administração penitenciária.
IV – Ministério Público.
V – Documentação, publicação e arquivo dos atos oficiais.

MINISTÉRIO DAS RELAÇÕES EXTERIORES

I – Política Internacional.
II – Relações diplomáticas; serviços consulares.
III – Participação nas negociações comerciais, econômicas, financeiras, técnicas e culturais com países e entidades estrangeiras.
IV – Programas de cooperação internacional.

MINISTÉRIO DO PLANEJAMENTO E COORDENAÇÃO GERAL

I – Plano geral do Governo, sua coordenação. Integração dos planos regionais.

II – Estudos e pesquisas socioeconômicos, inclusive setoriais e regionais.
III – Programação orçamentária; proposta orçamentária anual.
IV – Coordenação da assistência técnica internacional.
V – Sistemas estatístico e cartográfico nacionais.
VI – Organização administrativa.

MINISTÉRIO DA FAZENDA

I – Assuntos monetários, creditícios, financeiros e fiscais; poupança popular.
II – Administração tributária.
III – Arrecadação.
IV – Administração financeira.
V – Contabilidade e auditoria.
VI – Administração patrimonial. (Redação dada pela Lei nº 6.228, de 1975)

MINISTÉRIO DOS TRANSPORTES

I – Coordenação dos transportes.
II – Transportes ferroviários e rodoviários.
III – Transportes Aquaviários. Marinha mercante; portos e vias navegáveis.
IV – Participação na coordenação dos transportes aeroviários, na forma estabelecida no art. 162.

MINISTÉRIO DA AGRICULTURA

I – Agricultura; pecuária; caça; pesca.
II – Recursos naturais renováveis: flora, fauna e solo.
III – Organização da vida rural; reforma agrária.
IV – Estímulos financeiros e creditícios.
V – Meteorologia; climatologia.
VI – Pesquisa e experimentação.
VII – Vigilância e defesa sanitária animal e vegetal.
VIII – Padronização e inspeção de produtos vegetais e animais ou do consumo nas atividades agropecuárias.

MINISTÉRIO DA INDÚSTRIA E DO COMÉRCIO

I – Desenvolvimento industrial e comercial.
II – Comércio exterior.
III – Seguros privados e capitalização.
IV – Propriedade industrial; registro do comércio; legislação metrológica.
V – Turismo.
VI – Pesquisa e experimentação tecnológica.

MINISTÉRIO DAS MINAS E ENERGIA

I – Geologia, recursos minerais e energéticos.
II – Regime hidrológico e fontes de energia hidráulica.
III – Mineração.
IV – Indústria do petróleo.
V – Indústria de energia elétrica, inclusive de natureza nuclear.

MINISTÉRIO DO INTERIOR

I – Desenvolvimento regional.
II – Radicação de populações, ocupação do território. Migrações internas.
III – Territórios federais.
IV – Saneamento básico.
V – Beneficiamento de áreas e obras de proteção contra secas e inundações. Irrigação.
VI – Assistência às populações atingidas pelas calamidades públicas.
VII – Assistência ao índio.
VIII – Assistência aos Municípios.
IX – Programa nacional de habitação.

MINISTÉRIO DA EDUCAÇÃO E CULTURA

I – Educação; ensino (exceto o militar); magistério.
II – Cultura – letras e artes.
III – Patrimônio histórico, arqueológico, científico, cultural e artístico.
IV – Desportos.

MINISTÉRIO DO TRABALHO E PREVIDÊNCIA SOCIAL

I – Trabalho; organização profissional e sindical; fiscalização.
II – Mercado de trabalho; política de emprego.
III – Política salarial.
IV – Previdência e assistência social.
V – Política de imigração.
VI – Colaboração com o Ministério Público junto à Justiça do Trabalho.

MINISTÉRIO DA SAÚDE

I – Política nacional de saúde.
II – Atividades médicas e para-médicas.
III – Ação preventiva em geral; vigilância sanitária de fronteiras e de portos marítimos, fluviais e aéreos.
IV – Controle de drogas, medicamentos e alimentos.
V – Pesquisas médicas-sanitárias.

MINISTÉRIO DAS COMUNICAÇÕES

I – Telecomunicações.
II – Serviços postais.

MINISTÉRIO DA MARINHA

(Art. 54)

MINISTÉRIO DO EXÉRCITO

(Art. 59)

MINISTÉRIO DA AERONÁUTICA

(Art. 63)

TÍTULO VIII. DA SEGURANÇA NACIONAL

CAPÍTULO I. DO CONSELHO DE SEGURANÇA NACIONAL

Art. 40. O Conselho de Segurança Nacional é o órgão de mais alto nível no assessoramento direto do Presidente da República, na formulação e na execução da Política de Segurança Nacional. (Redação dada pelo Decreto-Lei nº 900, de 1969)

§ 1º. A formulação da Política de Segurança Nacional far-se-á, basicamente, mediante o estabelecimento do Conceito Estratégico Nacional.

§ 2º. No que se refere a execução da Política de Segurança Nacional, o Conselho apreciará os problemas que lhe forem propostos no quadro da conjuntura nacional ou internacional. (Redação dada pelo Decreto-Lei nº 900, de 1969)

Art. 41. Caberá, ainda, ao Conselho o cumprimento de outras tarefas específicas previstas na Constituição.

Art. 42. O Conselho de Segurança Nacional é convocado e presidido pelo Presidente da República, dele participando, no caráter de membros natos, o Vice-Presidente da República, todos os Ministros de Estado, inclusive os Extraordinários, os Chefes dos Gabinetes Civil e Militar da Presidência da República, o Chefe do Serviço Nacional de Informações, o Chefe do Estado-Maior das Forças Armadas e os Chefes dos Estados-Maiores da Armada, do Exército e da Aeronáutica.

§ 1º. O Presidente da República poderá designar membros eventuais, conforme a matéria a ser apreciada.

§ 2º. O Presidente da República pode ouvir o Conselho de Segurança Nacional, mediante consulta a cada um dos seus membros em expediente remetido por intermédio da Secretária-Geral.

Art. 43. O Conselho dispõe de uma Secretária-Geral, como órgão de estudo, planejamento e coordenação no campo da segurança nacional e poderá contar com a colaboração de órgãos complementares, necessários ao cumprimento de sua finalidade constitucional. (Redação dada pelo Decreto-Lei nº 1.093, de 1970)

CAPÍTULO II. DO SERVIÇO NACIONAL DE INFORMAÇÕES

Art. 44. O Serviço Nacional de Informações tem por finalidade superintender e coordenar, em todo o território nacional, as atividades de informação e contrainformação, em particular as que interessem à segurança nacional.

TÍTULO IX. DAS FORÇAS ARMADAS

CAPÍTULO I. DISPOSIÇÕES PRELIMINARES

Art. 45. As Forças Armadas, constituídas pela Marinha de Guerra, pelo Exército e pela Aeronáutica Militar, são instituições nacionais, permanentes e regulares, organizadas com base na hierarquia e na disciplina, sob a autoridade suprema do Presidente da República e dentro dos limites da lei. As Forças Armadas, essenciais à execução da Política de Segurança Nacional, destinam-se à defesa da Pátria e à garantia dos Poderes constituídos, da Lei e da Ordem. (Redação dada pelo Decreto-Lei nº 900, de 1969)

Parágrafo único. As Forças Armadas, nos casos de calamidade pública, colaborarão com os Ministérios Civis, sempre que solicitadas, na assistência às populações atingidas e no restabelecimento da normalidade. (Redação dada pelo Decreto-Lei nº 900, de 1969)

Art. 46. O Poder Executivo fixará a organização pormenorizada das Forças Armadas singulares – Forças Navais, Forças Terrestres e Forças Aérea Brasileira – e das Forças Combinadas ou Conjuntas, bem como dos demais órgãos integrantes dos Ministérios Militares, suas denominações, localizações e atribuições.

Parágrafo único. Caberá, também, ao Poder Executivo, nos limites fixados em lei, dispor sobre as Polícias Militares e Corpos de Bombeiros Militares, como forças auxiliares, reserva do Exército.

CAPÍTULO II. DOS ÓRGÃOS DE ASSESSORAMENTO DIRETO DO PRESIDENTE DA REPÚBLICA

SEÇÃO I. DO ALTO COMANDO DAS FORÇAS ARMADAS

- Lei nº 13.844, de 18 de junho de 2019, que estabelece a organização básica dos órgãos da Presidência da República e dos Ministérios e dá outras providências.

Art. 47. O Alto Comando das Forças Armadas é um órgão de assessoramento do Presidente da República, nas decisões relativas à política militar e à coordenação de assuntos pertinentes às Forças Armadas.

Art. 48. Integram o Alto Comando das Forças Armadas os Ministros Militares, o Chefe do Estado-Maior das Forças Armadas e os Chefes dos Estados-Maiores de cada uma das Forças singulares.

Art. 49. O Alto Comando das Forças Armadas reúne-se quando convocado pelo Presidente da República e é secretariado pelo Chefe do Gabinete Militar da Presidência da República.

SEÇÃO II. DO ESTADO-MAIOR DAS FORÇAS ARMADAS

Art. 50. O Estado-Maior das Forças Armadas, órgãos de assessoramento do Presidente da República tem por atribuições: (Redação dada pelo Decreto-Lei nº 900, de 1969)

I – Proceder aos estudos para a fixação da Política, da Estratégia e da Doutrina Militares, bem como elaborar e coordenar os planos e programas decorrentes; (Redação dada pelo Decreto-Lei nº 900, de 1969)

II – Estabelecer os planos para emprego das Forças Combinadas ou Conjuntas e de forças singulares destacadas para participar de operações militares no exterior, levando em consideração os estudos e as sugestões dos Ministros Militares competentes; (Redação dada pelo Decreto-Lei nº 900, de 1969)

III – Coordenar as informações estratégicas no Campo Militar; (Redação dada pelo Decreto-Lei nº 900, de 1969)

IV – Coordenar, no que transcenda os objetivos específicos e as disponibilidades previstas no Orçamento dos Ministérios Militares, os planos de pesquisas, de desenvolvimento e de mobilização das Forças Armadas e os programas de aplicação de recursos decorrentes. (Redação dada pelo Decreto-Lei nº 900, de 1969)

V – Coordenar as representações das Forças Armadas no País e no exterior; (Redação dada pelo Decreto-Lei nº 900, de 1969)

VI – Proceder aos estudos e preparar as decisões sobre assuntos que lhe forem submetidos pelo Presidente da República. (Redação dada pelo Decreto-Lei nº 900, de 1969)

Art. 51. A Chefia do Estado-Maior das Forças Amadas é exercida por um oficial-general do mais alto posto nomeado pelo Presidente da República, obedecido, em princípio, o critério de rodízio entre as Forças Armadas. (Redação dada pelo Decreto-Lei nº 900, de 1969)

Art. 52. As funções de Estado-Maior e Serviços no Estado-Maior das Forças Armadas são exercidas por oficiais das três Forças singulares.

Art. 53. O Conselho de Chefes de Estado-Maior, constituído do Chefe do Estado-Maior das Forças Armadas e dos Chefes do Estado-Maior das Forças singulares, reúne-se periodicamente, sob a presidência do primeiro, para apreciação de assuntos específicos do Estado-Maior das Forças Armadas e os de interesse comum a mais de uma das Forças singulares.

CAPÍTULO III. DOS MINISTÉRIOS MILITARES

SEÇÃO I. DO MINISTÉRIO DA MARINHA

Art. 54. O Ministério da Marinha administra os negócios da Marinha de Guerra e tem como atribuição principal a preparação desta para o cumprimento de sua destinação constitucional.

§ 1º. Cabe ao Ministério da Marinha;

I – Propor a organização e providenciar o aparelhamento e adestramento das Forças Navais e Aeronavais e do Corpo de Fuzileiros Navais, inclusive para integrarem Forças Combinadas ou Conjuntas.

II – Orientar e realizar pesquisas e desenvolvimento de interesse da Marinha, obedecido o previsto no item V do art. 50 da presente Lei.

III – Estudar e propor diretrizes para a política marítima nacional.

§ 2º. Ao Ministério da Marinha competem ainda as seguintes atribuições subsidiárias;

I – Orientar e controlar a Marinha Mercante Nacional e demais atividades correlatas no que interessa à segurança nacional e prover a segurança da navegação, seja ela marítima, fluvial ou lacustre.

II – Exercer a polícia naval.

Art. 55. O Ministro da Marinha exerce a direção geral do Ministério da Marinha e é o Comandante Superior da Marinha de Guerra. (Redação dada pelo Decreto-Lei nº 900, de 1969)

Art. 56. A Marinha de Guerra compreende suas organizações próprias, pessoal em serviço ativo e sua reserva, inclusive as formações auxiliares conforme fixado em lei. (Redação dada pelo Decreto-Lei nº 900, de 1969)

Art. 57. O Ministério da Marinha é constituído de:

I – Órgãos de Direção Geral.

– Almirantado (Alto Comando da Marinha de Guerra).

– Estado Maior da Armada.

II – Órgãos de Direção Setorial, organizados em base departamental (art. 24).

III – Órgãos de Assessoramento.

– Gabinete do Ministro.

– Consultoria Jurídica.

– Conselho de Almirantes.

– Outros Conselhos e Comissões.

IV – Órgãos de Apoio.

– Diretorias e outros órgãos.

V – Forças Navais e Aeronavais (elementos próprios – navios e helicópteros – e elementos destacados da Força Aérea Brasileira).

– Corpo de Fuzileiros Navais.

– Distritos Navais.

– Comando do Controle Naval do Tráfego Marítimo. (Incluído pelo Decreto-Lei nº 900, de 1969)

Art. 58. Revogado pela Lei nº 6.059, de 1974.

SEÇÃO II. DO MINISTÉRIO DO EXÉRCITO

Art. 59. O Ministério do Exército administra os negócios do Exército e tem, como atribuição principal a preparação do Exército para o cumprimento da sua destinação constitucional.

§ 1º. Cabe ao Ministério do Exército:

I – Propor a organização e providenciar o aparelhamento e o adestramento das Forças Terrestres, inclusive para integrarem Forças Combinadas ou Conjuntas.

II – Orientar e realizar pesquisas e desenvolvimento de interesse do Exército, obedecido o previsto no item V do art. 50 da presente lei.

§ 2º. Ao Ministério do Exército compete ainda propor as medidas para a efetivação do disposto no Parágrafo único do art. 46 da presente lei.

Art. 60. O Ministro do Exército exerce a direção geral das atividades do Ministério e é o Comandante Superior do Exército.

Art. 61. O Exército é constituído do Exército ativo e sua Reserva.

§ 1º. O Exército ativo é a parte do Exército organizada e aparelhada para o cumprimento de sua destinação constitucional e em pleno exercício de suas atividades.

§ 2º. Constitui a Reserva do Exército todo o pessoal sujeito à incorporação no Exército ativo, mediante mobilização ou convocação, e as forças e organizações auxiliares, conforme fixado em lei.

Art. 62. O Ministério do Exército compreende:

I – Órgãos de Direção Geral

• Alto Comando do Exército.

• Estado-Maior do Exército.

• Conselho Superior de Economia e Finanças.

II – Órgãos de Direção Setorial, organizados em base departamental (art. 24)

III – Órgãos de Assessoramento

• Gabinete do Ministro.

• Consultoria Jurídica.

• Secretaria Geral.

• Outros Conselhos e Comissões.

IV – Órgãos de Apoio

• Diretorias e outros órgãos.

V – Forças Terrestres

• Órgãos Territoriais.

SEÇÃO III. DO MINISTÉRIO DA AERONÁUTICA

Art. 63. O Ministério da Aeronáutica administra os negócios da Aeronáutica e tem como atribuições principais a preparação da Aeronáutica para o cumprimento de sua destinação constitucional e a orientação, a coordenação e o controle das atividades da Aviação Civil. (Redação dada pelo Decreto-Lei nº 991, de 1969)

Parágrafo único. Cabe ao Ministério da Aeronáutica: (Redação dada pelo Decreto-Lei nº 991, de 1969)

I – Estudar e propor diretrizes para a Política Aeroespacial Nacional. (Redação dada pelo Decreto-Lei nº 991, de 1969)

II – Propor a organização e providenciar o aparelhamento e o adestramento da Forças Aérea Brasileira, inclusive de elementos para integrar as Forças Combinadas ou Conjuntas. (Redação dada pelo Decreto-Lei nº 991, de 1969)

III – Orientar, coordenar e controlar as atividades da Aviação Civil, tanto comerciais como privadas e desportivas. (Redação dada pelo Decreto-Lei nº 991, de 1969)

IV – Estabelecer, equipar e operar, diretamente ou mediante autorização ou concessão, a infra-estrutura aeronáutica, inclusive os serviços de apoio necessárias à navegação aérea. (Redação dada pelo Decreto-Lei nº 991, de 1969)

V – Orientar, incentivar e realizar pesquisas e desenvolvimento de interesse da Aeronáutica, obedecido, quanto às de interesse militar, ao prescrito no item IV do art. 50 da presente lei. (Redação dada pelo Decreto-Lei nº 991, de 1969)

VI – Operar o Correio Aéreo Nacional. (Redação dada pelo Decreto-Lei nº 991, de 1969)

Art. 64. O Ministro da Aeronáutica exerce a direção geral das atividades do Ministério e é o Comandante-em-Chefe da Força Aérea Brasileira. (Redação dada pelo Decreto-Lei nº 991, de 1969)

Art. 65. A Força Aérea Brasileira é a parte da Aeronáutica organizada e aparelhada para o cumprimento de sua destinação constitucional. (Redação dada pelo Decreto-Lei nº 991, de 1969)

Parágrafo único. Constitui a reserva da Aeronáutica todo o pessoal sujeito à incorporação na Força Aérea Brasileira, mediante mobilização ou convocação, e as organizações auxiliares, conforme fixado em lei. (Redação dada pelo Decreto-Lei nº 991, de 1969)

Art. 66. O Ministério da Aeronáutica compreende: (Redação dada pelo Decreto-Lei nº 991, de 1969)

I – Órgãos de Direção Geral: (Redação dada pelo Decreto-Lei nº 991, de 1969)

• Alto Comando da Aeronáutica (Redação dada pelo Decreto-Lei nº 991, de 1969)

• Estado-Maior da Aeronáutica (Redação dada pelo Decreto-Lei nº 991, de 1969)

• Inspetoria Geral da Aeronáutica (Redação dada pelo Decreto-Lei nº 991, de 1969)

II – Órgãos de Direção Setorial, organizados em base departamental (art. 24): (Redação dada pelo Decreto-Lei nº 991, de 1969)

• Departamento de Aviação Civil (Redação dada pelo Decreto-Lei nº 991, de 1969)

• Departamento de Pesquisas e Desenvolvimento (Redação dada pelo Decreto-Lei nº 991, de 1969)

III – Órgãos de Assessoramento: (Redação dada pelo Decreto-Lei nº 991, de 1969)

• Gabinete do Ministro (Redação dada pelo Decreto-Lei nº 991, de 1969)

• Consultoria Jurídica (Redação dada pelo Decreto-Lei nº 991, de 1969)

• Conselhos e Comissões (Redação dada pelo Decreto-Lei nº 991, de 1969)

IV – Órgãos de Apoio: (Redação dada pelo Decreto-Lei nº 991, de 1969)

• Comandos, Diretorias, Institutos, Serviços e outros órgãos (Redação dada pelo Decreto-Lei nº 991, de 1969)

V – Força Aérea Brasileira: (Redação dada pelo Decreto-Lei nº 991, de 1969)

• Comandos Aéreos (inclusive elementos para integrar Forças Combinadas ou Conjuntas) – Comandos Territoriais. (Redação dada pelo Decreto-Lei nº 991, de 1969)

CAPÍTULO IV. DISPOSIÇÃO GERAL

Art. 67. O Almirantado (Alto Comando da Marinha de Guerra), o Alto Comando do Exército e o Alto Comando da Aeronáutica, a que se referem os arts. 57, 62 e 66 são órgãos integrantes da Direção Geral do Ministério da Marinha, do Exército e da Aeronáutica cabendo-lhes assessorar os respectivos Ministros, principalmente:

a) nos assuntos relativos à política militar peculiar à Força singular;

b) nas matérias de relevância – em particular, de organização, administração e logística – dependentes de decisão ministerial;

c) na seleção do quadro de Oficiais Generais.

TÍTULO X. DAS NORMAS DE ADMINISTRAÇÃO FINANCEIRA E DE CONTABILIDADE

▸ CF: arts. 70 e s.

Art. 68. O Presidente da República prestará anualmente ao Congresso Nacional as contas relativas ao exercício anterior, sobre as quais dará parecer prévio o Tribunal de Contas.

Art. 69. Os órgãos da Administração Direta observarão um plano de contas único e as normas gerais de contabilidade e da auditoria que forem aprovados pelo Governo.

Art. 70. Publicados a lei orçamentária ou os decretos de abertura de créditos adicionais, as unidades orçamentárias, os órgãos administrativos, os de contabilização e os de fiscalização financeira ficam, desde logo, habilitados a tomar as providências cabíveis para o desempenho das suas tarefas.

Art. 71. A discriminação das dotações orçamentárias globais de despesas será feita:

I – No Poder Legislativo e órgãos auxiliares, pelas Mesas da Câmara dos Deputados e do Senado Federal e pelo Presidente do Tribunal de Contas.

II – No Poder Judiciário, pelos Presidentes dos Tribunais e demais órgãos competentes.

III – No Poder Executivo, pelos Ministros de Estado ou dirigentes de órgãos da Presidência da República.

Art. 72. Com base na lei orçamentária, créditos adicionais e seus atos complementares, o órgão central da programação financeira fixará as cotas e prazos de utilização de recursos pelos órgãos da Presidência da República, pelos Ministérios e pelas autoridades dos Poderes Legislativo e Judiciário para atender à movimentação dos créditos orçamentários ou adicionais.

§ 1º. Os Ministros de Estado e os dirigentes de Órgãos da Presidência da República aprovarão a programação financeira setorial e autorizarão às unidades administrativas a movimentar os respectivos créditos, dando ciência ao Tribunal de Contas.

§ 2º. O Ministro de Estado, por proposta do Inspetor Geral de Finanças, decidirá quanto aos limites de descentralização da administração dos créditos, tendo em conta as atividades peculiares de cada órgão.

Art. 73. Nenhuma despesa poderá ser realizada sem a existência de crédito que a comporte ou quando imputada a dotação imprópria, vedada expressamente qualquer atribuição de fornecimento ou prestação de serviços cujo custo exceda aos limites previamente fixados em lei.

Parágrafo único. Mediante representação do órgão contábil serão impugnados quaisquer atos referentes a despesas que incidam na proibição do presente artigo.

Art. 74. Na realização da receita e da despesa pública será utilizada a via bancária, de acordo com as normas estabelecidas em regulamento.

§ 1º. Nos casos em que se torne indispensável a arrecadação de receita diretamente pelas unidades administrativas, o recolhimento à conta bancária far-se-á no prazo regulamentar.

§ 2º. O pagamento de despesa, obedecidas as normas que regem a execução orçamentária (Lei nº 4.320, de 17 de março de 1964), far-se-á mediante ordem bancária ou cheque nominativo, contabilizado pelo órgão competente e obrigatoriamente assinado pelo ordenador da despesa e pelo encarregado do setor financeiro.

§ 3º. Em casos excepcionais, quando houver despesa não atendível pela via bancária, as autoridades ordenadoras poderão autorizar suprimentos de fundos, de preferência a agentes afiançados, fazendo-se os lançamentos contábeis necessários e fixando-se prazo para comprovação dos gastos.

Art. 75. Os órgãos da Administração Federal prestarão ao Tribunal de Contas, ou suas delegações, os informes relativos à administração dos créditos orçamentários e facilitarão a realização das inspeções de controle externo dos órgãos de administração financeira, contabilidade e auditorias. (Redação dada pelo Decreto-Lei nº 900, de 1969)

Parágrafo único. As informações previstas neste artigo são as imprescindíveis ao exercício da auditoria financeira e orçamentária, realizada com base nos documentos enumerados nos itens I e II do artigo 36 do Decreto-lei nº 199, de 25 de fevereiro de 1967, vedada a requisição sistemática de documentos ou comprovantes arquivados nos órgãos da administração federal, cujo exame se possa realizar através das inspeções de controle externo. (Incluído pelo Decreto-Lei nº 900, de 1969)

Art. 76. Caberá ao Inspetor Geral de Finanças ou autoridade delegada autorizar a inscrição de despesas na conta "Restos a Pagar" (Lei nº 4.320, de 17 de março de 1964), obedecendo-se na liquidação respectiva as mesmas formalidades fixadas para a administração dos créditos orçamentários.

Parágrafo único. As despesas inscritas na conta de "Restos a Pagar" serão liquidadas quando do recebimento do material, da execução da obra ou da prestação do serviço, ainda que ocorram depois do encerramento do exercício financeiro.

Art. 77. Todo ato de gestão financeira deve ser realizado por força do documento que comprove a operação e registrado na contabilidade, mediante classificação em conta adequada.

Art. 78. O acompanhamento da execução orçamentária será feito pelos órgãos de contabilização.

§ 1º. Em cada unidade responsável pela administração de créditos proceder-se-á sempre à contabilização destes.

§ 2º. A contabilidade sintética ministerial caberá à Inspetoria Geral de Finanças.

§ 3º. A contabilidade geral caberá à Inspetoria Geral de Finanças do Ministério da Fazenda.

§ 4º. Atendidas as conveniências do serviço, um único órgão de contabilidade analítica poderá encarregar-se da contabilização para várias unidades operacionais do mesmo ou de vários Ministérios.

§ 5º. Os documentos relativos à escrituração dos atos da receita e despesa ficarão arquivados no órgão de contabilidade analítica e à disposição das autoridades responsáveis pelo acompanhamento administrativo e fiscalização financeira e, bem assim, dos agentes incumbidos do controle externo, de competência do Tribunal de Contas.

Art. 79. A contabilidade deverá apurar os custos dos serviços de forma a evidenciar os resultados da gestão.

Art. 80. Os órgãos de contabilidade inscreverão como responsável todo o ordenador da despesa, o qual só poderá ser exonerado de sua responsabilidade após julgadas regulares suas contas pelo Tribunal de Contas.

§ 1º. Ordenador de despesas é toda e qualquer autoridade de cujos atos resultarem emissão de empenho, autorização de pagamento, suprimento ou dispêndio de recursos da União ou pela qual esta responda.

§ 2º. O ordenador de despesa, salvo conivência, não é responsável por prejuízos causados à Fazenda Nacional decorrentes de atos praticados por agente subordinado que exorbitar das ordens recebidas.

§ 3º. As despesas feitas por meio de suprimentos, desde que não impugnadas pelo ordenador, serão escrituradas e incluídas na sua tomada de contas, na forma prescrita; quando impugnadas, deverá o ordenador determinar imediatas providências administrativas para a apuração das responsabilidades e imposição das penalidades cabíveis, sem prejuízo do julgamento da regularidade das contas pelo Tribunal de Contas.

Art. 81. Todo ordenador de despesa ficará sujeito a tomada de contas realizada pelo órgão de contabilidade e verificada pelo órgão de auditoria interna, antes de ser encaminhada ao Tribunal de Contas (artigo 82).

Parágrafo único. O funcionário que receber suprimento de fundos, na forma do disposto no art. 74, § 3º, é obrigado a prestar contas de sua aplicação procedendo-se, automaticamente, a tomada de contas se não o fizer no prazo assinalado.

Art. 82. As tomadas de contas serão objeto de pronunciamento expresso do Ministro de Estado, dos dirigentes de órgãos da Presidência da República ou de autoridade a quem estes delegarem competência, antes de seu encaminhamento ao Tribunal de Contas para os fins constitucionais e legais.

§ 1º. A tomada de contas dos ordenadores, agentes recebedores, tesoureiros ou pagadores será feita no prazo máximo de 180 (cento e oitenta) dias do encerramento do exercício financeiro pelos órgãos encarregados da contabilidade analítica e, antes de ser submetida a pronunciamento do Ministro de Estado, dos dirigentes de órgãos da Presidência da República ou da autoridade a quem estes delegarem competência, terá sua regularidade certificada pelo órgão de auditoria.

§ 2º. Sem prejuízo do encaminhamento ao Tribunal de Contas, a autoridade a que se refere o parágrafo anterior no caso de irregularidade, determinará as providências que, a seu critério, se tornarem indispensáveis para resguardar o interesse público e a probidade na aplicação dos dinheiros públicos, dos quais dará ciência oportunamente ao Tribunal de Contas.

§ 3º. Sempre que possível, desde que não retardem nem dificultem as tomadas de contas, estas poderão abranger conjuntamente a dos ordenadores e tesoureiros ou pagadores.

Art. 83. Cabe aos detentores de suprimentos de fundos fornecer indicação precisa dos saldos em seu poder em 31 de dezembro, para efeito de contabilização e reinscrição da respectiva responsabilidade pela sua aplicação em data posterior, observados os prazos assinalados pelo ordenador da despesa.

Parágrafo único. A importância aplicada até 31 de dezembro será comprovada até 15 de janeiro seguinte.

Art. 84. Quando se verificar que determinada conta não foi prestada, ou que ocorreu desfalque, desvio de bens ou outra irregularidade de que resulte prejuízo para a Fazenda Pública, as autoridades administrativas, sob pena de co-responsabilidade e sem embargo dos procedimentos disciplinares, deverão tomar imediatas providência para assegurar o respectivo ressarcimento e instaurar a tomada de contas, fazendo-se as comunicações a respeito ao Tribunal de Contas.

Art. 85. A Inspetoria Geral de Finanças, em cada Ministério, manterá atualizada relação de responsáveis por dinheiros, valores e bens públicos, cujo rol deverá ser transmitido anualmente ao Tribunal de Contas, comunicando-se trimestralmente as alterações.

Art. 86. A movimentação dos créditos destinados à realização de despesas reservadas ou confidenciais será feita sigilosamente e nesse caráter serão tomadas as contas dos responsáveis.

Art. 87. Os bens móveis, materiais e equipamentos em uso ficarão sob a responsabilidade dos chefes de serviço, procedendo-se periodicamente a verificações pelos competentes órgãos de controle.

Art. 88. Os estoques serão obrigatoriamente contabilizados, fazendo-se a tomada anual das contas dos responsáveis.

Art. 89. Todo aquele que, a qualquer título, tenha a seu cargo serviço de contabilidade da União é pessoalmente responsável pela exatidão das contas e oportuna apresentação dos balancetes, balanços e demonstrações contábeis dos atos relativos à administração financeira e patrimonial do setor sob sua jurisdição.

Art. 90. Responderão pelos prejuízos que causarem à Fazenda Pública o ordenador de despesas e o responsável pela guarda de dinheiros, valores e bens.

Art. 91. Sob a denominação de Reserva de Contingência, o orçamento anual poderá conter dotação global não especificamente destinada a determinado órgão, unidade orçamentária, programa ou categoria econômica, cujos recursos serão utilizados para abertura de créditos adicionais. (Redação dada pelo Decreto-Lei nº 1.763, de 1980)

Art. 92. Com o objetivo de obter maior economia operacional e racionalizar a execução da programação financeira de desembolso, o Ministério da Fazenda promoverá a unificação de recursos movimentados pelo Tesouro Nacional através de sua Caixa junto ao agente financeiro da União.

Parágrafo único. Os saques contra a Caixa do Tesouro só poderão ser efetuados dentro dos limites autorizados pelo Ministro da Fazenda ou autoridade delegada.

Art. 93. Quem quer que utilize dinheiros públicos terá de justificar seu bom e regular emprego na conformidade das leis, regulamentos e normas emanadas das autoridades administrativas competentes.

TÍTULO XI. DAS DISPOSIÇÕES REFERENTES AO PESSOAL CIVIL

CAPÍTULO I. DAS NORMAS GERAIS

Art. 94. O Poder Executivo promoverá a revisão da legislação e das normas regulamentares relativas ao pessoal do Serviço Público Civil, com o objetivo de ajustá-las aos seguintes princípios:

I – Valorização e dignificação da função pública e ao servidor público.

II – Aumento da produtividade.

III – Profissionalização e aperfeiçoamento do servidor público; fortalecimento do Sistema do Mérito para ingresso na função pública, acesso a função superior e escolha do ocupante de funções de direção e assessoramento.

IV – Conduta funcional pautada por normas éticas cuja infração incompatibilize o servidor para a função.

V – Constituição de quadros dirigentes, mediante formação e aperfeiçoamento de administradores capacitados a garantir a qualidade, produtividade e continuidade da ação governamental, em consonância com critérios éticos especialmente estabelecidos.

VI – Retribuição baseada na classificação das funções a desempenhar, levando-se em conta o nível educacional exigido pelos deveres e responsabilidade do cargo, a experiência que o exercício deste requer, a satisfação de outros requisitos que se reputarem essenciais ao seu desempenho e às condições do mercado de trabalho.

VII – Organização dos quadros funcionais, levando-se em conta os interesses de recrutamento nacional para certas funções e a necessidade de relacionar ao mercado de trabalho local ou regional o recrutamento, a seleção e a remuneração das demais funções.

VIII – Concessão de maior autonomia aos dirigentes e chefes na administração de pessoal, visando a fortalecer a autoridade do comando, em seus diferentes graus, e a dar-lhes efetiva responsabilidade pela supervisão e rendimento dos serviços sob sua jurisdição.

IX – Fixação da quantidade de servidores, de acordo com as reais necessidades de funcionamento de cada órgão, efetivamente comprovadas e avaliadas na oportunidade da elaboração do orçamento-programa, e estreita observância dos quantitativos que forem considerados adequados pelo Poder Executivo no que se refere aos dispêndios de pessoal. Aprovação das lotações segundo critérios objetivos que relacionam a quantidade de servidores às atribuições e ao volume de trabalho do órgão.

X – Eliminação ou reabsorção do pessoal ocioso, mediante aproveitamento dos servidores excedentes, ou reaproveitamento aos desajustados em funções compatíveis com as suas comprovadas qualificações e aptidões vocacionais, impedindo-se novas admissões, enquanto houver servidores disponíveis para a função.

XI – Instituição, pelo Poder Executivo, de reconhecimento do mérito aos servidores que contribuam com sugestões, planos e projetos não elaborados em decorrência do exercício de suas funções e dos quais possam resultar aumento de produtividade e redução dos custos operacionais da administração.

XII – Estabelecimento de mecanismos adequados à apresentação por parte dos servidores, nos vários níveis organizacionais, de suas reclamações e reivindicações, bem como à rápida apreciação, pelos órgãos administrativos competentes, dos assuntos nelas contidos.

XIII – Estímulo ao associativismo dos servidores para fins sociais e culturais.

Parágrafo único. O Poder Executivo encaminhará ao Congresso Nacional mensagens que consubstanciem a revisão de que trata este artigo.

Art. 95. O Poder Executivo promoverá as medidas necessárias à verificação da produtividade do pessoal a ser empregado em quaisquer atividades da Administração Direta ou de autarquia, visando a colocá-lo em níveis de competição com a atividade privada ou a evitar custos injustificáveis de operação, podendo, por via de decreto executivo ou medidas administrativas, adotar as soluções adequadas, inclusive a eliminação de exigências de pessoal superiores às indicadas pelos critérios de produtividade e rentabilidade.

Art. 96. Nos termos da legislação trabalhista, poderão ser contratados especialistas para atender às exigências de trabalho técnico em institutos, órgãos de pesquisa e outras entidades especializadas da Administração Direta ou autarquia, segundo critérios que, para esse fim, serão estabelecidos em regulamento.

Art. 97. Os Ministros de Estado, mediante prévia e específica autorização do Presidente da República, poderão contratar os serviços de consultores técnicos e especialistas por determinado período, nos termos da legislação trabalhista. (Expressão substituída pelo Decreto-Lei nº 900, de 1969)

CAPÍTULO II. DAS MEDIDAS DE APLICAÇÃO IMEDIATA

Art. 98. Cada unidade administrativa terá, no mais breve prazo, revista sua lotação, a fim de que passe a corresponder a suas estritas necessidades de pessoal e seja ajustada às dotações previstas no orçamento (art. 94 inciso IX).

Art. 99. O Poder Executivo adotará providências para a permanente verificação da existência de pessoal ocioso na Administração Federal, diligenciando para sua eliminação ou redistribuição imediata.

§ 1º. Sem prejuízo da iniciativa do órgão de pessoal da repartição, todo responsável por setor de trabalho em que houver pessoal ocioso deverá apresentá-lo aos centros de redistribuição e aproveitamento de pessoal que deverão ser criados, em caráter temporário, sendo obrigatório o aproveitamento dos concursados.

§ 2º. A redistribuição de pessoal ocorrerá sempre no interesse do Serviço Público, tanto na Administração Direta como em autarquia, assim como de uma para outra, respeitado o regime jurídico pessoal do servidor.

§ 3º. O pessoal ocioso deverá ser aproveitado em outro setor, continuando o servidor a receber pela verba da repartição ou entidade de onde tiver sido deslocado, até que se tomem as providências necessárias à regularização da movimentação.

§ 4º. Com relação ao pessoal ocioso que não puder ser utilizado na forma deste artigo, será observado o seguinte procedimento:

a) extinção dos cargos considerados desnecessários, ficando os seus ocupantes exonerados ou em disponibilidade, conforme gozem ou não de estabilidade, quando se tratar de pessoal regido pela legislação dos funcionários públicos;

b) dispensa, com a consequente indenização legal, dos empregados sujeitos ao regime da legislação trabalhista.

§ 5º. Não se preencherá vaga nem se abrirá concurso na Administração Direta ou em autarquia, sem que se verifique, previamente, no competente centro de redistribuição de pessoal, a inexistência de servidor a aproveitar, possuidor da necessária qualificação.

§ 6º. Não se exonerará, por força do disposto neste artigo, funcionário nomeado em virtude de concurso.

Art. 100. Instaurar-se-á processo administrativo para a demissão ou dispensa de servidor efetivo ou estável, comprovadamente ineficiente no desempenho dos encargos que lhe competem ou desidioso no cumprimento de seus deveres.

Art. 101. O provimento em cargos em comissão e funções gratificadas obedecerá a critérios a serem fixados por ato do Poder Executivo que: (Redação dada pelo Decreto-Lei nº 900, de 1969)

a) definirá os cargos em comissão de livre escolha do Presidente da República; (Incluído pelo Decreto-Lei nº 900, de 1969)

b) estabelecerá os processos de recrutamento com base no Sistema do Mérito; e (Incluído pelo Decreto-Lei nº 900, de 1969)

c) fixará as demais condições necessárias ao seu exercício. (Incluído pelo Decreto-Lei nº 900, de 1969)

Art. 102. É proibida a nomeação em caráter interino por incompatível com a exigência de prévia habilitação em concurso para provimento dos cargos públicos, revogadas todas as disposições em contrário.

Art. 103. Todo servidor que estiver percebendo vencimento, salário ou provento superior ao fixado para o cargo nos planos de classificação e remuneração, terá a diferença caracterizada como vantagem pessoal, nominalmente identificável, a qual em nenhuma hipótese será aumentada, sendo absorvida progressivamente pelos aumentos que vierem a ser realizados no vencimento, salário ou provento fixado para o cargo nos mencionados planos.

Art. 104. No que concerne ao regime de participação na arrecadação, inclusive cobrança da Dívida Ativa da União, fica estabelecido o seguinte:

I – Ressalvados os direitos dos denunciantes, a adjudicação de cota-parte de multas será feita exclusivamente aos Agentes Fiscais de Rendas Internas, Agentes Fiscais do Imposto de Renda, Agentes Fiscais do Imposto Aduaneiro, Fiscais Auxiliares de Impostos Internos e Guardas Aduaneiros e somente quando tenham os mesmos exercido ação direta, imediata e pessoal na obtenção de elementos destinados à instauração de autos de infração ou início de processos para cobrança dos débitos respectivos.

II – O regime de remuneração, previsto na Lei nº 1.711, de 28 de outubro de 1952, continuará a ser aplicado exclusivamente aos Agentes Fiscais de Rendas Internas, Agentes Fiscais do Imposto de Renda, Agentes Fiscais do Imposto Aduaneiro, Fiscais Auxiliares de Impostos Internos e Guardas Aduaneiros.

III – A partir da data da presente lei, fica extinto o regime de remuneração instituído a favor dos Exatores Federais, Auxiliares de Exatorias e Fiéis do Tesouro.

IV – Revogado pela Lei nº 5.421, de 1968.

V – A participação, através do Fundo de Estímulo, e bem assim as percentagens a que se referem o art. 64 da Lei nº 3.244, de 14 de agosto de 1957, o Art. 109 da Lei nº 3.470, de 28 de novembro de 1958, os artigos 8º, § 2º e 9º da Lei nº 3.756, de 20 de abril de 1960, e o § 6º do art. 32 do Decreto-lei nº 147, de 3 de fevereiro de 1967, ficam também extintas.

Parágrafo único. Comprovada a adjudicação da cota-parte de multas com desobediência ao que dispõe o inciso I deste artigo, serão passíveis de demissão, tanto o responsável pela prática desse ato, quanto os servidores que se beneficiarem com as vantagens dele decorrentes.

Art. 105. Aos servidores que, na data da presente lei estiverem no gozo das vantagens previstas nos incisos III, IV e V do artigo anterior fica assegurado o direito de percebê-las, como diferença mensal, desde que esta não ultrapasse a média mensal que, àquele título, receberam durante o ano de 1966, e até que, por força dos reajustamentos de vencimentos do funcionalismo, o nível de vencimentos dos cargos que ocuparem alcance importâncias correspondente à soma do vencimento básico e da diferença de vencimento.

Art. 106. Fica extinta a Comissão de Classificação de Cargos transferindo-se ao DASP, seu acervo, documentação, recursos orçamentários e atribuições.

Art. 107. A fim de permitir a revisão da legislação e das normas regulamentares relativas ao pessoal do Serviço Público Civil, nos termos do disposto no art. 94, da presente lei, suspendem-se nesta data as readaptações de funcionários que ficam incluídas na competência do DASP.

Art. 108. O funcionário, em regime de tempo integral e dedicação exclusiva, prestará serviços em dois turnos de trabalho, quando sujeito a expediente diário.

Parágrafo único. Incorrerá em falta grave, punível com demissão, o funcionário que perceber a vantagem de que trata este artigo e não prestar serviços correspondentes e bem assim o chefe que atestar a prestação irregular dos serviços.

Art. 109. Fica revogada a legislação que permite a agregação de funcionários em cargos em comissão e em funções gratificadas, mantidos os direitos daqueles que, na data desta lei, hajam completado as condições estipuladas em lei para a agregação, e não manifestem, expressamente, o desejo de retornarem aos cargos de origem.

Parágrafo único. Todo agregado é obrigado a prestar serviços, sob pena de suspensão dos seus vencimentos.

Art. 110. Proceder-se-á à revisão dos cargos em comissão e das funções gratificadas da Administração Direta e das autarquias, para supressão daqueles que não corresponderem às estritas necessidades dos serviços, em razão de sua estrutura e funcionamento.

Art. 111. A colaboração de natureza eventual à Administração Pública Federal sob a forma de prestação de serviços, retribuída mediante recibo, não caracteriza, em hipótese alguma, vínculo empregatício com o Serviço Público Civil, e somente poderá ser atendida por dotação não classificada na rubrica "PESSOAL", e nos limites estabelecidos nos respectivos programas de trabalho.

Art. 112. O funcionário que houver atingido a idade máxima (setenta anos) prevista para aposentadoria compulsória não poderá exercer cargo em comissão ou função gratificada, nos quadros dos Ministérios, do DASP e das autarquias.

Art. 113. Revogam-se na data da publicação da presente lei, os Arts. 62 e 63 da Lei nº 1.711, de 28 de outubro de 1952, e demais disposições legais e regulamentares que regulam as readmissões no serviço público federal.

Art. 114. O funcionário público ou autárquico que, por força de dispositivo legal, puder manifestar opção para integrar quadro de pessoal de qualquer outra entidade e por esta aceita, terá seu tempo de serviço anterior, devidamente comprovado, averbado na instituição de previdência, transferindo-se para o INPS as contribuições pagas ao IPASE.

CAPÍTULO III.
DO DEPARTAMENTO ADMINISTRATIVO DO PESSOAL CIVIL

Art. 115. O Departamento Administrativo do Pessoal Civil (DASP) é o órgão central do sistema de pessoal, responsável pelo estudo, formulação de diretrizes, orientação, coordenação, supervisão e controle dos assuntos concernentes à administração do Pessoal Civil da União.

Parágrafo único. Haverá em cada Ministério um órgão de pessoal integrante do sistema de pessoal.

Art. 116. Ao Departamento Administrativo do Pessoal Civil (DASP) incumbe:

I – Cuidar dos assuntos referentes ao pessoal civil da União, adotando medidas visando ao seu aprimoramento e maior eficiência.

II – Submeter ao Presidente da República os projetos de regulamentos indispensáveis à execução das leis que dispõem sobre a função pública e os servidores civis da União.

III – Zelar pela observância dessas leis e regulamentos, orientando, coordenando e fiscalizando sua execução, e expedir normas gerais obrigatórias para todos os órgãos.

IV – Estudar e propor sistema de classificação e de retribuição para o serviço civil administrando sua aplicação.

V – Recrutar e selecionar candidatos para os órgãos da Administração Direta e autarquias, podendo delegar, sob sua orientação, fiscalização e controle a realização das provas o mais próximo possível das áreas de recrutamento.

VI – Manter estatísticas atualizadas sobre os servidores civis, inclusive os da Administração Indireta.

VII – Zelar pela criteriosa aplicação dos princípios de administração de pessoal com vistas ao tratamento justo dos servidores civis, onde quer que se encontrem.

VIII – Promover medidas visando ao bem-estar social dos servidores civis da União e ao aprimoramento das relações humanas no trabalho.

IX – Manter articulação com as entidades nacionais e estrangeiras que se dedicam a estudos de administração de pessoal.

X – Orientar, coordenar e superintender as medidas de aplicação imediata (Capítulo II, deste Título).

Art. 117. O Departamento Administrativo do Pessoal Civil prestará às Comissões Técnicas do Poder Legislativo toda cooperação que for solicitada.

Parágrafo único. O Departamento deverá colaborar com o Ministério Público Federal nas causas que envolvam a aplicação da legislação do pessoal.

Art. 118. Junto ao Departamento haverá o Conselho Federal de Administração de Pessoal, que funcionará como órgão de consulta e colaboração no concernente à política de pessoal do Governo e opinará na esfera administrativa, quando solicitado pelo Presidente da República ou pelo Diretor-Geral do DASP nos assuntos relativos à administração do pessoal civil, inclusive quando couber recurso de decisão dos Ministérios, na forma estabelecida em regulamento.

Art. 119. O Conselho Federal de Administração de Pessoal será presidido pelo Diretor-Geral do Departamento Administrativo do Pessoal Civil e constituído de quatro membros, com mandato de três anos, nomeados pelo Presidente da República, sendo: dois funcionários, um da Administração Direta e outro da Indireta, ambos com mais de vinte anos de Serviço Público da União, com experiência em administração e relevante folha de serviços; um especialista em direito administrativo; e um elemento de reconhecida experiência no setor de atividade privada.

§ 1º. O Conselho reunir-se-á ordinariamente duas vezes por mês e, extraordinariamente, por convocação de seu presidente.

§ 2º. O Conselho contará com o apoio do Departamento, ao qual ficarão afetos os estudos indispensáveis ao seu funcionamento e, bem assim, o desenvolvimento e a realização dos trabalhos compreendidos em sua área de competência.

§ 3º. Ao Presidente e aos Membros do Conselho é vedada qualquer atividade político-partidária, sob pena de exoneração ou perda de mandato.

Art. 120. O Departamento prestará toda cooperação solicitada pelo Ministro responsável pela Reforma Administrativa.

Art. 121. As medidas relacionadas com o recrutamento, seleção, aperfeiçoamento e administração do assessoramento superior da Administração Civil, de aperfeiçoamento de pessoal para o desempenho dos cargos em comissão e funções gratificadas a que se referem o art. 101 e seu inciso II (Título XI, Capítulo II) e de outras funções de supervisão ou especializadas, constituirão encargo de um Centro de Aperfeiçoamento, órgão autônomo vinculado ao Departamento Administrativo do Pessoal Civil.

Parágrafo único. O Centro de Aperfeiçoamento promoverá direta ou indiretamente mediante convênio, acordo ou contrato, a execução das medidas de sua atribuição.

CAPÍTULO IV. DO ASSESSORAMENTO SUPERIOR DA ADMINISTRAÇÃO CIVIL

- Lei nº 13.844, de 18 de junho de 2019, que estabelece a organização básica dos órgãos da Presidência da República e dos Ministérios e dá outras providências.

Art. 122. O Assessoramento Superior da Administração Civil compreenderá determinadas funções de assessoramento aos Ministros de Estado, definidas por decreto e fixadas em número limitado para cada Ministério civil, observadas as respectivas peculiaridades de organização e funcionamento. (Redação dada pelo Decreto-Lei nº 900, de 1969)

§ 1º. As funções a que se refere este artigo, caracterizadas pelo alto nível de especificidade, complexidade e responsabilidade, serão objeto de rigorosa individualização e a designação para o seu exercício somente poderá recair em pessoas de comprovada idoneidade, cujas qualificações, capacidade e experiência específicas sejam examinadas, aferidas e certificadas por órgão próprio, na forma definida em regulamento. (Incluído pelo Decreto-Lei nº 900, de 1969)

§ 2º. O exercício das atividades de que trata este artigo revestirá a forma de locação de serviços regulada mediante contrato individual, em que se exigirá tempo integral e dedicação exclusiva, não se lhe aplicando o disposto no artigo 35 do Decreto-lei nº 81, de 21 de dezembro de 1966, na redação dada pelo artigo 1º do Decreto-Lei nº 177, de 16 de fevereiro de 1967. (Incluído pelo Decreto-Lei nº 900, de 1969)

§ 3º. A prestação dos serviços a que alude este artigo será retribuída segundo critério fixado em regulamento, tendo em vista a avaliação de cada função em face das respectivas especificações, e as condições vigentes no mercado de trabalho. (Incluído pelo Decreto-Lei nº 900, de 1969)

Art. 123. O servidor público designado para as funções de que trata o artigo anterior ficará afastado do respectivo cargo ou emprego enquanto perdurar a prestação de serviços, deixando de receber o vencimento ou salário correspondente ao cargo ou emprego público. (Redação dada pelo Decreto-Lei nº 900, de 1969)

Parágrafo único. Poderá a designação para o exercício das funções referidas no artigo anterior recair em ocupante de função de confiança ou cargo em comissão diretamente subordinados ao Ministro de Estado, caso em que deixará de receber, durante o período de prestação das funções de assessoramento superior, o vencimento ou gratificação do cargo em comissão ou função de confiança. (Redação dada pelo Decreto-Lei nº 900, de 1969)

Art. 124. O disposto no presente Capítulo poderá ser estendido, por decreto, a funções da mesma natureza vinculadas aos Ministérios Militares e órgãos integrantes da Presidência da República. (Redação dada pela Lei nº 6.720, de 1979)

~~TÍTULO XII. DAS NORMAS RELATIVAS A LICITAÇÕES PARA COMPRAS, OBRAS, SERVIÇOS E ALIENAÇÕES~~

- (Revogado pelo Decreto-Lei nº 2.300, de 1986)

Arts. 125 a 144. Revogados pelo Decreto-Lei nº 2.300, de 21-11-1986.

TÍTULO XIII. DA REFORMA ADMINISTRATIVA

- EC nº 19, de 04-06-1998, que modifica o regime e dispõe sobre princípios e normas da Administração Pública, servidores e agentes políticos, controle de despesas e finanças públicas e custeio de atividades a cargo do Distrito Federal.

Art. 145. A Administração Federal será objeto de uma reforma de profundidade para ajustá-la às disposições da presente lei e, especialmente, às diretrizes e princípios fundamentais enunciados no Título II, tendo-se como revogadas, por força desta lei, e à medida que sejam expedidos os atos a que se refere o art. 146, parágrafo único, alínea b, as disposições legais que forem com ela colidentes ou incompatíveis.

Parágrafo único. A aplicação da presente lei deverá objetivar, prioritariamente, a execução ordenada dos serviços da Administração Federal, segundo os princípios nela enunciados e com apoio na instrumentação básica adotada, não devendo haver solução de continuidade.

Art. 146. A Reforma Administrativa, iniciada com esta lei, será realizada por etapas, à medida que se forem ultimando as providências necessárias à sua execução.

Parágrafo único. Para os fins deste artigo, o Poder Executivo: (Redação dada pelo Decreto-Lei nº 900, de 1969)

a) promoverá o levantamento das leis, decretos e atos regulamentares que disponham sobre a estruturação, funcionamento e competência dos órgãos da Administração Federal, com o propósito de ajustá-los às disposições desta Lei;

b) obedecidas as diretrizes, princípios fundamentais e demais disposições da presente lei expedirá progressivamente os atos de reorganização, reestruturação lotação, definição de competência, revisão de funcionamento e outros necessários a efetiva implantação da reforma. (Redação dada pelo Decreto-Lei nº 900, de 1969)

c) Revogado pelo Decreto-Lei nº 900, de 1968.

Art. 147. A orientação, coordenação e supervisão das providências de que trata este Título ficarão a cargo do Ministério do Planejamento e Coordenação Geral, podendo, entretanto, ser atribuídas a um Ministro Extraordinário para a Reforma Administrativa, caso em que a este caberá os assuntos de organização administrativa.

Art. 148. Para atender às despesas decorrentes de execução da Reforma Administrativa, fica autorizada a abertura pelo Ministério da Fazenda do crédito especial de NC R$ 20.000.000,00 (vinte milhões de cruzeiros novos), com vigência nos exercícios de 1967 a 1968.

§ 1º. Os recursos do crédito aberto neste artigo incorporar-se-ão ao "Fundo de Reforma Administrativa", que poderá receber doações e contribuições destinadas ao aprimoramento da Administração Federal.

§ 2º. O Fundo de Reforma Administrativa, cuja utilização será disciplinada em regulamento, será administrado por um órgão temporário de implantação da Reforma Administrativa, que funcionará junto ao Ministro responsável pela Reforma Administrativa.

Art. 149. Na implantação da reforma programada, inicialmente, a organização dos novos Ministérios e bem assim, prioritariamente, a instalação dos Órgãos Centrais, a começar pelos de planejamento, coordenação e de controle financeiro (art. 22, item I) e pelos órgãos centrais dos sistemas (art. 31).

Art. 150. Até que os quadros de funcionários sejam ajustados à Reforma Administrativa, o pessoal que os integra, sem prejuízo de sua situação funcional para os efeitos legais, continuará a servir nos órgãos em que estiver lotado, podendo passar a ter exercício, mediante requisição, nos órgãos resultantes de desdobramento ou criados em virtude da presente lei.

Art. 151. (Revogado pela Lei nº 5.843, de 1972)

Art. 152. A finalidade e as atribuições dos órgãos da Administração Direta regularão o estabelecimento das respectivas estruturas e lotações de pessoal.

Art. 153. Para implantação da Reforma Administrativa poderão ser ajustados estudos e trabalhos técnicos a serem realizados por pessoas físicas ou jurídicas, nos termos das normas que se estabelecerem em decreto.

Art. 154. Os decretos e regulamentos expedidos para execução da presente lei disporão sobre a subordinação e vinculação de órgãos e entidades aos diversos Ministérios, em harmonia com a área de competência destes, disciplinando a transferência de repartições e órgãos.

TÍTULO XIV. DAS MEDIDAS ESPECIAIS DE COORDENAÇÃO

CAPÍTULO I. DA CIÊNCIA E TECNOLOGIA

Art. 155. As iniciativas e providências que contribuem para o estímulo e intensificação das atividades de ciência e tecnologia, serão objeto de coordenação com o propósito de acelerar o desenvolvimento nacional através da crescente participação do País no progresso científico e tecnológico. (Redação dada pelo Decreto-Lei nº 900, de 1969)

CAPÍTULO II. DA POLÍTICA NACIONAL DE SAÚDE

Art. 156. A formulação e Coordenação da política nacional de saúde, em âmbito nacional e regional, caberá ao Ministério da Saúde.

§ 1º. Com o objetivo de melhor aproveitar recursos e meios disponíveis e de obter maior produtividade, visando a proporcionar efetiva assistência médico-social à comunidade, promoverá o Ministério da Saúde a coordenação, no âmbito regional das atividades de assistência médico-social, de modo a entrosar as desempenhadas por órgãos federais, estaduais, municipais, do Distrito Federal, dos Territórios e das entidades do setor privado.

§ 2º. Na prestação da assistência médica dar-se-á preferência à celebração de convênios com entidades públicas e privadas, existentes na comunidade.

§ 3º. Revogado pela Lei nº 6.118, de 1974.

CAPÍTULO III.
DO ABASTECIMENTO NACIONAL

Art. 157. As medidas relacionadas com a formulação e execução da política nacional do abastecimento serão objeto de coordenação na forma estabelecida em decreto. (Redação dada pelo Decreto-Lei nº 900, de 1969)

Art. 158. Se não considerar oportunas as medidas consubstanciadas no artigo anterior, o Governo poderá atribuir a formulação e coordenação da política nacional do abastecimento a uma Comissão Nacional de Abastecimento, órgão interministerial, cuja composição, atribuições e funcionamento serão fixados por decreto e que contará com o apoio da Superintendência Nacional do Abastecimento.

Art. 159. Fica extinto o Conselho Deliberativo da Superintendência Nacional do Abastecimento, de que trata a Lei Delegada nº 5, de 26 de setembro de 1962.

Art. 160. A Superintendência Nacional do Abastecimento ultimará, no mais breve prazo, a assinatura de convênios com os Estados, Prefeitura do Distrito Federal e Territórios com o objetivo de transferir-lhes os encargos de fiscalização atribuídos àquela Superintendência.

CAPÍTULO IV.
DA INTEGRAÇÃO DOS TRANSPORTES

Art. 161. Ficam extintos os Conselhos Setoriais de Transportes que atualmente funcionam junto às autarquias do Ministério da Viação e Obras Públicas, sendo as respectivas funções absorvidas pelo Conselho Nacional de Transportes, cujas atribuições, organização e funcionamento serão regulados em decreto. (Expressão substituída pelo Decreto-Lei nº 900, de 1969)

Art. 162. Tendo em vista a integração em geral dos transportes, a coordenação entre os Ministérios da Aeronáutica e dos Transportes será assegurada pelo Conselho Nacional de Transportes que se pronunciará obrigatòriamente quanto aos assuntos econômico-financeiros da aviação comercial e, em particular, sobre:

a) concessão de linhas, tanto nacionais como no exterior;

b) tarifas;

c) subvenções;

d) salários (de acordo com a política salarial do Governo).

Art. 163. O Conselho será presidido pelo Ministro de Estado dos Transportes e dele participará, como representante do Ministério da Aeronáutica, o chefe do órgão encarregado dos assuntos da aeronáutica civil.

Art. 164. O Poder Executivo, se julgar conveniente, poderá formular a integração no Ministério dos Transportes, das atividades concernentes à aviação comercial, compreendendo linhas aéreas regulares, subvenções e tarifas, permanecendo sob a competência da Aeronáutica Militar as demais atribuições constantes do item IV e as do item V do Parágrafo único do art. 63 e as relativas ao controle de pessoal e das aeronaves.

§ 1º. A integração poderá operar-se gradualmente, celebrando-se, quando necessário, convênios entre os dois Ministérios.

§ 2º. Promover-se-á, em consequência, o ajuste das atribuições cometidas ao Conselho Nacional de Transportes nesse particular.

CAPÍTULO V.
DAS COMUNICAÇÕES

Art. 165. O Conselho Nacional de Telecomunicações, cujas atribuições, organização e funcionamento serão objeto de regulamentação pelo Poder Executivo, passará a integrar, como órgão normativo, de consulta, orientação e elaboração da política nacional de telecomunicações, a estrutura do Ministério das Comunicações, logo que este se instale, e terá a seguinte composição:

I – Presidente, o Secretário-Geral do Ministério das Comunicações;

II – Representante do maior partido de oposição no CONGRESSO NACIONAL; (Redação dada pela Lei nº 5.396, de 1968)

III – Representante do Ministério da Educação e Cultura.

IV – Representante do Ministério da Justiça.

V – Representante do maior partido que apoia o Governo no CONGRESSO NACIONAL; (Redação dada pela Lei nº 5.396, de 1968)

VI – Representante do Ministério da Indústria e Comércio.

VII – Representante dos Correios e Telégrafos.

VIII – Representante do Departamento Nacional de Telecomunicações.

IX – Representante da Empresa Brasileira de Telecomunicações.

X – Representante das Empresas Concessionárias de Serviços de Telecomunicações.

XI – Representante do Ministério da Marinha; (Incluído pela Lei nº 5.396, de 1968)

XII – Representante do Ministério do Exército; (Incluído pela Lei nº 5.396, de 1968)

XIII – Representante do Ministério da Aeronáutica. (Incluído pela Lei nº 5.396, de 1968)

Parágrafo único. O Departamento Nacional de Telecomunicações passa a integrar, como Órgão Central (art. 22, inciso II), o Ministério das Comunicações.

Art. 166. A exploração dos troncos interurbanos, a cargo da Empresa Brasileira de Telecomunicações, poderá, conforme as conveniências econômicas e técnicas do serviço, ser feita diretamente ou mediante contrato, delegação ou convênio.

Parágrafo único. A Empresa Brasileira de Telecomunicações poderá ser acionista de qualquer das empresas com que tiver tráfego-mútuo.

Art. 167. Fica o Poder Executivo autorizado a transformar o Departamento dos Correios e Telégrafos em entidade de Administração Indireta, vinculada ao Ministério das Comunicações.

CAPÍTULO VI.
DA INTEGRAÇÃO DAS FORÇAS ARMADAS

Arts. 168 e 169. Revogados pelo Decreto-Lei nº 900, de 29-09-1968.

TÍTULO XV.
DAS DISPOSIÇÕES GERAIS

CAPÍTULO I.
DAS DISPOSIÇÕES INICIAIS

Art. 170. O Presidente da República, por motivo relevante de interesse público, poderá avocar e decidir qualquer assunto na esfera da Administração Federal.

Art. 171. A Administração dos Territórios Federais, vinculados ao Ministério do Interior, exercer-se-á através de programas plurianuais, concordantes em objetivos e etapas com os planos gerais do Governo Federal.

Art. 172. O Poder Executivo assegurará autonomia administrativa e financeira, no grau conveniente aos serviços, institutos e estabelecimentos incumbidos da execução de atividades de pesquisa ou ensino ou de caráter industrial, comercial ou agrícola, que por suas peculiaridades de organização e funcionamento, exijam tratamento diverso do aplicável aos demais órgãos da administração direta, observada sempre a supervisão ministerial. (Redação dada pelo Decreto-Lei nº 900, de 1969)

§ 1º. Os órgãos a que se refere este artigo terão a denominação genérica de Órgãos Autônomos. (Renumerado do Parágrafo Único pelo Decreto-Lei nº 900, de 1969)

§ 2º. Nos casos de concessão de autonomia financeira, fica o Poder Executivo autorizado a instituir fundos especiais de natureza contábil, a cujo crédito se levarão todos os recursos vinculados às atividades do órgão autônomo, orçamentários e extra-orçamentários, inclusive a receita própria. (Incluído pelo Decreto-Lei nº 900, de 1969)

Art. 173. Os atos de provimento de cargos públicos ou que determinarem sua vacância assim como os referentes a pensões, aposentadorias e reformas, serão assinados pelo Presidente da República ou, mediante delegação deste, pelos Ministros de Estado, conforme se dispuser em regulamento.

Art. 174. Os atos expedidos pelo Presidente da República ou Ministros de Estado, quando se referirem a assuntos da mesma natureza, poderão ser objeto de um só instrumento, e o órgão administrativo competente expedirá os atos complementares ou apostilas.

Art. 175. Para cada órgão da Administração Federal, haverá prazo fixado em regulamento para as autoridades administrativas exigirem das partes o que se fizer necessário à instrução de seus pedidos.

§ 1º. As partes serão obrigatoriamente notificadas das exigências, por via postal, sob registro, ou por outra forma de comunicação direta.

§ 2º. Satisfeitas as exigências, a autoridade administrativa decidirá o assunto no prazo fixado pelo regulamento, sob pena de responsabilização funcional.

Art. 176. Ressalvados os assuntos de caráter sigiloso, os órgãos do Serviço Público estão obrigados a responder às consultas feitas por qualquer cidadão, desde que relacionadas com seus legítimos interesses e pertinentes a assuntos específicos da repartição.

Parágrafo único. Os chefes de serviço e os servidores serão solidariamente responsáveis pela efetivação de respostas em tempo oportuno.

Art. 177. Os conselhos, comissões e outros órgãos colegiados que contarem com a representação de grupos ou classes econômicas diretamente interessadas nos assuntos de sua competência, terão funções exclusivamente de consulta, coordenação e assessoramento, sempre que àquela representação corresponda um número de votos superior a um terço do total.

Parágrafo único. Excetuam-se do disposto neste artigo os órgãos incumbidos do julgamento de litígios fiscais e os legalmente competentes para exercer atribuições normativas e decisórias relacionadas com os impostos de importação e exportação, e medidas cambiais correlatas.

Art. 178. As autarquias, as empresas públicas e as sociedades de economia mista, integrantes da Administração Federal Indireta, bem assim as fundações criadas pela União ou mantidas com recursos federais, sob supervisão ministerial, e as demais sociedades sob o controle direto ou indireto da União, que acusem a ocorrência de prejuízos, estejam inativas, desenvolvam atividades já atendidas satisfatoriamente pela iniciativa privada ou não previstas no objeto social, poderão ser dissolvidas ou incorporadas a outras entidades, a critério e por ato do Poder Executivo, resguardados os direitos assegurados, aos eventuais acionistas minoritários, nas leis e atos constitutivos de cada entidade. (Redação dada pelo Decreto-Lei nº 2.299, de 1986)

Art. 179. Observado o disposto no art. 13 da Lei nº 4.320, de 17 de março de 1964, o Ministério do Planejamento e Coordenação Geral atualizará, sempre que se fizer necessário, o esquema de discriminação ou especificação dos elementos da despesa orçamentária.

Art. 180. As atribuições previstas nos arts. 111 a 113, da Lei nº 4.320, de 17 de março de 1964, passam para a competência do Ministério do Planejamento e Coordenação Geral.

Art. 181. Para os fins do Título XIII desta Lei, poderá o Poder Executivo:

I – Alterar a denominação de cargos em comissão.

II – Reclassificar cargos em comissão, respeitada a tabela de símbolos em vigor.

III – Transformar funções gratificadas em cargos em comissão, na forma da lei.

IV – Declarar extintos os cargos em comissão que não tiverem sido mantidos, alterados ou reclassificados até 31 de dezembro de 1968.

Art. 182. Nos casos dos incisos II e III do art. 5º e no do inciso I do mesmo artigo, quando se tratar de serviços industriais, o regime de pessoal será o da Consolidação das Leis do Trabalho; nos demais casos, o regime jurídico do pessoal será fixado pelo Poder Executivo.

Art. 183. As entidades e organizações em geral, dotadas de personalidade jurídica de direito privado, que recebem contribuições para fiscais e prestam serviços de interesse público ou social, estão sujeitas à fiscalização do Estado nos termos e condições estabelecidas na legislação pertinente a cada uma.

Art. 184. Não haverá, tanto em virtude da presente lei como em sua decorrência, aumento de pessoal nos quadros de funcionários civis e nos das Forças Armadas.

Art. 185. Incluem-se na responsabilidade do Ministério da Indústria e do Comércio a supervisão dos assuntos concernentes à indústria siderúrgica, à indústria petroquímica, à indústria automobilística, à indústria naval e à indústria aeronáutica.

Art. 186. A Taxa de Marinha Mercante, destinada a proporcionar à, frota mercante brasileira melhores condições de operação e expansão, será administrada pelo Órgão do Ministério dos Transportes, responsável pela navegação marítima e interior.

Art. 187. A Coordenação do Desenvolvimento de Brasília (CODEBRÁS) passa a vincular-se ao Ministro responsável pela Reforma Administrativa.

Art. 188. Toda pessoa natural ou jurídica – em particular, o detentor de qualquer cargo público – é responsável pela Segurança Nacional, nos limites definidos em lei. Em virtude de sua natureza ou da pessoa do detentor, não há cargo, civil ou militar, específico de segurança nacional, com exceção dos previstos em órgãos próprios do Conselho de Segurança Nacional.

§ 1º. Na Administração Federal, os cargos públicos civis, de provimento em comissão ou em caráter efetivo, as funções de pessoal temporário, de obras e os demais empregos sujeitos à legislação trabalhista, podem ser exercidos por qualquer pessoa que satisfaça os requisitos legais.

§ 2º. Cargo militar é aquele que, de conformidade com as disposições legais ou quadros de efetivos das Forças Armadas, só pode ser exercido por militar em serviço ativo.

CAPÍTULO II.
DOS BANCOS OFICIAIS DE CRÉDITO

Art. 189. Sem prejuízo de sua subordinação técnica à autoridade monetária nacional, os estabelecimentos oficiais de crédito manterão a seguinte vinculação:

I – Ministério da Fazenda

- Banco Central da República
- Banco do Brasil
- Caixas Econômicas Federais

II – Ministério da Agricultura

- Banco Nacional do Crédito Cooperativo

III – Ministério do Interior

- Banco de Crédito da Amazônia
- Banco do Nordeste do Brasil
- Banco Nacional da Habitação

IV – Ministério do Planejamento e Coordenação Geral

- Banco Nacional do Desenvolvimento Econômico.

CAPÍTULO III.
DA PESQUISA ECONÔMICO-SOCIAL APLICADA E DO FINANCIAMENTO DE PROJETOS

Art. 190. É o Poder Executivo autorizado a instituir, sob a forma de fundação, o Instituto de Pesquisa Econômica Aplicada (IPEA), com a finalidade de auxiliar o Ministro de Estado da Economia, Fazenda e Planejamento na elaboração e no acompanhamento da política econômica e promover atividade de pesquisa econômica aplicada nas áreas fiscal, financeira, externa e de desenvolvimento setorial. (Redação dada pela Lei nº 8.029, de 1990)

Parágrafo único. O instituto vincular-se-á ao Ministério da Economia, Fazenda e Planejamento. (Redação dada pela Lei nº 8.029, de 1990)

Art. 191. Fica o Ministério do Planejamento e Coordenação Geral autorizado, se o Governo julgar conveniente, a incorporar as funções de financiamento de estudo e elaboração de projetos e de programas do desenvolvimento econômico, presentemente afetos ao Fundo de Financiamento de Estudos e Projetos (FINEP), criado pelo Decreto nº 55.820, de 8 de março de 1965, constituindo para esse fim uma empresa pública, cujos estatutos serão aprovados por decreto, e que exercerá todas as atividades correlatadas de financiamento de projetos e programas e de prestação de assistência técnica essenciais ao planejamento econômico e social, podendo receber doações e contribuições e contrair empréstimos de fontes internas e externas.

CAPÍTULO IV.
DOS SERVIÇOS GERAIS

Arts. 192 a 194. Revogados pelo Decreto-Lei nº 900, de 29-09-1968.

Art. 195. Revogado pela Lei nº 9.636, de 15-05-1998.

Arts. 196 e 197. Revogados pelo Decreto-Lei nº 900, de 29-09-1968.

CAPÍTULO V.
DO MINISTÉRIO DAS RELAÇÕES EXTERIORES

Art. 198. Levando em conta as peculiaridades do Ministério das Relações Exteriores, o Poder Executivo adotará a estrutura orgânica e funcional estabelecida pela presente Lei, e, no que couber, o disposto no seu Título XI.

CAPÍTULO VI.
DOS NOVOS MINISTÉRIOS E DOS CARGOS

Art. 199. Ficam criados:

I – (Revogado pela Lei nº 6.036, de 1974)

II – O Ministério do Interior, com absorção dos órgãos subordinados ao Ministro Extraordinário para Coordenação dos Organismos Regionais.

III – O Ministério das Comunicações, que absorverá o Conselho Nacional de Telecomunicações, o Departamento Nacional de Telecomunicações e o Departamento dos Correios e Telégrafos.

Art. 200. O Ministério da Justiça e Negócios Interiores passa a denominar-se Ministério da Justiça.

Art. 201. O Ministério da Viação e Obras Públicas passa a denominar-se Ministério dos Transportes.

Art. 202. O Ministério da Guerra passa a denominar-se Ministério do Exército.

Art. 203. O Poder Executivo expedirá os atos necessários à efetivação do disposto no Artigo 199, observadas as normas da presente Lei.

Art. 204. Fica alterada a denominação dos cargos de Ministro de Estado da Justiça e Negócios Interiores, Ministro de Estado da Viação e Obras Públicas e Ministro de Estado da Guerra, para, respectivamente, Ministro de Estado da Justiça, Ministro de Estado dos Transportes e Ministro de Estado do Exército.

Art. 205. Ficam criados os seguintes cargos:

I – Ministros de Estado do Interior, das Comunicações e do Planejamento e Coordenação Geral.

II – Em comissão:

a) Em cada Ministério Civil, Secretário-Geral, e Inspetor-Geral de Finanças.

b) Consultor Jurídico, em cada um dos Ministérios seguintes: Interior, Comunicações, Minas e Energia, e Planejamento e Coordenação Geral.

c) Diretor do Centro de Aperfeiçoamento, no Departamento Administrativo do Pessoal Civil (DASP).

d) Diretor-Geral do Departamento dos Serviços Gerais, no Ministério da Fazenda.

Parágrafo único. À medida que se forem vagando, os cargos de Consultor Jurídico atualmente providos em caráter efetivo passarão a sê-lo em comissão.

Art. 206. Ficam fixados da seguinte forma os vencimentos dos cargos criados no Art. 205:

I – Ministro de Estado: igual aos dos Ministros de Estado existentes.

II – Secretário-Geral e Inspetor-Geral de Finanças: Símbolo 1-C.

III – Consultor Jurídico: igual ao dos Consultores Jurídicos dos Ministérios existentes.

IV – Diretor do Centro de Aperfeiçoamento: Símbolo 2-C.

V – Diretor-Geral do Departamento de Serviços Gerais: Símbolo 1-C.

Parágrafo único. O cargo de Diretor-Geral do Departamento Administrativo do Serviço Público (DASP), Símbolo 1-C, passa a denominar-se Diretor-Geral do Departamento Administrativo do Pessoal Civil (DASP), Símbolo 1-C.

Art. 207. Os Ministros de Estado Extraordinários instituídos no Artigo 37 desta Lei terão o mesmo vencimento, vantagens e prerrogativas dos demais Ministros de Estado.

Art. 208. Os Ministros de Estado, os Chefes dos Gabinetes Civil e Militar da Presidência da República e o Chefe do Serviço Nacional de Informações perceberão uma representação mensal correspondente a 50% (cinquenta por cento) dos vencimentos.

Parágrafo único. Os Secretários-Gerais perceberão idêntica representação mensal correspondente a 30% (trinta por cento) dos seus vencimentos.

TÍTULO XVI.
DAS DISPOSIÇÕES TRANSITÓRIAS

Art. 209. Enquanto não forem expedidos os respectivos regulamentos e estruturados seus serviços, o Ministério do Interior, o Ministério do Planejamento e Coordenação Geral e o Ministério das Comunicações ficarão sujeitos ao regime de trabalho pertinente aos Ministérios Extraordinários que antecederam os dois primeiros daqueles Ministérios no que concerne ao pessoal, à execução de serviços e à movimentação de recursos financeiros.

Parágrafo único. O Poder Executivo expedirá decreto para consolidar as disposições regulamentares que em caráter transitório, deverão prevalecer.

Art. 210. O atual Departamento Federal de Segurança Pública passa a denominar-se Departamento de Polícia Federal, considerando-se automaticamente substituída por esta denominação a menção à anterior constante de quaisquer leis ou regulamentos.

Art. 211. O Poder Executivo introduzirá, nas normas que disciplinam a estruturação e funcionamento das entidades da Administração Indireta, as alterações que se fizerem necessárias à efetivação do disposto na presente Lei, considerando-se revogadas todas as disposições legais colidentes com as diretrizes nela expressamente consignadas.

Art. 212. O atual Departamento Administrativo do Serviço Público (DASP) é transformado em Departamento Administrativo do Pessoal Civil (DASP), com as atribuições que, em matéria de administração de pessoal, são atribuídas pela presente Lei ao novo órgão.

Art. 213. Fica o Poder Executivo autorizado, dentro dos limites dos respectivos créditos, a expedir decretos relativos às transferências que se fizerem necessárias de dotações do orçamento ou de créditos adicionais requeridos pela execução da presente Lei.

TÍTULO XVII.
DAS DISPOSIÇÕES FINAIS

Art. 214. Esta Lei entrará em vigor em 15 de março de 1967, observado o disposto nos parágrafos do presente artigo e ressalvadas as disposições cuja vigência, na data da publicação, seja por ela expressamente determinada.

§ 1º. Até a instalação dos órgãos centrais incumbidos da administração financeira, contabilidade e auditoria, em cada Ministério (art. 22), serão enviados ao Tribunal de Contas, para o exercício da auditoria financeira:

a) pela Comissão de Programação Financeira do Ministério da Fazenda, os atos relativos à programação financeira de desembolso;

b) pela Contadoria Geral da República e pelas Contadorias Seccionais, os balancetes de receita e despesa;

c) pelas repartições competentes, o rol de responsáveis pela guarda de bens, dinheiros e valores públicos e as respectivas tomadas de conta, nos termos da legislação anterior à presente lei.

§ 2º. Nos Ministérios Militares, cabe aos órgãos que forem discriminados em decreto as atribuições indicadas neste artigo.

Art. 215. Revogam-se as disposições em contrário.

Brasília, em 25 de fevereiro de 1967
146º da Independência e 79º da República.
H. CASTELLO BRANCO

- Este texto não substitui o publicado no DOU de 27-2-1967, retificado em 8-3-1967, retificado em 30-3-1967 e retificado em 17-7-1967.

DECRETO-LEI Nº 201, DE 27 DE FEVEREIRO DE 1967

Dispõe sobre a responsabilidade dos prefeitos e vereadores, e dá outras providências.

- *Crimes de responsabilidade dos prefeitos*
- CF/1988: arts. 15, V, 37, § 4º, e 97, § 10, III.
- Lei 8.429/1992 – Lei de improbidade administrativa.

O PRESIDENTE DA REPÚBLICA, usando da atribuição que lhe confere o § 2º do art. 9º do Ato Institucional n. 4, de 7 de dezembro de 1966, decreta:

Art. 1º. São crimes de responsabilidade dos prefeitos municipais, sujeitos ao julgamento do Poder Judiciário, independentemente do pronunciamento da Câmara dos Vereadores:

- Súm. 703 do STF.

I – apropriar-se de bens ou rendas públicas, ou desviá-los em proveito próprio ou alheio;

II – utilizar-se, indevidamente, em proveito próprio ou alheio, de bens, rendas ou serviços públicos;

III – desviar, ou aplicar indevidamente, rendas ou verbas públicas;

IV – empregar subvenções, auxílios, empréstimos ou recursos de qualquer natureza, em desacordo com os planos ou programas a que se destinam;

V – ordenar ou efetuar despesas não autorizadas por lei, ou realizá-las em desacordo com as normas financeiras pertinentes;

VI – deixar de prestar contas anuais da administração financeira do Município à Câmara dos Vereadores, ou ao órgão que a Constituição do Estado indicar, nos prazos e condições estabelecidos;

VII – deixar de prestar contas no devido tempo, ao órgão competente, da aplicação de recursos, empréstimos, subvenções ou auxílios internos ou externos, recebidos a qualquer título;

VIII – contrair empréstimos, emitir apólices, ou obrigar o Município por títulos de crédito, sem autorização da Câmara, ou em desacordo com a lei;

IX – conceder empréstimos, auxílios ou subvenções sem autorização da Câmara, ou em desacordo com a lei;

X – alienar ou onerar bens imóveis, ou rendas municipais, sem autorização da Câmara, ou em desacordo com a lei;

XI – adquirir bens, ou realizar serviços e obras, sem concorrência ou coleta de preços, nos casos exigidos em lei;

XII – antecipar ou inverter a ordem de pagamento a credores do Município, sem vantagem para o erário;

XIII – nomear, admitir ou designar servidor, contra expressa disposição de lei;

XIV – negar execução a lei federal, estadual ou municipal, ou deixar de cumprir ordem judicial, sem dar o motivo da recusa ou da impossibilidade, por escrito, à autoridade competente;

XV – deixar de fornecer certidões de atos ou contratos municipais, dentro do prazo estabelecido em lei;

XVI – deixar de ordenar a redução do montante da dívida consolidada, nos prazos estabelecidos em lei, quando o montante ultrapassar o valor resultante da aplicação do limite máximo fixado pelo Senado Federal; (Incluído pela Lei nº 10.028, de 2000)

XVII – ordenar ou autorizar a abertura de crédito em desacordo com os limites estabelecidos pelo Senado Federal, sem fundamento na lei orçamentária ou na de crédito adicional ou com inobservância de prescrição legal; (Incluído pela Lei nº 10.028, de 2000)

XVIII – deixar de promover ou ordenar na forma de lei, o cancelamento, a amortização ou a constituição de reserva para anular os efeitos da operação de crédito realizada com inobservância de limite, condição ou montante estabelecido em lei; (Incluído pela Lei nº 10.028, de 2000)

XIX – deixar de promover ou de ordenar a liquidação integral de operação de crédito por antecipação de receita orçamentária, inclusive os respectivos juros e demais encargos, até o encerramento do exercício financeiro; (Incluído pela Lei nº 10.028, de 2000)

XX – ordenar ou autorizar, em desacordo com a lei, a realização de operação de crédito com qualquer um dos demais entes da Federação, inclusive suas entidades de administração indireta, ainda que na forma de novação, refinanciamento ou postergação de dívida contraída anteriormente; (Incluído pela Lei nº 10.028, de 2000)

XXI – captar recursos a título de antecipação de receita de tributo ou contribuição cujo fato gerador ainda não tenha ocorrido; (Incluído pela Lei nº 10.028, de 2000)

XXII – ordenar ou autorizar a destinação de recursos provenientes da emissão de títulos para finalidade diversa da prevista na lei que a autorizou; (Incluído pela Lei nº 10.028, de 2000)

XXIII – realizar ou receber transferência voluntária em desacordo com limite ou condição estabelecida em lei. (Incluído pela Lei nº 10.028, de 2000)

§ 1º. Os crimes definidos neste artigo são de ação pública, punidos os dos itens I e II, com a pena de reclusão, de 2 (dois) a 12 (doze) anos, e os demais, com a pena de detenção, de 3 (três) meses a 3 (três) anos.

§ 2º. A condenação definitiva em qualquer dos crimes definidos neste artigo, acarreta a perda do cargo e a inabilitação, pelo prazo de 5 (cinco) anos, para o exercício de cargo ou função pública, eletivo ou de nomeação, sem prejuízo da reparação civil do dano causado ao patrimônio público ou particular.

- Súm. 209 do STJ.
- CF/1988: art. 29, X.

Art. 2º. O processo dos crimes definidos no artigo anterior é o comum do juízo singular, estabelecido pelo Código de Processo Penal, com as seguintes modificações:

I – antes de receber a denúncia, o juiz ordenará a notificação do acusado para apresentar defesa prévia, no prazo de 5 (cinco) dias. Se o acusado não for encontrado para a notificação, ser-lhe-á nomeado defensor, a quem caberá apresentar a defesa, dentro do mesmo prazo;

II – ao receber a denúncia, o juiz manifestar-se-á, obrigatória e motivadamente, sobre a prisão preventiva do acusado nos casos dos itens I e II do artigo anterior, e sobre o seu afastamento do exercício do cargo durante a instrução criminal, em todos os casos;

III – do despacho, concessivo ou denegatório, de prisão preventiva, ou de afastamento do cargo do acusado, caberá recurso em sentido estrito, para o tribunal competente, no prazo de 5 (cinco) dias em autos apartados. O recurso do despacho que decretar a prisão preventiva ou o afastamento do cargo terá efeito suspensivo.

§ 1º. Os órgãos federais, estaduais ou municipais, interessados na apuração da responsabilidade do prefeito, podem requerer a abertura de inquérito policial ou a instauração da ação penal pelo Ministério Público, bem como intervir, em qualquer fase do processo, como assistente da acusação.

§ 2º. Se as providências para a abertura do inquérito policial ou instauração da ação penal não forem atendidas pela autoridade policial ou pelo Ministério Público estadual, poderão ser requeridas ao procurador-geral da República.

Art. 3º. O Vice-Prefeito, ou quem vier a substituir o Prefeito, fica sujeito ao mesmo processo do substituído, ainda que tenha cessado a substituição.

Art. 4º. São infrações político-administrativas dos Prefeitos Municipais sujeitas ao julgamento pela Câmara dos Vereadores e sancionadas com a cassação do mandato:

I – impedir o funcionamento regular da Câmara;

II – impedir o exame de livros, folhas de pagamento e demais documentos que devam constar dos arquivos da Prefeitura, bem como a verificação de obras e serviços municipais, por comissão de investigação da Câmara ou auditoria, regularmente instituída;

III – desatender, sem motivo justo, as convocações ou os pedidos de informações da Câmara, quando efeitos a tempo e em forma regular;

IV – retardar a publicação ou deixar de publicar as leis e atos sujeitos a essa formalidade;

V – deixar de apresentar à Câmara, no devido tempo, e em forma regular, a proposta orçamentária;

VI – descumprir o orçamento aprovado para o exercício financeiro;

VII – praticar, contra expressa disposição de lei, ato de sua competência ou omitir-se na sua prática;

VIII – omitir-se ou negligenciar na defesa de bens, rendas, direitos ou interesses do Município, sujeitos à administração da Prefeitura;

IX – ausentar-se do Município, por tempo superior ao permitido em lei, ou afastar-se da Prefeitura, sem autorização da Câmara dos Vereadores;

X – proceder de modo incompatível com a dignidade e o decoro do cargo.

Art. 5º. O processo de cassação do mandato do Prefeito pela Câmara, por infrações definidas no artigo anterior, obedecerá ao seguinte rito, se outro não for estabelecido pela legislação do Estado respectivo:

I – a denúncia escrita da infração poderá ser feita por qualquer eleitor, com a exposição dos fatos e a indicação das provas. Se o denunciante for Vereador, ficará impedido de votar sobre a denúncia e de integrar a Comissão processante, podendo, todavia, praticar todos os atos de acusação. Se o denunciante for o Presidente da Câmara, passará a Presidência ao substituto legal, para os atos do processo, e só votará se necessário para completar o quorum de julgamento. Será convocado o suplente do Vereador impedido de votar, o qual não poderá integrar a Comissão processante;

II – de posse da denúncia, o Presidente da Câmara, na primeira sessão, determinará sua leitura e consultará a Câmara sobre o seu recebimento. Decidido o recebimento, pelo voto da maioria dos presentes, na mesma sessão será constituída a Comissão processante, com três Vereadores sorteados entre os desimpedidos, os quais elegerão, desde logo, o Presidente e o Relator;

III – recebendo o processo, o Presidente da Comissão iniciará os trabalhos, dentro em 5 (cinco) dias, notificando o denunciado, com a remessa de cópia da denúncia e documentos que a instruírem, para que, no prazo de 10 (dez) dias, apresente defesa prévia, por escrito, indique as provas que pretender produzir e arrole testemunhas, até o máximo de dez. Se estiver ausente do Município, a notificação far-se-á por edital, publicado duas vezes, no órgão oficial, com intervalo de 3 (três) dias, pelo menos, contado o prazo da primeira publicação. Decorrido o prazo de defesa, a Comissão processante emitirá parecer dentro em 5 (cinco) dias, opinando pelo prosseguimento ou arquivamento da denúncia, o qual, neste caso, será submetido ao Plenário. Se a Comissão opinar pelo prosseguimento, o Presidente designará, desde logo, o início da instrução, e determinará os atos, diligências e audiências que se fizerem necessários, para o depoimento do denunciado e inquirição das testemunhas;

IV – o denunciado deverá ser intimado de todos os atos do processo, pessoalmente, ou na pessoa de seu procurador, com a antecedência, pelo menos, de 24 (vinte e quatro) horas, sendo-lhe permitido assistir às diligências e audiências, bem como formular perguntas e reperguntas às testemunhas e requerer o que for de interesse da defesa;

V – concluída a instrução, será aberta vista do processo ao denunciado, para razões escritas, no prazo de 5 (cinco) dias, e, após, a Comissão processante emitirá parecer final, pela procedência ou improcedência da acusação, e solicitará ao Presidente da Câmara a convocação de sessão para julgamento. Na sessão de julgamento, serão lidas as peças requeridas por qualquer dos Vereadores e pelos denunciados, e, a seguir, os que desejarem poderão manifestar-se verbalmente, pelo tempo máximo de 15 (quinze) minutos cada um, e, ao final, o denunciado, ou seu procurador, terá o prazo máximo de 2 (duas) horas para produzir sua defesa oral; (Redação dada pela Lei nº 11.966, de 2009)

VI – concluída a defesa, proceder-se-á a tantas votações nominais quantas forem as infrações articuladas na denúncia. Considerar-se-á afastado, definitivamente, do cargo, o denunciado que for declarado, pelo voto de 2/3 (dois terços) pelo menos, dos membros da Câmara, incurso em qualquer das infrações especificadas na denúncia. Concluído o julgamento, o Presidente da Câmara proclamará imediatamente o resultado e fará lavrar ata que consigne a votação nominal sobre cada infração, e, se houver condenação, expedirá o competente decreto legislativo de cassação do mandato de Prefeito. Se o resultado da votação for absolutório, o presidente determinará o arquivamento do processo. Em qualquer dos casos, o Presidente da Câmara comunicará à Justiça Eleitoral o resultado;

VII – o processo, a que se refere este artigo, deverá estar concluído dentro em 90 (noventa) dias, contados da data em que se efetivar a notificação do acusado. Transcorrido o prazo sem o julgamento, o processo será arquivado, sem prejuízo de nova denúncia ainda que sobre os mesmos fatos.

Art. 6º. Extingue-se o mandato de Prefeito, e, assim, deve ser declarado pelo Presidente da Câmara de Vereadores, quando:

I – ocorrer falecimento, renúncia por escrito, cassação dos direitos políticos ou condenação por crime funcional ou eleitoral;

II – deixar de tomar posse, sem motivo justo aceito pela Câmara, dentro do prazo estabelecido em lei;

III – incidir nos impedimentos para o exercício do cargo, estabelecidos em lei, e não se desincompatibilizar até a posse, e, nos casos supervenientes, no prazo que a lei ou a Câmara fixar.

Parágrafo único. A extinção do mandato independe de deliberação do plenário e se tornará efetiva desde a declaração do fato ou ato extintivo pelo Presidente e sua inserção em ata.

Art. 7º. A Câmara poderá cassar o mandato de Vereador, quando:

I – utilizar-se do mandato para a prática de atos de corrupção ou de improbidade administrativa;

II – fixar residência fora do Município;

III – proceder de modo incompatível com a dignidade da Câmara ou faltar com o decoro na sua conduta pública.

§ 1º. O processo de cassação de mandato de Vereador é, no que couber, o estabelecido no art. 5º deste Decreto-lei.

§ 2º. *(Revogado pela Lei nº 9.504, de 1997).*

Art. 8º. Extingue-se o mandato do Vereador e assim será declarado pelo Presidente da Câmara, quando:

I – ocorrer falecimento, renúncia por escrito, cassação dos direitos políticos ou condenação por crime funcional ou eleitoral;

II – deixar de tomar posse, sem motivo justo aceito pela Câmara, dentro do prazo estabelecido em lei;

III – deixar de comparecer, em cada sessão legislativa anual, à terça parte das sessões ordinárias da Câmara Municipal, salvo por motivo de doença comprovada, licença ou missão autorizada pela edilidade; ou, ainda, deixar de comparecer a 5 (cinco) sessões extraordinárias convocadas pelo Prefeito, por escrito e mediante recibo de recebimento, para apreciação de matéria urgente, assegurada ampla defesa, em ambos os casos; (Redação dada pela Lei nº 6.793, de 1980)

IV – incidir nos impedimentos para o exercício do mandato, estabelecidos em lei e não se desincompatibilizar até a posse, e, nos casos supervenientes, no prazo fixado em lei ou pela Câmara.

§ 1º. Ocorrido e comprovado o ato ou fato extintivo, o Presidente da Câmara, na primeira sessão, comunicará ao plenário e fará constar da ata a declaração da extinção do mandato e convocará imediatamente o respectivo suplente.

§ 2º. Se o Presidente da Câmara omitir-se nas providências do parágrafo anterior, o suplente do Vereador ou o Prefeito Municipal poderá requerer a declaração de extinção do mandato, por via judicial, e se procedente, o juiz condenará o Presidente omisso nas custas do processo e honorários de advogado que fixará de plano, importando a decisão judicial na destituição automática do cargo da Mesa e no impedimento para nova investidura durante toda a legislatura.

§ 3º. O disposto no item III não se aplicará às sessões extraordinárias que forem convocadas pelo Prefeito, durante os períodos de recesso das Câmaras Municipais. (Incluído pela Lei nº 5.659, de 1971)

Art. 9º. O presente Decreto-lei entrará em vigor na data de sua publicação, revogadas as Leis nºs 211, de 7 de janeiro de 1948, e 3.528, de 3 de janeiro de 1959, e demais disposições em contrário.

Brasília, 27 de fevereiro de 1967; 146º da Independência e 79º da República.

H. CASTELLO BRANCO

D.O.U. de 27.2.1967; e ret. D.O.U. de 14.3.1967

DECRETO-LEI Nº 227, DE 28 DE FEVEREIRO DE 1967

Dá nova redação ao Decreto-lei nº 1.985, de 29 de janeiro de 1940. (Código de Minas)

▸ *Código de Minas*

O Presidente da República no uso da atribuição que lhe confere o artigo 9º, § 2º, do Ato Institucional nº 4, de 7 de dezembro de 1966 e (Redação dada pelo Decreto-lei nº 318, de 1967)

CONSIDERANDO, que da experiência de vinte e sete anos de aplicação do atual Código de Minas foram colhidos ensinamentos qual impende aproveitar; (Redação dada pelo Decreto-lei nº 318, de 1967)

CONSIDERANDO que a notória evolução da ciência e da tecnologia, nos anos após a 2ª Guerra Mundial, introduziram alterações profundas na utilização das substâncias minerais; (Redação dada pelo Decreto-lei nº 318, de 1967)

CONSIDERANDO que cumpre atualizar as disposições legais salvaguarda dos superiores interêsses nacionais, que evoluem com o tempo; (Redação dada pelo Decreto-lei nº 318, de 1967)

CONSIDERANDO que ao Estado incumbe adaptar as normas que regulam atividades especializadas à evolução da técnica, a fim de proteger a capacidade competitiva do País nos mercados internacionais; (Redação dada pelo Decreto-lei nº 318, de 1967)

CONSIDERANDO que, na colimação dêsses objetivos, é oportuno adaptar o direito de mineração à conjuntura; (Redação dada pelo Decreto-lei nº 318, de 1967)

CONSIDERANDO, mais, quanto consta da Exposição de Motivos número 6-67-GB, de 20 de fevereiro de 1967, dos Senhores Ministros das Minas e Energia, Fazenda e Planejamento e Coordenação Econômica, (Redação dada pelo Decreto-lei nº 318, de 1967)

DECRETA:

CÓDIGO DE MINERAÇÃO

CAPÍTULO I. DAS DISPOSIÇÕES PRELIMINARES

Art. 1º Compete à União administrar os recursos minerais, a indústria de produção mineral e a distribuição, o comércio e o consumo de produtos minerais.

Art. 2º. Os regimes de aproveitamento das substâncias minerais, para efeito deste Código, são: (Redação dada pela Lei nº 9.314, de 1996)

I – regime de concessão, quando depender de portaria de concessão do Ministro de Estado de Minas e Energia; (Redação dada pela Lei nº 9.314, de 1996)

II – regime de autorização, quando depender de expedição de alvará de autorização do Diretor-Geral do Departamento Nacional de Produção Mineral – DNPM; (Redação dada pela Lei nº 9.314, de 1996)

III – regime de licenciamento, quando depender de licença expedida em obediência a regulamentos administrativos locais e de registro da licença no Departamento Nacional de Produção Mineral – DNPM; (Redação dada pela Lei nº 9.314, de 1996)

IV – regime de permissão de lavra garimpeira, quando depender de portaria de permissão do Diretor-Geral do Departamento Nacional de Produção Mineral – DNPM; (Redação dada pela Lei nº 9.314, de 1996)

V – regime de monopolização, quando, em virtude de lei especial, depender de execução direta ou indireta do Governo Federal. (Incluído pela Lei nº 9.314, de 1996)

Parágrafo único. O disposto neste artigo não se aplica aos órgãos da administração direta e autárquica da União, dos Estados, do Distrito Federal e dos Municípios, sendo-lhes permitida a extração de substâncias minerais de emprego imediato na construção civil, definidas em Portaria do Ministério de Minas e Energia, para uso exclusivo em obras públicas por eles executadas diretamente, respeitados os direitos minerários em vigor nas áreas onde devam ser executadas as obras e vedada a comercialização. (Redação dada pela Lei nº 9.827, de 1999)

Art 3º Êste Código regula:

I – os direitos sôbre as massas individualizadas de substâncias minerais ou fósseis, encontradas na superfície ou no interior da terra formando os recursos minerais do País;

II – o regime de seu aproveitamento, e

III – a fiscalização pelo Govêrno Federal, da pesquisa, da lavra e de outros aspectos da indústria mineral.

§ 1º. Não estão sujeitos aos preceitos deste Código os trabalhos de movimentação de terras e de desmonte de materiais *in natura*, que se fizerem necessários à abertura de vias de transporte, obras gerais de terraplenagem e de edificações, desde que não haja comercialização das terras e dos materiais resultantes dos referidos trabalhos e ficando o seu aproveitamento restrito à utilização na própria obra. (Incluído pela Lei nº 9.314, de 1996)

§ 2º. Compete ao Departamento Nacional de Produção Mineral – DNPM a execução deste Código e dos diplomas legais complementares. (Renumerado do Parágrafo único para § 2º pela Lei nº 9.314, de 1996)

Art. 4º Considera-se jazida toda massa individualizada de substância mineral ou fóssil, aflorando à superfície ou existente no interior da terra, e que tenha valor econômico; e mina, a jazida em lavra, ainda que suspensa.

Art 5º (Revogado pela Lei nº 9.314, de 1996)

Art. 6º. Classificam-se as minas, segundo a forma representativa do direito de lavra, em duas categorias: (Redação dada pela Lei nº 9.314, de 1996)

I – mina manifestada, a em lavra, ainda que transitoriamente suspensa a 16 de julho de 1934 e que tenha sido manifestada na conformidade do art. 10 do Decreto nº 24.642, de 10 de julho de 1934, e da Lei nº 94, de 10 de dezembro de 1935; (Incluído pela Lei nº 9.314, de 1996)

II – mina concedida, quando o direito de lavra é outorgado pelo Ministro de Estado de Minas e Energia. (Incluído pela Lei nº 9.314, de 1996)

Parágrafo único. Consideram-se partes integrantes da mina:

a) edifícios, construções, máquinas, aparelhos e instrumentos destinados à mineração e ao beneficiamento do produto da lavra, desde que este seja realizado na área de concessão da mina:

b) servidões indispensáveis ao exercício da lavra;

c) animais e veículos empregados no serviço;

d) materiais necessários aos trabalhos da lavra, quando dentro da área concedida; e,

e) provisões necessárias aos trabalhos da lavra, para um período de 120 (cento e vinte) dias.

Art. 6º-A. A atividade de mineração abrange a pesquisa, a lavra, o desenvolvimento da mina, o beneficiamento, o armazenamento de estéreis e rejeitos e o transporte e a comercialização dos minérios, mantida a responsabilidade do titular da concessão diante das obrigações deste Decreto-Lei até o fechamento da mina, que deverá ser obrigatoriamente convalidado pelo órgão regulador da mineração e pelo órgão ambiental licenciador. (Acrescido pela Lei nº 14.066, de 2020)

Parágrafo único. O exercício da atividade de mineração inclui:

I - a responsabilidade do minerador pela prevenção, mitigação e compensação dos impactos ambientais decorrentes dessa atividade, contemplando aqueles relativos ao bem-estar das comunidades envolvidas e ao desenvolvimento sustentável no entorno da mina;

II - a preservação da saúde e da segurança dos trabalhadores;

III - a prevenção de desastres ambientais, incluindo a elaboração e a implantação do plano de contingência ou de documento correlato; e

IV - a recuperação ambiental das áreas impactadas.

Art. 7º O aproveitamento das jazidas depende de alvará de autorização de pesquisa, do Diretor-Geral do DNPM, e de concessão de lavra, outorgada pelo Ministro de Estado de Minas e Energia. (Redação dada pela Lei nº 9.314, de 1996)

Parágrafo único. Independe de concessão do Governo Federal o aproveitamento de minas manifestadas e registradas, as quais, no entanto, são sujeitas às condições que este Código estabelece para a lavra, tributação e fiscalização das minas concedidas. (Redação dada pela Lei nº 9.314, de 1996)

Art 8º (Revogado pela Lei nº 6.567, de 1978)

Art. 9º Far-se-á pelo regime de matrícula o aproveitamento definido e caracterizado como garimpagem, faiscação ou cata.

Art. 10. Reger-se-ão por Leis especiais:

I – as jazidas de substâncias minerais que constituem monopólio estatal;

II – as substâncias minerais ou fósseis de interesse arqueológico;

III – os espécimes minerais ou fósseis, destinados a Museus, Estabelecimentos de Ensino e outros fins científicos;

IV – as águas minerais em fase de lavra; e

V – as jazidas de águas subterrâneas.

Art. 11. Serão respeitados na aplicação dos regimes de Autorização, Licenciamento e Concessão: (Redação dada pela Lei nº 6.403, de 1976)

a) o direito de prioridade à obtenção da autorização de pesquisa ou de registro de licença, atribuído ao interessado cujo requerimento tenha por objeto área considerada livre, para a finalidade pretendida, à data da protocolização do pedido no Departamento Nacional da Produção Mineral (D.N.P.M), atendidos os demais requisitos cabíveis, estabelecidos neste Código; e (Redação dada pela Lei nº 6.403, de 1976)

b) o direito à participação do proprietário do solo nos resultados da lavra. (Redação dada pela Lei nº 8.901, de 1994)

§ 1º A participação de que trata a alínea b do caput deste artigo será de cinqüenta por cento do valor total devido aos Estados, Distrito Federal, Municípios e órgãos da administração direta da União, a título de compensação financeira pela exploração de recursos minerais, conforme previsto no caput do art. 6º da Lei nº 7.990, de 29/12/89 e no art. 2º da Lei nº 8.001, de 13/03/90. (Incluído pela Lei nº 8.901, de 1994)

§ 2º O pagamento da participação do proprietário do solo nos resultados da lavra de recursos minerais será efetuado mensalmente, até o último dia útil do mês subseqüente ao do fato gerador, devidamente corrigido pela taxa de juros de referência, ou outro parâmetro que venha a sustituí-la. (Incluído pela Lei nº 8.901, de 1994)

§ 3º O não cumprimento do prazo estabelecido no parágrafo anterior implicará correção do débito pela variação diária da taxa de juros de referência, ou outro parâmetro que venha a substituí-la, juros de mora de um por cento ao mês e multa de dez por cento aplicada sobre o montante apurado. (Incluído pela Lei nº 8.901, de 1994)

Art. 12 O direito de participação de que trata o artigo anterior não poderá ser objeto de transferência ou caução separadamente do imóvel a que corresponder, mas o proprietário deste poderá:

I – transferir ou caucionar o direito ao recebimento de determinadas prestações futuras;

II – renunciar ao direito.

Parágrafo único. Os atos enumerados neste artigo somente valerão contra terceiros a partir da sua inscrição no Registro de Imóveis.

Art. 13 As pessoas naturais ou jurídicas que exerçam atividades de pesquisa, lavra, beneficiamento, distribuição, consumo ou industrialização de reservas minerais, são obrigadas a facilitar aos agentes do Departamento Nacional da Produção Mineral a inspeção de instalações, equipamentos e trabalhos, bem como a fornecer-lhes informações sobre:

I – volume da produção e características qualitativas dos produtos;

II – condições técnicas e econômicas da execução dos serviços ou da exploração das atividades mencionadas no "caput" deste artigo;

III – mercados e preços de venda;

IV – quantidade e condições técnicas e econômicas do consumo de produtos minerais.

CAPÍTULO II. DA PESQUISA MINERAL

Art. 14. Entende-se por pesquisa mineral a execução dos trabalhos necessários à definição da jazida, sua avaliação e a determinação da exeqüibilidade do seu aproveitamento econômico.

§ 1º A pesquisa mineral compreende, entre outros, os seguintes trabalhos de campo e de laboratório: levantamentos geológicos pormenorizados da área a pesquisar, em escala conveniente, estudos dos afloramentos e suas correlações, levantamentos geofísicos e geoquímicos; aberturas de escavações visitáveis e execução de sondagens no corpo mineral; amostragens sistemáticas; análises físicas e químicas das amostras e dos testemunhos de sondagens; e ensaios de beneficiamento dos minérios ou das substâncias minerais úteis, para obtenção de concentrados de acordo com as especificações do mercado ou aproveitamento industrial.

§ 2º A definição da jazida resultará da coordenação, correlação e interpretação dos dados colhidos nos trabalhos executados, e conduzirá a uma medida das reservas e dos teores.

§ 3º A exeqüibilidade do aproveitamento econômico resultará da análise preliminar dos custos da produção, dos fretes e do mercado.

Art. 15. A autorização de pesquisa será outorgada pelo DNPM a brasileiros, pessoa natural, firma individual ou empresas legalmente habilitadas, mediante requerimento do interessado. (Redação dada pela Lei nº 9.314, de 1996)

Parágrafo único. Os trabalhos necessários à pesquisa serão executados sob a responsabilidade profissional de engenheiro de minas, ou de geólogo, habilitado ao exercício da profissão. (Redação dada pela Lei nº 9.314, de 1996)

Art. 16. A autorização de pesquisa será pleiteada em requerimento dirigido ao Diretor-Geral do DNPM, entregue mediante recibo no protocolo do DNPM, onde será mecanicamente numerado e registrado, devendo ser apresentado em duas vias e conter os seguintes elementos de instrução: (Redação dada pela Lei nº 9.314, de 1996)

I – nome, indicação da nacionalidade, do estado civil, da profissão, do domicílio e do número de inscrição no Cadastro de Pessoas Físicas do Ministério da Fazenda, do requerente, pessoa natural. Em se tratando de pessoa jurídica, razão social, número do registro de seus atos constitutivos no Órgão de Registro de Comércio competente, endereço e número de inscrição no Cadastro Geral dos Contribuintes do Ministério da Fazenda; (Redação dada pela Lei nº 9.314, de 1996)

II – prova de recolhimento dos respectivos emolumentos; (Redação dada pela Lei nº 9.314, de 1996)

III – designação das substâncias a pesquisar; (Redação dada pela Lei nº 9.314, de 1996)

IV – indicação da extensão superficial da área objetivada, em hectares, e do Município e Estado em que se situa; (Redação dada pela Lei nº 9.314, de 1996)

V – memorial descritivo da área pretendida, nos termos a serem definidos em portaria do Diretor-Geral do DNPM; (Incluído pela Lei nº 9.314, de 1996)

VI – planta de situação, cuja configuração e elementos de informação serão estabelecidos em portaria do Diretor-Geral do DNPM; (Incluído pela Lei nº 9.314, de 1996)

VII – plano dos trabalhos de pesquisa, acompanhado do orçamento e cronograma previstos para sua execução. (Incluído pela Lei nº 9.314, de 1996)

§ 1º. O requerente e o profissional responsável poderão ser interpelados pelo DNPM para justificarem o plano de pesquisa e o orçamento correspondente referidos no inciso VII deste artigo, bem como a disponibilidade de recursos. (Incluído pela Lei nº 9.314, de 1996)

§ 2º. Os trabalhos descritos no plano de pesquisa servirão de base para a avaliação judicial da renda pela ocupação do solo e da indenização devida ao proprietário ou posseiro do solo, não guardando nenhuma relação com o valor do orçamento apresentado pelo interessado no referido plano de pesquisa. (Incluído pela Lei nº 9.314, de 1996)

§ 3º. Os documentos a que se referem os incisos V, VI e VII deste artigo deverão ser elaborados sob a responsabilidade técnica de profissional legalmente habilitado. (Incluído pela Lei nº 9.314, de 1996)

Art. 17. Será indeferido de plano pelo Diretor-Geral do DNPM o requerimento desacompanhado de qualquer dos elementos de instrução referidos nos incisos I a VII do artigo anterior. (Redação dada pela Lei nº 9.314, de 1996)

§ 1º. Será de sessenta dias, a contar da data da publicação da respectiva intimação no Diário Oficial da União, o prazo para cumprimento de exigências formuladas pelo DNPM sobre dados complementares ou elementos necessários à melhor instrução do processo. (Redação dada pela Lei nº 9.314, de 1996)

§ 2º. Esgotado o prazo de que trata o parágrafo anterior, sem que haja o requerente cumprido a exigência, o requerimento será indeferido pelo Diretor-Geral do DNPM. (Redação dada pela Lei nº 9.314, de 1996)

Art. 18. A área objetivada em requerimento de autorização e pesquisa ou de registro de licença será considerada livre, desde que não se enquadre em quaisquer das seguintes hipóteses: (Redação dada pela Lei nº 6.403, de 1976)

I – se a área estiver vinculada a autorização de pesquisa, registro de licença, concessão da lavra, manifesto de mina ou permissão de reconhecimento geológico; (Redação dada pela Lei nº 6.403, de 1976)

II – se a área for objeto de pedido anterior de autorização de pesquisa, salvo se este estiver sujeito a indeferimento, aos seguintes casos: (Redação dada pela Lei nº 6.403, de 1976)

III – se a área for objeto de requerimento anterior de registro de licença, ou estiver vinculada a licença, cujo registro venha a ser requerido dentro do prazo de 30 (trinta) dias de sua expedição; (Incluído pela Lei nº 6.403, de 1976)

IV – se a área estiver vinculada a requerimento de renovação de autorização de pesquisa, tempestivamente apresentado, e pendente de decisão; (Incluído pela Lei nº 6.403, de 1976)

V – se a área estiver vinculada a autorização de pesquisa, com relatório dos respectivos trabalhos tempestivamente apresentado, e pendente de decisão; (Incluído pela Lei nº 6.403, de 1976)

VI – se a área estiver vinculada a autorização de pesquisa, com relatório dos respectivos trabalhos aprovado, e na vigência do direito de requerer a concessão da lavra, atribuído nos termos do Art. 31 deste Código. (Incluído pela Lei nº 6.403, de 1976)

§ 1º Não estando livre a área pretendida, o requerimento será indeferido por despacho do Diretor-Geral do Departamento Nacional da Produção Mineral (D.N.P.M.), assegurada ao interessado a restituição de uma das vias das peças apresentadas em duplicata, bem como dos documentos públicos, integrantes da respectiva instrução. (Renumerado do Parágrafo único para § 1º com nova redação dada pela Lei nº 6.403, de 1976)

§ 2º Ocorrendo interferência parcial da área objetivada no requerimento, como área onerada nas circunstâncias referidas nos itens I a VI deste artigo, e desde que a realização da pesquisa, ou a execução do aproveitamento mineral por licenciamento, na parte remanescente, seja considerada técnica e economicamente viável, a juízo do Departamento Nacional da Produção Mineral – D.N.P.M. – será facultada ao requerente a modificação do pedido para retificação da área originalmente definida, procedendo-se, neste caso, de conformidade com o disposto nos §§ 1º e 2º do artigo anterior. (Incluído pela Lei nº 6.403, de 1976)

Art. 19. Do despacho que indeferir o pedido de autorização de pesquisa ou de sua renovação, caberá pedido de reconsideração, no prazo de 60 (sessenta) dias, contados da publicação do despacho no Diário Oficial da União. (Redação dada pela Lei nº 6.403, de 1976)

§ 1º Do despacho que indeferir o pedido de reconsideração, caberá recurso ao Ministério das Minas e Energia, no prazo de 30 (trinta) dias, contados da publicação do despacho no Diário Oficial da União. (Incluído pela Lei nº 6.403, de 1976)

§ 2º A interposição do pedido de reconsideração sustará a tramitação de requerimento de autorização de pesquisa que, objetivando área abrangida pelo requerimento concernente ao despacho recorrido, haja sido protocolizado após o indeferimento em causa, até que seja decidido o pedido de reconsideração ou o eventual recurso. (Incluído pela Lei nº 6.403, de 1976)

§ 3º Provido o pedido de reconsideração ou o recurso, caberá o indeferimento do requerimento de autorização de pesquisa superveniente, de que trata o parágrafo anterior. (Incluído pela Lei nº 6.403, de 1976)

Art. 20. A autorização de pesquisa importa nos seguintes pagamentos: (Redação dada pela Lei nº 9.314, de 1996)

I – pelo interessado, quando do requerimento de autorização de pesquisa, de emolumentos em quantia equivalente a duzentas e setenta vezes a expressão monetária UFIR, instituída pelo art. 1º da Lei nº 8.383, de 30 de dezembro de 1991; (Redação dada pela Lei nº 9.314, de 1996)

II – pelo titular de autorização de pesquisa, até a entrega do relatório final dos trabalhos ao DNPM, de taxa anual, por hectare, admitida a fixação em valores progressivos em função da substância mineral objetivada, extensão e localização da área e de outras condições, respeitado o valor máximo de duas vezes a expressão monetária UFIR, instituída pelo art. 1º da Lei nº 8.383, de 30 de dezembro de 1991. (Redação dada pela Lei nº 9.314, de 1996)

§ 1º. O Ministro de Estado de Minas e Energia, relativamente à taxa de que trata o inciso II do *caput* deste artigo, estabelecerá, mediante portaria, os valores, os prazos de recolhimento e demais critérios e condições de pagamento. (Redação dada pela Lei nº 9.314, de 1996)

§ 2º. Os emolumentos e a taxa referidos, respectivamente, nos incisos I e II do *caput* deste artigo, serão recolhidos ao Banco do Brasil S.A. e destinados ao DNPM, nos termos do inciso III do *caput* do art. 5º da Lei nº 8.876, de 2 de maio de 1994. (Redação dada pela Lei nº 9.314, de 1996)

§ 3º. O não pagamento dos emolumentos e da taxa de que tratam, respectivamente, os incisos I e II do *caput* deste artigo, ensejará, nas condições que vierem a ser estabelecidas em portaria do Ministro de Estado de Minas e Energia, a aplicação das seguintes sanções: (Redação dada pela Lei nº 9.314, de 1996)

I – tratando-se de emolumentos, indeferimento de plano e conseqüente arquivamento do requerimento de autorização de pesquisa; (Incluído pela Lei nº 9.314, de 1996)

II – tratando-se de taxa: (Incluído pela Lei nº 9.314, de 1996)

a) multa, no valor máximo previsto no art. 64; (Incluído pela Lei nº 9.314, de 1996)

b) nulidade *ex officio* do alvará de autorização de pesquisa, após imposição de multa. (Incluído pela Lei nº 9.314, de 1996)

Art. 21. (Revogado pela Lei nº 9.314, de 1996)

Art. 22. A autorização de pesquisa será conferida nas seguintes condições, além das demais constantes deste Código: (Redação dada pela Lei nº 9.314, de 1996)

I – o título poderá ser objeto de cessão ou transferência, desde que o cessionário satisfaça os requisitos legais exigidos. Os atos de cessão e transferência só terão validade depois de devidamente averbados no DNPM; (Redação dada pela Lei nº 9.314, de 1996)

II – é admitida a renúncia à autorização, sem prejuízo do cumprimento, pelo titular, das obrigações decorrentes deste Código, observado o disposto no inciso V deste artigo, parte final, tornando-se operante o efeito da extinção do título autorizativo na data da protocolização do instrumento de renúncia, com a desoneração da área, na forma do art. 26 deste Código; (Redação dada pela Lei nº 9.314, de 1996)

III – o prazo de validade da autorização não será inferior a um ano, nem superior a três anos, a critério do DNPM, consideradas as características especiais da situação da área e da pesquisa mineral objetivada, admitida a sua prorrogação, sob as seguintes condições: (Redação dada pela Lei nº 9.314, de 1996)

a) a prorrogação poderá ser concedida, tendo por base a avaliação do desenvolvimento dos trabalhos, conforme critérios estabelecidos em portaria do Diretor-Geral do DNPM; (Incluído pela Lei nº 9.314, de 1996)

b) a prorrogação deverá ser requerida até sessenta dias antes de expirar-se o prazo da autorização vigente, devendo o competente requerimento ser instruído com um relatório dos trabalhos efetuados e justificativa do prosseguimento da pesquisa; (Incluído pela Lei nº 9.314, de 1996)

c) a prorrogação independe da expedição de novo alvará, contando-se o respectivo prazo a partir da data da publicação, no Diário Oficial da União, do despacho que a deferir; (Incluído pela Lei nº 9.314, de 1996)

IV – o titular da autorização responde, com exclusividade, pelos danos causados a terceiros, direta ou indiretamente decorrentes dos trabalhos de pesquisa; (Redação dada pela Lei nº 9.314, de 1996)

V – o titular da autorização fica obrigado a realizar os respectivos trabalhos de pesquisa, devendo submeter à aprovação do DNPM, dentro do prazo de vigência do alvará, ou de sua renovação, relatório circunstanciado dos trabalhos, contendo os estudos geológicos e tecnológicos quantificativos da jazida e demonstrativos da exeqüibilidade técnico-econômica da lavra, elaborado sob a responsabilidade técnica de profissional legalmente habilitado. Excepcionalmente, poderá ser dispensada a apresentação do relatório, na hipótese de renúncia à autorização de que trata o inciso II deste artigo, conforme critérios fixados em portaria do Diretor-Geral do DNPM, caso em que não se aplicará o disposto no § 1º deste artigo. (Redação dada pela Lei nº 9.314, de 1996)

§ 1º. A não apresentação do relatório referido no inciso V deste artigo sujeita o titular à sanção de multa, calculada à razão de uma UFIR por hectare da área outorgada para pesquisa. (Redação dada pela Lei nº 9.314, de 1996)

§ 2º. É admitida, em caráter excepcional, a extração de substâncias minerais em área titulada, antes da outorga da concessão de lavra, mediante prévia autorização do DNPM, observada a legislação ambiental pertinente. (Redação dada pela Lei nº 9.314, de 1996)

Art. 23. Os estudos referidos no inciso V do art. 22 concluirão pela: (Redação dada pela Lei nº 9.314, de 1996)

I – exeqüibilidade técnico-econômica da lavra; (Incluído pela Lei nº 9.314, de 1996)

II – inexistência de jazida; (Incluído pela Lei nº 9.314, de 1996)

III – inexeqüibilidade técnico-econômica da lavra em face da presença de fatores conjunturais adversos, tais como: (Incluído pela Lei nº 9.314, de 1996)

a) inexistência de tecnologia adequada ao aproveitamento econômico da substância mineral; (Incluído pela Lei nº 9.314, de 1996)

b) inexistência de mercado interno ou externo para a substância mineral. (Incluído pela Lei nº 9.314, de 1996)

Art. 24. A retificação de alvará de pesquisa, a ser efetivada mediante despacho publicado no Diário Oficial da União, não acarreta modificação no prazo original, salvo se, a juízo do DNPM, houver alteração significativa no polígono delimitador da área. (Redação dada pela Lei nº 9.314, de 1996)

Parágrafo único. Na hipótese de que trata a parte final do *caput* deste artigo, será expedido alvará retificador, contando-se o prazo de validade da autorização a partir da data da publicação, no Diário Oficial da União, do novo título. (Incluído pela Lei nº 9.314, de 1996)

Art. 25. As autorizações de pesquisa ficam adstritas às áreas máximas que forem fixadas em portaria do Diretor-Geral do DNPM. (Redação dada pela Lei nº 9.314, de 1996)

Art. 26. A área desonerada por publicação de despacho no Diário Oficial da União ficará disponível pelo prazo de sessenta dias, para fins de pesquisa ou lavra, conforme dispuser portaria do Ministro de Estado de Minas e Energia. (Redação dada pela Lei nº 9.314, de 1996)

§ 1º. Salvo quando dispuser diversamente o despacho respectivo, a área desonerada na forma deste artigo ficará disponível para pesquisa. (Redação dada pela Lei nº 9.314, de 1996)

§ 2º. O Diretor-Geral do DNPM poderá estabelecer critérios e condições específicos a serem atendidos pelos interessados no processo de habilitação às áreas disponíveis nos termos deste artigo. (Redação dada pela Lei nº 9.314, de 1996)

§ 3º. Decorrido o prazo fixado neste artigo, sem que tenha havido pretendentes, a área estará livre para fins de aplicação do direito de prioridade de que trata a alínea *a* do art. 11. (Redação dada pela Lei nº 9.314, de 1996)

§ 4º. As vistorias realizadas pelo DNPM, no exercício da fiscalização dos trabalhos de pesquisa e lavra de que trata este Código, serão custeadas pelos respectivos interessados, na forma do que dispuser portaria do Diretor-Geral da referida autarquia. (Redação dada pela Lei nº 9.314, de 1996)

Art. 27. O titular de autorização de pesquisa poderá realizar os trabalhos respectivos, e também as obras e serviços auxiliares necessários, em terrenos de domínio público ou particular, abrangidos pelas áreas a pesquisar, desde que pague aos respectivos proprietários ou posseiros uma renda pela ocupação dos terrenos e uma indenização pelos danos e prejuízos que possam ser causados pelos trabalhos de pesquisa, observadas as seguintes regras:

I – A renda não poderá exceder ao montante do rendimento líquido máximo da propriedade na extensão da área a ser realmente ocupada;

II – A indenização por danos causados não poderá exceder o valor venal da propriedade na extensão da área efetivamente ocupada pelos trabalhos de pesquisa, salvo no caso previsto no inciso seguinte;

III – Quando os danos forem de molde a inutilizar para fins agrícolas e pastoris toda a propriedade em que estiver encravada a área necessária aos trabalhos de pesquisa, a indenização correspondente a tais danos poderá atingir o valor venal máximo de toda a propriedade;

IV – Os valores venais a que se referem os incisos II e III serão obtidos por comparação com valores venais de propriedade da mesma espécie, na mesma região;

V – No caso de terrenos públicos, é dispensado o pagamento da renda, ficando o titular da pesquisa sujeito apenas ao pagamento relativo a danos e prejuízos;

VI – Se o titular do Alvará de Pesquisa, até a data da transcrição do título de autorização, não juntar ao respectivo processo prova de acordo com os proprietários ou posseiros do solo acerca da renda e indenização de que trata este artigo, o Diretor-Geral do D. N. P. M., dentro de 3 (três) dias dessa data, enviará ao Juiz de Direito da Comarca onde estiver situada a jazida, cópia do referido título;

VII – Dentro de 15 (quinze) dias, a partir da data do recebimento dessa comunicação, o Juiz mandará proceder à avaliação da renda e dos danos e prejuízos a que se refere este artigo, na forma prescrita no Código de Processo Civil;

VIII – O Promotor de Justiça da Comarca será citado para os termos da ação, como representante da União;

IX – A avaliação será julgada pelo Juiz no prazo máximo de 30 (trinta) dias, contados da data do despacho a que se refere o inciso VII, não tendo efeito suspensivo os recursos que forem apresentados;

X – As despesas judiciais com o processo de avaliação serão pagas pelo titular da autorização de pesquisa;

XI – Julgada a avaliação, o Juiz, dentro de 8 (oito) dias, intimará o titular a depositar quantia correspondente ao valor da renda de 2 (dois) anos e a caução para pagamento da indenização;

XII – Feitos esses depósitos, o Juiz, dentro de 8 (oito) dias, intimará os proprietários ou posseiros do solo a permitirem os trabalhos de pesquisa, e comunicará seu despacho ao Diretor-Geral do D. N. P. M. e, mediante requerimento do titular da pesquisa, às autoridades policiais locais, para garantirem a execução dos trabalhos;

XIII – Se o prazo da pesquisa for prorrogado, o Diretor-Geral do D. N. P. M. o comunicará ao Juiz, no prazo e condições indicadas no inciso VI deste artigo;

XIV – Dentro de 8 (oito) dias do recebimento da comunicação a que se refere o inciso anterior, o Juiz intimará o titular da pesquisa a depositar nova quantia correspondente ao valor da renda relativa ao prazo de prorrogação

XV – Feito esse depósito, o Juiz intimará os proprietários ou posseiros do solo, dentro de 8 (oito) dias, a permitirem a continuação dos trabalhos de pesquisa no prazo da prorrogação, e comunicará seu despacho ao Diretor-Geral do D. N. P. M. e às autoridades locais;

XVI – Concluídos os trabalhos de pesquisa, o titular da respectiva autorização e o Diretor-Geral do D. N. P. M. Comunicarão o fato ao Juiz, a fim de ser encerrada a ação judicial referente ao pagamento das indenizações e da renda.

Art. 28. Antes de encerrada a ação prevista no artigo anterior, as partes que se julgarem lesadas poderão requerer ao Juiz que se lhes faça justiça.

Art. 29 O titular da autorização de pesquisa é obrigado, sob pena de sanções:

I – A iniciar os trabalhos de pesquisa:

a) dentro de 60 (sessenta) dias da publicação do Alvará de Pesquisa no Diário Oficial da União, se o titular for o proprietário do sol ou tiver ajustado com este o valor e a forma de pagamento das indenizações a que se refere o Artigo 27 deste Código; ou,

b) dentro de 60 (sessenta) dias do ingresso judicial na área de pesquisa, quando a avaliação da indenização pela ocupação e danos causados processar-se em juízo.

II – A não interromper os trabalhos, sem justificativa, depois de iniciados, por mais de 3, (três) meses consecutivos, ou por 120 dias acumulados e não consecutivos. (Redação dada pelo Decreto-lei nº 318, de 1967)

Parágrafo único. O início ou reinício, bem como as interrupções de trabalho, deverão ser prontamente comunicados ao D. N. P. M., bem como a ocorrência de outra substância mineral útil, não constante do Alvará de Autorização.

Art. 30. Realizada a pesquisa e apresentado o relatório exigido nos termos do inciso V do art. 22, o DNPM verificará sua exatidão e, à vista de parecer conclusivo, proferirá despacho de: (Redação dada pela Lei nº 9.314, de 1996)

I – aprovação do relatório, quando ficar demonstrada a existência de jazida; (Redação dada pela Lei nº 9.314, de 1996)

II – não aprovação do relatório, quando ficar constatada insuficiência dos trabalhos de pesquisa ou deficiência técnica na sua elaboração; (Redação dada pela Lei nº 9.314, de 1996)

III – arquivamento do relatório, quando ficar demonstrada a inexistência de jazida, passando a área a ser livre para futuro requerimento, inclusive com acesso do interessado ao relatório que concluiu pela referida inexistência de jazida; (Redação dada pela Lei nº 9.314, de 1996)

IV – sobrestamento da decisão sobre o relatório, quando ficar caracterizada a impossibilidade temporária da exeqüibilidade técnico-econômica da lavra, conforme previsto no inciso III do art. 23. (Incluído dada pela Lei nº 9.314, de 1996)

§ 1° Na hipótese prevista no inciso IV deste artigo, o DNPM fixará prazo para o interessado apresentar novo estudo da exeqüibilidade técnico-econômica da lavra, sob pena de arquivamento do relatório. (Incluído dada pela Lei nº 9.314, de 1996)

§ 2° Se, no novo estudo apresentado, não ficar demonstrada a exeqüibilidade técnico-econômica da lavra, o DNPM poderá conceder ao interessado, sucessivamente, novos prazos, ou colocar a área em disponibilidade, na forma do art. 32, se entender que terceiro poderá viabilizar a eventual lavra. (Incluído dada pela Lei nº 9.314, de 1996)

§ 3° Comprovada a exeqüibilidade técnico-econômica da lavra, o DNPM proferirá, ex officio ou mediante provocação do interessado, despacho de aprovação do relatório. (Incluído dada pela Lei nº 9.314, de 1996)

Art. 31. O titular, uma vez aprovado o Relatório, terá 1 (hum) ano para requerer a concessão de lavra, e, dentro deste prazo, poderá negociar seu direito a essa concessão, na forma deste Código.

Parágrafo único. O DNPM poderá prorrogar o prazo referido no caput, por igual período, mediante solicitação justificada do titular, manifestada antes de findar-se o prazo inicial ou a prorrogação em curso. (Incluído dada pela Lei nº 9.314, de 1996)

Art. 32. Findo o prazo do artigo anterior, sem que o titular, ou seu sucessor, haja requerido concessão de lavra, caducará seu direito, cabendo ao Diretor-Geral do Departamento Nacional da Produção Mineral – D. N. P. M. – mediante Edital publicado no Diário Oficial da União, declarar a disponibilidade da jazida pesquisada, para fins de requerimento da concessão de lavra. (Redação dada pela Lei nº 6.403, de 1976)

§ 1° O Edital estabelecerá os requisitos especiais a serem atendidos pelos requerentes da concessão de lavra, consoante as peculiaridades de cada caso. (Incluído pela Lei nº 6.403, de 1976)

§ 2° Para determinação da prioridade à outorga da concessão de lavra, serão, conjuntamente, apreciados os requerimentos protocolizados dentro do prazo que for convenientemente fixado no Edital, definindo-se, dentre estes, como prioritário, o pretendente que a juízo do Departamento Nacional da Produção Mineral – D. N. P. M. – melhor atender aos interesses específicos do setor minerário. (Incluído pela Lei nº 6.403, de 1976)

Art. 33 Para um conjunto de autorizações de pesquisa da mesma subst6ancia mineral em áreas contíguas, ou próximas, o titular ou titulares das autorizações, poderão, a critério do D.N.P.M., apresentar um plano único de pesquisa e também um só Relatório dos trabalhos executados, abrangendo todo o conjunto.

Art. 34 Sempre que o Governo cooperar com o titular da autorização nos trabalhos de pesquisa, será reembolsado das despesas, de acordo com as condições estipuladas no ajuste de cooperação técnica celebrado entre o D. N. P. M. e o titular.

Art. 35. A importância correspondente às despesas reembolsadas a que se refere o artigo anterior será recolhida ao Banco do Brasil S/A, pelo titular, à conta do "Fundo Nacional de Mineração – Parte Disponível.

CAPÍTULO III. DA LAVRA

Art. 36. Entende-se por lavra o conjunto de operações coordenadas objetivando o aproveitamento industrial da jazida, desde a extração das substâncias minerais úteis que contiver, até o beneficiamento das mesmas.

Art. 37. Na outorga da lavra, serão observadas as seguintes condições:

I – a jazida deverá estar pesquisada, com o Relatório aprovado pelo D.N.P.M.;

II – a área de lavra será a adequada à condução técnico-econômica dos trabalhos de extração e beneficiamento, respeitados os limites da área de pesquisa.

Parágrafo único. Não haverá restrições quanto ao número de concessões outorgadas a uma mesma empresa. Redação dada pela Lei nº 9.314, de 1996)

Art. 38. O requerimento de autorização de lavra será dirigido ao Ministro das Minas e Energia, pelo titular da autorização de pesquisa, ou seu sucessor, e deverá ser instruído com os seguintes elementos de informação e prova:

I – certidão de registro, no Departamento Nacional de Registro do Comércio, da entidade constituída; (Redação dada pela Lei nº 9.314, de 1996)

II – designação das substâncias minerais a lavrar, com indicação do Alvará de Pesquisa outorgado, e de aprovação do respectivo Relatório;

III – denominação e descrição da localização do campo pretendido para a lavra, relacionando-o, com precisão e clareza, aos vales dos rios ou córregos, constantes de mapas ou plantas de notória autenticidade e precisão, e estradas de ferro e rodovias, ou , ainda, a marcos naturais ou acidentes topográficos de inconfundível determinação; suas confrontações com autorização de pesquisa e concessões de lavra vizinhas, se as houver, e indicação do Distrito, Município, Comarca e Estado, e, ainda, nome e residência dos proprietários do solo ou posseiros;

IV – definição gráfica da área pretendida, delimitada por figura geométrica formada, obrigatoriamente, por segmentos de retas com orientação Norte-Sul e Leste-Oeste verdadeiros, com 2 (dois) de seus vértices, ou excepcionalmente 1 (um), amarrados a ponto fixo e inconfundível do terreno, sendo os vetores de amarração definidos por seus comprimentos e rumos verdadeiros, e configuradas, ainda, as propriedades territoriais por ela interessadas, com os nomes dos respectivos superficiários, além de planta de situação;

V – servidões de que deverá gozar a mina;

VI – plano de aproveitamento econômico da jazida, com descrição das instalações de beneficiamento;

VII – prova de disponibilidade de fundos ou da existência de compromissos de financiamento, necessários para execução do plano de aproveitamento econômico e operação da mina.

Parágrafo único. Quando tiver por objeto área situada na faixa de fronteira, a concessão de lavra fica ainda sujeita aos critérios e condições estabelecidas em lei. (Redação dada pela Lei nº 9.314, de 1996)

Art. 39. O plano de aproveitamento econômico da jazida será apresentado em duas vias e constará de:

I – Memorial explicativo;

II – Projetos ou anteprojetos referentes;

a) ao método de mineração a ser adotado, fazendo referência à escala de produção prevista inicialmente e à sua projeção;

b) à iluminação, ventilação, transporte, sinalização e segurança do trabalho, quando se tratar de lavra subterrânea;

c) ao transporte na superfície e ao beneficiamento e aglomeração do minério;

d) às instalações de energia, de abastecimento de água e condicionamento de ar;

e) à higiene da mina e dos respectivos trabalhos;

f) às moradias e suas condições de habitabilidade para todos os que residem no local da mineração;

g) às instalações de captação e proteção das fontes, adução, distribuição e utilização da água, para as jazidas da Classe VIII.

h) à construção de barragem de rejeitos, quando houver, ou de aumento na sua altura, vedada a utilização da técnica de alteamento a montante. (Acrescido pela Lei nº 14.066, de 2020)

Parágrafo único. Caso previstas a construção e a operação de barragens de rejeitos, o plano de aproveitamento econômico deverá incluir o Plano de Ação de Emergência, em caráter conceitual, elaborado pelo empreendedor. (Acrescido pela Lei nº 14.066, de 2020)

Art. 40. O dimensionamento das instalações e equipamentos previstos no plano de aproveitamento econômico da jazida, deverá ser condizente com a produção justificada no Memorial Explicativo, e apresentar previsão das ampliações futuras.

Art. 41. O requerimento será numerado e registrado cronologicamente, no D.N.P.M., por processo mecânico, sendo juntado ao processo que autorizou a respectiva pesquisa.

§ 1° Ao interessado será fornecido recibo com as indicações do protocolo e menção dos documentos apresentados.

§ 2° Quando necessário cumprimento de exigência para menor instrução do processo, terá o requerente o prazo de 60 (sessenta) dias para satisfazê-las.

§ 3° Poderá esse prazo ser prorrogado, até igual período, a juízo do Diretor-Geral do D.N.P.M., desde que requerido dentro do prazo concedido para cumprimento das exigências. (Redação dada pela Lei nº 9.314, de 1996)

§ 4° Se o requerente deixar de atender, no prazo próprio, as exigências formuladas para melhor instrução do processo, o pedido será indeferido, devendo o D.N.P.M. declarar a disponibilidade da área, para fins de requerimento de concessão de lavra, na forma do art. 32. (Incluído dada pela Lei nº 9.314, de 1996)

Art. 42. A autorização será recusada, se a lavra for considerada prejudicial ao bem público ou comprometer interesses que superem a utilidade da exploração industrial, a juízo do Governo. Neste último caso, o pesquisador terá direito de receber do Governo a indenização das despesas feitas com os trabalhos de pesquisa, uma vez que haja sido aprovado o Relatório.

Art. 43. (Revogado pela Lei nº 14.066, de 2020)

Art. 43-A. O titular de concessão de lavra deverá cumprir as obrigações previstas neste Decreto-Lei e na legislação ambiental pertinente, incluídas a recuperação do ambiente degradado e a responsabilização civil, no caso de danos a terceiros decorrentes das atividades de mineração, sem prejuízo das sanções administrativas e penais. (Acrescido pela Lei nº 14.066, de 2020)

Parágrafo único. A recuperação do ambiente degradado prevista no caput deste artigo deverá abarcar, entre outros, o fechamento da mina e o descomissionamento de todas as instalações, incluídas barragens de rejeitos, de acordo com a legislação vigente.

Art. 44. O titular da concessão de lavra requererá ao DNPM a Posse da Jazida, dentro de noventa dias a contar da data da publicação da respectiva portaria no Diário Oficial da União. (Redação dada pela Lei nº 9.314, de 1996)

Parágrafo único. O titular pagará uma taxa de emolumentos correspondente a quinhentas UFIR. (Incluído pela Lei nº 9.314, de 1996)

Art. 45. A imissão de Posse processar-se-á do modo seguinte:

I – serão intimados, por meio de ofício ou telegrama, os concessionários das minas limítrofes se as houver. Com 8 (oito) dias de antecedência, para que, por si ou seus representantes possam presenciar o ato, e, em especial, assistir à demarcação; e,

II – no dia e hora determinados, serão fixados, definitivamente, os marcos dos limites da jazida que o concessionário terá para esse fim preparado, colocados precisamente nos pontos indicados no Decreto de Concessão, dando-se, em seguida, ao concessionário, a Posse da jazida.

§ 1º Do qe ocorrer, o representante do D.N.P.M lavrará termo, que assinará com o titular da lavra, testemunhas e concessionários das minas limítrofes, presentes ao ato.

§ 2º Os marcos deverão ser conservados bem visíveis e só poderão ser mudados com autorização expressa do D.N.P.M.

Art. 46 Caberá recurso ao Ministro das Minas e Energia contra a Imissão de Posse, dentro d 15 (quinze) dias, contados da data do ato de imissão.

Parágrafo único. O recurso, se provido, anulará a Imissão de Posse.

Art. 47. Ficará obrigado o titular da concessão, além das condições gerais que constam deste Código, ainda, às seguintes, sob pena de sanções previstas no Capítulo V:

I – iniciar os trabalhos previstos no plano de lavra, dentro do prazo de 6 (seis) meses, contados da data da publicação do Decreto de Concessão no Diário Oficial da União, salvo motivo de força maior, a juízo do D.N.P.M.;

II – Lavrar a jazida de acordo com o plano de lavra aprovado pelo D.N.P.M., e cuja segunda via, devidamente autenticada, deverá ser mantida no local da mina;

III Extrair somente as substâncias minerais indicadas no Decreto de Concessão;

IV – Comunicar imediatamente ao D.N.P.M. o descobrimento de qualquer outra substância mineral não incluída no Decreto de Concessão;

V – Executar os trabalhos de mineração com observância das normas regulamentares;

VI – Confiar, obrigatoriamente, a direção dos trabalhos de lavra a técnico legalmente habilitado ao exercício da profissão;

VII – Não dificultar ou impossibilitar, por lavra ambiciosa, o aproveitamento ulterior da jazida;

VIII – Responder pelos danos e prejuízos a terceiros, que resultarem, direta ou indiretamente, da lavra;

IX – Promover a segurança e a salubridade das habitações existentes no local;

X – Evitar o extravio das águas e drenar as que possam ocasionar danos e prejuízos aos vizinhos;

XI – Evitar poluição do Art., ou da água, que possa resultar dos trabalhos de mineração;

XII – Proteger e conservar as Fontes, bem como utilizar as águas segundo os preceitos técnicos quando se tratar de lavra de jazida da Classe VIII;

XIII – Tomar as providências indicadas pela Fiscalização dos órgãos Federais;

XIV – Não suspender os trabalhos de lavra, sem prévia comunicação ao D.N.P.M.;

XV – Mnater a mina em bom estado, no caso de suspensão tamporária dos trabalhos de lavra, de modo a permitir a retomada das operações;

XVI – Apresentar ao Departamento Nacional da Produção Mineral – D.N.P.M. – até o dia 15 (quinze) de março de cada ano, relatório das atividades realizadas no ano anterior. (Redação dada pela Lei nº 6.403, de 1976)

Parágrafo único. Para o aproveitamento, pelo concessionário de lavra, de substâncias referidas no item IV, deste artigo, será necessário aditamento ao seu título de lavra.

Art. 47-A. Em qualquer hipótese de extinção ou caducidade da concessão minerária, o concessionário fica obrigado a: (Acrescido pela Lei nº 14.066, de 2020)

I - remover equipamentos e bens e arcar integralmente com os custos decorrentes dessa remoção;

II - reparar ou indenizar os danos decorrentes de suas atividades; e

III - praticar os atos de recuperação ambiental determinados pelos órgãos e entidades competentes.

Parágrafo único. Para fins do efetivo cumprimento deste artigo, o concessionário deverá apresentar à entidade outorgante de direitos minerários o Plano de Fechamento de Mina e à autoridade licenciadora o Plano de Recuperação de Áreas Degradadas.

Art. 48 – Considera-se ambiciosa, a lavra conduzida sem observância do plano preestabelecido, ou efetuada de modo a impossibilitar o ulterior aproveitameto econômico da jazida.

Art. 49. Os trabalhos de lavra, uma vez iniciados, não poderão sr interrompidos por mais de 6 (seis) meses consecutivos, salvo motivo comprovado de força maior.

Art. 50 O Relatório Anual das atividades realizadas no ano anterior deverá conter, entre outros, dados sobre os seguintes tópicos:

I – Método de lavra, transporte e distribuição no mercado consumidor, das substâncias minerais extraídas;

II – Modificações verificadas nas reservas, características das substâncias minerais produzidas, inclusive o teor mínimo economicamente compensador e a relação observada entre a substância útil e o estéril;

III – Quadro mensal, em que figurem, pelo menos, os elementos de: produção, estoque, preço médio de venda, destino do produto bruto e do beneficiado, recolhimento do Imposto Único e o pagamento do Dízimo do proprietário;

IV – Número de trabalhadores da mina e do beneficiamento;

V – Investimentos feitos na mina e nos trabalhos de pesquisa;

VI – Balanço anual da Empresa.

Art. 51. Quando o melhor conhecimento da jazida obtido durante os trabalhos de lavra justificar mudanças no plano de aproveitamento econômico, ou as condições do mercado exigirem modificações na escala de produção, deverá o concessionário propor as necessárias alterações ao D.N.P.M., para exame e eventual aprovação do novo plano.

Art. 52. A lavra, praticada em desacordo com o plano aprovado pelo D.N.P.M., sujeita o concessionário a sanções que podem ir gradativamente da advertência à caducidade.

Parágrafo único. Na hipótese de o concessionário praticar atividades de lavra, de beneficiamento ou de armazenamento de minérios, ou de disposição de estéreis ou de rejeitos em condições que resultem em graves danos à população ou ao meio ambiente, será instaurado processo administrativo de caducidade do título minerário, sem prejuízo do disposto no art. 65 e das demais sanções previstas neste Decreto-Lei. (Acrescido pela Lei nº 14.066, de 2020)

Art. 53. A critério do D.N.P.M., várias concessões de lavra de um mesmo titular e da mesma substância mineral, em áreas de um mesmo jazimento ou zona mineralizada, poderão ser reunidas em uma só unidade de mineração, sob a denominação de Grupamento Mineiro.

Parágrafo único. O concessionário de um Grupamento Mineiro, a juízo do D.N.P.M., poderá concentrar as atividades da lavra em uma ou algumas das concessões agrupadas contanto que a intensidade da lavra seja compatível com a importância da reserva total das jazidas agrupadas.

Art. 54. Em zona que tenha sido declarada Reserva Nacional de determinada substância mineral, o Governo poderá autorizar a pesquisa ou lavra de outra substância mineral, sempre que os trabalhos relativos à autorização solicitada forem compatíveis e independentes dos referentes à substância da Reserva e mediante condições especiais, de conformidade com os interesses da União e da economia nacional.

Parágrafo único. As disposições deste artigo aplicam-se também a áreas específicas que estiverem sendo objeto de pesquisa ou de lavra sob regime de monopólio.

Art. 55. Subsistirá a Concessão, quanto aos direitos, obrigações, limitações e efeitos dela decorrentes, quando o concessionário a alienar ou gravar, na forma da lei.

§ 1º. Os atos de alienação ou oneração só terão validade depois de averbados no DNPM. (Redação dada pela Lei nº 9.314, de 1996)

§ 2º – A concessão de lavra somente é transmissível a quem for capaz de exercê-la de acordo com as disposições deste Código. (Redação dada pela Lei nº 7.085, de 1982)

§ 3º – As dívidas e gravames constituídos sobre a concessão resolvem-se com extinção desta, ressalvada a ação pessoal contra o devedor. (Incluído pela Lei nº 7.085, de 1982)

§ 4º – Os credores não têm ação alguma contra o novo titular da concessão extinta, salvo se esta, por qualquer motivo, voltar ao domínio do primitivo concessionário devedor. (Incluído pela Lei nº 7.085, de 1982)

Art. 56. A concessão de lavra poderá ser desmembrada em duas ou mais concessões distintas, a juízo do Departamento Nacional da Produção Mineral – DNPM, se o fracionamento não comprometer o racional aproveitamento da jazida e desde que evidenciadas a viabilidade técnica, a economicidade do aproveitamento autônomo das unidades mineiras resultantes e o incremento da produção da jazida. (Redação dada pela Lei nº 7.085, de 1982)

Parágrafo único. O desmembramento será pleiteado pelo concessionário, conjuntamente com os pretendentes às novas concessões, se for o cso, em requerimento dirigido ao Ministro das Minas e Energia, entregue mediante recibo no Protocolo do DNPM, onde será mecanicamente numerado e registrado, devendo conter, além de memorial justificativo, os elementos de instrução referidos no artigo 38 deste Código, relativamente a cada uma das concessões propostas. (Redação dada pela Lei nº 7.085, de 1982)

Art. 57. (Revogado pela Lei nº 14.066, de 2020)

Art. 58. Poderá o titular da portaria de concessão de lavra, mediante requerimento justificado ao Ministro de Estado de Minas e Energia, obter a suspensão temporária da lavra, ou comunicar a renúncia ao seu título. (Redação dada pela Lei nº 9.314, de 1996)

§ 1º Em ambos os casos, o requerimento será acompanhados de um relatório dos trabalhos efetuados e do estado da mina, e suas possibilidades futuras.

§ 2º Somente após verificação "in loco" por um de seus técnicos, emitirá o D.N.P.M. parecer conclusivo para decisão do Ministro das Minas e Energia.

§ 3º Não aceitas as razões da suspensão dos trabalhos, ou efetivada a renúncia, caberá ao D.N.P.M. sugerir ao Ministro das Minas e Energia medidas que se fizerem necessárias à continuação dos trabalhos e a aplicação de sanções, se for o caso.

CAPÍTULO IV. DAS SERVIDÕES

Art. 59. Ficam sujeitas a servidões de solo e subsolo, para os fins de pesquisa ou lavra, não só a propriedade onde se localiza a jazida, como as limítrofes. (Renumerado do Art. 60 para Art. 59 pelo Decreto-lei nº 318, de 1967)

Parágrafo único. Instituem-se Servidões para:

a) construção de oficinas, instalações, obras acessórias e moradias;

b) abertura de vias de transporte e linhas de comunicações;

c) captação e adução de água necessária aos serviços de mineração e ao pessoal;

d) transmissão de energia elétrica;

e) escoamento das águas da mina e do engenho de beneficiamento;

f) abertura de passagem de pessoal e material, de conduto de ventilação e de energia elétrica;

g) utilização das aguadas sem prejuízo das atividades pre-existentes; e,

h) bota-fora do material desmontado e dos refugos do engenho.

Art. 60 Instituem-se as Servidões mediante indenização prévia do valor do terreno ocupado e dos prejuízos resultantes dessa ocupação. (Renumerado do Art. 61 para Art. 60 pelo Decreto-lei nº 318, de 1967)

§ 1º Não havendo acordo entre as partes, o pagemento será feito mediante depósito judicial da importância fixada para indenização, através de vistoria ou perícia com arbitramento, inclusive da renda pela ocupação, seguindo-se o competente mandado de imissão de posse na área, se necessário.

§ 2º O cálculo da indenização e dos danos a serem pagos pelo titular da autorização de pesquisas ou concessão de lavra, ao proprietário do solo ou ao dono das benfeitorias, obedecerá às prescrições contidas no Artigo 27 deste Código, e seguirá o rito estabelecido em Decreto do Governo Federal.

Art. 61. Se, por qualquer motivo independente da vontade do indenizado, a indenização tardar em lhe ser entregue, sofrerá, a mesma, a necessária correção monetária, cabendo ao titular da autorização de pesquisa ou concessão de lavra, a obrigação de completar a quantia arbitrada. (Renumerado do Art. 62 para Art. 61 pelo Decreto-lei nº 318, de 1967)

Art. 62. Não poderão ser iniciados os trabalhos de pesquisa ou lavra, antes de paga a importância à indenização e de fixada a renda pela ocupação do terreno. (Renumerado do Art. 63 para Art. 62 pelo Decreto-lei nº 318, de 1967)

CAPÍTULO V. DAS SANÇÕES E DAS NULIDADES

Art. 63. Sem prejuízo do disposto na Lei nº 9.605, de 12 de fevereiro de 1998, e na Lei nº 12.334, de 20 de setembro de 2010, o descumprimento das obrigações decorrentes das autorizações de pesquisa, das permissões de lavra garimpeira, das concessões de lavra e do licenciamento previsto nesta Lei implica, dependendo da infração: (Redação dada pela Lei nº 14.066, de 2020)

I – advertência; (Redação dada pela Lei nº 9.314, de 1996)

II – multa; e (Redação dada pela Lei nº 9.314, de 1996)

III – caducidade do título. (Redação dada pela Lei nº 9.314, de 1996)

IV – multa diária; (Acrescido pela Lei nº 14.066, de 2020)

V – apreensão de minérios, bens e equipamentos; ou (Acrescido pela Lei nº 14.066, de 2020)

VI – suspensão temporária, total ou parcial, das atividades de mineração. (Acrescido pela Lei nº 14.066, de 2020)

§ 1º A aplicação das penalidades de advertência, multa, multa diária, apreensão de minérios, bens e equipamentos e suspensão temporária das atividades de mineração compete à Agência Nacional de Mineração (ANM), e a aplicação de caducidade do título, ao Ministro de Estado de Minas e Energia. (Redação dada pela Lei nº 14.066, de 2020)

§§ 2º e 3º (Revogados pela Lei 14.066/2020)

Art. 64. A multa variará de R$ 2.000,00 (dois mil reais) a R$ 1.000.000.000,00 (um bilhão de reais), segundo a gravidade da infração. (Redação dada pela Lei nº 14.066, de 2020)

§ 1º Em caso de reincidência, a multa será cobrada em dôbro;

§ 2º O regulamento dêste Código definirá o critério de imposição de multas, segundo a gravidade das infrações.

§ 3º O valor das multas será recolhido ao Banco do Brasil S. A., em guia própria, à conta do Fundo Nacional de Mineração – Parte Disponível.

Art 65. Será declarada a caducidade da autorização de pesquisa, ou da concessão de lavra, desde que verificada quaisquer das seguintes infrações: (Renumerado do Art. 66 para Art. 65 pelo Decreto-lei nº 318, de 1967)

a) caracterização formal do abandono da jazida ou mina;

b) não cumprimento dos prazos de início ou reinício dos trabalhos de pesquisa ou lavra, apesar de advertência e multa;

c) prática deliberada dos trabalhos de pesquisa em desacôrdo com as condições constantes do título de autorização, apesar de advertência ou multa;

d) prosseguimento de lavra ambiciosa ou de extração de substância não compreendida no Decreto de Lavra, apesar de advertência e multa; e,

e) não atendimento de repetidas observações da fiscalização, caracterizado pela terceira reincidência, no intervalo de 1 (hum) ano, de infrações com multas.

§ 1º Extinta a concessão de lavra, caberá ao Diretor-Geral do Departamento Nacional da Produção Mineral – D.N.P.M. – mediante Edital publicado no Diário Oficial da União, declarar a disponibilidade da respectiva área, para fins de requerimento de autorização de pesquisa ou de concessão de lavra. (Incluído pela Lei nº 6.403, de 1976)

§ 2º O Edital estabelecerá os requisitos especiais a serem atendidos pelo requerente, consoante as peculariedades de cada caso. (Incluído pela Lei nº 6.403, de 1976)

§ 3º Para determinação da prioridade à outorga da autorização de pesquisa, ou da concessão de lavra, conforme o caso, serão, conjuntamente, apreciados os requerimentos protocolizados, dentro do prazo que for conveniente fixado no Edital, definindo-se, dentre estes, como prioritário, o pretendente que, a juízo do Departamento Nacional da Produção Mineral – D.N.P.M. – melhor atender aos interesses específicos do setor minerário. (Incluído pela Lei nº 6.403, de 1976)

§ 4º Aplica-se a penalidade de caducidade da concessão quando ocorrer significativa degradação do meio ambiente ou dos recursos hídricos, bem como danos ao patrimônio de pessoas ou comunidades, em razão do vazamento ou rompimento de barragem de mineração, por culpa ou dolo do empreendedor, sem prejuízo à imposição de multas e à responsabilização civil e penal do concessionário. (Acrescido pela Lei nº 14.066, de 2020)

Art 66. São anuláveis os Alvarás de Pesquisa ou Decretos de Lavra quando outorgados com infringência de dispositivos dêste Código. (Renumerado do Art. 67 para Art. 66 pelo Decreto-lei nº 318, de 1967)

§ 1º A anulação será promovia "ex-officio" nos casos de:

a) imprecisão intencional da definição das áreas de pesquisa ou lavra; e,

b) inobservância do disposto no item I do Art. 22.

§ 2º Nos demais casos, e sempre que possível, o D.N.P.M. procurara sanar a deficiência por via de atos de retificação.

§ 3º A nulidade poderá ser pleiteada judicialmente em ação proposta por qualquer interessado, no prazo de 1 (hum) ano, a contar da publicação do Decreto de Lavra no Diário Oficial da União.

Art 67. Verificada a causa de nulidade ou caducidade da autorização ou da concessão, salvo os casos de abandono, o titular não perde a propriedade dos bens que possam ser retirados sem prejudicar o conjunto da mina. (Renumerado do Art. 68 para Art. 67 pelo Decreto-lei nº 318, de 1967)

Art 68. O Processo Administrativo pela declaração de nulidade ou de caducidade, será instaurado "ex-officio" ou mediante denúncia comprovada. (Renumerado do Art. 69 para Art. 68 pelo Decreto-lei nº 318, de 1967)

§ 1º O Diretor-Geral do D.N.P.M. promoverá a intimação do titular, mediante ofício e por edital, quando se encontrar em lugar incerto e ignorado, para apresentação de defesa, dentro de 60 (sessenta) dias contra os motivos arguidos na denúncia ou que deram margem à instauração do processo administrativo.

§ 2º Findo o prazo, com a juntada da defesa ou informação sôbre a sua não apresentação pelo notificado, o processo será submetido à decisão do Ministro das Minas e Energia.

§ 3º Do despacho ministerial declaratório de nulidade ou caducidade da autorização de pesquisa, caberá:

a) pedido de reconsideração, no prazo de 15 (quinze) dias; ou

b) recurso voluntário ao Presidente da República, no prazo de 30 (trintas) dias, desde que o titular da autorização não tenha solicitado reconsideração do despacho, no prazo previsto na alínea anterior.

§ 4º O pedido de reconsideração não atendido, será encaminhado em gráu de recurso, "ex-officio", ao presidente da República, no prazo de 30 (trinta) dias, a contar de seu recebimento, dando-se ciência antecipada ao interessado, que poderá aduzir novos elementos de defesa, inclusive prova documental, as quais, se apresentadas no prazo legal, serão recebidas em caráter de recurso.

§ 5º O titular de autorização declarada Nula ou Caduca, que se valer da faculdade conferida pela alínea a do § 3º, dêste artigo, não poderá interpor recurso ao Presidente da República enquanto aguarda solução Ministerial para o seu pedida de reconsideração.

§ 6º Sómente será admitido 1 (hum) pedido de reconsideração e 1 (hum) recurso.

§ 7º Esgotada a instância administrativa, a execução das medidas determinadas em decisões superiores não será prejudicada por recursos extemporâneos pedidos de revisão e outros expedientes protelatórios.

Art 69. O processo administrativo para aplicação das sanções de anulação ou caducidade da concessão de lavra, obedecerá ao disposto no § 1º do artigo anterior. (Renumerado do Art. 70 para Art. 69 pelo Decreto-lei nº 318, de 1967)

§ 1º Concluídas tôdas as diligências necessárias à regular instrução do processo, inclusive juntada de defesa ou informação de não haver a mesma sido apresentada, cópia do expediente de notificação e prova da sua entrega à parte interessada, o Diretor-Geral do D.N.P.M. encaminhará os autos ao Ministro das Minas e Energia.

§ 2º Examinadas as peças dos autos, especialmente as razões de defesa oferecidas pela Emprêsa, o Ministro encaminhará o processo com relatório e parecer conclusivo, ao Presidente da República.

§ 3º Da decisão da autoridade superior, poderá a interessada solicitar reconsideração, no prazo improrrogável de 10 (dez) dias, a contar da sua publicação no Diário Oficial da União, desde que seja instruído com elementos novos que justifiquem reexame da matéria.

CAPÍTULO VI. DA GARIMPAGEM, FAISCAÇÃO E CATA

Art. 70 Considera-se: (Renumerado do Art. 71 para Art. 70 pelo Decreto-lei nº 318, de 1967)

I – garimpagem, o trabalho individual de quem utilize instrumentos rudimentares, aparelhos manuais ou máquinas simples e portáveis, na extração de pedras preciosas, semi-preciosas e minerais metálicos ou não metálicos, valiosos, em depósitos de eluvião ou aluvião, nos álveos de cursos d'água ou nas margens reservadas, bem como nos depósitos secundários ou chapadas (grupiaras), vertentes e altos de morros; depósitos esses genericamente denominados garimpos.

II – faiscação, o trabalho individual de quem utilize instrumentos rudimentares, aparelhos manuais ou máquinas simples e portáteis, na extração de metais nobres nativos em depósitos de eluvião ou aluvião, fluviais ou marinhos, depósitos esses genericamente denominados faisqueiras; e,

III – cata, o trabalho individual de quem faça, por processos equiparáveis aos de garimpagem e faiscação, na parte decomposta dos afloramentos dos filões e veeiros, a extração de substâncias minerais úteis, sem o emprego de explosivos, e as apure por processos rudimentares.

Art. 71. Ao trabalhador que extrai substâncias minerais úteis, por processo rudimentar e individual de mineração, garimpagem, faiscação ou cata, denomina-se genericamente, garimpeiro. (Renumerado do Art. 72 para Art. 71 pelo Decreto-lei nº 318, de 1967)

Art. 72. Caracteriza-se a garimpagem, a faiscação e a cata: (Renumerado do Art. 73 para Art. 72 pelo Decreto-lei nº 318, de 1967)

I – pela forma rudimentar de mineração;

II – pela natureza dos depósitos trabalhados; e,

III – pelo caráter individual do trabalho, sempre por conta própria.

Art. 73. Dependem de permissão do Governo Federal, a garimpagem, a faiscação ou a cata, não cabendo outro ônus ao garimpeiro, senão o pagamento da menor taxa remuneratória cobrada pelas Coletorias Federais a todo aquele que pretender executar esses trabalhos. (Renumerado do Art. 74 para Art. 73 pelo Decreto-lei nº 318, de 1967) (Vide Lei nº 7.805, de 1989)

§ 1º Essa permissão constará de matrícula do garimpeiro, renovada anualmente nas Coletorias Federais dos Municípios onde forem realiados esses trabalhos, e será válida somente para a região jurisdicionada pela respectiva exatoria que a concedeu.

§ 2º A matrícula, que é pessoal, será feita a requerimento verbal do interessado e registrada em livro próprio da Coletoria Federal, mediante a apresentação do comprovante de quitação do imposto sindical e o pagamento da mesma taxa remuneratória cobrada pela Coletoria. (Redação dada pelo Decreto-lei nº 318, de 1967)

§ 3º Ao garimpeiro matriculado será fornecido um Certificado de Matrícula, do qual constará seu retrato, nome, nacionalidade, endereço, e será o documento oficial para o exercício da atividade dentro da zona nele especificada.

§ 4º Será apreendido o material de garimpagem, faiscação ou cata quando o garimpeiro não possuir o necessário Certificado de Matrícula, sendo o produto vendido em hasta pública e recolhido ao Banco do Brasil S/A, à conta do "Fundo Nacional de Mineração – Parte Disponível".

Art. 74. Dependem de consentimento prévio do proprietário do solo as permissões para garimpagem, faiscação ou cta, em terras ou águas de domínio privado. (Renumerado do Art. 75 para Art. 74 pelo Decreto-lei nº 318, de 1967)

Parágrafo único. A contribuição do garimpeiro ajustada com o proprictário do solo para fazer garimpagem, faiscação, ou cata não poderá exceder adízimo do valor do imposto único que for arrecadado pela Coletoria Federal da Jurisdição local, referente à substância encontrada.

Art. 75. É vedada a realização de trabalhos de garimpagem, faiscação ou cata, em área objeto de autorização de pesquisa ou concessão de lavra. (Redação dada pela Lei nº 6.403, de 1976)

Art. 76. Atendendo aos interesses do setor minerário, poderão, a qualquer tempo, ser delimitadas determinadas áreas nas quais o aproveitamento de substâncias minerais farse-á exclusivamente por trabalhos de garimpagem, faiscação ou cata, consoante for estabelecido em Portaria do Ministro das Minas e Energia, mediante proposta do Diretor-Geral do Departamento Nacional da Produção Mineral. (Redação dada pela Lei nº 6.403, de 1976)

Art. 77. O imposto único referente às substâncias minerais oriundas de atividades de garimpagem, faiscação ou cata, será pago pelos compradores ou beneficiadores autorizados por Decreto do Governo Federal, de acordo com os dispositivos da lei específica. (Renumerado do Art. 78 para Art. 77 pelo Decreto-lei nº 318, de 1967)

Art. 78. Por motivo de ordem pública, ou em se verificando malbaratamento de determinada riqueza mineral, poderá o Ministro das Minas e Energia, por proposta do Diretor-Geral do D.N.P.M., determinar o fechamento de certas áreas às atividades de garimpagem, faiscação ou cata, ou excluir destas a extração de determinados minerais. (Renumerado do Art. 79 para Art. 78 pelo Decreto-lei nº 318, de 1967)

CAPÍTULO VII. DA EMPRESA DE MINERAÇÃO (SUPRIMIDO PELA LEI Nº 9.314, DE 14.11.1996)

Art. 79. (Revogado pela Lei nº 9.314, de 1996)

Art. 80 (Revogado pela Lei nº 9.314, de 1996)

CAPÍTULO VII. DAS DISPOSIÇÕES FINAIS (RENUMERADO DO CAPÍTULO VIII PARA CAPÍTULO VII, COM NOVA REDAÇÃO PELA LEI Nº 9.314, DE 14.11.1996)

Art. 81. As empresas que pleitearem autorização para pesquisa ou lavra, ou que forem titulares de direitos minerários de pesquisa ou lavra, ficam obrigadas a arquivar no DNPM, mediante protocolo, os estatutos ou contratos sociais e acordos de acionistas em vigor, bem como as futuras alterações contratuais ou estatutárias, dispondo neste caso do prazo máximo de trinta dias após registro no Departamento Nacional de Registro de Comércio. (Redação dada pela Lei nº 9.314, de 1996)

Parágrafo único. O não cumprimento do prazo estabelecido neste artigo ensejará as seguintes sanções: (Redação dada pela Lei nº 9.314, de 1996)

I – advertência; (Incluído pela Lei nº 9.314, de 1996)

II – multa, a qual será aplicada em dobro no caso de não atendimento das exigências objeto deste artigo, no prazo de trinta dias da imposição da multa inicial, e assim sucessivamente, a cada trinta dias subseqüentes.(Incluído pela Lei nº 9.314, de 1996)

Art. 82. (Revogado pela Lei nº 9.314, de 1996)

CAPÍTULO VIII. DAS DISPOSIÇÕES FINAIS (RENUMERADO PARA CAPÍTULO VII PELA LEI Nº 9.314, DE 1996)

Art. 83. Aplica-se à propriedade mineral o direito comum, salvo as restrições impostas neste Código. (Renumerado do Art. 84 para Art. 83 pelo Decreto-lei nº 318, de 1967)

Art. 84. A Jazida é bem imóvel, distinto do solo onde se encontra, não abrangendo a propriedade dêste o minério ou a substância mineral útil que a constitui. (Renumerado do Art. 85 para Art. 84 pelo Decreto-lei nº 318, de 1967)

Art. 85. O limite subterrâneo da jazida ou mina é o plano vertical coincidente com o perímetro definidor da área titulada, admitida, em caráter excepcional, a fixação de limites em profundidade por superfície horizontal. (Redação dada pela Lei nº 9.314, de 1996)

§ 1º A iniciativa de propor a fixação de limites no plano horizontal da concessão poderá ser do titular dos direitos minerários preexistentes ou do DNPM, *ex officio*, cabendo sempre ao titular a apresentação do plano dos trabalhos de pesquisa, no prazo de noventa dias, contado da data de publicação da intimação no Diário Oficial da União, para fins de prioridade na obtenção do novo título. (Incluído pela Lei nº 9.314, de 1996)

§ 2º Em caso de inobservância pelo titular de direitos minerários preexistentes no prazo a que se refere o parágrafo anterior, o DNPM poderá colocar em disponibilidade o título representativo do direito minerário decorrente do desmembramento. (Incluído pela Lei nº 9.314, de 1996)

§ 3º. Em caráter excepcional, *ex officio* ou por requerimento de parte interessada, poderá o DNPM, no interesse do setor mineral, efetuar a limitação de jazida por superfície horizontal, inclusive em áreas já tituladas. (Incluído pela Lei nº 9.314, de 1996)

§ 4º. O DNPM estabelecerá, em portaria, as condições mediante as quais os depósitos especificados no *caput* poderão ser aproveitados, bem como os procedimentos inerentes à outorga da respectiva titulação, respeitados os direitos preexistentes e as demais condições estabelecidas neste artigo. (Incluído pela Lei nº 9.314, de 1996)

Art 86. Os titulares de concessões e minas próximas ou vizinhas, abertas situadas sôbre o mesmo jazimento ou zona mineralizada, poderão obter permissão para a formação de um Consórcio de Mineração, mediante Decreto do Govêrno Federal, objetivando incrementar a produtividade da extração ou a sua capacidade. (Renumerado do Art. 87 para Art. 86 pelo Decreto-lei nº 318, de 1967)

§ 1º Do requerimento pedindo a constituição do Consórcio de Mineração, deverá constar:

I – Memorial justificativo dos benefícios resultantes da formação do Consórcio, com indicação dos recursos econômicos e financeiros de que disporá a nova entidade;

II – Minuta dos Estatutos do Consórcio, plano de trabalhos a realizar, enumeração das providências e favôres que esperam merecer do Poder Público.

§ 2º A nova entidade, Consórcio de Mineração, ficará sujeita a condições fixadas em Caderno de Encargos, anexado ao ato institutivo da concessão e que será elaborado por Comissão especìficamente nomeada.

Art 87. (Revogado pela Lei nº 14.066, de 2020)

Art 88. Ficam sujeitas à fiscalização direta do D.N.P.M. tôdas as atividades concernentes à mineração, comércio e à industrialização de matérias-primas minerais, nos limites estabelecidos em Lei. (Renumerado do Art. 89 para Art. 88 pelo Decreto-lei nº 318, de 1967)

Parágrafo único. Exercer-se-á fiscalização para o cumprimento integral das disposições legais, regulamentares ou contratuais.

Art 89. (Revogado pelo Decreto-lei nº 1.038, de 1969)

Art 90. Quando se verificar em jazida em lavra a concorrência de minerais radioativos ou apropriados ao aproveitamento dos misteres da produção de energia nuclear, a concessão, só será mantida caso o valor econômico da substância mineral, objeto do decreto de lavra, seja superior ao dos minerais nucleares que contiver. (Renumerado do Art. 91 para Art. 90 pelo Decreto-lei nº 318, de 1967)

§ 1º (Revogado pelo Decreto-lei nº 330, de 1967)

§ 2º Quando a inesperada ocorrência de minerais radioativos e nucleares associados suscetíveis de aproveitamento econômico predominar sôbre a substância mineral constante do título de lavra, a mina poderá ser desapropriada.

§ 3º Os titulares de autorizações de pesquisa, ou de concessões de lavra, são obrigados a comunicar, ao Ministério das Minas e Energia, qualquer descoberta que tenham feito de minerais radioativos ou nucleares associados à substância mineral mencionada respectivo título, sob pena de sanções.

§§ 4º e 5º (Revogados pelo Decreto-lei nº 330, de 1967).

Art 91. A Emprêsa de Mineração que, comprovadamente, dispuzer do recurso dos métodos de prospecção aérea, poderá pleitear permissão para realizar Reconhecimento Geológico por êstes métodos, visando obter informações preliminares regionais necessárias à formulação de requerimento de autorização de pesquisa, na forma do que dispuzer o Regulamento dêste Código. (Renumerado do Art. 92 para Art. 91 pelo Decreto-lei nº 318, de 1967)

§ 1º As regiões assim permissionadas não se subordinam aos previstas no Art. 25 dêste Código.

§ 2º A permissão será dada por autorização expressa do Diretor-Geral do D.N.P.M., com prévio assentimento do Conselho de Segurança Nacional.

§ 3º A permissão do Reconhecimento Geológico será outorga pelo prazo máximo e improrrogável de 90 (noventa) dias, a contar da data da publicação no Diário Oficial.

§ 4º A permissão do Reconhecimento Geológico terá caráter precário, e atribui à Emprêsa tão sòmente o direito de prioridade para obter a autorização de pesquisa dentro da região permissionada, desde que requerida no prazo estipulado no parágrafo anterior, obedecidos os limites de áreas previstas no Art. 25.

§ 5º A Emprêsa de Mineração fica obrigada a apresentar ao D.N.P.M. os resultados do Reconhecimento procedido, sob pena de sanções.

Art. 92. O DNPM manterá registros próprios dos títulos minerários. (Redação dada pela Lei nº 9.314, de 1996)

Art. 93. Serão publicados no Diário Oficial da União os alvarás de pesquisa, as portarias de lavra e os demais atos administrativos deles decorrentes. (Redação dada pela Lei nº 9.314, de 1996)

Parágrafo único. A publicação de editais em jornais particulares, é também feita à custa dos requerentes e por êles próprios promovidos, devendo ser enviado prontamente um exemplar ao D.N.P.M. para anexação ao respectivo processo.

Art 94. Será sempre ouvido o D.N.P.M. quando o Govêrno Federal tratar de qualquer assunto referente à matéria-prima mineral ou ao seu produto. (Renumerado do Art. 95 para Art. 94 pelo Decreto-lei nº 318, de 1967)

Art 95. Continuam em vigor as autorizações de pesquisa e concessões de lavra outorgadas na vigência da legislação anterior, ficando, no entanto, sua execução sujeita a observância dêste Código. (Renumerado do Art. 96 para Art. 95 pelo Decreto-lei nº 318, de 1967)

Art. 96. A lavra de jazida ser organizada e conduzida na forma da Constituição. (Incluído pelo Decreto-lei nº 318, de 1967)

Art 97. O Govêrno Federal expedirá os Regulamentos necessários à execução dêste Código, inclusive fixando os prazos de tramitação dos processos.

Art 98. Esta Lei entrará em vigor no dia 15 de março de 1967, revogadas as disposições em contrário.

Brasília, 28 de fevereiro de 1967; 146º da Independência e 79º da República.

H. CASTELLO BRANCO

DOU de 28.2.1967

LEI Nº 5.256, DE 6 DE ABRIL DE 1967

Dispõe sobre a prisão especial.

▸ *Prisão especial*

O PRESIDENTE DA REPÚBLICA Faço saber que o Congresso Nacional decreta e eu sanciono a seguinte Lei:

▸ Lei 12.403/2011 – Altera dispositivos do Decreto-Lei 3.689/1941 (Código de Processo Penal), relativos à prisão processual, fiança, liberdade provisória, demais medidas cautelares.

Art. 1º. Nas localidades em que não houver estabelecimento adequado ao recolhimento dos que tenham direito a prisão especial, o juiz, considerando a gravidade das circunstâncias do crime, ouvido o representante do Ministério Público, poderá autorizar a prisão do réu ou indiciado na própria residência, de onde o mesmo não poderá afastar-se sem prévio consentimento judicial.

▸ CPP: art. 295.

Art. 2º. A prisão domiciliar não exonera o réu ou indiciado da obrigação de comparecer aos atos policiais ou judiciais para os quais for convocado, ficando ainda sujeito a outras limitações que o juiz considerar indispensáveis à investigação policial e à instrução criminal.

Art. 3º. Por ato de ofício do juiz, a requerimento do Ministério Público ou da autoridade policial, o beneficiário da prisão domiciliar poderá ser submetido a vigilância policial, exercida sempre com discrição e sem constrangimento para o réu ou indiciado e sua família.

▸ CP: art. 38.

▸ Lei 12.258/2010 – Altera o Decreto-Lei 2.848/1940 (Código Penal), e a Lei 7.210/1984 (Lei de Execução Penal), para prever a possibilidade de utilização de equipamento de vigilância indireta pelo condenado nos casos em que especifica.

Art. 4º. A violação de qualquer das condições impostas na conformidade da presente Lei implicará na perda do benefício da prisão domiciliar, devendo o réu ou indiciado ser recolhido a estabelecimento penal, onde permanecerá separado dos demais presos.

Parágrafo único. Neste caso, o diretor do estabelecimento poderá aproveitar o réu ou indiciado nas tarefas administrativas da prisão.

Art. 5º. Esta Lei entra em vigor na data de sua publicação.

Art. 6º. Revogam-se as disposições em contrário.

Brasília, 6 de abril de 1967; 146º da Independência e 79º da República.

A. COSTA E SILVA

D.O.U. de 7.4.1967

LEI Nº 5.474, DE 18 DE JULHO DE 1968

Dispõe sobre as duplicatas e dá outras providências.

▸ *Lei da duplicata*

O PRESIDENTE DA REPÚBLICA Faço saber que o Congresso Nacional decreta e eu sanciono a seguinte Lei:

CAPÍTULO I. DA FATURA E DA DUPLICATA

Art. 1º. Em todo o contrato de compra e venda mercantil entre partes domiciliadas no território brasileiro, com prazo não inferior a 30 (trinta) dias, contado da data da entrega ou despacho das mercadorias, o vendedor extrairá a respectiva fatura para apresentação ao comprador.

§ 1º. A fatura discriminará as mercadorias vendidas ou, quando convier ao vendedor, indicará somente os números e valores das notas parciais expedidas por ocasião das vendas, despachos ou entregas das mercadorias.

§ 2º. *(Revogado pelo Decreto-lei nº 436, de 1969)*

Art. 2º. No ato da emissão da fatura, dela poderá ser extraída uma duplicata para circulação como efeito comercial, não sendo admitida qualquer outra espécie de título de crédito para documentar o saque do vendedor pela importância faturada ao comprador.

§ 1º. A duplicata conterá:

I – a denominação "duplicata", a data de sua emissão e o número de ordem;
II – o número da fatura;
III – a data certa do vencimento ou a declaração de ser a duplicata à vista;
IV – o nome e domicílio do vendedor e do comprador;
V – a importância a pagar, em algarismos e por extenso;
VI – a praça de pagamento;
VII – a cláusula à ordem;
VIII – a declaração do reconhecimento de sua exatidão e da obrigação de pagá-la, a ser assinada pelo comprador, como aceite cambial;
IX – a assinatura do emitente.

§ 2º. Uma só duplicata não pode corresponder a mais de uma fatura.

§ 3º. Nos casos de venda para pagamento em parcelas, poderá ser emitida duplicata única, em que se discriminarão todas as prestações e seus vencimentos, ou série de duplicatas, uma para cada prestação, distinguindo-se a numeração a que se refere o item I do § 1º deste artigo, pelo acréscimo de letra do alfabeto, em sequência.

Art. 3º. A duplicata indicará sempre o valor total da fatura, ainda que o comprador tenha direito a qualquer rebate, mencionando o vendedor o valor líquido que o comprador deverá reconhecer como obrigação de pagar.

§ 1º. Não se incluirão no valor total da duplicata os abatimentos de preços das mercadorias feitos pelo vendedor até o ato do faturamento, desde que constem da fatura.

§ 2º. A venda mercantil para pagamento contra a entrega da mercadoria ou do conhecimento de transporte, sejam ou não da mesma praça vendedor e comprador, ou para pagamento em prazo inferior a 30 (trinta) dias, contado da entrega ou despacho das mercadorias, poderá representar-se, também, por duplicata, em que se declarará que o pagamento será feito nessas condições.

Art. 4º. Nas vendas realizadas por consignatários ou comissários e faturadas em nome e por conta do consignante ou comitente, caberá àqueles cumprir os dispositivos desta Lei.

Art. 5º. Quando a mercadoria for vendida por conta do consignatário, este é obrigado, na ocasião de expedir a fatura e a duplicata, a comunicar a venda ao consignante.

§ 1º. Por sua vez, o consignante expedirá fatura e duplicata correspondente à mesma venda, a fim de ser esta assinada pelo consignatário, mencionando-se o prazo estipulado para a liquidação do saldo da conta.

§ 2º. Fica o consignatário dispensado de emitir duplicata quando na comunicação a que se refere o § 1º declarar que o produto líquido apurado está à disposição do consignante.

CAPÍTULO II. DA REMESSA E DA DEVOLUÇÃO DA DUPLICATA

Art. 6º. A remessa de duplicata poderá ser feita diretamente pelo vendedor ou por seus representantes, por intermédio de instituições financeiras, procuradores ou correspondentes que se incumbam de apresentá-la ao comprador na praça ou no lugar de seu estabelecimento, podendo os intermediários devolvê-la, depois de assinada, ou conservá-la em seu poder até o momento do resgate, segundo as instruções de quem lhes cometeu o encargo.

§ 1º. O prazo para remessa da duplicata será de 30 (trinta) dias, contado da data de sua emissão.

§ 2º. Se a remessa for feita por intermédio de representantes, instituições financeiras, procuradores ou correspondentes, estes deverão apresentar o título ao comprador dentro de dez dias, contados da data de seu recebimento na praça de pagamento.

Art. 7º. A duplicata, quando não for à vista, deverá ser devolvida pelo comprador ao apresentante dentro do prazo de 10 (dez) dias, contados da data de sua apresentação, devidamente assinada ou acompanhada de declaração, por escrito, contendo as razões da falta do aceite.

§ 1º. Havendo expressa concordância da instituição financeira cobradora, o sacado poderá reter a duplicata em seu poder até a data do vencimento, desde que comunique, por escrito, à apresentante, o aceite e a retenção.

§ 2º. A comunicação de que trata o parágrafo anterior substituirá, quando necessário, no ato do protesto ou na execução judicial, a duplicata a que se refere. (Redação dada pela Lei nº 6.458, de 1977)

Art. 8º. O comprador só poderá deixar de aceitar a duplicata por motivo de:

I – avaria ou não recebimento das mercadorias, quando não expedidas ou não entregues por sua conta e risco;
II – vícios, defeitos e diferenças na qualidade ou na quantidade das mercadorias, devidamente comprovados;
III – divergência nos prazos ou nos preços ajustados.

CAPÍTULO III. DO PAGAMENTO DAS DUPLICATAS

Art. 9º. É lícito ao comprador resgatar a duplicata antes de aceitá-la ou antes da data do vencimento.

§ 1º. A prova do pagamento é o recibo, passado pelo legítimo portador ou por seu representante com poderes especiais, no verso do próprio título ou em documento, em separado, com referência expressa à duplicata.

▸ CC: art. 324.

§ 2º. Constituirá, igualmente, prova de pagamento, total ou parcial, da duplicata, a liquidação de cheque, a favor do estabelecimento endossatário, no qual conste, no verso, que seu valor se destina à amortização ou liquidação da duplicata nele caracterizada.

Art. 10. No pagamento da duplicata poderão ser deduzidos quaisquer créditos a favor do devedor, resultantes de devolução de mercadorias, diferenças de preço, enganos verificados, pagamentos por conta e outros motivos assemelhados, desde que devidamente autorizados.

Art. 11. A duplicata admite reforma ou prorrogação do prazo de vencimento mediante declaração em separado ou nela escrita, assinada pelo vendedor ou endossatário, ou por representante com poderes especiais.

Parágrafo único. A reforma ou prorrogação de que trata este artigo, para manter a coobrigação dos demais intervenientes por endosso ou aval, requer a anuência expressa destes.

Art. 12. O pagamento da duplicata poderá ser assegurado por aval, sendo o avalista equiparado àquele cujo nome indicar; na falta da indicação, àquele abaixo de cuja firma lançar a sua; fora desses casos, ao comprador.

Parágrafo único. O aval dado posteriormente ao vencimento do título produzirá os mesmos efeitos que o prestado anteriormente àquela ocorrência.

CAPÍTULO IV. DO PROTESTO

▸ Lei 9.492/1997 – Define competência, regulamenta os serviços concernentes ao protesto de títulos e outros documentos de dívida.

Art. 13. A duplicata é protestável por falta de aceite, de devolução ou de pagamento. (Redação dada pelo Decreto-lei nº 436, de 1969)

§ 1º. Por falta de aceite, de devolução ou de pagamento, o protesto será tirado, conforme o caso, mediante apresentação da duplicata, da triplicata, ou, ainda, por simples indicações do portador, na falta de devolução do título. (Redação dada pelo Decreto-lei nº 436, de 1969)

§ 2º. O fato de não ter sido exercida a faculdade de protestar o título, por falta de aceite ou de devolução, não elide a possibilidade de protesto por falta de pagamento. (Redação dada pelo Decreto-lei nº 436, de 1969)

§ 3º. O protesto será tirado na praça de pagamento constante do título. (Redação dada pelo Decreto-lei nº 436, de 1969)

§ 4º. O portador que não tirar o protesto da duplicata, em forma regular e dentro do prazo de 30 (trinta) dias, contado da data de seu vencimento, perderá o direito de regresso contra os endossantes e respectivos avalistas. (Redação dada pelo Decreto-lei nº 436, de 1969)

Art. 14. Nos casos de protesto, por falta de aceite, de devolução ou de pagamento, ou feitos por indicações do portador o instrumento de protesto deverá conter os requisitos enumerados no art. 29 do Dec. 2.044, de 31 de dezembro de 1908, exceto a transcrição mencionada no inciso II, que será substituída pela reprodução das indicações feitas pelo portador do título. (Redação dada pelo Decreto-lei nº 436, de 1969)

CAPÍTULO V. DO PROCESSO PARA COBRANÇA DA DUPLICATA

Art. 15. A cobrança judicial de duplicata ou triplicata será efetuada de conformidade com o processo aplicável aos títulos executivos extrajudiciais, de que cogita o Livro II do Código de Processo Civil, quando se tratar: (Redação dada pela Lei nº 6.458, de 1977)

▸ CPC/15: arts. 771 e ss.

I – de duplicata ou triplicata aceita, protestada ou não; (Redação dada pela Lei nº 6.458, de 1977)
II – de duplicata ou triplicata não aceita, contanto que, cumulativamente: (Redação dada pela Lei nº 6.458, de 1977)

a) haja sido protestada; (Redação dada pela Lei nº 6.458, de 1977)

b) esteja acompanhada de documento hábil comprobatório da entrega e recebimento da mercadoria; e (Redação dada pela Lei nº 6.458, de 1977)

c) o sacado não tenha, comprovadamente, recusado o aceite, no prazo, nas condições e pelos motivos previstos nos arts. 7º e 8º desta Lei. (Redação dada pela Lei nº 6.458, de 1977)

§ 1º. Contra o sacador, os endossantes e respectivos avalistas caberá o processo de execução referido neste artigo, quaisquer que sejam a forma e as condições do protesto. (Redação dada pela Lei nº 6.458, de 1977)

§ 2º. Processar-se-á também da mesma maneira a execução de duplicata ou triplicata não aceita e não devolvida, desde que haja sido protestada mediante indicações do credor ou do apresentante do título, nos termos do art. 14, preenchidas as condições do inciso II deste artigo. (Redação dada pela Lei nº 6.458, de 1977)

Art. 16. Aplica-se o procedimento ordinário previsto no Código de Processo Civil à ação do credor contra o devedor, por duplicata ou triplicata que não preencha os requisitos do art. 15, I e II, e §§ 1º e 2º, bem como à ação para ilidir as razões invocadas pelo devedor para o não aceite do título, nos casos previstos no art. 8º. (Redação dada pela Lei nº 6.458, de 1977)

Art. 17. O foro competente para a cobrança judicial da duplicata ou da triplicata é o da praça de pagamento constante do título, ou outra de domicílio do comprador e, no caso de ação regressiva, a dos sacadores, dos endossantes e respectivos avalistas. (Redação dada pela Lei nº 6.458, de 1977)

Art. 18. A pretensão à execução da duplicata prescreve: (Redação dada pela Lei nº 6.458, de 1977)

I – contra o sacado e respectivos avalistas, em três anos, contados da data do vencimento do título; (Redação dada pela Lei nº 6.458, de 1977)
II – contra endossante e seus avalistas, em um ano, contado da data do protesto; (Redação dada pela Lei nº 6.458, de 1977)
III – de qualquer dos coobrigados, contra os demais, em um ano, contado da data em que haja sido efetuado o pagamento do título. (Redação dada pela Lei nº 6.458, de 1977)

§ 1º. A cobrança judicial poderá ser proposta contra um ou contra todos os coobrigados, sem observância da ordem em que figurem no título. (Redação dada pela Lei nº 6.458, de 1977)

§ 2º. Os coobrigados da duplicata respondem solidariamente pelo aceite e pelo pagamento. (Redação dada pela Lei nº 6.458, de 1977)

CAPÍTULO VI. DA ESCRITA ESPECIAL

Art. 19. A adoção do regime de vendas de que trata o art. 2º desta Lei obriga o vendedor a ter e a escriturar o Livro de Registro de Duplicatas.

- CC: art. 1.180.

§ 1º. No Registro de Duplicatas serão escrituradas, cronologicamente, todas as duplicatas emitidas, com o número de ordem, data e valor das faturas originárias e data de sua expedição; nome e domicílio do comprador; anotações das reformas; prorrogações e outras circunstâncias necessárias.

§ 2º. Os Registros de Duplicatas, que não poderão conter emendas, borrões, rasuras ou entrelinhas, deverão ser conservados nos próprios estabelecimentos.

§ 3º. O Registro de Duplicatas poderá ser substituído por qualquer sistema mecanizado, desde que os requisitos deste artigo sejam observados.

CAPÍTULO VII. DAS DUPLICATAS DE PRESTAÇÃO DE SERVIÇOS

Art. 20. Poderão emitir, na forma prevista nesta Lei, fatura e duplicata: (Redação dada pela MP 1.051/2021)

- **Texto anterior:** Art. 20. As empresas, individuais ou coletivas, fundações ou sociedades civis, que se dediquem à prestação de serviços, poderão, também, na forma desta Lei, emitir fatura e duplicata.

I – as empresas, individuais ou coletivas, fundações ou sociedades civis, que se dediquem à prestação de serviços; e (Acrescido pela MP nº 1.051/2021)
II – o Transportador Autônomo de Cargas - TAC, de que trata o inciso I do caput do art. 2º da Lei nº 11.442, de 5 de janeiro de 2007. (Acrescido pela MP 1.051/2021)

§ 1º. A fatura deverá discriminar a natureza dos serviços prestados.

§ 2º. A soma a pagar em dinheiro corresponderá ao preço dos serviços prestados.

§ 3º. Aplicam-se à fatura e à duplicata ou triplicata de prestação de serviços, com as adaptações cabíveis, as disposições referentes à fatura e à duplicata ou triplicata de venda mercantil, constituindo documento hábil, para transcrição do instrumento de protesto, qualquer documento que comprove a efetiva prestação dos serviços e o vínculo contratual que a autorizou. (Incluído pelo Decreto- lei nº 436, de 1969)

Art. 21. O sacado poderá deixar de aceitar a duplicata de prestação de serviços por motivo de:

I – não correspondência com os serviços efetivamente contratados;
II – vícios ou defeitos na qualidade dos serviços prestados, devidamente comprovados;
III – divergências nos prazos ou nos preços ajustados.

Art. 22. Equiparam-se às entidades constantes do art. 20, para os efeitos da presente Lei, ressalvado o disposto no Capítulo VI, os profissionais liberais e os que prestam serviço de natureza eventual, desde que o valor do serviço ultrapasse a cem cruzeiros novos.

§ 1º. Nos casos deste artigo, o credor enviará ao devedor fatura ou conta que mencione a natureza e valor dos serviços prestados, data e local do pagamento e o vínculo contratual que deu origem aos serviços executados.

§ 2º. Registrada a fatura ou conta no Cartório de Títulos e Documentos, será ela remetida ao devedor, com as cautelas constantes do art. 6º.

§ 3º. O não pagamento da fatura ou conta no prazo nela fixado autorizará o credor a levá-la a protesto, valendo, na ausência do original, certidão do cartório competente.

§ 4º. O instrumento do protesto, elaborado com as cautelas do art. 14, discriminando a fatura ou conta original ou a certidão do Cartório de Títulos e Documentos, autorizará o ajuizamento do competente processo de execução na forma prescrita nesta Lei. (Redação dada pela Lei nº 6.458, de 1977)

CAPÍTULO VIII. DAS DISPOSIÇÕES GERAIS

Art. 23. A perda ou extravio da duplicata obrigará o vendedor a extrair triplicata, que terá os mesmos efeitos e requisitos e obedecerá às mesmas formalidades daquela.

Art. 24. Da duplicata poderão constar outras indicações, desde que não alterem sua feição característica.

Art. 25. Aplicam-se à duplicata e à triplicata, no que couber, os dispositivos da legislação sobre emissão, circulação e pagamento das Letras de Câmbio.

Art. 26. O art. 172 do Código Penal (Dec.-lei nº 2.848, de 7 de dezembro de 1940) passa a vigorar com a seguinte redação:

- Alteração incorporada ao texto do referido CP.

Art. 27. O Conselho Monetário Nacional, por proposta do Ministério da Indústria e do Comércio, baixará, dentro de 120 (cento e vinte) dias da data da publicação desta Lei, normas para padronização formal dos títulos e documentos nela referidos fixando prazo para sua adoção obrigatória.

Art. 28. Esta Lei entrará em vigor 30 (trinta) dias após a data de sua publicação, revogando-se a Lei nº 187, de 15 de janeiro de 1936, a Lei nº 4.068, de 9 de junho de 1962, os Decs.-leis nºs 265, de 28 de fevereiro de 1967; 320, de 29 de março de 1967; 331, de 21 de setembro de 1967 e 345, de 28 de dezembro de 1967, na parte referente às duplicatas e todas as demais disposições em contrário.

Brasília, 18 de julho de 1968; 147º da Independência e 80º da República.

A. COSTA E SILVA

D.O.U. de 19.7.1968

DECRETO-LEI Nº 911, DE 1º DE OUTUBRO DE 1969

Altera a redação do art. 66 da Lei nº 4.728, de 14 de julho de 1965, estabelece normas de processo sobre alienação fiduciária, e dá outras providências.

- *Alienação fiduciária*
- CC: arts. 1.361 a 1.368-A.
- Lei 9.514/1997: arts. 22 a 33.

Os Ministros da Marinha de Guerra, do Exército e da Aeronáutica Militar, usando das atribuições que lhes confere o art. 1º do Ato Institucional 5, de 13 de dezembro de 1968, decretam:

Art. 1º. O art. 66, da Lei nº 4.728, de 14 de julho de 1965, passa a ter a seguinte redação:

- O mencionado art. 66 foi revogado pela Lei 10.931/2004.
- Alteração incorporada ao texto da referida lei.

Art. 2º. No caso de inadimplemento ou mora nas obrigações contratuais garantidas mediante alienação fiduciária, o proprietário fiduciário ou credor poderá vender a coisa a terceiros, independentemente de leilão, hasta pública, avaliação prévia ou qualquer outra medida judicial ou extrajudicial, salvo disposição expressa em contrário prevista no contrato, devendo aplicar o preço da venda no pagamento de seu crédito e das despesas decorrentes e entregar ao devedor o saldo apurado, se houver, com a devida prestação de contas. (Redação dada pela Lei nº 13.043, de 2014)

- Súm. 384 do STJ.
- CC: art. 1.364.

§ 1º. O crédito a que se refere o presente artigo abrange o principal, juros e comissões, além das taxas, cláusula penal e correção monetária, quando expressamente convencionados pelas partes.

§ 2º. A mora decorrerá do simples vencimento do prazo para pagamento e poderá ser comprovada por carta registrada com aviso de recebimento, não se exigindo que a assinatura constante do referido aviso seja a do próprio destinatário. (Redação dada pela Lei nº 13.043, de 2014)

- Súm. 72 e 245 do STJ.

§ 3º. A mora e o inadimplemento de obrigações contratuais garantidas por alienação fiduciária, ou a ocorrência legal ou convencional de algum dos casos de antecipação de vencimento da dívida, facultarão ao credor considerar, de pleno direito, vencidas todas as obrigações contratuais, independentemente de aviso ou notificação judicial ou extrajudicial.

- Súm. 72 do STJ.
- CC: arts. 394 a 401.

§ 4º. Os procedimentos previstos no *caput* e no seu § 2º aplicam-se às operações de arrendamento mercantil previstas na forma da Lei 6.099, de 12 de setembro de 1974. (Incluído pela Lei nº 13.043, de 2014)

Art. 3º. O proprietário fiduciário ou credor poderá, desde que comprovada a mora, na forma estabelecida pelo § 2º do art. 2º, ou o inadimplemento, requerer contra o devedor ou terceiro a busca e apreensão do bem alienado fiduciariamente, a qual será concedida liminarmente, podendo ser apreciada em plantão judiciário. (Redação dada pela Lei nº 13.043, de 2014)

§ 1º. Cinco dias após executada a liminar mencionada no *caput*, consolidar-se-ão a propriedade e a posse plena e exclusiva do bem no patrimônio do credor fiduciário, cabendo às repartições competentes, quando for o caso, expedir novo certificado de registro de propriedade em nome do credor, ou de terceiro por ele indicado, livre do ônus da propriedade fiduciária. (Redação dada pela Lei nº 10.931, de 2004)

§ 2º. No prazo do § 1º, o devedor fiduciante poderá pagar a integralidade da dívida pendente, segundo os valores apresentados pelo credor fiduciário na inicial, hipótese na qual o bem lhe será restituído livre do ônus. (Redação dada pela Lei nº 10.931, de 2004)

§ 3º. O devedor fiduciante apresentará resposta no prazo de 15 (quinze) dias da execução da liminar. (Redação dada pela Lei nº 10.931, de 2004)

§ 4º. A resposta poderá ser apresentada ainda que o devedor tenha se utilizado da faculdade do § 2º, caso entenda ter havido pagamento a maior e desejar restituição. (Redação dada pela Lei nº 10.931, de 2004)

§ 5º. Da sentença cabe apelação apenas no efeito devolutivo. (Redação dada pela Lei nº 10.931, de 2004)

- CPC: arts. 513 e 521.

§ 6º. Na sentença que decretar a improcedência da ação de busca e apreensão, o juiz condenará o credor fiduciário ao pagamento de multa, em favor do devedor fiduciante, equivalente a 50% (cinquenta por cento) do valor originalmente financiado, devidamente atualizado, caso o bem já tenha sido alienado. (Redação dada pela Lei nº 10.931, de 2004)

§ 7º. A multa mencionada no § 6º não exclui a responsabilidade do credor fiduciário por perdas e danos. (Incluído pela Lei nº 10.931, de 2004)

- CC: art. 402.

§ 8º. A busca e apreensão prevista no presente artigo constitui processo autônomo e independente de qualquer procedimento posterior. (Incluído pela Lei nº 10.931, de 2004)

§ 9º. Ao decretar a busca e apreensão de veículo, o juiz, caso tenha acesso à base de dados do Registro Nacional de Veículos Automotores – Renavam, inserirá diretamente a restrição judicial na base de dados do Renavam, bem como retirará tal restrição após a apreensão. (Incluído pela Lei nº 13.043, de 2014)

§ 10. Caso o juiz não tenha acesso à base de dados prevista no § 9º, deverá oficiar ao departamento de trânsito competente para que: (Incluído pela Lei nº 13.043, de 2014)

I – registre o gravame referente à decretação da busca e apreensão do veículo; e (Incluído pela Lei nº 13.043, de 2014)
II – retire o gravame após a apreensão do veículo. (Incluído pela Lei nº 13.043, de 2014)

§ 11. O juiz também determinará a inserção do mandado a que se refere o § 9º em banco próprio de mandados. (Incluído pela Lei nº 13.043, de 2014)

§ 12. A parte interessada poderá requerer diretamente ao juízo da comarca onde foi localizado o veículo com vistas à sua apreensão, sempre que o bem estiver em comarca distinta daquela da tramitação da ação, bastando que em tal requerimento conste a cópia da petição inicial da ação e, quando for o caso, a cópia do despacho que concedeu a busca e apreensão do veículo. (Incluído pela Lei nº 13.043, de 2014)

§ 13. A apreensão do veículo será imediatamente comunicada ao juízo, que intimará a instituição financeira para retirar o veículo do local depositado no prazo máximo de 48 (quarenta e oito) horas. (Incluído pela Lei nº 13.043, de 2014)

§ 14. O devedor, por ocasião do cumprimento do mandado de busca e apreensão, deverá entregar o bem e seus respectivos documentos. (Incluído pela Lei nº 13.043, de 2014)

§ 15. As disposições deste artigo aplicam-se no caso de reintegração de posse de veículos referente às operações de arrendamento mercantil previstas na Lei 6.099, de 12 de setembro de 1974. (Incluído pela Lei nº 13.043, de 2014)

Art. 4º. Se o bem alienado fiduciariamente não for encontrado ou não se achar na posse do devedor, fica facultado ao credor requerer, nos mesmos autos, a conversão do pedido de busca e apreensão em ação executiva, na forma prevista no Capítulo II do Livro II da Lei nº 5.869, de 11 de janeiro de 1973 – Código de Processo Civil. (Redação dada pela Lei nº 13.043, de 2014)

- Súm. Vinculante 25 do STF.
- CPC: arts. 901 a 906.

Art. 5º. Se o credor preferir recorrer à ação executiva, direta ou a convertida na forma do art. 4º, ou, se for o caso ao executivo fiscal, serão penhorados, a critério do autor da ação, bens do devedor quantos bastem para assegurar a execução. (Redação dada pela Lei nº 13.043, de 2014)

Parágrafo único. Não se aplica à alienação fiduciária o disposto nos incisos VI e VIII do art. 649 do Código de Processo Civil. (Redação dada pela Lei nº 6.071, de 1974)

Art. 6º. O avalista, fiador ou terceiro interessado que pagar a dívida do alienante ou devedor, se sub-rogará, de pleno direito, no crédito e na garantia constituída pela alienação fiduciária.

- CC: arts. 346 a 351.
- Lei 9.514/1997: art. 31.

Art. 6º-A. O pedido de recuperação judicial ou extrajudicial pelo devedor nos termos da Lei nº 11.101, de 9 de fevereiro de 2005, não impede a distribuição e a busca e apreensão do bem. (Incluído pela Lei nº 13.043, de 2014)

Art. 7º. Na falência do devedor alienante, fica assegurado ao credor ou proprietário fiduciário o direito de pedir, na forma prevista na lei, a restituição do bem alienado fiduciariamente.

Parágrafo único. Efetivada a restituição, o proprietário fiduciário agirá na forma prevista neste Decreto-lei.

- Lei 9.514/1997: art. 32.
- Lei 11.101/2005: arts. 49, § 3º, e 85 a 93.

Art. 7º-A. Não será aceito bloqueio judicial de bens constituídos por alienação fiduciária nos termos deste Decreto-Lei, sendo que, qualquer discussão sobre concursos de preferências deverá ser resolvida pelo valor da venda do bem, nos termos do art. 2º.ç,l. (Incluído pela Lei nº 13.043, de 2014)

Art. 8º. O Conselho Nacional de Trânsito, no prazo máximo de 60 (sessenta) dias, a contar da vigência do presente Decreto-lei, expedirá normas regulamentares relativas à alienação fiduciária de veículos automotores.

Art. 8º-A. O procedimento judicial disposto neste Decreto-lei aplica-se exclusivamente às hipóteses da Seção XIV da Lei nº 4.728, de 14 de julho de 1965, ou quando o ônus da propriedade fiduciária tiver sido constituído para fins de garantia de débito fiscal ou previdenciário. (Incluído pela Lei nº 10.931, de 2004)

Art. 9º. O presente Decreto-lei entrará em vigor na data de sua publicação, aplicando-se, desde logo, aos processos em curso, revogadas as disposições em contrário.

Brasília, 1º de outubro de 1969; 148º da Independência e 81º da República.

AUGUSTO HAMANN RADEMAKER GRÜNEWALD

D.O.U. de 3.10.1969

DECRETO-LEI Nº 1.075, DE 22 DE JANEIRO DE 1970

Regula a imissão de posse, initio litis, em imóveis residenciais urbanos.

- *Imissão de posse*

O PRESIDENTE DA REPÚBLICA, usando da atribuição que lhe confere o art. 55, I, da Constituição, e

Considerando que, na cidade de São Paulo, o grande número de desapropriações em zona residencial ameaça desalojar milhares de famílias;

Considerando que os proprietários de prédios residenciais encontram dificuldade, no sistema jurídico vigente, de obter, *initio litis*, uma indenização suficiente para a aquisição de nova casa própria;

Considerando que a oferta do poder expropriante, baseada em valor cadastral do imóvel, é inferior ao valor real apurado em avaliação no processo de desapropriação;

Considerando, finalmente, que o desabrigo dos expropriados causa grave risco à segurança nacional, por ser fermento de agitação social, DECRETA:

Art. 1º. Na desapropriação por utilidade pública de prédio urbano residencial, o expropriante, alegando urgência, poderá imitir-se provisoriamente na posse do bem, mediante o depósito do preço oferecido, se este não for impugnado pelo expropriado em cinco dias da intimação da oferta.

- CF/1988: art. 182, § 3º.
- Dec.-lei 3.365/1941: arts. 5º ao 10, e 15 a 15-B.

Art. 2º. Impugnada a oferta pelo expropriado, o juiz, servindo-se, caso necessário, de perito avaliador, fixará em 48 horas o valor provisório do imóvel.

Parágrafo único. O perito, quando designado, deverá apresentar o laudo no prazo máximo de 5 (cinco) dias.

- CPC: art. 421.

Art. 3º. Quando o valor arbitrado for superior à oferta, o juiz só autorizará a imissão provisória na posse do imóvel, se o expropriante complementar o depósito para que este atinja a metade do valor arbitrado.

Art. 4º. No caso do artigo anterior, fica, porém, fixado em 2.300 salários mínimos vigentes na região, o máximo do depósito a que será obrigado o expropriante.

Art. 5º. O expropriado, observadas as cautelas previstas no art. 34 do Dec.-lei nº 3.365, de 21 de junho de 1941, poderá levantar toda a importância depositada e complementada nos termos do art. 3º.

Parágrafo único. Quando o valor arbitrado for inferior ou igual ao dobro do preço oferecido, é lícito ao expropriado optar entre o levantamento de 80% (oitenta por cento) do preço oferecido ou da metade do valor arbitrado.

Art. 6º. O disposto neste Decreto-lei só se aplica à desapropriação de prédio residencial urbano, habitado pelo proprietário ou compromissário comprador, cuja promessa de compra esteja devidamente inscrita no Registro de Imóveis.

- CC: arts. 1.417 e 1.418.
- Lei 6.015/1973: arts. 167, I, 9 e 20, e 172.

Art. 7º. Este Decreto-lei entra em vigor na data de sua publicação, aplicando-se às ações já ajuizadas.

Art. 8º. Revogam-se as disposições em contrário.

Brasília, 22 de janeiro de 1970, 149º da Independência e 82º da República.

EMÍLIO G. MÉDICI

D.O.U. de 22.1.1970

LEI COMPLEMENTAR Nº 7, DE 7 DE SETEMBRO DE 1970

Institui o Programa de Integração Social, e dá outras providências.

▸ *Programa de integração social*

O PRESIDENTE DA REPÚBLICA: Faço saber que o Congresso Nacional decreta e eu sanciono a seguinte Lei Complementar:

Art. 1º É instituído, na forma prevista nesta Lei, o Programa de Integração Social, destinado a promover a integração do empregado na vida e no desenvolvimento das empresas.

§ 1º Para os fins desta Lei, entende-se por empresa a pessoa jurídica, nos termos da legislação do Imposto de Renda, e por empregado todo aquele assim definido pela Legislação Trabalhista.

§ 2º A participação dos trabalhadores avulsos, assim definidos os que prestam serviços a diversas empresas, sem relação empregatícia, no Programa de Integração Social, far-se-á nos termos do Regulamento a ser baixado, de acordo com o art. 11 desta Lei.

Art. 2º O Programa de que trata o artigo anterior será executado mediante Fundo de Participação, constituído por depósitos efetuados pelas empresas na Caixa Econômica Federal.

Parágrafo único. A Caixa Econômica Federal poderá celebrar convênios com estabelecimentos da rede bancária nacional, para o fim de receber os depósitos a que se refere este artigo.

Art. 3º O Fundo de Participação será constituído por duas parcelas:

a) a primeira, mediante dedução do Imposto de Renda devido, na forma estabelecida no § 1º deste artigo, processando-se o seu recolhimento ao Fundo juntamente com o pagamento do Imposto de Renda;

b) a segunda, com recursos próprios da empresa, calculados com base no faturamento, como segue:

▸ Vide Lei Complementar nº 17, de 12.12.1973, que dispõe sobre o Programa de Integração Social de que trata esta lei.

1) no exercício de 1971, 0,15%;

2) no exercício de 1972, 0,25%;

3) no exercício de 1973, 0,40%;

4) no exercício de 1974 e subsequentes, 0,50%.

§ 1º A dedução a que se refere a alínea *a* deste artigo será feita sem prejuízo do direito de utilização dos incentivos fiscais previstos na legislação em vigor e calculada com base no valor do Imposto de Renda devido, nas seguintes proporções:

a) no exercício de 1971 – 2%;

b) no exercício de 1972 – 3%;

c) no exercício de 1973 e subsequentes – 5%.

§ 2º As instituições financeiras, sociedades seguradoras e outras empresas que não realizam operações de vendas de mercadorias participarão do Programa de Integração Social com uma contribuição ao Fundo de Participação de, recursos próprios de valor idêntico do que for apurado na forma do parágrafo anterior.

§ 3º As empresas a título de incentivos fiscais estejam isentas, ou venham a ser isentadas, do pagamento do Imposto de Renda, contribuirão para o Fundo de Participação, na base de cálculo como se aquele tributo fosse devido, obedecidas as percentagens previstas neste artigo.

§ 4º As entidades de fins não lucrativos, que tenham empregados assim definidos pela legislação trabalhista, contribuirão para o Fundo na forma da lei.

§ 5º A Caixa Econômica Federal resolverá os casos omissos, de acordo com os critérios fixados pelo Conselho Monetário Nacional.

Art. 4º O Conselho Nacional poderá alterar, até 50% (cinquenta por cento), para mais ou para menos, os percentuais de contribuição de que trata o § 2º do art. 3º, tendo em vista a proporcionalidade das contribuições.

Art. 5º A Caixa Econômica Federal emitirá, em nome de cada empregado, uma Caderneta de Participação – Programa de Integração Social – movimentável na forma dos arts. 8º e 9º desta Lei.

Art. 6º A efetivação dos depósitos no Fundo correspondente à contribuição referida na alínea *b* do art. 3º será processada mensalmente a partir de 1º de julho de 1971.

Parágrafo único. A contribuição de julho será calculada com base no faturamento de janeiro; a de agosto, com base no faturamento de fevereiro; e assim sucessivamente.

Art. 7º A participação do empregado no Fundo far-se-á mediante depósitos efetuados em contas individuais abertas em nome de cada empregado, obedecidos os seguintes critérios:

a) 50% (cinquenta por cento) do valor destinado ao Fundo será dividido em partes proporcionais ao montante de salários recebidos no período);

b) os 50% (cinquenta por cento) restantes serão divididos em partes proporcionais aos quinquênios de serviços prestados pelo empregado.

§ 1º Para os fins deste artigo, a Caixa Econômica Federal, com base nas Informações fornecidas pelas empresas, no prazo de 180 (cento e oitenta) dias, contados da publicação desta Lei, organizará um Cadastro – Geral dos participantes do Fundo, na forma que for estabelecida em regulamento.

§ 2º A omissão dolosa de nome de empregado entre os participantes do Fundo sujeitará a empresa a multa, em benefício do Fundo, no valor de 10 (dez) meses de salários, devidos ao empregado cujo nome houver sido omitido.

§ 3º Igual penalidade será aplicada em caso de declaração falsa sobre o valor do salário e do tempo de serviço do empregado na empresa.

Arts. 8º e 9º Revogados pela Lei Complementar nº 26, de 11.09.1975.

Art. 10. As obrigações das empresas, decorrentes desta Lei, são de caráter exclusivamente fiscal, não gerando direitos de natureza trabalhista nem incidência de qualquer contribuição previdenciária em relação a quaisquer prestações devidas, por lei ou por sentença judicial, ao empregado.

Parágrafo único. As importâncias incorporadas ao Fundo não se classificam como rendimento do trabalho, para qualquer efeito da legislação trabalhista, de Previdência Social ou Fiscal e não se incorporam aos salários ou gratificações, nem estão sujeitas ao imposto sobre a renda e proventos de qualquer natureza.

Art. 11. Dentro de 120 (cento e vinte) dias, a contar da vigência desta Lei, a Caixa Econômica Federal submeterá à aprovação do Conselho Monetário Nacional o regulamento do Fundo, fixando as normas para o recolhimento e a distribuição dos recursos, assim como as diretrizes e os critérios para a sua aplicação.

Parágrafo único. O Conselho Monetário Nacional pronunciar-se-á, no prazo de 60 (sessenta) dias, a contar do seu recebimento, sobre o projeto de regulamento do Fundo.

Art. 12. As disposições desta Lei não se aplicam a quaisquer entidades integrantes da Administração Pública federal, estadual ou municipal, dos Territórios e do Distrito Federal, Direta ou Indireta adotando-se, em todos os níveis, para efeito de conceituação, como entidades da Administração Indireta, os critérios constantes dos Decretos – Leis nºs 200, de 25 de fevereiro de 1967, e 900, de 29 de setembro de 1969.

Art. 13. Esta Lei Complementar entrará em vigor na data de sua publicação.

Art. 14. Revogam-se as disposições em contrário.

Brasília, 7 de setembro de 1970; 149º da Independência e 82º da República.

Emilio G. Médici

LEI Nº 5.741, DE 1 DE DEZEMBRO DE 1971

Dispõe sobre a proteção do financiamento de bens imóveis vinculados ao Sistema Financeiro da Habitação.

▸ *Sistema Financeiro da Habitação*

O PRESIDENTE DA REPÚBLICA Faço saber que o Congresso Nacional decreta e eu sanciono a seguinte Lei:

▸ Lei 9.514/1997 – Dispõe sobre o Sistema de Financiamento Imobiliário, institui a alienação fiduciária de coisa imóvel.

▸ Lei 4.380/1964 – Institui a correção monetária nos contratos imobiliários de interesse social, o sistema financeiro para aquisição da casa própria, cria o Banco Nacional da Habitação (BNH), e Sociedades de Crédito Imobiliário, as Letras Imobiliárias, o Serviço Federal de Habitação e Urbanismo.

▸ Decreto 91.152/1985 – Cria o Conselho de Recursos do Sistema Financeiro Nacional.

Art. 1º. Para a cobrança de crédito hipotecário vinculado ao Sistema Financeiro da Habitação criado pela Lei nº 4.380, de 21 de agosto de 1964, é lícito ao credor promover a execução de que tratam os artigos 31 e 32 do Decreto-lei nº 70, de 21 de novembro de 1966, ou ajuizar a ação executiva na forma da presente Lei.

Art. 2º. A execução terá início por petição escrita, com os requisitos do art. 282 do Código de Processo Civil, apresentada em 3 (três) vias, servindo a segunda e terceira de mandado e contrafé, e sendo a primeira instruída com: (Redação dada pela Lei nº 6.071, de 1974)

I – o título da dívida devidamente inscrita; (Redação dada pela Lei nº 6.071, de 1974)

II – a indicação do valor das prestações e encargos cujo não pagamento deu lugar ao vencimento do contrato; (Redação dada pela Lei nº 6.071, de 1974)

III – o saldo devedor, discriminadas as parcelas relativas a principal, juros, multa e outros encargos contratuais fiscais e honorários advocatícios; (Redação dada pela Lei nº 6.071, de 1974)

IV – cópia dos avisos regulamentares reclamando o pagamento da dívida, expedidos segundo instruções do Banco Nacional da Habitação. (Redação dada pela Lei nº 6.071, de 1974)

Art. 3º. O devedor será citado para pagar o valor do crédito reclamado ou depositá-lo em juízo no prazo de 24 (vinte e quatro) horas, sob pena de lhe ser penhorado o imóvel hipotecado.

▸ CPC/15: arts. 797 e ss.

§ 1º. A citação far-se-á na pessoa do réu e de seu cônjuge ou de seus representantes legais. (Redação dada pela Lei nº 8.004, de 1990)

§ 2º. Se o executado e seu cônjuge se acharem fora da jurisdição da situação do imóvel, a citação far-se-á por meio de edital, pelo prazo de 10 (dez) dias, publicado, uma vez no órgão oficial do Estado e, pelo menos, duas vezes em jornal local de grande circulação, onde houver.

Art. 4º. Se o executado não pagar a dívida indicada no inciso II do art. 2º, acrescida das custas e honorários de advogado ou não depositar o saldo devedor, efetuar-se-á penhora do imóvel hipotecado, sendo nomeado depositário o exequente ou quem este indicar.

- CPC/15: arts. 797 e ss.

§ 1º. Se o executado não estiver na posse direta do imóvel, o juiz ordenará a expedição de mandado de desocupação contra a pessoa que o estiver ocupando, para entregá-lo ao exequente no prazo de 10 (dez) dias.

§ 2º. Se o executado estiver na posse direta do imóvel, o juiz ordenará que o desocupe no prazo de 30 (trinta) dias, entregando-o ao exequente.

Art. 5º. O executado poderá opor embargos no prazo de dez (10) dias contados da penhora e que serão recebidos com efeito suspensivo, desde que alegue e prove: (Redação dada pela Lei nº 6.014, de 1973)

I – que depositou por inteiro a importância reclamada na inicial; (Redação dada pela Lei nº 6.014, de 1973)

II – que resgatou a dívida, oferecendo desde logo a prova da quitação. (Redação dada pela Lei nº 6.014, de 1973)

Parágrafo único. Os demais fundos de fundamentos de embargos, previstos no artigo 741 do Código de Processo Civil, não suspendem a execução. (Redação dada pela Lei nº 6.014, de 1973)

Art. 6º. Rejeitados os embargos referidos no *caput* do artigo anterior, o juiz ordenará a venda do imóvel hipotecado, em praça pública, por preço não inferior do saldo devedor, expedindo-se edital pelo prazo de 10 (dez) dias.

Parágrafo único. O edital será afixado à porta do edifício onde tiver sede o juízo e publicado 3 (três) vezes, por extrato, em um dos jornais locais de maior circulação, onde houver.

Art. 7º. Não havendo licitante na praça pública, o Juiz adjudicará, dentro de 48 (quarenta e oito) horas, ao exequente o imóvel hipotecado, ficando exonerado o executado da obrigação de pagar o restante da dívida.

Art. 8º. É lícito ao executado remir o imóvel penhorado, desde que deposite em juízo, até a assinatura do auto de arrematação, a importância que baste ao pagamento da dívida reclamada mais custas e honorários advocatícios; caso em que convalescerá o contrato hipotecário.

Art. 9º. Constitui crime de ação pública, punido com a pena de detenção de 6 (seis) meses a 2 (dois) anos e multa de 5 (cinco) a 20 (vinte) salários mínimos, invadir alguém, ou ocupar, com o fim de esbulho possessório, terreno ou unidade residencial construída ou em construção, objeto de financiamento do Sistema Financeiro da Habitação.

§ 1º. Se o agente usa de violência, incorre também nas penas a esta cominada.

§ 2º. É isento da pena de esbulho o agente que, espontaneamente, desocupa o imóvel antes de qualquer medida coativa.

§ 3º. O salário a que se refere este artigo é o maior mensal vigente no País, à época do fato.

Art. 10. A ação executiva, fundada em outra causa que não a falta de pagamento pelo executado das prestações vencidas, será processada na forma do Código de Processo Civil, que se aplicará, subsidiariamente, a ação executiva de que trata esta Lei.

Art. 11. Ficam dispensadas de averbação no Registro de Imóveis as alterações contratuais de qualquer natureza, desde que não importem em novação objetiva da dívida, realizadas em operações do Sistema Financeiro da Habitação, criado pela Lei nº 4.380, de 21 de agosto de 1964, sejam as operações consubstanciadas, em instrumentos públicos ou particulares, ou em cédulas hipotecárias.

Parágrafo único. O registro da cédula hipotecária limitar-se-á à averbação de suas características originais, a que se refere o art. 13 do Decreto-lei nº 70, de 21 de novembro de 1966, ficando dispensadas de averbação também as alterações que decorram da circulação do título.

Art. 12. As entidades credoras integrantes do Sistema Financeiro da Habitação ficam obrigadas a fornecer por escrito, no prazo de 5 (cinco) dias, as informações sobre as alterações de que trata o artigo 11, quando requeridas por interessados.

Art. 13. Esta Lei entra em vigor na data de sua publicação.

Art. 14. Revogam-se as disposições em contrário.

Brasília, 1º de dezembro de 1971; 150º da Independência e 83º da República.

EMÍLIO G. MÉDICI

D.O.U. de 2.12.1971

DECRETO Nº 70.235, DE 6 DE MARÇO DE 1972

Dispõe sobre o processo administrativo fiscal e dá outras providências.

- *Processo administrativo fiscal*

O PRESIDENTE DA REPÚBLICA, usando das atribuições que lhe confere o art. 81, III, da Constituição e tendo em vista o disposto no art. 2º do Dec.-lei nº 822, de 5 de setembro de 1969, decreta:

- Lei 13.140/2015 – Dispõe sobre a mediação entre particulares como meio de solução de controvérsias e sobre a autocomposição de conflitos no âmbito da administração pública.
- Lei 11.941/2009 – Altera a legislação tributária federal relati ao parcelamento ordinário de débitos tributários; concede remissão nos casos em que especifica.
- Lei 11.457/2007 – Dispõe sobre a Administração Tributária Federal.
- Lei 9.784/1999 – Regula o processo administrati no âmbito da Administração Pública Federal.
- Decreto 8.539/2015 – Dispõe sobre o uso do meio eletrônico para a realização do processo administrati no âmbito dos órgãos e das entidades da administração pública federal direta, autárquica e fundacional.
- Decreto 7.574/2011 – Regulamenta o processo de determinação e de exigência de créditos tributários da União, o processo de consulta relati à interpretação da legislação tributária e aduaneira, à classificação fiscal de mercadorias, à classificação de serviços, intangíveis e de outras operações que produzam variações no patrimônio e de outros processos que especifica, sobre matérias administradas pela Secretaria da Receita Federal do Brasil. (Redação dada pelo Decreto 8.853/2016).
- Decreto 6.104/2007: art. 2º.
- Decreto 6.103/2007: art. 1º.

DISPOSIÇÃO PRELIMINAR

Art. 1º. Este Decreto rege o processo administrativo de determinação e exigência dos créditos tributários da União e o de consulta sobre a aplicação da legislação tributária federal.

CAPÍTULO I. DO PROCESSO FISCAL

SEÇÃO I. DOS ATOS E TERMOS PROCESSUAIS

Art. 2º. Os atos e termos processuais, quando a lei não prescrever forma determinada, conterão somente o indispensável à sua finalidade, sem espaço em branco, e sem entrelinhas, rasuras ou emendas não ressalvadas.

- Lei 9.784/1999: art. 22.

Parágrafo único. Os atos e termos processuais poderão ser formalizados, tramitados, comunicados e transmitidos em formato digital, conforme disciplinado em ato da administração tributária. (Redação dada pela Lei nº 12.865, de 2013)

Art. 3º. A autoridade local fará realizar, no prazo de 30 (trinta) dias, os atos processuais que devam ser praticados em sua jurisdição, por solicitação de outra autoridade preparadora ou julgadora.

Art. 4º. Salvo disposição em contrário, o servidor executará os atos processuais no prazo de 8 (oito) dias.

SEÇÃO II. DOS PRAZOS

Art. 5º. Os prazos serão contínuos, excluindo-se na sua contagem o dia do início e incluindo-se o do vencimento.

- CTN: art. 210.

Parágrafo único. Os prazos só se iniciam ou vencem no dia de expediente normal no órgão em que corra o processo ou deva ser praticado o ato.

- CTN: art. 210, par. único..

Art. 6º. *(Revogado pela Lei nº 8.748, de 1993).*

SEÇÃO III. DO PROCEDIMENTO

Art. 7º. O procedimento fiscal tem início com:

- CTN: art. 142.

I – o primeiro ato de ofício, escrito, praticado por servidor competente, cientificado o sujeito passivo da obrigação tributária ou seu preposto;

II – a apreensão de mercadorias, documentos ou livros;

III – o começo de despacho aduaneiro de mercadoria importada.

§ 1º. O início do procedimento exclui a espontaneidade do sujeito passivo em relação aos atos anteriores e, independentemente de intimação, a dos demais envolvidos nas infrações verificadas.

§ 2º. Para os efeitos do disposto no § 1º, os atos referidos nos incisos I e II valerão pelo prazo de 60 (sessenta) dias, prorrogável, sucessivamente, por igual período com qualquer outro ato escrito que indique o prosseguimento dos trabalhos.

Art. 8º. Os termos decorrentes de atividade fiscalizadora serão lavrados, sempre que possível, em livro fiscal, extraindo-se cópia para anexação ao processo; quando não lavrados em livro, entregar-se-á cópia autenticada à pessoa sob fiscalização.

Art. 9º. A exigência do crédito tributário e a aplicação de penalidade isolada serão formalizados em autos de infração ou notificações de lançamento, distintos para cada tributo ou penalidade, os quais deverão estar instruídos com todos os termos, depoimentos, laudos e demais elementos de prova indispensáveis à comprovação do ilícito. (Redação dada pela Lei nº 11.941, de 2009)

§ 1º. Os autos de infração e as notificações de lançamento de que trata o *caput* deste artigo, formalizados em relação ao mesmo sujeito passivo, podem ser objeto de um único processo, quando a comprovação dos ilícitos depender dos mesmos elementos de prova. (Redação dada pela Lei nº 11.196, de 2005)

§ 2º. Os procedimentos de que tratam este artigo e o art. 7º serão válidos, mesmo que formalizados por servidor competente de jurisdição diversa da do domicílio tributário do sujeito passivo. (Redação dada pela Lei nº 8.748, de 1993)

§ 3º. A formalização da exigência, nos termos do parágrafo anterior, previne a jurisdição e prorroga a competência da autoridade que dela primeiro conhecer. (Incluído pela Lei nº 8.748, de 1993)

§ 4º. O disposto no *caput* deste artigo aplica-se também nas hipóteses em que, constatada infração à legislação tributária, dela não resulte exigência de crédito tributário. (Incluído pela Lei nº 11.941, de 2009)

§ 5º. Os autos de infração e as notificações de lançamento de que trata o *caput* deste artigo, formalizados em decorrência de fiscalização relacionada a regime especial unificado de arrecadação de tributos, poderão conter lançamento único para todos os tributos por eles abrangidos. (Incluído pela Lei nº 11.941, de 2009)

§ 6º. O disposto no *caput* deste artigo não se aplica às contribuições de que trata o art. 3º da Lei nº 11.457, de 16 de março de 2007. (Incluído pela Lei nº 11.941, de 2009)

Art. 10. O auto de infração será lavrado por servidor competente, no local da verificação da falta, e conterá obrigatoriamente:

I – a qualificação do autuado;
II – o local, a data e a hora da lavratura;
III – a descrição do fato;
IV – a disposição legal infringida e a penalidade aplicável;
V – a determinação da exigência e a intimação para cumpri-la ou impugná-la no prazo de 30 (trinta) dias;
VI – a assinatura do autuante e a indicação de seu cargo ou função e o número de matrícula.

Art. 11. A notificação de lançamento será expedida pelo órgão que administra o tributo e conterá obrigatoriamente:

I – a qualificação do notificado;
II – o valor do crédito tributário e o prazo para recolhimento ou impugnação;
III – a disposição legal infringida, se for o caso;
IV – a assinatura do chefe do órgão expedidor ou de outro servidor autorizado e a indicação de seu cargo ou função e o número de matrícula.

Parágrafo único. Prescinde de assinatura a notificação de lançamento emitida por processo eletrônico.

Art. 12. O servidor que verificar a ocorrência de infração à legislação tributária federal e não for competente para formalizar a exigência comunicará o fato, em representação circunstanciada, a seu chefe imediato, que adotará as providências necessárias.

▸ Lei 9.430/1996: art. 83.

Art. 13. A autoridade preparadora determinará que seja informado, no processo, se o infrator é reincidente, conforme definição da lei específica, se essa circunstância não tiver sido declarada na formalização da exigência.

Art. 14. A impugnação da exigência instaura a fase litigiosa do procedimento.

Art. 14-A. No caso de determinação e exigência de créditos tributários da União cujo sujeito passivo seja órgão ou entidade de direito público da administração pública federal, a submissão do litígio à composição extrajudicial pela Advocacia-Geral da União é considerada reclamação, para fins do disposto no inciso III do art. 151 da Lei nº 5.172, de 25 de outubro de 1966 – Código Tributário Nacional. (Incluído pela Lei nº 13.140, de 2015)

Art. 15. A impugnação, formalizada por escrito e instruída com os documentos em que se fundamentar, será apresentada ao órgão preparador no prazo de 30 (trinta) dias, contados da data em que for feita a intimação da exigência.

Parágrafo único. *(Revogado pela Lei nº 11.941, de 2009).*

Art. 16. A impugnação mencionará:

I – a autoridade julgadora a quem é dirigida;
II – a qualificação do impugnante;
III – os motivos de fato e de direito em que se fundamenta, os pontos de discordância e as razões e provas que possuir; (Redação dada pela Lei nº 8.748, de 1993)
IV – as diligências, ou perícias que o impugnante pretenda sejam efetuadas, expostos os motivos que as justifiquem, com a formulação dos quesitos referentes aos exames desejados, assim como, no caso de perícia, o nome, o endereço e a qualificação profissional do seu perito; (Redação dada pela Lei nº 8.748, de 1993)
V – se a matéria impugnada foi submetida à apreciação judicial, devendo ser juntada cópia da petição. (Incluído pela Lei nº 11.196, de 2005)

§ 1º. Considerar-se-á não formulado o pedido de diligência ou perícia que deixar de atender aos requisitos previstos no inciso IV do art. 16. (Incluído pela Lei nº 8.748, de 1993)

§ 2º. É defeso ao impugnante, ou a seu representante legal, empregar expressões injuriosas nos escritos apresentados no processo, cabendo ao julgador, de ofício ou a requerimento do ofendido, mandar riscá-las. (Incluído pela Lei nº 8.748, de 1993)

§ 3º. Quando o impugnante alegar direito municipal, estadual ou estrangeiro, provar-lhe-á o teor e a vigência, se assim o determinar o julgador. (Incluído pela Lei nº 8.748, de 1993)

§ 4º. A prova documental será apresentada na impugnação, precluindo o direito de o impugnante fazê-lo em outro momento processual, a menos que: (Redação dada pela Lei nº 9.532, de 1997)

a) fique demonstrada a impossibilidade de sua apresentação oportuna por motivo de força maior; (Redação dada pela Lei nº 9.532, de 1997)
b) refira-se a fato ou a direito superveniente; (Redação dada pela Lei nº 9.532, de 1997)
c) destine-se a contrapor fatos ou razões posteriormente trazidas aos autos. (Redação dada pela Lei nº 9.532, de 1997)

§ 5º. A juntada de documentos após a impugnação deverá ser requerida à autoridade julgadora, mediante petição em que se demonstre, com fundamentos, a ocorrência de uma das condições previstas nas alíneas do parágrafo anterior. (Incluído pela Lei nº 9.532, de 1997)

§ 6º. Caso já tenha sido proferida a decisão, os documentos apresentados permanecerão nos autos para, se for interposto recurso, serem apreciados pela autoridade julgadora de segunda instância. (Incluído pela Lei nº 9.532, de 1997)

Art. 17. Considerar-se-á não impugnada a matéria que não tenha sido expressamente contestada pelo impugnante. (Redação dada pela Lei nº 9.532, de 1997)

Art. 18. A autoridade julgadora de primeira instância determinará, de ofício ou a requerimento do impugnante, a realização de diligências ou perícias, quando entendê-las necessárias, indeferindo as que considerar prescindíveis ou impraticáveis, observando o disposto no art. 28, *in fine*. (Redação dada pela Lei nº 8.748, de 1993)

§ 1º. Deferido o pedido de perícia, ou determinada de ofício, sua realização, a autoridade designará servidor para, como perito da União, a ela proceder e intimará o perito do sujeito passivo a realizar o exame requerido, cabendo a ambos apresentar os respectivos laudos em prazo que será fixado segundo o grau de complexidade dos trabalhos a serem executados. (Redação dada pela Lei nº 8.748, de 1993)

§ 2º. Os prazos para realização de diligência ou perícia poderão ser prorrogados, a juízo da autoridade. (Redação dada pela Lei nº 8.748, de 1993)

§ 3º. Quando, em exames posteriores, diligências ou perícias, realizados no curso do processo, forem verificadas incorreções, omissões ou inexatidões de que resultem agravamento da exigência inicial, inovação ou alteração da fundamentação legal da exigência, será lavrado auto de infração ou emitida notificação de lançamento complementar, devolvendo-se, ao sujeito passivo, prazo para impugnação no concernente à matéria modificada. (Redação dada pela Lei nº 8.748, de 1993)

Art. 19. *(Revogado pela Lei nº 8.748, de 1993).*

Art. 20. No âmbito da Secretaria da Receita Federal, a designação de servidor para proceder aos exames relativos a diligências ou perícias recairá sobre Auditor-Fiscal do Tesouro Nacional. (Redação dada pela Lei nº 8.748, de 1993)

Art. 21. Não sendo cumprida nem impugnada a exigência, a autoridade preparadora declarará a revelia, permanecendo o processo no órgão preparador, pelo prazo de 30 (trinta) dias, para cobrança amigável. (Redação dada pela Lei nº 8.748, de 1993)

§ 1º. No caso de impugnação parcial, não cumprida a exigência relativa à parte não litigiosa do crédito, o órgão preparador, antes da remessa dos autos a julgamento, providenciará a formação de autos apartados para a imediata cobrança da parte não contestada, consignando essa circunstância no processo original. (Redação dada pela Lei nº 8.748, de 1993)

§ 2º. A autoridade preparadora, após a declaração de revelia e findo o prazo previsto no *caput* deste artigo, procederá, em relação às mercadorias e outros bens perdidos em razão de exigência não impugnada, na forma do art. 63. (Redação dada pela Lei nº 8.748, de 1993)

§ 3º. Esgotado o prazo de cobrança amigável sem que tenha sido pago o crédito tributário, o órgão preparador declarará o sujeito passivo devedor remisso e encaminhará o processo à autoridade competente para promover a cobrança executiva.

§ 4º. O disposto no parágrafo anterior aplicar-se-á aos casos em que o sujeito passivo não cumprir as condições estabelecidas para a concessão de moratória.

Art. 22. O processo será organizado em ordem cronológica e terá suas folhas numeradas e rubricadas.

SEÇÃO IV. DA INTIMAÇÃO

Art. 23. Far-se-á a intimação:

I – pessoal, pelo autor do procedimento ou por agente do órgão preparador, na repartição ou fora dela, provada com a assinatura do sujeito passivo, seu mandatário ou preposto, ou, no caso de recusa, com declaração escrita de quem o intimar; (Redação dada pela Lei nº 9.532, de 1997)
II – por via postal, telegráfica ou por qualquer outro meio ou via, com prova de recebimento no domicílio tributário eleito pelo sujeito passivo; (Redação dada pela Lei nº 9.532, de 1997)
III – por meio eletrônico, com prova de recebimento, mediante: (Redação dada pela Lei nº 11.196, de 2005)

a) envio ao domicílio tributário do sujeito passivo; ou (Incluído pela Lei nº 11.196, de 2005)
b) registro em meio magnético ou equivalente utilizado pelo sujeito passivo. (Incluído pela Lei nº 11.196, de 2005)

§ 1º. Quando resultar improfícuo um dos meios previstos no *caput* deste artigo ou quando o sujeito passivo tiver sua inscrição declarada inapta perante o cadastro fiscal, a intimação poderá ser feita por edital publicado: (Redação dada pela Lei nº 11.941, de 2009)

I – no endereço da administração tributária na internet; (Incluído pela Lei nº 11.196, de 2005)
II – em dependência, franqueada ao público, do órgão encarregado da intimação; ou (Incluído pela Lei nº 11.196, de 2005)
III – uma única vez, em órgão da imprensa oficial local. (Incluído pela Lei nº 11.196, de 2005)

§ 2º. Considera-se feita a intimação:

I – na data da ciência do intimado ou da declaração de quem fizer a intimação, se pessoal;

II – no caso do inciso II do *caput* deste artigo, na data do recebimento ou, se omitida, 15 (quinze) dias após a data da expedição da intimação; (Redação dada pela Lei nº 9.532, de 1997)

III – se por meio eletrônico: (Redação dada pela Lei nº 12.844, de 2013)

a) 15 (quinze) dias contados da data registrada no comprovante de entrega no domicílio tributário do sujeito passivo; (Redação dada pela Lei nº 12.844, de 2013)

b) na data em que o sujeito passivo efetuar consulta no endereço eletrônico a ele atribuído pela administração tributária, se ocorrida antes do prazo previsto na alínea a; ou (Redação dada pela Lei nº 12.844, de 2013)

c) na data registrada no meio magnético ou equivalente utilizado pelo sujeito passivo; (Incluído pela Lei nº 12.844, de 2013)

IV – 15 (quinze) dias após a publicação do edital, se este for o meio utilizado. (Incluído pela Lei nº 11.196, de 2005)

§ 3º. Os meios de intimação previstos nos incisos do *caput* deste artigo não estão sujeitos a ordem de preferência. (Redação dada pela Lei nº 11.196, de 2005)

§ 4º. Para fins de intimação, considera-se domicílio tributário do sujeito passivo: (Redação dada pela Lei nº 11.196, de 2005)

I – o endereço postal por ele fornecido, para fins cadastrais, à administração tributária; e (Incluído pela Lei nº 11.196, de 2005)

II – o endereço eletrônico a ele atribuído pela administração tributária, desde que autorizado pelo sujeito passivo. (Incluído pela Lei nº 11.196, de 2005)

§ 5º. O endereço eletrônico de que trata este artigo somente será implementado com expresso consentimento do sujeito passivo, e a administração tributária informar-lhe-á as normas e condições de sua utilização e manutenção. (Incluído pela Lei nº 11.196, de 2005)

§ 6º. As alterações efetuadas por este artigo serão disciplinadas em ato da administração tributária. (Incluído pela Lei nº 11.196, de 2005)

§ 7º. Os Procuradores da Fazenda Nacional serão intimados pessoalmente das decisões do Conselho de Contribuintes e da Câmara Superior de Recursos Fiscais, do Ministério da Fazenda na sessão das respectivas câmaras subsequente à formalização do acórdão. (Incluído pela Lei nº 11.457, de 2007)

§ 8º. Se os Procuradores da Fazenda Nacional não tiverem sido intimados pessoalmente em até 40 (quarenta) dias contados da formalização do acórdão do Conselho de Contribuintes ou da Câmara Superior de Recursos Fiscais, do Ministério da Fazenda, os respectivos autos serão remetidos e entregues, mediante protocolo, à Procuradoria da Fazenda Nacional, para fins de intimação. (Incluído pela Lei nº 11.457, de 2007)

§ 9º. Os Procuradores da Fazenda Nacional serão considerados intimados pessoalmente das decisões do Conselho de Contribuintes e da Câmara Superior de Recursos Fiscais, do Ministério da Fazenda, com o término do prazo de 30 (trinta) dias contados da data em que os respectivos autos forem entregues à Procuradoria na forma do § 8º deste artigo. (Incluído pela Lei nº 11.457, de 2007)

SEÇÃO V.
DA COMPETÊNCIA

Art. 24. O preparo do processo compete à autoridade local do órgão encarregado da administração do tributo.

Parágrafo único. Quando o ato for praticado por meio eletrônico, a administração tributária poderá atribuir o preparo do processo a unidade da administração tributária diversa da prevista no *caput* deste artigo. (Incluído pela Lei nº 11.941, de 2009)

Art. 25. O julgamento do processo de exigência de tributos ou contribuições administrados pela Secretaria da Receita Federal compete: (Redação dada pela Medida Provisória nº 2.158-35, de 2001)

I – em primeira instância, às Delegacias da Receita Federal de Julgamento, órgãos de deliberação interna e natureza colegiada da Secretaria da Receita Federal; (Redação dada pela Medida Provisória nº 2.158-35, de 2001)

a) aos Delegados da Receita Federal, titulares de Delegacias especializadas nas atividades concernentes a julgamento de processos, quanto aos tributos e contribuições administrados pela Secretaria da Receita Federal. (Redação dada pela Lei nº 8.748, de 1993)

b) às autoridades mencionadas na legislação de cada um dos demais tributos ou, na falta dessa indicação, aos chefes da projeção regional ou local da entidade que administra o tributo, conforme for por ela estabelecido.

II – em segunda instância, ao Conselho Administrativo de Recursos Fiscais, órgão colegiado, paritário, integrante da estrutura do Ministério da Fazenda, com atribuição de julgar recursos de ofício e voluntários de decisão de primeira instância, bem como recursos de natureza especial. (Redação dada pela Lei nº 11.941, de 2009)

§ 1º. O Conselho Administrativo de Recursos Fiscais será constituído por seções e pela Câmara Superior de Recursos Fiscais. (Redação dada pela Lei nº 11.941, de 2009)

I – *(Revogado pela Lei nº 11.941, de 2009).*

II – *(Revogado pela Lei nº 11.941, de 2009).*

III – *(Revogado pela Lei nº 11.941, de 2009).*

IV – *(Revogado pela Lei nº 11.941, de 2009).*

§ 2º. As seções serão especializadas por matéria e constituídas por câmaras. (Redação dada pela Lei nº 11.941, de 2009)

§ 3º. A Câmara Superior de Recursos Fiscais será constituída por turmas, compostas pelos Presidentes e Vice-Presidentes das câmaras. (Redação dada pela Lei nº 11.941, de 2009)

§ 4º. As câmaras poderão ser divididas em turmas. (Redação dada pela Lei nº 11.941, de 2009)

§ 5º. O Ministro de Estado da Fazenda poderá criar, nas seções, turmas especiais, de caráter temporário, com competência para julgamento de processos que envolvam valores reduzidos, que poderão funcionar nas cidades onde estão localizadas as Superintendências Regionais da Receita Federal do Brasil. (Redação dada pela Lei nº 11.941, de 2009)

§ 6º. *(VETADO)*. (Incluído pela Lei nº 11.941, de 2009)

§ 7º. As turmas da Câmara Superior de Recursos Fiscais serão constituídas pelo Presidente do Conselho Administrativo de Recursos Fiscais, pelo Vice-Presidente, pelos Presidentes e pelos Vice-Presidentes das câmaras, respeitada a paridade. (Incluído pela Lei nº 11.941, de 2009)

§ 8º. A presidência das turmas da Câmara Superior de Recursos Fiscais será exercida pelo Presidente do Conselho Administrativo de Recursos Fiscais e a vice-presidência, por conselheiro representante dos contribuintes. (Incluído pela Lei nº 11.941, de 2009)

§ 9º. Os cargos de Presidente das Turmas da Câmara Superior de Recursos Fiscais, das câmaras, das suas turmas e das turmas especiais serão ocupados por conselheiros representantes da Fazenda Nacional, que, em caso de empate, terão o voto de qualidade, e os cargos de Vice-Presidente, por representantes dos contribuintes. (Incluído pela Lei nº 11.941, de 2009)

§ 10. Os conselheiros serão designados pelo Ministro de Estado da Fazenda para mandato, limitando-se as reconduções, na forma e no prazo estabelecidos no regimento interno. (Incluído pela Lei nº 11.941, de 2009)

§ 11. O Ministro de Estado da Fazenda, observado o devido processo legal, decidirá sobre a perda do mandato dos conselheiros que incorrerem em falta grave, definida no regimento interno. (Incluído pela Lei nº 11.941, de 2009)

Art. 26. Compete ao Ministro da Fazenda, em instância especial:

I – julgar recursos de decisões dos Conselhos de Contribuintes, interpostos pelos procuradores representantes da Fazenda junto aos mesmos Conselhos;

II – decidir sobre as propostas de aplicação de equidade apresentadas pelos Conselhos de Contribuintes.

Art. 26-A. No âmbito do processo administrativo fiscal, fica vedado aos órgãos de julgamento afastar a aplicação ou deixar de observar tratado, acordo internacional, lei ou decreto, sob fundamento de inconstitucionalidade. (Redação dada pela Lei nº 11.941, de 2009)

§ 1º a 5º. *(Revogados pela Lei nº 11.941, de 2009).*

§ 6º. O disposto no *caput* deste artigo não se aplica aos casos de tratado, acordo internacional, lei ou ato normativo: (Incluído pela Lei nº 11.941, de 2009)

I – que já tenha sido declarado inconstitucional por decisão definitiva plenária do Supremo Tribunal Federal; (Incluído pela Lei nº 11.941, de 2009)

II – que fundamente crédito tributário objeto de: (Incluído pela Lei nº 11.941, de 2009)

a) dispensa legal de constituição ou de ato declaratório do Procurador-Geral da Fazenda Nacional, na forma dos arts. 18 e 19 da Lei nº 10.522, de 19 de julho de 2002; (Incluído pela Lei nº 11.941, de 2009)

b) súmula da Advocacia-Geral da União, na forma do art. 43 da Lei Complementar nº 73, de 10 de fevereiro de 1993; ou (Incluído pela Lei nº 11.941, de 2009)

c) pareceres do Advogado-Geral da União aprovados pelo Presidente da República, na forma do art. 40 da Lei Complementar nº 73, de 10 de fevereiro de 1993. (Incluído pela Lei nº 11.941, de 2009)

SEÇÃO VI.
DO JULGAMENTO EM PRIMEIRA INSTÂNCIA

Art. 27. Os processos remetidos para a apreciação da autoridade julgadora de primeira instância deverão ser qualificados e identificados, tendo prioridade no julgamento aqueles em que estiverem presentes as circunstâncias de crime contra a ordem tributária ou de elevado valor, este definido em ato do Ministro de Estado da Fazenda. (Redação dada pela Lei nº 9.532, de 1997)

Parágrafo único. Os processos serão julgados na ordem e nos prazos estabelecidos em ato do Secretário da Receita Federal, observada a prioridade de que trata o *caput* deste artigo. (Incluído pela Lei nº 9.532, de 1997)

Art. 28. Na decisão em que for julgada questão preliminar será também julgado o mérito, salvo quando incompatíveis, e dela constará o indeferimento fundamentado do pedido de diligência ou perícia, se for o caso. (Redação dada pela Lei nº 8.748, de 1993)

Art. 29. Na apreciação da prova, a autoridade julgadora formará livremente sua convicção, podendo determinar as diligências que entender necessárias.

Art. 30. Os laudos ou pareceres do Laboratório Nacional de Análises, do Instituto Nacional de Tecnologia e de outros órgãos federais congêneres serão adotados nos aspectos técnicos de sua competência, salvo se comprovada a improcedência desses laudos ou pareceres.

§ 1º. Não se considera como aspecto técnico a classificação fiscal de produtos.

§ 2º. A existência no processo de laudos ou pareceres técnicos não impede a autoridade julgadora de solicitar outros a qualquer dos órgãos referidos neste artigo.

§ 3º. Atribuir-se-á eficácia aos laudos e pareceres técnicos sobre produtos, exarados em outros processos administrativos fiscais e transladados mediante certidão de inteiro teor ou cópia fiel, nos seguintes casos: (Incluído pela Lei nº 9.532, de 1997)

a) quando tratarem de produtos originários do mesmo fabricante, com igual denominação, marca e especificação; (Incluído pela Lei nº 9.532, de 1997)

b) quando tratarem de máquinas, aparelhos, equipamentos, veículos e outros produtos complexos de fabricação em série, do mesmo fabricante, com iguais especificações, marca e modelo. (Incluído pela Lei nº 9.532, de 1997)

Art. 31. A decisão conterá relatório resumido do processo, fundamentos legais, conclusão e ordem de intimação, devendo referir-se, expressamente, a todos os autos de infração e notificações de lançamento objeto do processo, bem como às razões de defesa suscitadas pelo impugnante contra todas as exigências. (Redação dada pela Lei nº 8.748, de 1993)

Art. 32. As inexatidões materiais devidas a lapso manifesto e os erros de escrita ou de cálculos existentes na decisão poderão ser corrigidos de ofício ou a requerimento do sujeito passivo.

Art. 33. Da decisão caberá recurso voluntário, total ou parcial, com efeito suspensivo, dentro dos 30 (trinta) dias seguintes à ciência da decisão.

§ 1º. *(Revogado pela Lei nº 12.096, de 2009).*

§ 2º. Em qualquer caso, o recurso voluntário somente terá seguimento se o recorrente arrolar bens e direitos de valor equivalente a 30% (trinta por cento) da exigência fiscal definida na decisão, limitado o arrolamento, sem prejuízo do seguimento do recurso, ao total do ativo permanente se pessoa jurídica ou ao patrimônio se pessoa física. (Incluído pela Lei nº 10.522, de 2002)

- ADIn 1976-6/DF: O STF "julgou, por unanimidade, procedente a ação direta para declarar a inconstitucionalidade do art. 32 da Medida Provisória 1.699-41/1998, convertida na Lei 10.522/2002, que deu no redação ao art. 33, § 2º, do Decreto 70.235/1972". (D.J.U. 18.5.2007)

§ 3º. O arrolamento de que trata o § 2º será realizado preferencialmente sobre bens imóveis. (Incluído pela Lei nº 10.522, de 2002)

§ 4º. O Poder Executivo editará as normas regulamentares necessárias à operacionalização do arrolamento previsto no § 2º. (Incluído pela Lei nº 10.522, de 2002)

Art. 34. A autoridade de primeira instância recorrerá de ofício sempre que a decisão:

I – exonerar o sujeito passivo do pagamento de tributo e encargos de multa de valor total (lançamento principal e decorrentes) a ser fixado em ato do Ministro de Estado da Fazenda; (Redação dada pela Lei nº 9.532, de 1997)

II – deixar de aplicar pena de perda de mercadorias ou outros bens cominados à infração denunciada na formalização da exigência.

§ 1º. O recurso será interposto mediante declaração na própria decisão.

§ 2º. Não sendo interposto o recurso, o servidor que verificar o fato representará à autoridade julgadora, por intermédio de seu chefe imediato, no sentido de que seja observada aquela formalidade.

Art. 35. O recurso, mesmo perempto, será encaminhado ao órgão de segunda instância, que julgará a perempção.

Art. 36. Da decisão de primeira instância não cabe pedido de reconsideração.

SEÇÃO VII. DO JULGAMENTO EM SEGUNDA INSTÂNCIA

Art. 37. O julgamento no Conselho Administrativo de Recursos Fiscais far-se-á conforme dispuser o regimento interno. (Redação dada pela Lei nº 11.941, de 2009)

§ 1º. *(Revogado pelo Decreto nº 83.304, de 1979).*

§ 2º. Caberá recurso especial à Câmara Superior de Recursos Fiscais, no prazo de 15 (quinze) dias da ciência do acórdão ao interessado: (Redação dada pela Lei nº 11.941, de 2009)

I – *(VETADO). (Incluído* pela Lei nº 11.941, de 2009)

II – de decisão que der à lei tributária interpretação divergente da que lhe tenha dado outra Câmara, turma de Câmara, turma especial ou a própria Câmara Superior de Recursos Fiscais. (Incluído pela Lei nº 11.941, de 2009)

§ 3º. Caberá pedido de reconsideração, com efeito suspensivo, no prazo de trinta dias, contados da ciência:

- Lei 8.541/1992: art. 50.

I – *(Revogado pela Lei nº 11.941, de 2009).*

II – *(Revogado pela Lei nº 11.941, de 2009).*

Art. 38. O julgamento em outros órgãos da administração federal far-se-á de acordo com a legislação própria, ou, na sua falta, conforme dispuser o órgão que administra o tributo.

SEÇÃO VIII. DO JULGAMENTO EM INSTÂNCIA ESPECIAL

Art. 39. Não cabe pedido de reconsideração de ato do Ministro da Fazenda que julgar ou decidir as matérias de sua competência.

Art. 40. As propostas de aplicação de equidade apresentadas pelos Conselhos de Contribuintes atenderão às características pessoais ou materiais da espécie julgada e serão restritas à dispensa total ou parcial de penalidade pecuniária, nos casos em que não houver reincidência nem sonegação, fraude ou conluio.

Art. 41. O órgão preparador dará ciência ao sujeito passivo da decisão do Ministro da Fazenda, intimando-o, quando for o caso, a cumpri-la, no prazo de 30 (trinta) dias.

SEÇÃO IX. DA EFICÁCIA E EXECUÇÃO DAS DECISÕES

Art. 42. São definitivas as decisões:

I – de primeira instância, esgotado o prazo para recurso voluntário sem que este tenha sido interposto;

II – de segunda instância, de que não caiba recurso ou, se cabível, quando decorrido o prazo sem sua interposição;

III – de instância especial.

Parágrafo único. Serão também definitivas as decisões de primeira instância na parte que não for objeto de recurso voluntário ou não estiver sujeita a recurso de ofício.

Art. 43. A decisão definitiva contrária ao sujeito passivo será cumprida no prazo para cobrança amigável fixado no art. 21, aplicando-se, no caso de descumprimento, o disposto no § 3º do mesmo artigo.

§ 1º. A quantia depositada para evitar a correção monetária do crédito tributário ou para liberar mercadoria será convertida em renda se o sujeito passivo não comprovar, no prazo legal, a propositura de ação judicial.

§ 2º. Se o valor depositado não for suficiente para cobrir o crédito tributário, aplicar-se-á à cobrança do restante o disposto no *caput* deste artigo; se exceder o exigido, a autoridade promoverá a restituição da quantia excedente, na forma da legislação específica.

Art. 44. A decisão que declarar a perda de mercadoria ou outros bens será executada pelo órgão preparador, findo o prazo previsto no art. 21, segundo dispuser a legislação aplicável.

Art. 45. No caso de decisão definitiva favorável ao sujeito passivo, cumpre à autoridade preparadora exonerá-lo, de ofício, dos gravames decorrentes do litígio.

CAPÍTULO II. DO PROCESSO DA CONSULTA

Art. 46. O sujeito passivo poderá formular consulta sobre dispositivos da legislação tributária aplicáveis a fato determinado.

Parágrafo único. Os órgãos da administração pública e as entidades representativas de categorias econômicas ou profissionais também poderão formular consulta.

Art. 47. A consulta deverá ser apresentada por escrito, no domicílio tributário do consulente, ao órgão local da entidade incumbida de administrar o tributo sobre que versa.

Art. 48. Salvo o disposto no artigo seguinte, nenhum procedimento fiscal será instaurado contra o sujeito passivo relativamente à espécie consultada, a partir da apresentação da consulta até o trigésimo dia subsequente à data da ciência:

I – de decisão de primeira instância da qual não haja sido interposto recurso;

II – de decisão de segunda instância.

Art. 49. A consulta não suspende o prazo para recolhimento de tributo, retido na fonte ou auto lançado antes ou depois de sua apresentação, nem o prazo para apresentação de declaração de rendimentos.

Art. 50. A decisão de segunda instância não obriga ao recolhimento de tributo que deixou de ser retido ou auto lançado após a decisão reformada e de acordo com a orientação desta, no período compreendido entre as datas de ciência das duas decisões.

Art. 51. No caso de consulta formulada por entidade representativa de categoria econômica ou profissional, os efeitos referidos no art. 48 só alcançam seus associados ou filiados depois de cientificado o consulente da decisão.

Art. 52. Não produzirá efeito a consulta formulada:

I – em desacordo com os arts. 46 e 47;

II – por quem tiver sido intimado a cumprir obrigação relativa ao fato objeto da consulta;

III – por quem estiver sob procedimento fiscal iniciado para apurar fatos que se relacionem com a matéria consultada;

IV – quando o fato já houver sido objeto de decisão anterior, ainda não modificada, proferida em consulta ou litígio em que tenha sido parte o consulente;

V – quando o fato estiver disciplinado em ato normativo, publicado antes de sua apresentação;

VI – quando o fato estiver definido ou declarado em disposição literal da lei;

VII – quando o fato for definido como crime ou contravenção penal;

VIII – quando não descrever, completa ou exatamente, a hipótese a que se referir, ou não contiver os elementos necessários à sua solução, salvo se a inexatidão ou omissão for escusável, a critério da autoridade julgadora.

Art. 53. O preparo do processo compete ao órgão local da entidade encarregada da administração do tributo.

Art. 54. O julgamento compete:

I – em primeira instância:

a) aos superintendentes regionais da Receita Federal, quanto aos tributos administrados pela Secretaria da Receita Federal, atendida, no julgamento, a orientação emanada dos atos normativos da Coordenação do Sistema de Tributação;

- Lei 11.457/2007: art. 1º (a Secretaria da Receita Federal passa a denominar-se Secretaria da Receita Federal do Brasil).

b) às autoridades referidas na alínea *b* do inciso I do art. 25;

II – em segunda instância:

a) ao coordenador do Sistema de Tributação da Secretaria da Receita Federal, salvo quanto aos tributos incluídos na competência julgadora de outro órgão da administração federal;

- Lei 11.457/2007: art. 1º (a Secretaria da Receita Federal passa a denominar-se Secretaria da Receita Federal do Brasil).

b) à autoridade mencionada na legislação dos tributos ressalvados na alínea precedente ou, na falta dessa indicação, à que for designada pela entidade que administra o tributo;

III – em instância única, ao coordenador do Sistema de Tributação, quanto às consultas relativas aos tributos administrados pela Secretaria da Receita Federal e formuladas:

- Lei 11.457/2007: art. 1º (a Secretaria da Receita Federal passa a denominar-se Secretaria da Receita Federal do Brasil).

a) sobre classificação fiscal de mercadorias;

b) pelos órgãos centrais da administração pública;

c) por entidades representativas de categorias econômicas ou profissionais, de âmbito nacional.

Art. 55. Compete à autoridade julgadora declarar a ineficácia da consulta.

Art. 56. Cabe recurso voluntário, com efeito suspensivo, de decisão de primeira instância, dentro de 30 (trinta) dias, contados da ciência.

Art. 57. A autoridade de primeira instância recorrerá de ofício de decisão favorável ao consulente.

Art. 58. Não cabe pedido de reconsideração de decisão proferida em processo de consulta, inclusive da que declarar a sua ineficácia.

CAPÍTULO III. DAS NULIDADES

Art. 59. São nulos:

- Decreto 7.574/2011: art. 12.

I – os atos e termos lavrados por pessoa incompetente;

II – os despachos e decisões proferidos por autoridade incompetente ou com preterição do direito de defesa.

§ 1º. A nulidade de qualquer ato só prejudica os posteriores que dele diretamente dependam ou sejam consequência.

§ 2º. Na declaração de nulidade, a autoridade dirá os atos alcançados e determinará as providências necessárias ao prosseguimento ou solução do processo.

§ 3º. Quando puder decidir do mérito a favor do sujeito passivo a quem aproveitaria a declaração de nulidade, a autoridade julgadora não a pronunciará nem mandará repetir o ato ou suprir-lhe a falta. (Incluído pela Lei nº 8.748, de 1993)

Art. 60. As irregularidades, incorreções e omissões diferentes das referidas no artigo anterior não importarão em nulidade e serão sanadas quando resultarem em prejuízo para o sujeito passivo, salvo se este lhes houver dado causa, ou quando não influírem na solução do litígio.

- Decreto 7.574/2011: art. 13.

Art. 61. A nulidade será declarada pela autoridade competente para praticar o ato ou julgar a sua legitimidade.

- Decreto 7.574/2011: art. 14.

CAPÍTULO IV. DISPOSIÇÕES FINAIS E TRANSITÓRIAS

Art. 62. Durante a vigência de medida judicial que determinar a suspensão da cobrança do tributo não será instaurado procedimento fiscal contra o sujeito passivo favorecido pela decisão, relativamente à matéria sobre que versar a ordem de suspensão.

Parágrafo único. Se a medida referir-se a matéria objeto de processo fiscal, o curso deste não será suspenso exceto quanto aos atos executórios.

Art. 63. A destinação de mercadorias ou outros bens apreendidos ou dados em garantia de pagamento do crédito tributário obedecerá às normas estabelecidas na legislação aplicável.

Art. 64. Os documentos que instruem o processo poderão ser restituídos, em qualquer fase, a requerimento do sujeito passivo, desde que a medida não prejudique a instrução e deles fique cópia autenticada no processo.

Art. 64-A. Os documentos que instruem o processo poderão ser objeto de digitalização, observado o disposto nos arts. 1º e 3º da Lei nº 12.682, de 9 de julho de 2012. (Incluído pela Lei nº 12.865, de 2013)

Art. 64-B. No processo eletrônico, os atos, documentos e termos que o instruem poderão ser natos digitais ou produzidos por meio de digitalização, observado o disposto na Medida Provisória 2.200-2, de 24 de agosto de 2001. (Incluído pela Lei nº 12.865, de 2013)

§ 1º. Os atos, termos e documentos submetidos a digitalização pela administração tributária e armazenados eletronicamente possuem o mesmo valor probante de seus originais. (Incluído pela Lei nº 12.865, de 2013)

§ 2º. Os autos de processos eletrônicos, ou parte deles, que tiverem de ser remetidos a órgãos ou entidades que não disponham de sistema compatível de armazenagem e tramitação poderão ser encaminhados impressos em papel ou por meio digital, conforme disciplinado em ato da administração tributária. (Incluído pela Lei nº 12.865, de 2013)

§ 3º. As matrizes físicas dos atos, dos termos e dos documentos digitalizados e armazenados eletronicamente, nos termos do § 1º, poderão ser descartadas, conforme regulamento. (Incluído pela Lei nº 13.097, de 2015)

Art. 65. O disposto neste Decreto não prejudicará a validade dos atos praticados na vigência da legislação anterior.

§ 1º. O preparo dos processos em curso, até a decisão de primeira instância, continuará regido pela legislação precedente.

§ 2º. Não se modificarão os prazos iniciados antes da entrada em vigor deste Decreto.

Art. 66. O Conselho Superior de Tarifa passa a denominar-se 4º Conselho de Contribuintes.

Art. 67. Os Conselhos de Contribuintes, no prazo de 90 (noventa) dias, adaptarão seus regimentos internos às disposições deste Decreto.

Art. 68. Revogam-se as disposições em contrário.

Brasília, 6 de março de 1972; 151º da Independência e 84º da República.

EMÍLIO G. MÉDICI

D.O.U. 7.3.1972

LEI Nº 6.015, DE 31 DE DEZEMBRO DE 1973*

Dispõe sobre os Registros Públicos e dá outras providências.

- *Lei de registros públicos*

O PRESIDENTE DA REPÚBLICA Faço saber que o Congresso Nacional decreta e eu sanciono a seguinte Lei:

- LC 116/2003: Item 21 da lista de serviços.
- Lei 10.150/2000: art. 35.
- Lei 9.534/1997 – Dá no redação ao art. 30 da Lei 6.015/1973, que dispõe sobre os registros públicos; acrescenta inciso ao art. 1º da Lei 9.265/1996, que trata da gratuidade dos atos necessários ao exercício da cidadania; e altera os arts. 30 e 45 da Lei 8.935/1994, que dispõe sobre os serviços notariais e de registro.
- Lei 8.935/1994 – Regulamenta o art. 236 da CF, dispondo sobre serviços notariais e de registro. (Lei dos cartórios).
- Lei 7.433/1985 – Dispõe sobre os requisitos para a lavratura de escrituras públicas.
- Decreto 6.289/2007 – Estabelece o Compromisso Nacional pela Erradicação do Sub-registro Civil de Nascimento e Ampliação do Acesso à Documentação Básica, institui o Comitê Gestor Nacional do Plano Social Registro Civil de Nascimento e Documentação Básica e a Semana Nacional de Mobilização para o Registro Civil de Nascimento e a Documentação Básica.

TÍTULO I. DAS DISPOSIÇÕES GERAIS

CAPÍTULO I. DAS ATRIBUIÇÕES

Art. 1º. Os serviços concernentes aos Registros Públicos, estabelecidos pela legislação civil para autenticidade, segurança e eficácia dos atos jurídicos, ficam sujeitos ao regime estabelecido nesta Lei. (Redação dada pela Lei nº 6.216, de 1974)

- CC: arts. 9º e 10.

§ 1º. Os registros referidos neste artigo são os seguintes: (Redação dada pela Lei nº 6.216, de 1974)

I – o registro civil de pessoas naturais; (Redação dada pela Lei nº 6.216, de 1974)

- CC: arts. 1º a 40.

II – o registro civil de pessoas jurídicas; (Redação dada pela Lei nº 6.216, de 1974)

- CC: arts. 44 a 46.

III – o registro de títulos e documentos; (Redação dada pela Lei nº 6.216, de 1974)

- CC: art. 1.245.

IV – o registro de imóveis. (Redação dada pela Lei nº 6.216, de 1974)

- CC: arts. 1.245 a 1.247.

§ 2º. Os demais registros reger-se-ão por leis próprias. (Redação dada pela Lei nº 6.216, de 1974)

§ 3º Os registros poderão ser escriturados, publicitados e conservados em meio eletrônico, obedecidos os padrões tecnológicos estabelecidos em regulamento. *(Acrescido pela Lei 13.874/2019)*

(...)

CAPÍTULO IV. DA PUBLICIDADE

Art. 16. Os oficiais e os encarregados das repartições em que se façam os registros são obrigados:

‣ CF/1988: art. 5º, LXXVI, a.

1º) a lavrar certidão do que lhes for requerido;

2º) a fornecer às partes as informações solicitadas.

Art. 17. Qualquer pessoa pode requerer certidão do registro sem informar ao oficial ou ao funcionário o motivo ou interesse do pedido.

Parágrafo único. O acesso ou envio de informações aos Registros Públicos, quando forem realizados por meio da rede mundial de computadores (internet) deverão ser assinados com uso de certificado digital, que atenderá os requisitos da Infraestrutura de Chaves Públicas Brasileira – ICP. (Incluído pela Lei nº 11.977, de 2009)

Art. 18. Ressalvado o disposto nos arts. 45, 57, § 7º, e 95, parágrafo único, a certidão será lavrada independentemente de despacho judicial, devendo mencionar o livro de registro ou o documento arquivado no cartório. (Redação dada pela Lei nº 9.807, de 1999)

Art. 19. A certidão será lavrada em inteiro teor, em resumo, ou em relatório, conforme quesitos, e devidamente autenticada pelo oficial ou seus substitutos legais, não podendo ser retardada por mais de 5 (cinco) dias. (Redação dada pela Lei nº 6.216, de 1974)

§ 1º. A certidão, de inteiro teor, poderá ser extraída por meio datilográfico ou reprográfico. (Redação dada pela Lei nº 6.216, de 1974)

§ 2º. As certidões do Registro Civil de Pessoas Naturais mencionarão, sempre, a data em que foi lavrado o assento e serão manuscritas ou datilografadas e, no caso de adoção de papéis impressos, os claros serão preenchidos também em manuscrito ou datilografados. (Redação dada pela Lei nº 6.216, de 1974)

§ 3º. Nas certidões de Registro Civil, não se mencionará a circunstância de ser legítima, ou não, a filiação, salvo a requerimento do próprio interessado, ou em virtude de determinação judicial. (Redação dada pela Lei nº 6.216, de 1974)

§ 4º. As certidões de nascimento mencionarão a data em que foi feito o assento, a data, por extenso, do nascimento e, ainda, expressamente, a naturalidade. (Redação dada pela Lei nº 13.484, de 2017)

§ 5º. As certidões extraídas dos Registros Públicos deverão ser fornecidas em papel e mediante escrita que permitam a sua reprodução por fotocópia, ou outro processo equivalente. (Incluído pela Lei nº 6.216, de 1974)

Art. 20. No caso de recusa ou retardamento na expedição da certidão, o interessado poderá reclamar à autoridade competente, que aplicará, se for o caso, a pena disciplinar cabível.

Parágrafo único. Para a verificação do retardamento, o oficial, logo que receber alguma petição, fornecerá à parte uma nota de entrega devidamente autenticada.

Art. 21. Sempre que houver qualquer alteração posterior ao ato cuja certidão é pedida, deve o Oficial mencioná-la, obrigatoriamente, não obstante as especificações do pedido, sob pena de responsabilidade civil e penal, ressalvado o disposto nos artigos 45 e 95. (Redação dada pela Lei nº 6.216, de 1974)

Parágrafo único. A alteração a que se refere este artigo deverá ser anotada na própria certidão, contendo a inscrição de que "a presente certidão envolve elementos de averbação à margem do termo. (Incluído pela Lei nº 6.216, de 1974)

(...)

TÍTULO V. DO REGISTRO DE IMÓVEIS

CAPÍTULO I. DAS ATRIBUIÇÕES

‣ Lei 10.169/2000 – Regula o § 2º do art. 236 da CF, mediante o estabelecimento de normas gerais para a fixação de emolumentos relativos aos atos praticados pelos serviços notariais e de registro.

‣ Lei 8.935/1994 – Regulamenta o art. 236 da CF, dispondo sobre serviços notariais e de registro.

Art. 167. No Registro de Imóveis, além da matrícula, serão feitos: (Renumerado do art. 168 com nova redação pela Lei nº 6.216, de 1975)

‣ CPC/15: art. 406.

I – o registro: (Redação dada pela Lei nº 6.216, de 1975)

1) da instituição de bem de família;

‣ CC: arts. 1.711 a 1.722.

‣ Lei 8.009/1990 – Dispõe sobre a impenhorabilidade do bem de família.

2) das hipotecas legais, judiciais e convencionais;

‣ CC: arts. 1.225, IX, 1.419 a 1.430, e 1.473 a 1.505.

3) dos contratos de locação de prédios, nos quais tenha sido consignada cláusula de vigência no caso de alienação da coisa locada;

‣ CC: art. 576.

‣ Lei 8.245/1991: art. 8º.

4) do penhor de máquinas e de aparelhos utilizados na indústria, instalados e em funcionamento, com os respectivos pertences ou sem eles;

5) das penhoras, arrestos e sequestro de imóveis;

6) das servidões em geral;

‣ CC: arts. 1.378 a 1.389.

7) do usufruto e do uso sobre imóveis e da habitação, quando não resultarem do direito de família;

‣ CC: arts. 1.390 a 1.416.

8) das rendas constituídas sobre imóveis ou a eles vinculadas por disposição de última vontade;

‣ CC: arts. 803 a 813.

9) dos contratos de compromisso de compra e venda de cessão deste e de promessa de cessão, com ou sem cláusula de arrependimento, que tenham por objeto imóveis não loteados e cujo preço tenha sido pago no ato de sua celebração, ou deva sê-lo a prazo, de uma só vez ou em prestações;

‣ CC: arts. 1.417 e 1.418.

10) da enfiteuse;

11) da anticrese;

‣ CC: arts. 1.506 a 1.510.

12) das convenções antenupciais;

13) *(Revogado pela Lei 13.986/2020)*

14) das cédulas de crédito, industrial;

15) dos contratos de penhor rural;

16) dos empréstimos por obrigações ao portador ou debêntures, inclusive as conversíveis em ações;

17) das incorporações, instituições e convenções de condomínio;

‣ CC: arts. 1.331 a 1.358.

‣ Lei 4.591/1964: arts. 9º, 32 e 33.

18) dos contratos de promessa de venda, cessão ou promessa de cessão de unidades autônomas condominiais a que alude a Lei nº 4.591, de 16 de dezembro de 1964, quando a incorporação ou a instituição de condomínio se formalizar na vigência desta Lei;

19) dos loteamentos urbanos e rurais;

‣ Lei 6.766/1979 – Dispõe sobre o Parcelamento do Solo Urbano.

20) dos contratos de promessa de compra e venda de terrenos loteados em conformidade com o Decreto-lei 58, de 10 de dezembro de 1937, e respectiva cessão e promessa de cessão, quando o loteamento se formalizar na vigência desta Lei;

‣ CC: arts. 1.417 e 1.418.

21) das citações de ações reais ou pessoais reipersecutórias, relativas a imóveis;

22) *(Revogado pela Lei nº 6.850, de 1980)*;

23) dos julgados e atos jurídicos entre vivos que dividirem imóveis ou os demarcarem inclusive nos casos de incorporação que resultarem em constituição de condomínio e atribuírem uma ou mais unidades aos incorporadores;

24) das sentenças que nos inventários, arrolamentos e partilhas, adjudicarem bens de raiz em pagamento das dívidas da herança;

25) dos atos de entrega de legados de imóveis, dos formais de partilha e das sentenças de adjudicação em inventário ou arrolamento quando não houver partilha;

‣ CPC/15: art. 655.

26) da arrematação e da adjudicação em hasta pública;

‣ CPC/15: arts. 879 a 903.

27) do dote;

28) das sentenças declaratórias de usucapião; (Redação dada pela Medida Provisória nº 2.220, de 2001)

29) da compra e venda pura e da condicional;

30) da permuta;

31) da dação em pagamento;

‣ CC: arts. 356 a 359.

32) da transferência, de imóvel a sociedade, quando integrar quota social;

33) da doação entre vivos;

34) da desapropriação amigável e das sentenças que, em processo de desapropriação, fixarem o valor da indenização;

35) da alienação fiduciária em garantia de coisa imóvel; (Incluído pela Lei nº 9.514, de 1997)

36) da imissão provisória na posse, quando concedida à União, aos Estados, ao Distrito Federal, aos Municípios ou às suas entidades delegadas, e respectiva cessão e promessa de cessão; (Redação dada pela Lei nº 12.424, de 2011)

37) dos termos administrativos ou das sentenças declaratórias da concessão de uso especial para fins de moradia; (Redação dada pela Medida Provisória nº 2.220, de 2001)

38) *(VETADO)*. (*Incluído* pela Lei nº 10.257, de 2001)

39) da constituição do direito de superfície de imóvel urbano; (Incluído pela Lei nº 10.257, de 2001)

‣ CC: art. 167, I, 39.

40) do contrato de concessão de direito real de uso de imóvel público; (Incluído pela Medida Provisória nº 2.220, de 2001)

41) da legitimação de posse; (Incluído pela Lei nº 11.977, de 2009)

42) da conversão da legitimação de posse em propriedade, prevista no art. 60 da Lei 11.977, de 7 de julho de 2009; (Incluído pela Lei nº 12.424, de 2011)

43) da Certidão de Regularização Fundiária (CRF); (Redação dada pela Lei nº 13.465, de 2017)

44) da legitimação fundiária. (Redação dada pela Lei nº 13.465, de 2017)

45) do contrato de pagamento por serviços ambientais, quando este estipular obrigações

de natureza *propter rem*; *(Item acrescido pela Lei nº 14.119, de 13/1/2021)*

II – a averbação: (Redação dada pela Lei nº 6.216, de 1975)

1) das convenções antenupciais e do regime de bens diversos do legal, nos registros referentes a imóveis ou a direitos reais pertencentes a qualquer dos cônjuges, inclusive os adquiridos posteriormente ao casamento;

- CC: arts. 979, 1.536, VII, 1.640, par. único, e 1.653 a 1.657.

2) por cancelamento, da extinção dos ônus e direitos reais;

3) dos contratos de promessa de compra e venda, das cessões e das promessas de cessão a que alude o Decreto-lei nº 58, de 10 de dezembro de 1937, quando o loteamento se tiver formalizado anteriormente à vigência desta Lei;

4) da mudança de denominação e de numeração dos prédios, da edificação, da reconstrução, da demolição, do desmembramento e do loteamento de imóveis;

5) da alteração do nome por casamento ou por desquite, ou, ainda, de outras circunstâncias que, de qualquer modo, tenham influência no registro ou nas pessoas nele interessadas;

- Lei 6.515/1977: arts. 17 e 18.

6) dos atos pertinentes a unidades autônomas condominiais a que alude a Lei nº 4.591, de 16 de dezembro de 1964, quando a incorporação tiver sido formalizada anteriormente à vigência desta Lei;

7) das cédulas hipotecárias;

8) da caução e da cessão fiduciária de direitos relativos a imóveis;

9) das sentenças de separação de dote;

10) do restabelecimento da sociedade conjugal;

11) das cláusulas de inalienabilidade, impenhorabilidade e incomunicabilidade impostas a imóveis, bem como da constituição de fideicomisso;

12) das decisões, recursos e seus efeitos, que tenham por objeto atos ou títulos registrados ou averbados;

13) *ex officio*, dos nomes dos logradouros, decretados pelo poder público;

14) das sentenças de separação judicial, de divórcio e de nulidade ou anulação de casamento, quando nas respectivas partilhas existirem imóveis ou direitos reais sujeitos a registro; (Incluído pela Lei nº 6.850, de 1980)

15) da rerratificação do contrato de mútuo com pacto adjeto de hipoteca em favor de entidade integrante do Sistema Financeiro da Habitação, ainda que importando elevação da dívida, desde que mantidas as mesmas partes e que inexista outra hipoteca registrada em favor de terceiros; (Incluído pela Lei nº 6.941, de 1981)

16) do contrato de locação, para os fins de exercício de direito de preferência; (Incluído pela Lei nº 8.245, de 1991)

17) do Termo de Securitização de créditos imobiliários, quando submetidos a regime fiduciário; (Incluído pela Lei nº 9.514, de 1997)

18) da notificação para parcelamento, edificação ou utilização compulsórios de imóvel urbano; (Incluído pela Lei nº 10.257, de 2001)

19) da extinção da concessão de uso especial para fins de moradia; (Incluído pela Lei nº 10.257, de 2001)

20) da extinção do direito de superfície do imóvel urbano; (Incluído pela Lei nº 10.257, de 2001)

21) da cessão de crédito imobiliário. (Incluído pela Lei nº 10.931, de 2004)

22) da reserva legal; (Incluído pela Lei nº 11.284, de 2006)

23) da servidão ambiental. (Incluído pela Lei nº 11.284, de 2006)

24) do destaque de imóvel de gleba pública originária. (Incluído pela Lei nº 11.952, de 2009)

25) *(v. MP 458/2009 e Lei 11.952/2009).*

26) do auto de demarcação urbanística. (Incluído pela Lei nº 11.977, de 2009)

27) da extinção da legitimação de posse; (Incluído pela Lei nº 12.424, de 2011)

28) da extinção da concessão de uso especial para fins de moradia; (Incluído pela Lei nº 12.424, de 2011)

29) da extinção da concessão de direito real de uso. (Incluído pela Lei nº 12.424, de 2011)

30) da sub-rogação de dívida, da respectiva garantia fiduciária ou hipotecária e da alteração das condições contratuais, em nome do credor que venha a assumir tal condição na forma do disposto pelo art. 31 da Lei nº 9.514, de 20 de novembro de 1997, ou do art. 347 da Lei nº 10.406, de 10 de janeiro de 2002 – Código Civil, realizada em ato único, a requerimento do interessado instruído com documento comprobatório firmado pelo credor original e pelo mutuário. (Redação dada pela Lei nº 12.810, de 2013)

31) da certidão de liberação de condições resolutivas dos títulos de domínio resolúvel emitidos pelos órgãos fundiários; (Redação dada pela Lei nº 13.465, de 2017)

32) do termo de quitação de contrato de compromisso de compra e venda registrado e do termo de quitação dos instrumentos públicos ou privados oriundos da implantação de empreendimentos ou de processo de regularização fundiária, firmado pelo empreendedor proprietário de imóvel ou pelo promotor do empreendimento ou da regularização fundiária objeto de loteamento, desmembramento, condomínio de qualquer modalidade ou de regularização fundiária, exclusivamente para fins de exoneração da sua responsabilidade sobre tributos municipais incidentes sobre o imóvel perante o Município, não implicando transferência de domínio ao compromissário comprador ou ao beneficiário da regularização. (Incluído pela Lei nº 13.465, de 2017)

Art. 168. Na designação genérica de registro, consideram-se englobadas a inscrição e a transcrição a que se referem as leis civis. (Renumerado do art. 168 § 2º para artigo autônomo pela Lei nº 6.216, de 1975)

Art. 169. Todos os atos enumerados no art. 167 são obrigatórios e efetuar-se-ão no cartório da situação do imóvel, salvo: (Redação dada pela Lei nº 6.216, de 1975)

I – as averbações, que serão efetuadas na matrícula ou à margem do registro a que se referirem, ainda que o imóvel tenha passado a pertencer a outra circunscrição; (Incluído pela Lei nº 6.216, de 1975)

II – os registros relativos a imóveis situados em comarcas ou circunscrições limítrofes, que serão feitos em todas elas, devendo os Registros de Imóveis fazer constar dos registros tal ocorrência; (Redação dada pela Lei nº 10.267, de 2001)

III – o registro previsto no n. 3 do inciso I do art. 167, e a averbação prevista no n. 16 do inciso II do art. 167 serão efetuados no cartório onde o imóvel esteja matriculado mediante apresentação de qualquer das vias do contrato, assinado pelas partes e subscrito por duas testemunhas, bastando a coincidência entre o nome de um dos proprietários e o locador. (Incluído pela Lei nº 8.245, de 1991)

Art. 170. O desmembramento territorial posterior ao registro não exige sua repetição no novo cartório. (Incluído pela Lei nº 6.216, de 1975)

Art. 171. Os atos relativos a vias férreas serão registrados na circunscrição imobiliária onde se situe o imóvel. (Redação dada pela Lei nº 13.465, de 2017)

Parágrafo único. A requerimento do interessado, o oficial do cartório do registro de imóveis da circunscrição a que se refere o *caput* deste artigo abrirá a matrícula da área correspondente, com base em planta, memorial descritivo e certidão atualizada da matrícula ou da transcrição do imóvel, caso exista, podendo a apuração do remanescente ocorrer em momento posterior. (Redação dada pela Lei nº 13.465, de 2017)

CAPÍTULO II. DA ESCRITURAÇÃO

Art. 172. No Registro de Imóveis serão feitos, nos termos desta Lei, o registro e a averbação dos títulos ou atos constitutivos, declaratórios, translativos e extintivos de direitos reais sobre imóveis reconhecidos em lei, *inter vivos* ou *mortis causa*, quer para sua constituição, transferência e extinção, quer para sua validade em relação a terceiros, quer para a sua disponibilidade. (Renumerado do art. 168 § 1º para artigo autônomo com nova redação pela Lei nº 6.216, de 1975)

Art. 173. Haverá, no Registro de Imóveis, os seguintes livros: (Renumerado do art. 171 com nova redação pela Lei nº 6.216, de 1975)

I – Livro n. 1 – Protocolo;
II – Livro n. 2 – Registro Geral;
III – Livro n. 3 – Registro Auxiliar;
IV – Livro n. 4 – Indicador Real;
V – Livro n. 5 – Indicador Pessoal.

Parágrafo único. Observado o disposto no § 2º do art. 3º, desta Lei, os Livros ns. 2, 3, 4 e 5 poderão ser substituídos por fichas.

Art. 174. O Livro n. 1 – Protocolo – servirá para apontamento de todos os títulos apresentados diariamente, ressalvado o disposto no parágrafo único do art. 12 desta Lei. (Renumerado do art. 172 com nova redação pela Lei nº 6.216, de 1975)

Art. 175. São requisitos da escrituração do Livro n. 1 – Protocolo: (Renumerado do art. 172 parágrafo único para artigo autônomo com nova redação pela Lei nº 6.216, de 1975)

I – o número de ordem, que seguirá indefinidamente nos livros da mesma espécie;
II – a data da apresentação;
III – o nome do apresentante;
IV – a natureza formal do título;
V – os atos que formalizar, resumidamente mencionados.

Art. 176. O Livro n. 2 – Registro Geral – será destinado, à matrícula dos imóveis e ao registro ou averbação dos atos relacionados no art. 167 e não atribuídos ao Livro n. 3. (Renumerado do art. 173 com nova redação pela Lei nº 6.216, de 1975)

§ 1º. A escrituração do Livro nº 2 obedecerá às seguintes normas: (Renumerado pela Lei nº 6.688, de 1979)

I – cada imóvel terá matrícula própria, que será aberta por ocasião do primeiro registro a ser feito na vigência desta Lei;

II – são requisitos da matrícula:

1) o número de ordem, que seguirá ao infinito;

2) a data;

3) a identificação do imóvel, que será feita com indicação: (Redação dada pela Lei nº 10.267, de 2001)

a) se rural, do código do imóvel, dos dados constantes do CCIR, da denominação e de suas características, confrontações, localização e área; (Incluída pela Lei nº 10.267, de 2001)

b) se urbano, de suas características e confrontações, localização, área, logradouro, número e de sua designação cadastral, se houver. (Incluída pela Lei nº 10.267, de 2001)

4) o nome, domicílio e nacionalidade do proprietário, bem como:

a) tratando-se de pessoa física, o estado civil, a profissão, o número de inscrição no Cadastro de Pessoas Físicas do Ministério da Fazenda ou do Registro Geral da cédula de identidade, ou à falta deste, sua filiação;

b) tratando-se de pessoa jurídica, a sede social e o número de inscrição no Cadastro Geral de Contribuintes do Ministério da Fazenda;

5) o número do registro anterior.

6) tratando-se de imóvel em regime de multipropriedade, a indicação da existência de matrículas, nos termos do § 10 deste artigo; *(Incluído pela Lei 13.777/2018, publicada no DOU de 21/12/2018, em vigor 45 dias após a publicação)*

III – são requisitos do registro no Livro n. 2:

1) a data;

2) o nome, domicílio e nacionalidade do transmitente, ou do devedor, e do adquirente, ou credor, bem como:

a) tratando-se de pessoa física, o estado civil, a profissão e o número de inscrição no Cadastro de Pessoas Físicas do Ministério da Fazenda ou do Registro Geral da cédula de identidade, ou, à falta deste, sua filiação;

b) tratando-se de pessoa jurídica, a sede social e o número de inscrição no Cadastro Geral de Contribuintes do Ministério da Fazenda;

3) o título da transmissão ou do ônus;

4) a forma do título, sua procedência e caracterização;

5) o valor do contrato, da coisa ou da dívida, prazo desta, condições e mais especificações, inclusive os juros, se houver.

§ 2º. Para a matrícula e registro das escrituras e partilhas, lavradas ou homologadas na vigência do Decreto nº 4.857, de 9 de novembro de 1939, não serão observadas as exigências deste artigo, devendo tais atos obedecer ao disposto na legislação anterior. (Incluído pela Lei nº 6.688, de 1979)

§ 3º. Nos casos de desmembramento, parcelamento ou remembramento de imóveis rurais, a identificação prevista na alínea *a* do item 3 do inciso II do § 1º será obtida a partir de memorial descritivo, assinado por profissional habilitado e com a devida Anotação de Responsabilidade Técnica – ART, contendo as coordenadas dos vértices definidores dos limites dos imóveis rurais, georreferenciadas ao Sistema Geodésico Brasileiro e com precisão posicional a ser fixada pelo Incra, garantida a isenção de custos financeiros aos proprietários de imóveis rurais cuja somatória da área não exceda a quatro módulos fiscais. (Incluído pela Lei nº 10.267, de 2001)

§ 4º. A identificação de que trata o § 3º tornar-se-á obrigatória para efetivação de registro, em qualquer situação de transferência de imóvel rural, nos prazos fixados por ato do Poder Executivo. (Incluído pela Lei nº 10.267, de 2001)

§ 5º. Nas hipóteses do § 3º, caberá ao Incra certificar que a poligonal objeto do memorial descritivo não se sobrepõe a nenhuma outra constante de seu cadastro georreferenciado e que o memorial atende às exigências técnicas, conforme ato normativo próprio. (Incluído pela Lei nº 11.952, de 2009)

§ 6º. A certificação do memorial descritivo de glebas públicas será referente apenas ao seu perímetro originário. (Incluído pela Lei nº 11.952, de 2009)

§ 7º. Não se exigirá, por ocasião da efetivação do registro do imóvel destacado de glebas públicas, a retificação do memorial descritivo da área remanescente, que somente ocorrerá a cada 3 (três) anos, contados a partir do primeiro destaque, englobando todos os destaques realizados no período. (Incluído pela Lei nº 11.952, de 2009)

§ 8º. O ente público proprietário ou imitido na posse a partir de decisão proferida em processo judicial de desapropriação em curso poderá requerer a abertura de matrícula de parte de imóvel situado em área urbana ou de expansão urbana, previamente matriculado ou não, com base em planta e memorial descritivo, podendo a apuração de remanescente ocorrer em momento posterior. (Incluído pela Lei nº 12.424, de 2011)

§ 9º A instituição do direito real de laje ocorrerá por meio da abertura de uma matrícula própria no registro de imóveis e por meio da averbação desse fato na matrícula da construção-base e nas matrículas de lajes anteriores, com remissão recíproca. (Redação dada pela Lei nº 13.465, de 2017)

§ 10. Quando o imóvel se destinar ao regime da multipropriedade, além da matrícula do imóvel, haverá uma matrícula para cada fração de tempo, na qual se registrarão e averbarão os atos referentes à respectiva fração de tempo, ressalvado o disposto no § 11 deste artigo. *(Incluído pela Lei 13.777/2018, publicada no DOU de 21/12/2018, em vigor 45 dias após a publicação)*

§ 11. Na hipótese prevista no § 10 deste artigo, cada fração de tempo poderá, em função de legislação tributária municipal, ser objeto de inscrição imobiliária individualizada. *(Incluído pela Lei 13.777/2018, publicada no DOU de 21/12/2018, em vigor 45 dias após a publicação)*

§ 12. Na hipótese prevista no inciso II do § 1º do art. 1.358-N da Lei nº 10.406, de 10 de janeiro de 2002 (Código Civil), a fração de tempo adicional, destinada à realização de reparos, constará da matrícula referente à fração de tempo principal de cada multiproprietário e não será objeto de matrícula específica. *(Incluído pela Lei 13.777/2018, publicada no DOU de 21/12/2018, em vigor 45 dias após a publicação)*

§ 13. Para a identificação de que tratam os §§ 3º e 4º deste artigo, é dispensada a anuência dos confrontantes, bastando para tanto a declaração do requerente de que respeitou os limites e as confrontações. *(Incluído pela Lei nº 13.838, de 2019)*

Art. 177. O Livro n. 3 – Registro Auxiliar – será destinado ao registro dos atos que, sendo atribuídos ao Registro de Imóveis por disposição legal, não digam respeito diretamente a imóvel matriculado. (Renumerado do art. 174 com nova redação pela Lei nº 6.216, de 1975)

Art. 178. Registrar-se-ão no Livro n. 3 – Registro Auxiliar: (Renumerado do art. 175 com nova redação pela Lei nº 6.216, de 1975)

I – a emissão de debêntures, sem prejuízo do registro eventual e definitivo, na matrícula do imóvel, da hipoteca, anticrese ou penhor que abonarem especialmente tais emissões, firmando-se pela ordem do registro a prioridade entre as séries de obrigações emitidas pela sociedade;

II – as cédulas de crédito industrial, sem prejuízo do registro da hipoteca cedular; *(Redação dada pela Lei 13.986/2020)*

III – as convenções de condomínio edilício, condomínio geral voluntário e condomínio em multipropriedade; *(Redação dada pela Lei 13.777/2018, publicada no DOU de 21/12/2018, em vigor 45 dias após a publicação)*

IV – o penhor de máquinas e de aparelhos utilizados na indústria, instalados e em funcionamento, com os respectivos pertences ou sem eles;

V – as convenções antenupciais;

VI – os contratos de penhor rural;

VII – os títulos que, a requerimento do interessado, forem registrados no seu inteiro teor, sem prejuízo do ato, praticado no Livro n. 2.

Art. 179. O Livro n. 4 – Indicador Real – será o repositório de todos os imóveis que figurarem nos demais livros, devendo conter sua identificação, referência aos números de ordem dos outros livros e anotações necessárias. (Renumerado do art. 176 com nova redação pela Lei nº 6.216, de 1975)

§ 1º. Se não for utilizado o sistema de fichas, o Livro n. 4 conterá, ainda, o número de ordem, que seguirá indefinidamente, nos livros da mesma espécie.

§ 2º. Adotado o sistema previsto no parágrafo precedente, os oficiais deverão ter, para auxiliar a consulta, um livro-índice ou fichas pelas ruas, quando se tratar de imóveis urbanos, e pelos nomes e situações, quando rurais.

Art. 180. O Livro n. 5 – Indicador Pessoal – dividido alfabeticamente, será o repositório dos nomes de todas as pessoas que, individual ou coletivamente, ativa ou passivamente, direta ou indiretamente, figurarem nos demais livros, fazendo-se referência aos respectivos números de ordem. (Renumerado do art. 177 com nova redação pela Lei nº 6.216, de 1975)

Parágrafo único. Se não for utilizado o sistema de fichas, o Livro n. 5 conterá, ainda, o número de ordem de cada letra do alfabeto, que seguirá indefinidamente, nos livros da mesma espécie. Os oficiais poderão adotar, para auxiliar as buscas, um livro-índice ou fichas em ordem alfabética.

Art. 181. Poderão ser abertos e escriturados, concomitantemente, até 10 (dez) livros de "Registro Geral", obedecendo, neste caso, a sua escrituração ao algarismo final da matrícula, sendo as matrículas de número final 1 (um) feitas no Livro 2-1, as de final 2 (dois) no Livro 2-2 e as de final 3 (três) no Livro 2-3, e assim, sucessivamente. (Incluído pela Lei nº 6.216, de 1975)

Parágrafo único. Também poderão ser desdobrados, a critério do oficial, os Livros ns. 3 "Registro Auxiliar", 4 "Indicador Real" e 5 "Indicador Pessoal". (Incluído pela Lei nº 6.216, de 1975)

CAPÍTULO III. DO PROCESSO DO REGISTRO

Art. 182. Todos os títulos tomarão, no Protocolo, o número de ordem que lhes competir em razão da sequência rigorosa de sua apresentação. (Renumerado do art. 185 com nova redação pela Lei nº 6.216, de 1975)

Art. 183. Reproduzir-se-á, em cada título, o número de ordem respectivo e a data de sua prenotação. (Renumerado do art. 185 parágrafo único para artigo autônomo com nova redação pela Lei nº 6.216, de 1975)

Art. 184. O Protocolo será encerrado diariamente. (Incluído pela Lei nº 6.216, de 1975)

Art. 185. A escrituração do Protocolo incumbirá tanto ao oficial titular como ao seu substituto legal, podendo, ser feita, ainda, por escrevente auxiliar expressamente designado pelo oficial titular ou pelo seu substituto legal mediante autorização do juiz competente, ainda que os primeiros não estejam nem afastados nem impedidos. (Renumerado do art. 186 com nova redação pela Lei nº 6.216, de 1975)

Art. 186. O número de ordem determinará a prioridade do título, e esta a preferência dos direitos reais, ainda que apresentados pela mesma pessoa mais de um título simultaneamente. (Renumerado do art. 187 com nova redação pela Lei nº 6.216, de 1975)

Art. 187. Em caso de permuta, e pertencendo os imóveis à mesma circunscrição, serão feitos os registros nas matrículas correspondentes, sob um único número de ordem no Protocolo. (Renumerado do art. 188 com nova redação pela Lei nº 6.216, de 1975)

Art. 188. Protocolizado o título, proceder-se-á ao registro, dentro do prazo de 30 (trinta) dias, salvo nos casos previstos nos artigos seguintes. (Renumerado do art. 189 com nova redação pela Lei nº 6.216, de 1975)

Art. 189. Apresentado título de segunda hipoteca, com referência expressa à existência de outra anterior, o oficial, depois de prenotá-lo, aguardará durante 30 (trinta) dias que os interessados na primeira promovam a inscrição. Esgotado esse prazo, que correrá da data da prenotação, sem que seja apresentado o título anterior, o segundo será inscrito e obterá preferência sobre aquele. (Renumerado do art. 190 com nova redação pela Lei nº 6.216, de 1975)

Art. 190. Não serão registrados, no mesmo dia, títulos pelos quais se constituam direitos reais contraditórios sobre o mesmo imóvel. (Renumerado do art. 191 com nova redação pela Lei nº 6.216, de 1975)

Art. 191. Prevalecerão, para efeito de prioridade de registro, quando apresentados no mesmo dia, os títulos prenotados no Protocolo sob número de ordem mais baixo, protelando-se o registro dos apresentados posteriormente, pelo prazo correspondente a, pelo menos, 1 (um) dia útil. (Renumerado do art. 192 com nova redação pela Lei nº 6.216, de 1975)

Art. 192. O disposto nos arts. 190 e 191 não se aplica às escrituras públicas, da mesma data e apresentadas no mesmo dia, que determinem, taxativamente, a hora da sua lavratura, prevalecendo, para efeito de prioridade, a que foi lavrada em primeiro lugar. (Renumerado do artigo 192 parágrafo único pela Lei nº 6.216, de 1975)

Art. 193. O registro será feito pela simples exibição do título, sem dependência de extratos.

Art. 194. O título de natureza particular apresentado em uma só via será arquivado em cartório, fornecendo o oficial, a pedido, certidão do mesmo. (Redação dada pela Lei nº 6.216, de 1975)

Art. 195. Se o imóvel não estiver matriculado ou registrado em nome do outorgante, o oficial exigirá a prévia matrícula e o registro do título anterior, qualquer que seja a sua natureza, para manter a continuidade do registro. (Renumerado do art. 197 com nova redação pela Lei nº 6.216, de 1975)

Art. 195-A. O Município poderá solicitar ao cartório de registro de imóveis competente a abertura de matrícula de parte ou da totalidade de imóveis públicos oriundos de parcelamento do solo urbano implantado, ainda que não inscrito ou registrado, por meio de requerimento acompanhado dos seguintes documentos: (Redação dada pela Lei nº 13.465, de 2017)

I – planta e memorial descritivo do imóvel público a ser matriculado, dos quais constem a sua descrição, com medidas perimetrais, área total, localização, confrontantes e coordenadas preferencialmente georreferenciadas dos vértices definidores de seus limites; (Incluído pela Lei nº 12.424, de 2011)

II – comprovação de intimação dos confrontantes para que informem, no prazo de 15 (quinze) dias, se os limites definidos na planta e no memorial descritivo do imóvel público a ser matriculado se sobrepõem às suas respectivas áreas, se for o caso; (Incluído pela Lei nº 12.424, de 2011)

III – as respostas à intimação prevista no inciso II, quando houver; e (Incluído pela Lei nº 12.424, de 2011)

IV - planta de parcelamento ou do imóvel público a ser registrado, assinada pelo loteador ou elaborada e assinada por agente público da prefeitura, acompanhada de declaração de que o parcelamento encontra-se implantado, na hipótese de este não ter sido inscrito ou registrado. (Redação dada pela Lei nº 13.465, de 2017)

§ 1º. Apresentados pelo Município os documentos relacionados no *caput*, o registro de imóveis deverá proceder ao registro dos imóveis públicos decorrentes do parcelamento do solo urbano na matrícula ou transcrição da gleba objeto de parcelamento. (Incluído pela Lei nº 12.424, de 2011)

§ 2º. Na abertura de matrícula de imóvel público oriundo de parcelamento do solo urbano, havendo divergência nas medidas perimetrais de que resulte, ou não, alteração de área, a situação de fato implantada do bem deverá prevalecer sobre a situação constante do registro ou da planta de parcelamento, respeitados os limites dos particulares lindeiros. (Incluído pela Lei nº 12.424, de 2011)

§ 3º. Não será exigido, para transferência de domínio, formalização da doação de áreas públicas pelo loteador nos casos de parcelamentos urbanos realizados na vigência do Decreto-Lei nº 58, de 10 de dezembro de 1937. (Incluído pela Lei nº 12.424, de 2011)

§ 4º. Recebido o requerimento e verificado o atendimento aos requisitos previstos neste artigo, o oficial do registro de imóveis abrirá a matrícula em nome do Município. (Incluído pela Lei nº 12.424, de 2011)

§ 5º. A abertura de matrícula de que trata o *caput* independe do regime jurídico do bem público. (Incluído pela Lei nº 12.424, de 2011)

§ 6º Na hipótese de haver área remanescente, a sua apuração poderá ocorrer em momento posterior. (Redação dada pela Lei nº 13.465, de 2017)

§ 7º O procedimento definido neste artigo poderá ser adotado para abertura de matrícula de glebas municipais adquiridas por lei ou por outros meios legalmente admitidos, inclusive para as terras devolutas transferidas ao Município em razão de legislação estadual ou federal, dispensado o procedimento discriminatório administrativo ou judicial. (Redação dada pela Lei nº 13.465, de 2017)

§ 8º O disposto neste artigo aplica-se, em especial, às áreas de uso público utilizadas pelo sistema viário do parcelamento urbano irregular. (Redação dada pela Lei nº 13.465, de 2017)

Art. 195-B. A União, os Estados e o Distrito Federal poderão solicitar ao registro de imóveis competente a abertura de matrícula de parte ou da totalidade de imóveis urbanos sem registro anterior, cujo domínio lhes tenha sido assegurado pela legislação, por meio de requerimento acompanhado dos documentos previstos nos incisos I, II e III do *caput* do art. 195-A, inclusive para as terras devolutas, dispensado o procedimento discriminatório administrativo ou judicial. (Redação dada pela Lei nº 13.465, de 2017)

§ 1º. Recebido o requerimento na forma prevista no *caput* deste artigo, o oficial do registro de imóveis abrirá a matrícula em nome do requerente, observado o disposto nos §§ 5º e 6º do art. 195-A. (Redação dada pela Lei nº 13.465, de 2017)

§ 2º. O Município poderá realizar, em acordo com o Estado, o procedimento de que trata este artigo e requerer, em nome deste, no registro de imóveis competente a abertura de matrícula de imóveis urbanos situados nos limites do respectivo território municipal. (Incluído pela Lei nº 12.424, de 2011)

§ 3º. O procedimento de que trata este artigo poderá ser adotado pela União para o registro de imóveis rurais de sua propriedade, observado o disposto nos §§ 3º, 4º, 5º, 6º e 7º do art. 176 desta Lei. (Incluído pela Lei nº 13.465, de 2017)

§ 4º. Para a abertura de matrícula em nome da União com base neste artigo, a comprovação de que trata o inciso II do *caput* do art. 195-A será realizada, no que couber, mediante o procedimento de notificação previsto nos arts. 12-A e 12-B do Decreto-Lei no 9.760, de 5 de setembro de 1946, com ressalva quanto ao prazo para apresentação de eventuais impugnações, que será de quinze dias, na hipótese de notificação pessoal, e de trinta dias, na hipótese de notificação por edital. (Incluído pela Lei nº 13.465, de 2017)

Art. 196. A matrícula será feita à vista dos elementos constantes do título apresentado e do registro anterior que constar do próprio cartório. (Renumerado do art. 197 § 1º com nova redação pela Lei nº 6.216, de 1975)

Art. 197. Quando o título anterior estiver registrado em outro cartório, o novo título será apresentado juntamente com certidão atualizada, comprobatória do registro anterior, e da existência ou inexistência de ônus. (Renumerado do art. 197 § 2º com nova redação pela Lei nº 6.216, de 1975)

Art. 198. Havendo exigência a ser satisfeita, o oficial indicá-la-á por escrito. Não se conformando o apresentante com a exigência do oficial, ou não a podendo satisfazer, será o título, a seu requerimento e com a declaração de dúvida, remetido ao juízo competente para dirimi-la, obedecendo-se ao seguinte: (Renumerado do art 198 a 201 "*caput*" com nova redação pela Lei nº 6.216, de 1975)

I – no Protocolo, anotará o oficial, à margem da prenotação, a ocorrência da dúvida;

II – após certificar, no título, a prenotação e a suscitação da dúvida, rubricará o oficial todas as suas folhas;

III – em seguida, o oficial dará ciência dos termos da dúvida ao apresentante, fornecendo-lhe cópia da suscitação e notificando-o para impugná-la, perante o juízo competente, no prazo de 15 (quinze) dias;

IV – certificado o cumprimento do disposto no item anterior, remeter-se-ão ao juízo competente, mediante carga, as razões da dúvida, acompanhadas do título.

Art. 199. Se o interessado não impugnar a dúvida no prazo referido no item III do artigo anterior, será ela, ainda assim, julgada por sentença. (Renumerado do art. 201 § 1º com nova redação pela Lei nº 6.216, de 1975)

Art. 200. Impugnada a dúvida com os documentos que o interessado apresentar, será ouvido o Ministério Público, no prazo de 10 (dez) dias. (Renumerado do art. 202 com nova redação pela Lei nº 6.216, de 1975)

Art. 201. Se não forem requeridas diligências, o juiz proferirá decisão no prazo de 15 (quinze) dias, com base nos elementos constantes dos autos. (Renumerado do art. 202 com nova redação pela Lei nº 6.216, de 1975)

Art. 202. Da sentença, poderão interpor apelação, com os efeitos devolutivo e suspensivo, o interessado, o Ministério Público e o terceiro prejudicado. (Renumerado do parágrafo único do art. 202 com nova redação pela Lei nº 6.216, de 1975)

Art. 203. Transitada em julgado a decisão da dúvida, proceder-se-á do seguinte modo: (Renumerado dos arts. 203 e 204 com nova redação pela Lei nº 6.216, de 1975)

I – se for julgada procedente, os documentos serão restituídos à parte, independentemente de traslado, dando-se ciência da decisão ao oficial, para que a consigne no Protocolo e cancele a prenotação;

II – se for julgada improcedente, o interessado apresentará, de novo, os seus documentos, com o respectivo mandado, ou certidão da sentença, que ficarão arquivados, para que, desde logo, se proceda ao registro, declarando o oficial o fato na coluna de anotações do Protocolo.

Art. 204. A decisão da dúvida tem natureza administrativa e não impede o uso do processo contencioso competente. (Renumerado do art. 205 com nova redação pela Lei nº 6.216, de 1975)

Art. 205. Cessarão automaticamente os efeitos da prenotação se, decorridos 30 (trinta) dias do seu lançamento no Protocolo, o título não tiver sido registrado por omissão do interessado em atender às exigências legais. (Renumerado do art. 206 com nova redação pela Lei nº 6.216, de 1975)

Parágrafo único. Nos procedimentos de regularização fundiária de interesse social, os efeitos da prenotação cessarão decorridos 60 (sessenta) dias de seu lançamento no protocolo. (Incluído pela Lei nº 12.424, de 2011)

Art. 206. Se o documento, uma vez prenotado, não puder ser registrado, ou o apresentante desistir do seu registro, a importância relativa às despesas previstas no art. 14 será restituída, deduzida a quantia correspondente às buscas e à prenotação. (Renumerado do art. 207 com nova redação pela Lei nº 6.216, de 1975)

Art. 207. No processo, de dúvida, somente serão devidas custas, a serem pagas pelo interessado, quando a dúvida for julgada procedente. (Renumerado do art. 208 com nova redação pela Lei nº 6.216, de 1975)

Art. 208. O registro começado dentro das horas fixadas não será interrompido, salvo motivo de força maior declarado, prorrogando-se o expediente até ser concluído. (Renumerado do art. 209 com nova redação pela Lei nº 6.216, de 1975)

Art. 209. Durante a prorrogação nenhuma nova apresentação será admitida, lavrando o termo de encerramento no Protocolo. (Renumerado do art. 210 com nova redação pela Lei nº 6.216, de 1975)

Art. 210. Todos os atos serão assinados e encerrados pelo oficial, por seu substituto legal, ou por escrevente expressamente designado pelo oficial ou por seu substituto legal e autorizado pelo juiz competente ainda que os primeiros não estejam nem afastados nem impedidos. (Renumerado do art. 211 com nova redação pela Lei nº 6.216, de 1975)

Art. 211. Nas vias dos títulos restituídas aos apresentantes, serão declarados resumidamente, por carimbo, os atos praticados. (Renumerado do art. 212 com nova redação pela Lei nº 6.216, de 1975)

Art. 212. Se o registro ou a averbação for omissa, imprecisa ou não exprimir a verdade, a retificação será feita pelo Oficial do Registro de Imóveis competente, a requerimento do interessado, por meio do procedimento administrativo previsto no art. 213, facultado ao interessado requerer a retificação por meio de procedimento judicial. (Redação dada pela Lei nº 10.931, de 2004)

Parágrafo único. A opção pelo procedimento administrativo previsto no art. 213 não exclui a prestação jurisdicional, a requerimento da parte prejudicada. (Incluído pela Lei nº 10.931, de 2004)

Art. 213. O oficial retificará o registro ou a averbação: (Redação dada pela Lei nº 10.931, de 2004)

I – de ofício ou a requerimento do interessado nos casos de: (Incluído pela Lei nº 10.931, de 2004)

a) omissão ou erro cometido na transposição de qualquer elemento do título; (Incluído pela Lei nº 10.931, de 2004)

b) indicação ou atualização de confrontação; (Incluído pela Lei nº 10.931, de 2004)

c) alteração de denominação de logradouro público, comprovada por documento oficial; (Incluído pela Lei nº 10.931, de 2004)

d) retificação que vise a indicação de rumos, ângulos de deflexão ou inserção de coordenadas georeferenciadas, em que não haja alteração das medidas perimetrais; (Incluída pela Lei nº 10.931, de 2004)

e) alteração ou inserção que resulte de mero cálculo matemático feito a partir das medidas perimetrais constantes do registro; (Incluída pela Lei nº 10.931, de 2004)

f) reprodução de descrição de linha divisória de imóvel confrontante que já tenha sido objeto de retificação; (Incluída pela Lei nº 10.931, de 2004)

g) inserção ou modificação dos dados de qualificação pessoal das partes, comprovada por documentos oficiais, ou mediante despacho judicial quando houver necessidade de produção de outras provas; (Incluída pela Lei nº 10.931, de 2004)

II – a requerimento do interessado, no caso de inserção ou alteração de medida perimetral de que resulte, ou não, alteração de área, instruído com planta e memorial descritivo assinado por profissional legalmente habilitado, com prova de anotação de responsabilidade técnica no competente Conselho Regional de Engenharia e Arquitetura – Crea, bem assim pelos confrontantes. (Incluído pela Lei nº 10.931, de 2004)

- Lei 12.378/2010 – Regulamenta o exercício da Arquitetura e Urbanismo; cria o Conselho de Arquitetura e Urbanismo do Brasil – CAU/BR e os Conselhos de Arquitetura e Urbanismo dos Estados e do Distrito Federal – CAUs.

§ 1º. Uma vez atendidos os requisitos de que trata o *caput* do art. 225, o oficial averbará a retificação. (Redação dada pela Lei nº 10.931, de 2004)

§ 2º. Se a planta não contiver a assinatura de algum confrontante, este será notificado pelo Oficial de Registro de Imóveis competente, a requerimento do interessado, para se manifestar em 15 (quinze) dias, promovendo-se a notificação pessoalmente ou pelo correio, com aviso de recebimento, ou, ainda, por solicitação do Oficial de Registro de Imóveis, pelo Oficial de Registro de Títulos e Documentos da comarca da situação do imóvel ou do domicílio de quem deva recebê-la. (Redação dada pela Lei nº 10.931, de 2004)

§ 3º. A notificação será dirigida ao endereço do confrontante constante do Registro de Imóveis, podendo ser dirigida ao próprio imóvel contíguo ou àquele fornecido pelo requerente; não sendo encontrado o confrontante ou estando em lugar incerto e não sabido, tal fato será certificado pelo oficial encarregado da diligência, promovendo-se a notificação do confrontante mediante edital, com o mesmo prazo fixado no § 2º, publicado por duas vezes em jornal local de grande circulação. (Redação dada pela Lei nº 10.931, de 2004)

§ 4º. Presumir-se-á a anuência do confrontante que deixar de apresentar impugnação no prazo da notificação. (Redação dada pela Lei nº 10.931, de 2004)

§ 5º. Findo o prazo sem impugnação, o oficial averbará a retificação requerida; se houver impugnação fundamentada por parte de algum confrontante, o oficial intimará o requerente e o profissional que houver assinado a planta e o memorial a fim de que, no prazo de 5 (cinco) dias, se manifestem sobre a impugnação. (Redação dada pela Lei nº 10.931, de 2004)

§ 6º. Havendo impugnação e se as partes não tiverem formalizado transação amigável para solucioná-la, o oficial remeterá o processo ao juiz competente, que decidirá de plano ou após instrução sumária, salvo se a controvérsia versar sobre o direito de propriedade de alguma das partes, hipótese em que remeterá o interessado para as vias ordinárias. (Incluído pela Lei nº 10.931, de 2004)

§ 7º. Pelo mesmo procedimento previsto neste artigo poderão ser apurados os remanescentes de áreas parcialmente alienadas, caso em que serão considerados como confrontantes tão somente os confinantes das áreas remanescentes. (Incluído pela Lei nº 10.931, de 2004)

§ 8º. As áreas públicas poderão ser demarcadas ou ter seus registros retificados pelo mesmo procedimento previsto neste artigo, desde que constem do registro ou sejam logradouros devidamente averbados. (Incluído pela Lei nº 10.931, de 2004)

§ 9º. Independentemente de retificação, dois ou mais confrontantes poderão, por meio de escritura pública, alterar ou estabelecer as divisas entre si e, se houver transferência de área, com o recolhimento do devido imposto de transmissão e desde que preservadas, se rural o imóvel, a fração mínima de parcelamento e, quando urbano, a legislação urbanística. (Incluído pela Lei nº 10.931, de 2004)

§ 10. Entendem-se como confrontantes não só os proprietários dos imóveis contíguos, mas, também, seus eventuais ocupantes; o condomínio geral, de que tratam os arts. 1.314 e seguintes do Código Civil, será representado por qualquer dos condôminos e o condomínio edilício, de que tratam os arts. 1.331 e seguintes do Código Civil, será representado, conforme o caso, pelo síndico ou pela Comissão de Representantes. (Incluído pela Lei nº 10.931, de 2004)

§ 11. Independe de retificação: (Incluído pela Lei nº 10.931, de 2004)

I – a regularização fundiária de interesse social realizada em Zonas Especiais de Interesse Social, promovida por Município ou pelo Distrito Federal, quando os lotes já estiverem cadastrados individualmente ou com lançamento fiscal há mais de 10 (dez) anos; (Redação dada pela Lei nº 12.424, de 2011)

II – a adequação da descrição de imóvel rural às exigências dos arts. 176, §§ 3º e 4º, e 225, § 3º, desta Lei. (Incluído pela Lei nº 10.931, de 2004)

III – a adequação da descrição de imóvel urbano decorrente de transformação de coordenadas geodésicas entre os sistemas de georreferenciamento oficiais; (Incluído pela Lei nº 12.424, de 2011)

IV – a averbação do auto de demarcação urbanística e o registro do parcelamento decorrente de projeto de regularização fundiária de interesse social de que trata a Lei 11.977, de 7 de julho de 2009; e (Incluído pela Lei nº 12.424, de 2011)

V – o registro do parcelamento de glebas para fins urbanos anterior a 19 de dezembro de 1979, que esteja implantado e integrado à cidade, nos termos do art. 71 da Lei nº 11.977, de 7 de julho de 2009. (Incluído pela Lei nº 12.424, de 2011)

§ 12. Poderá o oficial realizar diligências no imóvel para a constatação de sua situação em face dos confrontantes e localização na quadra. (Incluído pela Lei nº 10.931, de 2004)

§ 13. Não havendo dúvida quanto à identificação do imóvel, o título anterior à retificação poderá ser levado a registro desde que requerido pelo adquirente, promovendo-se o registro em conformidade com a nova descrição. (Incluído pela Lei nº 10.931, de 2004)

§ 14. Verificado a qualquer tempo não serem verdadeiros os fatos constantes do memorial descritivo, responderão os requerentes e o profissional que o elaborou pelos prejuízos causados, independentemente das sanções disciplinares e penais. (Incluído pela Lei nº 10.931, de 2004)

§ 15. Não são devidos custas ou emolumentos notariais ou de registro decorrentes de regularização fundiária de interesse social a cargo da administração pública. (Incluído pela Lei nº 10.931, de 2004)

§ 16. Na retificação de que trata o inciso II do *caput*, serão considerados confrontantes somente os confinantes de divisas que forem alcançadas pela inserção ou alteração de medidas perimetrais. (Incluído pela Lei nº 12.424, de 2011)

Art. 214. As nulidades de pleno direito do registro, uma vez provadas, invalidam-no, independentemente de ação direta. (Renumerado do art. 215 com nova redação pela Lei nº 6.216, de 1975)

§ 1º. A nulidade será decretada depois de ouvidos os atingidos. (Incluído pela Lei nº 10.931, de 2004)

§ 2º Da decisão tomada no caso do § 1º caberá apelação ou agravo conforme o caso. (Incluído pela Lei nº 10.931, de 2004)

§ 3º Se o juiz entender que a superveniência de novos registros poderá causar danos de difícil reparação poderá determinar de ofício, a qualquer momento, ainda que sem oitiva das partes, o bloqueio da matrícula do imóvel. (Incluído pela Lei nº 10.931, de 2004)

§ 4º Bloqueada a matrícula, o oficial não poderá mais nela praticar qualquer ato, salvo com autorização judicial, permitindo-se, todavia, aos interessados a prenotação de seus títulos, que ficarão com o prazo prorrogado até a solução do bloqueio. (Incluído pela Lei nº 10.931, de 2004)

§ 5º A nulidade não será decretada se atingir terceiro de boa-fé que já tiver preenchido as condições de usucapião do imóvel. (Incluído pela Lei nº 10.931, de 2004)

Art. 215. São nulos os registros efetuados após sentença de abertura de falência, ou do termo legal nele fixado, salvo se a apresentação tiver sido feita anteriormente. (Renumerado do art. 216 com nova redação pela Lei nº 6.216, de 1975)

Art. 216. O registro poderá também ser retificado ou anulado por sentença em processo contencioso, ou por efeito do julgado em ação de anulação ou de declaração de nulidade de ato jurídico, ou de julgado sobre fraude à execução. (Renumerado do art. 217 com nova redação pela Lei nº 6.216, de 1975)

Art. 216-A. Sem prejuízo da via jurisdicional, é admitido o pedido de reconhecimento extrajudicial de usucapião, que será processado diretamente perante o cartório do registro de imóveis da comarca em que estiver situado o imóvel usucapiendo, a requerimento do interessado, representado por advogado, instruído com: (Incluído pela Lei nº 13.105, de 2015)

I - ata notarial lavrada pelo tabelião, atestando o tempo de posse do requerente e de seus antecessores, conforme o caso e suas circunstâncias, aplicando-se o disposto no art. 384 da Lei no 13.105, de 16 de março de 2015 (Código de Processo Civil); (Redação dada pela Lei nº 13.465, de 2017)

II - planta e memorial descritivo assinado por profissional legalmente habilitado, com prova de anotação de responsabilidade técnica no respectivo conselho de fiscalização profissional, e pelos titulares de direitos registrados ou averbados na matrícula do imóvel usucapiendo ou na matrícula dos imóveis confinantes; (Redação dada pela Lei nº 13.465, de 2017)

III – certidões negativas dos distribuidores da comarca da situação do imóvel e do domicílio do requerente; (Incluído pela Lei nº 13.105, de 2015)

IV – justo título ou quaisquer outros documentos que demonstrem a origem, a continuidade, a natureza e o tempo da posse, tais como o pagamento dos impostos e das taxas que incidirem sobre o imóvel. (Incluído pela Lei nº 13.105, de 2015)

§ 1º. O pedido será autuado pelo registrador, prorrogando-se o prazo da prenotação até o acolhimento ou a rejeição do pedido. (Incluído pela Lei nº 13.105, de 2015)

§ 2º. Se a planta não contiver a assinatura de qualquer um dos titulares de direitos registrados ou averbados na matrícula do imóvel usucapiendo ou na matrícula dos imóveis confinantes, o titular será notificado pelo registrador competente, pessoalmente ou pelo correio com aviso de recebimento, para manifestar consentimento expresso em quinze dias, interpretado o silêncio como concordância. (Redação dada pela Lei nº 13.465, de 2017)

§ 3º. O oficial de registro de imóveis dará ciência à União, ao Estado, ao Distrito Federal e ao Município, pessoalmente, por intermédio do oficial de registro de títulos e documentos, ou pelo correio com aviso de recebimento, para que se manifestem, em 15 (quinze) dias, sobre o pedido. (Incluído pela Lei nº 13.105, de 2015)

§ 4º. O oficial de registro de imóveis promoverá a publicação de edital em jornal de grande circulação, onde houver, para a ciência de terceiros eventualmente interessados, que poderão se manifestar em 15 (quinze) dias. (Incluído pela Lei nº 13.105, de 2015)

§ 5º. Para a elucidação de qualquer ponto de dúvida, poderão ser solicitadas ou realizadas diligências pelo oficial de registro de imóveis. (Incluído pela Lei nº 13.105, de 2015)

§ 6º Transcorrido o prazo de que trata o § 4º deste artigo, sem pendência de diligências na forma do § 5º deste artigo e achando-se em ordem a documentação, o oficial de registro de imóveis registrará a aquisição do imóvel com as descrições apresentadas, sendo permitida a abertura de matrícula, se for o caso. (Redação dada pela Lei nº 13.465, de 2017)

§ 7º. Em qualquer caso, é lícito ao interessado suscitar o procedimento de dúvida, nos termos desta Lei. (Incluído pela Lei nº 13.105, de 2015)

§ 8º. Ao final das diligências, se a documentação não estiver em ordem, o oficial de registro de imóveis rejeitará o pedido. (Incluído pela Lei nº 13.105, de 2015)

§ 9º. A rejeição do pedido extrajudicial não impede o ajuizamento de ação de usucapião. (Incluído pela Lei nº 13.105, de 2015)

§ 10. Em caso de impugnação do pedido de reconhecimento extrajudicial de usucapião, apresentada por qualquer um dos titulares de direito reais e de outros direitos registrados ou averbados na matrícula do imóvel usucapiendo e na matrícula dos imóveis confinantes, por algum dos entes públicos ou por algum terceiro interessado, o oficial de registro de imóveis remeterá os autos ao juízo competente da comarca da situação do imóvel, cabendo ao requerente emendar a petição inicial para adequá-la ao procedimento comum. (Incluído pela Lei nº 13.105, de 2015)

§ 11. No caso de o imóvel usucapiendo ser unidade autônoma de condomínio edilício, fica dispensado consentimento dos titulares de direitos reais e outros direitos registrados ou averbados na matrícula dos imóveis confinantes e bastará a notificação do síndico para se manifestar na forma do § 2º deste artigo. (Incluído pela Lei nº 13.465, de 2017)

§ 12. Se o imóvel confinante contiver um condomínio edilício, bastará a notificação do síndico para o efeito do § 2º deste artigo, dispensada a notificação de todos os condôminos. (Incluído pela Lei nº 13.465, de 2017)

§ 13. Para efeito do § 2º deste artigo, caso não seja encontrado o notificando ou caso ele esteja em lugar incerto ou não sabido, tal fato será certificado pelo registrador, que deverá promover a sua notificação por edital mediante publicação, por duas vezes, em jornal local de grande circulação, pelo prazo de quinze dias cada um, interpretado o silêncio do notificando como concordância. (Incluído pela Lei nº 13.465, de 2017)

§ 14. Regulamento do órgão jurisdicional competente para a correição das serventias poderá autorizar a publicação do edital em meio eletrônico, caso em que ficará dispensada a publicação em jornais de grande circulação. (Incluído pela Lei nº 13.465, de 2017)

§ 15. No caso de ausência ou insuficiência dos documentos de que trata o inciso IV do *caput* deste artigo, a posse e os demais dados necessários poderão ser comprovados em procedimento de justificação administrativa perante a serventia extrajudicial, que obedecerá, no que couber, ao disposto no § 5º do art. 381 e ao rito previsto nos arts. 382 e 383 da Lei no 13.105, de 16 março de 2015 (Código de Processo Civil). (Incluído pela Lei nº 13.465, de 2017)

CAPÍTULO IV. DAS PESSOAS

Art. 217. O registro e a averbação poderão ser provocados por qualquer pessoa, incumbindo-lhe as despesas respectivas. (Renumerado do art. 218 com nova redação pela Lei nº 6.216, de 1975)

Art. 218. Nos atos a título gratuito, o registro pode também ser promovido pelo transferente, acompanhado da prova de aceitação do beneficiado. (Renumerado do art. 219 com nova redação pela Lei nº 6.216, de 1975)

Art. 219. O registro do penhor rural independe do consentimento do credor hipotecário. (Renumerado do art. 220 com nova redação pela Lei nº 6.216, de 1975)

Art. 220. São considerados, para fins de escrituração, credores e devedores, respectivamente: (Renumerado do art. 221 com nova redação pela Lei nº 6.216, de 1975)

I – nas servidões, o dono do prédio dominante e dono do prédio serviente;

II – no uso, o usuário e o proprietário;

III – na habitação, o habitante e proprietário;

IV – na anticrese, o mutuante e mutuário;

V – no usufruto, o usufrutuário e o nu-proprietário;

VI – na enfiteuse, o senhorio e o enfiteuta;

VII – na constituição de renda, o beneficiário e o rendeiro censuário;

VIII – na locação, o locatário e o locador;

IX – nas promessas de compra e venda, o promitente comprador e o promitente vendedor;

X – nas penhoras e ações, o autor e o réu;

XI – nas cessões de direitos, o cessionário e o cedente;

XII – nas promessas de cessão de direitos, o promitente cessionário e o promitente cedente.

CAPÍTULO V. DOS TÍTULOS

- Lei 6.739/1979 – Dispõe sobre a Matrícula e o Registro de Imóveis Rurais.

Art. 221. Somente são admitidos a registro: (Renumerado do art. 222 com nova redação pela Lei nº 6.216, de 1975)

I – escrituras públicas, inclusive as lavradas em consulados brasileiros;

II – escritos particulares autorizados em lei, assinados pelas partes e testemunhas, com as firmas reconhecidas, dispensado o reconhecimento quando se tratar de atos praticados por entidades vinculadas ao Sistema Financeiro da Habitação;

III – atos autênticos de países estrangeiros, com força de instrumento público, legalizados e traduzidos na forma da lei, e registrados no Cartório do Registro de Títulos e Documentos, assim como sentenças proferidas por tribunais estrangeiros após homologação pelo Supremo Tribunal Federal;

IV – cartas de sentença, formais de partilha, certidões e mandados extraídos de autos de processo.

V – contratos ou termos administrativos, assinados com a União, Estados, Municípios ou o Distrito Federal, no âmbito de programas de regularização fundiária e de programas habitacionais de interesse social, dispensado o reconhecimento de firma. (Redação dada pela Lei nº 12.424, de 2011)

§ 1º. Serão registrados os contratos e termos mencionados no inciso V do *caput* assinados a rogo com a impressão dactiloscópica do beneficiário, quando este for analfabeto ou não puder assinar, acompanhados da assinatura de 2 (duas) testemunhas. (Incluído pela Lei nº 12.424, de 2011)

§ 2º. Os contratos ou termos administrativos mencionados no inciso V do *caput* poderão ser celebrados constando apenas o nome e o número de documento oficial do beneficiário, podendo sua qualificação completa ser efetuada posteriormente, no momento do registro do termo ou contrato, mediante simples requerimento do interessado dirigido ao registro de imóveis. (Incluído pela Lei nº 12.424, de 2011)

§ 3º. Fica dispensada a apresentação dos títulos previstos nos incisos I a V do *caput* deste artigo quando se tratar de registro do projeto de regularização fundiária e da constituição de direito real, sendo o ente público promotor da regularização fundiária urbana responsável pelo fornecimento das informações necessárias ao registro, ficando dispensada a apresentação de título individualizado, nos termos da legislação específica. (Redação dada pela Lei nº 13.465, de 2017)

Art. 222. Em todas as escrituras e em todos os atos relativos a imóveis, bem como nas cartas de sentença e formais de partilha, o tabelião ou escrivão deve fazer referência à matrícula ou ao registro anterior, seu número e cartório. (Renumerado do art 223 com nova redação pela Lei nº 6.216, de 1975)

Art. 223. Ficam sujeitas à obrigação, a que alude o artigo anterior, as partes que, por instrumento particular, celebrarem atos relativos a imóveis. (Renumerado do § 1º do art. 223 com nova redação pela Lei nº 6.216, de 1975)

Art. 224. Nas escrituras, lavradas em decorrência de autorização judicial, serão mencionados, por certidão, em breve relatório com todas as minúcias que permitam identificá-los, os respectivos alvarás. (Renumerado do § 2º do art. 223 com nova redação pela Lei nº 6.216, de 1975)

Art. 225. Os tabeliães, escrivães e juízes farão com que, nas escrituras e nos autos judiciais, as partes indiquem, com precisão, os característicos, as confrontações e as localizações dos imóveis, mencionando os nomes dos confrontantes e, ainda, quando se tratar só de terreno, se esse fica do lado par ou do lado ímpar do logradouro, em que quadra e a que distância métrica da edificação ou da esquina mais próxima, exigindo dos interessados certidão do Registro Imobiliário. (Renumerado do art. 228 com nova redação pela Lei nº 6.216, de 1975)

§ 1º. As mesmas minúcias, com relação à caracterização do imóvel, devem constar dos instrumentos particulares apresentados em cartório para registro.

§ 2º. Consideram-se irregulares, para efeito de matrícula, os títulos nos quais a caracterização do imóvel não coincida com a que consta do registro anterior.

§ 3º. Nos autos judiciais que versem sobre imóveis rurais, a localização, os limites e as confrontações serão obtidos a partir de memorial descritivo assinado por profissional habilitado e com a devida Anotação de Responsabilidade Técnica – ART, contendo as coordenadas dos vértices definidores dos limites dos imóveis rurais, georreferenciadas ao Sistema Geodésico Brasileiro e com precisão posicional a ser fixada pelo Incra, garantida a isenção de custos financeiros aos proprietários de imóveis rurais cuja somatória da área não exceda a quatro módulos fiscais. (Incluído pela Lei nº 10.267, de 2001)

Art. 226. Tratando-se de usucapião, os requisitos da matrícula devem constar do mandado judicial. (Renumerado do art. 229 com nova redação pela Lei nº 6.216, de 1975)

CAPÍTULO VI. DA MATRÍCULA

▸ Lei 6.739/1979 – Dispõe sobre a Matrícula e o Registro de Imóveis Rurais.

Art. 227. Todo imóvel objeto de título a ser registrado deve estar matriculado no Livro n. 2 – Registro Geral – obedecido o disposto no art. 176. (Renumerado do art. 224 com nova redação pela Lei nº 6.216, de 1975)

Art. 228. A matrícula será efetuada por ocasião do primeiro registro a ser lançado na vigência desta Lei, mediante os elementos constantes do título apresentado e do registro anterior nele mencionado. (Renumerado do art. 225 com nova redação pela Lei nº 6.216, de 1975)

▸ CPC/15: art. 406.

Art. 229. Se o registro anterior foi efetuado em outra circunscrição, a matrícula será aberta com os elementos constantes do título apresentado e da certidão atualizada daquele registro, a qual ficará arquivada em cartório. (Renumerado do § 1º do art. 225 com nova redação pela Lei nº 6.216, de 1975)

Art. 230. Se na certidão constar ônus, o oficial fará a matrícula, e, logo em seguida ao registro, averbará a existência do ônus, sua natureza e valor, certificando o fato no título que devolver à parte, o que ocorrerá, também, quando o ônus estiver lançado no próprio cartório. (Incluído pela Lei nº 6.216, de 1975)

Art. 231. No preenchimento dos livros, observar-se-ão as seguintes normas: (Incluído pela Lei nº 6.216, de 1975)

I – no alto da face de cada folha será lançada a matrícula do imóvel, com os requisitos constantes do art. 176, e no espaço restante e no verso, serão lançados por ordem cronológica e em forma narrativa, os registros e averbações dos atos pertinentes ao imóvel matriculado;

II – preenchida uma folha, será feito o transporte para a primeira folha em branco do mesmo livro ou do livro da mesma série que estiver em uso, onde continuarão os lançamentos, com remissões recíprocas.

Art. 232. Cada lançamento de registro será precedido pela letra "R" e o da averbação pelas letras "AV", seguindo-se o número de ordem do lançamento e o da matrícula (ex.: R-1-1, R-2-1, AV-3-1, R-4-1, AV-5-1 etc.) (Incluído pela Lei nº 6.216, de 1975)

Art. 233. A matrícula será cancelada: (Renumerado do art. 230 com nova redação pela Lei nº 6.216, de 1975).

I – por decisão judicial;

II – quando em virtude de alienações parciais, o imóvel for inteiramente transferido a outros proprietários;

III – pela fusão, nos termos do artigo seguinte.

Art. 234. Quando dois ou mais imóveis contíguos pertencentes ao mesmo proprietário, constarem de matrículas autônomas, pode ele requerer a fusão destas em uma só, de novo número, encerrando-se as primitivas. (Renumerado do art. 231 com nova redação pela Lei nº 6.216, de 1975).

Art. 235. Podem, ainda, ser unificados, com abertura de matrícula única: (Incluído pela Lei nº 6.216, de 1975)

I – dois ou mais imóveis constantes de transcrições anteriores a esta Lei, à margem das quais será averbada a abertura da matrícula que os unificar; (Incluído pela Lei nº 6.216, de 1975)

II – dois ou mais imóveis, registrados por ambos os sistemas, caso em que, nas transcrições, será feita a averbação prevista no item anterior, as matrículas serão encerradas na forma do artigo anterior. (Incluído pela Lei nº 6.216, de 1975)

III – 2 (dois) ou mais imóveis contíguos objeto de imissão provisória na posse registrada em nome da União, Estado, Município ou Distrito Federal. (Incluído pela Lei nº 12.424, de 2011)

§ 1º. Os imóveis de que trata este artigo, bem como os oriundos de desmembramentos, partilha e glebas destacadas de maior porção, serão desdobrados em novas matrículas, juntamente com os ônus que sobre eles existirem, sempre que ocorrer a transferência de 1 (uma) ou mais unidades, procedendo-se, em seguida, ao que estipula o inciso II do art. 233. (Incluído pela Lei nº 12.424, de 2011)

§ 2º. A hipótese de que trata o inciso III somente poderá ser utilizada nos casos de imóveis inseridos em área urbana ou de expansão urbana e com a finalidade de implementar programas habitacionais ou de regularização fundiária, o que deverá ser informado no requerimento de unificação. (Incluído pela Lei nº 12.424, de 2011)

§ 3º. Na hipótese de que trata o inciso III, a unificação das matrículas poderá abranger um ou mais imóveis de domínio público que sejam contíguos à área objeto da imissão provisória na posse. (Incluído pela Lei nº 12.424, de 2011)

Art. 235-A. Fica instituído o Código Nacional de Matrícula (CNM) que corresponde à numeração única de matrículas imobiliárias em âmbito nacional. (Incluído pela Lei nº 13.465, de 2017)

§ 1º. O CNM referente a matrícula encerrada ou cancelada não poderá ser reutilizado. (Incluído pela Lei nº 13.465, de 2017)

§ 2º. Ato da Corregedoria Nacional de Justiça do Conselho Nacional de Justiça regulamentará as características e a forma de implementação do CNM. (Incluído pela Lei nº 13.465, de 2017)

CAPÍTULO VII. DO REGISTRO

▸ Lei 6.739/1979 – Dispõe sobre a Matrícula e o Registro de Imóveis Rurais.

Art. 236. Nenhum registro poderá ser feito sem que o imóvel a que se referir esteja matriculado. (Incluído pela Lei nº 6.216, de 1975)

Art. 237. Ainda que o imóvel esteja matriculado, não se fará registro que dependa da apresentação de título anterior, a fim de que se preserve a continuidade do registro. (Renumerado do art. 235 e parágrafo único com nova redação pela Lei nº 6.216, de 1975)

Art. 237-A. Após o registro do parcelamento do solo ou da incorporação imobiliária, até a emissão da carta de habite-se, as averbações e registros relativos à pessoa do incorporador ou referentes a direitos reais de garantias, cessões ou demais negócios jurídicos que envolvam o empreendimento serão realizados na matrícula de origem do imóvel e em cada uma das matrículas das unidades autônomas eventualmente abertas. (Incluído pela Lei nº 11.977, de 2009)

§ 1º. Para efeito de cobrança de custas e emolumentos, as averbações e os registros relativos ao mesmo ato jurídico ou negócio jurídico e realizados com base no *caput* serão considerados como ato de registro único, não importando a quantidade de unidades autônomas envolvidas ou de atos intermediários existentes. (Redação dada pela Lei nº 12.424, de 2011)

§ 2º. Nos registros decorrentes de processo de parcelamento do solo ou de incorporação imobiliária, o registrador deverá observar o prazo máximo de 15 (quinze) dias para o fornecimento do número do registro ao interessado ou a indicação das pendências a serem satisfeitas para sua efetivação. (Incluído pela Lei nº 11.977, de 2009)

§ 3º. O registro da instituição de condomínio ou da especificação do empreendimento constituirá ato único para fins de cobrança de custas e emolumentos. (Incluído pela Lei nº 12.424, de 2011)

Art. 238. O registro de hipoteca convencional valerá pelo prazo de 30 (trinta) anos, findo o qual só será mantido o número anterior se reconstituída por novo título e novo registro. (Renumerado do art. 241 com nova redação pela Lei nº 6.216, de 1975)

Art. 239. As penhoras, arrestos e sequestro de imóveis serão registrados depois de pagas as custas do registro pela parte interessada, em cumprimento de mandado ou à vista de certidão do escrivão, de que constem, além dos requisitos exigidos para o registro, os nomes do juiz, do depositário, das partes e a natureza do processo. (Renumerado do art. 244 com nova redação pela Lei nº 6.216, de 1975)

Parágrafo único. A certidão será lavrada pelo escrivão do feito, com a declaração do fim especial a que se destina, após a entrega, em cartório, do mandado devidamente cumprido.

Art. 240. O registro da penhora faz prova quanto à fraude de qualquer transação posterior. (Renumerado do art. 245 com nova redação pela Lei nº 6.216, de 1975)

Art. 241. O registro da anticrese no Livro n. 2 declarará, também, o prazo, a época do pagamento e a forma de administração. (Renumerado do art. 238 com nova redação pela Lei nº 6.216, de 1975)

Art. 242. O contrato de locação, com cláusula expressa de vigência no caso de alienação do imóvel, registrado no Livro n. 2, consignará também, o seu valor, a renda, o prazo, o tempo e o lugar do pagamento, bem como pena convencional. (Renumerado do art. 239 com nova redação pela Lei nº 6.216, de 1975)

Art. 243. A matrícula do imóvel promovida pelo titular do domínio direto aproveita ao titular do domínio útil, e vice-versa. (Renumerado do art. 236 com nova redação pela Lei nº 6.216, de 1975)

Art. 244. As escrituras antenupciais serão registradas no Livro n. 3 do cartório do domicílio conjugal, sem prejuízo de sua averbação obrigatória no lugar da situação dos imóveis de propriedade do casal, ou dos que forem sendo adquiridos e sujeitos a regime de bens diverso do comum, com a declaração das respectivas cláusulas, para ciência de terceiros. (Renumerado do art. 243 com nova redação pela Lei nº 6.216, de 1975)

Art. 245. Quando o regime de separação de bens for determinado por lei, far-se-á a respectiva averbação nos termos do artigo anterior, incumbindo ao Ministério Público zelar pela fiscalização e observância dessa providência. (Renumerado do parágrafo único do art. 243 com nova redação pela Lei nº 6.216, de 1975)

CAPÍTULO VIII. DA AVERBAÇÃO E DO CANCELAMENTO

- CC: arts. 346 a 351.

Art. 246. Além dos casos expressamente indicados no item II do artigo 167, serão averbadas na matrícula as sub-rogações e outras ocorrências que, por qualquer modo, alterem o registro. (Renumerado do art. 247 com nova redação pela Lei nº 6.216, de 1975)

§ 1º. As averbações a que se referem os itens 4 e 5 do inciso II do art. 167 serão as feitas a requerimento dos interessados, com firma reconhecida, instruído com documento dos interessados, com firma reconhecida, instruído com documento comprobatório fornecido pela autoridade competente. A alteração do nome só poderá ser averbada quando devidamente comprovada por certidão do Registro Civil. (Incluído pela Lei nº 10.267, de 2001)

§ 2º. Tratando-se de terra indígena com demarcação homologada, a União promoverá o registro da área em seu nome. (Incluído pela Lei nº 10.267, de 2001)

§ 3º. Constatada, durante o processo demarcatório, a existência de domínio privado nos limites da terra indígena, a União requererá ao Oficial de Registro a averbação, na respectiva matrícula, dessa circunstância. (Incluído pela Lei nº 10.267, de 2001)

§ 4º. As providências a que se referem os §§ 2º e 3º deste artigo deverão ser efetivadas pelo cartório, no prazo de 30 (trinta) dias, contado a partir do recebimento da solicitação de registro e averbação, sob pena de aplicação de multa diária no valor de R$ 1.000,00 (mil reais), sem prejuízo da responsabilidade civil e penal do Oficial de Registro. (Incluído pela Lei nº 10.267, de 2001)

Art. 247. Averbar-se-á, também, na matrícula, a declaração de indisponibilidade de bens, na forma prevista na Lei. (incluído pela Lei nº 6.216, de 1975)

Art. 247-A. É dispensado o habite-se expedido pela prefeitura municipal para a averbação de construção residencial urbana unifamiliar de um só pavimento finalizada há mais de 5 (cinco) anos em área ocupada predominantemente por população de baixa renda, inclusive para o fim de registro ou averbação decorrente de financiamento à moradia. (Acrescido pela Lei 13.865/2019)

Art. 248. O cancelamento efetuar-se-á mediante averbação, assinada pelo oficial, seu substituto legal ou escrevente autorizado, e declarará o motivo que o determinou, bem como o título em virtude do qual foi feito. (Renumerado do art. 249 com nova redação pela Lei nº 6.216, de 1975)

Art. 249. O cancelamento poderá ser total ou parcial e referir-se a qualquer dos atos do registro. (Renumerado do art. 250 com nova redação pela Lei nº 6.216, de 1975)

Art. 250. Far-se-á o cancelamento: (incluído pela Lei nº 6.216, de 1975)

I – em cumprimento de decisão judicial transitada em julgado; (incluído pela Lei nº 6.216, de 1975)

II – a requerimento unânime das partes que tenham participado do ato registrado, se capazes, com as firmas reconhecidas por tabelião; (incluído pela Lei nº 6.216, de 1975)

III – a requerimento do interessado, instruído com documento hábil. (incluído pela Lei nº 6.216, de 1975)

IV – a requerimento da Fazenda Pública, instruído com certidão de conclusão de processo administrativo que declarou, na forma da lei, a rescisão do título de domínio ou de concessão de direito real de uso de imóvel rural, expedido para fins de regularização fundiária, e a reversão do imóvel ao patrimônio público. (Incluído pela Lei nº 11.952, de 2009)

Art. 251. O cancelamento de hipoteca só pode ser feito: (Renumerado do art. 254 com nova redação pela Lei nº 6.216, de 1975)

I – à vista de autorização expressa ou quitação outorgada pelo credor ou seu sucessor, em instrumento público ou particular;

II – em razão de procedimento administrativo ou contencioso, no qual o credor tenha sido intimado (art. 698 do Código de Processo Civil);

- CPC/15: art. 889, V.

III – na conformidade da legislação referente às cédulas hipotecárias.

Art. 252. O registro, enquanto não cancelado, produz todos os efeitos legais ainda que, por outra maneira, se prove que o título está desfeito, anulado, extinto ou rescindido. (Renumerado do art. 255 com nova redação pela Lei nº 6.216, de 1975)

Art. 253. Ao terceiro prejudicado é lícito, em juízo, fazer prova da extinção dos ônus, reais, e promover o cancelamento do seu registro. (Renumerado do art. 255, parágrafo único, com nova redação pela Lei nº 6.216, de 1975)

Art. 254. Se, cancelado o registro, subsistirem o título e os direitos dele decorrentes, poderá o credor promover novo registro, o qual só produzirá efeitos a partir da nova data. (Renumerado do art. 251 com nova redação pela Lei nº 6.216, de 1975)

Art. 255. Além dos casos previstos nesta Lei, a inscrição de incorporação ou loteamento só será cancelada a requerimento do incorporador ou loteador, enquanto nenhuma unidade ou lote for objeto de transação averbada, ou mediante o consentimento de todos os compromissários ou cessionários. (Renumerado do art. 259 com nova redação pela Lei nº 6.216, de 1975)

Art. 256. O cancelamento da servidão, quando o prédio dominante estiver hipotecado, só poderá ser feito com aquiescência do credor, expressamente manifestada. (Renumerado do art. 251 com nova redação pela Lei nº 6.216, de 1975)

Art. 257. O dono do prédio serviente terá, nos termos da lei, direito a cancelar a servidão. (Renumerado do art. 252 com nova redação pela Lei nº 6.216, de 1975)

Art. 258. O foreiro poderá, nos termos da lei, averbar a renúncia de seu direito, sem dependência do consentimento do senhorio direto. (Renumerado do art. 253 com nova redação pela Lei nº 6.216, de 1975)

Art. 259. O cancelamento não pode ser feito em virtude de sentença sujeita, ainda, a recurso. (Renumerado do art. 256 com nova redação pela Lei nº 6.216, de 1975)

(...)

- Não publicamos os anexos desta lei.

LEI Nº 6.024, DE 13 DE MARÇO DE 1974

Dispõe sobre a intervenção e a liquidação extrajudicial de instituições financeiras e dá outras providências.

- *Intervenções e liquidações extrajudiciais*

O PRESIDENTE DA REPÚBLICA Faço saber que o Congresso Nacional decreta e eu sanciono a seguinte Lei:

CAPÍTULO I. DISPOSIÇÃO PRELIMINAR

Art. 1º. As instituições financeiras privadas e as públicas não federais, assim como as cooperativas de crédito, estão sujeitas, nos termos desta Lei, à intervenção ou à liquidação extrajudicial, em ambos os casos efetuada e decretada pelo Banco Central do Brasil, sem prejuízo do disposto nos arts. 137 e 138 do Dec.-lei nº 2.627, de 26 de setembro de 1940, ou à falência, nos termos da legislação vigente.

- Lei 6.404/1976 revogou os arts. 137 e 138 do Dec.-lei 2.627/1940..
- Lei 11.101/2005: art. 2º, II.
- Lei 9.447/1997 – Responsabilidade solidária de controladores de instituições submetidas aos regimes de que tratam a Lei 6.024/1974, e o Decreto-lei 2.321/1987; sobre a indisponibilidade de seus bens; sobre a responsabilização das empresas de auditoria contábil ou dos auditores contábeis independentes; sobre privatização de instituições cujas ações sejam desapropriadas, na forma do Decreto-lei 2.321/1987.
- Lei 4.595/1964: arts. 17 e 45.
- Decreto-Lei 2.321/1987 – Institui, em defesa das finanças públicas, regime de administração especial temporária, nas instituições financeiras privadas e públicas não federais.

CAPÍTULO II. DA INTERVENÇÃO E SEU PROCESSO

SEÇÃO I. DA INTERVENÇÃO

Art. 2º. Far-se-á a intervenção quando se verificarem as seguintes anormalidades nos negócios sociais da instituição:

I – a entidade sofrer prejuízo, decorrente de má administração, que sujeite a riscos os seus credores;

II – forem verificadas reiteradas infrações a dispositivos da legislação bancária não regularizadas após as determinações do Banco Central do Brasil, no uso das suas atribuições de fiscalização;

III – na hipótese de ocorrer qualquer dos fatos mencionados nos arts. 1º e 2º do Dec.-lei nº 7.661, de 21 de junho de 1945 (Lei de Falências), houver possibilidade de evitar-se a liquidação extrajudicial.

- Lei 11.101/2005 revogou o Dec.-lei 7.661/1945.

Art. 3º. A intervenção será decretada *ex officio* pelo Banco Central do Brasil, ou por solicitação dos administradores da instituição – se o respectivo estatuto lhes conferir esta competência – com indicação das causas do pedido, sem prejuízo da responsabilidade civil e criminal em que incorrerem os mesmos administradores, pela indicação falsa ou dolosa.

Art. 4º. O período da intervenção não excederá a seis meses, o qual, por decisão do Banco Central do Brasil, poderá ser prorrogado, uma única vez, até o máximo de outros seis meses.

Art. 5º. A intervenção será executada por interventor nomeado pelo Banco Central do Brasil, com plenos poderes de gestão.

Parágrafo único. Dependerão de prévia e expressa autorização do Banco Central do Brasil os atos do interventor que impliquem em disposição ou oneração do patrimônio da sociedade, admissão e demissão de pessoal.

Art. 6º. A intervenção produzirá, desde sua decretação, os seguintes efeitos:

a) suspensão da exigibilidade das obrigações vencidas;

b) suspensão da fluência do prazo das obrigações vincendas anteriormente contraídas;

c) inexigibilidade dos depósitos já existentes à data de sua decretação.

Art. 7º. A intervenção cessará:

a) se os interessados, apresentando as necessárias condições de garantia, julgados a critério do Banco Central do Brasil, tomarem a si o prosseguimento das atividades econômicas da empresa;

b) quando, a critério do Banco Central do Brasil, a situação da entidade se houver normalizado;

c) se decretada a liquidação extrajudicial, ou a falência da entidade.

SEÇÃO II. DO PROCESSO DA INTERVENÇÃO

Art. 8º. Independentemente da publicação do ato de sua nomeação, o interventor será investido, de imediato, em suas funções, mediante termo de posse lavrado no "Diário" da entidade, ou, na falta deste, no livro que o substituir, com a transcrição do ato que houver decretado a medida e que o tenha nomeado.

Art. 9º. Ao assumir suas funções, o interventor:

a) arrecadará, mediante termo, todos os livros da entidade e os documentos de interesse da administração;

b) levantará o balanço geral e o inventário de todos os livros, documentos, dinheiro e demais bens da entidade, ainda que em poder de terceiros, a qualquer título.

Parágrafo único. O termo de arrecadação, o balanço geral e o inventário, deverão ser assinados também pelos administradores em exercício no dia anterior ao da posse do interventor, os quais poderão apresentar, em separado, as declarações e observações que julgarem a bem dos seus interesses.

Art. 10. Os ex-administradores da entidade deverão entregar ao interventor, dentro de cinco dias, contados da posse deste, declaração, assinada em conjunto por todos eles, de que conste a indicação:

a) do nome, nacionalidade, estado civil e endereço dos administradores e membros do Conselho Fiscal, que estiverem em exercício nos últimos 12 meses anteriores à decretação da medida;

b) dos mandatos que, porventura, tenham outorgado em nome da instituição, indicando o seu objeto, nome e endereço do mandatário;

c) dos bens imóveis, assim como dos móveis, que não se encontrem no estabelecimento;

d) da participação que, porventura, cada administrador ou membro do Conselho Fiscal tenha em outras sociedades, com a respectiva indicação.

Art. 11. O interventor, dentro em 60 dias, contados de sua posse, prorrogável se necessário, apresentará ao Banco Central do Brasil relatório, que conterá:

a) exame da escrituração, da aplicação dos fundos e disponibilidade, e da situação econômico-financeira da instituição;

b) indicação, devidamente comprovada, dos atos e omissões danosos que eventualmente tenha verificado;

c) proposta justificada da adoção das providências que lhe pareçam convenientes à instituição.

Parágrafo único. As disposições deste artigo não impedem que o interventor, antes da apresentação do relatório, proponha ao Banco Central do Brasil a adoção de qualquer providência que lhe pareça necessária e urgente.

Art. 12. À vista do relatório ou da proposta do interventor, o Banco Central do Brasil poderá:

a) determinar a cessação da intervenção, hipótese em que o interventor será autorizado a promover os atos que, nesse sentido, se tornarem necessários;

b) manter a instituição sob intervenção, até serem eliminadas as irregularidades que a motivaram, observado o disposto no art. 4º;

c) decretar a liquidação extrajudicial da entidade;

d) autorizar o interventor a requerer a falência da entidade quando o seu ativo não for suficiente para cobrir sequer metade do valor dos créditos quirografários, ou quando julgada inconveniente a liquidação extrajudicial, ou quando a complexidade dos negócios da instituição ou a gravidade dos fatos apurados aconselharem a medida.

Art. 13. Das decisões do interventor caberá recurso, sem efeito suspensivo, dentro de dez dias da respectiva ciência, para o Banco Central do Brasil, em única instância.

§ 1º. Findo o prazo, sem a interposição de recurso, a decisão assumirá caráter definitivo.

§ 2º. O recurso será entregue, mediante protocolo, ao interventor que o informará e o encaminhará, dentro em cinco dias, ao Banco Central do Brasil.

Art. 14. O interventor prestará contas ao Banco Central do Brasil, independentemente de qualquer exigência, no momento em que deixar suas funções, ou a qualquer tempo, quando solicitado, e responderá, civil e criminalmente, por seus atos.

CAPÍTULO III. DA LIQUIDAÇÃO EXTRAJUDICIAL

SEÇÃO I. DA APLICAÇÃO E DOS EFEITOS DA MEDIDA

Art. 15. Decretar-se-á a liquidação extrajudicial da instituição financeira:

I – *ex officio*:

a) em razão de ocorrências que comprometam sua situação econômica ou financeira especialmente quando deixar de satisfazer, com pontualidade, seus compromissos ou quando se caracterizar qualquer dos motivos que autorizem a declaração de falência;

b) quando a administração violar gravemente as normas legais e estatutárias que disciplinam a atividade da instituição, bem como as determinações do Conselho Monetário Nacional ou do Banco Central do Brasil, no uso de suas atribuições legais;

c) quando a instituição sofrer prejuízo que sujeite a risco anormal seus credores quirografários;

d) quando, cassada a autorização para funcionar, a instituição não iniciar, nos 90 dias seguintes, sua liquidação ordinária, ou quando, iniciada esta, verificar o Banco Central do Brasil que a morosidade de sua administração pode acarretar prejuízo para os credores;

II – a requerimento dos administradores da instituição – se o respectivo estatuto social lhes conferir esta competência ou por proposta do interventor, expostos circunstanciadamente os motivos justificadores da medida.

§ 1º. O Banco Central do Brasil decidirá sobre a gravidade dos fatos determinantes da liquidação extrajudicial, considerando as repercussões deste sobre os interesses dos mercados financeiro e de capitais, e, poderá, em lugar da liquidação, efetuar a intervenção, se julgar esta medida suficiente para a normalização dos negócios da instituição, e preservação daqueles interesses.

§ 2º. O ato do Banco Central do Brasil, que decretar a liquidação extrajudicial, indicará a data em que se tenha caracterizado o estado que a determinou, fixando o termo legal da liquidação que não poderá ser superior a 60 (sessenta) dias contados do primeiro protesto por falta de pagamento ou, na falta deste do ato que haja decretado a intervenção ou a liquidação.

Art. 16. A liquidação extrajudicial será executada por liquidante nomeado pelo Banco Central do Brasil, com amplos poderes de administração e liquidação, especialmente os de verificação e classificação dos créditos, podendo nomear e demitir funcionários, fixando-lhes os vencimentos, outorgar e cassar mandatos, propor ações e representar a massa em juízo ou fora dele.

§ 1º. Com prévia e expressa autorização do Banco Central do Brasil, poderá o liquidante, em benefício da massa, ultimar os negócios pendentes e, a qualquer tempo, onerar ou alienar seus bens, neste último caso através de licitações.

§ 2º. Os honorários do liquidante, a serem pagos por conta da liquidanda, serão fixados pelo Banco Central do Brasil.

Art. 17. Em todos os atos, documentos e publicações de interesse da liquidação, será usada, obrigatoriamente, a expressão "Em liquidação extrajudicial", em seguida à denominação da entidade.

Art. 18. A decretação da liquidação extrajudicial produzirá, de imediato, os seguintes efeitos:

a) suspensão das ações e execuções iniciadas sobre direitos e interesses relativos ao acervo da entidade liquidanda, não podendo ser intentadas quaisquer outras, enquanto durar a liquidação;

b) vencimento antecipado das obrigações da liquidanda;

› Lei 5.172/1966: art. 190.

c) não atendimento das cláusulas penais dos contratos unilaterais vencidos em virtude da decretação da liquidação extrajudicial;

d) não fluência de juros, mesmo que estipulados, contra a massa, enquanto não integralmente pago o passivo;

e) interrupção da prescrição relativa a obrigações de responsabilidade da instituição;

f) não reclamação de correção monetária de quaisquer dívidas passivas, nem de penas pecuniárias por infração de leis penais ou administrativas.

› Dec.-lei 1.477/1976: art. 2º.

Art. 19. A liquidação extrajudicial será encerrada: (Redação dada pela Lei nº 13.506, de 2017)

a) (Revogado). (Redação dada pela Lei nº 13.506, de 2017)

b) (Revogado). (Redação dada pela Lei nº 13.506, de 2017)

c) (Revogado). (Redação dada pela Lei nº 13.506, de 2017)

d) (Revogado). (Redação dada pela Lei nº 13.506, de 2017)

I – por decisão do Banco Central do Brasil, nas seguintes hipóteses: (Incluído pela Lei nº 13.506, de 2017)

a) pagamento integral dos credores quirografários; (Incluído pela Lei nº 13.506, de 2017)

b) mudança de objeto social da instituição para atividade econômica não integrante do Sistema Financeiro Nacional; (Incluído pela Lei nº 13.506, de 2017)

c) transferência do controle societário da instituição; (Incluído pela Lei nº 13.506, de 2017)

d) convolação em liquidação ordinária; (Incluído pela Lei nº 13.506, de 2017)

e) exaustão do ativo da instituição, mediante a sua realização total e a distribuição do produto entre os credores, ainda que não ocorra o pagamento integral dos créditos; ou (Incluído pela Lei nº 13.506, de 2017)

f) iliquidez ou difícil realização do ativo remanescente na instituição, reconhecidas pelo Banco Central do Brasil; (Incluído pela Lei nº 13.506, de 2017)

II – pela decretação da falência da instituição. (Incluído pela Lei nº 13.506, de 2017)

§ 1° Encerrada a liquidação extrajudicial nas hipóteses previstas nas alíneas "a", "b", "d", "e" e "f" do inciso I do *caput* deste artigo, o Banco Central do Brasil comunicará o encerramento ao órgão competente do registro do comércio, que deverá: (Incluído pela Lei nº 13.506, de 2017)

I – nas hipóteses das alíneas "b" e "d" do inciso I do *caput* deste artigo, promover as anotações pertinentes; (Incluído pela Lei nº 13.506, de 2017)

II – nas hipóteses das alíneas "a", "e" e "f" do inciso I do *caput* deste artigo, proceder à anotação do encerramento da liquidação extrajudicial no registro correspondente e substituir, na denominação da sociedade, a expressão "Em liquidação extrajudicial" por "Liquidação extrajudicial encerrada". (Incluído pela Lei nº 13.506, de 2017)

§ 2° Encerrada a liquidação extrajudicial nas hipóteses previstas no inciso I do *caput* deste artigo, o prazo prescricional relativo às obrigações da instituição voltará a contar da data da publicação do ato de encerramento do regime. (Incluído pela Lei nº 13.506, de 2017)

§ 3° O encerramento da liquidação extrajudicial nas hipóteses previstas nas alíneas "b" e "d" do inciso I do *caput* deste artigo pode ser proposto ao Banco Central do Brasil, após a aprovação por maioria simples dos presentes à assembleia geral de credores, pelos: (Incluído pela Lei nº 13.506, de 2017)

I – cooperados ou associados, autorizados pela assembleia geral; ou (Incluído pela Lei nº 13.506, de 2017)

II – controladores. (Incluído pela Lei nº 13.506, de 2017)

§ 4° A assembleia geral de credores a que se refere o § 3º será presidida pelo liquidante e nela poderão votar os titulares de créditos inscritos no quadro geral de credores, computados os votos proporcionalmente ao valor dos créditos dos presentes. (Incluído pela Lei nº 13.506, de 2017)

§ 5° Encerrada a liquidação extrajudicial nas hipóteses previstas no inciso I do *caput* deste artigo, o acervo remanescente da instituição, se houver, será restituído: (Incluído pela Lei nº 13.506, de 2017)

I – ao último sócio controlador ou a qualquer sócio participante do grupo de controle ou, na impossibilidade de identificá-lo ou localizá-lo, ao maior acionista ou cotista da sociedade; ou (Incluído pela Lei nº 13.506, de 2017)

II – a qualquer cooperado, no caso de cooperativa de crédito. (Incluído pela Lei nº 13.506, de 2017)

§ 6° As pessoas referidas no § 5º deste artigo não poderão recusar o recebimento do acervo remanescente e serão consideradas depositárias dos bens recebidos. (Incluído pela Lei nº 13.506, de 2017)

§ 7° Na hipótese em que o lugar em que se encontrarem as pessoas referidas no § 5º deste artigo for ignorado, incerto ou inacessível, ou na hipótese de suspeita de ocultação, é o liquidante autorizado a depositar o acervo remanescente em favor delas, no juízo ao qual caberia decretar a falência. (Incluído pela Lei nº 13.506, de 2017)

SEÇÃO II. DO PROCESSO DA LIQUIDAÇÃO EXTRAJUDICIAL

Art. 20. Aplicam-se, ao processo da liquidação extrajudicial, as disposições relativas ao processo da intervenção, constantes dos arts. 8º, 9º, 10 e 11, desta Lei.

Art. 21. À vista do relatório ou da proposta previstos no art. 11, apresentados pelo liquidante na conformidade do artigo anterior, o Banco Central do Brasil poderá autorizá-lo a:

a) prosseguir na liquidação extrajudicial;

b) requerer a falência da entidade, quando o seu ativo não for suficiente para cobrir pelo menos a metade do valor dos créditos quirografários, ou quando houver fundados indícios de crimes falimentares.

Parágrafo único. Sem prejuízo do disposto neste artigo, em qualquer tempo, o Banco Central do Brasil poderá estudar pedidos de cessação da liquidação extrajudicial, formulados pelos interessados, concedendo ou recusando a medida pleiteada, segundo as garantias oferecidas e as conveniências de ordem geral.

Art. 22. Se determinado o prosseguimento da liquidação extrajudicial o liquidante fará publicar, no *Diário Oficial da União* e em jornal de grande circulação do local da sede da entidade, aviso aos credores para que declarem os respectivos créditos, dispensados desta formalidade os credores por depósitos ou por letras de câmbio de aceite da instituição financeira liquidanda.

§ 1º. No aviso de que trata este artigo, o liquidante fixará o prazo para a declaração dos créditos, o qual não será inferior a 20 (vinte), nem superior a 40 (quarenta) dias, conforme a importância da liquidação e os interesses nela envolvidos.

§ 2º. Relativamente aos créditos dispensados de habilitação, o liquidante manterá, na sede da liquidanda, relação nominal dos depositantes e respectivos saldos, bem como relação das letras de câmbio de seu aceite.

§ 3º. Aos credores obrigados à declaração assegurar-se-á o direito de obterem do liquidante as informações, extratos de contas, saldos e outros elementos necessários à defesa dos seus interesses e à prova dos respectivos créditos.

§ 4º. O liquidante dará sempre recibo das declarações de crédito e dos documentos recebidos.

Art. 23. O liquidante juntará a cada declaração a informação completa a respeito do resultado das averiguações a que procedeu nos livros, papéis e assentamentos da entidade, relativos ao crédito declarado, bem como sua decisão quanto à legitimidade, valor e classificação.

Parágrafo único. O liquidante poderá exigir dos ex-administradores da instituição que prestem informações sobre qualquer dos créditos declarados.

Art. 24. Os credores serão notificados, por escrito, da decisão do liquidante, os quais, a contar da data do recebimento da notificação, terão o prazo de 10 (dez) dias para recorrer, ao Banco Central do Brasil, do ato que lhes pareça desfavorável.

Art. 25. Esgotado o prazo para a declaração de créditos e julgados estes, o liquidante organizará o quadro geral de credores e publicará, na forma prevista no art. 22, aviso de que dito quadro, juntamente com o balanço geral, se acha fixado na sede e demais dependências da entidade, para conhecimento dos interessados.

Parágrafo único. Após a publicação mencionada neste artigo, qualquer interessado poderá impugnar a legitimidade, valor, ou a classificação dos créditos constantes do referido quadro.

Art. 26. A impugnação será apresentada por escrito, devidamente justificada com os documentos julgados convenientes, dentro de dez dias, contados da data da publicação de que trata o artigo anterior.

§ 1º. A entrega da impugnação será feita contra recibo, passado pelo liquidante, com cópia que será juntada ao processo.

§ 2º. O titular do crédito impugnado será notificado pelo liquidante e, a contar da data do recebimento da notificação, terá o prazo de 5 (cinco) dias para oferecer as alegações e provas que julgar convenientes à defesa dos seus direitos.

§ 3º. O liquidante encaminhará as impugnações com o seu parecer, juntando os elementos probatórios, à decisão do Banco Central do Brasil.

§ 4º. Julgadas todas as impugnações, o liquidante fará publicar avisos na forma do art. 22, sobre as eventuais modificações no quadro geral de credores que, a partir desse momento, será considerado definitivo.

Art. 27. Os credores que se julgarem prejudicados pelo não provimento do recurso interposto, ou pela decisão proferida na impugnação poderão prosseguir nas ações que tenham sido suspensas por força do art. 18, ou propor as que couberem, dando ciência do fato ao liquidante para que este reserve fundos suficientes à eventual satisfação dos respectivos pedidos.

Parágrafo único. Decairão do direito assegurado neste artigo os interessados que não o exercitarem dentro do prazo de 30 (trinta) dias, contados da data em que for considerado definitivo o quadro geral dos credores, com a publicação a que alude o § 4º do artigo anterior.

Art. 28. Nos casos de descoberta de falsidade, dolo, simulação, fraude, erro essencial, ou de documentos ignorados na época do julgamento dos créditos, o liquidante ou qualquer credor admitido pode pedir ao Banco Central do Brasil, até ao encerramento da liquidação, a exclusão, ou outra classificação, ou a simples retificação de qualquer crédito.

Parágrafo único. O titular desse crédito será notificado do pedido e, a contar da data do recebimento da notificação, terá o prazo de 5 (cinco) dias para oferecer as alegações e provas que julgar convenientes, sendo-lhe assegurado o direito a que se refere o artigo anterior, se se julgar prejudicado pela decisão proferida, que lhe será notificada por escrito, contando-se da data do recebimento da notificação o prazo de decadência fixado no parágrafo único do mesmo artigo.

Art. 29. Incluem-se, entre os encargos da massa, as quantias a ela fornecidas pelos credores, pelo liquidante ou pelo Banco Central do Brasil.

Art. 30. Salvo expressa disposição em contrário desta Lei, das decisões do liquidante caberá recurso, sem efeito suspensivo, dentro em dez dias da respectiva ciência, para o Banco Central do Brasil, em única instância.

§ 1º. Findo o prazo, sem a interposição de recurso, a decisão assumirá caráter definitivo.

§ 2º. O recurso será entregue, mediante protocolo, ao liquidante, que o informará e o encaminhará, dentro de cinco dias, ao Banco Central do Brasil.

Art. 31. No resguardo da economia pública, da poupança privada e da segurança nacional, sempre que a atividade da entidade liquidanda colidir com os interesses daquelas áreas, poderá o liquidante, prévia e expressamente autorizado pelo Banco Central do Brasil, adotar qualquer forma especial ou qualificada de realização do ativo e liquidação do passivo, ceder o ativo a terceiros, organizar ou reorganizar sociedade para continuação geral ou parcial do negócio ou atividade da liquidanda.

- Decreto 92.061/1985 – Regulamenta o artigo 31 da Lei 6.024/1974.

§ 1º. Os atos referidos neste artigo produzem efeitos jurídicos imediatos, independentemente de formalidades e registros.

§ 2º. Os registros correspondentes serão procedidos no prazo de 15 (quinze) dias, pelos Oficiais dos Registros de Imóveis e pelos Registros do Comércio, bem como pelos demais órgãos da administração pública, quando for o caso, à vista da comunicação formal, que lhes tenha sido feita pelo liquidante.

Art. 32. Apurados, no curso da liquidação, seguros elementos de prova, mesmo indiciária, da prática de contravenções penais ou crimes, por parte de qualquer dos antigos administradores e membros do Conselho Fiscal, o liquidante os encaminhará ao órgão do Ministério Público para que este promova a ação penal.

Art. 33. O liquidante prestará contas ao Banco Central do Brasil independentemente de qualquer exigência no momento em que deixar suas funções ou a qualquer tempo, quando solicitado, e responderá, civil e criminalmente, por seus atos.

Art. 34. Aplicam-se à liquidação extrajudicial no que couberem e não colidirem com os preceitos desta Lei, as disposições da Lei de Falências (Dec.-lei 7.661 de 21 de junho de 1945), equiparando-se ao síndico, o liquidante, ao juiz da falência, o Banco Central do Brasil, sendo competente para conhecer da ação revocatória prevista no art. 55 daquele Decreto-lei, o juiz a quem caberia processar e julgar a falência da instituição liquidanda.

- Lei 11.101/2005 revogou o Dec.-lei 7.661/1945.

Art. 35. Os atos indicados nos arts. 52 e 53 da Lei de Falências (Dec.-lei nº 7.661, de 1945) praticados pelos administradores da liquidanda poderão ser declarados nulos ou revogados, cumprindo o disposto nos arts. 54 e 58 da mesma Lei.

- Lei 11.101/2005 revogou o Dec.-lei 7.661/1945.

Parágrafo único. A ação revogatória será proposta pelo liquidante, observado o disposto nos arts. 55, 56 e 57 da Lei de Falências.

CAPÍTULO IV. DOS ADMINISTRADORES E MEMBROS DO CONSELHO FISCAL

SEÇÃO I. DA INDISPONIBILIDADE DOS BENS

Art. 36. Os administradores das instituições financeiras em intervenção, em liquidação extrajudicial ou em falência, ficarão com todos os seus bens indisponíveis, não podendo, por qualquer forma, direta ou indireta, aliená-los ou onerá-los, até apuração e liquidação final de suas responsabilidades.

§ 1º. A indisponibilidade prevista neste artigo decorre do ato que decretar a intervenção, a liquidação extrajudicial ou a falência, e atinge a todos aqueles que tenham estado no exercício das funções nos 12 meses anteriores ao mesmo ato.

§ 2º. Por proposta do Banco Central do Brasil, aprovada pelo Conselho Monetário Nacional, a indisponibilidade prevista neste artigo poderá ser estendida:

a) aos bens de gerentes, conselheiros fiscais e aos de todos aqueles que, até o limite da responsabilidade estimada de cada um, tenham concorrido, nos últimos 12 meses, para a decretação da intervenção ou da liquidação extrajudicial;

b) aos bens de pessoas que, nos últimos 12 meses, os tenham a qualquer título, adquirido de administradores da instituição, ou das pessoas referidas na alínea anterior, desde que haja seguros elementos de convicção de que se trata de simulada transferência com o fim de evitar os efeitos desta Lei.

§ 3º. Não se incluem nas disposições deste artigo os bens considerados inalienáveis ou impenhoráveis pela legislação em vigor.

§ 4º. Não são igualmente atingidos pela indisponibilidade os bens objeto de contrato de alienação, de promessa de compra e venda, de cessão ou promessa de cessão de direitos, desde que os respectivos instrumentos tenham sido levados ao competente registro público, anteriormente à data da decretação da intervenção, da liquidação extrajudicial ou da falência.

Art. 37. Os abrangidos pela indisponibilidade de bens de que trata o artigo anterior não poderão ausentar-se do foro da intervenção, da liquidação extrajudicial ou da falência, sem prévia e expressa autorização do Banco Central do Brasil ou do juiz da falência.

Art. 38. Decretada a intervenção, a liquidação extrajudicial ou a falência, o interventor, o liquidante ou escrivão da falência comunicará ao registro público competente e às Bolsas de Valores a indisponibilidade de bens imposta no art. 36.

Parágrafo único. Recebida a comunicação, a autoridade competente ficará relativamente a esses bens impedida de:

a) fazer transcrições, inscrições ou averbações de documentos públicos ou particulares;

b) arquivar atos ou contratos que importem em transferência de cotas sociais, ações ou partes beneficiárias;

c) realizar ou registrar operações e títulos de qualquer natureza;

d) processar a transferência de propriedade de veículos automotores.

SEÇÃO II. DA RESPONSABILIDADE DOS ADMINISTRADORES E MEMBROS DO CONSELHO FISCAL

Art. 39. Os administradores e membros do Conselho Fiscal de instituições financeiras responderão, a qualquer tempo, salvo prescrição extintiva, pelos atos que tiverem praticado ou omissões em que houverem incorrido.

Art. 40. Os administradores de instituições financeiras respondem solidariamente pelas obrigações por elas assumidas durante sua gestão, até que se cumpram.

- Lei 9.447/1997: arts. 1º a 3º.

Parágrafo único. A responsabilidade solidária se circunscreverá ao montante dos prejuízos causados.

Art. 41. Decretada a intervenção, a liquidação extrajudicial ou a falência de instituição financeira, o Banco Central do Brasil procederá a inquérito, a fim de apurar as causas que levaram a sociedade àquela situação e a responsabilidade de seus administradores e membros do Conselho Fiscal.

§ 1º. Para os efeitos deste artigo, decretada a falência, o escrivão do feito a comunicará, dentro em 24 horas, ao Banco Central do Brasil.

§ 2º. O inquérito será aberto imediatamente à decretação da intervenção ou da liquidação extrajudicial, ou ao recebimento da comunicação da falência, e concluído dentro em 120 (cento e vinte) dias, prorrogáveis, se absolutamente necessário, por igual prazo.

§ 3º. No inquérito, o Banco Central do Brasil poderá:

a) examinar, quando e quantas vezes julgar necessário, a contabilidade, os arquivos, os documentos, os valores e mais elementos das instituições;

b) tomar depoimentos solicitando para isso, se necessário, o auxílio da polícia;

c) solicitar informações a qualquer autoridade ou repartição pública, ao juiz da falência, ao órgão do Ministério Público, ao síndico, ao liquidante ou ao interventor;

d) examinar, por pessoa que designar, os autos da falência e obter, mediante solicitação escrita, cópias ou certidões de peças desses autos;

e) examinar a contabilidade e os arquivos de terceiros com os quais a instituição financeira tiver negociado e no que entender com esses negócios, bem como a contabilidade e os arquivos dos ex-administradores, se comerciantes ou industriais sob firma individual, e as respectivas contas junto a outras instituições financeiras.

§ 4º. Os ex-administradores poderão acompanhar o inquérito, oferecer documentos e indicar diligências.

Art. 42. Concluída a apuração, os ex-administradores serão convidados, por carta, a apresentar, por escrito, suas alegações e explicações dentro em cinco dias, comuns para todos.

Art. 43. Transcorrido o prazo do artigo anterior, com ou sem a defesa, será o inquérito encerrado com um relatório, do qual constarão, em síntese, a situação da entidade examinada, as causas de sua queda, o nome, a qualificação e a relação dos bens particulares dos que, nos últimos cinco anos, geriram a sociedade, bem como o montante ou a estimativa dos prejuízos apurados em cada gestão.

Art. 44. Se o inquérito concluir pela inexistência de prejuízo, será, no caso de intervenção e de liquidação extrajudicial, arquivado no próprio Banco Central do Brasil ou, no caso de falência, será remetido ao competente juiz, que o mandará apensar aos respectivos autos.

Parágrafo único. Na hipótese prevista neste artigo, o Banco Central do Brasil, nos casos de intervenção e de liquidação extrajudicial, ou o juiz, no caso de falência, de ofício ou a requerimento de qualquer interessado, determinará o levantamento da indisponibilidade de que trata o art. 36.

Art. 45. Concluindo o inquérito pela existência de prejuízos, será ele, com o respectivo relatório, remetido pelo Banco Central do Brasil ao juiz da falência, ou ao que for competente para decretá-la, o qual o fará com vista ao órgão do Ministério Público, que, em oito dias, sob pena de responsabilidade, requererá o sequestro dos bens dos ex-administradores, que não tinham sido atingidos pela indisponibilidade prevista no art. 36, quantos bastem para a efetivação da responsabilidade.

§ 1º. Em caso de intervenção ou liquidação extrajudicial, a distribuição do inquérito ao juízo competente, na forma deste artigo, previne a jurisdição do mesmo juízo na hipótese de vir a ser decretada a falência.

§ 2º. Feito o arresto, os bens serão depositados em mãos do interventor, do liquidante ou do síndico, conforme a hipótese, cumprindo ao depositário administrá-los, receber os respectivos rendimentos e prestar contas a final.

Art. 46. A responsabilidade dos ex-administradores, definida nesta Lei, será apurada em ação própria, proposta no juízo da falência ou no que for para ela competente.

Parágrafo único. O órgão do Ministério Público, nos casos de intervenção e liquidação extrajudicial, proporá a ação obrigatoriamente dentro em 30 (trinta) dias a contar da realização do arresto, sob pena de responsabilidade e preclusão da sua iniciativa. Findo esse prazo, ficarão os autos em cartório, à disposição de qualquer credor que poderá iniciar a ação, nos 15 dias seguintes. Se neste último prazo ninguém o fizer, levantar-se-ão o arresto e a indisponibilidade, apensando-se os autos aos da falência, se for o caso.

Art. 47. Se, decretado o arresto ou proposta a ação, sobrevier a falência da entidade, competirá ao síndico tomar, daí por diante, as providências necessárias ao efetivo cumprimento das determinações desta Lei, cabendo-lhe promover a devida substituição processual, no prazo de 30 (trinta) dias, contados da data do seu compromisso.

Art. 48. Independentemente do inquérito e do arresto, qualquer das partes, a que se refere o parágrafo único do art. 46, no prazo nele previsto, poderá propor a ação de responsabilidade dos ex-administradores, na forma desta Lei.

Art. 49. Passada em julgado a sentença que declarar a responsabilidade dos ex-administradores, o arresto e a indisponibilidade de bens se convolarão em penhora, seguindo-se o processo de execução.

§ 1º. Apurados os bens penhorados e pagas as custas judiciais, o líquido será entregue ao interventor, ao liquidante ou ao síndico, conforme o caso, para rateio entre os credores da instituição.

§ 2º. Se, no curso da ação ou da execução, encerrar-se a intervenção ou a liquidação extrajudicial, o interventor ou o liquidante, por ofício, dará conhecimento da ocorrência ao juiz, solicitando sua substituição como depositário dos bens arrestados ou penhorados, e fornecendo a relação nominal e respectivos saldos dos credores a serem, nesta hipótese, diretamente contemplados com o rateio previsto no parágrafo anterior.

CAPÍTULO V. DISPOSIÇÕES GERAIS

Art. 50. A intervenção determina a suspensão, e, a liquidação extrajudicial, a perda do mandato, respectivamente, dos administradores e membros do Conselho Fiscal e dos de quaisquer outros órgãos criados pelo estatuto, competindo, exclusivamente, ao interventor e ao liquidante a convocação da assembleia geral nos casos em que julgarem conveniente.

Art. 51. Com o objetivo de preservar os interesses da poupança popular e a integridade do acervo das entidades submetidas a intervenção ou a liquidação extrajudicial, o Banco Central do Brasil poderá estabelecer idêntico regime para as pessoas jurídicas que com elas tenham integração de atividade ou vínculo de interesse, ficando os seus administradores sujeitos aos preceitos desta Lei.

Parágrafo único. Verifica-se integração de atividade ou vínculo de interesse, quando as pessoas jurídicas referidas neste artigo forem devedoras da sociedade sob intervenção ou submetida a liquidação extrajudicial, ou quando seus sócios ou acionistas participarem do capital desta em importância superior a 10% (dez por cento), ou sejam cônjuges, ou parentes até o segundo grau, consanguíneos ou afins, de seus diretores ou membros dos conselhos consultivo, administrativo, fiscal ou semelhantes.

Art. 52. Aplicam-se as disposições da presente Lei às sociedades ou empresas que integram o sistema de distribuição de títulos ou valores mobiliários no mercado de capitais (art. 5º da Lei nº 4.728, de 14 de julho de 1965), assim como às sociedades ou empresas corretoras de câmbio.

§ 1º. A intervenção nessas sociedades ou empresas, ou sua liquidação extrajudicial, poderá ser decretada pelo Banco Central do Brasil por iniciativa própria ou por solicitação das Bolsas de Valores, quanto às corretoras a elas associadas, mediante representação fundamentada.

§ 2º. Por delegação de competência do Banco Central do Brasil e sem prejuízo de suas atribuições, a intervenção ou a liquidação extrajudicial das sociedades corretoras, membros das Bolsas de Valores, poderá ser processada por estas, sendo competente, no caso, aquela da área em que a sociedade tiver sede.

Art. 53. As sociedades ou empresas que integram o sistema de distribuição de títulos ou valores mobiliários no mercado de capitais, assim como as sociedades ou empresas corretoras de câmbio, não poderão como as instituições financeiras impetrar concordata.

Art. 54. As disposições da presente Lei estendem-se às intervenções e liquidações extrajudiciais em curso, no que couberem.

Art. 55. O Banco Central do Brasil é autorizado a prestar assistência financeira às Bolsas de Valores, nas condições fixadas pelo Conselho Monetário Nacional, quando, a seu critério, se fizer necessária para que elas se adaptem, inteiramente, às exigências do mercado de capitais.

Parágrafo único. A assistência financeira prevista neste artigo poderá ser estendida às Bolsas de Valores, nos casos de intervenção ou liquidação extrajudicial em sociedades corretoras de valores mobiliários e de câmbio, com vistas a resguardar legítimos interesses de investidores.

Art. 56. Ao art. 129 do Dec.-lei nº 2.627, de 26 de setembro de 1940, é acrescentado o seguinte parágrafo, além do que já lhe fora aditado pela Lei nº 5.589, de 3 de julho de 1970.

- Alteração incorporada ao texto do Decreto-lei.
- Lei 6.404/1976 revogou o art. 129 do Dec.-lei 2.627/1940..

Art. 57. Esta Lei entrará em vigor na data de sua publicação, revogada a Lei nº 1.808, de 7 de janeiro de 1953, os Decs.-leis nºs 9.228, de 3 de maio de 1946; 9.328, de 10 de junho de 1946; 9.346, de 10 de junho de 1946; 48, de 18 de novembro de 1966; 462, de 11 de fevereiro de 1969, e 685, de 17 de julho de 1969, e demais disposições gerais e especiais em contrário.

Brasília, 13 de março de 1974; 153º da Independência e 86º da República.

EMÍLIO G. MÉDICI

D.O.U. de 14.3.1974

LEI Nº 6.099, DE 12 DE SETEMBRO DE 1974

Dispõe sobre o tratamento tributário das operações de arrendamento mercantil, e dá outras providências.

- *Leasing - Arrendamento Mercantil*

O PRESIDENTE DA REPÚBLICA Faço saber que o Congresso Nacional decreta e eu sanciono a seguinte Lei:

Art. 1º. O tratamento tributário das operações de arrendamento mercantil reger-se-á pelas disposições desta Lei.

Parágrafo único. Considera-se arrendamento mercantil, para os efeitos desta Lei, o negócio jurídico realizado entre pessoa jurídica, na qualidade de arrendadora, e pessoa física ou jurídica, na qualidade de arrendatária, e que tenha por objeto o arrendamento de bens adquiridos pela arrendadora, segundo especificações da arrendatária e para uso próprio desta. (Redação dada pela Lei nº 7.132, de 1983)

Art. 2º. Não terá o tratamento previsto nesta Lei o arrendamento de bens contratado entre pessoas jurídicas direta ou indiretamente coligados ou interdependentes, assim como o contratado com o próprio fabricante.

§ 1º. O Conselho Monetário Nacional especificará em regulamento os casos de coligação e interdependência.

§ 2º. Somente farão jus ao tratamento previsto nesta Lei as operações realizadas ou por empresas arrendadoras que fizerem dessa operação o objeto principal de sua atividade ou que centralizarem tais operações em um departamento especializado com escrituração própria.

Art. 3º. Serão escriturados em conta especial do ativo imobilizado da arrendadora os bens destinados a arrendamento mercantil.

Art. 4º. A pessoa jurídica arrendadora manterá registro individualizado que permita a verificação do fator determinante da receita e do tempo efetivo de arrendamento.

Art. 5º. Os contratos de arrendamento mercantil conterão as seguintes disposições:

a) prazo do contrato;

b) valor de cada contraprestação por períodos determinados, não superiores a um semestre;

c) opção de compra ou renovação de contrato, como faculdade do arrendatário;

d) preço para opção de compra ou critério para sua fixação, quando for estipulada esta cláusula.

Parágrafo único. Poderá o Conselho Monetário Nacional, nas operações que venha a definir, estabelecer que as contraprestações sejam estipuladas por períodos superiores aos previstos na alínea *b* deste artigo. (Incluído pela Lei nº 7.132, de 1983)

Art. 6º. O Conselho Monetário Nacional poderá estabelecer índices máximos para a soma das contraprestações, acrescidas do preço para exercício da opção da compra nas operações de arrendamento mercantil.

§ 1º. Ficam sujeitas à regra deste artigo as prorrogações do arrendamento nele referido.

§ 2º. Os índices de que trata este artigo serão fixados, considerando o custo do arrendamento em relação ao do financiamento da compra e venda.

Art. 7º. Todas as operações de arrendamento mercantil subordinam-se ao controle e fiscalização do Banco Central do Brasil, segundo normas estabelecidas pelo Conselho Monetário Nacional, a elas se aplicando, no que couber, as disposições da Lei nº 4.595, de 31 de dezembro de 1964, e legislação posterior relativa ao Sistema Financeiro Nacional.

Art. 8º. O Conselho Monetário Nacional poderá baixar resolução disciplinando as condições segundo as quais as instituições financeiras poderão financiar suas controladas, coligadas ou interdependentes que se especializarem em operações de arrendamento mercantil. (Redação dada pela Lei nº 11.882, de 2008)

Parágrafo único. A aquisição de debêntures emitidas por sociedades de arrendamento mercantil em mercado primário ou secundário constitui obrigação de natureza cambiária, não caracterizando operação de empréstimo ou adiantamento. (Redação dada pela Lei nº 11.882, de 2008)

Art. 9º. As operações de arrendamento mercantil contratadas com o próprio vendedor do bem ou com pessoas jurídicas a ele vinculadas, mediante quaisquer das relações previstas no art. 2º desta Lei, poderão também ser realizadas por instituições financeiras expressamente autorizadas pelo Conselho Monetário Nacional, que estabelecerá as condições para a realização das operações previstas neste artigo. (Redação dada pela Lei nº 7.132, de 1983)

Parágrafo único. Nos casos deste artigo, o prejuízo decorrente da venda do bem não será dedutível na determinação do lucro real. (Incluído pela Lei nº 7.132, de 1983)

Art. 10. Somente poderão ser objeto de arrendamento mercantil os bens de produção estrangeira que forem enumerados pelo Conselho Monetário Nacional, que poderá, também, estabelecer condições para seu arrendamento a empresas cujo controle acionário pertencer a pessoas residentes no Exterior.

Art. 11. Serão considerados como custo ou despesa operacional da pessoa jurídica arrendatária as contraprestações pagas ou creditadas por força do contrato de arrendamento mercantil.

§ 1º. A aquisição pelo arrendatário de bens arrendados em desacordo com as disposições desta Lei será considerada operação de compra e venda a prestação.

§ 2º. O preço de compra e venda, no caso do parágrafo anterior, será o total das contraprestações pagas durante a vigência do arrendamento, acrescido da parcela paga a título de preço de aquisição.

§ 3º. Na hipótese prevista no § 1º deste artigo, as importâncias já deduzidas, como custo ou despesa operacional pela adquirente, acrescerão ao lucro tributável pelo Imposto de Renda, no exercício correspondente à respectiva dedução.

§ 4º. O imposto não recolhido, na hipótese do parágrafo anterior, será devido com acréscimo de juros e correção monetária, multa e demais penalidades legais.

Art. 12. Serão admitidas como custos das pessoas jurídicas arrendadoras as cotas de depreciação do preço de aquisição de bem arrendado, calculadas de acordo com a vida útil do bem.

§ 1º. Entende-se por vida útil do bem o prazo durante o qual se possa esperar a sua efetiva utilização econômica.

§ 2º. A Secretaria da Receita Federal publicará periodicamente o prazo de vida útil admissível, em condições normais, para cada espécie de bem.

§ 3º. Enquanto não forem publicados os prazos de vida útil de que trata o parágrafo anterior, a sua determinação se fará segundo as normas previstas pela legislação do Imposto de Renda para fixação da taxa de depreciação.

Art. 13. Nos casos de operações de vendas de bens que tenham sido objeto de arrendamento mercantil, o saldo não depreciado será admitido como custo para efeito de apuração do lucro tributável pelo Imposto de Renda.

Art. 14. Não será dedutível, para fins de apuração do lucro tributável pelo Imposto de Renda, a diferença a menor entre o valor contábil residual do bem arrendado e o seu preço de venda, quando do exercício da opção de compra.

Art. 15. (Revogado pela Lei nº 12.973, de 2014)

‣ Lei 12.973/2014: art. 119.

Parágrafo único. Entende-se como custo de aquisição para os fins deste artigo, o preço pago pelo arrendatário ao arrendador pelo exercício da opção de compra.

Art. 16. Os contratos de arrendamento mercantil celebrados com entidades domiciliadas no Exterior serão submetidos a registro no Banco Central do Brasil. (Redação dada pela Lei nº 7.132, de 1983)

§ 1º. O Conselho Monetário Nacional estabelecerá as normas para a concessão do registro a que se refere este artigo, observando as seguintes condições: (Redação dada pela Lei nº 7.132, de 1983)

a) razoabilidade da contraprestação e de sua composição; (Redação dada pela Lei nº 7.132, de 1983)

b) critérios para fixação do prazo de vida útil do bem; (Redação dada pela Lei nº 7.132, de 1983)

c) compatibilidade do prazo de arrendamento do bem com a sua vida útil; (Redação dada pela Lei nº 7.132, de 1983)

d) relação entre o preço internacional do bem e o custo total do arrendamento; (Redação dada pela Lei nº 7.132, de 1983)

e) cláusula de opção de compra ou renovação do contrato; (Redação dada pela Lei nº 7.132, de 1983)

f) outras cautelas ditadas pela política econômico-financeira nacional. (Redação dada pela Lei nº 7.132, de 1983)

§ 2º. Mediante prévia autorização do Banco Central do Brasil, segundo normas para este fim expedidas pelo Conselho Monetário Nacional, os bens objeto das operações de que trata este artigo poderão ser arrendados a sociedades arrendadoras domiciliadas no País, para o fim de subarrendamento. (Redação dada pela Lei nº 7.132, de 1983)

§ 3º. Estender-se-ão ao subarrendamento as normas aplicáveis aos contratos de arrendamento mercantil celebrados com entidades domiciliadas no Exterior. (Incluído pela Lei nº 7.132, de 1983)

§ 4º. No subarrendamento poderá haver vínculo de coligação ou de interdependência entre a entidade domiciliada no Exterior e a sociedade arrendatária subarrendadora, domiciliada no País. (Incluído pela Lei nº 7.132, de 1983)

§ 5º. Mediante as condições que estabelecer, o Conselho Monetário Nacional poderá autorizar o registro de contratos sem cláusula de opção de compra, bem como fixar prazos mínimos para as operações previstas neste artigo. (Incluído pela Lei nº 7.132, de 1983)

Art. 17. A entrada no território nacional dos bens objeto de arrendamento mercantil, contratado com entidades arrendadoras domiciliadas no Exterior, não se confunde com o regime de admissão temporária de que trata o Decreto-lei nº 37, de 18 de novembro de 1966, e se sujeitará a todas as normas legais que regem a importação. (Redação dada pela Lei nº 7.132, de 1983)

Art. 18. A base de cálculo, para efeito do Imposto sobre Produtos Industrializados, do fato gerador que ocorrer por ocasião da remessa de bens importados ao estabelecimento da empresa arrendatária, corresponderá ao preço atacado desse bem na praça em que a empresa arrendadora estiver domiciliada. (Redação dada pela Lei nº 7.132, de 1983)

§ 1º. *(Revogado pela Lei nº 9.532, de 1997).*

§ 2º. Nas hipóteses em que o preço dos bens importados para o fim de arrendamento for igual ou superior ao que seria pago pelo arrendatário se os importasse diretamente, a base de cálculo mencionada no *caput* deste artigo será o valor que servir de base para o recolhimento do Imposto sobre Produtos Industrializados, por ocasião do desembaraço alfandegário desses bens.

Art. 19. Fica equiparada à exportação a compra e venda de bens no mercado interno, para o fim específico de arrendamento pelo comprador a arrendatário domiciliado no Exterior.

Art. 20. São assegurados ao vendedor dos bens de que trata o artigo anterior todos os benefícios fiscais concedidos por lei para incentivo à exportação, observadas as condições de qualidade da pessoa do vendedor e outras exigidas para os casos de exportação direta ou indireta.

§ 1º. Os benefícios fiscais de que trata este artigo serão concedidos sobre o equivalente em moeda nacional de garantia irrevogável do pagamento das contraprestações do arrendamento contratado, limitada a base de cálculo ao preço da compra e venda.

§ 2º. Para os fins do disposto no § 1º, a equivalência em moeda nacional será determinada pela maior taxa de câmbio do dia da utilização dos benefícios fiscais, quando o pagamento das contraprestações do arrendamento contratado for efetivado em moeda estrangeira de livre conversibilidade. (Redação dada pela Lei nº 12.024, de 2009)

Art. 21. O Ministro da Fazenda poderá estender aos arrendatários de máquinas, aparelhos e equipamentos de produção nacional, objeto de arrendamento mercantil, os benefícios de que trata o Decreto-lei nº 1.136, de 7 de dezembro de 1970.

Art. 22. As pessoas jurídicas que estiverem operando com arrendamento de bens, e que se ajustarem às disposições desta Lei dentro em 180 (cento e oitenta) dias, a contar da sua vigência, terão as suas operações regidas por este diploma legal, desde que ajustem convenientemente os seus contratos, mediante instrumentos de aditamento.

Art. 23. Fica o Conselho Monetário Nacional autorizado a:

a) expedir normas que visem a estabelecer mecanismos reguladores das atividades previstas nesta Lei, inclusive excluir modalidades de operações do tratamento nela previsto e limitar ou proibir sua prática por determinadas categorias de pessoas físicas ou jurídicas; (Redação dada pela Lei nº 7.132, de 1983)

b) enumerar restritivamente os bens que não poderão ser objeto de arrendamento mercantil, tendo em vista a política econômico-financeira do País.

Art. 24. A cessão do contrato de arrendamento mercantil a entidade domiciliada no Exterior reger-se-á pelo disposto nesta Lei e dependerá de prévia autorização do Banco Central do Brasil, conforme normas expedidas pelo Conselho Monetário Nacional. (Incluído pela Lei nº 7.132, de 1983)

Parágrafo único. Observado o disposto neste artigo, poderão ser transferidos, exclusiva e independentemente da cessão do contrato, os direitos de crédito relativos às contraprestações devidas. (Incluído pela Lei nº 7.132, de 1983)

Art. 25. Esta Lei entra em vigor na data de sua publicação, revogadas as disposições em contrário. (Renumerado pela Lei nº 7.132, de 1983)

Brasília, 12 de setembro de 1974; 153º da Independência e 86º da República.

ERNESTO GEISEL

D.O.U. de 13.9.1974

LEI Nº 6.383, DE 7 DE DEZEMBRO DE 1976

Dispõe sobre o Processo Discriminatório de Terras Devolutas da União, e dá outras Providências.

- *Lei da Ação Discriminatória*

CAPÍTULO I. DAS DISPOSIÇÕES PRELIMINARES

Art. 1º. O processo discriminatório das terras devolutas da União será regulado por esta Lei.

- CF: arts. 20 e 188.
- Dec-lei nº 9.760, de 05-09-1946, art. 19, que dispõe sobre os Bens imóveis da União.

Parágrafo único. O processo discriminatório será administrativo ou judicial.

- Dec-lei nº 9.760, de 05-09-1946, arts. 32 e 33, que dispõe sobre os Bens imóveis da União.

CAPÍTULO II. DO PROCESSO ADMINISTRATIVO

Art. 2º. O processo discriminatório administrativo será instaurado por Comissões Especiais constituídas de três membros, a saber: um bacharel em direito do Serviço Jurídico do Instituto Nacional de Colonização e Reforma Agrária – INCRA, que a presidirá; um engenheiro agrônomo e um outro funcionário que exercerá as funções de secretário.

- Dec-lei nº 9.760, de 05-09-1946, arts. 20 a 31, que dispõe sobre os Bens imóveis da União.

§ 1º. As Comissões Especiais serão criadas por ato do presidente do Instituto Nacional de Colonização e Reforma Agrária – INCRA, e terão jurisdição e sede estabelecidas no respectivo ato de criação, ficando os seus presidentes investidos de poderes de representação da União, para promover o processo discriminatório administrativo previsto nesta Lei.

§ 2º. O Instituto Nacional de Colonização e Reforma Agrária – INCRA, no prazo de 30 (trinta) dias após a vigência desta Lei, baixará Instruções Normativas, dispondo, inclusive, sobre o apoio administrativo às Comissões Especiais.

Art. 3º. A Comissão Especial instruirá inicialmente o processo com memorial descritivo da área, no qual constará:

- Esta Lei, art. 20, § 1º.

I – o perímetro com suas características e confinância, certa ou aproximada, aproveitando, em princípio, os acidentes naturais;

II – a indicação de registro da transcrição das propriedades;

III – o rol das ocupações conhecidas;

IV – o esboço circunstanciado da gleba a ser discriminada ou seu levantamento aerofotogramétrico;

V – outras informações de interesse.

Art. 4º. O presidente da Comissão Especial convocará os interessados para apresentarem, no prazo de 60 (sessenta) dias e em local a ser fixado no edital de convocação, seus títulos, documentos, informações de interesse e, se for o caso, testemunhas.

- Esta Lei, arts. 12, IV, 14, 19, II, e 20, § 2º.
- Dec-lei nº 9.760, de 05-09-1946, art. 23, caput, que dispõe sobre os Bens imóveis da União.

§ 1º. Consideram-se de interesse as informações relativas à origem e sequência dos títulos, localização, valor estimado e área certa ou aproximada das terras de quem se julgar legítimo proprietário ou ocupante; suas confrontações e nome dos confrontantes; natureza, qualidade e valor das benfeitorias; culturas e criações nelas existentes; financiamento e ônus incidentes sobre o imóvel e comprovantes de impostos pagos, se houver.

§ 2º. O edital de convocação conterá a delimitação perimétrica da área a ser discriminada com suas características e será dirigido, nominalmente, a todos os interessados, proprietários, ocupantes, confinantes certos e respectivos cônjuges, bem como aos demais interessados incertos ou desconhecidos.

§ 3º. O edital deverá ter a maior divulgação possível, observado o seguinte procedimento:

- Dec-lei nº 9.760, de 05-09-1946, art. 23, § 3º, que dispõe sobre os Bens imóveis da União.

a) afixação em lugar público na sede dos municípios e distritos, onde se situar a área nele indicada;

- Dec-lei nº 9.760, de 05-09-1946, art. 23, § 3º, que dispõe sobre os Bens imóveis da União.

b) publicação simultânea, por duas vezes, no Diário Oficial da União, nos órgãos oficiais do Estado ou Território Federal e na imprensa local, onde houver, com intervalo mínimo de 8 (oito) e máximo de 15 (quinze) dias entre a primeira e a segunda.

- Dec-lei nº 9.760, de 05-09-1946, art. 23, § 3º, que dispõe sobre os Bens imóveis da União.

§ 4º. O prazo de apresentação dos interessados será contado a partir da segunda publicação no Diário Oficial da União.

Art. 5º. A Comissão Especial autuará e processará a documentação recebida de cada interessado, em separado, de modo a ficar bem caracterizado o domínio ou a ocupação com suas respectivas confrontações.

§ 1º. Quando se apresentarem dois ou mais interessados no mesmo imóvel, ou parte dele, a Comissão Especial procederá à apensação dos processos.

§ 2º. Serão tomadas por termo as declarações dos interessados e, se for o caso, os depoimentos de testemunhas previamente arroladas.

Art. 6º. Constituído o processo, deverá ser realizada, desde logo, obrigatoriamente, a vistoria para identificação dos imóveis e, se forem necessárias, outras diligências.

- Dec-lei nº 9.760, de 05-09-1946, art. 24, caput, que dispõe sobre os Bens imóveis da União.

Art. 7º. Encerrado o prazo estabelecido no edital de convocação, o presidente da Comissão Especial, dentro de 30 (trinta) dias improrrogáveis, deverá pronunciar-se sobre as alegações, títulos de domínio, documentos dos interessados e boa-fé das ocupações, mandando lavrar os respectivos termos.

- Dec-lei nº 9.760, de 05-09-1946, art. 24, § 5º, que dispõe sobre os Bens imóveis da União.

Art. 8º. Reconhecida a existência de dúvida sobre a legitimidade do título, o presidente da Comissão Especial reduzirá a termo as irregularidades encontradas, encaminhando-o à Procuradoria do Instituto Nacional de Colonização e Reforma Agrária – INCRA, para propositura da ação competente.

Art. 9º. Encontradas ocupações, legitimáveis ou não, serão lavrados os respectivos termos de identificação, que serão encaminhados ao órgão competente do Instituto Nacional de Colonização e Reforma Agrária – INCRA, para as providências cabíveis.

Art. 10. Serão notificados, por ofício, os interessados e seus cônjuges para, no prazo não inferior a 8 (oito) nem superior a 30 (trinta) dias, a contar da juntada ao processo do recibo de notificação, celebrarem com a União os termos cabíveis.

- Esta Lei, arts. 12, IV, 14 e 19, II.
- Esta Lei, arts. 12, IV, 14 e 19, II.

Art. 11. Celebrado, em cada caso, o termo que couber, o presidente da Comissão Especial designará agrimensor para, em dia e hora avençados com os interessados, iniciar o levantamento geodésico e topográfico das terras objeto de discriminação, ao fim da qual determinará a demarcação das terras devolutas, bem como, se for o caso, das retificações objeto de acordo.

- Dec-lei nº 9.760, de 05-09-1946, art. 23, *caput*, que dispõe sobre os Bens imóveis da União.

§ 1º. Aos interessados será permitido indicar um perito para colaborar com o agrimensor designado.

§ 2º. A designação do perito, a que se refere o parágrafo anterior, deverá ser feita até a véspera do dia fixado para início do levantamento geodésico e topográfico.

Art. 12. Concluídos os trabalhos demarcatórios, o presidente da Comissão Especial mandará lavrar o termo de encerramento da discriminação administrativa, do qual constarão, obrigatoriamente:

I – o mapa detalhado da área discriminada;

II – o rol de terras devolutas apuradas, com suas respectivas confrontações;

III – a descrição dos acordos realizados;

IV – a relação das áreas com titulação transcrita no Registro de Imóveis, cujos presumidos proprietários ou ocupantes não atenderam ao edital de convocação ou à notificação (artigos 4º e 10 desta Lei);

V – o rol das ocupações legitimáveis;

VI – o rol das propriedades reconhecidas; e

VII – a relação dos imóveis cujos títulos suscitaram dúvidas.

Art. 13. Encerrado o processo discriminatório, o Instituto Nacional de Colonização e Reforma Agrária – INCRA providenciará o registro, em nome da União, das terras devolutas discriminadas, definidas em lei, como bens da União.

Parágrafo único. Caberá ao oficial do Registro de Imóveis proceder à matrícula e ao registro da área devoluta discriminada em nome da União.

Art. 14. O não-atendimento ao edital de convocação ou à notificação (artigos 4º e 10 da presente Lei) estabelece a presunção de discordância e acarretará imediata propositura da ação judicial prevista no art. 19, II.

Parágrafo único. Os presumíveis proprietários e ocupantes, nas condições do presente artigo, não terão acesso ao crédito oficial ou aos benefícios de incentivos fiscais, bem como terão cancelados os respectivos cadastros rurais junto ao órgão competente.

Art. 15. O presidente da Comissão Especial comunicará a instauração do processo discriminatório administrativo a todos os oficiais de Registro de Imóveis da jurisdição.

Art. 16. Uma vez instaurado o processo discriminatório administrativo, o oficial do Registro de Imóveis não efetuará matrícula, registro, inscrição ou averbação estranhas à discriminação, relativamente aos imóveis situados, total ou parcialmente, dentro da área discriminada, sem que desses atos tome prévio conhecimento o presidente da Comissão Especial.

Parágrafo único. Contra os atos praticados com infração do disposto no presente artigo, o presidente da Comissão Especial solicitará que a Procuradoria do Instituto Nacional de Colonização e Reforma Agrária – INCRA utilize os instrumentos previstos no Código de Processo Civil, incorrendo o oficial do Registro de Imóveis infrator nas penas do crime de prevaricação.

Art. 17. Os particulares não pagam custas no processo administrativo, salvo para serviços de demarcação e diligências a seu exclusivo interesse.

- Dec-lei nº 9.760, de 05-09-1946, art. 31, que dispõe sobre os Bens imóveis da União.

CAPÍTULO III. DO PROCESSO JUDICIAL

Art. 18. O Instituto Nacional de Colonização e Reforma Agrária – INCRA fica investido de poderes de representação da União, para promover a discriminação judicial das terras devolutas da União.

Art. 19. O processo discriminatório judicial será promovido:

- CF: art. 109.

I – quando o processo discriminatório administrativo for dispensado ou interrompido por presumida ineficácia;

II – contra aqueles que não atenderem ao edital de convocação ou à notificação (artigos 4º e 10 da presente Lei); e

- Esta Lei: art. 14.

III – quando configurada a hipótese do art. 25 desta Lei.

Parágrafo único. Compete à Justiça Federal processar e julgar o processo discriminatório judicial regulado nesta Lei.

Art. 20. No processo discriminatório judicial será observado o procedimento sumaríssimo de que trata o Código de Processo Civil.

§ 1º. A petição inicial será instruída com o memorial descritivo da área, de que trata o art. 3º desta Lei.

§ 2º. A citação será feita por edital, observados os prazos e condições estabelecidos no art. 4º desta Lei.

Art. 21. Da sentença proferida caberá apelação somente no efeito devolutivo, facultada a execução provisória.

Art. 22. A demarcação da área será procedida, ainda que em execução provisória da sentença, valendo esta, para efeitos de registro, como título de propriedade.

Parágrafo único. Na demarcação observar-se-á, no que couber, o procedimento prescrito nos artigos 959 a 966 do Código de Processo Civil.

Art. 23. O processo discriminatório judicial tem caráter preferencial e prejudicial em relação às ações em andamento, referentes a domínio ou posse de imóveis situados, no todo ou em parte, na área discriminada, determinando o imediato deslocamento da competência para a Justiça Federal.

Parágrafo único. Nas ações em que a União não for parte, dar-se-á, para os efeitos previstos neste artigo, a sua intervenção.

CAPÍTULO IV. DAS DISPOSIÇÕES GERAIS E FINAIS

Art. 24. Iniciado o processo discriminatório, não poderão alterar-se quaisquer divisas na área discriminada, sendo defesa a derrubada da cobertura vegetal, a construção de cercas e transferências de benfeitorias a qualquer título, sem assentimento do representante da União.

Art. 25. A infração ao disposto no artigo anterior constituirá atentado, cabendo a aplicação das medidas cautelares previstas no Código de Processo Civil.

- Esta Lei: art. 19, III.

Art. 26. No processo discriminatório judicial os vencidos pagarão as custas a que houverem dado causa e participarão pro rata das despesas da demarcação, considerada a extensão da linha ou linhas de confrontação com as áreas públicas.

Art. 27. O processo discriminatório previsto nesta Lei aplicar-se-á, no que couber, às terras devolutas estaduais, observado o seguinte:

I – na instância administrativa, por intermédio de órgão estadual específico, ou através do Instituto Nacional de Colonização e Reforma Agrária – INCRA, mediante convênio;

II – na instância judicial, na conformidade do que dispuser a Lei de Organização Judiciária local.

Art. 28. Sempre que se apurar, através de pesquisa nos registros públicos, a inexistência de domínio particular em áreas rurais declaradas indispensáveis à segurança e ao desenvolvimento nacionais, a União, desde logo, as arrecadará mediante ato do presidente do Instituto Nacional de Colonização e Reforma Agrária – INCRA, do qual constará:

I – a circunscrição judiciária ou administrativa em que está situado o imóvel, conforme o critério adotado pela legislação local;

II – a eventual denominação, as características e confrontações do imóvel.

§ 1º. A autoridade que promover a pesquisa, para fins deste artigo, instruirá o processo de arrecadação com certidão negativa comprobatória da inexistência de domínio particular, expedida pelo Cartório de Registro de Imóveis, certidões do Serviço do Patrimônio da União e do órgão estadual competente que comprovem não haver contestação ou reclamação administrativa promovida por terceiros, quanto ao domínio e posse do imóvel.

§ 2º. As certidões negativas mencionadas neste artigo consignarão expressamente a sua finalidade.

Art. 29. O ocupante de terras públicas, que as tenha tornado produtivas com o seu trabalho e o de sua família, fará jus à legitimação da posse de área contínua até 100 (cem) hectares, desde que preencha os seguintes requisitos:

I – não seja proprietário de imóvel rural;

II – comprove a morada permanente e cultura efetiva, pelo prazo mínimo de 1 (um) ano.

§ 1º. A legitimação da posse de que trata o presente artigo consistirá no fornecimento de uma Licença de Ocupação, pelo prazo mínimo de mais 4 (quatro) anos, findo o qual o ocupante terá a preferência para aquisição do lote, pelo valor histórico da terra nua, satisfeitos os requisitos de morada permanente e cultura efetiva e comprovada a sua capacidade para desenvolver a área ocupada.

§ 2º. Aos portadores de Licenças de Ocupação, concedidas na forma da legislação anterior, será assegurada a preferência para aquisição de área até 100 (cem) hectares, nas condições do parágrafo anterior, e, o que exceder esse limite, pelo valor atual da terra nua.

§ 3º. A Licença de Ocupação será intransferível inter vivos e inegociável, não podendo ser objeto de penhora e arresto.

Art. 30. A Licença de Ocupação dará acesso aos financiamentos concedidos pelas instituições financeiras integrantes do Sistema Nacional de Crédito Rural.

§ 1º. As obrigações assumidas pelo detentor de Licença de Ocupação serão garantidas pelo Instituto Nacional de Colonização e Reforma Agrária – INCRA.

§ 2º. Ocorrendo inadimplência do favorecido, o Instituto Nacional de colonização e Reforma Agrária – INCRA cancelará a Licença de Ocupação e providenciará a alienação do imóvel, na forma da lei, a fim de ressarcir-se do que houver assegurado.

Art. 31. A União poderá, por necessidade ou utilidade pública, em qualquer tempo que necessitar do imóvel, cancelar a Licença de Ocupação e imitir-se na posse do mesmo, promovendo, sumariamente, a sua desocupação no prazo de 180 (cento e oitenta) dias.

§ 1º. As benfeitorias existentes serão indenizadas pela importância fixada através de avaliação pelo Instituto Nacional de Colonização e Reforma Agrária – INCRA, considerados os valores declarados para fins de cadastro.

§ 2º. Caso o interessado se recuse a receber o valor estipulado, o mesmo será depositado em juízo.

§ 3º. O portador da Licença de Ocupação, na hipótese prevista no presente artigo, fará jus, se o desejar, à instalação em outra gleba da União, assegurada a indenização, de que trata o § 1º deste artigo, e computados os prazos de morada habitual e cultura efetiva da antiga ocupação.

Art. 32. Não se aplica aos imóveis rurais o disposto nos artigos 19 a 31, 127 a 133, 139, 140 e 159 a 174 do Decreto-Lei nº 9.760, de 5 de setembro de 1946.

- Os artigos 129, 130, 139, 140 e 159 a 163 do mencionado Dec.-lei, foram revogados pelo Dec.-lei nº 2398, de 21-1-1987.

Art. 33. Esta Lei entrará em vigor na data de sua publicação, aplicando-se, desde logo, aos processos pendentes.

Art. 34. Revogam-se a Lei nº 3.081, de 22 de dezembro de 1956, e as demais disposições em contrário.

Brasília, 7 de dezembro de 1976;
155º da Independência e 88º
da República.
ERNESTO GEISEL
Publicado no DOU de 9-12-1976.

LEI Nº 6.385, DE 7 DE DEZEMBRO DE 1976

Dispõe sobre o mercado de valores mobiliários e cria a Comissão de Valores Mobiliários.

- *Comissão de valores mobiliários*

O PRESIDENTE DA REPÚBLICA Faço saber que o Congresso Nacional decretou e eu sanciono a seguinte Lei:

CAPÍTULO I. DAS DISPOSIÇÕES GERAIS

Art. 1º. Serão disciplinadas e fiscalizadas de acordo com esta Lei as seguintes atividades: (Redação dada pela Lei nº 10.303, de 2001)

I – a emissão e distribuição de valores mobiliários no mercado; (Redação dada pela Lei nº 10.303, de 2001)
II – a negociação e intermediação no mercado de valores mobiliários; (Redação dada pela Lei nº 10.303, de 2001)
III – a negociação e intermediação no mercado de derivativos; (Redação dada pela Lei nº 10.303, de 2001)
IV – a organização, o funcionamento e as operações das Bolsas de Valores; (Redação dada pela Lei nº 10.303, de 2001)
V – a organização, o funcionamento e as operações das Bolsas de Mercadorias e Futuros; (Redação dada pela Lei nº 10.303, de 2001)
VI – a administração de carteiras e a custódia de valores mobiliários; (Redação dada pela Lei nº 10.303, de 2001)
VII – a auditoria das companhias abertas; (Incluído pela Lei nº 10.303, de 2001)
VIII – os serviços de consultor e analista de valores mobiliários. (Incluído pela Lei nº 10.303, de 2001)

Art. 2º. São valores mobiliários sujeitos ao regime desta Lei: (Redação dada pela Lei nº 10.303, de 2001)

› Lei 10.198/2001 – Dispõe sobre a regulação, fiscalização e supervisão dos mercados de títulos ou contratos de investimento coletivo.

I – as ações, debêntures e bônus de subscrição; (Redação dada pela Lei nº 10.303, de 2001)
II – os cupons, direitos, recibos de subscrição e certificados de desdobramento relativos aos valores mobiliários referidos no inciso II; (Redação dada pela Lei nº 10.303, de 2001)
III – os certificados de depósito de valores mobiliários; (Redação dada pela Lei nº 10.303, de 2001)
IV – as cédulas de debêntures; (Incluído pela Lei nº 10.303, de 2001)
V – as cotas de fundos de investimento em valores mobiliários ou de clubes de investimento em quaisquer ativos; (Incluído pela Lei nº 10.303, de 2001)
VI – as notas comerciais; (Incluído pela Lei nº 10.303, de 2001)
VII – os contratos futuros, de opções e outros derivativos, cujos ativos subjacentes sejam valores mobiliários; (Incluído pela Lei nº 10.303, de 2001)
VIII – outros contratos derivativos, independentemente dos ativos subjacentes; e (Incluído pela Lei nº 10.303, de 2001)
IX – quando ofertados publicamente, quaisquer outros títulos ou contratos de investimento coletivo, que gerem direito de participação, de parceria ou de remuneração, inclusive resultante de prestação de serviços, cujos rendimentos advêm do esforço do empreendedor ou de terceiros. (Incluído pela Lei nº 10.303, de 2001)

§ 1º. Excluem-se do regime desta Lei: (Redação dada pela Lei nº 10.303, de 2001)

I – os títulos da dívida pública federal, estadual ou municipal; (Redação dada pela Lei nº 10.303, de 2001)

› Lei 10.179/2001 – Dispõe sobre os títulos da dívida pública de responsabilidade do Tesouro Nacional, consolidando a legislação em vigor sobre a matéria.

II – os títulos cambiais de responsabilidade de instituição financeira, exceto as debêntures. (Redação dada pela Lei nº 10.303, de 2001)

§ 2º. Os emissores dos valores mobiliários referidos neste artigo, bem como seus administradores e controladores, sujeitam-se à disciplina prevista nesta Lei, para as companhias abertas. (Incluído pela Lei nº 10.303, de 2001)

§ 3º. Compete à Comissão de Valores Mobiliários expedir normas para a execução do disposto neste artigo, podendo: (Incluído pela Lei nº 10.303, de 2001)

I – exigir que os emissores se constituam sob a forma de sociedade anônima; (Incluído pela Lei nº 10.303, de 2001)
II – exigir que as demonstrações financeiras dos emissores, ou que as informações sobre o empreendimento ou projeto, sejam auditadas por auditor independente nela registrado; (Incluído pela Lei nº 10.303, de 2001)
III – dispensar, na distribuição pública dos valores mobiliários referidos neste artigo, a participação de sociedade integrante do sistema previsto no art. 15 desta Lei; (Incluído pela Lei nº 10.303, de 2001)
IV – estabelecer padrões de cláusulas e condições que devam ser adotadas nos títulos ou contratos de investimento, destinados à negociação em bolsa ou balcão, organizado ou não, e recusar a admissão ao mercado da emissão que não satisfaça a esses padrões. (Incluído pela Lei nº 10.303, de 2001)

§ 4º. É condição de validade dos contratos derivativos, de que tratam os incisos VII e VIII do *caput*, celebrados a partir da entrada em vigor da Medida Provisória 539, de 26 de julho de 2011, o registro em câmaras ou prestadores de serviço de compensação, de liquidação e de registro autorizados pelo Banco Central do Brasil ou pela Comissão de Valores Mobiliários. (Incluído pela Lei nº 12.543, de 2011)

› CC: arts. 104 e 166, VII.

Art. 3º. Compete ao Conselho Monetário Nacional:

I – definir a política a ser observada na organização e no funcionamento do mercado de valores mobiliários;
II – regular a utilização do crédito nesse mercado;
III – fixar a orientação geral a ser observada pela Comissão de Valores Mobiliários no exercício de suas atribuições;
IV – definir as atividades da Comissão de Valores Mobiliários que devem ser exercidas em coordenação com o Banco Central do Brasil;
V – aprovar o Quadro e o Regulamento de Pessoal da Comissão de Valores Mobiliários, bem como fixar a retribuição do presidente, diretores, ocupantes de funções de confiança e demais servidores. (Incluído pela Lei nº 6.422, de 1977)
VI – estabelecer, para fins da política monetária e cambial, condições específicas para negociação de contratos derivativos, independentemente da natureza do investidor, podendo, inclusive: (Incluído pela Lei nº 12.543, de 2011)
a) determinar depósitos sobre os valores nocionais dos contratos; e (Incluído pela Lei nº 12.543, de 2011)
b) fixar limites, prazos e outras condições sobre as negociações dos contratos derivativos. (Incluído pela Lei nº 12.543, de 2011)

§ 1º. Ressalvado o disposto nesta Lei, a fiscalização do mercado financeiro e de capitais continuará a ser exercida, nos termos da legislação em vigor, pelo Banco Central do Brasil. (Incluído pela Lei nº 12.543, de 2011)

§ 2º. As condições específicas de que trata o inciso VI do *caput* deste artigo não poderão ser exigidas para as operações em aberto na data de publicação do ato que as estabelecer. (Incluído pela Lei nº 12.543, de 2011)

Art. 4º. O Conselho Monetário Nacional e a Comissão de Valores Mobiliários exercerão as atribuições previstas na Lei para o fim de:

I – estimular a formação de poupança e a sua aplicação em valores mobiliários;
II – promover a expansão e o funcionamento eficiente e regular do mercado de ações, e estimular as aplicações permanentes em ações do capital social de companhias abertas sob controle de capitais privados nacionais;
III – assegurar o funcionamento eficiente e regular dos mercados da Bolsa e do balcão;
IV – proteger os titulares de valores mobiliários e os investidores do mercado contra:
a) emissões irregulares de valores mobiliários;
b) atos ilegais de administradores e acionistas controladores das companhias abertas, ou de administradores de carteira de valores mobiliários;
c) o uso de informação relevante não divulgada no mercado de valores mobiliários. (Incluído pela Lei nº 10.303, de 2001)
V – evitar ou coibir modalidades de fraude ou manipulação destinada a criar condições artificiais de demanda, oferta ou preço dos valores mobiliários negociados no mercado;
VI – assegurar o acesso do público a informações sobre os valores mobiliários negociados e as companhias que os tenham emitido;
VII – assegurar a observância de práticas comerciais equitativas no mercado de valores mobiliários;
VIII – assegurar a observância, no mercado, das condições de utilização de crédito fixadas pelo Conselho Monetário Nacional.

CAPÍTULO II. DA COMISSÃO DE VALORES MOBILIÁRIOS

Art. 5º. É instituída a Comissão de Valores Mobiliários, entidade autárquica em regime especial, vinculada ao Ministério da Fazenda, com personalidade jurídica e patrimônio próprios, dotada de autoridade administrativa independente, ausência de subordinação hierárquica, mandato fixo e estabilidade de seus dirigentes, e autonomia financeira e orçamentária. (Redação dada pela Lei nº 10.411, de 2002)

Art. 6º. A Comissão de Valores Mobiliários será administrada por um Presidente e quatro Diretores, nomeados pelo Presidente da República, depois de aprovados pelo Senado Federal, dentre pessoas de ilibada reputação e reconhecida competência em matéria de mercado de capitais. (Redação dada pela Lei nº 10.411, de 2002)

§ 1º. O mandato dos dirigentes da Comissão será de 5 (cinco) anos, vedada a recondução, devendo ser renovado a cada ano 1/5 (um quinto) dos membros do Colegiado. (Redação dada pela Lei nº 10.411, de 2002)

§ 2º. Os dirigentes da Comissão somente perderão o mandato em virtude de renúncia, de condenação judicial transitada em julgado ou de processo administrativo disciplinar. (Redação dada pela Lei nº 10.411, de 2002)

§ 3º. Sem prejuízo do que preveem a lei penal e a lei de improbidade administrativa, será causa da perda do mandato a inobservância, pelo Presidente ou Diretor, dos deveres e das proibições inerentes ao cargo. (Redação dada pela Lei nº 10.411, de 2002)

§ 4º. Cabe ao Ministro de Estado da Fazenda instaurar o processo administrativo disciplinar, que será conduzido por comissão especial, competindo ao Presidente da República determinar o afastamento preventivo, quando for o caso, e proferir o julgamento. (Redação dada pela Lei nº 10.411, de 2002)

§ 5º. No caso de renúncia, morte ou perda de mandato do Presidente da Comissão de Valores Mobiliários, assumirá o Diretor mais antigo ou o mais idoso, nessa ordem, até nova nomeação, sem prejuízo de suas atribuições. (Redação dada pela Lei nº 10.411, de 2002)

§ 6º. No caso de renúncia, morte ou perda de mandato de Diretor, proceder-se-á a nova nomeação pela forma disposta nesta Lei, para completar o mandato do substituído. (Redação dada pela Lei nº 10.411, de 2002)

§ 7º. A Comissão funcionará como órgão de deliberação colegiada de acordo com o seu regimento interno, e no qual serão fixadas as atribuições do Presidente, dos Diretores e do Colegiado. (Incluído pelo Decreto nº 3.995, de 2001)

Art. 7º. A Comissão custeará as despesas necessárias ao seu funcionamento com os recursos provenientes de:

I – dotações das reservas monetárias a que se refere o art. 12 da Lei nº 5.143, de 20 de outubro de 1966, alterado pelo Decreto-lei nº 1.342, de 28 de agosto de 1974, que lhe forem atribuídas pelo Conselho Monetário Nacional;

II – dotações que lhe forem consignadas no orçamento federal;

III – receitas provenientes da prestação de serviços pela Comissão, observada a tabela aprovada pelo Conselho Monetário Nacional;

IV – renda de bens patrimoniais e receitas eventuais;

V – receitas de taxas decorrentes do exercício de seu poder de polícia, nos termos da lei. (Incluído pela Lei nº 10.303, de 2001)

Art. 8º. Compete à Comissão de Valores Mobiliários:

I – regulamentar, com observância da política definida pelo Conselho Monetário Nacional, as matérias expressamente previstas nesta Lei e na Lei de Sociedades por Ações;

II – administrar os registros instituídos por esta Lei;

III – fiscalizar permanentemente as atividades e os serviços do mercado de valores mobiliários, de que trata o art. 1º, bem como a veiculação de informações relativas ao mercado, às pessoas que dele participem, e aos valores nele negociados;

IV – propor ao Conselho Monetário Nacional a eventual fixação de limites máximos de preço, comissões, emolumentos e quaisquer outras vantagens cobradas pelos intermediários de mercado;

V – fiscalizar e inspecionar as companhias abertas, dada prioridade às que não apresentem lucro em balanço ou às que deixem de pagar o dividendo mínimo obrigatório.

§ 1º. O disposto neste artigo não exclui a competência das Bolsas de Valores, das Bolsas de Mercadorias e Futuros, e das entidades de compensação e liquidação com relação aos seus membros e aos valores mobiliários nelas negociados. (Redação dada pelo Decreto nº 3.995, de 2001)

§ 2º. Serão de acesso público todos os documentos e autos de processos administrativos, ressalvados aqueles cujo sigilo seja imprescindível para a defesa da intimidade ou do interesse social, ou cujo sigilo esteja assegurado por expressa disposição legal. (Redação dada pelo Decreto nº 3.995, de 2001)

§ 3º. Em conformidade com o que dispuser o seu Regimento, a Comissão de Valores Mobiliários poderá:

I – publicar projeto de ato normativo para receber sugestões de interessados;

II – convocar, a seu juízo, qualquer pessoa que possa contribuir com informações ou opiniões para o aperfeiçoamento das normas a serem promulgadas.

Art. 9º. A Comissão de Valores Mobiliários, observado o disposto no § 2º do art. 15, poderá: (Redação dada pelo Decreto nº 3.995, de 2001)

I – examinar e extrair cópias de registros contábeis, livros ou documentos, inclusive programas eletrônicos e arquivos magnéticos, ópticos ou de qualquer outra natureza, bem como papéis de trabalho de auditores independentes, devendo tais documentos ser mantidos em perfeita ordem e estado de conservação pelo prazo mínimo de 5 (cinco) anos: (Redação dada pelo Decreto nº 3.995, de 2001)

a) das pessoas naturais e jurídicas que integram o sistema de distribuição de valores mobiliários (art. 15);

b) das companhias abertas e demais emissoras de valores mobiliários e, quando houver suspeita fundada de atos ilegais, das respectivas sociedades controladoras, controladas, coligadas e sociedades sob controle comum; (Redação dada pela Lei nº 10.303, de 2001)

c) dos fundos e sociedades de investimento;

d) das carteiras e depósitos de valores mobiliários (arts. 23 e 24);

e) dos auditores independentes;

f) dos consultores e analistas de valores mobiliários;

g) de outras pessoas quaisquer, naturais ou jurídicas, quando da ocorrência de qualquer irregularidade a ser apurada nos termos do inciso V deste artigo, para efeito de verificação de ocorrência de atos ilegais ou práticas não equitativas; (Redação dada pelo Decreto nº 3.995, de 2001)

II – intimar as pessoas referidas no inciso I a prestar informações, ou esclarecimentos, sob cominação de multa, sem prejuízo da aplicação das penalidades previstas no art. 11; (Redação dada pela Lei nº 10.303, de 2001)

III – requisitar informações de qualquer órgão público, autarquia ou empresa pública;

IV – determinar às companhias abertas que republiquem, com correções ou aditamentos, demonstrações financeiras, relatórios ou informações divulgadas;

V – apurar, mediante processo administrativo, atos ilegais e práticas não equitativas de administradores, membros do conselho fiscal e acionistas de companhias abertas, dos intermediários e dos demais participantes do mercado; (Redação dada pela Lei nº 10.303, de 2001)

▸ Lei 6.404/1976: arts. 163, §§ 2º e 3º, 165 e 165-A.

VI – aplicar aos autores das infrações indicadas no inciso anterior as penalidades previstas no art. 11, sem prejuízo da responsabilidade civil ou penal.

§ 1º. Com o fim de prevenir ou corrigir situações anormais do mercado, a Comissão poderá: (Redação dada pelo Decreto nº 3.995, de 2001)

I – suspender a negociação de determinado valor mobiliário ou decretar o recesso de Bolsa de Valores;

II – suspender ou cancelar os registros de que trata esta Lei;

III – divulgar informações ou recomendações com o fim de esclarecer ou orientar os participantes do mercado;

IV – proibir aos participantes do mercado, sob cominação de multa, a prática de atos que especificar, prejudiciais ao seu funcionamento regular.

§ 2º. O processo, nos casos do inciso V deste artigo, poderá ser precedido de etapa investigativa, em que será assegurado o sigilo necessário à elucidação dos fatos ou exigido pelo interesse público, e observará o procedimento fixado pela Comissão. (Redação dada pelo Decreto nº 3.995, de 2001)

§ 3º. Quando o interesse público exigir, a Comissão poderá divulgar a instauração do procedimento investigativo a que se refere o § 2º. (Incluído pelo Decreto nº 3.995, de 2001)

§ 4º. Na apuração de infrações da legislação do mercado de valores mobiliários, a Comissão priorizará as infrações de natureza grave, cuja apenação proporcione maior efeito educativo e preventivo para os participantes do mercado, e poderá deixar de instaurar o processo administrativo sancionador, consideradas a pouca relevância da conduta, a baixa expressividade da lesão ao bem jurídico tutelado e a utilização de outros instrumentos e medidas de supervisão que julgar mais efetivos. (Redação dada pela Lei nº 13.506, de 2017)

§ 5º. As sessões de julgamento do Colegiado, no processo administrativo de que trata o inciso V deste artigo, serão públicas, podendo ser restringido o acesso de terceiros em função do interesse público envolvido. (Incluído pelo Decreto nº 3.995, de 2001)

§ 6º. A Comissão será competente para apurar e punir condutas fraudulentas no mercado de valores mobiliários sempre que: (Incluído pelo Decreto nº 3.995, de 2001)

I – seus efeitos ocasionem danos a pessoas residentes no território nacional, independentemente do local em que tenham ocorrido; e (Incluído pelo Decreto nº 3.995, de 2001)

II – os atos ou omissões relevantes tenham sido praticados em território nacional. (Incluído pelo Decreto nº 3.995, de 2001)

Art. 10. A Comissão de Valores Mobiliários poderá celebrar convênios com órgãos similares de outros países, ou com entidades internacionais, para assistência e cooperação na condução de investigações para apurar transgressões às normas atinentes ao mercado de valores mobiliários ocorridas no País e no exterior. (Redação dada pela Lei nº 10.303, de 2001)

§ 1º. A Comissão de Valores Mobiliários poderá se recusar a prestar a assistência referida no *caput* deste artigo quando houver interesse público a ser resguardado. (Incluído pela Lei nº 10.303, de 2001)

§ 2º. O disposto neste artigo aplica-se, inclusive, às informações que, por disposição legal, estejam submetidas a sigilo. (Incluído pela Lei nº 10.303, de 2001)

Art. 10-A. A Comissão de Valores Mobiliários, o Banco Central do Brasil e demais órgãos e agências reguladoras poderão celebrar convênio com entidade que tenha por objeto o estudo e a divulgação de princípios, normas e padrões de contabilidade e de auditoria, podendo, no exercício de suas atribuições regulamentares, adotar, no todo ou em parte, os pronunciamentos e demais orientações técnicas emitidas. (Incluído pela Lei nº 11.638, de 2007)

Parágrafo único. A entidade referida no *caput* deste artigo deverá ser majoritariamente composta por contadores, dela fazendo parte, paritariamente, representantes de entidades representativas de sociedades submetidas ao regime de elaboração de demonstrações financeiras previstas nesta Lei, de sociedades que auditam e analisam as demonstrações financeiras, do órgão federal de fiscalização do exercício da profissão contábil e de universidade ou instituto de pesquisa com reconhecida atuação na área contábil e de mercado de capitais. (Incluído pela Lei nº 11.638, de 2007).

Art. 11. A Comissão de Valores Mobiliários poderá impor aos infratores das normas desta Lei, da Lei nº 6.404, de 15 de dezembro de 1976 (Lei de Sociedades por Ações), de suas resoluções e de outras normas legais cujo cumprimento lhe caiba fiscalizar as seguintes penalidades, isoladas ou cumulativamente: (Redação dada pela Lei nº 13.506, de 2017)

I – advertência;

II – multa;

III – (Revogado pela Lei nº 13.506, de 2017)

IV – inabilitação temporária, até o máximo de 20 (vinte) anos, para o exercício de cargo de administrador ou de conselheiro fiscal de companhia aberta, de entidade do sistema de distribuição ou de outras entidades que dependam de autorização ou registro na Comissão de Valores Mobiliários; (Redação dada pela Lei nº 13.506, de 2017)

V – suspensão da autorização ou registro para o exercício das atividades de que trata esta Lei;

VI – inabilitação temporária, até o máximo de 20 (vinte) anos, para o exercício das atividades de que trata esta Lei; (Redação dada pela Lei nº 13.506, de 2017)

VII – proibição temporária, até o máximo de 20 (vinte) anos, de praticar determinadas atividades ou operações, para os integrantes do sistema de distribuição ou de outras entidades que dependam de autorização ou registro na Comissão de Valores Mobiliários; (Incluído pela Lei nº 9.457, de 1997)

VIII – proibição temporária, até o máximo de 10 (dez) anos, de atuar, direta ou indiretamente, em uma ou mais modalidades de operação no mercado de valores mobiliários. (Incluído pela Lei nº 9.457, de 1997)

§ 1º. A multa deverá observar, para fins de dosimetria, os princípios da proporcionalidade e da razoabilidade, a capacidade econômica do infrator e os motivos que justifiquem sua imposição, e não deverá exceder o maior destes valores: (Redação dada pela Lei nº 13.506, de 2017)

I – R$ 50.000.000,00 (cinquenta milhões de reais); (Redação dada pela Lei nº 13.506, de 2017)

II – o dobro do valor da emissão ou da operação irregular; (Redação dada pela Lei nº 13.506, de 2017)

III – 3 (três) vezes o montante da vantagem econômica obtida ou da perda evitada em decorrência do ilícito; ou (Redação dada pela Lei nº 13.506, de 2017)

IV – o dobro do prejuízo causado aos investidores em decorrência do ilícito. (Redação dada pela Lei nº 13.506, de 2017)

§ 2º. Nas hipóteses de reincidência, poderá ser aplicada multa de até o triplo dos valores fixados no § 1° deste artigo. (Redação dada pela Lei nº 13.506, de 2017)

§ 3º. As penalidades previstas nos incisos IV, V, VI, VII e VIII do *caput* deste artigo somente serão aplicadas nos casos de infração grave, assim definidas em normas da Comissão de Valores Mobiliários, ou nos casos de reincidência. (Redação dada pela Lei nº 13.506, de 2017)

§ 4º. As penalidades somente serão impostas com observância do procedimento previsto no § 2º do art. 9º desta Lei, cabendo recurso para o Conselho de Recursos do Sistema Financeiro Nacional. (Redação dada pela Lei nº 9.457, de 1997)

§ 5º. A Comissão de Valores Mobiliários, após análise de conveniência e oportunidade, com vistas a atender ao interesse público, poderá deixar de instaurar ou suspender, em qualquer fase que preceda a tomada da decisão de primeira instância, o procedimento administrativo destinado à apuração de infração prevista nas normas legais e regulamentares cujo cumprimento lhe caiba fiscalizar, se o investigado assinar termo de compromisso no qual se obrigue a: (Redação dada pela Lei nº 13.506, de 2017)

I – cessar a prática de atividades ou atos considerados ilícitos pela Comissão de Valores Mobiliários; e

II – corrigir as irregularidades apontadas, inclusive indenizando os prejuízos.

§ 6º. O compromisso a que se refere o parágrafo anterior não importará confissão quanto à matéria de fato, nem reconhecimento de ilicitude da conduta analisada. (Incluído pela Lei nº 9.457, de 1997)

§ 7º. O termo de compromisso deverá ser publicado no sítio eletrônico da Comissão de Valores Mobiliários, com discriminação do prazo para cumprimento das obrigações eventualmente assumidas, e constituirá título executivo extrajudicial. (Redação dada pela Lei nº 13.506, de 2017)

§ 8º. Não cumpridas as obrigações no prazo, a Comissão de Valores Mobiliários dará continuidade ao procedimento administrativo anteriormente suspenso, para a aplicação das penalidades cabíveis. (Incluído pela Lei nº 9.457, de 1997)

§ 9º. Serão considerados, na aplicação de penalidades previstas na lei, o arrependimento eficaz e o arrependimento posterior ou a circunstância de qualquer pessoa, espontaneamente, confessar ilícito ou prestar informações relativas à sua materialidade. (Incluído pela Lei nº 9.457, de 1997)

§ 10. A Comissão de Valores Mobiliários regulamentará a aplicação do disposto nos §§ 5º a 9º deste artigo aos procedimentos conduzidos pelas Bolsas de Valores, Bolsas de Mercadorias e Futuros, entidades do mercado de balcão organizado e entidades de compensação e liquidação de operações com valores mobiliários. (Redação dada pelo Decreto nº 3.995, de 2001)

§ 11. A multa aplicada pela inexecução de ordem da Comissão de Valores Mobiliários, nos termos do inciso II do *caput* e do inciso IV do § 1° do art. 9° desta Lei, independentemente do processo administrativo previsto no inciso V do *caput* do art. 9o desta Lei, não excederá, por dia de atraso no seu cumprimento, o maior destes valores: (Redação dada pela Lei nº 13.506, de 2017)

I – 1/1.000 (um milésimo) do valor do faturamento total individual ou consolidado do grupo econômico, obtido no exercício anterior à aplicação da multa; ou (Incluído pela Lei nº 13.506, de 2017)

II – R$ 100.000,00 (cem mil reais). (Incluído pela Lei nº 13.506, de 2017)

§ 12. Da decisão que aplicar a multa prevista no parágrafo anterior caberá recurso voluntário, no prazo de 10 (dez) dias, ao Colegiado da Comissão de Valores Mobiliários, sem efeito suspensivo. (Incluído pela Lei nº 9.457, de 1997)

§ 13. Adicionalmente às penalidades previstas no *caput* deste artigo, a Comissão de Valores Mobiliários poderá proibir os acusados de contratar, por até de 5 (cinco) anos, com instituições financeiras oficiais e de participar de licitação que tenha por objeto aquisições, alienações, realizações de obras e serviços e concessões de serviços públicos, no âmbito da administração pública federal, estadual, distrital e municipal e das entidades da administração pública indireta. (Incluído pela Lei nº 13.506, de 2017)

§ 14. Os créditos oriundos de condenação do apenado ao pagamento de indenização em ação civil pública movida em benefício de investidores e demais credores do apenado e os créditos do Fundo Garantidor de Crédito (FGC) ou de outros mecanismos de ressarcimento aprovados pelo Banco Central do Brasil ou pela Comissão de Valores Mobiliários, se houver, preferirão aos créditos oriundos da aplicação da penalidade de multa. (Incluído pela Lei nº 13.506, de 2017)

§ 15. Em caso de falência, liquidação extrajudicial ou qualquer outra forma de concurso de credores do apenado, os créditos da Comissão de Valores Mobiliários oriundos da aplicação da penalidade de multa de que trata o inciso II do *caput* deste artigo serão subordinados. (Incluído pela Lei nº 13.506, de 2017)

Art. 12. Quando o inquérito, instaurado de acordo com o § 2º do art. 9º, concluir pela ocorrência de crime de ação pública, a Comissão de Valores Mobiliários oficiará ao Ministério Público, para a propositura da ação penal.

- CF/1988: art. 129, I.
- CP: art. 100, § 1º.

Art. 13. A Comissão de Valores Mobiliários manterá serviço para exercer atividade consultiva ou de orientação junto aos agentes do mercado de valores mobiliários ou a qualquer investidor.

Parágrafo único. Fica a critério da Comissão de Valores Mobiliários divulgar ou não as respostas às consultas ou aos critérios de orientação.

Art. 14. A Comissão de Valores Mobiliários poderá prever, em seu orçamento, dotações de verbas às Bolsas de Valores e às Bolsas de Mercadorias e Futuros. (Redação dada pela Lei nº 10.303, de 2001)

CAPÍTULO III. DO SISTEMA DE DISTRIBUIÇÃO

Art. 15. O sistema de distribuição de valores mobiliários compreende:

I – as instituições financeiras e demais sociedades que tenham por objeto distribuir emissão de valores mobiliários:

a) como agentes da companhia emissora;

b) por conta própria, subscrevendo ou comprando a emissão para a colocar no mercado;

II – as sociedades que tenham por objeto a compra de valores mobiliários em circulação no mercado, para os revender por conta própria;

III – as sociedades e os agentes autônomos que exerçam atividades de mediação na negociação de valores mobiliários, em Bolsas de Valores ou no mercado de balcão;

IV – as Bolsas de Valores;

V – entidades de mercado de balcão organizado; (Incluído pela Lei nº 9.457, de 1997)

VI – as corretoras de mercadorias, os operadores especiais e as Bolsas de Mercadorias e Futuros; e (Redação dada pela Lei nº 10.303, de 2001)

VII – as entidades de compensação e liquidação de operações com valores mobiliários. (Incluído pela Lei nº 10.303, de 2001)

§ 1º. Compete à Comissão de Valores Mobiliários definir: (Redação dada pelo Decreto nº 3.995, de 2001)

I – os tipos de instituição financeira que poderão exercer atividades no mercado de valores mobiliários, bem como as espécies de operação que poderão realizar e de serviços que poderão prestar nesse mercado;

II – a especialização de operações ou serviços a ser observada pelas sociedades do mercado, e as condições em que poderão cumular espécies de operação ou serviços.

§ 2º. Em relação às instituições financeiras e demais sociedades autorizadas a explorar simultaneamente operações ou serviços no mercado de valores mobiliários e nos mercados sujeitos à fiscalização do Banco Central do Brasil, as atribuições da Comissão de Valores Mobiliários serão limitadas às atividades submetidas ao regime da presente Lei, e serão exercidas sem prejuízo das atribuições daquele.

§ 3º. Compete ao Conselho Monetário Nacional regulamentar o disposto no parágrafo anterior, assegurando a coordenação de serviços entre o Banco Central do Brasil e a Comissão de Valores Mobiliários.

Art. 16. Depende de prévia autorização da Comissão de Valores Mobiliários o exercício das seguintes atividades:

I – distribuição de emissão no mercado (art. 15, I);

II – compra de valores mobiliários para revendê-los por conta própria (art. 15, II);

III – mediação ou corretagem de operações com valores mobiliários; e (Redação dada pela Lei nº 10.411, de 2002)

IV – compensação e liquidação de operações com valores mobiliários.(Redação dada pela Lei nº 10.411, de 2002)

Parágrafo único. Só os agentes autônomos e as sociedades com registro na Comissão poderão exercer a atividade de mediação ou corretagem de valores mobiliários fora da Bolsa.

Art. 17. As Bolsas de Valores, as Bolsas de Mercadorias e Futuros, as entidades do mercado de balcão organizado e as entidades de compensação e liquidação de operações com valores mobiliários terão autonomia administrativa, financeira e patrimonial, operando sob a supervisão da Comissão de Valores Mobiliários. (Redação dada pela Lei nº 10.303, de 2001)

§ 1º. Às Bolsas de Valores, às Bolsas de Mercadorias e Futuros, às entidades do mercado de balcão organizado e às entidades de compensação e liquidação de operações com valores mobiliários incumbe, como órgãos auxiliares da Comissão de Valores Mobiliários, fiscalizar os respectivos membros e as operações com valores mobiliários nelas realizadas. (Redação dada pela Lei nº 10.303, de 2001)

§ 2º. *(VETADO). (Incluído pela Lei nº 10.303, de 2001)*

Art. 17-A. *(VETADO). (Incluído* pela Lei nº 10.303, de 2001)

Art. 18. Compete à Comissão de Valores Mobiliários: (Redação dada pela Lei nº 10.411, de 2002)

I – editar normas gerais sobre: (Redação dada pela Lei nº 10.411, de 2002)

a) condições para obter autorização ou registro necessário ao exercício das atividades indicadas no art. 16, e respectivos procedimentos administrativos; (Redação dada pela Lei nº 10.411, de 2002)

b) requisitos de idoneidade, habilitação técnica e capacidade financeira a que deverão satisfazer os administradores de sociedades e demais pessoas que atuem no mercado de valores mobiliários; (Redação dada pela Lei nº 10.411, de 2002)

c) condições de constituição e extinção das Bolsas de Valores, entidades do mercado de balcão organizado e das entidades de compensação e liquidação de operações com valores mobiliários, forma jurídica, órgãos de administração e seu preenchimento; (Redação dada pela Lei nº 10.411, de 2002)

d) exercício do poder disciplinar pelas Bolsas e pelas entidades do mercado de balcão organizado, no que se refere às negociações com valores mobiliários, e pelas entidades de compensação e liquidação de operações com valores mobiliários, sobre os seus membros, imposição de penas e casos de exclusão; (Redação dada pela Lei nº 10.411, de 2002)

e) número de sociedades corretoras, membros da Bolsa; requisitos ou condições de admissão quanto à idoneidade, capacidade financeira e habilitação técnica dos seus administradores; e representação no recinto da Bolsa;

f) administração das Bolsas, das entidades do mercado de balcão organizado e das entidades de compensação e liquidação de operações com valores mobiliários; emolumentos, comissões e quaisquer outros custos cobrados pelas Bolsas e pelas entidades de compensação e liquidação de operações com valores mobiliários ou seus membros, quando for o caso; (Redação dada pela Lei nº 10.411, de 2002)

g) condições de realização das operações a termo;

h) condições de constituição e extinção das Bolsas de Mercadorias e Futuros, forma jurídica, órgãos de administração e seu preenchimento; (Incluída pela Lei nº 10.411, de 2002)

II – definir:

a) as espécies de operação autorizadas na Bolsa e no mercado de balcão; métodos e práticas que devem ser observados no mercado; e responsabilidade dos intermediários nas operações;

b) a configuração de condições artificiais de demanda, oferta ou preço de valores mobiliários, ou de manipulação de preço; operações fraudulentas e práticas não equitativas na distribuição ou intermediação de valores;

c) normas aplicáveis ao registro de operações a ser mantido pelas entidades do sistema de distribuição (art. 15).

CAPÍTULO IV.
DA NEGOCIAÇÃO NO MERCADO

SEÇÃO I.
EMISSÃO E DISTRIBUIÇÃO

Art. 19. Nenhuma emissão pública de valores mobiliários será distribuída no mercado sem prévio registro na Comissão.

‣ Lei 6.404/1976: arts. 82 a 87.

§ 1º. São atos de distribuição, sujeitos à norma deste artigo, a venda, promessa de venda, oferta à venda ou subscrição, assim como a aceitação de pedido de venda ou subscrição de valores mobiliários, quando os pratiquem a companhia emissora, seus fundadores ou as pessoas a ela equiparadas.

§ 2º. Equiparam-se à companhia emissora para os fins deste artigo:

I – o seu acionista controlador e as pessoas por ela controladas;

II – o coobrigado nos títulos;

III – as instituições financeiras e demais sociedades a que se refere o art. 15, I;

IV – quem quer que tenha subscrito valores da emissão, ou os tenha adquirido à companhia emissora, com o fim de os colocar no mercado.

§ 3º. Caracterizam a emissão pública:

I – a utilização de listas ou boletins de venda ou subscrição, folhetos, prospectos ou anúncios destinados ao público;

II – a procura de subscritores ou adquirentes para os títulos, por meio de empregados, agentes ou corretores;

III – a negociação feita em loja, escritório ou estabelecimento aberto ao público, com a utilização dos serviços públicos de comunicação.

§ 4º. A emissão pública só poderá ser colocada no mercado através do sistema previsto no art. 15, podendo a Comissão exigir a participação de instituição financeira.

‣ Lei 6.404/1976: art. 82.

§ 5º. Compete à Comissão expedir normas para a execução do disposto neste artigo, podendo:

I – definir outras situações que configurem emissão pública, para fins de registro, assim como os casos em que este poderá ser dispensado, tendo em vista o interesse do público investidor;

II – fixar o procedimento do registro e especificar as informações que devam instruir o seu pedido, inclusive sobre:

a) a companhia emissora, os empreendimentos ou atividades que explora ou pretende explorar, sua situação econômica e financeira, administração e principais acionistas;

b) as características da emissão e a aplicação a ser dada aos recursos dela provenientes;

c) o vendedor dos valores mobiliários, se for o caso;

d) os participantes na distribuição, sua remuneração e seu relacionamento com a companhia emissora ou com o vendedor.

§ 6º. A Comissão poderá subordinar o registro a capital mínimo da companhia emissora e a valor mínimo da emissão, bem como a que sejam divulgadas as informações que julgar necessárias para proteger os interesses do público investidor.

§ 7º. O pedido de registro será acompanhado dos prospectos e outros documentos quaisquer a serem publicados ou distribuídos, para oferta, anúncio ou promoção do lançamento.

Art. 20. A Comissão mandará suspender a emissão ou a distribuição que se esteja processando em desacordo com o artigo anterior, particularmente quando:

I – a emissão tenha sido julgada fraudulenta ou ilegal, ainda que após efetuado o registro;

II – a oferta, o lançamento, a promoção ou o anúncio dos valores se esteja fazendo em condições diversas das constantes do registro, ou com informações falsas, dolosas ou substancialmente imprecisas.

SEÇÃO II.
NEGOCIAÇÃO NA BOLSA E NO MERCADO DE BALCÃO

Art. 21. A Comissão de Valores Mobiliários manterá, além do registro de que trata o art. 19:

I – o registro para negociação na Bolsa;

II – o registro para negociação no mercado de balcão, organizado ou não. (Redação dada pela Lei nº 9.457, de 1997)

§ 1º. Somente os valores mobiliários emitidos por companhia registrada nos termos deste artigo podem ser negociados na Bolsa e no mercado de balcão.

§ 2º. O registro do art. 19 importa registro para o mercado de balcão, mas não para a bolsa ou entidade de mercado de balcão organizado. (Redação dada pela Lei nº 9.457, de 1997)

§ 3º. São atividades do mercado de balcão não organizado as realizadas com a participação das empresas ou profissionais indicados no art. 15, incisos I, II e III, ou nos seus estabelecimentos, excluídas as operações efetuadas em bolsas ou em sistemas administrados por entidades de balcão organizado. (Redação dada pela Lei nº 9.457, de 1997)

§ 4º. Cada Bolsa de Valores ou entidade de mercado de balcão organizado poderá estabelecer requisitos próprios para que os valores sejam admitidos à negociação no seu recinto ou sistema, mediante prévia aprovação da Comissão de Valores Mobiliários. (Redação dada pela Lei nº 9.457, de 1997)

§ 5º. O mercado de balcão organizado será administrado por entidades cujo funcionamento dependerá de autorização da Comissão de Valores Mobiliários, que expedirá normas gerais sobre: (Redação dada pela Lei nº 9.457, de 1997)

I – condições de constituição e extinção, forma jurídica, órgãos de administração e seu preenchimento; (Incluído pela Lei nº 9.457, de 1997)

II – exercício do poder disciplinar pelas entidades, sobre os seus participantes ou membros, imposição de penas e casos de exclusão; (Incluído pela Lei nº 9.457, de 1997)

III – requisitos ou condições de admissão quanto à idoneidade, capacidade financeira e habilitação técnica dos administradores e representantes das sociedades participantes ou membros; (Incluído pela Lei nº 9.457, de 1997)

IV – administração das entidades, emolumentos, comissões e quaisquer outros custos cobrados pelas entidades ou seus participantes ou membros, quando for o caso. (Incluído pela Lei nº 9.457, de 1997)

§ 6º. Compete à Comissão expedir normas para a execução do disposto neste artigo, especificando:

I – casos em que os registros podem ser dispensados, recusados, suspensos ou cancelados;

II – informações e documentos que devam ser apresentados pela companhia para a obtenção do registro, e seu procedimento;

III – casos em que os valores mobiliários poderão ser negociados simultaneamente nos mercados de bolsa e de balcão, organizado ou não. (Incluído pela Lei nº 9.457, de 1997)

Art. 21-A. A Comissão de Valores Mobiliários poderá expedir normas aplicáveis à natureza das informações mínimas e à periodicidade de sua apresentação por qualquer pessoa que tenha acesso a informação relevante. (Incluído pelo Decreto nº 3.995, de 2001)

CAPÍTULO V. DAS COMPANHIAS ABERTAS

- Lei 6.404/1979: arts. 82 e 88.

Art. 22. Considera-se aberta a companhia cujos valores mobiliários estejam admitidos à negociação na Bolsa ou no mercado de balcão.

§ 1º. Compete à Comissão de Valores Mobiliários expedir normas aplicáveis às companhias abertas sobre: (Redação dada pelo Decreto nº 3.995, de 2001)

I – a natureza das informações que devam divulgar e a periodicidade da divulgação; (Redação dada pelo Decreto nº 3.995, de 2001)

II – relatório da administração e demonstrações financeiras; (Redação dada pelo Decreto nº 3.995, de 2001)

III – a compra de ações emitidas pela própria companhia e a alienação das ações em tesouraria; (Redação dada pelo Decreto nº 3.995, de 2001)

IV – padrões de contabilidade, relatórios e pareceres de auditores independentes; (Redação dada pelo Decreto nº 3.995, de 2001)

V – informações que devam ser prestadas por administradores, membros do conselho fiscal, acionistas controladores e minoritários, relativas à compra, permuta ou venda de valores mobiliários emitidas pela companhia e por sociedades controladas ou controladoras; (Redação dada pelo Decreto nº 3.995, de 2001)

VI – a divulgação de deliberações da assembleia geral e dos órgãos de administração da companhia, ou de fatos relevantes ocorridos nos seus negócios, que possam influir, de modo ponderável, na decisão dos investidores do mercado, de vender ou comprar valores mobiliários emitidos pela companhia; (Redação dada pelo Decreto nº 3.995, de 2001)

VII – a realização, pelas companhias abertas com ações admitidas à negociação em bolsa ou no mercado de balcão organizado, de reuniões anuais com seus acionistas e agentes do mercado de valores mobiliários, no local de maior negociação dos títulos da companhia no ano anterior, para a divulgação de informações quanto à respectiva situação econômico-financeira, projeções de resultados e resposta aos esclarecimentos que lhes forem solicitados; (Redação dada pelo Decreto nº 3.995, de 2001)

VIII – as demais matérias previstas em lei. (Redação dada pelo Decreto nº 3.995, de 2001)

§ 2º. As normas editadas pela Comissão de Valores Mobiliários em relação ao disposto nos incisos II e IV do § 1º aplicam-se às instituições financeiras e demais entidades autorizadas a funcionar pelo Banco Central do Brasil, no que não forem conflitantes com as normas por ele baixadas. (Redação dada pelo Decreto nº 3.995, de 2001)

CAPÍTULO VI. DA ADMINISTRAÇÃO DE CARTEIRAS E CUSTÓDIA DE VALORES MOBILIÁRIOS

Art. 23. O exercício profissional da administração de carteiras de valores mobiliários de outras pessoas está sujeito à autorização prévia da Comissão.

§ 1º. O disposto neste artigo se aplica à gestão profissional de recursos ou valores mobiliários entregues ao administrador, com autorização para que este compre ou venda valores mobiliários por conta do comitente.

§ 2º. Compete à Comissão estabelecer as normas a serem observadas pelos administradores na gestão de carteiras e sua remuneração, observado o disposto no art. 8º, IV.

Art. 24. Compete à Comissão autorizar a atividade de custódia de valores mobiliários, cujo exercício será privativo das instituições financeiras, entidades de compensação e das entidades autorizadas, na forma da lei, a prestar serviços de depósito centralizado. (Redação dada pela Lei nº 12.810, de 2013)

Parágrafo único. Considera-se custódia de valores mobiliários o depósito para guarda, recebimento de dividendos e bonificações, resgate, amortização ou reembolso, e exercício de direitos de subscrição, sem que o depositário tenha poderes, salvo autorização expressa do depositante em cada caso, para alienar os valores mobiliários depositados ou reaplicar as importâncias recebidas.

Art. 25. Salvo mandato expresso com prazo não superior a 1 (um) ano, o administrador de carteira e o depositário de valores mobiliários não podem exercer o direito de voto que couber às ações sob sua administração ou custódia.

CAPÍTULO VII. DOS AUDITORES INDEPENDENTES, CONSULTORES E ANALISTAS DE VALORES MOBILIÁRIOS

Art. 26. Somente as empresas de auditoria contábil ou auditores contábeis independentes, registrados na Comissão de Valores Mobiliários, poderão auditar, para os efeitos desta Lei, as demonstrações financeiras de companhias abertas e das instituições, sociedades ou empresas que integram o sistema de distribuição e intermediação de valores mobiliários.

§ 1º. A Comissão estabelecerá as condições para o registro e o seu procedimento, e definirá os casos em que poderá ser recusado, suspenso ou cancelado.

§ 2º. As empresas de auditoria contábil ou auditores contábeis independentes responderão, civilmente, pelos prejuízos que causarem a terceiros em virtude de culpa ou dolo no exercício das funções previstas neste artigo.

§ 3º. Sem prejuízo do disposto no parágrafo precedente, as empresas de auditoria contábil ou os auditores contábeis independentes responderão administrativamente, perante o Banco Central do Brasil, pelos atos praticados ou omissões em que houverem incorrido no desempenho das atividades de auditoria de instituições financeiras e demais instituições autorizadas a funcionar pelo Banco Central do Brasil. (Incluído pela Lei nº 9.447, de 1997)

§ 4º. (Revogado pela Lei nº 13.506, de 2017)

§ 5º. *(VETADO)*. *(Incluído* pela Lei nº 10.303, de 2001)

Art. 27. A Comissão poderá fixar normas sobre o exercício das atividades de consultor e analista de valores mobiliários.

CAPÍTULO VII-A. DO COMITÊ DE PADRÕES CONTÁBEIS

(Incluído pela Lei nº 10.303, de 2001)

Art. 27-A. *(VETADO)*. *(Incluído* pela Lei nº 10.303, de 2001)

Art. 27-B. *(VETADO)*. *(Incluído* pela Lei nº 10.303, de 2001)

CAPÍTULO VII-B. DOS CRIMES CONTRA O MERCADO DE CAPITAIS

(Incluído pela Lei nº 10.303, de 2001)

Manipulação do mercado

(Incluído pela Lei nº 10.303, de 31.10.2001)

Art. 27-C. Realizar operações simuladas ou executar outras manobras fraudulentas destinadas a elevar, manter ou baixar a cotação, o preço ou o volume negociado de um valor mobiliário, com o fim de obter vantagem indevida ou lucro, para si ou para outrem, ou causar dano a terceiros: (Redação dada pela Lei nº 13.506, de 2017)

Pena – reclusão, de 1 (um) a 8 (oito) anos, e multa de até três vezes o montante da vantagem ilícita obtida em decorrência do crime. (Incluído pela Lei nº 10.303, de 2001)

Uso indevido de informação privilegiada

(Incluído pela Lei nº 10.303, de 2001)

Art. 27-D. Utilizar informação relevante de que tenha conhecimento, ainda não divulgada ao mercado, que seja capaz de propiciar, para si ou para outrem, vantagem indevida, mediante negociação, em nome próprio ou de terceiros, de valores mobiliários: (Redação dada pela Lei nº 13.506, de 2017)

Pena – reclusão, de 1 (um) a 5 (cinco) anos, e multa de até 3 (três) vezes o montante da vantagem ilícita obtida em decorrência do crime. (Incluído pela Lei nº 10.303, de 2001)

Exercício irregular de cargo, profissão, atividade ou função

(Incluído pela Lei nº 10.303, de 2001)

§ 1º Incorre na mesma pena quem repassa informação sigilosa relativa a fato relevante a que tenha tido acesso em razão de cargo ou posição que ocupe em emissor de valores mobiliários ou em razão de relação comercial, profissional ou de confiança com o emissor. (Incluído pela Lei nº 13.506, de 2017)

§ 2º A pena é aumentada em 1/3 (um terço) se o agente comete o crime previsto no *caput* deste artigo valendo-se de informação relevante de que tenha conhecimento e da qual deva manter sigilo. (Incluído pela Lei nº 13.506, de 2017)

Art. 27-E. Exercer, ainda que a título gratuito, no mercado de valores mobiliários, a atividade de administrador de carteira, agente autônomo de investimento, auditor independente, analista de valores mobiliários, agente fiduciário ou qualquer outro cargo, profissão, atividade ou função, sem estar, para esse fim, autorizado ou registrado na autoridade administrativa competente, quando exigido por lei ou regulamento: (Redação dada pela Lei nº 13.506, de 2017)

Pena – detenção, de 6 (seis) meses a 2 (dois) anos, e multa. (Incluído pela Lei nº 10.303, de 2001)

Art. 27-F. As multas cominadas para os crimes previstos nos arts. 27-C e 27-D deverão ser aplicadas em razão do dano provocado ou da vantagem ilícita auferida pelo agente. (Incluído pela Lei nº 10.303, de 2001)

Parágrafo único. Nos casos de reincidência, a multa pode ser de até o triplo dos valores fixados neste artigo. (Incluído pela Lei nº 10.303, de 2001)

CAPÍTULO VIII. DAS DISPOSIÇÕES FINAIS E TRANSITÓRIAS

Art. 28. O Banco Central do Brasil, a Comissão de Valores Mobiliários, a Secretaria de Previdência Complementar, a Secretaria da Receita Federal e Superintendência de Seguros Privados manterão um sistema de intercâmbio de informações, relativas à fiscalização que exerçam, nas áreas de suas respectivas competências, no mercado de valores mobiliários. (Redação dada pela Lei nº 10.303, de 2001)

Parágrafo único. O dever de guardar sigilo de informações obtidas através do exercício do poder de fiscalização pelas entidades referidas no *caput* não poderá ser invocado como impedimento para o intercâmbio de que trata este artigo. (Incluído pela Lei nº 10.303, de 2001)

Art. 29. *(Revogado pela Lei nº 10.303, de 2001).*

Art. 30. *(Revogado pela Lei nº 10.303, de 2001).*

Art. 31. Nos processos judiciais que tenham por objeto matéria incluída na competência da Comissão de Valores Mobiliários, será esta sempre intimada para, querendo, oferecer parecer ou prestar esclarecimentos, no prazo de 15 (quinze) dias a contar da intimação. (Incluído pela Lei nº 6.616, de 1978)

§ 1º. A intimação far-se-á, logo após a contestação, por mandado ou por carta com aviso de recebimento, conforme a Comissão tenha, ou não, sede ou representação na comarca em que tenha sido proposta a ação. (Incluído pela Lei nº 6.616, de 1978)

§ 2º. Se a Comissão oferecer parecer ou prestar esclarecimentos, será intimada de todos os atos processuais subsequentes, pelo jornal oficial que publica expediente forense ou por carta com aviso de recebimento, nos termos do parágrafo anterior. (Incluído pela Lei nº 6.616, de 1978)

§ 3º. À Comissão é atribuída legitimidade para interpor recursos, quando as partes não o fizerem. (Incluído pela Lei nº 6.616, de 1978)

§ 4º. O prazo para os efeitos do parágrafo anterior começará a correr, independentemente de nova intimação, no dia imediato àquele em que findar o das partes. (Incluído pela Lei nº 6.616, de 1978)

Art. 32. As multas impostas pela Comissão de Valores Mobiliários, após a decisão final que as impôs na esfera administrativa, terão eficácia de título executivo e serão cobradas judicialmente, de acordo com o rito estabelecido pelo Código de Processo Civil para o processo de execução. (Incluído pela Lei nº 6.616, de 1978)

Art. 33. *(Revogado pela Lei nº 9.873, de 1999).*

Art. 34. Esta Lei entrará em vigor na data de sua publicação. (Renumerado pela Lei nº 9.457, de 1997)

Art. 35. Revogam-se as disposições em contrário. (Renumerado pela Lei nº 9.457, de 1997)

Brasília, 7 de dezembro de 1976; 155º da Independência e 88º da República.

ERNESTO GEISEL

D.O.U. de 9.12.1976

LEI Nº 6.404, DE 15 DE DEZEMBRO DE 1976

Dispõe sobre as sociedades por ações.

- *Sociedades anônimas*
- Lei 12.838/2013 – Dispõe sobre crédito presumido apurado com base em créditos decorrentes de diferenças temporárias oriundos de provisões para créditos de liquidação duvidosa nas condições que estabelece e dispõe sobre os títulos de crédito e instrumentos emitidos por instituições financeiras e demais instituições autorizadas a funcionar pelo Banco Central do Brasil, para composição de seu patrimônio de referência, e altera a Lei 12.249/2010.
- Lei 11.638/2007 – Altera e revoga dispositivos da Lei 6.404/1976, e da Lei 6.385/1976, e estende às sociedades de grande porte disposições relativas à elaboração e divulgação de demonstrações financeiras.
- Lei 6.385/1976 – Dispõe sobre o mercado de valores mobiliários e cria a Comissão de Valores Mobiliários.

O PRESIDENTE DA REPÚBLICA Faço saber que o Congresso Nacional decreta e eu sanciono a seguinte Lei:

CAPÍTULO I. CARACTERÍSTICAS E NATUREZA DA COMPANHIA OU SOCIEDADE ANÔNIMA

Características

Art. 1º. A companhia ou sociedade anônima terá o capital dividido em ações, e a responsabilidade dos sócios ou acionistas será limitada ao preço de emissão das ações subscritas ou adquiridas.

- CC: arts. 1.088 e 1.089, e 1.126 e 1.133.

Objetivo social

Art. 2º. Pode ser objeto da companhia qualquer empresa de fim lucrativo, não contrário à lei, à ordem pública e aos bons costumes.

§ 1º. Qualquer que seja o objeto, a companhia é mercantil e se rege pelas leis e usos do comércio.

§ 2º. O estatuto social definirá o objeto de modo preciso e completo.

§ 3º. A companhia pode ter por objeto participar de outras sociedades; ainda que não prevista no estatuto, a participação é facultada como meio de realizar o objeto social, ou para beneficiar-se de incentivos fiscais.

Denominação

Art. 3º. A sociedade será designada por denominação acompanhada das expressões "companhia", ou "sociedade anônima", expressas por extenso ou abreviadamente mas vedada a utilização da primeira ao final.

§ 1º. O nome do fundador, acionista, ou pessoa que por qualquer outro modo tenha concorrido para o êxito da empresa, poderá figurar na denominação.

§ 2º. Se a denominação for idêntica ou semelhante a de companhia já existente assistirá à prejudicada o direito de requerer a modificação, por via administrativa (artigo 97) ou em juízo, e demandar as perdas e danos resultantes.

- CC: art. 1.163.
- Lei 8.934/1994: art. 35, V.

Companhia aberta e fechada

Art. 4º. Para os efeitos desta Lei, a companhia é aberta ou fechada conforme os valores mobiliários de sua emissão estejam ou não admitidos à negociação no mercado de valores mobiliários. (Redação dada pela Lei nº 10.303, de 2001)

- Lei 6.385/1976 – Dispõe sobre o mercado de valores mobiliários e cria a Comissão de Valores Mobiliários.

§ 1º. Somente os valores mobiliários de emissão de companhia registrada na Comissão de Valores Mobiliários podem ser negociados no mercado de valores mobiliários. (Redação dada pela Lei nº 10.303, de 2001)

§ 2º. Nenhuma distribuição pública de valores mobiliários será efetivada no mercado sem prévio registro na Comissão de Valores Mobiliários. (Incluído pela Lei nº 10.303, de 2001)

§ 3º. A Comissão de Valores Mobiliários poderá classificar as companhias abertas em categorias, segundo as espécies e classes dos valores mobiliários por ela emitidos negociados no mercado, e especificará as normas sobre companhias abertas aplicáveis a cada categoria. (Incluído pela Lei nº 10.303, de 2001)

§ 4º. O registro de companhia aberta para negociação de ações no mercado somente poderá ser cancelado se a companhia emissora de ações, o acionista controlador ou a sociedade que a controle, direta ou indiretamente, formular oferta pública para adquirir a totalidade das ações em circulação no mercado, por preço justo, ao menos igual ao valor de avaliação da companhia, apurado com base nos critérios, adotados de forma isolada ou combinada, de patrimônio líquido contábil, de patrimônio líquido avaliado a preço de mercado, de fluxo de caixa descontado, de comparação por múltiplos, de cotação das ações no mercado de valores mobiliários, ou com base em outro critério aceito pela Comissão de Valores Mobiliários, assegurada a revisão do valor da oferta, em conformidade com o disposto no art. 4º-A. (Incluído pela Lei nº 10.303, de 2001)

§ 5º. Terminado o prazo da oferta pública fixado na regulamentação expedida pela Comissão de Valores Mobiliários, se remanescerem em circulação menos de 5% (cinco por cento) do total das ações emitidas pela companhia, a assembleia geral poderá deliberar o resgate dessas ações pelo valor da oferta de que trata o § 4º, desde que deposite em estabelecimento bancário autorizado pela Comissão de Valores Mobiliários, à disposição dos seus titulares, o valor de resgate, não se aplicando, nesse caso, o disposto no § 6º do art. 44. (Incluído pela Lei nº 10.303, de 2001)

§ 6º. O acionista controlador ou a sociedade controladora que adquirir ações da companhia aberta sob seu controle que elevem sua participação, direta ou indireta, em determinada espécie e classe de ações à porcentagem que, segundo normas gerais expedidas pela Comissão de Valores Mobiliários, impeça a liquidez de mercado das ações remanescentes, será obrigado a fazer oferta pública, por preço determinado nos termos do § 4º, para aquisição da totalidade das ações remanescentes no mercado. (Incluído pela Lei nº 10.303, de 2001)

Art. 4º-A. Na companhia aberta, os titulares de, no mínimo, 10% (dez por cento) das ações em circulação no mercado poderão requerer aos administradores da companhia que convoquem assembleia especial dos acionistas titulares de ações em circulação no mercado, para deliberar sobre a realização de nova avaliação pelo mesmo ou por outro critério, para efeito de determinação do valor de avaliação da companhia, referido no § 4º do art. 4º. (Incluído pela Lei nº 10.303, de 2001)

§ 1º. O requerimento deverá ser apresentado no prazo de 15 (quinze) dias da divulgação do valor da oferta pública, devidamente fundamentado e acompanhado de elementos de convicção que demonstrem a falha ou imprecisão no emprego da metodologia de cálculo ou no critério de avaliação adotado, podendo os acionistas referidos no *caput* convocar a assembleia quando os administradores não atenderem, no prazo de 8 (oito) dias, ao pedido de convocação. (Incluído pela Lei nº 10.303, de 2001)

§ 2º. Consideram-se ações em circulação no mercado todas as ações do capital da companhia aberta menos as de propriedade do acionista controlador, de diretores, de conselheiros de administração e as em tesouraria. (Incluído pela Lei nº 10.303, de 2001)

§ 3º. Os acionistas que requererem a realização de nova avaliação e aqueles que votarem a seu favor deverão ressarcir a companhia pelos custos incorridos, caso o novo valor seja inferior ou igual ao valor inicial da oferta pública. (Incluído pela Lei nº 10.303, de 2001)

§ 4º. Caberá à Comissão de Valores Mobiliários disciplinar o disposto no art. 4º e neste artigo, e fixar prazos para a eficácia desta revisão. (Incluído pela Lei nº 10.303, de 2001)

CAPÍTULO II. CAPITAL SOCIAL

SEÇÃO I. VALOR

Fixação no estatuto e moeda

Art. 5º. O estatuto da companhia fixará o valor do capital social, expresso em moeda nacional.

Parágrafo único. A expressão monetária do valor do capital social realizado será corrigida anualmente (artigo 167).

Alteração

Art. 6º. O capital social somente poderá ser modificado com observância dos preceitos desta Lei e do estatuto social (artigos 166 a 174).

SEÇÃO II. FORMAÇÃO

Dinheiro e bens

Art. 7º. O capital social poderá ser formado com contribuições em dinheiro ou em qualquer espécie de bens suscetíveis de avaliação em dinheiro.

Avaliação

Art. 8º. A avaliação dos bens será feita por 3 (três) peritos ou por empresa especializada, nomeados em assembleia geral dos subscritores, convocada pela imprensa e presidida por um dos fundadores, instalando-se em primeira convocação com a presença de subscritores que representem metade, pelo menos, do capital social, e em segunda convocação com qualquer número.

§ 1º. Os peritos ou a empresa avaliadora deverão apresentar laudo fundamentado, com a indicação dos critérios de avaliação e dos elementos de comparação adotados e instruído com os documentos relativos aos bens avaliados, e estarão presentes à assembleia que conhecer do laudo, a fim de prestarem as informações que lhes forem solicitadas.

§ 2º. Se o subscritor aceitar o valor aprovado pela assembleia, os bens incorporar-se-ão ao patrimônio da companhia, competindo aos primeiros diretores cumprir as formalidades necessárias à respectiva transmissão.

§ 3º. Se a assembleia não aprovar a avaliação, ou o subscritor não aceitar a avaliação aprovada, ficará sem efeito o projeto de constituição da companhia.

§ 4º. Os bens não poderão ser incorporados ao patrimônio da companhia por valor acima do que lhes tiver dado o subscritor.

§ 5º. Aplica-se à assembleia referida neste artigo o disposto nos §§ 1º e 2º do art. 115.

§ 6º. Os avaliadores e o subscritor responderão perante a companhia, os acionistas e terceiros, pelos danos que lhes causarem por culpa ou dolo na avaliação dos bens, sem prejuízo da responsabilidade penal em que tenham incorrido; no caso de bens em condomínio, a responsabilidade dos subscritores é solidária.

Transferência dos bens

Art. 9º. Na falta de declaração expressa em contrário, os bens transferem-se à companhia a título de propriedade.

Responsabilidade do subscritor

Art. 10. A responsabilidade civil dos subscritores ou acionistas que contribuírem com bens para a formação do capital social será idêntica à do vendedor.

Parágrafo único. Quando a entrada consistir em crédito, o subscritor ou acionista responderá pela solvência do devedor.

CAPÍTULO III. AÇÕES

SEÇÃO I. NÚMERO E VALOR NOMINAL

Fixação no estatuto

Art. 11. O estatuto fixará o número das ações em que se divide o capital social e estabelecerá se as ações terão, ou não, valor nominal.

§ 1º. Na companhia com ações sem valor nominal, o estatuto poderá criar uma ou mais classes de ações preferenciais com valor nominal.

§ 2º. O valor nominal será o mesmo para todas as ações da companhia.

§ 3º. O valor nominal das ações de companhia aberta não poderá ser inferior ao mínimo fixado pela Comissão de Valores Mobiliários.

- Lei 6.385/1976: art. 19, § 6º.

Alteração

Art. 12. O número e o valor nominal das ações somente poderão ser alterados nos casos de modificação do valor do capital social ou da sua expressão monetária, de desdobramento ou grupamento de ações, ou de cancelamento de ações autorizado nesta Lei.

SEÇÃO II. PREÇO DE EMISSÃO

- Súm. 371 do STJ.

Ações com valor nominal

Art. 13. É vedada a emissão de ações por preço inferior ao seu valor nominal.

§ 1º. A infração do disposto neste artigo importará nulidade do ato ou operação e responsabilidade dos infratores, sem prejuízo da ação penal que no caso couber.

§ 2º. A contribuição do subscritor que ultrapassar o valor nominal constituirá reserva de capital (artigo 182, § 1º).

Ações sem valor nominal

Art. 14. O preço de emissão das ações sem valor nominal será fixado, na constituição da companhia, pelos fundadores, e no aumento de capital, pela assembleia geral ou pelo conselho de administração (artigos 166 e 170, § 2º).

Parágrafo único. O preço de emissão pode ser fixado com parte destinada à formação de reserva de capital; na emissão de ações preferenciais com prioridade no reembolso do capital, somente a parcela que ultrapassar o valor de reembolso poderá ter essa destinação.

SEÇÃO III. ESPÉCIES E CLASSES

Espécies

Art. 15. As ações, conforme a natureza dos direitos ou vantagens que confiram a seus titulares, são ordinárias, preferenciais, ou de fruição.

§ 1º. As ações ordinárias da companhia fechada e as ações preferenciais da companhia aberta e fechada poderão ser de uma ou mais classes.

§ 2º. O número de ações preferenciais sem direito a voto, ou sujeitas a restrição no exercício desse direito, não pode ultrapassar 50% (cinquenta por cento) do total das ações emitidas. (Redação dada pela Lei nº 10.303, de 2001)

Ações ordinárias

Art. 16. As ações ordinárias de companhia fechada poderão ser de classes diversas, em função de:

I – conversibilidade em ações preferenciais; (Redação dada pela Lei nº 9.457, de 1997)

II – exigência de nacionalidade brasileira do acionista; ou (Redação dada pela Lei nº 9.457, de 1997)

III – direito de voto em separado para o preenchimento de determinados cargos de órgãos administrativos. (Redação dada pela Lei nº 9.457, de 1997)

Parágrafo único. A alteração do estatuto na parte em que regula a diversidade de classes, se não for expressamente prevista e regulada, requererá a concordância de todos os titulares das ações atingidas.

Ações preferenciais

Art. 17. As preferências ou vantagens das ações preferenciais podem consistir: (Redação dada pela Lei nº 10.303, de 2001)

I – em prioridade na distribuição de dividendo, fixo ou mínimo; (Redação dada pela Lei nº 10.303, de 2001)

II – em prioridade no reembolso do capital, com prêmio ou sem ele; ou (Redação dada pela Lei nº 10.303, de 2001)

III – na acumulação das preferências e vantagens de que tratam os incisos I e II. (Incluído pela Lei nº 10.303, de 2001)

§ 1º. Independentemente do direito de receber ou não o valor de reembolso do capital com prêmio ou sem ele, as ações preferenciais sem direito de voto ou com restrição ao exercício deste direito, somente serão admitidas à negociação no mercado de valores mobiliários se a elas for atribuída pelo menos uma das seguintes preferências ou vantagens: (Redação dada pela Lei nº 10.303, de 2001)

I – direito de participar do dividendo a ser distribuído, correspondente a, pelo menos, 25% (vinte e cinco por cento) do lucro líquido do exercício, calculado na forma do art. 202, de acordo com o seguinte critério: (Incluído pela Lei nº 10.303, de 2001)

a) prioridade no recebimento dos dividendos mencionados neste inciso correspondente a, no mínimo, 3% (três por cento) do valor do patrimônio líquido da ação; e (Incluído pela Lei nº 10.303, de 2001)

b) direito de participar dos lucros distribuídos em igualdade de condições com as ordinárias, depois de a estas assegurado dividendo igual ao mínimo prioritário estabelecido em conformidade com a alínea *a*; ou (Incluído pela Lei nº 10.303, de 2001)

II – direito ao recebimento de dividendo, por ação preferencial, pelo menos 10% (dez por cento) maior do que o atribuído a cada ação ordinária; ou (Incluído pela Lei nº 10.303, de 2001)

III – direito de serem incluídas na oferta pública de alienação de controle, nas condições previstas no art. 254-A, assegurado o dividendo pelo menos igual ao das ações ordinárias. (Incluído pela Lei nº 10.303, de 2001)

§ 2º. Deverão constar do estatuto, com precisão e minúcia, outras preferências ou vantagens que sejam atribuídas aos acionistas sem direito a voto, ou com voto restrito, além das previstas neste artigo. (Redação dada pela Lei nº 10.303, de 2001)

§ 3º. Os dividendos, ainda que fixos ou cumulativos, não poderão ser distribuídos em prejuízo do capital social, salvo quando, em caso de liquidação da companhia, essa vantagem tiver sido expressamente assegurada. (Redação dada pela Lei nº 10.303, de 2001)

§ 4º. Salvo disposição em contrário no estatuto, o dividendo prioritário não é cumulativo, a ação com dividendo fixo não participa dos lucros remanescentes e a ação com dividendo mínimo participa dos lucros distribuídos em igualdade de condições com as ordinárias, depois de a estas assegurado dividendo igual ao mínimo. (Redação dada pela Lei nº 10.303, de 2001)

§ 5º. Salvo no caso de ações com dividendo fixo, o estatuto não pode excluir ou restringir o direito das ações preferenciais de participar dos aumentos de capital decorrentes da capitalização de reservas ou lucros (art. 169). (Redação dada pela Lei nº 10.303, de 2001)

§ 6º. O estatuto pode conferir às ações preferenciais com prioridade na distribuição de dividendo cumulativo, o direito de recebê-lo, no exercício em que o lucro for insuficiente, à conta das reservas de capital de que trata o § 1º do art. 182. (Redação dada pela Lei nº 10.303, de 2001)

§ 7º. Nas companhias objeto de desestatização poderá ser criada ação preferencial de classe especial, de propriedade exclusiva do ente desestatizante, à qual o estatuto social poderá conferir os poderes que especificar, inclusive o poder de veto às deliberações da assembleia geral nas matérias que especificar. (Incluído pela Lei nº 10.303, de 2001)

Vantagens políticas

Art. 18. O estatuto pode assegurar a uma ou mais classes de ações preferenciais o direito de eleger, em votação em separado, um ou mais membros dos órgãos de administração.

Parágrafo único. O estatuto pode subordinar as alterações estatutárias que especificar à aprovação, em assembleia especial, dos titulares de uma ou mais classes de ações preferenciais.

Regulação no estatuto

Art. 19. O estatuto da companhia com ações preferenciais declarará as vantagens ou preferências atribuídas a cada classe dessas ações e as restrições a que ficarão sujeitas, e poderá prever o resgate ou a amortização, a conversão de ações de uma classe em ações de outra e em ações ordinárias, e destas em preferenciais, fixando as respectivas condições.

SEÇÃO IV.
FORMA

Art. 20. As ações devem ser nominativas. (Redação dada pela Lei nº 8.021, de 1990)

Ações não integralizadas

Art. 21. Além dos casos regulados em lei especial, as ações terão obrigatoriamente forma nominativa ou endossável até o integral pagamento do preço de emissão.

Determinação no estatuto

Art. 22. O estatuto determinará a forma das ações e a conversibilidade de uma em outra forma.

Parágrafo único. As ações ordinárias da companhia aberta e ao menos uma das classes de ações ordinárias da companhia fechada, quando tiverem a forma ao portador, serão obrigatoriamente conversíveis, à vontade do acionista, em nominativas ou endossáveis.

SEÇÃO V.
CERTIFICADOS

Emissão

Art. 23. A emissão de certificado de ação somente será permitida depois de cumpridas as formalidades necessárias ao funcionamento legal da companhia.

§ 1º. A infração do disposto neste artigo importa nulidade do certificado e responsabilidade dos infratores.

§ 2º. Os certificados das ações, cujas entradas não consistirem em dinheiro, só poderão ser emitidos depois de cumpridas as formalidades necessárias à transmissão de bens, ou de realizados os créditos.

§ 3º. A companhia poderá cobrar o custo da substituição dos certificados, quando pedida pelo acionista.

Requisitos

Art. 24. Os certificados das ações serão escritos em vernáculo e conterão as seguintes declarações:

I – denominação da companhia, sua sede e prazo de duração;

II – o valor do capital social, a data do ato que o tiver fixado, o número de ações em que se divide e o valor nominal das ações, ou a declaração de que não têm valor nominal;

III – nas companhias com capital autorizado, o limite da autorização, em número de ações ou valor do capital social;

IV – o número de ações ordinárias e preferenciais das diversas classes, se houver, as vantagens ou preferências conferidas a cada classe e as limitações ou restrições a que as ações estiverem sujeitas;

V – o número de ordem do certificado e da ação, e a espécie e classe a que pertence;

VI – os direitos conferidos às partes beneficiárias, se houver;

VII – a época e o lugar da reunião da assembleia geral ordinária;

VIII – a data da constituição da companhia e do arquivamento e publicação de seus atos constitutivos;

IX – o nome do acionista; (Redação dada pela Lei nº 9.457, de 1997)

X – o débito do acionista e a época e o lugar de seu pagamento, se a ação não estiver integralizada; (Redação dada pela Lei nº 9.457, de 1997)

XI – a data da emissão do certificado e as assinaturas de dois diretores, ou do agente emissor de certificados (art. 27). (Redação dada pela Lei nº 9.457, de 1997)

§ 1º. A omissão de qualquer dessas declarações dá ao acionista direito à indenização por perdas e danos contra a companhia e os diretores na gestão dos quais os certificados tenham sido emitidos.

§ 2º. Os certificados de ações emitidas por companhias abertas podem ser assinados por 2 (dois) mandatários com poderes especiais, ou autenticados por chancela mecânica, observadas as normas expedidas pela Comissão de Valores Mobiliários. (Redação dada pela Lei nº 10.303, de 2001)

Títulos múltiplos e cautelas

Art. 25. A companhia poderá, satisfeitos os requisitos do artigo 24, emitir certificados de múltiplos de ações e, provisoriamente, cautelas que as representem.

Parágrafo único. Os títulos múltiplos das companhias abertas obedecerão à padronização de número de ações fixada pela Comissão de Valores Mobiliários.

Cupões

Art. 26. Aos certificados das ações ao portador podem ser anexados cupões relativos a dividendos ou outros direitos.

Parágrafo único. Os cupões conterão a denominação da companhia, a indicação do lugar da sede, o número de ordem do certificado, a classe da ação e o número de ordem do cupão.

Agente emissor de certificados

Art. 27. A companhia pode contratar a escrituração e a guarda dos livros de registro e transferência de ações e a emissão dos certificados com instituição financeira autorizada pela Comissão de Valores Mobiliários a manter esse serviço.

§ 1º. Contratado o serviço, somente o agente emissor poderá praticar os atos relativos aos registros e emitir certificados.

§ 2º. O nome do agente emissor constará das publicações e ofertas públicas de valores mobiliários feitas pela companhia.

§ 3º. Os certificados de ações emitidos pelo agente emissor da companhia deverão ser numerados seguidamente, mas a numeração das ações será facultativa.

SEÇÃO VI.
PROPRIEDADE E CIRCULAÇÃO
INDIVISIBILIDADE

Art. 28. A ação é indivisível em relação à companhia.

Parágrafo único. Quando a ação pertencer a mais de uma pessoa, os direitos por ela conferidos serão exercidos pelo representante do condomínio.

Negociabilidade

Art. 29. As ações da companhia aberta somente poderão ser negociadas depois de realizados 30% (trinta por cento) do preço de emissão.

Parágrafo único. A infração do disposto neste artigo importa na nulidade do ato.

Negociação com as próprias ações

Art. 30. A companhia não poderá negociar com as próprias ações.

§ 1º. Nessa proibição não se compreendem:

a) as operações de resgate, reembolso ou amortização previstas em lei;

b) a aquisição, para permanência em tesouraria ou cancelamento, desde que até o valor do saldo de lucros ou reservas, exceto a legal, e sem diminuição do capital social ou por doação;

c) a alienação das ações adquiridas nos termos da alínea *b* e mantidas em tesouraria;

d) a compra quando, resolvida a redução do capital mediante restituição, em dinheiro, de parte do valor das ações, o preço destas em bolsa for inferior ou igual à importância que deve ser restituída.

§ 2º. A aquisição das próprias ações pela companhia aberta obedecerá, sob pena de nulidade, às normas expedidas pela Comissão de Valores Mobiliários, que poderá subordiná-la a prévia autorização em cada caso.

§ 3º. A companhia não poderá receber em garantia as próprias ações, salvo para assegurar a gestão dos seus administradores.

§ 4º. As ações adquiridas nos termos da alínea *b* do § 1º, enquanto mantidas em tesouraria, não terão direito a dividendo nem a voto.

§ 5º. No caso da alínea *d* do § 1º, as ações adquiridas serão retiradas definitivamente de circulação.

Ações nominativas

Art. 31. A propriedade das ações nominativas presume-se pela inscrição do nome do acionista no livro de "Registro de Ações Nominativas" ou pelo extrato que seja fornecido pela instituição custodiante, na qualidade de proprietária fiduciária das ações. (Redação dada pela Lei nº 10.303, de 2001)

§ 1º. A transferência das ações nominativas opera-se por termo lavrado no livro de "Transferência de Ações Nominativas", datado e assinado pelo cedente e pelo cessionário, ou seus legítimos representantes.

§ 2º. A transferência das ações nominativas em virtude de transmissão por sucessão universal ou legado, de arrematação, adjudicação ou outro ato judicial, ou por qualquer outro título, somente se fará mediante averbação no livro de "Registro de Ações Nominativas", à vista de documento hábil, que ficará em poder da companhia.

§ 3º. Na transferência das ações nominativas adquiridas em Bolsa de Valores, o cessionário será representado, independentemente de instrumento de procuração, pela sociedade corretora, ou pela caixa de liquidação da Bolsa de Valores.

Ações endossáveis

Art. 32. *(Revogado pela Lei nº 8.021, de 1990).*

Ações ao portador

Art. 33. *(Revogado pela Lei nº 8.021, de 1990).*

Ações escriturais

Art. 34. O estatuto da companhia pode autorizar ou estabelecer que todas as ações da companhia, ou uma ou mais classes delas, sejam mantidas em contas de depósito, em nome de seus titulares, na instituição que designar, sem emissão de certificados.

§ 1º. No caso de alteração estatutária, a conversão em ação escritural depende da apresentação e do cancelamento do respectivo certificado em circulação.

§ 2º. Somente as instituições financeiras autorizadas pela Comissão de Valores Mobiliários podem manter serviços de escrituração de ações e de outros valores mobiliários. (Redação dada pela Lei nº 12.810, de 2013)

› Lei 6.385/1976: arts. 19, § 4º.

§ 3º. A companhia responde pelas perdas e danos causados aos interessados por erros ou irregularidades no serviço de ações escriturais, sem prejuízo do eventual direito de regresso contra a instituição depositária.

Art. 35. A propriedade da ação escritural presume-se pelo registro na conta de depósito das ações, aberta em nome do acionista nos livros da instituição depositária.

§ 1º. A transferência da ação escritural opera-se pelo lançamento efetuado pela instituição depositária em seus livros, a débito da conta de ações do alienante e a crédito da conta de ações do adquirente, à vista de ordem escrita do alienante, ou de autorização ou ordem judicial, em documento hábil que ficará em poder da instituição.

§ 2º. A instituição depositária fornecerá ao acionista extrato da conta de depósito das ações escriturais, sempre que solicitado, ao término de todo mês em que for movimentada e, ainda que não haja movimentação, ao menos uma vez por ano.

§ 3º. O estatuto pode autorizar a instituição depositária a cobrar do acionista o custo do serviço de transferência da propriedade das ações escriturais, observados os limites máximos fixados pela Comissão de Valores Mobiliários.

Limitações à circulação

Art. 36. O estatuto da companhia fechada pode impor limitações à circulação das ações nominativas, contanto que regule minuciosamente tais limitações e não impeça a negociação, nem sujeite o acionista ao arbítrio dos órgãos de administração da companhia ou da maioria dos acionistas.

Parágrafo único. A limitação à circulação criada por alteração estatutária somente se aplicará às ações cujos titulares com ela expressamente concordarem, mediante pedido de averbação no livro de "Registro de Ações Nominativas".

Suspensão dos serviços de certificados

Art. 37. A companhia aberta pode, mediante comunicação às Bolsas de Valores em que suas ações forem negociadas e publicação de anúncio, suspender, por períodos que não ultrapassem, cada um, 15 (quinze) dias, nem o total de 90 (noventa) dias durante o ano, os serviços de transferência, conversão e desdobramento de certificados.

Parágrafo único. O disposto neste artigo não prejudicará o registro da transferência das ações negociadas em bolsa anteriormente ao início do período de suspensão.

Perda ou extravio

Art. 38. O titular de certificado perdido ou extraviado de ação ao portador ou endossável poderá, justificando a propriedade e a perda ou extravio, promover, na forma da lei processual, o procedimento de anulação e substituição para obter a expedição de novo certificado.

§ 1º. Somente será admitida a anulação e substituição de certificado ao portador ou endossado em branco à vista da prova, produzida pelo titular, da destruição ou inutilização do certificado a ser substituído.

§ 2º. Até que o certificado seja recuperado ou substituído, as transferências poderão ser averbadas sob condição, cabendo à companhia exigir do titular, para satisfazer dividendo e demais direitos, garantia idônea de sua eventual restituição.

SEÇÃO VII.
CONSTITUIÇÃO DE DIREITOS REAIS E OUTROS ÔNUS

Penhor

Art. 39. O penhor ou caução de ações se constitui pela averbação do respectivo instrumento no livro de Registro de Ações Nominativas. (Redação dada pela Lei nº 9.457, de 1997)

§ 1º. O penhor da ação escritural se constitui pela averbação do respectivo instrumento nos livros da instituição financeira, a qual será anotada no extrato da conta de depósito fornecido ao acionista.

§ 2º. Em qualquer caso, a companhia, ou a instituição financeira, tem o direito de exigir, para seu arquivo, um exemplar do instrumento de penhor.

Outros direitos e ônus

Art. 40. O usufruto, o fideicomisso, a alienação fiduciária em garantia e quaisquer cláusulas ou ônus que gravarem a ação deverão ser averbados:

I – se nominativa, no livro de "Registro de Ações Nominativas";

II – se escritural, nos livros da instituição financeira, que os anotará no extrato da conta de depósito fornecida ao acionista. (Redação dada pela Lei nº 9.457, de 1997)

Parágrafo único. Mediante averbação nos termos deste artigo, a promessa de venda da ação e o direito de preferência à sua aquisição são oponíveis a terceiros.

SEÇÃO VIII.
CUSTÓDIA DE AÇÕES FUNGÍVEIS

Art. 41. A instituição autorizada pela Comissão de Valores Mobiliários a prestar serviços de custódia de ações fungíveis pode contratar custódia em que as ações de cada espécie e classe da companhia sejam recebidas em depósito como valores fungíveis, adquirindo a instituição depositária a propriedade fiduciária das ações. (Redação dada pela Lei nº 10.303, de 2001)

§ 1º. A instituição depositária não pode dispor das ações e fica obrigada a devolver ao depositante a quantidade de ações recebidas, com as modificações resultantes de alterações no capital social ou no número de ações da companhia emissora, independentemente do número de ordem das ações ou dos certificados recebidos em depósito. (Redação dada pela Lei nº 10.303, de 2001)

§ 2º. Aplica-se o disposto neste artigo, no que couber, aos demais valores mobiliários. (Incluído pela Lei nº 10.303, de 2001)

§ 3º. A instituição depositária ficará obrigada a comunicar à companhia emissora: (Incluído pela Lei nº 10.303, de 2001)

I – imediatamente, o nome do proprietário efetivo quando houver qualquer evento societário que exija a sua identificação; e (Incluído pela Lei nº 10.303, de 2001)

II – no prazo de até 10 (dez) dias, a contratação da custódia e a criação de ônus ou gravames sobre as ações. (Incluído pela Lei nº 10.303, de 2001)

§ 4º. A propriedade das ações em custódia fungível será provada pelo contrato firmado entre o proprietário das ações e a instituição depositária. (Incluído pela Lei nº 10.303, de 2001)

§ 5º. A instituição tem as obrigações de depositária e responde perante o acionista e terceiros pelo descumprimento de suas obrigações. (Incluído pela Lei nº 10.303, de 2001)

Representação e responsabilidade

Art. 42. A instituição financeira representa, perante a companhia, os titulares das ações recebidas em custódia nos termos do artigo 41, para receber dividendos e ações bonificadas e exercer direito de preferência para subscrição de ações.

§ 1º. Sempre que houver distribuição de dividendos ou bonificação de ações e, em qualquer caso, ao menos uma vez por ano, a instituição financeira fornecerá à companhia a lista dos depositantes de ações recebidas nos termos deste artigo, assim como a quantidade de ações de cada um. (Redação dada pela Lei nº 9.457, de 1997)

§ 2º. O depositante pode, a qualquer tempo, extinguir a custódia e pedir a devolução dos certificados de suas ações.

§ 3º. A companhia não responde perante o acionista nem terceiros pelos atos da instituição depositária das ações.

SEÇÃO IX.
CERTIFICADO DE DEPÓSITO DE AÇÕES

Art. 43. A instituição financeira autorizada a funcionar como agente emissor de certificados (art. 27) pode emitir título representativo das ações que receber em depósito, do qual constarão: (Redação dada pela Lei nº 9.457, de 1997)

I – o local e a data da emissão;

II – o nome da instituição emitente e as assinaturas de seus representantes;

III – a denominação "Certificado de Depósito de Ações";

IV – a especificação das ações depositadas;

V – a declaração de que as ações depositadas, seus rendimentos e o valor recebido nos casos de resgate ou amortização somente serão entregues ao titular do certificado de depósito, contra apresentação deste;

VI – o nome e a qualificação do depositante;

VII – o preço do depósito cobrado pelo banco, se devido na entrega das ações depositadas;

VIII – o lugar da entrega do objeto do depósito.

§ 1º. A instituição financeira responde pela origem e autenticidade dos certificados das ações depositadas.

§ 2º. Emitido o certificado de depósito, as ações depositadas, seus rendimentos, o valor de resgate ou de amortização não poderão ser objeto de penhora, arresto, sequestro, busca ou apreensão, ou qualquer outro embaraço que impeça sua entrega ao titular do certificado, mas este poderá ser objeto de penhora ou de qualquer medida cautelar por obrigação do seu titular.

§ 3º. Os certificados de depósito de ações serão nominativos, podendo ser mantidos sob o sistema escritural. (Redação dada pela Lei nº 9.457, de 1997)

§ 4º. Os certificados de depósito de ações poderão, a pedido do seu titular, e por sua conta, ser desdobrados ou grupados.

§ 5º. Aplicam-se ao endosso do certificado, no que couber, as normas que regulam o endosso de títulos cambiários.

SEÇÃO X.
RESGATE, AMORTIZAÇÃO E REEMBOLSO

Resgate e amortização

Art. 44. O estatuto ou a assembleia geral extraordinária pode autorizar a aplicação de lucros ou reservas no resgate ou na amortização de ações, determinando as condições e o modo de proceder-se à operação.

§ 1º. O resgate consiste no pagamento do valor das ações para retirá-las definitivamente de circulação, com redução ou não do capital social; mantido o mesmo capital, será atribuído, quando for o caso, novo valor nominal às ações remanescentes.

§ 2º. A amortização consiste na distribuição aos acionistas, a título de antecipação e sem redução do capital social, de quantias que lhes poderiam tocar em caso de liquidação da companhia.

§ 3º. A amortização pode ser integral ou parcial e abranger todas as classes de ações ou só uma delas.

§ 4º. O resgate e a amortização que não abrangerem a totalidade das ações de uma mesma classe serão feitos mediante sorteio; sorteadas ações custodiadas nos termos do artigo 41, a instituição financeira especificará, mediante rateio, as resgatadas ou amortizadas, se outra forma não estiver prevista no contrato de custódia.

§ 5º. As ações integralmente amortizadas poderão ser substituídas por ações de fruição, com as restrições fixadas pelo estatuto ou pela assembleia geral que deliberar a amortização; em qualquer caso, ocorrendo liquidação da companhia, as ações amortizadas só concorrerão ao acervo líquido depois de assegurado às ações não amortizadas valor igual ao da amortização, corrigido monetariamente.

§ 6º. Salvo disposição em contrário do estatuto social, o resgate de ações de uma ou mais classes só será efetuado se, em assembleia especial convocada para deliberar essa matéria específica, for aprovado por acionistas que representem, no mínimo, a metade das ações da(s) classe(s) atingida(s). (Incluído pela Lei nº 10.303, de 2001)

Reembolso

Art. 45. O reembolso é a operação pela qual, nos casos previstos em lei, a companhia paga aos acionistas dissidentes de deliberação da assembleia geral o valor de suas ações.

§ 1º. O estatuto pode estabelecer normas para a determinação do valor de reembolso, que, entretanto, somente poderá ser inferior ao valor de patrimônio líquido constante do último balanço aprovado pela assembleia geral, observado o disposto no § 2º, se estipulado com base no valor econômico da companhia, a ser apurado em avaliação (§§ 3º e 4º). (Redação dada pela Lei nº 9.457, de 1997)

§ 2º. Se a deliberação da assembleia geral ocorrer mais de 60 (sessenta) dias depois da data do último balanço aprovado, será facultado ao acionista dissidente pedir, juntamente com o reembolso, levantamento de balanço especial em data que atenda àquele prazo. Nesse caso, a companhia pagará imediatamente 80% (oitenta por cento) do valor de reembolso calculado com base no último balanço e, levantado o balanço especial, pagará o saldo no prazo de 120 (cento e vinte), dias a contar da data da deliberação da assembleia geral.

§ 3º. Se o estatuto determinar a avaliação da ação para efeito de reembolso, o valor será o determinado por 3 (três) peritos ou empresa especializada, mediante laudo que satisfaça os requisitos do § 1º do art. 8º e com a responsabilidade prevista no § 6º do mesmo artigo. (Redação dada pela Lei nº 9.457, de 1997)

§ 4º. Os peritos ou empresa especializada serão indicados em lista sêxtupla ou tríplice, respectivamente, pelo conselho de administração ou, se não houver, pela diretoria, e escolhidos pela Assembleia geral em deliberação tomada por maioria absoluta de votos, não se computando os votos em branco, cabendo a cada ação, independentemente de sua espécie ou classe, o direito a um voto. (Redação dada pela Lei nº 9.457, de 1997)

§ 5º. O valor de reembolso poderá ser pago à conta de lucros ou reservas, exceto a legal, e nesse caso as ações reembolsadas ficarão em tesouraria. (Redação dada pela Lei nº 9.457, de 1997)

§ 6º. Se, no prazo de 120 (cento e vinte) dias, a contar da publicação da ata da assembleia, não forem substituídos os acionistas cujas ações tenham sido reembolsadas à conta do capital social, este considerar-se-á reduzido no montante correspondente, cumprindo aos órgãos da administração convocar a assembleia geral, dentro de cinco dias, para tomar conhecimento daquela redução. (Redação dada pela Lei nº 9.457, de 1997)

§ 7º. Se sobrevier a falência da sociedade, os acionistas dissidentes, credores pelo reembolso de suas ações, serão classificados como quirografários em quadro separado, e os rateios que lhes couberem serão imputados no pagamento dos créditos constituídos anteriormente à data da publicação da ata da assembleia. As quantias assim atribuídas aos créditos mais antigos não se deduzirão dos créditos dos ex-acionistas, que subsistirão integralmente para serem satisfeitos pelos bens da massa, depois de pagos os primeiros. (Incluído pela Lei nº 9.457, de 1997)

§ 8º. Se, quando ocorrer a falência, já se houver efetuado, à conta do capital social, o reembolso dos ex-acionistas, estes não tiverem sido substituídos, e a massa não bastar para o pagamento dos créditos mais antigos, caberá ação revocatória para restituição do reembolso pago com redução do capital social, até a concorrência do que remanescer dessa parte do passivo. A restituição será havida, na mesma proporção, de todos os acionistas cujas ações tenham sido reembolsadas. (Incluído pela Lei nº 9.457, de 1997)

CAPÍTULO IV. PARTES BENEFICIÁRIAS

Características

Art. 46. A companhia pode criar, a qualquer tempo, títulos negociáveis, sem valor nominal e estranhos ao capital social, denominados "partes beneficiárias".

§ 1º. As partes beneficiárias conferirão aos seus titulares direito de crédito eventual contra a companhia, consistente na participação nos lucros anuais (art. 190).

§ 2º. A participação atribuída às partes beneficiárias, inclusive para formação de reserva para resgate, se houver, não ultrapassará 0,1 (um décimo) dos lucros.

§ 3º. É vedado conferir às partes beneficiárias qualquer direito privativo de acionista, salvo o de fiscalizar, nos termos desta Lei, os atos dos administradores.

§ 4º. É proibida a criação de mais de uma classe ou série de partes beneficiárias.

Emissão

Art. 47. As partes beneficiárias poderão ser alienadas pela companhia, nas condições determinadas pelo estatuto ou pela assembleia geral, ou atribuídas a fundadores, acionistas ou terceiros, como remuneração de serviços prestados à companhia.

Parágrafo único. É vedado às companhias abertas emitir partes beneficiárias. (Redação dada pela Lei nº 10.303, de 2001)

Resgate e conversão

Art. 48. O estatuto fixará o prazo de duração das partes beneficiárias e, sempre que estipular resgate, deverá criar reserva especial para esse fim.

§ 1º. O prazo de duração das partes beneficiárias atribuídas gratuitamente, salvo as destinadas a sociedades ou fundações beneficentes dos empregados da companhia, não poderá ultrapassar 10 (dez) anos.

§ 2º. O estatuto poderá prever a conversão das partes beneficiárias em ações, mediante capitalização de reserva criada para esse fim.

§ 3º. No caso de liquidação da companhia, solvido o passivo exigível, os titulares das partes beneficiárias terão direito de preferência sobre o que restar do ativo até a importância da reserva para resgate ou conversão.

Certificados

Art. 49. Os certificados das partes beneficiárias conterão:

I – a denominação "Parte Beneficiária";

II – a denominação da companhia, sua sede e prazo de duração;

III – o valor do capital social, a data do ato que o fixou e o número de ações em que se divide;

IV – o número de partes beneficiárias criadas pela companhia e o respectivo número de ordem;

V – os direitos que lhes são atribuídos pelo estatuto, o prazo de duração e as condições de resgate, se houver;

VI – a data da constituição da companhia e do arquivamento e publicação dos seus atos constitutivos;

VII – o nome do beneficiário; (Redação dada pela Lei nº 9.457, de 1997)

VIII – a data da emissão do certificado e as assinaturas de dois diretores. (Redação dada pela Lei nº 9.457, de 1997)

Forma, propriedade, circulação e ônus

Art. 50. As partes beneficiárias serão nominativas e a elas se aplica, no que couber, o disposto nas seções V a VII do Capítulo III. (Redação dada pela Lei nº 9.457, de 1997)

§ 1º. As partes beneficiárias serão registradas em livros próprios, mantidos pela companhia. (Redação dada pela Lei nº 9.457, de 1997)

§ 2º. As partes beneficiárias podem ser objeto de depósito com emissão de certificado, nos termos do artigo 43.

Modificação dos direitos

Art. 51. A reforma do estatuto que modificar ou reduzir as vantagens conferidas às partes beneficiárias só terá eficácia quando aprovada pela metade, no mínimo, dos seus titulares, reunidos em assembleia geral especial.

§ 1º. A assembleia será convocada, através da imprensa, de acordo com as exigências para convocação das assembleias de acionistas, com 1 (um) mês de antecedência, no mínimo. Se, após 2 (duas) convocações, deixar de instalar-se por falta de número, somente 6 (seis) meses depois outra poderá ser convocada.

§ 2º. Cada parte beneficiária dá direito a 1 (um) voto, não podendo a companhia votar com os títulos que possuir em tesouraria.

§ 3º. A emissão de partes beneficiárias poderá ser feita com a nomeação de agente fiduciário dos seus titulares, observado, no que couber, o disposto nos artigos 66 a 71.

CAPÍTULO V. DEBÊNTURES

Características

Art. 52. A companhia poderá emitir debêntures que conferirão aos seus titulares direito de crédito contra ela, nas condições constantes da escritura de emissão e, se houver, do certificado. (Redação dada pela Lei nº 10.303, de 2001)

SEÇÃO I. DIREITO DOS DEBENTURISTAS

Emissões e séries

Art. 53. A companhia poderá efetuar mais de uma emissão de debêntures, e cada emissão pode ser dividida em séries.

Parágrafo único. As debêntures da mesma série terão igual valor nominal e conferirão a seus titulares os mesmos direitos.

Valor nominal

Art. 54. A debênture terá valor nominal expresso em moeda nacional, salvo nos casos de obrigação que, nos termos da legislação em vigor, possa ter o pagamento estipulado em moeda estrangeira.

§ 1º. A debênture poderá conter cláusula de correção monetária, com base nos coeficientes fixados para correção de títulos da dívida pública, na variação da taxa cambial ou em outros referenciais não expressamente vedados em lei. (Redação dada pela Lei nº 10.303, de 2001)

§ 2º. A escritura de debênture poderá assegurar ao debenturista a opção de escolher receber o pagamento do principal e acessórios, quando do vencimento, amortização ou resgate, em moeda ou em bens avaliados nos termos do art. 8º. (Incluído pela Lei nº 10.303, de 2001)

Vencimento, amortização e resgate

Art. 55. A época do vencimento da debênture deverá constar da escritura de emissão e do certificado, podendo a companhia estipular amortizações parciais de cada série, criar fundos de amortização e reservar-se o direito de resgate antecipado, parcial ou total, dos títulos da mesma série.

§ 1º. A amortização de debêntures da mesma série deve ser feita mediante rateio. (Redação dada pela Lei nº 12.431, de 2011)

§ 2º. O resgate parcial de debêntures da mesma série deve ser feito: (Redação dada pela Lei 12.431, de 2011)

I – mediante sorteio; ou (Incluído pela Lei nº 12.431, de 2011)

II – se as debêntures estiverem cotadas por preço inferior ao valor nominal, por compra no mercado organizado de valores mobiliários, observadas as regras expedidas pela Comissão de Valores Mobiliários. (Incluído pela Lei nº 12.431, de 2011)

§ 3º. É facultado à companhia adquirir debêntures de sua emissão: (Redação dada pela Lei nº 12.431, de 2011)

I – por valor igual ou inferior ao nominal, devendo o fato constar do relatório da administração e das demonstrações financeiras; ou (Incluído pela Lei nº 12.431, de 2011)

II – por valor superior ao nominal, desde que observe as regras expedidas pela Comissão de Valores Mobiliários. (Incluído pela Lei nº 12.431, de 2011)

§ 4º. A companhia poderá emitir debêntures cujo vencimento somente ocorra nos casos de inadimplência da obrigação de pagar juros e dissolução da companhia, ou de outras condições previstas no título. (Incluído pela Lei nº 12.431, de 2011)

Juros e outros direitos

Art. 56. A debênture poderá assegurar ao seu titular juros, fixos ou variáveis, participação no lucro da companhia e prêmio de reembolso.

Conversibilidade em ações

Art. 57. A debênture poderá ser conversível em ações nas condições constantes da escritura de emissão, que especificará:

I – as bases da conversão, seja em número de ações em que poderá ser convertida cada debênture, seja como relação entre o valor nominal da debênture e o preço de emissão das ações;

II – a espécie e a classe das ações em que poderá ser convertida;

III – o prazo ou época para o exercício do direito à conversão;

IV – as demais condições a que a conversão acaso fique sujeita.

§ 1º. Os acionistas terão direito de preferência para subscrever a emissão de debêntures com cláusula de conversibilidade em ações, observado o disposto nos artigos 171 e 172.

§ 2º. Enquanto puder ser exercido o direito à conversão, dependerá de prévia aprovação dos debenturistas, em assembleia especial, ou de seu agente fiduciário, a alteração do estatuto para:

a) mudar o objeto da companhia;

b) criar ações preferenciais ou modificar as vantagens das existentes, em prejuízo das ações em que são conversíveis as debêntures.

SEÇÃO II. ESPÉCIES

Art. 58. A debênture poderá, conforme dispuser a escritura de emissão, ter garantia real ou garantia flutuante, não gozar de preferência ou ser subordinada aos demais credores da companhia.

- Lei 11.101/2005: arts. 83, II, V, VIII, a, e 124, parágrafo único.

§ 1º. A garantia flutuante assegura à debênture privilégio geral sobre o ativo da companhia, mas não impede a negociação dos bens que compõem esse ativo.

§ 2º. As garantias poderão ser constituídas cumulativamente.

§ 3º. As debêntures com garantia flutuante de nova emissão são preferidas pelas de emissão ou emissões anteriores, e a prioridade se estabelece pela data da inscrição da escritura de emissão; mas dentro da mesma emissão, as séries concorrem em igualdade.

§ 4º. A debênture que não gozar de garantia poderá conter cláusula de subordinação aos credores quirografários, preferindo apenas os acionistas no ativo remanescente, se houver, em caso de liquidação da companhia.

§ 5º. A obrigação de não alienar ou onerar bem imóvel ou outro bem sujeito a registro de propriedade, assumida pela companhia na escritura de emissão, é oponível a terceiros, desde que averbada no competente registro.

§ 6º. As debêntures emitidas por companhia integrante de grupo de sociedades (artigo 265) poderão ter garantia flutuante do ativo de 2 (duas) ou mais sociedades do grupo.

SEÇÃO III. CRIAÇÃO E EMISSÃO

Competência

Art. 59. A deliberação sobre emissão de debêntures é da competência privativa da assembleia geral, que deverá fixar, observado o que a respeito dispuser o estatuto:

I – o valor da emissão ou os critérios de determinação do seu limite, e a sua divisão em séries, se for o caso;

II – o número e o valor nominal das debêntures;

III – as garantias reais ou a garantia flutuante, se houver;

IV – as condições de correção monetária, se houver;

V – a conversibilidade ou não em ações e as condições a serem observadas na conversão;

VI – a época e as condições de vencimento, amortização ou resgate;

VII – a época e as condições do pagamento dos juros, da participação nos lucros e do prêmio de reembolso, se houver;

VIII – o modo de subscrição ou colocação, e o tipo das debêntures.

§ 1º. Na companhia aberta, o conselho de administração pode deliberar sobre a emissão de debêntures não conversíveis em ações, salvo disposição estatutária em contrário. (Redação dada pela Lei nº 12.431, de 2011)

§ 2º. O estatuto da companhia aberta poderá autorizar o conselho de administração a, dentro dos limites do capital autorizado, deliberar sobre a emissão de debêntures conversíveis em ações, especificando o limite do aumento de capital decorrente da conversão das debêntures, em valor do capital social ou em número de ações, e as espécies e classes das ações que poderão ser emitidas. (Redação dada pela Lei nº 12.431, de 2011)

§ 3º. A assembleia geral pode deliberar que a emissão terá valor e número de série indeterminados, dentro dos limites por ela fixados. (Redação dada pela Lei nº 12.431, de 2011)

§ 4º. Nos casos não previstos nos §§ 1º e 2º, a assembleia geral pode delegar ao conselho de administração a deliberação sobre as condições de que tratam os incisos VI a VIII do *caput* e sobre a oportunidade da emissão. (Incluído pela Lei nº 12.431, de 2011)

Limite de emissão

Art. 60. *(Revogado pela Lei nº 12.431, de 2011).*

Escritura de emissão

Art. 61. A companhia fará constar da escritura de emissão os direitos conferidos pelas debêntures, suas garantias e demais cláusulas ou condições.

§ 1º. A escritura de emissão, por instrumento público ou particular, de debêntures distribuídas ou admitidas à negociação no mercado, terá obrigatoriamente a intervenção de agente fiduciário dos debenturistas (artigos 66 a 70).

§ 2º. Cada nova série da mesma emissão será objeto de aditamento à respectiva escritura.

§ 3º. A Comissão de Valores Mobiliários poderá aprovar padrões de cláusulas e condições que devam ser adotados nas escrituras de emissão de debêntures destinadas à negociação em bolsa ou no mercado de balcão, e recusar a admissão ao mercado da emissão que não satisfaça a esses padrões.

Registro

Art. 62. Nenhuma emissão de debêntures será feita sem que tenham sido satisfeitos os seguintes requisitos: (Redação dada pela Lei nº 10.303, de 2001)

I – arquivamento, no registro do comércio, e publicação da ata da assembleia geral, ou do conselho de administração, que deliberou sobre a emissão; (Redação dada pela Lei nº 10.303, de 2001)

II – inscrição da escritura de emissão no registro do comércio; (Redação dada pela Lei nº 10.303, de 2001)

III – constituição das garantias reais, se for o caso.

§ 1º. Os administradores da companhia respondem pelas perdas e danos causados à companhia ou a terceiros por infração deste artigo.

§ 2º. O agente fiduciário e qualquer debenturista poderão promover os registros requeridos neste artigo e sanar as lacunas e irregularidades porventura existentes nos registros promovidos pelos administradores da companhia; neste caso, o oficial do registro notificará a administração da companhia para que lhe forneça as indicações e documentos necessários.

§ 3º. Os aditamentos à escritura de emissão serão averbados nos mesmos registros.

§ 4º. Os registros do comércio manterão livro especial para inscrição das emissões de debêntures, no qual serão anotadas as condições essenciais de cada emissão. (Redação dada pela Lei nº 10.303, de 2001)

**SEÇÃO IV.
FORMA, PROPRIEDADE, CIRCULAÇÃO E ÔNUS**

Art. 63. As debêntures serão nominativas, aplicando-se, no que couber, o disposto nas seções V a VII do Capítulo III. (Redação dada pela Lei nº 9.457, de 1997)

§ 1º. As debêntures podem ser objeto de depósito com emissão de certificado, nos termos do art. 43. (Renumerado pela Lei nº 10.303, de 2001)

§ 2º. A escritura de emissão pode estabelecer que as debêntures sejam mantidas em contas de custódia, em nome de seus titulares, na instituição que designar, sem emissão de certificados, aplicando-se, no que couber, o disposto no art. 41. (Incluído pela Lei nº 10.303, de 2001)

**SEÇÃO V.
CERTIFICADOS**

Requisitos

Art. 64. Os certificados das debêntures conterão:

I – a denominação, sede, prazo de duração e objeto da companhia;

II – a data da constituição da companhia e do arquivamento e publicação dos seus atos constitutivos;

III – a data da publicação da ata da assembleia geral que deliberou sobre a emissão;

IV – a data e ofício do registro de imóveis em que foi inscrita a emissão;

V – a denominação "Debênture" e a indicação da sua espécie, pelas palavras "com garantia real", "com garantia flutuante", "sem preferência" ou "subordinada";

VI – a designação da emissão e da série;

VII – o número de ordem;

VIII – o valor nominal e a cláusula de correção monetária, se houver, as condições de vencimento, amortização, resgate, juros, participação no lucro ou prêmio de reembolso, e a época em que serão devidos;

IX – as condições de conversibilidade em ações, se for o caso;

X – o nome do debenturista; (Redação dada pela Lei nº 9.457, de 1997)

XI – o nome do agente fiduciário dos debenturistas, se houver; (Redação dada pela Lei nº 9.457, de 1997)

XII – a data da emissão do certificado e a assinatura de dois diretores da companhia; (Redação dada pela Lei nº 9.457, de 1997)

XIII – a autenticação do agente fiduciário, se for o caso. (Redação dada pela Lei nº 9.457, de 1997)

Títulos múltiplos e cautelas

Art. 65. A companhia poderá emitir certificados de múltiplos de debêntures e, provisoriamente, cautelas que as representem, satisfeitos os requisitos do artigo 64.

§ 1º. Os títulos múltiplos de debêntures das companhias abertas obedecerão à padronização de quantidade fixada pela Comissão de Valores Mobiliários.

§ 2º. Nas condições previstas na escritura de emissão com nomeação de agente fiduciário, os certificados poderão ser substituídos, desdobrados ou grupados.

**SEÇÃO VI.
AGENTE FIDUCIÁRIO DOS DEBENTURISTAS**

Requisitos e incompatibilidades

Art. 66. O agente fiduciário será nomeado e deverá aceitar a função na escritura de emissão das debêntures.

§ 1º. Somente podem ser nomeados agentes fiduciários as pessoas naturais que satisfaçam aos requisitos para o exercício de cargo em órgão de administração da companhia e as instituições financeiras que, especialmente autorizadas pelo Banco Central do Brasil, tenham por objeto a administração ou a custódia de bens de terceiros.

§ 2º. A Comissão de Valores Mobiliários poderá estabelecer que nas emissões de debêntures negociadas no mercado o agente fiduciário, ou um dos agentes fiduciários, seja instituição financeira.

§ 3º. Não pode ser agente fiduciário:

a) pessoa que já exerça a função em outra emissão da mesma companhia, a menos que autorizado, nos termos das normas expedidas pela Comissão de Valores Mobiliários; (Redação dada pela Lei nº 12.431, de 2011)

b) instituição financeira coligada à companhia emissora ou à entidade que subscreva a emissão para distribuí-la no mercado, e qualquer sociedade por elas controlada;

c) credor, por qualquer título, da sociedade emissora, ou sociedade por ele controlada;

d) instituição financeira cujos administradores tenham interesse na companhia emissora;

e) pessoa que, de qualquer outro modo, se coloque em situação de conflito de interesse pelo exercício da função.

§ 4º. O agente fiduciário que, por circunstâncias posteriores à emissão, ficar impedido de continuar a exercer a função deverá comunicar imediatamente o fato aos debenturistas e pedir sua substituição.

Substituição, remuneração e fiscalização

Art. 67. A escritura de emissão estabelecerá as condições de substituição e remuneração do agente fiduciário, observadas as normas expedidas pela Comissão de Valores Mobiliários.

Parágrafo único. A Comissão de Valores Mobiliários fiscalizará o exercício da função de agente fiduciário das emissões distribuídas no mercado, ou de debêntures negociadas em bolsa ou no mercado de balcão, podendo:

a) nomear substituto provisório, nos casos de vacância;

b) suspender o agente fiduciário de suas funções e dar-lhe substituto, se deixar de cumprir os seus deveres.

Deveres e atribuições

Art. 68. O agente fiduciário representa, nos termos desta Lei e da escritura de emissão, a comunhão dos debenturistas perante a companhia emissora.

§ 1º. São deveres do agente fiduciário:

a) proteger os direitos e interesses dos debenturistas, empregando no exercício da função o cuidado e a diligência que todo homem ativo e probo costuma empregar na administração de seus próprios bens;

b) elaborar relatório e colocá-lo anualmente à disposição dos debenturistas, dentro de 4 (quatro) meses do encerramento do exercício social da companhia, informando os fatos relevantes ocorridos durante o exercício, relativos à execução das obrigações assumidas pela companhia, aos bens garantidores das debêntures e à constituição e aplicação do fundo de amortização, se houver; do relatório constará, ainda, declaração do agente sobre sua aptidão para continuar no exercício da função;

c) notificar os debenturistas, no prazo máximo de 60 (sessenta) dias, de qualquer inadimplemento, pela companhia, de obrigações assumidas na escritura da emissão. (Redação dada pela Lei nº 10.303, de 2001)

§ 2º. A escritura de emissão disporá sobre o modo de cumprimento dos deveres de que tratam as alíneas *b* e *c* do parágrafo anterior.

§ 3º. O agente fiduciário pode usar de qualquer ação para proteger direitos ou defender interesses dos debenturistas, sendo-lhe especialmente facultado, no caso de inadimplemento da companhia:

a) declarar, observadas as condições da escritura de emissão, antecipadamente vencidas as debêntures e cobrar o seu principal e acessórios;

b) executar garantias reais, receber o produto da cobrança e aplicá-lo no pagamento, integral ou proporcional, dos debenturistas;

c) requerer a falência da companhia emissora, se não existirem garantias reais;

d) representar os debenturistas em processos de falência, concordata, intervenção ou liquidação extrajudicial da companhia emissora, salvo deliberação em contrário da assembleia dos debenturistas;

e) tomar qualquer providência necessária para que os debenturistas realizem os seus créditos.

§ 4º. O agente fiduciário responde perante os debenturistas pelos prejuízos que lhes causar por culpa ou dolo no exercício das suas funções.

§ 5º. O crédito do agente fiduciário por despesas que tenha feito para proteger direitos e interesses ou realizar créditos dos debenturistas será acrescido à dívida da companhia emissora, gozará das mesmas garantias das debêntures e preferirá a estas na ordem de pagamento.

§ 6º. Serão reputadas não escritas as cláusulas da escritura de emissão que restringirem os deveres, atribuições e responsabilidade do agente fiduciário previstos neste artigo.

Outras funções

Art. 69. A escritura de emissão poderá ainda atribuir ao agente fiduciário as funções de autenticar os certificados de debêntures, administrar o fundo de amortização, manter em custódia bens dados em garantia e efetuar os pagamentos de juros, amortização e resgate.

Substituição de garantias e modificação da escritura

Art. 70. A substituição de bens dados em garantia, quando autorizada na escritura de emissão, dependerá da concordância do agente fiduciário.

Parágrafo único. O agente fiduciário não tem poderes para acordar na modificação das cláusulas e condições da emissão.

**SEÇÃO VII.
ASSEMBLEIA DE DEBENTURISTAS**

Art. 71. Os titulares de debêntures da mesma emissão ou série podem, a qualquer tempo, reunir-se em assembleia a fim de deliberar sobre matéria de interesse da comunhão dos debenturistas.

§ 1º. A assembleia de debenturistas pode ser convocada pelo agente fiduciário, pela companhia emissora, por debenturistas que representem 10% (dez por cento), no mínimo, dos títulos em circulação, e pela Comissão de Valores Mobiliários.

§ 2º. Aplica-se à assembleia de debenturistas, no que couber, o disposto nesta Lei sobre a assembleia geral de acionistas.

§ 3º. A assembleia se instalará, em primeira convocação, com a presença de debenturistas que representem metade, no mínimo, das debêntures em circulação, e, em segunda convocação, com qualquer número.

§ 4º. O agente fiduciário deverá comparecer à assembleia e prestar aos debenturistas as informações que lhe forem solicitadas.

§ 5º. A escritura de emissão estabelecerá a maioria necessária, que não será inferior à metade das debêntures em circulação, para aprovar modificação nas condições das debêntures.

§ 6º. Nas deliberações da assembleia, a cada debênture caberá um voto.

SEÇÃO VIII. CÉDULA DE DEBÊNTURES

(Redação dada pela Lei nº 9.457, de 1997)

Art. 72. As instituições financeiras autorizadas pelo Banco Central do Brasil a efetuar esse tipo de operação poderão emitir cédulas lastreadas em debêntures, com garantia própria, que conferirão a seus titulares direito de crédito contra o emitente, pelo valor nominal e os juros nela estipulados. (Redação dada pela Lei nº 9.457, de 1997)

§ 1º. A cédula será nominativa, escritural ou não. (Redação dada pela Lei nº 9.457, de 1997)

§ 2º. O certificado da cédula conterá as seguintes declarações:

a) o nome da instituição financeira emitente e as assinaturas dos seus representantes;

b) o número de ordem, o local e a data da emissão;

c) a denominação "Cédula de Debêntures"; (Redação dada pela Lei nº 9.457, de 1997)

d) o valor nominal e a data do vencimento;

e) os juros, que poderão ser fixos ou variáveis, e as épocas do seu pagamento;

f) o lugar do pagamento do principal e dos juros;

g) a identificação das debêntures-lastro, do seu valor e da garantia constituída; (Redação dada pela Lei nº 9.457, de 1997)

h) o nome do agente fiduciário dos debenturistas;

i) a cláusula de correção monetária, se houver;

j) o nome do titular; (Redação dada pela Lei nº 9.457, de 1997)

SEÇÃO IX. EMISSÃO DE DEBÊNTURES NO ESTRANGEIRO

Art. 73. Somente com a prévia aprovação do Banco Central do Brasil as companhias brasileiras poderão emitir debêntures no Exterior com garantia real ou flutuante de bens situados no País.

§ 1º. Os credores por obrigações contraídas no Brasil terão preferência sobre os créditos por debêntures emitidas no Exterior por companhias estrangeiras autorizadas a funcionar no País, salvo se a emissão tiver sido previamente autorizada pelo Banco Central do Brasil e o seu produto aplicado em estabelecimento situado no território nacional.

§ 2º. Em qualquer caso, somente poderão ser remetidos para o Exterior o principal e os encargos de debêntures registradas no Banco Central do Brasil.

§ 3º. A emissão de debêntures no estrangeiro, além de observar os requisitos do artigo 62, requer a inscrição no registro de imóveis, do local da sede ou do estabelecimento, dos demais documentos exigidos pelas leis do lugar da emissão, autenticadas de acordo com a lei aplicável, legalizadas pelo consulado brasileiro no Exterior e acompanhadas de tradução em vernáculo, feita por tradutor público juramentado; e, no caso de companhia estrangeira, o arquivamento no registro do comércio e publicação do ato que, de acordo com o estatuto social e a lei do local da sede, tenha autorizado a emissão.

§ 4º. A negociação, no mercado de capitais do Brasil, de debêntures emitidas no estrangeiro, depende de prévia autorização da Comissão de Valores Mobiliários.

SEÇÃO X. EXTINÇÃO

Art. 74. A companhia emissora fará, nos livros próprios, as anotações referentes à extinção das debêntures, e manterá arquivados, pelo prazo de 5 (cinco) anos, juntamente com os documentos relativos à extinção, os certificados cancelados ou os recibos dos titulares das contas das debêntures escriturais.

§ 1º. Se a emissão tiver agente fiduciário, caberá a este fiscalizar o cancelamento dos certificados.

§ 2º. Os administradores da companhia responderão solidariamente pelas perdas e danos decorrentes da infração do disposto neste artigo.

CAPÍTULO VI. BÔNUS DE SUBSCRIÇÃO

Características

Art. 75. A companhia poderá emitir, dentro do limite de aumento de capital autorizado no estatuto (artigo 168), títulos negociáveis denominados "Bônus de Subscrição".

Parágrafo único. Os bônus de subscrição conferirão aos seus titulares, nas condições constantes do certificado, direito de subscrever ações do capital social, que será exercido mediante apresentação do título à companhia e pagamento do preço de emissão das ações.

Competência

Art. 76. A deliberação sobre emissão de bônus de subscrição compete à assembleia geral, se o estatuto não a atribuir ao conselho de administração.

Emissão

Art. 77. Os bônus de subscrição serão alienados pela companhia ou por ela atribuídos, como vantagem adicional, aos subscritores de emissões de suas ações ou debêntures.

Parágrafo único. Os acionistas da companhia gozarão, nos termos dos artigos 171 e 172, de preferência para subscrever a emissão de bônus.

Forma, propriedade e circulação

Art. 78. Os bônus de subscrição terão a forma nominativa. (Redação dada pela Lei nº 9.457, de 1997)

Parágrafo único. Aplica-se aos bônus de subscrição, no que couber, o disposto nas Seções V a VII do Capítulo III.

Certificados

Art. 79. O certificado de bônus de subscrição conterá as seguintes declarações:

I – as previstas nos números. I a IV do artigo 24;

II – a denominação "Bônus de Subscrição";

III – o número de ordem;

IV – o número, a espécie e a classe das ações que poderão ser subscritas, o preço de emissão ou os critérios para sua determinação;

V – a época em que o direito de subscrição poderá ser exercido e a data do término do prazo para esse exercício;

VI – o nome do titular; (Redação dada pela Lei nº 9.457, de 1997)

VII – a data da emissão do certificado e as assinaturas de dois diretores. (Redação dada pela Lei nº 9.457, de 1997)

CAPÍTULO VII. CONSTITUIÇÃO DA COMPANHIA

SEÇÃO I. REQUISITOS PRELIMINARES

Art. 80. A constituição da companhia depende do cumprimento dos seguintes requisitos preliminares:

I – subscrição, pelo menos por 2 (duas) pessoas, de todas as ações em que se divide o capital social fixado no estatuto;

II – realização, como entrada, de 10% (dez por cento), no mínimo, do preço de emissão das ações subscritas em dinheiro;

III – depósito, no Banco do Brasil S.A., ou em outro estabelecimento bancário autorizado pela Comissão de Valores Mobiliários, da parte do capital realizado em dinheiro.

Parágrafo único. O disposto no número II não se aplica às companhias para as quais a lei exige realização inicial de parte maior do capital social.

Depósito da entrada

Art. 81. O depósito referido no número III do artigo 80 deverá ser feito pelo fundador, no prazo de 5 (cinco) dias contados do recebimento das quantias, em nome do subscritor e a favor da sociedade em organização, que só poderá levantá-lo após haver adquirido personalidade jurídica.

Parágrafo único. Caso a companhia não se constitua dentro de 6 (seis) meses da data do depósito, o banco restituirá as quantias depositadas diretamente aos subscritores.

SEÇÃO II. CONSTITUIÇÃO POR SUBSCRIÇÃO PÚBLICA REGISTRO DA EMISSÃO

Art. 82. A constituição de companhia por subscrição pública depende do prévio registro da emissão na Comissão de Valores Mobiliários, e a subscrição somente poderá ser efetuada com a intermediação de instituição financeira.

§ 1º. O pedido de registro de emissão obedecerá às normas expedidas pela Comissão de Valores Mobiliários e será instruído com:

a) o estudo de viabilidade econômica e financeira do empreendimento;

b) o projeto do estatuto social;

c) o prospecto, organizado e assinado pelos fundadores e pela instituição financeira intermediária.

§ 2º. A Comissão de Valores Mobiliários poderá condicionar o registro a modificações no estatuto ou no prospecto e denegá-lo por inviabilidade ou temeridade do empreendimento, ou inidoneidade dos fundadores.

Projeto de estatuto

Art. 83. O projeto de estatuto deverá satisfazer a todos os requisitos exigidos para os contratos das sociedades mercantis em geral e aos peculiares às companhias, e conterá as normas pelas quais se regerá a companhia.

- CC: art. 997.

Prospecto

Art. 84. O prospecto deverá mencionar, com precisão e clareza, as bases da companhia e os motivos que justifiquem a expectativa de bom êxito do empreendimento, e em especial:

I – o valor do capital social a ser subscrito, o modo de sua realização e a existência ou não de autorização para aumento futuro;

II – a parte do capital a ser formada com bens, a discriminação desses bens e o valor a eles atribuídos pelos fundadores;

III – o número, as espécies e classes de ações em que se dividirá o capital; o valor nominal das ações, e o preço da emissão das ações;

IV – a importância da entrada a ser realizada no ato da subscrição;

V – as obrigações assumidas pelos fundadores, os contratos assinados no interesse da futura companhia e as quantias já despendidas e por despender;

VI – as vantagens particulares, a que terão direito os fundadores ou terceiros, e o dispositivo do projeto do estatuto que as regula;

VII – a autorização governamental para constituir-se a companhia, se necessária;

VIII – as datas de início e término da subscrição e as instituições autorizadas a receber as entradas;

IX – a solução prevista para o caso de excesso de subscrição;

X – o prazo dentro do qual deverá realizar-se a assembleia de constituição da companhia, ou a preliminar para avaliação dos bens, se for o caso;

XI – o nome, nacionalidade, estado civil, profissão e residência dos fundadores, ou, se pessoa jurídica, a firma ou denominação, nacionalidade e sede, bem como o número e espécie de ações que cada um houver subscrito;

XII – a instituição financeira intermediária do lançamento, em cujo poder ficarão depositados os originais do prospecto e do projeto de estatuto, com os documentos a que fizerem menção, para exame de qualquer interessado.

Lista, boletim e entrada

Art. 85. No ato da subscrição das ações a serem realizadas em dinheiro, o subscritor pagará entrada e assinará a lista ou o boletim individual autenticados pela instituição autorizada a receber as entradas, qualificando-se pelo nome, nacionalidade, residência, estado civil, profissão e documento de identidade, ou, se pessoa jurídica, pela firma ou denominação, nacionalidade e sede, devendo especificar o número das ações subscritas, a sua espécie e classe, se houver mais de uma, e o total da entrada.

§ 1º A subscrição poderá ser feita, nas condições previstas no prospecto, por carta à instituição, acompanhada das declarações a que se refere este artigo e do pagamento da entrada. (Parágrafo renumerado e com redação dada pela Lei 13.874/2019)

§ 2º Será dispensada a assinatura de lista ou de boletim a que se refere o *caput* deste artigo na hipótese de oferta pública cuja liquidação ocorra por meio de sistema administrado por entidade administradora de mercados organizados de valores mobiliários. (Acrescido pela Lei 13.874/2019)

CONVOCAÇÃO DE ASSEMBLEIA

Art. 86. Encerrada a subscrição e havendo sido subscrito todo o capital social, os fundadores convocarão a assembleia geral que deverá:

I – promover a avaliação dos bens, se for o caso (artigo 8º);

II – deliberar sobre a constituição da companhia.

Parágrafo único. Os anúncios de convocação mencionarão hora, dia e local da reunião e serão inseridos nos jornais em que houver sido feita a publicidade da oferta de subscrição.

Assembleia de constituição

Art. 87. A assembleia de constituição instalar-se-á, em primeira convocação, com a presença de subscritores que representem, no mínimo, metade do capital social, e, em segunda convocação, com qualquer número.

§ 1º. Na assembleia, presidida por um dos fundadores e secretariada por subscritor, será lido o recibo de depósito de que trata o número III do artigo 80, bem como discutido e votado o projeto de estatuto.

§ 2º. Cada ação, independentemente de sua espécie ou classe, dá direito a um voto; a maioria não tem poder para alterar o projeto de estatuto.

§ 3º. Verificando-se que foram observadas as formalidades legais e não havendo oposição de subscritores que representem mais da metade do capital social, o presidente declarará constituída a companhia, procedendo-se, a seguir, à eleição dos administradores e fiscais.

§ 4º. A ata da reunião, lavrada em duplicata, depois de lida e aprovada pela assembleia, será assinada por todos os subscritores presentes, ou por quantos bastem à validade das deliberações; um exemplar ficará em poder da companhia e o outro será destinado ao registro do comércio.

SEÇÃO III.
CONSTITUIÇÃO POR SUBSCRIÇÃO PARTICULAR

Art. 88. A constituição da companhia por subscrição particular do capital pode fazer-se por deliberação dos subscritores em assembleia geral ou por escritura pública, considerando-se fundadores todos os subscritores.

§ 1º. Se a forma escolhida for a de assembleia geral observar-se-á o disposto nos artigos 86 e 87, devendo ser entregues à assembleia o projeto do estatuto, assinado em duplicata por todos os subscritores do capital, e as listas ou boletins de subscrição de todas as ações.

§ 2º. Preferida a escritura pública, será ela assinada por todos os subscritores, e conterá:

a) a qualificação dos subscritores, nos termos do artigo 85;

b) o estatuto da companhia;

c) a relação das ações tomadas pelos subscritores e a importância das entradas pagas;

d) a transcrição do recibo do depósito referido no número III do artigo 80;

e) a transcrição do laudo de avaliação dos peritos, caso tenha havido subscrição do capital social em bens (artigo 8º);

f) a nomeação dos primeiros administradores e, quando for o caso, dos fiscais.

SEÇÃO IV.
DISPOSIÇÕES GERAIS

Art. 89. A incorporação de imóveis para formação do capital social não exige escritura pública.

Art. 90. O subscritor pode fazer-se representar na assembleia geral ou na escritura pública por procurador com poderes especiais.

Art. 91. Nos atos e publicações referentes a companhia em constituição, sua denominação deverá ser aditada da cláusula "em organização".

Art. 92. Os fundadores e as instituições financeiras que participarem da constituição por subscrição pública responderão, no âmbito das respectivas atribuições, pelos prejuízos resultantes da inobservância de preceitos legais.

Parágrafo único. Os fundadores responderão, solidariamente, pelo prejuízo decorrente de culpa ou dolo em atos ou operações anteriores à constituição.

Art. 93. Os fundadores entregarão aos primeiros administradores eleitos todos os documentos, livros ou papéis relativos à constituição da companhia ou a esta pertencentes.

CAPÍTULO VIII.
FORMALIDADES COMPLEMENTARES DA CONSTITUIÇÃO

Arquivamento e publicação

Art. 94. Nenhuma companhia poderá funcionar sem que sejam arquivados e publicados seus atos constitutivos.

Companhia constituída por assembleia

Art. 95. Se a companhia houver sido constituída por deliberação em assembleia geral, deverão ser arquivados no registro do comércio do lugar da sede:

I – um exemplar do estatuto social, assinado por todos os subscritores (artigo 88, § 1º) ou, se a subscrição houver sido pública, os originais do estatuto e do prospecto, assinados pelos fundadores, bem como do jornal em que tiverem sido publicados;

II – a relação completa, autenticada pelos fundadores ou pelo presidente da assembleia, dos subscritores do capital social, com a qualificação, número das ações e o total da entrada de cada subscritor (artigo 85);

III – o recibo do depósito a que se refere o número III do artigo 80;

IV – duplicata das atas das assembleias realizadas para a avaliação de bens quando for o caso (artigo 8º);

V – duplicata da ata da assembleia geral dos subscritores que houver deliberado a constituição da companhia (artigo 87).

Companhia constituída por escritura pública

Art. 96. Se a companhia tiver sido constituída por escritura pública, bastará o arquivamento de certidão do instrumento.

Registro do comércio

Art. 97. Cumpre ao registro do comércio examinar se as prescrições legais foram observadas na constituição da companhia, bem como se no estatuto existem cláusulas contrárias à lei, à ordem pública e aos bons costumes.

§ 1º. Se o arquivamento for negado, por inobservância de prescrição ou exigência legal ou por irregularidade verificada na constituição da companhia, os primeiros administradores deverão convocar imediatamente a assembleia geral para sanar a falta ou irregularidade, ou autorizar as providências que se fizerem necessárias. A instalação e funcionamento da assembleia obedecerão ao disposto no artigo 87, devendo a deliberação ser tomada por acionistas que representem, no mínimo, metade do capital social. Se a falta for do estatuto, poderá ser sanada na mesma assembleia, a qual deliberará, ainda, sobre se a companhia deve promover a responsabilidade civil dos fundadores (artigo 92).

§ 2º. Com a 2ª via da ata da assembleia e a prova de ter sido sanada a falta ou irregularidade, o registro do comércio procederá o arquivamento dos atos constitutivos da companhia.

§ 3º. A criação de sucursais, filiais ou agências, observado o disposto no estatuto, será arquivada no registro do comércio.

Publicação e transferência de bens

Art. 98. Arquivados os documentos relativos à constituição da companhia, os seus administradores providenciarão, nos 30 (trinta) dias subsequentes, a publicação deles, bem como a de certidão do arquivamento, em órgão oficial do local de sua sede.

§ 1º. Um exemplar do órgão oficial deverá ser arquivado no registro do comércio.

§ 2º. A certidão dos atos constitutivos da companhia, passada pelo registro do comércio em que foram arquivados, será o documento hábil para a transferência, por transcrição no registro público competente, dos bens com que o subscritor tiver contribuído para a formação do capital social (artigo 8º, § 2º).

§ 3º. A ata da assembleia geral que aprovar a incorporação deverá identificar o bem com precisão, mas poderá descrevê-lo sumariamente, desde que seja suplementada por declaração, assinada pelo subscritor, contendo todos os elementos necessários para a transcrição no registro público.

Responsabilidade dos primeiros administradores

Art. 99. Os primeiros administradores são solidariamente responsáveis perante a companhia pelos prejuízos causados pela demora no cumprimento das formalidades complementares à sua constituição.

Parágrafo único. A companhia não responde pelos atos ou operações praticadas pelos primeiros administradores antes de cumpridas as formalidades de constituição, mas a assembleia geral poderá deliberar em contrário.

CAPÍTULO IX. LIVROS SOCIAIS

Art. 100. A companhia deve ter, além dos livros obrigatórios para qualquer comerciante, os seguintes, revestidos das mesmas formalidades legais:

I – o livro de Registro de Ações Nominativas, para inscrição, anotação ou averbação: (Redação dada pela Lei nº 9.457, de 1997)

a) do nome do acionista e do número das suas ações;

b) das entradas ou prestações de capital realizado;

c) das conversões de ações, de uma em outra espécie ou classe; (Redação dada pela Lei nº 9.457, de 1997)

d) do resgate, reembolso e amortização das ações, ou de sua aquisição pela companhia;

e) das mutações operadas pela alienação ou transferência de ações;

f) do penhor, usufruto, fideicomisso, da alienação fiduciária em garantia ou de qualquer ônus que grave as ações ou obste sua negociação;

II – o livro de "Transferência de Ações Nominativas", para lançamento dos termos de transferência, que deverão ser assinados pelo cedente e pelo cessionário ou seus legítimos representantes;

III – o livro de "Registro de Partes Beneficiárias Nominativas" e o de "Transferência de Partes Beneficiárias Nominativas", se tiverem sido emitidas, observando-se, em ambos, no que couber, o disposto nos números I e II deste artigo;

IV – o livro de Atas das Assembleias-Gerais; (Redação dada pela Lei nº 9.457, de 1997)

V – o livro de Presença dos Acionistas; (Redação dada pela Lei nº 9.457, de 1997)

VI – os livros de Atas das Reuniões do Conselho de Administração, se houver, e de Atas das Reuniões de Diretoria; (Redação dada pela Lei nº 9.457, de 1997)

VII – o livro de Atas e Pareceres do Conselho Fiscal. (Redação dada pela Lei nº 9.457, de 1997)

§ 1º. A qualquer pessoa, desde que se destinem a defesa de direitos e esclarecimento de situações de interesse pessoal ou dos acionistas ou do mercado de valores mobiliários, serão dadas certidões dos assentamentos constantes dos livros mencionados nos incisos I a III, e por elas a companhia poderá cobrar o custo do serviço, cabendo, do indeferimento do pedido por parte da companhia, recurso à Comissão de Valores Mobiliários. (Redação dada pela Lei nº 9.457, de 1997)

§ 2º. Nas companhias abertas, os livros referidos nos incisos I a V do *caput* deste artigo poderão ser substituídos, observadas as normas expedidas pela Comissão de Valores Mobiliários, por registros mecanizados ou eletrônicos. (Redação dada pela Lei nº 12.431, de 2011)

Escrituração do agente emissor

Art. 101. O agente emissor de certificados (art. 27) poderá substituir os livros referidos nos incisos I a III do art. 100 pela sua escrituração e manter, mediante sistemas adequados, aprovados pela Comissão de Valores Mobiliários, os registros de propriedade das ações, partes beneficiárias, debêntures e bônus de subscrição, devendo uma vez por ano preparar lista dos seus titulares, com o número dos títulos de cada um, a qual será encadernada, autenticada no registro do comércio e arquivada na companhia. (Redação dada pela Lei nº 9.457, de 1997)

§ 1º. Os termos de transferência de ações nominativas perante o agente emissor poderão ser lavrados em folhas soltas, à vista do certificado da ação, no qual serão averbados a transferência e o nome e qualificação do adquirente.

§ 2º. Os termos de transferência em folhas soltas serão encadernados em ordem cronológica, em livros autenticados no registro do comércio e arquivados no agente emissor.

Ações escriturais

Art. 102. A instituição financeira depositária de ações escriturais deverá fornecer à companhia, ao menos uma vez por ano, cópia dos extratos das contas de depósito das ações e a lista dos acionistas com a quantidade das respectivas ações, que serão encadernadas em livros autenticados no registro do comércio e arquivados na instituição financeira.

Fiscalização e dúvidas no registro

Art. 103. Cabe à companhia verificar a regularidade das transferências e da constituição de direitos ou ônus sobre os valores mobiliários de sua emissão; nos casos dos artigos 27 e 34, essa atribuição compete, respectivamente, ao agente emissor de certificados e à instituição financeira depositária das ações escriturais.

Parágrafo único. As dúvidas suscitadas entre o acionista, ou qualquer interessado, e a companhia, o agente emissor de certificados ou a instituição financeira depositária das ações escriturais, a respeito das averbações ordenadas por esta Lei, ou sobre anotações, lançamentos ou transferências de ações, partes beneficiárias, debêntures, ou bônus de subscrição, nos livros de registro ou transferência, serão dirimidas pelo juiz competente para solucionar as dúvidas levantadas pelos oficiais dos registros públicos, excetuadas as questões atinentes à substância do direito.

Responsabilidade da companhia

Art. 104. A companhia é responsável pelos prejuízos que causar aos interessados por vícios ou irregularidades verificadas nos livros de que tratam os incisos I a III do art. 100. (Redação dada pela Lei nº 9.457, de 1997)

Parágrafo único. A companhia deverá diligenciar para que os atos de emissão e substituição de certificados, e de transferências e averbações nos livros sociais, sejam praticados no menor prazo possível, não excedente do fixado pela Comissão de Valores Mobiliários, respondendo perante acionistas e terceiros pelos prejuízos decorrentes de atrasos culposos.

Exibição dos livros

Art. 105. A exibição por inteiro dos livros da companhia pode ser ordenada judicialmente sempre que, a requerimento de acionistas que representem, pelo menos, 5% (cinco por cento) do capital social, sejam apontados atos violadores da lei ou do estatuto, ou haja fundada suspeita de graves irregularidades praticadas por qualquer dos órgãos da companhia.

CAPÍTULO X. ACIONISTAS

SEÇÃO I. OBRIGAÇÃO DE REALIZAR O CAPITAL

Condições e mora

Art. 106. O acionista é obrigado a realizar, nas condições previstas no estatuto ou no boletim de subscrição, a prestação correspondente às ações subscritas ou adquiridas.

§ 1º. Se o estatuto e o boletim forem omissos quanto ao montante da prestação e ao prazo ou data do pagamento, caberá aos órgãos da administração efetuar chamada, mediante avisos publicados na imprensa, por 3 (três) vezes, no mínimo, fixando prazo, não inferior a 30 (trinta) dias, para o pagamento.

§ 2º. O acionista que não fizer o pagamento nas condições previstas no estatuto ou boletim, ou na chamada, ficará de pleno direito constituído em mora, sujeitando-se ao pagamento dos juros, da correção monetária e da multa que o estatuto determinar, esta não superior a 10% (dez por cento) do valor da prestação.

Acionista remisso

Art. 107. Verificada a mora do acionista, a companhia pode, à sua escolha:

I – promover contra o acionista, e os que com ele forem solidariamente responsáveis (artigo 108), processo de execução para cobrar as importâncias devidas, servindo o boletim de subscrição e o aviso de chamada como título extrajudicial nos termos do Código de Processo Civil; ou

- Lei 13.105/2015 – CPC.

II – mandar vender as ações em Bolsa de Valores, por conta e risco do acionista.

§ 1º. Será havida como não escrita, relativamente à companhia, qualquer estipulação do estatuto ou do boletim de subscrição que exclua ou limite o exercício da opção prevista neste artigo, mas o subscritor de boa-fé terá ação, contra os responsáveis pela estipulação, para haver perdas e danos sofridos, sem prejuízo da responsabilidade penal que no caso couber.

§ 2º. A venda será feita em leilão especial na Bolsa de Valores do lugar da sede social, ou, se não houver, na mais próxima, depois de publicado aviso, por 3 (três) vezes, com antecedência mínima de 3 (três) dias. Do produto da venda serão deduzidos as despesas com a operação e, se previsto no estatuto, os juros, correção monetária e multa, ficando o saldo à disposição do ex-acionista, na sede da sociedade.

§ 3º. É facultado à companhia, mesmo após iniciada a cobrança judicial, mandar vender a ação em Bolsa de Valores; a companhia poderá também promover a cobrança judicial se as ações oferecidas em bolsa não encontrarem tomador, ou se o preço apurado não bastar para pagar os débitos do acionista.

§ 4º. Se a companhia não conseguir, por qualquer dos meios previstos neste artigo, a integralização das ações, poderá declará-las caducas e fazer suas as entradas realizadas, integralizando-as com lucros ou reservas, exceto a legal; se não tiver lucros e reservas suficientes, terá o prazo de 1 (um) ano para colocar as ações caídas em comisso, findo o qual, não tendo sido encontrado comprador, a assembleia geral deliberará sobre a redução do capital em importância correspondente.

Responsabilidade dos alienantes

Art. 108. Ainda quando negociadas as ações, os alienantes continuarão responsáveis, solidariamente com os adquirentes, pelo pagamento das prestações que faltarem para integralizar as ações transferidas.

Parágrafo único. Tal responsabilidade cessará, em relação a cada alienante, no fim de 2 (dois) anos a contar da data da transferência das ações.

SEÇÃO II.
DIREITOS ESSENCIAIS

Art. 109. Nem o estatuto social nem a assembleia geral poderão privar o acionista dos direitos de:

I – participar dos lucros sociais;

II – participar do acervo da companhia, em caso de liquidação;

III – fiscalizar, na forma prevista nesta Lei, a gestão dos negócios sociais;

IV – preferência para subscrição de ações, partes beneficiárias conversíveis em ações, debêntures conversíveis em ações e bônus de subscrição, observado o disposto nos artigos 171 e 172;

V – retirar-se da sociedade nos casos previstos nesta Lei.

§ 1º. As ações de cada classe conferirão iguais direitos aos seus titulares.

§ 2º. Os meios, processos ou ações que a lei confere ao acionista para assegurar os seus direitos não podem ser elididos pelo estatuto ou pela assembleia geral.

§ 3º. O estatuto da sociedade pode estabelecer que as divergências entre os acionistas e a companhia, ou entre os acionistas controladores e os acionistas minoritários, poderão ser solucionadas mediante arbitragem, nos termos em que especificar. (Incluído pela Lei nº 10.303, de 2001)

SEÇÃO III.
DIREITO DE VOTO

Disposições gerais

Art. 110. A cada ação ordinária corresponde 1 (um) voto nas deliberações da assembleia geral.

§ 1º. O estatuto pode estabelecer limitação ao número de votos de cada acionista.

§ 2º. É vedado atribuir voto plural a qualquer classe de ações.

Ações preferenciais

Art. 111. O estatuto poderá deixar de conferir às ações preferenciais algum ou alguns dos direitos reconhecidos às ações ordinárias, inclusive o de voto, ou conferi-lo com restrições, observado o disposto no artigo 109.

§ 1º. As ações preferenciais sem direito de voto adquirirão o exercício desse direito se a companhia, pelo prazo previsto no estatuto, não superior a 3 (três) exercícios consecutivos, deixar de pagar os dividendos fixos ou mínimos a que fizerem jus, direito que conservarão até o pagamento, se tais dividendos não forem cumulativos, ou até que sejam pagos os cumulativos em atraso.

§ 2º. Na mesma hipótese e sob a mesma condição do § 1º, as ações preferenciais com direito de voto restrito terão suspensas as limitações ao exercício desse direito.

§ 3º. O estatuto poderá estipular que o disposto nos §§ 1º e 2º vigorará a partir do término da implantação do empreendimento inicial da companhia.

Não exercício de voto pelas ações ao portador

Art. 112. Somente os titulares de ações nominativas endossáveis e escriturais poderão exercer o direito de voto.

Parágrafo único. Os titulares de ações preferenciais ao portador que adquirirem direito de voto de acordo com o disposto nos §§ 1º e 2º do artigo 111, e enquanto dele gozarem, poderão converter as ações em nominativas ou endossáveis, independentemente de autorização estatutária.

Voto das ações empenhadas e alienadas fiduciariamente

Art. 113. O penhor da ação não impede o acionista de exercer o direito de voto; será lícito, todavia, estabelecer, no contrato, que o acionista não poderá, sem consentimento do credor pignoratício, votar em certas deliberações.

Parágrafo único. O credor garantido por alienação fiduciária da ação não poderá exercer o direito de voto; o devedor somente poderá exercê-lo nos termos do contrato.

Voto das ações gravadas com usufruto

Art. 114. O direito de voto da ação gravada com usufruto, se não for regulado no ato de constituição do gravame, somente poderá ser exercido mediante prévio acordo entre o proprietário e o usufrutuário.

Abuso do direito de voto e conflito de interesses

Art. 115. O acionista deve exercer o direito a voto no interesse da companhia; considerar-se-á abusivo o voto exercido com o fim de causar dano à companhia ou a outros acionistas, ou de obter, para si ou para outrem, vantagem a que não faz jus e de que resulte, ou possa resultar, prejuízo para a companhia ou para outros acionistas. (Redação dada pela Lei nº 10.303, de 2001)

§ 1º. O acionista não poderá votar nas deliberações da assembleia geral relativas ao laudo de avaliação de bens com que concorrer para a formação do capital social e à aprovação de suas contas como administrador, nem em quaisquer outras que puderem beneficiá-lo de modo particular, ou em que tiver interesse conflitante com o da companhia.

§ 2º. Se todos os subscritores forem condôminos de bem com que concorreram para a formação do capital social, poderão aprovar o laudo, sem prejuízo da responsabilidade de que trata o § 6º do artigo 8º.

§ 3º. O acionista responde pelos danos causados pelo exercício abusivo do direito de voto, ainda que seu voto não haja prevalecido.

§ 4º. A deliberação tomada em decorrência do voto de acionista que tem interesse conflitante com o da companhia é anulável; o acionista responderá pelos danos causados e será obrigado a transferir para a companhia as vantagens que tiver auferido.

§ 5º a 10. *(VETADOS). (Incluídos* pela Lei nº 10.303, de 2001)

SEÇÃO IV.
ACIONISTA CONTROLADOR

Deveres

Art. 116. Entende-se por acionista controlador a pessoa, natural ou jurídica, ou o grupo de pessoas vinculadas por acordo de voto, ou sob controle comum, que:

a) é titular de direitos de sócio que lhe assegurem, de modo permanente, a maioria dos votos nas deliberações da assembleia geral e o poder de eleger a maioria dos administradores da companhia; e

b) usa efetivamente seu poder para dirigir as atividades sociais e orientar o funcionamento dos órgãos da companhia.

Parágrafo único. O acionista controlador deve usar o poder com o fim de fazer a companhia realizar o seu objeto e cumprir sua função social, e tem deveres e responsabilidades para com os demais acionistas da empresa, os que nela trabalham e para com a comunidade em que atua, cujos direitos e interesses deve lealmente respeitar e atender.

Art. 116-A. O acionista controlador da companhia aberta e os acionistas, ou grupo de acionistas, que elegerem membro do conselho de administração ou membro do conselho fiscal, deverão informar imediatamente as modificações em sua posição acionária na companhia à Comissão de Valores Mobiliários e às Bolsas de Valores ou entidades do mercado de balcão organizado nas quais os valores mobiliários de emissão da companhia estejam admitidos à negociação, nas condições e na forma determinadas pela Comissão de Valores Mobiliários. (Incluído pela Lei nº 10.303, de 2001)

Responsabilidade

Art. 117. O acionista controlador responde pelos danos causados por atos praticados com abuso de poder.

§ 1º. São modalidades de exercício abusivo de poder:

a) orientar a companhia para fim estranho ao objeto social ou lesivo ao interesse nacional, ou levá-la a favorecer outra sociedade, brasileira ou estrangeira, em prejuízo da participação dos acionistas minoritários nos lucros ou no acervo da companhia, ou da economia nacional;

b) promover a liquidação de companhia próspera, ou a transformação, incorporação, fusão ou cisão da companhia, com o fim de obter, para si ou para outrem, vantagem indevida, em prejuízo dos demais acionistas, dos que trabalham na empresa ou dos investidores em valores mobiliários emitidos pela companhia;

c) promover alteração estatutária, emissão de valores mobiliários ou adoção de políticas ou decisões que não tenham por fim o interesse da companhia e visem a causar prejuízo a acionistas minoritários, aos que trabalham na empresa ou aos investidores em valores mobiliários emitidos pela companhia;

d) eleger administrador ou fiscal que sabe inapto, moral ou tecnicamente;

e) induzir, ou tentar induzir, administrador ou fiscal a praticar ato ilegal, ou, descumprindo seus deveres definidos nesta Lei e no estatuto, promover, contra o interesse da companhia, sua ratificação pela assembleia geral;

f) contratar com a companhia, diretamente ou através de outrem, ou de sociedade na qual tenha interesse, em condições de favorecimento ou não equitativas;

g) aprovar ou fazer aprovar contas irregulares de administradores, por favorecimento pessoal, ou deixar de apurar denúncia que saiba ou devesse saber procedente, ou que justifique fundada suspeita de irregularidade;

h) subscrever ações, para os fins do disposto no art. 170, com a realização em bens estranhos ao objeto social da companhia. (Incluído pela Lei nº 9.457, de 1997)

§ 2º. No caso da alínea *e* do § 1º, o administrador ou fiscal que praticar o ato ilegal responde solidariamente com o acionista controlador.

§ 3º. O acionista controlador que exerce cargo de administrador ou fiscal tem também os deveres e responsabilidades próprios do cargo.

SEÇÃO V.
ACORDO DE ACIONISTAS

Art. 118. Os acordos de acionistas, sobre a compra e venda de suas ações, preferência para adquiri-las, exercício do direito a voto, ou do poder de controle deverão ser observados pela companhia quando arquivados na sua sede. (Redação dada pela Lei nº 10.303, de 2001)

§ 1º. As obrigações ou ônus decorrentes desses acordos somente serão oponíveis a terceiros, depois de averbados nos livros de registro e nos certificados das ações, se emitidos.

§ 2º. Esses acordos não poderão ser invocados para eximir o acionista de responsabilidade no exercício do direito de voto (artigo 115) ou do poder de controle (artigos 116 e 117).

§ 3º. Nas condições previstas no acordo, os acionistas podem promover a execução específica das obrigações assumidas.

§ 4º. As ações averbadas nos termos deste artigo não poderão ser negociadas em bolsa ou no mercado de balcão.

§ 5º. No relatório anual, os órgãos da administração da companhia aberta informarão à assembleia geral as disposições sobre política de reinvestimento de lucros e distribuição de dividendos, constantes de acordos de acionistas arquivados na companhia.

§ 6º. O acordo de acionistas cujo prazo for fixado em função de termo ou condição resolutiva somente pode ser denunciado segundo suas estipulações. (Incluído pela Lei nº 10.303, de 2001)

§ 7º. O mandato outorgado nos termos de acordo de acionistas para proferir, em assembleia geral ou especial, voto contra ou a favor de determinada deliberação, poderá prever prazo superior ao constante do § 1º do art. 126 desta Lei. (Incluído pela Lei nº 10.303, de 2001)

§ 8º. O presidente da assembleia ou do órgão colegiado de deliberação da companhia não computará o voto proferido com infração de acordo de acionistas devidamente arquivado. (Incluído pela Lei nº 10.303, de 2001)

§ 9º. O não comparecimento à assembleia ou às reuniões dos órgãos de administração da companhia, bem como as abstenções de voto de qualquer parte de acordo de acionistas ou de membros do conselho de administração eleitos nos termos de acordo de acionistas, assegura à parte prejudicada o direito de votar com as ações pertencentes ao acionista ausente ou omisso e, no caso de membro do conselho de administração, pelo conselheiro eleito com os votos da parte prejudicada. (Incluído pela Lei nº 10.303, de 2001)

§ 10. Os acionistas vinculados a acordo de acionistas deverão indicar, no ato de arquivamento, representante para comunicar-se com a companhia, para prestar ou receber informações, quando solicitadas. (Incluído pela Lei nº 10.303, de 2001)

§ 11. A companhia poderá solicitar aos membros do acordo esclarecimento sobre suas cláusulas. (Incluído pela Lei nº 10.303, de 2001)

SEÇÃO VI. REPRESENTAÇÃO DE ACIONISTA RESIDENTE OU DOMICILIADO NO EXTERIOR

Art. 119. O acionista residente ou domiciliado no Exterior deverá manter, no País, representante com poderes para receber citação em ações contra ele, propostas com fundamento nos preceitos desta Lei.

Parágrafo único. O exercício, no Brasil, de qualquer dos direitos de acionista, confere ao mandatário ou representante legal qualidade para receber citação judicial.

SEÇÃO VII. SUSPENSÃO DO EXERCÍCIO DE DIREITOS

Art. 120. A assembleia geral poderá suspender o exercício dos direitos do acionista que deixar de cumprir obrigação imposta pela lei ou pelo estatuto, cessando a suspensão logo que cumprida a obrigação.

CAPÍTULO XI. ASSEMBLEIA GERAL

SEÇÃO I. DISPOSIÇÕES GERAIS

Art. 121. A assembleia geral, convocada e instalada de acordo com a lei e o estatuto, tem poderes para decidir todos os negócios relativos ao objeto da companhia e tomar as resoluções que julgar convenientes à sua defesa e desenvolvimento.

Parágrafo único. Nas companhias, abertas e fechadas, o acionista poderá participar e votar a distância em assembleia geral, nos termos do regulamento da Comissão de Valores Mobiliários e do órgão competente do Poder Executivo federal, respectivamente. (Redação dada pela Lei nº 14.030/2020)

Competência privativa

Art. 122. Compete privativamente à assembleia geral: (Redação dada pela Lei nº 12.431, de 2011)

I – reformar o estatuto social; (Redação dada pela Lei nº 10.303, de 2001)

II – eleger ou destituir, a qualquer tempo, os administradores e fiscais da companhia, ressalvado o disposto no inciso II do art. 142; (Redação dada pela Lei nº 10.303, de 2001)

III – tomar, anualmente, as contas dos administradores e deliberar sobre as demonstrações financeiras por eles apresentadas; (Redação dada pela Lei nº 10.303, de 2001)

IV – autorizar a emissão de debêntures, ressalvado o disposto nos §§ 1º, 2º e 4º do art. 59; (Redação dada pela Lei nº 12.431, de 2011)

V – suspender o exercício dos direitos do acionista (art. 120); (Redação dada pela Lei nº 10.303, de 2001)

VI – deliberar sobre a avaliação de bens com que o acionista concorrer para a formação do capital social; (Redação dada pela Lei nº 10.303, de 2001)

VII – autorizar a emissão de partes beneficiárias; (Redação dada pela Lei nº 10.303, de 2001)

VIII - deliberar sobre transformação, fusão, incorporação e cisão da companhia, sua dissolução e liquidação, eleger e destituir liquidantes e julgar-lhes as contas; (Redação dada pela MP 1.040/2021)

› **Texto anterior:** VIII – deliberar sobre transformação, fusão, incorporação e cisão da companhia, sua dissolução e liquidação, eleger e destituir liquidantes e julgar-lhes as contas; e (Redação dada pela Lei nº 10.303, de 2001)

IX - autorizar os administradores a confessar falência e a pedir recuperação judicial; e (Redação dada pela MP 1.040/2021)

› **Texto anterior:** IX – autorizar os administradores a confessar falência e pedir concordata. (Redação dada pela Lei nº 10.303, de 2001)

X - deliberar, quando se tratar de companhias abertas, sobre: (Acrescido pela MP 1.040/2021)

a) a alienação ou a contribuição para outra empresa de ativos, caso o valor da operação corresponda a mais de 50% (cinquenta por cento) do valor dos ativos totais da companhia constantes do último balanço aprovado; e

b) a celebração de transações com partes relacionadas que atendam aos critérios de relevância a serem definidos pela Comissão de Valores Mobiliários.

Parágrafo único. Em caso de urgência, a confissão de falência ou o pedido de recuperação judicial poderá ser formulado pelos administradores, com a concordância do acionista controlador, se houver, hipótese em que a assembleia geral será convocada imediatamente para deliberar sobre a matéria. (Redação dada pela MP 1.040/2021)

› **Texto anterior:** Parágrafo único. Em caso de urgência, a confissão de falência ou o pedido de concordata poderá ser formulado pelos administradores, com a concordância do acionista controlador, se houver, convocando-se imediatamente a assembleia geral, para manifestar-se sobre a matéria. (Redação dada pela Lei nº 10.303, de 2001)

Competência para convocação

Art. 123. Compete ao conselho de administração, se houver, ou aos diretores, observado o disposto no estatuto, convocar a assembleia geral.

Parágrafo único. A assembleia geral pode também ser convocada:

a) pelo conselho fiscal, nos casos previstos no número V do artigo 163;

b) por qualquer acionista, quando os administradores retardarem, por mais de 60 (sessenta) dias, a convocação nos casos previstos em lei ou no estatuto;

c) por acionistas que representem 5% (cinco por cento), no mínimo, do capital social, quando os administradores não atenderem, no prazo de oito dias, a pedido de convocação que apresentarem, devidamente fundamentado, com indicação das matérias a serem tratadas; (Redação dada pela Lei nº 9.457, de 1997)

d) por acionistas que representem 5% (cinco por cento), no mínimo, do capital votante, ou 5% (cinco por cento), no mínimo, dos acionistas sem direito a voto, quando os administradores não atenderem, no prazo de 8 (oito) dias, a pedido de convocação de assembleia para instalação do conselho fiscal. (Incluído pela Lei nº 9.457, de 1997)

Modo de convocação e local

Art. 124. A convocação far-se-á mediante anúncio publicado por 3 (três) vezes, no mínimo, contendo, além do local, data e hora da assembleia, a ordem do dia, e, no caso de reforma do estatuto, a indicação da matéria.

§ 1º. A primeira convocação da assembleia geral deverá ser feita: (Redação dada pela Lei nº 10.303, de 2001)

I – na companhia fechada, com 8 (oito) dias de antecedência, no mínimo, contado o prazo da publicação do primeiro anúncio; não se realizando a assembleia, será publicado novo anúncio, de segunda convocação, com antecedência mínima de 5 (cinco) dias; (Incluído pela Lei nº 10.303, de 2001)

II – na companhia aberta, o prazo de antecedência da primeira convocação será de 30 (trinta) dias e o da segunda convocação será de 8 (oito) dias. (Redação dada pela MP 1.040/2021)

› **Texto anterior:** II – na companhia aberta, o prazo de antecedência da primeira convocação será de 15 (quinze) dias e o da segunda convocação de 8 (oito) dias. (Incluído pela Lei nº 10.303, de 2001)

§ 2º. A assembleia geral deverá ser realizada, preferencialmente, no edifício onde a companhia tiver sede ou, por motivo de força maior, em outro lugar, desde que seja no mesmo Município da sede e seja indicado com clareza nos anúncios. (Redação dada pela Lei 14.030/2020)

§ 2º-A. Sem prejuízo do disposto no § 2º deste artigo, as companhias, abertas e fechadas, poderão realizar assembleia digital, nos termos do regulamento da Comissão de Valores Mobiliários e do órgão competente do Poder Executivo federal, respectivamente. (Redação dada pela Lei 14.030/2020)

§ 3º. Nas companhias fechadas, o acionista que representar 5% (cinco por cento), ou mais, do capital social, será convocado por telegrama ou carta registrada, expedidos com a antecedência prevista no § 1º, desde que o tenha solicitado, por escrito, à companhia, com a indicação do endereço completo e do prazo de vigência do pedido, não superior a 2 (dois) exercícios sociais, e renovável; essa convocação não dispensa a publicação do aviso previsto no § 1º, e sua inobservância dará ao acionista direito de haver, dos administradores da companhia, indenização pelos prejuízos sofridos.

§ 4º. Independentemente das formalidades previstas neste artigo, será considerada regular a assembleia geral a que comparecerem todos os acionistas.

§ 5º. A Comissão de Valores Mobiliários poderá, a seu exclusivo critério, mediante decisão fundamentada de seu Colegiado, a pedido de qualquer acionista, e ouvida a companhia: (Incluído pela Lei nº 10.303, de 2001)

I – declarar quais documentos e informações relevantes para a deliberação da assembleia geral não foram tempestivamente disponibilizados aos acionistas e determinar o adiamento da assembleia por até 30 (trinta) dias, contado da data de disponibilização dos referidos documentos e informações aos acionistas; e (Redação dada pela MP 1.040/2021)

- **Texto anterior:** I – aumentar, para até 30 (trinta) dias, a contar da data em que os documentos relativos às matérias a serem deliberadas forem colocados à disposição dos acionistas, o prazo de antecedência de publicação do primeiro anúncio de convocação da assembleia geral de companhia aberta, quando esta tiver por objeto operações que, por sua complexidade, exijam maior prazo para que possam ser conhecidas e analisadas pelos acionistas; (Incluído pela Lei nº 10.303, de 2001)

II – interromper, por até 15 (quinze) dias, o curso do prazo de antecedência da convocação de assembleia geral extraordinária de companhia aberta, a fim de conhecer e analisar as propostas a serem submetidas à assembleia e, se for o caso, informar à companhia, até o término da interrupção, as razões pelas quais entende que a deliberação proposta à assembleia viola dispositivos legais ou regulamentares. (Incluído pela Lei nº 10.303, de 2001)

§ 6º. As companhias abertas com ações admitidas à negociação em Bolsa de Valores deverão remeter, na data da publicação do anúncio de convocação da assembleia, à bolsa de valores em que suas ações forem mais negociadas, os documentos postos à disposição dos acionistas para deliberação na assembleia geral. (Incluído pela Lei nº 10.303, de 2001)

Quorum de instalação

Art. 125. Ressalvadas as exceções previstas em lei, a assembleia geral instalar-se-á, em primeira convocação, com a presença de acionistas que representem, no mínimo, 1/4 (um quarto) do capital social com direito de voto; em segunda convocação, instalar-se-á com qualquer número.

Parágrafo único. Os acionistas sem direito de voto podem comparecer à assembleia geral e discutir a matéria submetida à deliberação.

Legitimação e representação

Art. 126. As pessoas presentes à assembleia deverão provar a sua qualidade de acionista, observadas as seguintes normas:

I – os titulares de ações nominativas exibirão, se exigido, documento hábil de sua identidade;

II – os titulares de ações escriturais ou em custódia nos termos do art. 41, além do documento de identidade, exibirão, ou depositarão na companhia, se o estatuto o exigir, comprovante expedido pela instituição financeira depositária; (Redação dada pela Lei nº 9.457, de 1997)

III – os titulares de ações ao portador exibirão os respectivos certificados, ou documento de depósito nos termos do número II;

IV – os titulares de ações escriturais ou em custódia nos termos do artigo 41, além do documento de identidade, exibirão, ou depositarão na companhia, se o estatuto o exigir, comprovante expedido pela instituição financeira depositária.

§ 1º. O acionista pode ser representado na assembleia geral por procurador constituído há menos de 1 (um) ano, que seja acionista, administrador da companhia ou advogado; na companhia aberta, o procurador pode, ainda, ser instituição financeira, cabendo ao administrador de fundos de investimento representar os condôminos.

§ 2º. O pedido de procuração mediante correspondência, ou anúncio publicado, sem prejuízo da regulamentação que, sobre o assunto vier a baixar a Comissão de Valores Mobiliários, deverá satisfazer aos seguintes requisitos:

a) conter todos os elementos informativos necessários ao exercício do voto pedido;

b) facultar ao acionista o exercício de voto contrário à decisão com indicação de outro procurador para o exercício desse voto;

c) ser dirigido a todos os titulares de ações cujos endereços constem da companhia. (Redação dada pela Lei nº 9.457, de 1997)

§ 3º. É facultado a qualquer acionista, detentor de ações, com ou sem voto, que represente 0,5% (meio por cento), no mínimo, do capital social, solicitar relação de endereços dos acionistas, para os fins previstos no § 1º, obedecidos sempre os requisitos do parágrafo anterior. (Redação dada pela Lei nº 9.457, de 1997)

§ 4º. Têm a qualidade para comparecer à assembleia os representantes legais dos acionistas.

Livro de presença

Art. 127. Antes de abrir-se a assembleia, os acionistas assinarão o "Livro de Presença", indicando o seu nome, nacionalidade e residência, bem como a quantidade, espécie e classe das ações de que forem titulares.

Parágrafo único. Considera-se presente em assembleia geral, para todos os efeitos desta Lei, o acionista que registrar a distância sua presença, na forma prevista em regulamento da Comissão de Valores Mobiliários. (Incluído pela Lei nº 12.431, de 2011)

Mesa

Art. 128. Os trabalhos da assembleia serão dirigidos por mesa composta, salvo disposição diversa do estatuto, de presidente e secretário, escolhidos pelos acionistas presentes.

Quorum das deliberações

Art. 129. As deliberações da assembleia geral, ressalvadas as exceções previstas em lei, serão tomadas por maioria absoluta de votos, não se computando os votos em branco.

§ 1º. O estatuto da companhia fechada pode aumentar o *quorum* exigido para certas deliberações, desde que especifique as matérias.

§ 2º. No caso de empate, se o estatuto não estabelecer procedimento de arbitragem e não contiver norma diversa, a assembleia será convocada, com intervalo mínimo de 2 (dois) meses, para votar a deliberação; se permanecer o empate e os acionistas não concordarem em cometer a decisão a um terceiro, caberá ao Poder Judiciário decidir, no interesse da companhia.

Ata da assembleia

Art. 130. Dos trabalhos e deliberações da assembleia será lavrada, em livro próprio, ata assinada pelos membros da mesa e pelos acionistas presentes. Para validade da ata é suficiente a assinatura de quantos bastem para constituir a maioria necessária para as deliberações tomadas na assembleia. Da ata tirar-se-ão certidões ou cópias autênticas para os fins legais.

§ 1º. A ata poderá ser lavrada na forma de sumário dos fatos ocorridos, inclusive dissidências e protestos, e conter a transcrição apenas das deliberações tomadas, desde que:

a) os documentos ou propostas submetidas à assembleia, assim como as declarações de voto ou dissidência, referidos na ata, sejam numerados seguidamente, autenticados pela mesa e por qualquer acionista que o solicitar, e arquivados na companhia;

b) a mesa, a pedido de acionista interessado, autentique exemplar ou cópia de proposta, declaração de voto ou dissidência, ou protesto apresentado.

§ 2º. A assembleia geral da companhia aberta pode autorizar a publicação de ata com omissão das assinaturas dos acionistas.

§ 3º. Se a ata não for lavrada na forma permitida pelo § 1º, poderá ser publicado apenas o seu extrato, com o sumário dos fatos ocorridos e a transcrição das deliberações tomadas.

Espécies de assembleia

Art. 131. A assembleia geral é ordinária quando tem por objeto as matérias previstas no artigo 132, e extraordinária nos demais casos.

Parágrafo único. A assembleia geral ordinária e a assembleia geral extraordinária poderão ser, cumulativamente, convocadas e realizadas no mesmo local, data e hora, instrumentadas em ata única.

SEÇÃO II.
ASSEMBLEIA GERAL ORDINÁRIA

Objeto

Art. 132. Anualmente, nos 4 (quatro) primeiros meses seguintes ao término do exercício social, deverá haver 1 (uma) assembleia geral para:

I – tomar as contas dos administradores, examinar, discutir e votar as demonstrações financeiras;

II – deliberar sobre a destinação do lucro líquido do exercício e a distribuição de dividendos;

III – eleger os administradores e os membros do conselho fiscal, quando for o caso;

IV – aprovar a correção da expressão monetária do capital social (artigo 167).

Documentos da administração

Art. 133. Os administradores devem comunicar, até 1 (um) mês antes da data marcada para a realização da assembleia geral ordinária, por anúncios publicados na forma prevista no artigo 124, que se acham à disposição dos acionistas:

I – o relatório da administração sobre os negócios sociais e os principais fatos administrativos do exercício findo;

II – a cópia das demonstrações financeiras;

III – o parecer dos auditores independentes, se houver;

IV – o parecer do conselho fiscal, inclusive votos dissidentes, se houver; e (Incluído pela Lei nº 10.303, de 2001)

V – demais documentos pertinentes a assuntos incluídos na ordem do dia. (Incluído pela Lei 10.303, de 2001)

§ 1º. Os anúncios indicarão o local ou locais onde os acionistas poderão obter cópias desses documentos.

§ 2º. A companhia remeterá cópia desses documentos aos acionistas que o pedirem por escrito, nas condições previstas no § 3º do art. 124.

§ 3º. Os documentos referidos neste artigo, à exceção dos constantes dos incisos IV e V, serão publicados até 5 (cinco) dias, pelo menos, antes da data marcada para a realização da assembleia geral. (Redação dada pela Lei nº 10.303, de 2001)

§ 4º. A assembleia geral que reunir a totalidade dos acionistas poderá considerar sanada a falta de publicação dos anúncios ou a inobservância dos prazos referidos neste artigo; mas é obrigatória a publicação dos documentos antes da realização da assembleia.

§ 5º. A publicação dos anúncios é dispensada quando os documentos a que se refere este artigo são publicados até 1 (um) mês antes da data marcada para a realização da assembleia geral ordinária.

Procedimento

Art. 134. Instalada a assembleia geral, proceder-se-á, se requerida por qualquer acionista, à leitura dos documentos referidos no artigo 133 e do parecer do conselho fiscal, se houver, os quais serão submetidos pela mesa à discussão e votação.

§ 1º. Os administradores da companhia, ou ao menos um deles, e o auditor independente, se houver, deverão estar presentes à assembleia para atender a pedidos de esclarecimentos de acionistas, mas os administradores não poderão votar, como acionistas ou procuradores, os documentos referidos neste artigo.

§ 2º. Se a assembleia tiver necessidade de outros esclarecimentos, poderá adiar a deliberação e ordenar diligências; também será adiada a deliberação, salvo dispensa dos acionistas presentes, na hipótese de não comparecimento de administrador, membro do conselho fiscal ou auditor independente.

§ 3º. A aprovação, sem reserva, das demonstrações financeiras e das contas, exonera de responsabilidade os administradores e fiscais, salvo erro, dolo, fraude ou simulação (artigo 286).

§ 4º. Se a assembleia aprovar as demonstrações financeiras com modificação no montante do lucro do exercício ou no valor das obrigações da companhia, os administradores promoverão, dentro de 30 (trinta) dias, a republicação das demonstrações, com as retificações deliberadas pela assembleia; se a destinação dos lucros proposta pelos órgãos de administração não lograr aprovação (artigo 176, § 3º), as modificações introduzidas constarão da ata da assembleia.

§ 5º. A ata da assembleia geral ordinária será arquivada no registro do comércio e publicada.

§ 6º. As disposições do § 1º, segunda parte, não se aplicam quando, nas sociedades fechadas, os diretores forem os únicos acionistas.

SEÇÃO III.
ASSEMBLEIA GERAL EXTRAORDINÁRIA

Reforma do estatuto

Art. 135. A assembleia geral extraordinária que tiver por objeto a reforma do estatuto somente se instalará em primeira convocação com a presença de acionistas que representem 2/3 (dois terços), no mínimo, do capital com direito a voto, mas poderá instalar-se em segunda com qualquer número.

§ 1º. Os atos relativos a reformas do estatuto, para valerem contra terceiros, ficam sujeitos às formalidades de arquivamento e publicação, não podendo, todavia, a falta de cumprimento dessas formalidades ser oposta, pela companhia ou por seus acionistas, a terceiros de boa-fé.

§ 2º. Aplica-se aos atos de reforma do estatuto o disposto no artigo 97 e seus §§ 1º e 2º e no artigo 98 e seu § 1º.

§ 3º. Os documentos pertinentes à matéria a ser debatida na assembleia geral extraordinária deverão ser postos à disposição dos acionistas, na sede da companhia, por ocasião da publicação do primeiro anúncio de convocação da assembleia geral. (Incluído pela Lei nº 10.303, de 2001)

Quorum qualificado

Art. 136. É necessária a aprovação de acionistas que representem metade, no mínimo, das ações com direito a voto, se maior *quorum* não for exigido pelo estatuto da companhia cujas ações não estejam admitidas à negociação em bolsa ou no mercado de balcão, para deliberação sobre: (Redação dada pela Lei nº 9.457, de 1997)

I – criação de ações preferenciais ou aumento de classe de ações preferenciais existentes, sem guardar proporção com as demais classes de ações preferenciais, salvo se já previstos ou autorizados pelo estatuto; (Redação dada pela Lei nº 10.303, de 2001)

II – alteração nas preferências, vantagens e condições de resgate ou amortização de uma ou mais classes de ações preferenciais, ou criação de nova classe mais favorecida; (Redação dada pela Lei nº 9.457, de 1997)

III – redução do dividendo obrigatório; (Redação dada pela Lei nº 9.457, de 1997)

IV – fusão da companhia, ou sua incorporação em outra; (Redação dada pela Lei nº 9.457, de 1997)

V – participação em grupo de sociedades (art. 265); (Redação dada pela Lei nº 9.457, de 1997)

VI – mudança do objeto da companhia; (Redação dada pela Lei nº 9.457, de 1997)

VII – cessação do estado de liquidação da companhia; (Redação dada pela Lei nº 9.457, de 1997)

VIII – criação de partes beneficiárias; (Redação dada pela Lei nº 9.457, de 1997)

IX – cisão da companhia; (Incluído pela Lei nº 9.457, de 1997)

X – dissolução da companhia. (Incluído pela Lei nº 9.457, de 1997)

§ 1º. Nos casos dos incisos I e II, a eficácia da deliberação depende de prévia aprovação ou da ratificação, em prazo improrrogável de um ano, por titulares de mais da metade de cada classe de ações preferenciais prejudicadas, reunidos em assembleia especial convocada pelos administradores e instalada com as formalidades desta Lei. (Redação dada pela Lei nº 9.457, de 1997)

§ 2º. A Comissão de Valores Mobiliários pode autorizar a redução do *quorum* previsto neste artigo no caso de companhia aberta com a propriedade das ações dispersa no mercado, e cujas 3 (três) últimas assembleias tenham sido realizadas com a presença de acionistas representando menos da metade das ações com direito a voto. Neste caso, a autorização da Comissão de Valores Mobiliários será mencionada nos avisos de convocação e a deliberação com *quorum* reduzido somente poderá ser adotada em terceira convocação.

§ 3º. O disposto no § 2º deste artigo aplica-se também às assembleias especiais de acionistas preferenciais de que trata o § 1º. (Redação dada pela Lei nº 10.303, de 2001)

§ 4º. Deverá constar da ata da assembleia geral que deliberar sobre as matérias dos incisos I e II, se não houver prévia aprovação, que a deliberação só terá eficácia após a sua ratificação pela assembleia especial prevista no § 1º. (Incluído pela Lei nº 9.457, de 1997)

Direito de retirada

Art. 136-A. A aprovação da inserção de convenção de arbitragem no estatuto social, observado o quorum do art. 136, obriga a todos os acionistas, assegurado ao acionista dissidente o direito de retirar-se da companhia mediante o reembolso do valor de suas ações, nos termos do art. 45. (Incluído pela Lei nº 13.129, de 2015)

§ 1º. A convenção somente terá eficácia após o decurso do prazo de 30 (trinta) dias, contado da publicação da ata da assembleia geral que a aprovou. (Incluído pela Lei nº 13.129, de 2015)

§ 2º. O direito de retirada previsto no *caput* não será aplicável: (Incluído pela Lei nº 13.129, de 2015)

I – caso a inclusão da convenção de arbitragem no estatuto social represente condição para que os valores mobiliários de emissão da companhia sejam admitidos à negociação em segmento de listagem de bolsa de valores ou de mercado de balcão organizado que exija dispersão acionária mínima de 25% (vinte e cinco por cento) das ações de cada espécie ou classe; (Incluído pela Lei nº 13.129, de 2015)

II – caso a inclusão da convenção de arbitragem seja efetuada no estatuto social de companhia aberta cujas ações sejam dotadas de liquidez e dispersão no mercado, nos termos das alíneas a e b do inciso II do art. 137 desta Lei. (Incluído pela Lei nº 13.129, de 2015)

Art. 137. A aprovação das matérias previstas nos incisos I a VI e IX do art. 136 dá ao acionista dissidente o direito de retirar-se da companhia, mediante reembolso do valor das suas ações (art. 45), observadas as seguintes normas: (Redação dada pela Lei nº 10.303, de 2001)

I – nos casos dos incisos I e II do art. 136, somente terá direito de retirada o titular de ações de espécie ou classe prejudicadas; (Incluído pela Lei nº 9.457, de 1997)

II – nos casos dos incisos IV e V do art. 136, não terá direito de retirada o titular de ação de espécie ou classe que tenha liquidez e dispersão no mercado, considerando-se haver: (Redação dada pela Lei nº 10.303, de 2001)

a) liquidez, quando a espécie ou classe de ação, ou certificado que a represente, integre índice geral representativo de carteira de valores mobiliários admitido à negociação no mercado de valores mobiliários, no Brasil ou no exterior, definido pela Comissão de Valores Mobiliários; e (Redação dada pela Lei nº 10.303, de 2001)

b) dispersão, quando o acionista controlador, a sociedade controladora ou outras sociedades sob seu controle detiverem menos da metade da espécie ou classe de ação; (Redação dada pela Lei nº 10.303, de 2001)

III – no caso do inciso IX do art. 136, somente haverá direito de retirada se a cisão implicar: (Redação dada pela Lei nº 10.303, de 2001)

a) mudança do objeto social, salvo quando o patrimônio cindido for vertido para sociedade cuja atividade preponderante coincida com a decorrente do objeto social da sociedade cindida; (Incluído pela Lei nº 10.303, de 2001)

b) redução do dividendo obrigatório; ou (Incluído pela Lei nº 10.303, de 2001)

c) participação em grupo de sociedades; (Incluído pela Lei nº 10.303, de 2001)

IV – o reembolso da ação deve ser reclamado à companhia no prazo de 30 (trinta) dias contado da publicação da ata da assembleia geral; (Redação dada pela Lei nº 10.303, de 2001)

V – o prazo para o dissidente de deliberação de assembleia especial (art. 136, § 1º) será contado da publicação da respectiva ata; (Redação dada pela Lei nº 10.303, de 2001)

VI – o pagamento do reembolso somente poderá ser exigido após a observância do disposto no § 3º e, se for o caso, da ratificação da deliberação pela assembleia geral. (Incluído pela Lei nº 10.303, de 2001)

§ 1º. O acionista dissidente de deliberação da assembleia, inclusive o titular de ações preferenciais sem direito de voto, poderá exercer o direito de reembolso das ações de que, comprovadamente, era titular na data da primeira publicação do edital de convocação da assembleia, ou na data da comunicação do fato relevante objeto da deliberação, se anterior. (Redação dada pela Lei nº 9.457, de 1997)

§ 2º. O direito de reembolso poderá ser exercido no prazo previsto nos incisos IV ou V do *caput* deste artigo, conforme o caso, ainda que o titular das ações tenha se abstido de votar contra a deliberação ou não tenha comparecido à assembleia. (Redação dada pela Lei nº 10.303, de 2001)

§ 3º. Nos 10 (dez) dias subsequentes ao término do prazo de que tratam os incisos IV e V do *caput* deste artigo, conforme o caso, contado da publicação da ata da assembleia geral ou da assembleia especial que ratificar a deliberação, é facultado aos órgãos da administração convocar a assembleia geral para ratificar ou reconsiderar a deliberação, se entenderem que o pagamento do preço do reembolso das ações aos acionistas dissidentes que exerceram o direito de retirada porá em risco a estabilidade financeira da empresa. (Redação dada pela Lei nº 10.303, de 2001)

§ 4º. Decairá do direito de retirada o acionista que não o exercer no prazo fixado. (Incluído pela Lei nº 9.457, de 1997)

CAPÍTULO XII. CONSELHO DE ADMINISTRAÇÃO E DIRETORIA

Administração da companhia

Art. 138. A administração da companhia competirá, conforme dispuser o estatuto, ao conselho de administração e à diretoria, ou somente à diretoria.

§ 1º. O conselho de administração é órgão de deliberação colegiada, sendo a representação da companhia privativa dos diretores.

§ 2º. As companhias abertas e as de capital autorizado terão, obrigatoriamente, conselho de administração.

§ 3º. É vedada, nas companhias abertas, a acumulação do cargo de presidente do conselho de administração e do cargo de diretor-presidente ou de principal executivo da companhia. (Acrescido pela MP 1.040/2021, com produção de efeitos trezentos e sessenta dias, contado da data de sua publicação- DOU 30.03.2021)

§ 4º. A Comissão de Valores Mobiliários poderá excepcionar a vedação de que trata o § 3º para as companhias com menor faturamento, nos termos de sua regulamentação (Acrescido pela MP 1.040/2021)

Art. 139. As atribuições e poderes conferidos por lei aos órgãos de administração não podem ser outorgados a outro órgão, criado por lei ou pelo estatuto.

SEÇÃO I. CONSELHO DE ADMINISTRAÇÃO

Composição

Art. 140. O conselho de administração será composto por, no mínimo, 3 (três) membros, eleitos pela assembleia geral e por ela destituíveis a qualquer tempo, devendo o estatuto estabelecer:

I – o número de conselheiros, ou o máximo e mínimo permitidos, e o processo de escolha e substituição do presidente do conselho pela assembleia ou pelo próprio conselho; (Redação dada pela Lei nº 10.303, de 2001)
II – o modo de substituição dos conselheiros;
III – o prazo de gestão, que não poderá ser superior a 3 (três) anos, permitida a reeleição;
IV – as normas sobre convocação, instalação e funcionamento do conselho, que deliberará por maioria de votos, podendo o estatuto estabelecer *quorum* qualificado para certas deliberações, desde que especifique as matérias. (Redação dada pela Lei nº 10.303, de 2001)

§ 1º O estatuto poderá prever a participação no conselho de representantes dos empregados, escolhidos pelo voto destes, em eleição direta, organizada pela empresa, em conjunto com as entidades sindicais que os representam. (Acrescido pela MP 1.040/2021)

▸ **Texto anterior:** Parágrafo único. O estatuto poderá prever a participação no conselho de representantes dos empregados, escolhidos pelo voto destes, em eleição direta, organizada pela empresa, em conjunto com as entidades sindicais que os representem. (Incluído pela Lei nº 10.303, de 2001)

§ 2º Na composição do conselho de administração das companhias abertas, é obrigatória a participação de conselheiros independentes, nos termos e nos prazos definidos pela Comissão de Valores Mobiliários. (Acrescido pela MP 1.040/2021)

Voto múltiplo

Art. 141. Na eleição dos conselheiros, é facultado aos acionistas que representem, no mínimo, 0,1 (um décimo) do capital social com direito a voto, esteja ou não previsto no estatuto, requerer a adoção do processo de voto múltiplo, atribuindo-se a cada ação tantos votos quantos sejam os membros do conselho, e reconhecido ao acionista o direito de cumular os votos num só candidato ou distribuí-los entre vários.

§ 1º. A faculdade prevista neste artigo deverá ser exercida pelos acionistas até 48 (quarenta e oito) horas antes da assembleia geral, cabendo à mesa que dirigir os trabalhos da assembleia informar previamente aos acionistas, à vista do "Livro de Presença", o número de votos necessários para a eleição de cada membro do conselho.

§ 2º. Os cargos que, em virtude de empate, não forem preenchidos, serão objeto de nova votação, pelo mesmo processo, observado o disposto no § 1º, *in fine*.

§ 3º. Sempre que a eleição tiver sido realizada por esse processo, a destituição de qualquer membro do conselho de administração pela assembleia geral importará destituição dos demais membros, procedendo-se a nova eleição; nos demais casos de vaga, não havendo suplente, a primeira assembleia geral procederá à nova eleição de todo o conselho.

§ 4º. Terão direito de eleger e destituir um membro e seu suplente do conselho de administração, em votação em separado na assembleia geral, excluído o acionista controlador, a maioria dos titulares, respectivamente: (Redação dada pela Lei nº 10.303, de 2001)

I – de ações de emissão de companhia aberta com direito a voto, que representem, pelo menos, 15% (quinze por cento) do total das ações com direito a voto; e (Incluído pela Lei nº 10.303, de 2001)
II – de ações preferenciais sem direito a voto ou com voto restrito de emissão de companhia aberta, que representem, no mínimo, 10% (dez por cento) do capital social, que não houverem exercido o direito previsto no estatuto, em conformidade com o art. 18. (Incluído pela Lei nº 10.303, de 2001)

§ 5º. Verificando-se que nem os titulares de ações com direito a voto e nem os titulares de ações preferenciais sem direito a voto ou com voto restrito perfizeram, respectivamente, o *quorum* exigido nos incisos I e II do § 4º, ser-lhes-á facultado agregar suas ações para elegerem em conjunto um membro e seu suplente para o conselho de administração, observando-se, nessa hipótese, o *quorum* exigido pelo inciso II do § 4º. (Incluído pela Lei nº 10.303, de 2001)

§ 6º. Somente poderão exercer o direito previsto no § 4º os acionistas que comprovarem a titularidade ininterrupta da participação acionária ali exigida durante o período de 3 (três) meses, no mínimo, imediatamente anterior à realização da assembleia geral. (Incluído pela Lei nº 10.303, de 2001)

§ 7º. Sempre que, cumulativamente, a eleição do conselho de administração se der pelo sistema do voto múltiplo e os titulares de ações ordinárias ou preferenciais exercerem a prerrogativa de eleger conselheiro, será assegurado a acionista ou grupo de acionistas vinculados por acordo de votos que detenham mais do que 50% (cinquenta por cento) das ações com direito de voto o direito de eleger conselheiros em número igual ao dos eleitos pelos demais acionistas, mais um, independentemente do número de conselheiros que, segundo o estatuto, componha o órgão. (Incluído pela Lei nº 10.303, de 2001)

§ 8º. A companhia deverá manter registro com a identificação dos acionistas que exercerem a prerrogativa a que se refere o § 4º. (Incluído pela Lei nº 10.303, de 2001)

§ 9º. *(VETADO). (Incluído* pela Lei nº 10.303, de 2001)

Competência

Art. 142. Compete ao conselho de administração:

I – fixar a orientação geral dos negócios da companhia;
II – eleger e destituir os diretores da companhia e fixar-lhes as atribuições, observado o que a respeito dispuser o estatuto;

▸ Lei 6.404/1976: art. 122, II.

III – fiscalizar a gestão dos diretores, examinar, a qualquer tempo, os livros e papéis da companhia, solicitar informações sobre contratos celebrados ou em via de celebração, e quaisquer outros atos;
IV – convocar a assembleia geral quando julgar conveniente, ou no caso do artigo 132;
V – manifestar-se sobre o relatório da administração e as contas da diretoria;
VI – manifestar-se previamente sobre atos ou contratos, quando o estatuto assim o exigir;
VII – deliberar, quando autorizado pelo estatuto, sobre a emissão de ações ou de bônus de subscrição;
VIII – autorizar, se o estatuto não dispuser em contrário, a alienação de bens do ativo não circulante, a constituição de ônus reais e a prestação de garantias a obrigações de terceiros; (Redação dada pela Lei nº 11.941, de 2009)
IX – escolher e destituir os auditores independentes, se houver.

§ 1º. Serão arquivadas no registro do comércio e publicadas as atas das reuniões do conselho de administração que contiverem deliberação destinada a produzir efeitos perante terceiros. (Renumerado pela Lei nº 10.303, de 2001)

§ 2º. A escolha e a destituição do auditor independente ficará sujeita a veto, devidamente fundamentado, dos conselheiros eleitos na forma do art. 141, § 4º, se houver. (Incluído pela Lei nº 10.303, de 2001)

SEÇÃO II. DIRETORIA

Composição

Art. 143. A Diretoria será composta por 2 (dois) ou mais diretores, eleitos e destituíveis a qualquer tempo pelo conselho de administração, ou, se inexistente, pela assembleia geral, devendo o estatuto estabelecer:

▸ **Atualização:** Art. 143. A Diretoria será composta por 1 (um) ou mais membros eleitos e destituíveis a qualquer tempo pelo conselho de administração ou, se inexistente, pela assembleia geral, e o estatuto estabelecerá: (Redação dada pela LC 182/2021, em vigor 90 dias após sua publicação – DOU 2.6.2021)

I – o número de diretores, ou o máximo e o mínimo permitidos;
II – o modo de sua substituição;
III – o prazo de gestão, que não será superior a 3 (três) anos, permitida a reeleição;
IV – as atribuições e poderes de cada diretor.

§ 1º. Os membros do conselho de administração, até o máximo de 1/3 (um terço), poderão ser eleitos para cargos de diretores.

§ 2º. O estatuto pode estabelecer que determinadas decisões, de competência dos diretores, sejam tomadas em reunião da diretoria.

Representação

Art. 144. No silêncio do estatuto e inexistindo deliberação do conselho de administração (artigo 142, II e parágrafo único), competirão a qualquer diretor a representação da companhia e a prática dos atos necessários ao seu funcionamento regular.

Parágrafo único. Nos limites de suas atribuições e poderes, é lícito aos diretores constituir mandatários da companhia, devendo ser especificados no instrumento os atos ou operações que poderão praticar e a duração do mandato, que, no caso de mandato judicial, poderá ser por prazo indeterminado.

SEÇÃO III.
ADMINISTRADORES

Normas comuns

Art. 145. As normas relativas a requisitos, impedimentos, investidura, remuneração, deveres e responsabilidades dos administradores aplicam-se a conselheiros e diretores.

Requisitos e impedimentos

Art. 146. Poderão ser eleitas para membros dos órgãos de administração pessoas naturais, devendo os diretores ser residentes no País. (Redação dada pela Lei nº 12.431, de 2011)

§ 1º. A ata da assembleia geral ou da reunião do conselho de administração que eleger administradores deverá conter a qualificação e o prazo de gestão de cada um dos eleitos, devendo ser arquivada no registro do comércio e publicada. (Redação dada pela Lei nº 10.303, de 2001)

§ 2º. A posse do conselheiro residente ou domiciliado no exterior fica condicionada à constituição de representante residente no País, com poderes para receber citação em ações contra ele propostas com base na legislação societária, mediante procuração com prazo de validade que deverá estender-se por, no mínimo, 3 (três) anos após o término do prazo de gestão do conselheiro. (Redação dada pela Lei nº 10.303, de 2001)

Art. 147. Quando a lei exigir certos requisitos para a investidura em cargo de administração da companhia, a assembleia geral somente poderá eleger quem tenha exibido os necessários comprovantes, dos quais se arquivará cópia autêntica na sede social.

§ 1º. São inelegíveis para os cargos de administração da companhia as pessoas impedidas por lei especial, ou condenadas por crime falimentar, de prevaricação, peita ou suborno, concussão, peculato contra a economia popular, a fé pública ou a propriedade, ou a pena criminal que vede, ainda que temporariamente, o acesso a cargos públicos.

§ 2º. São ainda inelegíveis para os cargos de administração de companhia aberta as pessoas declaradas inabilitadas por ato da Comissão de Valores Mobiliários.

§ 3º. O conselheiro deve ter reputação ilibada, não podendo ser eleito, salvo dispensa da assembleia geral, aquele que: (Incluído pela Lei nº 10.303, de 2001)

I – ocupar cargos em sociedades que possam ser consideradas concorrentes no mercado, em especial, em conselhos consultivos, de administração ou fiscal; e (Incluído pela Lei nº 10.303, de 2001)

II – tiver interesse conflitante com a sociedade. (Incluído pela Lei nº 10.303, de 2001)

§ 4º. A comprovação do cumprimento das condições previstas no § 3º será efetuada por meio de declaração firmada pelo conselheiro eleito nos termos definidos pela Comissão de Valores Mobiliários, com vistas ao disposto nos arts. 145 e 159, sob as penas da lei. (Incluído pela Lei nº 10.303, de 2001)

Garantia da gestão

Art. 148. O estatuto pode estabelecer que o exercício do cargo de administrador deva ser assegurado, pelo titular ou por terceiro, mediante penhor de ações da companhia ou outra garantia.

Parágrafo único. A garantia só será levantada após aprovação das últimas contas apresentadas pelo administrador que houver deixado o cargo.

Investidura

Art. 149. Os conselheiros e diretores serão investidos nos seus cargos mediante assinatura de termo de posse no livro de atas do conselho de administração ou da diretoria, conforme o caso.

§ 1º. Se o termo não for assinado nos 30 (trinta) dias seguintes à nomeação, esta tornar-se-á sem efeito, salvo justificação aceita pelo órgão da administração para o qual tiver sido eleito. (Renumerado pela Lei nº 10.303, de 2001)

§ 2º. O termo de posse deverá conter, sob pena de nulidade, a indicação de pelo menos um domicílio no qual o administrador receberá as citações e intimações em processos administrativos e judiciais relativos a atos de sua gestão, as quais reputar-se-ão cumpridas mediante entrega no domicílio indicado, o qual somente poderá ser alterado mediante comunicação por escrito à companhia. (Incluído pela Lei nº 10.303, de 2001)

Substituição e término da gestão

Art. 150. No caso de vacância do cargo de conselheiro, salvo disposição em contrário do estatuto, o substituto será nomeado pelos conselheiros remanescentes e servirá até a primeira assembleia geral. Se ocorrer vacância da maioria dos cargos, a assembleia geral será convocada para proceder a nova eleição.

§ 1º. No caso de vacância de todos os cargos do conselho de administração, compete à diretoria convocar a assembleia geral.

§ 2º. No caso de vacância de todos os cargos da diretoria, se a companhia não tiver conselho de administração, compete ao conselho fiscal, se em funcionamento, ou a qualquer acionista, convocar a assembleia geral, devendo o representante de maior número de ações praticar, até a realização da assembleia, os atos urgentes de administração da companhia.

§ 3º. O substituto eleito para preencher cargo vago completará o prazo de gestão do substituído.

§ 4º. O prazo de gestão do conselho de administração ou da diretoria se estende até a investidura dos novos administradores eleitos.

Renúncia

Art. 151. A renúncia do administrador torna-se eficaz, em relação à companhia, desde o momento em que lhe for entregue a comunicação escrita do renunciante, e em relação a terceiros de boa-fé, após arquivamento no registro do comércio e publicação, que poderão ser promovidos pelo renunciante.

Remuneração

Art. 152. A assembleia geral fixará o montante global ou individual da remuneração dos administradores, inclusive benefícios de qualquer natureza e verbas de representação, tendo em conta suas responsabilidades, o tempo dedicado às suas funções, sua competência e reputação profissional e o valor dos seus serviços no mercado. (Redação dada pela Lei nº 9.457, de 1997)

§ 1º. O estatuto da companhia que fixar o dividendo obrigatório em 25% (vinte e cinco por cento) ou mais do lucro líquido, pode atribuir aos administradores participação no lucro da companhia, desde que o seu total não ultrapasse a remuneração anual dos administradores nem 0,1 (um décimo) dos lucros (artigo 190), prevalecendo o limite que for menor.

§ 2º. Os administradores somente farão jus à participação nos lucros do exercício social em relação ao qual for atribuído aos acionistas o dividendo obrigatório, de que trata o artigo 202.

SEÇÃO IV.
DEVERES E RESPONSABILIDADES

Dever de diligência

Art. 153. O administrador da companhia deve empregar, no exercício de suas funções, o cuidado e diligência que todo homem ativo e probo costuma empregar na administração dos seus próprios negócios.

Finalidades das atribuições e desvio de poder

Art. 154. O administrador deve exercer as atribuições que a lei e o estatuto lhe conferem para lograr os fins e no interesse da companhia, satisfeitas as exigências do bem público e da função social da empresa.

§ 1º. O administrador eleito por grupo ou classe de acionistas tem, para com a companhia, os mesmos deveres que os demais, não podendo, ainda que para defesa do interesse dos que o elegeram, faltar a esses deveres.

§ 2º. É vedado ao administrador:

a) praticar ato de liberdade à custa da companhia;

b) sem prévia autorização da assembleia geral ou do conselho de administração, tomar por empréstimo recursos ou bens da companhia, ou usar, em proveito próprio, de sociedade em que tenha interesse, ou de terceiros, os seus bens, serviços ou crédito;

c) receber de terceiros, sem autorização estatutária ou da assembleia geral, qualquer modalidade de vantagens pessoal, direta ou indireta, em razão do exercício de seu cargo.

§ 3º. As importâncias recebidas com infração ao disposto na alínea *c* do § 2º pertencerão à companhia.

§ 4º. O conselho de administração ou a diretoria podem autorizar a prática de atos gratuitos razoáveis em benefício dos empregados ou da comunidade de que participe a empresa, tendo em vista suas responsabilidades sociais.

Dever de lealdade

Art. 155. O administrador deve servir com lealdade à companhia e manter reserva sobre os seus negócios, sendo-lhe vedado:

I – usar, em benefício próprio ou de outrem, com ou sem prejuízo para a companhia, as oportunidades comerciais de que tenha conhecimento em razão do exercício de seu cargo;

II – omitir-se no exercício ou proteção de direitos da companhia ou, visando à obtenção de vantagens, para si ou para outrem, deixar de aproveitar oportunidades de negócio de interesse da companhia;

III – adquirir, para revender com lucro, bem ou direito que sabe necessário à companhia, ou que esta tencione adquirir.

§ 1º. Cumpre, ademais, ao administrador de companhia aberta, guardar sigilo sobre qualquer informação que ainda não tenha sido divulgada para conhecimento do mercado, obtida em razão do cargo e capaz de influir de modo ponderável na cotação de valores mobiliários, sendo-lhe vedado valer-se da informação para obter, para si ou para outrem, vantagem mediante compra ou venda de valores mobiliários.

§ 2º. O administrador deve zelar para que a violação do disposto no § 1º não possa ocorrer através de subordinados ou terceiros de sua confiança.

§ 3º. A pessoa prejudicada em compra e venda de valores mobiliários, contratada com infração do disposto nos §§ 1º e 2º, tem direito de haver do infrator indenização por perdas e danos, a menos que ao contratar já conhecesse a informação.

§ 4º. É vedada a utilização de informação relevante ainda não divulgada, por qualquer pessoa que a ela tenha tido acesso, com a finalidade de auferir vantagem, para si ou para outrem, no mercado de valores mobiliários. (Incluído pela Lei nº 10.303, de 2001)

Conflito de interesse

Art. 156. É vedado ao administrador intervir em qualquer posição social em que tiver interesse conflitante com o da companhia, bem como na deliberação que a respeito tomarem os demais administradores, cumprindo-lhe cientificá-los do seu impedimento e fazer consignar, em ata de reunião do conselho de administração ou da diretoria, a natureza e extensão do seu interesse.

§ 1º. Ainda que observado o disposto neste artigo, o administrador somente pode contratar com a companhia em condições razoáveis ou equitativas, idênticas às que prevalecem no mercado ou em que a companhia contrataria com terceiros.

§ 2º. O negócio contratado com infração do disposto no § 1º é anulável, e o administrador interessado será obrigado a transferir para a companhia as vantagens que dele tiver auferido.

Dever de informar

Art. 157. O administrador de companhia aberta deve declarar, ao firmar o termo de posse, o número de ações, bônus de subscrição, opções de compra de ações e debêntures conversíveis em ações, de emissão da companhia e de sociedades controladas ou do mesmo grupo, de que seja titular.

§ 1º. O administrador de companhia aberta é obrigado a revelar à assembleia geral ordinária, a pedido de acionistas que representem 5% (cinco por cento) ou mais do capital social:

a) o número dos valores mobiliários de emissão da companhia ou de sociedades controladas, ou do mesmo grupo, que tiver adquirido ou alienado, diretamente ou através de outras pessoas, no exercício anterior;

b) as opções de compra de ações que tiver contratado ou exercido no exercício anterior;

c) os benefícios ou vantagens, indiretas ou complementares, que tenha recebido ou esteja recebendo da companhia e de sociedades coligadas, controladas ou do mesmo grupo;

d) as condições dos contratos de trabalho que tenham sido firmados pela companhia com os diretores e empregados de alto nível;

e) quaisquer atos ou fatos relevantes nas atividades da companhia.

§ 2º. Os esclarecimentos prestados pelo administrador poderão, a pedido de qualquer acionista, ser reduzidos a escrito, autenticados pela mesa da assembleia, e fornecidos por cópia aos solicitantes.

§ 3º. A revelação dos atos ou fatos de que trata este artigo só poderá ser utilizada no legítimo interesse da companhia ou do acionista, respondendo os solicitantes pelos abusos que praticarem.

§ 4º. Os administradores da companhia aberta são obrigados a comunicar imediatamente à Bolsa de Valores e a divulgar pela imprensa qualquer deliberação da assembleia geral ou dos órgãos de administração da companhia, ou fato relevante ocorrido nos seus negócios, que possa influir, de modo ponderável, na decisão dos investidores do mercado de vender ou comprar valores mobiliários emitidos pela companhia.

§ 5º. Os administradores poderão recusar-se a prestar a informação (§ 1º, e), ou deixar de divulgá-la (§ 4º), se entenderem que sua revelação porá em risco interesse legítimo da companhia, cabendo à Comissão de Valores Mobiliários, a pedido dos administradores, de qualquer acionista, ou por iniciativa própria, decidir sobre a prestação de informação e responsabilizar os administradores, se for o caso.

§ 6º. Os administradores da companhia aberta deverão informar imediatamente, nos termos e na forma determinados pela Comissão de Valores Mobiliários, a esta e às Bolsas de Valores ou entidades do mercado de balcão organizado nas quais os valores mobiliários de emissão da companhia estejam admitidos à negociação, as modificações em suas posições acionárias na companhia. (Incluído pela Lei nº 10.303, de 2001)

Responsabilidade dos administradores

Art. 158. O administrador não é pessoalmente responsável pelas obrigações que contrair em nome da sociedade e em virtude de ato regular de gestão; responde, porém, civilmente, pelos prejuízos que causar, quando proceder:

I – dentro de suas atribuições ou poderes, com culpa ou dolo;

II – com violação da lei ou do estatuto.

§ 1º. O administrador não é responsável por atos ilícitos de outros administradores, salvo se com eles for conivente, se negligenciar em descobri-los ou se, deles tendo conhecimento, deixar de agir para impedir a sua prática. Exime-se de responsabilidade o administrador dissidente que faça consignar sua divergência em ata de reunião do órgão de administração ou, não sendo possível, dela dê ciência imediata e por escrito ao órgão da administração, ao conselho fiscal, se em funcionamento, ou à assembleia geral.

§ 2º. Os administradores são solidariamente responsáveis pelos prejuízos causados em virtude do não cumprimento dos deveres impostos por lei para assegurar o funcionamento normal da companhia, ainda que, pelo estatuto, tais deveres não caibam a todos eles.

§ 3º. Nas companhias abertas, a responsabilidade de que trata o § 2º ficará restrita, ressalvado o disposto no § 4º, aos administradores que, por disposição do estatuto, tenham atribuição específica de dar cumprimento àqueles deveres.

§ 4º. O administrador que, tendo conhecimento do não cumprimento desses deveres por seu predecessor, ou pelo administrador competente nos termos do § 3º, deixar de comunicar o fato à assembleia geral, tornar-se-á por ele solidariamente responsável.

§ 5º. Responderá solidariamente com o administrador quem, com o fim de obter vantagem para si ou para outrem, concorrer para a prática de ato com violação da lei ou do estatuto.

Ação de responsabilidade

Art. 159. Compete à companhia, mediante prévia deliberação da assembleia geral, a ação de responsabilidade civil contra o administrador, pelos prejuízos causados ao seu patrimônio.

§ 1º. A deliberação poderá ser tomada em assembleia geral ordinária e, se prevista na ordem do dia, ou for consequência direta de assunto nela incluído, em assembleia geral extraordinária.

§ 2º. O administrador ou administradores contra os quais deva ser proposta ação ficarão impedidos e deverão ser substituídos na mesma assembleia.

§ 3º. Qualquer acionista poderá promover a ação, se não for proposta no prazo de 3 (três) meses da deliberação da assembleia geral.

§ 4º. Se a assembleia deliberar não promover a ação, poderá ela ser proposta por acionistas que representem 5% (cinco por cento), pelo menos, do capital social.

§ 5º. Os resultados da ação promovida por acionista deferem-se à companhia, mas esta deverá indenizá-lo, até o limite daqueles resultados, de todas as despesas em que tiver incorrido, inclusive correção monetária e juros dos dispêndios realizados.

§ 6º. O juiz poderá reconhecer a exclusão da responsabilidade do administrador, se convencido de que este agiu de boa-fé e visando ao interesse da companhia.

§ 7º. A ação prevista neste artigo não exclui a que couber ao acionista ou terceiro diretamente prejudicado por ato de administrador.

Órgãos técnicos e consultivos

Art. 160. As normas desta Seção aplicam-se aos membros de quaisquer órgãos, criados pelo estatuto, com funções técnicas ou destinados a aconselhar os administradores.

CAPÍTULO XIII. CONSELHO FISCAL

Composição e funcionamento

Art. 161. A companhia terá um conselho fiscal e o estatuto disporá sobre seu funcionamento, de modo permanente ou nos exercícios sociais em que for instalado a pedido de acionistas.

§ 1º. O conselho fiscal será composto de, no mínimo, 3 (três) e, no máximo, 5 (cinco) membros, e suplentes em igual número, acionistas ou não, eleitos pela assembleia geral.

§ 2º. O conselho fiscal, quando o funcionamento não for permanente, será instalado pela assembleia geral a pedido de acionistas que representem, no mínimo, 0,1 (um décimo) das ações com direito a voto, ou 5% (cinco por cento) das ações sem direito a voto, e cada período de seu funcionamento terminará na primeira assembleia geral ordinária após a sua instalação.

§ 3º. O pedido de funcionamento do conselho fiscal, ainda que a matéria não conste do anúncio de convocação, poderá ser formulado em qualquer assembleia geral, que elegerá os seus membros.

§ 4º. Na constituição do conselho fiscal serão observadas as seguintes normas:

a) os titulares de ações preferenciais sem direito a voto, ou com voto restrito, terão direito de eleger, em votação em separado, 1 (um) membro e respectivo suplente; igual direito terão os acionistas minoritários, desde que representem, em conjunto, 10% (dez por cento) ou mais das ações com direito a voto;

b) ressalvado o disposto na alínea anterior, os demais acionistas com direito a voto poderão eleger os membros efetivos e suplentes que, em qualquer caso, serão em número igual ao dos eleitos nos termos da alínea *a*, mais um.

§ 5º. Os membros do conselho fiscal e seus suplentes exercerão seus cargos até a primeira assembleia-geral ordinária que se realizar após a sua eleição, e poderão ser reeleitos.

§ 6º. Os membros do conselho fiscal e seus suplentes exercerão seus cargos até a primeira assembleia geral ordinária que se realizar após a sua eleição, e poderão ser reeleitos. (Incluído pela Lei nº 10.303, de 2001)

§ 7º. A função de membro do conselho fiscal é indelegável. (Incluído pela Lei nº 10.303, de 2001)

Requisitos, impedimentos e remuneração

Art. 162. Somente podem ser eleitas para o conselho fiscal pessoas naturais, residentes no País, diplomadas em curso de nível universitário, ou que tenham exercido por prazo mínimo de 3 (três) anos, cargo de administrador de empresa ou de conselheiro fiscal.

§ 1º. Nas localidades em que não houver pessoas habilitadas, em número suficiente, para o exercício da função, caberá ao juiz dispensar a companhia da satisfação dos requisitos estabelecidos neste artigo.

§ 2º. Não podem ser eleitos para o conselho fiscal, além das pessoas enumeradas nos parágrafos do artigo 147, membros de órgãos de administração e empregados da companhia ou de sociedade controlada ou do mesmo grupo, e o cônjuge ou parente, até terceiro grau, de administrador da companhia.

§ 3º. A remuneração dos membros do conselho fiscal, além do reembolso, obrigatório, das despesas de locomoção e estada necessárias ao desempenho da função, será fixada pela assembleia geral que os eleger, e não poderá ser inferior, para cada membro em exercício, a 10% (dez por cento) da que, em média, for atribuída a cada diretor, não computados benefícios, verbas de representação e participação nos lucros. (Redação dada pela Lei nº 9.457, de 1997)

Competência

Art. 163. Compete ao conselho fiscal:

I – fiscalizar, por qualquer de seus membros, os atos dos administradores e verificar o cumprimento dos seus deveres legais e estatutários; (Redação dada pela Lei nº 10.303, de 2001)

II – opinar sobre o relatório anual da administração, fazendo constar do seu parecer as informações complementares que julgar necessárias ou úteis à deliberação da assembleia geral;

III – opinar sobre as propostas dos órgãos da administração, a serem submetidas à assembleia geral, relativas a modificação do capital social, emissão de debêntures ou bônus de subscrição, planos de investimento ou orçamentos de capital, distribuição de dividendos, transformação, incorporação, fusão ou cisão;

IV – denunciar, por qualquer de seus membros, aos órgãos de administração e, se estes não tomarem as providências necessárias para a proteção dos interesses da companhia, à assembleia geral, os erros, fraudes ou crimes que descobrirem, e sugerir providências úteis à companhia; (Redação dada pela Lei nº 10.303, de 2001)

V – convocar a assembleia geral ordinária, se os órgãos da administração retardarem por mais de 1 (um) mês essa convocação, e a extraordinária, sempre que ocorrerem motivos graves ou urgentes, incluindo na agenda das assembleias as matérias que considerarem necessárias;

VI – analisar, ao menos trimestralmente, o balancete e demais demonstrações financeiras elaboradas periodicamente pela companhia;

VII – examinar as demonstrações financeiras de exercício social e sobre elas opinar;

VIII – exercer essas atribuições, durante a liquidação, tendo em vista as disposições especiais que a regulam.

§ 1º. Os órgãos de administração são obrigados, através de comunicação por escrito, a colocar à disposição dos membros em exercício do conselho fiscal, dentro de 10 (dez) dias, cópias das atas de suas reuniões e, dentro de 15 (quinze) dias do seu recebimento, cópias dos balancetes e demais demonstrações financeiras elaboradas periodicamente e, quando houver, dos relatórios de execução de orçamentos.

§ 2º. O conselho fiscal, a pedido de qualquer dos seus membros, solicitará aos órgãos de administração esclarecimentos ou informações, desde que relativas à sua função fiscalizadora, assim como a elaboração de demonstrações financeiras ou contábeis especiais. (Redação dada pela Lei nº 10.303, de 2001)

§ 3º. Os membros do conselho fiscal assistirão às reuniões do conselho de administração, se houver, ou da diretoria, em que se deliberar sobre os assuntos em que devam opinar (ns. II, III e VII).

§ 4º. Se a companhia tiver auditores independentes, o conselho fiscal, a pedido de qualquer de seus membros, poderá solicitar-lhes esclarecimentos ou informações, e a apuração de fatos específicos. (Redação dada pela Lei nº 9.457, de 1997)

§ 5º. Se a companhia não tiver auditores independentes, o conselho fiscal poderá, para melhor desempenho das suas funções, escolher contador ou firma de auditoria e fixar-lhes os honorários, dentro de níveis razoáveis, vigentes na praça e compatíveis com a dimensão econômica da companhia, os quais serão pagos por esta.

§ 6º. O conselho fiscal deverá fornecer ao acionista, ou grupo de acionistas que representem, no mínimo, 5% (cinco por cento) do capital social, sempre que solicitadas, informações sobre matérias de sua competência.

§ 7º. As atribuições e poderes conferidos pela lei ao conselho fiscal não podem ser outorgados a outro órgão da companhia.

§ 8º. O conselho fiscal poderá, para apurar fato cujo esclarecimento seja necessário ao desempenho de suas funções, formular, com justificativa, questões a serem respondidas por perito e solicitar à diretoria que indique, para esse fim, no prazo máximo de 30 (trinta) dias, 3 (três) peritos, que podem ser pessoas físicas ou jurídicas, de notório conhecimento na área em questão, entre os quais o conselho fiscal escolherá um, cujos honorários serão pagos pela companhia. (Incluído pela Lei nº 9.457, de 1997)

Pareceres e representações

Art. 164. Os membros do conselho fiscal, ou ao menos um deles, deverão comparecer às reuniões da assembleia geral e responder aos pedidos de informações formulados pelos acionistas.

Parágrafo único. Os pareceres e representações do conselho fiscal, ou de qualquer um de seus membros, poderão ser apresentados e lidos na assembleia geral, independentemente de publicação e ainda que a matéria não conste da ordem do dia. (Redação dada pela Lei nº 10.303, de 2001)

Deveres e responsabilidades

Art. 165. Os membros do conselho fiscal têm os mesmos deveres dos administradores de que tratam os arts. 153 a 156 e respondem pelos danos resultantes de omissão no cumprimento de seus deveres e de atos praticados com culpa ou dolo, ou com violação da lei ou do estatuto. (Redação dada pela Lei nº 10.303, de 2001)

§ 1º. Os membros do conselho fiscal deverão exercer suas funções no exclusivo interesse da companhia; considerar-se-á abusivo o exercício da função com o fim de causar dano à companhia, ou aos seus acionistas ou administradores, ou de obter, para si ou para outrem, vantagem a que não faz jus e de que resulte, ou possa resultar, prejuízo para a companhia, seus acionistas ou administradores. (Redação dada pela Lei nº 10.303, de 2001)

§ 2º. O membro do conselho fiscal não é responsável pelos atos ilícitos de outros membros, salvo se com eles foi conivente, ou se concorrer para a prática do ato. (Redação dada pela Lei nº 10.303, de 2001)

§ 3º. A responsabilidade dos membros do conselho fiscal por omissão no cumprimento de seus deveres é solidária, mas dela se exime o membro dissidente que fizer consignar sua divergência em ata da reunião do órgão e a comunicar aos órgãos da administração e à assembleia geral. (Incluído pela Lei nº 10.303, de 2001)

Art. 165-A. Os membros do conselho fiscal da companhia aberta deverão informar imediatamente as modificações em suas posições acionárias na companhia à Comissão de Valores Mobiliários e às Bolsas de Valores ou entidades do mercado de balcão organizado nas quais os valores mobiliários de emissão da companhia estejam admitidos à negociação, nas condições e na forma determinadas pela Comissão de Valores Mobiliários. (Incluído pela Lei nº 10.303, de 2001)

CAPÍTULO XIV. MODIFICAÇÃO DO CAPITAL SOCIAL

SEÇÃO I. AUMENTO

Competência

Art. 166. O capital social pode ser aumentado:

I – por deliberação da assembleia geral ordinária, para correção da expressão monetária do seu valor (artigo 167);

II – por deliberação da assembleia geral ou do conselho de administração, observado o que a respeito dispuser o estatuto, nos casos de emissão de ações dentro do limite autorizado no estatuto (artigo 168);

III – por conversão, em ações, de debêntures ou partes beneficiárias e pelo exercício de direitos conferidos por bônus de subscrição, ou de opção de compra de ações;

IV – por deliberação da assembleia geral extraordinária convocada para decidir sobre reforma do estatuto social, no caso de inexistir autorização de aumento, ou de estar a mesma esgotada.

§ 1º. Dentro dos 30 (trinta) dias subsequentes à efetivação do aumento, a companhia requererá ao registro do comércio a sua averbação, nos casos dos números I a III, ou o arquivamento da ata da assembleia de reforma do estatuto, no caso do número IV.

§ 2º. O conselho fiscal, se em funcionamento, deverá, salvo nos casos do número III, ser obrigatoriamente ouvido antes da deliberação sobre o aumento de capital.

Correção monetária anual

Art. 167. A reserva de capital constituída por ocasião do balanço de encerramento do exercício social e resultante da correção monetária do capital realizado (artigo 182, § 2º) será capitalizada por deliberação da assembleia geral ordinária que aprovar o balanço.

§ 1º. Na companhia aberta, a capitalização prevista neste artigo será feita sem modificação do número de ações emitidas e com aumento do valor nominal das ações, se for o caso.

§ 2º. A companhia poderá deixar de capitalizar o saldo da reserva correspondente às frações de centavo do valor nominal das ações, ou, se não tiverem valor nominal, à fração inferior a 1% (um por cento) do capital social.

§ 3º. Se a companhia tiver ações com e sem valor nominal, a correção do capital correspondente às ações com valor nominal será feita separadamente, sendo a reserva resultante capitalizada em benefício dessas ações.

Capital autorizado

Art. 168. O estatuto pode conter autorização para aumento do capital social independentemente de reforma estatutária.

§ 1º. A autorização deverá especificar:

a) o limite de aumento, em valor do capital ou em número de ações, e as espécies e classes das ações que poderão ser emitidas;

b) o órgão competente para deliberar sobre as emissões, que poderá ser a assembleia geral ou o conselho de administração;

c) as condições a que estiverem sujeitas as emissões;

d) os casos ou as condições em que os acionistas terão direito de preferência para subscrição, ou de inexistência desse direito (artigo 172).

§ 2º. O limite de autorização, quando fixado em valor do capital social, será anualmente corrigido pela assembleia geral ordinária, com base nos mesmos índices adotados na correção do capital social.

§ 3º. O estatuto pode prever que a companhia, dentro do limite de capital autorizado, e de acordo com plano aprovado pela assembleia geral, outorgue opção de compra de ações a seus administradores ou empregados, ou a pessoas naturais que prestem serviços à companhia ou a sociedade sob seu controle.

Capitalização de lucros e reservas

Art. 169. O aumento mediante capitalização de lucros ou de reservas importará alteração do valor nominal das ações ou distribuição das ações novas, correspondentes ao aumento, entre acionistas, na proporção do número de ações que possuírem.

§ 1º. Na companhia com ações sem valor nominal, a capitalização de lucros ou de reservas poderá ser efetivada sem modificação do número de ações.

§ 2º. Às ações distribuídas de acordo com este artigo se estenderão, salvo cláusula em contrário dos instrumentos que os tenham constituído, o usufruto, o fideicomisso, a inalienabilidade e a incomunicabilidade que porventura gravarem as ações de que elas forem derivadas.

§ 3º. As ações que não puderem ser atribuídas por inteiro a cada acionista serão vendidas em Bolsa, dividindo-se o produto da venda, proporcionalmente, pelos titulares das frações; antes da venda, a companhia fixará prazo, não inferior a 30 (trinta) dias, durante o qual os acionistas poderão transferir as frações de ação.

Aumento mediante subscrição de ações

Art. 170. Depois de realizados 3/4 (três quartos), no mínimo, do capital social, a companhia pode aumentá-lo mediante subscrição pública ou particular de ações.

§ 1º. O preço de emissão deverá ser fixado, sem diluição injustificada da participação dos antigos acionistas, ainda que tenham direito de preferência para subscrevê-las, tendo em vista, alternativa ou conjuntamente: (Redação dada pela Lei nº 9.457, de 1997)

I – a perspectiva de rentabilidade da companhia; (Incluído pela Lei nº 9.457, de 1997)

II – o valor do patrimônio líquido da ação; (Incluído pela Lei nº 9.457, de 1997)

III – a cotação de suas ações em Bolsa de Valores ou no mercado de balcão organizado, admitido ágio ou deságio em função das condições do mercado. (Incluído pela Lei nº 9.457, de 1997)

§ 2º. A assembleia geral, quando for de sua competência deliberar sobre o aumento, poderá delegar ao conselho de administração a fixação do preço de emissão de ações a serem distribuídas no mercado.

§ 3º. A subscrição de ações para realização em bens será sempre procedida com observância do disposto no artigo 8º, e a ela se aplicará o disposto nos §§ 2º e 3º do artigo 98.

§ 4º. As entradas e as prestações da realização das ações poderão ser recebidas pela companhia independentemente de depósito bancário.

§ 5º. No aumento de capital observar-se-á, se mediante subscrição pública, o disposto no artigo 82, e se mediante subscrição particular, o que a respeito for deliberado pela assembleia geral ou pelo conselho de administração, conforme dispuser o estatuto.

§ 6º. Ao aumento de capital aplica-se, no que couber, o disposto sobre a constituição da companhia, exceto na parte final do § 2º do art. 82.

§ 7º. A proposta de aumento do capital deverá esclarecer qual o critério adotado, nos termos do § 1º deste artigo, justificando pormenorizadamente os aspectos econômicos que determinaram a sua escolha. (Incluído pela Lei nº 9.457, de 1997)

Direito de preferência

Art. 171. Na proporção do número de ações que possuírem, os acionistas terão preferência para a subscrição do aumento de capital.

§ 1º. Se o capital for dividido em ações de diversas espécies ou classes e o aumento for feito por emissão de mais de uma espécie ou classe, observar-se-ão as seguintes normas:

a) no caso de aumento, na mesma proporção, do número de ações de todas as espécies e classes existentes, cada acionista exercerá o direito de preferência sobre ações idênticas às de que for possuidor;

b) se as ações emitidas forem de espécies e classes existentes, mas importarem alteração das respectivas proporções no capital social, a preferência será exercida sobre ações de espécies e classes idênticas às de que forem possuidores os acionistas, somente se estendendo às demais se aquelas forem insuficientes para lhes assegurar, no capital aumentado, a mesma proporção que tinham no capital antes do aumento;

c) se houver emissão de ações de espécie ou classe diversa das existentes, cada acionista exercerá a preferência, na proporção do número de ações que possuir, sobre ações de todas as espécies e classes do aumento.

§ 2º. No aumento mediante capitalização de créditos ou subscrição em bens, será sempre assegurado aos acionistas o direito de preferência e, se for o caso, as importâncias por eles pagas serão entregues ao titular do crédito a ser capitalizado ou do bem a ser incorporado.

§ 3º. Os acionistas terão direito de preferência para subscrição das emissões de debêntures conversíveis em ações, bônus de subscrição e partes beneficiárias conversíveis em ações emitidas para alienação onerosa; mas na conversão desses títulos em ações, ou na outorga e no exercício de opção de compra de ações, não haverá direito de preferência.

§ 4º. O estatuto ou a assembleia geral fixará prazo de decadência, não inferior a 30 (trinta) dias, para o exercício do direito de preferência.

§ 5º. No usufruto e no fideicomisso, o direito de preferência, quando não exercido pelo acionista até 10 (dez) dias antes do vencimento do prazo, poderá sê-lo pelo usufrutuário ou fideicomissário.

§ 6º. O acionista poderá ceder seu direito de preferência.

§ 7º. Na companhia aberta, o órgão que deliberar sobre a emissão mediante subscrição particular deverá dispor sobre as sobras de valores mobiliários não subscritos, podendo:

a) mandar vendê-las em Bolsa, em benefício da companhia; ou

b) rateá-las, na proporção dos valores subscritos, entre os acionistas que tiverem pedido, no boletim ou lista de subscrição, reserva de sobras; nesse caso, a condição constará dos boletins e listas de subscrição e o saldo não rateado será vendido em Bolsa, nos termos da alínea anterior.

§ 8º. Na companhia fechada, será obrigatório o rateio previsto na alínea *b* do § 7º, podendo o saldo, se houver, ser subscrito por terceiros, de acordo com os critérios estabelecidos pela assembleia geral ou pelos órgãos da administração.

Exclusão do direito de preferência

Art. 172. O estatuto da companhia aberta que contiver autorização para o aumento do capital pode prever a emissão, sem direito de preferência para os antigos acionistas, ou com redução do prazo de que trata o § 4º do art. 171, de ações e debêntures conversíveis em ações, ou bônus de subscrição, cuja colocação seja feita mediante: (Redação dada pela Lei nº 10.303, de 2001)

I – venda em Bolsa de Valores ou subscrição pública; ou

II – permuta por ações, em oferta pública de aquisição de controle, nos termos dos arts. 257 e 263. (Redação dada pela Lei nº 10.303, de 2001)

Parágrafo único. O estatuto da companhia, ainda que fechada, pode excluir o direito de preferência para subscrição de ações nos termos de lei especial sobre incentivos fiscais.

SEÇÃO II.
REDUÇÃO

Art. 173. A assembleia geral poderá deliberar a redução do capital social se houver perda, até o montante dos prejuízos acumulados, ou se julgá-lo excessivo.

§ 1º. A proposta de redução do capital social, quando de iniciativa dos administradores, não poderá ser submetida à deliberação da assembleia geral sem o parecer do conselho fiscal, se em funcionamento.

§ 2º. A partir da deliberação de redução ficarão suspensos os direitos correspondentes às ações cujos certificados tenham sido emitidos, até que sejam apresentados à companhia para substituição.

Oposição dos credores

Art. 174. Ressalvado o disposto nos artigos 45 e 107, a redução do capital social com restituição aos acionistas de parte do valor das ações, ou pela diminuição do valor destas, quando não integralizadas, à importância das entradas, só se tornará efetiva 60 (sessenta) dias após a publicação da ata da assembleia geral que a tiver deliberado.

§ 1º. Durante o prazo previsto neste artigo, os credores quirografários por títulos anteriores à data da publicação da ata poderão, mediante notificação, de que se dará ciência ao registro do comércio da sede da companhia, opor-se à redução do capital; decairão desse direito os credores que o não exercerem dentro do prazo.

§ 2º. Findo o prazo, a ata da assembleia geral que houver deliberado a redução poderá ser arquivada se não tiver havido oposição ou, se tiver havido oposição de algum credor, desde que feita a prova do pagamento do seu crédito ou do depósito judicial da importância respectiva.

§ 3º. Se houver em circulação debêntures emitidas pela companhia, a redução do capital, nos casos previstos neste artigo, não poderá ser efetivada sem prévia aprovação pela maioria dos debenturistas, reunidos em assembleia especial.

CAPÍTULO XV.
EXERCÍCIO SOCIAL E DEMONSTRAÇÕES FINANCEIRAS

SEÇÃO I.
EXERCÍCIO SOCIAL

Art. 175. O exercício social terá duração de 1 (um) ano e a data do término será fixada no estatuto.

Parágrafo único. Na constituição da companhia e nos casos de alteração estatutária o exercício social poderá ter duração diversa.

SEÇÃO II. DEMONSTRAÇÕES FINANCEIRAS

Disposições gerais

Art. 176. Ao fim de cada exercício social, a diretoria fará elaborar, com base na escrituração mercantil da companhia, as seguintes demonstrações financeiras, que deverão exprimir com clareza a situação do patrimônio da companhia e as mutações ocorridas no exercício:

I – balanço patrimonial;

II – demonstração dos lucros ou prejuízos acumulados;

III – demonstração do resultado do exercício; e

IV – demonstração dos fluxos de caixa; e (Redação dada pela Lei nº 11.638, de 2007)

V – se companhia aberta, demonstração do valor adicionado. (Incluído pela Lei nº 11.638, de 2007)

§ 1º. As demonstrações de cada exercício serão publicadas com a indicação dos valores correspondentes das demonstrações do exercício anterior.

§ 2º. Nas demonstrações, as contas semelhantes poderão ser agrupadas; os pequenos saldos poderão ser agregados, desde que indicada a sua natureza e não ultrapassem 0,1 (um décimo) do valor do respectivo grupo de contas; mas é vedada a utilização de designações genéricas, como "diversas contas" ou "contas correntes".

§ 3º. As demonstrações financeiras registrarão a destinação dos lucros segundo a proposta dos órgãos da administração, no pressuposto de sua aprovação pela assembleia geral.

§ 4º. As demonstrações serão complementadas por notas explicativas e outros quadros analíticos ou demonstrações contábeis necessários para esclarecimento da situação patrimonial e dos resultados do exercício.

§ 5º. As notas explicativas devem: (Redação dada pela Lei nº 11.941, de 2009)

I – apresentar informações sobre a base de preparação das demonstrações financeiras e das práticas contábeis específicas selecionadas e aplicadas para negócios e eventos significativos; (Incluído pela Lei nº 11.941, de 2009)

II – divulgar as informações exigidas pelas práticas contábeis adotadas no Brasil que não estejam apresentadas em nenhuma outra parte das demonstrações financeiras; (Incluído pela Lei nº 11.941, de 2009)

III – fornecer informações adicionais não indicadas nas próprias demonstrações financeiras e consideradas necessárias para uma apresentação adequada; e (Incluído pela Lei nº 11.941, de 2009)

IV – indicar: (Incluído pela Lei nº 11.941, de 2009)

a) os principais critérios de avaliação dos elementos patrimoniais, especialmente estoques, dos cálculos de depreciação, amortização e exaustão, de constituição de provisões para encargos ou riscos, e dos ajustes para atender a perdas prováveis na realização de elementos do ativo; (Incluído pela Lei nº 11.941, de 2009)

b) os investimentos em outras sociedades, quando relevantes (art. 247, parágrafo único); (Incluído pela Lei nº 11.941, de 2009)

c) o aumento de valor de elementos do ativo resultante de novas avaliações (art. 182, § 3º); (Incluído pela Lei nº 11.941, de 2009)

d) os ônus reais constituídos sobre elementos do ativo, as garantias prestadas a terceiros e outras responsabilidades eventuais ou contingentes; (Incluído pela Lei nº 11.941, de 2009)

e) a taxa de juros, as datas de vencimento e as garantias das obrigações a longo prazo; (Incluído pela Lei nº 11.941, de 2009)

f) o número, espécies e classes das ações do capital social; (Incluído pela Lei nº 11.941, de 2009)

g) as opções de compra de ações outorgadas e exercidas no exercício; (Incluído pela Lei nº 11.941, de 2009)

h) os ajustes de exercícios anteriores (art. 186, § 1º); e (Incluído pela Lei nº 11.941, de 2009)

i) os eventos subsequentes à data de encerramento do exercício que tenham, ou possam vir a ter, efeito relevante sobre a situação financeira e os resultados futuros da companhia. (Incluído pela Lei nº 11.941, de 2009)

§ 6º. A companhia fechada com patrimônio líquido, na data do balanço, inferior a R$ 2.000.000,00 (dois milhões de reais) não será obrigada à elaboração e publicação da demonstração dos fluxos de caixa. (Redação dada pela Lei nº 11.638, de 2007)

§ 7º. A Comissão de Valores Mobiliários poderá, a seu critério, disciplinar de forma diversa o registro de que trata o § 3º deste artigo. (Incluído pela Lei nº 11.941, de 2009)

Escrituração

Art. 177. A escrituração da companhia será mantida em registros permanentes, com obediência aos preceitos da legislação comercial e desta Lei e aos princípios de contabilidade geralmente aceitos, devendo observar métodos ou critérios contábeis uniformes no tempo e registrar as mutações patrimoniais segundo o regime de competência.

§ 1º. As demonstrações financeiras do exercício em que houver modificação de métodos ou critérios contábeis, de efeitos relevantes, deverão indicá-la em nota e ressaltar esses efeitos.

§ 2º. A companhia observará exclusivamente em livros ou registros auxiliares, sem qualquer modificação da escrituração mercantil e das demonstrações reguladas nesta Lei, as disposições da lei tributária, ou de legislação especial sobre a atividade que constitui seu objeto, que prescrevam, conduzam ou incentivem a utilização de métodos ou critérios contábeis diferentes ou determinem registros, lançamentos ou ajustes ou a elaboração de outras demonstrações financeiras. (Redação dada pela Lei nº 11.941, de 2009)

I – *(Revogado pela Lei nº 11.941, de 2009).*

II – *(Revogado pela Lei nº 11.941, de 2009).*

§ 3º. As demonstrações financeiras das companhias abertas observarão, ainda, as normas expedidas pela Comissão de Valores Mobiliários e serão obrigatoriamente submetidas a auditoria por auditores independentes nela registrados. (Redação dada pela Lei nº 11.941, de 2009)

§ 4º. As demonstrações financeiras serão assinadas pelos administradores e por contabilistas legalmente habilitados.

§ 5º. As normas expedidas pela Comissão de Valores Mobiliários a que se refere o § 3º deste artigo deverão ser elaboradas em consonância com os padrões internacionais de contabilidade adotados nos principais mercados de valores mobiliários. (Incluído pela Lei nº 11.638, de 2007)

§ 6º. As companhias fechadas poderão optar por observar as normas sobre demonstrações financeiras expedidas pela Comissão de Valores Mobiliários para as companhias abertas. (Incluído pela Lei nº 11.638, de 2007)

§ 7º. *(Revogado pela Lei nº 11.941, de 2009).*

SEÇÃO III. BALANÇO PATRIMONIAL

Grupo de contas

Art. 178. No balanço, as contas serão classificadas segundo os elementos do patrimônio que registrem, e agrupadas de modo a facilitar o conhecimento e a análise da situação financeira da companhia.

§ 1º. No ativo, as contas serão dispostas em ordem decrescente de grau de liquidez dos elementos nelas registrados, nos seguintes grupos:

I – ativo circulante; e (Incluído pela Lei nº 11.941, de 2009)

II – ativo não circulante, composto por ativo realizável a longo prazo, investimentos, imobilizado e intangível. (Incluído pela Lei nº 11.941, de 2009)

§ 2º. No passivo, as contas serão classificadas nos seguintes grupos:

I – passivo circulante; (Incluído pela Lei nº 11.941, de 2009)

II – passivo não circulante; e (Incluído pela Lei nº 11.941, de 2009)

III – patrimônio líquido, dividido em capital social, reservas de capital, ajustes de avaliação patrimonial, reservas de lucros, ações em tesouraria e prejuízos acumulados. (Incluído pela Lei nº 11.941, de 2009)

§ 3º Os saldos devedores e credores que a companhia não tiver direito de compensar serão classificados separadamente.

Ativo

Art. 179. As contas serão classificadas do seguinte modo:

I – no ativo circulante: as disponibilidades, os direitos realizáveis no curso do exercício social subsequente e as aplicações de recursos em despesas do exercício seguinte;

II – no ativo realizável a longo prazo: os direitos realizáveis após o término do exercício seguinte, assim como os derivados de vendas, adiantamentos ou empréstimos a sociedades coligadas ou controladas (artigo 243), diretores, acionistas ou participantes no lucro da companhia, que não constituírem negócios usuais na exploração do objeto da companhia;

III – em investimentos: as participações permanentes em outras sociedades e os direitos de qualquer natureza, não classificáveis no ativo circulante, e que não se destinem à manutenção da atividade da companhia ou da empresa;

IV – no ativo imobilizado: os direitos que tenham por objeto bens corpóreos destinados à manutenção das atividades da companhia ou da empresa ou exercidos com essa finalidade, inclusive os decorrentes de operações que transfiram à companhia os benefícios, riscos e controle desses bens; (Redação dada pela Lei nº 11.638, de 2007)

V – *(Revogado pela Lei nº 11.941, de 2009).*

VI – no intangível: os direitos que tenham por objeto bens incorpóreos destinados à manutenção da companhia ou exercidos com essa finalidade, inclusive o fundo de comércio adquirido. (Incluído pela Lei nº 11.638, de 2007)

Parágrafo único. Na companhia em que o ciclo operacional da empresa tiver duração maior que o exercício social, a classificação no circulante ou longo prazo terá por base o prazo desse ciclo.

Passivo exigível

Art. 180. As obrigações da companhia, inclusive financiamentos para aquisição de direitos do ativo não circulante, serão classificadas no passivo circulante, quando se vencerem no exercício seguinte, e no passivo não circulante, se tiverem vencimento em prazo maior, observado o disposto no parágrafo único do art. 179 desta Lei. (Redação dada pela Lei nº 11.941, de 2009)

Resultados de exercícios futuros

Art. 181. *(Revogado pela Lei nº 11.941, de 2009).*

Patrimônio líquido

Art. 182. A conta do capital social discriminará o montante subscrito e, por dedução, a parcela ainda não realizada.

§ 1º. Serão classificadas como reservas de capital as contas que registrarem:

a) a contribuição do subscritor de ações que ultrapassar o valor nominal e a parte do preço de emissão das ações sem valor nominal que ultrapassar a importância destinada à formação do capital social, inclusive nos casos de conversão em ações de debêntures ou partes beneficiárias;

b) o produto da alienação de partes beneficiárias e bônus de subscrição;

c) (Revogada pela Lei nº 11.638, de 2007).

d) (Revogada pela Lei nº 11.638, de 2007).

§ 2º. Será ainda registrado como reserva de capital o resultado da correção monetária do capital realizado, enquanto não capitalizado.

§ 3º. Serão classificadas como ajustes de avaliação patrimonial, enquanto não computadas no resultado do exercício em obediência ao regime de competência, as contrapartidas de aumentos ou diminuições de valor atribuídos a elementos do ativo e do passivo, em decorrência da sua avaliação a valor justo, nos casos previstos nesta Lei ou, em normas expedidas pela Comissão de Valores Mobiliários, com base na competência conferida pelo § 3º do art. 177 desta Lei. (Redação dada pela Lei nº 11.941, de 2009)

§ 4º. Serão classificadas como reservas de lucros as contas constituídas pela apropriação de lucros da companhia.

§ 5º. As ações em tesouraria deverão ser destacadas no balanço como dedução da conta do patrimônio líquido que registrar a origem dos recursos aplicados na sua aquisição.

Critérios de avaliação do ativo

Art. 183. No balanço, os elementos do ativo serão avaliados segundo os seguintes critérios:

I – as aplicações em instrumentos financeiros, inclusive derivativos, e em direitos e títulos de créditos, classificados no ativo circulante ou no realizável a longo prazo: (Redação dada pela Lei nº 11.638, de 2007)

a) pelo seu valor justo, quando se tratar de aplicações destinadas à negociação ou disponíveis para venda; e (Redação dada pela Lei nº 11.941, de 2009)

b) pelo valor de custo de aquisição ou valor de emissão, atualizado conforme disposições legais ou contratuais, ajustado ao valor provável de realização, quando este for inferior, no caso das demais aplicações e os direitos e títulos de crédito; (Incluído pela Lei nº 11.638, de 2007)

II – os direitos que tiverem por objeto mercadorias e produtos do comércio da companhia, assim como matérias-primas, produtos em fabricação e bens em almoxarifado, pelo custo de aquisição ou produção, deduzido de provisão para ajustá-lo ao valor de mercado, quando este for inferior;

III – os investimentos em participação no capital social de outras sociedades, ressalvado o disposto nos artigos 248 a 250, pelo custo de aquisição, deduzido de provisão para perdas prováveis na realização do seu valor, quando essa perda estiver comprovada como permanente, e que não será modificado em razão do recebimento, sem custo para a companhia, de ações ou quotas bonificadas;

IV – os demais investimentos, pelo custo de aquisição, deduzido de provisão para atender às perdas prováveis na realização do seu valor, ou para redução do custo de aquisição ao valor de mercado, quando este for inferior;

V – os direitos classificados no imobilizado, pelo custo de aquisição, deduzido do saldo da respectiva conta de depreciação, amortização ou exaustão;

VI – *(Revogado pela Lei nº 11.941, de 2009).*

VII – os direitos classificados no intangível, pelo custo incorrido na aquisição deduzido do saldo da respectiva conta de amortização; (Incluído pela Lei nº 11.638, de 2007)

VIII – os elementos do ativo decorrentes de operações de longo prazo serão ajustados a valor presente, sendo os demais ajustados quando houver efeito relevante. (Incluído pela Lei nº 11.638, de 2007)

§ 1º. Para efeitos do disposto neste artigo, considera-se valor justo: (Redação dada pela Lei nº 11.941, de 2009)

a) das matérias-primas e dos bens em almoxarifado, o preço pelo qual possam ser repostos, mediante compra no mercado;

b) dos bens ou direitos destinados à venda, o preço líquido de realização mediante venda no mercado, deduzidos os impostos e demais despesas necessárias para a venda, e a margem de lucro;

c) dos investimentos, o valor líquido pelo qual possam ser alienados a terceiros.

d) dos instrumentos financeiros, o valor que pode se obter em um mercado ativo, decorrente de transação não compulsória realizada entre partes independentes; e, na ausência de um mercado ativo para um determinado instrumento financeiro: (Incluído pela Lei nº 11.638, de 2007)

1) o valor que se pode obter em um mercado ativo com a negociação de outro instrumento financeiro de natureza, prazo e risco similares; (Incluído pela Lei nº 11.638,de 2007)

2) o valor presente líquido dos fluxos de caixa futuros para instrumentos financeiros de natureza, prazo e risco similares; ou (Incluído pela Lei nº 11.638,de 2007)

3) o valor obtido por meio de modelos matemático-estatísticos de precificação de instrumentos financeiros. (Incluído pela Lei nº 11.638,de 2007)

§ 2º. A diminuição do valor dos elementos dos ativos imobilizado e intangível será registrada periodicamente nas contas de: (Redação dada pela Lei nº 11.941, de 2009)

a) depreciação, quando corresponder à perda do valor dos direitos que têm por objeto bens físicos sujeitos a desgaste ou perda de utilidade por uso, ação da natureza ou obsolescência;

b) amortização, quando corresponder à perda do valor do capital aplicado na aquisição de direitos da propriedade industrial ou comercial e quaisquer outros com existência ou exercício de duração limitada, ou cujo objeto sejam bens de utilização por prazo legal ou contratualmente limitado;

c) exaustão, quando corresponder à perda do valor, decorrente da sua exploração, de direitos cujo objeto sejam recursos minerais ou florestais, ou bens aplicados nessa exploração.

§ 3º. A companhia deverá efetuar, periodicamente, análise sobre a recuperação dos valores registrados no imobilizado e no intangível, a fim de que sejam: (Redação dada pela Lei nº 11.941, de 2009)

I – registradas as perdas de valor do capital aplicado quando houver decisão de interromper os empreendimentos ou atividades a que se destinavam ou quando comprovado que não poderão produzir resultados suficientes para recuperação desse valor; ou (Incluído pela Lei nº 11.638, de 2007)

II – revisados e ajustados os critérios utilizados para determinação da vida útil econômica estimada e para cálculo da depreciação, exaustão e amortização. (Incluído pela Lei nº 11.638, de 2007)

§ 4º. Os estoques de mercadorias fungíveis destinadas à venda poderão ser avaliados pelo valor de mercado, quando esse for o costume mercantil aceito pela técnica contábil.

Critérios de avaliação do passivo

Art. 184. No balanço, os elementos do passivo serão avaliados de acordo com os seguintes critérios:

I – as obrigações, encargos e riscos, conhecidos ou calculáveis, inclusive Imposto sobre a Renda a pagar com base no resultado do exercício, serão computados pelo valor atualizado até a data do balanço;

II – as obrigações em moeda estrangeira, com cláusula de paridade cambial, serão convertidas em moeda nacional à taxa de câmbio em vigor na data do balanço;

III – as obrigações, os encargos e os riscos classificados no passivo não circulante serão ajustados ao seu valor presente, sendo os demais ajustados quando houver efeito relevante. (Redação dada pela Lei nº 11.941, de 2009)

Critérios de avaliação em operações societárias

(Incluído pela Lei nº 11.941, de 2009)

Art. 184-A. A Comissão de Valores Mobiliários estabelecerá, com base na competência conferida pelo § 3º do art. 177 desta Lei, normas especiais de avaliação e contabilização aplicáveis à aquisição de controle, participações societárias ou negócios. (Incluído pela Lei nº 11.941, de 2009)

Correção monetária

Art. 185. *(Revogado pela Lei nº 7.730, de 1989).*

SEÇÃO IV. DEMONSTRAÇÃO DE LUCROS OU PREJUÍZOS ACUMULADOS

Art. 186. A demonstração de lucros ou prejuízos acumulados discriminará:

I – o saldo do início do período, os ajustes de exercícios anteriores e a correção monetária do saldo inicial;

II – as reversões de reservas e o lucro líquido do exercício;

III – as transferências para reservas, os dividendos, a parcela dos lucros incorporada ao capital e o saldo ao fim do período.

§ 1º. Como ajustes de exercícios anteriores serão considerados apenas os decorrentes de efeitos da mudança de critério contábil, ou da retificação de erro imputável a determinado exercício anterior, e que não possam ser atribuídos a fatos subsequentes.

§ 2º. A demonstração de lucros ou prejuízos acumulados deverá indicar o montante do dividendo por ação do capital social e poderá ser incluída na demonstração das mutações do patrimônio líquido, se elaborada e publicada pela companhia.

SEÇÃO V. DEMONSTRAÇÃO DO RESULTADO DO EXERCÍCIO

Art. 187. A demonstração do resultado do exercício discriminará:

I – a receita bruta das vendas e serviços, as deduções das vendas, os abatimentos e os impostos;

II – a receita líquida das vendas e serviços, o custo das mercadorias e serviços vendidos e o lucro bruto;

III – as despesas com as vendas, as despesas financeiras, deduzidas das receitas, as despesas gerais e administrativas, e outras despesas operacionais;

IV – o lucro ou prejuízo operacional, as outras receitas e as outras despesas; (Redação dada pela Lei nº 11.941, de 2009)

V – o resultado do exercício antes do Imposto sobre a Renda e a provisão para o imposto;

VI – as participações de debêntures, empregados, administradores e partes beneficiárias, mesmo na forma de instrumentos financeiros, e de instituições ou fundos de assistência ou previdência de empregados, que não se caracterizem como despesa; (Redação dada pela Lei nº 11.941, de 2009)

VII – o lucro ou prejuízo líquido do exercício e o seu montante por ação do capital social.

§ 1º. Na determinação do resultado do exercício serão computados:

a) as receitas e os rendimentos ganhos no período, independentemente da sua realização em moeda; e

b) os custos, despesas, encargos e perdas, pagos ou incorridos, correspondentes a essas receitas e rendimentos.

§ 2º. *(Revogado pela Lei nº 11.638, de 2007).*

SEÇÃO VI.
DEMONSTRAÇÕES DOS FLUXOS DE CAIXA E DO VALOR ADICIONADO

(Redação dada pela Lei nº 11.638, de 2007)

Art. 188. As demonstrações referidas nos incisos IV e V do *caput* do art. 176 desta Lei indicarão, no mínimo: (Redação dada pela Lei nº 11.638, de 2007)

I – demonstração dos fluxos de caixa – as alterações ocorridas, durante o exercício, no saldo de caixa e equivalentes de caixa, segregando-se essas alterações em, no mínimo, 3 (três) fluxos: (Redação dada pela Lei nº 11.638, de 2007)

a) das operações; (Redação dada pela Lei nº 11.638, de 2007)

b) dos financiamentos; e (Redação dada pela Lei nº 11.638, de 2007)

c) dos investimentos; (Redação dada pela Lei nº 11.638, de 2007)

II – demonstração do valor adicionado – o valor da riqueza gerada pela companhia, a sua distribuição entre os elementos que contribuíram para a geração dessa riqueza, tais como empregados, financiadores, acionistas, governo e outros, bem como a parcela da riqueza não distribuída. (Redação dada pela Lei nº 11.638, de 2007)

III – *(Revogado pela Lei nº 11.941, de 2009).*

IV – *(Revogado pela Lei nº 11.941, de 2009).*

CAPÍTULO XVI.
LUCROS, RESERVAS E DIVIDENDOS

SEÇÃO I.
LUCRO

Dedução de prejuízos e imposto sobre a renda

Art. 189. Do resultado do exercício serão deduzidos, antes de qualquer participação, os prejuízos acumulados e a provisão para o Imposto sobre a Renda.

Parágrafo único. O prejuízo do exercício será obrigatoriamente absorvido pelos lucros acumulados, pelas reservas de lucros e pela reserva legal, nessa ordem.

Participações

Art. 190. As participações estatutárias de empregados, administradores e partes beneficiárias serão determinadas, sucessivamente e nessa ordem, com base nos lucros que remanescerem depois de deduzida a participação anteriormente calculada.

Parágrafo único. Aplica-se ao pagamento das participações dos administradores e das partes beneficiárias o disposto nos parágrafos do artigo 201.

Lucro líquido

Art. 191. Lucro líquido do exercício é o resultado do exercício que remanescer depois de deduzidas as participações de que trata o artigo 190.

Proposta de destinação do lucro

Art. 192. Juntamente com as demonstrações financeiras do exercício, os órgãos da administração da companhia apresentarão à assembleia geral ordinária, observado o disposto nos artigos 193 a 203 e no estatuto, proposta sobre a destinação a ser dada ao lucro líquido do exercício.

SEÇÃO II.
RESERVAS E RETENÇÃO DE LUCROS

Reserva legal

Art. 193. Do lucro líquido do exercício, 5% (cinco por cento) serão aplicados, antes de qualquer outra destinação, na constituição da reserva legal, que não excederá de 20% (vinte por cento) do capital social.

§ 1º. A companhia poderá deixar de constituir a reserva legal no exercício em que o saldo dessa reserva, acrescido do montante das reservas de capital de que trata o § 1º do artigo 182, exceder de 30% (trinta por cento) do capital social.

§ 2º. A reserva legal tem por fim assegurar a integridade do capital social e somente poderá ser utilizada para compensar prejuízos ou aumentar o capital.

Reservas estatutárias

Art. 194. O estatuto poderá criar reservas desde que, para cada uma:

I – indique, de modo preciso e completo, a sua finalidade;

II – fixe os critérios para determinar a parcela anual dos lucros líquidos que serão destinados à sua constituição; e

III – estabeleça o limite máximo da reserva.

Reservas para contingências

Art. 195. A assembleia geral poderá, por proposta dos órgãos da administração, destinar parte do lucro líquido à formação de reserva com a finalidade de compensar, em exercício futuro, a diminuição do lucro decorrente de perda julgada provável, cujo valor possa ser estimado.

§ 1º. A proposta dos órgãos da administração deverá indicar a causa da perda prevista e justificar, com as razões de prudência que a recomendem, a constituição da reserva.

§ 2º. A reserva será revertida no exercício em que deixarem de existir as razões que justificarem a sua constituição ou em que ocorrer a perda.

Reserva de incentivos fiscais

‣ (Incluído pela Lei nº 11.638, de 2007)

Art. 195-A. A assembleia geral poderá, por proposta dos órgãos de administração, destinar para a reserva de incentivos fiscais a parcela do lucro líquido decorrente de doações ou subvenções governamentais para investimentos, que poderá ser excluída da base de cálculo do dividendo obrigatório (inciso I do *caput* do art. 202 desta Lei). (Incluído pela Lei nº 11.638, de 2007)

Retenção de lucros

Art. 196. A assembleia geral poderá, por proposta dos órgãos da administração, deliberar reter parcela do lucro líquido do exercício prevista em orçamento de capital por ela previamente aprovado.

§ 1º. O orçamento, submetido pelos órgãos da administração com a justificativa da retenção de lucros proposta, deverá compreender todas as fontes de recursos e aplicações de capital, fixo ou circulante, e poderá ter a duração de até 5 (cinco) exercícios, salvo no caso de execução, por prazo maior, de projeto de investimento.

§ 2º. O orçamento poderá ser aprovado pela assembleia geral ordinária que deliberar sobre o balanço do exercício e revisado anualmente, quando tiver duração superior a um exercício social. (Redação dada pela Lei nº 10.303, de 2001)

Reserva de lucros a realizar

Art. 197. No exercício em que o montante do dividendo obrigatório, calculado nos termos do estatuto ou do art. 202, ultrapassar a parcela realizada do lucro líquido do exercício, a assembleia geral poderá, por proposta dos órgãos de administração, destinar o excesso à constituição de reserva de lucros a realizar. (Redação dada pela Lei nº 10.303, de 2001)

§ 1º. Para os efeitos deste artigo, considera-se realizada a parcela do lucro líquido do exercício que exceder da soma dos seguintes valores: (Redação dada pela Lei nº 10.303, de 2001)

I – o resultado líquido positivo da equivalência patrimonial (art. 248); e (Incluído pela Lei nº 10.303, de 2001)

II – o lucro, rendimento ou ganho líquidos em operações ou contabilização de ativo e passivo pelo valor de mercado, cujo prazo de realização financeira ocorra após o término do exercício social seguinte. (Redação dada pela Lei nº 11.638, de 2007)

§ 2º. A reserva de lucros a realizar somente poderá ser utilizada para pagamento do dividendo obrigatório e, para efeito do inciso III do art. 202, serão considerados como integrantes da reserva os lucros a realizar de cada exercício que forem os primeiros a serem realizados em dinheiro. (Incluído pela Lei nº 10.303, de 2001)

Limite da constituição de reservas e retenção de lucros

Art. 198. A destinação dos lucros para constituição das reservas de que trata o artigo 194 e a retenção nos termos do artigo 196 não poderão ser aprovadas, em cada exercício, em prejuízo da distribuição do dividendo obrigatório (artigo 202).

Limite do saldo das reservas de lucro

(Redação dada pela Lei nº 11.638, de 2007)

Art. 199. O saldo das reservas de lucros, exceto as para contingências, de incentivos fiscais e de lucros a realizar, não poderá ultrapassar o capital social. Atingindo esse limite, a assembleia deliberará sobre aplicação do excesso na integralização ou no aumento do capital social ou na distribuição de dividendos. (Redação dada pela Lei nº 11.638, de 2007)

Reservas de capital

Art. 200. As reservas de capital somente poderão ser utilizadas para:

‣ Lei 6.404/1976: art. 192.

I – absorção de prejuízos que ultrapassarem os lucros acumulados e as reservas de lucros (artigo 189, parágrafo único);

II – resgate, reembolso ou compra de ações;

III – resgate de partes beneficiárias;

IV – incorporação ao capital social;

V – pagamento de dividendo a ações preferenciais, quando essa vantagem lhes for assegurada (artigo 17, § 5º).

Parágrafo único. A reserva constituída com o produto da venda de partes beneficiárias poderá ser destinada ao resgate desses títulos.

SEÇÃO III.
DIVIDENDOS

Origem

Art. 201. A companhia somente pode pagar dividendos à conta de lucro líquido do exercício, de lucros acumulados e de reserva de lucros; e à conta de reserva de capital, no caso das ações preferenciais de que trata o § 5º do artigo 17.

§ 1º. A distribuição de dividendos com inobservância do disposto neste artigo implica responsabilidade solidária dos administradores e fiscais, que deverão repor à caixa social a importância distribuída, sem prejuízo da ação penal que no caso couber.

§ 2º. Os acionistas não são obrigados a restituir os dividendos que em boa-fé tenham recebido. Presume-se a má-fé quando os dividendos forem distribuídos sem o levantamento do balanço ou em desacordo com os resultados deste.

Dividendo obrigatório

Art. 202. Os acionistas têm direito de receber como dividendo obrigatório, em cada exercício, a parcela dos lucros estabelecida no estatuto ou, se este for omisso, a importância determinada de acordo com as seguintes normas: (Redação dada pela Lei nº 10.303, de 2001)

I – metade do lucro líquido do exercício diminuído ou acrescido dos seguintes valores: (Redação dada pela Lei nº 10.303, de 2001)

a) importância destinada à constituição da reserva legal (art. 193); e (Incluído pela Lei nº 10.303, de 2001)

b) importância destinada à formação da reserva para contingências (art. 195) e reversão da mesma reserva formada em exercícios anteriores; (Incluído pela Lei nº 10.303, de 2001)

II – o pagamento do dividendo determinado nos termos do inciso I poderá ser limitado ao montante do lucro líquido do exercício que tiver sido realizado, desde que a diferença seja registrada como reserva de lucros a realizar (art. 197); (Redação dada pela Lei nº 10.303, de 2001)

III – os lucros registrados na reserva de lucros a realizar, quando realizados e se não tiverem sido absorvidos por prejuízos em exercícios subsequentes, deverão ser acrescidos ao primeiro dividendo declarado após a realização. (Redação dada pela Lei nº 10.303, de 2001)

§ 1º. O estatuto poderá estabelecer o dividendo como porcentagem do lucro ou do capital social, ou fixar outros critérios para determiná-lo, desde que sejam regulados com precisão e minúcia e não sujeitem os acionistas minoritários ao arbítrio dos órgãos de administração ou da maioria.

§ 2º. Quando o estatuto for omisso e a assembleia geral deliberar alterá-lo para introduzir norma sobre a matéria, o dividendo obrigatório não poderá ser inferior a 25% (vinte e cinco por cento) do lucro líquido ajustado nos termos do inciso I deste artigo. (Redação dada pela Lei nº 10.303, de 2001)

§ 3º. A assembleia geral pode, desde que não haja oposição de qualquer acionista presente, deliberar a distribuição de dividendo inferior ao obrigatório, nos termos deste artigo, ou a retenção de todo o lucro líquido, nas seguintes sociedades: (Redação dada pela Lei nº 10.303, de 2001)

I – companhias abertas exclusivamente para a captação de recursos por debêntures não conversíveis em ações; (Incluído pela Lei nº 10.303, de 2001)

II – companhias fechadas, exceto nas controladas por companhias abertas que não se enquadrem na condição prevista no inciso I. (Incluído pela Lei nº 10.303, de 2001)

§ 4º. O dividendo previsto neste artigo não será obrigatório no exercício social em que os órgãos da administração informarem à assembleia geral ordinária ser ele incompatível com a situação financeira da companhia. O conselho fiscal, se em funcionamento, deverá dar parecer sobre essa informação e, na companhia aberta, seus administradores encaminharão à Comissão de Valores Mobiliários, dentro de 5 (cinco) dias da realização da assembleia geral, exposição justificativa da informação transmitida à assembleia.

§ 5º. Os lucros que deixarem de ser distribuídos nos termos do § 4º serão registrados como reserva especial e, se não absorvidos por prejuízos em exercícios subsequentes, deverão ser pagos como dividendo assim que o permitir a situação financeira da companhia.

§ 6º. Os lucros não destinados nos termos dos arts. 193 a 197 deverão ser distribuídos como dividendos. (Incluído pela Lei nº 10.303, de 2001)

Dividendos de ações preferenciais

Art. 203. O disposto nos artigos 194 a 197, e 202, não prejudicará o direito dos acionistas preferenciais de receber os dividendos fixos ou mínimos a que tenham prioridade, inclusive os atrasados, se cumulativos.

Dividendos intermediários

Art. 204. A companhia que, por força de lei ou de disposição estatutária, levantar balanço semestral, poderá declarar, por deliberação dos órgãos de administração, se autorizados pelo estatuto, dividendo à conta do lucro apurado nesse balanço.

§ 1º. A companhia poderá, nos termos de disposição estatutária, levantar balanço e distribuir dividendos em períodos menores, desde que o total dos dividendos pagos em cada semestre do exercício social não exceda o montante das reservas de capital de que trata o § 1º do artigo 182.

§ 2º. O estatuto poderá autorizar os órgãos de administração a declarar dividendos intermediários, à conta de lucros acumulados ou de reservas de lucros existentes no último balanço anual ou semestral.

Pagamento de dividendos

Art. 205. A companhia pagará o dividendo de ações nominativas à pessoa que, na data do ato de declaração do dividendo, estiver inscrita como proprietária ou usufrutuária da ação.

§ 1º. Os dividendos poderão ser pagos por cheque nominativo remetido por via postal para o endereço comunicado pelo acionista à companhia, ou mediante crédito em conta corrente bancária aberta em nome do acionista.

§ 2º. Os dividendos das ações em custódia bancária ou em depósito nos termos dos artigos 41 e 43 serão pagos pela companhia à instituição financeira depositária, que será responsável pela sua entrega aos titulares das ações depositadas.

§ 3º. O dividendo deverá ser pago, salvo deliberação em contrário da assembleia geral, no prazo de 60 (sessenta) dias da data em que for declarado e, em qualquer caso, dentro do exercício social.

CAPÍTULO XVII.
DISSOLUÇÃO, LIQUIDAÇÃO E EXTINÇÃO

SEÇÃO I.
DISSOLUÇÃO

Art. 206. Dissolve-se a companhia:

I – de pleno direito:

a) pelo término do prazo de duração;

b) nos casos previstos no estatuto;

c) por deliberação da assembleia geral (art. 136, X); (Redação dada pela Lei nº 9.457, de 1997)

d) pela existência de 1 (um) único acionista, verificada em assembleia geral ordinária, se o mínimo de 2 (dois) não for reconstituído até à do ano seguinte, ressalvado o disposto no artigo 251;

e) pela extinção, na forma da lei, da autorização para funcionar;

II – por decisão judicial:

a) quando anulada a sua constituição, em ação proposta por qualquer acionista;

b) quando provado que não pode preencher o seu fim, em ação proposta por acionistas que representem 5% (cinco por cento) ou mais do capital social;

c) em caso de falência, na forma prevista na respectiva lei;

III – por decisão de autoridade administrativa competente, nos casos e na forma previstos em lei especial.

Efeitos

Art. 207. A companhia dissolvida conserva a personalidade jurídica, até a extinção, com o fim de proceder à liquidação.

SEÇÃO II.
LIQUIDAÇÃO

Liquidação pelos órgãos da companhia

Art. 208. Silenciando o estatuto, compete à assembleia geral, nos casos do número I do artigo 206, determinar o modo de liquidação e nomear o liquidante e o conselho fiscal que devam funcionar durante o período de liquidação.

§ 1º. A companhia que tiver conselho de administração poderá mantê-lo, competindo-lhe nomear o liquidante; o funcionamento do conselho fiscal será permanente ou a pedido de acionistas, conforme dispuser o estatuto.

§ 2º. O liquidante poderá ser destituído, a qualquer tempo, pelo órgão que o tiver nomeado.

Liquidação judicial

Art. 209. Além dos casos previstos no número II do artigo 206, a liquidação será processada judicialmente:

I – a pedido de qualquer acionista, se os administradores ou a maioria de acionistas deixarem de promover a liquidação, ou a ela se opuserem, nos casos do número I do artigo 206;

II – a requerimento do Ministério Público, à vista de comunicação da autoridade competente, se a companhia, nos 30 (trinta) dias subsequentes à dissolução, não iniciar a liquidação ou, se após iniciá-la, a interromper por mais de 15 (quinze) dias, no caso da alínea e do número I do artigo 301.

Parágrafo único. Na liquidação judicial será observado o disposto na lei processual, devendo o liquidante ser nomeado pelo juiz.

Deveres do liquidante

Art. 210. São deveres do liquidante:

I – arquivar e publicar a ata da assembleia geral, ou certidão de sentença, que tiver deliberado ou decidido a liquidação;

II – arrecadar os bens, livros e documentos da companhia, onde quer que estejam;

III – fazer levantar de imediato, em prazo não superior ao fixado pela assembleia geral ou pelo juiz, o balanço patrimonial da companhia;

IV – ultimar os negócios da companhia, realizar o ativo, pagar o passivo, e partilhar o remanescente entre os acionistas;

V – exigir dos acionistas, quando o ativo não bastar para a solução do passivo, a integralização de suas ações;

VI – convocar a assembleia geral, nos casos previstos em lei ou quando julgar necessário;

VII – confessar a falência da companhia e pedir concordata, nos casos previstos em lei;

VIII – finda a liquidação, submeter à assembleia geral relatório dos atos e operações da liquidação e suas contas finais;

IX – arquivar e publicar a ata da assembleia geral que houver encerrado a liquidação.

Poderes do liquidante

Art. 211. Compete ao liquidante representar a companhia e praticar todos os atos necessários à liquidação, inclusive alienar bens móveis ou imóveis, transigir, receber e dar quitação.

Parágrafo único. Sem expressa autorização da assembleia geral o liquidante não poderá gravar bens e contrair empréstimos, salvo quando indispensáveis ao pagamento de obrigações inadiáveis, nem prosseguir, ainda que para facilitar a liquidação, na atividade social.

Denominação da companhia

Art. 212. Em todos os atos ou operações, o liquidante deverá usar a denominação social seguida das palavras "em liquidação".

Assembleia geral

Art. 213. O liquidante convocará a assembleia geral cada 6 (seis) meses, para prestar-lhe contas dos atos e operações praticados no semestre e apresentar-lhe o relatório e o balanço do estado da liquidação; a assembleia geral pode fixar, para essas prestações de contas, períodos menores ou maiores que, em qualquer caso, não serão inferiores a 3 (três) nem superiores a 12 (doze) meses.

§ 1º. Nas assembleias-gerais da companhia em liquidação todas as ações gozam de igual direito de voto, tornando-se ineficazes as restrições ou limitações porventura existentes em relação às ações ordinárias ou preferenciais; cessando o estado de liquidação, restaura-se a eficácia das restrições ou limitações relativas ao direito de voto.

§ 2º. No curso da liquidação judicial, as assembleias-gerais necessárias para deliberar sobre os interesses da liquidação serão convocadas por ordem do juiz, a quem compete presidi-las e resolver, sumariamente, as dúvidas e litígios que forem suscitados. As atas das assembleias-gerais serão, por cópias autênticas, apensadas ao processo judicial.

Pagamento do passivo

Art. 214. Respeitados os direitos dos credores preferenciais, o liquidante pagará as dívidas sociais proporcionalmente e sem distinção entre vencidas e vincendas, mas, em relação a estas, com desconto às taxas bancárias.

Parágrafo único. Se o ativo for superior ao passivo, o liquidante poderá, sob sua responsabilidade pessoal, pagar integralmente as dívidas vencidas.

Partilha do ativo

Art. 215. A assembleia geral pode deliberar que antes de ultimada a liquidação, e depois de pagos todos os credores, se façam rateios entre os acionistas, à proporção que se forem apurando os haveres sociais.

§ 1º. É facultado à assembleia geral aprovar, pelo voto de acionistas que representem 90% (noventa por cento), no mínimo, das ações depois de pagos ou garantidos os credores, condições especiais para partilha do ativo remanescente, com a atribuição de bens aos sócios, pelo valor contábil ou outro por ela fixado.

§ 2º. Provado pelo acionista dissidente (artigo 216, § 2º) que as condições especiais de partilha visaram a favorecer a maioria, em detrimento da parcela que lhe tocaria, se inexistissem tais condições, será a partilha suspensa, se não consumada, ou, se já consumada, os acionistas majoritários indenizarão os minoritários pelos prejuízos apurados.

Prestação de contas

Art. 216. Pago o passivo e rateado o ativo remanescente, o liquidante convocará a assembleia geral para a prestação final das contas.

§ 1º. Aprovadas as contas, encerra-se a liquidação e a companhia se extingue.

§ 2º. O acionista dissidente terá o prazo de 30 (trinta) dias, a contar da publicação da ata, para promover a ação que lhe couber.

Responsabilidade na liquidação

Art. 217. O liquidante terá as mesmas responsabilidades do administrador, e os deveres e responsabilidades dos administradores, fiscais e acionistas subsistirão até a extinção da companhia.

Direito do credor não satisfeito

Art. 218. Encerrada a liquidação, o credor não satisfeito só terá direito de exigir dos acionistas, individualmente, o pagamento de seu crédito, até o limite da soma, por eles recebida, e de propor contra o liquidante, se for o caso, ação de perdas e danos. O acionista executado terá direito de haver dos demais a parcela que lhes couber no crédito pago.

SEÇÃO III. EXTINÇÃO

Art. 219. Extingue-se a companhia:

I – pelo encerramento da liquidação;

II – pela incorporação ou fusão, e pela cisão com versão de todo o patrimônio em outras sociedades.

CAPÍTULO XVIII. TRANSFORMAÇÃO, INCORPORAÇÃO, FUSÃO E CISÃO

SEÇÃO I. TRANSFORMAÇÃO

Conceito e forma

Art. 220. A transformação é a operação pela qual a sociedade passa, independentemente de dissolução e liquidação, de um tipo para outro.

Parágrafo único. A transformação obedecerá aos preceitos que regulam a constituição e o registro do tipo a ser adotado pela sociedade.

Deliberação

Art. 221. A transformação exige o consentimento unânime dos sócios ou acionistas, salvo se prevista no estatuto ou no contrato social, caso em que o sócio dissidente terá o direito de retirar-se da sociedade.

Parágrafo único. Os sócios podem renunciar, no contrato social, ao direito da retirada no caso de transformação em companhia.

Direito dos credores

Art. 222. A transformação não prejudicará, em caso algum, os direitos dos credores, que continuarão, até o pagamento integral dos seus créditos, com as mesmas garantias que o tipo anterior de sociedade lhes oferecia.

Parágrafo único. A falência da sociedade transformada somente produzirá efeitos em relação aos sócios que, no tipo anterior, a eles estariam sujeitos, se o pedirem os titulares de créditos anteriores à transformação, e somente a estes beneficiará.

SEÇÃO II. INCORPORAÇÃO, FUSÃO E CISÃO COMPETÊNCIA E PROCESSO

‣ CC: arts. 1.113 a 1.122.

Art. 223. A incorporação, fusão e cisão podem ser operadas entre sociedades de tipos iguais ou diferentes e deverão ser deliberadas na forma prevista para a alteração dos respectivos estatutos ou contratos sociais.

§ 1º. Nas operações em que houver criação de sociedade serão observadas as normas reguladoras da constituição das sociedades do seu tipo.

§ 2º. Os sócios ou acionistas das sociedades incorporadas, fundidas ou cindidas receberão, diretamente da companhia emissora, as ações que lhes couberem.

§ 3º. Se a incorporação, fusão ou cisão envolverem companhia aberta, as sociedades que a sucederem serão também abertas, devendo obter o respectivo registro e, se for o caso, promover a admissão de negociação das novas ações no mercado secundário, no prazo máximo de cento e vinte dias, contados da data da assembleia geral que aprovou a operação, observando as normas pertinentes baixadas pela Comissão de Valores Mobiliários. (Incluído pela Lei nº 9.457, de 1997)

§ 4º. O descumprimento do previsto no parágrafo anterior dará ao acionista direito de retirar-se da companhia, mediante reembolso do valor das suas ações (art. 45), nos trinta dias seguintes ao término do prazo nele referido, observado o disposto nos §§ 1º e 4º do art. 137. (Incluído pela Lei nº 9.457, de 1997)

Protocolo

Art. 224. As condições da incorporação, fusão ou cisão com incorporação em sociedade existente constarão de protocolo firmado pelos órgãos de administração ou sócios das sociedades interessadas, que incluirá:

I – o número, espécie e classe das ações que serão atribuídas em substituição dos direitos de sócios que se extinguirão e os critérios utilizados para determinar as relações de substituição;

II – os elementos ativos e passivos que formarão cada parcela do patrimônio, no caso de cisão;

III – os critérios de avaliação do patrimônio líquido, a data a que será referida a avaliação, e o tratamento das variações patrimoniais posteriores;

IV – a solução a ser adotada quanto às ações ou quotas do capital de uma das sociedades possuídas por outra;

V – o valor do capital das sociedades a serem criadas ou do aumento ou redução do capital das sociedades que forem parte na operação;

VI – o projeto ou projetos de estatuto, ou de alterações estatutárias, que deverão ser aprovados para efetivar a operação;

VII – todas as demais condições a que estiver sujeita a operação.

Parágrafo único. Os valores sujeitos a determinação serão indicados por estimativa.

Justificação

Art. 225. As operações de incorporação, fusão e cisão serão submetidas à deliberação da assembleia geral das companhias interessadas mediante justificação, na qual serão expostos:

I – os motivos ou fins da operação, e o interesse da companhia na sua realização;

II – as ações que os acionistas preferenciais receberão e as razões para a modificação dos seus direitos, se prevista;

III – a composição, após a operação, segundo espécies e classes das ações, do capital das companhias que deverão emitir ações em substituição às que se deverão extinguir;

IV – o valor de reembolso das ações a que terão direito os acionistas dissidentes.

Transformação, incorporação, fusão e cisão

(Redação dada pela Lei nº 11.638, de 2007)

Art. 226. As operações de incorporação, fusão e cisão somente poderão ser efetivadas nas condições aprovadas se os peritos nomeados determinarem que o valor do patrimônio ou patrimônios líquidos a serem vertidos para a formação de capital social é, ao menos, igual ao montante do capital a realizar.

§ 1º As ações ou quotas do capital da sociedade a ser incorporada que forem de propriedade da companhia incorporadora poderão, conforme dispuser o protocolo de incorporação, ser extintas, ou substituídas por ações em tesouraria da incorporadora, até o limite dos lucros acumulados e reservas, exceto a legal.

§ 2º. O disposto no § 1º aplicar-se-á aos casos de fusão, quando uma das sociedades fundidas for proprietária de ações ou quotas de outra, e de cisão com incorporação, quando a companhia que incorporar parcela do patrimônio da cindida for proprietária de ações ou quotas do capital desta.

§ 3º. A Comissão de Valores Mobiliários estabelecerá normas especiais de avaliação e contabilização aplicáveis às operações de fusão, incorporação e cisão que envolvam companhia aberta. (Incluído pela Lei nº 11.941, de 2009)

Incorporação

Art. 227. A incorporação é a operação pela qual uma ou mais sociedades são absorvidas por outra, que lhes sucede em todos os direitos e obrigações.

§ 1º. A assembleia geral da companhia incorporadora, se aprovar o protocolo da operação, deverá autorizar o aumento de capital a ser subscrito e realizado pela incorporada mediante versão do seu patrimônio líquido, e nomear os peritos que o avaliarão.

§ 2º. A sociedade que houver de ser incorporada, se aprovar o protocolo da operação, autorizará seus administradores a praticarem os atos necessários à incorporação, inclusive a subscrição do aumento de capital da incorporadora.

§ 3º. Aprovados pela assembleia geral da incorporadora o laudo de avaliação e a incorporação, extingue-se a incorporada, competindo à primeira promover o arquivamento e a publicação dos atos da incorporação.

Fusão

Art. 228. A fusão é a operação pela qual se unem duas ou mais sociedades para formar sociedade nova, que lhes sucederá em todos os direitos e obrigações.

§ 1º. A assembleia geral de cada companhia, se aprovar o protocolo de fusão, deverá nomear os peritos que avaliarão os patrimônios líquidos das demais sociedades.

§ 2º. Apresentados os laudos, os administradores convocarão os sócios ou acionistas das sociedades para uma assembleia geral, que deles tomará conhecimento e resolverá sobre a constituição definitiva da nova sociedade, vedado aos sócios ou acionistas votar o laudo de avaliação do patrimônio líquido da sociedade de que fazem parte.

§ 3º. Constituída a nova companhia, incumbirá aos primeiros administradores promover o arquivamento e a publicação da fusão.

Cisão

Art. 229. A cisão é a operação pela qual a companhia transfere parcelas do seu patrimônio para uma ou mais sociedades, constituídas para esse fim ou já existentes, extinguindo-se a companhia cindida, se houver versão de todo o seu patrimônio, ou dividindo-se o seu capital, se parcial a versão.

§ 1º. Sem prejuízo do disposto no artigo 233, a sociedade que absorver parcela do patrimônio da companhia cindida sucede a esta nos direitos e obrigações relacionados no ato da cisão; no caso de cisão com extinção, as sociedades que absorverem parcelas do patrimônio da companhia cindida sucederão a esta, na proporção dos patrimônios líquidos transferidos, nos direitos e obrigações não relacionados.

§ 2º. Na cisão com versão de parcela do patrimônio em sociedade nova, a operação será deliberada pela assembleia geral da companhia à vista de justificação que incluirá as informações de que tratam os números do artigo 224; a assembleia, se a aprovar, nomeará os peritos que avaliarão a parcela do patrimônio a ser transferida, e funcionará como assembleia de constituição da nova companhia.

§ 3º. A cisão com versão de parcela de patrimônio em sociedade já existente obedecerá às disposições sobre incorporação (artigo 227).

§ 4º. Efetivada a cisão com extinção da companhia cindida, caberá aos administradores das sociedades que tiverem absorvido parcelas do seu patrimônio promover o arquivamento e publicação dos atos da operação; na cisão com versão parcial do patrimônio, esse dever caberá aos administradores da companhia cindida e da que absorver parcela do seu patrimônio.

§ 5º. As ações integralizadas com parcelas de patrimônio da companhia cindida serão atribuídas a seus titulares, em substituição às extintas, na proporção das que possuíam; a atribuição em proporção diferente requer aprovação de todos os titulares, inclusive das ações sem direito a voto. (Redação dada pela Lei nº 9.457, de 1997)

Direito da retirada

Art. 230. Nos casos de incorporação ou fusão, o prazo para exercício do direito de retirada, previsto no art. 137, inciso II, será contado a partir da publicação da ata que aprovar o protocolo ou justificação, mas o pagamento do preço de reembolso somente será devido se a operação vier a efetivar-se. (Redação dada pela Lei nº 9.457, de 1997)

Direitos dos debenturistas

Art. 231. A incorporação, fusão ou cisão da companhia emissora de debêntures em circulação dependerá da prévia aprovação dos debenturistas, reunidos em assembleia especialmente convocada com esse fim.

§ 1º. Será dispensada a aprovação pela assembleia se for assegurado aos debenturistas que o desejarem, durante o prazo mínimo de 6 (seis) meses a contar da data da publicação das atas das assembleias relativas à operação, o resgate das debêntures de que forem titulares.

§ 2º. No caso do § 1º, a sociedade cindida e as sociedades que absorverem parcelas do seu patrimônio responderão solidariamente pelo resgate das debêntures.

Direitos dos credores na incorporação ou fusão

Art. 232. Até 60 (sessenta) dias depois de publicados os atos relativos à incorporação ou à fusão, o credor anterior por ela prejudicado poderá pleitear judicialmente a anulação da operação; findo o prazo, decairá do direito o credor que não o tiver exercido.

§ 1º. A consignação da importância em pagamento prejudicará a anulação pleiteada.

§ 2º. Sendo ilíquida a dívida, a sociedade poderá garantir-lhe a execução, suspendendo-se o processo de anulação.

§ 3º. Ocorrendo, no prazo deste artigo, a falência da sociedade incorporadora ou da sociedade nova, qualquer credor anterior terá o direito de pedir a separação dos patrimônios, para o fim de serem os créditos pagos pelos bens das respectivas massas.

Direitos dos credores na cisão

Art. 233. Na cisão com extinção da companhia cindida, as sociedades que absorverem parcelas do seu patrimônio responderão solidariamente pelas obrigações da companhia extinta. A companhia cindida que subsistir e as que absorverem parcelas do seu patrimônio responderão solidariamente pelas obrigações da primeira anteriores à cisão.

Parágrafo único. O ato de cisão parcial poderá estipular que as sociedades que absorverem parcelas do patrimônio da companhia cindida serão responsáveis apenas pelas obrigações que lhes forem transferidas, sem solidariedade entre si ou com a companhia cindida, mas, nesse caso, qualquer credor anterior poderá se opor à estipulação, em relação ao seu crédito, desde que notifique a sociedade no prazo de 90 (noventa) dias a contar da data da publicação dos atos da cisão.

Averbação da sucessão

Art. 234. A certidão, passada pelo registro do comércio, da incorporação, fusão ou cisão, é documento hábil para a averbação, nos registros públicos competentes, da sucessão, decorrente da operação, em bens, direitos e obrigações.

CAPÍTULO XIX.
SOCIEDADES DE ECONOMIA MISTA

Legislação aplicável

Art. 235. As sociedades anônimas de economia mista estão sujeitas a esta Lei, sem prejuízo das disposições especiais de lei federal.

§ 1º. As companhias abertas de economia mista estão também sujeitas às normas expedidas pela Comissão de Valores Mobiliários.

§ 2º. As companhias de que participarem, majoritária ou minoritariamente, as sociedades de economia mista, estão sujeitas ao disposto nesta Lei, sem as exceções previstas neste Capítulo.

CONSTITUIÇÃO E AQUISIÇÃO DE CONTROLE

Art. 236. A constituição de companhia de economia mista depende de prévia autorização legislativa.

Parágrafo único. Sempre que pessoa jurídica de direito público adquirir, por desapropriação, o controle de companhia em funcionamento, os acionistas terão direito de pedir, dentro de 60 (sessenta) dias da publicação da primeira ata da assembleia geral, realizada após a aquisição do controle, o reembolso das suas ações, salvo se a companhia já se achava sob o controle, direto ou indireto, de outra pessoa jurídica de direito público, ou no caso de concessionária de serviço público.

Objeto

Art. 237. A companhia de economia mista somente poderá explorar os empreendimentos ou exercer as atividades previstas na lei que autorizou a sua constituição.

§ 1º. A companhia de economia mista somente poderá participar de outras sociedades quando autorizada por lei no exercício de opção legal para aplicar Imposto sobre a Renda ou investimentos para o desenvolvimento regional ou setorial.

§ 2º. As instituições financeiras de economia mista poderão participar de outras sociedades, observadas as normas estabelecidas pelo Banco Central do Brasil.

Acionista controlador

Art. 238. A pessoa jurídica que controla a companhia de economia mista tem os deveres e responsabilidades do acionista controlador (artigos 116 e 117), mas poderá orientar as atividades da companhia de modo a atender ao interesse público que justificou a sua criação.

Administração

Art. 239. As companhias de economia mista terão obrigatoriamente conselho de administração, assegurado à minoria o direito de eleger um dos conselheiros, se maior número não lhes couber pelo processo de voto múltiplo.

Parágrafo único. Os deveres e responsabilidades dos administradores das companhias de economia mista são os mesmos dos administradores das companhias abertas.

Conselho Fiscal

Art. 240. O funcionamento do conselho fiscal será permanente nas companhias de economia mista; um dos seus membros, e respectivo suplente, será eleito pelas ações ordinárias minoritárias e outro pelas ações preferenciais, se houver.

Correção monetária

Art. 241. *(Revogado pelo Decreto-lei nº 2.287, de 1986).*

Falência e responsabilidade subsidiária

Art. 242. *(Revogado pela Lei nº 10.303, de 2001).*

CAPÍTULO XX. SOCIEDADES COLIGADAS, CONTROLADORAS E CONTROLADAS

SEÇÃO I. INFORMAÇÕES NO RELATÓRIO DA ADMINISTRAÇÃO

Art. 243. O relatório anual da administração deve relacionar os investimentos da companhia em sociedades coligadas e controladas e mencionar as modificações ocorridas durante o exercício.

§ 1º. São coligadas as sociedades nas quais a investidora tenha influência significativa. (Redação dada pela Lei nº 11.941, de 2009)

- CC: arts. 1.097 a 1.101.

§ 2º. Considera-se controlada a sociedade na qual a controladora, diretamente ou através de outras controladas, é titular de direitos de sócio que lhe assegurem, de modo permanente, preponderância nas deliberações sociais e o poder de eleger a maioria dos administradores.

§ 3º. A companhia aberta divulgará as informações adicionais, sobre coligadas e controladas, que forem exigidas pela Comissão de Valores Mobiliários.

§ 4º. Considera-se que há influência significativa quando a investidora detém ou exerce o poder de participar nas decisões das políticas financeira ou operacional da investida, sem controlá-la. (Incluído pela Lei nº 11.941, de 2009)

§ 5º. É presumida influência significativa quando a investidora for titular de 20% (vinte por cento) ou mais do capital votante da investida, sem controlá-la. (Incluído pela Lei nº 11.941, de 2009)

SEÇÃO II. PARTICIPAÇÃO RECÍPROCA

Art. 244. É vedada a participação recíproca entre a companhia e suas coligadas ou controladas.

§ 1º. O disposto neste artigo não se aplica ao caso em que ao menos uma das sociedades participa de outra com observância das condições em que a lei autoriza a aquisição das próprias ações (artigo 30, § 1º, *b*).

§ 2º. As ações do capital da controladora, de propriedade da controlada, terão suspenso o direito de voto.

§ 3º. O disposto no § 2º do artigo 30 aplica-se à aquisição de ações da companhia aberta por suas coligadas e controladas.

§ 4º. No caso do § 1º, a sociedade deverá alienar, dentro de 6 (seis) meses, as ações ou quotas que excederem do valor dos lucros ou reservas, sempre que esses sofrerem redução.

§ 5º. A participação recíproca, quando ocorrer em virtude de incorporação, fusão ou cisão, ou da aquisição, pela companhia, do controle de sociedade, deverá ser mencionada nos relatórios e demonstrações financeiras de ambas as sociedades, e será eliminada no prazo máximo de 1 (um) ano; no caso de coligadas, salvo acordo em contrário, deverão ser alienadas as ações ou quotas de aquisição mais recente ou, se da mesma data, que representem menor porcentagem do capital social.

§ 6º. A aquisição de ações ou quotas de que resulte participação recíproca com violação ao disposto neste artigo importa responsabilidade civil solidária dos administradores da sociedade, equiparando-se, para efeitos penais, à compra ilegal das próprias ações.

SEÇÃO III. RESPONSABILIDADE DOS ADMINISTRADORES E DAS SOCIEDADES CONTROLADORAS

Administradores

Art. 245. Os administradores não podem, em prejuízo da companhia, favorecer sociedade coligada, controladora ou controlada, cumprindo-lhes zelar para que as operações entre as sociedades, se houver, observem condições estritamente comutativas, ou com pagamento compensatório adequado; e respondem perante a companhia pelas perdas e danos resultantes de atos praticados com infração ao disposto neste artigo.

Sociedade controladora

Art. 246. A sociedade controladora será obrigada a reparar os danos que causar à companhia por atos praticados com infração ao disposto nos artigos 116 e 117.

§ 1º. A ação para haver reparação cabe:

a) a acionistas que representem 5% (cinco por cento) ou mais do capital social;

b) a qualquer acionista, desde que preste caução pelas custas e honorários de advogado devidos no caso de vir a ação ser julgada improcedente.

§ 2º. A sociedade controladora, se condenada, além de reparar o dano e arcar com as custas, pagará honorários de advogado de 20% (vinte por cento) e prêmio de 5% (cinco por cento) ao autor da ação, calculados sobre o valor da indenização.

SEÇÃO IV. DEMONSTRAÇÕES FINANCEIRAS NOTAS EXPLICATIVAS

Art. 247. As notas explicativas dos investimentos a que se refere o art. 248 desta Lei devem conter informações precisas sobre as sociedades coligadas e controladas e suas relações com a companhia, indicando: (Redação dada pela Lei nº 11.941, de 2009)

I – a denominação da sociedade, seu capital social e patrimônio líquido;

II – o número, espécies e classes das ações ou quotas de propriedade da companhia, e o preço de mercado das ações, se houver;

III – o lucro líquido do exercício;

IV – os créditos e obrigações entre a companhia e as sociedades coligadas e controladas;

V – o montante das receitas e despesas em operações entre a companhia e as sociedades coligadas e controladas.

Parágrafo único. Considera-se relevante o investimento:

a) em cada sociedade coligada ou controlada, se o valor contábil é igual ou superior a 10% (dez por cento) do valor do patrimônio líquido da companhia;

b) no conjunto das sociedades coligadas e controladas, se o valor contábil é igual ou superior a 15% (quinze por cento) do valor do patrimônio líquido da companhia.

Avaliação do investimento em coligadas e controladas

Art. 248. No balanço patrimonial da companhia, os investimentos em coligadas ou em controladas e em outras sociedades que façam parte de um mesmo grupo ou estejam sob controle comum serão avaliados pelo método da equivalência patrimonial, de acordo com as seguintes normas: (Redação dada pela Lei nº 11.941, de 2009)

I – o valor do patrimônio líquido da coligada ou da controlada será determinado com base em balanço patrimonial ou balancete de verificação levantado, com observância das normas desta Lei, na mesma data, ou até 60 (sessenta) dias, no máximo, antes da data do balanço da companhia; no valor de patrimônio líquido não serão computados os resultados não realizados decorrentes de negócios com a companhia, ou com outras sociedades coligadas à companhia, ou por ela controladas;

II – o valor do investimento será determinado mediante a aplicação, sobre o valor de patrimônio líquido referido no número anterior, da porcentagem de participação no capital da coligada ou controlada;

III – a diferença entre o valor do investimento, de acordo com o número II, e o custo de aquisição corrigido monetariamente; somente será registrada como resultado do exercício:

a) se decorrer de lucro ou prejuízo apurado na coligada ou controlada;

b) se corresponder, comprovadamente, a ganhos ou perdas efetivas;

c) no caso de companhia aberta, com observância das normas expedidas pela Comissão de Valores Mobiliários.

§ 1º. Para efeito de determinar a relevância do investimento, nos casos deste artigo, serão computados como parte do custo de aquisição os saldos de créditos da companhia contra as coligadas e controladas.

§ 2º. A sociedade coligada, sempre que solicitada pela companhia, deverá elaborar e fornecer o balanço ou balancete de verificação previsto no número I.

Demonstrações consolidadas

Art. 249. A companhia aberta que tiver mais de 30% (trinta por cento) do valor do seu patrimônio líquido representado por investimentos em sociedades controladas deverá elaborar e divulgar, juntamente com suas demonstrações financeiras, demonstrações consolidadas nos termos do artigo 250.

Parágrafo único. A Comissão de Valores Mobiliários poderá expedir normas sobre as sociedades cujas demonstrações devam ser abrangidas na consolidação, e:

a) determinar a inclusão de sociedades que, embora não controladas, sejam financeira ou administrativamente dependentes da companhia;

b) autorizar, em casos especiais, a exclusão de uma ou mais sociedades controladas.

Normas sobre consolidação

Art. 250. Das demonstrações financeiras consolidadas serão excluídas:

I – as participações de uma sociedade em outra;

II – os saldos de quaisquer contas entre as sociedades;

III – as parcelas dos resultados do exercício, dos lucros ou prejuízos acumulados e do custo de estoques ou do ativo não circulante que corresponderem a resultados, ainda não realizados, de negócios entre as sociedades. (Redação dada pela Lei nº 11.941, de 2009)

§ 1º. A participação dos acionistas não controladores no patrimônio líquido e no lucro do exercício será destacada, respectivamente, no balanço patrimonial e na demonstração do resultado do exercício. (Redação dada pela Lei nº 9.457, de 1997)

§ 2º. A parcela do custo de aquisição do investimento em controlada, que não for absorvida na consolidação, deverá ser mantida no ativo não circulante, com dedução da provisão adequada para perdas já comprovadas, e será objeto de nota explicativa. (Redação dada pela Lei nº 11.941, de 2009)

§ 3º. O valor da participação que exceder do custo de aquisição constituirá parcela destacada dos resultados de exercícios futuros até que fique comprovada a existência de ganho efetivo.

§ 4º. Para fins deste artigo, as sociedades controladas, cujo exercício social termine mais de 60 (sessenta) dias antes da data do encerramento do exercício da companhia, elaborarão, com observância das normas desta Lei, demonstrações financeiras extraordinárias em data compreendida nesse prazo.

SEÇÃO V.
SUBSIDIÁRIA INTEGRAL

Art. 251. A companhia pode ser constituída, mediante escritura pública, tendo como único acionista sociedade brasileira.

§ 1º. A sociedade que subscrever em bens o capital de subsidiária integral deverá aprovar o laudo de avaliação de que trata o artigo 8º, respondendo nos termos do § 6º do artigo 8º e do artigo 10 e seu parágrafo único.

§ 2º. A companhia pode ser convertida em subsidiária integral mediante aquisição, por sociedade brasileira, de todas as suas ações, ou nos termos do artigo 252.

Incorporação de ações

Art. 252. A incorporação de todas as ações do capital social ao patrimônio de outra companhia brasileira, para convertê-la em subsidiária integral, será submetida à deliberação da assembleia geral das duas companhias mediante protocolo e justificação, nos termos dos artigos 224 e 225.

§ 1º. A assembleia geral da companhia incorporadora, se aprovar a operação, deverá autorizar o aumento do capital, a ser realizado com as ações a serem incorporadas e nomear os peritos que as avaliarão; os acionistas não terão direito de preferência para subscrever o aumento de capital, mas os dissidentes poderão retirar-se da companhia, observado o disposto no art. 137, II, mediante o reembolso do valor de suas ações, nos termos do art. 230. (Redação dada pela Lei nº 9.457, de 1997)

§ 2º. A assembleia geral da companhia cujas ações houverem de ser incorporadas somente poderá aprovar a operação pelo voto de metade, no mínimo, das ações com direito a voto, e se a aprovar, autorizará a diretoria a subscrever o aumento do capital da incorporadora, por conta dos seus acionistas; os dissidentes da deliberação terão direito de retirar-se da companhia, observado o disposto no art. 137, II, mediante o reembolso do valor de suas ações, nos termos do art. 230. (Redação dada pela Lei nº 9.457, de 1997)

§ 3º. Aprovado o laudo de avaliação pela assembleia geral da incorporadora, efetivar-se-á a incorporação e os titulares das ações incorporadas receberão diretamente da incorporadora as ações que lhes couberem.

§ 4º. A Comissão de Valores Mobiliários estabelecerá normas especiais de avaliação e contabilização aplicáveis às operações de incorporação de ações que envolvam companhia aberta. (Incluído pela Lei nº 11.941, de 2009)

Admissão de acionistas em subsidiária integral

Art. 253. Na proporção das ações que possuírem no capital da companhia, os acionistas terão direito de preferência para:

I – adquirir ações do capital da subsidiária integral, se a companhia decidir aliená-las no todo ou em parte; e

II – subscrever aumento de capital da subsidiária integral, se a companhia decidir admitir outros acionistas.

Parágrafo único. As ações ou o aumento de capital de subsidiária integral serão oferecidos aos acionistas da companhia em assembleia geral convocada para esse fim, aplicando-se à hipótese, no que couber, o disposto no artigo 171.

SEÇÃO VI.
ALIENAÇÃO DE CONTROLE

Divulgação

Art. 254. *(Revogado pela Lei nº 9.457, de 1997).*

Art. 254-A. A alienação, direta ou indireta, do controle de companhia aberta somente poderá ser contratada sob a condição, suspensiva ou resolutiva, de que o adquirente se obrigue a fazer oferta pública de aquisição das ações com direito a voto de propriedade dos demais acionistas da companhia, de modo a lhes assegurar o preço no mínimo igual a 80% (oitenta por cento) do valor pago por ação com direito a voto, integrante do bloco de controle. (Incluído pela Lei nº 10.303, de 2001)

§ 1º. Entende-se como alienação de controle a transferência, de forma direta ou indireta, de ações integrantes do bloco de controle, de ações vinculadas a acordos de acionistas e de valores mobiliários conversíveis em ações com direito a voto, cessão de direitos de subscrição de ações e de outros títulos ou direitos relativos a valores mobiliários conversíveis em ações que venham a resultar na alienação de controle acionário da sociedade. (Incluído pela Lei nº 10.303, de 2001)

§ 2º. A Comissão de Valores Mobiliários autorizará a alienação de controle de que trata o *caput*, desde que verificado que as condições da oferta pública atendem aos requisitos legais. (Incluído pela Lei nº 10.303, de 2001)

§ 3º. Compete à Comissão de Valores Mobiliários estabelecer normas a serem observadas na oferta pública de que trata o *caput*. (Incluído pela Lei nº 10.303, de 2001)

§ 4º. O adquirente do controle acionário de companhia aberta poderá oferecer aos acionistas minoritários a opção de permanecer na companhia, mediante o pagamento de um prêmio equivalente à diferença entre o valor de mercado das ações e o valor pago por ação integrante do bloco de controle. (Incluído pela Lei nº 10.303, de 2001)

§ 5º. (*VETADO*). (Incluído pela Lei nº 10.303, de 2001)

Companhia aberta sujeita a autorização

Art. 255. A alienação do controle de companhia aberta que dependa de autorização do governo para funcionar está sujeita à prévia autorização do órgão competente para aprovar a alteração do seu estatuto. (Redação dada pela Lei nº 9.457, de 1997)

§ 1º. (*Revogado pela Lei nº 9.457, de 1997*).

§ 2º. (*Revogado pela Lei nº 9.457, de 1997*).

Aprovação pela assembleia geral da compradora

Art. 256. A compra, por companhia aberta, do controle de qualquer sociedade mercantil, dependerá de deliberação da assembleia geral da compradora, especialmente convocada para conhecer da operação, sempre que:

I – o preço de compra constituir, para a compradora, investimento relevante (artigo 247, parágrafo único); ou

II – o preço médio de cada ação ou quota ultrapassar uma vez e meia o maior dos 3 (três) valores a seguir indicados:

a) cotação média das ações em bolsa ou no mercado de balcão organizado, durante os noventa dias anteriores à data da contratação; (Redação dada pela Lei nº 9.457, de 1997)

b) valor de patrimônio líquido (artigo 248) da ação ou quota, avaliado o patrimônio a preços de mercado (artigo 183, § 1º);

c) valor do lucro líquido da ação ou quota, que não poderá ser superior a 15 (quinze) vezes o lucro líquido anual por ação (artigo 187, VII) nos 2 (dois) últimos exercícios sociais, atualizado monetariamente.

§ 1º. A proposta ou o contrato de compra, acompanhado de laudo de avaliação, observado o disposto no art. 8º, §§ 1º e 6º, será submetido à prévia autorização da assembleia geral, ou à sua ratificação, sob pena de responsabilidade dos administradores, instruído com todos os elementos necessários à deliberação. (Redação dada pela Lei nº 9.457, de 1997)

§ 2º. Se o preço da aquisição ultrapassar uma vez e meia o maior dos três valores de que trata o inciso II do *caput*, o acionista dissidente da deliberação da assembleia que a aprovar terá o direito de retirar-se da companhia mediante reembolso do valor de suas ações, nos termos do art. 137, observado o disposto em seu inciso II. (Redação dada pela Lei nº 9.457, de 1997)

SEÇÃO VII.
AQUISIÇÃO DE CONTROLE MEDIANTE OFERTA PÚBLICA

Requisitos

Art. 257. A oferta pública para aquisição de controle de companhia aberta somente poderá ser feita com a participação de instituição financeira que garanta o cumprimento das obrigações assumidas pelo ofertante.

§ 1º. Se a oferta contiver permuta, total ou parcial, dos valores mobiliários, somente poderá ser efetuada após prévio registro na Comissão de Valores Mobiliários.

§ 2º. A oferta deverá ter por objeto ações com direito a voto em número suficiente para assegurar o controle da companhia e será irrevogável.

§ 3º. Se o ofertante já for titular de ações votantes do capital da companhia, a oferta poderá ter por objeto o número de ações necessário para completar o controle, mas o ofertante deverá fazer prova, perante a Comissão de Valores Mobiliários, das ações de sua propriedade.

§ 4º. A Comissão de Valores Mobiliários poderá expedir normas sobre oferta pública de aquisição de controle.

Instrumento da oferta de compra

Art. 258. O instrumento de oferta de compra, firmado pelo ofertante e pela instituição financeira que garante o pagamento, será publicado na imprensa e deverá indicar:

I – o número mínimo de ações que o ofertante se propõe a adquirir e, se for o caso, o número máximo;

II – o preço e as condições de pagamento;

III – a subordinação da oferta ao número mínimo de aceitantes e a forma de rateio entre os aceitantes, se o número deles ultrapassar o máximo fixado;

IV – o procedimento que deverá ser adotado pelos acionistas aceitantes para manifestar a sua aceitação e efetivar a transferência das ações;

V – o prazo de validade da oferta, que não poderá ser inferior a 20 (vinte) dias;
VI – informações sobre o ofertante.

Parágrafo único. A oferta será comunicada à Comissão de Valores Mobiliários dentro de 24 (vinte e quatro) horas da primeira publicação.

Instrumento de oferta de permuta

Art. 259. O projeto de instrumento de oferta de permuta será submetido à Comissão de Valores Mobiliários com o pedido de registro prévio da oferta e deverá conter, além das referidas no artigo 258, informações sobre os valores mobiliários oferecidos em permuta e as companhias emissoras desses valores.

Parágrafo único. A Comissão de Valores Mobiliários poderá fixar normas sobre o instrumento de oferta de permuta e o seu registro prévio.

Sigilo

Art. 260. Até a publicação da oferta, o ofertante, a instituição financeira intermediária e a Comissão de Valores Mobiliários devem manter sigilo sobre a oferta projetada, respondendo o infrator pelos danos que causar.

Processamento da oferta

Art. 261. A aceitação da oferta deverá ser feita nas instituições financeiras ou do mercado de valores mobiliários indicadas no instrumento de oferta e os aceitantes deverão firmar ordens irrevogáveis de venda ou permuta, nas condições ofertadas, ressalvado o disposto no § 1º do artigo 262.

§ 1º. É facultado ao ofertante melhorar, uma vez, as condições de preço ou forma de pagamento, desde que em porcentagem igual ou superior a 5% (cinco por cento) e até 10 (dez) dias antes do término do prazo da oferta; as novas condições se estenderão aos acionistas que já tiverem aceito a oferta.

§ 2º. Findo o prazo da oferta, a instituição financeira intermediária comunicará o resultado à Comissão de Valores Mobiliários e, mediante publicação pela imprensa, aos aceitantes.

§ 3º. Se o número de aceitantes ultrapassar o máximo, será obrigatório o rateio, na forma prevista no instrumento da oferta.

Oferta concorrente

Art. 262. A existência de oferta pública em curso não impede oferta concorrente, desde que observadas as normas desta Seção.

§ 1º. A publicação de oferta concorrente torna nulas as ordens de venda que já tenham sido firmadas em aceitação de oferta anterior.

§ 2º. É facultado ao primeiro ofertante prorrogar o prazo de sua oferta até fazê-lo coincidir com o da oferta concorrente.

Negociação durante a oferta

Art. 263. A Comissão de Valores Mobiliários poderá expedir normas que disciplinem a negociação das ações objeto da oferta durante o seu prazo.

SEÇÃO VIII.
INCORPORAÇÃO DE COMPANHIA CONTROLADA

Art. 264. Na incorporação, pela controladora, de companhia controlada, a justificação, apresentada à assembleia geral da controlada, deverá conter, além das informações previstas nos arts. 224 e 225, o cálculo das relações de substituição das ações dos acionistas não controladores da controlada com base no valor do patrimônio líquido das ações da controladora e da controlada, avaliados os dois patrimônios segundo os mesmos critérios e na mesma data, a preços de mercado, ou com base em outro critério aceito pela Comissão de Valores Mobiliários, no caso de companhias abertas. (Redação dada pela Lei nº 10.303, de 2001)

§ 1º. A avaliação dos dois patrimônios será feita por três peritos ou empresa especializada e, no caso de companhias abertas, por empresa especializada. (Redação dada pela Lei nº 10.303, de 2001)

§ 2º. Para efeito da comparação referida neste artigo, as ações do capital da controlada de propriedade da controladora serão avaliadas, no patrimônio desta, em conformidade com o disposto no *caput*. (Redação dada pela Lei nº 10.303, de 2001)

§ 3º. Se as relações de substituição das ações dos acionistas não controladores, previstas no protocolo da incorporação, forem menos vantajosas que as resultantes da comparação prevista neste artigo, os acionistas dissidentes da deliberação da assembleia geral da controlada que aprovar a operação, poderão optar, no prazo previsto no art. 230, entre o valor de reembolso fixado nos termos do art. 45 e o valor apurado em conformidade com o disposto no *caput*, observado o disposto no art. 137, inciso II. (Redação dada pela Lei nº 10.303, de 2001)

§ 4º. Aplicam-se as normas previstas neste artigo à incorporação de controladora por sua controlada, à fusão de companhia controladora com a controlada, à incorporação de ações de companhia controlada ou controladora, à incorporação, fusão e incorporação de ações de sociedades sob controle comum. (Redação dada pela Lei nº 10.303, de 2001)

§ 5º. O disposto neste artigo não se aplica no caso de as ações do capital da controlada terem sido adquiridas no pregão da Bolsa de Valores ou mediante oferta pública nos termos dos artigos 257 e 263.

CAPÍTULO XXI.
GRUPO DE SOCIEDADES

SEÇÃO I.
CARACTERÍSTICAS E NATUREZA

Características

Art. 265. A sociedade controladora e suas controladas podem constituir, nos termos deste Capítulo, grupo de sociedades, mediante convenção pela qual se obriguem a combinar recursos ou esforços para a realização dos respectivos objetos, ou a participar de atividades ou empreendimentos comuns.

§ 1º. A sociedade controladora, ou de comando do grupo, deve ser brasileira, e exercer, direta ou indiretamente, e de modo permanente, o controle das sociedades filiadas, como titular de direitos de sócio ou acionista, ou mediante acordo com outros sócios ou acionistas.

§ 2º. A participação recíproca das sociedades do grupo obedecerá ao disposto no artigo 244.

Natureza

Art. 266. As relações entre as sociedades, a estrutura administrativa do grupo e a coordenação ou subordinação dos administradores das sociedades filiadas serão estabelecidas na convenção do grupo, mas cada sociedade conservará personalidade e patrimônios distintos.

Designação

Art. 267. O grupo de sociedades terá designação de que constarão as palavras "grupo de sociedades" ou "grupo".

Parágrafo único. Somente os grupos organizados de acordo com este Capítulo poderão usar designação com as palavras "grupo" ou "grupo de sociedades".

Companhias sujeitas a autorização para funcionar

Art. 268. A companhia que, por seu objeto, depende de autorização para funcionar, somente poderá participar de grupo de sociedades após a aprovação da convenção do grupo pela autoridade competente para aprovar suas alterações estatutárias.

SEÇÃO II.
CONSTITUIÇÃO, REGISTRO E PUBLICIDADE

Art. 269. O grupo de sociedades será constituído por convenção aprovada pelas sociedades que o componham, a qual deverá conter:
I – a designação do grupo;
II – a indicação da sociedade de comando e das filiadas;
III – as condições de participação das diversas sociedades;
IV – o prazo de duração, se houver, e as condições de extinção;
V – as condições para admissão de outras sociedades e para a retirada das que o componham;
VI – os órgãos e cargos da administração do grupo, suas atribuições e as relações entre a estrutura administrativa do grupo e as das sociedades que o componham;
VII – a declaração da nacionalidade do controle do grupo;
VIII – as condições para alteração da convenção.

Parágrafo único. Para os efeitos do número VII, o grupo de sociedades considera-se sob controle brasileiro se a sua sociedade de comando está sob o controle de:
a) pessoas naturais residentes ou domiciliadas no Brasil;
b) pessoas jurídicas de direito público interno; ou
c) sociedade ou sociedades brasileiras que, direta ou indiretamente, estejam sob controle das pessoas referidas nas alíneas *a* e *b*.

Aprovação pelos sócios das sociedades

Art. 270. A convenção de grupo deve ser aprovada com observância das normas para alteração do contrato social ou do estatuto (art. 136, V). (Redação dada pela Lei nº 9.457, de 1997)

Parágrafo único. Os sócios ou acionistas dissidentes da deliberação de se associar a grupo têm direito, nos termos do artigo 137, ao reembolso de suas ações ou quotas.

Registro e publicidade

Art. 271. Considera-se constituído o grupo a partir da data do arquivamento, no registro do comércio da sede da sociedade de comando, dos seguintes documentos:
I – convenção de constituição do grupo;
II – atas das assembleias-gerais, ou instrumentos de alteração contratual, de todas as sociedades que tiverem aprovado a constituição do grupo;
III – declaração autenticada do número das ações ou quotas de que a sociedade de comando e as demais sociedades integrantes do grupo são titulares em cada sociedade filiada, ou exemplar de acordo de acionistas que assegura o controle da sociedade filiada.

§ 1º. Quando as sociedades filiadas tiverem sede em locais diferentes, deverão ser arquivadas no registro do comércio das respectivas sedes as atas de assembleia ou alterações contratuais que tiverem aprovado a convenção, sem prejuízo do registro na sede da sociedade de comando.

§ 2º. As certidões de arquivamento no Registro do comércio serão publicadas.

§ 3º. A partir da data do arquivamento, a sociedade de comando e as filiadas passarão a usar as respectivas denominações acrescidas da designação do grupo.

§ 4º. As alterações da convenção do grupo serão arquivadas e publicadas nos termos deste artigo, observando-se o disposto no § 1º do artigo 135.

SEÇÃO III.
ADMINISTRAÇÃO

Administradores do grupo

Art. 272. A convenção deve definir a estrutura administrativa do grupo de sociedades, podendo criar órgãos de deliberação colegiada e cargos de direção-geral.

Parágrafo único. A representação das sociedades perante terceiros, salvo disposição expressa na convenção do grupo, arquivada no registro do comércio e publicada, caberá exclusivamente aos administradores de cada sociedade, de acordo com os respectivos estatutos ou contratos sociais.

Administradores das sociedades filiadas

Art. 273. Aos administradores das sociedades filiadas, sem prejuízo de suas atribuições, poderes e responsabilidades, de acordo com os respectivos estatutos ou contratos sociais, compete observar a orientação geral estabelecida e as instruções expedidas pelos administradores do grupo que não importem violação da lei ou da convenção do grupo.

Remuneração

Art. 274. Os administradores do grupo e os investidos em cargos de mais de uma sociedade poderão ter a sua remuneração rateada entre as diversas sociedades, e a gratificação dos administradores, se houver, poderá ser fixada, dentro dos limites do § 1º do artigo 152 com base nos resultados apurados nas demonstrações financeiras consolidadas do grupo.

SEÇÃO IV.
DEMONSTRAÇÕES FINANCEIRAS

Art. 275. O grupo de sociedades publicará, além das demonstrações financeiras referentes a cada uma das companhias que o compõem, demonstrações consolidadas, compreendendo todas as sociedades do grupo, elaboradas com observância do disposto no artigo 250.

§ 1º. As demonstrações consolidadas do grupo serão publicadas juntamente com as da sociedade de comando.

§ 2º. A sociedade de comando deverá publicar demonstrações financeiras nos termos desta Lei, ainda que não tenha a forma de companhia.

§ 3º. As companhias filiadas indicarão, em nota às suas demonstrações financeiras publicadas, o órgão que publicou a última demonstração consolidada do grupo a que pertencer.

§ 4º. As demonstrações consolidadas de grupo de sociedades que inclua companhia aberta serão obrigatoriamente auditadas por auditores independentes registrados na Comissão de Valores Mobiliários, e observarão as normas expedidas por essa Comissão.

SEÇÃO V.
PREJUÍZOS RESULTANTES DE ATOS CONTRÁRIOS À CONVENÇÃO

Art. 276. A combinação de recursos e esforços, a subordinação dos interesses de uma sociedade aos de outra, ou do grupo, e a participação em custos, receitas ou resultados de atividades ou empreendimentos somente poderão ser opostos aos sócios minoritários das sociedades filiadas nos termos da convenção do grupo.

§ 1º. Consideram-se minoritários, para os efeitos deste artigo, todos os sócios da filiada, com exceção da sociedade de comando e das demais filiadas do grupo.

§ 2º. A distribuição de custos, receitas e resultados e as compensações entre sociedades, previstas na convenção do grupo, deverão ser determinadas e registradas no balanço de cada exercício social das sociedades interessadas.

§ 3º. Os sócios minoritários da filiada terão ação contra os seus administradores e contra a sociedade de comando do grupo para haver reparação de prejuízos resultantes de atos praticados com infração das normas deste artigo, observado o disposto nos parágrafos do artigo 246.

Conselho Fiscal das filiadas

Art. 277. O funcionamento do conselho fiscal da companhia filiada a grupo, quando não for permanente, poderá ser pedido por acionistas não controladores que representem, no mínimo, 5% (cinco por cento) das ações ordinárias, ou das ações preferenciais sem direito de voto.

§ 1º. Na constituição do conselho fiscal da filiada serão observadas as seguintes normas:

a) os acionistas não controladores votarão em separado, cabendo às ações com direito a voto o direito de eleger 1 (um) membro e respectivo suplente e às ações sem direito a voto, ou com voto restrito, o de eleger outro;

b) a sociedade de comando e as filiadas poderão eleger número de membros, e respectivos suplentes, igual ao dos eleitos nos termos da alínea *a*, mais um.

§ 2º. O conselho fiscal da sociedade filiada poderá solicitar aos órgãos de administração da sociedade de comando, ou de outras filiadas, os esclarecimentos ou informações que julgar necessários para fiscalizar a observância da convenção do grupo.

CAPÍTULO XXII.
CONSÓRCIO

Art. 278. As companhias e quaisquer outras sociedades, sob o mesmo controle ou não, podem constituir consórcio para executar determinado empreendimento, observado o disposto neste Capítulo.

§ 1º. O consórcio não tem personalidade jurídica e as consorciadas somente se obrigam nas condições previstas no respectivo contrato, respondendo cada uma por suas obrigações, sem presunção de solidariedade.

§ 2º. A falência de uma consorciada não se estende às demais, subsistindo o consórcio com as outras contratantes; os créditos que porventura tiver a falida serão apurados e pagos na forma prevista no contrato de consórcio.

Art. 279. O consórcio será constituído mediante contrato aprovado pelo órgão da sociedade competente para autorizar a alienação de bens do ativo não circulante, do qual constarão: (Redação dada pela Lei nº 11.941, de 2009)

‣ Lei 8.934/1994: art. 32, II, b.

I – a designação do consórcio, se houver;

II – o empreendimento que constitua o objeto do consórcio;

III – a duração, endereço e foro;

IV – a definição das obrigações e responsabilidade de cada sociedade consorciada, e das prestações específicas;

V – normas sobre recebimento de receitas e partilha de resultados;

VI – normas sobre administração do consórcio, contabilização, representação das sociedades consorciadas e taxa de administração, se houver;

VII – forma de deliberação sobre assuntos de interesse comum, com o número de votos que cabe a cada consorciado;

VIII – contribuição de cada consorciado para as despesas comuns, se houver.

Parágrafo único. O contrato de consórcio e suas alterações serão arquivados no registro do comércio do lugar da sua sede, devendo a certidão do arquivamento ser publicada.

CAPÍTULO XXIII.
SOCIEDADES EM COMANDITA POR AÇÕES

‣ CC: arts. 1.045 a 1.051.

Art. 280. A sociedade em comandita por ações terá o capital dividido em ações e reger-se-á pelas normas relativas às companhias ou sociedades anônimas, sem prejuízo das modificações constantes deste Capítulo.

Art. 281. A sociedade poderá comerciar sob firma ou razão social, da qual só farão parte os nomes dos sócios-diretores ou gerentes. Ficam ilimitada e solidariamente responsáveis, nos termos desta Lei, pelas obrigações sociais, os que, por seus nomes figurarem na firma ou razão social.

Parágrafo único. A denominação ou a firma deve ser seguida das palavras "Comandita por Ações", por extenso ou abreviadamente.

Art. 282. Apenas o sócio ou acionista tem qualidade para administrar ou gerir a sociedade, e, como diretor ou gerente, responder, subsidiária mas ilimitada e solidariamente, pelas obrigações da sociedade.

§ 1º. Os diretores ou gerentes serão nomeados, sem limitação de tempo, no estatuto da sociedade, e somente poderão ser destituídos por deliberação de acionistas que representem 2/3 (dois terços), no mínimo, do capital social.

§ 2º. O diretor ou gerente que for destituído ou se exonerar continuará responsável pelas obrigações sociais contraídas sob sua administração.

Art. 283. A assembleia geral não pode, sem o consentimento dos diretores ou gerentes, mudar o objeto essencial da sociedade, prorrogar-lhe o prazo de duração, aumentar ou diminuir o capital social, emitir debêntures ou criar partes beneficiárias nem aprovar a participação em grupo de sociedade. (Redação dada pela Lei nº 9.457, de 1997)

Art. 284. Não se aplica à sociedade em comandita por ações o disposto nesta Lei sobre conselho de administração, autorização estatutária de aumento de capital e emissão de bônus de subscrição.

CAPÍTULO XXIV.
PRAZOS DE PRESCRIÇÃO

Art. 285. A ação para anular a constituição da companhia, por vício ou defeito, prescreve em 1 (um) ano, contado da publicação dos atos constitutivos.

Parágrafo único. Ainda depois de proposta a ação, é lícito à companhia, por deliberação da assembleia geral, providenciar para que seja sanado o vício ou defeito.

Art. 286. A ação para anular as deliberações tomadas em assembleia geral ou especial, irregularmente convocada ou instalada, violadoras da lei ou do estatuto, ou eivadas de erro, dolo, fraude ou simulação prescreve em 2 (dois) anos, contados da deliberação.

Art. 287. Prescreve:

I – em 1 (um) ano:

a) a ação contra peritos e subscritores do capital, para deles haver reparação civil pela avaliação de bens, contado o prazo da publicação da ata da assembleia geral que aprovar o laudo;

b) a ação dos credores não pagos contra os acionistas e os liquidantes, contado o prazo da publicação da ata de encerramento da liquidação da companhia;

II – em 3 (três) anos:

a) a ação para haver dividendos, contado o prazo da data em que tenham sido postos à disposição do acionista;

b) a ação contra os fundadores, acionistas, administradores, liquidantes, fiscais ou sociedade de comando, para deles haver reparação civil por atos culposos ou dolosos, no caso de violação da lei, do estatuto ou da convenção do grupo, contado o prazo:

1) para os fundadores, da data da publicação dos atos constitutivos da companhia;

2) para os acionistas, administradores, fiscais e sociedades de comando, da data da publicação da ata que aprovar o balanço referente ao exercício em que a violação tenha ocorrido;

3) para os liquidantes, da data da publicação da ata da primeira assembleia geral posterior à violação;

c) a ação contra acionistas para restituição de dividendos recebidos de má-fé, contado o prazo da data da publicação da ata de assembleia geral ordinária do exercício em que os dividendos tenham sido declarados;

d) a ação contra os administradores ou titulares de partes beneficiárias para restituição das participações no lucro recebidas de má-fé, contado o prazo da data da publicação da ata da assembleia geral ordinária do exercício em que as participações tenham sido pagas;

e) a ação contra o agente fiduciário de debenturistas ou titulares de partes beneficiárias para dele haver reparação civil por atos culposos ou dolosos, no caso de violação da lei ou da escritura de emissão, a contar da publicação da ata da assembleia geral que tiver tomado conhecimento da violação;

f) a ação contra o violador do dever de sigilo de que trata o artigo 260 para dele haver reparação civil, a contar da data da publicação da oferta;

g) a ação movida pelo acionista contra a companhia, qualquer que seja o seu fundamento. (Incluído pela Lei nº 10.303, de 2001)

Art. 288. Quando a ação se originar de fato que deva ser apurado no juízo criminal, não ocorrerá prescrição antes da respectiva sentença definitiva, ou da prescrição da ação penal.

CAPÍTULO XXV.
DISPOSIÇÕES GERAIS

Art. 289. As publicações ordenadas pela presente lei serão feitas no órgão oficial da União ou do Estado ou do Distrito Federal, conforme o lugar em que esteja situada a sede da companhia, e em outro jornal de grande circulação editado na localidade em que está situada a sede da companhia.

› **Atualização:** Art. 289. As publicações ordenadas por esta Lei obedecerão às seguintes condições: (Redação dada pela Lei 13.818/2019, em vigor em 01.01.2022-DOU 25.04.2019)

I - deverão ser efetuadas em jornal de grande circulação editado na localidade em que esteja situada a sede da companhia, de forma resumida e com divulgação simultânea da íntegra dos documentos na página do mesmo jornal na internet, que deverá providenciar certificação digital da autenticidade dos documentos mantidos na página própria emitida por autoridade certificadora credenciada no âmbito da Infraestrutura de Chaves Públicas Brasileiras (ICP-Brasil); (Incluído pela Lei 13.818/2019, em vigor em 01.01.2022-DOU 25.04.2019)

II - no caso de demonstrações financeiras, a publicação de forma resumida deverá conter, no mínimo, em comparação com os dados do exercício social anterior, informações ou valores globais relativos a cada grupo e a respectiva classificação de contas ou registros, assim como extratos das informações relevantes contempladas nas notas explicativas e nos pareceres dos auditores independentes e do conselho fiscal, se houver. (Incluído pela Lei 13.818/2019, em vigor em 01.01.2022-DOU 25.04.2019)

§ 1º A Comissão de Valores Mobiliários poderá determinar que as publicações ordenadas por esta Lei sejam feitas, também, em jornal de grande circulação nas localidades em que os valores mobiliários da companhia sejam negociados em bolsa ou em mercado de balcão, ou disseminadas por algum outro meio que assegure sua ampla divulgação e imediato acesso às informações. (Redação dada pela Lei nº 9.457, de 1997)

§ 2º Se no lugar em que estiver situada a sede da companhia não for editado jornal, a publicação se fará em órgão de grande circulação local.

§ 3º A companhia deve fazer as publicações previstas nesta Lei sempre no mesmo jornal, e qualquer mudança deverá ser precedida de aviso aos acionistas no extrato da ata da assembleia geral ordinária.

§ 4º O disposto no final do § 3º não se aplica à eventual publicação de atas ou balanços em outros jornais.

§ 5º Todas as publicações ordenadas nesta Lei deverão ser arquivadas no registro do comércio.

§ 6º As publicações do balanço e da demonstração de lucros e perdas poderão ser feitas adotando-se como expressão monetária o milhar de reais. (Redação dada pela Lei nº 9.457, de 1997)

§ 7º Sem prejuízo do disposto no *caput* deste artigo, as companhias abertas poderão, ainda, disponibilizar as referidas publicações pela rede mundial de computadores. (Incluído pela Lei nº 10.303, de 2001)

Art. 290. A indenização por perdas e danos em ações com fundamento nesta Lei será corrigida monetariamente até o trimestre civil em que for efetivamente liquidada.

Art. 291. A Comissão de Valores Mobiliários poderá reduzir, mediante fixação de escala em função do valor do capital social, a porcentagem mínima aplicável às companhias abertas, estabelecida no art. 105; na alínea *c* do parágrafo único do art. 123; no *caput* do art. 141; no § 1º do art. 157; no § 4º do art. 159; no § 2º do art. 161; no § 6º do art. 163; na alínea *a* do § 1º do art. 246; e no art. 277. (Redação dada pela Lei nº 10.303, de 2001)

Parágrafo único. A Comissão de Valores Mobiliários poderá reduzir a porcentagem de que trata o artigo 249.

Art. 292. As sociedades de que trata o artigo 62 da Lei 4.728, de 14 de julho de 1965, podem ter suas ações ao portador.

Art. 293. A Comissão de Valores Mobiliários autorizará as Bolsas de Valores a prestar os serviços previstos nos artigos 27; 34, § 2º; 39, § 1º; 40; 41; 42; 43; 44; 72; 102 e 103.

Parágrafo único. *(Revogado pela Lei nº 12.810, de 2013).*

Art. 294. A companhia fechada que tiver menos de 20 (vinte) acionistas, com patrimônio líquido de até R$ 10.000.000,00 (dez milhões de reais), poderá: (Redação dada pela Lei 13.818/2019):

› **Atualização:** Art. 294. A companhia fechada que tiver receita bruta anual de até R$ 78.000.000,00 (setenta e oito milhões de reais) poderá:" (Redação dada pela LC 182/2021, em vigor 90 dias após sua publicação – DOU 2.6.2021)

I – convocar assembleia geral por anúncio entregue a todos os acionistas, contrarrecibo, com a antecedência prevista no artigo 124; e

› **Atualização:** I – (Revogado pela LC 182/2021, em vigor 90 dias após sua publicação – DOU 2.6.2021)"

II – deixar de publicar os documentos de que trata o artigo 133, desde que sejam, por cópias autenticadas, arquivados no registro do comércio juntamente com a ata da assembleia que sobre eles deliberar.

› **Atualização:** II – (Revogado pela LC 182/2021, em vigor 90 dias após sua publicação – DOU 2.6.2021)

› **Atualização:** III - realizar as publicações ordenadas por esta Lei de forma eletrônica, em exceção ao disposto no art. 289 desta Lei; e (Acrescido pela LC 182/2021, em vigor 90 dias após sua publicação – DOU 2.6.2021)

IV - substituir os livros de que trata o art. 100 desta Lei por registros mecanizados ou eletrônicos. (Acrescido pela LC 182/2021, em vigor 90 dias após sua publicação – DOU 2.6.2021)

§ 1º. A companhia deverá guardar os recibos de entrega dos anúncios de convocação e arquivar no registro de comércio, juntamente com a ata da assembleia, cópia autenticada dos mesmos.

§ 2º. Nas companhias de que trata este artigo, o pagamento da participação dos administradores poderá ser feita sem observância do disposto no § 2º do artigo 152, desde que aprovada pela unanimidade dos acionistas.

§ 3º. O disposto neste artigo não se aplica à companhia controladora de grupo de sociedade, ou a ela filiadas.

› **Atualização:** § 4º Na hipótese de omissão do estatuto quanto à distribuição de dividendos, estes serão estabelecidos livremente pela assembleia geral, hipótese em que não se aplicará o disposto no art. 202 desta Lei, desde que não seja prejudicado o direito dos acionistas preferenciais de receber os dividendos fixos ou mínimos a que tenham prioridade. (Acrescido pela LC 182/2021, em vigor 90 dias após sua publicação – DOU 2.6.2021)

§ 5º Ato do Ministro de Estado da Economia disciplinará o disposto neste artigo. (Acrescido pela LC 182/2021, em vigor 90 dias após sua publicação – DOU 2.6.2021)

› **Atualização:** Art. 294-A. A Comissão de Valores Mobiliários regulamentará as condições facilitadas para o acesso de companhias de menor porte ao mercado de capitais, e será permitido dispensar ou modular a observância ao disposto: (Acrescido pela LC 182/2021, em vigor 90 dias após sua publicação – DOU 2.6.2021)

I – no art. 161 desta Lei, quanto à obrigatoriedade de instalação do conselho fiscal a pedido de acionistas;

II – no § 5º do art. 170 desta Lei, quanto à obrigatoriedade de intermediação de instituição financeira em distribuições públicas de valores mobiliários, sem prejuízo da competência prevista no inciso III do § 3º do art. 2º da Lei nº 6.385, de 7 de dezembro de 1976;

III – no inciso I do caput do art. 109, nos §§ 1º e 2º do art. 111 e no art. 202 desta Lei, quanto ao recebimento de dividendo obrigatório;

IV – no art. 289 desta Lei, quanto à forma de realização das publicações ordenadas por esta Lei; e

V – (VETADO).

› **Atualização:** Art. 294-B. Para fins do disposto nesta Lei, considera-se companhia de menor porte aquela que aufira receita bruta anual inferior a R$ 500.000.000,00 (quinhentos milhões de reais). (Acrescido pela LC 182/2021, em vigor 90 dias após sua publicação – DOU 2.6.2021).

§ 1º A regulamentação editada não prejudica o estabelecimento de procedimentos simplificados aplicáveis às companhias de menor porte, pela Comissão de Valores Mobiliários, com base nas competências previstas na Lei nº 6.385, de 7 de dezembro de 1976, especialmente quanto:

I – à obtenção de registro de emissor;

II – às distribuições públicas de valores mobiliários de sua emissão; e

III – à elaboração e à prestação de informações periódicas e eventuais.

§ 2º A Comissão de Valores Mobiliários poderá:

I – estabelecer a forma de atualização do valor previsto no caput deste artigo e os critérios adicionais para a manutenção da condição de companhia de menor porte após seu acesso ao mercado de capitais; e

II – disciplinar o tratamento a ser empregado às companhias abertas que se caracterizem como de menor porte nos termos do caput deste artigo.

CAPÍTULO XXVI. DISPOSIÇÕES TRANSITÓRIAS

Art. 295. A presente Lei entrará em vigor 60 (sessenta) dias após a sua publicação, aplicando-se, todavia, a partir da data da publicação, às companhias que se constituírem.

§ 1º. O disposto neste artigo não se aplica às disposições sobre:

a) elaboração das demonstrações financeiras, que serão observadas pelas companhias existentes a partir do exercício social que se iniciar após 1º de janeiro de 1978;

b) a apresentação, nas demonstrações financeiras, de valores do exercício anterior (artigo 176, § 1º), que será obrigatória a partir do balanço do exercício social subsequente ao referido na alínea anterior;

c) elaboração e publicação de demonstrações financeiras consolidadas, que somente serão obrigatórias para os exercícios iniciados a partir de 1º de janeiro de 1978.

§ 2º. A participação dos administradores nos lucros sociais continuará a regular-se pelas disposições legais e estatutárias em vigor, aplicando-se o disposto nos §§ 1º e 2º do artigo 152 a partir do exercício social que se iniciar no curso do ano de 1977.

§ 3º. A restrição ao direito de voto das ações ao portador (artigo 112) só vigorará a partir de 1 (um) ano a contar da data em que esta Lei entrar em vigor.

Art. 296. As companhias existentes deverão proceder à adaptação do seu estatuto aos preceitos desta Lei no prazo de 1 (um) ano a contar da data em que ela entrar em vigor, devendo para esse fim ser convocada assembleia geral dos acionistas.

§ 1º. Os administradores e membros do conselho fiscal respondem pelos prejuízos que causarem pela inobservância do disposto neste artigo.

§ 2º. O disposto neste artigo não prejudicará os direitos pecuniários conferidos por partes beneficiárias e debêntures em circulação na data da publicação desta Lei, que somente poderão ser modificados ou reduzidos com observância do disposto no artigo 51 e no § 5º do artigo 71.

§ 3º. As companhias existentes deverão eliminar, no prazo de 5 (cinco) anos a contar da data da entrada em vigor desta Lei, as participações recíprocas vedadas pelo artigo 244 e seus parágrafos.

§ 4º. As companhias existentes, cujo estatuto for omisso quanto à fixação do dividendo, ou que o estabelecer em condições que não satisfaçam aos requisitos do § 1º do artigo 202 poderão, dentro do prazo previsto neste artigo, fixá-lo em porcentagem inferior à prevista no § 2º do artigo 202, mas os acionistas dissidentes dessa deliberação terão direito de retirar-se da companhia, mediante reembolso do valor de suas ações, com observância do disposto nos artigos 45 e 137.

§ 5º. O disposto no artigo 199 não se aplica às reservas constituídas e aos lucros acumulados em balanços levantados antes de 1º de janeiro de 1977.

§ 6º. O disposto nos §§ 1º e 2º do artigo 237 não se aplica às participações existentes na data da publicação desta Lei.

Art. 297. As companhias existentes que tiverem ações preferenciais com prioridade na distribuição de dividendo fixo ou mínimo ficarão dispensadas do disposto no artigo 167 e seu § 1º, desde que no prazo de que trata o artigo 296 regulem no estatuto a participação das ações preferenciais na correção anual do capital social, com observância das seguintes normas:

I – o aumento de capital poderá ficar na dependência de deliberação da assembleia geral, mas será obrigatório quando o saldo da conta de que trata o § 3º do artigo 182 ultrapassar 50% (cinquenta por cento) do capital social;

II – a capitalização da reserva poderá ser procedida mediante aumento do valor nominal das ações ou emissões de novas ações bonificadas, cabendo à assembleia geral escolher, em cada aumento de capital, o modo a ser adotado;

III – em qualquer caso, será observado o disposto no § 4º do artigo 17;

IV – as condições estatutárias de participação serão transcritas nos certificados das ações da companhia.

Art. 298. As companhias existentes, com capital inferior a Cr$ 5.000.000,00 (cinco milhões de cruzeiros), poderão, no prazo de que trata o artigo 296, deliberar, pelo voto de acionistas que representem 2/3 (dois terços) do capital social, a sua transformação em sociedade por quotas, de responsabilidade limitada, observadas as seguintes normas:

I – na deliberação da assembleia a cada ação caberá 1 (um) voto, independentemente de espécie ou classe;

II – a sociedade por quotas resultante da transformação deverá ter o seu capital integralizado e o seu contrato social assegurará aos sócios a livre transferência das quotas, entre si ou para terceiros;

III – o acionista dissidente da deliberação da assembleia poderá pedir o reembolso das ações pelo valor de patrimônio líquido a preços de mercado, observado o disposto nos artigos 45 e 137;

IV – o prazo para o pedido de reembolso será de 90 (noventa) dias a partir da data da publicação da ata da assembleia, salvo para os titulares de ações nominativas, que será contado da data do recebimento de aviso por escrito da companhia.

Art. 299. Ficam mantidas as disposições sobre sociedades por ações, constantes de legislação especial sobre a aplicação de incentivos fiscais nas áreas da Sudene, Sudam, Sudepe, Embratur e Reflorestamento, bem como todos os dispositivos das Leis nºs 4.131, de 3 de setembro de 1962, e 4.390, de 29 de agosto de 1964.

Art. 299-A. O saldo existente em 31 de dezembro de 2008 no ativo diferido que, pela sua natureza, não puder ser alocado a outro grupo de contas, poderá permanecer no ativo sob essa classificação até sua completa amortização, sujeito à análise sobre a recuperação de que trata o § 3º do art. 183 desta Lei. (Incluído pela Lei nº 11.941, de 2009)

Art. 299-B. O saldo existente no resultado de exercício futuro em 31 de dezembro de 2008 deverá ser reclassificado para o passivo não circulante em conta representativa de receita diferida. (Incluído pela Lei nº 11.941, de 2009)

Parágrafo único. O registro do saldo de que trata o *caput* deste artigo deverá evidenciar a receita diferida e o respectivo custo diferido. (Incluído pela Lei nº 11.941, de 2009)

Art. 300. Ficam revogados o Decreto-Lei 2.627, de 26 de setembro de 1940, com exceção dos artigos 59 a 73, e demais disposições em contrário.

Brasília, 15 de dezembro de 1976;
155º da Independência e
88º da República.
ERNESTO GEISEL
D.O.U. de 17.12.1976

LEI COMPLEMENTAR Nº 35, DE 14 DE MARÇO DE 1979

Dispõe sobre a Lei Orgânica da Magistratura Nacional.

▸ *Lei Orgânica da Magistratura Nacional*

O PRESIDENTE DA REPÚBLICA Faço saber que o Congresso Nacional decreta e eu sanciono a seguinte Lei Complementar:

TÍTULO I. DO PODER JUDICIÁRIO

CAPÍTULO I. DOS ÓRGÃOS DO PODER JUDICIÁRIO

Art. 1º. O Poder Judiciário é exercido pelos seguintes órgãos:

I – Supremo Tribunal Federal;

II – Conselho Nacional da Magistratura;

III – Tribunal Federal de Recursos e juízes federais;

IV – tribunais e juízes militares;

V – tribunais e juízes eleitorais;

VI – tribunais e juízos do trabalho;

VII – tribunais e juízes estaduais;

VIII – tribunal e juízes do Distrito Federal e dos Territórios.

Art. 2º. O Supremo Tribunal Federal, com sede na Capital da União e jurisdição em todo o território nacional, compõe-se de 11 (onze) ministros vitalícios, nomeados pelo Presidente da República, depois de aprovada a escolha pelo Senado Federal, dentre cidadãos maiores de 35 (trinta e cinco) anos, de notável saber jurídico e reputação ilibada.

Art. 3º. O Conselho Nacional da Magistratura, com sede na Capital da União e jurisdição em todo o território nacional, compõe-se de 7 (sete) ministros do Supremo Tribunal Federal, por este escolhidos, mediante votação nominal para um período de 2 (dois) anos, inadmitida a recusa do encargo.

§ 1º. A eleição far-se-á juntamente com a do presidente e vice presidente do Supremo Tribunal Federal, os quais passam a integrar, automaticamente, o Conselho, nele exercendo as funções de presidente e vice-presidente, respectivamente.

§ 2º. Os ministros não eleitos poderão ser convocados pelo presidente, observada a ordem decrescente de antiguidade, para substituir os membros do Conselho, nos casos de impedimento ou afastamento temporário.

§ 3º. Junto ao Conselho funcionará o Procurador-Geral da República.

Art. 4º. O Tribunal Federal de Recursos, com sede na Capital da União e jurisdição em todo o território nacional, compõe-se de 27 (vinte e sete) ministros vitalícios, nomeados pelo Presidente da República, após aprovada a escolha pelo Senado Federal, salvo quanto à dos juízes federais, sendo 15 (quinze) dentre juízes federais, indicados em lista tríplice pelo próprio tribunal; 4 (quatro) dentre membros do Ministério Público Federal; 4 (quatro) dentre advogados maiores de 35 (trinta e cinco) anos, de notável saber jurídico e de reputação ilibada; e 4 (quatro) dentre magistrados ou membros do Ministério Público dos Estados e do Distrito Federal.

Art. 5º. Os juízes federais serão nomeados pelo Presidente da República, escolhidos, sempre que possível, em lista tríplice, organizada pelo Tribunal Federal de Recursos, dentre os candidatos com idade superior a 25 (vinte e cinco) anos, de reconhecida idoneidade moral, aprovados em concurso público de provas e títulos, além da satisfação de outros requisitos especificados em lei.

§ 1º. Cada Estado, bem como o Distrito Federal, constitui uma Seção Judiciária, que tem por sede a respectiva Capital, e varas localizadas segundo o estabelecido em lei.

§ 2º. Nos Territórios do Amapá, Roraima e Rondônia, a jurisdição e as atribuições cometidas aos juízes federais caberão aos juízes da justiça local, na forma que a lei dispuser. O Território de Fernando de Noronha está compreendido na Seção Judiciária do Estado de Pernambuco.

Art. 6º. O Superior Tribunal Militar, com sede na Capital da União e jurisdição em todo o território nacional, compõe-se de 15 (quinze) ministros vitalícios, nomeados pelo Presidente da República, depois de aprovada a escolha pelo Senado Federal, sendo 3 (três) dentre oficiais-generais da Marinha, 4 (quatro) dentre oficiais-generais do Exército e 3 (três) dentre oficiais-generais da Aeronáutica, todos da ativa, e 5 (cinco) dentre civis, maiores de 35 (trinta e cinco) anos, dos quais 3 (três) cidadãos de notório saber jurídico e idoneidade moral, com mais de 10 (dez) anos de prática forense, e 2 (dois) juízes-auditores ou membros do Ministério Público da Justiça Militar, de comprovado saber jurídico.

Art. 7º. São órgãos da Justiça Militar da União, além do Superior Tribunal Militar, os juízes-auditores e os Conselhos de Justiça, cujos números, organização e competência são definidos em lei.

Art. 8º. O Tribunal Superior Eleitoral, com sede na Capital da União e jurisdição em todo o território nacional, é composto de 7 (sete) juízes, dos quais 3 (três) ministros do Supremo Tribunal Federal e 2 (dois) ministros do Tribunal Federal de Recursos, escolhidos pelo respectivo tribunal, mediante eleição, pelo voto secreto, e 2 (dois) nomeados pelo Presidente da República, dentre 6 (seis) advogados de notável saber jurídico e idoneidade moral, indicados pelo Supremo Tribunal Federal.

Art. 9º. Os Tribunais Regionais Eleitorais, com sede na Capital do Estado em que tenham jurisdição e no Distrito Federal, compõem-se de 4 (quatro) juízes eleitos, pelo voto secreto, pelo respectivo Tribunal de Justiça, sendo 2 (dois) dentre desembargadores e 2 (dois) dentre juízes de direito; 1 (um) juiz federal, escolhido pelo Tribunal Federal de Recursos, se na Seção Judiciária houver mais de um, e, por nomeação do Presidente da República, de 2 (dois) dentre 6 (seis) cidadãos de notável saber jurídico e idoneidade moral, indicados pelo Tribunal de Justiça.

Art. 10. Os juízes do Tribunal Superior Eleitoral e dos Tribunais Regionais Eleitorais, bem como os respectivos substitutos, escolhidos na mesma ocasião e por igual processo, salvo motivo justificado, servirão, obrigatoriamente, por 2 (dois) anos, no mínimo, e nunca por mais de dois biênios consecutivos.

Art. 11. Os juízes de direito exercem as funções de juízes eleitorais, nos termos da lei.

§ 1º. A lei pode outorgar a outros juízes competência para funções não decisórias.

§ 2º. Para a apuração de eleições, constituir-se-ão Juntas Eleitorais, presididas por juiz de direito, e cujos membros, indicados conforme dispuser a legislação eleitoral, serão aprovados pelo Tribunal Regional Eleitoral e nomeados pelo seu presidente.

Art. 12. O Tribunal Superior do Trabalho, com sede na Capital da União e jurisdição em todo o território nacional, compõe-se de 17 (dezessete) ministros, nomeados pelo Presidente da República, 11 (onze) dos quais togados e vitalícios, depois de aprovada a escolha pelo Senado Federal, sendo 7 (sete) dentre magistrados da Justiça do Trabalho, 2 (dois) dentre advogados no exercício efetivo da profissão, e 2 (dois) dentre membros do Ministério Público da Justiça do Trabalho, maiores de 35 (trinta e cinco) anos, de notável saber jurídico e reputação ilibada, e 6 (seis) classistas temporários, em representação paritária dos empregadores e dos trabalhadores, de conformidade com a lei, e vedada a recondução por mais de dois períodos de 3 (três) anos.

Art. 13. Os Tribunais Regionais do Trabalho, com sede, jurisdição e número definidos em lei, compõem-se de dois terços de juízes togados e vitalícios e um terço de juízes classistas e temporários, todos nomeados pelo Presidente da República, observada, quanto aos juízes togados, a proporcionalidade fixada no art. 12 relativamente aos juízes de carreira, advogados e membros do Ministério Público da Justiça do Trabalho e, em relação aos juízes classistas, a proibição constante da parte final do artigo anterior.

Art. 14. As Juntas de Conciliação e Julgamento têm a sede, a jurisdição e a composição definidas em lei, assegurada a paridade de representação entre empregadores e trabalhadores, e inadmitida a recondução dos representantes classistas por mais de dois períodos de 3 (três) anos.

§ 1º. Nas comarcas onde não for instituída Junta de Conciliação e Julgamento, poderá a lei atribuir as suas funções aos juízes de direito.

§ 2º. Poderão ser criados por lei outros órgãos da Justiça do Trabalho.

Art. 15. Os órgãos do Poder Judiciário da União (art. 1º, I a VI) têm a organização e a competência definidas na Constituição, na lei e, quanto aos tribunais, ainda, no respectivo Regimento Interno.

Art. 16. Os Tribunais de Justiça dos Estados, com sede nas respectivas Capitais e jurisdição no território estadual, e os Tribunais de Alçada, onde forem criados, têm a composição, a organização e a competência estabelecidas na Constituição, nesta Lei, na legislação estadual e nos seus Regimentos Internos.

Parágrafo único. Nos Tribunais de Justiça com mais de vinte e cinco desembargadores, será constituído órgão especial, com o mínimo de onze e o máximo de vinte e cinco membros, para o exercício das atribuições administrativas e jurisdicionais, da competência do tribunal pleno, bem como para uniformização da jurisprudência no caso de divergência entre suas seções.

Art. 17. Os juízes de direito, onde não houver juízes substitutos, e estes, onde os houver, serão nomeados mediante concurso público de provas e títulos.

§ 1º. (*VETADO*).

§ 2º. Antes de decorrido o biênio do estágio, e desde que seja apresentada a proposta do tribunal ao Chefe do Poder Executivo, para o ato de exoneração, o juiz substituto ficará automaticamente afastado de suas funções e perderá o direito à vitaliciedade, ainda que o ato de exoneração seja assinado após o decurso daquele período.

§ 3º. Os juízes de direito e os juízes substitutos têm a sede, a jurisdição e a competência fixadas em lei.

§ 4º. Poderão os Estados instituir, mediante proposta do respectivo Tribunal de Justiça, ou órgão especial, juízes togados, com investidura limitada no tempo e competência para o julgamento de causas de pequeno valor e crimes a que não seja cominada pena de reclusão, bem como para a substituição dos juízes vitalícios.

§ 5º. Podem, ainda, os Estados criar justiça de paz temporária, competente para o processo de habilitação e celebração de casamento.

Art. 18. São órgãos da Justiça Militar estadual os Tribunais de Justiça e os Conselhos de Justiça, cujas composição, organização e competência são definidas na Constituição e na lei.

Parágrafo único. Nos Estados de Minas Gerais, Paraná, Rio Grande do Sul e São Paulo, a segunda instância da Justiça Militar estadual é constituída pelo respectivo Tribunal Militar, integrado por oficiais do mais alto posto da Polícia Militar e por civis, sempre em número ímpar, excedendo os primeiros aos segundos em uma unidade.

Art. 19. O Tribunal de Justiça do Distrito Federal e dos Territórios, com sede na Capital da União, tem a composição, a organização e a competência estabelecidas em lei.

Art. 20. Os juízes de direito e os juízes substitutos da Justiça do Distrito Federal e dos Territórios, vitalícios após 2 (dois) anos de exercício, investidos mediante concurso público de provas e títulos, e os juízes togados temporários, todos nomeados pelo Presidente da República, têm a sede, a jurisdição e a competência prescritas em lei.

CAPÍTULO II. DOS TRIBUNAIS

Art. 21. Compete aos tribunais, privativamente:

I – eleger seus presidentes e demais titulares de sua direção, observado o disposto na presente Lei;

II – organizar seus serviços auxiliares, provendo-lhes os cargos, na forma da lei; propor ao Poder Legislativo a criação ou a extinção de cargos e a fixação dos respectivos vencimentos;

III – elaborar seus regimentos internos e neles estabelecer, observada esta Lei, a competência de suas câmaras ou turmas isoladas, grupos, seções ou outros órgãos com funções jurisdicionais ou administrativas;

IV – conceder licença e férias, nos termos da lei, aos seus membros e aos juízes e serventuários que lhes são imediatamente subordinados;

V – exercer a direção e a disciplina dos órgãos e serviços que lhes forem subordinados;

VI – julgar, originariamente, os mandados de segurança contra seus atos, os dos respectivos presidentes e os de suas câmaras, turmas ou seções.

CAPÍTULO III. DOS MAGISTRADOS

Art. 22. São vitalícios:

I – a partir da posse:

a) os ministros do Supremo Tribunal Federal;

b) os ministros do Tribunal Federal de Recursos;

c) os ministros do Superior Tribunal Militar;

d) os ministros e juízes togados do Tribunal Superior do Trabalho e dos Tribunais Regionais do Trabalho;

e) os desembargadores, os juízes dos Tribunais de Alçada e dos Tribunais de segunda instância da Justiça Militar dos Estados; (Redação dada pela Lei Complementar nº 37, de 1979)

II – após 2 (dois) anos de exercício:

a) os juízes federais;

b) os juízes-auditores e juízes-auditores substitutos da Justiça Militar da União;

c) os juízes do trabalho presidentes de Junta de Conciliação e Julgamento e os juízes do trabalho substitutos;

d) os juízes de direito e os juízes substitutos da Justiça dos Estados, do Distrito Federal e dos Territórios, bem assim os juízes-auditores da Justiça Militar dos Estados. (Redação dada pela Lei Complementar nº 37, de 1979)

§ 1º. Os juízes mencionados no inciso II deste artigo, mesmo que não hajam adquirido a vitaliciedade, não poderão perder o cargo senão por proposta do tribunal ou do órgão especial competente, adotada pelo voto de dois terços de seus membros efetivos. (Redação dada pela Lei Complementar nº 37, de 1979)

§ 2º. Os juízes a que se refere o inciso II deste artigo, mesmo que não hajam adquirido a vitaliciedade, poderão praticar todos os atos reservados por lei aos juízes vitalícios. (Redação dada pela Lei Complementar nº 37, de 1979)

Art. 23. Os juízes e membros de tribunais e Juntas Eleitorais, no exercício de suas funções e no que lhes for aplicável, gozarão de plenas garantias e serão inamovíveis.

Art. 24. O juiz togado, de investidura temporária (art. 17, § 4º), poderá ser demitido, em caso de falta grave, por proposta do tribunal ou do órgão especial, adotada pelo voto de dois terços de seus membros efetivos.

Parágrafo único. O quorum de dois terços de membros efetivos do tribunal, ou de seu órgão especial, será apurado em relação ao número de desembargadores em condições legais de votar, como tal se considerando os não atingidos por impedimento ou suspeição e os não licenciados por motivo de saúde.

TÍTULO II. DAS GARANTIAS DA MAGISTRATURA E DAS PRERROGATIVAS DO MAGISTRADO

CAPÍTULO I. DAS GARANTIAS DA MAGISTRATURA

SEÇÃO I. DA VITALICIEDADE

Art. 25. Salvo as restrições expressas na Constituição, os magistrados gozam das garantias de vitaliciedade, inamovibilidade e irredutibilidade de vencimentos.

Art. 26. O magistrado vitalício somente perderá o cargo (*Vetado*):

I – em ação penal por crime comum ou de responsabilidade;

II – em procedimento administrativo para a perda do cargo nas hipóteses seguintes:

a) exercício, ainda que em disponibilidade, de qualquer outra função, salvo um cargo de magistério superior, público ou particular;

b) recebimento, a qualquer título e sob qualquer pretexto, de percentagens ou custas nos processos sujeitos a seu despacho e julgamento;

c) exercício de atividade político-partidária.

§ 1º. O exercício de cargo de magistério superior, público ou particular, somente será permitido se houver correlação de matérias e compatibilidade de horários, vedado, em qualquer hipótese, o desempenho de função de direção administrativa ou técnica de estabelecimento de ensino.

§ 2º. Não se considera exercício do cargo o desempenho de função docente em curso oficial de preparação para judicatura ou aperfeiçoamento de magistrados.

Art. 27. O procedimento para a decretação da perda do cargo terá início por determinação do tribunal, ou do seu órgão especial, a que pertença ou esteja subordinado o magistrado, de ofício ou mediante representação fundamentada do Poder Executivo ou Legislativo, do Ministério Público ou do Conselho Federal ou seccional da Ordem dos Advogados do Brasil.

§ 1º. Em qualquer hipótese, a instauração do processo proceder-se-á da defesa prévia do magistrado, no prazo de 15 (quinze) dias, contado da entrega da cópia do teor da acusação e das provas existentes, que lhe remeterá o presidente do tribunal, mediante ofício, nas 48 (quarenta e oito) horas imediatamente seguintes à apresentação da acusação.

§ 2º. Findo o prazo da defesa prévia, haja ou não sido apresentada, o presidente, no dia útil imediato, convocará o tribunal ou o seu órgão especial para que, em sessão secreta, decida sobre a instauração do processo, e, caso determinada esta, no mesmo dia distribuirá o feito e fará entregá-lo ao relator.

§ 3º. O tribunal ou o seu órgão especial, na sessão em que ordenar a instauração do processo, como no curso dele, poderá afastar o magistrado do exercício das suas funções, sem prejuízo dos vencimentos e das vantagens, até a decisão final.

§ 4º. As provas requeridas e deferidas, bem como as que o relator determinar de ofício, serão produzidas no prazo de 20 (vinte) dias, cientes o Ministério Público, o magistrado ou o procurador por ele constituído, a fim de que possam delas participar.

§ 5º. Finda a instrução, o Ministério Público e o magistrado ou seu procurador terão, sucessivamente, vista dos autos por 10 (dez) dias, para razões.

§ 6º. O julgamento será realizado em sessão secreta do tribunal ou de seu órgão especial, depois de relatório oral, e a decisão no sentido da penalização do magistrado só será tomada pelo voto de dois terços dos membros do colegiado, em escrutínio secreto.

§ 7º. Da decisão publicar-se-á somente a conclusão.

§ 8º. Se a decisão concluir pela perda do cargo, será comunicada, imediatamente, ao Poder Executivo, para a formalização do ato.

Art. 28. O magistrado vitalício poderá ser compulsoriamente aposentado ou posto em disponibilidade, nos termos da Constituição e da presente Lei.

Art. 29. Quando, pela natureza ou gravidade da infração penal, se torne aconselhável o recebimento de denúncia ou de queixa contra magistrado, o tribunal, ou seu órgão especial, poderá, em decisão tomada pelo voto de dois terços de seus membros, determinar o afastamento do cargo do magistrado denunciado.

SEÇÃO II. DA INAMOVIBILIDADE

Art. 30. O juiz não poderá ser removido ou promovido senão com seu assentimento, manifestado na forma da lei, ressalvado o disposto no art. 45, item I.

Art. 31. Em caso de mudança da sede do juízo será facultado ao juiz remover-se para ela ou para comarca de igual entrância, ou obter a disponibilidade com vencimentos integrais.

SEÇÃO III. DA IRREDUTIBILIDADE DE VENCIMENTOS

Art. 32. Os vencimentos dos magistrados são irredutíveis, sujeitos, entretanto, aos impostos gerais, inclusive o de renda, e aos impostos extraordinários.

Parágrafo único. A irredutibilidade dos vencimentos dos magistrados não impede os descontos fixados em lei, em base igual à estabelecida para os servidores públicos, para fins previdenciários.

CAPÍTULO II. DAS PRERROGATIVAS DO MAGISTRADO

Art. 33. São prerrogativas do magistrado:

I – ser ouvido como testemunha em dia, hora e local previamente ajustados com a autoridade ou juiz de instância igual ou inferior;

II – não ser preso senão por ordem escrita do tribunal ou do órgão especial competente para o julgamento, salvo em flagrante de crime inafiançável, caso em que a autoridade fará imediata comunicação e apresentação do magistrado ao presidente do tribunal a que esteja vinculado (*Vetado*).;

III – ser recolhido a prisão especial, ou a sala especial de Estado-Maior, por ordem e à disposição do tribunal ou do órgão especial competente, quando sujeito a prisão antes do julgamento final;

IV – não estar sujeito a notificação ou a intimação para comparecimento, salvo se expedida por autoridade judicial;

V – portar arma de defesa pessoal.

Parágrafo único. Quando, no curso de investigação, houver indício da prática de crime por parte do magistrado, a autoridade policial, civil ou militar, remeterá os respectivos autos ao tribunal ou órgão especial competente para o julgamento, a fim de que prossiga na investigação.

Art. 34. Os membros do Supremo Tribunal Federal, do Tribunal Federal de Recursos, do Superior Tribunal Militar, do Tribunal Superior Eleitoral e do Tribunal Superior do Trabalho têm o título de ministro; os dos Tribunais de Justiça, o de desembargador; sendo o de juiz privativo dos integrantes dos outros tribunais e da magistratura de primeira instância.

TÍTULO III. DA DISCIPLINA JUDICIÁRIA

CAPÍTULO I. DOS DEVERES DO MAGISTRADO

Art. 35. São deveres do magistrado:

I – cumprir e fazer cumprir, com independência, serenidade e exatidão, as disposições legais e atos de ofício;

II – não exceder injustificadamente os prazos para sentenciar ou despachar;

III – determinar as providências necessárias para que os atos processuais se realizem nos prazos legais;

IV – tratar com urbanidade as partes, os membros do Ministério Público, os advogados, as testemunhas, os funcionários e auxiliares da justiça, e atender aos que o procurarem, a qualquer momento, quando se trate de providência que reclame e possibilite solução de urgência;

V – residir na sede da comarca, salvo autorização do órgão disciplinar a que estiver subordinado;

VI – comparecer pontualmente à hora de iniciar-se o expediente ou a sessão, e não se ausentar injustificadamente antes de seu término;

VII – exercer assídua fiscalização sobre os subordinados, especialmente no que se refere à cobrança de custas e emolumentos, embora não haja reclamação das partes;

VIII – manter conduta irrepreensível na vida pública e particular.

Art. 36. É vedado ao magistrado:

I – exercer o comércio ou participar de sociedade comercial, inclusive de economia mista, exceto como acionista ou quotista;

II – exercer cargo de direção ou técnico de sociedade civil, associação ou fundação, de qualquer natureza ou finalidade, salvo de associação de classe, e sem remuneração;

III – manifestar, por qualquer meio de comunicação, opinião sobre processo pendente de julgamento, seu ou de outrem, ou juízo depreciativo sobre despachos, votos ou sentenças, de órgãos judiciais, ressalvada a crítica nos autos e em obras técnicas ou no exercício do magistério.

Parágrafo único. *(VETADO).*

Art. 37. Os tribunais farão publicar, mensalmente, no órgão oficial, dados estatísticos sobre seus trabalhos no mês anterior, entre os quais: o número de votos que cada um de seus membros, nominalmente indicado, proferiu como relator e revisor; o número de feitos que lhe foram distribuídos no mesmo período; o número de processos que recebeu em consequência de pedido de vista ou como revisor; a relação dos feitos que lhe foram conclusos para voto, despacho e lavratura de acórdão, ainda não devolvidos, embora decorridos os prazos legais, com as datas das respectivas conclusões.

Parágrafo único. Compete ao presidente do tribunal velar pela regularidade e pela exatidão das publicações.

Art. 38. Sempre que, encerrada a sessão, restarem em pauta ou em mesa mais de 20 (vinte) feitos sem julgamento, o presidente fará realizar uma ou mais sessões extraordinárias, destinadas ao julgamento daqueles processos.

Art. 39. Os juízes remeterão, até o dia 10 de cada mês, ao órgão corregedor competente de segunda instância, informação a respeito dos feitos em seu poder, cujos prazos para despacho ou decisão hajam sido excedidos, bem como indicação do número de sentenças proferidas no mês anterior.

CAPÍTULO II. DAS PENALIDADES

Art. 40. A atividade censória de tribunais e conselhos é exercida com o resguardo devido à dignidade e à independência do magistrado.

Art. 41. Salvo os casos de impropriedade ou excesso de linguagem, o magistrado não pode ser punido ou prejudicado pelas opiniões que manifestar ou pelo teor das decisões que proferir.

Art. 42. São penas disciplinares:

I – advertência;
II – censura;
III – remoção compulsória;
IV – disponibilidade com vencimentos proporcionais ao tempo de serviço;
V – aposentadoria compulsória com vencimentos proporcionais ao tempo de serviço;
VI – demissão.

Parágrafo único. As penas de advertência e de censura somente são aplicáveis aos juízes de primeira instância.

Art. 43. A pena de advertência aplicar-se-á reservadamente, por escrito, no caso de negligência no cumprimento dos deveres do cargo.

Art. 44. A pena de censura será aplicada reservadamente, por escrito, no caso de reiterada negligência no cumprimento dos deveres do cargo, ou no de procedimento incorreto, se a infração não justificar punição mais grave.

Parágrafo único. O juiz punido com a pena de censura não poderá figurar em lista de promoção por merecimento pelo prazo de 1 (um) ano, contado da imposição da pena.

Art. 45. O tribunal ou seu órgão especial poderá determinar, por motivo de interesse público, em escrutínio secreto e pelo voto de dois terços de seus membros efetivos:

I – a remoção de juiz de instância inferior;
II – a disponibilidade de membro do próprio tribunal ou de juiz de instância inferior, com vencimentos proporcionais ao tempo de serviço.

Parágrafo único. Na determinação de quórum de decisão aplicar-se-á o disposto no parágrafo único do art. 24. *(Parágrafo único com eficácia suspensa pela Resolução 12/1990 do Senado Federal)*

Art. 46. O procedimento para a decretação da remoção ou disponibilidade de magistrado obedecerá ao prescrito no art. 27 desta Lei.

Art. 47. A pena de demissão será aplicada:

I – aos magistrados vitalícios, nos casos previstos no art. 26, I e II;
II – aos juízes nomeados mediante concurso de provas e títulos, enquanto não adquirirem a vitaliciedade, e aos juízes togados temporários, em caso de falta grave, inclusive nas hipóteses previstas no art. 56.

Art. 48. Os regimentos internos dos tribunais estabelecerão o procedimento para a apuração de faltas puníveis com advertência ou censura.

CAPÍTULO III. DA RESPONSABILIDADE CIVIL DO MAGISTRADO

Art. 49. Responderá por perdas e danos o magistrado, quando:

I – no exercício de suas funções, proceder com dolo ou fraude;
II – recusar, omitir ou retardar, sem justo motivo, providência que deva ordenar de ofício, ou a requerimento das partes.

Parágrafo único. Reputar-se-ão verificadas as hipóteses previstas no inciso II somente depois que a parte, por intermédio do escrivão, requerer ao magistrado que determine a providência, e este não lhe atender o pedido dentro de 10 (dez) dias.

CAPÍTULO IV. DO CONSELHO NACIONAL DA MAGISTRATURA

Art. 50. Ao Conselho Nacional da Magistratura cabe conhecer de reclamações contra membros de tribunais, podendo avocar processos disciplinares contra juízes de primeira instância e, em qualquer caso, determinar a disponibilidade ou a aposentadoria de uns e outros, com vencimentos proporcionais ao tempo de serviço.

Art. 51. Ressalvado o poder de avocação, a que se refere o artigo anterior, o exercício das atribuições especificas do Conselho Nacional da Magistratura não prejudica a competência disciplinar dos tribunais, estabelecida em lei, nem interfere nela.

Art. 52. A reclamação contra membro de tribunal será formulada em petição, devidamente fundamentada e acompanhada de elementos comprobatórios das alegações.

§ 1º. A petição a que se refere este artigo deve ter firma reconhecida, sob pena de arquivamento liminar, salvo se assinada pelo procurador-geral da República, pelo presidente do Conselho Federal ou Seccional da Ordem dos Advogados do Brasil ou pelo procurador-geral da Justiça do Estado.

§ 2º. Distribuída a reclamação, poderá o relator, desde logo, propor ao Conselho o arquivamento, se considerar manifesta a sua improcedência.

§ 3º. Caso o relator não use da faculdade prevista no parágrafo anterior, mandará ouvir o reclamado, no prazo de 15 (quinze) dias, a fim de que, por si ou por procurador, alegue, querendo, o que entender conveniente a bem de seu direito.

§ 4º. Com a resposta do reclamado, ou sem ela, deliberará o Conselho sobre o arquivamento ou a conveniência de melhor instrução do processo, fixando prazo para a produção de provas e para as diligências que determinar.

§ 5º. Se desnecessárias outras provas ou diligências, e se o Conselho não concluir pelo arquivamento da reclamação, abrir-se-á vista para alegações, sucessivamente, pelo prazo de 10 (dez) dias, ao reclamado, ou a seu advogado, e ao procurador-geral da República.

§ 6º. O julgamento será realizado em sessão secreta do Conselho, com a presença de todos os seus membros, publicando-se somente a conclusão do acórdão.

§ 7º. Em todos os atos e termos do processo, poderá o reclamado fazer-se acompanhar ou representar por advogado, devendo o procurador-geral da República oficiar neles como fiscal da lei.

Art. 53. A avocação de processo disciplinar contra juiz de instância inferior dar-se-á mediante representação fundamentada do procurador-geral da República, do presidente do Conselho Federal ou Seccional da Ordem dos Advogados do Brasil ou do procurador-geral da Justiça do Estado, oferecida dentro de 60 (sessenta) dias da ciência da decisão disciplinar final do órgão a que estiver sujeito o juiz, ou, a qualquer tempo, se, decorridos mais de 3 (três) meses do início do processo, não houver sido proferido o julgamento.

§ 1º. Distribuída a representação, mandará o relator ouvir, em 15 (quinze) dias, o juiz e o órgão disciplinar que proferiu a decisão ou que deveria havê-la proferido.

§ 2º. Findo o prazo de 15 (quinze) dias, com ou sem as informações, deliberará o Conselho Nacional da Magistratura sobre o arquivamento da representação ou a avocação do processo, procedendo-se, neste caso, na conformidade dos §§ 4º a 7º do artigo anterior.

Art. 54. O processo e o julgamento das representações e reclamações serão sigilosos, para resguardar a dignidade do magistrado, sem prejuízo de poder o relator delegar a instrução a juiz de posição funcional igual ou superior à do indiciado.

Art. 55. As reuniões do Conselho Nacional da Magistratura serão secretas, cabendo a um de seus membros, designado pelo presidente, lavrar-lhes as respectivas atas, das quais constarão os nomes dos juízes presentes e, em resumo, os processos apreciados e as decisões adotadas.

Art. 56. O Conselho Nacional da Magistratura poderá determinar a aposentadoria, com vencimentos proporcionais ao tempo de serviço, do magistrado:

I – manifestamente negligente no cumprimento dos deveres do cargo;
II – de procedimento incompatível com a dignidade, a honra e o decoro de suas funções;
III – de escassa ou insuficiente capacidade de trabalho, ou cujo proceder funcional seja incompatível com o bom desempenho das atividades do Poder Judiciário.

Art. 57. O Conselho Nacional da Magistratura poderá determinar a disponibilidade de magistrado, com vencimentos proporcionais ao tempo de serviço, no caso em que a gravidade das faltas a que se reporta o artigo anterior não justifique a decretação da aposentadoria.

§ 1º. O magistrado, posto em disponibilidade por determinação do Conselho, somente poderá pleitear o seu aproveitamento, decorridos 2 (dois) anos do afastamento.

§ 2º. O pedido, devidamente instruído e justificado, acompanhado de parecer do tribunal competente, ou de seu órgão especial, será apreciado pelo Conselho Nacional da Magistratura, após parecer do procurador-geral da República. Deferido o pedido, o aproveitamento far-se-á a critério do tribunal ou seu órgão especial.

§ 3º. Na hipótese deste artigo, o tempo de disponibilidade não será computado, senão para efeito de aposentadoria.

§ 4º. O aproveitamento de magistrado, posto em disponibilidade nos termos do item IV do art. 42 e do item II do art. 45, observará as normas dos parágrafos deste artigo.

Art. 58. A aplicação da pena de disponibilidade ou aposentadoria será imediatamente comunicada ao presidente do tribunal a que pertencer ou a que estiver sujeito o magistrado, para imediato afastamento das suas funções. Igual comunicação far-se-á ao Chefe do Poder Executivo competente, a fim de que formalize o ato de declaração da disponibilidade ou aposentadoria do magistrado.

Art. 59. O Conselho Nacional da Magistratura, se considerar existente crime de ação pública, pelo que constar de reclamação ou representação, remeterá ao Ministério Público cópia das peças que entender necessárias ao oferecimento da denúncia ou à instauração de inquérito policial.

Art. 60. O Conselho Nacional da Magistratura estabelecerá, em seu regimento interno, disposições complementares das constantes deste Capítulo.

TÍTULO IV. DOS VENCIMENTOS, VANTAGENS E DIREITOS DOS MAGISTRADOS

CAPÍTULO I. DOS VENCIMENTOS E VANTAGENS PECUNIÁRIAS

Art. 61. Os vencimentos dos magistrados são fixados em lei, em valor certo, atendido o que estatui o art. 32, parágrafo único.

Parágrafo único. À magistratura de primeira instância da União assegurar-se-ão vencimentos não inferiores a dois terços dos valores fixados para os membros de segunda instância respectiva, assegurados aos ministros do Supremo Tribunal Federal vencimentos pelo menos iguais aos dos ministros de Estado, e garantidos aos juízes vitalícios do mesmo grau de jurisdição iguais vencimentos.

Art. 62. Os ministros militares e togados do Superior Tribunal Militar, bem como os ministros do Tribunal Superior do Trabalho, têm vencimentos iguais aos dos ministros do Tribunal Federal de Recursos.

Art. 63. Os vencimentos dos desembargadores dos Tribunais de Justiça dos Estados e do Tribunal de Justiça do Distrito Federal e dos Territórios não serão inferiores, no primeiro caso, aos dos secretários de Estado, e no segundo, aos dos secretários de Governo do Distrito Federal, não podendo ultrapassar, porém, os fixados para os ministros do Supremo Tribunal Federal. Os juízes vitalícios dos Estados têm os seus vencimentos fixados com diferença não excedente a 20% (vinte por cento) de uma para outra entrância, atribuindo-se aos da entrância mais elevada não menos de dois terços dos vencimentos dos desembargadores.

§ 1º. Os juízes de direito da Justiça do Distrito Federal e dos Territórios têm seus vencimentos fixados em proporção não inferior a dois terços do que percebem os desembargadores e os juízes substitutos, da mesma justiça, em percentual não inferior a 20% (vinte por cento) dos vencimentos daqueles.

§ 2º. Para o efeito de equivalência e limite de vencimentos previstos neste artigo, são excluídas de cômputo apenas as vantagens de caráter pessoal ou de natureza transitória.

Art. 64. Os vencimentos dos magistrados estaduais serão pagos na mesma data fixada para o pagamento dos vencimentos dos secretários de Estado ou dos subsídios dos membros do Poder Legislativo, considerando-se que desatende às garantias do Poder Judiciário atraso que ultrapasse o décimo dia útil do mês seguinte ao vencimento.

Art. 65. Além dos vencimentos, poderão ser outorgados, aos magistrados, nos termos da lei, as seguintes vantagens:

I – ajuda de custo, para despesas de transporte e mudança;

II – ajuda de custo, para moradia, nas localidades em que não houver residência oficial à disposição do Magistrado; (Redação dada pela Lei Complementar nº 54, de 1986)

III – salário-família;

IV – diárias;

V – representação;

VI – gratificação pela prestação de serviço à Justiça Eleitoral;

VII – gratificação pela prestação de serviço à Justiça do Trabalho, nas comarcas onde não forem instituídas Juntas de Conciliação e Julgamento;

VIII – gratificação adicional de 5% (cinco por cento) por quinquênio de serviço, até o máximo de sete;

IX – gratificação de magistério, por aula proferida em curso oficial de preparação para a magistratura ou em Escola Oficial de Aperfeiçoamento de Magistrados (artigos 78, § 1º, e 87, § 1º), exceto quando receba remuneração específica para esta atividade;

X – gratificação pelo efetivo exercício em comarca de difícil provimento, assim definida e indicada em lei.

§ 1º. A verba de representação, salvo quando concedida em razão do exercício de cargo em função temporária, integra os vencimentos para todos os efeitos legais.

§ 2º. É vedada a concessão de adicionais ou vantagens pecuniárias não previstas na presente Lei, bem como em bases e limites superiores aos nela fixados.

§ 3º. Caberá ao respectivo Tribunal, para aplicação do disposto nos incisos I e II deste artigo, conceder ao Magistrado auxílio-transporte em até 25% (vinte e cinco por cento), auxílio-moradia em até 30% (trinta por cento), calculados os respectivos percentuais sobre os vencimentos e cessando qualquer benefício indireto que, ao mesmo título, venha sendo recebido (*Vetado*). (§ 3º com eficácia suspensa pela Resolução 31/1993 do Senado Federal)

CAPÍTULO II. DAS FÉRIAS

Art. 66. Os magistrados terão direito a férias anuais, por 60 (sessenta) dias, coletivas ou individuais.

§ 1º. Os membros dos tribunais, salvo os dos Tribunais Regionais do Trabalho, que terão férias individuais, gozarão de férias coletivas, nos períodos de 2 a 31 de janeiro e de 2 a 31 de julho. Os juízes de primeiro grau gozarão de férias coletivas ou individuais, conforme dispuser a lei.

§ 2º. Os tribunais iniciarão e encerrarão seus trabalhos, respectivamente, nos primeiros e último dias úteis de cada período, com a realização de sessão.

Art. 67. Se a necessidade do serviço judiciário lhes exigir a contínua presença nos tribunais, gozarão de 30 (trinta) dias consecutivos de férias individuais, por semestre:

I – os presidentes e vice-presidentes dos tribunais;

II – os corregedores;

III – os juízes das turmas ou câmaras de férias.

§ 1º. As férias individuais não podem fracionar-se em períodos inferiores a 30 (trinta) dias, e somente podem acumular-se, por imperiosa necessidade do serviço e pelo máximo de 2 (dois) meses.

§ 2º. É vedado o afastamento do tribunal ou de qualquer de seus órgãos judicantes, em gozo de férias individuais, no mesmo período, de juízes em número que possa comprometer o quorum de julgamento.

§ 3º. As turmas ou câmaras de férias terão a composição e competência estabelecidas no regimento interno do tribunal.

Art. 68. Durante as férias coletivas, nos tribunais em que não houver turma ou câmara de férias, poderá o presidente, ou seu substituto legal, decidir de pedidos de liminar em mandado de segurança, determinar liberdade provisória ou sustação de ordem de prisão, e demais medidas que reclamem urgência.

CAPÍTULO III. DAS LICENÇAS

▸ Súm. 731 do STF.

Art. 69. Conceder-se-á licença:

I – para tratamento de saúde;

II – por motivo de doença em pessoa da família;

III – para repouso à gestante;

IV – (*VETADO*).

Art. 70. A licença para tratamento de saúde por prazo superior a 30 (trinta) dias, bem como as prorrogações que importem em licença por período ininterrupto, também superior a 30 (trinta) dias, dependem de inspeção por junta médica.

Art. 71. O magistrado licenciado não pode exercer qualquer das suas funções jurisdicionais ou administrativas, nem exercitar qualquer função pública ou particular (*Vetado*).

§ 1º. Os períodos de licenças concedidos aos magistrados não terão limites inferiores aos reconhecidos por lei ao funcionalismo da mesma pessoa de direito público. (Redação dada pela Lei Complementar nº 37, de 1979)

§ 2º. Salvo contraindicação médica, o magistrado licenciado poderá proferir decisões em processos que, antes da licença, lhe hajam sido conclusos para julgamento ou tenham recebido o seu visto como relator ou revisor. (Redação dada pela Lei Complementar nº 37, de 1979)

CAPÍTULO IV. DAS CONCESSÕES

Art. 72. Sem prejuízo do vencimento, remuneração ou de qualquer direito ou vantagem legal, o magistrado poderá afastar-se de suas funções até 8 (oito) dias consecutivos por motivo de:

I – casamento;

II – falecimento de cônjuge, ascendente, descendente ou irmão.

Art. 73. Conceder-se-á afastamento ao magistrado, sem prejuízo de seus vencimentos e vantagens:

I – para frequência a cursos ou seminários de aperfeiçoamento e estudos, a critério do tribunal ou de seu órgão especial, pelo prazo máximo de 2 (dois) anos; (Redação dada pela Lei Complementar nº 37, de 1979)

II – para a prestação de serviços, exclusivamente à Justiça Eleitoral;

III – para exercer a presidência de associação de classe. (Incluído pela Lei Complementar nº 60, de 1989)

CAPÍTULO V. DA APOSENTADORIA

Art. 74. A aposentadoria dos magistrados vitalícios será compulsória, aos 70 (setenta) anos de idade ou por invalidez comprovada, e facultativa, após 30 (trinta) anos de serviço público, com vencimentos integrais, ressalvado o disposto nos artigos 50 e 56.

Parágrafo único. Lei ordinária disporá sobre a aposentadoria dos juízes temporários de qualquer instância.

Art. 75. Os proventos da aposentadoria serão reajustados na mesma proporção dos aumentos de vencimentos concedidos, a qualquer título, aos magistrados em atividade.

Art. 76. Os tribunais disciplinarão, nos regimentos internos, o processo de verificação da invalidez do magistrado para o fim de aposentadoria, com a observância dos seguintes requisitos:

I – o processo terá início a requerimento do magistrado, por ordem do presidente do tribunal, de ofício, em cumprimento de deliberação do tribunal ou de seu órgão especial ou por provocação da Corregedoria de Justiça;

II – tratando-se de incapacidade mental, o presidente do tribunal nomeará curador ao paciente, sem prejuízo da defesa que este queira oferecer pessoalmente, ou por procurador que constituir;

III – o paciente deverá ser afastado, desde logo, do exercício do cargo, até final decisão, devendo ficar concluído o processo no prazo de 60 (sessenta) dias;

IV – a recusa do paciente em submeter-se a perícia médica permitirá o julgamento baseado em quaisquer outras provas;

V – o magistrado que, por 2 (dois) anos consecutivos, afastar-se, ao todo, por 6 (seis) meses ou mais, para tratamento de saúde, deverá submeter-se, ao requerer nova licença para igual fim, dentro de 2 (dois) anos, a exame para verificação de invalidez;

VI – se o tribunal ou seu órgão especial concluir pela incapacidade do magistrado, comunicará imediatamente a decisão ao Poder Executivo, para os devidos fins.

Art. 77. Computar-se-á, para efeito de aposentadoria e disponibilidade, o tempo de exercício da advocacia, até o máximo de 15 (quinze) anos, em favor dos ministros do Supremo Tribunal Federal e dos membros dos demais tribunais que tenham sido nomeados para os lugares reservados a advogados, nos termos da Constituição Federal.

TÍTULO V. DA MAGISTRATURA DE CARREIRA

CAPÍTULO I. DO INGRESSO

Art. 78. O ingresso na magistratura de carreira dar-se-á mediante nomeação, após concurso público de provas e títulos, organizado e realizado com a participação do Conselho Seccional da Ordem dos Advogados do Brasil.

§ 1º. A lei pode exigir dos candidatos, para a inscrição no concurso, título de habilitação em curso oficial de preparação para a magistratura.

§ 2º. Os candidatos serão submetidos a investigação, relativa aos aspectos moral e social, e a exame de sanidade física e mental, conforme dispuser a lei.

§ 3º. Serão indicados para nomeação, pela ordem de classificação, candidatos em número correspondente às vagas, mais dois, para cada vaga, sempre que possível.

Art. 79. O juiz, no ato da posse, deverá apresentar a declaração pública de seus bens, e prestará o compromisso de desempenhar com retidão as funções do cargo, cumprindo a Constituição e as leis.

CAPÍTULO II. DA PROMOÇÃO, DA REMOÇÃO E DO ACESSO

Art. 80. A lei regulará o processo de promoção, prescrevendo a observância dos critérios de antiguidade e de merecimento, alternadamente, e o da indicação dos candidatos à promoção por merecimento, em lista tríplice, sempre que possível.

§ 1º. Na Justiça dos Estados:

I – apurar-se-ão na entrância a antiguidade e o merecimento, este em lista tríplice, sendo obrigatória a promoção do juiz que figurar pela quinta vez consecutiva em lista de merecimento; havendo empate na antiguidade, terá precedência o juiz mais antigo na carreira;

II – para efeito da composição da lista tríplice, o merecimento será apurado na entrância e aferido com prevalência de critérios de ordem objetiva, na forma do regulamento baixado pelo Tribunal de Justiça, tendo-se em conta a conduta do juiz, sua operosidade no exercício do cargo, número de vezes que tenha afigurado na lista, tanto para entrância a prover, como para as anteriores, bem como o aproveitamento em cursos de aperfeiçoamento;

III – no caso de antiguidade, o Tribunal de Justiça, ou seu órgão especial, somente poderá recusar o juiz mais antigo pelo voto da maioria absoluta de seus membros, repetindo-se a votação até fixar-se a indicação;

IV – somente após 2 (dois) anos de exercício na entrância, poderá o juiz ser promovido, salvo se não houver, com tal requisito, quem aceite o lugar vago, ou se forem recusados, pela maioria absoluta dos membros do Tribunal de Justiça, ou de seu órgão especial, candidatos que hajam completado o período.

§ 2º. Aplica-se, no que couber, aos juízes togados da Justiça do Trabalho, o disposto no parágrafo anterior.

Art. 81. Na magistratura de carreira dos Estados, ao provimento inicial e à promoção por merecimento precederá a remoção.

§ 1º. A remoção far-se-á mediante escolha pelo Poder Executivo, sempre que possível, de nome constante de lista tríplice, organizada pelo Tribunal de Justiça e contendo os nomes dos candidatos com mais de 2 (dois) anos de efetivo exercício na entrância.

§ 2º. A juízo do Tribunal de Justiça, ou de seu órgão especial, poderá, ainda, ser provida, pelo mesmo critério fixado no parágrafo anterior, vaga decorrente de remoção, destinando-se a seguinte, obrigatoriamente, ao provimento por promoção.

Art. 82. Para cada vaga destinada ao preenchimento por promoção ou por remoção, abrir-se-á inscrição distinta, sucessivamente, com a indicação da comarca ou vara a ser provida.

Parágrafo único. Ultimado o preenchimento das vagas, se mais de uma deva ser provida por merecimento, a lista conterá número de juízes igual ao das vagas mais dois.

Art. 83. A notícia da ocorrência de vaga a ser preenchida, mediante promoção ou remoção, deve ser imediatamente veiculada pelo órgão oficial próprio, com a indicação, no caso de provimento através de promoção, das que devam ser preenchidas segundo o critério de antiguidade ou de merecimento.

Art. 84. O acesso de juízes federais ao Tribunal Federal de Recursos far-se-á por escolha do Presidente da República dentre os indicados em lista tríplice, elaborada pelo tribunal.

Art. 85. O acesso de juízes-auditores e membros do Ministério Público da Justiça Militar ao Superior Tribunal Militar far-se-á por livre escolha do Presidente da República.

Art. 86. O acesso dos juízes do trabalho, presidentes de Juntas de Conciliação e Julgamento ao Tribunal Regional do Trabalho, e dos juízes do trabalho substitutos àqueles cargos, far-se-á, alternadamente, por antiguidade e por merecimento, este através de lista tríplice votada por juízes vitalícios do tribunal e encaminhada ao Presidente da República.

Art. 87. Na Justiça dos Estados e do Distrito Federal e dos Territórios, o acesso dos juízes de direito aos Tribunais de Justiça far-se-á, alternadamente, por antiguidade e merecimento.

§ 1º. A lei poderá condicionar o acesso por merecimento aos tribunais, como a promoção por igual critério, à frequência, com aprovação, a curso ministrado por escola oficial de aperfeiçoamento de magistrados.

§ 2º. O disposto no parágrafo anterior aplica-se ao acesso dos juízes federais ao Tribunal Federal de Recursos.

Art. 88. Nas promoções ou acessos, havendo mais de uma vaga a ser preenchida por merecimento, a lista conterá, se possível, número de magistrados igual ao das vagas mais dois para cada uma delas.

TÍTULO VI. DO TRIBUNAL FEDERAL DE RECURSOS

CAPÍTULO ÚNICO

Art. 89. O Tribunal Federal de Recursos funciona:

I – em tribunal pleno;

II – em seções de turmas especializadas;

III – em turmas especializadas.

§ 1º. Compete ao tribunal pleno processar e julgar:

a) os juízes federais, os juízes dos Tribunais Regionais do Trabalho e os da primeira instância da Justiça do Trabalho, bem como os membros dos Tribunais de Conta dos Estados e do Distrito Federal e os do Ministério Público da União, nos crimes comuns e nos de responsabilidade;

b) os mandados de segurança e *habeas corpus* contra ato de ministro de Estado, do diretor-geral da Polícia Federal, do presidente do próprio tribunal ou de suas turmas ou seções;

c) os conflitos de jurisdição entre as seções;

d) as revisões criminais e ações rescisórias de seus próprios julgados.

§ 2º. Compete, ainda, ao tribunal pleno:

a) uniformizar a jurisprudência em caso de divergência na interpretação do direito entre as seções;

b) declarar a inconstitucionalidade de lei ou ato normativo;

c) eleger, pela maioria dos seus ministros, em votação secreta, o presidente, o vice-presidente e os membros do Conselho de Justiça Federal, com mandato de 2 (dois) anos, vedada a reeleição;

d) exercer as funções administrativas que lhe forem atribuídas pela lei ou no Regimento Interno;

e) dar posse aos seus ministros e aos titulares da sua direção.

§ 3º. O vice-presidente do tribunal e o corregedor-geral da Justiça Federal participarão do tribunal pleno, também com as funções de relator e revisor.

§ 4º. Haverá no Tribunal Federal de Recursos duas seções, constituídas, cada uma, pelos integrantes das turmas da respectiva área de especialização, na forma estabelecida no Regimento Interno. As seções serão presididas, uma pelo vice-presidente do tribunal e a outra pelo corregedor-geral da Justiça Federal, que nelas terão apenas voto de qualidade.

§ 5º. A cada uma das seções incumbirá processar e julgar:

a) os embargos infringentes ou de divergência das decisões das turmas da respectiva área de especialização;

b) os conflitos de jurisdição relativamente às matérias das respectivas áreas de especialização;

c) a uniformização da jurisprudência quando ocorrer divergência na interpretação do direito entre as turmas que a integram;

d) os mandados de segurança contra ato de juiz federal;

e) as revisões criminais e as ações rescisórias dos julgados de primeiro grau, da própria seção ou das respectivas turmas.

§ 6º. Haverá no Tribunal Federal de Recursos seis turmas especializadas compostas de 4 (quatro) ministros cada uma, votando apenas 3 (três) deles, na forma prevista na lei ou no Regimento Interno.

§ 7º. O presidente, o vice-presidente e o corregedor-geral da Justiça Federal não integrarão turma, podendo a ela comparecer para julgar feitos a que estejam vinculados.

Art. 90. O Regimento Interno disporá sobre as áreas de especialização do Tribunal Federal de Recursos e o número de turmas especializadas de cada uma das seções, bem assim sobre a forma de distribuição dos processos.

§ 1º. Com finalidade de abreviar o julgamento, o Regimento Interno poderá também prever casos em que será dispensada a remessa do feito ao revisor, desde que o recurso verse matéria predominantemente de direito.

§ 2º. O relator julgará pedido ou recurso que manifestamente haja perdido objeto, bem assim, mandará arquivar ou negará seguimento a pedido ou recurso manifestamente intempestivo ou incabível ou, ainda, que contrariar as questões predominantemente de direito, súmula do tribunal ou do Supremo Tribunal Federal. Deste despacho caberá agravo, em 5 (cinco) dias, para o órgão do tribunal competente, para o julgamento do pedido ou recurso, que será julgado na primeira sessão seguinte, não participando o relator da votação.

TÍTULO VII. DA JUSTIÇA DO TRABALHO

CAPÍTULO ÚNICO

Art. 91. Os cargos da magistratura do trabalho são os seguintes:

I – ministro do Tribunal Superior do Trabalho;
II – juiz do Tribunal Regional do Trabalho;
III – juiz do trabalho presidente de Junta de Conciliação e Julgamento;
IV – juiz do trabalho substituto.

Art. 92. O ingresso na magistratura do trabalho dar-se-á no cargo de juiz do trabalho substituto.

Art. 93. Aplica-se à Justiça do Trabalho, inclusive quanto à convocação de Juiz de Tribunal Regional do Trabalho para substituir Ministro do Tribunal Superior do Trabalho, o disposto no art. 118 desta Lei. (*Redação dada pela Lei Complementar nº 54, de 1986*)

Parágrafo único. O sorteio, para efeito de substituição nos Tribunais Regionais do Trabalho, será feito entre os juízes presidentes de Junta de Conciliação e Julgamento da sede da Região respectiva.

Art. 94. Aos cargos de direção do Tribunal Superior do Trabalho e dos Tribunais Regionais do Trabalho aplica-se o disposto no art. 102 e seu parágrafo único.

TÍTULO VIII. DA JUSTIÇA DOS ESTADOS

CAPÍTULO I. DA ORGANIZAÇÃO JUDICIÁRIA

Art. 95. Os Estados organizarão a sua justiça com observância do disposto na Constituição Federal e na presente Lei.

Art. 96. Para a administração da justiça, a lei dividirá o território do Estado em comarcas, podendo agrupá-las em circunscrição e dividi-las em distritos.

Art. 97. Para a criação, extinção e classificação de Comarcas, a legislação estadual estabelecerá critérios uniformes, levando em conta:

I – a extensão territorial;
II – número de habitantes;
III – o número de eleitores;
IV – a receita tributária;
V – o movimento forense.

§ 1º. Os critérios a serem fixados, conforme previsto no *caput* deste artigo, deverão orientar, conforme índices também estabelecidos em lei estadual, o desdobramento de Juízos ou a criação de novas Varas, nas Comarcas de maior importância.

§ 2º. Os índices mínimos estabelecidos em lei poderão ser dispensados, para efeito do disposto no *caput* deste artigo, em relação a Municípios com precários meios de comunicação.

Art. 98. Quando o regular exercício das funções do Poder Judiciário for impedido por falta de recursos decorrente de injustificada redução de sua proposta orçamentária, ou pela não satisfação oportuna das dotações que lhe correspondam, caberá ao Tribunal de Justiça, pela maioria absoluta de seus membros, solicitar ao Supremo Tribunal Federal a intervenção da União no Estado.

CAPÍTULO II. DOS TRIBUNAIS DE JUSTIÇA

Art. 99. Compõem o Órgão Especial a que se refere o parágrafo único do art. 16 o presidente, o vice-presidente do Tribunal de Justiça e o corregedor da justiça, que exercerão nele iguais funções, os desembargadores de maior antiguidade no cargo, respeitada a representação de advogados e membros do Ministério Público, e inadmitida a recusa do encargo.

§ 1º. Na composição do Órgão Especial observar-se-á, tanto quanto possível, a representação, em número paritário, de todas as câmaras, turmas ou seções especializadas.

§ 2º. Os desembargadores não integrantes do órgão especial, observada a ordem decrescente de antiguidade, poderão ser convocados pelo presidente para substituir os que o componham, nos casos de afastamento ou impedimento.

Art. 100. Na composição de qualquer tribunal, um quinto dos lugares será preenchido por advogados, em efetivo exercício da profissão, e membros do Ministério Público, todos de notório merecimento e idoneidade moral, com 10 (dez) anos, pelo menos, de prática forense.

§ 1º. Os lugares reservados a membros do Ministério Público ou advogados serão preenchidos, respectivamente, por membros do Ministério Público ou por advogados, indicados em lista tríplice pelo Tribunal de Justiça ou seu órgão especial.

§ 2º. Nos tribunais em que for ímpar o número de vagas destinadas ao quinto constitucional, uma delas será, alternada e sucessivamente, preenchida por advogado e por membro do Ministério Público, de tal forma que, também sucessiva e alternadamente, os representantes de uma dessas classes superem os da outra em uma unidade.

§ 3º. Nos Estados em que houver Tribunal de Alçada, constitui este, para efeito de acesso ao Tribunal de Justiça, a mais alta entrância da magistratura estadual.

§ 4º. Os juízes que integrem os Tribunais de Alçada somente concorrerão às vagas no Tribunal de Justiça correspondente à classe dos magistrados.

§ 5º. Não se consideram membros do Ministério Público, para preenchimento de vagas nos tribunais, os juristas estranhos à carreira, nomeados em comissão para o cargo de procurador-geral ou outro de chefia.

Art. 101. Os tribunais compor-se-ão de câmaras ou turmas, especializadas ou agrupadas em seções especializadas. A composição e competência das câmaras ou turmas serão fixadas na lei e no Regimento Interno.

§ 1º. Salvo nos casos de embargos infringentes ou de divergência, do julgamento das câmaras ou turmas participarão apenas três dos seus membros, se maior o número de composição de umas ou outras.

§ 2º. As seções especializadas serão integradas, conforme disposto no Regimento Interno, pelas turmas ou câmaras da respectiva área de especialização.

§ 3º. A cada uma das seções caberá processar e julgar:

a) os embargos infringentes ou de divergência das decisões das turmas da respectiva área de especialização;

b) os conflitos de jurisdição relativamente às matérias das respectivas áreas de especialização;

c) a uniformização da jurisprudência, quando ocorrer divergência na interpretação do direito entre as turmas que a integram;

d) os mandados de segurança contra ato de juiz de direito;

e) as revisões criminais e as ações rescisórias dos julgamentos de primeiro grau, da própria seção ou das respectivas turmas.

§ 4º. Cada câmara, turma ou seção especializada funcionará como tribunal distinto das demais, cabendo ao tribunal pleno, ou ao seu órgão especial, onde houver, o julgamento dos feitos que, por lei, excedam a competência de seção.

Art. 102. Os tribunais, pela maioria dos seus membros efetivos, por votação secreta, elegerão dentre seus juízes mais antigos, em número correspondente ao dos cargos de direção, os titulares destes, com mandato por 2 (dois) anos, proibida a reeleição. Quem tiver exercido quaisquer cargos de direção por 4 (quatro) anos, ou o de presidente, não figurará mais entre os elegíveis, até que se esgotem todos os nomes, na ordem de antiguidade. É obrigatória a aceitação do cargo, salvo recusa manifestada e aceita antes da eleição.

Parágrafo único. O disposto neste artigo não se aplica ao juiz eleito, para completar período de mandato inferior a 1 (um) ano.

Art. 103. O presidente e o corregedor da Justiça não integrarão as câmaras ou turmas. A lei estadual poderá estender a mesma proibição também aos vice-presidentes.

§ 1º. Nos tribunais com mais de trinta desembargadores a lei de organização judiciária poderá prever a existência de mais de um vice presidente, com as funções que a lei e o Regimento Interno determinarem, observado quanto a eles, inclusive, o disposto no *caput* deste artigo.

§ 2º. Nos Estados com mais de cem comarcas e duzentas varas, poderá haver até dois corregedores, com as funções que a lei e o Regimento Interno determinarem.

Art. 104. Haverá nos Tribunais de Justiça um Conselho de Magistratura, com função disciplinar, do qual serão membros natos o presidente, o vice-presidente e o corregedor, não devendo, tanto quanto possível, seus demais integrantes ser escolhidos dentre os outros do respectivo órgão especial, onde houver. A composição, a competência e o funcionamento desse Conselho, que terá como órgão superior o tribunal pleno ou o órgão especial, serão estabelecidos no Regimento Interno.

Art. 105. A lei estabelecerá o número mínimo de comarcas a serem visitadas, anualmente, pelo corregedor, em correição geral ordinária, sem prejuízo das correições extraordinárias, gerais ou parciais, que entenda fazer, ou haja de realizar por determinação do Conselho da Magistratura.

Art. 106. Dependerá de proposta do Tribunal de Justiça, ou de seu órgão especial, a alteração numérica dos membros do próprio tribunal ou dos tribunais inferiores de segunda instância e dos juízes de direito de primeira instância.

§ 1º. Somente será majorado o número dos membros do tribunal se o total de processos distribuídos e julgados, durante o ano anterior, superar o índice de 300 (trezentos) feitos por juiz.

§ 2º. Se o total de processos judiciais distribuídos no Tribunal de Justiça, durante o ano anterior, superar o índice de 600 (seiscentos) feitos por juiz e não for proposto o aumento de número de desembargadores, o acúmulo de serviços não excluirá a aplicação das sanções previstas nos artigos 56 e 57 desta Lei.

§ 3º. Para efeito do cálculo a que se referem os parágrafos anteriores, não serão computados os membros do tribunal que, pelo exercício de cargos de direção, não integrarem as câmaras, turmas ou seções, ou que, integrando-as, nelas não servirem como relator ou revisor.

§ 4º. Elevado o número de membros do Tribunal de Justiça ou o dos tribunais inferiores de segunda instância, ou neles ocorrendo vaga, serão previamente aproveitados os em disponibilidade, salvo o disposto no § 2º do art. 202 da Constituição Federal e no § 1º do art. 57 desta Lei, nas vagas reservadas aos magistrados.

§ 5º. No caso do parágrafo anterior, havendo mais de um concorrente à mesma vaga, terá preferência o de maior tempo de disponibilidade, e, sendo este o mesmo, o de maior antiguidade, sucessivamente, na substituição e no cargo.

Art. 107. É vedada a convocação ou designação de juiz para exercer cargo ou função nos tribunais, ressalvada a substituição ocasional de seus integrantes (art. 118).

CAPÍTULO III. DOS TRIBUNAIS DE ALÇADA

Art. 108. Poderão ser criados nos Estados, mediante proposta dos respectivos Tribunais de Justiça, tribunais inferiores de segunda instância, denominados Tribunais de Alçada, observados os seguintes requisitos:

I – ter o Tribunal de Justiça número de desembargadores igual ou superior a trinta;

II – haver o número de processos distribuídos no Tribunal de Justiça, nos dois últimos anos, superado o índice de 300 (trezentos) feitos por desembargador, em cada ano;

III – limitar-se a competência do Tribunal de Alçada, em matéria cível, a recursos: (Incluído pela Lei Complementar nº 37, de 1979)

a) em quaisquer ações relativas à locação de imóveis, bem assim nas possessórias; (Incluído pela Lei Complementar nº 37, de 1979)

b) nas ações relativas à matéria fiscal da competência dos municípios; (Incluído pela Lei Complementar nº 37, de 1979)

c) nas ações de acidentes do trabalho; (Incluído pela Lei Complementar nº 37, de 1979)

d) nas ações de procedimento sumaríssimo, em razão da matéria; (Incluído pela Lei Complementar nº 37, de 1979)

e) nas execuções por título extrajudicial, exceto as relativas à matéria fiscal da competência dos Estados; (Incluído pela Lei Complementar nº 37, de 1979)

IV – limitar-se a competência do Tribunal de Alçada, em matéria penal, a *habeas corpus* e recursos: (Incluído pela Lei Complementar nº 37, de 1979)

a) nos crimes contra o patrimônio, seja qual for a natureza da pena cominada; (Incluído pela Lei Complementar nº 37, de 1979)

b) nas demais infrações a que não seja cominada pena de reclusão, isolada, cumulativa ou alternativamente, excetuados os crimes ou contravenções relativas a tóxicos ou entorpecentes, e a falência. (Incluído pela Lei Complementar nº 37, de 1979)

Parágrafo único. Nos Estados em que houver mais de um Tribunal de Alçada, caberá privativamente a um deles, pelo menos, exercer a competência prevista no inciso IV deste artigo. (Incluído pela Lei Complementar nº 37, de 1979)

Art. 109. Nos casos de conexão ou continência entre ações de competência do Tribunal de Justiça e do Tribunal de Alçada, prorrogar-se-á a do primeiro, o mesmo ocorrendo quando, em matéria penal, houver desclassificação para crime de competência do último.

Art. 110. Os Tribunais de Alçada terão jurisdição na totalidade ou em parte do território do Estado, e sede na Capital ou em cidade localizada na área de sua jurisdição.

Parágrafo único. Aplica-se, no que couber, aos Tribunais de Alçada, o disposto nos artigos 100, *caput*, §§ 1º, 2º e 5º, 101 e 102.

Art. 111. Nos Estados com mais de um Tribunal de Alçada é assegurado aos seus juízes o direito de remoção de um para outro tribunal, mediante prévia aprovação do Tribunal de Justiça, observado o quinto constitucional.

CAPÍTULO IV. DA JUSTIÇA DE PAZ

Art. 112. A Justiça de Paz temporária, criada por lei, mediante proposta do Tribunal de Justiça, tem competência somente para o processo de habilitação e a celebração do casamento.

§ 1º. O juiz de paz será nomeado pelo governador, mediante escolha em lista tríplice, organizada pelo presidente do Tribunal de Justiça, ouvido o juiz de direito da comarca, e composta de eleitores residentes no distrito, não pertencentes a órgão de direção ou de ação de partido político. Os demais nomes constantes da lista tríplice serão nomeados primeiro e segundo suplentes.

§ 2º. O exercício efetivo da função de juiz de paz constitui serviço público relevante e assegurará prisão especial, em caso de crime comum, até definitivo julgamento.

§ 3º. Nos casos de falta, ausência ou impedimento do juiz de paz e de seus suplentes, caberá ao juiz de direito da comarca a nomeação de juiz de paz *ad hoc*.

Art. 113. A impugnação à regularidade do processo de habilitação matrimonial e a contestação a impedimento oposto serão decididas pelo juiz de direito.

TÍTULO IX. DA SUBSTITUIÇÃO NOS TRIBUNAIS

Art. 114. O presidente do tribunal é substituído pelo vice-presidente, e este e o corregedor, pelos demais membros, na ordem decrescente de antiguidade.

Art. 115. (*Revogado pela Lei Complementar nº 54, de 1986*).

Art. 116. Quando o afastamento for por período igual ou superior a 3 (três) dias, serão redistribuídos, mediante oportuna compensação, os *habeas corpus*, os mandados de segurança e os feitos que, consoante fundada alegação do interessado, reclamem solução urgente. Em caso de vaga, ressalvados esses processos, os demais serão atribuídos ao nomeado para preenchê-la.

Art. 117. Para compor o quorum de julgamento, o magistrado, nos casos de ausência ou impedimento eventual, será substituído por outro da mesma câmara ou turma, na ordem de antiguidade, ou, se impossível, de outra, de preferência da mesma seção especializada, na forma prevista no Regimento Interno. Na ausência de critérios objetivos, a convocação far-se-á mediante sorteio público, realizado pelo presidente da câmara, turma ou seção especializada.

Art. 118. Em caso de vaga ou afastamento, por prazo superior a 30 (trinta) dias, de membro dos Tribunais Superiores, dos Tribunais Regionais, dos Tribunais de Justiça e dos Tribunais de Alçada (*Vetado*) poderão ser convocados Juízes, em Substituição (*Vetado*) escolhidos (*Vetado*) por decisão da maioria absoluta do Tribunal respectivo, ou, se houver, de seu Órgão Especial. *(R*edação dada pela Lei Complementar nº 54, de 1986)

§ 1º. A convocação far-se-á mediante sorteio público dentre:

I – os juízes federais, para o Tribunal Federal de Recursos;

II – o corregedor e juízes-auditores para a substituição de ministro togado do Superior Tribunal Militar;

III – os juízes da comarca da Capital para os Tribunais de Justiça dos Estados onde não houver Tribunal de Alçada e, onde houver, dentre os membros deste para os Tribunais de Justiça e dentre os juízes da comarca da sede do Tribunal de Alçada para o mesmo;

IV – os juízes de direito do Distrito Federal, para o Tribunal de Justiça do Distrito Federal e dos Territórios;

V – os juízes presidentes de Junta de Conciliação e Julgamento da sede da Região para os Tribunais Regionais do Trabalho.

§ 2º. Não poderão ser convocados juízes punidos com as penas previstas no art. 42, I, II, III e IV, nem os que estejam respondendo ao procedimento previsto no art. 27.

§ 3º. A convocação de juiz de tribunal do trabalho, para substituir ministro do Tribunal Superior do Trabalho, obedecerá ao disposto neste artigo.

§ 4º. Em nenhuma hipótese, salvo vacância do cargo, haverá redistribuição de processos aos juízes convocados. (Incluído pela Lei Complementar nº 54, de 1986)

Art. 119. A redistribuição de feitos, a substituição nos casos de ausência ou impedimento eventual e a convocação para complementar quorum de julgamento não autorizam a concessão de qualquer vantagem, salvo diárias e transporte, se for o caso.

TÍTULO X. DISPOSIÇÕES FINAIS E TRANSITÓRIAS

Art. 120. Os Regimentos Internos dos tribunais disporão sobre a devolução e julgamento dos feitos, no sentido de que, ressalvadas as preferências legais, se obedeça, tanto quanto possível, na organização das pautas, à igualdade numérica entre os processos em que o juiz funcione como relator e revisor.

Art. 121. Nos julgamentos, o pedido de vista não impede votem os juízes que se tenham por habilitados a fazê-lo, e o juiz que o formular restituirá os autos ao presidente dentro em 10 (dez) dias, no máximo, contados do dia do pedido, devendo prosseguir o julgamento do feito na primeira sessão subsequente a este prazo.

Art. 122. Os presidentes e vice-presidentes de tribunal, assim como os corregedores, não poderão participar de Tribunal Eleitoral.

Art. 123. Poderão ter seus mandatos prorrogados, por igual período, o presidente, o vice-presidente e o corregedor que, por força de disposição regimental, estejam, na data da publicação desta Lei, cumprindo mandato de 1 (um) ano.

Art. 124. O Magistrado que for convocado para substituir, em primeira ou segunda instância, perceberá a diferença de vencimentos correspondentes ao cargo que passa a exercer, inclusive diárias e transporte, se for o caso. (Redação dada pela Lei Complementar nº 54, de 1986)

Art. 125. O presidente do tribunal, de comum acordo com o vice presidente, poderá delegar-lhe atribuições.

Art. 126. O Conselho da Justiça Federal compõe-se do presidente e do vice-presidente do Tribunal Federal de Recursos, e de mais três ministros eleitos pelo tribunal, com mandato de 2 (dois) anos.

Parágrafo único. O Tribunal Federal de Recursos ao eleger os três ministros que integrarão o Conselho, indicará, dentre eles, o corregedor-geral, bem como elegerá os respectivos suplentes.

Art. 127. Nas Justiças da União, dos Estados e do Distrito Federal e dos Territórios, poderão existir outros órgãos com funções disciplinares e de correição, nos termos da lei, ressalvadas as competências dos previstos nesta.

Art. 128. Nos tribunais, não poderão ter assento na mesma turma, câmara ou seção, cônjuges e parentes consanguíneos ou afins em linha reta, bem como em linha colateral até o terceiro grau.

Parágrafo único. Nas sessões do tribunal pleno ou órgão que o substituir, onde houver, o primeiro dos membros mutuamente impedidos, que votar, excluirá a participação do outro no julgamento.

Art. 129. O magistrado, pelo exercício em órgão disciplinar ou de correição, nenhuma vantagem pecuniária perceberá, salvo transporte e diária para alimentação e pousada, quando se deslocar de sua sede.

Art. 130. (*Revogado pela Lei Complementar nº 37, de 1979*)

Art. 131. Ao magistrado que responder a processo disciplinar, findo este, dar-se-á certidão de suas peças, se o requerer.

Art. 132. Aplicam-se à Justiça do Distrito Federal e dos Territórios, no que couber, as normas referentes à Justiça dos Estados.

Art. 133. O presidente do Supremo Tribunal Federal adotará as providências necessárias à instalação do Conselho Nacional da Magistratura no prazo de 30 (trinta) dias, contado da entrada em vigor desta Lei.

Art. 134. Concluídas as instalações que possam atender à nova composição do Tribunal Federal de Recursos, serão preenchidos 8 (oito) cargos de ministro, para completar o número de 27 (vinte e sete), nos termos do art. 4º, devendo o presidente do tribunal, no prazo de 30 (trinta) dias, tornar efetiva a reorganização determinada nesta Lei e promover a adaptação do Regimento Interno às regras nela estabelecidas.

Parágrafo único. As disposições dos artigos 115 e 118 da Lei Complementar nº 35, de 14 de março de 1979, não se aplicarão ao Tribunal Federal de Recursos, enquanto não forem preenchidos os oito cargos de ministro, para completar o número de vinte e sete, nos termos previstos neste artigo. (Incluído pela Lei Complementar nº 37, de 1979)

Art. 135. O mandato dos membros do Conselho Nacional da Magistratura eleitos no prazo do artigo anterior, com início na data de sua eleição, terminará juntamente com o do presidente e do vice-presidente do Supremo Tribunal Federal eleitos em substituição aos atuais.

Art. 136. Para efeito do aumento do número de desembargadores, previsto no art. 106, § 1º, poderá ser computado o número de processos distribuídos durante o ano anterior, e que, por força desta Lei, passaram à competência dos Tribunais de Justiça.

Art. 137. Os cargos de desembargadores criados após a promulgação da Emenda Constitucional n. 7, de 13 de abril de 1977, e ainda não providos à data da vigência desta Lei, somente o serão uma vez satisfeito o requisito constante no art. 106, § 1º.

Art. 138. Aos juízes togados, nomeados mediante concurso de provas e ainda sujeitos a concurso de títulos consoante as legislações estaduais, computar-se-á, no período de 2 (dois) anos de estágio para aquisição da vitaliciedade, o tempo de exercício anterior a 13 de abril de 1977.

Art. 139. Dentro de 6 (seis) meses, contados da vigência desta Lei, os Estados adaptarão sua organização judiciária aos preceitos nela estabelecidos e aos constantes da Constituição Federal.

§ 1º. Nos Estados em que houver Tribunal de Alçada, os Tribunais de Justiça observarão, quanto à competência, o disposto no art. 108, III e IV. (Redação dada pela Lei Complementar nº 37, de 1979)

§ 2º. Os Tribunais de Justiça e os de Alçada conservarão, residualmente, sua competência, para o processo e julgamento dos feitos e recursos que houverem sido entregues, nas respectivas secretarias, até a data da entrada em vigor da lei estadual de adaptação prevista no art. 202 da Constituição, ainda que não tenham sido registrados ou autuados. (Redação dada pela Lei Complementar nº 37, de 1979)

Art. 140. Vencido o prazo do artigo anterior, ficarão extintos os cargos de juiz substituto de segunda instância, qualquer que seja a sua denominação, e seus ocupantes, em disponibilidade, com vencimentos integrais até serem aproveitados.

§ 1º. O aproveitamento far-se-á por promoção ao Tribunal de Justiça ou ao Tribunal de Alçada, conforme o caso, respeitado o quinto constitucional, alternadamente, pelos critérios de antiguidade e merecimento, e, enquanto não for possível, nas varas da comarca da Capital, de entrância igual à dos ocupantes dos cargos extintos.

§ 2º. No Estado do Rio de Janeiro, nas primeiras vagas que ocorrerem ou vierem a ser criadas no Tribunal de Justiça, ressalvada a faculdade do Governador, de prévio aproveitamento dos atuais desembargadores em disponibilidade (Emenda Constitucional nº 7, art. 202, § 2º) e observado o quinto constitucional, serão aproveitados os atuais juízes de direito substitutos de desembargador, sem prejuízo da antiguidade que tiverem os demais juízes de direito de entrância especial, na oportunidade do acesso ao tribunal.

§ 3º. Os juízes substitutos dos Tribunais de Alçada do mesmo Estado serão aproveitados nas primeiras vagas que ocorrerem ou vierem a ser criadas em qualquer desses tribunais, observados os mesmos critérios deste artigo.

§ 4º. Os Juízes que, na data da entrada em vigor desta Lei, estejam no exercício de função substituinte, mediante convocação temporária, reassumirão o exercício das Varas de que sejam titulares.

§ 5º. É, vedado o aproveitamento por forma diversa da prevista nos artigos anteriores, inclusive como assessor, assistente ou auxiliar de Desembargador ou de Juiz de Tribunal de Alçada.

Art. 141. Independentemente do disposto no § 3º, do art. 100, desta Lei, fica assegurado o acesso aos Tribunais de Justiça, pelo critério de antiguidade, de todos os juízes de direito que, à data da promulgação desta Lei, integrem a mais elevada entrância, desde que, segundo as disposições estaduais então vigentes, tenham igual ou maior antiguidade do que a daqueles que integram os Tribunais de Alçada, ressalvada a recusa prevista no inciso III, do art. 144, da Constituição Federal.

Art. 142. No Estado do Rio de Janeiro a aplicação do disposto no § 3º do art. 100 não poderá afetar a antiguidade que tiverem, na data da entrada em vigor desta Lei, os juízes que atualmente compõem a entrância especial, entre os quais se incluem os juízes que integram os Tribunais de Alçada.

Art. 143. O disposto no § 4º do art. 100 não se aplica às vagas correntes antes da data da entrada em vigor desta Lei.

Art. 144. (*VETADO*).

Parágrafo único. (*VETADO*).

Art. 145. As gratificações e adicionais atualmente atribuídos a magistrados, não previstos no art. 65, ou excedentes das percentagens e limites nele fixados, ficam extintos e seus valores atuais passam a ser percebidos como vantagem pessoal inalterável no seu quantum, a ser absorvida em futuros aumentos ou reajustes de vencimentos.

Parágrafo único. A absorção a que se refere este artigo não se aplica ao excesso decorrente do número de quinquênios e não excederá de 20% (vinte por cento) em cada aumento ou reajuste de vencimento.

Art. 146. Esta Lei entrará em vigor 60 (sessenta) dias após sua publicação.

Art. 147. Revogam-se as disposições em contrário.

Brasília, 14 de março de 1979; 158º da Independência e 91º da República.

ERNESTO GEISEL

D.O.U. 14.3.1979

LEI Nº 6.683, DE 28 DE AGOSTO DE 1979

Concede anistia e dá outras providências.

- *Lei da anistia*

O PRESIDENTE DA REPÚBLICA: Faço saber que o Congresso Nacional decreta e eu sanciono a seguinte Lei:

- Lei 8.878/1994 – Dispõe sobre a concessão de anistia nas condições que menciona.
- Lei 8.072/1990 – Dispõe sobre os crimes hediondos, nos termos do art. 5º, inciso XLIII, da CF.
- Decreto 3.363/2000 – Cria Comissão Interministerial para o reexame dos processos de anistia de que trata a Lei 8.878/1994.
- Decreto 1.153/1994 – Dispõe sobre a constituição da Comissão Especial e das Subcomissões Setoriais de Anistia, de que trata o art. 5º da Lei 8.878/1994.

Art. 1º. É concedida anistia a todos quantos, no período compreendido entre 02 de setembro de 1961 e 15 de agosto de 1979, cometeram crimes políticos ou conexo com estes, crimes eleitorais, aos que tiveram seus direitos políticos suspensos e aos servidores da Administração Direta e Indireta, de fundações vinculadas ao poder público, aos Servidores dos Poderes Legislativo e Judiciário, aos Militares e aos dirigentes e representantes sindicais, punidos com fundamento em Atos Institucionais e Complementares (vetado).

§ 1º. Consideram-se conexos, para efeito deste artigo, os crimes de qualquer natureza relacionados com crimes políticos ou praticados por motivação política.

- Lei 13.260/2016 – Regulamenta o disposto no inciso XLIII do art. 5º da CF, disciplinando o terrorismo, tratando de disposições investigatórias e processuais e reformulando o conceito de organização terrorista; e altera as Leis nos 7.960/1989, e 12.850/2013 (Lei Antiterrorismo).
- Lei 10.744/2003 – Dispõe sobre a assunção, pela União, de responsabilidades civis perante terceiros no caso de atentados terroristas, atos de guerra ou eventos correlatos, contra aeronaves de matrícula brasileira operadas por empresas brasileiras de transporte aéreo público, excluídas as empresas de táxi aéreo.
- Decreto 5.035/2004 – Regulamenta a Lei 10.744/2003, que dispõe sobre a assunção, pela União, de responsabilidades civis perante terceiros no caso de atentados terroristas, atos de guerra ou eventos correlatos, contra aeronaves de matrícula brasileira e operadas por empresas brasileiras de transporte aéreo público, excluídas as empresas de táxi aéreo.

§ 2º. Excetuam-se dos benefícios da anistia os que foram condenados pela prática de crimes de terrorismo, assalto, seqüestro e atentado pessoal.

- Lei 8.072/1990: art. 2º, I.

§ 3º. Terá direito à reversão ao Serviço Público a esposa do militar demitido por Ato Institucional, que foi obrigada a pedir exoneração do respectivo cargo, para poder habilitar-se ao montepio militar, obedecidas as exigências do art. 3º.

Art. 2º. (Revogado pela Lei nº 10.559, de 2002)

I a IV – (Revogados pela Lei nº 10.559, de 2002)

Parágrafo único. (Revogado pela Lei nº 10.559, de 2002)

Art. 3º. O retorno ou a reversão ao serviço ativo somente deferido para o mesmo cargo ou emprego, posto ou graduação que o servidor, civil ou militar, ocupava na data de seu afastamento, condicionado, necessariamente, à existência de vaga e ao interesse da Administração.

§ 1º. Os requerimentos serão processados e instituídos por comissões especialmente designadas pela autoridade a qual caiba a apreciá-los.

§ 2º O despacho decisório será proferido nos centos e oitenta dias seguintes ao recebimento do pedido.

§ 3º. No caso de deferimento, o servidor civil será incluído em Quadro Suplementar e o Militar de acordo com o que estabelecer o Decreto a que se refere o art. 13 desta Lei.

§ 4º. O retorno e a reversão ao serviço ativo não serão permitidos se o afastamento tiver sido motivado por improbabilidade do servidor.

§ 5º. (Revogado pela Lei nº 10.559, de 2002)

Art. 4º. (Revogado pela Lei nº 10.559, de 2002)

Art. 5º. (Revogado pela Lei nº 10.559, de 2002)

Art. 6º. O cônjuge, qualquer parente, ou afim, na linha reta, ou na colateral, ou o Ministro Público, poderá requerer a declaração de ausência de pessoa que, envolvida em atividades políticas, esteja, até a data de vigência desta Lei, desaparecida do seu domicílio, sem que dela haja notícias por mais de 1 (um) ano

- CC: arts. 6º, 7º, II, e 9º, IV.

§ 1º. Na petição, o requerente, exibindo a prova de sua legitimidade, oferecerá rol de, no mínimo, 3 (três) testemunhas e os documentos relativos ao desaparecimento, se existentes.

§ 2º. O juiz designará audiência, que, na presença do órgão do Ministério Público, será realizada nos 10 (dez) dias seguintes ao da apresentação do requerente e proferirá, tanto que concluída a instrução, no prazo máximo de 5 (cinco) dias, sentença, da qual, se concessiva do pedido, não caberá recurso.

§ 3º. Se os documentos apresentados pelo requerente constituirem prova suficiente do desaparecimento, o juiz, ouvido o Ministério Público em 24 (vinte e quatro) horas, proferirá, no prazo de 5 (cinco) dias e independentemente de audiência, sentença, da qual, se concessiva, não caberá recurso.

§ 4º. Depois de averbada no registro civil, a sentença que declarar a ausência gera a presunção de morte do desaparecido, para os fins de dissolução do casamento e de abertura de sucessão definitiva.

Art. 7º. A conhecida anistia aos empregados das empresas privadas que, por motivo de participação em greve ou em quaisquer movimentos reivindicatórios ou de reclamação de direitos regidos pela legislação social, haja sido despedidos do trabalho, ou destituídos de cargos administrativos ou de representação sindical.

Art. 8º. Os anistiados, em relação as infrações e penalidades decorrentes do não cumprimento das obrigações do serviço militar, os que à época do recrutamento, se encontravam, por motivos políticos, exilados ou impossibilitados de se apresentarem.

Parágrafo único. O disposto nesse artigo aplica-se aos dependentes do anistiado.

Art. 9º. Terão os benefícios da anistia os dirigentes e representantes sindicais punidos pelos Atos a que se refere o art. 1º, ou que tenham sofrido punições disciplinares incorrido em faltas ao serviço naquele período, desde que não excedentes de 30 (trinta) dias, bem como os estudantes.

Art. 10. Os servidores civis e militares reaproveitados, nos termos do art. 2º, será contado o tempo de afastamento do serviço ativo, respeitado o disposto no art. 11.

Art. 11. Esta Lei, além dos direitos nela expressos, não gera quaisquer outros, inclusive aqueles relativos a vencimentos, saldos, salários, proventos, restituições, atrasados, indenizações, promoções ou ressarcimentos.

Art. 12. Os anistiados que se inscreveram em partido político legalmente constituído poderão voltar e ser votados nas convenções partidárias a se realizarem no prazo de 1 (um) ano a partir da vigência desta Lei.

Art. 13. O Poder Executivo, dentro de 30 (trinta) dias, baixará decreto regulamentando esta Lei.

Art. 14. Esta Lei entrará em vigor na data de sua publicação.

Art. 15. Revogam-se as disposições em contrário.

Brasília, 28 de agosto de 1979; 158º da Independência e 91º da República.

JOÃO FIGUEIREDO

DOU de 28.8.1979

LEI Nº 6.766, DE 19 DE DEZEMBRO DE 1979

Dispõe sobre o parcelamento do solo urbano e dá outras providências.

- *Parcelamento do solo urbano*

O PRESIDENTE DA REPÚBLICA, faço saber que o Congresso Nacional decreta e eu sanciono a seguinte Lei:

- Lei 10.257/2001 – Regulamenta os arts. 182 e 183 da Constituição Federal, estabelece diretrizes gerais da política urbana. (Estatuto da Cidade)
- Decreto 3.365/1941 – Desapropriação por utilidade pública.
- Decreto-lei 271/1967 – Loteamento urbano, responsabilidade do loteador concessão de uso e espaço aéreo.
- Decreto-Lei 58/1937 – Dispõe sobre o loteamento e a venda de terrenos para pagamento em prestações.

Art. 1º. O parcelamento do solo para fins urbanos será regido por esta Lei.

- CF/88: arts. 30, VIII, 182 e 183

Parágrafo único. Os Estados, o Distrito Federal e os Municípios poderão estabelecer normas complementares relativas ao parcelamento do solo municipal para adequar o previsto nesta Lei às peculiaridades regionais e locais.

CAPÍTULO I. DISPOSIÇÕES PRELIMINARES

Art. 2º. O parcelamento do solo urbano poderá ser feito mediante loteamento ou desmembramento, observadas as disposições desta Lei e as das legislações estaduais e municipais pertinentes.

- Lei 6.015/1973: art. 167, II, item 4.

§ 1º. Considera-se loteamento a subdivisão de gleba em lotes destinados a edificação, com abertura de novas vias de circulação, de logradouros públicos ou prolongamento, modificação ou ampliação das vias existentes.

§ 2º. Considera-se desmembramento a subdivisão de gleba em lotes destinados a edificação, com aproveitamento do sistema viário existente, desde que não implique a abertura de novas vias e logradouros públicos, nem prolongamento, modificação ou ampliação dos já existentes.

§ 3º. *(VETADO). (Incluído* pela Lei nº 9.785, de 1999)

§ 4º. Considera-se lote o terreno servido de infraestrutura básica cujas dimensões atendam aos índices urbanísticos definidos pelo plano diretor ou lei municipal para a zona em que se situe. *(Incluído* pela Lei nº 9.785, de 1999)

§ 5º. A infraestrutura básica dos parcelamentos é constituída pelos equipamentos urbanos de escoamento das águas pluviais, iluminação pública, esgotamento sanitário, abastecimento de água potável, energia elétrica pública e domiciliar e vias de circulação. (Redação dada pela Lei nº 11.445, de 2007)

§ 6º. A infraestrutura básica dos parcelamentos situados nas zonas habitacionais declaradas por lei como de interesse social (ZHIS) consistirá, no mínimo, de: *(Incluído* pela Lei nº 9.785, de 1999)

- Lei 14.118/2021, art. 8º, § 2º.

I – vias de circulação; *(Incluído* pela Lei nº 9.785, de 1999)

II – escoamento das águas pluviais; *(Incluído* pela Lei nº 9.785, de 1999)

III – rede para o abastecimento de água potável; e *(Incluído* pela Lei nº 9.785, de 1999)

IV – soluções para o esgotamento sanitário e para a energia elétrica domiciliar. *(Incluído* pela Lei nº 9.785, de 1999)

§ 7º. O lote poderá ser constituído sob a forma de imóvel autônomo ou de unidade imobiliária integrante de condomínio de lotes. (incluído pela Lei nº 13.465, de 2017)

§ 8º. Constitui loteamento de acesso controlado a modalidade de loteamento, definida nos termos do § 1º deste artigo, cujo controle de acesso será regulamentado por ato do poder público Municipal, sendo vedado o impedimento de acesso a pedestres ou a condutores de veículos, não residentes, devidamente identificados ou cadastrados. (Incluído pela Lei nº 13.465, de 2017)

Art. 2º-A. Considera-se empreendedor, para fins de parcelamento do solo urbano, o responsável pela implantação do parcelamento, o qual, além daqueles indicados em regulamento, poderá ser: *(Acrescido pela Lei 14.118/2021)*

a) o proprietário do imóvel a ser parcelado;

b) o compromissário comprador, cessionário ou promitente cessionário, ou o foreiro, desde que o proprietário expresse sua anuência em relação ao empreendimento e sub-rogue-se nas obrigações do compromissário comprador, cessionário ou promitente cessionário, ou do foreiro, em caso de extinção do contrato;

c) o ente da administração pública direta ou indireta habilitado a promover a desapropriação com a finalidade de implantação de parcelamento habitacional ou de realização de regularização fundiária de interesse social, desde que tenha ocorrido a regular imissão na posse;

d) a pessoa física ou jurídica contratada pelo proprietário do imóvel a ser parcelado ou pelo poder público para executar o parcelamento ou a regularização fundiária, em forma de parceria, sob regime de obrigação solidária, devendo o contrato ser averbado na matrícula do imóvel no competente registro de imóveis;

e) a cooperativa habitacional ou associação de moradores, quando autorizada pelo titular do domínio, ou associação de proprietários ou compradores que assuma a responsabilidade pela implantação do parcelamento.

Art. 3º. Somente será admitido o parcelamento do solo para fins urbanos em zonas urbanas, de expansão urbana ou de urbanização específica, assim definidas pelo plano diretor ou aprovadas por lei municipal. (Redação dada pela Lei nº 9.785, de 1999)

- CF/88: art. 182, § 1º.
- Lei 10.257/2001 – Estatuto da Cidade.

Parágrafo único. Não será permitido o parcelamento do solo:

I – em terrenos alagadiços e sujeitos a inundações, antes de tomadas as providências para assegurar o escoamento das águas;

II – em terrenos que tenham sido aterrados com material nocivo à saúde pública, sem que sejam previamente saneados;

III – em terreno com declividade igual ou superior a 30% (trinta por cento), salvo se atendidas exigências específicas das autoridades competentes;

IV – em terrenos onde as condições geológicas não aconselham a edificação;

V – em áreas de preservação ecológica ou naquelas onde a poluição impeça condições sanitárias suportáveis, até a sua correção.

CAPÍTULO II. DOS REQUISITOS URBANÍSTICOS PARA LOTEAMENTO

Art. 4º. Os loteamentos deverão atender, pelo menos, aos seguintes requisitos:

I – as áreas destinadas a sistemas de circulação, a implantação de equipamento urbano e comunitário, bem como a espaços livres de uso público, serão proporcionais à densidade de ocupação prevista pelo plano diretor ou aprovada por lei municipal para a zona em que se situem; (Redação dada pela Lei nº 9.785, de 1999)

II – os lotes terão área mínima de 125 m² (cento e vinte e cinco metros quadrados) e frente mínima de 5 (cinco) metros, salvo quando a legislação estadual ou municipal determinar maiores exigências, ou quando o loteamento se destinar a urbanização específica ou edificação de conjuntos habitacionais de interesse social, previamente aprovados pelos órgãos públicos competentes;

III - ao longo das faixas de domínio público das rodovias, a reserva de faixa não edificável de, no mínimo, 15 (quinze) metros de cada lado poderá ser reduzida por lei municipal ou distrital que aprovar o instrumento do planejamento territorial, até o limite mínimo de 5 (cinco) metros de cada lado. (Redação dada pela Lei 13.913/2019)

III-A - ao longo das águas correntes e dormentes e da faixa de domínio das ferrovias, será obrigatória a reserva de uma faixa não edificável de, no mínimo, 15 (quinze) metros de cada lado; (Acrescido pela Lei 13.913/2019)

IV – as vias de loteamento deverão articular-se com as vias adjacentes oficiais, existentes ou projetadas, e harmonizar-se com a topografia local.

§ 1º. A legislação municipal definirá, para cada zona em que se divida o território do Município, os usos permitidos e os índices urbanísticos de parcelamento e ocupação do solo, que incluirão, obrigatoriamente, as áreas mínimas e máximas de lotes e os coeficientes máximos de aproveitamento. (Redação dada pela Lei nº 9.785, de 1999)

§ 2º. Consideram-se comunitários os equipamentos públicos de educação, cultura, saúde, lazer e similares.

§ 3º. Se necessária, a reserva de faixa não edificável vinculada a dutovias será exigida no âmbito do respectivo licenciamento ambiental, observados critérios e parâmetros que garantam a segurança da população e a proteção do meio ambiente, conforme estabelecido nas normas técnicas pertinentes. (Incluído pela Lei nº 10.932, de 2004)

§ 4º No caso de lotes integrantes de condomínio de lotes, poderão ser instituídas limitações administrativas e direitos reais sobre coisa alheia em benefício do poder público, da população em geral e da proteção da paisagem urbana, tais como servidões de passagem, usufrutos e restrições à construção de muros. (Incluído pela Lei nº 13.465, de 2017)

§ 5º As edificações localizadas nas áreas contíguas às faixas de domínio público dos trechos de rodovia que atravessem perímetros urbanos ou áreas urbanizadas passíveis de serem incluídas em perímetro urbano, desde que construídas até a data de promulgação deste parágrafo, ficam dispensadas da observância da exigência prevista no inciso III do *caput* deste artigo, salvo por ato devidamente fundamentado do poder público municipal ou distrital. (Acrescido pela Lei 13.913/2019)

Art. 5º. O Poder Público competente poderá complementarmente exigir, em cada loteamento, a reserva de faixa *non aedificandi* destinada a equipamentos urbanos.

Parágrafo único. Consideram-se urbanos os equipamentos públicos de abastecimento de água, serviços de esgotos, energia elétrica, coletas de águas pluviais, rede telefônica e gás canalizado.

CAPÍTULO III. DO PROJETO DE LOTEAMENTO

Art. 6º. Antes da elaboração do projeto de loteamento, o interessado deverá solicitar à Prefeitura Municipal, ou ao Distrito Federal quando for o caso, que defina as diretrizes para o uso do solo, traçado dos lotes, do sistema viário, dos espaços livres e das áreas reservadas para equipamento urbano e comunitário, apresentando, para este fim, requerimento e planta do imóvel contendo, pelo menos:

I – as divisas da gleba a ser loteada;

II – as curvas de nível a distância adequada, quando exigidas por lei estadual ou municipal;

III – a localização dos cursos d'água, bosques e construções existentes;

IV – a indicação dos arruamentos contíguos a todo o perímetro, a localização das vias de comunicação, das áreas livres, dos equipamentos urbanos e comunitários, existentes no local ou em suas adjacências, com as respectivas distâncias da área a ser loteada;

V – o tipo de uso predominante a que o loteamento se destina;

VI – as características, dimensões e localização das zonas de uso contíguas.

Art. 7º. A Prefeitura Municipal, ou o Distrito Federal quando for o caso, indicará, nas plantas apresentadas junto com o requerimento, de acordo com as diretrizes de planejamento estadual e municipal:

I – as ruas ou estradas existentes ou projetadas, que compõem o sistema viário da cidade e do Município relacionadas com o loteamento pretendido e a serem respeitadas;

II – o traçado básico do sistema viário principal;

III – a localização aproximada dos terrenos destinados a equipamento urbano e comunitário e das áreas livres de uso público;

IV – as faixas sanitárias do terreno necessárias ao escoamento das águas pluviais e as faixas não edificáveis;

V – a zona ou zonas de uso predominante da área, com indicação dos usos compatíveis.

Parágrafo único. As diretrizes expedidas vigorarão pelo prazo máximo de 4 (quatro) anos. (Redação dada pela Lei nº 9.785, de 1999)

Art. 8º. Os Municípios com menos de 50.000 (cinquenta mil) habitantes e aqueles cujo plano diretor contiver diretrizes de urbanização para a zona em que se situe o parcelamento poderão dispensar, por lei, a fase de fixação de diretrizes previstas nos arts. 6º e 7º desta Lei. (Redação dada pela Lei nº 9.785, de 1999)

Art. 9º. Orientado pelo traçado e diretrizes oficiais, quando houver, o projeto, contendo desenhos, memorial descritivo e cronograma de execução das obras com duração máxima de 4 (quatro) anos, será apresentado à Prefeitura Municipal, ou ao Distrito Federal, quando for o caso, acompanhado de certidão atualizada da matrícula da gleba, expedida pelo Cartório de Registro de Imóveis competente, de certidão negativa de tributos municipais e do competente instrumento de garantia, ressalvado o disposto no § 4º do art. 18. (Redação dada pela Lei nº 9.785, de 1999)

§ 1º. Os desenhos conterão pelo menos:

I – a subdivisão das quadras em lotes, com as respectivas dimensões e numeração;

II – o sistema de vias com a respectiva hierarquia;

III – as dimensões lineares e angulares do projeto, com raios, cordas, arcos, ponto de tangência e ângulos centrais das vias;

IV – os perfis longitudinais e transversais de todas as vias de circulação e praças;

V – a indicação dos marcos de alinhamento e nivelamento localizados nos ângulos de curvas e vias projetadas;

VI – a indicação em planta e perfis de todas as linhas de escoamento das águas pluviais.

§ 2º. O memorial descritivo deverá conter, obrigatoriamente, pelo menos:

I – a descrição sucinta do loteamento, com as suas características e a fixação da zona ou zonas de uso predominante;

II – as condições urbanísticas do loteamento e as limitações que incidem sobre os lotes e

suas construções, além daquelas constantes das diretrizes fixadas;
III – a indicação das áreas públicas que passarão ao domínio do Município no ato de registro do loteamento;
IV – a enumeração dos equipamentos urbanos, comunitários e dos serviços públicos ou de utilidade pública, já existentes no loteamento e adjacências.

§ 3º. Caso se constate, a qualquer tempo, que a certidão da matrícula apresentada como atual não tem mais correspondência com os registros e averbações cartorárias do tempo da sua apresentação, além das consequências penais cabíveis, serão consideradas insubsistentes tanto as diretrizes expedidas anteriormente, quanto às aprovações consequentes. (Incluído pela Lei nº 9.785, de 1999)

CAPÍTULO IV. DO PROJETO DE DESMEMBRAMENTO

Art. 10. Para a aprovação de projeto de desmembramento, o interessado apresentará requerimento à Prefeitura Municipal, ou ao Distrito Federal quando for o caso, acompanhado de certidão atualizada da matrícula da gleba, expedida pelo Cartório de Registro de Imóveis competente, ressalvado o disposto no § 4º do art. 18, e de planta do imóvel a ser desmembrado contendo: (*Redação dada* pela Lei nº 9.785, de 1999)

- Lei 6.015/1973 – Dispõe sobre os registros públicos.

I – a indicação das vias existentes e dos loteamentos próximos;
II – a indicação do tipo de uso predominante no local;
III – a indicação da divisão de lotes pretendida na área.

Art. 11. Aplicam-se ao desmembramento, no que couber, as disposições urbanísticas vigentes para as regiões em que se situem ou, na ausência destas, as disposições urbanísticas para os loteamentos. (Redação dada pela Lei nº 9.785, de 1999)

Parágrafo único. O Município, ou o Distrito Federal quando for o caso, fixará os requisitos exigíveis para a aprovação de desmembramento de lotes decorrentes de loteamento cuja destinação da área pública tenha sido inferior à mínima prevista no § 1º do art. 4º desta Lei.

CAPÍTULO V. DA APROVAÇÃO DO PROJETO DE LOTEAMENTO E DESMEMBRAMENTO

Art. 12. O projeto de loteamento e desmembramento deverá ser aprovado pela Prefeitura Municipal, ou pelo Distrito Federal quando for o caso, a quem compete também a fixação das diretrizes a que aludem os arts. 6º e 7º desta Lei, salvo a exceção prevista no artigo seguinte.

§ 1º. O projeto aprovado deverá ser executado no prazo constante do cronograma de execução, sob pena de caducidade da aprovação. (Incluído pela Lei nº 12.608, de 2012)

§ 2º. Nos Municípios inseridos no cadastro nacional de municípios com áreas suscetíveis à ocorrência de deslizamentos de grande impacto, inundações bruscas ou processos geológicos ou hidrológicos correlatos, a aprovação do projeto de que trata o *caput* ficará vinculada ao atendimento dos requisitos constantes da carta geotécnica de aptidão à urbanização. (Incluído pela Lei nº 12.608, de 2012)

§ 3º. É vedada a aprovação de projeto de loteamento e desmembramento em áreas de risco definidas como não edificáveis, no plano diretor ou em legislação dele derivada. (Incluído pela Lei nº 12.608, de 2012)

Art. 13. Aos Estados caberá disciplinar a aprovação pelos Municípios de loteamentos e desmembramentos nas seguintes condições: (Redação dada pela Lei nº 9.785, de 1999)

I – quando localizados em áreas de interesse especial, tais como as de proteção aos mananciais ou ao patrimônio cultural, histórico, paisagístico e arqueológico, assim definidas por legislação estadual ou federal;
II – quando o loteamento ou desmembramento localizar-se em área limítrofe do Município, ou que pertença a mais de um Município, nas regiões metropolitanas ou em aglomerações urbanas, definidas em lei estadual ou federal;
III – quando o loteamento abranger área superior a 1.000.000 m^2 (um milhão de metros quadrados).

Parágrafo único. No caso de loteamento ou desmembramento localizado em área de Município integrante de região metropolitana, o exame e a anuência prévia à aprovação do projeto caberão à autoridade metropolitana.

Art. 14. Os Estados definirão, por decreto, as áreas de proteção especial, previstas no inciso I do artigo anterior.

Art. 15. Os Estados estabelecerão, por decreto, as normas a que deverão submeter-se os projetos de loteamento e desmembramento nas áreas previstas no art. 13, observadas as disposições desta Lei.

Parágrafo único. Na regulamentação das normas previstas neste artigo, o Estado procurará atender às exigências urbanísticas do planejamento municipal.

Art. 16. A lei municipal definirá os prazos para que um projeto de parcelamento apresentado seja aprovado ou rejeitado e para que as obras executadas sejam aceitas ou recusadas. (Redação dada pela Lei nº 9.785, de 1999)

§ 1º. Transcorridos os prazos sem a manifestação do Poder Público, o projeto será considerado rejeitado ou as obras recusadas, assegurada a indenização por eventuais danos derivados da omissão. (Incluído pela Lei nº 9.785, de 1999)

§ 2º. Nos Municípios cuja legislação for omissa, os prazos serão de 90 (noventa) dias para a aprovação ou rejeição e de 60 (sessenta) dias para a aceitação ou recusa fundamentada das obras de urbanização. (Incluído pela Lei nº 9.785, de 1999)

Art. 17. Os espaços livres de uso comum, as vias e praças, as áreas destinadas a edifícios públicos e outros equipamentos urbanos, constantes do projeto e do memorial descritivo, não poderão ter sua destinação alterada pelo loteador, desde a aprovação do loteamento, salvo as hipóteses de caducidade da licença ou desistência do loteador, sendo, neste caso, observadas as exigências do art. 23 desta Lei.

CAPÍTULO VI. DO REGISTRO DO LOTEAMENTO E DESMEMBRAMENTO

- Lei 6.015/1973 – Dispõe sobre os registros públicos.

Art. 18. Aprovado o projeto de loteamento ou de desmembramento, o loteador deverá submetê-lo ao Registro Imobiliário dentro de 180 (cento e oitenta) dias, sob pena de caducidade da aprovação, acompanhado dos seguintes documentos:

I – título de propriedade do imóvel ou certidão da matrícula, ressalvado o disposto nos §§ 4º e 5º; (Redação dada pela Lei nº 9.785, de 1999)
II – histórico dos títulos de propriedade do imóvel, abrangendo os últimos 20 (vinte) anos, acompanhado dos respectivos comprovantes;
III – certidões negativas:

a) de tributos federais, estaduais e municipais incidentes sobre o imóvel;
b) de ações reais referentes ao imóvel, pelo período de 10 (dez) anos;
c) de ações penais com respeito ao crime contra o patrimônio e contra a Administração Pública;

IV – certidões:

a) dos Cartórios de Protestos de Títulos, em nome do loteador, pelo período de 10 (dez) anos;
b) de ações pessoais relativas ao loteador, pelo período de 10 (dez) anos;
c) de ônus reais relativos ao imóvel;
d) de ações penais contra o loteador, pelo período de 10 (dez) anos;

V – cópia do ato de aprovação do loteamento e comprovante do termo de verificação, pelo Município ou pelo Distrito Federal, da execução das obras exigidas pela legislação municipal, que incluirão, no mínimo, a execução das vias de circulação do loteamento, demarcação dos lotes, quadras e logradouros e das obras de escoamento das águas pluviais ou da aprovação de um cronograma, com a duração máxima de 4 (quatro) anos, prorrogáveis por mais 4 (quatro) anos, acompanhado de competente instrumento de garantia para a execução das obras; *(Redação dada pela Lei 14.118/2021)*
VI – exemplar do contrato-padrão de promessa de venda, ou de cessão ou de promessa de cessão, do qual constarão obrigatoriamente as indicações previstas no art. 26 desta Lei;
VII – declaração do cônjuge do requerente de que consente no registro do loteamento.

§ 1º. Os períodos referidos nos incisos III, *b*, e IV, *a*, *b* e *d*, tomarão por base a data do pedido de registro do loteamento, devendo todas elas ser extraídas em nome daqueles que, nos mencionados períodos, tenham sido titulares de direitos reais sobre o imóvel.

§ 2º. A existência de protestos, de ações pessoais ou de ações penais, exceto as referentes a crime contra o patrimônio e contra a administração, não impedirá o registro do loteamento se o requerente comprovar que esses protestos ou ações não poderão prejudicar os adquirentes dos lotes. Se o oficial do registro de imóveis julgar insuficiente a comprovação feita, suscitará a dúvida perante o juiz competente.

§ 3º. A declaração a que se refere o inciso VII deste artigo não dispensará o consentimento do declarante para os atos de alienação ou promessa de alienação de lotes, ou de direitos a eles relativos, que venham a ser praticados pelo seu cônjuge.

§ 4º. O título de propriedade será dispensado quando se tratar de parcelamento popular, destinado às classes de menor renda, em imóvel declarado de utilidade pública, com processo de desapropriação judicial em curso e imissão provisória na posse, desde que promovido pela União, Estados, Distrito Federal, Municípios ou suas entidades delegadas, autorizadas por lei a implantar projetos de habitação. (Incluído pela Lei nº 9.785, de 1999)

§ 5º. No caso de que trata o § 4º, o pedido de registro do parcelamento, além dos documentos mencionados nos incisos V e VI deste artigo, será instruído com cópias autênticas da decisão que tenha concedido a imissão provisória na posse, do decreto de desapropriação, do comprovante de sua publicação na imprensa oficial e, quando formulado por entidades delegadas, da lei de criação e de seus atos constitutivos. (Incluído pela Lei nº 9.785, de 1999)

Art. 19. Examinada a documentação e encontrada em ordem, o oficial do registro de imóveis encaminhará comunicação à Prefeitura e fará publicar, em resumo e com pequeno desenho de localização da área, edital do pedido de registro em 3 (três) dias consecutivos, podendo este ser impugnado no prazo de 15 (quinze) dias contados da data da última publicação.

§ 1º. Findo o prazo sem impugnação, será feito imediatamente o registro. Se houver impugnação de terceiros, o oficial do registro de imóveis intimará o requerente e a Prefeitura Municipal, ou o Distrito Federal quando for o caso, para que sobre ela se manifestem no prazo de 5 (cinco) dias, sob pena de arquivamento do processo. Com tais manifestações o processo será enviado ao juiz competente para decisão.

§ 2º. Ouvido o Ministério Público no prazo de 5 (cinco) dias, o juiz decidirá de plano ou após instrução sumária, devendo remeter ao interessado as vias ordinárias caso a matéria exija maior indagação.

§ 3º. Nas capitais, a publicação do edital se fará no *Diário Oficial do Estado* e num dos jornais de circulação diária. Nos demais Municípios, a publicação se fará apenas num dos jornais locais, se houver, ou, não havendo, em jornal da região.

§ 4º. O oficial do registro de imóveis que efetuar o registro em desacordo com as exigências desta Lei ficará sujeito a multa equivalente a 10 (dez) vezes os emolumentos regimentais fixados para o registro, na época em que for aplicada a penalidade pelo juiz corregedor do cartório, sem prejuízo das sanções penais e administrativas cabíveis.

§ 5º. Registrado o loteamento, o oficial de registro comunicará, por certidão, o seu registro à Prefeitura.

Art. 20. O registro do loteamento será feito, por extrato, no livro próprio.

Parágrafo único. No Registro de Imóveis far-se-á o registro do loteamento, com uma indicação para cada lote, a averbação das alterações, a abertura de ruas e praças e as áreas destinadas a espaços livres ou a equipamentos urbanos.

Art. 21. Quando a área loteada estiver situada em mais de uma circunscrição imobiliária, o registro será requerido primeiramente perante aquela em que estiver localizada a maior parte da área loteada. Procedido o registro nessa circunscrição, o interessado requererá, sucessivamente, o registro do loteamento em cada uma das demais, comprovando perante cada qual o registro efetuado na anterior, até que o loteamento seja registrado em todas. Denegado o registro em qualquer das circunscrições, essa decisão será comunicada, pelo oficial do registro de imóveis, às demais para efeito de cancelamento dos registros feitos, salvo se ocorrer a hipótese prevista no § 4º deste artigo.

§ 1º. Nenhum lote poderá situar-se em mais de uma circunscrição.

§ 2º. É defeso ao interessado processar simultaneamente, perante diferentes circunscrições, pedidos de registro do mesmo loteamento, sendo nulos os atos praticados com infração a esta norma.

§ 3º. Enquanto não procedidos todos os registros de que trata este artigo, considerar-se-á o loteamento como não registrado para os efeitos desta Lei.

§ 4º. O indeferimento do registro do loteamento em uma circunscrição não determinará o cancelamento do registro procedido em outra, se o motivo do indeferimento naquela não se estender à área situada sob a competência desta, e desde que o interessado requeira a manutenção do registro obtido, submetido o remanescente do loteamento a uma aprovação prévia perante a Prefeitura Municipal, ou o Distrito Federal quando for o caso.

Art. 22. Desde a data de registro do loteamento, passam a integrar o domínio do Município as vias e praças, os espaços livres e as áreas destinadas a edifícios públicos e outros equipamentos urbanos, constantes do projeto e do memorial descritivo.

Parágrafo único. Na hipótese de parcelamento do solo implantado e não registrado, o Município poderá requerer, por meio da apresentação de planta de parcelamento elaborada pelo loteador ou aprovada pelo Município e de declaração de que o parcelamento se encontra implantado, o registro das áreas destinadas a uso público, que passarão dessa forma a integrar o seu domínio. (Incluído pela Lei nº 12.424, de 2011)

Art. 23. O registro do loteamento só poderá ser cancelado:

I – por decisão judicial;

II – a requerimento do loteador, com anuência da Prefeitura, ou do Distrito Federal quando for o caso, enquanto nenhum lote houver sido objeto de contrato;

III – a requerimento conjunto do loteador e de todos os adquirentes de lotes, com anuência da Prefeitura, ou do Distrito Federal quando for o caso, e do Estado.

§ 1º. A Prefeitura e o Estado só poderão se opor ao cancelamento se disto resultar inconveniente comprovado para o desenvolvimento urbano ou se já se tiver realizado qualquer melhoramento na área loteada ou adjacências.

§ 2º. Nas hipóteses dos incisos II e III, o oficial do registro de imóveis fará publicar, em resumo, edital do pedido de cancelamento, podendo este ser impugnado no prazo de 30 (trinta) dias contados da data da última publicação. Findo esse prazo, com ou sem impugnação, o processo será remetido ao juiz competente para homologação do pedido de cancelamento, ouvido o Ministério Público.

§ 3º. A homologação de que trata o parágrafo anterior será precedida de vistoria judicial destinada a comprovar a inexistência de adquirentes instalados na área loteada.

Art. 24. O processo de loteamento e os contratos depositados em cartório poderão ser examinados por qualquer pessoa, a qualquer tempo, independentemente do pagamento de custas ou emolumentos, ainda que a título de busca.

CAPÍTULO VII. DOS CONTRATOS

Art. 25. São irretratáveis os compromissos de compra e venda, cessões e promessas de cessão, os que atribuam direito a adjudicação compulsória e, estando registrados, confiram direito real oponível a terceiros.

- Decreto-lei 58/1937: arts. 16 e 22.

Art. 26. Os compromissos de compra e venda, as cessões ou promessas de cessão poderão ser feitos por escritura pública ou por instrumento particular, de acordo com o modelo depositado na forma do inciso VI do art. 18 e conterão, pelo menos, as seguintes indicações:

I – nome, registro civil, cadastro fiscal no Ministério da Fazenda, nacionalidade, estado civil e residência dos contratantes;

II – denominação e situação do loteamento, número e data da inscrição;

III – descrição do lote ou dos lotes que forem objeto de compromissos, confrontações, área e outras características;

IV – preço, prazo, forma e local de pagamento bem como a importância do sinal;

V – taxa de juros incidentes sobre o débito em aberto e sobre as prestações vencidas e não pagas, bem como a cláusula penal, nunca excedente a 10% (dez por cento) do débito e só exigível nos casos de intervenção judicial ou de mora superior a 3 (três) meses;

VI – indicação sobre a quem incumbe o pagamento dos impostos e taxas incidentes sobre o lote compromissado;

VII – declaração das restrições urbanísticas convencionais do loteamento, supletivas da legislação pertinente.

§ 1º. O contrato deverá ser firmado em três vias ou extraído em três traslados, sendo um para cada parte e o terceiro para arquivo no registro imobiliário, após o registro e anotações devidas.

§ 2º. Quando o contrato houver sido firmado por procurador de qualquer das partes, será obrigatório o arquivamento da procuração no Registro Imobiliário.

§ 3º. Admite-se, nos parcelamentos populares, a cessão da posse em que estiverem provisoriamente imitidas a União, Estados, Distrito Federal, Municípios e suas entidades delegadas, o que poderá ocorrer por instrumento particular, ao qual se atribui, para todos os fins de direito, caráter de escritura pública, não se aplicando a disposição do inciso II do art. 134 do Código Civil. (Incluído pela Lei nº 9.785, de 1999)

§ 4º. A cessão da posse referida no § 3º, cumpridas as obrigações do cessionário, constitui crédito contra o expropriante, de aceitação obrigatória em garantia de contratos de financiamentos habitacionais. (Incluído pela Lei nº 9.785, de 1999)

§ 5º. Com o registro da sentença que, em processo de desapropriação, fixar o valor da indenização, a posse referida no § 3º converter-se-á em propriedade e a sua cessão, em compromisso de compra e venda ou venda e compra, conforme haja obrigações a cumprir ou estejam elas cumpridas, circunstância que, demonstradas ao Registro de Imóveis, serão averbadas na matrícula relativa ao lote. (Incluído pela Lei nº 9.785, de 1999)

§ 6º. Os compromissos de compra e venda, as cessões e as promessas de cessão valerão como título para o registro da propriedade do lote adquirido, quando acompanhados da respectiva prova de quitação. (Incluído pela Lei nº 9.785, de 1999)

Art. 26-A. Os contratos de compra e venda, cessão ou promessa de cessão de loteamento devem ser iniciados por quadro-resumo, que deverá conter, além das indicações constantes do art. 26 desta Lei: *(Incluído pela Lei 13.786/2018)*

I - o preço total a ser pago pelo imóvel;

II - o valor referente à corretagem, suas condições de pagamento e a identificação precisa de seu beneficiário;

III - a forma de pagamento do preço, com indicação clara dos valores e vencimentos das parcelas;

IV - os índices de correção monetária aplicáveis ao contrato e, quando houver pluralidade de índices, o período de aplicação de cada um;

V - as consequências do desfazimento do contrato, seja mediante distrato, seja por meio de resolução contratual motivada por inadimplemento de obrigação do adquirente ou do loteador, com destaque negritado para as penalidades aplicáveis e para os prazos para devolução de valores ao adquirente;

VI - as taxas de juros eventualmente aplicadas, se mensais ou anuais, se nominais ou efetivas, o seu período de incidência e o sistema de amortização;

VII - as informações acerca da possibilidade do exercício, por parte do adquirente do imóvel, do direito de arrependimento previsto no art. 49 da Lei nº 8.078, de 11 de setembro de 1990 (Código de Defesa do Consumidor), em todos os contratos firmados em estandes de vendas e fora da sede do loteador ou do estabelecimento comercial;

VIII - o prazo para quitação das obrigações pelo adquirente após a obtenção do termo de vistoria de obras;

IX - informações acerca dos ônus que recaiam sobre o imóvel;

X - o número do registro do loteamento ou do desmembramento, a matrícula do imóvel e a identificação do cartório de registro de imóveis competente;

XI - o termo final para a execução do projeto referido no § 1º do art. 12 desta Lei e a data do protocolo do pedido de emissão do termo de vistoria de obras.

§ 1º Identificada a ausência de quaisquer das informações previstas no *caput* deste artigo, será concedido prazo de 30 (trinta) dias para aditamento do contrato e saneamento da omissão, findo o qual, essa omissão, se não sanada, caracterizará justa causa para rescisão contratual por parte do adquirente.

§ 2º A efetivação das consequências do desfazimento do contrato, mencionadas no inciso V do *caput* deste artigo, dependerá de anuência prévia e específica do adquirente a seu respeito, mediante assinatura junto a essas cláusulas, que deverão ser redigidas conforme o disposto no § 4º do art. 54 da Lei nº 8.078, de 11 de setembro de 1990 *(Código de Defesa do Consumidor)*.

Art. 27. Se aquele que se obrigou a concluir contrato de promessa de venda ou de cessão não cumprir a obrigação, o credor poderá notificar o devedor para outorga do contrato ou oferecimento de impugnação no prazo de 15 (quinze) dias, sob pena de proceder-se ao registro do pré-contrato, passando as relações entre as partes a serem regidas pelo contrato-padrão.

§ 1º. Para fins deste artigo, terão o mesmo valor de pré-contrato a promessa de cessão, a proposta de compra, a reserva de lote ou qualquer outro instrumento, do qual conste a manifestação da vontade das partes, a indicação do lote, o preço e modo de pagamento, e a promessa de contratar.

§ 2º. O registro de que trata este artigo não será procedido se a parte que o requereu não comprovar haver cumprido a sua prestação, nem a oferecer na forma devida, salvo se ainda não exigível.

§ 3º. Havendo impugnação daquele que se comprometeu a concluir o contrato, observar-se-á o disposto nos arts. 639 e 640 do Código de Processo Civil.

- Refere-se ao CPC de 1973, revogados pela Lei 11.232/2005.

Art. 28. Qualquer alteração ou cancelamento parcial do loteamento registrado dependerá de acordo entre o loteador e os adquirentes de lotes atingidos pela alteração, bem como da aprovação pela Prefeitura Municipal, ou do Distrito Federal quando for o caso, devendo ser depositada no Registro de Imóveis, em complemento ao projeto original, com a devida averbação.

Art. 29. Aquele que adquirir a propriedade loteada mediante ato *inter vivos*, ou por sucessão *causa mortis*, sucederá o transmitente em todos os seus direitos e obrigações, ficando obrigado a respeitar os compromissos de compra e venda ou as promessas de cessão, em todas as suas cláusulas, sendo nula qualquer disposição em contrário, ressalvado o direito do herdeiro ou legatário de renunciar à herança ou ao legado.

Art. 30. A sentença declaratória de falência ou da insolvência de qualquer das partes não rescindirá os contratos de compromisso de compra e venda ou de promessa de cessão que tenham por objeto a área loteada ou lotes da mesma. Se a falência ou insolvência for do proprietário da área loteada ou do titular de direito sobre ela, incumbirá ao síndico ou ao administrador dar cumprimento aos referidos contratos; se do adquirente do lote, seus direitos serão levados à praça.

Art. 31. O contrato particular pode ser transferido por simples trespasse, lançado no verso das vias em poder das partes, ou por instrumento em separado, declarando-se o número do registro do loteamento, o valor da cessão e a qualificação do cessionário, para o devido registro.

§ 1º. A cessão independe da anuência do loteador, mas, em relação a este, seus efeitos só se produzem depois de cientificado, por escrito, pelas partes ou quando registrada a cessão.

§ 2º. Uma vez registrada a cessão, feita sem anuência do loteador, o oficial do registro dar-lhe-á ciência, por escrito, dentro de 10 (dez) dias.

Art. 32. Vencida e não paga a prestação, o contrato será considerado rescindido 30 (trinta) dias depois de constituído em mora o devedor.

§ 1º. Para os fins deste artigo o devedor-adquirente será intimado, a requerimento do credor, pelo oficial do registro de imóveis, a satisfazer as prestações vencidas e as que se vencerem até a data do pagamento, os juros convencionados e as custas de intimação.

§ 2º. Purgada a mora, convalescerá o contrato.

§ 3º. Com a certidão de não haver sido feito o pagamento em cartório, o vendedor requererá ao oficial do registro o cancelamento da averbação.

Art. 32-A. Em caso de resolução contratual por fato imputado ao adquirente, respeitado o disposto no § 2º deste artigo, deverão ser restituídos os valores pagos por ele, atualizados com base no índice contratualmente estabelecido para a correção monetária das parcelas do preço do imóvel, podendo ser descontados dos valores pagos os seguintes itens: *(Incluído pela Lei 13.786/2018)*

I - os valores correspondentes à eventual fruição do imóvel, até o equivalente a 0,75% (setenta e cinco centésimos por cento) sobre o valor atualizado do contrato, cujo prazo será contado a partir da data da transmissão da posse do imóvel ao adquirente até sua restituição ao loteador;

II - o montante devido por cláusula penal e despesas administrativas, inclusive arras ou sinal, limitado a um desconto de 10% (dez por cento) do valor atualizado do contrato;

III - os encargos moratórios relativos às prestações pagas em atraso pelo adquirente;

IV - os débitos de impostos sobre a propriedade predial e territorial urbana, contribuições condominiais, associativas ou outras de igual natureza que sejam a estas equiparadas e tarifas vinculadas ao lote, bem como tributos, custas e emolumentos incidentes sobre a restituição e/ou rescisão;

V - a comissão de corretagem, desde que integrada ao preço do lote.

§ 1º O pagamento da restituição ocorrerá em até 12 (doze) parcelas mensais, com início após o seguinte prazo de carência:

I - em loteamentos com obras em andamento: no prazo máximo de 180 (cento e oitenta) dias após o prazo previsto em contrato para conclusão das obras;

II - em loteamentos com obras concluídas: no prazo máximo de 12 (doze) meses após a formalização da rescisão contratual.

§ 2º Somente será efetuado registro do contrato de nova venda se for comprovado o início da restituição do valor pago pelo vendedor ao titular do registro cancelado na forma e condições pactuadas no distrato, dispensada essa comprovação nos casos em que o adquirente não for localizado ou não tiver se manifestado, nos termos do art. 32 desta Lei.

§ 3º O procedimento previsto neste artigo não se aplica aos contratos e escrituras de compra e venda de lote sob a modalidade de alienação fiduciária nos termos da Lei nº 9.514, de 20 de novembro de 1997.

Art. 33. Se o credor das prestações se recusar a recebê-las ou furtar-se ao seu recebimento, será constituído em mora mediante notificação do oficial do registro de imóveis para vir receber as importâncias depositadas pelo devedor no próprio Registro de Imóveis. Decorridos 15 (quinze) dias após o recebimento da intimação, considerar-se-á efetuado o pagamento, a menos que o credor impugne o depósito e, alegando inadimplemento do devedor, requeira a intimação deste para os fins do disposto no art. 32 desta Lei.

Art. 34. Em qualquer caso de rescisão por inadimplemento do adquirente, as benfeitorias necessárias ou úteis por ele levadas a efeito no imóvel deverão ser indenizadas, sendo de nenhum efeito qualquer disposição contratual em contrário.

- CC: arts. 1.219 a 1.222.

§ 1º Não serão indenizadas as benfeitorias feitas em desconformidade com o contrato ou com a lei. *(Renumerado pela Lei 13.786/2018)*

§ 2º No prazo de 60 (sessenta) dias, contado da constituição em mora, fica o loteador, na hipótese do *caput* deste artigo, obrigado a alienar o imóvel mediante leilão judicial ou extrajudicial, nos termos da Lei nº 9.514, de 20 de novembro de 1997. *(Incluído pela Lei 13.786/2018)*

Art. 35. Se ocorrer o cancelamento do registro por inadimplemento do contrato, e tiver sido realizado o pagamento de mais de 1/3 (um terço) do preço ajustado, o oficial do registro de imóveis mencionará esse fato e a quantia paga no ato do cancelamento, e somente será efetuado novo registro relativo ao mesmo lote, mediante apresentação do distrato assinado pelas partes e a comprovação do pagamento da parcela única ou da primeira parcela do montante a ser restituído ao adquirente, na forma do art. 32-A desta Lei, ao titular do registro cancelado, ou mediante depósito em dinheiro à sua disposição no registro de imóveis. *(Redação dada pela Lei 13.786/2018)*

§ 1º. Ocorrendo o depósito a que se refere este artigo, o oficial do registro de imóveis intimará o interessado para vir recebê-lo no prazo de 10 (dez) dias, sob pena de ser devolvido ao depositante.

§ 2º. No caso de não ser encontrado o interessado, o oficial do registro de imóveis depositará a quantia em estabelecimento de crédito, segundo a ordem prevista no inciso I do art. 666 do Código de Processo Civil, em conta com incidência de juros e correção monetária.

- Lei 13.105/15: art. 840, I.

§ 3º. A obrigação de comprovação prévia de pagamento da parcela única ou da primeira parcela como condição para efetivação de novo registro, prevista no *caput* deste artigo, poderá ser dispensada se as partes convencionarem de modo diverso e de forma expressa no documento de distrato por elas assinado. *(Incluído pela Lei 13.786/2018)*

Art. 36. O registro do compromisso, cessão ou promessa de cessão só poderá ser cancelado:

I – por decisão judicial;

II – a requerimento conjunto das partes contratantes;

III – quando houver rescisão comprovada do contrato.

Art. 36-A. As atividades desenvolvidas pelas associações de proprietários de imóveis, titulares de direitos ou moradores em loteamentos ou empreendimentos assemelhados, desde que não tenham fins lucrativos, bem como pelas entidades civis organizadas em função da solidariedade de interesses coletivos desse público com o objetivo de administração, conservação, manutenção, disciplina de utilização e convivência, visando à valorização dos imóveis que compõem o empreendimento, tendo em vista a sua natureza jurídica, vinculam-se, por critérios de afinidade, similitude e conexão, à atividade de administração de imóveis. (Incluído pela Lei nº 13.465, de 2017)

Parágrafo único. A administração de imóveis na forma do *caput* deste artigo sujeita seus titulares à normatização e à disciplina constantes de seus atos constitutivos, cotizando-se na forma desses atos para suportar a consecução dos seus objetivos. (Incluído pela Lei nº 13.465, de 2017)

CAPÍTULO VIII. DISPOSIÇÕES GERAIS

Art. 37. É vedado vender ou prometer vender parcela de loteamento ou desmembramento não registrado.

Art. 38. Verificado que o loteamento ou desmembramento não se acha registrado ou regularmente executado ou notificado pela Prefeitura Municipal, ou pelo Distrito Federal quando for o caso, deverá o adquirente do lote suspender o pagamento das prestações restantes e notificar o loteador para suprir a falta.

§ 1º. Ocorrendo a suspensão do pagamento das prestações restantes, na forma do *caput* deste artigo, o adquirente efetuará o depósito das prestações devidas junto ao Registro de Imóveis competente, que as depositará em estabelecimento de crédito, segundo a ordem prevista no inciso I do art. 666 do Código de Processo Civil, em conta com incidência de juros e correção monetária, cuja movimentação dependerá de prévia autorização judicial.

- Refere-se ao CPC de 1973.
- CPC/15: art. 840, I.

§ 2º. A Prefeitura Municipal, ou o Distrito Federal quando for o caso, ou o Ministério Público, poderá promover a notificação ao loteador prevista no *caput* deste artigo.

§ 3º. Regularizado o loteamento pelo loteador, este promoverá judicialmente a autorização para levantar as prestações depositadas, com os acréscimos de correção monetária e juros, sendo necessária a citação da Prefeitura, ou do Distrito Federal quando for o caso, para integrar o processo judicial aqui previsto, bem como audiência do Ministério Público.

§ 4º. Após o reconhecimento judicial de regularidade do loteamento, o loteador notificará os adquirentes dos lotes, por intermédio do Registro de Imóveis competente, para que passem a pagar diretamente as prestações restantes, a contar da data da notificação.

§ 5º. No caso de o loteador deixar de atender à notificação até o vencimento do prazo contratual, ou quando o loteamento ou desmembramento for regularizado pela Prefeitura Municipal, ou pelo Distrito Federal quando for o caso, nos termos do art. 40 desta Lei, o loteador não poderá, a qualquer título, exigir o recebimento das prestações depositadas.

Art. 39. Será nula de pleno direito a cláusula de rescisão de contrato por inadimplemento do adquirente, quando o loteamento não estiver regularmente inscrito.

Art. 40. A Prefeitura Municipal, ou o Distrito Federal quando for o caso, se desatendida pelo loteador a notificação, poderá regularizar loteamento ou desmembramento não autorizado ou executado sem observância das determinações do ato administrativo de licença, para evitar lesão aos seus padrões de desenvolvimento urbano e na defesa dos direitos dos adquirentes de lotes.

§ 1º. A Prefeitura Municipal, ou o Distrito Federal quando for o caso, que promover a regularização, na forma deste artigo, obterá judicialmente o levantamento das prestações depositadas, com os respectivos acréscimos de correção monetária e juros, nos termos do § 1º do art. 38 desta Lei, a título de ressarcimento das importâncias despendidas com equipamentos urbanos ou expropriações necessárias para regularizar o loteamento ou desmembramento.

§ 2º. As importâncias despendidas pela Prefeitura Municipal, ou pelo Distrito Federal quando for o caso, para regularizar o loteamento ou desmembramento, caso não sejam integralmente ressarcidas conforme o disposto no parágrafo anterior, serão exigidas na parte faltante do loteador, aplicando-se o disposto no art. 47 desta Lei.

§ 3º. No caso de o loteador não cumprir o estabelecido no parágrafo anterior, a Prefeitura Municipal, ou o Distrito Federal quando for o caso, poderá receber as prestações dos adquirentes, até o valor devido.

§ 4º. A Prefeitura Municipal, ou o Distrito Federal quando for o caso, para assegurar a regularização do loteamento ou desmembramento, bem como o ressarcimento integral de importâncias despendidas, ou a despender, poderá promover judicialmente os procedimentos cautelares necessários aos fins colimados.

§ 5º. A regularização de um parcelamento pela Prefeitura Municipal, ou Distrito Federal, quando for o caso, não poderá contrariar o disposto nos arts. 3º e 4º desta Lei, ressalvado o disposto no § 1º desse último. (Incluído pela Lei nº 9.785, de 1999)

Art. 41. Regularizado o loteamento ou desmembramento pela Prefeitura Municipal, ou pelo Distrito Federal quando for o caso, o adquirente do lote, comprovando o depósito de todas as prestações do preço avençado, poderá obter o registro de propriedade do lote adquirido, valendo para tanto o compromisso de venda e compra devidamente firmado.

Art. 42. Nas desapropriações não serão considerados como loteados ou loteáveis, para fins de indenização, os terrenos ainda não vendidos ou compromissados, objeto de loteamento ou desmembramento não registrado.

Art. 43. Ocorrendo a execução de loteamento não aprovado, a destinação de áreas públicas exigidas no inciso I do art. 4º desta Lei não se poderá alterar sem prejuízo da aplicação das sanções administrativas, civis e criminais previstas.

Parágrafo único. Neste caso, o loteador ressarcirá a Prefeitura Municipal ou o Distrito Federal quando for o caso, em pecúnia ou em área equivalente, no dobro da diferença entre o total das áreas públicas exigidas e as efetivamente destinadas. (Incluído pela Lei nº 9.785, de 1999)

Art. 44. O Município, o Distrito Federal e o Estado poderão expropriar áreas urbanas ou de expansão urbana para reloteamento, demolição, reconstrução e incorporação, ressalvada a preferência dos expropriados para a aquisição de novas unidades.

Art. 45. O loteador, ainda que já tenha vendido todos os lotes, ou os vizinhos, são partes legítimas para promover ação destinada a impedir construção em desacordo com restrições legais ou contratuais.

Art. 46. O loteador não poderá fundamentar qualquer ação ou defesa na presente Lei sem apresentação dos registros e contratos a que ela se refere.

Art. 47. Se o loteador integrar grupo econômico ou financeiro, qualquer pessoa física ou jurídica desse grupo, beneficiária de qualquer forma do loteamento ou desmembramento irregular, será solidariamente responsável pelos prejuízos por ele causados aos compradores de lotes e ao Poder Público.

Art. 48. O foro competente para os procedimentos judiciais previstos nesta Lei será sempre o da comarca da situação do lote.

Art. 49. As intimações e notificações previstas nesta Lei deverão ser feitas pessoalmente ao intimado ou notificado, que assinará o comprovante do recebimento, e poderão igualmente ser promovidas por meio dos Cartórios de Registro de Títulos e Documentos da comarca da situação do imóvel ou do domicílio de quem deva recebê-las.

§ 1º. Se o destinatário se recusar a dar recibo ou se furtar ao recebimento, ou se for desconhecido o seu paradeiro, o funcionário incumbido da diligência informará esta circunstância ao oficial competente que a certificará, sob sua responsabilidade.

§ 2º. Certificada a ocorrência dos fatos mencionados no parágrafo anterior, a intimação ou notificação será feita por edital na forma desta Lei, começando o prazo a correr 10 (dez) dias após a última publicação.

CAPÍTULO IX. DISPOSIÇÕES PENAIS

Art. 50. Constitui crime contra a Administração Pública:

I – dar início, de qualquer modo, ou efetuar loteamento ou desmembramento do solo para fins urbanos sem autorização do órgão público competente, ou em desacordo com as disposições desta Lei ou das normas pertinentes do Distrito Federal, Estados e Municípios;

II – dar início, de qualquer modo, ou efetuar loteamento ou desmembramento do solo para fins urbanos sem observância das determinações constantes do ato administrativo de licença;

III – fazer, ou veicular em proposta, contrato, prospecto ou comunicação ao público ou a interessados, afirmação falsa sobre a legalidade de loteamento ou desmembramento do solo para fins urbanos, ou ocultar fraudulentamente fato a ele relativo.

Pena: reclusão, de 1 (um) a 4 (quatro) anos, e multa de cinco a 50 (cinquenta) vezes o maior salário mínimo vigente no País.

- Lei 7.209/1984: art. 2º –, " [...] são canceladas, na Parte Especial do Código Penal e nas leis especiais alcançadas pelo art. 12 do Código Penal, quaisquer referências a valores de multas, substituindo-se a expressão multa de por multa".

Parágrafo único. O crime definido neste artigo é qualificado, se cometido:

I – por meio de venda, promessa de venda, reserva de lote ou quaisquer outros instrumentos que manifestem a intenção de vender lote em loteamento ou desmembramento não registrado no Registro de Imóveis competente;

II – com inexistência de título legítimo de propriedade do imóvel loteado ou desmembrado, ressalvado o disposto no art. 18, §§ 4º e 5º, desta Lei, ou com omissão fraudulenta de fato a ele relativo, se o fato não constituir crime mais grave. (Redação dada pela Lei nº 9.785, de 1999)

Pena: reclusão, de 1 (um) a 5 (cinco) anos, e multa de dez a cem vezes o maior salário mínimo vigente no País.

Art. 51. Quem, de qualquer modo, concorra para a prática dos crimes previstos no artigo anterior desta Lei incide nas penas a estes cominadas, considerados em especial os atos praticados na qualidade de mandatário de loteador, diretor ou gerente de sociedade.

› CP: art. 29.

Parágrafo único. *(VETADO)*. *(Incluído* pela Lei nº 9.785, de 1999)

Art. 52. Registrar loteamento ou desmembramento não aprovado pelos órgãos competentes, registrar o compromisso de compra e venda, a cessão ou promessa de cessão de direitos, ou efetuar registro de contrato de venda de loteamento ou desmembramento não registrado.

Pena: detenção, de 1 (um) a 2 (dois) anos, e multa de 5 (cinco) a 50 (cinquenta) vezes o maior salário mínimo vigente no País, sem prejuízo das sanções administrativas cabíveis.

CAPÍTULO X. DISPOSIÇÕES FINAIS

Art. 53. Todas as alterações de uso do solo rural para fins urbanos dependerão de prévia audiência do Instituto Nacional de Colonização e Reforma Agrária – INCRA, do Órgão Metropolitano, se houver, onde se localiza o Município, e da aprovação da Prefeitura Municipal, ou do Distrito Federal quando for o caso, segundo as exigências da legislação pertinente.

Art. 53-A. São considerados de interesse público os parcelamentos vinculados a planos ou programas habitacionais de iniciativa das Prefeituras Municipais e do Distrito Federal, ou entidades autorizadas por lei, em especial as regularizações de parcelamentos e de assentamentos. (Incluído pela Lei nº 9.785, de 1999)

Parágrafo único. Às ações e intervenções de que trata este artigo não será exigível documentação que não seja a mínima necessária e indispensável aos registros no cartório competente, inclusive sob a forma de certidões, vedadas as exigências e as sanções pertinentes aos particulares, especialmente aquelas que visem garantir a realização de obras e serviços, ou que visem prevenir questões de domínio de glebas, que se presumirão asseguradas pelo Poder Público respectivo. (Incluído pela Lei nº 9.785, de 1999)

Art. 54. Esta Lei entrará em vigor na data de sua publicação.

Art. 55. Revogam-se as disposições em contrário.

Brasília, 19 de dezembro de 1979; 158º da Independência e 91º da República.

JOÃO FIGUEIREDO

D.O.U. de 20.12.1979

LEI Nº 6.803, DE 2 DE JULHO DE 1980

Dispõe sobre as diretrizes básicas para o zoneamento industrial nas áreas críticas de poluição, e dá outras providências.

› *Zoneamento Industrial na Áreas Críticas de Poluição*

O Presidente da República, faço saber que o Congresso Nacional decreta e eu sanciono a seguinte Lei:

Art. 1º Nas áreas críticas de poluição a que se refere o art. 4º do Decreto-lei nº 1.413, de 14 de agosto de 1975, as zonas destinadas à instalação de indústrias serão definidas em esquema de zoneamento urbano, aprovado por lei, que compatibilize as atividades industriais com a proteção ambiental.

§ 1º As zonas de que trata este artigo serão classificadas nas seguintes categorias:

a) zonas de uso estritamente industrial;

b) zonas de uso predominantemente industrial;

c) zonas de uso diversificado.

§ 2º As categorias de zonas referidas no parágrafo anterior poderão ser divididas em subcategorias, observadas as peculiaridades das áreas críticas a que pertençam e a natureza das indústrias nelas instaladas.

§ 3º As indústrias ou grupos de indústrias já existentes, que não resultarem confinadas nas zonas industriais definidas de acordo com esta Lei, serão submetidas à instalação de equipamentos especiais de controle e, nos casos mais graves, à relocalização.

Art. 2º As zonas de uso estritamente industrial destinam-se, preferencialmente, à localização de estabelecimentos industriais cujos resíduos sólidos, líquidos e gasosos, ruídos, vibrações, emanações e radiações possam causar perigo à saúde, ao bem-estar e à segurança das populações, mesmo depois da aplicação de métodos adequados de controle e tratamento de efluentes, nos termos da legislação vigente.

§ 1º As zonas a que se refere este artigo deverão:

I – situar-se em áreas que apresentem elevadas capacidade de assimilação de efluentes e proteção ambiental, respeitadas quaisquer restrições legais ao uso do solo;

II – localizar-se em áreas que favoreçam a instalação de infra-estrutura e serviços básicos necessários ao seu funcionamento e segurança;

III – manter, em seu contorno, anéis verdes de isolamento capazes de proteger as zonas circunvizinhas contra possíveis efeitos residuais e acidentes;

§ 2º É vedado, nas zonas de uso estritamente industrial, o estabelecimento de quaisquer atividades não essenciais às suas funções básicas, ou capazes de sofrer efeitos danosos em decorrência dessas funções.

Art. 3º As zonas de uso predominantemente industrial destinam-se, preferencialmente, à instalação de indústrias cujos processos, submetidos a métodos adequados de controle e tratamento de efluentes, não causem incômodos sensíveis às demais atividades urbanas e nem perturbem o repouso noturno das populações.

Parágrafo único. As zonas a que se refere este artigo deverão:

I – localizar-se em áreas cujas condições favoreçam a instalação adequada de infra-estrutura de serviços básicos necessária a seu funcionamento e segurança;

II – dispor, em seu interior, de áreas de proteção ambiental que minimizem os efeitos da poluição, em relação a outros usos.

Art. 4º As zonas de uso diversificado destinam-se à localização de estabelecimentos industriais, cujo processo produtivo seja complementar das atividades do meio urbano ou rural que se situem, e com elas se compatibilizem, independentemente do uso de métodos especiais de controle da poluição, não ocasionando, em qualquer caso, inconvenientes à saúde, ao bem-estar e à segurança das populações vizinhas.

Art. 5º As zonas de uso industrial, independentemente de sua categoria, serão classificadas em:

I – não saturadas;

II – em vias de saturação;

III – saturadas;

Art. 6º O grau de saturação será aferido e fixado em função da área disponível para uso industrial da infraestrutura, bem como dos padrões e normas ambientais fixadas pelo Instituto Brasileiro do Meio Ambiente e Recursos Naturais Renováveis – IBAMA. e pelo Estado e Município, no limite das respectivas competências.

§ 1º Os programas de controle da poluição e o licenciamento para a instalação, operação ou aplicação de indústrias, em áreas críticas de poluição, serão objeto de normas diferenciadas, segundo o nível de saturação, para cada categoria de zona industrial.

§ 2º Os critérios baseados em padrões ambientais, nos termos do disposto neste artigo, serão estabelecidos tendo em vista as zonas não saturadas, tornando-se mais restritivos, gradativamente, para as zonas em via de saturação e saturadas.

§ 3º Os critérios baseados em área disponível e infraestrutura existente, para aferição de grau de saturação, nos termos do disposto neste artigo, em zonas de uso predominantemente industrial e de uso diversificado, serão fixados pelo Governo do Estado, sem prejuízo da legislação municipal aplicável.

Art. 7º Ressalvada a competência da União e observado o disposto nesta Lei, o Governo do Estado, ouvidos os Municípios interessados, aprovará padrões de uso e ocupação do solo, bem como de zonas de reserva ambiental, nas quais, por suas características culturais, ecológicas, paisagísticas, ou pela necessidade de preservação de mananciais e proteção de áreas especiais, ficará vedada a localização de estabelecimentos industriais.

Art. 8º A implantação de indústrias que, por suas características, devam ter instalações próximas às fontes de matérias-primas situadas fora dos limites fixados para as zonas de uso industrial obedecerá a critérios a serem estabelecidos pelos Governos Estaduais, observadas as normas contidas nesta Lei e demais dispositivos legais pertinentes.

Art. 9º O licenciamento para implantação, operação e ampliação de estabelecimentos industriais, nas áreas críticas de poluição, dependerá da observância do disposto nesta Lei, bem como do atendimento das normas e padrões ambientais definidos pelo IBAMA, pelos organismos estaduais e municipais competentes, notadamente quanto às seguintes características dos processos de produção:

I – emissão de gases, vapores, ruídos, vibrações e radiações;

II – riscos de explosão, incêndios, vazamentos danosos e outras situações de emergência;

III – volume e qualidade de insumos básicos, de pessoal e de tráfego gerados;

IV – padrões de uso e ocupação do solo;

V – disponibilidade nas redes de energia elétrica, água, esgoto, comunicações e outros;

VI – horários de atividade.

Parágrafo único. O licenciamento previsto no caput deste artigo é da competência dos órgãos estaduais de controle da poluição e não exclui a exigência de licenças para outros fins.

Art. 10. Caberá aos Governos Estaduais, observado o disposto nesta Lei e em outras normas legais em vigor:

I – aprovar a delimitação, a classificação e a implantação de zonas de uso estritamente industrial e predominantemente industrial;

II – definir, com base nesta Lei e nas normas baixadas pelo IBAMA, os tipos de estabelecimentos industriais que poderão ser implantados em cada uma das categorias de zonas industriais a que se refere o § 1º do art. 1º desta Lei;

III – instalar e manter, nas zonas a que se refere o item anterior, serviços permanentes de segurança e prevenção de acidentes danosos ao meio ambiente;

IV – fiscalizar, nas zonas de uso estritamente industrial e predominantemente industrial, o cumprimento dos padrões e normas de proteção ambiental;

V – administrar as zonas industriais de sua responsabilidade direta ou quando esta responsabilidade decorrer de convênios com a União.

§ 1º Nas Regiões Metropolitanas, as atribuições dos Governos Estaduais previstas neste artigo serão exercidas através dos respectivos Conselhos Deliberativos.

§ 2º Caberá exclusivamente à União, ouvidos os Governos Estadual e Municipal interessados, aprovar a delimitação e autorizar a implantação de zonas de uso estritamente industrial que se destinem à localização de pólos petroquímicos, cloroquímicos, carboquímicos, bem como a instalações nucleares e outras definidas em lei.

§ 3º Além dos estudos normalmente exigíveis para o estabelecimento de zoneamento urbano, a aprovação das zonas a que se refere o parágrafo anterior, será precedida de estudos especiais de alternativas e de avaliações de impacto, que permitam estabelecer a confiabilidade da solução a ser adotada.

§ 4º Em casos excepcionais, em que se caracterize o interesse público, o Poder Estadual, mediante a exigência de condições convenientes de controle, e ouvidos o IBAMA, o Conselho Deliberativo da Região Metropolitana e, quando for o caso, o Município, poderá autorizar a instalação de unidades industriais fora das zonas de que trata o § 1º do artigo 1º desta Lei.

Art. 11. Observado o disposto na Lei Complementar nº 14, de 8 de junho de 1973, sobre a competência dos Órgãos Metropolitanos, compete aos Municípios:

I – instituir esquema de zoneamento urbano, sem prejuízo do disposto nesta Lei;

II – baixar, observados os limites da sua competência, normas locais de combate à poluição e controle ambiental.

Art. 12. Os órgãos e entidades gestores de incentivos governamentais e os bancos oficiais condicionarão a concessão de incentivos e financiamentos às indústrias, inclusive para participação societária, à apresentação da licença de que trata esta Lei.

Parágrafo único. Os projetos destinados à relocalização de indústrias e à redução da poluição ambiental, em especial aqueles em zonas saturadas, terão condições especiais de financiamento, a serem definidos pelos órgãos competentes.

Art. 13. Esta Lei entrará em vigor na data de sua publicação.

Art. 14. Revogam-se as disposições em contrário.

Brasília, em 2 de julho de 1980;
159º da Independência e 92º da República.
JOÃO FIGUEIREDO
DOU de 3.7.1980

LEI Nº 6.830, DE 22 DE SETEMBRO DE 1980

Dispõe sobre a cobrança judicial da Dívida Ativa da Fazenda Pública e dá outras providências.

› *Execução fiscal*

O PRESIDENTE DA REPÚBLICA Faço saber que o Congresso Nacional decreta e eu sanciono a seguinte Lei:

Art. 1º. A execução judicial para cobrança da Dívida Ativa da União, dos Estados, do Distrito Federal, dos Municípios e respectivas autarquias será regida por esta Lei e, subsidiariamente, pelo Código de Processo Civil.

› Súm. 521 do STJ.

› CPC/15: arts. 46, § 5º e 782, § 2º.

Art. 2º. Constitui Dívida Ativa da Fazenda Pública aquela definida como tributária ou não tributária na Lei nº 4.320, de 17 de março de 1964, com as alterações posteriores, que estatui normas gerais de direito financeiro para elaboração e controle dos orçamentos e balanços da União, dos Estados, dos Municípios e do Distrito Federal.

§ 1º. Qualquer valor, cuja cobrança seja atribuída por lei às entidades de que trata o art. 1º, será considerado Dívida Ativa da Fazenda Pública.

§ 2º. A Dívida Ativa da Fazenda Pública, compreendendo a tributária e a não tributária, abrange atualização monetária, juros e multa de mora e demais encargos previstos em lei ou contrato.

› CTN: art. 161, § 1º.

§ 3º. A inscrição, que se constitui no ato de controle administrativo da legalidade, será feita pelo órgão competente para apurar a liquidez e certeza do crédito e suspenderá a prescrição, para todos os efeitos de direito, por 180 (cento e oitenta) dias ou até a distribuição da execução fiscal, se esta ocorrer antes de findo aquele prazo.

› CTN: art. 174, par. único.

§ 4º. A Dívida Ativa da União será apurada e inscrita na Procuradoria da Fazenda Nacional.

› Súm. 139 do STJ.

› Lei 8.022/1990: art. 1º.

§ 5º. O Termo de Inscrição de Dívida Ativa deverá conter:

› CTN: art. 202.

I – o nome do devedor, dos corresponsáveis e, sempre que conhecido, o domicílio ou residência de um e de outros;

II – o valor originário da dívida, bem como o termo inicial e a forma de calcular os juros de mora e demais encargos previstos em lei ou contrato;

III – a origem, a natureza e o fundamento legal ou contratual da dívida;

IV – a indicação, se for o caso, de estar a dívida sujeita à atualização monetária, bem como o respectivo fundamento legal e o termo inicial para o cálculo;

V – a data e o número da inscrição, no Registro de Dívida Ativa; e

VI – o número do processo administrativo ou do auto de infração, se neles estiver apurado o valor da dívida.

§ 6º. A Certidão de Dívida Ativa conterá os mesmos elementos do Termo de Inscrição e será autenticada pela autoridade competente.

§ 7º. O Termo de Inscrição e a Certidão de Dívida Ativa poderão ser preparados e numerados por processo manual, mecânico ou eletrônico.

§ 8º. Até a decisão de primeira instância, a Certidão de Dívida Ativa poderá ser emendada ou substituída, assegurada ao executado a devolução do prazo para embargos.

§ 9º. O prazo para a cobrança das contribuições previdenciárias continua a ser o estabelecido no art. 144 da Lei nº 3.807, de 26 de agosto de 1960.

Art. 3º. A Dívida Ativa regularmente inscrita goza da presunção de certeza e liquidez.

› CTN: art. 204, par. único.

Parágrafo único. A presunção a que se refere este artigo é relativa e pode ser ilidida por prova inequívoca, a cargo do executado ou de terceiro, a quem aproveite.

Art. 4º. A execução fiscal poderá ser promovida contra:

› CPC/15: art. 779.

I – o devedor;

II – o fiador;

III – o espólio;

IV – a massa;

V – o responsável, nos termos da lei, por dívidas, tributárias ou não, de pessoas físicas ou pessoas jurídicas de direito privado; e

VI – os sucessores a qualquer título.

§ 1º. Ressalvado o disposto no art. 31, o síndico, o comissário, o liquidante, o inventariante e o administrador, nos casos de falência, concordata, liquidação, inventário, insolvência ou concurso de credores, se, antes de garantidos os créditos da Fazenda Pública, alienarem ou derem em garantia quaisquer dos bens administrados, respondem, solidariamente, pelo valor desses bens.

› Lei. 11.101/2005 – Regula a recuperação judicial, a extrajudicial e a falência do empresário e da sociedade empresária.

§ 2º. À Dívida Ativa da Fazenda Pública, de qualquer natureza, aplicam-se as normas relativas à responsabilidade prevista na legislação tributária, civil e comercial.

§ 3º. Os responsáveis, inclusive as pessoas indicadas no § 1º deste artigo, poderão nomear bens livres e desembaraçados do devedor, tantos quantos bastem para pagar a dívida. Os bens dos responsáveis ficarão, porém, sujeitos à execução, se os do devedor forem insuficientes à satisfação da dívida.

› CPC/15: art. 794.

§ 4º. Aplica-se à Dívida Ativa da Fazenda Pública de natureza não tributária o disposto nos arts. 186 e 188 a 192 do Código Tributário Nacional.

Art. 5º. A competência para processar e julgar a execução da Dívida Ativa da Fazenda Pública exclui a de qualquer outro juízo, inclusive o da falência, da concordata, da liquidação, da insolvência ou do inventário.

› Súm. 66 do STJ.

› CF/88: art. 109, § 3º.

› Lei. 11.101/2005 – Regula a recuperação judicial, a extrajudicial e a falência do empresário e da sociedade empresária.

Art. 6º. A petição inicial indicará apenas:

› Súm. 58, 66, 121, 153, 190, 251, 314, 393, 409, 414, 515, 558 e 559 do STJ.

› CPC/15: art. 319.

I – o juiz a quem é dirigida;

II – o pedido; e

III – o requerimento para a citação.

§ 1º. A petição inicial será instruída com a Certidão da Dívida Ativa, que dela fará parte integrante, como se estivesse transcrita.

§ 2º. A petição inicial e a Certidão de Dívida Ativa poderão constituir um único documento, preparado inclusive por processo eletrônico.

§ 3º. A produção de provas pela Fazenda Pública independe de requerimento na petição inicial.

§ 4º. O valor da causa será o da dívida constante da certidão, com os encargos legais.

Art. 7º. O despacho do juiz que deferir a inicial importa em ordem para:

I – citação, pelas sucessivas modalidades previstas no art. 8º;

› Súm. 414 do STJ.

II – penhora, se não for paga a dívida, nem garantida a execução, por meio de depósito, fiança ou seguro garantia; (Redação dada pela Lei nº 13.043, de 2014)

III – arresto, se o executado não tiver domicílio ou dele se ocultar;

IV – registro da penhora ou do arresto, independentemente do pagamento de custas ou outras despesas, observado o disposto no art. 14; e

V – avaliação dos bens penhorados ou arrestados.

Art. 8º. O executado será citado para, no prazo de 5 (cinco) dias, pagar a dívida com os juros e multa de mora e encargos indicados na Certidão de Dívida Ativa, ou garantir a execução, observadas as seguintes normas:

› CPC/15: art. 828, *caput*.

I – a citação será feita pelo correio, com aviso de recepção, se a Fazenda Pública não a requerer por outra forma;

› Súm. 58 do STJ.

› CPC/15: art. 248.

II – a citação pelo correio considera-se feita na data da entrega da carta no endereço do executado; ou, se a data for omitida, no aviso de recepção, 10 (dez) dias após a entrega da carta à agência postal;

III – se o aviso de recepção não retornar no prazo de 15 (quinze) dias da entrega da carta à agência postal, a citação será feita por oficial de justiça ou por edital;

▸ Súm. 414 do STJ.

IV – o edital de citação será afixado na sede do juízo, publicado uma só vez no órgão oficial, gratuitamente, como expediente judiciário, com o prazo de 30 (trinta) dias, e conterá, apenas, a indicação da exequente, o nome do devedor e dos corresponsáveis, a quantia devida, a natureza da dívida, a data e o número da inscrição no Registro da Dívida Ativa, o prazo e o endereço da sede do juízo.

▸ Súm. 414 do STJ.

§ 1º. O executado ausente do País será citado por edital, com prazo de 60 (sessenta) dias.

▸ Súm. 414 do STJ.

§ 2º. O despacho do juiz, que ordenar a citação, interrompe a prescrição.

▸ CTN: art. 174, par. único, I.

Art. 9º. Em garantia da execução, pelo valor da dívida, juros e multa de mora e encargos indicados na Certidão da Dívida Ativa, o executado poderá:

I – efetuar depósito em dinheiro, à ordem do juízo em estabelecimento oficial de crédito, que assegure atualização monetária;

II – oferecer fiança bancária ou seguro garantia; (Redação dada pela Lei nº 13.043, de 2014)

III – nomear bens à penhora, observada a ordem do art. 11; ou

IV – indicar à penhora bens oferecidos por terceiros e aceitos pela Fazenda Pública.

§ 1º. O executado só poderá indicar e o terceiro oferecer bem imóvel à penhora com o consentimento expresso do respectivo cônjuge.

§ 2º. Juntar-se-á aos autos a prova do depósito, da fiança bancária, do seguro garantia ou da penhora dos bens do executado ou de terceiros. (Redação dada pela Lei nº 13.043, de 2014)

§ 3º. A garantia da execução, por meio de depósito em dinheiro, fiança bancária ou seguro garantia, produz os mesmos efeitos da penhora. (Redação dada pela Lei nº 13.043, de 2014)

§ 4º. Somente o depósito em dinheiro, na forma do art. 32, faz cessar a responsabilidade pela atualização monetária e juros de mora.

§ 5º. A fiança bancária prevista no inciso II obedecerá às condições preestabelecidas pelo Conselho Monetário Nacional.

§ 6º. O executado poderá pagar parcela da dívida, que julgar incontroversa, e garantir a execução do saldo devedor.

Art. 10. Não ocorrendo o pagamento, nem a garantia da execução de que trata o art. 9º, a penhora poderá recair em qualquer bem do executado, exceto os que a lei declare absolutamente impenhoráveis.

Art. 11. A penhora ou arresto de bens obedecerá à seguinte ordem:

I – dinheiro;

II – título da dívida pública, bem como título de crédito, que tenham cotação em Bolsa;

III – pedras e metais preciosos;

IV – imóveis;

V – navios e aeronaves;

VI – veículos;

VII – móveis ou semoventes; e

VIII – direitos e ações.

§ 1º. Excepcionalmente, a penhora poderá recair sobre estabelecimento comercial, industrial ou agrícola, bem como em plantações ou edifícios em construção.

§ 2º. A penhora efetuada em dinheiro será convertida no depósito de que trata o inciso I do art. 9º.

§ 3º. O juiz ordenará a remoção do bem penhorado para depósito judicial, particular ou da Fazenda Pública exequente, sempre que esta o requerer, em qualquer fase do processo.

Art. 12. Na execução fiscal, far-se-á a intimação da penhora ao executado, mediante publicação, no órgão oficial, do ato de juntada do termo ou do auto de penhora.

§ 1º. Nas comarcas do interior dos Estados, a intimação poderá ser feita pela remessa de cópia do termo ou do auto de penhora, pelo correio, na forma estabelecida no art. 8º, I e II, para a citação.

§ 2º. Se a penhora recair sobre imóvel, far-se-á a intimação ao cônjuge, observadas as normas previstas para a citação.

§ 3º. Far-se-á a intimação da penhora pessoalmente ao executado se, na citação feita pelo correio, o aviso de recepção não contiver a assinatura do próprio executado, ou de seu representante legal.

Art. 13. O termo ou auto de penhora conterá, também, a avaliação dos bens penhorados, efetuada por quem o lavrar.

§ 1º. Impugnada a avaliação, pelo executado, ou pela Fazenda Pública, antes de publicado o edital de leilão, o juiz, ouvida a outra parte, nomeará avaliador oficial para proceder a nova avaliação dos bens penhorados.

▸ Súm. 121 e 128 do STJ.

§ 2º. Se não houver, na comarca, avaliador oficial ou este não puder apresentar o laudo de avaliação no prazo de 15 (quinze) dias, será nomeada pessoa ou entidade habilitada, a critério do juiz.

§ 3º. Apresentado o laudo, o juiz decidirá de plano sobre a avaliação.

Art. 14. O oficial de justiça entregará contrafé e cópia do termo ou do auto de penhora ou arresto, com a ordem de registro de que trata o art. 7º, IV:

I – no Ofício próprio, se o bem for imóvel ou a ele equiparado;

II – na repartição competente para emissão de certificado de registro, se for veículo;

III – na Junta Comercial, na Bolsa de Valores, e na sociedade comercial, se forem ações, debênture, parte beneficiária, cota ou qualquer outro título, crédito ou direito societário nominativo.

Art. 15. Em qualquer fase do processo, será deferida pelo juiz:

I – ao executado, a substituição da penhora por depósito em dinheiro, fiança bancária ou seguro garantia; e (Redação dada pela Lei nº 13.043, de 2014)

II – à Fazenda Pública, a substituição dos bens penhorados por outros, independentemente da ordem enumerada no art. 11, bem como o reforço da penhora insuficiente.

▸ CPC/15: art. 874, II.

Art. 16. O executado oferecerá embargos, no prazo de 30 (trinta) dias, contados:

I – do depósito;

II – da juntada da prova da fiança bancária ou do seguro garantia; (Redação dada pela Lei nº 13.043, de 2014)

III – da intimação da penhora.

§ 1º. Não são admissíveis embargos do executado antes de garantida a execução.

§ 2º. No prazo dos embargos, o executado deverá alegar toda matéria útil à defesa, requerer provas e juntar aos autos os documentos e rol de testemunhas, até três, ou, a critério do juiz, até o dobro desse limite.

§ 3º. Não será admitida reconvenção, nem compensação, e as exceções, salvo as de suspeição, incompetência e impedimento, serão arguidas como matéria preliminar e serão processadas e julgadas com os embargos.

▸ Súm. 276 e 277 do STF.

▸ Súm. 393 do STJ.

Art. 17. Recebidos os embargos, o juiz mandará intimar a Fazenda, para impugná-los no prazo de 30 (trinta) dias, designando, em seguida, audiência de instrução e julgamento.

Parágrafo único. Não se realizará audiência, se os embargos versarem sobre matéria de direito ou, sendo de direito e de fato, a prova for exclusivamente documental, caso em que o juiz proferirá a sentença no prazo de 30 (trinta) dias.

Art. 18. Caso não sejam oferecidos os embargos, a Fazenda Pública manifestar-se-á sobre a garantia da execução.

Art. 19. Não sendo embargada a execução ou sendo rejeitados os embargos, no caso de garantia prestada por terceiro, será este intimado, sob pena de contra ele prosseguir a execução nos próprios autos, para, no prazo de 15 (quinze) dias:

I – remir o bem, se a garantia for real; ou

II – pagar o valor da dívida, juros e multa de mora e demais encargos, indicados na Certidão de Dívida Ativa, pelos quais se obrigou, se a garantia for fidejussória.

Art. 20. Na execução por carta, os embargos do executado serão oferecidos no juízo deprecado, que os remeterá ao juízo deprecante, para instrução e julgamento.

Parágrafo único. Quando os embargos tiverem por objeto vícios ou irregularidades de atos do próprio juízo deprecado, caber-lhe-á unicamente o julgamento dessa matéria.

Art. 21. Na hipótese de alienação antecipada dos bens penhorados, o produto será depositado em garantia da execução, nos termos previstos no art. 9º, I.

▸ CPC/15: art. 730.

Art. 22. A arrematação será precedida de edital, afixado no local do costume, na sede do juízo, e publicado, em resumo, uma só vez, gratuitamente, como expediente judiciário, no órgão oficial.

▸ Súm. 121 e 128 do STJ.

§ 1º. O prazo entre as datas de publicação do edital e do leilão não poderá ser superior a 30 (trinta), nem inferior a 10 (dez) dias.

§ 2º. O representante judicial da Fazenda Pública será intimado, pessoalmente, da realização do leilão, com a antecedência prevista no parágrafo anterior.

Art. 23. A alienação de quaisquer bens penhorados será feita em leilão público, no lugar designado pelo juiz.

§ 1º. A Fazenda Pública e o executado poderão requerer que os bens sejam leiloados englobadamente ou em lotes que indicarem.

▸ CPC/15: art. 891.

§ 2º. Cabe ao arrematante o pagamento da comissão do leiloeiro e demais despesas indicadas no edital.

▸ CPC/15: art. 884, par. único.

Art. 24. A Fazenda Pública poderá adjudicar os bens penhorados:

I – antes do leilão, pelo preço da avaliação, se a execução não for embargada ou se rejeitados os embargos;

II – findo o leilão:

a) se não houver licitante, pelo preço da avaliação;

b) havendo licitantes, com preferência, em igualdade de condições com a melhor oferta, no prazo de 30 (trinta) dias.

Parágrafo único. Se o preço da avaliação ou o valor da melhor oferta for superior ao dos créditos da Fazenda Pública, a adjudicação somente será deferida pelo juiz se a diferença for depositada, pela exequente, à ordem do juízo, no prazo de 30 (trinta) dias.

Art. 25. Na execução fiscal, qualquer intimação ao representante judicial da Fazenda Pública será feita pessoalmente.

- Súm. 121 do STJ.

Parágrafo único. A intimação de que trata este artigo poderá ser feita mediante vista dos autos, com imediata remessa ao representante judicial da Fazenda Pública, pelo cartório ou secretaria.

Art. 26. Se, antes da decisão de primeira instância, a inscrição de Dívida Ativa for, a qualquer título, cancelada, a execução fiscal será extinta, sem qualquer ônus para as partes.

Art. 27. As publicações de atos processuais poderão ser feitas resumidamente ou reunir num só texto os de diferentes processos.

Parágrafo único. As publicações farão sempre referência ao número do processo no respectivo juízo e ao número da correspondente inscrição de Dívida Ativa, bem como ao nome das partes e de seus advogados, suficientes para a sua identificação.

Art. 28. O juiz, a requerimento das partes, poderá, por conveniência da unidade da garantia da execução, ordenar a reunião de processos contra o mesmo devedor.

- Súmula 515 do STJ.
- CPC/15: arts. 57 e 58.

Parágrafo único. Na hipótese deste artigo, os processos serão redistribuídos ao juízo da primeira distribuição.

Art. 29. A cobrança judicial da Dívida Ativa da Fazenda Pública não é sujeita a concurso de credores ou habilitação em falência, concordata, liquidação, inventário ou arrolamento.

Parágrafo único. O concurso de preferência somente se verifica entre pessoas jurídicas de direito público, na seguinte ordem:

- Súm. 497 do STJ.

I – União e suas autarquias;

II – Estados, Distrito Federal e Territórios e suas autarquias, conjuntamente e *pro rata*;

III – Municípios e suas autarquias, conjuntamente e *pro rata*.

Art. 30. Sem prejuízo dos privilégios especiais sobre determinados bens, que sejam previstos em lei, responde pelo pagamento da Dívida Ativa da Fazenda Pública a totalidade dos bens e das rendas, de qualquer origem ou natureza, do sujeito passivo, seu espólio ou sua massa, inclusive os gravados por ônus real ou cláusula de inalienabilidade ou impenhorabilidade, seja qual for a data da constituição do ônus ou da cláusula, excetuados unicamente os bens e rendas que a lei declara absolutamente impenhoráveis.

Art. 31. Nos processos de falência, concordata, liquidação, inventário, arrolamento ou concurso de credores, nenhuma alienação será judicialmente autorizada sem a prova de quitação da Dívida Ativa ou a concordância da Fazenda Pública.

- Lei. 11.101/2005 – Regula a recuperação judicial, a extrajudicial e a falência do empresário e da sociedade empresária.

Art. 32. Os depósitos judiciais em dinheiro serão obrigatoriamente feitos:

I – na Caixa Econômica Federal, de acordo com o Dec.-lei nº 1.737, de 20 de dezembro de 1979, quando relacionados com a execução fiscal proposta pela União ou suas autarquias;

II – na Caixa Econômica ou no banco oficial da unidade federativa ou, à sua falta, na Caixa Econômica Federal, quando relacionados com execução fiscal proposta pelo Estado, Distrito Federal, Municípios e suas autarquias.

§ 1º. Os depósitos de que trata este artigo estão sujeitos à atualização monetária, segundo os índices estabelecidos para os débitos tributários federais.

§ 2º. Após o trânsito em julgado da decisão, o depósito, monetariamente atualizado, será devolvido ao depositante ou entregue à Fazenda Pública, mediante ordem do juízo competente.

Art. 33. O juízo, de ofício, comunicará à repartição competente da Fazenda Pública, para fins de averbação no Registro da Dívida Ativa, a decisão final, transitada em julgado, que der por improcedente a execução, total ou parcialmente.

Art. 34. Das sentenças de primeira instância proferidas em execuções de valor igual ou inferior a 50 (cinquenta) Obrigações Reajustáveis do Tesouro Nacional – ORTN, só se admitirão embargos infringentes e de declaração.

- Súm. 640 do STF.

§ 1º. Para os efeitos deste artigo, considerar-se-á o valor da dívida monetariamente atualizado e acrescido de multa e juros de mora e demais encargos legais, na data da distribuição.

§ 2º. Os embargos infringentes, instruídos, ou não, com documentos novos, serão deduzidos, no prazo de 10 (dez) dias perante o mesmo juízo, em petição fundamentada.

§ 3º. Ouvido o embargado, no prazo de 10 (dez) dias, serão os autos conclusos ao juiz, que, dentro de 20 (vinte) dias, os rejeitará ou reformará a sentença.

Art. 35. Nos processos regulados por esta Lei, poderá ser dispensada a audiência de revisor, no julgamento das apelações.

Art. 36. Compete à Fazenda Pública baixar normas sobre o recolhimento da Dívida Ativa respectiva, em juízo ou fora dele, e aprovar, inclusive, os modelos de documentos de arrecadação.

Art. 37. O auxiliar de justiça que, por ação ou omissão, culposa ou dolosa, prejudicar a execução, será responsabilizado, civil, penal e administrativamente.

Parágrafo único. O oficial de justiça deverá efetuar, em 10 (dez) dias, as diligências que lhe forem ordenadas, salvo motivo de força maior devidamente justificado perante o juízo.

Art. 38. A discussão judicial da Dívida Ativa da Fazenda Pública só é admissível em execução, na forma desta Lei, salvo as hipóteses de mandado de segurança, ação de repetição do indébito ou ação anulatória do ato declarativo da dívida, esta precedida do depósito preparatório do valor do débito, monetariamente corrigido e acrescido dos juros e multa de mora e demais encargos.

- CTN: arts. 165 a 169.
- CPC/15: arts. 19 e 20.
- Lei 12.016/2009 – Disciplina o mandado de segurança individual e coletivo.

Parágrafo único. A propositura, pelo contribuinte, da ação prevista neste artigo importa em renúncia ao poder de recorrer na esfera administrativa e desistência do recurso acaso interposto.

Art. 39. A Fazenda Pública não está sujeita ao pagamento de custas e emolumentos. A prática dos atos judiciais de seu interesse independerá de preparo ou de prévio depósito.

Parágrafo único. Se vencida, a Fazenda Pública ressarcirá o valor das despesas feitas pela parte contrária.

- CPC/15: arts. 84 e 85.

Art. 40. O juiz suspenderá o curso da execução, enquanto não for localizado o devedor ou encontrados bens sobre os quais possa recair a penhora, e, nesses casos, não correrá o prazo de prescrição.

- Súm. 314 do STJ.
- CPC/15: art. 921.
- CTN: art. 174, par. único.

§ 1º. Suspenso o curso da execução, será aberta vista dos autos ao representante judicial da Fazenda Pública.

- CTN: art. 151.

§ 2º. Decorrido o prazo máximo de 1 (um) ano, sem que seja localizado o devedor ou encontrados bens penhoráveis, o juiz ordenará o arquivamento dos autos.

§ 3º. Encontrados que sejam, a qualquer tempo, o devedor ou os bens, serão desarquivados os autos para prosseguimento da execução.

§ 4º. Se da decisão que ordenar o arquivamento tiver decorrido o prazo prescricional, o juiz, depois de ouvida a Fazenda Pública, poderá, de ofício, reconhecer a prescrição intercorrente e decretá-la de imediato. (Incluído pela Lei nº 11.051, de 2004)

- Súm. 314 do STJ.

§ 5º. A manifestação prévia da Fazenda Pública prevista no § 4º deste artigo será dispensada no caso de cobranças judiciais cujo valor seja inferior ao mínimo fixado por ato do Ministro de Estado da Fazenda. (Incluído pela Lei nº 11.960, de 2009)

Art. 41. O processo administrativo correspondente à inscrição de Dívida Ativa, à execução fiscal ou à ação proposta contra a Fazenda Pública será mantido na repartição competente, dele se extraindo as cópias autenticadas ou certidões, que forem requeridas pelas partes ou requisitadas pelo juiz ou pelo Ministério Público.

- Dec. 70.235/1972 – Dispõe sobre o processo administrativo fiscal.

Parágrafo único. Mediante requisição do juiz à repartição competente, com dia e hora previamente marcados, poderá o processo administrativo ser exibido na sede do juízo, pelo funcionário para esse fim designado, lavrando o serventuário termo da ocorrência, com indicação, se for o caso, das peças a serem trasladadas.

Art. 42. Revogadas as disposições em contrário, esta Lei entrará em vigor 90 (noventa) dias após a data de sua publicação.

Brasília, em 22 de setembro de 1980; 159º da Independência e 92º da República.

JOÃO FIGUEIREDO

D.O.U. 24.9.1980

LEI Nº 6.938, DE 31 DE AGOSTO DE 1981

Dispõe sobre a Política Nacional do Meio Ambiente, seus fins e mecanismos de formulação e aplicação, e dá outras providências.

- *Política Nacional do Meio Ambiente*
- Lei 12.651/2012 – Dispõe sobre a proteção da vegetação nativa; altera as Leis 6.938/1981, 9.393/1996, e 11.428/2006; revoga as Leis 4.771/1965, e 7.754/1989, e a MP 2.166-67/2001. (Novo Código Florestal)
- Lei 11.105/2005 – Regulamenta os incisos II, IV e V do § 1º do art. 225 da CF.
- Lei 9.985/2000 – Regulamenta o art. 225, § 1º, incisos I, II, III e VII da CF, institui o Sistema Nacional de Unidades de Conservação da Natureza.
- Lei 9.605/1998 – Dispõe sobre as sanções penais e administrativas derivadas de condutas e atividades lesivas ao meio ambiente. (Lei de crimes ambientais)

- Decreto 7.830/2012 – Dispõe sobre o Sistema de Cadastro Ambiental Rural, o Cadastro Ambiental Rural, estabelece normas de caráter geral aos Programas de Regularização Ambiental, de que trata a Lei 12.651/2012..
- Decreto de 15 de setembro de 2010 – Institui o Plano de Ação para Prevenção e Controle do Desmatamento e das Queimadas no Bioma Cerrado (PP Cerrado).
- Decreto 6.514/2008 – Dispõe sobre as infrações e sanções administrativas ao meio ambiente, estabelece o processo administrativo federal para apuração destas infrações.
- Decreto 6.321/2007 – Dispõe sobre ações relativas à prevenção, monitoramento e controle de desmatamento no Bioma Amazônia.
- Decreto 5.092/2004 – Define regras para identificação de áreas prioritárias para a conservação, utilização sustentável e repartição dos benefícios da biodiversidade, no âmbito das atribuições do Ministério do Meio Ambiente.
- Decreto 4.339/2002 – Institui princípios e diretrizes para a implementação da Política Nacional da Biodiversidade.
- Decreto 99.274/1990 – Regulamenta a Lei nº 6.902, de 27 de abril de 1981, e a Lei nº 6.938, de 31 de agosto de 1981, que dispõem, respectivamente sobre a criação de Estações Ecológicas e Áreas de Proteção Ambiental e sobre a Política Nacional do Meio Ambiente.

O PRESIDENTE DA REPÚBLICA, faço saber que o Congresso Nacional decreta e eu sanciono a seguinte Lei:

Art. 1º. Esta Lei, com fundamento nos incisos VI e VII do art. 23 e no art. 235 da Constituição, estabelece a Política Nacional do Meio Ambiente, seus fins e mecanismos de formulação e aplicação, constitui o Sistema Nacional do Meio Ambiente (Sisnama) e institui o Cadastro de Defesa Ambiental. (Redação dada pela Lei nº 8.028, de 1990)

- Consta conforme publicação oficial. Onde se lê "art. 235"; leia-se "art. 225".

DA POLÍTICA NACIONAL DO MEIO AMBIENTE

Art. 2º. A Política Nacional do Meio Ambiente tem por objetivo a preservação, melhoria e recuperação da qualidade ambiental propícia à vida, visando assegurar, no País, condições ao desenvolvimento socioeconômico, aos interesses da segurança nacional e à proteção da dignidade da vida humana, atendidos os seguintes princípios:

I – ação governamental na manutenção do equilíbrio ecológico, considerando o meio ambiente como um patrimônio público a ser necessariamente assegurado e protegido, tendo em vista o uso coletivo;

- CF/88: art. 225, § 1º, VII.
- Lei 12.651/2012: art. 1º-A
- Decreto 99.274/1990: art. 1º.

II – racionalização do uso do solo, do subsolo, da água e do ar;

III – planejamento e fiscalização do uso dos recursos ambientais;

IV – proteção dos ecossistemas, com a preservação de áreas representativas;

V – controle e zoneamento das atividades potencial ou efetivamente poluidoras;

VI – incentivos ao estudo e à pesquisa de tecnologias orientadas para o uso racional e a proteção dos recursos ambientais;

VII – acompanhamento do estado da qualidade ambiental;

VIII – recuperação de áreas degradadas;

- Decreto 97.632/1989 – Regulamenta o inciso VIII do art. 2º da Lei 6.938/1981.

IX – proteção de áreas ameaçadas de degradação;

X – educação ambiental a todos os níveis do ensino, inclusive a educação da comunidade, objetivando capacitá-la para participação ativa na defesa do meio ambiente.

Art. 3º. Para os fins previstos nesta Lei, entende-se por:

- Lei 12.651/2012: art. 3º.

I – meio ambiente, o conjunto de condições, leis, influências e interações de ordem física, química e biológica, que permite, abriga e rege a vida em todas as suas formas;

II – degradação da qualidade ambiental, a alteração adversa das características do meio ambiente;

III – poluição, a degradação da qualidade ambiental resultante de atividades que direta ou indiretamente:

a) prejudiquem a saúde, a segurança e o bem-estar da população;

b) criem condições adversas às atividades sociais e econômicas;

c) afetem desfavoravelmente a biota;

d) afetem as condições estéticas ou sanitárias do meio ambiente;

e) lancem matérias ou energia em desacordo com os padrões ambientais estabelecidos;

IV – poluidor, a pessoa física ou jurídica, de direito público ou privado, responsável, direta ou indiretamente, por atividade causadora de degradação ambiental;

V – recursos ambientais: a atmosfera, as águas interiores, superficiais e subterrâneas, os estuários, o mar territorial, o solo, o subsolo, os elementos da biosfera, a fauna e a flora. (Redação dada pela Lei nº 7.804, de 1989)

DOS OBJETIVOS DA POLÍTICA NACIONAL DO MEIO AMBIENTE

Art. 4º. A Política Nacional do Meio Ambiente visará:

I – à compatibilização do desenvolvimento econômico-social com a preservação da qualidade do meio ambiente e do equilíbrio ecológico;

II – à definição de áreas prioritárias de ação governamental relativa à qualidade e ao equilíbrio ecológico, atendendo aos interesses da União, dos Estados, do Distrito Federal, dos Territórios e dos Municípios;

III – ao estabelecimento de critérios e padrões da qualidade ambiental e de normas relativas ao uso e manejo de recursos ambientais;

- Decreto 5.975/2006 – Regulamenta o inciso III do art. 4º da Lei 6.938/1981.

IV – ao desenvolvimento de pesquisas e de tecnologias nacionais orientadas para o uso racional de recursos ambientais;

V – à difusão de tecnologias de manejo do meio ambiente, à divulgação de dados e informações ambientais e à formação de uma consciência pública sobre a necessidade de preservação da qualidade ambiental e do equilíbrio ecológico;

VI – à preservação e restauração dos recursos ambientais com vistas à sua utilização racional e disponibilidade permanente, concorrendo para a manutenção do equilíbrio ecológico propício à vida;

VII – à imposição, ao poluidor e ao predador, da obrigação de recuperar e/ou indenizar os danos causados e, ao usuário, da contribuição pela utilização de recursos ambientais com fins econômicos.

Art. 5º. As diretrizes da Política Nacional do Meio Ambiente serão formuladas em normas e planos, destinados a orientar a ação dos governos da União, dos Estados, do Distrito Federal, dos Territórios e dos Municípios no que se relaciona com a preservação da qualidade ambiental e manutenção do equilíbrio ecológico, observados os princípios estabelecidos no art. 2º desta Lei.

- Decreto 5.098/2004 – Plano Nacional de Prevenção, Preparação e Resposta Rápida a Emergências Ambientais com Produtos Químicos Perigosos (P2R2).

Parágrafo único. As atividades empresariais públicas ou privadas serão exercidas em consonância com as diretrizes da Política Nacional do Meio Ambiente.

DO SISTEMA NACIONAL DO MEIO AMBIENTE

Art. 6º. Os órgãos e entidades da União, dos Estados, do Distrito Federal, dos Territórios e dos Municípios, bem como as fundações instituídas pelo Poder Público, responsáveis pela proteção e melhoria da qualidade ambiental, constituirão o Sistema Nacional do Meio Ambiente – Sisnama, assim estruturado:

I – órgão superior: o Conselho de Governo, com a função de assessorar o Presidente da República na formulação da política nacional e nas diretrizes governamentais para o meio ambiente e os recursos ambientais; (Redação dada pela Lei nº 8.028, de 1990)

II – órgão consultivo e deliberativo: o Conselho Nacional do Meio Ambiente – Conama, com a finalidade de assessorar, estudar e propor ao Conselho de Governo, diretrizes de políticas governamentais para o meio ambiente e os recursos naturais e deliberar, no âmbito de sua competência, sobre normas e padrões compatíveis com o meio ambiente ecologicamente equilibrado e essencial à sadia qualidade de vida; (Redação dada pela Lei nº 8.028, de 1990)

III – órgão central: a Secretaria do Meio Ambiente da Presidência da República, com a finalidade de planejar, coordenar, supervisionar e controlar, como órgão federal, a política nacional e as diretrizes governamentais fixadas para o meio ambiente; (Redação dada pela Lei nº 8.028, de 1990)

IV – órgãos executores: o Instituto Brasileiro do Meio Ambiente e dos Recursos Naturais Renováveis – IBAMA e o Instituto Chico Mendes de Conservação da Biodiversidade – Instituto Chico Mendes, com a finalidade de executar e fazer executar a política e as diretrizes governamentais fixadas para o meio ambiente, de acordo com as respectivas competências; (Redação dada pela Lei nº 12.856, de 2013)

V – órgãos seccionais: os órgãos ou entidades estaduais responsáveis pela execução de programas, projetos e pelo controle e fiscalização de atividades capazes de provocar a degradação ambiental; (Redação dada pela Lei nº 7.804, de 1989)

VI – órgãos locais: os órgãos ou entidades municipais, responsáveis pelo controle e fiscalização dessas atividades, nas suas respectivas jurisdições. (Redação dada pela Lei nº 7.804, de 1989)

§ 1º. Os Estados, na esfera de suas competências e nas áreas de sua jurisdição, elaborarão normas supletivas e complementares e padrões relacionados com o meio ambiente, observados os que forem estabelecidos pelo Conama.

§ 2º. Os Municípios, observadas as normas e os padrões federais e estaduais, também poderão elaborar as normas mencionadas no parágrafo anterior.

§ 3º. Os órgãos central, setoriais, seccionais e locais mencionados neste artigo deverão fornecer os resultados das análises efetuadas e sua fundamentação, quando solicitados por pessoa legitimamente interessada.

§ 4º De acordo com a legislação em vigor, é o Poder Executivo autorizado a criar uma Fundação

LEGISLAÇÃO COMPLEMENTAR

de apoio técnico científico às atividades do IBAMA. (Redação dada pela Lei nº 7.804, de 1989)

DO CONSELHO NACIONAL DO MEIO AMBIENTE

Art. 7º. (Revogado pela Lei nº 8.028, de 1990).

Art. 8º. Compete ao Conama: (Redação dada pela Lei nº 8.028, de 1990)

I – estabelecer, mediante proposta do IBAMA, normas e critérios para o licenciamento de atividades efetiva ou potencialmente poluidoras, a ser concedido pelos Estados e supervisionado pelo IBAMA; (Redação dada pela Lei nº 7.804, de 1989)

II – determinar, quando julgar necessário, a realização de estudos das alternativas e das possíveis consequências ambientais de projetos públicos ou privados, requisitando aos órgãos federais, estaduais e municipais, bem assim a entidades privadas, as informações indispensáveis para apreciação dos estudos de impacto ambiental, e respectivos relatórios, no caso de obras ou atividades de significativa degradação ambiental, especialmente nas áreas consideradas patrimônio nacional; (Redação dada pela Lei nº 8.028, de 1990)

III – (Revogado pela Lei nº 11.941, de 2009).

IV – homologar acordos visando à transformação de penalidades pecuniárias na obrigação de executar medidas de interesse para a proteção ambiental; (vetado);

V – determinar, mediante representação do Ibama, a perda ou restrição de benefícios fiscais concedidos pelo Poder Público, em caráter geral ou condicional, e a perda ou suspensão de participação em linhas de financiamento em estabelecimentos oficiais de crédito;

VI – estabelecer, privativamente, normas e padrões nacionais de controle da poluição por veículos automotores, aeronaves e embarcações, mediante audiência dos Ministérios competentes;

VII – estabelecer normas, critérios e padrões relativos ao controle e à manutenção da qualidade do meio ambiente com vistas ao uso racional dos recursos ambientais, principalmente os hídricos.

- Lei 9.433/1997 – Institui a Política Nacional de Recursos Hídricos, cria o Sistema Nacional de Gerenciamento de Recursos Hídricos, regulamenta o inciso XIX do art. 21 da CF, e altera o art. 1º da Lei 8.001/1990, que modificou a Lei 7.990/1989.

Parágrafo único. O Secretário do Meio Ambiente é, sem prejuízo de suas funções, o Presidente do Conama. (Incluído pela Lei nº 8.028, de 1990)

DOS INSTRUMENTOS DA POLÍTICA NACIONAL DO MEIO AMBIENTE

Art. 9º. São instrumentos da Política Nacional do Meio Ambiente:

I – o estabelecimento de padrões de qualidade ambiental;

II – o zoneamento ambiental;

- Decreto 4.297/2002 – Regulamenta o inc. II do art. 9º da Lei 6.938/1981.
- Decreto 7.378/2010 – Macrozoneamento Ecológico-Econômico da Amazônia Legal (MacroZEE) da Amazônia Legal.

III – a avaliação de impactos ambientais;

IV – o licenciamento e a revisão de atividades efetiva ou potencialmente poluidoras;

V – os incentivos à produção e instalação de equipamentos e a criação ou absorção de tecnologia, voltados para a melhoria da qualidade ambiental;

VI – a criação de espaços territoriais especialmente protegidos pelo Poder Público federal, estadual e municipal, tais como áreas de proteção ambiental, de relevante interesse ecológico e reservas extrativistas; (Redação dada pela Lei nº 7.804, de 1989)

- Lei 9.985/2000: art. 18, *caput*.

VII – o sistema nacional de informações sobre o meio ambiente;

VIII – o Cadastro Técnico Federal de Atividades e Instrumentos de Defesa Ambiental;

IX – as penalidades disciplinares ou compensatórias ao não cumprimento das medidas necessárias à preservação ou correção da degradação ambiental;

X – a instituição do Relatório de Qualidade do Meio Ambiente, a ser divulgado anualmente pelo Instituto Brasileiro do Meio Ambiente e Recursos Naturais Renováveis – Ibama; (Incluído pela Lei nº 7.804, de 1989)

XI – a garantia da prestação de informações relativas ao Meio Ambiente, obrigando-se o Poder Público a produzi-las, quando inexistentes; (Incluído pela Lei nº 7.804, de 1989)

XII – o Cadastro Técnico Federal de atividades potencialmente poluidoras e/ou utilizadoras dos recursos ambientais. (Incluído pela Lei nº 7.804, de 1989)

XIII – instrumentos econômicos, como concessão florestal, servidão ambiental, seguro ambiental e outros. (Incluído pela Lei nº 11.284, de 2006)

Art. 9º-A. O proprietário ou possuidor de imóvel, pessoa natural ou jurídica, pode, por instrumento público ou particular ou por termo administrativo firmado perante órgão integrante do Sisnama, limitar o uso de toda a sua propriedade ou de parte dela para preservar, conservar ou recuperar os recursos ambientais existentes, instituindo servidão ambiental. (Redação dada pela Lei nº 12.651, de 2012)

- CC: art. 1.378 e ss.

§ 1º. O instrumento ou termo de instituição da servidão ambiental deve incluir, no mínimo, os seguintes itens: (Redação dada pela Lei nº 12.651, de 2012)

I – memorial descritivo da área da servidão ambiental, contendo pelo menos um ponto de amarração georreferenciado; (Incluído pela Lei nº 12.651, de 2012).

II – objeto da servidão ambiental; (Incluído pela Lei nº 12.651, de 2012).

III – direitos e deveres do proprietário ou possuidor instituidor; (Incluído pela Lei nº 12.651, de 2012).

IV – prazo durante o qual a área permanecerá como servidão ambiental. (Incluído pela Lei nº 12.651, de 2012).

§ 2º. A servidão ambiental não se aplica às Áreas de Preservação Permanente e à Reserva Legal mínima exigida. (Redação dada pela Lei nº 12.651, de 2012)

- Lei 12.651/2012: art. 44, I.

§ 3º. A restrição ao uso ou à exploração da vegetação da área sob servidão ambiental deve ser, no mínimo, a mesma estabelecida para a Reserva Legal. (Redação dada pela Lei nº 12.651, de 2012)

§ 4º. Devem ser objeto de averbação na matrícula do imóvel no registro de imóveis competente: (Redação dada pela Lei nº 12.651, de 2012)

I – o instrumento ou termo de instituição da servidão ambiental; (Incluído pela Lei nº 12.651, de 2012)

II – o contrato de alienação, cessão ou transferência da servidão ambiental. (Incluído pela Lei nº 12.651, de 2012)

§ 5º. Na hipótese de compensação de Reserva Legal, a servidão ambiental deve ser averbada na matrícula de todos os imóveis envolvidos. (Redação dada pela Lei nº 12.651, de 2012)

§ 6º. É vedada, durante o prazo de vigência da servidão ambiental, a alteração da destinação da área, nos casos de transmissão do imóvel a qualquer título, de desmembramento ou de retificação dos limites do imóvel. (Incluído pela Lei nº 12.651, de 2012)

§ 7º. As áreas que tenham sido instituídas na forma de servidão florestal, nos termos do art. 44-A da Lei nº 4.771, de 15 de setembro de 1965, passam a ser consideradas, pelo efeito desta Lei, como de servidão ambiental. (Incluído pela Lei nº 12.651, de 2012)

- Lei 12.651/2012 revogou a Lei 4.771/1965.

Art. 9º-B. A servidão ambiental poderá ser onerosa ou gratuita, temporária ou perpétua. (Incluído pela Lei nº 12.651, de 2012)

§ 1º. O prazo mínimo da servidão ambiental temporária é de 15 (quinze) anos. (Incluído pela Lei nº 12.651, de 2012)

§ 2º. A servidão ambiental perpétua equivale, para fins creditícios, tributários e de acesso aos recursos de fundos públicos, à Reserva Particular do Patrimônio Natural – RPPN, definida no art. 21 da Lei nº 9.985, de 18 de julho de 2000. (Incluído pela Lei nº 12.651, de 2012)

§ 3º. O detentor da servidão ambiental poderá aliená-la, cedê-la ou transferi-la, total ou parcialmente, por prazo determinado ou em caráter definitivo, em favor de outro proprietário ou de entidade pública ou privada que tenha a conservação ambiental como fim social. (Incluído pela Lei nº 12.651, de 2012)

Art. 9º-C. O contrato de alienação, cessão ou transferência da servidão ambiental deve ser averbado na matrícula do imóvel. (Incluído pela Lei nº 12.651, de 2012)

§ 1º. O contrato referido no *caput* deve conter, no mínimo, os seguintes itens: (Incluído pela Lei nº 12.651, de 2012)

I – a delimitação da área submetida a preservação, conservação ou recuperação ambiental; (Incluído pela Lei nº 12.651, de 2012)

II – o objeto da servidão ambiental; (Incluído pela Lei nº 12.651, de 2012)

III – os direitos e deveres do proprietário instituidor e dos futuros adquirentes ou sucessores; (Incluído pela Lei nº 12.651, de 2012)

IV – os direitos e deveres do detentor da servidão ambiental; (Incluído pela Lei nº 12.651, de 2012)

V – os benefícios de ordem econômica do instituidor e do detentor da servidão ambiental; (Incluído pela Lei nº 12.651, de 2012)

VI – a previsão legal para garantir o seu cumprimento, inclusive medidas judiciais necessárias, em caso de ser descumprido. (Incluído pela Lei nº 12.651, de 2012)

§ 2º. São deveres do proprietário do imóvel serviente, entre outras obrigações estipuladas no contrato: (Incluído pela Lei nº 12.651, de 2012)

I – manter a área sob servidão ambiental; (Incluído pela Lei nº 12.651, de 2012)

II – prestar contas ao detentor da servidão ambiental sobre as condições dos recursos naturais ou artificiais; (Incluído pela Lei nº 12.651, de 2012)

III – permitir a inspeção e a fiscalização da área pelo detentor da servidão ambiental; (Incluído pela Lei nº 12.651, de 2012)

IV – defender a posse da área serviente, por todos os meios em direito admitidos. (Incluído pela Lei nº 12.651, de 2012)

- CC: art. 1.210, § 1º.

§ 3º. São deveres do detentor da servidão ambiental, entre outras obrigações estipuladas no contrato: (Incluído pela Lei nº 12.651, de 2012)

I – documentar as características ambientais da propriedade; (Incluído pela Lei nº 12.651, de 2012)

II – monitorar periodicamente a propriedade para verificar se a servidão ambiental está sendo mantida; (Incluído pela Lei nº 12.651, de 2012)

III – prestar informações necessárias a quaisquer interessados na aquisição ou aos sucessores da propriedade; (Incluído pela Lei nº 12.651, de 2012)
IV – manter relatórios e arquivos atualizados com as atividades da área objeto da servidão; (Incluído pela Lei nº 12.651, de 2012)
V – defender judicialmente a servidão ambiental. (Incluído pela Lei nº 12.651, de 2012)
Art. 10. A construção, instalação, ampliação e funcionamento de estabelecimentos e atividades utilizadores de recursos ambientais, efetiva ou potencialmente poluidores ou capazes, sob qualquer forma, de causar degradação ambiental dependerão de prévio licenciamento ambiental. (Redação dada pela Lei Complementar nº 140, de 2011)

‣ Lei 12.651/2012: art. 11-A, § 3º.

§ 1º. Os pedidos de licenciamento, sua renovação e a respectiva concessão serão publicados no jornal oficial, bem como em periódico regional ou local de grande circulação, ou em meio eletrônico de comunicação mantido pelo órgão ambiental competente. (Redação dada pela Lei Complementar nº 140, de 2011)

§ 2º. (Revogado pela Lei Complementar nº 140, de 2011)

§ 3º. (Revogado pela Lei Complementar nº 140, de 2011)

§ 4º. (Revogado pela Lei Complementar nº 140, de 2011)

Art. 11. Compete ao Ibama propor ao Conama normas e padrões para implantação, acompanhamento e fiscalização do licenciamento previsto no artigo anterior, além das que forem oriundas do próprio Conama. (Redação dada pela Lei nº 7.804, de 1989)

§ 1º. (Revogado pela Lei Complementar nº 140, de 2011).

§ 2º. Inclui-se na competência da fiscalização e controle a análise de projetos de entidades, públicas ou privadas, objetivando a preservação ou a recuperação de recursos ambientais, afetados por processos de exploração predatórios ou poluidores.
Art. 12. As entidades e órgãos de financiamento e incentivos governamentais condicionarão a aprovação de projetos habilitados a esses benefícios ao licenciamento, na forma desta Lei, e ao cumprimento das normas, dos critérios e dos padrões expedidos pelo Conama.

Parágrafo único. As entidades e órgãos referidos no *caput* deste artigo deverão fazer constar dos projetos a realização de obras e aquisição de equipamentos destinados ao controle de degradação ambiental e à melhoria da qualidade do meio ambiente.
Art. 13. O Poder Executivo incentivará as atividades voltadas ao meio ambiente, visando:

I – ao desenvolvimento, no País, de pesquisas e processos tecnológicos destinados a reduzir a degradação da qualidade ambiental;
II – à fabricação de equipamentos antipoluidores;
III – a outras iniciativas que propiciem a racionalização do uso de recursos ambientais.

Parágrafo único. Os órgãos, entidades, e programas do Poder Público, destinados ao incentivo das pesquisas científicas e tecnológicas, considerarão, entre as suas metas prioritárias, o apoio aos projetos que visem a adquirir e desenvolver conhecimentos básicos e aplicáveis na área ambiental e ecológica.
Art. 14. Sem prejuízo das penalidades definidas pela legislação federal, estadual e municipal, o não cumprimento das medidas necessárias à preservação ou correção dos inconvenientes e danos causados pela degradação da qualidade ambiental sujeitará os transgressores:

‣ Súmula 629, STJ.

I – à multa simples ou diária, nos valores correspondentes, no mínimo, a 10 (dez) e, no máximo, a 1.000 (mil) Obrigações do Tesouro Nacional – OTNs, agravada em casos de reincidência específica, conforme dispuser o regulamento, vedada a sua cobrança pela União se já tiver sido aplicada pelo Estado, Distrito Federal, Territórios ou pelos Municípios;
II – à perda ou restrição de incentivos e benefícios fiscais concedidos pelo Poder Público;
III – à perda ou suspensão de participação em linhas de financiamento em estabelecimentos oficiais de crédito;
IV – à suspensão de sua atividade.

§ 1º. Sem obstar a aplicação das penalidades previstas neste artigo, é o poluidor obrigado, independentemente da existência de culpa, a indenizar ou reparar os danos causados ao meio ambiente e a terceiros, afetados por sua atividade. O Ministério Público da União e dos Estados terá legitimidade para propor ação de responsabilidade civil e criminal, por danos causados ao meio ambiente.

‣ Súmula 623, STJ.

§ 2º. No caso de omissão da autoridade estadual ou municipal, caberá ao Secretário do Meio Ambiente a aplicação das penalidades pecuniárias previstas neste artigo.

§ 3º. Nos casos previstos nos incisos II e III deste artigo, o ato declaratório da perda, restrição ou suspensão será atribuição da autoridade administrativa ou financeira que concedeu os benefícios, incentivos ou financiamento, cumprindo resolução do Conama.

§ 4º. (Revogado pela Lei nº 9.966, de 2000).

§ 5º. A execução das garantias exigidas do poluidor não impede a aplicação das obrigações de indenização e reparação de danos previstas no § 1º deste artigo. (Incluído pela Lei nº 11.284, de 2006)
Art. 15. O poluidor que expuser a perigo a incolumidade humana, animal ou vegetal, ou estiver tornando mais grave situação de perigo existente, fica sujeito à pena de reclusão de 1 (um) a 3 (três) anos e multa de 100 (cem) a 1.000 (mil) MVR. (Redação dada pela Lei nº 7.804, de 1989)

§ 1º. A pena é aumentada até o dobro se: (Redação dada pela Lei nº 7.804, de 1989)

I – resultar: (Incluído pela Lei nº 7.804, de 1989)
a) dano irreversível à fauna, à flora e ao meio ambiente; (Incluído pela Lei nº 7.804, de 1989)
b) lesão corporal grave; (Incluído pela Lei nº 7.804, de 1989)
II – a poluição é decorrente de atividade industrial ou de transporte; (Incluído pela Lei nº 7.804, de 1989)
III – o crime é praticado durante a noite, em domingo ou em feriado. (Incluído pela Lei nº 7.804, de 1989)

§ 2º. Incorre no mesmo crime a autoridade competente que deixar de promover as medidas tendentes a impedir a prática das condutas acima descritas. (Incluído pela Lei nº 7.804, de 1989)
Art. 16. (Revogado pela Lei nº 7.804, de 1989).
Art. 17. Fica instituído, sob a administração do Instituto Brasileiro do Meio Ambiente e Recursos Naturais Renováveis – Ibama: (Redação dada pela Lei nº 7.804, de 1989)

I – Cadastro Técnico Federal de Atividades e Instrumentos de Defesa Ambiental, para registro obrigatório de pessoas físicas ou jurídicas que se dedicam à consultoria técnica sobre problemas ecológicos e ambientais e à indústria e comércio de equipamentos, aparelhos e instrumentos destinados ao controle de atividades efetiva ou potencialmente poluidoras; (Incluído pela Lei nº 7.804, de 1989)

‣ Decreto 6.514/2008: art. 76.

II – Cadastro Técnico Federal de Atividades Potencialmente Poluidoras ou Utilizadoras de Recursos Ambientais, para registro obrigatório de pessoas físicas ou jurídicas que se dedicam a atividades potencialmente poluidoras e/ou à extração, produção, transporte e comercialização de produtos potencialmente perigosos ao meio ambiente, assim como de produtos e subprodutos da fauna e flora. (Incluído pela Lei nº 7.804, de 1989)
Art. 17-A. São estabelecidos os preços dos serviços e produtos do Instituto Brasileiro do Meio Ambiente e dos Recursos Naturais Renováveis – Ibama, a serem aplicados em âmbito nacional, conforme Anexo a esta Lei. (Incluído pela Lei nº 9.960, de 2000)
Art. 17-B. Fica instituída a Taxa de Controle e Fiscalização Ambiental – TCFA, cujo fato gerador é o exercício regular do poder de polícia conferido ao Instituto Brasileiro do Meio Ambiente e dos Recursos Naturais Renováveis – Ibama para controle e fiscalização das atividades potencialmente poluidoras e utilizadoras de recursos naturais. (Redação dada pela Lei nº 10.165, de 2000)

§ 1º. (Revogado pela Lei nº 10.165, de 2000).

§ 2º. (Revogado pela Lei nº 10.165, de 2000).
Art. 17-C. É sujeito passivo da TCFA todo aquele que exerça as atividades constantes do Anexo VIII desta Lei. (Redação dada pela Lei nº 10.165, de 2000)

§ 1º. O sujeito passivo do TCFA é obrigado a entregar até o dia 31 de março de cada ano relatório das atividades exercidas no ano anterior, cujo modelo será definido pelo Ibama, para o fim de colaborar com os procedimentos de controle e fiscalização. (Redação dada pela Lei nº 10.165, de 2000)

§ 2º. O descumprimento da providência determinada no § 1º sujeita o infrator a multa equivalente a 20% (vinte por cento) da TCFA devida, sem prejuízo da exigência desta. (Redação dada pela Lei nº 10.165, de 2000)

§ 3º. (Revogado pela Lei nº 10.165, de 2000).
Art. 17-D. A TCFA é devida por estabelecimento e os seus valores são os fixados no Anexo IX desta Lei. (Redação dada pela Lei nº 10.165, de 2000)

§ 1º. Para os fins desta Lei, consideram-se: (Incluído pela Lei nº 10.165, de 2000)

I – microempresa e empresa de pequeno porte, as pessoas jurídicas que se enquadrem, respectivamente, nas descrições dos incisos I e II do *caput* do art. 2º da Lei 9.841, de 5 de outubro de 1999; (Incluído pela Lei nº 10.165, de 2000)

‣ LC 123/2006 revogou a citada lei.

II – empresa de médio porte, a pessoa jurídica que tiver receita bruta anual superior a R$ 1.200.000,00 (um milhão e duzentos mil reais) e igual ou inferior a R$ 12.000.000,00 (doze milhões de reais); (Incluído pela Lei nº 10.165, de 2000)
III – empresa de grande porte, a pessoa jurídica que tiver receita bruta anual superior a R$ 12.000.000,00 (doze milhões de reais). (Incluído pela Lei nº 10.165, de 2000)

§ 2º. O potencial de poluição (PP) e o grau de utilização (GU) de recursos naturais de cada uma das atividades sujeitas à fiscalização encontram-se definidos no Anexo VIII desta Lei. (Incluído pela Lei nº 10.165, de 2000)

§ 3º. Caso o estabelecimento exerça mais de uma atividade sujeita à fiscalização, pagará a taxa relativamente a apenas uma delas, pelo valor mais elevado. (Incluído pela Lei nº 10.165, de 2000)

Art. 17-E. É o Ibama autorizado a cancelar débitos de valores inferiores a R$ 40,00 (quarenta reais), existentes até 31 de dezembro de 1999. (Incluído pela Lei nº 9.960, de 2000)

Art. 17-F. São isentas do pagamento da TCFA as entidades públicas federais, distritais, estaduais e municipais, as entidades filantrópicas, aqueles que praticam agricultura de subsistência e as populações tradicionais. (Redação dada pela Lei nº 10.165, de 2000)

Art. 17-G. A TCFA será devida no último dia útil de cada trimestre do ano civil, nos valores fixados no Anexo IX desta Lei, e o recolhimento será efetuado em conta bancária vinculada ao Ibama, por intermédio de documento próprio de arrecadação, até o quinto dia útil do mês subsequente. (Redação dada pela Lei nº 10.165, de 2000)

Parágrafo único. (Revogado pela Lei nº 10.165, de 2000).

- Consta conforme publicação oficial.

§ 2º. Os recursos arrecadados com a TCFA terão utilização restrita em atividades de controle e fiscalização ambiental. (Incluído pela Lei nº 11.284, de 2006)

- Consta conforme publicação oficial.

Art. 17-H. A TCFA não recolhida nos prazos e nas condições estabelecidas no artigo anterior será cobrada com os seguintes acréscimos: (Redação dada pela Lei nº 10.165, de 2000)

I – juros de mora, na via administrativa ou judicial, contados do mês seguinte ao do vencimento, à razão de 1% (um por cento); (Redação dada pela Lei nº 10.165, de 2000)

II – multa de mora de 20% (vinte por cento), reduzida a 10% (dez por cento) se o pagamento for efetuado até o último dia útil do mês subsequente ao do vencimento; (Redação dada pela Lei nº 10.165, de 2000)

III – encargo de 20% (vinte por cento), substitutivo da condenação do devedor em honorários de advogado, calculado sobre o total do débito inscrito como Dívida Ativa, reduzido para 10% (dez por cento) se o pagamento for efetuado antes do ajuizamento da execução. (Incluído pela Lei nº 10.165, de 2000)

§ 1º-A. Os juros de mora não incidem sobre o valor da multa de mora. (Incluído pela Lei nº 10.165, de 2000)

- Consta conforme publicação oficial.

§ 1º. Os débitos relativos à TCFA poderão ser parcelados de acordo com os critérios fixados na legislação tributária, conforme dispuser o regulamento desta Lei. (Redação dada pela Lei nº 10.165, de 2000)

- Consta conforme publicação oficial.

Art. 17-I. As pessoas físicas e jurídicas que exerçam as atividades mencionadas nos incisos I e II do art. 17 e que não estiverem inscritas nos respectivos cadastros até o último dia útil do terceiro mês que se seguir ao da publicação desta Lei incorrerão em infração punível com multa de: (Redação dada pela Lei nº 10.165, de 2000)

I – R$ 50,00 (cinquenta reais), se pessoa física; (Incluído pela Lei nº 10.165, de 2000)

II – R$ 150,00 (cento e cinquenta reais), se microempresa; (Incluído pela Lei nº 10.165, de 2000)

III – R$ 900,00 (novecentos reais), se empresa de pequeno porte; (Incluído pela Lei nº 10.165, de 2000)

IV – R$ 1.800,00 (mil e oitocentos reais), se empresa de médio porte; (Incluído pela Lei nº 10.165, de 2000)

V – R$ 9.000,00 (nove mil reais), se empresa de grande porte. (Incluído pela Lei nº 10.165, de 2000)

Parágrafo único. (Revogado pela Lei nº 10.165, de 2000)

Art. 17-J. (Revogado pela Lei nº 10.165, de 2000).

Art. 17-L. As ações de licenciamento, registro, autorizações, concessões e permissões relacionadas à fauna, à flora, e ao controle ambiental são de competência exclusiva dos órgãos integrantes do Sistema Nacional do Meio Ambiente. (Incluído pela Lei nº 9.960, de 2000)

Art. 17-M. Os preços dos serviços administrativos prestados pelo Ibama, inclusive os referentes à venda de impressos e publicações, assim como os de entrada, permanência e utilização de áreas ou instalações nas unidades de conservação, serão definidos em portaria do Ministro de Estado do Meio Ambiente, mediante proposta do Presidente daquele Instituto. (Incluído pela Lei nº 9.960, de 2000)

Art. 17-N. Os preços dos serviços técnicos do Laboratório de Produtos Florestais do Ibama, assim como os para venda de produtos da flora, serão, também, definidos em portaria do Ministro de Estado do Meio Ambiente, mediante proposta do Presidente daquele Instituto. (Incluído pela Lei nº 9.960, de 2000)

Art. 17-O. Os proprietários rurais que se beneficiarem com redução do valor do Imposto sobre a Propriedade Territorial Rural – ITR, com base em Ato Declaratório Ambiental – ADA, deverão recolher ao Ibama a importância prevista no item 3.11 do Anexo VII da Lei nº 9.960, de 29 de janeiro de 2000, a título de Taxa de Vistoria. (Redação dada pela Lei nº 10.165, de 2000)

§ 1º-A. A Taxa de Vistoria a que se refere o *caput* deste artigo não poderá exceder a 10% (dez por cento) do valor da redução do imposto proporcionada pelo ADA. (Incluído pela Lei nº 10.165, de 2000)

- Consta conforme publicação oficial.

§ 1º. A utilização do ADA para efeito de redução do valor a pagar do ITR é obrigatória. (Redação dada pela Lei nº 10.165, de 2000)

- Consta conforme publicação oficial.

§ 2º. O pagamento de que trata o *caput* deste artigo poderá ser efetivado em cota única ou em parcelas, nos mesmos moldes escolhidos pelo contribuinte para o pagamento do ITR, em documento próprio de arrecadação do Ibama. (Redação dada pela Lei nº 10.165, de 2000)

§ 3º. Para efeito de pagamento parcelado, nenhuma parcela poderá ser inferior a R$ 50,00 (cinquenta reais). (Redação dada pela Lei nº 10.165, de 2000)

§ 4º. O inadimplemento de qualquer parcela ensejará a cobrança de juros e multa nos termos dos incisos I e II do *caput* e §§ 1º-A e 1º, todos do art. 17-H desta Lei. (Redação dada pela Lei nº 10.165, de 2000)

§ 5º. Após a vistoria, realizada por amostragem, caso os dados constantes do ADA não coincidam com os efetivamente levantados pelos técnicos do Ibama, estes lavrarão, de ofício, novo ADA, contendo os dados reais, o qual será encaminhado à Secretaria da Receita Federal, para as providências cabíveis. (Redação dada pela Lei nº 10.165, de 2000)

Art. 17-P. Constitui crédito para compensação com o valor devido a título de TCFA, até o limite de 60% (sessenta por cento) e relativamente ao mesmo ano, o montante efetivamente pago pelo estabelecimento ao Estado, ao Município e ao Distrito Federal em razão de taxa de fiscalização ambiental. (Incluído pela Lei nº 10.165, de 2000)

§ 1º. Valores recolhidos ao Estado, ao Município e ao Distrito Federal a qualquer outro título, tais como taxas ou preços públicos de licenciamento e venda de produtos, não constituem crédito para compensação com a TCFA. (Incluído pela Lei nº 10.165, de 2000)

§ 2º. A restituição, administrativa ou judicial, qualquer que seja a causa que a determine, da taxa de fiscalização ambiental estadual ou distrital compensada com a TCFA restaura o direito de crédito do Ibama contra o estabelecimento, relativamente ao valor compensado. (Incluído pela Lei nº 10.165, de 2000)

Art. 17-Q. É o Ibama autorizado a celebrar convênios com os Estados, os Municípios e o Distrito Federal para desempenharem atividades de fiscalização ambiental, podendo repassar-lhes parcela da receita obtida com a TCFA. (Incluído pela Lei nº 10.165, de 2000)

Art. 18. (Revogado pela Lei nº 9.985, de 2000).

Art. 19. Ressalvado o disposto nas Leis nºs 5.357, de 17 de novembro de 1967, e 7.661, de 16 de maio de 1988, a receita proveniente da aplicação desta Lei será recolhida de acordo com o disposto no art. 4º da Lei nº 7.735, de 22 de fevereiro de 1989. (Incluído pela Lei nº 7.804, de 1989)

- Lei 9.966/2000 revogou a Lei 5.357/1967.

Art. 20. Esta Lei entrará em vigor na data de sua publicação.

Art. 21. Revogam-se as disposições em contrário.

Brasília, em 31 de agosto de 1981; 160º da Independência e 93º da República.

JOÃO FIGUEIREDO

D.O.U. de 2.9.1981

- Deixamos de publicar os Anexos I a IX desta Lei.

LEI Nº 6.969, DE 10 DE DEZEMBRO DE 1981

Dispõe sobre a aquisição, por usucapião especial, de imóveis rurais, altera a redação do § 2º do art. 589 do Código Civil e dá outras providências.

- *Usucapião especial*
- Refere-se ao CC de 1916.

O PRESIDENTE DA REPÚBLICA Faço saber que o Congresso Nacional decreta e eu sanciono a seguinte Lei:

Art. 1º. Todo aquele que, não sendo proprietário rural nem urbano, possuir como sua, por 5 (cinco) anos ininterruptos, sem oposição, área rural contínua, não excedente de 25 (vinte e cinco) hectares, e a houver tornado produtiva com seu trabalho e nela tiver sua morada, adquirir-lhe-á o domínio, independentemente de justo título e boa-fé, podendo requerer ao juiz que assim o declare por sentença, a qual servirá de título para transcrição no Registro de Imóveis.

- CF/88: art. 191.
- CC: arts. 1.238 e ss.

Parágrafo único. Prevalecerá a área do módulo rural aplicável à espécie, na forma da legislação específica, se aquele for superior a 25 (vinte e cinco) hectares.

Art. 2º. A usucapião especial, a que se refere esta Lei, abrange as terras particulares e as terras devolutas, em geral, sem prejuízo de outros direitos conferidos ao posseiro, pelo Estatuto da Terra ou pelas leis que dispõem sobre processo discriminatório de terras devolutas.

Art. 3º. A usucapião especial não ocorrerá nas áreas indispensáveis à segurança nacional, nas terras habitadas por silvícolas, nem nas áreas de interesse ecológico, consideradas como tais as reservas biológicas ou florestais e os parques nacionais, estaduais ou municipais, assim declarados pelo Poder Executivo, assegurada aos atuais ocupantes a preferência para assentamento em outras regiões, pelo órgão competente.

Parágrafo único. O Poder Executivo, ouvido o Conselho de Segurança Nacional, especificará, mediante decreto, no prazo de 90 (noventa) dias, contados da publicação desta Lei, as áreas indispensáveis à segurança nacional, insuscetíveis de usucapião.

Art. 4º. A ação de usucapião especial será processada e julgada na comarca da situação do imóvel.

§ 1º. Observado o disposto no art. 126 da Constituição Federal, no caso de usucapião especial em terras devolutas federais, a ação será promovida na comarca da situação do imóvel, perante a Justiça do Estado, com recurso para o Tribunal Federal de Recursos, cabendo ao Ministério Público local, na primeira instância, a representação judicial da União.

§ 2º. No caso de terras devolutas, em geral, a usucapião especial poderá ser reconhecida administrativamente, com a consequente expedição do título definitivo de domínio, para transcrição no Registro de Imóveis.

- CF/88: art. 188.

§ 3º. O Poder Executivo, dentro de 90 (noventa) dias, contados da publicação desta Lei, estabelecerá, por decreto, a forma do procedimento administrativo a que se refere o parágrafo anterior.

§ 4º. Se, decorridos 90 (noventa) dias do pedido ao órgão administrativo, não houver a expedição do título de domínio, o interessado poderá ingressar com a ação de usucapião especial, na forma prevista nesta Lei, vedada a concomitância dos pedidos administrativo e judicial.

Art. 5º. Adotar-se-á, na ação de usucapião especial, o procedimento sumaríssimo, assegurada a preferência à sua instrução e julgamento.

§ 1º. O autor, expondo o fundamento do pedido e individualizando o imóvel, com dispensa da juntada da respectiva planta, poderá requerer, na petição inicial, designação de audiência preliminar, a fim de justificar a posse e, se comprovada esta, será nela mantido, liminarmente, até a decisão final da causa.

§ 2º. O autor requererá também a citação pessoal daquele em cujo nome esteja transcrito o imóvel usucapiendo, bem como dos confinantes e, por edital, dos réus ausentes, incertos e desconhecidos, na forma do art. 232 do Código de Processo Civil, valendo a citação para todos os atos do processo.

- Refere-se ao CPC de 1973.
- CPC/15: art. 554.

§ 3º. Serão cientificados por carta, para que manifestem interesse na causa, os representantes da Fazenda Pública da União, dos Estados, do Distrito Federal, dos Territórios e dos Municípios, no prazo de 45 (quarenta e cinco) dias.

§ 4º. O prazo para contestar a ação correrá da intimação da decisão que declarar justificada a posse.

§ 5º. Intervirá, obrigatoriamente, em todos os atos do processo, o Ministério Público.

Art. 6º. O autor da ação de usucapião especial terá, se o pedir, o benefício da assistência judiciária gratuita, inclusive para o Registro de Imóveis.

Parágrafo único. Provado que o autor tinha situação econômica bastante para pagar as custas do processo e os honorários de advogado, sem prejuízo do sustento próprio e da família, o juiz lhe ordenará que pague, com correção monetária, o valor das isenções concedidas, ficando suspensa a transcrição da sentença até o pagamento devido.

Art. 7º. A usucapião especial poderá ser invocada como matéria de defesa, valendo a sentença que a reconhecer como título para transcrição no Registro de Imóveis.

Art. 8º. Observar-se-á, quanto ao imóvel usucapido, a imunidade específica, estabelecida no § 6º do art. 21 da Constituição Federal.

Parágrafo único. Quando prevalecer a área do módulo rural, de acordo com o previsto no parágrafo único do art. 1º desta Lei, o Imposto Territorial Rural não incidirá sobre o imóvel usucapido.

Art. 9º. O juiz de causa, a requerimento do autor da ação de usucapião especial, determinará que a autoridade policial garanta a permanência no imóvel e a integridade física de seus ocupantes, sempre que necessário.

Art. 10. O § 2º do art. 589 do Código Civil passa a vigorar com a seguinte redação:

- Refere-se ao CC de 1916.

"Art. 589. [...]

§ 2º - O imóvel abandonado arrecadar-se-á como bem vago e passará ao domínio do Estado, do Território ou do Distrito Federal se se achar nas respectivas circunscrições:

a) 10 (dez) anos depois, quando se tratar de imóvel localizado em zona urbana;

b) 3 (três) anos depois, quando se tratar de imóvel localizado em zona rural."

Art. 11. Esta Lei entrará em vigor 45 (quarenta e cinco) dias após sua publicação.

Art. 12. Revogam-se as disposições em contrário.

Brasília, em 10 de dezembro de 1981; 160º da Independência e 93º da República.

JOÃO BAPTISTA DE FIGUEIREDO

D.O.U. de 11.12.1981; ret. 14.12.1981

LEI Nº 7.170, DE 14 DE DEZEMBRO DE 1983

Define os crimes contra a segurança nacional, a ordem política e social, estabelece seu processo e julgamento e dá outras providências.

- *Lei de segurança nacional*

O PRESIDENTE DA REPÚBLICA, faço saber que o Congresso Nacional decreta e eu sanciono a seguinte Lei:

TÍTULO I. DISPOSIÇÕES GERAIS

- Lei 8.183/1991 – Dispõe sobre a organização e o funcionamento do Conselho de Defesa Nacional.

Art. 1º. Esta Lei prevê os crimes que lesam ou expõem a perigo de lesão:

I – a integridade territorial e a soberania nacional;
II – o regime representativo e democrático, a Federação e o Estado de Direito;
III – a pessoa dos Chefes dos Poderes da União.

Art. 2º. Quando o fato estiver também previsto como crime no Código Penal, no Código Penal Militar ou em leis especiais, levar-se-ão em conta, para a aplicação desta Lei:

I – a motivação e os objetivos do agente;
II – a lesão real ou potencial aos bens jurídicos mencionados no artigo anterior.

- CP: art. 14, I e II.

Art. 3º. Pune-se a tentativa com a pena correspondente ao crime consumado, reduzida de 1 (um) a 2/3 (dois terços), quando não houver expressa previsão e cominação específica para a figura tentada.

- CP: art. 14, II.

Parágrafo único. O agente que, voluntariamente, desiste de prosseguir na execução, ou impede que o resultado se produza, só responde pelos atos já praticados.

- CP: arts. 15 e 16.

Art. 4º. São circunstâncias que sempre agravam a pena, quando não elementares do crime:

- CP: art. 61.

I – ser o agente reincidente;

- CP: art. 63.

II – ter o agente:

- Lei 12.850/2013 – Define organização criminosa e dispõe sobre a investigação criminal, os meios de obtenção da prova, infrações penais correlatas e o procedimento criminal.
- CP: arts. 288 e 288-A.

a) praticado o crime com o auxílio, de qualquer espécie, de governo, organização internacional ou grupos estrangeiros;

b) promovido, organizado ou dirigido a atividade dos demais, no caso do concurso de agentes.

- CP: art. 29.

Art. 5º. Em tempo de paz, a execução da pena privativa da liberdade, não superior a 2 (dois) anos, pode ser suspensa, por 2 (dois) a 6 (seis) anos, desde que:

I – o condenado não seja reincidente em crime doloso, salvo o disposto no § 1º, do art. 71, do Código Penal Militar;

II – os seus antecedentes e personalidade, os motivos e as circunstâncias do crime, bem como sua conduta posterior, autorizem a presunção de que não tornará a delinquir.

- CP: arts. 59 e 77, II.
- CPM: art. 84, I.

Parágrafo único. A sentença especificará as condições a que fica subordinada a suspensão.

Art. 6º. Extingue-se a punibilidade dos crimes previstos nesta Lei:

I – pela morte do agente;

- CP: art. 107, I.
- CPM: art. 123, I.

II – pela anistia ou indulto;

- CF/88: arts. 21, XVII, 48, VIII, e 84, XII.
- CP: art. 107, II.
- CPM: art. 123, II.
- Lei 6.683/1979 – Concede anistia.

III – pela retroatividade da lei que não mais considera o fato como criminoso;

- CP: art. 107, III.
- CPM: art. 123, III.

IV – pela prescrição.

- CP: art. 109.
- CPM: art. 123, IV.

Art. 7º. Na aplicação desta Lei, observar-se-á, no que couber, a Parte Geral do Código Penal Militar e, subsidiariamente, a sua Parte Especial.

Parágrafo único. Os menores de 18 anos são penalmente inimputáveis, ficando sujeitos às normas estabelecidas na legislação especial.

- CP: art. 26.
- CPM: art. 50.
- Lei 8.069/1990 – ECA.

TÍTULO II. DOS CRIMES E DAS PENAS

Art. 8º. Entrar em entendimento ou negociação com governo ou grupo estrangeiro, ou seus agentes, para provocar guerra ou atos de hostilidade contra o Brasil:

Pena – reclusão, de 3 (três) a 15 (quinze) anos.

Parágrafo único. Ocorrendo a guerra ou sendo desencadeados os atos de hostilidade, a pena aumenta-se até o dobro.

Art. 9º. Tentar submeter o território nacional, ou parte dele, ao domínio ou à soberania de outro país:

Pena – reclusão, de 4 (quatro) a 20 (vinte) anos.

Parágrafo único. Se do fato resulta lesão corporal grave, a pena aumenta-se até 1/3 (um terço); se resulta morte, aumenta-se até a metade.

Art. 10. Aliciar indivíduos de outro país para invasão do território nacional:

Pena – reclusão, de 3 (três) a 10 (dez) anos.

Parágrafo único. Ocorrendo a invasão, a pena aumenta-se até o dobro.

Art. 11. Tentar desmembrar parte do território nacional para constituir país independente:

- CF/88: art. 60, § 4º.

Pena – reclusão, de 4 (quatro) a 12 (doze) anos.

Art. 12. Importar ou introduzir, no território nacional, por qualquer forma, sem autorização da autoridade federal competente, armamento ou material militar privativo das Forças Armadas:

Pena – reclusão, de 3 (três) a 10 (dez) anos.

Parágrafo único. Na mesma pena incorre quem, sem autorização legal, fabrica, vende, transporta, recebe, oculta, mantém em depósito ou distribui o armamento ou material militar de que trata este artigo.

Art. 13. Comunicar, entregar ou permitir a comunicação ou a entrega, a governo ou grupo estrangeiro, ou a organização ou grupo de existência ilegal de dados, documentos ou cópias de documentos, planos, códigos, cifras ou assuntos que, no interesse do Estado Brasileiro, são classificados como sigilosos:

- CP: arts. 152 e 153, § 1º-A.

Pena – reclusão, de 3 (três) a 15 (quinze) anos.

Parágrafo único. Incorre na mesma pena quem:

I – com o objetivo de realizar os atos previstos neste artigo, mantém serviço de espionagem ou dele participa;

II – com o mesmo objetivo, realiza atividade aerofotográfica ou de sensoreamento remoto, em qualquer parte do território nacional;

III – oculta ou presta auxílio a espião, sabendo-o tal, para subtraí-lo à ação da autoridade pública;

IV – obtém ou revela, para fim de espionagem, desenhos, projetos, fotografias, notícias ou informações a respeito de técnicas, de tecnologias, de componentes, de equipamentos, de instalações ou de sistemas de processamento automatizado de dados, em uso ou em desenvolvimento no País, que, reputados essenciais para a sua defesa, segurança ou economia, devem permanecer em segredo.

Art. 14. Facilitar, culposamente, a prática de qualquer dos crimes previstos nos arts. 12 e 13 e seus parágrafos:

- CP: art. 18, II.

Pena – detenção, de 1 (um) a 5 (cinco) anos.

Art. 15. Praticar sabotagem contra instalações militares, meios de comunicações, meios e vias de transporte, estaleiros, portos, aeroportos, fábricas, usinas, barragens, depósitos e outras instalações congêneres:

- CP: arts. 260, IV, e 265.

Pena – reclusão, de 3 (três) a 10 (dez) anos.

§ 1º. Se do fato resulta:

a) lesão corporal grave, a pena aumenta-se até a metade;

- CP: art. 129, § 1º.

b) dano, destruição ou neutralização de meios de defesa ou de segurança; paralisação, total ou parcial, de atividade ou serviços públicos reputados essenciais para a defesa, a segurança ou a economia do País, a pena aumenta-se até o dobro;

- Lei 7.783/1989: art. 10.

c) morte, a pena aumenta-se até o triplo.

- CP: art. 121.

§ 2º. Punem-se os atos preparatórios de sabotagem com a pena deste artigo reduzida de 2/3 (dois terços), se o fato não constitui crime mais grave.

- CP: art. 31.

Art. 16. Integrar ou manter associação, partido, comitê, entidade de classe ou grupamento que tenha por objetivo a mudança do regime vigente ou do Estado de Direito, por meios violentos ou com emprego de grave ameaça:

- CF/88: art. 5º, XVII.
- CP: arts. 288 e 288-A.
- Lei 12.850/2013 – Organização criminosa.

Pena – reclusão, de 1 (um) a 5 (cinco) anos.

Art. 17. Tentar mudar, com emprego de violência ou grave ameaça, a ordem, o regime vigente ou o Estado de Direito:

Pena – reclusão, de 3 (três) a 15 (quinze) anos.

Parágrafo único. Se do fato resulta lesão corporal grave, a pena aumenta-se até a metade; se resulta morte, aumenta-se até o dobro.

- CP: art. 129, §§ 1º a 3º.

Art. 18. Tentar impedir, com emprego de violência ou grave ameaça, o livre exercício de qualquer dos Poderes da União ou dos Estados:

Pena – reclusão, de 2 (dois) a 6 (seis) anos.

Art. 19. Apoderar-se ou exercer o controle de aeronave, embarcação ou veículo de transporte coletivo, com emprego de violência ou grave ameaça à tripulação ou a passageiros.

Pena – reclusão, de 2 (dois) a 10 (dez) anos.

Parágrafo único. Se do fato resulta lesão corporal grave, a pena aumenta-se até o dobro; se resulta morte, aumenta-se até o triplo.

- CP: art. 129, §§ 1º e 2º.

Art. 20. Devastar, saquear, extorquir, roubar, sequestrar, manter em cárcere privado, incendiar, depredar, provocar explosão, praticar atentado pessoal ou atos de terrorismo, por inconformismo político ou para obtenção de fundos destinados à manutenção de organizações políticas clandestinas ou subversivas:

- CP: arts. 148, 155, 157 e 251.
- Lei 13.260/2016 – Regulamenta o disposto no inciso XLIII do art. 5º da CF, disciplinando o terrorismo, tratando de disposições investigatórias e processuais e reformulando o conceito de organização terrorista; e altera as Leis nos 7.960/1989, e 12.850/2013 (Lei Antiterrorismo).

Pena – reclusão, de 3 (três) a 10 (dez) anos.

Parágrafo único. Se do fato resulta lesão corporal grave, a pena aumenta-se até o dobro; se resulta morte, aumenta-se até o triplo.

- CP: art. 129, §§ 1º e 2º.

Art. 21. Revelar segredo obtido em razão de cargo, emprego ou função pública, relativamente a planos, ações ou operações militares ou policiais contra rebeldes, insurretos ou revolucionários:

- CP: arts. 153, § 1º-A, e 325.

Pena – reclusão, de 2 (dois) a 10 (dez) anos.

Art. 22. Fazer, em público, propaganda:

- CP: arts. 286 e 287.

I – de processos violentos ou ilegais para alteração da ordem política ou social;

II – de discriminação racial, de luta pela violência entre as classes sociais, de perseguição religiosa;

- CP: art. 140, § 3º.

III – de guerra;

IV – de qualquer dos crimes previstos nesta Lei:

Pena – detenção, de 1 (um) a 4 (quatro) anos.

§ 1º. A pena é aumentada de 1/3 (um terço) quando a propaganda for feita em local de trabalho ou por meio de rádio ou televisão.

§ 2º. Sujeita-se à mesma pena quem distribui ou redistribui:

a) fundos destinados a realizar a propaganda de que trata este artigo;

b) ostensiva ou clandestinamente boletins ou panfletos contendo a mesma propaganda.

§ 3º. Não constitui propaganda criminosa a exposição, a crítica ou o debate de quaisquer doutrinas.

Art. 23. Incitar:

- CP: art. 286.

I – à subversão da ordem política ou social;

II – à animosidade entre as Forças Armadas ou entre estas e as classes sociais ou as instituições civis;

III – à luta com violência entre as classes sociais;

IV – à prática de qualquer dos crimes previstos nesta Lei:

Pena – reclusão, de 1 (um) a 4 (quatro) anos.

Art. 24. Constituir, integrar ou manter organização ilegal de tipo militar, de qualquer forma ou natureza, armada ou não, com ou sem fardamento, com finalidade combativa.

- CP: arts. 288 e 288-A.

Pena – reclusão, de 2 (dois) a 8 (oito) anos.

Art. 25. Fazer funcionar, de fato, ainda que sob falso nome ou forma simulada, partido político ou associação dissolvidos por força de disposição legal ou decisão judicial:

Pena – reclusão, de 1 (um) a 5 (cinco) anos.

Art. 26. Caluniar ou difamar o Presidente da República, o do Senado Federal, o da Câmara dos Deputados ou o do Supremo Tribunal Federal, imputando-lhes fato definido como crime ou fato ofensivo à reputação:

- CP: art. 141.

Pena – reclusão, de 1 (um) a 4 (quatro) anos.

Parágrafo único. Na mesma pena incorre quem, conhecendo o caráter ilícito da imputação, a propala ou divulga.

Art. 27. Ofender a integridade corporal ou a saúde de qualquer das autoridades mencionadas no artigo anterior:

Pena – reclusão, de 1 (um) a 3 (três) anos.

§ 1º. Se a lesão é grave, aplica-se a pena de reclusão de 3 (três) a 15 (quinze) anos.

§ 2º. Se da lesão resulta a morte e as circunstâncias evidenciam que este resultado pode ser atribuído a título de culpa ao agente, a pena é aumentada até 1/3 (um terço).

Art. 28. Atentar contra a liberdade pessoal de qualquer das autoridades referidas no art. 26:

Pena – reclusão, de 4 (quatro) a 12 (doze) anos.

Art. 29. Matar qualquer das autoridades referidas no art. 26:

Pena – reclusão, de 15 (quinze) a 30 (trinta) anos.

- CP: art. 121.

TÍTULO III. DA COMPETÊNCIA, DO PROCESSO E DAS NORMAS ESPECIAIS DE PROCEDIMENTO

Art. 30. Compete à Justiça Militar processar e julgar os crimes previstos nesta Lei, com observância das normas estabelecidas no Código de Processo Penal Militar, no que não colidirem com disposição desta Lei, ressalvada a competência originária do Supremo Tribunal Federal nos casos previstos na Constituição.

- CF/88: art. 109, IV.
- CPP: art. 1º, IV.

Parágrafo único. A ação penal é pública, promovendo-a o Ministério Público.

- CP: art. 100.
- CPP: art. 257, I.

Art. 31. Para apuração de fato que configure crime previsto nesta Lei, instaurar-se-á inquérito policial, pela Polícia Federal:

- CPP: art. 5º.

I – de ofício;
II – mediante requisição do Ministério Público;
III – mediante requisição de autoridade militar responsável pela segurança interna;
IV – mediante requisição do Ministro da Justiça.

Parágrafo único. Poderá a União delegar, mediante convênio, a Estado, ao Distrito Federal ou a Território, atribuições para a realização do inquérito referido neste artigo.

Art. 32. Será instaurado inquérito Policial-Militar se o agente for militar ou assemelhado, ou quando o crime:

- CPPM: art. 9º e ss.

I – lesar patrimônio sob administração militar;
II – for praticado em lugar diretamente sujeito à administração militar ou contra militar ou assemelhado em serviço;
III – for praticado nas regiões alcançadas pela decretação do estado de emergência ou do estado de sítio.

Art. 33. Durante as investigações, a autoridade de que presidir o inquérito poderá manter o indiciado preso ou sob custódia, pelo prazo de 15 (quinze) dias, comunicando imediatamente o fato ao juízo competente.

- CF/88: art. 5º, LIV e LXV.

§ 1º. Em caso de justificada necessidade, esse prazo poderá ser dilatado por mais 15 (quinze) dias, por decisão do juiz, a pedido do encarregado do inquérito, ouvido o Ministério Público.

§ 2º. A incomunicabilidade do indiciado, no período inicial das investigações, será permitida pelo prazo improrrogável de, no máximo, 5 (cinco) dias.

- CF/88: art. 136, § 3º, IV.

§ 3º. O preso ou custodiado deverá ser recolhido e mantido em lugar diverso do destinado aos presos por crimes comuns, com estrita observância do disposto nos arts. 237 a 242 do Código de Processo Penal Militar.

§ 4º. Em qualquer fase do inquérito, a requerimento da defesa, do indiciado, de seu cônjuge, descendente ou ascendente, será realizado exame na pessoa do indiciado para verificação de sua integridade física e mental; uma via do laudo, elaborado por dois peritos médicos e instruída com fotografias, será juntada aos autos do inquérito.

- CPP: art. 159.

§ 5º. Esgotado o prazo de 15 (quinze) dias de prisão ou custódia ou de sua eventual prorrogação, o indiciado será imediatamente libertado, salvo se decretada prisão preventiva, a requerimento do encarregado do inquérito ou do órgão do Ministério Público.

- CPP: art. 312.

§ 6º. O tempo de prisão ou custódia será computado no de execução da pena privativa de liberdade.

Art. 34. Esta Lei entra em vigor na data de sua publicação.

Art. 35. Revogam-se a Lei nº 6.620, de 17 de dezembro de 1978, e demais disposições em contrário.

Brasília, 14 de dezembro de 1983; 162º da Independência e 95º da República.

JOÃO FIGUEIREDO
D.O.U. de 15.12.1983

LEI Nº 7.210, DE 11 DE JULHO DE 1984

Institui a Lei de Execução Penal.

- *Lei de Execução Penal*

O PRESIDENTE DA REPÚBLICA, faço saber que o Congresso Nacional decreta e eu sanciono a seguinte Lei:

TÍTULO I. DO OBJETO E DA APLICAÇÃO DA LEI DE EXECUÇÃO PENAL

Art. 1º. A execução penal tem por objetivo efetivar as disposições de sentença ou decisão criminal e proporcionar condições para a harmônica integração social do condenado e do internado.

- CF/88: art. 5º, XLVI a L.
- Lei 12.714/2012 – Dispõe sobre o sistema de acompanhamento da execução das penas, da prisão cautelar e da medida de segurança.

Art. 2º. A jurisdição penal dos juízes ou tribunais da justiça ordinária, em todo o território nacional, será exercida, no processo de execução, na conformidade desta Lei e do Código de Processo Penal.

- Súm.611 do STF.
- Súm. 192 do STJ.
- CPP: arts. 1º, e 668 a 779.
- Lei 7.210/1984: art. 194.

Parágrafo único. Esta Lei aplicar-se-á igualmente ao preso provisório e ao condenado pela Justiça Eleitoral ou Militar, quando recolhido a estabelecimento sujeito à jurisdição ordinária.

- Súm. 717 do STF.
- CPP: art. 319, VII.

Art. 3º. Ao condenado e ao internado serão assegurados todos os direitos não atingidos pela sentença ou pela Lei.

- CF/88: arts. 5º, XLIX, e 15, III.

Parágrafo único. Não haverá qualquer distinção de natureza racial, social, religiosa ou política.

- CF/88: arts. 3º, IV, e 4º, VIII.

Art. 4º. O Estado deverá recorrer à cooperação da comunidade nas atividades de execução da pena e da medida de segurança.

- Lei 7.210/1984: arts. 78 a 81.

TÍTULO II. DO CONDENADO E DO INTERNADO

CAPÍTULO I. DA CLASSIFICAÇÃO

Art. 5º. Os condenados serão classificados, segundo os seus antecedentes e personalidade, para orientar a individualização da execução penal.

- CF/88: art. 5º, XLVI.
- CP: art. 59.

Art. 6º. A classificação será feita por Comissão Técnica de Classificação que elaborará o programa individualizador da pena privativa de liberdade adequada ao condenado ou preso provisório. (Redação dada pela Lei nº 10.792, de 2003)

Art. 7º. A Comissão Técnica de Classificação, existente em cada estabelecimento, será presidida pelo diretor e composta, no mínimo, por 2 (dois) chefes de serviço, 1 (um) psiquiatra, 1 (um) psicólogo e 1 (um) assistente social, quando se tratar de condenado à pena privativa da liberdade.

Parágrafo único. Nos demais casos a Comissão atuará junto ao Juízo da Execução e será integrada por fiscais do Serviço Social.

Art. 8º. O condenado ao cumprimento de pena privativa de liberdade, em regime fechado, será submetido a exame criminológico para a obtenção dos elementos necessários a uma adequada classificação e com vistas à individualização da execução.

- Súm. Vinculante 26 do STF.
- Súm. 439 doSTJ.
- CP: art. 34.

Parágrafo único. Ao exame de que trata este artigo poderá ser submetido o condenado ao cumprimento da pena privativa de liberdade em regime semiaberto.

- CP: art. 35.

Art. 9º. A Comissão, no exame para a obtenção de dados reveladores da personalidade, observando a ética profissional e tendo sempre presentes peças ou informações do processo, poderá:

I – entrevistar pessoas;
II – requisitar, de repartições ou estabelecimentos privados, dados e informações a respeito do condenado;
III – realizar outras diligências e exames necessários.

Art. 9º-A. O condenado por crime doloso praticado com violência grave contra a pessoa, bem como por crime contra a vida, contra a liberdade sexual ou por crime sexual contra vulnerável, será submetido, obrigatoriamente, à identificação do perfil genético, mediante extração de DNA (ácido desoxirribonucleico), por técnica adequada e indolor, por ocasião do ingresso no estabelecimento prisional. (Redação dada pela Lei nº 13.964/2019, vetado pelo Presidente da República, mantido pelo Congresso Nacional e publicado no DOU de 30/4/2021).

- CF/88: art. 5º, LVIII.
- Lei 12.037/2009 – Identificação criminal do civilmente identificado.
- Lei 7.210/1984: art. 174.
- Decreto 7.950/2013 – Institui o Banco Nacional de Perfis Genéticos e a Rede Integrada de Bancos de Perfis Genéticos.

§ 1º. A identificação do perfil genético será armazenada em banco de dados sigiloso, conforme regulamento a ser expedido pelo Poder Executivo. (Incluído pela Lei nº 12.654, de 2012)

§ 1º-A A regulamentação deverá fazer constar garantias mínimas de proteção de dados genéticos, observando as melhores práticas da genética forense. (Incluído pela Lei 13.964/2019)

§ 2º. A autoridade policial, federal ou estadual, poderá requerer ao juiz competente, no caso de inquérito instaurado, o acesso ao banco de dados de identificação de perfil genético. (Incluído pela Lei nº 12.654, de 2012)

§ 3º Deve ser viabilizado ao titular de dados genéticos o acesso aos seus dados constantes nos bancos de perfis genéticos, bem como a todos os documentos da cadeia de custódia que gerou esse dado, de maneira que possa ser contraditado pela defesa. (Incluído pela Lei 13.964/2019)

§ 4º O condenado pelos crimes previstos no *caput* deste artigo que não tiver sido submetido à identificação do perfil genético por ocasião do ingresso no estabelecimento prisional deverá ser submetido ao procedimento durante o cumprimento da pena. (Incluído pela Lei 13.964/2019)

§ 5º A amostra biológica coletada só poderá ser utilizada para o único e exclusivo fim de permitir a identificação pelo perfil genético, não estando autorizadas as práticas de fenotipagem genética ou de busca familiar. (Parágrafo vetado pelo Presidente da República na Lei nº 13.964/2019, mantido pelo Congresso Nacional e publicado no DOU de 30/4/2021)

§ 6º Uma vez identificado o perfil genético, a amostra biológica recolhida nos termos do caput deste artigo deverá ser correta e imediatamente descartada, de maneira a impedir a sua utilização para qualquer outro fim. (Parágrafo vetado pelo Presidente da República na Lei nº 13.964/2019, mantido pelo Congresso Nacional e publicado no DOU de 30/4/2021)

§ 7º A coleta da amostra biológica e a elaboração do respectivo laudo serão realizadas por perito oficial. (Parágrafo vetado pelo Presidente da República na Lei nº 13.964/2019, mantido pelo Congresso Nacional e publicado no DOU de 30/4/2021)

§ 8º Constitui falta grave a recusa do condenado em submeter-se ao procedimento de identificação do perfil genético. (Incluído pela Lei 13.964/2019)

CAPÍTULO II. DA ASSISTÊNCIA

SEÇÃO I. DISPOSIÇÕES GERAIS

Art. 10. A assistência ao preso e ao internado é dever do Estado, objetivando prevenir o crime e orientar o retorno à convivência em sociedade.

Parágrafo único. A assistência estende-se ao egresso.

- Lei 7.210/1984: art. 26.

Art. 11. A assistência será:

- Lei 7.210/1984: art. 41, VII.

I – material;
II – à saúde;
III – jurídica;
IV – educacional;
V – social;
VI – religiosa.

- CF/88: art. 5º, VII.

SEÇÃO II. DA ASSISTÊNCIA MATERIAL

Art. 12. A assistência material ao preso e ao internado consistirá no fornecimento de alimentação, vestuário e instalações higiênicas.

- Lei 7.210/1984: arts. 39, IX e 41, I.

Art. 13. O estabelecimento disporá de instalações e serviços que atendam aos presos nas suas necessidades pessoais, além de locais destinados à venda de produtos e objetos permitidos e não fornecidos pela Administração.

SEÇÃO III. DA ASSISTÊNCIA À SAÚDE

Art. 14. A assistência à saúde do preso e do internado, de caráter preventivo e curativo, compreenderá atendimento médico, farmacêutico e odontológico.

- Lei 7.210/1984: arts. 41, VII, 43 e 120, II.

§ 1º. *(VETADO).*

§ 2º. Quando o estabelecimento penal não estiver aparelhado para prover a assistência médica necessária, esta será prestada em outro local, mediante autorização da direção do estabelecimento.

§ 3º. Será assegurado acompanhamento médico à mulher, principalmente no pré-natal e no pós-parto, extensivo ao recém-nascido. (Incluído pela Lei nº 11.942, de 2009)

- CF/88: art. 5º, L.
- Lei 7.210/1984: art. 89.

SEÇÃO IV. DA ASSISTÊNCIA JURÍDICA

Art. 15. A assistência jurídica é destinada aos presos e aos internados sem recursos financeiros para constituir advogado.

- CF/88: art. 5º, LXIII e LXXIV.
- CPP: arts. 261 e 263.
- Lei 7.210/1984: art. 41, VII.
- Lei 1.060/1950 – Estabelece normas para a concessão de assistência judiciária aos necessitados.

Art. 16. As Unidades da Federação deverão ter serviços de assistência jurídica, integral e gratuita, pela Defensoria Pública, dentro e fora dos estabelecimentos penais. (Redação dada pela Lei nº 12.313, de 2010)

- CF/88: art. 134.
- LC 80/1994 – Organiza a Defensoria Pública da União, do Distrito Federal e dos Territórios e prescre normas gerais para sua organização nos Estados.

§ 1º. As Unidades da Federação deverão prestar auxílio estrutural, pessoal e material à Defensoria Pública, no exercício de suas funções, dentro e fora dos estabelecimentos penais. (Incluído pela Lei nº 12.313, de 2010)

§ 2º. Em todos os estabelecimentos penais, haverá local apropriado destinado ao atendimento pelo Defensor Público. (Incluído pela Lei nº 12.313, de 2010)

- Lei 7.210/1984: art. 41, IX.

§ 3º. Fora dos estabelecimentos penais, serão implementados Núcleos Especializados da Defensoria Pública para a prestação de assistência jurídica integral e gratuita aos réus, sentenciados em liberdade, egressos e seus familiares, sem recursos financeiros para constituir advogado. (Incluído pela Lei nº 12.313, de 2010)

SEÇÃO V. DA ASSISTÊNCIA EDUCACIONAL

Art. 17. A assistência educacional compreenderá a instrução escolar e a formação profissional do preso e do internado.

- CF/88: arts. 205 e 208.
- Lei 7.210/1984: art. 41, VI, 83, e 126, *caput*, §§ 5º e 6º.

Art. 18. O ensino de 1º grau será obrigatório, integrando-se no sistema escolar da unidade federativa.

Art. 18-A. O ensino médio, regular ou supletivo, com formação geral ou educação profissional de nível médio, será implantado nos presídios, em obediência ao preceito constitucional de sua universalização. (Incluído pela Lei nº 13.163, de 2015)

§ 1º. O ensino ministrado aos presos e presas integrar-se-á ao sistema estadual e municipal de ensino e será mantido, administrativa e financeiramente, com o apoio da União, não só com os recursos destinados à educação, mas pelo sistema estadual de justiça ou administração penitenciária. (Incluído pela Lei nº 13.163, de 2015)

§ 2º. Os sistemas de ensino oferecerão aos presos e às presas cursos supletivos de educação de jovens e adultos. (Incluído pela Lei nº 13.163, de 2015)

§ 3º. A União, os Estados, os Municípios e o Distrito Federal incluirão em seus programas de educação à distância e de utilização de novas tecnologias de ensino, o atendimento aos presos e às presas. (Incluído pela Lei nº 13.163, de 2015)

Art. 19. O ensino profissional será ministrado em nível de iniciação ou de aperfeiçoamento técnico.

Parágrafo único. A mulher condenada terá ensino profissional adequado à sua condição.

Art. 20. As atividades educacionais podem ser objeto de convênio com entidades públicas ou particulares, que instalem escolas ou ofereçam cursos especializados.

Art. 21. Em atendimento às condições locais, dotar-se-á cada estabelecimento de uma biblioteca, para uso de todas as categorias de reclusos, provida de livros instrutivos, recreativos e didáticos.

Art. 21-A. O censo penitenciário deverá apurar: (Incluído pela Lei nº 13.163, de 2015)

I – o nível de escolaridade dos presos e das presas; (Incluído pela Lei nº 13.163, de 2015)
II – a existência de cursos nos níveis fundamental e médio e o número de presos e presas atendidos; (Incluído pela Lei nº 13.163, de 2015)
III – a implementação de cursos profissionais em nível de iniciação ou aperfeiçoamento técnico e o número de presos e presas atendidos; (Incluído pela Lei nº 13.163, de 2015)
IV – a existência de bibliotecas e as condições de seu acervo; (Incluído pela Lei nº 13.163, de 2015)
V – outros dados relevantes para o aprimoramento educacional de presos e presas. (Incluído pela Lei nº 13.163, de 2015)

SEÇÃO VI. DA ASSISTÊNCIA SOCIAL

Art. 22. A assistência social tem por finalidade amparar o preso e o internado e prepará-los para o retorno à liberdade.

- Lei 7.210/1984: art. 41, VII.

Art. 23. Incumbe ao serviço de assistência social:

I – conhecer os resultados dos diagnósticos e exames;
II – relatar, por escrito, ao diretor do estabelecimento, os problemas e as dificuldades enfrentados pelo assistido;
III – acompanhar o resultado das permissões de saídas e das saídas temporárias;
IV – promover, no estabelecimento, pelos meios disponíveis, a recreação;
V – promover a orientação do assistido, na fase final do cumprimento da pena, e do liberando, de modo a facilitar o seu retorno à liberdade;
VI – providenciar a obtenção de documentos, dos benefícios da previdência social e do seguro por acidente no trabalho;
VII – orientar e amparar, quando necessário, a família do preso, do internado e da vítima.

SEÇÃO VII. DA ASSISTÊNCIA RELIGIOSA

Art. 24. A assistência religiosa, com liberdade de culto, será prestada aos presos e aos internados, permitindo-se-lhes a participação nos serviços organizados no estabelecimento penal, bem como a posse de livros de instrução religiosa.

- CF/88: art. 5º, VI.
- Lei 7.210/1984: art. 41, VII.

§ 1º. No estabelecimento haverá local apropriado para os cultos religiosos.

§ 2º. Nenhum preso ou internado poderá ser obrigado a participar de atividade religiosa.

SEÇÃO VIII. DA ASSISTÊNCIA AO EGRESSO

Art. 25. A assistência ao egresso consiste:

I – na orientação e apoio para reintegrá-lo à vida em liberdade;
II – na concessão, se necessário, de alojamento e alimentação, em estabelecimento adequado, pelo prazo de 2 (dois) meses.

Parágrafo único. O prazo estabelecido no inciso II poderá ser prorrogado uma única vez, comprovado, por declaração do assistente social, o empenho na obtenção de emprego.

Art. 26. Considera-se egresso para os efeitos desta Lei:

- Decreto 3.048/1999.

I – o liberado definitivo, pelo prazo de 1 (um) ano a contar da saída do estabelecimento;
II – o liberado condicional, durante o período de prova.

Art. 27. O serviço de assistência social colaborará com o egresso para a obtenção de trabalho.

CAPÍTULO III. DO TRABALHO

SEÇÃO I. DISPOSIÇÕES GERAIS

Art. 28. O trabalho do condenado, como dever social e condição de dignidade humana, terá finalidade educativa e produtiva.

- CF/88: arts. 1º, III e 5º, XLVII, c.
- Lei 7.210/1984: arst. 39, V, 126 e 130.

§ 1º. Aplicam-se à organização e aos métodos de trabalho as precauções relativas à segurança e à higiene.

§ 2º. O trabalho do preso não está sujeito ao regime da Consolidação das Leis do Trabalho.

Art. 29. O trabalho do preso será remunerado, mediante prévia tabela, não podendo ser inferior a 3/4 (três quartos) do salário mínimo.

- CP: art. 39.

§ 1º. O produto da remuneração pelo trabalho deverá atender:

a) à indenização dos danos causados pelo crime, desde que determinados judicialmente e não reparados por outros meios;

b) à assistência à família;

c) a pequenas despesas pessoais;

d) ao ressarcimento ao Estado das despesas realizadas com a manutenção do condenado, em proporção a ser fixada e sem prejuízo da destinação prevista nas letras anteriores.

§ 2º. Ressalvadas outras aplicações legais, será depositada a parte restante para constituição do pecúlio, em cadernetas de poupança, que será entregue ao condenado quando posto em liberdade.

Art. 30. As tarefas executadas como prestação de serviço à comunidade não serão remuneradas.

- CP: art. 46, § 1º.

SEÇÃO II. DO TRABALHO INTERNO

Art. 31. O condenado à pena privativa de liberdade está obrigado ao trabalho na medida de suas aptidões e capacidade.

- CF/88: arts. 1º, III e 5º, XLVII, c.
- CP: arts. 34, §§ 1º e 3º, e 35.
- Lei 7.210/1984: arts. 39, V, 41, II, 50, VI, e 126 a 130.

Parágrafo único. Para o preso provisório, o trabalho não é obrigatório e só poderá ser executado no interior do estabelecimento.

Art. 32. Na atribuição do trabalho deverão ser levadas em conta a habilitação, a condição pessoal e as necessidades futuras do preso, bem como as oportunidades oferecidas pelo mercado.

§ 1º. Deverá ser limitado, tanto quanto possível, o artesanato sem expressão econômica, salvo nas regiões de turismo.

§ 2º. Os maiores de 60 anos poderão solicitar ocupação adequada à sua idade.

- Lei 10.741/2003: art. 26.

§ 3º. Os doentes ou deficientes físicos somente exercerão atividades apropriadas ao seu estado.

Art. 33. A jornada normal de trabalho não será inferior a 6 (seis), nem superior a 8 (oito) horas, com descanso nos domingos e feriados.

Parágrafo único. Poderá ser atribuído horário especial de trabalho aos presos designados para os serviços de conservação e manutenção do estabelecimento penal.

Art. 34. O trabalho poderá ser gerenciado por fundação, ou empresa pública, com autonomia administrativa, e terá por objetivo a formação profissional do condenado.

§ 1º. Nessa hipótese, incumbirá à entidade gerenciadora promover e supervisionar a produção, com critérios e métodos empresariais, encarregar-se de sua comercialização, bem como suportar despesas, inclusive pagamento de remuneração adequada. (Renumerado pela Lei nº 10.792, de 2003)

§ 2º. Os governos federal, estadual e municipal poderão celebrar convênio com a iniciativa privada, para implantação de oficinas de trabalho referentes a setores de apoio dos presídios. (Incluído pela Lei nº 10.792, de 2003)

Art. 35. Os órgãos da administração direta ou indireta da União, Estados, Territórios, Distrito Federal e dos Municípios adquirirão, com dispensa de concorrência pública, os bens ou produtos do trabalho prisional, sempre que não for possível ou recomendável realizar-se a venda a particulares.

Parágrafo único. Todas as importâncias arrecadadas com as vendas reverterão em favor da fundação ou empresa pública a que alude o artigo anterior ou, na sua falta, do estabelecimento penal.

SEÇÃO III. DO TRABALHO EXTERNO

Art. 36. O trabalho externo será admissível para os presos em regime fechado somente em serviço ou obras públicas realizadas por órgãos da administração direta ou indireta, ou entidades privadas, desde que tomadas as cautelas contra a fuga e em favor da disciplina.

- CP: art. 34, § 3º.

§ 1º. O limite máximo do número de presos será de 10% (dez por cento) do total de empregados na obra.

§ 2º. Caberá ao órgão da administração, à entidade ou à empresa empreiteira a remuneração desse trabalho.

§ 3º. A prestação de trabalho a entidade privada depende do consentimento expresso do preso.

Art. 37. A prestação de trabalho externo, a ser autorizada pela direção do estabelecimento, dependerá de aptidão, disciplina e responsabilidade, além do cumprimento mínimo de 1/6 (um sexto) da pena.

- Súm. 40 do STJ.

Parágrafo único. Revogar-se-á a autorização de trabalho externo ao preso que vier a praticar fato definido como crime, for punido por falta grave, ou tiver comportamento contrário aos requisitos estabelecidos neste artigo.

- Lei 7.210/1984: art. 50.

CAPÍTULO IV. DOS DEVERES, DOS DIREITOS E DA DISCIPLINA

SEÇÃO I. DOS DEVERES

Art. 38. Cumpre ao condenado, além das obrigações legais inerentes ao seu estado, submeter-se às normas de execução da pena.

Art. 39. Constituem deveres do condenado:

I – comportamento disciplinado e cumprimento fiel da sentença;

II – obediência ao servidor e respeito a qualquer pessoa com quem deva relacionar-se;

- Lei 7.210/1984: arts. 50, VI e 51, III.

III – urbanidade e respeito no trato com os demais condenados;

IV – conduta oposta aos movimentos individuais ou coletivos de fuga ou de subversão à ordem ou à disciplina;

V – execução do trabalho, das tarefas e das ordens recebidas;

- Lei 7.210/1984: arts. 50, VI e 51, III.

VI – submissão à sanção disciplinar imposta;

VII – indenização à vítima ou aos seus sucessores;

- CP: arts. 83, IV, e 91, I.

VIII – indenização ao Estado, quando possível, das despesas realizadas com a sua manutenção, mediante desconto proporcional da remuneração do trabalho;

IX – higiene pessoal e asseio da cela ou alojamento;

- Lei 7.210/1984: art. 88.

X – conservação dos objetos de uso pessoal.

Parágrafo único. Aplica-se ao preso provisório, no que couber, o disposto neste artigo.

SEÇÃO II. DOS DIREITOS

Art. 40. Impõe-se a todas as autoridades o respeito à integridade física e moral dos condenados e dos presos provisórios.

- CF/88: art. 5º, III e XLIX.
- CP: art. 38.
- Decreto 8.858/2016 – Regulamenta o disposto no art. 199 da Lei 7.210/1984 (LEP).

Art. 41. Constituem direitos do preso:

I – alimentação suficiente e vestuário;

II – atribuição de trabalho e sua remuneração;

III – previdência social;

IV – constituição de pecúlio;

V – proporcionalidade na distribuição do tempo para o trabalho, o descanso e a recreação;

VI – exercício das atividades profissionais, intelectuais, artísticas e desportivas anteriores, desde que compatíveis com a execução da pena;

VII – assistência material, à saúde, jurídica, educacional, social e religiosa;

- Lei 7.210/1984: Arts. 10 e 11.

VIII – proteção contra qualquer forma de sensacionalismo;

- Lei 7.210/1984: art. 198.

IX – entrevista pessoal e reservada com o advogado;

- Lei 8.906/1994: art. 7º, III.

X – visita do cônjuge, da companheira, de parentes e amigos em dias determinados;

- Lei 7.210/1984: art. 52, III.

XI – chamamento nominal;

XII – igualdade de tratamento salvo quanto às exigências da individualização da pena;

- CF/88: art. 5º, XLVI.

XIII – audiência especial com o diretor do estabelecimento;

XIV – representação e petição a qualquer autoridade, em defesa de direito;

- CF/88: art. 5º, XXXIV e XXXV.

XV – contato com o mundo exterior por meio de correspondência escrita, da leitura e de outros meios de informação que não comprometam a moral e os bons costumes;

XVI – atestado de pena a cumprir, emitido anualmente, sob pena da responsabilidade da autoridade judiciária competente. (Incluído pela Lei nº 10.713, de 2003)

Parágrafo único. Os direitos previstos nos incisos V, X e XV poderão ser suspensos ou restringidos mediante ato motivado do diretor do estabelecimento.

- Súm. 533 do STJ.
- Lei 7.210/1984: art. 53, III.

Art. 42. Aplica-se ao preso provisório e ao submetido à medida de segurança, no que couber, o disposto nesta Seção.

Art. 43. É garantida a liberdade de contratar médico de confiança pessoal do internado ou do submetido a tratamento ambulatorial, por seus familiares ou dependentes, a fim de orientar e acompanhar o tratamento.

Parágrafo único. As divergências entre o médico oficial e o particular serão resolvidas pelo juiz de execução.

‣ CPP: art. 180.

SEÇÃO III. DA DISCIPLINA

SUBSEÇÃO I. DISPOSIÇÕES GERAIS

Art. 44. A disciplina consiste na colaboração com a ordem, na obediência às determinações das autoridades e seus agentes e no desempenho do trabalho.

‣ Lei 7.210/1984: arts. 39, V, 41, V, VI e XIV.

Parágrafo único. Estão sujeitos à disciplina o condenado à pena privativa de liberdade ou restritiva de direitos e o preso provisório.

Art. 45. Não haverá falta nem sanção disciplinar sem expressa e anterior previsão legal ou regulamentar.

‣ CF/88: art. 5º, XXXIX.

‣ CP: art. 1º.

§ 1º. As sanções não poderão colocar em perigo a integridade física e moral do condenado.

‣ CF/88: art. 5º, XLIX.

§ 2º. É vedado o emprego de cela escura.

‣ CF/88: art. 5º, XLVII, e.

‣ Lei 7.210/1984: art. 52, II.

§ 3º. São vedadas as sanções coletivas.

‣ CF/88: art. 5º, XLV.

Art. 46. O condenado ou denunciado, no início da execução da pena ou da prisão, será cientificado das normas disciplinares.

Art. 47. O poder disciplinar, na execução da pena privativa de liberdade, será exercido pela autoridade administrativa conforme as disposições regulamentares.

‣ Lei 7.210/1984: arts. 53 a 60.

Art. 48. Na execução das penas restritivas de direitos, o poder disciplinar será exercido pela autoridade administrativa a que estiver sujeito o condenado.

Parágrafo único. Nas faltas graves, a autoridade representará ao juiz da execução para os fins dos arts. 118, inciso I, 125, 127, 181, §§ 1º, letra *d*, e 2º desta Lei.

SUBSEÇÃO II. DAS FALTAS DISCIPLINARES

‣ Súm. 533 do STJ.

Art. 49. As faltas disciplinares classificam-se em leves, médias e graves. A legislação local especificará as leves e médias, bem assim as respectivas sanções.

‣ CF/88: art. 24, I.

‣ Lei 7.210/1984: arts. 45 e 53.

Parágrafo único. Pune-se a tentativa com a sanção correspondente à falta consumada.

Art. 50. Comete falta grave o condenado à pena privativa de liberdade que:

‣ Súm. 534 e 535 do STJ.

I – incitar ou participar de movimento para subverter a ordem ou a disciplina;

‣ CP: arts. 352 e 354.

II – fugir;

III – possuir, indevidamente, instrumento capaz de ofender a integridade física de outrem;

IV – provocar acidente de trabalho;

V – descumprir, no regime aberto, as condições impostas;

‣ Lei 7.210/1984: art. 115.

VI – inobservar os deveres previstos nos incisos II e V do art. 39 desta Lei.

VII – tiver em sua posse, utilizar ou fornecer aparelho telefônico, de rádio ou similar, que permita a comunicação com outros presos ou com o ambiente externo. (Incluído pela Lei nº 11.466, de 2007)

‣ CP: arts. 319-A e 349-A.

VIII - recusar submeter-se ao procedimento de identificação do perfil genético. (Incluído pela Lei 13.964/2019)

Parágrafo único. O disposto neste artigo aplica-se, no que couber, ao preso provisório.

Art. 51. Comete falta grave o condenado à pena restritiva de direitos que:

‣ Súm. 534 e 535 do STJ.

I – descumprir, injustificadamente, a restrição imposta;

‣ CP: art. 44, § 4º, 1ª parte.

‣ Lei 7.210/1984: art. 181, § 1º, "b" e "c".

II – retardar, injustificadamente, o cumprimento da obrigação imposta;

III – inobservar os deveres previstos nos incisos II e V do art. 39 desta Lei.

Art. 52. A prática de fato previsto como crime doloso constitui falta grave e, quando ocasionar subversão da ordem ou disciplina internas, sujeitará o preso provisório, ou condenado, nacional ou estrangeiro, sem prejuízo da sanção penal, ao regime disciplinar diferenciado, com as seguintes características: (Redação dada pela Lei 13.964/2019)

I - duração máxima de até 2 (dois) anos, sem prejuízo de repetição da sanção por nova falta grave de mesma espécie; (Redação dada pela Lei 13.964/2019)

II - recolhimento em cela individual; (Redação dada pela Lei 13.964/2019)

III - visitas quinzenais, de 2 (duas) pessoas por vez, a serem realizadas em instalações equipadas para impedir o contato físico e a passagem de objetos, por pessoa da família ou, no caso de terceiro, autorizado judicialmente, com duração de 2 (duas) horas; (Redação dada pela Lei 13.964/2019)

IV - direito do preso à saída da cela por 2 (duas) horas diárias para banho de sol, em grupos de até 4 (quatro) presos, desde que não haja contato com presos do mesmo grupo cri-minoso; (Redação dada pela Lei 13.964/2019)

V - entrevistas sempre monitoradas, exceto aquelas com seu defensor, em instalações equipadas para impedir o contato físico e a passagem de objetos, salvo expressa autorização judicial em contrário; (Incluído pela Lei 13.964/2019)

VI - fiscalização do conteúdo da correspondência; (Incluído pela Lei 13.964/2019)

VII - participação em audiências judiciais preferencialmente por videoconferência, garantindo-se a participação do defensor no mesmo ambiente do preso. (Incluído pela Lei 13.964/2019)

§ 1º O regime disciplinar diferenciado também será aplicado aos presos provisórios ou condenados, nacionais ou estrangeiros: (Redação dada pela Lei 13.964/2019)

I - que apresentem alto risco para a ordem e a segurança do estabelecimento penal ou da sociedade;

II - sob os quais recaiam fundadas suspeitas de envolvimento ou participação, a qualquer título, em organização criminosa, associação criminosa ou milícia privada, independentemente da prática de falta grave.

§ 2º (Revogado pela Lei 13.964/2019)

§ 3º Existindo indícios de que o preso exerce liderança em organização criminosa, associação criminosa ou milícia privada, ou que tenha atuação criminosa em 2 (dois) ou mais Estados da Federação, o regime disciplinar diferenciado será obrigatoriamente cumprido em estabelecimento prisional federal. (Incluído pela Lei 13.964/2019)

§ 4º Na hipótese dos parágrafos anteriores, o regime disciplinar diferenciado poderá ser prorrogado sucessivamente, por períodos de 1 (um) ano, existindo indícios de que o preso: (Incluído pela Lei 13.964/2019)

I - continua apresentando alto risco para a ordem e a segurança do estabelecimento penal de origem ou da sociedade;

II - mantém os vínculos com organização criminosa, associação criminosa ou milícia privada, considerados também o perfil criminal e a função desempenhada por ele no grupo criminoso, a operação duradoura do grupo, a superveniência de novos processos criminais e os resultados do tratamento penitenciário.

§ 5º Na hipótese prevista no § 3º deste artigo, o regime disciplinar diferenciado deverá contar com alta segurança interna e externa, principalmente no que diz respeito à necessidade de se evitar contato do preso com membros de sua organização criminosa, associação criminosa ou milícia privada, ou de grupos rivais. (Incluído pela Lei 13.964/2019)

§ 6º A visita de que trata o inciso III do *caput* deste artigo será gravada em sistema de áudio ou de áudio e vídeo e, com autorização judicial, fiscalizada por agente penitenciário. (Incluído pela Lei 13.964/2019)

§ 7º Após os primeiros 6 (seis) meses de regime disciplinar diferenciado, o preso que não receber a visita de que trata o inciso III do *caput* deste artigo poderá, após prévio agendamento, ter contato telefônico, que será gravado, com uma pessoa da família, 2 (duas) vezes por mês e por 10 (dez) minutos. (Incluído pela Lei 13.964/2019)

SUBSEÇÃO III. DAS SANÇÕES E DAS RECOMPENSAS

Art. 53. Constituem sanções disciplinares:

‣ Súm. 534 e 535 do STJ.

I – advertência verbal;

II – repreensão;

III – suspensão ou restrição de direitos (art. 41, parágrafo único);

IV – isolamento na própria cela, ou em local adequado, nos estabelecimentos que possuam alojamento coletivo, observado o disposto no art. 88 desta Lei;

V – inclusão no regime disciplinar diferenciado. (Incluído pela Lei nº 10.792, de 2003)

Art. 54. As sanções dos incisos I a IV do art. 53 serão aplicadas por ato motivado do diretor do estabelecimento e a do inciso V, por prévio e fundamentado despacho do juiz competente. (Redação da pela Lei nº 10.792, de 2003)

‣ Súm. 533 do STJ.

§ 1º. A autorização para a inclusão do preso em regime disciplinar dependerá de requerimento circunstanciado elaborado pelo diretor do estabelecimento ou outra autoridade administrativa. (Incluído pela Lei nº 10.792, de 2003)

§ 2º. A decisão judicial sobre inclusão de preso em regime disciplinar será precedida de manifestação do Ministério Público e da defesa e prolatada no prazo máximo de 15 (quinze) dias. (Incluído pela Lei nº 10.792, de 2003)

‣ Lei 7.210/1984: art. 60.

Art. 55. As recompensas têm em vista o bom comportamento reconhecido em favor do condenado, de sua colaboração com a disciplina e de sua dedicação ao trabalho.

Art. 56. São recompensas:

I – o elogio;

II – a concessão de regalias.

Parágrafo único. A legislação local e os regulamentos estabelecerão a natureza e a forma de concessão de regalias.

SUBSEÇÃO IV.
DA APLICAÇÃO DAS SANÇÕES

Art. 57. Na aplicação das sanções disciplinares, levar-se-ão em conta a natureza, os motivos, as circunstâncias e consequências do fato, bem como a pessoa do faltoso e seu tempo de prisão. (Redação dada pela Lei nº 10.792, de 2003)

- CP: art. 59.

Parágrafo único. Nas faltas graves, aplicam-se as sanções previstas nos incisos III a V do art. 53 desta Lei. (Redação dada pela Lei nº 10.792, de 2003)

Art. 58. O isolamento, a suspensão e a restrição de direitos não poderão exceder a 30 (trinta) dias, ressalvada a hipótese do regime disciplinar diferenciado. (Redação dada pela Lei nº 10.792, de 2003)

Parágrafo único. O isolamento será sempre comunicado ao juiz da execução.

- Lei 7.210/1984: art. 66, VI e VII.

SUBSEÇÃO V.
DO PROCEDIMENTO DISCIPLINAR

Art. 59. Praticada a falta disciplinar, deverá ser instaurado o procedimento para sua apuração, conforme regulamento, assegurado o direito de defesa.

- Súm. 533 do STJ.

Parágrafo único. A decisão será motivada.

Art. 60. A autoridade administrativa poderá decretar o isolamento preventivo do faltoso pelo prazo de até 10 (dez) dias. A inclusão do preso no regime disciplinar diferenciado, no interesse da disciplina e da averiguação do fato, dependerá de despacho do juiz competente. (Redação dada pela Lei nº 10.792, de 2003)

Parágrafo único. O tempo de isolamento ou inclusão preventiva no regime disciplinar diferenciado será computado no período de cumprimento da sanção disciplinar. (Redação dada pela Lei nº 10.792, de 2003)

- CP: art. 42.

TÍTULO III. DOS ÓRGÃOS DA EXECUÇÃO PENAL

CAPÍTULO I. DISPOSIÇÕES GERAIS

Art. 61. São órgãos da execução penal:

I – o Conselho Nacional de Política Criminal e Penitenciária;

II – o Juízo da Execução;

III – o Ministério Público;

- LC 75/1993: art. 38, VII.

IV – o Conselho Penitenciário;

- Lei 7.210/1984: art. 69, § 1º.

V – os Departamentos Penitenciários;

- Lei 7.210/1984: arts. 71 e 72.

VI – o Patronato;

- Lei 7.210/1984: art. 79.

VII – o Conselho da Comunidade;

- Lei 7.210/1984: arts. 66, IX e 80.

VIII – a Defensoria Pública. (Incluído pela Lei nº 12.313, de 2010)

- CF/88: art. 134.
- LC 80/1994 – Organiza a Defensoria Pública da União, do Distrito Federal e dos Territórios e prescre normas gerais para sua organização nos Estados.

CAPÍTULO II. DO CONSELHO NACIONAL DE POLÍTICA CRIMINAL E PENITENCIÁRIA

Art. 62. O Conselho Nacional de Política Criminal e Penitenciária, com sede na Capital da República, é subordinado ao Ministério da Justiça.

- Lei 13.341/2016: art. 2º, IV.

Art. 63. O Conselho Nacional de Política Criminal e Penitenciária será integrado por 13 (treze) membros designados através de ato do Ministério da Justiça, dentre professores e profissionais da área do Direito Penal, Processual Penal, Penitenciário e ciências correlatas, bem como por representantes da comunidade e dos Ministérios da área social.

- Lei 13.341/2016: art. 2º, IV.

Parágrafo único. O mandato dos membros do Conselho terá duração de 2 (dois) anos, renovado 1/3 (um terço) em cada ano.

Art. 64. Ao Conselho Nacional de Política Criminal e Penitenciária, no exercício de suas atividades, em âmbito federal ou estadual, incumbe:

I – propor diretrizes da política criminal quanto à prevenção do delito, administração da justiça criminal e execução das penas e das medidas de segurança;

II – contribuir na elaboração de planos nacionais de desenvolvimento, sugerindo as metas e prioridades da política criminal e penitenciária;

III – promover a avaliação periódica do sistema criminal para a sua adequação às necessidades do País;

IV – estimular e promover a pesquisa criminológica;

V – elaborar programa nacional penitenciário de formação e aperfeiçoamento do servidor;

VI – estabelecer regras sobre a arquitetura e construção de estabelecimentos penais e casas de albergados;

VII – estabelecer os critérios para a elaboração da estatística criminal;

VIII – inspecionar e fiscalizar os estabelecimentos penais, bem assim informar-se, mediante relatório do Conselho Penitenciário, requisições, visitas ou outros meios, acerca do desenvolvimento da execução penal nos Estados, Territórios e Distrito Federal, propondo às autoridades dela incumbidas as medidas necessárias ao seu aprimoramento;

IX – representar ao juiz da execução ou à autoridade administrativa para instauração de sindicância ou procedimento administrativo, em caso de violação das normas referentes à execução penal;

X – representar à autoridade competente para a interdição, no todo ou em parte, de estabelecimento penal.

CAPÍTULO III. DO JUÍZO DA EXECUÇÃO

Art. 65. A execução penal competirá ao juiz indicado na lei local de organização judiciária e, na sua ausência, ao da sentença.

- Súm. 192 do STJ.
- CPP: art. 668.

Art. 66. Compete ao juiz da execução:

- Súm. 192 do STJ.

I – aplicar aos casos julgados lei posterior que de qualquer modo favorecer o condenado;

- Súm. 611 do STF.
- CF/88: art. 5º, XL.
- CP: art. 2º, par. único.

II – declarar extinta a punibilidade;

- CP: art. 107.

III – decidir sobre:

a) soma ou unificação de penas;

- CP: arts. 69 a 71, e 75.
- CPP: arts. 81 e 82.

b) progressão ou regressão nos regimes;

- Súm. Vinculante 26 do STF.
- CP: art. 33, § 2º.
- Lei 8.072/1990: art. 2º, § 2º.
- Lei 7.210/1984: arts. 110 a 119.

c) detração e remição da pena;

- CP: art. 42.
- Lei 7.210/1984: arts. 126 a 130.

d) suspensão condicional da pena;

- CPP: arts. 581, XI, e 696 a 709.
- Lei 7.210/1984: arts. 156 a 163.

e) livramento condicional;

- CP: arts. 83 a 90.
- CPP: arts. 710 a 733.
- Lei 7.210/1984: arts. 131 a 146.

f) incidentes da execução;

- Lei 7.210/1984: arts. 180, 181, 183 e 184.

IV – autorizar saídas temporárias;

- Lei 7.210/1984: arts. 120 a 125.

V – determinar:

a) a forma de cumprimento da pena restritiva de direitos e fiscalizar sua execução;

- Lei 7.210/1984: arts. 147 a 158.

b) a conversão da pena restritiva de direitos e de multa em privativa de liberdade;

- CP: art. 51.

c) a conversão da pena privativa de liberdade em restritiva de direitos;

- CP: art. 44.
- Lei 7.284/1984: art. 180.

d) a aplicação da medida de segurança, bem como a substituição da pena por medida de segurança;

- CP: arts. 96 e ss.
- Lei 7.210/1984: art. 183.

e) a revogação da medida de segurança;

- CP: art. 97, § 3º.
- Lei 7.210/1984: arts. 175 a 179.

f) a desinternação e o restabelecimento da situação anterior;

- CP: art. 96, §§ 3º e 4º.
- Lei 7.210/1984: art. 178.

g) o cumprimento de pena ou medida de segurança em outra comarca;

h) a remoção do condenado na hipótese prevista no § 1º do art. 86 desta Lei;

i) (*VETADA*); (Incluído pela Lei nº 12.258, de 2010)

VI – zelar pelo correto cumprimento da pena e da medida de segurança;

VII – inspecionar, mensalmente, os estabelecimentos penais, tomando providências para o adequado funcionamento e promovendo, quando for o caso, a apuração de responsabilidade;

VIII – interditar, no todo ou em parte, estabelecimento penal que estiver funcionando em condições inadequadas ou com infringência aos dispositivos desta Lei;

IX – compor e instalar o Conselho da Comunidade;

- Lei 7.210/1984: arts. 80 e 81.

X – emitir anualmente atestado de pena a cumprir. (Incluído pela Lei nº 10.713, de 2003)

CAPÍTULO IV. DO MINISTÉRIO PÚBLICO

Art. 67. O Ministério Público fiscalizará a execução da pena e da medida de segurança, oficiando no processo executivo e nos incidentes da execução.

- Lei 8.625/1993 – Institui a Lei Orgânica Nacional do Ministério Público, dispõe sobre normas gerais para a organização do Ministério Público dos Estados.
- Lei 7.210/1984: art. 196.

Art. 68. Incumbe, ainda, ao Ministério Público:

I – fiscalizar a regularidade formal das guias de recolhimento e de internamento;

II – requerer:

a) todas as providências necessárias ao desenvolvimento do processo executivo;

b) a instauração dos incidentes de excesso ou desvio de execução;

c) a aplicação de medida de segurança, bem como a substituição da pena por medida de segurança;

d) a revogação da medida de segurança;

e) a conversão de pena, a progressão ou regressão nos regimes e a revogação da suspensão condicional da pena e do livramento condicional;

f) a internação, a desinternação e o restabelecimento da situação anterior;

III – interpor recursos de decisões proferidas pela autoridade judiciária, durante a execução.

Parágrafo único. O órgão do Ministério Público visitará mensalmente os estabelecimentos penais, registrando a sua presença em livro próprio.

- Lei 11.671/2008: Art. 8º.
- Lei 7.210/1984: art. 66, VII.

CAPÍTULO V. DO CONSELHO PENITENCIÁRIO

Art. 69. O Conselho Penitenciário é órgão consultivo e fiscalizador da execução da pena.

§ 1º. O Conselho será integrado por membros nomeados pelo governador do Estado, do Distrito Federal e dos Territórios, dentre professores e profissionais da área de Direito Penal, Processual Penal, Penitenciário e ciências correlatas, bem como por representantes da comunidade. A legislação federal e estadual regulará o seu funcionamento.

§ 2º. O mandato dos membros do Conselho Penitenciário terá a duração de 4 (quatro) anos.

Art. 70. Incumbe ao Conselho Penitenciário:

- Lei 7.210/1984: arts. 131, 143, 145, 186 e 187.

I – emitir parecer sobre indulto e comutação de pena, excetuada a hipótese de pedido de indulto com base no estado de saúde do preso; (Redação dada pela Lei nº 10.792, de 2003)

- CF/88: art. 84, XII.
- CP: art. 107, II.

II – inspecionar os estabelecimentos e serviços penais;

III – apresentar, no primeiro trimestre de cada ano, ao Conselho Nacional de Política Criminal e Penitenciária, relatório dos trabalhos efetuados no exercício anterior;

IV – supervisionar os patronatos, bem como a assistência aos egressos.

CAPÍTULO VI. DOS DEPARTAMENTOS PENITENCIÁRIOS

SEÇÃO I. DO DEPARTAMENTO PENITENCIÁRIO NACIONAL

Art. 71. O Departamento Penitenciário Nacional, subordinado ao Ministério da Justiça, é órgão executivo da Política Penitenciária Nacional e de apoio administrativo e financeiro do Conselho Nacional de Política Criminal e Penitenciária.

Art. 72. São atribuições do Departamento Penitenciário Nacional:

I – acompanhar a fiel aplicação das normas de execução penal em todo o território nacional;

II – inspecionar e fiscalizar periodicamente os estabelecimentos e serviços penais;

III – assistir tecnicamente as unidades federativas na implementação dos princípios e regras estabelecidos nesta Lei;

IV – colaborar com as unidades federativas, mediante convênios, na implantação de estabelecimentos e serviços penais;

V – colaborar com as unidades federativas para a realização de cursos de formação de pessoal penitenciário e de ensino profissionalizante do condenado e do internado;

VI – estabelecer, mediante convênios com as unidades federativas, o cadastro nacional das vagas existentes em estabelecimentos locais destinadas ao cumprimento de penas privativas de liberdade aplicadas pela justiça de outra unidade federativa, em especial para presos sujeitos a regime disciplinar. (Incluído pela Lei nº 10.792, de 2003)

VII – acompanhar a execução da pena das mulheres beneficiadas pela progressão especial de que trata o § 3º do art. 112 desta Lei, monitorando sua integração social e a ocorrência de reincidência, específica ou não, mediante a realização de avaliações periódicas e de estatísticas criminais. *(Incluído pela Lei 13.769/2018)*

§ 1º Incumbe também ao Departamento a coordenação e supervisão dos estabelecimentos penais e de internamento federais. *(Renumerado pela Lei 13.769/2018)*

§ 2º Os resultados obtidos por meio do monitoramento e das avaliações periódicas previstas no inciso VII do *caput* deste artigo serão utilizados para, em função da efetividade da progressão especial para a ressocialização das mulheres de que trata o § 3º do art. 112 desta Lei, avaliar eventual desnecessidade do regime fechado de cumprimento de pena para essas mulheres nos casos de crimes cometidos sem violência ou grave ameaça. *(Incluído pela Lei 13.769/2018)*

SEÇÃO II. DO DEPARTAMENTO PENITENCIÁRIO LOCAL

Art. 73. A legislação local poderá criar Departamento Penitenciário ou órgão similar, com as atribuições que estabelecer.

Art. 74. O Departamento Penitenciário local, ou órgão similar, tem por finalidade supervisionar e coordenar os estabelecimentos penais da unidade da Federação a que pertencer.

Parágrafo único. Os órgãos referidos no *caput* deste artigo realizarão o acompanhamento de que trata o inciso VII do *caput* do art. 72 desta Lei e encaminharão ao Departamento Penitenciário Nacional os resultados obtidos. *(Incluído pela Lei 13.769/2018)*

SEÇÃO III. DA DIREÇÃO E DO PESSOAL DOS ESTABELECIMENTOS PENAIS

Art. 75. O ocupante do cargo de diretor de estabelecimento deverá satisfazer os seguintes requisitos:

I – ser portador de diploma de nível superior de Direito, ou Psicologia, ou Ciências Sociais, ou Pedagogia, ou Serviços Sociais;

II – possuir experiência administrativa na área;

III – ter idoneidade moral e reconhecida aptidão para o desempenho da função.

Parágrafo único. O diretor deverá residir no estabelecimento, ou nas proximidades, e dedicará tempo integral à sua função.

Art. 76. O Quadro do Pessoal Penitenciário será organizado em diferentes categorias funcionais, segundo as necessidades do serviço, com especificação de atribuições relativas às funções de direção, chefia e assessoramento do estabelecimento e às demais funções.

Art. 77. A escolha do pessoal administrativo, especializado, de instrução técnica e de vigilância atenderá a vocação, preparação profissional e antecedentes pessoais do candidato.

§ 1º. O ingresso do pessoal penitenciário, bem como a progressão ou a ascensão funcional dependerão de cursos específicos de formação, procedendo-se à reciclagem periódica dos servidores em exercício.

§ 2º. No estabelecimento para mulheres somente se permitirá o trabalho de pessoal do sexo feminino, salvo quando se tratar de pessoal técnico especializado.

CAPÍTULO VII. DO PATRONATO

Art. 78. O Patronato público ou particular destina-se a prestar assistência aos albergados e aos egressos (art. 26).

- Lei 7.210/1984: arts. 61, VI, 139 e 158, § 3º.

Art. 79. Incumbe também ao Patronato:

I – orientar os condenados à pena restritiva de direitos;

II – fiscalizar o cumprimento das penas de prestação de serviço à comunidade e de limitação de fim de semana;

III – colaborar na fiscalização do cumprimento das condições da suspensão e do livramento condicional.

CAPÍTULO VIII. DO CONSELHO DA COMUNIDADE

Art. 80. Haverá, em cada comarca, um Conselho da Comunidade composto, no mínimo, por 1 (um) representante de associação comercial ou industrial, 1 (um) advogado indicado pela Seção da Ordem dos Advogados do Brasil, 1 (um) Defensor Público indicado pelo Defensor Público Geral e 1 (um) assistente social escolhido pela Delegacia Seccional do Conselho Nacional de Assistentes Sociais. (Redação dada pela Lei nº 12.313, de 2010)

- Lei 7.210/1984: arts. 61, VII, 66, IX, 139 e 158, § 3º.

Parágrafo único. Na falta da representação prevista neste artigo, ficará a critério do juiz da execução a escolha dos integrantes do Conselho.

Art. 81. Incumbe ao Conselho da Comunidade:

I – visitar, pelo menos mensalmente, os estabelecimentos penais existentes na comarca;

II – entrevistar presos;

III – apresentar relatórios mensais ao juiz da execução e ao Conselho Penitenciário;

IV – diligenciar a obtenção de recursos materiais e humanos para melhor assistência ao preso ou internado, em harmonia com a direção do estabelecimento.

CAPÍTULO IX. DA DEFENSORIA PÚBLICA

- (Incluído pela Lei nº 12.313, de 2010)
- CF/88: arts. 134 e 135.
- LC 80/1994 – Organiza a Defensoria Pública da União, do Distrito Federal e dos Territórios e prescre normas gerais para sua organização nos Estados.

Art. 81-A. A Defensoria Pública velará pela regular execução da pena e da medida de segurança, oficiando, no processo executivo e nos incidentes da execução, para a defesa dos necessitados em todos os graus e instâncias, de forma individual e coletiva. (Incluído pela Lei nº 12.313, de 2010)

Art. 81-B. Incumbe, ainda, à Defensoria Pública: (Incluído pela Lei nº 12.313, de 2010)

I – requerer: (Incluído pela Lei nº 12.313, de 2010)

a) todas as providências necessárias ao desenvolvimento do processo executivo; (Incluído pela Lei nº 12.313, de 2010)

b) a aplicação aos casos julgados de lei posterior que de qualquer modo favorecer o condenado; (Incluído pela Lei nº 12.313, de 2010) *c)* a declaração de extinção da punibilidade; (Incluído pela Lei nº 12.313, de 2010)

d) a unificação de penas; (Incluído pela Lei nº 12.313, de 2010)

e) a detração e remição da pena; (Incluído pela Lei nº 12.313, de 2010)

f) a instauração dos incidentes de excesso ou desvio de execução; (Incluído pela Lei nº 12.313, de 2010)

g) a aplicação de medida de segurança e sua revogação, bem como a substituição da pena por medida de segurança; (Incluído pela Lei nº 12.313, de 2010)

h) a conversão de penas, a progressão nos regimes, a suspensão condicional da pena, o livramento condicional, a comutação de pena e o indulto; (Incluído pela Lei nº 12.313, de 2010)

i) a autorização de saídas temporárias; (Incluído pela Lei nº 12.313, de 2010)

j) a internação, a desinternação e o restabelecimento da situação anterior; (Incluído pela Lei nº 12.313, de 2010)

k) o cumprimento de pena ou medida de segurança em outra comarca; (Incluído pela Lei nº 12.313, de 2010)

l) a remoção do condenado na hipótese prevista no § 1º do art. 86 desta Lei; (Incluído pela Lei nº 12.313, de 2010)

II – requerer a emissão anual do atestado de pena a cumprir; (Incluído pela Lei nº 12.313, de 2010)

III – interpor recursos de decisões proferidas pela autoridade judiciária ou administrativa durante a execução; (Incluído pela Lei nº 12.313, de 2010)

IV – representar ao Juiz da execução ou à autoridade administrativa para instauração de sindicância ou procedimento administrativo em caso de violação das normas referentes à execução penal; (Incluído pela Lei nº 12.313, de 2010)

V – visitar os estabelecimentos penais, tomando providências para o adequado funcionamento, e requerer, quando for o caso, a apuração de responsabilidade; (Incluído pela Lei nº 12.313, de 2010)

VI – requerer à autoridade competente a interdição, no todo ou em parte, de estabelecimento penal. (Incluído pela Lei nº 12.313, de 2010)

Parágrafo único. O órgão da Defensoria Pública visitará periodicamente os estabelecimentos penais, registrando a sua presença em livro próprio. (Incluído pela Lei nº 12.313, de 2010)

TÍTULO IV. DOS ESTABELECIMENTOS PENAIS

CAPÍTULO I. DISPOSIÇÕES GERAIS

Art. 82. Os estabelecimentos penais destinam-se ao condenado, ao submetido à medida de segurança, ao preso provisório e ao egresso.

- Lei 7.210/1984: arts. 25, II e 26.

§ 1º. A mulher e o maior de 60 (sessenta) anos, separadamente, serão recolhidos a estabelecimento próprio e adequado à sua condição pessoal. (Redação dada pela Lei nº 9.460, de 1997)

- CF/88: art. 5º, XLVIII.
- CP: art. 37.

§ 2º. O mesmo conjunto arquitetônico poderá abrigar estabelecimentos de destinação diversa desde que devidamente isolados.

Art. 83. O estabelecimento penal, conforme a sua natureza, deverá contar em suas dependências com áreas e serviços destinados a dar assistência, educação, trabalho, recreação e prática esportiva.

§ 1º. Haverá instalação destinada a estágio de estudantes universitários. (Renumerado pela Lei nº 9.046, de 1995)

§ 2º. Os estabelecimentos penais destinados a mulheres serão dotados de berçário, onde as condenadas possam cuidar de seus filhos, inclusive amamentá-los, no mínimo, até 6 (seis) meses de idade. (Redação dada pela Lei nº 11.942, de 2009)

- CF/88: art. 5º, L.
- ECA: arts. 8º, § 10, e 9º.

§ 3º. Os estabelecimentos de que trata o § 2º deste artigo deverão possuir, exclusivamente, agentes do sexo feminino na segurança de suas dependências internas. (Incluído pela Lei nº 12.121, de 2009)

- CF/88: art. 5º, XLVIII e XLIX.
- CPP: art. 249.

§ 4º. Serão instaladas salas de aulas destinadas a cursos do ensino básico e profissionalizante. (Incluído pela Lei nº 12.245, de 2010)

- Lei 9.394/1996: arts. 21, I, 32, 35 e 36-B.

§ 5º. Haverá instalação destinada à Defensoria Pública. (Incluído pela Lei nº 12.313, de 2010)

- CF/88: art. 134.
- LC 80/1994 – Organiza a Defensoria Pública da União, do Distrito Federal e dos Territórios e prescre normas gerais para sua organização nos Estados.

Art. 83-A. Poderão ser objeto de execução indireta as atividades materiais acessórias, instrumentais ou complementares desenvolvidas em estabelecimentos penais, e notadamente: (Incluído pela Lei nº 13.190, de 2015)

I – serviços de conservação, limpeza, informática, copeiragem, portaria, recepção, reprografia, telecomunicações, lavanderia e manutenção de prédios, instalações e equipamentos internos e externos; (Incluído pela Lei nº 13.190, de 2015)

II – serviços relacionados à execução de trabalho pelo preso. (Incluído pela Lei nº 13.190, de 2015)

§ 1º. A execução indireta será realizada sob supervisão e fiscalização do poder público. (Incluído pela Lei nº 13.190, de 2015)

§ 2º. Os serviços relacionados neste artigo poderão compreender o fornecimento de materiais, equipamentos, máquinas e profissionais. (Incluído pela Lei nº 13.190, de 2015)

Art. 83-B. São indelegáveis as funções de direção, chefia e coordenação no âmbito do sistema penal, bem como todas as atividades que exijam o exercício do poder de polícia, e notadamente: (Incluído pela Lei nº 13.190, de 2015)

I – classificação de condenados; (Incluído pela Lei nº 13.190, de 2015)

II – aplicação de sanções disciplinares; (Incluído pela Lei nº 13.190, de 2015)

III – controle de rebeliões; (Incluído pela Lei nº 13.190, de 2015)

IV – transporte de presos para órgãos do Poder Judiciário, hospitais e outros locais externos aos estabelecimentos penais. (Incluído pela Lei nº 13.190, de 2015)

Art. 84. O preso provisório ficará separado do condenado por sentença transitada em julgado.

§ 1º. Os presos provisórios ficarão separados de acordo com os seguintes critérios: (Redação dada pela Lei nº 13.167, de 2015)

I – acusados pela prática de crimes hediondos ou equiparados; (Incluído pela Lei nº 13.167, de 2015)

- Lei 8.072/1990: art. 1º

II – acusados pela prática de crimes cometidos com violência ou grave ameaça à pessoa; (Incluído pela Lei nº 13.167, de 2015)

III – acusados pela prática de outros crimes ou contravenções diversos dos apontados nos incisos I e II. (Incluído pela Lei nº 13.167, de 2015)

§ 2º. O preso que, ao tempo do fato, era funcionário da administração da Justiça criminal ficará em dependência separada.

§ 3º. Os presos condenados ficarão separados de acordo com os seguintes critérios: (Incluído pela Lei nº 13.167, de 2015)

I – condenados pela prática de crimes hediondos ou equiparados; (Incluído pela Lei nº 13.167, de 2015)

- Lei 8.072/1990: art. 1º

II – reincidentes condenados pela prática de crimes cometidos com violência ou grave ameaça à pessoa; (Incluído pela Lei nº 13.167, de 2015)

- CP: arts. 63 e 64.

III – primários condenados pela prática de crimes cometidos com violência ou grave ameaça à pessoa; (Incluído pela Lei nº 13.167, de 2015)

IV – demais condenados pela prática de outros crimes ou contravenções em situação diversa das previstas nos incisos I, II e III. (Incluído pela Lei nº 13.167, de 2015)

§ 4º. O preso que tiver sua integridade física, moral ou psicológica ameaçada pela convivência com os demais presos ficará segregado em local próprio. (Incluído pela Lei nº 13.167, de 2015)

Art. 85. O estabelecimento penal deverá ter lotação compatível com a sua estrutura e finalidade.

- Lei 7.210/1984: art. 66, VI a VIII.

Parágrafo único. O Conselho Nacional de Política Criminal e Penitenciária determinará o limite máximo de capacidade do estabelecimento, atendendo a sua natureza e peculiaridades.

Art. 86. As penas privativas de liberdade aplicadas pela justiça de uma unidade federativa podem ser executadas em outra unidade, em estabelecimento local ou da União.

- Lei 7.210/1984: art. 66, V, g e h.

§ 1º. A União Federal poderá construir estabelecimento penal em local distante da condenação para recolher os condenados, quando a medida se justifique no interesse da segurança pública ou do próprio condenado. (Redação dada pela Lei nº 10.792, de 2003)

- Lei 11.671/2008 : art. 3º.
- Lei 8.072/1990: art. 3º.

§ 2º. Conforme a natureza do estabelecimento, nele poderão trabalhar os liberados ou egressos que se dediquem a obras públicas ou ao aproveitamento de terras ociosas.

- Lei 7.210/1984: arts. 26, 132, § 1º, a, e 178.

§ 3º. Caberá ao juiz competente, a requerimento da autoridade administrativa definir o estabelecimento prisional adequado para abrigar o preso provisório ou condenado, em atenção ao regime e aos requisitos estabelecidos. (Incluído pela Lei nº 10.792, de 2003)

CAPÍTULO II. DA PENITENCIÁRIA

Art. 87. A Penitenciária destina-se ao condenado à pena de reclusão, em regime fechado.

- CP: arts. 33 e 34.

Parágrafo único. A União Federal, os Estados, o Distrito Federal e os Territórios poderão construir Penitenciárias destinadas, exclusivamente, aos presos provisórios e condenados que estejam em regime fechado, sujeitos ao regime disciplinar diferenciado, nos termos do art. 52 desta Lei. (Incluído pela Lei nº 10.792, de 2003)

Art. 88. O condenado será alojado em cela individual que conterá dormitório, aparelho sanitário e lavatório.

- Decreto 6.049/2007: art. 6º.

Parágrafo único. São requisitos básicos da unidade celular:

a) salubridade do ambiente pela concorrência dos fatores de aeração, insolação e condicionamento térmico adequado à existência humana;

b) área mínima de 6 m².

Art. 89. Além dos requisitos referidos no art. 88, a penitenciária de mulheres será dotada de seção para gestante e parturiente e de creche para abrigar crianças maiores de 6 (seis) meses e menores de 7 (sete) anos, com a finalidade de assistir a criança desamparada cuja responsável estiver presa. (Redação dada pela Lei nº 11.942, de 2009)

‣ CP: art. 37.

‣ ECA: arts. 8º, § 10, e 9º.

‣ Lei 7.210/1984: art. 14, § 3º.

Parágrafo único. São requisitos básicos da seção e da creche referidas neste artigo: (Incluído pela Lei nº 11.942, de 2009)

I – atendimento por pessoal qualificado, de acordo com as diretrizes adotadas pela legislação educacional e em unidades autônomas; e (Incluído pela Lei nº 11.942, de 2009)

II – horário de funcionamento que garanta a melhor assistência à criança e à sua responsável. (Incluído pela Lei nº 11.942, de 2009)

Art. 90. A penitenciária de homens será construída em local afastado do centro urbano a distância que não restrinja a visitação.

CAPÍTULO III. DA COLÔNIA AGRÍCOLA, INDUSTRIAL OU SIMILAR

Art. 91. A Colônia Agrícola, Industrial ou similar destina-se ao cumprimento da pena em regime semiaberto.

‣ arts. 33, § 1º e 35, § 1º.

Art. 92. O condenado poderá ser alojado em compartimento coletivo, observados os requisitos da letra *a* do parágrafo único do art. 88 desta Lei.

‣ Lei 7.210/1984: art. 53, IV.

Parágrafo único. São também requisitos básicos das dependências coletivas:

a) a seleção adequada dos presos;

b) o limite de capacidade máxima que atenda os objetivos de individualização da pena.

CAPÍTULO IV. DA CASA DO ALBERGADO

Art. 93. A Casa do Albergado destina-se ao cumprimento de pena privativa de liberdade, em regime aberto, e da pena de limitação de fim de semana.

‣ CP: arts. 35, § 1º, e 48.

‣ Lei 7.210/1984: art. 117.

Art. 94. O prédio deverá situar-se em centro urbano, separado dos demais estabelecimentos, e caracterizar-se pela ausência de obstáculos físicos contra a fuga.

Art. 95. Em cada região haverá, pelo menos, 1 (uma) Casa de Albergado, a qual deverá conter, além dos aposentos para acomodar os presos, local adequado para cursos e palestras.

‣ CP: art. 48, par. único.

Parágrafo único. O estabelecimento terá instalações para os serviços de fiscalização e orientação dos condenados.

CAPÍTULO V. DO CENTRO DE OBSERVAÇÃO

Art. 96. No Centro de Observação realizar-se-ão os exames gerais e o criminológico, cujos resultados serão encaminhados à Comissão Técnica de Classificação.

‣ CP: arts. 34 e 35.

Parágrafo único. No Centro poderão ser realizadas pesquisas criminológicas.

Art. 97. O Centro de Observação será instalado em unidade autônoma ou em anexo a estabelecimento penal.

Art. 98. Os exames poderão ser realizados pela Comissão Técnica de Classificação, na falta do Centro de Observação.

CAPÍTULO VI. DO HOSPITAL DE CUSTÓDIA E TRATAMENTO PSIQUIÁTRICO

Art. 99. O Hospital de Custódia e Tratamento Psiquiátrico destina-se aos inimputáveis e semi-imputáveis referidos no art. 26 e seu parágrafo único do Código Penal.

‣ CP: arts. 41 e 42.

‣ CPP: arts. 149 a 154, e 682.

Parágrafo único. Aplica-se ao Hospital, no que couber, o disposto no parágrafo único do art. 88 desta Lei.

Art. 100. O exame psiquiátrico e os demais exames necessários ao tratamento são obrigatórios para todos os internados.

‣ Lei 7.210/1984: art. 175.

Art. 101. O tratamento ambulatorial, previsto no art. 97, segunda parte, do Código Penal, será realizado no Hospital de Custódia e Tratamento Psiquiátrico ou em outro local com dependência médica adequada.

CAPÍTULO VII. DA CADEIA PÚBLICA

Art. 102. A Cadeia Pública destina-se ao recolhimento de presos provisórios.

Art. 103. Cada comarca terá, pelo menos, 1 (uma) Cadeia Pública a fim de resguardar o interesse da administração da justiça criminal e a permanência do preso em local próximo ao seu meio social e familiar.

Art. 104. O estabelecimento de que trata este Capítulo será instalado próximo de centro urbano, observando-se na construção as exigências mínimas referidas no art. 88 e seu parágrafo único desta Lei.

TÍTULO V. DA EXECUÇÃO DAS PENAS EM ESPÉCIE

CAPÍTULO I. DAS PENAS PRIVATIVAS DE LIBERDADE

SEÇÃO I. DISPOSIÇÕES GERAIS

Art. 105. Transitando em julgado a sentença que aplicar pena privativa de liberdade, se o réu estiver ou vier a ser preso, o juiz ordenará a expedição de guia de recolhimento para a execução.

Art. 106. A guia de recolhimento, extraída pelo escrivão, que a rubricará em todas as folhas e a assinará com o juiz, será remetida à autoridade administrativa incumbida da execução e conterá:

I – o nome do condenado;

II – a sua qualificação civil e o número do registro geral no órgão oficial de identificação;

III – o inteiro teor da denúncia e da sentença condenatória, bem como certidão do trânsito em julgado;

IV – a informação sobre os antecedentes e o grau de instrução;

V – a data da terminação da pena;

VI – outras peças do processo reputadas indispensáveis ao adequado tratamento penitenciário.

§ 1º. Ao Ministério Público se dará ciência da guia de recolhimento.

§ 2º. A guia de recolhimento será retificada sempre que sobrevier modificação quanto ao início da execução, ou ao tempo de duração da pena.

§ 3º. Se o condenado, ao tempo do fato, era funcionário da administração da justiça criminal, far-se-á, na guia, menção dessa circunstância, para fins do disposto no § 2º do art. 84 desta Lei.

Art. 107. Ninguém será recolhido, para cumprimento de pena privativa de liberdade, sem a guia expedida pela autoridade judiciária.

§ 1º. A autoridade administrativa incumbida da execução passará recibo da guia de recolhimento, para juntá-la aos autos do processo, e dará ciência dos seus termos ao condenado.

§ 2º. As guias de recolhimento serão registradas em livro especial, segundo a ordem cronológica do recebimento, e anexadas ao prontuário do condenado, aditando-se, no curso da execução, o cálculo das remições e de outras retificações posteriores.

Art. 108. O condenado a quem sobrevier doença mental será internado em Hospital de Custódia e Tratamento Psiquiátrico.

‣ Lei 7.210/1984: art. 183.

Art. 109. Cumprida ou extinta a pena, o condenado será posto em liberdade, mediante alvará do juiz, se por outro motivo não estiver preso.

‣ CP: art. 107.

SEÇÃO II. DOS REGIMES

Art. 110. O juiz, na sentença, estabelecerá o regime no qual o condenado iniciará o cumprimento da pena privativa de liberdade, observado o disposto no art. 33 e seus parágrafos do Código Penal.

Art. 111. Quando houver condenação por mais de um crime, no mesmo processo ou em processos distintos, a determinação do regime de cumprimento será feita pelo resultado da soma ou unificação das penas, observada, quando for o caso, a detração ou remição.

‣ CP: arts. 42 e 71.

‣ Lei 7.210/1984: arts. 66, III, a, e 126, § 1º.

Parágrafo único. Sobrevindo condenação no curso da execução, somar-se-á a pena ao restante da que está sendo cumprida, para determinação do regime.

Art. 112. A pena privativa de liberdade será executada em forma progressiva com a transferência para regime menos rigoroso, a ser determinada pelo juiz, quando o preso tiver cumprido ao menos: (Redação dada pela Lei 13.964/2019)

I - 16% (dezesseis por cento) da pena, se o apenado for primário e o crime tiver sido cometido sem violência à pessoa ou grave ameaça;

II - 20% (vinte por cento) da pena, se o apenado for reincidente em crime cometido sem violência à pessoa ou grave ameaça;

III - 25% (vinte e cinco por cento) da pena, se o apenado for primário e o crime tiver sido cometido com violência à pessoa ou grave ameaça;

IV - 30% (trinta por cento) da pena, se o apenado for reincidente em crime cometido com violência à pessoa ou grave ameaça;

V - 40% (quarenta por cento) da pena, se o apenado for condenado pela prática de crime hediondo ou equiparado, se for primário;

VI - 50% (cinquenta por cento) da pena, se o apenado for:

a) condenado pela prática de crime hediondo ou equiparado, com resultado morte, se for primário, vedado o livramento condicional;

b) condenado por exercer o comando, individual ou coletivo, de organização criminosa estruturada para a prática de crime hediondo ou equiparado; ou

c) condenado pela prática do crime de constituição de milícia privada;

VII - 60% (sessenta por cento) da pena, se o apenado for reincidente na prática de crime hediondo ou equiparado;

VIII - 70% (setenta por cento) da pena, se o apenado for reincidente em crime hediondo ou equiparado com resultado morte, vedado o livramento condicional.

§ 1° Em todos os casos, o apenado só terá direito à progressão de regime se ostentar boa conduta carcerária, comprovada pelo diretor do estabelecimento, respeitadas as normas que vedam a progressão. (Redação dada pela Lei 13.964/2019)

§ 2° A decisão do juiz que determinar a progressão de regime será sempre motivada e precedida de manifestação do Ministério Público e do defensor, procedimento que também será adotado na concessão de livramento condicional, indulto e comutação de penas, respeitados os prazos previstos nas normas vigentes. (Redação dada pela Lei 13.964/2019)

§ 3º No caso de mulher gestante ou que for mãe ou responsável por crianças ou pessoas com deficiência, os requisitos para progressão de regime são, cumulativamente: *(Incluído pela Lei 13.769/2018)*

I - não ter cometido crime com violência ou grave ameaça a pessoa;

II - não ter cometido o crime contra seu filho ou dependente;

III - ter cumprido ao menos 1/8 (um oitavo) da pena no regime anterior;

IV - ser primária e ter bom comportamento carcerário, comprovado pelo diretor do estabelecimento;

V - não ter integrado organização criminosa.

§ 4º O cometimento de novo crime doloso ou falta grave implicará a revogação do benefício previsto no § 3º deste artigo. *(Incluído pela Lei 13.769/2018)*

§ 5° Não se considera hediondo ou equiparado, para os fins deste artigo, o crime de tráfico de drogas previsto no § 4° do art. 33 da Lei nº 11.343, de 23 de agosto de 2006. (Incluído pela Lei 13.964/2019)

§ 6º O cometimento de falta grave durante a execução da pena privativa de liberdade interrompe o prazo para a obtenção da progressão no regime de cumprimento da pena, caso em que o reinício da contagem do requisito objetivo terá como base a pena remanescente. (Incluído pela Lei 13.964/2019)

§ 7º O bom comportamento é readquirido após 1 (um) ano da ocorrência do fato, ou antes, após o cumprimento do requisito temporal exigível para a obtenção do direito. (Parágrafo vetado pelo Presidente da República na Lei nº 13.964/2019, mantido pelo Congresso Nacional e publicado no DOU de 30/4/2021)

Art. 113. O ingresso do condenado em regime aberto supõe a aceitação de seu programa e das condições impostas pelo juiz.

- CP: art. 36.

Art. 114. Somente poderá ingressar no regime aberto o condenado que:

I – estiver trabalhando ou comprovar a possibilidade de fazê-lo imediatamente;

II – apresentar, pelos seus antecedentes ou pelo resultado dos exames a que foi submetido, fundados indícios de que irá ajustar-se, com autodisciplina e senso de responsabilidade, ao novo regime.

Parágrafo único. Poderão ser dispensadas do trabalho as pessoas referidas no art. 117 desta Lei.

Art. 115. O juiz poderá estabelecer condições especiais para a concessão de regime aberto, sem prejuízo das seguintes condições gerais e obrigatórias:

I – permanecer no local que for designado, durante o repouso e nos dias de folga;

II – sair para o trabalho e retornar, nos horários fixados;

III – não se ausentar da cidade onde reside, sem autorização judicial;

IV – comparecer a juízo, para informar e justificar as suas atividades, quando for determinado.

Art. 116. O juiz poderá modificar as condições estabelecidas, de ofício, a requerimento do Ministério Público, da autoridade administrativa ou do condenado, desde que as circunstâncias assim o recomendem.

Art. 117. Somente se admitirá o recolhimento do beneficiário de regime aberto em residência particular quando se tratar de:

I – condenado maior de 70 (setenta) anos;

II – condenado acometido de doença grave;

III – condenada com filho menor ou deficiente físico ou mental;

IV – condenada gestante.

Art. 118. A execução da pena privativa de liberdade ficará sujeita à forma regressiva, com a transferência para qualquer dos regimes mais rigorosos, quando o condenado:

I – praticar fato definido como crime doloso ou falta grave;

- Súm. 526 do STJ.

II – sofrer condenação, por crime anterior, cuja pena, somada ao restante da pena em execução, torne incabível o regime (art. 111).

§ 1º. O condenado será transferido do regime aberto se, além das hipóteses referidas nos incisos anteriores, frustrar os fins da execução ou não pagar, podendo, a multa cumulativamente imposta.

- CP: art. 51.

§ 2º. Nas hipóteses do inciso I e do parágrafo anterior, deverá ser ouvido, previamente, o condenado.

Art. 119. A legislação local poderá estabelecer normas complementares para o cumprimento da pena privativa de liberdade em regime aberto (art. 36, § 1º, do Código Penal).

SEÇÃO III.
DAS AUTORIZAÇÕES DE SAÍDA

SUBSEÇÃO I.
DA PERMISSÃO DE SAÍDA

- Súm. 520 do STJ.

Art. 120. Os condenados que cumprem pena em regime fechado ou semiaberto e os presos provisórios poderão obter permissão para sair do estabelecimento, mediante escolta, quando ocorrer um dos seguintes fatos:

I – falecimento ou doença grave do cônjuge, companheira, ascendente, descendente ou irmão;

II – necessidade de tratamento médico (parágrafo único do art. 14).

- Refere-se ao § 2º do art. 14.

Parágrafo único. A permissão de saída será concedida pelo diretor do estabelecimento onde se encontra o preso.

Art. 121. A permanência do preso fora do estabelecimento terá duração necessária à finalidade da saída.

SUBSEÇÃO II.
DA SAÍDA TEMPORÁRIA

Art. 122. Os condenados que cumprem pena em regime semiaberto poderão obter autorização para saída temporária do estabelecimento, sem vigilância direta, nos seguintes casos:

- Súm. 40 do STJ.

I – visita à família;

II – frequência a curso supletivo profissionalizante, bem como de instrução do 2º grau ou superior, na comarca do Juízo da Execução;

III – participação em atividades que concorram para o retorno ao convívio social.

§ 1° A ausência de vigilância direta não impede a utilização de equipamento de monitoração eletrônica pelo condenado, quando assim determinar o juiz da execução. (Incluído pela Lei nº 12.258, de 2010)

- CPP: art. 319, IX.
- Lei 7.210/1984: arts. 146-A a 146-D.
- Decreto 7.627/2011 – Regulamenta a monitoração eletrônica de pessoas prevista no Decreto-Lei 3.689/1941 (CPP), e na Lei 7.210/1984 (LEP).

§ 2° Não terá direito à saída temporária a que se refere o *caput* deste artigo o condenado que cumpre pena por praticar crime hediondo com resultado morte. (Incluído pela Lei 13.964/2019)

Art. 123. A autorização será concedida por ato motivado do juiz da execução, ouvidos o Ministério Público e a administração penitenciária, e dependerá da satisfação dos seguintes requisitos:

I – comportamento adequado;

II – cumprimento mínimo de 1/6 (um sexto) da pena, se o condenado for primário, e 1/4 (um quarto), se reincidente;

- Súm. 40 do STJ.
- CP: art. 35, § 2º.

III – compatibilidade do benefício com os objetivos da pena.

Art. 124. A autorização será concedida por prazo não superior a 7 (sete) dias, podendo ser renovada por mais 4 (quatro) vezes durante o ano.

§ 1º. Ao conceder a saída temporária, o juiz imporá ao beneficiário as seguintes condições, entre outras que entender compatíveis com as circunstâncias do caso e a situação pessoal do condenado: (Incluído pela Lei nº 12.258, de 2010)

- CP: art. 47, IV.

I – fornecimento do endereço onde reside a família a ser visitada ou onde poderá ser encontrado durante o gozo do benefício; (Incluído pela Lei nº 12.258, de 2010)

II – recolhimento à residência visitada, no período noturno; (Incluído pela Lei nº 12.258, de 2010)

III – proibição de frequentar bares, casas noturnas e estabelecimentos congêneres. (Incluído pela Lei nº 12.258, de 2010)

§ 2º. Quando se tratar de frequência a curso profissionalizante, de instrução de ensino médio ou superior, o tempo de saída será o necessário para o cumprimento das atividades discentes. (Renumerado pela Lei nº 12.258, de 2010)

§ 3º. Nos demais casos, as autorizações de saída somente poderão ser concedidas com prazo mínimo de 45 (quarenta e cinco) dias de intervalo entre uma e outra. (Incluído pela Lei nº 12.258, de 2010)

Art. 125. O benefício será automaticamente revogado quando o condenado praticar fato definido como crime doloso, for punido por falta grave, desatender as condições impostas na autorização ou revelar baixo grau de aproveitamento do curso.

Parágrafo único. A recuperação do direito à saída temporária dependerá da absolvição no processo penal, do cancelamento da punição disciplinar ou da demonstração do merecimento do condenado.

SEÇÃO IV.
DA REMIÇÃO

Art. 126. O condenado que cumpre a pena em regime fechado ou semiaberto poderá remir, por trabalho ou por estudo, parte do tempo de execução da pena. (Redação dada pela Lei nº 12.433, de 2011)

‣ Súm. 341 do STJ.

‣ Lei 7.210/1984: art. 39, V.

§ 1º. A contagem de tempo referida no *caput* será feita à razão de: (Redação dada pela Lei nº 12.433, de 2011)

I – 1 (um) dia de pena a cada 12 (doze) horas de frequência escolar – atividade de ensino fundamental, médio, inclusive profissionalizante, ou superior, ou ainda de requalificação profissional – divididas, no mínimo, em 3 (três) dias; (Incluído pela Lei nº 12.433, de 2011)

II – 1 (um) dia de pena a cada 3 (três) dias de trabalho. (Incluído pela Lei nº 12.433, de 2011)

‣ Lei 7.210/1984: art. 33.

§ 2º. As atividades de estudo a que se refere o § 1º deste artigo poderão ser desenvolvidas de forma presencial ou por metodologia de ensino a distância e deverão ser certificadas pelas autoridades educacionais competentes dos cursos frequentados. (Redação dada pela Lei nº 12.433, de 2011)

§ 3º. Para fins de cumulação dos casos de remição, as horas diárias de trabalho e de estudo serão definidas de forma a se compatibilizarem. (Redação dada pela Lei nº 12.433, de 2011)

§ 4º. O preso impossibilitado, por acidente, de prosseguir no trabalho ou nos estudos continuará a beneficiar-se com a remição. (Incluído pela Lei nº 12.433, de 2011)

§ 5º. O tempo a remir em função das horas de estudo será acrescido de 1/3 (um terço) no caso de conclusão do ensino fundamental, médio ou superior durante o cumprimento da pena, desde que certificada pelo órgão competente do sistema de educação. (Incluído pela Lei nº 12.433, de 2011)

§ 6º. O condenado que cumpre pena em regime aberto ou semiaberto e o que usufrui liberdade condicional poderão remir, pela frequência a curso de ensino regular ou de educação profissional, parte do tempo de execução da pena ou do período de prova, observado o disposto no inciso I do § 1º deste artigo. (Incluído pela Lei nº 12.433, de 2011)

§ 7º. O disposto neste artigo aplica-se às hipóteses de prisão cautelar. (Incluído pela Lei nº 12.433, de 2011)

§ 8º. A remição será declarada pelo juiz da execução, ouvidos o Ministério Público e a defesa. (Incluído pela Lei nº 12.433, de 2011)

Art. 127. Em caso de falta grave, o juiz poderá revogar até 1/3 (um terço) do tempo remido, observado o disposto no art. 57, recomeçando a contagem a partir da data da infração disciplinar. (Redação dada pela Lei nº 12.433, de 2011)

‣ Súm. Vinculante 9 do STF.

‣ Súm. 534 e 535 do STJ.

‣ Lei 7.210/1984: arts. 48, par. único, 50, 51 e 52.

Art. 128. O tempo remido será computado como pena cumprida, para todos os efeitos. (Redação dada pela Lei nº 12.433, de 2011)

Art. 129. A autoridade administrativa encaminhará mensalmente ao juízo da execução cópia do registro de todos os condenados que estejam trabalhando ou estudando, com informação dos dias de trabalho ou das horas de frequência escolar ou de atividades de ensino de cada um deles. (Redação dada pela Lei nº 12.433, de 2011)

§ 1º. O condenado autorizado a estudar fora do estabelecimento penal deverá comprovar mensalmente, por meio de declaração da respectiva unidade de ensino, a frequência e o aproveitamento escolar. (Incluído pela Lei nº 12.433, de 2011)

§ 2º. Ao condenado dar-se-á a relação de seus dias remidos. (Incluído pela Lei nº 12.433, de 2011)

Art. 130. Constitui o crime do art. 299 do Código Penal declarar ou atestar falsamente prestação de serviço para fim de instruir pedido de remição.

SEÇÃO V.
DO LIVRAMENTO CONDICIONAL

Art. 131. O livramento condicional poderá ser concedido pelo juiz da execução, presentes os requisitos do art. 83, incisos e parágrafo único, do Código Penal, ouvidos o Ministério Público e o Conselho Penitenciário.

‣ Súm. 441 do STJ.

‣ CP: art. 83.

‣ CPP: arts. 710 a 733.

‣ Lei 7.210/1984: art. 112, § 2º.

Art. 132. Deferido o pedido, o juiz especificará as condições a que fica subordinado o livramento.

§ 1º. Serão sempre impostas ao liberado condicional as obrigações seguintes:

a) obter ocupação lícita, dentro de prazo razoável se for apto para o trabalho;

b) comunicar periodicamente ao juiz sua ocupação;

c) não mudar do território da comarca do Juízo da Execução, sem prévia autorização deste.

§ 2º. Poderão ainda ser impostas ao liberado condicional, entre outras obrigações, as seguintes:

a) não mudar de residência sem comunicação ao juiz e à autoridade incumbida da observação cautelar e de proteção;

b) recolher-se à habitação em hora fixada;

c) não frequentar determinados lugares.

d) (*VETADA*). (Incluído pela Lei nº 12.258, de 2010)

Art. 133. Se for permitido ao liberado residir fora da comarca do Juízo da Execução, remeter-se-á cópia da sentença do livramento ao juízo do lugar para onde ele se houver transferido e à autoridade incumbida da observação cautelar e de proteção.

Art. 134. O liberado será advertido da obrigação de apresentar-se imediatamente às autoridades referidas no artigo anterior.

Art. 135. Reformada a sentença denegatória do livramento, os autos baixarão ao Juízo da Execução, para as providências cabíveis.

‣ Lei 7.210/1984: art. 197.

Art. 136. Concedido o benefício, será expedida a carta de livramento com a cópia integral da sentença em 2 (duas) vias, remetendo-se uma à autoridade administrativa incumbida da execução e outra ao Conselho Penitenciário.

‣ Lei 7.210/1984: art. 69.

Art. 137. A cerimônia do livramento condicional será realizada solenemente no dia marcado pelo presidente do Conselho Penitenciário, no estabelecimento onde está sendo cumprida a pena, observando-se o seguinte:

I – a sentença será lida ao liberando, na presença dos demais condenados, pelo presidente do Conselho Penitenciário ou membro por ele designado, ou, na falta, pelo juiz;

II – a autoridade administrativa chamará a atenção do liberando para as condições impostas na sentença de livramento;

III – o liberando declarará se aceita as condições.

§ 1º. De tudo, em livro próprio, será lavrado termo subscrito por quem presidir a cerimônia e pelo liberando, ou alguém a seu rogo, se não souber ou não puder escrever.

§ 2º. Cópia desse termo deverá ser remetida ao juiz da execução.

Art. 138. Ao sair o liberado do estabelecimento penal, ser-lhe-á entregue, além do saldo de seu pecúlio e do que lhe pertencer, uma caderneta, que exibirá à autoridade judiciária ou administrativa sempre que lhe for exigida.

§ 1º. A caderneta conterá:

a) a identificação do liberado;

b) o texto impresso do presente Capítulo;

c) as condições impostas.

§ 2º. Na falta de caderneta, será entregue ao liberado um salvo-conduto, em que constem as condições do livramento, podendo substituir-se a ficha de identificação ou o seu retrato pela descrição dos sinais que possam identificá-lo.

§ 3º. Na caderneta e no salvo-conduto deverá haver espaço para consignar-se o cumprimento das condições referidas no art. 132 desta Lei.

Art. 139. A observação cautelar e a proteção realizadas por serviço social penitenciário, Patronato ou Conselho da Comunidade terão a finalidade de:

I – fazer observar o cumprimento das condições especificadas na sentença concessiva do benefício;

II – proteger o beneficiário, orientando-o na execução de suas obrigações e auxiliando-o na obtenção de atividade laborativa.

Parágrafo único. A entidade encarregada da observação cautelar e da proteção do liberado apresentará relatório ao Conselho Penitenciário, para efeito da representação prevista nos arts. 143 e 144 desta Lei.

‣ Lei 7.210/1984: art. 70.

Art. 140. A revogação do livramento condicional dar-se-á nas hipóteses previstas nos arts. 86 e 87 do Código Penal.

Parágrafo único. Mantido o livramento condicional, na hipótese da revogação facultativa, o juiz deverá advertir o liberado ou agravar as condições.

Art. 141. Se a revogação for motivada por infração penal anterior à vigência do livramento, computar-se-á como tempo de cumprimento da pena o período de prova, sendo permitida, para a concessão de novo livramento, a soma do tempo das 2 (duas) penas.

Art. 142. No caso de revogação por outro motivo, não se computará na pena o tempo em que esteve solto o liberado, e tampouco se concederá, em relação à mesma pena, novo livramento.

Art. 143. A revogação será decretada a requerimento do Ministério Público, mediante representação do Conselho Penitenciário, ou de ofício, pelo juiz, ouvido o liberado.

Art. 144. O Juiz, de ofício, a requerimento do Ministério Público, da Defensoria Pública ou mediante representação do Conselho Penitenciário, e ouvido o liberado, poderá modificar as condições especificadas na sentença, devendo o respectivo ato decisório ser lido ao liberado por uma das autoridades ou funcionários indicados no inciso I do *caput* do art. 137 desta Lei, observado o disposto nos incisos II e III e §§ 1º e 2º do mesmo artigo. (Redação dada pela Lei nº 12.313, de 2010)

Art. 145. Praticada pelo liberado outra infração penal, o juiz poderá ordenar a sua prisão, ouvidos o Conselho Penitenciário e o Ministério Público, suspendendo o curso do livramento condicional, cuja revogação, entretanto, ficará dependendo da decisão final.

‣ CP: art. 89.

Art. 146. O juiz, de ofício, a requerimento do interessado, do Ministério Público ou mediante representação do Conselho Penitenciário, julgará extinta a pena privativa de liberdade, se expirar o prazo do livramento sem revogação.

› CP: art. 90.

SEÇÃO VI. DA MONITORAÇÃO ELETRÔNICA

(Incluído pela Lei nº 12.258, de 2010)

Art. 146-A. (*VETADO*). (Incluído pela Lei nº 12.258, de 2010)

Art. 146-B. O juiz poderá definir a fiscalização por meio da monitoração eletrônica quando: (Incluído pela Lei nº 12.258, de 2010)

› CPP: art. 319, IX.

› Decreto 7.627/2011 – Regulamenta a monitoração eletrônica de pessoas prevista no Decreto-Lei 3.689/1941 (CPP), e na Lei 7.210/1984 (LEP).

I – (*VETADO*); (Incluído pela Lei nº 12.258, de 2010)

II – autorizar a saída temporária no regime semiaberto; (Incluído pela Lei nº 12.258, de 2010)

III – (*VETADO*); (Incluído pela Lei nº 12.258, de 2010)

IV – determinar a prisão domiciliar; (Incluído pela Lei nº 12.258, de 2010)

› Lei 7.210/1984: art. 117.

V – (*VETADO*); (Incluído pela Lei nº 12.258, de 2010)

Parágrafo único. (*VETADO*). (Incluído pela Lei nº 12.258, de 2010)

Art. 146-C. O condenado será instruído acerca dos cuidados que deverá adotar com o equipamento eletrônico e dos seguintes deveres: (Incluído pela Lei nº 12.258, de 2010)

I – receber visitas do servidor responsável pela monitoração eletrônica, responder aos seus contatos e cumprir suas orientações; (Incluído pela Lei nº 12.258, de 2010)

II – abster-se de remover, de violar, de modificar, de danificar de qualquer forma o dispositivo de monitoração eletrônica ou de permitir que outrem o faça; (Incluído pela Lei nº 12.258, de 2010)

III – (*VETADO*); (Incluído pela Lei nº 12.258, de 2010)

Parágrafo único. A violação comprovada dos deveres previstos neste artigo poderá acarretar, a critério do juiz da execução, ouvidos o Ministério Público e a defesa: (Incluído pela Lei nº 12.258, de 2010)

I – a regressão do regime; (Incluído pela Lei nº 12.258, de 2010)

II – a revogação da autorização de saída temporária; (Incluído pela Lei nº 12.258, de 2010)

III – (*VETADO*); (Incluído pela Lei nº 12.258, de 2010)

IV – (*VETADO*); (Incluído pela Lei nº 12.258, de 2010)

V – (*VETADO*); (Incluído pela Lei nº 12.258, de 2010)

VI – a revogação da prisão domiciliar; (Incluído pela Lei nº 12.258, de 2010)

VII – advertência, por escrito, para todos os casos em que o juiz da execução decida não aplicar alguma das medidas previstas nos incisos de I a VI deste parágrafo. (Incluído pela Lei nº 12.258, de 2010)

Art. 146-D. A monitoração eletrônica poderá ser revogada: (Incluído pela Lei nº 12.258, de 2010)

I – quando se tornar desnecessária ou inadequada; (Incluído pela Lei nº 12.258, de 2010)

II – se o acusado ou condenado violar os deveres a que estiver sujeito durante a sua vigência ou cometer falta grave. (Incluído pela Lei nº 12.258, de 2010)

CAPÍTULO II. DAS PENAS RESTRITIVAS DE DIREITO

SEÇÃO I. DISPOSIÇÕES GERAIS

Art. 147. Transitada em julgado a sentença que aplicou a pena restritiva de direitos, o juiz de execução, de ofício ou a requerimento do Ministério Público, promoverá a execução, podendo, para tanto, requisitar, quando necessário, a colaboração de entidades públicas ou solicitá-la a particulares.

› CP: arts. 43 a 48.

Art. 148. Em qualquer fase da execução, poderá o juiz, motivadamente, alterar a forma de cumprimento das penas de prestação de serviços à comunidade e de limitação de fim de semana, ajustando-as às condições pessoais do condenado e às características do estabelecimento, da entidade ou do programa comunitário ou estatal.

SEÇÃO II. DA PRESTAÇÃO DE SERVIÇOS À COMUNIDADE

Art. 149. Caberá ao juiz da execução:

› CP: arts. 43, IV e 46.

I – designar a entidade ou programa comunitário ou estatal, devidamente credenciado ou convencionado, junto ao qual o condenado deverá trabalhar gratuitamente, de acordo com as suas aptidões;

II – determinar a intimação do condenado, cientificando-o da entidade, dias e horário em que deverá cumprir a pena;

III – alterar a forma de execução, a fim de ajustá-la às modificações ocorridas na jornada de trabalho.

§ 1º. O trabalho terá a duração de 8 (oito) horas semanais e será realizado aos sábados, domingos e feriados, ou em dias úteis, de modo a não prejudicar a jornada normal de trabalho, nos horários estabelecidos pelo juiz.

› CP: art. 46, §§ 3º e 4º.

§ 2º. A execução terá início a partir da data do primeiro comparecimento.

› CP: art. 117, V.

Art. 150. A entidade beneficiada com a prestação de serviços encaminhará mensalmente, ao juiz da execução, relatório circunstanciado das atividades do condenado, bem como, a qualquer tempo, comunicação sobre ausência ou falta disciplinar.

› Lei 7.210/1984: arts. 51 e 181, § 1º.

SEÇÃO III. DA LIMITAÇÃO DE FIM DE SEMANA

Art. 151. Caberá ao juiz da execução determinar a intimação do condenado, cientificando-o do local, dias e horário em que deverá cumprir a pena.

› CP: art. 48.

Parágrafo único. A execução terá início a partir da data do primeiro comparecimento.

Art. 152. Poderão ser ministrados ao condenado, durante o tempo de permanência, cursos e palestras, ou atribuídas atividades educativas.

Parágrafo único. Nos casos de violência doméstica contra a mulher, o juiz poderá determinar o comparecimento obrigatório do agressor a programas de recuperação e reeducação. (Incluído pela Lei nº 11.340, de 2006)

› Lei 11.340/2006: art. 17.

Art. 153. O estabelecimento designado encaminhará, mensalmente, ao juiz da execução, relatório, bem assim comunicará, a qualquer tempo, a ausência ou falta disciplinar do condenado.

› Lei 7.210/1984: arts. 51 e 181, § 2º.

SEÇÃO IV. DA INTERDIÇÃO TEMPORÁRIA DE DIREITOS

› CP: art. 47, IV e V.

Art. 154. Caberá ao juiz da execução comunicar à autoridade competente a pena aplicada, determinada a intimação do condenado.

§ 1º. Na hipótese de pena de interdição do art. 47, I, do Código Penal, a autoridade deverá, em 24 (vinte e quatro) horas, contadas do recebimento do ofício, baixar ato, a partir do qual a execução terá seu início.

§ 2º. Nas hipóteses do art. 47, II e III, do Código Penal, o Juízo da Execução determinará a apreensão dos documentos, que autorizam o exercício do direito interditado.

› CTB: arts. 292 e 293.

Art. 155. A autoridade deverá comunicar imediatamente ao juiz da execução o descumprimento da pena.

Parágrafo único. A comunicação prevista neste artigo poderá ser feita por qualquer prejudicado.

CAPÍTULO III. DA SUSPENSÃO CONDICIONAL

Art. 156. O juiz poderá suspender, pelo período de 2 (dois) a 4 (quatro) anos, a execução da pena privativa de liberdade, não superior a 2 (dois) anos, na forma prevista nos arts. 77 a 82 do Código Penal.

› CP: arts. 77 a 82.

› CPP: arts. 696 a 709.

Art. 157. O juiz ou tribunal, na sentença que aplicar pena privativa de liberdade, na situação determinada no artigo anterior, deverá pronunciar-se, motivadamente, sobre a suspensão condicional, quer a conceda, quer a denegue.

Art. 158. Concedida a suspensão, o juiz especificará as condições a que fica sujeito o condenado, pelo prazo fixado, começando este a correr da audiência prevista no art. 160 desta Lei.

§ 1º. As condições serão adequadas ao fato e à situação pessoal do condenado, devendo ser incluída entre as mesmas a de prestar serviços à comunidade, ou limitação de fim de semana, salvo hipótese do art. 78, § 2º, do Código Penal.

§ 2º. O juiz poderá, a qualquer tempo, de ofício, a requerimento do Ministério Público ou mediante proposta do Conselho Penitenciário, modificar as condições e regras estabelecidas na sentença, ouvido o condenado.

§ 3º. A fiscalização do cumprimento das condições, reguladas nos Estados, Territórios e Distrito Federal por normas supletivas, será atribuída a serviço social penitenciário, Patronato, Conselho da Comunidade ou instituição beneficiada com a prestação de serviços, inspecionados pelo Conselho Penitenciário, pelo Ministério Público, ou ambos, devendo o juiz da execução suprir, por ato, a falta das normas supletivas.

§ 4º. O beneficiário, ao comparecer periodicamente à entidade fiscalizadora, para comprovar a observância das condições a que está sujeito, comunicará, também, a sua ocupação e os salários ou proventos de que vive.

§ 5º. A entidade fiscalizadora deverá comunicar imediatamente ao órgão de inspeção, para os fins legais, qualquer fato capaz de acarretar a revogação do benefício, a prorrogação do prazo ou a modificação das condições.

› CP: art. 81.

§ 6º. Se for permitido ao beneficiário mudar-se, será feita comunicação ao juiz e à entidade fiscalizadora do local da nova residência, aos quais o primeiro deverá apresentar-se imediatamente.

Art. 159. Quando a suspensão condicional da pena for concedida por tribunal, a este caberá estabelecer as condições do benefício.

- CP: arts. 78 e 79.

§ 1º. De igual modo proceder-se-á quando o tribunal modificar as condições estabelecidas na sentença recorrida.

§ 2º. O tribunal, ao conceder a suspensão condicional da pena, poderá, todavia, conferir ao Juízo da Execução a incumbência de estabelecer as condições do benefício, e, em qualquer caso, a de realizar a audiência admonitória.

Art. 160. Transitada em julgado a sentença condenatória, o juiz a lerá ao condenado, em audiência, advertindo-o das consequências de nova infração penal e do descumprimento das condições impostas.

Art. 161. Se, intimado pessoalmente ou por edital com prazo de 20 (vinte) dias, o réu não comparecer injustificadamente à audiência admonitória, a suspensão ficará sem efeito e será executada imediatamente a pena.

Art. 162. A revogação da suspensão condicional da pena e a prorrogação do período de prova dar-se-ão na forma do art. 81 e respectivos parágrafos do Código Penal.

Art. 163. A sentença condenatória será registrada, com a nota de suspensão, em livro especial do juízo a que couber a execução da pena.

§ 1º. Revogada a suspensão ou extinta a pena, será o fato averbado à margem do registro.

§ 2º. O registro e a averbação serão sigilosos, salvo para efeito de informações requisitadas por órgão judiciário ou pelo Ministério Público, para instruir processo penal.

CAPÍTULO IV. DA PENA DE MULTA

Art. 164. Extraída certidão da sentença condenatória com trânsito em julgado, que valerá como título executivo judicial, o Ministério Público requererá, em autos apartados, a citação do condenado para, no prazo de 10 (dez) dias, pagar o valor da multa ou nomear bens à penhora.

- CP: art. 49 a 52, 58, 60, e 81, II.
- CPP: arts. 686 690.

§ 1º. Decorrido o prazo sem o pagamento da multa, ou o depósito da respectiva importância, proceder-se-á à penhora de tantos bens quantos bastem para garantir a execução.

§ 2º. A nomeação de bens à penhora e a posterior execução seguirão o que dispuser a lei processual civil.

Art. 165. Se a penhora recair em bem imóvel, os autos apartados serão remetidos ao juízo cível para prosseguimento.

Art. 166. Recaindo a penhora em outros bens, dar-se-á prosseguimento nos termos do § 2º do art. 164 desta Lei.

Art. 167. A execução da pena de multa será suspensa quando sobrevier ao condenado doença mental (art. 52 do Código Penal).

Art. 168. O juiz poderá determinar que a cobrança da multa se efetue mediante desconto no vencimento ou salário do condenado, nas hipóteses do art. 50, § 1º, do Código Penal, observando-se o seguinte:

I – o limite máximo do desconto mensal será o da quarta parte da remuneração e o mínimo o de um décimo;

II – o desconto será feito mediante ordem do juiz a quem de direito;

III – o responsável pelo desconto será intimado a recolher mensalmente, até o dia fixado pelo juiz, a importância determinada.

Art. 169. Até o término do prazo a que se refere o art. 164 desta Lei, poderá o condenado requerer ao juiz o pagamento da multa em prestações mensais, iguais e sucessivas.

§ 1º. O juiz, antes de decidir, poderá determinar diligências para verificar a real situação econômica do condenado e, ouvido o Ministério Público, fixará o número de prestações.

§ 2º. Se o condenado for impontual ou se melhorar de situação econômica, o juiz, de ofício ou a requerimento do Ministério Público, revogará o benefício executando-se a multa, na forma prevista neste Capítulo, ou prosseguindo-se na execução já iniciada.

Art. 170. Quando a pena de multa for aplicada cumulativamente com pena privativa da liberdade, enquanto esta estiver sendo executada, poderá aquela ser cobrada mediante desconto na remuneração do condenado (art. 168).

§ 1º. Se o condenado cumprir a pena privativa de liberdade ou obtiver livramento condicional, sem haver resgatado a multa, far-se-á a cobrança nos termos deste Capítulo.

§ 2º. Aplicar-se-á o disposto no parágrafo anterior aos casos em que for concedida a suspensão condicional da pena.

TÍTULO VI. DA EXECUÇÃO DAS MEDIDAS DE SEGURANÇA

CAPÍTULO I. DISPOSIÇÕES GERAIS

Art. 171. Transitada em julgado a sentença que aplicar medida de segurança, será ordenada a expedição de guia para a execução.

- CP: arts. 9, II, 97, e 98.
- CPP: arts. 751 a 779.

Art. 172. Ninguém será internado em Hospital de Custódia e Tratamento Psiquiátrico, ou submetido a tratamento ambulatorial, para cumprimento de medida de segurança, sem a guia expedida pela autoridade judiciária.

- CPP: art. 150.
- Lei 7.210/1984: art. 107.

Art. 173. A guia de internamento ou de tratamento ambulatorial, extraída pelo escrivão, que a rubricará em todas as folhas e a subscreverá com o juiz, será remetida à autoridade administrativa incumbida da execução e conterá:

I – a qualificação do agente e o número do registro geral do órgão oficial de identificação;

II – o inteiro teor da denúncia e da sentença que tiver aplicado a medida de segurança, bem como a certidão do trânsito em julgado;

III – a data em que terminará o prazo mínimo de internação, ou do tratamento ambulatorial;

IV – outras peças do processo reputadas indispensáveis ao adequado tratamento ou internamento.

§ 1º. Ao Ministério Público será dada ciência da guia de recolhimento e de sujeição a tratamento.

§ 2º. A guia será retificada sempre que sobrevier modificação quanto ao prazo de execução.

Art. 174. Aplicar-se-á, na execução da medida de segurança, naquilo que couber, o disposto nos arts. 8º e 9º desta Lei.

CAPÍTULO II. DA CESSAÇÃO DA PERICULOSIDADE

Art. 175. A cessação da periculosidade será averiguada no fim do prazo mínimo de duração da medida de segurança, pelo exame das condições pessoais do agente, observando-se o seguinte:

- CP: arts. 26 e 97, § 1º.

I – a autoridade administrativa, até 1 (um) mês antes de expirar o prazo de duração mínima da medida, remeterá ao juiz minucioso relatório que o habilite a resolver sobre a revogação ou permanência da medida;

II – o relatório será instruído com o laudo psiquiátrico;

- CPP: art. 159.
- Lei 7.210/1984: art. 43.

III – juntado aos autos o relatório ou realizadas as diligências, serão ouvidos, sucessivamente, o Ministério Público e o curador ou defensor, no prazo de 3 (três) dias para cada um;

- CPP: art. 149, § 2º.

IV – o juiz nomeará curador ou defensor para o agente que não o tiver;

V – o juiz, de ofício ou a requerimento de qualquer das partes, poderá determinar novas diligências, ainda que expirado o prazo de duração mínima da medida de segurança;

VI – ouvidas as partes ou realizadas as diligências a que se refere o inciso anterior, o juiz proferirá a sua decisão, no prazo de 5 (cinco) dias.

Art. 176. Em qualquer tempo, ainda no decorrer do prazo mínimo de duração da medida de segurança, poderá o juiz da execução, diante de requerimento fundamentado do Ministério Público ou do interessado, seu procurador ou defensor, ordenar o exame para que se verifique a cessação da periculosidade, procedendo-se nos termos do artigo anterior.

Art. 177. Nos exames sucessivos para verificar-se a cessação da periculosidade, observar-se-á, no que lhes for aplicável, o disposto no artigo anterior.

Art. 178. Nas hipóteses de desinternação ou de liberação (art. 97, § 3º, do Código Penal), aplicar-se-á o disposto nos arts. 132 e 133 desta Lei.

Art. 179. Transitada em julgado a sentença, o juiz expedirá ordem para a desinternação ou a liberação.

TÍTULO VII. DOS INCIDENTES DE EXECUÇÃO

CAPÍTULO I. DAS CONVERSÕES

Art. 180. A pena privativa de liberdade, não superior a 2 (dois) anos, poderá ser convertida em restritiva de direitos, desde que:

- CP: art. 44, §§ 4º e 5º.

I – o condenado a esteja cumprindo em regime aberto;

II – tenha sido cumprido pelo menos 1/4 (um quarto) da pena;

III – os antecedentes e a personalidade do condenado indiquem ser a conversão recomendável.

Art. 181. A pena restritiva de direitos será convertida em privativa de liberdade nas hipóteses e na forma do art. 45 e seus incisos do Código Penal.

- Consta conforme publicação oficial. Onde se lê "incisos"; leia-se "parágrafos".

§ 1º. A pena de prestação de serviços à comunidade será convertida quando o condenado:

a) não for encontrado por estar em lugar incerto e não sabido, ou desatender à intimação por edital;

b) não comparecer, injustificadamente, à entidade ou programa em que deva prestar serviço;

c) recusar-se, injustificadamente, a prestar o serviço que lhe foi imposto;

d) praticar falta grave;

- Lei 7.210/1984: art. 51.

e) sofrer condenação por outro crime à pena privativa de liberdade, cuja execução não tenha sido suspensa.

- CP: art. 44, § 5º.

§ 2º. A pena de limitação de fim de semana será convertida quando o condenado não comparecer ao estabelecimento designado para o cumprimento da pena, recusar-se a exercer a atividade determinada pelo juiz ou se ocorrer qualquer das hipóteses das letras *a*, *d* e *e* do parágrafo anterior.

§ 3º. A pena de interdição temporária de direitos será convertida quando o condenado exercer, injustificadamente, o direito interditado ou se ocorrer qualquer das hipóteses das letras *a* e *e* do § 1º deste artigo.

Art. 182. *(Revogado pela Lei nº 9.268, de 1996).*

Art. 183. Quando, no curso da execução da pena privativa de liberdade, sobrevier doença mental ou perturbação da saúde mental, o Juiz, de ofício, a requerimento do Ministério Público, da Defensoria Pública ou da autoridade administrativa, poderá determinar a substituição da pena por medida de segurança. (Redação dada pela Lei nº 12.313, de 2010)

- CP: arts. 41, 75 e 91, § 1º.

Art. 184. O tratamento ambulatorial poderá ser convertido em internação se o agente revelar incompatibilidade com a medida.

- CP: art. 97, § 4º.

Parágrafo único. Nesta hipótese, o prazo mínimo de internação será de 1 (um) ano.

CAPÍTULO II. DO EXCESSO OU DESVIO

Art. 185. Haverá excesso ou desvio de execução sempre que algum ato for praticado além dos limites fixados na sentença, em normas legais ou regulamentares.

Art. 186. Podem suscitar o incidente de excesso ou desvio de execução:

I – o Ministério Público;
II – o Conselho Penitenciário;
III – o sentenciado;
IV – qualquer dos demais órgãos da execução penal.

CAPÍTULO III. DA ANISTIA E DO INDULTO

Art. 187. Concedida a anistia, o juiz, de ofício, a requerimento do interessado ou do Ministério Público, por proposta da autoridade administrativa ou do Conselho Penitenciário, declarará extinta a punibilidade.

- CF/88: arts. 5º, XLII, 20, XVII, e 48, VIII.
- ADCT: art. 8º.
- CP: art. 107, II.
- CPP: art. 742.
- Lei 8.072/1990: art. 2º, I.

Art. 188. O indulto individual poderá ser provocado por petição do condenado, por iniciativa do Ministério Público, do Conselho Penitenciário, ou da autoridade administrativa.

- CF/88: art. 84, XII.
- CP: art. 107, II.
- CPP: art. 741.

Art. 189. A petição do indulto, acompanhada dos documentos que a instruírem, será entregue ao Conselho Penitenciário, para a elaboração de parecer e posterior encaminhamento ao Ministério da Justiça.

Art. 190. O Conselho Penitenciário, à vista dos autos do processo e do prontuário, promoverá as diligências que entender necessárias e fará, em relatório, a narração do ilícito penal e dos fundamentos da sentença condenatória, a exposição dos antecedentes do condenado e do procedimento deste depois da prisão, emitindo seu parecer sobre o mérito do pedido e esclarecendo qualquer formalidade ou circunstâncias omitidas na petição.

Art. 191. Processada no Ministério da Justiça com documentos e o relatório do Conselho Penitenciário, a petição será submetida a despacho do Presidente da República, a quem serão presentes os autos do processo ou a certidão de qualquer de suas peças, se ele o determinar.

Art. 192. Concedido o indulto e anexada aos autos cópia do decreto, o juiz declarará extinta a pena ou ajustará a execução aos termos do decreto, no caso de comutação.

Art. 193. Se o sentenciado for beneficiado por indulto coletivo, o juiz, de ofício, a requerimento do interessado, do Ministério Público, ou por iniciativa do Conselho Penitenciário ou da autoridade administrativa, providenciará de acordo com o disposto no artigo anterior.

TÍTULO VIII. DO PROCEDIMENTO JUDICIAL

Art. 194. O procedimento correspondente às situações previstas nesta Lei será judicial, desenvolvendo-se perante o Juízo da Execução.

Art. 195. O procedimento judicial iniciar-se-á de ofício, a requerimento do Ministério Público, do interessado, de quem o represente, de seu cônjuge, parente ou descendente, mediante proposta do Conselho Penitenciário, ou, ainda, da autoridade administrativa.

Art. 196. A portaria ou petição será autuada ouvindo-se, em 3 (três) dias, o condenado e o Ministério Público, quando não figurem como requerentes da medida.

§ 1º. Sendo desnecessária a produção de prova, o juiz decidirá de plano, em igual prazo.

§ 2º. Entendendo indispensável a realização de prova pericial ou oral, o juiz a ordenará, decidindo após a produção daquela ou na audiência designada.

Art. 197. Das decisões proferidas pelo juiz caberá recurso de agravo, sem efeito suspensivo.

TÍTULO IX. DAS DISPOSIÇÕES FINAIS E TRANSITÓRIAS

Art. 198. É defesa ao integrante dos órgãos da execução penal, e ao servidor a divulgação de ocorrência que perturbe a segurança e a disciplina dos estabelecimentos, bem como exponha o preso a inconveniente notoriedade, durante o cumprimento da pena.

Art. 199. O emprego de algemas será disciplinado por decreto federal.

- Súm. Vinculante 11 do STF.
- CPP: arts. 284, 292 e 474, § 3º.
- Decreto 8.858/2016 – Regulamenta o disposto no art. 199 da Lei 7.210/1984 (LEP).
- Decreto 6.049/2007: art. 58, III.

Art. 200. O condenado por crime político não está obrigado ao trabalho.

Art. 201. Na falta de estabelecimento adequado, o cumprimento da prisão civil e da prisão administrativa se efetivará em seção especial da Cadeia Pública.

Art. 202. Cumprida ou extinta a pena, não constarão da folha corrida, atestados ou certidões fornecidas por autoridade policial ou por auxiliares da Justiça, qualquer notícia ou referência à condenação, salvo para instruir processo pela prática de nova infração penal ou outros casos expressos em lei.

- CP: arts. 93 a 95.
- CPP: arts. 743 a 750.

Art. 203. No prazo de 6 (seis) meses, a contar da publicação desta Lei, serão editadas as normas complementares ou regulamentares, necessárias à eficácia dos dispositivos não autoaplicáveis.

§ 1º. Dentro do mesmo prazo deverão as unidades federativas, em convênio com o Ministério da Justiça, projetar a adaptação, construção e equipamento de estabelecimentos e serviços penais previstos nesta Lei.

§ 2º. Também, no mesmo prazo, deverá ser providenciada a aquisição ou desapropriação de prédios para instalação de casas de albergados.

§ 3º. O prazo a que se refere o *caput* deste artigo poderá ser ampliado, por ato do Conselho Nacional de Política Criminal e Penitenciária, mediante justificada solicitação, instruída com os projetos de reforma ou de construção de estabelecimentos.

§ 4º. O descumprimento injustificado dos deveres estabelecidos para as unidades federativas implicará na suspensão de qualquer ajuda financeira a elas destinada pela União, para atender às despesas de execução das penas e medidas de segurança.

Art. 204. Esta Lei entra em vigor concomitantemente com a lei de reforma da Parte Geral do Código Penal, revogadas as disposições em contrário, especialmente a Lei 3.274, de 2 de outubro de 1957.

Brasília, em 11 de julho de 1984; 163º da Independência e 96º da República.

JOÃO FIGUEIREDO

D.O.U de 13.7.1984

DECRETO-LEI Nº 2.164, DE 19 DE SETEMBRO DE 1984

Institui incentivo financeiro para os adquirentes de moradia própria através do sistema Financeiro da Habitação, a equivalência salarial como critério de reajustamento das prestações e dá outras providências.

- *Sistema Financ. Habitação – incentivo financeiro*

O Presidente da República, no uso de suas atribuições e tendo em vista o disposto no art. 55, item II, da Constituição,

DECRETA:

Art. 1º. O Banco Nacional da Habitação (BNH) concederá aos adquirentes de moradia própria através do Sistema Financeiro da Habitação (SFH), que estiverem em dia com suas obrigações contratuais, um incentivo financeiro proporcional aos valores das prestações mensais que se vencerem e forem efetivamente pagas no período de 1º de outubro de 1984 a 30 de setembro de 1985.

§ 1º Para os adquirentes com contratos firmados a partir de 1º de janeiro de 1981 e até a data da publicação deste Decreto-lei, o incentivo a que se refere o *caput* deste artigo corresponderá, em média, a 25% (vinte e cinco por cento) do valor das prestações, desde que não tenham sido beneficiados com reajustes parciais de suas prestações equivalentes a 80% (oitenta por cento) da variação do salário mínimo, correspondendo, nos demais casos, em média, a 15% (quinze por cento).

§ 2º Para os adquirentes com contratos firmados até 31 de dezembro de 1980, o incentivo corresponderá, em média, a 10% (dez por cento), desde que não tenham sido beneficiados com reajustes parciais de suas prestações equivalentes a 80% (oitenta por cento) da variação do salário-mínimo, correspondendo, nos demais casos, em média, a 5% (cinco por cento).

§ 3º Os adquirentes de moradia própria com contratos firmados na vigência deste Decreto-lei farão jus aos bônus que estiverem em vigor a partir do mês seguinte ao da assinatura do contrato e relativos ao incentivo de 15% (quinze por cento), em média, do valor das prestações.

§ 4º O adquirente que estiver em inadimplência fará jus ao incentivo previsto neste artigo em relação às prestações vincendas, a partir da data de apresentação do requerimento de regularização dos seus débitos, observado o disposto no art. 3º.

Art. 2º. O incentivo de que trata o artigo anterior será documentado por um bônus que conterá os seguintes requisitos mínimos:

I - nome do beneficiário;
II - identificação do contato;
III - mês de referência da prestação;
IV - valor do incentivo; e
V - prazo de validade de utilização.

§ 1º Os bônus serão utilizados pelo adquirente nos prazos neles fixados, para abatimento do valor das prestações a que corresponderem e até 30 (trinta) dias após os vencimentos das mesmas, constituindo, os respectivos valores, crédito do Agente Financeiro junto ao BNH.

§ 2º Os adquirentes com encargos em atraso somente farão jus aos bônus que se vencerem a partir da data de apresentação do requerimento a que se refere o artigo seguinte.

§ 3º Os bônus serão resgatados pelo BNH, no prazo máximo de 5 (cinco) anos, em parcelas mensais e remunerados aos mesmos juros estipulados nos contratos a que se vincularem, limitados a 7% (sete por cento) ao ano e acrescidos de correção monetária trimestral, de acordo com a variação da Utilidade-Padrão de Capital do referido Banco (UPC).

Art. 3º Os débitos em atraso decorrentes de contrato de aquisição de moradia própria celebrados no âmbito do S.F.H., para os efeitos previstos no art. 1º deste Decreto-lei, poderão ser regularizados mediante incorporação ao respectivo saldo devedor, desde que o adquirente o requeira ao Agente Financeiro. (Redação dada pelo Decreto-Lei nº 2.240, de 31.1.1985)

§ 1º Os Agentes Financeiros terão prazo de até 90 (noventa) dias, contados da data de apresentação do requerimento dos adquirentes, para formalizarem as incorporações de débitos em atraso previstas neste artigo. (Redação dada pelo Decreto-Lei nº 2.240, de 31.1.1985)

§ 2º Os adquirentes desempregados ou em estado de invalidez temporária poderão igualmente valer-se da faculdade prevista no *caput* deste artigo, fazendo jus ao incentivo previsto no art. 1º, na forma ali estabelecida. (Redação dada pelo Decreto-Lei nº 2.240, de 31.1.1985)

§ 3º Os adquirentes desempregados ou em estado de invalidez temporária poderão igualmente valer-se da faculdade prevista no *caput* deste artigo, fazendo jus ao incentivo previsto no artigo 1º, na forma ali estabelecida.

Art. 4º. (Revogado pelo Decreto-lei nº 2.406, de 1988)

I - (Revogado pelo Decreto-lei nº 2.406, de 1988)
II - (Revogado pelo Decreto-lei nº 2.406, de 1988)

Art. 5º O Poder Executivo, para atender às despesas decorrentes da aplicação deste Decreto-lei, fará consignar, nas Propostas de Orçamento da União relativas aos exercícios de 1985 a 1994, dotação anual de Cr$ 200.000.000.000,00 (duzentos bilhões de cruzeiros), em valores constantes de julho de 1984, atualizados monetariamente com base na variação estimada do valor nominal da Obrigação Reajustável do Tesouro Nacional (ORTN).

§ 1º Nos exercícios financeiros a que alude este artigo, poderão ser destacados do Fundo de Investimento Social (FINSOCIAL), de conformidade com diretrizes do Presidente da República, recursos correspondentes a 30% (trinta por cento) da dotação mencionada, para atender às despesas decorrentes da aplicação deste Decreto-lei, relativamente aos adquirentes de moradia própria através do SFH com renda de até 3 (três) salários-mínimos.

§ 2º Os recursos alocados na forma deste artigo serão mantidos em conta especial no BNH, sendo seu saldo corrigido monetariamente, com base na variação da UPC, e capitalizado trimestralmente à taxa de juros de 6% (seis por cento) ao ano, para atender às responsabilidades decorrentes do incentivo referido no artigo 1º.

Art. 6º. (Revogado pelo Decreto-lei nº 2.406, de 1988)

I - (Revogado pelo Decreto-lei nº 2.406, de 1988)
II - (Revogado pelo Decreto-lei nº 2.406, de 1988)
III - (Revogado pelo Decreto-lei nº 2.406, de 1988)

§ 1º (Revogado pelo Decreto-lei nº 2.406, de 1988)

§ 2º (Revogado pelo Decreto-lei nº 2.406, de 1988)

§ 3º (Revogado pelo Decreto-lei nº 2.406, de 1988)

Art. 7º. Caberá à Caixa Econômica Federal - CEF administrar diretamente os seguintes recursos do Fundo de Assistência Habitacional - FUNDHAB, criado pelo Decreto nº 89.284, de 10 de janeiro de 1984: (Redação dada pelo Decreto-Lei nº 2.240, de 31.1.1985)

I - os prêmios mensais do Seguro de Crédito do Adquirente, da Apólice de Seguro Habitacional, já arrecadados como contribuição ao FUNDHAB, a partir do mês de fevereiro de 1984, referentes aos financiamentos concedidos através de sua Carteira de Habitação, excluídos aqueles originários dos contratos de financiamento para os quais subsista a cobertura do referido seguro. (Redação dada pelo Decreto-Lei nº 2.240, de 31.1.1985)

II - as contribuições ao FUNDHAB, a partir do mês de fevereiro de 1984, dos vendedores, pessoas físicas ou jurídicas, de imóveis objeto de financiamento concedido por sua Carteira de Habitação a mutuário final. (Redação dada pelo Decreto-Lei nº 2.240, de 31.1.1985)

III - o valor equivalente a 30% (trinta por cento) do saldo eventualmente disponível do seguro de crédito, após a liquidação de todas as responsabilidades do referido seguro, mediante adiantamento de recursos, pelo BNH, ajustado em ato específico. (Incluído pelo Decreto-Lei nº 2.240, de 31.1.1985)

Art. 8º. (Revogado pela Lei nº 8.692, de 1993)

Art. 9º. As prestações mensais dos contratos de financiamento firmados no âmbito do SFH, vinculados ao Plano de Equivalência Salarial por Categoria Profissional (PES/CP) serão reajustadas no mês seguinte ao em que ocorrer a data-base da categoria profissional do mutuário utilizando-se a variação do Índice de Preços ao Consumidor (IPC) apurada nas respectivas datas-base. (Redação dada pela Lei nº 8.004, de 1990)

§ 1º Nas datas-base o reajuste das prestações contemplará também o percentual relativo ao ganho real de salário. (Redação dada pela Lei nº 8.004, de 1990)

§ 2º As prestações relativas a contratos vinculados ao Plano de Equivalência Salarial Plena serão reajustadas no mês seguinte ao dos reajustes salariais, inclusive os de caráter automático, complementar e compensatórios, e as antecipações a qualquer título. (Redação dada pela Lei nº 8.004, de 1990)

§ 3º Fica assegurado ao mutuário o direito de, a qualquer tempo, solicitar alteração da data-base, nos casos de mudança de categoria profissional, sendo que a nova situação prevalecerá a partir do reajuste anual seguinte. (Redação dada pela Lei nº 8.004, de 1990)

§ 4º O reajuste da prestação em função da primeira data-base ou após a opção pelo PES/CP terá como limite o índice de reajuste aplicado ao saldo devedor relativo ao período decorrido desde a data do evento até o mês do reajuste a ser aplicado à prestação, deduzidas as antecipações já repassadas às prestações. (Redação dada pela Lei nº 8.004, de 1990)

§ 5º A prestação mensal não excederá a relação prestação/salário verificada na data da assinatura do contrato, podendo ser solicitada a sua revisão a qualquer tempo. (Redação dada pela Lei nº 8.004, de 1990)

§ 6º Não se aplica o disposto no § 5º às hipóteses de redução de renda por mudança de emprego ou por alteração na composição da renda familiar em decorrência da exclusão de um ou mais co-adquirentes, assegurado ao mutuário nesses casos o direito à renegociação da dívida junto ao agente financeiro, visando a restabelecer o comprometimento inicial da renda. (Redação dada pela Lei nº 8.004, de 1990)

§ 7º Sempre que em virtude da aplicação do PES a prestação for reajustada em percentagem inferior ao da variação integral do IPC acrescida do índice relativo ao ganho real de salário, a diferença será incorporada em futuros reajustes de prestações até o limite de que trata o § 5º. (Redação dada pela Lei nº 8.004, de 1990)

§ 8º Os mutuários cujos contratos, firmados até 28 de fevereiro de 1986, ainda não assegurem o direito de reajustamento das prestações pelo PES/CP, poderão optar por este plano no mês seguinte ao do reajuste contratual da prestação. (Incluído pela Lei nº 8.004, de 1990)

§ 9º No caso de opção (§ 8º), o mutuário não terá direito a cobertura pelo Fundo de Compensação de Variações Salariais (FCVS) de eventual saldo devedor residual ao final do contrato, o qual deverá ser renegociado com o agente financeiro. (Incluído pela Lei nº 8.004, de 1990)

Art. 10. O critério de obtenção dos índices de aumento das prestações previsto no artigo anterior aplica-se, também, mediante a celebração de Termo Aditivo, aos contratos firmados até a data da publicação deste Decreto-lei, mantida, a critério do adquirente, a periodicidade de reajustamento das prestações estabelecida em seu contrato.

§ 1º A aplicação do disposto no *caput* deste artigo dependerá de requerimento do adquirente, em até 60 (sessenta) dias antes do mês do primeiro reajuste a ser realizado na conformidade do disposto no artigo anterior.

§ 2º Ficam dispensadas de registro, averbação e arquivamento, nos Cartórios de Registros de Imóveis e de Títulos e Documentos, as alterações contratuais decorrentes da aplicação do presente artigo, que terão, para todos os efeitos de lei, força de escritura pública.

Art. 11. Os adquirentes de moradia própria com contratos que estabeleçam periodicidade de reajuste de prestações semestral ou anual, cujo último reajuste não ultrapasse a dezembro de 1984, poderão, até 30 de novembro deste ano, de acordo com as instruções que vierem a ser expedidas pelo BNH, exercer a opção de reajuste parcial das prestações com base em 80% (oitenta por cento) do salário-mínimo conjugada ou não com a mudança do sistema de amortização, inclusive com efeito retroativo à data do último reajuste.

Art. 12. A partir do início da vigência do critério de equivalência salarial previsto no art. 9º, sempre que a época de reajuste da prestação, estabelecida em contrato, não recair no segundo mês subseqüente ao da alteração salarial da categoria profissional do adquirente, o primeiro reajustamento com base no critério instituído por este Decreto-lei será efetuado proporcionalmente ao número de meses transcorridos a partir do último reajuste até a data do reajustamento com base no referido critério.

Parágrafo único. O disposto neste artigo aplica-se, também, às hipóteses de alteração de data-

-base em razão da mudança da categoria profissional do adquirente ou de seu local de trabalho.

Art. 13. O BNH baixará as normas complementares para o cumprimento do disposto neste Decreto-lei, cabendo-lhe, ainda, fixar o mês de início de vigência do critério de reajuste previsto no *caput* do seu artigo 9º.

Art. 14. Este Decreto-lei entrará em vigor na data de sua publicação, revogadas as disposições em contrário.

Brasília (DF), em 19 de setembro de 1984; 163º da Independência e 96º da República.

JOÃO FIGUEIREDO

DOU de 21.9.1984

LEI Nº 7.347, DE 24 DE JULHO DE 1985

Disciplina a ação civil pública de responsabilidade por danos causados ao meio ambiente, ao consumidor, a bens e direitos de valor artístico, estético, histórico, turístico e paisagístico (vetado) e dá outras providências.

- *Ação civil pública*

O PRESIDENTE DA REPÚBLICA Faço saber que o Congresso Nacional decreta e eu sanciono a seguinte Lei:

Art. 1º. Regem-se pelas disposições desta Lei, sem prejuízo da ação popular, as ações de responsabilidade por danos morais e patrimoniais causados: (Redação dada pela Lei nº 12.529, de 2011)

- CF/88: arts. 5º, LXXIII, e 129, III.
- Lei 7.913/1989 – Dispõe sobre a ação civil pública de responsabilidade por danos causados aos investidores no mercado de valores mobiliários.
- Lei 4.717/1965 – Regula a Ação popular.

I – ao meio ambiente;

- CF/1988: arts. 24, VIII, 170, VI, e 225, § 3º.
- Lei 9.605/1998 – Dispõe sobre as sanções penais e administrativas derivadas de condutas e atividades lesivas ao meio ambiente.

II – ao consumidor;

- Lei 8.078/1990: arts. 81, 82 e 91.

III – aos bens e direitos de valor artístico, estético, histórico, turístico e paisagístico;

- CF/1988: art. 216, § 1º.
- MP 2.180-35/2001: art. 21.

IV – a qualquer outro interesse difuso ou coletivo; (Incluído pela Lei nº 8.078, de 1990)

V – por infração da ordem econômica; (Redação dada pela Lei nº 12.529, de 2011)

- Lei 7.913/1989: art. 3º.

VI – à ordem urbanística. (Incluído pela Medida Provisória nº 2.180-35, de 2001)

- Lei 10.257/2001: art. 8º, § 4º.

VII – à honra e à dignidade de grupos raciais, étnicos ou religiosos. (Incluído pela Lei nº 12.966, de 2014)

VIII – ao patrimônio público e social. (Incluído pela Lei nº 13.004, de 2014)

Parágrafo único. Não será cabível ação civil pública para veicular pretensões que envolvam tributos, contribuições previdenciárias, o Fundo de Garantia do Tempo de Serviço – FGTS ou outros fundos de natureza institucional cujos beneficiários podem ser individualmente determinados. (Incluído pela Medida Provisória nº 2.180-35, de 2001)

Art. 2º. As ações previstas nesta Lei serão propostas no foro do local onde ocorrer o dano, cujo juízo terá competência funcional para processar e julgar a causa.

- CF/88: art. 109, § 3º.
- CPC/15: art. 53, IV, a.
- Lei 8.078/1991: art. 93.

Parágrafo único. A propositura da ação prevenirá a jurisdição do juízo para todas as ações posteriormente intentadas que possuam a mesma causa de pedir ou o mesmo objeto. (Incluído pela Medida Provisória nº 2.180-35, de 2001)

- CPC/15: art. 59.

Art. 3º. A ação civil poderá ter por objeto a condenação em dinheiro ou o cumprimento de obrigação de fazer ou não fazer.

- Lei 8.078/1991: art. 84.

Art. 4º. Poderá ser ajuizada ação cautelar para os fins desta Lei, objetivando, inclusive, evitar dano ao patrimônio público e social, ao meio ambiente, ao consumidor, à honra e à dignidade de grupos raciais, étnicos ou religiosos, à ordem urbanística ou aos bens e direitos de valor artístico, estético, histórico, turístico e paisagístico. (Redação dada pela Lei nº 13.004, de 2014)

- CPC/15: arts. 305 a 310.
- Lei 8.078/1991: art. 84, § 3º.

Art. 5º. Têm legitimidade para propor a ação principal e a ação cautelar: (Redação dada pela Lei nº 11.448, de 2007)

I – o Ministério Público; (Redação dada pela Lei nº 11.448, de 2007)

- Súm. 643 do STF.
- Súm. 329 e 470 do STJ.
- CF/88: art. 129, III e § 1º.

II – a Defensoria Pública; (Redação dada pela Lei nº 11.448, de 2007)

- CF/88: art. 134.

III – a União, os Estados, o Distrito Federal e os Municípios; (Incluído pela Lei nº 11.448, de 2007)

- CF/88: art. 24, VIII.

IV – a autarquia, empresa pública, fundação ou sociedade de economia mista; (Incluído pela Lei nº 11.448, de 2007)

V – a associação que, concomitantemente: (Incluído pela Lei nº 11.448, de 2007)

- CF/1988: art. 5º, XXI.
- CC: arts. 53 a 61.

a) esteja constituída há pelo menos 1 (um) ano nos termos da lei civil; (Incluído pela Lei nº 11.448, de 2007)

b) inclua, entre suas finalidades institucionais, a proteção ao patrimônio público e social, ao meio ambiente, ao consumidor, à ordem econômica, à livre concorrência, aos direitos de grupos raciais, étnicos ou religiosos ou ao patrimônio artístico, estético, histórico, turístico e paisagístico. (Redação dada pela Lei 13.004, de 2014)

§ 1º. O Ministério Público, se não intervier no processo como parte, atuará obrigatoriamente como fiscal da lei.

- CC: arts. 176 a 181.

§ 2º. Fica facultado ao Poder Público e a outras associações legitimadas nos termos deste artigo habilitar-se como litisconsortes de qualquer das partes.

- CC: arts. 113 a 118.

§ 3º. Em caso de desistência infundada ou abandono da ação por associação legitimada, o Ministério Público ou outro legitimado assumirá a titularidade ativa. (Redação dada pela Lei nº 8.078, de 1990)

§ 4º. O requisito da pré-constituição poderá ser dispensado pelo juiz, quando haja manifesto interesse social evidenciado pela dimensão ou característica do dano, ou pela relevância do bem jurídico a ser protegido. (Incluído pela Lei nº 8.078, de 1990)

- Lei 8.078/1991: art. 84, § 1º.

§ 5º. Admitir-se-á o litisconsórcio facultativo entre os Ministérios Públicos da União, do Distrito Federal e dos Estados na defesa dos interesses e direitos de que cuida esta Lei. (Incluído pela Lei nº 8.078, de 1990)

§ 6º. Os órgãos públicos legitimados poderão tomar dos interessados compromisso de ajustamento de sua conduta às exigências legais, mediante cominações, que terá eficácia de título executivo extrajudicial. (Incluído pela Lei nº 8.078, de 1990)

- Lei 9.469/1997: art. 4º-A.

Art. 6º. Qualquer pessoa poderá e o servidor público deverá provocar a iniciativa do Ministério Público, ministrando-lhe informações sobre fatos que constituam objeto da ação civil e indicando-lhe os elementos de convicção.

- CF/88: art. 129, § 1º.

Art. 7º. Se, no exercício de suas funções, os juízes e tribunais tiverem conhecimento de fatos que possam ensejar a propositura da ação civil, remeterão peças ao Ministério Público para as providências cabíveis.

- CF/88: art. 129, § 1º.

Art. 8º. Para instruir a inicial, o interessado poderá requerer às autoridades competentes as certidões e informações que julgar necessárias, a serem fornecidas no prazo de 15 (quinze) dias.

§ 1º. O Ministério Público poderá instaurar, sob sua presidência, inquérito civil, ou requisitar, de qualquer organismo público ou particular, certidões, informações, exames ou perícias, no prazo que assinalar, o qual não poderá ser inferior a 10 (dez) dias úteis.

- CF/88: art. 129, VI.

§ 2º. Somente nos casos em que a lei impuser sigilo, poderá ser negada certidão ou informação, hipótese em que a ação poderá ser proposta desacompanhada daqueles documentos, cabendo ao juiz requisitá-los.

Art. 9º. Se o órgão do Ministério Público, esgotadas todas as diligências, se convencer da inexistência de fundamento para a propositura da ação civil, promoverá o arquivamento dos autos do inquérito civil ou das peças informativas, fazendo-o fundamentadamente.

- CPP: art. 28.
- Lei 8.069/1990: art. 23.

§ 1º. Os autos do inquérito civil ou das peças de informação arquivadas serão remetidos, sob pena de se incorrer em falta grave, no prazo de 3 (três) dias, ao Conselho Superior do Ministério Público.

§ 2º. Até que, em sessão do Conselho Superior do Ministério Público, seja homologada ou rejeitada a promoção de arquivamento, poderão as associações legitimadas apresentar razões escritas ou documentos, que serão juntados aos autos do inquérito ou anexados às peças de informação.

§ 3º. A promoção de arquivamento será submetida a exame e deliberação do Conselho Superior do Ministério Público, conforme dispuser o seu regimento.

§ 4º. Deixando o Conselho Superior de homologar a promoção de arquivamento, designará, desde logo, outro órgão do Ministério Público para o ajuizamento da ação.

Art. 10. Constitui crime, punido com pena de reclusão de 1 (um) a 3 (três) anos, mais multa de dez a 1.000 Obrigações do Tesouro Nacional – OTN, a recusa, o retardamento ou a omissão de dados técnicos indispensáveis à propositura da ação civil, quando requisitados pelo Ministério Público.

- Lei 7.730/1989: art. 15.

Art. 11. Na ação que tenha por objeto o cumprimento de obrigação de fazer ou não fazer, o juiz determinará o cumprimento da prestação da atividade devida ou a cessação da atividade nociva, sob pena de execução específica, ou de cominação de multa diária, se esta for suficiente ou compatível, independentemente de requerimento do autor.

- CPC/15: arts. 497, 499, 500, 536, § 1º e 537, § 1º.
- Lei 8.078/1991: art. 84.

Art. 12. Poderá o juiz conceder mandado liminar, com ou sem justificação prévia, em decisão sujeita a agravo.

- CPC/15: arts. 995 e 1.019, I.

‣ Lei 7.347/1985: art. 14.

§ 1º. A requerimento de pessoa jurídica de direito público interessada, e para evitar grave lesão à ordem, à saúde, à segurança e à economia pública, poderá o Presidente do Tribunal a que competir o conhecimento do respectivo recurso suspender a execução da liminar, em decisão fundamentada, da qual caberá agravo para uma das turmas julgadoras, no prazo de 5 (cinco) dias a partir da publicação do ato.

‣ Lei 12.016/2009: art. 15.

§ 2º. A multa cominada liminarmente só será exigível do réu após o trânsito em julgado da decisão favorável ao autor, mas será devida desde o dia em que se houver configurado o descumprimento.

Art. 13. Havendo condenação em dinheiro, a indenização pelo dano causado reverterá a um fundo gerido por um Conselho Federal ou por Conselhos Estaduais de que participarão necessariamente o Ministério Público e representantes da comunidade, sendo seus recursos destinados à reconstituição dos bens lesados.

‣ Lei 9.008/1995 – Cria, na estrutura organizacional do Ministério da Justiça, o Conselho Federal de que trata o art. 13 da Lei 7.347/1985.

‣ Decreto 1.306/1994 – Regulamenta o Fundo de Defesa de Direitos Difusos, de que tratam os arts. 13 e 20 da Lei 7.347/1985.

§ 1º. Enquanto o fundo não for regulamentado, o dinheiro ficará depositado em estabelecimento oficial de crédito, em conta com correção monetária. (Renumerado para § 1º pela Lei nº 12.288, de 2010)

§ 2º. Havendo acordo ou condenação com fundamento em dano causado por ato de discriminação étnica nos termos do disposto no art. 1º desta Lei, a prestação em dinheiro reverterá diretamente ao fundo de que trata o *caput* e será utilizada para ações de promoção da igualdade étnica, conforme definição do Conselho Nacional de Promoção da Igualdade Racial, na hipótese de extensão nacional, ou dos Conselhos de Promoção de Igualdade Racial estaduais ou locais, nas hipóteses de danos com extensão regional ou local, respectivamente. (Incluído pela Lei nº 12.288, de 2010)

Art. 14. O juiz poderá conferir efeito suspensivo aos recursos, para evitar dano irreparável à parte.

‣ CPC/15: arts. 995 e 1.019, I.

Art. 15. Decorridos 60 (sessenta) dias do trânsito em julgado da sentença condenatória, sem que a associação autora lhe promova a execução, deverá fazê-lo o Ministério Público, facultada igual iniciativa aos demais legitimados. (Redação dada pela Lei nº 8.078, de 1990)

Art. 16. A sentença civil fará coisa julgada *erga omnes*, nos limites da competência territorial do órgão prolator, exceto se o pedido for julgado improcedente por insuficiência de provas, hipótese em que qualquer legitimado poderá intentar outra ação com idêntico fundamento, valendo-se de nova prova. (Redação dada pela Lei nº 9.494, de 1997)

‣ Lei 8.078/1991: art. 103, I e § 3º.

Art. 17. Em caso de litigância de má-fé, a associação autora e os diretores responsáveis pela propositura da ação serão solidariamente condenados em honorários advocatícios e ao décuplo das custas, sem prejuízo da responsabilidade por perdas e danos. (Redação dada pela Lei nº 8.078, de 1990)

‣ CPC/15: arts. 141 e 777.

‣ Lei 8.078/1991: art. 87, par. único.

Art. 18. Nas ações de que trata esta Lei, não haverá adiantamento de custas, emolumentos, honorários periciais e quaisquer outras despesas, nem condenação da associação autora, salvo comprovada má-fé, em honorários de advogado, custas e despesas processuais. (Redação dada pela Lei nº 8.078, de 1990)

‣ Lei 8.078/1991: art. 87.

Art. 19. Aplica-se à ação civil pública, prevista nesta Lei, o Código de Processo Civil, aprovado pela Lei 5.869, de 11 de janeiro de 1973, naquilo em que não contrarie suas disposições.

‣ Referida Lei 5.869/1973 foi revogado pela Lei 13.105/2015.

Art. 20. O fundo de que trata o art. 13 desta Lei será regulamentado pelo Poder Executivo no prazo de 90 (noventa) dias.

‣ Decreto 1.306/1994 – Regulamenta o Fundo de Defesa de Direitos Difusos, de que tratam os arts. 13 e 20 da Lei 7.347/1985.

Art. 21. Aplicam-se à defesa dos direitos e interesses difusos, coletivos e individuais, no que for cabível, os dispositivos do Título III da Lei que instituiu o Código de Defesa do Consumidor. (Incluído pela Lei nº 8.078, de 1990)

‣ CF/1988: art. 5º, XXXII.

‣ Lei 8.078/1991: arts. 81 a 104.

Art. 22. Esta Lei entra em vigor na data de sua publicação. (Renumerado pela Lei nº 8.078, de 1990)

Art. 23. Revogam-se as disposições em contrário. (Renumerado pela Lei nº 8.078, de 1990)

Brasília, 24 de julho de 1985; 164º da Independência e 97º da República.

JOSÉ SARNEY

D.O.U. de 25.7.1985

LEI Nº 7.357, DE 2 DE SETEMBRO DE 1985

Dispõe sobre o cheque e dá outras providências.

‣ *Lei do cheque*

O PRESIDENTE DA REPÚBLICA, faço saber que o Congresso Nacional decreta e eu sanciono a seguinte Lei:

‣ Decreto 1.240/1994 – Promulga a Convenção Interamericana sobre Conflitos de Leis em Matéria de Cheques, adotada em Montevidéu, em 8 de maio de 1979.

CAPÍTULO I. DA EMISSÃO E DA FORMA DO CHEQUE

Art. 1º. O cheque contém:

‣ CC: art. 887.

I – a denominação "cheque" inscrita no contexto do título e expressa na língua em que este é regido;

II – a ordem incondicional de pagar quantia determinada;

III – o nome do banco ou da instituição financeira que deve pagar (sacado);

IV – a indicação do lugar de pagamento;

V – a indicação da data e do lugar de emissão;

VI – a assinatura do emitente (sacador), ou de seu mandatário com poderes especiais.

Parágrafo único. A assinatura do emitente ou a de seu mandatário com poderes especiais pode ser constituída, na forma de legislação específica, por chancela mecânica ou processo equivalente.

Art. 2º. O título a que falte qualquer dos requisitos enumerados no artigo precedente não vale como cheque, salvo nos casos determinados a seguir:

‣ CC: arts. 888 e 891.

I – na falta de indicação especial, é considerado lugar de pagamento o lugar designado junto ao nome do sacado; se designados vários lugares, o cheque é pagável no primeiro deles; não existindo qualquer indicação, o cheque é pagável no lugar de sua emissão;

II – não indicado o lugar de emissão, considera-se emitido o cheque no lugar indicado junto ao nome do emitente.

Art. 3º. O cheque é emitido contra banco, ou instituição financeira que lhe seja equiparada, sob pena de não valer como cheque.

Art. 4º. O emitente deve ter fundos disponíveis em poder do sacado e estar autorizado a sobre eles emitir cheque, em virtude de contrato expresso ou tácito. A infração desses preceitos não prejudica a validade do título como cheque.

§ 1º. A existência de fundos disponíveis é verificada no momento da apresentação do cheque para pagamento.

§ 2º. Consideram-se fundos disponíveis:

a) os créditos constantes de conta corrente bancária não subordinados a termo;

b) o saldo exigível de conta corrente contratual;

c) a soma proveniente de abertura de crédito.

Art. 5º. *(VETADO).*

Art. 6º. O cheque não admite aceite, considerando-se não escrita qualquer declaração com esse sentido.

Art. 7º. Pode o sacado, a pedido do emitente ou do portador legitimado, lançar e assinar, no verso do cheque não ao portador e ainda não endossado, visto, certificação ou outra declaração equivalente, datada e por quantia igual à indicada no título.

§ 1º. A aposição de visto, certificação ou outra declaração equivalente obriga o sacado a debitar à conta do emitente a quantia indicada no cheque e a reservá-la em benefício do portador legitimado, durante o prazo de apresentação, sem que fiquem exonerados o emitente, endossantes e demais coobrigados.

§ 2º. O sacado creditará à conta do emitente a quantia reservada, uma vez vencido o prazo de apresentação; e, antes disso, se o cheque lhe for entregue para inutilização.

Art. 8º. Pode-se estipular no cheque que seu pagamento seja feito:

I – a pessoa nomeada, com ou sem cláusula expressa "à ordem";

II – a pessoa nomeada, com a cláusula "não à ordem", ou outra equivalente;

‣ Lei 7.357/1985: art. 17, § 1º.

III – ao portador.

‣ Lei 9.069/1995: art. 69.

Parágrafo único. Vale como cheque ao portador o que não contém indicação do beneficiário e o emitido em favor de pessoa nomeada com a cláusula "ou ao portador", ou expressão equivalente.

‣ CC: arts. 904 a 909.

Art. 9º. O cheque pode ser emitido:

I – à ordem do próprio sacador;

II – por conta de terceiro;

III – contra o próprio banco sacador, desde que não ao portador.

Art. 10. Considera-se não escrita a estipulação de juros inserida no cheque.

Art. 11. O cheque pode ser pagável no domicílio de terceiro, quer na localidade em que o sacado tenha domicílio, quer em outra, desde que o terceiro seja banco.

Art. 12. Feita a indicação da quantia em algarismos e por extenso, prevalece esta no caso de divergência. Indicada a quantia mais de uma vez, quer por extenso, quer por algarismo, prevalece no caso de divergência, a indicação da menor quantia.

Art. 13. As obrigações contraídas do cheque são autônomas e independentes.

Parágrafo único. A assinatura de pessoa capaz cria obrigações para o signatário, mesmo que o cheque contenha assinatura de pessoas incapazes de se obrigar por cheque, ou assinaturas falsas, ou assinaturas de pessoas fictícias, ou assinaturas que, por qualquer outra razão, não poderiam obrigar as pessoas que assinaram o cheque, ou em nome das quais ele foi assinado.

Art. 14. Obriga-se pessoalmente quem assina cheque como mandatário ou representante, sem ter poderes para tal, ou excedendo os que lhe foram conferidos. Pagando o cheque, tem os mesmos direitos daquele em cujo nome assinou.

Art. 15. O emitente garante o pagamento, considerando-se não escrita a declaração pela qual se exima dessa garantia.

Art. 16. Se o cheque, incompleto no ato da emissão, for completado com inobservância do convencionado com o emitente, tal fato não pode ser oposto ao portador, a não ser que este tenha adquirido o cheque de má-fé.

CAPÍTULO II. DA TRANSMISSÃO

Art. 17. O cheque pagável a pessoa nomeada, com ou sem cláusula expressa "à ordem", é transmissível por via de endosso.

§ 1º. O cheque pagável a pessoa nomeada, com a cláusula "não à ordem", ou outra equivalente, só é transmissível pela forma e com os efeitos de cessão.

‣ CC: arts. 286 a 298, e 893.

§ 2º. O endosso pode ser feito ao emitente, ou a outro obrigado, que podem novamente endossar o cheque.

Art. 18. O endosso deve ser puro e simples, reputando-se não escrita qualquer condição a que seja subordinado.

‣ CC: art. 912.

§ 1º. São nulos o endosso parcial e o do sacado.

§ 2º. Vale como em branco o endosso ao portador. O endosso ao sacado vale apenas como quitação, salvo no caso de o sacado ter vários estabelecimentos e o endosso ser feito em favor de estabelecimento diverso daquele contra o qual o cheque foi emitido.

Art. 19. O endosso deve ser lançado no cheque ou na folha de alongamento e assinado pelo endossante, ou seu mandatário com poderes especiais.

‣ CC: arts. 910 e ss..

§ 1º. O endosso pode não designar o endossatário. Consistindo apenas na assinatura do endossante (endosso em branco), só é válido quando lançado no verso do cheque ou na folha de alongamento.

§ 2º. A assinatura do endossante, ou a de seu mandatário com poderes especiais, pode ser constituída, na forma de legislação específica, por chancela mecânica, ou processo equivalente.

Art. 20. O endosso transmite todos os direitos resultantes do cheque. Se o endosso é em branco, pode o portador:

‣ CC: arts. 893 e 904.

I – completá-lo com o seu nome ou com o de outra pessoa;

II – endossar novamente o cheque, em branco ou à outra pessoa;

III – transferir o cheque a um terceiro, sem completar o endosso e sem endossar.

Art. 21. Salvo estipulação em contrário, o endossante garante o pagamento.

‣ CC: art. 914.

Parágrafo único. Pode o endossante proibir novo endosso; neste caso, não garante o pagamento a quem seja o cheque posteriormente endossado.

Art. 22. O detentor de cheque "à ordem" é considerado portador legitimado, se provar seu direito por uma série ininterrupta de endossos, mesmo que o último seja em branco. Para esse efeito, os endossos cancelados são considerados não escritos.

Parágrafo único. Quando um endosso em branco for seguido de outro, entende-se que o signatário deste adquiriu o cheque pelo endosso em branco.

Art. 23. O endosso num cheque passado ao portador torna o endossante responsável, nos termos das disposições que regulam o direito de ação, mas nem por isso converte o título num cheque "à ordem".

Art. 24. Desapossado alguém de um cheque, em virtude de qualquer evento, novo portador legitimado não está obrigado a restituí-lo, se não o adquiriu de má-fé.

Parágrafo único. Sem prejuízo do disposto neste artigo, serão observadas, nos casos de perda, extravio, furto, roubo ou apropriação indébita do cheque, as disposições legais relativas à anulação e substituição de títulos ao portador, no que for aplicável.

‣ CC: art. 909.

Art. 25. Quem for demandado por obrigação resultante de cheque não pode opor ao portador exceções fundadas em relações pessoais com o emitente, ou com os portadores anteriores, salvo se o portador o adquiriu conscientemente em detrimento do devedor.

Art. 26. Quando o endosso contiver a cláusula "valor em cobrança", "para cobrança", "por procuração", ou qualquer outra que implique apenas mandato, o portador pode exercer todos os direitos resultantes do cheque, mas só pode lançar no cheque endosso-mandato. Neste caso, os obrigados somente podem invocar contra o portador as exceções oponíveis ao endossante.

Parágrafo único. O mandato contido no endosso não se extingue por morte do endossante ou por superveniência de sua incapacidade.

Art. 27. O endosso posterior ao protesto, ou declaração equivalente, ou à expiração do prazo de apresentação produz apenas os efeitos de cessão. Salvo prova em contrário, o endosso sem data presume-se anterior ao protesto, ou declaração equivalente, ou à expiração do prazo de apresentação.

‣ CC: arts. 286 a 298.

Art. 28. O endosso no cheque nominativo, pago pelo banco contra o qual foi sacado, prova o recebimento da respectiva importância pela pessoa a favor da qual foi emitido, e pelos endossantes subsequentes.

Parágrafo único. Se o cheque indica a nota, fatura, conta cambial, imposto lançado ou declarado a cujo pagamento se destina, ou outra causa da sua emissão, o endosso pela pessoa a favor da qual foi emitido a sua liquidação pelo banco sacado provam a extinção da obrigação indicada.

CAPÍTULO III. DO AVAL

Art. 29. O pagamento do cheque pode ser garantido, no todo ou em parte, por aval prestado por terceiro, exceto o sacado, ou mesmo por signatário do título.

‣ CC: arts. 897 a 903.

Art. 30. O aval é lançado no cheque ou na folha de alongamento. Exprime-se pelas palavras "por aval", ou fórmula equivalente, com a assinatura do avalista. Considera-se como resultante da simples assinatura do avalista, aposta no anverso do cheque, salvo quando se tratar da assinatura do emitente.

Parágrafo único. O aval deve indicar o avalizado. Na falta de indicação, considera-se avalizado o emitente.

Art. 31. O avalista se obriga da mesma maneira que o avalizado. Subsiste sua obrigação, ainda que nula a por ele garantida, salvo se a nulidade resultar de vício de forma.

Parágrafo único. O avalista que paga o cheque adquire todos os direitos dele resultantes contra o avalizado e contra os obrigados para com este em virtude do cheque.

CAPÍTULO IV. DA APRESENTAÇÃO E DO PAGAMENTO

Art. 32. O cheque é pagável à vista. Considera-se não escrita qualquer menção em contrário.

‣ Súm. 370 do STJ.

Parágrafo único. O cheque apresentado para pagamento antes do dia indicado como data de emissão é pagável no dia da apresentação.

Art. 33. O cheque deve ser apresentado para pagamento, a contar do dia da emissão, no prazo de 30 (trinta) dias, quando emitido no lugar onde houver de ser pago; e de 60 (sessenta) dias, quando emitido em outro lugar do País ou no exterior.

‣ Súm. 600 do STF.

Parágrafo único. Quando o cheque é emitido entre lugares com calendários diferentes, considera-se como de emissão o dia correspondente do calendário do lugar de pagamento.

Art. 34. A apresentação do cheque à câmara de compensação equivale à apresentação a pagamento.

Art. 35. O emitente do cheque pagável no Brasil pode revogá-lo, mercê de contraordem dada por aviso epistolar, ou por via judicial ou extrajudicial, com as razões motivadoras do ato.

Parágrafo único. A revogação ou contraordem só produz efeito depois de expirado o prazo de apresentação e, não sendo promovida, pode o sacado pagar o cheque até que decorra o prazo de prescrição, nos termos do art. 59 desta Lei.

Art. 36. Mesmo durante o prazo de apresentação, o emitente e o portador legitimado podem fazer sustar o pagamento, manifestando ao sacado, por escrito, oposição fundada em relevante razão de direito.

§ 1º. A oposição do emitente e a revogação ou contraordem se excluem reciprocamente.

§ 2º. Não cabe ao sacado julgar da relevância da razão invocada pelo oponente.

Art. 37. A morte do emitente ou sua incapacidade superveniente à emissão não invalidam os efeitos do cheque.

Art. 38. O sacado pode exigir, ao pagar o cheque, que este lhe seja entregue quitado pelo portador.

Parágrafo único. O portador não pode recusar pagamento parcial, e, nesse caso, o sacado pode exigir que esse pagamento conste do cheque e que o portador lhe dê a respectiva quitação.

Art. 39. O sacado que paga cheque "à ordem" é obrigado a verificar a regularidade da série de endossos, mas não a autenticidade das assinaturas dos endossantes. A mesma obrigação incumbe ao banco apresentante do cheque a câmara de compensação.

Parágrafo único. Ressalvada a responsabilidade do apresentante, no caso da parte final deste artigo, o banco sacado responde pelo pagamento do cheque falso, falsificado ou alterado, salvo dolo ou culpa do correntista, do endossante ou do beneficiário, dos quais poderá o sacado, no todo ou em parte, reaver o que pagou.

‣ Súm. 28 do STF.

Art. 40. O pagamento se fará à medida em que forem apresentados os cheques e se dois ou mais forem apresentados simultaneamente, sem que os fundos disponíveis bastem para o pagamento de todos, terão preferência os de emissão mais antiga e, se da mesma data, os de número inferior.

Art. 41. O sacado pode pedir explicações ou garantia para pagar cheque mutilado, rasgado ou partido, ou que contenha borrões, emendas e dizeres que não pareçam formalmente normais.

Art. 42. O cheque em moeda estrangeira é pago, no prazo de apresentação, em moeda nacional ao câmbio do dia do pagamento, obedecida a legislação especial.

Parágrafo único. Se o cheque não for pago no ato da apresentação, pode o portador optar entre o câmbio do dia da apresentação e o do dia do pagamento para efeito de conversão em moeda nacional.

Art. 43. *(VETADO).*

§ 1º. *(VETADO).*

§ 2º. *(VETADO).*

CAPÍTULO V.
DO CHEQUE CRUZADO

Art. 44. O emitente ou o portador podem cruzar o cheque, mediante a aposição de dois traços paralelos no anverso do título.

§ 1º. O cruzamento é geral se entre os dois traços não houver nenhuma indicação ou existir apenas a indicação "banco", ou outra equivalente. O cruzamento é especial se entre os dois traços existir a indicação do nome do banco.

§ 2º. O cruzamento geral pode ser convertido em especial, mas este não pode converter-se naquele.

§ 3º. A inutilização do cruzamento ou a do nome do banco é reputada como não existente.

Art. 45. O cheque com cruzamento geral só pode ser pago pelo sacado a banco ou a cliente do sacado, mediante crédito em conta. O cheque com cruzamento especial só pode ser pago pelo sacado ao banco indicado, ou, se este for o sacado, a cliente seu, mediante crédito em conta. Pode, entretanto, o banco designado incumbir outro da cobrança.

§ 1º. O banco só pode adquirir cheque cruzado de cliente seu ou de outro banco. Só pode cobrá-lo por conta de tais pessoas.

§ 2º. O cheque com vários cruzamentos especiais só pode ser pago pelo sacado no caso de dois cruzamentos, um dos quais para cobrança por câmara de compensação.

§ 3º. Responde pelo dano, até a concorrência do montante do cheque, o sacado ou o banco portador que não observar as disposições precedentes.

CAPÍTULO VI.
DO CHEQUE PARA SER CREDITADO EM CONTA

Art. 46. O emitente ou o portador podem proibir que o cheque seja pago em dinheiro mediante a inscrição transversal, no anverso do título, da cláusula "para ser creditado em conta", ou outra equivalente. Nesse caso, o sacado só pode proceder a lançamento contábil (crédito em conta, transferência ou compensação), que vale como pagamento. O depósito do cheque em conta de seu beneficiário dispensa o respectivo endosso.

§ 1º. A inutilização da cláusula é considerada como não existente.

§ 2º. Responde pelo dano, até a concorrência do montante do cheque, o sacado que não observar as disposições precedentes.

CAPÍTULO VII.
DA AÇÃO POR FALTA DE PAGAMENTO

Art. 47. Pode o portador promover a execução do cheque:

‣ Súm. 28 e 600 do STF.
‣ Súm. 27 do STJ.
‣ Lei 7.357/1985: arts. 47 a 62.

I – contra o emitente e seu avalista;

II – contra os endossantes e seus avalistas, se o cheque apresentado em tempo hábil e a recusa de pagamento é comprovada pelo protesto ou por declaração do sacado, escrita e datada sobre o cheque, com indicação do dia de apresentação, ou, ainda, por declaração escrita e datada por câmara de compensação.

§ 1º. Qualquer das declarações previstas neste artigo dispensa o protesto e produz os efeitos deste.

§ 2º. Os signatários respondem pelos danos causados por declarações inexatas.

§ 3º. O portador que não apresentar o cheque em tempo hábil, ou não comprovar a recusa de pagamento pela forma indicada neste artigo, perde o direito de execução contra o emitente, se este tinha fundos disponíveis durante o prazo de apresentação e os deixou de ter, em razão de fato que não lhe seja imputável.

§ 4º. A execução independe do protesto e das declarações previstas neste artigo, se a apresentação ou o pagamento do cheque são obstados pelo fato de o sacado ter sido submetido a intervenção, liquidação extrajudicial ou falência.

Art. 48. O protesto ou as declarações do artigo anterior devem fazer-se no lugar de pagamento ou do domicílio do emitente, antes da expiração do prazo de apresentação. Se esta ocorrer no último dia do prazo, o protesto ou as declarações podem fazer-se no primeiro dia útil seguinte.

‣ Lei 9.492/1997 – Define Competência, Regulamenta os Serviços Concernentes ao Protesto de Títulos.

§ 1º. A entrega do cheque para protesto deve ser prenotada em livro especial e o protesto tirado no prazo de 3 (três) dias úteis a contar do recebimento do título.

§ 2º. O instrumento do protesto, datado e assinado pelo oficial público competente, contém:

a) a transcrição literal do cheque, com todas as declarações nele inseridas, na ordem em que se acham lançadas;

b) a certidão da intimação do emitente, de seu mandatário especial ou representante legal, e as demais pessoas obrigadas no cheque;

c) a resposta dada pelos intimados ou a declaração da falta de resposta;

d) a certidão de não haverem sido encontrados ou de serem desconhecidos o emitente ou os demais obrigados, realizada a intimação, nesse caso, pela imprensa.

§ 3º. O instrumento de protesto, depois de registrado em livro próprio, será entregue ao portador legitimado ou àquele que houver efetuado o pagamento.

§ 4º. Pago o cheque depois do protesto, pode este ser cancelado, a pedido de qualquer interessado, mediante arquivamento de cópia autenticada da quitação que contenha perfeita identificação do título.

Art. 49. O portador deve dar aviso da falta de pagamento a seu endossante e ao emitente, nos quatro dias úteis seguintes ao do protesto ou das declarações previstas no art. 47 desta Lei ou, havendo cláusula "sem despesa", ao da apresentação.

§ 1º. Cada endossante deve, nos dois dias úteis seguintes ao do recebimento do aviso, comunicar seu teor ao endossante precedente, indicando os nomes e endereços dos que deram os avisos anteriores, e assim por diante, até o emitente, contando-se os prazos do recebimento do aviso precedente.

§ 2º. O aviso dado a um obrigado deve estender-se, no mesmo prazo, a seu avalista.

§ 3º. Se o endossante não houver indicado seu endereço, ou o tiver feito de forma ilegível, basta o aviso ao endossante que o preceder.

§ 4º. O aviso pode ser dado por qualquer forma, até pela simples devolução do cheque.

§ 5º. Aquele que estiver obrigado a aviso deverá provar que o deu no prazo estipulado. Considera-se observado o prazo se, dentro dele, houver sido posta no correio a carta de aviso.

§ 6º. Não decai do direito de regresso o que deixa de dar o aviso no prazo estabelecido. Responde, porém, pelo dano causado por sua negligência, sem que a indenização exceda o valor do cheque.

Art. 50. O emitente, o endossante e o avalista podem, pela cláusula "sem despesa", "sem protesto", ou outra equivalente, lançada no título e assinada, dispensar o portador, para promover a execução do título, do protesto ou da declaração equivalente.

§ 1º. A cláusula não dispensa o portador da apresentação do cheque no prazo estabelecido, nem dos avisos. Incumbe a quem alega a inobservância de prazo a prova respectiva.

§ 2º. A cláusula lançada pelo emitente produz efeito em relação a todos os obrigados; a lançada por endossante ou por avalista produz efeito somente em relação ao que lançar.

§ 3º. Se, apesar da cláusula lançada pelo emitente, o portador promove o protesto, as despesas correm por sua conta. Por elas respondem todos os obrigados, se a cláusula é lançada por endossante ou avalista.

Art. 51. Todos os obrigados respondem solidariamente para com o portador do cheque.

§ 1º. O portador tem o direito de demandar todos os obrigados, individual ou coletivamente, sem estar sujeito a observar a ordem em que se obrigaram. O mesmo direito cabe ao obrigado que pagar o cheque.

§ 2º. A ação contra um dos obrigados não impede sejam os outros demandados, mesmo que se tenham obrigado posteriormente àquele.

§ 3º. Regem-se pelas normas das obrigações solidárias as relações entre obrigados do mesmo grau.

‣ CC: arts. 264 a 285.

Art. 52. O portador pode exigir do demandado:

I – a importância do cheque não pago;

II – os juros legais desde o dia da apresentação;

III – as despesas que fez;

IV – a compensação pela perda do valor aquisitivo da moeda, até o embolso das importâncias mencionadas nos itens antecedentes.

Art. 53. Quem paga o cheque pode exigir de seus garantes:

I – a importância integral que pagou;

II – os juros legais, a contar do dia do pagamento;

III – as despesas que fez;

IV – a compensação pela perda do valor aquisitivo da moeda, até o embolso das importâncias mencionadas nos itens antecedentes.

Art. 54. O obrigado contra o qual se promova execução, ou que a esta esteja sujeito, pode exigir, contra pagamento, a entrega do cheque, com o instrumento de protesto ou da declaração equivalente e a conta de juros e despesas quitada.

Parágrafo único. O endossante que pagou o cheque pode cancelar seu endosso e os dos endossantes posteriores.

Art. 55. Quando disposição legal ou caso de força maior impedir a apresentação do cheque, o protesto ou a declaração equivalente nos prazos estabelecidos, consideram-se estes prorrogados.

§ 1º. O portador é obrigado a dar aviso imediato da ocorrência de força maior a seu endossante e a fazer menção do aviso dado mediante declaração datada e assinada por ele no cheque ou folha de alongamento. São aplicáveis, quanto ao mais, as disposições do art. 49 e seus parágrafos desta Lei.

§ 2º. Cessado o impedimento, deve o portador, imediatamente, apresentar o cheque para pagamento e, se couber, promover o protesto ou a declaração equivalente.

§ 3º. Se o impedimento durar por mais de 15 (quinze) dias, contados do dia em que o portador, mesmo antes de findo o prazo de apresentação, comunicou a ocorrência de força maior a seu endossante, poderá ser promovida a execução, sem necessidade de apresentação do protesto ou declaração equivalente.

§ 4º. Não constituem casos de força maior os fatos puramente pessoais relativos ao portador ou à pessoa por ele incumbida da apresentação do cheque, do protesto ou da obtenção da declaração equivalente.

CAPÍTULO VIII. DA PLURALIDADE DE EXEMPLARES

Art. 56. Excetuado o cheque ao portador, qualquer cheque emitido em um país e pagável em outro pode ser feito em vários exemplares idênticos, que devem ser numerados no próprio texto do título, sob pena de cada exemplar ser considerado cheque distinto.

Art. 57. O pagamento feito contra a apresentação de um exemplar é liberatório, ainda que não estipulado que o pagamento torna sem efeito os outros exemplares.

Parágrafo único. O endossante que transferir os exemplares a diferentes pessoas e os endossantes posteriores respondem por todos os exemplares que assinarem e que não forem restituídos.

CAPÍTULO IX. DAS ALTERAÇÕES

Art. 58. No caso de alteração do texto do cheque, os signatários posteriores à alteração respondem nos termos do texto alterado e os signatários anteriores, nos do texto original.

Parágrafo único. Não sendo possível determinar se a firma foi aposta no título antes ou depois de sua alteração, presume-se que o tenha sido antes.

CAPÍTULO X. DA PRESCRIÇÃO

Art. 59. Prescreve em seis meses, contados da expiração do prazo de apresentação, a ação que o art. 47 desta Lei assegura ao portador.

- Súm. 531 do STJ.
- Lei 7.357/1985: arts. 35, par. único e 61.

Parágrafo único. A ação de regresso de um obrigado ao pagamento do cheque contra outro prescreve em seis meses, contados do dia em que o obrigado pagou o cheque ou do dia em que foi demandado.

Art. 60. A interrupção da prescrição produz efeito somente contra o obrigado em relação ao qual foi promovido o ato interruptivo.

Art. 61. A ação de enriquecimento contra o emitente ou outros obrigados, que se locupletaram injustamente com o não pagamento do cheque, prescreve em dois anos, contados do dia em que se consumar a prescrição prevista no art. 59 e seu parágrafo desta Lei.

Art. 62. Salvo prova de novação, a emissão ou a transferência do cheque não exclui a ação fundada na relação causal, feita a prova do não pagamento.

CAPÍTULO XI. DOS CONFLITOS DE LEIS EM MATÉRIA DE CHEQUES

Art. 63. Os conflitos de leis em matéria de cheques serão resolvidos de acordo com as normas constantes das Convenções aprovadas, promulgadas e mandadas aplicar no Brasil, na forma prevista pela Constituição Federal.

CAPÍTULO XII. DAS DISPOSIÇÕES GERAIS

Art. 64. A apresentação do cheque, o protesto ou a declaração equivalente só podem ser feitos ou exigidos em dia útil, durante o expediente dos estabelecimentos de crédito, câmaras de compensação e cartório de protestos.

Parágrafo único. O cômputo dos prazos estabelecidos nesta Lei obedece às disposições do direito comum.

Art. 65. Os efeitos penais da emissão do cheque sem suficiente provisão de fundos, da frustração do pagamento do cheque, da falsidade, da falsificação e da alteração do cheque continuam regidos pela legislação criminal.

- Súm. 246, 521 e 554 do STF.
- CP: art. 171, § 2º, VI.

Art. 66. Os vales ou cheques postais, os cheques de poupança ou assemelhados, e os cheques de viagem regem-se pelas disposições especiais a eles referentes.

Art. 67. A palavra "banco", para os fins desta Lei, designa também a instituição financeira contra a qual a lei admita a emissão de cheque.

Art. 68. Os bancos e casas bancárias poderão fazer prova aos seus depositantes dos cheques por estes sacados, mediante apresentação de cópia fotográfica ou microfotográfica.

Art. 69. Fica ressalvada a competência do Conselho Monetário Nacional, nos termos e nos limites da legislação específica, para expedir normas relativas à matéria bancária relacionada com o cheque.

Parágrafo único. É da competência do Conselho Monetário Nacional:

a) a determinação das normas a que devem obedecer as contas de depósito para que possam ser fornecidos os talões de cheques aos depositantes;

b) a determinação das consequências do uso indevido do cheque, relativamente à conta do depositante;

c) a disciplina das relações entre o sacado e o opoente, na hipótese do artigo 36 desta Lei.

Art. 70. Esta Lei entra em vigor na data de sua publicação.

Art. 71. Revogam-se as disposições em contrário.

Brasília, em 2 de setembro de 1985; 164º da Independência e 97º da República.

JOSÉ SARNEY

D.O.U. de 3.9.1985

RESOLUÇÃO CONAMA Nº 001, DE 23 DE JANEIRO DE 1986

O CONSELHO NACIONAL DO MEIO AMBIENTE - IBAMA, no uso das atribuições que lhe confere o artigo 48 do Decreto nº 88.351, de 1º de junho de 1983, para efetivo exercício das responsabilidades que lhe são atribuídas pelo artigo 18 do mesmo decreto, e Considerando a necessidade de se estabelecerem as definições, as responsabilidades, os critérios básicos e as diretrizes gerais para uso e implementação da Avaliação de Impacto Ambiental como um dos instrumentos da Política Nacional do Meio Ambiente, RESOLVE:

- *Impacto Ambiental*

Art. 1º. Para efeito desta Resolução, considera-se impacto ambiental qualquer alteração das propriedades físicas, químicas e biológicas do meio ambiente, causada por qualquer forma de matéria ou energia resultante das atividades humanas que, direta ou indiretamente, afetam:

I - a saúde, a segurança e o bem-estar da população;

II - as atividades sociais e econômicas;

III - a biota;

IV - as condições estéticas e sanitárias do meio ambiente;

V - a qualidade dos recursos ambientais.

Art. 2º. Dependerá de elaboração de estudo de impacto ambiental e respectivo relatório de impacto ambiental - RIMA, a serem submetidos à aprovação do órgão estadual competente, e do IBAMA e 1n caráter supletivo, o licenciamento de atividades modificadoras do meio ambiente, tais como:

I - Estradas de rodagem com duas ou mais faixas de rolamento;

II - Ferrovias;

III - Portos e terminais de minério, petróleo e produtos químicos;

IV - Aeroportos, conforme definidos pelo inciso 1, artigo 48, do Decreto-Lei nº 32, de 18.11.66;

V - Oleodutos, gasodutos, minerodutos, troncos coletores e emissários de esgotos sanitários;

VI - Linhas de transmissão de energia elétrica, acima de 230KV;

VII - Obras hidráulicas para exploração de recursos hídricos, tais como: barragem para fins hidrelétricos, acima de 10MW, de saneamento ou de irrigação, abertura de canais para navegação, drenagem e irrigação, retificação de cursos d'água, abertura de barras e embocaduras, transposição de bacias, diques;

VIII - Extração de combustível fóssil (petróleo, xisto, carvão);

IX - Extração de minério, inclusive os da classe II, definidas no Código de Mineração;

X - Aterros sanitários, processamento e destino final de resíduos tóxicos ou perigosos;

XI - Usinas de geração de eletricidade, qualquer que seja a fonte de energia primária, acima de 10MW;

XII - Complexo e unidades industriais e agro-industriais (petroquímicos, siderúrgicos, cloroquímicos, destilarias de álcool, hulha, extração e cultivo de recursos hídricos);

XIII - Distritos industriais e zonas estritamente industriais - ZEI;

XIV - Exploração econômica de madeira ou de lenha, em áreas acima de 100 hectares ou menores, quando atingir áreas significativas em termos percentuais ou de importância do ponto de vista ambiental;

XV - Projetos urbanísticos, acima de 100ha. ou em áreas consideradas de relevante interesse ambiental a critério da SEMA e dos órgãos municipais e estaduais competentes;

XVI - Qualquer atividade que utilizar carvão vegetal, derivados ou produtos similares, em quantidade superior a dez toneladas por dia. (nova redação dada pela Resolução nº 11/86)

XVII - Projetos Agropecuários que contemplem áreas acima de 1.000 ha. ou menores, neste caso, quando se tratar de áreas significativas em termos percentuais ou de importância do ponto de vista ambiental, inclusive nas áreas de proteção ambiental. (inciso acrescentado pela Resolução nº 11/86)

XVIII - Empreendimentos potencialmente lesivos ao patrimônio espeleológico nacional. (inciso acrescentado pela Resolução nº 5/87)

Art. 3º. (Revogado pela Resolução nº 237/97)

Art. 4º. Os órgãos ambientais competentes e os órgãos setoriais do SISNAMA deverão compatibilizar os processos de licenciamento com as etapas de planejamento e implantação das atividades modificadoras do meio Ambiente, respeitados os critérios e diretrizes estabelecidos por esta Resolução e tendo por base a natureza o porte e as peculiaridades de cada atividade.

Art. 5º. O estudo de impacto ambiental, além de atender à legislação, em especial os princípios e objetivos expressos na Lei de Política Nacional do Meio Ambiente, obedecerá às seguintes diretrizes gerais:

I - Contemplar todas as alternativas tecnológicas e de localização de projeto, confrontando-as com a hipótese de não execução do projeto;

II - Identificar e avaliar sistematicamente os impactos ambientais gerados nas fases de implantação e operação da atividade ;

III - Definir os limites da área geográfica a ser direta ou indiretamente afetada pelos impactos, denominada área de influência do projeto, considerando, em todos os casos, a bacia hidrográfica na qual se localiza;

IV - Considerar os planos e programas governamentais, propostos e em implantação na área de influência do projeto, e sua compatibilidade.

Parágrafo Único - Ao determinar a execução do estudo de impacto ambiental o órgão estadual competente, ou o IBAMA ou, quando couber, o Município, fixará as diretrizes adicionais que, pelas peculiaridades do projeto e características ambientais da área, forem julgadas necessárias, inclusive os prazos para conclusão e análise dos estudos.

Art. 6º. O estudo de impacto ambiental desenvolverá, no mínimo, as seguintes atividades técnicas:

I - Diagnóstico ambiental da área de influência do projeto completa descrição e análise dos recursos ambientais e suas interações, tal como existem, de modo a caracterizar a situação ambiental da área, antes da implantação do projeto, considerando:

a) o meio físico - o subsolo, as águas, o ar e o clima, destacando os recursos minerais, a topografia, os tipos e aptidões do solo, os corpos d'água, o regime hidrológico, as correntes marinhas, as correntes atmosféricas;

b) o meio biológico e os ecossistemas naturais - a fauna e a flora, destacando as espécies indicadoras da qualidade ambiental, de valor científico e econômico, raras e ameaçadas de extinção e as áreas de preservação permanente;

c) o meio sócio-econômico - o uso e ocupação do solo, os usos da água e a sócio-economia, destacando os sítios e monumentos arqueológicos, históricos e culturais da comunidade, as relações de dependência entre a sociedade local, os recursos ambientais e a potencial utilização futura desses recursos.

II - Análise dos impactos ambientais do projeto e de suas alternativas, através de identificação, previsão da magnitude e interpretação da importância dos prováveis impactos relevantes, discriminando: os impactos positivos e negativos (benéficos e adversos), diretos e indiretos, imediatos e a médio e longo prazos, temporários e permanentes; seu grau de reversibilidade; suas propriedades cumulativas e sinérgicas; a distribuição dos ônus e benefícios sociais.

III - Definição das medidas mitigadoras dos impactos negativos, entre elas os equipamentos de controle e sistemas de tratamento de despejos, avaliando a eficiência de cada uma delas.

IV - Elaboração do programa de acompanhamento e monitoramento (os impactos positivos e negativos, indicando os fatores e parâmetros a serem considerados.

Parágrafo Único - Ao determinar a execução do estudo de impacto Ambiental o órgão estadual competente; ou o IBAMA ou quando couber, o Município fornecerá as instruções adicionais que se fizerem necessárias, pelas peculiaridades do projeto e características ambientais da área.

Art. 7º. (Revogado pela Resolução n° 237/97)

Art. 8º. Correrão por conta do proponente do projeto todas as despesas e custos referentes á realização do estudo de impacto ambiental, tais como: coleta e aquisição dos dados e informações, trabalhos e inspeções de campo, análises de laboratório, estudos técnicos e científicos e acompanhamento e monitoramento dos impactos, elaboração do RIMA e fornecimento de pelo menos 5 (cinco) cópias,

Art. 9º. O relatório de impacto ambiental - RIMA refletirá as conclusões do estudo de impacto ambiental e conterá, no mínimo:

I - Os objetivos e justificativas do projeto, sua relação e compatibilidade com as políticas setoriais, planos e programas governamentais;

II - A descrição do projeto e suas alternativas tecnológicas e locacionais, especificando para cada um deles, nas fases de construção e operação a área de influência, as matérias primas, e mão-de-obra, as fontes de energia, os processos e técnica operacionais, os prováveis efluentes, emissões, resíduos de energia, os empregos diretos e indiretos a serem gerados;

III - A síntese dos resultados dos estudos de diagnósticos ambiental da área de influência do projeto;

IV - A descrição dos prováveis impactos ambientais da implantação e operação da atividade, considerando o projeto, suas alternativas, os horizontes de tempo de incidência dos impactos e indicando os métodos, técnicas e critérios adotados para sua identificação, quantificação e interpretação;

V - A caracterização da qualidade ambiental futura da área de influência, comparando as diferentes situações da adoção do projeto e suas alternativas, bem como com a hipótese de sua não realização;

VI - A descrição do efeito esperado das medidas mitigadoras previstas em relação aos impactos negativos, mencionando aqueles que não puderam ser evitados, e o grau de alteração esperado;

VII - O programa de acompanhamento e monitoramento dos impactos;

VIII - Recomendação quanto à alternativa mais favorável (conclusões e comentários de ordem geral).

Parágrafo único - O RIMA deve ser apresentado de forma objetiva e adequada a sua compreensão. As informações devem ser traduzidas em linguagem acessível, ilustradas por mapas, cartas, quadros, gráficos e demais técnicas de comunicação visual, de modo que se possam entender as vantagens e desvantagens do projeto, bem como todas as conseqüências ambientais de sua implementação.

Art. 10. O órgão estadual competente, ou o IBAMA ou, quando couber, o Município terá um prazo para se manifestar de forma conclusiva sobre o RIMA apresentado.

Parágrafo único - O prazo a que se refere o *caput* deste artigo terá o seu termo inicial na data do recebimento pelo estadual competente ou pela SEMA do estudo do impacto ambiental e seu respectivo RIMA.

Art. 11. Respeitado o sigilo industrial, assim solicitando e demonstrando pelo interessado o RIMA será acessível ao público. Suas cópias permanecerão à disposição dos interessados, nos centros de documentação ou bibliotecas da SEMA e do estadual de controle ambiental correspondente, inclusive o período de análise técnica,

§ 1º - Os órgãos públicos que manifestarem interesse, ou tiverem relação direta com o projeto, receberão cópia do RIMA, para conhecimento e manifestação,

§ 2º - Ao determinar a execução do estudo de impacto ambiental e apresentação do RIMA, o estadual competente ou o IBAMA ou, quando couber o Município, determinará o prazo para recebimento dos comentários a serem feitos pelos órgãos públicos e demais interessados e, sempre que julgar necessário, promoverá a realização de audiência pública para informação sobre o projeto e seus impactos ambientais e discussão do RIMA,

Art. 12. Esta Resolução entra em vigor na data de sua publicação.

FLÁVIO PEIXOTO DA SILVEIRA
Presidente do Conselho
DOU de 17 de fevereiro de 1986.

RESOLUÇÃO CONAMA Nº 001-A, DE 23 DE JANEIRO DE 1986

O CONSELHO NACIONAL DO MEIO AMBIENTE - CONAMA, no uso das atribuições que lhe confere o inciso II do artigo 7º do Decreto nº 88.351, de 1º de junho de 1983, alterado pelo Decreto nº 91.305, de 3 de junho de 1985, e o artigo 48 do mesmo diploma legal, e considerando o crescente número de cargas perigosas que circulam próximas a áreas densamente povoadas, de proteção de mananciais, reservatórios de água e de proteção do ambiente natural, bem como a necessidade de se obterem níveis adequados de segurança no seu transporte, para evitar a degradação ambiental e prejuízos à saúde, RESOLVE:

▸ *Transporte de produtos perigosos*

Art. 1º. Quando considerado conveniente pelos Estados, o transporte de produtos perigosos, em seus territórios, deverá ser efetuado mediante medidas essenciais complementares às estabelecidas pelo Decreto nº 88.821, de 6 de outubro de 1983.

Art. 2º. Os órgãos estaduais de meio ambiente deverão ser comunicados pelo transportador de produtos perigosos, com a antecedência mínima de setenta e duas horas de sua efetivação, a fim de que sejam adotadas as providências cabíveis.

Art. 3º. Na hipótese de que trata o artigo 1º, o CONAMA recomendo aos órgãos estaduais de meio ambiente que definam em conjunto com os órgãos de trânsito, os cuidados especiais a serem adotados.

Art. 4º. A presente Resolução, entra em vigor na data de sua publicação.

Deni Lineu Schwartz

LEI Nº 7.492, DE 16 DE JUNHO DE 1986

Define os crimes contra o Sistema Financeiro Nacional e dá outras providências.

▸ *Crimes contra o Sistema Financeiro Nacional*

O PRESIDENTE DA REPÚBLICA Faço saber que o Congresso Nacional decreta e eu sanciono a seguinte Lei:

Art. 1º. Considera-se instituição financeira, para efeito desta Lei, a pessoa jurídica de direito público ou privado, que tenha como atividade principal ou acessória, cumulativamente ou não, a captação, intermediação ou aplicação de recursos financeiros (*vetado*) de terceiros, em moeda nacional ou estrangeira, ou a custódia, emissão, distribuição, negociação, intermediação ou administração de valores mobiliários.

Parágrafo único. Equipara-se à instituição financeira:

I – a pessoa jurídica que capte ou administre seguros, câmbio, consórcio, capitalização ou qualquer tipo de poupança, ou recursos de terceiros;
II – a pessoa natural que exerça quaisquer das atividades referidas neste artigo, ainda que de forma eventual.

Dos crimes contra o Sistema Financeiro Nacional

‣ Lei 8.078/1990: art. 2º, § 4º.

Art. 2º. Imprimir, reproduzir ou, de qualquer modo, fabricar ou pôr em circulação, sem autorização escrita da sociedade emissora, certificado, cautela ou outro documento representativo de título ou valor mobiliário:

‣ CP: art. 297, § 2º.

Pena – reclusão, de 2 (dois) a 8 (oito) anos, e multa.

Parágrafo único. Incorre na mesma pena quem imprime, fabrica, divulga, distribui ou faz distribuir prospecto ou material de propaganda relativo aos papéis referidos neste artigo.

Art. 3º. Divulgar informação falsa ou prejudicialmente incompleta sobre instituição financeira:

‣ Lei 11.101/2005: art. 170.

Pena – reclusão, de 2 (dois) a 6 (seis) anos, e multa.

Art. 4º. Gerir fraudulentamente instituição financeira:

‣ Lei 1.521/1951: art. 3º, IX.

Pena – reclusão, de 3 (três) a 12 (doze) anos, e multa.

Parágrafo único. Se a gestão é temerária:

Pena – reclusão, de 2 (dois) a 8 (oito) anos, e multa.

Art. 5º. Apropriar-se, quaisquer das pessoas mencionadas no art. 25 desta Lei, de dinheiro, título, valor ou qualquer outro bem móvel de que tem a posse, ou desviá-lo em proveito próprio ou alheio:

‣ CP: arts. 168 e 312.

Pena – reclusão, de 2 (dois) a 6 (seis) anos, e multa.

Parágrafo único. Incorre na mesma pena qualquer das pessoas mencionadas no art. 25 desta Lei, que negociar direito, título ou qualquer outro bem móvel ou imóvel de que tem a posse, sem autorização de quem de direito.

‣ CP: art. 171, § 2º.

Art. 6º. Induzir ou manter em erro sócio, investidor ou repartição pública competente, relativamente a operação ou situação financeira, sonegando-lhe informação ou prestando-a falsamente:

‣ CP: art. 171.

Pena – reclusão, de 2 (dois) a 6 (seis) anos, e multa.

Art. 7º. Emitir, oferecer ou negociar, de qualquer modo, títulos ou valores mobiliários:

I – falsos ou falsificados;

‣ CP: art. 304.

II – sem registro prévio de emissão junto à autoridade competente, em condições divergentes das constantes do registro ou irregularmente registrados;

‣ Lei 6.385/1976: arts. 19 e 20.

III – sem lastro ou garantia suficientes nos termos da legislação;
IV – sem autorização prévia da autoridade competente, quando legalmente exigida:

Pena – reclusão, de 2 (dois) a 8 (oito) anos, e multa.

Art. 8º. Exigir, em desacordo com a legislação (*vetado*), juro, comissão ou qualquer tipo de remuneração sobre operação de crédito ou de seguro, administração de fundo mútuo ou fiscal ou de consórcio, serviço de corretagem ou distribuição de títulos ou valores mobiliários:

Pena – reclusão, de 1 (um) a 4 (quatro) anos, e multa.

Art. 9º. Fraudar a fiscalização ou o investidor, inserindo ou fazendo inserir, em documento comprobatório de investimento em títulos ou valores mobiliários, declaração falsa ou diversa da que dele deveria constar:

‣ CP: art. 299.

Pena – reclusão, de 1 (um) a 5 (cinco) anos, e multa.

Art. 10. Fazer inserir elemento falso ou omitir elemento exigido pela legislação em demonstrativos contábeis de instituição financeira, seguradora ou instituição integrante do sistema de distribuição de títulos de valores mobiliários:

‣ CP: art. 299.

Pena – reclusão, de 1 (um) a 5 (cinco) anos, e multa.

Art. 11. Manter ou movimentar recurso ou valor paralelamente à contabilidade exigida pela legislação:

Pena – reclusão, de 1 (um) a 5 (cinco) anos, e multa.

Art. 12. Deixar, o ex-administrador de instituição financeira, de apresentar, ao interventor, liquidante, ou síndico, nos prazos e condições estabelecidas em lei as informações, declarações ou documentos de sua responsabilidade:

Pena – reclusão, de 1 (um) a 4 (quatro) anos, e multa.

Art. 13. Desviar (*vetado*) bem alcançado pela indisponibilidade legal resultante de intervenção, liquidação extrajudicial ou falência de instituição financeira:

Pena – reclusão, de 2 (dois) a 6 (seis) anos, e multa.

Parágrafo único. Na mesma pena incorre o interventor, o liquidante ou o síndico que se apropriar de bem abrangido pelo *caput* deste artigo, ou desviá-lo em proveito próprio ou alheio.

Art. 14. Apresentar em liquidação extrajudicial, ou em falência de instituição financeira, declaração de crédito ou reclamação falsa, ou juntar a elas título falso ou simulado:

Pena – reclusão, de 2 (dois) a 8 (oito) anos, e multa.

Parágrafo único. Na mesma pena incorre o ex-administrador ou falido que reconhecer, como verdadeiro, crédito que não o seja.

Art. 15. Manifestar-se falsamente o interventor, o liquidante ou o síndico (*vetado*) a respeito de assunto relativo a intervenção, liquidação extrajudicial ou falência de instituição financeira:

Pena – reclusão, de 2 (dois) a 8 (oito) anos, e multa.

Art. 16. Fazer operar, sem a devida autorização, ou com autorização obtida mediante declaração (*vetado*) falsa, instituição financeira, inclusive de distribuição de valores mobiliários ou de câmbio:

Pena – reclusão, de 1 (um) a 4 (quatro) anos, e multa.

Art. 17. Tomar ou receber crédito, na qualidade de qualquer das pessoas mencionadas no art. 25, ou deferir operações de crédito vedadas, observado o disposto no art. 34 da Lei nº 4.595, de 31 de dezembro de 1964: (Redação dada pela Lei nº 13.506, de 2017)

Pena – reclusão, de 2 (dois) a 6 (seis) anos, e multa.

Parágrafo único. Incorre na mesma pena quem:

I – em nome próprio, como controlador, ou na condição de administrador da sociedade, conceder ou receber adiantamento de honorários, remuneração, salário ou qualquer outro pagamento, nas condições referidas neste artigo;
II – de forma disfarçada, promover a distribuição ou receber lucros de instituição financeira.

Art. 18. Violar sigilo de operação ou de serviço prestado por instituição financeira ou integrante do sistema de distribuição de títulos mobiliários de que tenha conhecimento, em razão de ofício:

Pena – reclusão de 1 (um) a 4 (quatro) anos, e multa.

Art. 19. Obter, mediante fraude, financiamento em instituição financeira:

Pena – reclusão, de 2 (dois) a 6 (seis) anos, e multa.

Parágrafo único. A pena é aumentada de 1/3 (um terço) se o crime é cometido em detrimento de instituição financeira oficial ou por ela credenciada para o repasse de financiamento.

Art. 20. Aplicar, em finalidade diversa da prevista em lei ou contrato, recursos provenientes de financiamento concedido por instituição financeira oficial ou por instituição credenciada para repassá-lo:

‣ CP: art. 315.

Pena – reclusão, de 2 (dois) a 6 (seis) anos, e multa.

Art. 21. Atribuir-se, ou atribuir a terceiro, falsa identidade, para realização de operação de câmbio:

‣ CP: art. 307.

Pena – detenção, de 1 (um) a 4 (quatro) anos, e multa.

Parágrafo único. Incorre na mesma pena quem, para o mesmo fim, sonega informação que devia prestar ou presta informação falsa.

Art. 22. Efetuar operação de câmbio não autorizada, com o fim de promover evasão de divisas do País:

Pena – reclusão, de 2 (dois) a 6 (seis) anos, e multa.

Parágrafo único. Incorre na mesma pena quem, a qualquer título, promove, sem autorização legal, a saída de moeda ou divisa para o exterior, ou nele mantiver depósitos não declarados à repartição federal competente.

Art. 23. Omitir, retardar ou praticar, o funcionário público, contra disposição expressa de lei, ato de ofício necessário ao regular funcionamento do sistema financeiro nacional, bem como a preservação dos interesses e valores da ordem econômico-financeira:

‣ CP: art. 319.

Pena – reclusão, de 1 (um) a 4 (quatro) anos, e multa.

Art. 24. *(VETADO).*

Da aplicação e do procedimento criminal

Art. 25. São penalmente responsáveis, nos termos desta Lei, o controlador e os administradores de instituição financeira, assim considerados os diretores, gerentes *(vetado)*.

§ 1º. Equiparam-se aos administradores de instituição financeira *(vetado)* o interventor, o liquidante ou o síndico. (Renumerado para pela Lei nº 9.080, de 1995)

§ 2º. Nos crimes previstos nesta Lei, cometidos em quadrilha ou coautoria, o coautor ou partícipe que através de confissão espontânea revelar à autoridade policial ou judicial toda a trama delituosa terá sua pena reduzida de 1 (um) a 2/3 (dois terços). (Incluído pela Lei nº 9.080, de 1995)

▸ Lei 12.850/2013 – Define organização criminosa e dispõe sobre a investigação criminal, os meios de obtenção da prova, infrações penais correlatas e o procedimento criminal.

Art. 26. A ação penal, nos crimes previstos nesta Lei, será promovida pelo Ministério Público Federal, perante a Justiça Federal.

▸ CF/88: arts. 109, VI e 129,I.

Parágrafo único. Sem prejuízo do disposto no art. 268 do Código de Processo Penal, aprovado pelo Dec.-lei nº 3.689, de 3 de outubro de 1941, será admitida a assistência da Comissão de Valores Mobiliários – CVM, quando o crime tiver sido praticado no âmbito de atividade sujeita à disciplina e à fiscalização dessa Autarquia, e do Banco Central do Brasil quando, fora daquela hipótese, houver sido cometido na órbita de atividade sujeita à sua disciplina e fiscalização.

Art. 27. Quando a denúncia não for intentada no prazo legal, o ofendido poderá representar ao Procurador-Geral da República, para que este a ofereça, designe outro órgão do Ministério Público para oferecê-la ou determine o arquivamento das peças de informação recebidas.

Art. 28. Quando, no exercício de suas atribuições legais, o Banco Central do Brasil ou a Comissão de Valores Mobiliários – CVM, verificar a ocorrência de crime previsto nesta Lei, disso deverá informar ao Ministério Público Federal, enviando-lhe os documentos necessários à comprovação do fato.

Parágrafo único. A conduta de que trata este artigo será observada pelo interventor, liquidante ou síndico que, no curso de intervenção, liquidação extrajudicial ou falência, verificar a ocorrência de crime de que trata esta Lei.

Art. 29. O órgão do Ministério Público Federal, sempre que julgar necessário, poderá requisitar, a qualquer autoridade, informação, documento ou diligência relativa à prova dos crimes previstos nesta Lei.

▸ CF/88: art. 129, VIII.

Parágrafo único. O sigilo dos serviços e operações financeiras não pode ser invocado como óbice ao atendimento da requisição prevista no *caput* deste artigo.

Art. 30. Sem prejuízo do disposto no art. 312 do Código de Processo Penal, aprovado pelo Dec.-lei nº 3.689, de 3 de outubro de 1941, a prisão preventiva do acusado da prática de crime previsto nesta Lei poderá ser decretada em razão da magnitude da lesão causada *(vetado)*.

▸ CPP: arts. 311 a 316.

Art. 31. Nos crimes previstos nesta Lei e punidos com pena de reclusão, o réu não poderá prestar fiança, nem apelar antes de ser recolhido à prisão, ainda que primário e de bons antecedentes, se estiver configurada situação que autoriza a prisão preventiva.

▸ Lei 7.960/1989: art. 1º, III, o.

Art. 32. *(VETADO).*

§ 1º. *(VETADO).*

§ 2º. *(VETADO).*

§ 3º. *(VETADO).*

Art. 33. Na fixação da pena de multa relativa aos crimes previstos nesta Lei, o limite a que se refere o § 1º do art. 49 do Código Penal, aprovado pelo Dec.-lei nº 2.848, de 7 de dezembro de 1940, pode ser estendido até o décuplo, se verificada a situação nele cogitada.

Art. 34. Esta Lei entra em vigor na data de sua publicação.

Art. 35. Revogam-se as disposições em contrário.

Brasília, em 16 de junho de 1986; 165º da Independência e 98º da República.

JOSÉ SARNEY

D.O.U. 18.6.1986

RESOLUÇÃO CONAMA Nº 9, DE 3 DE DEZEMBRO DE 1987

Dispõe sobre a realização de Audiências Públicas no processo de licenciamento ambiental.

▸ *Audiências Públicas – licenciamento ambiental*

▸ Res Conama 494/2020, art. 1º.

O CONSELHO NACIONAL DO MEIO AMBIENTE – CONAMA, no uso das atribuições que lhe conferem o Inciso II, do artigo 7º, do Decreto nº 88.351, de 1º de junho de 1983[1], e tendo em vista o disposto na Resolução CONAMA nº 1, de 23 de janeiro de 1986, resolve:

Art. 1º. A Audiência Pública referida na Resolução CONAMA nº 1/86, tem por finalidade expor aos interessados o conteúdo do produto em análise e do seu referido RIMA, dirimindo dúvidas e recolhendo dos presentes as críticas e sugestões a respeito.

Art. 2º. Sempre que julgar necessário, ou quando for solicitado por entidade civil, pelo Ministério Público, ou por 50 (cinqüenta) ou mais cidadãos, o Órgão de Meio Ambiente promoverá a realização de audiência pública.

§ 1º. O Órgão de Meio Ambiente, a partir da data do recebimento do RIMA, fixará em edital e anunciará pela imprensa local a abertura do prazo que será no mínimo de 45 dias para solicitação de audiência pública.

§ 2º. No caso de haver solicitação de audiência pública e na hipótese do Órgão Estadual não realizá-la, a licença concedida não terá validade.

§ 3º. Após este prazo, a convocação será feita pelo Órgão licenciador, através de correspondência registrada aos solicitantes e da divulgação em órgãos da imprensa local.

§ 4º. A audiência pública deverá ocorrer em local acessível aos interessados.

§ 5º. Em função da localização geográfica dos solicitantes, e da complexidade do tema, poderá haver mais de uma audiência pública sobre o mesmo projeto de respectivo Relatório de Impacto Ambiental – RIMA.

Art. 3º. A audiência pública será dirigida pelo representante do Órgão licenciador que, após a exposição objetiva do projeto e do seu respectivo RIMA, abrirá as discussões com os interessados presentes.

Art 4º. Ao final de cada audiência pública será lavrada uma ata sucinta.

Parágrafo único. Serão anexadas à ata, todos os documentos escritos e assinados que forem entregues ao presidente dos trabalhos durante a seção.

Art. 5º. A ata da(s) audiência(s) pública(s) e seus anexos, servirão de base, juntamente com o RIMA, para a análise e parecer final do licenciador quanto à aprovação ou não do projeto.

Art. 6º. Esta Resolução entra em vigor na data de sua publicação.

JOSÉ A. LUTZENBERGER – Presidente do Conselho

TÂNIA MARIA TONEL MUNHOZ – Secretária Executiva

DECRETO-LEI Nº 2.406, DE 5 DE JANEIRO DE 1988

Transfere a gestão do Fundo de Compensação de Variações Salariais (FCVS), do Banco Central do Brasil para o Ministério da Habitação, Urbanismo e Meio Ambiente e dá outras providências.

[1] Decreto revogado pelo Decreto nº 99.274, de 6 de junho de 1990.

▸ *Fundo de compensação de variações salariais*

O Presidente da República, no uso das atribuições que lhe confere o art. 55, item II, da Constituição,

DECRETA:

Art. 1º. Fica transferido do Banco Central do Brasil para o Ministério da Habitação, Urbanismo e Meio Ambiente a gestão do fundo criado pelo extinto Banco Nacional da Habitação, denominado Fundo de Compensação de Variações Salariais (FCVS).

Parágrafo único. A administração do fundo caberá ao órgão ou entidade designada, mediante portaria, pelo Ministro da Habitação, Urbanismo e Meio Ambiente.

Art. 2º. O Fundo de Compensação de Variações Salariais - FCVS será estruturado por Decreto do Poder Executivo e seus recursos destinam-se a: (Redação dada pela Lei nº 7.682, de 1988)

I - garantir o equilíbrio do Seguro Habitacional do Sistema Financeiro da Habitação, permanentemente e a nível nacional; e (Incluído pela Lei nº 7.682, de 1988)

II - quitar, junto aos agentes financeiros, os saldos devedores remanescentes de contratos de financiamento habitacional, firmados com mutuários finais do Sistema Financeiro da Habitação. (Incluído pela Lei nº 7.682, de 1988)

Parágrafo único. A execução orçamentária e financeira do Fundo de Compensação de Variações Salariais - FCVS observará as disposições legais e regulamentares aplicáveis aos fundos da administração direta. (Redação dada pela Lei nº 7.682, de 1988)

Art. 3º. O reajuste monetário dos saldos devedores dos contratos de financiamento, para efeito de apuração do saldo devedor residual de que trata o artigo anterior, será feito com base na variação do Índice de Preços ao Consumidor (IPC), no período de 28 de fevereiro de 1986 a 30 de novembro de 1986 e, após esta data, com base no índice que for utilizado para corrigir o saldo dos depósitos em cadernetas de poupança, observando-se a periodicidade de atualização dos saldos de cada contrato.

Art. 4º. O Fundo de Compensação de Variações Salariais (FCVS) ressarcirá os saldos residuais de sua responsabilidade em sessenta prestações mensais, com juros calculados à taxa contratual, reajustados mensalmente com base no mesmo índice utilizado para corrigir os depósitos em cadernetas de poupança.

Art. 5º. O Poder Executivo, para atender às despesas decorrentes das responsabilidades do Fundo de Compensação de Variações Salariais (FCVS) não cobertas pelos recursos legalmente destinados ao fundo, fará consignar, nas Propostas de Orçamento da União, dotações anuais a partir de 1989 compatíveis com as previsões de desembolso efetuados pelo gestor do FCVS.

Art. 6º. Os recursos do Fundo de Compensação de Variações Salariais (FCVS) deverão ser aplicados em operações com prazo compatível com as exigibilidades do fundo e com taxas de remuneração de mercado, sendo constituídos pelas seguintes fontes:

I - contribuição dos adquirentes de moradia própria, que venham a celebrar contratos de financiamento do Sistema Financeiro da Habitação (SFH), limitada a 3% (três por cento) do valor da prestação mensal e pago juntamente com ela;

II – a alíquota da contribuição trimestral dos agentes financeiros do SFH, incidente sobre o saldo dos financiamentos concedidos aos mutuários no âmbito desse Sistema, com cobertura do FCVS, existente no último dia do trimestre, será: (Redação dada pela Lei nº 10.150, de 2000)

a) de 0,025% (vinte e cinco milésimos por cento), devida desde a criação dessa contribuição, nas operações lastreadas com recursos do FGTS, para os agentes que, até 31 de dezembro de 2000, não estejam captando depósitos de poupança; (Incluído pela Lei nº 10.150, de 2000)

b) 0,1% (um décimo por cento), para os demais agentes. (Incluído pela Lei nº 10.150, de 2000)

III - dotação orçamentária da União.

IV - parcela a maior correspondente ao comportamento da relação entre as indenizações pagas e os prêmios recebidos, nas operações de que trata o item I do art. 2º; e (Incluído pela Lei nº 7.682, de 1988)

V - recursos de outras origens. (Incluído pela Lei nº 7.682, de 1988)

§ 1º A partir de 1o de janeiro de 2001 os agentes a que se refere a alínea "a" do inciso II estarão isentos da contribuição trimestral ao FCVS. (Incluído pela Lei nº 10.150, de 2000)

§ 2º A contribuição trimestral ao FCVS no percentual fixado na alínea "b" do inciso II deste artigo é devida desde 26 de setembro de 1996, podendo ser paga, em até setenta e cinco por cento, com títulos recebidos da quitação da dívida do FCVS para com os agentes financeiros. (Incluído pela Lei nº 10.150, de 2000)

§ 3º Enquanto não for efetivada a primeira novação da dívida do FCVS, o valor que corresponder a até setenta e cinco por cento da contribuição trimestral referida na alínea "b" do inciso II deste artigo não será exigido. (Incluído pela Lei nº 10.150, de 2000)

§ 4º O valor da parcela de contribuição a que se refere o § 2º deste artigo será remunerado pelo mesmo índice de atualização dos saldos de caderneta de poupança com data de crédito de rendimento no dia 1º de cada mês, acrescido de juros correspondentes à taxa dos títulos recebidos na primeira novação, incidindo desde o último dia do trimestre de referência da contribuição até o dia do efetivo pagamento. (Incluído pela Lei nº 10.150, de 2000)

Art. 7º. Permanecem destinados ao Fundo de Compensação de Variações Salariais (FCVS) os recursos do Fundo de Assistência Habitacional (FUNDHAB).

Art. 8º. O Conselho Monetário Nacional poderá estabelecer os percentuais e as condições em que serão efetuadas as contribuições previstas nos incisos I e II do art. 6º, decreto-lei.

Art. 9º. O art.9º do Decreto-lei nº 2.291, de 21-12-86, passa a vigorar com a seguinte redação:

"Art. 9º O mutuário do Sistema Financeiro da Habitação (SFH), que tenha firmado contrato até 28-2-86, poderá, a qualquer tempo, liquidar integralmente o respectivo saldo devedor com abatimento sobre o valor do débito no dia do pagamento, observados os termos e as condições que forem estabelecidos pelo Conselho Monetário Nacional.

§ 1º O Fundo de Compensação de Variações Salariais (FCVS) poderá compensar os agentes do SFH pelos abatimentos concedidos nos termos deste artigo, em montantes, condições e prazos a serem fixados pelo Conselho Monetário Nacional.

§ 2º Idêntico benefício poderá ser concedido na hipótese de venda de imóvel financiado pelo Sistema Financeiro da Habitação, quando o desconto incidirá sobre o saldo devedor transferido ou será diluído nas prestações do novo financiamento e obedecerá as condições que forem definidas pelo Conselho Monetário Nacional.

§ 3º A transferência de contratos no âmbito do Sistema Financeiro da Habitação dar-se-á pela concessão de novo financiamento, observadas as normas vigentes para o referido Sistema."

Art. 10. Este decreto-lei entrará em vigor na data de sua publicação, revogadas as disposições em contrário, em especial os arts. 4º e 6º do Decreto-lei nº 2.164 de 19-9-84.

Brasília, 5 de janeiro de 1988; 167º da Independência e 100º da República.

JOSÉ SARNEY

DOU de 6.1.1988

LEI Nº 7.689, DE 15 DE DEZEMBRO DE 1988

Institui contribuição social sobre o lucro das pessoas jurídicas, e dá outras providências.

› *Contribuição social*

Faço saber que o Presidente da República adotou a Medida Provisória 22, de 6 de dezembro de 1988, que o Congresso Nacional aprovou, e eu, Humberto Lucena, Presidente do Senado Federal, para os efeitos do disposto no parágrafo único do art. 62 da Constituição Federal, promulgo a seguinte Lei:

Art. 1º. Fica instituída contribuição social sobre o lucro das pessoas jurídicas, destinada ao financiamento da seguridade social.

› CF/88: art. 195, I, c.

Art. 2º. A base de cálculo da contribuição é o valor do resultado do exercício, antes da provisão para o Imposto sobre a Renda.

§ 1º. Para efeito do disposto neste artigo:

a) será considerado o resultado do período-base encerrado em 31 de dezembro de cada ano;

b) no caso de incorporação, fusão, cisão ou encerramento de atividades, a base de cálculo é o resultado apurado no respectivo balanço;

c) o resultado do período-base, apurado com observância da legislação comercial, será ajustado pela: (Redação dada pela Lei nº 8.034, de 1990)

1. adição do resultado negativo da avaliação de investimentos pelo valor de patrimônio líquido; (Redação dada pela Lei nº 8.034, de 1990)

2. adição do valor de reserva de reavaliação, baixado durante o período-base, cuja contrapartida não tenha sido computada no resultado do período-base; (Redação dada pela Lei nº 8.034, de 1990)

3. adição do valor das provisões não dedutíveis da determinação do lucro real, exceto a provisão para o imposto de renda; (Redação dada pela Lei nº 8.034, de 1990)

4. exclusão do resultado positivo da avaliação de investimentos pelo valor de patrimônio líquido; (Redação dada pela Lei nº 8.034, de 1990)

5. exclusão dos lucros e dividendos derivados de participações societárias em pessoas jurídicas domiciliadas no Brasil que tenham sido computados como receita; (Redação dada pela Lei nº 12.973, de 2014)

6. exclusão do valor, corrigido monetariamente, das provisões adicionadas na forma do item 3, que tenham sido baixadas no curso de período-base. (Incluído pela Lei nº 8.034, de 1990)

§ 2º. No caso de pessoa jurídica desobrigada de escrituração contábil, a base de cálculo da contribuição corresponderá a 10% (dez por cento) da receita bruta auferida no período de 1º de janeiro a 31 de dezembro de cada ano, ressalvado o disposto na alínea *b* do parágrafo anterior.

Art. 3º. A alíquota da contribuição é de: (Redação dada pela Lei nº 11.727, de 2008)

I – 20% (vinte por cento), no período compreendido entre 1º de setembro de 2015 e 31 de dezembro de 2018, e 15% (quinze por cento) a partir de 1º de janeiro de 2019, no caso das pessoas jurídicas de seguros privados, das de capitalização e das referidas nos incisos I a VII e X do § 1º do art. 1º da Lei Complementar 105, de 10 de janeiro de 2001; (Redação dada pela Lei nº 13.169, de 2015)

› **Atualização:** "I - vinte por cento até o dia 31 de dezembro de 2021 e quinze por cento a partir de 1º de janeiro de 2022, no caso das pessoas jurídicas de seguros privados, das de capitalização e das referidas nos incisos II ao VII e X do § 1º do art. 1º da Lei Complementar nº 105, de 10 de janeiro de 2001;" (Inciso com redação dada pela MP 1.034/2021 em vigor no primeiro dia do quarto mês subsequente ao de sua publicação - DOU de 1º.3.2021)

II – 17% (dezessete por cento), no período compreendido entre 1o de outubro de 2015 e 31 de dezembro de 2018, e 15% (quinze por cento) a partir de 1º de janeiro de 2019, no caso das pessoas jurídicas referidas no inciso IX do § 1º do art. 1º da Lei Complementar 105, de 10 de janeiro de 2001; (Redação dada pela Lei nº 13.169, de 2015)

› **Atualização:** "II – vinte por cento até o dia 31 de dezembro de 2021 e quinze por cento a partir de 1º de janeiro de 2022, no caso das pessoas jurídicas referidas no inciso IX do § 1º do art. 1º da Lei Complementar nº 105, de 2001;" (Inciso com redação dada pela MP 1.034/2021 em vigor no primeiro dia do quarto mês subsequente ao de sua publicação - DOU de 1º.3.2021)

III – 9% (nove por cento), no caso das demais pessoas jurídicas. (Incluído pela Lei nº 13.169, de 2015)

› **Atualização:** "III - vinte e cinco por cento até o dia 31 de dezembro de 2021 e vinte por cento a partir de 1º de janeiro de 2022, no caso das pessoas jurídicas referidas no inciso I do § 1º do art. 1º da Lei Complementar nº 105, de 2001; e" (Inciso com redação dada pela MP 1.034/2021 em vigor no primeiro dia do quarto mês subsequente ao de sua publicação - DOU de 1º.3.2021)

IV - nove por cento, no caso das demais pessoas jurídicas. (Inciso acrescido pela MP 1.034/2021 em vigor no primeiro dia do quarto mês subsequente ao de sua publicação - DOU de 1º.3.2021)

Art. 4º São contribuintes as pessoas jurídicas estabelecidas no País e as que lhe são equiparadas pela legislação tributária, ressalvadas as vedadas na alínea 'b' do inciso VI do caput do art. 150 da Constituição Federal, na forma restritiva prevista no § 4º do mesmo artigo. (Redação dada pela Lei 14.057/2020)

Parágrafo único. Conforme previsto nos arts. 106 e 110 da Lei nº 5.172, de 25 de outubro de 1966 (Código Tributário Nacional), passam a ser consideradas nulas as autuações feitas em descumprimento do previsto no *caput* deste artigo, em desrespeito ao disposto na alínea 'b' do inciso VI do caput do art. 150 da Constituição Federal, na forma restritiva prevista no § 4º do mesmo artigo. (Acrescido pela Lei 14.057/2020)

Art. 5º. A contribuição social será convertida em número de Obrigações do Tesouro Nacional – OTN, mediante a divisão de seu valor em cruzados pelo valor de uma OTN, vigente no mês de encerramento do período-base de sua apuração.

§ 1º. A contribuição será paga em seis prestações mensais iguais e consecutivas, expressas em número de OTN, vencíveis no último dia útil de abril a setembro de cada exercício financeiro.

§ 2º. No caso do art. 2º, § 1º, alínea *b*, a contribuição social deverá ser paga até o último dia útil do mês subsequente ao da incorporação, fusão, cisão ou encerramento de atividades.

§ 3º. Os valores da contribuição social e de cada parcela serão expressos em número de OTN até a segunda casa decimal quando resultarem frações, abandonando-se as demais.

§ 4º. Nenhuma parcela, exceto parcela única, será inferior ao valor de 10 (dez) OTN.

§ 5º. O valor em cruzados de cada parcela será determinado mediante a multiplicação de seu valor, expresso em número de OTN, pelo valor da OTN no mês de seu pagamento.

Art. 6º. A administração e fiscalização da contribuição social de que trata esta Lei compete à Secretaria da Receita Federal.

Parágrafo único. Aplicam-se à contribuição social, no que couber, as disposições da legislação do Imposto sobre a Renda referentes à administração, ao lançamento, à consulta, à cobrança, às penalidades, às garantias e ao processo administrativo.

Art. 7º. Os órgãos da Secretaria da Receita Federal enviarão às Procuradorias da Fazenda Nacional os demonstrativos de débitos da contribuição de que trata esta Lei, para fins de apuração e inscrição em Dívida Ativa da União.

§ 1º. Os débitos de que trata este artigo poderão, sem prejuízo da respectiva liquidez e certeza, ser inscritos em Dívida Ativa pelo valor expresso em OTN.

§ 2º. Far-se-á a conversão do débito na forma prevista no parágrafo anterior com base no valor da OTN no mês de seu vencimento.

Art. 8º. A contribuição social será devida a partir do resultado apurado no período-base a ser encerrado em 31 de dezembro de 1988.

- ADin 15-2: O STF declarou a inconstitucionalidade do art. 8º da Lei 7.689/1988. (D.O.U. 21.06.2007)
- Resolução 11/1995 do Senado Federal que suspendeu a execução deste artigo.

Art. 9º. Ficam mantidas as contribuições previstas na legislação em vigor, incidentes sobre a folha de salários e a de que trata o Decreto-lei nº 1.940, de 25 de maio de 1982, e alterações posteriores, incidente sobre o faturamento das empresas, com fundamento no art. 195, I, da Constituição Federal.

- ADin 15-2: O STF declarou a inconstitucionalidade do art. 9º da Lei 7.689/1988. (D.O.U. 21.06.2007)

Art. 10. A partir do exercício financeiro de 1989, as pessoas jurídicas pagarão o Imposto sobre a Renda à alíquota de 30% (trinta por cento) sobre o lucro real ou arbitrado, apurado em conformidade com a legislação tributária, sem prejuízo do adicional de que tratam os arts. 1º e 2º do Decreto-lei nº 2.462, de 30 de agosto de 1988.

Art. 11. Em relação aos fatos geradores ocorridos entre 1º de janeiro e 31 de dezembro de 1989, fica alterada para 0,35% (trinta e cinco centésimos por cento) a alíquota de que tratam os itens II, III e V do art. 1º do Decreto-lei nº 2.445, de 29 de junho de 1988, com a redação dada pelo Decreto-lei nº 2.449, de 21 de julho de 1988.

Art. 12. Esta Lei entra em vigor na data de sua publicação.

Art. 13. Revogam-se as disposições em contrário.

Senado Federal, em 15 de dezembro de 1988; 167º da Independência e 100º da República.

HUMBERTO LUCENA

D.O.U. 16.12.1988

LEI Nº 7.716, DE 5 DE JANEIRO DE 1989

Define os crimes resultantes de preconceitos de raça ou de cor.

- *Crimes de Preconceito de Raça ou Cor*

O PRESIDENTE DA REPÚBLICA Faço saber que o Congresso Nacional decreta e eu sanciono a seguinte Lei:

- Lei 12.288/2010 – Institui o Estatuto da Igualdade Racial.

Art. 1º. Serão punidos, na forma desta Lei, os crimes resultantes de discriminação ou preconceito de raça, cor, etnia, religião ou procedência nacional. (Redação dada pela Lei nº 9.459, de 1997)

- CF/1988: arts. 1º, III, 3º, IV, 5º, *caput*, VIII, XLI e XLII.
- CP: art. 140, § 3º.

Art. 2º. *(VETADO).*

Art. 3º. Impedir ou obstar o acesso de alguém, devidamente habilitado, a qualquer cargo da Administração Direta ou Indireta, bem como das concessionárias de serviços públicos:

- Lei 7.437/1985: arts. 8º e 9º.

Pena – reclusão de 2 (dois) a 5 (cinco) anos.

Parágrafo único. Incorre na mesma pena quem, por motivo de discriminação de raça, cor, etnia, religião ou procedência nacional, obstar a promoção funcional. (Incluído pela Lei nº 12.288, de 2010)

Art. 4º. Negar ou obstar emprego em empresa privada:

Pena – reclusão de 2 (dois) a 5 (cinco) anos.

§ 1º. Incorre na mesma pena quem, por motivo de discriminação de raça ou de cor ou práticas resultantes do preconceito de descendência ou origem nacional ou étnica: (Incluído pela Lei nº 12.288, de 2010)

I – deixar de conceder os equipamentos necessários ao empregado em igualdade de condições com os demais trabalhadores; (Incluído pela Lei nº 12.288, de 2010)

II – impedir a ascensão funcional do empregado ou obstar outra forma de benefício profissional; (Incluído pela Lei nº 12.288, de 2010)

III – proporcionar ao empregado tratamento diferenciado no ambiente de trabalho, especialmente quanto ao salário. (Incluído pela Lei nº 12.288, de 2010)

§ 2º. Ficará sujeito às penas de multa e de prestação de serviços à comunidade, incluindo atividades de promoção da igualdade racial, quem, em anúncios ou qualquer outra forma de recrutamento de trabalhadores, exigir aspectos de aparência próprios de raça ou etnia para emprego cujas atividades não justifiquem essas exigências. (Incluído pela Lei nº 12.288, de 2010)

Art. 5º. Recusar ou impedir acesso a estabelecimento comercial, negando-se a servir, atender ou receber cliente ou comprador:

- Lei 7.437/1985: arts. 4 e 6º.

Pena – reclusão de 1 (um) a 3 (três) anos.

Art. 6º. Recusar, negar ou impedir a inscrição ou ingresso de aluno em estabelecimento de ensino público ou privado de qualquer grau:

- Lei 7.437/1985: art. 7º.

Pena – reclusão de 3 (três) a 5 (cinco) anos.

Parágrafo único. Se o crime for praticado contra menor de 18 anos a pena é agravada de 1/3 (um terço).

Art. 7º. Impedir o acesso ou recusar hospedagem em hotel, pensão, estalagem ou qualquer estabelecimento similar:

- Lei 7.437/1985: art. 3º.

Pena – reclusão de 3 (três) a 5 (cinco) anos.

Art. 8º. Impedir o acesso ou recusar atendimento em restaurantes, bares, confeitarias, ou locais semelhantes abertos ao público:

- Lei 7.437/1985: art. 4º.

Pena – reclusão de 1 (um) a 3 (três) anos.

Art. 9º. Impedir o acesso ou recusar atendimento em estabelecimentos esportivos, casas de diversões, ou clubes sociais abertos ao público:

- Lei 7.437/1985: art. 5º.

Pena – reclusão de 1 (um) a 3 (três) anos.

Art. 10. Impedir o acesso ou recusar atendimento em salões de cabeleireiros, barbearias, termas ou casas de massagem ou estabelecimentos com as mesmas finalidades:

Pena – reclusão de 1 (um) a 3 (três) anos.

Art. 11. Impedir o acesso às entradas sociais em edifícios públicos ou residenciais e elevadores ou escada de acesso aos mesmos:

Pena – reclusão de 1 (um) a 3 (três) anos.

Art. 12. Impedir o acesso ou uso de transportes públicos, como aviões, navios, barcas, barcos, ônibus, trens, metrô ou qualquer outro meio de transporte concedido:

Pena – reclusão de 1 (um) a 3 (três) anos.

Art. 13. Impedir ou obstar o acesso de alguém ao serviço em qualquer ramo das Forças Armadas:

Pena – reclusão de 2 (dois) a 4 (quatro) anos.

Art. 14. Impedir ou obstar, por qualquer meio ou forma, o casamento ou convivência familiar e social:

Pena – reclusão de 2 (dois) a 4 (quatro) anos.

Art. 15. *(VETADO).*

Art. 16. Constitui efeito da condenação a perda do cargo ou função pública, para o servidor público, e a suspensão do funcionamento do estabelecimento particular por prazo não superior a 3 (três) meses.

- CP: arts. 91 e 92.

Art. 17. *(VETADO).*

Art. 18. Os efeitos de que tratam os arts. 16 e 17 desta Lei não são automáticos, devendo ser motivadamente declarados na sentença.

Art. 19. *(VETADO).*

Art. 20. Praticar, induzir ou incitar a discriminação ou preconceito de raça, cor, etnia, religião ou procedência nacional: (Redação dada pela Lei nº 9.459, de 1997)

Pena – reclusão, de 1 (um) a 3 (três) anos, e multa. (Redação dada pela Lei nº 9.459, de 1997)

§ 1º. Fabricar, comercializar, distribuir ou veicular símbolos, emblemas, ornamentos, distintivos ou propaganda que utilizem a cruz suástica ou gamada, para fins de divulgação do nazismo: (Redação dada pela Lei nº 9.459, de 1997)

Pena – reclusão, de 2 (dois) a 5 (cinco) anos, e multa. (Incluído pela Lei nº 9.459, de 1997)

§ 2º. Se qualquer dos crimes previstos no *caput* é cometido por intermédio dos meios de comunicação social ou publicação de qualquer natureza: (Redação dada pela Lei nº 9.459, de 1997)

Pena – reclusão, de 2 (dois) a 5 (cinco) anos, e multa. (Incluído pela Lei nº 9.459, de 1997)

§ 3º. No caso do parágrafo anterior, o juiz poderá determinar, ouvido o Ministério Público ou a pedido deste, ainda antes do inquérito policial, sob pena de desobediência: (Redação dada pela Lei nº 9.459, de 1997)

I – o recolhimento imediato ou a busca e apreensão dos exemplares do material respectivo; (Incluído pela Lei nº 9.459, de 1997)

II – a cessação das respectivas transmissões radiofônicas, televisivas, eletrônicas ou da publicação por qualquer meio; (Redação dada pela Lei nº 12.735, de 2012)

III – a interdição das respectivas mensagens ou páginas de informação na rede mundial de computadores. (Incluído pela Lei nº 12.288, de 2010)

§ 4º. Na hipótese do § 2º, constitui efeito da condenação, após o trânsito em julgado da decisão, a destruição do material apreendido. (Incluído pela Lei nº 9.459, de 1997)

Art. 21. Esta Lei entra em vigor na data de sua publicação. (Renumerado pela Lei nº 8.081, de 1990)

Art. 22. Revogam-se as disposições em contrário. (Renumerado pela Lei nº 8.081, de 1990)

Brasília, 5 de janeiro de 1989; 168º da Independência e 101º da República.

JOSÉ SARNEY
D.O.U. de 6.1.1989

LEI Nº 7.783, DE 28 DE JUNHO DE 1989

Dispõe sobre o exercício do direito de greve, define as atividades essenciais, regula o atendimento das necessidades inadiáveis da comunidade, e dá outras providências.

- *Greve*
- CF/1988: art. 114, II.
- Decreto 7.777/2012 – Medidas para a continuidade de atividades e serviços públicos dos órgãos e entidades da administração pública federal durante greves.

O PRESIDENTE DA REPÚBLICA Faço saber que o Congresso Nacional decreta e eu sanciono a seguinte Lei:

Art. 1º. É assegurado o direito de greve, competindo aos trabalhadores decidir sobre a oportunidade de exercê-lo e sobre os interesses que devam por meio dele defender.

- CF/1988: art. 9º.

Parágrafo único. O direito de greve será exercido na forma estabelecida nesta Lei.

Art. 2º. Para os fins desta Lei, considera-se legítimo exercício do direito de greve a suspensão coletiva, temporária e pacífica, total ou parcial, de prestação pessoal de serviços a empregador.

Art. 3º. Frustrada a negociação ou verificada a impossibilidade de recurso via arbitral, é facultada a cessação coletiva do trabalho.

Parágrafo único. A entidade patronal correspondente ou os empregadores diretamente interessados serão notificados, com antecedência mínima de 48 (quarenta e oito) horas, da paralisação.

Art. 4º. Caberá à entidade sindical correspondente convocar, na forma do seu estatuto, assembleia geral que definirá as reivindicações da categoria e deliberará sobre a paralisação coletiva da prestação de serviços.

§ 1º. O estatuto da entidade sindical deverá prever as formalidades de convocação e o quorum para a deliberação, tanto da deflagração quanto da cessação da greve.

§ 2º. Na falta de entidade sindical, a assembleia geral dos trabalhadores interessados deliberará para os fins previstos no *caput*, constituindo comissão de negociação.

Art. 5º. A entidade sindical ou comissão especialmente eleita representará os interesses dos trabalhadores nas negociações ou na Justiça do Trabalho.

Art. 6º. São assegurados aos grevistas, dentre outros direitos:

I – o emprego de meios pacíficos tendentes a persuadir ou aliciar os trabalhadores a aderirem à greve;

II – a arrecadação de fundos e a livre divulgação do movimento.

§ 1º. Em nenhuma hipótese, os meios adotados por empregados e empregadores poderão violar ou constranger os direitos e garantias fundamentais de outrem.

§ 2º. É vedado às empresas adotar meios para constranger o empregado ao comparecimento ao trabalho, bem como capazes de frustrar a divulgação do movimento.

§ 3º. As manifestações e atos de persuasão utilizados pelos grevistas não poderão impedir o acesso ao trabalho nem causar ameaça ou dano à propriedade ou pessoa.

Art. 7º. Observadas as condições previstas nesta Lei, a participação em greve suspende o contrato de trabalho, devendo as relações obrigacionais durante o período ser regidas pelo acordo, convenção, laudo arbitral ou decisão da Justiça do Trabalho.

Parágrafo único. É vedada a rescisão do contrato de trabalho durante a greve, bem como a contratação de trabalhadores substitutos, exceto na ocorrência das hipóteses previstas nos arts. 9º e 14.

Art. 8º. A Justiça do Trabalho, por iniciativa de qualquer das partes ou do Ministério Público do Trabalho, decidirá sobre a procedência, total ou parcial, ou improcedência das reivindicações, cumprindo ao Tribunal publicar, de imediato, o competente acórdão.

Art. 9º. Durante a greve, o sindicato ou a comissão de negociação, mediante acordo com a entidade patronal ou diretamente com o empregador, manterá em atividade equipes de empregados com o propósito de assegurar os serviços cuja paralisação resultem em prejuízo irreparável, pela deterioração irreversível de bens, máquinas e equipamentos, bem como a manutenção daqueles essenciais à retomada das atividades da empresa quando da cessação do movimento.

Parágrafo único. Não havendo acordo, é assegurado ao empregador, enquanto perdurar a greve o direito de contratar diretamente os serviços necessários a que se refere este artigo.

Art. 10. São considerados serviços ou atividades essenciais:

- CF/1988: art. 9º, § 1º.

I – tratamento e abastecimento de água; produção e distribuição de energia elétrica, gás e combustíveis;

II – assistência médica e hospitalar;

III – distribuição e comercialização de medicamentos e alimentos;

IV – funerários;

V – transporte coletivo;

VI – captação e tratamento de esgoto e lixo;

VII – telecomunicações;

VIII – guarda, uso e controle de substâncias radioativas, equipamentos e materiais nucleares;

IX – processamento de dados ligados a serviços essenciais;

X - controle de tráfego aéreo e navegação aérea; *(Redação dada pela Lei 13.903/2019)*

XI – compensação bancária.

XII - atividades médico-periciais relacionadas com o regime geral de previdência social e a assistência social; *(Acrescido pela Lei 13.846/2019)*

XIII - atividades médico-periciais relacionadas com a caracterização do impedimento físico, mental, intelectual ou sensorial da pessoa com deficiência, por meio da integração de equipes multiprofissionais e interdisciplinares, para fins de reconhecimento de direitos previstos em lei, em especial na Lei nº 13.146, de 6 de julho de 2015 (Estatuto da Pessoa com Deficiência); e *(Acrescido pela Lei 13.846/2019)*

XIV - outras prestações médico-periciais da carreira de Perito Médico Federal indispensáveis ao atendimento das necessidades inadiáveis da comunidade. *(Acrescido pela Lei 13.846/2019)*

XV - atividades portuárias. (Acrescido pela Lei 14.047/2020)

Art. 11. Nos serviços ou atividades essenciais, os sindicatos, os empregadores e os trabalhadores ficam obrigados, de comum acordo, a garantir, durante a greve, a prestação dos serviços indispensáveis ao atendimento das necessidades inadiáveis da comunidade.

Parágrafo único. São necessidades inadiáveis da comunidade aquelas que, não atendidas, coloquem em perigo iminente a sobrevivência, a saúde ou a segurança da população.

Art. 12. No caso de inobservância do disposto no artigo anterior, o Poder Público assegurará a prestação dos serviços indispensáveis.

Art. 13. Na greve em serviços ou atividades essenciais, ficam as entidades sindicais ou os trabalhadores, conforme o caso, obrigados a comunicar a decisão aos empregadores e aos usuários com antecedência mínima de 72 (setenta e duas) horas da paralisação.

Art. 14. Constitui abuso do direito de greve a inobservância das normas contidas na presente Lei, bem como a manutenção da paralisação após a celebração de acordo, convenção ou decisão da Justiça do Trabalho.

Parágrafo único. Na vigência de acordo, convenção ou sentença normativa não constitui abuso do exercício do direito de greve a paralisação que:

I – tenha por objetivo exigir o cumprimento de cláusula ou condição;

II – seja motivada pela superveniência de fato novo ou acontecimento imprevisto que modifique substancialmente a relação de trabalho.

Art. 15. A responsabilidade pelos atos praticados, ilícitos ou crimes cometidos, no curso da greve, será apurada, conforme o caso, segundo a legislação trabalhista, civil ou penal.

Parágrafo único. Deverá o Ministério Público, de ofício, requisitar a abertura do competente inquérito e oferecer denúncia quando houver indício da prática de delito.

Art. 16. Para os fins previstos no art. 37, inciso VII, da Constituição, lei complementar definirá os termos e os limites em que o direito de greve poderá ser exercido.

Art. 17. Fica vedada a paralisação das atividades, por iniciativa do empregador, com o objetivo de frustrar negociação ou dificultar o atendimento de reivindicações dos respectivos empregados (*lock-out*).

Parágrafo único. A prática referida no *caput* assegura aos trabalhadores o direito à percepção dos salários durante o período de paralisação.

Art. 18. Ficam revogados a Lei nº 4.330, de 1º de junho de 1964, o Decreto-lei nº 1.632, de 4 de agosto de 1978, e demais disposições em contrário.

Art. 19. Esta Lei entra em vigor na data de sua publicação.

Brasília, 28 de junho de 1989; 168º da Independência e 101º da República.

JOSÉ SARNEY
D.O.U. de 29.6.1989

LEI Nº 7.853, DE 24 DE OUTUBRO DE 1989

Dispõe sobre o apoio às pessoas portadoras de deficiência, sua integração social, sobre a Coordenadoria Nacional para Integração da Pessoa Portadora de Deficiência - Corde, institui a tutela jurisdicional de interesses coletivos ou difusos dessas pessoas, disciplina a atuação do Ministério Público, define crimes, e dá outras providências.

- *Portadores de Deficiência*

O PRESIDENTE DA REPÚBLICA Faço saber que o Congresso Nacional decreta e eu sanciono a seguinte Lei:

Art. 1º. Ficam estabelecidas normas gerais que asseguram o pleno exercício dos direitos individuais e sociais das pessoas portadoras de deficiências, e sua efetiva integração social, nos termos desta Lei.

- Decreto 3.298/1999 – Regulamenta a Lei 7.853/1989, dispõe sobre a Política Nacional para a Integração da Pessoa Portadora de Deficiência, consolida as normas de proteção.

§ 1º. Na aplicação e interpretação desta Lei, serão considerados os valores básicos da igualdade de tratamento e oportunidade, da justiça social, do respeito à dignidade da pessoa humana, do bem-estar, e outros, indicados na

Constituição ou justificados pelos princípios gerais de direito.

§ 2º. As normas desta Lei visam garantir às pessoas portadoras de deficiência as ações governamentais necessárias ao seu cumprimento e das demais disposições constitucionais e legais que lhes concernem, afastadas as discriminações e os preconceitos de qualquer espécie, e entendida a matéria como obrigação nacional a cargo do Poder Público e da sociedade.

Art. 2º. Ao Poder Público e seus órgãos cabe assegurar às pessoas portadoras de deficiência o pleno exercício de seus direitos básicos, inclusive dos direitos à educação, à saúde, ao trabalho, ao lazer, à previdência social, ao amparo à infância e à maternidade, e de outros que, decorrentes da Constituição e das leis, propiciem seu bem-estar pessoal, social e econômico.

Parágrafo único. Para o fim estabelecido no *caput* deste artigo, os órgãos e entidades da administração direta e indireta devem dispensar, no âmbito de sua competência e finalidade, aos assuntos objetos esta Lei, tratamento prioritário e adequado, tendente a viabilizar, sem prejuízo de outras, as seguintes medidas:

I – na área da educação:

a) a inclusão, no sistema educacional, da Educação Especial como modalidade educativa que abranja a educação precoce, a pré-escolar, as de 1º e 2º graus, a supletiva, a habilitação e reabilitação profissionais, com currículos, etapas e exigências de diplomação próprios;

b) a inserção, no referido sistema educacional, das escolas especiais, privadas e públicas;

c) a oferta, obrigatória e gratuita, da Educação Especial em estabelecimento público de ensino;

d) o oferecimento obrigatório de programas de Educação Especial a nível pré-escolar, em unidades hospitalares e congêneres nas quais estejam internados, por prazo igual ou superior a 1 (um) ano, educandos portadores de deficiência;

e) o acesso de alunos portadores de deficiência aos benefícios conferidos aos demais educandos, inclusive material escolar, merenda escolar e bolsas de estudo;

f) a matrícula compulsória em cursos regulares de estabelecimentos públicos e particulares de pessoas portadoras de deficiência capazes de se integrarem no sistema regular de ensino;

II – na área da saúde:

a) a promoção de ações preventivas, como as referentes ao planejamento familiar, ao aconselhamento genético, ao acompanhamento da gravidez, do parto e do puerpério, à nutrição da mulher e da criança, à identificação e ao controle da gestante e do feto de alto risco, à imunização, às doenças do metabolismo e seu diagnóstico e ao encaminhamento precoce de outras doenças causadoras de deficiência;

b) o desenvolvimento de programas especiais de prevenção de acidente do trabalho e de trânsito, e de tratamento adequado a suas vítimas;

c) a criação de uma rede de serviços especializados em reabilitação e habilitação;

d) a garantia de acesso das pessoas portadoras de deficiência aos estabelecimentos de saúde públicos e privados, e de seu adequado tratamento neles, sob normas técnicas e padrões de conduta apropriados;

e) a garantia de atendimento domiciliar de saúde ao deficiente grave não internado;

f) o desenvolvimento de programas de saúde voltados para as pessoas portadoras de deficiência, desenvolvidos com a participação da sociedade e que lhes ensejem a integração social;

III – na área da formação profissional e do trabalho:

a) o apoio governamental à formação profissional, e a garantia de acesso aos serviços concernentes, inclusive aos cursos regulares voltados à formação profissional;

b) o empenho do Poder Público quanto ao surgimento e à manutenção de empregos, inclusive de tempo parcial, destinados às pessoas portadoras de deficiência que não tenham acesso aos empregos comuns;

c) a promoção de ações eficazes que propiciem a inserção, nos setores públicos e privado, de pessoas portadoras de deficiência;

d) a adoção de legislação específica que discipline a reserva de mercado de trabalho, em favor das pessoas portadoras de deficiência, nas entidades da Administração Pública e do setor privado, e que regulamente a organização de oficinas e congêneres integradas ao mercado de trabalho, e a situação, nelas, das pessoas portadoras de deficiência;

IV – na área de recursos humanos:

a) a formação de professores de nível médio para a Educação Especial, de técnicos de nível médio especializados na habilitação e reabilitação, e de instrutores para formação profissional;

b) a formação e qualificação de recursos humanos que, nas diversas áreas de conhecimento, inclusive de nível superior, atendam à demanda e às necessidades reais das pessoas portadoras de deficiências;

c) o incentivo à pesquisa e ao desenvolvimento tecnológico em todas as áreas do conhecimento relacionadas com a pessoa portadora de deficiência;

V – na área das edificações:

a) a adoção e a efetiva execução de normas que garantam a funcionalidade das edificações e vias públicas, que evitem ou removam os óbices às pessoas portadoras de deficiência, permitam o acesso destas a edifícios, a logradouros e a meios de transporte.

Art. 3º. As medidas judiciais destinadas à proteção de interesses coletivos, difusos, individuais homogêneos e individuais indisponíveis da pessoa com deficiência poderão ser propostas pelo Ministério Público, pela Defensoria Pública, pela União, pelos Estados, pelos Municípios, pelo Distrito Federal, por associação constituída há mais de 1 (um) ano, nos termos da lei civil, por autarquia, por empresa pública e por fundação ou sociedade de economia mista que inclua, entre suas finalidades institucionais, a proteção dos interesses e a promoção de direitos da pessoa com deficiência. (Redação dada pela Lei nº 13.146, de 2015)

§ 1º. Para instruir a inicial, o interessado poderá requerer às autoridades competentes as certidões e informações que julgar necessárias.

§ 2º. As certidões e informações a que se refere o parágrafo anterior deverão ser fornecidas dentro de 15 (quinze) dias da entrega, sob recibo, dos respectivos requerimentos, e só poderão se utilizadas para a instrução da ação civil.

§ 3º. Somente nos casos em que o interesse público, devidamente justificado, impuser sigilo, poderá ser negada certidão ou informação.

§ 4º. Ocorrendo a hipótese do parágrafo anterior, a ação poderá ser proposta desacompanhada das certidões ou informações negadas, cabendo ao juiz, após apreciar os motivos do indeferimento, e, salvo quando se tratar de razão de segurança nacional, requisitar umas e outras; feita a requisição, o processo correrá em segredo de justiça, que cessará com o trânsito em julgado da sentença.

§ 5º. Fica facultado aos demais legitimados ativos habilitarem-se como litisconsortes nas ações propostas por qualquer deles.

§ 6º. Em caso de desistência ou abandono da ação, qualquer dos colegitimados pode assumir a titularidade ativa.

Art. 4º. A sentença terá eficácia de coisa julgada oponível *erga omnes*, exceto no caso de haver sido a ação julgada improcedente por deficiência de prova, hipótese em que qualquer legitimado poderá intentar outra ação com idêntico fundamento, valendo-se de nova prova.

§ 1º. A sentença que concluir pela carência ou pela improcedência da ação fica sujeita ao duplo grau de jurisdição, não produzindo efeito senão depois de confirmada pelo tribunal.

§ 2º. Das sentenças e decisões proferidas contra o autor da ação e suscetíveis de recurso, poderá recorrer qualquer legitimado ativo, inclusive o Ministério Público.

Art. 5º. O Ministério Público intervirá obrigatoriamente nas ações públicas, coletivas ou individuais, em que se discutam interesses relacionados à deficiência das pessoas.

Art. 6º. O Ministério Público poderá instaurar, sob sua presidência, inquérito civil, ou requisitar, de qualquer pessoa física ou jurídica, pública ou particular, certidões, informações, exame ou perícias, no prazo que assinalar, não inferior a 10 (dez) dias úteis.

§ 1º. Esgotadas as diligências, caso se convença o órgão do Ministério Público da inexistência de elementos para a propositura de ação civil, promoverá fundamentadamente o arquivamento do inquérito civil, ou das peças informativas. Neste caso, deverá remeter a reexame os autos ou as respectivas peças, em 3 (três) dias, ao Conselho Superior do Ministério Público, que os examinará, deliberando a respeito, conforme dispuser seu Regimento.

§ 2º. Se a promoção do arquivamento for reformada, o Conselho Superior do Ministério Público designará desde logo outro órgão do Ministério Público para o ajuizamento da ação.

Art. 7º. Aplicam-se à ação civil pública prevista nesta Lei, no que couber, os dispositivos da Lei nº 7.347, de 24 de julho de 1985.

Art. 8º. Constitui crime punível com reclusão de 2 (dois) a 5 (cinco) anos e multa: (Redação dada pela Lei nº 13.146, de 2015)

I – recusar, cobrar valores adicionais, suspender, procrastinar, cancelar ou fazer cessar inscrição de aluno em estabelecimento de ensino de qualquer curso ou grau, público ou privado, em razão de sua deficiência; (Redação dada pela Lei nº 13.146, de 2015)

II – obstar inscrição em concurso público ou acesso de alguém a qualquer cargo ou emprego público, em razão de sua deficiência; (Redação dada pela Lei nº 13.146, de 2015)

III – negar ou obstar emprego, trabalho ou promoção à pessoa em razão de sua deficiência; (Redação dada pela Lei nº 13.146, de 2015)

IV – recusar, retardar ou dificultar internação ou deixar de prestar assistência médico-hospitalar e ambulatorial à pessoa com deficiência; (Redação dada pela Lei nº 13.146, de 2015)

V – deixar de cumprir, retardar ou frustrar execução de ordem judicial expedida na ação civil a que alude esta Lei; (Redação dada pela Lei nº 13.146, de 2015)

VI – recusar, retardar ou omitir dados técnicos indispensáveis à propositura da ação civil pública objeto desta Lei, quando requisitados. (Redação dada pela Lei nº 13.146, de 2015)

§ 1º. Se o crime for praticado contra pessoa com deficiência menor de 18 (dezoito) anos, a pena é agravada em 1/3 (um terço). (Incluído pela Lei nº 13.146, de 2015)

§ 2º. A pena pela adoção deliberada de critérios subjetivos para indeferimento de inscrição, de aprovação e de cumprimento de estágio probatório em concursos públicos não exclui a responsabilidade patrimonial pessoal do administrador público pelos danos causados. (Incluído pela Lei nº 13.146, de 2015)

§ 3º. Incorre nas mesmas penas quem impede ou dificulta o ingresso de pessoa com deficiência em planos privados de assistência à saúde, inclusive com cobrança de valores diferenciados. (Incluído pela Lei nº 13.146, de 2015)

§ 4º. Se o crime for praticado em atendimento de urgência e emergência, a pena é agravada em 1/3 (um terço). (Incluído pela Lei nº 13.146, de 2015)

Art. 9º. A Administração Pública Federal conferirá aos assuntos relativos às pessoas portadoras de deficiência tratamento prioritário e apropriado, para que lhes seja efetivamente ensejado o pleno exercício de seus direitos individuais e sociais, bem como sua completa integração social.

§ 1º. Os assuntos a que alude este artigo serão objeto de ação, coordenada e integrada, dos órgãos da Administração Pública Federal, e incluir-se-ão em Política Nacional para Integração da Pessoa Portadora de Deficiência, na qual estejam compreendidos planos, programas e projetos sujeitos a prazos e objetivos determinados.

§ 2º. Ter-se-ão como integrantes da Administração Pública Federal, para os fins desta Lei, além dos órgãos públicos, das autarquias, das empresas públicas e sociedades de economia mista, as respectivas subsidiárias e as fundações públicas.

Art. 10. A coordenação superior dos assuntos, ações governamentais e medidas referentes a pessoas portadoras de deficiência caberá à Secretaria Especial dos Direitos Humanos da Presidência da República. (Redação dada pela Lei nº 11.958, de 2009)

Parágrafo único. Ao órgão a que se refere este artigo caberá formular a Política Nacional para a Integração da Pessoa Portadora de Deficiência, seus planos, programas e projetos e cumprir as instruções superiores que lhes digam respeito, com a cooperação dos demais órgãos públicos. (Redação dada pela Lei nº 8.028, de 1990)

Art. 11. (*Revogado pela Lei nº 8.028, de 1990*).

Art. 12. Compete à Corde:

I – coordenar as ações governamentais e medidas que se refiram às pessoas portadoras de deficiência;

II – elaborar os planos, programas e projetos subsumidos na Política Nacional para a Integração de Pessoa Portadora de Deficiência, bem como propor as providências necessárias a sua completa implantação e seu adequado desenvolvimento, inclusive as pertinentes a recursos e as de caráter legislativo;

III – acompanhar e orientar a execução, pela Administração Pública Federal, dos planos, programas e projetos mencionados no inciso anterior;

IV – manifestar-se sobre a adequação à Política Nacional para a Integração da Pessoa Portadora de Deficiência dos projetos federais a ela conexos, antes da liberação dos recursos respectivos;

V – manter, com os Estados, Municípios, Territórios, o Distrito Federal, e o Ministério Público, estreito relacionamento, objetivando a concorrência de ações destinadas à integração social das pessoas portadoras de deficiência;

VI – provocar a iniciativa do Ministério Público, ministrando-lhe informações sobre fatos que constituam objeto da ação civil de que esta Lei, e indicando-lhe os elementos de convicção;

VII – emitir opinião sobre os acordos, contratos ou convênios firmados pelos demais órgãos da Administração Pública Federal, no âmbito da Política Nacional para a Integração da Pessoa Portadora de Deficiência;

VIII – promover e incentivar a divulgação e o debate das questões concernentes à pessoa portadora de deficiência, visando à conscientização da sociedade.

Parágrafo único. Na elaboração dos planos, programas e projetos a seu cargo, deverá a Corde recolher, sempre que possível, a opinião das pessoas e entidades interessadas, bem como considerar a necessidade de efetivo apoio aos entes particulares voltados para a integração social das pessoas portadoras de deficiência.

Art. 13. A Corde contará com o assessoramento de órgão colegiado, o Conselho da Coordenadoria Nacional para Integração da Pessoa Portadora de Deficiência. (Artigo com eficácia suspensa pela Medida Provisória nº 2.216-37, de 2001)

§ 1º. A composição e o funcionamento do Conselho Consultivo da Corde serão disciplinados em ato do Poder Executivo. Incluir-se-ão no Conselho representantes de órgãos e de organizações ligados aos assuntos pertinentes à pessoa portadora de deficiência, bem como representante do Ministério Público Federal. (Eficácia suspensa pela Medida Provisória nº 2.216-37, de 2001)

§ 2º. Compete ao Conselho Consultivo: (Eficácia suspensa pela Medida Provisória nº 2.216-37, de 2001)

I – opinar sobre o desenvolvimento da Política Nacional para Integração da Pessoa Portadora de Deficiência; (Eficácia suspensa pela Medida Provisória nº 2.216-37, de 2001)

II – apresentar sugestões para o encaminhamento dessa política; (Eficácia suspensa pela Medida Provisória nº 2.216-37, de 2001)

III – responder a consultas formuladas pela Corde. (Eficácia suspensa pela Medida Provisória nº 2.216-37, de 2001)

§ 3º. O Conselho Consultivo reunir-se-á ordinariamente 1 (uma) vez por trimestre e, extraordinariamente, por iniciativa de 1/3 (um terço) de seus membros, mediante manifestação escrita, com antecedência de 10 (dez) dias, e deliberará por maioria de votos dos conselheiros presentes. (Eficácia suspensa pela Medida Provisória nº 2.216-37, de 2001)

§ 4º. Os integrantes do Conselho não perceberão qualquer vantagem pecuniária, salvo as de seus cargos de origem, sendo considerados de relevância pública os seus serviços. (Eficácia suspensa pela Medida Provisória nº 2.216-37, de 2001)

§ 5º. As despesas de locomoção e hospedagem dos conselheiros, quando necessárias, serão asseguradas pela Corde. (Eficácia suspensa pela Medida Provisória nº 2.216-37, de 2001)

Art. 14. (*VETADO*).

Art. 15. Para atendimento e fiel cumprimento do que dispõe esta Lei, será reestruturada a Secretaria de Educação Especial do Ministério da Educação, e serão instituídos, no Ministério do Trabalho, no Ministério da Saúde e no Ministério da Previdência e Assistência Social, órgão encarregados da coordenação setorial dos assuntos concernentes às pessoas portadoras de deficiência.

Art. 16. O Poder Executivo adotará, nos 60 (sessenta) dias posteriores à vigência desta Lei, as providências necessárias à reestruturação e ao regular funcionamento da Corde, como aquelas decorrentes do artigo anterior.

Art. 17. Serão incluídas no censo demográfico de 1990, e nos subsequentes, questões concernentes à problemática da pessoa portadora de deficiência, objetivando o conhecimento atualizado do número de pessoas portadoras de deficiência no País.

Parágrafo único. Os censos demográficos realizados a partir de 2019 incluirão as especificidades inerentes ao transtorno do espectro autista, em consonância com o § 2º do art. 1º da Lei nº 12.764, de 27 de dezembro de 2012. (Acrescido pela Lei 13.861/2019)

Art. 18. Os órgãos federais desenvolverão, no prazo de 12 (doze) meses contado da publicação desta Lei, as ações necessárias à efetiva implantação das medidas indicadas no art. 2º desta Lei.

Art. 19. Esta Lei entra em vigor na data de sua publicação.

Art. 20. Revogam-se as disposições em contrário.

Brasília, 24 de outubro de 1989; 168º da Independência e 101º da República.

JOSÉ SARNEY

D.O.U. de 25.10.1989

LEI Nº 7.913, DE 7 DE DEZEMBRO DE 1989

Dispõe sobre a ação civil pública de responsabilidade por danos causados aos investidores no mercado de valores mobiliários.

› *Ação Civil Pública*

O PRESIDENTE DA REPÚBLICA Faço saber que o Congresso Nacional decreta e eu sanciono a seguinte Lei:

Art. 1º. Sem prejuízo da ação de indenização do prejudicado, o Ministério Público, de ofício ou por solicitação da Comissão de Valores Mobiliários – CVM, adotará as medidas judiciais necessárias para evitar prejuízos ou obter ressarcimento de danos causados aos titulares de valores mobiliários e aos investidores do mercado, especialmente quando decorrerem de:

› CF/88: art. 129, III.

› CPC/15: arts. 176 a 178.

› Lei 7.492/1986 – Define os crimes contra o sistema financeiro nacional.

I – operação fraudulenta, prática não equitativa, manipulação de preços ou criação de condições artificiais de procura, oferta ou preço de valores mobiliários;

II – compra ou venda de valores mobiliários, por parte dos administradores e acionistas controladores de companhia aberta, utilizando-se de informação relevante, ainda não divulgada para conhecimento do mercado, ou a mesma operação realizada por quem a detenha em razão de sua profissão ou função, ou por quem quer que a tenha obtido por intermédio dessas pessoas;

III – omissão de informação relevante por parte de quem estava obrigado a divulgá-la, bem como sua prestação de forma incompleta, falsa ou tendenciosa.

Art. 2º. As importâncias decorrentes da condenação, na ação de que trata esta Lei, reverterão aos investidores lesados, na proporção de seu prejuízo.

§ 1º. As importâncias a que se refere este artigo ficarão depositadas em conta remunerada, à disposição do juízo, até que o investidor, convocado mediante edital, habilite-se ao recebimento da parcela que lhe couber.

§ 2º. Decairá o direito à habilitação o investidor que não o exercer no prazo de 2 (dois) anos, contado da data da publicação do edital a que alude o parágrafo anterior, devendo a quantia correspondente ser recolhida ao Fundo a que se refere o art. 13 da Lei nº 7.347, de 24 de julho de 1985. (Redação dada pela Lei nº 9.008, de 1995)

› Decreto 1.306/1994 – Regulamenta o Fundo de Defesa de Direitos Difusos, de que tratam os arts. 13 e 20 da Lei 7.347/1985.

Art. 3º. À ação de que trata esta Lei aplica-se, no que couber, o disposto na Lei nº 7.347, de 24 de julho de 1985.

Art. 4º. Esta Lei entra em vigor na data de sua publicação.

Art. 5º. Revogam-se as disposições em contrário.

Brasília, 7 de dezembro de 1989; 168º da Independência e 101º da República.

JOSÉ SARNEY

D.O.U. de 11.12.1989; rep. 12.12.1989

LEI Nº 7.960, DE 21 DE DEZEMBRO DE 1989

Dispõe sobre prisão temporária.

- *Prisão temporária*

Art. 1º. Caberá prisão temporária:

- CF/88: art. 5º, LXI.
- Lei 8.072/1990: art. 2º, § 4º.

O PRESIDENTE DA REPÚBLICA Faço saber que o Congresso Nacional decreta e eu sanciono a seguinte Lei:

I – quando imprescindível para as investigações do inquérito policial;

II – quando o indiciado não tiver residência fixa ou não fornecer elementos necessários ao esclarecimento de sua identidade;

- CPP: art. 313, par. único.

III – quando houver fundadas razões, de acordo com qualquer prova admitida na legislação penal, de autoria ou participação do indiciado nos seguintes crimes:

a) homicídio doloso (art. 121, *caput*, e seu § 2º);

b) sequestro ou cárcere privado (art. 148, *caput*, e seus §§ 1º e 2º);

c) roubo (art. 157, *caput*, e seus §§ 1º, 2º e 3º);

d) extorsão (art. 158, *caput*, e seus §§ 1º e 2º);

e) extorsão mediante sequestro (art. 159, *caput*, e seus §§ 1º, 2º e 3º);

f) estupro (art. 213, *caput*, e sua combinação com o art. 223, *caput*, e parágrafo único);

- Lei 12.015/2009 revogou o art. 223, *caput*, e par. único.
- CP: art. 217-A.

g) atentado violento ao pudor (art. 214, *caput*, e sua combinação com o art. 223, *caput*, e parágrafo único);

- Lei 12.015/2009 revogou os arts. 214, *caput*, 223, *caput*, e parágrafo único.
- CP: art. 213.

h) rapto violento (art. 219, e sua combinação com o art. 223, *caput*, e parágrafo único);

- Lei 11.106/2005 revogou o art. 219.
- Lei 12.015/2009 revogou o art. 223, *caput*, e par. único.
- CP: art. 148, § 1º, V.

i) epidemia com resultado de morte (art. 267, § 1º);

j) envenenamento de água potável ou substância alimentícia ou medicinal qualificado pela morte (art. 270, *caput*, combinado com o art. 285);

l) quadrilha ou bando (art. 288), todos do Código Penal;

m) genocídio (arts. 1º, 2º e 3º da Lei nº 2.889, de 1.10.1956), em qualquer de suas formas típicas;

n) tráfico de drogas (art. 12 da Lei nº 6.368, de 21.10.1976);

- Lei 11.343/2006 revogou a Lei 6.368/1976.
- Lei 11.343/2006: art. 33.

o) crimes contra o sistema financeiro (Lei 7.492, de 16.06.1986).

p) crimes previstos na Lei de Terrorismo. (Incluído pela Lei nº 13.260, de 2016)

Art. 2º. A prisão temporária será decretada pelo Juiz, em face da representação da autoridade policial ou de requerimento do Ministério Público, e terá o prazo de 5 (cinco) dias, prorrogável por igual período em caso de extrema e comprovada necessidade.

- CF/1988: art. 5º, LXI.
- CPP: art. 581,V.
- Lei 8.072/1990: art. 2º, § 4º.

§ 1º. Na hipótese de representação da autoridade policial, o Juiz, antes de decidir, ouvirá o Ministério Público.

§ 2º. O despacho que decretar a prisão temporária deverá ser fundamentado e prolatado dentro do prazo de 24 (vinte e quatro) horas, contadas a partir do recebimento da representação ou do requerimento.

§ 3º. O Juiz poderá, de ofício, ou a requerimento do Ministério Público e do Advogado, determinar que o preso lhe seja apresentado, solicitar informações e esclarecimentos da autoridade policial e submetê-lo a exame de corpo de delito.

§ 4º. Decretada a prisão temporária, expedir-se-á mandado de prisão, em duas vias, uma das quais será entregue ao indiciado e servirá como nota de culpa.

- CPP: arts. 286 e 306, § 2º.

§ 4º-A O mandado de prisão conterá necessariamente o período de duração da prisão temporária estabelecido no *caput* deste artigo, bem como o dia em que o preso deverá ser libertado (Inserido pela Lei 13.869/2019).

§ 5º. A prisão somente poderá ser executada depois da expedição de mandado judicial.

§ 6º. Efetuada a prisão, a autoridade policial informará o preso dos direitos previstos no art. 5º da Constituição Federal.

- CF/1988: art. 5º, LXII a LXIV.

§ 7º Decorrido o prazo contido no mandado de prisão, a autoridade responsável pela custódia deverá, independentemente de nova ordem da autoridade judicial, pôr imediatamente o preso em liberdade, salvo se já tiver sido comunicada da prorrogação da prisão temporária ou da decretação da prisão preventiva (Redação dada pela Lei 13.869/2019).

§ 8º Inclui-se o dia do cumprimento do mandado de prisão no cômputo do prazo de prisão temporária (Inserido pela Lei 13.869/2019).

Art. 3º. Os presos temporários deverão permanecer, obrigatoriamente, separados dos demais detentos.

- Lei 7.210/1984: art. 84.

Art. 4º. O art. 4º da Lei nº 4.898, de 9 de dezembro de 1965, fica acrescido da alínea *i*, com a seguinte redação:

- Alteração incorporada ao texto da referida lei.
- A referida lei foi revogada pela Lei 13.869/2019 (Nova Lei de Abuso de Autoridade).

Art. 5º. Em todas as comarcas e seções judiciárias haverá um plantão permanente de 24 (vinte e quatro) horas do Poder Judiciário e do Ministério Público para apreciação dos pedidos de prisão temporária.

Art. 6º. Esta Lei entra em vigor na data de sua publicação.

Art. 7º. Revogam-se as disposições em contrário.

Brasília, 21 de dezembro de 1989; 168º da Independência e 101º da República.

JOSÉ SARNEY

D.O.U. de 22.12.1989

LEI Nº 8.004, DE 14 DE MARÇO DE 1990

Dispõe sobre transferência de financiamento no âmbito do Sistema Financeiro da Habitação, e dá outras providências.

- *Transferência de financiamento*

O Presidente da República, faço saber que o Congresso Nacional decreta e eu sanciono a seguinte lei:

Art. 1º O mutuário do Sistema Financeiro da Habitação (SFH) pode transferir a terceiros os direitos e obrigações decorrentes do respectivo contrato, observado o disposto nesta lei.

Parágrafo único. A formalização de venda, promessa de venda, cessão ou promessa de cessão relativas a imóvel financiado através do SFH dar-se-á em ato concomitante à transferência do financiamento respectivo, com a interveniência obrigatória da instituição financiadora. (Redação dada pela Lei nº 10.150, de 2000)

Art. 2º Nos contratos que tenham cláusula de cobertura de eventual saldo devedor residual pelo FCVS, a transferência dar-se-á mediante simples substituição do devedor, mantidas para o novo mutuário as mesmas condições e obrigações do contrato original, desde que se trate de financiamento destinado à casa própria, observando-se os requisitos legais e regulamentares, inclusive quanto à demonstração da capacidade de pagamento do cessionário em relação ao valor do novo encargo mensal. (Redação dada pela Lei nº 10.150, de 2000)

§ 1º Além do disposto no *caput*, o valor do encargo mensal para o novo mutuário será atualizado pro rata die, a contar da data do último reajustamento desse encargo até a data da formalização da transferência, com base no índice de atualização das contas de poupança mantidas no Sistema Brasileiro de Poupança e Empréstimo – SBPE, e acrescido da quinta parte do valor atualizado do encargo, observando que: (Redação dada pela Lei nº 10.150, de 2000)

a) o acréscimo da quinta parte do valor do encargo atualizado será integralmente direcionado à elevação da parcela correspondente à prestação de amortização e juros e, quando devida, da contribuição mensal ao FCVS; (Redação dada pela Lei nº 10.150, de 2000)

b) nos contratos enquadrados no Plano de Equivalência Salarial, instituído pelo Decreto-Lei nº 2.164, de 1984, o enquadramento na categoria profissional do novo mutuário dar-se-á a partir da data da transferência; (Redação dada pela Lei nº 10.150, de 2000)

c) na aplicação do primeiro reajuste do encargo mensal, após a transferência, nos contratos não enquadrados na alínea anterior, será compensada a atualização pro rata die de que trata o *caput* deste inciso.(Redação dada pela Lei nº 10.150, de 2000)

§ 2º Nas transferências dos contratos de financiamento da casa própria que não tenham cobertura de eventual saldo devedor residual pelo FCVS, e daqueles não enquadrados na Lei nº 8.692, de 1993, aplicam-se as condições previstas no *caput* e no parágrafo anterior. (Redação dada pela Lei nº 10.150, de 2000)

§ 3º Nas transferências de que trata o *caput* deste artigo, as instituições financiadoras ficam dispensadas da observância das seguintes exigências: (Redação dada pela Lei nº 10.150, de 2000)

a) limite máximo de financiamento, desde que não haja desembolso adicional de recursos;(Redação dada pela Lei nº 10.150, de 2000)

b) limite máximo de preço de venda ou de avaliação do imóvel objeto da transferência; (Redação dada pela Lei nº 10.150, de 2000)

c) localização do imóvel no domicílio do comprador.(Redação dada pela Lei nº 10.150, de 2000)

Art. 3º A critério da instituição financiadora, as transferências poderão ser efetuadas mediante assunção, pelo novo mutuário, do saldo devedor contábil da operação, atualizado pro rata die da data do último reajuste até a data da transferência, observados os percentuais de pagamento previstos no *caput* e nos incisos I, II e III do art. 5º desta Lei e os requisitos legais e regulamentares da casa própria, vigentes para novas contratações, inclusive quanto à demonstração da capacidade de pagamento do cessionário em relação ao valor do novo encargo mensal. (Redação dada pela Lei nº 10.150, de 2000)

§ 1º A transferência, nos casos deste artigo, se efetivará mediante a contratação de nova operação, que deverá observar as normas em vigor relativas aos financiamentos do SFH.

§ 2º Nas transferências de que se trata este artigo, as instituições financiadoras ficam dispensadas da observância das seguintes exigências:

a) limite máximo de financiamento, desde que não haja desembolso adicional de recursos;

b) limite máximo de preço de venda ou de avaliação do imóvel financiado;

c) localização do imóvel no domicílio do comprador;

d) contribuição ao Fundo de Assistência Habitacional (Fundhab).

§ 3º As transferências que, à data da publicação desta lei, tenham sido celebradas entre o mutuário e o adquirente, sem interveniência da instituição financiadora, serão regularizadas nos termos desta lei.

Art. 4º Para os efeitos desta lei, considera-se o Valor de Referência de Financiamento (VRF), aquele que, à época da contratação original, tenha sido indicado no contrato como referencial para efeito de atualização monetária do financiamento.

Art. 5º O mutuário do SFH que tenha firmado contrato até 31 de março de 1990 com cláusula de cobertura de eventuais saldos devedores residuais pelo FCVS poderá, no prazo máximo de um ano, liquidar antecipadamente sua dívida, mediante pagamento de valor correspondente a: (Redação dada pela Lei nº 10.150, de 2000)

I – contratos firmados até 28 de fevereiro de 1986: cinqüenta por cento do saldo devedor contábil da operação, atualizado pro rata die da data do último reajuste até a data da liquidação; (Inciso incluído pela Lei nº 10.150, de 2000)

II – contratos firmados de 1º de março de 1986 até 31 de dezembro de 1988: sessenta por cento do saldo devedor contábil da operação, atualizado pro rata die da data do último reajuste até a data da liquidação; (Inciso incluído pela Lei nº 10.150, de 2000)

III – contratos firmados de 1º de janeiro de 1989 até 31 de março de 1990: setenta por cento do saldo devedor contábil da operação, atualizado pro rata die da data do último reajuste até a data da liquidação. (Inciso incluído pela Lei nº 10.150, de 2000)

§ 1º A critério do mutuário, a liquidação antecipada dos saldos devedores dos contratos firmados até 28 de fevereiro de 1986, que tenham cláusula de cobertura de eventuais saldos devedores residuais pelo FCVS, poderá ser efetivada, alternativamente, mediante o pagamento do montante equivalente ao valor total das mensalidades vincendas, que será integralmente utilizado para amortizar o saldo devedor, inexistindo qualquer repasse para a apólice do seguro do SFH, cuja cobertura se encerra no momento da liquidação do contrato. (Redação dada pela Lei nº 10.150, de 2000)

§ 2º O valor da mensalidade (§ 1º) corresponde à soma dos encargos devidos mensalmente pelo mutuário, em decorrência do conjunto de obrigações componentes da operação. Esse valor será, para essa finalidade, reajustado pro rata die, com base nos índices de atualização dos depósitos de poupança, a contar do dia 1º do mês do último reajustamento até a data de liquidação da dívida.

Art. 6º (Revogado pela Lei nº 10.150, de 2001)

Art. 7º Os abatimentos de que tratam os arts. 3º e 5º serão suportados pelas instituições financiadoras, em valores equivalentes a vinte por cento do saldo devedor contábil, atualizado na forma definida nesta lei, podendo ser diferidos em vinte semestres. As parcelas remanescentes dos abatimentos, de responsabilidade do FCVS, poderão, a critério das instituições financiadoras, ser por estas suportadas.

Art. 8º No caso de descontos em contratos celebrados com recursos de repasse do extinto Banco Nacional de Habitação (BNH), será concedido, pela Caixa Econômica Federal (CEF), desconto proporcional ao montante repassado.

Art. 9º Tratando-se de descontos em contratos caucionados para garantia de refinanciamento e de operações de outros fundos geridos pelo extinto BNH, os vinte por cento do saldo devedor de responsabilidade das instituições financiadoras (art. 7º) serão por estas repassados à CEF nas mesmas condições em que o FCVS vier a ressarci-las (art. 11, III). As instituições financiadoras caucionarão em valor da CEF os respectivos créditos perante o FCVS.

Art. 10. Nas operações de que tratam os arts. 8º e 9º e nas realizadas com recursos do Fundo de Garantia do Tempo de Serviço (FGTS), em que tenha havido operação direta da CEF como instituição financiadora, ficará a cargo do FCVS a responsabilidade sobre o desconto concedido.

Art. 11. O FCVS quitará o saldo de sua responsabilidade junto às instituições financiadoras e, nas hipóteses previstas nos arts. 8º, 9º e 10, junto à CEF, na qualidade de sucessora do BNH, o qual será reajustado mensalmente com base no índice de atualização dos depósitos de poupança e com juros calculados à taxa contratual, observado o seguinte:

I – os saldos decorrentes da aplicação do art. 5º, no prazo de até dez anos, sendo três de carência, com pagamento mensal de juros, e sete de amortização em parcelas mensais consecutivas, vencendo a primeira no 37º mês a contar da liquidação efetivada pelo mutuário;

II – os saldos decorrentes da aplicação do art. 3º, no prazo de até oito anos, em parcelas mensais consecutivas, vencíveis a partir do trigésimo dia após a celebração do contrato de transferência; e

III – a parcela de vinte por cento de que trata o art. 9º, no prazo de cinco anos, em parcelas mensais consecutivas, vencendo-se a primeira no trigésimo dia após a liquidação da dívida pelo mutuário ou após a transferência do financiamento.

Art. 12. Os financiamentos concedidos na forma dos arts. 6º e 13 conservarão a classificação original (novos ou usados).

Art. 13. A instituição financiadora poderá, mediante liquidação do saldo devedor existente e concessão de novo financiamento, ampliar o valor financiado, utilizando como garantia a hipoteca do respectivo imóvel, observado o disposto nos arts. 7º e 11.

Art. 14. Será considerada, para os efeitos dos arts. 3º e 5º, a data do contrato original do financiamento, ainda que tenha ocorrido sub-rogação da dívida, desde que regular.

Art. 15. Para os contratos de financiamento com cronograma de desembolso parcelado, a data a ser considerada para fins do disposto nos arts. 2º, 3º e 5º é a da liberação da última parcela.

Art. 16. Os valores expressos em número de VRF (art. 4º) correspondentes aos descontos absorvidos pelas instituições financiadoras (arts. 3º e 5º) serão considerados como aplicação habitacional pelo prazo de um ano, reduzindo-se em cinquenta por cento após a expiração desse prazo.

Art. 17. O reajustamento das prestações dos mutuários enquadrados no Plano de Equivalência Salarial por Categoria Profissional (PES/CP) levará em consideração também o reajuste de salário concedido no próprio mês da celebração do contrato, ainda que a título de antecipação salarial.

Art. 18. O § 1º do art. 3º da Lei nº 5.741, de 1º de dezembro de 1971, passa a vigorar com a seguinte redação:

"§ 1º A citação far-se-á na pessoa do réu e de seu cônjuge ou de seus representantes legais."

Art. 19. O art. 31 do Decreto-Lei nº 70, de 21 de novembro de 1966, passa a vigorar com a seguinte redação:

"Art. 31. Vencida e não paga a dívida hipotecária, no todo ou em parte, o credor que houver preferido executá-la de acordo com este decreto-lei formalizará ao agente fiduciário a solicitação de execução da dívida, instruindo-a com os seguintes documentos:

I – o título da dívida devidamente registrado;

II – a indicação discriminada do valor das prestações e encargos não pagos;

III – o demonstrativo do saldo devedor discriminando as parcelas relativas a principal, juros, multa e outros encargos contratuais e legais; e

IV – cópia dos avisos reclamando pagamento da dívida, expedidos segundo instruções regulamentares relativas ao SFH.

§ 1º Recebida a solicitação da execução da dívida, o agente fiduciário, nos dez dias subseqüentes, promoverá a notificação do devedor, por intermédio de Cartório de Títulos e Documentos, concedendo-lhe o prazo de vinte dias para a purgação da mora.

§ 2º Quando o devedor se encontrar em lugar incerto ou não sabido, o oficial certificará o fato, cabendo, então, ao agente fiduciário promover a notificação por edital, publicado por três dias, pelo menos, em um dos jornais de maior circulação local, ou noutro de comarca de fácil acesso, se no local não houver imprensa diária."

Art. 20. (Vetado).

Art. 21. Somente serão objeto de execução na conformidade dos procedimentos do Decreto-Lei nº 70, de 21 de novembro de 1966, ou da Lei nº 5.741, de 1º de dezembro de 1971, os financiamentos em que se verificar atraso de pagamento de três ou mais prestações.

Art. 22. O art. 9º do Decreto-Lei nº 2.164, de 19 de setembro de 1984, passa a vigorar com a seguinte redação:

"Art. 9º As prestações mensais dos contratos de financiamento firmados no âmbito do SFH, vinculados ao Plano de Equivalência Salarial por Categoria Profissional (PES/CP) serão reajustadas no mês seguinte ao em que ocorrer a data-base da categoria profissional do mutuário utilizando-se a variação do Índice de Preços ao Consumidor (IPC) apurada nas respectivas datas-base.

§ 1º Nas datas-base o reajuste das prestações contemplará também o percentual relativo ao ganho real de salário.

§ 2º As prestações relativas a contratos vinculados ao Plano de Equivalência Salarial Plena serão reajustadas no mês seguinte ao dos reajustes salariais, inclusive os de caráter automático, complementar e compensatórios, e as antecipações a qualquer título.

§ 3º Fica assegurado ao mutuário o direito de, a qualquer tempo, solicitar alteração da data-base, nos casos de mudança de categoria profissional, sendo que a nova situação prevalecerá a partir do reajuste anual seguinte.

§ 4º O reajuste da prestação em função da primeira data-base ou após a opção pelo PES/CP terá como limite o índice de reajuste aplicado ao saldo devedor relativo ao período decorrido desde a data do evento até o mês do reajuste a ser aplicado à prestação, deduzidas as antecipações já repassadas às prestações.

§ 5º A prestação mensal não excederá a relação prestação/salário verificada na data da assinatura do contrato, podendo ser solicitada a sua revisão a qualquer tempo.

§ 6º Não se aplica o disposto no § 5º às hipóteses de redução de renda por mudança de emprego ou por alteração na composição da renda familiar em decorrência da exclusão de um ou mais co-adquirentes, assegurado ao mutuário nesses casos o direito à renegociação da dívida junto ao agente financeiro, visando a restabelecer o comprometimento inicial da renda.

§ 7º Sempre que em virtude da aplicação do PES a prestação for reajustada em percentagem inferior ao da variação integral do IPC acrescida do índice relativo ao ganho real de salário, a diferença será incorporada em futuros reajustes de prestações até o limite de que trata o § 5º.

§ 8º Os mutuários cujos contratos, firmados até 28 de fevereiro de 1986, ainda não assegurem o direito de reajustamento das prestações pelo PES/CP, poderão optar por este plano no mês seguinte ao do reajuste contratual da prestação.

§ 9º No caso de opção (§ 8º), o mutuário não terá direito a cobertura pelo Fundo de Compensação de Variações Salariais (FCVS) de eventual saldo devedor residual ao final do contrato, o qual deverá ser renegociado com o agente financeiro."

Art. 23. As importâncias eventualmente cobradas a mais dos mutuários deverão ser ressarcidas devidamente corrigidas pelos índices de atualização dos depósitos de poupança, em espécie ou através de redução nas prestações vincendas imediatamente subsequentes.

Art. 24. O Banco Central do Brasil baixará as instruções necessárias à aplicação desta lei.

Art. 25. Esta lei entra em vigor na data de sua publicação.

Brasília, 14 de março de 1990; 169º da Independência e 102º da República.

JOSÉ SARNEY

DOU de 14.3.1990

LEI Nº 8.009, DE 29 DE MARÇO DE 1990

Dispõe sobre a impenhorabilidade do bem de família.

▸ *Impenhorabilidade do bem de família*

Faço saber que o Presidente da República adotou a Medida Provisória 143, de 1990, que o Congresso Nacional aprovou, e eu Nelson Carneiro, Presidente do Senado Federal, para os efeitos do disposto no parágrafo único do art. 62 da Constituição Federal, promulgo a seguinte Lei:

Art. 1º. O imóvel residencial próprio do casal, ou da entidade familiar, é impenhorável e não responderá por qualquer tipo de dívida civil, comercial, fiscal, previdenciária ou de outra natureza, contraída pelos cônjuges ou pelos pais ou filhos que sejam seus proprietários e nele residam, salvo nas hipóteses previstas nesta Lei.

▸ Súm. 205, 364 e 449 do STJ.

▸ CF/1988: art. 226, *caput* e §4º.

▸ CC: arts. 1.711 a 1.722.

▸ CPC/15: arts. 260 a 265, 832 e 833.

▸ Lei 6.015/1973: arts. 167, I-1, e 260 a 265.

Parágrafo único. A impenhorabilidade compreende o imóvel sobre o qual se assentam a construção, as plantações, as benfeitorias de qualquer natureza e todos os equipamentos, inclusive os de uso profissional, ou móveis que guarnecem a casa, desde que quitados.

▸ Súm. 364 e 449 do STJ.

▸ CPC/15: art. 833.

Art. 2º. Excluem-se da impenhorabilidade os veículos de transporte, obras de arte e adornos suntuosos.

▸ v. CPC/15: art. 835.

Parágrafo único. No caso de imóvel locado, a impenhorabilidade aplica-se aos bens móveis quitados que guarneçam a residência e que sejam de propriedade do locatário, observado o disposto neste artigo.

Art. 3º. A impenhorabilidade é oponível em qualquer processo de execução civil, fiscal, previdenciária, trabalhista ou de outra natureza, salvo se movido:

▸ CPC/15: art. 833, § 1º.

I – (*Revogado pela Lei Complementar nº 150, de 2015*);

II – pelo titular do crédito decorrente do financiamento destinado à construção ou à aquisição do imóvel, no limite dos créditos e acréscimos constituídos em função do respectivo contrato;

III – pelo credor da pensão alimentícia, resguardados os direitos, sobre o bem, do seu coproprietário que, com o devedor, integre união estável ou conjugal, observadas as hipóteses em que ambos responderão pela dívida; (Redação dada pela Lei nº 13.144, de 2015)

IV – para cobrança de impostos, predial ou territorial, taxas e contribuições devidas em função do imóvel familiar;

V – para execução de hipoteca sobre o imóvel oferecido como garantia real pelo casal ou pela entidade familiar;

VI – por ter sido adquirido com produto de crime ou para execução de sentença penal condenatória a ressarcimento, indenização ou perdimento de bens;

VII – por obrigação decorrente de fiança concedida em contrato de locação. (Incluído pela Lei nº 8.245, de 1991)

Art. 4º. Não se beneficiará do disposto nesta Lei aquele que, sabendo-se insolvente, adquire de má-fé imóvel mais valioso para transferir a residência familiar, desfazendo-se ou não da moradia antiga.

§ 1º. Neste caso poderá o juiz, na respectiva ação do credor, transferir a impenhorabilidade para a moradia familiar anterior, ou anular-lhe a venda, liberando a mais valiosa para execução ou concurso, conforme a hipótese.

§ 2º. Quando a residência familiar constituir-se em imóvel rural, a impenhorabilidade restringir-se-á à sede de moradia, com os respectivos bens móveis, e, nos casos do art. 5º, inciso XXVI, da Constituição, à área limitada como pequena propriedade rural.

Art. 5º. Para os efeitos de impenhorabilidade, de que trata esta Lei, considera-se residência um único imóvel utilizado pelo casal ou pela entidade familiar para moradia permanente.

Parágrafo único. Na hipótese de o casal, ou entidade familiar, ser possuidor de vários imóveis utilizados como residência, a impenhorabilidade recairá sobre o de menor valor, salvo se outro tiver sido registrado, para esse fim, no Registro de Imóveis e na forma do art. 70 do Código Civil.

▸ Refere-se ao art. 70 do Código Civil de 1916.

Art. 6º. São canceladas as execuções suspensas pela Medida Provisória 143, de 8 de março de 1990, que deu origem a esta Lei.

Art. 7º. Esta Lei entra em vigor na data de sua publicação.

Art. 8º. Revogam-se as disposições em contrário.

Senado Federal, em 29 de março de 1990; 169º da Independência e 102º da República.

NELSON CARNEIRO

D.O.U. de 30.3.1990

LEI Nº 8.021, DE 12 DE ABRIL DE 1990

Dispõe sobre a identificação dos contribuintes para fins fiscais, e dá outras providências.

▸ *Identificação de contribuintes*

O PRESIDENTE DA REPÚBLICA Faço saber que o Congresso Nacional decreta e eu sanciono a seguinte Lei:

Art. 1º. A partir da vigência desta Lei, fica vedado o pagamento ou resgate de qualquer título ou aplicação, bem como dos seus rendimentos ou ganhos, a beneficiário não identificado.

Parágrafo único. O descumprimento do disposto neste artigo sujeitará o responsável pelo pagamento ou resgate a multa igual ao valor da operação, corrigido monetariamente a partir da data da operação até o dia do seu efetivo pagamento.

Art. 2º. A partir da data de publicação desta Lei fica vedada:

I – a emissão de quotas ao portador ou nominativas-endossáveis, pelos fundos em condomínio;

II – a emissão de títulos e a captação de depósitos ou aplicações ao portador ou nominativos-endossáveis;

III – (*Revogado pela Lei nº 9.069, de 1995*).

Parágrafo único. Os cheques emitidos em desacordo com o estabelecido no inciso III deste artigo não serão compensáveis por meio do Serviço de Compensação de Cheques e Outros Papéis. (Parágrafo único sem eficácia em razão da revogação do inciso III)

Art. 3º. O contribuinte que receber o resgate de quotas de fundos ao portador e de títulos ou aplicações de renda fixa ao portador ou nominativos-endossáveis, existentes em 16 de março de 1990, ficará sujeito à retenção de Imposto de Renda na fonte, à alíquota de 25% (vinte e cinco por cento), calculado sobre o valor do resgate recebido.

§ 1º. O imposto será retido pela instituição que efetuar o pagamento dos títulos e aplicações e seu recolhimento deverá ser efetuado de conformidade com as normas aplicáveis ao Imposto de Renda retido na fonte.

§ 2º. O valor sobre o qual for calculado o imposto, diminuído deste, será computado como rendimento líquido, para efeito de justificar acréscimo patrimonial na declaração de bens (Lei nº 4.069/1962, art. 51) a ser apresentada no exercício financeiro subsequente.

§ 3º. A retenção do imposto, prevista neste artigo, não exclui a incidência do Imposto de Renda na fonte sobre os rendimentos produzidos pelos respectivos títulos ou aplicações.

§ 4º. A retenção do imposto, prevista neste artigo, será dispensada caso o contribuinte comprove, perante o Departamento da Receita Federal, que o valor resgatado tem origem em rendimentos próprios, declarados na forma da legislação do Imposto de Renda.

§ 5º. A liberação dos recursos sem a observância do disposto no parágrafo anterior sujeitará a instituição financeira à multa de 25% (vinte e cinco por cento) sobre o valor do resgate dos títulos ou aplicações, corrigido monetariamente a partir da data do resgate até a data do seu efetivo recolhimento.

Art. 4º. O art. 20 da Lei nº 6.404, de 15 de dezembro de 1976, passa a vigorar com a seguinte redação:

‣ Alteração incorporada ao texto da referida lei.

Art. 5º. As sociedades por ações terão um prazo de 2 (dois) anos para adaptar seus estatutos ao disposto no artigo anterior.

§ 1º. No prazo a que se refere este artigo, as operações com ações, ao portador ou endossáveis, existentes na data da publicação desta Lei, emitidas pelas sociedades por ações, somente poderão ser efetuadas quando atenderem, cumulativamente, às seguintes condições:

a) estiveram as ações sob custódia de instituição financeira ou de Bolsa de Valores, autorizada a operar por ato da Comissão de Valores Mobiliários (CVM) ou do Banco Central do Brasil, no âmbito de sua competência;

b) houver a identificação do vendedor e do comprador.

§ 2º. As ações mencionadas neste artigo somente poderão ser retiradas da custódia mediante a identificação do proprietário.

§ 3º. A instituição financeira ou bolsa custodiante deverá enviar ao Departamento da Receita Federal, até o dia 15 de cada mês, comunicação que identifique o proprietário, a quantidade, a espécie e o valor de aquisição das ações que houverem sido retiradas de sua custódia no mês anterior.

§ 4º. A inobservância do disposto no parágrafo anterior sujeitará a instituição financeira ou bolsa custodiante à multa de 25% (vinte e cinco por cento) do valor das ações, corrigido monetariamente a partir do vencimento do prazo para a comunicação até a data do seu efetivo pagamento.

§ 5º. Para efeito do disposto no parágrafo anterior, considera-se valor da ação o preço médio de negociação em pregão de Bolsas de Valores no dia da retirada da ação ou, na falta deste, o preço médio da ação da última negociação em pregão da Bolsa de Valores, corrigidos pelo BTN Fiscal até o dia da retirada da ação.

§ 6º. Para as ações não admitidas à negociação em Bolsas de Valores, considera-se o valor patrimonial da ação corrigido pelo BTN Fiscal desde a data do último balanço até a data de sua retirada da custódia.

Art. 6º. O lançamento de ofício, além dos casos já especificados em lei, far-se-á arbitrando-se os rendimentos com base na renda presumida, mediante utilização dos sinais exteriores de riqueza.

§ 1º. Considera-se sinal exterior de riqueza a realização de gastos incompatíveis com a renda disponível do contribuinte.

§ 2º. Constitui renda disponível a receita auferida pelo contribuinte, diminuída dos abatimentos e deduções admitidos pela legislação do Imposto de Renda em vigor e do Imposto de Renda pago pelo contribuinte.

§ 3º. Ocorrendo a hipótese prevista neste artigo, o contribuinte será notificado para o devido procedimento fiscal de arbitramento.

§ 4º. No arbitramento tomar-se-ão como base os preços de mercado vigentes à época da ocorrência dos fatos ou eventos, podendo, para tanto, ser adotados índices ou indicadores econômicos oficiais ou publicações técnicas especializadas.

§ 5º. (*Revogado pela Lei nº 9.430, de 1996*).

§ 6º. Qualquer que seja a modalidade escolhida para o arbitramento, será sempre levada a efeito aquela que mais favorecer o contribuinte.

Art. 7º. A autoridade fiscal do Ministério da Economia, Fazenda e Planejamento poderá proceder a exames de documentos, livros e registros das Bolsas de Valores, de mercadorias, de futuros e assemelhadas, bem como solicitar a prestação de esclarecimentos e informações a respeito de operações por elas praticadas, inclusive em relação a terceiros.

§ 1º. As informações deverão ser prestadas no prazo máximo de 10 (dez) dias úteis contados da data da solicitação. O não cumprimento desse prazo sujeitará a instituição à multa de valor equivalente a mil BTN Fiscais por dia útil de atraso.

§ 2º. As informações obtidas com base neste artigo somente poderão ser utilizadas para efeito de verificação do cumprimento de obrigações tributárias.

§ 3º. O servidor que revelar, informações que tiver obtido na forma deste artigo estará sujeito às penas previstas no art. 325 do Código Penal Brasileiro.

Art. 8º. Iniciado o procedimento fiscal, a autoridade fiscal poderá solicitar informações sobre operações realizadas pelo contribuinte em instituições financeiras, inclusive extratos de contas bancárias, não se aplicando, nesta hipótese, o disposto no art. 38 da Lei 4.595, de 31 de dezembro de 1964.

Parágrafo único. As informações, que obedecerão às normas regulamentares expedidas pelo Ministério da Economia, Fazenda e Planejamento, deverão ser prestadas no prazo máximo de 10 (dez) dias úteis contados da data da solicitação, aplicando-se, no caso de descumprimento desse prazo, a penalidade prevista no § 1º do art. 7º.

Art. 9º. Os estabelecimentos bancários autorizados a acolher depósitos de qualquer natureza deverão centralizar, em um único estabelecimento de sua rede de agências, as contas de não residentes no País.

Art. 10. Fica o Poder Executivo autorizado a celebrar convênios com outros países para repatriar bens de qualquer natureza, inclusive financeiros e títulos de valores mobiliários, pertencentes a empresas brasileiras e pessoas físicas residentes e domiciliadas no País.

Parágrafo único. Os valores repatriados ficarão sujeitos ao Imposto de Renda à alíquota de 25% (vinte e cinco por cento).

Art. 11. O Poder Executivo regulamentará o disposto nesta Lei.

Art. 12. Esta lei entra em vigor na data de sua publicação.

Art. 13. Revogam-se o art. 9º da Lei nº 4.729, de 14 de julho de 1965, os arts. 32 e 33 da Lei nº 6.404, de 15 de dezembro de 1976, e demais disposições em contrário.

Brasília, 12 de abril de 1990; 169º da Independência e 102º da República.

FERNANDO COLLOR
D.O.U. de 13.4.1990, ret. 23.4.1990

LEI Nº 8.025, DE 12 DE ABRIL DE 1990

Dispõe sobre a alienação de bens imóveis residenciais de propriedade da União, e dos vinculados ou incorporados ao FRHB, situados no Distrito Federal, e dá outras providências.

‣ *Alienação de Bens da União*

O Presidenta da República, faço saber que o Congresso Nacional decreta e eu sanciono a seguinte lei:

Art. 1º É o Poder Executivo autorizado a alienar, mediante concorrência pública e com observância do Decreto-Lei nº 2.300, de 21 de novembro de 1986, os imóveis residenciais de propriedade da União situados no Distrito Federal, inclusive os vinculados ou incorporados ao Fundo Rotativo Habitacional de Brasília (FRHB).

§ 1º Os licitantes estão dispensados da exigência do art. 16 do decreto-lei supracitado.

§ 2º Não se incluem na autorização a que se refere este artigo, os seguintes imóveis:

I – os residenciais administrados pelas Forças Armadas, destinados à ocupação por militares;
II – os destinados a funcionários do Serviço Exterior, de que trata a lei nº 7.501, de 27 de junho de 1986;
III – os ocupados por membros do Poder Legislativo;
IV – os ocupados por Ministros do Supremo Tribunal Federal, dos Tribunais Superiores e do Tribunal de Contas da União, pelo Procurador-Geral da República, pelos Subprocuradores-Gerais do Ministério Público Federal, do Trabalho e Militar e pelo Procurador-Geral do Tribunal de Contas da União, salvo sua expressa manifestação em contrário, no prazo de vinte dias a partir da data da publicação desta lei;
V – os destinados a servidores no exercício de cargo ou função de confiança que sejam considerados, pelo Poder Executivo, indispensáveis ao serviço público.

Parágrafo único. Os imóveis a serem destinados aos servidores a que se refere o inciso V deste artigo serão escolhidos dentre aqueles que estiverem vagos à data da vigência da Medida Provisória nº 149, de 15 de março de 1990, ou vierem a vagar por devolução espontânea ou desocupação judicial.

Art. 2º A Caixa Econômica Federal presidirá o processo de licitação na forma do art. 1º desta lei e observará os seguintes critérios:

I – o preço do imóvel a ser alienado será o de mercado, segundo os métodos de avaliação usualmente utilizados pela própria Caixa Econômica Federal;
II – somente poderá licitar pessoa física;
III – o licitante somente poderá apresentar proposta, em cada licitação, para uma unidade residencial;
IV – somente será vendida uma unidade residencial por pessoa;
V – o imóvel será alienado mediante contrato com força de escritura pública (art. 60, da Lei nº 4.380, de 21 de agosto de 1964);
VI – o contrato de compra e venda, ainda que o pagamento integral seja feito à vista, conterá cláusula impeditiva de o adquirente, no prazo de 5 (cinco) anos, vender, prometer vender ou ceder seus direitos sobre o imóvel alienado nos termos desta lei.

Art. 3º Serão nulos de pleno direito, não sendo devidas indenizações às partes envolvidas, quaisquer atos firmados em contrariedade à cláusula, de que trata o inciso VI do art. 2º.

Art. 4º O contrato de compra e venda será rescindido, de pleno direito, independentemente de interpelação judicial ou extrajudicial, se o comprador prestar declaração falsa no processo de habilitação à compra, hipótese em que fará jus à devolução da quantia paga, sem qualquer reajuste ou correção monetária.

Art. 5º A Caixa Econômica Federal procederá, perante os órgãos administrativos do Distrito Federal, nos Cartórios de Registro de Imóveis, à regularização dos títulos dominiais dos imóveis alienados.

Parágrafo único. Os Cartórios de Notas e os Cartórios de Registro de Imóveis darão prioridade de atendimento à Caixa Econômica Federal no procedimento de regularização acima previsto.

Art. 6º Ao legítimo ocupante de imóvel funcional dar-se-á conhecimento do preço de mercado do respectivo imóvel, calculado na forma do art. 2º, inciso I, previamente à publicação do edital de concorrência pública, podendo adquiri-lo por esse valor, caso se manifeste no prazo de 30 dias, mediante notificação, e desde que preencha os seguintes requisitos:

I – ser titular de regular termo de ocupação;

II – estar quite com as obrigações relativas à ocupação;

III – ser titular de cargo efetivo ou emprego permanente, lotado em órgão ou entidade da Administração Pública Federal ou do Distrito Federal.

§ 1º A legitimidade da ocupação será evidenciada em recadastramento dos atuais ocupantes, a ser promovido pela Secretaria da Administração Federal da Presidência da República com base na legislação vigente.

§ 2º O ocupante que não tiver condições financeiras para a aquisição do imóvel que ocupa poderá solicitar ao órgão competente a permuta deste por outro imóvel compatível com sua renda, ficando o atendimento a essa solicitação condicionado à existência de imóvel que lhe possa ser destinado e à conveniência administrativa para a formação da reserva de imóveis de que trata o inciso V do parágrafo 2º do art. 1º.

§ 3º O ocupante sujeitar-se-á ao previsto no inciso VI, do art. 2º e no art. 3º desta lei.

§ 4º O adquirente de imóvel funcional, nas condições previstas no *caput* deste artigo, poderá efetuar o pagamento, total ou parcial, em cruzados novos, mediante a transferência da titularidade de créditos em contas existentes no Banco Central.

§ 5º Considera-se legítimo ocupante, nos termos deste artigo, o servidor que no momento da aposentadoria ocupava regularmente o imóvel funcional ou, na mesma condição, o cônjuge ou companheira enviuvado e que permaneça nele residindo na data da publicação desta lei.(Parágrafo incluído pela Lei nº 8.068, de 13.7.1990)

Art. 7º A venda dos imóveis funcionais somente será efetuada para os atuais ocupantes não proprietários de outro imóvel residencial no Distrito Federal.

Art. 8º Os adquirentes dos imóveis poderão utilizar financiamentos de entidades integrantes do Sistema Financeiro da Habitação (SFH) e de outras instituições, inclusive entidades abertas ou fechadas de previdência privada.

Art. 9º A Caixa Econômica Federal representará a União na celebração e administração dos contratos de compra e venda de imóveis funcionais, promovendo, inclusive, as medidas judiciais e extrajudiciais que se tornarem necessárias à sua execução.

Art. 10. Com o ato da celebração do contrato de compra e venda estará automaticamente rescindido o termo de ocupação do respectivo imóvel a que se referem o Decreto nº 85.633, de 8 de janeiro de 1981 e o Decreto nº 96.633, de 1º de setembro de 1988.

Art. 11. É facultado à Ordem dos Advogados do Brasil – Seção do Distrito Federal, designar um representante que integrará a comissão de licitação a ser instituída para executar a licitação prevista nesta lei.

Art. 12. O valor apurado em decorrência da alienação de cada imóvel será convertido em renda da União, cujo produto será, obrigatoriamente, aplicado em programas habitacionais de caráter social.

Art. 13. As empresas públicas, sociedades de economia mista, respectivas subsidiárias e entidades controladas direta ou indiretamente pela União, ficam autorizadas a proceder aos atos legais e administrativos necessários à alienação de suas unidades residenciais não vinculadas às suas atividades operacionais, com base nos termos desta lei.

Art. 14. A ocupação dos imóveis residenciais não destinados à alienação, no que não contrarie esta lei, permanece regida pelas disposições do Decreto-Lei nº 1.390, de 29 de janeiro de 1975.

Art. 15. O permissionário, dentre outros compromissos se obriga a:

I – pagar:

a) taxa de uso;

b) despesas ordinárias de manutenção, resultantes do rateio das despesas realizadas em cada mês, tais como zeladoria, consumo de água e energia elétrica, seguro contra incêndio, bem assim outras relativas às áreas de uso comum;

c) quota de condomínio, exigível quando o imóvel funcional estiver localizado em edifício em condomínio com terceiros, hipótese em que não será devido o pagamento previsto na alínea anterior;

d) despesas relativas a consumo de gás, água e energia elétrica do próprio imóvel funcional;

e) multa equivalente a dez vezes o valor da taxa de uso, em cada período de trinta dias de retenção do imóvel, após a perda do direito à ocupação;

II – aderir à convenção de administração do edifício;

III – ao desocupar o imóvel, restituí-lo nas mesmas condições de habitabilidade em que o recebeu.

§ 1º O pagamento da taxa de uso e das despesas ordinárias de manutenção será efetuado mediante consignação em folha ou, se esta não for possível, por meio de documento próprio de arrecadação ao Tesouro Nacional, com cópia para o órgão responsável pela administração do imóvel.

§ 2º O atraso no pagamento da taxa de uso ou das despesas ordinárias de manutenção sujeitará o permissionário a juros de mora de um por cento ao mês e correção monetária.

§ 3º A quota de que trata a alínea c do inciso I deste artigo será paga diretamente ao condomínio ou ao órgão responsável pela administração destes imóveis.

Art. 16. A taxa de uso será de 0,001 (um milésimo) do valor do imóvel. (Redação dada pela Lei nº 11.490, de 2007)

§ 1º Aos ocupantes de cargos em comissão, nível DAS-4 ou superiores, e de cargos de Ministro de Estado, ou equivalentes, é facultado optar pelo pagamento da taxa de uso no valor de 10% (dez por cento) da remuneração dos referidos cargos. (Incluído pela Lei nº 11.490, de 2007)

§ 2º O prazo para o exercício da opção referida no § 1º deste artigo, bem como a periodicidade e os critérios de atualização da taxa de uso serão definidos em regulamento. (Incluído pela Lei nº 11.490, de 2007)

Art. 17. Os imóveis de que trata o art. 14, quando irregular sua ocupação, serão objeto de reintegração de posse liminar em favor da União, independentemente do tempo em que o imóvel estiver ocupado. (Redação dada pela Lei nº 9.649, de 1998)

§ 1º O Ministério do Planejamento, Orçamento e Gestão, por intermédio do órgão responsável pela administração dos imóveis, será o depositário dos imóveis reintegrados. (Redação dada pela Lei nº 9.649, de 1998)

§ 2º Julgada improcedente a ação de reintegração de posse em decisão transitada em julgado, o Ministério do Planejamento, Orçamento e Gestão colocará o imóvel à disposição do juízo dentro de cinco dias da intimação para fazê-lo. (Redação dada pela Lei nº 9.649, de 1998)

Art. 18. É o Poder Executivo autorizado a extinguir o Fundo Rotativo Habitacional de Brasília (FRHB), instituído pelo § 5º do art. 65 da Lei nº 4.380, de 21 de agosto de 1964, passando à propriedade da União os imóveis a ele incorporados ou vinculados.

Art. 19. É extinta a Superintendência da Construção e Administração Imobiliária (SUCAD), passando seu acervo e atribuições à Secretaria de Administração Federal da Presidência da República.

Art. 20. O Poder Executivo regulamentará esta lei no prazo de quarenta e cinco dias contados da data de sua publicação.

Art. 21. Revoga-se o Decreto-Lei nº 76, de 21 de novembro de 1966 e disposições em contrário.

Brasília, 12 de abril de 1990; 169º da Independência e 102º da República.

FERNANDO COLLOR

D.O.U de 13.4.1990

LEI Nº 8.027, DE 12 DE ABRIL DE 1990

Dispõe sobre normas de conduta dos servidores públicos civis da União, das Autarquias e das Fundações Públicas, e dá outras providências.

▸ *Normas de Conduta dos Servidores da União*

Art. 1º. Para os efeitos desta lei, servidor público é a pessoa legalmente investida em cargo ou em emprego público na administração direta, nas autarquias ou nas fundações públicas.

Art. 2º. São deveres dos servidores públicos civis:

I – exercer com zelo e dedicação as atribuições legais e regulamentares inerentes ao cargo ou função;

II – ser leal às instituições a que servir;

III – observar as normas legais e regulamentares;

IV – cumprir as ordens superiores, exceto quando manifestamente ilegais;

V – atender com presteza:

a) ao público em geral, prestando as informações requeridas, ressalvadas as protegidas pelo sigilo;

b) à expedição de certidões requeridas para a defesa de direito ou esclarecimento de situações de interesse pessoal;

VI – zelar pela economia do material e pela conservação do patrimônio público;

VII – guardar sigilo sobre assuntos da repartição, desde que envolvam questões relativas à segurança pública e da sociedade;

VIII – manter conduta compatível com a moralidade pública;

IX – ser assíduo e pontual ao serviço;

X – tratar com urbanidade os demais servidores públicos e o público em geral;

XI – representar contra ilegalidade, omissão ou abuso de poder.

Parágrafo único. A representação de que trata o inciso XI deste artigo será obrigatoriamente apreciada pela autoridade superior àquela contra a qual é formulada, assegurando-se ao representado ampla defesa, com os meios e recursos a ela inerentes.

Art. 3º. São faltas administrativas, puníveis com a pena de advertência por escrito:

I – ausentar-se do serviço durante o expediente, sem prévia autorização do superior imediato;

II – recusar fé a documentos públicos;

III – delegar a pessoa estranha à repartição, exceto nos casos previstos em lei, atribuição que seja de sua competência e responsabilidade ou de seus subordinados.

Art. 4º. São faltas administrativas, puníveis com a pena de suspensão por até 90 (noventa) dias, cumulada, se couber, com a destituição do cargo em comissão:

I – retirar, sem prévia autorização, por escrito, da autoridade competente, qualquer documento ou objeto da repartição;
II – opor resistência ao andamento de documento, processo ou à execução de serviço;
III – atuar como procurador ou intermediário junto a repartições públicas;
IV – aceitar comissão, emprego ou pensão de Estado estrangeiro, sem licença do Presidente da República;
V – atribuir a outro servidor público funções ou atividades estranhas às do cargo, emprego ou função que ocupa, exceto em situação de emergência e transitoriedade;
VI – manter sob a sua chefia imediata cônjuge, companheiro ou parente até o segundo grau civil;
VII – praticar comércio de compra e venda de bens ou serviços no recinto da repartição, ainda que fora do horário normal de expediente.

Parágrafo único. Quando houver conveniência para o serviço, a penalidade de suspensão poderá ser convertida em multa, na base de cinquenta por cento da remuneração do servidor, ficando este obrigado a permanecer em serviço.

Art. 5º. São faltas administrativas, puníveis com a pena de demissão, a bem do serviço público:

I – valer-se, ou permitir dolosamente que terceiros tirem proveito de informação, prestígio ou influência, obtidos em função do cargo, para lograr, direta ou indiretamente, proveito pessoal ou de outrem, em detrimento da dignidade da função pública;
II – exercer comércio ou participar de sociedade comercial, exceto como acionista, cotista ou comanditário;
III – participar da gerência ou da administração de empresa privada e, nessa condição, transacionar com o Estado;
IV – utilizar pessoal ou recursos materiais da repartição em serviços ou atividades particulares;
V – exercer quaisquer atividades incompatíveis com o cargo ou a função pública, ou, ainda, com horário de trabalho;
VI – abandonar o cargo, caracterizando-se o abandono pela ausência injustificada do servidor público ao serviço, por mais de trinta dias consecutivos;
VII – apresentar inassiduidade habitual, assim entendida a falta ao serviço, por vinte dias, interpoladamente, sem causa justificada no período de seis meses;
VIII – aceitar ou prometer aceitar propinas ou presentes, de qualquer tipo ou valor, bem como empréstimos pessoais ou vantagem de qualquer espécie em razão de suas atribuições.

Parágrafo único. A penalidade de demissão também será aplicada nos seguintes casos:

I – improbidade administrativa;
II – insubordinação grave em serviço;
III – ofensa física, em serviço, a servidor público ou a particular, salvo em legítima defesa própria ou de outrem;
IV – procedimento desidioso, assim entendido a falta ao dever de diligência no cumprimento de suas atribuições;
V – revelação de segredo de que teve conhecimento em função do cargo ou emprego.

Art. 6º. Constitui infração grave, passível de aplicação da pena de demissão, a acumulação remunerada de cargos, empregos e funções públicas, vedada pela Constituição Federal, estendendo-se às autarquias, empresas públicas, sociedades de economia mista da União, dos Estados, do Distrito Federal e dos Municípios, e fundações mantidas pelo Poder Público.

Art. 7º. Os servidores públicos civis são obrigados a declarar, no ato de investidura e sob as penas da lei, quais os cargos públicos, empregos e funções que exercem, abrangidos ou não pela vedação constitucional, devendo fazer prova de exoneração ou demissão, na data da investidura, na hipótese de acumulação constitucionalmente vedada.

§ 1º. Todos os atuais servidores públicos civis deverão apresentar ao respectivo órgão de pessoal, no prazo estabelecido pelo Poder Executivo, a declaração a que se refere o *caput* deste artigo.

§ 2º. Caberá ao órgão de pessoal fazer a verificação da incidência ou não da acumulação vedada pela Constituição Federal.

§ 3º. Verificada, a qualquer tempo, a incidência da acumulação vedada, assim como a não apresentação, pelo servidor, no prazo a que se refere o § 1º deste artigo, da respectiva declaração de acumulação de que trata o *caput*, a autoridade competente promoverá a imediata instauração do processo administrativo para a apuração da infração disciplinar, nos termos desta lei, sob pena de destituição do cargo em comissão ou função de confiança, da autoridade e do chefe de pessoal.

Art. 8º. Pelo exercício irregular de suas atribuições o servidor público civil responde civil, penal e administrativamente, podendo as cominações civis, penais e disciplinares cumular-se, sendo umas e outras independentes entre si, bem assim as instâncias civil, penal e administrativa.

§ 1º. Na aplicação das penas disciplinares definidas nesta lei, serão consideradas a natureza e a gravidade da infração e os danos que dela provierem para o serviço público, podendo cumular-se, se couber, com as cominações previstas no § 4º do art. 37 da Constituição.

§ 2º. A competência para a imposição das penas disciplinares será determinada em ato do Poder Executivo.

§ 3º. Os atos de advertência, suspensão e demissão mencionarão sempre a causa da penalidade.

§ 4º. A penalidade de advertência converte-se automaticamente em suspensão, por trinta dias, no caso de reincidência.

§ 5º. A aplicação da penalidade de suspensão acarreta o cancelamento automático do valor da remuneração do servidor, durante o período de vigência da suspensão.

§ 6º. A demissão ou a destituição de cargo em comissão incompatibiliza o ex-servidor para nova investidura em cargo público federal, pelo prazo de cinco anos.

§ 7º. Ainda que haja transcorrido o prazo a que se refere o parágrafo anterior, a nova investidura do servidor demitido ou destituído do cargo em comissão, por atos de que tenham resultado prejuízos ao erário, somente se dará após o ressarcimento dos prejuízos em valor atualizado até a data do pagamento.

§ 8º. O processo administrativo disciplinar para a apuração das infrações e para a aplicação das penalidades reguladas por esta lei permanece regido pelas normas legais e regulamentares em vigor, assegurado o direito à ampla defesa.

§ 9º. Prescrevem:

I – em dois anos, a falta sujeita às penas de advertência e suspensão;
II – em cinco anos, a falta sujeita à pena de demissão ou à pena de cassação de aposentadoria ou disponibilidade.

§ 10. A falta, também prevista na lei penal, como crime, prescreverá juntamente com este.

Art. 9º. Será cassada a aposentadoria ou a disponibilidade do inativo que houver praticado, na ativa, falta punível com demissão, após apurada a infração em processo administrativo disciplinar, com direito à ampla defesa.

Parágrafo único. Será igualmente cassada a disponibilidade do servidor que não assumir no prazo legal o exercício do cargo ou emprego em que for aproveitado.

Art. 10. Essa lei entra em vigor na data de sua publicação.

Art. 11. Revogam-se as disposições em contrário.

Brasília, 12 de abril de 1990;
169º da Independência e 102º da República.

FERNANDO COLLOR
Zélia M. Cardoso de Mello

Este texto não substitui o publicado no DOU de 13-04-1990

LEI Nº 8.032, DE 12 DE ABRIL DE 1990

Dispõe sobre a isenção ou redução de impostos de importação, e dá outras providências.

‣ *Isenção e Redução – Imposto de Importação*

Art. 1º. Ficam revogadas as isenções e reduções do Imposto de Importação e do Imposto sobre Produtos Industrializados, de caráter geral ou especial, que beneficiam bens de procedência estrangeira, ressalvadas as hipóteses previstas nos artigos 2º a 6º desta lei.

Parágrafo único. As ressalvas estabelecidas no *caput* deste artigo aplicam-se às importações realizadas nas situações relacionadas no inciso I do art. 2º. (Redação dada pela Lei nº 13.243, de 2016)

Art. 2º. As isenções e reduções do Imposto de Importação ficam limitadas, exclusivamente:

I – às importações realizadas:

a) pela União, pelos Estados, pelo Distrito Federal, pelos Territórios, pelos Municípios e pelas respectivas autarquias;
b) pelos partidos políticos e pelas instituições de educação ou de assistência social;
c) pelas Missões Diplomáticas e Repartições Consulares de caráter permanente e pelos respectivos integrantes;
d) pelas representações de organismos internacionais de caráter permanente, inclusive os de âmbito regional, dos quais o Brasil seja membro, e pelos respectivos integrantes;
e) por Instituições Científica, Tecnológica e de Inovação (ICTs), definidas pela Lei nº 10.973, de 2 de dezembro de 2004; (Redação dada pela Lei nº 13.243, de 2016)
f) por cientistas e pesquisadores, nos termos do § 2º do art. 1º da Lei nº 8.010, de 29 de março de 1990; (Incluído pela Lei nº 10.964, de 2004)
g) por empresas, na execução de projetos de pesquisa, desenvolvimento e inovação, cujos critérios e habilitação serão estabelecidos pelo poder público, na forma de regulamento; (Incluído pela Lei nº 13.243, de 2016)

II – aos casos de:

a) importação de livros, jornais, periódicos e do papel destinado à sua reprodução;
b) amostras e remessas postais internacionais, sem valor comercial;
c) remessas postais e encomendas aéreas internacionais destinadas à pessoa física;
d) bagagem de viajantes procedentes do exterior ou da Zona Franca de Manaus;
e) bens adquiridos em Loja Franca, no País;
f) bens trazidos do exterior, referidos na alínea b do § 2º do art. 1º do Decreto-Lei nº 2.120, de 14 de maio de 1984;

g) bens importados sob o regime aduaneiro especial de que trata o inciso III, do artigo 78, do Decreto-Lei nº 37, de 18 de novembro de 1966;

h) gêneros alimentícios de primeira necessidade, fertilizantes e defensivos para aplicação na agricultura ou pecuária, bem assim matérias-primas para sua produção no País, importados ao amparo do art. 4º da Lei nº 3.244, de 14 de agosto de 1957, com a redação dada pelo art. 7º do Decreto-Lei nº 63, de 21 de novembro de 1966;

i) bens importados ao amparo da Lei nº 7.232, de 29 de outubro de 1984;

j) partes, peças e componentes destinados ao reparo, revisão e manutenção de aeronaves e embarcações;

l) importação de medicamentos destinados ao tratamento de aidéticos, bem como de instrumental científico destinado à pesquisa da Síndrome da Deficiência Imunológica Adquirida, sem similar nacional, os quais ficarão isentos, também, dos tributos internos;

m) bens importados pelas áreas de livre comércio;

n) bens adquiridos para industrialização nas Zonas de Processamento de Exportações (ZPEs).

§ 1º. As isenções referidas neste artigo serão concedidas com observância da legislação respectiva. (Renumerado do parágrafo único pela Lei nº 13.243, de 2016)

§ 2º. (VETADO). (Incluído pela Lei nº 13.243, de 2016)

Art. 3º. Fica assegurada a isenção ou redução do Imposto sobre Produtos Industrializados, conforme o caso:

I – nas hipóteses previstas no art. 2º desta lei, desde que satisfeitos os requisitos e condições exigidos para a concessão do benefício análogo relativo ao Imposto de Importação;

II – nas hipóteses de tributação especial de bagagem ou de tributação simplificada de remessas postais e encomendas aéreas internacionais.

Art. 4º. Fica igualmente assegurado às importações efetuadas para a Zona Franca de Manaus e Amazônia Ocidental o tratamento tributário previsto nos arts. 3º e 7º do Decreto-Lei nº 288, de 28 de fevereiro de 1967, e no art. 2º do Decreto-Lei nº 356, de 15 de agosto de 1968, com a redação dada pelo art. 3º do Decreto-Lei nº 1.435, de 16 de dezembro de 1975.

Art. 5º. O regime aduaneiro especial de que trata o inciso II do art. 78 do Decreto-Lei nº 37, de 18 de novembro de 1966, poderá ser aplicado à importação de matérias-primas, produtos intermediários e componentes destinados à fabricação, no País, de máquinas e equipamentos a serem fornecidos no mercado interno, em decorrência de licitação internacional, contra pagamento em moeda conversível proveniente de financiamento concedido por instituição financeira internacional, da qual o Brasil participe, ou por entidade governamental estrangeira ou, ainda, pelo Banco Nacional de Desenvolvimento Econômico e Social – BNDES, com recursos captados no exterior. (Redação dada pela Lei nº 10.184, de 2001)

Art. 6º. Os bens objeto de isenção ou redução do Imposto de Importação, em decorrência de acordos internacionais firmados pelo Brasil, terão o tratamento tributário neles previsto.

Art. 7º. Os bens importados com alíquotas zero do Imposto de Importação estão sujeitos aos tributos internos, nos termos das respectivas legislações.

Art. 8º. Revogado pela Lei nº 8.085, de 1990.

Art. 9º. Revogado pela Lei nº 10.206, de 2001.

§ 1º. Vetado.

§ 2º. É vedada a concessão de recursos do Fundo da Marinha Mercante a fundo perdido, ressalvadas as operações já autorizadas na data da publicação desta lei.

§ 3º. O produto da arrecadação do Adicional de Tarifa Portuária (ATP) (Lei nº 7.700, de 21 de dezembro de 1988) passa a ser aplicado, a partir de 1º de janeiro de 1991, pelo Banco Nacional do Desenvolvimento Econômico e Social de acordo com normas baixadas pelos Ministérios da Infraestrutura e da Economia, Fazenda e Planejamento.

Art. 10. O disposto no art. 1º desta lei não se aplica:

I – às isenções e reduções comprovadamente concedidas nos termos da legislação respectiva até a data da entrada em vigor desta lei;

II – aos bens importados, a título definitivo, amparados por isenção ou redução na forma da legislação anterior, cujas guias de importação tenham sido emitidas até a data da entrada em vigor desta lei.

III – Vetado.

Art. 11. Ficam suspensas por 180 (cento e oitenta) dias a criação e implantação de Zonas de Processamento de Exportações (ZPEs) a que se refere o Decreto-Lei nº 2.452, 29 de julho de 1988, e aprovação de projetos industriais e instalação de empresas nas já criadas.

Art. 12. Esta lei entra em vigor na data de sua publicação.

Art. 13. Revogam-se o Decreto-Lei nº 1.953, de 3 de agosto de 1982, e demais disposições em contrário.

Brasília, 12 de abril de 1990;
169º da Independência e
102º da República.
FERNANDO COLLOR
Publicado no DOU de 13.4.1990

LEI Nº 8.036, DE 11 DE MAIO DE 1990

Dispõe sobre o Fundo de Garantia do Tempo de Serviço, e dá outras providências.

▸ *Fundo de Garantia do Tempo de Serviço-FGTS*

▸ LC 110/2001 – Institui contribuições sociais, autoriza créditos de complementos de atualização monetária em contas vinculadas do Fundo de Garantia do Tempo de Serviço (FGTS).

▸ Lei 9.012/1995 – Proíbe as instituições oficiais de crédito de conceder empréstimos, financiamentos e outros benefícios a pessoas jurídicas em débito com o FGTS.

▸ Decreto 3.914/2001 – Dispõe sobre a regulamentação das contribuições sociais instituídas pela LC 110/2001.

▸ Decreto 3.913/2001 – Dispõe sobre a apuração e liquidação dos complementos de atualização monetária de saldos de contas vinculadas do Fundo de Garantia do Tempo de Serviço (FGTS), de que trata a LC 110/2001.

▸ Decreto 99.684/1990 – Consolida as normas regulamentares do Fundo de Garantia do Tempo de Serviço (FGTS).

O PRESIDENTE DA REPÚBLICA, faço saber que o Congresso Nacional decreta e eu sanciono a seguinte Lei:

Art. 1º. O Fundo de Garantia do Tempo de Serviço – FGTS, instituído pela Lei 5.107, de 13 de setembro de 1966, passa a reger-se por esta Lei.

▸ Súm. 593 do STF.

▸ Súm. 82 do STJ.

Art. 2º. O FGTS é constituído pelos saldos das contas vinculadas a que se refere esta Lei e outros recursos a ele incorporados, devendo ser aplicados com atualização monetária e juros, de modo a assegurar a cobertura de suas obrigações.

▸ Súm. 571 do STJ.

§ 1º. Constituem recursos incorporados ao FGTS, nos termos do *caput* deste artigo:

a) eventuais saldos apurados nos termos do art. 12, § 4º;

b) dotações orçamentárias específicas;

c) resultados das aplicações dos recursos do FGTS;

d) multas, correção monetária e juros moratórios devidos;

e) demais receitas patrimoniais e financeiras.

§ 2º. As contas vinculadas em nome dos trabalhadores são absolutamente impenhoráveis.

Art. 3º. O FGTS será regido por normas e diretrizes estabelecidas por um Conselho Curador, composto por representação de trabalhadores, empregadores e órgãos e entidades governamentais, na forma estabelecida pelo Poder Executivo. (Redação dada pela Lei nº 9.649, de 1998)

▸ MP 2.216-37/2001: art. 1º.

§ 1º. A Presidência do Conselho Curador será exercida pelo Ministro de Estado da Economia ou por representante, por ele indicado, da área fazendária do governo. (Redação dada pela Lei 13.932/2019)

§ 2º. *(Revogado pela Medida Provisória nº 2.216-37, de 31/8/2001)*

§ 3º. Os representantes dos trabalhadores e dos empregadores e seus suplentes serão indicados pelas respectivas centrais sindicais e confederações nacionais, serão nomeados pelo Poder Executivo, terão mandato de 2 (dois) anos e poderão ser reconduzidos uma única vez, vedada a permanência de uma mesma pessoa como membro titular, como suplente ou, de forma alternada, como titular e suplente, por período consecutivo superior a 4 (quatro) anos no Conselho. (Redação dada pela Lei 13.932/2019)

§ 4º. O Conselho Curador reunir-se-á ordinariamente, a cada bimestre, por convocação de seu Presidente. Esgotado esse período, não tendo ocorrido convocação, qualquer de seus membros poderá fazê-la, no prazo de 15 (quinze) dias. Havendo necessidade, qualquer membro poderá convocar reunião extraordinária, na forma que vier a ser regulamentada pelo Conselho Curador.

§ 4º-A. As reuniões do Conselho Curador serão públicas, bem como gravadas e transmitidas ao vivo por meio do sítio do FGTS na internet, o qual também possibilitará acesso a todas as gravações que tiverem sido efetuadas dessas reuniões, resguardada a possibilidade de tratamento sigiloso de matérias assim classificadas na forma da lei. (Parágrafo acrescido pela Lei nº 13.932, de 11/12/2019)

§ 5º. As decisões do Conselho serão tomadas com a presença da maioria simples de seus membros, tendo o Presidente voto de qualidade. (Redação dada pela Lei nº 9.649, de 1998)

▸ MP 2.216-37/2001: art. 1º.

§ 6º. As despesas porventura exigidas para o comparecimento às reuniões do Conselho constituirão ônus das respectivas entidades representadas.

§ 7º. As ausências ao trabalho dos representantes dos trabalhadores no Conselho Curador, decorrentes das atividades desse órgão, serão abonadas, computando-se como jornada efetivamente trabalhada para todos os fins e efeitos legais.

§ 8º O Poder Executivo designará, entre os órgãos governamentais com representação no Conselho Curador do FGTS, aquele que lhe proporcionará estrutura administrativa de suporte para o exercício de sua competência e que atuará na função de Secretaria Executiva do colegiado, não permitido ao Presidente do Conselho Curador acumular a titularidade dessa Secretaria Executiva. (Redação dada pela Lei 13.932/2019)

§ 9º. Aos membros do Conselho Curador, enquanto representantes dos trabalhadores, efetivos e suplentes, é assegurada a estabilidade no emprego, da nomeação até 1 (um) ano após o término do mandato de representação, somente podendo ser demitidos por motivo de falta grave, regularmente comprovada através de processo sindical.

§ 10. Os membros do Conselho Curador do FGTS serão escolhidos dentre cidadãos de reputação ilibada e de notório conhecimento, e deverão ser atendidos os seguintes requisitos: (Acrescido pela Lei 13.932/2019)

I - ter formação acadêmica superior; e

II - não se enquadrar nas hipóteses de inelegibilidade previstas nas alíneas "a" a "q" do inciso I do *caput* do art. 1º da Lei Complementar nº 64, de 18 de maio de 1990.

Art. 4º. O gestor da aplicação dos recursos do FGTS será o órgão do Poder Executivo responsável pela política de habitação, e caberá à Caixa Econômica Federal (CEF) o papel de agente operador. (Redação dada pela Lei 13.932/2019)

Art. 5º. Ao Conselho Curador do FGTS compete:

I – estabelecer as diretrizes e os programas de alocação de todos os recursos do FGTS, de acordo com os critérios definidos nesta Lei, em consonância com a política nacional de desenvolvimento urbano e as políticas setoriais de habitação popular, saneamento básico e infraestrutura urbana estabelecidas pelo Governo Federal;

II – acompanhar e avaliar a gestão econômica e financeira dos recursos, bem como os ganhos sociais e o desempenho dos programas aprovados;

III – apreciar e aprovar os programas anuais e plurianuais do FGTS;

IV – aprovar as demonstrações financeiras do FGTS, com base em parecer de auditoria externa independente, antes de sua publicação e encaminhamento aos órgãos de controle, bem como da distribuição de resultados; (Redação dada pela Lei 13.932/2019)

V - adotar as providências cabíveis para a correção de atos e fatos do gestor da aplicação e da CEF que prejudiquem o desempenho e o cumprimento das finalidades no que concerne aos recursos do FGTS; (Inciso com redação dada pela Lei nº 13.932, de 11/12/2019)

VI – dirimir dúvidas quanto à aplicação das normas regulamentares, relativas ao FGTS, nas matérias de sua competência;

VII – aprovar seu regimento interno;

VIII – fixar as normas e valores de remuneração do Agente Operador e dos Agentes Financeiros;

IX – fixar critérios para parcelamento de recolhimentos em atraso;

X – fixar critério e valor de remuneração para o exercício da fiscalização;

XI – divulgar, no Diário Oficial da União, todas as decisões proferidas pelo Conselho, bem como as contas do FGTS e os respectivos pareceres emitidos;

XII – fixar critérios e condições para compensação entre créditos do empregador, decorrentes de depósitos relativos a trabalhadores não optantes, com contratos extintos, e débitos resultantes de competências em atraso, inclusive aqueles que forem objeto de composição de dívida com o FGTS. (Incluído pela Lei nº 9.711, de 1998)

XIII – em relação ao Fundo de Investimento do Fundo de Garantia do Tempo de Serviço – FI-FGTS: (Incluído pela Lei nº 11.491, de 2007)

a) aprovar a política de investimento do FI-FGTS por proposta do Comitê de Investimento; (Incluído pela Lei nº 11.491, de 2007)

b) decidir sobre o reinvestimento ou distribuição dos resultados positivos aos cotistas do FI-FGTS, em cada exercício; (Incluído pela Lei nº 11.491, de 2007)

c) definir a forma de deliberação, de funcionamento e a composição do Comitê de Investimento; (Incluído pela Lei nº 11.491, de 2007)

d) estabelecer o valor da remuneração da Caixa Econômica Federal pela administração e gestão do FI-FGTS, inclusive a taxa de risco; (Incluído pela Lei nº 11.491, de 2007)

e) definir a exposição máxima de risco dos investimentos do FI-FGTS; (Incluído pela Lei nº 11.491, de 2007)

f) estabelecer o limite máximo de participação dos recursos do FI-FGTS por setor, por empreendimento e por classe de ativo, observados os requisitos técnicos aplicáveis; (Incluído pela Lei nº 11.491, de 2007)

g) estabelecer o prazo mínimo de resgate das cotas e de retorno dos recursos à conta vinculada, observado o disposto no § 19 do art. 20 desta Lei; (Incluído pela Lei nº 11.491, de 2007)

h) aprovar o regulamento do FI-FGTS, elaborado pela Caixa Econômica Federal; e (Incluído pela Lei nº 11.491, de 2007)

i) autorizar a integralização de cotas do FI-FGTS pelos trabalhadores, estabelecendo previamente os limites globais e individuais, parâmetros e condições de aplicação e resgate. (Incluído pela Lei nº 11.491, de 2007)

XIV – (Revogado pela Lei 13.932/2019)

XV - autorizar a aplicação de recursos do FGTS em outros fundos de investimento, no mercado de capitais e em títulos públicos e privados, com base em proposta elaborada pelo agente operador, devendo o Conselho Curador regulamentar as formas e condições do investimento, vedado o aporte em fundos nos quais o FGTS seja o único cotista; (Inciso acrescido pela Lei nº 13.932, de 11/12/2019)

XVI - estipular limites às tarifas cobradas pelo agente operador ou pelos agentes financeiros na intermediação da movimentação dos recursos da conta vinculada do FGTS, inclusive nas hipóteses de que tratam os incisos V, VI e VII do *caput* do art. 20 desta Lei. (Inciso acrescido pela Lei nº 13.932, de 11/12/2019)

§ 1º O Conselho Curador será assistido por um Comitê de Auditoria e Riscos, constituído na forma do Regimento Interno, cujas atribuições e condições abrangerão, no mínimo, aquelas estipuladas nos arts. 24 e 25, §§ 1º a 3º, da Lei nº 13.303, de 30 de junho de 2016, ao Comitê de Auditoria Estatutário das empresas públicas e sociedades de economia mista que forem aplicáveis, ainda que por similaridade, ao FGTS, e cujas despesas serão custeadas pelo Fundo, por meio de sua Secretaria Executiva, observado o disposto no § 3º deste artigo. (Acrescido pela Lei 13.932/2019)

§ 2º O Conselho Curador poderá ser assistido regularmente por pessoas naturais ou jurídicas especializadas em planejamento, em gestão de investimentos, em avaliação de programas e políticas, em tecnologia da informação ou em qualquer outra especialização julgada necessária para subsidiá-lo no exercício de suas atribuições, e as despesas decorrentes ficarão a cargo do FGTS, observado o disposto no § 3º deste artigo. (Acrescido pela Lei 13.932/2019)

§ 3º Os custos e despesas incorridos pelo FGTS não poderão superar limite a ser estabelecido pelo Conselho Curador, o qual observará, no mínimo, os custos por atividades, os ganhos de escala e produtividade, os avanços tecnológicos e a remuneração praticada por outros fundos no mercado de capitais, excluídos da base de cálculo aqueles cuja administradora receba remuneração específica, e incluirão: (Acrescido pela Lei 13.932/2019)

I - os serviços de fiscalização, as atividades de arrecadação, de cobrança administrativa e de emissão de certidões;

II - os serviços de cobrança judicial dos créditos inscritos em dívida ativa;

III - os serviços contratados pela Secretaria Executiva para suporte às ações e decisões do Conselho Curador e do Comitê de Auditoria e Riscos, bem como os valores despendidos com terceiros;

IV - a capacitação dos gestores.

§ 4º O Conselho Curador especificará os serviços de suporte à gestão e à operação que poderão ser contratados pela Secretaria Executiva com recursos do FGTS, cabendo-lhe aprovar o montante destinado a tal finalidade no orçamento anual. (Acrescido pela Lei 13.932/2019)

§ 5º As auditorias externas contratadas pelo Comitê a que se refere o § 1º deste artigo não poderão prestar serviços ao agente operador durante a execução dos contratos de auditoria com o FGTS. (Acrescido pela Lei 13.932/2019)

§ 6º O limite de custos e despesas a que se refere o § 3º deste artigo não inclui taxas de risco de crédito e demais custos e despesas devidos ao agente operador e aos agentes financeiros. (Acrescido pela Lei 13.932/2019)

§ 7º O limite de que trata o § 3º deste artigo será, em cada exercício, de até 0,04% (quatro centésimos por cento) do valor dos ativos do FGTS ao final do exercício anterior, e, até a publicação das respectivas demonstrações financeiras, esse limite será calculado a partir de estimativas divulgadas pelo Conselho Curador para o valor dos ativos do FGTS ao final daquele exercício. (Acrescido pela Lei 13.932/2019)

§ 8º A taxa de administração do FGTS devida ao agente operador não será superior a 0,5% (cinco décimos por cento) ao ano do valor total dos ativos do Fundo. (Acrescido pela Lei 13.932/2019)

§ 9º A taxa de administração de que trata a alínea "d" do inciso XIII do *caput* deste artigo não será superior a 0,5% (cinco décimos por cento) ao ano do valor total dos ativos do FI-FGTS. (Acrescido pela Lei 13.932/2019)

Art. 6º Ao gestor da aplicação compete: (Redação dada pela Lei 13.932/2019)

I – praticar todos os atos necessários à gestão da aplicação do Fundo, de acordo com as diretrizes e programas estabelecidos pelo Conselho Curador;

II – expedir atos normativos relativos à alocação dos recursos para implementação dos programas aprovados pelo Conselho Curador;

III – elaborar orçamentos anuais e planos plurianuais de aplicação dos recursos, discriminados por região geográfica, e submetê-los até 31 de julho ao Conselho Curador do FGTS; *(Redação dada pela Lei 14.118/2021)*

IV – acompanhar a execução dos programas de habitação popular, saneamento básico e infraestrutura urbana previstos no orçamento do FGTS e implementados pela CEF, no papel de agente operador; (Redação dada pela Lei 13.932/2019)

V – submeter à apreciação do Conselho Curador as contas do FGTS;

VI – subsidiar o Conselho Curador com estudos técnicos necessários ao aprimoramento operacional dos programas de habitação popular, saneamento básico e infraestrutura urbana;

VII – definir as metas a serem alcançadas nos programas de habitação popular, saneamento básico e infraestrutura urbana.

Art. 6º-A. Caberá ao Ministério da Saúde regulamentar, acompanhar a execução, subsidiar o Conselho Curador com estudos técnicos necessários ao seu aprimoramento operacional e definir as metas a serem alcançadas nas operações de crédito destinadas às entidades hospitalares filantrópicas, bem como a instituições que atuem no campo para pessoas com deficiência, sem fins lucrativos, que participem de forma complementar do Sistema Único de Saúde (SUS). (Redação dada pela Lei 13.832/2019)

Art. 7º. À Caixa Econômica Federal, na qualidade de Agente Operador, cabe:

I – centralizar os recursos do FGTS, manter e controlar as contas vinculadas, e emitir regularmente os extratos individuais correspondentes às contas vinculadas e participar da rede arrecadadora dos recursos do FGTS;

II – expedir atos normativos referentes aos procedimentos administrativo-operacionais dos bancos depositários, dos agentes financeiros, dos empregadores e dos trabalhadores, integrantes do sistema do FGTS;

III - definir procedimentos operacionais necessários à execução dos programas estabelecidos pelo Conselho Curador, com base nas normas e diretrizes de aplicação elaboradas pelo gestor da aplicação; (Redação dada pela Lei 13.932/2019)

IV – elaborar as análises jurídica e econômico-financeira dos projetos de habitação popular, infraestrutura urbana e saneamento básico a serem financiados com recursos do FGTS;

V – emitir Certificado de Regularidade do FGTS;

VI – elaborar as demonstrações financeiras do FGTS, incluídos o Balanço Patrimonial, a Demonstração do Resultado do Exercício e a Demonstração de Fluxo de Caixa, em conformidade com as Normas Contábeis Brasileiras, e encaminhá-las, até 30 de abril do exercício subsequente, ao gestor de aplicação; (Redação dada pela Lei 13.932/2019)

VII – implementar atos emanados do gestor da aplicação relativos à alocação e à aplicação dos recursos do FGTS, de acordo com as diretrizes estabelecidas pelo Conselho Curador; (Redação dada pela Lei 13.932/2019)

VIII – *(VETADO). (Incluído pela Lei nº 9.491, de 1997)*

IX – garantir aos recursos alocados ao FI-FGTS, em cotas de titularidade do FGTS, a remuneração aplicável às contas vinculadas, na forma do *caput* do art. 13 desta Lei. (Incluído pela Lei nº 11.491, de 2007)

X – realizar todas as aplicações com recursos do FGTS por meio de sistemas informatizados e auditáveis; (Acrescido pela Lei 13.932/2019)

XI – colocar à disposição do Conselho Curador, em formato digital, as informações gerenciais que estejam sob gestão do agente operador e que sejam necessárias ao desempenho das atribuições daquele colegiado. (Acrescido pela Lei 13.932/2019)

Parágrafo único. O gestor da aplicação e o agente operador deverão dar pleno cumprimento aos programas anuais em andamento, aprovados pelo Conselho Curador, e eventuais alterações somente poderão ser processadas mediante prévia anuência daquele colegiado. (Redação dada pela Lei 13.932/2019)

Art. 8º O gestor da aplicação, o agente operador e o Conselho Curador do FGTS serão responsáveis pelo fiel cumprimento e observância dos critérios estabelecidos nesta Lei. (Redação dada pela Lei 13.932/2019)

Art. 9º As aplicações com recursos do FGTS serão realizadas exclusivamente segundo critérios fixados pelo Conselho Curador do FGTS e em operações que preencham os seguintes requisitos: (Redação dada pela Lei 13.932/2019)

› Lei 14.118/2021, art. 11.

I – garantias: (Redação dada pela Lei nº 9.467, de 1997)

a) hipotecária; (Incluída pela Lei nº 9.467, de 1997)

b) caução de créditos hipotecários próprios, relativos a financiamentos concedidos com recursos do Agente Financeiro; (Incluída pela Lei nº 9.467, de 1997)

c) caução dos créditos hipotecários vinculados aos imóveis objeto de financiamento; (Incluída pela Lei nº 9.467, de 1997)

d) hipoteca sobre outros imóveis de propriedade do Agente Financeiro, desde que livres e desembaraçados de quaisquer ônus; (Incluída pela Lei nº 9.467, de 1997)

e) cessão de créditos do agente financeiro, derivados de financiamentos concedidos com recursos próprios, garantidos por penhor ou hipoteca; (Incluída pela Lei nº 9.467, de 1997)

f) hipoteca sobre imóvel de propriedade de terceiros; (Incluída pela Lei nº 9.467, de 1997)

g) seguro de crédito; (Incluída pela Lei nº 9.467, de 1997)

h) garantia real ou vinculação de receitas, inclusive tarifárias, nas aplicações contratadas com pessoa jurídica de direito público ou de direito privado a ela vinculada; (Incluída pela Lei nº 9.467, de 1997)

i) aval em nota promissória; (Incluída pela Lei nº 9.467, de 1997)

j) fiança pessoal; (Incluída pela Lei nº 9.467, de 1997)

l) alienação fiduciária de bens móveis em garantia; (Incluída pela Lei nº 9.467, de 1997)

m) fiança bancária; (Incluída pela Lei nº 9.467, de 1997)

n) consignação de recebíveis, exclusivamente para operações de crédito destinadas às entidades hospitalares filantrópicas, bem como a instituições que atuam no campo para pessoas com deficiência, e sem fins lucrativos que participem de forma complementar do Sistema Único de Saúde (SUS), em percentual máximo a ser definido pelo Ministério da Saúde; e (Redação dada pela Lei nº 13.778/2018)

o) outras, a critério do Conselho Curador do FGTS; (Acrescida pela Lei nº 13.778/2018)

II – correção monetária igual à das contas vinculadas;

III – taxa de juros média mínima, por projeto, de 3% a.a. (três por cento ao ano);

IV – prazo máximo de 30 (trinta) anos. (Redação dada pela Lei nº 8.692, de 1993)

§ 1º A rentabilidade média das aplicações deverá ser suficiente à cobertura de todos os custos incorridos pelo Fundo e ainda à formação de reserva técnica para o atendimento de gastos eventuais não previstos, e caberá ao agente operador o risco de crédito. (Redação dada pela Lei 13.932/2019)

§ 2º. Os recursos do FGTS deverão ser aplicados em habitação, em saneamento básico, em infraestrutura urbana e em operações de crédito destinadas às entidades hospitalares filantrópicas, bem como a instituições que atuam no campo para pessoas com deficiência, e sem fins lucrativos que participem de forma complementar do SUS, desde que as disponibilidades financeiras sejam mantidas em volume que satisfaça as condições de liquidez e de remuneração mínima necessária à preservação do poder aquisitivo da moeda. *(Redação dada pela Lei 13.778/2018)*

§ 3º. O programa de aplicações deverá destinar: (Redação dada pela Lei 13.778/2018)

I – no mínimo, 60% (sessenta por cento) para investimentos em habitação popular: e, *(Acrescido pela Lei 13.778/2018)*

II – 5% (cinco por cento)para operações de crédito destinadas às entidades hospitalares filantrópicas, bem como a instituições que atuam no campo para pessoas com deficiência, e sem fins lucrativos que participem de forma complementar do SUS. *(Acrescido pela Lei 13.778/2018)*

§ 3º-A. Os recursos previstos no inciso II do § 3º deste artigo não utilizados pelas entidades hospitalares filantrópicas, bem como pelas instituições que atuam no campo para pessoas com deficiência, e sem fins lucrativos que participem de forma complementar do SUS poderão ser destinados a aplicações em habitação, em saneamento básico e em infraestrutura urbana. *(Acrescido pela Lei 13.778/2018)*

§ 4º. Os projetos de saneamento básico e infraestrutura urbana, financiados com recursos do FGTS, deverão ser complementares aos programas habitacionais.

§ 5º. As garantias, nas diversas modalidades discriminadas no inciso I do *caput* deste artigo, serão admitidas singular ou supletivamente, considerada a suficiência de cobertura para os empréstimos e financiamentos concedidos. (Redação dada pela Lei nº 9.467, de 1997)

§ 6º. Mantida a rentabilidade média de que trata o § 1º, as aplicações em habitação popular poderão contemplar sistemática de desconto, direcionada em função da renda familiar do beneficiário, onde o valor do benefício seja concedido mediante redução no valor das prestações a serem pagas pelo mutuário ou pagamento de parte da aquisição ou construção de imóvel, dentre outras, a critério do Conselho Curador do FGTS. (Incluído pela Medida Provisória nº 2.197-43, de 2001)

§ 6º-A. (VETADO na Lei 13.932/2019)

§ 6º-B. (VETADO na Lei 13.932/2019)

§ 7º. Os recursos necessários para a consecução da sistemática de desconto serão destacados, anualmente, do orçamento de aplicação de recursos do FGTS, constituindo reserva específica, com contabilização própria. (Incluído pela Medida Provisória nº 2.197-43, de 2001)

§ 8º. É da União o risco de crédito nas aplicações efetuadas até 1º de junho de 2001 pelos demais órgãos integrantes do Sistema Financeiro da Habitação – SFH e pelas entidades credenciadas pelo Banco Central do Brasil como agentes financeiros, sub-rogando-se nas garantias prestadas à Caixa Econômica Federal. (Incluído pela Medida Provisória nº 2.196-3, de 2001)

§ 9º. A Caixa Econômica Federal, o Banco do Brasil S.A. e o Banco Nacional de Desenvolvimento Econômico e Social – BNDES poderão atuar como agentes financeiros autorizados para aplicação dos recursos do FGTS em operações de crédito destinadas às entidades hospitalares filantrópicas e sem fins lucrativos que participem de forma complementar do SUS. (Acrescido pela Lei 13.778/2018)

§ 10. Nas operações de crédito destinadas às entidades hospitalares filantrópicas e sem fins lucrativos que participem de forma complementar do SUS, serão observadas as seguintes condições:

I – a taxa de juros efetiva não será superior àquela cobrada para o financiamento habitacional na modalidade pró-cotista ou outra que venha a substituí-la;

II – a tarifa operacional única não será superior a cinco décimos por cento do valor da operação; e

III – o risco das operações de crédito ficará a cargo dos agentes financeiros de que trata o § 9º. *(Acrescido pela Lei 13.778/2018)*

§ 11. As entidades hospitalares filantrópicas, bem como a instituições que atuam no campo para pessoas com deficiência, e sem fins lucrativos que participem de forma complementar do SUS deverão, para contratar operações de crédito com recursos do FGTS, atender ao disposto nos incisos II e III do *caput* do art. 4º da Lei nº 12.101, de 27 de novembro de 2009. *(Acrescido pela Lei 13.778/2018)*

Art. 9º-A. O risco das operações de crédito de que trata o § 10 do art. 9º desta Lei ficará a cargo dos agentes financeiros referidos no § 9º do art. 9º desta Lei, hipótese em que o Conselho Curador poderá definir o percentual da taxa de risco, limitado a 3% (três por cento), a ser acrescido à taxa de juros de que trata o inciso I do § 10 do art. 9º desta Lei. (Incluído pela Lei nº 13.832, de 2019)

Art. 9º-B. As garantias de que trata o inciso I do *caput* do art. 9º desta Lei podem ser exigidas isolada ou cumulativamente. (Incluído pela Lei nº 13.832, de 2019)

Art. 9º-C. As aplicações do FGTS em operações de crédito destinadas às entidades hospitalares filantrópicas, bem como a instituições que atuem no campo para pessoas com deficiência, sem fins lucrativos e que participem de forma complementar do SUS, ocorrerão até o final do exercício de 2022. (Incluído pela Lei nº 13.832, de 2019)

Art. 10. O Conselho Curador fixará diretrizes e estabelecerá critérios técnicos para as aplicações dos recursos do FGTS, visando:

I – exigir a participação dos contratantes de financiamentos nos investimentos a serem realizados;

II – assegurar o cumprimento, por parte dos contratantes inadimplentes, das obrigações decorrentes dos financiamentos obtidos;

III – evitar distorções na aplicação entre as regiões do País, considerando para tanto a demanda habitacional, a população e outros indicadores sociais.

Art. 11. Os depósitos feitos na rede bancária, a partir de 1º de outubro de 1989, relativos ao FGTS, serão transferidos à Caixa Econômica Federal no segundo dia útil subsequente à data em que tenham sido efetuados.

Art. 12. No prazo de 1 (um) ano, a contar da promulgação desta Lei, a Caixa Econômica Federal assumirá o controle de todas as contas vinculadas, nos termos do item I do art. 7º, passando os demais estabelecimentos bancários, findo esse prazo, à condição de agentes recebedores e pagadores do FGTS, mediante recebimento de tarifa, a ser fixada pelo Conselho Curador.

§ 1º. Enquanto não ocorrer a centralização prevista no *caput* deste artigo, o depósito efetuado no decorrer do mês será contabilizado no saldo da conta vinculada do trabalhador, no primeiro dia útil do mês subsequente.

§ 2º. Até que a Caixa Econômica Federal implemente as disposições do *caput* deste artigo, as contas vinculadas continuarão sendo abertas em estabelecimento bancário escolhido pelo empregador, dentre os para tanto autorizados pelo Banco Central do Brasil, em nome do trabalhador.

§ 3º. Verificando-se mudança de emprego, até que venha a ser implementada a centralização no *caput* deste artigo, a conta vinculada será transferida para o estabelecimento bancário da escolha do novo empregador.

§ 4º. Os resultados financeiros auferidos pela Caixa Econômica Federal no período entre o repasse dos bancos e o depósito nas contas vinculadas dos trabalhadores destinar-se-ão à cobertura das despesas de administração do FGTS e ao pagamento da tarifa aos bancos depositários, devendo os eventuais saldos ser incorporados ao patrimônio do Fundo nos termos do art. 2º, § 1º.

§ 5º. Após a centralização das contas vinculadas, na Caixa Econômica Federal, o depósito realizado no prazo regulamentar passa a integrar o saldo da conta vinculada do trabalhador a partir do dia 10 (dez) do mês de sua ocorrência. O depósito realizado fora do prazo será contabilizado no saldo no dia 10 (dez) subsequente após atualização monetária e capitalização de juros.

Art. 13. Os depósitos efetuados nas contas vinculadas serão corrigidos monetariamente com base nos parâmetros fixados para atualização dos saldos dos depósitos de poupança e capitalizarão juros de 3% a.a. (três por cento ao ano).

§ 1º. Até que ocorra a centralização prevista no item I do art. 7º, a atualização monetária e a capitalização de juros correrão à conta do Fundo e o respectivo crédito será efetuado na conta vinculada no primeiro dia útil de cada mês, com base no saldo existente no primeiro dia útil do mês anterior, deduzidos os saques ocorridos no período.

§ 2º. Após a centralização das contas vinculadas, na Caixa Econômica Federal, a atualização monetária e a capitalização de juros correrão à conta do Fundo e o respectivo crédito será efetuado na conta vinculada, no dia 10 (dez) de cada mês, com base no saldo existente no dia 10 (dez) do mês anterior ou no primeiro dia útil subsequente, caso o dia 10 (dez) seja feriado bancário, deduzidos os saques ocorridos no período.

§ 3º. Para as contas vinculadas dos trabalhadores optantes existentes à data de 22 de setembro de 1971, a capitalização dos juros dos depósitos continuará a ser feita na seguinte progressão, salvo no caso de mudança de empresa, quando a capitalização dos juros passará a ser feita à taxa de 3% a.a. (três por cento ao ano):

I – 3% (três por cento), durante os dois primeiros anos de permanência na mesma empresa;

II – 4% (quatro por cento), do terceiro ao quinto ano de permanência na mesma empresa;

III – 5% (cinco por cento), do sexto ao décimo ano de permanência na mesma empresa;

IV – 6% (seis por cento), a partir do décimo primeiro ano de permanência na mesma empresa.

§ 4º. O saldo das contas vinculadas é garantido pelo Governo Federal, podendo ser instituído seguro especial para esse fim.

§ 5º. O Conselho Curador autorizará a distribuição de parte do resultado positivo auferido pelo FGTS, mediante crédito nas contas vinculadas de titularidade dos trabalhadores, observadas as seguintes condições, entre outras a seu critério: (Incluído pela Lei nº 13.446, de 2017)

I - a distribuição alcançará todas as contas vinculadas que apresentarem saldo positivo em 31 de dezembro do exercício-base do resultado auferido, inclusive as contas vinculadas de que trata o art. 21 desta Lei; (Incluído pela Lei nº 13.446, de 2017)

II - a distribuição será proporcional ao saldo de cada conta vinculada em 31 de dezembro do exercício-base e deverá ocorrer até 31 de agosto do ano seguinte ao exercício de apuração do resultado; e (Incluído pela Lei nº 13.446, de 2017)

III - (Revogado pela Lei 13.932/2019)

§ 6º. O valor de distribuição do resultado auferido será calculado posteriormente ao valor desembolsado com o desconto realizado no âmbito do Programa Minha Casa, Minha Vida (PMCMV), de que trata a Lei nº 11.977, de 7 de julho de 2009. (Incluído pela Lei nº 13.446, de 2017)

§ 7º. O valor creditado nas contas vinculadas a título de distribuição de resultado, acrescido de juros e atualização monetária, não integrará a base de cálculo do depósito da multa rescisória de que tratam os §§ 1º e 2º do art. 18 desta Lei. (Incluído pela Lei nº 13.446, de 2017)

Art. 14. Fica ressalvado o direito adquirido dos trabalhadores que, à data da promulgação da Constituição Federal de 1988, já tinham o direito à estabilidade no emprego nos termos do Capítulo V do Título IV da CLT.

§ 1º. O tempo do trabalhador não optante do FGTS, anterior a 5 de outubro de 1988, em caso de rescisão sem justa causa pelo empregador, reger-se-á pelos dispositivos constantes dos arts. 477, 478 e 497 da CLT.

§ 2º. O tempo de serviço anterior à atual Constituição poderá ser transacionado entre empregador e empregado, respeitado o limite mínimo de 60% (sessenta por cento) da indenização prevista.

§ 3º. É facultado ao empregador desobrigar-se da responsabilidade da indenização relativa ao tempo de serviço anterior à opção, depositando na conta vinculada do trabalhador, até o último dia útil do mês previsto em lei para o pagamento de salário, o valor correspondente à indenização, aplicando-se ao depósito, no que couber, todas as disposições desta Lei.

§ 4º. Os trabalhadores poderão a qualquer momento optar pelo FGTS com efeito retroativo a 1º de janeiro de 1967 ou à data de sua admissão, quando posterior àquela.

Art. 15. Para os fins previstos nesta Lei, todos os empregadores ficam obrigados a depositar, até o dia 7 (sete) de cada mês, em conta bancária vinculada, a importância correspondente a 8% (oito por cento) da remuneração paga ou devida, no mês anterior, a cada trabalhador, incluídas na remuneração as parcelas de que tratam os arts. 457 e 458 da CLT e a gratificação de Natal a que se refere a Lei nº 4.090, de 13 de julho de 1962, com as modificações da Lei nº 4.749, de 12 de agosto de 1965.

§ 1º. Entende-se por empregador a pessoa física ou a pessoa jurídica de direito privado ou de direito público, da administração pública direta, indireta ou fundacional de qualquer dos Poderes, da União, dos Estados, do Distrito Federal e dos Municípios, que admitir trabalhadores a seu serviço, bem assim aquele que, regido por legislação especial, encontrar-se nessa condição ou figurar como fornecedor ou tomador de mão-de-obra, independente da responsabilidade solidária e/ou subsidiária a que eventualmente venha obrigar-se.

§ 2º. Considera-se trabalhador toda pessoa física que prestar serviços a empregador, a locador ou tomador de mão de obra, excluídos os eventuais, os autônomos e os servidores públicos civis e militares sujeitos a regime jurídico próprio.

§ 3º. Os trabalhadores domésticos poderão ter acesso ao regime do FGTS, na forma que vier a ser prevista em Lei.

§ 4º. Considera-se remuneração as retiradas de diretores não empregados, quando haja deliberação da empresa, garantindo-lhes os direitos decorrentes do contrato de trabalho de que trata o art. 16. (Incluído pela Lei nº 9.711, de 1998)

§ 5º. O depósito de que trata o *caput* deste artigo é obrigatório nos casos de afastamento para prestação do serviço militar obrigatório e licença por acidente do trabalho. (Incluído pela Lei nº 9.711, de 1998)

§ 6º. Não se incluem na remuneração, para os fins desta Lei, as parcelas elencadas no § 9º do art. 28 da Lei nº 8.212, de 24 de julho de 1991. (Incluído pela Lei nº 9.711, de 1998)

§ 7º. Os contratos de aprendizagem terão a alíquota a que se refere o *caput* deste artigo reduzida para 2% (dois por cento). (Incluído pela Lei nº 10.097, de 2000)

Art. 16. Para efeito desta Lei, as empresas sujeitas ao regime da legislação trabalhista poderão equiparar seus diretores não empregados aos demais trabalhadores sujeitos ao regime do FGTS. Considera-se diretor aquele que exerça cargo de administração previsto em Lei, estatuto ou contrato social, independente da denominação do cargo.

Art. 17. O Poder Executivo assegurará a prestação de serviços digitais: (Redação dada pela Lei 13.932/2019)

I - aos trabalhadores, que incluam a prestação de informações sobre seus créditos perante o Fundo e o acionamento imediato da inspeção do trabalho em caso de inadimplemento do empregador, de forma que seja possível acompanhar a evolução de eventuais cobranças administrativas e judiciais dos valores não recolhidos; (Acrescido pela Lei 13.932/2019)

II - aos empregadores, que facilitem e desburocratizem o cumprimento de suas obrigações perante o Fundo, incluídos a geração de guias, o parcelamento de débitos, a emissão sem ônus do Certificado de Regularidade do FGTS e a realização de procedimentos de restituição e compensação. (Acrescido pela Lei 13.932/2019)

Parágrafo único. O desenvolvimento, a manutenção e a evolução dos sistemas e ferramentas necessários à prestação dos serviços a que se refere o *caput* deste artigo serão custeados com recursos do FGTS. (Acrescido pela Lei 13.932/2019)

Art. 17-A. O empregador ou o responsável fica obrigado a elaborar folha de pagamento e a declarar os dados relacionados aos valores do FGTS e outras informações de interesse do Ministério da Economia, por meio de sistema de escrituração digital, na forma, no prazo e nas condições estabelecidos em regulamento do Conselho Curador. (Acrescido pela Lei 13.932/2019)

§ 1º As informações prestadas na forma do *caput* deste artigo constituem declaração e reconhecimento dos créditos delas decorrentes, caracterizam confissão de débito e constituem instrumento hábil e suficiente para a cobrança do crédito de FGTS. (Acrescido pela Lei 13.932/2019)

§ 2º O lançamento da obrigação principal e das obrigações acessórias relativas ao FGTS será efetuado de ofício pela autoridade competente, no caso de o empregador não apresentar a declaração na forma do *caput* deste artigo, e será revisto de ofício, nas hipóteses de omissão, erro, fraude ou sonegação. (Redação dada pela Lei 13.932/2019)

Art. 18. Ocorrendo rescisão do contrato de trabalho, por parte do empregador, ficará este obrigado a depositar na conta vinculada do trabalhador no FGTS os valores relativos aos depósitos referentes ao mês da rescisão e ao imediatamente anterior, que ainda não houver sido recolhido, sem prejuízo das cominações legais. (Redação dada pela Lei nº 9.491, de 1997)

§ 1º. Na hipótese de despedida pelo empregador sem justa causa, depositará este, na conta vinculada do trabalhador no FGTS importância igual a 40% (quarenta por cento) do montante de todos os depósitos realizados na conta vinculada durante a vigência do contrato de trabalho, atualizados monetariamente e acrescidos dos respectivos juros. (Redação dada pela Lei nº 9.491, de 1997)

§ 2º. Quando ocorrer despedida por culpa recíproca ou força maior, reconhecida pela Justiça do Trabalho, o percentual de que trata o § 1º será de 20% (vinte por cento).

§ 3º. As importâncias de que trata este artigo deverão constar da documentação comprobatória do recolhimento dos valores devidos a título de rescisão do contrato de trabalho, observado o disposto no art. 477 da CLT, eximindo o empregador, exclusivamente, quanto aos valores discriminados. (Redação dada pela Lei nº 9.491, de 1997)

Art. 19. No caso de extinção do contrato de trabalho prevista no art. 14 desta Lei, serão observados os seguintes critérios:

I – havendo indenização a ser paga, o empregador, mediante comprovação do pagamento daquela, poderá sacar o saldo dos valores por ele depositados na conta individualizada do trabalhador;

II – não havendo indenização a ser paga, ou decorrido o prazo prescricional para a reclamação de direitos por parte do trabalhador, o empregador poderá levantar em seu favor o saldo da respectiva conta individualizada, mediante comprovação perante o órgão competente do Ministério do Trabalho e da Previdência Social.

Art. 19-A. É devido o depósito do FGTS na conta vinculada do trabalhador cujo contrato de trabalho seja declarado nulo nas hipóteses previstas no art. 37, § 2º, da Constituição Federal, quando mantido o direito ao salário. (Incluído pela Medida Provisória nº 2.164-41, de 2001)

Parágrafo único. O saldo existente em conta vinculada, oriundo de contrato declarado nulo até 28 de julho de 2001, nas condições do *caput*, que não tenha sido levantado até essa data, será liberado ao trabalhador a partir do mês de agosto de 2002. (Incluído pela Medida Provisória nº 2.164-41, de 2001)

Art. 20. A conta vinculada do trabalhador no FGTS poderá ser movimentada nas seguintes situações:

I – despedida sem justa causa, inclusive a indireta, de culpa recíproca e de força maior; (Redação dada pela Medida Provisória nº 2.197-43, de 2001)

I-A - extinção do contrato de trabalho prevista no art. 484-A da Consolidação das Leis do Trabalho (CLT), aprovada pelo Decreto- Lei nº 5.452, de 1º de maio de 1943; (Incluída pela Lei nº 13.467, de 2017)

II – extinção total da empresa, fechamento de quaisquer de seus estabelecimentos, filiais ou agências, supressão de parte de suas atividades, declaração de nulidade do contrato de trabalho nas condições do art. 19-A, ou ainda falecimento do empregador individual sempre que qualquer dessas ocorrências implique rescisão de contrato de trabalho, comprovada por declaração escrita da empresa, suprida, quando for o caso, por decisão judicial transitada em julgado; (Redação dada pela Medida Provisória nº 2.164-41, de 2001)

III – aposentadoria concedida pela Previdência Social;

IV – falecimento do trabalhador, sendo o saldo pago a seus dependentes, para esse fim habilitados perante a Previdência Social, segundo o critério adotado para a concessão de pensões por morte. Na falta de dependentes, farão jus ao recebimento do saldo da conta vinculada os seus sucessores previstos na lei civil, indicados em alvará judicial, expedido a requerimento do interessado, independente de inventário ou arrolamento;

V – pagamento de parte das prestações decorrentes de financiamento habitacional concedido no âmbito do Sistema Financeiro da Habitação (SFH), desde que:

a) o mutuário conte com o mínimo de 3 (três) anos de trabalho sob o regime do FGTS, na mesma empresa ou em empresas diferentes;

b) o valor bloqueado seja utilizado, no mínimo, durante o prazo de 12 (doze) meses;

c) o valor do abatimento atinja, no máximo, 80% (oitenta por cento) do montante da prestação;

VI – liquidação ou amortização extraordinária do saldo devedor de financiamento imobiliário, observadas as condições estabelecidas pelo Conselho Curador, dentre elas a de que o financiamento seja concedido no âmbito do SFH e haja interstício mínimo de 2 (dois) anos para cada movimentação;

VII – pagamento total ou parcial do preço de aquisição de moradia própria, ou lote urbanizado de interesse social não construído, observadas as seguintes condições: (Redação dada pela Lei nº 11.977, de 2009)

a) o mutuário deverá contar com o mínimo de 3 (três) anos de trabalho sob o regime do FGTS, na mesma empresa ou empresas diferentes;

b) seja a operação financiável nas condições vigentes para o SFH;

VIII - quando o trabalhador permanecer três anos ininterruptos fora do regime do FGTS; (Redação dada pela Lei 13.932/2019)

IX – extinção normal do contrato a termo, inclusive o dos trabalhadores temporários regidos pela Lei nº 6.019, de 3 de janeiro de 1974;

X – suspensão total do trabalho avulso por período igual ou superior a 90 (noventa) dias, comprovada por declaração do sindicato representativo da categoria profissional;

XI – quando o trabalhador ou qualquer de seus dependentes for acometido de neoplasia maligna; (Incluído pela Lei nº 8.922, de 1994)

XII – aplicação em quotas de Fundos Mútuos de Privatização, regidos pela Lei nº 6.385, de 7 de dezembro de 1976, permitida a utilização máxima de 50% (cinquenta por cento) do saldo existente e disponível em sua conta vinculada do Fundo de Garantia do Tempo de Serviço, na data em que exercer a opção. (Incluído pela Lei nº 9.491, de 1997)

- Decreto 2.430/1997 – Regulamenta o art. 31 da Lei 9.491/1997, que altera procedimentos relativos ao Programa Nacional de Desestatização.

XIII – quando o trabalhador ou qualquer de seus dependentes for portador do vírus HIV; (Incluído pela Medida Provisória nº 2.164-41, de 2001)

XIV – quando o trabalhador ou qualquer de seus dependentes estiver em estágio terminal, em razão de doença grave, nos termos do regulamento; (Incluído pela Medida Provisória nº 2.164-41, de 2001)

XV – quando o trabalhador tiver idade igual ou superior a 70 (setenta) anos. (Incluído pela Medida Provisória nº 2.164-41, de 2001)

XVI – necessidade pessoal, cuja urgência e gravidade decorra de desastre natural, conforme disposto em regulamento, observadas as seguintes condições: (Incluído pela Lei nº 10.878, de 2004)

- Decreto 5.113/2004 – Regulamenta o art. 20, XVI da Lei 8.036/1990.

a) o trabalhador deverá ser residente em áreas comprovadamente atingidas de Município ou do Distrito Federal em situação de emergência ou em estado de calamidade pública, formalmente reconhecidos pelo Governo Federal; (Incluído pela Lei nº 10.878, de 2004)

b) a solicitação de movimentação da conta vinculada será admitida até 90 (noventa) dias após a publicação do ato de reconhecimento, pelo Governo Federal, da situação de emergência ou de estado de calamidade pública; e (Incluído pela Lei nº 10.878, de 2004)

c) o valor máximo do saque da conta vinculada será definido na forma do regulamento. (Incluído pela Lei nº 10.878, de 2004)

XVII – integralização de cotas do FI-FGTS, respeitado o disposto na alínea *i* do inciso XIII do art. 5º desta Lei, permitida a utilização máxima de 30% (trinta por cento) do saldo existente e disponível na data em que exercer a opção. (Redação dada pela Lei nº 12.087, de 2009)

XVIII – quando o trabalhador com deficiência, por prescrição, necessite adquirir órtese ou prótese para promoção de acessibilidade e de inclusão social. (Incluído pela Lei nº 13.146, de 2015)

XIX - pagamento total ou parcial do preço de aquisição de imóveis da União inscritos em regime de ocupação ou aforamento, a que se referem o art. 4º da Lei nº 13.240, de 30 de dezembro de 2015, e o art. 16-A da Lei nº 9.636, de 15 de maio de 1998, respectivamente, observadas as seguintes condições: (Incluído pela Lei nº 13.465, de 2017)

a) o mutuário deverá contar com o mínimo de três anos de trabalho sob o regime do FGTS, na mesma empresa ou em empresas diferentes; (Incluído pela Lei nº 13.465, de 2017)

b) seja a operação financiável nas condições vigentes para o Sistema Financeiro da Habitação (SFH) ou ainda por intermédio de parcelamento efetuado pela Secretaria do Patrimônio da União (SPU), mediante a contratação da Caixa Econômica Federal como agente financeiro dos contratos de parcelamento; (Incluído pela Lei nº 13.465, de 2017)

c) sejam observadas as demais regras e condições estabelecidas para uso do FGTS. (Incluído pela Lei nº 13.465, de 2017)

XX – anualmente, no mês de aniversário do trabalhador, por meio da aplicação dos valores constantes do Anexo desta Lei, observado o disposto no art. 20-D desta Lei; (Acrescido pela Lei 13.932/2019)

XXI – a qualquer tempo, quando seu saldo for inferior a R$ 80,00 (oitenta reais) e não houver ocorrido depósitos ou saques por, no mínimo, 1 (um) ano, exceto na hipótese prevista no inciso I do § 5º do art. 13 desta Lei; (Acrescido pela Lei 13.932/2019)

XXII – quando o trabalhador ou qualquer de seus dependentes for, nos termos do regulamento, pessoa com doença rara, consideradas doenças raras aquelas assim reconhecidas pelo Ministério da Saúde, que apresentará, em seu sítio na internet, a relação atualizada dessas doenças. (Acrescido pela Lei 13.932/2019)

§ 1º. A regulamentação das situações previstas nos incisos I e II assegurar que a retirada a que faz jus o trabalhador corresponda aos depósitos efetuados na conta vinculada durante o período de vigência do último contrato de trabalho, acrescida de juros e atualização monetária, deduzidos os saques.

§ 2º. O Conselho Curador disciplinará o disposto no inciso V, visando a beneficiar os trabalhadores de baixa renda e preservar o equilíbrio financeiro do FGTS.

§ 3º. O direito de adquirir moradia com recursos de FGTS, pelo trabalhador, só poderá ser exercido para um único imóvel.

§ 4º. O imóvel objeto de utilização do FGTS somente poderá ser objeto de outra transação com recursos do fundo, na forma que vier a ser regulamentada pelo Conselho Curador.

§ 5º. O pagamento da retirada, após o período previsto em regulamento, implicará atualização monetária dos valores devidos.

§ 6º. Os recursos aplicados em cotas de fundos Mútuos de Privatização, referidos no inciso XII, serão destinados, nas condições aprovadas pelo CND, a aquisições de valores mobiliários, no âmbito do Programa Nacional de Desestatização, de que trata a Lei no 9.491, de 1997, e de programas estaduais de desestatização, desde que, em ambos os casos, tais destinações sejam aprovadas pelo CND. (Redação dada pela Lei nº 9.635, de 1998)

§ 7º. Ressalvadas as alienações decorrentes das hipóteses de que trata o § 8º, os valores mobiliários a que se refere o parágrafo anterior só poderão ser integralmente vendidos, pelos respectivos Fundos, 6 (seis) meses após a sua aquisição, podendo ser alienada em prazo inferior parcela equivalente a 10% (dez por cento) do valor adquirido, autorizada a livre aplicação do produto dessa alienação, nos termos da Lei nº 6.385, de 7 de dezembro de 1976. (Redação dada pela Lei nº 9.635, de 1998)

§ 8º. As aplicações em Fundos Mútuos de Privatização e no FI-FGTS são nominativas, impenhoráveis e, salvo as hipóteses previstas nos incisos I a XI e XIII a XVI do *caput* deste artigo, indisponíveis por seus titulares. (Redação dada pela Lei nº 11.491, de 2007)

§ 9º. Decorrido o prazo mínimo de 12 (doze) meses, contados da efetiva transferência das quotas para os Fundos Mútuos de Privatização, os titulares poderão optar pelo retorno para sua conta vinculada no Fundo de Garantia do Tempo de Serviço. (Incluído pela Lei nº 9.491, de 1997)

§ 10. A cada período de 6 (seis) meses, os titulares das aplicações em Fundos Mútuos de Privatização poderão transferi-las para outro fundo de mesma natureza. (Incluído pela Lei nº 9.491, de 1997)

§ 11. O montante das aplicações de que trata o § 6º deste artigo ficará limitado ao valor dos créditos contra o Tesouro Nacional de que seja titular o Fundo de Garantia do Tempo de Serviço. (Incluído pela Lei nº 9.491, de 1997)

§ 12. Desde que preservada a participação individual dos quotistas, será permitida a constituição de clubes de investimento, visando a aplicação em quotas de Fundos Mútuos de Privatização. (Incluído pela Lei nº 9.491, de 1997)

§ 13. A garantia a que alude o § 4º do art. 13 desta Lei não compreende as aplicações a que se referem os incisos XII e XVII do *caput* deste artigo. (Redação dada pela Lei nº 11.491, de 2007)

§ 14. Ficam isentos do imposto de renda: (Redação dada pela Lei nº 11.491, de 2007)

I – a parcela dos ganhos nos Fundos Mútuos de Privatização até o limite da remuneração das contas vinculadas de que trata o art. 13 desta Lei, no mesmo período; e (Incluído pela Lei nº 11.491, de 2007)

II – os ganhos do FI-FGTS e do Fundo de Investimento em Cotas – FIC, de que trata o § 19 deste artigo. (Incluído pela Lei nº 11.491, de 2007)

§ 15. A transferência de recursos da conta do titular no Fundo de Garantia do Tempo de Serviço em razão da aquisição de ações, nos termos do inciso XII do *caput* deste artigo, ou de cotas do FI-FGTS não afetará a base de cálculo da multa rescisória de que tratam os §§ 1º e 2º do art. 18 desta Lei. (Redação dada pela Lei nº 11.491, de 2007)

§ 16. Os clubes de investimento a que se refere o § 12 poderão resgatar, durante os 6 (seis) primeiros meses da sua constituição, parcela equivalente a 5% (cinco por cento) das quotas adquiridas, para atendimento de seus desembolsos, autorizada a livre aplicação do produto dessa venda, nos termos da Lei nº 6.385, de 7 de dezembro de 1976. (Incluído pela Lei nº 9.635, de 1998)

§ 17. Fica vedada a movimentação da conta vinculada do FGTS nas modalidades previstas nos incisos V, VI e VII deste artigo, nas operações firmadas, a partir de 25 de junho de 1998, no caso em que o adquirente já seja proprietário ou promitente comprador de imóvel localizado no município onde resida, bem como no caso em que o adquirente já detenha, em qualquer parte do País, pelo menos um financiamento nas condições do SFH. (Incluído pela Medida Provisória nº 2.197-43, de 2001)

§ 18. É indispensável o comparecimento pessoal do titular da conta vinculada para o pagamento da retirada nas hipóteses previstas nos incisos I, II, III, VIII, IX e X deste artigo, salvo em caso de grave moléstia comprovada por perícia médica, quando será paga a procurador especialmente constituído para esse fim. (Incluído pela Medida Provisória nº 2.197-43, de 2001)

§ 19. A integralização das cotas previstas no inciso XVII do *caput* deste artigo será realizada por meio de Fundo de Investimento em Cotas – FIC, constituído pela Caixa Econômica Federal especificamente para essa finalidade. (Incluído pela Lei nº 11.491, de 2007)

§ 20. A Comissão de Valores Mobiliários estabelecerá os requisitos para a integralização das cotas referidas no § 19 deste artigo, devendo condicioná-la pelo menos ao atendimento das seguintes exigências: (Incluído pela Lei nº 11.491, de 2007)

I – elaboração e entrega de prospecto ao trabalhador; e (Incluído pela Lei nº 11.491, de 2007)

II – declaração por escrito, individual e específica, pelo trabalhador, de sua ciência quanto aos riscos do investimento que está realizando. (Incluído pela Lei nº 11.491, de 2007)

§ 21. As movimentações autorizadas nos incisos V e VI do *caput* serão estendidas aos contratos de participação de grupo de consórcio para aquisição de imóvel residencial, cujo bem já tenha sido adquirido pelo consorciado, na forma a ser regulamentada pelo Conselho Curador do FGTS. (Incluído pela Lei nº 12.058, de 2009)

§ 22. Na movimentação das contas vinculadas a contrato de trabalho extinto até 31 de dezembro de 2015, ficam isentas as exigências de que trata o inciso VIII do *caput* deste artigo, podendo o saque, nesta hipótese, ser efetuado segundo cronograma de atendimento estabelecido pelo agente operador do FGTS. (Incluído pela Lei nº 13.446, de 2017)

§ 23. As movimentações das contas vinculadas nas situações previstas nos incisos V, VI e VII do *caput* deste artigo poderão ser realizadas fora do âmbito do SFH, observados os mesmos limites financeiros das operações realizadas no âmbito desse sistema, no que se refere ao valor máximo de movimentação da conta vinculada, e os limites, critérios e condições estabelecidos pelo Conselho Curador. (Redação dada pela Lei 13.932/2019)

§ 24. O trabalhador poderá sacar os valores decorrentes da situação de movimentação de que trata o inciso XX do *caput* deste artigo até o último dia útil do segundo mês subsequente ao da aquisição do direito de saque. (Redação dada pela Lei 13.932/201

§ 25. O agente operador deverá oferecer, nos termos do regulamento do Conselho Curador, em plataformas de interação com o titular da conta, inclusive por meio de dispositivos móveis, opções para consulta e transferência, a critério do trabalhador, para conta de depósitos de sua titularidade em qualquer instituição financeira do Sistema Financeiro Nacional, dos recursos disponíveis para movimentação em decorrência das situações previstas neste artigo, cabendo ao agente operador estabelecer os procedimentos operacionais a serem observados. (Redação dada pela Lei 13.932/2019)

§ 26. As transferências de que trata o § 25 deste artigo não acarretarão a cobrança de tarifas pelo agente operador ou pelas demais instituições financeiras. (Acrescido pela Lei 13.932/2019)

Art. 20-A. O titular de contas vinculadas do FGTS estará sujeito a somente uma das seguintes sistemáticas de saque: (Artigo acrescido pela Lei 13.932/2019)

I – saque-rescisão; ou

II – saque-aniversário.

§ 1º Todas as contas do mesmo titular estarão sujeitas à mesma sistemática de saque.

§ 2º São aplicáveis às sistemáticas de saque de que trata o *caput* as seguintes hipóteses de movimentação de conta:

I – para o saque-rescisão – aquelas previstas no art. 20, exceto quanto àquela prevista em seu inciso XX; e

II – para o saque-aniversário – aquelas previstas no art. 20, exceto quanto àquelas previstas em seus incisos I, I-A, II, IX e X.

Art. 20-B. O titular de contas vinculadas do FGTS estará sujeito originalmente à sistemática de saque-rescisão a que se refere o inciso I *caput* do art. 20-A e poderá optar por alterá-la, observado o disposto no art. 20-C. (Artigo acrescido pela Lei 13.932/2019)

Art. 20-C. A primeira opção pela sistemática de saque-aniversário poderá ser feita a qualquer tempo e terá efeitos imediatos. (Artigo com redação dada pela Lei 13.932/2019)

§ 1º Caso o titular solicite novas alterações de sistemática será observado o seguinte:

I - a alteração será efetivada no primeiro dia do vigésimo quinto mês subsequente ao da solicitação, desde que não haja cessão ou alienação de direitos futuros aos saques anuais de que trata o § 3º do art. 20-D desta Lei;

II - a solicitação poderá ser cancelada pelo titular antes da sua efetivação; e

III - na hipótese de cancelamento, a nova solicitação estará sujeita ao disposto no inciso I do *caput* deste artigo.

§ 2º Para fins do disposto no § 2º do art. 20-A desta Lei, as situações de movimentação obedecerão à sistemática a que o titular estiver sujeito no momento dos eventos que as ensejarem.

Art. 20-D. Na situação de movimentação de que trata o inciso XX do *caput* do art. 20 desta Lei, o valor do saque será determinado: (Artigo com redação dada pela Lei 13.932/2019)

I - pela aplicação da alíquota correspondente, estabelecida no Anexo desta Lei, à soma de todos os saldos das contas vinculadas do titular, apurados na data do débito; e

II - pelo acréscimo da parcela adicional correspondente, estabelecida no Anexo desta Lei, ao valor apurado de acordo com o disposto no inciso I do *caput* deste artigo.

§ 1º Na hipótese de o titular possuir mais de uma conta vinculada, o saque de que trata este artigo será feito na seguinte ordem:

I - contas vinculadas relativas a contratos de trabalho extintos, com início pela conta que tiver o menor saldo; e

II - demais contas vinculadas, com início pela conta que tiver o menor saldo.

§ 2º O Poder Executivo federal, respeitada a alíquota mínima de 5% (cinco por cento), poderá alterar, até o dia 30 de junho de cada ano, os valores das faixas, das alíquotas e das parcelas adicionais constantes do Anexo desta Lei para vigência no primeiro dia do ano subsequente.

§ 3º A critério do titular da conta vinculada do FGTS, os direitos aos saques anuais de que trata o *caput* deste artigo poderão ser objeto de alienação ou cessão fiduciária, nos termos do art. 66-B da Lei nº 4.728, de 14 de julho de 1965, em favor de qualquer instituição financeira do Sistema Financeiro Nacional, sujeitas as taxas de juros praticadas nessas operações aos limites estipulados pelo Conselho Curador, os quais serão inferiores aos limites de taxas de juros estipulados para os empréstimos consignados dos servidores públicos federais do Poder Executivo.

§ 4º O Conselho Curador poderá regulamentar o disposto no § 3º deste artigo, com vistas ao cumprimento das obrigações financeiras de seu titular, inclusive quanto ao:

I - bloqueio de percentual do saldo total existente nas contas vinculadas;

II - impedimento da efetivação da opção pela sistemática de saque-rescisão prevista no inciso I do § 1º do art. 20-C desta Lei; e

III - saque em favor do credor.

§ 5º As situações de movimentação de que trata o § 2º do art. 20-A desta Lei serão efetuadas com observância ao limite decorrente do bloqueio referido no § 4º deste artigo.

§ 6º A vedação prevista no § 2º do art. 2º desta Lei não se aplica às disposições dos §§ 3º, 4º e 5º deste artigo.

§ 7º Na hipótese de despedida sem justa causa, o trabalhador que optar pela sistemática saque-aniversário também fará jus à movimentação da multa rescisória de que tratam os §§ 1º e 2º do art. 18 desta Lei.

Art. 21. Os saldos das contas não individualizadas e das contas vinculadas que se conservem ininterruptamente sem créditos de depósitos por mais de 5 (cinco) anos, a partir de 1º de junho de 1990, em razão de o seu titular ter estado fora do regime do FGTS, serão incorporados ao patrimônio do fundo, resguardado o direito do beneficiário reclamar, a qualquer tempo, a reposição do valor transferido. (Redação dada pela Lei nº 8.678, de 1993)

Parágrafo único. O valor, quando reclamado, será pago ao trabalhador acrescido da remuneração prevista no § 2º do art. 13 desta Lei. (Incluído pela Lei nº 8.678, de 1993)

Art. 22. O empregador que não realizar os depósitos previstos nesta Lei, no prazo fixado no art. 15, responderá pela incidência da Taxa Referencial – TR sobre a importância correspondente. (Redação dada pela Lei nº 9.964, de 2000)

§ 1º. Sobre o valor dos depósitos, acrescidos da TR, incidirão, ainda, juros de mora de 0,5% a.m. (meio por cento ao mês) ou fração e multa, sujeitando-se, também, às obrigações e sanções previstas no Decreto-Lei nº 368, de 19 de dezembro de 1968. (Redação dada pela Lei nº 9.964, de 2000)

§ 2º. A incidência da TR de que trata o *caput* deste artigo será cobrada por dia de atraso, tomando-se por base o índice de atualização das contas vinculadas do FGTS. (Redação dada pela Lei nº 9.964, de 2000)

§ 2º-A. A multa referida no § 1º deste artigo será cobrada nas condições que se seguem: (Incluído pela Lei nº 9.964, de 2000)

I – 5% (cinco por cento) no mês de vencimento da obrigação; (Incluído pela Lei nº 9.964, de 2000)

II – 10% (dez por cento) a partir do mês seguinte ao do vencimento da obrigação. (Incluído pela Lei nº 9.964, de 2000)

§ 3º. Para efeito de levantamento de débito para com o FGTS, o percentual de 8% (oito por cento) incidirá sobre o valor acrescido da TR até a data da respectiva operação. (Redação dada pela Lei nº 9.964, de 2000)

Art. 23. Competirá à Secretaria Especial de Previdência e Trabalho do Ministério da Economia a verificação do cumprimento do disposto nesta Lei, especialmente quanto à apuração dos débitos e das infrações praticadas pelos empregadores ou tomadores de serviço, que os notificará para efetuarem e comprovarem os depósitos correspondentes e cumprirem as demais determinações legais. (Redação dada pela Lei 13.932/2019)

§ 1º. Constituem infrações para efeito desta Lei:

I – não depositar mensalmente o percentual referente ao FGTS, bem como os valores previstos no art. 18 desta Lei, nos prazos de que trata o § 6º do art. 477 da Consolidação das Leis do Trabalho – CLT; (Redação dada pela Medida Provisória nº 2.197-43, de 2001)

II – omitir as informações sobre a conta vinculada do trabalhador;

III – apresentar as informações ao Cadastro Nacional do Trabalhador, dos trabalhadores beneficiários, com erros ou omissões;

IV – deixar de computar, para efeito de cálculo dos depósitos do FGTS, parcela componente da remuneração;

V - deixar de efetuar os depósitos e os acréscimos legais, após ser notificado pela fiscalização; e (Redação dada pela Lei 13.932/2019)

VI - deixar de apresentar, ou apresentar com erros ou omissões, as informações de que trata o art. 17-A desta Lei e as demais informações legalmente exigíveis. (Acrescido pela Lei 13.932/2019)

§ 2º. Pela infração do disposto no § 1º deste artigo, o infrator estará sujeito às seguintes multas por trabalhador prejudicado:

a) de 2 (dois) a 5 (cinco) BTN, no caso dos incisos II e III;

b) de 10 (dez) a 100 (cem) BTN, no caso dos incisos I, IV e V.

c) de R$ 100,00 (cem reais) a R$ 300,00 (trezentos reais) por trabalhador prejudicado, na hipótese prevista no inciso VI do § 1º deste artigo. (Redação dada pela Lei 13.932/2019)

§ 3º. Nos casos de fraude, simulação, artifício, ardil, resistência, embaraço ou desacato à fiscalização, assim como na reincidência, a multa especificada no parágrafo anterior será duplicada, sem prejuízo das demais cominações legais.

§ 4º. Os valores das multas, quando não recolhidas no prazo legal, serão atualizados monetariamente até a data de seu efetivo pagamento, através de sua conversão pelo BTN Fiscal.

§ 5º O processo de fiscalização, de autuação e de imposição de multas reger-se-á pelo disposto no Título VII da CLT. (Redação dada pela Lei 13.932/2019)

§ 6º. Quando julgado procedente o recurso interposto na forma do Título VII da CLT, os depósitos efetuados para garantia de instância serão restituídos com os valores atualizados na forma da Lei.

§ 7º. A rede arrecadadora e a Caixa Econômica Federal deverão prestar ao Ministério do Trabalho e da Previdência Social as informações necessárias à fiscalização.

Art. 23-A. A notificação do empregador relativa aos débitos com o FGTS, o início de procedimento administrativo ou a medida de fiscalização interrompem o prazo prescricional. (Acrescido pela Lei 13.932/2019)

§ 1º O contencioso administrativo é causa de suspensão do prazo prescricional.

§ 2º A data de publicação da liquidação do crédito será considerada como a data de sua constituição definitiva, a partir da qual será retomada a contagem do prazo prescricional.

§ 3º Todos os documentos relativos às obrigações perante o FGTS, referentes a todo o contrato de trabalho de cada trabalhador, devem ser mantidos à disposição da fiscalização por até 5 (cinco) anos após o fim de cada contrato.

Art. 24. Por descumprimento ou inobservância de quaisquer das obrigações que lhe compete como agente arrecadador, pagador e mantenedor do cadastro de contas vinculadas, na forma que vier a ser regulamentada pelo Conselho Curador, fica o banco depositário sujeito ao pagamento de multa equivalente a 10% (dez por cento) do montante da conta do empregado, independentemente das demais cominações legais.

Art. 25. Poderá o próprio trabalhador, seus dependentes e sucessores, ou ainda o Sindicato a que estiver vinculado, acionar diretamente a empresa por intermédio da Justiça do Trabalho, para compeli-la a efetuar o depósito das importâncias devidas nos termos desta Lei.

Parágrafo único. A Caixa Econômica Federal e o Ministério do Trabalho e da Previdência Social deverão ser notificados da propositura da reclamação.

Art. 26. É competente a Justiça do Trabalho para julgar os dissídios entre os trabalhadores e os empregadores decorrentes da aplicação desta Lei, mesmo quando a Caixa Econômica Federal e o Ministério do Trabalho e da Previdência Social figurarem como litisconsortes.

Parágrafo único. Nas reclamatórias trabalhistas que objetivam o ressarcimento de parcelas relativas ao FGTS, ou que, direta ou indiretamente, impliquem essa obrigação de fazer, o juiz determinará que a empresa sucumbente proceda ao recolhimento imediato das importâncias devidas a tal título.

Art. 26-A. Para fins de apuração e lançamento, considera-se não quitado o valor relativo ao FGTS pago diretamente ao trabalhador, vedada a sua conversão em indenização compensatória. (Acrescido pela Medida Provisória nº 889, de 24/7/2019, convertida na Lei nº 13.932, de 11/12/2019)

§ 1º Os débitos reconhecidos e declarados por meio de sistema de escrituração digital serão recolhidos integralmente, acrescidos dos encargos devidos.

§ 2º Para a geração das guias de depósito, os valores devidos a título de FGTS e o período laboral a que se referem serão expressamente identificados.

Art. 27. A apresentação do Certificado de Regularidade do FGTS, fornecido na forma do regulamento, é obrigatória nas seguintes situações: (Redação dada pela Lei 13.932/2019)

- **Atualização:** Lei 14.043/2020, Art. 7º Para fins de concessão de crédito no âmbito do Programa Emergencial de Suporte a Empregos, as instituições financeiras dele participantes observarão políticas próprias de crédito e poderão considerar eventuais restrições em sistemas de proteção ao crédito na data da contratação e registros de inadimplência no sistema de informações de crédito mantido pelo Banco Central do Brasil nos 6 (seis) meses anteriores à contratação, sem prejuízo do disposto na legislação vigente. § 1º Para fins de contratação das operações de crédito no âmbito do Programa, as instituições financeiras privadas e públicas estaduais dele participantes ficam dispensadas de observar as seguintes disposições: (...) III - alíneas *b* e *c* do *caput* do art. 27 da Lei nº 8.036, de 11 de maio de 1990.

a) habilitação e licitação promovida por órgão da Administração Federal, Estadual e Municipal, direta, indireta ou fundacional ou por entidade controlada direta ou indiretamente pela União, Estado e Município;

b) obtenção, por parte da União, dos Estados ou dos Municípios, ou por órgãos da Administração federal, estadual ou municipal, direta, indireta ou fundacional, ou indiretamente pela União, pelos Estados ou pelos Municípios, de empréstimos ou financiamentos realizados com lastro em recursos públicos ou oriundos do FGTS perante quaisquer instituições de crédito; (Redação dada pela Lei 13.805/2019)

- Lei 12.453/2011: art. 5º.

c) obtenção de favores creditícios, isenções, subsídios, auxílios, outorga ou concessão de serviços ou quaisquer outros benefícios concedidos por órgão da Administração Federal, Estadual e Municipal, salvo quando destinados a saldar débitos para com o FGTS;

- **Atualização:** Lei 13.999/2020, Art. 4º. Para fins de concessão de crédito no âmbito do Pronampe, as instituições financeiras participantes ficam dispensadas de observar as seguintes disposições: III – as alíneas "b" e "c" do *caput* do art. 27 da Lei nº 8.036, de 11 de maio de 1990.

d) transferência de domicílio para o exterior;

e) registro ou arquivamento, nos órgãos competentes, de alteração ou distrato de contrato social, de estatuto, ou de qualquer documento que implique modificação na estrutura jurídica do empregador ou na sua extinção.

Art. 28. São isentos de tributos federais os atos e operações necessários à aplicação desta Lei, quando praticados pela Caixa Econômica Federal, pelos trabalhadores e seus dependentes ou sucessores, pelos empregadores e pelos estabelecimentos bancários.

Parágrafo único. Aplica-se o disposto neste artigo às importâncias devidas, nos termos desta Lei, aos trabalhadores e seus dependentes ou sucessores.

Art. 29. Os depósitos em conta vinculada, efetuados nos termos desta Lei, constituirão despesas dedutíveis do lucro operacional dos empregadores e as importâncias levantadas a seu favor implicarão receita tributável.

Art. 29-A. Quaisquer créditos relativos à correção dos saldos das contas vinculadas do FGTS serão liquidados mediante lançamento pelo agente operador na respectiva conta do trabalhador. (Incluído pela Medida Provisória nº 2.197-43, de 2001)

Art. 29-B. Não será cabível medida liminar em mandado de segurança, no procedimento cautelar ou em quaisquer outras ações de natureza cautelar ou preventiva, nem a tutela antecipada prevista nos arts. 273 e 461 do Código de Processo Civil que impliquem saque ou movimentação da conta vinculada do trabalhador no FGTS. (Incluído pela Medida Provisória nº 2.197-43, de 2001)

- Citados dispositivos referem-se ao CPC/73.

Art. 29-C. Nas ações entre o FGTS e os titulares de contas vinculadas, bem como naquelas em que figurem os respectivos representantes ou substitutos processuais, não haverá condenação em honorários advocatícios. (Incluído pela Medida Provisória nº 2.164-41, de 2001)

- ADI 2.736: O STF, por unanimidade, julgou inconstitucional o art. 9º da MP 2.164-41/2001, no tocante ao art. 29-C à Lei 8.036/1990. (D.J.E. 29.3.2011)

Art. 29-D. A penhora em dinheiro, na execução fundada em título judicial em que se determine crédito complementar de saldo de conta vinculada do FGTS, será feita mediante depósito de recursos do Fundo em conta vinculada em nome do exequente, à disposição do juízo. (Incluído pela Medida Provisória nº 2.164-41, de 2001)

Parágrafo único. O valor do depósito só poderá ser movimentado, após liberação judicial, nas hipóteses previstas no art. 20 ou para reversão ao Fundo. (Incluído pela Medida Provisória nº 2.164-41, de 2001)

Art. 30. Fica reduzida para 1,5% (um e meio por cento) a contribuição devida pelas empresas ao Serviço Social do Comércio e ao Serviço Social da Indústria e dispensadas estas entidades da subscrição compulsória a que alude o art. 21 da Lei nº 4.380, de 21 de agosto de 1964.

Art. 31. O Poder Executivo expedirá o Regulamento desta Lei no prazo de 60 (sessenta) dias a contar da data de sua promulgação.

Art. 32. Esta Lei entra em vigor na data de sua publicação, revogada a Lei nº 7.839, de 12 de outubro de 1989, e as demais disposições em contrário.

Brasília, 11 de maio de 1990; 169º da Independência e 102º da República.

FERNANDO COLLOR
D.O.U. de 14.5.1990;
ret. 15.5.1990

ANEXO

- (Anexo acrescido pela Lei 13.932/2019)

LIMITE DAS FAIXAS DE SALDO (EM R$)		ALÍQUOTA	PARCELA ADICIONAL (EM R$)
de 00,01	até 500,00	50%	-
de 500,01	até 1.000,00	40%	50,00
de 1.000,01	até 5.000,00	30%	150,00
de 5.000,01	até 10.000,00	20%	650,00
de 10000,01	até 15.000,00	15%	1150,00
de 15.000,01	até 20.000,00	10%	1900,00

LIMITE DAS FAIXAS DE SALDO (EM R$)		ALÍQUOTA	PARCELA ADICIONAL (EM R$)
acima de 20.000,00	-	5%	2900,00

LEI COMPLEMENTAR Nº 64, DE 18 DE MAIO DE 1990

Estabelece, de acordo com o art. 14, § 9º, da Constituição Federal, casos de inelegibilidade, prazos de cessação e determina outras providências.

‣ *Inelegibilidade*

O PRESIDENTE DA REPÚBLICA, faço saber que o Congresso Nacional decreta e eu sanciono a seguinte lei:

Art. 1º. São inelegíveis:

I – para qualquer cargo:

‣ ADC 29 e 30: o STF julgou procedentes as ações mediante a declaração de constitucionalidade das hipóteses de inelegibilidades constantes nas alíneas c, d, f, g, h, j, m, n, o, p e q do art. 1º, I, da LC 64/1990.

a) os inalistáveis e os analfabetos;

‣ Súm. 15 do TSE.

‣ CF/1988: art. 14, § 4º.

b) os membros do Congresso Nacional, das Assembleias Legislativas, da Câmara Legislativa e das Câmaras Municipais que, hajam perdido os respectivos mandatos por infringência do disposto nos incisos I e II, do artigo 55 da Constituição Federal, dos dispositivos equivalentes sobre perda de mandato das Constituições Estaduais e Leis Orgânicas dos Municípios e do Distrito Federal, para as eleições que se realizarem durante o período remanescente do mandato para o qual foram eleitos e nos oito anos subsequentes ao término da legislatura; (Redação dada pela Lei Complementar nº 81, de 1994)

c) o Governador e o Vice-Governador de Estado e do Distrito Federal e o Prefeito e o Vice-Prefeito que perderem seus cargos eletivos por infringência a dispositivo da Constituição Estadual, da Lei Orgânica do Distrito Federal ou da Lei Orgânica do Município, para as eleições que se realizarem durante o período remanescente e nos 8 (oito) anos subsequentes ao término do mandato para o qual tenham sido eleitos; (Redação dada pela Lei Complementar nº 135, de 2010)

d) os que tenham contra sua pessoa representação julgada procedente pela Justiça Eleitoral, em decisão transitada em julgado ou proferida por órgão colegiado, em processo de apuração de abuso do poder econômico ou político, para a eleição na qual concorrem ou tenham sido diplomados, bem como para as que se realizarem nos 8 (oito) anos seguintes; (Redação dada pela Lei Complementar nº 135, de 2010)

‣ LC 64/1990: art. 22, IV.

e) os que forem condenados, em decisão transitada em julgado ou proferida por órgão judicial colegiado, desde a condenação até o transcurso do prazo de 8 (oito) anos após o cumprimento da pena, pelos crimes: (Redação dada pela Lei Complementar nº 135, de 2010)

1. contra a economia popular, a fé pública, a administração pública e o patrimônio público; (Incluído pela Lei Complementar nº 135, de 2010)

2. contra o patrimônio privado, o sistema financeiro, o mercado de capitais e os previstos na lei que regula a falência; (Incluído pela Lei Complementar nº 135, de 2010)

3. contra o meio ambiente e a saúde pública; (Incluído pela Lei Complementar nº 135, de 2010)

4. eleitorais, para os quais a lei comine pena privativa de liberdade; (Incluído pela Lei Complementar nº 135, de 2010)

5. de abuso de autoridade, nos casos em que houver condenação à perda do cargo ou à inabilitação para o exercício de função pública; (Incluído pela Lei Complementar nº 135, de 2010)

6. de lavagem ou ocultação de bens, direitos e valores; (Incluído pela Lei Complementar nº 135, de 2010)

7. de tráfico de entorpecentes e drogas afins, racismo, tortura, terrorismo e hediondos; (Incluído pela Lei Complementar nº 135, de 2010)

8. de redução à condição análoga à de escravo; (Incluído pela Lei Complementar nº 135, de 2010)

9. contra a vida e a dignidade sexual; e (Incluído pela Lei Complementar nº 135, de 2010)

10. praticados por organização criminosa, quadrilha ou bando; (Incluído pela Lei Complementar nº 135, de 2010)

f) os que forem declarados indignos do oficialato, ou com ele incompatíveis, pelo prazo de 8 (oito) anos; (Incluído pela Lei Complementar nº 135, de 2010)

g) os que tiverem suas contas relativas ao exercício de cargos ou funções públicas rejeitadas por irregularidade insanável que configure ato doloso de improbidade administrativa, e por decisão irrecorrível do órgão competente, salvo se esta houver sido suspensa ou anulada pelo Poder Judiciário, para as eleições que se realizarem nos 8 (oito) anos seguintes, contados a partir da data da decisão, aplicando-se o disposto no inciso II do art. 71 da Constituição Federal, a todos os ordenadores de despesa, sem exclusão de mandatários que houverem agido nessa condição; (Incluído pela Lei Complementar nº 135, de 2010)

‣ Lei 9.504/1997: art. 11, §§ 5º e 10.

h) os detentores de cargo na administração pública direta, indireta ou fundacional, que beneficiarem a si ou a terceiros, pelo abuso do poder econômico ou político, que forem condenados em decisão transitada em julgado ou proferida por órgão judicial colegiado, para a eleição na qual concorrem ou tenham sido diplomados, bem como para as que se realizarem nos 8 (oito) anos seguintes; (Incluído pela Lei Complementar nº 135, de 2010)

i) os que, em estabelecimentos de crédito, financiamento ou seguro, que tenham sido ou estejam sendo objeto de processo de liquidação judicial ou extrajudicial, hajam exercido, nos doze meses anteriores à respectiva decretação, cargo ou função de direção, administração ou representação, enquanto não forem exonerados de qualquer responsabilidade;

j) os que forem condenados, em decisão transitada em julgado ou proferida por órgão colegiado da Justiça Eleitoral, por corrupção eleitoral, por captação ilícita de sufrágio, por doação, captação ou gastos ilícitos de recursos de campanha ou por conduta vedada aos agentes públicos em campanhas eleitorais que impliquem cassação do registro ou do diploma, pelo prazo de 8 (oito) anos a contar da eleição; (Incluído pela Lei Complementar nº 135, de 2010)

k) o Presidente da República, o Governador de Estado e do Distrito Federal, o Prefeito, os membros do Congresso Nacional, das Assembleias Legislativas, da Câmara Legislativa, das Câmaras Municipais, que renunciarem a seus mandatos desde o oferecimento de representação ou petição capaz de autorizar a abertura de processo por infringência a dispositivo da Constituição Federal, da Constituição Estadual, da Lei Orgânica do Distrito Federal ou da Lei Orgânica do Município, para as eleições que se realizarem durante o período remanescente do mandato para o qual foram eleitos e nos 8 (oito) anos subsequentes ao término da legislatura; (Incluído pela Lei Complementar nº 135, de 2010)

l) os que forem condenados à suspensão dos direitos políticos, em decisão transitada em julgado ou proferida por órgão judicial colegiado, por ato doloso de improbidade administrativa que importe lesão ao patrimônio público e enriquecimento ilícito, desde a condenação ou o trânsito em julgado até o transcurso do prazo de 8 (oito) anos após o cumprimento da pena; (Incluído pela Lei Complementar nº 135, de 2010)

m) os que forem excluídos do exercício da profissão, por decisão sancionatória do órgão profissional competente, em decorrência de infração ético-profissional, pelo prazo de 8 (oito) anos, salvo se o ato houver sido anulado ou suspenso pelo Poder Judiciário; (Incluído pela Lei Complementar nº 135, de 2010)

n) os que forem condenados, em decisão transitada em julgado ou proferida por órgão judicial colegiado, em razão de terem desfeito ou simulado desfazer vínculo conjugal ou de união estável para evitar caracterização de inelegibilidade, pelo prazo de 8 (oito) anos após a decisão que reconhecer a fraude; (Incluído pela Lei Complementar nº 135, de 2010)

o) os que forem demitidos do serviço público em decorrência de processo administrativo ou judicial, pelo prazo de 8 (oito) anos, contado da decisão, salvo se o ato houver sido suspenso ou anulado pelo Poder Judiciário; (Incluído pela Lei Complementar nº 135, de 2010)

p) a pessoa física e os dirigentes de pessoas jurídicas responsáveis por doações eleitorais tidas por ilegais por decisão transitada em julgado ou proferida por órgão colegiado da Justiça Eleitoral, pelo prazo de 8 (oito) anos após a decisão, observando-se o procedimento previsto no art. 22; (Incluído pela Lei Complementar nº 135, de 2010)

q) os magistrados e os membros do Ministério Público que forem aposentados compulsoriamente por decisão sancionatória, que tenham perdido o cargo por sentença ou que tenham pedido exoneração ou aposentadoria voluntária na pendência de processo administrativo disciplinar, pelo prazo de 8 (oito) anos; (Incluído pela Lei Complementar nº 135, de 2010)

II – para Presidente e Vice-Presidente da República:

a) até 6 (seis) meses depois de afastados definitivamente de seus cargos e funções:

1 – os Ministros de Estado;

2 – os Chefes dos órgãos de assessoramento direto, civil e militar, da Presidência da República;

3 – o Chefe do órgão de assessoramento de informações da Presidência da República;

4 – o Chefe do Estado-Maior das Forças Armadas;

5 – o Advogado-Geral da União e o Consultor-Geral da República;

6 – os Chefes do Estado-Maior da Marinha, do Exército e da Aeronáutica;

7 – os Comandantes do Exército, Marinha e Aeronáutica;

8 – os Magistrados;

9 – os Presidentes, Diretores e Superintendentes de Autarquias, Empresas Públicas, Socieda-

des de Economia Mista e Fundações Públicas e as mantidas pelo poder público;

10 – os Governadores de Estado, do Distrito Federal e de Territórios;

11 – os Interventores Federais;

12 – os Secretários de Estado;

13 – os Prefeitos Municipais;

14 – os membros do Tribunal de Contas da União, dos Estados e do Distrito Federal;

15 – o Diretor-Geral do Departamento de Polícia Federal;

16 – os Secretários-Gerais, os Secretários Executivos, os Secretários Nacionais, os Secretários Federais dos Ministérios e as pessoas que ocupem cargos equivalentes;

b) os que tenham exercido, nos seis meses anteriores à eleição, nos Estados, no Distrito Federal, Territórios e em qualquer dos Poderes da União, cargo ou função, de nomeação pelo Presidente da República, sujeito à aprovação prévia do Senado Federal;

c) (VETADA);

d) os que, até 6 (seis) meses antes da eleição, tiverem competência ou interesse, direta, indireta ou eventual, no lançamento, arrecadação ou fiscalização de impostos, taxas e contribuições de caráter obrigatório, inclusive parafiscais, ou para aplicar multas relacionadas com essas atividades;

e) os que, até 6 (seis) meses antes da eleição, tenham exercido cargo ou função de direção, administração ou representação nas empresas de que tratam os artigos 3º e 5º da Lei 4.137, de 10 de setembro de 1962, quando, pelo âmbito e natureza de suas atividades, possam tais empresas influir na economia nacional;

- A Lei 4.137/1962 foi revogada pela Lei 8.884/1994, que foi revogada pela Lei 12.529/2011.

f) os que, detendo o controle de empresas ou grupo de empresas que atuem no Brasil, nas condições monopolísticas previstas no parágrafo único do art. 5º, da Lei citada na alínea anterior, não apresentarem à Justiça Eleitoral, até 6 (seis) meses antes do pleito, a prova de que fizeram cessar o abuso apurado, do poder econômico, ou de que transferiram, por força regular, o controle de referidas empresas ou grupo de empresas;

- Lei 12.529/2011: art. 36.

g) os que tenham, dentro dos 4 (quatro) meses anteriores ao pleito, ocupado cargo ou função de direção, administração ou representação em entidades representativas de classe, mantidas, total ou parcialmente, por contribuições impostas pelo Poder Público ou com recursos arrecadados e repassados pela Previdência Social;

h) os que, até 6 (seis) meses depois de afastados das funções, tenham exercido cargo de Presidente, Diretor ou Superintendente de sociedades com objetivos exclusivos de operações financeiras e façam publicamente apelo à poupança e ao crédito, inclusive através de cooperativas e da empresa ou estabelecimentos que gozem, sob qualquer forma, de vantagens asseguradas pelo Poder Público, salvo se decorrentes de contratos que obedeçam a cláusulas uniformes;

i) os que, dentro de 6 (seis) meses anteriores ao pleito, hajam exercido cargo ou função de direção, administração ou representação em pessoa jurídica ou em empresa que mantenha contrato de execução de obras, de prestação de serviços ou de fornecimento de bens com órgão do Poder Público ou sob seu controle, salvo no caso de contrato que obedeça as cláusulas uniformes;

j) os que, membros do Ministério Público, não se tenham afastado das suas funções até 6 (seis) meses anteriores ao pleito;

l) os que, servidores públicos, estatutários ou não, dos órgãos ou entidades da administração direta ou indireta da União, dos Estados, do Distrito Federal, dos Municípios e dos Territórios, inclusive das fundações mantidas pelo Poder Público, não se afastarem até 3 (três) meses anteriores ao pleito, garantido o direito à percepção dos seus vencimentos integrais;

- Lei 8.112/1990: art. 86.

III – para Governador e Vice-Governador de Estado e do Distrito Federal:

a) os inelegíveis para os cargos de Presidente e Vice-Presidente da República especificados na alínea *a*, do inciso II, deste artigo e, no tocante às demais alíneas, quando se tratar de repartição pública, associação ou empresas que operem no território do Estado ou do Distrito Federal, observados os mesmos prazos;

b) até 6 (seis) meses depois de afastados definitivamente de seus cargos ou funções:

1 – os Chefes dos Gabinetes Civil e Militar do Governador do Estado ou do Distrito Federal;

2 – os Comandantes do Distrito Naval, Região Militar e Zona Aérea;

3 – os diretores de órgãos estaduais ou sociedades de assistência aos Municípios;

4 – os Secretários da administração municipal ou membros de órgãos congêneres;

IV – para Prefeito e Vice-Prefeito:

a) no que lhes for aplicável, por identidade de situações, os inelegíveis para os cargos de Presidente e Vice-Presidente da República, Governador e Vice-Governador de Estado e do Distrito Federal, observado o prazo de 4 (quatro) meses para a desincompatibilização;

b) os membros do Ministério Público e Defensoria Pública em exercício na Comarca, nos 4 (quatro) meses anteriores ao pleito, sem prejuízo dos vencimentos integrais;

c) as autoridades policiais, civis ou militares, com exercício no Município, nos 4 (quatro) meses anteriores ao pleito;

V – para o Senado Federal:

a) os inelegíveis para os cargos de Presidente e Vice-Presidente da República especificados na alínea *a*, do inciso II, deste artigo e, no tocante às demais alíneas, quando se tratar de repartição pública, associação ou empresa que opere no território do Estado, observados os mesmos prazos;

b) em cada Estado e no Distrito Federal, os inelegíveis para os cargos de Governador e Vice-Governador, nas mesmas condições estabelecidas, observados os mesmos prazos;

VI – para a Câmara dos Deputados, Assembleia Legislativa e Câmara Legislativa, no que lhes for aplicável, por identidade de situações, os inelegíveis para o Senado Federal, nas mesmas condições estabelecidas, observados os mesmos prazos;

VII – para a Câmara Municipal:

a) no que lhes for aplicável, por identidade de situações, os inelegíveis para o Senado Federal e para a Câmara dos Deputados, observado o prazo de 6 (seis) meses para a desincompatibilização;

b) em cada Município, os inelegíveis para os cargos de Prefeito e Vice-Prefeito, observado o prazo de 6 (seis) meses para a desincompatibilização.

§ 1º. Para concorrência a outros cargos, o Presidente da República, os Governadores de Estado e do Distrito Federal e os Prefeitos devem renunciar aos respectivos mandatos até 6 (seis) meses antes do pleito.

- CF/1988: art. 14, § 6º.

§ 2º. O Vice-Presidente, o Vice-Governador e o Vice-Prefeito poderão candidatar-se a outros cargos, preservando os seus mandatos respectivos, desde que, nos últimos 6 (seis) meses anteriores ao pleito, não tenham sucedido ou substituído o titular.

§ 3º. São inelegíveis, no território de jurisdição do titular, o cônjuge e os parentes consanguíneos ou afins, até o segundo grau ou por adoção, do Presidente da República, de Governador de Estado ou Território, do Distrito Federal, de Prefeito ou de quem os haja substituído dentro dos 6 (seis) meses anteriores ao pleito, salvo se já titular de mandato eletivo e candidato à reeleição.

- Súm. Vinculante 18 do STF.
- CF/1988: art. 14, § 7º.
- CC: arts. 1.591 a 1.595 e 1.723 a 1.727.

§ 4º. A inelegibilidade prevista na alínea *e* do inciso I deste artigo não se aplica aos crimes culposos e àqueles definidos em lei como de menor potencial ofensivo, nem aos crimes de ação penal privada. (Incluído pela Lei Complementar nº 135, de 2010)

§ 5º. A renúncia para atender à desincompatibilização com vistas a candidatura a cargo eletivo ou para assunção de mandato não gerará a inelegibilidade prevista na alínea *k*, a menos que a Justiça Eleitoral reconheça fraude ao disposto nesta Lei Complementar. (Incluído pela Lei Complementar nº 135, de 2010)

Art. 2º. Compete à Justiça Eleitoral conhecer e decidir as arguições de inelegibilidade.

Parágrafo único. A arguição de inelegibilidade será feita perante:

I – o Tribunal Superior Eleitoral, quando se tratar de candidato a Presidente ou Vice-Presidente da República;

II – os Tribunais Regionais Eleitorais, quando se tratar de candidato a Senador, Governador e Vice-Governador de Estado e do Distrito Federal, Deputado Federal, Deputado Estadual e Deputado Distrital;

III – os Juízes Eleitorais, quando se tratar de candidato a Prefeito, Vice-Prefeito e Vereador.

Art. 3º. Caberá a qualquer candidato, a partido político, coligação ou ao Ministério Público, no prazo de 5 (cinco) dias, contados da publicação do pedido de registro do candidato, impugná-lo em petição fundamentada.

§ 1º. A impugnação, por parte do candidato, partido político ou coligação, não impede a ação do Ministério Público no mesmo sentido.

§ 2º. Não poderá impugnar o registro de candidato o representante do Ministério Público que, nos 4 (quatro) anos anteriores, tenha disputado cargo eletivo, integrado diretório de partido ou exercido atividade político-partidária.

§ 3º. O impugnante especificará, desde logo, os meios de prova com que pretende demonstrar a veracidade do alegado, arrolando testemunhas, se for o caso, no máximo de seis.

Art. 4º. A partir da data em que terminar o prazo para impugnação, passará a correr, após devida notificação, o prazo de 7 (sete) dias para que o candidato, partido político ou coligação possa contestá-la, juntar documentos, indicar rol de testemunhas e requerer a produção de outras provas, inclusive documentais, que se encontrarem em poder de terceiros, de repartições públicas ou em procedimentos judiciais, ou administrativos, salvo os processos em tramitação em segredo de justiça.

Art. 5º. Decorrido o prazo para contestação, se não se tratar apenas de matéria de direito e a prova protestada for relevante, serão designados os 4 (quatro) dias seguintes para inquirição das testemunhas do impugnante e do impugnado, as quais comparecerão por iniciativa das partes que as tiverem arrolado, com notificação judicial.

§ 1º. As testemunhas do impugnante e do impugnado serão ouvidas em uma só assentada.

§ 2º. Nos cinco dias subsequentes, o Juiz, ou o Relator, procederá a todas as diligências que determinar, de ofício ou a requerimento das partes.

§ 3º. No prazo do parágrafo anterior, o Juiz, ou o Relator, poderá ouvir terceiros, referidos pelas partes, ou testemunhas, como conhecedores dos fatos e circunstâncias que possam influir na decisão da causa.

§ 4º. Quando qualquer documento necessário à formação da prova se achar em poder de terceiro, o Juiz, ou o Relator, poderá ainda, no mesmo prazo, ordenar o respectivo depósito.

§ 5º. Se o terceiro, sem justa causa, não exibir o documento, ou não comparecer a juízo, poderá o Juiz contra ele expedir mandado de prisão e instaurar processo por crime de desobediência.

Art. 6º. Encerrado o prazo da dilação probatória, nos termos do artigo anterior, as partes, inclusive o Ministério Público, poderão apresentar alegações no prazo comum de 5 (cinco) dias.

Art. 7º. Encerrado o prazo para alegações, os autos serão conclusos ao Juiz, ou ao Relator, no dia imediato, para sentença ou julgamento pelo Tribunal.

Parágrafo único. O Juiz, ou Tribunal, formará sua convicção pela livre apreciação da prova, atendendo aos fatos e às circunstâncias constantes dos autos, ainda que não alegados pelas partes, mencionando, na decisão, os que motivaram seu convencimento.

Art. 8º. Nos pedidos de registro de candidatos a eleições municipais, o Juiz Eleitoral apresentará a sentença em cartório 3 (três) dias após a conclusão dos autos, passando a correr deste momento o prazo de 3 (três) dias para a interposição de recurso para o Tribunal Regional Eleitoral.

§ 1º. A partir da data em que for protocolizada a petição de recurso, passará a correr o prazo de 3 (três) dias para a apresentação de contrarrazões.

§ 2º. Apresentadas as contrarrazões, serão os autos imediatamente remetidos ao Tribunal Regional Eleitoral, inclusive por portador, se houver necessidade, decorrente da exiguidade de prazo, correndo as despesas do transporte por conta do recorrente, se tiver condições de pagá-las.

Art. 9º. Se o Juiz Eleitoral não apresentar a sentença no prazo do artigo anterior, o prazo para recurso só começará a correr após a publicação da mesma por edital, em cartório.

Parágrafo único. Ocorrendo a hipótese prevista neste artigo, o Corregedor Regional, de ofício, apurará o motivo do retardamento e proporá ao Tribunal Regional Eleitoral, se for o caso, a aplicação da penalidade cabível.

Art. 10. Recebidos os autos na Secretaria do Tribunal Regional Eleitoral, estes serão autuados e apresentados no mesmo dia ao Presidente, que, também na mesma data, os distribuirá a um Relator e mandará abrir vistas ao Procurador Regional pelo prazo de 2 (dois) dias.

Parágrafo único. Findo o prazo, com ou sem parecer, os autos serão enviados ao Relator, que os apresentará em mesa para julgamento em 3 (três) dias, independentemente de publicação em pauta.

Art. 11. Na sessão do julgamento, que poderá se realizar em até duas reuniões seguidas, feito o relatório, facultada a palavra às partes e ouvido o Procurador Regional, proferirá o Relator o seu voto e serão tomados os dos demais Juízes.

§ 1º. Proclamado o resultado, o Tribunal se reunirá para lavratura do acórdão, no qual serão indicados o direito, os fatos e as circunstâncias com base nos fundamentos do Relator ou do voto vencedor.

§ 2º. Terminada a sessão, far-se-á a leitura e a publicação do acórdão, passando a correr dessa data o prazo de 3 (três) dias, para a interposição de recurso para o Tribunal Superior Eleitoral, em petição fundamentada.

- LC 64/1990: art. 8º, *caput*.
- Lei 4.737/1965: art. 276, I.

Art. 12. Havendo recurso para o Tribunal Superior Eleitoral, a partir da data em que for protocolizada a petição passará a correr o prazo de 3 (três) dias para a apresentação de contrarrazões, notificado por telegrama o recorrido.

Parágrafo único. Apresentadas as contrarrazões, serão os autos imediatamente remetidos ao Tribunal Superior Eleitoral.

Art. 13. Tratando-se de registro a ser julgado originariamente por Tribunal Regional Eleitoral, observado o disposto no art. 6º desta Lei Complementar, o pedido de registro, com ou sem impugnação, será julgado em 3 (três) dias, independentemente de publicação em pauta.

Parágrafo único. Proceder-se-á ao julgamento na forma estabelecida no art. 11 desta Lei Complementar e, havendo recurso para o Tribunal Superior Eleitoral, observar-se-á o disposto no artigo anterior.

Art. 14. No Tribunal Superior Eleitoral, os recursos sobre registro de candidatos serão processados e julgados na forma prevista nos arts. 10 e 11 desta Lei Complementar.

Art. 15. Transitada em julgado ou publicada a decisão proferida por órgão colegiado que declarar a inelegibilidade do candidato, ser-lhe-á negado registro, ou cancelado, se já tiver sido feito, ou declarado nulo o diploma, se já expedido. (Redação dada pela Lei Complementar nº 135, de 2010)

Parágrafo único. A decisão a que se refere o *caput*, independentemente da apresentação de recurso, deverá ser comunicada, de imediato, ao Ministério Público Eleitoral e ao órgão da Justiça Eleitoral competente para o registro de candidatura e expedição de diploma do réu. (Incluído pela Lei Complementar nº 135, de 2010)

Art. 16. Os prazos a que se referem o art. 3º e seguintes desta Lei Complementar são peremptórios e contínuos e correm em Secretaria ou Cartório e, a partir da data do encerramento do prazo para registro de candidatos, não se suspendem aos sábados, domingos e feriados.

Art. 17. É facultado ao partido político ou coligação que requerer o registro de candidato considerando inelegível dar-lhe substituto, mesmo que a decisão passada em julgado tenha sido proferida após o termo final do prazo de registro, caso em que a respectiva Comissão Executiva do Partido fará a escolha do candidato.

- Lei 9.504/1997: art. 13.
- Lei 4.737/1965: art. 101, § 5º.

Art. 18. A declaração de inelegibilidade do candidato à Presidência da República, Governador de Estado e do Distrito Federal e Prefeito Municipal não atingirá o candidato a Vice-Presidente, Vice-Governador ou Vice-Prefeito, assim como a destes não atingirá aqueles.

Art. 19. As transgressões pertinentes à origem de valores pecuniários, abuso do poder econômico ou político, em detrimento da liberdade de voto, serão apuradas mediante investigações jurisdicionais realizadas pelo Corregedor-Geral e Corregedores Regionais Eleitorais.

- Lei 9.504/1997: art. 22, §§ 3º e 4º.

Parágrafo único. A apuração e a punição das transgressões mencionadas no *caput* deste artigo terão o objetivo de proteger a normalidade e legitimidade das eleições contra a influência do poder econômico ou do abuso do exercício de função, cargo ou emprego na Administração direta, indireta e fundacional da União, dos Estados, do Distrito Federal e dos Municípios.

Art. 20. O candidato, partido político ou coligação são parte legítima para denunciar os culpados e promover-lhes a responsabilidade; a nenhum servidor público, inclusive de autarquias, de entidade paraestatal e de sociedade de economia mista será lícito negar ou retardar ato de ofício tendente a esse fim, sob pena de crime funcional.

Art. 21. As transgressões a que se refere o art. 19 desta Lei Complementar serão apuradas mediante procedimento sumaríssimo de investigação judicial, realizada pelo Corregedor-Geral e Corregedores Regionais Eleitorais, nos termos das Leis nºs 1.579, de 18 de março de 1952, 4.410, de 24 de setembro de 1964, com as modificações desta Lei Complementar.

Art. 22. Qualquer partido político, coligação, candidato ou Ministério Público Eleitoral poderá representar à Justiça Eleitoral, diretamente ao Corregedor-Geral ou Regional, relatando fatos e indicando provas, indícios e circunstâncias e pedir abertura de investigação judicial para apurar uso indevido, desvio ou abuso do poder econômico ou do poder de autoridade, ou utilização indevida de veículos ou meios de comunicação social, em benefício de candidato ou de partido político, obedecido o seguinte rito:

I – o Corregedor, que terá as mesmas atribuições do Relator em processos judiciais, ao despachar a inicial, adotará as seguintes providências:

a) ordenará que se notifique o representado do conteúdo da petição, entregando-se lhe a segunda via apresentada pelo representante com as cópias dos documentos, a fim de que, no prazo de 5 (cinco) dias, ofereça ampla defesa, juntada de documentos e rol de testemunhas, se cabível;

b) determinará que se suspenda o ato que deu motivo à representação, quando for relevante o fundamento e do ato impugnado puder resultar a ineficiência da medida, caso seja julgada procedente;

c) indeferirá desde logo a inicial, quando não for caso de representação ou lhe faltar algum requisito desta Lei Complementar;

II – no caso do Corregedor indeferir a reclamação ou representação, ou retardar lhe a solução, poderá o interessado renová-la perante o Tribunal, que resolverá dentro de 24 (vinte e quatro) horas;

III – o interessado, quando for atendido ou ocorrer demora, poderá levar o fato ao conhecimento do Tribunal Superior Eleitoral, a fim de que sejam tomadas as providências necessárias;

IV – feita a notificação, a Secretaria do Tribunal juntará aos autos cópia autêntica do ofício endereçado ao representado, bem como a prova da entrega ou da sua recusa em aceitá-la ou dar recibo;

V – findo o prazo da notificação, com ou sem defesa, abrir-se-á prazo de 5 (cinco) dias para inquirição, em uma só assentada, de testemunhas arroladas pelo representante e pelo representado, até o máximo de seis para cada um, as quais comparecerão independentemente de intimação;

VI – nos três dias subsequentes, o Corregedor procederá a todas as diligências que determinar, *ex officio* ou a requerimento das partes;

VII – no prazo da alínea anterior, o Corregedor poderá ouvir terceiros, referidos pelas partes, ou testemunhas, como conhecedores dos fatos e circunstâncias que possam influir na decisão do feito;

VIII – quando qualquer documento necessário à formação da prova se achar em poder de terceiro, inclusive estabelecimento de crédito, oficial ou privado, o Corregedor poderá, ainda, no mesmo prazo, ordenar o respectivo depósito ou requisitar cópias;

IX – se o terceiro, sem justa causa, não exibir o documento, ou não comparecer a juízo, o Juiz poderá expedir contra ele mandado de prisão e instaurar processo por crime de desobediência;

X – encerrado o prazo da dilação probatória, as partes, inclusive o Ministério Público, poderão apresentar alegações no prazo comum de 2 (dois) dias;

XI – terminado o prazo para alegações, os autos serão conclusos ao Corregedor, no dia imediato, para apresentação de relatório conclusivo sobre o que houver sido apurado;

XII – o relatório do Corregedor, que será assentado em 3 (três) dias, e os autos da representação serão encaminhados ao Tribunal competente, no dia imediato, com pedido de inclusão incontinenti do feito em pauta, para julgamento na primeira sessão subsequente;

XIII – no Tribunal, o Procurador-Geral ou Regional Eleitoral terá vista dos autos por 48 (quarenta e oito) horas, para se pronunciar sobre as imputações e conclusões do Relatório;

XIV – julgada procedente a representação, ainda que após a proclamação dos eleitos, o Tribunal declarará a inelegibilidade do representado e de quantos hajam contribuído para a prática do ato, cominando-lhes sanção de inelegibilidade para as eleições a se realizarem nos 8 (oito) anos subsequentes à eleição em que se verificou, além da cassação do registro ou diploma do candidato diretamente beneficiado pela interferência do poder econômico ou pelo desvio ou abuso do poder de autoridade ou dos meios de comunicação, determinando a remessa dos autos ao Ministério Público Eleitoral, para instauração de processo disciplinar, se for o caso, e de ação penal, ordenando quaisquer outras providências que a espécie comportar; (Redação dada pela Lei Complementar nº 135, de 2010)

- LC 64/1990: art. 1º, I.

XV – *(Revogado pela Lei Complementar nº 135, de 2010).*

XVI – para a configuração do ato abusivo, não será considerada a potencialidade de o fato alterar o resultado da eleição, mas apenas a gravidade das circunstâncias que o caracterizam. (Incluído pela Lei Complementar nº 135, de 2010)

Parágrafo único. O recurso contra a diplomação, interposto pelo representante, não impede a atuação do Ministério Público no mesmo sentido.

Art. 23. O Tribunal formará sua convicção pela livre apreciação dos fatos públicos e notórios, dos indícios e presunções e prova produzida, atentando para circunstâncias ou fatos, ainda que não indicados ou alegados pelas partes, mas que preservem o interesse público de lisura eleitoral.

Art. 24. Nas eleições municipais, o Juiz Eleitoral será competente para conhecer e processar a representação prevista nesta Lei Complementar, exercendo todas as funções atribuídas ao Corregedor-Geral ou Regional, constantes dos incisos I a XV do art. 22 desta Lei Complementar, cabendo ao representante do Ministério Público Eleitoral em função da Zona Eleitoral as atribuições deferidas ao Procurador-Geral e Regional Eleitoral, observadas as normas do procedimento previstas nesta Lei Complementar.

- Referido inciso XV foi revogado pela LC 35/2010.

Art. 25. Constitui crime eleitoral a arguição de inelegibilidade, ou a impugnação de registro de candidato feito por interferência do poder econômico, desvio ou abuso do poder de autoridade, deduzida de forma temerária ou de manifesta má-fé:

Pena – detenção, de 6 (seis) meses a 2 (dois) anos, e multa de 20 a 50 vezes o valor do Bônus do Tesouro Nacional – BTN e, no caso de sua extinção, de título público que o substitua.

Art. 26. Os prazos de desincompatibilização previstos nesta Lei Complementar que já estiverem ultrapassados na data de sua vigência considerar-se-ão atendidos desde que a desincompatibilização ocorra até 2 (dois) dias após a publicação desta Lei Complementar.

Art. 26-A. Afastada pelo órgão competente a inelegibilidade prevista nesta Lei Complementar, aplicar-se-á, quanto ao registro de candidatura, o disposto na lei que estabelece normas para as eleições. (Incluído pela Lei Complementar nº 135, de 2010)

- Lei 9.504/1997 – Normas para as eleições.

Art. 26-B. O Ministério Público e a Justiça Eleitoral darão prioridade, sobre quaisquer outros, aos processos de desvio ou abuso do poder econômico ou do poder de autoridade até que sejam julgados, ressalvados os de *habeas corpus* e mandado de segurança. (Incluído pela Lei Complementar nº 135, de 2010)

§ 1º. É defeso às autoridades mencionadas neste artigo deixar de cumprir qualquer prazo previsto nesta Lei Complementar sob alegação de acúmulo de serviço no exercício das funções regulares. (Incluído pela Lei Complementar nº 135, de 2010)

§ 2º. Além das polícias judiciárias, os órgãos da receita federal, estadual e municipal, os tribunais e órgãos de contas, o Banco Central do Brasil e o Conselho de Controle de Atividade Financeira auxiliarão a Justiça Eleitoral e o Ministério Público Eleitoral na apuração dos delitos eleitorais, com prioridade sobre as suas atribuições regulares. (Incluído pela Lei Complementar nº 135, de 2010)

§ 3º. O Conselho Nacional de Justiça, o Conselho Nacional do Ministério Público e as Corregedorias Eleitorais manterão acompanhamento dos relatórios mensais de atividades fornecidos pelas unidades da Justiça Eleitoral a fim de verificar eventuais descumprimentos injustificados de prazos, promovendo, quando for o caso, a devida responsabilização. (Incluído pela Lei Complementar nº 135, de 2010)

Art. 26-C. O órgão colegiado do tribunal ao qual couber a apreciação do recurso contra as decisões colegiadas a que se referem as alíneas *d, e, h, j, l* e *n* do inciso I do art. 1º poderá, em caráter cautelar, suspender a inelegibilidade sempre que existir plausibilidade da pretensão recursal e desde que a providência tenha sido expressamente requerida, sob pena de preclusão, por ocasião da interposição do recurso. (Incluído pela Lei Complementar nº 135, de 2010)

§ 1º. Conferido efeito suspensivo, o julgamento do recurso terá prioridade sobre todos os demais, à exceção dos de mandado de segurança e de *habeas corpus*. (Incluído pela Lei Complementar nº 135, de 2010)

§ 2º. Mantida a condenação de que derivou a inelegibilidade ou revogada a suspensão liminar mencionada no *caput*, serão desconstituídos o registro ou o diploma eventualmente concedidos ao recorrente. (Incluído pela Lei Complementar nº 135, de 2010)

§ 3º. A prática de atos manifestamente protelatórios por parte da defesa, ao longo da tramitação do recurso, acarretará a revogação do efeito suspensivo. (Incluído pela Lei Complementar nº 135, de 2010)

Art. 27. Esta Lei Complementar entra em vigor na data de sua publicação.

Art. 28. Revogam-se a Lei Complementar 5, de 29 de abril de 1970, e as demais disposições em contrário.

Brasília, 18 de maio de 1990; 169º da Independência e 102º da República.

FERNANDO COLLOR

D.O.U. de 21.5.1990

LEI Nº 8.038, DE 28 DE MAIO DE 1990

Institui normas procedimentais para os processos que especifica, perante o Superior Tribunal de Justiça e o Supremo Tribunal Federal.

- *Recurso Especial e Extraordinário*

O PRESIDENTE DA REPÚBLICA, faço saber que o Congresso Nacional decreta e eu sanciono a seguinte Lei:

- Lei 11.419/2006 – Dispõe sobre a informatização do processo judicial; altera a Lei 5.869/1973 (Código de Processo Civil).
- Resolução 427/2010 do STF – Regulamenta o processo eletrônico no âmbito do STF.
- Resolução 01/2010 do STJ – Regulamenta o processo judicial eletrônico no âmbito do STJ.

TÍTULO I. PROCESSOS DE COMPETÊNCIA ORIGINÁRIA

CAPÍTULO I. AÇÃO PENAL ORIGINÁRIA

- Lei 8.658/1993: art. 1º.

Art. 1º. Nos crimes de ação penal pública, o Ministério Público terá o prazo de 15 (quinze) dias para oferecer denúncia ou pedir arquivamento do inquérito ou das peças informativas.

- CF/88: art. 129.

§ 1º. Diligências complementares poderão ser deferidas pelo relator, com interrupção do prazo deste artigo.

- CPP: art. 798.

§ 2º. Se o indiciado estiver preso:

a) o prazo para oferecimento da denúncia será de 5 (cinco) dias;

b) as diligências complementares não interromperão o prazo, salvo se o relator, ao deferi-las, determinar o relaxamento da prisão.

- CF/88: art. 5º, LXV.

§ 3º Não sendo o caso de arquivamento e tendo o investigado confessado formal e circunstanciadamente a prática de infração penal sem violência ou grave ameaça e com pena mínima inferior a 4 (quatro) anos, o Ministério Público poderá propor acordo de não persecução penal, desde que necessário e suficiente para a reprovação e prevenção do crime, nos termos do art. 28-A do Decreto-Lei nº 3.689, de 3 de outubro de 1941 (Código de Processo Penal). (Incluído pela Lei 13.964/2019)

Art. 2º. O relator, escolhido na forma regimental, será o juiz da instrução, que se realizará segundo o disposto neste capítulo, no Código de Processo Penal, no que for aplicável, e no Regimento Interno do Tribunal.

Parágrafo único. O relator terá as atribuições que a legislação processual confere aos juízes singulares.

Art. 3º. Compete ao relator:

I – determinar o arquivamento do inquérito ou de peças informativas, quando o requerer o Ministério Público, ou submeter o requerimento à decisão competente do Tribunal;

II – decretar a extinção da punibilidade, nos casos previstos em lei.

III – convocar desembargadores de Turmas Criminais dos Tribunais de Justiça ou dos Tribunais Regionais Federais, bem como juízes de varas criminais da Justiça dos Estados e da Justiça Federal, pelo prazo de 6 (seis) meses, prorrogável por igual período, até o máximo de 2 (dois) anos, para a realização do interrogatório e de outros atos da instrução, na sede do tribunal ou no local onde se deva produzir o ato. (Incluído pela Lei nº 12.019, de 2009)

Art. 4º. Apresentada a denúncia ou a queixa ao Tribunal, far-se-á a notificação do acusado para oferecer resposta no prazo de 15 (quinze) dias.

- CF/88: art. 5º, LIV e LV.

§ 1º. Com a notificação, serão entregues ao acusado cópia da denúncia ou da queixa, do despacho do relator e dos documentos por este indicados.

§ 2º. Se desconhecido o paradeiro do acusado, ou se este criar dificuldades para que o oficial cumpra a diligência, proceder-se-á à sua notificação por edital, contendo o teor resumido da acusação, para que compareça ao Tribunal, em 5 (cinco) dias, onde terá vista dos autos pelo prazo de 15 (quinze) dias, a fim de apresentar a resposta prevista neste artigo.

Art. 5º. Se, com a resposta, forem apresentados novos documentos, será intimada a parte contrária para sobre eles se manifestar, no prazo de 5 (cinco) dias.

Parágrafo único. Na ação penal de iniciativa privada, será ouvido, em igual prazo, o Ministério Público.

- CPP: art. 45.

Art. 6º. A seguir, o relator pedirá dia para que o Tribunal delibere sobre o recebimento, a rejeição da denúncia ou da queixa, ou a improcedência da acusação, se a decisão não depender de outras provas.

- CPP: art. 395.

§ 1º. No julgamento de que trata este artigo, será facultada sustentação oral pelo prazo de 15 (quinze) minutos, primeiro à acusação, depois à defesa.

§ 2º. Encerrados os debates, o Tribunal passará a deliberar, determinando o Presidente as pessoas que poderão permanecer no recinto, observado o disposto no inciso II, do art. 12, desta Lei.

Art. 7º. Recebida a denúncia ou a queixa, o relator designará dia e hora para o interrogatório, mandando citar o acusado ou querelado e intimar o órgão do Ministério Público, bem como o querelante ou o assistente, se for o caso.

- CPP: art. 188.

Art. 8º. O prazo para defesa prévia será de 5 (cinco) dias, contado do interrogatório ou da intimação do defensor dativo.

Art. 9º. A instrução obedecerá, no que couber, ao procedimento comum do Código de Processo Penal.

- CPP: arts. 394 a 405.

§ 1º. O relator poderá delegar a realização do interrogatório ou de outro ato da instrução ao juiz ou membro de tribunal com competência territorial no local de cumprimento da carta de ordem.

- CPC/15: arts. 260, 262, 263 e 266.

§ 2º. Por expressa determinação do relator, as intimações poderão ser feitas por carta registrada com aviso de recebimento.

- CPC/15: arts. 231, I, 246 a 249, 269, § 1º, 274 e 275.

Art. 10. Concluída a inquirição de testemunhas, serão intimadas a acusação e a defesa, para requerimento de diligências no prazo de 5 (cinco) dias.

Art. 11. Realizadas as diligências, ou não sendo estas requeridas nem determinadas pelo relator, serão intimadas a acusação e a defesa para, sucessivamente, apresentarem, no prazo de 15 (quinze) dias, alegações escritas.

§ 1º. Será comum o prazo do acusador e do assistente, bem como o dos corréus.

§ 2º. Na ação penal de iniciativa privada, o Ministério Público terá vista, por igual prazo, após as alegações das partes.

§ 3º. O relator poderá, após as alegações escritas, determinar de ofício a realização de provas reputadas imprescindíveis para o julgamento da causa.

Art. 12. Finda a instrução, o Tribunal procederá ao julgamento, na forma determinada pelo regimento interno, observando-se o seguinte:

I – a acusação e a defesa terão, sucessivamente, nessa ordem, prazo de 1 (uma) hora para sustentação oral, assegurado ao assistente 1/4 (um quarto) do tempo da acusação;

II – encerrados os debates, o Tribunal passará a proferir o julgamento, podendo o Presidente limitar a presença no recinto às partes e seus advogados, ou somente a estes, se o interesse público exigir.

CAPÍTULO II. RECLAMAÇÃO

Arts. 13 a 18. (Revogados pela Lei n º 13.105, de 2015)

CAPÍTULO III. INTERVENÇÃO FEDERAL

Art. 19. A requisição de intervenção federal prevista nos incisos II e IV do art. 36 da Constituição Federal será promovida:

I – de ofício, ou mediante pedido de Presidente de Tribunal de Justiça do Estado, ou de Presidente de Tribunal Federal, quando se tratar de prover a execução de ordem ou decisão judicial, com ressalva, conforme a matéria, da competência do Supremo Tribunal Federal ou do Tribunal Superior Eleitoral;

II – de ofício, ou mediante pedido da parte interessada, quando se tratar de prover a execução de ordem ou decisão do Superior Tribunal de Justiça;

III – mediante representação do Procurador-Geral da República, quando se tratar de prover a execução de lei federal.

Art. 20. O Presidente, ao receber o pedido:

I – tomará as providências que lhe parecerem adequadas para remover, administrativamente, a causa do pedido;

II – mandará arquivá-lo, se for manifestamente infundado, cabendo do seu despacho agravo regimental.

Art. 21. Realizada a gestão prevista no inciso I do artigo anterior, solicitadas informações à autoridade estadual e ouvido o Procurador-Geral, o pedido será distribuído a um relator.

Parágrafo único. Tendo em vista o interesse público, poderá ser permitida a presença no recinto às partes e seus advogados, ou somente a estes.

Art. 22. Julgado procedente o pedido, o Presidente do Superior Tribunal de Justiça comunicará, imediatamente, a decisão aos órgãos do poder público interessados e requisitará a intervenção ao Presidente da República.

CAPÍTULO IV. HABEAS CORPUS

- CF/88: art. 5º, LXVIII.

Art. 23. Aplicam-se ao *habeas corpus* perante o Superior Tribunal de Justiça as normas do Livro III, Título II, Capítulo X, do Código de Processo Penal.

CAPÍTULO V. OUTROS PROCEDIMENTOS

Art. 24. Na ação rescisória, nos conflitos de competência, de jurisdição e de atribuições, na revisão criminal e no mandado de segurança, será aplicada a legislação processual em vigor.

- CF/88: arts. 5º, LXIX, 102, I, e 105, I.
- CPC/15: arts. 966 a 975
- CPP: arts. 621 a 631.

Parágrafo único. No mandado de injunção e no *habeas data*, serão observadas, no que couber, as normas do mandado de segurança, enquanto não editada legislação específica.

- CF/88: art. 5º, LXXI e LXXII.
- CPC/15: arts. 1.027 e 1.028.
- Lei 13.300/2016 – Disciplina o processo e o julgamento dos mandados de injunção individual e coletivo.
- Lei 12.016/2009 – Disciplina o mandado de segurança individual e coletivo.
- Lei 9.507/1997 – Regula o direito de acesso a informações e disciplina o rito processual do habeas data.

Art. 25. Salvo quando a causa tiver por fundamento matéria constitucional, compete ao Presidente do Superior Tribunal de Justiça, a requerimento do Procurador-Geral da República ou da pessoa jurídica de direito público interessada, e para evitar grave lesão à ordem, à saúde, à segurança e à economia pública, suspender, em despacho fundamentado, a execução de liminar ou de decisão concessiva de mandado de segurança, proferida, em única ou última instância, pelos Tribunais Regionais Federais ou pelos Tribunais dos Estados e do Distrito Federal.

§ 1º. O Presidente pode ouvir o impetrante, em 5 (cinco) dias, e o Procurador-Geral quando não for o requerente, em igual prazo.

§ 2º. Do despacho que conceder a suspensão caberá agravo regimental.

§ 3º. A suspensão de segurança vigorará enquanto pender o recurso, ficando sem efeito, se a decisão concessiva for mantida pelo Superior Tribunal de Justiça ou transitar em julgado.

- Súm. 626 do STJ.

TÍTULO II. RECURSOS

CAPÍTULO I. RECURSO EXTRAORDINÁRIO E RECURSO ESPECIAL

‣ CPC/15: arts. 1.029 a 1.041.

Arts. 26 a 29. (Revogados pela Lei n º 13.105, de 2015)

CAPÍTULO II. RECURSO ORDINÁRIO EM HABEAS CORPUS

Art. 30. O recurso ordinário para o Superior Tribunal de Justiça, das decisões denegatórias de *habeas corpus*, proferidas pelos Tribunais Regionais Federais ou pelos Tribunais dos Estados e do Distrito Federal, será interposto no prazo de 5 (cinco) dias, com as razões do pedido de reforma.

‣ CF/88: art. 105, II, a.

‣ CPP: art. 650, I.

Art. 31. Distribuído o recurso, a Secretaria, imediatamente, fará os autos com vista ao Ministério Público, pelo prazo de 2 (dois) dias.

Parágrafo único. Conclusos os autos ao relator, este submeterá o feito a julgamento independentemente de pauta.

Art. 32. Será aplicado, no que couber, ao processo e julgamento do recurso, o disposto com relação ao pedido originário de *habeas corpus*.

‣ CF/88: art. 102, I, d e i.

CAPÍTULO III. RECURSO ORDINÁRIO EM MANDADO DE SEGURANÇA

Art. 33. O recurso ordinário para o Superior Tribunal de Justiça, das decisões denegatórias de mandado de segurança, proferidas em única instância pelos Tribunais Regionais Federais ou pelos Tribunais de Estados e do Distrito Federal, será interposto no prazo de 15 (quinze) dias, com as razões do pedido de reforma.

‣ CF/88: art. 105, II, b.

Art. 34. Serão aplicadas, quanto aos requisitos de admissibilidade e o procedimento no Tribunal recorrido, as regras do Código de Processo Civil relativas à apelação.

‣ CPC/15: arts. 1.009 a 1.014.

Art. 35. Distribuído o recurso, a Secretaria, imediatamente, fará os autos com vista ao Ministério Público, pelo prazo de 5 (cinco) dias.

Parágrafo único. Conclusos os autos ao relator, este pedirá dia para julgamento.

CAPÍTULO IV. APELAÇÃO CÍVEL E AGRAVO DE INSTRUMENTO

Art. 36. Nas causas em que forem partes, de um lado, Estado estrangeiro ou organismo internacional e, de outro, município ou pessoa domiciliada ou residente no País, caberá:

‣ CF/88: art. 105, II, b.

I – apelação da sentença;

‣ CPC/15: arts. 1.009 a 1.014.

II – agravo de instrumento, das decisões interlocutórias.

‣ CPC/15: arts. 1.015 a 1.020.

Art. 37. Os recursos mencionados no artigo anterior serão interpostos para o Superior Tribunal de Justiça, aplicando-se lhes, quanto aos requisitos de admissibilidade e ao procedimento o disposto no Código de Processo Civil.

‣ CPC/15: arts. 929 a 946.

TÍTULO III. DISPOSIÇÕES GERAIS

Art. 38. (Revogado pela Lei n º 13.105, de 2015)

Art. 39. Da decisão do Presidente do Tribunal, de Seção, de Turma ou de Relator que causar gravame à parte, caberá agravo para o órgão especial, Seção ou Turma, conforme o caso, no prazo de 5 (cinco) dias.

‣ Súm. 116 do STJ.

Art. 40. Haverá revisão, no Superior Tribunal de Justiça, nos seguintes processos:

I – ação rescisória;
II – ação penal originária;
III – revisão criminal.

Art. 41. Em caso de vaga ou afastamento do Ministro do Superior Tribunal de Justiça, por prazo superior a 30 (trinta) dias, poderá ser convocado Juiz de Tribunal Regional Federal ou Desembargador, para substituição, pelo voto da maioria absoluta dos seus membros.

Art. 41-A. A decisão de Turma, no Superior Tribunal de Justiça, será tomada pelo voto da maioria absoluta de seus membros. (Incluído pela Lei nº 9.756, de 1998)

Parágrafo único. Em *habeas corpus* originário ou recursal, havendo empate, prevalecerá a decisão mais favorável ao paciente. (Incluído pela Lei nº 9.756, de 1998)

Art. 41-B. As despesas do porte de remessa e retorno dos autos serão recolhidas mediante documento de arrecadação, de conformidade com instruções e tabela expedidas pelo Supremo Tribunal Federal e pelo Superior Tribunal de Justiça. (Incluído pela Lei nº 9.756, de 1998)

Parágrafo único. A secretaria do tribunal local zelará pelo recolhimento das despesas postais. (Incluído pela Lei nº 9.756, de 1998)

Art. 42. Os arts. 496, 497, 498, inciso II do art. 500, e 508 da Lei nº 5.869, de 11 de janeiro de 1973 – Código de Processo Civil, passam a vigorar com a seguinte redação:

"Art. 496. São cabíveis os seguintes recursos:

I – apelação;

II – agravo de instrumento;

III – embargos infringentes;

IV – embargos de declaração;

V – recurso ordinário;

VI – recurso especial;

VII – recurso extraordinário.

Art. 497. O recurso extraordinário e o recurso especial não impedem a execução da sentença; a interposição do agravo de instrumento não obsta o andamento do processo, ressalvado o disposto no art. 558 desta lei.

Art. 498. Quando o dispositivo do acórdão contiver julgamento por maioria de votos e julgamento unânime e forem interpostos simultaneamente embargos infringentes e recurso extraordinário ou recurso especial, ficarão estes sobrestados até o julgamento daquele.

[...]

Art. 500. [...]

II – será admissível na apelação, nos embargos infringentes, no recurso extraordinário e no recurso especial;

[...]

Art. 508. Na apelação e nos embargos infringentes, o prazo para interpor e para responder é de quinze dias."

Art. 43. Esta Lei entra em vigor na data de sua publicação.

Art. 44. Revogam-se as disposições em contrário, especialmente os arts. 541 a 546 do Código de Processo Civil e a Lei nº 3.396, de 2 de junho de 1958.

Brasília, em 28 de maio de 1990; 169º da Independência e 102º da República.

FERNANDO COLLOR
D.O.U. 29.5.1990

LEI Nº 8.072, DE 25 DE JULHO DE 1990

Dispõe sobre os crimes hediondos, nos termos do art. 5º, XLIII, da Constituição Federal, e determina outras providências.

‣ *Crimes hediondos*

O PRESIDENTE DA REPÚBLICA Faço saber que o Congresso Nacional decreta e eu sanciono a seguinte Lei:

Art. 1º. São considerados hediondos os seguintes crimes, todos tipificados no Dec.-lei nº 2.848, de 7 de dezembro de 1940 – Código Penal, consumados ou tentados: (Redação dada pela Lei nº 8.930, de 1994)

I - homicídio (art. 121), quando praticado em atividade típica de grupo de extermínio, ainda que cometido por um só agente, e homicídio qualificado (art. 121, § 2º, incisos I, II, III, IV, V, VI, VII e VIII); (Redação dada pela Lei 13.964/2019)

I-A – lesão corporal dolosa de natureza gravíssima (art. 129, § 2º) e lesão corporal seguida de morte (art. 129, § 3º), quando praticadas contra autoridade ou agente descrito nos arts. 142 e 144 da Constituição Federal, integrantes do sistema prisional e da Força Nacional de Segurança Pública, no exercício da função ou em decorrência dela, ou contra seu cônjuge, companheiro ou parente consanguíneo até terceiro grau, em razão dessa condição; (Incluído pela Lei nº 13.142, de 2015)

II - roubo: (Redação dada pela Lei 13.964/2019)

a) circunstanciado pela restrição de liberdade da vítima (art. 157, § 2°, inciso V);

b) circunstanciado pelo emprego de arma de fogo (art. 157, § 2º-A, inciso 1) ou pelo emprego de arma de fogo de uso proibido ou restrito (art. 157, § 2°-B);

c) qualificado pelo resultado lesão corporal grave ou morte (art. 157, § 3º);

III - extorsão qualificada pela restrição da liberdade da vítima, ocorrência de lesão corporal ou morte (art. 158, § 3º); (Redação dada pela Lei 13.964/2019)

IV – extorsão mediante sequestro e na forma qualificada (art. 159, *caput* e §§ 1º, 2º e 3º); (Incluído pela Lei nº 8.930, de 1994)

V – estupro (art. 213, *caput* e §§ 1º e 2º); (Incluído pela Lei nº 12.015, de 2009)

VI – estupro de vulnerável (art. 217-A, *caput* e §§ 1º, 2º, 3º e 4º); (Redação dada pela Lei nº 12.015, de 2009)

VII – epidemia com resultado morte (art. 267, § 1º); (Incluído pela Lei nº 8.930, de 1994)

VII-A – *(VETADO);* (Incluído pela Lei nº 9.695, de 1998)

VII-B – falsificação, corrupção, adulteração ou alteração de produto destinado a fins terapêuticos ou medicinais (art. 273, *caput* e § 1º, § 1º-A e § 1º-B, com a redação dada pela Lei nº 9.677, de 2 de julho de 1998). (Incluído pela Lei nº 9.695, de 1998)

VIII – favorecimento da prostituição ou de outra forma de exploração sexual de criança ou adolescente ou de vulnerável (art. 218-B, *caput*, e §§ 1º e 2º). (Incluído pela Lei nº 12.978, de 2014)

IX - furto qualificado pelo emprego de explosivo ou de artefato análogo que cause perigo comum (art. 155, § 4°-A). (Incluído pela Lei 13.964/2019)

Parágrafo único. Consideram-se também hediondos, tentados ou consumados: (Redação dada pela Lei 13.964/2019)

I - o crime de genocídio, previsto nos arts. 1º, 2° e 3º da Lei nº 2.889, de 1º de outubro de 1956;

II - o crime de posse ou porte ilegal de arma de fogo de uso proibido, previsto no art. 16 da Lei nº 10.826, de 22 de dezembro de 2003;

III - o crime de comércio ilegal de armas de fogo, previsto no art. 17 da Lei nº 10.826, de 22 de dezembro de 2003;

IV - o crime de tráfico internacional de arma de fogo, acessório ou munição, previsto no art. 18 da Lei nº 10.826, de 22 de dezembro de 2003;

V - o crime de organização criminosa, quando direcionado à prática de crime hediondo ou equiparado.

Art. 2º. Os crimes hediondos, a prática da tortura, o tráfico ilícito de entorpecentes e drogas afins e o terrorismo são insuscetíveis de:

- Súm. Vinculante 26 do STF.
- Lei 13.260/2016 – Regulamenta o disposto no inciso XLIII do art. 5º da CF, disciplinando o terrorismo, tratando de disposições investigatórias e processuais e reformulando o conceito de organização terrorista; e altera as Leis nos 7.960/1989, e 12.850/2013 (Lei Antiterrorismo).
- Lei 11.343/2006: arts. 33 a 37.
- Lei 9.455/1997: art. 1º.
- Lei 7.170/1983: art. 20.
- Decreto 6.085/2007 – Promulga o Protocolo Facultativo à Convenção contra a Tortura e Outros Tratamentos ou Penas Cruéis, Desumanos ou Degradantes, adotado em 18 de dezembro de 2002.
- Decreto 40/1991 – Promulga a Convenção Contra a Tortura e Outros Tratamentos ou Penas Cruéis, Desumanos ou Degradantes.

I – anistia, graça e indulto;

II – fiança. (Redação dada pela Lei nº 11.464, de 2007)

- CPP: arts. 323 e 324.

§ 1º A pena por crime previsto neste artigo será cumprida inicialmente em regime fechado. (Redação dada pela Lei nº 11.464, de 2007)

- Súm. 471 do STJ.
- Lei 7.210/1984: art. 112.

§ 2º (Revogado pela Lei 13.964/2019)

§ 3º. Em caso de sentença condenatória, o juiz decidirá fundamentadamente se o réu poderá apelar em liberdade. (Redação dada pela Lei nº 11.464, de 2007)

§ 4º. A prisão temporária, sobre a qual dispõe a Lei 7.960, de 21 de dezembro de 1989, nos crimes previstos neste artigo, terá o prazo de 30 (trinta) dias, prorrogável por igual período em caso de extrema e comprovada necessidade. (Incluído pela Lei nº 11.464, de 2007)

Art. 3º. A União manterá estabelecimentos penais, de segurança máxima, destinados ao cumprimento de penas impostas a condenados de alta periculosidade, cuja permanência em presídios estaduais ponha em risco a ordem ou a incolumidade pública.

- Lei 11.671/2008 – Dispõe sobre a transferência e inclusão de presos em estabelecimentos penais federais de segurança máxima.
- Lei 7.210/1980: art. 86, § 1º.

Art. 4º. *(VETADO).*

Art. 5º. Ao art. 83 do Código Penal é acrescido o seguinte inciso:

- Alteração incorporada ao texto do Código Penal.

Art. 6º. Os arts. 157, § 3º; 159, *caput* e seus §§ 1º, 2º e 3º; 213; 214; 223, *caput* e seu parágrafo único; 267, *caput*, e 270, *caput*, todos do Código Penal, passam a vigorar com a seguinte redação:

- Alterações incorporadas ao texto do Código Penal.

Art. 7º. Ao art. 159 do Código Penal fica acrescido o seguinte parágrafo:

- Alteração incorporada ao texto do Código Penal.

Art. 8º. Será de 3 (três) a 6 (seis) anos de reclusão a pena prevista no art. 288 do Código Penal, quando se tratar de crimes hediondos, prática de tortura, tráfico ilícito de entorpecentes e drogas afins ou terrorismo.

- Lei 11.343/2006: art. 35.

Parágrafo único. O participante e o associado que denunciar à autoridade o bando ou quadrilha, possibilitando seu desmantelamento, terá a pena reduzida de 1 (um) a 2/3 (dois terços).

Art. 9º. As penas fixadas no art. 6º para os crimes capitulados nos arts. 157, § 3º, 158, § 2º, 159, *caput* e seus §§ 1º, 2º e 3º, 213, *caput*, e sua combinação com o art. 223, *caput* e parágrafo único, 214 e sua combinação com o art. 223, *caput* e parágrafo único, todos do Código Penal, são acrescidas de metade, respeitado o limite superior de 30 (trinta) anos de reclusão, estando a vítima em qualquer das hipóteses referidas no art. 224 também do Código Penal.

- Lei 12.015/2009 revogou os arts. 214, 223, *caput*, parágrafo único, e 224 do CP..

Art. 10. O art. 35 da Lei nº 6.368, de 21 de outubro de 1976, passa a vigorar acrescido de parágrafo único, com a seguinte redação:

- Lei 11.343/2006 revogou a Lei 6.368/1976.

"Art. 35. (...)

Parágrafo único. Os prazos procedimentais deste Capítulo serão contados em dobro quando se tratar dos crimes previstos nos arts. 12, 13 e 14."

Art. 11. *(VETADO).*

Art. 12. Esta Lei entra em vigor na data de sua publicação.

Art. 13. Revogam-se as disposições em contrário.

Brasília, em 25 de julho de 1990; 169º da Independência e 102º da República.

Fernando Collor
D.O.U. de 26.7.1990

LEI Nº 8.080, DE 19 DE SETEMBRO DE 1990

Dispõe sobre as condições para a promoção, proteção e recuperação da saúde, a organização e o funcionamento dos serviços correspondentes e dá outras providências.

- *Lei Orgânica do SUS*

O PRESIDENTE DA REPÚBLICA, faço saber que o Congresso Nacional decreta e eu sanciono a seguinte lei:

DISPOSIÇÃO PRELIMINAR

Art. 1º Esta lei regula, em todo o território nacional, as ações e serviços de saúde, executados isolada ou conjuntamente, em caráter permanente ou eventual, por pessoas naturais ou jurídicas de direito Público ou privado.

TÍTULO I
DAS DISPOSIÇÕES GERAIS

Art. 2º A saúde é um direito fundamental do ser humano, devendo o Estado prover as condições indispensáveis ao seu pleno exercício.

§ 1º O dever do Estado de garantir a saúde consiste na formulação e execução de políticas econômicas e sociais que visem à redução de riscos de doenças e de outros agravos e no estabelecimento de condições que assegurem acesso universal e igualitário às ações e aos serviços para a sua promoção, proteção e recuperação.

§ 2º O dever do Estado não exclui o das pessoas, da família, das empresas e da sociedade.

Art. 3º Os níveis de saúde expressam a organização social e econômica do País, tendo a saúde como determinantes e condicionantes, entre outros, a alimentação, a moradia, o saneamento básico, o meio ambiente, o trabalho, a renda, a educação, a atividade física, o transporte, o lazer e o acesso aos bens e serviços essenciais. (Redação dada pela Lei nº 12.864, de 2013)

Parágrafo único. Dizem respeito também à saúde as ações que, por força do disposto no artigo anterior, se destinam a garantir às pessoas e à coletividade condições de bem-estar físico, mental e social.

TÍTULO II
DO SISTEMA ÚNICO DE SAÚDE

DISPOSIÇÃO PRELIMINAR

Art. 4º O conjunto de ações e serviços de saúde, prestados por órgãos e instituições públicas federais, estaduais e municipais, da Administração direta e indireta e das fundações mantidas pelo Poder Público, constitui o Sistema Único de Saúde (SUS).

§ 1º Estão incluídas no disposto neste artigo as instituições públicas federais, estaduais e municipais de controle de qualidade, pesquisa e produção de insumos, medicamentos, inclusive de sangue e hemoderivados, e de equipamentos para saúde.

§ 2º A iniciativa privada poderá participar do Sistema Único de Saúde (SUS), em caráter complementar.

CAPÍTULO I
DOS OBJETIVOS E ATRIBUIÇÕES

Art. 5º São objetivos do Sistema Único de Saúde SUS:

I - a identificação e divulgação dos fatores condicionantes e determinantes da saúde;

II - a formulação de política de saúde destinada a promover, nos campos econômico e social, a observância do disposto no § 1º do art. 2º desta lei;

III - a assistência às pessoas por intermédio de ações de promoção, proteção e recuperação da saúde, com a realização integrada das ações assistenciais e das atividades preventivas.

Art. 6º Estão incluídas ainda no campo de atuação do Sistema Único de Saúde (SUS):

I - a execução de ações:

a) de vigilância sanitária;

b) de vigilância epidemiológica;

c) de saúde do trabalhador; e

d) de assistência terapêutica integral, inclusive farmacêutica;

II - a participação na formulação da política e na execução de ações de saneamento básico;

III - a ordenação da formação de recursos humanos na área de saúde;

IV - a vigilância nutricional e a orientação alimentar;

V - a colaboração na proteção do meio ambiente, nele compreendido o do trabalho;

VI - a formulação da política de medicamentos, equipamentos, imunobiológicos e outros insumos de interesse para a saúde e a participação na sua produção;

VII - o controle e a fiscalização de serviços, produtos e substâncias de interesse para a saúde;

VIII - a fiscalização e a inspeção de alimentos, água e bebidas para consumo humano;

IX - a participação no controle e na fiscalização da produção, transporte, guarda e utilização de substâncias e produtos psicoativos, tóxicos e radioativos;

X - o incremento, em sua área de atuação, do desenvolvimento científico e tecnológico;

XI - a formulação e execução da política de sangue e seus derivados.

§ 1º Entende-se por vigilância sanitária um conjunto de ações capaz de eliminar, diminuir ou prevenir riscos à saúde e de intervir nos problemas sanitários decorrentes do meio ambiente, da produção e circulação de bens e da prestação de serviços de interesse da saúde, abrangendo:

I - o controle de bens de consumo que, direta ou indiretamente, se relacionem com a saúde, compreendidas todas as etapas e processos, da produção ao consumo; e

II - o controle da prestação de serviços que se relacionam direta ou indiretamente com a saúde.

§ 2º Entende-se por vigilância epidemiológica um conjunto de ações que proporcionam o conhecimento, a detecção ou prevenção de qualquer mudança nos fatores determinantes e condicionantes de saúde individual ou coletiva, com a finalidade de recomendar e adotar as medidas de prevenção e controle das doenças ou agravos.

§ 3º Entende-se por saúde do trabalhador, para fins desta lei, um conjunto de atividades que se destina, através das ações de vigilância epidemiológica e vigilância sanitária, à promoção e proteção da saúde dos trabalhadores, assim como visa à recuperação e reabilitação da saúde dos trabalhadores submetidos aos riscos e agravos advindos das condições de trabalho, abrangendo:

I - assistência ao trabalhador vítima de acidentes de trabalho ou portador de doença profissional e do trabalho;

II - participação, no âmbito de competência do Sistema Único de Saúde (SUS), em estudos, pesquisas, avaliação e controle dos riscos e agravos potenciais à saúde existentes no processo de trabalho;

III - participação, no âmbito de competência do Sistema Único de Saúde (SUS), da normatização, fiscalização e controle das condições de produção, extração, armazenamento, transporte, distribuição e manuseio de substâncias, de produtos, de máquinas e de equipamentos que apresentam riscos à saúde do trabalhador;

IV - avaliação do impacto que as tecnologias provocam à saúde;

V - informação ao trabalhador e à sua respectiva entidade sindical e às empresas sobre os riscos de acidentes de trabalho, doença profissional e do trabalho, bem como os resultados de fiscalizações, avaliações ambientais e exames de saúde, de admissão, periódicos e de demissão, respeitados os preceitos da ética profissional;

VI - participação na normatização, fiscalização e controle dos serviços de saúde do trabalhador nas instituições e empresas públicas e privadas;

VII - revisão periódica da listagem oficial de doenças originadas no processo de trabalho, tendo na sua elaboração a colaboração das entidades sindicais; e

VIII - a garantia ao sindicato dos trabalhadores de requerer ao órgão competente a interdição de máquina, de setor de serviço ou de todo ambiente de trabalho, quando houver exposição a risco iminente para a vida ou saúde dos trabalhadores.

CAPÍTULO II
DOS PRINCÍPIOS E DIRETRIZES

Art. 7º As ações e serviços públicos de saúde e os serviços privados contratados ou conveniados que integram o Sistema Único de Saúde (SUS), são desenvolvidos de acordo com as diretrizes previstas no art. 198 da Constituição Federal, obedecendo ainda aos seguintes princípios:

I - universalidade de acesso aos serviços de saúde em todos os níveis de assistência;

II - integralidade de assistência, entendida como conjunto articulado e contínuo das ações e serviços preventivos e curativos, individuais e coletivos, exigidos para cada caso em todos os níveis de complexidade do sistema;

III - preservação da autonomia das pessoas na defesa de sua integridade física e moral;

IV - igualdade da assistência à saúde, sem preconceitos ou privilégios de qualquer espécie;

V - direito à informação, às pessoas assistidas, sobre sua saúde;

VI - divulgação de informações quanto ao potencial dos serviços de saúde e a sua utilização pelo usuário;

VII - utilização da epidemiologia para o estabelecimento de prioridades, a alocação de recursos e a orientação programática;

VIII - participação da comunidade;

IX - descentralização político-administrativa, com direção única em cada esfera de governo:

a) ênfase na descentralização dos serviços para os municípios;

b) regionalização e hierarquização da rede de serviços de saúde;

X - integração em nível executivo das ações de saúde, meio ambiente e saneamento básico;

XI - conjugação dos recursos financeiros, tecnológicos, materiais e humanos da União, dos Estados, do Distrito Federal e dos Municípios na prestação de serviços de assistência à saúde da população;

XII - capacidade de resolução dos serviços em todos os níveis de assistência; e

XIII - organização dos serviços públicos de modo a evitar duplicidade de meios para fins idênticos.

XIV – organização de atendimento público específico e especializado para mulheres e vítimas de violência doméstica em geral, que garanta, entre outros, atendimento, acompanhamento psicológico e cirurgias plásticas reparadoras, em conformidade com a Lei nº 12.845, de 1º de agosto de 2013. (Redação dada pela Lei nº 13.427, de 2017)

CAPÍTULO III
DA ORGANIZAÇÃO, DA DIREÇÃO E DA GESTÃO

Art. 8º As ações e serviços de saúde, executados pelo Sistema Único de Saúde (SUS), seja diretamente ou mediante participação complementar da iniciativa privada, serão organizados de forma regionalizada e hierarquizada em níveis de complexidade crescente.

Art. 9º A direção do Sistema Único de Saúde (SUS) é única, de acordo com o inciso I do art. 198 da Constituição Federal, sendo exercida em cada esfera de governo pelos seguintes órgãos:

I - no âmbito da União, pelo Ministério da Saúde;

II - no âmbito dos Estados e do Distrito Federal, pela respectiva Secretaria de Saúde ou órgão equivalente; e

III - no âmbito dos Municípios, pela respectiva Secretaria de Saúde ou órgão equivalente.

Art. 10. Os municípios poderão constituir consórcios para desenvolver em conjunto as ações e os serviços de saúde que lhes correspondam.

§ 1º Aplica-se aos consórcios administrativos intermunicipais o princípio da direção única, e os respectivos atos constitutivos disporão sobre sua observância.

§ 2º No nível municipal, o Sistema Único de Saúde (SUS), poderá organizar-se em distritos de forma a integrar e articular recursos, técnicas e práticas voltadas para a cobertura total das ações de saúde.

Art. 11. (Vetado).

Art. 12. Serão criadas comissões intersetoriais de âmbito nacional, subordinadas ao Conselho Nacional de Saúde, integradas pelos Ministérios e órgãos competentes e por entidades representativas da sociedade civil.

Parágrafo único. As comissões intersetoriais terão a finalidade de articular políticas e programas de interesse para a saúde, cuja execução envolva áreas não compreendidas no âmbito do Sistema Único de Saúde (SUS).

Art. 13. A articulação das políticas e programas, a cargo das comissões intersetoriais, abrangerá, em especial, as seguintes atividades:

I - alimentação e nutrição;

II - saneamento e meio ambiente;

III - vigilância sanitária e farmacoepidemiologia;

IV - recursos humanos;

V - ciência e tecnologia; e

VI - saúde do trabalhador.

Art. 14. Deverão ser criadas Comissões Permanentes de integração entre os serviços de saúde e as instituições de ensino profissional e superior.

Parágrafo único. Cada uma dessas comissões terá por finalidade propor prioridades, métodos e estratégias para a formação e educação continuada dos recursos humanos do Sistema Único de Saúde (SUS), na esfera correspondente, assim como em relação à pesquisa e à cooperação técnica entre essas instituições.

Art. 14-A. As Comissões Intergestores Bipartite e Tripartite são reconhecidas como foros de negociação e pactuação entre gestores, quanto aos aspectos operacionais do Sistema Único de Saúde (SUS). (Incluído pela Lei nº 12.466, de 2011).

Parágrafo único. A atuação das Comissões Intergestores Bipartite e Tripartite terá por objetivo: (Incluído pela Lei nº 12.466, de 2011).

I - decidir sobre os aspectos operacionais, financeiros e administrativos da gestão compartilhada do SUS, em conformidade com a definição da política consubstanciada em planos de saúde, aprovados pelos conselhos de saúde; (Incluído pela Lei nº 12.466, de 2011).

II - definir diretrizes, de âmbito nacional, regional e intermunicipal, a respeito da organização das redes de ações e serviços de saúde, principalmente no tocante à sua governança institucional e à integração das ações e serviços dos entes federados; (Incluído pela Lei nº 12.466, de 2011).

III - fixar diretrizes sobre as regiões de saúde, distrito sanitário, integração de territórios, referência e contrarreferência e demais aspectos vinculados à integração das ações e serviços de saúde entre os entes federados. (Incluído pela Lei nº 12.466, de 2011).

Art. 14-B. O Conselho Nacional de Secretários de Saúde (Conass) e o Conselho Nacional de Secretarias Municipais de Saúde (Conasems) são reconhecidos como entidades representativas dos entes estaduais e municipais para tratar de matérias referentes à saúde e declarados de utilidade pública e de relevante função social, na forma do regulamento. (Incluído pela Lei nº 12.466, de 2011).

§ 1º O Conass e o Conasems receberão recursos do orçamento geral da União por meio do Fundo Nacional de Saúde, para auxiliar no custeio de suas despesas institucionais, podendo ainda celebrar convênios com a União. (Incluído pela Lei nº 12.466, de 2011).

§ 2º Os Conselhos de Secretarias Municipais de Saúde (Cosems) são reconhecidos como entidades que representam os entes municipais, no âmbito estadual, para tratar de matérias referentes à saúde, desde que vinculados institucionalmente ao Conasems, na forma que dispuserem seus estatutos. (Incluído pela Lei nº 12.466, de 2011).

CAPÍTULO IV
DA COMPETÊNCIA E DAS ATRIBUIÇÕES

SEÇÃO I
DAS ATRIBUIÇÕES COMUNS

Art. 15. A União, os Estados, o Distrito Federal e os Municípios exercerão, em seu âmbito administrativo, as seguintes atribuições:

I - definição das instâncias e mecanismos de controle, avaliação e de fiscalização das ações e serviços de saúde;

II - administração dos recursos orçamentários e financeiros destinados, em cada ano, à saúde;

III - acompanhamento, avaliação e divulgação do nível de saúde da população e das condições ambientais;

IV - organização e coordenação do sistema de informação de saúde;

V - elaboração de normas técnicas e estabelecimento de padrões de qualidade e parâmetros de custos que caracterizam a assistência à saúde;

VI - elaboração de normas técnicas e estabelecimento de padrões de qualidade para promoção da saúde do trabalhador;

VII - participação de formulação da política e da execução das ações de saneamento básico e colaboração na proteção e recuperação do meio ambiente;

VIII - elaboração e atualização periódica do plano de saúde;

IX - participação na formulação e na execução da política de formação e desenvolvimento de recursos humanos para a saúde;

X - elaboração da proposta orçamentária do Sistema Único de Saúde (SUS), de conformidade com o plano de saúde;

XI - elaboração de normas para regular as atividades de serviços privados de saúde, tendo em vista a sua relevância pública;

XII - realização de operações externas de natureza financeira de interesse da saúde, autorizadas pelo Senado Federal;

XIII - para atendimento de necessidades coletivas, urgentes e transitórias, decorrentes de situações de perigo iminente, de calamidade pública ou de irrupção de epidemias, a autoridade competente da esfera administrativa correspondente poderá requisitar bens e serviços, tanto de pessoas naturais como de jurídicas, sendo-lhes assegurada justa indenização;

XIV - implementar o Sistema Nacional de Sangue, Componentes e Derivados;

XV - propor a celebração de convênios, acordos e protocolos internacionais relativos à saúde, saneamento e meio ambiente;

XVI - elaborar normas técnico-científicas de promoção, proteção e recuperação da saúde;

XVII - promover articulação com os órgãos de fiscalização do exercício profissional e outras entidades representativas da sociedade civil para a definição e controle dos padrões éticos para pesquisa, ações e serviços de saúde;

XVIII - promover a articulação da política e dos planos de saúde;

XIX - realizar pesquisas e estudos na área de saúde;

XX - definir as instâncias e mecanismos de controle e fiscalização inerentes ao poder de polícia sanitária;

XXI - fomentar, coordenar e executar programas e projetos estratégicos e de atendimento emergencial.

SEÇÃO II
DA COMPETÊNCIA

Art. 16. A direção nacional do Sistema Único da Saúde (SUS) compete:

I - formular, avaliar e apoiar políticas de alimentação e nutrição;

II - participar na formulação e na implementação das políticas:

a) de controle das agressões ao meio ambiente;

b) de saneamento básico; e

c) relativas às condições e aos ambientes de trabalho;

III - definir e coordenar os sistemas:

a) de redes integradas de assistência de alta complexidade;

b) de rede de laboratórios de saúde pública;

c) de vigilância epidemiológica; e

d) vigilância sanitária;

IV - participar da definição de normas e mecanismos de controle, com órgão afins, de agravo sobre o meio ambiente ou dele decorrentes, que tenham repercussão na saúde humana;

V - participar da definição de normas, critérios e padrões para o controle das condições e dos ambientes de trabalho e coordenar a política de saúde do trabalhador;

VI - coordenar e participar na execução das ações de vigilância epidemiológica;

VII - estabelecer normas e executar a vigilância sanitária de portos, aeroportos e fronteiras, podendo a execução ser complementada pelos Estados, Distrito Federal e Municípios;

VIII - estabelecer critérios, parâmetros e métodos para o controle da qualidade sanitária de produtos, substâncias e serviços de consumo e uso humano;

IX - promover articulação com os órgãos educacionais e de fiscalização do exercício profissional, bem como com entidades representativas de formação de recursos humanos na área de saúde;

X - formular, avaliar, elaborar normas e participar na execução da política nacional e produção de insumos e equipamentos para a saúde, em articulação com os demais órgãos governamentais;

XI - identificar os serviços estaduais e municipais de referência nacional para o estabelecimento de padrões técnicos de assistência à saúde;

XII - controlar e fiscalizar procedimentos, produtos e substâncias de interesse para a saúde;

XIII - prestar cooperação técnica e financeira aos Estados, ao Distrito Federal e aos Municípios para o aperfeiçoamento da sua atuação institucional;

XIV - elaborar normas para regular as relações entre o Sistema Único de Saúde (SUS) e os serviços privados contratados de assistência à saúde;

XV - promover a descentralização para as Unidades Federadas e para os Municípios, dos serviços e ações de saúde, respectivamente, de abrangência estadual e municipal;

XVI - normatizar e coordenar nacionalmente o Sistema Nacional de Sangue, Componentes e Derivados;

XVII - acompanhar, controlar e avaliar as ações e os serviços de saúde, respeitadas as competências estaduais e municipais;

XVIII - elaborar o Planejamento Estratégico Nacional no âmbito do SUS, em cooperação técnica com os Estados, Municípios e Distrito Federal;

XIX - estabelecer o Sistema Nacional de Auditoria e coordenar a avaliação técnica e financeira do SUS em todo o Território Nacional em cooperação técnica com os Estados, Municípios e Distrito Federal.

§ 1º A União poderá executar ações de vigilância epidemiológica e sanitária em circunstâncias especiais, como na ocorrência de agravos inusitados à saúde, que possam escapar do controle da direção estadual do Sistema Único de Saúde - SUS ou que representem risco de disseminação nacional. (Parágrafo único transformado em § 1º pela Lei nº 14.141/2021)

§ 2º Em situações epidemiológicas que caracterizem emergência em saúde pública, poderá ser adotado procedimento simplificado para a remessa de patrimônio genético ao exterior, na forma do regulamento. (Parágrafo acrescido pela Lei nº 14.141/2021)

§ 3º Os benefícios resultantes da exploração econômica de produto acabado ou material reprodutivo oriundo de acesso ao patrimônio genético de que trata o § 2º deste artigo serão repartidos nos termos da Lei nº 13.123, de 20 de maio de 2015. (Parágrafo acrescido pela Lei nº 14.141/2021)

Art. 17. À direção estadual do Sistema Único de Saúde (SUS) compete:

I - promover a descentralização para os Municípios dos serviços e das ações de saúde;

II - acompanhar, controlar e avaliar as redes hierarquizadas do Sistema Único de Saúde (SUS);

III - prestar apoio técnico e financeiro aos Municípios e executar supletivamente ações e serviços de saúde;

IV - coordenar e, em caráter complementar, executar ações e serviços:

a) de vigilância epidemiológica;

b) de vigilância sanitária;

c) de alimentação e nutrição; e

d) de saúde do trabalhador;

V - participar, junto com os órgãos afins, do controle dos agravos do meio ambiente que tenham repercussão na saúde humana;

VI - participar da formulação da política e da execução de ações de saneamento básico;

VII - participar das ações de controle e avaliação das condições e dos ambientes de trabalho;

VIII - em caráter suplementar, formular, executar, acompanhar e avaliar a política de insumos e equipamentos para a saúde;

IX - identificar estabelecimentos hospitalares de referência e gerir sistemas públicos de alta complexidade, de referência estadual e regional;

X - coordenar a rede estadual de laboratórios de saúde pública e hemocentros, e gerir as unidades que permaneçam em sua organização administrativa;

XI - estabelecer normas, em caráter suplementar, para o controle e avaliação das ações e serviços de saúde;

XII - formular normas e estabelecer padrões, em caráter suplementar, de procedimentos de controle de qualidade para produtos e substâncias de consumo humano;

XIII - colaborar com a União na execução da vigilância sanitária de portos, aeroportos e fronteiras;

XIV - o acompanhamento, a avaliação e divulgação dos indicadores de morbidade e mortalidade no âmbito da unidade federada.

Art. 18. À direção municipal do Sistema de Saúde (SUS) compete:

I - planejar, organizar, controlar e avaliar as ações e os serviços de saúde e gerir e executar os serviços públicos de saúde;

II - participar do planejamento, programação e organização da rede regionalizada e hierarquizada do Sistema Único de Saúde (SUS), em articulação com sua direção estadual;
III - participar da execução, controle e avaliação das ações referentes às condições e aos ambientes de trabalho;
IV - executar serviços:

a) de vigilância epidemiológica;

b) vigilância sanitária;

c) de alimentação e nutrição;

d) de saneamento básico; e

e) de saúde do trabalhador;

V - dar execução, no âmbito municipal, à política de insumos e equipamentos para a saúde;

VI - colaborar na fiscalização das agressões ao meio ambiente que tenham repercussão sobre a saúde humana e atuar, junto aos órgãos municipais, estaduais e federais competentes, para controlá-las;
VII - formar consórcios administrativos intermunicipais;
VIII - gerir laboratórios públicos de saúde e hemocentros;
IX - colaborar com a União e os Estados na execução da vigilância sanitária de portos, aeroportos e fronteiras;
X - observado o disposto no art. 26 desta Lei, celebrar contratos e convênios com entidades prestadoras de serviços privados de saúde, bem como controlar e avaliar sua execução;
XI - controlar e fiscalizar os procedimentos dos serviços privados de saúde;
XII - normatizar complementarmente as ações e serviços públicos de saúde no seu âmbito de atuação.
Art. 19. Ao Distrito Federal competem as atribuições reservadas aos Estados e aos Municípios.

CAPÍTULO V
DO SUBSISTEMA DE ATENÇÃO À SAÚDE INDÍGENA

‣ (Incluído pela Lei nº 9.836, de 1999)

Art. 19-A. As ações e serviços de saúde voltados para o atendimento das populações indígenas, em todo o território nacional, coletiva ou individualmente, obedecerão ao disposto nesta Lei. (Incluído pela Lei nº 9.836, de 1999)
Art. 19-B. É instituído um Subsistema de Atenção à Saúde Indígena, componente do Sistema Único de Saúde – SUS, criado e definido por esta Lei, e pela Lei no 8.142, de 28 de dezembro de 1990, com o qual funcionará em perfeita integração. (Incluído pela Lei nº 9.836, de 1999)
Art. 19-C. Caberá à União, com seus recursos próprios, financiar o Subsistema de Atenção à Saúde Indígena. (Incluído pela Lei nº 9.836, de 1999)
Art. 19-D. O SUS promoverá a articulação do Subsistema instituído por esta Lei com os órgãos responsáveis pela Política Indígena do País. (Incluído pela Lei nº 9.836, de 1999)
Art. 19-E. Os Estados, Municípios, outras instituições governamentais e não-governamentais poderão atuar complementarmente no custeio e execução das ações. (Incluído pela Lei nº 9.836, de 1999)
§ 1º A União instituirá mecanismo de financiamento específico para os Estados, o Distrito Federal e os Municípios, sempre que houver necessidade de atenção secundária e terciária fora dos territórios indígenas. (Parágrafo acrescido pela Lei nº 14.021/2020, vetado pelo Presidente da República, mantido pelo Congresso Nacional e publicado na Edição Extra A do DOU de 27/8/2020)
§ 2º Em situações emergenciais e de calamidade pública:
I - a União deverá assegurar aporte adicional de recursos não previstos nos planos de saúde dos Distritos Sanitários Especiais Indígenas (Dseis) ao Subsistema de Atenção à Saúde Indígena;
II - deverá ser garantida a inclusão dos povos indígenas nos planos emergenciais para atendimento dos pacientes graves das Secretarias Municipais e Estaduais de Saúde, explicitados os fluxos e as referências para o atendimento em tempo oportuno. (Parágrafo acrescido pela Lei nº 14.021/2020, vetado pelo Presidente da República, mantido pelo Congresso Nacional e publicado na Edição Extra A do DOU de 27/8/2020)
Art. 19-F. Dever-se-á obrigatoriamente levar em consideração a realidade local e as especificidades da cultura dos povos indígenas e o modelo a ser adotado para a atenção à saúde indígena, que se deve pautar por uma abordagem diferenciada e global, contemplando os aspectos de assistência à saúde, saneamento básico, nutrição, habitação, meio ambiente, demarcação de terras, educação sanitária e integração institucional. (Incluído pela Lei nº 9.836, de 1999)
Art. 19-G. O Subsistema de Atenção à Saúde Indígena deverá ser, como o SUS, descentralizado, hierarquizado e regionalizado. (Incluído pela Lei nº 9.836, de 1999)
§ 1º O Subsistema de que trata o *caput* deste artigo terá como base os Distritos Sanitários Especiais Indígenas. (Incluído pela Lei nº 9.836, de 1999)
§ 1º-A. A rede do SUS deverá obrigatoriamente fazer o registro e a notificação da declaração de raça ou cor, garantindo a identificação de todos os indígenas atendidos nos sistemas públicos de saúde. § 1º-B. A União deverá integrar os sistemas de informação da rede do SUS com os dados do Subsistema de Atenção à Saúde Indígena. (Parágrafo acrescido pela Lei nº 14.021/2020, vetado pelo Presidente da República, mantido pelo Congresso Nacional e publicado na Edição Extra A do DOU de 27/8/2020)
§ 1º-B. A União deverá integrar os sistemas de informação da rede do SUS com os dados do Subsistema de Atenção à Saúde Indígena. (Parágrafo acrescido pela Lei nº 14.021/2020, vetado pelo Presidente da República, mantido pelo Congresso Nacional e publicado na Edição Extra A do DOU de 27/8/2020)
§ 2º O SUS servirá de retaguarda e referência ao Subsistema de Atenção à Saúde Indígena, devendo, para isso, ocorrer adaptações na estrutura e organização do SUS nas regiões onde residem as populações indígenas, para propiciar essa integração e o atendimento necessário em todos os níveis, sem discriminações. (Incluído pela Lei nº 9.836, de 1999)
§ 3º As populações indígenas devem ter acesso garantido ao SUS, em âmbito local, regional e de centros especializados, de acordo com suas necessidades, compreendendo a atenção primária, secundária e terciária à saúde. (Incluído pela Lei nº 9.836, de 1999)
Art. 19-H. As populações indígenas terão direito a participar dos organismos colegiados de formulação, acompanhamento e avaliação das políticas de saúde, tais como o Conselho Nacional de Saúde e os Conselhos Estaduais e Municipais de Saúde, quando for o caso. (Incluído pela Lei nº 9.836, de 1999)

CAPÍTULO VI
DO SUBSISTEMA DE ATENDIMENTO E INTERNAÇÃO DOMICILIAR

‣ (Incluído pela Lei nº 10.424, de 2002)

Art. 19-I. São estabelecidos, no âmbito do Sistema Único de Saúde, o atendimento domiciliar e a internação domiciliar. (Incluído pela Lei nº 10.424, de 2002)
§ 1º Na modalidade de assistência de atendimento e internação domiciliares incluem-se, principalmente, os procedimentos médicos, de enfermagem, fisioterapêuticos, psicológicos e de assistência social, entre outros necessários ao cuidado integral dos pacientes em seu domicílio. (Incluído pela Lei nº 10.424, de 2002)
§ 2º O atendimento e a internação domiciliares serão realizados por equipes multidisciplinares que atuarão nos níveis da medicina preventiva, terapêutica e reabilitadora. (Incluído pela Lei nº 10.424, de 2002)
§ 3º O atendimento e a internação domiciliares só poderão ser realizados por indicação médica, com expressa concordância do paciente e de sua família. (Incluído pela Lei nº 10.424, de 2002)

CAPÍTULO VII
DO SUBSISTEMA DE ACOMPANHAMENTO DURANTE O TRABALHO DE PARTO, PARTO E PÓS-PARTO IMEDIATO

‣ (Incluído pela Lei nº 11.108, de 2005)

Art. 19-J. Os serviços de saúde do Sistema Único de Saúde - SUS, da rede própria ou conveniada, ficam obrigados a permitir a presença, junto à parturiente, de 1 (um) acompanhante durante todo o período de trabalho de parto, parto e pós-parto imediato. (Incluído pela Lei nº 11.108, de 2005)
§ 1º O acompanhante de que trata o *caput* deste artigo será indicado pela parturiente. (Incluído pela Lei nº 11.108, de 2005)
§ 2º As ações destinadas a viabilizar o pleno exercício dos direitos de que trata este artigo constarão do regulamento da lei, a ser elaborado pelo órgão competente do Poder Executivo. (Incluído pela Lei nº 11.108, de 2005)
§ 3º Ficam os hospitais de todo o País obrigados a manter, em local visível de suas dependências, aviso informando sobre o direito estabelecido no *caput* deste artigo. (Incluído pela Lei nº 12.895, de 2013)
Art. 19-L. (VETADO) (Incluído pela Lei nº 11.108, de 2005)

CAPÍTULO VIII
DA ASSISTÊNCIA TERAPÊUTICA E DA INCORPORAÇÃO DE TECNOLOGIA EM SAÚDE

‣ (Incluído pela Lei nº 12.401, de 2011)

Art. 19-M. A assistência terapêutica integral a que se refere a alínea d do inciso I do art. 6o consiste em: (Incluído pela Lei nº 12.401, de 2011)
I - dispensação de medicamentos e produtos de interesse para a saúde, cuja prescrição esteja em conformidade com as diretrizes terapêuticas definidas em protocolo clínico para a doença ou o agravo à saúde a ser tratado ou, na falta do protocolo, em conformidade com o disposto no art. 19-P; (Incluído pela Lei nº 12.401, de 2011)
II - oferta de procedimentos terapêuticos, em regime domiciliar, ambulatorial e hospitalar, constantes de tabelas elaboradas pelo gestor federal do Sistema Único de Saúde - SUS, realizados no território nacional por serviço próprio, conveniado ou contratado.
Art. 19-N. Para os efeitos do disposto no art. 19-M, são adotadas as seguintes definições:
I - produtos de interesse para a saúde: órteses, próteses, bolsas coletoras e equipamentos médicos;
II - protocolo clínico e diretriz terapêutica: documento que estabelece critérios para o diagnóstico da doença ou do agravo à saúde; o tratamento preconizado, com os medicamentos e

demais produtos apropriados, quando couber; as posologias recomendadas; os mecanismos de controle clínico; e o acompanhamento e a verificação dos resultados terapêuticos, a serem seguidos pelos gestores do SUS. (Incluído pela Lei nº 12.401, de 2011)

Art. 19-O. Os protocolos clínicos e as diretrizes terapêuticas deverão estabelecer os medicamentos ou produtos necessários nas diferentes fases evolutivas da doença ou do agravo à saúde de que tratam, bem como aqueles indicados em casos de perda de eficácia e de surgimento de intolerância ou reação adversa relevante, provocadas pelo medicamento, produto ou procedimento de primeira escolha. (Incluído pela Lei nº 12.401, de 2011)

Parágrafo único. Em qualquer caso, os medicamentos ou produtos de que trata o *caput* deste artigo serão aqueles avaliados quanto à sua eficácia, segurança, efetividade e custo-efetividade para as diferentes fases evolutivas da doença ou do agravo à saúde de que trata o protocolo. (Incluído pela Lei nº 12.401, de 2011)

Art. 19-P. Na falta de protocolo clínico ou de diretriz terapêutica, a dispensação será realizada: (Incluído pela Lei nº 12.401, de 2011)

I - com base nas relações de medicamentos instituídas pelo gestor federal do SUS, observadas as competências estabelecidas nesta Lei, e a responsabilidade pelo fornecimento será pactuada na Comissão Intergestores Tripartite; (Incluído pela Lei nº 12.401, de 2011)

II - no âmbito de cada Estado e do Distrito Federal, de forma suplementar, com base nas relações de medicamentos instituídas pelos gestores estaduais do SUS, e a responsabilidade pelo fornecimento será pactuada na Comissão Intergestores Bipartite; (Incluído pela Lei nº 12.401, de 2011)

III - no âmbito de cada Município, de forma suplementar, com base nas relações de medicamentos instituídas pelos gestores municipais do SUS, e a responsabilidade pelo fornecimento será pactuada no Conselho Municipal de Saúde. (Incluído pela Lei nº 12.401, de 2011)

Art. 19-Q. A incorporação, a exclusão ou a alteração pelo SUS de novos medicamentos, produtos e procedimentos, bem como a constituição ou a alteração de protocolo clínico ou de diretriz terapêutica, são atribuições do Ministério da Saúde, assessorado pela Comissão Nacional de Incorporação de Tecnologias no SUS. (Incluído pela Lei nº 12.401, de 2011)

§ 1º A Comissão Nacional de Incorporação de Tecnologias no SUS, cuja composição e regimento são definidos em regulamento, contará com a participação de 1 (um) representante indicado pelo Conselho Nacional de Saúde e de 1 (um) representante, especialista na área, indicado pelo Conselho Federal de Medicina. (Incluído pela Lei nº 12.401, de 2011)

§ 2º O relatório da Comissão Nacional de Incorporação de Tecnologias no SUS levará em consideração, necessariamente: (Incluído pela Lei nº 12.401, de 2011)

I - as evidências científicas sobre a eficácia, a acurácia, a efetividade e a segurança do medicamento, produto ou procedimento objeto do processo, acatadas pelo órgão competente para o registro ou a autorização de uso; (Incluído pela Lei nº 12.401, de 2011)

II - a avaliação econômica comparativa dos benefícios e dos custos em relação às tecnologias já incorporadas, inclusive no que se refere aos atendimentos domiciliar, ambulatorial ou hospitalar, quando cabível. (Incluído pela Lei nº 12.401, de 2011)

Art. 19-R. A incorporação, a exclusão e a alteração a que se refere o art. 19-Q serão efetuadas mediante a instauração de processo administrativo, a ser concluído em prazo não superior a 180 (cento e oitenta) dias, contado da data em que foi protocolado o pedido, admitida a sua prorrogação por 90 (noventa) dias corridos, quando as circunstâncias exigirem. (Incluído pela Lei nº 12.401, de 2011)

§ 1º O processo de que trata o *caput* deste artigo observará, no que couber, o disposto na Lei nº 9.784, de 29 de janeiro de 1999, e as seguintes determinações especiais: (Incluído pela Lei nº 12.401, de 2011)

I - apresentação pelo interessado dos documentos e, se cabível, das amostras de produtos, na forma do regulamento, com informações necessárias para o atendimento do disposto no § 2º do art. 19-Q; (Incluído pela Lei nº 12.401, de 2011)

II - (VETADO); (Incluído pela Lei nº 12.401, de 2011)

III - realização de consulta pública que inclua a divulgação do parecer emitido pela Comissão Nacional de Incorporação de Tecnologias no SUS; (Incluído pela Lei nº 12.401, de 2011)

IV - realização de audiência pública, antes da tomada de decisão, se a relevância da matéria justificar o evento. (Incluído pela Lei nº 12.401, de 2011)

§ 2º (VETADO). (Incluído pela Lei nº 12.401, de 2011)

Art. 19-S. (VETADO). (Incluído pela Lei nº 12.401, de 2011)

Art. 19-T. São vedados, em todas as esferas de gestão do SUS: (Incluído pela Lei nº 12.401, de 2011)

I - o pagamento, o ressarcimento ou o reembolso de medicamento, produto e procedimento clínico ou cirúrgico experimental, ou de uso não autorizado pela Agência Nacional de Vigilância Sanitária - ANVISA; (Incluído pela Lei nº 12.401, de 2011)

II - a dispensação, o pagamento, o ressarcimento ou o reembolso de medicamento e produto, nacional ou importado, sem registro na Anvisa."

Art. 19-U. A responsabilidade financeira pelo fornecimento de medicamentos, produtos de interesse para a saúde ou procedimentos de que trata este Capítulo será pactuada na Comissão Intergestores Tripartite. (Incluído pela Lei nº 12.401, de 2011)TÍTULO III

DOS SERVIÇOS PRIVADOS DE ASSISTÊNCIA À SAÚDE

CAPÍTULO I DO FUNCIONAMENTO

Art. 20. Os serviços privados de assistência à saúde caracterizam-se pela atuação, por iniciativa própria, de profissionais liberais, legalmente habilitados, e de pessoas jurídicas de direito privado na promoção, proteção e recuperação da saúde.

Art. 21. A assistência à saúde é livre à iniciativa privada.

Art. 22. Na prestação de serviços privados de assistência à saúde, serão observados os princípios éticos e as normas expedidas pelo órgão de direção do Sistema Único de Saúde (SUS) quanto às condições para seu funcionamento.

Art. 23. É permitida a participação direta ou indireta, inclusive controle, de empresas ou de capital estrangeiro na assistência à saúde nos seguintes casos: (Redação dada pela Lei nº 13.097, de 2015)

I - doações de organismos internacionais vinculados à Organização das Nações Unidas, de entidades de cooperação técnica e de financiamento e empréstimos; (Incluído pela Lei nº 13.097, de 2015)

II - pessoas jurídicas destinadas a instalar, operacionalizar ou explorar: (Incluído pela Lei nº 13.097, de 2015)

a) hospital geral, inclusive filantrópico, hospital especializado, policlínica, clínica geral e clínica especializada; e (Incluído pela Lei nº 13.097, de 2015)

b) ações e pesquisas de planejamento familiar; (Incluído pela Lei nº 13.097, de 2015)

III - serviços de saúde mantidos, sem finalidade lucrativa, por empresas, para atendimento de seus empregados e dependentes, sem qualquer ônus para a seguridade social; e (Incluído pela Lei nº 13.097, de 2015)

IV - demais casos previstos em legislação específica. (Incluído pela Lei nº 13.097, de 2015)

CAPÍTULO II DA PARTICIPAÇÃO COMPLEMENTAR

Art. 24. Quando as suas disponibilidades forem insuficientes para garantir a cobertura assistencial à população de uma determinada área, o Sistema Único de Saúde (SUS) poderá recorrer aos serviços ofertados pela iniciativa privada.

Parágrafo único. A participação complementar dos serviços privados será formalizada mediante contrato ou convênio, observadas, a respeito, as normas de direito público.

Art. 25. Na hipótese do artigo anterior, as entidades filantrópicas e as sem fins lucrativos terão preferência para participar do Sistema Único de Saúde (SUS).

Art. 26. Os critérios e valores para a remuneração de serviços e os parâmetros de cobertura assistencial serão estabelecidos pela direção nacional do Sistema Único de Saúde (SUS), aprovados no Conselho Nacional de Saúde.

§ 1º Na fixação dos critérios, valores, formas de reajuste e de pagamento da remuneração aludida neste artigo, a direção nacional do Sistema Único de Saúde (SUS) deverá fundamentar seu ato em demonstrativo econômico-financeiro que garanta a efetiva qualidade de execução dos serviços contratados.

§ 2º Os serviços contratados submeter-se-ão às normas técnicas e administrativas e aos princípios e diretrizes do Sistema Único de Saúde (SUS), mantido o equilíbrio econômico e financeiro do contrato.

§ 3º (Vetado).

§ 4º Aos proprietários, administradores e dirigentes de entidades ou serviços contratados é vedado exercer cargo de chefia ou função de confiança no Sistema Único de Saúde (SUS).

TÍTULO IV DOS RECURSOS HUMANOS

Art. 27. A política de recursos humanos na área da saúde será formalizada e executada, articuladamente, pelas diferentes esferas de governo, em cumprimento dos seguintes objetivos:

I - organização de um sistema de formação de recursos humanos em todos os níveis de ensino, inclusive de pós-graduação, além da elaboração de programas de permanente aperfeiçoamento de pessoal;

II - (Vetado)

III - (Vetado)

IV - valorização da dedicação exclusiva aos serviços do Sistema Único de Saúde (SUS).

Parágrafo único. Os serviços públicos que integram o Sistema Único de Saúde (SUS) constituem campo de prática para ensino e pesquisa, mediante normas específicas, elaboradas conjuntamente com o sistema educacional.

Art. 28. Os cargos e funções de chefia, direção e assessoramento, no âmbito do Sistema

Único de Saúde (SUS), só poderão ser exercidas em regime de tempo integral.

§ 1° Os servidores que legalmente acumulam dois cargos ou empregos poderão exercer suas atividades em mais de um estabelecimento do Sistema Único de Saúde (SUS).

§ 2° O disposto no parágrafo anterior aplica-se também aos servidores em regime de tempo integral, com exceção dos ocupantes de cargos ou função de chefia, direção ou assessoramento.

Art. 29. (Vetado).

Art. 30. As especializações na forma de treinamento em serviço sob supervisão serão regulamentadas por Comissão Nacional, instituída de acordo com o art. 12 desta Lei, garantida a participação das entidades profissionais correspondentes.

TÍTULO V
DO FINANCIAMENTO

CAPÍTULO I
DOS RECURSOS

Art. 31. O orçamento da seguridade social destinará ao Sistema Único de Saúde (SUS) de acordo com a receita estimada, os recursos necessários à realização de suas finalidades, previstos em proposta elaborada pela sua direção nacional, com a participação dos órgãos da Previdência Social e da Assistência Social, tendo em vista as metas e prioridades estabelecidas na Lei de Diretrizes Orçamentárias.

Art. 32. São considerados de outras fontes os recursos provenientes de:

I - (Vetado)
II - Serviços que possam ser prestados sem prejuízo da assistência à saúde;
III - ajuda, contribuições, doações e donativos;
IV - alienações patrimoniais e rendimentos de capital;
V - taxas, multas, emolumentos e preços públicos arrecadados no âmbito do Sistema Único de Saúde (SUS); e
VI - rendas eventuais, inclusive comerciais e industriais.

§ 1° Ao Sistema Único de Saúde (SUS) caberá metade da receita de que trata o inciso I deste artigo, apurada mensalmente, a qual será destinada à recuperação de viciados.

§ 2° As receitas geradas no âmbito do Sistema Único de Saúde (SUS) serão creditadas diretamente em contas especiais, movimentadas pela sua direção, na esfera de poder onde forem arrecadadas.

§ 3º As ações de saneamento que venham a ser executadas supletivamente pelo Sistema Único de Saúde (SUS), serão financiadas por recursos tarifários específicos e outros da União, Estados, Distrito Federal, Municípios e, em particular, do Sistema Financeiro da Habitação (SFH).

§ 4º (Vetado).

§ 5º As atividades de pesquisa e desenvolvimento científico e tecnológico em saúde serão co-financiadas pelo Sistema Único de Saúde (SUS), pelas universidades e pelo orçamento fiscal, além de recursos de instituições de fomento e financiamento ou de origem externa e receita própria das instituições executoras.

§ 6º (Vetado).

CAPÍTULO II
DA GESTÃO FINANCEIRA

Art. 33. Os recursos financeiros do Sistema Único de Saúde (SUS) serão depositados em conta especial, em cada esfera de sua atuação, e movimentados sob fiscalização dos respectivos Conselhos de Saúde.

§ 1º Na esfera federal, os recursos financeiros, originários do Orçamento da Seguridade Social, de outros Orçamentos da União, além de outras fontes, serão administrados pelo Ministério da Saúde, através do Fundo Nacional de Saúde.

§ 2º (Vetado).

§ 3º (Vetado).

§ 4º O Ministério da Saúde acompanhará, através de seu sistema de auditoria, a conformidade à programação aprovada da aplicação dos recursos repassados a Estados e Municípios. Constatada a malversação, desvio ou não aplicação dos recursos, caberá ao Ministério da Saúde aplicar as medidas previstas em lei.

Art. 34. As autoridades responsáveis pela distribuição da receita efetivamente arrecadada transferirão automaticamente ao Fundo Nacional de Saúde (FNS), observado o critério do parágrafo único deste artigo, os recursos financeiros correspondentes às dotações consignadas no Orçamento da Seguridade Social, a projetos e atividades a serem executados no âmbito do Sistema Único de Saúde (SUS).

Parágrafo único. Na distribuição dos recursos financeiros da Seguridade Social será observada a mesma proporção da despesa prevista de cada área, no Orçamento da Seguridade Social.

Art. 35. Para o estabelecimento de valores a serem transferidos a Estados, Distrito Federal e Municípios, será utilizada a combinação dos seguintes critérios, segundo análise técnica de programas e projetos:

I - perfil demográfico da região;
II - perfil epidemiológico da população a ser coberta;
III - características quantitativas e qualitativas da rede de saúde na área;
IV - desempenho técnico, econômico e financeiro no período anterior;
V - níveis de participação do setor saúde nos orçamentos estaduais e municipais;
VI - previsão do plano qüinqüenal de investimentos da rede;
VII - ressarcimento do atendimento a serviços prestados para outras esferas de governo.

§ 1º (Revogado pela Lei Complementar nº 141, de 2012)

§ 2º Nos casos de Estados e Municípios sujeitos a notório processo de migração, os critérios demográficos mencionados nesta lei serão ponderados por outros indicadores de crescimento populacional, em especial o número de eleitores registrados.

§§ 3º ao 5º (Vetados).

§ 6º O disposto no parágrafo anterior não prejudica a atuação dos órgãos de controle interno e externo e nem a aplicação de penalidades previstas em lei, em caso de irregularidades verificadas na gestão dos recursos transferidos.

CAPÍTULO III
DO PLANEJAMENTO E DO ORÇAMENTO

Art. 36. O processo de planejamento e orçamento do Sistema Único de Saúde (SUS) será ascendente, do nível local até o federal, ouvidos seus órgãos deliberativos, compatibilizando-se as necessidades da política de saúde com a disponibilidade de recursos em planos de saúde dos Municípios, dos Estados, do Distrito Federal e da União.

§ 1º Os planos de saúde serão a base das atividades e programações de cada nível de direção do Sistema Único de Saúde (SUS), e seu financiamento será previsto na respectiva proposta orçamentária.

§ 2º É vedada a transferência de recursos para o financiamento de ações não previstas nos planos de saúde, exceto em situações emergenciais ou de calamidade pública, na área de saúde.

Art. 37. O Conselho Nacional de Saúde estabelecerá as diretrizes a serem observadas na elaboração dos planos de saúde, em função das características epidemiológicas e da organização dos serviços em cada jurisdição administrativa.

Art. 38. Não será permitida a destinação de subvenções e auxílios a instituições prestadoras de serviços de saúde com finalidade lucrativa.

DAS DISPOSIÇÕES FINAIS E TRANSITÓRIAS

Art. 39. (Vetado).

§ 1º (Vetado).

§ 2º (Vetado).

§ 3º (Vetado).

§ 4º (Vetado).

§ 5º A cessão de uso dos imóveis de propriedade do Inamps para órgãos integrantes do Sistema Único de Saúde (SUS) será feita de modo a preservá-los como patrimônio da Seguridade Social.

§ 6º Os imóveis de que trata o parágrafo anterior serão inventariados com todos os seus acessórios, equipamentos e outros bens móveis e ficarão disponíveis para utilização pelo órgão de direção municipal do Sistema Único de Saúde - SUS ou, eventualmente, pelo estadual, em cuja circunscrição administrativa se encontrem, mediante simples termo de recebimento.

§ 7º (Vetado).

§ 8º O acesso aos serviços de informática e bases de dados, mantidos pelo Ministério da Saúde e pelo Ministério do Trabalho e da Previdência Social, será assegurado às Secretarias Estaduais e Municipais de Saúde ou órgãos congêneres, como suporte ao processo de gestão, de forma a permitir a gerencia informatizada das contas e a disseminação de estatísticas sanitárias e epidemiológicas médico-hospitalares.

Art. 40. (Vetado)

Art. 41. As ações desenvolvidas pela Fundação das Pioneiras Sociais e pelo Instituto Nacional do Câncer, supervisionadas pela direção nacional do Sistema Único de Saúde (SUS), permanecerão como referencial de prestação de serviços, formação de recursos humanos e para transferência de tecnologia.

Art. 42. (Vetado).

Art. 43. A gratuidade das ações e serviços de saúde fica preservada nos serviços públicos contratados, ressalvando-se as cláusulas dos contratos ou convênios estabelecidos com as entidades privadas.

Art. 44. (Vetado).

Art. 45. Os serviços de saúde dos hospitais universitários e de ensino integram-se ao Sistema Único de Saúde (SUS), mediante convênio, preservada a sua autonomia administrativa, em relação ao patrimônio, aos recursos humanos e financeiros, ensino, pesquisa e extensão nos limites conferidos pelas instituições a que estejam vinculados.

§ 1º Os serviços de saúde de sistemas estaduais e municipais de previdência social deverão integrar-se à direção correspondente do Sistema Único de Saúde (SUS), conforme seu âmbito de atuação, bem como quaisquer outros órgãos e serviços de saúde.

§ 2º Em tempo de paz e havendo interesse recíproco, os serviços de saúde das Forças Armadas poderão integrar-se ao Sistema Único de Saúde (SUS), conforme se dispuser em convênio que, para esse fim, for firmado.

Art. 46. o Sistema Único de Saúde (SUS), estabelecerá mecanismos de incentivos à participação do setor privado no investimento em ciência e tecnologia e estimulará a transferência de tecnologia das universidades e institutos de pesquisa aos serviços de saúde nos Estados, Distrito Federal e Municípios, e às empresas nacionais.

Art. 47. O Ministério da Saúde, em articulação com os níveis estaduais e municipais do Sistema Único de Saúde (SUS), organizará, no prazo de dois anos, um sistema nacional de informações em saúde, integrado em todo o território nacional, abrangendo questões epidemiológicas e de prestação de serviços.

Art. 48. (Vetado).

Art. 49. (Vetado).

Art. 50. Os convênios entre a União, os Estados e os Municípios, celebrados para implantação dos Sistemas Unificados e Descentralizados de Saúde, ficarão rescindidos à proporção que seu objeto for sendo absorvido pelo Sistema Único de Saúde (SUS).

Art. 51. (Vetado).

Art. 52. Sem prejuízo de outras sanções cabíveis, constitui crime de emprego irregular de verbas ou rendas públicas (Código Penal, art. 315) a utilização de recursos financeiros do Sistema Único de Saúde (SUS) em finalidades diversas das previstas nesta lei.

Art. 53. (Vetado).

Art. 53-A. Na qualidade de ações e serviços de saúde, as atividades de apoio à assistência à saúde são aquelas desenvolvidas pelos laboratórios de genética humana, produção e fornecimento de medicamentos e produtos para saúde, laboratórios de analises clínicas, anatomia patológica e de diagnóstico por imagem e são livres à participação direta ou indireta de empresas ou de capitais estrangeiros. (Incluído pela Lei nº 13.097, de 2015)

Art. 54. Esta lei entra em vigor na data de sua publicação.

Art. 55. São revogadas a Lei nº. 2.312, de 3 de setembro de 1954, a Lei nº. 6.229, de 17 de julho de 1975, e demais disposições em contrário.

Brasília, 19 de setembro de 1990; 169º da Independência e 102º da República.

FERNANDO COLLOR

DOU de 20.9.1990

LEI Nº 8.085, DE 23 DE OUTUBRO DE 1990

Dispõe sobre o Imposto de Importação.

› *Imposto de importação*

Art. 1º. O Poder Executivo poderá, atendidas as condições e os limites estabelecidos na Lei nº 3.244, de 14 de agosto de 1957, modificada pelos Decretos-Leis nºs 63, de 21 de novembro de 1966, e 2.162, de 19 de setembro de 1984, alterar as alíquotas do imposto de importação.

Parágrafo único. O Presidente da República poderá outorgar competência à CAMEX para a prática dos atos previstos neste artigo. (Redação dada pela Medida Provisória nº 2.158-35, de 2001)

Art. 2º. As atribuições da extinta Comissão de Política Aduaneira ficam transferidas à Secretaria Nacional de Economia, do Ministério da Economia, Fazenda e Planejamento, ressalvado o disposto no artigo anterior.

Art. 3º. As mercadorias relacionadas na tabela anexa a esta lei, com a indicação dos correspondentes códigos de classificação na Nomenclatura Brasileira de Mercadorias, ficam sujeitas ao imposto de importação à alíquota ad valorem de zero por cento, aplicando-se-lhes o disposto no art. 1º.

Art. 4º. Esta lei entra em vigor na data de sua publicação.

Art. 5º. Revogam-se o art. 8º da Lei nº 8.032, de 12 de abril de 1990, e demais disposições em contrário.

Sendo Federal, 23 de outubro de 1990; 169º da Independência e 102º da República.

NELSON CARNEIRO

Publicado no DOU de 24.11.1990

LEI Nº 8.100, DE 5 DE DEZEMBRO DE 1990

Dispõe sobre o reajuste das prestações pactuadas nos contratos de financiamento firmados no âmbito do Sistema Financeiro da Habitação, vinculados ao Plano de Equivalência Salarial e dá outras providências.

› *Reajuste das prestações*

Faço saber que o Presidente da República adotou a Medida Provisória nº 260, de 1990, que o Congresso Nacional aprovou, e eu, NELSON CARNEIRO, Presidente do Senado Federal, para os efeitos do disposto no parágrafo único do art. 62 da Constituição Federal, promulgo a seguinte lei:

Art. 1º As prestações mensais pactuadas nos contratos de financiamento firmados no âmbito do Sistema Financeiro da Habitação (SFH), vinculados ao Plano de Equivalência Salarial por Categoria Profissional (PES/CP), serão reajustadas em função da data-base para a respectiva revisão salarial, mediante a aplicação do percentual que resultar:

I – da variação: até fevereiro de 1990, do Índice de Preços ao Consumidor (IPC) e, a partir de março de 1990, o valor nominal do Bônus do Tesouro Nacional (BTN);

II – do acréscimo de percentual relativo ao ganho real de salário.

§ 1º No caso de contratos enquadrados na modalidade plena do PES/CP, far-se-á, a partir do mês de julho de 1990, o reajuste mensal das respectivas prestações, com base no percentual de variação do valor nominal do BTN.

§ 2º Do percentual de reajuste de que trata o *caput* deste artigo será deduzido o percentual de reajuste a que se refere o parágrafo anterior.

§ 3º É facultado ao agente financeiro aplicar, em substituição aos percentuais previstos no *caput* e 1º deste artigo, o índice de aumento salarial da categoria profissional que for antecipadamente conhecido.

Art. 2º Ao mutuário, cujo aumento salarial for inferior à variação dos percentuais referidos no *caput* e 1º do artigo anterior, fica assegurado o reajuste das prestações mensais em percentual idêntico ao do respectivo aumento salarial, desde que efetuem a devida comprovação perante o agente financeiro.

Art. 3º O Fundo de Compensação de Variações Salariais – FCVS quitará somente um saldo devedor remanescente por mutuário ao final do contrato, exceto aqueles relativos aos contratos firmados até 5 de dezembro de 1990, ao amparo da legislação do SFH, independentemente da data de ocorrência do evento caracterizador da obrigação do FCVS. (Redação dada pela Lei nº 10.150, de 21.12.2001)

§ 1º No caso de mutuários que tenham contribuído para o FCVS em mais de um financiamento, desde que não sejam referentes a imóveis na mesma localidade, fica assegurada a cobertura do fundo, a qualquer tempo, somente para quitações efetuadas na forma estabelecida no *caput* do art. 5º da Lei nº 8.004, de 14 de março de 1990.

§ 2º Ocorrendo a hipótese de um mutuário figurar como codevedor em contrato celebrado anteriormente, não será considerado como tendo mais de um financiamento.

§ 3º Para assegurar o cumprimento do disposto neste artigo, fica a CEF, na qualidade de Administradora do FCVS, autorizada a desenvolver, implantar e operar cadastro nacional de mutuários do Sistema Financeiro da Habitação – SFH, constituído a partir dos cadastros de operações imobiliárias e de seguro habitacional, ficando sob responsabilidade do FCVS os custos decorrentes do desenvolvimento, implantação, produção e manutenção do referido cadastro. (Redação dada pela Lei nº 10.150, de 21.12.2001)

§ 4º O Conselho Monetário Nacional – CMN editará os atos normativos necessários à administração e manutenção do cadastro a que se refere o § 3º deste artigo. (Incluído pela Lei nº 10.150, de 21.12.2001)

§ 5º O cadastro nacional de mutuários do SFH será atualizado, mensalmente, pelas instituições ou agentes financeiros e pelos Estados, Municípios e Distrito Federal, ou pelos respectivos órgãos de suas administrações diretas e indiretas, com as informações relativas aos contratos de financiamento habitacional que tenham sido efetuados no âmbito do Sistema Nacional de Habitação de Interesse Social (SNHIS), de que trata a Lei nº 11.124, de 16 de junho de 2005, ou de outros programas habitacionais oficiais subsidiados pelo poder público (Acrescido pela Lei nº 14.118, de 2021)

Art. 4º O Banco Central do Brasil expedirá as instruções necessárias à aplicação desta lei, inclusive aquelas relativas ao reajuste de prestações de financiamentos firmados no âmbito do SFH.

Art. 5º As relações jurídicas decorrentes das Medidas Provisórias nºs 191, de 6 de junho de 1990, 196, de 30 de junho de 1990, 202, de 1º de agosto de 1990, 217, de 31 de agosto de 1990, e 239, de 2 de outubro de 1990, serão disciplinados pelo Congresso Nacional, nos termos do disposto no parágrafo único do art. 62 da Constituição.

Art. 6º Esta lei entra em vigor na data de sua publicação.

Art. 7º Revogam-se as disposições em contrário.

Senado Federal, em 5 de dezembro de 1990; 169º da Independência e 102º da República.

NELSON CARNEIRO

D.O.U. de 6.12.1990

LEI Nº 8.112, DE 11 DE DEZEMBRO DE 1990

Dispõe sobre o regime jurídico dos servidores públicos civis da União, das autarquias e das fundações públicas federais.

› *Servidores Públicos*

› DOU, 12.12.1990.

› Republicado no DOU, 18.03.1998.

› Publicação consolidada determinada pelo art. 13, Lei 9.527/1997.

› Lei 9.962/2000 (Disciplina o regime de emprego público do pessoal da Administração federal direta, autárquica e fundacional).

› art. 12, Lei 12.813/2013 (Dispõe sobre o conflito de interesses no exercício de cargo ou emprego do Poder Executivo federal e impedimentos posteriores ao exercício do cargo ou emprego).

› Lei 12.855/2013 (Institui a indenização devida a ocupante de cargo efetivo das Carreiras e Planos Especiais de Cargos que especifica, em exercício nas unidades situadas em localidades estratégicas vinculadas à prevenção, controle, fiscalização e repressão dos delitos transfronteiriços).

- Dec. 5.707/2006 (Institui a Política e as Diretrizes para o Desenvolvimento de Pessoal da administração pública federal direta, autárquica e fundacional e regulamenta dispositivos desta lei).
- Dec. 5.961/2006 (Institui o Sistema Integrado de Saúde Ocupacional do Servidor Público Federal - SISOSP).
- Dec. Leg. 206/2010, (Aprova, com ressalvas, os textos da Convenção 151 e da Recomendação 159, da Organização Internacional do Trabalho, ambas de 1978, sobre as relações de trabalho na Administração Pública).
- Dec. 8.690/2016 (Dispõe sobre a gestão das consignações em folha de pagamento no âmbito do sistema de gestão de pessoas do Poder Executivo federal.)
- Dec. 8.737/2016 (Institui o Programa de Prorrogação da Licença-Paternidade).

O Presidente da República. Faço saber que o Congresso Nacional decreta e eu sanciono a seguinte Lei:

TÍTULO I
CAPÍTULO ÚNICO
DAS DISPOSIÇÕES PRELIMINARES

Art. 1º Esta Lei institui o Regime Jurídico dos Servidores Públicos Civis da União, das autarquias, inclusive as em regime especial, e das fundações públicas federais.

- Lei 11.440/2006 (Institui o regime jurídico dos servidores do serviço exterior brasileiro).

Art. 2º Para os efeitos desta lei, servidor é a pessoa legalmente investida em cargo público.

- Lei 9.962/2000 (Disciplina o regime de emprego público do pessoal da Administração Federal direta, autárquica e fundacional).

Art. 3º Cargo público é o conjunto de atribuições e responsabilidades previstas na estrutura organizacional que devem ser cometidas a um servidor.

Parágrafo único. Os cargos públicos, acessíveis a todos os brasileiros, são criados por lei, com denominação própria e vencimento pago pelos cofres públicos, para provimento em caráter efetivo ou em comissão.

Art. 4º É proibida a prestação de serviços gratuitos, salvo os casos previstos em lei.

TÍTULO II
DO PROVIMENTO, VACÂNCIA, REMOÇÃO, REDISTRIBUIÇÃO E SUBSTITUIÇÃO

CAPÍTULO I
DO PROVIMENTO

SEÇÃO I
DISPOSIÇÕES GERAIS

Art. 5º São requisitos básicos para investidura em cargo público:

I - a nacionalidade brasileira;
II - o gozo dos direitos políticos;
III - a quitação com as obrigações militares e eleitorais;
IV - o nível de escolaridade exigido para o exercício do cargo;
V - a idade mínima de dezoito anos;
VI - aptidão física e mental.

§ 1º As atribuições do cargo podem justificar a exigência de outros requisitos estabelecidos em lei.

§ 2º Às pessoas portadoras de deficiência é assegurado o direito de se inscrever em concurso público para provimento de cargo cujas atribuições sejam compatíveis com a deficiência de que são portadoras; para tais pessoas serão reservadas até 20% (vinte por cento) das vagas oferecidas no concurso.

- Súm. 377, STJ.

§ 3º As universidades e instituições de pesquisa científica e tecnológica federais poderão prover seus cargos com professores, técnicos e cientistas estrangeiros, de acordo com as normas e os procedimentos desta lei. (Incluído pela Lei 9.515/1997.)

Art. 6º O provimento dos cargos públicos far-se-á mediante ato da autoridade competente de cada Poder.

Art. 7º A investidura em cargo público ocorrerá com a posse.

Art. 8º São formas de provimento de cargo público:

I - nomeação;
II - promoção;
III e IV - (Revogados pela Lei 9.527/1997.)
V - readaptação;
VI - reversão;
VII - aproveitamento;
VIII - reintegração;
IX - recondução.

SEÇÃO II
DA NOMEAÇÃO

Art. 9º A nomeação far-se-á:

I - em caráter efetivo, quando se tratar de cargo isolado de provimento efetivo ou de carreira;
II - em comissão, inclusive na condição de interino, para cargos de confiança vagos. (Redação dada pela Lei 9.527/1997.)

Parágrafo único. O servidor ocupante de cargo em comissão ou de natureza especial poderá ser nomeado para ter exercício, interinamente, em outro cargo de confiança, sem prejuízo das atribuições do que atualmente ocupa, hipótese em que deverá optar pela remuneração de um deles durante o período da interinidade. (Redação dada pela Lei 9.527/1997.)

Art. 10. A nomeação para cargo de carreira ou cargo isolado de provimento efetivo depende de prévia habilitação em concurso público de provas ou de provas e títulos, obedecidos a ordem de classificação e o prazo de sua validade.

Parágrafo único. Os demais requisitos para o ingresso e o desenvolvimento do servidor na carreira, mediante promoção, serão estabelecidos pela lei que fixar as diretrizes do sistema de carreira na Administração Pública Federal e seus regulamentos. (Redação dada pela Lei 9.527/1997.)

SEÇÃO III
DO CONCURSO PÚBLICO

Art. 11. O concurso será de provas ou de provas e títulos, podendo ser realizado em duas etapas, conforme dispuserem a lei e o regulamento do respectivo plano de carreira, condicionada a inscrição do candidato ao pagamento do valor fixado no edital, quando indispensável ao seu custeio, e ressalvadas as hipóteses de isenção nele expressamente previstas. (Redação dada pela Lei 9.527/1997.)

- Dec. 6.593/2008 (Regulamenta este artigo quanto à isenção de pagamento de taxa de inscrição em concursos públicos realizados no âmbito do Poder Executivo Federal).

Art. 12. O concurso público terá validade de até 2 (dois) anos, podendo ser prorrogado uma única vez, por igual período.

§ 1º O prazo de validade do concurso e as condições de sua realização serão fixados em edital, que será publicado no Diário Oficial da União e em jornal diário de grande circulação.

§ 2º Não se abrirá novo concurso enquanto houver candidato aprovado em concurso anterior com prazo de validade não expirado.

SEÇÃO IV
DA POSSE E DO EXERCÍCIO

Art. 13. A posse dar-se-á pela assinatura do respectivo termo, no qual deverão constar as atribuições, os deveres, as responsabilidades e os direitos inerentes ao cargo ocupado, que não poderão ser alterados unilateralmente, por qualquer das partes, ressalvados os atos de ofício previstos em lei.

§ 1º A posse ocorrerá no prazo de trinta dias contados da publicação do ato de provimento. (Redação dada pela Lei 9.527/1997.)

§ 2º Em se tratando de servidor, que esteja na data de publicação do ato de provimento, em licença prevista nos incisos I, III e V do art. 81, ou afastado nas hipóteses dos incisos I, IV, VI, VIII, alíneas *a*, *b*, *d*, *e* e *f*, IX e X do art. 102, o prazo será contado do término do impedimento. (Redação dada pela Lei 9.527/1997.)

§ 3º A posse poderá dar-se mediante procuração específica.

§ 4º Só haverá posse nos casos de provimento de cargo por nomeação. (Redação dada pela Lei 9.527/1997.)

§ 5º No ato da posse, o servidor apresentará declaração de bens e valores que constituem seu patrimônio e declaração quanto ao exercício ou não de outro cargo, emprego ou função pública.

- art. 13, Lei 8.429/1992 (Lei da Improbidade Administrativa).
- Lei 8.730/1993 (Estabelece a obrigatoriedade da declaração de bens e rendas para o exercício de cargos, empregos e funções nos Poderes Executivo, Legislativo e Judiciário).

§ 6º Será tornado sem efeito o ato de provimento se a posse não ocorrer no prazo previsto no § 1º deste artigo.

Art. 14. A posse em cargo público dependerá de prévia inspeção médica oficial.

Parágrafo único. Só poderá ser empossado aquele que for julgado apto física e mentalmente para o exercício do cargo.

Art. 15. Exercício é o efetivo desempenho das atribuições do cargo público ou da função de confiança. (Redação dada pela Lei 9.527/1997.)

§ 1º É de quinze dias o prazo para o servidor empossado em cargo público entrar em exercício, contados da data da posse. (Redação dada pela Lei 9.527/1997.)

§ 2º O servidor será exonerado do cargo ou será tornado sem efeito o ato de sua designação para função de confiança, se não entrar em exercício nos prazos previstos neste artigo, observado o disposto no art. 18. (Redação dada pela Lei 9.527/1997.)

§ 3º À autoridade competente do órgão ou entidade para onde for nomeado ou designado o servidor compete dar-lhe exercício. (Redação dada pela Lei 9.527/1997.)

§ 4º O início do exercício de função de confiança coincidirá com a data de publicação do ato de designação, salvo quando o servidor estiver em licença ou afastado por qualquer outro motivo legal, hipótese em que recairá no primeiro dia útil após o término do impedimento, que não poderá exceder a trinta dias da publicação. (Incluído pela Lei 9.527/1997.)

Art. 16. O início, a suspensão, a interrupção e o reinício do exercício serão registrados no assentamento individual do servidor.

Parágrafo único. Ao entrar em exercício, o servidor apresentará ao órgão competente os elementos necessários ao seu assentamento individual.

Art. 17. A promoção não interrompe o tempo de exercício, que é contado no novo posicionamento na carreira a partir da data de publicação do ato que promover o servidor. (Redação dada pela Lei 9.527/1997.)

Art. 18. O servidor que deva ter exercício em outro município em razão de ter sido removido, redistribuído, requisitado, cedido ou posto em exercício provisório terá, no mínimo, dez e, no máximo, trinta dias de prazo, contados da publicação do ato, para a retomada do efetivo desempenho das atribuições do cargo, incluído nesse prazo o tempo necessário para o deslocamento para a nova sede. (Redação dada pela Lei 9.527/1997.)

§ 1º Na hipótese de o servidor encontrar-se em licença ou afastado legalmente, o prazo a que se refere este artigo será contado a partir do término do impedimento. (Parágrafo renumerado e alterado pela Lei 9.527/1997.)

§ 2º É facultado ao servidor declinar dos prazos estabelecidos no *caput*. (Incluído pela Lei 9.527/1997.)

Art. 19. Os servidores cumprirão jornada de trabalho fixada em razão das atribuições pertinentes aos respectivos cargos, respeitada a duração máxima do trabalho semanal de quarenta horas e observados os limites mínimo e máximo de seis horas e oito horas diárias, respectivamente. (Redação dada pela Lei 8.270/1991)

- Dec. 1.590/1995 (Dispõe sobre a jornada de trabalho dos servidores da Administração Pública Federal direta, das autarquias e das fundações públicas federais).

§ 1º O ocupante de cargo em comissão ou função de confiança submete-se a regime de integral dedicação ao serviço, observado o disposto no art. 120, podendo ser convocado sempre que houver interesse da Administração. (Redação dada pela Lei 9.527/1997.)

§ 2º O disposto neste artigo não se aplica a duração de trabalho estabelecida em leis especiais. (Incluído pela Lei 8.270/1991)

Art. 20. Ao entrar em exercício, o servidor nomeado para cargo de provimento efetivo ficará sujeito a estágio probatório por período de 24 (vinte e quatro) meses, durante o qual a sua aptidão e capacidade serão objeto de avaliação para o desempenho do cargo, observados os seguinte fatores:

- EC 19/1998.

I - assiduidade;
II - disciplina;
III - capacidade de iniciativa;
IV - produtividade;
V - responsabilidade.

§ 1º 4 (quatro) meses antes de findo o período do estágio probatório, será submetida à homologação da autoridade competente a avaliação do desempenho do servidor, realizada por comissão constituída para essa finalidade, de acordo com o que dispuser a lei ou o regulamento da respectiva carreira ou cargo, sem prejuízo da continuidade de apuração dos fatores enumerados nos incisos I a V do *caput* deste artigo. (Redação dada pela Lei 11.784/2008.)

§ 2º O servidor não aprovado no estágio probatório será exonerado ou, se estável, reconduzido ao cargo anteriormente ocupado, observado o disposto no parágrafo único do art. 29.

§ 3º O servidor em estágio probatório poderá exercer quaisquer cargos de provimento em comissão ou funções de direção, chefia ou assessoramento no órgão ou entidade de lotação, e somente poderá ser cedido a outro órgão ou entidade para ocupar cargos de Natureza Especial, cargos de provimento em comissão do Grupo-Direção e Assessoramento Superiores - DAS, de níveis 6, 5 e 4, ou equivalentes. (Incluído pela Lei 9.527/1997.)

§ 4º Ao servidor em estágio probatório somente poderão ser concedidas as licenças e os afastamentos previstos nos arts. 81, incisos I a IV, 94, 95 e 96, bem assim afastamento para participar de curso de formação decorrente de aprovação em concurso para outro cargo na Administração Pública Federal. (Incluído pela Lei 9.527/1997.)

§ 5º O estágio probatório ficará suspenso durante as licenças e os afastamentos previstos nos arts. 83, 84, § 1º, 86 e 96, bem assim na hipótese de participação em curso de formação, e será retomado a partir do término do impedimento. (Incluído pela Lei 9.527/1997.)

SEÇÃO V
DA ESTABILIDADE

Art. 21. O servidor habilitado em concurso público e empossado em cargo de provimento efetivo adquirirá estabilidade no serviço público ao completar 2 (dois) anos de efetivo exercício.

- art. 41, CF.
- arts. 19 a 21, ADCT.
- Súm. 390, TST.

Art. 22. O servidor estável só perderá o cargo em virtude de sentença judicial transitada em julgado ou de processo administrativo disciplinar no qual lhe seja assegurada ampla defesa.

SEÇÃO VI
DA TRANSFERÊNCIA

Art. 23. (Revogado pela Lei 9.527/1997.)

SEÇÃO VII
DA READAPTAÇÃO

Art. 24. Readaptação é a investidura do servidor em cargo de atribuições e responsabilidades compatíveis com a limitação que tenha sofrido em sua capacidade física ou mental verificada em inspeção médica.

§ 1º Se julgado incapaz para o serviço público, o readaptando será aposentado.

§ 2º A readaptação será efetivada em cargo de atribuições afins, respeitada a habilitação exigida, nível de escolaridade e equivalência de vencimentos e, na hipótese de inexistência de cargo vago, o servidor exercerá suas atribuições como excedente, até a ocorrência de vaga. (Redação dada pela Lei 9.527/1997.)

SEÇÃO VIII
DA REVERSÃO

- Dec. 3.644/2000 (Regulamento).

Art. 25. Reversão é o retorno à atividade de servidor aposentado: (Redação dada pela Med. Prov. 2.225-45/2001. Até o encerramento desta edição, não convertida em Lei.)

I - por invalidez, quando junta médica oficial declarar insubsistentes os motivos da aposentadoria; ou (Incluído pela Med. Prov. 2.225-45/2001.)
II - no interesse da administração, desde que: (Incluído pela Med. Prov. 2.225-45/2001.)

a) tenha solicitado a reversão; (Incluído pela Med. Prov. 2.225-45/2001.)

b) a aposentadoria tenha sido voluntária; (Incluído pela Med. Prov. 2.225-45/2001.)

c) estável quando na atividade; (Incluído pela Med. Prov. 2.225-45/2001.)

d) a aposentadoria tenha ocorrido nos cinco anos anteriores à solicitação; (Incluído pela Med. Prov. 2.225-45/2001.)

e) haja cargo vago. (Incluído pela Med. Prov. 2.225-45/2001.)

§ 1º A reversão far-se-á no mesmo cargo ou no cargo resultante de sua transformação. (Incluído pela Med. Prov. 2.225-45/2001.)

§ 2º O tempo em que o servidor estiver em exercício será considerado para concessão da aposentadoria. (Incluído pela Med. Prov. 2.225-45/2001.)

§ 3º No caso do inciso I, encontrando-se provido o cargo, o servidor exercerá suas atribuições como excedente, até a ocorrência de vaga. (Incluído pela Med. Prov. 2.225-45/2001.)

§ 4º O servidor que retornar à atividade por interesse da administração perceberá, em substituição aos proventos da aposentadoria, a remuneração do cargo que voltar a exercer, inclusive com as vantagens de natureza pessoal que percebia anteriormente à aposentadoria. (Incluído pela Med. Prov. 2.225-45/2001.)

§ 5º O servidor de que trata o inciso II somente terá os proventos calculados com base nas regras atuais se permanecer pelo menos cinco anos no cargo. (Incluído pela Med. Prov. 2.225-45/2001.)

§ 6º O Poder Executivo regulamentará o disposto neste artigo. (Incluído pela Med. Prov. 2.225-45/2001.)

Art. 26. (Revogado pela Med. Prov. 2.225-45/2001.)

Art. 27. Não poderá reverter o aposentado que já tiver completado 70 (setenta) anos de idade.

SEÇÃO IX
DA REINTEGRAÇÃO

Art. 28. A reintegração é a reinvestidura do servidor estável no cargo anteriormente ocupado, ou no cargo resultante de sua transformação, quando invalidada a sua demissão por decisão administrativa ou judicial, com ressarcimento de todas as vantagens.

- Súm. 173, STJ.

§ 1º Na hipótese de o cargo ter sido extinto, o servidor ficará em disponibilidade, observado o disposto nos arts. 30 e 31.

- art. 41, § 3º, CF.

§ 2º Encontrando-se provido o cargo, o seu eventual ocupante será reconduzido ao cargo de origem, sem direito à indenização ou aproveitado em outro cargo, ou, ainda, posto em disponibilidade.

- art. 41, § 3º, CF.

SEÇÃO X
DA RECONDUÇÃO

Art. 29. Recondução é o retorno do servidor estável ao cargo anteriormente ocupado e decorrerá de:

I - inabilitação em estágio probatório relativo a outro cargo;
II - reintegração do anterior ocupante.

Parágrafo único. Encontrando-se provido o cargo de origem, o servidor será aproveitado em outro, observado o disposto no art. 30.

SEÇÃO XI
DA DISPONIBILIDADE E DO APROVEITAMENTO

Art. 30. O retorno à atividade de servidor em disponibilidade far-se-á mediante aproveitamento obrigatório em cargo de atribuições e vencimentos compatíveis com o anteriormente ocupado.

Art. 31. O órgão central do Sistema de Pessoal Civil determinará o imediato aproveitamento de servidor em disponibilidade em vaga que vier a ocorrer nos órgãos ou entidades da Administração Pública Federal.

- Dec. 3.151/1999 (Disciplina a prática dos atos de extinção e de declaração de desnecessidade de cargos públicos, bem assim a dos atos de colocação em disponibilidade remunerada e de aproveitamento de servidores públicos em decorrência da extinção ou da reorganização de órgãos ou entidades da Administração Pública Federal direta, autárquica e fundacional).

Parágrafo único. Na hipótese prevista no § 3º do art. 37, o servidor posto em disponibilidade poderá ser mantido sob responsabilidade do órgão central do Sistema de Pessoal Civil da Administração Federal - SIPEC, até o seu adequado aproveitamento em outro órgão ou entidade. (Parágrafo incluído pela Lei 9.527/1997.)

Art. 32. Será tornado sem efeito o aproveitamento e cassada a disponibilidade se o servidor não entrar em exercício no prazo legal, salvo doença comprovada por junta médica oficial.

CAPÍTULO II
DA VACÂNCIA

Art. 33. A vacância do cargo público decorrerá de:

I - exoneração;
II - demissão;
III - promoção;
IV e V - (Revogados pela Lei 9.527/1997.)
VI - readaptação;
VII - aposentadoria;
VIII - posse em outro cargo inacumulável;
IX - falecimento.

Art. 34. A exoneração de cargo efetivo dar-se-á a pedido do servidor, ou de ofício.

‣ Súm. 21, STF.

Parágrafo único. A exoneração de ofício dar-se-á:

I - quando não satisfeitas as condições do estágio probatório;
II - quando, tendo tomado posse, o servidor não entrar em exercício no prazo estabelecido.

Art. 35. A exoneração de cargo em comissão e a dispensa de função de confiança dar-se-á: (Redação dada pela Lei 9.527/1997.)

I - a juízo da autoridade competente;
II - a pedido do próprio servidor.

Parágrafo único. (Revogado pela Lei 9.527/1997.)

CAPÍTULO III
DA REMOÇÃO E DA REDISTRIBUIÇÃO

SEÇÃO I
DA REMOÇÃO

Art. 36. Remoção é o deslocamento do servidor, a pedido ou de ofício, no âmbito do mesmo quadro, com ou sem mudança de sede.

‣ art. 20, Lei 11.416/2006 (Dispõe sobre as carreiras dos servidores do Poder Judiciário da União).

Parágrafo único. Para fins do disposto neste artigo, entende-se por modalidades de remoção: (Redação dada pela Lei 9.527/1997.)

I - de ofício, no interesse da Administração; (Incluído pela Lei 9.527/1997.)
II - a pedido, a critério da Administração; (Incluído pela Lei 9.527/1997.)
III - a pedido, para outra localidade, independentemente do interesse da Administração: (Incluído pela Lei 9.527/1997.)

a) para acompanhar cônjuge ou companheiro, também servidor público civil ou militar, de qualquer dos Poderes da União, dos Estados, do Distrito Federal e dos Municípios, que foi deslocado no interesse da Administração; (Incluído pela Lei 9.527/1997.)

‣ art. 142, § 3º, CF.

b) por motivo de saúde do servidor, cônjuge, companheiro ou dependente que viva às suas expensas e conste do seu assentamento funcional, condicionada à comprovação por junta médica oficial; (Incluído pela Lei 9.527/1997.)

c) em virtude de processo seletivo promovido, na hipótese em que o número de interessados for superior ao número de vagas, de acordo com normas preestabelecidas pelo órgão ou entidade em que aqueles estejam lotados. (Incluído pela Lei 9.527/1997.)

SEÇÃO II
DA REDISTRIBUIÇÃO

Art. 37. Redistribuição é o deslocamento de cargo de provimento efetivo, ocupado ou vago no âmbito do quadro geral de pessoal, para outro órgão ou entidade do mesmo Poder, com prévia apreciação do órgão central do SIPEC, observados os seguintes preceitos: (Redação dada pela Lei 9.527/1997.)

I - interesse da administração; (Incluído pela Lei 9.527/1997.)
II - equivalência de vencimentos; (Incluído pela Lei 9.527/1997.)
III - manutenção da essência das atribuições do cargo; (Incluído pela Lei 9.527/1997.)
IV - vinculação entre os graus de responsabilidade e complexidade das atividades; (Incluído pela Lei 9.527/1997.)
V - mesmo nível de escolaridade, especialidade ou habilitação profissional; (Incluído pela Lei 9.527/1997.)
VI - compatibilidade entre as atribuições do cargo e as finalidades institucionais do órgão ou entidade. (Incluído pela Lei 9.527/1997.)

‣ Dec. 3.151/1999 (Disciplina a prática dos atos de extinção e de declaração de desnecessidade de cargos públicos, bem assim a dos atos de colocação em disponibilidade remunerada e de aproveitamento de servidores públicos em decorrência da extinção ou da reorganização de órgãos ou entidades da Administração Pública Federal direta, autárquica e fundacional).

§ 1º A redistribuição ocorrerá *ex officio* para ajustamento de lotação e da força de trabalho às necessidades dos serviços, inclusive nos casos de reorganização, extinção ou criação de órgão ou entidade. (Incluído pela Lei 9.527/1997.)

§ 2º A redistribuição de cargos efetivos vagos se dará mediante ato conjunto entre o órgão central do SIPEC e os órgãos e entidades da Administração Pública Federal envolvidos. (Incluído pela Lei 9.527/1997.)

§ 3º Nos casos de reorganização ou extinção de órgão ou entidade, extinto o cargo ou declarada sua desnecessidade no órgão ou entidade, o servidor estável que não for redistribuído será colocado em disponibilidade, até seu aproveitamento na forma dos arts. 30 e 31. (Parágrafo renumerado e alterado pela Lei 9.527/1997.)

§ 4º O servidor que não for redistribuído ou colocado em disponibilidade poderá ser mantido sob responsabilidade do órgão central do SIPEC, e ter exercício provisório, em outro órgão ou entidade, até seu adequado aproveitamento. (Incluído pela Lei 9.527/1997.)

CAPÍTULO IV
DA SUBSTITUIÇÃO

Art. 38. Os servidores investidos em cargo ou função de direção ou chefia e os ocupantes de cargo de Natureza Especial terão substitutos indicados no regimento interno ou, no caso de omissão, previamente designados pelo dirigente máximo do órgão ou entidade. (Redação dada pela Lei 9.527/1997.)

§ 1º O substituto assumirá automática e cumulativamente, sem prejuízo do cargo que ocupa, o exercício do cargo ou função de direção ou chefia e os de Natureza Especial, nos afastamentos, impedimentos legais ou regulamentares do titular e na vacância do cargo, hipóteses em que deverá optar pela remuneração de um deles durante o respectivo período. (Redação dada pela Lei 9.527/1997.)

§ 2º O substituto fará jus à retribuição pelo exercício do cargo ou função de direção ou chefia ou de cargo de Natureza Especial, nos casos dos afastamentos ou impedimentos legais do titular, superiores a trinta dias consecutivos, paga na proporção dos dias de efetiva substituição, que excederem o referido período. (Redação dada pela Lei 9.527/1997.)

Art. 39. O disposto no artigo anterior aplica-se aos titulares de unidades administrativas organizadas em nível de assessoria.

TÍTULO III
DOS DIREITOS E VANTAGENS

CAPÍTULO I
DO VENCIMENTO E DA REMUNERAÇÃO

Art. 40. Vencimento é a retribuição pecuniária pelo exercício de cargo público, com valor fixado em lei.

‣ Súm. 378, STJ.

Parágrafo único. (Revogado pela Lei 11.784/2008.)

Art. 41. Remuneração é o vencimento do cargo efetivo, acrescido das vantagens pecuniárias permanentes estabelecidas em lei.

‣ Súm. Vinc. 4, STF.

‣ Súm. 339, 680, 681 e 682, STF.

§ 1º A remuneração do servidor investido em função ou cargo em comissão será paga na forma prevista no art. 62.

§ 2º O servidor investido em cargo em comissão de órgão ou entidade diversa da de sua lotação receberá a remuneração de acordo com o estabelecido no § 1º do art. 93.

§ 3º O vencimento do cargo efetivo, acrescido das vantagens de caráter permanente, é irredutível.

§ 4º É assegurada a isonomia de vencimentos para cargos de atribuições iguais ou assemelhadas do mesmo Poder, ou entre servidores dos três Poderes, ressalvadas as vantagens de caráter individual e as relativas à natureza ou ao local de trabalho.

‣ art. 37, XIII, CF.

§ 5º Nenhum servidor receberá remuneração inferior ao salário-mínimo. (Incluído pela Lei 11.784/2008.)

‣ Súm. Vinc. 6, 15 e 16, STF.

‣ Súm. 378, STJ.

Art. 42. Nenhum servidor poderá perceber, mensalmente, a título de remuneração, importância superior à soma dos valores percebidos como remuneração, em espécie, a qualquer título, no âmbito dos respectivos Poderes, pelos Ministros de Estado, por membros do Congresso Nacional e Ministros do Supremo Tribunal Federal.

‣ art. 37, XI, CF.

Parágrafo único. Excluem-se do teto de remuneração as vantagens previstas nos incisos II a VII do art. 61.

Art. 43. (Revogado pela Lei 9.624/1998.)

Art. 44. O servidor perderá:

I - a remuneração do dia em que faltar ao serviço, sem motivo justificado; (Redação dada pela Lei 9.527/1997.)

‣ art. 4º, §§ 4º e 5º, do Dec. 7.003/2009, (que Regulamenta a licença para tratamento de saúde do servidor da Administração Federal direta, autárquica e fundacional e os casos em que poderá ser dispensada a perícia oficial).

II - a parcela de remuneração diária, proporcional aos atrasos, ausências justificadas, ressalvadas as concessões de que trata o art. 97, e saídas antecipadas, salvo na hipótese de compensação de horário, até o mês subsequente ao da ocorrência, a ser estabelecida pela chefia imediata. (Redação dada pela Lei 9.527/1997.)

Parágrafo único. As faltas justificadas decorrentes de caso fortuito ou de força maior poderão ser compensadas a critério da chefia imediata, sendo assim consideradas como efetivo exercício. (Incluído pela Lei 9.527/1997.)

Art. 45. Salvo por imposição legal, ou mandado judicial, nenhum desconto incidirá sobre a remuneração ou provento.

‣ Dec. 6.386/2008 (Regulamenta este artigo).

§ 1º Mediante autorização do servidor, poderá haver consignação em folha de pagamento em favor de terceiros, a critério da administração e com reposição de custos, na forma definida em regulamento. (Alterado pela Lei 13.172/2015.)

§ 2º O total de consignações facultativas de que trata o § 1º não excederá a 35% (trinta e cinco por cento) da remuneração mensal, sendo 5% (cinco por cento) reservados exclusivamente para: (Alterado pela Lei 13.172/2015.)

I - a amortização de despesas contraídas por meio de cartão de crédito; ou

II - a utilização com a finalidade de saque por meio do cartão de crédito.

Art. 46. As reposições e indenizações ao erário, atualizadas até 30 de junho de 1994, serão previamente comunicadas ao servidor ativo, aposentado ou ao pensionista, para pagamento, no prazo máximo de trinta dias, podendo ser parceladas, a pedido do interessado. (Redação dada pela Med. Prov. 2.225-45/2001.)

‣ Res. CJF 68/2009 (Dispõe sobre o processo administrativo relativo à devolução de valores indevidamente recebidos, bem como ao ressarcimento de danos causados ao erário por juiz ou servidor da Justiça Federal de primeiro e segundo graus e por servidor do Conselho da Justiça Federal).

§ 1º O valor de cada parcela não poderá ser inferior ao correspondente a dez por cento da remuneração, provento ou pensão. (Redação dada pela Med. Prov. 2.225-45/2001.)

§ 2º Quando o pagamento indevido houver ocorrido no mês anterior ao do processamento da folha, a reposição será feita imediatamente, em uma única parcela. (Redação dada pela Med. Prov. 2.225-45/2001.)

§ 3º Na hipótese de valores recebidos em decorrência de cumprimento a decisão liminar, a tutela antecipada ou a sentença que venha a ser revogada ou rescindida, serão eles atualizados até a data da reposição. (Redação dada pela Med. Prov. 2.225-45/2001.)

Art. 47. O servidor em débito com o erário, que for demitido, exonerado ou que tiver sua aposentadoria ou disponibilidade cassada, terá o prazo de sessenta dias para quitar o débito. (Redação dada pela Med. Prov. 2.225-45/2001.)

Parágrafo único. A não quitação do débito no prazo previsto implicará sua inscrição em dívida ativa. (Redação dada pela Med. Prov. 2.225-45/2001.)

Art. 48. O vencimento, a remuneração e o provento não serão objeto de arresto, sequestro ou penhora, exceto nos casos de prestação de alimentos resultante de decisão judicial.

‣ Súm. 97, STJ.

CAPÍTULO II
DAS VANTAGENS

Art. 49. Além do vencimento, poderão ser pagas ao servidor as seguintes vantagens:

I - indenizações;

II - gratificações;

III - adicionais.

§ 1º As indenizações não se incorporam ao vencimento ou provento para qualquer efeito.

§ 2º As gratificações e os adicionais incorporam-se ao vencimento ou provento, nos casos e condições indicados em lei.

Art. 50. As vantagens pecuniárias não serão computadas, nem acumuladas, para efeito de concessão de quaisquer outros acréscimos pecuniários ulteriores, sob o mesmo título ou idêntico fundamento.

‣ art. 37, XIV, CF.

SEÇÃO I
DAS INDENIZAÇÕES

Art. 51. Constituem indenizações ao servidor:

I - ajuda de custo;

II - diárias;

III - transporte.

IV - auxílio-moradia. (Incluído pela Lei 11.355/2006.)

Art. 52. Os valores das indenizações estabelecidas nos incisos I a III do art. 51, assim como as condições para a sua concessão, serão estabelecidos em regulamento. (Redação dada pela Lei 11.355/2006.)

‣ Dec. 3.184/1999 (Regulamenta este artigo).

SUBSEÇÃO I
DA AJUDA DE CUSTO

‣ Dec. 4.004/2001 (Dispõe sobre a concessão de ajuda de custo e de transporte aos servidores públicos civis da União, das autarquias e das fundações públicas federais).

Art. 53. A ajuda de custo destina-se a compensar as despesas de instalação do servidor que, no interesse do serviço, passar a ter exercício em nova sede, com mudança de domicílio em caráter permanente, vedado o duplo pagamento de indenização, a qualquer tempo, no caso de o cônjuge ou companheiro que detenha também a condição de servidor, vier a ter exercício na mesma sede. (Redação dada pela Lei 9.527/1997.)

§ 1º Correm por conta da administração as despesas de transporte do servidor e de sua família, compreendendo passagem, bagagem e bens pessoais.

§ 2º À família do servidor que falecer na nova sede são assegurados ajuda de custo e transporte para a localidade de origem, dentro do prazo de 1 (um) ano, contado do óbito.

§ 3º Não será concedida ajuda de custo nas hipóteses de remoção previstas nos incisos II e III do parágrafo único do art. 36. (Acrescentado pela Lei 12.998/2014.)

Art. 54. A ajuda de custo é calculada sobre a remuneração do servidor, conforme se dispuser em regulamento, não podendo exceder a importância correspondente a 3 (três) meses.

Art. 55. Não será concedida ajuda de custo ao servidor que se afastar do cargo, ou reassumi-lo, em virtude de mandato eletivo.

Art. 56. Será concedida ajuda de custo àquele que, não sendo servidor da União, for nomeado para cargo em comissão, com mudança de domicílio.

Parágrafo único. No afastamento previsto no inciso I do art. 93, a ajuda de custo será paga pelo órgão cessionário, quando cabível.

Art. 57. O servidor ficará obrigado a restituir a ajuda de custo quando, injustificadamente, não se apresentar na nova sede no prazo de 30 (trinta) dias.

SUBSEÇÃO II
DAS DIÁRIAS

Art. 58. O servidor que, a serviço, afastar-se da sede em caráter eventual ou transitório para outro ponto do território nacional ou para o exterior, fará jus a passagens e diárias destinadas a indenizar as parcelas de despesas extraordinárias com pousada, alimentação e locomoção urbana, conforme dispuser em regulamento. (Redação dada pela Lei 9.527/1997.)

§ 1º A diária será concedida por dia de afastamento, sendo devida pela metade quando o deslocamento não exigir pernoite fora da sede, ou quando a União custear, por meio diverso, as despesas extraordinárias cobertas por diárias. (Redação dada pela Lei 9.527/1997.)

§ 2º Nos casos em que o deslocamento da sede constituir exigência permanente do cargo, o servidor não fará jus a diárias.

§ 3º Também não fará jus a diárias o servidor que se deslocar dentro da mesma região metropolitana, aglomeração urbana ou microrregião, constituídas por municípios limítrofes e regularmente instituídas, ou em áreas de controle integrado mantidas com países limítrofes, cuja jurisdição e competência dos órgãos, entidades e servidores brasileiros considera-se estendida, salvo se houver pernoite fora da sede, hipóteses em que as diárias pagas serão sempre as fixadas para os afastamentos dentro do território nacional. (Incluído pela Lei 9.527/1997.)

Art. 59. O servidor que receber diárias e não se afastar da sede, por qualquer motivo, fica obrigado a restituí-las integralmente, no prazo de 5 (cinco) dias.

Parágrafo único. Na hipótese de o servidor retornar à sede em prazo menor do que o previsto para o seu afastamento, restituirá as diárias recebidas em excesso, no prazo previsto no *caput*.

SUBSEÇÃO III
DA INDENIZAÇÃO DE TRANSPORTE

Art. 60. Conceder-se-á indenização de transporte ao servidor que realizar despesas com a utilização de meio próprio de locomoção para a execução de serviços externos, por força das atribuições próprias do cargo, conforme se dispuser em regulamento.

‣ Dec. 3.184/1999 (Regulamenta este artigo).

SUBSEÇÃO IV
DO AUXÍLIO-MORADIA

‣ Incluído pela Lei 11.355/2006.

Art. 60-A. O auxílio-moradia consiste no ressarcimento das despesas comprovadamente realizadas pelo servidor com aluguel de moradia ou com meio de hospedagem administrado por empresa hoteleira, no prazo de um mês após a comprovação da despesa pelo servidor. (Incluído pela Lei nº 11.355, de 2006)

Art. 60-B. Conceder-se-á auxílio-moradia ao servidor se atendidos os seguintes requisitos: (Incluído pela Lei 11.355/2006.)

I - não exista imóvel funcional disponível para uso pelo servidor; (Incluído pela Lei 11.355/2006.)

II - o cônjuge ou companheiro do servidor não ocupe imóvel funcional; (Incluído pela Lei 11.355/2006.)

III - o servidor ou seu cônjuge ou companheiro não seja ou tenha sido proprietário, promitente comprador, cessionário ou promitente cessionário de imóvel no Município aonde for exercer o cargo, incluída a hipótese de lote edificado sem averbação de construção, nos doze meses que antecederem a sua nomeação; (Incluído pela Lei 11.355/2006.)

IV - nenhuma outra pessoa que resida com o servidor receba auxílio-moradia; (Incluído pela Lei 11.355/2006.)

V - o servidor tenha se mudado do local de residência para ocupar cargo em comissão ou função de confiança do Grupo-Direção e Assessoramento Superiores - DAS, níveis 4, 5 e 6, de Natureza Especial, de Ministro de Estado ou equivalentes; (Incluído pela Lei 11.355/2006.)

VI - o Município no qual assuma o cargo em comissão ou função de confiança não se enquadre nas hipóteses do art. 58, § 3º, em relação ao local de residência ou domicílio do servidor; (Incluído pela Lei 11.355/2006.)

VII - o servidor não tenha sido domiciliado ou tenha residido no Município, nos últimos doze meses, aonde for exercer o cargo em comissão ou função de confiança, desconsiderando-se prazo inferior a sessenta dias dentro desse período; e (Incluído pela Lei 11.355/2006.)

VIII - o deslocamento não tenha sido por força de alteração de lotação ou nomeação para cargo efetivo. (Incluído pela Lei 11.355/2006.)

IX - o deslocamento tenha ocorrido após 30 de junho de 2006. (Incluído pela Lei 11.490/2007.)

Parágrafo único. Para fins do inciso VII, não será considerado o prazo no qual o servidor estava ocupando outro cargo em comissão relacionado no inciso V. (Incluído pela Lei 11.355/2006.)

Art. 60-C. (Revogado pela Lei 12.998/2014.)

Art. 60-D. O valor mensal do auxílio-moradia é limitado a 25% (vinte e cinco por cento) do valor do cargo em comissão, função comissionada ou cargo de Ministro de Estado ocupado. (Incluído pela Lei nº 11.784, de 2008

§ 1º O valor do auxílio-moradia não poderá superar 25% (vinte e cinco por cento) da remuneração de Ministro de Estado. (Incluído pela Lei 11.784/2008.)

§ 2º Independentemente do valor do cargo em comissão ou função comissionada, fica garantido a todos os que preencherem os requisitos o ressarcimento até o valor de R$ 1.800,00 (mil e oitocentos reais). (Incluído pela Lei nº 11.784, de 2008

Art. 60-E. No caso de falecimento, exoneração, colocação de imóvel funcional à disposição do servidor ou aquisição de imóvel, o auxílio-moradia continuará sendo pago por um mês. (Incluído pela Lei nº 11.355, de 2006)

SEÇÃO II
DAS GRATIFICAÇÕES E ADICIONAIS

▸ art. 39, § 7º, CF.

Art. 61. Além do vencimento e das vantagens previstas nesta Lei, serão deferidos aos servidores as seguintes retribuições, gratificações e adicionais: (Redação dada pela Lei 9.527/1997.)

▸ Súm. Vinc. 4, STF.

I - retribuição pelo exercício de função de direção, chefia e assessoramento; (Redação dada pela Lei 9.527/1997.)

II - gratificação natalina;

III - (Revogado pela Med. Prov. 2.225-45/2001.)

IV - adicional pelo exercício de atividades insalubres, perigosas ou penosas;

V - adicional pela prestação de serviço extraordinário;

VI - adicional noturno;

VII - adicional de férias;

VIII - outros, relativos ao local ou à natureza do trabalho;

IX - gratificação por encargo de curso ou concurso. (Incluído pela Lei 11.314/2006.)

SUBSEÇÃO I
DA RETRIBUIÇÃO PELO EXERCÍCIO DE FUNÇÃO DE DIREÇÃO, CHEFIA E ASSESSORAMENTO

▸ Redação dada pela Lei 9.527/1997.

Art. 62. Ao servidor ocupante de cargo efetivo investido em função de direção, chefia ou assessoramento, cargo de provimento em comissão ou de Natureza Especial é devida retribuição pelo seu exercício. (Redação dada pela Lei 9.527/1997.)

Parágrafo único. Lei específica estabelecerá a remuneração dos cargos em comissão de que trata o inciso II do art. 9º. (Redação dada pela Lei 9.527/1997.)

Art. 62-A. Fica transformada em Vantagem Pessoal Nominalmente Identificada - VPNI a incorporação da retribuição pelo exercício de função de direção, chefia ou assessoramento, cargo de provimento em comissão ou de Natureza Especial a que se referem os arts. 3º e 10 da Lei n. 8.911, de 11 de julho de 1994, e o art. 3º da Lei n. 9.624, de 02 de abril de 1998. (Incluído pela Med. Prov. 2.225-45/2001. Até o encerramento desta edição não havia sido convertida em Lei.)

Parágrafo único. A VPNI de que trata o *caput* deste artigo somente estará sujeita às revisões gerais de remuneração dos servidores públicos federais. (Incluído pela Med. Prov. 2.225-45/2001.)

SUBSEÇÃO II
DA GRATIFICAÇÃO NATALINA

Art. 63. A gratificação natalina corresponde a 1/12 (um doze avos) da remuneração a que o servidor fizer jus no mês de dezembro, por mês de exercício no respectivo ano.

Parágrafo único. A fração igual ou superior a 15 (quinze) dias será considerada como mês integral.

Art. 64. A gratificação será paga até o dia 20 (vinte) do mês de dezembro de cada ano.

Parágrafo único. (Vetado.)

Art. 65. O servidor exonerado perceberá sua gratificação natalina, proporcionalmente aos meses de exercício, calculada sobre a remuneração do mês da exoneração.

Art. 66. A gratificação natalina não será considerada para cálculo de qualquer vantagem pecuniária.

SUBSEÇÃO III
DO ADICIONAL POR TEMPO DE SERVIÇO

Art. 67. (Revogado pela Med. Prov. 2.225-45/2001, respeitadas as situações constituídas até 08.03.1999. Até o encerramento desta edição não convertida em Lei).

SUBSEÇÃO IV
DOS ADICIONAIS DE INSALUBRIDADE, PERICULOSIDADE OU ATIVIDADES PENOSAS

Art. 68. Os servidores que trabalhem com habitualidade em locais insalubres ou em contato permanente com substâncias tóxicas, radioativas ou com risco de vida, fazem jus a um adicional sobre o vencimento do cargo efetivo.

§ 1º O servidor que fizer jus aos adicionais de insalubridade e de periculosidade deverá optar por um deles.

§ 2º O direito ao adicional de insalubridade ou periculosidade cessa com a eliminação das condições ou dos riscos que deram causa a sua concessão.

Art. 69. Haverá permanente controle da atividade de servidores em operações ou locais considerados penosos, insalubres ou perigosos.

Parágrafo único. A servidora gestante ou lactante será afastada, enquanto durar a gestação e a lactação, das operações e locais previstos neste artigo, exercendo suas atividades em local salubre e em serviço não penoso e não perigoso.

Art. 70. Na concessão dos adicionais de atividades penosas, de insalubridade e de periculosidade, serão observadas as situações estabelecidas em legislação específica.

▸ Port. PGR - MPU 633/2010 (Regulamenta o pagamento do adicional de atividade penosa de que trata este artigo).

Art. 71. O adicional de atividade penosa será devido aos servidores em exercício em zonas de fronteira ou em localidades cujas condições de vida o justifiquem, nos termos, condições e limites fixados em regulamento.

▸ Port. PGR - MPU 633/2010 (Regulamenta o pagamento do adicional de atividade penosa de que trata este artigo).

Art. 72. Os locais de trabalho e os servidores que operam com Raios X ou substâncias radioativas serão mantidos sob controle permanente, de modo que as doses de radiação ionizante não ultrapassem o nível máximo previsto na legislação própria.

Parágrafo único. Os servidores a que se refere este artigo serão submetidos a exames médicos a cada 6 (seis) meses.

SUBSEÇÃO V
DO ADICIONAL POR SERVIÇO EXTRAORDINÁRIO

Art. 73. O serviço extraordinário será remunerado com acréscimo de 50% (cinquenta por cento) em relação à hora normal de trabalho.

▸ Dec. 948/1993 (Regulamenta este artigo).

Art. 74. Somente será permitido serviço extraordinário para atender a situações excepcionais e temporárias, respeitado o limite máximo de 2 (duas) horas por jornada.

SUBSEÇÃO VI
DO ADICIONAL NOTURNO

Art. 75. O serviço noturno, prestado em horário compreendido entre 22 (vinte e duas) horas de um dia e 5 (cinco) horas do dia seguinte, terá o valor-hora acrescido de 25% (vinte e cinco por cento), computando-se cada hora como cinquenta e dois minutos e trinta segundos.

Parágrafo único. Em se tratando de serviço extraordinário, o acréscimo de que trata este artigo incidirá sobre a remuneração prevista no art. 73.

SUBSEÇÃO VII
DO ADICIONAL DE FÉRIAS

Art. 76. Independentemente de solicitação, será pago ao servidor, por ocasião das férias, um adicional correspondente a 1/3 (um terço) da remuneração do período das férias.

▸ Súm. 125 e 136, STJ.

Parágrafo único. No caso de o servidor exercer função de direção, chefia ou assessoramento, ou ocupar cargo em comissão, a respectiva vantagem será considerada no cálculo do adicional de que trata este artigo.

SUBSEÇÃO VIII
DA GRATIFICAÇÃO POR ENCARGO DE CURSO OU CONCURSO

▸ Incluída pela Lei 11.314/2006.

Art. 76-A. A Gratificação por Encargo de Curso ou Concurso é devida ao servidor que, em caráter eventual: (Incluído pela Lei 11.314/2006)

▸ Dec. 6.114/2007 (Regulamenta este artigo).

I - atuar como instrutor em curso de formação, de desenvolvimento ou de treinamento regularmente instituído no âmbito da administração pública federal; (Incluído pela Lei 11.314/2006.)

▸ art. 98, § 4º, desta lei.

II - participar de banca examinadora ou de comissão para exames orais, para análise curricular, para correção de provas discursivas, para elaboração de questões de provas ou para julgamento de recursos intentados por candidatos; (Incluído pela Lei 11.314/2006.)

▸ art. 98, § 4º, desta lei.

III - participar da logística de preparação e de realização de concurso público envolvendo atividades de planejamento, coordenação, supervisão, execução e avaliação de resultado, quando tais atividades não estiverem incluídas entre as suas atribuições permanentes; (Incluído pela Lei 11.314/2006.)

IV - participar da aplicação, fiscalizar ou avaliar provas de exame vestibular ou de concurso público ou supervisionar essas atividades. (Incluído pela Lei 11.314/2006.)

§ 1º Os critérios de concessão e os limites da gratificação de que trata este artigo serão fixados em regulamento, observados os seguintes parâmetros: (Incluído pela Lei 11.314/2006.)

I - o valor da gratificação será calculado em horas, observadas a natureza e a complexidade da atividade exercida; (Incluído pela Lei 11.314/2006.)

II - a retribuição não poderá ser superior ao equivalente a 120 (cento e vinte) horas de trabalho anuais, ressalvada situação de excepcionalidade, devidamente justificada e previamente aprovada pela autoridade máxima do órgão ou entidade, que poderá autorizar o acréscimo de até 120 (cento e vinte) horas de trabalho anuais; (Incluído pela Lei 11.314/2006.)

III - o valor máximo da hora trabalhada corresponderá aos seguintes percentuais, incidentes sobre o maior vencimento básico da administração pública federal: (Incluído pela Lei 11.314/2006.)

a) 2,2% (dois inteiros e dois décimos por cento), em se tratando de atividades previstas nos incisos I e II do *caput* deste artigo; (Redação dada pela Lei 11.501/2007.)

b) 1,2% (um inteiro e dois décimos por cento), em se tratando de atividade prevista nos incisos III e IV do *caput* deste artigo. (Redação dada pela Lei 11.501/2007.)

§ 2º A Gratificação por Encargo de Curso ou Concurso somente será paga se as atividades referidas nos incisos do *caput* deste artigo forem exercidas sem prejuízo das atribuições do cargo de que o servidor for titular, devendo ser objeto de compensação de carga horária quando desempenhadas durante a jornada de trabalho, na forma do § 4º do art. 98 desta Lei. (Incluído pela Lei 11.314/2006.)

§ 3º A Gratificação por Encargo de Curso ou Concurso não se incorpora ao vencimento ou salário do servidor para qualquer efeito e não poderá ser utilizada como base de cálculo para quaisquer outras vantagens, inclusive para fins de cálculo dos proventos da aposentadoria e das pensões. (Incluído pela Lei 11.314/2006.)

CAPÍTULO III DAS FÉRIAS

Art. 77. O servidor fará jus a trinta dias de férias, que podem ser acumuladas, até o máximo de dois períodos, no caso de necessidade do serviço, ressalvadas as hipóteses em que haja legislação específica. (Redação dada pela Lei 9.525/1997.)

§ 1º Para o primeiro período aquisitivo de férias serão exigidos 12 (doze) meses de exercício.

§ 2º É vedado levar à conta de férias qualquer falta ao serviço.

§ 3º As férias poderão ser parceladas em até três etapas, desde que assim requeridas pelo servidor, e no interesse da administração pública. (Incluído pela Lei 9.525/1997.)

Art. 78. O pagamento da remuneração das férias será efetuado até 2 (dois) dias antes do início do respectivo período, observando-se o disposto no § 1º deste artigo.

‣ art. 2º, Lei 9.525/1997 (Ministros de Estado.)

§§ 1º e 2º (Revogados pela Lei 9.527/1997.)

§ 3º O servidor exonerado do cargo efetivo, ou em comissão, perceberá indenização relativa ao período das férias a que tiver direito e ao incompleto, na proporção de um doze avos por mês de efetivo exercício, ou fração superior a quatorze dias. (Incluído pela Lei 8.216/1991.)

§ 4º A indenização será calculada com base na remuneração do mês em que for publicado o ato exoneratório. (Incluído pela Lei 8.216/1991.)

§ 5º Em caso de parcelamento, o servidor receberá o valor adicional previsto no inciso XVII do art. 7º da Constituição Federal quando da utilização do primeiro período. (Incluído pela Lei 9.525/1997.)

Art. 79. O servidor que opera direta e permanentemente com raios X ou substâncias radioativas gozará 20 (vinte) dias consecutivos de férias, por semestre de atividade profissional, proibida em qualquer hipótese a acumulação.

Parágrafo único. (Revogado pela Lei 9.527/1997.)

Art. 80. As férias somente poderão ser interrompidas por motivo de calamidade pública, comoção interna, convocação para júri, serviço militar ou eleitoral, ou por necessidade do serviço declarada pela autoridade máxima do órgão ou entidade. (Redação dada pela Lei 9.527/1997.)

Parágrafo único. O restante do período interrompido será gozado de uma só vez, observado o disposto no art. 77. (Incluído pela Lei 9.527/1997.)

CAPÍTULO IV DAS LICENÇAS

SEÇÃO I DISPOSIÇÕES GERAIS

Art. 81. Conceder-se-á ao servidor licença:

I - por motivo de doença em pessoa da família;

II - por motivo de afastamento do cônjuge ou companheiro;

III - para o serviço militar;

IV - para atividade política;

V - para capacitação; (Redação dada pela Lei 9.527/1997.)

VI - para tratar de interesses particulares;

VII - para desempenho de mandato classista.

§ 1º A licença prevista no inciso I do *caput* deste artigo bem como cada uma de suas prorrogações serão precedidas de exame por perícia médica oficial, observado o disposto no art. 204 desta lei. (Redação dada pela Lei 11.907/2009.)

§ 2º (Revogado pela Lei 9.527/1997.)

§ 3º É vedado o exercício de atividade remunerada durante o período da licença prevista no inciso I deste artigo.

Art. 82. A licença concedida dentro de 60 (sessenta) dias do término de outra da mesma espécie será considerada como prorrogação.

SEÇÃO II DA LICENÇA POR MOTIVO DE DOENÇA EM PESSOA DA FAMÍLIA

Art. 83. Poderá ser concedida licença ao servidor por motivo de doença do cônjuge ou companheiro, dos pais, dos filhos, do padrasto ou madrasta e enteado, ou dependente que viva a suas expensas e conste do seu assentamento funcional, mediante comprovação por perícia médica oficial. (Redação dada pela Lei 11.907/2009.)

‣ art. 9º, Dec. 7.003/2009 (Regulamenta a licença para tratamento de saúde do servidor da administração federal direta, autárquica e fundacional e os casos em que poderá ser dispensada a perícia oficial).

§ 1º A licença somente será deferida se a assistência direta do servidor for indispensável e não puder ser prestada simultaneamente com o exercício do cargo ou mediante compensação de horário, na forma do disposto no inciso II do art. 44. (Redação dada pela Lei 9.527/1997.)

§ 2º A licença de que trata o *caput*, incluídas as prorrogações, poderá ser concedida a cada período de doze meses nas seguintes condições: (Redação dada pela Lei 12.269/2010.)

I - por até 60 (sessenta) dias, consecutivos ou não, mantida a remuneração do servidor; e (Incluído pela Lei 12.269/2010.)

II - por até 90 (noventa) dias, consecutivos ou não, sem remuneração. (Incluído pela Lei 12.269/2010.)

§ 3º O início do interstício de 12 (doze) meses será contado a partir da data do deferimento da primeira licença concedida. (Incluído pela Lei 12.269/2010.)

§ 4º A soma das licenças remuneradas e das licenças não remuneradas, incluídas as respectivas prorrogações, concedidas em um mesmo período de 12 (doze) meses, observado o disposto no § 3º, não poderá ultrapassar os limites estabelecidos nos incisos I e II do § 2º. (Incluído pela Lei 12.269/2010.)

SEÇÃO III DA LICENÇA POR MOTIVO DE AFASTAMENTO DO CÔNJUGE

Art. 84. Poderá ser concedida licença ao servidor para acompanhar cônjuge ou companheiro que foi deslocado para outro ponto do território nacional, para o exterior ou para o exercício de mandato eletivo dos Poderes Executivo e Legislativo.

‣ Res. 5/2008, CJF (Regulamenta, no âmbito do Conselho e da Justiça Federal de primeiro e segundo graus a concessão de horário especial, do afastamento para estudo ou missão no exterior, da licença para capacitação, do afastamento de servidores para participação em curso de formação, da cessão e requisição, da licença por motivo de doença em pessoa da família, da licença para atividade política, do afastamento para exercício de mandato eletivo, da licença por motivo de afastamento do cônjuge, da licença para o trato de assuntos particulares e da licença-prêmio por assiduidade previstos, na Lei 8.112/1990).

§ 1º A licença será por prazo indeterminado e sem remuneração.

§ 2º No deslocamento de servidor cujo cônjuge ou companheiro também seja servidor público, civil ou militar, de qualquer dos Poderes da União, dos Estados, do Distrito Federal e dos Municípios, poderá haver exercício provisório em órgão ou entidade da Administração Federal direta, autárquica ou fundacional, desde que para o exercício de atividade compatível com o seu cargo. (Redação dada pela Lei 9.527/1997.)

‣ art. 142, § 3º, CF.

SEÇÃO IV DA LICENÇA PARA O SERVIÇO MILITAR

Art. 85. Ao servidor convocado para o serviço militar será concedida licença, na forma e condições previstas na legislação específica.

Parágrafo único. Concluído o serviço militar, o servidor terá até 30 (trinta) dias sem remuneração para reassumir o exercício do cargo.

SEÇÃO V DA LICENÇA PARA ATIVIDADE POLÍTICA

Art. 86. O servidor terá direito a licença, sem remuneração, durante o período que mediar entre a sua escolha em convenção partidária, como candidato a cargo eletivo, e a véspera do registro de sua candidatura perante a Justiça Eleitoral.

§ 1º O servidor candidato a cargo eletivo na localidade onde desempenha suas funções e que exerça cargo de direção, chefia, assessoramento, arrecadação ou fiscalização, dele será afastado, a partir do dia imediato ao do registro de sua candidatura perante a Justiça Eleitoral, até o décimo dia seguinte ao do pleito. (Redação dada pela Lei 9.527/1997.)

§ 2º A partir do registro da candidatura e até o décimo dia seguinte ao da eleição, o servidor fará jus à licença, assegurados os vencimentos do cargo efetivo, somente pelo período de três meses. (Redação dada pela Lei 9.527/1997.)

SEÇÃO VI DA LICENÇA PARA CAPACITAÇÃO

‣ Redação dada pela Lei 9.527/1997.

‣ Dec. 5.707/2006 (Regulamenta esta Seção).

Art. 87. Após cada quinquênio de efetivo exercício, o servidor poderá, no interesse da Administração, afastar-se do exercício do cargo efetivo, com a respectiva remuneração, por até três meses, para participar de curso de capacitação profissional. (Redação dada pela Lei 9.527/1997.)

- art. 10, Dec. 5.707/2006 (Regulamenta este artigo).

Parágrafo único. Os períodos de licença de que trata o *caput* não são acumuláveis. (Redação dada pela Lei 9.527/1997.)

Arts. 88. e 89. (Revogados pela Lei 9.527/1997.)

Art. 90. (Vetado.)

SEÇÃO VII
DA LICENÇA PARA TRATAR DE INTERESSES PARTICULARES

Art. 91. A critério da Administração, poderão ser concedidas ao servidor ocupante de cargo efetivo, desde que não esteja em estágio probatório, licenças para o trato de assuntos particulares pelo prazo de até três anos consecutivos, sem remuneração. (Redação dada pela Med. Prov. 2.225-45/2001.)

Parágrafo único. A licença poderá ser interrompida, a qualquer tempo, a pedido do servidor ou no interesse do serviço. (Redação dada pela Med. Prov. 2.225-45/2001.)

SEÇÃO VIII
DA LICENÇA PARA O DESEMPENHO DE MANDATO CLASSISTA

Art. 92. É assegurado ao servidor o direito à licença sem remuneração para o desempenho de mandato em confederação, federação, associação de classe de âmbito nacional, sindicato representativo da categoria ou entidade fiscalizadora da profissão ou, ainda, para participar de gerência ou administração em sociedade cooperativa constituída por servidores públicos para prestar serviços a seus membros, observado o disposto na alínea *c* do inciso VIII do art. 102 desta lei, conforme disposto em regulamento e observados os seguintes limites: (Redação dada pela Lei 11.094/2005.)

- Dec. 2.066/1996 (Regulamenta este artigo).

I - para entidades com até 5.000 (cinco mil) associados, 2 (dois) servidores; (Alterado pela Lei 12.998/2014.)

II - para entidades com 5.001 (cinco mil e um) a 30.000 (trinta mil) associados, 4 (quatro) servidores; (Alterado pela Lei 12.998/2014.)

III - para entidades com mais de 30.000 (trinta mil) associados, 8 (oito) servidores. (Alterado pela Lei 12.998/2014.)

§ 1º Somente poderão ser licenciados os servidores eleitos para cargos de direção ou de representação nas referidas entidades, desde que cadastradas no órgão competente. (Alterado pela Lei 12.998/2014.)

§ 2º A licença terá duração igual à do mandato, podendo ser renovada, no caso de reeleição. (Alterado pela Lei 12.998/2014.)

CAPÍTULO V
DOS AFASTAMENTOS

SEÇÃO I
DO AFASTAMENTO PARA SERVIR A OUTRO ÓRGÃO OU ENTIDADE

Art. 93. O servidor poderá ser cedido para ter exercício em outro órgão ou entidade dos Poderes da União, dos Estados, ou do Distrito Federal e dos Municípios, nas seguintes hipóteses: (Redação dada pela Lei 8.270/1991.)

- Dec. 9.144, de 22 de agosto de 2017

I - para exercício de cargo em comissão ou função de confiança; (Redação dada pela Lei 8.270/1991.)

II - em casos previstos em leis específicas. (Redação dada pela Lei 8.270/1991.)

§ 1º Na hipótese do inciso I, sendo a cessão para órgãos ou entidades dos Estados, do Distrito Federal ou dos Municípios, o ônus da remuneração será do órgão ou entidade cessionária, mantido o ônus para o cedente nos demais casos. (Redação dada pela Lei 8.270/1991.)

§ 2º Na hipótese de o servidor cedido a empresa pública ou sociedade de economia mista, nos termos das respectivas normas, optar pela remuneração do cargo efetivo ou pela remuneração do cargo efetivo acrescida de percentual da retribuição do cargo em comissão, a entidade cessionária efetuará o reembolso das despesas realizadas pelo órgão ou entidade de origem. (Redação dada pela Lei 11.355/2006.)

§ 3º A cessão far-se-á mediante Portaria publicada no Diário Oficial da União. (Redação dada pela Lei 8.270/1991.)

§ 4º Mediante autorização expressa do Presidente da República, o servidor do Poder Executivo poderá ter exercício em outro órgão da Administração Federal direta que não tenha quadro próprio de pessoal, para fim determinado e a prazo certo. (Incluído pela Lei 8.270/1991.)

§ 5º Aplica-se à União, em se tratando de empregado ou servidor por ela requisitado, as disposições dos §§ 1º e 2º deste artigo. (Redação dada pela Lei 10.470/2002.)

§ 6º As cessões de empregados de empresa pública ou de sociedade de economia mista, que receba recursos de Tesouro Nacional para o custeio total ou parcial da sua folha de pagamento de pessoal, independem das disposições contidas nos incisos I e II e §§ 1º e 2º deste artigo, ficando o exercício do empregado cedido condicionado a autorização específica do Ministério do Planejamento, Orçamento e Gestão, exceto nos casos de ocupação de cargo em comissão ou função gratificada. (Incluído pela Lei 10.470/2002.)

- O Ministério do Planejamento, Orçamento e Gestão foi transformado em Ministério do Planejamento, Desenvolvimento e Gestão pela Lei 13.341/2016.
- Lei 13.303/2016 (Dispõe sobre o estatuto jurídico da empresa pública, da sociedade de economia mista e de suas subsidiárias, no âmbito da União, dos Estados, do Distrito Federal e dos Municípios).

§ 7º O Ministério do Planejamento, Orçamento e Gestão, com a finalidade de promover a composição da força de trabalho dos órgãos e entidades da Administração Pública Federal, poderá determinar a lotação ou o exercício de empregado ou servidor, independentemente da observância do constante no inciso I e nos §§ 1º e 2º deste artigo. (Incluído pela Lei 10.470/2002.)

- O Ministério do Planejamento, Orçamento e Gestão foi transformado em Ministério do Planejamento, Desenvolvimento e Gestão pela Lei 13.341/2016.
- Dec. 5.375/2005 (Dispõe sobre a aplicação deste parágrafo, para compor força de trabalho no âmbito dos projetos que especifica).

SEÇÃO II
DO AFASTAMENTO PARA EXERCÍCIO DE MANDATO ELETIVO

Art. 94. Ao servidor investido em mandato eletivo aplicam-se as seguintes disposições:

I - tratando-se de mandato federal, estadual ou distrital, ficará afastado do cargo;

II - investido no mandato de Prefeito, será afastado do cargo, sendo-lhe facultado optar pela sua remuneração;

III - investido no mandato de vereador:

a) havendo compatibilidade de horário, perceberá as vantagens de seu cargo, sem prejuízo da remuneração do cargo eletivo;

b) não havendo compatibilidade de horário, será afastado do cargo, sendo-lhe facultado optar pela sua remuneração.

§ 1º No caso de afastamento do cargo, o servidor contribuirá para a seguridade social como se em exercício estivesse.

§ 2º O servidor investido em mandato eletivo ou classista não poderá ser removido ou redistribuído de ofício para localidade diversa daquela onde exerce o mandato.

SEÇÃO III
DO AFASTAMENTO PARA ESTUDO OU MISSÃO NO EXTERIOR

Art. 95. O servidor não poderá ausentar-se do País para estudo ou missão oficial, sem autorização do Presidente da República, Presidente dos Órgãos do Poder Legislativo e Presidente do Supremo Tribunal Federal.

§ 1º A ausência não excederá a 4 (quatro) anos, e finda a missão ou estudo, somente decorrido igual período, será permitida nova ausência.

§ 2º Ao servidor beneficiado pelo disposto neste artigo não será concedida exoneração ou licença para tratar de interesse particular antes de decorrido período igual ao do afastamento, ressalvada a hipótese de ressarcimento da despesa havida com seu afastamento.

§ 3º O disposto neste artigo não se aplica aos servidores da carreira diplomática.

§ 4º As hipóteses, condições e formas para a autorização de que trata este artigo, inclusive no que se refere à remuneração do servidor, serão disciplinadas em regulamento. (Incluído pela Lei 9.527/1997.)

Art. 96. O afastamento de servidor para servir em organismo internacional de que o Brasil participe ou com o qual coopere dar-se-á com perda total da remuneração.

- Dec. 201/1991 (Dispõe sobre o afastamento de servidores federais para servir em organismos internacionais).
- Dec. 3.456/2000 (Delega competência ao Ministro de Estado do Planejamento, Orçamento e Gestão para a prática do ato que menciona).

SEÇÃO IV
DO AFASTAMENTO PARA PARTICIPAÇÃO EM PROGRAMA DE PÓS-GRADUAÇÃO STRICTO SENSU NO PAÍS

- Incluído pela Lei 11.907/2009.

Art. 96-A. O servidor poderá, no interesse da Administração, e desde que a participação não possa ocorrer simultaneamente com o exercício do cargo ou mediante compensação de horário, afastar-se do exercício do cargo efetivo, com a respectiva remuneração, para participar em programa de pós-graduação *stricto sensu* em instituição de ensino superior no País. (Incluído pela Lei 11.907/2009.)

§ 1º Ato do dirigente máximo do órgão ou entidade definirá, em conformidade com a legislação vigente, os programas de capacitação e os critérios para participação em programas de pós-graduação no País, com ou sem afastamento do servidor, que serão avaliados por um comitê constituído para este fim. (Incluído pela Lei 11.907/2009.)

§ 2º Os afastamentos para realização de programas de mestrado e doutorado somente serão concedidos aos servidores titulares de cargos efetivos no respectivo órgão ou entidade há pelo menos 3 (três) anos para mestrado e 4 (quatro) anos para doutorado, incluído o período de estágio probatório, que não tenham se afastado por licença para tratar de assuntos particulares para gozo de licença capacitação ou com fundamento neste artigo nos 2 (dois) anos anteriores à data da solicitação de afastamento. (Incluído pela Lei 11.907/2009.)

§ 3º Os afastamentos para realização de programas de pós-doutorado somente serão concedidos aos servidores titulares de cargos efetivo no respectivo órgão ou entidade há pelo menos quatro anos, incluído o período de estágio probatório, e que não tenham se afastado por licença para tratar de assuntos particulares ou com fundamento neste artigo, nos quatro anos anteriores à data da solicitação de afastamento. (Redação dada pela Lei 12.269/2010.)

§ 4º Os servidores beneficiados pelos afastamentos previstos nos §§ 1º, 2º e 3º deste artigo terão que permanecer no exercício de suas funções após o seu retorno por um período igual ao do afastamento concedido. (Incluído pela Lei 11.907/2009.)

§ 5º Caso o servidor venha a solicitar exoneração do cargo ou aposentadoria, antes de cumprido o período de permanência previsto no § 4º deste artigo, deverá ressarcir o órgão ou entidade, na forma do art. 47 da Lei n. 8.112, de 11 de dezembro de 1990, dos gastos com seu aperfeiçoamento. (Incluído pela Lei 11.907/2009.)

§ 6º Caso o servidor não obtenha o título ou grau que justificou seu afastamento no período previsto, aplica-se o disposto no § 5º deste artigo, salvo na hipótese comprovada de força maior ou de caso fortuito, a critério do dirigente máximo do órgão ou entidade. (Incluído pela Lei 11.907/2009.)

§ 7º Aplica-se à participação em programa de pós-graduação no Exterior, autorizado nos termos do art. 95 desta lei, o disposto nos §§ 1º a 6º deste artigo. (Incluído pela Lei 11.907/2009.)

CAPÍTULO VI
DAS CONCESSÕES

Art. 97. Sem qualquer prejuízo, poderá o servidor ausentar-se do serviço:

I - por 1 (um) dia, para doação de sangue;

II - pelo período comprovadamente necessário para alistamento ou recadastramento eleitoral, limitado, em qualquer caso, a 2 (dois) dias; e (Alterado pela Lei 12.998/2014.)

III - por 8 (oito) dias consecutivos em razão de:

a) casamento;

b) falecimento do cônjuge, companheiro, pais, madrasta ou padrasto, filhos, enteados, menor sob guarda ou tutela e irmãos.

Art. 98. Será concedido horário especial ao servidor estudante, quando comprovada a incompatibilidade entre o horário escolar e o da repartição, sem prejuízo do exercício do cargo.

§ 1º Para efeito do disposto neste artigo, será exigida a compensação de horário no órgão ou entidade que tiver exercício, respeitada a duração semanal do trabalho. (Parágrafo renumerado e alterado pela Lei 9.527/1997.)

§ 2º Também será concedido horário especial ao servidor portador de deficiência, quando comprovada a necessidade por junta médica oficial, independentemente de compensação de horário. (Incluído pela Lei 9.527/1997.)

§ 3º As disposições constantes do § 2º são extensivas ao servidor que tenha cônjuge, filho ou dependente com deficiência. (Alterado pela Lei 13.370/2016.)

§ 4º Será igualmente concedido horário especial, vinculado à compensação de horário a ser efetivada no prazo de até 1 (um) ano, ao servidor que desempenhe atividade prevista nos incisos I e II do *caput* do art. 76-A desta lei. (Redação dada pela Lei 11.501/2007.)

Art. 99. Ao servidor estudante que mudar de sede no interesse da administração é assegurada, na localidade da nova residência ou na mais próxima, matrícula em instituição de ensino congênere, em qualquer época, independentemente de vaga.

Parágrafo único. O disposto neste artigo estende-se ao cônjuge ou companheiro, aos filhos, ou enteados do servidor que vivam na sua companhia, bem como aos menores sob sua guarda, com autorização judicial.

CAPÍTULO VII
DO TEMPO DE SERVIÇO

- art. 40, §§ 9º e 10, CF.

Art. 100. É contado para todos os efeitos o tempo de serviço público federal, inclusive o prestado às Forças Armadas.

Art. 101. A apuração do tempo de serviço será feita em dias, que serão convertidos em anos, considerado o ano como de trezentos e sessenta e cinco dias.

Parágrafo único. (Revogado pela Lei 9.527/1997.)

Art. 102. Além das ausências ao serviço previstas no art. 97, são considerados como de efetivo exercício os afastamentos em virtude de:

I - férias;

II - exercício de cargo em comissão ou equivalente, em órgão ou entidade dos Poderes da União, dos Estados, Municípios e Distrito Federal;

III - exercício de cargo ou função de governo ou administração, em qualquer parte do território nacional, por nomeação do Presidente da República;

IV - participação em programa de treinamento regularmente instituído ou em programa de pós-graduação *stricto sensu* no País, conforme dispuser o regulamento; (Redação dada pela Lei 11.907/2009.)

- art. 9º Dec. 5.707/2006 (Regulamenta este inciso).

V - desempenho de mandato eletivo federal, estadual, municipal ou do Distrito Federal, exceto para promoção por merecimento;

VI - júri e outros serviços obrigatórios por lei;

VII - missão ou estudo no exterior, quando autorizado o afastamento, conforme dispuser o regulamento; (Redação dada pela Lei 9.527/1997.)

VIII - licença:

a) à gestante, à adotante e à paternidade;

b) para tratamento da própria saúde, até o limite de vinte e quatro meses, cumulativo ao longo do tempo de serviço público prestado à União, em cargo de provimento efetivo; (Redação dada pela Lei 9.527/1997.)

c) para o desempenho de mandato classista ou participação de gerência ou administração em sociedade cooperativa constituída por servidores para prestar serviços a seus membros, exceto para efeito de promoção por merecimento; (Redação dada pela Lei 11.094/2005.)

d) por motivo de acidente em serviço ou doença profissional;

e) para capacitação, conforme dispuser o regulamento; (Redação dada pela Lei 9.527/1997.)

f) por convocação para o serviço militar;

IX - deslocamento para a nova sede de que trata o art. 18;

X - participação em competição desportiva nacional ou convocação para integrar representação desportiva nacional, no País ou no exterior, conforme disposto em lei específica;

XI - afastamento para servir em organismo internacional de que o Brasil participe ou com o qual coopere. (Incluído pela Lei 9.527/1997.)

Art. 103. Contar-se-á apenas para efeito de aposentadoria e disponibilidade:

I - o tempo de serviço público prestado aos Estados, Municípios e Distrito Federal;

II - a licença para tratamento de saúde de pessoal da família do servidor, com remuneração, que exceder a 30 (trinta) dias em período de 12 (doze) meses. (Redação dada pela Lei 12.269/2010.)

III - a licença para atividade política, no caso do art. 86, § 2º;

IV - o tempo correspondente ao desempenho de mandato eletivo federal, estadual, municipal ou distrital, anterior ao ingresso no serviço público federal;

V - o tempo de serviço em atividade privada, vinculada à Previdência Social;

VI - o tempo de serviço relativo a tiro de guerra;

VII - o tempo de licença para tratamento da própria saúde que exceder o prazo a que se refere a alínea "*b*" do inciso VIII do art. 102. (Incluído pela Lei 9.527/1997.)

§ 1º O tempo em que o servidor esteve aposentado será contado apenas para nova aposentadoria.

§ 2º Será contado em dobro o tempo de serviço prestado às Forças Armadas em operações de guerra.

§ 3º É vedada a contagem cumulativa de tempo de serviço prestado concomitantemente em mais de um cargo ou função de órgão ou entidades dos Poderes da União, Estado, Distrito Federal e Município, autarquia, fundação pública, sociedade de economia mista e empresa pública.

- Lei 13.303/2016 (Dispõe sobre o estatuto jurídico da empresa pública, da sociedade de economia mista e de suas subsidiárias, no âmbito da União, dos Estados, do Distrito Federal e dos Municípios).

CAPÍTULO VIII
DO DIREITO DE PETIÇÃO

Art. 104. É assegurado ao servidor o direito de requerer aos Poderes Públicos, em defesa de direito ou interesse legítimo.

Art. 105. O requerimento será dirigido à autoridade competente para decidi-lo e encaminhado por intermédio daquela a que estiver imediatamente subordinado o requerente.

Art. 106. Cabe pedido de reconsideração à autoridade que houver expedido o ato ou proferido a primeira decisão, não podendo ser renovado.

- Lei 12.300/2010. (Altera o Plano de Carreira dos Servidores do Senado Federal).

Parágrafo único. O requerimento e o pedido de reconsideração de que tratam os artigos anteriores deverão ser despachados no prazo de 5 (cinco) dias e decididos dentro de 30 (trinta) dias.

Art. 107. Caberá recurso:

- Lei 12.300/2010. (Altera o Plano de Carreira dos Servidores do Senado Federal).

I - do indeferimento do pedido de reconsideração;

II - das decisões sobre os recursos sucessivamente interpostos.

§ 1º O recurso será dirigido à autoridade imediatamente superior à que tiver expedido o ato ou proferido a decisão, e, sucessivamente, em escala ascendente, às demais autoridades.

§ 2º O recurso será encaminhado por intermédio da autoridade a que estiver imediatamente subordinado o requerente.

Art. 108. O prazo para interposição de pedido de reconsideração ou de recurso é de 30 (trinta) dias, a contar da publicação ou da ciência, pelo interessado, da decisão recorrida.

Art. 109. O recurso poderá ser recebido com efeito suspensivo, a juízo da autoridade competente.

Parágrafo único. Em caso de provimento do pedido de reconsideração ou do recurso, os efeitos da decisão retroagirão à data do ato impugnado.

Art. 110. O direito de requerer prescreve:

I - em 5 (cinco) anos, quanto aos atos de demissão e de cassação de aposentadoria ou disponibilidade, ou que afetem interesse patrimonial e créditos resultantes das relações de trabalho;

II - em 120 (cento e vinte) dias, nos demais casos, salvo quando outro prazo for fixado em lei.

Parágrafo único. O prazo de prescrição será contado da data da publicação do ato impugnado ou da data da ciência pelo interessado, quando o ato não for publicado.

Art. 111. O pedido de reconsideração e o recurso, quando cabíveis, interrompem a prescrição.

Art. 112. A prescrição é de ordem pública, não podendo ser relevada pela administração.

Art. 113. Para o exercício do direito de petição, é assegurada vista do processo ou documento, na repartição, ao servidor ou a procurador por ele constituído.

Art. 114. A administração deverá rever seus atos, a qualquer tempo, quando eivados de ilegalidade.

Art. 115. São fatais e improrrogáveis os prazos estabelecidos neste Capítulo, salvo motivo de força maior.

- arts. 53 e 54, Lei 9.784/1999 (Lei do Processo Administrativo Federal).

TÍTULO IV
DO REGIME DISCIPLINAR

CAPÍTULO I
DOS DEVERES

Art. 116. São deveres do servidor:

- art. 312 e ss. do CP.
- Lei 8.027/1990 (Dispõe sobre as normas de conduta dos servidores públicos civis da União, das Autarquias e das Fundações Públicas).
- Lei 8.429/1992 (Lei da Improbidade Administrativa).

I - exercer com zelo e dedicação as atribuições do cargo;

II - ser leal às instituições a que servir;

III - observar as normas legais e regulamentares;

IV - cumprir as ordens superiores, exceto quando manifestamente ilegais;

V - atender com presteza:

a) ao público em geral, prestando as informações requeridas, ressalvadas as protegidas por sigilo;

b) à expedição de certidões requeridas para defesa de direito ou esclarecimento de situações de interesse pessoal;

c) às requisições para a defesa da Fazenda Pública;

VI - levar as irregularidades de que tiver ciência em razão do cargo ao conhecimento da autoridade superior ou, quando houver suspeita de envolvimento desta, ao conhecimento de outra autoridade competente para apuração; (Alterado pela Lei 12.527/2011.)

- Dec. 7.845/2012 (Regulamenta procedimentos para credenciamento de segurança e tratamento de informação classificada em qualquer grau de sigilo, e dispõe sobre o Núcleo de Segurança e Credenciamento).

VII - zelar pela economia do material e a conservação do patrimônio público;

VIII - guardar sigilo sobre assunto da repartição;

IX - manter conduta compatível com a moralidade administrativa;

X - ser assíduo e pontual ao serviço;

XI - tratar com urbanidade as pessoas;

XII - representar contra ilegalidade, omissão ou abuso de poder.

Parágrafo único. A representação de que trata o inciso XII será encaminhada pela via hierárquica e apreciada pela autoridade superior àquela contra a qual é formulada, assegurando-se ao representando ampla defesa.

CAPÍTULO II
DAS PROIBIÇÕES

- Dec. 1.171/1994 (Aprova o Código de Ética Profissional do Servidor Público Civil do Poder Executivo Federal).

Art. 117. Ao servidor é proibido:

I - ausentar-se do serviço durante o expediente, sem prévia autorização do chefe imediato;

- Dec. 1.480/1995 (Dispõe sobre os procedimentos a serem adotados em casos de paralisações dos serviços públicos federais, enquanto não regulado o disposto no art. 37, VII, CF.

II - retirar, sem prévia anuência da autoridade competente, qualquer documento ou objeto da repartição;

III - recusar fé a documentos públicos;

IV - opor resistência injustificada ao andamento de documento e processo ou execução de serviço;

V - promover manifestação de apreço ou desapreço no recinto da repartição;

VI - cometer a pessoa estranha à repartição, fora dos casos previstos em lei, o desempenho de atribuição que seja de sua responsabilidade ou de seu subordinado;

VII - coagir ou aliciar subordinados no sentido de filiarem-se a associação profissional ou sindical, ou a partido político;

VIII - manter sob sua chefia imediata, em cargo ou função de confiança, cônjuge, companheiro ou parente até o segundo grau civil;

- Dec. 7.203/2010 (Dispõe sobre a vedação do nepotismo no âmbito da administração pública federal).

IX - valer-se do cargo para lograr proveito pessoal ou de outrem, em detrimento da dignidade da função pública;

X - participar de gerência ou administração de sociedade privada, personificada ou não personificada, exercer o comércio, exceto na qualidade de acionista, cotista ou comanditário; (Redação dada pela Lei 11.784/2008.)

XI - atuar, como procurador ou intermediário, junto a repartições públicas, salvo quando se tratar de benefícios previdenciários ou assistenciais de parentes até o segundo grau, e de cônjuge ou companheiro;

XII - receber propina, comissão, presente ou vantagem de qualquer espécie, em razão de suas atribuições;

XIII - aceitar comissão, emprego ou pensão de estado estrangeiro;

XIV - praticar usura sob qualquer de suas formas;

XV - proceder de forma desidiosa;

XVI - utilizar pessoal ou recursos materiais da repartição em serviços ou atividades particulares;

XVII - cometer a outro servidor atribuições estranhas ao cargo que ocupa, exceto em situações de emergência e transitórias;

XVIII - exercer quaisquer atividades que sejam incompatíveis com o exercício do cargo ou função e com o horário de trabalho;

XIX - recusar-se a atualizar seus dados cadastrais quando solicitado. (Incluído pela Lei 9.527/1997.)

Parágrafo único. A vedação de que trata o inciso X do *caput* deste artigo não se aplica nos seguintes casos: (Incluído pela Lei 11.784/2008.)

I - participação nos conselhos de administração e fiscal de empresas ou entidades em que a União detenha, direta ou indiretamente, participação no capital social ou em sociedade cooperativa constituída para prestar serviços a seus membros; e (Incluído pela Lei 11.784/2008.)

II - gozo de licença para o trato de interesses particulares, na forma do art. 91 desta lei, observada a legislação sobre conflito de interesses. (Incluído pela Lei 11.784/2008.)

CAPÍTULO III
DA ACUMULAÇÃO

Art. 118. Ressalvados os casos previstos na Constituição, é vedada a acumulação remunerada de cargos públicos.

- art. 37, XVII, CF.

§ 1º A proibição de acumular estende-se a cargos, empregos e funções em autarquias, fundações públicas, empresas públicas, sociedades de economia mista da União, do Distrito Federal, dos Estados, dos Territórios e dos Municípios.

§ 2º A acumulação de cargos, ainda que lícita, fica condicionada à comprovação da compatibilidade de horários.

§ 3º Considera-se acumulação proibida a percepção de vencimento de cargo ou emprego público efetivo com proventos da inatividade, salvo quando os cargos de que decorram essas remunerações forem acumuláveis na atividade. (Incluído pela Lei 9.527/1997.)

Art. 119. O servidor não poderá exercer mais de um cargo em comissão, exceto no caso previsto no parágrafo único do art. 9º, nem ser remunerado pela participação em órgão de deliberação coletiva. (Redação dada pela Lei 9.527/1997.)

Parágrafo único. O disposto neste artigo não se aplica à remuneração devida pela participação em conselhos de administração e fiscal das empresas públicas e sociedades de economia mista, suas subsidiárias e controladas, bem como quaisquer empresas ou entidades em que a União, direta ou indiretamente, detenha participação no capital social, observado o que, a respeito, dispuser legislação específica. (Redação dada pela Med. Prov. 2.225-45/2001.)

Art. 120. O servidor vinculado ao regime desta lei, que acumular licitamente dois cargos efetivos, quando investido em cargo de provimento em comissão, ficará afastado de ambos os cargos efetivos, salvo na hipótese em que houver compatibilidade de horário e local com o exercício de um deles, declarada pelas autoridades máximas dos órgãos ou entidades envolvidos. (Redação dada pela Lei 9.527/1997.)

CAPÍTULO IV
DAS RESPONSABILIDADES

Art. 121. O servidor responde civil, penal e administrativamente pelo exercício irregular de suas atribuições.

Art. 122. A responsabilidade civil decorre de ato omissivo ou comissivo, doloso ou culposo, que resulte em prejuízo ao erário ou a terceiros.

- art. 37, § 6º, CF.

§ 1º A indenização de prejuízo dolosamente causado ao erário somente será liquidada na forma prevista no art. 46, na falta de outros bens que assegurem a execução do débito pela via judicial.

§ 2º Tratando-se de dano causado a terceiros, responderá o servidor perante a Fazenda Pública, em ação regressiva.

§ 3º A obrigação de reparar o dano estende-se aos sucessores e contra eles será executada, até o limite do valor da herança recebida.

Art. 123. A responsabilidade penal abrange os crimes e contravenções imputadas ao servidor, nessa qualidade.

Art. 124. A responsabilidade civil-administrativa resulta de ato omissivo ou comissivo praticado no desempenho do cargo ou função.

Art. 125. As sanções civis, penais e administrativas poderão cumular-se, sendo independentes entre si.

Art. 126. A responsabilidade administrativa do servidor será afastada no caso de absolvição criminal que negue a existência do fato ou sua autoria.

Art. 126-A. Nenhum servidor poderá ser responsabilizado civil, penal ou administrativamente por dar ciência à autoridade superior ou, quando houver suspeita de envolvimento desta, a outra autoridade competente para apuração de informação concernente à prática de crimes ou improbidade de que tenha conhecimento, ainda que em decorrência do exercício de cargo, emprego ou função pública. (Incluído pela Lei 12.527/2011.)

- Dec. 7.845/2012 (Regulamenta procedimentos para credenciamento de segurança e tratamento de informação classificada em qualquer grau de sigilo, e dispõe sobre o Núcleo de Segurança e Credenciamento).

CAPÍTULO V
DAS PENALIDADES

Art. 127. São penalidades disciplinares:

I - advertência;

II - suspensão;

III - demissão;

- art. 12, p.u., Lei 12.813/2013 (Dispõe sobre o conflito de interesses no exercício de cargo ou emprego do Poder Executivo federal e impedimentos posteriores ao exercício do cargo ou emprego).

IV - cassação de aposentadoria ou disponibilidade;

V - destituição de cargo em comissão;

VI - destituição de função comissionada.

Art. 128. Na aplicação das penalidades serão consideradas a natureza e a gravidade da infração cometida, os danos que dela provierem para o serviço público, as circunstâncias agravantes ou atenuantes e os antecedentes funcionais.

Parágrafo único. O ato de imposição da penalidade mencionará sempre o fundamento legal e a causa da sanção disciplinar. (Incluído pela Lei 9.527/1997.)

Art. 129. A advertência será aplicada por escrito, nos casos de violação de proibição constante do art. 117, incisos I a VIII e XIX, e de inobservância de dever funcional previsto em lei, regulamentação ou norma interna, que não justifique imposição de penalidade mais grave. (Redação dada pela Lei 9.527/1997.)

Art. 130. A suspensão será aplicada em caso de reincidência das faltas punidas com advertência e de violação das demais proibições que não tipifiquem infração sujeita a penalidade de demissão, não podendo exceder de 90 (noventa) dias.

§ 1º Será punido com suspensão de até 15 (quinze) dias o servidor que, injustificadamente, recusar-se a ser submetido a inspeção médica determinada pela autoridade competente, cessando os efeitos da penalidade uma vez cumprida a determinação.

§ 2º Quando houver conveniência para o serviço, a penalidade de suspensão poderá ser convertida em multa, na base de 50% (cinquenta por cento) por dia de vencimento ou remuneração, ficando o servidor obrigado a permanecer em serviço.

Art. 131. As penalidades de advertência e de suspensão terão seus registros cancelados, após o decurso de 3 (três) e 5 (cinco) anos de efetivo exercício, respectivamente, se o servidor não houver, nesse período, praticado nova infração disciplinar.

Parágrafo único. O cancelamento da penalidade não surtirá efeitos retroativos.

Art. 132. A demissão será aplicada nos seguintes casos:

- art. 12, p.u., Lei 12.813/2013 (Dispõe sobre o conflito de interesses no exercício de cargo ou emprego do Poder Executivo federal e impedimentos posteriores ao exercício do cargo ou emprego).
- Súm. 25, STF.

I - crime contra a administração pública;

- art. 312 e ss., CP.

II - abandono de cargo;

III - inassiduidade habitual;

IV - improbidade administrativa;

V - incontinência pública e conduta escandalosa, na repartição;

VI - insubordinação grave em serviço;

VII - ofensa física, em serviço, a servidor ou a particular, salvo em legítima defesa própria ou de outrem;

VIII - aplicação irregular de dinheiros públicos;

IX - revelação de segredo do qual se apropriou em razão do cargo;

X - lesão aos cofres públicos e dilapidação do patrimônio nacional;

XI - corrupção;

XII - acumulação ilegal de cargos, empregos ou funções públicas;

XIII - transgressão dos incisos IX a XVI do art. 117.

Art. 133. Detectada a qualquer tempo a acumulação ilegal de cargos, empregos ou funções públicas, a autoridade a que se refere o art. 143 notificará o servidor, por intermédio de sua chefia imediata, para apresentar opção no prazo improrrogável de dez dias, contados da data da ciência e, na hipótese de omissão, adotará procedimento sumário para a sua apuração e regularização imediata, cujo processo administrativo disciplinar se desenvolverá nas seguintes fases: (Redação dada pela Lei 9.527/1997.)

I - instauração, com a publicação do ato que constituir a comissão, a ser composta por dois servidores estáveis, e simultaneamente indicar a autoria e a materialidade da transgressão objeto da apuração; (Incluído pela Lei 9.527/1997.)

II - instrução sumária, que compreende indiciação, defesa e relatório; (Incluído pela Lei 9.527/1997.)

III - julgamento. (Incluído pela Lei 9.527/1997.)

§ 1º A indicação da autoria de que trata o inciso I dar-se-á pelo nome e matrícula do servidor, e a materialidade pela descrição dos cargos, empregos ou funções públicas em situação de acumulação ilegal, dos órgãos ou entidades de vinculação, das datas de ingresso, do horário de trabalho e do correspondente regime jurídico. (Redação dada pela Lei 9.527/1997.)

§ 2º A comissão lavrará, até três dias após a publicação do ato que a constituiu, termo de indiciação em que serão transcritas as informações de que trata o parágrafo anterior, bem como promoverá a citação pessoal do servidor indiciado, ou por intermédio de sua chefia imediata, para, no prazo de cinco dias, apresentar defesa escrita, assegurando-se-lhe vista do processo na repartição, observado o disposto nos arts. 163 e 164. (Redação dada pela Lei 9.527/1997.)

§ 3º Apresentada a defesa, a comissão elaborará relatório conclusivo quanto à inocência ou à responsabilidade do servidor, em que resumirá as peças principais dos autos, opinará sobre a licitude da acumulação em exame, indicará o respectivo dispositivo legal e remeterá o processo à autoridade instauradora, para julgamento. (Incluído pela Lei 9.527/1997.)

§ 4º No prazo de cinco dias, contados do recebimento do processo, a autoridade julgadora proferirá a sua decisão, aplicando-se, quando for o caso, o disposto no § 3º do art. 167. (Incluído pela Lei 9.527/1997.)

§ 5º A opção pelo servidor até o último dia de prazo para defesa configurará sua boa-fé, hipótese em que se converterá automaticamente em pedido de exoneração do outro cargo. (Incluído pela Lei 9.527/1997.)

§ 6º Caracterizada a acumulação ilegal e provada a má-fé, aplicar-se-á a pena de demissão, destituição ou cassação de aposentadoria ou disponibilidade em relação aos cargos, empregos ou funções públicas em regime de acumulação ilegal, hipótese em que os órgãos ou entidades de vinculação serão comunicados. (Incluído pela Lei 9.527/1997.)

§ 7º O prazo para a conclusão do processo administrativo disciplinar submetido ao rito sumário não excederá trinta dias, contados da data de publicação do ato que constituir a comissão, admitida a sua prorrogação por até quinze dias, quando as circunstâncias o exigirem. (Incluído pela Lei 9.527/1997.)

§ 8º O procedimento sumário rege-se pelas disposições deste artigo, observando-se, no que lhe for aplicável, subsidiariamente, as disposições dos Títulos IV e V desta lei. (Incluído pela Lei 9.527/1997.)

Art. 134. Será cassada a aposentadoria ou a disponibilidade do inativo que houver praticado, na atividade, falta punível com a demissão.

Art. 135. A destituição de cargo em comissão exercido por não ocupante de cargo efetivo será aplicada nos casos de infração sujeita às penalidades de suspensão e de demissão.

Parágrafo único. Constatada a hipótese de que trata este artigo, a exoneração efetuada nos termos do art. 35 será convertida em destituição de cargo em comissão.

Art. 136. A demissão ou a destituição de cargo em comissão, nos casos dos incisos IV, VIII, X e XI do art. 132, implica a indisponibilidade dos bens e o ressarcimento ao erário, sem prejuízo da ação penal cabível.

Art. 137. A demissão ou a destituição de cargo em comissão, por infringência do art. 117, incisos IX e XI, incompatibiliza o ex-servidor para nova investidura em cargo público federal, pelo prazo de 5 (cinco) anos.

Parágrafo único. Não poderá retornar ao serviço público federal o servidor que for demitido ou destituído do cargo em comissão por infringência do art. 132, incisos I, IV, VIII, X e XI.

- ADI 2.975/DF: O STF, por maioria, julgou procedente o pedido formulado na ação direta para declarar a inconstitucionalidade do parágrafo único do artigo 137 da Lei nº 8.112/1990 e determinou a comunicação do teor desta decisão ao Congresso Nacional, para que delibere, se assim entender pertinente, sobre o prazo de proibição de retorno ao serviço público nas hipóteses do art. 132, I, IV, VIII, X e XI, da Lei nº 8.112/1990.

Art. 138. Configura abandono de cargo a ausência intencional do servidor ao serviço por mais de trinta dias consecutivos.

Art. 139. Entende-se por inassiduidade habitual a falta ao serviço, sem causa justificada, por sessenta dias, interpoladamente, durante o período de doze meses.

Art. 140. Na apuração de abandono de cargo ou inassiduidade habitual, também será adotado o procedimento sumário a que se refere o art. 133, observando-se especialmente que: (Redação dada pela Lei 9.527/1997.)

I - a indicação da materialidade dar-se-á: (Incluído pela Lei 9.527/1997.)

a) na hipótese de abandono de cargo, pela indicação precisa do período de ausência intencional do servidor ao serviço superior a trinta dias; (Incluído pela Lei 9.527/1997.)

b) no caso de inassiduidade habitual, pela indicação dos dias de falta ao serviço sem causa justificada, por período igual ou superior a sessenta dias interpoladamente, durante o período de doze meses; (Incluído pela Lei 9.527/1997.)

II - após a apresentação da defesa a comissão elaborará relatório conclusivo quanto à inocência ou à responsabilidade do servidor, em que resumirá as peças principais dos autos, indicará o respectivo dispositivo legal, opinará, na hipótese de abandono de cargo, sobre a intencionalidade da ausência ao serviço superior a trinta dias e remeterá o processo à autoridade instauradora para julgamento. (Incluído pela Lei 9.527/1997.)

Art. 141. As penalidades disciplinares serão aplicadas:

I - pelo Presidente da República, pelos Presidentes das Casas do Poder Legislativo e dos Tribunais Federais e pelo Procurador-Geral da República, quando se tratar de demissão e cassação de aposentadoria ou disponibilidade de servidor vinculado ao respectivo Poder, órgão, ou entidade;

II - pelas autoridades administrativas de hierarquia imediatamente inferior àquelas mencionadas no inciso anterior quando se tratar de suspensão superior a 30 (trinta) dias;

III - pelo chefe da repartição e outras autoridades na forma dos respectivos regimentos ou regulamentos, nos casos de advertência ou de suspensão de até 30 (trinta) dias;

IV - pela autoridade que houver feito a nomeação, quando se tratar de destituição de cargo em comissão.

Art. 142. A ação disciplinar prescreverá:

I - em 5 (cinco) anos, quanto às infrações puníveis com demissão, cassação de aposentadoria ou disponibilidade e destituição de cargo em comissão;

II - em 2 (dois) anos, quanto à suspensão;

III - em 180 (cento e oitenta) dias, quanto à advertência.

§ 1º O prazo de prescrição começa a correr da data em que o fato se tornou conhecido.

§ 2º Os prazos de prescrição previstos na lei penal aplicam-se às infrações disciplinares capituladas também como crime.

§ 3º A abertura de sindicância ou a instauração de processo disciplinar interrompe a prescrição, até a decisão final proferida por autoridade competente.

§ 4º Interrompido o curso da prescrição, o prazo começará a correr a partir do dia em que cessar a interrupção.

- Lei 9.784/1999 (Lei dos Processos Administrativos Federais).

TÍTULO V
DO PROCESSO ADMINISTRATIVO DISCIPLINAR

CAPÍTULO I
DISPOSIÇÕES GERAIS

Art. 143. A autoridade que tiver ciência de irregularidade no serviço público é obrigada a promover a sua apuração imediata, mediante sindicância ou processo administrativo disciplinar, assegurada ao acusado ampla defesa.

- art. 11, II, Lei 8.429/1992 (Dispõe sobre as sanções aplicáveis aos agentes públicos nos casos de enriquecimento ilícito no exercício de mandato, cargo, emprego ou função na administração pública direta, indireta ou fundacional).
- art. 17, Lei 9.784/1999 (Regula o processo administrativo no âmbito da Administração Pública Federal).

§§ 1º e 2º (Revogados pela Lei 11.204/2005.)

§ 3º A apuração de que trata o *caput*, por solicitação da autoridade a que se refere, poderá ser promovida por autoridade de órgão ou entidade diverso daquele em que tenha ocorrido a irregularidade, mediante competência específica para tal finalidade, delegada em caráter permanente ou temporário pelo Presidente da República, pelos presidentes das Casas do Poder Legislativo e dos Tribunais Federais e pelo Procurador-Geral da República, no âmbito do respectivo Poder, órgão ou entidade, preservadas as competências para o julgamento que se seguir à apuração. (Incluído pela Lei 9.527/1997.)

Art. 144. As denúncias sobre irregularidades serão objeto de apuração, desde que contenham a identificação e o endereço do denunciante e sejam formuladas por escrito, confirmada a autenticidade.

Parágrafo único. Quando o fato narrado não configurar evidente infração disciplinar ou ilícito penal, a denúncia será arquivada, por falta de objeto.

Art. 145. Da sindicância poderá resultar:

I - arquivamento do processo;

II - aplicação de penalidade de advertência ou suspensão de até 30 (trinta) dias;

III - instauração de processo disciplinar.

Parágrafo único. O prazo para conclusão da sindicância não excederá 30 (trinta) dias, podendo ser prorrogado por igual período, a critério da autoridade superior.

Art. 146. Sempre que o ilícito praticado pelo servidor ensejar a imposição de penalidade de suspensão por mais de 30 (trinta) dias, de demissão, cassação de aposentadoria ou disponibilidade, ou destituição de cargo em comissão, será obrigatória a instauração de processo disciplinar.

CAPÍTULO II
DO AFASTAMENTO PREVENTIVO

Art. 147. Como medida cautelar e a fim de que o servidor não venha a influir na apuração da irregularidade, a autoridade instauradora do processo disciplinar poderá determinar o seu afastamento do exercício do cargo, pelo prazo de até 60 (sessenta) dias, sem prejuízo da remuneração.

Parágrafo único. O afastamento poderá ser prorrogado por igual prazo, findo o qual cessarão os seus efeitos, ainda que não concluído o processo.

CAPÍTULO III
DO PROCESSO DISCIPLINAR

Art. 148. O processo disciplinar é o instrumento destinado a apurar responsabilidade de servidor por infração praticada no exercício de suas atribuições, ou que tenha relação com as atribuições do cargo em que se encontre investido.

- Lei 8.429/1992 (Lei da Improbidade Administrativa).

Art. 149. O processo disciplinar será conduzido por comissão composta de três servidores estáveis designados pela autoridade competente, observado o disposto no § 3º do art. 143, que indicará, dentre eles, o seu presidente, que deverá ser ocupante de cargo efetivo superior ou de mesmo nível, ou ter nível de escolaridade igual ou superior ao do indiciado. (Redação dada pela Lei 9.527/1997.)

§ 1º A Comissão terá como secretário servidor designado pelo seu presidente, podendo a indicação recair em um de seus membros.

§ 2º Não poderá participar de comissão de sindicância ou de inquérito, cônjuge, companheiro ou parente do acusado, consanguíneo ou afim, em linha reta ou colateral, até o terceiro grau.

Art. 150. A Comissão exercerá suas atividades com independência e imparcialidade, assegurado o sigilo necessário à elucidação do fato ou exigido pelo interesse da administração.

Parágrafo único. As reuniões e as audiências das comissões terão caráter reservado.

Art. 151. O processo disciplinar se desenvolve nas seguintes fases:

I - instauração, com a publicação do ato que constituir a comissão;

II - inquérito administrativo, que compreende instrução, defesa e relatório;

III - julgamento.

Art. 152. O prazo para a conclusão do processo disciplinar não excederá 60 (sessenta) dias, contados da data de publicação do ato que constituir a comissão, admitida a sua prorrogação por igual prazo, quando as circunstâncias o exigirem.

§ 1º Sempre que necessário, a comissão dedicará tempo integral aos seus trabalhos, ficando seus membros dispensados do ponto, até a entrega do relatório final.

§ 2º As reuniões da comissão serão registradas em atas que deverão detalhar as deliberações adotadas.

SEÇÃO I
DO INQUÉRITO

Art. 153. O inquérito administrativo obedecerá ao princípio do contraditório, assegurada ao acusado ampla defesa, com a utilização dos meios e recursos admitidos em direito.

Art. 154. Os autos da sindicância integrarão o processo disciplinar, como peça informativa da instrução.

Parágrafo único. Na hipótese de o relatório da sindicância concluir que a infração está capitulada como ilícito penal, a autoridade competente encaminhará cópia dos autos ao Ministério Público, independentemente da imediata instauração do processo disciplinar.

Art. 155. Na fase do inquérito, a comissão promoverá a tomada de depoimentos, acareações, investigações e diligências cabíveis, objetivando a coleta de prova, recorrendo, quando necessário, a técnicos e peritos, de modo a permitir a completa elucidação dos fatos.

Art. 156. É assegurado ao servidor o direito de acompanhar o processo pessoalmente ou por intermédio de procurador, arrolar e reinquirir testemunhas, produzir provas e contraprovas e formular quesitos, quando se tratar de prova pericial.

§ 1º O presidente da comissão poderá denegar pedidos considerados impertinentes, meramente protelatórios, ou de nenhum interesse para o esclarecimento dos fatos.

§ 2º Será indeferido o pedido de prova pericial, quando a comprovação do fato independer de conhecimento especial de perito.

Art. 157. As testemunhas serão intimadas a depor mediante mandado expedido pelo presidente da comissão, devendo a segunda via, com o ciente do interessado, ser anexado aos autos.

Parágrafo único. Se a testemunha for servidor público, a expedição do mandado será imediatamente comunicada ao chefe da repartição onde serve, com a indicação do dia e hora marcados para inquirição.

Art. 158. O depoimento será prestado oralmente e reduzido a termo, não sendo lícito à testemunha trazê-lo por escrito.

§ 1º As testemunhas serão inquiridas separadamente.

§ 2º Na hipótese de depoimentos contraditórios ou que se infirmem, proceder-se-á à acareação entre os depoentes.

Art. 159. Concluída a inquirição das testemunhas, a comissão promoverá o interrogatório do acusado, observados os procedimentos previstos nos arts. 157 e 158.

§ 1º No caso de mais de um acusado, cada um deles será ouvido separadamente, e sempre que divergirem em suas declarações sobre fatos ou circunstâncias, será promovida a acareação entre eles.

§ 2º O procurador do acusado poderá assistir ao interrogatório, bem como à inquirição das testemunhas, sendo-lhe vedado interferir nas perguntas e respostas, facultando-se-lhe, porém, reinquiri-las, por intermédio do presidente da comissão.

Art. 160. Quando houver dúvida sobre a sanidade mental do acusado, a comissão proporá à autoridade competente que ele seja submetido a exame por junta médica oficial, da qual participe pelo menos um médico psiquiatra.

Parágrafo único. O incidente de sanidade mental será processado em auto apartado e apenso ao processo principal, após a expedição do laudo pericial.

Art. 161. Tipificada a infração disciplinar, será formulada a indiciação do servidor, com a especificação dos fatos a ele imputados e das respectivas provas.

§ 1º O indiciado será citado por mandado expedido pelo presidente da comissão para apresentar defesa escrita, no prazo de 10 (dez) dias, assegurando-se-lhe vista do processo na repartição.

§ 2º Havendo dois ou mais indiciados, o prazo será comum e de 20 (vinte) dias.

§ 3º O prazo de defesa poderá ser prorrogado pelo dobro, para diligências reputadas indispensáveis.

§ 4º No caso de recusa do indiciado em apor o ciente na cópia da citação, o prazo para defesa contar-se-á da data declarada, em termo próprio, pelo membro da comissão que fez a citação, com a assinatura de (2) duas testemunhas.

Art. 162. O indiciado que mudar de residência fica obrigado a comunicar à comissão o lugar onde poderá ser encontrado.

Art. 163. Achando-se o indiciado em lugar incerto e não sabido, será citado por edital, publicado no Diário Oficial da União e em jornal de grande circulação na localidade do último domicílio conhecido, para apresentar defesa.

Parágrafo único. Na hipótese deste artigo, o prazo para defesa será de 15 (quinze) dias a partir da última publicação do edital.

Art. 164. Considerar-se-á revel o indiciado que, regularmente citado, não apresentar defesa no prazo legal.

§ 1º A revelia será declarada, por termo, nos autos do processo e devolverá o prazo para a defesa.

§ 2º Para defender o indiciado revel, a autoridade instauradora do processo designará um servidor como defensor dativo, que deverá ser ocupante de cargo efetivo superior ou de mesmo nível, ou ter nível de escolaridade igual ou superior ao do indiciado. (Redação dada pela Lei 9.527/1997.)

Art. 165. Apreciada a defesa, a comissão elaborará relatório minucioso, onde resumirá as peças principais dos autos e mencionará as provas em que se baseou para formar a sua convicção.

§ 1º O relatório será sempre conclusivo quanto à inocência ou à responsabilidade do servidor.

§ 2º Reconhecida a responsabilidade do servidor, a comissão indicará o dispositivo legal ou regulamentar transgredido, bem como as circunstâncias agravantes ou atenuantes.

Art. 166. O processo disciplinar, com o relatório da comissão, será remetido à autoridade que determinou a sua instauração, para julgamento.

SEÇÃO II
DO JULGAMENTO

Art. 167. No prazo de 20 (vinte) dias, contados do recebimento do processo, a autoridade julgadora proferirá a sua decisão.

§ 1º Se a penalidade a ser aplicada exceder a alçada da autoridade instauradora do processo, este será encaminhado à autoridade competente, que decidirá em igual prazo.

§ 2º Havendo mais de um indiciado e diversidade de sanções, o julgamento caberá à autoridade competente para a imposição da pena mais grave.

§ 3º Se a penalidade prevista for a demissão ou cassação de aposentadoria ou disponibilidade, o julgamento caberá às autoridades de que trata o inciso I do art. 141.

§ 4º Reconhecida pela comissão a inocência do servidor, a autoridade instauradora do processo determinará o seu arquivamento, salvo se flagrantemente contrária à prova dos autos. (Incluído pela Lei 9.527/1997.)

Art. 168. O julgamento acatará o relatório da comissão, salvo quando contrário às provas dos autos.

Parágrafo único. Quando o relatório da comissão contrariar as provas dos autos, a autoridade julgadora poderá, motivadamente, agravar a penalidade proposta, abrandá-la ou isentar o servidor de responsabilidade.

Art. 169. Verificada a ocorrência de vício insanável, a autoridade que determinou a instauração do processo ou outra de hierarquia superior declarará a sua nulidade, total ou parcial, e ordenará, no mesmo ato, a constituição de outra comissão para instauração de novo processo. (Redação dada pela Lei 9.527/1997.)

§ 1º O julgamento fora do prazo legal não implica nulidade do processo.

‣ Súm. 592, STJ.

§ 2º A autoridade julgadora que der causa à prescrição de que trata o art. 142, § 2º, será responsabilizada na forma do Capítulo IV do Título IV.

Art. 170. Extinta a punibilidade pela prescrição, a autoridade julgadora determinará o registro do fato nos assentamentos individuais do servidor.

Art. 171. Quando a infração estiver capitulada como crime, o processo disciplinar será remetido ao Ministério Público para instauração da ação penal, ficando trasladado na repartição.

Art. 172. O servidor que responder a processo disciplinar só poderá ser exonerado a pedido, ou aposentado voluntariamente, após a conclusão do processo e o cumprimento da penalidade, acaso aplicada.

Parágrafo único. Ocorrida a exoneração de que trata o parágrafo único, inciso I do art. 34, o ato será convertido em demissão, se for o caso.

Art. 173. Serão assegurados transporte e diárias:

I - ao servidor convocado para prestar depoimento fora da sede de sua repartição, na condição de testemunha, denunciado ou indiciado;

II - aos membros da comissão e ao secretário, quando obrigados a se deslocarem da sede dos trabalhos para a realização de missão essencial ao esclarecimento dos fatos.

SEÇÃO III
DA REVISÃO DO PROCESSO

Art. 174. O processo disciplinar poderá ser revisto, a qualquer tempo, a pedido ou de ofício, quando se aduzirem fatos novos ou circunstâncias suscetíveis de justificar a inocência do punido ou a inadequação da penalidade aplicada.

§ 1º Em caso de falecimento, ausência ou desaparecimento do servidor, qualquer pessoa da família poderá requerer a revisão do processo.

§ 2º No caso de incapacidade mental do servidor, a revisão será requerida pelo respectivo curador.

Art. 175. No processo revisional, o ônus da prova cabe ao requerente.

Art. 176. A simples alegação de injustiça da penalidade não constitui fundamento para a revisão, que requer elementos novos, ainda não apreciados no processo originário.

Art. 177. O requerimento de revisão do processo será dirigido ao Ministro de Estado ou autoridade equivalente, que, se autorizar a revisão, encaminhará o pedido ao dirigente do órgão ou entidade onde se originou o processo disciplinar.

Parágrafo único. Deferida a petição, a autoridade competente providenciará a constituição de comissão, na forma do art. 149.

Art. 178. A revisão correrá em apenso ao processo originário.

Parágrafo único. Na petição inicial, o requerente pedirá dia e hora para a produção de provas e inquirição das testemunhas que arrolar.

Art. 179. A comissão revisora terá 60 (sessenta) dias para a conclusão dos trabalhos.

Art. 180. Aplicam-se aos trabalhos da comissão revisora, no que couber, as normas e procedimentos próprios da comissão do processo disciplinar.

Art. 181. O julgamento caberá à autoridade que aplicou a penalidade, nos termos do art. 141.

Parágrafo único. O prazo para julgamento será de 20 (vinte) dias, contados do recebimento do processo, no curso do qual a autoridade julgadora poderá determinar diligências.

Art. 182. Julgada procedente a revisão, será declarada sem efeito a penalidade aplicada, restabelecendo-se todos os direitos do servidor, exceto em relação à destituição do cargo em comissão, que será convertida em exoneração.

Parágrafo único. Da revisão do processo não poderá resultar agravamento de penalidade.

TÍTULO VI
DA SEGURIDADE SOCIAL DO SERVIDOR

CAPÍTULO I
DISPOSIÇÕES GERAIS

Art. 183. A União manterá Plano de Seguridade Social para o servidor e sua família.

§ 1º O servidor ocupante de cargo em comissão que não seja, simultaneamente, ocupante de cargo ou emprego efetivo na administração pública direta, autárquica e fundacional não terá direito aos benefícios do Plano de Seguridade Social, com exceção da assistência à saúde. (Redação dada pela Lei 10.667/2003.)

§ 2º O servidor afastado ou licenciado do cargo efetivo, sem direito à remuneração, inclusive para servir em organismo oficial internacional do qual o Brasil seja membro efetivo ou com o qual coopere, ainda que contribua para regime de previdência social no exterior, terá suspenso o seu vínculo com o regime do Plano de Seguridade Social do Servidor Público enquanto durar o afastamento ou a licença, não lhes assistindo, neste período, os benefícios do mencionado regime de previdência. (Incluído pela Lei 10.667/2003.)

§ 3º Será assegurada ao servidor licenciado ou afastado sem remuneração a manutenção da vinculação ao regime do Plano de Seguridade Social do Servidor Público, mediante o recolhimento mensal da respectiva contribuição, no mesmo percentual devido pelos servidores em atividade, incidente sobre a remuneração total do cargo a que faz jus no exercício de suas atribuições, computando-se, para esse efeito, inclusive, as vantagens pessoais. (Acrescentado pela Lei 10.667/2003.)

§ 4º O recolhimento de que trata o § 3º deve ser efetuado até o segundo dia útil após a data do pagamento das remunerações dos servidores públicos, aplicando-se os procedimentos de cobrança e execução dos tributos federais quando não recolhidas na data de vencimento. (Incluído pela Lei 10.667/2003.)

Art. 184. O Plano de Seguridade Social visa a dar cobertura aos riscos a que estão sujeitos o servidor e sua família, e compreende um conjunto de benefícios e ações que atendam às seguintes finalidades:

I - garantir meios de subsistência nos eventos de doença, invalidez, velhice, acidente em serviço, inatividade, falecimento e reclusão;

II - proteção à maternidade, à adoção e à paternidade;

III - assistência à saúde.

Parágrafo único. Os benefícios serão concedidos nos termos e condições definidos em regulamento, observadas as disposições desta lei.

Art. 185. Os benefícios do Plano de Seguridade Social do servidor compreendem:

I - quanto ao servidor:

a) aposentadoria;

b) auxílio-natalidade;

c) salário-família;

d) licença para tratamento de saúde;

e) licença à gestante, à adotante e licença-paternidade;

f) licença por acidente em serviço;

g) assistência à saúde;

h) garantia de condições individuais e ambientais de trabalho satisfatórias;

II - quanto ao dependente:

a) pensão vitalícia e temporária;

b) auxílio-funeral;

c) auxílio-reclusão;

d) assistência à saúde.

§ 1º As aposentadorias e pensões serão concedidas e mantidas pelos órgãos ou entidades aos quais se encontram vinculados os servidores, observado o disposto nos arts. 189 e 224.

§ 2º O recebimento indevido de benefícios havidos por fraude, dolo ou má-fé, implicará devolução ao erário do total auferido, sem prejuízo da ação penal cabível.

CAPÍTULO II
DOS BENEFÍCIOS

SEÇÃO I
DA APOSENTADORIA

Art. 186. O servidor será aposentado:

▸ art. 40, CF.

I - por invalidez permanente, sendo os proventos integrais quando decorrente de acidente em serviço, moléstia profissional ou doença grave, contagiosa ou incurável, especificada em lei, e proporcionais nos demais casos;

II - compulsoriamente, aos setenta anos de idade, com proventos proporcionais ao tempo de serviço;

III - voluntariamente:

a) aos 35 (trinta e cinco) anos de serviço, se homem, e aos 30 (trinta) se mulher, com proventos integrais;

b) aos 30 (trinta) anos de efetivo exercício em funções de magistério se professor, e 25 (vinte e cinco) se professora, com proventos integrais;

c) aos 30 (trinta) anos de serviço, se homem, e aos 25 (vinte e cinco) se mulher, com proventos proporcionais a esse tempo;

d) aos 65 (sessenta e cinco) anos de idade, se homem, e aos 60 (sessenta) se mulher, com proventos proporcionais ao tempo de serviço.

§ 1º Consideram-se doenças graves, contagiosas ou incuráveis, a que se refere o inciso I deste artigo, tuberculose ativa, alienação mental, esclerose múltipla, neoplasia maligna, cegueira posterior ao ingresso no serviço público, hanseníase, cardiopatia grave, doença de Parkinson, paralisia irreversível e incapacitante, espondiloartrose anquilosante, nefropatia grave, estados avançados do mal de Paget (osteíte deformante), Síndrome de Imunodeficiência Adquirida - AIDS, e outras que a lei indicar, com base na medicina especializada.

§ 2º Nos casos de exercício de atividades consideradas insalubres ou perigosas, bem como nas hipóteses previstas no art. 71, a aposentadoria de que trata o inciso III, *a* e *c*, observará o disposto em lei específica.

§ 3º Na hipótese do inciso I o servidor será submetido à junta médica oficial, que atestará a invalidez quando caracterizada a incapacidade para o desempenho das atribuições do cargo ou a impossibilidade de se aplicar o disposto no art. 24. (Incluído pela Lei 9.527/1997.)

Art. 187. A aposentadoria compulsória será automática, e declarada por ato, com vigência a partir do dia imediato àquele em que o servidor atingir a idade-limite de permanência no serviço ativo.

Art. 188. A aposentadoria voluntária ou por invalidez vigorará a partir da data da publicação do respectivo ato.

§ 1º A aposentadoria por invalidez será precedida de licença para tratamento de saúde, por período não excedente a 24 (vinte e quatro) meses.

§ 2º Expirado o período de licença e não estando em condições de reassumir o cargo ou de ser readaptado, o servidor será aposentado.

§ 3º O lapso de tempo compreendido entre o término da licença e a publicação do ato da aposentadoria será considerado como de prorrogação da licença.

§ 4º Para os fins do disposto no § 1º deste artigo, serão consideradas apenas as licenças motivadas pela enfermidade ensejadora da invalidez ou doenças correlacionadas. (Incluído pela Lei 11.907/2009.)

§ 5º A critério da Administração, o servidor em licença para tratamento de saúde ou aposentado por invalidez poderá ser convocado a qualquer momento, para avaliação das condições que ensejaram o afastamento ou a aposentadoria. (Incluído pela Lei 11.907/2009.)

Art. 189. O provento da aposentadoria será calculado com observância do disposto no § 3º do art. 41, e revisto na mesma data e proporção, sempre que se modificar a remuneração dos servidores em atividade.

Parágrafo único. São estendidos aos inativos quaisquer benefícios ou vantagens posteriormente concedidas aos servidores em atividade, inclusive quando decorrentes de transformação ou reclassificação do cargo ou função em que se deu a aposentadoria.

▸ arts. 185, § 1º, e 224 desta lei.

Art. 190. O servidor aposentado com provento proporcional ao tempo de serviço se acometido de qualquer das moléstias especificadas no § 1º do art. 186 desta lei e, por esse motivo, for considerado inválido por junta médica oficial passará a perceber provento integral, calculado com base no fundamento legal de concessão da aposentadoria. (Redação dada pela Lei 11.907/2009.)

Art. 191. Quando proporcional ao tempo de serviço, o provento não será inferior a 1/3 (um terço) da remuneração da atividade.

Arts. 192 e 193. (Revogados pela Lei 9.527/1997.)

Art. 194. Ao servidor aposentado será paga a gratificação natalina, até o dia vinte do mês de dezembro, em valor equivalente ao respectivo provento, deduzido o adiantamento recebido.

Art. 195. Ao ex-combatente que tenha efetivamente participado de operações bélicas, durante a Segunda Guerra Mundial, nos termos da Lei n. 5.315, de 12 de setembro de 1967, será concedida aposentadoria com provento integral, aos 25 (vinte e cinco) anos de serviço efetivo.

▸ art. 53, V, ADCT.

SEÇÃO II
DO AUXÍLIO-NATALIDADE

Art. 196. O auxílio-natalidade é devido à servidora por motivo de nascimento de filho, em quantia equivalente ao menor vencimento do serviço público, inclusive no caso de natimorto.

§ 1º Na hipótese de parto múltiplo, o valor será acrescido de 50% (cinquenta por cento), por nascituro.

§ 2º O auxílio será pago ao cônjuge ou companheiro servidor público, quando a parturiente não for servidora.

SEÇÃO III
DO SALÁRIO-FAMÍLIA

Art. 197. O salário-família é devido ao servidor ativo ou ao inativo, por dependente econômico.

Parágrafo único. Consideram-se dependentes econômicos para efeito de percepção do salário-família:

I - o cônjuge ou companheiro e os filhos, inclusive os enteados até 21 (vinte e um) anos de idade ou, se estudante, até 24 (vinte e quatro) anos ou, se inválido, de qualquer idade;

II - o menor de 21 (vinte e um) anos que, mediante autorização judicial, viver na companhia e às expensas do servidor, ou do inativo;

III - a mãe e o pai sem economia própria.

Art. 198. Não se configura a dependência econômica quando o beneficiário do salário-família perceber rendimento do trabalho ou de qualquer outra fonte, inclusive pensão ou provento da aposentadoria, em valor igual ou superior ao salário-mínimo.

Art. 199. Quando o pai e mãe forem servidores públicos e viverem em comum, o salário-família será pago a um deles; quando separados, será pago a um e outro, de acordo com a distribuição dos dependentes.

Parágrafo único. Ao pai e à mãe equiparam-se o padrasto, a madrasta e, na falta destes, os representantes legais dos incapazes.

Art. 200. O salário-família não está sujeito a qualquer tributo, nem servirá de base para qualquer contribuição, inclusive para a Previdência Social.

Art. 201. O afastamento do cargo efetivo, sem remuneração, não acarreta a suspensão do pagamento do salário-família.

SEÇÃO IV
DA LICENÇA PARA TRATAMENTO DE SAÚDE

▸ Dec. 7.003/2009 (Regulamenta a licença para tratamento de saúde, de que tratam os arts. 202 a 205 desta lei).

Art. 202. Será concedida ao servidor licença para tratamento de saúde, a pedido ou de ofício, com base em perícia médica, sem prejuízo da remuneração a que fizer jus.

Art. 203. A licença de que trata o art. 202 desta lei será concedida com base em perícia oficial. (Redação dada pela Lei 11.907/2009.)

§ 1º Sempre que necessário, a inspeção médica será realizada na residência do servidor ou no estabelecimento hospitalar onde se encontrar internado.

§ 2º Inexistindo médico no órgão ou entidade no local onde se encontra ou tenha exercício em caráter permanente o servidor, e não se configurando as hipóteses previstas nos parágrafos do art. 230, será aceito atestado passado por médico particular. (Redação dada pela Lei 9.527/1997.)

§ 3º No caso do § 2º deste artigo, o atestado somente produzirá efeitos depois de recepcionado pela unidade de recursos humanos do órgão ou entidade. (Redação dada pela Lei 11.907/2009.)

§ 4º A licença que exceder o prazo de 120 (cento e vinte) dias no período de 12 (doze) meses a contar do primeiro dia de afastamento será concedida mediante avaliação por junta médica oficial. (Redação dada pela Lei 11.907/2009.)

§ 5º A perícia oficial para concessão da licença de que trata o *caput* deste artigo, bem como nos demais casos de perícia oficial previstos nesta Lei, será efetuada por cirurgiões-dentistas, nas hipóteses em que abranger o campo de atuação da odontologia. (Incluído pela Lei 11.907/2009.)

Art. 204. A licença para tratamento de saúde inferior a 15 (quinze) dias, dentro de 1 (um) ano, poderá ser dispensada de perícia oficial, na forma definida em regulamento. (Redação dada pela Lei 11.907/2009.)

Art. 205. O atestado e o laudo da junta médica não se referirão ao nome ou natureza da doença, salvo quando se tratar de lesões produzidas por acidente em serviço, doença profissional ou qualquer das doenças especificadas no art. 186, § 1º.

Art. 206. O servidor que apresentar indícios de lesões orgânicas ou funcionais será submetido a inspeção médica.

Art. 206-A. O servidor será submetido a exames médicos periódicos, nos termos e condições definidos em regulamento. (Incluído pela Lei 11.907/2009.)

- Dec. 6.856/2009 (Regulamenta este artigo).

Parágrafo único. Para os fins do disposto no *caput*, a União e suas entidades autárquicas e fundacionais poderão: (Acrescentado pela Lei 12.998/2014.)

I - prestar os exames médicos periódicos diretamente pelo órgão ou entidade à qual se encontra vinculado o servidor; (Acrescentado pela Lei 12.998/2014.)

II - celebrar convênio ou instrumento de cooperação ou parceria com os órgãos e entidades da administração direta, suas autarquias e fundações; (Acrescentado pela Lei 12.998/2014.)

III - celebrar convênios com operadoras de plano de assistência à saúde, organizadas na modalidade de autogestão, que possuam autorização de funcionamento do órgão regulador, na forma do art. 230; ou (Acrescentado pela Lei 12.998/2014.)

IV - prestar os exames médicos periódicos mediante contrato administrativo, observado o disposto na Lei n. 8.666, de 21 de junho de 1993, e demais normas pertinentes. (Acrescentado pela Lei 12.998/2014.)

SEÇÃO V
DA LICENÇA À GESTANTE, À ADOTANTE E DA LICENÇA-PATERNIDADE

Art. 207. Será concedida licença à servidora gestante por 120 (cento e vinte) dias consecutivos, sem prejuízo da remuneração.

- Lei 11.770/2008 (Lei do Programa Empresa Cidadã) e Dec. 7.052/2009 (Regulamento).
- art. 2º, § 2º, Dec. 6.690/2008 (Institui o Programa de Prorrogação da Licença à Gestante e à Adotante e estabelece os critérios de adesão ao Programa).

§ 1º A licença poderá ter início no primeiro dia do nono mês de gestação, salvo antecipação por prescrição médica.

§ 2º No caso de nascimento prematuro, a licença terá início a partir do parto.

§ 3º No caso de natimorto, decorridos 30 (trinta) dias do evento, a servidora será submetida a exame médico, e se julgada apta, reassumirá o exercício.

§ 4º No caso de aborto atestado por médico oficial, a servidora terá direito a 30 (trinta) dias de repouso remunerado.

Art. 208. Pelo nascimento ou adoção de filhos, o servidor terá direito à licença-paternidade de 5 (cinco) dias consecutivos.

- Dec. 8.737/2016 (Institui o Programa de Prorrogação da Licença-Paternidade).

Art. 209. Para amamentar o próprio filho, até a idade de seis meses, a servidora lactante terá direito, durante a jornada de trabalho, a uma hora de descanso, que poderá ser parcelada em dois períodos de meia hora.

Art. 210. À servidora que adotar ou obtiver guarda judicial de criança até 1 (um) ano de idade, serão concedidos 90 (noventa) dias de licença remunerada.

- art. 2º, § 3º, II, Dec. 6.690/2008 (Institui o Programa de Prorrogação da Licença à Gestante e à Adotante e estabelece os critérios de adesão ao Programa).

Parágrafo único. No caso de adoção ou guarda judicial de criança com mais de 1 (um) ano de idade, o prazo de que trata este artigo será de 30 (trinta) dias.

SEÇÃO VI
DA LICENÇA POR ACIDENTE EM SERVIÇO

Art. 211. Será licenciado, com remuneração integral, o servidor acidentado em serviço.

Art. 212. Configura acidente em serviço o dano físico ou mental sofrido pelo servidor, que se relacione, mediata ou imediatamente, com as atribuições do cargo exercido.

Parágrafo único. Equipara-se ao acidente em serviço o dano:

I - decorrente de agressão sofrida e não provocada pelo servidor no exercício do cargo;

II - sofrido no percurso da residência para o trabalho e vice-versa.

Art. 213. O servidor acidentado em serviço que necessite de tratamento especializado poderá ser tratado em instituição privada, à conta de recursos públicos.

Parágrafo único. O tratamento recomendado por junta médica oficial constitui medida de exceção e somente será admissível quando inexistirem meios e recursos adequados em instituição pública.

Art. 214. A prova do acidente será feita no prazo de 10 (dez) dias, prorrogável quando as circunstâncias o exigirem.

SEÇÃO VII
DA PENSÃO

Art. 215. Por morte do servidor, os seus dependentes, nas hipóteses legais, fazem jus à pensão por morte, observados os limites estabelecidos no inciso XI do *caput* do art. 37 da Constituição e no art. 2º da Lei nº 10.887, de 18 de junho de 2004. (Redação dada pela Lei 13.846/2019)

Art. 216. (Revogado pela Lei 13.135/2015.)

Art. 217. São beneficiários das pensões:

I - o cônjuge; (Alterado pela Lei 13.135/2015.)

a) a e) (Revogadas pela Lei 13.135/2015);

II - o cônjuge divorciado ou separado judicialmente ou de fato, com percepção de pensão alimentícia estabelecida judicialmente; (Alterado pela Lei 13.135/2015.)

a) a d) (Revogadas pela Lei 13.135/2015);

III - o companheiro ou companheira que comprove união estável como entidade familiar; (Alterado pela Lei 13.135/2015.)

IV - o filho de qualquer condição que atenda a um dos seguintes requisitos: (Alterado pela Lei 13.135/2015.)

a) seja menor de 21 (vinte e um) anos; (Alterado pela Lei 13.135/2015.)

b) seja inválido; (Alterado pela Lei 13.135/2015.)

c) tenha deficiência grave; ou (Alterado pela Lei 13.135/2015. Vigência: 2 anos a partir da publicação 18.06.2015.)

d) tenha deficiência intelectual ou mental; (Alterado pela Lei 13.846/2019)

V - a mãe e o pai que comprovem dependência econômica do servidor; e (Alterado pela Lei 13.135/2015.)

VI - o irmão de qualquer condição que comprove dependência econômica do servidor e atenda a um dos requisitos previstos no inciso IV. (Alterado pela Lei 13.135/2015.)

§ 1º A concessão de pensão aos beneficiários de que tratam os incisos I a IV do *caput* exclui os beneficiários referidos nos incisos V e VI. (Alterado pela Lei 13.135/2015.)

§ 2º A concessão de pensão aos beneficiários de que trata o inciso V do *caput* exclui o beneficiário referido no inciso VI. (Alterado pela Lei 13.135/2015.)

§ 3º O enteado e o menor tutelado equiparam-se a filho mediante declaração do servidor e desde que comprovada dependência econômica, na forma estabelecida em regulamento. (Alterado pela Lei 13.135/2015.)

§ 4º (Vetado na Lei 13.846/2019).

Art. 218. Ocorrendo habilitação de vários titulares à pensão, o seu valor será distribuído em partes iguais entre os beneficiários habilitados. (Alterado pela Lei 13.135/2015.)

§§ 1º a 3º (Revogados pela Lei 13.135/2015).

Art. 219. A pensão por morte será devida ao conjunto dos dependentes do segurado que falecer, aposentado ou não, a contar da data: (Redação dada pela Lei 13.846/2019)

I - do óbito, quando requerida em até cento e oitenta dias após o óbito, para os filhos menores de dezesseis anos, ou em até noventa dias após o óbito, para os demais dependentes; (Redação dada pela Lei 13.846/2019)

II - do requerimento, quando requerida após o prazo previsto no inciso I; ou (Redação dada pela Lei 13.846/2019)

III - da decisão judicial, na hipótese de morte presumida. (Redação dada pela Lei 13.846/2019)

§ 1º A concessão da pensão por morte não será protelada pela falta de habilitação de outro possível dependente e a habilitação posterior que importe em exclusão ou inclusão de dependente só produzirá efeito a partir da data da publicação da portaria de concessão da pensão ao dependente habilitado. (Redação dada pela Lei 13.846/2019)

§ 2º Ajuizada a ação judicial para reconhecimento da condição de dependente, este poderá requerer a sua habilitação provisória ao benefício de pensão por morte, exclusivamente para fins de rateio dos valores com outros dependentes, vedado o pagamento da respectiva cota até o trânsito em julgado da respectiva ação, ressalvada a existência de decisão judicial em contrário. (Redação dada pela Lei 13.846/2019)

§ 3º Nas ações em que for parte o ente público responsável pela concessão da pensão por morte, este poderá proceder de ofício à habilitação excepcional da referida pensão, apenas para efeitos de rateio, descontando-se os valores referentes a esta habilitação das demais cotas, vedado o pagamento da respectiva cota até o trânsito em julgado da respectiva ação, ressalvada a existência de decisão judicial em contrário. (Redação dada pela Lei 13.846/2019)

§ 4º Julgada improcedente a ação prevista no § 2º ou § 3º deste artigo, o valor retido será corrigido pelos índices legais de reajustamento e será pago de forma proporcional aos demais dependentes, de acordo com as suas cotas e o tempo de duração de seus benefícios. (Redação dada pela Lei 13.846/2019)

§ 5º Em qualquer hipótese, fica assegurada ao órgão concessor da pensão por morte a cobrança dos valores indevidamente pagos em função de nova habilitação. (Redação dada pela Lei 13.846/2019)

Art. 220. Perde o direito à pensão por morte: (Alterado pela Lei 13.135/2015.)

I - após o trânsito em julgado, o beneficiário condenado pela prática de crime de que tenha dolosamente resultado a morte do servidor; (Alterado pela Lei 13.135/2015.)

II - o cônjuge, o companheiro ou a companheira se comprovada, a qualquer tempo, simulação ou fraude no casamento ou na união estável, ou a formalização desses com o fim exclusivo de constituir benefício previdenciário, apuradas em processo judicial no qual será assegurado o direito ao contraditório e à ampla defesa. (Alterado pela Lei 13.135/2015.)

Art. 221. Será concedida pensão provisória por morte presumida do servidor, nos seguintes casos:

I - declaração de ausência, pela autoridade judiciária competente;

II - desaparecimento em desabamento, inundação, incêndio ou acidente não caracterizado como em serviço;

III - desaparecimento no desempenho das atribuições do cargo ou em missão de segurança.

Parágrafo único. A pensão provisória será transformada em vitalícia ou temporária, conforme o caso, decorridos 5 (cinco) anos de sua vigência, ressalvado o eventual reaparecimento do servidor, hipótese em que o benefício será automaticamente cancelado.

Art. 222. Acarreta perda da qualidade de beneficiário:

I - o seu falecimento;

II - a anulação do casamento, quando a decisão ocorrer após a concessão da pensão ao cônjuge;

III - a cessação da invalidez, em se tratando de beneficiário inválido, ou o afastamento da deficiência, em se tratando de beneficiário com deficiência, respeitados os períodos mínimos decorrentes da aplicação das alíneas a e b do inciso VII do *caput* deste artigo; (Redação dada pela Lei 13.846/2019)

IV - o implemento da idade de 21 (vinte e um) anos, pelo filho ou irmão; (Alterado pela Lei 13.135/2015.)

V - a acumulação de pensão na forma do art. 225;

VI - a renúncia expressa; e (Alterado pela Lei 13.135/2015.)

VII - em relação aos beneficiários de que tratam os incisos I a III do *caput* do art. 217: (Alterado pela Lei 13.135/2015.)

a) o decurso de 4 (quatro) meses, se o óbito ocorrer sem que o servidor tenha vertido 18 (dezoito) contribuições mensais ou se o casamento ou a união estável tiverem sido iniciados em menos de 2 (dois) anos antes do óbito do servidor; (Alterado pela Lei 13.135/2015.)

b) o decurso dos seguintes períodos, estabelecidos de acordo com a idade do pensionista na data de óbito do servidor, depois de vertidas 18 (dezoito) contribuições mensais e pelo menos 2 (dois) anos após o início do casamento ou da união estável: (Alterado pela Lei 13.135/2015.)

1) 3 (três) anos, com menos de 21 (vinte e um) anos de idade;

2) 6 (seis) anos, entre 21 (vinte e um) e 26 (vinte e seis) anos de idade;

3) 10 (dez) anos, entre 27 (vinte e sete) e 29 (vinte e nove) anos de idade;

4) 15 (quinze) anos, entre 30 (trinta) e 40 (quarenta) anos de idade;

5) 20 (vinte) anos, entre 41 (quarenta e um) e 43 (quarenta e três) anos de idade;

6) vitalícia, com 44 (quarenta e quatro) ou mais anos de idade.

§ 1º A critério da administração, o beneficiário de pensão cuja preservação seja motivada por invalidez, por incapacidade ou por deficiência poderá ser convocado a qualquer momento para avaliação das referidas condições. (Alterado pela Lei 13.135/2015.)

§ 2º Serão aplicados, conforme o caso, a regra contida no inciso III ou os prazos previstos na alínea "b" do inciso VII, ambos do *caput*, se o óbito do servidor decorrer de acidente de qualquer natureza ou de doença profissional ou do trabalho, independentemente do recolhimento de 18 (dezoito) contribuições mensais ou da comprovação de 2 (dois) anos de casamento ou de união estável. (Alterado pela Lei 13.135/2015.)

§ 3º Após o transcurso de pelo menos 3 (três) anos e desde que nesse período se verifique o incremento mínimo de um ano inteiro na média nacional única, para ambos os sexos, correspondente à expectativa de sobrevida da população brasileira ao nascer, poderão ser fixadas, em números inteiros, novas idades para os fins previstos na alínea "b" do inciso VII do *caput*, em ato do Ministro de Estado do Planejamento, Orçamento e Gestão, limitado o acréscimo na comparação com as idades anteriores ao referido incremento. (Alterado pela Lei 13.135/2015.)

§ 4º O tempo de contribuição a Regime Próprio de Previdência Social (RPPS) ou ao Regime Geral de Previdência Social (RGPS) será considerado na contagem das 18 (dezoito) contribuições mensais referidas nas alíneas "a" e "b" do inciso VII do *caput*. (Alterado pela Lei 13.135/2015.)

§ 5º Na hipótese de o servidor falecido estar, na data de seu falecimento, obrigado por determinação judicial a pagar alimentos temporários a ex-cônjuge, ex-companheiro ou ex-companheira, a pensão por morte será devida pelo prazo remanescente na data do óbito, caso não incida outra hipótese de cancelamento anterior do benefício. (Redação dada pela Lei 13.846/2019)

§ 6º O beneficiário que não atender à convocação de que trata o § 1º deste artigo terá o benefício suspenso, observado o disposto nos incisos I e II do *caput* do art. 95 da Lei nº 13.146, de 6 de julho de 2015. (Redação dada pela Lei 13.846/2019)

§ 7º O exercício de atividade remunerada, inclusive na condição de microempreendedor individual, não impede a concessão ou manutenção da cota da pensão de dependente com deficiência intelectual ou mental ou com deficiência grave. (Redação dada pela Lei 13.846/2019)

§ 8º No ato de requerimento de benefícios previdenciários, não será exigida apresentação de termo de curatela de titular ou de beneficiário com deficiência, observados os procedimentos a serem estabelecidos em regulamento. (Redação dada pela Lei 13.846/2019)

Art. 223. Por morte ou perda da qualidade de beneficiário, a respectiva cota reverterá para os cobeneficiários. (Alterado pela Lei 13.135/2015.)

I e II - (Revogados pela Lei 13.135/2015);

Art. 224. As pensões serão automaticamente atualizadas na mesma data e na mesma proporção dos reajustes dos vencimentos dos servidores, aplicando-se o disposto no parágrafo único do art. 189.

Art. 225. Ressalvado o direito de opção, é vedada a percepção cumulativa de pensão deixada por mais de um cônjuge ou companheiro ou companheira e de mais de 2 (duas) pensões. (Alterado pela Lei 13.135/2015.)

SEÇÃO VIII
DO AUXÍLIO-FUNERAL

Art. 226. O auxílio-funeral é devido à família do servidor falecido na atividade ou aposentado, em valor equivalente a um mês da remuneração ou provento.

§ 1º No caso de acumulação legal de cargos, o auxílio será pago somente em razão do cargo de maior remuneração.

§ 2º (Vetado.)

§ 3º O auxílio será pago no prazo de 48 (quarenta e oito) horas, por meio de procedimento sumaríssimo, à pessoa da família que houver custeado o funeral.

› arts. 275 a 281, CPC.

Art. 227. Se o funeral for custeado por terceiro, este será indenizado, observado o disposto no artigo anterior.

Art. 228. Em caso de falecimento de servidor em serviço fora do local de trabalho, inclusive no exterior, as despesas de transporte do corpo correrão à conta de recursos da União, autarquia ou fundação pública.

SEÇÃO IX
DO AUXÍLIO-RECLUSÃO

Art. 229. À família do servidor ativo é devido o auxílio-reclusão, nos seguintes valores:

I - dois terços da remuneração, quando afastado por motivo de prisão, em flagrante ou preventiva, determinada pela autoridade competente, enquanto perdurar a prisão;

II - metade da remuneração, durante o afastamento, em virtude de condenação, por sentença definitiva, a pena que não determine a perda de cargo.

§ 1º Nos casos previstos no inciso I deste artigo, o servidor terá direito à integralização da remuneração, desde que absolvido.

§ 2º O pagamento do auxílio-reclusão cessará a partir do dia imediato àquele em que o servidor for posto em liberdade, ainda que condicional.

§ 3º Ressalvado o disposto neste artigo, o auxílio-reclusão será devido, nas mesmas condições da pensão por morte, aos dependentes do segurado recolhido à prisão. (Acrescentado pela Lei 13.135/2015.)

CAPÍTULO III
DA ASSISTÊNCIA À SAÚDE

Art. 230. A assistência à saúde do servidor, ativo ou inativo, e de sua família compreende assistência médica, hospitalar, odontológica, psicológica e farmacêutica, terá como diretriz básica o implemento de ações preventivas voltadas para a promoção da saúde e será prestada pelo Sistema Único de Saúde - SUS, diretamente pelo órgão ou entidade ao qual estiver vinculado o servidor, ou mediante convênio ou contrato, ou ainda na forma de auxílio, mediante ressarcimento parcial do valor despendido pelo servidor, ativo ou inativo, e seus dependentes ou pensionistas com planos ou seguros privados de assistência à saúde, na forma estabelecida em regulamento. (Redação dada pela Lei 11.302/2006.)

- Dec. 4.978/2004 (Regulamenta este artigo).

§ 1º Nas hipóteses previstas nesta Lei em que seja exigida perícia, avaliação ou inspeção médica, na ausência de médico ou junta médica oficial, para a sua realização o órgão ou entidade celebrará, preferencialmente, convênio com unidades de atendimento do sistema público de saúde, entidades sem fins lucrativos declaradas de utilidade pública, ou com o Instituto Nacional do Seguro Social - INSS. (Incluído pela Lei 9.527/1997.)

§ 2º Na impossibilidade, devidamente justificada, da aplicação do disposto no parágrafo anterior, o órgão ou entidade promoverá a contratação da prestação de serviços por pessoa jurídica, que constituirá junta médica especificamente para esses fins, indicando os nomes e especialidades dos seus integrantes, com a comprovação de suas habilitações e de que não estejam respondendo a processo disciplinar junto à entidade fiscalizadora da profissão. (Incluído pela Lei 9.527/1997.)

§ 3º Para os fins do disposto no *caput* deste artigo, ficam a União e suas entidades autárquicas e fundacionais autorizadas a: (Incluído pela Lei 11.302/2006.)

I - celebrar convênios exclusivamente para a prestação de serviços de assistência à saúde para os seus servidores ou empregados ativos, aposentados, pensionistas, bem como para seus respectivos grupos familiares definidos, com entidades de autogestão por elas patrocinadas por meio de instrumentos jurídicos efetivamente celebrados e publicados até 12 de fevereiro de 2006 e que possuam autorização de funcionamento do órgão regulador, sendo certo que os convênios celebrados depois dessa data somente poderão sê-lo na forma da regulamentação específica sobre patrocínio de autogestões, a ser publicada pelo mesmo órgão regulador, no prazo de 180 (cento e oitenta) dias da vigência desta lei, normas essas também aplicáveis aos convênios existentes até 12 de fevereiro de 2006; (Incluído pela Lei 11.302/2006.)

II - contratar, mediante licitação, na forma da Lei n. 8.666, de 21 de junho de 1993, operadoras de planos e seguros privados de assistência à saúde que possuam autorização de funcionamento do órgão regulador; (Incluído pela Lei 11.302/2006.)

III - (Vetado.) (Incluído pela Lei 11.302/2006.)

§ 4º (Vetado.) (Incluído pela Lei 11.302/2006.)

§ 5º O valor do ressarcimento fica limitado ao total despendido pelo servidor ou pensionista civil com plano ou seguro privado de assistência à saúde. (Incluído pela Lei 11.302/2006.)

CAPÍTULO IV
DO CUSTEIO

Art. 231. (Revogado pela Lei 9.783/1999.)

TÍTULO VII

CAPÍTULO ÚNICO
DA CONTRATAÇÃO TEMPORÁRIA DE EXCEPCIONAL INTERESSE PÚBLICO

Arts. 232. a 235. (Revogados pela Lei 8.745/1993.)

TÍTULO VIII

CAPÍTULO ÚNICO
DAS DISPOSIÇÕES GERAIS

Art. 236. O Dia do Servidor Público será comemorado a vinte e oito de outubro.

Art. 237. Poderão ser instituídos, no âmbito dos Poderes Executivo, Legislativo e Judiciário, os seguintes incentivos funcionais, além daqueles já previstos nos respectivos planos de carreira:

- art. 39, § 7º, CF.

I - prêmios pela apresentação de ideias, inventos ou trabalhos que favoreçam o aumento de produtividade e a redução dos custos operacionais;

II - concessão de medalhas, diplomas de honra ao mérito, condecoração e elogio.

Art. 238. Os prazos previstos nesta Lei serão contados em dias corridos, excluindo-se o dia do começo e incluindo-se o do vencimento, ficando prorrogado, para o primeiro dia útil seguinte, o prazo vencido em dia em que não haja expediente.

Art. 239. Por motivo de crença religiosa ou de convicção filosófica ou política, o servidor não poderá ser privado de quaisquer dos seus direitos, sofrer discriminação em sua vida funcional, nem eximir-se do cumprimento de seus deveres.

Art. 240. Ao servidor público civil é assegurado, nos termos da Constituição Federal, o direito à livre associação sindical e os seguintes direitos, entre outros, dela decorrentes:

a) de ser representado pelo sindicato, inclusive como substituto processual;

b) de inamovibilidade do dirigente sindical, até um ano após o final do mandato, exceto se a pedido;

c) de descontar em folha, sem ônus para a entidade sindical a que for filiado, o valor das mensalidades e contribuições definidas em assembleia geral da categoria.

d) e *e)* (Revogadas pela Lei 9.527/1997.)

Art. 241. Consideram-se da família do servidor, além do cônjuge e filhos, quaisquer pessoas que vivam às suas expensas e constem do seu assentamento individual.

Parágrafo único. Equipara-se ao cônjuge a companheira ou companheiro, que comprove união estável como entidade familiar.

Art. 242. Para os fins desta lei, considera-se sede o município onde a repartição estiver instalada e onde o servidor tiver exercício, em caráter permanente.

TÍTULO IX
CAPÍTULO ÚNICO

DAS DISPOSIÇÕES TRANSITÓRIAS E FINAIS

Art. 243. Ficam submetidos ao regime jurídico instituído por esta Lei, na qualidade de servidores públicos, os servidores dos Poderes da União, dos ex-Territórios, das autarquias, inclusive as em regime especial, e das fundações públicas, regidos pela Lei n. 1.711, de 28 de outubro de 1952 - Estatuto dos Funcionários Públicos Civis da União, ou pela Consolidação das Leis do Trabalho, aprovada pelo Decreto-Lei n. 5.452, de 1º de maio de 1943, exceto os contratados por prazo determinado, cujos contratos não poderão ser prorrogados após o vencimento do prazo de prorrogação.

- Lei 9.962/2000 (Disciplina o regime de emprego público do pessoal da Administração Federal direta, autárquica e fundacional).

§ 1º Os empregos ocupados pelos servidores incluídos no regime instituído por esta Lei ficam transformados em cargos, na data de sua publicação.

§ 2º As funções de confiança exercidas por pessoas não integrantes de tabela permanente do órgão ou entidade onde têm exercício ficam transformadas em cargos em comissão, e mantidas enquanto não for implantado o plano de cargos dos órgãos ou entidades na forma da lei.

§ 3º As Funções de Assessoramento Superior - FAS, exercidas por servidor integrante de quadro ou tabela de pessoal, ficam extintas na data da vigência desta lei.

§ 4º (Vetado.)

§ 5º O regime jurídico desta lei é extensivo aos serventuários da Justiça, remunerados com recursos da União, no que couber.

§ 6º Os empregos dos servidores estrangeiros com estabilidade no serviço público, enquanto não adquirirem a nacionalidade brasileira, passarão a integrar tabela em extinção, do respectivo órgão ou entidade, sem prejuízo dos direitos inerentes aos planos de carreira aos quais se encontrem vinculados os empregos.

§ 7º Os servidores públicos de que trata o *caput* deste artigo, não amparados pelo art. 19 do Ato das Disposições Constitucionais Transitórias, poderão, no interesse da Administração e conforme critérios estabelecidos em regulamento, ser exonerados mediante indenização de um mês de remuneração por ano de efetivo exercício no serviço público federal. (Incluído pela Lei 9.527/1997.)

§ 8º Para fins de incidência do imposto de renda na fonte e na declaração de rendimentos, serão considerados como indenizações isentas os pagamentos efetuados a título de indenização prevista no parágrafo anterior. (Incluído pela Lei 9.527/1997.)

§ 9º Os cargos vagos em decorrência da aplicação do disposto no § 7º poderão ser extintos pelo Poder Executivo quando considerados desnecessários. (Incluído pela Lei 9.527/1997.)

Art. 244. Os adicionais por tempo de serviço, já concedidos aos servidores abrangidos por esta Lei, ficam transformados em anuênio.

Art. 245. A licença especial disciplinada pelo art. 116 da Lei n. 1.711, de 1952, ou por outro diploma legal, fica transformada em licença-prêmio por assiduidade, na forma prevista nos arts. 87 a 90.

Art. 246. (Vetado.)

Art. 247. Para efeito do disposto no Título VI desta lei, haverá ajuste de contas com a Previdência Social, correspondente ao período de contribuição por parte dos servidores celetistas abrangidos pelo art. 243. (Redação dada pela Lei 8.162/1991.)

Art. 248. As pensões estatutárias, concedidas até a vigência desta lei, passam a ser mantidas pelo órgão ou entidade de origem do servidor.

Art. 249. Até a edição da lei prevista no § 1º do art. 231, os servidores abrangidos por esta Lei contribuirão na forma e nos percentuais atualmente estabelecidos para o servidor civil da União conforme regulamento próprio.

Art. 250. O servidor que já tiver satisfeito ou vier a satisfazer, dentro de 1 (um) ano, as condições necessárias para a aposentadoria nos termos do inciso II do art. 184 do antigo Estatuto dos Funcionários Públicos Civis da União, Lei n. 1.711, de 28 de outubro de 1952, aposentar-se-á com a vantagem prevista naquele dispositivo.

- Mantido pelo Congresso Nacional.

Art. 251. (Revogado pela Lei 9.527/1997.)

Art. 252. Esta Lei entra em vigor na data de sua publicação, com efeitos financeiros a partir do primeiro dia do mês subsequente.

Art. 253. Ficam revogadas a Lei n. 1.711, de 28 de outubro de 1952, e respectiva legislação complementar, bem como as demais disposições em contrário.

Brasília, 11 de dezembro de 1990; 169º da Independência e 102º da República.

Fernando Collor

LEI Nº 8.137, DE 27 DE DEZEMBRO DE 1990

Define crimes contra a ordem tributária, econômica e contra as relações de consumo, e dá outras providências.

- *Crimes contra a ordem tributária*

O PRESIDENTE DA REPÚBLICA Faço saber que o Congresso Nacional decreta e eu sanciono a seguinte Lei:

CAPÍTULO I. DOS CRIMES CONTRA A ORDEM TRIBUTÁRIA

- Lei 13.254/2016 – Dispõe sobre o Regime Especial de Regularização Cambial e Tributária (RERCT) de recursos, bens ou direitos de origem lícita, não declarados ou declarados incorretamente, remetidos, mantidos no exterior ou repatriados por residentes ou domiciliados no País.
- Lei 12.529/2011 – Estrutura o Sistema Brasileiro de Defesa da Concorrência; dispõe sobre a prevenção e repressão às infrações contra a ordem econômica.
- Lei 9.249/1995: art. 34.
- Lei 4.729/1965 – Define o crime de sonegação fiscal.
- Lei 1.521/1951 – Altera dispositivos da legislação vigente sobre crimes contra a economia popular.

SEÇÃO I. DOS CRIMES PRATICADOS POR PARTICULARES

Art. 1º. Constitui crime contra a ordem tributária suprimir ou reduzir tributo, ou contribuição social e qualquer acessório, mediante as seguintes condutas:

- Súm. Vinculante 24 do STF.
- CP: art. 298.
- Lei 13.254/2016: art. 5º, § 1º, I.
- Lei 10.684/2003: art. 9º.
- Lei 9.964/2000: art. 15.

I – omitir informação, ou prestar declaração falsa às autoridades fazendárias;

- CP: art. 299.
- Lei 4.729/1965: art. 1º, I.

II – fraudar a fiscalização tributária, inserindo elementos inexatos, ou omitindo operação de qualquer natureza, em documento ou livro exigido pela lei fiscal;

III – falsificar ou alterar nota fiscal, fatura, duplicata, nota de venda, ou qualquer outro documento relativo à operação tributável;

IV – elaborar, distribuir, fornecer, emitir ou utilizar documento que saiba ou deva saber falso ou inexato;

V – negar ou deixar de fornecer, quando obrigatório, nota fiscal ou documento equivalente, relativa à venda de mercadoria ou prestação de serviço, efetivamente realizada, ou fornecê-la em desacordo com a legislação.

Pena – reclusão, de 2 (dois) a 5 (cinco) anos, e multa.

Parágrafo único. A falta de atendimento da exigência da autoridade, no prazo de 10 (dez) dias, que poderá ser convertido em horas em razão da maior ou menor complexidade da matéria ou da dificuldade quanto ao atendimento da exigência, caracteriza a infração prevista no inciso V.

Art. 2º. Constitui crime da mesma natureza:

- Lei 10.684/2003: art. 9º.

I – fazer declaração falsa ou omitir declaração sobre rendas, bens ou fatos, ou empregar outra fraude, para eximir-se, total ou parcialmente, de pagamento de tributo;

- Lei 13.254/2016: art. 5º, § 1º, I.

II – deixar de recolher, no prazo legal, valor de tributo ou de contribuição social, descontado ou cobrado, na qualidade de sujeito passivo de obrigação e que deveria recolher aos cofres públicos;

- Lei 13.254/2016: art. 5º, § 1º, I.

III – exigir, pagar ou receber, para si ou para o contribuinte beneficiário, qualquer percentagem sobre a parcela dedutível ou deduzida de imposto ou de contribuição como incentivo fiscal;

IV – deixar de aplicar, ou aplicar em desacordo com o estatuído, incentivo fiscal ou parcelas de imposto liberadas por órgão ou entidade de desenvolvimento;

V – utilizar ou divulgar programas de processamento de dados que permita ao sujeito passivo da obrigação tributária possuir informação contábil diversa daquela que é, por lei, fornecida à Fazenda Pública.

- Lei 13.254/2016: art. 5º, § 1º, I.

Pena – detenção, de 6 (seis) meses a 2 (dois) anos, e multa.

SEÇÃO II. DOS CRIMES PRATICADOS POR FUNCIONÁRIOS PÚBLICOS

Art. 3º. Constitui crime funcional contra a ordem tributária, além dos previstos no Dec.-lei 2.848, de 7 de dezembro de 1940 – Código Penal (Título XI, Capítulo I):

I – extraviar livro oficial, processo fiscal ou qualquer documento, de que tenha a guarda em razão da função; sonegá-lo, ou inutilizá-lo, total ou parcialmente, acarretando pagamento indevido ou inexato de tributo ou contribuição social;

- CP: art. 314.

II – exigir, solicitar ou receber, para si ou para outrem, direta ou indiretamente, ainda que fora da função ou antes de iniciar seu exercício, mas em razão dela, vantagem indevida; ou aceitar promessa de tal vantagem, para deixar de lançar ou cobrar tributo ou contribuição social, ou cobrá-los parcialmente;

- CP: arts. 316 e 317.

Pena – reclusão, de 3 (três) a 8 (oito) anos, e multa.

III – patrocinar, direta ou indiretamente, interesse privado perante a administração fazendária, valendo-se da qualidade de funcionário público;

- CP: art. 321.

Pena – reclusão, de 1 (um) a 4 (quatro) anos, e multa.

CAPÍTULO II. DOS CRIMES CONTRA A ORDEM ECONÔMICA E AS RELAÇÕES DE CONSUMO

Art. 4º. Constitui crime contra a ordem econômica:

- Lei 9.249/1995: art. 34.

I – abusar do poder econômico, dominando o mercado ou eliminando, total ou parcialmente, a concorrência mediante qualquer forma de ajuste ou acordo de empresas; (Redação dada pela Lei nº 12.529, de 2011)

a) (Revogada pela Lei nº 12.529, de 2011).

b) (Revogada pela Lei nº 12.529, de 2011).

c) (Revogada pela Lei nº 12.529, de 2011).

d) (Revogada pela Lei nº 12.529, de 2011).

e) (Revogada pela Lei nº 12.529, de 2011).

f) (Revogada pela Lei nº 12.529, de 2011).

II – formar acordo, convênio, ajuste ou aliança entre ofertantes, visando: (Redação dada pela Lei nº 12.529, de 2011)

a) à fixação artificial de preços ou quantidades vendidas ou produzidas; (Redação dada pela Lei nº 12.529, de 2011)

b) ao controle regionalizado do mercado por empresa ou grupo de empresas; (Redação dada pela Lei nº 12.529, de 2011)

c) ao controle, em detrimento da concorrência, de rede de distribuição ou de fornecedores. (Redação dada pela Lei nº 12.529, de 2011)

Pena – reclusão, de 2 (dois) a 5 (cinco) anos e multa. (Redação dada pela Lei nº 12.529, de 2011)

III – *(Revogado pela Lei nº 12.529, de 2011).*

IV – *(Revogado pela Lei nº 12.529, de 2011).*

V – *(Revogado pela Lei nº 12.529, de 2011).*

VI – *(Revogado pela Lei nº 12.529, de 2011).*

VII – *(Revogado pela Lei nº 12.529, de 2011).*

Art. 5º. *(Revogado pela Lei nº 12.529, de 2011).*

Art. 6º. *(Revogado pela Lei nº 12.529, de 2011).*

Art. 7º. Constitui crime contra as relações de consumo:

- Lei 8.078/1990: arts. 61 a 80.

I – favorecer ou preferir, sem justa causa, comprador ou freguês, ressalvados os sistemas de entrega ao consumo por intermédio de distribuidores ou revendedores;

II – vender ou expor à venda mercadoria cuja embalagem, tipo, especificação, peso ou composição esteja em desacordo com as prescrições legais, ou que não corresponda à respectiva classificação oficial;

III – misturar gêneros e mercadorias de espécies diferentes, para vendê-los ou expô-los à venda como puros; misturar gêneros e mercadorias de qualidades desiguais para vendê-los ou expô-los à venda por preço estabelecido para os de mais alto custo;

IV – fraudar preços por meio de:

a) alteração, sem modificação essencial ou de qualidade, de elementos tais como denominação, sinal externo, marca, embalagem, especificação técnica, descrição, volume, peso, pintura ou acabamento de bem ou serviço;

b) divisão em partes de bem ou serviço, habitualmente oferecido à venda em conjunto;

c) junção de bens ou serviços, comumente oferecidos à venda em separado;

d) aviso de inclusão de insumo não empregado na produção do bem ou na prestação dos serviços;

V – elevar o valor cobrado nas vendas a prazo de bens ou serviços, mediante a exigência de comissão ou de taxa de juros ilegais;

VI – sonegar insumos ou bens, recusando-se a vendê-los a quem pretenda comprá-los nas condições publicamente ofertadas, ou retê-los para o fim de especulação;

VII – induzir o consumidor ou usuário a erro, por via de indicação ou afirmação falsa ou enganosa sobre a natureza, qualidade de bem ou serviço, utilizando-se de qualquer meio, inclusive a veiculação ou divulgação publicitária;

- Lei 8.078/2990: arts. 37 e 68.

VIII – destruir, inutilizar ou danificar matéria-prima ou mercadoria, com o fim de provocar alta de preço, em proveito próprio ou de terceiros;

IX – vender, ter em depósito para vender ou expor à venda, ou de qualquer forma, entregar matéria-prima ou mercadoria, em condições impróprias ao consumo.

Pena – detenção, de 2 (dois) a 5 (cinco) anos, ou multa.

Parágrafo único. Nas hipóteses dos incisos II, III e IX pune-se a modalidade culposa, reduzindo-se a pena de detenção de 1/3 (um terço) ou a de multa à quinta parte.

CAPÍTULO III. DAS MULTAS

Art. 8º. Nos crimes definidos nos arts. 1º a 3º desta Lei, a pena de multa será fixada entre 10 (dez) e 360 (trezentos e sessenta) dias-multa, conforme seja necessário e suficiente para reprovação e prevenção do crime.

Parágrafo único. O dia-multa será fixado pelo juiz em valor não inferior a 14 nem superior a 200 Bônus do Tesouro Nacional – BTN.

‣ Lei 8.177/1991: art. 3º.

Art. 9º. A pena de detenção ou reclusão poderá ser convertida em multa de valor equivalente a:

I – 200.000 até 5.000.000 de BTN, nos crimes definidos no art. 4º;

II – 5.000 até 200.000 BTN, nos crimes definidos nos arts. 5º e 6º;

III – 50.000 até 1.000.000 de BTN, nos crimes definidos no art. 7º.

Art. 10. Caso o juiz, considerado o ganho ilícito e a situação econômica do réu, verifique a insuficiência ou excessiva onerosidade das penas pecuniárias previstas nesta Lei, poderá diminuí-las até a décima parte ou elevá-las ao décuplo.

CAPÍTULO IV. DAS DISPOSIÇÕES GERAIS

Art. 11. Quem de qualquer modo, inclusive por meio de pessoa jurídica, concorre para os crimes definidos nesta Lei, incide nas penas a estes cominadas, na medida de sua culpabilidade.

Parágrafo único. Quando a venda ao consumidor for efetuada por sistema de entrega ao consumo ou por intermédio de distribuidor ou revendedor, seja em regime de concessão comercial ou outro em que o preço ao consumidor é estabelecido ou sugerido pelo fabricante ou concedente, o ato por este praticado não alcança o distribuidor ou revendedor.

Art. 12. São circunstâncias que podem agravar de 1/3 (um terço) até a metade as penas previstas nos arts. 1º, 2º e 4º a 7º:

I – ocasionar grave dano à coletividade;

II – ser o crime cometido por servidor público no exercício de suas funções;

III – ser o crime praticado em relação à prestação de serviços ou ao comércio de bens essenciais à vida ou à saúde.

Art. 13. *(VETADO).*

Art. 14. *(Revogado pela Lei nº 8.383, de 1991).*

Art. 15. Os crimes previstos nesta Lei são de ação penal pública, aplicando-se lhes o disposto no art. 100 do Dec.-lei nº 2.848, de 7 de dezembro de 1940 – Código Penal.

Art. 16. Qualquer pessoa poderá provocar a iniciativa do Ministério Público nos crimes descritos nesta Lei, fornecendo-lhe por escrito informações sobre o fato e a autoria, bem como indicando o tempo, o lugar e os elementos de convicção.

Parágrafo único. Nos crimes previstos nesta Lei, cometidos em quadrilha ou coautoria, o coautor ou partícipe que através de confissão espontânea revelar à autoridade policial ou judicial toda a trama delituosa terá a sua pena reduzida de 1 (um) a 2/3 (dois terços). (Incluído pela Lei nº 9.080, de 1995)

Art. 17. Compete ao Departamento Nacional de Abastecimento e Preços, quando e se necessário, providenciar a desapropriação de estoques, a fim de evitar crise no mercado ou colapso no abastecimento.

Art. 18. *(Revogado pela Lei nº 8.176, de 1991)*

Art. 19. O *caput* do art. 172 do Dec.-lei nº 2.848, de 7 de dezembro de 1940 – Código Penal, passa a ter a seguinte redação:

‣ Alteração incorporada ao texto do referido Decreto-lei.

Art. 20. O § 1º do art. 316 do Dec.-lei 2.848, de 7 de dezembro de 1940 – Código Penal, passa a ter a seguinte redação:

‣ Alteração incorporada ao texto do referido Decreto-lei.

Art. 21. O art. 318 do Dec.-lei nº 2.848, de 7 de dezembro de 1940 – Código Penal, quanto à fixação da pena, passa a ter a seguinte redação:

‣ Alteração incorporada ao texto do referido Decreto-lei.

Art. 22. Esta Lei entra em vigor na data de sua publicação.

Art. 23. Revogam-se as disposições em contrário e, em especial, o art. 279 do Dec.-lei nº 2.848, de 7 de dezembro de 1940 – Código Penal.

Brasília, em 27 de dezembro de 1990; 169º da Independência e 102º da República.

FERNANDO COLLOR

D.O.U. 28.12.1990

LEI Nº 8.160, DE 8 DE JANEIRO DE 1991

Dispõe sobre a caracterização de símbolo que permita a identificação de pessoas portadoras de deficiência auditiva.

‣ *Identificação de Pessoas Portadoras de Deficiência Auditiva*

O Presidente da República, faço saber que o Congresso Nacional decreta e eu sanciono a seguinte lei:

Art. 1º É obrigatória a colocação, de forma visível, do "Símbolo Internacional de Surdez" em todos os locais que possibilitem acesso, circulação e utilização por pessoas portadoras de deficiência auditiva, e em todos os serviços que forem postos à sua disposição ou que possibilitem o seu uso.

Art. 2º O "Símbolo Internacional de Surdez" deverá ser colocado, obrigatoriamente, em local visível ao público, não sendo permitida nenhuma modificação ou adição ao desenho reproduzido no anexo a esta lei.

Art. 3º É proibida a utilização do "Símbolo Internacional de Surdez" para finalidade outra que não seja a de identificar, assinalar ou indicar local ou serviço habilitado ao uso de pessoas portadoras de deficiência auditiva.

Parágrafo único. O disposto no *caput* deste artigo não se aplica à reprodução do símbolo em publicações e outros meios de comunicação relevantes para os interesses do deficiente auditivo, a exemplo de adesivos específicos para veículos por ele conduzidos.

Art. 4º O Poder Executivo regulamentará esta lei no prazo de noventa dias, a contar de sua vigência.

Art. 5º Esta lei entra em vigor na data de sua publicação.

Art. 6º Revogam-se as disposições em contrário.

Brasília, 8 de janeiro de 1991; 170º da Independência e 103º da República.

FERNANDO COLLOR

D.O.U. de 09.01.1991

ANEXO (ART. 2º DA LEI Nº 8.160, DE 08 DE JANEIRO DE 1991)

"SÍMBOLO INTERNACIONAL DE SURDEZ"

LEI Nº 8.176, DE 8 DE FEVEREIRO DE 1991

Define crimes contra a ordem econômica e cria o Sistema de Estoques de Combustíveis.

‣ *Crimes contra a ordem econômica*

O PRESIDENTE DA REPÚBLICA Faço saber que o Congresso Nacional decreta e eu sanciono a seguinte Lei:

‣ Decreto 238/1991 – Dispõe sobre o Sistema Nacional de Estoques de Combustíveis e dá outras providências.

Art. 1º. Constitui crime contra a ordem econômica:

I – adquirir, distribuir e revender derivados de petróleo, gás natural e suas frações recuperáveis, álcool etílico hidratado carburante, e demais combustíveis líquidos carburantes em desacordo com as normas estabelecidas na forma da Lei;

II – usar gás liquefeito de petróleo em motores de qualquer espécie, saunas, caldeiras e aquecimentos de piscinas, ou para fins automotivos, em desacordo com as normas estabelecidas na forma da Lei.

Pena – detenção, de 1 (um) a 5 (cinco) anos.

Art. 2º. Constitui crime contra o patrimônio, na modalidade de usurpação, produzir bens ou explorar matéria-prima pertencentes à União, sem autorização legal ou em desacordo com as obrigações impostas pelo título autorizativo.

Pena – detenção, de 1 (um) a 5 (cinco) anos, e multa.

§ 1º. Incorre na mesma pena aquele que, sem autorização legal, adquirir, transportar, industrializar, tiver consigo, consumir ou comercializar produtos ou matéria-prima, obtidos na forma prevista no *caput* deste artigo.

§ 2º. No crime definido neste artigo, a pena de multa será fixada entre dez e 360 dias-multa, conforme seja necessário e suficiente para a reprovação e a prevenção do crime.

§ 3º. O dia-multa será fixado pelo juiz em valor não inferior a 14 nem superior a 200 Bônus do Tesouro Nacional – BTN.

Art. 3º. *(VETADO).*

Art. 4º. Fica instituído o Sistema Nacional de Estoques de Combustíveis.

‣ Lei 9.478/1997 – Dispõe sobre a política energética nacional, as atividades relativas ao monopólio do petróleo, institui o Conselho Nacional de Política Energética e a Agência Nacional do Petróleo.

§ 1º. O Poder Executivo encaminhará ao Congresso Nacional, dentro de cada exercício financeiro, o Plano Anual de Estoques Estratégicos de Combustíveis para o exercício seguinte, do qual constarão as fontes de recursos financeiros necessários à sua manutenção.

§ 2º. O Poder Executivo estabelecerá, no prazo de 60 (sessenta) dias, as normas que regulamentarão o Sistema Nacional de Estoques de Combustíveis e o Plano Anual de Estoques Estratégicos de Combustíveis.

Art. 5º. Esta Lei entra em vigor 5 (cinco) dias após a sua publicação.

Art. 6º. Revogam-se as disposições em contrário, em especial o art. 18 da Lei nº 8.137, de 27 de dezembro de 1990, restaurando-se a numeração dos artigos do Dec.-lei nº 2.848, de 7 de dezembro de 1940 – Código Penal brasileiro, alterado por aquele dispositivo.

Brasília, em 8 de fevereiro de 1991; 170º da Independência e 103º da República.

FERNANDO COLLOR

D.O.U. 13.2.1991

LEI Nº 8.212, DE 24 DE JULHO DE 1991

Dispõe sobre a organização da Seguridade Social, institui Plano de Custeio, e dá outras providências.

- *Lei Orgânica da Seguridade Social*
- DOU 25.07.1991; Republicada no DOU 11.04.1996 e no DOU de 14.08.1998.
- Dec. nº 3.048, de 6-5-1999 (Regulamento da Previdência Social).
- Portaria ME/SEPT 477, de 12 de janeiro de 2021 (Dispõe sobre o reajuste dos benefícios pagos pelo Instituto Nacional do Seguro Social - INSS e dos demais valores constantes do Regulamento da Previdência Social - RPS).

LEI ORGÂNICA DA SEGURIDADE SOCIAL

TÍTULO I. CONCEITUAÇÃO E PRINCÍPIOS CONSTITUCIONAIS

Art. 1º A Seguridade Social compreende um conjunto integrado de ações de iniciativa dos poderes públicos e da sociedade, destinado a assegurar o direito relativo à saúde, à previdência e à assistência social.

Parágrafo único. A Seguridade Social obedecerá aos seguintes princípios e diretrizes:

a) universalidade da cobertura e do atendimento;

b) uniformidade e equivalência dos benefícios e serviços às populações urbanas e rurais;

c) seletividade e distributividade na prestação dos benefícios e serviços;

d) irredutibilidade do valor dos benefícios;

e) equidade na forma de participação no custeio;

f) diversidade da base de financiamento;

g) caráter democrático e descentralizado da gestão administrativa com a participação da comunidade, em especial de trabalhadores, empresários e aposentados.

TÍTULO II. DA SAÚDE

Art. 2º A Saúde é direito de todos e dever do Estado, garantido mediante políticas sociais e econômicas que visem à redução do risco de doença e de outros agravos e ao acesso universal e igualitário às ações e serviços para sua promoção, proteção e recuperação.

Parágrafo único. As atividades de saúde são de relevância pública e sua organização obedecerá aos seguintes princípios e diretrizes:

a) acesso universal e igualitário;

b) provimento das ações e serviços através de rede regionalizada e hierarquizada, integrados em sistema único;

c) descentralização, com direção única em cada esfera de governo;

d) atendimento integral, com prioridade para as atividades preventivas;

e) participação da comunidade na gestão, fiscalização e acompanhamento das ações e serviços de saúde;

f) participação da iniciativa privada na assistência à saúde, obedecidos os preceitos constitucionais.

TÍTULO III. DA PREVIDÊNCIA SOCIAL

Art. 3º A Previdência Social tem por fim assegurar aos seus beneficiários meios indispensáveis de manutenção, por motivo de incapacidade, idade avançada, tempo de serviço, desemprego involuntário, encargos de família e reclusão ou morte daqueles de quem dependiam economicamente.

Parágrafo único. A organização da Previdência Social obedecerá aos seguintes princípios e diretrizes:

a) universalidade de participação nos planos previdenciários, mediante contribuição;

b) valor da renda mensal dos benefícios, substitutos do salário de contribuição ou do rendimento do trabalho do segurado, não inferior ao do salário mínimo;

c) cálculo dos benefícios considerando-se os salários de contribuição, corrigidos monetariamente;

d) preservação do valor real dos benefícios;

e) previdência complementar facultativa, custeada por contribuição adicional.

TÍTULO IV. DA ASSISTÊNCIA SOCIAL

Art. 4º A Assistência Social é a política social que provê o atendimento das necessidades básicas, traduzidas em proteção à família, à maternidade, à infância, à adolescência, à velhice e à pessoa portadora de deficiência, independentemente de contribuição à Seguridade Social.

Parágrafo único. A organização da Assistência Social obedecerá às seguintes diretrizes:

a) descentralização político-administrativa;

b) participação da população na formulação e controle das ações em todos os níveis.

TÍTULO V. DA ORGANIZAÇÃO DA SEGURIDADE SOCIAL

Art. 5º As ações nas áreas de Saúde, Previdência Social e Assistência Social, conforme o disposto no Capítulo II do Título VIII da Constituição Federal, serão organizadas em Sistema Nacional de Seguridade Social, na forma desta Lei.

Arts. 6º e 7º *Revogado pela* MP 2.216-37/2001.

Art. 8º As propostas orçamentárias anuais ou plurianuais da Seguridade Social serão elaboradas por Comissão integrada por três representantes, sendo um da área da saúde, um da área da previdência social e um da área de assistência social.

Art. 9º As áreas de Saúde, Previdência Social e Assistência Social são objeto de leis específicas, que regulamentarão sua organização e funcionamento.

TÍTULO VI. DO FINANCIAMENTO DA SEGURIDADE SOCIAL

INTRODUÇÃO

Art. 10. A Seguridade Social será financiada por toda sociedade, de forma direta e indireta, nos termos do artigo 195 da Constituição Federal e desta Lei, mediante recursos provenientes da União, dos Estados, do Distrito Federal, dos Municípios e de contribuições sociais.

Art. 11. No âmbito federal, o orçamento da Seguridade Social é composto das seguintes receitas:

I – receitas da União;

II – receitas das contribuições sociais;

III – receitas de outras fontes.

Parágrafo único. Constituem contribuições sociais:

a) as das empresas, incidentes sobre a remuneração paga ou creditada aos segurados a seu serviço;

b) as dos empregadores domésticos;

c) as dos trabalhadores, incidentes sobre o seu salário de contribuição;

d) as das empresas, incidentes sobre faturamento e lucro;

e) as incidentes sobre a receita de concursos de prognósticos.

CAPÍTULO I. DOS CONTRIBUINTES

SEÇÃO I DOS SEGURADOS

Art. 12. São segurados obrigatórios da Previdência Social as seguintes pessoas físicas:

I – como empregado:

a) aquele que presta serviço de natureza urbana ou rural à empresa, em caráter não eventual, sob sua subordinação e mediante remuneração, inclusive como diretor empregado;

b) aquele que, contratado por empresa de trabalho temporário, definida em legislação específica, presta serviço para atender a necessidade transitória de substituição de pessoal regular e permanente ou a acréscimo extraordinário de serviços de outras empresas;

c) o brasileiro ou estrangeiro domiciliado e contratado no Brasil para trabalhar como empregado em sucursal ou agência de empresa nacional no exterior;

d) aquele que presta serviço no Brasil a missão diplomática ou a repartição consular de carreira estrangeira e a órgãos a ela subordinados, ou a membros dessas missões e repartições, excluídos o não brasileiro sem residência permanente no Brasil e o brasileiro amparado pela legislação previdenciária do país da respectiva missão diplomática ou repartição consular;

e) o brasileiro civil que trabalha para a União, no exterior, em organismos oficiais brasileiros ou internacionais dos quais o Brasil seja membro efetivo, ainda que lá domiciliado e contratado, salvo se segurado na forma da legislação vigente do país do domicílio;

f) o brasileiro ou estrangeiro domiciliado e contratado no Brasil para trabalhar como empregado em empresa domiciliada no exterior, cuja maioria do capital votante pertença a empresa brasileira de capital nacional;

g) o servidor público ocupante de cargo em comissão, sem vínculo efetivo com a União, Autarquias, inclusive em regime especial, e Fundações Públicas Federais; (Alínea acrescida pela Lei 8.647/1993)

h) o exercente de mandato eletivo federal, estadual ou municipal, desde que não vinculado a regime próprio de previdência social (Alínea acrescida pela Lei nº 9.506, de 1997, com execução suspensa pelo Senado Federal, na forma do art. 52, X da Constituição Federal, pela Resolução nº 26, de 2005)

i) o empregado de organismo oficial internacional ou estrangeiro em funcionamento no Brasil, salvo quando coberto por regime próprio de previdência social; (Alínea acrescida pela Lei 9.876/1999)

j) o exercente de mandato eletivo federal, estadual ou municipal, desde que não vinculado a regime próprio de previdência social; (Alínea acrescida pela Lei 10.887/2004)

II – como empregado doméstico: aquele que presta serviço de natureza contínua a pessoa ou família, no âmbito residencial desta, em atividades sem fins lucrativos;

III e IV – *Revogados.* Lei 9.876/1999;

V – como contribuinte individual: (Redação dada pela Lei 9.876/1999)

a) a pessoa física, proprietária ou não, que explora atividade agropecuária, a qualquer título, em caráter permanente ou temporário, em área superior a 4 (quatro) módulos fiscais; ou, quando em área igual ou inferior a 4 (quatro) módulos fiscais ou atividade pesqueira, com auxílio de empregados ou por intermédio de prepostos; ou ainda nas hipóteses dos §§ 10 e 11 deste artigo; (Redação dada pela Lei 11.718/2008)

b) a pessoa física, proprietária ou não, que explora atividade de extração mineral – garimpo, em caráter permanente ou temporário, diretamente ou por intermédio de prepostos, com ou sem o auxílio de empregados, utilizados a qualquer título, ainda que de forma não contínua; (Alínea com a redação dada pela Lei 9.876/1999)

c) o ministro de confissão religiosa e o membro de instituto de vida consagrada, de congregação ou de ordem religiosa; (Redação dada pela Lei 10.403/2002)

d) Revogada. Lei 9.876/1999;

e) o brasileiro civil que trabalha no exterior para organismo oficial internacional do qual o Brasil é membro efetivo, ainda que lá domiciliado e contratado, salvo quando coberto por regime próprio de previdência social; (Redação dada pela Lei 9.876, de 26-1 1-1999)

f) o titular de firma individual urbana ou rural, o diretor não empregado e o membro de conselho de administração de sociedade anônima, o sócio solidário, o sócio de indústria, o sócio gerente e o sócio cotista que recebam remuneração decorrente de seu trabalho em empresa urbana ou rural, e o associado eleito para cargo de direção em cooperativa, associação ou entidade de qualquer natureza ou finalidade, bem como o síndico ou administrador eleito para exercer atividade de direção condominial, desde que recebam remuneração; (Acrescida pela Lei 9.876/1999)

g) quem presta serviço de natureza urbana ou rural, em caráter eventual, a uma ou mais empresas, sem relação de emprego; (Acrescida pela Lei 9.876/1999)

h) a pessoa física que exerce, por conta própria, atividade econômica de natureza urbana, com fins lucrativos ou não; (Acrescida pela Lei 9.876/1999)

VI – como trabalhador avulso: quem presta, a diversas empresas, sem vínculo empregatício, serviços de natureza urbana ou rural definidos no regulamento;

VII – como segurado especial: a pessoa física residente no imóvel rural ou em aglomerado urbano ou rural próximo a ele que, individualmente ou em regime de economia familiar, ainda que com o auxílio eventual de terceiros a título de mútua colaboração, na condição de: (Redação dada pela Lei 11.718/2008)

- A Resolução 15/2017, do Senado Federal, suspendeu a execução deste inciso, declarado inconstitucional pelo STF, no julgamento do RE 363.852 (DOU 13.09.2017).

a) produtor, seja proprietário, usufrutuário, possuidor, assentado, parceiro ou meeiro outorgados, comodatário ou arrendatário rurais, que explore atividade: (Acrescida pela Lei 11.718/2008).

1. agropecuária em área de até quatro módulos fiscais; ou

2. de seringueiro ou extrativista vegetal que exerça suas atividades nos termos do inciso XII do *caput* do art. 2º da Lei nº 9.985, de 18 de julho de 2000, e faça dessas atividades o principal meio de vida;

b) pescador artesanal ou a este assemelhado, que faça da pesca profissão habitual ou principal meio de vida; e (Acrescida pela Lei 11.718/2008).

c) cônjuge ou companheiro, bem como filho maior de 16 (dezesseis) anos de idade ou a este equiparado, do segurado de que tratam as alíneas *a* e *b* deste inciso, que, comprovadamente, trabalhem com o grupo familiar respectivo. (Acrescida pela Lei 11.718/2008).

§ 1º Entende-se como regime de economia familiar a atividade em que o trabalho dos membros da família é indispensável à própria subsistência e ao desenvolvimento socioeconômico do núcleo familiar e é exercido em condições de mútua dependência e colaboração, sem a utilização de empregados permanentes. (Redação dada pela Lei 11.718/2008)

§ 2º Todo aquele que exercer, concomitantemente, mais de uma atividade remunerada sujeita ao Regime Geral de Previdência Social é obrigatoriamente filiado em relação a cada uma delas.

§ 3º *Revogado pela Lei 11.718/2008.*

§ 4º O aposentado pelo Regime Geral de Previdência Social – RGPS que estiver exercendo ou que voltar a exercer atividade abrangida por este Regime é segurado obrigatório em relação a essa atividade, ficando sujeito às contribuições de que trata esta Lei, para fins de custeio da Seguridade Social. (Acrescido pela Lei 9.032/1995)

§ 5º O dirigente sindical mantém, durante o exercício do mandato eletivo, o mesmo enquadramento no Regime Geral de Previdência Social – RGPS de antes da investidura. (Acrescido pela Lei 9.528/1997)

§ 6º Aplica-se o disposto na alínea *g* do inciso I do *caput* ao ocupante de cargo de Ministro de Estado, de Secretário Estadual, Distrital ou Municipal, sem vínculo efetivo com a União, Estados, Distrito Federal e Municípios, suas autarquias, ainda que em regime especial, e fundações. (Acrescido pela Lei 9.876/1999)

§ 7º Para serem considerados segurados especiais, o cônjuge ou companheiro e os filhos maiores de 16 (dezesseis) anos ou os a estes equiparados deverão ter participação ativa nas atividades rurais do grupo familiar. (Acrescido pela Lei 11.718/2008)

§ 8º O grupo familiar poderá utilizar-se de empregados contratados por prazo determinado ou trabalhador de que trata a alínea g do inciso V do *caput* deste artigo, à razão de no máximo 120 (cento e vinte) pessoas por dia no ano civil, em períodos corridos ou intercalados ou, ainda, por tempo equivalente em horas de trabalho, não sendo computado nesse prazo o período de afastamento em decorrência da percepção de auxílio-doença. (Redação dada pela Lei nº 12.873, de 2013)

§ 9º Não descaracteriza a condição de segurado especial: (Acrescido pela Lei 11.718/2008)

I – a outorga, por meio de contrato escrito de parceria, meação ou comodato, de até 50% (cinquenta por cento) de imóvel rural cuja área total não seja superior a quatro módulos fiscais, desde que outorgante e outorgado continuem a exercer a respectiva atividade, individualmente ou em regime de economia familiar;

II – a exploração da atividade turística da propriedade rural, inclusive com hospedagem, por não mais de 120 (cento e vinte) dias ao ano;

III – a participação em plano de previdência complementar instituído por entidade classista a que seja associado, em razão da condição de trabalhador rural ou de produtor rural em regime de economia familiar;

IV – ser beneficiário ou fazer parte de grupo familiar que tem algum componente que seja beneficiário de programa assistencial oficial de governo;

V – a utilização pelo próprio grupo familiar, na exploração da atividade, de processo de beneficiamento ou industrialização artesanal, na forma do § 11 do art. 25 desta Lei; e

VI – a associação em cooperativa agropecuária ou de crédito rural; e (Redação dada pela Lei 13.183, de 2015)

VII – a incidência do Imposto Sobre Produtos Industrializados – IPI sobre o produto das atividades desenvolvidas nos termos do § 14 deste artigo. (Incluído pela Lei nº 12.873, de 2013)

VIII – a participação em programas e ações de pagamento por serviços ambientais. *(Acrescido pela Lei 14.119/2021)*

§ 10. Não é segurado especial o membro de grupo familiar que possuir outra fonte de rendimento, exceto se decorrente de: (Acrescido pela Lei 11.718/2008)

I – benefício de pensão por morte, auxílio-acidente ou auxílio-reclusão, cujo valor não supere o do menor benefício de prestação continuada da Previdência Social;

II – benefício previdenciário pela participação em plano de previdência complementar instituído nos termos do inciso IV do § 9º deste artigo;

III – exercício de atividade remunerada em período não superior a 120 (cento e vinte) dias, corridos ou intercalados, no ano civil, observado o disposto no § 13 deste artigo; (Redação dada pela Lei nº 12.873, de 2013)

IV – exercício de mandato eletivo de dirigente sindical de organização da categoria de trabalhadores rurais;

V – exercício de mandato de vereador do município onde desenvolve a atividade rural, ou de dirigente de cooperativa rural constituída exclusivamente por segurados especiais, observado o disposto no § 13 deste artigo;

VI – parceria ou meação outorgada na forma e condições estabelecidas no inciso I do § 9º deste artigo;

VII – atividade artesanal desenvolvida com matéria-prima produzida pelo respectivo grupo familiar, podendo ser utilizada matéria-prima de outra origem, desde que a renda mensal obtida na atividade não exceda ao menor benefício de prestação continuada da Previdência Social; e

VIII – atividade artística, desde que em valor mensal inferior ao menor benefício de prestação continuada da Previdência Social.

§ 11. O segurado especial fica excluído dessa categoria (Acrescido pela Lei 11.718/2008)

I – a contar do primeiro dia do mês em que:

a) deixar de satisfazer as condições estabelecidas no inciso VII do *caput* deste artigo, sem prejuízo do disposto no art. 15 da Lei nº 8.213, de 24 de julho de 1991, ou exceder qualquer dos limites estabelecidos no inciso I do § 9º deste artigo;

b) enquadrar-se em qualquer outra categoria de segurado obrigatório do Regime Geral de Previdência Social, ressalvado o disposto nos incisos III, V, VII e VIII do § 10 e no § 14 deste artigo, sem prejuízo do disposto no art. 15 da Lei nº 8.213, de 24 de julho de 1991; (Redação dada pela Lei nº 12.873, de 2013)

c) tornar-se segurado obrigatório de outro regime previdenciário; e (Redação dada pela Lei nº 12.873, de 2013)

d) participar de sociedade empresária, de sociedade simples, como empresário individual ou como titular de empresa individual de responsabilidade limitada em desacordo com as limitações impostas pelo § 14 deste artigo; (Incluído pela Lei nº 12.873, de 2013)

II – a contar do primeiro dia do mês subsequente ao da ocorrência, quando o grupo familiar a que pertence exceder o limite de:

a) utilização de trabalhadores nos termos do § 8º deste artigo;

b) dias em atividade remunerada estabelecidos no inciso III do § 10 deste artigo; e

c) dias de hospedagem a que se refere o inciso II do § 9º deste artigo.

§ 12. Aplica-se o disposto na alínea *a* do inciso V do *caput* deste artigo ao cônjuge ou companheiro do produtor que participe da atividade rural por este explorada. (Acrescido pela Lei 11.718/2008)

§ 13. O disposto nos incisos III e V do § 10 e no § 14 deste artigo não dispensa o recolhimento da contribuição devida em relação ao exercício das atividades de que tratam os referidos dispositivos. (Redação dada pela Lei nº 12.873, de 2013)

§ 14. A participação do segurado especial em sociedade empresária, em sociedade simples, como empresário individual ou como titular de empresa individual de responsabilidade limitada de objeto ou âmbito agrícola, agroindustrial ou agroturístico, considerada microempresa nos termos da Lei Complementar nº 123, de 14 de dezembro de 2006, não o exclui de tal categoria previdenciária, desde que, mantido o exercício da sua atividade rural na forma do inciso VII do *caput* e do § 1º, a pessoa jurídica componha-se apenas de segurados de igual natureza e sedie-se no mesmo Município ou em Município limítrofe àquele em que eles desenvolvam suas atividades. (Incluído pela Lei nº 12.873, de 2013)

§ 15. Vetado (Incluído pela Lei nº 12.873, de 2013).

Art. 13. O servidor civil ocupante de cargo efetivo ou o militar da União, dos Estados, do Distrito Federal ou dos Municípios, bem como o das respectivas autarquias e fundações, são excluídos do Regime Geral de Previdência Social consubstanciado nesta Lei, desde que amparados por regime próprio de previdência social.

§ 1º Caso o servidor ou o militar venham a exercer, concomitantemente, uma ou mais atividades abrangidas pelo Regime Geral de Previdência Social, tornar-se-ão segurados obrigatórios em relação a essas atividades.

§ 2º Caso o servidor ou o militar, amparados por regime próprio de previdência social, sejam requisitados para outro órgão ou entidade cujo regime previdenciário não permita a filiação nessa condição, permanecerão vinculados ao regime de origem, obedecidas as regras que cada ente estabeleça acerca de sua contribuição. (Redação dada pela Lei 9.876/1999)

Art. 14. É segurado facultativo o maior de quatorze anos de idade que se filiar ao Regime Geral de Previdência Social, mediante contribuição, na forma do artigo 21, desde que não incluído nas disposições do artigo 12.

SEÇÃO II
DA EMPRESA E DO EMPREGADOR DOMÉSTICO

Art. 15. Considera-se:

I – empresa – a firma individual ou sociedade que assume o risco de atividade econômica urbana ou rural, com fins lucrativos ou não, bem como os órgãos e entidades da administração pública direta, indireta e fundacional;

II – empregador doméstico – a pessoa ou família que admite a seu serviço, sem finalidade lucrativa, empregado doméstico.

Parágrafo único. Equiparam-se a empresa, para os efeitos desta Lei, o contribuinte individual e a pessoa física na condição de proprietário ou dono de obra de construção civil, em relação a segurado que lhe presta serviço, bem como a cooperativa, a associação ou a entidade de qualquer natureza ou finalidade, a missão diplomática e a repartição consular de carreira estrangeiras. (Redação dada pela Lei nº 13.202, de 2015).

CAPÍTULO II.
DA CONTRIBUIÇÃO DA UNIÃO

Art. 16. A contribuição da União é constituída de recursos adicionais do Orçamento Fiscal, fixados obrigatoriamente na lei orçamentária anual.

Parágrafo único. A União é responsável pela cobertura de eventuais insuficiências financeiras da Seguridade Social, quando decorrentes do pagamento de benefícios de prestação continuada da Previdência Social, na forma da Lei Orçamentária Anual.

Art. 17. Para pagamento dos encargos previdenciários da União, poderão contribuir os recursos da Seguridade Social referidos na alínea *d* do parágrafo único do artigo 11 desta Lei, na forma da Lei Orçamentária anual, assegurada a destinação de recursos para as ações desta Lei de Saúde e Assistência Social. (Redação dada pela Lei 9.711/1998)

Art. 18. Os recursos da Seguridade Social referidos nas alíneas a, b, *c* e *d* do parágrafo único do artigo 11 desta Lei poderão contribuir, a partir do exercício de 1992, para o financiamento das despesas com pessoal e administração-geral apenas do Instituto Nacional do Seguro Social – INSS, do Instituto Nacional de Assistência Médica da Previdência Social – INAMPS, da Fundação Legião Brasileira de Assistência – LBA e da Fundação Centro Brasileira para Infância e Adolescência.

Art. 19. O Tesouro Nacional repassará mensalmente recursos referentes às contribuições mencionadas nas alíneas *d* e *e* do parágrafo único do artigo 11 desta Lei, destinados à execução do Orçamento da Seguridade Social. (Redação dada pela Lei 9.711/1998)

CAPÍTULO III.
DA CONTRIBUIÇÃO DO SEGURADO

SEÇÃO I
DA CONTRIBUIÇÃO DOS SEGURADOS EMPREGADO, EMPREGADO DOMÉSTICO E TRABALHADOR AVULSO

Art. 20. A contribuição do empregado, inclusive o doméstico, e a do trabalhador avulso é calculada mediante a aplicação da correspondente alíquota sobre o seu salário de contribuição mensal, de forma não cumulativa, observado o disposto no artigo 28, de acordo com a seguinte tabela: (*Caput* com Redação dada pela Lei 9.032/1995)

Salário de contribuição	Alíquota em %
até R$ 249,80	8,00
de R$ 249,81 até R$ 416,33	9,00
de R$ 416,34 até R$ 832,66	11,00

- Valores e alíquotas com redação pela Lei nº 9.129, de 20.11.1995.
- Portaria ME/SEPT 477, de 12 de janeiro de 2021 (Dispõe sobre o reajuste dos benefícios pagos pelo Instituto Nacional do Seguro Social - INSS e dos demais valores constantes do Regulamento da Previdência Social – RPS).

Salário de contribuição (R$)	Alíquota progressiva para fins de recolhimento ao INSS
até 1.100,00	7,5%
de 1.100,01 até 2.203,48	9%
de 2.203,49 até 3.305,22	12%
de 3.305,23 até 6.433,57	14%

§ 1º Os valores do salário de contribuição serão reajustados, a partir da data de entrada em vigor desta Lei, na mesma época e com os mesmos índices que os do reajustamento dos benefícios de prestação continuada da Previdência Social. (Redação dada pela Lei 8.620/1993)

§ 2º O disposto neste artigo aplica-se também aos segurados empregados e trabalhadores avulsos que prestem serviços a microempresas. (Acrescido pela Lei 8.620/1993)

SEÇÃO II
DA CONTRIBUIÇÃO DOS SEGURADOS CONTRIBUINTE INDIVIDUAL E FACULTATIVO

- Rubrica da Seção com Redação dada pela Lei 9.876/1999.

Art. 21. A alíquota de contribuição dos segurados contribuinte individual e facultativo será de vinte por cento sobre o respectivo salário de contribuição. (Redação de acordo Lei 9.876/1999)

I e II – *Revogados pela Lei 9.876/1999.*

§ 1º Os valores do salário de contribuição serão reajustados, a partir da data de entrada em vigor desta Lei, na mesma época e com os mesmos índices que os do reajustamento dos benefícios de prestação continuada da Previdência Social. (Parágrafo renumerado pela LC 123/2006)

§ 2º No caso de opção pela exclusão do direito ao benefício de aposentadoria por tempo de contribuição, a alíquota de contribuição incidente sobre o limite mínimo mensal do salário de contribuição será de: (Redação dada pela Lei 12.470/2011)

I – 11% (onze por cento), no caso do segurado contribuinte individual, ressalvado o disposto no inciso II, que trabalhe por conta própria, sem relação de trabalho com empresa ou equiparado e do segurado facultativo, observado o disposto na alínea *b* do inciso II deste parágrafo;

II – 5% (cinco por cento): (*caput* com Redação dada pela Lei 12.470/2011)

a) no caso do microempreendedor individual, de que trata o art. 18-A da Lei Complementar no 123, de 14 de dezembro de 2006; e (Acrescida pela Lei 12.470/2011)

b) do segurado facultativo sem renda própria que se dedique exclusivamente ao trabalho doméstico no âmbito de sua residência, desde que pertencente a família de baixa renda. (Acrescida pela Lei 12.470/2011)

§ 3º O segurado que tenha contribuído na forma do § 2º deste artigo e pretenda contar o tempo de contribuição correspondente para fins de obtenção da aposentadoria por tempo de contribuição ou da contagem recíproca do tempo de contribuição a que se refere o art. 94 da Lei nº 8.213, de 24 de julho de 1991, deverá complementar a contribuição mensal mediante recolhimento, sobre o valor correspondente ao limite mínimo mensal do salário de contribuição em vigor na competência a ser complementada, da diferença entre o percentual pago e o de 20% (vinte por cento), acrescido dos juros moratórios de que trata o § 3º do art. 5º da Lei nº 9.430, de 27 de dezembro de 1996. (Redação dada pela Lei 12.470/2011)

§ 4º Considera-se de baixa renda, para os fins do disposto na alínea *b* do inciso II do § 2º deste artigo, a família inscrita no Cadastro Único para Programas Sociais do Governo Federal – CadÚnico cuja renda mensal seja de até 2 (dois) salários mínimos. (Redação dada pela Lei 12.470/2011)

§ 5º A contribuição complementar a que se refere o § 3º deste artigo será exigida a qualquer tempo, sob pena de indeferimento do benefício. (Acrescido pela Lei 12.507/2011)

CAPÍTULO IV. DA CONTRIBUIÇÃO DA EMPRESA

Art. 22. A contribuição a cargo da empresa, destinada à Seguridade Social, além do disposto no artigo 23, é de:

▸ Portaria ME 139/2020, art. 1º.

I – 20% (vinte por cento) sobre o total das remunerações pagas, devidas ou creditadas a qualquer título, durante o mês, aos segurados empregados e trabalhadores avulsos que lhe prestem serviços, destinadas a retribuir o trabalho, qualquer que seja a sua forma, inclusive as gorjetas, os ganhos habituais sob a forma de utilidades e os adiantamentos decorrentes de reajuste salarial, quer pelos serviços efetivamente prestados, quer pelo tempo à disposição do empregador ou tomador de serviços, nos termos da lei ou do contrato ou, ainda, de convenção ou acordo coletivo de trabalho ou sentença normativa;

II – para o financiamento do benefício previsto nos artigos 57 e 58 da Lei nº 8.213, de 24 de julho de 1991, e daqueles concedidos em razão do grau de incidência de incapacidade laborativa decorrente dos riscos ambientais do trabalho, sobre o total das remunerações pagas ou creditadas, no decorrer do mês, aos segurados empregados e trabalhadores avulsos:

a) 1% (um por cento) para as empresas em cuja atividade preponderante o risco de acidentes do trabalho seja considerado leve;

b) 2% (dois por cento) para as empresas em cuja atividade preponderante esse risco seja considerado médio;

c) 3% (três por cento) para as empresas em cuja atividade preponderante esse risco seja considerado grave. (Redação dada pela Lei 9.732/1998)

III – vinte por cento sobre o total das remunerações pagas ou creditadas a qualquer título, no decorrer do mês, aos segurados contribuintes individuais que lhe prestem serviços; (Acrescido pela Lei 9.876/1999)

IV – quinze por cento sobre o valor bruto da nota fiscal ou fatura de prestação de serviços, relativamente a serviços que lhe são prestados por cooperados por intermédio de cooperativas de trabalho. (Acrescido pela Lei 9.876/1999, com execução suspensa pelo Senado Federal, na forma do art. 52, X da Constituição Federal, pela Resolução nº 10, de 2016)

§ 1º No caso de bancos comerciais, bancos de investimentos, bancos de desenvolvimento, caixas econômicas, sociedades de crédito, financiamento e investimento, sociedades de crédito imobiliário, sociedades corretoras, distribuidoras de títulos e valores mobiliários, empresas de arrendamento mercantil, cooperativas de crédito, empresas de seguros privados e de capitalização, agentes autônomos de seguros privados e de crédito e entidades de previdência privada abertas e fechadas, além das contribuições referidas neste artigo e no artigo 23, é devida a contribuição adicional de dois vírgula cinco por cento sobre a base de cálculo definida nos incisos I e III deste artigo. (Redação dada pela Lei 9.876/1999)

§ 2º Não integram a remuneração as parcelas de que trata o § 9º do artigo 28.

§ 3º O Ministério do Trabalho e da Previdência Social poderá alterar, com base nas estatísticas de acidentes do trabalho, apuradas em inspeção, o enquadramento de empresas para efeito da contribuição a que se refere o inciso II deste artigo, a fim de estimular investimentos em prevenção de acidentes.

§ 4º O Poder Executivo estabelecerá, na forma da lei, ouvido o Conselho Nacional da Seguridade Social, mecanismos de estímulo às empresas que se utilizem de empregados portadores de deficiências física, sensorial e/ou mental com desvio do padrão médio.

§ 5º *Revogado pela Lei 10.256/2001.*

§ 6º A contribuição empresarial da associação desportiva que mantém equipe de futebol profissional destinada à Seguridade Social, em substituição à prevista nos incisos I e II deste artigo, corresponde a cinco por cento da receita bruta, decorrente dos espetáculos desportivos de que participem em todo território nacional em qualquer modalidade desportiva, inclusive jogos internacionais, e de qualquer forma de patrocínio, licenciamento de uso de marcas e símbolos, publicidade, propaganda e de transmissão de espetáculos desportivos. (Acrescido pela Lei 9.528/1997)

§ 7º Caberá à entidade promotora do espetáculo a responsabilidade de efetuar o desconto de cinco por cento da receita bruta decorrente dos espetáculos desportivos e o respectivo recolhimento ao Instituto Nacional do Seguro Social, no prazo de até dois dias úteis após a realização do evento. (Acrescido pela Lei 9.528/1997)

§ 8º Caberá à associação desportiva que mantém equipe de futebol profissional informar à entidade promotora do espetáculo desportivo todas as receitas auferidas no evento, discriminando-as detalhadamente. (Acrescido pela Lei 9.528/1997)

§ 9º No caso de a associação desportiva que mantém equipe de futebol profissional receber recursos de empresa ou entidade, a título de patrocínio, licenciamento de uso de marcas e símbolos, publicidade, propaganda e transmissão de espetáculos, esta última ficará com a responsabilidade de reter e recolher o percentual de cinco por cento da receita bruta decorrente do evento, inadmitida qualquer dedução, no prazo estabelecido na alínea *b*, inciso I, do artigo 30 desta Lei. (Acrescido pela Lei 9.528/1997)

§ 10. Não se aplica o disposto nos §§ 6º ao 9º às demais associações desportivas, que devem contribuir na forma dos incisos I e II deste artigo e do artigo 23 desta Lei. (Acrescido pela Lei 9.528/1997)

§ 11. O disposto nos §§ 6º ao 9º deste artigo aplica-se à associação desportiva que mantenha equipe de futebol profissional e atividade econômica organizada para a produção e circulação de bens e serviços e que se organize regularmente, segundo um dos tipos regulados nos arts. 1.039 a 1.092 da Lei 10.406, de 10 de janeiro de 2002 – Código Civil. (Redação dada pela Lei 11.345/2006)

§ 11-A. O disposto no § 11 deste artigo aplica-se apenas às atividades diretamente relacionadas com a manutenção e administração de equipe profissional de futebol, não se estendendo às outras atividades econômicas exercidas pelas referidas sociedades empresariais beneficiárias. (Acrescido pela Lei 11.505/2007)

§ 12. VETADO.

§ 13. Não se considera como remuneração direta ou indireta, para os efeitos desta Lei, os valores despendidos pelas entidades religiosas e instituições de ensino vocacional com ministro de confissão religiosa, membros de instituto de vida consagrada, de congregação ou de ordem religiosa em face de seu mister religioso ou para sua subsistência desde que fornecidos em condições que independam da natureza e da quantidade do trabalho executado. (Acrescido pela Lei 10.170/2000)

§ 14. Para efeito de interpretação do § 13 deste artigo:

▸ § 14 com redação pela Lei 13.137/2015.

I – os critérios informadores dos valores despendidos pelas entidades religiosas e instituições de ensino vocacional aos ministros de confissão religiosa, membros de vida consagrada, de congregação ou de ordem religiosa não são taxativos e sim exemplificativos;

II – os valores despendidos, ainda que pagos de forma e montante diferenciados, em pecúnia ou a título de ajuda de custo de moradia, transporte, formação educacional, vinculados exclusivamente à atividade religiosa não configuram remuneração direta ou indireta.

§ 15. Na contratação de serviços de transporte rodoviário de carga ou de passageiro, de serviços prestados com a utilização de trator, máquina de terraplenagem, colheitadeira e assemelhados, a base de cálculo da contribuição da empresa corresponde a 20% (vinte por cento) do valor da nota fiscal, fatura ou recibo, quando esses serviços forem prestados por condutor autônomo de veículo rodoviário, auxiliar de condutor autônomo de veículo rodoviário, bem como por operador de máquinas. (Acrescido pela Lei nº 13.202, de 2015).

§ 16. Conforme previsto nos arts. 106 e 110 da Lei nº 5.172, de 25 de outubro de 1966 (Código Tributário Nacional), o disposto no § 14 deste artigo aplica-se aos fatos geradores anteriores à data de vigência da Lei nº 13.137, de 19 de junho de 2015, consideradas nulas as autuações emitidas em desrespeito ao previsto no respectivo diploma legal. *(Acrescido pela Lei 14.057/2020)*

Art. 22-A. A contribuição devida pela agroindústria, definida, para os efeitos desta Lei, como sendo o produtor rural pessoa jurídica cuja atividade econômica seja a industrialização de produção própria ou de produção própria e adquirida de terceiros, incidente sobre o valor da receita bruta proveniente da comercialização da produção, em substituição às previstas nos incisos I e II do artigo 22 desta Lei, é de:

I – 2,5 % (dois vírgula cinco por cento) destinados à Seguridade Social;

II – 0,1 % (zero vírgula um por cento) para o financiamento do benefício previsto nos artigos 57 e 58 da Lei nº 8.213, de 24 de julho de 1991, e daqueles concedidos em razão do grau de incidência de incapacidade para o trabalho decorrente dos riscos ambientais da atividade.

§ 1º VETADO.

§ 2º O disposto neste artigo não se aplica às operações relativas à prestação de serviços a terceiros, cujas contribuições previdenciárias continuam sendo devidas na forma do artigo 22 desta Lei.

§ 3º Na hipótese do § 2º, a receita bruta correspondente aos serviços prestados a terceiros será excluída da base de cálculo da contribuição de que trata o *caput*.

§ 4º O disposto neste artigo não se aplica às sociedades cooperativas e às agroindústrias de piscicultura, carcini-cultura, suinocultura e avicultura.

§ 5º O disposto no inciso I do artigo 3º da Lei nº 8.315, de 23 de dezembro de 1991, não se aplica ao empregador de que trata este artigo, que contribuirá com o adicional de 0,25% (zero vírgula vinte e cinco por cento) da receita bruta proveniente da comercialização da produção, destinado ao Serviço Nacional de Aprendizagem Rural (SENAR). (Acrescido pela Lei 10.256/2011)

§ 6º Não se aplica o regime substitutivo de que trata este artigo à pessoa jurídica que, relativamente à atividade rural, se dedique ao florestamento e reflorestamento como fonte de matéria-prima para industrialização própria mediante a utilização de processo industrial que modifique a natureza química ou a transforme em pasta celulósica. (Lei 10.684/2003)

§ 7º Aplica-se o disposto no § 6º ainda que a pessoa jurídica comercialize resíduos vegetais ou sobras ou partes da produção, desde que a receita bruta decorrente dessa comercialização represente menos de um por cento de sua receita bruta proveniente da comercialização da produção. (Lei 10.684/2003)

Art. 22-B. As contribuições de que tratam os incisos I e II do artigo 22 desta Lei são substituídas, em relação à remuneração paga, devida ou creditada ao trabalhador rural contratado pelo consórcio simplificado de produtores rurais de que trata o artigo 25-A, pela contribuição dos respectivos produtores rurais, calculada na forma do artigo 25 desta Lei. (Acrescido pela Lei 10.256/2001)

Art. 23. As contribuições a cargo da empresa provenientes do faturamento e do lucro, destinadas à Seguridade Social, além do disposto no artigo 22, são calculadas mediante a aplicação das seguintes alíquotas:

I – Dois por cento sobre sua receita bruta, estabelecida segundo o disposto no § 1º do artigo 1º do Decreto-Lei nº 1.940, de 25 de maio de 1982, com a redação dada pelo artigo 22, do Decreto-Lei nº 2.397, de 21 de dezembro de 1987, e alterações posteriores;

- Conforme LC 70/1991 a partir de 01.04.1992 a alíquota prevista neste inciso passou a incidir sobre o faturamento mensal.

II – Dez por cento sobre o lucro líquido do período base, antes da provisão para o Imposto de Renda, ajustado na forma do artigo 2º da Lei nº 8.034, de 12 de abril de 1990.

- Vide art. 19 da Lei 9.249/1995, que alterou para 8% a alíquota prevista neste inciso.

§ 1º No caso das instituições citadas no § 1º do artigo 22 desta Lei, a alíquota da contribuição prevista no inciso II é de quinze por cento.

- Vide LC 70/1991 que elevou em mais 8% a alíquota prevista neste parágrafo. Com o tempo a Lei 9.249/1995, reduziu a mesma alíquota para 18%.

§ 2º O disposto neste artigo não se aplica às pessoas de que trata o artigo 25.

CAPÍTULO V.
DA CONTRIBUIÇÃO DO EMPREGADOR DOMÉSTICO

Art. 24. A contribuição do empregador doméstico incidente sobre o salário de contribuição do empregado doméstico a seu serviço é de: (Redação dada pela Lei nº 13.202, de 2015).

I – 8% (oito por cento); e (Acrescido pela Lei nº 13.202, de 2015).

II – 0,8% (oito décimos por cento) para o financiamento do seguro contra acidentes de trabalho. (Acrescido pela Lei nº 13.202, de 2015).

Parágrafo único. Presentes os elementos da relação de emprego doméstico, o empregador doméstico não poderá contratar microempreendedor individual de que trata o art. 18-A da Lei Complementar 123, de 14 de dezembro de 2006, sob pena de ficar sujeito a todas as obrigações dela decorrentes, inclusive trabalhistas, tributárias e previdenciárias. (Acrescido pela Lei nº 12.470, de 2011).

CAPÍTULO VI.
DA CONTRIBUIÇÃO DO PRODUTOR RURAL E DO PESCADOR

- Rubrica do Capítulo com redação de acordo a Lei 8.398/1992.

Art. 25. A contribuição do empregador rural pessoa física, em substituição à contribuição de que tratam os incisos I e II do artigo 22, e a do segurado especial, referidos, respectivamente, na alínea *a* do inciso V e no inciso VII do artigo 12 desta Lei, destinada à Seguridade Social, é de:

- *Caput* com redação dada pela Lei 10.256/2001.

I - 1,2% (um inteiro e dois décimos por cento) da receita bruta proveniente da comercialização da sua produção; (Redação dada pela Lei 13.606, de 2018).

II – 0,1% da receita bruta proveniente da comercialização da sua produção para financiamento das prestações por acidente do trabalho. (Redação dada pela Lei 9.528, de 1997, com execução suspensa pelo Senado Federal, na forma do art. 52, X, da Constituição Federal, pela Resolução nº 15, de 2017)

§ 1º O segurado especial de que trata este artigo, além da contribuição obrigatória referida no *caput*, poderá contribuir, facultativamente, na forma do artigo 21 desta Lei. (Redação de acordo coma Lei 8.540/1992)

§ 2º A pessoa física de que trata a alínea *a* do inciso V do artigo 12 contribui, também, obrigatoriamente, na forma do artigo 21 desta Lei. (Redação dada pela Lei 8.540/1992)

§ 3º Integram a produção, para os efeitos deste artigo, os produtos de origem animal ou vegetal, em estado natural ou submetidos a processos de beneficiamento ou industrialização rudimentar, assim compreendidos, entre outros, os processos de lavagem, limpeza, descaroçamento, pilagem, descascamento, lenhamento, pasteurização, resfriamento, secagem, fermentação, embalagem, cristalização, fundição, carvoejamento, cozimento, destilação, moagem e torrefação, bem como os subprodutos e os resíduos obtidos por meio desses processos, exceto, no caso de sociedades cooperativas, a parcela de produção que não seja objeto de repasse ao cooperado por meio de fixação de preço. *(Redação dada pela Lei 13.986/2020, vetado pelo Presidente da República, mantido pelo Congresso Nacional e publicado no DOU de 20.08.2020)*

§ 4º *Revogado pela Lei 11.718/2008.*

§ 5º Vetado.

§§ 6º a 8º *Revogados pela Lei 10.256/2001.*

§ 9º Vetado. (*Acrescido pela Lei 10.256/2001*)

§ 10. Integra a receita bruta de que trata este artigo, além dos valores decorrentes da comercialização da produção relativa aos produtos a que se refere o § 3º deste artigo, a receita proveniente: (Acrescido pela Lei 11.718/2008).

I – da comercialização da produção obtida em razão de contrato de parceria ou meação de parte do imóvel rural;

II – da comercialização de artigos de artesanato de que trata o inciso VII do § 10 do art. 12 desta Lei;

III – de serviços prestados, de equipamentos utilizados e de produtos comercializados no imóvel rural, desde que em atividades turística e de entretenimento desenvolvidas no próprio imóvel, inclusive hospedagem, alimentação, recepção, recreação e atividades pedagógicas, bem como taxa de visitação e serviços especiais;

IV – do valor de mercado da produção rural dada em pagamento ou que tiver sido trocada por outra, qualquer que seja o motivo ou finalidade; e

V – de atividade artística de que trata o inciso VIII do § 10 do art. 12 desta Lei.

§ 11. Considera-se processo de beneficiamento ou industrialização artesanal aquele realizado diretamente pelo próprio produtor rural pessoa física, desde que não esteja sujeito à incidência do Imposto Sobre Produtos Industrializados – IPI. (Acrescido pela Lei 11.718/2008)

§ 12. Não integra a base de cálculo da contribuição de que trata o *caput* deste artigo a produção rural destinada ao plantio ou reflorestamento, nem o produto animal destinado à reprodução ou criação pecuária ou granjeira e à utilização como cobaia para fins de pesquisas científicas, quando vendido pelo próprio produtor e por quem a utilize diretamente com essas finalidades e, no caso de produto vegetal, por pessoa ou entidade registrada no Ministério da Agricultura, Pecuária e Abastecimento que se dedique ao comércio de sementes e mudas no País. (Parágrafo vetado pelo Presidente da República na Lei nº 13.606, de 2018, mantido pelo Congresso Nacional e publicado no DOU de 18.04.2018)

§ 13. O produtor rural pessoa física poderá optar por contribuir na forma prevista no *caput* deste artigo ou na forma dos incisos I e II do *caput* do art. 22 desta Lei, manifestando sua opção mediante o pagamento da contribuição incidente sobre a folha de salários relativa a janeiro de cada ano, ou à primeira competência subsequente ao início da atividade rural, e será irretratável para todo o ano-calendário. (Acrescido pela Lei 13.606/2018, produzindo efeitos a partir de 01.01.2019).

§ 14. Considera-se receita bruta proveniente da comercialização da produção o valor da fixação de preço repassado ao cooperado pela cooperativa ao qual esteja associado, por ocasião da realização do ato cooperativo de que trata o art. 79 da Lei nº 5.764, de 16 de dezembro de 1971, não compreendidos valores pagos, creditados ou capitalizados a título de sobras, os quais não representam preço ou complemento de preço. *(Vetado pelo Presidente da República na Lei 13.986/2020, mantido pelo Congresso Nacional e publicado no DOU de 20.08.2020)*

§ 15. Não se considera receita bruta, para fins de base de cálculo das contribuições sociais devidas pelo produtor rural cooperado, a entrega ou o retorno de produção para a cooperativa nas operações em que não ocorra repasse pela cooperativa a título de fixação de preço, não podendo o mero retorno caracterizar permuta, compensação, dação em pagamento ou ressarcimento que represente valor, preço ou complemento de preço. *(Vetado pelo Presidente da República na Lei 13.986/2020, mantido pelo Congresso Nacional e publicado no DOU de 20.08.2020)*

§ 16. Aplica-se ao disposto no *caput* e nos §§ 3º, 14 e 15 deste artigo o caráter interpretativo de que trata o art. 106 da Lei nº 5.172, de 25 de outubro de 1966 (Código Tributário Nacional). *(Vetado pelo Presidente da República na Lei 13.986/2020, mantido pelo Congresso Nacional e publicado no DOU de 20.08.2020)*

Art. 25-A. Equipara-se ao empregador rural pessoa física o consórcio simplificado de produtores rurais, formado pela união de produtores rurais pessoas físicas, que outorgar a um deles poderes para contratar, gerir e demitir trabalhadores para prestação de serviços, exclusivamente, aos seus integrantes, mediante documento registrado em cartório de títulos e documentos. (Acrescido pela Lei 10.256/2001)

§ 1º O documento de que trata o *caput* deverá conter a identificação de cada produtor, seu endereço pessoal e o de sua propriedade rural, bem como o respectivo registro no Instituto Nacional de Colonização e Reforma Agrária – INCRA ou informações relativas a parceria, arrendamento ou equivalente e a matrícula no Instituto Nacional do Seguro Social – INSS de cada um dos produtores rurais.

§ 2º O consórcio deverá ser matriculado no INSS em nome do empregador a quem hajam sido outorgados os poderes, na forma do regulamento.

§ 3º Os produtores rurais integrantes do consórcio de que trata o *caput* serão responsáveis solidários em relação às obrigações previdenciárias.

§ 4º Vetado. (Acrescido pela Lei 10.256/2001)

CAPÍTULO VII. DA CONTRIBUIÇÃO SOBRE A RECEITA DE CONCURSOS DE PROGNÓSTICOS

Art. 26. Constitui receita da Seguridade Social a contribuição social sobre a receita de concursos de prognósticos a que se refere o inciso III do *caput* do art. 195 da Constituição. *(Redação dada pela Lei 13.756/2018)*

§ 1º *(Revogado pela Lei 13.756/2018)*

§ 2º *(Revogado pela Lei 13.756/2018)*

§ 3º *(Revogado pela Lei 13.756/2018)*

§ 4º O produto da arrecadação da contribuição será destinado ao financiamento da Seguridade Social. *(Incluído pela Lei nº 13.756/2018)*

§ 5º A base de cálculo da contribuição equivale à receita auferida nos concursos de prognósticos, sorteios e loterias. *(Incluído pela Lei 13.756/2018)*

§ 6º A alíquota da contribuição corresponde ao percentual vinculado à Seguridade Social em cada modalidade lotérica, conforme previsto em lei. *(Incluído pela Lei 13.756/2018)*

CAPÍTULO VIII. DAS OUTRAS RECEITAS

Art. 27. Constituem outras receitas da Seguridade Social:

I – as multas, a atualização monetária e os juros moratórios;

II – a remuneração recebida por serviços de arrecadação, fiscalização e cobrança prestados a terceiros;

III – as receitas provenientes de prestação de outros serviços e de fornecimento ou arrendamento de bens;

IV – as demais receitas patrimoniais, industriais e financeiras;

V – as doações, legados, subvenções e outras receitas eventuais;

VI – 50% (cinquenta por cento) dos valores obtidos e aplicados na forma do parágrafo único do artigo 243 da Constituição Federal;

VII – 40% (quarenta por cento) do resultado dos leilões dos bens apreendidos pelo Departamento da Receita Federal;

VIII – outras receitas previstas em legislação específica.

Parágrafo único. As companhias seguradoras que mantêm o seguro obrigatório de danos pessoais causados por veículos automotores de vias terrestres, de que trata a Lei nº 6.194, de dezembro de 1974, deverão repassar à Seguridade Social 50% (cinquenta por cento) do valor total do prêmio recolhido e destinado ao Sistema Único de Saúde – SUS, para custeio da assistência médico-hospitalar dos segurados vitimados em acidentes de trânsito.

CAPÍTULO IX. DO SALÁRIO DE CONTRIBUIÇÃO

Art. 28. Entende-se por salário de contribuição:

I – para o empregado e trabalhador avulso: a remuneração auferida em uma ou mais empresas, assim entendida a totalidade dos rendimentos pagos, devidos ou creditados a qualquer título, durante o mês, destinados a retribuir o trabalho, qualquer que seja a sua forma, inclusive as gorjetas, os ganhos habituais sob a forma de utilidades e os adiantamentos decorrentes de reajuste salarial, quer pelos serviços efetivamente prestados, quer pelo tempo à disposição do empregador ou tomador de serviços nos termos da lei ou do contrato ou, ainda, de convenção ou acordo coletivo de trabalho ou sentença normativa; (Redação dada pela Lei 9.528/1997)

II – para o empregado doméstico: a remuneração registrada na Carteira de Trabalho e Previdência Social, observadas as normas a serem estabelecidas em regulamento para comprovação do vínculo empregatício e do valor da remuneração;

III – para o contribuinte individual: a remuneração auferida em uma ou mais empresas ou pelo exercício de sua atividade por conta própria, durante o mês, observado o limite máximo a que se refere o § 5º; (Redação de acordo com Lei 9.876/1999)

IV – para o segurado facultativo: o valor por ele declarado, observado o limite máximo a que se refere o § 5º. (Acrescido pela Lei 9.876/1999)

§ 1º Quando a admissão, a dispensa, o afastamento ou a falta do empregado ocorrer no curso do mês, o salário de contribuição será proporcional ao número de dias de trabalho efetivo, na forma estabelecida em regulamento.

§ 2º O salário-maternidade é considerado salário de contribuição.

§ 3º O limite mínimo do salário de contribuição corresponde ao piso salarial, legal ou normativo, da categoria ou, inexistindo este, ao salário mínimo, tomado no seu valor mensal, diário ou horário, conforme o ajustado e o tempo de trabalho efetivo durante o mês. (Redação dada pela Lei 9.528/1997)

§ 4º O limite mínimo do salário de contribuição do menor aprendiz corresponde à sua remuneração mínima definida em lei.

§ 5º O limite máximo do salário de contribuição é de Cr$ 170.000,00 (cento e setenta mil cruzeiros), reajustado a partir da data da entrada em vigor desta Lei, na mesma época e com os mesmos índices que os do reajustamento dos benefícios de prestação continuada da Previdência Social.

> ‣ Portaria ME/SEPT 477, de 12 de janeiro de 2021: Art. 2º, A partir de 1º de janeiro de 2021, o salário de benefício e o salário de contribuição não poderão ser inferiores a R$ 1.100,00 (um mil e cem reais), nem superiores a R$ 6.433,57 (seis mil quatrocentos e trinta e três reais e cinquenta e sete centavos).

§ 6º No prazo de cento e oitenta dias, a contar da data de publicação desta Lei, o Poder Executivo encaminhará ao Congresso Nacional projeto de lei estabelecendo a previdência complementar, pública e privada, em especial para os que possam contribuir acima do limite máximo estipulado no parágrafo anterior deste artigo.

§ 7º O décimo-terceiro salário (gratificação natalina) integra o salário de contribuição, exceto para o cálculo de benefício, na forma estabelecida em regulamento. (Redação dada pela Lei 8.870/1994)

§ 8º Revogado pela Lei nº 13.467, de 2017.

a) Revogada pela Lei nº 13.467, de 2017.

b) Vetada.

c) (Revogada pela Lei 9.711/1998).

§ 9º Não integram o salário de contribuição para os fins desta Lei, exclusivamente: (Redação dada pela Lei 9.528/1997)

a) os benefícios da previdência social, nos termos e limites legais, salvo o salário-maternidade; (Redação dada pela Lei 9.528/1997)

b) as ajudas de custo e o adicional mensal recebidos pelo aeronauta nos termos da Lei nº 5.929, de 30 de outubro de 1973;

c) a parcela *in natura* recebida de acordo com os programas de alimentação aprovados pelo Ministério do Trabalho e da Previdência Social, nos termos da Lei nº 6.321, de 14 de abril de 1976;

d) as importâncias recebidas a título de férias indenizadas e respectivo adicional constitucional, inclusive o valor correspondente à dobra da remuneração de férias de que trata o artigo 137 da Consolidação das Leis do Trabalho – CLT; (Redação dada pela Lei 9.528/1997)

e) as importâncias: (Redação dada pela Lei 9.528/1997).

1. previstas no inciso I do artigo 10 do Ato das Disposições Constitucionais Transitórias; (Acrescido pela Lei 9.528/1997)

2. relativas à indenização por tempo de serviço, anterior a 5 de outubro de 1988, do empregado não optante pelo Fundo de Garantia do Tempo de Serviço – FGTS; (Acrescido pela Lei 9.528/1997)

3. recebidas a título da indenização de que trata o artigo 479 da CLT; (Acrescido pela Lei 9.528/1997)

4. recebidas a título da indenização de que trata o artigo 14 da Lei nº 5.889, de 8 de junho de 1973; (Acrescido pela Lei 9.528/1997)

5. recebidas a título de incentivo à demissão; (Acrescido pela Lei 9.528/1997)

6. recebidas a título de abono de férias na forma dos artigos 143 e 144 da CLT; (Acrescido pela Lei 9.711/1998)

7. recebidas a título de ganhos eventuais e os abonos expressamente desvinculados do salário; (Acrescido pela Lei 9.711/1998)

8. recebidas a título de licença-prêmio indenizada; (Acrescido pela Lei 9.711/1998)

9. recebidas a título da indenização de que trata o artigo 9º da Lei nº 7.238, de 29 de outubro de 1984; (Acrescido pela Lei 9.711/1998)

f) a parcela recebida a título de vale-transporte, na forma da legislação própria;

g) a ajuda de custo, em parcela única, recebida exclusivamente em decorrência de mudança de local de trabalho do empregado, na forma do artigo 470 da CLT; (Redação dada pela Lei 9.528/1997)

h) as diárias para viagens; *(Redação dada pela Lei nº 13.467, de 2017).*

i) a importância recebida a título de bolsa de complementação educacional de estagiário, quando paga nos termos da Lei nº 6.494, de 7 de dezembro de 1977;

j) a participação nos lucros ou resultados da empresa, quando paga ou creditada de acordo com lei específica;

l) o abono do Programa de Integração Social – PIS e do Programa de Assistência ao Servidor Público – PASEP; (Acrescida pela Lei 9.528/1997)

m) os valores correspondentes a transporte, alimentação e habitação fornecidos pela empresa ao empregado contratado para trabalhar em localidade distante da de sua residência, em canteiro de obras ou local que, por força da atividade, exija deslocamento e estada, observadas as normas de proteção estabelecidas pelo Ministério do Trabalho; (Acrescida pela Lei 9.528/1997) *n)* a importância paga ao empregado a título de complementação ao valor do auxílio-doença, desde que este direito seja extensivo à totalidade dos empregados da empresa; (Acrescida pela Lei 9.528/1997)

o) as parcelas destinadas à assistência ao trabalhador da agroindústria canavieira, de que trata o artigo 36 da Lei nº 4.870, de 1º de dezembro de 1965; (Acrescida pela Lei 9.528/1997)

p) o valor das contribuições efetivamente pago pela pessoa jurídica relativo a programa de previdência complementar, aberto ou fechado, desde que disponível à totalidade de seus empregados e dirigentes, observados, no que couber, os artigos 9º e 468 da CLT; (Acrescida pela Lei 9.528/1997)

q) o valor relativo à assistência prestada por serviço médico ou odontológico, próprio da empresa ou por ela conveniado, inclusive o reembolso de despesas com medicamentos, óculos, aparelhos ortopédicos, próteses, órteses, despesas médico-hospitalares e outras similares; (*Redação dada pela Lei nº 13.467*).

r) o valor correspondente a vestuários, equipamentos e outros acessórios fornecidos ao empregado e utilizados no local do trabalho para prestação dos respectivos serviços; (Acrescida pela Lei 9.528/1997)

s) o ressarcimento de despesas pelo uso de veículo do empregado e o reembolso creche pago em conformidade com a legislação trabalhista, observado o limite máximo de seis anos de idade, quando devidamente comprovadas as despesas realizadas; (Acrescida pela Lei 9.528/1997)

t) o valor relativo a plano educacional, ou bolsa de estudo, que vise à educação básica de empregados e seus dependentes e, desde que vinculada às atividades desenvolvidas pela empresa, à educação profissional e tecnológica de empregados, nos termos da Lei nº 9.394, de 20 de dezembro de 1996, e: (Redação dada pela Lei 12.513/2011.)

1. não seja utilizado em substituição de parcela salarial; e (Acrescido pela Lei 12.513/2011.)

2. o valor mensal do plano educacional ou bolsa de estudo, considerado individualmente, não ultrapasse 5% (cinco por cento) da remuneração do segurado a que se destina ou o valor correspondente a uma vez e meia o valor do limite mínimo mensal do salário de contribuição, o que for maior; (Acrescido pela Lei 12.513/2011.)

u) a importância recebida a título de bolsa de aprendizagem garantida ao adolescente até quatorze anos de idade, de acordo com o disposto no artigo 64 da Lei nº 8.069, de 13 de julho de 1990;

v) os valores recebidos em decorrência da cessão de direitos autorais; (Acrescida pela Lei 9.528/1997)

x) o valor da multa prevista no § 8º do artigo 477 da CLT; (Acrescida pela Lei 9.528/1997)

y) o valor correspondente ao vale-cultura. (Acrescida pela Lei 12.761/2012)

z) os prêmios e os abonos. (*Acrescida pela Lei nº 13.467, de 2017*).

aa) os valores recebidos a título de bolsa-atleta, em conformidade com a Lei nº 10.891, de 9 de julho de 2004. *(Acrescida pela Lei 13.756/2018)*

§ 10. Considera-se salário de contribuição, para o segurado empregado e trabalhador avulso, na condição prevista no § 5º do artigo 12, a remuneração efetivamente auferida na entidade sindical ou empresa de origem. (Acrescido pela Lei 9.528/1997)

§ 11. Considera-se remuneração do contribuinte individual que trabalha como condutor autônomo de veículo rodoviário, como auxiliar de condutor autônomo de veículo rodoviário, em automóvel cedido em regime de colaboração, nos termos da Lei 6.094, de 30 de agosto de 1974, como operador de trator, máquina de terraplenagem, colheitadeira e assemelhados, o montante correspondente a 20% (vinte por cento) do valor bruto do frete, carreto, transporte de passageiros ou do serviço prestado, observado o limite máximo a que se refere o § 5º. (Acrescido pela Lei nº 13.202, de 2015).

Art. 29. *Revogado pela Lei 9.876/1999.*

CAPÍTULO X.
DA ARRECADAÇÃO E RECOLHIMENTO DAS CONTRIBUIÇÕES

Art. 30. A arrecadação e o recolhimento das contribuições ou de outras importâncias devidas à Seguridade Social obedecem às seguintes normas: (Redação dada pela Lei nº 8.620, de 1993).

I – a empresa é obrigada a:

a) arrecadar as contribuições dos segurados empregados e trabalhadores avulsos a seu serviço, descontando-as da respectiva remuneração;

b) recolher os valores arrecadados na forma da alínea *a* deste inciso, a contribuição a que se refere o inciso IV do art. 22 desta Lei, assim como as contribuições a seu cargo incidentes sobre as remunerações pagas, devidas ou creditadas, a qualquer título, aos segurados empregados, trabalhadores avulsos e contribuintes individuais a seu serviço até o dia 20 (vinte) do mês subsequente ao da competência; Alínea *b* com redação pela Lei 11.933/2009, em vigor na data de sua publicação, produzindo efeitos a partir de 1º.10.2008 *(DOU 29.04.2009)*.

c) recolher as contribuições de que tratam os incisos I e II do artigo 23, na forma e prazos definidos pela legislação tributária federal vigente;

II – os segurados contribuinte individual e facultativo estão obrigados a recolher sua contribuição por iniciativa própria, até o dia 15 (quinze) do mês seguinte ao da competência; (Redação dada pela Lei nº 9.876, de 1999).

III – a empresa adquirente, consumidora ou consignatária ou a cooperativa são obrigadas a recolher a contribuição de que trata o art. 25 até o dia 20 (vinte) do mês subsequente ao da operação de venda ou consignação da produção, independentemente de essas operações terem sido realizadas diretamente com o produtor ou com intermediário pessoa física, na forma estabelecida em regulamento; (Redação dada pela Lei nº 11.933, de 2009, em vigor na data de sua publicação, produzindo efeitos a partir de 1º.10.2008 *(DOU 29.04.2009)*.

IV – a empresa adquirente, consumidora ou consignatária ou a cooperativa ficam sub-rogadas nas obrigações da pessoa física de que trata a alínea *a* do inciso V do artigo 12 e do segurado especial pelo cumprimento das obrigações do artigo 25 desta Lei, independentemente de as operações de venda ou consignação terem sido realizadas diretamente com o produtor ou com intermediário pessoa física, exceto no caso do inciso X deste artigo, na forma estabelecida em regulamento; (Redação dada pela Lei nº 9.528, de 1997, com execução suspensa pelo Senado Federal, na forma do art. 52, X, da Constituição Federal, pela Resolução nº 15, de 2017).

V – o empregador doméstico é obrigado a arrecadar e a recolher a contribuição do segurado empregado a seu serviço, assim como a parcela a seu cargo, até o dia 7 do mês seguinte ao da competência; (Redação dada pela Lei Complementar nº 150, de 2015).

VI – o proprietário, o incorporador definido na Lei 4.591, de 16 de dezembro de 1964, o dono da obra ou condômino da unidade imobiliária, qualquer que seja a forma de contratação da construção, reforma ou acréscimo, são solidários com o construtor, e estes com a subempreiteira, pelo cumprimento das obrigações para com a Seguridade Social, ressalvado o seu direito regressivo contra o executor ou contratante da obra e admitida a retenção de importância a este devida para garantia do cumprimento dessas obrigações, não se aplicando, em qualquer hipótese, o benefício de ordem; (Redação dada pela Lei nº 9.528, de 1997).

VII – exclui-se da responsabilidade solidária perante a Seguridade Social o adquirente de prédio ou unidade imobiliária que realizar a operação com empresa de comercialização ou incorporador de imóveis, ficando estes solidariamente responsáveis com o construtor;

VIII – nenhuma contribuição à Seguridade Social é devida se a construção residencial unifamiliar, destinada ao uso próprio, de tipo econômico, for executada sem mão de obra assalariada, observadas as exigências do regulamento;

IX – as empresas que integram grupo econômico de qualquer natureza respondem entre si, solidariamente, pelas obrigações decorrentes desta Lei;

X – a pessoa física de que trata a alínea *a* do inciso V do artigo 12 e o segurado especial são obrigados a recolher a contribuição de que trata o artigo 25 desta lei no prazo estabelecido no inciso III deste artigo, caso comercializem a sua produção: (Redação dada pela Lei nº 9.528, de 1997).

a) no exterior;

b) diretamente, no varejo, ao consumidor pessoa física;

c) à pessoa física de que trata a alínea *a* do inciso V do artigo 12;

d) ao segurado especial;

XI – aplica-se o disposto nos incisos III e IV deste artigo à pessoa física não produtor rural que adquire produção para venda no varejo a consumidor pessoa física; (Acrescido pela Lei nº 9.528, de 1997).

XII – sem prejuízo do disposto no inciso X do *caput* deste artigo, o produtor rural pessoa física e o segurado especial são obrigados a recolher, diretamente, a contribuição incidente sobre a receita bruta proveniente:

a) da comercialização de artigos de artesanato elaborados com matéria-prima produzida pelo respectivo grupo familiar;

b) de comercialização de artesanato ou do exercício de atividade artística, observado o disposto nos incisos VII e VIII do § 10 do art. 12 desta Lei; e

c) de serviços prestados, de equipamentos utilizados e de produtos comercializados no imóvel rural, desde que em atividades turística e de entretenimento desenvolvidas no próprio imóvel, inclusive hospedagem, alimentação, recepção, recreação e atividades pedagógicas, bem como taxa de visitação e serviços especiais; (Acrescido pela Lei nº 11.718, de 2008).

XIII – o segurado especial é obrigado a arrecadar a contribuição de trabalhadores a seu serviço e a recolhê-la no prazo referido na alínea *b* do inciso I do *caput* deste artigo. (Acrescido pela Lei nº 11.718, de 2008).

§ 1º *Revogado pela Lei nº 9.032, de 1995.*

§ 2º Se não houver expediente bancário nas datas indicadas: (Redação dada pela Lei nº 11.933, de 2009, em vigor na data de sua publicação, produzindo efeitos a partir de 1º.10.2008 – *DOU 29.04.2009)*.

I – no inciso II do *caput*, o recolhimento deverá ser efetuado até o dia útil imediatamente posterior; e (Redação dada pela Lei nº 13.202, de 2015).

II – na alínea b do inciso I e nos incisos III, V, X e XIII do *caput*, até o dia útil imediatamente anterior. (Redação pela Lei nº 13.202, de 2015).

§ 3º Aplica-se à entidade sindical e à empresa de origem o disposto nas alíneas *a* e *b* do inciso I, relativamente à remuneração do segurado referido no § 5º do artigo 12. (Acrescido pela Lei nº 9.528, de 1997).

§ 4º Na hipótese de o contribuinte individual prestar serviço a uma ou mais empresas, poderá deduzir, da sua contribuição mensal, 45% (quarenta e cinco por cento) da contribuição da empresa, efetivamente recolhida ou declarada, incidente sobre a remuneração que esta lhe tenha pago ou creditado, limitada a dedução a nove por cento do respectivo salário de contribuição. (Acrescido pela Lei nº 9.876, de 1999).

§ 5º Aplica-se o disposto no § 4º ao cooperado que prestar serviço a empresa por intermédio de cooperativa de trabalho. (Acrescido pela Lei nº 9.876, de 1999).

§ 6º *Revogado pela Lei nº 13.202, de 2015.*

§ 7º A empresa ou cooperativa adquirente, consumidora ou consignatária da produção fica obrigada a fornecer ao segurado especial cópia do documento fiscal de entrada da mercadoria, para fins de comprovação da operação e da respectiva contribuição previdenciária. (Acrescido pela Lei nº 11.718, de 2008).

§ 8º Quando o grupo familiar a que o segurado especial estiver vinculado não tiver obtido, no ano, por qualquer motivo, receita proveniente de comercialização de produção deverá comunicar a ocorrência à Previdência Social, na forma do regulamento. (Acrescido pela Lei nº 11.718, de 2008).

§ 9º Quando o segurado especial tiver comercializado sua produção do ano anterior exclusivamente com empresa adquirente, consignatária ou cooperativa, tal fato deverá ser comunicado à Previdência Social pelo respectivo grupo familiar. (Acrescido pela Lei nº 11.718, de 2008).

Art. 31. A empresa contratante de serviços executados mediante cessão de mão de obra, inclusive em regime de trabalho temporário, deverá reter 11 % (onze por cento) do valor bruto da nota fiscal ou fatura de prestação de serviços e recolher, em nome da empresa cedente da mão de obra, a importância retida até o dia 20 (vinte) do mês subsequente ao da emissão da respectiva nota fiscal ou fatura, ou até o dia útil imediatamente anterior se não houver expediente bancário naquele dia, observado o disposto no § 5º do art. 33 desta Lei. (Redação dada pela Lei 11.933/2009)

§ 1º O valor retido de que trata o *caput* deste artigo, que deverá ser destacado na nota fiscal ou fatura de prestação de serviços, poderá ser compensado por qualquer estabelecimento da empresa cedente da mão de obra, por ocasião do recolhimento das contribuições destinadas à Seguridade Social devidas sobre a folha de pagamento dos seus segurados. (Redação dada pela Lei 11.941/2009)

§ 2º Na impossibilidade de haver compensação integral na forma do parágrafo anterior, o saldo remanescente será objeto de restituição. (Redação dada pela Lei 9.711/1998)

§ 3º Para os fins desta Lei, entende-se como cessão de mão de obra a colocação à disposição do contratante, em suas dependências ou nas de terceiros, de segurados que realizem serviços contínuos, relacionados ou não com a atividade-fim da empresa, quaisquer que sejam a natureza e a forma de contratação. (Redação dada pela Lei 9.711/1998)

§ 4º Enquadram-se na situação prevista no parágrafo anterior, além de outros estabelecidos em regulamento, os seguintes serviços:

I – limpeza, conservação e zeladoria;

II – vigilância e segurança; (Redação dada pela Lei 9.711/1998)

III – empreitada de mão de obra; (Redação dada pela Lei 9.711/1998)

IV – contratação de trabalho temporário na forma da Lei nº 6.019, de 3 de janeiro de 1974. (Redação dada pela Lei 9.711/1998)

§ 5º O cedente da mão de obra deverá elaborar folhas de pagamento distintas para cada contratante. (Acrescido pela Lei 9.711/1998)

§ 6º Em se tratando de retenção e recolhimento realizados na forma do *caput* deste artigo, em nome de consórcio, de que tratam os arts. 278 e 279 da Lei nº 6.404, de 15 de dezembro de 1976, aplica-se o disposto em todo este artigo, observada a participação de cada uma das empresas consorciadas, na forma do respectivo ato constitutivo. (Redação dada pela Lei 11.941/2009)

Art. 32. A empresa é também obrigada a:

I – preparar folhas de pagamento das remunerações pagas ou creditadas a todos os segurados a seu serviço, de acordo com os padrões e normas estabelecidos pelo órgão competente da Seguridade Social;

II – lançar mensalmente em títulos próprios de sua contabilidade, de forma discriminada, os fatos geradores de todas as contribuições, o montante das quantias descontadas, as contribuições da empresa e os totais recolhidos;

III – prestar à Secretaria da Receita Federal do Brasil todas as informações cadastrais, financeiras e contábeis de seu interesse, na forma por ela estabelecida, bem como os esclarecimentos necessários à fiscalização; (Redação dada pela 11.941/2009)

IV – declarar à Secretaria da Receita Federal do Brasil e ao Conselho Curador do Fundo de Garantia do Tempo de Serviço – FGTS, na forma, prazo e condições estabelecidos por esses órgãos, dados relacionados a fatos geradores, base de cálculo e valores devidos da contribuição previdenciária e outras informações de interesse do INSS ou do Conselho Curador do FGTS; (Redação dada pela 11.941/2009)

- O art. 49 da Lei 13.097/2015 dispõe que: Ficam anistiadas as multas previstas no art. 32-A da Lei 8.212, de 24 de julho de 1991, lançadas até a publicação desta Lei, desde que a declaração de que trata o inciso IV do *caput* do art. 32 da Lei 8.212, de 24 de julho de 1991, tenha sido apresentada até o último dia do mês subsequente ao previsto para a entrega.

V – *Vetado*. (Acrescido pela Lei 10.403/2002);

VI – comunicar, mensalmente, aos empregados, por intermédio de documento a ser definido em regulamento, os valores recolhidos sobre o total de sua remuneração ao INSS. (Acrescido pela Lei 12.692/2012).

§ 1º *Revogado pela Lei 11.941/2009.*

§ 2º A declaração de que trata o inciso IV do *caput* deste artigo constitui instrumento hábil e suficiente para a exigência do crédito tributário, e suas informações comporão a base de dados para fins de cálculo e concessão dos benefícios previdenciários. (Redação dada pela 11.941/2009)

§§ 3º a 8º *Revogados pela Lei 11.941/2009.*

§ 9º A empresa deverá apresentar o documento a que se refere o inciso IV do *caput* deste artigo ainda que não ocorram fatos geradores de contribuição previdenciária, aplicando-se, quando couber, a penalidade prevista no art. 32-A desta Lei. (Redação dada pela 11.941/2009)

§ 10. O descumprimento do disposto no inciso IV do *caput* deste artigo impede a expedição da certidão de prova de regularidade fiscal perante a Fazenda Nacional. (Redação dada pela 11.941/2009)

§ 11. Em relação aos créditos tributários, os documentos comprobatórios do cumprimento das obrigações de que trata este artigo devem ficar arquivados na empresa até que ocorra a prescrição relativa aos créditos decorrentes das operações a que se refiram. (Redação dada pela 11.941/2009)

§ 12. *Vetado*. (Acrescido pela Lei 12.692/2012)

Art. 32-A. O contribuinte que deixar de apresentar a declaração de que trata o inciso IV do *caput* do art. 32 desta Lei no prazo fixado ou que a apresentar com incorreções ou omissões será intimado a apresentá-la ou a prestar esclarecimentos e sujeitar-se-á às seguintes multas: (Acrescido pela 11.941/2009)

- O art. 48 da Lei 13.097/2015 dispõe que: O disposto no art. 32-A da Lei 8.212, de 24 de julho de 1991, deixa de produzir efeitos em relação aos fatos geradores ocorridos no período de 27 de maio de 2009 a 31 de dezembro de 2013, no caso de entrega de declaração sem ocorrência de fatos geradores de contribuição previdenciária.
- O art. 49 da Lei 13.097/2015 dispõe que: Ficam anistiadas as multas previstas no art. 32-A da Lei 8.212, de 24 de julho de 1991, lançadas até a publicação desta Lei, desde que a declaração de que trata o inciso IV do *caput* do art. 32 da Lei 8.212, de 24 de julho de 1991, tenha sido apresentada até o último dia do mês subsequente ao previsto para a entrega.

I – de R$ 20,00 (vinte reais) para cada grupo de 10 (dez) informações incorretas ou omitidas; e

II – de 2% (dois por cento) ao mês-calendário ou fração, incidentes sobre o montante das contribuições informadas, ainda que integralmente pagas, no caso de falta de entrega da declaração ou entrega após o prazo, limitada a 20% (vinte por cento), observado o disposto no § 3º deste artigo.

§ 1º Para efeito de aplicação da multa prevista no inciso II do *caput* deste artigo, será considerado como termo inicial o dia seguinte ao término do prazo fixado para entrega da declaração e como termo final a data da efetiva entrega ou, no caso de não apresentação, a data da lavratura do auto de infração ou da notificação de lançamento.

§ 2º Observado o disposto no § 3º deste artigo, as multas serão reduzidas:

I – à metade, quando a declaração for apresentada após o prazo, mas antes de qualquer procedimento de ofício; ou

II – a 75% (setenta e cinco por cento), se houver apresentação da declaração no prazo fixado em intimação.

§ 3º A multa mínima a ser aplicada será de:

I – R$ 200,00 (duzentos reais), tratando-se de omissão de declaração sem ocorrência de fatos geradores de contribuição previdenciária; e

II – R$ 500,00 (quinhentos reais), nos demais casos.

Art. 32-B. Os órgãos da administração direta, as autarquias, as fundações e as empresas públicas da União, dos Estados, do Distrito Federal e dos Municípios, cujas Normas Gerais de Direito Financeiro para elaboração e controle dos orçamentos estão definidas pela Lei nº 4.320, de 17 de março de 1964, e pela Lei Complementar nº 101, de 4 de maio de 2000, ficam obrigados, na forma estabelecida pela Secretaria da Receita Federal do Brasil do Ministério da Fazenda, a apresentar: (Artigo acrescido pela Lei nº 12.810, de 15.05.2013)

I – a contabilidade entregue ao Tribunal de Controle Externo; e

II – a folha de pagamento.

Parágrafo único. As informações de que trata o *caput* deverão ser apresentadas até o dia

30 de abril do ano seguinte ao encerramento do exercício.

Art. 32-C. O segurado especial responsável pelo grupo familiar que contratar na forma do § 8º do art. 12 apresentará as informações relacionadas ao registro de trabalhadores, aos fatos geradores, à base de cálculo e aos valores das contribuições devidas à Previdência Social e ao Fundo de Garantia do Tempo de Serviço – FGTS e outras informações de interesse da Secretaria da Receita Federal do Brasil, do Ministério da Previdência Social, do Ministério do Trabalho e Emprego e do Conselho Curador do FGTS, por meio de sistema eletrônico com entrada única de dados, e efetuará os recolhimentos por meio de documento único de arrecadação. (Incluído pela Lei nº 12.873, de 2013)

§ 1º Os Ministros de Estado da Fazenda, da Previdência Social e do Trabalho e Emprego disporão, em ato conjunto, sobre a prestação das informações, a apuração, o recolhimento e a distribuição dos recursos recolhidos e sobre as informações geradas por meio do sistema eletrônico e da guia de recolhimento de que trata o *caput*.

§ 2º As informações prestadas no sistema eletrônico de que trata o *caput* têm caráter declaratório, constituem instrumento hábil e suficiente para a exigência dos tributos e encargos apurados e substituirão, na forma regulamentada pelo ato conjunto que prevê o § 1º, a obrigatoriedade de entrega de todas as informações, formulários e declarações a que está sujeito o grupo familiar, inclusive as relativas ao recolhimento do FGTS.

§ 3º O segurado especial de que trata o *caput* está obrigado a arrecadar as contribuições previstas nos incisos X, XII e XIII do *caput* do art. 30, os valores referentes ao FGTS e os encargos trabalhistas sob sua responsabilidade, até o dia 7 (sete) do mês seguinte ao da competência.

§ 4º Os recolhimentos devidos, nos termos do § 3º, deverão ser pagos por meio de documento único de arrecadação.

§ 5º Se não houver expediente bancário na data indicada no § 3º, o recolhimento deverá ser antecipado para o dia útil imediatamente anterior.

§ 6º Os valores não pagos até a data do vencimento sujeitar-se-ão à incidência de acréscimos e encargos legais na forma prevista na legislação do Imposto sobre a Renda e Proventos de Qualquer Natureza para as contribuições de caráter tributário, e conforme o art. 22 da Lei nº 8.036, de 11 de maio de 1990, para os depósitos do FGTS, inclusive no que se refere às multas por atraso.

§ 7º O recolhimento do valor do FGTS na forma deste artigo será creditado diretamente em conta vinculada do trabalhador, assegurada a transferência dos elementos identificadores do recolhimento ao agente operador do fundo.

§ 8º O ato de que trata o § 1º regulará a compensação e a restituição dos valores dos tributos e dos encargos trabalhistas recolhidos, no documento único de arrecadação, indevidamente ou em montante superior ao devido.

§ 9º A devolução de valores do FGTS, depositados na conta vinculada do trabalhador, será objeto de norma regulamentar do Conselho Curador e do Agente Operador do Fundo de Garantia do Tempo de Serviço.

§ 10. O produto da arrecadação de que trata o § 3º será centralizado na Caixa Econômica Federal.

§ 11. A Caixa Econômica Federal, com base nos elementos identificadores do recolhimento, disponíveis no sistema de que trata o *caput* deste artigo, transferirá para a Conta Única do Tesouro Nacional os valores arrecadados dos tributos e das contribuições previstas nos incisos X, XII e XIII do *caput* do art. 30.

§ 12. A impossibilidade de utilização do sistema eletrônico referido no *caput* será objeto de regulamento, a ser editado pelo Ministério da Fazenda e pelo Agente Operador do FGTS.

§ 13. A sistemática de entrega das informações e recolhimentos de que trata o *caput* poderá ser estendida pelas autoridades previstas no § 1º para o produtor rural pessoa física de que trata a alínea a do inciso V do *caput* do art. 12.

§ 14. Aplica-se às informações entregues na forma deste artigo o disposto no § 2º do art. 32 e no art. 32-A.

Art. 33. À Secretaria da Receita Federal do Brasil compete planejar, executar, acompanhar e avaliar as atividades relativas à tributação, à fiscalização, à arrecadação, à cobrança e ao recolhimento das contribuições sociais previstas no parágrafo único do art. 11 desta Lei, das contribuições incidentes a título de substituição e das devidas a outras entidades e fundos. (Redação dada pela Lei 11.941/2009)

§ 1º É prerrogativa da Secretaria da Receita Federal do Brasil, por intermédio dos Auditores Fiscais da Receita Federal do Brasil, o exame da contabilidade das empresas, ficando obrigados a prestar todos os esclarecimentos e informações solicitados o segurado e os terceiros responsáveis pelo recolhimento das contribuições previdenciárias e das contribuições devidas a outras entidades e fundos. (Redação dada pela Lei 11.941/2009)

§ 2º A empresa, o segurado da Previdência Social, o serventuário da Justiça, o síndico ou seu representante, o comissário e o liquidante de empresa em liquidação judicial ou extrajudicial são obrigados a exibir todos os documentos e livros relacionados com as contribuições previstas nesta Lei. (Redação dada pela Lei 11.941/2009)

§ 3º Ocorrendo recusa ou sonegação de qualquer documento ou informação, ou sua apresentação deficiente, a Secretaria da Receita Federal do Brasil pode, sem prejuízo da penalidade cabível, lançar de ofício a importância devida. (Redação dada pela Lei 11.941/2009)

§ 4º Na falta de prova regular e formalizada pelo sujeito passivo, o montante dos salários pagos pela execução de obra de construção civil pode ser obtido mediante cálculo da mão de obra empregada, proporcional à área construída, de acordo com critérios estabelecidos pela Secretaria da Receita Federal do Brasil, cabendo ao proprietário, dono da obra, condômino da unidade imobiliária ou empresa corresponsável o ônus da prova em contrário. (Redação dada pela Lei 11.941/2009)

§ 5º O desconto de contribuição e de consignação legalmente autorizadas sempre se presume feito oportuna e regularmente pela empresa a isso obrigada, não lhe sendo lícito alegar omissão para se eximir do recolhimento, ficando diretamente responsável pela importância que deixou de receber ou arrecadou em desacordo com o disposto nesta Lei.

§ 6º Se, no exame da escrituração contábil e de qualquer outro documento da empresa, a fiscalização constatar que a contabilidade não registra o movimento real de remuneração dos segurados a seu serviço, do faturamento e do lucro, serão apuradas, por aferição indireta, as contribuições efetivamente devidas, cabendo à empresa o ônus da prova em contrário.

§ 7º O crédito da seguridade social é constituído por meio de notificação de lançamento, de auto de infração e de confissão de valores devidos e não recolhidos pelo contribuinte. (Redação dada pela Lei 11.941/2009)

§ 8º Aplicam-se às contribuições sociais mencionadas neste artigo as presunções legais de omissão de receita previstas nos §§ 2º e 3º do art. 12 do Decreto-Lei nº 1.598, de 26 de dezembro de 1977, e nos arts. 40, 41 e 42 da Lei nº 9.430, de 27 de dezembro de 1996. (Redação dada pela Lei 11.941/2009)

Art. 34. *Revogado pela Lei 11.941/2009.*

Art. 35. Os débitos com a União decorrentes das contribuições sociais previstas nas alíneas *a*, *b* e *c* do parágrafo único do art. 11 desta Lei, das contribuições instituídas a título de substituição e das contribuições devidas a terceiros, assim entendidas outras entidades e fundos, não pagos nos prazos previstos em legislação, serão acrescidos de multa de mora e juros de mora, nos termos do art. 61 da Lei nº 9.430, de 27 de dezembro de 1996. (Redação dada pela Lei 11.941/2009)

I a III – *Revogado pela Lei 11.941/2009.*

§§ 1º a 4º *Revogados pela Lei 11.941/2009.*

Art. 35-A. Nos casos de lançamento de ofício relativos às contribuições referidas no art. 35 desta Lei, aplica-se o disposto no art. 44 da Lei nº 9.430, de 27 de dezembro de 1996. (Redação dada pela Lei 11.941/2009)

Art. 36. *Revogado pela Lei 8.218/1991.*

Art. 37. Constatado o não recolhimento total ou parcial das contribuições tratadas nesta Lei, não declaradas na forma do art. 32 desta Lei, a falta de pagamento de benefício reembolsado ou o descumprimento de obrigação acessória, será lavrado auto de infração ou notificação de lançamento. (Redação dada pela Lei 11.941/2009)

§§ 1º e 2º *Revogados pela Lei 8.218/1991.*

Art. 38. *Revogado pela Lei 11.941/2009.*

Art. 39. O débito original e seus acréscimos legais, bem como outras multas previstas em lei, constituem dívida ativa da União, promovendo-se a inscrição em livro próprio daquela resultante das contribuições de que tratam as alíneas a, *b* e *c* do parágrafo único do art. 11 desta Lei. (Redação dada pela Lei 11.457/2007).

§ 1º *Revogado pela Lei 11.501/2007.*

§ 2º É facultado aos órgãos competentes, antes de ajuizar a cobrança da dívida ativa de que trata o *caput* deste artigo, promover o protesto de título dado em garantia, que será recebido *pro solvendo.* (Redação dada pela Lei nº 11.457/2007)

§ 3º Serão inscritas como dívida ativa da União as contribuições que não tenham sido recolhidas ou parceladas resultantes das informações prestadas no documento a que se refere o inciso IV do art. 32 desta Lei. (Redação dada pela Lei nº 11.457/2007)

Art. 40. Vetado.

Art. 41. *Revogado pela Lei 11.941/2009.*

Art. 42. Os administradores de autarquias e fundações públicas, criadas e mantidas pelo Poder Público, de empresas públicas e de sociedades de economia mista sujeitas ao controle da União, dos Estados, do Distrito Federal ou dos Municípios, que se encontrarem em mora, por mais de 30 (trinta) dias, no recolhimento das contribuições previstas nesta Lei, tornam-se solidariamente responsáveis pelo respectivo pagamento, ficando ainda sujeitos às proibições do artigo 1º e às sanções dos artigos 4º e 7º do Decreto-Lei nº 368, de 19 de dezembro de 1968.

Art. 43. Nas ações trabalhistas de que resultar o pagamento de direitos sujeitos à incidência de contribuição previdenciária, o juiz, sob pena de responsabilidade, determinará o imediato recolhimento das importâncias devidas à Seguridade Social.

§ 1º Nas sentenças judiciais ou nos acordos homologados em que não figurarem, discriminadamente, as parcelas legais relativas às contribuições sociais, estas incidirão sobre o valor total apurado em liquidação de sentença ou sobre o valor do acordo homologado. (Redação dada pela Lei 11.941/2009)

§ 2º Considera-se ocorrido o fato gerador das contribuições sociais na data da prestação do serviço. (Redação dada pela Lei 11.941/2009)

§ 3º As contribuições sociais serão apuradas mês a mês, com referência ao período da prestação de serviços, mediante a aplicação de alíquotas, limites máximos do salário de contribuição e acréscimos legais moratórios vigentes relativamente a cada uma das competências abrangidas, devendo o recolhimento ser efetuado no mesmo prazo em que devam ser pagos os créditos encontrados em liquidação de sentença ou em acordo homologado, sendo que nesse último caso o recolhimento será feito em tantas parcelas quantas as previstas no acordo, nas mesmas datas em que sejam exigíveis e proporcionalmente a cada uma delas. (Redação dada pela Lei 11.941/2009)

§ 4º No caso de reconhecimento judicial da prestação de serviços em condições que permitam a aposentadoria especial após 15 (quinze), 20 (vinte) ou 25 (vinte e cinco) anos de contribuição, serão devidos os acréscimos de contribuição de que trata o § 6º do art. 57 da Lei nº 8.213, de 24 de julho de 1991. (Redação dada pela Lei 11.941/2009)

§ 5º Na hipótese de acordo celebrado após ter sido proferida decisão de mérito, a contribuição será calculada com base no valor do acordo. (Redação dada pela Lei 11.941/2009)

§ 6º Aplica-se o disposto neste artigo aos valores devidos ou pagos nas Comissões de Conciliação Prévia de que trata a Lei nº 9.958, de 12 de janeiro de 2000. (Redação dada pela Lei 11.941/2009)

Art. 44. *Revogado pela Lei 11.501/2007.*

Art. 45. *Revogado pela LC 128/2008.*

Art. 45-A. O contribuinte individual que pretenda contar como tempo de contribuição, para fins de obtenção de benefício no Regime Geral de Previdência Social ou de contagem recíproca do tempo de contribuição, período de atividade remunerada alcançada pela decadência deverá indenizar o INSS. (Artigo acrescido pela Lei 128/2008).

§ 1º O valor da indenização a que se refere o *caput* deste artigo e o § 1º do art. 55 da Lei nº 8.213, de 24 de julho de 1991, corresponderá a 20% (vinte por cento):

I – da média aritmética simples dos maiores salários de contribuição, reajustados, correspondentes a 80% (oitenta por cento) de todo o período contributivo decorrido desde a competência julho de 1994; ou

II – da remuneração sobre a qual incidem as contribuições para o regime próprio de previdência social a que estiver filiado o interessado, no caso de indenização para fins da contagem recíproca de que tratam os arts. 94 a 99 da Lei nº 8.213, de 24 de julho de 1991, observados o limite máximo previsto no art. 28 e o disposto em regulamento.

§ 2º Sobre os valores apurados na forma do § 1º deste artigo incidirão juros moratórios de 0,5% (cinco décimos por cento) ao mês, capitalizados anualmente, limitados ao percentual máximo de 50% (cinquenta por cento), e multa de 10% (dez por cento).

§ 3º O disposto no § 1º deste artigo não se aplica aos casos de contribuições em atraso não alcançadas pela decadência do direito de a Previdência constituir o respectivo crédito, obedecendo-se, em relação a elas, as disposições aplicadas às empresas em geral.

Art. 46. *Revogado pela LC 128/2008.*

CAPÍTULO XI. DA PROVA DE INEXISTÊNCIA DE DÉBITO

Art. 47. É exigida Certidão Negativa de Débito – CND, fornecida pelo órgão competente, nos seguintes casos: (Redação dada pela Lei 9.032/1995)

I – da empresa:

a) na contratação com o Poder Público e no recebimento de benefícios ou incentivo fiscal ou creditício concedido por ele;

- Atualização: Lei 13.999/2020, Art. 4º. Para fins de concessão de crédito no âmbito do Pronampe, as instituições financeiras participantes ficam dispensadas de observar as seguintes disposições: IV – a alínea "a" do inciso I do *caput* do art. 47 da Lei nº 8.212, de 24 de julho de 1991.

b) na alienação ou oneração, a qualquer título, de bem imóvel ou direito a ele relativo;

c) na alienação ou oneração, a qualquer título, de bem móvel de valor superior a Cr$ 2.500.000,00 (dois milhões e quinhentos mil cruzeiros) incorporado ao ativo permanente da empresa;

- Portaria ME/SEPT 477, de 12 de janeiro de 2021: Art. 8º, V - é exigida Certidão Negativa de Débito - CND da empresa na alienação ou oneração, a qualquer título, de bem móvel incorporado ao seu ativo permanente de valor superior a R$ 66.414,20 (sessenta e seis mil quatrocentos e quatorze reais e vinte centavos).

d) no registro ou arquivamento, no órgão próprio, de ato relativo a baixa ou redução de capital de firma individual, redução de capital social, cisão total ou parcial, transformação ou extinção de entidade ou sociedade comercial ou civil e transferência de controle de cotas de sociedades de responsabilidade limitada; (Redação dada pela Lei 9.528/1997)

II – do proprietário, pessoa física ou jurídica, de obra de construção civil, quando de sua averbação no registro de imóveis, salvo no caso do inciso VIII do artigo 30.

§ 1º A prova de inexistência de débito deve ser exigida da empresa em relação a todas as suas dependências, estabelecimentos e obras de construção civil, independentemente do local onde se encontrem, ressalvado aos órgãos competentes o direito de cobrança de qualquer débito apurado posteriormente.

§ 2º A prova de inexistência de débito, quando exigível ao incorporador, independe da apresentada no registro de imóveis por ocasião da inscrição do memorial de incorporação.

§ 3º Fica dispensada a transcrição, em instrumento público ou particular, do inteiro teor do documento comprobatório de inexistência de débito, bastando a referência ao seu número de série e data da emissão, bem como a guarda do documento comprobatório à disposição dos órgãos competentes.

§ 4º O documento comprobatório de inexistência de débito poderá ser apresentado por cópia autenticada, dispensada a indicação de sua finalidade, exceto no caso do inciso II deste artigo.

§ 5º O prazo de validade da certidão expedida conjuntamente pela Secretaria Especial da Receita Federal do Brasil e pela Procuradoria-Geral da Fazenda Nacional do Ministério da Economia, referente aos tributos federais e à dívida ativa da União por elas administrados, será de até 180 (cento e oitenta) dias, contado da data de emissão da certidão, prorrogável, excepcionalmente, pelo prazo determinado em ato conjunto dos referidos órgãos. (Redação dada pela Lei 14.148/2021)

§ 6º Independe de prova de inexistência de débito:

a) a lavratura ou assinatura de instrumento, ato ou contrato que constitua retificação, ratificação ou efetivação de outro anterior para o qual já foi feita a prova;

b) a constituição de garantia para concessão de crédito rural, em qualquer de suas modalidades, por instituição de crédito pública ou privada, desde que o contribuinte referido no artigo 25, não seja responsável direto pelo recolhimento de contribuições sobre a sua produção para a Seguridade Social;

c) a averbação prevista no inciso II deste artigo, relativa a imóvel cuja construção tenha sido concluída antes de 22 de novembro de 1966;

d) o recebimento pelos Municípios de transferência de recursos destinados a ações de assistência social, educação, saúde e em caso de calamidade pública; (Acrescida pela Lei 11.960/2009)

e) a averbação da construção civil localizada em área objeto de regularização fundiária de interesse social, na forma da Lei nº 11.977, de 7 de julho de 2009. (Acrescida pela Lei 12.424/2011)

§ 7º O condômino adquirente de unidades imobiliárias de obra de construção civil não incorporada na forma da Lei nº 4.591, de 16 de dezembro de 1964, poderá obter documento comprobatório de inexistência de débito, desde que comprove o pagamento das contribuições relativas à sua unidade, conforme dispuser o regulamento.

§ 8º *Revogado pela Lei 11.941/2009.*

Art. 48. A prática de ato com inobservância do disposto no artigo anterior, ou o seu registro, acarretará a responsabilidade solidária dos contratantes e do oficial que lavrar ou registrar o instrumento, sendo o ato nulo para todos os efeitos.

§ 1º Os órgãos competentes podem intervir em instrumento que depender de prova de inexistência de débito, a fim de autorizar sua lavratura, desde que o débito seja pago no ato ou o seu pagamento fique assegurado mediante confissão de dívida fiscal com o oferecimento de garantias reais suficientes, na forma estabelecida em regulamento.

§ 2º Em se tratando de alienação de bens do ativo de empresa em regime de liquidação extrajudicial, visando à obtenção de recursos necessários ao pagamento dos credores, independentemente do pagamento ou da confissão de dívida fiscal, o Instituto Nacional do Seguro Social – INSS poderá autorizar a lavratura do respectivo instrumento, desde que o valor do crédito previdenciário conste, regularmente, do quadro geral de credores, observada a ordem de preferência legal. (Acrescido pela Lei 9.639/1998)

§ 3º O servidor, o serventuário da Justiça, o titular de serventia extrajudicial e a autoridade ou órgão que infringirem o disposto no artigo anterior incorrerão em multa aplicada na forma estabelecida no artigo 92, sem prejuízo da responsabilidade administrativa e penal cabível. (§ 3º renumerado pela Lei 9.639/1998)

TÍTULO VII. DAS DISPOSIÇÕES GERAIS

Art. 49. A matrícula da empresa será efetuada nos termos e condições estabelecidos pela Secretaria da Receita Federal do Brasil. (Redação dada pela Lei 11.941/2009)

I e II – *Revogados pela Lei 11.941/2009.*

§ 1º No caso de obra de construção civil, a matrícula deverá ser efetuada mediante comunicação obrigatória do responsável por sua execução, no prazo de 30 (trinta) dias, contado do início de suas atividades, quando obterá número cadastral básico, de caráter permanente. (Redação dada pela Lei 11.941/2009)

a) e b) *Revogadas pela Lei 11.941/2009.*

§ 2º *Revogado pela Lei 11.941/2009.*

§ 3º O não cumprimento do disposto no § 1º deste artigo sujeita o responsável a multa na forma estabelecida no art. 92 desta Lei. (Redação dada pela Lei 11.941/2009)

§ 4º O Departamento Nacional de Registro do Comércio (DNRC), por intermédio das Juntas Comerciais, e os Cartórios de Registro Civil de Pessoas Jurídicas prestarão, obrigatoriamente, ao Ministério da Economia, ao INSS e à Secretaria da Receita Federal do Brasil todas as informações referentes aos atos constitutivos e alterações posteriores relativos a empresas e entidades neles registradas. (Redação dada pela Lei 13.846/2019)

§ 5º A matrícula atribuída pela Secretaria da Receita Federal do Brasil ao produtor rural pessoa física ou segurado especial é o documento de inscrição do contribuinte, em substituição à inscrição no Cadastro Nacional de Pessoa Jurídica – CNPJ, a ser apresentado em suas relações com o Poder Público, inclusive para licenciamento sanitário de produtos de origem animal ou vegetal submetidos a processos de beneficiamento ou industrialização artesanal, com as instituições financeiras, para fins de contratação de operações de crédito, e com os adquirentes de sua produção ou fornecedores de sementes, insumos, ferramentas e demais implementos agrícolas. (Acrescido pela Lei 11.718/2008)

§ 6º O disposto no § 5º deste artigo não se aplica ao licenciamento sanitário de produtos sujeitos à incidência de Imposto sobre Produtos Industrializados ou ao contribuinte cuja inscrição no Cadastro Nacional de Pessoa Jurídica – CNPJ seja obrigatória. (Acrescido pela Lei 11.718/2008)

Art. 50. Para fins de fiscalização do INSS, o Município, por intermédio do órgão competente, fornecerá relação de alvarás para construção civil e documentos de "habite-se" concedidos. (Redação dada pela Lei nº 9.476/1997)

Art. 51. O crédito relativo a contribuições, cotas e respectivos adicionais ou acréscimos de qualquer natureza arrecadados pelos órgãos competentes, bem como a atualização monetária e os juros de mora, estão sujeitos, nos processos de falência, concordata ou concurso de credores, às disposições atinentes aos créditos da União, aos quais são equiparados.

- A concordata foi substituída pela recuperação judicial, conforme Lei 11.101/2005 (Recuperação de Empresas e Falências).

Parágrafo único. O Instituto Nacional do Seguro Social – INSS reivindicará os valores descontados pela empresa de seus empregados e ainda não recolhidos.

Art. 52. Às empresas, enquanto estiverem em débito não garantido com a União, aplica-se o disposto no art. 32 da Lei nº 4.357, de 16 de julho de 1964. (*Caput* com redação dada pela Lei 11.941/2009)

I e II – *Revogado pela Lei 11.941/2009.*

Parágrafo único. *Revogado pela Lei 11.941/2009.*

Art. 53. Na execução judicial da dívida ativa da União, suas autarquias e fundações públicas, será facultado ao exequente indicar bens à penhora, a qual será efetivada concomitantemente com a citação inicial do devedor.

§ 1º Os bens penhorados nos termos deste artigo ficam desde logo indisponíveis.

§ 2º Efetuado o pagamento integral da dívida executada, com seus acréscimos legais, no prazo de 2 (dois) dias úteis contados da citação, independentemente da juntada aos autos do respectivo mandado, poderá ser liberada a penhora, desde que não haja outra execução pendente.

§ 3º O disposto neste artigo aplica-se também às execuções já processadas.

§ 4º Não sendo opostos embargos, no caso legal, ou sendo eles julgados improcedentes, os autos serão conclusos ao juiz do feito, para determinar o prosseguimento da execução.

Art. 54. Os órgãos competentes estabelecerão critério para a dispensa de constituição ou exigência de crédito de valor inferior ao custo dessa medida.

Art. 55. *Revogado pela Lei 12.101/2009.*

Art. 56. A inexistência de débitos em relação às contribuições devidas ao Instituto Nacional do Seguro Social -INSS, a partir da publicação desta Lei, é condição necessária para que os Estados, o Distrito Federal e os Municípios possam receber as transferências dos recursos do Fundo de Participação dos Estados e do Distrito Federal – FPE e do Fundo de Participação dos Municípios – FPM, celebrar acordos, contratos, convênios ou ajustes, bem como receber empréstimos, financiamentos, avais e subvenções em geral de órgãos ou entidades da administração direta e indireta da União.

§ 1º (Artigo com eficácia interrompida pela MP nº 2.187-13, de 24.08.2001 e posteriormente renumerado pela Lei nº 12.810, de 15.05.2013).

§ 2º Os recursos do FPE e do FPM não transferidos em decorrência da aplicação do *caput* deste artigo poderão ser utilizados para quitação, total ou parcial, dos débitos relativos às contribuições de que tratam as alíneas a e c do parágrafo único do art. 11 desta Lei, a pedido do representante legal do Estado, Distrito Federal ou Município. (Parágrafo acrescentado pela Lei nº 12.810, de 15.05.2013).

Art. 57. Os Estados, o Distrito Federal e os Municípios serão, igualmente, obrigados a apresentar, a partir de 1º de junho de 1992, para os fins do disposto no artigo anterior, comprovação de pagamento da parcela mensal referente aos débitos com o Instituto Nacional do Seguro Social – INSS, existentes até 1º de setembro de 1991, renegociados nos termos desta Lei.

Art. 58. Os débitos dos Estados, do Distrito Federal e dos Municípios para com o Instituto Nacional do Seguro Social – INSS, existentes até 1º de setembro de 1991, poderão ser liquidados em até 240 (duzentos e quarenta) parcelas mensais.

§ 1º Para apuração dos débitos será considerado o valor original atualizado pelo índice oficial utilizado pela Seguridade Social para correção de seus créditos. (Parágrafo único renumerado pela Lei 8.444/1992)

§ 2º As contribuições descontadas até 30 de junho de 1992 dos segurados que tenham prestado serviços aos Estados, ao Distrito Federal e aos Municípios poderão ser objeto de acordo para parcelamento em até doze meses, não se lhes aplicando o disposto no § 1º do artigo 38 desta Lei. (Acrescido pela Lei 8.444/1992)

Art. 59. O Instituto Nacional do Seguro Social – INSS implantará, no prazo de 90 (noventa) dias a contar da data da publicação desta Lei, sistema próprio e informatizado de cadastro dos pagamentos e débitos dos Governos Estaduais, do Distrito Federal e das Prefeituras Municipais, que viabilize o permanente acompanhamento e fiscalização do disposto nos artigos 56, 57 e 58 e permita a divulgação periódica dos devedores da Previdência Social.

Art. 60. O pagamento dos benefícios da Seguridade Social será realizado por intermédio da rede bancária ou por outras formas definidas pelo Ministério da Previdência Social. (Redação dada pela Lei 11.941/2009)

Parágrafo único. *Revogado pela MP 2.170-36/2001.*

Art. 61. As receitas provenientes da cobrança de débitos dos Estados e Municípios e da alienação, arrendamento ou locação de bens móveis ou imóveis pertencentes ao patrimônio do Instituto Nacional do Seguro Social – INSS, deverão constituir reserva técnica, de longo prazo, que garantirá o seguro social estabelecido no Plano de Benefícios da Previdência Social.

Parágrafo único. É vedada a utilização dos recursos de que trata este artigo, para cobrir despesas de custeio em geral, inclusive as decorrentes de criação, majoração ou extensão dos benefícios ou serviços da Previdência Social, admitindo-se sua utilização, excepcionalmente, em despesas de capital, na forma da lei de orçamento.

Art. 62. A contribuição estabelecida na Lei nº 5.161, de 21 de outubro de 1966, em favor da Fundação Jorge Duprat Figueiredo de Segurança e Medicina do Trabalho – FUNDACENTRO, será de 2% (dois por cento) da receita proveniente da contribuição a cargo da empresa, a título de financiamento da complementação das prestações por acidente do trabalho, estabelecida no inciso II do artigo 22.

Parágrafo único. Os recursos referidos neste artigo poderão contribuir para o financiamento das despesas com pessoal e administração-geral da Fundação Jorge Duprat Figueiredo de Segurança e Medicina do Trabalho – FUNDACENTRO. (Acrescido pela Lei 9.639/1998)

TÍTULO VIII
DAS DISPOSIÇÕES FINAIS E TRANSITÓRIAS

CAPÍTULO I
DA MODERNIZAÇÃO DA PREVIDÊNCIA SOCIAL

Arts. 63 a 66. *Revogados pela MP 2.216-37/2001.*

Art. 67. Até que seja implantado o Cadastro Nacional do Trabalhador – CNT, as instituições e órgãos federais, estaduais, do Distrito Federal e municipais, detentores de cadastros de empresas e de contribuintes em geral, deverão colocar à disposição do Instituto Nacional do Seguro Social – INSS, mediante a realização de convênios, todos os dados necessários à permanente atualização dos cadastros da Previdência Social.

Art. 68. O Titular do Cartório de Registro Civil de Pessoas Naturais remeterá ao INSS, em até 1 (um) dia útil, pelo Sistema Nacional de Informações de Registro Civil (Sirc) ou por outro meio que venha a substituí-lo, a relação dos nascimentos, dos natimortos, dos casamentos, dos óbitos, das averbações, das anotações e das retificações registradas na serventia. (Redação dada pela Lei 13.846/2019)

§ 1º Para os Municípios que não dispõem de provedor de conexão à internet ou de qualquer meio de acesso à internet, fica autorizada a remessa da relação em até 5 (cinco) dias úteis. (Redação dada pela Lei 13.846/2019)

§ 2º Para os registros de nascimento e de natimorto, constarão das informações, obrigatoriamente, a inscrição no Cadastro de Pessoas Físicas (CPF), o sexo, a data e o local de nascimento do registrado, bem como o nome completo, o sexo, a data e o local de nascimento e a inscrição no CPF da filiação. (Redação dada pela Lei 13.846/2019)

§ 3º Para os registros de casamento e de óbito, constarão das informações, obrigatoriamente, a inscrição no CPF, o sexo, a data e o local de nascimento do registrado, bem como, acaso disponíveis, os seguintes dados: (Redação dada pela Lei 13.846/2019)

I - número do cadastro perante o Programa de Integração Social (PIS) ou o Programa de Formação do Patrimônio do Servidor Público (Pasep); (Redação dada pela Lei 13.846/2019)

II - Número de Identificação do Trabalhador (NIT); (Redação dada pela Lei 13.846/2019)

III - número de benefício previdenciário ou assistencial, se a pessoa falecida for titular de qualquer benefício pago pelo INSS; (Redação dada pela Lei 13.846/2019)

IV - número de registro da Carteira de Identidade e respectivo órgão emissor; (Redação dada pela Lei 13.846/2019)

V - número do título de eleitor; (Redação dada pela Lei 13.846/2019)

VI - número e série da Carteira de Trabalho e Previdência Social (CTPS). (Redação dada pela Lei 13.846/2019)

§ 4º No caso de não haver sido registrado nenhum nascimento, natimorto, casamento, óbito ou averbações, anotações e retificações no mês, deverá o Titular do Cartório de Registro Civil de Pessoas Naturais comunicar este fato ao INSS até o 5º (quinto) dia útil do mês subsequente. (Redação dada pela Lei 13.846/2019)

§ 5º O descumprimento de qualquer obrigação imposta neste artigo e o fornecimento de informação inexata sujeitarão o Titular do Cartório de Registro Civil de Pessoas Naturais, além de outras penalidades previstas, à penalidade prevista no art. 92 desta Lei e à ação regressiva proposta pelo INSS, em razão dos danos sofridos. (Redação dada pela Lei 13.846/2019)

Art. 69. O INSS manterá programa permanente de revisão da concessão e da manutenção dos benefícios por ele administrados, a fim de apurar irregularidades ou erros materiais. (Redação dada pela Lei 13.846/2019)

§ 1º Na hipótese de haver indícios de irregularidade ou erros materiais na concessão, na manutenção ou na revisão do benefício, o INSS notificará o beneficiário, o seu representante legal ou o seu procurador para apresentar defesa, provas ou documentos dos quais dispuser, no prazo de: (Redação dada pela Lei 13.846/2019)

I - 30 (trinta) dias, no caso de trabalhador urbano; (Redação dada pela Lei 13.846/2019)

II - 60 (sessenta) dias, no caso de trabalhador rural individual e avulso, agricultor familiar ou segurado especial. (Redação dada pela Lei 13.846/2019)

§ 2º A notificação a que se refere o § 1º deste artigo será feita: (Redação dada pela Lei 13.846/2019)

I - preferencialmente por rede bancária ou por meio eletrônico, conforme previsto em regulamento; (Redação dada pela Lei 13.846/2019)

II - por via postal, por carta simples, considerado o endereço constante do cadastro do benefício, hipótese em que o aviso de recebimento será considerado prova suficiente da notificação; (Redação dada pela Lei 13.846/2019)

III - pessoalmente, quando entregue ao interessado em mãos; ou (Redação dada pela Lei 13.846/2019)

IV - por edital, nos casos de retorno com a não localização do segurado, referente à comunicação indicada no inciso II deste parágrafo. (Redação dada pela Lei 13.846/2019)

§ 3º A defesa poderá ser apresentada pelo canal de atendimento eletrônico do INSS ou na Agência da Previdência Social do domicílio do beneficiário, na forma do regulamento. (Redação dada pela Lei 13.846/2019)

§ 4º O benefício será suspenso nas seguintes hipóteses: (Redação dada pela Lei 13.846/2019)

I - não apresentação da defesa no prazo estabelecido no § 1º deste artigo; (Redação dada pela Lei 13.846/2019)

II - defesa considerada insuficiente ou improcedente pelo INSS. (Redação dada pela Lei 13.846/2019)

§ 5º O INSS deverá notificar o beneficiário quanto à suspensão do benefício de que trata o § 4º deste artigo e conceder-lhe prazo de 30 (trinta) dias para interposição de recurso. (Redação dada pela Lei 13.846/2019)

§ 6º Decorrido o prazo de 30 (trinta) dias após a suspensão a que se refere o § 4º deste artigo, sem que o beneficiário, o seu representante legal ou o seu procurador apresente recurso administrativo aos canais de atendimento do INSS ou a outros canais autorizados, o benefício será cessado. (Redação dada pela Lei 13.846/2019)

§ 7º Para fins do disposto no *caput* deste artigo, o INSS poderá realizar recenseamento para atualização do cadastro dos beneficiários, abrangidos os benefícios administrados pelo INSS, observado o disposto nos incisos III, IV e V do § 8º deste artigo. (Redação dada pela Lei 13.846/2019)

§ 8º Aqueles que receberem benefícios realizarão anualmente a comprovação de vida nas instituições financeiras, por meio de atendimento eletrônico com uso de biometria ou por qualquer meio definido pelo INSS que assegure a identificação do beneficiário, observadas as seguintes disposições: (Redação dada pela Lei 13.846/2019)

I - a prova de vida e a renovação de senha serão efetuadas por aquele que receber o benefício, mediante identificação por funcionário da instituição, quando realizada nas instituições financeiras; (Redação dada pela Lei 13.846/2019)

II - o representante legal ou o procurador do beneficiário, legalmente cadastrado no INSS, poderá realizar a prova de vida no INSS ou na instituição financeira responsável pelo pagamento; (Redação dada pela Lei 13.846/2019)

III - a prova de vida de segurados com idade igual ou superior a 60 (sessenta) anos será disciplinada em ato do Presidente do INSS; (Redação dada pela Lei 13.846/2019)

IV - o INSS disporá de meios, incluída a realização de pesquisa externa, que garantam a identificação e o processo de prova de vida para pessoas com dificuldades de locomoção e idosos acima de 80 (oitenta) anos que recebam benefícios; e (Redação dada pela Lei 13.846/2019)

V - o INSS poderá bloquear o pagamento do benefício encaminhado às instituições financeiras até que o beneficiário atenda à convocação, permitida a liberação do pagamento automaticamente pela instituição financeira. (Redação dada pela Lei 13.846/2019)

§ 9º O recurso de que trata o § 5º deste artigo não terá efeito suspensivo. (Redação dada pela Lei 13.846/2019)

§ 10. Apurada irregularidade recorrente ou fragilidade nos procedimentos, reconhecida na forma prevista no *caput* deste artigo ou pelos órgãos de controle, os procedimentos de análise e concessão de benefícios serão revistos, de modo a reduzir o risco de fraude e concessão irregular. (Redação dada pela Lei 13.846/2019)

§ 11. Para fins do disposto no § 8º deste artigo, preservados a integridade dos dados e o sigilo eventualmente existente, o INSS: (Redação dada pela Lei 13.846/2019)

I - terá acesso a todos os dados biométricos mantidos e administrados pelos órgãos públicos federais; e (Acrescido pela Lei 13.846/2019)

II - poderá ter, por meio de convênio, acesso aos dados biométricos: (Acrescido pela Lei 13.846/2019)

a) da Justiça Eleitoral; e

b) de outros entes federativos.

Art. 70. Os beneficiários da Previdência Social, aposentados por invalidez, ficam obrigados, sob pena de sustação do pagamento do benefício, a submeterem-se a exames médico-periciais, estabelecidos na forma do regulamento, que definirá sua periodicidade e os mecanismos de fiscalização e auditoria.

Art. 71. O Instituto Nacional do Seguro Social – INSS deverá rever os benefícios, inclusive os concedidos por acidente do trabalho, ainda que concedidos judicialmente, para avaliar a persistência, atenuação ou agravamento da incapacidade para o trabalho alegada como causa para a sua concessão.

Parágrafo único. Será cabível a concessão de liminar nas ações rescisórias e revisional, para suspender a execução do julgado rescindendo ou revisando, em caso de fraude ou erro material comprovado. (Acrescido pela Lei 9.032/1995)

Art. 72. O Instituto Nacional do Seguro Social – INSS promoverá, no prazo de 180 (cento e oitenta) dias a contar da publicação desta Lei, a revisão das indenizações associadas a benefícios por acidentes do trabalho, cujos valores excedam a Cr$ 1.700.000,00 (um milhão e setecentos mil cruzeiros).

Art. 73. O setor encarregado pela área de benefícios no âmbito do Instituto Nacional do Seguro Social – INSS deverá estabelecer indicadores qualitativos e quantitativos para acompanhamento e avaliação das concessões de benefícios realizadas pelos órgãos locais de atendimento.

Art. 74. Os postos de benefícios deverão adotar como prática o cruzamento das informações declaradas pelos segurados com os dados de cadastros de empresas e de contribuintes em geral quando da concessão de benefícios.

Art. 75. *Revogado pela Lei 9.711/1998.*

Art. 76. O Instituto Nacional do Seguro Social – INSS deverá proceder ao recadastramento de todos aqueles que, por intermédio de procuração, recebem benefícios da Previdência Social.

Parágrafo único. O documento de procuração deverá, a cada semestre, ser revalidado pelos órgãos de atendimento locais.

Art. 77. *Revogado pela MP 2.216-37/2001.*

Art. 78. O Instituto Nacional do Seguro Social – INSS, na forma da legislação específica, fica autorizado a contratar auditorias externas, periodicamente, para analisar e emitir parecer sobre demonstrativos econômico-financeiros e contábeis, arrecadação, cobrança e fiscalização das contribuições, bem como pagamento dos benefícios, submetendo os resultados obtidos à apreciação do Conselho Nacional da Seguridade Social.

Art. 79. *Revogado pela Lei 9.711/1998.*

Art. 80. Fica o Instituto Nacional do Seguro Social – INSS obrigado a:

I – enviar às empresas e aos seus segurados, quando solicitado, extrato relativo ao recolhimento das suas contribuições; (Redação dada pela Lei 12.692/2012)

II – *Revogado pela Lei 11.941/2009;*

III – emitir e enviar aos beneficiários o Aviso de Concessão de Benefício, além da memória de cálculo do valor dos benefícios concedidos;

IV – reeditar versão atualizada, nos termos do Plano de Benefícios, da Carta dos Direitos dos Segurados;

V – divulgar, com a devida antecedência, através dos meios de comunicação, alterações porventura realizadas na forma de contribuição das empresas e segurados em geral;

VI – descentralizar, progressivamente, o processamento eletrônico das informações, mediante extensão dos programas de informatização de postos de atendimento e de Regiões Fiscais;

VII – disponibilizará ao público, inclusive por meio de rede pública de transmissão de dados, informações atualizadas sobre as receitas e despesas do regime geral de previdência social, bem como os critérios e parâmetros adotados para garantir o equilíbrio financeiro e atuarial do regime. (Acrescido pela Lei 10.887/2004)

Art. 81. *Revogado pela Lei 11.941/2009;*

Art. 82. A Auditoria e a Procuradoria do Instituto Nacional do Seguro Social – INSS deverão, a cada trimestre, elaborar relação das auditorias realizadas e dos trabalhos executados, bem como dos resultados obtidos, enviando-a a apreciação do Conselho Nacional da Seguridade Social.

Art. 83. O Instituto Nacional do Seguro Social – INSS deverá implantar um programa de qualificação e treinamento sistemático de pessoal, bem como promover a reciclagem e redistribuição de funcionários conforme as demandas dos órgãos regionais e locais, visando a melhoria da qualidade do atendimento e o controle e a eficiência dos sistemas de arrecadação e fiscalização de contribuições, bem como de pagamento de benefícios.

Art. 84. *Revogado pela MP 2.216-37/2001.*

CAPÍTULO II
DAS DEMAIS DISPOSIÇÕES

Art. 85. O Conselho Nacional da Seguridade Social será instalado no prazo de 30 (trinta) dias após a promulgação desta Lei.

Art. 85-A. Os tratados, convenções e outros acordos internacionais de que Estado estrangeiro ou organismo internacional e o Brasil sejam partes, e que versem sobre matéria previdenciária, serão interpretados como lei especial. (Acrescido pela Lei 9.876/1999)

Art. 86. *Revogado pela MP 2.216-37/2001.*

Art. 87. Os orçamentos das pessoas jurídicas de direito público e das entidades da administração pública indireta devem consignar as dotações necessárias ao pagamento das contribuições da Seguridade Social, de modo a assegurar a sua regular liquidação dentro do exercício.

Art. 88. Os prazos de prescrição de que goza a União aplicam-se à Seguridade Social, ressalvado o disposto no artigo 46.

Art. 89. As contribuições sociais previstas nas alíneas a, *b* e *c* do parágrafo único do art. 11 desta Lei, as contribuições instituídas a título de substituição e as contribuições devidas a terceiros somente poderão ser restituídas ou compensadas nas hipóteses de pagamento ou recolhimento indevido ou maior que o devido, nos termos e condições estabelecidos pela Secretaria da Receita Federal do Brasil.(Redação dada pela Lei 11.941/2009)

§§ 1º a 3º *Revogados pela Lei 11.941/2009;*

§ 4º O valor a ser restituído ou compensado será acrescido de juros obtidos pela aplicação da taxa referencial do Sistema Especial de Liquidação e de Custódia – SELIC para títulos federais, acumulada mensalmente, a partir do mês subsequente ao do pagamento indevido ou a maior que o devido até o mês anterior ao da compensação ou restituição e de 1 % (um por cento) relativamente ao mês em que estiver sendo efetuada. (Redação dada pela Lei 11.941/2009)

§§ 5º a 7º *Revogados pela Lei 11.941/2009;*

§ 8º Verificada a existência de débito em nome do sujeito passivo, o valor da restituição será utilizado para extingui-lo, total ou parcialmente, mediante compensação. (Acrescido pela Lei 11.196/2005)

§ 9º Os valores compensados indevidamente serão exigidos com os acréscimos moratórios de que trata o art. 35 desta Lei. (Redação dada pela Lei 11.941/2009)

§ 10. Na hipótese de compensação indevida, quando se comprove falsidade da declaração apresentada pelo sujeito passivo, o contribuinte estará sujeito à multa isolada aplicada no percentual previsto no inciso I do *caput* do art. 44 da Lei nº 9.430, de 27 de dezembro de 1996, aplicado em dobro, e terá como base de cálculo o valor total do débito indevidamente compensado. (Redação dada pela Lei 11.941/2009)

§ 11. Aplica-se aos processos de restituição das contribuições de que trata este artigo e de reembolso de salário-família e salário-maternidade o rito previsto no Decreto nº 70.235, de 6 de março de 1972. (Redação dada pela Lei 11.941/2009)

§ 12. O disposto no § 10 deste artigo não se aplica à compensação efetuada nos termos do art. 74 da Lei nº 9.430, de 27 de dezembro de 1996. *(Acrescido pela Lei 13.670/2018)*

Art. 90. O Conselho Nacional da Seguridade Social, dentro de 180 (cento e oitenta) dias da sua instalação, adotará as providências necessárias ao levantamento das dívidas da União para com a Seguridade Social.

Art. 91. Mediante requisição da Seguridade Social, a empresa é obrigada a descontar, da remuneração paga aos segurados a seu serviço, a importância proveniente de dívida ou responsabilidade por eles contraída junto à Seguridade Social, relativa a benefícios pagos indevidamente.

Art. 92. A infração de qualquer dispositivo desta Lei para a qual não haja penalidade expressamente cominada sujeita o responsável, conforme a gravidade da infração, a multa variável de Cr$ 100.000,00 (cem mil cruzeiros) a Cr$ 10.000.000,00 (dez milhões de cruzeiros), conforme dispuser o regulamento.

Art. 93. *Revogado pela Lei 9.639/1998.*

Parágrafo único. *Revogado pela Lei 11.941/2009.*

Art. 94. *Revogado pela Lei 11.501/2007.*

Art. 95. *Revogado pela Lei 9.983/2000.*

a) a *j) Revogadas pela Lei 9.983/2000.*

§ 1º *Revogado pela Lei 9.983/2000.*

§ 2º A empresa que transgredir as normas desta Lei, além das outras sanções previstas, sujeitar-se-á, nas condições em que dispuser o regulamento:

a) à suspensão de empréstimos e financiamentos, por instituições financeiras oficiais;

b) à revisão de incentivos fiscais de tratamento tributário especial;

c) à inabilitação para licitar e contratar com qualquer órgão ou entidade da administração pública direta ou indireta federal, estadual, do Distrito Federal ou municipal;

d) à interdição para o exercício do comércio, se for sociedade mercantil ou comerciante individual;

e) à desqualificação para impetrar concordata;

- A concordata foi substituída pela recuperação judicial, conforme Lei 11.101/2005 (Lei de Recuperação de Empresas e Falências).

f) à cassação de autorização para funcionar no país, quando for o caso.

§§ 3º a 5º *Revogados pela Lei 9.983/2000.*

Art. 96. O Poder Executivo enviará ao Congresso Nacional, anualmente, acompanhando a Proposta Orçamentária da Seguridade Social, projeções atuariais relativas à Seguridade Social, abrangendo um horizonte temporal de, no mínimo, 20 (vinte) anos, considerando hipóteses alternativas quanto às variáveis demográficas, econômicas e institucionais relevantes.

Art. 97. Fica o Instituto Nacional do Seguro Social – INSS autorizado a proceder a alienação ou permuta, por ato da autoridade competente, de bens imóveis de sua propriedade considerados desnecessários ou não vinculados às suas atividades operacionais. (*Caput* com redação dada pela Lei 9.528/1997)

§ 1º Na alienação a que se refere este artigo será observado o disposto no artigo 18 e nos incisos I, II e III do artigo 19, da Lei nº 8.666, de 21 de junho de 1993, alterada pelas Leis 8.883, de 8 de junho de 1994, e 9.032, de 28 de abril de 1995. (Acrescido pela Lei 9.528/1997)

§ 2º *Vetado.*

Art. 98. Nas execuções fiscais da dívida ativa do INSS, o leilão judicial dos bens penhorados realizar-se-á por leiloeiro oficial, indicado pelo credor, que procederá à hasta pública:

I – no primeiro leilão, pelo valor do maior lance, que não poderá ser inferior ao da avaliação;

II – no segundo leilão, por qualquer valor, excetuado o vil.

§ 1º Poderá o juiz, a requerimento do credor, autorizar seja parcelado o pagamento do valor da arrematação, na forma prevista para os parcelamentos administrativos de débitos previdenciários.

§ 2º Todas as condições do parcelamento deverão constar do edital de leilão.

§ 3º O débito do executado será quitado na proporção do valor de arrematação.

§ 4º O arrematante deverá depositar, no ato, o valor da primeira parcela.

§ 5º Realizado o depósito, será expedida carta de arrematação, contendo as seguintes disposições:

a) valor da arrematação, valor e número de parcelas mensais em que será pago;

b) constituição de hipoteca do bem adquirido, ou de penhor, em favor do credor, servindo a carta de título hábil para registro da garantia;

c) indicação do arrematante como fiel depositário do bem móvel, quando constituído penhor;

d) especificação dos critérios de reajustamento do saldo e das parcelas, que será sempre o mesmo vigente para os parcelamentos de débitos previdenciários.

§ 6º Se o arrematante não pagar, no vencimento, qualquer das parcelas mensais, o saldo devedor remanescente vencerá antecipadamente, que será acrescido em cinquenta por cento de seu valor a título de multa, e, imediatamente inscrito em dívida ativa e executado.

§ 7º Se no primeiro ou no segundo leilões a que se refere o *caput* não houver licitante, o INSS poderá adjudicar o bem por cinquenta por cento do valor da avaliação.

§ 8º Se o bem adjudicado não puder ser utilizado pelo INSS, e for de difícil venda, poderá ser negociado ou doado a outro órgão ou entidade pública que demonstre interesse na sua utilização.

§ 9º Não havendo interesse na adjudicação, poderá o juiz do feito, de ofício ou a requerimento do credor, determinar sucessivas repetições da hasta pública.

§ 10. O leiloeiro oficial, a pedido do credor, poderá ficar como fiel depositário dos bens penhorados e realizar a respectiva remoção. (Restabelecido e com redação dada pela Lei 9.528/1997)

§ 11. O disposto neste artigo aplica-se às execuções fiscais da Dívida Ativa da União. (Redação dada pela Lei 10.522/2002)

Art. 99. O Instituto Nacional do Seguro Social – INSS poderá contratar leiloeiros oficiais para promover a venda administrativa dos bens, adjudicados judicialmente ou que receber em dação de pagamento.

Parágrafo único. O INSS, no prazo de sessenta dias, providenciará alienação do bem por intermédio do leiloeiro oficial. (Restabelecido e com redação dada pela Lei 9.528/1997)

Art. 100. *Revogado pela Lei 9.528/1997.*

Art. 101. *Revogado pela MP 2.187-13/2001.*

Art. 102. Os valores expressos em moeda corrente nesta Lei serão reajustados nas mesmas épocas e com os mesmos índices utilizados para o reajustamento dos benefícios de prestação continuada da Previdência Social.

§ 1º O disposto neste artigo não se aplica às penalidades previstas no art. 32-A desta Lei. (Redação dada pela Lei 11.941/2009)

§ 2º O reajuste dos valores dos salários de contribuição em decorrência da alteração do salário mínimo será descontado por ocasião da aplicação dos índices a que se refere o *caput* deste artigo. (Redação dada pela Lei 11.941/2009)

Art. 103. O Poder Executivo regulamentará esta lei no prazo de sessenta dias a partir da data de sua publicação.

Art. 104. Esta Lei entrará em vigor na data de sua publicação.

Art. 105. Revogam-se as disposições em contrário.

Brasília, em 24 de julho de 1991; 170º da Independência e 103º da República.

Fernando Collor

LEI Nº 8.213, DE 24 DE JULHO DE 1991

Dispõe sobre os Planos de Benefícios da Previdência Social e dá outras providências.

- *Lei de Benefícios da Previdência Social*

O PRESIDENTE DA REPÚBLICA Faço saber que o Congresso Nacional decreta e eu sanciono a seguinte Lei:

- CF/88: arts. 6º, 7º, IV, par. único, 40, 194, 195, II e § 2º, 201 e 202.
- EC 20/1998 – Modifica o sistema de previdência social, estabelece normas de transição.
- Lei 13.146/2015 – Estatuto da Pessoa com Deficiência.
- LC 142/2013 – Aposentadoria da pessoa com deficiência.
- LC 109/2001 – Dispõe sobre o Regime de Previdência Complementar.
- Lei 8.212/1991 – Dispõe sobre a organização da Seguridade Social, institui Plano de Custeio.
- Decreto 3.048/1999 – Aprova o Regulamento da Previdência Social.

TÍTULO I. DA FINALIDADE E DOS PRINCÍPIOS BÁSICOS DA PREVIDÊNCIA SOCIAL

Art. 1º. A Previdência Social, mediante contribuição, tem por fim assegurar aos seus beneficiários meios indispensáveis de manutenção, por motivo de incapacidade, desemprego involuntário, idade avançada, tempo de serviço, encargos familiares e prisão ou morte daqueles de quem dependiam economicamente.

- CF/88: art. 201.

Art. 2º. A Previdência Social rege-se pelos seguintes princípios e objetivos:

- CF/88: art. 194.
- Decreto 3.048/1999.

I – universalidade de participação nos planos previdenciários;

II – uniformidade e equivalência dos benefícios e serviços às populações urbanas e rurais;

III – seletividade e distributividade na prestação dos benefícios;

IV – cálculo dos benefícios considerando-se os salários de contribuição corrigidos monetariamente;

V – irredutibilidade do valor dos benefícios de forma a preservar-lhes o poder aquisitivo;

- Decreto 3.048/1999.

VI – valor da renda mensal dos benefícios substitutos do salário de contribuição ou do rendimento do trabalho do segurado não inferior ao do salário mínimo;

- ADCT: art. 58.
- Decreto 3.048/1999.

VII – previdência complementar facultativa, custeada por contribuição adicional;

- LC 109/2001 – Dispõe sobre o Regime de Previdência Complementar.

VIII – caráter democrático e descentralizado da gestão administrativa, com a participação do governo e da comunidade, em especial de trabalhadores em atividade, empregadores e aposentados.

- Decreto 3.048/1999.

Parágrafo único. A participação referida no inciso VIII deste artigo será efetivada a nível federal, estadual e municipal.

Art. 3º. Fica instituído o Conselho Nacional de Previdência Social – CNPS, órgão superior de deliberação colegiada, que terá como membros:

- Lei 3.048/1999: art. 296-A.

I – seis representantes do Governo Federal; (Redação dada pela Lei nº 8.619, de 1993)

II – nove representantes da sociedade civil, sendo: (Redação dada pela Lei nº 8.619, de 1993)

a) três representantes dos aposentados e pensionistas; (Redação dada pela Lei nº 8.619, de 1993)

b) três representantes dos trabalhadores em atividade; (Redação dada pela Lei nº 8.619, de 1993)

c) três representantes dos empregadores. (Redação dada pela Lei nº 8.619, de 1993)

§ 1º. Os membros do CNPS e seus respectivos suplentes serão nomeados pelo Presidente da República, tendo os representantes titulares da sociedade civil mandato de 2 (dois) anos, podendo ser reconduzidos, de imediato, uma única vez.

§ 2º. Os representantes dos trabalhadores em atividade, dos aposentados, dos empregadores e seus respectivos suplentes serão indicados pelas centrais sindicais e confederações nacionais.

§ 3º. O CNPS reunir-se-á, ordinariamente, uma vez por mês, por convocação de seu Presidente, não podendo ser adiada a reunião por mais de 15 (quinze) dias se houver requerimento nesse sentido da maioria dos conselheiros.

§ 4º. Poderá ser convocada reunião extraordinária por seu Presidente ou a requerimento de um terço de seus membros, conforme dispuser o regimento interno do CNPS.

§ 5º. (Revogado pela Lei nº 9.528, de 1997)

§ 6º. As ausências ao trabalho dos representantes dos trabalhadores em atividade, decorrentes das atividades do Conselho, serão abonadas, computando-se como jornada efetivamente trabalhada para todos os fins e efeitos legais.

§ 7º. Aos membros do CNPS, enquanto representantes dos trabalhadores em atividade, titulares e suplentes, é assegurada a estabilidade no emprego, da nomeação até um ano após o término do mandato de representação, somente podendo ser demitidos por motivo de falta grave, regularmente comprovada através de processo judicial.

§ 8º. Competirá ao Ministério do Trabalho e da Previdência Social proporcionar ao CNPS os meios necessários ao exercício de suas competências, para o que contará com uma Secretaria-Executiva do Conselho Nacional de Previdência Social.

§ 9º. O CNPS deverá se instalar no prazo de 30 (trinta) dias a contar da publicação desta Lei.

Art. 4º. Compete ao Conselho Nacional de Previdência Social–CNPS:

- Decreto 3.048/1999: art. 296.

I – estabelecer diretrizes gerais e apreciar as decisões de políticas aplicáveis à Previdência Social;

II – participar, acompanhar e avaliar sistematicamente a gestão previdenciária;

III – apreciar e aprovar os planos e programas da Previdência Social;

IV – apreciar e aprovar as propostas orçamentárias da Previdência Social, antes de sua consolidação na proposta orçamentária da Seguridade Social;

V – acompanhar e apreciar, através de relatórios gerenciais por ele definidos, a execução dos planos, programas e orçamentos no âmbito da Previdência Social;

VI – acompanhar a aplicação da legislação pertinente à Previdência Social;

VII – apreciar a prestação de contas anual a ser remetida ao Tribunal de Contas da União, podendo, se for necessário, contratar auditoria externa;

VIII – estabelecer os valores mínimos em litígio, acima dos quais será exigida a anuência prévia do Procurador-Geral ou do Presidente do INSS para formalização de desistência ou transigência judiciais, conforme o disposto no art. 132;

IX – elaborar e aprovar seu regimento interno.

Parágrafo único. As decisões proferidas pelo CNPS deverão ser publicadas no Diário Oficial da União.

Art. 5º. Compete aos órgãos governamentais:

I – prestar toda e qualquer informação necessária ao adequado cumprimento das competências do CNPS, fornecendo inclusive estudos técnicos;

II – encaminhar ao CNPS, com antecedência mínima de 2 (dois) meses do seu envio ao Congresso Nacional, a proposta orçamentária da Previdência Social, devidamente detalhada.

Art. 6º. Haverá, no âmbito da Previdência Social, uma Ouvidoria Geral, cujas atribuições serão definidas em regulamento. (Redação dada pela Lei nº 9.711, 1998)

Art. 7º. Ficam instituídos os Conselhos Estaduais e os Conselhos Municipais de Previdência Social – respectivamente CEPS e CMPS –, órgãos de deliberação colegiada, subordinados ao Conselho Nacional de Previdência Social, observando para a sua organização e instalação, no que couber, os critérios estabelecidos nesta Lei para o CNPS, adaptando-os para a esfera estadual ou municipal. (Eficácia suspensa pela Medida Provisória nº 2.216-37, de 2001)

§ 1º. Os membros dos CEPS serão nomeados pelo Presidente do CNPS e o dos CMPS, pelos presidentes dos CEPS. (Eficácia suspensa pela Medida Provisória nº 2.216-37, de 2001)

§ 2º. Os representantes dos trabalhadores em atividade e seus respectivos suplentes serão indicados, no caso dos CEPS, pelas federações ou centrais sindicais, e, no caso dos CMPS, pelos sindicatos ou, na ausência destes, pelas federações ou ainda, em último caso, pelas centrais sindicais ou confederações nacionais. (Eficácia suspensa pela Medida Provisória nº 2.216-37, de 2001)

§ 3º. Os representantes dos aposentados e seus respectivos suplentes serão indicados, no caso dos CEPS, pelas federações ou confederações, e, no caso dos CMPS, pelas associações ou, na ausência destes, pelas federações. (Eficácia suspensa pela Medida Provisória nº 2.216-37, de 2001)

§ 4º. Os representantes dos empregadores e seus respectivos suplentes serão indicados, no caso dos CEPS, pelas federações, e, no caso dos CMPS, pelos sindicatos, associações ou, na ausência destes, pelas federações. (Eficácia suspensa pela Medida Provisória nº 2.216-37, de 2001)

Art. 8º. Compete aos CEPS e ao CMPS, nos âmbitos estadual e municipal, respectivamente: (Eficácia suspensa pela Medida Provisória nº 2.216-37, de 2001)

I – cumprir e fazer cumprir as deliberações do CNPS; (Eficácia suspensa pela Medida Provisória nº 2.216-37, de 2001)

II – acompanhar e avaliar sistematicamente a gestão previdenciária; (Eficácia suspensa pela Medida Provisória nº 2.216-37, de 2001)

III – propor ao CNPS planos e programas para a Previdência Social; (Eficácia suspensa pela Medida Provisória nº 2.216-37, de 2001)

IV – acompanhar, apreciar e dar conhecimento ao CNPS, através de relatórios gerenciais por este definidos, a execução dos planos, programas e orçamentos; (Eficácia suspensa pela Medida Provisória nº 2.216-37, de 2001)

V – acompanhar a aplicação da legislação pertinente à Previdência Social; (Eficácia suspensa pela Medida Provisória nº 2.216-37, de 2001)

VI – elaborar seus regimentos internos. (Eficácia suspensa pela Medida Provisória nº 2.216-37, de 2001)

TÍTULO II. DO PLANO DE BENEFÍCIOS DA PREVIDÊNCIA SOCIAL

CAPÍTULO ÚNICO DOS REGIMES DE PREVIDÊNCIA SOCIAL

Art. 9º. A Previdência Social compreende:

- Decreto 3.048/1999: art. 6º.

I – o Regime Geral de Previdência Social;

- Decreto 3.048/1999: art. 5º.
- Lei 8.036/1990 – Fundo de Garantia do Tempo de Serviço – FGTS.

II – o Regime Facultativo Complementar de Previdência Social.

- LC 109/2001 – Dispõe sobre o Regime de Previdência Complementar.

§ 1º. O Regime Geral de Previdência Social – RGPS garante a cobertura de todas as situações expressas no art. 1º desta Lei, exceto as de desemprego involuntário, objeto de lei específica, e de aposentadoria por tempo de contribuição para o trabalhador de que trata o § 2º do art. 21 da Lei nº 8.212, de 24 de julho de 1991. (Redação dada pela Lei Complementar nº 123, de 2006)

- Decreto 3.048/1999: arts. 56 a 63.

§ 2º. O Regime Facultativo Complementar de Previdência Social será objeto de lei especifica.

- LC 109/2001 – Dispõe sobre o Regime de Previdência Complementar.

TÍTULO III. DO REGIME GERAL DE PREVIDÊNCIA SOCIAL

- Decreto 3.048/1999: arts. 8º a 193.

CAPÍTULO I. DOS BENEFICIÁRIOS

Art. 10. Os beneficiários do Regime Geral de Previdência Social classificam-se como segurados e dependentes, nos termos das Seções I e II deste capítulo.

- Decreto 3.048/1999: art. 8º.

SEÇÃO I. DOS SEGURADOS

Art. 11. São segurados obrigatórios da Previdência Social as seguintes pessoas físicas: (Redação dada pela Lei nº 8.647, de 1993)

- Decreto 3.048/1999: arts. 9º a 11.

I – como empregado: (Redação dada pela Lei nº 8.647, de 1993)

- CLT: art. 3º.

a) aquele que presta serviço de natureza urbana ou rural à empresa, em caráter não eventual, sob sua subordinação e mediante remuneração, inclusive como diretor empregado;

b) aquele que, contratado por empresa de trabalho temporário, definida em legislação específica, presta serviço para atender a necessidade transitória de substituição de pessoal regular e permanente ou a acréscimo extraordinário de serviços de outras empresas;

- Lei 13.429/2017 – Altera dispositivos da Lei 6.019/1974; e dispõe sobre as relações de trabalho na empresa de prestação de serviços a terceiros.
- Lei 6.019/1974 – Dispõe sobre o Trabalho Temporário nas Empresas Urbanas.

c) o brasileiro ou o estrangeiro domiciliado e contratado no Brasil para trabalhar como empregado em sucursal ou agência de empresa nacional no exterior;

d) aquele que presta serviço no Brasil a missão diplomática ou a repartição consular de carreira estrangeira e a órgãos a elas subordinados, ou a membros dessas missões e repartições, excluídos o não brasileiro sem residência permanente no Brasil e o brasileiro amparado pela legislação previdenciária do país da respectiva missão diplomática ou repartição consular;

e) o brasileiro civil que trabalha para a União, no exterior, em organismos oficiais brasileiros ou internacionais dos quais o Brasil seja membro efetivo, ainda que lá domiciliado e contratado, salvo se segurado na forma da legislação vigente do país do domicílio;

f) o brasileiro ou estrangeiro domiciliado e contratado no Brasil para trabalhar como empregado em empresa domiciliada no exterior, cuja maioria do capital votante pertença a empresa brasileira de capital nacional;

g) o servidor público ocupante de cargo em comissão, sem vínculo efetivo com a União, Autarquias, inclusive em regime especial, e Fundações Públicas Federais. (Incluída pela Lei nº 8.647, de 1993)

- Lei 8.112/1990: arts. 183 a 185.

h) o exercente de mandato eletivo federal, estadual ou municipal, desde que não vinculado a regime próprio de previdência social; (Incluída pela Lei nº 9.506, de 1997)

i) o empregado de organismo oficial internacional ou estrangeiro em funcionamento no Brasil, salvo quando coberto por regime próprio de previdência social; (Incluída pela Lei nº 9.876, de 26.11.99)

j) o exercente de mandato eletivo federal, estadual ou municipal, desde que não vinculado a regime próprio de previdência social; (Incluído pela Lei nº 10.887, de 2004)

II – como empregado doméstico: aquele que presta serviço de natureza contínua a pessoa ou família, no âmbito residencial desta, em atividades sem fins lucrativos;

- LC 150/2015: Dispõe sobre o contrato de trabalho doméstico.

III – (Revogado pela Lei nº 9.876, de 1999)

IV – (Revogado pela Lei nº 9.876, de 1999)

V – como contribuinte individual: (Redação dada pela Lei nº 9.876, de 1999)

a) a pessoa física, proprietária ou não, que explora atividade agropecuária, a qualquer título, em caráter permanente ou temporário, em área superior a 4 (quatro) módulos fiscais; ou, quando em área igual ou inferior a 4 (quatro) módulos fiscais ou atividade pesqueira, com auxílio de empregados ou por intermédio de prepostos; ou ainda nas hipóteses dos §§ 9º e 10 deste artigo; (Redação dada pela Lei nº 11.718, de 2008)

- Lei 5.889/1973 – Estatui normas reguladoras do trabalho rural.

b) a pessoa física, proprietária ou não, que explora atividade de extração mineral – garimpo, em caráter permanente ou temporário, diretamente ou por intermédio de prepostos, com ou sem o auxílio de empregados, utilizados a qualquer título, ainda que de forma não contínua; (Redação dada pela Lei nº 9.876, de 1999)

- Lei 11.685/2008 – Institui o Estatuto do Garimpeiro.

c) o ministro de confissão religiosa e o membro de instituto de vida consagrada, de congregação ou de ordem religiosa; (Redação dada pela Lei nº 10.403, de 2002)

d) (Revogada pela Lei 9.876/1999)

e) o brasileiro civil que trabalha no exterior para organismo oficial internacional do qual o Brasil é membro efetivo, ainda que lá domiciliado e contratado, salvo quando coberto por regime próprio de previdência social; (Redação dada pela Lei nº 9.876, de 1999)

f) o titular de firma individual urbana ou rural, o diretor não empregado e o membro de conselho de administração de sociedade anônima, o sócio solidário, o sócio de indústria, o sócio gerente e o sócio cotista que recebam remuneração decorrente de seu trabalho em empresa urbana ou rural, e o associado eleito para cargo de direção em cooperativa, associação ou entidade de qualquer natureza ou finalidade, bem como o síndico ou administrador eleito para exercer atividade de direção condominial, desde que recebam remuneração; (Incluído pela Lei nº 9.876, de 1999)

g) quem presta serviço de natureza urbana ou rural, em caráter eventual, a uma ou mais empresas, sem relação de emprego; (Incluído pela Lei nº 9.876, de 1999)

h) a pessoa física que exerce, por conta própria, atividade econômica de natureza urbana, com fins lucrativos ou não; (Incluído pela Lei nº 9.876, de 1999)

VI – como trabalhador avulso: quem presta, a diversas empresas, sem vínculo empregatício, serviço de natureza urbana ou rural definidos no Regulamento;

VII – como segurado especial: a pessoa física residente no imóvel rural ou em aglomerado urbano ou rural próximo a ele que, individualmente ou em regime de economia familiar, ainda que com o auxílio eventual de terceiros, na condição de: (Redação dada pela Lei nº 11.718, de 2008)

a) produtor, seja proprietário, usufrutuário, possuidor, assentado, parceiro ou meeiro outorgados, comodatário ou arrendatário rurais, que explore atividade: (Incluído pela Lei nº 11.718, de 2008)

1. agropecuária em área de até 4 (quatro) módulos fiscais; (Incluído pela Lei nº 11.718, de 2008)

2. de seringueiro ou extrativista vegetal que exerça suas atividades nos termos do inciso XII do *caput* do art. 2º da Lei nº 9.985, de 18 de julho de 2000, e faça dessas atividades o principal meio de vida; (Incluído pela Lei nº 11.718, de 2008)

b) pescador artesanal ou a este assemelhado que faça da pesca profissão habitual ou principal meio de vida; e (Incluído pela Lei nº 11.718, de 2008)

- Lei 10.779/2003 – Dispõe sobre a concessão do benefício de seguro desemprego, durante o período de defeso, ao pescador profissional que exerce a atividade pesqueira de forma artesanal.

c) cônjuge ou companheiro, bem como filho maior de 16 (dezesseis) anos de idade ou a este equiparado, do segurado de que tratam as alíneas a e b deste inciso, que, comprovadamente, trabalhem com o grupo familiar respectivo. (Incluído pela Lei nº 11.718, de 2008)

§ 1º. Entende-se como regime de economia familiar a atividade em que o trabalho dos membros da família é indispensável à própria subsistência e ao desenvolvimento socioeconômico do núcleo familiar e é exercido em condições de mútua dependência e colaboração, sem a utilização de empregados permanentes. (Redação dada pela Lei nº 11.718, de 2008)

§ 2º. Todo aquele que exercer, concomitantemente, mais de uma atividade remunerada sujeita ao Regime Geral de Previdência Social é obrigatoriamente filiado em relação a cada uma delas.

§ 3º. O aposentado pelo Regime Geral de Previdência Social–RGPS que estiver exercendo ou que voltar a exercer atividade abrangida por este Regime é segurado obrigatório em relação a essa atividade, ficando sujeito às contribuições de que trata a Lei nº 8.212, de 24 de julho de 1991, para fins de custeio da Seguridade Social. (Incluído pela Lei nº 9.032, de 1995)

§ 4º. O dirigente sindical mantém, durante o exercício do mandato eletivo, o mesmo enquadramento no Regime Geral de Previdência Social-RGPS de antes da investidura. (Incluído pela Lei nº 9.528, de 1997)

§ 5º. Aplica-se o disposto na alínea *g* do inciso I do *caput* ao ocupante de cargo de Ministro de Estado, de Secretário Estadual, Distrital ou Municipal, sem vínculo efetivo com a União, Estados, Distrito Federal e Municípios, suas autarquias, ainda que em regime especial, e fundações. (Incluído pela Lei nº 9.876, de 26.11.99)

§ 6º. Para serem considerados segurados especiais, o cônjuge ou companheiro e os filhos maiores de 16 (dezesseis) anos ou os a estes equiparados deverão ter participação ativa nas atividades rurais do grupo familiar. (Incluído pela Lei nº 11.718, de 2008)

§ 7º. O grupo familiar poderá utilizar-se de empregados contratados por prazo determinado ou de trabalhador de que trata a alínea *g* do inciso V do *caput*, à razão de no máximo 120 (cento e vinte) pessoas por dia no ano civil, em períodos corridos ou intercalados ou, ainda, por tempo equivalente em horas de trabalho, não sendo computado nesse prazo o período de afastamento em decorrência da percepção de auxílio-doença. (Redação dada pela Lei nº 12.873, de 2013)

§ 8º. Não descaracteriza a condição de segurado especial: (Incluído pela Lei nº 11.718, de 2008)

I – a outorga, por meio de contrato escrito de parceria, meação ou comodato, de até 50% (cinquenta por cento) de imóvel rural cuja área total não seja superior a 4 (quatro) módulos fiscais, desde que outorgante e outorgado continuem a exercer a respectiva atividade, individualmente ou em regime de economia familiar; (Incluído pela Lei nº 11.718, de 2008)

II – a exploração da atividade turística da propriedade rural, inclusive com hospedagem, por não mais de 120 (cento e vinte) dias ao ano; (Incluído pela Lei nº 11.718, de 2008)

III – a participação em plano de previdência complementar instituído por entidade classista a que seja associado em razão da condição de trabalhador rural ou de produtor rural em regime de economia familiar; e (Incluído pela Lei nº 11.718, de 2008)

IV – ser beneficiário ou fazer parte de grupo familiar que tem algum componente que seja beneficiário de programa assistencial oficial de governo; (Incluído pela Lei nº 11.718, de 2008)

V – a utilização pelo próprio grupo familiar, na exploração da atividade, de processo de beneficiamento ou industrialização artesanal, na forma do § 11 do art. 25 da Lei nº 8.212, de 24 de julho de 1991; e (Incluído pela Lei nº 11.718, de 2008)

VI – a associação em cooperativa agropecuária ou de crédito rural; e (Redação dada pela Lei nº 13.183, de 2015)

VII – a incidência do Imposto Sobre Produtos Industrializados – IPI sobre o produto das atividades desenvolvidas nos termos do § 12. (Incluído pela Lei nº 12.873, de 2013)

§ 9º. Não é segurado especial o membro de grupo familiar que possuir outra fonte de rendimento, exceto se decorrente de: (Incluído pela Lei nº 11.718, de 2008)

I – benefício de pensão por morte, auxílio-acidente ou auxílio-reclusão, cujo valor não supere o do menor benefício de prestação continuada da Previdência Social; (Incluído pela Lei nº 11.718, de 2008)

II – benefício previdenciário pela participação em plano de previdência complementar instituído nos termos do inciso IV do § 8º deste artigo; (Incluído pela Lei nº 11.718, de 2008)

III – exercício de atividade remunerada em período não superior a 120 (cento e vinte) dias, corridos ou intercalados, no ano civil, observado o disposto no § 13 do art. 12 da Lei nº 8.212, de 24 de julho de 1991; (Redação dada pela Lei nº 12.873, de 2013)

IV – exercício de mandato eletivo de dirigente sindical de organização da categoria de trabalhadores rurais; (Incluído pela Lei nº 11.718, de 2008)

V – exercício de mandato de vereador do Município em que desenvolve a atividade rural ou de dirigente de cooperativa rural constituída, exclusivamente, por segurados especiais, observado o disposto no § 13 do art. 12 da Lei nº 8.212, de 24 de julho de 1991; (Incluído pela Lei nº 11.718, de 2008)

VI – parceria ou meação outorgada na forma e condições estabelecidas no inciso I do § 8º deste artigo; (Incluído pela Lei nº 11.718, de 2008)

VII – atividade artesanal desenvolvida com matéria-prima produzida pelo respectivo grupo familiar, podendo ser utilizada matéria-prima de outra origem, desde que a renda mensal obtida na atividade não exceda ao menor benefício de prestação continuada da Previdência Social; e (Incluído pela Lei nº 11.718, de 2008)

VIII – atividade artística, desde que em valor mensal inferior ao menor benefício de prestação continuada da Previdência Social. (Incluído pela Lei nº 11.718, de 2008)

§ 10. O segurado especial fica excluído dessa categoria: (Incluído pela Lei nº 11.718, de 2008)

I – a contar do primeiro dia do mês em que: (Incluído pela Lei nº 11.718, de 2008)

a) deixar de satisfazer as condições estabelecidas no inciso VII do *caput* deste artigo, sem prejuízo do disposto no art. 15 desta Lei, ou exceder qualquer dos limites estabelecidos no inciso I do § 8º deste artigo; (Incluído pela Lei nº 11.718, de 2008)

b) enquadrar-se em qualquer outra categoria de segurado obrigatório do Regime Geral de Previdência Social, ressalvado o disposto nos incisos III, V, VII e VIII do § 9º e no § 12, sem prejuízo do disposto no art. 15; (Redação dada pela Lei nº 12.873, de 2013)

c) tornar-se segurado obrigatório de outro regime previdenciário; e (Redação dada pela Lei nº 12.873, de 2013)

d) participar de sociedade empresária, de sociedade simples, como empresário individual ou como titular de empresa individual de responsabilidade limitada em desacordo com as limitações impostas pelo § 12; (Incluído pela Lei nº 12.873, de 2013)

II – a contar do primeiro dia do mês subsequente ao da ocorrência, quando o grupo familiar a que pertence exceder o limite de: (Incluído pela Lei nº 11.718, de 2008)

a) utilização de terceiros na exploração da atividade a que se refere o § 7º deste artigo; (Incluído pela Lei nº 11.718, de 2008)

b) dias em atividade remunerada estabelecidos no inciso III do § 9º deste artigo; e (Incluído pela Lei nº 11.718, de 2008)

c) dias de hospedagem a que se refere o inciso II do § 8º deste artigo. (Incluído pela Lei nº 11.718, de 2008)

§ 11. Aplica-se o disposto na alínea a do inciso V do *caput* deste artigo ao cônjuge ou companheiro do produtor que participe da atividade rural por este explorada. (Incluído pela Lei nº 11.718, de 2008)

§ 12. A participação do segurado especial em sociedade empresária, em sociedade simples, como empresário individual ou como titular de empresa individual de responsabilidade limitada de objeto ou âmbito agrícola, agroindustrial ou agroturístico, considerada microempresa nos termos da Lei Complementar nº 123, de 14 de dezembro de 2006, não o exclui de tal categoria previdenciária, desde que, mantido o exercício da sua atividade rural na forma do inciso VII do *caput* e do § 1o, a pessoa jurídica componha-se apenas de segurados de igual natureza e sedie-se no mesmo Município ou em Município limítrofe àquele em que eles desenvolvam suas atividades. (Incluído pela Lei nº 12.873, de 2013)

§ 13. (VETADO). (Incluído pela Lei nº 12.873, de 2013)

Art. 12. O servidor civil ocupante de cargo efetivo ou o militar da União, dos Estados, do Distrito Federal ou dos Municípios, bem como o das respectivas autarquias e fundações, são excluídos do Regime Geral de Previdência Social consubstanciado nesta Lei, desde que amparados por regime próprio de previdência social. (Redação dada pela Lei nº 9.876, de 1999)

- Lei 8.112/1990 – Dispõe sobre o regime jurídico dos servidores públicos civis da União, das autarquias e das fundações públicas federais.
- Decreto 3.048/1999: art. 10.

§ 1º. Caso o servidor ou o militar venham a exercer, concomitantemente, uma ou mais atividades abrangidas pelo Regime Geral de Previdência Social, tornar-se-ão segurados obrigatórios em relação a essas atividades. (Incluído pela Lei nº 9.876, de 1999)

§ 2º. Caso o servidor ou o militar, amparados por regime próprio de previdência social, sejam requisitados para outro órgão ou entidade cujo regime previdenciário não permita a filiação, nessa condição, permanecerão vinculados ao regime de origem, obedecidas as regras que cada ente estabeleça acerca de sua contribuição. (Incluído pela Lei nº 9.876, de 1999)

Art. 13. É segurado facultativo o maior de 14 (quatorze) anos que se filiar ao Regime Geral de Previdência Social, mediante contribuição, desde que não incluído nas disposições do art. 11.

- Decreto 3.048/1999: art. 11.

Art. 14. Consideram-se:

- Decreto 3.048/1999: art. 12.

I – empresa – a firma individual ou sociedade que assume o risco de atividade econômica urbana ou rural, com fins lucrativos ou não, bem como os órgãos e entidades da administração pública direta, indireta ou fundacional;

- CLT: art. 2º.

II – empregador doméstico – a pessoa ou família que admite a seu serviço, sem finalidade lucrativa, empregado doméstico.

- LC 150/2015 – Dispõe sobre o contrato de trabalho doméstico.

Parágrafo único. Equiparam-se a empresa, para os efeitos desta Lei, o contribuinte individual e a pessoa física na condição de proprietário ou dono de obra de construção civil, em relação a segurado que lhe presta serviço, bem como a cooperativa, a associação ou entidade de qualquer natureza ou finalidade, a missão diplomática e a repartição consular de carreira estrangeiras. (Redação dada pela Lei nº 13.202, de 2015)

- Lei 10.666/2003 – Dispõe sobre a concessão da aposentadoria especial ao cooperado de cooperativa de trabalho ou de produção.

Art. 15. Mantém a qualidade de segurado, independentemente de contribuições:

I – sem limite de prazo, quem está em gozo de benefício, exceto do auxílio-acidente; (Redação dada pela Lei 13.846/2019)

II – até 12 (doze) meses após a cessação das contribuições, o segurado que deixar de exercer atividade remunerada abrangida pela Previdência Social ou estiver suspenso ou licenciado sem remuneração;

III – até 12 (doze) meses após cessar a segregação, o segurado acometido de doença de segregação compulsória;

- CLT: art. 476.
- Decreto 3.048/1999: arts. 13, III, e 71a 80.

IV – até 12 (doze) meses após o livramento, o segurado retido ou recluso;

- Decreto 3.048/1999: arts. 116 a119.

V – até 3 (três) meses após o licenciamento, o segurado incorporado às Forças Armadas para prestar serviço militar;

- Decreto 3.048/1999: art. 13, V.

VI – até 6 (seis) meses após a cessação das contribuições, o segurado facultativo.

§ 1º. O prazo do inciso II será prorrogado para até 24 (vinte e quatro) meses se o segurado já tiver pago mais de 120 (cento e vinte) contribuições mensais sem interrupção que acarrete a perda da qualidade de segurado.

§ 2º. Os prazos do inciso II ou do § 1º serão acrescidos de 12 (doze) meses para o segurado desempregado, desde que comprovada essa situação pelo registro no órgão próprio do Ministério do Trabalho e da Previdência Social.

§ 3º. Durante os prazos deste artigo, o segurado conserva todos os seus direitos perante a Previdência Social.

- Decreto 3.048/1999: art. 13, § 3º.

§ 4º. A perda da qualidade de segurado ocorrerá no dia seguinte ao do término do prazo fixado no Plano de Custeio da Seguridade Social para recolhimento da contribuição referente ao mês imediatamente posterior ao do final dos prazos fixados neste artigo e seus parágrafos.

- Decreto 3.048/1999: art. 14.

SEÇÃO II. DOS DEPENDENTES

Art. 16. São beneficiários do Regime Geral de Previdência Social, na condição de dependentes do segurado:

- Decreto 3.048/1999: arts. 16 e 17.

I – o cônjuge, a companheira, o companheiro e o filho não emancipado, de qualquer condição, menor de 21 (vinte e um) anos ou inválido ou que tenha deficiência intelectual ou mental ou deficiência grave; (Redação dada pela Lei nº 13.146, de 2015)

II – os pais;

III – o irmão não emancipado, de qualquer condição, menor de 21 (vinte e um) anos ou inválido ou que tenha deficiência intelectual ou mental ou deficiência grave; (Redação dada pela Lei nº 13.146, de 2015)

IV – (Revogada pela Lei nº 9.032, de 1995)

§ 1º. A existência de dependente de qualquer das classes deste artigo exclui do direito às prestações os das classes seguintes.

§ 2º. O enteado e o menor tutelado equiparam-se a filho mediante declaração do segurado e desde que comprovada a dependência econômica na forma estabelecida no Regulamento. (Redação dada pela Lei nº 9.528, de 1997)

§ 3º. Considera-se companheira ou companheiro a pessoa que, sem ser casada, mantém união estável com o segurado ou com a segurada, de acordo com o § 3º do art. 226 da Constituição Federal.

- Lei 9.278/1996 – Regula o § 3º do art. 226 da CF.
- Decreto 3.048/1999: art. 16, § 6º.

§ 4º. A dependência econômica das pessoas indicadas no inciso I é presumida e a das demais deve ser comprovada.

§ 5º As provas de união estável e de dependência econômica exigem início de prova material contemporânea dos fatos, produzido em período não superior a 24 (vinte e quatro) meses anterior à data do óbito ou do recolhimento à prisão do segurado, não admitida a prova exclusivamente testemunhal, exceto na ocorrência de motivo de força maior ou caso fortuito, conforme disposto no regulamento. (Redação dada pela Lei 13.846/2019)

§ 6º Na hipótese da alínea c do inciso V do § 2º do art. 77 desta Lei, a par da exigência do § 5º deste artigo, deverá ser apresentado, ainda, início de prova material que comprove união estável por pelo menos 2 (dois) anos antes do óbito do segurado. (Acrescido pela Lei 13.846/2019)

§ 7º Será excluído definitivamente da condição de dependente quem tiver sido condenado criminalmente por sentença com trânsito em julgado, como autor, coautor ou partícipe de homicídio doloso, ou de tentativa desse crime, cometido contra a pessoa do segurado, ressalvados os absolutamente incapazes e os inimputáveis. (Acrescido pela Lei 13.846/2019)

SEÇÃO III. DAS INSCRIÇÕES

- Decreto 3.048/1999: arts. 18 a 24.

Art. 17. O Regulamento disciplinará a forma de inscrição do segurado e dos dependentes.

§ 1º. Incumbe ao dependente promover a sua inscrição quando do requerimento do benefício a que estiver habilitado. (Redação dada pela Lei nº 10.403, de 2002)

§ 2º. (Revogado pela Lei 13.135/2015)

§ 3º. (Revogado pela Lei nº 11.718, de 2008)

§ 4º. A inscrição do segurado especial será feita de forma a vinculá-lo ao respectivo grupo familiar e conterá, além das informações pessoais, a identificação da propriedade em que desenvolve a atividade e a que título, se nela reside ou o Município onde reside e, quando for o caso, a identificação e inscrição da pessoa responsável pelo grupo familiar. (Redação dada pela Lei nº 12.873, de 2013)

§ 5º. O segurado especial integrante de grupo familiar que não seja proprietário ou dono do imóvel rural em que desenvolve sua atividade deverá informar, no ato da inscrição, conforme o caso, o nome do parceiro ou meeiro outorgante, arrendador, comodante ou assemelhado. (Incluído Lei nº 11.718, de 2008)

§ 6º. (Revogado pela Lei nº 12.873, de 2013)

§ 7º Não será admitida a inscrição *post mortem* de segurado contribuinte individual e de segurado facultativo. (Acrescido pela Lei 13.846/2019)

CAPÍTULO II. DAS PRESTAÇÕES EM GERAL

SEÇÃO I. DAS ESPÉCIES DE PRESTAÇÕES

Art. 18. O Regime Geral de Previdência Social compreende as seguintes prestações, devidas inclusive em razão de eventos decorrentes de acidente do trabalho, expressas em benefícios e serviços:

- Decreto 3.048/1999: art. 25.

I – quanto ao segurado:

a) aposentadoria por invalidez;

- Lei 8.213/1991: arts. 42 a 47.
- Decreto 3.048/1999: arts. 43 a 50.

b) aposentadoria por idade;

- Lei 8.213/1991: arts. 48 a 51.
- Decreto 3.048/1999: arts. 51 a 54.

c) aposentadoria por tempo de contribuição; (Redação dada pela Lei Complementar nº 123, de 2006)

- Decreto 3.048/1999: arts. 56 a 63.

d) aposentadoria especial;

- Lei 8.213/1991: arts. 57 e 58.
- Decreto 3.048/1999: arts. 64 a 70.

e) auxílio-doença;

- Lei 8.213/1991: arts. 59 a 63.
- CLT: art. 476.
- Decreto 3.048/1999: arts. 71 a 80.

f) salário-família;

- Lei 8.213/1991: arts. 65 a 70.
- Decreto 3.048/1999: arts. 81 a 92.

g) salário-maternidade;

- Lei 8.213/1991: arts. 71 a 73.
- Decreto 3.048/1999: arts. 93 a 103.

h) auxílio-acidente;

- Lei 8.213/1991: art. 86.
- Decreto 3.048/1999: art. 104.

i) (Revogada pela Lei nº 8.870, de 1994)

II – quanto ao dependente:

a) pensão por morte;

- Lei 8.213/1991: arts 74 a 79.
- Decreto 3.048/1999: arts. 105 a 115.

b) auxílio-reclusão;

- Decreto 3.048/1999: arts. 116 a 119.

III – quanto ao segurado e dependente:

a) (Revogada pela Lei nº 9.032, de 1995)

b) serviço social;

c) reabilitação profissional.

- Lei 8.213/1991: arts. 89 a 93.
- Decreto 3.048/1999: arts. 136 a 141.

§ 1º. Somente poderão beneficiar-se do auxílio-acidente os segurados incluídos nos incisos I, II, VI e VII do art. 11 desta Lei. (Redação dada pela Lei Complementar nº 150, de 2015)

§ 2º. O aposentado pelo Regime Geral de Previdência Social–RGPS que permanecer em atividade sujeita a este Regime, ou a ele retornar, não fará jus a prestação alguma da Previdência Social em decorrência do exercício dessa atividade, exceto ao salário-família e à reabilitação profissional, quando empregado. (Redação dada pela Lei nº 9.528, de 1997)

§ 3º. O segurado contribuinte individual, que trabalhe por conta própria, sem relação de trabalho com empresa ou equiparado, e o segurado facultativo que contribuam na forma do § 2º do art. 21 da Lei nº 8.212, de 24 de julho de 1991, não farão jus à aposentadoria por tempo de contribuição. (Incluído pela Lei Complementar nº 123, de 2006)

§ 4º Os benefícios referidos no *caput* deste artigo poderão ser solicitados, pelos interessados, aos Oficiais de Registro Civil das Pessoas Naturais, que encaminharão, eletronicamente, requerimento e respectiva documentação comprobatória de seu direito para deliberação e análise do Instituto Nacional do Seguro Social (INSS), nos termos do regulamento. (Redação dada pela Lei 13.846/2019)

Art. 19. Acidente do trabalho é o que ocorre pelo exercício do trabalho a serviço de empresa ou de empregador doméstico ou pelo exercício do trabalho dos segurados referidos no inciso VII do art. 11 desta Lei, provocando lesão corporal ou perturbação funcional que cause a morte ou a perda ou redução, permanente ou temporária, da capacidade para o trabalho. (Redação dada pela Lei Complementar nº 150, de 2015)

▸ Lei 6.367/1976: art. 2º.

§ 1º. A empresa é responsável pela adoção e uso das medidas coletivas e individuais de proteção e segurança da saúde do trabalhador.

§ 2º. Constitui contravenção penal, punível com multa, deixar a empresa de cumprir as normas de segurança e higiene do trabalho.

§ 3º. É dever da empresa prestar informações pormenorizadas sobre os riscos da operação a executar e do produto a manipular.

§ 4º. O Ministério do Trabalho e da Previdência Social fiscalizará e os sindicatos e entidades representativas de classe acompanharão o fiel cumprimento do disposto nos parágrafos anteriores, conforme dispuser o Regulamento.

Art. 20. Consideram-se acidente do trabalho, nos termos do artigo anterior, as seguintes entidades mórbidas:

I – doença profissional, assim entendida a produzida ou desencadeada pelo exercício do trabalho peculiar a determinada atividade e constante da respectiva relação elaborada pelo Ministério do Trabalho e da Previdência Social;

II – doença do trabalho, assim entendida a adquirida ou desencadeada em função de condições especiais em que o trabalho é realizado e com ele se relacione diretamente, constante da relação mencionada no inciso I.

§ 1º. Não são consideradas como doença do trabalho:

a) a doença degenerativa;

b) a inerente a grupo etário;

c) a que não produza incapacidade laborativa;

d) a doença endêmica adquirida por segurado habitante de região em que ela se desenvolva, salvo comprovação de que é resultante de exposição ou contato direto determinado pela natureza do trabalho.

§ 2º. Em caso excepcional, constatando-se que a doença não incluída na relação prevista nos incisos I e II deste artigo resultou das condições especiais em que o trabalho é executado e com ele se relaciona diretamente, a Previdência Social deve considerá-la acidente do trabalho.

Art. 21. Equiparam-se também ao acidente do trabalho, para efeitos desta Lei:

▸ Lei 6.367/1976: art. 2º, § 1º.

I – o acidente ligado ao trabalho que, embora não tenha sido a causa única, haja contribuído diretamente para a morte do segurado, para redução ou perda da sua capacidade para o trabalho, ou produzido lesão que exija atenção médica para a sua recuperação;

II – o acidente sofrido pelo segurado no local e no horário do trabalho, em consequência de:

a) ato de agressão, sabotagem ou terrorismo praticado por terceiro ou companheiro de trabalho;

b) ofensa física intencional, inclusive de terceiro, por motivo de disputa relacionada ao trabalho;

c) ato de imprudência, de negligência ou de imperícia de terceiro ou de companheiro de trabalho;

d) ato de pessoa privada do uso da razão;

e) desabamento, inundação, incêndio e outros casos fortuitos ou decorrentes de força maior;

III – a doença proveniente de contaminação acidental do empregado no exercício de sua atividade;

IV – o acidente sofrido pelo segurado ainda que fora do local e horário de trabalho:

a) na execução de ordem ou na realização de serviço sob a autoridade da empresa;

b) na prestação espontânea de qualquer serviço à empresa para lhe evitar prejuízo ou proporcionar proveito;

c) em viagem a serviço da empresa, inclusive para estudo quando financiada por esta dentro de seus planos para melhor capacitação da mão de obra, independentemente do meio de locomoção utilizado, inclusive veículo de propriedade do segurado;

d) no percurso da residência para o local de trabalho ou deste para aquela, qualquer que seja o meio de locomoção, inclusive veículo de propriedade do segurado.

§ 1º. Nos períodos destinados a refeição ou descanso, ou por ocasião da satisfação de outras necessidades fisiológicas, no local do trabalho ou durante este, o empregado é considerado no exercício do trabalho.

§ 2º. Não é considerada agravação ou complicação de acidente do trabalho a lesão que, resultante de acidente de outra origem, se associe ou se superponha às consequências do anterior.

Art. 21-A. A perícia médica do Instituto Nacional do Seguro Social (INSS) considerará caracterizada a natureza acidentária da incapacidade quando constatar ocorrência de nexo técnico epidemiológico entre o trabalho e o agravo, decorrente da relação entre a atividade da empresa ou do empregado doméstico e a entidade mórbida motivadora da incapacidade elencada na Classificação Internacional de Doenças (CID), em conformidade com o que dispuser o regulamento. (Redação dada pela Lei Complementar nº 150, de 2015)

§ 1º. A perícia médica do INSS deixará de aplicar o disposto neste artigo quando demonstrada a inexistência do nexo de que trata o *caput* deste artigo. (Incluído pela Lei nº 11.430, de 2006)

§ 2º. A empresa ou o empregador doméstico poderão requerer a não aplicação do nexo técnico epidemiológico, de cuja decisão caberá recurso, com efeito suspensivo, da empresa, do empregador doméstico ou do segurado ao Conselho de Recursos da Previdência Social. (Redação dada pela Lei Complementar nº 150, de 2015)

Art. 22. A empresa ou o empregador doméstico deverão comunicar o acidente do trabalho à Previdência Social até o primeiro dia útil seguinte ao da ocorrência e, em caso de morte, de imediato, à autoridade competente, sob pena de multa variável entre o limite mínimo e o limite máximo do salário de contribuição, sucessivamente aumentada nas reincidências, aplicada e cobrada pela Previdência Social. (Redação dada pela Lei Complementar nº 150, de 2015)

§ 1º. Da comunicação a que se refere este artigo receberão cópia fiel o acidentado ou seus dependentes, bem como o sindicato a que corresponda a sua categoria.

§ 2º. Na falta de comunicação por parte da empresa, podem formalizá-la o próprio acidentado, seus dependentes, a entidade sindical competente, o médico que o assistiu ou qualquer autoridade pública, não prevalecendo nestes casos o prazo previsto neste artigo.

§ 3º. A comunicação a que se refere o § 2º não exime a empresa de responsabilidade pela falta do cumprimento do disposto neste artigo.

§ 4º. Os sindicatos e entidades representativas de classe poderão acompanhar a cobrança, pela Previdência Social, das multas previstas neste artigo.

§ 5º. A multa de que trata este artigo não se aplica na hipótese do *caput* do art. 21-A. (Incluído pela Lei nº 11.430, de 2006)

Art. 23. Considera-se como dia do acidente, no caso de doença profissional ou do trabalho, a data do início da incapacidade laborativa para o exercício da atividade habitual, ou o dia da segregação compulsória, ou o dia em que for realizado o diagnóstico, valendo para este efeito o que ocorrer primeiro.

▸ Súm. 507 do STJ.

SEÇÃO II. DOS PERÍODOS DE CARÊNCIA

▸ Decreto 3.048/1999: arts. 26 a 30.

Art. 24. Período de carência é o número mínimo de contribuições mensais indispensáveis para que o beneficiário faça jus ao benefício, consideradas a partir do transcurso do primeiro dia dos meses de suas competências.

Parágrafo único. (Revogado pela lei nº 13.457, de 2017)

Art. 25. A concessão das prestações pecuniárias do Regime Geral de Previdência Social depende dos seguintes períodos de carência, ressalvado o disposto no art. 26:

I – auxílio-doença e aposentadoria por invalidez: 12 (doze) contribuições mensais;

II – aposentadoria por idade, aposentadoria por tempo de serviço e aposentadoria especial: 180 contribuições mensais. (Redação dada pela Lei nº 8.870, de 1994)

III – salário-maternidade para as seguradas de que tratam os incisos V e VII do *caput* do art. 11 e o art. 13 desta Lei: 10 (dez) contribuições mensais, respeitado o disposto no parágrafo único do art. 39 desta Lei; e (Redação dada pela Lei 13.846/2019)

IV - auxílio-reclusão: 24 (vinte e quatro) contribuições mensais. (Redação dada pela Lei 13.846/2019)

Parágrafo único. Em caso de parto antecipado, o período de carência a que se refere o inciso III será reduzido em número de contribuições equivalente ao número de meses em que o parto foi antecipado. (Incluído pela Lei nº 9.876, de 1999)

Art. 26. Independe de carência a concessão das seguintes prestações:

I - pensão por morte, salário-família e auxílio-acidente; *(Redação dada pela Lei 13.846/2019)*

II – auxílio-doença e aposentadoria por invalidez nos casos de acidente de qualquer natureza ou causa e de doença profissional ou do trabalho, bem como nos casos de segurado que, após filiar-se ao RGPS, for acometido de alguma das doenças e afecções especificadas em lista elaborada pelos Ministérios da Saúde e da Previdência Social, atualizada a cada 3 (três) anos, de acordo com os critérios de estigma, deformação, mutilação, deficiência ou outro fator que lhe confira especificidade e gravidade que mereçam tratamento particularizado; (Redação dada pela Lei 13.135/2015)

III – os benefícios concedidos na forma do inciso I do art. 39, aos segurados especiais referidos no inciso VII do art. 11 desta Lei;
IV – serviço social;
V – reabilitação profissional.
VI – salário-maternidade para as seguradas empregada, trabalhadora avulsa e empregada doméstica. (Incluído pela Lei nº 9.876, de 1999)

Art. 27. Para cômputo do período de carência, serão consideradas as contribuições: (Redação dada pela Lei Complementar nº 150, de 2015)

I – referentes ao período a partir da data de filiação ao Regime Geral de Previdência Social (RGPS), no caso dos segurados empregados, inclusive os domésticos, e dos trabalhadores avulsos; (Redação dada pela Lei Complementar nº 150, de 2015)
II – realizadas a contar da data de efetivo pagamento da primeira contribuição sem atraso, não sendo consideradas para este fim as contribuições recolhidas com atraso referentes a competências anteriores, no caso dos segurados contribuinte individual, especial e facultativo, referidos, respectivamente, nos incisos V e VII do art. 11 e no art. 13. (Redação dada pela Lei Complementar nº 150, de 2015)

Art. 27-A. Na hipótese de perda da qualidade de segurado, para fins da concessão dos benefícios de auxílio-doença, de aposentadoria por invalidez, de salário-maternidade e de auxílio-reclusão, o segurado deverá contar, a partir da data da nova filiação à Previdência Social, com metade dos períodos previstos nos incisos I, III e IV do *caput* do art. 25 desta Lei. (Redação dada pela Lei 13.846/2019)

SEÇÃO III. DO CÁLCULO DO VALOR DOS BENEFÍCIOS

SUBSEÇÃO I. DO SALÁRIO DE BENEFÍCIO

› Decreto 3.048/1999: arts. 31 a 34.

Art. 28. O valor do benefício de prestação continuada, inclusive o regido por norma especial e o decorrente de acidente do trabalho, exceto o salário-família e o salário-maternidade, será calculado com base no salário de benefício. (Redação dada pela Lei nº 9.032, de 1995)

› Decreto 3.048/1999: art. 31.

§§ 1º a 4º (Revogados pela Lei 9.032/1995).

Art. 29. O salário de benefício consiste: (Redação dada pela Lei nº 9.876, de 1999)

› Decreto 3.048/1999: art. 32.

I – para os benefícios de que tratam as alíneas *b* e *c* do inciso I do art. 18, na média aritmética simples dos maiores salários de contribuição correspondentes a oitenta por cento de todo o período contributivo, multiplicada pelo fator previdenciário; (Incluído pela Lei nº 9.876, de 1999)
II – para os benefícios de que tratam as alíneas *a, d, e* e *h* do inciso I do art. 18, na média aritmética simples dos maiores salários de contribuição correspondentes a oitenta por cento de todo o período contributivo. (Incluído pela Lei nº 9.876, de 1999)

§ 1º. (Revogado pela Lei nº 9.876, de 1999)

§ 2º. O valor do salário de benefício não será inferior ao de um salário mínimo, nem superior ao do limite máximo do salário de contribuição na data de início do benefício.

§ 3º. Serão considerados para cálculo do salário de benefício os ganhos habituais do segurado empregado, a qualquer título, sob forma de moeda corrente ou de utilidades, sobre os quais tenha incidido contribuições previdenciárias, exceto o décimo-terceiro salário (gratificação natalina). (Redação dada pela Lei nº 8.870, de 1994)

§ 4º. Não será considerado, para o cálculo do salário de benefício, o aumento dos salários de contribuição que exceder o limite legal, inclusive o voluntariamente concedido nos 36 (trinta e seis) meses imediatamente anteriores ao início do benefício, salvo se homologado pela Justiça do Trabalho, resultante de promoção regulada por normas gerais da empresa, admitida pela legislação do trabalho, de sentença normativa ou de reajustamento salarial obtido pela categoria respectiva.

§ 5º. Se, no período básico de cálculo, o segurado tiver recebido benefícios por incapacidade, sua duração será contada, considerando-se como salário de contribuição, no período, o salário de benefício que serviu de base para o cálculo da renda mensal, reajustado nas mesmas épocas e bases dos benefícios em geral, não podendo ser inferior ao valor de 1 (um) salário mínimo.

§ 6º. O salário de benefício do segurado especial consiste no valor equivalente ao salário mínimo, ressalvado o disposto no inciso II do art. 39 e nos §§ 3º e 4º do art. 48 desta Lei. (Redação dada pela Lei nº 11.718, de 2008)

I – (Revogado pela Lei nº 11.718, de 2008)
II – (Revogado pela Lei nº 11.718, de 2008)

§ 7º. O fator previdenciário será calculado considerando-se a idade, a expectativa de sobrevida e o tempo de contribuição do segurado ao se aposentar, segundo a fórmula constante do Anexo desta Lei. (Incluído pela Lei nº 9.876, de 1999)

§ 8º. Para efeito do disposto no § 7º, a expectativa de sobrevida do segurado na idade da aposentadoria será obtida a partir da tábua completa de mortalidade construída pela Fundação Instituto Brasileiro de Geografia e Estatística – IBGE, considerando-se a média nacional única para ambos os sexos. (Incluído pela Lei nº 9.876, de 1999)

§ 9º. Para efeito da aplicação do fator previdenciário, ao tempo de contribuição do segurado serão adicionados: (Incluído pela Lei nº 9.876, de 1999)

I – 5 (cinco) anos, quando se tratar de mulher; (Incluído pela Lei nº 9.876, de 26.11.99)
II – 5 (cinco) anos, quando se tratar de professor que comprove exclusivamente tempo de efetivo exercício das funções de magistério na educação infantil e no ensino fundamental e médio; (Incluído pela Lei nº 9.876, de 1999)
III – dez anos, quando se tratar de professora que comprove exclusivamente tempo de efetivo exercício das funções de magistério na educação infantil e no ensino fundamental e médio. (Incluído pela Lei nº 9.876, de 1999)

§ 10. O auxílio-doença não poderá exceder a média aritmética simples dos últimos 12 (doze) salários de contribuição, inclusive em caso de remuneração variável, ou, se não alcançado o número de 12 (doze), a média aritmética simples dos salários de contribuição existentes. (Incluído pela Lei 13.135/2015)

§ 11. (VETADO). (Incluído pela Lei 13.135/2015)

§ 12. (VETADO). (Incluído pela Lei 13.135/2015)

§ 13. (VETADO). (Incluído pela Lei 13.135/2015)

Art. 29-A. O INSS utilizará as informações constantes no Cadastro Nacional de Informações Sociais – CNIS sobre os vínculos e as remunerações dos segurados, para fins de cálculo do salário de benefício, comprovação de filiação ao Regime Geral de Previdência Social, tempo de contribuição e relação de emprego. (Redação dada pela Lei Complementar nº 128, de 2008)

§ 1º. O INSS terá até 180 (cento e oitenta) dias, contados a partir da solicitação do pedido, para fornecer ao segurado as informações previstas no *caput* deste artigo. (Incluído pela Lei nº 10.403, de 2002)

§ 2º. O segurado poderá solicitar, a qualquer momento, a inclusão, exclusão ou retificação de informações constantes do CNIS, com a apresentação de documentos comprobatórios dos dados divergentes, conforme critérios definidos pelo INSS. (Redação dada pela Lei Complementar nº 128, de 2008)

§ 3º. A aceitação de informações relativas a vínculos e remunerações inseridas extemporaneamente no CNIS, inclusive retificações de informações anteriormente inseridas, fica condicionada à comprovação dos dados ou das divergências apontadas, conforme critérios definidos em regulamento. (Incluído pela Lei Complementar nº 128, de 2008)

§ 4º. Considera-se extemporânea a inserção de dados decorrentes de documento inicial ou de retificação de dados anteriormente informados, quando o documento ou a retificação, ou a informação retificadora, forem apresentados após os prazos estabelecidos em regulamento. (Incluído pela Lei Complementar nº 128, de 2008)

§ 5º. Havendo dúvida sobre a regularidade do vínculo incluído no CNIS e inexistência de informações sobre remunerações e contribuições, o INSS exigirá a apresentação dos documentos que serviram de base à anotação, sob pena de exclusão do período. (Incluído pela Lei Complementar nº 128, de 2008)

Art. 29-B. Os salários de contribuição considerados no cálculo do valor do benefício serão corrigidos mês a mês de acordo com a variação integral do Índice Nacional de Preços ao Consumidor – INPC, calculado pela Fundação Instituto Brasileiro de Geografia e Estatística – IBGE. (Incluído pela Lei nº 10.877, de 2004)

Art. 29-C. O segurado que preencher o requisito para a aposentadoria por tempo de contribuição poderá optar pela não incidência do fator previdenciário no cálculo de sua aposentadoria, quando o total resultante da soma de sua idade e de seu tempo de contribuição, incluídas as frações, na data de requerimento da aposentadoria, for: (Incluído pela Lei nº 13.183, de 2015)

I – igual ou superior a noventa e cinco pontos, se homem, observando o tempo mínimo de contribuição de trinta e cinco anos; ou (Incluído pela Lei nº 13.183, de 2015)
II – igual ou superior a oitenta e cinco pontos, se mulher, observado o tempo mínimo de contribuição de trinta anos. (Incluído pela Lei nº 13.183, de 2015)

§ 1º. Para os fins do disposto no *caput*, serão somadas as frações em meses completos de tempo de contribuição e idade. (Incluído pela Lei nº 13.183, de 2015)

§ 2º. As somas de idade e de tempo de contribuição previstas no *caput* serão majoradas em um ponto em: (Incluído pela Lei nº 13.183, de 2015)

I – 31 de dezembro de 2018; (Incluído pela Lei nº 13.183, de 2015)
II – 31 de dezembro de 2020; (Incluído pela Lei nº 13.183, de 2015)
III – 31 de dezembro de 2022; (Incluído pela Lei nº 13.183, de 2015)
IV – 31 de dezembro de 2024; e (Incluído pela Lei nº 13.183, de 2015)
V – 31 de dezembro de 2026. (Incluído pela Lei nº 13.183, de 2015)

§ 3º. Para efeito de aplicação do disposto no *caput* e no § 2º, o tempo mínimo de contribuição do professor e da professora que comprovarem exclusivamente tempo de efetivo exercício de magistério na educação infantil e no ensino fundamental e médio será de, respectivamente, trinta e vinte e cinco anos, e serão acrescidos cinco pontos à soma da idade com o tempo de contribuição. (Incluído pela Lei nº 13.183, de 2015)

§ 4º. Ao segurado que alcançar o requisito necessário ao exercício da opção de que trata o *caput* e deixar de requerer aposentadoria será assegurado o direito à opção com a aplicação da pontuação exigida na data do cumprimento do requisito nos termos deste artigo. (Incluído pela Lei nº 13.183, de 2015)

§ 5º. (VETADO). (Incluído pela Lei nº 13.183, de 2015)

Art. 30. (Revogado pela Lei nº 9.032, de 1995)

Art. 31. O valor mensal do auxílio-acidente integra o salário de contribuição, para fins de cálculo do salário de benefício de qualquer aposentadoria, observado, no que couber, o disposto no art. 29 e no art. 86, § 5º. (Restabelecido com nova redação pela Lei nº 9.528, de 1997)

Art. 32. O salário de benefício do segurado que contribuir em razão de atividades concomitantes será calculado com base na soma dos salários de contribuição das atividades exercidas na data do requerimento ou do óbito, ou no período básico de cálculo, observado o disposto no art. 29 desta Lei. (Redação dada pela Lei 13.846/2019)

I a III– (Revogados pela Lei 13.846/2019)

§ 1º. O disposto neste artigo não se aplica ao segurado que, em obediência ao limite máximo do salário de contribuição, contribuiu apenas por uma das atividades concomitantes. (Redação dada pela Lei 13.846/2019)

§ 2º. Não se aplica o disposto neste artigo ao segurado que tenha sofrido redução do salário de contribuição das atividades concomitantes em respeito ao limite máximo desse salário. (Redação dada pela Lei 13.846/2019)

SUBSEÇÃO II. DA RENDA MENSAL DO BENEFÍCIO

‣ Decreto 3.048/1999: arts. 35 a 39.

Art. 33. A renda mensal do benefício de prestação continuada que substituir o salário de contribuição ou o rendimento do trabalho do segurado não terá valor inferior ao do salário-mínimo, nem superior ao do limite máximo do salário de contribuição, ressalvado o disposto no art. 45 desta Lei.

Art. 34. No cálculo do valor da renda mensal do benefício, inclusive o decorrente de acidente do trabalho, serão computados: (Redação dada pela Lei Complementar nº 150, de 2015)

I – para o segurado empregado, inclusive o doméstico, e o trabalhador avulso, os salários de contribuição referentes aos meses de contribuições devidas, ainda que não recolhidas pela empresa ou pelo empregador doméstico, sem prejuízo da respectiva cobrança e da aplicação das penalidades cabíveis, observado o disposto no § 5º do art. 29-A; (Redação dada pela Lei Complementar nº 150, de 2015)

II – para o segurado empregado, inclusive o doméstico, o trabalhador avulso e o segurado especial, o valor mensal do auxílio-acidente, considerado como salário de contribuição para fins de concessão de qualquer aposentadoria, nos termos do art. 31; (Redação dada pela Lei Complementar nº 150, de 2015)

III – para os demais segurados, os salários de contribuição referentes aos meses de contribuições efetivamente recolhidas. (Incluído pela Lei nº 9.528, de 1997)

Art. 35. Ao segurado empregado, inclusive o doméstico, e ao trabalhador avulso que tenham cumprido todas as condições para a concessão do benefício pleiteado, mas não possam comprovar o valor de seus salários de contribuição no período básico de cálculo, será concedido o benefício de valor mínimo, devendo esta renda ser recalculada quando da apresentação de prova dos salários de contribuição. (Redação dada pela Lei Complementar nº 150, de 2015)

Art. 36. Para o segurado empregado doméstico que, tendo satisfeito as condições exigidas para a concessão do benefício requerido, não comprovar o efetivo recolhimento das contribuições devidas, será concedido o benefício de valor mínimo, devendo sua renda ser recalculada quando da apresentação da prova do recolhimento das contribuições.

Art. 37. A renda mensal inicial, recalculada de acordo com o disposto no art. 35, deve ser reajustada como a dos benefícios correspondentes com igual data de início e substituirá, a partir da data do requerimento de revisão do valor do benefício, a renda mensal que prevalecia até então. (Redação dada pela Lei Complementar nº 150, de 2015)

Art. 38. Sem prejuízo do disposto no art. 35, cabe à Previdência Social manter cadastro dos segurados com todos os informes necessários para o cálculo da renda mensal dos benefícios. (Redação dada pela Lei Complementar nº 150, de 2015)

Art. 38-A. O Ministério da Economia manterá sistema de cadastro dos segurados especiais no Cadastro Nacional de Informações Sociais (CNIS), observado o disposto nos §§ 4º e 5º do art. 17 desta Lei, e poderá firmar acordo de cooperação com o Ministério da Agricultura, Pecuária e Abastecimento e com outros órgãos da administração pública federal, estadual, distrital e municipal para a manutenção e a gestão do sistema de cadastro. (Redação dada pela Lei 13.846/2019)

§ 1º O sistema de que trata o *caput* deste artigo preverá a manutenção e a atualização anual do cadastro e conterá as informações necessárias à caracterização da condição de segurado especial, nos termos do disposto no regulamento. (Redação dada pela Lei 13.846/2019)

§ 2º Da aplicação do disposto neste artigo não poderá resultar nenhum ônus para os segurados, sem prejuízo do disposto no § 4º deste artigo. (Redação dada pela Lei 13.846/2019)

§ 3º O INSS, no ato de habilitação ou de concessão de benefício, deverá verificar a condição de segurado especial e, se for o caso, o pagamento da contribuição previdenciária, nos termos da Lei nº 8.212, de 24 de julho de 1991, considerando, dentre outros, o que consta do Cadastro Nacional de Informações Sociais (CNIS) de que trata o art. 29-A desta Lei. (Redação dada pela Lei 13.134/2015)

§ 4º A atualização anual de que trata o § 1º deste artigo será feita até 30 de junho do ano subsequente. (Redação dada pela Lei 13.846/2019)

§ 5º É vedada a atualização de que trata o § 1º deste artigo após o prazo de 5 (cinco) anos, contado da data estabelecida no § 4º deste artigo. (Redação dada pela Lei 13.846/2019)

§ 6º Decorrido o prazo de 5 (cinco) anos de que trata o § 5º deste artigo, o segurado especial só poderá computar o período de trabalho rural se efetuados em época própria a comercialização da produção e o recolhimento da contribuição prevista no art. 25 da Lei nº 8.212, de 24 de julho de 1991. (Acrescido pela Lei 13.846/2019)

Art. 38-B. O INSS utilizará as informações constantes do cadastro de que trata o art. 38-A para fins de comprovação do exercício da atividade e da condição do segurado especial e do respectivo grupo familiar. (Incluído pela Lei nº. 13.134, de 2015)

‣ Artigo regulamentado pela Port. Conjunta INSS-SAF/SEPREVT Nº 2 DE 15/03/2019

§ 1º A partir de 1º de janeiro de 2023, a comprovação da condição e do exercício da atividade rural do segurado especial ocorrerá, exclusivamente, pelas informações constantes do cadastro a que se refere o art. 38-A desta Lei. (Acrescido pela Lei 13.846/2019)

§ 2º Para o período anterior a 1º de janeiro de 2023, o segurado especial comprovará o tempo de exercício da atividade rural por meio de autodeclaração ratificada por entidades públicas credenciadas, nos termos do art. 13 da Lei nº 12.188, de 11 de janeiro de 2010, e por outros órgãos públicos, na forma prevista no regulamento. (Acrescido pela Lei 13.846/2019)

§ 3º Até 1º de janeiro de 2025, o cadastro de que trata o art. 38-A poderá ser realizado, atualizado e corrigido, sem prejuízo do prazo de que trata o § 1º deste artigo e da regra permanente prevista nos §§ 4º e 5º do art. 38-A desta Lei. (Acrescido pela Lei 13.846/2019)

§ 4º Na hipótese de divergência de informações entre o cadastro e outras bases de dados, para fins de reconhecimento do direito ao benefício, o INSS poderá exigir a apresentação dos documentos referidos no art. 106 desta Lei. (Acrescido pela Lei 13.846/2019)

§ 5º O cadastro e os prazos de que tratam este artigo e o art. 38-A desta Lei deverão ser amplamente divulgados por todos os meios de comunicação cabíveis para que todos os cidadãos tenham acesso à informação sobre a existência do referido cadastro e a obrigatoriedade de registro. (Acrescido pela Lei 13.846/2019)

Art. 39. Para os segurados especiais, referidos no inciso VII do art. 11 desta Lei, fica garantida a concessão: (Redação dada pela Lei 13.846/2019)

I – de aposentadoria por idade ou por invalidez, de auxílio-doença, de auxílio-reclusão ou de pensão, no valor de 1 (um) salário mínimo, e de auxílio-acidente, conforme disposto no art. 86 desta Lei, desde que comprovem o exercício de atividade rural, ainda que de forma descontínua, no período imediatamente anterior ao requerimento do benefício, igual ao número de meses correspondentes à carência do benefício requerido, observado o disposto nos arts. 38-A e 38-B desta Lei; ou (Redação dada pela Lei 13.846/2019)

II – dos benefícios especificados nesta Lei, observados os critérios e a forma de cálculo estabelecidos, desde que contribuam facultativamente para a Previdência Social, na forma estipulada no Plano de Custeio da Seguridade Social.

Parágrafo único. Para a segurada especial fica garantida a concessão do salário-maternidade no valor de 1 (um) salário mínimo, desde que comprove o exercício de atividade rural, ainda que de forma descontínua, nos 12 (doze) meses imediatamente anteriores ao do início do benefício. (Incluído pela Lei nº 8.861, de 1994)

Art. 40. É devido abono anual ao segurado e ao dependente da Previdência Social que, durante o ano, recebeu auxílio-doença, auxílio-acidente ou aposentadoria, pensão por morte ou auxílio-reclusão.

Parágrafo único. O abono anual será calculado, no que couber, da mesma forma que a Gratificação de Natal dos trabalhadores, tendo por base o valor da renda mensal do benefício do mês de dezembro de cada ano.

SEÇÃO IV. DO REAJUSTAMENTO DO VALOR DOS BENEFÍCIOS

‣ Decreto 3.048/1999: arts. 40 a 42.

Art. 41. (Revogado pela lei nº 11.430, de 2006)

I – (Revogado pela Lei nº 11.430, de 2006)

II – (Revogado pela Lei nº 8.542, de 1992)

III e IV – (Revogados pela Lei nº 11.430, de 2006)

§§ 1º a 6º. (Revogados pela lei nº 11.430, de 2006)

§ 7º. (Revogado pela Lei nº 8.880, de 1994)

§§ 8º e 9º. (Revogados pela Lei nº 11.430, de 2006)

Art. 41-A. O valor dos benefícios em manutenção será reajustado, anualmente, na mesma data do reajuste do salário mínimo, *pro rata*, de acordo com suas respectivas datas de início ou do último reajustamento, com base no Índice Nacional de Preços ao Consumidor – INPC, apurado pela Fundação Instituto Brasileiro de Geografia e Estatística – IBGE. (Incluído pela Lei nº 11.430, de 2006)

§ 1º. Nenhum benefício reajustado poderá exceder o limite máximo do salário de benefício na data do reajustamento, respeitados os direitos adquiridos. (Incluído pela Lei nº 11.430, de 2006)

§ 2º. Os benefícios com renda mensal superior a um salário mínimo serão pagos do primeiro ao quinto dia útil do mês subsequente ao de sua competência, observada a distribuição proporcional do número de beneficiários por dia de pagamento. (Redação dada pela Lei nº 11.665, de 2008)

§ 3º. Os benefícios com renda mensal no valor de até um salário mínimo serão pagos no período compreendido entre o quinto dia útil que anteceder o final do mês de sua competência e o quinto dia útil do mês subsequente, observada a distribuição proporcional dos beneficiários por dia de pagamento. (Redação dada pela Lei nº 11.665, de 2008)

§ 4º. Para os efeitos dos §§ 2º e 3º deste artigo, considera-se dia útil aquele de expediente bancário com horário normal de atendimento. (Redação dada pela Lei nº 11.665, de 2008).

§ 5º. O primeiro pagamento do benefício será efetuado até quarenta e cinco dias após a data da apresentação, pelo segurado, da documentação necessária a sua concessão. (Incluído pela Lei nº 11.665, de 2008)

§ 6º. Para os benefícios que tenham sido majorados devido à elevação do salário mínimo, o referido aumento deverá ser compensado no momento da aplicação do disposto no *caput* deste artigo, de acordo com normas a serem baixadas pelo Ministério da Previdência Social. (Incluído pela Lei nº 11.665, de 2008)

SEÇÃO V. DOS BENEFÍCIOS

SUBSEÇÃO I. DA APOSENTADORIA POR INVALIDEZ

- Súm. 576 do STJ.
- Decreto 3.048/1999: arts. 43 a 50.

Art. 42. A aposentadoria por invalidez, uma vez cumprida, quando for o caso, a carência exigida, será devida ao segurado que, estando ou não em gozo de auxílio-doença, for considerado incapaz e insusceptível de reabilitação para o exercício de atividade que lhe garanta a subsistência, e ser-lhe-á paga enquanto permanecer nesta condição.

§ 1º. A concessão de aposentadoria por invalidez dependerá da verificação da condição de incapacidade mediante exame médico-pericial a cargo da Previdência Social, podendo o segurado, às suas expensas, fazer-se acompanhar de médico de sua confiança.

§ 2º. A doença ou lesão de que o segurado já era portador ao filiar-se ao Regime Geral de Previdência Social não lhe conferirá direito à aposentadoria por invalidez, salvo quando a incapacidade sobrevier por motivo de progressão ou agravamento dessa doença ou lesão.

Art. 43. A aposentadoria por invalidez será devida a partir do dia imediato ao da cessação do auxílio-doença, ressalvado o disposto nos §§ 1º, 2º e 3º deste artigo.

§ 1º. Concluindo a perícia médica inicial pela existência de incapacidade total e definitiva para o trabalho, a aposentadoria por invalidez será devida: (Redação dada pela Lei nº 9.032, de 1995)

a) ao segurado empregado, a contar do décimo sexto dia do afastamento da atividade ou a partir da entrada do requerimento, se entre o afastamento e a entrada do requerimento decorrerem mais de trinta dias; (Redação Dada pela Lei nº 9.876, de 1999)

b) ao segurado empregado doméstico, trabalhador avulso, contribuinte individual, especial e facultativo, a contar da data do início da incapacidade ou da data da entrada do requerimento, se entre essas datas decorrerem mais de trinta dias. (Redação Dada pela Lei nº 9.876, de 1999)

§ 2º. Durante os primeiros quinze dias de afastamento da atividade por motivo de invalidez, caberá à empresa pagar ao segurado empregado o salário. (Redação Dada pela Lei nº 9.876, de 1999)

§ 3º. (Revogado pela Lei nº 9.032, de 1995)

§ 4º O segurado aposentado por invalidez poderá ser convocado a qualquer momento para avaliação das condições que ensejaram o afastamento ou a aposentadoria, concedida judicial ou administrativamente, observado o disposto no art. 101 desta Lei. (Incluído pela Lei nº 13.457, de 2017)

§ 5º A pessoa com HIV/aids é dispensada da avaliação referida no § 4º deste artigo. (Redação dada pela Lei nº 13.847/2019)

Art. 44. A aposentadoria por invalidez, inclusive a decorrente de acidente do trabalho, consistirá numa renda mensal correspondente a 100% (cem por cento) do salário de benefício, observado o disposto na Seção III, especialmente no art. 33 desta Lei. (Redação dada pela Lei nº 9.032, de 1995)

§ 1º. (Revogado pela Lei nº 9.528, de 1997)

§ 2º. Quando o acidentado do trabalho estiver em gozo de auxílio-doença, o valor da aposentadoria por invalidez será igual ao do auxílio-doença se este, por força de reajustamento, for superior ao previsto neste artigo.

Art. 45. O valor da aposentadoria por invalidez do segurado que necessitar da assistência permanente de outra pessoa será acrescido de 25% (vinte e cinco por cento).

Parágrafo único. O acréscimo de que trata este artigo:

a) será devido ainda que o valor da aposentadoria atinja o limite máximo legal;

b) será recalculado quando o benefício que lhe deu origem for reajustado;

c) cessará com a morte do aposentado, não sendo incorporável ao valor da pensão.

Art. 46. O aposentado por invalidez que retornar voluntariamente à atividade terá sua aposentadoria automaticamente cancelada, a partir da data do retorno.

Art. 47. Verificada a recuperação da capacidade de trabalho do aposentado por invalidez, será observado o seguinte procedimento:

I – quando a recuperação ocorrer dentro de 5 (cinco) anos, contados da data do início da aposentadoria por invalidez ou do auxílio-doença que a antecedeu sem interrupção, o benefício cessará:

a) de imediato, para o segurado empregado que tiver direito a retornar à função que desempenhava na empresa quando se aposentou, na forma da legislação trabalhista, valendo como documento, para tal fim, o certificado de capacidade fornecido pela Previdência Social; ou

b) após tantos meses quantos forem os anos de duração do auxílio-doença ou da aposentadoria por invalidez, para os demais segurados;

II – quando a recuperação for parcial, ou ocorrer após o período do inciso I, ou ainda quando o segurado for declarado apto para o exercício de trabalho diverso do qual habitualmente exercia, a aposentadoria será mantida, sem prejuízo da volta à atividade:

a) no seu valor integral, durante 6 (seis) meses contados da data em que for verificada a recuperação da capacidade;

b) com redução de 50% (cinquenta por cento), no período seguinte de 6 (seis) meses;

c) com redução de 75% (setenta e cinco por cento), também por igual período de 6 (seis) meses, ao término do qual cessará definitivamente.

SUBSEÇÃO II. DA APOSENTADORIA POR IDADE

- Decreto 3.048/1999: arts. 51 a 54.

Art. 48. A aposentadoria por idade será devida ao segurado que, cumprida a carência exigida nesta Lei, completar 65 (sessenta e cinco) anos de idade, se homem, e 60 (sessenta), se mulher. (Redação dada pela Lei nº 9.032, de 1995)

§ 1º. Os limites fixados no *caput* são reduzidos para sessenta e cinquenta e cinco anos no caso de trabalhadores rurais, respectivamente homens e mulheres, referidos na alínea a do inciso I, na alínea g do inciso V e nos incisos VI e VII do art. 11. (Redação Dada pela Lei nº 9.876, de 1999)

§ 2º. Para os efeitos do disposto no § 1º deste artigo, o trabalhador rural deve comprovar o efetivo exercício de atividade rural, ainda que de forma descontínua, no período imediatamente anterior ao requerimento do benefício, por tempo igual ao número de meses de contribuição correspondente à carência do benefício pretendido, computado o período a que se referem os incisos III a VIII do § 9º do art. 11 desta Lei. (Redação dada pela Lei nº 11.718, de 2008)

§ 3º. Os trabalhadores rurais de que trata o § 1º deste artigo que não atendam ao disposto no § 2º deste artigo, mas que satisfaçam essa condição, se forem considerados períodos de contribuição sob outras categorias do segurado, farão jus ao benefício ao completarem 65 (sessenta e cinco) anos de idade, se homem, e 60 (sessenta) anos, se mulher. (Incluído pela Lei nº 11.718, de 2008)

§ 4º. Para efeito do § 3º deste artigo, o cálculo da renda mensal do benefício será apurado de acordo com o disposto no inciso II do *caput* do art. 29 desta Lei, considerando-se como salário de contribuição mensal do período como segurado especial o limite mínimo de salário de contribuição da Previdência Social. (Incluído pela Lei nº 11,718, de 2008)

Art. 49. A aposentadoria por idade será devida:

I – ao segurado empregado, inclusive o doméstico, a partir:

a) da data do desligamento do emprego, quando requerida até essa data ou até 90 (noventa) dias depois dela; ou

b) da data do requerimento, quando não houver desligamento do emprego ou quando for requerida após o prazo previsto na alínea "a";

II – para os demais segurados, da data da entrada do requerimento.

Art. 50. A aposentadoria por idade, observado o disposto na Seção III deste Capítulo, especialmente no art. 33, consistirá numa renda mensal de 70% (setenta por cento) do salário de benefício, mais 1% (um por cento) deste, por grupo de 12 (doze) contribuições, não podendo ultrapassar 100% (cem por cento) do salário de benefício.

‣ Decreto 3.048/1999: arts. 31 e 32.

Art. 51. A aposentadoria por idade pode ser requerida pela empresa, desde que o segurado empregado tenha cumprido o período de carência e completado 70 (setenta) anos de idade, se do sexo masculino, ou 65 (sessenta e cinco) anos, se do sexo feminino, sendo compulsória, caso em que será garantida ao empregado a indenização prevista na legislação trabalhista, considerada como data da rescisão do contrato de trabalho a imediatamente anterior à do início da aposentadoria.

SUBSEÇÃO III.
DA APOSENTADORIA POR TEMPO DE SERVIÇO

Art. 52. A aposentadoria por tempo de serviço será devida, cumprida a carência exigida nesta Lei, ao segurado que completar 25 (vinte e cinco) anos de serviço, se do sexo feminino, ou 30 (trinta) anos, se do sexo masculino.

‣ Súm. 272 do STJ.

‣ CF/88: arts. 40 e 201, § 7º.

Art. 53. A aposentadoria por tempo de serviço, observado o disposto na Seção III deste Capítulo, especialmente no art. 33, consistirá numa renda mensal de:

I – para a mulher: 70% (setenta por cento) do salário de benefício aos 25 (vinte e cinco) anos de serviço, mais 6% (seis por cento) deste, para cada novo ano completo de atividade, até o máximo de 100% (cem por cento) do salário de benefício aos 30 (trinta) anos de serviço;

II – para o homem: 70% (setenta por cento) do salário de benefício aos 30 (trinta) anos de serviço, mais 6% (seis por cento) deste, para cada novo ano completo de atividade, até o máximo de 100% (cem por cento) do salário de benefício aos 35 (trinta e cinco) anos de serviço.

Art. 54. A data do início da aposentadoria por tempo de serviço será fixada da mesma forma que a da aposentadoria por idade, conforme o disposto no art. 49.

Art. 55. O tempo de serviço será comprovado na forma estabelecida no Regulamento, compreendendo, além do correspondente às atividades de qualquer das categorias de segurados de que trata o art. 11 desta Lei, mesmo que anterior à perda da qualidade de segurado:

I – o tempo de serviço militar, inclusive o voluntário, e o previsto no § 1º do art. 143 da Constituição Federal, ainda que anterior à filiação ao Regime Geral de Previdência Social, desde que não tenha sido contado para inatividade remunerada nas Forças Armadas ou aposentadoria no serviço público;

II – o tempo intercalado em que esteve em gozo de auxílio-doença ou aposentadoria por invalidez;

III – o tempo de contribuição efetuada como segurado facultativo; (Redação dada pela Lei nº 9.032, de 1995)

IV – o tempo de serviço referente ao exercício de mandato eletivo federal, estadual ou municipal, desde que não tenha sido contado para efeito de aposentadoria por outro regime de previdência social; (Redação dada pela Lei nº 9.506, de 1997)

V – o tempo de contribuição efetuado por segurado depois de ter deixado de exercer atividade remunerada que o enquadrava no art. 11 desta Lei;

VI – o tempo de contribuição efetuado com base nos artigos 8º e 9º da Lei nº 8.162, de 8 de janeiro de 1991, pelo segurado definido no artigo 11, inciso I, alínea "g", desta Lei, sendo tais contribuições computadas para efeito de carência. (Incluído pela Lei nº 8.647, de 1993)

§ 1º. A averbação de tempo de serviço durante o qual o exercício da atividade não determinava filiação obrigatória ao anterior Regime de Previdência Social Urbana só será admitida mediante o recolhimento das contribuições correspondentes, conforme dispuser o Regulamento, observado o disposto no § 2º.

§ 2º. O tempo de serviço do segurado trabalhador rural, anterior à data de início de vigência desta Lei, será computado independentemente do recolhimento das contribuições a ele correspondentes, exceto para efeito de carência, conforme dispuser o Regulamento.

§ 3º. A comprovação do tempo de serviço para fins do disposto nesta Lei, inclusive mediante justificativa administrativa ou judicial, observado o disposto no art. 108, só produzirá efeito quando for baseada em início de prova material contemporânea dos fatos, não admitida a prova exclusivamente testemunhal, exceto na ocorrência de motivo de força maior ou caso fortuito, na forma prevista no Regulamento. (Redação dada pela Lei 13.846/2019)

§ 4º. Não será computado como tempo de contribuição, para efeito de concessão do benefício de que trata esta subseção, o período em que o segurado contribuinte individual ou facultativo tiver contribuído na forma do § 2º do art. 21 da Lei nº 8.212, de 24 de julho de 1991, salvo se tiver complementado as contribuições na forma do § 3º do mesmo artigo. (Incluído pela Lei Complementar nº 123, de 2006)

Art. 56. O professor, após 30 (trinta) anos, e a professora, após 25 (vinte e cinco) anos de efetivo exercício em funções de magistério poderão aposentar-se por tempo de serviço, com renda mensal correspondente a 100% (cem por cento) do salário de benefício, observado o disposto na Seção III deste Capítulo.

‣ Súm. 726 do STF.

‣ CF/88: art. 201, § 8º.

SUBSEÇÃO IV.
DA APOSENTADORIA ESPECIAL

‣ Súm. Vinculante 33 do STF.

‣ Decreto 3.048/1999: arts. 64 a 70.

Art. 57. A aposentadoria especial será devida, uma vez cumprida a carência exigida nesta Lei, ao segurado que tiver trabalhado sujeito a condições especiais que prejudiquem a saúde ou a integridade física, durante 15 (quinze), 20 (vinte) ou 25 (vinte e cinco) anos, conforme dispuser a lei. (Redação dada pela Lei nº 9.032, de 1995)

‣ EC 20/1998

§ 1º. A aposentadoria especial, observado o disposto no art. 33 desta Lei, consistirá numa renda mensal equivalente a 100% (cem por cento) do salário-de-benefício. *(Parágrafo com redação dada pela Lei 9.032, de 28.04.1995)*

§ 2º. A data de início do benefício será fixada da mesma forma que a da aposentadoria por idade, conforme o disposto no art. 49.

§ 3º. A concessão da aposentadoria especial dependerá de comprovação pelo segurado, perante o Instituto Nacional do Seguro Social–INSS, do tempo de trabalho permanente, não ocasional nem intermitente, em condições especiais que prejudiquem a saúde ou a integridade física, durante o período mínimo fixado. (Redação dada pela Lei nº 9.032, de 1995)

§ 4º. O segurado deverá comprovar, além do tempo de trabalho, exposição aos agentes nocivos químicos, físicos, biológicos ou associação de agentes prejudiciais à saúde ou à integridade física, pelo período equivalente ao exigido para a concessão do benefício. (Redação dada pela Lei nº 9.032, de 1995)

§ 5º. O tempo de trabalho exercido sob condições especiais que sejam ou venham a ser consideradas prejudiciais à saúde ou à integridade física será somado, após a respectiva conversão ao tempo de trabalho exercido em atividade comum, segundo critérios estabelecidos pelo Ministério da Previdência e Assistência Social, para efeito de concessão de qualquer benefício. (Incluído pela Lei nº 9.032, de 1995)

§ 6º. O benefício previsto neste artigo será financiado com os recursos provenientes da contribuição de que trata o inciso II do art. 22 da Lei nº 8.212, de 24 de julho de 1991, cujas alíquotas serão acrescidas de doze, nove ou seis pontos percentuais, conforme a atividade exercida pelo segurado a serviço da empresa permita a concessão de aposentadoria especial após quinze, vinte ou vinte e cinco anos de contribuição, respectivamente. (Redação dada pela Lei nº 9.732, de 1998)

§ 7º. O acréscimo de que trata o parágrafo anterior incide exclusivamente sobre a remuneração do segurado sujeito às condições especiais referidas no *caput*. (Incluído pela Lei nº 9.732, de 1998)

§ 8º. Aplica-se o disposto no art. 46 ao segurado aposentado nos termos deste artigo que continuar no exercício de atividade ou operação que o sujeite aos agentes nocivos constantes da relação referida no art. 58 desta Lei. (Incluído pela Lei nº 9.732, de 1998)

Art. 58. A relação dos agentes nocivos químicos, físicos e biológicos ou associação de agentes prejudiciais à saúde ou à integridade física considerados para fins de concessão da aposentadoria especial de que trata o artigo anterior será definida pelo Poder Executivo. (Redação dada pela Lei nº 9.528, de 1997)

‣ EC 20/1998: art.15.

§ 1º. A comprovação da efetiva exposição do segurado aos agentes nocivos será feita mediante formulário, na forma estabelecida pelo Instituto Nacional do Seguro Social – INSS, emitido pela empresa ou seu preposto, com base em laudo técnico de condições ambientais do trabalho expedido por médico do trabalho ou engenheiro de segurança do trabalho nos termos da legislação trabalhista. (Redação dada pela Lei nº 9.732, de 1998)

§ 2º. Do laudo técnico referido no parágrafo anterior deverão constar informação sobre a existência de tecnologia de proteção coletiva ou individual que diminua a intensidade do agente agressivo a limites de tolerância e recomendação sobre a sua adoção pelo estabelecimento respectivo. (Redação dada pela Lei nº 9.732, de 1998)

§ 3º. A empresa que não mantiver laudo técnico atualizado com referência aos agentes nocivos existentes no ambiente de trabalho de seus trabalhadores ou que emitir documento de comprovação de efetiva exposição em desacordo com o respectivo laudo estará sujeita à penalidade prevista no art. 133 desta Lei. (Incluído pela Lei nº 9.528, de 1997)

§ 4º. A empresa deverá elaborar e manter atualizado perfil profissiográfico abrangendo as atividades desenvolvidas pelo trabalhador e fornecer a este, quando da rescisão do contrato de trabalho, cópia autêntica desse documento. (Incluído pela Lei nº 9.528, de 1997)

SUBSEÇÃO V.
DO AUXÍLIO-DOENÇA

‣ Decreto 3.048/1999.

Art. 59. O auxílio-doença será devido ao segurado que, havendo cumprido, quando for o caso, o período de carência exigido nesta Lei, ficar incapacitado para o seu trabalho ou para a sua atividade habitual por mais de 15 (quinze) dias consecutivos.

‣ CLT: art. 476.

§ 1º Não será devido o auxílio-doença ao segurado que se filiar ao Regime Geral de Previdência Social já portador da doença ou da lesão invocada como causa para o benefício, exceto quando a incapacidade sobrevier por motivo de progressão ou agravamento da doença ou da lesão. (Redação dada pela Lei 13.846/2019)

§ 2º Não será devido o auxílio-doença para o segurado recluso em regime fechado. (Redação dada pela Lei 13.846/2019)

§ 3º O segurado em gozo de auxílio-doença na data do recolhimento à prisão terá o benefício suspenso. (Redação dada pela Lei 13.846/2019)

§ 4º A suspensão prevista no § 3º será de até sessenta dias, contados da data do recolhimento à prisão, cessado o benefício após o referido prazo. (Redação dada pela Lei 13.846/2019)

§ 5º Na hipótese de o segurado ser colocado em liberdade antes do prazo previsto no § 4º, o benefício será restabelecido a partir da data da soltura. (Redação dada pela Lei 13.846/2019)

§ 6º Em caso de prisão declarada ilegal, o segurado terá direito à percepção do benefício por todo o período devido. (Acrescido pela Lei 13.846/2019)

§ 7º O disposto nos §§ 2º, 3º, 4º, 5º e 6º deste artigo aplica-se somente aos benefícios dos segurados que forem recolhidos à prisão a partir da data de publicação desta Lei. (Acrescido pela Lei 13.846/2019)

§ 8º O segurado recluso em cumprimento de pena em regime aberto ou semiaberto terá direito ao auxílio-doença. (Acrescido pela Lei 13.846/2019)

Art. 60. O auxílio-doença será devido ao segurado empregado a contar do décimo sexto dia do afastamento da atividade, e, no caso dos demais segurados, a contar da data do início da incapacidade e enquanto ele permanecer incapaz. (Redação dada pela Lei nº 9.876, de 1999)

§ 1º. Quando requerido por segurado afastado da atividade por mais de 30 (trinta) dias, o auxílio-doença será devido a contar da data da entrada do requerimento.

§ 2º. (*Revogado pela Lei nº 9.032, de 1995*)

§ 3º. Durante os primeiros quinze dias consecutivos ao do afastamento da atividade por motivo de doença, incumbirá à empresa pagar ao segurado empregado o seu salário integral. (Redação Dada pela Lei nº 9.876, de 1999)

§ 4º. A empresa que dispuser de serviço médico, próprio ou em convênio, terá a seu cargo o exame médico e o abono das faltas correpondentes ao período referido no § 3º, somente devendo encaminhar o segurado à perícia médica da Previdência Social quando a incapacidade ultrapassar 15 (quinze) dias.

- Consta conforme publicação oficial. Onde se lê "correpondentes"; leia-se "correspondentes".

§ 5º (Revogado pela Lei 13.846/2019)

§ 6º. O segurado que durante o gozo do auxílio-doença vier a exercer atividade que lhe garanta subsistência poderá ter o benefício cancelado a partir do retorno à atividade. (Incluído pela Lei 13.135/2015)

§ 7º. Na hipótese do § 6º, caso o segurado, durante o gozo do auxílio-doença, venha a exercer atividade diversa daquela que gerou o benefício, deverá ser verificada a incapacidade para cada uma das atividades exercidas. (Incluído pela Lei 13.135/2015)

§ 8º Sempre que possível, o ato de concessão ou de reativação de auxílio-doença, judicial ou administrativo, deverá fixar o prazo estimado para a duração do benefício. (Incluído pela Lei nº 13.457, de 2017)

§ 9º Na ausência de fixação do prazo de que trata o § 8º deste artigo, o benefício cessará após o prazo de cento e vinte dias, contado da data de concessão ou de reativação do auxílio-doença, exceto se o segurado requerer a sua prorrogação perante o INSS, na forma do regulamento, observado o disposto no art. 62 desta Lei. (Incluído pela Lei nº 13.457, de 2017)

§ 10. O segurado em gozo de auxílio-doença, concedido judicial ou administrativamente, poderá ser convocado a qualquer momento para avaliação das condições que ensejaram sua concessão ou manutenção, observado o disposto no art. 101 desta Lei. (Incluído pela Lei nº 13.457, de 2017)

§ 11. O segurado que não concordar com o resultado da avaliação da qual dispõe o § 10 deste artigo poderá apresentar, no prazo máximo de trinta dias, recurso da decisão da administração perante o Conselho de Recursos do Seguro Social, cuja análise médica pericial, se necessária, será feita pelo assistente técnico médico da junta de recursos do seguro social, perito diverso daquele que indeferiu o benefício. (Incluído pela Lei nº 13.457, de 2017)

Art. 61. O auxílio-doença, inclusive o decorrente de acidente do trabalho, consistirá numa renda mensal correspondente a 91% (noventa e um por cento) do salário de benefício, observado o disposto na Seção III, especialmente no art. 33 desta Lei. (Redação dada pela Lei nº 9.032, de 1995)

Art. 62. O segurado em gozo de auxílio-doença, insuscetível de recuperação para sua atividade habitual, deverá submeter-se a processo de reabilitação profissional para o exercício de outra atividade. (Redação dada pela Lei nº 13.457, de 2017)

§ 1º O benefício a que se refere o *caput* deste artigo será mantido até que o segurado seja considerado reabilitado para o desempenho de atividade que lhe garanta a subsistência ou, quando considerado não recuperável, seja aposentado por invalidez. (Parágrafo único transformado em § 1º pela Lei 13.846/2019)

§ 2º A alteração das atribuições e responsabilidades do segurado compatíveis com a limitação que tenha sofrido em sua capacidade física ou mental não configura desvio de cargo ou função do segurado reabilitado ou que estiver em processo de reabilitação profissional a cargo do INSS. (Redação dada pela Lei 13.846/2019)

Art. 63. O segurado empregado, inclusive o doméstico, em gozo de auxílio-doença será considerado pela empresa e pelo empregador doméstico como licenciado. (Redação dada pela Lei Complementar nº 150, de 2015)

Parágrafo único. A empresa que garantir ao segurado licença remunerada ficará obrigada a pagar-lhe durante o período de auxílio-doença a eventual diferença entre o valor deste e a importância garantida pela licença.

Art. 64. (Revogado pela Lei nº 9.032, de 1995)

SUBSEÇÃO VI.
DO SALÁRIO-FAMÍLIA

- Decreto 3.048/1999.

Art. 65. O salário-família será devido, mensalmente, ao segurado empregado, inclusive o doméstico, e ao segurado trabalhador avulso, na proporção do respectivo número de filhos ou equiparados nos termos do § 2º do art. 16 desta Lei, observado o disposto no art. 66. (Redação dada pela Lei Complementar nº 150, de 2015)

Parágrafo único. O aposentado por invalidez ou por idade e os demais aposentados com 65 (sessenta e cinco) anos ou mais de idade, se do sexo masculino, ou 60 (sessenta) anos ou mais, se do feminino, terão direito ao salário-família, pago juntamente com a aposentadoria.

Art. 66. O valor da cota do salário-família por filho ou equiparado de qualquer condição, até 14 (quatorze) anos de idade ou inválido de qualquer idade é de:

I – Cr$ 1.360,00 (um mil trezentos e sessenta cruzeiros), para o segurado com remuneração mensal não superior a Cr$ 51.000,00 (cinquenta e um mil cruzeiros);

- Portaria ME/SEPT 477, de 12 de janeiro de 2021 - Art. 4º O valor da cota do salário-família por filho ou equiparado de qualquer condição, até 14 (quatorze) anos de idade, ou inválido de qualquer idade, a partir de 1º de janeiro de 2021, é de R$ 51,27 (cinquenta e um reais e vinte e sete centavos) para o segurado com remuneração mensal não superior a R$ 1.503,25 (um mil quinhentos e três reais e vinte e cinco centavos).

II – Cr$ 170,00 (cento e setenta cruzeiros), para o segurado com remuneração mensal superior a Cr$ 51.000,00 (cinquenta e um mil cruzeiros).

- Portaria ME/SEPT 477, de 12 de janeiro de 2021 - Art. 4º O valor da cota do salário-família por filho ou equiparado de qualquer condição, até 14 (quatorze) anos de idade, ou inválido de qualquer idade, a partir de 1º de janeiro de 2021, é de R$ 51,27 (cinquenta e um reais e vinte e sete centavos) para o segurado com remuneração mensal não superior a R$ 1.503,25 (um mil quinhentos e três reais e vinte e cinco centavos).

Art. 67. O pagamento do salário-família é condicionado à apresentação da certidão de nascimento do filho ou da documentação relativa ao equiparado ou ao inválido, e à apresentação anual de atestado de vacinação obrigatória e de comprovação de frequência à escola do filho ou equiparado, nos termos do regulamento. (Redação dada pela Lei nº 9.876, de 1999)

Parágrafo único. O empregado doméstico deve apresentar apenas a certidão de nascimento referida no *caput*. (Incluído pela Lei Complementar nº 150, de 2015)

Art. 68. As cotas do salário-família serão pagas pela empresa ou pelo empregador doméstico, mensalmente, junto com o salário, efetivando-se a compensação quando do recolhimento das contribuições, conforme dispuser o Regulamento. (Redação dada pela Lei Complementar nº 150, de 2015)

§ 1º. A empresa ou o empregador doméstico conservarão durante 10 (dez) anos os comprovantes de pagamento e as cópias das certidões correspondentes, para fiscalização da Previdência Social. (Redação dada pela Lei Complementar nº 150, de 2015)

§ 2º. Quando o pagamento do salário não for mensal, o salário-família será pago juntamente com o último pagamento relativo ao mês.

Art. 69. O salário-família devido ao trabalhador avulso poderá ser recebido pelo sindicato de classe respectivo, que se incumbirá de elaborar as folhas correspondentes e de distribuí-lo.

Art. 70. A cota do salário-família não será incorporada, para qualquer efeito, ao salário ou ao benefício.

SUBSEÇÃO VII.
DO SALÁRIO-MATERNIDADE

- Lei 13.301/2016: art. 18, § 3º.
- Lei 13.257/2016 – Dispõe sobre as políticas públicas para a primeira infância.
- Lei 11.770/2008 – Cria o Programa Empresa Cidadã, destinado à prorrogação da licença-maternidade mediante concessão de incentivo fiscal.
- Decreto 6.690/2008 – Institui o Programa de Prorrogação da Licença à Gestante e à Adotante, estabelece os critérios de adesão ao Programa.
- Decreto 3.048/1999.

Art. 71. O salário-maternidade é devido à segurada da Previdência Social, durante 120 (cento e vinte) dias, com início no período entre 28 (vinte e oito) dias antes do parto e a data de ocorrência deste, observadas as situações e condições previstas na legislação no que concerne à proteção à maternidade. (Redação dada pala Lei nº 10.710, de 2003)

- O STF, por maioria, referendou a liminar deferida na ADI 6327 a fim de conferir interpretação conforme à CF a este artigo e: "assim assentar a necessidade de prorrogar o benefício, bem como considerar como termo inicial da licença-maternidade e do respectivo salário-maternidade a alta hospitalar do recém-nascido e/ou de sua mãe, o que ocorrer por último, quando o período de internação exceder as duas semanas previstas no art. 392, § 2º, da CLT, e no art. 93, § 3º, do Decreto n.º 3.048/99". DJe de 19.10.2020.
- Lei 13.985/2020, art. 5º, II.

Parágrafo único. *(Revogado pela Lei nº 9.528, de 1997)*

Art. 71-A. Ao segurado ou segurada da Previdência Social que adotar ou obtiver guarda judicial para fins de adoção de criança é devido salário-maternidade pelo período de 120 (cento e vinte) dias. (Redação dada pela Lei nº 12.873, de 2013)

§ 1º. O salário-maternidade de que trata este artigo será pago diretamente pela Previdência Social. (Redação dada pela Lei nº 12.873, de 2013)

§ 2º. Ressalvado o pagamento do salário-maternidade à mãe biológica e o disposto no art. 71-B, não poderá ser concedido o benefício a mais de um segurado, decorrente do mesmo processo de adoção ou guarda, ainda que os cônjuges ou companheiros estejam submetidos a Regime Próprio de Previdência Social. (Incluído pela Lei nº 12.873, de 2013)

Art. 71-B. No caso de falecimento da segurada ou segurado que fizer jus ao recebimento do salário-maternidade, o benefício será pago, por todo o período ou pelo tempo restante a que teria direito, ao cônjuge ou companheiro sobrevivente que tenha a qualidade de segurado, exceto no caso do falecimento do filho ou de seu abandono, observadas as normas aplicáveis ao salário-maternidade. (Incluído pela Lei nº 12.873, de 2013)

§ 1º. O pagamento do benefício de que trata o *caput* deverá ser requerido até o último dia do prazo previsto para o término do salário-maternidade originário. (Incluído pela Lei nº 12.873, de 2013)

§ 2º. O benefício de que trata o *caput* será pago diretamente pela Previdência Social durante o período entre a data do óbito e o último dia do término do salário-maternidade originário e será calculado sobre: (Incluído pela Lei nº 12.873, de 2013)

I – a remuneração integral, para o empregado e trabalhador avulso; (Incluído pela Lei nº 12.873, de 2013)

II – o último salário de contribuição, para o empregado doméstico; (Incluído pela Lei nº 12.873, de 2013)

III – 1/12 (um doze avos) da soma dos 12 (doze) últimos salários de contribuição, apurados em um período não superior a 15 (quinze) meses, para o contribuinte individual, facultativo e desempregado; e (Incluído pela Lei nº 12.873, de 2013)

IV – o valor do salário mínimo, para o segurado especial. (Incluído pela Lei nº 12.873, de 2013)

§ 3º. Aplica-se o disposto neste artigo ao segurado que adotar ou obtiver guarda judicial para fins de adoção. (Incluído pela Lei nº 12.873, de 2013)

Art. 71-C. A percepção do salário-maternidade, inclusive o previsto no art. 71-B, está condicionada ao afastamento do segurado do trabalho ou da atividade desempenhada, sob pena de suspensão do benefício. (Incluído pela Lei nº 12.873, de 2013)

Art. 72. O salário-maternidade para a segurada empregada ou trabalhadora avulsa consistirá numa renda mensal igual a sua remuneração integral. (Redação Dada pela Lei nº 9.876, de 1999)

§ 1º. Cabe à empresa pagar o salário-maternidade devido à respectiva empregada gestante, efetivando-se a compensação, observado o disposto no art. 248 da Constituição Federal, quando do recolhimento das contribuições incidentes sobre a folha de salários e demais rendimentos pagos ou creditados, a qualquer título, à pessoa física que lhe preste serviço. (Incluído pela Lei nº 10.710, de 2003)

§ 2º. A empresa deverá conservar durante 10 (dez) anos os comprovantes dos pagamentos e os atestados correspondentes para exame pela fiscalização da Previdência Social. (Incluído pela Lei nº 10.710, de 2003)

§ 3º. O salário-maternidade devido à trabalhadora avulsa e à empregada do microempreendedor individual de que trata o art. 18-A da Lei Complementar nº 123, de 14 de dezembro de 2006, será pago diretamente pela Previdência Social. (Redação dada pela Lei nº 12.470, de 2011)

Art. 73. Assegurado o valor de um salário-mínimo, o salário-maternidade para as demais seguradas, pago diretamente pela Previdência Social, consistirá: (Redação dada pela Lei nº 10.710, de 2003)

I – em um valor correspondente ao do seu último salário de contribuição, para a segurada empregada doméstica; (Incluído pela lei nº 9.876, de 1999)

II – em um doze avos do valor sobre o qual incidiu sua última contribuição anual, para a segurada especial; (Incluído pela lei nº 9.876, de 1999)

III – em um doze avos da soma dos doze últimos salários de contribuição, apurados em um período não superior a quinze meses, para as demais seguradas. (Incluído pela lei nº 9.876, de 1999)

Parágrafo único. Aplica-se à segurada desempregada, desde que mantida a qualidade de segurada, na forma prevista no art. 15 desta Lei, o disposto no inciso III do *caput* deste artigo. (Acrescido pela Lei 13.846/2019)

SUBSEÇÃO VIII.
DA PENSÃO POR MORTE

- Súm. 340 e 416 do STJ.
- Decreto 3.048/1999.

Art. 74. A pensão por morte será devida ao conjunto dos dependentes do segurado que falecer, aposentado ou não, a contar da data: (Redação dada pela Lei nº 9.528, de 1997)

I - do óbito, quando requerida em até cento e oitenta dias após o óbito, para os filhos menores de dezesseis anos, ou em até noventa dias após o óbito, para os demais dependentes; *(Redação dada* pela Lei 13.846/2019)

II – do requerimento, quando requerida após o prazo previsto no inciso anterior; (Incluído pela Lei nº 9.528, de 1997)

III – da decisão judicial, no caso de morte presumida. (Incluído pela Lei nº 9.528, de 1997)

§ 1º. Perde o direito à pensão por morte o condenado criminalmente por sentença com trânsito em julgado, como autor, coautor ou partícipe de homicídio doloso, ou de tentativa desse crime, cometido contra a pessoa do segurado, ressalvados os absolutamente incapazes e os inimputáveis. (Redação dada pela Lei 13.846/2019)

§ 2º. Perde o direito à pensão por morte o cônjuge, o companheiro ou a companheira se comprovada, a qualquer tempo, simulação ou fraude no casamento ou na união estável, ou a formalização desses com o fim exclusivo de constituir benefício previdenciário, apuradas em processo judicial no qual será assegurado o direito ao contraditório e à ampla defesa. (Incluído pela Lei 13.135/2015)

§ 3º Ajuizada a ação judicial para reconhecimento da condição de dependente, este poderá requerer a sua habilitação provisória ao benefício de pensão por morte, exclusivamente para fins de rateio dos valores com outros dependentes, vedado o pagamento da respectiva cota até o trânsito em julgado da respectiva ação, ressalvada a existência de decisão judicial em contrário. (Redação dada pela Lei 13.846/2019)

§ 4º Nas ações em que o INSS for parte, este poderá proceder de ofício à habilitação excepcional da referida pensão, apenas para efeitos de rateio, descontando-se os valores referentes a esta habilitação das demais cotas, vedado o pagamento da respectiva cota até o trânsito em julgado da respectiva ação, ressalvada a existência de decisão judicial em contrário. (Acrescido pela Lei 13.846/2019)

§ 5º Julgada improcedente a ação prevista no § 3º ou § 4º deste artigo, o valor retido será corrigido pelos índices legais de reajustamento e será pago de forma proporcional aos demais dependentes, de acordo com as suas cotas e o tempo de duração de seus benefícios. (Redação dada pela Lei 13.846/2019)

§ 6º Em qualquer caso, fica assegurada ao INSS a cobrança dos valores indevidamente pagos em função de nova habilitação. (Acrescido pela Lei 13.846/2019)

Art. 75. O valor mensal da pensão por morte será de cem por cento do valor da aposentadoria que o segurado recebia ou daquela a que teria direito se estivesse aposentado por invalidez na data de seu falecimento, observado o disposto no art. 33 desta lei. (Redação dada pela Lei nº 9.528, de 1997)

Art. 76. A concessão da pensão por morte não será protelada pela falta de habilitação de outro possível dependente, e qualquer inscrição ou habilitação posterior que importe em exclusão ou inclusão de dependente só produzirá efeito a contar da data da inscrição ou habilitação.

§ 1º. O cônjuge ausente não exclui do direito à pensão por morte o companheiro ou a companheira, que somente fará jus ao benefício a partir da data de sua habilitação e mediante prova de dependência econômica.

§ 2º. O cônjuge divorciado ou separado judicialmente ou de fato que recebia pensão de alimentos concorrerá em igualdade de condições com os dependentes referidos no inciso I do art. 16 desta Lei.

- Súm. 336 do STJ.

§ 3º. Na hipótese de o segurado falecido estar, na data de seu falecimento, obrigado por determinação judicial a pagar alimentos temporários a ex-cônjuge, ex-companheiro ou ex-companheira, a pensão por morte será devida pelo prazo remanescente na data do óbito, caso não incida outra hipótese de cancelamento anterior do benefício. (Redação dada pela Lei 13.846/2019)

Art. 77. A pensão por morte, havendo mais de um pensionista, será rateada entre todos em parte iguais. (Redação dada pela Lei nº 9.032, de 1995)

§ 1º. Reverterá em favor dos demais a parte daquele cujo direito à pensão cessar. (Redação dada pela Lei nº 9.032, de 1995)

§ 2º. O direito à percepção da cota individual cessará: (Redação dada pela Lei nº 13.846/2019)

I – pela morte do pensionista; (Incluído pela Lei nº 9.032, de 1995)

II – para o filho, a pessoa a ele equiparada ou o irmão, de ambos os sexos, ao completar vinte e um anos de idade, salvo se for inválido ou tiver deficiência intelectual ou mental ou deficiência grave; (Redação dada pela Lei nº 13.183, de 2015)

III – para filho ou irmão inválido, pela cessação da invalidez; (Redação dada pela Lei 13.135/2015)

IV – para filho ou irmão que tenha deficiência intelectual ou mental ou deficiência grave, pelo afastamento da deficiência, nos termos do regulamento; (Redação dada pela Lei 13.135/2015)

V – para cônjuge ou companheiro: (Redação dada pela Lei nº 13.135/2015)

a) se inválido ou com deficiência, pela cessação da invalidez ou pelo afastamento da deficiência, respeitados os períodos mínimos decorrentes da aplicação das alíneas "b" e "c"; (Incluído pela Lei 13.135/2015)

b) em 4 (quatro) meses, se o óbito ocorrer sem que o segurado tenha vertido 18 (dezoito) contribuições mensais ou se o casamento ou a união estável tiverem sido iniciados em menos de 2 (dois) anos antes do óbito do segurado; (Incluído pela Lei 13.135/2015)

c) transcorridos os seguintes períodos, estabelecidos de acordo com a idade do beneficiário na data de óbito do segurado, se o óbito ocorrer depois de vertidas 18 (dezoito) contribuições mensais e pelo menos 2 (dois) anos após o início do casamento ou da união estável: (Incluído pela Lei 13.135/2015)

1) 3 (três) anos, com menos de 21 (vinte e um) anos de idade; (Incluído pela Lei 13.135/2015)

› Art. 1º, I, da Port. ME 424/2020, altera o período previsto neste item para: "I - três anos, com menos de vinte e dois anos de idade;"

2) 6 (seis) anos, entre 21 (vinte e um) e 26 (vinte e seis) anos de idade; (Incluído pela Lei 13.135/2015)

› Art. 1º, II, da Port. ME 424/2020, altera o período previsto neste item para: "II - seis anos, entre vinte e dois e vinte e sete anos de idade;"

3) 10 (dez) anos, entre 27 (vinte e sete) e 29 (vinte e nove) anos de idade; (Incluído pela Lei 13.135/2015)

› Art. 1º, III, da Port. ME 424/2020, altera o período previsto neste item para: "III - dez anos, entre vinte e oito e trinta anos de idade;"

4) 15 (quinze) anos, entre 30 (trinta) e 40 (quarenta) anos de idade; (Incluído pela Lei 13.135/2015)

› Art. 1º, IV, da Port. ME 424/2020, altera o período previsto neste item para: "IV - quinze anos, entre trinta e um e quarenta e um anos de idade;"

5) 20 (vinte) anos, entre 41 (quarenta e um) e 43 (quarenta e três) anos de idade; (Incluído pela Lei 13.135/2015)

› Art. 1º, V, da Port. ME 424/2020, altera o período previsto neste item para: "V - vinte anos, entre quarenta e dois e quarenta e quatro anos de idade;"

6) vitalícia, com 44 (quarenta e quatro) ou mais anos de idade. (Incluído pela Lei 13.135/2015)

› Art. 1º, VI, da Port. ME 424/2020, altera o período previsto neste item para:"VI - vitalícia, com quarenta e cinco ou mais anos de idade."

VI – pela perda do direito, na forma do § 1º do art. 74 desta Lei. (Incluído pela Lei nº 13.846/2019)

§ 2º-A. Serão aplicados, conforme o caso, a regra contida na alínea "a" ou os prazos previstos na alínea "c", ambos do inciso V do § 2º, se o óbito do segurado decorrer de acidente de qualquer natureza ou de doença profissional ou do trabalho, independentemente do recolhimento de 18 (dezoito) contribuições mensais ou da comprovação de 2 (dois) anos de casamento ou de união estável. (Incluído pela Lei 13.135/2015)

§ 2º-B. Após o transcurso de pelo menos 3 (três) anos e desde que nesse período se verifique o incremento mínimo de um ano inteiro na média nacional única, para ambos os sexos, correspondente à expectativa de sobrevida da população brasileira ao nascer, poderão ser fixadas, em números inteiros, novas idades para os fins previstos na alínea "c" do inciso V do § 2º, em ato do Ministro de Estado da Previdência Social, limitado o acréscimo na comparação com as idades anteriores ao referido incremento. (Incluído pela Lei 13.135/2015)

§ 3º. Com a extinção da parte do último pensionista a pensão extinguir-se-á. (Incluído pela Lei nº 9.032, de 1995)

§ 4º. (Revogado pela Lei 13.135/2015)

§ 5º. O tempo de contribuição a Regime Próprio de Previdência Social (RPPS) será considerado na contagem das 18 (dezoito) contribuições mensais de que tratam as alíneas "b" e "c" do inciso V do § 2º. (Incluído pela Lei 13.135/2015)

§ 6º. O exercício de atividade remunerada, inclusive na condição de microempreendedor individual, não impede a concessão ou manutenção da parte individual da pensão do dependente com deficiência intelectual ou mental ou com deficiência grave. (Incluído pela Lei 13.183/2015)

§ 7º. Se houver fundados indícios de autoria, coautoria ou participação de dependente, ressalvados os absolutamente incapazes e os inimputáveis, em homicídio, ou em tentativa desse crime, cometido contra a pessoa do segurado, será possível a suspensão provisória de sua parte no benefício de pensão por morte, mediante processo administrativo próprio, respeitados a ampla defesa e o contraditório, e serão devidas, em caso de absolvição, todas as parcelas corrigidas desde a data da suspensão, bem como a reativação imediata do benefício. (Incluído pela Lei 13.846/2019)

Art. 78. Por morte presumida do segurado, declarada pela autoridade judicial competente, depois de 6 (seis) meses de ausência, será concedida pensão provisória, na forma desta Subseção.

§ 1º. Mediante prova do desaparecimento do segurado em consequência de acidente, desastre ou catástrofe, seus dependentes farão jus à pensão provisória independentemente da declaração e do prazo deste artigo.

§ 2º. Verificado o reaparecimento do segurado, o pagamento da pensão cessará imediatamente, desobrigados os dependentes da reposição dos valores recebidos, salvo má-fé.

Art. 79. (Revogado pela Lei 13.846/2019).

SUBSEÇÃO IX. DO AUXÍLIO-RECLUSÃO

› Decreto 3.048/1999.

Art. 80. O auxílio-reclusão, cumprida a carência prevista no inciso IV do *caput* do art. 25 desta Lei, será devido, nas condições da pensão por morte, aos dependentes do segurado de baixa renda recolhido à prisão em regime fechado que não receber remuneração da empresa nem estiver em gozo de auxílio-doença, de pensão por morte, de salário-maternidade, de aposentadoria ou de abono de permanência em serviço. (Redação dada pela Lei nº 13.846/2019)

§ 1º O requerimento do auxílio-reclusão será instruído com certidão judicial que ateste o recolhimento efetivo à prisão, e será obrigatória a apresentação de prova de permanência na condição de presidiário para a manutenção do benefício. (Redação dada pela Lei nº 13.846/2019)

§ 2º O INSS celebrará convênios com os órgãos públicos responsáveis pelo cadastro dos presos para obter informações sobre o recolhimento à prisão. (Incluído pela Lei nº 13.846/2019)

§ 3º Para fins do disposto nesta Lei, considera-se segurado de baixa renda aquele que, no mês de competência de recolhimento à prisão, tenha renda, apurada nos termos do disposto no § 4º deste artigo, de valor igual ou inferior àquela prevista no art. 13 da Emenda Constitucional nº 20, de 15 de dezembro de 1998, corrigido pelos índices de reajuste aplicados aos benefícios do RGPS. (Incluído pela Lei nº 13.846/2019)

§ 4º A aferição da renda mensal bruta para enquadramento do segurado como de baixa renda ocorrerá pela média dos salários de contribuição apurados no período de 12 (doze) meses anteriores ao mês do recolhimento à prisão. (Incluído pela Lei nº 13.846/2019)

§ 5º A certidão judicial e a prova de permanência na condição de presidiário poderão ser substituídas pelo acesso à base de dados, por meio eletrônico, a ser disponibilizada pelo Conselho Nacional de Justiça, com dados cadastrais que assegurem a identificação plena do segurado e da sua condição de presidiário. (Incluído pela Lei 13.846/2019)

§ 6º Se o segurado tiver recebido benefícios por incapacidade no período previsto no § 4º deste artigo, sua duração será contada considerando-se como salário de contribuição no período o salário de benefício que serviu de base para o cálculo da renda mensal, reajustado na mesma época e com a mesma base dos benefícios em geral, não podendo ser inferior ao valor de 1 (um) salário mínimo. (Incluído pela Lei 13.846/2019)

§ 7º O exercício de atividade remunerada do segurado recluso, em cumprimento de pena em regime fechado, não acarreta a perda do direito ao recebimento do auxílio-reclusão para seus dependentes. (Incluído pela Lei 13.846/2019)

§ 8º Em caso de morte de segurado recluso que tenha contribuído para a previdência social durante o período de reclusão, o valor da pensão por morte será calculado levando-se em consideração o tempo de contribuição adicional e os correspondentes salários de contribuição, facultada a opção pelo valor do auxílio-reclusão. (Incluído pela Lei 13.846/2019)

SUBSEÇÃO X. DOS PECÚLIOS

Art. 81. (Revogado pela Lei nº 9.129, de 1995)

I – (Revogado pela Lei nº 9.129, de 1995)

II – (Revogado pela Lei nº 8.870, de 1994)

III – (Revogado pela Lei nº 9.129, de 1995)

Arts. 82 a 85. (Revogados pela Lei nº 9.032, de 1995)

SUBSEÇÃO XI. DO AUXÍLIO-ACIDENTE

› Súm. 507 do STJ.

› Decreto 3.048/1999.

Art. 86. O auxílio-acidente será concedido, como indenização, ao segurado quando, após consolidação das lesões decorrentes de acidente de qualquer natureza, resultarem sequelas que impliquem redução da capacidade para o trabalho que habitualmente exercia. (Redação dada pela Lei nº 9.528, de 1997)

§ 1º. O auxílio-acidente mensal corresponderá a cinquenta por cento do salário de benefício e será devido, observado o disposto no § 5º, até a véspera do início de qualquer aposentadoria ou até a data do óbito do segurado. (Redação dada pela Lei nº 9.528, de 1997)

› Lei 9.032/1995 revogou o citado § 5º.

§ 2º. O auxílio-acidente será devido a partir do dia seguinte ao da cessação do auxílio-doença, independentemente de qualquer remuneração ou rendimento auferido pelo acidentado, vedada sua acumulação com qualquer aposentadoria. (Redação dada pela Lei nº 9.528, de 1997)

§ 3º. O recebimento de salário ou concessão de outro benefício, exceto de aposentadoria, observado o disposto no § 5º, não prejudicará a continuidade do recebimento do auxílio-acidente. (Redação dada pela Lei nº 9.528, de 1997)

‣ Lei 9.032/1995 revogou o citado § 5º.

§ 4º. A perda da audição, em qualquer grau, somente proporcionará a concessão do auxílio-acidente, quando, além do reconhecimento de causalidade entre o trabalho e a doença, resultar, comprovadamente, na redução ou perda da capacidade para o trabalho que habitualmente exercia. (Restabelecido com nova redação pela Lei nº 9.528, de 1997)

§ 5º. (Revogado pela Lei nº 9.032, de 1995)

SUBSEÇÃO XII.
DO ABONO DE PERMANÊNCIA EM SERVIÇO

Art. 87. (Revogado pela Lei nº 8.870, de 1994)

Parágrafo único. (Revogado pela Lei nº 8.870, de 1994)

SEÇÃO VI. DOS SERVIÇOS

SUBSEÇÃO I. DO SERVIÇO SOCIAL

Art. 88. Compete ao Serviço Social esclarecer junto aos beneficiários seus direitos sociais e os meios de exercê-los e estabelecer conjuntamente com eles o processo de solução dos problemas que emergirem da sua relação com a Previdência Social, tanto no âmbito interno da instituição como na dinâmica da sociedade.

§ 1º. Será dada prioridade aos segurados em benefício por incapacidade temporária e atenção especial aos aposentados e pensionistas.

§ 2º. Para assegurar o efetivo atendimento dos usuários serão utilizadas intervenção técnica, assistência de natureza jurídica, ajuda material, recursos sociais, intercâmbio com empresas e pesquisa social, inclusive mediante celebração de convênios, acordos ou contratos.

§ 3º. O Serviço Social terá como diretriz a participação do beneficiário na implementação e no fortalecimento da política previdenciária, em articulação com as associações e entidades de classe.

§ 4º. O Serviço Social, considerando a universalização da Previdência Social, prestará assessoramento técnico aos Estados e Municípios na elaboração e implantação de suas propostas de trabalho.

SUBSEÇÃO II. DA HABILITAÇÃO E DA REABILITAÇÃO PROFISSIONAL

‣ Decreto 3.048/1999.

Art. 89. A habilitação e a reabilitação profissional e social deverão proporcionar ao beneficiário incapacitado parcial ou totalmente para o trabalho, e às pessoas portadoras de deficiência, os meios para a (re)educação e de (re) adaptação profissional e social indicados para participar do mercado de trabalho e do contexto em que vive.

Parágrafo único. A reabilitação profissional compreende:

a) o fornecimento de aparelho de prótese, órtese e instrumentos de auxílio para locomoção quando a perda ou redução da capacidade funcional puder ser atenuada por seu uso e dos equipamentos necessários à habilitação e reabilitação social e profissional;

b) a reparação ou a substituição dos aparelhos mencionados no inciso anterior, desgastados pelo uso normal ou por ocorrência estranha à vontade do beneficiário;

c) o transporte do acidentado do trabalho, quando necessário.

Art. 90. A prestação de que trata o artigo anterior é devida em caráter obrigatório aos segurados, inclusive aposentados e, na medida das possibilidades do órgão da Previdência Social, aos seus dependentes.

Art. 91. Será concedido, no caso de habilitação e reabilitação profissional, auxílio para tratamento ou exame fora do domicílio do beneficiário, conforme dispuser o Regulamento.

Art. 92. Concluído o processo de habilitação ou reabilitação social e profissional, a Previdência Social emitirá certificado individual, indicando as atividades que poderão ser exercidas pelo beneficiário, nada impedindo que este exerça outra atividade para a qual se capacitar.

Art. 93. A empresa com 100 (cem) ou mais empregados está obrigada a preencher de 2% (dois por cento) a 5% (cinco por cento) dos seus cargos com beneficiários reabilitados ou pessoas portadoras de deficiência, habilitadas, na seguinte proporção:

I – até 200 empregados.......2%
II – de 201 a 500..................3%
III – de 501 a 1.000..............4%
IV – de 1.001 em diante.......5%
V – (VETADO). (Incluído pela Lei nº 13.146, de 2015)

§ 1º. A dispensa de pessoa com deficiência ou de beneficiário reabilitado da Previdência Social ao final de contrato por prazo determinado de mais de 90 (noventa) dias e a dispensa imotivada em contrato por prazo indeterminado somente poderão ocorrer após a contratação de outro trabalhador com deficiência ou beneficiário reabilitado da Previdência Social. (Redação dada pela Lei nº 13.146, de 2015)

§ 2º. Ao Ministério do Trabalho e Emprego incumbe estabelecer a sistemática de fiscalização, bem como gerar dados e estatísticas sobre o total de empregados e as vagas preenchidas por pessoas com deficiência e por beneficiários reabilitados da Previdência Social, fornecendo-os, quando solicitados, aos sindicatos, às entidades representativas dos empregados ou aos cidadãos interessados. (Redação dada pela Lei nº 13.146, de 2015)

§ 3º. Para a reserva de cargos será considerada somente a contratação direta de pessoa com deficiência, excluído o aprendiz com deficiência de que trata a Consolidação das Leis do Trabalho (CLT), aprovada pelo Decreto-Lei nº 5.452, de 1º de maio de 1943. (Incluído pela Lei nº 13.146, de 2015)

§ 4º. (VETADO). (Incluído pela Lei nº 13.146, de 2015)

SEÇÃO VII. DA CONTAGEM RECÍPROCA DE TEMPO DE SERVIÇO

‣ Decreto 3.048/1999.

Art. 94. Para efeito dos benefícios previstos no Regime Geral de Previdência Social ou no serviço público é assegurada a contagem recíproca do tempo de contribuição na atividade privada, rural e urbana, e do tempo de contribuição ou de serviço na administração pública, hipótese em que os diferentes sistemas de previdência social se compensarão financeiramente. (Redação dada pela Lei nº 9.711, 1998)

§ 1º. A compensação financeira será feita ao sistema a que o interessado estiver vinculado ao requerer o benefício pelos demais sistemas, em relação aos respectivos tempos de contribuição ou de serviço, conforme dispuser o Regulamento. (Renumerado pela Lei Complementar nº 123, de 2006)

§ 2º. Não será computado como tempo de contribuição, para efeito dos benefícios previstos em regimes próprios de previdência social, o período em que o segurado contribuinte individual ou facultativo tiver contribuído na forma do § 2º do art. 21 da Lei nº 8.212, de 24 de julho de 1991, salvo se complementadas as contribuições na forma do § 3º do mesmo artigo. (Incluído pela Lei Complementar nº 123, de 2006)

Art. 95. Observada a carência de 36 (trinta e seis) contribuições mensais, o segurado poderá contar, para fins de obtenção dos benefícios do Regime Geral de Previdência Social, o tempo de serviço prestado à administração pública federal direta, autárquica e fundacional. (Eficácia suspensa pela Medida Provisória nº 2.187-13, de 2001)

Parágrafo único. Poderá ser contado o tempo de serviço prestado à administração pública direta, autárquica e fundacional dos Estados, do Distrito Federal e dos Municípios, desde que estes assegurem aos seus servidores a contagem de tempo do serviço em atividade vinculada ao Regime Geral de Previdência Social. (Eficácia suspensa pela Medida Provisória nº 2.187-13, de 2001)

Art. 96. O tempo de contribuição ou de serviço de que trata esta Seção será contado de acordo com a legislação pertinente, observadas as normas seguintes:

I – não será admitida a contagem em dobro ou em outras condições especiais;

II – é vedada a contagem de tempo de serviço público com o de atividade privada, quando concomitantes;

III – não será contado por um sistema o tempo de serviço utilizado para concessão de aposentadoria pelo outro;

IV – o tempo de serviço anterior ou posterior à obrigatoriedade de filiação à Previdência Social só será contado mediante indenização da contribuição correspondente ao período respectivo, com acréscimo de juros moratórios de zero vírgula cinco por cento ao mês, capitalizados anualmente, e multa de dez por cento. (Redação dada pela Medida Provisória nº 2.187-13, de 2001)

V - é vedada a emissão de Certidão de Tempo de Contribuição (CTC) com o registro exclusivo de tempo de serviço, sem a comprovação de contribuição efetiva, exceto para o segurado empregado, empregado doméstico, trabalhador avulso e, a partir de 1º de abril de 2003, para o contribuinte individual que presta serviço a empresa obrigada a arrecadar a contribuição a seu cargo, observado o disposto no § 5º do art. 4º da Lei nº 10.666, de 8 de maio de 2003; (Incluído pela Lei nº 13.846/2019)

VI - a CTC somente poderá ser emitida por regime próprio de previdência social para ex-servidor; (Incluído pela Lei nº 13.846/2019)

VII - é vedada a contagem recíproca de tempo de contribuição do RGPS por regime próprio de previdência social sem a emissão da CTC correspondente, ainda que o tempo de contribuição referente ao RGPS tenha sido prestado pelo servidor público ao próprio ente instituidor; (Incluído pela Lei nº 13.846/2019)

VIII - é vedada a desaverbação de tempo em regime próprio de previdência social quando o tempo averbado tiver gerado a concessão de vantagens remuneratórias ao servidor público em atividade; e (Incluído pela Lei nº 13.846/2019)

IX - para fins de elegibilidade às aposentadorias especiais referidas no § 4º do art. 40 e no § 1º do art. 201 da Constituição Federal, os períodos reconhecidos pelo regime previdenciário de origem como de tempo especial, sem conversão em tempo comum, deverão estar incluídos nos períodos de contribuição compreendidos na CTC e discriminados de data a data. (Incluído pela Lei nº 13.846/2019)

Parágrafo único. O disposto no inciso V do *caput* deste artigo não se aplica ao tempo de serviço anterior à edição da Emenda Constitucional nº 20, de 15 de dezembro de 1998, que tenha sido equiparado por lei a tempo de contribuição. (Incluído pela Lei nº 13.846/2019)

Art. 97. A aposentadoria por tempo de serviço, com contagem de tempo na forma desta Seção, será concedida ao segurado do sexo feminino a partir de 25 (vinte e cinco) anos completos de serviço, e, ao segurado do sexo masculino, a partir de 30 (trinta) anos completos de serviço, ressalvadas as hipóteses de redução previstas em lei.

Art. 98. Quando a soma dos tempos de serviço ultrapassar 30 (trinta) anos, se do sexo feminino, e 35 (trinta e cinco) anos, se do sexo masculino, o excesso não será considerado para qualquer efeito.

Art. 99. O benefício resultante de contagem de tempo de serviço na forma desta Seção será concedido e pago pelo sistema a que o interessado estiver vinculado ao requerê-lo, e calculado na forma da respectiva legislação.

SEÇÃO VIII. DAS DISPOSIÇÕES DIVERSAS RELATIVAS ÀS PRESTAÇÕES

Art. 100. (VETADO)

Art. 101. O segurado em gozo de auxílio-doença, aposentadoria por invalidez e o pensionista inválido estão obrigados, sob pena de suspensão do benefício, a submeter-se a exame médico a cargo da Previdência Social, processo de reabilitação profissional por ela prescrito e custeado, e tratamento dispensado gratuitamente, exceto o cirúrgico e a transfusão de sangue, que são facultativos. (Redação dada pela Lei nº 9.032, de 1995)

§ 1º O aposentado por invalidez e o pensionista inválido que não tenham retornado à atividade estarão isentos do exame de que trata o *caput* deste artigo: (Redação dada pela lei nº 13.457, de 2017)

I - após completarem cinquenta e cinco anos ou mais de idade e quando decorridos quinze anos da data da concessão da aposentadoria por invalidez ou do auxílio-doença que a precedeu; ou (Incluído pela lei nº 13.457, de 2017)

II - após completarem sessenta anos de idade. (Incluído pela lei nº 13.457, de 2017)

§ 2º. A isenção de que trata o § 1º não se aplica quando o exame tem as seguintes finalidades: (Incluído pela Lei nº 13.063, de 2014)

I – verificar a necessidade de assistência permanente de outra pessoa para a concessão do acréscimo de 25% (vinte e cinco por cento) sobre o valor do benefício, conforme dispõe o art. 45; (Incluído pela Lei nº 13.063, de 2014)

II – verificar a recuperação da capacidade de trabalho, mediante solicitação do aposentado ou pensionista que se julgar apto; (Incluído pela Lei nº 13.063, de 2014)

III – subsidiar autoridade judiciária na concessão de curatela, conforme dispõe o art. 110. (Incluído pela Lei nº 13.063, de 2014)

§ 3º (VETADO). (Incluído pela lei nº 13.457, de 2017)

§ 4º A perícia de que trata este artigo terá acesso aos prontuários médicos do periciado no Sistema Único de Saúde (SUS), desde que haja a prévia anuência do periciado e seja garantido o sigilo sobre os dados dele. (Incluído pela lei nº 13.457, de 2017)

§ 5º É assegurado o atendimento domiciliar e hospitalar pela perícia médica e social do INSS ao segurado com dificuldades de locomoção, quando seu deslocamento, em razão de sua limitação funcional e de condições de acessibilidade,, imponha-lhe ônus desproporcional e indevido, nos termos do regulamento. (Incluído pela lei nº 13.457, de 2017)

Art. 102. A perda da qualidade de segurado importa em caducidade dos direitos inerentes a essa qualidade. (Redação dada pela Lei nº 9.528, de 1997)

§ 1º. A perda da qualidade de segurado não prejudica o direito à aposentadoria para cuja concessão tenham sido preenchidos todos os requisitos, segundo a legislação em vigor à época em que estes requisitos foram atendidos. (Incluído pela Lei nº 9.528, de 1997)

§ 2º. Não será concedida pensão por morte aos dependentes do segurado que falecer após a perda desta qualidade, nos termos do art. 15 desta Lei, salvo se preenchidos os requisitos para obtenção da aposentadoria na forma do parágrafo anterior. (Incluído pela Lei nº 9.528, de 1997)

Art. 103. O prazo de decadência do direito ou da ação do segurado ou beneficiário para a revisão do ato de concessão, indeferimento, cancelamento ou cessação de benefício e do ato de deferimento, indeferimento ou não concessão de revisão de benefício é de 10 (dez) anos, contado: (Redação dada pela Lei nº 13.846/2019)

- Art. 24 da Lei nº 13.486/2019, no que deu nova redação ao art. 103 da Lei n 8.213, de 24/7/1991, declarado inconstitucional, em controle concentrado, pelo Supremo Tribunal Federal, pela ADI nº 6.096 – DOU de 26.10.2020.

I - do dia primeiro do mês subsequente ao do recebimento da primeira prestação ou da data em que a prestação deveria ter sido paga com o valor revisto; ou (Incluído pela Lei nº 13.846/2019)

II - do dia em que o segurado tomar conhecimento da decisão de indeferimento, cancelamento ou cessação do seu pedido de benefício ou da decisão de deferimento ou indeferimento de revisão de benefício, no âmbito administrativo. (Incluído pela Lei nº 13.846/2019)

- Súm. 81 do JEF.

Parágrafo único. Prescreve em cinco anos, a contar da data em que deveriam ter sido pagas, toda e qualquer ação para haver prestações vencidas ou quaisquer restituições ou diferenças devidas pela Previdência Social, salvo o direito dos menores, incapazes e ausentes, na forma do Código Civil. (Incluído pela Lei nº 9.528, de 1997)

Art. 103-A. O direito da Previdência Social de anular os atos administrativos de que decorram efeitos favoráveis para os seus beneficiários decai em dez anos, contados da data em que foram praticados, salvo comprovada má-fé. (Incluído pela Lei nº 10.839, de 2004)

§ 1º. No caso de efeitos patrimoniais contínuos, o prazo decadencial contar-se-á da percepção do primeiro pagamento. (Incluído pela Lei nº 10.839, de 2004)

§ 2º. Considera-se exercício do direito de anular qualquer medida de autoridade administrativa que importe impugnação à validade do ato. (Incluído pela Lei nº 10.839, de 2004)

Art. 104. As ações referentes à prestação por acidente do trabalho prescrevem em 5 (cinco) anos, observado o disposto no art. 103 desta Lei, contados da data:

- Súm. Vinculante 22 do STF.
- Súm. 35 do STF.
- CLT: art. 4º, par. único.

I – do acidente, quando dele resultar a morte ou a incapacidade temporária, verificada esta em perícia médica a cargo da Previdência Social; ou

II – em que for reconhecida pela Previdência Social, a incapacidade permanente ou o agravamento das sequelas do acidente.

Art. 105. A apresentação de documentação incompleta não constitui motivo para recusa do requerimento de benefício.

Art. 106. A comprovação do exercício de atividade rural será feita, complementarmente à autodeclaração de que trata o § 2º e ao cadastro de que trata o § 1º, ambos do art. 38-B desta Lei, por meio de, entre outros: (Redação dada pela Lei nº 13.846/2019)

- Súm. 577 do STJ.

I – contrato individual de trabalho ou Carteira de Trabalho e Previdência Social; (Redação dada pela Lei nº 11.718, de 2008)

II – contrato de arrendamento, parceria ou comodato rural; (Redação dada pela Lei nº 11.718, de 2008)

III – (Revogado pela Lei nº 13.846/2019)

IV – Declaração de Aptidão ao Programa Nacional de Fortalecimento da Agricultura Familiar, de que trata o inciso II do *caput* do art. 2º da Lei nº 12.188, de 11 de janeiro de 2010, ou por documento que a substitua; (Redação dada pela Lei nº 13.846/2019)

V – bloco de notas do produtor rural; (Redação dada pela Lei nº 11.718, de 2008)

VI – notas fiscais de entrada de mercadorias, de que trata o § 7º do art. 30 da Lei nº 8.212, de 24 de julho de 1991, emitidas pela empresa adquirente da produção, com indicação do nome do segurado como vendedor; (Incluído pela Lei nº 11.718, de 2008)

VII – documentos fiscais relativos a entrega de produção rural à cooperativa agrícola, entreposto de pescado ou outros, com indicação do segurado como vendedor ou consignante; (Incluído pela Lei nº 11.718, de 2008)

VIII – comprovantes de recolhimento de contribuição à Previdência Social decorrentes da comercialização da produção; (Incluído pela Lei nº 11.718, de 2008)

IX – cópia da declaração de imposto de renda, com indicação de renda proveniente da comercialização de produção rural; ou (Incluído pela Lei nº 11.718, de 2008)

X – licença de ocupação ou permissão outorgada pelo Incra. (Incluído pela Lei nº 11.718, de 2008)

Art. 107. O tempo de serviço de que trata o art. 55 desta Lei será considerado para cálculo do valor da renda mensal de qualquer benefício.

Art. 108. Mediante justificação processada perante a Previdência Social, observado o disposto no § 3º do art. 55 e na forma estabelecida no Regulamento, poderá ser suprida a falta de documento ou provado ato do interesse de beneficiário ou empresa, salvo no que se refere a registro público.

Art. 109. O benefício será pago diretamente ao beneficiário, salvo em caso de ausência, moléstia contagiosa ou impossibilidade de locomoção, quando será pago a procurador, cujo mandato não terá prazo superior a doze meses, podendo ser renovado. (Redação dada pela Lei nº 8.870, de 1994)

Parágrafo único. A impressão digital do beneficiário incapaz de assinar, aposta na presença de servidor da Previdência Social, vale como assinatura para quitação de pagamento de benefício.

Art. 110. O benefício devido ao segurado ou dependente civilmente incapaz será feito ao cônjuge, pai, mãe, tutor ou curador, admitindo-se, na sua falta e por período não superior a 6 (seis) meses, o pagamento a herdeiro necessário, mediante termo de compromisso firmado no ato do recebimento.

§ 1º Para efeito de curatela, no caso de interdição do beneficiário, a autoridade judiciaria pode louvar-se no laudo médico-pericial da Previdência Social. (Redação dada pela Lei nº 13.846/2019)

§ 2º O dependente excluído, na forma do § 7º do art. 16 desta Lei, ou que tenha a parte provisoriamente suspensa, na forma do § 7º do art. 77 desta Lei, não poderá representar outro dependente para fins de recebimento e percepção do benefício. (Incluído pela Lei nº 13.846/2019)

§ 3º O dependente que perde o direito à pensão por morte, na forma do § 1º do art. 74 desta Lei, não poderá representar outro dependente para fins de recebimento e percepção do benefício. (Incluído pela Lei nº 13.846/2019)

Art. 110-A. No ato de requerimento de benefícios operacionalizados pelo INSS, não será exigida apresentação de termo de curatela de titular ou de beneficiário com deficiência, observados os procedimentos a serem estabelecidos em regulamento. (Incluído pela Lei nº 13.146, de 2015)

Art. 111. O segurado menor poderá, conforme dispuser o Regulamento, firmar recibo de benefício, independentemente da presença dos pais ou do tutor.

Art. 112. O valor não recebido em vida pelo segurado só será pago aos seus dependentes habilitados à pensão por morte ou, na falta deles, aos seus sucessores na forma da lei civil, independentemente de inventário ou arrolamento.

Art. 113. O benefício poderá ser pago mediante depósito em conta corrente ou por autorização de pagamento, conforme se dispuser em regulamento.

Parágrafo único. (Revogado pela Lei nº 9.876, de 1999)

Art. 114. Salvo quanto a valor devido à Previdência Social e a desconto autorizado por esta Lei, ou derivado da obrigação de prestar alimentos reconhecida em sentença judicial, o benefício não pode ser objeto de penhora, arresto ou sequestro, sendo nula de pleno direito a sua venda ou cessão, ou a constituição de qualquer ônus sobre ele, bem como a outorga de poderes irrevogáveis ou em causa própria para o seu recebimento.

Art. 115. Podem ser descontados dos benefícios:

I – contribuições devidas pelo segurado à Previdência Social;

II – pagamento administrativo ou judicial de benefício previdenciário ou assistencial indevido, ou além do devido, inclusive na hipótese de cessação do benefício pela revogação de decisão judicial, em valor que não exceda 30% (trinta por cento) da sua importância, nos termos do regulamento; (Redação dada pela Lei nº 13.846/2019)

III – Imposto de Renda retido na fonte;

IV – pensão de alimentos decretada em sentença judicial;

V – mensalidades de associações e demais entidades de aposentados legalmente reconhecidas, desde que autorizadas por seus filiados.

VI – pagamento de empréstimos, financiamentos, cartões de crédito e operações de arrendamento mercantil concedidos por instituições financeiras e sociedades de arrendamento mercantil, ou por entidades fechadas ou abertas de previdência complementar, públicas e privadas, quando expressamente autorizado pelo beneficiário, até o limite de 35% (trinta e cinco por cento) do valor do benefício, sendo 5% (cinco por cento) destinados exclusivamente para: (Redação dada pela Lei nº 13.183, de 2015)

a) amortização de despesas contraídas por meio de cartão de crédito; ou (Redação dada pela Lei nº 13.183, de 2015)

b) utilização com a finalidade de saque por meio do cartão de crédito. (Redação dada pela Lei nº 13.183, de 2015)

§ 1º. Na hipótese do inciso II, o desconto será feito em parcelas, conforme dispuser o regulamento, salvo má-fé. (Renumerado do Parágrafo único pela Lei nº 10.820, de 2003)

§ 2º. Na hipótese dos incisos II e VI, haverá prevalência do desconto do inciso II. (Incluído pela Lei nº 10.820, de 2003)

§ 3º Serão inscritos em dívida ativa pela Procuradoria-Geral Federal os créditos constituídos pelo INSS em decorrência de benefício previdenciário ou assistencial pago indevidamente ou além do devido, inclusive na hipótese de cessação do benefício pela revogação de decisão judicial, nos termos da Lei nº 6.830, de 22 de setembro de 1980, para a execução judicial. (Redação dada pela Lei nº 13.846/2019)

§ 4º Será objeto de inscrição em dívida ativa, para os fins do disposto no § 3º deste artigo, em conjunto ou separadamente, o terceiro beneficiado que sabia ou deveria saber da origem do benefício pago indevidamente em razão de fraude, de dolo ou de coação, desde que devidamente identificado em procedimento administrativo de responsabilização. (Incluído pela ei nº 13.846/2019)

§ 5º O procedimento de que trata o § 4º deste artigo será disciplinado em regulamento, nos termos da Lei nº 9.784, de 29 de janeiro de 1999, e no art. 27 do Decreto-Lei nº 4.657, de 4 de setembro de 1942. (Incluído pela Lei nº 13.846/2019)

§ 6º Na hipótese prevista no inciso V do *caput* deste artigo, a autorização do desconto deverá ser revalidada a cada 3 (três) anos, a partir de 31 de dezembro de 2022, podendo esse prazo ser prorrogado por mais 1 (um) ano, por meio de ato do Presidente do INSS. (Redação dada pela Lei 14.131/2021)

Art. 116. Será fornecido ao beneficiário demonstrativo minucioso das importâncias pagas, discriminando-se o valor da mensalidade, as diferenças eventualmente pagas com o período a que se referem e os descontos efetuados.

Art. 117. Empresas, sindicatos e entidades fechadas de previdência complementar poderão, mediante celebração de acordo de cooperação técnica com o INSS, encarregar-se, relativamente a seus empregados, associados ou beneficiários, de requerer benefícios previdenciários por meio eletrônico, preparando-os e instruindo-os nos termos do acordo. *(Alterado pela Lei 14.020/2020)*

I - *(Revogado pela Lei 14.020/2020);*

II - *(Revogado pela Lei 14.020/2020);*

III - *(Revogado pela Lei 14.020/2020).*

Parágrafo único. *(Revogado pela Lei 14.020/2020)*

Art. 117-A. Empresas, sindicatos e entidades fechadas de previdência complementar poderão realizar o pagamento integral dos benefícios previdenciários devidos a seus beneficiários, mediante celebração de contrato com o INSS, dispensada a licitação. *(Incluído pela Lei 14.020/2020)*

§ 1º Os contratos referidos no *caput* deste artigo deverão prever as mesmas obrigações, condições e valores devidos pelas instituições financeiras responsáveis pelo pagamento dos benefícios pelo INSS.

§ 2º As obrigações, condições e valores referidos no § 1º deste artigo serão definidos em ato próprio do INSS.

Art. 118. O segurado que sofreu acidente do trabalho tem garantida, pelo prazo mínimo de doze meses, a manutenção do seu contrato de trabalho na empresa, após a cessação do auxílio-doença acidentário, independentemente de percepção de auxílio-acidente.

Parágrafo único. (Revogado pela Lei nº 9.032, de 1995)

Art. 119. Por intermédio dos estabelecimentos de ensino, sindicatos, associações de classe, Fundação Jorge Duprat Figueiredo de Segurança e Medicina do Trabalho-FUNDACENTRO, órgãos públicos e outros meios, serão promovidas regularmente instrução e formação com vistas a incrementar costumes e atitudes prevencionistas em matéria de acidente, especialmente do trabalho.

Art. 120. A Previdência Social ajuizará ação regressiva contra os responsáveis nos casos de: (Redação dada pela Lei 13.846/2019)

I - negligência quanto às normas padrão de segurança e higiene do trabalho indicadas para a proteção individual e coletiva; (Inciso acrescido pela Lei 13.846/2019)

II - violência doméstica e familiar contra a mulher, nos termos da Lei nº 11.340, de 7 de agosto de 2006. (Inciso acrescido pela Lei 13.846/2019)

Art. 121. O pagamento de prestações pela Previdência Social em decorrência dos casos previstos nos incisos I e II do *caput* do art. 120 desta Lei não exclui a responsabilidade civil da empresa, no caso do inciso I, ou do responsável pela violência doméstica e familiar, no caso do inciso II. (Artigo com redação dada pela Lei 13.846/2019)

Art. 122. Se mais vantajoso, fica assegurado o direito à aposentadoria, nas condições legalmente previstas na data do cumprimento de todos os requisitos necessários à obtenção do benefício, ao segurado que, tendo completado 35 anos de serviço, se homem, ou trinta anos, se mulher, optou por permanecer em atividade. (Redação dada pela Lei nº 9.528, de 1997)

Art. 123. (Revogado pela Lei nº 9.032, de 1995)

Art. 124. Salvo no caso de direito adquirido, não é permitido o recebimento conjunto dos seguintes benefícios da Previdência Social:

I – aposentadoria e auxílio-doença;

II – mais de uma aposentadoria; (Redação dada pela Lei nº 9.032, de 1995)

III – aposentadoria e abono de permanência em serviço;

IV – salário-maternidade e auxílio-doença; (Incluído pela Lei nº 9.032, de 1995)

V – mais de um auxílio-acidente; (Incluído pela Lei nº 9.032, de 1995)

VI – mais de uma pensão deixada por cônjuge ou companheiro, ressalvado o direito de opção pela mais vantajosa. (Incluído pela Lei nº 9.032, de 1995)

Parágrafo único. É vedado o recebimento conjunto do seguro-desemprego com qualquer benefício de prestação continuada da Previdência Social, exceto pensão por morte ou auxílio-acidente. (Incluído pela Lei nº 9.032, de 1995)

Art. 124-A. O INSS implementará e manterá processo administrativo eletrônico para requerimento de benefícios e serviços e disponibilizará canais eletrônicos de atendimento. (Redação dada pela Lei 13.846/2019)

§ 1º O INSS facilitará o atendimento, o requerimento, a concessão, a manutenção e a revisão de benefícios por meio eletrônico e implementará procedimentos automatizados, de atendimento e prestação de serviços por meio de atendimento telefônico ou de canais remotos. (Acrescido pela Lei 13.846/2019)

§ 2º Poderão ser celebrados acordos de cooperação, na modalidade de adesão, com órgãos e entidades da União, dos Estados, do Distrito Federal e dos Municípios, para a recepção de documentos e o apoio administrativo às atividades do INSS que demandem serviços presenciais. (Acrescido pela Lei 13.846/2019)

§ 3º A implementação de serviços eletrônicos preverá mecanismos de controle preventivos de fraude e de identificação segura do cidadão. (Acrescido pela Lei 13.846/2019)

Art. 124-B. O INSS, para o exercício de suas competências, observado o disposto nos incisos XI e XII do art. 5º da Constituição Federal e na Lei nº 13.709, de 14 de agosto de 2018, terá acesso aos dados necessários para a análise, a concessão, a revisão e a manutenção de benefícios por ele administrados, em especial aos dados: (Redação dada pela Lei 13.846/2019)

I - (VETADO na Lei 13.846/2019)

II - dos registros e dos prontuários eletrônicos do Sistema Único de Saúde (SUS), administrados pelo Ministério da Saúde; (Acrescido pela Lei 13.846/2019)

III - dos documentos médicos mantidos por entidades públicas e privadas, sendo necessária, no caso destas últimas, a celebração de convênio para garantir o acesso; e (Acrescido pela Lei 13.846/2019)

IV - de movimentação das contas do Fundo de Garantia por Tempo de Serviço (FGTS), instituído pela Lei nº 5.107, de 13 de setembro de 1966, mantidas pela Caixa Econômica Federal. (Acrescido pela Lei 13.846/2019)

§ 1º Para fins do cumprimento do disposto no *caput* deste artigo, serão preservados a integridade e o sigilo dos dados acessados pelo INSS, eventualmente existentes, e o acesso aos dados dos prontuários eletrônicos do Sistema Único de Saúde (SUS) e dos documentos médicos mantidos por entidades públicas e privadas será exclusivamente franqueado aos peritos médicos federais designados pelo INSS. (Redação dada pela Lei 13.846/2019)

§ 2º O Ministério da Economia terá acesso às bases de dados geridas ou administradas pelo INSS, incluída a folha de pagamento de benefícios com o detalhamento dos pagamentos. (Acrescido pela Lei 13.846/2019)

§ 3º As bases de dados e as informações de que tratam o *caput* e o § 1º deste artigo poderão ser compartilhadas com os regimes próprios de previdência social, para estrita utilização em suas atribuições relacionadas à recepção, à análise, à concessão, à revisão e à manutenção de benefícios por eles administrados, preservados a integridade dos dados e o sigilo eventualmente existente, na forma disciplinada conjuntamente pela Secretaria Especial de Previdência e Trabalho do Ministério da Economia e pelo gestor dos dados. (Acrescido pela Lei 13.846/2019)

§ 4º Fica dispensada a celebração de convênio, de acordo de cooperação técnica ou de instrumentos congêneres para a efetivação do acesso aos dados de que trata o *caput* deste artigo, quando se tratar de dados hospedados por órgãos da administração pública federal, e caberá ao INSS a responsabilidade de arcar com os custos envolvidos, quando houver, no acesso ou na extração dos dados, exceto quando estabelecido de forma diversa entre os órgãos envolvidos. (Acrescido pela Lei 13.846/2019)

§ 5º As solicitações de acesso a dados hospedados por entidades privadas possuem característica de requisição, dispensados a celebração de convênio, acordo de cooperação técnica ou instrumentos congêneres para a efetivação do acesso aos dados de que trata o *caput* deste artigo e o ressarcimento de eventuais custos, vedado o compartilhamento dos dados com demais entidades de direito privado. (Redação dada pela Lei 13.846/2019)

§ 6º Excetua-se da vedação de que trata o § 5º deste artigo a autorização para compartilhamento com as entidades de previdência complementar das informações sobre o óbito de beneficiários dos planos de previdência por elas administrados. (Acrescido pela Lei 14.131/2021)

Art. 124-C. O servidor responsável pela análise dos pedidos dos benefícios previstos nesta Lei motivará suas decisões ou opiniões técnicas e responderá pessoalmente apenas na hipótese de dolo ou erro grosseiro. (Acrescido pela Lei 13.846/2019)

Art. 124-D A administração pública federal desenvolverá ações de segurança da informação e comunicações, incluídas as de segurança cibernética, de segurança das infraestruturas, de qualidade dos dados e de segurança de interoperabilidade de bases governamentais, e efetuará a sua integração, inclusive com as bases de dados e informações dos Estados, dos Municípios e do Distrito Federal, com o objetivo de atenuar riscos e inconformidades em pagamentos de benefícios sociais. (Acrescido pela Lei 13.846/2019)

Art. 124-E. (VETADO na Lei 13.846/2019)

Art. 124-F. (VETADO na Lei 13.846/2019)

TÍTULO IV. DAS DISPOSIÇÕES FINAIS E TRANSITÓRIAS

- Decreto 3.048/1999.

Art. 125. Nenhum benefício ou serviço da Previdência Social poderá ser criado, majorado ou estendido, sem a correspondente fonte de custeio total.

Art. 125-A. Compete ao Instituto Nacional do Seguro Social – INSS realizar, por meio dos seus próprios agentes, quando designados, todos os atos e procedimentos necessários à verificação do atendimento das obrigações não tributárias impostas pela legislação previdenciária e à imposição da multa por seu eventual descumprimento. (Incluído pela Lei nº 11.941, de 2009)

§ 1º. A empresa disponibilizará a servidor designado por dirigente do INSS os documentos necessários à comprovação de vínculo empregatício, de prestação de serviços e de remuneração relativos a trabalhador previamente identificado. (Incluído pela Lei nº 11.941, de 2009)

§ 2º. Aplica-se ao disposto neste artigo, no que couber, o art. 126 desta Lei. (Incluído pela Lei nº 11.941, de 2009)

§ 3º. O disposto neste artigo não abrange as competências atribuídas em caráter privativo aos ocupantes do cargo de Auditor-Fiscal da Receita Federal do Brasil previstas no inciso I do *caput* do art. 6º da Lei nº 10.593, de 6 de dezembro de 2002. (Incluído pela Lei nº 11.941, de 2009)

Art. 126. Compete ao Conselho de Recursos da Previdência Social julgar, entre outras demandas, na forma do regulamento: (Redação dada pela Lei 13.876/2019)

I - recursos das decisões do INSS nos processos de interesse dos beneficiários; (Inciso acrescido pela Lei 13.846/2019)

II - contestações e recursos relativos à atribuição, pelo Ministério da Economia, do Fator Acidentário de Prevenção aos estabelecimentos das empresas; (Inciso acrescido pela Lei 13.846/2019)

III - recursos das decisões do INSS relacionados à comprovação de atividade rural de segurado especial de que tratam os arts. 38-A e 38-B, ou demais informações relacionadas ao CNIS de que trata o art. 29-A desta Lei. (Inciso acrescido pela Lei 13.846/2019)

IV - recursos de processos relacionados à compensação financeira de que trata a Lei nº 9.796, de 5 de maio de 1999, e à supervisão e à fiscalização dos regimes próprios de previdência social de que trata a Lei nº 9.717, de 27 de novembro de 1998. (Acrescido pela Lei 13.876/2019)

§ 1º. (Revogado pela Lei nº 11.727, de 2008)

§ 2º. (Revogado pela Lei nº 11.727, de 2008)

§ 3º A propositura de ação que tenha por objeto idêntico pedido sobre o qual versa o processo administrativo importa renúncia ao direito de recorrer na esfera administrativa e desistência do recurso interposto. (Redação dada pela Lei 13.846/2019)

Art. 127. (*Revogado pela Lei nº 9.711, de 1998*)

Art. 128. As demandas judiciais que tiverem por objeto o reajuste ou a concessão de benefícios regulados nesta Lei cujos valores de execução não forem superiores a R$ 5.180,25 (cinco mil, cento e oitenta reais e vinte e cinco centavos) por autor poderão, por opção de cada um dos exequentes, ser quitadas no prazo de até sessenta dias após a intimação do trânsito em julgado da decisão, sem necessidade da expedição de precatório. (Redação dada pela Lei nº 10.099, de 2000)

- Portaria ME/SEPT 477, de 12 de janeiro de 2021 - Art. 8º, parágrafo único. O valor das demandas judiciais de que trata o art. 128 da Lei nº 8.213, de 24 de julho de 1991, é limitado em R$ 66.000,00 (sessenta e seis mil reais), a partir de 1º de janeiro de 2021.

§ 1º. É vedado o fracionamento, repartição ou quebra do valor da execução, de modo que o pagamento se faça, em parte, na forma estabelecida no *caput* e, em parte, mediante expedição do precatório. (Incluído pela Lei nº 10.099, de 2000)

§ 2º. É vedada a expedição de precatório complementar ou suplementar do valor pago na forma do *caput*. (Incluído pela Lei nº 10.099, de 2000)

§ 3º. Se o valor da execução ultrapassar o estabelecido no *caput*, o pagamento far-se-á sempre por meio de precatório. (Incluído pela Lei nº 10.099, de 2000)

§ 4º. É facultada à parte exequente a renúncia ao crédito, no que exceder ao valor estabelecido no *caput*, para que possa optar pelo pagamento do saldo sem o precatório, na forma ali prevista. (Incluído pela Lei nº 10.099, de 2000)

§ 5º. A opção exercida pela parte para receber os seus créditos na forma prevista no *caput* implica a renúncia do restante dos créditos porventura existentes e que sejam oriundos do mesmo processo. (Incluído pela Lei nº 10.099, de 2000)

§ 6º. O pagamento sem precatório, na forma prevista neste artigo, implica quitação total do pedido constante da petição inicial e determina a extinção do processo. (Incluído pela Lei nº 10.099, de 2000)

§ 7º. O disposto neste artigo não obsta a interposição de embargos à execução por parte do INSS. (Incluído pela Lei nº 10.099, de 2000)

Art. 129. Os litígios e medidas cautelares relativos a acidentes do trabalho serão apreciados:

I – na esfera administrativa, pelos órgãos da Previdência Social, segundo as regras e prazos aplicáveis às demais prestações, com prioridade para conclusão; e

II – na via judicial, pela Justiça dos Estados e do Distrito Federal, segundo o rito sumaríssimo, inclusive durante as férias forenses, mediante petição instruída pela prova de efetiva notificação do evento à Previdência Social, através de Comunicação de Acidente do Trabalho–CAT.

Parágrafo único. O procedimento judicial de que trata o inciso II deste artigo é isento do pagamento de quaisquer custas e de verbas relativas à sucumbência.

Art. 130. Na execução contra o Instituto Nacional do Seguro Social-INSS, o prazo a que se refere o art. 730 do Código de Processo Civil é de trinta dias. (Redação dada pela Lei nº 9.528, de 1997)

- Refere-se ao CPC/1973.
- CPC/15: arts. 535 e 910.

Parágrafo único. (*Revogado pela Lei nº 9.528, de 1997*)

Art. 131. O Ministro da Previdência e Assistência Social poderá autorizar o INSS a formalizar a desistência ou abster-se de propor ações e recursos em processos judiciais sempre que a ação versar matéria sobre a qual haja declaração de inconstitucionalidade proferida pelo Supremo Tribunal Federal – STF, Súm. ou jurisprudência consolidada do STF ou dos tribunais superiores. (Redação dada pela Lei nº 9.528, de 1997)

Parágrafo único. O Ministro da Previdência e Assistência Social disciplinará as hipóteses em que a administração previdenciária federal, relativamente aos créditos previdenciários baseados em dispositivo declarado inconstitucional por decisão definitiva do Supremo Tribunal Federal, possa: (Incluído pela Lei nº 9.528, de 1997)

a) abster-se de constituí-los; (Incluído pela Lei nº 9.528, de 1997)

b) retificar o seu valor ou declará-los extintos, de ofício, quando houverem sido constituídos anteriormente, ainda que inscritos em dívida ativa; (Incluído pela Lei nº 9.528, de 1997)

c) formular desistência de ações de execução fiscal já ajuizadas, bem como deixar de interpor recursos de decisões judiciais. (Incluído pela Lei nº 9.528, de 1997)

Art. 132. A formalização de desistência ou transigência judiciais, por parte de procurador da Previdência Social, será sempre precedida da anuência, por escrito, do Procurador-Geral do Instituto Nacional do Seguro Social INSS, ou do presidente desse órgão, quando os valores em litígio ultrapassarem os limites definidos pelo Conselho Nacional de Previdência Social – CNPS.

§ 1º. Os valores, a partir dos quais se exigirá a anuência do Procurador-Geral ou do presidente do INSS, serão definidos periodicamente pelo CNPS, através de resolução própria.

§ 2º. Até que o CNPS defina os valores mencionados neste artigo, deverão ser submetidos à anuência prévia do Procurador-Geral ou do presidente do INSS a formalização de desistência ou transigência judiciais, quando os valores, referentes a cada segurado considerado separadamente, superarem, respectivamente, 10 (dez) ou 30 (trinta) vezes o teto do salário de benefício.

Art. 133. A infração a qualquer dispositivo desta Lei, para a qual não haja penalidade expressamente cominada, sujeita o responsável, conforme a gravidade da infração, à multa variável de Cr$ 100.000,00 (cem mil cruzeiros) a Cr$ 10.000.000,00 (dez milhões de cruzeiros). Atualizações decorrentes de normas de hierarquia inferior

- Portaria ME/SEPT 477, de 12 de janeiro de 2021 - Art. 8º, IV - o valor da multa indicada no inciso II do art. 283 do RPS é de R$ 26.565,90 (vinte e seis mil quinhentos e sessenta e cinco reais e noventa centavos).

Parágrafo único. (*Revogado pela Lei nº 11.941, de 2009*)

Art. 134. Os valores expressos em moeda corrente nesta Lei serão reajustados nas mesmas épocas e com os mesmos índices utilizados para o reajustamento dos valores dos benefícios. (Redação dada pela Medida Provisória nº 2.187-13, de 2001)

Art. 135. Os salários de contribuição utilizados no cálculo do valor de benefício serão considerados respeitando-se os limites mínimo e máximo vigentes nos meses a que se referirem.

Art. 136. Ficam eliminados o menor e o maior valor-teto para cálculo do salário de benefício.

Art. 137. Fica extinto o Programa de Previdência Social aos Estudantes, instituído pela Lei nº 7.004, de 24 de junho de 1982, mantendo-se o pagamento dos benefícios de prestação continuada com data de início até a entrada em vigor desta Lei.

Art. 138. Ficam extintos os regimes de Previdência Social instituídos pela Lei Complementar nº 11, de 25 de maio de 1971, e pela Lei nº 6.260, de 6 de novembro de 1975, sendo mantidos, com valor não inferior ao do salário mínimo, os benefícios concedidos até a vigência desta Lei.

Parágrafo único. Para os que vinham contribuindo regularmente para os regimes a que se refere este artigo, será contado o tempo de contribuição para fins do Regime Geral de Previdência Social, conforme disposto no Regulamento.

Art. 139. (*Revogado pela Lei nº 9.528, de 1997*)

Art. 140. (*Revogado pela Lei nº 9.528, de 1997*)

Art. 141. (*Revogado pela Lei nº 9.528, de 1997*)

Art. 142. Para o segurado inscrito na Previdência Social Urbana até 24 de julho de 1991, bem como para o trabalhador e o empregador rural cobertos pela Previdência Social Rural, a carência das aposentadorias por idade, por tempo de serviço e especial obedecerá à seguinte tabela, levando-se em conta o ano em que o segurado implementou todas as condições necessárias à obtenção do benefício: (Redação dada pela Lei nº 9.032, de 1995)

Ano de implementação das condições	Meses de contribuição exigidos
1991	60 meses
1992	60 meses
1993	66 meses
1994	72 meses
1995	78 meses
1996	90 meses
1997	96 meses
1998	102 meses
1999	108 meses
2000	114 meses
2001	120 meses
2002	126 meses
2003	132 meses
2004	138 meses
2005	144 meses
2006	150 meses
2007	156 meses
2008	162 meses
2009	168 meses
2010	174 meses
2011	180 meses

Art. 143. O trabalhador rural ora enquadrado como segurado obrigatório no Regime Geral de Previdência Social, na forma da alínea *a* do inciso I, ou do inciso IV ou VII do art. 11 desta Lei, pode requerer aposentadoria por idade, no valor de um salário mínimo, durante 15 (quinze) anos, contados a partir da data de vigência desta Lei, desde que comprove o exercício de atividade rural, ainda que descontínua, no período imediatamente anterior ao requerimento do benefício, em número de meses idêntico à carência do referido benefício. (Redação dada pela Lei nº 9.063, de 1995)

- Lei 11.718/2008: arts. 2º e 3º, I.

Art. 144. Até 1º de junho de 1992, todos os benefícios de prestação continuada concedidos pela Previdência Social, entre 5 de outubro de 1988 e 5 de abril de 1991, devem ter sua renda mensal inicial recalculada e reajustada, de acordo com as regras estabelecidas nesta lei. (Eficácia suspensa pela MP 2.187-13/2001)

Parágrafo único. A renda mensal recalculada de acordo com o disposto no *caput* deste artigo, substituirá para todos os efeitos a que prevalecia até então, não sendo devido, entretanto, o pagamento de quaisquer diferenças decorrentes da aplicação deste artigo referentes às competências de outubro de 1988 a maio de 1992. (Eficácia suspensa pela MP 2.187-13/2001)

Art. 145. Os efeitos desta lei retroagirão a 5 de abril de 1991, devendo os benefícios de prestação continuada concedidos pela Previdência Social a partir de então, terem, no prazo máximo de 30 (trinta) dias, suas rendas mensais iniciais recalculadas e atualizadas de acordo com as regras estabelecidas nesta lei. (Eficácia suspensa pela MP 2.187-13/2001)

Parágrafo único. As rendas mensais resultantes da aplicação do disposto neste artigo, substituirão, para todos os efeitos, as que prevaleciam até então, devendo as diferenças de valor apuradas serem pagas, a partir do dia seguinte ao término do prazo estipulado *no caput* deste artigo, em artigo, em até 24 (vinte e quatro) parcelas mensais consecutivas reajustadas nas mesmas épocas e na mesma proporção em que forem reajustados os benefícios de prestação continuada da Previdência Social. (Eficácia suspensa pela MP 2.187-13/2001)

Art. 146. As rendas mensais de benefícios pagos pela Previdência Social incorporarão, a partir de 1° de setembro de 1991, o abono definido na alínea *b* do § 6° do art. 9° da Lei nº 8.178, de 1° de março de 1991, e terão, a partir dessa data, seus valores alterados de acordo com o disposto nesta Lei. (Eficácia suspensa pela MP 2.187-13/2001)

Art. 147. Serão respeitadas as bases de cálculo para a fixação dos valores referentes às aposentadorias especiais, deferidas até à data da publicação desta Lei. (Eficácia suspensa pela MP 2.187-13/2001)

Art. 148. (*Revogado pela Lei nº 9.528, de 1997*)

Art. 149. As prestações, e o seu financiamento, referentes aos benefícios de ex-combatente e de ferroviário servidor público ou autárquico federal ou em regime especial que não optou pelo regime da Consolidação das Leis do Trabalho, na forma da Lei 6.184, de 11 de dezembro de 1974, bem como seus dependentes, serão objeto de legislação específica.

Art. 150. (*Revogado pela Lei nº 10.559, de 2002*)

Art. 151. Até que seja elaborada a lista de doenças mencionada no inciso II do art. 26, independe de carência a concessão de auxílio-doença e de aposentadoria por invalidez ao segurado que, após filiar-se ao RGPS, for acometido das seguintes doenças: tuberculose ativa, hanseníase, alienação mental, esclerose múltipla, hepatopatia grave, neoplasia maligna, cegueira, paralisia irreversível e incapacitante, cardiopatia grave, doença de Parkinson, espondiloartrose anquilosante, nefropatia grave, estado avançado da doença de Paget (osteíte deformante), síndrome da deficiência imunológica adquirida (aids) ou contaminação por radiação, com base em conclusão da medicina especializada. (Redação dada pela Lei 13.135/2015)

Art. 152 (Revogado pela Lei nº 9.528, de 1997)

Art. 153. O Regime Facultativo Complementar de Previdência Social será objeto de lei especial, a ser submetida à apreciação do Congresso Nacional dentro do prazo de 180 (cento e oitenta) dias.

Art. 154. O Poder Executivo regulamentará esta Lei no prazo de 60 (sessenta) dias a partir da data da sua publicação.

Art. 155. Esta Lei entra em vigor na data de sua publicação.

Art. 156. Revogam-se as disposições em contrário.

Brasília, em 24 de julho de 1991; 170º da Independência e 103º da República.

FERNANDO COLLOR

D.O.U. 25.7.1991, rep. 11.4.1996 e 14.8.1998

LEI Nº 8.239, DE 4 DE OUTUBRO DE 1991

Regulamenta o art. 143, §§ 1º e 2º da Constituição Federal, que dispõe sobre a prestação de serviço alternativo ao serviço militar obrigatório.

▸ *Lei de Prestação do Serviço Alternativo*

O PRESIDENTE DA REPÚBLICA Faço saber que o Congresso Nacional decreta e eu sanciono a seguinte Lei:

▸ Portaria 2.681/1992 da Comissão do Serviço Militar (COSEMI) – Regulamento da Lei de Prestação do Serviço Alternativo.

Art. 1º. O serviço militar consiste no exercício de atividades específicas, desempenhadas nas Forças Armadas – Marinha, Exército e Aeronáutica.

Art. 2º. O Serviço Militar inicial tem por finalidade a formação de reservas, destinadas a atender às necessidades de pessoal das Forças Armadas, no que se refere aos encargos relacionados com a Defesa Nacional, em caso de mobilização.

Art. 3º. O Serviço Militar inicial é obrigatório a todos os brasileiros, nos termos da lei.

§ 1º. Ao Estado-Maior das Forças Armadas compete, na forma da lei e em coordenação com os Ministérios Militares, atribuir Serviço Alternativo aos que, em tempo de paz, após alistados, alegarem imperativo de consciência decorrente de crença religiosa ou de convicção filosófica ou política, para se eximirem de atividades de caráter essencialmente militar.

§ 2º. Entende-se por Serviço Alternativo o exercício de atividades de caráter administrativo, assistencial, filantrópico ou mesmo produtivo, em substituição às atividades de caráter essencialmente militar.

§ 3º. O Serviço Alternativo será prestado em organizações militares da ativa e em órgãos de formação de reservas das Forças Armadas ou em órgãos subordinados aos Ministérios Civis, mediante convênios entre estes e os Ministérios Militares, desde que haja interesse recíproco e, também, sejam atendidas as aptidões do convocado.

§ 4º. O Serviço Alternativo incluirá o treinamento para atuação em áreas atingidas por desastre, em situação de emergência e estado de calamidade, executado de forma integrada com o órgão federal responsável pela implantação das ações de proteção e defesa civil. (Incluído pela Lei nº 12.608, de 2012)

§ 5º. A União articular-se-á com os Estados e o Distrito Federal para a execução do treinamento a que se refere o § 4º deste artigo. (Incluído pela Lei nº 12.608, de 2012)

Art. 4º. Ao final do período de atividades previsto no § 2º do art. 3º desta Lei, será conferido Certificado de Prestação Alternativa ao Serviço Militar Obrigatório, com os mesmos efeitos jurídicos do Certificado de Reservista.

§ 1º. A recusa ou cumprimento incompleto do Serviço Alternativo, sob qualquer pretexto, por motivo de responsabilidade pessoal do convocado, implicará o não fornecimento do Certificado correspondente, pelo prazo de 2 (dois) anos após o vencimento do período estabelecido.

§ 2º. Findo o prazo previsto no parágrafo anterior, o Certificado só será emitido após a decretação, pela autoridade competente, da suspensão dos direitos políticos do inadimplente, que poderá, a qualquer tempo, regularizar sua situação mediante cumprimento das obrigações devidas.

Art. 5º. As mulheres e os eclesiásticos ficam isentos do Serviço Militar Obrigatório em tempo de paz, sujeitos, porém, de acordo com suas aptidões, a encargos do interesse da mobilização.

Art. 6º. O Chefe do Estado-Maior das Forças Armadas baixará, no prazo de 180 (cento e oitenta) dias após a sanção desta Lei, normas complementares a sua execução, da qual será coordenador.

Art. 7º. Esta Lei entra em vigor na data de sua publicação.

Art. 8º. Revogam-se as disposições em contrário.

Brasília, em 4 de outubro de 1991; 170º da Independência e 103º da República.

FERNANDO COLLOR

D.O.U. de 7.10.1991; ret. 6.12.1991

LEI Nº 8.245, DE 18 DE OUTUBRO DE 1991

Dispõe sobre as locações dos imóveis urbanos e os procedimentos a elas pertinentes.

▸ *Lei de locação*

O PRESIDENTE DA REPÚBLICA, faço saber que o Congresso Nacional decreta e eu sanciono a seguinte Lei:

TÍTULO I. DA LOCAÇÃO

CAPÍTULO I. DISPOSIÇÕES GERAIS

SEÇÃO I. DA LOCAÇÃO EM GERAL

Art. 1º. A locação de imóvel urbano regula-se pelo disposto nesta Lei.

Parágrafo único. Continuam regulados pelo Código Civil e pelas leis especiais:

▸ CC: arts. 565 a 578, e 2.036.

▸ a) as locações:

1. de imóveis de propriedade da União, dos Estados e dos Municípios, de suas autarquias e fundações públicas;

▸ Decreto-lei 9.760/1946: arts. 64 a 75.

2. de vagas autônomas de garagem ou de espaços para estacionamento de veículos;

▸ CC: arts. 1.338 a 1.340.

▸ Lei 4.591/1964: art. 2º.

3. de espaços destinados à publicidade;

4. em *apart*-hotéis, hotéis-residência ou equiparados, assim considerados aqueles que prestam serviços regulares a seus usuários e como tais sejam autorizados a funcionar;

b) o arrendamento mercantil, em qualquer de suas modalidades.

Art. 2º. Havendo mais de um locador ou mais de um locatário, entende-se que são solidários se o contrário não se estipulou.

▸ CC: arts. 264 a 266.

Parágrafo único. Os ocupantes de habitações coletivas multifamiliares presumem-se locatários ou sublocatários.

Art. 3º. O contrato de locação pode ser ajustado por qualquer prazo, dependendo de vênia conjugal, se igual ou superior a 10 (dez) anos.

Parágrafo único. Ausente a vênia conjugal, o cônjuge não estará obrigado a observar o prazo excedente.

▸ CC: arts. 1.647 a 1.649.

Art. 4º. Durante o prazo estipulado para a duração do contrato, não poderá o locador reaver o imóvel alugado. Com exceção ao que estipula o § 2º do art. 54-A, o locatário, todavia, poderá devolvê-lo, pagando a multa pactuada, proporcional ao período de cumprimento do contrato, ou, na sua falta, a que for judicialmente estipulada. (Redação dada pela Lei nº 12.744, de 2012)

Parágrafo único. O locatário ficará dispensado da multa se a devolução do imóvel decorrer de transferência, pelo seu empregador, privado ou público, para prestar serviços em localidades diversas daquela do início do contrato, e se notificar, por escrito, o locador com prazo de, no mínimo, 30 (trinta) dias de antecedência.

Art. 5º. Seja qual for o fundamento do término da locação, a ação do locador para reaver o imóvel é a de despejo.

▸ CC: art. 570.

Parágrafo único. O disposto neste artigo não se aplica se a locação termina em decorrência de desapropriação, com a imissão do expropriante na posse do imóvel.

▸ Decreto-lei 3.365/1941: Dispõe sobre desapropriações por utilidade pública.

Art. 6º. O locatário poderá denunciar a locação por prazo indeterminado mediante aviso por escrito ao locador, com antecedência mínima de 30 (trinta) dias.

Parágrafo único. Na ausência do aviso, o locador poderá exigir quantia correspondente a um mês de aluguel e encargos, vigentes quando da resilição.

Art. 7º. Nos casos de extinção de usufruto ou de fideicomisso, a locação celebrada pelo usufrutuário ou fiduciário poderá ser denunciada, com o prazo de 30 (trinta) dias para a desocupação, salvo se tiver havido aquiescência escrita do nu-proprietário ou do fideicomissário, ou se a propriedade estiver consolidada em mãos do usufrutuário ou do fiduciário.

▸ CC: arts. 1.410, 1.411, e 1.951 a 1.958.

Parágrafo único. A denúncia deverá ser exercitada no prazo de 90 (noventa) dias contados da extinção do fideicomisso ou da averbação da extinção do usufruto, presumindo-se, após esse prazo, a concordância na manutenção da locação.

Art. 8º. Se o imóvel for alienado durante a locação, o adquirente poderá denunciar o contrato, com o prazo de 90 (noventa) dias para a desocupação, salvo se a locação for por tempo determinado e o contrato contiver cláusula de vigência em caso de alienação e estiver averbado junto à matrícula do imóvel.

▸ Súm. 442 do STF.

§ 1º. Idêntico direito terá o promissário comprador e o promissário cessionário, em caráter irrevogável, com imissão na posse do imóvel e título registrado junto à matrícula do mesmo.

§ 2º. A denúncia deverá ser exercitada no prazo de 90 (noventa) dias contados do registro da venda ou do compromisso, presumindo-se, após esse prazo, a concordância na manutenção da locação.

Art. 9º. A locação também poderá ser desfeita:

I – por mútuo acordo;

II – em decorrência da prática de infração legal ou contratual;

III – em decorrência da falta de pagamento do aluguel e demais encargos;

IV – para a realização de reparações urgentes determinadas pelo Poder Público, que não possam ser normalmente executadas com a permanência do locatário no imóvel ou, podendo, ele se recuse a consenti-las.

Art. 10. Morrendo o locador, a locação transmite-se aos herdeiros.

Art. 11. Morrendo o locatário, ficarão sub-rogados nos seus direitos e obrigações:

I – nas locações com finalidade residencial, o cônjuge sobrevivente ou companheiro e, sucessivamente, os herdeiros necessários e as pessoas que viviam na dependência econômica do *de cujus*, desde que residentes no imóvel;

II – nas locações com finalidade não residencial, o espólio e, se for o caso, seu sucessor no negócio.

Art. 12. Em casos de separação de fato, separação judicial, divórcio ou dissolução da união estável, a locação residencial prosseguirá automaticamente com o cônjuge ou companheiro que permanecer no imóvel. (Redação dada pela Lei nº 12.112, de 2009)

§ 1º. Nas hipóteses previstas neste artigo e no art. 11, a sub-rogação será comunicada por escrito ao locador e ao fiador, se esta for a modalidade de garantia locatícia. (Incluído pela Lei nº 12.112, de 2009)

§ 2º. O fiador poderá exonerar-se das suas responsabilidades no prazo de 30 (trinta) dias contado do recebimento da comunicação oferecida pelo sub-rogado, ficando responsável pelos efeitos da fiança durante 120 (cento e vinte) dias após a notificação ao locador. (Incluído pela Lei nº 12.112, de 2009)

Art. 13. A cessão da locação, a sublocação e o empréstimo do imóvel, total ou parcialmente, dependem do consentimento prévio e escrito do locador.

‣ Súm. 411 do STF.

§ 1º. Não se presume o consentimento pela simples demora do locador em manifestar formalmente a sua oposição.

§ 2º. Desde que notificado por escrito pelo locatário, de ocorrência de uma das hipóteses deste artigo, o locador terá o prazo de 30 (trinta) dias para manifestar formalmente a sua oposição.

§ 3º. (*VETADO*). (Incluído pela Lei nº 12.112, de 2009)

SEÇÃO II. DAS SUBLOCAÇÕES

Art. 14. Aplicam-se às sublocações, no que couber, as disposições relativas às locações.

Art. 15. Rescindida ou finda a locação, qualquer que seja sua causa, resolvem-se as sublocações, assegurado o direito de indenização do sublocatário contra o sublocador.

Art. 16. O sublocatário responde subsidiariamente ao locador pela importância que dever ao sublocador, quando este for demandado e, ainda, pelos aluguéis que se vencerem durante a lide.

SEÇÃO III. DO ALUGUEL

Art. 17. É livre a convenção do aluguel, vedada a sua estipulação em moeda estrangeira e a sua vinculação à variação cambial ou ao salário mínimo.

Parágrafo único. Nas locações residenciais serão observados os critérios de reajustes previstos na legislação específica.

Art. 18. É lícito às partes fixar, de comum acordo, novo valor para o aluguel, bem como inserir ou modificar cláusula de reajuste.

Art. 19. Não havendo acordo, o locador ou o locatário, após 3 (três) anos de vigência do contrato ou do acordo anteriormente realizado, poderão pedir revisão judicial do aluguel, a fim de ajustá-lo ao preço de mercado.

Art. 20. Salvo as hipóteses do art. 42 e da locação para temporada, o locador não poderá exigir o pagamento antecipado do aluguel.

Art. 21. O aluguel da sublocação não poderá exceder o da locação; nas habitações coletivas multifamiliares, a soma dos aluguéis não poderá ser superior ao dobro do valor da locação.

Parágrafo único. O descumprimento deste artigo autoriza o sublocatário a reduzir o aluguel até os limites nele estabelecidos.

SEÇÃO IV. DOS DEVERES DO LOCADOR E DO LOCATÁRIO

Art. 22. O locador é obrigado a:

I – entregar ao locatário o imóvel alugado em estado de servir ao uso a que se destina;

II – garantir, durante o tempo da locação, o uso pacífico do imóvel locado;

III – manter, durante a locação, a forma e o destino do imóvel;

IV – responder pelos vícios ou defeitos anteriores à locação;

V – fornecer ao locatário, caso este solicite, descrição minuciosa do estado do imóvel, quando de sua entrega, com expressa referência aos eventuais defeitos existentes;

VI – fornecer ao locatário recibo discriminado das importâncias por este pagas, vedada a quitação genérica;

VII – pagar as taxas de administração imobiliária, se houver, e de intermediações, nestas compreendidas as despesas necessárias à aferição da idoneidade do pretendente ou de seu fiador;

VIII – pagar os impostos e taxas, e ainda o prêmio de seguro complementar contra fogo, que incidam ou venham a incidir sobre o imóvel, salvo disposição expressa em contrário no contrato;

IX – exibir ao locatário, quando solicitado, os comprovantes relativos às parcelas que estejam sendo exigidas;

X – pagar as despesas extraordinárias de condomínio.

Parágrafo único. Por despesas extraordinárias de condomínio se entendem aquelas que não se refiram aos gastos rotineiros de manutenção do edifício, especialmente:

a) obras de reformas ou acréscimos que interessem à estrutura integral do imóvel;

b) pintura das fachadas, empenas, poços de aeração e iluminação, bem como das esquadrias externas;

c) obras destinadas a repor as condições de habitabilidade do edifício;

d) indenizações trabalhistas e previdenciárias pela dispensa de empregados, ocorridas em data anterior ao início da locação;

e) instalação de equipamentos de segurança e de incêndio, de telefonia, de intercomunicação, de esporte e de lazer;

f) despesas de decoração e paisagismo nas partes de uso comum;

g) constituição de fundo de reserva.

Art. 23. O locatário é obrigado a:

I – pagar pontualmente o aluguel e os encargos da locação, legal ou contratualmente exigíveis, no prazo estipulado ou, em sua falta, até o sexto dia útil do mês seguinte ao vencido, no imóvel locado, quando outro local não tiver sido indicado no contrato;

II – servir-se do imóvel para o uso convencionado ou presumido, compatível com a natureza deste e com o fim a que se destina, devendo tratá-lo com o mesmo cuidado como se fosse seu;

III – restituir o imóvel, finda a locação, no estado em que o recebeu, salvo as deteriorações decorrentes do seu uso normal;

IV – levar imediatamente ao conhecimento do locador o surgimento de qualquer dano ou defeito cuja reparação a este incumba, bem como as eventuais turbações de terceiros;

V – realizar a imediata reparação dos danos verificados no imóvel, ou nas suas instalações, provocados por si, seus dependentes, familiares, visitantes ou prepostos;

VI – não modificar a forma interna ou externa do imóvel sem o consentimento prévio e por escrito do locador;

VII – entregar imediatamente ao locador os documentos de cobrança de tributos e encargos condominiais, bem como qualquer intimação, multa ou exigência de autoridade pública, ainda que dirigida a ele, locatário;

VIII – pagar as despesas de telefone e de consumo de força, luz e gás, água e esgoto;

IX – permitir a vistoria do imóvel pelo locador ou por seu mandatário, mediante combinação prévia, de dia e hora, bem como admitir que seja o mesmo visitado e examinado por terceiros, na hipótese prevista no art. 27;

X – cumprir integralmente a convenção de condomínio e os regulamentos internos;

XI – pagar o prêmio do seguro de fiança;

XII – pagar as despesas ordinárias de condomínio.

§ 1º. Por despesas ordinárias de condomínio se entendem as necessárias à administração respectiva, especialmente:

a) salários, encargos trabalhistas, contribuições previdenciárias e sociais dos empregados do condomínio;

b) consumo de água e esgoto, gás, luz e força das áreas de uso comum;

c) limpeza, conservação e pintura das instalações e dependências de uso comum;

d) manutenção e conservação das instalações e equipamentos hidráulicos, elétricos, mecânicos e de segurança, de uso comum;

e) manutenção e conservação das instalações e equipamentos de uso comum destinados à prática de esportes e lazer;

f) manutenção e conservação de elevadores, porteiro eletrônico e antenas coletivas;

g) pequenos reparos nas dependências e instalações elétricas e hidráulicas de uso comum;

h) rateios de saldo devedor, salvo se referentes a período anterior ao início da locação;

i) reposição do fundo de reserva, total ou parcialmente utilizado no custeio ou complementação das despesas referidas nas alíneas anteriores, salvo se referentes a período anterior ao início da locação.

§ 2º. O locatário fica obrigado ao pagamento das despesas referidas no parágrafo anterior, desde que comprovadas a previsão orçamentária e o rateio mensal, podendo exigir a qualquer tempo a comprovação das mesmas.

§ 3º. No edifício constituído por unidades imobiliárias autônomas, de propriedade da mesma pessoa, os locatários ficam obrigados ao pagamento das despesas referidas no § 1º deste artigo, desde que comprovadas.

Art. 24. Nos imóveis utilizados como habitação coletiva multifamiliar, os locatários ou sublocatários poderão depositar judicialmente o aluguel e encargos se a construção for considerada em condições precárias pelo Poder Público.

§ 1º. O levantamento dos depósitos somente será deferido com a comunicação, pela autoridade pública, da regularização do imóvel.

§ 2º. Os locatários ou sublocatários que deixarem o imóvel estarão desobrigados do aluguel durante a execução das obras necessárias à regularização.

§ 3º. Os depósitos efetuados em juízo pelos locatários e sublocatários poderão ser levantados, mediante ordem judicial, para realização das obras ou serviços necessários à regularização do imóvel.

Art. 25. Atribuída ao locatário a responsabilidade pelo pagamento dos tributos, encargos e despesas ordinárias de condomínio, o locador poderá cobrar tais verbas juntamente com o aluguel do mês a que se refiram.

Parágrafo único. Se o locador antecipar os pagamentos, a ele pertencerão as vantagens daí advindas, salvo se o locatário reembolsá-lo integralmente.

Art. 26. Necessitando o imóvel de reparos urgentes, cuja realização incumba ao locador, o locatário é obrigado a consenti-los.

Parágrafo único. Se os reparos durarem mais de 10 (dez) dias, o locatário terá direito ao abatimento do aluguel, proporcional ao período excedente; se mais de 30 (trinta) dias, poderá resilir o contrato.

SEÇÃO V.
DO DIREITO DE PREFERÊNCIA

Art. 27. No caso de venda, promessa de venda, cessão ou promessa de cessão de direitos ou dação em pagamento, o locatário tem preferência para adquirir o imóvel locado, em igualdade de condições com terceiros, devendo o locador dar-lhe conhecimento do negócio mediante notificação judicial, extrajudicial ou outro meio de ciência inequívoca.

- Súm. 442 do STF.
- CC: arts. 513 a 520.

Parágrafo único. A comunicação deverá conter todas as condições do negócio e, em especial, o preço, a forma de pagamento, a existência de ônus reais, bem como o local e horário em que pode ser examinada a documentação pertinente.

Art. 28. O direito de preferência do locatário caducará se não manifestada, de maneira inequívoca, sua aceitação integral à proposta, no prazo de 30 (trinta) dias.

Art. 29. Ocorrendo aceitação da proposta, pelo locatário, a posterior desistência do negócio pelo locador acarreta, a este, responsabilidade pelos prejuízos ocasionados, inclusive lucros cessantes.

- CC: art. 427.

Art. 30. Estando o imóvel sublocado em sua totalidade, caberá a preferência ao sublocatário e, em seguida, ao locatário. Se forem vários os sublocatários, a preferência caberá a todos, em comum, ou a qualquer deles, se um só for o interessado.

Parágrafo único. Havendo pluralidade de pretendentes, caberá a preferência ao locatário mais antigo, e, se da mesma data, ao mais idoso.

Art. 31. Em se tratando de alienação de mais de uma unidade imobiliária, o direito de preferência incidirá sobre a totalidade dos bens objeto da alienação.

Art. 32. O direito de preferência não alcança os casos de perda da propriedade ou venda por decisão judicial, permuta, doação, integralização de capital, cisão, fusão e incorporação.

Parágrafo único. Nos contratos firmados a partir de 1º de outubro de 2001, o direito de preferência de que trata este artigo não alcançará também os casos de constituição da propriedade fiduciária e de perda da propriedade ou venda por quaisquer formas de realização de garantia, inclusive mediante leilão extrajudicial, devendo essa condição constar expressamente em cláusula contratual específica, destacando-se das demais por sua apresentação gráfica. (Incluído pela Lei nº 10.931, de 2004)

Art. 33. O locatário preterido no seu direito de preferência poderá reclamar do alienante as perdas e danos ou, depositando o preço e demais despesas do ato de transferência, haver para si o imóvel locado, se o requerer no prazo de 6 (seis) meses, a contar do registro do ato no cartório de imóveis, desde que o contrato de locação esteja averbado pelo menos 30 (trinta) dias antes da alienação junto à matrícula do imóvel.

Parágrafo único. A averbação far-se-á à vista de qualquer das vias do contrato de locação, desde que subscrito também por duas testemunhas.

- Lei 6.015/1973: art. 168, § 1º.

Art. 34. Havendo condomínio no imóvel, a preferência do condômino terá prioridade sobre a do locatário.

- CC: art. 513.

SEÇÃO VI.
DAS BENFEITORIAS

Art. 35. Salvo expressa disposição contratual em contrário, as benfeitorias necessárias introduzidas pelo locatário, ainda que não autorizadas pelo locador, bem como as úteis, desde que autorizadas, serão indenizáveis e permitem o exercício do direito de retenção.

- CC: arts. 96, 504, 578 e 1.219.

Art. 36. As benfeitorias voluptuárias não serão indenizáveis, podendo ser levantadas pelo locatário, finda a locação, desde que sua retirada não afete a estrutura e a substância do imóvel.

- CC: arts. 96, § 1º.

SEÇÃO VII.
DAS GARANTIAS LOCATÍCIAS

Art. 37. No contrato de locação, pode o locador exigir do locatário as seguintes modalidades de garantia:

- Lei 6.015/1973: art. 167.

I – caução;

- Lei 6.015/1973: art. 167, II, 8.

II – fiança;

- Súm. 214 e 268 do STJ.
- CC: arts. 818 a 839.

III – seguro de fiança locatícia.

IV – cessão fiduciária de quotas de fundo de investimento. (Incluído pela Lei nº 11.196, de 2005)

Parágrafo único. É vedada, sob pena de nulidade, mais de uma das modalidades de garantia num mesmo contrato de locação.

Art. 38. A caução poderá ser em bens móveis ou imóveis.

§ 1º. A caução em bens móveis deverá ser registrada em cartório de títulos e documentos; a em bens imóveis deverá ser averbada à margem da respectiva matrícula.

§ 2º. A caução em dinheiro, que não poderá exceder o equivalente a três meses de aluguel, será depositada em caderneta de poupança, autorizada pelo Poder Público e por ele regulamentada, revertendo em benefício do locatário todas as vantagens dela decorrentes por ocasião do levantamento da soma respectiva.

§ 3º. A caução em títulos e ações deverá ser substituída, no prazo de 30 (trinta) dias, em caso de concordata, falência ou liquidação das sociedades emissoras.

Art. 39. Salvo disposição contratual em contrário, qualquer das garantias da locação se estende até a efetiva devolução do imóvel, ainda que prorrogada a locação por prazo indeterminado, por força desta Lei. (Redação dada pela Lei nº 12.112, de 2009)

Art. 40. O locador poderá exigir novo fiador ou a substituição da modalidade de garantia, nos seguintes casos:

I – morte do fiador;

II – ausência, interdição, recuperação judicial, falência ou insolvência do fiador, declaradas judicialmente; (Redação dada pela Lei nº 12.112, de 2009)

III – alienação ou gravação de todos os bens imóveis do fiador ou sua mudança de residência sem comunicação ao locador;

IV – exoneração do fiador;

V – prorrogação da locação por prazo indeterminado, sendo a fiança ajustada por prazo certo;

VI – desaparecimento dos bens móveis;

VII – desapropriação ou alienação do imóvel.

VIII – exoneração de garantia constituída por quotas de fundo de investimento; (Incluído pela Lei nº 11.196, de 2005)

IX – liquidação ou encerramento do fundo de investimento de que trata o inciso IV do art. 37 desta Lei. (Incluído pela Lei nº 11.196, de 2005)

X – prorrogação da locação por prazo indeterminado uma vez notificado o locador pelo fiador de sua intenção de desoneração, ficando obrigado por todos os efeitos da fiança, durante 120 (cento e vinte) dias após a notificação ao locador. (Incluído pela Lei nº 12.112, de 2009)

Parágrafo único. O locador poderá notificar o locatário para apresentar nova garantia locatícia no prazo de 30 (trinta) dias, sob pena de desfazimento da locação. (Incluído pela Lei nº 12.112, de 2009)

Art. 41. O seguro de fiança locatícia abrangerá a totalidade das obrigações do locatário.

Art. 42. Não estando a locação garantida por qualquer das modalidades, o locador poderá exigir do locatário o pagamento do aluguel e encargos até o sexto dia útil do mês vincendo.

SEÇÃO VIII.
DAS PENALIDADES CRIMINAIS E CIVIS

Art. 43. Constitui contravenção penal, punível com prisão simples de 5 (cinco) dias a 6 (seis) meses ou multa de 3 (três) a 12 (doze) meses do valor do último aluguel atualizado, revertida em favor do locatário:

I – exigir, por motivo de locação ou sublocação, quantia ou valor além do aluguel e encargos permitidos;

II – exigir, por motivo de locação ou sublocação, mais de uma modalidade de garantia num mesmo contrato de locação;

III – cobrar antecipadamente o aluguel, salvo a hipótese do art. 42 e da locação para temporada.

Art. 44. Constitui crime de ação pública, punível com detenção de 3 (três) meses a 1 (um) ano, que poderá ser substituída pela prestação de serviços à comunidade:

I – recusar-se o locador ou sublocador, nas habitações coletivas multifamiliares, a fornecer recibo discriminado do aluguel e encargos;

II – deixar o retomante, dentro de 180 (cento e oitenta) dias após a entrega do imóvel, no caso do inciso III do art. 47, de usá-lo para o fim declarado ou, usando-o, não o fizer pelo prazo mínimo de 1 (um) ano;

III – não iniciar o proprietário, promissário comprador ou promissário cessionário, nos casos do inciso IV do art. 9º, inciso IV do art. 47, inciso I do art. 52 e inciso II do art. 53, a demolição ou a reparação do imóvel, dentro de 60 (sessenta) dias contados de sua entrega;

IV – executar o despejo com inobservância do disposto no § 2º do art. 65.

Parágrafo único. Ocorrendo qualquer das hipóteses previstas neste artigo, poderá o prejudicado reclamar, em processo próprio, multa equivalente a um mínimo de 12 (doze) e um máximo de 24 (vinte e quatro) meses do valor do último aluguel atualizado ou do que esteja sendo cobrado do novo locatário, se realugado o imóvel.

SEÇÃO IX.
DAS NULIDADES

Art. 45. São nulas de pleno direito as cláusulas do contrato de locação que visem a elidir os objetivos da presente Lei, notadamente as que proíbam a prorrogação prevista no art. 47, ou que afastem o direito à renovação, na hipótese do art. 51, ou que imponham obrigações pecuniárias para tanto.

CAPÍTULO II.
DAS DISPOSIÇÕES ESPECIAIS

SEÇÃO I.
DA LOCAÇÃO RESIDENCIAL

Art. 46. Nas locações ajustadas por escrito e por prazo igual ou superior a 30 (trinta) meses, a resolução do contrato ocorrerá findo o prazo estipulado, independentemente de notificação ou aviso.

§ 1º. Findo o prazo ajustado, se o locatário continuar na posse do imóvel alugado por mais de 30 (trinta) dias sem oposição do locador, presumir-se-á prorrogada a locação por prazo indeterminado, mantidas as demais cláusulas e condições do contrato.

§ 2º. Ocorrendo a prorrogação, o locador poderá denunciar o contrato a qualquer tempo, concedido o prazo de 30 (trinta) dias para desocupação.

Art. 47. Quando ajustada verbalmente ou por escrito e com prazo inferior a 30 (trinta) meses, findo o prazo estabelecido, a locação prorroga-se automaticamente, por prazo indeterminado, somente podendo ser retomado o imóvel:

I – nos casos do art. 9º;

II – em decorrência de extinção do contrato de trabalho, se a ocupação do imóvel pelo locatário estiver relacionada com o seu emprego;

III – se for pedido para uso próprio, de seu cônjuge ou companheiro, ou para uso residencial de ascendente ou descendente que não disponha, assim como seu cônjuge ou companheiro, de imóvel residencial próprio;

IV – se for pedido para demolição e edificação licenciada ou para a realização de obras aprovadas pelo Poder Público, que aumentem a área construída em, no mínimo, 20% (vinte por cento) ou, se o imóvel for destinado a exploração de hotel ou pensão, em 50% (cinquenta por cento);

V – se a vigência ininterrupta da locação ultrapassar 5 (cinco) anos.

§ 1º. Na hipótese do inciso III, a necessidade deverá ser judicialmente demonstrada, se:

a) o retomante, alegando necessidade de usar o imóvel, estiver ocupando, com a mesma finalidade, outro de sua propriedade situado na mesma localidade ou, residindo ou utilizando imóvel alheio, já tiver retomado o imóvel anteriormente;

b) o ascendente ou descendente, beneficiário da retomada, residir em imóvel próprio.

§ 2º. Nas hipóteses dos incisos III e IV, o retomante deverá comprovar ser proprietário, promissário comprador ou promissário cessionário, em caráter irrevogável, com imissão na posse do imóvel e título registrado junto à matrícula do mesmo.

SEÇÃO II.
DA LOCAÇÃO PARA TEMPORADA

Art. 48. Considera-se locação para temporada aquela destinada à residência temporária do locatário, para prática de lazer, realização de cursos, tratamento de saúde, feitura de obras em seu imóvel, e outros fatos que decorram tão somente de determinado tempo, e contratada por prazo não superior a 90 (noventa) dias, esteja ou não mobiliado o imóvel.

Parágrafo único. No caso de a locação envolver imóvel mobiliado, constará do contrato, obrigatoriamente, a descrição dos móveis e utensílios que o guarnecem, bem como o estado em que se encontram.

Art. 49. O locador poderá receber de uma só vez e antecipadamente os aluguéis e encargos, bem como exigir qualquer das modalidades de garantia previstas no art. 37 para atender as demais obrigações do contrato.

Art. 50. Findo o prazo ajustado, se o locatário permanecer no imóvel sem oposição do locador por mais de 30 (trinta) dias, presumir-se-á prorrogada a locação por tempo indeterminado, não mais sendo exigível o pagamento antecipado do aluguel e dos encargos.

Parágrafo único. Ocorrendo a prorrogação, o locador somente poderá denunciar o contrato após 30 (trinta) meses de seu início ou nas hipóteses do art. 47.

SEÇÃO III.
DA LOCAÇÃO NÃO RESIDENCIAL

Art. 51. Nas locações de imóveis destinados ao comércio, o locatário terá direito a renovação do contrato, por igual prazo, desde que, cumulativamente:

‣ Decreto 24.150/1934 – Regula as condições e processo de renovamento dos contratos de locação de imóveis destinados a fins comerciais ou industriais.

I – o contrato a renovar tenha sido celebrado por escrito e com prazo determinado;

II – o prazo mínimo do contrato a renovar ou a soma dos prazos ininterruptos dos contratos escritos seja de 5 (cinco) anos;

III – o locatário esteja explorando seu comércio, no mesmo ramo, pelo prazo mínimo e ininterrupto de 3 (três) anos.

§ 1º. O direito assegurado neste artigo poderá ser exercido pelos cessionários ou sucessores da locação; no caso de sublocação total do imóvel, o direito a renovação somente poderá ser exercido pelo sublocatário.

‣ Súm. 482 do STF.

§ 2º. Quando o contrato autorizar que o locatário utilize o imóvel para as atividades de sociedade de que faça parte e que a esta passe a pertencer o fundo de comércio, o direito a renovação poderá ser exercido pelo locatário ou pela sociedade.

§ 3º. Dissolvida a sociedade comercial por morte de um dos sócios, o sócio sobrevivente fica sub-rogado no direito a renovação, desde que continue no mesmo ramo.

§ 4º. O direito a renovação do contrato estende-se às locações celebradas por indústrias e sociedades civis com fim lucrativo, regularmente constituídas, desde que ocorrentes os pressupostos previstos neste artigo.

§ 5º. Do direito a renovação decai aquele que não propuser a ação no interregno de 1 (um) ano, no máximo, até 6 (seis) meses, no mínimo, anteriores à data da finalização do prazo do contrato em vigor.

‣ Súm. 482 do STF.

Art. 52. O locador não estará obrigado a renovar o contrato se:

‣ Súm. 485 do STF.

I – por determinação do Poder Público, tiver que realizar no imóvel obras que importarem na sua radical transformação; ou para fazer modificação de tal natureza que aumente o valor do negócio ou da propriedade;

II – o imóvel vier a ser utilizado por ele próprio ou para transferência de fundo de comércio existente há mais de 1 (um) ano, sendo detentor da maioria do capital o locador, seu cônjuge, ascendente ou descendente.

§ 1º. Na hipótese do inciso II, o imóvel não poderá ser destinado ao uso do mesmo ramo do locatário, salvo se a locação também envolvia o fundo de comércio, com as instalações e pertences.

§ 2º. Nas locações de espaço em *shopping centers*, o locador não poderá recusar a renovação do contrato com fundamento no inciso II deste artigo.

§ 3º. O locatário terá direito a indenização para ressarcimento dos prejuízos e dos lucros cessantes que tiver que arcar com a mudança, perda do lugar e desvalorização do fundo de comércio, se a renovação não ocorrer em razão de proposta de terceiro, em melhores condições, ou se o locador, no prazo de 3 (três) meses da entrega do imóvel, não der o destino alegado ou não iniciar as obras determinadas pelo Poder Público ou que declarou pretender realizar.

Art. 53. Nas locações de imóveis utilizados por hospitais, unidades sanitárias oficiais, asilos, estabelecimentos de saúde e de ensino autorizados e fiscalizados pelo Poder Público, bem como por entidades religiosas devidamente registradas, o contrato somente poderá ser rescindido: (Redação dada pela Lei nº 9.256, de 1996)

I – nas hipóteses do art. 9º;

II – se o proprietário, promissário comprador ou promissário cessionário, em caráter irrevogável e imitido na posse, com título registrado, que haja quitado o preço da promessa ou que, não o tendo feito, seja autorizado pelo proprietário, pedir o imóvel para demolição, edificação, licenciada ou reforma que venha a resultar em aumento mínimo de 50% (cinquenta por cento) da área útil.

Art. 54. Nas relações entre lojistas e empreendedores de *shopping center*, prevalecerão as condições livremente pactuadas nos contratos de locação respectivos e as disposições procedimentais previstas nesta Lei.

§ 1º. O empreendedor não poderá cobrar do locatário em *shopping center*:

a) as despesas referidas nas alíneas *a*, *b* e *d* do parágrafo único do art. 22; e

b) as despesas com obras ou substituições de equipamentos, que impliquem modificar o projeto ou o memorial descritivo da data do habite-se e obras de paisagismo nas partes de uso comum.

§ 2º. As despesas cobradas do locatário devem ser previstas em orçamento, salvo casos de urgência ou força maior, devidamente demonstradas, podendo o locatário, a cada 60 (sessenta) dias, por si ou entidade de classe exigir a comprovação das mesmas.

Art. 54-A. Na locação não residencial de imóvel urbano na qual o locador procede à prévia aquisição, construção ou substancial reforma, por si mesmo ou por terceiros, do imóvel então especificado pelo pretendente à locação, a fim de que seja a este locado por prazo determinado, prevalecerão as condições livremente pactuadas no contrato respectivo e as disposições procedimentais previstas nesta Lei. (Incluído pela Lei nº 12.744, de 2012)

§ 1º. Poderá ser convencionada a renúncia ao direito de revisão do valor dos aluguéis durante o prazo de vigência do contrato de locação. (Incluído pela Lei nº 12.744, de 2012)

§ 2º. Em caso de denúncia antecipada do vínculo locatício pelo locatário, compromete-se este a cumprir a multa convencionada, que não excederá, porém, a soma dos valores dos aluguéis a receber até o termo final da locação. (Incluído pela Lei nº 12.744, de 2012)

§ 3º. (*VETADO*). (Incluído pela Lei nº 12.744, de 2012)

Art. 55. Considera-se locação não residencial quando o locatário for pessoa jurídica e o imóvel, destinar-se ao uso de seus titulares, diretores, sócios, gerentes, executivos ou empregados.

Art. 56. Nos demais casos de locação não residencial, o contrato por prazo determinado cessa, de pleno direito, findo o prazo estipulado, independentemente de notificação ou aviso.

Parágrafo único. Findo o prazo estipulado, se o locatário permanecer no imóvel por mais de 30 (trinta) dias sem oposição do locador, presumir-se-á prorrogada a locação nas condições ajustadas, mas sem prazo determinado.

Art. 57. O contrato de locação por prazo indeterminado pode ser denunciado por escrito, pelo locador, concedidos ao locatário 30 (trinta) dias para a desocupação.

TÍTULO II. DOS PROCEDIMENTOS

CAPÍTULO I. DAS DISPOSIÇÕES GERAIS

Art. 58. Ressalvados os casos previstos no parágrafo único do art. 1º, nas ações de despejo, consignação em pagamento de aluguel e acessório da locação, revisionais de aluguel e renovatórias de locação, observar-se-á o seguinte:

I – os processos tramitam durante as férias forenses e não se suspendem pela superveniência delas;

II – é competente para conhecer e julgar tais ações o foro do lugar da situação do imóvel, salvo se outro houver sido eleito no contrato;

III – o valor da causa corresponderá a doze meses de aluguel, ou, na hipótese do inciso II do art. 47, a três salários vigentes por ocasião do ajuizamento;

IV – desde que autorizado no contrato, a citação, intimação ou notificação far-se-á mediante correspondência com aviso de recebimento, ou, tratando-se de pessoa jurídica ou firma individual, também mediante telex ou *fac-símile*, ou, ainda, sendo necessário, pelas demais formas previstas no Código de Processo Civil;

▸ CPC/15: arts. 238 a 259.

V – os recursos interpostos contra as sentenças terão efeito somente devolutivo.

CAPÍTULO II. DAS AÇÕES DE DESPEJO

Art. 59. Com as modificações constantes deste Capítulo, as ações de despejo terão o rito ordinário.

▸ CPC/15: arts, 318 e ss.

§ 1º. Conceder-se-á liminar para desocupação em 15 (quinze) dias, independentemente da audiência da parte contrária e desde que prestada a caução no valor equivalente a três meses de aluguel, nas ações que tiverem por fundamento exclusivo:

I – o descumprimento do mútuo acordo (art. 9º, inciso I), celebrado por escrito e assinado pelas partes e por duas testemunhas, no qual tenha sido ajustado o prazo mínimo de 6 (seis) meses para desocupação, contado da assinatura do instrumento;

II – o disposto no inciso II do art. 47, havendo prova escrita da rescisão do contrato de trabalho ou sendo ela demonstrada em audiência prévia;

III – o término do prazo da locação para temporada, tendo sido proposta a ação de despejo em até 30 (trinta) dias após o vencimento do contrato;

IV – a morte do locatário sem deixar sucessor legítimo na locação, de acordo com o referido no inciso I do art. 11, permanecendo no imóvel pessoas não autorizadas por lei;

V – a permanência do sublocatário no imóvel, extinta a locação, celebrada com o locatário.

VI – o disposto no inciso IV do art. 9º, havendo a necessidade de se produzir reparações urgentes no imóvel, determinadas pelo poder público, que não possam ser normalmente executadas com a permanência do locatário, ou, podendo, ele se recuse a consenti-las; (Incluído pela Lei nº 12.112, de 2009)

VII – o término do prazo notificatório previsto no parágrafo único do art. 40, sem apresentação de nova garantia apta a manter a segurança inaugural do contrato; (Incluído pela Lei nº 12.112, de 2009)

VIII – o término do prazo da locação não residencial, tendo sido proposta a ação em até 30 (trinta) dias do termo ou do cumprimento de notificação comunicando o intento de retomada; (Incluído pela Lei nº 12.112, de 2009)

IX – a falta de pagamento de aluguel e acessórios da locação no vencimento, estando o contrato desprovido de qualquer das garantias previstas no art. 37, por não ter sido contratada ou em caso de extinção ou pedido de exoneração dela, independentemente de motivo. (Incluído pela Lei nº 12.112, de 2009)

§ 2º. Qualquer que seja o fundamento da ação dar-se-á ciência do pedido aos sublocatários, que poderão intervir no processo como assistentes.

§ 3º. No caso do inciso IX do § 1º deste artigo, poderá o locatário evitar a rescisão da locação e elidir a liminar de desocupação se, dentro dos 15 (quinze) dias concedidos para a desocupação do imóvel e independentemente de cálculo, efetuar depósito judicial que contemple a totalidade dos valores devidos, na forma prevista no inciso II do art. 62. (Incluído pela Lei nº 12.112, de 2009)

Art. 60. Nas ações de despejo fundadas no inciso IV do art. 9º, inciso IV do art. 47 e inciso II do art. 53, a petição inicial deverá ser instruída com prova da propriedade do imóvel ou do compromisso registrado.

Art. 61. Nas ações fundadas no § 2º do art. 46 e nos incisos III e IV do art. 47, se o locatário, no prazo da contestação, manifestar sua concordância com a desocupação do imóvel, o juiz acolherá o pedido fixando prazo de 6 (seis) meses para a desocupação, contados da citação, impondo ao vencido a responsabilidade pelas custas e honorários advocatícios de 20% (vinte por cento) sobre o valor dado à causa. Se a desocupação ocorrer dentro do prazo fixado, o réu ficará isento dessa responsabilidade; caso contrário, será expedido mandado de despejo.

Art. 62. Nas ações de despejo fundadas na falta de pagamento de aluguel e acessórios da locação, de aluguel provisório, de diferenças de aluguéis, ou somente de quaisquer dos acessórios da locação, observar-se-á o seguinte: (Redação dada pela Lei nº 12.112, de 2009)

I – o pedido de rescisão da locação poderá ser cumulado com o pedido de cobrança dos aluguéis e acessórios da locação; nesta hipótese, citar-se-á o locatário para responder ao pedido de rescisão e o locatário e os fiadores para responderem ao pedido de cobrança, devendo ser apresentado, com a inicial, cálculo discriminado do valor do débito; (Redação dada pela Lei nº 12.112, de 2009)

II – o locatário e o fiador poderão evitar a rescisão da locação efetuando, no prazo de 15 (quinze) dias, contado da citação, o pagamento do débito atualizado, independentemente de cálculo e mediante depósito judicial, incluídos: (Redação dada pela Lei nº 12.112, de 2009)

a) os aluguéis e acessórios da locação que vencerem até a sua efetivação;

b) as multas ou penalidades contratuais, quando exigíveis;

c) os juros de mora;

d) as custas e os honorários do advogado do locador, fixados em 10% (dez por cento) sobre o montante devido, se do contrato não constar disposição diversa;

III – efetuada a purga da mora, se o locador alegar que a oferta não é integral, justificando a diferença, o locatário poderá complementar o depósito no prazo de 10 (dez) dias, contado da intimação, que poderá ser dirigida ao locatário ou diretamente ao patrono deste, por carta ou publicação no órgão oficial, a requerimento do locador; (Redação dada pela Lei nº 12.112, de 2009)

IV – não sendo integralmente complementado o depósito, o pedido de rescisão prosseguirá pela diferença, podendo o locador levantar a quantia depositada; (Redação dada pela Lei nº 12.112, de 2009)

V – os aluguéis que forem vencendo até a sentença deverão ser depositados à disposição do juízo, nos respectivos vencimentos, podendo o locador levantá-los desde que incontroversos;

VI – havendo cumulação dos pedidos de rescisão da locação e cobrança dos aluguéis, a execução desta pode ter início antes da desocupação do imóvel, caso ambos tenham sido acolhidos.

Parágrafo único. Não se admitirá a emenda da mora se o locatário já houver utilizado essa faculdade nos 24 (vinte e quatro) meses imediatamente anteriores à propositura da ação. (Redação dada pela Lei nº 12.112, de 2009)

Art. 63. Julgada procedente a ação de despejo, o juiz determinará a expedição de mandado de despejo, que conterá o prazo de 30 (trinta) dias para a desocupação voluntária, ressalvado o disposto nos parágrafos seguintes. (Redação da pela Lei nº 12.112, de 2009)

§ 1º. O prazo será de 15 (quinze) dias se:

a) entre a citação e a sentença de primeira instância houverem decorrido mais de 4 (quatro) meses; ou

b) o despejo houver sido decretado com fundamento no art. 9º ou no § 2º do art. 46. (Redação dada pela Lei nº 12.112, de 2009)

§ 2º. Tratando-se de estabelecimento de ensino autorizado e fiscalizado pelo Poder Público, respeitado o prazo mínimo de 6 (seis) meses e o máximo de 1 (um) ano, o juiz disporá de modo que a desocupação coincida com o período de férias escolares.

§ 3º. Tratando-se de hospitais, repartições públicas, unidades sanitárias oficiais, asilos, estabelecimentos de saúde e de ensino autorizados e fiscalizados pelo Poder Público, bem como por entidades religiosas devidamente registradas, e o despejo for decretado com fundamento no inciso IV do art. 9º ou no inciso II do art. 53, o prazo será de 1 (um) ano, exceto no caso em que entre a citação e a sentença de primeira instância houver decorrido mais de 1 (um) ano, hipótese em que o prazo será de 6 (seis) meses. (Redação dada pela Lei nº 9.256, de 1996)

§ 4º. A sentença que decretar o despejo fixará o valor da caução para o caso de ser executada provisoriamente.

Art. 64. Salvo nas hipóteses das ações fundadas no art. 9º, a execução provisória do despejo dependerá de caução não inferior a 6 (seis) meses nem superior a 12 (doze) meses do aluguel, atualizado até a data da prestação da caução. (Redação dada pela Lei nº 12.112, de 2009)

§ 1º. A caução poderá ser real ou fidejussória e será prestada nos autos da execução provisória.

§ 2º. Ocorrendo a reforma da sentença ou da decisão que concedeu liminarmente o despejo, o valor da caução reverterá em favor do réu, como indenização mínima das perdas e danos, podendo este reclamar, em ação própria, a diferença pelo que a exceder.

Art. 65. Findo o prazo assinado para a desocupação, contado da data da notificação, será efetuado o despejo, se necessário com emprego de força, inclusive arrombamento.

§ 1º. Os móveis e utensílios serão entregues à guarda de depositário, se não os quiser retirar o despejado.

§ 2º. O despejo não poderá ser executado até o 30º (trigésimo) dia seguinte ao do falecimento do cônjuge, ascendente, descendente ou irmão de qualquer das pessoas que habitem o imóvel.

Art. 66. Quando o imóvel for abandonado após ajuizada a ação, o locador poderá imitir-se na posse do imóvel.

CAPÍTULO III. DA AÇÃO DE CONSIGNAÇÃO DE ALUGUEL E ACESSÓRIOS DA LOCAÇÃO

Art. 67. Na ação que objetivar o pagamento dos aluguéis e acessórios da locação mediante consignação, será observado o seguinte:

I – a petição inicial, além dos requisitos exigidos pelo art. 282 do Código de Processo Civil, deverá especificar os aluguéis e acessórios da locação com indicação dos respectivos valores;

- Refere-se ao CPC/1973.
- Súm. 449 do STF.
- CPC/15: arts. 319 e ss.

II – determinada a citação do réu, o autor será intimado a, no prazo de 24 (vinte e quatro) horas, efetuar o depósito judicial da importância indicada na petição inicial, sob pena de ser extinto o processo;

III – o pedido envolverá a quitação das obrigações que vencerem durante a tramitação do feito e até ser prolatada a sentença de primeira instância, devendo o autor promover os depósitos nos respectivos vencimentos;

IV – não sendo oferecida a contestação, ou se o locador receber os valores depositados, o juiz acolherá o pedido, declarando quitadas as obrigações, condenando o réu ao pagamento das custas e honorários de 20% (vinte por cento) do valor dos depósitos;

V – a contestação do locador, além da defesa de direito que possa caber, ficará adstrita, quanto à matéria de fato, a:

- CPC/15: art. 544.

a) não ter havido recusa ou mora em receber a quantia devida;

b) ter sido justa a recusa;

c) não ter sido efetuado o depósito no prazo ou no lugar do pagamento;

d) não ter sido o depósito integral;

VI – além de contestar, o réu poderá, em reconvenção, pedir o despejo e a cobrança dos valores objeto da consignatória ou da diferença do depósito inicial, na hipótese de ter sido alegado não ser o mesmo integral;

VII – o autor poderá complementar o depósito inicial, no prazo de 5 (cinco) dias contados da ciência do oferecimento da resposta, com acréscimo de 10% (dez por cento) sobre o valor da diferença. Se tal ocorrer, o juiz declarará quitadas as obrigações, elidindo a rescisão da locação, mas imporá ao autor reconvindo a responsabilidade pelas custas e honorários advocatícios de 20% (vinte por cento) sobre o valor dos depósitos;

VIII – havendo, na reconvenção, cumulação dos pedidos de rescisão da locação e cobrança dos valores objeto da consignatória, a execução desta somente poderá ter início após obtida a desocupação do imóvel, caso ambos tenham sido acolhidos.

Parágrafo único. O réu poderá levantar a qualquer momento as importâncias depositadas sobre as quais não penda controvérsia.

CAPÍTULO IV. DA AÇÃO REVISIONAL DE ALUGUEL

Art. 68. Na ação revisional de aluguel, que terá o rito sumário, observar-se-á o seguinte: (Redação dada pela Lei nº 12.112, de 2009)

I – além dos requisitos exigidos pelos arts. 276 e 282 do Código de Processo Civil, a petição inicial deverá indicar o valor do aluguel cuja fixação é pretendida;

- Refere-se ao CPC/1973.
- CPC/15: arts. 319 e ss.

II – ao designar a audiência de conciliação, o juiz, se houver pedido e com base nos elementos fornecidos tanto pelo locador como pelo locatário, ou nos que indicar, fixará aluguel provisório, que será devido desde a citação, nos seguintes moldes: (Redação dada pela Lei nº 12.112, de 2009)

a) em ação proposta pelo locador, o aluguel provisório não poderá ser excedente a 80% (oitenta por cento) do pedido; (Incluído pela Lei nº 12.112, de 2009)

b) em ação proposta pelo locatário, o aluguel provisório não poderá ser inferior a 80% (oitenta por cento) do aluguel vigente; (Incluído pela Lei nº 12.112, de 2009)

III – sem prejuízo da contestação e até a audiência, o réu poderá pedir seja revisto o aluguel provisório, fornecendo os elementos para tanto;

IV – na audiência de conciliação, apresentada a contestação, que deverá conter contraproposta se houver discordância quanto ao valor pretendido, o juiz tentará a conciliação e, não sendo esta possível, determinará a realização de perícia, se necessária, designando, desde logo, audiência de instrução e julgamento; (Redação dada pela Lei nº 12.112, de 2009)

V – o pedido de revisão previsto no inciso III deste artigo interrompe o prazo para interposição de recurso contra a decisão que fixar o aluguel provisório. (Incluído pela Lei nº 12.112, de 2009)

§ 1º. Não caberá ação revisional na pendência de prazo para desocupação do imóvel (arts. 46, § 2º, e 57), ou quando tenha sido este estipulado amigável ou judicialmente.

§ 2º. No curso da ação de revisão, o aluguel provisório será reajustado na periodicidade pactuada ou na fixada em lei.

Art. 69. O aluguel fixado na sentença retroage à citação, e as diferenças devidas durante a ação de revisão, descontados os alugueres provisórios satisfeitos, serão pagas corrigidas, exigíveis a partir do trânsito em julgado da decisão que fixar o novo aluguel.

§ 1º. Se pedido pelo locador, ou sublocador, a sentença poderá estabelecer periodicidade de reajustamento do aluguel diversa daquela prevista no contrato revisando, bem como adotar outro indexador para reajustamento do aluguel.

§ 2º. A execução das diferenças será feita nos autos da ação de revisão.

Art. 70. Na ação de revisão do aluguel, o juiz poderá homologar acordo de desocupação, que será executado mediante expedição de mandado de despejo.

CAPÍTULO V. DA AÇÃO RENOVATÓRIA

Art. 71. Além dos demais requisitos exigidos no art. 282 do Código de Processo Civil, a petição inicial da ação renovatória deverá ser instruída com:

- Refere-se ao CPC/1973.
- CPC/15: arts. 319 e ss.

I – prova do preenchimento dos requisitos dos incisos I, II e III do art. 51;

II – prova do exato cumprimento do contrato em curso;

III – prova da quitação dos impostos e taxas que incidiram sobre o imóvel e cujo pagamento lhe incumbia;

IV – indicação clara e precisa das condições oferecidas para a renovação da locação;

V – indicação do fiador quando houver no contrato a renovar e, quando não for o mesmo, com indicação do nome ou denominação completa, número de sua inscrição no Ministério da Fazenda, endereço e, tratando-se de pessoa natural, a nacionalidade, o estado civil, a profissão e o número da carteira de identidade, comprovando, desde logo, mesmo que não haja alteração do fiador, a atual idoneidade financeira; (Redação dada pela Lei nº 12.112, de 2009)

VI – prova de que o fiador do contrato ou o que o substituir na renovação aceita os encargos da fiança, autorizado por seu cônjuge, se casado for;

VII – prova, quando for o caso, de ser cessionário ou sucessor, em virtude de título oponível ao proprietário.

Parágrafo único. Proposta a ação pelo sublocatário do imóvel ou de parte dele, serão citados o sublocador e o locador, como litisconsortes, salvo se, em virtude de locação originária ou renovada, o sublocador dispuser de prazo que admita renovar a sublocação; na primeira hipótese, procedente a ação, o proprietário ficará diretamente obrigado à renovação.

Art. 72. A contestação do locador, além da defesa de direito que possa caber, ficará adstrita, quanto à matéria de fato, ao seguinte:

I – não preencher o autor os requisitos estabelecidos nesta Lei;

II – não atender, a proposta do locatário, o valor locativo real do imóvel na época da renovação, excluída a valorização trazida por aquele ao ponto ou lugar;

III – ter proposta de terceiro para a locação, em condições melhores;

IV – não estar obrigado a renovar a locação (incisos I e II do art. 52).

§ 1º. No caso do inciso II, o locador deverá apresentar, em contraproposta, as condições de locação que repute compatíveis com o valor locativo real e atual do imóvel.

§ 2º. No caso do inciso III, o locador deverá juntar prova documental da proposta do terceiro, subscrita por este e por duas testemunhas, com clara indicação do ramo a ser explorado, que não poderá ser o mesmo do locatário. Nessa hipótese, o locatário poderá, em réplica, aceitar tais condições para obter a renovação pretendida.

§ 3º. No caso do inciso I do art. 52, a contestação deverá trazer prova da determinação do Poder Público ou relatório pormenorizado das obras a serem realizadas e da estimativa de valorização que sofrerá o imóvel, assinado por engenheiro devidamente habilitado.

§ 4º. Na contestação, o locador, ou sublocador, poderá pedir, ainda, a fixação de aluguel provisório, para vigorar a partir do primeiro mês do prazo do contrato a ser renovado, não excedente a 80% (oitenta por cento) do pedido, desde que apresentados elementos hábeis para aferição do justo valor do aluguel.

§ 5º. Se pedido pelo locador, ou sublocador, a sentença poderá estabelecer periodicidade de reajustamento do aluguel diversa daquela prevista no contrato renovando, bem como adotar outro indexador para reajustamento do aluguel.

Art. 73. Renovada a locação, as diferenças dos aluguéis vencidos serão executadas nos próprios autos da ação e pagas de uma só vez.

Art. 74. Não sendo renovada a locação, o juiz determinará a expedição de mandado de despejo, que conterá o prazo de 30 (trinta) dias para a desocupação voluntária, se houver pedido na contestação. (Redação dada pela Lei nº 12.112, de 2009)

§ 1º. *(VETADO). (Incluído* pela Lei nº 12.112, de 2009)

§ 2º. *(VETADO). (Incluído* pela Lei nº 12.112, de 2009)

§ 3º. *(VETADO). (Incluído pela* Lei nº 12.112, de 2009)

Art. 75. Na hipótese do inciso III do art. 72, a sentença fixará desde logo a indenização devida ao locatário em consequência da não prorrogação da locação, solidariamente devida pelo locador e o proponente.

TÍTULO III. DAS DISPOSIÇÕES FINAIS E TRANSITÓRIAS

Art. 76. Não se aplicam as disposições desta Lei aos processos em curso.

Art. 77. Todas as locações residenciais que tenham sido celebradas anteriormente à vigência desta Lei serão automaticamente prorrogadas por tempo indeterminado, ao término do prazo ajustado no contrato.

Art. 78. As locações residenciais que tenham sido celebradas anteriormente à vigência desta Lei e que já vigorem ou venham a vigorar por prazo indeterminado, poderão ser denunciadas pelo locador, concedido o prazo de 12 (doze) meses para a desocupação.

Parágrafo único. Na hipótese de ter havido revisão judicial ou amigável do aluguel, atingindo o preço do mercado, a denúncia somente poderá ser exercitada após 24 (vinte e quatro) meses da data da revisão, se esta ocorreu nos 12 (doze) meses anteriores à data da vigência desta Lei.

Art. 79. No que for omissa esta Lei aplicam-se as normas do Código Civil e do Código de Processo Civil.

Art. 80. Para os fins do inciso I do art. 98 da Constituição Federal, as ações de despejo poderão ser consideradas como causas cíveis de menor complexidade.

Art. 81. O inciso II do art. 167 e o art. 169 da Lei nº 6.015, de 31 de dezembro de 1973, passam a vigorar com as seguintes alterações:

▸ Alteração incorporada ao texto da referida lei.

Art. 82. O art. 3º da Lei nº 8.009, de 29 de março de 1990, passa a vigorar acrescido do seguinte inciso VII:

▸ Alteração incorporada ao texto da referida lei.

Art. 83. Ao art. 24 da Lei nº 4.591, de 16 de dezembro de 1964 fica acrescido o seguinte § 4º:

▸ Alteração incorporada ao texto da referida lei.

Art. 84. Reputam-se válidos os registros dos contratos de locação de imóveis, realizados até a data da vigência desta Lei.

Art. 85. Nas locações residenciais, é livre a convenção do aluguel quanto a preço, periodicidade e indexador de reajustamento, vedada a vinculação à variação do salário mínimo, variação cambial e moeda estrangeira:

I – dos imóveis novos com habite-se concedido a partir da entrada em vigor desta Lei;

II – dos demais imóveis não enquadrados no inciso anterior, em relação aos contratos celebrados, após cinco anos de entrada em vigor desta Lei.

Art. 86. O art. 8º da Lei nº 4.380, de 21 de agosto de 1964 passa a vigorar com a seguinte redação:

"Art. 8º O Sistema Financeiro da Habitação, destinado a facilitar e promover a construção e a aquisição da casa própria ou moradia, especialmente pelas classes de menor renda da população, será integrado."

Art. 87. (*VETADO*).

Art. 88. (*VETADO*).

Art. 89. Esta Lei entrará em vigor 60 (sessenta) dias após a sua publicação.

Art. 90. Revogam-se as disposições em contrário, especialmente:

I – o Decreto nº 24.150, de 20 de abril de 1934;
II – a Lei nº 6.239, de 19 de setembro de 1975;
III – a Lei nº 6.649, de 16 de maio de 1979;
IV – a Lei nº 6.698, de 15 de outubro de 1979;
V – a Lei nº 7.355, de 31 de agosto de 1985;
VI – a Lei nº 7.538, de 24 de setembro de 1986;
VII – a Lei nº 7.612, de 9 de julho de 1987; e
VIII – a Lei nº 8.157, de 3 de janeiro de 1991.

Brasília, 18 de outubro de 1991; 170º da Independência e 103º da República.

FERNANDO COLLOR
D.O.U. 21.10.1991

LEI Nº 8.257, DE 26 DE NOVEMBRO DE 1991

Dispõe sobre a expropriação das glebas nas quais se localizem culturas ilegais de plantas psicotrópicas e dá outras providências

▸ *Expropriação de terras - cultivo de drogas*

Art. 1º. As glebas de qualquer região do país onde forem localizadas culturas ilegais de plantas psicotrópicas serão imediatamente expropriadas e especificamente destinadas ao assentamento de colonos, para o cultivo de produtos alimentícios e medicamentosos, sem qualquer indenização ao proprietário e sem prejuízo de outras sanções previstas em lei, conforme o art. 243 da Constituição Federal.

Parágrafo único. Todo e qualquer bem de valor econômico apreendido em decorrência do tráfico ilícito de entorpecentes e drogas afins será confiscado e reverterá em benefício de instituições e pessoal especializado no tratamento e recuperação de viciados e no aparelhamento e custeio de atividades de fiscalização, controle, prevenção e repressão do crime de tráfico dessas substâncias.

Art. 2º. Para efeito desta lei, plantas psicotrópicas são aquelas que permitem a obtenção de substância entorpecente proscrita, plantas estas elencadas no rol emitido pelo órgão sanitário competente do Ministério da Saúde.

Parágrafo único. A autorização para a cultura de plantas psicotrópicas será concedida pelo órgão competente do Ministério da Saúde, atendendo exclusivamente a finalidades terapêuticas e científicas.

Art. 3º. A cultura das plantas psicotrópicas caracteriza-se pelo preparo da terra destinada a semeadura, ou plantio, ou colheita.

Art. 4º. As glebas referidas nesta lei, sujeitas à expropriação, são aquelas possuídas a qualquer título.

Parágrafo único. Vetado.

Art. 5º. Vetado.

Art. 6º. A ação expropriatória seguirá o procedimento judicial estabelecido nesta lei.

Art. 7º. Recebida a inicial, o Juiz determinará a citação dos expropriados, no prazo de cinco dias.

§ 1º. Ao ordenar a citação, o Juiz nomeará perito.

§ 2º. Após a investidura, o perito terá oito dias de prazo para entregar o laudo em cartório.

Art. 8º. O prazo para contestação e indicação de assistentes técnicos será de dez dias, a contar da data da juntada do mandado de citação aos autos.

Art. 9º. O Juiz determinará audiência de instrução e julgamento para dentro de quinze dias, a contar da data da contestação.

Art. 10. O Juiz poderá imitir, liminarmente, a União na posse do imóvel expropriando, garantindo-se o contraditório pela realização de audiência de justificação.

Art. 11. Na audiência de instrução e julgamento cada parte poderá indicar até cinco testemunhas.

Art. 12. É vedado o adiamento da audiência, salvo motivo de força maior, devidamente justificado.

Parágrafo único. Se a audiência, pela impossibilidade da produção de toda a prova oral no mesmo dia, tiver que ser postergada, em nenhuma hipótese será ela marcada para data posterior a três dias.

Art. 13. Encerrada a instrução, o Juiz prolatará a sentença em cinco dias.

Art. 14. Da sentença caberá recurso na forma da lei processual.

Art. 15. Transitada em julgado a sentença expropriatória, o imóvel será incorporado ao patrimônio da União.

Parágrafo único. Se a gleba expropriada nos termos desta lei, após o trânsito em julgado da sentença, não puder ter em cento e vinte dias a destinação prevista no art. 1º, ficará incorporada ao patrimônio da União, reservada, até que sobrevenham as condições necessárias àquela utilização.

Art. 16. Vetado.

Art. 17. A expropriação de que trata esta lei prevalecerá sobre direitos reais de garantia, não se admitindo embargos de terceiro, fundados em dívida hipotecária, anticrética ou pignoratícia.

Arts. 18 e 19. Vetados.

Art. 20. O não cumprimento dos prazos previstos nesta lei sujeitará o funcionário público responsável ou o perito judicial a multa diária, a ser fixada pelo Juiz.

Arts. 21 e 22. Vetados.

Art. 23. Aplicam-se subsidiariamente as normas do Código de Processo Civil.

Art. 24. Esta lei entra em vigor na data de sua publicação.

Art. 25. Revogam-se as disposições em contrário.

Brasília, 26 de novembro de 1991; 170º da Independência e 103º da República.

FERNANDO COLLOR
Este texto não substitui o publicado no DOU de 27-11-1991

LEI COMPLEMENTAR Nº 70, DE 30 DE DEZEMBRO DE 1991

Institui contribuição para financiamento da Seguridade Social, eleva a alíquota da contribuição social sobre o lucro das instituições financeiras, e dá outras providências.

▸ *COFINS*

▸ Lei 10.522/2002 – Dispõe sobre o Cadastro Informativo dos créditos não quitados de órgãos e entidades federais.

▸ Lei 10.485/2002 – Dispõe sobre a incidência das contribuições para os Programas de Integração Social e de Formação do Patrimônio do Servidor Público (PIS/Pasep) e da Contribuição para o Financiamento da Seguridade Social (Cofins), nas hipóteses que menciona.

▸ Decreto 4.524/2002 – Regulamenta a Contribuição para o PIS/Pasep e a Cofins devidas pelas pessoas jurídicas em geral.

▸ Decreto 5.161/2004 – Fixa coeficiente para redução das alíquotas específicas do PIS/PASEP e da COFINS de que tratam os arts. 51 e 52 da Lei 10.833, de 29 de dezembro 2003, nos casos em que especifica.

O PRESIDENTE DA REPÚBLICA Faço saber que o Congresso Nacional decreta e eu sanciono a seguinte Lei Complementar:

Art. 1º. Sem prejuízo da cobrança das contribuições para o Programa de Integração Social – PIS e para o Programa de Formação do Patrimônio do Servidor Público – PASEP, fica instituída contribuição social para financiamento da Seguridade Social, nos termos do inciso I do art. 195 da Constituição Federal, devida pelas pessoas jurídicas, inclusive as a elas equiparadas pela legislação do Imposto sobre a Renda, destinadas exclusivamente às despesas com atividades fins das áreas de saúde, previdência e assistência social.

Art. 2º. A contribuição de que trata o artigo anterior será de 2% (dois por cento) e incidirá sobre o faturamento mensal, assim considerado a receita bruta das vendas de mercadorias, de mercadorias e serviços e de serviço de qualquer natureza.

- Lei 9.718/1998: art. 8º.
- Súm. 659 do STF.
- Súm. 423 do STJ.

Parágrafo único. Não integra a receita de que trata este artigo, para efeito de determinação da base de cálculo da contribuição, o valor:

a) do imposto sobre produtos industrializados, quando destacado em separado no documento fiscal;

b) das vendas canceladas, das devolvidas e dos descontos a qualquer título concedidos incondicionalmente.

Art. 3º. A base de cálculo da contribuição mensal devida pelos fabricantes de cigarros, na condição de contribuintes e de substitutos dos comerciantes varejistas, será obtida multiplicando-se o preço de venda do produto no varejo por 118% (cento e dezoito por cento).

Art. 4º. A contribuição mensal devida pelos distribuidores de derivados de petróleo e álcool etílico hidratado para fins carburantes, na condição de substitutos dos comerciantes varejistas, será calculada sobre o menor valor, no País, constante da tabela de preços máximos fixados para venda a varejo, sem prejuízo da contribuição incidente sobre suas próprias vendas.

Art. 5º. A contribuição será convertida, no primeiro dia do mês subsequente ao de ocorrência do fato gerador, pela medida de valor e parâmetro de atualização monetária diária utilizada para os tributos federais, e paga até o dia vinte do mesmo mês.

Art. 6º. São isentas da contribuição:

I – as sociedades cooperativas que observarem ao disposto na legislação específica, quanto aos atos cooperativos próprios de suas finalidades; (Inciso I com eficácia suspensa pela Medida Provisória nº 2.158-35, de 2001)

II – as sociedades civis de que trata o art. 1º do Decreto-lei nº 2.397, de 21 de dezembro de 1987;

- Súm. 508 do STJ.

III – as entidades beneficentes de assistência social que atendam às exigências estabelecidas em lei. (Inciso III com eficácia suspensa pela Medida Provisória nº 2.158-35, de 2001)

IV – a Academia Brasileira de Letras, a Associação Brasileira de Imprensa e o Instituto Histórico e Geográfico Brasileiro. (Incluído pela Lei nº 13.353, de 2016)

Art. 7º. São também isentas da contribuição as receitas decorrentes: (Artigo com eficácia suspensa pela Medida Provisória nº 2.158-35, de 2001)

I – de vendas de mercadorias ou serviços para o exterior, realizadas diretamente pelo exportador;

II – de exportações realizadas por intermédio de cooperativas, consórcios ou entidades semelhantes;

III – de vendas realizadas pelo produtor-vendedor às empresas comerciais exportadoras, nos termos do Decreto-lei nº 1.248, de 29 de novembro de 1972, e alterações posteriores, desde que destinadas ao fim específico de exportação para o exterior;

IV – de vendas, com fim específico de exportação para o exterior, a empresas exportadoras registradas na Secretaria de Comércio Exterior do Ministério da Indústria, do Comércio e do Turismo;

V – de fornecimentos de mercadorias ou serviços para uso ou consumo de bordo em embarcações ou aeronaves em tráfego internacional, quando o pagamento for efetuado em moeda conversível;

VI – das demais vendas de mercadorias ou serviços para o exterior, nas condições estabelecidas pelo Poder Executivo.

Art. 8º. (*VETADO*).

Art. 9º. A contribuição social sobre o faturamento de que trata esta Lei Complementar não extingue as atuais fontes de custeio da Seguridade Social, salvo a prevista no art. 23, inciso I, da Lei nº 8.212, de 24 de julho de 1991, a qual deixará de ser cobrada a partir da data em que for exigível a contribuição ora instituída.

Art. 10. O produto da arrecadação da contribuição social sobre o faturamento, instituída por esta Lei Complementar, observado o disposto na segunda parte do art. 33 da Lei nº 8.212, de 24 de julho de 1991, integrará o Orçamento da Seguridade Social.

Parágrafo único. À contribuição referida neste artigo aplicam-se as normas relativas ao processo administrativo-fiscal de determinação e exigência de créditos tributários federais, bem como, subsidiariamente e no que couber, as disposições referentes ao Imposto sobre a Renda, especialmente quanto a atraso de pagamento e quanto a penalidades.

Art. 11. Fica elevada em oito pontos percentuais a alíquota referida no § 1º do art. 23 da Lei nº 8.212, de 24 de julho de 1991, relativa à contribuição social sobre o lucro das instituições a que se refere o § 1º do art. 22 da mesma lei, mantidas as demais normas da Lei nº 7.689, de 15 de dezembro de 1988, com as alterações posteriormente introduzidas.

- Lei 12.839/2013 – Reduz a zero as alíquotas da Contribuição para o PIS/Pasep, da Cofins, da Contribuição para o PIS/Pasep-Importação e da Cofins-Importação incidentes sobre a receita decorrente da venda no mercado interno e sobre a importação de produtos que compõem a cesta básica.

Parágrafo único. As pessoas jurídicas sujeitas ao disposto neste artigo ficam excluídas do pagamento da contribuição social sobre o faturamento, instituída pelo art. 1º desta Lei Complementar.

Art. 12. Sem prejuízo do disposto na legislação em vigor, as instituições financeiras, as sociedades corretoras e distribuidoras de títulos e valores mobiliários, as sociedades de investimento e as de arrendamento mercantil, os agentes do Sistema Financeiro da Habitação, as bolsas de valores, de mercadorias, de futuros e instituições assemelhadas e seus associados, e as empresas administradoras de cartões de crédito fornecerão à Receita Federal, nos termos estabelecidos pelo Ministro da Economia, Fazenda e Planejamento, informações cadastrais sobre os usuários dos respectivos serviços, relativas ao nome, à filiação, ao endereço e ao número de inscrição do cliente no Cadastro de Pessoas Físicas – CPF ou no Cadastro Geral de Contribuintes – CGC.

§ 1º. Às informações recebidas nos termos deste artigo aplica-se o disposto no § 7º do art. 38 da Lei nº 4.595, de 31 de dezembro de 1964.

§ 2º. As informações de que trata o *caput* deste artigo serão prestadas a partir das relações de usuários constantes dos registros relativos ao ano-calendário de 1992.

§ 3º. A não observância do disposto neste artigo sujeitará o infrator, independentemente de outras penalidades administrativas, à multa equivalente a trinta e cinco unidades de valor referidas no art. 5º desta Lei Complementar, por usuário omitido.

Art. 13. Esta Lei Complementar entra em vigor na data de sua publicação, produzindo efeitos a partir do primeiro dia do mês seguinte aos 90 (noventa) dias posteriores àquela publicação, mantidos, até essa data, o Decreto-lei nº 1.940, de 25 de maio de 1982 e alterações posteriores, a alíquota fixada no art. 11 da Lei nº 8.114, de 12 de dezembro de 1990.

Art. 14. Revoga-se o art. 2º do Decreto-lei nº 326, de 8 de maio de 1967 e demais disposições em contrário.

Brasília, 30 de dezembro de 1991; 170º da Independência e 103º da República.

FERNANDO COLLOR

D.O.U. 31.12.1991

LEI Nº 8.397, DE 6 DE JANEIRO DE 1992

Institui medida cautelar fiscal e dá outras providências.

- *Medida Cautelar Fiscal*

O PRESIDENTE DA REPÚBLICA Faço saber que o Congresso Nacional decreta e eu sanciono a seguinte Lei:

Art. 1º. O procedimento cautelar fiscal poderá ser instaurado após a constituição do crédito, inclusive no curso da execução judicial da Dívida Ativa da União, dos Estados, do Distrito Federal, dos Municípios e respectivas autarquias. (Redação dada pela Lei nº 9.532, de 1997)

- Decreto 7.574/2011: arts. 45 e 46.

Parágrafo único. O requerimento da medida cautelar, na hipótese dos incisos V, alínea *b*, e VII, do art. 2º, independe da prévia constituição do crédito tributário. (Incluído pela Lei nº 9.532, de 1997)

Art. 2º. A medida cautelar fiscal poderá ser requerida contra o sujeito passivo de crédito tributário ou não tributário, quando o devedor: (Redação dada pela Lei nº 9.532, de 1997)

I – sem domicílio certo, intenta ausentar-se ou alienar bens que possui ou deixa de pagar a obrigação no prazo fixado;

II – tendo domicílio certo, ausenta-se ou tenta se ausentar, visando a elidir o adimplemento da obrigação;

III – caindo em insolvência, aliena ou tenta alienar bens; (Redação dada pela Lei nº 9.532, de 1997)

IV – contrai ou tenta contrair dívidas que comprometam a liquidez do seu patrimônio; (Redação dada pela Lei nº 9.532, de 1997)

V – notificado pela Fazenda Pública para que proceda ao recolhimento do crédito fiscal: (Redação dada pela Lei nº 9.532, de 1997)

a) deixa de pagá-lo no prazo legal, salvo se suspensa sua exigibilidade; (Incluída pela Lei nº 9.532, de 1997)

b) põe ou tenta pôr seus bens em nome de terceiros; (Incluída pela Lei nº 9.532, de 1997)

VI – possui débitos, inscritos ou não em Dívida Ativa, que somados ultrapassem 30% (trinta por cento) do seu patrimônio conhecido; (Incluído pela Lei nº 9.532, de 1997)

- Lei 9.532/1997: arts. 64 e 64-A.

VII – aliena bens ou direitos sem proceder à devida comunicação ao órgão da Fazenda Pública competente, quando exigível em virtude de lei; (Incluído pela Lei nº 9.532, de 1997)

VIII – tem sua inscrição no cadastro de contribuintes declarada inapta, pelo órgão fazendário; (Incluído pela Lei nº 9.532, de 1997)

IX – pratica outros atos que dificultem ou impeçam a satisfação do crédito. (Incluído pela Lei nº 9.532, de 1997)

Art. 3º. Para a concessão da medida cautelar fiscal é essencial:

I – prova literal da constituição do crédito fiscal;

II – provas documentais de algum dos casos mencionados no artigo antecedente.

Art. 4º. A decretação da medida cautelar fiscal produzirá, de imediato, a indisponibilidade dos bens do requerido, até o limite da satisfação da obrigação.

- CTN: art. 185-A.

§ 1º. Na hipótese de pessoa jurídica, a indisponibilidade recairá somente sobre os bens do ativo permanente, podendo, ainda, ser estendida aos bens do acionista controlador e aos dos que em razão do contrato social ou estatuto tenham poderes para fazer a empresa cumprir suas obrigações fiscais, ao tempo:

a) do fato gerador, nos casos de lançamento de ofício;

b) do inadimplemento da obrigação fiscal, nos demais casos.

§ 2º. A indisponibilidade patrimonial poderá ser estendida em relação aos bens adquiridos a qualquer título do requerido ou daqueles que estejam ou tenham estado na função de administrador (§ 1º), desde que seja capaz de frustrar a pretensão da Fazenda Pública.

§ 3º. Decretada a medida cautelar fiscal, será comunicada imediatamente ao registro público de imóveis, ao Banco Central do Brasil, à Comissão de Valores Mobiliários e às demais repartições que processem registros de transferência de bens, a fim de que, no âmbito de suas atribuições, façam cumprir a constrição judicial.

Art. 5º. A medida cautelar fiscal será requerida ao juiz competente para a execução judicial da Dívida Ativa da Fazenda Pública.

Parágrafo único. Se a execução judicial estiver em Tribunal, será competente o relator do recurso.

Art. 6º. A Fazenda Pública pleiteará a medida cautelar fiscal em petição devidamente fundamentada, que indicará:

I – o juiz a quem é dirigida;

II – a qualificação e o endereço, se conhecido, do requerido;

III – as provas que serão produzidas;

IV – o requerimento para citação.

Art. 7º. O juiz concederá liminarmente a medida cautelar fiscal, dispensada a Fazenda Pública de justificação prévia e de prestação de caução.

Parágrafo único. Do despacho que conceder liminarmente a medida cautelar caberá agravo de instrumento.

Art. 8º. O requerido será citado para, no prazo de 15 (quinze) dias, contestar o pedido, indicando as provas que pretenda produzir.

Parágrafo único. Conta-se o prazo da juntada aos autos do mandado:

a) de citação, devidamente cumprido;

b) da execução da medida cautelar fiscal, quando concedida liminarmente.

Art. 9º. Não sendo contestado o pedido, presumir-se-ão aceitos pelo requerido, como verdadeiros, os fatos alegados pela Fazenda Pública, caso em que o juiz decidirá em 10 (dez) dias.

Parágrafo único. Se o requerido contestar no prazo legal, o juiz designará audiência de instrução e julgamento, havendo prova a ser nela produzida.

Art. 10. A medida cautelar fiscal decretada poderá ser substituída, a qualquer tempo, pela prestação de garantia correspondente ao valor da pretensão da Fazenda Pública, na forma do art. 9º da Lei nº 6.830, de 22 de setembro de 1900.

Parágrafo único. A Fazenda Pública será ouvida necessariamente sobre o pedido de substituição, no prazo de 5 (cinco) dias, presumindo-se da omissão a sua aquiescência.

Art. 11. Quando a medida cautelar fiscal for concedida em procedimento preparatório, deverá a Fazenda Pública propor a execução judicial da Dívida Ativa no prazo de 60 (sessenta) dias, contados da data em que a exigência se tornar irrecorrível na esfera administrativa.

Art. 12. A medida cautelar fiscal conserva a sua eficácia no prazo do artigo antecedente e na pendência do processo de execução judicial da Dívida Ativa, mas pode, a qualquer tempo, ser revogada ou modificada.

Parágrafo único. Salvo decisão em contrário, a medida cautelar fiscal conservará sua eficácia durante o período de suspensão do crédito tributário ou não tributário.

Art. 13. Cessa a eficácia da medida cautelar fiscal:

I – se a Fazenda Pública não propuser a execução judicial da Dívida Ativa no prazo fixado no art. 11 desta Lei;

II – se não for executada dentro de 30 (trinta) dias;

III – se for julgada extinta a execução judicial da Dívida Ativa da Fazenda Pública;

IV – se o requerido promover a quitação do débito que está sendo executado.

Parágrafo único. Se, por qualquer motivo, cessar a eficácia da medida, é defeso à Fazenda Pública repetir o pedido pelo mesmo fundamento.

Art. 14. Os autos do procedimento cautelar fiscal serão apensados aos do processo de execução judicial da Dívida Ativa da Fazenda Pública.

Art. 15. O indeferimento da medida cautelar fiscal não obsta a que a Fazenda Pública intente a execução judicial da Dívida Ativa, nem influi no julgamento desta, salvo se o juiz, no procedimento cautelar fiscal, acolher alegação de pagamento, de compensação, de transação, de remissão, de prescrição ou decadência, de conversão do depósito em renda, ou qualquer outra modalidade de extinção da pretensão deduzida.

Art. 16. Ressalvado o disposto no art. 15, a sentença proferida na medida cautelar fiscal não faz coisa julgada, relativamente à execução judicial da Dívida Ativa da Fazenda Pública.

Art. 17. Da sentença que decretar a medida cautelar fiscal caberá apelação, sem efeito suspensivo, salvo se o requerido oferecer garantia na forma do art. 10 desta Lei.

Art. 18. As disposições desta Lei aplicam-se, também, ao crédito proveniente das contribuições sociais previstas no art. 195 da Constituição Federal.

Art. 19. Esta Lei entra em vigor na data de sua publicação.

Art. 20. Revogam-se as disposições em contrário.

Brasília, 6 de janeiro de 1992; 171º da Independência e 104º da República.

FERNANDO COLLOR
D.O.U. 7.1.1992;
ret. 16.1.1992

LEI Nº 8.429, DE 2 DE JUNHO DE 1992

Dispõe sobre as sanções aplicáveis aos agentes públicos nos casos de enriquecimento ilícito no exercício de mandato, cargo, emprego ou função na administração pública direta, indireta ou fundacional e dá outras providências.

- *Improbidade Administrativa*

O PRESIDENTE DA REPÚBLICA Faço saber que o Congresso Nacional decreta e eu sanciono a seguinte Lei:

- CF/88: Art. 37, § 4º.
- ADI 2797/DF.
- Lei 12.846/2013 – Responsabilização administrativa e civil de pessoas jurídicas.
- Lei 12.813/2013 – Dispõe sobre o conflito de interesses no exercício de cargo ou emprego do Poder Executivo federal e impedimentos posteriores ao exercício do cargo ou emprego.
- Lei 4.717/1965 – Regula a ação popular.
- Decreto 1.171/1994 – Código de Ética Profissional do Servidor Público Civil do Poder Executivo Federal.
- Decreto 983/1993 – Colaboração dos órgãos e entidades da Administração Pública Federal com o Ministério Público Federal na repressão a todas as formas de improbidade administrativa.
- Resolução 44/2007 do CNJ – Dispõe sobre a criação do Cadastro Nacional de Condenados por ato de Improbidade Administrativa no âmbito do Poder Judiciário Nacional.

CAPÍTULO I. DAS DISPOSIÇÕES GERAIS

Art. 1º. Os atos de improbidade praticados por qualquer agente público, servidor ou não, contra a administração direta, indireta ou fundacional de qualquer dos Poderes da União, dos Estados, do Distrito Federal, dos Municípios, de Território, de empresa incorporada ao patrimônio público ou de entidade para cuja criação ou custeio o erário haja concorrido ou concorra com mais de 50% (cinquenta por cento) do patrimônio ou da receita anual, serão punidos na forma desta Lei.

- Lei 10.257/2001: art. 52.

Parágrafo único. Estão também sujeitos às penalidades desta Lei os atos de improbidade praticados contra o patrimônio de entidade que receba subvenção, benefício ou incentivo, fiscal ou creditício, de órgão público bem como daquelas para cuja criação ou custeio o erário haja concorrido ou concorra com menos de 50% (cinquenta por cento) do patrimônio ou da receita anual, limitando-se, nestes casos, a sanção patrimonial à repercussão do ilícito sobre a contribuição dos cofres públicos.

Art. 2º. Reputa-se agente público, para os efeitos desta Lei, todo aquele que exerce, ainda que transitoriamente ou sem remuneração, por eleição, nomeação, designação, contratação ou qualquer outra forma de investidura ou vínculo, mandato, cargo, emprego ou função nas entidades mencionadas no artigo anterior.

- CP: art. 327.

Art. 3º. As disposições desta Lei são aplicáveis, no que couber, àquele que, mesmo não sendo agente público, induza ou concorra para a prática do ato de improbidade ou dele se beneficie sob qualquer forma direta ou indireta.

Art. 4º. Os agentes públicos de qualquer nível ou hierarquia são obrigados a velar pela estrita observância dos princípios de legalidade, impessoalidade, moralidade e publicidade no trato dos assuntos que lhes são afetos.

- CF/88: Art. 37, *caput*.

Art. 5º. Ocorrendo lesão ao patrimônio público por ação ou omissão, dolosa ou culposa, do agente ou de terceiro, dar-se-á o integral ressarcimento do dano.

Art. 6º. No caso de enriquecimento ilícito, perderá o agente público ou terceiro beneficiário os bens ou valores acrescidos ao seu patrimônio.

Art. 7º. Quando o ato de improbidade causar lesão ao patrimônio público ou ensejar enriquecimento ilícito, caberá à autoridade administrativa responsável pelo inquérito representar ao Ministério Público, para a indisponibilidade dos bens do indiciado.

Parágrafo único. A indisponibilidade a que se refere o *caput* deste artigo recairá sobre bens que assegurem o integral ressarcimento do dano, ou sobre o acréscimo patrimonial resultante do enriquecimento ilícito.

Art. 8º. O sucessor daquele que causar lesão ao patrimônio público ou se enriquecer ilicitamente está sujeito às cominações desta Lei até o limite do valor da herança.

‣ CC: art. 1.792.

CAPÍTULO II. DOS ATOS DE IMPROBIDADE ADMINISTRATIVA

SEÇÃO I. DOS ATOS DE IMPROBIDADE ADMINISTRATIVA QUE IMPORTAM ENRIQUECIMENTO ILÍCITO

Art. 9º. Constitui ato de improbidade administrativa importando enriquecimento ilícito auferir qualquer tipo de vantagem patrimonial indevida em razão do exercício de cargo, mandato, função, emprego ou atividade nas entidades mencionadas no art. 1º desta Lei, e notadamente:

I – receber, para si ou para outrem, dinheiro, bem móvel ou imóvel, ou qualquer outra vantagem econômica, direta ou indireta, a título de comissão, percentagem, gratificação ou presente de quem tenha interesse, direto ou indireto, que possa ser atingido ou amparado por ação ou omissão decorrente das atribuições do agente público;

II – perceber vantagem econômica, direta ou indireta, para facilitar a aquisição, permuta ou locação de bem móvel ou imóvel, ou a contratação de serviços pelas entidades referidas no art. 1º por preço superior ao valor de mercado;

III – perceber vantagem econômica, direta ou indireta, para facilitar a alienação, permuta ou locação de bem público ou o fornecimento de serviço por ente estatal por preço inferior ao valor de mercado;

IV – utilizar, em obra ou serviço particular, veículos, máquinas, equipamentos ou material de qualquer natureza, de propriedade ou à disposição de qualquer das entidades mencionadas no art. 1º desta Lei, bem como o trabalho de servidores públicos, empregados ou terceiros contratados por essas entidades;

V – receber vantagem econômica de qualquer natureza, direta ou indireta, para tolerar a exploração ou a prática de jogos de azar, de lenocínio, de narcotráfico, de contrabando, de usura ou de qualquer outra atividade ilícita, ou aceitar promessa de tal vantagem;

VI – receber vantagem econômica de qualquer natureza, direta ou indireta, para fazer declaração falsa sobre medição ou avaliação em obras públicas ou qualquer outro serviço, ou sobre quantidade, peso, medida, qualidade ou característica de mercadorias ou bens fornecidos a qualquer das entidades mencionadas no art. 1º desta Lei;

VII – adquirir, para si ou para outrem, no exercício de mandato, cargo, emprego ou função pública, bens de qualquer natureza cujo valor seja desproporcional à evolução do patrimônio ou à renda do agente público;

VIII – aceitar emprego, comissão ou exercer atividade de consultoria ou assessoramento para pessoa física ou jurídica que tenha interesse suscetível de ser atingido ou amparado por ação ou omissão decorrente das atribuições do agente público, durante a atividade;

IX – perceber vantagem econômica para intermediar a liberação ou aplicação de verba pública de qualquer natureza;

X – receber vantagem econômica de qualquer natureza, direta ou indiretamente, para omitir ato de ofício, providência ou declaração a que esteja obrigado;

XI – incorporar, por qualquer forma, ao seu patrimônio bens, rendas, verbas ou valores integrantes do acervo patrimonial das entidades mencionadas no art. 1º desta Lei;

XII – usar, em proveito próprio, bens, rendas, verbas ou valores integrantes do acervo patrimonial das entidades mencionadas no art. 1º desta Lei.

SEÇÃO II. DOS ATOS DE IMPROBIDADE ADMINISTRATIVA QUE CAUSAM PREJUÍZO AO ERÁRIO

Art. 10. Constitui ato de improbidade administrativa que causa lesão ao erário qualquer ação ou omissão, dolosa ou culposa, que enseje perda patrimonial, desvio, apropriação, malbaratamento ou dilapidação dos bens ou haveres das entidades referidas no art. 1º desta Lei, e notadamente:

I – facilitar ou concorrer por qualquer forma para a incorporação ao patrimônio particular, de pessoa física ou jurídica, de bens, rendas, verbas ou valores integrantes do acervo patrimonial das entidades mencionadas no art. 1º desta Lei;

II – permitir ou concorrer para que pessoa física ou jurídica privada utilize bens, rendas, verbas ou valores integrantes do acervo patrimonial das entidades mencionadas no art. 1º desta Lei, sem a observância das formalidades legais ou regulamentares aplicáveis à espécie;

III – doar à pessoa física ou jurídica bem como ao ente despersonalizado, ainda que de fins educativos ou assistenciais, bens, rendas, verbas ou valores do patrimônio de qualquer das entidades mencionadas no art. 1º desta Lei, sem observância das formalidades legais e regulamentares aplicáveis à espécie;

IV – permitir ou facilitar a alienação, permuta ou locação de bem integrante do patrimônio de qualquer das entidades referidas no art. 1º desta Lei, ou ainda a prestação de serviço por parte delas, por preço inferior ao de mercado;

V – permitir ou facilitar a aquisição, permuta ou locação de bem ou serviço por preço superior ao de mercado;

VI – realizar operação financeira sem observância das normas legais e regulamentares ou aceitar garantia insuficiente ou inidônea;

VII – conceder benefício administrativo ou fiscal sem a observância das formalidades legais ou regulamentares aplicáveis à espécie;

VIII – frustrar a licitude de processo licitatório ou de processo seletivo para celebração de parcerias com entidades sem fins lucrativos, ou dispensá-los indevidamente; (Redação dada pela Lei nº 13.019, de 2014)

IX – ordenar ou permitir a realização de despesas não autorizadas em lei ou regulamento;

X – agir negligentemente na arrecadação de tributo ou renda, bem como no que diz respeito à conservação do patrimônio público;

XI – liberar verba pública sem a estrita observância das normas pertinentes ou influir de qualquer forma para a sua aplicação irregular;

XII – permitir, facilitar ou concorrer para que terceiro se enriqueça ilicitamente;

XIII – permitir que se utilize, em obra ou serviço particular, veículos, máquinas, equipamentos ou material de qualquer natureza, de propriedade ou à disposição de qualquer das entidades mencionadas no art. 1º desta Lei, bem como o trabalho de servidor público, empregados ou terceiros contratados por essas entidades;

XIV – celebrar contrato ou outro instrumento que tenha por objeto a prestação de serviços públicos por meio da gestão associada sem observar as formalidades previstas na lei; (Incluído pela Lei nº 11.107, de 2005)

XV – celebrar contrato de rateio de consórcio público sem suficiente e prévia dotação orçamentária, ou sem observar as formalidades previstas na lei. (Incluído pela Lei nº 11.107, de 2005)

XVI – facilitar ou concorrer, por qualquer forma, para a incorporação, ao patrimônio particular de pessoa física ou jurídica, de bens, rendas, verbas ou valores públicos transferidos pela administração pública a entidades privadas mediante celebração de parcerias, sem a observância das formalidades legais ou regulamentares aplicáveis à espécie; (Incluído pela Lei nº 13.019, de 2014)

XVII – permitir ou concorrer para que pessoa física ou jurídica privada utilize bens, rendas, verbas ou valores públicos transferidos pela administração pública a entidade privada mediante celebração de parcerias, sem a observância das formalidades legais ou regulamentares aplicáveis à espécie; (Incluído pela Lei nº 13.019, de 2014)

XVIII – celebrar parcerias da administração pública com entidades privadas sem a observância das formalidades legais ou regulamentares aplicáveis à espécie; (Incluído pela Lei nº 13.019, de 2014)

XIX – agir negligentemente na celebração, fiscalização e análise das prestações de contas de parcerias firmadas pela administração pública com entidades privadas; (Incluído pela Lei nº 13.019, de 2014)

XX – liberar recursos de parcerias firmadas pela administração pública com entidades privadas sem a estrita observância das normas pertinentes ou influir de qualquer forma para a sua aplicação irregular. (Incluído pela Lei nº 13.019, de 2014)

XXI – liberar recursos de parcerias firmadas pela administração pública com entidades privadas sem a estrita observância das normas pertinentes ou influir de qualquer forma para a sua aplicação irregular. (Incluído pela Lei nº 13.019, de 2014)

SEÇÃO II-A

‣ (Incluído pela Lei Complementar nº 157, de 2016, e Produzirá Efeito após o Decurso do Prazo Referido no art. 6º da Referida Lei Complementar)

DOS ATOS DE IMPROBIDADE ADMINISTRATIVA DECORRENTES DE CONCESSÃO OU APLICAÇÃO INDEVIDA DE BENEFÍCIO FINANCEIRO OU TRIBUTÁRIO

Art. 10-A. Constitui ato de improbidade administrativa qualquer ação ou omissão para conceder, aplicar ou manter benefício financeiro ou tributário contrário ao que dispõem o *caput* e o § 1º do art. 8º-A da Lei Complementar nº 116, de 31 de julho de 2003. (Incluído pela Lei Complementar nº 157, de 2016, e produzirá efeito após o decurso do prazo referido no art. 6º da referida Lei Complementar)

SEÇÃO III. DOS ATOS DE IMPROBIDADE ADMINISTRATIVA QUE ATENTAM CONTRA OS PRINCÍPIOS DA ADMINISTRAÇÃO PÚBLICA

Art. 11. Constitui ato de improbidade administrativa que atenta contra os princípios da administração pública qualquer ação ou omissão que viole os deveres de honestidade, imparcialidade, legalidade e lealdade às instituições, e notadamente:

I – praticar ato visando fim proibido em lei ou regulamento ou diverso daquele previsto na regra de competência;

II – retardar ou deixar de praticar, indevidamente, ato de ofício;

III – revelar fato ou circunstância de que tem ciência em razão das atribuições e que deva permanecer em segredo;

‣ CP: arts. 153 e 325.

IV – negar publicidade aos atos oficiais;

‣ CF/88: art. 5º, LX.

V – frustrar a licitude de concurso público;
VI – deixar de prestar contas quando esteja obrigado a fazê-lo;
VII – revelar ou permitir que chegue ao conhecimento de terceiro, antes da respectiva divulgação oficial, teor de medida política ou econômica capaz de afetar o preço de mercadoria, bem ou serviço.
VIII – descumprir as normas relativas à celebração, fiscalização e aprovação de contas de parcerias firmadas pela administração pública com entidades privadas. (Redação dada pela Lei nº 13.019, de 2014)
IX – deixar de cumprir a exigência de requisitos de acessibilidade previstos na legislação. (Incluído pela Lei nº 13.146, de 2015)
X – transferir recurso a entidade privada, em razão da prestação de serviços na área de saúde sem a prévia celebração de contrato, convênio ou instrumento congênere, nos termos do parágrafo único do art. 24 da Lei nº 8.080, de 19 de setembro de 1990. (Incluído pela Lei nº 13.650, de 2018)

CAPÍTULO III. DAS PENAS

- CF/88: arts. 15, V e 37, § 4º.
- CP: arts. 312 a 327.
- Lei 8.026/1990 – Dispõe sobre a aplicação da pena de demissão a funcionário público.
- Dec.-lei 3.240/1941 – Sujeita a sequestro os bens de pessoas indiciadas por crimes de que resulta prejuízo para a fazenda pública.

Art. 12. Independentemente das sanções penais, civis e administrativas previstas na legislação específica, está o responsável pelo ato de improbidade sujeito às seguintes cominações, que podem ser aplicadas isolada ou cumulativamente, de acordo com a gravidade do fato: (Redação dada pela Lei nº 12.120, de 2009).

I – na hipótese do art. 9º, perda dos bens ou valores acrescidos ilicitamente ao patrimônio, ressarcimento integral do dano, quando houver, perda da função pública, suspensão dos direitos políticos de 8 (oito) a 10 (dez) anos, pagamento de multa civil de até três vezes o valor do acréscimo patrimonial e proibição de contratar com o Poder Público ou receber benefícios ou incentivos fiscais ou creditícios, direta ou indiretamente, ainda que por intermédio de pessoa jurídica da qual seja sócio majoritário, pelo prazo de 10 (dez) anos;
II – na hipótese do art. 10, ressarcimento integral do dano, perda dos bens ou valores acrescidos ilicitamente ao patrimônio, se concorrer esta circunstância, perda da função pública, suspensão dos direitos políticos de cinco a oito anos, pagamento de multa civil de até duas vezes o valor do dano e proibição de contratar com o Poder Público ou receber benefício ou incentivos fiscais ou creditícios, direta ou indiretamente, ainda que por intermédio de pessoa jurídica da qual seja sócio majoritário, pelo prazo de 5 (cinco) anos;
III – na hipótese do art. 11, ressarcimento integral do dano, se houver, perda da função pública, suspensão dos direitos políticos de três a cinco anos, pagamento de multa civil de até 100 vezes o valor da remuneração percebida pelo agente e proibição de contratar com o Poder Público ou receber benefícios ou incentivos fiscais ou creditícios, direta ou indiretamente, ainda que por intermédio de pessoa jurídica da qual seja sócio majoritário, pelo prazo de 3 (três) anos.
IV – na hipótese prevista no art. 10-A, perda da função pública, suspensão dos direitos políticos de 5 (cinco) a 8 (oito) anos e multa civil de até 3 (três) vezes o valor do benefício financeiro ou tributário concedido. (Incluído pela Lei Complementar nº 157, de 2016)

Parágrafo único. Na fixação das penas previstas nesta Lei o juiz levará em conta a extensão do dano causado, assim como o proveito patrimonial obtido pelo agente.

CAPÍTULO IV. DA DECLARAÇÃO DE BENS

Art. 13. A posse e o exercício de agente público ficam condicionados à apresentação de declaração dos bens e valores que compõem o seu patrimônio privado, a fim de ser arquivada no Serviço de Pessoal competente.

- Decreto 5.483/2005 – Regulamenta, no âmbito do Poder Executivo Federal, o art. 13 da Lei 8.429/1992.

§ 1º. A declaração compreenderá imóveis, móveis, semoventes, dinheiro, títulos, ações e qualquer outra espécie de bens e valores patrimoniais, localizados no País ou no exterior, e, quando for o caso, abrangerá os bens e valores patrimoniais do cônjuge ou companheiro, dos filhos e de outras pessoas que vivam sob a dependência econômica do declarante, excluídos apenas os objetos e utensílios de uso doméstico.

§ 2º. A declaração de bens será anualmente atualizada e na data em que o agente público deixar o exercício do mandato, cargo, emprego ou função.

§ 3º. Será punido com a pena de demissão, a bem do serviço público, sem prejuízo de outras sanções cabíveis, o agente público que se recusar a prestar declaração dos bens, dentro do prazo determinado, ou que a prestar falsa.

§ 4º. O declarante, a seu critério, poderá entregar cópia da declaração anual de bens apresentada à Delegacia da Receita Federal na conformidade da legislação do Imposto sobre a Renda e proventos de qualquer natureza, com as necessárias atualizações, para suprir a exigência contida no *caput* e no § 2º deste artigo.

CAPÍTULO V. DO PROCEDIMENTO ADMINISTRATIVO E DO PROCESSO JUDICIAL

Art. 14. Qualquer pessoa poderá representar à autoridade administrativa competente para que seja instaurada investigação destinada a apurar a prática de ato de improbidade.

§ 1º. A representação, que será escrita ou reduzida a termo e assinada, conterá a qualificação do representante, as informações sobre o fato e sua autoria e a indicação das provas de que tenha conhecimento.

§ 2º. A autoridade administrativa rejeitará a representação, em despacho fundamentado, se esta não contiver as formalidades estabelecidas no § 1º deste artigo. A rejeição não impede a representação ao Ministério Público, nos termos do art. 22 desta Lei.

§ 3º. Atendidos os requisitos da representação, a autoridade determinará a imediata apuração dos fatos que, em se tratando de servidores federais, será processada na forma prevista nos arts. 148 a 182 da Lei nº 8.112, de 11 de dezembro de 1990, e, em se tratando de servidor militar, de acordo com os respectivos regulamentos disciplinares.

Art. 15. A comissão processante dará conhecimento ao Ministério Público e ao Tribunal ou Conselho de Contas da existência de procedimento administrativo para apurar a prática de ato de improbidade.

Parágrafo único. O Ministério Público ou Tribunal ou Conselho de Contas poderá, a requerimento, designar representante para acompanhar o procedimento administrativo.

Art. 16. Havendo fundados indícios de responsabilidade, a comissão representará ao Ministério Público ou à procuradoria do órgão para que requeira ao juízo competente a decretação do sequestro dos bens do agente ou terceiro que tenha enriquecido ilicitamente ou causado dano ao patrimônio público.

§ 1º. O pedido de sequestro será processado de acordo com o disposto nos arts. 822 e 825 do Código de Processo Civil.

- CPC/15: art. 301.

§ 2º. Quando for o caso, o pedido incluirá a investigação, o exame e o bloqueio de bens, contas bancárias e aplicações financeiras mantidas pelo indiciado no exterior, nos termos da lei e dos tratados internacionais.

Art. 17. A ação principal, que terá o rito ordinário, será proposta pelo Ministério Público ou pela pessoa jurídica interessada, dentro de 30 (trinta) dias da efetivação da medida cautelar.

§ 1º As ações de que trata este artigo admitem a celebração de acordo de não persecução cível, nos termos desta Lei. (Redação dada pela Lei 13.964/2019)

§ 2º. A Fazenda Pública, quando for o caso, promoverá as ações necessárias à complementação do ressarcimento do patrimônio público.

§ 3º. No caso de a ação principal ter sido proposta pelo Ministério Público, aplica-se, no que couber, o disposto no § 3º do art. 6º da Lei nº 4.717, de 29 de junho de 1965. (Redação dada pela Lei nº 9.366, de 1996)

§ 4º. O Ministério Público, se não intervier no processo como parte, atuará, obrigatoriamente, como fiscal da lei, sob pena de nulidade.

§ 5º. A propositura da ação prevenirá a jurisdição do juízo para todas as ações posteriormente intentadas que possuam a mesma causa de pedir ou o mesmo objeto. (Incluído pela Medida provisória nº 2.180-35, de 2001)

§ 6º. A ação será instruída com documentos ou justificação que contenham indícios suficientes da existência do ato de improbidade ou com razões fundamentadas da impossibilidade de apresentação de qualquer dessas provas, observada a legislação vigente, inclusive as disposições inscritas nos arts. 16 a 18 do Código de Processo Civil. (Incluído pela Medida Provisória nº 2.225-45, de 2001)

- Refere-se aos dispositivos do CPC/1973.
- CPC/15: arts. 79 a 81.

§ 7º. Estando a inicial em devida forma, o juiz mandará autuá-la e ordenará a notificação do requerido, para oferecer manifestação por escrito, que poderá ser instruída com documentos e justificações, dentro do prazo de quinze dias. (Incluído pela Medida Provisória nº 2.225-45, de 2001)

§ 8º. Recebida a manifestação, o juiz, no prazo de trinta dias, em decisão fundamentada, rejeitará a ação, se convencido da inexistência do ato de improbidade, da improcedência da ação ou da inadequação da via eleita. (Incluído pela Medida Provisória nº 2.225-45, de 2001)

§ 9º. Recebida a petição inicial, será o réu citado para apresentar contestação. (Incluído pela Medida Provisória nº 2.225-45, de 2001)

§ 10. Da decisão que receber a petição inicial, caberá agravo de instrumento. (Incluído pela Medida Provisória nº 2.225-45, de 2001)

§ 10-A Havendo a possibilidade de solução consensual, poderão as partes requerer ao juiz a interrupção do prazo para a contestação, por prazo não superior a 90 (noventa) dias. (Incluído pela Lei 13.964/2019)

§ 11. Em qualquer fase do processo, reconhecida a inadequação da ação de improbidade, o juiz extinguirá o processo sem julgamento do mérito. (Incluído pela Medida Provisória nº 2.225-45, de 2001)

§ 12. Aplica-se aos depoimentos ou inquirições realizadas nos processos regidos por esta Lei o disposto no art. 221, *caput* e § 1º, do Código de Processo Penal. (Incluído pela Medida Provisória nº 2.225-45, de 2001)

§ 13. Para os efeitos deste artigo, também se considera pessoa jurídica interessada o ente tributante que figurar no polo ativo da obrigação tributária de que tratam o § 4º do art. 3º e o art. 8º-A da Lei Complementar nº 116, de 31 de julho de 2003. (Incluído pela Lei Complementar nº 157, de 2016)

Art. 17-A. Vetado na Lei 13.964/2019)

Art. 18. A sentença que julgar procedente ação civil de reparação de dano ou decretar a perda dos bens havidos ilicitamente determinará o pagamento ou a reversão dos bens, conforme o caso, em favor da pessoa jurídica prejudicada pelo ilícito.

CAPÍTULO VI. DAS DISPOSIÇÕES PENAIS

Art. 19. Constitui crime a representação por ato de improbidade contra agente público ou terceiro beneficiário quando o autor da denúncia o sabe inocente.

- CP: arts. 138, § 1º, e 339.

Pena – detenção de 6 (seis) a 10 (dez) meses e multa.

Parágrafo único. Além da sanção penal, o denunciante está sujeito a indenizar o denunciado pelos danos materiais, morais ou à imagem que houver provocado.

Art. 20. A perda da função pública e a suspensão dos direitos políticos só se efetivam com o trânsito em julgado da sentença condenatória.

- CF/88: arts. 5º, LVII e 37, § 4º.

Parágrafo único. A autoridade judicial ou administrativa competente poderá determinar o afastamento do agente público do exercício do cargo, emprego ou função, sem prejuízo da remuneração, quando a medida se fizer necessária à instrução processual.

Art. 21. A aplicação das sanções previstas nesta Lei independe:

I – da efetiva ocorrência de dano ao patrimônio público, salvo quanto à pena de ressarcimento; (Redação dada pela Lei nº 12.120, de 2009).

II – da aprovação ou rejeição das contas pelo órgão de controle interno ou pelo Tribunal ou Conselho de Contas.

Art. 22. Para apurar qualquer ilícito previsto nesta Lei, o Ministério Público, de ofício, a requerimento de autoridade administrativa ou mediante representação formulada de acordo com o disposto no art. 14, poderá requisitar a instauração de inquérito policial ou procedimento administrativo.

CAPÍTULO VII. DA PRESCRIÇÃO

- CF/1988: art. 37, § 5º.
- Lei 8.112/1990: art. 142.
- Lei 8.027/1990: art. 8º, § 9º, II.

Art. 23. As ações destinadas a levar a efeito as sanções previstas nesta Lei podem ser propostas:

I – até 5 (cinco) anos após o término do exercício de mandato, de cargo em comissão ou de função de confiança;

II – dentro do prazo prescricional previsto em lei específica para faltas disciplinares puníveis com demissão a bem do serviço público, nos casos de exercício de cargo efetivo ou emprego.

III – até cinco anos da data da apresentação à administração pública da prestação de contas final pelas entidades referidas no parágrafo único do art. 1º desta Lei. (Incluído pela Lei nº 13.019, de 2014)

CAPÍTULO VIII. DAS DISPOSIÇÕES FINAIS

Art. 24. Esta Lei entra em vigor na data de sua publicação.

Art. 25. Ficam revogadas as Leis nºs 3.164, de 1º de junho de 1957, e 3.502, de 21 de dezembro de 1958, e demais disposições em contrário.

Rio de Janeiro, 2 de junho de 1992; 171º da Independência e 104º da República.

FERNANDO COLLOR
D.O.U. 3.6.1992

LEI Nº 8.437, DE 30 DE JUNHO DE 1992

Dispõe sobre a concessão de medidas cautelares contra atos do Poder Público e dá outras providências.

- *Medidas Cautelares*

O PRESIDENTE DA REPÚBLICA Faço saber que o Congresso Nacional decreta e eu sanciono a seguinte Lei:

Art. 1º. Não será cabível medida liminar contra atos do Poder Público, no procedimento cautelar ou em quaisquer outras ações de natureza cautelar ou preventiva, toda vez que providência semelhante não puder ser concedida em ações de mandado de segurança, em virtude de vedação legal.

- Lei 12.016/2009 – Disciplina o mandado de segurança individual e coletivo.

§ 1º. Não será cabível, no juízo de primeiro grau, medida cautelar inominada ou a sua liminar, quando impugnado ato de autoridade sujeita, na via de mandado de segurança, à competência originária de tribunal.

§ 2º. O disposto no parágrafo anterior não se aplica aos processos de ação popular e de ação civil pública.

- Lei 7.347/1985 – Disciplina a ação civil pública de responsabilidade por danos causados ao meio-ambiente, ao consumidor, a bens e direitos de valor artístico, estético, histórico, turístico e paisagístico (Vetado).
- Lei 4.717/1965 – Regula a ação popular.

§ 3º. Não será cabível medida liminar que esgote, no todo ou em parte, o objeto da ação.

§ 4º. Nos casos em que cabível medida liminar, sem prejuízo da comunicação ao dirigente do órgão ou entidade, o respectivo representante judicial dela será imediatamente intimado. (Incluído pela Medida Provisória nº 2.180-35, de 2001)

§ 5º. Não será cabível medida liminar que defira compensação de créditos tributários ou previdenciários. (Incluído pela Medida Provisória nº 2.180-35, de 2001)

Art. 2º. No mandado de segurança coletivo e na ação civil pública, a liminar será concedida, quando cabível, após a audiência do representante judicial da pessoa jurídica de direito público, que deverá se pronunciar no prazo de 72 (setenta e duas) horas.

- Lei 12.016/2009: art. 22, § 2º.
- Lei 7.347/1985: art. 4º.

Art. 3º. O recurso voluntário ou *ex officio*, interposto contra sentença em processo cautelar, proferida contra pessoa jurídica de direito público ou seus agentes, que importe em outorga ou adição de vencimentos ou de reclassificação funcional, terá efeito suspensivo.

Art. 4º. Compete ao presidente do tribunal, ao qual couber o conhecimento do respectivo recurso, suspender, em despacho fundamentado, a execução da liminar nas ações movidas contra o Poder Público ou seus agentes, a requerimento do Ministério Público ou da pessoa jurídica de direito público interessada, em caso de manifesto interesse público ou de flagrante ilegitimidade, e para evitar grave lesão à ordem, à saúde, à segurança e à economia públicas.

§ 1º. Aplica-se o disposto neste artigo à sentença proferida em processo de ação cautelar inominada, no processo de ação popular e na ação civil pública, enquanto não transitada em julgado.

§ 2º. O Presidente do Tribunal poderá ouvir o autor e o Ministério Público, em 72 (setenta e duas) horas. (Redação dada pela Medida Provisória nº 2.180-35, de 2001)

§ 3º. Do despacho que conceder ou negar a suspensão, caberá agravo, no prazo de 5 (cinco) dias, que será levado a julgamento na sessão seguinte a sua interposição. (Redação dada pela Medida Provisória nº 2.180-35, de 2001)

§ 4º. Se do julgamento do agravo de que trata o § 3º resultar a manutenção ou o restabelecimento da decisão que se pretende suspender, caberá novo pedido de suspensão ao Presidente do Tribunal competente para conhecer de eventual recurso especial ou extraordinário. (Incluído pela Medida Provisória nº 2.180-35, de 2001)

§ 5º É cabível também o pedido de suspensão a que se refere o § 4º, quando negado provimento a agravo de instrumento interposto contra a liminar a que se refere este artigo. (Incluído pela Medida Provisória nº 2.180-35, de 2001)

§ 6º A interposição do agravo de instrumento contra liminar concedida nas ações movidas contra o Poder Público e seus agentes não prejudica nem condiciona o julgamento do pedido de suspensão a que se refere este artigo. (Incluído pela Medida Provisória nº 2.180-35, de 2001)

§ 7º O presidente do tribunal poderá conferir ao pedido efeito suspensivo liminar, se constatar, em juízo prévio, a plausibilidade do direito invocado e a urgência na concessão da medida. (Incluído pela Medida Provisória nº 2.180-35, de 2001)

§ 8º As liminares cujo objeto seja idêntico poderão ser suspensas em uma única decisão, podendo o Presidente do Tribunal estender os efeitos da suspensão a liminares supervenientes, mediante simples aditamento do pedido original. (Incluído pela Medida Provisória nº 2.180-35, de 2001)

§ 9º A suspensão deferida pelo Presidente do Tribunal vigorará até o trânsito em julgado da decisão de mérito na ação principal. (Incluído pela Medida Provisória nº 2.180-35, de 2001)

Art. 5º. Esta Lei entra em vigor na data de sua publicação.

Art. 6º. Revogam-se as disposições em contrário.

Brasília, 30 de junho de 1992; 171º da Independência e 104º da República.

FERNANDO COLLOR
D.O.U. de 1.7.1992

LEI 8.443, DE 16 DE JULHO DE 1992

Dispõe sobre a Lei Orgânica do Tribunal de Contas da União e dá outras providências.

- *Lei Orgânica do TCU*

O Presidente da República. Faço saber que o Congresso Nacional decreta e eu sanciono a seguinte Lei:

TÍTULO I
NATUREZA, COMPETÊNCIA E JURISDIÇÃO

CAPÍTULO I
NATUREZA E COMPETÊNCIA

Art. 1° Ao Tribunal de Contas da União, órgão de controle externo, compete, nos termos da Constituição Federal e na forma estabelecida nesta Lei:

I - julgar as contas dos administradores e demais responsáveis por dinheiros, bens e valores públicos das unidades dos poderes da União e das entidades da administração indireta, incluídas as fundações e sociedades instituídas e mantidas pelo poder público federal, e as contas daqueles que derem causa a perda, extravio ou outra irregularidade de que resulte dano ao Erário;

II - proceder, por iniciativa própria ou por solicitação do Congresso Nacional, de suas Casas ou das respectivas Comissões, à fiscalização contábil, financeira, orçamentária, operacional e patrimonial das unidades dos poderes da União e das demais entidades referidas no inciso anterior;

III - apreciar as contas prestadas anualmente pelo Presidente da República, nos termos do art. 36 desta Lei;

IV - acompanhar a arrecadação da receita a cargo da União e das entidades referidas no inciso I deste artigo, mediante inspeções e auditorias, ou por meio de demonstrativos próprios, na forma estabelecida no Regimento Interno;

V - apreciar, para fins de registro, na forma estabelecida no Regimento Interno, a legalidade dos atos de admissão de pessoal, a qualquer título, na administração direta e indireta, incluídas as fundações instituídas e mantidas pelo poder público federal, excetuadas as nomeações para cargo de provimento em comissão, bem como a das concessões de aposentadorias, reformas e pensões, ressalvadas as melhorias posteriores que não alterem o fundamento legal do ato concessório;

VI - efetuar, observada a legislação pertinente, o cálculo das quotas referentes aos fundos de participação a que alude o parágrafo único do art. 161 da Constituição Federal, fiscalizando a entrega dos respectivos recursos;

VII - emitir, nos termos do § 2º do art. 33 da Constituição Federal, parecer prévio sobre as contas do Governo de Território Federal, no prazo de sessenta dias, a contar de seu recebimento, na forma estabelecida no Regimento Interno;

VIII - representar ao poder competente sobre irregularidades ou abusos apurados, indicando o ato inquinado e definindo responsabilidades, inclusive as de Ministro de Estado ou autoridade de nível hierárquico equivalente;

IX - aplicar aos responsáveis as sanções previstas nos arts. 57 a 61 desta Lei;

X - elaborar e alterar seu Regimento Interno;

XI - eleger seu Presidente e seu Vice-Presidente, e dar-lhes posse;

XII - conceder licença, férias e outros afastamentos aos ministros, auditores e membros do Ministério Público junto ao Tribunal, dependendo de inspeção por junta médica a licença para tratamento de saúde por prazo superior a seis meses;

XIII - propor ao Congresso Nacional a fixação de vencimentos dos ministros, auditores e membros do Ministério Público junto ao Tribunal;

XIV - organizar sua Secretaria, na forma estabelecida no Regimento Interno, e prover-lhe os cargos e empregos, observada a legislação pertinente;

XV - propor ao Congresso Nacional a criação, transformação e extinção de cargos, empregos e funções do Quadro de Pessoal de sua Secretaria, bem como a fixação da respectiva remuneração;

XVI - decidir sobre denúncia que lhe seja encaminhada por qualquer cidadão, partido político, associação ou sindicato, na forma prevista nos arts. 53 a 55 desta Lei;

XVII - decidir sobre consulta que lhe seja formulada por autoridade competente, a respeito de dúvida suscitada na aplicação de dispositivos legais e regulamentares concernentes a matéria de sua competência, na forma estabelecida no Regimento Interno.

§ 1° No julgamento de contas e na fiscalização que lhe compete, o Tribunal decidirá sobre a legalidade, a legitimidade e a economicidade dos atos de gestão e das despesas deles decorrentes, bem como sobre a aplicação de subvenções e a renúncia de receitas.

§ 2° A resposta à consulta a que se refere o inciso XVII deste artigo tem caráter normativo e constitui prejulgamento da tese, mas não do fato ou caso concreto.

§ 3° Será parte essencial das decisões do Tribunal ou de suas Câmaras:

I - o relatório do Ministro-Relator, de que constarão as conclusões da instrução (do Relatório da equipe de auditoria ou do técnico responsável pela análise do processo, bem como do parecer das chefias imediatas, da Unidade Técnica), e do Ministério Público junto ao Tribunal;

II - fundamentação com que o Ministro-Relator analisará as questões de fato e de direito;

III - dispositivo com que o Ministro-Relator decidirá sobre o mérito do processo.

Art. 2° Para o desempenho de sua competência o Tribunal receberá, em cada exercício, o rol de responsáveis e suas alterações, e outros documentos ou informações que considerar necessários, na forma estabelecida no Regimento Interno.

Parágrafo único. O Tribunal poderá solicitar ao Ministro de Estado supervisor da área, ou à autoridade de nível hierárquico equivalente outros elementos indispensáveis ao exercício de sua competência.

Art. 3° Ao Tribunal de Contas da União, no âmbito de sua competência e jurisdição, assiste o poder regulamentar, podendo, em consequência, expedir atos e instruções normativas sobre matéria de suas atribuições e sobre a organização dos processos que lhe devam ser submetidos, obrigando ao seu cumprimento, sob pena de responsabilidade.

CAPÍTULO II
JURISDIÇÃO

Art. 4° O Tribunal de Contas da União tem jurisdição própria e privativa, em todo o território nacional, sobre as pessoas e matérias sujeitas à sua competência.

Art. 5° A jurisdição do Tribunal abrange:

I - qualquer pessoa física, órgão ou entidade a que se refere o inciso I do art. 1° desta Lei, que utilize, arrecade, guarde, gerencie ou administre dinheiros, bens e valores públicos ou pelos quais a União responda, ou que, em nome desta, assuma obrigações de natureza pecuniária;

II - aqueles que derem causa a perda, extravio ou outra irregularidade de que resulte dano ao Erário;

III - os dirigentes ou liquidantes das empresas encampadas ou sob intervenção ou que de qualquer modo venham a integrar, provisória ou permanentemente, o patrimônio da União ou de outra entidade pública federal;

IV - os responsáveis pelas contas nacionais das empresas supranacionais de cujo capital social a União participe, de forma direta ou indireta, nos termos do tratado constitutivo.

V - os responsáveis por entidades dotadas de personalidade jurídica de direito privado que recebam contribuições parafiscais e prestem serviço de interesse público ou social;

VI - todos aqueles que lhe devam prestar contas ou cujos atos estejam sujeitos à sua fiscalização por expressa disposição de Lei;

VII - os responsáveis pela aplicação de quaisquer recursos repassados pela União, mediante convênio, acordo, ajuste ou outros instrumentos congêneres, a Estado, ao Distrito Federal ou a Município;

VIII - os sucessores dos administradores e responsáveis a que se refere este artigo, até o limite do valor do patrimônio transferido, nos termos do inciso XLV do art. 5° da Constituição Federal;

IX - os representantes da União ou do Poder Público na Assembléia Geral das empresas estatais e sociedades anônimas de cujo capital a União ou o Poder Público participem, solidariamente, com os membros dos Conselhos Fiscal e de Administração, pela prática de atos de gestão ruinosa ou liberalidade à custa das respectivas sociedades.

TÍTULO II
JULGAMENTO E FISCALIZAÇÃO

CAPÍTULO I
JULGAMENTO DE CONTAS

SEÇÃO I
TOMADA E PRESTAÇÃO DE CONTAS

Art. 6° Estão sujeitas à tomada de contas e, ressalvado o disposto no inciso XXXV do art. 5° da Constituição Federal, só por decisão do Tribunal de Contas da União podem ser liberadas dessa responsabilidade as pessoas indicadas nos incisos I a VI do art. 5° desta Lei.

Art. 7° As contas dos administradores e responsáveis a que se refere o artigo anterior serão anualmente submetidas a julgamento do Tribunal, sob forma de tomada ou prestação de contas, organizadas de acordo com normas estabelecidas em instrução normativa.

Parágrafo único. Nas tomadas ou prestações de contas a que alude este artigo devem ser incluídos todos os recursos, orçamentários e extra-orçamentários, geridos ou não pela unidade ou entidade.

Art. 8° Diante da omissão no dever de prestar contas, da não comprovação da aplicação dos recursos repassados pela União, na forma prevista no inciso VII do art. 5° desta Lei, da ocorrência de desfalque ou desvio de dinheiros, bens ou valores públicos, ou, ainda, da prática de qualquer ato ilegal, ilegítimo ou antieconômico de que resulte dano ao Erário, a autoridade administrativa competente, sob pena de responsabilidade solidária, deverá imediatamente adotar providências com vistas à instauração da tomada de contas especial para apuração dos fatos, identificação dos responsáveis e quantificação do dano.

§ 1° Não atendido o disposto no *caput* deste artigo, o Tribunal determinará a instauração da tomada de contas especial, fixando prazo para cumprimento dessa decisão.

§ 2° A tomada de contas especial prevista no *caput* deste artigo e em seu § 1° será, desde logo, encaminhada ao Tribunal de Contas da União para julgamento, se o dano causado ao Erário for de valor igual ou superior à quantia para esse efeito fixada pelo Tribunal em cada ano civil, na forma estabelecida no seu Regimento Interno.

§ 3° Se o dano for de valor inferior à quantia referida no parágrafo anterior, a tomada de contas especial será anexada ao processo da respectiva tomada ou prestação de contas anual do administrador ou ordenador de despesa, para julgamento em conjunto.

Art. 9º Integrarão a tomada ou prestação de contas, inclusive a tomada de contas especial, dentre outros elementos estabelecidos no Regimento Interno, os seguintes:

I - relatório de gestão;

II - relatório do tomador de contas, quando couber;

III - relatório e certificado de auditoria, com o parecer do dirigente do órgão de controle interno, que consignará qualquer irregularidade ou ilegalidade constatada, indicando as medidas adotadas para corrigir as faltas encontradas;

IV - pronunciamento do Ministro de Estado supervisor da área ou da autoridade de nível hierárquico equivalente, na forma do art. 52 desta Lei.

SEÇÃO II
DECISÕES EM PROCESSO DE TOMADA OU PRESTAÇÃO DE CONTAS

Art. 10. A decisão em processo de tomada ou prestação de contas pode ser preliminar, definitiva ou terminativa.

§ 1º Preliminar é a decisão pela qual o Relator ou o Tribunal, antes de pronunciar-se quanto ao mérito das contas, resolve sobrestar o julgamento, ordenar a citação ou a audiência dos responsáveis ou, ainda, determinar outras diligências necessárias ao saneamento do processo.

§ 2º Definitiva é a decisão pela qual o Tribunal julga as contas regulares, regulares com ressalva, ou irregulares.

§ 3º Terminativa é a decisão pela qual o Tribunal ordena o trancamento das contas que forem consideradas iliquidáveis, nos termos dos arts. 20 e 21 desta Lei.

Art. 11. O Relator presidirá a instrução do processo, determinando, mediante despacho singular, de ofício ou por provocação do órgão de instrução ou do Ministério Público junto ao Tribunal, o sobrestamento do julgamento, a citação ou a audiência dos responsáveis, ou outras providências consideradas necessárias ao saneamento dos autos, fixando prazo, na forma estabelecida no Regimento Interno, para o atendimento das diligências, após o que submeterá o feito ao Plenário ou à Câmara respectiva para decisão de mérito.

Art. 12. Verificada irregularidade nas contas, o Relator ou o Tribunal:

I - definirá a responsabilidade individual ou solidária pelo ato de gestão inquinado;

II - se houver débito, ordenará a citação do responsável para, no prazo estabelecido no Regimento Interno, apresentar defesa ou recolher a quantia devida;

III - se não houver débito, determinará a audiência do responsável para, no prazo estabelecido no Regimento Interno, apresentar razões de justificativa;

IV - adotará outras medidas cabíveis.

§ 1º O responsável cuja defesa for rejeitada pelo Tribunal será cientificado para, em novo e improrrogável prazo estabelecido no Regimento Interno, recolher a importância devida.

§ 2º Reconhecida pelo Tribunal a boa-fé, a liquidação tempestiva do débito atualizado monetariamente sanará o processo, se não houver sido observada outra irregularidade nas contas.

§ 3º O responsável que não atender à citação ou à audiência será considerado revel pelo Tribunal, para todos os efeitos, dando-se prosseguimento ao processo.

Art. 13. A decisão preliminar a que se refere ao art. 11 desta Lei poderá, a critério do Relator, ser publicada no Diário Oficial da União.

Art. 14. O Tribunal julgará as tomadas ou prestações de contas até o término do exercício seguinte àquele em que estas lhes tiverem sido apresentadas.

Art. 15. Ao julgar as contas, o Tribunal decidirá se estas são regulares, regulares com ressalva, ou irregulares.

Art. 16. As contas serão julgadas:

I - regulares, quando expressarem, de forma clara e objetiva, a exatidão dos demonstrativos contábeis, a legalidade, a legitimidade e a economicidade dos atos de gestão do responsável;

II - regulares com ressalva, quando evidenciarem impropriedade ou qualquer outra falta de natureza formal de que não resulte dano ao Erário;

III - irregulares, quando comprovada qualquer das seguintes ocorrências:

a) omissão no dever de prestar contas;

b) prática de ato de gestão ilegal, ilegítimo, antieconômico, ou infração à norma legal ou regulamentar de natureza contábil, financeira, orçamentária, operacional ou patrimonial;

c) dano ao Erário decorrente de ato de gestão ilegítimo ao antieconômico;

d) desfalque ou desvio de dinheiros, bens ou valores públicos.

§ 1º O Tribunal poderá julgar irregulares as contas no caso de reincidência no descumprimento de determinação de que o responsável tenha tido ciência, feita em processo de tomada ou prestarão de contas.

§ 2º Nas hipóteses do inciso III, alíneas c e d deste artigo, o Tribunal, ao julgar irregulares as contas, fixará a responsabilidade solidária:

a) do agente público que praticou o ato irregular, e

b) do terceiro que, como contratante ou parte interessada na prática do mesmo ato, de qualquer modo haja concorrido para o cometimento do dano apurado.

§ 3º Verificada a ocorrência prevista no parágrafo anterior deste artigo, o Tribunal providenciará a imediata remessa de cópia da documentação pertinente ao Ministério Público da União, para ajuizamento das ações civis e penais cabíveis.

SUBSEÇÃO I
CONTAS REGULARES

Art. 17. Quando julgar as contas regulares, o Tribunal dará quitação plena ao responsável.

SUBSEÇÃO II
CONTAS REGULARES COM RESSALVA

Art. 18. Quando julgar as contas regulares com ressalva, o Tribunal dará quitação ao responsável e lhe determinará, ou a quem lhe haja sucedido, a adoção de medidas necessárias à correção das impropriedades ou faltas identificadas, de modo a prevenir a ocorrência de outras semelhantes.

SUBSEÇÃO III
CONTAS IRREGULARES

Art. 19. Quando julgar as contas irregulares, havendo débito, o Tribunal condenará o responsável ao pagamento da dívida atualizada monetariamente, acrescida dos juros de mora devidos, podendo, ainda, aplicar-lhe a multa prevista no art. 57 desta Lei, sendo o instrumento da decisão considerado título executivo para fundamentar a respectiva ação de execução.

Parágrafo único. Não havendo débito, mas comprovada qualquer das ocorrências previstas nas alíneas a, b e c do inciso III, do art. 16, o Tribunal aplicará ao responsável a multa prevista no inciso I do art. 58, desta Lei.

SUBSEÇÃO IV
CONTAS ILIQUIDÁVEIS

Art. 20. As contas serão consideradas iliquidáveis quando caso fortuito ou de força maior, comprovadamente alheio à vontade do responsável, tornar materialmente impossível o julgamento de mérito a que se refere o art. 16 desta Lei.

Art. 21. O Tribunal ordenará o trancamento das contas que forem consideradas iliquidáveis e o conseqüente arquivamento do processo.

§ 1º Dentro do prazo de cinco anos contados da publicação da decisão terminativa no Diário Oficial da União, o Tribunal poderá, à vista de novos elementos que considere suficientes, autorizar o desarquivamento do processo e determinar que se ultime a respectiva tomada ou prestação de contas.

§ 2º Transcorrido o prazo referido no parágrafo anterior sem que tenha havido nova decisão, as contas serão consideradas encerradas, com baixa na responsabilidade do administrador.

SEÇÃO III
EXECUÇÃO DAS DECISÕES

Art. 22. A citação, a audiência, a comunicação de diligência ou a notificação far-se-á:

I - mediante ciência do responsável ou do interessado, na forma estabelecida no Regimento Interno;

II - pelo correio, mediante carta registrada, com aviso de recebimento;

III - por edital publicado no Diário Oficial da União quando o seu destinatário não for localizado.

Parágrafo único. A comunicação de rejeição dos fundamentos da defesa ou das razões de justificativa será transmitida ao responsável ou interessado, na forma prevista neste artigo.

Art. 23. A decisão definitiva será formalizada nos termos estabelecidos no Regimento Interno, por acórdão, cuja publicação no Diário Oficial da União constituirá:

I - no caso de contas regulares, certificado de quitação plena do responsável para com o Erário;

II - no caso de contas regulares com ressalva, certificado de quitação com determinação, nos termos do art. 18 desta Lei;

III - no caso de contas irregulares:

a) obrigação de o responsável, no prazo estabelecido no Regimento Interno, comprovar perante o Tribunal que recolheu aos cofres públicos a quantia correspondente ao débito que lhe tiver sido imputado ou da multa cominada, na forma prevista nos arts. 19 e 57 desta Lei;

b) título executivo bastante para cobrança judicial da dívida decorrente do débito ou da multa, se não recolhida no prazo pelo responsável;

c) fundamento para que a autoridade competente proceda à efetivação das sanções previstas nos arts. 60 e 61 desta Lei.

Art. 24. A decisão do Tribunal, de que resulte imputação de débito ou cominação de multa, torna a dívida líquida e certa e tem eficácia de título executivo, nos termos da alínea b do inciso III do art. 23 desta Lei.

Art. 25. O responsável será notificado para, no prazo estabelecido no Regimento Interno, efetuar e comprovar o recolhimento da dívida a que se refere o art. 19 e seu parágrafo único desta Lei.

Parágrafo único. A notificação será feita na forma prevista no art. 22 desta Lei.

Art. 26. Em qualquer fase do processo, o Tribunal poderá autorizar o recolhimento parcelado da importância devida, na forma estabelecida no Regimento Interno, incidindo sobre cada parcela os correspondentes acréscimos legais.

Parágrafo único. A falta de recolhimento de qualquer parcela importará no vencimento antecipado do saldo devedor.

Art. 27. Comprovado o recolhimento integral, o Tribunal expedirá quitação do débito ou da multa.

Art. 28. Expirado o prazo a que se refere o *caput* do art. 25 desta Lei, sem manifestação do responsável, o Tribunal poderá:

I - determinar o desconto integral ou parcelado da dívida nos vencimentos, salários ou proventos do responsável, observados os limites previstos na legislação pertinente; ou

II - autorizar a cobrança judicial da dívida por intermédio do Ministério Público junto ao Tribunal, na forma prevista no inciso III do art. 81 desta Lei.

Art. 29. A decisão terminativa, acompanhada de seus fundamentos, será publicada no Diário Oficial da União.

Art. 30. Os prazos referidos nesta Lei contam-se da data:

I - do recebimento pelo responsável ou interessado:

a) da citação ou da comunicação de audiência;

b) da comunicação de rejeição dos fundamentos da defesa ou das razões de justificativa;

c) da comunicação de diligência;

d) da notificação;

II - da publicação de edital no Diário Oficial da União, quando, nos casos indicados no inciso anterior, o responsável ou interessado não for localizado;

III - nos demais casos, salvo disposição legal expressa em contrário, da publicação da decisão ou do acórdão no Diário Oficial da União.

SEÇÃO IV
RECURSOS

Art. 31. Em todas as etapas do processo de julgamento de contas será assegurado ao responsável ou interessado ampla defesa.

Art. 32. De decisão proferida em processo de tomada ou prestação de contas cabem recursos de:

I - reconsideração;

II - embargos de declaração;

III - revisão.

Parágrafo único. Não se conhecerá de recurso interposto fora do prazo, salvo em razão da superveniência de fatos novos na forma prevista no Regimento Interno.

Art. 33. O recurso de reconsideração, que terá efeito suspensivo, será apreciado por quem houver proferido a decisão recorrida, na forma estabelecida no Regimento Interno, e poderá ser formulado por escrito uma só vez, pelo responsável ou interessado, ou pelo Ministério Público junto ao Tribunal, dentro do prazo de quinze dias, contados na forma prevista no art. 30 desta Lei.

Art. 34. Cabem embargos de declaração para corrigir obscuridade, omissão ou contradição da decisão recorrida.

§ 1° Os embargos de declaração podem ser opostos por escrito pelo responsável ou interessado, ou pelo Ministério Público junto ao Tribunal, dentro do prazo de dez dias, contados na forma prevista no art. 30 desta Lei.

§ 2° Os embargos de declaração suspendem os prazos para cumprimento da decisão embargada e para interposição dos recursos previstos nos incisos I e III do art. 32 desta Lei.

Art. 35. De decisão definitiva caberá recurso de revisão ao Plenário, sem efeito suspensivo, interposto por escrito, uma só vez, pelo responsável, seus sucessores, ou pelo Ministério Público junto ao Tribunal, dentro do prazo de cinco anos, contados na forma prevista no inciso III do art. 30 desta Lei, e fundar-se-á:

I - em erro de cálculo nas contas;

II - em falsidade ou insuficiência de documentos em que se tenha fundamentado a decisão recorrida;

III - na superveniência de documentos novos com eficácia sobre a prova produzida.

Parágrafo único. A decisão que der provimento a recurso de revisão ensejará a correção de todo e qualquer erro ou engano apurado.

CAPÍTULO II
FISCALIZAÇÃO A CARGO DO TRIBUNAL

SEÇÃO I
CONTAS DO PRESIDENTE DA REPÚBLICA

Art. 36. Ao Tribunal de Contas da União compete, na forma estabelecida no Regimento Interno, apreciar as contas prestadas anualmente pelo Presidente da República, mediante parecer prévio a ser elaborado em sessenta dias a contar de seu recebimento.

Parágrafo único. As contas consistirão nos balanços gerais da União e no relatório do órgão central do sistema de controle interno do Poder Executivo sobre a execução dos orçamentos de que trata o § 5° do art. 165 da Constituição Federal.

SEÇÃO II
FISCALIZAÇÃO EXERCIDA POR INICIATIVA DO CONGRESSO NACIONAL

Art. 37. (Vetado)

Parágrafo único. (Vetado)

Art. 38. Compete, ainda, ao Tribunal:

I - realizar por iniciativa da Câmara dos Deputados, do Senado Federal, de comissão técnica ou de inquérito, inspeções e auditorias de natureza contábil, financeira, orçamentária, operacional e patrimonial nas unidades administrativas dos Poderes Legislativo, Executivo e Judiciário e nas entidades da administração indireta, incluídas as fundações e sociedades instituídas e mantidas pelo poder público federal;

II - prestar as informações solicitadas pelo Congresso Nacional, por qualquer de suas Casas, ou por suas comissões, sobre a fiscalização contábil, financeira, orçamentária, operacional e patrimonial e sobre resultados de inspeções e auditorias realizadas;

III - emitir, no prazo de trinta dias contados do recebimento da solicitação, pronunciamento conclusivo sobre matéria que seja submetida a sua apreciação pela comissão mista permanente de Senadores e Deputados, nos termos dos §§ 1° e 2° do art. 72 da Constituição Federal.

IV - auditar, por solicitação da comissão a que se refere o art. 166, § 1°, da Constituição Federal, ou comissão técnica de qualquer das Casas do Congresso Nacional, projetos e programas autorizados na Lei orçamentária anual, avaliando os seus resultados quanto à eficácia, eficiência e economicidade.

SEÇÃO III
ATOS SUJEITOS A REGISTRO

Art. 39. De conformidade com o preceituado nos arts. 5°, inciso XXIV, 71, incisos II e III, 73 in fine, 74, § 2°, 96, inciso I, alínea a, 97, 39, §§ 1° e 2° e 40, § 4°, da Constituição Federal, o Tribunal apreciará, para fins de registro ou reexame, os atos de:

I - admissão de pessoal, a qualquer título, na administração direta e indireta, incluídas as fundações instituídas e mantidas pelo poder público, executadas as nomeações para cargo de provimento em comissão;

II - concessão inicial de aposentadoria, reformas e pensões, bem como de melhorias posteriores que tenham alterado o fundamento legal do respectivo concessório inicial.

Parágrafo único. Os atos a que se refere este artigo serão apreciados pelo Tribunal na forma estabelecida no Regimento Interno.

Art. 40. O Relator presidirá a instrução do processo, determinando, mediante despacho singular, por sua ação própria e direta, ou por provocação do órgão de instrução ou do Ministério Público junto ao Tribunal, a adoção das providências consideradas necessárias ao saneamento dos autos, fixando prazo, na forma estabelecida no Regimento Interno, para o atendimento das diligências, após o que submeterá o feito ao Plenário ou à Câmara respectiva para decisão de mérito.

SEÇÃO IV
FISCALIZAÇÃO DE ATOS E CONTRATOS

Art. 41. Para assegurar a eficácia do controle e para instruir o julgamento das contas, o Tribunal efetuará a fiscalização dos atos de que resulte receita ou despesa, praticados pelos responsáveis sujeitos à sua jurisdição, competindo-lhe, para tanto, em especial:

I - acompanhar, pela publicação no Diário Oficial da União, ou por outro meio estabelecido no Regimento Interno:

a) a lei relativa ao plano plurianual, a lei de diretrizes orçamentárias, a lei orçamentária anual e a abertura de créditos adicionais;

b) os editais de licitação, os contratos, inclusive administrativos, e os convênios, acordos, ajustes ou outros instrumentos congêneres, bem como os atos referidos no art. 38 desta Lei;

II - realizar, por iniciativa própria, na forma estabelecida no Regimento Interno, inspeções e auditorias de mesma natureza que as previstas no inciso I do art. 38 desta Lei;

III - fiscalizar, na forma estabelecida no Regimento Interno, as contas nacionais das empresas supranacionais de cujo capital social a União participe, de forma direta ou indireta, nos termos do tratado constitutivo;

IV - fiscalizar, na forma estabelecida no Regimento Interno, a aplicação de quaisquer recursos repassados pela União mediante convênio, acordo, ajuste ou outros instrumentos congêneres, a Estado, ao Distrito Federal ou a Município.

§ 1° As inspeções e auditorias de que trata esta seção serão regulamentadas no Regimento Interno e realizadas por servidores da Secretaria do Tribunal.

§ 2° O Tribunal comunicará às autoridades competentes dos poderes da União o resultado das inspeções e auditorias que realizar, para as medidas saneadoras das impropriedades e faltas identificadas.

Art. 42. Nenhum processo, documento ou informação poderá ser sonegado ao Tribunal em suas inspeções ou auditorias, sob qualquer pretexto.

§ 1° No caso de sonegação, o Tribunal assinará prazo para apresentação dos documentos, informações e esclarecimentos julgados necessários, comunicando o fato ao Ministro de Estado supervisor da área ou à autoridade de nível hierárquico equivalente, para as medidas cabíveis.

§ 2° Vencido o prazo e não cumprida a exigência, o Tribunal aplicará as sanções previstas no inciso IV do art. 58 desta Lei.

Art. 43. Ao proceder à fiscalização de que trata este capítulo, o Relator ou o Tribunal:

I - determinará as providências estabelecidas no Regimento Interno, quando não apurada transgressão a norma legal ou regulamentar de natureza contábil, financeira, orçamentária, operacional e patrimonial, ou for constatada, tão-somente, falta ou impropriedade de caráter formal;

II - se verificar a ocorrência de irregularidade quanto à legitimidade ou economicidade, determinará a audiência do responsável para, no prazo estabelecido no Regimento Interno, apresentar razões de justificativa.

Parágrafo único. Não elidido o fundamento da impugnação, o Tribunal aplicará ao responsável a multa prevista no inciso III do art. 58 desta Lei.

Art. 44. No início ou no curso de qualquer apuração, o Tribunal, de ofício ou a requerimento do Ministério Público, determinará, cautelarmente, o afastamento temporário do responsável, se existirem indícios suficientes de que, prosseguindo no exercício de suas funções, possa retardar ou dificultar a realização de auditoria ou inspeção, causar novos danos ao Erário ou inviabilizar o seu ressarcimento.

§ 1° Estará solidariamente responsável a autoridade superior competente que, no prazo determinado pelo Tribunal, deixar de atender à determinação prevista no *caput* deste artigo.

§ 2° Nas mesmas circunstâncias do *caput* deste artigo e do parágrafo anterior, poderá o Tribunal, sem prejuízo das medidas previstas nos arts. 60 e 61 desta Lei, decretar, por prazo não superior a um ano, a indisponibilidade de bens do responsável, tantos quantos considerados bastantes para garantir o ressarcimento dos danos em apuração.

Art. 45. Verificada a ilegalidade de ato ou contrato, o Tribunal, na forma estabelecida no Regimento Interno, assinará prazo para que o responsável adote as providências necessárias ao exato cumprimento da lei, fazendo indicação expressa dos dispositivos a serem observados.

§ 1° No caso de ato administrativo, o Tribunal, se não atendido:

I - sustará a execução do ato impugnado;

II - comunicará a decisão à Câmara dos Deputados e ao Senado Federal;

III - aplicará ao responsável a multa prevista no inciso II do art. 58 desta Lei.

§ 2° No caso de contrato, o Tribunal, se não atendido, comunicará o fato ao Congresso Nacional, a quem compete adotar o ato de sustação e solicitar, de imediato, ao Poder Executivo, as medidas cabíveis.

§ 3° Se o Congresso Nacional ou o Poder Executivo, no prazo de noventa dias, não efetivar as medidas previstas no parágrafo anterior, o Tribunal decidirá a respeito da sustação do contrato.

Art. 46. Verificada a ocorrência de fraude comprovada à licitação, o Tribunal declarará a inidoneidade do licitante fraudador para participar, por até cinco anos, de licitação na Administração Pública Federal.

Art. 47. Ao exercer a fiscalização, se configurada a ocorrência de desfalque, desvio de bens ou outra irregularidade de que resulte dano ao Erário, o Tribunal ordenará, desde logo, a conversão do processo em tomada de contas especial, salvo a hipótese prevista no art. 93 desta Lei.

Parágrafo único. O processo de tomada de contas especial a que se refere este artigo tramitará em separado das respectivas contas anuais.

SEÇÃO V
PEDIDO DE REEXAME

Art. 48. De decisão proferida em processos concernentes às matérias de que tratam as Seções III e IV deste capítulo caberá pedido de reexame, que terá efeito suspensivo.

Parágrafo único. O pedido de reexame reger-se-á pelo disposto no parágrafo único do art. 32 e no art. 33 desta Lei.

CAPÍTULO III
CONTROLE INTERNO

Art. 49. Os Poderes Legislativo, Executivo e Judiciário manterão, de forma integrada, sistema de controle interno, com a finalidade de:

I - avaliar o cumprimento das metas previstas no plano plurianual, a execução dos programas de governo e dos orçamentos da União;

II - comprovar a legalidade e avaliar os resultados quanto à eficácia e à eficiência da gestão orçamentária, financeira e patrimonial nos órgãos e entidades da administração federal, bem como da aplicação de recursos públicos por entidades de direito privado;

III - exercer o controle das operações de crédito, avais e garantias, bem como dos direitos e haveres da União;

IV - apoiar o controle externo no exercício de sua missão institucional.

Art. 50. No apoio ao controle externo, os órgãos integrantes do sistema de controle interno deverão exercer, dentre outras, as seguintes atividades:

I - (Vetado)

II - realizar auditorias nas contas dos responsáveis sob seu controle, emitindo relatório, certificado de auditoria e parecer;

III - alertar formalmente a autoridade administrativa competente para que instaure tomada de contas especial, sempre que tiver conhecimento de qualquer das ocorrências referidas no *caput* do art. 8° desta Lei.

Art. 51. Os responsáveis pelo controle interno, ao tomarem conhecimento de qualquer irregularidade ou ilegalidade, dela darão ciência de imediato ao Tribunal de Contas da União, sob pena de responsabilidade solidária.

§ 1° Na comunicação ao Tribunal, o dirigente do órgão competente indicará as providências adotadas para evitar ocorrências semelhantes.

§ 2° Verificada em inspeção ou auditoria, ou no julgamento de contas, irregularidade ou ilegalidade que não tenha sido comunicada tempestivamente ao Tribunal, e provada a omissão, o dirigente do órgão de controle interno, na qualidade de responsável solidário, ficará sujeito às sanções previstas para a espécie nesta Lei.

Art. 52. O Ministro de Estado supervisor da área ou a autoridade de nível hierárquico equivalente emitirá, sobre as contas e o parecer do controle interno, expresso e indelegável pronunciamento, no qual atestará haver tomado conhecimento das conclusões nele contidas.

CAPÍTULO IV
DENÚNCIA

Art. 53. Qualquer cidadão, partido político, associação ou sindicato é parte legítima para denunciar irregularidades ou ilegalidades perante o Tribunal de Contas da União.

§ 1° (Vetado)

§ 2° (Vetado)

§ 3° A denúncia será apurada em caráter sigiloso, até que se comprove a sua procedência, e somente poderá ser arquivada após efetuadas as diligências pertinentes, mediante despacho fundamentado do responsável.

§ 4° Reunidas as provas que indiquem a existência de irregularidade ou ilegalidade, serão públicos os demais atos do processo, assegurando-se aos acusados a oportunidade de ampla defesa.

Art. 54. O denunciante poderá requerer ao Tribunal de Contas da União certidão dos despachos e dos fatos apurados, a qual deverá ser fornecida no prazo máximo de quinze dias, a contar do recebimento do pedido, desde que o respectivo processo de apuração tenha sido concluído ou arquivado.

Parágrafo único. Decorrido o prazo de noventa dias, a contar do recebimento da denúncia, será obrigatoriamente fornecida a certidão de que trata este artigo, ainda que não estejam concluídas as investigações.

Art. 55. No resguardo dos direitos e garantias individuais, o Tribunal dará tratamento sigiloso às denúncias formuladas, até decisão definitiva sobre a matéria.

§ 1° Ao decidir, caberá ao Tribunal manter ou não o sigilo quanto ao objeto e à autoria da denúncia. (Expressão suspensa pela Resolução SF nº 16, de 2006)

§ 2° O denunciante não se sujeitará a qualquer sanção administrativa, cível ou penal, em decorrência da denúncia, salvo em caso de comprovada má-fé.

§ 3° Ao decidir, caberá ao Tribunal manter o sigilo do objeto e da autoria da denúncia quando imprescindível à segurança da sociedade e do Estado. (Acrescido pela Lei nº 13.866, de 2019)

CAPÍTULO V
SANÇÕES

SEÇÃO I
DISPOSIÇÃO GERAL

Art. 56. O Tribunal de Contas da União poderá aplicar aos administradores ou responsáveis, na forma prevista nesta Lei e no seu Regimento Interno, as sanções previstas neste capítulo.

SEÇÃO II
MULTAS

Art. 57. Quando o responsável for julgado em débito, poderá ainda o Tribunal aplicar-lhe multa de até cem por cento do valor atualizado do dano causado ao Erário.

Art. 58. O Tribunal poderá aplicar multa de Cr$ 42.000.000,00 (quarenta e dois milhões de cruzeiros), ou valor equivalente em outra moeda que venha a ser adotada como moeda nacional, aos responsáveis por:

I - contas julgadas irregulares de que não resulte débito, nos termos do parágrafo único do art. 19 desta Lei;

II - ato praticado com grave infração à norma legal ou regulamentar de natureza contábil, financeira, orçamentária, operacional e patrimonial;

III - ato de gestão ilegítimo ou antieconômico de que resulte injustificado dano ao Erário;

IV - não atendimento, no prazo fixado, sem causa justificada, a diligência do Relator ou a decisão do Tribunal;

V - obstrução ao livre exercício das inspeções e auditorias determinadas;

VI - sonegação de processo, documento ou informação, em inspeções ou auditorias realizadas pelo Tribunal;

VII - reincidência no descumprimento de determinação do Tribunal.

§ 1° Ficará sujeito à multa prevista no *caput* deste artigo aquele que deixar de dar cumprimento à decisão do Tribunal, salvo motivo justificado.

§ 2° O valor estabelecido no *caput* deste artigo será atualizado, periodicamente, por portaria da Presidência do Tribunal, com base na variação acumulada, no período, pelo índice utilizado para atualização dos créditos tributários da União.

§ 3° O Regimento Interno disporá sobre a gradação da multa prevista no *caput* deste artigo, em função da gravidade da infração.

Art. 59. O débito decorrente de multa aplicada pelo Tribunal de Contas da União nos do art. 57 desta Lei, quando pago após o seu vencimento, será atualizado monetariamente na data do efetivo pagamento.

Art. 60. Sem prejuízo das sanções previstas na seção anterior e das penalidades administrativas, aplicáveis pelas autoridades competentes, por irregularidades constatadas pelo Tribunal de Contas da União, sempre que este, por maioria absoluta de seus membros, considerar grave a infração cometida, o responsável ficará inabilitado, por um período que variará de cinco a oito anos, para o exercício de cargo em comissão ou função de confiança no âmbito da Administração Pública.

Art. 61. O Tribunal poderá, por intermédio do Ministério Público, solicitar à Advocacia-Geral da União ou, conforme o caso, aos dirigentes das entidades que lhe sejam jurisdicionadas, as medidas necessárias ao arresto dos bens dos responsáveis julgados em débito, devendo ser ouvido quanto à liberação dos bens arrestados e sua restituição.

TÍTULO III ORGANIZAÇÃO DO TRIBUNAL

CAPÍTULO I SEDE E COMPOSIÇÃO

Art. 62. O Tribunal de Contas da União tem sede no Distrito Federal e compõe-se de nove ministros.

Art. 63. Os ministros, em suas ausências e impedimentos por motivo de licença, férias ou outro afastamento legal, serão substituídos, mediante convocação do Presidente do Tribunal, pelos auditores, observada a ordem de antigüidade no cargo, ou a maior idade, no caso de idêntica antigüidade.

§ 1° Os auditores serão também convocados para substituir ministros, para efeito de quorum, sempre que os titulares comunicarem, ao Presidente do Tribunal ou da Câmara respectiva, a impossibilidade de comparecimento à sessão.

§ 2° Em caso de vacância de cargo de ministro, o Presidente do Tribunal convocará auditor para exercer as funções inerentes ao cargo vago, até novo provimento, observado o critério estabelecido no *caput* deste artigo.

Art. 64. Funciona junto ao Tribunal de Contas da União o Ministério Público, na forma estabelecida nos arts. 80 a 84 desta Lei.

Art. 65. O Tribunal de Contas da União disporá de secretaria para atender às atividades de apoio técnico e administrativo necessárias ao exercício de sua competência.

CAPÍTULO II PLENÁRIO E CÂMARAS

Art. 66. O Plenário do Tribunal de Contas da União, dirigido por seu Presidente, terá a competência e o funcionamento regulados nesta Lei e no seu Regimento Interno.

Art. 67. O Tribunal de Contas da União poderá dividir-se em Câmaras, mediante deliberação da maioria absoluta de seus ministros titulares.

§ 1° Não será objeto de deliberação das Câmaras matéria da competência privativa do Plenário, a ser definida no Regimento Interno.

§ 2° A competência, o número, a composição, a presidência e o funcionamento das Câmaras serão regulados no Regimento Interno.

Art. 68. O Tribunal fixará, no Regimento Interno, os períodos de funcionamento das sessões do Plenário e das Câmaras e o recesso que entender conveniente, sem ocasionar a interrupção de seus trabalhos.

CAPÍTULO III PRESIDENTE E VICE-PRESIDENTE

Art. 69. Os ministros elegerão o Presidente e o Vice-Presidente do Tribunal para mandato correspondente a um ano civil, permitida a reeleição apenas por um período de igual duração.

§ 1° A eleição realizar-se-á em escrutínio secreto, na última sessão ordinária do mês de dezembro, ou, em caso de vaga eventual, na primeira sessão ordinária após sua ocorrência, exigida a presença de, pelo menos, cinco ministros titulares, inclusive o que presidir o ato.

§ 2° O Vice-Presidente substituirá o Presidente em suas ausências ou impedimentos e exercerá as funções de corregedor, cujas atribuições serão as estabelecidas no Regimento Interno.

§ 3° Na ausência ou impedimento do Vice-Presidente, o Presidente será substituído pelo ministro mais antigo em exercício no cargo.

§ 4° O eleito para a vaga que ocorrer antes do término do mandato exercerá o cargo no período restante.

§ 5° Não se procederá a nova eleição se a vaga ocorrer dentro dos sessenta dias anteriores ao término do mandato.

§ 6° A eleição do Presidente precederá à do Vice-Presidente.

§ 7° Considerar-se-á eleito o ministro que obtiver a maioria dos votos. Não alcançada esta, proceder-se-á a novo escrutínio entre os dois mais votados, decidindo-se afinal, entre esses, pela antigüidade no cargo de ministro do Tribunal, caso nenhum consiga a maioria dos votos.

§ 8° Somente os ministros titulares, ainda que em gozo de licença, férias, ou ausentes com causa justificada, poderão tomar parte nas eleições, na forma estabelecida no Regimento Interno.

Art. 70. Compete ao Presidente, dentre outras atribuições estabelecidas no Regimento Interno:

I - dirigir o Tribunal;

II - dar posse aos ministros, auditores, membros do Ministério Público junto ao Tribunal e dirigentes das unidades da secretaria, na forma estabelecida no Regimento Interno;

III - expedir atos de nomeação, admissão, exoneração, remoção, dispensa, aposentadoria e outros atos relativos aos servidores do quadro de pessoal da secretaria, os quais serão publicados no Diário Oficial da União e no Boletim do Tribunal;

IV - diretamente ou por delegação, movimentar as dotações e os créditos orçamentários próprios e praticar os atos de administração financeira, orçamentária e patrimonial necessários ao funcionamento do Tribunal.

CAPÍTULO IV MINISTROS

Art. 71. Os ministros do Tribunal de Contas da União serão nomeados dentre brasileiros que satisfaçam os seguintes requisitos:

I - ter mais de trinta e cinco e menos de sessenta e cinco anos de idade;

II - idoneidade moral e reputação ilibada;

III - notórios conhecimentos jurídicos, contábeis, econômicos e financeiros ou de administração pública;

IV - contar mais de dez anos de exercício de função ou de efetiva atividade profissional que exija os conhecimentos mencionados no inciso anterior.

Art. 72. Os ministros do Tribunal de Contas da União serão escolhidos:

I - um terço pelo Presidente da República, com aprovação do Senado Federal, sendo dois alternadamente dentre auditores e membros do Ministério Público junto ao Tribunal, indicados em lista tríplice pelo Plenário, segundo os critérios de antigüidade e merecimento;

II - dois terços pelo Congresso Nacional.

Art. 73. Os ministros do Tribunal de Contas da União terão as mesmas garantias, prerrogativas, impedimentos, vencimentos e vantagens dos ministros do Superior Tribunal de Justiça e somente poderão aposentar-se com as vantagens do cargo quando o tiverem exercido efetivamente por mais de cinco anos.

Parágrafo único. Os ministros do Tribunal gozarão das seguintes garantias e prerrogativas:

I - vitaliciedade, não podendo perder o cargo senão por sentença judicial transitada em julgado;

II - inamovibilidade;

III - irredutibilidade de vencimentos, observado, quanto à remuneração, o disposto nos arts. 37, XI, 150, II, 153, III e 153, § 2°, I, da Constituição Federal;

IV - aposentadoria, com proventos integrais, compulsoriamente aos setenta anos de idade ou por invalidez comprovada, e facultativa após trinta anos de serviço, contados na forma da lei, observada a ressalva prevista no *caput*, in fine, deste artigo.

Art. 74. É vedado ao ministro do Tribunal de Contas da União:

I - exercer, ainda que em disponibilidade, outro cargo ou função, salvo uma de magistério;

II - exercer cargo técnico ou de direção de sociedade civil, associação ou fundação, de qualquer natureza ou finalidade, salvo de associação de classe, sem remuneração;

III - exercer comissão remunerada ou não, inclusive em órgãos de controle da administração direta ou indireta, ou em concessionárias de serviço público;

IV - exercer profissão liberal, emprego particular, comércio, ou participar de sociedade comercial, exceto como acionista ou cotista sem ingerência;

V - celebrar contrato com pessoa jurídica de direito público, empresa pública, sociedade de economia mista, fundação, sociedade instituída e mantida pelo poder público ou empresa concessionária de serviço público, salvo quando o contrato obedecer a normas uniformes para todo e qualquer contratante;

VI - dedicar-se à atividade político-partidária.

Art. 75. (Vetado)

Parágrafo único. (Vetado)

Art. 76. Não podem ocupar, simultaneamente, cargos de ministro parentes consangüíneos ou afins, na linha reta ou na colateral, até o segundo grau.

Parágrafo único. A incompatibilidade decorrente da restrição imposta no *caput* deste artigo resolve-se:

I - antes da posse, contra o último nomeado ou contra o mais moço, se nomeados na mesma data;

II - depois da posse, contra o que lhe deu causa;

III - se a ambos imputável, contra o que tiver menos tempo de exercício no Tribunal.

CAPÍTULO V AUDITORES

Art. 77. Os auditores, em número de três, serão nomeados pelo Presidente da República, dentre os cidadãos que satisfaçam os requisitos exigidos para o cargo de ministro do Tribunal de Contas da União, mediante concurso público de provas e títulos, observada a ordem de classificação.

Parágrafo único. A comprovação do efetivo exercício por mais de dez anos de cargo da carreira de controle externo do quadro de pessoal da secretaria do Tribunal constitui título computável para efeito do concurso a que se refere o *caput* deste artigo.

Art. 78. (Vetado)

Parágrafo único. O auditor, quando não convocado para substituir ministro, presidirá à instrução dos processos que lhe forem distribuídos, relatando-os com proposta de decisão a ser votada pelos integrantes do Plenário ou da Câmara para a qual estiver designado.

Art. 79. O auditor, depois de empossado, só perderá o cargo por sentença judicial transitada em julgado.

Parágrafo único. Aplicam-se ao auditor as vedações e restrições previstas nos arts. 74 e 76 desta Lei.

CAPÍTULO VI
MINISTÉRIO PÚBLICO JUNTO AO TRIBUNAL

Art. 80. O Ministério Público junto ao Tribunal de Contas da União, ao qual se aplicam os princípios institucionais da unidade, da indivisibilidade e da independência funcional, compõe-se de um procurador-geral, três subprocuradores-gerais e quatro procuradores, nomeados pelo Presidente da República, dentre brasileiros, bacharéis em direito.

§ 1° (Vetado)

§ 2° A carreira do Ministério Público junto ao Tribunal de Contas da União é constituída pelos cargos de subprocurador-geral e procurador, este inicial e aquele representando o último nível da carreira, não excedendo a dez por cento a diferença de vencimentos de uma classe para outra, respeitada igual diferença entre os cargos de subprocurador-geral e procurador-geral.

§ 3° O ingresso na carreira far-se-á no cargo de procurador, mediante concurso público de provas e títulos, assegurada a participação da Ordem dos Advogados do Brasil em sua realização e observada, nas nomeações, a ordem de classificação, enquanto a promoção ao cargo de subprocurador-geral far-se-á, alternadamente, por antigüidade e merecimento.

Art. 81. Competem ao procurador-geral junto ao Tribunal de Contas da União, em sua missão de guarda da lei e fiscal de sua execução, além de outras estabelecidas no Regimento Interno, as seguintes atribuições:

I - promover a defesa da ordem jurídica, requerendo, perante o Tribunal de Contas da União as medidas de interesse da justiça, da administração e do Erário;

II - comparecer às sessões do Tribunal e dizer de direito, verbalmente ou por escrito, em todos os assuntos sujeitos à decisão do Tribunal, sendo obrigatória sua audiência nos processos de tomada ou prestação de contas e nos concernentes aos atos de admissão de pessoal e de concessão de aposentadorias, reformas e pensões;

III - promover junto à Advocacia-Geral da União ou, conforme o caso, perante os dirigentes das entidades jurisdicionadas do Tribunal de Contas da União, as medidas previstas no inciso II do art. 28 e no art. 61 desta Lei, remetendo-lhes a documentação e instruções necessárias;

IV - interpor os recursos permitidos em lei.

Art. 82. Aos subprocuradores-gerais e procuradores compete, por delegação do procurador-geral, exercer as funções previstas no artigo anterior.

Parágrafo único. Em caso de vacância e em suas ausências e impedimentos por motivo de licença, férias ou outro afastamento legal, o procurador-geral será substituído pelos subprocuradores-gerais e, na ausência destes, pelos procuradores, observada, em ambos os casos, a ordem de antigüidade no cargo, ou a maior idade, no caso de idêntica antigüidade, fazendo jus, nessas substituições, aos vencimentos do cargo exercido.

Art. 83. O Ministério Público contará com o apoio administrativo e de pessoal da secretaria do Tribunal, conforme organização estabelecida no Regimento Interno.

Art. 84. Aos membros do Ministério Público junto ao Tribunal de Contas da União aplicam-se, subsidiariamente, no que couber, as disposições da Lei orgânica do Ministério Público da União, pertinentes a direitos, garantias, prerrogativas, vedações, regime disciplinar e forma de investidura no cargo inicial da carreira.

CAPÍTULO VII
SECRETARIA DO TRIBUNAL

SEÇÃO I
OBJETIVO E ESTRUTURA

Art. 85. A secretaria incumbe a prestação de apoio técnico e a execução dos serviços administrativos do Tribunal de Contas da União.

§ 1° A organização, atribuições e normas de funcionamento da secretaria são as estabelecidas no Regimento Interno.

§ 2° O Tribunal poderá manter unidades integrantes de sua secretaria nos estados federados.

Art. 86. São obrigações do servidor que exerce funções específicas de controle externo no Tribunal de Contas da União:

I - manter, no desempenho de suas tarefas, atitude de independência, serenidade e imparcialidade;

II - representar à chefia imediata contra os responsáveis pelos órgãos e entidades sob sua fiscalização, em casos de falhas e/ou irregularidades;

III - propor a aplicação de multas, nos casos previstos no Regimento Interno;

IV - guardar sigilo sobre dados e informações obtidos em decorrência do exercício de suas funções e pertinentes aos assuntos sob sua fiscalização, utilizando-os, exclusivamente, para a elaboração de pareceres e relatórios destinados à chefia imediata.

Art. 87. Ao servidor a que se refere o artigo anterior, quando credenciado pelo Presidente do Tribunal ou, por delegação deste, pelos dirigentes das unidades técnicas da secretaria do Tribunal, para desempenhar funções de auditoria, de inspeções e diligências expressamente determinadas pelo Tribunal ou por sua Presidência, são asseguradas as seguintes prerrogativas:

I - livre ingresso em órgãos e entidades sujeitos à jurisdição do Tribunal de Contas da União;

II - acesso a todos os documentos e informações necessários à realização de seu trabalho;

III - competência para requerer, nos termos do Regimento Interno, aos responsáveis pelos órgãos e entidades objeto de inspeções, auditorias e diligências, as informações e documentos necessários para instrução de processos e relatórios de cujo exame esteja expressamente encarregado por sua chefia imediata.

Art. 88. Fica criado, na secretaria, diretamente subordinado à Presidência, um instituto que terá a seu cargo:

I - a realização periódica de concursos públicos de provas ou de provas e títulos, para seleção dos candidatos a matrícula nos cursos de formação requeridos para ingresso nas carreiras do quadro de pessoal do Tribunal;

II - a organização e a administração de cursos de níveis superior e médio, para formação e aprovação final dos candidatos selecionados nos concursos referidos no inciso anterior;

III - a organização e a administração de cursos de treinamento e de aperfeiçoamento para os servidores do quadro de pessoal;

IV - a promoção e a organização de simpósios, seminários, trabalhos e pesquisas sobre questões relacionadas com as técnicas de controle da administração pública;

V - a organização e administração de biblioteca e de centro de documentação, nacional e internacional, sobre doutrina, técnicas e legislação pertinentes ao controle e questões correlatas.

Parágrafo único. O Tribunal regulamentará em resolução a organização, as atribuições e as normas de funcionamento do instituto referido neste artigo.

SEÇÃO II
ORÇAMENTOS

Art. 89. (Vetado)

§ 1° (Vetado)

§ 2° (Vetado)

§ 3° (Vetado)

TÍTULO IV
DISPOSIÇÕES GERAIS E TRANSITÓRIAS

Art. 90. A fiscalização contábil, financeira, orçamentária, operacional e patrimonial do Tribunal de Contas da União será exercida pelo Congresso Nacional, na forma definida no seu regimento comum.

§ 1° O Tribunal encaminhará ao Congresso Nacional, trimestral e anualmente, relatório de suas atividades.

§ 2° No relatório anual, o Tribunal apresentará análise da evolução dos custos de controle e de sua eficiência, eficácia e economicidade.

Art. 91. Para a finalidade prevista no art. 1°, inciso I, alínea g e no art. 3°, ambos da Lei Complementar n° 64, de 18 de maio de 1990, o Tribunal enviará ao Ministério Público Eleitoral, em tempo hábil, o nome dos responsáveis cujas contas houverem sido julgadas irregulares nos cinco anos imediatamente anteriores à realização de cada eleição.

Art. 92. Os atos relativos a despesa de natureza reservada serão, com esse caráter, examinados pelo Tribunal, que poderá, à vista das demonstrações recebidas, ordenar a verificação in loco dos correspondentes comprobatórios, na forma estabelecida no Regimento Interno.

Art. 93. A título de racionalização administrativa e economia processual, e com o objetivo de evitar que o custo da cobrança seja superior ao valor do ressarcimento, o Tribunal poderá determinar, desde logo, o arquivamento do processo, sem cancelamento do débito, a cujo pagamento continuará obrigado o devedor, para que lhe possa ser dada quitação.

Art. 94. É vedado a ministro, auditor e membro do Ministério Público junto ao Tribunal intervir em processo de interesse próprio, de cônjuge ou de parente consangüíneo ou afim, na linha reta ou na colateral, até o segundo grau.

Art. 95. Os ministros, auditores e membros do Ministério Público junto ao Tribunal têm prazo de trinta dias, a partir da publicação do ato de nomeação no Diário Oficial da União, prorrogável por mais sessenta dias, no máximo, mediante solicitação escrita, para posse e exercício no cargo.

Art. 96. As atas das sessões do Tribunal serão publicadas, na íntegra, sem ônus, no Diário Oficial da União.

Art. 97. As publicações editadas pelo Tribunal são as definidas no Regimento Interno.

Art. 98. O Boletim do Tribunal de Contas da União é considerado órgão oficial.

Art. 99. O Regimento Interno do Tribunal somente poderá ser aprovado e alterado pela maioria absoluta de seus ministros titulares.

Art. 100. O Tribunal de Contas da União poderá firmar acordo de cooperação com os Tribunais de Contas dos Estados, do Distrito Federal, dos Municípios, ou dos Conselhos ou Tribunais de Contas dos Municípios, na forma estabelecida pelo Regimento Interno.

Art. 101. O Tribunal de Contas da União, para o exercício de sua competência institucional, poderá requisitar aos órgãos e entidades federais, sem quaisquer ônus, a prestação de serviços técnicos especializados, a serem executados em prazo previamente estabelecido, sob pena de aplicação da sanção prevista no art. 58 desta Lei.

Art. 102. Entidade competente do Poder Executivo federal fará publicar no Diário Oficial da União, para os fins previstos no inciso VI do art. 1o desta Lei, a relação das populações: (Redação dada pela Lei Complementar nº 143, de 2013) (Produção de efeito)

I - até 31 de dezembro de cada ano, no caso dos Estados e do Distrito Federal; (Incluído pela Lei Complementar nº 143, de 2013) (Produção de efeito)

II - até 31 de agosto de cada ano, no caso dos Municípios. (Incluído pela Lei Complementar nº 143, de 2013) (Produção de efeito)

§ 1º (Revogado) (Redação dada pela Lei Complementar nº 143, de 2013) (Produção de efeito)

§ 2º (Revogado) (Redação dada pela Lei Complementar nº 143, de 2013) (Produção de efeito)

§ 3º Far-se-á nova comunicação sempre que houver, transcorrido o prazo fixado nos incisos I e II do *caput*, a criação de novo Estado ou Município a ser implantado no exercício subsequente. (Incluído pela Lei Complementar nº 143, de 2013) (Produção de efeito)

Art. 103. O Tribunal de Contas da União prestará auxílio à comissão mista do Congresso Nacional incumbida do exame do endividamento externo brasileiro, nos termos do art. 26 do Ato das Disposições Constitucionais Transitórias.

Art. 104. Os ordenadores de despesas dos órgãos da administração direta, bem assim os dirigentes das entidades da administração indireta e fundações e quaisquer servidores responsáveis por atos de que resulte despesa pública, remeterão ao Tribunal de Contas da União por solicitação do Plenário ou de suas Câmaras, cópia das suas declarações de rendimentos e de bens.

§ 1° O descumprimento da obrigação estabelecida neste artigo ensejará a aplicação da multa estabelecida no art. 58 desta Lei, pelo Tribunal, que manterá em sigilo o conteúdo das declarações apresentadas e poderá solicitar os esclarecimentos que entender convenientes sobre a variação patrimonial dos declarantes.

§ 2° O sigilo assegurado no parágrafo anterior poderá ser quebrado por decisão do Plenário, em processo no qual fique comprovado enriquecimento ilícito por exercício irregular da função pública.

§ 3° A quebra de sigilo sem autorização do Plenário constitui infração funcional punível na forma do art. 132, inciso IX da Lei n° 8.112, de 11 de dezembro de 1990.

§ 4° O disposto neste artigo aplica-se à autoridade a que se refere o art. 52 desta Lei.

Art. 105. O processo de escolha de ministro do Tribunal de Contas da União, em caso de vaga ocorrida ou que venha a ocorrer após a promulgação da Constituição de 1988, obedecerá ao seguinte critério:

I - na primeira, quarta e sétima vagas, a escolha caberá ao Presidente da República, devendo recair as duas últimas, respectivamente, em auditor e membro do Ministério Público junto ao Tribunal.

II - na segunda, terceira, quinta, sexta, oitava e nona vagas, a escolha será da competência do Congresso Nacional;

III - a partir da décima vaga, reinicia-se o processo previsto nos incisos anteriores, observada a alternância quanto à escolha de auditor e membro do Ministério Público junto ao Tribunal, nos termos do inciso I do § 2° do art. 73 da Constituição Federal.

Art. 106. Aos ministros do Tribunal de Contas da União que, na data da promulgação da Constituição Federal de 1988, preenchiam os requisitos necessários à aposentadoria com as vantagens do cargo, não se aplica a ressalva prevista no art. 73, *caput*, in fine, desta Lei.

Art. 107. A distribuição dos processos observará os princípios da publicidade, da alternatividade e do sorteio.

Art. 108. Serão públicas as sessões ordinárias do Tribunal de Contas da União.

§ 1° O Tribunal poderá realizar sessões extraordinárias de caráter reservado, para tratar de assuntos de natureza administrativa interna ou quando a preservação de direitos individuais e o interesse público o exigirem.

§ 2° Na hipótese do parágrafo anterior, os atos processuais terão o concurso das partes envolvidas, se assim desejarem seus advogados, podendo consultar os autos e pedir cópia de peças e certidões dos mesmos.

§ 3° Nenhuma sessão extraordinária de caráter reservado poderá ser realizada sem a presença obrigatória de representante do Ministério Público.

Art. 109. O Tribunal de Contas da União ajustará o exame dos processos em curso às disposições desta Lei.

Art. 110. No prazo de noventa dias a contar da entrada em vigor desta Lei, o Tribunal encaminhará ao Congresso Nacional projeto de lei dispondo sobre o quadro próprio de pessoal de sua secretaria, com observância dos princípios constitucionais pertinentes e, especialmente, das seguintes diretrizes:

I - regime jurídico único;

II - previsão das respectivas estrutura orgânica e atribuições;

III - condicionamento, como indispensável a investidura em cargo ou emprego, à prévia aprovação em concurso público de provas ou de provas e títulos, bem como em cursos organizados na forma preconizada no inciso II do art. 88 desta Lei;

IV - provimento dos cargos em comissão e funções de confiança por servidores do quadro de pessoal, exceto quanto aos Gabinetes de Ministro, do Procurador-Geral e de Auditor em relação a um Oficial de Gabinete e a um Assistente, que serão de livre escolha da autoridade, obedecidos os requisitos legais e regimentais; (Redação dada pela Lei nº 9.165, de 1995)

V - competência do Tribunal, para em relação aos cargos em comissão e funções de confiança:

a) estabelecer-lhes o escalonamento, segundo a legislação pertinente;

b) transformá-los e reclassificá-los em consonância com os parâmetros previstos na Lei de Diretrizes Orçamentárias;

VI - fixação da respectiva remuneração, observados os limites orçamentários, fixados, os níveis de remuneração adotados para os servidores do Poder Legislativo e, no que couber, os princípios reguladores do sistema de pessoal da União.

Parágrafo único. É vedada a nomeação, para cargos em comissão, e a designação, para funções de confiança, de cônjuge, companheiro ou parentes, consangüíneos ou afins, em linha reta ou colateral, até o terceiro grau, de ministro, auditor ou membro do Ministério Público junto ao Tribunal, em atividade ou aposentados há menos de cinco anos, exceto se admitidos no quadro próprio de pessoal mediante concurso público. (Incluído pela Lei nº 9.165, de 1995)

Art. 111. Os atuais cargos de subprocurador-geral junto ao Tribunal de Contas da União integrarão quadro em extinção, assegurados os direitos e observadas as vedações aplicáveis a seus titulares.

Art. 112. Esta Lei entra em vigor na data de sua publicação.

Art. 113. Revogam-se as disposições em contrário, em especial o Decreto-Lei n° 199, de 25 de fevereiro de 1967.

Brasília, 16 de julho de 1992; 171° da Independência e 104° da República.

FERNANDO COLLOR
Célio Borja

DOU de 17.7.1992 e retificado em 22.4.1993

LEI Nº 8.617, DE 4 DE JANEIRO DE 1993

Dispõe sobre o mar territorial, a zona contígua, a zona econômica exclusiva e a plataforma continental brasileiros, e dá outras providências.

‣ *Mar Territorial*

CAPÍTULO I. DO MAR TERRITORIAL

Art. 1º. O mar territorial brasileiro compreende uma faixa de doze milhas marítima de largura, medidas a partir da linha de baixa-mar do litoral continental e insular, tal como indicada nas cartas náuticas de grande escala, reconhecidas oficialmente no Brasil.

Parágrafo único. Nos locais em que a costa apresente recorte profundos e reentrâncias ou em que exista uma franja de ilhas ao longo da costa na sua proximidade imediata, será adotado o método das linhas de base retas, ligando pontos apropriados, para o traçado da linha de base, a partir da qual será medida a extensão do mar territorial.

Art. 2º. A soberania do Brasil estende-se ao mar territorial, ao espaço aéreo sobrejacente, bem como ao seu leito e subsolo.

‣ CF: arts. 20, VI e X, e 22, X e XII.

Art. 3º. É reconhecido aos navios de todas as nacionalidades o direito de passagem inocente no mar territorial brasileiro.

§ 1º. A passagem será considerada inocente desde que não seja prejudicial à paz, à boa ordem ou à segurança do Brasil, devendo ser contínua e rápida.

§ 2º. A passagem inocente poderá compreender o parar e o fundear, mas apenas na medida em que tais procedimentos constituam incidentes comuns de navegação ou sejam impostos por motivos de força ou por dificuldade grave, ou tenham por fim prestar auxílio a pessoas a navios ou aeronaves em perigo ou em dificuldade grave.

§ 3º. Os navios estrangeiros no mar territorial brasileiro estarão sujeitos aos regulamentos estabelecidos pelo Governo brasileiro.

CAPÍTULO II. DA ZONA CONTÍGUA

Art. 4º. A zona contígua brasileira compreende uma faixa que se estende das doze às vinte e quatro milhas marítimas, contadas a partir das linhas de base que servem para medir a largura do mar territorial.

Art. 5º. Na zona contígua, o Brasil poderá tomar as medidas de fiscalização necessárias para:

I – evitar as infrações às leis e aos regulamentos aduaneiros, fiscais, de imigração ou sanitários, no seu território, ou no seu mar territorial;

II – reprimir as infrações às leis e aos regulamentos, no seu território ou no seu mar territorial.

CAPÍTULO III. DA ZONA ECONÔMICA EXCLUSIVA

Art. 6º. A zona econômica exclusiva brasileira compreende uma faixa que se estende das doze às duzentas milhas marítimas, contadas a partir das linhas de base que servem para medir a largura do mar territorial.

- CF: art. 20, V.

Art. 7º. Na zona econômica exclusiva, o Brasil tem direitos de soberania para fins de exploração e aproveitamento, conservação e gestão dos recursos naturais, vivos ou não-vivos, das águas sobrejacentes ao leito do mar, do leito do mar e seu subsolo, e no que se refere a outras atividades com vistas à exploração e ao aproveitamento da zona para fins econômicos.

- CF: art. 20, § 1º.

Art. 8º. Na zona econômica exclusiva, o Brasil, no exercício de sua jurisdição, tem o direito exclusivo de regulamentar a investigação científica marinha, a proteção e preservação do meio marítimo, bem como a construção, operação e uso de todos os tipos de ilhas artificiais, instalações e estruturas.

Parágrafo único. A investigação científica marinha na zona econômica exclusiva só poderá ser conduzida por outros Estados com o consentimento prévio do Governo brasileiro, nos termos da legislação em vigor que regula a matéria.

Art. 9º. A realização por outros Estados, na zona econômica exclusiva, de exercícios ou manobras militares, em particular as que impliquem o uso de armas ou explosivas, somente poderá ocorrer com o consentimento do Governo brasileiro.

Art. 10. É reconhecido a todos os Estados o gozo, na zona econômica exclusiva, das liberdades de navegação e sobrevoo, bem como de outros usos do mar internacionalmente lícitos, relacionados com as referidas liberdades, tais como os ligados à operação de navios e aeronaves.

CAPÍTULO IV. DA PLATAFORMA CONTINENTAL

Art. 11. A plataforma continental do Brasil compreende o leito e o subsolo das áreas submarinas que se estendem além do seu mar territorial, em toda a extensão do prolongamento natural de seu território terrestre, até o bordo exterior da margem continental, ou até uma distância de duzentas milhas marítimas das linhas de base, a partir das quais se mede a largura do mar territorial, nos casos em que o bordo exterior da margem continental não atinja essa distância.

- CF: art. 20, V.

Parágrafo único. O limite exterior da plataforma continental será fixado de conformidade com os critérios estabelecidos no art. 76 da Convenção das Nações Unidas sobre o Direito do Mar, celebrada em Montego Bay, em 10 de dezembro de 1982.

Art. 12. O Brasil exerce direitos de soberania sobre a plataforma continental, para efeitos de exploração dos recursos naturais.

Parágrafo único. Os recursos naturais a que se refere o *caput* são os recursos minerais e outros não-vivos do leito do mar e subsolo, bem como os organismos vivos pertencentes a espécies sedentárias, isto é, àquelas que no período de captura estão imóveis no leito do mar ou no seu subsolo, ou que só podem mover-se em constante contato físico com esse leito ou subsolo.

Art. 13. Na plataforma continental, o Brasil, no exercício de sua jurisdição, tem o direito exclusivo de regulamentar a investigação científica marinha, a proteção e preservação do meio marinho, bem como a construção, operação e o uso de todos os tipos de ilhas artificiais, instalações e estruturas.

§ 1º. A investigação científica marinha, na plataforma continental, só poderá ser conduzida por outros Estados com o consentimento prévio do Governo brasileiro, nos termos da legislação em vigor que regula a matéria.

§ 2º. O Governo brasileiro tem o direito exclusivo de autorizar e regulamentar as perfurações na plataforma continental, quaisquer que sejam os seus fins.

Art. 14. É reconhecido a todos os Estados o direito de colocar cabos e dutos na plataforma continental.

§ 1º. O traçado da linha para a colocação de tais cabos e dutos na plataforma continental dependerá do consentimento do Governo brasileiro.

§ 2º. O Governo brasileiro poderá estabelecer condições para a colocação dos cabos e dutos que penetrem seu território ou seu mar territorial.

Art. 15. Esta lei entra em vigor na data de sua publicação.

Art. 16. Revogam-se o Decreto-Lei nº 1.098, de 25 de março de 1970, e as demais disposições em contrário.

Brasília, 4 de janeiro de 1993;
172º da Independência e 105º da República.

ITAMAR FRANCO
Publicado no DOU de 05-01-1993.

LEI COMPLEMENTAR Nº 73, DE 10 DE FEVEREIRO DE 1993

Institui a Lei Orgânica da Advocacia-Geral da União e dá outras providências.

- *Lei Orgânica da Advocacia-Geral da União*
- CF/1988: arts. 52, II, 84, XVI e parágrafo único, 103, § 3º, 131 e 132.
- Decreto 7.392/2010 – Aprova a Estrutura Regimental e o Quadro Demonstrativo dos Cargos em Comissão da Advocacia-Geral da União, aprova o Quadro Demonstrativo dos Cargos em Comissão da Procuradoria-Geral Federal e remaneja cargos em comissão para a Advocacia-Geral da União e para a Procuradoria-Geral Federal.
- Lei 9.366/1996 – Quadros de cargos do Grupo-Direção e Assessoramento Superiores – DAS da Advocacia-Geral da União.
- Lei 9.028/1995 – Exercício das atribuições institucionais da Advocacia-Geral da União, em caráter emergencial e provisório.
- Lei 8.682/1993 – Remuneração de cargos de provimento em comissão da Advocacia-Geral da União, revigora a Lei 8.200/1991, oferecendo nova redação ao inciso I, do seu art. 3º.

O PRESIDENTE DA REPÚBLICA Faço saber que o Congresso Nacional decreta e eu sanciono a seguinte Lei Complementar:

TÍTULO I. DAS FUNÇÕES INSTITUCIONAIS E DA COMPOSIÇÃO

CAPÍTULO I. DAS FUNÇÕES INSTITUCIONAIS

Art. 1º. A Advocacia-Geral da União é a instituição que representa a União judicial e extrajudicialmente.

Parágrafo único. À Advocacia-Geral da União cabem as atividades de consultoria e assessoramento jurídicos ao Poder Executivo, nos termos desta Lei Complementar.

CAPÍTULO II. DA COMPOSIÇÃO

Art. 2º. A Advocacia-Geral da União compreende:

I – órgãos de direção superior:

a) o Advogado-Geral da União;

b) a Procuradoria-Geral da União e a da Fazenda Nacional;

c) Consultoria-Geral da União;

d) o Conselho Superior da Advocacia-Geral da União; e

e) a Corregedoria-Geral da Advocacia da União;

II – órgãos de execução:

a) as Procuradorias Regionais da União e as da Fazenda Nacional e as Procuradorias da União e as da Fazenda Nacional nos Estados e no Distrito Federal e as Procuradorias Seccionais destas;

b) a Consultoria da União, as Consultorias Jurídicas dos Ministérios, da Secretaria-Geral e das demais Secretarias da Presidência da República e do Estado-Maior das Forças Armadas;

III – órgão de assistência direta e imediata ao Advogado-Geral da União: o Gabinete do Advogado-Geral da União;

IV – (*VETADO*).

§ 1º. Subordinam-se diretamente ao Advogado-Geral da União, além do seu gabinete, a Procuradoria-Geral da União, a Consultoria-Geral da União, a Corregedoria-Geral da Advocacia-Geral da União, a Secretaria de Controle Interno e, técnica e juridicamente, a Procuradoria-Geral da Fazenda Nacional.

§ 2º. As Procuradorias Seccionais, subordinadas às Procuradorias da União e da Fazenda Nacional nos Estados e no Distrito Federal, serão criadas, no interesse do serviço, por proposta do Advogado-Geral da União.

§ 3º. As Procuradorias e Departamentos Jurídicos das autarquias e fundações públicas são órgãos vinculados à Advocacia-Geral da União.

§ 4º. O Advogado-Geral da União é auxiliado por dois Secretários-Gerais: o de Contencioso e o de Consultoria.

§ 5º. São membros da Advocacia-Geral da União: o Advogado-Geral da União, o Procurador-Geral da União, o Procurador-Geral da Fazenda Nacional, o Consultor-Geral da União, o Corregedor-Geral da Advocacia da União, os Secretários-Gerais de Contencioso e de Consultoria, os Procuradores Regionais, os Consultores da União, os Corregedores-Auxiliares, os Procuradores-Chefes, os Consultores Jurídicos, os Procuradores Seccionais, os Advogados da União, os Procuradores da Fazenda Nacional e os Assistentes Jurídicos.

TÍTULO II. DOS ÓRGÃOS DA ADVOCACIA-GERAL DA UNIÃO

CAPÍTULO I. DO ADVOGADO-GERAL DA UNIÃO

Art. 3º. A Advocacia-Geral da União tem por chefe o Advogado-Geral da União, de livre nomeação pelo Presidente da República, dentre cidadãos maiores de 35 anos, de notável saber jurídico e reputação ilibada.

§ 1º. O Advogado-Geral da União é o mais elevado órgão de assessoramento jurídico do Poder Executivo, submetido à direta, pessoal e imediata supervisão do Presidente da República.

§ 2º. O Advogado-Geral da União terá substituto eventual nomeado pelo Presidente da República, atendidas as condições deste artigo.

Art. 4º. São atribuições do Advogado-Geral da União:

I – dirigir a Advocacia-Geral da União, superintender e coordenar suas atividades e orientar-lhe a atuação;

II – despachar com o Presidente da República;

III – representar a União junto ao Supremo Tribunal Federal;

IV – defender, nas ações diretas de inconstitucionalidade, a norma legal ou ato normativo, objeto de impugnação;
V – apresentar as informações a serem prestadas pelo Presidente da República, relativas a medidas impugnadoras de ato ou omissão presidencial;
VI – desistir, transigir, acordar e firmar compromisso nas ações de interesse da União, nos termos da legislação vigente;

- Lei 9.469/1997 – Regulamenta o disposto no inciso VI do art. 4º da LC 73/1993.

VII – assessorar o Presidente da República em assuntos de natureza jurídica, elaborando pareceres e estudos ou propondo normas, medidas e diretrizes;
VIII – assistir o Presidente da República no controle interno da legalidade dos atos da Administração;
IX – sugerir ao Presidente da República medidas de caráter jurídico reclamadas pelo interesse público;
X – fixar a interpretação da Constituição, das leis, dos tratados e demais atos normativos, a ser uniformemente seguida pelos órgãos e entidades da Administração Federal;
XI – unificar a jurisprudência administrativa, garantir a correta aplicação das leis, prevenir e dirimir as controvérsias entre os órgãos jurídicos da Administração Federal;
XII – editar enunciados de Súm. administrativa, resultantes de jurisprudência iterativa dos tribunais;
XIII – exercer orientação normativa e supervisão técnica quanto aos órgãos jurídicos das entidades a que alude o Capítulo IX do Título II desta Lei Complementar;
XIV – baixar o Regimento Interno da Advocacia-Geral da União;
XV – proferir decisão nas sindicâncias e nos processos administrativos disciplinares promovidos pela Corregedoria-Geral e aplicar penalidades, salvo a de demissão;
XVI – homologar os concursos públicos de ingresso nas Carreiras da Advocacia-Geral da União;
XVII – promover a lotação e a distribuição dos Membros e servidores, no âmbito da Advocacia-Geral da União;
XVIII – editar e praticar os atos normativos ou não, inerentes a suas atribuições;
XIX – propor, ao Presidente da República, as alterações a esta Lei Complementar.

§ 1º. O Advogado-Geral da União pode representá-la junto a qualquer juízo ou tribunal.

§ 2º. O Advogado-Geral da União pode avocar quaisquer matérias jurídicas de interesse desta, inclusive no que concerne a sua representação extrajudicial.

§ 3º. É permitida a delegação das atribuições previstas no inciso VI ao Procurador-Geral da União, bem como a daquelas objeto do inciso XVII deste artigo, relativamente a servidores.

CAPÍTULO II. DA CORREGEDORIA-GERAL DA ADVOCACIA DA UNIÃO

Art. 5º. A Corregedoria-Geral da Advocacia da União tem como atribuições:

I – fiscalizar as atividades funcionais dos Membros da Advocacia-Geral da União;
II – promover correição nos órgãos jurídicos da Advocacia-Geral da União, visando à verificação da regularidade e eficácia dos serviços, e à proposição de medidas, bem como à sugestão de providências necessárias ao seu aprimoramento;
III – apreciar as representações relativas à atuação dos Membros da Advocacia-Geral da União;
IV – coordenar o estágio confirmatório dos integrantes das Carreiras da Advocacia-Geral da União;
V – emitir parecer sobre o desempenho dos integrantes das Carreiras da Advocacia-Geral da União submetidos ao estágio confirmatório, opinando, fundamentadamente, por sua confirmação no cargo ou exoneração;
VI – instaurar, de ofício ou por determinação superior, sindicâncias e processos administrativos contra os Membros da Advocacia-Geral da União.

Art. 6º. Compete, ainda, à Corregedoria-Geral supervisionar e promover correições nos órgãos vinculados à Advocacia-Geral da União.

CAPÍTULO III. DO CONSELHO SUPERIOR DA ADVOCACIA-GERAL DA UNIÃO

Art. 7º. O Conselho Superior da Advocacia-Geral da União tem as seguintes atribuições:

I – propor, organizar e dirigir os concursos de ingresso nas Carreiras da Advocacia-Geral da União;
II – organizar as listas de promoção e de remoção, julgar reclamações e recursos contra a inclusão, exclusão e classificação em tais listas, e encaminhá-las ao Advogado-Geral da União;
III – decidir, com base no parecer previsto no art. 5º, V, desta Lei Complementar, sobre a confirmação no cargo ou exoneração dos Membros das Carreiras da Advocacia-Geral da União submetidos a estágio confirmatório;
IV – editar o respectivo Regimento Interno.

Parágrafo único. Os critérios disciplinadores dos concursos a que se refere o inciso I deste artigo são integralmente fixados pelo Conselho Superior da Advocacia-Geral da União.

Art. 8º. Integram o Conselho Superior da Advocacia-Geral da União:

I – o Advogado-Geral da União, que o preside;
II – o Procurador-Geral da União, o Procurador-Geral da Fazenda Nacional, o Consultor-Geral da União, e o Corregedor-Geral da Advocacia da União;
III – um representante, eleito, de cada carreira da Advocacia-Geral da União, e respectivo suplente.

§ 1º. Todos os membros do Conselho Superior da Advocacia-Geral da União têm direito a voto, cabendo ao presidente o de desempate.

§ 2º. O mandato dos membros eleitos do Conselho Superior da Advocacia-Geral da União é de dois anos, vedada a recondução.

§ 3º. Os membros do Conselho são substituídos, em suas faltas e impedimentos, na forma estabelecida no respectivo Regimento Interno.

CAPÍTULO IV. DA PROCURADORIA-GERAL DA UNIÃO

Art. 9º. À Procuradoria-Geral da União, subordinada direta e imediatamente ao Advogado-Geral da União, incumbe representá-la, judicialmente, nos termos e limites desta Lei Complementar.

§ 1º. Ao Procurador-Geral da União compete representá-la junto aos tribunais superiores.

§ 2º. Às Procuradorias-Regionais da União cabe sua representação perante os demais tribunais.

§ 3º. Às Procuradorias da União organizadas em cada Estado e no Distrito Federal, incumbe representá-la junto à primeira instância da Justiça Federal, comum e especializada.

§ 4º. O Procurador-Geral da União pode atuar perante os órgãos judiciários referidos nos §§ 2º e 3º, e os Procuradores Regionais da União junto aos mencionados no § 3º deste artigo.

CAPÍTULO V. DA CONSULTORIA-GERAL DA UNIÃO

Art. 10. À Consultoria-Geral da União, direta e imediatamente subordinada ao Advogado-Geral da União, incumbe, principalmente, colaborar com este em seu assessoramento jurídico ao Presidente da República produzindo pareceres, informações e demais trabalhos jurídicos que lhes sejam atribuídos pelo chefe da instituição.

Parágrafo único. Compõem a Consultoria-Geral da União o Consultor-Geral da União e a Consultoria da União.

CAPÍTULO VI. DAS CONSULTORIAS JURÍDICAS

Art. 11. Às Consultorias Jurídicas, órgãos administrativamente subordinados aos Ministros de Estado, ao Secretário-Geral e aos demais titulares de Secretarias da Presidência da República e ao Chefe do Estado-Maior das Forças Armadas, compete, especialmente:

I – assessorar as autoridades indicadas no *caput* deste artigo;
II – exercer a coordenação dos órgãos jurídicos dos respectivos órgãos autônomos e entidades vinculadas;
III – fixar a interpretação da Constituição, das leis, dos tratados e dos demais atos normativos a ser uniformemente seguida em suas áreas de atuação e coordenação quando não houver orientação normativa do Advogado-Geral da União;
IV – elaborar estudos e preparar informações, por solicitação de autoridade indicada no *caput* deste artigo;
V – assistir a autoridade assessorada no controle interno da legalidade administrativa dos atos a serem por ela praticados ou já efetivados, e daqueles oriundos de órgão ou entidade sob sua coordenação jurídica;
VI – examinar, prévia e conclusivamente, no âmbito do Ministério, Secretaria e Estado--Maior das Forças Armadas:

a) os textos de edital de licitação, como os dos respectivos contratos ou instrumentos congêneres, a serem publicados e celebrados;

b) os atos pelos quais se vá reconhecer a inexigibilidade, ou decidir a dispensa, de licitação.

CAPÍTULO VII. DA PROCURADORIA-GERAL DA FAZENDA NACIONAL

Art. 12. À Procuradoria-Geral da Fazenda Nacional, órgão administrativamente subordinado ao titular do Ministério da Fazenda, compete especialmente:

I – apurar a liquidez e certeza da dívida ativa da União de natureza tributária, inscrevendo-a para fins de cobrança, amigável ou judicial;
II – representar privativamente a União, na execução de sua dívida ativa de caráter tributário;
III – (*VETADO*);
IV – examinar previamente a legalidade dos contratos, acordos, ajustes e convênios que interessem ao Ministério da Fazenda, inclusive os referentes à dívida pública externa, e promover a respectiva rescisão por via administrativa ou judicial;
V – representar a União nas causas de natureza fiscal.

Parágrafo único. São consideradas causas de natureza fiscal as relativas a:

I – tributos de competência da União, inclusive infrações à legislação tributária;
II – empréstimos compulsórios;
III – apreensão de mercadorias, nacionais ou estrangeiras;

IV – decisões de órgãos do contencioso administrativo fiscal;

V – benefícios e isenções fiscais;

VI – créditos e estímulos fiscais à exportação;

VII – responsabilidade tributária de transportadores e agentes marítimos;

VIII – incidentes processuais suscitados em ações de natureza fiscal.

Art. 13. A Procuradoria-Geral da Fazenda Nacional desempenha as atividades de consultoria e assessoramento jurídicos no âmbito do Ministério da Fazenda e seus órgãos autônomos e entes tutelados.

Parágrafo único. No desempenho das atividades de consultoria e assessoramento jurídicos, a Procuradoria-Geral da Fazenda Nacional rege-se pela presente Lei Complementar.

Art. 14. (*VETADO*).

CAPÍTULO VIII. DO GABINETE DO ADVOGADO-GERAL DA UNIÃO E DA SECRETARIA DE CONTROLE INTERNO

Art. 15. O Gabinete do Advogado-Geral da União tem sua competência e estrutura fixadas no Regimento Interno da Advocacia-Geral da União.

Art. 16. A Secretaria de Controle Interno rege-se, quanto às suas competências e estrutura básica, pela legislação específica.

CAPÍTULO IX. DOS ÓRGÃOS VINCULADOS

Art. 17. Aos órgãos jurídicos das autarquias e das fundações públicas compete:

I – a sua representação judicial e extrajudicial;

II – as respectivas atividades de consultoria e assessoramento jurídicos;

III – a apuração da liquidez e certeza dos créditos, de qualquer natureza, inerentes às suas atividades, inscrevendo-os em dívida ativa, para fins de cobrança amigável ou judicial.

Art. 18. No desempenho das atividades de consultoria e assessoramento aos órgãos jurídicos das autarquias e das fundações públicas aplica-se, no que couber, o disposto no art. 11 desta Lei Complementar.

Art. 19. (*VETADO*).

TÍTULO III. DOS MEMBROS EFETIVOS DA ADVOCACIA-GERAL DA UNIÃO

CAPÍTULO I. DAS CARREIRAS

Art. 20. As carreiras de Advogado da União, de Procurador da Fazenda Nacional e de Assistente Jurídico compõem-se dos seguintes cargos efetivos:

I – carreira de Advogado da União:

a) Advogado da União de 2ª Categoria (inicial);

b) Advogado da União de 1ª Categoria (intermediária);

c) Advogado da União de Categoria Especial (final);

II – carreira de Procurador da Fazenda Nacional:

a) Procurador da Fazenda Nacional de 2ª Categoria (inicial);

b) Procurador da Fazenda Nacional de 1ª Categoria (intermediária);

c) Procurador da Fazenda Nacional de Categoria Especial (final);

III – carreira de Assistente Jurídico:

a) Assistente Jurídico de 2ª Categoria (inicial);

b) Assistente Jurídico de 1ª Categoria (intermediária);

c) Assistente Jurídico de Categoria Especial (final).

Art. 21. O ingresso nas carreiras da Advocacia-Geral da União ocorre nas categorias iniciais, mediante nomeação, em caráter efetivo, de candidatos habilitados em concursos públicos, de provas e títulos, obedecida a ordem de classificação.

§ 1º. Os concursos públicos devem ser realizados na hipótese em que o número de vagas da carreira exceda a 10% (dez por cento) dos respectivos cargos, ou, com menor número, observado o interesse da Administração e a critério do Advogado-Geral da União.

§ 2º. O candidato, no momento da inscrição, há de comprovar um mínimo de 2 (dois) anos de prática forense.

§ 3º. Considera-se título, para o fim previsto neste artigo, além de outros regularmente admitidos em direito, o exercício profissional de consultoria, assessoria e diretoria, bem como o desempenho de cargo, emprego ou função de nível superior, com atividades eminentemente jurídicas.

§ 4º. A Ordem dos Advogados do Brasil é representada na banca examinadora dos concursos de ingresso nas carreiras da Advocacia-Geral da União.

§ 5º. Nos 10 (dez) dias seguintes à nomeação, o Conselho Superior da Advocacia-Geral da União deve convocar os nomeados para escolha de vagas, fixando-lhes prazo improrrogável.

§ 6º. Perde o direito à escolha de vaga o nomeado que não atender à convocação a que se refere o parágrafo anterior.

Art. 22. Os dois primeiros anos de exercício em cargo inicial das carreiras da Advocacia-Geral da União correspondem a estágio confirmatório.

Parágrafo único. São requisitos da confirmação no cargo a observância dos respectivos deveres, proibições e impedimentos, a eficiência, a disciplina e a assiduidade.

CAPÍTULO II. DA LOTAÇÃO E DA DISTRIBUIÇÃO

Art. 23. Os membros efetivos da Advocacia-Geral da União são lotados e distribuídos pelo Advogado-Geral da União.

Parágrafo único. A lotação de Assistente Jurídico nos Ministérios, na Secretaria-Geral e nas demais Secretarias da Presidência da República e no Estado-Maior das Forças Armadas é proposta por seus titulares, e a lotação e distribuição de Procuradores da Fazenda Nacional, pelo respectivo titular.

CAPÍTULO III. DA PROMOÇÃO

Art. 24. A promoção de membro efetivo da Advocacia-Geral da União consiste em seu acesso à categoria imediatamente superior àquela em que se encontra.

Parágrafo único. As promoções serão processadas semestralmente pelo Conselho Superior da Advocacia-Geral da União, para vagas ocorridas até 30 de junho e até 31 de dezembro de cada ano, obedecidos, alternadamente, os critérios de antiguidade e merecimento.

Art. 25. A promoção por merecimento deve obedecer a critérios objetivos, fixados pelo Conselho Superior da Advocacia-Geral da União, dentre os quais a presteza e a segurança no desempenho da função, bem como a frequência e o aproveitamento em cursos de aperfeiçoamento reconhecidos por órgãos oficiais.

Parágrafo único. (*VETADO*).

CAPÍTULO IV. DOS DIREITOS, DOS DEVERES, DAS PROIBIÇÕES, DOS IMPEDIMENTOS E DAS CORREIÇÕES

SEÇÃO I. DOS DIREITOS

Art. 26. Os membros efetivos da Advocacia-Geral da União têm os direitos assegurados pela Lei nº 8.112, de 11 de dezembro de 1990, e nesta Lei Complementar.

Parágrafo único. Os cargos das carreiras da Advocacia-Geral da União têm o vencimento e remuneração estabelecidos em lei própria.

SEÇÃO II. DOS DEVERES, DAS PROIBIÇÕES E DOS IMPEDIMENTOS

Art. 27. Os membros efetivos da Advocacia-Geral da União têm os deveres previstos na Lei nº 8.112, de 11 de dezembro de 1990, sujeitando-se ainda às proibições e impedimentos estabelecidos nesta Lei Complementar.

Art. 28. Além das proibições decorrentes do exercício de cargo público, aos Membros efetivos da Advocacia-Geral da União é vedado:

I – exercer advocacia fora das atribuições institucionais;

II – contrariar Súm, parecer normativo ou orientação técnica adotada pelo Advogado-Geral da União;

III – manifestar-se, por qualquer meio de divulgação, sobre assunto pertinente às suas funções, salvo ordem, ou autorização expressa do Advogado-Geral da União.

Art. 29. É defeso aos Membros efetivos da Advocacia-Geral da União exercer suas funções em processo judicial ou administrativo:

I – em que sejam parte;

II – em que hajam atuado como advogado de qualquer das partes;

III – em que seja interessado parente consanguíneo ou afim, em linha reta ou colateral, até o segundo grau, bem como cônjuge ou companheiro;

IV – nas hipóteses da legislação processual.

Art. 30. Os Membros efetivos da Advocacia-Geral da União devem dar-se por impedidos:

I – quando hajam proferido parecer favorável à pretensão deduzida em juízo pela parte adversa;

II – nas hipóteses da legislação processual.

Parágrafo único. Nas situações previstas neste artigo, cumpre seja dada ciência, ao superior hierárquico imediato, em expediente reservado, dos motivos do impedimento, objetivando a designação de substituto.

Art. 31. Os Membros efetivos da Advocacia-Geral da União não podem participar de comissão ou banca de concurso, intervir no seu julgamento e votar sobre organização de lista para promoção ou remoção, quando concorrer parente consanguíneo ou afim, em linha reta ou colateral, até o segundo grau, bem como cônjuge ou companheiro.

SEÇÃO III. DAS CORREIÇÕES

Art. 32. A atividade funcional dos Membros efetivos da Advocacia-Geral da União está sujeita a:

I – correição ordinária, realizada anualmente pelo Corregedor-Geral e respectivos auxiliares;

II – correição extraordinária, também realizada pelo Corregedor-Geral e por seus auxiliares, de ofício ou por determinação do Advogado-Geral da União.

Art. 33. Concluída a correição, o Corregedor-Geral deve apresentar ao Advogado-Geral da União relatório, propondo-lhe as medidas e providências a seu juízo cabíveis.

Art. 34. Qualquer pessoa pode representar ao Corregedor-Geral da Advocacia da União contra abuso, erro grosseiro, omissão ou qualquer outra irregularidade funcional dos Membros da Advocacia-Geral da União.

TÍTULO IV. DAS CITAÇÕES, DAS INTIMAÇÕES E DAS NOTIFICAÇÕES

Art. 35. A União é citada nas causas em que seja interessada, na condição de autora, ré, assistente, oponente, recorrente ou recorrida, na pessoa:

I – do Advogado-Geral da União, privativamente, nas hipóteses de competência do Supremo Tribunal Federal;
II – do Procurador-Geral da União, nas hipóteses de competência dos tribunais superiores;
III – do Procurador-Regional da União, nas hipóteses de competência dos demais tribunais;
IV – do Procurador-Chefe ou do Procurador-Seccional da União, nas hipóteses de competência dos juízos de primeiro grau.

Art. 36. Nas causas de que trata o art. 12, a União será citada na pessoa:

I – (*VETADO*);
II – do Procurador-Regional da Fazenda Nacional, nas hipóteses de competência dos demais tribunais;
III – do Procurador-Chefe ou do Procurador-Seccional da Fazenda Nacional nas hipóteses de competência dos juízos de primeiro grau.

Art. 37. Em caso de ausência das autoridades referidas nos arts. 35 e 36, a citação se dará na pessoa do substituto eventual.

Art. 38. As intimações e notificações são feitas nas pessoas do Advogado da União ou do Procurador da Fazenda Nacional que oficie nos respectivos autos.

TÍTULO V. DOS PARECERES E DA SÚM. DA ADVOCACIA-GERAL DA UNIÃO

Art. 39. É privativo do Presidente da República submeter assuntos ao exame do Advogado-Geral da União, inclusive para seu parecer.

Art. 40. Os pareceres do Advogado-Geral da União são por este submetidos à aprovação do Presidente da República.

§ 1º. O parecer aprovado e publicado juntamente com o despacho presidencial vincula a Administração Federal, cujos órgãos e entidades ficam obrigados a lhe dar fiel cumprimento.

§ 2º. O parecer aprovado, mas não publicado, obriga apenas as repartições interessadas, a partir do momento em que dele tenham ciência.

Art. 41. Consideram-se, igualmente, pareceres do Advogado-Geral da União, para os efeitos do artigo anterior, aqueles que, emitidos pela Consultoria-Geral da União, sejam por eles aprovados e submetidos ao Presidente da República.

Art. 42. Os pareceres das Consultorias Jurídicas, aprovados pelo Ministro de Estado, pelo Secretário-Geral e pelos titulares das demais Secretarias da Presidência da República ou pelo Chefe do Estado-Maior das Forças Armadas, obrigam, também, os respectivos órgãos autônomos e entidades vinculadas.

Art. 43. A Súm. da Advocacia-Geral da União tem caráter obrigatório quanto a todos os órgãos jurídicos enumerados nos arts. 2º e 17 desta Lei Complementar.

§ 1º. O enunciado da Súm. editado pelo Advogado-Geral da União há de ser publicado no *Diário Oficial da União*, por 3 (três) dias consecutivos.

§ 2º. No início de cada ano, os enunciados existentes devem ser consolidados e publicados no *Diário Oficial da União*.

Art. 44. Os pareceres aprovados do Advogado-Geral da União inserem-se em coletânea denominada "Pareceres da Advocacia-Geral da União", a ser editada pela Imprensa Nacional.

TÍTULO VI. DAS DISPOSIÇÕES GERAIS E FINAIS

Art. 45. O Regimento Interno da Advocacia-Geral da União é editado pelo Advogado-Geral da União, observada a presente Lei Complementar.

§ 1º. O Regimento Interno deve dispor sobre a competência, a estrutura e o funcionamento da Corregedoria-Geral da Advocacia da União, da Procuradoria-Geral da União, da Consultoria-Geral da União, das Consultorias Jurídicas, do Gabinete do Advogado-Geral da União e dos Gabinetes dos Secretários-Gerais, do Centro de Estudos, da Diretoria-Geral de Administração e da Secretaria de Controle Interno, bem como sobre as atribuições de seus titulares e demais integrantes.

§ 2º. O Advogado-Geral da União pode conferir, no Regimento Interno, ao Procurador-Geral da União e ao Consultor-Geral da União, atribuições conexas às que lhe prevê o art. 4º desta Lei Complementar.

§ 3º. No Regimento Interno são disciplinados os procedimentos administrativos concernentes aos trabalhos jurídicos da Advocacia-Geral da União.

Art. 46. É facultado ao Advogado-Geral da União convocar quaisquer dos integrantes dos órgãos jurídicos que compõem a Advocacia-Geral da União, para instruções e esclarecimentos.

Art. 47. O Advogado-Geral da União pode requisitar servidores dos órgãos ou entidades da Administração Federal, para o desempenho de cargo em comissão ou atividade outra na Advocacia-Geral da União, assegurados ao servidor todos os direitos e vantagens a que faz jus no órgão ou entidade de origem, inclusive promoção.

Art. 48. Os cargos da Advocacia-Geral da União integram quadro próprio.

Art. 49. São nomeados pelo Presidente da República:

I – mediante indicação do Advogado-Geral da União, os titulares dos cargos de natureza especial de Corregedor-Geral da Advocacia da União, de Procurador-Geral da União, de Consultor-Geral da União, de Secretário-Geral de Contencioso e de Secretário-Geral de Consultoria, como os titulares dos cargos em comissão de Corregedor--Auxiliar, de Procurador Regional, de Consultor da União, de Procurador-Chefe e de Diretor-Geral de Administração;
II – mediante indicação do Ministro de Estado, do Secretário-Geral ou titular de Secretaria da Presidência da República, ou do Chefe do Estado-Maior das Forças Armadas, os titulares dos cargos em comissão de Consultor Jurídico;
III – mediante indicação do Ministro de Estado da Fazenda, o titular do cargo de natureza especial de Procurador-Geral da Fazenda Nacional.

§ 1º. São escolhidos dentre os Membros efetivos da Advocacia-Geral da União o Corregedor-Geral, os Corregedores-Auxiliares, os Procuradores Regionais e os Procuradores-Chefes.

§ 2º. O Presidente da República pode delegar ao Advogado-Geral da União competência para prover, nos termos da Lei, os demais cargos, efetivos e em comissão, da instituição.

Art. 50. Aplica-se ao Advogado-Geral da União, ao Procurador-Geral da União, ao Consultor-Geral da União, aos Consultores da União e aos Consultores Jurídicos, no que couber, o Capítulo IV do Título III desta Lei Complementar.

Art. 51. Aos titulares de cargos de confiança, sejam de natureza especial ou em comissão, da Advocacia-Geral da União, assim como aos Membros efetivos desta é vedado manter, sob sua chefia imediata, parente consanguíneo ou afim, em linha reta ou colateral, até o segundo grau, bem assim como cônjuge ou companheiro.

Art. 52. Os membros e servidores da Advocacia-Geral da União detêm identificação funcional específica, conforme modelos previstos em seu Regimento Interno.

TÍTULO VII. DAS DISPOSIÇÕES TRANSITÓRIAS

Art. 53. É extinto o cargo de Consultor-Geral da República, de natureza especial.

Art. 54. É criado, com natureza especial, o cargo de Advogado-Geral da União.

Art. 55. São criados, com natureza especial, os cargos de Procurador-Geral da União, Procurador-Geral da Fazenda Nacional, Consultor-Geral da União e de Corregedor-Geral da Advocacia da União, privativos de Bacharel em Direito, de elevado saber jurídico e reconhecida idoneidade, com 10 (dez) anos de prática forense e maior de 35 (trinta e cinco) anos.

Art. 56. São extintos os cargos em comissão de Procurador-Geral da Fazenda Nacional e de Secretário-Geral da Consultoria-Geral da República.

Art. 57. São criados os cargos de Secretário-Geral de Contencioso e de Secretário-Geral de Consultoria, de natureza especial, privativos de Bacharel em Direito que reúna as condições estabelecidas no art. 55 desta Lei Complementar.

Art. 58. Os cargos de Consultor Jurídico são privativos de Bacharel em Direito de provada capacidade e experiência, e reconhecida idoneidade, que tenham 5 (cinco) anos de prática forense.

Art. 59. (*VETADO*).

Art. 60. (*VETADO*).

Art. 61. A opção, facultada pelo § 2º do art. 29 do Ato das Disposições Constitucionais Transitórias da Constituição Federal, aos Procuradores da República, deve ser manifestada, ao Advogado-Geral da União, no prazo improrrogável de 15 (quinze) dias, contado da publicação da lei prevista no parágrafo único do art. 26 desta Lei Complementar.

Art. 62. São criados, no Quadro da Advocacia-Geral da União, 600 (seiscentos) cargos de Advogado da União, providos mediante aprovação em concurso público, de provas e títulos, distribuídos entre as categorias, na forma estabelecida no Regimento Interno da Advocacia-Geral da União.

§ 1º. Cabe ao Advogado-Geral da União disciplinar, em ato próprio, o primeiro concurso público de provas e títulos, destinado ao provimento de cargos de Advogado da União de 2ª Categoria.

§ 2º. O concurso público a que se refere o parágrafo anterior deve ter o respectivo edital publicado nos 60 (sessenta) dias seguintes à posse do Advogado-Geral da União.

Art. 63. Passam a integrar o Quadro da Advocacia-Geral da União os cargos efetivos das atividades-meio da Consultoria-Geral da República e seus titulares.

Art. 64. Até que seja promulgada a lei prevista no art. 26 desta Lei Complementar, ficam assegurados aos titulares dos cargos efetivos e em comissão, privativos de Bacharel em Direito, dos atuais órgãos da Advocacia Consultiva da União, os vencimentos e vantagens a que fazem jus.

Art. 65. (*VETADO*).

Art. 66. Nos primeiros 18 (dezoito) meses de vigência desta Lei Complementar, os cargos de confiança referidos no § 1º do art. 49 podem ser exercidos por Bacharel em Direito não integrante das carreiras de Advogado da União e de Procurador da Fazenda Nacional, observados os requisitos impostos pelos arts. 55 e 58, bem como o disposto no Capítulo IV do Título III desta Lei Complementar.

Art. 67. São interrompidos, por 30 (trinta) dias, os prazos em favor da União, a partir da vigência desta Lei Complementar.

Parágrafo único. A interrupção prevista no *caput* deste artigo não se aplica às causas em que as autarquias e as fundações públicas sejam autoras, rés, assistentes, oponentes, recorrentes e recorridas, e àquelas de competência da Procuradoria-Geral da Fazenda Nacional.

Art. 68. (*VETADO*).

Art. 69. O Advogado-Geral da União poderá, tendo em vista a necessidade do serviço, designar, excepcional e provisoriamente, como representantes judiciais da União, titulares de cargos de Procurador da Fazenda Nacional e de Assistente Jurídico.

Parágrafo único. No prazo de 2 (dois) anos, contado da publicação desta Lei Complementar, cessará a faculdade prevista neste artigo.

Art. 70. (*VETADO*).

Art. 71. (*VETADO*).

Art. 72. Esta Lei Complementar entra em vigor na data de sua publicação.

Art. 73. Revogam-se as disposições em contrário.

Brasília, 10 de fevereiro de 1993; 172º da Independência e 105º da República.

ITAMAR FRANCO

D.O.U. de11.2.1993

LEI Nº 8.629, DE 25 DE FEVEREIRO DE 1993

Dispõe sobre a regulamentação dos dispositivos constitucionais relativos à reforma agrária, previstos no Capítulo III, Título VII, da Constituição Federal.

- *Reforma Agrária*

O PRESIDENTE DA REPÚBLICA

Faço saber que o Congresso Nacional decreta e eu sanciono a seguinte Lei:

Art. 1º Esta Lei regulamenta e disciplina disposições relativas à reforma agrária, previstas no Capítulo III, Título VII, da Constituição Federal.

Art. 2º A propriedade rural que não cumprir a função social prevista no art. 9º é passível de desapropriação, nos termos desta Lei, respeitados os dispositivos constitucionais.

§ 1º Compete à União desapropriar por interesse social, para fins de reforma agrária, o imóvel rural que não esteja cumprindo sua função social.

§ 2º Para os fins deste artigo, fica a União, através do órgão federal competente, autorizada a ingressar no imóvel de propriedade particular para levantamento de dados e informações, mediante prévia comunicação escrita ao proprietário, preposto ou seu representante. *(Parágrafo com redação dada pela MP 2.183-56/2001)*

§ 3º Na ausência do proprietário, do preposto ou do representante, a comunicação será feita mediante edital, a ser publicado, por três vezes consecutivas, em jornal de grande circulação na capital do Estado de localização do imóvel. *(Parágrafo acrescido pela MP 2.183-56/2001)*

§ 4º Não será considerada, para os fins desta Lei, qualquer modificação, quanto ao domínio, à dimensão e às condições de uso do imóvel, introduzida ou ocorrida até seis meses após a data da comunicação para levantamento de dados e informações de que tratam os §§ 2º e 3º. *(Parágrafo acrescido pela MP 2.183-56/2001)*

§ 5º No caso de fiscalização decorrente do exercício de poder de polícia, será dispensada a comunicação de que tratam os §§ 2º e 3º. *(Parágrafo acrescido pela MP 2.183-56/2001)*

§ 6º O imóvel rural de domínio público ou particular objeto de esbulho possessório ou invasão motivada por conflito agrário ou fundiário de caráter coletivo não será vistoriado, avaliado ou desapropriado nos dois anos seguintes à sua desocupação, ou no dobro desse prazo, em caso de reincidência; e deverá ser apurada a responsabilidade civil e administrativa de quem concorra com qualquer ato omissivo ou comissivo que propicie o descumprimento dessas vedações. *(Parágrafo acrescido pela MP 2.183-56/2001)*

§ 7º Será excluído do Programa de Reforma Agrária do Governo Federal quem, já estando beneficiado com lote em Projeto de Assentamento, ou sendo pretendente desse benefício na condição de inscrito em processo de cadastramento e seleção de candidatos ao acesso à terra, for efetivamente identificado como participante direto ou indireto em conflito fundiário que se caracterize por invasão ou esbulho de imóvel rural de domínio público ou privado em fase de processo administrativo de vistoria ou avaliação para fins de reforma agrária, ou que esteja sendo objeto de processo judicial de desapropriação em vias de imissão de posse ao ente expropriante; e bem assim quem for efetivamente identificado como participante de invasão de prédio público, de atos de ameaça, sequestro ou manutenção de servidores públicos e outros cidadãos em cárcere privado, ou de quaisquer outros atos de violência real ou pessoal praticados em tais situações. *(Parágrafo acrescido pela MP 2.183-56/2001)*

§ 8º A entidade, a organização, a pessoa jurídica, o movimento ou a sociedade de fato que, de qualquer forma, direta ou indiretamente, auxiliar, colaborar, incentivar, incitar, induzir ou participar de invasão de imóveis rurais ou de bens públicos, ou em conflito agrário ou fundiário de caráter coletivo, não receberá, a qualquer título, recursos públicos. *(Parágrafo acrescido pela MP 2.183-56/2001)*

§ 9º Se, na hipótese do § 8º, a transferência ou repasse dos recursos públicos já tiverem sido autorizados, assistirá ao Poder Público o direito de retenção, bem assim o de rescisão do contrato, convênio ou instrumento similar. *(Parágrafo acrescido pela MP 2.183-56/2001)*

Art. 2º-A. Na hipótese de fraude ou simulação de esbulho ou invasão, por parte do proprietário ou legítimo possuidor do imóvel, para os fins dos §§ 6º e 7º do art. 2º, o órgão executor do Programa Nacional de Reforma Agrária aplicará pena administrativa de R$ 55.000,00 (cinquenta e cinco mil reais) a R$ 535.000,00 (quinhentos e trinta e cinco mil reais) e o cancelamento do cadastro do imóvel no Sistema Nacional de Cadastro Rural, sem prejuízo das demais sanções penais e civis cabíveis.

Parágrafo único. Os valores a que se refere este artigo serão atualizados, a partir de maio de 2000, no dia 1º de janeiro de cada ano, com base na variação acumulada do Índice Geral de Preços – Disponibilidade Interna – IGP-DI, da Fundação Getúlio Vargas, no respectivo período. *(Artigo acrescido pela MP 2.183-56/2001)*

Art. 3º (VETADO)

§ 1º (VETADO)

§ 2º (VETADO)

Art. 4º Para os efeitos desta Lei, conceituam-se:

I – Imóvel Rural – o prédio rústico de área contínua, qualquer que seja a sua localização, que se destine ou possa se destinar à exploração agrícola, pecuária, extrativa vegetal, florestal ou agroindustrial;

II – Pequena Propriedade – o imóvel rural:

a) de área até quatro módulos fiscais, respeitada a fração mínima de parcelamento; *(Alínea com redação dada pela Lei 13.465/2017)*

b) (VETADO)

c) (VETADO)

III – Média Propriedade – o imóvel rural:

a) de área superior a 4 (quatro) e até 15 (quinze) módulos fiscais;

b) (VETADO)

§ 1º São insuscetíveis de desapropriação para fins de reforma agrária a pequena e a média propriedade rural, desde que o seu proprietário não possua outra propriedade rural. *(Parágrafo único transformado em § 1º pela Lei 13.465/2017)*

§ 2º É obrigatória a manutenção no Sistema Nacional de Cadastro Rural (SNCR) de informações específicas sobre imóveis rurais com área de até um módulo fiscal. *(Parágrafo acrescido pela Lei 13.465/2017)*

Art. 5º A desapropriação por interesse social, aplicável ao imóvel rural que não cumpra sua função social, importa prévia e justa indenização em títulos da dívida agrária.

§ 1º As benfeitorias úteis e necessárias serão indenizadas em dinheiro.

§ 2º O decreto que declarar o imóvel como de interesse social, para fins de reforma agrária, autoriza a União a propor ação de desapropriação.

§ 3º Os títulos da dívida agrária, que conterão cláusula assecuratória de preservação de seu valor real, serão resgatáveis a partir do segundo ano de sua emissão, em percentual proporcional ao prazo, observados os seguintes critérios:

I – do segundo ao décimo quinto ano, quando emitidos para indenização de imóvel com área de até setenta módulos fiscais; *(Inciso com redação dada pela MP 2.183-56/2001)*

II – do segundo ao décimo oitavo ano, quando emitidos para indenização de imóvel com área acima de setenta e até cento e cinquenta módulos fiscais; e *(Inciso com redação dada pela MP 2.183-56/2001)*

III – do segundo ao vigésimo ano, quando emitidos para indenização de imóvel com área superior a cento e cinquenta módulos fiscais. *(Inciso com redação dada pela MP 2.183-56/2001)*

§ 4º Na hipótese de acordo administrativo ou acordo realizado no âmbito do procedimento previsto na Lei Complementar nº 76, de 6 de julho de 1993, o pagamento será efetuado de forma escalonada em Títulos da Dívida Agrária (TDA), resgatáveis em parcelas anuais, iguais e sucessivas, a partir do segundo ano de sua emissão, observadas as seguintes condições: *(Redação dada pela Lei 13.465/2017)*

I – imóveis com área de até três mil hectares, no prazo de cinco anos; *(Inciso acrescido pela MP 2.183-56/2001)*

II – imóveis com área superior a três mil hectares:

a) o valor relativo aos primeiros três mil hectares, no prazo de cinco anos;

b) o valor relativo à área superior a três mil e até dez mil hectares, em dez anos;

c) o valor relativo à área superior a dez mil hectares até quinze mil hectares, em quinze anos; e

d) o valor da área que exceder quinze mil hectares, em vinte anos. *(Inciso acrescido pela MP 2.183-56/2001)*

§ 5º Os prazos previstos no § 4º, quando iguais ou superiores a dez anos, poderão ser reduzidos em cinco anos, desde que o proprietário concorde em receber o pagamento do valor das benfeitorias úteis e necessárias integralmente em TDA. *(Parágrafo acrescido pela MP 2.183-56/2001)*

§ 6º Aceito pelo proprietário o pagamento das benfeitorias úteis e necessárias em TDA, os prazos de resgates dos respectivos títulos serão fixados mantendo-se a mesma proporcionalidade estabelecida para aqueles relativos ao valor da terra e suas acessões naturais. *(Parágrafo acrescido pela MP 2.183-56/2001)*

§ 7º Na aquisição por compra e venda ou na arrematação judicial de imóveis rurais destinados à implementação de projetos integrantes do Programa Nacional de Reforma Agrária, o pagamento poderá ser feito em dinheiro, na forma estabelecida em regulamento. *(Parágrafo acrescido pela Lei 13.465/2017)*

§ 8º Na hipótese de decisão judicial transitada em julgado fixar a indenização da terra nua ou das benfeitorias indenizáveis em valor superior ao ofertado pelo expropriante, corrigido monetariamente, a diferença será paga na forma do art. 100 da Constituição Federal. *(Parágrafo acrescido pela Lei 13.465/2017)*

§ 9º Se houver imissão prévia na posse e, posteriormente, for verificada divergência entre o preço ofertado em juízo e o valor do bem fixado na sentença definitiva, expressos em termos reais, sobre a diferença eventualmente apurada incidirão juros compensatórios a contar da imissão de posse, em percentual correspondente ao fixado para os títulos da dívida agrária depositados como oferta inicial para a terra nua, vedado o cálculo de juros compostos. *(Parágrafo acrescido pela Lei 13.465/2017)*

Art. 6º Considera-se propriedade produtiva aquela que, explorada econômica e racionalmente, atinge, simultaneamente, graus de utilização da terra e de eficiência na exploração, segundo índices fixados pelo órgão federal competente.

§ 1º O grau de utilização da terra, para efeito do *caput* deste artigo, deverá ser igual ou superior a 80% (oitenta por cento), calculado pela relação percentual entre a área efetivamente utilizada e a área aproveitável total do imóvel.

§ 2º O grau de eficiência na exploração da terra deverá ser igual ou superior a 100% (cem por cento), e será obtido de acordo com a seguinte sistemática:

I – para os produtos vegetais, divide-se a quantidade colhida de cada produto pelos respectivos índices de rendimento estabelecidos pelo órgão competente do Poder Executivo, para cada Microrregião Homogênea;

II – para a exploração pecuária, divide-se o número total de Unidades Animais (UA) do rebanho, pelo índice de lotação estabelecido pelo órgão competente do Poder Executivo, para cada Microrregião Homogênea;

III – a soma dos resultados obtidos na forma dos incisos I e II deste artigo, dividida pela área efetivamente utilizada e multiplicada por 100 (cem), determina o grau de eficiência na exploração.

§ 3º Considera-se efetivamente utilizadas:

I – as áreas plantadas com produtos vegetais;

II – as áreas de pastagens nativas e plantadas, observado o índice de lotação por zona de pecuária, fixado pelo Poder Executivo;

III – as áreas de exploração extrativa vegetal ou florestal, observados os índices de rendimento estabelecidos pelo órgão competente do Poder Executivo, para cada Microrregião Homogênea, e a legislação ambiental;

IV – as áreas de exploração de florestas nativas, de acordo com plano de exploração e nas condições estabelecidas pelo órgão federal competente;

V – as áreas sob processos técnicos de formação ou recuperação de pastagens ou de culturas permanentes, tecnicamente conduzidas e devidamente comprovadas, mediante documentação e Anotação de Responsabilidade Técnica. *(Inciso com redação dada pela MP 2.183-56/2001)*

§ 4º No caso de consórcio ou intercalação de culturas, considera-se efetivamente utilizada a área total do consórcio ou intercalação.

§ 5º No caso de mais de um cultivo no ano, com um ou mais produtos, no mesmo espaço, considera-se efetivamente utilizada a maior área usada no ano considerado.

§ 6º Para os produtos que não tenham índices de rendimentos fixados, adotar-se-á a área utilizada com esses produtos, com resultado do cálculo previsto no inciso I do § 2º deste artigo.

§ 7º Não perderá a qualificação de propriedade produtiva o imóvel que, por razões de força maior, caso fortuito ou de renovação de pastagens tecnicamente conduzida, devidamente comprovados pelo órgão competente, deixar de apresentar, no ano respectivo, os graus de eficiência na exploração, exigidos para a espécie.

§ 8º São garantidos os incentivos fiscais referentes ao Imposto Territorial Rural relacionados com os graus de utilização e de eficiência na exploração, conforme o disposto no art. 49 da Lei nº 4.504, de 30 de novembro de 1964.

Art. 7º Não será passível de desapropriação, para fins de reforma agrária, o imóvel que comprove estar sendo objeto de implantação de projeto técnico que atenda aos seguintes requisitos:

I – seja elaborado por profissional legalmente habilitado e identificado;

II – esteja cumprindo o cronograma físico-financeiro originalmente previsto, não admitidas prorrogações dos prazos;

III – preveja que, no mínimo, 80% (oitenta por cento) da área total aproveitável do imóvel seja efetivamente utilizada em, no máximo, 3 (três) anos para as culturas anuais e 5 (cinco) anos para as culturas permanentes;

IV – haja sido aprovado pelo órgão federal competente, na forma estabelecida em regulamento, no mínimo seis meses antes da comunicação de que tratam os §§ 2º e 3º do art. 2º. *(Inciso com redação dada pela MP 2.183-56/2001)*

Parágrafo único. Os prazos previstos no inciso III deste artigo poderão ser prorrogados em até 50% (cinquenta por cento), desde que o projeto receba, anualmente, a aprovação do órgão competente para fiscalização e tenha sua implantação iniciada no prazo de 6 (seis) meses, contado de sua aprovação.

Art. 8º Ter-se-á como racional e adequado o aproveitamento de imóvel rural, quando esteja oficialmente destinado à execução de atividades de pesquisa e experimentação que objetivem o avanço tecnológico da agricultura.

Parágrafo único. Para os fins deste artigo só serão consideradas as propriedades que tenham destinados às atividades de pesquisa, no mínimo, 80% (oitenta por cento) da área total aproveitável do imóvel, sendo consubstanciadas tais atividades em projeto:

I – adotado pelo Poder Público, se pertencente a entidade de administração direta ou indireta, ou a empresa sob seu controle;

II – aprovado pelo Poder Público, se particular o imóvel.

Art. 9º A função social é cumprida quando a propriedade rural atende, simultaneamente, segundo graus e critérios estabelecidos nesta lei, os seguintes requisitos:

I – aproveitamento racional e adequado;

II – utilização adequada dos recursos naturais disponíveis e preservação do meio ambiente;

III – observância das disposições que regulam as relações de trabalho;

IV – exploração que favoreça o bem-estar dos proprietários e dos trabalhadores.

§ 1º Considera-se racional e adequado o aproveitamento que atinja os graus de utilização da terra e de eficiência na exploração especificados nos §§ 1º a 7º do art. 6º desta Lei.

§ 2º Considera-se adequada a utilização dos recursos naturais disponíveis quando a exploração se faz respeitando a vocação natural da terra, de modo a manter o potencial produtivo da propriedade.

§ 3º Considera-se preservação do meio ambiente a manutenção das características próprias do meio natural e da qualidade dos recursos ambientais, na medida adequada à manutenção do equilíbrio ecológico da propriedade e da saúde e qualidade de vida das comunidades vizinhas.

§ 4º A observância das disposições que regulam as relações de trabalho implica tanto o respeito às leis trabalhistas e aos contratos coletivos de trabalho, como às disposições que disciplinam os contratos de arrendamento e parceria rurais.

§ 5º A exploração que favorece o bem-estar dos proprietários e trabalhadores rurais é a que objetiva o atendimento das necessidades básicas dos que trabalham a terra, observa as normas de segurança do trabalho e não provoca conflitos e tensões sociais no imóvel.

§ 6º (VETADO).

Art. 10. Para efeito do que dispõe esta lei, consideram-se não aproveitáveis:

I – as áreas ocupadas por construções e instalações, excetuadas aquelas destinadas a fins produtivos, como estufas, viveiros, sementeiros, tanques de reprodução e criação de peixes e outros semelhantes;

II – as áreas comprovadamente imprestáveis para qualquer tipo de exploração agrícola, pecuária, florestal ou extrativa vegetal;

III – as áreas sob efetiva exploração mineral;

IV – as áreas de efetiva preservação permanente e demais áreas protegidas por legislação relativa à conservação dos recursos naturais e à preservação do meio ambiente.

V – as áreas com remanescentes de vegetação nativa efetivamente conservada não protegidas pela legislação ambiental e não submetidas a exploração nos termos do inciso IV do § 3º do art. 6º desta Lei. *(Acrescido pela Lei 14.119/2021)*

Art. 11. Os parâmetros, índices e indicadores que informam o conceito de produtividade serão ajustados, periodicamente, de modo a levar em conta o progresso científico e tecnológico da agricultura e o desenvolvimento regional, pelos Ministros de Estado do Desenvolvimento Agrário e da Agricultura e do Abastecimento, ouvido o Conselho Nacional de Política Agrícola. *(Artigo com redação dada pela MP 2.183-56/2001)*

Art. 12. Considera-se justa a indenização que reflita o preço atual de mercado do imóvel em sua totalidade, aí incluídas as terras e acessões naturais, matas e florestas e as benfeitorias indenizáveis, observados os seguintes aspectos: *("Caput" do artigo com redação dada pela MP 2.183-56/2001)*

I – localização do imóvel; *(Inciso acrescido pela MP 2.183-56/2001)*

II – aptidão agrícola; *(Inciso acrescido pela MP 2.183-56/2001)*

III – dimensão do imóvel; *(Inciso acrescido pela MP 2.183-56/2001)*

IV – área ocupada e ancianidade das posses; *(Inciso acrescido pela MP 2.183-56/2001)*

V – funcionalidade, tempo de uso e estado de conservação das benfeitorias. *(Inciso acrescido pela MP 2.183-56/2001)*

§ 1º Verificado o preço atual de mercado da totalidade do imóvel, proceder-se-á à dedução do valor das benfeitorias indenizáveis a serem pagas em dinheiro, obtendo-se o preço da terra a ser indenizado em TDA. *(Parágrafo com redação dada pela MP 2.183-56/2001)*

§ 2º Integram o preço da terra as florestas naturais, matas nativas e qualquer outro tipo de vegetação natural, não podendo o preço apurado superar, em qualquer hipótese, o preço de mercado do imóvel. *(Parágrafo com redação dada pela MP 2.183-56/2001)*

§ 3º O Laudo de Avaliação será subscrito por Engenheiro Agrônomo com registro de Anotação de Responsabilidade Técnica – ART, respondendo o subscritor, civil, penal e administrativamente, pela superavaliação comprovada ou fraude na identificação das informações. *(Parágrafo acrescido pela MP 2.183-56/2001)*

Art. 13. As terras rurais de domínio da União, dos Estados e dos Municípios ficam destinadas, preferencialmente, à execução de planos de reforma agrária.

Parágrafo único. Excetuando-se as reservas indígenas e os parques, somente se admitirá a existência de imóveis rurais de propriedade pública, com objetivos diversos dos previstos neste artigo, se o poder público os explorar direta ou indiretamente para pesquisa, experimentação, demonstração e fomento de atividades relativas ao desenvolvimento da agricultura, pecuária, preservação ecológica, áreas de segurança, treinamento militar, educação de todo tipo, readequação social e defesa nacional.

Art. 14. (VETADO).

Art. 15. (VETADO).

Art. 16. Efetuada a desapropriação, o órgão expropriante, dentro do prazo de 3 (três) anos, contados da data de registro do título translativo de domínio, destinará a respectiva área aos beneficiários da reforma agrária, admitindo-se, para tanto, formas de exploração individual, condominial, cooperativa, associativa ou mista.

Art. 17. O assentamento de trabalhadores rurais deverá ser realizado em terras economicamente úteis, de preferência na região por eles habitada, observado o seguinte: *("Caput" do artigo com redação dada pela MP 2.183-56/2001)*

I – a obtenção de terras rurais destinadas à implantação de projetos de assentamento integrantes do programa de reforma agrária será precedida de estudo sobre a viabilidade econômica e a potencialidade de uso dos recursos naturais; *(Inciso acrescido pela MP 2.183-56/2001)*

II – os beneficiários dos projetos de que trata o inciso I manifestarão sua concordância com as condições de obtenção das terras destinadas à implantação dos projetos de assentamento, inclusive quanto ao preço a ser pago pelo órgão federal executor do programa de reforma agrária e com relação aos recursos naturais; *(Inciso acrescido pela MP 2.183-56/2001)*

III – nos projetos criados será elaborado Plano de Desenvolvimento de Assentamento – PDA, que orientará a fixação de normas técnicas para a sua implantação e os respectivos investimentos; *(Inciso acrescido pela MP 2.183-56/2001)*

IV – integrarão a clientela de trabalhadores rurais, para fins de assentamento em projetos de reforma agrária, somente aqueles que satisfizerem os requisitos fixados para seleção e classificação previstos nesta Lei; e *(Redação dada pela Lei 13.465/2017)*

V – a consolidação dos projetos de assentamento integrantes dos programas de reforma agrária dar-se-á com a concessão de créditos de instalação e a conclusão dos investimentos, bem como com a outorga do instrumento definitivo de titulação. *(Inciso acrescido pela MP 2.183-56/2001)*

§ 1º *(Parágrafo acrescido pela MP 636/2013, e não mantido pela Lei 13.001/2014, na qual foi convertida a referida Medida Provisória)*

§ 2º Para a consolidação dos projetos de que trata o inciso V do *caput*, fica o Poder Executivo autorizado a conceder créditos de instalação aos assentados, nos termos do regulamento. *(Redação dada pela Lei 13.001/2014)*

§ 3º Poderá ser contratada instituição financeira federal para a operacionalização da concessão referida no inciso V do *caput*, dispensada a licitação. *(Redação dada pela Lei 13.001/2014)*

§ 4º As despesas relativas à concessão de crédito de que trata o inciso V do *caput* adequar-se-ão às disponibilidades orçamentárias e financeiras do órgão responsável pela execução do referido programa. *(Redação dada pela Lei 13.001/2014)*

§ 5º O regulamento a que se refere o § 2º estabelecerá prazos, carências, termos, condições, rebates para liquidação e procedimentos simplificados para o cumprimento do disposto neste artigo. *(Artigo acrescido pela Lei 13.001/2014)*

§ 6º Independentemente da implementação dos requisitos exigidos no inciso V do *caput* deste artigo, considera-se consolidado o projeto de assentamento que atingir o prazo de quinze anos de sua implantação, salvo por decisão fundamentada do Incra. *(Parágrafo acrescido pela Lei 13.465/2017)*

§ 7º Os assentamentos que, em 1º de junho de 2017, contarem com quinze anos ou mais de criação, deverão ser consolidados em até três anos. *(Parágrafo acrescido pela Lei 13.465/2017)*

§ 8º A quitação dos créditos referidos no § 2º deste artigo não é requisito para a liberação das condições resolutivas do título de domínio ou da Concessão de Direito Real de Uso (CDRU), autorizada a cobrança da dívida na forma legal. *(Parágrafo acrescido pela Lei 13.465/2017)*

Art. 18. A distribuição de imóveis rurais pela reforma agrária far-se-á por meio de títulos de domínio, concessão de uso ou concessão de direito real de uso – CDRU instituído pelo art. 7º do Decreto-Lei nº 271, de 28 de fevereiro de 1967. *("Caput" do artigo com redação dada pela Lei 13.001/2014)*

§ 1º Os títulos de domínio e a CDRU são inegociáveis pelo prazo de dez anos, contado da data de celebração do contrato de concessão de uso ou de outro instrumento equivalente, observado o disposto nesta Lei. *(Parágrafo acrescido pela MP 2.183-56/2001, com redação dada pela Lei 13.465/2017)*

§ 2º Na implantação do projeto de assentamento, será celebrado com o beneficiário do programa de reforma agrária contrato de concessão de uso, gratuito, inegociável, de forma individual ou coletiva, que conterá cláusulas resolutivas, estipulando-se os direitos e as obrigações da entidade concedente e dos concessionários, assegurando-se a estes o direito de adquirir título de domínio ou a CDRU nos termos desta Lei. *(Redação dada pela Lei 13.001/2014)*

§ 3º O título de domínio e a CDRU conterão cláusulas resolutivas e será outorgado ao beneficiário do programa de reforma agrária, de forma individual ou coletiva, após a realização dos serviços de medição e demarcação topográfica do imóvel a ser alienado. *(Redação dada pela Lei 13.001/2014)*

§ 4º Regulamento disporá sobre as condições e a forma de outorga dos títulos de domínio e da CDRU aos beneficiários dos projetos de assentamento do Programa Nacional de Reforma Agrária. *(Redação dada pela Lei 13.465/2017)*

§ 5º O valor da alienação, na hipótese de outorga de título de domínio, considerará o tamanho da área e será estabelecido entre 10% (dez por cento) e 50% (cinquenta por cento) do valor mínimo da pauta de valores da terra nua para fins de titulação e regularização fundiária elaborada pelo Incra, com base nos valores de imóveis avaliados para a reforma agrária, conforme regulamento. *(Redação dada pela Lei 13.465/2017)*

§ 6º As condições de pagamento, carência e encargos financeiros serão definidas em regulamento, não podendo ser superiores às condições estabelecidas para os financiamentos concedidos ao amparo da Lei Complementar nº 93, de 4 de fevereiro de 1998, e alcançarão os títulos de domínio cujos prazos de carência ainda não expiraram. *(Redação dada pela Lei 13.001/2014)*

§ 7º A alienação de lotes de até 1 (um) módulo fiscal, em projetos de assentamento criados em terras devolutas discriminadas e registradas em nome do Incra ou da União, ocorrerá de forma gratuita. *(Redação dada pela Lei 13.001/2014)*

§ 8º São considerados não reembolsáveis:

I – os valores relativos às obras de infraestrutura de interesse coletivo;

II – aos custos despendidos com o plano de desenvolvimento do assentamento; e

III – aos serviços de medição e demarcação topográficos. *(Parágrafo acrescido pela Lei 13.001/2014)*

§ 9º O título de domínio ou a CDRU de que trata o *caput* poderão ser concedidos aos beneficiários com o cumprimento das obrigações estabelecidas com fundamento no inciso V do art. 17 desta Lei e no regulamento. *(Parágrafo acrescido pela Lei 13.001/2014)*

§ 10. Falecendo qualquer dos concessionários do contrato de concessão de uso ou de CDRU, seus herdeiros ou legatários receberão o imóvel, cuja transferência será processada administrativamente, não podendo fracioná-lo. *(Parágrafo acrescido pela Lei 13.001/2014)*

§ 11. Os herdeiros ou legatários que adquirirem, por sucessão, a posse do imóvel não poderão fracioná-lo. *(Parágrafo acrescido pela Lei 13.001/2014)*

§ 12. O órgão federal executor do programa de reforma agrária manterá atualizado o cadastro de áreas desapropriadas e das adquiridas por outros meios e de beneficiários da reforma agrária e disponibilizará os dados na rede mundial de computadores. *(Parágrafo acrescido pela Lei 13.001/2014)*

§ 13. Os títulos de domínio, a concessão de uso ou a CDRU a que se refere o *caput* deste artigo serão conferidos ao homem, na ausência de cônjuge ou companheira, à mulher, na ausência de cônjuge ou companheiro, ou ao homem e à mulher, obrigatoriamente, nos casos de casamento ou união estável. *(Parágrafo acrescido pela Lei 13.465/2017)*

§ 14. Para fins de interpretação, a outorga coletiva a que se refere o § 3º deste artigo não permite a titulação, provisória ou definitiva, a pessoa jurídica. *(Parágrafo acrescido pela Lei 13.465/2017)*

§ 15. Os títulos emitidos sob a vigência de norma anterior poderão ter seus valores reenquadrados, de acordo com o previsto no § 5º deste artigo, mediante requerimento do interessado, observados os termos estabelecidos em regulamento e vedada a restituição de valores já pagos que eventualmente excedam o valor devido após o reenquadramento. *(Parágrafo acrescido pela Lei 13.465/2017)*

Art. 18-A. Os lotes a serem distribuídos pelo Programa Nacional de Reforma Agrária não poderão ter área superior a 2 (dois) módulos fiscais ou inferior à fração mínima de parcelamento. *("Caput" do artigo acrescido pela Lei 13.001/2014)*

§ 1º Fica o Incra autorizado, nos assentamentos com data de criação anterior ao período de dois anos, contado retroativamente a partir de 22 de dezembro de 2016, a conferir o título de domínio ou a CDRU relativos às áreas em que ocorreram desmembramentos ou remembramentos após a concessão de uso, desde que observados os seguintes requisitos: *(Redação dada pela Lei 13.465/2017)*

I – observância da fração mínima de parcelamento e do limite de área de até quatro módulos fiscais por beneficiário, observado o disposto no art. 8º da Lei nº 5.868, de 12 de dezembro de 1972; *(Redação dada pela Lei 13.465/2017)*

II – o beneficiário não possua outro imóvel a qualquer título; *(Inciso acrescido pela Lei 13.001/2014)*

III – o beneficiário preencha os requisitos exigidos no art. 3º da Lei nº 11.326, de 24 de julho de 2006; e *(Inciso acrescido pela Lei 13.001/2014)*

IV – o desmembramento ou o remembramento seja anterior ao período de dois anos, contado retroativamente a partir de 22 de dezembro de 2016. *(Redação dada pela Lei 13.465/2017)*

§ 2º O beneficiário titulado nos termos do § 1º não fará jus aos créditos de instalação de que trata o art. 17 desta Lei. *(Parágrafo acrescido pela Lei 13.001/2014)*

§ 3º Os títulos concedidos nos termos do § 1º deste artigo são inegociáveis pelo prazo de dez anos, contado da data de sua expedição. *(Parágrafo acrescido pela Lei 13.465/2017)*

Art. 18-B. Identificada a ocupação ou a exploração de área objeto de projeto de assentamento por indivíduo que não se enquadre como beneficiário do Programa Nacional de Reforma Agrária, o ocupante será notificado para desocupação da área, nos termos estabelecidos em regulamento, sem prejuízo de eventual responsabilização nas esferas cível e penal. *(Redação dada pela Lei 13.465/2017)*

Art. 19. O processo de seleção de indivíduos e famílias candidatos a beneficiários do Programa Nacional de Reforma Agrária será realizado por projeto de assentamento, observada a seguinte ordem de preferência na distribuição de lotes: *("Caput" do artigo com redação dada pela Lei 13.465/2017)*

I – ao desapropriado, ficando-lhe assegurada a preferência para a parcela na qual se situe a sede do imóvel, hipótese em que esta será excluída da indenização devida pela desapropriação; *(Inciso com redação dada pela Lei 13.465/2017)*

II – aos que trabalham no imóvel desapropriado como posseiros, assalariados, parceiros ou arrendatários, identificados na vistoria; *(Inciso com redação dada pela Lei 13.465/2017)*

III – aos trabalhadores rurais desintrusados de outras áreas, em virtude de demarcação de terra indígena, criação de unidades de conservação, titulação de comunidade quilombola ou outras ações de interesse público; *(Redação dada pela Lei 13.465/2017)*

IV – ao trabalhador rural em situação de vulnerabilidade social que não se enquadre nas hipóteses previstas nos incisos I, II e III deste artigo; *(Inciso com redação dada pela Lei 13.465/2017)*

V – ao trabalhador rural vítima de trabalho em condição análoga à de escravo; *(Inciso com redação dada pela Lei 13.465/2017)*

VI – aos que trabalham como posseiros, assalariados, parceiros ou arrendatários em outros imóveis rurais; *(Inciso com redação dada pela Lei 13.465/2017)*

VII – aos ocupantes de áreas inferiores à fração mínima de parcelamento. *(Inciso acrescido pela Lei 13.465/2017)*

§ 1º O processo de seleção de que trata o *caput* deste artigo será realizado pelo Incra com ampla divulgação do edital de convocação na internet e no Município em que será instalado o projeto de assentamento, bem como nos Municípios limítrofes, na forma do regulamento. *(Redação dada pela Lei 13.465/2017)*

§ 2º Nos projetos de assentamentos ambientalmente diferenciados, definidos em regulamento, o processo de seleção será restrito às famílias que já residam na área, observadas as vedações constantes do art. 20 desta Lei. *(Parágrafo acrescido pela Lei 13.465/2017)*

§ 3º Caso a capacidade do projeto de assentamento não atenda todos os candidatos selecionados, será elaborada lista dos candidatos excedentes, com prazo de validade de dois anos, a qual será observada de forma prioritária quando houver substituição dos beneficiários originários dos lotes, nas hipóteses de desistência, abandono ou reintegração de posse. *(Parágrafo acrescido pela Lei 13.465/2017)*

§ 4º Esgotada a lista dos candidatos excedentes de que trata o § 3º deste artigo ou expirada sua validade, será instaurado novo processo de seleção específico para os lotes vagos no projeto de assentamento em decorrência de desistência, abandono ou reintegração de posse. *(Parágrafo acrescido pela Lei 13.465/2017)*

§ 5º A situação de vulnerabilidade social do candidato a que se refere o inciso IV do *caput* deste artigo será comprovada por meio da respectiva inscrição no Cadastro Único para Programas Sociais do Governo Federal (CadÚnico), ou em outro cadastro equivalente definido em regulamento. *(Parágrafo acrescido pela Lei 13.465/2017)*

Art. 19-A. Caberá ao Incra, observada a ordem de preferência de que trata o art. 19, classificar os candidatos a beneficiários do Programa Nacional de Reforma Agrária, segundo os seguintes critérios: *("Caput" do artigo acrescido pela Lei 13.465/2017)*

I – família mais numerosa cujos membros se proponham a exercer a atividade agrícola na área objeto do projeto de assentamento; *(Inciso acrescido pela Lei 13.465/2017)*

II – família ou indivíduo que resida há mais tempo no Município em que se localize a área objeto do projeto de assentamento para o qual se destine a seleção, ou nos Municípios limítrofes; *(Redação dada pela Lei 13.465/2017)*

III – família chefiada por mulher; *(Inciso acrescido pela Lei 13.465/2017)*

IV – família ou indivíduo integrante de acampamento situado no Município em que se localize a área objeto do projeto de assentamento ou nos Municípios limítrofes; *(Redação dada pela Lei 13.465/2017)*

V – filhos que tenham entre dezoito e vinte e nove anos de idade de pais assentados que residam na área objeto do mesmo projeto de assentamento; *(Redação dada pela Lei 13.465/2017)*

VI – famílias de trabalhadores rurais que residam em área objeto de projeto de assentamento na condição de agregados; e *(Redação dada pela Lei 13.465/2017)*

VII – outros critérios sociais, econômicos e ambientais estabelecidos por regulamento, de acordo com as áreas de reforma agrária para as quais a seleção é realizada. *(Redação dada pela Lei 13.465/2017)*

§ 1º Regulamento estabelecerá a pontuação a ser conferida aos candidatos de acordo com os critérios definidos por este artigo. *(Redação dada pela Lei 13.465/2017)*

§ 2º Considera-se família chefiada por mulher aquela em que a mulher, independentemente do estado civil, seja responsável pela maior parte do sustento material de seus dependentes. *(Parágrafo acrescido pela Lei 13.465/2017)*

§ 3º Em caso de empate, terá preferência o candidato de maior idade. *(Parágrafo acrescido pela Lei 13.465/2017)*

Art. 20. Não poderá ser selecionado como beneficiário dos projetos de assentamento a que se refere esta Lei quem: *("Caput" do artigo com redação dada pela Lei 13.465/2017)*

I – for ocupante de cargo, emprego ou função pública remunerada; *(Inciso acrescido pela Lei 13.465/2017)*

II – tiver sido excluído ou se afastado do programa de reforma agrária, de regularização fundiária ou de crédito fundiário sem consentimento de seu órgão executor; *(Inciso acrescido pela Lei 13.465/2017)*

III – for proprietário rural, exceto o desapropriado do imóvel e o agricultor cuja propriedade seja insuficiente para o sustento próprio e o de sua família; *(Inciso acrescido pela Lei 13.465/2017)*

IV – for proprietário, cotista ou acionista de sociedade empresária em atividade; *(Inciso acrescido pela Lei 13.465/2017)*

V – for menor de dezoito anos não emancipado na forma da lei civil; ou *(Inciso acrescido pela Lei 13.465/2017)*

VI – auferir renda familiar proveniente de atividade não agrária superior a três salários mínimos mensais ou superior a um salário mínimo *per capita*. *(Redação dada pela Lei 13.465/2017)*

§ 1º As disposições constantes dos incisos I, II, III, IV e VI do *caput* deste artigo aplicam-se aos cônjuges e conviventes, inclusive em regime de união estável, exceto em relação ao cônjuge que, em caso de separação judicial ou de fato, não tenha sido beneficiado pelos programas de que trata o inciso II do *caput* deste artigo. *(Redação dada pela Lei 13.465/2017)*

§ 2º A vedação de que trata o inciso I do *caput* deste artigo não se aplica ao candidato que preste serviços de interesse comunitário à comunidade rural ou à vizinhança da área objeto do projeto de assentamento, desde que o exercício do cargo, do emprego ou da função pública seja compatível com a exploração da parcela pelo indivíduo ou pelo núcleo familiar beneficiado. *(Redação dada pela Lei 13.465/2017)*

§ 3º São considerados serviços de interesse comunitário, para os fins desta Lei, as atividades prestadas nas áreas de saúde, educação, transporte, assistência social e agrária. *(Parágrafo acrescido pela Lei 13.465/2017)*

§ 4º Não perderá a condição de beneficiário aquele que passe a se enquadrar nos incisos I, III, IV e VI do *caput* deste artigo, desde que a atividade assumida seja compatível com a exploração da parcela pelo indivíduo ou pelo núcleo familiar beneficiado. *(Parágrafo acrescido pela Lei 13.465/2017)*

Art. 21. Nos instrumentos que conferem o título de domínio, concessão de uso ou CDRU, os beneficiários da reforma agrária assumirão, obrigatoriamente, o compromisso de cultivar o imóvel direta e pessoalmente, ou por meio de seu núcleo familiar, mesmo que por intermédio de cooperativas, e o de não ceder o seu uso a terceiros, a qualquer título, pelo prazo de 10 (dez) anos. *("Caput" do artigo com redação dada pela Lei 13.001/2014)*

Parágrafo único. A família beneficiária poderá celebrar o contrato de integração de que trata a Lei nº 13.288, de 16 de maio de 2016. *(Parágrafo único acrescido pela Lei 13.465/2017)*

Art. 22. Constará, obrigatoriamente, dos instrumentos translativos de domínio, de concessão de uso ou de CDRU, cláusula resolutória que preveja a rescisão do contrato e o retorno do imóvel ao órgão alienante ou concedente, no caso de descumprimento de quaisquer das obrigações assumidas pelo adquirente ou concessionário. *("Caput" do artigo com redação dada pela Lei 13.001/2014)*

§ 1º Após transcorrido o prazo de inegociabilidade de dez anos, o imóvel objeto de título translativo de domínio somente poderá ser alienado se a nova área titulada não vier a integrar imóvel rural com área superior a quatro módulos fiscais. *(Redação dada pela Lei 13.465/2017)*

§ 2º Na hipótese de a parcela titulada passar a integrar zona urbana ou de expansão urbana, o Incra deverá priorizar a análise do requerimento de liberação das condições resolutivas. *(Redação dada pela Lei 13.465/2017)*

Art. 22-A. As benfeitorias, reprodutivas ou não, existentes no imóvel destinado para reforma agrária poderão ser cedidas aos beneficiários para exploração individual ou coletiva ou doadas em benefício da comunidade de assentados, na forma estabelecida em regulamento. *(Artigo acrescido pela Lei 13.465/2017)*

Art. 23. O estrangeiro residente no País e a pessoa jurídica autorizada a funcionar no Brasil só poderão arrendar imóvel rural na forma da Lei nº 5.709, de 7 de outubro de 1971.

§ 1º Aplicam-se ao arrendamento todos os limites, restrições e condições aplicáveis à aquisição de imóveis rurais por estrangeiro, constantes da lei referida no *caput* deste artigo.

§ 2º Compete ao Congresso Nacional autorizar tanto a aquisição ou o arrendamento além dos limites de área e percentual fixados na Lei nº 5.709, de 7 de outubro de 1971, como a aquisição ou arrendamento, por pessoa jurídica estrangeira, de área superior a 100 (cem) módulos de exploração indefinida.

Art. 24. As ações de reforma agrária devem ser compatíveis com as ações da política agrícola, das políticas sociais e das constantes no Plano Plurianual da União. *(Artigo com redação dada pela Lei 13.001/2014)*

Art. 25. O orçamento da União fixará, anualmente, o volume de títulos da dívida agrária e dos recursos destinados, no exercício, ao atendimento do Programa de Reforma Agrária.

§ 1º Os recursos destinados à execução do Plano Nacional de Reforma Agrária deverão constar do orçamento do ministério responsável por sua implementação e do órgão executor da política de colonização e reforma agrária, salvo aqueles que, por sua natureza, exijam instituições especializadas para a sua aplicação.

§ 2º Objetivando a compatibilização dos programas de trabalho e propostas orçamentárias, o órgão executor da reforma agrária encaminhará, anualmente e em tempo hábil, aos órgãos da administração pública responsáveis por ações complementares, o programa a ser implantado no ano subsequente.

Art. 26. São isentas de impostos federais, estaduais e municipais, inclusive do Distrito Federal, as operações de transferência de imóveis desapropriados para fins de reforma agrária, bem como a transferência ao beneficiário do programa.

Art. 26-A. Não serão cobradas custas ou emolumentos para registro de títulos translativos de domínio de imóveis rurais desapropriados para fins de reforma agrária. *(Artigo acrescido pela MP 2.183-56/2001)*

Art. 26-B. A ocupação de lote sem autorização do Incra em área objeto de projeto de assentamento criado há, no mínimo, dois anos, contados a partir de 22 de dezembro de 2016, poderá ser regularizada pelo Incra, observadas as vedações constantes do art. 20 desta Lei. *(Redação dada pela Lei 13.465/2017)*

§ 1º A regularização poderá ser processada a pedido do interessado ou mediante atuação, de ofício, do Incra, desde que atendidas, cumulativamente, as seguintes condições: *("Caput" do parágrafo acrescido pela Lei 13.465/2017)*

I – ocupação e exploração da parcela pelo interessado há, no mínimo, um ano, contado a partir de 22 de dezembro de 2016; *(Inciso acrescido pela Lei 13.465/2017)*

II – inexistência de candidatos excedentes interessados na parcela elencados na lista de selecionados de que trata o § 3º do art. 19 desta Lei para o projeto de assentamento; *(Redação dada pela Lei 13.465/2017)*

III – observância pelo interessado dos requisitos de elegibilidade para ser beneficiário da reforma agrária; e *(Inciso acrescido pela Lei 13.465/2017)*

IV – quitação ou assunção pelo interessado, até a data de assinatura de novo contrato de concessão de uso, dos débitos relativos ao crédito de instalação reembolsável concedido ao beneficiário original. *(Inciso acrescido pela Lei 13.465/2017)*

§ 2º Atendidos os requisitos de que trata o § 1º deste artigo, o Incra celebrará contrato de concessão de uso nos termos do § 2º do art. 18 desta Lei. *(Parágrafo acrescido pela Lei 13.465/2017)*

Art. 27. Esta Lei entra em vigor na data de sua publicação.

Art. 28. Revogam-se as disposições em contrário.

Brasília, 25 de fevereiro de 1993, 172º da Independência e 105º da República.

ITAMAR FRANCO

Lázaro Ferreira Barbosa

LEI COMPLEMENTAR Nº 75, DE 20 DE MAIO DE 1993

Dispõe sobre a organização, as atribuições e o estatuto do Ministério Público da União.

‣ Estatuto do Ministério Público da União

O PRESIDENTE DA REPÚBLICA Faço saber que o Congresso Nacional decreta e eu sanciono a seguinte Lei Complementar:

TÍTULO I. DAS DISPOSIÇÕES GERAIS

CAPÍTULO I. DA DEFINIÇÃO, DOS PRINCÍPIOS E DAS FUNÇÕES INSTITUCIONAIS

Art. 1º. O Ministério Público da União, organizado por esta Lei Complementar, é instituição permanente, essencial à função jurisdicional do Estado, incumbindo-lhe a defesa da ordem jurídica, do regime democrático, dos interesses sociais e dos interesses individuais indisponíveis.

Art. 2º. Incumbem ao Ministério Público as medidas necessárias para garantir o respeito dos Poderes Públicos e dos serviços de relevância pública aos direitos assegurados pela Constituição Federal.

Art. 3º. O Ministério Público da União exercerá o controle externo da atividade policial tendo em vista:

a) o respeito aos fundamentos do Estado Democrático de Direito, aos objetivos fundamentais da República Federativa do Brasil, aos princípios informadores das relações internacionais, bem como aos direitos assegurados na Constituição Federal e na lei;

b) a preservação da ordem pública, da incolumidade das pessoas e do patrimônio público;

c) a prevenção e a correção de ilegalidade ou de abuso de poder;

d) a indisponibilidade da persecução penal;

e) a competência dos órgãos incumbidos da segurança pública.

Art. 4º. São princípios institucionais do Ministério Público da União a unidade, a indivisibilidade e a independência funcional.

Art. 5º. São funções institucionais do Ministério Público da União:

I – a defesa da ordem jurídica, do regime democrático, dos interesses sociais e dos interesses individuais indisponíveis, considerados, dentre outros, os seguintes fundamentos e princípios:

a) a soberania e a representatividade popular;

b) os direitos políticos;

c) os objetivos fundamentais da República Federativa do Brasil;

d) a indissolubilidade da União;

e) a independência e a harmonia dos Poderes da União;

f) a autonomia dos Estados, do Distrito Federal e dos Municípios;

g) as vedações impostas à União, aos Estados, ao Distrito Federal e aos Municípios;

h) a legalidade, a impessoalidade, a moralidade e a publicidade, relativas à administração pública direta, indireta ou fundacional, de qualquer dos Poderes da União;

II – zelar pela observância dos princípios constitucionais relativos:

a) ao sistema tributário, às limitações do poder de tributar, à repartição do poder impositivo e das receitas tributárias e aos direitos do contribuinte;

b) às finanças públicas;

c) à atividade econômica, à política urbana, agrícola, fundiária e de reforma agrária e ao sistema financeiro nacional;

d) à seguridade social, à educação, à cultura e ao desporto, à ciência e à tecnologia, à comunicação social e ao meio ambiente;

e) à segurança pública;

III – a defesa dos seguintes bens e interesses:

a) o patrimônio nacional;

b) o patrimônio público e social;

c) o patrimônio cultural brasileiro;

d) o meio ambiente;

e) os direitos e interesses coletivos, especialmente das comunidades indígenas, da família, da criança, do adolescente e do idoso;

IV – zelar pelo efetivo respeito dos Poderes Públicos da União, dos serviços de relevância pública e dos meios de comunicação social aos princípios, garantias, condições, direitos, deveres e vedações previstos na Constituição Federal e na lei, relativos à comunicação social;

V – zelar pelo efetivo respeito dos Poderes Públicos da União e dos serviços de relevância pública quanto:

a) aos direitos assegurados na Constituição Federal) relativos às ações e aos serviços de saúde e à educação;

b) aos princípios da legalidade, da impessoalidade, da moralidade e da publicidade;

VI – exercer outras funções previstas na Constituição Federal e na lei.

§ 1º. Os órgãos do Ministério Público da União devem zelar pela observância dos princípios e competências da Instituição, bem como pelo livre exercício de suas funções.

§ 2º. Somente a lei poderá especificar as funções atribuídas pela Constituição Federal e por esta Lei Complementar ao Ministério Público da União, observados os princípios e normas nelas estabelecidos.

CAPÍTULO II. DOS INSTRUMENTOS DE ATUAÇÃO

Art. 6º. Compete ao Ministério Público da União:

I – promover a ação direta de inconstitucionalidade e o respectivo pedido de medida cautelar;

II – promover a ação direta de inconstitucionalidade por omissão;

III – promover a arguição de descumprimento de preceito fundamental decorrente da Constituição Federal;

IV – promover a representação para intervenção federal nos Estados e no Distrito Federal;
V – promover, privativamente, a ação penal pública, na forma da lei;
VI – impetrar habeas corpus e mandado de segurança;
VII – promover o inquérito civil e a ação civil pública para:

a) a proteção dos direitos constitucionais;

b) a proteção do patrimônio público e social, do meio ambiente, dos bens e direitos de valor artístico, estético, histórico, turístico e paisagístico;

c) a proteção dos interesses individuais indisponíveis, difusos e coletivos, relativos às comunidades indígenas, à família, à criança, ao adolescente, ao idoso, às minorias étnicas e ao consumidor;

d) outros interesses individuais indisponíveis, homogêneos, sociais, difusos e coletivos;

VIII – promover outras ações, nelas incluído o mandado de injunção sempre que a falta de norma regulamentadora torne inviável o exercício dos direitos e liberdades constitucionais e das prerrogativas inerentes à nacionalidade, à soberania e à cidadania, quando difusos os interesses a serem protegidos;
IX – promover ação visando ao cancelamento de naturalização, em virtude de atividade nociva ao interesse nacional;
X – promover a responsabilidade dos executores ou agentes do estado de defesa ou do estado de sítio, pelos ilícitos cometidos no período de sua duração;
XI – defender judicialmente os direitos e interesses das populações indígenas, incluídos os relativos às terras por elas tradicionalmente habitadas, propondo as ações cabíveis;
XII – propor ação civil coletiva para defesa de interesses individuais homogêneos;
XIII – propor ações de responsabilidade do fornecedor de produtos e serviços;
XIV – promover outras ações necessárias ao exercício de suas funções institucionais, em defesa da ordem jurídica, do regime democrático e dos interesses sociais e individuais indisponíveis, especialmente quanto:

a) ao Estado de Direito e às instituições democráticas;

b) à ordem econômica e financeira;

c) à ordem social;

d) ao patrimônio cultural brasileiro;

e) à manifestação de pensamento, de criação, de expressão ou de informação;

f) à probidade administrativa;

g) ao meio ambiente;

XV – manifestar-se em qualquer fase dos processos, acolhendo solicitação do juiz ou por sua iniciativa, quando entender existente interesse em causa que justifique a intervenção;
XVI – (VETADO).
XVII – propor as ações cabíveis para:

a) perda ou suspensão de direitos políticos, nos casos previstos na Constituição Federal;

b) declaração de nulidade de atos ou contratos geradores do endividamento externo da União, de suas autarquias, fundações e demais entidades controladas pelo Poder Público Federal, ou com repercussão direta ou indireta em suas finanças;

c) dissolução compulsória de associações, inclusive de partidos políticos, nos casos previstos na Constituição Federal);

d) cancelamento de concessão ou de permissão, nos casos previstos na Constituição Federal;

e) declaração de nulidade de cláusula contratual que contrarie direito do consumidor;

XVIII – representar:

a) ao órgão judicial competente para quebra de sigilo da correspondência e das comunicações telegráficas, de dados e das comunicações telefônicas, para fins de investigação criminal ou instrução processual penal, bem como manifestar-se sobre representação a ele dirigida para os mesmos fins;

b) ao Congresso Nacional, visando ao exercício das competências deste ou de qualquer de suas Casas ou comissões;

c) ao Tribunal de Contas da União, visando ao exercício das competências deste;

d) ao órgão judicial competente, visando à aplicação de penalidade por infrações cometidas contra as normas de proteção à infância e à juventude, sem prejuízo da promoção da responsabilidade civil e penal do infrator, quando cabível;

XIX – promover a responsabilidade:

a) da autoridade competente, pelo não exercício das incumbências, constitucional e legalmente impostas ao Poder Público da União, em defesa do meio ambiente, de sua preservação e de sua recuperação;

b) de pessoas físicas ou jurídicas, em razão da prática de atividade lesiva ao meio ambiente, tendo em vista a aplicação de sanções penais e a reparação dos danos causados;

XX – expedir recomendações, visando à melhoria dos serviços públicos e de relevância pública, bem como ao respeito, aos interesses, direitos e bens cuja defesa lhe cabe promover, fixando prazo razoável para a adoção das providências cabíveis.

§ 1º. Será assegurada a participação do Ministério Público da União, como instituição observadora, na forma e nas condições estabelecidas em ato do Procurador-Geral da República, em qualquer órgão da administração pública direta, indireta ou fundacional da União, que tenha atribuições correlatas às funções da Instituição.

§ 2º. A lei assegurará a participação do Ministério Público da União nos órgãos colegiados estatais, federais ou do Distrito Federal, constituídos para defesa de direitos e interesses relacionados com as funções da Instituição.

Art. 7º. Incumbe ao Ministério Público da União, sempre que necessário ao exercício de suas funções institucionais:

I – instaurar inquérito civil e outros procedimentos administrativos correlatos;
II – requisitar diligências investigatórias e a instauração de inquérito policial e de inquérito policial militar, podendo acompanhá-los e apresentar provas;
III – requisitar à autoridade competente a instauração de procedimentos administrativos, ressalvados os de natureza disciplinar, podendo acompanhá-los e produzir provas.

Art. 8º. Para o exercício de suas atribuições, o Ministério Público da União poderá, nos procedimentos de sua competência:

I – notificar testemunhas e requisitar sua condução coercitiva, no caso de ausência injustificada;
II – requisitar informações, exames, perícias e documentos de autoridades da Administração Pública direta ou indireta;
III – requisitar da Administração Pública serviços temporários de seus servidores e meios materiais necessários para a realização de atividades específicas;
IV – requisitar informações e documentos a entidades privadas;
V – realizar inspeções e diligências investigatórias;
VI – ter livre acesso a qualquer local público ou privado, respeitadas as normas constitucionais pertinentes à inviolabilidade do domicílio;
VII – expedir notificações e intimações necessárias aos procedimentos e inquéritos que instaurar;
VIII – ter acesso incondicional a qualquer banco de dados de caráter público ou relativo a serviço de relevância pública;
IX – requisitar o auxílio de força policial.

§ 1º. O membro do Ministério Público será civil e criminalmente responsável pelo uso indevido das informações e documentos que requisitar; a ação penal, na hipótese, poderá ser proposta também pelo ofendido, subsidiariamente, na forma da lei processual penal.

§ 2º. Nenhuma autoridade poderá opor ao Ministério Público, sob qualquer pretexto, a exceção de sigilo, sem prejuízo da subsistência do caráter sigiloso da informação, do registro, do dado ou do documento que lhe seja fornecido.

§ 3º. A falta injustificada e o retardamento indevido do cumprimento das requisições do Ministério Público implicarão a responsabilidade de quem lhe der causa.

§ 4º. As correspondências, notificações, requisições e intimações do Ministério Público quando tiverem como destinatário o Presidente da República, o Vice-Presidente da República, membro do Congresso Nacional, Ministro do Supremo Tribunal Federal, Ministro de Estado, Ministro de Tribunal Superior, Ministro do Tribunal de Contas da União ou chefe de missão diplomática de caráter permanente serão encaminhadas e levadas a efeito pelo Procurador-Geral da República ou outro órgão do Ministério Público a quem essa atribuição seja delegada, cabendo às autoridades mencionadas fixar data, hora e local em que puderem ser ouvidas, se for o caso.

§ 5º. As requisições do Ministério Público serão feitas fixando-se prazo razoável de até 10 (dez) dias úteis para atendimento, prorrogável mediante solicitação justificada.

CAPÍTULO III.
DO CONTROLE EXTERNO DA ATIVIDADE POLICIAL

Art. 9º. O Ministério Público da União exercerá o controle externo da atividade policial por meio de medidas judiciais e extrajudiciais, podendo:

I – ter livre ingresso em estabelecimentos policiais ou prisionais;
II – ter acesso a quaisquer documentos relativos à atividade-fim policial;
III – representar à autoridade competente pela adoção de providências para sanar a omissão indevida, ou para prevenir ou corrigir ilegalidade ou abuso de poder;
IV – requisitar à autoridade competente a instauração de inquérito policial sobre a omissão ou fato ilícito ocorrido no exercício da atividade policial;
V – promover a ação penal por abuso de poder.

Art. 10. A prisão de qualquer pessoa, por parte de autoridade federal ou do Distrito Federal e Territórios, deverá ser comunicada imediatamente ao Ministério Público competente, com indicação do lugar onde se encontra o preso e cópia dos documentos comprobatórios da legalidade da prisão.

CAPÍTULO IV.
DA DEFESA DOS DIREITOS CONSTITUCIONAIS

Art. 11. A defesa dos direitos constitucionais do cidadão visa à garantia do seu efetivo respeito pelos Poderes Públicos e pelos prestadores de serviços de relevância pública.

Art. 12. O Procurador dos Direitos do Cidadão agirá de ofício ou mediante representação, notificando a autoridade questionada para que preste informação, no prazo que assinar.

Art. 13. Recebidas ou não as informações e instruído o caso, se o Procurador dos Direitos do Cidadão concluir que direitos constitucionais foram ou estão sendo desrespeitados, deverá notificar o responsável para que tome as providências necessárias a prevenir a repetição ou que determine a cessação do desrespeito verificado.

Art. 14. Não atendida, no prazo devido, a notificação prevista no artigo anterior, a Procuradoria dos Direitos do Cidadão representará ao poder ou autoridade competente para promover a responsabilidade pela ação ou omissão inconstitucionais.

Art. 15. É vedado aos órgãos de defesa dos direitos constitucionais do cidadão promover em juízo a defesa de direitos individuais lesados.

§ 1º. Quando a legitimidade para a ação decorrente da inobservância da Constituição Federal, verificada pela Procuradoria, couber a outro órgão do Ministério Público, os elementos de informação ser-lhe-ão remetidos.

§ 2º. Sempre que o titular do direito lesado não puder constituir advogado e a ação cabível não incumbir ao Ministério Público, o caso, com os elementos colhidos, será encaminhado à Defensoria Pública competente.

Art. 16. A lei regulará os procedimentos da atuação do Ministério Público na defesa dos direitos constitucionais do cidadão.

CAPÍTULO V. DAS GARANTIAS E DAS PRERROGATIVAS

Art. 17. Os membros do Ministério Público da União gozam das seguintes garantias:

I – vitaliciedade, após 2 (dois) anos de efetivo exercício, não podendo perder o cargo senão por sentença judicial transitada em julgado;

II – inamovibilidade, salvo por motivo de interesse público, mediante decisão do Conselho Superior, por voto de 2/3 (dois terços) de seus membros, assegurada ampla defesa;

III – (VETADO).

Art. 18. São prerrogativas dos membros do Ministério Público da União:

I – institucionais:

a) sentar-se no mesmo plano e imediatamente à direita dos juízes singulares ou presidentes dos órgãos judiciários perante os quais oficiem;

b) usar vestes talares;

c) ter ingresso e trânsito livres, em razão de serviço, em qualquer recinto público ou privado, respeitada a garantia constitucional da inviolabilidade do domicílio;

d) a prioridade em qualquer serviço de transporte ou comunicação, público ou privado, no território nacional, quando em serviço de caráter urgente;

e) o porte de arma, independentemente de autorização;

f) carteira de identidade especial, de acordo com modelo aprovado pelo Procurador-Geral da República e por ele expedida, nela se consignando as prerrogativas constantes do inciso I, alíneas *c*, *d* e *e* do inciso II, alíneas *d*, *e* e *f*, deste artigo;

II – processuais:

a) do Procurador-Geral da República, ser processado e julgado, nos crimes comuns, pelo Supremo Tribunal Federal e pelo Senado Federal, nos crimes de responsabilidade;

b) do membro do Ministério Público da União que oficie perante tribunais, ser processado e julgado, nos crimes comuns e de responsabilidade, pelo Superior Tribunal de Justiça;

c) do membro do Ministério Público da União que oficie perante juízos de primeira instância, ser processado e julgado, nos crimes comuns e de responsabilidade, pelos Tribunais Regionais Federais, ressalvada a competência da Justiça Eleitoral;

d) ser preso ou detido somente por ordem escrita do tribunal competente ou em razão de flagrante de crime inafiançável, caso em que a autoridade fará imediata comunicação àquele tribunal e ao Procurador-Geral da República, sob pena de responsabilidade;

e) ser recolhido à prisão especial ou à sala especial de Estado-Maior, com direito a privacidade e à disposição do tribunal competente para o julgamento, quando sujeito a prisão antes da decisão final; e a dependência separada no estabelecimento em que tiver de ser cumprida a pena;

f) não ser indiciado em inquérito policial, observado o disposto no parágrafo único deste artigo;

g) ser ouvido, como testemunhas, em dia, hora e local previamente ajustados com o magistrado ou a autoridade competente;

h) receber intimação pessoalmente nos autos em qualquer processo e grau de jurisdição nos feitos em que tiver que oficiar.

Parágrafo único. Quando, no curso de investigação, houver indício da prática de infração penal por membro do Ministério Público da União, a autoridade policial, civil ou militar, remeterá imediatamente os autos ao Procurador-Geral da República, que designará membro do Ministério Público para prosseguimento da apuração do fato.

Art. 19. O Procurador-Geral da República terá as mesmas honras e tratamento dos Ministros do Supremo Tribunal Federal; e os demais membros da Instituição, as que forem reservadas aos magistrados perante os quais oficiem.

Art. 20. Os órgãos do Ministério Público da União terão presença e palavra asseguradas em todas as sessões dos colegiados em que oficiem.

Art. 21. As garantias e prerrogativas dos membros do Ministério Público da União são inerentes ao exercício de suas funções e irrenunciáveis.

Parágrafo único. As garantias e prerrogativas previstas nesta Lei Complementar não excluem as que sejam estabelecidas em outras leis.

CAPÍTULO VI. DA AUTONOMIA DO MINISTÉRIO PÚBLICO

Art. 22. Ao Ministério Público da União é assegurada autonomia funcional, administrativa e financeira, cabendo-lhe:

I – propor ao Poder Legislativo a criação e extinção de seus cargos e serviços auxiliares, bem como a fixação dos vencimentos de seus membros e servidores;

II – prover os cargos de suas carreiras e dos serviços auxiliares;

III – organizar os serviços auxiliares;

IV – praticar atos próprios de gestão.

Art. 23. O Ministério Público da União elaborará sua proposta orçamentária dentro dos limites da lei de diretrizes orçamentárias.

§ 1º. Os recursos correspondentes às suas dotações orçamentárias, compreendidos os créditos suplementares e especiais, ser-lhe-ão entregues até o dia 20 de cada mês.

§ 2º. A fiscalização contábil, financeira, orçamentária, operacional e patrimonial do Ministério Público da União será exercida pelo Congresso Nacional, mediante controle externo, com o auxílio do Tribunal de Contas da União, segundo o disposto no Título IV, Capítulo I, Seção IX, da Constituição Federal, e por sistema próprio de controle interno.

§ 3º. As contas referentes ao exercício anterior serão prestadas, anualmente, dentro de 60 (sessenta) dias da abertura da sessão legislativa do Congresso Nacional.

CAPÍTULO VII. DA ESTRUTURA

Art. 24. O Ministério Público da União compreende:

I – o Ministério Público Federal;

II – o Ministério Público do Trabalho;

III – o Ministério Público Militar;

IV – o Ministério Público do Distrito Federal e Territórios.

Parágrafo único. A estrutura básica do Ministério Público da União será organizada por regulamento, nos termos da lei.

CAPÍTULO VIII. DO PROCURADOR-GERAL DA REPÚBLICA

Art. 25. O Procurador-Geral da República é o chefe do Ministério Público da União, nomeado pelo Presidente da República dentre integrantes da carreira, maiores de 35 (trinta e cinco) anos, após a aprovação de seu nome pela maioria absoluta do Senado Federal, para mandato de 2 (dois) anos, permitida a recondução, precedida de nova decisão do Senado Federal.

Parágrafo único. A exoneração, de ofício, do Procurador-Geral da República, por iniciativa do Presidente da República, deverá ser precedida de autorização da maioria absoluta do Senado Federal, em votação secreta.

Art. 26. São atribuições do Procurador-Geral da República, como Chefe do Ministério Público da União:

I – representar a instituição;

II – propor ao Poder Legislativo os projetos de lei sobre o Ministério Público da União;

III – apresentar a proposta de orçamento do Ministério Público da União, compatibilizando os anteprojetos dos diferentes ramos da Instituição, na forma da lei de diretrizes orçamentárias;

IV – nomear e dar posse ao Vice-Procurador-Geral da República, ao Procurador-Geral do Trabalho, ao Procurador-Geral da Justiça Militar, bem como dar posse ao Procurador-Geral de Justiça do Distrito Federal e Territórios;

V – encaminhar ao Presidente da República a lista tríplice para nomeação do Procurador-Geral de Justiça do Distrito Federal e Territórios;

VI – encaminhar aos respectivos Presidentes as listas sêxtuplas para composição dos Tribunais Regionais Federais, do Tribunal de Justiça do Distrito Federal e Territórios, do Superior Tribunal de Justiça, do Tribunal Superior do Trabalho e dos Tribunais Regionais do Trabalho;

VII – dirimir conflitos de atribuição entre integrantes de ramos diferentes do Ministério Público da União;

VIII – praticar atos de gestão administrativa, financeira e de pessoal;

IX – prover e desprover os cargos das carreiras do Ministério Público da União e de seus serviços auxiliares;

X – arbitrar o valor das vantagens devidas aos membros do Ministério Público da União, nos casos previstos nesta Lei Complementar;

XI – fixar o valor das bolsas devidas aos estagiários;

XII – exercer outras atribuições previstas em lei;

XIII – exercer o poder regulamentar, no âmbito do Ministério Público da União, ressalvadas as competências estabelecidas nesta Lei Complementar para outros órgãos nela instituídos.

§ 1º. O Procurador-Geral da República poderá delegar aos Procuradores-Gerais as atribuições previstas nos incisos VII e VIII deste artigo.

§ 2º. A delegação também poderá ser feita ao Diretor-Geral da Secretaria do Ministério Público da União para a prática de atos de gestão administrativa, financeira e de pessoal, estes apenas em relação aos servidores e serviços auxiliares.

Art. 27. O Procurador-Geral da República designará, dentre os integrantes da carreira, maiores de 35 (trinta e cinco) anos, o Vice-Procurador-Geral da República, que o substituirá em seus impedimentos. No caso de vacância, exercerá o cargo o Vice-Presidente do Conselho Superior do Ministério Público Federal, até o provimento definitivo do cargo.

CAPÍTULO IX. DO CONSELHO DE ASSESSORAMENTO SUPERIOR DO MINISTÉRIO PÚBLICO DA UNIÃO

Art. 28. O Conselho de Assessoramento Superior do Ministério Público da União, sob a presidência do Procurador-Geral da República, será integrado pelo Vice-Procurador-Geral da República, pelo Procurador-Geral do Trabalho, pelo Procurador-Geral da Justiça Militar e pelo Procurador-Geral de Justiça do Distrito Federal e Territórios.

Art. 29. As reuniões do Conselho de Assessoramento Superior do Ministério Público da União serão convocadas pelo Procurador-Geral da República, podendo solicitá-las qualquer de seus membros.

Art. 30. O Conselho de Assessoramento Superior do Ministério Público da União deverá opinar sobre as matérias de interesse geral da Instituição, e em especial sobre:

I – projetos de lei de interesse comum do Ministério Público da União, neles incluídos:

a) os que visem a alterar normas gerais da Lei Orgânica do Ministério Público da União;

b) a proposta de orçamento do Ministério Público da União;

c) os que proponham a fixação dos vencimentos nas carreiras e nos serviços auxiliares;

II – a organização e o funcionamento da Diretoria-Geral e dos Serviços da Secretaria do Ministério Público da União.

Art. 31. O Conselho de Assessoramento Superior poderá propor aos Conselhos Superiores dos diferentes ramos do Ministério Público da União medidas para uniformizar os atos decorrentes de seu poder normativo.

CAPÍTULO X. DAS CARREIRAS

Art. 32. As carreiras dos diferentes ramos do Ministério Público da União são independentes entre si, tendo cada uma delas organização própria, na forma desta Lei Complementar.

Art. 33. As funções do Ministério Público da União só podem ser exercidas por integrantes da respectiva carreira, que deverão residir onde estiverem lotados.

Art. 34. A lei estabelecerá o número de cargos das carreiras do Ministério Público da União e os ofícios em que serão exercidas suas funções.

CAPÍTULO XI. DOS SERVIÇOS AUXILIARES

Art. 35. A Secretaria do Ministério Público da União é dirigida pelo seu Diretor-Geral de livre escolha do Procurador-Geral da República e demissível *ad nutum*, incumbindo-lhe os serviços auxiliares de apoio técnico e administrativo à Instituição.

Art. 36. O pessoal dos serviços auxiliares será organizado em quadro próprio de carreira, sob regime estatutário, para apoio técnico-administrativo adequado às atividades específicas da Instituição.

TÍTULO II. DOS RAMOS DO MINISTÉRIO PÚBLICO DA UNIÃO

CAPÍTULO I. DO MINISTÉRIO PÚBLICO FEDERAL

SEÇÃO I. DA COMPETÊNCIA, DOS ÓRGÃOS E DA CARREIRA

Art. 37. O Ministério Público Federal exercerá as suas funções:

I – nas causas de competência do Supremo Tribunal Federal, do Superior Tribunal de Justiça, dos Tribunais Regionais Federais e dos Juízes Federais, e dos Tribunais e Juízes Eleitorais;

II – nas causas de competência de quaisquer juízes e tribunais, para defesa de direitos e interesses dos índios e das populações indígenas, do meio ambiente, de bens e direitos de valor artístico, estético, histórico, turístico e paisagístico, integrantes do patrimônio nacional;

III – (VETADO).

Parágrafo único. O Ministério Público Federal será parte legítima para interpor recurso extraordinário das decisões da Justiça dos Estados nas representações de inconstitucionalidade.

Art. 38. São funções institucionais do Ministério Público Federal as previstas nos Capítulos I, II, III e IV do Título I, incumbindo-lhe, especialmente:

I – instaurar inquérito civil e outros procedimentos administrativos correlatos;

II – requisitar diligências investigatórias e instauração de inquérito policial, podendo acompanhá-los e apresentar provas;

III – requisitar à autoridade competente a instauração de procedimentos administrativos, ressalvados os de natureza disciplinar, podendo acompanhá-los e produzir provas;

IV – exercer o controle externo da atividade das polícias federais, na forma do artigo 9º;

V – participar dos Conselhos Penitenciários;

VI – integrar os órgãos colegiados previstos no § 2º do artigo 6º, quando componentes da estrutura administrativa da União;

VII – fiscalizar a execução da pena, nos processos de competência da Justiça Federal e da Justiça Eleitoral.

Art. 39. Cabe ao Ministério Público Federal exercer a defesa dos direitos constitucionais do cidadão, sempre que se cuidar de garantir-lhes o respeito:

I – pelos Poderes Públicos Federais;

II – pelos órgãos da administração pública federal direta ou indireta;

III – pelos concessionários e permissionários de serviço público federal;

IV – por entidades que exerçam outra função delegada da União.

Art. 40. O Procurador-Geral da República designará, dentre os Subprocuradores-Gerais da República e mediante prévia aprovação do nome pelo Conselho Superior, o Procurador Federal dos Direitos do Cidadão, para exercer as funções do ofício pelo prazo de 2 (dois) anos, permitida uma recondução, precedida de nova decisão do Conselho Superior.

§ 1º. Sempre que possível, o Procurador não acumulará o exercício de suas funções com outras do Ministério Público Federal.

§ 2º. O Procurador somente será dispensado, antes do termo de sua investidura, por iniciativa do Procurador-Geral da República, anuindo a maioria absoluta do Conselho Superior.

Art. 41. Em cada Estado e no Distrito Federal será designado, na forma do artigo 49, III, órgão do Ministério Público Federal para exercer as funções do ofício de Procurador Regional dos Direitos do Cidadão.

Parágrafo único. O Procurador Federal dos Direitos do Cidadão expedirá instruções para o exercício das funções dos ofícios de Procurador dos Direitos do Cidadão, respeitado o princípio da independência funcional.

Art. 42. A execução da medida prevista no art. 14 incumbe ao Procurador Federal dos Direitos do Cidadão.

Art. 43. São órgãos do Ministério Público Federal:

I – o Procurador-Geral da República;

II – o Colégio de Procuradores da República;

III – o Conselho Superior do Ministério Público Federal;

IV – as Câmaras de Coordenação e Revisão do Ministério Público Federal;

V – a Corregedoria do Ministério Público Federal;

VI – os Subprocuradores-Gerais da República;

VII – os Procuradores Regionais da República;

VIII – os Procuradores da República.

Parágrafo único. As Câmaras de Coordenação e Revisão poderão funcionar isoladas ou reunidas, integrando Conselho Institucional, conforme dispuser o seu regimento.

Art. 44. A carreira do Ministério Público Federal é constituída pelos cargos de Subprocurador-Geral da República, Procurador Regional da República e Procurador da República.

Parágrafo único. O cargo inicial da carreira é o de Procurador da República e o do último nível o de Subprocurador-Geral da República.

SEÇÃO II. DA CHEFIA DO MINISTÉRIO PÚBLICO FEDERAL

Art. 45. O Procurador-Geral da República é o Chefe do Ministério Público Federal.

Art. 46. Incumbe ao Procurador-Geral da República exercer as funções do Ministério Público junto ao Supremo Tribunal Federal, manifestando-se previamente em todos os processos de sua competência.

Parágrafo único. O Procurador-Geral da República proporá perante o Supremo Tribunal Federal:

I – a ação direta de inconstitucionalidade de lei ou ato normativo federal ou estadual e o respectivo pedido de medida cautelar;

II – a representação para intervenção federal nos Estados e no Distrito Federal, nas hipóteses do art. 34, VII, da Constituição Federal;

III – as ações cíveis e penais cabíveis.

Art. 47. O Procurador-Geral da República designará os Subprocuradores-Gerais da República que exercerão, por delegação, suas funções junto aos diferentes órgãos jurisdicionais do Supremo Tribunal Federal.

§ 1º. As funções do Ministério Público Federal junto aos Tribunais Superiores da União, perante os quais lhe compete atuar, somente poderão ser exercidas por titular do cargo de Subprocurador-Geral da República.

§ 2º. Em caso de vaga ou afastamento de Subprocurador-Geral da República, por prazo superior a 30 (trinta) dias, poderá ser convocado Procurador Regional da República para substituição, pelo voto da maioria do Conselho Superior.

§ 3º. O Procurador Regional da República convocado receberá a diferença de vencimento correspondente ao cargo de Subprocurador-Geral da República, inclusive diárias e transporte, se for o caso.

Art. 48. Incumbe ao Procurador-Geral da República propor perante o Superior Tribunal de Justiça:

I – a representação para intervenção federal nos Estados e no Distrito Federal, no caso de recusa à execução de lei federal;
II – a ação penal, nos casos previstos no art. 105, I, *a*, da Constituição Federal.

Parágrafo único. A competência prevista neste artigo poderá ser delegada a Subprocurador-Geral da República.

Art. 49. São atribuições do Procurador-Geral da República, como Chefe do Ministério Público Federal:

I – representar o Ministério Público Federal;
II – integrar, como membro nato, e presidir o Colégio de Procuradores da República, o Conselho Superior do Ministério Público Federal e a Comissão de Concurso;
III – designar o Procurador Federal dos Direitos do Cidadão e os titulares da Procuradoria nos Estados e no Distrito Federal;
IV – designar um dos membros e o Coordenador de cada uma das Câmaras de Coordenação e Revisão do Ministério Público Federal;
V – nomear o Corregedor-Geral do Ministério Público Federal segundo lista formada pelo Conselho Superior;
VI – designar, observados os critérios da lei e os estabelecidos pelo Conselho Superior, os ofícios em que exercerão suas funções os membros do Ministério Público Federal;
VII – designar:

a) o Chefe da Procuradoria Regional da República, dentre os Procuradores Regionais da República lotados na respectiva Procuradoria Regional;

b) o Chefe da Procuradoria da República nos Estados e no Distrito Federal, dentre os Procuradores da República lotados na respectiva unidade;

VIII – decidir, em grau de recurso, os conflitos de atribuições entre órgãos do Ministério Público Federal;
IX – determinar a abertura de correição, sindicância ou inquérito administrativo;
X – determinar instauração de inquérito ou processo administrativo contra servidores dos serviços auxiliares;
XI – decidir processo disciplinar contra membro da carreira ou servidor dos serviços auxiliares, aplicando as sanções cabíveis;
XII – decidir, atendendo à necessidade do serviço, sobre:

a) remoção a pedido ou por permuta;

b) alteração parcial da lista bienal de designações;

XIII – autorizar o afastamento de membros do Ministério Público Federal depois de ouvido o Conselho Superior, nas hipóteses previstas em lei;
XIV – dar posse aos membros do Ministério Público Federal;
XV – designar membro do Ministério Público Federal para:

a) funcionar nos órgãos em que a participação da Instituição seja legalmente prevista, ouvido o Conselho Superior;

b) integrar comissões técnicas ou científicas, relacionadas às funções da Instituição, ouvido o Conselho Superior;

c) assegurar a continuidade dos serviços, em caso de vacância, afastamento temporário, ausência, impedimento ou suspeição do titular, na inexistência ou falta do substituto designado;

d) funcionar perante juízos que não os previstos no inciso I, do art. 37, desta Lei Complementar;

e) acompanhar procedimentos administrativos e inquéritos policiais instaurados em áreas estranhas à sua competência específica desde que relacionados a fatos de interesse da Instituição;

XVI – homologar, ouvido o Conselho Superior, o resultado do concurso para ingresso na carreira;
XVII – fazer publicar aviso de existência de vaga na lotação e na relação bienal de designações;
XVIII – elaborar a proposta orçamentária do Ministério Público Federal, submetendo-a, para aprovação, ao Conselho Superior;
XIX – organizar a prestação de contas do exercício anterior;
XX – praticar atos de gestão administrativa, financeira e de pessoal;
XXI – elaborar o relatório das atividades do Ministério Público Federal;
XXII – coordenar as atividades do Ministério Público Federal;
XXIII – exercer outras atividades previstas em lei.

Art. 50. As atribuições do Procurador-Geral da República, previstas no artigo anterior, poderão ser delegadas:

I – a Coordenador de Câmara de Coordenação e Revisão, as dos incisos XV, alínea *c*, e XXII;
II – aos Chefes das Procuradorias Regionais da República e aos Chefes das Procuradorias da República nos Estados e no Distrito Federal, as dos incisos I, XV, alínea *c*, XX e XXII.

Art. 51. A ação penal pública contra o Procurador-Geral da República, quando no exercício do cargo, caberá ao Subprocurador-Geral da República que for designado pelo Conselho Superior do Ministério Público Federal.

SEÇÃO III. DO COLÉGIO DE PROCURADORES DA REPÚBLICA

Art. 52. O Colégio de Procuradores da República, presidido pelo Procurador-Geral da República, é integrado por todos os membros da carreira em atividade no Ministério Público Federal.

Art. 53. Compete ao Colégio de Procuradores da República:

I – elaborar, mediante voto plurinominal, facultativo e secreto, a lista sêxtupla para a composição do Superior Tribunal de Justiça, sendo elegíveis os membros do Ministério Público Federal, com mais de 10 (dez) anos na carreira, tendo mais de 35 (trinta e cinco) e menos de 65 (sessenta e cinco) anos de idade;
II – elaborar, mediante voto plurinominal, facultativo e secreto, a lista sêxtupla para a composição dos Tribunais Regionais Federais, sendo elegíveis os membros do Ministério Público Federal, com mais de 10 (dez) anos de carreira, que contém mais de 30 (trinta) e menos de 65 (sessenta e cinco) anos de idade, sempre que possível lotados na respectiva região;
III – eleger, dentre os Subprocuradores-Gerais da República e mediante voto plurinominal, facultativo e secreto, quatro membros do Conselho Superior do Ministério Público Federal;
IV – opinar sobre assuntos gerais de interesse da instituição.

§ 1º. Para os fins previstos nos incisos I, II e III deste artigo, prescindir-se-á de reunião do Colégio de Procuradores, procedendo-se segundo dispuser o seu Regimento Interno e exigindo-se o voto da maioria absoluta dos eleitores.

§ 2º. Excepcionalmente, em caso de interesse relevante da Instituição, o Colégio de Procuradores reunir-se-á em local designado pelo Procurador-Geral da República, desde que convocado por ele ou pela maioria de seus membros.

§ 3º. O Regimento Interno do Colégio de Procuradores da República disporá sobre seu funcionamento.

SEÇÃO IV. DO CONSELHO SUPERIOR DO MINISTÉRIO PÚBLICO FEDERAL

Art. 54. O Conselho Superior do Ministério Público Federal, presidido pelo Procurador-Geral da República, tem a seguinte composição:

I – o Procurador-Geral da República e o Vice-Procurador-Geral da República, que o integram como membros natos;
II – quatro Subprocuradores-Gerais da República eleitos, para mandato de 2 (dois) anos, na forma do art. 53, inciso III, permitida uma reeleição;
III – quatro Subprocuradores-Gerais da República eleitos, para mandato de 2 (dois) anos, por seus pares, mediante voto plurinominal, facultativo e secreto, permitida uma reeleição.

§ 1º. Serão suplentes dos membros de que tratam os incisos II e III os demais votados, em ordem decrescente, observados os critérios gerais de desempate.

§ 2º. O Conselho Superior elegerá o seu Vice-Presidente, que substituirá o Presidente em seus impedimentos e em caso de vacância.

Art. 55. O Conselho Superior do Ministério Público Federal reunir-se-á, ordinariamente, uma vez por mês, em dia previamente fixado, e, extraordinariamente, quando convocado pelo Procurador-Geral da República, ou por proposta da maioria de seus membros.

Art. 56. Salvo disposição em contrário, as deliberações do Conselho Superior serão tomadas por maioria de votos, presente a maioria absoluta dos seus membros.

§ 1º. Em caso de empate, prevalecerá o voto do Presidente, exceto em matéria de sanções, caso em que prevalecerá a solução mais favorável ao acusado.

§ 2º. As deliberações do Conselho Superior serão publicadas no Diário da Justiça, exceto quando o Regimento Interno determinar sigilo.

Art. 57. Compete ao Conselho Superior do Ministério Público Federal:

I – exercer o poder normativo no âmbito do Ministério Público Federal, observados os princípios desta Lei Complementar, especialmente para elaborar e aprovar:

a) o seu Regimento Interno, o do Colégio de Procuradores da República e os das Câmaras de Coordenação e Revisão do Ministério Público Federal;

b) as normas e as instruções para o concurso de ingresso na carreira;

c) as normas sobre as designações para os diferentes ofícios do Ministério Público Federal;

d) os critérios para distribuição de inquéritos, procedimentos administrativos e quaisquer outros feitos, no Ministério Público Federal;

e) os critérios de promoção por merecimento, na carreira;

f) o procedimento para avaliar o cumprimento das condições do estágio probatório;

II – aprovar o nome do Procurador Federal dos Direitos do Cidadão;
III – indicar integrantes das Câmaras de Coordenação e Revisão;
IV – aprovar a destituição do Procurador Regional Eleitoral;
V – destituir, por iniciativa do Procurador-Geral da República e pelo voto de 2/3 (dois terços) de seus membros, antes do término do mandato, o Corregedor-Geral;
VI – elaborar a lista tríplice para Corregedor-Geral do Ministério Público Federal;
VII – elaborar a lista tríplice destinada à promoção por merecimento;
VIII – aprovar a lista de antiguidade dos membros do Ministério Público Federal e decidir sobre as reclamações a ela concernentes;
IX – indicar o membro do Ministério Público Federal para promoção por antiguidade, observado o disposto no artigo 93, inciso II, alínea *d*, da Constituição Federal;
X – designar o Subprocurador-Geral da República para conhecer de inquérito, peças de infor-

mação ou representação sobre crime comum atribuível ao Procurador-Geral da República e, sendo o caso, promover a ação penal;

XI – opinar sobre a designação de membro do Ministério Público Federal para:

a) funcionar nos órgãos em que a participação da Instituição seja legalmente prevista;

b) integrar comissões técnicas ou científicas relacionadas às funções da Instituição;

XII – opinar sobre o afastamento temporário de membro do Ministério Público Federal;

XIII – autorizar a designação, em caráter excepcional, de membros do Ministério Público Federal, para exercício de atribuições processuais perante juízos, tribunais ou ofícios diferentes dos estabelecidos para cada categoria;

XIV – determinar a realização de correições e sindicâncias e apreciar os relatórios correspondentes;

XV – determinar a instauração de processos administrativos em que o acusado seja membro do Ministério Público Federal, apreciar seus relatórios e propor as medidas cabíveis;

XVI – determinar o afastamento preventivo do exercício de suas funções, do membro do Ministério Público Federal, indiciado ou acusado em processo disciplinar, e o seu retorno;

XVII – designar a comissão de processo administrativo em que o acusado seja membro do Ministério Público Federal;

XVIII – decidir sobre o cumprimento do estágio probatório por membro do Ministério Público Federal, encaminhando cópia da decisão ao Procurador-Geral da República, quando for o caso, para ser efetivada sua exoneração;

XIX – decidir sobre remoção e disponibilidade de membro do Ministério Público Federal, por motivo de interesse público;

XX – autorizar, pela maioria absoluta de seus membros, que o Procurador-Geral da República ajuíze a ação de perda de cargo contra membro vitalício do Ministério Público Federal, nos casos previstos nesta Lei;

XXI – opinar sobre os pedidos de reversão de membro da carreira;

XXII – opinar sobre o encaminhamento de proposta de lei de aumento do número de cargos da carreira;

XXIII – deliberar sobre a realização de concurso para o ingresso na carreira, designar os membros da Comissão de Concurso e opinar sobre a homologação dos resultados;

XXIV – aprovar a proposta orçamentária que integrará o projeto de orçamento do Ministério Público da União;

XXV – exercer outras funções estabelecidas em lei.

§ 1º. O Procurador-Geral e qualquer membro do Conselho Superior estão impedidos de participar das decisões deste nos casos previstos nas leis processuais para o impedimento e a suspeição de membro do Ministério Público.

§ 2º. As deliberações relativas aos incisos I, alíneas *a* e *e*, IV, XIII, XV, XVI, XVII, XIX e XXI somente poderão ser tomadas com o voto favorável de 2/3 (dois terços) dos membros do Conselho Superior.

SEÇÃO V. DAS CÂMARAS DE COORDENAÇÃO E REVISÃO DO MINISTÉRIO PÚBLICO FEDERAL

Art. 58. As Câmaras de Coordenação e Revisão do Ministério Público Federal são os órgãos setoriais de coordenação, de integração e de revisão do exercício funcional na instituição.

Art. 59. As Câmaras de Coordenação e Revisão serão organizadas por função ou por matéria, através de ato normativo.

Parágrafo único. Regimento Interno que disporá sobre o funcionamento das Câmaras de Coordenação e Revisão será elaborado pelo Conselho Superior.

Art. 60. As Câmaras de Coordenação e Revisão serão compostas por três membros do Ministério Público Federal, sendo um indicado pelo Procurador-Geral da República e dois pelo Conselho Superior, juntamente com seus suplentes, para um mandato de 2 (dois) anos, dentre integrantes do último grau da carreira, sempre que possível.

Art. 61. Dentre os integrantes da Câmara de Coordenação e Revisão, um deles será designado pelo Procurador-Geral para a função executiva de Coordenador.

Art. 62. Compete às Câmaras de Coordenação e Revisão:

I – promover a integração e a coordenação dos órgãos institucionais que atuem em ofícios ligados ao setor de sua competência, observado o princípio da independência funcional;

II – manter intercâmbio com órgãos ou entidades que atuem em áreas afins;

III – encaminhar informações técnico-jurídicas aos órgãos institucionais que atuem em seu setor;

IV – manifestar-se sobre o arquivamento de inquérito policial, inquérito parlamentar ou peças de informação, exceto nos casos de competência originária do Procurador-Geral;

V – resolver sobre a distribuição especial de feitos que, por sua contínua reiteração, devam receber tratamento uniforme;

VI – resolver sobre a distribuição especial de inquéritos, feitos e procedimentos, quando a matéria, por sua natureza ou relevância, assim o exigir;

VII – decidir os conflitos de atribuições entre os órgãos do Ministério Público Federal.

Parágrafo único. A competência fixada nos incisos V e VI será exercida segundo critérios objetivos previamente estabelecidos pelo Conselho Superior.

SEÇÃO VI. DA CORREGEDORIA DO MINISTÉRIO PÚBLICO FEDERAL

Art. 63. A Corregedoria do Ministério Público Federal, dirigida pelo Corregedor-Geral é o órgão fiscalizador das atividades funcionais e da conduta dos membros do Ministério Público.

Art. 64. O Corregedor-Geral será nomeado pelo Procurador-Geral da República dentre os Subprocuradores-Gerais da República, integrantes de lista tríplice elaborada pelo Conselho Superior, para mandato de 2 (dois) anos, renovável uma vez.

§ 1º. Não poderão integrar a lista tríplice os membros do Conselho Superior.

§ 2º. Serão suplentes do Corregedor-Geral os demais integrantes da lista tríplice, na ordem em que os designar o Procurador-Geral.

§ 3º. O Corregedor-Geral poderá ser destituído por iniciativa do Procurador-Geral, antes do término do mandato, pelo Conselho Superior, observado o disposto no inciso V do art. 57.

Art. 65. Compete ao Corregedor-Geral do Ministério Público Federal:

I – participar, sem direito a voto, das reuniões do Conselho Superior;

II – realizar, de ofício, ou por determinação do Procurador-Geral ou do Conselho Superior, correições e sindicâncias, apresentando os respectivos relatórios;

III – instaurar inquérito contra integrante da carreira e propor ao Conselho Superior a instauração do processo administrativo consequente;

IV – acompanhar o estágio probatório dos membros do Ministério Público Federal;

V – propor ao Conselho Superior a exoneração de membro do Ministério Público Federal que não cumprir as condições do estágio probatório.

SEÇÃO VII. DOS SUBPROCURADORES-GERAIS DA REPÚBLICA

Art. 66. Os Subprocuradores-Gerais da República serão designados para oficiar junto ao Supremo Tribunal Federal, ao Superior Tribunal de Justiça, ao Tribunal Superior Eleitoral e nas Câmaras de Coordenação e Revisão.

§ 1º. No Supremo Tribunal Federal e no Tribunal Superior Eleitoral, os Subprocuradores-Gerais da República atuarão por delegação do Procurador-Geral da República.

§ 2º. A designação de Subprocurador-Geral da República para oficiar em órgãos jurisdicionais diferentes dos previstos para a categoria dependerá de autorização do Conselho Superior.

Art. 67. Cabe aos Subprocuradores-Gerais da República, privativamente, o exercício das funções de:

I – Vice-Procurador-Geral da República;

II – Vice-Procurador-Geral Eleitoral;

III – Corregedor-Geral do Ministério Público Federal;

IV – Procurador Federal dos Direitos do Cidadão;

V – Coordenador de Câmara de Coordenação e Revisão.

SEÇÃO VIII. DOS PROCURADORES REGIONAIS DA REPÚBLICA

Art. 68. Os Procuradores Regionais da República serão designados para oficiar junto aos Tribunais Regionais Federais.

Parágrafo único. A designação de Procurador Regional da República para oficiar em órgãos jurisdicionais diferentes dos previstos para a categoria dependerá de autorização do Conselho Superior.

Art. 69. Os Procuradores Regionais da República serão lotados nos ofícios nas Procuradorias Regionais da República.

- Lei 8.721/1993 - Reestruturação das Procuradorias Regionais da República.

SEÇÃO IX. DOS PROCURADORES DA REPÚBLICA

Art. 70. Os Procuradores da República serão designados para oficiar junto aos Juízes Federais e junto aos Tribunais Regionais Eleitorais, onde não tiver sede a Procuradoria Regional da República.

Parágrafo único. A designação de Procurador da República para oficiar em órgãos jurisdicionais diferentes dos previstos para a categoria dependerá de autorização do Conselho Superior.

Art. 71. Os Procuradores da República serão lotados nos ofícios nas Procuradorias da República nos Estados e no Distrito Federal.

SEÇÃO X. DAS FUNÇÕES ELEITORAIS DO MINISTÉRIO PÚBLICO FEDERAL

Art. 72. Compete ao Ministério Público Federal exercer, no que couber, junto à Justiça Eleitoral, as funções do Ministério Público, atuando em todas as fases e instâncias do processo eleitoral.

Parágrafo único. O Ministério Público Federal tem legitimação para propor, perante o juízo competente, as ações para declarar ou decretar a nulidade de negócios jurídicos ou atos da administração pública, infringentes de vedações legais destinadas a proteger a normalidade e a legitimidade das eleições, contra a influência do poder econômico ou o abuso do poder político ou administrativo.

Art. 73. O Procurador-Geral Eleitoral é o Procurador-Geral da República.

Parágrafo único. O Procurador-Geral Eleitoral, designará, dentre os Subprocuradores-Gerais da República, o Vice-Procurador-Geral Eleitoral, que o substituirá em seus impedimentos e exercerá o cargo em caso de vacância, até o provimento definitivo.

Art. 74. Compete ao Procurador-Geral Eleitoral exercer as funções do Ministério Público nas causas de competência do Tribunal Superior Eleitoral.

Parágrafo único. Além do Vice-Procurador-Geral Eleitoral, o Procurador-Geral poderá designar, por necessidade de serviço, membros do Ministério Público Federal para oficiarem, com sua aprovação, perante o Tribunal Superior Eleitoral.

Art. 75. Incumbe ao Procurador-Geral Eleitoral:

I – designar o Procurador Regional Eleitoral em cada Estado e no Distrito Federal;

II – acompanhar os procedimentos do Corregedor-Geral Eleitoral;

III – dirimir conflitos de atribuições;

IV – requisitar servidores da União e de suas autarquias, quando o exigir a necessidade do serviço, sem prejuízo dos direitos e vantagens inerentes ao exercício de seus cargos ou empregos.

Art. 76. O Procurador Regional Eleitoral, juntamente com o seu substituto, será designado pelo Procurador-Geral Eleitoral, dentre os Procuradores Regionais da República no Estado e no Distrito Federal, ou, onde não houver, dentre os Procuradores da República vitalícios, para um mandato de 2 (dois) anos.

§ 1º. O Procurador Regional Eleitoral poderá ser reconduzido uma vez.

§ 2º. O Procurador Regional Eleitoral poderá ser destituído, antes do término do mandato, por iniciativa do Procurador-Geral Eleitoral, anuindo a maioria absoluta do Conselho Superior do Ministério Público Federal.

Art. 77. Compete ao Procurador Regional Eleitoral exercer as funções do Ministério Público nas causas de competência do Tribunal Regional Eleitoral respectivo, além de dirigir, no Estado, as atividades do setor.

Parágrafo único. O Procurador-Geral Eleitoral poderá designar, por necessidade de serviço, outros membros do Ministério Público Federal para oficiar, sob a coordenação do Procurador Regional, perante os Tribunais Regionais Eleitorais.

Art. 78. As funções eleitorais do Ministério Público Federal perante os Juízes e Juntas Eleitorais serão exercidas pelo Promotor Eleitoral.

Art. 79. O Promotor Eleitoral será o membro do Ministério Público local que oficie junto ao Juízo incumbido do serviço eleitoral de cada Zona.

Parágrafo único. Na inexistência de Promotor que oficie perante a Zona Eleitoral, ou havendo impedimento ou recusa justificada, o Chefe do Ministério Público local indicará ao Procurador Regional Eleitoral o substituto a ser designado.

Art. 80. A filiação a partido político impede o exercício de funções eleitorais por membro do Ministério Público, até 2 (dois) anos do seu cancelamento.

SEÇÃO XI. DAS UNIDADES DE LOTAÇÃO E DE ADMINISTRAÇÃO

Art. 81. Os ofícios na Procuradoria-Geral da República, nas Procuradorias Regionais da República e nas Procuradorias da República nos Estados e no Distrito Federal são unidades de lotação e de administração do Ministério Público Federal.

Parágrafo único. Nos municípios do interior onde tiverem sede juízos federais, a lei criará unidades da Procuradoria da República no respectivo Estado.

Art. 82. A estrutura básica das unidades de lotação e de administração será organizada por regulamento, nos termos da lei.

CAPÍTULO II. DO MINISTÉRIO PÚBLICO DO TRABALHO

SEÇÃO I. DA COMPETÊNCIA, DOS ÓRGÃOS E DA CARREIRA

Art. 83. Compete ao Ministério Público do Trabalho o exercício das seguintes atribuições junto aos órgãos da Justiça do Trabalho:

I – promover as ações que lhe sejam atribuídas pela Constituição Federal e pelas leis trabalhistas;

II – manifestar-se em qualquer fase do processo trabalhista, acolhendo solicitação do juiz ou por sua iniciativa, quando entender existente interesse público que justifique a intervenção;

III – promover a ação civil pública no âmbito da Justiça do Trabalho, para defesa de interesses coletivos, quando desrespeitados os direitos sociais constitucionalmente garantidos;

IV – propor as ações cabíveis para declaração de nulidade de cláusula de contrato, acordo coletivo ou convenção coletiva que viole as liberdades individuais ou coletivas ou os direitos individuais indisponíveis dos trabalhadores;

V – propor as ações necessárias à defesa dos direitos e interesses dos menores, incapazes e índios, decorrentes das relações de trabalho;

VI – recorrer das decisões da Justiça do Trabalho, quando entender necessário, tanto nos processos em que for parte, como naqueles em que oficiar como fiscal da lei, bem como pedir revisão dos Enunciados da Súm. de Jurisprudência do Tribunal Superior do Trabalho;

VII – funcionar nas sessões dos Tribunais Trabalhistas, manifestando-se verbalmente sobre a matéria em debate, sempre que entender necessário, sendo-lhe assegurado o direito de vista dos processos em julgamento, podendo solicitar as requisições e diligências que julgar convenientes;

VIII – instaurar instância em caso de greve, quando a defesa da ordem jurídica ou o interesse público assim o exigir;

IX – promover ou participar da instrução e conciliação em dissídios decorrentes da paralisação de serviços de qualquer natureza, oficiando obrigatoriamente nos processos, manifestando sua concordância ou discordância, em eventuais acordos firmados antes da homologação, resguardado o direito de recorrer em caso de violação à lei e à Constituição Federal;

X – promover mandado de injunção, quando a competência for da Justiça do Trabalho;

XI – atuar como árbitro, se assim for solicitado pelas partes, nos dissídios de competência da Justiça do Trabalho;

XII – requerer as diligências que julgar convenientes para o correto andamento dos processos e para a melhor solução das lides trabalhistas;

XIII – intervir obrigatoriamente em todos os feitos nos segundo e terceiro graus de jurisdição da Justiça do Trabalho, quando a parte for pessoa jurídica de Direito Público, Estado estrangeiro ou organismo internacional.

Art. 84. Incumbe ao Ministério Público do Trabalho, no âmbito das suas atribuições, exercer as funções institucionais previstas nos Capítulos I, II, III e IV do Título I, especialmente:

I – integrar os órgãos colegiados previstos no § 1º do art. 6º, que lhes sejam pertinentes;

II – instaurar inquérito civil e outros procedimentos administrativos, sempre que cabíveis, para assegurar a observância dos direitos sociais dos trabalhadores;

III – requisitar à autoridade administrativa federal competente, dos órgãos de proteção ao trabalho, a instauração de procedimentos administrativos, podendo acompanhá-los e produzir provas;

IV – ser cientificado pessoalmente das decisões proferidas pela Justiça do Trabalho, nas causas em que o órgão tenha intervido ou emitido parecer escrito;

V – exercer outras atribuições que lhe forem conferidas por lei, desde que compatíveis com sua finalidade.

Art. 85. São órgãos do Ministério Público do Trabalho:

I – o Procurador-Geral do Trabalho;

II – o Colégio de Procuradores do Trabalho;

III – o Conselho Superior do Ministério Público do Trabalho;

IV – a Câmara de Coordenação e Revisão do Ministério Público do Trabalho;

V – a Corregedoria do Ministério Público do Trabalho;

VI – os Subprocuradores-Gerais do Trabalho;

VII – os Procuradores Regionais do Trabalho;

VIII – os Procuradores do Trabalho.

Art. 86. A carreira do Ministério Público do Trabalho será constituída pelos cargos de Subprocurador-Geral do Trabalho, Procurador Regional do Trabalho e Procurador do Trabalho.

Parágrafo único. O cargo inicial da carreira é o de Procurador do Trabalho e o do último nível o de Subprocurador-Geral do Trabalho.

SEÇÃO II. DO PROCURADOR-GERAL DO TRABALHO

Art. 87. O Procurador-Geral do Trabalho é o Chefe do Ministério Público do Trabalho.

Art. 88. O Procurador-Geral do Trabalho será nomeado pelo Procurador-Geral da República, dentre integrantes da Instituição, com mais de 35 (trinta e cinco) anos de idade e de 5 (cinco) anos na carreira, integrantes de lista tríplice escolhida mediante voto plurinominal, facultativo e secreto, pelo Colégio de Procuradores para um mandato de 2 (dois) anos, permitida uma recondução, observado o mesmo processo. Caso não haja número suficiente de candidatos com mais de 5 (cinco) anos na carreira, poderá concorrer à lista tríplice quem contar mais de 2 (dois) anos na carreira.

Parágrafo único. A exoneração do Procurador-Geral do Trabalho, antes do término do mandato, será proposta ao Procurador-Geral da República pelo Conselho Superior, mediante deliberação obtida com base em voto secreto de 2/3 (dois terços) de seus integrantes.

Art. 89. O Procurador-Geral do Trabalho designará, dentre os Subprocuradores-Gerais do Trabalho, o Vice-Procurador-Geral do Trabalho, que o substituirá em seus impedimentos. Em caso de vacância, exercerá o cargo o Vice-Presidente do Conselho Superior, até o seu provimento definitivo.

Art. 90. Compete ao Procurador-Geral do Trabalho exercer as funções atribuídas ao Ministério Público do Trabalho junto ao Plenário do Tribunal Superior do Trabalho, propondo as ações cabíveis e manifestando-se nos processos de sua competência.

Art. 91. São atribuições do Procurador-Geral do Trabalho:

I – representar o Ministério Público do Trabalho;

II – integrar, como membro nato, e presidir o Colégio de Procuradores do Trabalho, o Conselho Superior do Ministério Público do Trabalho e a Comissão de Concurso;

III – nomear o Corregedor-Geral do Ministério Público do Trabalho, segundo lista tríplice formada pelo Conselho Superior;

IV – designar um dos membros e o Coordenador da Câmara de Coordenação e Revisão do Ministério Público do Trabalho;

V – designar, observados os critérios da lei e os estabelecidos pelo Conselho Superior, os ofícios em que exercerão suas funções os membros do Ministério Público do Trabalho;

VI – designar o Chefe da Procuradoria Regional do Trabalho dentre os Procuradores Regionais do Trabalho lotados na respectiva Procuradoria Regional;

VII – decidir, em grau de recurso, os conflitos de atribuição entre os órgãos do Ministério Público do Trabalho;

VIII – determinar a abertura de correição, sindicância ou inquérito administrativo;

IX – determinar a instauração de inquérito ou processo administrativo contra servidores dos serviços auxiliares;

X – decidir processo disciplinar contra membro da carreira ou servidor dos serviços auxiliares, aplicando as sanções que sejam de sua competência;

XI – decidir, atendendo a necessidade do serviço, sobre:

a) remoção a pedido ou por permuta;

b) alteração parcial da lista bienal de designações;

XII – autorizar o afastamento de membros do Ministério Público do Trabalho, ouvido o Conselho Superior, nos casos previstos em lei;

XIII – dar posse aos membros do Ministério Público do Trabalho;

XIV – designar membro do Ministério Público do Trabalho para:

a) funcionar nos órgãos em que a participação da Instituição seja legalmente prevista, ouvido o Conselho Superior;

b) integrar comissões técnicas ou científicas, relacionadas às funções da Instituição, ouvido o Conselho Superior;

c) assegurar a continuidade dos serviços, em caso de vacância, afastamento temporário, ausência, impedimento ou suspeição do titular, na inexistência ou falta do substituto designado;

XV – homologar, ouvido o Conselho Superior, o resultado do concurso para ingresso na carreira;

XVI – fazer publicar aviso de existência de vaga, na lotação e na relação bienal de designações;

XVII – propor ao Procurador-Geral da República, ouvido o Conselho Superior, a criação e extinção de cargos da carreira e dos ofícios em que devam ser exercidas suas funções;

XVIII – elaborar a proposta orçamentária do Ministério Público do Trabalho, submetendo-a, para aprovação, ao Conselho Superior;

XIX – encaminhar ao Procurador-Geral da República a proposta orçamentária do Ministério Público do Trabalho, após sua aprovação pelo Conselho Superior;

XX – organizar a prestação de contas do exercício anterior, encaminhando-a ao Procurador-Geral da República;

XXI – praticar atos de gestão administrativa, financeira e de pessoal;

XXII – elaborar o relatório de atividades do Ministério Público do Trabalho;

XXIII – coordenar as atividades do Ministério Público do Trabalho;

XXIV – exercer outras atribuições previstas em lei.

Art. 92. As atribuições do Procurador-Geral do Trabalho, previstas no artigo anterior, poderão ser delegadas:

I – ao Coordenador da Câmara de Coordenação e Revisão, as dos incisos XIV, alínea c, e XXIII;

II – aos Chefes das Procuradorias Regionais do Trabalho nos Estados e no Distrito Federal, as dos incisos I, XIV, alínea *c*, XXI e XXIII.

SEÇÃO III.
DO COLÉGIO DE PROCURADORES DO TRABALHO

Art. 93. O Colégio de Procuradores do Trabalho, presidido pelo Procurador-Geral do Trabalho, é integrado por todos os membros da carreira em atividade no Ministério Público do Trabalho.

Art. 94. São atribuições do Colégio de Procuradores do Trabalho:

I – elaborar, mediante voto plurinominal, facultativo e secreto, a lista tríplice para a escolha do Procurador-Geral do Trabalho;

II – elaborar, mediante voto plurinominal, facultativo e secreto, a lista sêxtupla para a composição do Tribunal Superior do Trabalho, sendo elegíveis os membros do Ministério Público do Trabalho com mais de 10 (dez) anos na carreira, tendo mais de 35 (trinta e cinco) e menos de 65 (sessenta e cinco) anos de idade;

III – elaborar, mediante voto plurinominal, facultativo e secreto, a lista sêxtupla para os Tribunais Regionais do Trabalho, dentre os Procuradores com mais de 10 (dez) anos de carreira;

IV – eleger, dentre os Subprocuradores-Gerais do Trabalho e mediante voto plurinominal, facultativo e secreto, quatro membros do Conselho Superior do Ministério Público do Trabalho.

§ 1º. Para os fins previstos nos incisos deste artigo, prescindir-se-á de reunião do Colégio de Procuradores, procedendo-se segundo dispuser o seu Regimento Interno, exigido o voto da maioria absoluta dos eleitores.

§ 2º. Excepcionalmente, em caso de interesse relevante da Instituição, o Colégio de Procuradores reunir-se-á em local designado pelo Procurador-Geral do Trabalho, desde que convocado por ele ou pela maioria de seus membros.

§ 3º. Regimento Interno do Colégio de Procuradores do Trabalho disporá sobre seu funcionamento.

SEÇÃO IV.
DO CONSELHO SUPERIOR DO MINISTÉRIO PÚBLICO DO TRABALHO

Art. 95. O Conselho Superior do Ministério Público do Trabalho, presidido pelo Procurador-Geral do Trabalho, tem a seguinte composição:

I – o Procurador-Geral do Trabalho e o Vice-Procurador-Geral do Trabalho, que o integram como membros natos;

II – quatro Subprocuradores-Gerais do Trabalho, eleitos para um mandato de 2 (dois) anos, pelo Colégio de Procuradores do Trabalho, mediante voto plurinominal, facultativo e secreto, permitida uma reeleição;

III – quatro Subprocuradores-Gerais do Trabalho, eleitos para um mandato de 2 (dois) anos, por seus pares, mediante voto plurinominal, facultativo e secreto, permitida uma reeleição.

§ 1º. Serão suplentes dos membros de que tratam os incisos II e III os demais votados, em ordem decrescente, observados os critérios gerais de desempate.

§ 2º. O Conselho Superior elegerá o seu Vice-Presidente, que substituirá o Presidente em seus impedimentos e em caso de vacância.

Art. 96. O Conselho Superior do Ministério Público do Trabalho reunir-se-á ordinariamente, uma vez por mês, em dia previamente fixado e, extraordinariamente, quando convocado pelo Procurador-Geral do Trabalho ou por proposta da maioria absoluta de seus membros.

Art. 97. Salvo disposição em contrário, as deliberações do Conselho Superior serão tomadas por maioria de votos, presente a maioria absoluta dos seus membros.

§ 1º. Em caso de empate, prevalecerá o voto do Presidente, exceto em matéria de sanções, caso em que prevalecerá a solução mais favorável ao acusado.

§ 2º. As deliberações do Conselho Superior serão publicadas no Diário da Justiça, exceto quando o Regimento Interno determinar sigilo.

Art. 98. Compete ao Conselho Superior do Ministério Público do Trabalho:

I – exercer o poder normativo no âmbito do Ministério Público do Trabalho, observados os princípios desta Lei Complementar, especialmente para elaborar e aprovar:

a) o seu Regimento Interno, o do Colégio de Procuradores do Trabalho e o da Câmara de Coordenação e Revisão do Ministério Público do Trabalho;

b) as normas e as instruções para o concurso de ingresso na carreira;

c) as normas sobre as designações para os diferentes ofícios do Ministério Público do Trabalho;

d) os critérios para distribuição de procedimentos administrativos e quaisquer outros feitos no Ministério Público do Trabalho;

e) os critérios de promoção por merecimento na carreira;

f) o procedimento para avaliar o cumprimento das condições do estágio probatório;

II – indicar os integrantes da Câmara de Coordenação e Revisão do Ministério Público do Trabalho;

III – propor a exoneração do Procurador-Geral do Trabalho;

IV – destituir, por iniciativa do Procurador-Geral do Trabalho e pelo voto de 2/3 (dois terços) de seus membros, antes do término do mandato, o Corregedor-Geral;

V – elaborar a lista tríplice destinada à promoção por merecimento;

VI – elaborar a lista tríplice para Corregedor-Geral do Ministério Público do Trabalho;

VII – aprovar a lista de antiguidade do Ministério Público do Trabalho e decidir sobre as reclamações a ela concernentes;

VIII – indicar o membro do Ministério Público do Trabalho para promoção por antiguidade, observado o disposto no art. 93, II, alínea *d*, da Constituição Federal;

IX – opinar sobre a designação de membro do Ministério Público do Trabalho para:

a) funcionar nos órgãos em que a participação da Instituição seja legalmente prevista;

b) integrar comissões técnicas ou científicas relacionadas às funções da Instituição;

X – opinar sobre o afastamento temporário de membro do Ministério Público do Trabalho;

XI – autorizar a designação, em caráter excepcional, de membros do Ministério Público do Trabalho, para exercício de atribuições processuais perante juízos, tribunais ou ofícios diferentes dos estabelecidos para cada categoria;

XII – determinar a realização de correições e sindicâncias e apreciar os relatórios correspondentes;

XIII – determinar a instauração de processos administrativos em que o acusado seja membro do Ministério Público do Trabalho, apreciar seus relatórios e propor as medidas cabíveis;

XIV – determinar o afastamento do exercício de suas funções, de membro do Ministério Público do Trabalho, indiciado ou acusado em processo disciplinar, e o seu retorno;

XV – designar a comissão de processo administrativo em que o acusado seja membro do Ministério Público do Trabalho;

XVI – decidir sobre o cumprimento do estágio probatório por membro do Ministério Público do Trabalho, encaminhando cópia da decisão ao Procurador-Geral da República, quando for o caso, para ser efetivada sua exoneração;

XVII – decidir sobre remoção e disponibilidade de membro do Ministério Público do Trabalho, por motivo de interesse público;

XVIII – autorizar, pela maioria absoluta de seus membros, que o Procurador-Geral da República ajuíze a ação de perda de cargo contra membro vitalício do Ministério Público do Trabalho, nos casos previstos em lei;

XIX – opinar sobre os pedidos de reversão de membro da carreira;

XX – aprovar a proposta de lei para o aumento do número de cargos da carreira e dos ofícios;

XXI – deliberar sobre a realização de concurso para o ingresso na carreira, designar os membros da Comissão de Concurso e opinar sobre a homologação dos resultados;

XXII - aprovar a proposta orçamentária que integrará o projeto de orçamento do Ministério Público da União;

XXIII – exercer outras funções atribuídas em lei.

§ 1º. Aplicam-se ao Procurador-Geral e aos demais membros do Conselho Superior as normas processuais em geral, pertinentes aos impedimentos e suspeição dos membros do Ministério Público.

§ 2º. As deliberações relativas aos incisos I, alíneas *a* e *e*, XI, XIII, XIV, XV e XVII somente poderão ser tomadas com o voto favorável de 2/3 (dois terços) dos membros do Conselho Superior.

SEÇÃO V. DA CÂMARA DE COORDENAÇÃO E REVISÃO DO MINISTÉRIO PÚBLICO DO TRABALHO

Art. 99. A Câmara de Coordenação e Revisão do Ministério Público do Trabalho é um órgão de coordenação, de integração e de revisão do exercício funcional na Instituição.

Art. 100. A Câmara de Coordenação e Revisão do Ministério Público do Trabalho será organizada por ato normativo, e o Regimento Interno, que disporá sobre seu funcionamento, será elaborado pelo Conselho Superior.

Art. 101. A Câmara de Coordenação e Revisão do Ministério Público do Trabalho será composta por três membros do Ministério Público do Trabalho, sendo um indicado pelo Procurador-Geral do Trabalho e dois pelo Conselho Superior do Ministério Público do Trabalho, juntamente com seus suplentes, para um mandato de dois anos, sempre que possível, dentre integrantes do último grau da carreira.

Art. 102. Dentre os integrantes da Câmara de Coordenação e Revisão, um deles será designado pelo Procurador-Geral para a função executiva de Coordenador.

Art. 103. Compete à Câmara de Coordenação e Revisão do Ministério Público do Trabalho:

I – promover a integração e a coordenação dos órgãos institucionais do Ministério Público do Trabalho, observado o princípio da independência funcional;

II – manter intercâmbio com órgãos ou entidades que atuem em áreas afins;

III – encaminhar informações técnico-jurídicas aos órgãos institucionais do Ministério Público do Trabalho;

IV – resolver sobre a distribuição especial de feitos e procedimentos, quando a matéria, por sua natureza ou relevância, assim o exigir;

V – resolver sobre a distribuição especial de feitos, que por sua contínua reiteração, devam receber tratamento uniforme;

VI – decidir os conflitos de atribuição entre os órgãos do Ministério Público do Trabalho.

Parágrafo único. A competência fixada nos incisos IV e V será exercida segundo critérios objetivos previamente estabelecidos pelo Conselho Superior.

SEÇÃO VI. DA CORREGEDORIA DO MINISTÉRIO PÚBLICO DO TRABALHO

Art. 104. A Corregedoria do Ministério Público do Trabalho, dirigida pelo Corregedor-Geral, é o órgão fiscalizador das atividades funcionais e da conduta dos membros do Ministério Público.

Art. 105. O Corregedor-Geral será nomeado pelo Procurador-Geral do Trabalho dentre os Subprocuradores-Gerais do Trabalho, integrantes de lista tríplice elaborada pelo Conselho Superior, para mandato de 2 (dois) anos, renovável uma vez.

§ 1º. Não poderão integrar a lista tríplice os membros do Conselho Superior.

§ 2º. Serão suplentes do Corregedor-Geral os demais integrantes da lista tríplice, na ordem em que os designar o Procurador-Geral.

§ 3º. O Corregedor-Geral poderá ser destituído, por iniciativa do Procurador-Geral, antes do término do mandato, pelo voto de 2/3 (dois terços) dos membros do Conselho Superior.

Art. 106. Incumbe ao Corregedor-Geral do Ministério Público:

I – participar, sem direito a voto, das reuniões do Conselho Superior;

II – realizar, de ofício ou por determinação do Procurador-Geral ou do Conselho Superior, correições e sindicâncias, apresentando os respectivos relatórios;

III – instaurar inquérito contra integrante da carreira e propor ao Conselho Superior a instauração do processo administrativo consequente;

IV – acompanhar o estágio probatório dos membros do Ministério Público do Trabalho;

V – propor ao Conselho Superior a exoneração de membro do Ministério Público do Trabalho que não cumprir as condições do estágio probatório.

SEÇÃO VII. DOS SUBPROCURADORES-GERAIS DO TRABALHO

Art. 107. Os Subprocuradores-Gerais do Trabalho serão designados para oficiar junto ao Tribunal Superior do Trabalho e nos ofícios na Câmara de Coordenação e Revisão.

Parágrafo único. A designação de Subprocurador-Geral do Trabalho para oficiar em órgãos jurisdicionais diferentes do previsto para a categoria dependerá de autorização do Conselho Superior.

Art. 108. Cabe aos Subprocuradores-Gerais do Trabalho, privativamente, o exercício das funções de:

I – Corregedor-Geral do Ministério Público do Trabalho;

II – Coordenador da Câmara de Coordenação e Revisão do Ministério Público do Trabalho.

Art. 109. Os Subprocuradores-Gerais do Trabalho serão lotados nos ofícios na Procuradoria-Geral do Trabalho.

SEÇÃO VIII. DOS PROCURADORES REGIONAIS DO TRABALHO

Art. 110. Os Procuradores Regionais do Trabalho serão designados para oficiar junto aos Tribunais Regionais do Trabalho.

Parágrafo único. Em caso de vaga ou de afastamento de Subprocurador-Geral do Trabalho por prazo superior a 30 (trinta) dias, poderá ser convocado pelo Procurador-Geral, mediante aprovação do Conselho Superior, Procurador Regional do Trabalho para substituição.

Art. 111. O Procuradores Regionais do Trabalho serão lotados nos ofícios nas Procuradorias Regionais do Trabalho nos Estados e no Distrito Federal.

SEÇÃO IX. DOS PROCURADORES DO TRABALHO

Art. 112. Os Procuradores do Trabalho serão designados para funcionar junto aos Tribunais Regionais do Trabalho e, na forma das leis processuais, nos litígios trabalhistas que envolvam, especialmente, interesses de menores e incapazes.

Parágrafo único. A designação de Procurador do Trabalho para oficiar em órgãos jurisdicionais diferentes dos previstos para a categoria dependerá de autorização do Conselho Superior.

Art. 113. Os Procuradores do Trabalho serão lotados nos ofícios nas Procuradorias Regionais do Trabalho nos Estados e no Distrito Federal.

SEÇÃO X. DAS UNIDADES DE LOTAÇÃO E DE ADMINISTRAÇÃO

Art. 114. Os ofícios na Procuradoria-Geral do Trabalho e nas Procuradorias Regionais do Trabalho nos Estados e no Distrito Federal são unidades de lotação e de administração do Ministério Público do Trabalho.

Art. 115. A estrutura básica das unidades de lotação e de administração será organizada por regulamento, nos termos da lei.

CAPÍTULO III. DO MINISTÉRIO PÚBLICO MILITAR

SEÇÃO I. DA COMPETÊNCIA, DOS ÓRGÃOS E DA CARREIRA

Art. 116. Compete ao Ministério Público Militar o exercício das seguintes atribuições junto aos órgãos da Justiça Militar:

I – promover, privativamente, a ação penal pública;

II – promover a declaração de indignidade ou de incompatibilidade para o oficialato;

III – manifestar-se em qualquer fase do processo, acolhendo solicitação do juiz ou por sua iniciativa, quando entender existente interesse público que justifique a intervenção.

Art. 117. Incumbe ao Ministério Público Militar:

I – requisitar diligências investigatórias e a instauração de inquérito policial-militar, podendo acompanhá-los e apresentar provas;

II – exercer o controle externo da atividade da polícia judiciária militar.

Art. 118. São órgãos do Ministério Público Militar:

I – o Procurador-Geral da Justiça Militar;

II – o Colégio de Procuradores da Justiça Militar;

III – o Conselho Superior do Ministério Público Militar;

IV – a Câmara de Coordenação e Revisão do Ministério Público Militar;

V – a Corregedoria do Ministério Público Militar;

VI – os Subprocuradores-Gerais da Justiça Militar;

VII – os Procuradores da Justiça Militar;

VIII – os Promotores da Justiça Militar.

Art. 119. A carreira do Ministério Público Militar é constituída pelos cargos de Subprocurador-Geral da Justiça Militar, Procurador da Justiça Militar e Promotor da Justiça Militar.

Parágrafo único. O cargo inicial da carreira é o de Promotor da Justiça Militar e o do último nível é o de Subprocurador-Geral da Justiça Militar.

SEÇÃO II. DO PROCURADOR-GERAL DA JUSTIÇA MILITAR

Art. 120. O Procurador-Geral da Justiça Militar é o Chefe do Ministério Público Militar.

Art. 121. O Procurador-Geral da Justiça Militar será nomeado pelo Procurador-Geral da República, dentre integrantes da Instituição, com mais de 35 (trinta e cinco) anos de idade e de 5 (cinco) anos na carreira, escolhidos em lista tríplice mediante voto plurinominal, facultativo e secreto, pelo Colégio de Procuradores, para um mandato de 2 (dois) anos, permitida uma recondução, observado o mesmo processo. Caso não haja número suficiente de candidatos com mais de 5 (cinco) anos na carreira, poderá concorrer à lista tríplice quem contar mais de 2 (dois) anos na carreira.

Parágrafo único. A exoneração do Procurador-Geral da Justiça Militar, antes do término do mandato, será proposta pelo Conselho Superior ao Procurador-Geral da República, mediante deliberação obtida com base em voto secreto de 2/3 (dois terços) de seus integrantes.

Art. 122. O Procurador-Geral da Justiça Militar designará, dentre os Subprocuradores-Gerais, o Vice-Procurador-Geral da Justiça Militar, que o substituirá em seus impedimentos. Em caso de vacância, exercerá o cargo o Vice-Presidente do Conselho Superior, até o seu provimento definitivo.

Art. 123. Compete ao Procurador-Geral da Justiça Militar exercer as funções atribuídas ao Ministério Público Militar junto ao Superior Tribunal Militar, propondo as ações cabíveis e manifestando-se nos processos de sua competência.

Art. 124. São atribuições do Procurador-Geral da Justiça Militar:

I – representar o Ministério Público Militar;

II – integrar, como membro nato, e presidir o Colégio de Procuradores da Justiça Militar, o Conselho Superior do Ministério Público da Justiça Militar e a Comissão de Concurso;

III – nomear o Corregedor-Geral do Ministério Público Militar, segundo lista tríplice elaborada pelo Conselho Superior;

IV – designar um dos membros e o Coordenador da Câmara de Coordenação e Revisão do Ministério Público Militar;

V – designar, observados os critérios da lei e os estabelecidos pelo Conselho Superior, os ofícios em que exercerão suas funções os membros do Ministério Público Militar;

VI – decidir, em grau de recurso, os conflitos de atribuições entre os órgãos do Ministério Público Militar;

VII – determinar a abertura de correição, sindicância ou inquérito administrativo;

VIII – determinar a instauração de inquérito ou processo administrativo contra servidores dos serviços auxiliares;

IX – decidir processo disciplinar contra membro da carreira ou servidor dos serviços auxiliares, aplicando as sanções que sejam de sua competência;

X – decidir, atendida a necessidade do serviço, sobre:

a) remoção a pedido ou por permuta;

b) alteração parcial da lista bienal de designações;

XI – autorizar o afastamento de membros do Ministério Público Militar, ouvido o Conselho Superior, nas hipóteses da lei;

XII – dar posse aos membros do Ministério Público Militar;

XIII – designar membro do Ministério Público Militar para:

a) funcionar nos órgãos em que a participação da Instituição seja legalmente prevista, ouvido o Conselho Superior;

b) integrar comissões técnicas ou científicas, relacionadas às funções da Instituição, ouvido o Conselho Superior;

c) assegurar a continuidade dos serviços, em caso de vacância, afastamento temporário, ausência, impedimento ou suspeição do titular, na inexistência ou falta do substituto designado;

XIV – homologar, ouvido o Conselho Superior, o resultado do concurso para ingresso na carreira;

XV – fazer publicar o aviso de existência de vaga, na lotação e na relação bienal de designações;

XVI – propor ao Procurador-Geral da República, ouvido o Conselho Superior, a criação e extinção de cargos da carreira e dos ofícios em que devam ser exercidas suas funções;

XVII – elaborar a proposta orçamentária do Ministério Público Militar, submetendo-a ao Conselho Superior;

XVIII – encaminhar ao Procurador-Geral da República a proposta orçamentária do Ministério Público Militar, após sua aprovação pelo Conselho Superior;

XIX – organizar a prestação de contas do exercício anterior, encaminhando-a ao Procurador-Geral da República;

XX – praticar atos de gestão administrativa, financeira e de pessoal;

XXI – elaborar o relatório de atividades do Ministério Público Militar;

XXII – coordenar as atividades do Ministério Público Militar;

XXIII – exercer outras atribuições previstas em lei.

Art. 125. As atribuições do Procurador-Geral da Justiça Militar, previstas no artigo anterior, poderão ser delegadas:

I – ao Coordenador da Câmara de Coordenação e Revisão, as dos incisos XIII, alínea *c*, e XXII;

II – ao Procurador da Justiça Militar, as dos incisos I e XX.

SEÇÃO III. DO COLÉGIO DE PROCURADORES DA JUSTIÇA MILITAR

Art. 126. O Colégio de Procuradores da Justiça Militar, presidido pelo Procurador-Geral da Justiça Militar, é integrado por todos os membros da carreira em atividade no Ministério Público da Justiça Militar.

Art. 127. Compete ao Colégio de Procuradores da Justiça Militar:

I – elaborar, mediante voto plurinominal, facultativo e secreto, lista tríplice para a escolha do Procurador-Geral da Justiça Militar;

II – opinar sobre assuntos gerais de interesse da Instituição.

§ 1º. Para os fins previstos no inciso I, prescindir-se-á de reunião do Colégio de Procuradores, procedendo-se segundo dispuser o seu Regimento Interno, exigido o voto da maioria absoluta dos eleitores.

§ 2º. Excepcionalmente, em caso de interesse relevante da Instituição, o Colégio de Procuradores reunir-se-á em local designado pelo Procurador-Geral da Justiça Militar, desde que convocado por ele ou pela maioria de seus membros.

§ 3º. Regimento Interno do Colégio de Procuradores Militares disporá sobre seu funcionamento.

SEÇÃO IV. DO CONSELHO SUPERIOR DO MINISTÉRIO PÚBLICO MILITAR

Art. 128. O Conselho Superior do Ministério Público Militar, presidido pelo Procurador-Geral da Justiça Militar, tem a seguinte composição:

I – o Procurador-Geral da Justiça Militar e o Vice-Procurador-Geral da Justiça Militar;

II – os Subprocuradores-Gerais da Justiça Militar.

Parágrafo único. O Conselho Superior elegerá o seu Vice-Presidente, que substituirá o Presidente em seus impedimentos e em caso de vacância.

Art. 129. O Conselho Superior do Ministério Público Militar reunir-se-á, ordinariamente, uma vez por mês, em dia previamente fixado, e, extraordinariamente, quando convocado pelo Procurador-Geral da Justiça Militar ou por proposta da maioria absoluta de seus membros.

Art. 130. Salvo disposição em contrário, as deliberações do Conselho Superior serão tomadas por maioria de votos, presente a maioria absoluta dos seus membros.

§ 1º. Em caso de empate, prevalecerá o voto do Presidente, exceto em matéria de sanções, caso em que prevalecerá a solução mais favorável ao acusado.

§ 2º. As deliberações do Conselho Superior serão publicadas no Diário da Justiça, exceto quando o Regimento Interno determine sigilo.

Art. 131. Compete ao Conselho Superior do Ministério Público Militar:

I – exercer o poder normativo no âmbito do Ministério Público Militar, observados os princípios desta Lei Complementar, especialmente para elaborar e aprovar:

a) o seu Regimento Interno, o do Colégio de Procuradores da Justiça Militar e o da Câmara de Coordenação e Revisão do Ministério Público Militar;

b) as normas e as instruções para o concurso de ingresso na carreira;

c) as normas sobre as designações para os diferentes ofícios do Ministério Público Militar;

d) os critérios para distribuição de inquéritos e quaisquer outros feitos, no Ministério Público Militar;

e) os critérios de promoção por merecimento na carreira;

f) o procedimento para avaliar o cumprimento das condições do estágio probatório;

II – indicar os integrantes da Câmara de Coordenação e Revisão do Ministério Público Militar;

III – propor a exoneração do Procurador-Geral da Justiça Militar;

IV – destituir, por iniciativa do Procurador-Geral do Ministério Público Militar e pelo voto de 2/3 (dois terços) de seus membros, antes do término do mandato, o Corregedor-Geral;

V – elaborar a lista tríplice destinada à promoção por merecimento;

VI – elaborar a lista tríplice para Corregedor-Geral do Ministério Público Militar;

VII – aprovar a lista de antiguidade do Ministério Público Militar e decidir sobre as reclamações a ela concernentes;

VIII – indicar o membro do Ministério Público Militar para promoção por antiguidade, observado o disposto no artigo 93, II, alínea *d*, da Constituição Federal;

IX – opinar sobre a designação de membro do Ministério Público Militar para:

a) funcionar nos órgãos em que a participação da Instituição seja legalmente prevista;

b) integrar comissões técnicas ou científicas relacionadas às funções da Instituição;

X – opinar sobre o afastamento temporário de membro do Ministério Público Militar;

XI – autorizar a designação, em caráter excepcional, de membro do Ministério Público Militar, para exercícios de atribuições processuais perante juízos, tribunais ou ofícios diferentes dos estabelecidos para cada categoria;

XII – determinar a realização de correições e sindicâncias e apreciar os relatórios correspondentes;

XIII – determinar a instauração de processos administrativos em que o acusado seja membro do Ministério Público Militar, apreciar seus relatórios e propor as medidas cabíveis;

XIV – determinar o afastamento preventivo do exercício de suas funções, de membro do Ministério Público Militar, indiciado ou acusado em processo disciplinar, e seu retorno;

XV – designar a comissão de processo administrativo em que o acusado seja membro do Ministério Público Militar;

XVI – decidir sobre o cumprimento do estágio probatório por membro do Ministério Público Militar, encaminhando cópia da decisão ao Procurador-Geral da República, quando for o caso, para ser efetivada sua exoneração;

XVII – decidir sobre remoção e disponibilidade de membro do Ministério Público Militar, por motivo de interesse público;

XVIII – autorizar, pela maioria absoluta de seus membros, que o Procurador-Geral da República ajuíze ação de perda de cargo contra membro vitalício do Ministério Público Militar, nos casos previstos nesta Lei Complementar;

XIX – opinar sobre os pedidos de reversão de membro da carreira;

XX – aprovar a proposta de lei para o aumento do número de cargos da carreira e dos ofícios;

XXI – deliberar sobre a realização de concurso para ingresso na carreira, designar os membros da Comissão de Concurso e opinar sobre a homologação dos resultados;

XXII – exercer outras funções atribuídas em lei.

§ 1º. Aplicam-se ao Procurador-Geral e aos demais membros do Conselho Superior as normas processuais em geral, pertinentes aos impedimentos e suspeição dos membros do Ministério Público.

§ 2º. As deliberações relativas aos incisos I, alíneas a e e, XI, XIII, XIV, XV e XVII somente poderão ser tomadas com o voto favorável de 2/3 (dois terços) dos membros do Conselho Superior.

SEÇÃO V. DA CÂMARA DE COORDENAÇÃO E REVISÃO DO MINISTÉRIO PÚBLICO MILITAR

Art. 132. A Câmara de Coordenação e Revisão do Ministério Público Militar é o órgão de coordenação, de integração e de revisão do exercício funcional na Instituição.

Art. 133. A Câmara de Coordenação e Revisão do Ministério Público Militar será organizada por ato normativo e o Regimento Interno, que disporá sobre seu funcionamento, será elaborado e aprovado pelo Conselho Superior.

Art. 134. A Câmara de Coordenação e Revisão do Ministério Público Militar será composta por três membros do Ministério Público Militar, sendo um indicado pelo Procurador-Geral da Justiça Militar e dois pelo Conselho Superior do Ministério Público Militar, juntamente com seus suplentes, para um mandato de 2 (dois) anos, sempre que possível, dentre integrantes do último grau da carreira.

Art. 135. Dentre os integrantes da Câmara de Coordenação e Revisão, um deles será designado pelo Procurador-Geral para a função executiva de Coordenador.

Art. 136. Compete à Câmara de Coordenação e Revisão do Ministério Público Militar:

I – promover a integração e a coordenação dos órgãos institucionais do Ministério Público Militar, observado o princípio da independência funcional;

II – manter intercâmbio com órgãos ou entidades que atuem em áreas afins;

III – encaminhar informações técnico-jurídicas aos órgãos institucionais do Ministério Público Militar;

IV – manifestar-se sobre o arquivamento de inquérito policial militar, exceto nos casos de competência originária do Procurador-Geral;

V – resolver sobre a distribuição especial de inquéritos e quaisquer outros feitos, quando a matéria, por sua natureza ou relevância, assim o exigir;

VI – decidir os conflitos de atribuição entre os órgãos do Ministério Público Militar.

Parágrafo único. A competência fixada no inciso V será exercida segundo critérios objetivos previamente estabelecidos pelo Conselho Superior.

SEÇÃO VI. DA CORREGEDORIA DO MINISTÉRIO PÚBLICO MILITAR

Art. 137. A Corregedoria do Ministério Público Militar, dirigida pelo Corregedor-Geral, é o órgão fiscalizador das atividades funcionais e da conduta dos membros do Ministério Público.

Art. 138. O Corregedor-Geral do Ministério Público Militar será nomeado pelo Procurador-Geral da Justiça Militar dentre os Subprocuradores-Gerais da Justiça Militar integrantes de lista tríplice elaborada pelo Conselho Superior para mandato de 2 (dois) anos, renovável uma vez.

§ 1º. Serão suplentes do Corregedor-Geral os demais integrantes da lista tríplice, na ordem em que os designar o Procurador-Geral.

§ 2º. O Corregedor-Geral poderá ser destituído, por iniciativa do Procurador-Geral, antes do término do mandato, pelo voto de 2/3 (dois terços) dos membros do Conselho Superior.

Art. 139. Incumbe ao Corregedor-Geral do Ministério Público:

I – realizar, de ofício, ou por determinação do Procurador-Geral ou do Conselho Superior, correições e sindicâncias, apresentando os respectivos relatórios;

II – instaurar inquérito contra integrante da carreira e propor ao Conselho Superior a instauração do processo administrativo consequente;

III – acompanhar o estágio probatório dos membros do Ministério Público Militar;

IV – propor ao Conselho Superior a exoneração de membro do Ministério Público Militar que não cumprir as condições do estágio probatório.

SEÇÃO VII. DOS SUBPROCURADORES-GERAIS DA JUSTIÇA MILITAR

Art. 140. Os Subprocuradores-Gerais da Justiça Militar serão designados para oficiar junto ao Superior Tribunal Militar e à Câmara de Coordenação e Revisão.

Parágrafo único. A designação de Subprocurador-Geral Militar para oficiar em órgãos jurisdicionais diferentes do previsto para a categoria dependerá de autorização do Conselho Superior.

Art. 141. Cabe aos Subprocuradores-Gerais da Justiça Militar, privativamente, o exercício das funções de:

I – Corregedor-Geral do Ministério Público Militar;

II – Coordenador da Câmara de Coordenação e Revisão do Ministério Público Militar.

Art. 142. Os Subprocuradores-Gerais da Justiça Militar serão lotados nos ofícios na Procuradoria-Geral da Justiça Militar.

SEÇÃO VIII. DOS PROCURADORES DA JUSTIÇA MILITAR

Art. 143. Os Procuradores da Justiça Militar serão designados para oficiar junto às Auditorias Militares.

§ 1º. Em caso de vaga ou afastamento do Subprocurador-Geral da Justiça Militar por prazo superior a 30 (trinta) dias, poderá ser convocado pelo Procurador-Geral, mediante aprovação pelo Conselho Superior, Procurador da Justiça Militar e, nenhum desses aceitando, poderá ser convocado Promotor da Justiça Militar, para substituição.

§ 2º. O Procurador da Justiça Militar convocado, ou o Promotor da Justiça Militar, receberá a diferença de vencimentos, correspondente ao cargo de Subprocurador-Geral da Justiça Militar, inclusive diárias e transporte se for o caso.

Art. 144. Os Procuradores da Justiça Militar serão lotados nos ofícios nas Procuradorias da Justiça Militar.

SEÇÃO IX. DOS PROMOTORES DA JUSTIÇA MILITAR

Art. 145. Os Promotores da Justiça Militar serão designados para oficiar junto às Auditorias Militares.

Parágrafo único. Em caso de vaga ou afastamento de Procurador da Justiça Militar por prazo superior a 30 (trinta) dias, poderá ser convocado pelo Procurador-Geral, mediante aprovação do Conselho Superior, Promotor da Justiça Militar, para a substituição.

Art. 146. Os Promotores da Justiça Militar serão lotados nos ofícios nas Procuradorias da Justiça Militar.

SEÇÃO X. DAS UNIDADES DE LOTAÇÃO E DE ADMINISTRAÇÃO

Art. 147. Os ofícios na Procuradoria-Geral da Justiça Militar e nas Procuradorias da Justiça Militar são unidades de lotação e de administração do Ministério Público Militar.

Art. 148. A estrutura das unidades de lotação e de administração será organizada por regulamento, nos termos da lei.

CAPÍTULO IV. DO MINISTÉRIO PÚBLICO DO DISTRITO FEDERAL E TERRITÓRIOS

SEÇÃO I. DA COMPETÊNCIA, DOS ÓRGÃOS E DA CARREIRA

Art. 149. O Ministério Público do Distrito Federal e Territórios exercerá as suas funções nas causas de competência do Tribunal de Justiça e dos Juízes do Distrito Federal e Territórios.

Art. 150. Incumbe ao Ministério Público do Distrito Federal e Territórios:

I – instaurar inquérito civil e outros procedimentos administrativos correlatos;

II – requisitar diligências investigatórias e a instauração de inquérito policial, podendo acompanhá-los e apresentar provas;

III – requisitar à autoridade competente a instauração de procedimentos administrativos, ressalvados os de natureza disciplinar, podendo acompanhá-los e produzir provas;

IV – exercer o controle externo da atividade da polícia do Distrito Federal e da dos Territórios;

V – participar dos Conselhos Penitenciários;

VI – participar, como instituição observadora, na forma e nas condições estabelecidas em ato do Procurador-Geral da República, de qualquer órgão da administração pública direta, indireta ou fundacional do Distrito Federal, que tenha atribuições correlatas às funções da Instituição;

VII – fiscalizar a execução da pena, nos processos de competência da Justiça do Distrito Federal e Territórios.

Art. 151. Cabe ao Ministério Público do Distrito Federal e Territórios exercer a defesa dos direitos constitucionais do cidadão, sempre que se cuide de garantir-lhes o respeito:

I – pelos Poderes Públicos do Distrito Federal e dos Territórios;

II – pelos órgãos da administração pública, direta ou indireta, do Distrito Federal e dos Territórios;

III – pelos concessionários e permissionários do serviço público do Distrito Federal e dos Territórios;

IV – por entidades que exerçam outra função delegada do Distrito Federal e dos Territórios.

Art. 152. O Procurador-Geral de Justiça designará, dentre os Procuradores de Justiça e mediante prévia aprovação do nome pelo Conselho Superior, o Procurador Distrital dos Direitos do Cidadão, para servir pelo prazo de 2 (dois) anos, permitida a recondução, precedida de nova decisão do Conselho Superior.

§ 1º. Sempre que possível, o Procurador Distrital não acumulará o exercício de suas funções com outras do Ministério Público.

§ 2º. O Procurador Distrital somente será dispensado, antes do termo de sua investidura, por iniciativa do Procurador-Geral de Justiça, anuindo a maioria absoluta do Conselho Superior.

Art. 153. São órgãos do Ministério Público do Distrito Federal e Territórios:

I – o Procurador-Geral de Justiça;
II – o Colégio de Procuradores e Promotores de Justiça;
III – o Conselho Superior do Ministério Público do Distrito Federal e Territórios;
IV – a Corregedoria do Ministério Público do Distrito Federal e Territórios;
V – as Câmaras de Coordenação e Revisão do Ministério Público do Distrito Federal e Territórios;
VI – os Procuradores de Justiça;
VII – os Promotores de Justiça;
VIII – os Promotores de Justiça Adjuntos.

Art. 154. A carreira do Ministério Público do Distrito Federal e Territórios é constituída pelos cargos de Procurador de Justiça, Promotor de Justiça e Promotor de Justiça Adjunto.

Parágrafo único. O cargo inicial da carreira é o de Promotor de Justiça Adjunto e o último o de Procurador de Justiça.

SEÇÃO II.
DO PROCURADOR-GERAL DE JUSTIÇA

Art. 155. O Procurador-Geral de Justiça é o Chefe do Ministério Público do Distrito Federal e Territórios.

Art. 156. O Procurador-Geral de Justiça será nomeado pelo Presidente da República dentre integrantes de lista tríplice elaborada pelo Colégio de Procuradores e Promotores de Justiça, para mandato de 2 (dois) anos, permitida uma recondução, precedida de nova lista tríplice.

§ 1º. Concorrerão à lista tríplice os membros do Ministério Público do Distrito Federal com mais de 5 (cinco) anos de exercício nas funções da carreira e que não tenham sofrido, nos últimos 4 (quatro) anos, qualquer condenação definitiva ou não estejam respondendo a processo penal ou administrativo.

§ 2º. O Procurador-Geral poderá ser destituído, antes do término do mandato, por deliberação da maioria absoluta do Senado Federal, mediante representação do Presidente da República.

Art. 157. O Procurador-Geral designará, dentre os Procuradores de Justiça, o Vice-Procurador-Geral de Justiça, que o substituirá em seus impedimentos. Em caso de vacância, exercerá o cargo o Vice-Presidente do Conselho Superior, até o seu provimento definitivo.

Art. 158. Compete ao Procurador-Geral de Justiça exercer as funções atribuídas ao Ministério Público no Plenário do Tribunal de Justiça do Distrito Federal e Territórios, propondo as ações cabíveis e manifestando-se nos processos de sua competência.

Art. 159. Incumbe ao Procurador-Geral de Justiça, como Chefe do Ministério Público:

I – representar o Ministério Público do Distrito Federal e Territórios;
II – integrar, como membro nato, o Colégio de Procuradores e Promotores de Justiça, o Conselho Superior e a Comissão de Concurso;
III – designar o Procurador Distrital dos Direitos do Cidadão;
IV – designar um dos membros e o Coordenador de cada uma das Câmaras de Coordenação e Revisão do Ministério Público do Distrito Federal e Territórios;
V – nomear o Corregedor-Geral do Ministério Público do Distrito Federal e Territórios;
VI – decidir, em grau de recurso, os conflitos de atribuições entre órgãos do Ministério Público do Distrito Federal e Territórios;
VII – determinar a abertura de correição, sindicância ou inquérito administrativo;
VIII – determinar a instauração de inquérito ou processo administrativo contra servidores dos serviços auxiliares;
IX – decidir processo disciplinar contra membro da carreira ou servidor dos serviços auxiliares, aplicando as sanções que sejam de sua competência;
X – decidir, atendendo a necessidade do serviço, sobre:

a) remoção a pedido ou por permuta;

b) alteração parcial da lista bienal de designações;

XI – autorizar o afastamento de membros do Ministério Público do Distrito Federal e Territórios, ouvido o Conselho Superior, nos casos previstos em lei;
XII – dar posse aos membros do Ministério Público do Distrito Federal e Territórios;
XIII – designar membro do Ministério Público do Distrito Federal e Territórios para:

a) funcionar nos órgãos em que a participação da Instituição seja legalmente prevista, ouvido o Conselho Superior;

b) integrar comissões técnicas ou científicas, relacionadas às funções da Instituição, ouvido o Conselho Superior;

c) assegurar a continuidade dos serviços, em caso de vacância, afastamento temporário, ausência, impedimento ou suspeição do titular, na inexistência ou falta do substituto designado;

d) acompanhar procedimentos administrativos e inquéritos policiais, instaurados em áreas estranhas à sua competência específica, desde que relacionados a fatos de interesse da Instituição;

XIV – homologar, ouvido o Conselho Superior, o resultado de concurso para ingresso na carreira;
XV – fazer publicar o aviso de existência de vaga, na lotação e na relação bienal de designações;
XVI – propor ao Procurador-Geral da República, ouvido o Conselho Superior, a criação e a extinção de cargos da carreira e dos ofícios em que devam ser exercidas suas funções;
XVII – elaborar a proposta orçamentária do Ministério Público do Distrito Federal e Territórios, submetendo-a ao Conselho Superior;
XVIII – encaminhar ao Procurador-Geral da República a proposta orçamentária do Ministério Público do Distrito Federal e Territórios, após sua aprovação pelo Conselho Superior;
XIX – organizar a prestação de contas do exercício anterior, encaminhando-a ao Procurador-Geral da República;
XX – praticar atos de gestão administrativa, financeira e de pessoal;
XXI – elaborar o relatório de atividades do Ministério Público do Distrito Federal e Territórios;
XXII – coordenar as atividades do Ministério Público do Distrito Federal e Territórios;
XXIII – exercer outras atribuições previstas em lei.

Art. 160. As atribuições do Procurador-Geral de Justiça, previstas nos incisos XIII, alíneas *c*, *d*, XXII e XXIII, do artigo anterior, poderão ser delegadas a Coordenador de Câmara de Coordenação e Revisão.

SEÇÃO III.
DO COLÉGIO DE PROCURADORES E PROMOTORES DE JUSTIÇA

Art. 161. O Colégio de Procuradores e Promotores de Justiça, presidido pelo Procurador-Geral de Justiça, é integrado por todos os membros da carreira em atividade no Ministério Público do Distrito Federal e Territórios.

Art. 162. Compete ao Colégio de Procuradores e Promotores de Justiça:

I – elaborar, mediante voto plurinominal, facultativo e secreto a lista tríplice para o cargo de Procurador-Geral de Justiça;
II – opinar sobre assuntos gerais de interesse da Instituição;
III – elaborar, mediante voto plurinominal, facultativo e secreto, a lista sêxtupla para a composição do Tribunal de Justiça do Distrito Federal e Territórios, sendo elegíveis os membros do Ministério Público do Distrito Federal e Territórios com mais de 10 (dez) anos de carreira;
IV – eleger, dentre os Procuradores de Justiça e mediante voto plurinominal, facultativo e secreto, quatro membros do Conselho Superior do Ministério Público do Distrito Federal e Territórios;
V – elaborar, mediante voto plurinominal, facultativo e secreto, lista sêxtupla para a composição do Superior Tribunal de Justiça, sendo elegíveis os membros do Ministério Público do Distrito Federal e Territórios, com mais de 35 (trinta e cinco) e menos de 65 (sessenta e cinco) anos de idade.

§ 1º. Para os fins previstos nos incisos I, II, III, IV e V, prescindir-se-á de reunião do Colégio de Procuradores e Promotores de Justiça, procedendo-se segundo dispuser o seu Regimento Interno, exigido o voto da maioria absoluta dos eleitores.

§ 2º. Excepcionalmente, em caso de interesse relevante da Instituição, o Colégio de Procuradores e Promotores de Justiça reunir-se-á em local designado pelo Procurador-Geral de Justiça, desde que convocado por ele ou pela maioria de seus membros.

§ 3º. Regimento Interno do Colégio de Procuradores e Promotores de Justiça disporá sobre seu funcionamento.

SEÇÃO IV.
DO CONSELHO SUPERIOR DO MINISTÉRIO PÚBLICO DO DISTRITO FEDERAL E TERRITÓRIOS

Art. 163. O Conselho Superior do Ministério Público do Distrito Federal e Territórios, presidido pelo Procurador-Geral de Justiça, tem a seguinte composição:

I – o Procurador-Geral de Justiça e o Vice-Procurador-Geral de Justiça, que o integram como membros natos;
II – quatro Procuradores de Justiça, eleitos, para mandato de 2 (dois) anos, na forma do inciso IV do artigo anterior, permitida uma reeleição;
III – quatro Procuradores de Justiça, eleitos para um mandato de 2 (dois) anos, por seus pares, mediante voto plurinominal, facultativo e secreto, permitida uma reeleição.

§ 1º. Serão suplentes dos membros de que tratam os incisos II e III os demais votados, em ordem decrescente, observados os critérios gerais de desempate.

§ 2º. O Conselho Superior elegerá o seu Vice-Presidente, que substituirá o Presidente em seus impedimentos e em caso de vacância.

Art. 164. O Conselho Superior do Ministério Público do Distrito Federal e Territórios reunir-se-á, ordinariamente, uma vez por mês, em dia previamente fixado, e extraordinariamente, quando convocado pelo Procurador-Geral de Justiça ou por proposta da maioria absoluta de seus membros.

Art. 165. Salvo disposição em contrário, as deliberações do Conselho Superior serão tomadas por maioria de votos, presente a maioria absoluta de seus membros.

Art. 166. Compete ao Conselho Superior do Ministério Público do Distrito Federal e Territórios:

I – exercer o poder normativo no âmbito do Ministério Público do Distrito Federal e Territórios, observados os princípios desta Lei Complementar, especialmente para elaborar e aprovar:

a) o seu Regimento Interno, o do Colégio de Procuradores e Promotores de Justiça do Distrito Federal e Territórios e os das Câmaras de Coordenação e Revisão do Ministério Público do Distrito Federal e Territórios;

b) as normas e as instruções para o concurso de ingresso na carreira;

c) as normas sobre as designações para os diferentes ofícios do Ministério Público do Distrito Federal e Territórios;

d) os critérios para distribuição de inquéritos, procedimentos administrativos e quaisquer outros feitos no Ministério Público do Distrito Federal e Territórios;

e) os critérios de promoção por merecimento, na carreira;

f) o procedimento para avaliar o cumprimento das condições do estágio probatório;

II – aprovar o nome do Procurador Distrital dos Direitos do Cidadão;

III – indicar os integrantes das Câmaras de Coordenação e Revisão;

IV – destituir, por iniciativa do Procurador-Geral e pelo voto de 2/3 (dois terços) de seus membros, o Corregedor-Geral;

V – elaborar a lista tríplice destinada à promoção por merecimento;

VI – elaborar a lista tríplice para Corregedor-Geral do Ministério Público do Distrito Federal e Territórios;

VII – aprovar a lista de antiguidade do Ministério Público do Distrito Federal e Territórios e decidir sobre as reclamações a ela concernentes;

VIII – indicar o membro do Ministério Público do Distrito Federal e Territórios para promoção por antiguidade, observado o disposto no artigo 93, II, alínea *d*, da Constituição Federal;

IX – opinar sobre a designação de membro do Ministério Público do Distrito Federal e Territórios para:

a) funcionar nos órgãos em que a participação da Instituição seja legalmente prevista;

b) integrar comissões técnicas ou científicas relacionadas às funções da Instituição;

X – opinar sobre o afastamento temporário de membro do Ministério Público do Distrito Federal e Territórios;

XI – determinar a realização de correições e sindicâncias e apreciar os relatórios correspondentes;

XII – determinar a instauração de processos administrativos em que o acusado seja membro do Ministério Público do Distrito Federal e Territórios, apreciar seus relatórios e propor as medidas cabíveis;

XIII – determinar o afastamento preventivo do exercício de suas funções, de membro do Ministério Público do Distrito Federal e Territórios, indiciado ou acusado em processo disciplinar, e seu retorno;

XIV – autorizar a designação, em caráter excepcional, de membros do Ministério Público do Distrito Federal e Territórios, para exercício de atribuições processuais perante juízos, tribunais ou ofícios diferentes dos estabelecidos para cada categoria;

XV – designar a comissão de processo administrativo em que o acusado seja membro do Ministério Público do Distrito Federal e Territórios;

XVI – decidir sobre o cumprimento do estágio probatório por membro do Ministério Público do Distrito Federal e Territórios, propondo ao Procurador-Geral da República, quando for o caso, a sua exoneração;

XVII – decidir sobre remoção e disponibilidade de membro do Ministério Público do Distrito Federal e Territórios, por motivo de interesse público;

XVIII – autorizar, pela maioria absoluta de seus membros, que o Procurador-Geral da República ajuíze ação de perda de cargo contra membro vitalício do Ministério Público do Distrito Federal e Territórios, nos casos previstos em lei;

XIX – opinar sobre os pedidos de reversão de membro da carreira;

XX – aprovar proposta de lei para o aumento do número de cargos da carreira e dos ofícios;

XXI – deliberar sobre a realização de concurso para ingresso na carreira, designar os membros da Comissão de Concurso e opinar sobre a homologação dos resultados;

XXII – aprovar a proposta orçamentária que integrará o projeto de orçamento do Ministério Público da União;

XXIII – exercer outras funções atribuídas em lei.

Parágrafo único. O Procurador-Geral de Justiça e os membros do Conselho Superior estarão impedidos de participar das decisões deste nos casos previstos nas leis processuais para o impedimento e a suspeição de membros do Ministério Público.

SEÇÃO V. DAS CÂMARAS DE COORDENAÇÃO E REVISÃO DO MINISTÉRIO PÚBLICO DO DISTRITO FEDERAL E TERRITÓRIOS

Art. 167. As Câmaras de Coordenação e Revisão do Ministério Público do Distrito Federal e Territórios são órgãos setoriais de coordenação, de integração e de revisão do exercício funcional na Instituição.

Art. 168. As Câmaras de Coordenação e Revisão serão organizadas por função ou por matéria, através de ato normativo.

Parágrafo único. O Regimento Interno, que disporá sobre o funcionamento das Câmaras de Coordenação e Revisão, será elaborado e aprovado pelo Conselho Superior.

Art. 169. As Câmaras de Coordenação e Revisão do Ministério Público do Distrito Federal e Territórios serão compostas por três membros do Ministério Público do Distrito Federal e Territórios, sendo um indicado pelo Procurador-Geral de Justiça e dois pelo Conselho Superior do Ministério Público do Distrito Federal e Territórios, juntamente com seus suplentes, para um mandato de 2 (dois) anos, sempre que possível, dentre integrantes do último grau da carreira.

Art. 170. Dentre os integrantes da respectiva Câmara de Coordenação e Revisão, um será designado pelo Procurador-Geral para a função executiva de Coordenador.

Art. 171. Compete às Câmaras de Coordenação e Revisão:

I – promover a integração e a coordenação dos órgãos institucionais que atuem em ofícios ligados à sua atividade setorial, observado o princípio da independência funcional;

II – manter intercâmbio com órgãos ou entidades que atuem em áreas afins;

III – encaminhar informações técnico-jurídicas aos órgãos institucionais que atuem em seu setor;

IV – homologar a promoção de arquivamento de inquérito civil ou peças de informação ou designar outro órgão do Ministério Público para fazê-lo;

V – manifestar-se sobre o arquivamento de inquérito policial, inquérito parlamentar ou peças de informação, exceto nos casos de competência originária do Procurador-Geral;

VI – resolver sobre a distribuição especial de inquéritos, feitos e procedimentos, quando a matéria, por sua natureza ou relevância, assim o exigir;

VII – resolver sobre a distribuição especial de feitos, que, por sua contínua reiteração, devam receber tratamento uniforme;

VIII – decidir os conflitos de atribuição entre os órgãos do Ministério Público do Distrito Federal e Territórios.

Parágrafo único. A competência fixada nos incisos VI e VII será exercida segundo critérios objetivos previamente estabelecidos pelo Conselho Superior.

SEÇÃO VI. DA CORREGEDORIA DO MINISTÉRIO PÚBLICO DO DISTRITO FEDERAL E TERRITÓRIOS

Art. 172. A Corregedoria do Ministério Público do Distrito Federal e Territórios, dirigida pelo Corregedor-Geral, é o órgão fiscalizador das atividades funcionais e da conduta dos membros do Ministério Público do Distrito Federal e Territórios.

Art. 173. O Corregedor-Geral do Ministério Público do Distrito Federal e Territórios será nomeado pelo Procurador-Geral dentre os Procuradores de Justiça integrantes de lista tríplice elaborada pelo Conselho Superior, para mandato de 2 (dois) anos, renovável uma vez.

§ 1º. Não poderão integrar a lista tríplice os membros do Conselho Superior.

§ 2º. Serão suplentes do Corregedor-Geral os demais integrantes da lista tríplice, na ordem em que os designar o Procurador-Geral.

§ 3º. O Corregedor-Geral poderá ser destituído por iniciativa do Procurador-Geral, antes do término do mandato, pelo Conselho Superior, observado o disposto no inciso IV do art. 166.

Art. 174. Compete ao Corregedor-Geral do Ministério Público do Distrito Federal e Territórios:

I – participar, sem direito a voto, das reuniões do Conselho Superior;

II – realizar, de ofício ou por determinação do Procurador-Geral ou do Conselho Superior, correições e sindicâncias, apresentando os respectivos relatórios;

III – instaurar inquérito contra integrante da carreira e propor ao Conselho Superior a instauração do processo administrativo consequente;

IV – acompanhar o estágio probatório dos membros do Ministério Público do Distrito Federal e Territórios;

V – propor ao Conselho Superior a exoneração de membro do Ministério Público do Distrito Federal e Territórios que não cumprir as condições do estágio probatório.

SEÇÃO VII. DOS PROCURADORES DE JUSTIÇA

Art. 175. Os Procuradores de Justiça serão designados para oficiar junto ao Tribunal de Justiça e nas Câmaras de Coordenação e Revisão.

Parágrafo único. A designação de Procurador de Justiça para oficiar em órgãos jurisdicionais diferentes do previsto para a categoria dependerá de autorização do Conselho Superior.

Art. 176. Cabe aos Procuradores de Justiça, privativamente, o exercício das funções de:

I – Corregedor-Geral do Ministério Público do Distrito Federal e Territórios;

II – Procurador Distrital dos Direitos do Cidadão;

III – Coordenador de Câmara de Coordenação e Revisão.

Art. 177. Os Procuradores de Justiça serão lotados nos ofícios na Procuradoria-Geral da Justiça do Distrito Federal e Territórios.

SEÇÃO VIII.
DOS PROMOTORES DE JUSTIÇA

Art. 178. Os Promotores de Justiça serão designados para oficiar junto às Varas da Justiça do Distrito Federal e Territórios.

Parágrafo único. Os Promotores de Justiça serão lotados nos ofícios previstos para as Promotorias de Justiça.

SEÇÃO IX.
DOS PROMOTORES DE JUSTIÇA ADJUNTOS

Art. 179. Os Promotores de Justiça Adjuntos serão designados para oficiar junto às Varas da Justiça do Distrito Federal e Territórios.

Parágrafo único. Os Promotores de Justiça Adjuntos serão lotados nos ofícios previstos para as Promotorias de Justiça.

SEÇÃO X.
DAS UNIDADES DE LOTAÇÃO E DE ADMINISTRAÇÃO

Art. 180. Os ofícios na Procuradoria-Geral da Justiça do Distrito Federal e Territórios e nas Promotorias de Justiça serão unidades de lotação e de administração do Ministério Público do Distrito Federal e Territórios.

Art. 181. A estrutura básica da Procuradoria-Geral de Justiça será organizada por regulamento, nos termos da lei.

TÍTULO III. DAS DISPOSIÇÕES ESTATUTÁRIAS ESPECIAIS

CAPÍTULO I. DA CARREIRA

SEÇÃO I.
DO PROVIMENTO

Art. 182. Os cargos do Ministério Público da União, salvo os de Procurador-Geral da República, Procurador-Geral do Trabalho, Procurador-Geral da Justiça Militar e Procurador-Geral de Justiça do Distrito Federal e Territórios, são de provimento vitalício e constituem as carreiras independentes de cada ramo.

Art. 183. Os cargos das classes iniciais serão providos por nomeação, em caráter vitalício, mediante concurso público específico para cada ramo.

Art. 184. A vitaliciedade somente será alcançada após 2 (dois) anos de efetivo exercício.

Art. 185. É vedada a transferência ou aproveitamento nos cargos do Ministério Público da União, mesmo de um para outro de seus ramos.

SEÇÃO II.
DO CONCURSO

Art. 186. O concurso público de provas e títulos para ingresso em cada carreira do Ministério Público da União terá âmbito nacional, destinando-se ao preenchimento de todas as vagas existentes e das que ocorrerem no prazo de eficácia.

Parágrafo único. O concurso será realizado, obrigatoriamente, quando o número de vagas exceder a 10% (dez por cento) do quadro respectivo e, facultativamente, a juízo do Conselho Superior competente.

Art. 187. Poderão inscrever-se no concurso bacharéis em Direito há pelo menos 2 (dois) anos, de comprovada idoneidade moral.

Art. 188. O concurso obedecerá ao regulamento elaborado pelo Conselho Superior competente, observado o disposto no art. 31.

Art. 189. A Comissão de Concurso será integrada pelo Procurador-Geral, seu Presidente, por dois membros do respectivo ramo do Ministério Público e por um jurista de reputação ilibada, indicados pelo Conselho Superior e por um advogado indicado pelo Conselho Federal da Ordem dos Advogados do Brasil.

Art. 190. O edital de abertura do concurso conterá a relação dos cargos vagos, com a respectiva lotação, e fixará, para as inscrições, prazo não inferior a 30 (trinta) dias, contado de sua publicação no *Diário Oficial*.

Art. 191. Não serão nomeados os candidatos aprovados no concurso, que tenham completado 65 (sessenta e cinco) anos ou que venham a ser considerados inaptos para o exercício do cargo em exame de higidez física e mental.

Art. 192. O Procurador-Geral competente, ouvido o Conselho Superior, decidirá sobre a homologação do concurso, dentro de 30 (trinta) dias, contados da publicação do resultado final.

Art. 193. O prazo de eficácia do concurso, para efeito de nomeação, será de 2 (dois) anos contados da publicação do ato homologatório, prorrogável uma vez pelo mesmo período.

Art. 194. A nomeação dos candidatos habilitados no concurso obedecerá à ordem de classificação.

§ 1º. Os candidatos aprovados, na ordem de classificação, escolherão a lotação de sua preferência, na relação das vagas que, após o resultado do concurso, o Conselho Superior decidir que devam ser providas inicialmente.

§ 2º. O candidato aprovado poderá renunciar à nomeação correspondente à sua classificação, antecipadamente ou até o termo final do prazo de posse, caso em que o renunciante será deslocado para último lugar na lista dos classificados.

SEÇÃO III.
DA POSSE E DO EXERCÍCIO

Art. 195. O prazo para a posse nos cargos do Ministério Público da União é de 30 (trinta) dias, contado da publicação do ato de nomeação, prorrogável por mais 60 (sessenta) dias, mediante comunicação do nomeado, antes de findo o primeiro prazo.

Parágrafo único. O empossado prestará compromisso de bem cumprir os deveres do cargo, em ato solene, presidido pelo Procurador-Geral.

Art. 196. Para entrar no exercício do cargo, o empossado terá o prazo de 30 (trinta) dias, prorrogável por igual período, mediante comunicação, antes de findo o prazo inicial.

SEÇÃO IV.
DO ESTÁGIO PROBATÓRIO

Art. 197. Estágio probatório é o período dos dois primeiros anos de efetivo exercício do cargo pelo membro do Ministério Público da União.

Art. 198. Os membros do Ministério Público da União, durante o estágio probatório, somente poderão perder o cargo mediante decisão da maioria absoluta do respectivo Conselho Superior.

SEÇÃO V.
DAS PROMOÇÕES

Art. 199. As promoções far-se-ão, alternadamente, por antiguidade e merecimento.

§ 1º. A promoção deverá ser realizada até 30 (trinta) dias da ocorrência da vaga; não decretada no prazo legal, a promoção produzirá efeitos a partir do termo final dele.

§ 2º. Para todos os efeitos, será considerado promovido o membro do Ministério Público da União que vier a falecer ou se aposentar sem que tenha sido efetivada, no prazo legal, a promoção que cabia por antiguidade, ou por força do § 3º do artigo subsequente.

§ 3º. É facultada a recusa de promoção, sem prejuízo do critério de preenchimento da vaga recusada.

§ 4º. É facultada a renúncia à promoção, em qualquer tempo, desde que haja vaga na categoria imediatamente anterior.

Art. 200. O merecimento, para efeito de promoção, será apurado mediante critérios de ordem objetiva, fixados em regulamento elaborado pelo Conselho Superior do respectivo ramo, observado o disposto no art. 31 desta Lei Complementar.

§ 1º. À promoção por merecimento só poderão concorrer os membros do Ministério Público da União com pelo menos 2 (dois) anos de exercício na categoria e integrantes da primeira quinta parte da lista de antiguidade, salvo se não houver com tais requisitos quem aceite o lugar vago; em caso de recusa, completar-se-á a fração incluindo-se outros integrantes da categoria, na sequência da ordem de antiguidade.

§ 2º. Não poderá concorrer à promoção por merecimento quem tenha sofrido penalidade de censura ou suspensão, no período de 1 (um) ano imediatamente anterior à ocorrência da vaga, em caso de censura; ou de 2 (dois) anos, em caso de suspensão.

§ 3º. Será obrigatoriamente promovido quem houver figurado por três vezes consecutivas, ou cinco alternadas, na lista tríplice elaborada pelo Conselho Superior.

Art. 201. Não poderá concorrer à promoção por merecimento, até 1 (um) dia após o regresso, o membro do Ministério Público da União afastado da carreira para:

I – exercer cargo eletivo ou a ele concorrer;
II – exercer outro cargo público permitido por lei.

Art. 202. (VETADO).

§ 1º. A lista de antiguidade será organizada no primeiro trimestre de cada ano, aprovada pelo Conselho Superior e publicada no Diário Oficial até o último dia do mês seguinte.

§ 2º. O prazo para reclamação contra a lista de antiguidade será de 30 (trinta) dias, contado da publicação.

§ 3º. O desempate na classificação por antiguidade será determinado, sucessivamente, pelo tempo de serviço na respectiva carreira do Ministério Público da União, pelo tempo de serviço público federal, pelo tempo de serviço público em geral e pela idade dos candidatos, em favor do mais idoso; na classificação inicial, o primeiro desempate será determinado pela classificação no concurso.

§ 4º. Na indicação à promoção por antiguidade, o Conselho Superior somente poderá recusar o mais antigo pelo voto de 2/3 (dois terços) de seus integrantes, repetindo-se a votação até fixar-se a indicação.

SEÇÃO VI.
DOS AFASTAMENTOS

Art. 203. Sem prejuízo dos vencimentos, vantagens, ou qualquer direito, o membro do Ministério Público da União poderá afastar-se de suas funções:

I – até 8 (oito) dias consecutivos, por motivo de casamento;
II – até 8 (oito) dias consecutivos, por motivo de falecimento de cônjuge ou companheiro, ascendente ou descendente, irmão ou pessoa que viva sobre sua dependência econômica;
III – até 5 (cinco) dias úteis, para comparecimento a encontros ou congressos, no âmbito da Instituição ou promovidos pela entidade de classe a que pertença, atendida a necessidade do serviço.

Art. 204. O membro do Ministério Público da União poderá afastar-se do exercício de suas funções para:

I – frequentar cursos de aperfeiçoamento e estudos, no País ou no exterior, por prazo não superior a 2 (dois) anos, prorrogável, no máximo, por igual período;

II – comparecer a seminários ou congressos, no País ou no exterior;

III – ministrar cursos e seminários destinados ao aperfeiçoamento dos membros da Instituição;

IV – exercer cargo eletivo nos casos previstos em lei ou a ele concorrer, observadas as seguintes condições:

a) o afastamento será facultativo e sem remuneração, durante o período entre a escolha como candidato a cargo eletivo em convenção partidária e a véspera do registro da candidatura na Justiça Eleitoral;

b) o afastamento será obrigatório a partir do dia do registro da candidatura pela Justiça;

V – ausentar-se do País em missão oficial.

§ 1º. O afastamento, salvo na hipótese do inciso IV, só se dará mediante autorização do Procurador-Geral, depois de ouvido o Conselho Superior e atendida a necessidade de serviço.

§ 2º. Os casos de afastamento previstos neste artigo dar-se-ão sem prejuízo dos vencimentos, vantagens ou qualquer direito inerente ao cargo, assegurada, no caso do inciso IV, a escolha da remuneração preferida, sendo o tempo de afastamento considerado de efetivo exercício para todos os fins e efeitos de direito.

§ 3º. Não se considera de efetivo exercício, para fins de estágio probatório, o período de afastamento do membro do Ministério Público da União.

§ 4º. Ao membro do Ministério Público da União que haja se afastado de suas funções para o fim previsto no inciso I não será concedida exoneração ou licença para tratar de interesses particulares antes de decorrido período igual ao de afastamento, ressalvada a hipótese de ressarcimento do que houver recebido a título de vencimentos e vantagens em virtude do afastamento.

SEÇÃO VII. DA REINTEGRAÇÃO

Art. 205. A reintegração, que decorrerá de decisão judicial passada em julgado, é o reingresso do membro do Ministério Público da União na carreira, com ressarcimento dos vencimentos e vantagens deixadas de perceber em razão da demissão, contando-se o tempo de serviço correspondente ao afastamento.

§ 1º. O titular do cargo no qual se deva dar a reintegração será reconduzido àquele que anteriormente ocupava, o mesmo acontecendo com o titular do cargo para o qual deva ocorrer a recondução; sendo da classe inicial o cargo objeto da reintegração ou da recondução, seu titular ficará em disponibilidade, com proventos idênticos à remuneração que venceria, se em atividade estivesse.

§ 2º. A disponibilidade prevista no parágrafo anterior cessará com o aproveitamento obrigatório na primeira vaga que venha a ocorrer na classe inicial.

§ 3º. O reconduzido, caso tenha sido promovido por merecimento, fará jus à promoção na primeira vaga a ser provida por idêntico critério, atribuindo-se-lhe, quanto à antiguidade na classe, os efeitos de sua promoção anterior.

§ 4º. O reintegrado será submetido ao exame médico exigido para o ingresso na carreira, e, verificando-se sua inaptidão para exercício do cargo, será aposentado, com as vantagens a que teria direito, se efetivada a reintegração.

SEÇÃO VIII. DA REVERSÃO E DA READMISSÃO

Art. 206. (VETADO).

Art. 207. (VETADO).

CAPÍTULO II. DOS DIREITOS

SEÇÃO I. DA VITALICIEDADE E DA INAMOVIBILIDADE

Art. 208. Os membros do Ministério Público da União, após 2 (dois) anos de efetivo exercício só poderão ser demitidos por decisão judicial transitada em julgado.

Parágrafo único. A propositura de ação para perda de cargo, quando decorrente de proposta do Conselho Superior depois de apreciado o processo administrativo, acarretará o afastamento do membro do Ministério Público da União do exercício de suas funções, com a perda dos vencimentos e das vantagens pecuniárias do respectivo cargo.

Art. 209. Os membros do Ministério Público da União são inamovíveis, salvo motivo de interesse público, na forma desta Lei Complementar.

Art. 210. A remoção, para efeitos desta Lei Complementar, é qualquer alteração de lotação.

Parágrafo único. A remoção será feita de ofício, a pedido singular ou por permuta.

Art. 211. A remoção de ofício, por iniciativa do Procurador-Geral, ocorrerá somente por motivo de interesse público, mediante decisão do Conselho Superior, pelo voto de 2/3 (dois terços) de seus membros, assegurada ampla defesa.

Art. 212. A remoção a pedido singular atenderá à conveniência do serviço mediante requerimento apresentado nos 15 (quinze) dias seguintes à publicação de aviso da existência de vaga; ou, decorrido este prazo, até 15 (quinze) dias após a publicação da deliberação do Conselho Superior sobre a realização de concurso para ingresso na carreira.

§ 1º. O aviso será publicado no Diário Oficial, dentro de 15 (quinze) dias da vacância.

§ 2º. Havendo mais de um candidato à remoção, ao fim do primeiro prazo previsto no *caput* deste artigo, será removido o de maior antiguidade; após o decurso deste prazo, prevalecerá a ordem cronológica de entrega dos pedidos.

Art. 213. A remoção por permuta será concedida mediante requerimento dos interessados.

SEÇÃO II. DAS DESIGNAÇÕES

Art. 214. A designação é o ato que discrimina as funções que sejam compatíveis com as previstas nesta Lei Complementar, para cada classe das diferentes carreiras.

Parágrafo único. A designação para o exercício de funções diferentes das previstas para cada classe, nas respectivas carreiras, somente será admitida por interesse do serviço, exigidas a anuência do designado e a autorização do Conselho Superior.

Art. 215. As designações serão feitas observados os critérios da lei e os estabelecidos pelo Conselho Superior:

I – para o exercício de função definida por esta Lei Complementar;

II – para o exercício de função nos ofícios definidos em lei.

Art. 216. As designações, salvo quando estabelecido outro critério por esta Lei Complementar, serão feitas por lista, no último mês do ano, para vigorar por um biênio, facultada a renovação.

Art. 217. A alteração da lista poderá ser feita, antes do termo do prazo, por interesse do serviço, havendo:

I – provimento de cargo;

II – desprovimento de cargo;

III – criação de ofício;

IV – extinção de ofício;

V – pedido do designado;

VI – pedido de permuta.

Art. 218. A alteração parcial da lista, antes do termo do prazo, quando modifique a função do designado, sem a sua anuência, somente será admitida nas seguintes hipóteses:

I – extinção, por lei, da função ou ofício para o qual estava designado;

II – nova lotação, em decorrência de:

a) promoção; e

b) remoção;

III – afastamento ou disponibilidade;

IV – aprovação pelo Conselho Superior, de proposta do Procurador-Geral, pelo voto secreto de 2/3 (dois terços) de seus membros.

Parágrafo único. A garantia estabelecida neste artigo não impede a acumulação eventual de ofícios ou que sejam ampliadas as funções do designado.

Art. 219. (VETADO).

SEÇÃO III. DAS FÉRIAS E LICENÇAS

Art. 220. Os membros do Ministério Público, terão direito a férias de 60 (sessenta) dias por ano, contínuos ou divididos em dois períodos iguais, salvo acúmulo por necessidade de serviço e pelo máximo de 2 (dois) anos.

§ 1º. Os períodos de gozo de férias dos membros do Ministério Público da União, que oficiem perante Tribunais, deverão ser simultâneos com os das férias coletivas destes, salvo motivo relevante ou o interesse do serviço.

§ 2º. Independentemente de solicitação, será paga ao membro do Ministério Público da União, por ocasião das férias, importância correspondente a 1/3 (um terço) da remuneração do período em que as mesmas devam ser gozadas.

§ 3º. pagamento da remuneração das férias será efetuado até 2 (dois) dias antes do início de gozo do respectivo período, facultada a conversão de 1/3 (um terço) das mesmas em abono pecuniário, requerido com pelo menos 60 (sessenta) dias de antecedência, nele considerado o valor do acréscimo previsto no parágrafo anterior.

§ 4º. Em caso de exoneração, será devida ao membro do Ministério Público da União indenização relativa ao período de férias a que tiver direito e ao incompleto, na proporção de 1/12 (um doze avos) por mês de efetivo exercício, ou fração superior a 14 (quatorze) dias, calculada com base na remuneração do mês em que for publicado o ato exoneratório.

Art. 221. O direito a férias será adquirido após o primeiro ano de exercício.

Art. 222. Conceder-se-á aos membros do Ministério Público da União licença:

I – por motivo de doença em pessoa da família;

II – por motivo de afastamento do cônjuge ou companheiro;

III – prêmio por tempo de serviço;

IV – para tratar de interesses particulares;

V – para desempenho de mandato classista.

§ 1º. A licença prevista no inciso I será precedida de exame por médico ou junta médica oficial, considerando-se pessoas da família o cônjuge ou companheiro, o padrasto, a madrasta, o ascendente, o descendente, o enteado, o colateral consanguíneo ou afim até o segundo grau civil. A licença estará submetida, ainda, às seguintes condições:

a) somente será deferida se a assistência direta do membro do Ministério Público da União for indispensável e não puder ser dada simultaneamente com o exercício do cargo;

b) será concedida sem prejuízo dos vencimentos, vantagens ou qualquer direito inerente ao cargo, salvo para contagem de tempo de serviço em estágio probatório, até 90 (noventa) dias, podendo ser prorrogada por igual prazo nas mesmas condições. Excedida a prorrogação, a licença será considerada como para tratar de interesses particulares.

§ 2º. A licença prevista no inciso II poderá ser concedida quando o cônjuge ou companheiro for deslocado para outro ponto do Território Nacional, para o exterior ou para exercício de mandato eletivo dos Poderes Executivos e Legislativos; será por prazo indeterminado e sem remuneração salvo se o membro do Ministério Público da União puder ser lotado, provisoriamente, em ofício vago no local para onde tenha se deslocado e compatível com seu cargo caso em que a licença será convertida em remoção provisória.

§ 3º. A licença prevista no inciso III será devida após cada quinquênio ininterrupto de exercício, pelo prazo de 3 (três) meses, observadas as seguintes condições:

a) será convertida em pecúnia em favor dos beneficiários do membro do Ministério Público da União falecido, que não a tiver gozado;

b) não será devida a quem houver sofrido penalidade de suspensão durante o período aquisitivo ou tiver gozado as licenças previstas nos incisos II e IV;

c) será concedida sem prejuízo dos vencimentos, vantagens ou qualquer direito inerente ao cargo;

d) para efeito de aposentadoria, será contado em dobro o período não gozado.

§ 4º. A licença prevista no inciso IV poderá ser concedida ao membro do Ministério Público da União vitalício, pelo prazo de até 2 (dois) anos consecutivos, sem remuneração, observadas as seguintes condições:

a) poderá ser interrompida, a qualquer tempo, a pedido do interessado ou no interesse do serviço;

b) não será concedida nova licença antes de decorridos 2 (dois) anos do término da anterior.

§ 5º. A licença prevista no inciso V será devida ao membro do Ministério Público da União investido em mandato em confederação, federação, associação de classe de âmbito nacional ou sindicato representativo da categoria, observadas as seguintes condições:

a) somente farão jus à licença os eleitos para cargos de direção ou representação nas referidas entidades, até o máximo de três por entidade;

b) a licença terá duração igual à do mandato, podendo ser prorrogada, no caso de reeleição, e por uma única vez;

c) será concedida sem prejuízo dos vencimentos, vantagens ou qualquer direito inerente ao cargo.

§ 6º. É vedado o exercício de atividade remunerada durante o período da licença prevista no inciso I.

§ 7º. A licença concedida dentro de 60 (sessenta) dias do término de outra da mesma espécie será considerada como prorrogação.

Art. 223. Conceder-se-á aos membros do Ministério Público da União, além das previstas no artigo anterior, as seguintes licenças:

I – para tratamento de saúde, a pedido ou de ofício, com base em perícia médica, observadas as seguintes condições:

a) a licença será concedida sem prejuízo dos vencimentos e vantagens do cargo;

b) a perícia será feita por médico ou junta médica oficial, se necessário, na residência do examinado ou no estabelecimento hospitalar em que estiver internado;

c) inexistindo médico oficial, será aceito atestado passado por médico particular;

d) findo o prazo da licença, o licenciado será submetido a inspeção médica oficial, que concluirá pela volta ao serviço, pela prorrogação da licença ou pela aposentadoria;

e) a existência de indícios de lesões orgânicas ou funcionais é motivo de inspeção médica;

II – por acidente em serviço, observadas as seguintes condições:

a) configura acidente em serviço o dano físico-mental que se relacione, mediata ou imediatamente, com as funções exercidas;

b) equipara-se ao acidente em serviço o dano decorrente de agressão não provocada e sofrida no exercício funcional, bem como o dano sofrido em trânsito a ele pertinente;

c) a licença será concedida sem prejuízo dos vencimentos e vantagens inerentes ao exercício do cargo;

d) o acidentado em serviço, que necessite de tratamento especializado, não disponível em instituição pública, poderá ser tratado em instituição privada, à conta de recursos públicos, desde que o tratamento seja recomendado por junta médica oficial;

e) a prova do acidente deverá ser feita no prazo de 10 (dez) dias, contado de sua ocorrência, prorrogável quando as circunstâncias o exigirem;

III – à gestante, por 120 (cento e vinte) dias, observada as seguintes condições:

a) poderá ter início no primeiro dia do nono mês de gestação, salvo antecipação por prescrição médica;

b) no caso de nascimento prematuro, a licença terá início a partir do parto;

c) no caso de natimorto, decorridos 30 (trinta) dias do evento a mãe será submetida a exame médico e, se julgada apta, reassumirá as suas funções;

d) em caso de aborto atestado por médico oficial, a licença dar-se-á por 30 (trinta) dias, a partir da sua ocorrência;

IV – pelo nascimento ou a adoção de filho, o pai ou adotante, até 5 (cinco) dias consecutivos;

V – pela adoção ou a obtenção de guarda judicial de criança até 1 (um) ano de idade, o prazo da licença do adotante ou detentor da guarda será de 30 (trinta) dias.

SEÇÃO IV.
DOS VENCIMENTOS E VANTAGENS

Art. 224. Os membros do Ministério Público da União receberão o vencimento, a representação e as gratificações previstas em lei.

§ 1º. Sobre os vencimentos incidirá a gratificação adicional por tempo de serviço, à razão de 1% (um por cento) por ano de serviço público efetivo, sendo computado o tempo de advocacia, até o máximo de 15 (quinze) anos, desde que não cumulativo com tempo de serviço público.

§ 2º. (VETADO).

§ 3º. Os vencimentos serão fixados com diferença não superior a 10% (dez por cento) de uma para outra das classes de cada carreira.

§ 4º. Os Subprocuradores-Gerais do Ministério Público da União terão os mesmos vencimentos e vantagens.

Art. 225. Os vencimentos do Procurador-Geral da República são os de Subprocurador-Geral da República, acrescidos de 20% (vinte por cento), não podendo exceder os valores percebidos como remuneração, em espécie, a qualquer título, por Ministros do Supremo Tribunal Federal.

Parágrafo único. O acréscimo previsto neste artigo não se incorpora aos vencimentos do cargo de Procurador-Geral da República.

Art. 226. (VETADO).

Art. 227. Os membros do Ministério Público da União farão jus, ainda, às seguintes vantagens:

I – ajuda de custo em caso de:

a) remoção de ofício, promoção ou nomeação que importe em alteração do domicílio legal, para atender às despesas de instalação na nova sede de exercício em valor correspondente a até 3 (três) meses de vencimentos;

b) serviço fora da sede de exercício, por período superior a 30 (trinta) dias, em valor correspondente a 1/30 (um trinta avos) dos vencimentos, pelos dias em que perdurar o serviço, sem prejuízo da percepção de diárias;

II – diárias, por serviço eventual fora da sede, de valor mínimo equivalente a 1/30 (um trinta avos) dos vencimentos para atender às despesas de locomoção, alimentação e pousada;

III – transporte:

a) pessoal e dos dependentes, bem como de mobiliário, em caso de remoção, promoção ou nomeação, previstas na alínea *a* do inciso I;

b) pessoal, no caso de qualquer outro deslocamento a serviço, fora da sede de exercício;

IV – auxílio-doença, no valor de 1 (um) mês de vencimento, quando ocorrer licença para tratamento de saúde por mais de 12 (doze) meses, ou invalidez declarada no curso deste prazo;

V – salário-família;

VI – prolabore pela atividade de magistério, por hora-aula proferida em cursos, seminários ou outros eventos destinados ao aperfeiçoamento dos membros da Instituição;

VII – assistência médico-hospitalar, extensiva aos inativos, pensionistas e dependentes, assim entendida como o conjunto de atividades relacionadas com a prevenção, conservação ou recuperação da saúde, abrangendo serviços profissionais médicos, paramédicos, farmacêuticos e odontológicos, bem como o fornecimento e a aplicação dos meios e dos cuidados essenciais à saúde;

VIII – auxílio-moradia, em caso de lotação em local cujas condições de moradia sejam particularmente difíceis ou onerosas, assim definido em ato do Procurador-Geral da República;

IX – gratificação natalina, correspondente a 1/12 (um doze avos) da remuneração a que fizer jus no mês de dezembro, por mês de exercício no respectivo ano, considerando-se como mês integral a fração igual ou superior a 15 (quinze) dias.

§ 1º. A gratificação natalina será paga até o dia 20 (vinte) do mês de dezembro de cada ano.

§ 2º. Em caso de exoneração antes do mês de dezembro, a gratificação natalina será proporcional aos meses de exercício e calculada com base na remuneração do mês em que ocorrer a exoneração.

§ 3º. A gratificação natalina não será considerada para cálculo de qualquer vantagem pecuniária.

§ 4º. Em caso de nomeação, as vantagens previstas nos incisos I, alínea *a*, e III, alínea *a*, são extensivas ao membro do Ministério Público da União sem vínculo estatutário imediatamente precedente, desde que seu último domicílio voluntário date de mais de 12 (doze) meses.

§ 5º. (VETADO).

§ 6º. A assistência médico-hospitalar de que trata o inciso VII será proporcionada pela União, de preferência através de seus serviços, de acordo com normas e condições reguladas por ato do Procurador-Geral da República, sem prejuízo da assistência devida pela previdência social.

§ 7º. (VETADO).

§ 8º. À família do membro do Ministério Público da União que falecer no prazo de 1 (um) ano a partir de remoção de ofício, promoção ou nomeação de que tenha resultado mudança de domicílio legal serão devidos a ajuda de custo e o transporte para a localidade de origem, no prazo de 1 (um) ano, contado do óbito.

Art. 228. Salvo por imposição legal, ou ordem judicial, nenhum desconto incidirá sobre a remuneração ou provento e a pensão devida aos membros do Ministério Público da União ou a seus beneficiários.

§ 1º. Mediante autorização do devedor, poderá haver consignação em folha de pagamento a favor de terceiro.

§ 2º. As reposições e indenizações em favor do erário serão descontadas em parcelas mensais de valor não excedente à décima parte da remuneração ou provento, em valores atualizados.

Art. 229. O membro do Ministério Público da União que, estando em débito com o erário, for demitido, exonerado ou que tiver sua aposentadoria ou disponibilidade cassada, terá o prazo de 60 (sessenta) dias para quitar o débito.

Parágrafo único. Não ocorrendo a quitação do débito no prazo estabelecido neste artigo, deverá ele ser inscrito em dívida ativa.

Art. 230. A remuneração, o provento e a pensão dos membros do Ministério Público da União e de seus beneficiários não serão objeto de arresto, sequestro ou penhora, salvo em caso de dívida de alimentos, resultante de decisão judicial.

SEÇÃO V. DA APOSENTADORIA E DA PENSÃO

Art. 231. O membro do Ministério Público da União será aposentado, compulsoriamente, por invalidez ou aos 70 (setenta) anos de idade, e facultativamente aos 30 (trinta) anos de serviço, após 5 (cinco) anos de exercício efetivo na carreira.

§ 1º. Será contado como tempo de serviço para aposentadoria, não cumulativamente, até o limite de 15 (quinze) anos, o tempo de exercício da advocacia.

§ 2º. O membro do Ministério Público da União poderá ainda ser aposentado, voluntariamente, aos 65 (sessenta e cinco) anos de idade, se homem, e aos 60 (sessenta), se mulher, com proventos proporcionais ao tempo de serviço.

§ 3º. Ao membro do Ministério Público da União, do sexo feminino, é facultada a aposentadoria, com proventos proporcionais, aos 25 (vinte e cinco) anos de serviço.

§ 4º. A aposentadoria por invalidez será precedida de licença para tratamento de saúde por período não excedente a 24 (vinte e quatro) meses, salvo quando o laudo médico concluir pela incapacidade definitiva para o exercício de suas funções.

§ 5º. Será aposentado o membro do Ministério Público que, após 24 (vinte e quatro) meses contínuos de licença para tratamento de saúde, for considerado inválido para o exercício de suas funções; não terá efeito interruptivo desse prazo qualquer período de exercício das funções inferior a 30 (trinta) dias.

Art. 232. Os proventos da aposentadoria serão integrais.

Parágrafo único. Para o cálculo dos proventos da aposentadoria serão considerados os vencimentos do cargo imediatamente superior ao último exercido pelo aposentado; caso a aposentadoria se dê no último nível da carreira, os vencimentos deste serão acrescidos do percentual de 20% (vinte por cento).

Art. 233. Os proventos da aposentadoria serão revistos na mesma proporção e data em que se modificar a remuneração dos membros do Ministério Público em atividade, sendo também estendidos aos inativos quaisquer benefícios e vantagens novas asseguradas à carreira, ainda que por força de transformação ou reclassificação do cargo.

Art. 234. O aposentado conservará as prerrogativas previstas no artigo 18, inciso I, alínea e, e inciso II, alínea e, bem como carteira de identidade especial, de acordo com o modelo aprovado pelo Procurador-Geral da República e por ele expedida, contendo expressamente tais prerrogativas e o registro da situação de aposentado.

Art. 235. A pensão por morte, devida pelo órgão previdenciário aos dependentes de membros do Ministério Público da União, corresponderá à totalidade dos vencimentos ou proventos do falecido, assegurada a revisão do benefício, na forma do art. 233.

CAPÍTULO III. DA DISCIPLINA

SEÇÃO I. DOS DEVERES E VEDAÇÕES

Art. 236. O membro do Ministério Público da União, em respeito à dignidade de suas funções e à da Justiça, deve observar as normas que regem o seu exercício e especialmente:

I – cumprir os prazos processuais;

II – guardar segredo sobre assunto de caráter sigiloso que conheça em razão do cargo ou função;

III – velar por suas prerrogativas institucionais e processuais;

IV – prestar informações aos órgãos da administração superior do Ministério Público, quando requisitadas;

V – atender ao expediente forense e participar dos atos judiciais, quando for obrigatória a sua presença; ou assistir a outros, quando conveniente ao interesse do serviço;

VI – declarar-se suspeito ou impedido, nos termos da lei;

VII – adotar as providências cabíveis em face das irregularidades de que tiver conhecimento ou que ocorrerem nos serviços a seu cargo;

VIII – tratar com urbanidade as pessoas com as quais se relacione em razão do serviço;

IX – desempenhar com zelo e probidade as suas funções;

X – guardar decoro pessoal.

Art. 237. É vedado ao membro do Ministério Público da União:

I – receber, a qualquer título e sob qualquer pretexto, honorários, percentagens ou custas processuais;

II – exercer a advocacia;

III – exercer o comércio ou participar de sociedade comercial, exceto como cotista ou acionista;

IV – exercer, ainda que em disponibilidade, qualquer outra função pública, salvo uma de magistério;

V – exercer atividade político-partidária, ressalvada a filiação e o direito de afastar-se para exercer cargo eletivo ou a ele concorrer.

SEÇÃO II. DOS IMPEDIMENTOS E SUSPEIÇÕES

Art. 238. Os impedimentos e as suspeições dos membros do Ministério Público são os previstos em lei.

SEÇÃO III. DAS SANÇÕES

Art. 239. Os membros do Ministério Público são passíveis das seguintes sanções disciplinares:

I – advertência;

II – censura;

III – suspensão;

IV – demissão; e

V – cassação de aposentadoria ou de disponibilidade.

Art. 240. As sanções previstas no artigo anterior serão aplicadas:

I – a de advertência, reservadamente e por escrito, em caso de negligência no exercício das funções;

II – a de censura, reservadamente e por escrito, em caso de reincidência em falta anteriormente punida com advertência ou de descumprimento de dever legal;

III – a de suspensão, até 45 (quarenta e cinco) dias, em caso de reincidência em falta anteriormente punida com censura;

IV – a de suspensão, de 45 (quarenta e cinco) a 90 (noventa) dias, em caso de inobservância das vedações impostas por esta Lei Complementar ou de reincidência em falta anteriormente punida com suspensão até 45 (quarenta e cinco) dias;

V – as de demissão, nos casos de:

a) lesão aos cofres públicos, dilapidação do patrimônio nacional ou de bens confiados à sua guarda;

b) improbidade administrativa, nos termos do art. 37, § 4º, da Constituição Federal;

c) condenação por crime praticado com abuso de poder ou violação de dever para com a Administração Pública, quando a pena aplicada for igual ou superior a 2 (dois) anos;

d) incontinência pública e escandalosa que comprometa gravemente, por sua habitualidade, a dignidade da Instituição;

e) abandono de cargo;

f) revelação de assunto de caráter sigiloso, que conheça em razão do cargo ou função, comprometendo a dignidade de suas funções ou da Justiça;

g) aceitação ilegal de cargo ou função pública;

h) reincidência no descumprimento do dever legal, anteriormente punido com a suspensão prevista no inciso anterior;

VI – cassação de aposentadoria ou de disponibilidade, nos casos de falta punível com demissão, praticada quando no exercício do cargo ou função.

§ 1º. A suspensão importa, enquanto durar, na perda dos vencimentos e das vantagens pecuniárias inerentes ao exercício do cargo, vedada a sua conversão em multa.

§ 2º. Considera-se reincidência, para os efeitos desta Lei Complementar, a prática de nova infração, dentro de 4 (quatro) anos após cientificado o infrator do ato que lhe tenha imposto sanção disciplinar.

§ 3º. Considera-se abandono do cargo a ausência do membro do Ministério Público ao exercício de suas funções, sem causa justificada, por mais de 30 (trinta) dias consecutivos.

§ 4º. Equipara-se ao abandono de cargo a falta injustificada por mais de 60 (sessenta) dias intercalados, no período de 12 (doze) meses.

§ 5º. A demissão poderá ser convertida, uma única vez, em suspensão, nas hipóteses previstas nas alíneas *a* e *h* do inciso V, quando de pequena gravidade o fato ou irrelevantes os danos causados, atendido o disposto no art. 244.

Art. 241. Na aplicação das penas disciplinares, considerar-se-ão os antecedentes do infrator, a natureza e a gravidade da infração, as circunstâncias em que foi praticada e os danos que dela resultaram ao serviço ou à dignidade da Instituição ou da Justiça.

Art. 242. As infrações disciplinares serão apuradas em processo administrativo; quando lhes forem cominadas penas de demissão, de cassação de aposentadoria ou de disponibilidade, a imposição destas dependerá, também, de decisão judicial com trânsito em julgado.

Art. 243. Compete ao Procurador-Geral de cada ramo do Ministério Público da União aplicar a seus membros as penas de advertência, censura e suspensão.

SEÇÃO IV. DA PRESCRIÇÃO

Art. 244. Prescreverá:

I – em 1 (um) ano, a falta punível com advertência ou censura;
II – em 2 (dois) anos, a falta punível com suspensão;
III – em 4 (quatro) anos, a falta punível com demissão e cassação de aposentadoria ou de disponibilidade.

Parágrafo único. A falta, prevista na lei penal como crime, prescreverá juntamente com este.

Art. 245. A prescrição começa a correr:

I – do dia em que a falta for cometida; ou
II – do dia em que tenha cessado a continuação ou permanência, nas faltas continuadas ou permanentes.

Parágrafo único. Interrompem a prescrição a instauração de processo administrativo e a citação para a ação de perda do cargo.

SEÇÃO V. DA SINDICÂNCIA

Art. 246. A sindicância é o procedimento que tem por objeto a coleta sumária de dados para instauração, se necessário, de inquérito administrativo.

SEÇÃO VI. DO INQUÉRITO ADMINISTRATIVO

Art. 247. O inquérito administrativo, de caráter sigiloso, será instaurado pelo Corregedor-Geral, mediante portaria, em que designará comissão de três membros para realizá-lo, sempre que tomar conhecimento de infração disciplinar.

§ 1º. A comissão, que poderá ser presidida pelo Corregedor-Geral, será composta de integrantes da carreira, vitalícios, e de classe igual ou superior à do indiciado.

§ 2º. As publicações relativas a inquérito administrativo conterão o respectivo número, omitido o nome do indiciado, que será cientificado pessoalmente.

Art. 248. O prazo para a conclusão do inquérito e apresentação do relatório final é de 30 (trinta) dias, prorrogável, no máximo, por igual período.

Art. 249. A comissão procederá à instrução do inquérito, podendo ouvir o indiciado e testemunhas, requisitar perícias e documentos e promover diligências, sendo-lhe facultado o exercício das prerrogativas outorgadas ao Ministério Público da União, por esta Lei Complementar, para instruir procedimento administrativo.

Art. 250. Concluída a instrução do inquérito, abrir-se-á vista dos autos ao indiciado, para se manifestar, no prazo de 15 (quinze) dias.

Art. 251. A comissão encaminhará o inquérito ao Conselho Superior, acompanhado de seu parecer conclusivo, pelo arquivamento ou pela instauração de processo administrativo.

§ 1º. O parecer que concluir pela instauração do processo administrativo formulará a Súm. de acusação, que conterá a exposição do fato imputado, com todas as suas circunstâncias e a capitulação legal da infração.

§ 2º. O inquérito será submetido à deliberação do Conselho Superior, que poderá:

I – determinar novas diligências, se o considerar insuficientemente instruído;
II – determinar o seu arquivamento;
III – instaurar processo administrativo, caso acolha a Súm. de acusação;
IV – encaminhá-lo ao Corregedor-Geral, para formular a Súm. da acusação, caso não acolha a proposta de arquivamento.

SEÇÃO VII. DO PROCESSO ADMINISTRATIVO

Art. 252. O processo administrativo, instaurado por decisão do Conselho Superior, será contraditório, assegurada ampla defesa ao acusado.

§ 1º. A decisão que instaurar processo administrativo designará comissão composta de três membros escolhidos dentre os integrantes da carreira, vitalícios, e de classe igual ou superior à do acusado, indicará o presidente e mencionará os motivos de sua constituição.

§ 2º. Da comissão de processo administrativo não poderá participar quem haja integrado a precedente comissão de inquérito.

§ 3º. As publicações relativas a processo administrativo conterão o respectivo número, omitido o nome do acusado, que será cientificado pessoalmente.

Art. 253. O prazo para a conclusão do processo administrativo e apresentação do relatório final é de 90 (noventa) dias, prorrogável, no máximo, por 30 (trinta) dias, contados da publicação da decisão que o instaurar.

Art. 254. A citação será pessoal, com entrega de cópia da portaria, do relatório final do inquérito e da Súm. da acusação, cientificado o acusado do dia, da hora e do local do interrogatório.

§ 1º. Não sendo encontrado o acusado em seu domicílio, proceder-se-á à citação por edital publicado no Diário Oficial da União, com o prazo de 15 (quinze) dias.

§ 2º. O acusado, por si ou através de defensor que nomear, poderá oferecer defesa prévia, no prazo de 15 (quinze) dias, contado do interrogatório, assegurando-se-lhe vista dos autos no local em que funcione a comissão.

§ 3º. Se o acusado não tiver apresentado defesa, a comissão nomeará defensor, dentre os integrantes da carreira e de classe igual ou superior à sua, reabrindo-se-lhe o prazo fixado no parágrafo anterior.

§ 4º. Em defesa prévia, poderá o acusado requerer a produção de provas orais, documentais e periciais, inclusive pedir a repetição daquelas já produzidas no inquérito.

§ 5º. A comissão poderá indeferir, fundamentadamente, as provas desnecessárias ou requeridas com intuito manifestamente protelatório.

Art. 255. Encerrada a produção de provas, a comissão abrirá vista dos autos ao acusado, para oferecer razões finais, no prazo de 15 (quinze) dias.

Art. 256. Havendo mais de um acusado, os prazos para defesa serão comuns e em dobro.

Art. 257. Em qualquer fase do processo, será assegurada à defesa a extração de cópia das peças dos autos.

Art. 258. Decorrido o prazo para razões finais, a comissão remeterá o processo, dentro de 15 (quinze) dias, ao Conselho Superior, instruído com relatório dos seus trabalhos.

Art. 259. O Conselho Superior do Ministério Público, apreciando o processo administrativo, poderá:

I – determinar novas diligências, se o considerar insuficientemente instruído, caso em que, efetivadas estas, proceder-se-á de acordo com os arts. 264 e 265;
II – propor o seu arquivamento ao Procurador-Geral;
III – propor ao Procurador-Geral a aplicação de sanções que sejam de sua competência;
IV – propor ao Procurador-Geral da República o ajuizamento de ação civil para:

a) demissão de membro do Ministério Público da União com garantia de vitaliciedade;

b) cassação de aposentadoria ou disponibilidade.

Parágrafo único. Não poderá participar da deliberação do Conselho Superior quem haja oficiado na sindicância, ou integrado as comissões do inquérito ou do processo administrativo.

Art. 260. Havendo prova da infração e indícios suficientes de sua autoria, o Conselho Superior poderá determinar, fundamentadamente, o afastamento preventivo do indiciado, enquanto sua permanência for inconveniente ao serviço ou prejudicial à apuração dos fatos.

§ 1º. O afastamento do indiciado não poderá ocorrer quando ao fato imputado corresponderem somente as penas de advertência ou de censura.

§ 2º. O afastamento não ultrapassará o prazo de 120 (cento e vinte) dias, salvo em caso de alcance.

§ 3º. O período de afastamento será considerado como de serviço efetivo, para todos os efeitos.

Art. 261. Aplicam-se, subsidiariamente, ao processo disciplinar, as normas do Código de Processo Penal.

SEÇÃO VIII. DA REVISÃO DO PROCESSO ADMINISTRATIVO

Art. 262. Cabe, em qualquer tempo, a revisão do processo de que houver resultado a imposição de penalidade administrativa:

I – quando se aduzam fatos ou circunstâncias suscetíveis de provar inocência ou de justificar a imposição de sanção mais branda; ou
II – quando a sanção se tenha fundado em prova falsa.

Art. 263. A instauração do processo de revisão poderá ser determinada de ofício, a requerimento do próprio interessado, ou se, falecido, do seu cônjuge ou companheiro, ascendente, descendente ou irmão.

Art. 264. O processo de revisão terá o rito do processo administrativo.

Parágrafo único. Não poderá integrar a comissão revisora quem haja atuado em qualquer fase do processo revisando.

Art. 265. Julgada procedente a revisão, será tornada sem efeito a sanção aplicada, com o restabelecimento, em sua plenitude, dos direitos por ela atingidos, exceto se for o caso de aplicar-se penalidade menor.

TÍTULO IV. DAS DISPOSIÇÕES FINAIS E TRANSITÓRIAS

Art. 266. (VETADO).

Art. 267. (VETADO).

Art. 268. Ficam criados seis cargos de Subprocurador-Geral da República.

Art. 269. Ficam criados setenta e quatro cargos de Procurador Regional da República.

§ 1º. O primeiro provimento de todos os cargos de Procurador Regional da República será considerado simultâneo, independentemente da data dos atos de promoção.

§ 2º. Os vencimentos iniciais do cargo de Procurador Regional da República serão iguais aos do cargo de Procurador de Justiça do Distrito Federal.

Art. 270. Os atuais Procuradores da República de 1ª Categoria, que ingressaram na carreira até a data da promulgação da Constituição Federal, terão seus cargos transformados em cargos de Procurador Regional da República, mantidos seus titulares e lotações.

§ 1º. Os cargos transformados na forma deste artigo, excedentes do limite previsto no artigo anterior, serão extintos à medida que vagarem.

§ 2º. Os Procuradores da República ocupantes dos cargos transformados na forma deste artigo poderão ser designados para oficiar perante os Juízes Federais e os Tribunais Regionais Eleitorais.

Art. 271. Os cargos de Procurador da República de 1ª Categoria não alcançados pelo artigo anterior e os atuais cargos de Procurador da República de 2ª Categoria são transformados em cargos de Procurador da República.

§ 1º. Na nova classe, para efeito de antiguidade, os atuais Procuradores da República de 1ª Categoria precederão os de 2ª Categoria; estes manterão na nova classe a atual ordem de antiguidade.

§ 2º. Os vencimentos iniciais do cargo de Procurador da República serão iguais aos do atual cargo de Procurador da República de 1ª Categoria.

Art. 272. São transformados em cargos de Procurador do Trabalho de 1ª Categoria 100 (cem) cargos de Procurador do Trabalho de 2ª Categoria.

Art. 273. Os cargos de Procurador do Trabalho de 1ª e de 2ª Categoria passam a denominar-se, respectivamente, Procurador Regional do Trabalho e Procurador do Trabalho.

§ 1º. Até que sejam criados novos cargos de Subprocurador-Geral do Trabalho, os atuais Procuradores do Trabalho de 1ª Categoria, cujo cargo passa a denominar-se Procurador Regional do Trabalho e que estejam atuando junto ao Tribunal Superior do Trabalho, ali permanecerão exercendo suas atribuições.

§ 2º. Os vencimentos iniciais dos cargos do Procurador Regional do Trabalho e de Procurador do Trabalho serão iguais aos dos cargos de Procurador Regional da República e de Procurador da República, respectivamente.

Art. 274. Os cargos de Procurador Militar de 1ª e 2ª Categoria passam a denominar-se, respectivamente, Procurador da Justiça Militar e Promotor da Justiça Militar.

Parágrafo único. Até que sejam criados novos cargos de Subprocurador-Geral da Justiça Militar, os atuais Procuradores Militares da 1ª Categoria, cujos cargos passam a denominar-se Procuradores da Justiça Militar e que estejam atuando junto ao Superior Tribunal Militar, ali permanecerão exercendo suas atribuições.

Art. 275. O cargo de Promotor de Justiça Substituto passa a denominar-se Promotor de Justiça Adjunto.

Art. 276. Na falta da lei prevista no artigo 16, a atuação do Ministério Público na defesa dos direitos constitucionais do cidadão observará, além das disposições desta Lei Complementar, as normas baixadas pelo Procurador-Geral da República.

Art. 277. As promoções nas carreiras do Ministério Público da União, na vigência desta Lei Complementar, serão precedidas da adequação das listas de antiguidade aos critérios de desempate nela estabelecidos.

Art. 278. Não se farão promoções nas carreiras do Ministério Público da União antes da instalação do Conselho Superior do ramo respectivo.

Art. 279. As primeiras eleições, para composição do Conselho Superior de cada ramo do Ministério Público da União e para elaboração das listas tríplices para Procurador-Geral do Trabalho, Procurador-Geral da Justiça Militar e Procurador-Geral de Justiça, serão convocadas pelo Procurador-Geral da República, para se realizarem no prazo de 90 (noventa) dias da promulgação desta Lei Complementar.

§ 1º. O Procurador-Geral da República disporá, em ato normativo, sobre as eleições previstas neste artigo, devendo a convocação anteceder de 30 (trinta) dias a data de sua realização.

§ 2º. Os Conselhos Superiores serão instalados no prazo de 15 (quinze) dias, contado do encerramento da apuração.

Art. 280. Entre os eleitos para a primeira composição do Conselho Superior de cada ramo do Ministério Público da União, os dois mais votados, em cada eleição, terão mandato de 2 (dois) anos; os menos votados, de 1 (um) ano.

Art. 281. Os membros do Ministério Público da União, nomeados antes de 5 de outubro de 1988, poderão optar entre o novo regime jurídico e o anterior à promulgação da Constituição Federal, quanto às garantias, vantagens e vedações do cargo.

Parágrafo único. A opção poderá ser exercida dentro de 2 (dois) anos, contados da promulgação desta Lei Complementar, podendo a retratação ser feita no prazo de 10 (dez) anos.

Art. 282. Os Procuradores da República nomeados antes de 5 de outubro de 1988 deverão optar, de forma irretratável, entre as carreiras do Ministério Público Federal e da Advocacia-Geral da União.

§ 1º. (VETADO).

§ 2º. Não manifestada a opção, no prazo estabelecido no parágrafo anterior, o silêncio valerá como opção tácita pela carreira do Ministério Público Federal.

Art. 283. Será criada por lei a Escola Superior do Ministério Público da União, como órgão auxiliar da Instituição.

Art. 284. Poderão ser admitidos como estagiários no Ministério Público da União estudantes de Direito inscritos na Ordem dos Advogados do Brasil.

Parágrafo único. As condições de admissão e o valor da bolsa serão fixados pelo Procurador-Geral da República, sendo a atividade dos estagiários regulada pelo Conselho Superior de cada ramo.

Art. 285. (VETADO).

Art. 286. As despesas decorrentes desta Lei Complementar correrão à conta das dotações constantes do Orçamento da União.

Art. 287. Aplicam-se subsidiariamente aos membros do Ministério Público da União as disposições gerais referentes aos servidores públicos, respeitadas, quando for o caso, as normas especiais contidas nesta Lei Complementar.

§ 1º. O regime de remuneração estabelecido nesta Lei Complementar não prejudica a percepção de vantagens concedidas, em caráter geral, aos servidores públicos civis da União.

§ 2º. O disposto neste artigo não poderá importar em restrições ao regime jurídico instituído nesta Lei Complementar ou na imposição de condições com ele incompatíveis.

Art. 288. Os membros do Ministério Público Federal, cuja promoção para o cargo final de carreira tenha acarretado a sua remoção para o Distrito Federal, poderão, no prazo de 30 (trinta) dias da promulgação desta Lei Complementar, renunciar à referida promoção e retornar ao Estado de origem, ocupando o cargo de Procurador Regional da República.

Art. 289. Sempre que ocorrer a criação simultânea de mais de um cargo de mesmo nível nas carreiras do Ministério Público da União, o provimento dos mesmos, mediante promoção, presumir-se-á simultâneo, independentemente da data dos atos de promoção.

Art. 290. Os membros do Ministério Público da União terão mantida em caráter provisório a sua lotação, enquanto não entrarem em vigor a lei e o ato a que se referem os arts. 34 e 214.

Parágrafo único. O disposto neste artigo não obsta as alterações de lotação decorrentes de remoção, promoção ou designação previstas nesta Lei Complementar.

Art. 291. (VETADO).

Art. 292. (VETADO).

Art. 293. Ao membro ou servidor do Ministério Público da União é vedado manter, sob sua chefia imediata, em cargo ou função de confiança, cônjuge, companheiro, ou parente até o segundo grau civil.

Art. 294. Esta Lei Complementar entra em vigor na data de sua publicação.

Art. 295. Revogam-se as disposições em contrário.

Brasília, 20 de maio de 1993; 172º da Independência e 105º da República.

ITAMAR FRANCO

D.O.U de 21.5.1993

LEI Nº 8.658, DE 26 DE MAIO DE 1993

Dispõe sobre a aplicação, nos Tribunais de Justiça e nos Tribunais Regionais Federais, das normas da Lei nº 8.038, de 28 de maio de 1990, sobre ações penais originárias.

- *Ações penais originárias*

O PRESIDENTE DA CÂMARA DOS DEPUTADOS no exercício do cargo de PRESIDENTE DA REPÚBLICA Faço saber que o Congresso Nacional decreta e eu sanciono a seguinte Lei:

Art. 1º. As normas dos arts. 1º a 12, inclusive, da Lei nº 8.038, de 28 de maio de 1990, aplicam-se às ações penais de competência originária dos Tribunais de Justiça dos Estados e do Distrito Federal, e dos Tribunais Regionais Federais.

- CF/88: art. 108, I.

Art. 2º. Esta Lei entra em vigor na data de sua publicação.

Art. 3º. Revogam-se o Título III do Livro II do Decreto-lei nº 3.689, de 3 de outubro de 1941, e demais disposições em contrário.

Brasília, 26 de maio de 1993; 172º da Independência e 105º da República.

INOCÊNCIO OLIVEIRA

D.O.U. de 27.5.1993

LEI Nº 8.666, DE 21 DE JUNHO DE 1993

Regulamenta o artigo 37, inciso XXI, da Constituição Federal, institui normas para licitações e contratos da Administração Pública e dá outras providências.

- *Licitações*

- Esta Lei estará revogada a partir de 2 anos da data da publicação da Lei 14.133/2021 (Nova Lei de Licitações). DOU 1º.4.2021.

O PRESIDENTE DA REPÚBLICA Faço saber que o Congresso Nacional decreta e eu sanciono a seguinte lei:

CAPÍTULO I. DAS DISPOSIÇÕES GERAIS

- Lei 13.800/2019 – Autoriza a administração pública a firmar instrumentos de parceria e termos de execução de programas, projetos e demais finalidades de interesse público com organizações gestoras de fundos patrimoniais.
- Lei 12.846/2013 – Responsabilização administrativa e civil de pessoas jurídicas.
- Lei 12.598/2012 – Estabelece normas especiais para as compras, as contratações e o desenvolvimento de produtos e de sistemas de defesa.
- Lei 12.462/2011 – Institui o Regime Diferenciado de Contratações Públicas – RDC.
- Lei 12.232/2010 – Dispõe sobre as normas gerais para licitação e contratação pela administração pública de serviços de publicidade prestados por intermédio de agências de propaganda.
- Lei 11.079/2009 – Institui normas gerais para licitação e contratação de parceria público-privada no âmbito da administração pública.
- Lei 10.520/2002 – Institui, no âmbito da União, Estados, Distrito Federal e Municípios, nos termos do art. 37, inciso XXI, da CF, modalidade de licitação denominada pregão, para aquisição de bens e serviços comuns.
- LC 123/2006 – Institui o Estatuto Nacional da Microempresa e da Empresa de Pequeno Porte.
- Decreto 7.174/2010 – Regulamenta a contratação de bens e serviços de informática e automação pela administração pública federal, direta ou indireta, pelas fundações instituídas ou mantidas pelo Poder Público e pelas demais organizações sob o controle direto ou indireto da União.
- Decreto 3.555/2000 – Aprova o Regulamento para a modalidade de licitação denominada pregão, para aquisição de bens e serviços comuns.
- Decreto 9.9658/1990 – Regulamenta, no âmbito da Administração Pública Federal, reaproveitamento, a movimentação, a alienação e outras formas de desfazimento de material.

SEÇÃO I. DOS PRINCÍPIOS

Art. 1º. Esta Lei estabelece normas gerais sobre licitações e contratos administrativos pertinentes a obras, serviços, inclusive de publicidade, compras, alienações e locações no âmbito dos Poderes da União, dos Estados, do Distrito Federal e dos Municípios.

- CF/88: arts. 22, XXVII, 37, XXI e 175.

Parágrafo único. Subordinam-se ao regime desta Lei, além dos órgãos da administração direta, os fundos especiais, as autarquias, as fundações públicas, as empresas públicas, as sociedades de economia mista e demais entidades controladas direta ou indiretamente pela União, Estados, Distrito Federal e Municípios.

- CF/88: arts. 37, XXI, e 173, § 1º, III.

Art. 2º. As obras, serviços, inclusive de publicidade, compras, alienações, concessões, permissões e locações da Administração Pública, quando contratadas com terceiros, serão necessariamente precedidas de licitação, ressalvadas as hipóteses previstas nesta Lei.

- CF/88: art. 175.
- Lei 8.987/1995 – Dispõe sobre o regime de concessão e permissão da prestação de serviços públicos (art. 175 da CF).

Parágrafo único. Para os fins desta Lei, considera-se contrato todo e qualquer ajuste entre órgãos ou entidades da Administração Pública e particulares, em que haja um acordo de vontade para a formação de vínculo e a estipulação de obrigações recíprocas, seja qual for a denominação utilizada.

Art. 3º. A licitação destina-se a garantir a observância do princípio constitucional da isonomia, a seleção da proposta mais vantajosa para a administração e a promoção do desenvolvimento nacional sustentável e será processada e julgada em estrita conformidade com os princípios básicos da legalidade, da impessoalidade, da moralidade, da igualdade, da publicidade, da probidade administrativa, da vinculação ao instrumento convocatório, do julgamento objetivo e dos que lhes são correlatos. (Redação dada pela Lei nº 12.349, de 2010)

- CF/88: art. 37, XXI.
- Decreto 8.194/2014: art. 1º
- Decreto 8.186/2014: art. 1º
- Decreto 8.185/2014: art. 1º
- Decreto 8.184/2014: art. 1º
- Decreto 7.903/2013: art. 1º
- Decreto 7.810/2012: art. 1º
- Decreto 7.756/2012: art. 1º.
- Decreto 7.746/2012: art. 1º.

§ 1º. É vedado aos agentes públicos:

I – admitir, prever, incluir ou tolerar, nos atos de convocação, cláusulas ou condições que comprometam, restrinjam ou frustrem o seu caráter competitivo, inclusive nos casos de sociedades cooperativas, e estabeleçam preferências ou distinções em razão da naturalidade, da sede ou domicílio dos licitantes ou de qualquer outra circunstância impertinente ou irrelevante para o específico objeto do contrato, ressalvado o disposto nos §§ 5º a 12 deste artigo e no art. 3º da Lei nº 8.248, de 23 de outubro de 1991; (Redação dada pela Lei nº 12.349, de 2010)

II – estabelecer tratamento diferenciado de natureza comercial, legal, trabalhista, previdenciária ou qualquer outra, entre empresas brasileiras e estrangeiras, inclusive no que se refere a moeda, modalidade e local de pagamentos, mesmo quando envolvidos financiamentos de agências internacionais, ressalvado o disposto no parágrafo seguinte e no art. 3º da Lei nº 8.248, de 23 de outubro de 1991.

§ 2º. Em igualdade de condições, como critério de desempate, será assegurada preferência, sucessivamente, aos bens e serviços:

I – (*Revogado pela Lei nº 12.349, de 2010*).

II – produzidos no País;

III – produzidos ou prestados por empresas brasileiras.

IV – produzidos ou prestados por empresas que invistam em pesquisa e no desenvolvimento de tecnologia no País. (Incluído pela Lei nº 11.196, de 2005)

V – produzidos ou prestados por empresas que comprovem cumprimento de reserva de cargos prevista em lei para pessoa com deficiência ou para reabilitado da Previdência Social e que atendam às regras de acessibilidade previstas na legislação. (Incluído pela Lei nº 13.146, de 2015)

§ 3º. A licitação não será sigilosa, sendo públicos e acessíveis ao público os atos de seu procedimento, salvo quanto ao conteúdo das propostas, até a respectiva abertura.

§ 4º. (*VETADO*). (Incluído pela Lei nº 8.883, de 1994)

§ 5º. Nos processos de licitação, poderá ser estabelecida margem de preferência para: (Redação dada pela Lei nº 13.146, de 2015)

- Decreto 7.546/2011 – Regulamenta o disposto nos §§ 5º a 12 do art. 3º da Lei 8.666/1993, e institui a Comissão Interministerial de Compras Públicas.

I – produtos manufaturados e para serviços nacionais que atendam a normas técnicas brasileiras; e (Incluído pela Lei nº 13.146, de 2015)

II – bens e serviços produzidos ou prestados por empresas que comprovem cumprimento de reserva de cargos prevista em lei para pessoa com deficiência ou para reabilitado da Previdência Social e que atendam às regras de acessibilidade previstas na legislação. (Incluído pela Lei nº 13.146, de 2015)

§ 6º. A margem de preferência de que trata o § 5º será estabelecida com base em estudos revistos periodicamente, em prazo não superior a 5 (cinco) anos, que levem em consideração: (Incluído pela Lei nº 12.349, de 2010)

- Decreto 7.546/2011 – Regulamenta o disposto nos §§ 5º a 12 do art. 3º da Lei 8.666/1993, e institui a Comissão Interministerial de Compras Públicas.
- Decreto 7.756/2012: art. 1º.
- Decreto 7.713/2012: art. 1º.
- Decreto 7.709/2012: art. 1º.

I – geração de emprego e renda; (Incluído pela Lei nº 12.349, de 2010)

II – efeito na arrecadação de tributos federais, estaduais e municipais; (Incluído pela Lei nº 12.349, de 2010)

III – desenvolvimento e inovação tecnológica realizados no País; (Incluído pela Lei nº 12.349, de 2010)

IV – custo adicional dos produtos e serviços; e (Incluído pela Lei nº 12.349, de 2010)

V – em suas revisões, análise retrospectiva de resultados. (Incluído pela Lei nº 12.349, de 2010)

§ 7º. Para os produtos manufaturados e serviços nacionais resultantes de desenvolvimento e inovação tecnológica realizados no País, poderá ser estabelecido margem de preferência adicional àquela prevista no § 5º. (Incluído pela Lei nº 12.349, de 2010)

- Decreto 7.546/2011 – Regulamenta o disposto nos §§ 5º a 12 do art. 3º da Lei 8.666/1993, e institui a Comissão Interministerial de Compras Públicas.

§ 8º. As margens de preferência por produto, serviço, grupo de produtos ou grupo de serviços, a que se referem os §§ 5º e 7º, serão definidas pelo Poder Executivo federal, não podendo a soma delas ultrapassar o montante de 25% (vinte e cinco por cento) sobre o preço dos produtos manufaturados e serviços estrangeiros. (Incluído pela Lei nº 12.349, de 2010)

- Decreto 7.546/2011 – Regulamenta o disposto nos §§ 5º a 12 do art. 3º da Lei 8.666/1993, e institui a Comissão Interministerial de Compras Públicas.

§ 9º. As disposições contidas nos §§ 5º e 7º deste artigo não se aplicam aos bens e aos serviços cuja capacidade de produção ou prestação no País seja inferior: (Incluído pela Lei nº 12.349, de 2010)

- Decreto 7.546/2011 – Regulamenta o disposto nos §§ 5º a 12 do art. 3º da Lei 8.666/1993, e institui a Comissão Interministerial de Compras Públicas.

I – à quantidade a ser adquirida ou contratada; ou (Incluído pela Lei nº 12.349, de 2010)

II – ao quantitativo fixado com fundamento no § 7º do art. 23 desta Lei, quando for o caso. (Incluído pela Lei nº 12.349, de 2010)

§ 10. A margem de preferência a que se refere o § 5º poderá ser estendida, total ou parcialmente, aos bens e serviços originários dos Estados Partes do Mercado Comum do Sul - Mercosul. (Incluído pela Lei nº 12.349, de 2010)

- Decreto 7.546/2011 – Regulamenta o disposto nos §§ 5º a 12 do art. 3º da Lei 8.666/1993, e institui a Comissão Interministerial de Compras Públicas.

§ 11. Os editais de licitação para a contratação de bens, serviços e obras poderão, mediante prévia justificativa da autoridade competente, exigir que o contratado promova, em favor de órgão ou entidade integrante da administração pública ou daqueles por ela indicados a partir de processo isonômico, medidas de compensação comercial, industrial, tecnológica ou acesso a condições vantajosas de financiamento, cumulativamente ou não, na forma estabelecida pelo Poder Executivo federal. (Incluído pela Lei nº 12.349, de 2010)

- Decreto 7.546/2011 – Regulamenta o disposto nos §§ 5º a 12 do art. 3º da Lei 8.666/1993, e institui a Comissão Interministerial de Compras Públicas.

§ 12. Nas contratações destinadas à implantação, manutenção e ao aperfeiçoamento dos sistemas de tecnologia de informação e comunicação, considerados estratégicos em ato do Poder Executivo federal, a licitação poderá ser restrita a bens e serviços com tecnologia desenvolvida no País e produzidos de acordo com o processo produtivo básico de que trata a Lei nº 10.176, de 11 de janeiro de 2001. (Incluído pela Lei nº 12.349, de 2010)

- Decreto 7.546/2011 – Regulamenta o disposto nos §§ 5º a 12 do art. 3º da Lei 8.666/1993, e institui a Comissão Interministerial de Compras Públicas.

§ 13. Será divulgada na internet, a cada exercício financeiro, a relação de empresas favorecidas em decorrência do disposto nos §§ 5º, 7º, 10, 11 e 12 deste artigo, com indicação do volume de recursos destinados a cada uma delas. (Incluído pela Lei nº 12.349, de 2010)

§ 14. As preferências definidas neste artigo e nas demais normas de licitação e contratos devem privilegiar o tratamento diferenciado e favorecido às microempresas e empresas de pequeno porte na forma da lei. (Incluído pela Lei Complementar nº 147, de 2014)

- Decreto 8.538/2015: art. 1º.

§ 15. As preferências dispostas neste artigo prevalecem sobre as demais preferências previstas na legislação quando estas forem aplicadas sobre produtos ou serviços estrangeiros. (Incluído pela Lei Complementar nº 147, de 2014)

Art. 4º. Todos quantos participem de licitação promovida pelos órgãos ou entidades a que se refere o art. 1º têm direito público subjetivo à fiel observância do pertinente procedimento estabelecido nesta Lei, podendo qualquer cidadão acompanhar o seu desenvolvimento, desde que não interfira de modo a perturbar ou impedir a realização dos trabalhos.

Parágrafo único. O procedimento licitatório previsto nesta Lei caracteriza ato administrativo formal, seja ele praticado em qualquer esfera da Administração Pública.

- CF/88: art. 37, XXI.

Art. 5º. Todos os valores, preços e custos utilizados nas licitações terão como expressão monetária a moeda corrente nacional, ressalvado o disposto no art. 42 desta Lei, devendo cada unidade da Administração, no pagamento das obrigações relativas ao fornecimento de bens, locações, realização de obras e prestação de serviços, obedecer, para cada fonte diferenciada de recursos, a estrita ordem cronológica das datas de suas exigibilidades, salvo quando presentes relevantes razões de interesse público e mediante prévia justificativa da autoridade competente, devidamente publicada.

- Decreto-lei 857/1969 – Consolida e altera a legislação sobre moeda de pagamento de obrigações exequíveis no Brasil.

§ 1º. Os créditos a que se refere este artigo terão seus valores corrigidos por critérios previstos no ato convocatório e que lhes preservem o valor.

- Decreto 1.054/1994 – Regulamenta o reajuste de preços nos contratos da Administração Federal direta e indireta.

§ 2º. A correção de que trata o parágrafo anterior cujo pagamento será feito junto com o principal, correrá à conta das mesmas dotações orçamentárias que atenderam aos créditos a que se referem. (Redação dada pela Lei nº 8.883, de 1994)

§ 3º. Observados o disposto no *caput*, os pagamentos decorrentes de despesas cujos valores não ultrapassem o limite de que trata o inciso II do art. 24, sem prejuízo do que dispõe seu parágrafo único, deverão ser efetuados no prazo de até 5 (cinco) dias úteis, contados da apresentação da fatura. (Incluído pela Lei nº 9.648, de 1998)

Art. 5º-A. As normas de licitações e contratos devem privilegiar o tratamento diferenciado e favorecido às microempresas e empresas de pequeno porte na forma da lei. (Incluído pela Lei Complementar nº 147, de 2014)

- Decreto 8.538/2015: art. 1º.

SEÇÃO II. DAS DEFINIÇÕES

Art. 6º. Para os fins desta Lei, considera-se:

I – obra – toda construção, reforma, fabricação, recuperação ou ampliação, realizada por execução direta ou indireta;

II – serviço – toda atividade destinada a obter determinada utilidade de interesse para a Administração, tais como: demolição, conserto, instalação, montagem, operação, conservação, reparação, adaptação, manutenção, transporte, locação de bens, publicidade, seguro ou trabalhos técnico-profissionais;

- Lei 12.232/2010 – Dispõe sobre as normas gerais para licitação e contratação pela administração pública de serviços de publicidade prestados por intermédio de agências de propaganda.

III – compra – toda aquisição remunerada de bens para fornecimento de uma só vez ou parceladamente;

IV – alienação – toda transferência de domínio de bens a terceiros;

V – obras, serviços e compras de grande vulto – aquelas cujo valor estimado seja superior a 25 (vinte e cinco) vezes o limite estabelecido na alínea c do inciso I do art. 23 desta Lei;

VI – seguro-garantia – o seguro que garante o fiel cumprimento das obrigações assumidas por empresas em licitações e contratos;

VII – execução direta – a que é feita pelos órgãos e entidades da Administração, pelos próprios meios;

VIII – Execução indireta – a que o órgão ou entidade contrata com terceiros sob qualquer dos seguintes regimes: (Redação dada pela Lei nº 8.883, de 1994)

a) empreitada por preço global – quando se contrata a execução da obra ou do serviço por preço certo e total;

b) empreitada por preço unitário – quando se contrata a execução da obra ou do serviço por preço certo de unidades determinadas;

c) (Vetado). (Redação dada pela Lei nº 8.883, de 1994)

d) tarefa – quando se ajusta mão de obra para pequenos trabalhos por preço certo, com ou sem fornecimento de materiais;

e) empreitada integral – quando se contrata um empreendimento em sua integralidade, compreendendo todas as etapas das obras, serviços e instalações necessárias, sob inteira responsabilidade da contratada até a sua entrega ao contratante em condições de entrada em operação, atendidos os requisitos técnicos e legais para sua utilização em condições de segurança estrutural e operacional e com as características adequadas às finalidades para que foi contratada;

IX – projeto básico – conjunto de elementos necessários e suficientes, com nível de precisão adequado, para caracterizar a obra ou serviço, ou complexo de obras ou serviços objeto da licitação, elaborado com base nas indicações dos estudos técnicos preliminares, que assegurem a viabilidade técnica e o adequado tratamento do impacto ambiental do empreendimento, e que possibilite a avaliação do custo da obra e a definição dos métodos e do prazo de execução, devendo conter os seguintes elementos:

a) desenvolvimento da solução escolhida de forma a fornecer visão global da obra e identificar todos os seus elementos constitutivos com clareza;

b) soluções técnicas globais e localizadas, suficientemente detalhadas, de forma a minimizar a necessidade de reformulação ou de variantes durante as fases de elaboração do projeto executivo e de realização das obras e montagem;

c) identificação dos tipos de serviços a executar e de materiais e equipamentos a incorporar à obra, bem como suas especificações que assegurem os melhores resultados para o empreendimento, sem frustrar o caráter competitivo para a sua execução;

d) informações que possibilitem o estudo e a dedução de métodos construtivos, instalações provisórias e condições organizacionais para a obra, sem frustrar o caráter competitivo para a sua execução;

e) subsídios para montagem do plano de licitação e gestão da obra, compreendendo a sua programação, a estratégia de suprimentos, as normas de fiscalização e outros dados necessários em cada caso;

f) orçamento detalhado do custo global da obra, fundamentado em quantitativos de serviços e fornecimentos propriamente avaliados;

X – projeto executivo – o conjunto dos elementos necessários e suficientes à execução completa da obra, de acordo com as normas pertinentes da Associação Brasileira de Normas Técnicas – ABNT;

XI – Administração Pública – a administração direta e indireta da União, dos Estados, do Distrito Federal e dos Municípios, abrangendo inclusive as entidades com personalidade jurídica de direito privado sob controle do poder público e das fundações por ele instituídas ou mantidas;

XII – Administração – órgão, entidade ou unidade administrativa pela qual a Administração Pública opera e atua concretamente;

XIII – Imprensa Oficial – veículo oficial de divulgação da Administração Pública, sendo para a União o Diário Oficial da União, e, para os Estados, o Distrito Federal e os Municípios, o que for definido nas respectivas leis; (Redação dada pela Lei nº 8.883, de 1994)

XIV – contratante – é o órgão ou entidade signatária do instrumento contratual;

XV – contratado – a pessoa física ou jurídica signatária de contrato com a Administração Pública;

XVI – comissão – comissão, permanente ou especial, criada pela Administração com a função de receber, examinar e julgar todos os documentos e procedimentos relativos às licitações e ao cadastramento de licitantes;

XVII – produtos manufaturados nacionais - produtos manufaturados, produzidos no território nacional de acordo com o processo produtivo básico ou com as regras de origem estabelecidas pelo Poder Executivo federal; (Incluído pela Lei nº 12.349, de 2010)

XVIII – serviços nacionais - serviços prestados no País, nas condições estabelecidas pelo Poder Executivo federal; (Incluído pela Lei nº 12.349, de 2010)

XIX – sistemas de tecnologia de informação e comunicação estratégicos – bens e serviços de tecnologia da informação e comunicação cuja descontinuidade provoque dano significativo à administração pública e que envolvam pelo menos um dos seguintes requisitos relacionados às informações críticas: disponibilidade, confiabilidade, segurança e confidencialidade. (Incluído pela Lei nº 12.349, de 2010)

XX – produtos para pesquisa e desenvolvimento - bens, insumos, serviços e obras necessários para atividade de pesquisa científica e tecnológica, desenvolvimento de tecnologia ou inovação tecnológica, discriminados em projeto de pesquisa aprovado pela instituição contratante. (Incluído pela Lei nº 13.243, de 2016)

SEÇÃO III. DAS OBRAS E SERVIÇOS

Art. 7º. As licitações para a execução de obras e para a prestação de serviços obedecerão ao disposto neste artigo e, em particular, à seguinte sequência:

I – projeto básico;
II – projeto executivo;
III – execução das obras e serviços.

§ 1º. A execução de cada etapa será obrigatoriamente precedida da conclusão e aprovação, pela autoridade competente, dos trabalhos relativos às etapas anteriores, à exceção do projeto executivo, o qual poderá ser desenvolvido concomitantemente com a execução das obras e serviços, desde que também autorizado pela Administração.

§ 2º. As obras e os serviços somente poderão ser licitados quando:

I – houver projeto básico aprovado pela autoridade competente e disponível para exame dos interessados em participar do processo licitatório;
II – existir orçamento detalhado em planilhas que expressem a composição de todos os seus custos unitários;
III – houver previsão de recursos orçamentários que assegurem o pagamento das obrigações decorrentes de obras ou serviços a serem executadas no exercício financeiro em curso, de acordo com o respectivo cronograma;
IV – o produto dela esperado estiver contemplado nas metas estabelecidas no Plano Plurianual de que trata o art. 165 da Constituição Federal, quando for o caso.

§ 3º. É vedado incluir no objeto da licitação a obtenção de recursos financeiros para sua execução, qualquer que seja a sua origem, exceto nos casos de empreendimentos executados e explorados sob o regime de concessão, nos termos da legislação específica.

- Lei 8.987/1995 – Dispõe sobre o regime de concessão e permissão da prestação de serviços públicos previsto no art. 175 da CF.

§ 4º. É vedada, ainda, a inclusão, no objeto da licitação, de fornecimento de materiais e serviços sem previsão de quantidades ou cujos quantitativos não correspondam às previsões reais do projeto básico ou executivo.

§ 5º. É vedada a realização de licitação cujo objeto inclua bens e serviços sem similaridade ou de marcas, características e especificações exclusivas, salvo nos casos em que for tecnicamente justificável, ou ainda quando o fornecimento de tais materiais e serviços for feito sob o regime de administração contratada, previsto e discriminado no ato convocatório.

§ 6º. A infringência do disposto neste artigo implica a nulidade dos atos ou contratos realizados e a responsabilidade de quem lhes tenha dado causa.

§ 7º. Não será ainda computado como valor da obra ou serviço, para fins de julgamento das propostas de preços, a atualização monetária das obrigações de pagamento, desde a data final de cada período de aferição até a do respectivo pagamento, que será calculada pelos mesmos critérios estabelecidos obrigatoriamente no ato convocatório.

§ 8º. Qualquer cidadão poderá requerer à Administração Pública os quantitativos das obras e preços unitários de determinada obra executada.

§ 9º. O disposto neste artigo aplica-se, também, no que couber, aos casos de dispensa e de inexigibilidade de licitação.

Art. 8º. A execução das obras e dos serviços deve programar-se, sempre, em sua totalidade, previstos seus custos atual e final e considerados os prazos de sua execução.

Parágrafo único. É proibido o retardamento imotivado da execução de obra ou serviço, ou de suas parcelas, se existente previsão orçamentária para sua execução total, salvo insuficiência financeira ou comprovado motivo de ordem técnica, justificados em despacho circunstanciado da autoridade a que se refere o art. 26 desta Lei. (Redação dada pela Lei nº 8.883, de 1994)

Art. 9º. Não poderá participar, direta ou indiretamente, da licitação ou da execução de obra ou serviço e do fornecimento de bens a eles necessários:

I – o autor do projeto, básico ou executivo, pessoa física ou jurídica;
II – empresa, isoladamente ou em consórcio, responsável pela elaboração do projeto básico ou executivo ou da qual o autor do projeto seja dirigente, gerente, acionista ou detentor de mais de 5% (cinco por cento) do capital com direito a voto ou controlador, responsável técnico ou subcontratado;
III – servidor ou dirigente de órgão ou entidade contratante ou responsável pela licitação.

§ 1º. É permitida a participação do autor do projeto ou da empresa a que se refere o inciso II deste artigo, na licitação de obra ou serviço, ou na execução, como consultor ou técnico, nas funções de fiscalização, supervisão ou gerenciamento, exclusivamente a serviço da Administração interessada.

§ 2º. O disposto neste artigo não impede a licitação ou contratação de obra ou serviço que inclua a elaboração de projeto executivo como encargo do contratado ou pelo preço previamente fixado pela Administração.

§ 3º. Considera-se participação indireta, para fins do disposto neste artigo, a existência de qualquer vínculo de natureza técnica, comercial, econômica, financeira ou trabalhista entre o autor do projeto, pessoa física ou jurídica, e o licitante ou responsável pelos serviços, fornecimentos e obras, incluindo-se os fornecimentos de bens e serviços a estes necessários.

§ 4º. O disposto no parágrafo anterior aplica-se aos membros da comissão de licitação.

Art. 10. As obras e serviços poderão ser executados nas seguintes formas: (Redação dada pela Lei nº 8.883, de 1994)

I – execução direta;
II – execução indireta, nos seguintes regimes: (Redação dada pela Lei nº 8.883, de 1994)

a) empreitada por preço global;

b) empreitada por preço unitário;

c) (Vetado). (Redação dada pela Lei nº 8.883, de 1994)

d) tarefa;

e) empreitada integral.

Parágrafo único. (Vetado). (Redação dada pela Lei nº 8.883, de 1994)

Art. 11. As obras e serviços destinados aos mesmos fins terão projetos padronizados por tipos, categorias ou classes, exceto quando o projeto-padrão não atender às condições peculiares do local ou às exigências específicas do empreendimento.

Art. 12. Nos projetos básicos e projetos executivos de obras e serviços serão considerados principalmente os seguintes requisitos: (Redação dada pela Lei nº 8.883, de 1994)

I – segurança;
II – funcionalidade e adequação ao interesse público;
III – economia na execução, conservação e operação;
IV – possibilidade de emprego de mão de obra, materiais, tecnologia e matérias-primas existentes no local para execução, conservação e operação;
V – facilidade na execução, conservação e operação, sem prejuízo da durabilidade da obra ou do serviço;
VI – adoção das normas técnicas, de saúde e de segurança do trabalho adequadas; (Redação dada pela Lei nº 8.883, de 1994)
VII – impacto ambiental.

SEÇÃO IV. DOS SERVIÇOS TÉCNICOS PROFISSIONAIS ESPECIALIZADOS

Art. 13. Para os fins desta Lei, consideram-se serviços técnicos profissionais especializados os trabalhos relativos a:

I – estudos técnicos, planejamentos e projetos básicos ou executivos;
II – pareceres, perícias e avaliações em geral;
III – assessorias ou consultorias técnicas e auditorias financeiras ou tributárias; (Redação dada pela Lei nº 8.883, de 1994)
IV – fiscalização, supervisão ou gerenciamento de obras ou serviços;
V – patrocínio ou defesa de causas judiciais ou administrativas;
VI – treinamento e aperfeiçoamento de pessoal;
VII – restauração de obras de arte e bens de valor histórico.
VIII – (Vetado). (Incluído pela Lei nº 8.883, de 1994)

§ 1º. Ressalvados os casos de inexigibilidade de licitação, os contratos para a prestação de serviços técnicos profissionais especializados deverão, preferencialmente, ser celebrados mediante a realização de concurso, com estipulação prévia de prêmio ou remuneração.

§ 2º. Aos serviços técnicos previstos neste artigo aplica-se, no que couber, o disposto no art. 111 desta Lei.

§ 3º. A empresa de prestação de serviços técnicos especializados que apresente relação de integrantes de seu corpo técnico em procedimento licitatório ou como elemento de justificação de dispensa ou inexigibilidade de licitação, ficará obrigada a garantir que os referidos integrantes realizem pessoal e diretamente os serviços objeto do contrato.

SEÇÃO V DAS COMPRAS

Art. 14. Nenhuma compra será feita sem a adequada caracterização de seu objeto e indicação dos recursos orçamentários para seu pagamento, sob pena de nulidade do ato e responsabilidade de quem lhe tiver dado causa.

- Lei 14.133/2021 (Nova Lei de Licitações)
- Lei 8.666/1993: arts. 7º, § 2º e 38.

Art. 15. As compras, sempre que possível, deverão:

- Lei 14.133/2021 (Nova Lei de Licitações)
- Lei 10.520/2002: art. 11.
- Decreto 7.892/2013 – Regulamenta o Sistema de Registro de Preços previsto no art. 15 da Lei 8.666/1993.

I – atender ao princípio da padronização, que imponha compatibilidade de especificações técnicas e de desempenho, observadas, quando for o caso, as condições de manutenção, assistência técnica e garantia oferecidas;

II – ser processadas através de sistema de registro de preços;
III – submeter-se às condições de aquisição e pagamento semelhantes às do setor privado;
IV – ser subdivididas em tantas parcelas quantas necessárias para aproveitar as peculiaridades do mercado, visando economicidade;
V – balizar-se pelos preços praticados no âmbito dos órgãos e entidades da Administração Pública.

§ 1º. O registro de preços será precedido de ampla pesquisa de mercado.

§ 2º. Os preços registrados serão publicados trimestralmente para orientação da Administração, na imprensa oficial.

§ 3º. O sistema de registro de preços será regulamentado por decreto, atendidas as peculiaridades regionais, observadas as seguintes condições:
I – seleção feita mediante concorrência;
II – estipulação prévia do sistema de controle e atualização dos preços registrados;
III – validade do registro não superior a 1 (um) ano.

§ 4º. A existência de preços registrados não obriga a Administração a firmar as contratações que deles poderão advir, ficando-lhe facultada a utilização de outros meios, respeitada a legislação relativa às licitações, sendo assegurado ao beneficiário do registro preferência em igualdade de condições.

§ 5º. O sistema de controle originado no quadro geral de preços, quando possível, deverá ser informatizado.

§ 6º. Qualquer cidadão é parte legítima para impugnar preço constante do quadro geral em razão de incompatibilidade desse com o preço vigente no mercado.

§ 7º. Nas compras deverão ser observadas, ainda:
I – a especificação completa do bem a ser adquirido sem indicação de marca;
II – a definição das unidades e das quantidades a serem adquiridas em função do consumo e utilização prováveis, cuja estimativa será obtida, sempre que possível, mediante adequadas técnicas quantitativas de estimação;
III – as condições de guarda e armazenamento que não permitam a deterioração do material.

§ 8º. O recebimento de material de valor superior ao limite estabelecido no art. 23 desta Lei, para a modalidade de convite, deverá ser confiado a uma comissão de, no mínimo, 3 (três) membros.

Art. 16. Será dada publicidade, mensalmente, em órgão de divulgação oficial ou em quadro de avisos de amplo acesso público, à relação de todas as compras feitas pela Administração Direta ou Indireta, de maneira a clarificar a identificação do bem comprado, seu preço unitário, a quantidade adquirida, o nome do vendedor e o valor total da operação, podendo ser aglutinadas por itens as compras feitas com dispensa e inexigibilidade de licitação. (Redação dada pela Lei nº 8.883, de 1994)

- Lei 8.666/1993: art. 61, par. único.

Parágrafo único. O disposto neste artigo não se aplica aos casos de dispensa de licitação previstos no inciso IX do art. 24. (Incluído pela Lei nº 8.883, de 1994)

SEÇÃO VI.
DAS ALIENAÇÕES

Art. 17. A alienação de bens da Administração Pública, subordinada à existência de interesse público devidamente justificado, será precedida de avaliação e obedecerá às seguintes normas:

- Lei 9.636/1998: art. 23.
- v. Resolução 53/1997 do Senado Federal – Regulamenta, no âmbito do Senado Federal, os arts. 17 e 18 da Lei 8.666/1993, concernentes à alienação de bens móveis e imóveis.

I – quando imóveis, dependerá de autorização legislativa para órgãos da administração direta e entidades autárquicas e fundacionais, e, para todos, inclusive as entidades paraestatais, dependerá de avaliação prévia e de licitação na modalidade de concorrência, dispensada esta nos seguintes casos:

a) dação em pagamento;

b) doação, permitida exclusivamente para outro órgão ou entidade da administração pública, de qualquer esfera de governo, ressalvado o disposto nas alíneas f, h e i; (Redação dada pela Lei nº 11.952, de 2009)

- ADIn 927-3/DF (Med. Caut.): O Tribunal deferiu, em parte, a medida cautelar, para suspender, até a decisão final da ação, quanto aos Estados, ao Distrito Federal e aos Municípios, a eficácia da expressão "permitida exclusivamente para outro órgão ou entidade da Administração Pública, de qualquer esfera de governo", contida na letra b do inciso I do art. 17, da Lei 8.666/93, [...]. (Plenário, 03.11.93) (D.J.U. 10.11.1993)

c) permuta, por outro imóvel que atenda aos requisitos constantes do inciso X do art. 24 desta Lei;

- ADIn 927-3/DF (Med. Caut.): O Tribunal deferiu, por maioria, a medida cautelar, [...]; para suspender os efeitos da letra c do mesmo inciso, até a decisão final da ação, [...]. (Plenário, 03.11.93) (D.J.U. 10.11.1993)

d) investidura;

e) venda a outro órgão ou entidade da administração pública, de qualquer esfera de governo; (Incluída pela Lei nº 8.883, de 1994)

f) alienação gratuita ou onerosa, aforamento, concessão de direito real de uso, locação ou permissão de uso de bens imóveis residenciais construídos, destinados ou efetivamente utilizados no âmbito de programas habitacionais ou de regularização fundiária de interesse social desenvolvidos por órgãos ou entidades da administração pública; (Redação dada pela Lei nº 11.481, de 2007)

g) procedimentos de legitimação de posse de que trata o art. 29 da Lei nº 6.383, de 7 de dezembro de 1976, mediante iniciativa e deliberação dos órgãos da Administração Pública em cuja competência legal inclua-se tal atribuição; (Incluído pela Lei nº 11.196, de 2005)

h) alienação gratuita ou onerosa, aforamento, concessão de direito real de uso, locação ou permissão de uso de bens imóveis de uso comercial de âmbito local com área de até 250 m² (duzentos e cinquenta metros quadrados) e inseridos no âmbito de programas de regularização fundiária de interesse social desenvolvidos por órgãos ou entidades da administração pública; (Incluído pela Lei nº 11.481, de 2007)

i) alienação e concessão de direito real de uso, gratuita ou onerosa, de terras públicas rurais da União e do Incra, onde incidam ocupações até o limite de que trata o § 1º do art. 6º da Lei nº 11.952, de 25 de junho de 2009, para fins de regularização fundiária, atendidos os requisitos legais; e (Redação dada pela Lei nº 13.465, de 2017)

II – quando móveis, dependerá de avaliação prévia e de licitação, dispensada esta nos seguintes casos:

- ADIn 927-3/DF (Med. Caut.): [...] no tocante à letra a do inciso II do mesmo artigo, o Tribunal, por maioria de votos, indeferiu a medida cautelar, [...].(Plenário, 03.11.93) (D.J.U. 10.11.1993)

a) doação, permitida exclusivamente para fins e uso de interesse social, após avaliação de sua oportunidade e conveniência socioeconômica, relativamente à escolha de outra forma de alienação;

b) permuta, permitida exclusivamente entre órgãos ou entidades da Administração Pública;

- ADIn 927-3/DF (Med. Caut.): [...] com relação à letra b do mesmo Inciso, o Tribunal, por unanimidade, deferiu a medida cautelar, para suspender, até a decisão final da ação, a eficácia da expressão "permitida exclusivamente entre órgãos ou entidade da Administração Pública", quanto aos Estados, o Distrito Federal e os Municípios; [...]. (Plenário, 03.11.93) (D.J.U. 10.11.1993)

c) venda de ações, que poderão ser negociadas em bolsa, observada a legislação específica;

d) venda de títulos, na forma da legislação pertinente;

e) venda de bens produzidos ou comercializados por órgãos ou entidades da Administração Pública, em virtude de suas finalidades;

f) venda de materiais e equipamentos para outros órgãos ou entidades da Administração Pública, sem utilização previsível por quem deles dispõe.

§ 1º. Os imóveis doados com base na alínea *b* do inciso I deste artigo, cessadas as razões que justificaram a sua doação, reverterão ao patrimônio da pessoa jurídica doadora, vedada a sua alienação pelo beneficiário.

- ADIn 927-3/DF (Med. Caut.): [...] o Tribunal, por maioria de votos, deferiu a medida cautelar, para suspender, até a decisão final da ação, a eficácia de todo o § 1º do art. 17, [...]. (Plenário, 03.11.93) (D.J.U. 10.11.1993)

§ 2º. A Administração também poderá conceder título de propriedade ou de direito real de uso de imóveis, dispensada licitação, quando o uso destinar-se: (Redação dada pela Lei nº 11.196, de 2005)
I – a outro órgão ou entidade da Administração Pública, qualquer que seja a localização do imóvel; (Incluído pela Lei nº 11.196, de 2005)
II – a pessoa natural que, nos termos de lei, regulamento ou ato normativo do órgão competente, haja implementado os requisitos mínimos de cultura, ocupação mansa e pacífica e exploração direta sobre área rural, observado o limite de que trata o § 1º do art. 6º da Lei nº 11.952, de 25 de junho de 2009; (*Redação dada pela Lei nº 13.465, de 2017*)

§ 2º-A. As hipóteses do inciso II do § 2º ficam dispensadas de autorização legislativa, porém submetem-se aos seguintes condicionamentos: (Redação dada pela Lei nº 11.952, de 2009)
I – aplicação exclusivamente às áreas em que a detenção por particular seja comprovadamente anterior a 1º de dezembro de 2004; (Incluído pela Lei nº 11.196, de 2005)
II – submissão aos demais requisitos e impedimentos do regime legal e administrativo da destinação e da regularização fundiária de terras públicas; (Incluído pela Lei nº 11.196, de 2005)
III – vedação de concessões para hipóteses de exploração não contempladas na lei agrária, nas leis de destinação de terras públicas, ou nas normas legais ou administrativas de zoneamento ecológico-econômico; e (Incluído pela Lei nº 11.196, de 2005)
IV – previsão de rescisão automática da concessão, dispensada notificação, em caso de declaração de utilidade, ou necessidade pública ou interesse social. (Incluído pela Lei nº 11.196, de 2005)

§ 2º-B. A hipótese do inciso II do § 2º deste artigo: (Incluído pela Lei nº 11.196, de 2005)
I – só se aplica a imóvel situado em zona rural, não sujeito a vedação, impedimento ou inconveniente a sua exploração mediante atividades agropecuárias; (Incluído pela Lei nº 11.196, de 2005)
II – fica limitada a áreas de até quinze módulos fiscais, desde que não exceda mil e quinhentos

hectares, vedada a dispensa de licitação para áreas superiores a esse limite; (Redação dada pela Lei nº 11.763, de 2008)

III – pode ser cumulada com o quantitativo de área decorrente da figura prevista na alínea g do inciso I do *caput* deste artigo, até o limite previsto no inciso II deste parágrafo. (Incluído pela Lei nº 11.196, de 2005)

IV – (VETADO) (Incluído pela Lei nº 11.763, de 2008)

§ 3º. Entende-se por investidura, para os fins desta lei: (Redação dada pela Lei nº 9.648, de 1998)

I – a alienação aos proprietários de imóveis lindeiros de área remanescente ou resultante de obra pública, área esta que se tornar inaproveitável isoladamente, por preço nunca inferior ao da avaliação e desde que esse não ultrapasse a 50% (cinquenta por cento) do valor constante da alínea "a" do inciso II do art. 23 desta lei; (Incluído pela Lei nº 9.648, de 1998)

II – a alienação, aos legítimos possuidores diretos ou, na falta destes, ao Poder Público, de imóveis para fins residenciais construídos em núcleos urbanos anexos a usinas hidrelétricas, desde que considerados dispensáveis na fase de operação dessas unidades e não integrem a categoria de bens reversíveis ao final da concessão. (Incluído pela Lei nº 9.648, de 1998)

§ 4º. A doação com encargo será licitada e de seu instrumento constarão, obrigatoriamente os encargos, o prazo de seu cumprimento e cláusula de reversão, sob pena de nulidade do ato, sendo dispensada a licitação no caso de interesse público devidamente justificado; (Redação dada pela Lei nº 8.883, de 1994)

§ 5º. Na hipótese do parágrafo anterior, caso o donatário necessite oferecer o imóvel em garantia de financiamento, a cláusula de reversão e demais obrigações serão garantidas por hipoteca em segundo grau em favor do doador. (Incluído pela Lei nº 8.883, de 1994)

§ 6º. Para a venda de bens móveis avaliados, isolada ou globalmente, em quantia não superior ao limite previsto no art. 23, inciso II, alínea "b" desta Lei, a Administração poderá permitir o leilão. (Incluído pela Lei nº 8.883, de 1994)

§ 7º. (VETADO). (Incluído pela Lei nº 11.481, de 2007)

Art. 18. Na concorrência para a venda de bens imóveis, a fase de habilitação limitar-se-á à comprovação do recolhimento de quantia correspondente a 5% (cinco por cento) da avaliação.

- v. Resolução 53/1997 do Senado Federal – Regulamenta, no âmbito do Senado Federal, os arts. 17 e 18 da Lei 8.666/1993, concernentes à alienação de bens móveis e imóveis..

Parágrafo único. (*Revogado pela Lei nº 8.883, de 1994*)

Art. 19. Os bens imóveis da Administração Pública, cuja aquisição haja derivado de procedimentos judiciais ou de dação em pagamento, poderão ser alienados por ato da autoridade competente, observadas as seguintes regras:

I – avaliação dos bens alienáveis;

II – comprovação da necessidade ou utilidade da alienação;

III – adoção do procedimento licitatório, sob a modalidade de concorrência ou leilão. (Redação dada pela Lei nº 8.883, de 1994)

CAPÍTULO II. DA LICITAÇÃO

SEÇÃO I. DAS MODALIDADES, LIMITES E DISPENSA

Art. 20. As licitações serão efetuadas no local onde se situar a repartição interessada, salvo por motivo de interesse público, devidamente justificado.

Parágrafo único. O disposto neste artigo não impedirá a habilitação de interessados residentes ou sediados em outros locais.

Art. 21. Os avisos contendo os resumos dos editais das concorrências, das tomadas de preços, dos concursos e dos leilões, embora realizados no local da repartição interessada, deverão ser publicados com antecedência, no mínimo, por uma vez: (Redação dada pela Lei nº 8.883, de 1994)

I – no Diário Oficial da União, quando se tratar de licitação feita por órgão ou entidade da Administração Pública Federal e, ainda, quando se tratar de obras financiadas parcial ou totalmente com recursos federais ou garantidas por instituições federais; (Redação dada pela Lei nº 8.883, de 1994)

II – no Diário Oficial do Estado, ou do Distrito Federal quando se tratar, respectivamente, de licitação feita por órgão ou entidade da Administração Pública Estadual ou Municipal, ou do Distrito Federal; (Redação dada pela Lei nº 8.883, de 1994)

III – em jornal diário de grande circulação no Estado e também, se houver, em jornal de circulação no Município ou na região onde será realizada a obra, prestado o serviço, fornecido, alienado ou alugado o bem, podendo ainda a Administração, conforme o vulto da licitação, utilizar-se de outros meios de divulgação para ampliar a área de competição. (Redação dada pela Lei nº 8.883, de 1994)

§ 1º. O aviso publicado conterá a indicação do local em que os interessados poderão ler e obter o texto integral do edital e todas as informações sobre a licitação.

§ 2º. O prazo mínimo até o recebimento das propostas ou da realização do evento será:

I – quarenta e cinco dias para: (Redação dada pela Lei nº 8.883, de 1994)

a) concurso; (Incluída pela Lei nº 8.883, de 1994)

b) concorrência, quando o contrato a ser celebrado contemplar o regime de empreitada integral ou quando a licitação for do tipo "melhor técnica" ou "técnica e preço"; (Incluída pela Lei nº 8.883, de 1994)

II – trinta dias para: (Redação dada pela Lei nº 8.883, de 1994)

a) concorrência, nos casos não especificados na alínea "b" do inciso anterior; (Incluída pela Lei nº 8.883, de 1994)

b) tomada de preços, quando a licitação for do tipo "melhor técnica" ou "técnica e preço"; (Incluída pela Lei nº 8.883, de 1994)

III – quinze dias para a tomada de preços, nos casos não especificados na alínea "b" do inciso anterior, ou leilão; (Redação dada pela Lei nº 8.883, de 1994)

IV – cinco dias úteis para convite. (Redação dada pela Lei nº 8.883, de 1994)

§ 3º. Os prazos estabelecidos no parágrafo anterior serão contados a partir da última publicação do edital resumido ou da expedição do convite, ou ainda da efetiva disponibilidade do edital ou do convite e respectivos anexos, prevalecendo a data que ocorrer mais tarde. (Redação dada pela Lei nº 8.883, de 1994)

§ 4º Qualquer modificação no edital exige divulgação pela mesma forma que se deu o texto original, reabrindo-se o prazo inicialmente estabelecido, exceto quando, inquestionavelmente, a alteração não afetar a formulação das propostas.

Art. 22. São modalidades de licitação:

- Lei 14.133/2021 (Nova Lei de Licitações)
- Lei 10.520/20002 – Institui, no âmbito da União, Estados, Distrito Federal e Municípios, nos termos do art. 37, inciso XXI, da CF, modalidade de licitação denominada pregão, para aquisição de bens e serviços comuns.

I – concorrência;

II – tomada de preços;

III – convite;

IV – concurso;

V – leilão.

§ 1º. Concorrência é a modalidade de licitação entre quaisquer interessados que, na fase inicial de habilitação preliminar, comprovem possuir os requisitos mínimos de qualificação exigidos no edital para execução de seu objeto.

§ 2º. Tomada de preços é a modalidade de licitação entre interessados devidamente cadastrados ou que atenderem a todas as condições exigidas para cadastramento até o terceiro dia anterior à data do recebimento das propostas, observada a necessária qualificação.

§ 3º. Convite é a modalidade de licitação entre interessados do ramo pertinente ao seu objeto, cadastrados ou não, escolhidos e convidados em número mínimo de 3 (três) pela unidade administrativa, a qual afixará, em local apropriado, cópia do instrumento convocatório e o estenderá aos demais cadastrados na correspondente especialidade que manifestarem seu interesse com antecedência de até 24 (vinte e quatro) horas da apresentação das propostas.

§ 4º. Concurso é a modalidade de licitação entre quaisquer interessados para escolha de trabalho técnico, científico ou artístico, mediante a instituição de prêmios ou remuneração aos vencedores, conforme critérios constantes de edital publicado na imprensa oficial com antecedência mínima de 45 (quarenta e cinco) dias.

§ 5º. Leilão é a modalidade de licitação entre quaisquer interessados para a venda de bens móveis inservíveis para a administração ou de produtos legalmente apreendidos ou penhorados, ou para a alienação de bens imóveis prevista no art. 19, a quem oferecer o maior lance, igual ou superior ao valor da avaliação. (Redação dada pela Lei nº 8.883, de 1994)

§ 6º. Na hipótese do § 3º deste artigo, existindo na praça mais de 3 (três) possíveis interessados, a cada novo convite, realizado para objeto idêntico ou assemelhado, é obrigatório o convite a, no mínimo, mais um interessado, enquanto existirem cadastrados não convidados nas últimas licitações. (Redação dada pela Lei nº 8.883, de 1994)

§ 7º. Quando, por limitações do mercado ou manifesto desinteresse dos convidados, for impossível a obtenção do número mínimo de licitantes exigidos no § 3º deste artigo, essas circunstâncias deverão ser devidamente justificadas no processo, sob pena de repetição do convite.

§ 8º. É vedada a criação de outras modalidades de licitação ou a combinação das referidas neste artigo.

§ 9º. Na hipótese do parágrafo 2º deste artigo, a administração somente poderá exigir do licitante não cadastrado os documentos previstos nos arts. 27 a 31, que comprovem habilitação compatível com o objeto da licitação, nos termos do edital. (Incluído pela Lei nº 8.883, de 1994)

Art. 23. As modalidades de licitação a que se referem os incisos I a III do artigo anterior serão determinadas em função dos seguintes limites, tendo em vista o valor estimado da contratação:

I – para obras e serviços de engenharia: (Redação dada pela Lei nº 9.648, de 1998)

- Vide Decreto 9.412/2018.

a) convite – até R$ 150.000,00 (cento e cinquenta mil reais); (Redação dada pela Lei nº 9.648, de 1998)

- Valor atualizado para R$ 330.000,00 (trezentos e trinta mil reais) pelo Decreto nº 9.412/2018.

b) tomada de preços - até R$ 1.500.000,00 (um milhão e quinhentos mil reais); (Redação dada pela Lei nº 9.648, de 1998)

- Valor atualizado para R$ 3.300.000,00 (três milhões e trezentos mil reais) pelo Decreto nº 9.412/2018.

c) concorrência: acima de R$ 1.500.000,00 (um milhão e quinhentos mil reais); (Redação dada pela Lei nº 9.648, de 1998)

- Valor atualizado para R$ 3.300.000,00 (três milhões e trezentos mil reais) pelo Decreto nº 9.412/2018.

II – para compras e serviços não referidos no inciso anterior: (Redação dada pela Lei nº 9.648, de 1998)

- Vide Decreto 9.412/2018.

a) convite - até R$ 80.000,00 (oitenta mil reais); (Redação dada pela Lei nº 9.648, de 1998)

- Valor atualizado para R$ 176.000,00 (cento e setenta e seis mil reais) pelo Decreto nº 9.412/2018.

b) tomada de preços - até R$ 650.000,00 (seiscentos e cinquenta mil reais); (Redação dada pela Lei nº 9.648, de 1998)

- Valor atualizado para R$ 1.430.000,00 (um milhão, quatrocentos e trinta mil reais) pelo Decreto nº 9.412/2018.

c) concorrência - acima de R$ 650.000,00 (seiscentos e cinquenta mil reais). (Redação dada pela Lei nº 9.648, de 1998)

- Valor atualizado para R$ 1.430.000,00 (um milhão, quatrocentos e trinta mil reais) pelo Decreto nº 9.412/2018.

§ 1º. As obras, serviços e compras efetuadas pela Administração serão divididas em tantas parcelas quantas se comprovarem técnica e economicamente viáveis, procedendo-se à licitação com vistas ao melhor aproveitamento dos recursos disponíveis no mercado e à ampliação da competitividade sem perda da economia de escala. (Redação dada pela Lei nº 8.883, de 1994)

§ 2º. Na execução de obras e serviços e nas compras de bens, parceladas nos termos do parágrafo anterior, a cada etapa ou conjunto de etapas da obra, serviço ou compra, há de corresponder licitação distinta, preservada a modalidade pertinente para a execução do objeto em licitação. (Redação dada pela Lei nº 8.883, de 1994)

§ 3º. A concorrência é a modalidade de licitação cabível, qualquer que seja o valor de seu objeto, tanto na compra ou alienação de bens imóveis, ressalvado o disposto no art. 19, como nas concessões de direito real de uso e nas licitações internacionais, admitindo-se neste último caso, observados os limites deste artigo, a tomada de preços, quando o órgão ou entidade dispuser de cadastro internacional de fornecedores ou o convite, quando não houver fornecedor do bem ou serviço no País. (Redação dada pela Lei nº 8.883, de 1994)

§ 4º. Nos casos em que couber convite, a Administração poderá utilizar a tomada de preços e, em qualquer caso, a concorrência.

§ 5º. É vedada a utilização da modalidade «convite» ou «tomada de preços», conforme o caso, para parcelas de uma mesma obra ou serviço, ou ainda para obras e serviços da mesma natureza e no mesmo local que possam ser realizadas conjunta e concomitantemente, sempre que o somatório de seus valores caracterizar o caso de «tomada de preços» ou «concorrência», respectivamente, nos termos deste artigo, exceto para as parcelas de natureza específica que possam ser executadas por pessoas ou empresas de especialidade diversa daquela do executor da obra ou serviço. (Redação dada pela Lei nº 8.883, de 1994)

§ 6º. As organizações industriais da Administração Federal direta, em face de suas peculiaridades, obedecerão aos limites estabelecidos no inciso I deste artigo também para suas compras e serviços em geral, desde que para a aquisição de materiais aplicados exclusivamente na manutenção, reparo ou fabricação de meios operacionais bélicos pertencentes à União. (Incluído pela Lei nº 8.883, de 1994)

§ 7º. Na compra de bens de natureza divisível e desde que não haja prejuízo para o conjunto ou complexo, é permitida a cotação de quantidade inferior à demandada na licitação, com vistas a ampliação da competitividade, podendo o edital fixar quantitativo mínimo para preservar a economia de escala. (Incluído pela Lei nº 9.648, de 1998)

§ 8º. No caso de consórcios públicos, aplicar-se-á o dobro dos valores mencionados no *caput* deste artigo quando formado por até 3 (três) entes da Federação, e o triplo, quando formado por maior número. (Incluído pela Lei nº 11.107, de 2005)

Art. 24. É dispensável a licitação:

- Lei 8.666/1993: art. 17, I e II.

I – para obras e serviços de engenharia de valor até 10% (dez por cento) do limite previsto na alínea "a", do inciso I do artigo anterior, desde que não se refiram a parcelas de uma mesma obra ou serviço ou ainda para obras e serviços da mesma natureza e no mesmo local que possam ser realizadas conjunta e concomitantemente; (Redação dada pela Lei nº 9.648, de 1998)

II – para outros serviços e compras de valor até 10% (dez por cento) do limite previsto na alínea "a", do inciso II do artigo anterior e para alienações, nos casos previstos nesta Lei, desde que não se refiram a parcelas de um mesmo serviço, compra ou alienação de maior vulto que possa ser realizada de uma só vez; (Redação dada pela Lei nº 9.648, de 1998)

III – nos casos de guerra ou grave perturbação da ordem;

IV – nos casos de emergência ou de calamidade pública, quando caracterizada urgência de atendimento de situação que possa ocasionar prejuízo ou comprometer a segurança de pessoas, obras, serviços, equipamentos e outros bens, públicos ou particulares, e somente para os bens necessários ao atendimento da situação emergencial ou calamitosa e para as parcelas de obras e serviços que possam ser concluídas no prazo máximo de 180 (cento e oitenta) dias consecutivos e ininterruptos, contados da ocorrência da emergência ou calamidade, vedada a prorrogação dos respectivos contratos;

V – quando não acudirem interessados à licitação anterior e esta, justificadamente, não puder ser repetida sem prejuízo para a Administração, mantidas, neste caso, todas as condições preestabelecidas;

VI – quando a União tiver que intervir no domínio econômico para regular preços ou normalizar o abastecimento;

VII – quando as propostas apresentadas consignarem preços manifestamente superiores aos praticados no mercado nacional, ou forem incompatíveis com os fixados pelos órgãos oficiais competentes, casos em que, observado o parágrafo único do art. 48 desta Lei e, persistindo a situação, será admitida a adjudicação direta dos bens ou serviços, por valor não superior ao constante do registro de preços, ou dos serviços;

- Onde se lê "parágrafo único do art. 48"; leia-se "§ 3º do art. 48".

VIII – para a aquisição, por pessoa jurídica de direito público interno, de bens produzidos ou serviços prestados por órgão ou entidade que integre a Administração Pública e que tenha sido criado para esse fim específico em data anterior à vigência desta Lei, desde que o preço contratado seja compatível com o praticado no mercado; (Redação dada pela Lei nº 8.883, de 1994)

IX – quando houver possibilidade de comprometimento da segurança nacional, nos casos estabelecidos em decreto do Presidente da República, ouvido o Conselho de Defesa Nacional;

- Decreto 2.295/1997 – Regulamenta o inciso IX do art. 24 da Lei 8.666/1993.

X – para a compra ou locação de imóvel destinado ao atendimento das finalidades precípuas da administração, cujas necessidades de instalação e localização condicionem a sua escolha, desde que o preço seja compatível com o valor de mercado, segundo avaliação prévia; (Redação dada pela Lei nº 8.883, de 1994)

XI – na contratação de remanescente de obra, serviço ou fornecimento, em consequência de rescisão contratual, desde que atendida a ordem de classificação da licitação anterior e aceitas as mesmas condições oferecidas pelo licitante vencedor, inclusive quanto ao preço, devidamente corrigido;

XII – nas compras de hortifrutigranjeiros, pão e outros gêneros perecíveis, no tempo necessário para a realização dos processos licitatórios correspondentes, realizadas diretamente com base no preço do dia; (Redação dada pela Lei nº 8.883, de 1994)

XIII – na contratação de instituição brasileira incumbida regimental ou estatutariamente da pesquisa, do ensino ou do desenvolvimento institucional, ou de instituição dedicada à recuperação social do preso, desde que a contratada detenha inquestionável reputação ético-profissional e não tenha fins lucrativos; (Redação dada pela Lei nº 8.883, de 1994)

XIV – para a aquisição de bens ou serviços nos termos de acordo internacional específico aprovado pelo Congresso Nacional, quando as condições ofertadas forem manifestamente vantajosas para o Poder Público; (Redação dada pela Lei nº 8.883, de 1994)

XV – para a aquisição ou restauração de obras de arte e objetos históricos, de autenticidade certificada, desde que compatíveis ou inerentes às finalidades do órgão ou entidade;

XVI – para a impressão dos diários oficiais, de formulários padronizados de uso da administração, e de edições técnicas oficiais, bem como para prestação de serviços de informática a pessoa jurídica de direito público interno, por órgãos ou entidades que integrem a Administração Pública, criados para esse fim específico; (Incluído pela Lei nº 8.883, de 1994)

XVII – para a aquisição de componentes ou peças de origem nacional ou estrangeira, necessários à manutenção de equipamentos durante o período de garantia técnica, junto ao fornecedor original desses equipamentos, quando tal condição de exclusividade for indispensável para a vigência da garantia; (Incluído pela Lei nº 8.883, de 1994)

XVIII – nas compras ou contratações de serviços para o abastecimento de navios, embarcações, unidades aéreas ou tropas e seus meios de deslocamento quando em estada eventual de curta duração em portos, aeroportos ou localidades diferentes de suas sedes, por motivo de movimentação operacional ou de adestramento, quando a exiguidade dos prazos legais puder comprometer a normalidade e os propósitos das operações e desde que seu valor não exceda ao limite previsto na alínea "a" do inciso II do art. 23 desta Lei: (Incluído pela Lei nº 8.883, de 1994)

XIX – para as compras de material de uso pelas Forças Armadas, com exceção de materiais de uso pessoal e administrativo, quando houver necessidade de manter a padronização requerida pela estrutura de apoio logístico dos meios navais, aéreos e terrestres, mediante parecer de comissão instituída por decreto; (Incluído pela Lei nº 8.883, de 1994)

XX – na contratação de associação de portadores de deficiência física, sem fins lucrativos e de comprovada idoneidade, por órgãos ou entidades da Administração Pública, para a prestação de serviços ou fornecimento de mão de obra, desde que o preço contratado seja compatível com o praticado no mercado. (Incluído pela Lei nº 8.883, de 1994)

XXI – para a aquisição ou contratação de produto para pesquisa e desenvolvimento, limitada, no caso de obras e serviços de engenharia, a 20% (vinte por cento) do valor de que trata a alínea "b" do inciso I do *caput* do art. 23; (Incluído pela Lei nº 13.243, de 2016)

XXII – na contratação de fornecimento ou suprimento de energia elétrica e gás natural com concessionário, permissionário ou autorizado, segundo as normas da legislação específica; (Incluído pela Lei nº 9.648, de 1998)

XXIII – na contratação realizada por empresa pública ou sociedade de economia mista com suas subsidiárias e controladas, para a aquisição ou alienação de bens, prestação ou obtenção de serviços, desde que o preço contratado seja compatível com o praticado no mercado. (Incluído pela Lei nº 9.648, de 1998)

- Lei 13.303/2016 – Dispõe sobre o estatuto jurídico da empresa pública, da sociedade de economia mista e de suas subsidiárias, no âmbito da União, dos Estados, do Distrito Federal e dos Municípios.

XXIV – para a celebração de contratos de prestação de serviços com as organizações sociais, qualificadas no âmbito das respectivas esferas de governo, para atividades contempladas no contrato de gestão. (Incluído pela Lei nº 9.648, de 1998)

XXV – na contratação realizada por Instituição Científica e Tecnológica – ICT ou por agência de fomento para a transferência de tecnologia e para o licenciamento de direito de uso ou de exploração de criação protegida. (Incluído pela Lei nº 10.973, de 2004)

XXVI – na celebração de contrato de programa com ente da Federação ou com entidade de sua administração indireta, para a prestação de serviços públicos de forma associada nos termos do autorizado em contrato de consórcio público ou em convênio de cooperação. (Incluído pela Lei nº 11.107, de 2005)

XXVII – na contratação da coleta, processamento e comercialização de resíduos sólidos urbanos recicláveis ou reutilizáveis, em áreas com sistema de coleta seletiva de lixo, efetuados por associações ou cooperativas formadas exclusivamente por pessoas físicas de baixa renda reconhecidas pelo poder público como catadores de materiais recicláveis, com o uso de equipamentos compatíveis com as normas técnicas, ambientais e de saúde pública. (Redação dada pela Lei nº 11.445, de 2007).

XXVIII – para o fornecimento de bens e serviços, produzidos ou prestados no País, que envolvam, cumulativamente, alta complexidade tecnológica e defesa nacional, mediante parecer de comissão especialmente designada pela autoridade máxima do órgão. (Incluído pela Lei nº 11.484, de 2007).

XXIX – na aquisição de bens e contratação de serviços para atender aos contingentes militares das Forças Singulares brasileiras empregadas em operações de paz no exterior, necessariamente justificadas quanto ao preço e à escolha do fornecedor ou executante e ratificadas pelo Comandante da Força. (Incluído pela Lei nº 11.783, de 2008).

XXX – na contratação de instituição ou organização, pública ou privada, com ou sem fins lucrativos, para a prestação de serviços de assistência técnica e extensão rural no âmbito do Programa Nacional de Assistência Técnica e Extensão Rural na Agricultura Familiar e na Reforma Agrária, instituído por lei federal. (Incluído pela Lei nº 12.188, de 2.010)

XXXI – nas contratações visando ao cumprimento do disposto nos arts. 3º, 4º, 5º e 20 da Lei nº 10.973, de 2 de dezembro de 2004, observados os princípios gerais de contratação dela constantes. (Incluído pela Lei nº 12.349, de 2010)

XXXII – na contratação em que houver transferência de tecnologia de produtos estratégicos para o Sistema Único de Saúde - SUS, no âmbito da Lei nº 8.080, de 19 de setembro de 1990, conforme elencados em ato da direção nacional do SUS, inclusive por ocasião da aquisição destes produtos durante as etapas de absorção tecnológica. (Incluído pela Lei nº 12.715, de 2012)

XXXIII – na contratação de entidades privadas sem fins lucrativos, para a implementação de cisternas ou outras tecnologias sociais de acesso à água para consumo humano e produção de alimentos, para beneficiar as famílias rurais de baixa renda atingidas pela seca ou falta regular de água. (Incluído pela Lei nº 12.873, de 2013)

- Decreto 8.038/2013: art. 9º.

XXXIV – para a aquisição por pessoa jurídica de direito público interno de insumos estratégicos para a saúde produzidos ou distribuídos por fundação que, regimental ou estatutariamente, tenha por finalidade apoiar órgão da administração pública direta, sua autarquia ou fundação em projetos de ensino, pesquisa, extensão, desenvolvimento institucional, científico e tecnológico e estímulo à inovação, inclusive na gestão administrativa e financeira necessária à execução desses projetos, ou em parcerias que envolvam transferência de tecnologia de produtos estratégicos para o Sistema Único de Saúde – SUS, nos termos do inciso XXXII deste artigo, e que tenha sido criada para esse fim específico em data anterior à vigência desta Lei, desde que o preço contratado seja compatível com o praticado no mercado. (Incluído pela Lei nº 13.204, de 2015)

XXXV – para a construção, a ampliação, a reforma e o aprimoramento de estabelecimentos penais, desde que configurada situação de grave e iminente risco à segurança pública. (Incluído pela Lei nº 13.500, de 2017)

§ 1º. Os percentuais referidos nos incisos I e II do *caput* deste artigo serão 20% (vinte por cento) para compras, obras e serviços contratados por consórcios públicos, sociedade de economia mista, empresa pública e por autarquia ou fundação qualificadas, na forma da lei, como Agências Executivas. (Incluído pela Lei nº 12.715, de 2012)

§ 2º. O limite temporal de criação do órgão ou entidade que integre a administração pública estabelecido no inciso VIII do *caput* deste artigo não se aplica aos órgãos ou entidades que produzem produtos estratégicos para o SUS, no âmbito da Lei nº 8.080, de 19 de setembro de 1990, conforme elencados em ato da direção nacional do SUS. (Incluído pela Lei nº 12.715, de 2012)

§ 3º. A hipótese de dispensa prevista no inciso XXI do *caput*, quando aplicada a obras e serviços de engenharia, seguirá procedimentos especiais instituídos em regulamentação específica. (Incluído pela Lei nº 13.243, de 2016)

§ 4º. Não se aplica a vedação prevista no inciso I do *caput* do art. 9º à hipótese prevista no inciso XXI do *caput*. (Incluído pela Lei nº 13.243, de 2016)

Art. 25. É inexigível a licitação quando houver inviabilidade de competição, em especial:

I – para aquisição de materiais, equipamentos, ou gêneros que só possam ser fornecidos por produtor, empresa ou representante comercial exclusivo, vedada a preferência de marca, devendo a comprovação de exclusividade ser feita através de atestado fornecido pelo órgão de registro do comércio do local em que se realizaria a licitação ou a obra ou o serviço, pelo Sindicato, Federação ou Confederação Patronal, ou, ainda, pelas entidades equivalentes;

II – para a contratação de serviços técnicos enumerados no art. 13 desta Lei, de natureza singular, com profissionais ou empresas de notória especialização, vedada a inexigibilidade para serviços de publicidade e divulgação;

III – para contratação de profissional de qualquer setor artístico, diretamente ou através de empresário exclusivo, desde que consagrado pela crítica especializada ou pela opinião pública.

§ 1º. Considera-se de notória especialização o profissional ou empresa cujo conceito no campo de sua especialidade, decorrente de desempenho anterior, estudos, experiências, publicações, organização, aparelhamento, equipe técnica, ou de outros requisitos relacionados com suas atividades, permita inferir que o seu trabalho é essencial e indiscutivelmente o mais adequado à plena satisfação do objeto do contrato.

§ 2º. Na hipótese deste artigo e em qualquer dos casos de dispensa, se comprovado superfaturamento, respondem solidariamente pelo dano causado à Fazenda Pública o fornecedor ou o prestador de serviços e o agente público responsável, sem prejuízo de outras sanções legais cabíveis.

Art. 26. As dispensas previstas nos §§ 2º e 4º do art. 17 e no inciso III e seguintes do art. 24, as situações de inexigibilidade referidas no art. 25, necessariamente justificadas, e o retardamento previsto no final do parágrafo único do art. 8º desta Lei deverão ser comunicados, dentro de 3 (três) dias, à autoridade superior, para ratificação e publicação na imprensa oficial, no prazo de 5 (cinco) dias, como condição para a eficácia dos atos. (Redação dada pela Lei nº 11.107, de 2005)

- Vide Decreto nº 9.412, de 2018, que atualiza os valores das modalidades de licitação de que trata o art. 23 da Lei 8.666/1993.

Parágrafo único. O processo de dispensa, de inexigibilidade ou de retardamento, previsto neste artigo, será instruído, no que couber, com os seguintes elementos:

I – caracterização da situação emergencial, calamitosa ou de grave e iminente risco à segurança pública que justifique a dispensa, quando for o caso; (Redação dada pela Lei nº 13.500, de 2017)

II – razão da escolha do fornecedor ou executante;

III – justificativa do preço;

IV – documento de aprovação dos projetos de pesquisa aos quais os bens serão alocados. (Incluído pela Lei nº 9.648, de 1998)

SEÇÃO II.
DA HABILITAÇÃO

Art. 27. Para a habilitação nas licitações exigir-se-á dos interessados, exclusivamente, documentação relativa a:

I – habilitação jurídica;

II – qualificação técnica;

III – qualificação econômico-financeira;

IV – regularidade fiscal e trabalhista; (Redação dada pela Lei nº 12.440, de 2011)

V – cumprimento do disposto no inciso XXXIII do art. 7º da Constituição Federal. (Incluído pela Lei nº 9.854, de 1999)

Art. 28. A documentação relativa à habilitação jurídica, conforme o caso, consistirá em:

I – cédula de identidade;

II – registro comercial, no caso de empresa individual;

III – ato constitutivo, estatuto ou contrato social em vigor, devidamente registrado, em se tratando de sociedades comerciais e, no caso de sociedades por ações, acompanhado de documentos de eleição de seus administradores;

IV – inscrição do ato constitutivo, no caso de sociedades civis, acompanhada de prova de diretoria em exercício;

V – decreto de autorização, em se tratando de empresa ou sociedade estrangeira em funcionamento no País, e ato de registro ou autorização para funcionamento expedido pelo órgão competente, quando a atividade assim o exigir.

Art. 29. A documentação relativa à regularidade fiscal e trabalhista, conforme o caso, consistirá em: (Redação dada pela Lei nº 12.440, de 2011)

- Lei 8.987/1995: art. 38, § 1º, VII.

I – prova de inscrição no Cadastro de Pessoas Físicas (CPF) ou no Cadastro Geral de Contribuintes (CGC);

II – prova de inscrição no Cadastro de Contribuintes estadual ou municipal, se houver, relativo ao domicílio ou sede do licitante, pertinente ao seu ramo de atividade e compatível com o objeto contratual;

III – prova de regularidade para com a Fazenda Federal, Estadual e Municipal do domicílio ou sede do licitante, ou outra equivalente, na forma da lei;

IV – prova de regularidade relativa à Seguridade Social e ao Fundo de Garantia por Tempo de Serviço (FGTS), demonstrando situação regular no cumprimento dos encargos sociais instituídos por lei. (Redação dada pela Lei nº 8.883, de 1994)

- CF/88: art. 195, § 3º.
- Lei 9.012/1995 – Proíbe as instituições oficiais de crédito de conceder empréstimos, financiamentos e outros benefícios a pessoas jurídicas em débito com o FGTS.

V – prova de inexistência de débitos inadimplidos perante a Justiça do Trabalho, mediante a apresentação de certidão negativa, nos termos do Título VII-A da Consolidação das Leis do Trabalho, aprovada pelo Decreto-Lei nº 5.452, de 1º de maio de 1943. (Incluído pela Lei nº 12.440, de 2011)

Art. 30. A documentação relativa à qualificação técnica limitar-se-á a:

I – registro ou inscrição na entidade profissional competente;

II – comprovação de aptidão para desempenho de atividade pertinente e compatível em características, quantidades e prazos com o objeto da licitação, e indicação das instalações e do aparelhamento e do pessoal técnico adequados e disponíveis para a realização do objeto da licitação, bem como da qualificação de cada um dos membros da equipe técnica que se responsabilizará pelos trabalhos;

III – comprovação, fornecida pelo órgão licitante, de que recebeu os documentos, e, quando exigido, de que tomou conhecimento de todas as informações e das condições locais para o cumprimento das obrigações objeto da licitação;

IV – prova de atendimento de requisitos previstos em lei especial, quando for o caso.

§ 1º. A comprovação de aptidão referida no inciso II do "*caput*" deste artigo, no caso das licitações pertinentes a obras e serviços, será feita por atestados fornecidos por pessoas jurídicas de direito público ou privado, devidamente registrados nas entidades profissionais competentes, limitadas as exigências a: (Redação dada pela Lei nº 8.883, de 1994)

I – capacitação técnico-profissional: comprovação do licitante de possuir em seu quadro permanente, na data prevista para entrega da proposta, profissional de nível superior ou outro devidamente reconhecido pela entidade competente, detentor de atestado de responsabilidade técnica por execução de obra ou serviço de características semelhantes, limitadas estas exclusivamente às parcelas de maior relevância e valor significativo do objeto da licitação, vedadas as exigências de quantidades mínimas ou prazos máximos; (Incluído pela Lei nº 8.883, de 1994)

II – (Vetado). (Incluído pela Lei nº 8.883, de 1994)

a) (Vetado). (Incluído pela Lei nº 8.883, de 1994)

b) (Vetado). (Incluído pela Lei nº 8.883, de 1994)

§ 2º. As parcelas de maior relevância técnica e de valor significativo, mencionadas no parágrafo anterior, serão definidas no instrumento convocatório. (Redação dada pela Lei nº 8.883, de 1994)

§ 3º. Será sempre admitida a comprovação de aptidão através de certidões ou atestados de obras ou serviços similares de complexidade tecnológica e operacional equivalente ou superior.

§ 4º. Nas licitações para fornecimento de bens, a comprovação de aptidão, quando for o caso, será feita através de atestados fornecidos por pessoa jurídica de direito público ou privado.

§ 5º. É vedada a exigência de comprovação de atividade ou de aptidão com limitações de tempo ou de época ou ainda em locais específicos, ou quaisquer outras não previstas nesta Lei, que inibam a participação na licitação.

§ 6º. As exigências mínimas relativas a instalações de canteiros, máquinas, equipamentos e pessoal técnico especializado, considerados essenciais para o cumprimento do objeto da licitação, serão atendidas mediante a apresentação de relação explícita e da declaração formal da sua disponibilidade, sob as penas cabíveis, vedada as exigências de propriedade e de localização prévia.

§ 7º. (Vetado). (Redação dada pela Lei nº 8.883, de 1994)

I – (Vetado). (Incluído pela Lei nº 8.883, de 1994)

II – (Vetado). (Incluído pela Lei nº 8.883, de 1994)

§ 8º. No caso de obras, serviços e compras de grande vulto, de alta complexidade técnica, poderá a Administração exigir dos licitantes a metodologia de execução, cuja avaliação, para efeito de sua aceitação ou não, antecederá sempre à análise dos preços e será efetuada exclusivamente por critérios objetivos.

§ 9º. Entende-se por licitação de alta complexidade técnica aquela que envolva alta especialização, como fator de extrema relevância para garantir a execução do objeto a ser contratado, ou que possa comprometer a continuidade da prestação de serviços públicos essenciais.

§ 10. Os profissionais indicados pelo licitante para fins de comprovação da capacitação técnico-profissional de que trata o inciso I do § 1º deste artigo deverão participar da obra ou serviço objeto da licitação, admitindo-se a substituição por profissionais de experiência equivalente ou superior, desde que aprovada pela administração. (Incluído pela Lei nº 8.883, de 1994)

§ 11. (Vetado). (Incluído pela Lei nº 8.883, de 1994)

§ 12. (Vetado). (Incluído pela Lei nº 8.883, de 1994)

Art. 31. A documentação relativa à qualificação econômico-financeira limitar-se-á a:

I – balanço patrimonial e demonstrações contábeis do último exercício social, já exigíveis e apresentados na forma da lei, que comprovem a boa situação financeira da empresa, vedada a sua substituição por balancetes ou balanços provisórios, podendo ser atualizados por índices oficiais quando encerrado há mais de 3 (três) meses da data de apresentação da proposta;

II – certidão negativa de falência ou concordata expedida pelo distribuidor da sede da pessoa jurídica, ou de execução patrimonial, expedida no domicílio da pessoa física;

III – garantia, nas mesmas modalidades e critérios previstos no *caput* e § 1º do art. 56 desta Lei, limitada a 1% (um por cento) do valor estimado do objeto da contratação.

§ 1º. A exigência de índices limitar-se-á à demonstração da capacidade financeira do licitante com vistas aos compromissos que terá que assumir caso lhe seja adjudicado o contrato, vedada a exigência de valores mínimos de faturamento anterior, índices de rentabilidade ou lucratividade. (Redação dada pela Lei nº 8.883, de 1994)

§ 2º. A administração, nas compras para entrega futura e na execução de obras e serviços, poderá estabelecer, no instrumento convocatório da licitação, a exigência de capital mínimo ou de patrimônio líquido mínimo, ou ainda as garantias previstas no § 1º do art. 56 desta Lei, como dado objetivo de comprovação da qualificação econômico-financeira dos licitantes e para efeito de garantia ao adimplemento do contrato a ser ulteriormente celebrado.

§ 3º. O capital mínimo ou o valor do patrimônio líquido a que se refere o parágrafo anterior não poderá exceder a 10% (dez por cento) do valor estimado da contratação, devendo a comprovação ser feita relativamente à data da apresentação da proposta, na forma da lei, admitida a atualização para esta data através de índices oficiais.

§ 4º. Poderá ser exigida, ainda, a relação dos compromissos assumidos pelo licitante que importem diminuição da capacidade operativa ou absorção de disponibilidade financeira, calculada esta em função do patrimônio líquido atualizado e sua capacidade de rotação.

§ 5º. A comprovação de boa situação financeira da empresa será feita de forma objetiva, através do cálculo de índices contábeis previstos no edital e devidamente justificados no processo administrativo da licitação que tenha dado início ao certame licitatório, vedada a exigência de índices e valores não usualmente adotados para correta avaliação de situação financeira suficiente ao cumprimento das obrigações decorrentes da licitação. (Redação dada pela Lei nº 8.883, de 1994)

§ 6º. (Vetado). (Redação dada pela Lei nº 8.883, de 1994)

Art. 32. Os documentos necessários à habilitação poderão ser apresentados em original, por qualquer processo de cópia autenticada por cartório competente ou por servidor da administração ou publicação em órgão da imprensa oficial. (Redação dada pela Lei nº 8.883, de 1994)

§ 1º. A documentação de que tratam os arts. 28 a 31 desta Lei poderá ser dispensada, no todo ou em parte, nos casos de convite, concurso, fornecimento de bens para pronta entrega e leilão.

§ 2º. O certificado de registro cadastral a que se refere o § 1º do art. 36 substitui os documentos enumerados nos arts. 28 a 31, quanto às informações disponibilizadas em sistema informatizado de consulta direta indicado no edital, obrigando-se a parte a declarar, sob as penalidades legais, a superveniência de fato impeditivo da habilitação. (Redação dada pela Lei nº 9.648, de 1998)

§ 3º. A documentação referida neste artigo poderá ser substituída por registro cadastral emitido por órgão ou entidade pública, desde que previsto no edital e o registro tenha sido feito em obediência ao disposto nesta Lei.

§ 4º. As empresas estrangeiras que não funcionem no País, tanto quanto possível, atenderão, nas licitações internacionais, às exigências dos parágrafos anteriores mediante documentos equivalentes, autenticados pelos respectivos consulados e traduzidos por tradutor juramentado, devendo ter representação legal no Brasil com poderes expressos para receber citação e responder administrativa ou judicialmente.

§ 5º. Não se exigirá, para a habilitação de que trata este artigo, prévio recolhimento de taxas ou emolumentos, salvo os referentes a fornecimento do edital, quando solicitado, com os seus elementos constitutivos, limitados ao valor do custo efetivo de reprodução gráfica da documentação fornecida.

§ 6º. O disposto no § 4º deste artigo, no § 1º do art. 33 e no § 2º do art. 55, não se aplica às licitações internacionais para a aquisição de bens e serviços cujo pagamento seja feito com o produto de financiamento concedido por organismo financeiro internacional de que o Brasil faça parte, ou por agência estrangeira de cooperação, nem nos casos de contratação com empresa estrangeira, para a compra de equipamentos fabricados e entregues no exterior, desde que para este caso tenha havido prévia autorização do Chefe do Poder Executivo, nem nos casos de aquisição de bens e serviços realizada por unidades administrativas com sede no exterior.

§ 7º. A documentação de que tratam os arts. 28 a 31 e este artigo poderá ser dispensada, nos termos de regulamento, no todo ou em parte, para a contratação de produto para pesquisa e desenvolvimento, desde que para pronta entrega ou até o valor previsto na alínea "a" do inciso II do *caput* do art. 23. (Incluído pela Lei nº 13.243, de 2016)

Art. 33. Quando permitida na licitação a participação de empresas em consórcio, observar-se-ão as seguintes normas:

I – comprovação do compromisso público ou particular de constituição de consórcio, subscrito pelos consorciados;

II – indicação da empresa responsável pelo consórcio que deverá atender às condições de liderança, obrigatoriamente fixadas no edital;

III – apresentação dos documentos exigidos nos arts. 28 a 31 desta Lei por parte de cada consorciado, admitindo-se, para efeito de qualificação técnica, o somatório dos quantitativos de cada consorciado, e, para efeito de qualificação econômico-financeira, o somatório dos valores de cada consorciado, na proporção de sua respectiva participação, podendo a Administração estabelecer, para o consórcio, um acréscimo de até 30% (trinta por cento) dos valores exigidos para licitante individual, inexigível este acréscimo para os consórcios compostos, em sua totalidade, por micro e pequenas empresas assim definidas em lei;

IV – impedimento de participação de empresa consorciada, na mesma licitação, através de mais de um consórcio ou isoladamente;

V – responsabilidade solidária dos integrantes pelos atos praticados em consórcio, tanto na fase de licitação quanto na de execução do contrato.

§ 1º. No consórcio de empresas brasileiras e estrangeiras a liderança caberá, obrigatoriamente, à empresa brasileira, observado o disposto no inciso II deste artigo.

§ 2º. O licitante vencedor fica obrigado a promover, antes da celebração do contrato, a constituição e o registro do consórcio, nos termos do compromisso referido no inciso I deste artigo.

SEÇÃO III. DOS REGISTROS CADASTRAIS

Art. 34. Para os fins desta Lei, os órgãos e entidades da Administração Pública que realizem frequentemente licitações manterão registros cadastrais para efeito de habilitação, na forma regulamentar, válidos por, no máximo, 1 (um) ano.

- Decreto 3.722/2001 – Regulamenta o art. 34 da Lei 8.666/1993, e dispõe sobre o Sistema de cadastramento unificado de fornecedores – SICAF.

§ 1º. O registro cadastral deverá ser amplamente divulgado e deverá estar permanentemente aberto aos interessados, obrigando-se a unidade por ele responsável a proceder, no mínimo anualmente, através da imprensa oficial e de jornal diário, a chamamento público para a atualização dos registros existentes e para o ingresso de novos interessados.

§ 2º. É facultado às unidades administrativas utilizarem-se de registros cadastrais de outros órgãos ou entidades da Administração Pública.

Art. 35. Ao requerer inscrição no cadastro, ou atualização deste, a qualquer tempo, o interessado fornecerá os elementos necessários à satisfação das exigências do art. 27 desta Lei.

Art. 36. Os inscritos serão classificados por categorias, tendo-se em vista sua especialização, subdivididas em grupos, segundo a qualificação técnica e econômica avaliada pelos elementos constantes da documentação relacionada nos arts. 30 e 31 desta Lei.

§ 1º. Aos inscritos será fornecido certificado, renovável sempre que atualizarem o registro.

§ 2º. A atuação do licitante no cumprimento de obrigações assumidas será anotada no respectivo registro cadastral.

Art. 37. A qualquer tempo poderá ser alterado, suspenso ou cancelado o registro do inscrito que deixar de satisfazer as exigências do art. 27 desta Lei, ou as estabelecidas para classificação cadastral.

SEÇÃO IV. DO PROCEDIMENTO E JULGAMENTO

Art. 38. O procedimento da licitação será iniciado com a abertura de processo administrativo, devidamente autuado, protocolado e numerado, contendo a autorização respectiva, a indicação sucinta de seu objeto e do recurso próprio para a despesa, e ao qual serão juntados oportunamente:

I – edital ou convite e respectivos anexos, quando for o caso;

II – comprovante das publicações do edital resumido, na forma do art. 21 desta Lei, ou da entrega do convite;

III – ato de designação da comissão de licitação, do leiloeiro administrativo ou oficial, ou do responsável pelo convite;

IV – original das propostas e dos documentos que as instruírem;

V – atas, relatórios e deliberações da Comissão Julgadora;

VI – pareceres técnicos ou jurídicos emitidos sobre a licitação, dispensa ou inexigibilidade;

VII – atos de adjudicação do objeto da licitação e da sua homologação;

VIII – recursos eventualmente apresentados pelos licitantes e respectivas manifestações e decisões;

IX – despacho de anulação ou de revogação da licitação, quando for o caso, fundamentado circunstanciadamente;

X – termo de contrato ou instrumento equivalente, conforme o caso;

XI – outros comprovantes de publicações;

XII – demais documentos relativos à licitação.

Parágrafo único. As minutas de editais de licitação, bem como as dos contratos, acordos, convênios ou ajustes devem ser previamente examinadas e aprovadas por assessoria jurídica da Administração. (Redação dada pela Lei nº 8.883, de 1994)

Art. 39. Sempre que o valor estimado para uma licitação ou para um conjunto de licitações simultâneas ou sucessivas for superior a 100 vezes o limite previsto no art. 23, inciso I, alínea *c*, desta Lei, o processo licitatório será iniciado, obrigatoriamente, com uma audiência pública concedida pela autoridade responsável com antecedência mínima de 15 (quinze) dias úteis da data prevista para a publicação do edital, e divulgada, com a antecedência mínima de 10 (dez) dias úteis de sua realização, pelos mesmos meios previstos para a publicidade da licitação, à qual terão acesso e direito a todas as informações pertinentes e a se manifestar todos os interessados.

Parágrafo único. Para os fins deste artigo, consideram-se licitações simultâneas aquelas com objetos similares e com realização prevista para intervalos não superiores a trinta dias e licitações sucessivas aquelas em que, também com objetos similares, o edital subsequente tenha uma data anterior a cento e vinte dias após o término do contrato resultante da licitação antecedente. (Redação dada pela Lei nº 8.883, de 1994)

Art. 40. O edital conterá no preâmbulo o número de ordem em série anual, o nome da repartição interessada e de seu setor, a modalidade, o regime de execução e o tipo da licitação, a menção de que será regida por esta Lei, o local, dia e hora para recebimento da documentação e proposta, bem como para início da abertura dos envelopes, e indicará, obrigatoriamente, o seguinte:

I – objeto da licitação, em descrição sucinta e clara;

II – prazo e condições para assinatura do contrato ou retirada dos instrumentos, como previsto no art. 64 desta Lei, para execução do contrato e para entrega do objeto da licitação;

III – sanções para o caso de inadimplemento;

IV – local onde poderá ser examinado e adquirido o projeto básico;

V – se há projeto executivo disponível na data da publicação do edital de licitação e o local onde possa ser examinado e adquirido;

VI – condições para participação na licitação, em conformidade com os arts. 27 a 31 desta Lei, e forma de apresentação das propostas;

VII – critério para julgamento, com disposições claras e parâmetros objetivos;

VIII – locais, horários e códigos de acesso dos meios de comunicação à distância em que serão fornecidos elementos, informações e esclarecimentos relativos à licitação e às condições para atendimento das obrigações necessárias ao cumprimento de seu objeto;

IX – condições equivalentes de pagamento entre empresas brasileiras e estrangeiras, no caso de licitações internacionais;

X – o critério de aceitabilidade dos preços unitário e global, conforme o caso, permitida a fixação de preços máximos e vedados a fixação de preços mínimos, critérios estatísticos ou faixas de variação em relação a preços de referência, ressalvado o disposto nos parágrafos 1º e 2º do art. 48; (Redação dada pela Lei nº 9.648, de 1998)

XI – critério de reajuste, que deverá retratar a variação efetiva do custo de produção, admitida a adoção de índices específicos ou setoriais, desde a data prevista para apresentação da proposta, ou do orçamento a que essa proposta se referir, até a data do adimplemento de cada parcela; (Redação dada pela Lei nº 8.883, de 1994)

XII – (Vetado). (Redação dada pela Lei nº 8.883, de 1994)

XIII – limites para pagamento de instalação e mobilização para execução de obras ou serviços que serão obrigatoriamente previstos em separado das demais parcelas, etapas ou tarefas;

XIV – condições de pagamento, prevendo:

a) prazo de pagamento não superior a trinta dias, contado a partir da data final do período de adimplemento de cada parcela; (Redação dada pela Lei nº 8.883, de 1994)

b) cronograma de desembolso máximo por período, em conformidade com a disponibilidade de recursos financeiros;

c) critério de atualização financeira dos valores a serem pagos, desde a data final do período de adimplemento de cada parcela até a data do efetivo pagamento; (Redação dada pela Lei nº 8.883, de 1994)

d) compensações financeiras e penalizações, por eventuais atrasos, e descontos, por eventuais antecipações de pagamentos;

e) exigência de seguros, quando for o caso;

XV – instruções e normas para os recursos previstos nesta Lei;

XVI – condições de recebimento do objeto da licitação;

XVII – outras indicações específicas ou peculiares da licitação.

§ 1º. O original do edital deverá ser datado, rubricado em todas as folhas e assinado pela autoridade que o expedir, permanecendo no processo de licitação, e dele extraindo-se cópias integrais ou resumidas, para sua divulgação e fornecimento aos interessados.

§ 2º. Constituem anexos do edital, dele fazendo parte integrante:

I – o projeto básico e/ou executivo, com todas as suas partes, desenhos, especificações e outros complementos;

II – orçamento estimado em planilhas de quantitativos e preços unitários; (Redação dada pela Lei nº 8.883, de 1994)

III – a minuta do contrato a ser firmado entre a Administração e o licitante vencedor;

IV – as especificações complementares e as normas de execução pertinentes à licitação.

§ 3º. Para efeito do disposto nesta Lei, considera-se como adimplemento da obrigação contratual a prestação do serviço, a realização da obra, a entrega do bem ou de parcela destes, bem como qualquer outro evento contratual a cuja ocorrência esteja vinculada a emissão de documento de cobrança.

§ 4º. Nas compras para entrega imediata, assim entendidas aquelas com prazo de entrega até trinta dias da data prevista para apresentação da proposta, poderão ser dispensadas: (Incluído pela Lei nº 8.883, de 1994)

I – o disposto no inciso XI deste artigo; (Incluído pela Lei nº 8.883, de 1994)

II – a atualização financeira a que se refere a alínea "c" do inciso XIV deste artigo, correspondente ao período compreendido entre as datas do adimplemento e a prevista para o pagamento, desde que não superior a quinze dias. (Incluído pela Lei nº 8.883, de 1994)

§ 5º. A Administração Pública poderá, nos editais de licitação para a contratação de serviços, exigir da contratada que um percentual mínimo de sua mão de obra seja oriundo ou egresso do sistema prisional, com a finalidade de ressocialização do reeducando, na forma estabelecida em regulamento. (Incluído pela Lei nº 13.500, de 2017)

Art. 41. A Administração não pode descumprir as normas e condições do edital, ao qual se acha estritamente vinculada.

§ 1º. Qualquer cidadão é parte legítima para impugnar edital de licitação por irregularidade na aplicação desta Lei, devendo protocolar o pedido até 5 (cinco) dias úteis antes da data fixada para a abertura dos envelopes de habilitação, devendo a Administração julgar e responder à impugnação em até 3 (três) dias úteis, sem prejuízo da faculdade prevista no § 1º do art. 113.

§ 2º. Decairá do direito de impugnar os termos do edital de licitação perante a administração o licitante que não o fizer até o segundo dia útil que anteceder a abertura dos envelopes de habilitação em concorrência, a abertura dos envelopes com as propostas em convite, tomada de preços ou concurso, ou a realização de leilão, as falhas ou irregularidades que viciariam esse edital, hipótese em que tal comunicação não terá efeito de recurso. (Redação dada pela Lei nº 8.883, de 1994)

§ 3º. A impugnação feita tempestivamente pelo licitante não o impedirá de participar do processo licitatório até o trânsito em julgado da decisão a ela pertinente.

§ 4º. A inabilitação do licitante importa preclusão do seu direito de participar das fases subsequentes.

Art. 42. Nas concorrências de âmbito internacional o edital deverá ajustar-se às diretrizes da política monetária e do comércio exterior e atender às exigências dos órgãos competentes.

§ 1º. Quando for permitido ao licitante estrangeiro cotar preço em moeda estrangeira, igualmente o poderá fazer o licitante brasileiro.

§ 2º. O pagamento feito ao licitante brasileiro eventualmente contratado em virtude da licitação de que trata o parágrafo anterior será efetuado em moeda brasileira, à taxa de câmbio vigente no dia útil imediatamente anterior à data do efetivo pagamento. (Redação dada pela Lei nº 8.883, de 1994)

§ 3º. As garantias de pagamento ao licitante brasileiro serão equivalentes àquelas oferecidas ao licitante estrangeiro.

§ 4º. Para fins de julgamento da licitação, as propostas apresentadas por licitantes estrangeiros serão acrescidas dos gravames consequentes dos mesmos tributos que oneram exclusivamente os licitantes brasileiros quanto à operação final de venda.

§ 5º. Para a realização de obras, prestação de serviços ou aquisição de bens com recursos provenientes de financiamento ou doação oriundos de agência oficial de cooperação estrangeira ou organismo financeiro multilateral de que o Brasil seja parte, poderão ser admitidas, na respectiva licitação, as condições decorrentes de acordos, protocolos, convenções ou tratados internacionais aprovados pelo Congresso Nacional, bem como as normas e procedimentos daquelas entidades, inclusive quanto ao critério de seleção da proposta mais vantajosa para a administração, o qual poderá contemplar, além do preço, outros fatores de avaliação, desde que por elas exigidos para a obtenção do financiamento ou da doação, e que também não conflitem com o princípio do julgamento objetivo e sejam objeto de despacho motivado do órgão executor do contrato, despacho esse ratificado pela autoridade imediatamente superior. (Redação dada pela Lei nº 8.883, de 1994)

§ 6º. As cotações de todos os licitantes serão para entrega no mesmo local de destino.

Art. 43. A licitação será processada e julgada com observância dos seguintes procedimentos:

I – abertura dos envelopes contendo a documentação relativa à habilitação dos concorrentes, e sua apreciação;

II – devolução dos envelopes fechados aos concorrentes inabilitados, contendo as respectivas propostas, desde que não tenha havido recurso ou após sua denegação;

III – abertura dos envelopes contendo as propostas dos concorrentes habilitados, desde que transcorrido o prazo sem interposição de recurso, ou tenha havido desistência expressa, ou após o julgamento dos recursos interpostos;

IV – verificação da conformidade de cada proposta com os requisitos do edital e, conforme o caso, com os preços correntes no mercado ou fixados por órgão oficial competente, ou ainda com os constantes do sistema de registro de preços, os quais deverão ser devidamente registrados na ata de julgamento, promovendo-se a desclassificação das propostas desconformes ou incompatíveis;

V – julgamento e classificação das propostas de acordo com os critérios de avaliação constantes do edital;

VI – deliberação da autoridade competente quanto à homologação e adjudicação do objeto da licitação.

§ 1º. A abertura dos envelopes contendo a documentação para habilitação e as propostas será realizada sempre em ato público previamente designado, do qual se lavrará ata circunstanciada, assinada pelos licitantes presentes e pela Comissão.

§ 2º. Todos os documentos e propostas serão rubricados pelos licitantes presentes e pela Comissão.

§ 3º. É facultada à Comissão ou autoridade superior, em qualquer fase da licitação, a promoção de diligência destinada a esclarecer ou a complementar a instrução do processo, vedada a inclusão posterior de documento ou informação que deveria constar originariamente da proposta.

§ 4º. O disposto neste artigo aplica-se à concorrência e, no que couber, ao concurso, ao leilão, à tomada de preços e ao convite. (Redação dada pela Lei nº 8.883, de 1994)

§ 5º. Ultrapassada a fase de habilitação dos concorrentes (incisos I e II) e abertas as propostas (inciso III), não cabe desclassificá-los por motivo relacionado com a habilitação, salvo em razão de fatos supervenientes ou só conhecidos após o julgamento.

§ 6º. Após a fase de habilitação, não cabe desistência de proposta, salvo por motivo justo decorrente de fato superveniente e aceito pela Comissão.

Art. 44. No julgamento das propostas, a Comissão levará em consideração os critérios objetivos definidos no edital ou convite, os quais não devem contrariar as normas e princípios estabelecidos por esta Lei.

§ 1º. É vedada a utilização de qualquer elemento, critério ou fator sigiloso, secreto, subjetivo ou reservado que possa ainda que indiretamente elidir o princípio da igualdade entre os licitantes.

§ 2º. Não se considerará qualquer oferta de vantagem não prevista no edital ou no convite, inclusive financiamentos subsidiados ou a fundo perdido, nem preço ou vantagem baseada nas ofertas dos demais licitantes.

§ 3º. Não se admitirá proposta que apresente preços global ou unitários simbólicos, irrisórios ou de valor zero, incompatíveis com os preços dos insumos e salários de mercado, acrescidos dos respectivos encargos, ainda que o ato convocatório da licitação não tenha estabelecido limites mínimos, exceto quando se referirem a materiais e instalações de propriedade do próprio licitante, para os quais ele renuncie a parcela ou à totalidade da remuneração. (Redação dada pela Lei nº 8.883, de 1994)

§ 4º. O disposto no parágrafo anterior aplica-se também às propostas que incluam mão-de-obra estrangeira ou importações de qualquer natureza. (Redação dada pela Lei nº 8.883, de 1994)

Art. 45. O julgamento das propostas será objetivo, devendo a Comissão de licitação ou o responsável pelo convite realizá-lo em conformidade com os tipos de licitação, os critérios previamente estabelecidos no ato convocatório e de acordo com os fatores exclusivamente nele referidos, de maneira a possibilitar sua aferição pelos licitantes e pelos órgãos de controle.

§ 1º. Para os efeitos deste artigo, constituem tipos de licitação, exceto na modalidade concurso: (Redação dada pela Lei nº 8.883, de 1994)

I – a de menor preço – quando o critério de seleção da proposta mais vantajosa para a Administração determinar que será vencedor o licitante que apresentar a proposta de acordo com as especificações do edital ou convite e ofertar o menor preço;
II – a de melhor técnica;
III – a de técnica e preço;
IV – a de maior lance ou oferta - nos casos de alienação de bens ou concessão de direito real de uso. (Incluído pela Lei nº 8.883, de 1994)

§ 2º. No caso de empate entre duas ou mais propostas, e após obedecido o disposto no § 2º do art. 3º desta Lei, a classificação se fará, obrigatoriamente, por sorteio, em ato público, para o qual todos os licitantes serão convocados, vedado qualquer outro processo.

§ 3º. No caso da licitação do tipo "menor preço", entre os licitantes considerados qualificados a classificação se dará pela ordem crescente dos preços propostos, prevalecendo, no caso de empate, exclusivamente o critério previsto no parágrafo anterior. (Redação dada pela Lei nº 8.883, de 1994)

§ 4º. Para contratação de bens e serviços de informática, a administração observará o disposto no art. 3º da Lei nº 8.248, de 23 de outubro de 1991, levando em conta os fatores especificados em seu parágrafo 2º e adotando obrigatoriamente o tipo de licitação "técnica e preço", permitido o emprego de outro tipo de licitação nos casos indicados em decreto do Poder Executivo. (Redação dada pela Lei nº 8.883, de 1994)

§ 5º. É vedada a utilização de outros tipos de licitação não previstos neste artigo.

§ 6º. Na hipótese prevista no art. 23, § 7º, serão selecionadas tantas propostas quantas necessárias até que se atinja a quantidade demandada na licitação. (Incluído pela Lei nº 9.648, de 1998)

Art. 46. Os tipos de licitação "melhor técnica" ou "técnica e preço" serão utilizados exclusivamente para serviços de natureza predominantemente intelectual, em especial na elaboração de projetos, cálculos, fiscalização, supervisão e gerenciamento e de engenharia consultiva em geral e, em particular, para a elaboração de estudos técnicos preliminares e projetos básicos e executivos, ressalvado o disposto no § 4º do artigo anterior. (Redação dada pela Lei nº 8.883, de 1994)

§ 1º. Nas licitações do tipo "melhor técnica" será adotado o seguinte procedimento claramente explicitado no instrumento convocatório, o qual fixará o preço máximo que a Administração se propõe a pagar:

I – serão abertos os envelopes contendo as propostas técnicas exclusivamente dos licitantes previamente qualificados e feita então a avaliação e classificação destas propostas de acordo com os critérios pertinentes e adequados ao objeto licitado, definidos com clareza e objetividade no instrumento convocatório e que considerem a capacitação e a experiência do proponente, a qualidade técnica da proposta, compreendendo metodologia, organização, tecnologias e recursos materiais a serem utilizados nos trabalhos, e a qualificação das equipes técnicas a serem mobilizadas para a sua execução;
II – uma vez classificadas as propostas técnicas, proceder-se-á à abertura das propostas de preço dos licitantes que tenham atingido a valorização mínima estabelecida no instrumento convocatório e à negociação das condições propostas, com a proponente melhor classificada, com base nos orçamentos detalhados apresentados e respectivos preços unitários e tendo como referência o limite representado pela proposta de menor preço entre os licitantes que obtiverem a valorização mínima;
III – no caso de impasse na negociação anterior, procedimento idêntico será adotado, sucessivamente, com os demais proponentes, pela ordem de classificação, até a consecução de acordo para a contratação;
IV – as propostas de preços serão devolvidas intactas aos licitantes que não forem preliminarmente habilitados ou que não obtiverem a valorização mínima estabelecida para a proposta técnica.

§ 2º. Nas licitações do tipo "técnica e preço" será adotado, adicionalmente ao inciso I do parágrafo anterior, o seguinte procedimento claramente explicitado no instrumento convocatório:

I – será feita a avaliação e a valorização das propostas de preços, de acordo com critérios objetivos preestabelecidos no instrumento convocatório;
II – a classificação dos proponentes far-se-á de acordo com a média ponderada das valorizações das propostas técnicas e de preço, de acordo com os pesos preestabelecidos no instrumento convocatório.

§ 3º. Excepcionalmente, os tipos de licitação previstos neste artigo poderão ser adotados, por autorização expressa e mediante justificativa circunstanciada da maior autoridade da Administração promotora constante do ato convocatório, para fornecimento de bens e execução de obras ou prestação de serviços de grande vulto majoritariamente dependentes de tecnologia nitidamente sofisticada e de domínio restrito, atestado por autoridades técnicas de reconhecida qualificação, nos casos em que o objeto pretendido admitir soluções alternativas e variações de execução, com repercussões significativas sobre sua qualidade, produtividade, rendimento e durabilidade concretamente mensuráveis, e estas puderem ser adotadas à livre escolha dos licitantes, na conformidade dos critérios objetivamente fixados no ato convocatório.

§ 4º. (Vetado). (Incluído pela Lei nº 8.883, de 1994)

Art. 47. Nas licitações para a execução de obras e serviços, quando for adotada a modalidade de execução de empreitada por preço global, a Administração deverá fornecer obrigatoriamente, junto com o edital, todos os elementos e informações necessários para que os licitantes possam elaborar suas propostas de preços com total e completo conhecimento do objeto da licitação.

Art. 48. Serão desclassificadas:

I – as propostas que não atendam às exigências do ato convocatório da licitação;
II – propostas com valor global superior ao limite estabelecido ou com preços manifestamente inexequíveis, assim considerados aqueles que não venham a ter demonstrada sua viabilidade através de documentação que comprove que os custos dos insumos são coerentes com os de mercado e que os coeficientes de produtividade são compatíveis com a execução do objeto do contrato, condições estas necessariamente especificadas no ato convocatório da licitação. (Redação dada pela Lei nº 8.883, de 1994)

§ 1º. Para os efeitos do disposto no inciso II deste artigo consideram-se manifestamente inexequíveis, no caso de licitações de menor preço para obras e serviços de engenharia, as propostas cujos valores sejam inferiores a 70% (setenta por cento) do menor dos seguintes valores: (Incluído pela Lei nº 9.648, de 1998)

a) média aritmética dos valores das propostas superiores a 50% (cinquenta por cento) do valor orçado pela administração, ou (Incluído pela Lei nº 9.648, de 1998)

b) valor orçado pela administração. (Incluído pela Lei nº 9.648, de 1998)

§ 2º. Dos licitantes classificados na forma do parágrafo anterior cujo valor global da proposta for inferior a 80% (oitenta por cento) do menor valor a que se referem as alíneas "a" e "b", será exigida, para a assinatura do contrato, prestação de garantia adicional, dentre as modalidades previstas no § 1º do art. 56, igual a diferença entre o valor resultante do parágrafo anterior e o valor da correspondente proposta. (Incluído pela Lei nº 9.648, de 1998)

§ 3º. Quando todos os licitantes forem inabilitados ou todas as propostas forem desclassificadas, a administração poderá fixar aos licitantes o prazo de oito dias úteis para a apresentação de nova documentação ou de outras propostas escoimadas das causas referidas neste artigo, facultada, no caso de convite, a redução deste prazo para três dias úteis. (Incluído pela Lei nº 9.648, de 1998)

Art. 49. A autoridade competente para a aprovação do procedimento somente poderá revogar a licitação por razões de interesse público decorrente de fato superveniente devidamente comprovado, pertinente e suficiente para justificar tal conduta, devendo anulá-la por ilegalidade, de ofício ou por provocação de terceiros, mediante parecer escrito e devidamente fundamentado.

§ 1º. A anulação do procedimento licitatório por motivo de ilegalidade não gera obrigação de indenizar, ressalvado o disposto no parágrafo único do art. 59 desta Lei.

§ 2º. A nulidade do procedimento licitatório induz à do contrato, ressalvado o disposto no parágrafo único do art. 59 desta Lei.

§ 3º. No caso de desfazimento do processo licitatório, fica assegurado o contraditório e a ampla defesa.

§ 4º. O disposto neste artigo e seus parágrafos aplicam-se aos atos do procedimento de dispensa e de inexigibilidade de licitação.

Art. 50. A Administração não poderá celebrar o contrato com preterição da ordem de classificação das propostas ou com terceiros estranhos ao procedimento licitatório, sob pena de nulidade.

Art. 51. A habilitação preliminar, a inscrição em registro cadastral, a sua alteração ou cancelamento, e as propostas serão processadas e julgadas por comissão permanente ou especial de, no mínimo, 3 (três) membros, sendo pelo menos 2 (dois) deles servidores qualificados pertencentes aos quadros permanentes dos órgãos da Administração responsáveis pela licitação.

§ 1º. No caso de convite, a comissão de licitação, excepcionalmente, nas pequenas unidades administrativas e em face da exiguidade de pessoal disponível, poderá ser substituída por servidor formalmente designado pela autoridade competente.

§ 2º. A comissão para julgamento dos pedidos de inscrição em registro cadastral, sua alteração ou cancelamento, será integrada por profissionais legalmente habilitados no caso de obras, serviços ou aquisição de equipamentos.

§ 3º. Os membros das comissões de licitação responderão solidariamente por todos os atos praticados pela comissão, salvo se posição individual divergente estiver devidamente fundamentada e registrada em ata lavrada na reunião em que tiver sido tomada a decisão.

§ 4º. A investidura dos membros das Comissões permanentes não excederá a 1 (um) ano, vedada a recondução da totalidade de seus membros para a mesma comissão no período subsequente.

§ 5º. No caso de concurso, o julgamento será feito por uma comissão especial integrada por pessoas de reputação ilibada e reconhecido conhecimento da matéria em exame, servidores públicos ou não.

Art. 52. O concurso a que se refere o § 4º do art. 22 desta Lei deve ser precedido de regulamento próprio, a ser obtido pelos interessados no local indicado no edital.

§ 1º. O regulamento deverá indicar:

I – a qualificação exigida dos participantes;
II – as diretrizes e a forma de apresentação do trabalho;
III – as condições de realização do concurso e os prêmios a serem concedidos.

§ 2º. Em se tratando de projeto, o vencedor deverá autorizar a Administração a executá-lo quando julgar conveniente.

Art. 53. O leilão pode ser cometido a leiloeiro oficial ou a servidor designado pela Administração, procedendo-se na forma da legislação pertinente.

- Lei 9.636/1998: art. 24, V.

§ 1º. Todo bem a ser leiloado será previamente avaliado pela Administração para fixação do preço mínimo de arrematação.

§ 2º. Os bens arrematados serão pagos à vista ou no percentual estabelecido no edital, não inferior a 5% (cinco por cento) e, após a assinatura da respectiva ata lavrada no local do leilão, imediatamente entregues ao arrematante, o qual se obrigará ao pagamento do restante no prazo estipulado no edital de convocação, sob pena de perder em favor da Administração o valor já recolhido.

§ 3º. Nos leilões internacionais, o pagamento da parcela à vista poderá ser feito em até vinte e quatro horas. (Redação dada pela Lei nº 8.883, de 1994)

§ 4º. O edital de leilão deve ser amplamente divulgado, principalmente no município em que se realizará. (Incluído pela Lei nº 8.883, de 1994)

CAPÍTULO III. DOS CONTRATOS

SEÇÃO I. DISPOSIÇÕES PRELIMINARES

Art. 54. Os contratos administrativos de que trata esta Lei regulam-se pelas suas cláusulas e pelos preceitos de direito público, aplicando-se-lhes, supletivamente, os princípios da teoria geral dos contratos e as disposições de direito privado.

- CC: arts. 421 a 434.

§ 1º. Os contratos devem estabelecer com clareza e precisão as condições para sua execução, expressas em cláusulas que definam os direitos, obrigações e responsabilidades das partes, em conformidade com os termos da licitação e da proposta a que se vinculam.

§ 2º. Os contratos decorrentes de dispensa ou de inexigibilidade de licitação devem atender aos termos do ato que os autorizou e da respectiva proposta.

Art. 55. São cláusulas necessárias em todo contrato as que estabeleçam:

I – o objeto e seus elementos característicos;
II – o regime de execução ou a forma de fornecimento;
III – o preço e as condições de pagamento, os critérios, data-base e periodicidade do reajustamento de preços, os critérios de atualização monetária entre a data do adimplemento das obrigações e a do efetivo pagamento;
IV – os prazos de início de etapas de execução, de conclusão, de entrega, de observação e de recebimento definitivo, conforme o caso;
V – o crédito pelo qual correrá a despesa, com a indicação da classificação funcional programática e da categoria econômica;
VI – as garantias oferecidas para assegurar sua plena execução, quando exigidas;
VII – os direitos e as responsabilidades das partes, as penalidades cabíveis e os valores das multas;
VIII – os casos de rescisão;
IX – o reconhecimento dos direitos da Administração, em caso de rescisão administrativa prevista no art. 77 desta Lei;
X – as condições de importação, a data e a taxa de câmbio para conversão, quando for o caso;
XI – a vinculação ao edital de licitação ou ao termo que a dispensou ou a inexigiu, ao convite e à proposta do licitante vencedor;
XII – a legislação aplicável à execução do contrato e especialmente aos casos omissos;
XIII – a obrigação do contratado de manter, durante toda a execução do contrato, em compatibilidade com as obrigações por ele assumidas, todas as condições de habilitação e qualificação exigidas na licitação.

§ 1º. (Vetado). (Redação dada pela Lei nº 8.883, de 1994)

§ 2º. Nos contratos celebrados pela Administração Pública com pessoas físicas ou jurídicas, inclusive aquelas domiciliadas no estrangeiro, deverá constar necessariamente cláusula que declare competente o foro da sede da Administração para dirimir qualquer questão contratual, salvo o disposto no § 6º do art. 32 desta Lei.

§ 3º. No ato da liquidação da despesa, os serviços de contabilidade comunicarão, aos órgãos incumbidos da arrecadação e fiscalização de tributos da União, Estado ou Município, as características e os valores pagos, segundo o disposto no art. 63 da Lei nº 4.320, de 17 de março de 1964.

Art. 56. A critério da autoridade competente, em cada caso, e desde que prevista no instrumento convocatório, poderá ser exigida prestação de garantia nas contratações de obras, serviços e compras.

§ 1º. Caberá ao contratado optar por uma das seguintes modalidades de garantia: (Redação dada pela Lei nº 8.883, de 1994)

I – caução em dinheiro ou em títulos da dívida pública, devendo estes ter sido emitidos sob a forma escritural, mediante registro em sistema centralizado de liquidação e de custódia autorizado pelo Banco Central do Brasil e avaliados pelos seus valores econômicos, conforme definido pelo Ministério da Fazenda; (Redação dada pela Lei nº 11.079, de 2004)
II – seguro-garantia; (Redação dada pela Lei nº 8.883, de 1994)
III – fiança bancária. (Redação dada pela Lei nº 8.883, de 8.6.94)

§ 2º. A garantia a que se refere o *caput* deste artigo não excederá a cinco por cento do valor do contrato e terá seu valor atualizado nas mesmas condições daquele, ressalvado o previsto no parágrafo 3º deste artigo. (Redação dada pela Lei nº 8.883, de 1994)

§ 3º. Para obras, serviços e fornecimentos de grande vulto envolvendo alta complexidade técnica e riscos financeiros consideráveis, demonstrados através de parecer tecnicamente aprovado pela autoridade competente, o limite de garantia previsto no parágrafo anterior poderá ser elevado para até dez por cento do valor do contrato. (Redação dada pela Lei nº 8.883, de 1994)

§ 4º. A garantia prestada pelo contratado será liberada ou restituída após a execução do contrato e, quando em dinheiro, atualizada monetariamente.

§ 5º. Nos casos de contratos que importem na entrega de bens pela Administração, dos quais o contratado ficará depositário, ao valor da garantia deverá ser acrescido o valor desses bens.

Art. 57. A duração dos contratos regidos por esta Lei ficará adstrita à vigência dos respectivos créditos orçamentários, exceto quanto aos relativos:

I – aos projetos cujos produtos estejam contemplados nas metas estabelecidas no Plano Plurianual, os quais poderão ser prorrogados se houver interesse da Administração e desde que isso tenha sido previsto no ato convocatório;
II – à prestação de serviços a serem executados de forma contínua, que poderão ter a sua duração prorrogada por iguais e sucessivos períodos com vistas à obtenção de preços e condições mais vantajosas para a administração, limitada a sessenta meses; (Redação dada pela Lei nº 9.648, de 1998)
III – (Vetado). (Redação dada pela Lei nº 8.883, de 1994)
IV – ao aluguel de equipamentos e à utilização de programas de informática, podendo a duração estender-se pelo prazo de até 48 (quarenta e oito) meses após o início da vigência do contrato.
V – às hipóteses previstas nos incisos IX, XIX, XXVIII e XXXI do art. 24, cujos contratos poderão ter vigência por até 120 (cento e vinte) meses, caso haja interesse da administração. (Incluído pela Lei nº 12.349, de 2010)

§ 1º. Os prazos de início de etapas de execução, de conclusão e de entrega admitem prorrogação, mantidas as demais cláusulas do contrato e assegurada a manutenção de seu equilíbrio econômico-financeiro, desde que ocorra algum dos seguintes motivos, devidamente autuados em processo:

I – alteração do projeto ou especificações, pela Administração;
II – superveniência de fato excepcional ou imprevisível, estranho à vontade das partes que altere fundamentalmente as condições de execução do contrato;
III – interrupção da execução do contrato ou diminuição do ritmo de trabalho por ordem e no interesse da Administração;
IV – aumento das quantidades inicialmente previstas no contrato, nos limites permitidos por esta Lei;
V – impedimento de execução do contrato por fato ou ato de terceiro reconhecido pela Administração em documento contemporâneo à sua ocorrência;
VI – omissão ou atraso de providências a cargo da Administração, inclusive quanto aos pagamentos previstos de que resulte, diretamente, impedimento ou retardamento na execução do contrato, sem prejuízo das sanções legais aplicáveis aos responsáveis.

§ 2º. Toda prorrogação de prazo deverá ser justificada por escrito e previamente autorizada pela autoridade competente para celebrar o contrato.

§ 3º. É vedado o contrato com prazo de vigência indeterminado.

§ 4º. Em caráter excepcional, devidamente justificado e mediante autorização da autoridade superior, o prazo de que trata o inciso II do *caput* deste artigo poderá ser prorrogado por até doze meses. (Incluído pela Lei nº 9.648, de 1998)

Art. 58. O regime jurídico dos contratos administrativos instituído por esta Lei confere à Administração, em relação a eles, a prerrogativa de:

I – modificá-los, unilateralmente, para melhor adequação às finalidades de interesse público, respeitados os direitos do contratado;
II – rescindi-los, unilateralmente, nos casos especificados no inciso I do art. 79 desta Lei;
III – fiscalizar-lhes a execução;
IV – aplicar sanções motivadas pela inexecução total ou parcial do ajuste;
V – nos casos de serviços essenciais, ocupar provisoriamente bens móveis, imóveis, pessoal e serviços vinculados ao objeto do contrato, na hipótese da necessidade de acautelar apuração administrativa de faltas contratuais pelo contratado, bem como na hipótese de rescisão do contrato administrativo.

§ 1º. As cláusulas econômico-financeiras e monetárias dos contratos administrativos não poderão ser alteradas sem prévia concordância do contratado.

§ 2º. Na hipótese do inciso I deste artigo, as cláusulas econômico-financeiras do contrato deverão ser revistas para que se mantenha o equilíbrio contratual.

Art. 59. A declaração de nulidade do contrato administrativo opera retroativamente impedindo os efeitos jurídicos que ele, ordinariamente, deveria produzir, além de desconstituir os já produzidos.

Parágrafo único. A nulidade não exonera a Administração do dever de indenizar o contratado pelo que este houver executado até a data em que ela for declarada e por outros prejuízos regularmente comprovados, contanto que não lhe seja imputável, promovendo-se a responsabilidade de quem lhe deu causa.

SEÇÃO II.
DA FORMALIZAÇÃO DOS CONTRATOS

Art. 60. Os contratos e seus aditamentos serão lavrados nas repartições interessadas, as quais manterão arquivo cronológico dos seus autógrafos e registro sistemático do seu extrato, salvo os relativos a direitos reais sobre imóveis, que se formalizam por instrumento lavrado em cartório de notas, de tudo juntando-se cópia no processo que lhe deu origem.

Parágrafo único. É nulo e de nenhum efeito o contrato verbal com a Administração, salvo o de pequenas compras de pronto pagamento, assim entendidas aquelas de valor não superior a 5% (cinco por cento) do limite estabelecido no art. 23, inciso II, alínea *a* desta Lei, feitas em regime de adiantamento.

Art. 61. Todo contrato deve mencionar os nomes das partes e os de seus representantes, a finalidade, o ato que autorizou a sua lavratura, o número do processo da licitação, da dispensa ou da inexigibilidade, a sujeição dos contratantes às normas desta Lei e às cláusulas contratuais.

‣ Lei 8.666/1993: art. 21, *caput*.

Parágrafo único. A publicação resumida do instrumento de contrato ou de seus aditamentos na imprensa oficial, que é condição indispensável para sua eficácia, será providenciada pela Administração até o quinto dia útil do mês seguinte ao de sua assinatura, para ocorrer no prazo de vinte dias daquela data, qualquer que seja o seu valor, ainda que sem ônus, ressalvado o disposto no art. 26 desta Lei. (Redação dada pela Lei nº 8.883, de 1994)

‣ Lei 8.666/1993: art. 21, § 2º.

Art. 62. O instrumento de contrato é obrigatório nos casos de concorrência e de tomada de preços, bem como nas dispensas e inexigibilidades cujos preços estejam compreendidos nos limites destas duas modalidades de licitação, e facultativo nos demais em que a Administração puder substituí-lo por outros instrumentos hábeis, tais como carta-contrato, nota de empenho de despesa, autorização de compra ou ordem de execução de serviço.

‣ Lei 8.666/1993: art. 22, I e II, e §§ 1º e 2º.

§ 1º. A minuta do futuro contrato integrará sempre o edital ou ato convocatório da licitação.

§ 2º. Em "carta contrato", "nota de empenho de despesa", "autorização de compra", "ordem de execução de serviço" ou outros instrumentos hábeis aplica-se, no que couber, o disposto no art. 55 desta Lei. (Redação dada pela Lei nº 8.883, de 1994)

§ 3º. Aplica-se o disposto nos arts. 55 e 58 a 61 desta Lei e demais normas gerais, no que couber:

I – aos contratos de seguro, de financiamento, de locação em que o Poder Público seja locatário, e aos demais cujo conteúdo seja regido, predominantemente, por norma de direito privado;
II – aos contratos em que a Administração for parte como usuária de serviço público.

§ 4º. É dispensável o termo de contrato e facultada a substituição prevista neste artigo, a critério da Administração e independentemente de seu valor, nos casos de compra com entrega imediata e integral dos bens adquiridos, dos quais não resultem obrigações futuras, inclusive assistência técnica.

Art. 63. É permitido a qualquer licitante o conhecimento dos termos do contrato e do respectivo processo licitatório e, a qualquer interessado, a obtenção de cópia autenticada, mediante o pagamento dos emolumentos devidos.

Art. 64. A Administração convocará regularmente o interessado para assinar o termo de contrato, aceitar ou retirar o instrumento equivalente, dentro prazo e condições estabelecidos, sob pena de decair o direito à contratação, sem prejuízo das sanções previstas no art. 81 desta Lei.

§ 1º. O prazo de convocação poderá ser prorrogado uma vez, por igual período, quando solicitado pela parte durante o seu transcurso e desde que ocorra motivo justificado aceito pela Administração.

§ 2º. É facultado à Administração, quando o convocado não assinar o termo de contrato ou não aceitar ou retirar o instrumento equivalente no prazo e condições estabelecidos, convocar licitantes remanescentes, na ordem de classificação, para fazê-lo em igual prazo e nas mesmas condições propostas pelo primeiro classificado, inclusive quanto aos preços atualizados de conformidade com o ato convocatório, ou revogar a licitação independentemente da cominação prevista no art. 81 desta Lei.

§ 3º. Decorridos 60 (sessenta) dias da data da entrega das propostas, sem convocação para a contratação, ficam os licitantes liberados dos compromissos assumidos.

SEÇÃO III.
DA ALTERAÇÃO DOS CONTRATOS

Art. 65. Os contratos regidos por esta Lei poderão ser alterados, com as devidas justificativas, nos seguintes casos:

I – unilateralmente pela Administração:

a) quando houver modificação do projeto ou das especificações, para melhor adequação técnica aos seus objetivos;

b) quando necessária a modificação do valor contratual em decorrência de acréscimo ou diminuição quantitativa de seu objeto, nos limites permitidos por esta Lei;

II – por acordo das partes:

a) quando conveniente a substituição da garantia de execução;

b) quando necessária a modificação do regime de execução da obra ou serviço, bem como do modo de fornecimento, em face de verificação técnica da inaplicabilidade dos termos contratuais originários;

c) quando necessária a modificação da forma de pagamento, por imposição de circunstâncias supervenientes, mantido o valor inicial atualizado, vedada a antecipação do pagamento, com relação ao cronograma financeiro fixado, sem a correspondente contraprestação de fornecimento de bens ou execução de obra ou serviço;

d) para restabelecer a relação que as partes pactuaram inicialmente entre os encargos do contratado e a retribuição da Administração para a justa remuneração da obra, serviço ou fornecimento, objetivando a manutenção do equilíbrio econômico-financeiro inicial do contrato, na hipótese de sobrevirem fatos imprevisíveis, ou previsíveis porém de consequências incalculáveis, retardadores ou impeditivos da execução do ajustado, ou ainda, em caso de força maior, caso fortuito ou fato do príncipe, configurando álea econômica extraordinária e extracontratual. (Redação dada pela Lei nº 8.883, de 1994)

§ 1º. O contratado fica obrigado a aceitar, nas mesmas condições contratuais, os acréscimos ou supressões que se fizerem nas obras, serviços ou compras, até 25% (vinte e cinco por cento) do valor inicial atualizado do contrato, e, no caso particular de reforma de edifício ou de equipamento, até o limite de 50% (cinquenta por cento) para os seus acréscimos.

§ 2º. Nenhum acréscimo ou supressão poderá exceder os limites estabelecidos no parágrafo anterior, salvo: (Redação dada pela Lei nº 9.648, de 1998)

I – (VETADO) (Incluído pela Lei nº 9.648, de 1998)
II – as supressões resultantes de acordo celebrado entre os contratantes. (Incluído pela Lei nº 9.648, de 1998)

§ 3º. Se no contrato não houverem sido contemplados preços unitários para obras ou serviços, esses serão fixados mediante acordo entre as partes, respeitados os limites estabelecidos no § 1º deste artigo.

§ 4º. No caso de supressão de obras, bens ou serviços, se o contratado já houver adquirido os materiais e posto no local dos trabalhos, estes deverão ser pagos pela Administração pelos custos de aquisição regularmente comprovados e monetariamente corrigidos, podendo caber indenização por outros danos eventualmente decorrentes da supressão, desde que regularmente comprovados.

§ 5º. Quaisquer tributos ou encargos legais criados, alterados ou extintos, bem como a superveniência de disposições legais, quando ocorridas após a data da apresentação da proposta, de comprovada repercussão nos preços contratados, implicarão a revisão destes para mais ou para menos, conforme o caso.

§ 6º. Em havendo alteração unilateral do contrato que aumente os encargos do contratado, a Administração deverá restabelecer, por aditamento, o equilíbrio econômico-financeiro inicial.

§ 7º. (*VETADO*).

§ 8º. A variação do valor contratual para fazer face ao reajuste de preços previsto no próprio contrato, as atualizações, compensações ou penalizações financeiras decorrentes das condições de pagamento nele previstas, bem como o empenho de dotações orçamentárias suplementares até o limite do seu valor corrigido, não caracterizam alteração do mesmo, podendo ser registrados por simples apostila, dispensando a celebração de aditamento.

SEÇÃO IV. DA EXECUÇÃO DOS CONTRATOS

Art. 66. O contrato deverá ser executado fielmente pelas partes, de acordo com as cláusulas avençadas e as normas desta Lei, respondendo cada uma pelas consequências de sua inexecução total ou parcial.

Art. 66-A. As empresas enquadradas no inciso V do § 2º e no inciso II do § 5º do art. 3º desta Lei deverão cumprir, durante todo o período de execução do contrato, a reserva de cargos prevista em lei para pessoa com deficiência ou para reabilitado da Previdência Social, bem como as regras de acessibilidade previstas na legislação. (Incluído pela Lei nº 13.146, de 2015)

Parágrafo único. Cabe à administração fiscalizar o cumprimento dos requisitos de acessibilidade nos serviços e nos ambientes de trabalho. (Incluído pela Lei nº 13.146, de 2015)

Art. 67. A execução do contrato deverá ser acompanhada e fiscalizada por um representante da Administração especialmente designado, permitida a contratação de terceiros para assisti-lo e subsidiá-lo de informações pertinentes a essa atribuição.

§ 1º. O representante da Administração anotará em registro próprio todas as ocorrências relacionadas com a execução do contrato, determinando o que for necessário à regularização das faltas ou defeitos observados.

§ 2º. As decisões e providências que ultrapassarem a competência do representante deverão ser solicitadas a seus superiores em tempo hábil para a adoção das medidas convenientes.

Art. 68. O contratado deverá manter preposto, aceito pela Administração, no local da obra ou serviço, para representá-lo na execução do contrato.

Art. 69. O contratado é obrigado a reparar, corrigir, remover, reconstruir ou substituir, às suas expensas, no total ou em parte, o objeto do contrato em que se verificarem vícios, defeitos ou incorreções resultantes da execução ou de materiais empregados.

Art. 70. O contratado é responsável pelos danos causados diretamente à Administração ou a terceiros, decorrentes de sua culpa ou dolo na execução do contrato, não excluindo ou reduzindo essa responsabilidade a fiscalização ou o acompanhamento pelo órgão interessado.

Art. 71. O contratado é responsável pelos encargos trabalhistas, previdenciários, fiscais e comerciais resultantes da execução do contrato.

§ 1º. A inadimplência do contratado, com referência aos encargos trabalhistas, fiscais e comerciais não transfere à Administração Pública a responsabilidade por seu pagamento, nem poderá onerar o objeto do contrato ou restringir a regularização e o uso das obras e edificações, inclusive perante o Registro de Imóveis. (Redação dada pela Lei nº 9.032, de 1995)

- ADC 16/DF: O Tribunal, por maioria [...], julgou procedente a ação, declarando a constitucionalidade do art. 71, §1 º da Lei 8.666/1993. (D.O.U. 26.09.2011)

§ 2º. A Administração Pública responde solidariamente com o contratado pelos encargos previdenciários resultantes da execução do contrato, nos termos do art. 31 da Lei nº 8.212, de 24 de julho de 1991. (Redação dada pela Lei nº 9.032, de 1995)

§ 3º. (Vetado). (Incluído pela Lei nº 8.883, de 1994)

Art. 72. O contratado, na execução do contrato, sem prejuízo das responsabilidades contratuais e legais, poderá subcontratar partes da obra, serviço ou fornecimento, até o limite admitido, em cada caso, pela Administração.

Art. 73. Executado o contrato, o seu objeto será recebido:

I – em se tratando de obras e serviços:

a) provisoriamente, pelo responsável por seu acompanhamento e fiscalização, mediante termo circunstanciado, assinado pelas partes em até 15 (quinze) dias da comunicação escrita do contratado;

b) definitivamente, por servidor ou comissão designada pela autoridade competente, mediante termo circunstanciado, assinado pelas partes, após o decurso do prazo de observação, ou vistoria que comprove a adequação do objeto aos termos contratuais, observado o disposto no art. 69 desta Lei;

II – em se tratando de compras ou de locação de equipamentos:

a) provisoriamente, para efeito de posterior verificação da conformidade do material com a especificação;

b) definitivamente, após a verificação da qualidade e quantidade do material e consequente aceitação.

§ 1º. Nos casos de aquisição de equipamentos de grande vulto, o recebimento far-se-á mediante termo circunstanciado e, nos demais, mediante recibo.

§ 2º. O recebimento provisório ou definitivo não exclui a responsabilidade civil pela solidez e segurança da obra ou do serviço, nem ético-profissional pela perfeita execução do contrato, dentro dos limites estabelecidos pela lei ou pelo contrato.

§ 3º. O prazo a que se refere a alínea *b* do inciso I deste artigo não poderá ser superior a 90 (noventa) dias, salvo em casos excepcionais, devidamente justificados e previstos no edital.

§ 4º. Na hipótese de o termo circunstanciado ou a verificação a que se refere este artigo não serem, respectivamente, lavrado ou procedida dentro dos prazos fixados, reputar-se-ão como realizados, desde que comunicados à Administração nos 15 dias anteriores à exaustão dos mesmos.

Art. 74. Poderá ser dispensado o recebimento provisório nos seguintes casos:

I – gêneros perecíveis e alimentação preparada;

II – serviços profissionais;

III – obras e serviços de valor até o previsto no art. 23, inciso II, alínea *a*, desta Lei, desde que não se componham de aparelhos, equipamentos e instalações sujeitos à verificação de funcionamento e produtividade.

Parágrafo único. Nos casos deste artigo, o recebimento será feito mediante recibo.

Art. 75. Salvo disposições em contrário constantes do edital, do convite ou de ato normativo, os ensaios, testes e demais provas exigidos por normas técnicas oficiais para a boa execução do objeto do contrato correm por conta do contratado.

Art. 76. A Administração rejeitará, no todo ou em parte, obra, serviço ou fornecimento executado em desacordo com o contrato.

SEÇÃO V. DA INEXECUÇÃO E DA RESCISÃO DOS CONTRATOS

Art. 77. A inexecução total ou parcial do contrato enseja a sua rescisão, com as consequências contratuais e as previstas em lei ou regulamento.

Art. 78. Constituem motivo para rescisão do contrato:

I – o não cumprimento de cláusulas contratuais, especificações, projetos ou prazos;

II – o cumprimento irregular de cláusulas contratuais, especificações, projetos e prazos;

III – a lentidão do seu cumprimento, levando a Administração a comprovar a impossibilidade da conclusão da obra, do serviço ou do fornecimento, nos prazos estipulados;

IV – o atraso injustificado no início da obra, serviço ou fornecimento;

V – a paralisação da obra, do serviço ou do fornecimento, sem justa causa e prévia comunicação à Administração;

VI – a subcontratação total ou parcial do seu objeto, a associação do contratado com outrem, a cessão ou transferência, total ou parcial, bem como a fusão, cisão ou incorporação, não admitidas no edital e no contrato;

VII – o desatendimento das determinações regulares da autoridade designada para acompanhar e fiscalizar a sua execução, assim como as de seus superiores;

VIII – o cometimento reiterado de faltas na sua execução, anotadas na forma do § 1º do art. 67 desta Lei;

IX – a decretação de falência ou a instauração de insolvência civil;

X – a dissolução da sociedade ou o falecimento do contratado;

XI – a alteração social ou a modificação da finalidade ou da estrutura da empresa, que prejudique a execução do contrato;

XII – razões de interesse público, de alta relevância e amplo conhecimento, justificadas e determinadas pela máxima autoridade da esfera administrativa a que está subordinado o contratante e exaradas no processo administrativo a que se refere o contrato;

XIII – a supressão, por parte da Administração, de obras, serviços ou compras, acarretando modificação do valor inicial do contrato além do limite permitido no § 1º do art. 65 desta Lei;

XIV – a suspensão de sua execução, por ordem escrita da Administração por prazo superior a 120 (cento e vinte) dias, salvo em caso de calamidade pública, grave perturbação da ordem interna ou guerra, ou ainda por repetidas suspensões que totalizem o mesmo prazo, independentemente do pagamento obrigatório de indenizações pelas sucessivas e contratualmente imprevistas desmobilizações e mobilizações e outras previstas, assegurado ao contratado, nesses casos, o direito de optar pela suspensão do cumprimento das obrigações assumidas até que seja normalizada a situação;

XV – o atraso superior a 90 (noventa) dias dos pagamentos devidos pela Administração decorrentes de obras, serviços ou fornecimento, ou parcelas destes, já recebidos ou executados, salvo em caso de calamidade pública, grave perturbação da ordem interna ou guerra, assegurado ao contratado o direito de optar pela suspensão do cumprimento de suas obrigações até que seja normalizada a situação;

XVI – a não liberação, por parte da Administração, de área, local ou objeto para execução de obra, serviço ou fornecimento, nos prazos contratuais, bem como das fontes de materiais naturais especificadas no projeto;

XVII – a ocorrência de caso fortuito ou de força maior, regularmente comprovada, impeditiva da execução do contrato;

XVIII – descumprimento do disposto no inciso V do art. 27, sem prejuízo das sanções penais cabíveis. (Incluído pela Lei nº 9.854, de 1999)

Parágrafo único. Os casos de rescisão contratual serão formalmente motivados nos autos do processo, assegurado o contraditório e a ampla defesa.

Art. 79. A rescisão do contrato poderá ser:

I – determinada por ato unilateral e escrito da Administração, nos casos enumerados nos incisos I a XII e XVII do artigo anterior;

II – amigável, por acordo entre as partes, reduzida a termo no processo da licitação, desde que haja conveniência para a Administração;

III – judicial, nos termos da legislação;

IV – (Vetado). (Redação dada pela Lei nº 8.883, de 1994)

§ 1º. A rescisão administrativa ou amigável deverá ser precedida de autorização escrita e fundamentada da autoridade competente.

§ 2º. Quando a rescisão ocorrer com base nos incisos XII a XVII do artigo anterior, sem que haja culpa do contratado, será este ressarcido dos prejuízos regularmente comprovados que houver sofrido, tendo ainda direito a:

I – devolução de garantia;

II – pagamentos devidos pela execução do contrato até a data da rescisão;

III – pagamento do custo da desmobilização;

§ 3º. (Vetado). (Redação dada pela Lei nº 8.883, de 1994)

§ 4º (Vetado). (Redação dada pela Lei nº 8.883, de 1994)

§ 5º. Ocorrendo impedimento, paralisação ou sustação do contrato, o cronograma de execução será prorrogado automaticamente por igual tempo.

Art. 80. A rescisão de que trata o inciso I do artigo anterior acarreta as seguintes consequências, sem prejuízo das sanções previstas nesta Lei:

I – assunção imediata do objeto do contrato, no estado e local em que se encontrar, por ato próprio da Administração;

II – ocupação e utilização do local, instalações, equipamentos, material e pessoal empregados na execução do contrato, necessários à sua continuidade, na forma do inciso V do art. 58 desta Lei;

III – execução da garantia contratual, para ressarcimento da Administração e dos valores das multas e indenizações a ela devidos;

IV – retenção dos créditos decorrentes do contrato até o limite dos prejuízos causados à Administração.

§ 1º. A aplicação das medidas previstas nos incisos I e II deste artigo fica a critério da Administração, que poderá dar continuidade à obra ou ao serviço por execução direta ou indireta.

§ 2º. É permitido à Administração, no caso de concordata do contratado, manter o contrato, podendo assumir o controle de determinadas atividades de serviços essenciais.

§ 3º. Na hipótese do inciso II deste artigo, o ato deverá ser precedido de autorização expressa do Ministro de Estado competente, ou Secretário Estadual ou Municipal, conforme o caso.

§ 4º. A rescisão de que trata o inciso IV do artigo anterior permite à Administração, a seu critério, aplicar a medida prevista no inciso I deste artigo.

CAPÍTULO IV. DAS SANÇÕES ADMINISTRATIVAS E DA TUTELA JUDICIAL

SEÇÃO I. DISPOSIÇÕES GERAIS

Art. 81. A recusa injustificada do adjudicatário em assinar o contrato, aceitar ou retirar o instrumento equivalente, dentro do prazo estabelecido pela Administração, caracteriza o descumprimento total da obrigação assumida, sujeitando-o às penalidades legalmente estabelecidas.

Parágrafo único. O disposto neste artigo não se aplica aos licitantes convocados nos termos do art. 64, § 2º, desta Lei, que não aceitarem a contratação, nas mesmas condições propostas pelo primeiro adjudicatário, inclusive quanto ao prazo e preço.

Art. 82. Os agentes administrativos que praticarem atos em desacordo com os preceitos desta Lei ou visando a frustrar os objetivos da licitação sujeitam-se às sanções previstas nesta Lei e nos regulamentos próprios, sem prejuízo das responsabilidades civil e criminal que seu ato ensejar.

- Lei 8.429/1992: art. 10, VIII.

Art. 83. Os crimes definidos nesta Lei, ainda que simplesmente tentados, sujeitam os seus autores, quando servidores públicos, além das sanções penais, à perda do cargo, emprego, função ou mandato eletivo.

- CP: art. 92, I, a.

Art. 84. Considera-se servidor público, para os fins desta Lei, aquele que exerce, mesmo que transitoriamente ou sem remuneração, cargo, função ou emprego público.

- CP: art. 327.
- Lei 8.112/1990: arts. 2º e 3º.

§ 1º. Equipara-se a servidor público, para os fins desta Lei, quem exerce cargo, emprego ou função em entidade paraestatal, assim consideradas, além das fundações, empresas públicas e sociedades de economia mista, as demais entidades sob controle, direto ou indireto, do Poder Público.

- CP: art. 327, § 1º.

§ 2º. A pena imposta será acrescida da terça parte, quando os autores dos crimes previstos nesta Lei forem ocupantes de cargo em comissão ou de função de confiança em órgão da Administração direta, autarquia, empresa pública, sociedade de economia mista, fundação pública, ou outra entidade controlada direta ou indiretamente pelo Poder Público.

Art. 85. As infrações penais previstas nesta Lei pertinem às licitações e aos contratos celebrados pela União, Estados, Distrito Federal, Municípios, e respectivas autarquias, empresas públicas, sociedades de economia mista, fundações públicas, e quaisquer outras entidades sob seu controle direto ou indireto.

SEÇÃO II. DAS SANÇÕES ADMINISTRATIVAS

Art. 86. O atraso injustificado na execução do contrato sujeitará o contratado à multa de mora, na forma prevista no instrumento convocatório ou no contrato.

§ 1º. A multa a que alude este artigo não impede que a Administração rescinda unilateralmente o contrato e aplique as outras sanções previstas nesta Lei.

§ 2º. A multa, aplicada após regular processo administrativo, será descontada da garantia do respectivo contratado.

§ 3º. Se a multa for de valor superior ao valor da garantia prestada, além da perda desta, responderá o contratado pela sua diferença, a qual será descontada dos pagamentos eventualmente devidos pela Administração ou ainda, quando for o caso, cobrada judicialmente.

Art. 87. Pela inexecução total ou parcial do contrato a Administração poderá, garantida a prévia defesa, aplicar ao contratado as seguintes sanções:

I – advertência;

II – multa, na forma prevista no instrumento convocatório ou no contrato;

III – suspensão temporária de participação em licitação e impedimento de contratar com a Administração, por prazo não superior a 2 (dois) anos;

IV – declaração de inidoneidade para licitar ou contratar com a Administração Pública enquanto perdurarem os motivos determinantes da punição ou até que seja promovida a reabilitação perante a própria autoridade que aplicou a penalidade, que será concedida sempre que o contratado ressarcir a Administração pelos prejuízos resultantes e após decorrido o prazo da sanção aplicada com base no inciso anterior.

§ 1º. Se a multa aplicada for superior ao valor da garantia prestada, além da perda desta, responderá o contratado pela sua diferença, que será descontada dos pagamentos eventualmente devidos pela Administração ou cobrada judicialmente.

§ 2º. As sanções previstas nos incisos I, III e IV deste artigo poderão ser aplicadas juntamente com a do inciso II, facultada a defesa prévia do interessado, no respectivo processo, no prazo de 5 (cinco) dias úteis.

§ 3º. A sanção estabelecida no inciso IV deste artigo é de competência exclusiva do Ministro de Estado, do Secretário Estadual ou Municipal, conforme o caso, facultada a defesa do interessado no respectivo processo, no prazo de 10 (dez) dias da abertura de vista, podendo a reabilitação ser requerida após 2 (dois) anos de sua aplicação.

Art. 88. As sanções previstas nos incisos III e IV do artigo anterior poderão também ser aplicadas às empresas ou aos profissionais que, em razão dos contratos regidos por esta Lei:

I – tenham sofrido condenação definitiva por praticarem, por meios dolosos, fraude fiscal no recolhimento de quaisquer tributos;

II – tenham praticado atos ilícitos visando a frustrar os objetivos da licitação;

III – demonstrem não possuir idoneidade para contratar com a Administração em virtude de atos ilícitos praticados.

SEÇÃO III. DOS CRIMES E DAS PENAS

Arts. 89 a 99. *(Revogados pela Lei 14.133/2021)*

SEÇÃO IV. DO PROCESSO E DO PROCEDIMENTO JUDICIAL

Arts. 100 a 108. *(Revogados pela Lei 14.133/2021)*

CAPÍTULO V. DOS RECURSOS ADMINISTRATIVOS

Art. 109. Dos atos da Administração decorrentes da aplicação desta Lei cabem:

I – recurso, no prazo de 5 (cinco) dias úteis a contar da intimação do ato ou da lavratura da ata, nos casos de:

a) habilitação ou inabilitação do licitante;

b) julgamento das propostas;

c) anulação ou revogação da licitação;

d) indeferimento do pedido de inscrição em registro cadastral, sua alteração ou cancelamento;

e) rescisão do contrato, a que se refere o inciso I do art. 79 desta Lei; (Redação dada pela Lei nº 8.883, de 1994)

f) aplicação das penas de advertência, suspensão temporária ou de multa;

II – representação, no prazo de 5 (cinco) dias úteis da intimação da decisão relacionada com o objeto da licitação ou do contrato, de que não caiba recurso hierárquico;

III – pedido de reconsideração, de decisão de Ministro de Estado, ou Secretário Estadual ou Municipal, conforme o caso, na hipótese do §

4º do art. 87 desta Lei, no prazo de 10 (dez) dias úteis da intimação do ato.

- O dispositivo correto é § 3º do art. 87.

§ 1º. A intimação dos atos referidos o inciso I, alíneas *a*, *b*, *c* e *e*, deste artigo, excluídos os relativos a advertência e multa de mora, e no inciso III, será feita mediante publicação na imprensa oficial, salvo para os casos previstos nas alíneas *a* e *b*, se presentes os prepostos dos licitantes no ato em que foi adotada a decisão, quando poderá ser feita por comunicação direta aos interessados e lavrada em ata.

§ 2º. O recurso previsto nas alíneas *a* e *b* do inciso I deste artigo terá efeito suspensivo, podendo a autoridade competente, motivadamente e presentes razões de interesse público, atribuir ao recurso interposto eficácia suspensiva aos demais recursos.

§ 3º. Interposto, o recurso será comunicado aos demais licitantes, que poderão impugná-lo no prazo de 5 (cinco) dias úteis.

§ 4º. O recurso será dirigido à autoridade superior, por intermédio da que praticou o ato recorrido, a qual poderá reconsiderar sua decisão, no prazo de 5 (cinco) dias úteis, ou, nesse mesmo prazo, fazê-lo subir, devidamente informado, devendo, neste caso, a decisão ser proferida dentro do prazo de 5 (cinco) dias úteis, contado do recebimento do recurso, sob pena de responsabilidade.

§ 5º. Nenhum prazo de recurso, representação ou pedido de reconsideração se inicia ou corre sem que os autos do processo estejam com vista franqueada ao interessado.

§ 6º. Em se tratando de licitações efetuadas na modalidade de "carta convite" os prazos estabelecidos nos incisos I e II e no parágrafo 3º deste artigo serão de dois dias úteis. (Incluído pela Lei nº 8.883, de 1994)

CAPÍTULO VI. DISPOSIÇÕES FINAIS E TRANSITÓRIAS

Art. 110. Na contagem dos prazos estabelecidos nesta Lei, excluir-se-á o dia do início e incluir-se-á o do vencimento, e considerar-se-ão os dias consecutivos, exceto quando for explicitamente disposto em contrário.

Parágrafo único. Só se iniciam e vencem os prazos referidos neste artigo em dia de expediente no órgão ou na entidade.

Art. 111. A Administração só poderá contratar, pagar, premiar ou receber projeto ou serviço técnico especializado desde que o autor ceda os direitos patrimoniais a ele relativos e a Administração possa utilizá-lo de acordo com o previsto no regulamento de concurso ou no ajuste para sua elaboração.

Parágrafo único. Quando o projeto referir-se a obra imaterial de caráter tecnológico, insuscetível de privilégio, a cessão dos direitos incluirá o fornecimento de todos os dados, documentos e elementos de informação pertinentes à tecnologia de concepção, desenvolvimento, fixação em suporte físico de qualquer natureza e aplicação da obra.

Art. 112. Quando o objeto do contrato interessar a mais de uma entidade pública, caberá ao órgão contratante, perante a entidade interessada, responder pela sua boa execução, fiscalização e pagamento.

§ 1º. Os consórcios públicos poderão realizar licitação da qual, nos termos do edital, decorram contratos administrativos celebrados por órgãos ou entidades dos entes da Federação consorciados. (Incluído pela Lei nº 11.107, de 2005)

§ 2º. É facultado à entidade interessada o acompanhamento da licitação e da execução do contrato. (Incluído pela Lei nº 11.107, de 2005)

Art. 113. O controle das despesas decorrentes dos contratos e demais instrumentos regidos por esta Lei será feito pelo Tribunal de Contas competente, na forma da legislação pertinente, ficando os órgãos interessados da Administração responsáveis pela demonstração da legalidade e regularidade da despesa e execução, nos termos da Constituição e sem prejuízo do sistema de controle interno nela previsto.

§ 1º. Qualquer licitante, contratado ou pessoa física ou jurídica poderá representar ao Tribunal de Contas ou aos órgãos integrantes do sistema de controle interno contra irregularidades na aplicação desta Lei, para os fins do disposto neste artigo.

§ 2º. Os Tribunais de Contas e os órgãos integrantes do sistema de controle interno poderão solicitar para exame, até o dia útil imediatamente anterior à data de recebimento das propostas, cópia de edital de licitação já publicado, obrigando-se os órgãos ou entidades da Administração interessada à adoção de medidas corretivas pertinentes que, em função desse exame, lhes forem determinadas. (Redação dada pela Lei nº 8.883, de 1994)

Art. 114. O sistema instituído nesta Lei não impede a pré-qualificação de licitantes nas concorrências, a ser procedida sempre que o objeto da licitação recomende análise mais detida da qualificação técnica dos interessados.

§ 1º. A adoção do procedimento de pré-qualificação será feita mediante proposta da autoridade competente, aprovada pela imediatamente superior.

§ 2º. Na pré-qualificação serão observadas as exigências desta Lei relativas à concorrência, à convocação dos interessados, ao procedimento e à análise da documentação.

Art. 115. Os órgãos da Administração poderão expedir normas relativas aos procedimentos operacionais a serem observados na execução das licitações, no âmbito de sua competência, observadas as disposições desta Lei.

Parágrafo único. As normas a que se refere este artigo, após aprovação da autoridade competente, deverão ser publicadas na imprensa oficial.

Art. 116. Aplicam-se as disposições desta Lei, no que couber, aos convênios, acordos, ajustes e outros instrumentos congêneres celebrados por órgãos e entidades da Administração.

§ 1º. A celebração de convênio, acordo ou ajuste pelos órgãos ou entidades da Administração Pública depende de prévia aprovação de competente plano de trabalho proposto pela organização interessada, o qual deverá conter, no mínimo, as seguintes informações:

I – identificação do objeto a ser executado;
II – metas a serem atingidas;
III – etapas ou fases da execução;
IV – plano de aplicação dos recursos financeiros;
V – cronograma de desembolso;
VI – previsão de início e fim da execução do objeto, bem assim da conclusão das etapas ou fases programadas;
VII – se o ajuste compreender obra ou serviço de engenharia, comprovação de que os recursos próprios para complementar a execução do objeto estão devidamente assegurados, salvo se o custo total do empreendimento recair sobre a entidade ou órgão descentralizador.

§ 2º. Assinado o convênio, a entidade ou órgão repassador dará ciência do mesmo à Assembleia Legislativa ou à Câmara Municipal respectiva.

§ 3º. As parcelas do convênio serão liberadas em estrita conformidade com o plano de aplicação aprovado, exceto nos casos a seguir, em que as mesmas ficarão retidas até o saneamento das impropriedades ocorrentes:

I – quando não tiver havido comprovação da boa e regular aplicação da parcela anteriormente recebida, na forma da legislação aplicável, inclusive mediante procedimentos de fiscalização local, realizados periodicamente pela entidade ou órgão descentralizador dos recursos ou pelo órgão competente do sistema de controle interno da Administração Pública;

II – quando verificado desvio de finalidade na aplicação dos recursos, atrasos não justificados no cumprimento das etapas ou fases programadas, práticas atentatórias aos princípios fundamentais de Administração Pública nas contratações e demais atos praticados na execução do convênio, ou o inadimplemento do executor com relação a outras cláusulas conveniais básicas;

III – quando o executor deixar de adotar as medidas saneadoras apontadas pelo partícipe repassador dos recursos ou por integrantes do respectivo sistema de controle interno.

§ 4º. Os saldos de convênio, enquanto não utilizados, serão obrigatoriamente aplicados em cadernetas de poupança de instituição financeira oficial se a previsão de seu uso for igual ou superior a 1 (um) mês, ou em fundo de aplicação financeira de curto prazo ou operação de mercado aberto lastreada em títulos da dívida pública, quando a utilização dos mesmos verificar-se em prazos menores que 1 (um) mês.

§ 5º. As receitas financeiras auferidas na forma do parágrafo anterior serão obrigatoriamente computadas a crédito do convênio e aplicadas, exclusivamente, no objeto de sua finalidade, devendo constar de demonstrativo específico que integrará as prestações de contas do ajuste.

§ 6º. Quando da conclusão, denúncia, rescisão ou extinção do convênio, acordo ou ajuste, os saldos financeiros remanescentes, inclusive os provenientes das receitas obtidas das aplicações financeiras realizadas, serão devolvidos à entidade ou órgão repassador dos recursos, no prazo improrrogável de 30 (trinta) dias do evento, sob pena da imediata instauração de tomada de contas especial do responsável, providenciada pela autoridade competente do órgão ou entidade titular dos recursos.

Art. 117. As obras, serviços, compras e alienações realizadas pelos órgãos dos Poderes Legislativo e Judiciário e do Tribunal de Contas regem-se pelas normas desta Lei, no que couber, nas 3 (três) esferas administrativas.

Art. 118. Os Estados, o Distrito Federal, os Municípios e as entidades da Administração indireta deverão adaptar suas normas sobre licitações e contratos ao disposto nesta Lei.

Art. 119. As sociedades de economia mista, empresas e fundações públicas e demais entidades controladas direta ou indiretamente pela União e pelas entidades referidas no artigo anterior editarão regulamentos próprios devidamente publicados, ficando sujeitas às disposições desta Lei.

Parágrafo único. Os regulamentos a que se refere este artigo, no âmbito da Administração Pública, após aprovados pela autoridade de nível superior a que estiverem vinculados os respectivos órgãos, sociedades e entidades, deverão ser publicados na imprensa oficial.

Art. 120. Os valores fixados por esta Lei poderão ser anualmente revistos pelo Poder Executivo Federal, que os fará publicar no Diário Oficial da União, observando como limite superior a variação geral dos preços do mercado, no período. (Redação dada pela Lei nº 9.648, de 1998)

Art. 121. O disposto nesta Lei não se aplica às licitações instauradas e aos contratos assinados anteriormente à sua vigência, ressalvado o disposto no art. 57, nos parágrafos 1º, 2º e 8º do art. 65, no inciso XV do art. 78, bem assim o disposto no "*caput*" do art. 5º, com relação ao pagamento das obrigações na ordem cronológica, podendo esta ser observada, no prazo de noventa dias contados da vigência desta Lei, separadamente para as obrigações relativas aos contratos regidos por legislação anterior à Lei nº 8.666, de 21 de junho de 1993. (Redação dada pela Lei nº 8.883, de 1994)

Parágrafo único. Os contratos relativos a imóveis do patrimônio da União continuam a reger-se pelas disposições do Decreto-lei nº 9.760, de 5 de setembro de 1946, com suas alterações, e os relativos a operações de crédito interno ou externo celebrados pela União ou a concessão de garantia do Tesouro Nacional continuam regidos pela legislação pertinente, aplicando-se esta Lei, no que couber.

Art. 122. Nas concessões de linhas aéreas, observar-se-á procedimento licitatório específico, a ser estabelecido no Código Brasileiro de Aeronáutica.

Art. 123. Em suas licitações e contratações administrativas, as repartições sediadas no exterior observarão as peculiaridades locais e os princípios básicos desta Lei, na forma de regulamentação específica.

Art. 124. Aplicam-se às licitações e aos contratos para permissão ou concessão de serviços públicos os dispositivos desta Lei que não conflitem com a legislação específica sobre o assunto. (Redação dada pela Lei nº 8.883, de 1994)

› Lei 8.987/1995 – Dispõe sobre o regime de concessão e permissão da prestação de serviços públicos previsto no art. 175 da CF.

Parágrafo único. As exigências contidas nos incisos II a IV do § 2º do art. 7º serão dispensadas nas licitações para concessão de serviços com execução prévia de obras em que não foram previstos desembolso por parte da Administração Pública concedente. (Incluído pela Lei nº 8.883, de 1994)

Art. 125. Esta Lei entra em vigor na data de sua publicação. (Renumerado por força do disposto no art. 3º da Lei nº 8.883, de 1994)

Art. 126. Revogam-se as disposições em contrário, especialmente os Decretos-leis nºs 2.300, de 21 de novembro de 1986, 2.348, de 24 de julho de 1987, 2.360, de 16 de setembro de 1987, a Lei nº 8.220, de 4 de setembro de 1991, e o art. 83 da Lei nº 5.194, de 24 de dezembro de 1966. (Renumerado por força do disposto no art. 3º da Lei nº 8.883, de 1994)

Brasília, 21 de junho de 1993, 172º da Independência e 105º da República.

ITAMAR FRANCO

D.O.U. 22.6.1993; rep. 6.7.1994; e ret. 2.7.2003

LEI COMPLEMENTAR Nº 76, DE 6 DE JULHO DE 1993

Dispõe sobre o procedimento contraditório especial, de rito sumário, para o processo de desapropriação de imóvel rural, por interesse social, para fins de reforma agrária.

› *Desapropriação de imóvel rural*

O PRESIDENTE DA REPÚBLICA Faço saber que o Congresso Nacional decreta e eu sanciono a seguinte Lei Complementar:

Art. 1º. O procedimento judicial da desapropriação de imóvel rural por interesse social para fins de reforma agrária obedecerá ao contraditório especial, de rito sumário, previsto nesta Lei Complementar.

› CF/1988: art. 184, § 3º.

Art. 2º. A desapropriação de que trata esta Lei Complementar é de competência privativa da União e será precedida de decreto declarando o imóvel de interesse social, para fins de reforma agrária.

§ 1º. A ação de desapropriação, proposta pelo órgão federal executor da reforma agrária, será processada e julgada pelo juiz federal competente, inclusive durante as férias forenses.

§ 2º. Declarado o interesse social, para fins de reforma agrária, fica o expropriante legitimado a promover a vistoria e a avaliação do imóvel, inclusive com o auxílio de força policial, mediante prévia autorização do juiz, responsabilizando-se por eventuais perdas e danos que seus agentes vierem a causar, sem prejuízo das sanções penais cabíveis.

Art. 3º. A ação de desapropriação deverá ser proposta dentro do prazo de 2 (dois) anos, contado da publicação do decreto declaratório.

Art. 4º. Intentada a desapropriação parcial, o proprietário poderá requerer, na contestação, a desapropriação de todo o imóvel, quando a área remanescente ficar:

I – reduzida a superfície inferior à da pequena propriedade rural; ou

II – prejudicada substancialmente em suas condições de exploração econômica, caso seja o seu valor inferior ao da parte desapropriada.

Art. 5º. A petição inicial, além dos requisitos previstos no Código de Processo Civil, conterá a oferta do preço e será instruída com os seguintes documentos:

› Lei 13.105/15: arts. 282 a 296.

I – texto do decreto declaratório de interesse social para fins de reforma agrária, publicado no *Diário Oficial da União*;

II – certidões atualizadas de domínio e de ônus real do imóvel;

III – documento cadastral do imóvel;

IV – laudo de vistoria e avaliação administrativa, que conterá, necessariamente:

a) descrição do imóvel, por meio de suas plantas geral e de situação, e memorial descritivo da área objeto da ação;

b) relação das benfeitorias úteis, necessárias e voluptuárias, das culturas e pastos naturais e artificiais, da cobertura florestal, seja natural ou decorrente de florestamento ou reflorestamento, e dos semoventes;

› CC: arts. 96 e 97.

c) discriminadamente, os valores de avaliação da terra nua e das benfeitorias indenizáveis.

V – comprovante de lançamento dos Títulos da Dívida Agrária correspondente ao valor ofertado para pagamento de terra nua; (Incluído pela Lei Complementar nº 88, de 1996)

VI – comprovante de depósito em banco oficial, ou outro estabelecimento no caso de inexistência de agência na localidade, à disposição do juízo, correspondente ao valor ofertado para pagamento das benfeitorias úteis e necessárias. (Incluído pela Lei Complementar nº 88, de 1996)

Art. 6º. O juiz, ao despachar a petição inicial, de plano ou no prazo máximo de 48 (quarenta e oito) horas:

I – mandará imitir o autor na posse do imóvel; (Redação dada pela Lei Complementar nº 88, de 1996)

II – determinará a citação do expropriando para contestar o pedido e indicar assistente técnico, se quiser; (Redação dada pela Lei Complementar nº 88, de 1996)

III – expedirá mandado ordenando a averbação do ajuizamento da ação no registro do imóvel expropriando, para conhecimento de terceiros.

› Lei 6.015/1973 – Registros Públicos.

§ 1º. Inexistindo dúvida acerca do domínio, ou de algum direito real sobre o bem, ou sobre os direitos dos titulares do domínio útil, e do domínio direto, em caso de enfiteuse ou aforamento, ou, ainda, inexistindo divisão, hipótese em que o valor da indenização ficará depositado à disposição do juízo enquanto os interessados não resolverem seus conflitos em ações próprias, poderá o expropriando requerer o levantamento de oitenta por cento da indenização depositada, quitado os tributos e publicados os editais, para conhecimento de terceiros, a expensas do expropriante, duas vezes na imprensa local e uma na oficial, decorrido o prazo de trinta dias. (Renumerado do § 2º pela Lei Complementar nº 88, de 1996).

§ 2º O juiz poderá, para a efetivação da imissão na posse, requisitar força policial. (Renumerado do § 3º pela Lei Complementar nº 88, de 1996).

§ 3º. No curso da ação poderá o Juiz designar, com o objetivo de fixar a prévia e justa indenização, audiência de conciliação, que será realizada nos dez primeiros dias a contar da citação e na qual deverão estar presentes o autor, o réu e o Ministério Público. As partes ou seus representantes legais serão intimadas via postal. (Incluído pela Lei Complementar nº 88, de 1996)

§ 4º. Aberta a audiência, o Juiz ouvirá as partes e o Ministério Público, propondo a conciliação. (Incluído pela Lei Complementar nº 88, de 1996)

§ 5º. Se houver acordo, lavrar-se-á o respectivo termo, que será assinado pelas partes e pelo Ministério Público ou seus representantes legais. (Incluído pela Lei Complementar nº 88, de 1996)

§ 6º. Integralizado o valor acordado, nos dez dias úteis subsequentes ao pactuado, o Juiz expedirá mandado ao registro imobiliário, determinando a matrícula do bem expropriado em nome do expropriante. (Incluído pela Lei Complementar nº 88, de 1996)

§ 7º. A audiência de conciliação não suspende o curso da ação. (Incluído pela Lei Complementar nº 88, de 1996)

Art. 7º. A citação do expropriando será feita na pessoa do proprietário do bem, ou de seu representante legal, obedecido o disposto no art. 12 do Código de Processo Civil.

§ 1º. Em se tratando de enfiteuse ou aforamento, serão citados os titulares do domínio útil e do domínio direto, exceto quando for contratante a União.

§ 2º. No caso de espólio, inexistindo inventariante, a citação será feita na pessoa do cônjuge sobrevivente ou na de qualquer herdeiro ou legatário que esteja na posse do imóvel.

§ 3º. Serão intimados da ação os titulares de direitos reais sobre o imóvel desapropriando.

§ 4º. Serão ainda citados os confrontantes que, na fase administrativa do procedimento expropriatório, tenham, fundamentadamente, contestado as divisas do imóvel expropriando.

Art. 8º. O autor, além de outras formas previstas na legislação processual civil, poderá requerer que a citação do expropriando seja feita pelo correio, através de carta com aviso de recepção, firmado pelo destinatário ou por seu representante legal.

› Lei 13.105/15: art. 221.

Art. 9º. A contestação deve ser oferecida no prazo de 15 (quinze) dias e versar matéria de interesse da defesa, excluída a apreciação quanto ao interesse social declarado.

› Lei 13.105/15: art. 297.

§ 1º. Recebida a contestação, o juiz, se for o caso, determinará a realização de prova pericial, adstrita a pontos impugnados do laudo de vistoria administrativa, a que se refere o art. 5º, inciso IV, e, simultaneamente:

› Lei 13.105/15: arts. 420 a 439.

I – designará o perito do juízo;

II – formulará os quesitos que julgar necessários;

III – intimará o perito e os assistentes para prestar compromisso, no prazo de 5 (cinco) dias;

IV – intimará as partes para apresentar quesitos, no prazo de 10 (dez) dias.

§ 2º. A prova pericial será concluída no prazo fixado pelo juiz, não excedente a 60 (sessenta) dias, contado da data do compromisso do perito.

Art. 10. Havendo acordo sobre o preço, este será homologado por sentença.

Parágrafo único. Não havendo acordo, o valor que vier a ser acrescido ao depósito inicial por força de laudo pericial acolhido pelo Juiz será depositado em espécie para as benfeitorias, juntado aos autos o comprovante de lançamento de Títulos da Dívida Agrária para terra nua, como integralização dos valores ofertados. (Incluído pela Lei Complementar nº 88, de 1996)

Art. 11. A audiência de instrução e julgamento será realizada em prazo não superior a 15 (quinze) dias, a contar da conclusão da perícia.

Art. 12. O juiz proferirá sentença na audiência de instrução e julgamento ou nos 30 dias subsequentes, indicando os fatos que motivaram o seu convencimento.

§ 1º. Ao fixar o valor da indenização, o juiz considerará, além dos laudos periciais, outros meios objetivos de convencimento, inclusive a pesquisa de mercado.

§ 2º. O valor da indenização corresponderá ao valor apurado na data da perícia ou ao consignado pelo juiz corrigido monetariamente até a data de seu efetivo pagamento.

§ 3º. Na sentença, o juiz individualizará o valor do imóvel, de suas benfeitorias e dos demais componentes do valor da indenização.

§ 4º. Tratando-se de enfiteuse ou aforamento, o valor da indenização será depositado em nome dos titulares do domínio útil e do domínio direto e disputado por via de ação própria.

Art. 13. Da sentença que fixar o preço da indenização caberá apelação com efeito simplesmente devolutivo, quando interposta pelo expropriado e, em ambos os efeitos, quando interposta pelo expropriante.

§ 1º. A sentença que condenar o expropriante, em quantia superior a 50% (cinquenta por cento) sobre o valor oferecido na inicial, fica sujeita a duplo grau de jurisdição.

‣ Lei 13.105/15: art. 475.

§ 2º. No julgamento dos recursos decorrentes da ação desapropriatória não haverá revisor.

Art. 14. (Revogado pela Lei nº 13.465, de 2017)

Art. 15. (Revogado pela Lei nº 13.465, de 2017)

Art. 16. A pedido do expropriado, após o trânsito em julgado da sentença, será levantada a indenização ou o depósito judicial, deduzidos o valor de tributos e multas incidentes sobre o imóvel, exigíveis até a data da imissão na posse pelo expropriante.

Art. 17. Efetuado ou não o levantamento, ainda que parcial, da indenização ou do depósito judicial, será expedido em favor do expropriante, no prazo de 48 (quarenta e oito) horas, mandado translativo do domínio para o Cartório do Registro de Imóveis competente, sob a forma e para os efeitos da Lei de Registros Públicos. (Redação dada pela Lei Complementar nº 88, de 1996)

Parágrafo único. O registro da propriedade nos cartórios competentes dar-se-á no prazo improrrogável de 3 (três) dias, contado da data da apresentação do mandado. (Incluído pela Lei Complementar nº 88, de 1996)

Art. 18. As ações concernentes à desapropriação de imóvel rural, por interesse social, para fins de reforma agrária, têm caráter preferencial e prejudicial em relação a outras ações referentes ao imóvel expropriando, e independem do pagamento de preparo ou de emolumentos.

§ 1º. Qualquer ação que tenha por objeto o bem expropriando será distribuída, por dependência, à Vara Federal onde tiver curso a ação de desapropriação, determinando-se a pronta intervenção da União.

§ 2º. O Ministério Público Federal intervirá, obrigatoriamente, após a manifestação das partes, antes de cada decisão manifestada no processo, em qualquer instância.

Art. 19. As despesas judiciais e os honorários do advogado e do perito constituem encargos do sucumbente, assim entendido o expropriado, se o valor da indenização for igual ou inferior ao preço oferecido, ou o expropriante, na hipótese de valor superior ao preço oferecido.

§ 1º. Os honorários do advogado do expropriado serão fixados em até 20% (vinte por cento) sobre a diferença entre o preço oferecido e o valor da indenização.

§ 2º. Os honorários periciais serão pagos em valor fixo, estabelecido pelo juiz, atendida à complexidade do trabalho desenvolvido.

Art. 20. Em qualquer fase processual, mesmo após proferida a sentença, compete ao juiz, a requerimento de qualquer das partes, arbitrar valor para desmonte e transporte de móveis e semoventes, a ser suportado, ao final, pelo expropriante, e cominar prazo para que o promova o expropriado.

Art. 21. Os imóveis rurais desapropriados, uma vez registrados em nome do expropriante, não poderão ser objeto de ação reivindicatória.

Art. 22. Aplica-se subsidiariamente ao procedimento de que trata esta Lei Complementar, no que for compatível, o Código de Processo Civil.

Art. 23. As disposições desta Lei Complementar aplicam-se aos processos em curso, convalidados os atos já realizados.

Art. 24. Esta Lei Complementar entra em vigor na data de sua publicação.

Art. 25. Revogam-se as disposições em contrário e, em especial, o Dec.-lei 554, de 25 de abril de 1969.

Brasília, 6 de julho de 1993; 172º da Independência e 105º da República.

ITAMAR FRANCO

D.O.U. de 7.7.1993

LEI Nº 8.692, DE 28 DE JULHO DE 1993

Define planos de reajustamento dos encargos mensais e dos saldos devedores nos contratos de financiamentos habitacionais no âmbito do Sistema Financeiro da Habitação e dá outras providências.

‣ *Reajuste de encargos mensais – SFH*

O PRESIDENTE DA REPÚBLICA. Faço saber que o Congresso Nacional decreta e eu sanciono a seguinte lei:

Art. 1º É criado o Plano de Comprometimento da Renda (PCR), como modalidade de reajustamento de contrato de financiamento habitacional, no âmbito do Sistema Financeiro da Habitação.

Art. 2º Os contratos de financiamento habitacional celebrados em conformidade com o Plano de Comprometimento da Renda estabelecerão percentual de no máximo trinta por cento da renda bruta do mutuário destinado ao pagamento dos encargos mensais.

Parágrafo único. Define-se como encargo mensal, para efeitos desta lei, o total pago, mensalmente, pelo beneficiário de financiamento habitacional e compreendendo a parcela de amortização e juros, destinada ao resgate do financiamento concedido, acrescida de seguros estipulados em contrato.

Art. 3º O percentual máximo referido no *caput* do art. 2º corresponde à relação entre o valor do encargo mensal e à renda bruta do mutuário no mês imediatamente anterior.

Parágrafo único. Durante todo o curso do financiamento será admitido reajustar o valor do encargo mensal até o percentual máximo de comprometimento da renda estabelecido no contrato, independentemente do percentual verificado por ocasião da celebração do mesmo.

Art. 4º O reajustamento dos encargos mensais nos contratos regidos pelo Plano de Comprometimento da Renda terá por base o mesmo índice e a mesma periodicidade de atualização do saldo devedor dos contratos, mas a aplicação deste índice não poderá resultar em comprometimento de renda em percentual superior ao máximo estabelecido no contrato.

§ 1º Sempre que o valor do novo encargo resultar em comprometimento da renda do mutuário em percentual superior ao estabelecido em contrato, a instituição financiadora, a pedido do mutuário, procederá à revisão do seu valor, para adequar a relação encargo mensal/renda ao referido percentual máximo.

§ 2º As diferenças apuradas nas revisões dos encargos mensais serão atualizadas com base nos índices contratualmente definidos para reajuste do saldo devedor e compensados nos encargos mensais subsequentes.

§ 3º Não se aplica o disposto no § 1º às situações em que o comprometimento da renda em percentual superior ao máximo estabelecido no contrato tenha-se verificado em razão da redução da renda ou por alteração na composição da renda familiar, inclusive em decorrência da exclusão de um ou mais coadquirentes.

§ 4º Nas situações de que trata o parágrafo anterior, é assegurado ao mutuário o direito de renegociar as condições de amortização, buscando adequar novo comprometimento de renda ao percentual máximo estabelecido no contrato, mediante a dilação do prazo de liquidação do financiamento, observado o prazo máximo estabelecido em contrato e demais condições pactuadas.

§ 5º Nos casos em que for verificada a insuficiência de amortização aplica-se o estabelecido no art. 13 desta lei.

Art. 5º Durante todo o curso do contrato, a instituição credora manterá demonstrativo da evolução do saldo devedor do financiamento, discriminando o valor das quotas mensais de amortização, calculadas em valor suficiente para a extinção da dívida no prazo contratado, bem como as quotas mensais de amortização efetivamente pagas pelo mutuário.

Art. 6º Os contratos celebrados após a data de publicação desta lei, em conformidade com o Plano de Equivalência Salarial (PES), serão regidos pelo disposto nesta lei.

Art. 7º Não é permitido às instituições financiadoras aplicarem quaisquer dispositivos de reajuste de encargos mensais do Plano de Equivalência Salarial nos contratos regidos pelo Plano de Comprometimento da Renda, vedada a alteração de Plano no curso do financiamento, salvo por acordo entre as partes.

Art. 8º No Plano de Equivalência Salarial o encargo mensal, conforme definido do parágrafo único do art. 2º, desta lei, acrescido do Coeficiente de Equiparação Salarial (CES), será reajustado no mesmo percentual e na mesma periodicidade dos aumentos salariais da categoria profissional do mutuário, aplicável no mês subseqüente ao de competência do aumento salarial.

§ 1º Ocorrendo reajustes salariais, diferenciados para uma mesma categoria profissional, para efeito do disposto no *caput* deste artigo, a instituição credora deverá utilizar o maior dos índices de reajustes informados.

§ 2º Na hipótese de a instituição credora não ser informada dos índices de reajustes salariais aplicados à categoria profissional do mutuário, utilizam-se reajustes em consonância com o mesmo índice e a mesma periodicidade de atualização do saldo devedor dos contratos.

§ 3º É vedada a aplicação de reajustes aos encargos mensais inferiores aos índices de correção aplicadas à categoria profissional do mutuário.

§ 4º O reajuste do encargo mensal de contratos de financiamentos firmados no Plano de Equivalência Salarial com mutuários pertencentes à categoria profissional sem data-base determinada ou que exerçam atividade sem vínculo empregatício será efetuado com base no maior índice definido pela Política Salarial para categorias com data-base no mês de maio, ou, quando inexistente, pelo mesmo índice adotado para a correção do saldo devedor.

Art. 9º É facultado ao mutuário recorrer da aplicação do disposto no artigo anterior, apresentando documentação comprobatória de variação de rendimentos, para a efetiva correção dos reajustes, devendo ser considerados como variação de rendimentos todos os aumentos que, a qualquer título, impliquem elevação da renda bruta do adquirente, decorrente do vínculo empregatício ou aposentadoria.

Art. 10. É autorizado o Poder Executivo a adotar política de subsídio temporário, pessoal e intransferível, destinado a famílias de baixa renda, cujo financiamento não ultrapasse o valor de 2.500 UPF (duas mil e quinhentas Unidades Padrão de Financiamento) para imóvel cuja avaliação não ultrapasse a 2.800 UPF (duas mil e oitocentas Unidades Padrão de Financiamento), desde que existam recursos orçamentários específicos.

Art. 11. O percentual máximo de comprometimento de renda do mutuário nos contratos regidos pelo Plano de Equivalência Salarial, correspondente à relação entre o valor do encargo mensal e a renda bruta do mutuário verificada no mês imediatamente anterior, não poderá ser superior a trinta por cento.

§ 1º Não se aplica o disposto no *caput* deste artigo às situações em que o comprometimento de renda em percentual superior ao máximo estabelecido no contrato tenha-se verificado em razão da redução da renda ou por alteração na composição da renda familiar, inclusive em decorrência da exclusão de um ou mais coadquirentes.

§ 2º Nas situações de que trata o parágrafo anterior, é assegurado ao mutuário o direito de renegociar as condições de amortização, buscando adequar novo comprometimento de renda ao percentual máximo estabelecido em contrato, mediante a dilação do prazo de liqüidação do financiamento, observado o prazo máximo estabelecido em contrato e demais condições pactuadas.

Art. 12. Em todo o curso do financiamento contratado sob o Plano de Equivalência Salarial, será admitido reajustar o valor do encargo mensal até o percentual máximo de comprometimento de renda estabelecido no contrato, independentemente do percentual verificado por ocasião de sua assinatura.

Art. 13. Nos contratos regidos por esta lei, a instituição credora manterá demonstrativo da evolução do saldo devedor do financiamento, discriminando o valor das quotas mensais de amortização, calculadas em valor suficiente à extinção da dívida em prazo originalmente contratado ou no novo prazo contratado, bem como as quotas mensais de amortização efetivamente pagas pelo mutuário.

§ 1º Eventuais diferenças entre o valor das quotas mensais de amortização referidas no *caput* deste artigo serão apuradas a cada doze meses, admitindo-se prazo menor para a primeira apuração, procedendo-se, se necessário, ao recálculo dos encargos mensais, observados os seguintes critérios e procedimentos:

a) verificada a insuficiência de amortização, o encargo mensal será recalculado com base no saldo devedor atualizado, mantida a taxa de juros e demais acessórios contratualmente estabelecidos e dilatando-se o prazo, se necessário, para adequar o encargo mensal ao percentual máximo estipulado no contrato, observado o prazo máximo aplicado ao contrato;

b) se após o recálculo a quota de amortização se mantiver em nível inferior para a necessária extinção da dívida, a diferença entre o montante necessário para a extinção da mesma e o montante efetivamente pago pelo mutuário a partir do primeiro mês do último recálculo, atualizada pelos mesmos índices aplicados ao saldo devedor e acrescida de juros contratuais, será paga, escalonadamente, até o final do contrato, alternativamente:

1. por pagamento efetivado diretamente pelo mutuário;

2. por seguro especialmente contratado pelo mutuário para este fim; ou

3. por reservas constituídas pela contribuição voluntária de mutuários, administradas pela instituição financiadora, e relativas às respectivas operações de financiamento habitacional.

§ 2º O prazo de doze meses referido no parágrafo anterior poderá, no curso do contrato, ser alterado por acordo entre as partes.

Art. 14. Não será imputada qualquer penalidade ao mutuário que paralisar o pagamento de encargos mensais desde que, tendo requerido à instituição financiadora a revisão dos encargos mensais, com a necessária juntada dos comprovantes das variações da renda, não tenha recebido resposta formal após decorridos sessenta dias da data de protocolização do requerimento.

Art. 15. Os saldos devedores dos financiamentos de que trata esta lei serão atualizados monetariamente na mesma periodicidade e pelos mesmos índices utilizados para a atualização:

I – das contas vinculadas do Fundo de Garantia do Tempo de Serviço (FGTS), quando a operação for lastreada com recursos do referido Fundo; e

II – dos depósitos em caderneta de poupança correspondentes ao dia da assinatura do contrato, nos demais casos.

Art. 16. O inciso IV do art. 9º da Lei nº 8.036, de 11 de maio de 1990, passa a ter a seguinte redação:

"Art. 9º (...)

I a III – (...)

IV – prazo máximo de trinta anos.

(...)

Art. 17. Nas operações regidas por esta lei não se aplica a contribuição para o Fundo de Assistência Habitacional (Fundhab).

Parágrafo único. A Caixa Econômica Federal fica desobrigada a aportar recursos ao Fundo de Assistência Habitacional (Fundhab), revogando-se, para este efeito, o disposto no art. 8º do Decreto-Lei nº 2.164, de 19 de setembro de 1984.

Art. 18. O percentual máximo referido nos arts. 2º e 11 poderá ser escalonado, em função da renda do adquirente, pelo Conselho Curador do Fundo de Garantia do Tempo de Serviço, nas operações lastreadas com recursos deste fundo.

Art. 19. O Ministério da Fazenda, através dos órgãos próprios, fará, no prazo de cento e vinte dias, a revisão e atualização do cálculo atuarial do valor dos prêmios do seguro habitacional.

Art. 20. Na transferência a terceiros de direitos e obrigações decorrentes dos contratos de que trata esta lei, será assegurada ao novo mutuário a manutenção das condições de prazo, juros e plano de reajustamento, aproveitando-lhes as prestações anteriormente pagas.

Art. 21. São dispensadas de registro, averbação ou arquivamento no Registro de Imóveis e no Registro de Títulos e Documentos as alterações contratuais decorrentes da aplicação desta lei.

§ 1º Por ocasião da comercialização, ficam dispensadas todas as taxas de serviços cobradas pelas instituições financiadoras em contratos de financiamento de até 2.800 UPF (duas mil e oitocentas Unidades Padrão de Financiamento).

§ 2º Para efeito de registro e averbação de contratos de financiamentos para moradia, as taxas e emolumentos serão cobrados de acordo com os seguintes critérios: (Redação dada pela Lei nº 10.150, de 2000)

a) até zero vírgula um por cento sobre o valor do financiamento, quando os contratos forem celebrados no âmbito de programas custeados com recursos do FGTS, compreendidos ou não no SFH; (Incluída pela Lei nº 10.150, de 2000)

b) até um por cento incidente sobre o valor do negócio jurídico, incluindo as parcelas financiadas e não financiadas, nos demais contratos pactuados no âmbito do SFH. (Incluída pela Lei nº 10.150, de 2000)

Art. 22. O Poder Executivo e o Conselho Curador do Fundo de Garantia do Tempo de Serviço regulamentarão a aplicação dos dispositivos desta lei, de acordo com as respectivas competências, no prazo máximo de trinta dias a partir da data de sua publicação.

Art. 24. (Vetado.)

Art. 25. Nos financiamentos celebrados no âmbito do Sistema Financeiro da Habitação, a taxa efetiva de juros será de, no máximo, doze por cento ao ano. (Redação dada pela Medida Provisória nº 2.197-43, de 24.8.2001)

§ 1º (Vetado.)

§ 2º Compete ao Banco Central do Brasil estabelecer a taxa de juros, até o limite estabelecido no *caput* deste artigo, em função da renda do mutuário, no caso dos financiamentos realizados com recursos oriundos de caderneta de poupança.

§ 3º Compete ao Conselho Curador do Fundo de Garantia do Tempo de Serviço fixar a taxa de juros, até o limite estabelecido no *caput* deste artigo, em função da renda do mutuário, para operações realizadas com recursos deste fundo.

Art. 26. O Poder Executivo dará ampla divulgação das características de cada Plano e as diferenças existentes entre eles.

Art. 27. Não se aplicam os dispositivos desta lei aos contratos em vigor, assinados em data anterior à publicação desta lei, salvo por acordo entre as partes.

Art. 28. A critério dos proponentes, os financiamentos das unidades habitacionais vinculadas a empreendimentos cujos contratos de empréstimo para produção tenham sido firmados com os agentes financeiros do Sistema Financeiro da Habitação até 24 de abril de 1993 poderão ser contratados com os adquirentes finais nas condições vigentes anteriormente à data de publicação desta lei.

Parágrafo único. É assegurado aos promitentes compradores de unidades habitacionais, cujas propostas de financiamento tenham sido formalizadas junto aos agentes financeiros do Sistema Financeiro da Habitação até 24 de abril de 1993, o direito de optar pela aplicação do disposto no *caput* deste artigo.

Art. 29. As operações regidas por esta lei não terão cobertura do Fundo de Compensação das Variações Salariais (FCVS).

Art. 30. O Banco Central do Brasil deverá encaminhar, trimestralmente, à Comissão de Finanças da Câmara dos Deputados, os dados e informações relativos à captação de recursos em caderneta de poupança e à aplicação desses recursos em operações habitacionais.

Parágrafo único. A Comissão de Finanças definirá o detalhamento das informações a serem encaminhadas pelo Banco Central do Brasil, de forma a permitir a verificação do cumprimento da obrigatoriedade de aplicações dos recursos de caderneta de poupanças pelas instituições financiadoras.

Art. 31. É o Poder Executivo autorizado a emitir títulos de longo prazo, sob a forma de colocação direta, por valor não inferior ao par, para pagamento das dívidas da União com a Caixa Econômica Federal, constituídas até a publicação desta lei.

Art. 31-A. Na aquisição de unidades residenciais destinadas ao público de baixa renda e de suas unidades comerciais complementares, a serem construídas em terrenos cujo valor esteja incluído no preço final de cada unidade, na forma das diretrizes fixadas pela entidade pública adquirente, as propostas serão julgadas, observadas a lei geral de licitações em função do preço global final, calculado por metro quadrado construído, considerando todos os insumos que o compõem. (Incluída pela Lei nº 10.150, de 2000)

Art. 32. Até a publicação da regulamentação prevista nesta lei será admitida a contratação de financiamentos habitacionais em conformidade com a legislação vigente até 24 de abril de 1993.

Art. 33. Admitida a ressalva do art. 27 desta lei, para os contratos realizados a partir de sua publicação não se aplicam os dispositivos legais vigentes que a contrariam, relativos à indexação dos saldos devedores e reajustes de encargos dos financiamentos, especialmente aqueles constantes da Lei nº 4.380, de 21 de agosto de 1964, do Decreto-Lei nº 19, de 30 de agosto de 1966, do Decreto-Lei nº 2.164, de 19 de setembro de 1984, da Lei nº 8.004, de 14 de março de 1990, e da Lei nº 8.100, de 5 de dezembro de 1990.

Art. 34. Esta Lei entra em vigor na data de sua publicação.

Art. 35. Revogam-se as disposições em contrário.

Brasília, 28 de julho de 1993; 172º da Independência e 105º da República.

ITAMAR FRANCO
DOU de 29.7.1993

DECRETO Nº 983, DE 12 DE NOVEMBRO DE 1993

Dispõe sobre a colaboração dos órgãos e entidades da Administração Pública Federal com o Ministério Público Federal na repressão a todas as formas de improbidade administrativa.

▸ *Improbidade Administrativa*

O PRESIDENTE DA REPÚBLICA, *no* uso da atribuição que lhe confere o art. 84, inciso IV, da Constituição, e tendo em vista o disposto na Lei nº 8.429, de 2 de junho de 1992, decreta:

Art. 1º. Os órgãos e entidades da Administração Pública Federal direta, indireta e fundacional, observadas as respectivas áreas de competência, cooperarão, de ofício ou em face de requerimento fundamentado, com o Ministério Público Federal na repressão a todas as formas de improbidade administrativa.

▸ Lei 9.613/1998: art. 4º.

Art. 2º. Para os fins previstos na Lei nº 8.429, de 2 de junho de 1992, os órgãos integrantes da estrutura do Ministério da Fazenda, inclusive as entidades vinculadas e supervisionadas, por iniciativa do Ministério Público Federal, realizarão as diligências, perícias, levantamentos, coleta de dados e informações pertinentes à instrução de procedimento que tenha por finalidade apurar enriquecimento ilícito de agente público, fornecendo os meios de prova necessários ao ajuizamento da ação competente.

Parágrafo único. Quando os dados envolverem matéria protegida pelo sigilo oficial ou bancário, observar-se-á o disposto na legislação pertinente.

▸ LC 105/2001: art. 1º, § 4º.

Art. 3º. Este Decreto entra em vigor na data de sua publicação.

Brasília, 12 de novembro de 1993; 172º da Independência e 105º da República.

ITAMAR FRANCO
D.O.U. 16.11.1993

LEI Nº 8.742, DE 7 DE DEZEMBRO DE 1993

Dispõe sobre a organização da Assistência Social e dá outras providências.

▸ *Lei Orgânica da Assistência Social*

O PRESIDENTE DA REPÚBLICA Faço saber que o Congresso Nacional decreta e eu sanciono a seguinte lei:

LEI ORGÂNICA DA ASSISTÊNCIA SOCIAL

CAPÍTULO I
DAS DEFINIÇÕES E DOS OBJETIVOS

Art. 1º. A assistência social, direito do cidadão e dever do Estado, é Política de Seguridade Social não contributiva, que provê os mínimos sociais, realizada através de um conjunto integrado de ações de iniciativa pública e da sociedade, para garantir o atendimento às necessidades básicas.

Art. 2º. A assistência social tem por objetivos: (Redação dada pela Lei 12.435/2011)

I - a proteção social, que visa à garantia da vida, à redução de danos e à prevenção da incidência de riscos, especialmente:

a) a proteção à família, à maternidade, à infância, à adolescência e à velhice;

b) o amparo às crianças e aos adolescentes carentes;

c) a promoção da integração ao mercado de trabalho;

d) a habilitação e reabilitação das pessoas com deficiência e a promoção de sua integração à vida comunitária; e

e) a garantia de 1 (um) salário-mínimo de benefício mensal à pessoa com deficiência e ao idoso que comprovem não possuir meios de prover a própria manutenção ou de tê-la provida por sua família; (Redação dada pela Lei 12.435/2011)

II - a vigilância socioassistencial, que visa a analisar territorialmente a capacidade protetiva das famílias e nela a ocorrência de vulnerabilidades, de ameaças, de vitimizações e danos; (Redação dada pela Lei 12.435/2011)

III - a defesa de direitos, que visa a garantir o pleno acesso aos direitos no conjunto das provisões socioassistenciais; (Redação dada pela Lei 12.435/2011)

IV - (Revogado pela Lei 12.435/2011)

V - (Revogado pela Lei 12.435/2011)

Parágrafo único. Para o enfrentamento da pobreza, a assistência social realiza-se de forma integrada às políticas setoriais, garantindo mínimos sociais e provimento de condições para atender contingências sociais e promovendo a universalização dos direitos sociais. (Redação dada pela Lei 12.435/2011)

Art. 3º Consideram-se entidades e organizações de assistência social aquelas sem fins lucrativos que, isolada ou cumulativamente, prestam atendimento e assessoramento aos beneficiários abrangidos por esta Lei, bem como as que atuam na defesa e garantia de direitos. (Redação dada pela Lei 12.435/2011)

§ 1º São de atendimento aquelas entidades que, de forma continuada, permanente e planejada, prestam serviços, executam programas ou projetos e concedem benefícios de prestação social básica ou especial, dirigidos às famílias e indivíduos em situações de vulnerabilidade ou risco social e pessoal, nos termos desta Lei, e respeitadas as deliberações do Conselho Nacional de Assistência Social (CNAS), de que tratam os incisos I e II do art. 18. (Acrescido pela Lei 12.435/2011)

§ 2º São de assessoramento aquelas que, de forma continuada, permanente e planejada, prestam serviços e executam programas ou projetos voltados prioritariamente para o fortalecimento dos movimentos sociais e das organizações de usuários, formação e capacitação de lideranças, dirigidos ao público da política de assistência social, nos termos desta Lei, e respeitadas as deliberações do CNAS, de que tratam os incisos I e II do art. 18. (Acrescido pela Lei 12.435/2011)

§ 3º São de defesa e garantia de direitos aquelas que, de forma continuada, permanente e planejada, prestam serviços e executam programas e projetos voltados prioritariamente para a defesa e efetivação dos direitos socioassistenciais, construção de novos direitos, promoção da cidadania, enfrentamento das desigualdades sociais, articulação com órgãos públicos de defesa de direitos, dirigidos ao público da política de assistência social, nos termos desta Lei, e respeitadas as deliberações do CNAS, de que tratam os incisos I e II do art. 18. (Acrescido pela Lei 12.435/2011)

CAPÍTULO II
DOS PRINCÍPIOS E DAS DIRETRIZES

SEÇÃO I
DOS PRINCÍPIOS

Art. 4º A assistência social rege-se pelos seguintes princípios:

I - supremacia do atendimento às necessidades sociais sobre as exigências de rentabilidade econômica;

II - universalização dos direitos sociais, a fim de tornar o destinatário da ação assistencial alcançável pelas demais políticas públicas;

III - respeito à dignidade do cidadão, à sua autonomia e ao seu direito a benefícios e serviços de qualidade, bem como à convivência familiar e comunitária, vedando-se qualquer comprovação vexatória de necessidade;

IV - igualdade de direitos no acesso ao atendimento, sem discriminação de qualquer natureza, garantindo-se equivalência às populações urbanas e rurais;

V - divulgação ampla dos benefícios, serviços, programas e projetos assistenciais, bem como dos recursos oferecidos pelo Poder Público e dos critérios para sua concessão.

SEÇÃO II
DAS DIRETRIZES

Art. 5º A organização da assistência social tem como base as seguintes diretrizes:

I - descentralização político-administrativa para os Estados, o Distrito Federal e os Municípios, e comando único das ações em cada esfera de governo;

II - participação da população, por meio de organizações representativas, na formulação das políticas e no controle das ações em todos os níveis;

III - primazia da responsabilidade do Estado na condução da política de assistência social em cada esfera de governo.

CAPÍTULO III
DA ORGANIZAÇÃO E DA GESTÃO

Art. 6º A gestão das ações na área de assistência social fica organizada sob a forma de sistema descentralizado e participativo, denominado Sistema Único de Assistência Social (Suas), com os seguintes objetivos: (Redação dada pela Lei 12.435/2011)

I - consolidar a gestão compartilhada, o cofinanciamento e a cooperação técnica entre os entes federativos que, de modo articulado, operam a proteção social não contributiva; (Acrescido pela Lei 12.435/2011)

II - integrar a rede pública e privada de serviços, programas, projetos e benefícios de assistência social, na forma do art. 6º-C; (Acrescido pela Lei 12.435/2011)

III - estabelecer as responsabilidades dos entes federativos na organização, regulação, manutenção e expansão das ações de assistência social; (Acrescido pela Lei 12.435/2011)

IV - definir os níveis de gestão, respeitadas as diversidades regionais e municipais; (Acrescido pela Lei 12.435/2011)

V - implementar a gestão do trabalho e a educação permanente na assistência social; (Acrescido pela Lei 12.435/2011)

VI - estabelecer a gestão integrada de serviços e benefícios; e (Acrescido pela Lei 12.435/2011)

VII - afiançar a vigilância socioassistencial e a garantia de direitos. (Acrescido pela Lei 12.435/2011)

§ 1º As ações ofertadas no âmbito do Suas têm por objetivo a proteção à família, à maternidade, à infância, à adolescência e à velhice e, como base de organização, o território. (Acrescido pela Lei 12.435/2011)

§ 2º O Suas é integrado pelos entes federativos, pelos respectivos conselhos de assistência social e pelas entidades e organizações de assistência social abrangidas por esta Lei. (Acrescido pela Lei 12.435/2011)

§ 3º A instância coordenadora da Política Nacional de Assistência Social é o Ministério do Desenvolvimento Social e Combate à Fome. (Parágrafo único transformado em § 3º com redação dada pela Lei 12.435/2011)

§ 4º. Cabe à instância coordenadora da Política Nacional de Assistência Social normatizar e padronizar o emprego e a divulgação da identidade visual do Suas. (Acrescido pela Lei 13.714/2018)

§ 5º. A identidade visual do Suas deverá prevalecer na identificação de unidades públicas estatais, entidades e organizações de assistência social, serviços, programas, projetos e benefícios vinculados ao Suas. (Acrescido pela Lei 13.714/2018)

Art. 6º-A. A assistência social organiza-se pelos seguintes tipos de proteção:

I - proteção social básica: conjunto de serviços, programas, projetos e benefícios da assistência social que visa a prevenir situações de vulnerabilidade e risco social por meio do desenvolvimento de potencialidades e aquisições e do fortalecimento de vínculos familiares e comunitários;

II - proteção social especial: conjunto de serviços, programas e projetos que tem por objetivo contribuir para a reconstrução de vínculos familiares e comunitários, a defesa de direito, o fortalecimento das potencialidades e aquisições e a proteção de famílias e indivíduos para o enfrentamento das situações de violação de direitos.

Parágrafo único. A vigilância socioassistencial é um dos instrumentos das proteções da assistência social que identifica e previne as situações de risco e vulnerabilidade social e seus agravos no território. (Acrescido pela Lei 12.435/2011)

Art. 6º-B. As proteções sociais básica e especial serão ofertadas pela rede socioassistencial, de forma integrada, diretamente pelos entes públicos e/ou pelas entidades e organizações de assistência social vinculadas ao Suas, respeitadas as especificidades de cada ação.

§ 1º A vinculação ao Suas é o reconhecimento pelo Ministério do Desenvolvimento Social e Combate à Fome de que a entidade de assistência social integra a rede socioassistencial.

§ 2º Para o reconhecimento referido no § 1º, a entidade deverá cumprir os seguintes requisitos:

I - constituir-se em conformidade com o disposto no art. 3º;

II - inscrever-se em Conselho Municipal ou do Distrito Federal, na forma do art. 9º;

III - integrar o sistema de cadastro de entidades de que trata o inciso XI do art. 19.

§ 3º As entidades e organizações de assistência social vinculadas ao Suas celebrarão convênios, contratos, acordos ou ajustes com o poder público para a execução, garantido financiamento integral, pelo Estado, de serviços, programas, projetos e ações de assistência social, nos limites da capacidade instalada, aos beneficiários abrangidos por esta Lei, observando-se as disponibilidades orçamentárias.

§ 4º O cumprimento do disposto no § 3º será informado ao Ministério do Desenvolvimento Social e Combate à Fome pelo órgão gestor local da assistência social. (Acrescido pela Lei 12.435/2011)

Art. 6º-C. As proteções sociais, básica e especial, serão ofertadas precipuamente no Centro de Referência de Assistência Social (Cras) e no Centro de Referência Especializado de Assistência Social (Creas), respectivamente, e pelas entidades sem fins lucrativos de assistência social de que trata o art. 3º desta Lei.

§ 1º O Cras é a unidade pública municipal, de base territorial, localizada em áreas com maiores índices de vulnerabilidade e risco social, destinada à articulação dos serviços socioassistenciais no seu território de abrangência e à prestação de serviços, programas e projetos socioassistenciais de proteção social básica às famílias.

§ 2º O Creas é a unidade pública de abrangência e gestão municipal, estadual ou regional, destinada à prestação de serviços a indivíduos e famílias que se encontram em situação de risco pessoal ou social, por violação de direitos ou contingência, que demandam intervenções especializadas da proteção social especial.

§ 3º Os Cras e os Creas são unidades públicas estatais instituídas no âmbito do Suas, que possuem interface com as demais políticas públicas e articulam, coordenam e ofertam os serviços, programas, projetos e benefícios da assistência social. (Acrescido pela Lei 12.435/2011)

Art. 6º-D. As instalações dos Cras e dos Creas devem ser compatíveis com os serviços neles ofertados, com espaços para trabalhos em grupo e ambientes específicos para recepção e atendimento reservado das famílias e indivíduos, assegurada a acessibilidade às pessoas idosas e com deficiência. (Acrescido pela Lei 12.435/2011)

Art. 6º-E. Os recursos do cofinanciamento do Suas, destinados à execução das ações continuadas de assistência social, poderão ser aplicados no pagamento dos profissionais que integrarem as equipes de referência, responsáveis pela organização e oferta daquelas ações, conforme percentual apresentado pelo Ministério do Desenvolvimento Social e Combate à Fome e aprovado pelo CNAS.

Parágrafo único. A formação das equipes de referência deverá considerar o número de famílias e indivíduos referenciados, os tipos e modalidades de atendimento e as aquisições que devem ser garantidas aos usuários, conforme deliberações do CNAS. (Acrescido pela Lei 12.435/2011)

Art. 7º As ações de assistência social, no âmbito das entidades e organizações de assistência social, observarão as normas expedidas pelo Conselho Nacional de Assistência Social - CNAS, de que trata o art. 17 desta Lei.

Art. 8º A União, os Estados, o Distrito Federal e os Municípios, observados os princípios e diretrizes estabelecidos nesta Lei, fixarão suas respectivas Políticas de Assistência Social.

Art. 9º O funcionamento das entidades e organizações de assistência social depende de prévia inscrição no respectivo Conselho Municipal de Assistência Social, ou no Conselho de Assistência Social do Distrito Federal, conforme o caso.

§ 1º A regulamentação desta lei definirá os critérios de inscrição e funcionamento das entidades com atuação em mais de um município no mesmo Estado, ou em mais de um Estado ou Distrito Federal.

§ 2º Cabe ao Conselho Municipal de Assistência Social e ao Conselho de Assistência Social do Distrito Federal a fiscalização das entidades referidas no *caput* na forma prevista em lei ou regulamento.

§ 3º (Revogado pela Lei 12.101/2009)

§ 4º As entidades e organizações de assistência social podem, para defesa de seus direitos referentes à inscrição e ao funcionamento, recorrer aos Conselhos Nacional, Estaduais, Municipais e do Distrito Federal.

Art. 10. A União, os Estados, os Municípios e o Distrito Federal podem celebrar convênios com entidades e organizações de assistência social, em conformidade com os Planos aprovados pelos respectivos Conselhos.

Art. 11. As ações das três esferas de governo na área de assistência social realizam-se de forma articulada, cabendo a coordenação e as normas gerais à esfera federal e a coordenação e execução dos programas, em suas respectivas esferas, aos Estados, ao Distrito Federal e aos Municípios.

Art. 12. Compete à União:

I - responder pela concessão e manutenção dos benefícios de prestação continuada definidos no art. 203 da Constituição Federal;

II - cofinanciar, por meio de transferência automática, o aprimoramento da gestão, os serviços, os programas e os projetos de assistência social em âmbito nacional; (Redação dada pela Lei 12.435/2011)

III - atender, em conjunto com os Estados, o Distrito Federal e os Municípios, às ações assistenciais de caráter de emergência;

IV - realizar o monitoramento e a avaliação da política de assistência social e assessorar Estados, Distrito Federal e Municípios para seu desenvolvimento. (Acrescido pela Lei 12.435/2011)

Art. 12-A. A União apoiará financeiramente o aprimoramento à gestão descentralizada dos serviços, programas, projetos e benefícios de assistência social, por meio do Índice de Gestão Descentralizada (IGD) do Sistema Único de Assistência Social (Suas), para a utilização no âmbito dos Estados, dos Municípios e do Distrito Federal, destinado, sem prejuízo de outras ações a serem definidas em regulamento, a:

I - medir os resultados da gestão descentralizada do Suas, com base na atuação do gestor estadual, municipal e do Distrito Federal na implementação, execução e monitoramento dos serviços, programas, projetos e benefícios de assistência social, bem como na articulação intersetorial;

II - incentivar a obtenção de resultados qualitativos na gestão estadual, municipal e do Distrito Federal do Suas; e

III - calcular o montante de recursos a serem repassados aos entes federados a título de apoio financeiro à gestão do Suas.

§ 1º Os resultados alcançados pelo ente federado na gestão do Suas, aferidos na forma de regulamento, serão considerados como prestação de contas dos recursos a serem transferidos a título de apoio financeiro.

§ 2º As transferências para apoio à gestão descentralizada do Suas adotarão a sistemática do Índice de Gestão Descentralizada do Programa Bolsa Família, previsto no art. 8º da Lei nº 10.836, de 9 de janeiro de 2004, e serão efetivadas por meio de procedimento integrado àquele índice.

§ 3º (VETADO).

§ 4º Para fins de fortalecimento dos Conselhos de Assistência Social dos Estados, Municípios e Distrito Federal, percentual dos recursos transferidos deverá ser gasto com atividades de apoio técnico e operacional àqueles colegiados, na forma fixada pelo Ministério do Desenvolvimento Social e Combate à Fome, sendo vedada a utilização dos recursos para pagamento de pessoal efetivo e de gratificações de qualquer natureza a servidor público estadual, municipal ou do Distrito Federal. (Acrescido pela Lei 12.435/2011)

Art. 13. Compete aos Estados:

I - destinar recursos financeiros aos Municípios, a título de participação no custeio do pagamento dos benefícios eventuais de que trata o art. 22, mediante critérios estabelecidos pelos Conselhos Estaduais de Assistência Social; (Redação dada pela Lei 12.435/2011)

II - cofinanciar, por meio de transferência automática, o aprimoramento da gestão, os serviços, os programas e os projetos de assistência social em âmbito regional ou local; (Redação dada pela Lei 12.435/2011)

III - atender, em conjunto com os Municípios, às ações assistenciais de caráter de emergência;

IV - estimular e apoiar técnica e financeiramente as associações e consórcios municipais na prestação de serviços de assistência social;

V - prestar os serviços assistenciais cujos custos ou ausência de demanda municipal justifiquem uma rede regional de serviços, desconcentrada, no âmbito do respectivo Estado;

VI - realizar o monitoramento e a avaliação da política de assistência social e assessorar os Municípios para seu desenvolvimento. (Acrescido pela Lei 12.435/2011)

Art. 14. Compete ao Distrito Federal:

I - destinar recursos financeiros para custeio do pagamento dos benefícios eventuais de que trata o art. 22, mediante critérios estabelecidos pelos Conselhos de Assistência Social do Distrito Federal; (Redação dada pela Lei 12.435/2011)

II - efetuar o pagamento dos auxílios natalidade e funeral;

III - executar os projetos de enfrentamento da pobreza, incluindo a parceria com organizações da sociedade civil;

IV - atender às ações assistenciais de caráter de emergência;

V - prestar os serviços assistenciais de que trata o art. 23 desta Lei;

VI - cofinanciar o aprimoramento da gestão, os serviços, os programas e os projetos de assistência social em âmbito local; (Acrescido pela Lei 12.435/2011)

VII - realizar o monitoramento e a avaliação da política de assistência social em seu âmbito. (Acrescido pela Lei 12.435/2011)

Art. 15. Compete aos Municípios:

I - destinar recursos financeiros para custeio do pagamento dos benefícios eventuais de que trata o art. 22, mediante critérios estabelecidos pelos Conselhos Municipais de Assistência Social; (Redação dada pela Lei 12.435/2011)

II - efetuar o pagamento dos auxílios natalidade e funeral;

III - executar os projetos de enfrentamento da pobreza, incluindo a parceria com organizações da sociedade civil;

IV - atender às ações assistenciais de caráter de emergência;

V - prestar os serviços assistenciais de que trata o art. 23 desta Lei;

VI - cofinanciar o aprimoramento da gestão, os serviços, os programas e os projetos de assistência social em âmbito local; (Acrescido pela Lei 12.435/2011)

VII - realizar o monitoramento e a avaliação da política de assistência social em seu âmbito. (Acrescido pela Lei 12.435/2011)

Art. 16. As instâncias deliberativas do Suas, de caráter permanente e composição paritária entre governo e sociedade civil, são: (Redação dada pela Lei 12.435/2011)

I - o Conselho Nacional de Assistência Social;

II - os Conselhos Estaduais de Assistência Social;

III - o Conselho de Assistência Social do Distrito Federal;

IV - os Conselhos Municipais de Assistência Social.

Parágrafo único. Os Conselhos de Assistência Social estão vinculados ao órgão gestor de assistência social, que deve prover a infraestrutura necessária ao seu funcionamento, garantindo recursos materiais, humanos e financeiros, inclusive com despesas referentes a passagens e diárias de conselheiros representantes do governo ou da sociedade civil, quando estiverem no exercício de suas atribuições. (Acrescido pela Lei 12.435/2011)

Art. 17. Fica instituído o Conselho Nacional de Assistência Social - CNAS, órgão superior de deliberação colegiada, vinculado à estrutura do órgão da Administração Pública Federal responsável pela coordenação da Política Nacional de Assistência Social, cujos membros, nomeados pelo Presidente da República, têm mandato de 2 (dois) anos, permitida uma única recondução por igual período.

§ 1º O Conselho Nacional de Assistência Social - CNAS é composto por 18 (dezoito) membros e respectivos suplentes, cujos nomes são indicados ao órgão da Administração Pública Federal responsável pela coordenação da Política Nacional de Assistência Social, de acordo com os critérios seguintes:

I - 9 (nove) representantes governamentais, incluindo 1 (um) representante dos Estados e 1 (um) dos Municípios;

II - 9 (nove) representantes da sociedade civil, dentre representantes dos usuários ou de organizações de usuários, das entidades e organizações de assistência social e dos trabalhadores do setor, escolhidos em foro próprio sob fiscalização do Ministério Público Federal.

§ 2º O Conselho Nacional de Assistência Social - CNAS é presidido por um de seus integrantes, eleito dentre seus membros, para mandato de 1 (um) ano, permitida uma única recondução por igual período.

§ 3º O Conselho Nacional de Assistência Social - CNAS contará com uma Secretaria Executiva, a qual terá sua estrutura disciplinada em ato do Poder Executivo.

§ 4º Os Conselhos de que tratam os incisos II, III e IV do art. 16, com competência para acompanhar a execução da política de assistência social, apreciar e aprovar a proposta orçamentária, em consonância com as diretrizes das conferências nacionais, estaduais, distrital e municipais, de acordo com seu âmbito de atuação, deverão ser instituídos, respectivamente, pelos Estados, pelo Distrito Federal e pelos Municípios, mediante lei específica. (Redação dada pela Lei 12.435/2011)

Art. 18. Compete ao Conselho Nacional de Assistência Social:

I - aprovar a Política Nacional de Assistência Social;

II - normatizar as ações e regular a prestação de serviços de natureza pública e privada no campo da assistência social;

III - acompanhar e fiscalizar o processo de certificação das entidades e organizações de assistência social no Ministério do Desenvolvimento Social e Combate à Fome; (Redação dada pela Lei 12.101/2009)

IV - apreciar relatório anual que conterá a relação de entidades e organizações de assistência social certificadas como beneficentes e encaminhá-lo para conhecimento dos Conselhos de Assistência Social dos Estados, Municípios e do Distrito Federal; (Redação dada pela Lei 12.101/2009)

V - zelar pela efetivação do sistema descentralizado e participativo de assistência social;

VI - a partir da realização da II Conferência Nacional de Assistência Social em 1997, convocar ordinariamente a cada quatro anos a Conferência Nacional de Assistência Social, que terá a atribuição de avaliar a situação da assistência social e propor diretrizes para o aperfeiçoamento do sistema; (Redação dada pela Lei 9.720/1998)

VII - (VETADO)

VIII - apreciar e aprovar a proposta orçamentária da Assistência Social a ser encaminhada pelo órgão da Administração Pública Federal responsável pela coordenação da Política Nacional de Assistência Social;

IX - aprovar critérios de transferência de recursos para os Estados, Municípios e Distrito Federal, considerando, para tanto, indicadores que informem sua regionalização mais eqüitativa, tais como: população, renda per capita, mortalidade infantil e concentração de renda, além de disciplinar os procedimentos de repasse de recursos para as entidades e organizações de assistência social, sem prejuízo das disposições da Lei de Diretrizes Orçamentárias;

X - acompanhar e avaliar a gestão dos recursos, bem como os ganhos sociais e o desempenho dos programas e projetos aprovados;

XI - estabelecer diretrizes, apreciar e aprovar os programas anuais e plurianuais do Fundo Nacional de Assistência Social - FNAS;

XII - indicar o representante do Conselho Nacional de Assistência Social - CNAS junto ao Conselho Nacional da Seguridade Social;

XIII - elaborar e aprovar seu regimento interno;

XIV - divulgar, no Diário Oficial da União, todas as suas decisões, bem como as contas do Fundo Nacional de Assistência Social - FNAS e os respectivos pareceres emitidos

Parágrafo único. (Revogado pela Lei 12.101/2009)

Art. 19. Compete ao órgão da Administração Pública Federal responsável pela coordenação da Política Nacional de Assistência Social:

I - coordenar e articular as ações no campo da assistência social;

II - propor ao Conselho Nacional de Assistência Social - CNAS a Política Nacional de Assistência Social, suas normas gerais, bem como os critérios de prioridade e de elegibilidade, além de padrões de qualidade na prestação de benefícios, serviços, programas e projetos;

III - prover recursos para o pagamento dos benefícios de prestação continuada definidos nesta Lei;

IV - elaborar e encaminhar a proposta orçamentária da assistência social, em conjunto com as demais áreas da Seguridade Social;

V - propor os critérios de transferência dos recursos de que trata esta lei;

VI - proceder à transferência dos recursos destinados à assistência social, na forma prevista nesta Lei;

VII - encaminhar à apreciação do Conselho Nacional de Assistência Social - CNAS relatórios trimestrais e anuais de atividades e de realização financeira dos recursos;

VIII - prestar assessoramento técnico aos Estados, ao Distrito Federal, aos Municípios e às entidades e organizações de assistência social;

IX - formular política para a qualificação sistemática e continuada de recursos humanos no campo da assistência social;

X - desenvolver estudos e pesquisas para fundamentar as análises de necessidades e formulação de proposições para a área;

XI - coordenar e manter atualizado o sistema de cadastro de entidades e organizações de assistência social, em articulação com os Estados, os Municípios e o Distrito Federal;

XII - articular-se com os órgãos responsáveis pelas políticas de saúde e previdência social, bem como com os demais responsáveis pelas políticas sócio-econômicas setoriais, visando à elevação do patamar mínimo de atendimento às necessidades básicas;

XIII - expedir os atos normativos necessários à gestão do Fundo Nacional de Assistência Social FNAS, de acordo com as diretrizes estabelecidas pelo Conselho Nacional de Assistência Social - CNAS;

XIV - elaborar e submeter ao Conselho Nacional de Assistência Social - CNAS os programas anuais e plurianuais de aplicação dos recursos do Fundo Nacional de Assistência Social - FNAS.

Parágrafo único. A atenção integral à saúde, inclusive a dispensação de medicamentos e produtos de interesse para a saúde, às famílias e indivíduos em situações de vulnerabilidade ou risco social e pessoal, nos termos desta Lei, dar-se-á independentemente da apresentação de documentos que comprovem domicílio ou inscrição no cadastro no Sistema Único de Saúde (SUS), em consonância com a diretriz de articulação das ações de assistência social e de saúde a que se refere o inciso XII deste artigo. (Acrescido pela Lei 13.714/2018)

CAPÍTULO IV
DOS BENEFÍCIOS, DOS SERVIÇOS, DOS PROGRAMAS E DOS PROJETOS DE ASSISTÊNCIA SOCIAL

SEÇÃO I
DO BENEFÍCIO DE PRESTAÇÃO CONTINUADA

Art. 20. O benefício de prestação continuada é a garantia de um salário-mínimo mensal à pessoa com deficiência e ao idoso com 65 (sessenta e cinco) anos ou mais que comprovem não possuir meios de prover a própria manutenção nem de tê-la provida por sua família. (Redação dada pela Lei 12.435/2011)

§ 1º Para os efeitos do disposto no *caput*, a família é composta pelo requerente, o cônjuge ou companheiro, os pais e, na ausência de um deles, a madrasta ou o padrasto, os irmãos solteiros, os filhos e enteados solteiros e os menores tutelados, desde que vivam sob o mesmo teto. (Redação dada pela Lei 12.435/2011)

§ 2º Para efeito de concessão do benefício de prestação continuada, considera-se pessoa com deficiência aquela que tem impedimento de longo prazo de natureza física, mental, intelectual ou sensorial, o qual, em interação com uma ou mais barreiras, pode obstruir sua participação plena e efetiva na sociedade em igualdade de condições com as demais pessoas. (Redação dada pela Lei 13.146/2015)

I e II – (Revogados pela Lei 12.470/2011)

§ 3º Observados os demais critérios de elegibilidade definidos nesta Lei, terão direito ao benefício financeiro de que trata o caput deste artigo a pessoa com deficiência ou a pessoa idosa com renda familiar mensal per capita igual ou inferior a 1/4 (um quarto) do salário-mínimo. (Redação dada pela Lei 14.176/2021)

I – (Revogado pela Lei 14.176/2021);

II – *(VETADO na Lei 13.982/2020)*

§ 4º O benefício de que trata este artigo não pode ser acumulado pelo beneficiário com qualquer outro no âmbito da seguridade social ou de outro regime, salvo os da assistência médica e da pensão especial de natureza indenizatória. (Redação dada pela Lei 12.435/2011)

§ 5º A condição de acolhimento em instituições de longa permanência não prejudica o direito do idoso ou da pessoa com deficiência ao benefício de prestação continuada. (Redação dada pela Lei 12.435/2011)

§ 6º A concessão do benefício ficará sujeita à avaliação da deficiência e do grau de impedimento de que trata o § 2º, composta por avaliação médica e avaliação social realizadas por médicos peritos e por assistentes sociais do Instituto Nacional de Seguro Social - INSS. (Redação dada pela Lei 12.470/2011)

§ 7º Na hipótese de não existirem serviços no município de residência do beneficiário, fica assegurado, na forma prevista em regulamento, o seu encaminhamento ao município mais próximo que contar com tal estrutura. (Redação dada pela Lei 9.720/1998)

§ 8º A renda familiar mensal a que se refere o § 3º deverá ser declarada pelo requerente ou seu representante legal, sujeitando-se aos demais procedimentos previstos no regulamento para o deferimento do pedido. (Acrescido pela Lei 9.720/1998)

§ 9º Os rendimentos decorrentes de estágio supervisionado e de aprendizagem não serão computados para os fins de cálculo da renda familiar per capita a que se refere o § 3º deste artigo. (Redação dada pela Lei 13.146/2015)

§ 10. Considera-se impedimento de longo prazo, para os fins do § 2º deste artigo, aquele que produza efeitos pelo prazo mínimo de 2 (dois) anos. (Acrescido pela Lei 12.470/2011)

§ 11. Para concessão do benefício de que trata o *caput* deste artigo, poderão ser utilizados outros elementos probatórios da condição de miserabilidade do grupo familiar e da situação de vulnerabilidade, conforme regulamento. (Acrescido pela Lei 13.146/2015)

- **Atualização:** § 11-A. O regulamento de que trata o § 11 deste artigo poderá ampliar o limite de renda mensal familiar per capita previsto no § 3º deste artigo para até 1/2 (meio) salário-mínimo, observado o disposto no art. 20-B desta Lei. (Acrescido pela Lei 14.176/2021, em vigor em 1º de janeiro de 2022)

§ 12. São requisitos para a concessão, a manutenção e a revisão do benefício as inscrições no Cadastro de Pessoas Físicas - CPF e no Cadastro Único para Programas Sociais do Governo Federal - Cadastro Único, conforme previsto em regulamento. *(Acrescido pela Lei 13.846/2019)*

§ 13. *(Acrescido pela MP 871/2019, e não mantido pela Lei 13.846/2019, na qual foi convertida a referida Medida Provisória)*

§ 14. O benefício de prestação continuada ou o benefício previdenciário no valor de até 1 (um) salário-mínimo concedido a idoso acima de 65 (sessenta e cinco) anos de idade ou pessoa com deficiência não será computado, para fins de concessão do benefício de prestação continuada a outro idoso ou pessoa com deficiência da mesma família, no cálculo da renda a que se refere o § 3º deste artigo. *(Acrescido pela Lei 13.982/2020)*

§ 15. O benefício de prestação continuada será devido a mais de um membro da mesma família enquanto atendidos os requisitos exigidos nesta Lei. *(Acrescido pela Lei 13.982/2020)*

Art. 20-A. (Revogado pela Lei 14.176/2021)

- Atualização: Art. 20-B. Na avaliação de outros elementos probatórios da condição de miserabilidade e da situação de vulnerabilidade de que trata o § 11 do art. 20 desta Lei, serão considerados os seguintes aspectos para ampliação do critério de aferição da renda familiar mensal per capita de que trata o § 11-A do referido artigo: (Acrescido pela Lei 14.176/2021, em vigor em 1º de janeiro de 2022)

  I – o grau da deficiência;

  II – a dependência de terceiros para o desempenho de atividades básicas da vida diária; e

  III – o comprometimento do orçamento do núcleo familiar de que trata o § 3º do art. 20 desta Lei exclusivamente com gastos médicos, com tratamentos de saúde, com fraldas, com alimentos especiais e com medicamentos do idoso ou da pessoa com deficiência não disponibilizados gratuitamente pelo SUS, ou com serviços não prestados pelo Suas, desde que comprovadamente necessários à preservação da saúde e da vida.

  § 1º A ampliação de que trata o caput deste artigo ocorrerá na forma de escalas graduais, definidas em regulamento.

  § 2º Aplicam-se à pessoa com deficiência os elementos constantes dos incisos I e III do caput deste artigo, e à pessoa idosa os constantes dos incisos II e III do caput deste artigo.

  § 3º O grau da deficiência de que trata o inciso I do *caput* deste artigo será aferido por meio de instrumento de avaliação biopsicossocial, observados os termos dos §§ 1º e 2º do art. 2º da Lei nº 13.146, de 6 de julho de 2015 (Estatuto da Pessoa com Deficiência), e do § 6º do art. 20 e do art. 40-B desta Lei.

  § 4º O valor referente ao comprometimento do orçamento do núcleo familiar com gastos de que trata o inciso III do caput deste artigo será definido em ato conjunto do Ministério da Cidadania, da Secretaria Especial de Previdência e Trabalho do Ministério da Economia e do INSS, a partir de valores médios dos gastos realizados pelas famílias exclusivamente com essas finalidades, facultada ao interessado a possibilidade de comprovação, conforme critérios definidos em regulamento, de que os gastos efetivos ultrapassam os valores médios.

Art. 21. O benefício de prestação continuada deve ser revisto a cada 2 (dois) anos para avaliação da continuidade das condições que lhe deram origem.

§ 1º O pagamento do benefício cessa no momento em que forem superadas as condições referidas no *caput*, ou em caso de morte do beneficiário.

§ 2º O benefício será cancelado quando se constatar irregularidade na sua concessão ou utilização.

§ 3º O desenvolvimento das capacidades cognitivas, motoras ou educacionais e a realização de atividades não remuneradas de habilitação e reabilitação, entre outras, não constituem motivo de suspensão ou cessação do benefício da pessoa com deficiência. (Acrescido pela Lei 12.435/2011)

§ 4º A cessação do benefício de prestação continuada concedido à pessoa com deficiência não impede nova concessão do benefício, desde que atendidos os requisitos definidos em regulamento. (Redação dada pela Lei 12.470/2011)

§ 5º O beneficiário em gozo de benefício de prestação continuada concedido judicial ou administrativamente poderá ser convocado para avaliação das condições que ensejaram sua concessão ou manutenção, sendo-lhe exigida a presença dos requisitos previstos nesta Lei e no regulamento. (Acrescido pela Lei 14.176/2021)

Art. 21-A. O benefício de prestação continuada será suspenso pelo órgão concedente quando a pessoa com deficiência exercer atividade remunerada, inclusive na condição de microempreendedor individual.

§ 1º Extinta a relação trabalhista ou a atividade empreendedora de que trata o *caput* deste artigo e, quando for o caso, encerrado o prazo de pagamento do seguro-desemprego e não tendo o beneficiário adquirido direito a qualquer benefício previdenciário, poderá ser requerida a continuidade do pagamento do benefício suspenso, sem necessidade de realização de perícia médica ou reavaliação da deficiência e do grau de incapacidade para esse fim, respeitado o período de revisão previsto no *caput* do art. 21.

§ 2º A contratação de pessoa com deficiência como aprendiz não acarreta a suspensão do benefício de prestação continuada, limitado a 2 (dois) anos o recebimento concomitante da remuneração e do benefício. (Acrescido pela Lei 12.470/2011)

SEÇÃO II
DOS BENEFÍCIOS EVENTUAIS

Art. 22. Entendem-se por benefícios eventuais as provisões suplementares e provisórias que integram organicamente as garantias do Suas e são prestadas aos cidadãos e às famílias em virtude de nascimento, morte, situações de vulnerabilidade temporária e de calamidade pública.

§ 1º A concessão e o valor dos benefícios de que trata este artigo serão definidos pelos Estados, Distrito Federal e Municípios e previstos nas respectivas leis orçamentárias anuais, com base em critérios e prazos definidos pelos respectivos Conselhos de Assistência Social.

§ 2º O CNAS, ouvidas as respectivas representações de Estados e Municípios dele participantes, poderá propor, na medida das disponibilidades orçamentárias das 3 (três) esferas de governo, a instituição de benefícios subsidiários no valor de até 25% (vinte e cinco por cento) do salário-mínimo para cada criança de até 6 (seis) anos de idade.

§ 3º Os benefícios eventuais subsidiários não poderão ser cumulados com aqueles instituídos pelas Leis nº 10.954, de 29 de setembro de 2004, e nº 10.458, de 14 de maio de 2002. (Redação dada pela Lei 12.435/2011)

SEÇÃO III
DOS SERVIÇOS

Art. 23. Entendem-se por serviços socioassistenciais as atividades continuadas que visem à melhoria de vida da população e cujas ações, voltadas para as necessidades básicas, observem os objetivos, princípios e diretrizes estabelecidos nesta Lei. (Redação dada pela Lei 12.435/2011)

§ 1º O regulamento instituirá os serviços socioassistenciais. (Acrescido pela Lei 12.435/2011)

§ 2º Na organização dos serviços da assistência social serão criados programas de amparo, entre outros:

I - às crianças e adolescentes em situação de risco pessoal e social, em cumprimento ao disposto no art. 227 da Constituição Federal e na Lei nº 8.069, de 13 de julho de 1990 (Estatuto da Criança e do Adolescente);

II - às pessoas que vivem em situação de rua. (Parágrafo único transformado em § 2º com redação dada pela Lei 12.435/2011)

SEÇÃO IV
DOS PROGRAMAS DE ASSISTÊNCIA SOCIAL

Art. 24. Os programas de assistência social compreendem ações integradas e complementares com objetivos, tempo e área de abrangência definidos para qualificar, incentivar e melhorar os benefícios e os serviços assistenciais.

§ 1º Os programas de que trata este artigo serão definidos pelos respectivos Conselhos de Assistência Social, obedecidos os objetivos e princípios que regem esta Lei, com prioridade para a inserção profissional e social.

§ 2º Os programas voltados para o idoso e a integração da pessoa com deficiência serão devidamente articulados com o benefício de prestação continuada estabelecido no art. 20 desta Lei. (Redação dada pela Lei 12.435/2011)

Art. 24-A. Fica instituído o Serviço de Proteção e Atendimento Integral à Família (Paif), que integra a proteção social básica e consiste na oferta de ações e serviços socioassistenciais de prestação continuada, nos Cras, por meio do trabalho social com famílias em situação de vulnerabilidade social, com o objetivo de prevenir o rompimento dos vínculos familiares e a violência no âmbito de suas relações, garantindo o direito à convivência familiar e comunitária.

Parágrafo único. Regulamento definirá as diretrizes e os procedimentos do Paif. (Acrescido pela Lei 12.435/2011)

Art. 24-B. Fica instituído o Serviço de Proteção e Atendimento Especializado a Famílias e Indivíduos (Paefi), que integra a proteção social especial e consiste no apoio, orientação e acompanhamento a famílias e indivíduos em situação de ameaça ou violação de direitos, articulando os serviços socioassistenciais com as diversas políticas públicas e com órgãos do sistema de garantia de direitos.

Parágrafo único. Regulamento definirá as diretrizes e os procedimentos do Paefi. (Acrescido pela Lei 12.435/2011)

Art. 24-C. Fica instituído o Programa de Erradicação do Trabalho Infantil (Peti), de caráter intersetorial, integrante da Política Nacional de Assistência Social, que, no âmbito do Suas, compreende transferências de renda, trabalho social com famílias e oferta de serviços socioeducativos para crianças e adolescentes que se encontrem em situação de trabalho.

§ 1º O Peti tem abrangência nacional e será desenvolvido de forma articulada pelos entes federados, com a participação da sociedade civil, e tem como objetivo contribuir para a retirada de crianças e adolescentes com idade inferior a 16 (dezesseis) anos em situação de trabalho, ressalvada a condição de aprendiz, a partir de 14 (quatorze) anos.

§ 2º As crianças e os adolescentes em situação de trabalho deverão ser identificados e ter os seus dados inseridos no Cadastro Único para Programas Sociais do Governo Federal (CadÚnico), com a devida identificação das situações de trabalho infantil. (Acrescido pela Lei 12.435/2011)

SEÇÃO V
DOS PROJETOS DE ENFRENTAMENTO DA POBREZA

Art. 25. Os projetos de enfrentamento da pobreza compreendem a instituição de investimento econômico-social nos grupos populares, buscando subsidiar, financeira e tecnicamente, iniciativas que lhes garantam meios, capacidade produtiva e de gestão para melhoria das condições gerais de subsistência, elevação do padrão da qualidade de vida, a preservação do meio-ambiente e sua organização social.

Art. 26. O incentivo a projetos de enfrentamento da pobreza assentar-se-á em mecanismos de articulação e de participação de diferentes áreas governamentais e em sistema de cooperação entre organismos governamentais, não governamentais e da sociedade civil.

▸ **Atualização:** Seção VI – Do Auxílio-Inclusão (Acrescida pela Lei 14.176/2021, em vigor em 1º de outubro de 2021)

Art. 26-A. Terá direito à concessão do auxílio-inclusão de que trata o art. 94 da Lei nº 13.146, de 6 de julho de 2015 (Estatuto da Pessoa com Deficiência), a pessoa com deficiência moderada ou grave que, cumulativamente: (Acrescido pela Lei 14.176/2021, em vigor em 1º de outubro de 2021)

I - receba o benefício de prestação continuada, de que trata o art. 20 desta Lei, e passe a exercer atividade:

a) que tenha remuneração limitada a 2 (dois) salários-mínimos; e

b) que enquadre o beneficiário como segurado obrigatório do Regime Geral de Previdência Social ou como filiado a regime próprio de previdência social da União, dos Estados, do Distrito Federal ou dos Municípios;

II - tenha inscrição atualizada no CadÚnico no momento do requerimento do auxílio-inclusão;

III - tenha inscrição regular no CPF; e

IV - atenda aos critérios de manutenção do benefício de prestação continuada, incluídos os critérios relativos à renda familiar mensal per capita exigida para o acesso ao benefício, observado o disposto no § 4º deste artigo.

§ 1º O auxílio-inclusão poderá ainda ser concedido, nos termos do inciso I do *caput* deste artigo, mediante requerimento e sem retroatividade no pagamento, ao beneficiário:

I - que tenha recebido o benefício de prestação continuada nos 5 (cinco) anos imediatamente anteriores ao exercício da atividade remunerada; e

II - que tenha tido o benefício suspenso nos termos do art. 21-A desta Lei.

§ 2º O valor do auxílio-inclusão percebido por um membro da família não será considerado no cálculo da renda familiar mensal per capita de que trata o inciso IV do *caput* deste artigo, para fins de concessão e de manutenção de outro auxílio-inclusão no âmbito do mesmo grupo familiar.

§ 3º O valor do auxílio-inclusão e o da remuneração do beneficiário do auxílio-inclusão de que trata a alínea "a" do inciso I do *caput* deste artigo percebidos por um membro da família não serão considerados no cálculo da renda familiar mensal per capita de que tratam os §§ 3º e 11-A do art. 20 desta Lei para fins de manutenção de benefício de prestação continuada concedido anteriormente a outra pessoa do mesmo grupo familiar.

§ 4º Para fins de cálculo da renda familiar per capita de que trata o inciso IV do *caput* deste artigo, serão desconsideradas:

I - as remunerações obtidas pelo requerente em decorrência de exercício de atividade laboral, desde que o total recebido no mês seja igual ou inferior a 2 (dois) salários-mínimos; e

II - as rendas oriundas dos rendimentos decorrentes de estágio supervisionado e de aprendizagem.

Art. 26-B. O auxílio-inclusão será devido a partir da data do requerimento, e o seu valor corresponderá a 50% (cinquenta por cento) do valor do benefício de prestação continuada em vigor. (Acrescido pela Lei 14.176/2021, em vigor em 1º de outubro de 2021)

Parágrafo único. Ao requerer o auxílio-inclusão, o beneficiário autorizará a suspensão do benefício de prestação continuada, nos termos do art. 21-A desta Lei.

Art. 26-C. O pagamento do auxílio-inclusão não será acumulado com o pagamento de: (Acrescido pela Lei 14.176/2021, em vigor em 1º de outubro de 2021)

I - benefício de prestação continuada de que trata o art. 20 desta Lei;

II - prestações a título de aposentadoria, de pensões ou de benefícios por incapacidade pagos por qualquer regime de previdência social; ou

III - seguro-desemprego.

Art. 26-D. O pagamento do auxílio-inclusão cessará na hipótese de o beneficiário: (Acrescido pela Lei 14.176/2021, em vigor em 1º de outubro de 2021)

I - deixar de atender aos critérios de manutenção do benefício de prestação continuada; ou

II - deixar de atender aos critérios de concessão do auxílio-inclusão.

Parágrafo único. Ato do Poder Executivo federal disporá sobre o procedimento de verificação dos critérios de manutenção e de revisão do auxílio-inclusão.

Art. 26-E. O auxílio-inclusão não está sujeito a desconto de qualquer contribuição e não gera direito a pagamento de abono anual. (Acrescido pela Lei 14.176/2021, em vigor em 1º de outubro de 2021)

Art. 26-F. Compete ao Ministério da Cidadania a gestão do auxílio-inclusão, e ao INSS a sua operacionalização e pagamento. (Acrescido pela Lei 14.176/2021, em vigor em 1º de outubro de 2021)

Art. 26-G. As despesas decorrentes do pagamento do auxílio-inclusão correrão à conta do orçamento do Ministério da Cidadania. (Acrescido pela Lei 14.176/2021, em vigor em 1º de outubro de 2021)

§ 1º O Poder Executivo federal compatibilizará o quantitativo de benefícios financeiros do auxílio-inclusão de que trata o art. 26-A desta Lei com as dotações orçamentárias existentes.

§ 2º O regulamento indicará o órgão do Poder Executivo responsável por avaliar os impactos da concessão do auxílio-inclusão na participação no mercado de trabalho, na redução de desigualdades e no exercício dos direitos e liberdades fundamentais das pessoas com deficiência, nos termos do § 16 do art. 37 da Constituição Federal.

Art. 26-H. No prazo de 10 (dez) anos, contado da data de publicação desta Seção, será promovida a revisão do auxílio-inclusão, observado o disposto no § 2º do art. 26-G desta Lei, com vistas a seu aprimoramento e ampliação. (Acrescido pela Lei 14.176/2021, em vigor em 1º de outubro de 2021)

CAPÍTULO V
DO FINANCIAMENTO DA ASSISTÊNCIA SOCIAL

Art. 27. Fica o Fundo Nacional de Ação Comunitária - Funac, instituído pelo Decreto nº 91.970, de 22 de novembro de 1985, ratificado pelo Decreto Legislativo nº 66, de 18 de dezembro de 1990, transformado no Fundo Nacional de Assistência Social - FNAS.

Art. 28. O financiamento dos benefícios, serviços, programas e projetos estabelecidos nesta Lei far-se-á com os recursos da União, dos Estados, do Distrito Federal e dos Municípios, das demais contribuições sociais previstas no art. 195 da Constituição Federal, além daqueles que compõem o Fundo Nacional de Assistência Social - FNAS.

§ 1º Cabe ao órgão da Administração Pública responsável pela coordenação da Política de Assistência Social nas 3 (três) esferas de governo gerir o Fundo de Assistência Social, sob orientação e controle dos respectivos Conselhos de Assistência Social. (Redação dada pela Lei 12.435/2011)

§ 2º O Poder Executivo disporá, no prazo de 180 (cento e oitenta) dias a contar da data de publicação desta lei, sobre o regulamento e funcionamento do Fundo Nacional de Assistência Social - FNAS.

§ 3º O financiamento da assistência social no Suas deve ser efetuado mediante cofinanciamento dos 3 (três) entes federados, devendo os recursos alocados nos fundos de assistência social ser voltados à operacionalização, prestação, aprimoramento e viabilização dos serviços, programas, projetos e benefícios desta política. (Acrescido pela Lei 12.435/2011)

Art. 28-A. (Revogado pela Lei 13.813/2019)

Art. 29. Os recursos de responsabilidade da União destinados à assistência social serão automaticamente repassados ao Fundo Nacional de Assistência Social - FNAS, à medida que se forem realizando as receitas.

Parágrafo único. Os recursos de responsabilidade da União destinados ao financiamento dos benefícios de prestação continuada, previstos no art. 20, poderão ser repassados pelo Ministério da Previdência e Assistência Social diretamente ao INSS, órgão responsável pela sua execução e manutenção. (Acrescido pela Lei 9.720/1998)

Art. 30. É condição para os repasses, aos Municípios, aos Estados e ao Distrito Federal, dos recursos de que trata esta lei, a efetiva instituição e funcionamento de:

I - Conselho de Assistência Social, de composição paritária entre governo e sociedade civil;
II - Fundo de Assistência Social, com orientação e controle dos respectivos Conselhos de Assistência Social;
III - Plano de Assistência Social.

Parágrafo único. É, ainda, condição para transferência de recursos do FNAS aos Estados, ao Distrito Federal e aos Municípios a comprovação orçamentária dos recursos próprios destinados à Assistência Social, alocados em seus respectivos Fundos de Assistência Social, a partir do exercício de 1999. (Acrescido pela Lei 9.720/1998)

Art. 30-A. O cofinanciamento dos serviços, programas, projetos e benefícios eventuais, no que couber, e o aprimoramento da gestão da política de assistência social no Suas se efetuam por meio de transferências automáticas entre os fundos de assistência social e mediante alocação de recursos próprios nesses fundos nas 3 (três) esferas de governo.

Parágrafo único. As transferências automáticas de recursos entre os fundos de assistência social efetuadas à conta do orçamento da seguridade social, conforme o art. 204 da Constituição Federal, caracterizam-se como despesa pública com a seguridade social, na forma do art. 24 da Lei Complementar nº 101, de 4 de maio de 2000. (Acrescido pela Lei 12.435/2011)

Art. 30-B. Caberá ao ente federado responsável pela utilização dos recursos do respectivo Fundo de Assistência Social o controle e o acompanhamento dos serviços, programas, projetos e benefícios, por meio dos respectivos órgãos de controle, independentemente de ações do órgão repassador dos recursos. (Acrescido pela Lei 12.435/2011)

Art. 30-C. A utilização dos recursos federais descentralizados para os fundos de assistência social dos Estados, dos Municípios e do Distrito Federal será declarada pelos entes recebedores ao ente transferidor, anualmente, mediante relatório de gestão submetido à apreciação do respectivo Conselho de Assistência Social, que comprove a execução das ações na forma de regulamento.

Parágrafo único. Os entes transferidores poderão requisitar informações referentes à aplicação dos recursos oriundos do seu fundo de assistência social, para fins de análise e acompanhamento de sua boa e regular utilização. (Acrescido pela Lei 12.435/2011)

CAPÍTULO VI
DAS DISPOSIÇÕES GERAIS E TRANSITÓRIAS

Art. 31. Cabe ao Ministério Público zelar pelo efetivo respeito aos direitos estabelecidos nesta lei.

Art. 32. O Poder Executivo terá o prazo de 60 (sessenta) dias, a partir da publicação desta Lei, obedecidas as normas por ela instituídas, para elaborar e encaminhar projeto de lei dispondo sobre a extinção e reordenamento dos órgãos de assistência social do Ministério do Bem-Estar Social.

§ 1º O projeto de que trata este artigo definirá formas de transferências de benefícios, serviços, programas, projetos, pessoal, bens móveis e imóveis para a esfera municipal.

§ 2º O Ministro de Estado do Bem-Estar Social indicará Comissão encarregada de elaborar o projeto de lei de que trata este artigo, que contará com a participação das organizações dos usuários, de trabalhadores do setor e de entidades e organizações de assistência social.

Art. 33. Decorrido o prazo de 120 (cento e vinte) dias da promulgação desta Lei, fica extinto o Conselho Nacional de Serviço Social - CNSS, revogando-se, em conseqüência, os Decretos-Lei nºs 525, de 1º de julho de 1938, e 657, de 22 de julho de 1943.

§ 1º O Poder Executivo tomará as providências necessárias para a instalação do Conselho Nacional de Assistência Social - CNAS e a transferência das atividades que passarão à sua competência dentro do prazo estabelecido no *caput*, de forma a assegurar não haja solução de continuidade.

§ 2º O acervo do órgão de que trata o *caput* será transferido, no prazo de 60 (sessenta) dias, para o Conselho Nacional de Assistência Social - CNAS, que promoverá, mediante critérios e prazos a serem fixados, a revisão dos processos de registro e certificado de entidade de fins filantrópicos das entidades e organização de assistência social, observado o disposto no art. 3º desta lei.

Art. 34. A União continuará exercendo papel supletivo nas ações de assistência social, por ela atualmente executadas diretamente no âmbito dos Estados, dos Municípios e do Distrito Federal, visando à implementação do disposto nesta Lei, por prazo máximo de 12 (doze) meses, contados a partir da data da publicação desta Lei.

Art. 35. Cabe ao órgão da Administração Pública Federal responsável pela coordenação da Política Nacional de Assistência Social operar os benefícios de prestação continuada de que trata esta lei, podendo, para tanto, contar com o concurso de outros órgãos do Governo Federal, na forma a ser estabelecida em regulamento.

Parágrafo único. O regulamento de que trata o *caput* definirá as formas de comprovação do direito ao benefício, as condições de sua suspensão, os procedimentos em casos de curatela e tutela e o órgão de credenciamento, de pagamento e de fiscalização, dentre outros aspectos.

Art. 36. As entidades e organizações de assistência social que incorrerem em irregularidades na aplicação dos recursos que lhes foram repassados pelos poderes públicos terão a sua vinculação ao Suas cancelada, sem prejuízo de responsabilidade civil e penal. (Redação dada pela Lei 12.435/2011)

Art. 37. O benefício de prestação continuada será devido após o cumprimento, pelo requerente, de todos os requisitos legais e regulamentares exigidos para a sua concessão, inclusive apresentação da documentação necessária, devendo o seu pagamento ser efetuado em até quarenta e cinco dias após cumpridas as exigências de que trata este artigo. (Redação dada pela Lei 9.720/1998)

Parágrafo único. No caso de o primeiro pagamento ser feito após o prazo previsto no *caput*, aplicar-se-á na sua atualização o mesmo critério adotado pelo INSS na atualização do primeiro pagamento de benefício previdenciário em atraso. (Acrescido pela Lei 9.720/1998)

Art. 38. (Revogado pela Lei 12.435/2011)

Art. 39. O Conselho Nacional de Assistência Social - CNAS, por decisão da maioria absoluta de seus membros, respeitados o orçamento da seguridade social e a disponibilidade do Fundo Nacional de Assistência Social - FNAS, poderá propor ao Poder Executivo a alteração dos limites de renda mensal per capita definidos no § 3º do art. 20 e *caput* do art. 22.

Art. 40. Com a implantação dos benefícios previstos nos arts. 20 e 22 desta Lei, extinguem-se a renda mensal vitalícia, o auxílio-natalidade e o auxílio-funeral existentes no âmbito da Previdência Social, conforme o disposto na Lei nº 8.213, de 24 de julho de 1991.

§ 1º A transferência dos beneficiários do sistema previdenciário para a assistência social deve ser estabelecida de forma que o atendimento à população não sofra solução de continuidade. (Parágrafo único transformado em § 1º pela Lei 9.711/1998)

§ 2º É assegurado ao maior de setenta anos e ao inválido o direito de requerer a renda mensal vitalícia junto ao INSS até 31 de dezembro de 1995, desde que atenda, alternativamente, aos requisitos estabelecidos nos incisos I, II ou III do § 1º do art. 139 da Lei nº 8.213, de 24 de julho de 1991. (Acrescido pela Lei 9.711/1998)

Art. 40-A. Os benefícios monetários decorrentes do disposto nos arts. 22, 24-C e 25 desta Lei serão pagos preferencialmente à mulher responsável pela unidade familiar, quando cabível. (Acrescido pela Lei 13.014/2014)

Art. 40-B. Enquanto não estiver regulamentado o instrumento de avaliação de que tratam os §§ 1º e 2º do art. 2º da Lei nº 13.146, de 6 de julho de 2015 (Estatuto da Pessoa com Deficiência), a concessão do benefício de prestação continuada à pessoa com deficiência ficará sujeita à avaliação do grau da deficiência e do impedimento de que trata o § 2º do art. 20 desta Lei, composta por avaliação médica e avaliação social realizadas, respectivamente, pela Perícia Médica Federal e pelo serviço social do INSS, com a utilização de instrumentos desenvolvidos especificamente para esse fim. (Acrescido pela Lei 14.176/2021)

Art. 40-C. Os eventuais débitos do beneficiário decorrentes de recebimento irregular do benefício de prestação continuada ou do auxílio-inclusão poderão ser consignados no valor mensal desses benefícios, nos termos do regulamento. (Acrescido pela Lei 14.176/2021)

Art. 41. Esta lei entra em vigor na data da sua publicação.

Art. 42. Revogam-se as disposições em contrário.

Brasília, 7 de dezembro de 1993, 172º da Independência e 105º da República.

ITAMAR FRANCO
Jutahy Magalhães Júnior

LEI Nº 8.745, DE 9 DE DEZEMBRO DE 1993

Dispõe sobre a contratação por tempo determinado para atender a necessidade temporária de excepcional interesse público, nos termos do inciso IX do art. 37 da Constituição Federal, e dá outras providências.

▸ *Contratação por tempo determinado*

O PRESIDENTE DA REPÚBLICA Faço saber que o Congresso Nacional decreta e eu sanciono a seguinte Lei:

Art. 1º Para atender a necessidade temporária de excepcional interesse público, os órgãos da Administração Federal direta, as autarquias e as fundações públicas poderão efetuar contratação de pessoal por tempo determinado, nas condições e prazos previstos nesta Lei.

Art. 2º Considera-se necessidade temporária de excepcional interesse público:

I – assistência a situações de calamidade pública;

II – assistência a emergências em saúde pública; (Redação de acordo com a Lei nº 12.314, de 2010)

III – realização de recenseamentos e outras pesquisas de natureza estatística efetuadas pela Fundação Instituto Brasileiro de Geografia e Estatística – IBGE; (Redação de acordo com a Lei nº 9.849, de 1999)

IV – admissão de professor substituto e professor visitante;

V – admissão de professor e pesquisador visitante estrangeiro;

VI – atividades: (Redação de acordo com a Lei nº 9.849, de 1999)

a) especiais nas organizações das Forças Armadas para atender à área industrial ou a encargos temporários de obras e serviços de engenharia; *(Acrescentado pela Lei nº 9.849, de 1999)*

b) de identificação e demarcação territorial; *(Redação de acordo com a Lei nº 11.784, de 2008)*

c) (Revogada pela Lei nº 10.667, de 2003)

d) finalísticas do Hospital das Forças Armadas; *(Acrescentado pela Lei nº 9.849, de 1999). (Prorrogação de prazo pela Lei nº 11.784, de 2008)*

▸ Vide ADIN 3.257, *DJE 19.08.2014*.

e) de pesquisa e desenvolvimento de produtos destinados à segurança de sistemas de informações, sob responsabilidade do Centro de Pesquisa e Desenvolvimento para a Segurança das Comunicações – CEPESC; *(Acrescentado pela Lei nº 9.849, de 1999)*

f) de vigilância e inspeção, relacionadas à defesa agropecuária, no âmbito do Ministério da Agricultura e do Abastecimento, para atendimento de situações emergenciais ligadas ao comércio internacional de produtos de origem animal ou vegetal ou de iminente risco à saúde animal, vegetal ou humana; *(Acrescentado pela Lei nº 9.849, de 1999)*

g) desenvolvidas no âmbito dos projetos do Sistema de Vigilância da Amazônia – SIVAM e do Sistema de Proteção da Amazônia – SIPAM. *(Acrescentado pela Lei nº 9.849, de 1999)*

▸ Vide ADIN 3.257, *DJE 19.08.2014*.

h) técnicas especializadas, no âmbito de projetos de cooperação com prazo determinado, implementados mediante acordos internacionais, desde que haja, em seu desempenho, subordinação do contratado ao órgão ou entidade pública. *(Acrescentado pela Lei nº 10.667, de 2003) (Vide Medida Provisória nº 341, de 2006)*

i) técnicas especializadas necessárias à implantação de órgãos ou entidades ou de novas atribuições definidas para organizações existentes ou as decorrentes de aumento transitório no volume de trabalho que não possam ser atendidas mediante a aplicação do art. 74 da Lei nº 8.112, de 11 de dezembro de 1990; *(Acrescentado pela Lei nº 11.784, de 2008)*

j) técnicas especializadas de tecnologia da informação, de comunicação e de revisão de processos de trabalho, não alcançadas pela alínea i e que não se caracterizem como atividades permanentes do órgão ou entidade; *(Acrescentado pela Lei nº 11.784, de 2008)*

l) didático-pedagógicas em escolas de governo; e *(Acrescentado pela Lei nº 11.784, de 2008)*

m) de assistência à saúde para comunidades indígenas; e *(Acrescentado pela Lei nº 11.784, de 2008)*

n) com o objetivo de atender a encargos temporários de obras e serviços de engenharia destinados à construção, à reforma, à ampliação e ao aprimoramento de estabelecimentos penais; (Acrescida pela Lei nº 13.886, de 2019)

VII – admissão de professor, pesquisador e tecnólogo substitutos para suprir a falta de professor, pesquisador ou tecnólogo ocupante de cargo efetivo, decorrente de licença para exercer atividade empresarial relativa à inovação. *(Acrescentado pela Lei nº 10.973, de 2004)*

VIII – admissão de pesquisador, nacional ou estrangeiro, para projeto de pesquisa com prazo determinado, em instituição destinada à pesquisa; e *(Acrescentado pela Lei nº 11.784, de 2008)*

IX – combate a emergências ambientais, na hipótese de declaração, pelo Ministro de Estado do Meio Ambiente, da existência de emergência ambiental na região específica. *(Acrescentado pela Lei nº 11.784, de 2008)*

X – admissão de professor para suprir demandas decorrentes da expansão das instituições federais de ensino, respeitados os limites e as condições fixados em ato conjunto dos Ministérios do Planejamento, Orçamento e Gestão e da Educação. *(Acrescentado pela Lei nº 12.425, de 2011)*

XI – admissão de professor para suprir demandas excepcionais decorrentes de programas e projetos de aperfeiçoamento de médicos na área de Atenção Básica em saúde em regiões prioritárias para o Sistema Único de Saúde (SUS), mediante integração ensino-serviço, respeitados os limites e as condições fixados em ato conjunto dos Ministros de Estado do Planejamento, Orçamento e Gestão, da Saúde e da Educação. (Incluído pela Lei nº 12.871, de 2013)

§ 1º A contratação de professor substituto de que trata o inciso IV do *caput* poderá ocorrer para suprir a falta de professor efetivo em razão de: *(Acrescentado pela Lei nº 12.425, de 2011)*

I – vacância do cargo; *(Acrescentado pela Lei nº 12.425, de 2011)*

II – afastamento ou licença, na forma do regulamento; ou *(Acrescentado pela Lei nº 12.425, de 2011)*

III – nomeação para ocupar cargo de direção de reitor, vice-reitor, pró-reitor e diretor de campus. *(Acrescentado pela Lei nº 12.425, de 2011)*

§ 2º O número total de professores de que trata o inciso IV do *caput* não poderá ultrapassar 20% (vinte por cento) do total de docentes efetivos em exercício na instituição federal de ensino. *(Acrescentado pela Lei nº 12.425, de 2011)*

§ 3º As contratações a que se refere a alínea h do inciso VI serão feitas exclusivamente por projeto, vedado o aproveitamento dos contratados em qualquer área da administração pública. *(Acrescentado pela Lei nº 10.667, de 14.5.2003)*

§ 4º Ato do Poder Executivo disporá, para efeitos desta Lei, sobre a declaração de emergências em saúde pública. *(Parágrafo acrescido pela Lei nº 12.314, de 19/8/2010).*

§ 5º A contratação de professor visitante e de professor visitante estrangeiro, de que tratam os incisos IV e V do *caput*, tem por objetivo:

I – apoiar a execução dos programas de pós-graduação *stricto sensu*;

II – contribuir para o aprimoramento de programas de ensino, pesquisa e extensão;

III – contribuir para a execução de programas de capacitação docente; ou

IV – viabilizar o intercâmbio científico e tecnológico. (Parágrafo acrescido pela Lei nº 12.772, de 28/12/2012)

§ 6º A contratação de professor visitante e o professor visitante estrangeiro, de que tratam os incisos IV e V do *caput*, deverão:

I – atender a requisitos de titulação e competência profissional; ou

II – ter reconhecido renome em sua área profissional, atestado por deliberação do Conselho Superior da instituição contratante. (Parágrafo acrescido pela Lei nº 12.772, de 28/12/2012)

§ 7º São requisitos mínimos de titulação e competência profissional para a contratação de professor visitante ou de professor visitante estrangeiro, de que tratam os incisos IV e V do *caput*:

I – ser portador do título de doutor, no mínimo, há 2 (dois) anos;

II – ser docente ou pesquisador de reconhecida competência em sua área; e

III – ter produção científica relevante, preferencialmente nos últimos 5 (cinco) anos. (Parágrafo acrescido pela Lei nº 12.772, de 28/12/2012)

§ 8º Excepcionalmente, no âmbito das Instituições da Rede Federal de Educação Profissional, Científica e Tecnológica, poderão ser contratados professor visitante ou professor visitante estrangeiro, sem o título de doutor, desde que possuam comprovada competência em ensino, pesquisa e extensão tecnológicos ou reconhecimento da qualificação profissional pelo mercado de trabalho, na forma prevista pelo Conselho Superior da instituição contratante. (Parágrafo acrescido pela Lei nº 12.772, de 28/12/2012)

§ 9º A contratação de professores substitutos, professores visitantes e professores visitantes estrangeiros poderá ser autorizada pelo dirigente da instituição, condicionada à existência de recursos orçamentários e financeiros para fazer frente às despesas decorrentes da contratação e ao quantitativo máximo de contratos estabelecido para a IFE. (Parágrafo acrescido pela Lei nº 12.772, de 28/12/2012)

§ 10. A contratação dos professores substitutos fica limitada ao regime de trabalho de 20 (vinte) horas ou 40 (quarenta) horas. (Parágrafo acrescido pela Lei nº 12.772, de 28/12/2012)

Art. 3º O recrutamento do pessoal a ser contratado, nos termos desta Lei, será feito mediante processo seletivo simplificado sujeito a ampla divulgação, inclusive através do Diário Oficial da União, prescindindo de concurso público.

§ 1º A contratação para atender às necessidades decorrentes de calamidade pública, de emergência ambiental e de emergências em saúde pública prescindirá de processo seletivo. *(Redação de acordo com a Lei nº 12.314, de 2010)*

§ 2º A contratação de pessoal, nos casos do professor visitante referido nos incisos IV e V e nos casos das alíneas a, d, e, g, l e m do inciso VI e do inciso VIII do *caput* do art. 2º desta Lei, poderá ser efetivada em vista de notória capacidade técnica ou científica do profissional, mediante análise do *curriculum vitae*. *(Redação de acordo com a Lei nº 11.784, de 2008)*

§ 3º As contratações de pessoal no caso das alíneas h e i do inciso VI do art. 2º desta Lei serão feitas mediante processo seletivo simplificado, observados os critérios e condições estabelecidos pelo Poder Executivo. *(Redação de acordo com a Lei nº 11.784, de 2008)*

Art. 4º As contratações serão feitas por tempo determinado, observados os seguintes prazos máximos: *(Redação de acordo com a Lei nº 10.667, de 2003)* (Prorrogação de prazo pela Lei nº 11.784, de 2008,

I – 6 (seis) meses, nos casos dos incisos I, II e IX do *caput* do art. 2º desta Lei; *(Redação de acordo com a Lei nº 11.784, de 2008)*

II – 1 (um) ano, nos casos dos incisos III e IV, das alíneas d e f do inciso VI e do inciso X do *caput* do art. 2º; *(Acrescentado pela Lei nº 12.425, de 2011)*

III – 2 (dois) anos, nos casos das alíneas *b*, e e *m* do inciso VI do art. 2º; *(Redação de acordo com a Lei nº 12.314, de 2010)*

IV – 3 (três) anos, nos casos das alíneas "h" e "l" do inciso VI e dos incisos VII, VIII e XI do *caput* do art. 2º desta Lei; (Redação dada pela Lei nº 12.871, de 2013)

V – 4 (quatro) anos, nos casos do inciso V e das alíneas a, g, i, j e n do inciso VI do *caput* do art. 2º desta Lei. (Redação dada pela Lei nº 13.886, de 2019)

Parágrafo único. É admitida a prorrogação dos contratos: *(Acrescentado pela Lei nº 10.667, de 2003) (Vide Lei nº 11.204, de 2005)*

I – no caso do inciso IV, das alíneas *b*, *d* e *f* do inciso VI e do inciso X do *caput* do art. 2º, desde que o prazo total não exceda a 2 (dois) anos;

II – no caso do inciso III e da alínea e do inciso VI do *caput* do art. 2º, desde que o prazo total não exceda a 3 (três) anos;

III – nos casos do inciso V, das alíneas a, h, l, m e n do inciso VI e do inciso VIII do *caput* do art. 2º desta Lei, desde que o prazo total não exceda a 4 (quatro) anos; (Redação dada pela Lei nº 13.886, de 2019)

IV – no caso das alíneas *g*, *i* e *j* do inciso VI do *caput* do art. 2º desta Lei, desde que o prazo total não exceda a 5 (cinco) anos; *(Redação de acordo com a Lei nº 11.784, de 2008)*

V – no caso dos incisos VII e XI do *caput* do art. 2º, desde que o prazo total não exceda 6 (seis) anos; e *(Redação dada pela Lei nº 12.871, de 2013)*

VI – nos casos dos incisos I e II do *caput* do art. 2º desta Lei, pelo prazo necessário à superação da situação de calamidade pública ou das situações de emergências em saúde pública, desde que não exceda a 2 (dois) anos. *(Inciso com redação dada pela Lei nº 12.314, de 19/8/2010)*

Art. 5º As contratações somente poderão ser feitas com observância da dotação orçamentária específica e mediante prévia autorização do Ministro de Estado do Planejamento, Orçamento e Gestão e do Ministro de Estado sob cuja supervisão se encontrar o órgão ou entidade contratante, conforme estabelecido em regulamento. *(Redação de acordo com a Lei nº 9.849, de 1999)*

Parágrafo único. *(Revogado pela Lei nº 9.849, de 1999)*

Art. 5º-A. Os órgãos e entidades contratantes encaminharão à Secretaria de Recursos Humanos do Ministério do Planejamento, Orçamento e Gestão, para controle do disposto nesta Lei, síntese dos contratos efetivados. *(Acrescentado pela Lei nº 10.667, de 2003)*

Art. 6º É proibida a contratação, nos termos desta Lei, de servidores da Administração direta ou indireta da União, dos Estados, do Distrito Federal e dos Municípios, bem como de empregados ou servidores de suas subsidiárias e controladas.

§ 1º Excetua-se do disposto no *caput* deste artigo, condicionada à formal comprovação da compatibilidade de horários, a contratação de: *(Redação de acordo com a Lei nº 11.123, de 2005)*

I – professor substituto nas instituições federais de ensino, desde que o contratado não ocupe cargo efetivo integrante das carreiras de magistério de que trata a Lei nº 7.596, de 10 de abril de 1987; *(Acrescentado pela Lei nº 11.123, de 2005)*

II – profissionais de saúde em unidades hospitalares, quando administradas pelo Governo Federal e para atender às necessidades decorrentes de calamidade pública, desde que o contratado não ocupe cargo efetivo ou emprego permanente em órgão ou entidade da administração pública federal direta e indireta. *(Acrescentado pela Lei nº 11.123, de 2005)*

§ 2º Sem prejuízo da nulidade do contrato, a infração do disposto neste artigo importará responsabilidade administrativa da autoridade contratante e do contratado, inclusive, se for o caso, solidariedade quanto à devolução dos valores pagos ao contratado. *(Renumerado do Parágrafo Único com nova redação pela Lei nº 9.849, de 1999).*

Art. 7º A remuneração do pessoal contratado nos termos desta Lei será fixada:

I – nos casos dos incisos IV, X e XI do *caput* do art. 2º, em importância não superior ao valor da remuneração fixada para os servidores de final de Carreira das mesmas categorias, nos planos de retribuição ou nos quadros de cargos e salários do órgão ou entidade contratante;

II – nos casos dos incisos I a III, V, VI e VIII do *caput* do art. 2º, em importância não superior ao valor da remuneração constante dos planos de retribuição ou dos quadros de cargos e salários do serviço público, para servidores que desempenhem função semelhante, ou, não existindo a semelhança, às condições do mercado de trabalho; e

III – no caso do inciso III do art. 2º, quando se tratar de coleta de dados, o valor da remuneração poderá ser formado por unidade produzida, desde que obedecido ao disposto no inciso II deste artigo. *(Acrescentado pela Lei nº 9.849, de 1999).*

§ 1º Para os efeitos deste artigo, não se consideram as vantagens de natureza individual dos servidores ocupantes de cargos tomados como paradigma. *(Renumerado pela Lei nº 10.667, de 2003)*

§ 2º Caberá ao Poder Executivo fixar as tabelas de remuneração para as hipóteses de contratações previstas nas alíneas *h*, *i*, *j*, *l* e *m* do inciso

VI do *caput* do art. 2º. *(Redação de acordo com a Lei nº 12.314, de 2010)*

Art. 8º Ao pessoal contratado nos termos desta Lei aplica-se o disposto na Lei nº 8.647, de 13 de abril de 1993.

Art. 9º O pessoal contratado nos termos desta Lei não poderá:

I – receber atribuições, funções ou encargos não previstos no respectivo contrato;

II – ser nomeado ou designado, ainda que a título precário ou em substituição, para o exercício de cargo em comissão ou função de confiança;

III – ser novamente contratado, com fundamento nesta Lei, antes de decorridos 24 (vinte e quatro) meses do encerramento de seu contrato anterior, salvo nas hipóteses dos incisos I e IX do art. 2º desta Lei, mediante prévia autorização, conforme determina o art. 5º desta Lei. *(Redação de acordo com a Lei nº 11.784, de 2008)*

Parágrafo único. Revogado pela Lei nº 11.784, de 22/9/2008.

Art. 10. As infrações disciplinares atribuídas ao pessoal contratado nos termos desta Lei serão apuradas mediante sindicância, concluída no prazo de trinta dias e assegurada ampla defesa.

Art. 11. Aplica-se ao pessoal contratado nos termos desta Lei o disposto nos arts. 53 e 54; 57 a 59; 63 a 80; 97; 104 a 109; 110, incisos, I, in fine, e II, parágrafo único, a 115; 116, incisos I a V, alíneas a e c, VI a XII e parágrafo único; 117, incisos I a VI e IX a XVIII; 118 a 126; 127, incisos I, II e III, a 132, incisos I a VII, e IX a XIII; 136 a 142, incisos I, primeira parte, a III, e §§ 1º a 4º; 236; 238 a 242, da Lei nº 8.112, de 11 de dezembro de 1990.

Art. 12. O contrato firmado de acordo com esta Lei extinguir-se-á, sem direito a indenizações:

I – pelo término do prazo contratual;

II – por iniciativa do contratado.

III – pela extinção ou conclusão do projeto, definidos pelo contratante, nos casos da alínea h do inciso VI do art. 2º. *(Acrescentado pela Lei nº 10.667, de 2003)*

§ 1º A extinção do contrato, nos casos dos incisos II e III, será comunicada com a antecedência mínima de trinta dias. *(Redação de acordo com a Lei nº 10.667, de 2003)*

§ 2º – A extinção do contrato, por iniciativa do órgão ou entidade contratante, decorrente de conveniência administrativa, importará no pagamento ao contratado de indenização correspondente à metade do que lhe caberia referente ao restante do contrato.

Arts. 13 a 15. *(Revogados pela Lei nº 11.440, de 2006)*

Art. 16. O tempo de serviço prestado em virtude de contratação nos termos desta Lei será contado para todos os efeitos.

Art. 17. Esta Lei entra em vigor na data de sua publicação.

Art. 18. Revogam-se as disposições em contrário, especialmente os arts. 232 a 235 da Lei nº 8.112, de 11 de dezembro de 1990.

Brasília, 9 de dezembro de 1993, 172º da Independência e 105º da República.

Itamar Franco

LEI COMPLEMENTAR Nº 80, DE 12 DE JANEIRO DE 1994*

Organiza a Defensoria Pública da União, do Distrito Federal e dos Territórios e prescreve normas gerais para sua organização nos Estados, e dá outras providências.

▸ *Lei Orgânica da Defensoria Pública da União*

O PRESIDENTE DA REPÚBLICA Faço saber que o Congresso Nacional decreta e eu sanciono a seguinte Lei:

TÍTULO I. DISPOSIÇÕES GERAIS

(Redação dada pela Lei Complementar nº 132, de 2009)

Art. 1º. A Defensoria Pública é instituição permanente, essencial à função jurisdicional do Estado, incumbindo-lhe, como expressão e instrumento do regime democrático, fundamentalmente, a orientação jurídica, a promoção dos direitos humanos e a defesa, em todos os graus, judicial e extrajudicial, dos direitos individuais e coletivos, de forma integral e gratuita, aos necessitados, assim considerados na forma do inciso LXXIV do art. 5º da Constituição Federal. (Redação dada pela Lei Complementar nº 132, de 2009)

Art. 2º. A Defensoria Pública abrange:

I – a Defensoria Pública da União;

II – a Defensoria Pública do Distrito Federal e dos Territórios;

III – as Defensorias Públicas dos Estados.

Art. 3º. São princípios institucionais da Defensoria Pública a unidade, a indivisibilidade e a independência funcional.

Parágrafo único. (*VETADO*).

Art. 3º-A. São objetivos da Defensoria Pública: (Incluído pela Lei Complementar nº 132, de 2009)

I – a primazia da dignidade da pessoa humana e a redução das desigualdades sociais; (Incluído pela Lei Complementar nº 132, de 2009)

II – a afirmação do Estado Democrático de Direito; (Incluído pela Lei Complementar nº 132, de 2009)

III – a prevalência e efetividade dos direitos humanos; e (Incluído pela Lei Complementar nº 132, de 2009)

IV – a garantia dos princípios constitucionais da ampla defesa e do contraditório. (Incluído pela Lei Complementar nº 132, de 2009)

Art. 4º. São funções institucionais da Defensoria Pública, dentre outras:

I – prestar orientação jurídica e exercer a defesa dos necessitados, em todos os graus; (Redação dada pela Lei Complementar nº 132, de 2009)

II – promover, prioritariamente, a solução extrajudicial dos litígios, visando à composição entre as pessoas em conflito de interesses, por meio de mediação, conciliação, arbitragem e demais técnicas de composição e administração de conflitos; (Redação dada pela Lei Complementar nº 132, de 2009)

III – promover a difusão e a conscientização dos direitos humanos, da cidadania e do ordenamento jurídico; (Redação dada pela Lei Complementar nº 132, de 2009)

IV – prestar atendimento interdisciplinar, por meio de órgãos ou de servidores de suas Carreiras de apoio para o exercício de suas atribuições; (Redação dada pela Lei Complementar nº 132, de 2009)

V – exercer, mediante o recebimento dos autos com vista, a ampla defesa e o contraditório em favor de pessoas naturais e jurídicas, em processos administrativos e judiciais, perante todos os órgãos e em todas as instâncias, ordinárias ou extraordinárias, utilizando todas as medidas capazes de propiciar a adequada e efetiva defesa de seus interesses; (Redação dada pela Lei Complementar nº 132, de 2009)

VI – representar aos sistemas internacionais de proteção dos direitos humanos, postulando perante seus órgãos; (Redação dada pela Lei Complementar nº 132, de 2009)

VII – promover ação civil pública e todas as espécies de ações capazes de propiciar a adequada tutela dos direitos difusos, coletivos ou individuais homogêneos quando o resultado da demanda puder beneficiar grupo de pessoas hipossuficientes; (Redação dada pela Lei Complementar nº 132, de 2009)

VIII – exercer a defesa dos direitos e interesses individuais, difusos, coletivos e individuais homogêneos e dos direitos do consumidor, na forma do inciso LXXIV do art. 5º da Constituição Federal; (Redação dada pela Lei Complementar nº 132, de 2009)

IX – impetrar *habeas corpus*, mandado de injunção, *habeas data* e mandado de segurança ou qualquer outra ação em defesa das funções institucionais e prerrogativas de seus órgãos de execução; (Redação dada pela Lei Complementar nº 132, de 2009)

X – promover a mais ampla defesa dos direitos fundamentais dos necessitados, abrangendo seus direitos individuais, coletivos, sociais, econômicos, culturais e ambientais, sendo admissíveis todas as espécies de ações capazes de propiciar sua adequada e efetiva tutela; (Redação dada pela Lei Complementar nº 132, de 2009)

XI – exercer a defesa dos interesses individuais e coletivos da criança e do adolescente, do idoso, da pessoa portadora de necessidades especiais, da mulher vítima de violência doméstica e familiar e de outros grupos sociais vulneráveis que mereçam proteção especial do Estado; (Redação dada pela Lei Complementar nº 132, de 2009)

XII – (*VETADO*);

XIII – (*VETADO*).

XIV – acompanhar inquérito policial, inclusive com a comunicação imediata da prisão em flagrante pela autoridade policial, quando o preso não constituir advogado; (Incluído pela Lei Complementar nº 132, de 2009)

XV – patrocinar ação penal privada e a subsidiária da pública; (Incluído pela Lei Complementar nº 132, de 2009)

XVI – exercer a curadoria especial nos casos previstos em lei; (Incluído pela Lei Complementar nº 132, de 2009)

XVII – atuar nos estabelecimentos policiais, penitenciários e de internação de adolescentes, visando a assegurar às pessoas, sob quaisquer circunstâncias, o exercício pleno de seus direitos e garantias fundamentais; (Incluído pela Lei Complementar nº 132, de 2009)

XVIII – atuar na preservação e reparação dos direitos de pessoas vítimas de tortura, abusos sexuais, discriminação ou qualquer outra forma de opressão ou violência, propiciando o acompanhamento e o atendimento interdisciplinar das vítimas; (Incluído pela Lei Complementar nº 132, de 2009)

XIX – atuar nos Juizados Especiais; (Incluído pela Lei Complementar nº 132, de 2009)

XX – participar, quando tiver assento, dos conselhos federais, estaduais e municipais afetos às funções institucionais da Defensoria Pública, respeitadas as atribuições de seus ramos; (Incluído pela Lei Complementar nº 132, de 2009)

XXI – executar e receber as verbas sucumbenciais decorrentes de sua atuação, inclusive quando devidas por quaisquer entes públicos, destinando-as a fundos geridos pela Defensoria Pública e destinados, exclusivamente, ao aparelhamento da Defensoria Pública e à capacitação profissional de seus membros e servidores; (Incluído pela Lei Complementar nº 132, de 2009)

XXII – convocar audiências públicas para discutir matérias relacionadas às suas funções institucionais. (Incluído pela Lei Complementar nº 132, de 2009)

§ 1º. (*VETADO*).

§ 2º. As funções institucionais da Defensoria Pública serão exercidas inclusive contra as Pessoas Jurídicas de Direito Público.

§ 3º. (*VETADO*).

§ 4º. O instrumento de transação, mediação ou conciliação referendado pelo Defensor Público valerá como título executivo extrajudicial, inclusive quando celebrado com a pessoa jurídica de direito público. (Incluído pela Lei Complementar nº 132, de 2009)

§ 5º A assistência jurídica integral e gratuita custeada ou fornecida pelo Estado será exercida pela Defensoria Pública. (Incluído pela Lei Complementar nº 132, de 2009)

§ 6º A capacidade postulatória do Defensor Público decorre exclusivamente de sua nomeação e posse no cargo público. (Incluído pela Lei Complementar nº 132, de 2009)

§ 7º Aos membros da Defensoria Pública é garantido sentar-se no mesmo plano do Ministério Público. (Incluído pela Lei Complementar nº 132, de 2009)

§ 8º Se o Defensor Público entender inexistir hipótese de atuação institucional, dará imediata ciência ao Defensor Público-Geral, que decidirá a controvérsia, indicando, se for o caso, outro Defensor Público para atuar. (Incluído pela Lei Complementar nº 132, de 2009)

§ 9º O exercício do cargo de Defensor Público é comprovado mediante apresentação de carteira funcional expedida pela respectiva Defensoria Pública, conforme modelo previsto nesta Lei Complementar, a qual valerá como documento de identidade e terá fé pública em todo o território nacional. (Incluído pela Lei Complementar nº 132, de 2009)

§ 10. O exercício do cargo de Defensor Público é indelegável e privativo de membro da Carreira. (Incluído pela Lei Complementar nº 132, de 2009)

§ 11. Os estabelecimentos a que se refere o inciso XVII do *caput* reservarão instalações adequadas ao atendimento jurídico dos presos e internos por parte dos Defensores Públicos, bem como a esses fornecerão apoio administrativo, prestarão as informações solicitadas e assegurarão acesso à documentação dos presos e internos, aos quais é assegurado o direito de entrevista com os Defensores Públicos. (Incluído pela Lei Complementar nº 132, de 2009)

Art. 4º-A. São direitos dos assistidos da Defensoria Pública, além daqueles previstos na legislação estadual ou em atos normativos internos: (Incluído pela Lei Complementar nº 132, de 2009)

I – a informação sobre: (Incluído pela Lei Complementar nº 132, de 2009)

a) localização e horário de funcionamento dos órgãos da Defensoria Pública; (Incluído pela Lei Complementar nº 132, de 2009)

b) a tramitação dos processos e os procedimentos para a realização de exames, perícias e outras providências necessárias à defesa de seus interesses; (Incluído pela Lei Complementar nº 132, de 2009)

II – a qualidade e a eficiência do atendimento; (Incluído pela Lei Complementar nº 132, de 2009)

III – o direito de ter sua pretensão revista no caso de recusa de atuação pelo Defensor Público; (Incluído pela Lei Complementar nº 132, de 2009)

IV – o patrocínio de seus direitos e interesses pelo defensor natural; (Incluído pela Lei Complementar nº 132, de 2009)

V – a atuação de Defensores Públicos distintos, quando verificada a existência de interesses antagônicos ou colidentes entre destinatários de suas funções. (Incluído pela Lei Complementar nº 132, de 2009)

TÍTULO II. DA ORGANIZAÇÃO DA DEFENSORIA PÚBLICA DA UNIÃO

CAPÍTULO I. DA ESTRUTURA

Art. 5º. A Defensoria Pública da União compreende:

I – órgãos de administração superior:

a) a Defensoria Pública-Geral da União;

b) a Subdefensoria Pública-Geral da União;

c) o Conselho Superior da Defensoria Pública da União;

d) a Corregedoria-Geral da Defensoria Pública da União;

II – órgãos de atuação:

a) as Defensorias Públicas da União nos Estados, no Distrito Federal e nos Territórios;

b) os Núcleos da Defensoria Pública da União;

III – órgãos de execução:

a) os Defensores Públicos Federais nos Estados, no Distrito Federal e nos Territórios. (Redação dada pela Lei Complementar nº 132, de 2009)

SEÇÃO I. DO DEFENSOR PÚBLICO-GERAL FEDERAL E DO SUBDEFENSOR PÚBLICO-GERAL FEDERAL

(Redação dada pela Lei Complementar nº 132, de 2009)

Art. 6º. A Defensoria Pública da União tem por chefe o Defensor Público-Geral Federal, nomeado pelo Presidente da República, dentre membros estáveis da Carreira e maiores de 35 (trinta e cinco) anos, escolhidos em lista tríplice formada pelo voto direto, secreto, plurinominal e obrigatório de seus membros, após a aprovação de seu nome pela maioria absoluta dos membros do Senado Federal, para mandato de 2 (dois) anos, permitida uma recondução, precedida de nova aprovação do Senado Federal. (Redação dada pela Lei Complementar nº 132, de 2009)

§ 1º. (*VETADO*).

§ 2º. (*VETADO*).

Art. 7º. O Defensor Público-Geral Federal será substituído, em suas faltas, impedimentos, licenças e férias, pelo Subdefensor Público-Geral Federal, nomeado pelo Presidente da República, dentre os integrantes da Categoria Especial da Carreira, escolhidos pelo Conselho Superior, para mandato de 2 (dois) anos. (Redação dada pela Lei Complementar nº 132, de 2009)

Parágrafo único. A União poderá, segundo suas necessidades, ter mais de um Subdefensor Público-Geral Federal. (Redação dada pela Lei Complementar nº 132, de 2009)

Art. 8º. São atribuições do Defensor Público-Geral, dentre outras:

I – dirigir a Defensoria Pública da União, superintender e coordenar suas atividades e orientar-lhe a atuação;

II – representar a Defensoria Pública da União judicial e extrajudicialmente;

III – velar pelo cumprimento das finalidades da Instituição;

IV – integrar, como membro nato, e presidir o Conselho Superior da Defensoria Pública da União;

V – submeter ao Conselho Superior proposta de criação ou de alteração do Regimento Interno da Defensoria Pública-Geral da União; (Redação dada pela Lei Complementar nº 132, de 2009)

VI – autorizar os afastamentos dos membros da Defensoria Pública da União;

VII – estabelecer a lotação e a distribuição dos membros e dos servidores da Defensoria Pública da União;

VIII – dirimir conflitos de atribuições entre membros da Defensoria Pública da União, com recurso para seu Conselho Superior;

IX – proferir decisões nas sindicâncias e processos administrativos disciplinares promovidos pela Corregedoria-Geral da Defensoria Pública da União;

X – instaurar processo disciplinar contra membros e servidores da Defensoria Pública da União, por recomendação de seu Conselho Superior;

XI – abrir concursos públicos para ingresso na carreira da Defensoria Pública da União;

XII – determinar correições extraordinárias;

XIII – praticar atos de gestão administrativa, financeira e de pessoal;

XIV – convocar o Conselho Superior da Defensoria Pública da União;

XV – designar membro da Defensoria Pública da União para exercício de suas atribuições em órgão de atuação diverso do de sua lotação ou, em caráter excepcional, perante Juízos, Tribunais ou Ofícios diferentes dos estabelecidos para cada categoria;

XVI – requisitar de qualquer autoridade pública e de seus agentes, certidões, exames, perícias, vistorias, diligências, processos, documentos, informações, esclarecimentos e demais providências necessárias à atuação da Defensoria Pública;

XVII – aplicar a pena da remoção compulsória, aprovada pelo voto de 2/3 (dois terços) do Conselho Superior da Defensoria Pública da União, assegurada ampla defesa;

XVIII – delegar atribuições a autoridade que lhe seja subordinada, na forma da lei.

XIX – requisitar força policial para assegurar a incolumidade física dos membros da Defensoria Pública da União, quando estes se encontrarem ameaçados em razão do desempenho de suas atribuições institucionais; (Incluído pela Lei Complementar nº 132, de 2009)

XX – apresentar plano de atuação da Defensoria Pública da União ao Conselho Superior. (Incluído pela Lei Complementar nº 132, de 2009)

Parágrafo único. Ao Subdefensor Público-Geral Federal, além da atribuição prevista no art. 7º desta Lei Complementar, compete: (Redação dada pela Lei Complementar nº 132, de 2009)

I – auxiliar o Defensor Público-Geral nos assuntos de interesse da Instituição;

II – desincumbir-se das tarefas e delegações que lhe forem determinadas pelo Defensor Público-Geral.

(...)

SEÇÃO IV. DA DEFENSORIA PÚBLICA DA UNIÃO NOS ESTADOS, NO DISTRITO FEDERAL E NOS TERRITÓRIOS

Art. 14. A Defensoria Pública da União atuará nos Estados, no Distrito Federal e nos Territórios, junto às Justiças Federal, do Trabalho, Eleitoral, Militar, Tribunais Superiores e instâncias administrativas da União.

§ 1º. A Defensoria Pública da União deverá firmar convênios com as Defensorias Públicas dos Estados e do Distrito Federal, para que estas, em seu nome, atuem junto aos órgãos de primeiro e segundo graus de jurisdição referidos no *caput*, no desempenho das funções que lhe são cometidas por esta Lei Complementar. (Incluído pela Lei Complementar nº 98, de 1999)

§ 2º. Não havendo na unidade federada Defensoria Pública constituída nos moldes desta Lei Complementar, é autorizado o convênio com a entidade pública que desempenhar essa função, até que seja criado o órgão próprio. (Incluído pela Lei Complementar nº 98, de 1999)

§ 3º. A prestação de assistência judiciária pelos órgãos próprios da Defensoria Pública da União dar-se-á, preferencialmente, perante o Supremo Tribunal Federal e os Tribunais superiores. (Incluído pela Lei Complementar nº 98, de 1999)

Art. 15. Os órgãos de atuação da Defensoria Pública da União em cada Estado, no Distrito Federal e nos Territórios serão dirigidos por Defensor Público-Chefe, designado pelo Defensor Público-Geral, dentre os integrantes da carreira.

Parágrafo único. Ao Defensor Público-Chefe, sem prejuízo de suas funções institucionais, compete, especialmente:

I – coordenar as atividades desenvolvidas pelos Defensores Públicos Federais que atuem em sua área de competência; (Redação dada pela Lei Complementar nº 132, de 2009)

II – sugerir ao Defensor Público-Geral providências para o aperfeiçoamento das atividades institucionais em sua área de competência;

III – deferir ao membro da Defensoria Pública da União sob sua coordenação direitos e vantagens legalmente autorizados, por expressa delegação de competência do Defensor Público-Geral;

IV – solicitar providências correicionais ao Defensor Público-Geral, em sua área de competência;

V – remeter, semestralmente, ao Corregedor-Geral, relatório das atividades na sua área de competência.

Art. 15-A. A organização da Defensoria Pública da União deve primar pela descentralização, e sua atuação deve incluir atendimento interdisciplinar, bem como a tutela dos interesses individuais, difusos, coletivos e individuais homogêneos. (Incluído pela Lei Complementar nº 132, de 2009)

SEÇÃO V. DOS NÚCLEOS DA DEFENSORIA PÚBLICA DA UNIÃO NOS ESTADOS, NO DISTRITO FEDERAL E NOS TERRITÓRIOS

Art. 16. A Defensoria Pública da União nos Estados, no Distrito Federal e nos Territórios poderá atuar por meio de Núcleos.

Art. 17. Os Núcleos são dirigidos por Defensor Público-Chefe, nos termos do art. 15 desta Lei Complementar.

SEÇÃO VI. DOS DEFENSORES PÚBLICOS FEDERAIS

(Redação dada pela Lei Complementar nº 132, de 2009)

Art. 18. Aos Defensores Públicos Federais incumbe o desempenho das funções de orientação, postulação e defesa dos direitos e interesses dos necessitados, cabendo-lhes, especialmente: (Redação dada pela Lei Complementar nº 132, de 2009)

I – atender às partes e aos interessados;

II – postular a concessão de gratuidade de justiça para os necessitados;

III – tentar a conciliação das partes, antes de promover a ação cabível;

IV – acompanhar e comparecer aos atos processuais e impulsionar os processos;

V – interpor recurso para qualquer grau de jurisdição e promover revisão criminal, quando cabível;

VI – sustentar, oralmente ou por memorial, os recursos interpostos e as razões apresentadas por intermédio da Defensoria Pública da União;

VII – defender os acusados em processo disciplinar.

VIII – participar, com direito de voz e voto, do Conselho Penitenciário; (Incluído pela Lei Complementar nº 132, de 2009)

IX – certificar a autenticidade de cópias de documentos necessários à instrução de processo administrativo ou judicial, à vista da apresentação dos originais; (Incluído pela Lei Complementar nº 132, de 2009)

X – atuar nos estabelecimentos penais sob a administração da União, visando ao atendimento jurídico permanente dos presos e sentenciados, competindo à administração do sistema penitenciário federal reservar instalações seguras e adequadas aos seus trabalhos, franquear acesso a todas as dependências do estabelecimento independentemente de prévio agendamento, fornecer apoio administrativo, prestar todas as informações solicitadas, assegurar o acesso à documentação dos presos e internos, aos quais não poderá, sob fundamento algum, negar o direito de entrevista com os membros da Defensoria Pública da União. (Incluído pela Lei Complementar nº 132, de 2009)

CAPÍTULO II. DA CARREIRA

Art. 19. A Defensoria Pública da União é integrada pela Carreira de Defensor Público Federal, composta de 3 (três) categorias de cargos efetivos: (Redação dada pela Lei Complementar nº 132, de 2009)

- Lei 12.763/2012 – Criação de cargos de Defensor Público Federal.

I – Defensor Público Federal de 2ª Categoria (inicial); (Redação dada pela Lei Complementar nº 132, de 2009)

II – Defensor Público Federal de 1ª Categoria (intermediária); (Redação dada pela Lei Complementar nº 132, de 2009)

III – Defensor Público Federal de Categoria Especial (final). (Redação dada pela Lei Complementar nº 132, de 2009)

Art. 20. Os Defensores Públicos Federais de 2ª Categoria atuarão junto aos Juízos Federais, aos Juízos do Trabalho, às Juntas e aos Juízes Eleitorais, aos Juízes Militares, às Auditorias Militares, ao Tribunal Marítimo e às instâncias administrativas. (Redação dada pela Lei Complementar nº 132, de 2009)

Art. 21. Os Defensores Públicos Federais de 1ª Categoria atuarão nos Tribunais Regionais Federais, nas Turmas dos Juizados Especiais Federais, nos Tribunais Regionais do Trabalho e nos Tribunais Regionais Eleitorais. (Redação dada pela Lei Complementar nº 132, de 2009)

Art. 22. Os Defensores Públicos Federais de Categoria Especial atuarão no Superior Tribunal de Justiça, no Tribunal Superior do Trabalho, no Tribunal Superior Eleitoral, no Superior Tribunal Militar e na Turma Nacional de Uniformização dos Juizados Especiais Federais. (Redação dada pela Lei Complementar nº 132, de 2009)

Parágrafo único. (*VETADO*).

Art. 23. O Defensor Público-Geral atuará junto ao Supremo Tribunal Federal.

SEÇÃO I. DO INGRESSO NA CARREIRA

Art. 24. O ingresso na Carreira da Defensoria Pública da União far-se-á mediante aprovação prévia em concurso público, de âmbito nacional, de provas e títulos, com a participação da Ordem dos Advogados do Brasil, no cargo inicial de Defensor Público Federal de 2ª Categoria. (Redação dada pela Lei Complementar nº 132, de 2009)

§ 1º. Do regulamento do concurso constarão os programas das disciplinas sobre as quais versarão as provas, bem como outras disposições pertinentes à sua organização e realização.

§ 2º. O edital de abertura de inscrições no concurso indicará, obrigatoriamente, o número de cargos vagos na categoria inicial da carreira.

Art. 25. O concurso de ingresso realizar-se-á, obrigatoriamente, quando o número de vagas exceder a 1/5 (um quinto) dos cargos iniciais da carreira e, facultativamente, quando o exigir o interesse da administração.

Art. 26. O candidato, no momento da inscrição, deve possuir registro na Ordem dos Advogados do Brasil, ressalvada a situação dos proibidos de obtê-la, e comprovar, no mínimo, 2 (dois) anos de prática forense, devendo indicar sua opção por uma das unidades da Federação onde houver vaga.

§ 1º. Considera-se como atividade jurídica o exercício da advocacia, o cumprimento de estágio de Direito reconhecido por lei e o desempenho de cargo, emprego ou função, de nível superior, de atividades eminentemente jurídicas. (Redação dada pela Lei Complementar nº 132, de 2009)

§ 2º. Os candidatos proibidos de inscrição na Ordem dos Advogados do Brasil comprovarão o registro até a posse no cargo de Defensor Público.

Art. 26-A. Aos aprovados no concurso deverá ser ministrado curso oficial de preparação à Carreira, objetivando o treinamento específico para o desempenho das funções técnico-jurídicas e noções de outras disciplinas necessárias à consecução dos princípios institucionais da Defensoria Pública. (Incluído pela Lei Complementar nº 132, de 2009)

Art. 27. O concurso será realizado perante bancas examinadoras constituídas pelo Conselho Superior.

SEÇÃO II. DA NOMEAÇÃO, DA LOTAÇÃO E DA DISTRIBUIÇÃO

Art. 28. O candidato aprovado no concurso público para ingresso na carreira da Defensoria Pública será nomeado pelo Presidente da República para cargo inicial da carreira, respeitada a ordem de classificação e o número de vagas existentes.

Art. 29. Os Defensores Públicos Federais serão lotados e distribuídos pelo Defensor Público-Geral Federal, assegurado aos nomeados para os cargos iniciais o direito de escolha do órgão de atuação, desde que vago e obedecida a ordem de classificação no concurso. (Redação dada pela Lei Complementar nº 132, de 2009)

(...)

CAPÍTULO III. DA INAMOVIBILIDADE E DA REMOÇÃO

Art. 34. Os membros da Defensoria Pública da União são inamovíveis, salvo se apenados com remoção compulsória, na forma desta Lei Complementar.

Art. 35. A remoção será feita a pedido ou por permuta, sempre entre membros da mesma categoria da carreira.

Art. 36. A remoção compulsória somente será aplicada com prévio parecer do Conselho Superior, assegurada ampla defesa em processo administrativo disciplinar.

Art. 37. A remoção a pedido far-se-á mediante requerimento ao Defensor Público-Geral, nos 15 (quinze) dias seguintes à publicação, no *Diário Oficial*, do aviso de existência de vaga.

§ 1º. Findo o prazo fixado no *caput* deste artigo e, havendo mais de um candidato à remoção, será removido o mais antigo na categoria e, ocorrendo empate, sucessivamente, o mais antigo na carreira, no serviço público da União, no serviço público em geral, o mais idoso e o mais bem classificado no concurso para ingresso na Defensoria Pública.

§ 2º. A remoção precederá o preenchimento da vaga por promoção.

Art. 38. Quando por permuta, a remoção será concedida mediante requerimento do interessado, atendida a conveniência do serviço e observada a ordem de antiguidade na Carreira. (Redação dada pela Lei Complementar nº 132, de 2009)

CAPÍTULO IV. DOS DIREITOS, DAS GARANTIAS E DAS PRERROGATIVAS DOS MEMBROS DA DEFENSORIA PÚBLICA DA UNIÃO

(...)

SEÇÃO III. DAS GARANTIAS E DAS PRERROGATIVAS

Art. 43. São garantias dos membros da Defensoria Pública da União:

I – a independência funcional no desempenho de suas atribuições;
II – a inamovibilidade;
III – a irredutibilidade de vencimentos;
IV – a estabilidade.

Art. 44. São prerrogativas dos membros da Defensoria Pública da União:

I – receber, inclusive quando necessário, mediante entrega dos autos com vista, intimação pessoal em qualquer processo e grau de jurisdição ou instância administrativa, contando-se-lhes em dobro todos os prazos; (Redação dada pela Lei Complementar nº 132, de 2009)
II – não ser preso, senão por ordem judicial escrita, salvo em flagrante, caso em que a autoridade fará imediata comunicação ao Defensor Público-Geral;
III – ser recolhido a prisão especial ou a sala especial de Estado-Maior, com direito a privacidade e, após sentença condenatória transitada em julgado, ser recolhido em dependência separada, no estabelecimento em que tiver de ser cumprida a pena;
IV – usar vestes talares e as insígnias privativas da Defensoria Pública;
V – (*VETADO*);
VI – ter vista pessoal dos processos fora dos cartórios e secretarias, ressalvadas as vedações legais;
VII – comunicar-se, pessoal e reservadamente, com seus assistidos, ainda quando esses se acharem presos ou detidos, mesmo incomunicáveis, tendo livre ingresso em estabelecimentos policiais, prisionais e de internação coletiva, independentemente de prévio agendamento; (Redação dada pela Lei Complementar nº 132, de 2009)
VIII – examinar, em qualquer repartição pública, autos de flagrantes, inquéritos e processos, assegurada a obtenção de cópias e podendo tomar apontamentos; (Redação dada pela Lei Complementar nº 132, de 2009)
IX – manifestar-se em autos administrativos ou judiciais por meio de cota;
X – requisitar de autoridade pública e de seus agentes exames, certidões, perícias, vistorias, diligências, processos, documentos, informações, esclarecimentos e providências necessárias ao exercício de suas atribuições;
XI – representar a parte, em feito administrativo ou judicial, independentemente de mandato, ressalvados os casos para os quais a lei exija poderes especiais;
XII – deixar de patrocinar ação, quando ela for manifestamente incabível ou inconveniente aos interesses da parte sob seu patrocínio, comunicando o fato ao Defensor Público-Geral, com as razões de seu proceder;
XIII – ter o mesmo tratamento reservado aos magistrados e demais titulares dos cargos das funções essenciais à justiça;
XIV – ser ouvido como testemunha, em qualquer processo ou procedimento, em dia, hora e local previamente ajustados com a autoridade competente;
XV – (*VETADO*);
XVI – (*VETADO*).

Parágrafo único. Quando, no curso de investigação policial, houver indício de prática de infração penal por membro da Defensoria Pública da União, a autoridade policial, civil ou militar, comunicará, imediatamente, o fato ao Defensor Público-Geral, que designará membro da Defensoria Pública para acompanhar a apuração.

CAPÍTULO V. DOS DEVERES, DAS PROIBIÇÕES, DOS IMPEDIMENTOS E DA RESPONSABILIDADE FUNCIONAL

SEÇÃO I. DOS DEVERES

Art. 45. São deveres dos membros da Defensoria Pública da União:

I – residir na localidade onde exercem suas funções;
II – desempenhar, com zelo e presteza, os serviços a seu cargo;
III – representar ao Defensor Público-Geral sobre as irregularidades de que tiver ciência, em razão do cargo;
IV – prestar informações aos órgãos de administração superior da Defensoria Pública da União, quando solicitadas;
V – atender ao expediente forense e participar dos atos judiciais, quando for obrigatória a sua presença;
VI – declarar-se suspeito ou impedido, nos termos da lei;
VII – interpor os recursos cabíveis para qualquer instância ou Tribunal e promover revisão criminal, sempre que encontrar fundamentos na lei, jurisprudência ou prova dos autos, remetendo cópia à Corregedoria-Geral.

SEÇÃO II. DAS PROIBIÇÕES

Art. 46. Além das proibições decorrentes do exercício de cargo público, aos membros da Defensoria Pública da União é vedado:

I – exercer a advocacia fora das atribuições institucionais;
II – requerer, advogar, ou praticar em Juízo ou fora dele, atos que de qualquer forma colidam com as funções inerentes ao seu cargo, ou com os preceitos éticos de sua profissão;
III – receber, a qualquer título e sob qualquer pretexto, honorários, percentagens ou custas processuais, em razão de suas atribuições;
IV – exercer o comércio ou participar de sociedade comercial, exceto como cotista ou acionista;
V – exercer atividade político-partidária, enquanto atuar junto à justiça eleitoral.

SEÇÃO III. DOS IMPEDIMENTOS

Art. 47. Ao membro da Defensoria Pública da União é defeso exercer suas funções em processo ou procedimento:

I – em que seja parte ou, de qualquer forma, interessado;
II – em que haja atuado como representante da parte, perito, Juiz, membro do Ministério Público, Autoridade Policial, Escrivão de Polícia, Auxiliar de Justiça ou prestado depoimento como testemunha;
III – em que for interessado cônjuge ou companheiro, parente consanguíneo ou afim em linha reta ou colateral, até o 3º grau;
IV – no qual haja postulado como advogado de qualquer das pessoas mencionadas no inciso anterior;
V – em que qualquer das pessoas mencionadas no inciso III funcione ou haja funcionado como Magistrado, membro do Ministério Público, Autoridade Policial, Escrivão de Polícia ou Auxiliar de Justiça;
VI – em que houver dado à parte contrária parecer verbal ou escrito sobre o objeto da demanda;
VII – em outras hipóteses previstas em lei.

Art. 48. Os membros da Defensoria Pública da União não podem participar de comissão, banca de concurso, ou qualquer decisão, quando o julgamento ou votação disser respeito a seu cônjuge ou companheiro, ou parente consanguíneo ou afim em linha reta ou colateral, até o 3º grau.

SEÇÃO IV. DA RESPONSABILIDADE FUNCIONAL

Art. 49. A atividade funcional dos membros da Defensoria Pública da União está sujeita a:

I – correição ordinária, realizada anualmente pelo Corregedor-Geral e por seus auxiliares, para verificar a regularidade e eficiência dos serviços;
II – correição extraordinária, realizada pelo Corregedor-Geral e por seus auxiliares, de ofício ou por determinação do Defensor Público-Geral.

§ 1º. Cabe ao Corregedor-Geral, concluída a correição, apresentar ao Defensor Público-Geral relatório dos fatos apurados e das providências a serem adotadas.

§ 2º. Qualquer pessoa pode representar ao Corregedor-Geral sobre os abusos, erros ou omissões dos membros da Defensoria Pública da União.

Art. 50. Constituem infrações disciplinares, além de outras definidas em Lei Complementar, a violação dos deveres funcionais e vedações contidas nesta Lei Complementar, bem como a prática de crime contra a Administração Pública ou ato de improbidade administrativa.

§ 1º. Os membros da Defensoria Pública da União são passíveis das seguintes sanções:

I – advertência;
II – suspensão por até 90 (noventa) dias;
III – remoção compulsória;
IV – demissão;
V – cassação da aposentadoria.

§ 2º. A advertência será aplicada por escrito nos casos de violação dos deveres e das proibições funcionais, quando o fato não justificar a imposição de pena mais grave.

§ 3º. A suspensão será aplicada em caso de reincidência em falta punida com advertência ou quando a infração dos deveres ou das proibições funcionais, pela sua gravidade, justificar a sua imposição.

§ 4º. A remoção compulsória será aplicada sempre que a falta praticada, pela sua gravidade e repercussão, tornar incompatível a permanência do faltoso no órgão de atuação de sua lotação.

§ 5º. A pena de demissão será aplicável nas hipóteses previstas em lei, e no caso de reincidência em falta punida com suspensão ou remoção compulsória.

§ 6º. As penas de demissão e cassação da aposentadoria serão aplicadas pelo Presidente da República e as demais pelo Defensor Público-Geral, garantida sempre a ampla defesa, sendo obrigatório o inquérito administrativo nos casos de aplicação de remoção compulsória, suspensão, demissão e cassação da aposentadoria.

§ 7º. Prescrevem em 2 (dois) anos, a contar da data em que foram cometidas, as faltas puníveis com advertência, suspensão e remoção compulsória, aplicando-se, quanto às demais, os prazos previstos em lei.

Art. 51. A qualquer tempo poderá ser requerida a revisão do processo disciplinar, quando se aduzirem fatos novos ou circunstâncias suscetíveis de provar a inocência do apenado ou de justificar a imposição de pena mais branda.

§ 1º. Poderá requerer a instauração de processo revisional o próprio interessado ou, se falecido ou interdito, o seu cônjuge ou companheiro, ascendente, descendente ou irmão.

§ 2º. Se for procedente a revisão, será tornado sem efeito o ato punitivo ou aplicada a penalidade adequada restabelecendo-se os direitos atingidos pela punição, na sua plenitude.

(...)

LEI Nº 8.866, DE 11 DE ABRIL DE 1994

Dispõe sobre o depositário infiel de valor pertencente à Fazenda Pública e dá outras providências.

‣ *Depositário infiel de valor da Fazenda Pública*

Faço saber que o PRESIDENTE DA REPÚBLICA adotou a Medida Provisória 449, de 1994, que o Congresso Nacional aprovou, e eu, HUMBERTO LUCENA, Presidente do Senado Federal, para os efeitos do disposto no parágrafo único do art. 62 da Constituição Federal, promulga a seguinte Lei:

Art. 1º. É depositário da Fazenda Pública, observado o disposto nos arts. 1.282, I, e 1.283 do Código Civil, a pessoa a que a legislação tributária ou previdenciária imponha a obrigação de reter ou receber de terceiro, e recolher aos cofres públicos, impostos, taxas e contribuições, inclusive à Seguridade Social.

‣ CC: arts. 647, I e 648.

§ 1º. Aperfeiçoa-se o depósito na data da retenção ou recebimento do valor a que esteja obrigada a pessoa física ou jurídica.

§ 2º. É depositário infiel aquele que não entrega à Fazenda Pública o valor referido neste artigo, no termo e forma fixados na legislação tributária ou previdenciária.

Art. 2º. Constituem prova literal para se caracterizar a situação de depositário infiel, dentre outras:

I – a declaração feita pela pessoa física ou jurídica, do valor descontado ou recebido de terceiro, constante em folha de pagamento ou em qualquer outro documento fixado na legislação tributária ou previdenciária, e não recolhido aos cofres públicos;

II – o processo administrativo findo mediante o qual se tenha constituído crédito tributário ou previdenciário, decorrente de valor descontado ou recebido de terceiro e não recolhido aos cofres públicos;

III – a certidão do crédito tributário ou previdenciário decorrente dos valores descontados ou recebidos, inscritos na dívida ativa.

Art. 3º. Caracterizada a situação de depositário infiel, o Secretário da Receita Federal comunicará ao representante judicial da Fazenda Nacional para que ajuíze ação civil a fim de exigir o recolhimento do valor do imposto, taxa ou contribuição descontado, com os correspondentes acréscimos legais.

Parágrafo único. A comunicação de que trata este artigo, no âmbito dos Estados e do Distrito Federal, caberá às autoridades definidas na legislação específica dessas unidades federadas, feita aos respectivos representantes judiciais competentes; no caso do Instituto Nacional de Seguridade Social – INSS, a iniciativa caberá ao seu presidente, competindo ao representante judicial da autarquia processual de que trata este artigo.

Art. 4º. Na petição inicial, instruída com a cópia autenticada, pela repartição, da prova literal do depósito de que trata o art. 2º, o representante judicial da Fazenda Nacional ou, conforme o caso, o representante judicial dos Estados, Distrito Federal ou do INSS requererá ao juízo a citação do depositário para, em 10 (dez) dias:

I – recolher ou depositar a importância correspondente ao valor do imposto, taxa ou contribuição descontado ou recebido de terceiro, com os respectivos acréscimos legais;

II – contestar a ação.

§ 1º. Do pedido constará, ainda, a cominação da pena de prisão.

§ 2º. Não recolhida nem depositada a importância, nos termos deste artigo, o juiz, nos 15 (quinze) dias seguintes à citação, decretará a prisão do depositário infiel, por não superior a 90 (noventa) dias.

‣ ADin 1.055-7: O STF suspendeu os efeitos dos § 2º do art. 4º desta lei. (D.J.U. 13.06.1997)

§ 3º. A contestação deverá ser acompanhada do comprovante de depósito judicial do valor integral devido à Fazenda Pública, sob pena de o réu sofrer os efeitos da revelia.

‣ ADin 1.055-7: O STF suspendeu os efeitos dos § 3º do art. 4º desta lei. (D.J.U. 13.06.1997)

§ 4º. Contestada a ação, observar-se-á o procedimento ordinário.

Art. 5º. O juiz poderá julgar antecipadamente a ação, se verificados os efeitos da revelia.

Art. 6º. Julgada procedente a ação, ordenará o juiz a conversão do depósito judicial em renda ou, na sua falta, a expedição de mandado para entrega, em 24 (vinte e quatro) horas, do valor exigido.

Art. 7º. Quando o depositário infiel for pessoa jurídica, a prisão referida no § 2º do art. 4º será decretada contra seus diretores, administradores, gerentes ou empregados que movimentem recursos financeiros isolada ou conjuntamente.

‣ ADin 1.055-7 (Med. Liminar): O STF suspendeu, até decisão final da ação, a eficácia das expressões "referida no § 2º do art. 4º" e "ou empregados", inseridas no *caput* do art. 7º desta lei. (D.J.U. 13.06.1997)

Parágrafo único. Tratando-se de empresa estrangeira, a prisão recairá sobre seus representantes, dirigentes e empregados no Brasil que revistam a condição mencionada neste artigo.

‣ ADin 1.055-7 (Med. Liminar): O STF suspendeu, até decisão final da ação, a eficácia da expressão "empregados", iserida no paragrafo único do art. 7º desta lei. (D.J.U. 13.06.1997)

Art. 8º. Cessará a prisão com o recolhimento do valor exigido.

Art. 9º. Não se aplica ao depósito referido nesta Lei o art. 1.280 do Código Civil.

‣ Refere-se ao CC de 1916.

‣ CC: art. 645.

Art. 10. Ficam convalidados os atos praticados com base na Medida Provisória 427, de 11 de fevereiro de 1994.

‣ ADin 1.055-7 (Med. Liminar): O STF assentou que, da convalidação prevista no art. 10 desta lei, ficam suspensos, a partir desta data, até o julgamento final da ação, os decretos de prisão fundos, exclusivamente, no § 2º do art. 4º, e os decretos de revelia fundados em seu § 3º. (D.J.U. 13.06.1997).

Art. 11. Esta Lei entra em vigor na data de sua publicação.

Art. 12. Revogam-se as disposições em contrário.

Senado Federal, em 11 de abril de 1994; 173º da Independência e 106º da República.

HUMBERTO LUCENA

D.O.U. de 13.4.1994

DECRETO Nº 1.171, DE 22 DE JUNHO DE 1994

Aprova o Código de Ética Profissional do Servidor Público Civil do Poder Executivo Federal.

‣ *Código de Ética do Servidor Público*

Art. 1º. Fica aprovado o Código de Ética Profissional do Servidor Público Civil do Poder Executivo Federal, que com esta baixa.

Art. 2º. Os órgãos e entidades da Administração Pública Federal direta e indireta implementarão, em sessenta dias, as providências necessárias à plena vigência do Código de Ética, inclusive mediante a Constituição da respectiva Comissão de Ética, integrada por três servidores ou empregados titulares de cargo efetivo ou emprego permanente.

Parágrafo único. A constituição da Comissão de Ética será comunicada à Secretaria da Administração Federal da Presidência da República, com a indicação dos respectivos membros titulares e suplentes.

Art. 3º. Este decreto entra em vigor na data de sua publicação.

Brasília, 22 de junho de 1994, 173º da Independência e 106º da República.

ITAMAR FRANCO

Romildo Canhim

Este texto não substitui o publicado no DOU de 23-06-1994.

ANEXO. CÓDIGO DE ÉTICA PROFISSIONAL DO SERVIDOR PÚBLICO CIVIL DO PODER EXECUTIVO FEDERAL

CAPÍTULO I.

SEÇÃO I. DAS REGRAS DEONTOLÓGICAS

I – A dignidade, o decoro, o zelo, a eficácia e a consciência dos princípios morais são primados maiores que devem nortear o servidor público, seja no exercício do cargo ou função, ou fora dele, já que refletirá o exercício da vocação do próprio poder estatal. Seus atos, comportamentos e atitudes serão direcionados para a preservação da honra e da tradição dos serviços públicos.

II – O servidor público não poderá jamais desprezar o elemento ético de sua conduta. Assim, não terá que decidir somente entre o legal e o ilegal, o justo e o injusto, o conveniente e o inconveniente, o oportuno e o inoportuno, mas principalmente entre o honesto e o desonesto, consoante as regras contidas no art. 37, *caput*, e § 4º, da Constituição Federal.

III – A moralidade da Administração Pública não se limita à distinção entre o bem e o mal, devendo ser acrescida da ideia de que o fim é sempre o bem comum. O equilíbrio entre a legalidade e a finalidade, na conduta do servidor público, é que poderá consolidar a moralidade do ato administrativo.

IV – A remuneração do servidor público é custeada pelos tributos pagos direta ou indiretamente por todos, até por ele próprio, e por isso se exige, como contrapartida, que a moralidade administrativa se integre no Direito, como elemento indissociável de sua aplicação e de sua finalidade, erigindo-se, como consequência, em fator de legalidade.

V – O trabalho desenvolvido pelo servidor público perante a comunidade deve ser entendido como acréscimo ao seu próprio bem-estar, já que, como cidadão, integrante da sociedade, o êxito desse trabalho pode ser considerado como seu maior patrimônio.

VI – A função pública deve ser tida como exercício profissional e, portanto, se integra na vida particular de cada servidor público. Assim, os fatos e atos verificados na conduta do dia-a-dia em sua vida privada poderão acrescer ou diminuir o seu bom conceito na vida funcional.
VII – Salvo os casos de segurança nacional, investigações policiais ou interesse superior do Estado e da Administração Pública, a serem preservados em processo previamente declarado sigiloso, nos termos da lei, a publicidade de qualquer ato administrativo constitui requisito de eficácia e moralidade, ensejando sua omissão comprometimento ético contra o bem comum, imputável a quem a negar.
VIII – Toda pessoa tem direito à verdade. O servidor não pode omiti-la ou falseá-la, ainda que contrária aos interesses da própria pessoa interessada ou da Administração Pública. Nenhum Estado pode crescer ou estabilizar-se sobre o poder corruptivo do hábito do erro, da opressão ou da mentira, que sempre aniquilam até mesmo a dignidade humana quanto mais a de uma Nação.
IX – A cortesia, a boa vontade, o cuidado e o tempo dedicados ao serviço público caracterizam o esforço pela disciplina. Tratar mal uma pessoa que paga seus tributos direta ou indiretamente significa causar-lhe dano moral. Da mesma forma, causar dano a qualquer bem pertencente ao patrimônio público, deteriorando-o, por descuido ou má vontade, não constitui apenas uma ofensa ao equipamento e às instalações ou ao Estado, mas a todos os homens de boa vontade que dedicaram sua inteligência, seu tempo, suas esperanças e seus esforços para construí-los.
X – Deixar o servidor público qualquer pessoa à espera de solução que compete ao setor em que exerça suas funções, permitindo a formação de longas filas, ou qualquer outra espécie de atraso na prestação do serviço, não caracteriza apenas atitude contra a ética ou ato de desumanidade, mas principalmente grave dano moral aos usuários dos serviços públicos.
XI – O servidor deve prestar toda a sua atenção às ordens legais de seus superiores, velando atentamente por seu cumprimento, e, assim, evitando a conduta negligente. Os repetidos erros, o descaso e o acúmulo de desvios tornam-se, às vezes, difíceis de corrigir e caracterizam até mesmo imprudência no desempenho da função pública.
XII – Toda ausência injustificada do servidor de seu local de trabalho é fator de desmoralização do serviço público, o que quase sempre conduz à desordem nas relações humanas.
XII – O servidor que trabalha em harmonia com a estrutura organizacional, respeitando seus colegas e cada concidadão, colabora e de todos pode receber colaboração, pois sua atividade pública é a grande oportunidade para o crescimento e o engrandecimento da Nação.

SEÇÃO II. DOS PRINCIPAIS DEVERES DO SERVIDOR PÚBLICO

XIV – São deveres fundamentais do servidor público:

a) desempenhar, a tempo, as atribuições do cargo, função ou emprego público de que seja titular;

b) exercer suas atribuições com rapidez, perfeição e rendimento, pondo fim ou procurando prioritariamente resolver situações procrastinatórias, principalmente diante de filas ou de qualquer outra espécie de atraso na prestação dos serviços pelo setor em que exerça suas atribuições, com o fim de evitar dano moral ao usuário;

c) ser probo, reto, leal e justo, demonstrando toda a integridade do seu caráter, escolhendo sempre, quando estiver diante de duas opções, a melhor e a mais vantajosa para o bem comum;

d) jamais retardar qualquer prestação de contas, condição essencial da gestão dos bens, direitos e serviços da coletividade a seu cargo;

e) tratar cuidadosamente os usuários dos serviços aperfeiçoando o processo de comunicação e contato com o público;

f) ter consciência de que seu trabalho é regido por princípios éticos que se materializam na adequada prestação dos serviços públicos;

g) ser cortês, ter urbanidade, disponibilidade e atenção, respeitando a capacidade e as limitações individuais de todos os usuários do serviço público, sem qualquer espécie de preconceito ou distinção de raça, sexo, nacionalidade, cor, idade, religião, cunho político e posição social, abstendo-se, dessa forma, de causar-lhes dano moral;

h) ter respeito à hierarquia, porém sem nenhum temor de representar contra qualquer comprometimento indevido da estrutura em que se funda o Poder Estatal;

i) resistir a todas as pressões de superiores hierárquicos, de contratantes, interessados e outros que visem obter quaisquer favores, benesses ou vantagens indevidas em decorrência de ações imorais, ilegais ou aéticas e denunciá-las;

j) zelar, no exercício do direito de greve, pelas exigências específicas da defesa da vida e da segurança coletiva;

l) ser assíduo e frequente ao serviço, na certeza de que sua ausência provoca danos ao trabalho ordenado, refletindo negativamente em todo o sistema;

m) comunicar imediatamente a seus superiores todo e qualquer ato ou fato contrário ao interesse público, exigindo as providências cabíveis;

n) manter limpo e em perfeita ordem o local de trabalho, seguindo os métodos mais adequados à sua organização e distribuição;

o) participar dos movimentos e estudos que se relacionem com a melhoria do exercício de suas funções, tendo por escopo a realização do bem comum;

p) apresentar-se ao trabalho com vestimentas adequadas ao exercício da função;

q) manter-se atualizado com as instruções, as normas de serviço e a legislação pertinentes ao órgão onde exerce suas funções;

r) cumprir, de acordo com as normas do serviço e as instruções superiores, as tarefas de seu cargo ou função, tanto quanto possível, com critério, segurança e rapidez, mantendo tudo sempre em boa ordem.

s) facilitar a fiscalização de todos atos ou serviços por quem de direito;

t) exercer com estrita moderação as prerrogativas funcionais que lhe sejam atribuídas, abstendo-se de fazê-lo contrariamente aos legítimos interesses dos usuários do serviço público e dos jurisdicionados administrativos;

u) abster-se, de forma absoluta, de exercer sua função, poder ou autoridade com finalidade estranha ao interesse público, mesmo que observando as formalidades legais e não cometendo qualquer violação expressa à lei;

v) divulgar e informar a todos os integrantes da sua classe sobre a existência deste Código de Ética, estimulando o seu integral cumprimento.

SEÇÃO III. DAS VEDAÇÕES AO SERVIDOR PÚBLICO

XV – E vedado ao servidor público;

a) o uso do cargo ou função, facilidades, amizades, tempo, posição e influências, para obter qualquer favorecimento, para si ou para outrem;

b) prejudicar deliberadamente a reputação de outros servidores ou de cidadãos que deles dependam;

c) ser, em função de seu espírito de solidariedade, conivente com erro ou infração a este Código de Ética ou ao Código de Ética de sua profissão;

d) usar de artifícios para procrastinar ou dificultar o exercício regular de direito por qualquer pessoa, causando-lhe dano moral ou material;

e) deixar de utilizar os avanços técnicos e científicos ao seu alcance ou do seu conhecimento para atendimento do seu mister;

f) permitir que perseguições, simpatias, antipatias, caprichos, paixões ou interesses de ordem pessoal interfiram no trato com o público, com os jurisdicionados administrativos ou com colegas hierarquicamente superiores ou inferiores;

g) pleitear, solicitar, provocar, sugerir ou receber qualquer tipo de ajuda financeira, gratificação, prêmio, comissão, doação ou vantagem de qualquer espécie, para si, familiares ou qualquer pessoa, para o cumprimento da sua missão ou para influenciar outro servidor para o mesmo fim;

h) alterar ou deturpar o teor de documentos que deva encaminhar para providências;

i) iludir ou tentar iludir qualquer pessoa que necessite do atendimento em serviços públicos;

j) desviar servidor público para atendimento a interesse particular;

l) retirar da repartição pública, sem estar legalmente autorizado, qualquer documento, livro ou bem pertencente ao patrimônio público;

m) fazer uso de informações privilegiadas obtidas no âmbito interno de seu serviço, em benefício próprio, de parentes, de amigos ou de terceiros;

n) apresentar-se embriagado no serviço ou fora dele habitualmente;

o) dar o seu concurso a qualquer instituição que atente contra a moral, a honestidade ou a dignidade da pessoa humana;

p) exercer atividade profissional aética ou ligar o seu nome a empreendimentos de cunho duvidoso.

CAPÍTULO II. DAS COMISSÕES DE ÉTICA

XVI – Em todos os órgãos e entidades da Administração Pública Federal direta, indireta autárquica e fundacional, ou em qualquer órgão ou entidade que exerça atribuições delegadas pelo poder público, deverá ser criada uma Comissão de Ética, encarregada de orientar e aconselhar sobre a ética profissional do servidor, no tratamento com as pessoas e com o patrimônio público, competindo-lhe conhecer concretamente de imputação ou de procedimento susceptível de censura.
XVII – Revogado pelo Decreto nº 6.029, de 2007.
XVIII – À Comissão de Ética incumbe fornecer, aos organismos encarregados da execução do quadro de carreira dos servidores, os registros sobre sua conduta ética, para o efeito de instruir e fundamentar promoções e para todos os demais procedimentos próprios da carreira do servidor público.
XIX – Revogado pelo Decreto nº 6.029, de 2007.
XX – Revogado pelo Decreto nº 6.029, de 2007.
XXI – Revogado pelo Decreto nº 6.029, de 2007.
XXII – A pena aplicável ao servidor público pela Comissão de Ética é a de censura e sua fundamentação constará do respectivo parecer, assinado por todos os seus integrantes, com ciência do faltoso.
XXIII – Revogado pelo Decreto nº 6.029, de 2007

XXIV – Para fins de apuração do comprometimento ético, entende-se por servidor público todo aquele que, por força de lei, contrato ou de qualquer ato jurídico, preste serviços de natureza permanente, temporária ou excepcional, ainda que sem retribuição financeira, desde que ligado direta ou indiretamente a qualquer órgão do poder estatal, como as autarquias, as fundações públicas, as entidades paraestatais, as empresas públicas e as sociedades de economia mista, ou em qualquer setor onde prevaleça o interesse do Estado.

XXV – Revogado pelo Decreto nº 6.029, de 2007.

LEI Nº 8.899, DE 29 DE JUNHO DE 1994

Concede passe livre às pessoas portadoras de deficiência no sistema de transporte coletivo interestadual.

▸ *Lei do Passe Livre Interestadual*

O Presidente da República faço saber que o Congresso Nacional decreta e eu sanciono a seguinte lei:

Art. 1º É concedido passe livre às pessoas portadoras de deficiência, comprovadamente carentes, no sistema de transporte coletivo interestadual.

Art. 2º O Poder Executivo regulamentará esta lei no prazo de noventa dias a contar de sua publicação.

Art. 3º Esta lei entra em vigor na data de sua publicação.

Art. 4º Revogam-se as disposições em contrário.

Brasília, 29 de junho de 1994; 173º da Independência e 106º da República.

ITAMAR FRANCO
D.O.U. de 30.6.1994.

LEI Nº 8.934, DE 18 DE NOVEMBRO DE 1994

Dispõe sobre o Registro Público de Empresas Mercantis e Atividades Afins e dá outras providências.

▸ *Registro Público de Empresas Mercantis*

O PRESIDENTE DA REPÚBLICA Faço saber que o Congresso Nacional decreta e eu sanciono a seguinte Lei:

TÍTULO I. DO REGISTRO PÚBLICO DE EMPRESAS MERCANTIS E ATIVIDADES AFINS

CAPÍTULO I. DAS FINALIDADES E DA ORGANIZAÇÃO

SEÇÃO I. DAS FINALIDADES

▸ Lei 11.598/2007 – Estabelece diretrizes e procedimentos para a simplificação e integração do processo de registro e legalização de empresários e de pessoas jurídicas, cria a Rede Nacional para a Simplificação do Registro e da Legalização de Empresas e Negócios – REDESIM.

▸ LC 123/2006 – Institui o Estatuto Nacional da Microempresa e da Empresa de Pequeno Porte.

▸ v. Decreto 1.800/1996 – Regulamenta a Lei 8.934/1994.

Art. 1º. O Registro Público de Empresas Mercantis e Atividades Afins, observado o disposto nesta Lei, será exercido em todo o território nacional, de forma sistêmica, por órgãos federais, estaduais e distrital, com as seguintes finalidades: (Redação dada pela Lei 13.833/2019)

▸ CC: arts. 966 a 971, e 1.150 a 1.154.

I – dar garantia, publicidade, autenticidade, segurança e eficácia aos atos jurídicos das empresas mercantis, submetidos a registro na forma desta Lei;

II – cadastrar as empresas nacionais e estrangeiras em funcionamento no País e manter atualizadas as informações pertinentes;

III – proceder à matrícula dos agentes auxiliares do comércio, bem como ao seu cancelamento.

Art. 2º. Os atos das firmas mercantis individuais e das sociedades mercantis serão arquivados no Registro Público de Empresas Mercantis e Atividades Afins, independentemente de seu objeto, salvo as exceções previstas em lei.

Parágrafo único. (Revogado pela Lei 13.874/2019)

SEÇÃO II. DA ORGANIZAÇÃO

Art. 3º. Os serviços do Registro Público de Empresas Mercantis e Atividades Afins serão exercidos, em todo o território nacional, de maneira uniforme, harmônica e interdependente, pelo Sistema Nacional de Registro de Empresas Mercantis – Sinrem, composto pelos seguintes órgãos:

I – o Departamento Nacional de Registro Empresarial e Integração, órgão central do Sinrem, com as seguintes funções: (Redação dada pela Lei 13.833/2019)

a) supervisora, orientadora, coordenadora e normativa, na área técnica; e (Redação dada pela Lei Lei 13.833/2019)

b) supletiva, na área administrativa; e (Incluída pela Lei Lei 13.833/2019)

II – as Juntas Comerciais, como órgãos locais, com funções executora e administradora dos serviços de registro.

SUBSEÇÃO I DO DEPARTAMENTO NACIONAL DE REGISTRO EMPRESARIAL E INTEGRAÇÃO

▸ Subseção com redação dada pela Lei 13.833/2019

Art. 4º O Departamento Nacional de Registro Empresarial e Integração (Drei) da Secretaria de Governo Digital da Secretaria Especial de Desburocratização, Gestão e Governo Digital do Ministério da Economia tem por finalidade: (Redação dada pela Lei 13.874/2019)

I – supervisionar e coordenar, no plano técnico, os órgãos incumbidos da execução dos serviços de Registro Público de Empresas Mercantis e Atividades Afins;

II – estabelecer e consolidar, com exclusividade, as normas e diretrizes gerais do Registro Público de Empresas Mercantis e Atividades Afins;

III – solucionar dúvidas ocorrentes na interpretação das leis, regulamentos e demais normas relacionadas com o registro de empresas mercantis, baixando instruções para esse fim;

IV – prestar orientação às Juntas Comerciais, com vistas à solução de consultas e à observância das normas legais e regulamentares do Registro Público de Empresas Mercantis e Atividades Afins;

V – exercer ampla fiscalização jurídica sobre os órgãos incumbidos do Registro Público de Empresas Mercantis e Atividades Afins, representando para os devidos fins às autoridades administrativas contra abusos e infrações das respectivas normas, e requerendo tudo o que se afigurar necessário ao cumprimento dessas normas;

VI – estabelecer normas procedimentais de arquivamento de atos de firmas mercantis individuais e sociedades mercantis de qualquer natureza;

VII – promover ou providenciar, supletivamente, as medidas tendentes a suprir ou corrigir as ausências, falhas ou deficiências dos serviços de Registro Público de Empresas Mercantis e Atividades Afins;

VIII – prestar colaboração técnica e financeira às Juntas Comerciais para a melhoria dos serviços pertinentes ao Registro Público de Empresas Mercantis e Atividades Afins;

IX – organizar e manter atualizado o cadastro nacional das empresas mercantis em funcionamento no País, com a cooperação das Juntas Comerciais;

X – instruir, examinar e encaminhar os pedidos de autorização para nacionalização ou instalação de filial, agência, sucursal ou estabelecimento no País por sociedade estrangeira, ressalvada a competência de outros órgãos federais; (Redação dada pela MP 1.040/2021)

▸ **Texto anterior:** X – instruir, examinar e encaminhar os processos e recursos a serem decididos pelo Ministro de Estado da Indústria, do Comércio e do Turismo, inclusive os pedidos de autorização para nacionalização ou instalação de filial, agência, sucursal ou estabelecimento no País, por sociedade estrangeira, sem prejuízo da competência de outros órgãos federais;

XI – promover e elaborar estudos e publicações e realizar reuniões sobre temas pertinentes ao Registro Público de Empresas Mercantis e Atividades Afins. (Redação dada pela Lei 13.833/2019)

Parágrafo único. O cadastro nacional a que se refere o inciso IX do *caput* deste artigo será mantido com as informações originárias do cadastro estadual de empresas, vedados a exigência de preenchimento de formulário pelo empresário ou o fornecimento de novos dados ou informações, bem como a cobrança de preço pela inclusão das informações no cadastro nacional. (Acrescido pela Lei 13.874/2019)

SUBSEÇÃO II. DAS JUNTAS COMERCIAIS

Art. 5º. Haverá uma Junta Comercial em cada unidade federativa, com sede na capital e jurisdição na área da circunscrição territorial respectiva.

Art. 6º. As juntas comerciais subordinam-se, administrativamente, ao governo do respectivo ente federativo e, tecnicamente, ao Departamento Nacional de Registro Empresarial e Integração, nos termos desta Lei. (Redação dada pela Lei Lei 13.833/2019)

Parágrafo único. *(Revogado pela Lei 13.833/2019)*

Art. 7º. As Juntas Comerciais poderão desconcentrar os seus serviços, mediante convênios com órgãos públicos e entidades privadas sem fins lucrativos, preservada a competência das atuais Delegacias.

Art. 8º. Às Juntas Comerciais incumbe:

I – executar os serviços previstos no art. 32 desta Lei;

II – elaborar a tabela de preços de seus serviços, observadas as normas legais pertinentes;

III – processar a habilitação e a nomeação dos tradutores públicos e intérpretes comerciais;

IV – elaborar os respectivos Regimentos Internos e suas alterações, bem como as resoluções de caráter administrativo necessárias ao fiel cumprimento das normas legais, regulamentares e regimentais;

V – expedir carteiras de exercício profissional de pessoas legalmente inscritas no Registro Público de Empresas Mercantis e Atividades Afins;

VI – o assentamento dos usos e práticas mercantis.

▸ Decreto 1.800/1996: arts. 87 e 88.

Art. 9º. A estrutura básica das juntas Comerciais será integrada pelos seguintes órgãos:

I – a Presidência, como órgão diretivo e representativo;

II – o Plenário, como órgão deliberativo superior;

III – as Turmas, como órgãos deliberativos inferiores;

IV – a Secretaria-Geral, como órgão administrativo;

V – a Procuradoria, como órgão de fiscalização e de consulta jurídica.

§ 1º. As Juntas Comerciais poderão ter uma assessoria técnica, com a competência de preparar e relatar os documentos a serem submetidos à sua deliberação, cujos membros deverão ser bacharéis em Direito, Economistas, Contadores ou Administradores.

§ 2º As Juntas Comerciais, por seu Plenário, poderão resolver pela criação de delegacias, órgãos locais do registro do comércio, nos termos da legislação estadual respectiva.

Art. 10. O Plenário, composto de Vogais e respectivos suplentes, será constituído pelo mínimo de onze e no máximo de vinte e três Vogais. (Redação dada pela Lei nº 10.194, de 2001)

Art. 11. Os vogais e os respectivos suplentes serão nomeados, salvo disposição em contrário, pelos governos dos Estados e do Distrito Federal, dentre brasileiros que atendam às seguintes condições: (Redação dada pela Lei Lei 13.833/2019)

I – estejam em pleno gozo dos direitos civis e políticos;

II – não estejam condenados por crime cuja pena vede o acesso a cargo, emprego e funções públicas, ou por crime de prevaricação, falência fraudulenta, peita ou suborno, concussão, peculato, contra a propriedade, a fé pública e a economia popular;

III – sejam, ou tenham sido, por mais de 5 (cinco) anos, titulares de firma mercantil individual, sócios ou administradores de sociedade mercantil, valendo como prova, para esse fim, certidão expedida pela Junta Comercial;

IV – estejam quites com o serviço militar e o serviço eleitoral.

Parágrafo único. Qualquer pessoa poderá representar fundadamente à autoridade competente contra a nomeação de vogal ou suplente, contrária aos preceitos desta Lei, no prazo de 15 (quinze) dias, contados da data da posse.

Art. 12. Os vogais e respectivos suplentes serão escolhidos da seguinte forma:

I – a metade do número de vogais e suplentes será designada mediante indicação de nomes, em listas tríplices, pelas entidades patronais de grau superior e pelas Associações Comerciais, com sede na jurisdição da Junta;

II – um Vogal e respectivo suplente, representando a União, por nomeação do Ministro de Estado do Desenvolvimento, Indústria e Comércio Exterior; (Redação dada pela Lei nº 10.194, de 14.2.2001)

III – quatro vogais e respectivos suplentes representando a classe dos advogados, a dos economistas, a dos contadores e a dos administradores, todos mediante indicação, em lista tríplice, do Conselho Seccional ou Regional do Órgão Corporativo dessas categorias profissionais; (Redação dada pela Lei nº 9.829, de 1999)

IV – os demais vogais e suplentes serão designados, nos Estados e no Distrito Federal, por livre escolha dos respectivos governadores. (Redação dada pela Lei Lei 13.833/2019)

§ 1º. Os vogais e respectivos suplentes de que tratam os incisos II e III deste artigo ficam dispensados da prova do requisito previsto no inciso III do art. 11, mas exigir-se-á a prova de mais de 5 (cinco) anos de efetivo exercício da profissão em relação aos vogais e suplentes de que trata o inciso III.

§ 2º. As listas referidas neste artigo devem ser remetidas até 60 (sessenta) dias antes do término do mandato, caso contrário será considerada, com relação a cada entidade que se omitir na remessa, a última lista que não inclua pessoa que exerça ou tenha exercido mandato de vogal.

Art. 13. Os vogais serão remunerados por presença, nos termos da legislação da unidade federativa a que pertencer a Junta Comercial.

Art. 14. O vogal será substituído por seu suplente durante os impedimentos e, no caso de vaga, até o final do mandato.

Art. 15. São incompatíveis para a participação no colégio de vogais da mesma Junta Comercial os parentes consanguíneos e afins até o segundo grau e os sócios da mesma empresa.

Parágrafo único. Em caso de incompatibilidade, serão seguidos, para a escolha dos membros, sucessivamente, os critérios da precedência na nomeação, da precedência na posse, ou do membro mais idoso.

Art. 16. O mandato de vogal e respectivo suplente será de 4 (quatro) anos, permitida apenas uma recondução.

Art. 17. O vogal ou seu suplente perderá o mandato nos seguintes casos:

I – mais de 3 (três) faltas consecutivas às sessões, ou 12 (doze) alternadas no mesmo ano, sem justo motivo;

II – por conduta incompatível com a dignidade do cargo.

Art. 18. Na sessão inaugural do Plenário das Juntas Comerciais, que iniciará cada período de mandato, serão distribuídos os vogais por Turmas de três membros cada uma, com exclusão do presidente e do vice-presidente.

Art. 19. Ao Plenário compete o julgamento dos processos em grau de recurso, nos termos previstos no regulamento desta Lei.

Art. 20. As sessões ordinárias do Plenário e das Turmas efetuar-se-ão com a periodicidade e do modo determinado no regimento da Junta Comercial; e as extraordinárias, sempre justificadas, por convocação do presidente ou de 2/3 (dois terços) dos seus membros.

Art. 21. Compete às Turmas julgar, originariamente, os pedidos relativos à execução dos atos de registro.

Art. 22. Compete aos respectivos governadores a nomeação para os cargos em comissão de presidente e vice-presidente das juntas comerciais dos Estados e do Distrito Federal, escolhidos dentre os vogais do Plenário. (Redação dada pela Lei Lei 13.833/2019)

Art. 23. Compete ao presidente:

I – a direção e representação geral da Junta;

II – dar posse aos vogais, convocar e dirigir as sessões do Plenário, superintender todos os serviços e velar pelo fiel cumprimento das normas legais e regulamentares.

Art. 24. Ao vice-presidente incumbe substituir o presidente em suas faltas ou impedimentos e efetuar a correição permanente dos serviços, na forma do regulamento desta Lei.

Art. 25. Compete aos respectivos governadores a nomeação para o cargo em comissão de secretário-geral das juntas comerciais dos Estados e do Distrito Federal, e a escolha deverá recair sobre brasileiros de notória idoneidade moral e com conhecimentos em direito empresarial. (Redação dada pela Lei Lei 13.833/2019)

Art. 26. À Secretaria-Geral compete a execução dos serviços de registro e de administração da Junta.

Art. 27. As procuradorias serão compostas de 1 (um) ou mais procuradores e chefiadas pelo procurador que for designado pelo governador do Estado ou do Distrito Federal. (Redação dada pela Lei Lei 13.833/2019)

Art. 28. A Procuradoria tem por atribuição fiscalizar e promover o fiel cumprimento das normas legais e executivas, oficiando, internamente, por sua iniciativa ou mediante solicitação da Presidência, do Plenário e das Turmas; e, externamente, em atos ou feitos de natureza jurídica, inclusive os judiciais, que envolvam matéria do interesse da Junta.

CAPÍTULO II. DA PUBLICIDADE DO REGISTRO PÚBLICO DE EMPRESAS MERCANTIS E ATIVIDADES AFINS

SEÇÃO I. DAS DISPOSIÇÕES GERAIS

Art. 29. Qualquer pessoa, sem necessidade de provar interesse, poderá consultar os assentamentos existentes nas Juntas Comerciais e obter certidões, mediante pagamento do preço devido.

› Lei 11.101/2005: art. 196.

Art. 30. A forma, prazo e procedimento de expedição de certidões serão definidos no Regulamento desta Lei.

SEÇÃO II. DA PUBLICAÇÃO DOS ATOS

Art. 31. Os atos decisórios serão publicados em sítio da rede mundial de computadores da junta comercial do respectivo ente federativo. (Redação dada pela Lei 13.874/2019)

CAPÍTULO III. DOS ATOS PERTINENTES AO REGISTRO PÚBLICO DE EMPRESAS MERCANTIS E ATIVIDADES AFINS

SEÇÃO I. DA COMPREENSÃO DOS ATOS

Art. 32. O registro compreende:

› CC: arts. 967 a 971, 974, § 3º, 979, 1.179 a 1.180..

I – a matrícula e seu cancelamento: dos leiloeiros, tradutores públicos e intérpretes comerciais, trapicheiros e administradores de armazéns-gerais;

II – o arquivamento:

› Lei 8.934/1994: arts. 36 e 37, par. único..

a) dos documentos relativos à constituição, alteração, dissolução e extinção de firmas mercantis individuais, sociedades mercantis e cooperativas;

b) dos atos relativos a consórcio e grupo de sociedade de que trata a Lei 6.404, de 15 de dezembro de 1976;

› Lei 6.404/1976: arts. 270 e 271.

c) dos atos concernentes a empresas mercantis estrangeiras autorizadas a funcionar no Brasil;

› CC: arts. 1.134 a 1.141.

d) das declarações de microempresa;

e) de atos ou documentos que, por determinação legal, sejam atribuídos ao Registro Público de Empresas Mercantis e Atividades Afins ou daqueles que possam interessar ao empresário e às empresas mercantis;

III – a autenticação dos instrumentos de escrituração das empresas mercantis registradas e dos agentes auxiliares do comércio, na forma de lei própria.

§ 1º Os atos, os documentos e as declarações que contenham informações meramente cadastrais serão levados automaticamente a registro se puderem ser obtidos de outras bases de dados disponíveis em órgãos públicos. (Acrescido pela Lei 13.874/2019)

§ 2º Ato do Departamento Nacional de Registro Empresarial e Integração definirá os atos, os documentos e as declarações que contenham informações meramente cadastrais. (Acrescido pela Lei 13.874/2019)

Art. 33. A proteção ao nome empresarial decorre automaticamente do arquivamento dos atos constitutivos de firma individual e de sociedades, ou de suas alterações.

› CC: arts. 1.155 a 1.168.

§ 1º. (*VETADO*).

§ 2º. (*VETADO*).

Art. 34. O nome empresarial obedecerá aos princípios da veracidade e da novidade.

- CC: art. 1.163.

SEÇÃO II.
DAS PROIBIÇÕES DE ARQUIVAMENTO

Art. 35. Não podem ser arquivados:

I – os documentos que não obedecerem às prescrições legais ou regulamentares ou que contiverem matéria contrária aos bons costumes ou à ordem pública, bem como os que colidirem com o respectivo estatuto ou contrato não modificado anteriormente;

II – os documentos de constituição ou alteração de empresas mercantis de qualquer espécie ou modalidade em que figure como titular ou administrador pessoa que esteja condenada pela prática de crime cuja pena vede o acesso à atividade mercantil;

III – os atos constitutivos de empresas mercantis que, além das cláusulas exigidas em lei, não designarem o respectivo capital e a declaração de seu objeto, cuja indicação no nome empresarial é facultativa; (Redação dada pela MP 1.040/2021)

- **Texto anterior:** III – os atos constitutivos de empresas mercantis que, além das cláusulas exigidas em lei, não designarem o respectivo capital, bem como a declaração precisa de seu objeto, cuja indicação no nome empresarial é facultativa;

IV – Revogado pela MP 1.040/2021.

- **Texto anterior:** IV – a prorrogação do contrato social, depois de findo o prazo nele fixado;

V – os atos de empresas mercantis com nome idêntico a outro já existente; (Redação dada pela MP 1.040/2021)

- **Texto anterior:** V – os atos de empresas mercantis com nome idêntico ou semelhante a outro já existente;

VI – a alteração contratual, por deliberação majoritária do capital social, quando houver cláusula restritiva;

VII – os contratos sociais ou suas alterações em que haja incorporação de imóveis à sociedade, por instrumento particular, quando do instrumento não constar:

a) a descrição e identificação do imóvel, sua área, dados relativos à sua titulação, bem como o número da matrícula no registro imobiliário;

b) a outorga uxória ou marital, quando necessária;

VIII – (Revogado pela Lei 13.874/2019)

§ 1º O registro dos atos constitutivos e de suas alterações e extinções ocorrerá independentemente de autorização governamental prévia e os órgãos públicos deverão ser informados pela Rede Nacional para a Simplificação do Registro e da Legalização de Empresas e Negócios - Redesim a respeito dos registros sobre os quais manifestarem interesse. (Redação dada pela MP 1.040/2021)

- **Texto anterior:** Parágrafo único. O registro dos atos constitutivos e de suas alterações e extinções ocorrerá independentemente de autorização governamental prévia, e os órgãos públicos deverão ser informados pela Rede Nacional para a Simplificação do Registro e da Legalização de Empresas e Negócios (Redesim) a respeito dos registros sobre os quais manifestarem interesse. (Redação dada pela Lei 13.874/2019)

§ 2º Eventuais casos de colidência entre nomes empresariais por semelhança poderão ser questionados pelos interessados, a qualquer tempo, por meio de recurso ao Departamento Nacional de Registro Empresarial e Integração da Secretaria de Governo Digital da Secretaria Especial de Desburocratização, Gestão e Governo Digital do Ministério da Economia. (Acrescido pela MP 1.040/2021)

Art. 35-A. O empresário ou a pessoa jurídica poderá optar por utilizar o número de inscrição no Cadastro Nacional da Pessoa Jurídica como nome empresarial, seguido da partícula identificadora do tipo societário ou jurídico, quando exigida por lei. (Acrescido pela MP 1.040/2021)

SEÇÃO III.
DA ORDEM DOS SERVIÇOS

SUBSEÇÃO I.
DA APRESENTAÇÃO DOS ATOS E ARQUIVAMENTO

Art. 36. Os documentos referidos no inciso II do art. 32 deverão ser apresentados a arquivamento na Junta, dentro de 30 (trinta) dias contados de sua assinatura, a cuja data retroagirão os efeitos do arquivamento; fora desse prazo, o arquivamento só terá eficácia a partir do despacho que o conceder.

Art. 37. Instruirão obrigatoriamente os pedidos de arquivamento:

- Lei 6.404/1976: arts. 94 a 97.

I – o instrumento original de constituição, modificação ou extinção de empresas mercantis, assinado pelo titular, pelos administradores, sócios ou seus procuradores;

II – declaração do titular ou administrador, firmada sob as penas da lei, de não estar impedido de exercer o comércio ou a administração de sociedade mercantil, em virtude de condenação criminal; (Redação dada pela Lei nº 10.194, de 14.2.2001)

III – (Revogado pela MP 1.040/2021)

- **Texto anterior:** III – a ficha cadastral de acordo com o modelo aprovado pelo Departamento Nacional de Registro Empresarial e Integração; (Redação dada pela Lei Lei 13.833/2019)

IV – os comprovantes de pagamento dos preços dos serviços correspondentes;

V – a prova de identidade dos titulares e dos administradores da empresa mercantil.

Parágrafo único. Além dos referidos neste artigo, nenhum outro documento será exigido das firmas individuais e sociedades referidas nas alíneas *a*, *b* e *d* do inciso II do art. 32.

Art. 38. Para cada empresa mercantil, a Junta Comercial organizará um prontuário com os respectivos documentos.

SUBSEÇÃO II.
DAS AUTENTICAÇÕES

Art. 39. As Juntas Comerciais autenticarão:

- Decreto 8.683/2016 – Altera o Decreto 1.800/1996, que regulamenta a Lei 8.934/1994.

I – os instrumentos de escrituração das empresas mercantis e dos agentes auxiliares do comércio;

II – as cópias dos documentos assentados.

Parágrafo único. Os instrumentos autenticados, não retirados no prazo de 30 (trinta) dias, contados da sua apresentação, poderão ser eliminados.

Art. 39-A. A autenticação dos documentos de empresas de qualquer porte realizada por meio de sistemas públicos eletrônicos dispensa qualquer outra. (Incluído pela Lei Complementar nº 1247, de 2014)

Art. 39-B. A comprovação da autenticação de documentos e da autoria de que trata esta Lei poderá ser realizada por meio eletrônico, na forma do regulamento. (Incluído pela Lei Complementar nº 1247, de 2014)

SUBSEÇÃO III.
DO EXAME DAS FORMALIDADES

Art. 40. Todo ato, documento ou instrumento apresentado a arquivamento será objeto de exame do cumprimento das formalidades legais pela Junta Comercial.

§ 1º. Verificada a existência de vício insanável, o requerimento será indeferido; quando for sanável, o processo será colocado em exigência.

§ 2º. As exigências formuladas pela Junta Comercial deverão ser cumpridas em até 30 (trinta) dias, contados da data da ciência pelo interessado ou da publicação do despacho.

§ 3º. O processo em exigência será entregue completo ao interessado; não devolvido no prazo previsto no parágrafo anterior, será considerado como novo pedido de arquivamento, sujeito ao pagamento dos preços dos serviços correspondentes.

SUBSEÇÃO IV.
DO PROCESSO DECISÓRIO

Art. 41. Estão sujeitos ao regime de decisão colegiada pelas Juntas Comerciais, na forma desta Lei:

I – o arquivamento:

a) dos atos de constituição de sociedades anônimas; (Redação dada pela Lei 13.874/2019)

b) dos atos referentes à transformação, incorporação, fusão e cisão de empresas mercantis;

c) dos atos de constituição e alterações de consórcio e de grupo de sociedades, conforme previsto na Lei nº 6.404, de 15 de dezembro de 1976;

II – o julgamento do recurso previsto nesta Lei.

Parágrafo único. Os pedidos de arquivamento de que trata o inciso I do *caput* deste artigo serão decididos no prazo de 5 (cinco) dias úteis, contado da data de seu recebimento, sob pena de os atos serem considerados arquivados, mediante provocação dos interessados, sem prejuízo do exame das formalidades legais pela procuradoria. (Acrescido pela Lei 13.874/2019)

Art. 42. Os atos próprios do Registro Público de Empresas Mercantis e Atividades Afins, não previstos no artigo anterior, serão objeto de decisão singular proferida pelo presidente da Junta Comercial, por vogal ou servidor que possua comprovados conhecimentos de Direito Comercial e de Registro de Empresas Mercantis.

§ 1º Os vogais e servidores habilitados a proferir decisões singulares serão designados pelo presidente da junta comercial. (Renumerado pela Lei 13.874/2019)

§ 2º Os pedidos de arquivamento não previstos no inciso I do *caput* do art. 41 desta Lei serão decididos no prazo de 2 (dois) dias úteis, contado da data de seu recebimento, sob pena de os atos serem considerados arquivados, mediante provocação dos interessados, sem prejuízo do exame das formalidades legais pela procuradoria. (Acrescido pela Lei 13.874/2019)

§ 3º O arquivamento dos atos constitutivos e de alterações não previstos no inciso I do *caput* do art. 41 desta Lei terá o registro deferido automaticamente caso cumpridos os requisitos de: (Acrescido pela Lei 13.874/2019)

I - aprovação da consulta prévia da viabilidade do nome empresarial e da viabilidade de localização, quando o ato exigir; e

II - utilização pelo requerente do instrumento padrão estabelecido pelo Departamento Nacional de Registro Empresarial e Integração (Drei) da Secretaria de Governo Digital da Secretaria Especial de Desburocratização, Gestão e Governo Digital do Ministério da Economia.

§ 4º O arquivamento dos atos de extinção não previstos no inciso I do *caput* do art. 41 desta Lei terá o registro deferido automaticamente no caso de utilização pelo requerente do instrumento padrão estabelecido pelo Drei. (Acrescido pela Lei 13.874/2019)

§ 5º Nas hipóteses de que tratam os §§ 3º e 4º do *caput* deste artigo, a análise do cumprimento das formalidades legais será feita posteriormente, no prazo de 2 (dois) dias úteis, contado da data do deferimento automático do registro. (Acrescido pela Lei 13.874/2019)

§ 6º Após a análise de que trata o § 5º deste artigo, a identificação da existência de vício acarretará: (Acrescido pela Lei 13.874/2019)

I – o cancelamento do arquivamento, se o vício for insanável; ou

II – a observação do procedimento estabelecido pelo Drei, se o vício for sanável.

Art. 43. (Revogado pela Lei 13.874/2019)

SUBSEÇÃO V.
DO PROCESSO REVISIONAL

Art. 44. O processo revisional pertinente ao Registro Público de Empresas Mercantis e Atividades Afins dar-se-á mediante:

I – Pedido de Reconsideração;

II – Recurso ao Plenário;

III – Recurso ao Departamento Nacional de Registro Empresarial e Integração. (Redação dada pela Lei 13.874/2019)

Art. 45. O Pedido de Reconsideração terá por objeto obter a revisão de despachos singulares ou de Turmas que formulem exigências para o deferimento do arquivamento e será apresentado no prazo para cumprimento da exigência para apreciação pela autoridade recorrida em 3 (três) dias úteis ou 5 (cinco) dias úteis, respectivamente. (Redação dada pela Lei nº 11.598, de 2007)

Art. 46. Das decisões definitivas, singulares ou de Turmas, cabe recurso ao Plenário, que deverá ser decidido no prazo máximo de 30 (trinta) dias, a contar da data do recebimento da peça recursal, ouvida a Procuradoria, no prazo de 10 (dez) dias, quando a mesma não for a recorrente.

Art. 47. Das decisões do plenário cabe recurso ao Departamento Nacional de Registro Empresarial e Integração como última instância administrativa. (Redação dada pela Lei 13.874/2019)

Parágrafo único. (Revogado pela Lei 13.874/2019)

Art. 48. Os recursos serão indeferidos liminarmente pelo presidente da Junta quando assinados por procurador sem mandato ou, ainda, quando interpostos fora do prazo ou antes da decisão definitiva, devendo ser, em qualquer caso, anexados ao processo.

Art. 49. Os recursos de que trata esta Lei não têm efeito suspensivo.

Art. 50. Todos os recursos previstos nesta Lei deverão ser interpostos no prazo de 10 (dez) dias úteis, cuja fluência começa na data da intimação da parte ou da publicação do ato no órgão oficial de publicidade da Junta Comercial.

Art. 51. A Procuradoria e as partes interessadas, quando for o caso, serão intimadas para, no mesmo prazo de 10 (dez) dias, oferecerem contrarrazões.

**TÍTULO II.
DAS DISPOSIÇÕES FINAIS E TRANSITÓRIAS**

CAPÍTULO I.
DAS DISPOSIÇÕES FINAIS

Art. 52. (*VETADO*).

Art. 53. As alterações contratuais ou estatutárias poderão ser efetivadas por escritura pública ou particular, independentemente da forma adotada no ato constitutivo.

Art. 54. A prova da publicidade de atos societários, quando exigida em lei, será feita mediante anotação nos registros da junta comercial à vista da apresentação da folha do Diário Oficial, em sua versão eletrônica, dispensada a juntada da mencionada folha. (Redação dada pela Lei 13.874/2019)

Art. 55. Compete ao Departamento Nacional de Registro Empresarial e Integração propor a elaboração da tabela de preços dos serviços pertinentes ao Registro Público de Empresas Mercantis, na parte relativa aos atos de natureza federal, bem como especificar os atos a serem observados pelas juntas comerciais na elaboração de suas tabelas locais. (Redação dada pela Lei 13.874/2019)

§ 1º As isenções de preços de serviços restringem-se aos casos previstos em lei. (Parágrafo único renumerado pela Lei 13.874/2019)

§ 2º É vedada a cobrança de preço pelo serviço de arquivamento dos documentos relativos à extinção do registro do empresário individual, da empresa individual de responsabilidade limitada (Eireli) e da sociedade limitada. (Acrescido pela Lei 13.874/2019)

Art. 56. Os documentos arquivados pelas juntas comerciais não serão retirados, em qualquer hipótese, de suas dependências, ressalvado o disposto no art. 57. (Redação dada pela MP 1.040/2021)

› **Texto anterior:** Art. 56. Os documentos arquivados pelas Juntas Comerciais não serão retirados, em qualquer hipótese, de suas dependências, ressalvado o previsto no art. 58 desta Lei.

Art. 57. Quaisquer atos e documentos, após microfilmados ou preservada a sua imagem por meios tecnológicos mais avançados, poderão ser eliminados pelas juntas comerciais, conforme disposto em regulamento. (Redação dada pela MP 1.040/2021)

› **Texto anterior:** Art. 57. Os atos de empresas, após microfilmados ou preservada a sua imagem por meios tecnológicos mais avançados, poderão ser devolvidos pelas Juntas Comerciais, conforme dispuser o regulamento.

Parágrafo único. Antes da eliminação, será concedido o prazo de trinta dias para os acionistas, diretores e procuradores das empresas ou outros interessados retirarem, facultativamente, a documentação original, sem qualquer custo. (Acrescido pela MP 1.040/2021)

Art. 58. (Revogado pela MP 1.040/2021)

› **Texto anterior:** Art. 58. Os processos em exigência e os documentos deferidos e com a imagem preservada postos à disposição dos interessados e não retirados em 60 (sessenta) dias da publicação do respectivo despacho poderão ser eliminados pelas Juntas Comerciais, exceto os contratos e suas alterações, que serão devolvidos aos interessados mediante recibo.

Art. 59. Expirado o prazo da sociedade celebrada por tempo determinado, esta perderá a proteção do seu nome empresarial.

Art. 60. (Revogado pela MP 1.040/2021)

› **Texto anterior:** Art. 60. A firma individual ou a sociedade que não proceder a qualquer arquivamento no período de 10 (dez) anos consecutivos deverá comunicar à Junta Comercial que deseja manter-se em funcionamento.

§ 1º. Na ausência dessa comunicação, a empresa mercantil será considerada inativa, promovendo a Junta Comercial o cancelamento do registro, com a perda automática da proteção ao nome empresarial.

§ 2º. A empresa mercantil deverá ser notificada previamente pela Junta Comercial, mediante comunicação direta ou por edital, para os fins deste artigo.

§ 3º. A Junta Comercial fará comunicação do cancelamento às autoridades arrecadadoras, no prazo de até 10 (dez) dias.

§ 4º. A reativação da empresa obedecerá aos mesmos procedimentos requeridos para sua constituição.

Art. 61. O fornecimento de informações cadastrais aos órgãos executores do Registro Público de Empresas Mercantis e Atividades Afins desobriga as firmas individuais e sociedades de prestarem idênticas informações a outros órgãos ou entidades das Administrações Federal, Estadual ou Municipal.

Parágrafo único. O Departamento Nacional de Registro Empresarial e Integração manterá à disposição dos órgãos ou das entidades de que trata este artigo os seus serviços de cadastramento de empresas mercantis. (Redação dada pela Lei 13.833/2019)

Art. 62. (*Revogado pela* Lei 13.833/2019)

Art. 63. Os atos levados a arquivamento nas juntas comerciais são dispensados de reconhecimento de firma. (Redação dada pela MP 1.040/2021)

› **Texto anterior:** Art. 63. Os atos levados a arquivamento nas Juntas Comerciais são dispensados de reconhecimento de firma, exceto quando se tratar de procuração.

§ 1º A cópia de documento, autenticada na forma prevista em lei, dispensará nova conferência com o documento original. (Parágrafo único renumerado e com redação dada pela Lei 13.874/2019)

§ 2º A autenticação do documento poderá ser realizada por meio de comparação entre o documento original e a sua cópia pelo servidor a quem o documento seja apresentado. (Acrescido pela Lei 13.874/2019)

§ 3º Fica dispensada a autenticação a que se refere o § 1º do *caput* deste artigo quando o advogado ou o contador da parte interessada declarar, sob sua responsabilidade pessoal, a autenticidade da cópia do documento. (Acrescido pela Lei 13.874/2019)

Art. 64. A certidão dos atos de constituição e de alteração de empresários individuais, empresa individual de responsabilidade limitada e sociedades mercantis, fornecida pelas juntas comerciais em que foram arquivados, será o documento hábil para a transferência, por transcrição no registro público competente, dos bens com que o subscritor tiver contribuído para a formação ou o aumento do capital. (Redação dada pela MP 1.040/2021)

› **Texto anterior:** Art. 64. A certidão dos atos de constituição e de alteração de sociedades mercantis, passada pelas Juntas Comerciais em que foram arquivados, será o documento hábil para a transferência, por transcrição no registro público competente, dos bens com que o subscritor tiver contribuído para a formação ou aumento do capital social.

CAPÍTULO II.
DAS DISPOSIÇÕES TRANSITÓRIAS

Art. 65. As Juntas Comerciais adaptarão os respectivos regimentos ou regulamentos às disposições desta Lei no prazo de 180 (cento e oitenta) dias.

Art. 65-A. Os atos de constituição, alteração, transformação, incorporação, fusão, cisão, dissolução e extinção de registro de empresários e de pessoas jurídicas poderão ser realizados também por meio de sistema eletrônico criado e mantido pela administração pública federal. (Acrescido pela Lei 13.874/2019)

Art. 66. (*VETADO*).

Art. 67. Esta Lei será regulamentada pelo Poder Executivo no prazo de 90 (noventa) dias e entrará em vigor na data da sua publicação, revogadas as Leis nºs 4.726, de 13 de julho de 1965, 6.939, de 9 de setembro de 1981, 6.054, de 12 de junho de 1974, o § 4º do art. 71 da Lei nº 4.215, de 27 de abril de 1963, acrescentado pela Lei nº 6.884, de 9 de dezembro de 1980, e a Lei nº 8.209, de 18 de julho de 1991.

Brasília, 18 de novembro de 1994; 173º da Independência e 106º da República.

ITAMAR FRANCO
D.O.U. 21.11.1994

LEI Nº 8.935, DE 18 DE NOVEMBRO DE 1994

Regulamenta o art. 236 da Constituição Federal, dispondo sobre serviços notariais e de registro.

‣ *Serviços notariais e de registro*

O PRESIDENTE DA REPÚBLICA Faço saber que o Congresso Nacional decreta e eu sanciono a seguinte Lei:

‣ Lei 11.971/2009 – Dispõe sobre as certidões expedidas pelos Ofícios do Registro de Distribuição e Distribuidores Judiciais.

‣ Lei 11.789/2008 – Proíbe a inserção nas certidões de nascimento e de óbito de expressões que indiquem condição de pobreza ou semelhantes e altera as Leis 6.015/1973 (Lei de Registros Públicos), e 8.935/1994.

‣ Lei 6.015/1973 – Dispõe sobre os registros públicos.

‣ Decreto 3.048/1999 – Aprova o regulamento da Previdência Social.

TÍTULO I. DOS SERVIÇOS NOTARIAIS E DE REGISTROS

CAPÍTULO I. NATUREZA E FINS

Art. 1º. Serviços notariais e de registro são os de organização técnica e administrativa destinados a garantir a publicidade, autenticidade, segurança e eficácia dos atos jurídicos.

‣ Lei 6.015/1973; art. 1º

Art. 2º. (*VETADO*).

Art. 3º. Notário, ou tabelião, e oficial de registro, ou registrador, são profissionais do direito, dotados de fé pública, a quem é delegado o exercício da atividade notarial e de registro.

‣ Lei 6.015/1973; art. 2º

Art. 4º. Os serviços notariais e de registro serão prestados, de modo eficiente e adequado, em dias e horários estabelecidos pelo juízo competente, atendidas as peculiaridades locais, em local de fácil acesso ao público e que ofereça segurança para o arquivamento de livros e documentos.

§ 1º. O serviço de registro civil das pessoas naturais será prestado, também, nos sábados, domingos e feriados pelo sistema de plantão.

‣ Lei 6.015/1973; art. 8º, par. único.

§ 2º. O atendimento ao público será, no mínimo, de seis horas diárias.

CAPÍTULO II. DOS NOTÁRIOS E REGISTRADORES

SEÇÃO I. DOS TITULARES

Art. 5º. Os titulares de serviços notariais e de registro são os:

I – tabeliães de notas;

II – tabeliães e oficiais de registro de contratos marítimos;

III – tabeliães de protesto de títulos;

IV – oficiais de registro de imóveis;

V – oficiais de registro de títulos e documentos e civis das pessoas jurídicas;

VI – oficiais de registro civis das pessoas naturais e de interdições e tutelas;

VII – oficiais de registro de distribuição.

SEÇÃO II. DAS ATRIBUIÇÕES E COMPETÊNCIAS DOS NOTÁRIOS

‣ CF/88: art. 236.

‣ Lei 13.286/2016 – Dispõe sobre a responsabilidade civil de notários e registradores.

Art. 6º. Aos notários compete:

I – formalizar juridicamente a vontade das partes;

II – intervir nos atos e negócios jurídicos a que as partes devam ou queiram dar forma legal ou autenticidade, autorizando a redação ou redigindo os instrumentos adequados, conservando os originais e expedindo cópias fidedignas de seu conteúdo;

III – autenticar fatos.

Art. 7º. Aos tabeliães de notas compete com exclusividade:

I – lavrar escrituras e procurações públicas;

II – lavrar testamentos públicos e aprovar os cerrados;

III – lavrar atas notariais;

IV – reconhecer firmas;

V – autenticar cópias.

Parágrafo único. É facultado aos tabeliães de notas realizar todas as gestões e diligências necessárias ou convenientes ao preparo dos atos notariais, requerendo o que couber, sem ônus maiores que os emolumentos devidos pelo ato.

Art. 8º. É livre a escolha do tabelião de notas, qualquer que seja o domicílio das partes ou o lugar de situação dos bens objeto do ato ou negócio.

Art. 9º. O tabelião de notas não poderá praticar atos de seu ofício fora do Município para o qual recebeu delegação.

Art. 10. Aos tabeliães e oficiais de registro de contratos marítimos compete:

I – lavrar os atos, contratos e instrumentos relativos a transações de embarcações a que as partes devam ou queiram dar forma legal de escritura pública;

II – registrar os documentos da mesma natureza;

III – reconhecer firmas em documentos destinados a fins de direito marítimo;

IV – expedir traslados e certidões.

Art. 11. Aos tabeliães de protesto de título compete privativamente:

I – protocolar de imediato os documentos de dívida, para prova do descumprimento da obrigação;

II – intimar os devedores dos títulos para aceitá-los, devolvê-los ou pagá-los, sob pena de protesto;

III – receber o pagamento dos títulos protocolizados, dando quitação;

IV – lavrar o protesto, registrando o ato em livro próprio, em microfilme ou sob outra forma de documentação;

V – acatar o pedido de desistência do protesto formulado pelo apresentante;

VI – averbar:

a) o cancelamento do protesto;

b) as alterações necessárias para atualização dos registros efetuados;

VII – expedir certidões de atos e documentos que constem de seus registros e papéis.

Parágrafo único. Havendo mais de um tabelião de protestos na mesma localidade, será obrigatória a prévia distribuição dos títulos.

SEÇÃO III. DAS ATRIBUIÇÕES E COMPETÊNCIAS DOS OFICIAIS DE REGISTROS

Art. 12. Aos oficiais de registro de imóveis, de títulos e documentos e civis das pessoas jurídicas, civis das pessoas naturais e de interdições e tutelas compete a prática dos atos relacionados na legislação pertinente aos registros públicos, de que são incumbidos, independentemente de prévia distribuição, mas sujeitos os oficiais de registro de imóveis e civis das pessoas naturais às normas que definirem as circunscrições geográficas.

Art. 13. Aos oficiais de registro de distribuição compete privativamente:

I – quando previamente exigida, proceder à distribuição equitativa pelos serviços da mesma natureza, registrando os atos praticados; em caso contrário, registrar as comunicações recebidas dos órgãos e serviços competentes;

II – efetuar as averbações e os cancelamentos de sua competência;

III – expedir certidões de atos e documentos que constem de seus registros e papéis.

TÍTULO II. DAS NORMAS COMUNS

CAPÍTULO I. DO INGRESSO NA ATIVIDADE NOTARIAL E DE REGISTRO

Art. 14. A delegação para o exercício da atividade notarial e de registro depende dos seguintes requisitos:

I – habilitação em concurso público de provas e títulos;

II – nacionalidade brasileira;

III – capacidade civil;

IV – quitação com as obrigações eleitorais e militares;

V – diploma de bacharel em direito;

VI – verificação de conduta condigna para o exercício da profissão.

Art. 15. Os concursos serão realizados pelo Poder Judiciário, com a participação, em todas as suas fases, da Ordem dos Advogados do Brasil, do Ministério Público, de um notário e de um registrador.

§ 1º. O concurso será aberto com a publicação de edital, dele constando os critérios de desempate.

§ 2º. Ao concurso público poderão concorrer candidatos não bacharéis em direito que tenham completado, até a data da primeira publicação do edital do concurso de provas e títulos, dez anos de exercício em serviço notarial ou de registro.

§ 3º. (*VETADO*).

Art. 16. As vagas serão preenchidas alternadamente, duas terças partes por concurso público de provas e títulos e uma terça parte por meio de remoção, mediante concurso de títulos, não se permitindo que qualquer serventia notarial ou de registro fique vaga, sem abertura de concurso de provimento inicial ou de remoção, por mais de seis meses. (Redação dada pela Lei nº 10.506, de 9.7.2002)

Parágrafo único. Para estabelecer o critério do preenchimento, tomar-se-á por base a data de vacância da titularidade ou, quando vagas na mesma data, aquela da criação do serviço.

Art. 17. Ao concurso de remoção somente serão admitidos titulares que exerçam a atividade por mais de dois anos.

Art. 18. A legislação estadual disporá sobre as normas e os critérios para o concurso de remoção.

Parágrafo único. Aos que ingressaram por concurso, nos termos do art. 236 da Constituição Federal, ficam preservadas todas as remoções reguladas por lei estadual ou do Distrito Federal, homologadas pelo respectivo Tribunal de Justiça, que ocorreram no período anterior à publicação desta Lei. (Incluído pela Lei nº 13.489/2017)

Art. 19. Os candidatos serão declarados habilitados na rigorosa ordem de classificação no concurso.

CAPÍTULO II. DOS PREPOSTOS

Art. 20. Os notários e os oficiais de registro poderão, para o desempenho de suas funções, contratar escreventes, dentre eles escolhendo os substitutos, e auxiliares como empregados, com remuneração livremente ajustada e sob o regime da legislação do trabalho.

§ 1º. Em cada serviço notarial ou de registro haverá tantos substitutos, escreventes e auxiliares quantos forem necessários, a critério de cada notário ou oficial de registro.

§ 2º. Os notários e os oficiais de registro encaminharão ao juízo competente os nomes dos substitutos.

§ 3º. Os escreventes poderão praticar somente os atos que o notário ou o oficial de registro autorizar.

§ 4º. Os substitutos poderão, simultaneamente com o notário ou o oficial de registro, praticar todos os atos que lhe sejam próprios exceto, nos tabelionatos de notas, lavrar testamentos.

§ 5º. Dentre os substitutos, um deles será designado pelo notário ou oficial de registro para responder pelo respectivo serviço nas ausências e nos impedimentos do titular.

Art. 21. O gerenciamento administrativo e financeiro dos serviços notariais e de registro é da responsabilidade exclusiva do respectivo titular, inclusive no que diz respeito às despesas de custeio, investimento e pessoal, cabendo-lhe estabelecer normas, condições e obrigações relativas à atribuição de funções e de remuneração de seus prepostos de modo a obter a melhor qualidade na prestação dos serviços.

CAPÍTULO III. DA RESPONSABILIDADE CIVIL E CRIMINAL

- CF/88: art. 236, § 1º.
- Lei 13.286/2016 – Dispõe sobre a responsabilidade civil de notários e registradores.
- Lei 11.971/2009: art. 4º.

Art. 22. Os notários e oficiais de registro são civilmente responsáveis por todos os prejuízos que causarem a terceiros, por culpa ou dolo, pessoalmente, pelos substitutos que designarem ou escreventes que autorizarem, assegurado o direito de regresso. (Redação dada pela Lei nº 13.286, de 2016).

Parágrafo único. Prescreve em três anos a pretensão de reparação civil, contado o prazo da data de lavratura do ato registral ou notarial. (Redação dada pela Lei nº 13.286, de 2016).

Art. 23. A responsabilidade civil independe da criminal.

- CC: art. 927 a 954.

Art. 24. A responsabilidade criminal será individualizada, aplicando-se, no que couber, a legislação relativa aos crimes contra a administração pública.

- CF/88: art. 236, § 1º.

Parágrafo único. A individualização prevista no *caput* não exime os notários e os oficiais de registro de sua responsabilidade civil.

CAPÍTULO IV. DAS INCOMPATIBILIDADES E DOS IMPEDIMENTOS

Art. 25. O exercício da atividade notarial e de registro é incompatível com o da advocacia, o da intermediação de seus serviços ou o de qualquer cargo, emprego ou função públicos, ainda que em comissão.

§ 1º. (*VETADO*).

§ 2º. A diplomação, na hipótese de mandato eletivo, e a posse, nos demais casos, implicará no afastamento da atividade.

Art. 26. Não são acumuláveis os serviços enumerados no art. 5º.

Parágrafo único. Poderão, contudo, ser acumulados nos Municípios que não comportarem, em razão do volume dos serviços ou da receita, a instalação de mais de um dos serviços.

Art. 27. No serviço de que é titular, o notário e o registrador não poderão praticar, pessoalmente, qualquer ato de seu interesse, ou de interesse de seu cônjuge ou de parentes, na linha reta, ou na colateral, consanguíneos ou afins, até o terceiro grau.

CAPÍTULO V. DOS DIREITOS E DEVERES

Art. 28. Os notários e oficiais de registro gozam de independência no exercício de suas atribuições, têm direito à percepção dos emolumentos integrais pelos atos praticados na serventia e só perderão a delegação nas hipóteses previstas em lei.

Art. 29. São direitos do notário e do registrador:

I – exercer opção, nos casos de desmembramento ou desdobramento de sua serventia;

II – organizar associações ou sindicatos de classe e deles participar.

Art. 30. São deveres dos notários e dos oficiais de registro:

I – manter em ordem os livros, papéis e documentos de sua serventia, guardando-os em locais seguros;

II – atender as partes com eficiência, urbanidade e presteza;

III – atender prioritariamente as requisições de papéis, documentos, informações ou providências que lhes forem solicitadas pelas autoridades judiciárias ou administrativas para a defesa das pessoas jurídicas de direito público em juízo;

IV – manter em arquivo as leis, regulamentos, resoluções, provimentos, regimentos, ordens de serviço e quaisquer outros atos que digam respeito à sua atividade;

V – proceder de forma a dignificar a função exercida, tanto nas atividades profissionais como na vida privada;

VI – guardar sigilo sobre a documentação e os assuntos de natureza reservada de que tenham conhecimento em razão do exercício de sua profissão;

VII – afixar em local visível, de fácil leitura e acesso ao público, as tabelas de emolumentos em vigor;

VIII – observar os emolumentos fixados para a prática dos atos do seu ofício;

IX – dar recibo dos emolumentos percebidos;

X – observar os prazos legais fixados para a prática dos atos do seu ofício;

XI – fiscalizar o recolhimento dos impostos incidentes sobre os atos que devem praticar;

XII – facilitar, por todos os meios, o acesso à documentação existente às pessoas legalmente habilitadas;

XIII – encaminhar ao juízo competente as dúvidas levantadas pelos interessados, obedecida a sistemática processual fixada pela legislação respectiva;

XIV – observar as normas técnicas estabelecidas pelo juízo competente.

CAPÍTULO VI. DAS INFRAÇÕES DISCIPLINARES E DAS PENALIDADES

Art. 31. São infrações disciplinares que sujeitam os notários e os oficiais de registro às penalidades previstas nesta Lei:

I – a inobservância das prescrições legais ou normativas;

- Lei 11.971/2009: art. 4º.

II – a conduta atentatória às instituições notariais e de registro;

III – a cobrança indevida ou excessiva de emolumentos, ainda que sob a alegação de urgência;

IV – a violação do sigilo profissional;

V – o descumprimento de quaisquer dos deveres descritos no art. 30.

Art. 32. Os notários e os oficiais de registro estão sujeitos, pelas infrações que praticarem, assegurado amplo direito de defesa, às seguintes penas:

- Lei 11.971/2009: art. 4º.

I – repreensão;

II – multa;

III – suspensão por 90 (noventa) dias, prorrogável por mais 30 (trinta);

IV – perda da delegação.

Art. 33. As penas serão aplicadas:

I – a de repreensão, no caso de falta leve;

II – a de multa, em caso de reincidência ou de infração que não configure falta mais grave;

III – a de suspensão, em caso de reiterado descumprimento dos deveres ou de falta grave.

Art. 34. As penas serão impostas pelo juízo competente, independentemente da ordem de gradação, conforme a gravidade do fato.

Art. 35. A perda da delegação dependerá:

I – de sentença judicial transitada em julgado; ou

II – de decisão decorrente de processo administrativo instaurado pelo juízo competente, assegurado amplo direito de defesa.

§ 1º. Quando o caso configurar a perda da delegação, o juízo competente suspenderá o notário ou oficial de registro, até a decisão final, e designará interventor, observando-se o disposto no art. 36.

§ 2º. (*VETADO*).

Art. 36. Quando, para a apuração de faltas imputadas a notários ou a oficiais de registro, for necessário o afastamento do titular do serviço, poderá ele ser suspenso, preventivamente, pelo prazo de 90 (noventa) dias, prorrogável por mais 30 (trinta).

§ 1º. Na hipótese do *caput*, o juízo competente designará interventor para responder pela serventia, quando o substituto também for acusado das faltas ou quando a medida se revelar conveniente para os serviços.

§ 2º. Durante o período de afastamento, o titular perceberá metade da renda líquida da serventia; outra metade será depositada em conta bancária especial, com correção monetária.

§ 3º. Absolvido o titular, receberá ele o montante dessa conta; condenado, caberá esse montante ao interventor.

CAPÍTULO VII. DA FISCALIZAÇÃO PELO PODER JUDICIÁRIO

Art. 37. A fiscalização judiciária dos atos notariais e de registro, mencionados nos arts. 6º a 13, será exercida pelo juízo competente, assim definido na órbita estadual e do Distrito Federal, sempre que necessário, ou mediante representação de qualquer interessado, quando da inobservância de obrigação legal por parte de notário ou de oficial de registro, ou de seus prepostos.

Parágrafo único. Quando, em autos ou papéis de que conhecer, o Juiz verificar a existência de crime de ação pública, remeterá ao Ministério Público as cópias e os documentos necessários ao oferecimento da denúncia.

Art. 38. O juízo competente zelará para que os serviços notariais e de registro sejam prestados com rapidez, qualidade satisfatória e de modo eficiente, podendo sugerir à autoridade competente a elaboração de planos de adequada e melhor prestação desses serviços, observados, também, critérios populacionais e socioeconômicos, publicados regularmente pela Fundação Instituto Brasileiro de Geografia e Estatística.

CAPÍTULO VIII. DA EXTINÇÃO DA DELEGAÇÃO

Art. 39. Extinguir-se-á a delegação a notário ou a oficial de registro por:

I – morte;

II – aposentadoria facultativa;

III – invalidez;

IV – renúncia;

V – perda, nos termos do art. 35;

VI – descumprimento, comprovado, da gratuidade estabelecida na Lei nº 9.534, de 10 de dezembro de 1997. (Incluído pela Lei nº 9.812, de 1999)

§ 1º. Dar-se-á aposentadoria facultativa ou por invalidez nos termos da legislação previdenciária federal.

§ 2º. Extinta a delegação a notário ou a oficial de registro, a autoridade competente declarará vago o respectivo serviço, designará o substituto mais antigo para responder pelo expediente e abrirá concurso.

CAPÍTULO IX. DA SEGURIDADE SOCIAL

Art. 40. Os notários, oficiais de registro, escreventes e auxiliares são vinculados à previdência social, de âmbito federal, e têm assegurada a contagem recíproca de tempo de serviço em sistemas diversos.

Parágrafo único. Ficam assegurados, aos notários, oficiais de registro, escreventes e auxiliares os direitos e vantagens previdenciários adquiridos até a data da publicação desta Lei.

TÍTULO III. DAS DISPOSIÇÕES GERAIS

Art. 41. Incumbe aos notários e aos oficiais de registro praticar, independentemente de autorização, todos os atos previstos em lei necessários à organização e execução dos serviços, podendo, ainda, adotar sistemas de computação, microfilmagem, disco ótico e outros meios de reprodução.

Art. 42. Os papéis referentes aos serviços dos notários e dos oficiais de registro serão arquivados mediante utilização de processos que facilitem as buscas.

Art. 43. Cada serviço notarial ou de registro funcionará em um só local, vedada a instalação de sucursal.

Art. 44. Verificada a absoluta impossibilidade de se prover, através de concurso público, a titularidade de serviço notarial ou de registro, por desinteresse ou inexistência de candidatos, o juízo competente proporá à autoridade competente a extinção do serviço e a anexação de suas atribuições ao serviço da mesma natureza mais próximo ou àquele localizado na sede do respectivo Município ou de Município contíguo.

§ 1º. (*VETADO*).

§ 2º. Em cada sede municipal haverá no mínimo um registrador civil das pessoas naturais.

§ 3º. Nos municípios de significativa extensão territorial, a juízo do respectivo Estado, cada sede distrital disporá no mínimo de um registrador civil das pessoas naturais.

Art. 45. São gratuitos os assentos do registro civil de nascimento e o de óbito, bem como a primeira certidão respectiva. (Redação dada pela Lei nº 9.534, de 1997)

§ 1º. Para os reconhecidamente pobres não serão cobrados emolumentos pelas certidões a que se refere este artigo. (Incluído pela Lei nº 11.789, de 2008)

§ 2º. É proibida a inserção nas certidões de que trata o § 1º deste artigo de expressões que indiquem condição de pobreza ou semelhantes. (Incluído pela Lei nº 11.789, de 2008)

Art. 46. Os livros, fichas, documentos, papéis, microfilmes e sistemas de computação deverão permanecer sempre sob a guarda e responsabilidade do titular de serviço notarial ou de registro, que zelará por sua ordem, segurança e conservação.

Parágrafo único. Se houver necessidade de serem periciados, o exame deverá ocorrer na própria sede do serviço, em dia e hora adrede designados, com ciência do titular e autorização do juízo competente.

TÍTULO IV. DAS DISPOSIÇÕES TRANSITÓRIAS

Art. 47. O notário e o oficial de registro, legalmente nomeados até 5 de outubro de 1988, detêm a delegação constitucional de que trata o art. 2º.

Art. 48. Os notários e os oficiais de registro poderão contratar, segundo a legislação trabalhista, seus atuais escreventes e auxiliares de investidura estatutária ou em regime especial desde que estes aceitem a transformação de seu regime jurídico, em opção expressa, no prazo improrrogável de 30 (trinta) dias, contados da publicação desta Lei.

§ 1º. Ocorrendo opção, o tempo de serviço prestado será integralmente considerado, para todos os efeitos de direito.

§ 2º. Não ocorrendo opção, os escreventes e auxiliares de investidura estatutária ou em regime especial continuarão regidos pelas normas aplicáveis aos funcionários públicos ou pelas editadas pelo Tribunal de Justiça respectivo, vedadas novas admissões por qualquer desses regimes, a partir da publicação desta Lei.

Art. 49. Quando da primeira vacância da titularidade de serviço notarial ou de registro, será procedida a desacumulação, nos termos do art. 26.

Art. 50. Em caso de vacância, os serviços notariais e de registro estatizados passarão automaticamente ao regime desta Lei.

Art. 51. Aos atuais notários e oficiais de registro, quando da aposentadoria, fica assegurado o direito de percepção de proventos de acordo com a legislação que anteriormente os regia, desde que tenham mantido as contribuições nela estipuladas até a data do deferimento do pedido ou de sua concessão.

§ 1º. O disposto neste artigo aplica-se aos escreventes e auxiliares de investidura estatutária ou em regime especial que vierem a ser contratados em virtude da opção de que trata o art. 48.

§ 2º. Os proventos de que trata este artigo serão os fixados pela legislação previdenciária aludida no *caput*.

§ 3º. O disposto neste artigo aplica-se também às pensões deixadas, por morte, pelos notários, oficiais de registro, escreventes e auxiliares.

Art. 52. Nas unidades federativas onde já exista lei estadual específica, em vigor na data de publicação desta Lei, são competentes para a lavratura de instrumentos traslatícios de direitos reais, procurações, reconhecimento de firmas e autenticação de cópia reprográfica os serviços de Registro Civil das Pessoas Naturais.

Art. 53. Nos Estados cujas organizações judiciárias, vigentes à época da publicação desta Lei, assim previrem, continuam em vigor as determinações relativas à fixação da área territorial de atuação dos tabeliães de protesto de títulos, a quem os títulos serão distribuídos em obediência às respectivas zonas.

Parágrafo único. Quando da primeira vacância, aplicar-se-á à espécie o disposto no parágrafo único do art. 11.

Art. 54. Esta Lei entra em vigor na data da sua publicação.

Art. 55. Revogam-se as disposições em contrário.

Brasília, 18 de novembro de 1994; 173º da Independência e 106º da República.

ITAMAR FRANCO
D.O.U. 21.11.1994

LEI Nº 8.987, DE 13 DE FEVEREIRO DE 1995

Dispõe sobre o regime de concessão e permissão da prestação de serviços públicos previsto no art. 175 da Constituição Federal, e dá outras providências.

- *Serviços Públicos*

O PRESIDENTE DA REPÚBLICA Faço saber que o Congresso Nacional decreta e eu sanciono a seguinte Lei:

CAPÍTULO I. DAS DISPOSIÇÕES PRELIMINARES

- Lei 11.079/2004 – Normas gerais para licitação e contratação de parceria público-privada no âmbito da administração pública.
- Lei 9.074/1995 – Estabelece normas para outorga e prorrogações das concessões e permissões de serviços públicos.
- v. Lei 8.666/1993 – Regulamenta o art. 37, inciso XXI, da Constituição Federal, institui normas para licitações e contratos da Administração Pública (Licitações e contratos).
- Decreto 2.521/1998 – Exploração, mediante permissão e autorização, de serviços de transporte rodoviário interestadual e internacional de passageiros.
- Decreto 1.910/1996 – Concessão e a permissão de serviços desenvolvidos em terminais alfandegados de uso público.

Art. 1º. As concessões de serviços públicos e de obras públicas e as permissões de serviços públicos reger-se-ão pelos termos do art. 175 da Constituição Federal, por esta Lei, pelas normas legais pertinentes e pelas cláusulas dos indispensáveis contratos.

- Lei 14.133/2021 (Nova Lei de Licitações)
- Lei 8.666/1993: arts. 2º e 124.

Parágrafo único. A União, os Estados, o Distrito Federal e os Municípios promoverão a revisão e as adaptações necessárias de sua legislação às prescrições desta Lei, buscando atender as peculiaridades das diversas modalidades dos seus serviços.

Art. 2º. Para os fins do disposto nesta Lei, considera-se:

I - poder concedente: a União, o Estado, o Distrito Federal ou o Município, em cuja competência se encontre o serviço público, precedido ou não da execução de obra pública, objeto de concessão ou permissão;

II - concessão de serviço público: a delegação de sua prestação, feita pelo poder concedente, mediante licitação, na modalidade concorrência ou diálogo competitivo, a pessoa jurídica ou consórcio de empresas que demonstre capacidade para seu desempenho, por sua conta e risco e por prazo determinado; (Redação dada pela Lei 14.133/2021)

III - concessão de serviço público precedida da execução de obra pública: a construção, total ou parcial, conservação, reforma, ampliação ou melhoramento de quaisquer obras de interesse público, delegados pelo poder concedente, mediante licitação, na modalidade concorrência ou diálogo competitivo, a pessoa jurídica ou consórcio de empresas que demonstre capacidade para a sua realização, por sua conta e risco, de forma que o investimento da concessionária seja remunerado e amortizado mediante a exploração do serviço ou da obra por prazo determinado. (Redação dada pela Lei 14.133/2021)

IV – permissão de serviço público: a delegação, a título precário, mediante licitação, da prestação de serviços públicos, feita pelo poder concedente à pessoa física ou jurídica que demonstre capacidade para seu desempenho, por sua conta e risco.

Art. 3º. As concessões e permissões sujeitar-se-ão à fiscalização pelo poder concedente responsável pela delegação, com a cooperação dos usuários.

Art. 4º. A concessão de serviço público, precedida ou não da execução de obra pública, será formalizada mediante contrato, que deverá observar os termos desta Lei, das normas pertinentes e do edital de licitação.

- Lei 14.133/2021 (Nova Lei de Licitações)
- Lei 8.666/1993: art. 6º, I.

Art. 5º. O poder concedente publicará, previamente ao edital de licitação, ato justificando a conveniência da outorga de concessão ou permissão, caracterizando seu objeto, área e prazo.

CAPÍTULO II. DO SERVIÇO ADEQUADO

Art. 6º. Toda concessão ou permissão pressupõe a prestação de serviço adequado ao pleno atendimento dos usuários, conforme estabelecido nesta Lei, nas normas pertinentes e no respectivo contrato.

- Lei 14.133/2021 (Nova Lei de Licitações)
- Lei 8.666/1993: art. 6º, II.

§ 1º. Serviço adequado é o que satisfaz as condições de regularidade, continuidade, eficiência, segurança, atualidade, generalidade, cortesia na sua prestação e modicidade das tarifas.

§ 2º. A atualidade compreende a modernidade das técnicas, do equipamento e das instalações e a sua conservação, bem como a melhoria e expansão do serviço.

§ 3º. Não se caracteriza como descontinuidade do serviço a sua interrupção em situação de emergência ou após prévio aviso, quando:

I – motivada por razões de ordem técnica ou de segurança das instalações; e,

II – por inadimplemento do usuário, considerado o interesse da coletividade.

§ 4º A interrupção do serviço na hipótese prevista no inciso II do § 3º deste artigo não poderá iniciar-se na sexta-feira, no sábado ou no domingo, nem em feriado ou no dia anterior a feriado. *(Acrescido pela Lei 14.015/2020)*

CAPÍTULO III. DOS DIREITOS E OBRIGAÇÕES DOS USUÁRIOS

Art. 7º. Sem prejuízo do disposto na Lei nº 8.078, de 11 de setembro de 1990, são direitos e obrigações dos usuários:

I – receber serviço adequado;

II – receber do poder concedente e da concessionária informações para a defesa de interesses individuais ou coletivos;

III – obter e utilizar o serviço, com liberdade de escolha entre vários prestadores de serviços, quando for o caso, observadas as normas do poder concedente. (Redação dada pela Lei nº 9.648, de 1998)

IV – levar ao conhecimento do poder público e da concessionária as irregularidades de que tenham conhecimento, referentes ao serviço prestado;

V – comunicar às autoridades competentes os atos ilícitos praticados pela concessionária na prestação do serviço;

VI – contribuir para a permanência das boas condições dos bens públicos através dos quais lhes são prestados os serviços.

Art. 7º-A. As concessionárias de serviços públicos, de direito público e privado, nos Estados e no Distrito Federal, são obrigadas a oferecer ao consumidor e ao usuário, dentro do mês de vencimento, o mínimo de seis datas opcionais para escolherem os dias de vencimento de seus débitos. (Incluído pela Lei nº 9.791, de 1999)

Parágrafo único. (VETADO) (Incluído pela Lei nº 9.791, de 1999)

CAPÍTULO IV DA POLÍTICA TARIFÁRIA

Art. 8º. (*VETADO*).

Art. 9º. A tarifa do serviço público concedido será fixada pelo preço da proposta vencedora da licitação e preservada pelas regras de revisão previstas nesta Lei, no edital e no contrato.

§ 1º. A tarifa não será subordinada à legislação específica anterior e somente nos casos expressamente previstos em lei, sua cobrança poderá ser condicionada à existência de serviço público alternativo e gratuito para o usuário. (Redação dada pela Lei nº 9.648, de 1998)

§ 2º Os contratos poderão prever mecanismos de revisão das tarifas, a fim de manter-se o equilíbrio econômico-financeiro.

§ 3º Ressalvados os impostos sobre a renda, a criação, alteração ou extinção de quaisquer tributos ou encargos legais, após a apresentação da proposta, quando comprovado seu impacto, implicará a revisão da tarifa, para mais ou para menos, conforme o caso.

§ 4º Em havendo alteração unilateral do contrato que afete o seu inicial equilíbrio econômico-financeiro, o poder concedente deverá restabelecê-lo, concomitantemente à alteração.

§ 5º. A concessionária deverá divulgar em seu sítio eletrônico, de forma clara e de fácil compreensão pelos usuários, tabela com o valor das tarifas praticadas e a evolução das revisões ou reajustes realizados nos últimos cinco anos. (Incluído pela Lei nº 13.673, de 2018)

Art. 10. Sempre que forem atendidas as condições do contrato, considera-se mantido seu equilíbrio econômico-financeiro.

Art. 11. No atendimento às peculiaridades de cada serviço público, poderá o poder concedente prever, em favor da concessionária, no edital de licitação, a possibilidade de outras fontes provenientes de receitas alternativas, complementares, acessórias ou de projetos associados, com ou sem exclusividade, com vistas a favorecer a modicidade das tarifas, observado o disposto no art. 17 desta Lei.

Parágrafo único. As fontes de receita previstas neste artigo serão obrigatoriamente consideradas para a aferição do inicial equilíbrio econômico-financeiro do contrato.

Art. 12. (*VETADO*).

Art. 13. As tarifas poderão ser diferenciadas em função das características técnicas e dos custos específicos provenientes do atendimento aos distintos segmentos de usuários.

- Súm. 407 do STJ.

CAPÍTULO V. DA LICITAÇÃO

- Lei 14.133/2021 (Nova Lei de Licitações)
- Lei 8.666/1993 – Regulamenta o art. 37, inciso XXI, da Constituição Federal, institui normas para licitações e contratos da Administração Pública (Licitações e contratos).

Art. 14. Toda concessão de serviço público, precedida ou não da execução de obra pública, será objeto de prévia licitação, nos termos da legislação própria e com observância dos princípios da legalidade, moralidade, publicidade, igualdade, do julgamento por critérios objetivos e da vinculação ao instrumento convocatório.

- CF/88: art. 37.

Art. 15. No julgamento da licitação será considerado um dos seguintes critérios: (Redação dada pela Lei nº 9.648, de 1998)

I – o menor valor da tarifa do serviço público a ser prestado; (Redação dada pela Lei nº 9.648, de 1998)

II – a maior oferta, nos casos de pagamento ao poder concedente pela outorga da concessão; (Redação dada pela Lei nº 9.648, de 1998)

III – a combinação, dois a dois, dos critérios referidos nos incisos I, II e VII; (Redação dada pela Lei nº 9.648, de 1998)

IV – melhor proposta técnica, com preço fixado no edital; (Incluído pela Lei nº 9.648, de 1998)

V – melhor proposta em razão da combinação dos critérios de menor valor da tarifa do serviço público a ser prestado com o de melhor técnica; (Incluído pela Lei nº 9.648, de 1998)

VI – melhor proposta em razão da combinação dos critérios de maior oferta pela outorga da concessão com o de melhor técnica; ou (Incluído pela Lei nº 9.648, de 1998)

VII – melhor oferta de pagamento pela outorga após qualificação de propostas técnicas. (Incluído pela Lei nº 9.648, de 1998)

§ 1º. A aplicação do critério previsto no inciso III só será admitida quando previamente estabelecida no edital de licitação, inclusive com regras e fórmulas precisas para avaliação econômico-financeira. (Redação dada pela Lei nº 9.648, de 1998)

§ 2º. Para fins de aplicação do disposto nos incisos IV, V, VI e VII, o edital de licitação conterá parâmetros e exigências para formulação de propostas técnicas. (Redação dada pela Lei nº 9.648, de 1998)

§ 3º. O poder concedente recusará propostas manifestamente inexequíveis ou financeiramente incompatíveis com os objetivos da licitação. (Redação dada pela Lei nº 9.648, de 1998)

§ 4º. Em igualdade de condições, será dada preferência à proposta apresentada por empresa brasileira. (Redação dada pela Lei nº 9.648, de 1998)

Art. 16. A outorga de concessão ou permissão não terá caráter de exclusividade, salvo no caso de inviabilidade técnica ou econômica justificada no ato a que se refere o art. 5º desta Lei.

Art. 17. Considerar-se-á desclassificada a proposta que, para sua viabilização, necessite de vantagens ou subsídios que não estejam previamente autorizados em lei e à disposição de todos os concorrentes.

§ 1º. Considerar-se-á, também, desclassificada a proposta de entidade estatal alheia à esfera político-administrativa do poder concedente que, para sua viabilização, necessite de vantagens ou subsídios do poder público controlador da referida entidade. (Renumerado do parágrafo único pela Lei nº 9.648, de 1998)

§ 2º. Inclui-se nas vantagens ou subsídios de que trata este artigo, qualquer tipo de tratamento tributário diferenciado, ainda que em consequência da natureza jurídica do licitante, que comprometa a isonomia fiscal que deve prevalecer entre todos os concorrentes. (Incluído pela Lei nº 9.648, de 1998)

Art. 18. O edital de licitação será elaborado pelo poder concedente, observados, no que couber, os critérios e as normas gerais da legislação própria sobre licitações e contratos e conterá, especialmente:

I – o objeto, metas e prazo da concessão;

II – a descrição das condições necessárias à prestação adequada do serviço;

III – os prazos para recebimento das propostas, julgamento da licitação e assinatura do contrato;

IV – prazo, local e horário em que serão fornecidos, aos interessados, os dados, estudos e projetos necessários à elaboração dos orçamentos e apresentação das propostas;

V – os critérios e a relação dos documentos exigidos para a aferição da capacidade técnica, da idoneidade financeira e da regularidade jurídica e fiscal;

VI – as possíveis fontes de receitas alternativas, complementares ou acessórias, bem como as provenientes de projetos associados;

VII – os direitos e obrigações do poder concedente e da concessionária em relação a alterações e expansões a serem realizadas no futuro, para garantir a continuidade da prestação do serviço;

VIII – os critérios de reajuste e revisão da tarifa;

IX – os critérios, indicadores, fórmulas e parâmetros a serem utilizados no julgamento técnico e econômico-financeiro da proposta;

X – a indicação dos bens reversíveis;

XI – as características dos bens reversíveis e as condições em que estes serão postos à disposição, nos casos em que houver sido extinta a concessão anterior;

XII – a expressa indicação do responsável pelo ônus das desapropriações necessárias à execução do serviço ou da obra pública, ou para a instituição de servidão administrativa;

XIII – as condições de liderança da empresa responsável, na hipótese em que for permitida a participação de empresas em consórcio;

XIV – nos casos de concessão, a minuta do respectivo contrato, que conterá as cláusulas essenciais referidas no art. 23 desta Lei, quando aplicáveis;

XV – nos casos de concessão de serviços públicos precedida da execução de obra pública, os dados relativos à obra, dentre os quais os elementos do projeto básico que permitam sua plena caracterização, bem assim as garantias exigidas para essa parte específica do contrato, adequadas a cada caso e limitadas ao valor da obra; (Redação dada pela Lei nº 9.648, de 1998)

XVI – nos casos de permissão, os termos do contrato de adesão a ser firmado.

Art. 18-A. O edital poderá prever a inversão da ordem das fases de habilitação e julgamento, hipótese em que: (Incluído pela Lei nº 11.196, de 2005)

I – encerrada a fase de classificação das propostas ou o oferecimento de lances, será aberto o invólucro com os documentos de habilitação do licitante mais bem classificado, para verificação do atendimento das condições fixadas no edital; (Incluído pela Lei nº 11.196, de 2005)

II – verificado o atendimento das exigências do edital, o licitante será declarado vencedor; (Incluído pela Lei nº 11.196, de 2005)

III – inabilitado o licitante melhor classificado, serão analisados os documentos habilitatórios do licitante com a proposta classificada em segundo lugar, e assim sucessivamente, até que um licitante classificado atenda às condições fixadas no edital; (Incluído pela Lei nº 11.196, de 2005)

IV – proclamado o resultado final do certame, o objeto será adjudicado ao vencedor nas condições técnicas e econômicas por ele ofertadas. (Incluído pela Lei nº 11.196, de 2005)

Art. 19. Quando permitida, na licitação, a participação de empresas em consórcio, observar-se-ão as seguintes normas:

I – comprovação de compromisso, público ou particular, de constituição de consórcio, subscrito pelas consorciadas;

II – indicação da empresa responsável pelo consórcio;

III – apresentação dos documentos exigidos nos incisos V e XIII do artigo anterior, por parte de cada consorciada;

IV – impedimento de participação de empresas consorciadas na mesma licitação, por intermédio de mais de um consórcio ou isoladamente.

§ 1º. O licitante vencedor fica obrigado a promover, antes da celebração do contrato, a constituição e registro do consórcio, nos termos do compromisso referido no inciso I deste artigo.

§ 2º. A empresa líder do consórcio é a responsável perante o poder concedente pelo cumprimento do contrato de concessão, sem prejuízo da responsabilidade solidária das demais consorciadas.

Art. 20. É facultado ao poder concedente, desde que previsto no edital, no interesse do serviço a ser concedido, determinar que o licitante vencedor, no caso de consórcio, se constitua em empresa antes da celebração do contrato.

Art. 21. Os estudos, investigações, levantamentos, projetos, obras e despesas ou investimentos já efetuados, vinculados à concessão, de utilidade para a licitação, realizados pelo poder concedente ou com a sua autorização, estarão à disposição dos interessados, devendo o vencedor da licitação ressarcir os dispêndios correspondentes, especificados no edital.

Art. 22. É assegurada a qualquer pessoa a obtenção de certidão sobre atos, contratos, decisões ou pareceres relativos à licitação ou às próprias concessões.

CAPÍTULO VI. DO CONTRATO DE CONCESSÃO

Art. 23. São cláusulas essenciais do contrato de concessão as relativas:

I – ao objeto, à área e ao prazo da concessão;

II – ao modo, forma e condições de prestação do serviço;

III – aos critérios, indicadores, fórmulas e parâmetros definidores da qualidade do serviço;

IV – ao preço do serviço e aos critérios e procedimentos para o reajuste e a revisão das tarifas;

V – aos direitos, garantias e obrigações do poder concedente e da concessionária, inclusive os relacionados às previsíveis necessidades de futura alteração e expansão do serviço e consequente modernização, aperfeiçoamento e ampliação dos equipamentos e das instalações;

VI – aos direitos e deveres dos usuários para obtenção e utilização do serviço;

VII – à forma de fiscalização das instalações, dos equipamentos, dos métodos e práticas de execução do serviço, bem como a indicação dos órgãos competentes para exercê-la;

VIII – às penalidades contratuais e administrativas a que se sujeita a concessionária e sua forma de aplicação;

IX – aos casos de extinção da concessão;

X – aos bens reversíveis;

XI – aos critérios para o cálculo e a forma de pagamento das indenizações devidas à concessionária, quando for o caso;

XII – às condições para prorrogação do contrato;

XIII – à obrigatoriedade, forma e periodicidade da prestação de contas da concessionária ao poder concedente;

XIV – à exigência da publicação de demonstrações financeiras periódicas da concessionária; e

XV – ao foro e ao modo amigável de solução das divergências contratuais.

Parágrafo único. Os contratos relativos à concessão de serviço público precedido da execução de obra pública deverão, adicionalmente:

I – estipular os cronogramas físico-financeiros de execução das obras vinculadas à concessão; e

II – exigir garantia do fiel cumprimento, pela concessionária, das obrigações relativas às obras vinculadas à concessão.

Art. 23-A. O contrato de concessão poderá prever o emprego de mecanismos privados para resolução de disputas decorrentes ou relacionadas ao contrato, inclusive a arbitragem, a ser realizada no Brasil e em língua portuguesa, nos termos da Lei nº 9.307, de 23 de setembro de 1996. (Incluído pela Lei nº 11.196, de 2005)

Art. 24. (*VETADO*).

Art. 25. Incumbe à concessionária a execução do serviço concedido, cabendo-lhe responder por todos os prejuízos causados ao poder concedente, aos usuários ou a terceiros, sem que a fiscalização exercida pelo órgão competente exclua ou atenue essa responsabilidade.

§ 1º. Sem prejuízo da responsabilidade a que se refere este artigo, a concessionária poderá contratar com terceiros o desenvolvimento de atividades inerentes, acessórias ou complementares ao serviço concedido, bem como a implementação de projetos associados.

§ 2º. Os contratos celebrados entre a concessionária e os terceiros a que se refere o parágrafo anterior reger-se-ão pelo direito privado, não se estabelecendo qualquer relação jurídica entre os terceiros e o poder concedente.

§ 3º. A execução das atividades contratadas com terceiros pressupõe o cumprimento das normas regulamentares da modalidade do serviço concedido.

Art. 26. É admitida a subconcessão, nos termos previstos no contrato de concessão, desde que expressamente autorizada pelo poder concedente.

§ 1º. A outorga de subconcessão será sempre precedida de concorrência.

§ 2º. O subconcessionário se sub-rogará todos os direitos e obrigações da subconcedente dentro dos limites da subconcessão.

Art. 27. A transferência de concessão ou do controle societário da concessionária sem prévia anuência do poder concedente implicará a caducidade da concessão.

§ 1º. Para fins de obtenção da anuência de que trata o *caput* deste artigo, o pretendente deverá: (Renumerado do parágrafo único pela Lei nº 11.196, de 2005)

I – atender às exigências de capacidade técnica, idoneidade financeira e regularidade jurídica e fiscal necessárias à assunção do serviço; e

II – comprometer-se a cumprir todas as cláusulas do contrato em vigor.

§ 2º. *(Revogado pela Lei nº 13.097, de 2015)*

§ 3º. *(Revogado pela Lei nº 13.097, de 2015)*

§ 4º. *(Revogado pela Lei nº 13.097, de 2015)*

Art. 27-A. Nas condições estabelecidas no contrato de concessão, o poder concedente autorizará a assunção do controle ou da administração temporária da concessionária por seus financiadores e garantidores com quem não mantenha vínculo societário direto, para promover sua reestruturação financeira e assegurar a continuidade da prestação dos serviços. (Incluído pela Lei nº 13.097, de 2015)

§ 1º. Na hipótese prevista no *caput*, o poder concedente exigirá dos financiadores e dos garantidores que atendam às exigências de regularidade jurídica e fiscal, podendo alterar ou dispensar os demais requisitos previstos no inciso I do parágrafo único do art. 27. (Incluído pela Lei nº 13.097, de 2015)

§ 2º. A assunção do controle ou da administração temporária autorizadas na forma do *caput* deste artigo não alterará as obrigações da concessionária e de seus controladores para com terceiros, poder concedente e usuários dos serviços públicos. (Incluído pela Lei nº 13.097, de 2015)

§ 3º. Configura-se o controle da concessionária, para os fins dispostos no *caput* deste artigo, a propriedade resolúvel de ações ou quotas por seus financiadores e garantidores que atendam os requisitos do art. 116 da Lei nº 6.404, de 15 de dezembro de 1976. (Incluído pela Lei nº 13.097, de 2015)

§ 4º. Configura-se a administração temporária da concessionária por seus financiadores e garantidores quando, sem a transferência da propriedade de ações ou quotas, forem outorgados os seguintes poderes: (Incluído pela Lei nº 13.097, de 2015)

I – indicar os membros do Conselho de Administração, a serem eleitos em Assembleia Geral pelos acionistas, nas sociedades regidas pela Lei nº 6.404, de 15 de dezembro de 1976; ou administradores, a serem eleitos pelos quotistas, nas demais sociedades; (Incluído pela Lei nº 13.097, de 2015)

II – indicar os membros do Conselho Fiscal, a serem eleitos pelos acionistas ou quotistas controladores em Assembleia Geral; (Incluído pela Lei nº 13.097, de 2015)

III – exercer poder de veto sobre qualquer proposta submetida à votação dos acionistas ou quotistas da concessionária, que representem, ou possam representar, prejuízos aos fins previstos no *caput* deste artigo; (Incluído pela Lei nº 13.097, de 2015)

IV – outros poderes necessários ao alcance dos fins previstos no *caput* deste artigo. (Incluído pela Lei nº 13.097, de 2015)

§ 5º. A administração temporária autorizada na forma deste artigo não acarretará responsabilidade aos financiadores e garantidores em relação à tributação, encargos, ônus, sanções, obrigações ou compromissos com terceiros, inclusive com o poder concedente ou empregados. (Incluído pela Lei nº 13.097, de 2015)

§ 6º. O Poder Concedente disciplinará sobre o prazo da administração temporária. (Incluído pela Lei nº 13.097, de 2015)

Art. 28. Nos contratos de financiamento, as concessionárias poderão oferecer em garantia os direitos emergentes da concessão, até o limite que não comprometa a operacionalização e a continuidade da prestação do serviço.

Parágrafo único. (*Revogado pela Lei nº 9.074, de 1995*)

Art. 28-A. Para garantir contratos de mútuo de longo prazo, destinados a investimentos relacionados a contratos de concessão, em qualquer de suas modalidades, as concessionárias poderão ceder ao mutuante, em caráter fiduciário, parcela de seus créditos operacionais futuros, observadas as seguintes condições: (Incluído pela Lei nº 11.196, de 2005)

I – o contrato de cessão dos créditos deverá ser registrado em Cartório de Títulos e Documentos para ter eficácia perante terceiros;

II – sem prejuízo do disposto no inciso I do *caput* deste artigo, a cessão do crédito não terá eficácia em relação ao Poder Público concedente senão quando for este formalmente notificado; (Incluído pela Lei nº 11.196, de 2005)

III – os créditos futuros cedidos nos termos deste artigo serão constituídos sob a titularidade do mutuante, independentemente de qualquer formalidade adicional; (Incluído pela Lei nº 11.196, de 2005)

IV – o mutuante poderá indicar instituição financeira para efetuar a cobrança e receber os pagamentos dos créditos cedidos ou permitir que a concessionária o faça, na qualidade de representante e depositária; (Incluído pela Lei nº 11.196, de 2005)

V – na hipótese de ter sido indicada instituição financeira, conforme previsto no inciso IV do *caput* deste artigo, fica a concessionária obrigada a apresentar a essa os créditos para cobrança; (Incluído pela Lei nº 11.196, de 2005)

VI – os pagamentos dos créditos cedidos deverão ser depositados pela concessionária ou pela instituição encarregada da cobrança em conta corrente bancária vinculada ao contrato de mútuo; (Incluído pela Lei nº 11.196, de 2005)

VII – a instituição financeira depositária deverá transferir os valores recebidos ao mutuante à medida que as obrigações do contrato de mútuo tornarem-se exigíveis; e (Incluído pela Lei nº 11.196, de 2005)

VIII – o contrato de cessão disporá sobre a devolução à concessionária dos recursos excedentes, sendo vedada a retenção do saldo após o adimplemento integral do contrato. (Incluído pela Lei nº 11.196, de 2005)

Parágrafo único. Para os fins deste artigo, serão considerados contratos de longo prazo aqueles cujas obrigações tenham prazo médio de vencimento superior a 5 (cinco) anos. (Incluído pela Lei nº 11.196, de 2005)

CAPÍTULO VII.
DOS ENCARGOS DO PODER CONCEDENTE

Art. 29. Incumbe ao poder concedente:

I – regulamentar o serviço concedido e fiscalizar permanentemente a sua prestação;

II – aplicar as penalidades regulamentares e contratuais;

III – intervir na prestação do serviço, nos casos e condições previstos em lei;

IV – extinguir a concessão, nos casos previstos nesta Lei e na forma prevista no contrato;

V – homologar reajustes e proceder à revisão das tarifas na forma desta Lei, das normas pertinentes e do contrato;

VI – cumprir e fazer cumprir as disposições regulamentares do serviço e as cláusulas contratuais da concessão;

VII – zelar pela boa qualidade do serviço, receber, apurar e solucionar queixas e reclamações dos usuários, que serão cientificados, em até 30 (trinta) dias, das providências tomadas;

VIII – declarar de utilidade pública os bens necessários à execução do serviço ou obra pública, promovendo as desapropriações, diretamente ou mediante outorga de poderes à concessionária, caso em que será desta a responsabilidade pelas indenizações cabíveis;

IX – declarar de necessidade ou utilidade pública, para fins de instituição de servidão administrativa, os bens necessários à execução de serviço ou obra pública, promovendo-a diretamente ou mediante outorga de poderes à concessionária, caso em que será desta a responsabilidade pelas indenizações cabíveis;

X – estimular o aumento da qualidade, produtividade, preservação do meio ambiente e conservação;

XI – incentivar a competitividade; e

XII – estimular a formação de associações de usuários para defesa de interesses relativos ao serviço.

Art. 30. No exercício da fiscalização, o poder concedente terá acesso aos dados relativos à administração, contabilidade, recursos técnicos, econômicos e financeiros da concessionária.

Parágrafo único. A fiscalização do serviço será feita por intermédio de órgão técnico do poder concedente ou por entidade com ele conveniada, e, periodicamente, conforme previsto em norma regulamentar, por comissão composta de representantes do poder concedente, da concessionária e dos usuários.

CAPÍTULO VIII.
DOS ENCARGOS DA CONCESSIONÁRIA

Art. 31. Incumbe à concessionária:

I – prestar serviço adequado, na forma prevista nesta Lei, nas normas técnicas aplicáveis e no contrato;

II – manter em dia o inventário e o registro dos bens vinculados à concessão;

III – prestar contas da gestão do serviço ao poder concedente e aos usuários, nos termos definidos no contrato;

IV – cumprir e fazer cumprir as normas do serviço e as cláusulas contratuais da concessão;

V – permitir aos encarregados da fiscalização livre acesso, em qualquer época, às obras, aos equipamentos e às instalações integrantes do serviço, bem como a seus registros contábeis;

VI – promover as desapropriações e constituir servidões autorizadas pelo poder concedente, conforme previsto no edital e no contrato;

VII – zelar pela integridade dos bens vinculados à prestação do serviço, bem como segurá-los adequadamente; e

VIII – captar, aplicar e gerir os recursos financeiros necessários à prestação do serviço.

Parágrafo único. As contratações, inclusive de mão de obra, feitas pela concessionária serão regidas pelas disposições de direito privado e pela legislação trabalhista, não se estabelecendo qualquer relação entre os terceiros contratados pela concessionária e o poder concedente.

CAPÍTULO IX.
DA INTERVENÇÃO

- Lei 12.767/2012 – Extinção das concessões de serviço público de energia elétrica e a prestação temporária do serviço e sobre a intervenção para adequação do serviço público de energia elétrica.

Art. 32. O poder concedente poderá intervir na concessão, com o fim de assegurar a adequação na prestação do serviço, bem como o fiel cumprimento das normas contratuais, regulamentares e legais pertinentes.

Parágrafo único. A intervenção far-se-á por decreto do poder concedente, que conterá a designação do interventor, o prazo da intervenção e os objetivos e limites da medida.

Art. 33. Declarada a intervenção, o poder concedente deverá, no prazo de 30 (trinta) dias, instaurar procedimento administrativo para comprovar as causas determinantes da medida e apurar responsabilidades, assegurado o direito de ampla defesa.

§ 1º. Se ficar comprovado que a intervenção não observou os pressupostos legais e regulamentares será declarada sua nulidade, devendo o serviço ser imediatamente devolvido à concessionária, sem prejuízo de seu direito à indenização.

§ 2º. O procedimento administrativo a que se refere o *caput* deste artigo deverá ser concluído no prazo de até 180 (cento e oitenta) dias, sob pena de considerar-se inválida a intervenção.

Art. 34. Cessada a intervenção, se não for extinta a concessão, a administração do serviço será devolvida à concessionária, precedida de prestação de contas pelo interventor, que responderá pelos atos praticados durante a sua gestão.

CAPÍTULO X.
DA EXTINÇÃO DA CONCESSÃO

- Lei 12.767/2012 – Extinção das concessões de serviço público de energia elétrica e a prestação temporária do serviço e sobre a intervenção para adequação do serviço público de energia elétrica.

Art. 35. Extingue-se a concessão por:

I – advento do termo contratual;

II – encampação;

III – caducidade;

IV – rescisão;

V – anulação; e

VI – falência ou extinção da empresa concessionária e falecimento ou incapacidade do titular, no caso de empresa individual.

- Lei 11.101/2005: art. 195.

§ 1º. Extinta a concessão, retornam ao poder concedente todos os bens reversíveis, direitos e privilégios transferidos ao concessionário conforme previsto no edital e estabelecido no contrato.

§ 2º. Extinta a concessão, haverá a imediata assunção do serviço pelo poder concedente, procedendo-se aos levantamentos, avaliações e liquidações necessários.

§ 3º. A assunção do serviço autoriza a ocupação das instalações e a utilização, pelo poder concedente, de todos os bens reversíveis.

§ 4º. Nos casos previstos nos incisos I e II deste artigo, o poder concedente, antecipando-se à extinção da concessão, procederá aos levantamentos e avaliações necessários à determinação dos montantes da indenização que será devida à concessionária, na forma dos arts. 36 e 37 desta Lei.

Art. 36. A reversão no advento do termo contratual far-se-á com a indenização das parcelas dos investimentos vinculados a bens reversíveis, ainda não amortizados ou depreciados, que tenham sido realizados com o objetivo de garantir a continuidade e atualidade do serviço concedido.

Art. 37. Considera-se encampação a retomada do serviço pelo poder concedente durante o prazo da concessão, por motivo de interesse público, mediante lei autorizativa específica e após prévio pagamento da indenização, na forma do artigo anterior.

Art. 38. A inexecução total ou parcial do contrato acarretará, a critério do poder concedente, a declaração de caducidade da concessão ou a aplicação das sanções contratuais, respeitadas as disposições deste artigo, do art. 27, e as normas convencionadas entre as partes.

§ 1º. A caducidade da concessão poderá ser declarada pelo poder concedente quando:

I – o serviço estiver sendo prestado de forma inadequada ou deficiente, tendo por base as normas, critérios, indicadores e parâmetros definidores da qualidade do serviço;

II – a concessionária descumprir cláusulas contratuais ou disposições legais ou regulamentares concernentes à concessão;

III – a concessionária paralisar o serviço ou concorrer para tanto, ressalvadas as hipóteses decorrentes de caso fortuito ou força maior;

IV – a concessionária perder as condições econômicas, técnicas ou operacionais para manter a adequada prestação do serviço concedido;

V – a concessionária não cumprir as penalidades impostas por infrações, nos devidos prazos;

VI – a concessionária não atender a intimação do poder concedente no sentido de regularizar a prestação do serviço; e

VII – a concessionária não atender a intimação do poder concedente para, em 180 (cento e oitenta) dias, apresentar a documentação relativa a regularidade fiscal, no curso da concessão, na forma do art. 29 da Lei nº 8.666, de 21 de junho de 1993. (Redação dada pela Lei nº 12.767, de 2012)

▸ Lei 14.133/2021 (Nova Lei de Licitações)

§ 2º. A declaração da caducidade da concessão deverá ser precedida da verificação da inadimplência da concessionária em processo administrativo, assegurado o direito de ampla defesa.

§ 3º. Não será instaurado processo administrativo de inadimplência antes de comunicados à concessionária, detalhadamente, os descumprimentos contratuais referidos no § 1º deste artigo, dando-lhe um prazo para corrigir as falhas e transgressões apontadas e para o enquadramento, nos termos contratuais.

§ 4º. Instaurado o processo administrativo e comprovada a inadimplência, a caducidade será declarada por decreto do poder concedente, independentemente de indenização prévia, calculada no decurso do processo.

§ 5º. A indenização de que trata o parágrafo anterior será devida na forma do art. 36 desta Lei e do contrato, descontado o valor das multas contratuais e dos danos causados pela concessionária.

§ 6º. Declarada a caducidade, não resultará para o poder concedente qualquer espécie de responsabilidade em relação aos encargos, ônus, obrigações ou compromissos com terceiros ou com empregados da concessionária.

Art. 39. O contrato de concessão poderá ser rescindido por iniciativa da concessionária, no caso de descumprimento das normas contratuais pelo poder concedente, mediante ação judicial especialmente intentada para esse fim.

Parágrafo único. Na hipótese prevista no *caput* deste artigo, os serviços prestados pela concessionária não poderão ser interrompidos ou paralisados, até a decisão judicial transitada em julgado.

CAPÍTULO XI.
DAS PERMISSÕES

Art. 40. A permissão de serviço público será formalizada mediante contrato de adesão, que observará os termos desta Lei, das demais normas pertinentes e do edital de licitação, inclusive quanto à precariedade e à revogabilidade unilateral do contrato pelo poder concedente.

Parágrafo único. Aplica-se às permissões o disposto nesta Lei.

CAPÍTULO XII.
DISPOSIÇÕES FINAIS E TRANSITÓRIAS

Art. 41. O disposto nesta Lei não se aplica à concessão, permissão e autorização para o serviço de radiodifusão sonora e de sons e imagens.

Art. 42. As concessões de serviço público outorgadas anteriormente à entrada em vigor desta Lei consideram-se válidas pelo prazo fixado no contrato ou no ato de outorga, observado o disposto no art. 43 desta Lei.

▸ ADI 4058: Interpretação conforme à Constituição conferida ao § 1º do art. 42 da Lei 8.987/1995, no sentido de ser imprescindível a realização de licitação prévia à nova delegação a terceiros.

▸ Lei 9.074/1995: art. 3º.

§ 1º. Vencido o prazo mencionado no contrato ou ato de outorga, o serviço poderá ser prestado por órgão ou entidade do poder concedente, ou delegado a terceiros, mediante novo contrato. (Redação dada pela Lei nº 11.445, de 2007).

§ 2º. As concessões em caráter precário, as que estiverem com prazo vencido e as que estiverem em vigor por prazo indeterminado, inclusive por força de legislação anterior, permanecerão válidas pelo prazo necessário à realização dos levantamentos e avaliações indispensáveis à organização das licitações que precederão a outorga das concessões que as substituirão, prazo esse que não será inferior a 24 (vinte e quatro) meses.

§ 3º. As concessões a que se refere o § 2º deste artigo, inclusive as que não possuam instrumento que as formalize ou que possuam cláusula que preveja prorrogação, terão validade máxima até o dia 31 de dezembro de 2010, desde que, até o dia 30 de junho de 2009, tenham sido cumpridas, cumulativamente, as seguintes condições: (Incluído pela Lei nº 11.445, de 2007).

I – levantamento mais amplo e retroativo possível dos elementos físicos constituintes da infraestrutura de bens reversíveis e dos dados financeiros, contábeis e comerciais relativos à prestação dos serviços, em dimensão necessária e suficiente para a realização do cálculo de eventual indenização relativa aos investimentos ainda não amortizados pelas receitas emergentes da concessão, observadas as disposições legais e contratuais que regulavam a prestação do serviço ou a ela aplicáveis nos 20 (vinte) anos anteriores ao da publicação desta Lei; (Incluído pela Lei nº 11.445, de 2007).

II – celebração de acordo entre o poder concedente e o concessionário sobre os critérios e a forma de indenização de eventuais créditos remanescentes de investimentos ainda não amortizados ou depreciados, apurados a partir dos levantamentos referidos no inciso I deste parágrafo e auditados por instituição especializada escolhida de comum acordo pelas partes; e (Incluído pela Lei nº 11.445, de 2007).

III – publicação na imprensa oficial de ato formal de autoridade do poder concedente, autorizando a prestação precária dos serviços por prazo de até 6 (seis) meses, renovável até 31 de dezembro de 2008, mediante comprovação do cumprimento do disposto nos incisos I e II deste parágrafo. (Incluído pela Lei nº 11.445, de 2007).

§ 4º. Não ocorrendo o acordo previsto no inciso II do § 3º deste artigo, o cálculo da indenização de investimentos será feito com base nos critérios previstos no instrumento de concessão antes celebrado ou, na omissão deste, por avaliação de seu valor econômico ou reavaliação patrimonial, depreciação e amortização de ativos imobilizados definidos pelas legislações fiscal e das sociedades por ações, efetuada por empresa de auditoria independente escolhida de comum acordo pelas partes. (Incluído pela Lei nº 11.445, de 2007).

§ 5º. No caso do § 4º deste artigo, o pagamento de eventual indenização será realizado, mediante garantia real, por meio de 4 (quatro) parcelas anuais, iguais e sucessivas, da parte ainda não amortizada de investimentos e de outras indenizações relacionadas à prestação dos serviços, realizados com capital próprio do concessionário ou de seu controlador, ou originários de operações de financiamento, ou obtidos mediante emissão de ações, debêntures e outros títulos mobiliários, com a primeira parcela paga até o último dia útil do exercício financeiro em que ocorrer a reversão. (Incluído pela Lei nº 11.445, de 2007).

§ 6º. Ocorrendo acordo, poderá a indenização de que trata o § 5o deste artigo ser paga mediante receitas de novo contrato que venha a disciplinar a prestação do serviço. (Incluído pela Lei nº 11.445, de 2007).

Art. 43. Ficam extintas todas as concessões de serviços públicos outorgadas sem licitação na vigência da Constituição de 1988.

▸ Lei 9.074/1995: art. 3º.

Parágrafo único. Ficam também extintas todas as concessões outorgadas sem licitação anteriormente à Constituição de 1988, cujas obras ou serviços não tenham sido iniciados ou que se encontrem paralisados quando da entrada em vigor desta Lei.

Art. 44. As concessionárias que tiverem obras que se encontrem atrasadas, na data da publicação desta Lei, apresentarão ao poder concedente, dentro de 180 (cento e oitenta) dias, plano efetivo de conclusão das obras.

▸ Lei 9.074/1995: art. 3º.

Parágrafo único. Caso a concessionária não apresente o plano a que se refere este artigo ou se este plano não oferecer condições efetivas para o término da obra, o poder concedente poderá declarar extinta a concessão, relativa a essa obra.

Art. 45. Nas hipóteses de que tratam os arts. 43 e 44 desta Lei, o poder concedente indenizará as obras e serviços realizados somente no caso e com os recursos da nova licitação.

Parágrafo único. A licitação de que trata o *caput* deste artigo deverá, obrigatoriamente, levar em conta, para fins de avaliação, o estágio das obras paralisadas ou atrasadas, de modo a permitir a utilização do critério de julgamento estabelecido no inciso III do art. 15 desta Lei.

Art. 46. Esta Lei entra em vigor na data de sua publicação.

Art. 47. Revogam-se as disposições em contrário.

Brasília, 13 de fevereiro de 1995; 174º da Independência e 107º da República.

FERNANDO HENRIQUE CARDOSO

Publicado no D.O.U. 14.2.1995; rep. 28.9.1998

LEI Nº 9.019, DE 30 DE MARÇO DE 1995

Dispõe sobre a aplicação dos direitos previstos no Acordo Antidumping e no Acordo de Subsídios e Direitos Compensatórios, e dá outras providências.

- *Aplicação dos direitos previstos no Acordo Antidumping*

Faço saber que o Presidente da República adotou a Medida Provisória nº 926, de 1995, que o Congresso Nacional aprovou, e eu, JOSÉ SARNEY, Presidente, para os efeitos do disposto no parágrafo único do art. 62 da Constituição Federal, promulgo a seguinte lei:

Art. 1º Os direitos antidumping e os direitos compensatórios, provisórios ou definitivos, de que tratam o Acordo Antidumping e o Acordo de Subsídios e Direitos Compensatórios, aprovados, respectivamente, pelos Decretos Legislativos nºs 20 e 22, de 5 de dezembro de 1986, e promulgados pelos Decretos nºs 93.941, de 16 de janeiro de 1987, e 93.962, de 22 de janeiro de 1987, decorrentes do Acordo Geral sobre Tarifas Aduaneiras e Comércio (Gatt), adotado pela Lei nº 313, de 30 de julho de 1948, e ainda o Acordo sobre Implementação do Artigo VI do Acordo Geral sobre Tarifas e Comércio 1994 e o Acordo sobre Subsídios e Medidas Compensatórias, anexados ao Acordo Constitutivo da Organização Mundial de Comércio (OMC), parte integrante da Ata Final que Incorpora os Resultados da Rodada Uruguai de Negociações Comerciais Multilaterais do Gatt, assinada em Marraqueche, em 12 de abril de 1994, aprovada pelo Decreto Legislativo nº 30, de 15 de dezembro de 1994, promulgada pelo Decreto nº 1.355, de 30 de dezembro de 1994, serão aplicados mediante a cobrança de importância, em moeda corrente do País, que corresponderá a percentual da margem de dumping ou do montante de subsídios, apurados em processo administrativo, nos termos dos mencionados Acordos, das decisões PC/13, PC/14, PC/15 e PC/16 do Comitê Preparatório e das partes contratantes do Gatt, datadas de 13 de dezembro de 1994, e desta lei, suficientes para sanar dano ou ameaça de dano à indústria doméstica.

Parágrafo único. Os direitos antidumping e os direitos compensatórios serão cobrados independentemente de quaisquer obrigações de natureza tributária relativas à importação dos produtos afetados.

Art. 2º Poderão ser aplicados direitos provisórios durante a investigação, quando da análise preliminar verificar-se a existência de indícios da prática de dumping ou de concessão de subsídios, e que tais práticas causam dano, ou ameaça de dano, à indústria doméstica, e se julgue necessário impedi-las no curso da investigação.

Parágrafo único. Os termos "dano" e "indústria doméstica" deverão ser entendidos conforme o disposto nos Acordos *Antidumping* e nos Acordos de Subsídios e Direitos Compensatórios, mencionados no art. 1º, abrangendo as empresas produtoras de bens agrícolas, minerais ou industriais.(Redação dada pela Medida Provisória nº 2.158-35, de 2001)

Art. 3º A exigibilidade dos direitos provisórios poderá ficar suspensa, até decisão final do processo, a critério da CAMEX, desde que o importador ofereça garantia equivalente ao valor integral da obrigação e dos demais encargos legais, que consistirá em: (Redação dada pela Medida Provisória nº 2.158-35, de 2001)

I – depósito em dinheiro; ou

II – fiança bancária.

§ 1º A garantia deverá assegurar, em todos os casos, a aplicação das mesmas normas que disciplinam a hipótese de atraso no pagamento de tributos federais, inclusive juros, desde a data de vigência dos direitos provisórios.

§ 2º A Secretaria da Receita Federal (SRF), do Ministério da Fazenda, disporá sobre a forma de prestação e liberação da garantia referida neste artigo.

§ 3º O desembaraço aduaneiro dos bens objeto da aplicação dos direitos provisórios dependerá da prestação da garantia a que se refere este artigo.

Art. 4º Poderá ser celebrado com o exportador ou o governo do país exportador compromisso que elimine os efeitos prejudiciais decorrentes da prática de dumping ou de subsídios.

§ 1º O compromisso a que se refere este artigo será celebrado perante a Secretaria de Comércio Exterior – SECEX, do Ministério do Desenvolvimento, Indústria e Comércio Exterior, submetido a homologação da CAMEX. (Redação dada pela Medida Provisória nº 2.158-35, de 2001)

§ 2º Na hipótese de homologação de compromisso, a investigação será suspensa, sem a imposição de direitos provisórios ou definitivos, ressalvado o disposto nos Acordos Antidumping e nos Acordos de Subsídios e Direitos Compensatórios, mencionados no art. 1º.

Art. 5º Compete à SECEX, mediante processo administrativo, apurar a margem de *dumping* ou o montante de subsídio, a existência de dano e a relação causal entre esses.(Redação dada pela Medida Provisória nº 2.158-35, de 2001)

Art. 6º Compete à CAMEX fixar os direitos provisórios ou definitivos, bem como decidir sobre a suspensão da exigibilidade dos direitos provisórios, a que se refere o art. 3º desta Lei. (Redação dada pela Medida Provisória nº 2.158-35, de 2001)

Parágrafo único. O ato de imposição de direitos *antidumping* ou Compensatórios, provisórios ou definitivos, deverá indicar o prazo de vigência, o produto atingido, o valor da obrigação, o país de origem ou de exportação, as razões pelas quais a decisão foi tomada, e, quando couber, o nome dos exportadores.(Redação dada pela Medida Provisória nº 2.158-35, de 2001)

Art. 7º O cumprimento das obrigações resultantes da aplicação dos direitos antidumping e dos direitos compensatórios, sejam definitivos ou provisórios, será condição para a introdução no comércio do País de produtos objeto de dumping ou subsídio.

§ 1º Será competente para a cobrança dos direitos antidumping e compensatórios, provisórios ou definitivos, quando se tratar de valor em dinheiro, bem como, se for o caso, para sua restituição, a SRF do Ministério da Fazenda.

§ 2º Os direitos *antidumping* e os direitos compensatórios são devidos na data do registro da declaração de importação. (Redação dada pela Lei nº 10.833, de 29.12.2003)

§ 3º A falta de recolhimento de direitos *antidumping* ou de direitos compensatórios na data prevista no § 2º acarretará, sobre o valor não recolhido: (Incluído pela Lei nº 10.833, de 29.12.2003)

I – no caso de pagamento espontâneo, após o desembaraço aduaneiro: (Incluído pela Lei nº 10.833, de 29.12.2003)

a) a incidência de multa de mora, calculada à taxa de 0,33% (trinta e três centésimos por cento), por dia de atraso, a partir do 1º (primeiro) dia subsequente ao do registro da declaração de importação até o dia em que ocorrer o seu pagamento, limitada a 20% (vinte por cento); e (Incluído pela Lei nº 10.833, de 29.12.2003)

b) a incidência de juros de mora calculados à taxa referencial do Sistema Especial de Liquidação e Custódia – SELIC, para títulos federais, acumulada mensalmente, a partir do 1º (primeiro) dia do mês subsequente ao do registro da declaração de importação até o último dia do mês anterior ao do pagamento e de 1% (um por cento) no mês do pagamento; e (Incluído pela Lei nº 10.833, de 29.12.2003)

II – no caso de exigência de ofício, de multa de 75% (setenta e cinco por cento) e dos juros de mora previstos na alínea *b* do inciso I deste parágrafo. (Incluído pela Lei nº 10.833, de 29.12.2003)

§ 4º A multa de que trata o inciso II do § 3º será exigida isoladamente quando os direitos antidumping ou os direitos compensatórios houverem sido pagos após o registro da declaração de importação, mas sem os acréscimos moratórios. (Incluído pela Lei nº 10.833, de 29.12.2003)

§ 5º A exigência de ofício de direitos antidumping ou de direitos compensatórios e decorrentes acréscimos moratórios e penalidades será formalizada em auto de infração lavrado por Auditor-Fiscal da Receita Federal, observado o disposto no Decreto nº 70.235, de 6 de março de 1972, e o prazo de 5 (cinco) anos contados da data de registro da declaração de importação. (Incluído pela Lei nº 10.833, de 29.12.2003)

§ 6º Verificado o inadimplemento da obrigação, a Secretaria da Receita Federal encaminhará o débito à Procuradoria-Geral da Fazenda Nacional, para inscrição em Dívida Ativa da União e respectiva cobrança, observado o prazo de prescrição de 5 (cinco) anos. (Incluído pela Lei nº 10.833, de 29.12.2003)

§ 7º A restituição de valores pagos a título de direitos antidumping e de direitos compensatórios, provisórios ou definitivos, enseja a restituição dos acréscimos legais correspondentes e das penalidades pecuniárias, de caráter material, prejudicados pela causa da restituição. (Incluído pela Lei nº 10.833, de 29.12.2003)

Art. 8º Os direitos antidumping ou compensatórios, provisórios ou definitivos, somente serão aplicados sobre bens despachados para consumo a partir da data da publicação do ato que os estabelecer, excetuando-se os casos de retroatividade previstos nos Acordos Antidumping e nos Acordos de Subsídios e Direitos Compensatórios, mencionados no art. 1º.

§ 1º Nos casos de retroatividade, a Secretaria da Receita Federal intimará o contribuinte ou responsável para pagar os direitos antidumping ou compensatórios, provisórios ou definitivos, no prazo de 30 (trinta) dias, sem a incidência de quaisquer acréscimos moratórios. (Incluído pela Lei nº 10.833, de 29.12.2003)

§ 2º Vencido o prazo previsto no § 1º, sem que tenha havido o pagamento dos direitos, a Secretaria da Receita Federal deverá exigi-los de ofício, mediante a lavratura de auto de infração, aplicando-se a multa e os juros de mora previstos no inciso II do § 3º do art. 7º, a partir do término do prazo de 30 (trinta) dias previsto no § 1º deste artigo. (Incluído pela Lei nº 10.833, de 29.12.2003)

Art. 9º Os direitos terão vigência temporária, a ser definida no ato de seu estabelecimento, observado que:

I – os provisórios terão vigência não superior a cento e vinte dias, salvo no caso de direitos *antidumping*, quando, por decisão da CAMEX, poderão vigorar por um período de até duzentos e setenta dias, observado o disposto nos Acordos *Antidumping*, mencionados no art. 1º; (Redação dada pela Medida Provisória nº 2.158-35, de 2001)

II – os definitivos ou compromisso homologado só permanecerão em vigor durante o tempo e na medida necessária para eliminar ou neutralizar as práticas de *dumping* e a concessão de subsídios que estejam causando dano. Em nenhuma hipótese, vigorarão por mais de cinco anos, exceto quando, no caso de revisão, se mostre necessário manter a medida para impedir a continuação ou a retomada do *dumping* e do dano causado pelas importações objeto de *dumping* ou subsídio. (Redação dada pela Medida Provisória nº 2.158-35, de 2001)

Parágrafo único. Os exportadores envolvidos no processo de investigação que desejarem a extensão para até seis meses do prazo de vigência de direitos antidumping provisórios, nos termos do inciso I deste artigo, deverão apresentar à Secex solicitação formal nesse sentido, no prazo máximo de trinta dias antes do término do período de vigência do direito.

Art. 10. Para efeito de execução orçamentária, as receitas oriundas da cobrança dos direitos antidumping e dos direitos compensatórios, classificadas como receitas originárias, serão enquadradas na categoria de entradas compensatórias previstas no parágrafo único do art. 3º da Lei nº 4.320, de 17 de março de 1964.

Parágrafo único. As receitas oriundas da cobrança dos direitos *antidumping* e dos Direitos Compensatórios de que trata este artigo, serão destinadas ao Ministério do Desenvolvimento, Indústria e Comércio Exterior, para aplicação na área de comércio exterior, conforme diretrizes estabelecidas pela CAMEX. (Incluído pela Medida Provisória nº 2.158-35, de 2001)

Art. 10-A. As medidas antidumping e compensatórias poderão ser estendidas a terceiros países, bem como a partes, peças e componentes dos produtos objeto de medidas vigentes, caso seja constatada a existência de práticas elisivas que frustrem a sua aplicação. (Incluído pela Lei nº 11.786, de 2008)

Art. 11. Compete à CAMEX editar normas complementares a esta Lei, exceto às relativas à oferta de garantia prevista no art. 3º e ao cumprimento do disposto no art. 7º, que competem ao Ministério da Fazenda. (Redação dada pela Medida Provisória nº 2.158-35, de 2001)

Art. 12. O processo administrativo a que se referem os arts. 1º e 5º atenderá, no que couber, ao disposto na Resolução nº 1.227, de 14 de maio de 1987, com as alterações da Resolução nº 1.582, de 17 de fevereiro de 1989, ambas da extinta Comissão de Política Aduaneira (CPA).

Art. 13. Ficam convalidados os atos praticados com base na Medida Provisória nº 879, de 30 de janeiro de 1995.

Art. 14. Esta Lei entra em vigor na data de sua publicação.

Art. 15. Revoga-se o § 2º do art. 1º do Decreto-lei nº 1.578, de 11 de outubro de 1977.

Senado Federal, em 30 de março de 1995; 174º da Independência e 107º da República

SENADOR JOSÉ SARNEY
Presidente
D.O.U. de 31.3.1995

LEI Nº 9.051, DE 18 DE MAIO DE 1995

Dispõe sobre a expedição de certidões para a defesa de direitos e esclarecimentos de situações.

▸ *Expedição de certidões*

O PRESIDENTE DA REPÚBLICA Faço saber que o Congresso Nacional decreta e eu sanciono a seguinte Lei:

▸ CF/88: arts. 5º, XXXIV.

▸ Lei 12.527/2012 – Lei de acesso à informação.

Art. 1º. As certidões para a defesa de direitos e esclarecimentos de situações, requeridas aos órgãos da Administração centralizada ou autárquica, às empresas públicas, às sociedades de economia mista e às fundações públicas da União, dos Estados, do Distrito Federal e dos Municípios, deverão ser expedidas no prazo improrrogável de 15 (quinze) dias, contado do registro do pedido no órgão expedidor.

Art. 2º. Nos requerimentos que objetivam a obtenção das certidões a que se refere esta Lei, deverão os interessados fazer constar esclarecimentos relativos aos fins e razões do pedido.

Art. 3º. (*VETADO*).

Art. 4º. Esta Lei entra em vigor na data de sua publicação.

Art. 5º. Revogam-se as disposições em contrário.

Brasília, 18 de maio de 1995; 174º da Independência e 107º da República.

FERNANDO HENRIQUE CARDOSO
D.O.U. de 19.5.1995

LEI Nº 9.074, DE 7 DE JULHO DE 1995

Estabelece normas para outorga e prorrogações das concessões e permissões de serviços públicos e dá outras providências.

▸ *Concessões e Permissões de serviços públicos*

O PRESIDENTE DA REPÚBLICA

Faço saber que o Congresso Nacional decreta e eu sanciono a seguinte Lei:

▸ *Lei 12.783/2013*

CAPÍTULO I
DAS DISPOSIÇÕES INICIAIS

Art. 1º Sujeitam-se ao regime de concessão ou, quando couber, de permissão, nos termos da Lei nº 8.987, de 13 de fevereiro de 1995, os seguintes serviços e obras públicas de competência da União:

I - (VETADO)

II - (VETADO)

III - (VETADO)

IV - vias federais, precedidas ou não da execução de obra pública;

V - exploração de obras ou serviços federais de barragens, contenções, eclusas ou outros dispositivos de transposição hidroviária de níveis, diques, irrigações, precedidas ou não da execução de obras públicas; *(Inciso com redação dada pela Lei 13.081/2015)*

VI - estações aduaneiras e outros terminais alfandegados de uso público, não instalados em área de porto ou aeroporto, precedidos ou não de obras públicas;

VII - os serviços postais. *(Inciso acrescido pela Lei 9.648/1998)*

§ 1º *(Revogado pela Lei 11.668/2008)*

§ 2º O prazo das concessões e permissões de que trata o inciso VI deste artigo será de vinte e cinco anos, podendo ser prorrogado por dez anos. *(Parágrafo acrescido pela Lei 10.684/2003)*

§ 3º Ao término do prazo, as atuais concessões e permissões, mencionadas no § 2º, incluídas as anteriores à Lei nº 8.987, de 13 de fevereiro de 1995, serão prorrogadas pelo prazo previsto no § 2º. *(Parágrafo acrescido pela Lei 10.684/2003)*

Art. 2º É vedado à União, aos Estados, ao Distrito Federal e aos Municípios executarem obras e serviços públicos por meio de concessão e permissão de serviço público, sem lei que lhes autorize e fixe os termos, dispensada a lei autorizativa nos casos de saneamento básico e limpeza urbana e nos já referidos na Constituição Federal, nas Constituições Estaduais e nas Leis Orgânicas do Distrito Federal e Municípios, observado, em qualquer caso, os termos da Lei nº 8.987, de 1995.

§ 1º A contratação dos serviços e obras públicas resultantes dos processos iniciados com base na Lei nº 8.987, de 1995, entre a data de sua publicação e a da presente Lei, fica dispensada de lei autorizativa.

§ 2º Independe de concessão, permissão ou autorização o transporte de cargas pelos meios rodoviário e aquaviário. *(Parágrafo com redação dada pela Lei 9.432/1997)*

§ 3º Independe de concessão ou permissão o transporte:

I - aquaviário, de passageiros, que não seja realizado entre portos organizados;

II - rodoviário e aquaviário de pessoas, realizado por operadoras de turismo no exercício dessa atividade;

III - de pessoas, em caráter privativo de organizações públicas ou privadas, ainda que em forma regular.

Art. 3º Na aplicação dos arts. 42, 43 e 44 da Lei nº 8.987, de 1995, serão observadas pelo poder concedente as seguintes determinações:

I - garantia da continuidade na prestação dos serviços públicos;

II - prioridade para conclusão de obras paralisadas ou em atraso;

III - aumento da eficiência das empresas concessionárias, visando à elevação da competitividade global da economia nacional;

IV - atendimento abrangente ao mercado, sem exclusão das populações de baixa renda e das áreas de baixa densidade populacional inclusive as rurais;

V - uso racional dos bens coletivos, inclusive os recursos naturais.

CAPÍTULO II
DOS SERVIÇOS DE ENERGIA ELÉTRICA

SEÇÃO I
DAS CONCESSÕES, PERMISSÕES E AUTORIZAÇÕES

Art. 4º As concessões, permissões e autorizações de exploração de serviços e instalações de energia elétrica e de aproveitamento energético dos cursos de água serão contratadas, prorrogadas ou outorgadas nos termos desta e da Lei nº 8.987, e das demais.

§ 1º As contratações, outorgas e prorrogações de que trata este artigo poderão ser feitas a título oneroso em favor da União.

§ 2º As concessões de geração de energia elétrica anteriores a 11 de dezembro de 2003 terão o prazo necessário à amortização dos investimentos, limitado a 35 (trinta e cinco) anos, contado da data de assinatura do imprescindível contrato, podendo ser prorrogado por até 20 (vinte) anos, a critério do Poder Concedente, observadas as condições estabelecidas nos contratos. *(Parágrafo com redação dada pela Lei 10.848/2004)*

§ 3º As concessões de transmissão e de distribuição de energia elétrica, contratadas a partir desta Lei, terão o prazo necessário à amortização dos investimentos, limitado a trinta anos, contado da data de assinatura do imprescindível contrato, podendo ser prorrogado no máximo por igual período, a critério do poder concedente, nas condições estabelecidas no contrato.

§ 4º As prorrogações referidas neste artigo deverão ser requeridas pelo concessionário ou permissionário, no prazo de até trinta e seis meses anteriores à data final do respectivo contrato, devendo o poder concedente manifestar-se sobre o requerimento até dezoito meses antes dessa data.

§ 5º As concessionárias, as permissionárias e as autorizadas de serviço público de distribuição de energia elétrica que atuem no Sistema Interligado Nacional - SIN não poderão desenvolver atividades:

I - de geração de energia elétrica;

II - de transmissão de energia elétrica;

III - de venda de energia a consumidores de que tratam os arts. 15 e 16 desta Lei, exceto às unidades consumidoras localizadas na área de concessão ou permissão da empresa distribuidora, sob as mesmas condições reguladas aplicáveis aos demais consumidores não abrangidos por aqueles artigos, inclusive tarifas e prazos, ressalvado o disposto no § 13; *(Inciso com redação dada pela Lei 13.360/2016)*

IV - de participação em outras sociedades de forma direta ou indireta, ressalvado o disposto no art. 31, inciso VIII, da Lei nº 8.987, de 13 de fevereiro de 1995, e nos respectivos contratos de concessão; ou

V - estranhas ao objeto da concessão, permissão ou autorização, exceto nos casos previstos em lei e nos respectivos contratos de concessão. *(Parágrafo acrescido pela Lei 10.848/2004)*

§ 6º Não se aplica o disposto no § 5º deste artigo às concessionárias, permissionárias e autorizadas de distribuição e às cooperativas de eletrificação rural: *(Redação dada pela Lei 11.292/2006)*

I - no atendimento a sistemas elétricos isolados; *(Inciso acrescido pela Lei 10.848/2004)*

II - no atendimento ao seu mercado próprio, desde que seja inferior a 500 (quinhentos) GWh/ano e a totalidade da energia gerada seja a ele destinada; *(Redação dada pela Lei 11.292/2006)*

III - na captação, aplicação ou empréstimo de recursos financeiros destinados ao próprio agente ou a sociedade coligada, controlada, controladora ou vinculada a controladora comum, desde que destinados ao serviço público de energia elétrica, mediante anuência prévia da ANEEL, observado o disposto no inciso XIII do art. 3º da Lei nº 9.427, de 26 de dezembro de 1996, com redação dada pelo art. 17 da Lei nº 10.438, de 26 de abril de 2002, garantida a modicidade tarifária e atendido ao disposto na Lei nº 6.404, de 15 de dezembro de 1976. *(Inciso acrescido pela Lei 10.848/2004)*

§ 7º As concessionárias e as autorizadas de geração de energia elétrica que atuem no Sistema Interligado Nacional - SIN não poderão ser coligadas ou controladoras de sociedades que desenvolvam atividades de distribuição de energia elétrica no SIN. *(Parágrafo acrescido pela Lei 10.848/2004)*

§ 8º A regulamentação deverá prever sanções para o descumprimento do disposto nos §§ 5º, 6º e 7º deste artigo após o período estabelecido para a desverticalização. *(Parágrafo acrescido pela Lei 10.848/2004)*

§ 9º As concessões de geração de energia elétrica, contratadas a partir da Medida Provisória nº 144, de 11 de dezembro de 2003, terão o prazo necessário à amortização dos investimentos, limitado a 35 (trinta e cinco) anos, contado da data de assinatura do imprescindível contrato. *(Parágrafo acrescido pela Lei 10.848/2004)*

§ 10. Fica a Agência Nacional de Energia Elétrica - ANEEL autorizada a celebrar aditivos aos contratos de concessão de uso de bem público de aproveitamentos de potenciais hidráulicos feitos a título oneroso em favor da União, mediante solicitação do respectivo titular, com a finalidade de permitir que o início do pagamento pelo uso de bem público coincida com uma das seguintes situações, a que ocorrer primeiro:

I - o início da entrega da energia objeto de Contratos de Comercialização de Energia no Ambiente Regulado - CCEAR; ou

II - a efetiva entrada em operação comercial do aproveitamento. *(Parágrafo acrescido pela Lei 11.488/2007)*

§ 11. Quando da solicitação de que trata o § 10 deste artigo resultar postergação do início de pagamento pelo uso de bem público, a celebração do aditivo contratual estará condicionada à análise e à aceitação pela ANEEL das justificativas apresentadas pelo titular da concessão para a postergação solicitada. *(Parágrafo acrescido pela Lei 11.488/2007)*

§ 12. No caso de postergação do início do pagamento, sobre o valor não pago incidirá apenas atualização monetária mediante a aplicação do índice previsto no contrato de concessão. *(Parágrafo acrescido pela Lei 11.488/2007)*

§ 13. As concessionárias do serviço público de distribuição de energia elétrica poderão, conforme regulação da Aneel, negociar com consumidores de que tratam os arts. 15 e 16 desta Lei, afastada a vedação de que trata o inciso III do § 5º, contratos de venda de energia elétrica lastreados no excesso de energia contratada para atendimento à totalidade do mercado. *(Parágrafo acrescido pela Lei 13.360/2016)*

Art. 4º-A Os concessionários de geração de aproveitamentos hidrelétricos outorgados até 15 de março de 2004 que não entrarem em operação até 30 de junho de 2013 terão o prazo de 30 (trinta) dias para requerer a rescisão de seus contratos de concessão, sendo-lhes assegurado, no que couber:

I - a liberação ou restituição das garantias de cumprimento das obrigações do contrato de concessão;

II - o não pagamento pelo uso de bem público durante a vigência do contrato de concessão;

III - o ressarcimento dos custos incorridos na elaboração de estudos ou projetos que venham a ser aprovados para futura licitação para exploração do aproveitamento, nos termos do art. 28 da Lei nº 9.427, de 26 de dezembro de 1996.

§ 1º O poder concedente poderá expedir diretrizes complementares para fins do disposto neste artigo.

§ 2º A fim de garantir a condição estabelecida no inciso II do *caput*, fica assegurada ao concessionário a devolução do valor de Uso de Bem Público - UBP efetivamente pago e ou a remissão dos encargos de mora contratualmente previstos. *(Artigo acrescido pela Lei 12.839/2013)*

Art. 4º-B As concessionárias de distribuição de energia elétrica sujeitas a controle societário comum que, reunidas, atendam a critérios de racionalidade operacional e econômica, conforme regulamento, poderão solicitar o reagrupamento das áreas de concessão com a unificação do termo contratual. *(Artigo acrescido pela Lei 12.839/2013)*

Art. 4º-C. O concessionário, permissionário ou autorizatário de serviços e instalações de energia elétrica poderá apresentar plano de transferência de controle societário como alternativa à extinção da outorga, conforme regulação da Aneel.

§ 1º O plano de transferência de controle societário deverá demonstrar a viabilidade da troca de controle e o benefício dessa medida para a adequação do serviço prestado.

§ 2º A aprovação do plano de transferência de controle societário pela Aneel suspenderá o processo de extinção da concessão.

§ 3º A transferência do controle societário, dentro do prazo definido pela Aneel, ensejará o arquivamento do processo de extinção da concessão. *(Redação dada pela Lei 13.360/2016)*

Art. 4º-D. *(VETADO na Lei 13.360/2016)*

Art. 5º São objeto de concessão, mediante licitação:

I - o aproveitamento de potenciais hidráulicos e a implantação de usinas termoelétricas de potência superior a 50.000 kW (cinquenta mil quilowatts) destinados a execução de serviço público; *(Inciso com redação dada pela Lei 13.360/2016)*

II - o aproveitamento de potenciais hidráulicos de potência superior a 50.000 kW (cinquenta mil quilowatts) destinados a produção independente de energia elétrica; *(Inciso com redação dada pela Lei 13.360/2016)*

III - de UBP, o aproveitamento de potenciais hidráulicos de potência superior a 50.000 kW (cinquenta mil quilowatts) destinados a uso exclusivo de autoprodutor, resguardado direito adquirido relativo às concessões existentes. *(Inciso com redação dada pela Lei 13.360/2016)*

§ 1º Nas licitações previstas neste e no artigo seguinte, o poder concedente deverá especificar as finalidades do aproveitamento ou da implantação das usinas.

§ 2º Nenhum aproveitamento hidrelétrico poderá ser licitado sem a definição do "aproveitamento ótimo" pelo poder concedente, podendo ser atribuída ao licitante vencedor a responsabilidade pelo desenvolvimento dos projetos básico e executivo.

§ 3º Considera-se "aproveitamento ótimo", todo potencial definido em sua concepção global pelo melhor eixo do barramento, arranjo físico geral, níveis d'água operativos, reservatório e potência, integrante da alternativa escolhida para divisão de quedas de uma bacia hidrográfica.

Art. 6º As usinas termelétricas destinadas à produção independente poderão ser objeto de concessão mediante licitação ou autorização.

Art. 7º São objeto de autorização:

I - a implantação de usinas termoelétricas de potência superior a 5.000 kW (cinco mil quilowatts) destinadas a uso exclusivo do autoprodutor e a produção independente de energia; *(Inciso com redação dada pela Lei 13.360/2016)*

II - o aproveitamento de potenciais hidráulicos de potência superior a 5.000 kW (cinco mil quilowatts) e igual ou inferior a 50.000 kW (cinquenta mil quilowatts) destinados a uso exclusivo do autoprodutor e a produção independente de energia. *(Inciso com redação dada pela Lei 13.360/2016)*

Parágrafo único. As usinas termelétricas referidas neste e nos arts. 5º e 6º não compreendem aquelas cuja fonte primária de energia é a nuclear.

Art. 8º O aproveitamento de potenciais hidráulicos e a implantação de usinas termoelétricas de potência igual ou inferior a 5.000 kW (cinco mil quilowatts) estão dispensados de concessão, permissão ou autorização, devendo apenas ser comunicados ao poder concedente. *("Caput" do artigo com redação dada pela Lei 13.360/2016)*

§ 1º Não poderão ser implantados aproveitamentos hidráulicos descritos no *caput* que estejam localizados em trechos de rios em que outro interessado detenha Registro Ativo para desenvolvimento de Projeto Básico ou Estudo de Viabilidade no âmbito da Aneel, ou ainda em que já haja aproveitamento outorgado. *(Parágrafo acrescido pela Lei 13.097/2015)*

§ 2º No caso de empreendimento hidroelétrico igual ou inferior a 5.000 kW (cinco mil quilowatts) construído em rio sem inventário aprovado pela Aneel, na eventualidade de o empreendimento ser afetado por aproveitamento ótimo do curso de água, não caberá qualquer ônus ao poder concedente ou à Aneel. *(Redação dada pela Lei 13.360/2016)*

§ 3º Os empreendimentos hidroelétricos de potência igual ou inferior a 5.000 kW (cinco mil quilowatts) deverão respeitar a partição de quedas aprovada no inventário do respectivo rio. *(Parágrafo acrescido pela Lei 13.360/2016)*

Art. 9º É o poder concedente autorizado a regularizar, mediante outorga de autorização, o aproveitamento hidrelétrico existente na data de publicação desta Lei, sem ato autorizativo.

Parágrafo único. O requerimento de regularização deverá ser apresentado ao poder concedente no prazo máximo de cento e oitenta dias da data de publicação desta Lei.

Art. 10. Cabe à Agência Nacional de Energia Elétrica - ANEEL, declarar a utilidade pública, para fins de desapropriação ou instituição de servidão administrativa, das áreas necessárias à implantação de instalações de concessionários, permissionários e autorizados de energia elétrica. *(Artigo com redação dada pela Lei 9.648/1998)*

SEÇÃO II
DO PRODUTOR INDEPENDENTE DE ENERGIA ELÉTRICA

Art. 11. Considera-se produtor independente de energia elétrica a pessoa jurídica ou empresas reunidas em consórcio que recebam concessão ou autorização do poder concedente, para produzir energia elétrica destinada ao comércio de toda ou parte da energia produzida, por sua conta e risco.

Parágrafo único. O Produtor Independente de energia elétrica estará sujeito às regras de comercialização regulada ou livre, atendido ao disposto nesta Lei, na legislação em vigor e no contrato de concessão ou no ato de autorização, sendo-lhe assegurado o direito de acesso à rede das concessionárias e permissionárias do serviço público de distribuição e das concessionárias do serviço público de transmissão. *(Parágrafo único com redação dada pela Lei 11.943/2009)*

Art. 12. A venda de energia elétrica por produtor independente poderá ser feita para:

I - concessionário de serviço público de energia elétrica;

II - consumidor de energia elétrica, nas condições estabelecidas nos arts. 15 e 16;

III - consumidores de energia elétrica integrantes de complexo industrial ou comercial, aos quais o produtor independente também forneça vapor oriundo de processo de co-geração;

IV - conjunto de consumidores de energia elétrica, independentemente de tensão e carga, nas condições previamente ajustadas com o concessionário local de distribuição;

V - qualquer consumidor que demonstre ao poder concedente não ter o concessionário local lhe assegurado o fornecimento no prazo de até cento e oitenta dias contado da respectiva solicitação.

Parágrafo único. A comercialização na forma prevista nos incisos I, IV e V do *caput* deste artigo deverá ser exercida de acordo com critérios gerais fixados pelo Poder Concedente. *(Parágrafo único com redação dada pela Lei 10.848/2004)*

Art. 13. O aproveitamento de potencial hidráulico, para fins de produção independente, dar-se-á mediante contrato de concessão de uso de bem público, na forma desta Lei.

Art. 14. As linhas de transmissão de interesse restrito aos aproveitamentos de produção independente poderão ser concedidas ou autorizadas, simultânea ou complementarmente, aos respectivos contratos de uso do bem público.

SEÇÃO III
DAS OPÇÕES DE COMPRA DE ENERGIA ELÉTRICA POR PARTE DOS CONSUMIDORES

Art. 15. Respeitados os contratos de fornecimento vigentes, a prorrogação das atuais e as novas concessões serão feitas sem exclusividade de fornecimento de energia elétrica a consumidores com carga igual ou maior que 10.000 kW, atendidos em tensão igual ou superior a 69 kV, que podem optar por contratar seu fornecimento, no todo ou em parte, com produtor independente de energia elétrica.

§ 1º Decorridos três anos da publicação desta Lei, os consumidores referidos neste artigo poderão estender sua opção de compra a qualquer concessionário, permissionário ou autorizado de energia elétrica do sistema interligado. *(Parágrafo com redação dada pela Lei 9.648/1998)*

§ 2º Decorridos cinco anos da publicação desta Lei, os consumidores com carga igual ou superior a 3.000 kW, atendidos em tensão igual ou superior a 69 kV, poderão optar pela compra de energia elétrica a qualquer concessionário, permissionário ou autorizado de energia elétrica do mesmo sistema interligado.

§ 2º-A. A partir de 1º de janeiro de 2019, os consumidores que, em 7 de julho de 1995, consumirem carga igual ou superior a 3.000 kW (três mil quilowatts) e forem atendidos em tensão inferior a 69 kV poderão optar pela compra de energia elétrica a qualquer concessionário, permissionário ou autorizatário de energia elétrica do sistema. *(Parágrafo acrescido pela Lei 13.360/2016)*

§ 3º Após oito anos da publicação desta Lei, o poder concedente poderá diminuir os limites de carga e tensão estabelecidos neste e no art. 16.

§ 4º Os consumidores que não tiverem cláusulas de tempo determinado em seus contratos de fornecimento só poderão exercer a opção de que trata este artigo de acordo com prazos, formas e condições fixados em regulamentação específica, sendo que nenhum prazo poderá exceder a 36 (trinta e seis) meses, contado a partir da data de manifestação formal à concessionária, à permissionária ou à autorizada de distribuição que os atenda. *(Parágrafo com redação dada pela Lei 10.848/2004)*

§ 5º O exercício da opção pelo consumidor não poderá resultar em aumento tarifário para os consumidores remanescentes da concessionária de serviços públicos de energia elétrica que haja perdido mercado. *(Parágrafo com redação dada pela Lei 9.648/1998)*

§ 6º É assegurado aos fornecedores e respectivos consumidores livre acesso aos sistemas de distribuição e transmissão de concessionário e permissionário de serviço público, mediante ressarcimento do custo de transporte envolvido, calculado com base em critérios fixados pelo poder concedente.

§ 7º O consumidor que exercer a opção prevista neste artigo e no art. 16 desta Lei deverá garantir o atendimento à totalidade de sua carga, mediante contratação, com um ou mais fornecedores, sujeito a penalidade pelo descumprimento dessa obrigação, observado o disposto no art. 3º, inciso X, da Lei nº 9.427, de 26 de dezembro de 1996. *(Parágrafo com redação dada pela Lei 10.848/2004)*

§ 8º Os consumidores que exercerem a opção prevista neste artigo e no art. 16 desta Lei poderão retornar à condição de consumidor atendido mediante tarifa regulada, garantida a continuidade da prestação dos serviços, nos termos da lei e da regulamentação, desde que informem à concessionária, à permissionária ou à autorizada de distribuição local, com antecedência mínima de 5 (cinco) anos. *(Parágrafo acrescido pela Lei 10.848/2004)*

§ 9º Os prazos definidos nos §§ 4º e 8º deste artigo poderão ser reduzidos, a critério da concessionária, da permissionária ou da autorizada de distribuição local. *(Parágrafo acrescido pela Lei 10.848/2004)*

§ 10. Até 31 de dezembro de 2009, respeitados os contratos vigentes, será facultada aos consumidores que pretendam utilizar, em suas unidades industriais, energia elétrica produzida por geração própria, em regime de autoprodução ou produção independente, a redução da demanda e da energia contratadas ou a substituição dos contratos de fornecimento por contratos de uso dos sistemas elétricos, mediante notificação à concessionária de distribuição ou geração, com antecedência mínima de 180 (cento e oitenta) dias. *(Parágrafo acrescido pela Lei 10.848/2004)*

Art. 16. É de livre escolha dos novos consumidores, cuja carga seja igual ou maior que 3.000 kW, atendidos em qualquer tensão, o fornecedor com quem contratará sua compra de energia elétrica.

SEÇÃO IV
DAS INSTALAÇÕES DE TRANSMISSÃO E DOS CONSÓRCIOS DE GERAÇÃO

Art. 17. O poder concedente deverá definir, dentre as instalações de transmissão, as que se destinam à formação da rede básica dos sistemas interligados, as de âmbito próprio do concessionário de distribuição, as de interesse exclusivo das centrais de geração e as destinadas a interligações internacionais. *("Caput" do artigo com redação dada pela Lei 12.111/2009)*

§ 1º As instalações de transmissão de energia elétrica componentes da rede básica do Sistema Interligado Nacional - SIN serão objeto de concessão, mediante licitação, na modalidade de concorrência ou de leilão e funcionarão integradas ao sistema elétrico, com regras operativas aprovadas pela Aneel, de forma a assegurar a otimização dos recursos eletroenergéticos existentes ou futuros. *(Parágrafo com redação dada pela Lei 11.943/2009)*

§ 2º As instalações de transmissão de âmbito próprio do concessionário de distribuição poderão ser consideradas pelo poder concedente parte integrante da concessão de distribuição.

§ 3º As instalações de transmissão de interesse restrito das centrais de geração poderão ser consideradas integrantes das respectivas concessões, permissões ou autorizações. *(Parágrafo com redação dada pela Lei 9.648/1998)*

§ 4º As instalações de transmissão, existentes na data de publicação desta Lei, serão classificadas pelo poder concedente, para efeito de prorrogação, de conformidade com o disposto neste artigo.

§ 5º As instalações de transmissão, classificadas como integrantes da rede básica, poderão ter suas concessões prorrogadas, segundo os critérios estabelecidos nos arts. 19 e 22, no que couber.

§ 6º As instalações de transmissão de energia elétrica destinadas a interligações internacionais outorgadas a partir de 1º de janeiro de 2011 e conectadas à rede básica serão objeto de concessão de serviço público de transmissão, mediante licitação na modalidade de concorrência ou leilão, devendo ser precedidas de Tratado Internacional. *(Parágrafo acrescido pela Lei 12.111/2009)*

§ 7º As instalações de transmissão necessárias aos intercâmbios internacionais de energia elétrica outorgadas até 31 de dezembro de 2010 poderão ser equiparadas, para efeitos técnicos e comerciais, aos concessionários de serviço público de transmissão de que trata o § 6º, conforme regulação da Aneel, que definirá, em especial, a receita do agente, as tarifas de que tratam os incisos XVIII e XX do art. 3º da Lei nº 9.427, de 26 de dezembro de 1996, e a forma de ajuste dos contratos atuais de importação e exportação de energia. *(Parágrafo acrescido pela Lei 12.111/2009)*

§ 8º Fica vedada a celebração de novos contratos de importação ou exportação de energia elétrica pelo agente que for equiparado ao concessionário de serviço público de transmissão de que trata o § 7º. *(Parágrafo acrescido pela Lei 12.111/2009)*

Art. 18. É autorizada a constituição de consórcios, com o objetivo de geração de energia elétrica para fins de serviços públicos, para uso exclusivo dos consorciados, para produção independente ou para essas atividades associadas, conservado o regime legal próprio de cada uma, aplicando-se, no que couber, o disposto no art. 23 da Lei nº 8.987, de 1995.

Parágrafo único. Os consórcios empresariais de que trata o disposto no parágrafo único do art. 21, podem manifestar ao poder concedente, até seis meses antes do funcionamento da central geradora de energia elétrica, opção por um dos regimes legais previstos neste artigo, ratificando ou alterando o adotado no respectivo ato de constituição. *(Parágrafo único acrescentado pela Lei 9.648/1998)*

SEÇÃO V
DA PRORROGAÇÃO DAS CONCESSÕES ATUAIS

Art. 19. A União poderá, visando garantir a qualidade do atendimento aos consumidores a custos adequados, prorrogar, pelo prazo de até vinte anos, as concessões de geração de energia elétrica, alcançadas pelo art. 42 da Lei nº 8.987, de 1995, desde que requerida a prorrogação, pelo concessionário, permissionário ou titular de manifesto ou de declaração de usina termelétrica, observado o disposto no art. 25 desta Lei.

§ 1º Os pedidos de prorrogação deverão ser apresentados, em até um ano, contado da data da publicação desta Lei.

§ 2º Nos casos em que o prazo remanescente da concessão for superior a um ano, o pedido de prorrogação deverá ser apresentado em até seis meses do advento do termo final respectivo.

§ 3º Ao requerimento de prorrogação deverão ser anexados os elementos comprobatórios de qualificação jurídica, técnica, financeira e administrativa do interessado, bem como comprovação de regularidade e adimplemento de seus encargos junto a órgãos públicos, obrigações fiscais e previdenciárias e compromissos contratuais, firmados junto a órgãos e entidades da Administração Pública Federal, referentes aos serviços de energia elétrica, inclusive ao pagamento de que trata o § 1º do art. 20 da Constituição Federal.

§ 4º Em caso de não apresentação do requerimento, no prazo fixado nos §§ 1º e 2º deste artigo, ou havendo pronunciamento do poder concedente contrário ao pleito, as concessões, manifestos ou declarações de usina termelétrica serão revertidas para a União, no vencimento do prazo da concessão, e licitadas.

§ 5º (VETADO)

Art. 20. As concessões e autorizações de geração de energia elétrica alcançadas pelo parágrafo único do art. 43 e pelo art. 44 da Lei nº 8.987, de 1995, exceto aquelas cujos empreendimentos não tenham sido iniciados até a edição dessa mesma Lei, poderão ser prorrogadas pelo prazo necessário à amortização do investimento, limitado a trinta e cinco anos, observado o disposto no art. 24 desta Lei e desde que apresentado pelo interessado:

I - plano de conclusão aprovado pelo poder concedente;

II - compromisso de participação superior a um terço de investimentos privados nos recursos necessários à conclusão da obra e à colocação das unidades em operação.

Parágrafo único. Os titulares de concessão que não procederem de conformidade com os termos deste artigo terão suas concessões declaradas extintas, por ato do poder concedente, de acordo com o autorizado no parágrafo único do art. 44 da Lei nº 8.987, de 1995.

Art. 21. É facultado ao concessionário incluir no plano de conclusão das obras, referido no inciso I do artigo anterior, no intuito de viabilizá-la, proposta de sua associação com terceiros na modalidade de consórcio empresarial do qual seja a empresa líder, mantida ou não a finalidade prevista originalmente para a energia produzida.

Parágrafo único. Aplica-se o disposto neste artigo aos consórcios empresariais formados ou cuja formação se encontra em curso na data de publicação desta Lei, desde que já manifestada ao poder concedente pelos interessados, devendo as concessões ser revistas para adaptá-las ao estabelecido no art. 23 da Lei nº 8.987, de 1995, observado o disposto no art. 20, inciso II e no art. 25 desta Lei.

Art. 22. As concessões de distribuição de energia elétrica alcançadas pelo art. 42 da Lei nº 8.987, de 1995, poderão ser prorrogadas, desde que reagrupadas segundo critérios de racionalidade operacional e econômica, por solicitação do concessionário ou iniciativa do poder concedente.

§ 1º Na hipótese de a concessionária não concordar com o reagrupamento, serão mantidas as atuais áreas e prazos das concessões.

§ 2º A prorrogação terá prazo único, igual ao maior remanescente dentre as concessões reagrupadas, ou vinte anos, a contar da data da publicação desta Lei, prevalecendo o maior.

§ 3º (VETADO)

Art. 23. Na prorrogação das atuais concessões para distribuição de energia elétrica, o poder concedente diligenciará no sentido de compatibilizar as áreas concedidas às empresas distribuidoras com as áreas de atuação de cooperativas de eletrificação rural, examinando suas situações de fato como prestadoras de serviço público, visando enquadrar as cooperativas como permissionárias de serviço público de energia elétrica.

§ 1º Constatado, em processo administrativo, que a cooperativa exerce, em situação de fato ou com base em permissão anteriormente outorgada, atividade de comercialização de energia elétrica a público indistinto localizado em sua área de atuação é facultado ao poder concedente promover a regularização da permissão, preservado o atual regime jurídico próprio das cooperativas. *(Parágrafo único transformado em § 1º e com nova redação dada pela Lei 11.292/2006)*

§ 2º O processo de regularização das cooperativas de eletrificação rural será definido em regulamentação própria, preservando suas peculiaridades associativistas. *(Parágrafo com redação dada pela Lei 11.292/2006)*

§ 3º As autorizações e permissões serão outorgadas às Cooperativas de Eletrificação Rural pelo prazo de até 30 (trinta) anos, podendo ser prorrogado por igual período, a juízo do poder concedente. *(Parágrafo acrescido pela Lei 12.111/2009)*

Art. 24. O disposto nos §§ 1º, 2º, 3º e 4º do art. 19 aplica-se às concessões referidas no art. 22.

Parágrafo único. Aplica-se, ainda, às concessões referidas no art. 20, o disposto nos §§ 3º e 4º do art. 19.

Art. 25. As prorrogações de prazo, de que trata esta Lei, somente terão eficácia com assinatura de contratos de concessão que contenham cláusula de renúncia a eventuais direitos preexistentes que contrariem a Lei nº 8.987, de 1995.

§ 1º Os contratos de concessão e permissão conterão, além do estabelecido na legislação em vigor, cláusulas relativas a requisitos mínimos de desempenho técnico do concessionário ou permissionário, bem assim, sua aferição pela fiscalização através de índices apropriados.

§ 2º No contrato de concessão ou permissão, as cláusulas relativas à qualidade técnica, referidas no parágrafo anterior, serão vinculadas a penalidades progressivas, que guardarão proporcionalidade com o prejuízo efetivo ou potencial causado ao mercado.

CAPÍTULO III
DA REESTRUTURAÇÃO DOS SERVIÇOS PÚBLICOS CONCEDIDOS

Art. 26. Exceto para os serviços públicos de telecomunicações, é a União autorizada a:

I - promover cisões, fusões, incorporações ou transformações societárias dos concessionários de serviços públicos sob o seu controle direto ou indireto;

II - aprovar cisões, fusões e transferências de concessões, estas últimas nos termos do disposto no art. 27 da Lei nº 8.987, de 1995;

III - cobrar, pelo direito de exploração de serviços públicos, nas condições preestabelecidas no edital de licitação.

Parágrafo único. O inadimplemento do disposto no inciso III sujeitará o concessionário à aplicação da pena de caducidade, nos termos do disposto na Lei nº 8.987, de 1995.

Art. 27. Nos casos em que os serviços públicos, prestados por pessoas jurídicas sob controle direto ou indireto da União, para promover a privatização simultaneamente com a outorga de nova concessão ou com a prorrogação das concessões existentes a União, exceto quanto aos serviços públicos de telecomunicações, poderá:

I - utilizar, no procedimento licitatório, a modalidade de leilão, observada a necessidade da venda de quantidades mínimas de quotas ou ações que garantam a transferência do controle societário;

II - fixar, previamente, o valor das quotas ou ações de sua propriedade a serem alienadas, e proceder a licitação na modalidade de concorrência.

§ 1º Na hipótese de prorrogação, esta poderá ser feita por prazos diferenciados, de forma a que os termos finais de todas as concessões prorrogadas ocorram no mesmo prazo que será o necessário à amortização dos investimentos, limitado a trinta anos, contado a partir da assinatura do novo contrato de concessão.

§ 2º Na elaboração dos editais de privatização de empresas concessionárias de serviço público, a União deverá atender às exigências das Leis nºs 8.031, de 1990 e 8.987, de 1995, inclusive quanto à publicação das cláusulas essenciais do contrato e do prazo da concessão.

§ 3º O disposto neste artigo poderá ainda ser aplicado no caso de privatização de concessionário de serviço público sob controle direto ou indireto dos Estados, do Distrito Federal ou dos Municípios, no âmbito de suas respectivas competências.

§ 4º A prorrogação de que trata este artigo está sujeita às condições estabelecidas no art. 25.

Art. 28. Nos casos de privatização, nos termos do artigo anterior, é facultado ao poder concedente outorgar novas concessões sem efetuar a reversão prévia dos bens vinculados ao respectivo serviço público.

§ 1º Em caso de privatização de empresa detentora de concessão ou autorização de geração de energia elétrica, é igualmente facultado ao poder concedente alterar o regime de exploração, no todo ou em parte, para produção independente, inclusive, quanto às condições de extinção da concessão ou autorização e de encampação das instalações, bem como da indenização porventura devida. *(Parágrafo acrescido pela Lei 9.648/1998)*

§ 2º A alteração de regime referida no parágrafo anterior deverá observar as condições para tanto estabelecidas no respectivo edital, previamente aprovado pela ANEEL. *(Parágrafo acrescido pela Lei 9.648/1998)*

§ 3º É vedado ao edital referido no parágrafo anterior estipular, em benefício da produção de energia elétrica, qualquer forma de garantia ou prioridade sobre o uso da água da bacia hidrográfica, salvo nas condições definidas em ato conjunto dos Ministros de Estado de Minas e Energia e do Meio Ambiente, dos Recursos Hídricos e da Amazônia Legal, em articulação com os Governos dos Estados onde se localiza cada bacia hidrográfica. *(Parágrafo acrescido pela Lei 9.648/1998)*

§ 4º O edital referido no § 2º deve estabelecer as obrigações dos sucessores com os programas de desenvolvimento sócio-econômico regionais em andamento, conduzidos diretamente pela empresa ou em articulação com os Estados, em áreas situadas na bacia hidrográfica onde se localizam os aproveitamentos de potenciais hidráulicos, facultado ao Poder Executivo, previamente à privatização, separar e destacar os ativos que considere necessários à condução desses programas. *(Parágrafo acrescido pela Lei 9.648/1998)*

Art. 29. A modalidade de leilão poderá ser adotada nas licitações relativas à outorga de nova concessão com a finalidade de promover a transferência de serviço público prestado por pessoas jurídicas, a que se refere o art. 27, incluídas, para os fins e efeitos da Lei nº 8.031, de 1990, no Programa Nacional de Desestatização, ainda que não haja a alienação das quotas ou ações representativas de seu controle societário.

Parágrafo único. Na hipótese prevista neste artigo, os bens vinculados ao respectivo serviço público serão utilizados, pelo novo concessionário, mediante contrato de arrendamento a ser celebrado com o concessionário original.

Art. 30. O disposto nos arts. 27 e 28 aplica-se, ainda, aos casos em que o titular da concessão ou autorização de competência da União for empresa sob controle direto ou indireto dos Estados, do Distrito Federal ou dos Municípios, desde que as partes acordem quanto às regras estabelecidas. *(Artigo com redação dada pela Lei 9.648/1998)*

CAPÍTULO IV
DAS DISPOSIÇÕES FINAIS

Art. 31. Nas licitações para concessão e permissão de serviços públicos ou uso de bem público, os autores ou responsáveis economicamente pelos projetos básico ou executivo podem participar, direta ou indiretamente, da licitação ou da execução de obras ou serviços.

Art. 32. A empresa estatal que participe, na qualidade de licitante, de concorrência para concessão e permissão de serviço público, poderá, para compor sua proposta, colher preços de bens ou serviços fornecidos por terceiros e assinar pré-contratos com dispensa de licitação.

§ 1º Os pré-contratos conterão, obrigatoriamente, cláusula resolutiva de pleno direito, sem penalidades ou indenizações, no caso de outro licitante ser declarado vencedor.

§ 2º Declarada vencedora a proposta referida neste artigo, os contratos definitivos, firmados entre a empresa estatal e os fornecedores de bens e serviços, serão, obrigatoriamente, submetidos à apreciação dos competentes órgãos de controle externo e de fiscalização específica.

Art. 33. Em cada modalidade de serviço público, o respectivo regulamento determinará que o poder concedente, observado o disposto nos arts. 3º e 30 da Lei nº 8.987, de 1995, estabeleça forma de participação dos usuários na fiscalização e torne disponível ao público, periodicamente, relatório sobre os serviços prestados.

Art. 34. A concessionária que receber bens e instalações da União, já revertidos ou entregues à sua administração, deverá:

I - arcar com a responsabilidade pela manutenção e conservação dos mesmos;

II - responsabilizar-se pela reposição dos bens e equipamentos, na forma do disposto no art. 6º da Lei nº 8.987, de 1995.

Art. 35. A estipulação de novos benefícios tarifários pelo poder concedente, fica condicionada à previsão, em lei, da origem dos recursos ou da simultânea revisão da estrutura tarifária do concessionário ou permissionário, de forma a preservar o equilíbrio econômico-financeiro do contrato.

Parágrafo único. A concessão de qualquer benefício tarifário somente poderá ser atribuída a uma classe ou coletividade de usuários dos serviços, vedado, sob qualquer pretexto, o benefício singular.

Art. 36. Sem prejuízo do disposto no inciso XII do art. 21 e no inciso XI do art. 23 da Constituição Federal, o poder concedente poderá, mediante convênio de cooperação, credenciar os Estados e o Distrito Federal a realizarem atividades complementares de fiscalização e controle dos serviços prestados nos respectivos territórios.

Art. 37. É inexigível a licitação na outorga de serviços de telecomunicações de uso restrito do outorgado, que não sejam passíveis de exploração comercial.

Art. 38. (VETADO)

Art. 39. Esta Lei entra em vigor na data de sua publicação.

Art. 40. Revogam-se o parágrafo único do art. 28 da Lei nº 8.987, de 1995, e as demais disposições em contrário.

Brasília, 7 de julho de 1995; 174º da Independência e 107º da República.

FERNANDO HENRIQUE CARDOSO
Raimundo Brito

LEI Nº 9.096,
DE 19 DE SETEMBRO DE 1995

Dispõe sobre partidos políticos, regulamenta os arts. 17 e 14, § 3º, inciso V, da Constituição Federal.

‣ *Partidos Políticos*

O VICE-PRESIDENTE DA REPÚBLICA no exercício do cargo de Presidente da República Faço saber que o Congresso Nacional decreta e eu sanciono a seguinte Lei:

TÍTULO I.
DISPOSIÇÕES PRELIMINARES

‣ Resolução 23.465/2015 do TSE – Disciplina a criação, organização, fusão, incorporação e extinção de partidos políticos.

Art. 1º. O partido político, pessoa jurídica de direito privado, destina-se a assegurar, no interesse do regime democrático, a autenticidade do sistema representativo e a defender os direitos fundamentais definidos na Constituição Federal.

Parágrafo único. O partido político não se equipara às entidades paraestatais. (Incluído pela Lei nº 13.488, de 2017)

‣ CC: arts. 44, V, § 3º, e 2.031, par. único.

Art. 2º. É livre a criação, fusão, incorporação e extinção de partidos políticos cujos programas respeitem a soberania nacional, o regime democrático, o pluripartidarismo e os direitos fundamentais da pessoa humana.

‣ CF/88: art. 17.

Art. 3º. É assegurada, ao partido político, autonomia para definir sua estrutura interna, organização e funcionamento.

‣ CF/88: art. 17, § 1º.

§ 1º É assegurada aos candidatos, partidos políticos e coligações autonomia para definir o cronograma das atividades eleitorais de campanha e executá-lo em qualquer dia e horário, observados os limites estabelecidos em lei. (Incluído pela Lei 13.831, de 2019)

§ 2º É assegurada aos partidos políticos autonomia para definir o prazo de duração dos mandatos dos membros dos seus órgãos partidários permanentes ou provisórios. (Incluído pela Lei 13.831, de 2019)

§ 3º O prazo de vigência dos órgãos provisórios dos partidos políticos poderá ser de até 8 (oito) anos. (Incluído pela Lei 13.831, de 2019)

§ 4º Exaurido o prazo de vigência de um órgão partidário, ficam vedados a extinção automática do órgão e o cancelamento de sua inscrição no Cadastro Nacional da Pessoa Jurídica (CNPJ). (Incluído pela Lei 13.831, de 2019)

Art. 4º. Os filiados de um partido político têm iguais direitos e deveres.

Art. 5º. A ação do partido tem caráter nacional e é exercida de acordo com seu estatuto e programa, sem subordinação a entidades ou governos estrangeiros.

Art. 6º. É vedado ao partido político ministrar instrução militar ou paramilitar, utilizar-se de organização da mesma natureza e adotar uniforme para seus membros.

‣ CF/88: art. 17, § 4º.

Art. 7º. O partido político, após adquirir personalidade jurídica na forma da lei civil, registra seu estatuto no Tribunal Superior Eleitoral.

‣ CF/88: art. 17, § 2º.

‣ Resolução 23.465/2015 do TSE: art. 7º.

§ 1º. Só é admitido o registro do estatuto de partido político que tenha caráter nacional, considerando-se como tal aquele que comprove, no período de dois anos, o apoiamento de eleitores não filiados a partido político, correspondente a, pelo menos, 0,5% (cinco décimos por cento) dos votos dados na última eleição geral para a Câmara dos Deputados, não computados os votos em branco e os nulos, distribuídos por um terço, ou mais, dos Estados, com um mínimo de 0,1% (um décimo por cento) do eleitorado que haja votado em cada um deles. (Redação dada pela Lei nº 13.165, de 2015)

§ 2º. Só o partido que tenha registrado seu estatuto no Tribunal Superior Eleitoral pode participar do processo eleitoral, receber recursos do Fundo Partidário e ter acesso gratuito ao rádio e à televisão, nos termos fixados nesta Lei.

‣ CF/88: art. 17, § 3º.

‣ Resolução 23.465/2015 do TSE: art. 8º.

§ 3º. Somente o registro do estatuto do partido no Tribunal Superior Eleitoral assegura a exclusividade da sua denominação, sigla e símbolos, vedada a utilização, por outros partidos, de variações que venham a induzir a erro ou confusão.

TÍTULO II. DA ORGANIZAÇÃO E FUNCIONAMENTO DOS PARTIDOS POLÍTICOS

CAPÍTULO I. DA CRIAÇÃO E DO REGISTRO DOS PARTIDOS POLÍTICOS

Art. 8º O requerimento do registro de partido político, dirigido ao cartório competente do Registro Civil das Pessoas Jurídicas do local de sua sede, deve ser subscrito pelos seus fundadores, em número nunca inferior a 101 (cento e um), com domicílio eleitoral em, no mínimo, 1/3 (um terço) dos Estados, e será acompanhado de: (Redação dada pela Lei 13.877/2019)

I – cópia autêntica da ata da reunião de fundação do partido;
II – exemplares do *Diário Oficial* que publicou, no seu inteiro teor, o programa e o estatuto;
III – relação de todos os fundadores com o nome completo, naturalidade, número do título eleitoral com a Zona, Seção, Município e Estado, profissão e endereço da residência.

§ 1º O requerimento indicará o nome e a função dos dirigentes provisórios e o endereço da sede do partido no território nacional. (Redação dada pela Lei 13.877/2019)

§ 2º. Satisfeitas as exigências deste artigo, o Oficial do Registro Civil efetua o registro no livro correspondente, expedindo certidão de inteiro teor.

§ 3º. Adquirida a personalidade jurídica na forma deste artigo, o partido promove a obtenção do apoiamento mínimo de eleitores a que se refere o § 1º do art. 7º e realiza os atos necessários para a constituição definitiva de seus órgãos e designação dos dirigentes, na forma do seu estatuto.

Art. 9º. Feita a constituição e designação, referidas no § 3º do artigo anterior, os dirigentes nacionais promoverão o registro do estatuto do partido junto ao Tribunal Superior Eleitoral, através de requerimento acompanhado de:

I – exemplar autenticado do inteiro teor do programa e do estatuto partidários, inscritos no Registro Civil;
II – certidão do registro civil da pessoa jurídica, a que se refere o § 2º do artigo anterior;
III – certidões dos cartórios eleitorais que comprovem ter o partido obtido o apoiamento mínimo de eleitores a que se refere o § 1º do art. 7º.

§ 1º. A prova do apoiamento mínimo de eleitores é feita por meio de suas assinaturas, com menção ao número do respectivo título eleitoral, em listas organizadas para cada Zona, sendo a veracidade das respectivas assinaturas e o número dos títulos atestados pelo Escrivão Eleitoral.

§ 2º. O Escrivão Eleitoral dá imediato recibo de cada lista que lhe for apresentada e, no prazo de 15 (quinze) dias, lavra o seu atestado, devolvendo-a ao interessado.

§ 3º. Protocolado o pedido de registro no Tribunal Superior Eleitoral, o processo respectivo, no prazo de 48 (quarenta e oito) horas, é distribuído a um Relator, que, ouvida a Procuradoria-Geral, em 10 (dez) dias, determina, em igual prazo, diligências para sanar eventuais falhas do processo.

§ 4º. Se não houver diligências a determinar, ou após o seu atendimento, o Tribunal Superior Eleitoral registra o estatuto do partido, no prazo de 30 (trinta) dias.

Art. 10. As alterações programáticas ou estatutárias, após registradas no Ofício Civil competente, devem ser encaminhadas, para o mesmo fim, ao Tribunal Superior Eleitoral.

§ 1º O Partido comunica à Justiça Eleitoral a constituição de seus órgãos de direção e os nomes dos respectivos integrantes, bem como as alterações que forem promovidas, para anotação: (Parágrafo único renumerado pela Lei 13.877/2019)

I – no Tribunal Superior Eleitoral, dos integrantes dos órgãos de âmbito nacional; (Incluído pela Lei nº 9.259, de 1996)
II – nos Tribunais Regionais Eleitorais, dos integrantes dos órgãos de âmbito estadual, municipal ou zonal. (Incluído pela Lei nº 9.259, de 1996)

§ 2º Após o recebimento da comunicação de constituição dos órgãos de direção regionais e municipais, definitivos ou provisórios, o Tribunal Superior Eleitoral, na condição de unidade cadastradora, deverá proceder à inscrição, ao restabelecimento e à alteração de dados cadastrais e da situação cadastral perante o CNPJ na Secretaria Especial da Receita Federal do Brasil. *(Redação dada pela Lei 14.063/2020)*

Art. 11. O partido com registro no Tribunal Superior Eleitoral pode credenciar, respectivamente:

I – delegados perante o Juiz Eleitoral;
II – delegados perante o Tribunal Regional Eleitoral;
III – delegados perante o Tribunal Superior Eleitoral.

Parágrafo único. Os delegados credenciados pelo órgão de direção nacional representam o partido perante quaisquer Tribunais ou Juízes Eleitorais; os credenciados pelos órgãos estaduais, somente perante o Tribunal Regional Eleitoral e os Juízes Eleitorais do respectivo Estado, do Distrito Federal ou Território Federal; e os credenciados pelo órgão municipal, perante o Juiz Eleitoral da respectiva jurisdição.

CAPÍTULO II. DO FUNCIONAMENTO PARLAMENTAR

Art. 12. O partido político funciona, nas Casas Legislativas, por intermédio de uma bancada, que deve constituir suas lideranças de acordo com o estatuto do partido, as disposições regimentais das respectivas Casas e as normas desta Lei.

Art. 13. Tem direito a funcionamento parlamentar, em todas as Casas Legislativas para as quais tenha elegido representante, o partido que, em cada eleição para a Câmara dos Deputados obtenha o apoio de, no mínimo, 5% (cinco por cento) dos votos apurados, não computados os brancos e os nulos, distribuídos em, pelo menos, um terço dos Estados, com um mínimo de 2% (dois por cento) do total de cada um deles.

- ADI 1.351-3/DF e 1.354-8/DF: O Tribunal, à unanimidade, julgou procedente a ação direta para declarar a inconstitucionalidade dos seguintes dispositivos da Lei 9.096, de 19 de setembro de 1995: artigo 13; a expressão "obedecendo aos seguintes critérios", contida no *caput* do artigo 41; incisos I e II do mesmo artigo 41; artigo 48; a expressão "que atenda ao disposto no art. 13", contida no *caput* do artigo 49, com redução de texto; *caput* dos artigos 56 e 57, com interpretação que elimina de tais dispositivos as limitações temporais neles constantes, até que sobrevenha disposição legislativa a respeito; e a expressão "no art. 13", constante no inciso II do artigo 57. Também por unanimidade, julgou improcedente a ação no que se refere ao inciso II do artigo 56. (D.O.U. 18.12.2006 e D.J. 30.03.2007)

CAPÍTULO III. DO PROGRAMA E DO ESTATUTO

Art. 14. Observadas as disposições constitucionais e as desta Lei, o partido é livre para fixar, em seu programa, seus objetivos políticos e para estabelecer, em seu estatuto, a sua estrutura interna, organização e funcionamento.

Art. 15. O Estatuto do partido deve conter, entre outras, normas sobre:

I - nome, denominação abreviada e o estabelecimento da sede no território nacional; (Redação dada pela Lei 13.877/2019)
II – filiação e desligamento de seus membros;
III – direitos e deveres dos filiados;
IV – modo como se organiza e administra, com a definição de sua estrutura geral e identificação, composição e competências dos órgãos partidários nos níveis municipal, estadual e nacional, duração dos mandatos e processo de eleição dos seus membros;
V – fidelidade e disciplina partidárias, processo para apuração das infrações e aplicação das penalidades, assegurado amplo direito de defesa;
VI – condições e forma de escolha de seus candidatos a cargos e funções eletivas;
VII – finanças e contabilidade, estabelecendo, inclusive, normas que os habilitem a apurar as quantias que os seus candidatos possam despender com a própria eleição, que fixem os limites das contribuições dos filiados e definam as diversas fontes de receita do partido, além daquelas previstas nesta Lei;
VIII – critérios de distribuição dos recursos do Fundo Partidário entre os órgãos de nível municipal, estadual e nacional que compõem o partido;
IX – procedimento de reforma do programa e do estatuto.

Art. 15-A. A responsabilidade, inclusive civil e trabalhista, cabe exclusivamente ao órgão partidário municipal, estadual ou nacional que tiver dado causa ao não cumprimento da obrigação, à violação de direito, a dano a outrem ou a qualquer ato ilícito, excluída a solidariedade de outros órgãos de direção partidária. (Redação dada pela Lei nº 12.034, de 2009)

Parágrafo único. O órgão nacional do partido político, quando responsável, somente poderá ser demandado judicialmente na circunscrição especial judiciária da sua sede, inclusive nas ações de natureza cível ou trabalhista. (Incluído pela Lei nº 12.891, de 2013)

CAPÍTULO IV. DA FILIAÇÃO PARTIDÁRIA

Art. 16. Só pode filiar-se a partido o eleitor que estiver no pleno gozo de seus direitos políticos.

- CF/88: arts. 95, par. único, III, 128, § 5º, II, e, e 142, § 3º, V.
- LC 80/1994: arts. 46, V, 91, V, e 130, V.
- Lei 4.737/1965: art. 366.

Art. 17. Considera-se deferida, para todos os efeitos, a filiação partidária, com o atendimento das regras estatutárias do partido.

- Súm. 2 do TSE.

Parágrafo único. Deferida a filiação do eleitor, será entregue comprovante ao interessado, no modelo adotado pelo partido.

Art. 18. (*Revogado pela Lei nº 13.165, de 2015*)

Art. 19. Deferido internamente o pedido de filiação, o partido político, por seus órgãos de direção municipais, regionais ou nacional, deverá inserir os dados do filiado no sistema eletrônico da Justiça Eleitoral, que automaticamente enviará aos juízes eleitorais, para arquivamento, publicação e cumprimento dos prazos de filiação partidária para efeito de candidatura a cargos eletivos, a relação dos nomes de todos os seus filiados, da qual constará a data de filiação, o número dos títulos eleitorais e das seções em que estão inscritos. (Redação dada pela Lei 13.877/2019)

- Súm. 20 do TSE.

§ 1º Nos casos de mudança de partido de filiado eleito, a Justiça Eleitoral deverá intimar pessoalmente a agremiação partidária e dar-lhe ciência da saída do seu filiado, a partir do que passarão a ser contados os prazos para ajuizamento das ações cabíveis. (Redação dada pela Lei 13.877/2019)

§ 2º. Os prejudicados por desídia ou má-fé poderão requerer, diretamente à Justiça Eleitoral, a observância do que prescreve o *caput* deste artigo.

§ 3º. Os órgãos de direção nacional dos partidos políticos terão pleno acesso às informações de seus filiados constantes do cadastro eleitoral. (Incluído pela Lei nº 12.034, de 2009)

§ 4º A Justiça Eleitoral disponibilizará eletronicamente aos órgãos nacional e estaduais dos partidos políticos, conforme sua circunscrição eleitoral, acesso a todas as informações de seus filiados constantes do cadastro eleitoral, incluídas as relacionadas a seu nome completo, sexo, número do título de eleitor e de inscrição no Cadastro de Pessoa Física (CPF), endereço, telefones, entre outras. (Acrescido pela Lei 13.877/2019)

Art. 20. É facultado ao partido político estabelecer, em seu estatuto, prazos de filiação partidária superiores aos previstos nesta Lei, com vistas a candidatura a cargos eletivos.

Parágrafo único. Os prazos de filiação partidária, fixados no estatuto do partido, com vistas a candidatura a cargos eletivos, não podem ser alterados no ano da eleição.

Art. 21. Para desligar-se do partido, o filiado faz comunicação escrita ao órgão de direção municipal e ao Juiz Eleitoral da Zona em que for inscrito.

- EC 91/2016 – Altera a CF para estabelecer a possibilidade, excepcional e em período determinado, de desfiliação partidária, sem prejuízo do mandato.

Parágrafo único. Decorridos dois dias da data da entrega da comunicação, o vínculo torna-se extinto, para todos os efeitos.

Art. 22. O cancelamento imediato da filiação partidária verifica-se nos casos de:

I – morte;
II – perda dos direitos políticos;
III – expulsão;
IV – outras formas previstas no estatuto, com comunicação obrigatória ao atingido no prazo de 48 (quarenta e oito) horas da decisão.
V – filiação a outro partido, desde que a pessoa comunique o fato ao juiz da respectiva Zona Eleitoral. (Incluído pela Lei nº 12.891, de 2013)

Parágrafo único. Havendo coexistência de filiações partidárias, prevalecerá a mais recente, devendo a Justiça Eleitoral determinar o cancelamento das demais. (Redação dada pela Lei nº 12.891, de 2013)

Art. 22-A. Perderá o mandato o detentor de cargo eletivo que se desfiliar, sem justa causa, do partido pelo qual foi eleito. (Incluído pela Lei nº 13.165, de 2015)

Parágrafo único. Consideram-se justa causa para a desfiliação partidária somente as seguintes hipóteses: (Incluído pela Lei nº 13.165, de 2015)

I – mudança substancial ou desvio reiterado do programa partidário; (Incluído pela Lei nº 13.165, de 2015)
II – grave discriminação política pessoal; e (Incluído pela Lei nº 13.165, de 2015)
III – mudança de partido efetuada durante o período de trinta dias que antecede o prazo de filiação exigido em lei para concorrer à eleição, majoritária ou proporcional, ao término do mandato vigente. (Incluído pela Lei nº 13.165, de 2015)

CAPÍTULO V. DA FIDELIDADE E DA DISCIPLINA PARTIDÁRIAS

Art. 23. A responsabilidade por violação dos deveres partidários deve ser apurada e punida pelo competente órgão, na conformidade do que disponha o estatuto de cada partido.

§ 1º. Filiado algum pode sofrer medida disciplinar ou punição por conduta que não esteja tipificada no estatuto do partido político.

§ 2º. Ao acusado é assegurado amplo direito de defesa.

Art. 24. Na Casa Legislativa, o integrante da bancada de partido deve subordinar sua ação parlamentar aos princípios doutrinários e programáticos e às diretrizes estabelecidas pelos órgãos de direção partidários, na forma do estatuto.

Art. 25. O estatuto do partido poderá estabelecer, além das medidas disciplinares básicas de caráter partidário, normas sobre penalidades, inclusive com desligamento temporário da bancada, suspensão do direito de voto nas reuniões internas ou perda de todas as prerrogativas, cargos e funções que exerça em decorrência da representação e da proporção partidária, na respectiva Casa Legislativa, ao parlamentar que se opuser, pela atitude ou pelo voto, às diretrizes legitimamente estabelecidas pelos órgãos partidários.

Art. 26. Perde automaticamente a função ou cargo que exerça, na respectiva Casa Legislativa, em virtude da proporção partidária, o parlamentar que deixar o partido sob cuja legenda tenha sido eleito.

CAPÍTULO VI. DA FUSÃO, INCORPORAÇÃO E EXTINÇÃO DOS PARTIDOS POLÍTICOS

Art. 27. Fica cancelado, junto ao Ofício Civil e ao Tribunal Superior Eleitoral, o registro do partido que, na forma de seu estatuto, se dissolva, se incorpore ou venha a se fundir a outro.

Art. 28. O Tribunal Superior Eleitoral, após trânsito em julgado de decisão, determina o cancelamento do registro civil e do estatuto do partido contra o qual fique provado:

I – ter recebido ou estar recebendo recursos financeiros de procedência estrangeira;
II – estar subordinado a entidade ou governo estrangeiros;
III – não ter prestado, nos termos desta Lei, as devidas contas à Justiça Eleitoral;
IV – que mantém organização paramilitar.

§ 1º. A decisão judicial a que se refere este artigo deve ser precedida de processo regular, que assegure ampla defesa.

§ 2º. O processo de cancelamento é iniciado pelo Tribunal à vista de denúncia de qualquer eleitor, de representante de partido, ou de representação do Procurador-Geral Eleitoral.

§ 3º. O partido político, em nível nacional, não sofrerá a suspensão das cotas do Fundo Partidário, nem qualquer outra punição como consequência de atos praticados por órgãos regionais ou municipais. (Incluído pela Lei nº 9.693, de 1998)

§ 4º. Despesas realizadas por órgãos partidários municipais ou estaduais ou por candidatos majoritários nas respectivas circunscrições devem ser assumidas e pagas exclusivamente pela esfera partidária correspondente, salvo acordo expresso com órgão de outra esfera partidária. (Incluído pela Lei nº 12.034, de 2009)

§ 5º. Em caso de não pagamento, as despesas não poderão ser cobradas judicialmente dos órgãos superiores dos partidos políticos, recaindo eventual penhora exclusivamente sobre o órgão partidário que contraiu a dívida executada. (Incluído pela Lei nº 12.034, de 2009)

§ 6º. O disposto no inciso III do *caput* refere-se apenas aos órgãos nacionais dos partidos políticos que deixarem de prestar contas ao Tribunal Superior Eleitoral, não ocorrendo o cancelamento do registro civil e do estatuto do partido quando a omissão for dos órgãos partidários regionais ou municipais. (Incluído pela Lei nº 12.034, de 2009)

Art. 29. Por decisão de seus órgãos nacionais de deliberação, dois ou mais partidos poderão fundir-se num só ou incorporar-se um ao outro.

§ 1º. No primeiro caso, observar-se-ão as seguintes normas:

I – os órgãos de direção dos partidos elaborarão projetos comuns de estatuto e programa;
II – os órgãos nacionais de deliberação dos partidos em processo de fusão votarão em reunião conjunta, por maioria absoluta, os projetos, e elegerão o órgão de direção nacional que promoverá o registro do novo partido.

§ 2º. No caso de incorporação, observada a lei civil, caberá ao partido incorporando deliberar por maioria absoluta de votos, em seu órgão nacional de deliberação, sobre a adoção do estatuto e do programa de outra agremiação.

§ 3º. Adotados o estatuto e o programa do partido incorporador, realizar-se-á, em reunião conjunta dos órgãos nacionais de deliberação, a eleição do novo órgão de direção nacional.

§ 4º Na hipótese de fusão, a existência legal do novo partido tem início com o registro, no Ofício Civil competente da sede do novo partido, do estatuto e do programa, cujo requerimento deve ser acompanhado das atas das decisões dos órgãos competentes. (Redação dada pela Lei 13.877/2019)

§ 5º. No caso de incorporação, o instrumento respectivo deve ser levado ao Ofício Civil competente, que deve, então, cancelar o registro do partido incorporado a outro.

§ 6º. No caso de incorporação, o instrumento respectivo deve ser levado ao Ofício Civil competente, que deve, então, cancelar o registro do partido incorporado a outro. (Redação dada pela Lei nº 13.107, de 2015)

§ 7º. Havendo fusão ou incorporação, devem ser somados exclusivamente os votos dos partidos fundidos ou incorporados obtidos na última eleição geral para a Câmara dos Deputados, para efeito da distribuição dos recursos do Fundo Partidário e do acesso gratuito ao rádio e à televisão. (Redação dada pela Lei nº 13.107, de 2015)

§ 8º. O novo estatuto ou instrumento de incorporação deve ser levado a registro e averbado, respectivamente, no Ofício Civil e no Tribunal Superior Eleitoral. (Incluído pela Lei nº 13.107, de 2015)

§ 9º. Somente será admitida a fusão ou incorporação de partidos políticos que hajam obtido o registro definitivo do Tribunal Superior Eleitoral há, pelo menos, 5 (cinco) anos. (Incluído pela Lei nº 13.107, de 2015)

TÍTULO III. DAS FINANÇAS E CONTABILIDADE DOS PARTIDOS

CAPÍTULO I. DA PRESTAÇÃO DE CONTAS

Art. 30. O partido político, através de seus órgãos nacionais, regionais e municipais, deve manter escrituração contábil, de forma a permitir o conhecimento da origem de suas receitas e a destinação de suas despesas.

Art. 31. É vedado ao partido receber, direta ou indiretamente, sob qualquer forma ou pretexto, contribuição ou auxílio pecuniário ou estimável em dinheiro, inclusive através de publicidade de qualquer espécie, procedente de:

- ADI 4.650/DF: O Tribunal, por maioria, [...], julgou procedente em parte o pedido formulado na ação direta para declarar a inconstitucionalidade dos dispositivos legais que autorizavam as contribuições de pessoas jurídicas às campanhas eleitorais, [...]. O Tribunal rejeitou a modulação dos efeitos da declaração de inconstitucionalidade por não ter alcançado o número de votos exigido pelo art. 27 da Lei 9.868/99, e, consequentemente, a decisão aplica-se às eleições de 2016 e seguintes, a partir da Sessão de Julgamento, independentemente da publicação do acórdão. (DJE 24/02/2016)

› Lei 9.504/1997: art. 24.

I – entidade ou governo estrangeiros;

› CF/88: art. 17, II.

II – entes públicos e pessoas jurídicas de qualquer natureza, ressalvadas as dotações referidas no art. 38 desta Lei e as proveniente do Fundo Especial de Financiamento de Campanha; (Redação dada pela Lei nº 13.488, de 2017)

III – (Revogado pela Lei n° 13.488, de 2017)

IV – entidade de classe ou sindical.

V – pessoas físicas que exerçam função ou cargo público de livre nomeação e exoneração, ou cargo ou emprego público temporário, ressalvados os filiados a partido político. (Incluído pela Lei nº 13.488, de 2017)

Art. 32. O partido está obrigado a enviar, anualmente, à Justiça Eleitoral, o balanço contábil do exercício findo, até o dia 30 de junho do ano seguinte. (Redação dada pela Lei 13.877/2019)

§ 1º. O balanço contábil do órgão nacional será enviado ao Tribunal Superior Eleitoral, o dos órgãos estaduais aos Tribunais Regionais Eleitorais e o dos órgãos municipais aos Juízes Eleitorais.

§ 2º. A Justiça Eleitoral determina, imediatamente, a publicação dos balanços na imprensa oficial, e, onde ela não exista, procede à afixação dos mesmos no Cartório Eleitoral.

§ 3º. (*Revogado pela Lei nº 13.165, de 2015*)

§ 4º Os órgãos partidários municipais que não hajam movimentado recursos financeiros ou arrecadado bens estimáveis em dinheiro ficam desobrigados de prestar contas à Justiça Eleitoral e de enviar declarações de isenção, declarações de débitos e créditos tributários federais ou demonstrativos contábeis à Receita Federal do Brasil, bem como ficam dispensados da certificação digital, exigindo-se do responsável partidário, no prazo estipulado no *caput* deste artigo, a apresentação de declaração da ausência de movimentação de recursos nesse período. (Redação dada pela Lei 13.831/2019)

§ 5º. A desaprovação da prestação de contas do partido não ensejará sanção alguma que o impeça de participar do pleito eleitoral. (Incluído pela Lei nº 13.165, de 2015)

§ 6º O Tribunal Superior Eleitoral, na condição de unidade cadastradora, deverá proceder à reativação da inscrição perante o CNPJ na Secretaria Especial da Receita Federal do Brasil dos órgãos partidários municipais referidos no § 4º deste artigo que estejam com a inscrição baixada ou inativada, após o recebimento da comunicação de constituição de seus órgãos de direção regionais e municipais, definitivos ou provisórios. *(Redação dada pela Lei 14.063/2020)*

§ 7º O requerimento a que se refere o § 6º deste artigo indicará se a agremiação partidária pretende a efetivação imediata da reativação da inscrição pela Secretaria Especial da Receita Federal do Brasil ou a partir de 1º de janeiro de 2020, hipótese em que a efetivação será realizada sem a cobrança de quaisquer taxas, multas ou outros encargos administrativos relativos à ausência de prestação de contas. (Incluído pela Lei 13.831/2019)

§ 8º As decisões da Justiça Eleitoral nos processos de prestação de contas não ensejam, ainda que desaprovadas as contas, a inscrição dos dirigentes partidários no Cadastro Informativo dos Créditos não Quitados do Setor Público Federal (Cadin). (Incluído pela Lei 13.831/2019)

Art. 33. Os balanços devem conter, entre outros, os seguintes itens:

I – discriminação dos valores e destinação dos recursos oriundos do fundo partidário;

II – origem e valor das contribuições e doações;

III – despesas de caráter eleitoral, com a especificação e comprovação dos gastos com programas no rádio e televisão, comitês, propaganda, publicações, comícios, e demais atividades de campanha;

IV – discriminação detalhada das receitas e despesas.

Art. 34. A Justiça Eleitoral exerce a fiscalização sobre a prestação de contas do partido e das despesas de campanha eleitoral, devendo atestar se elas refletem adequadamente a real movimentação financeira, os dispêndios e os recursos aplicados nas campanhas eleitorais, exigindo a observação das seguintes normas: (Redação dada pela Lei nº 13.165, de 2015)

I – obrigatoriedade de designação de dirigentes partidários específicos para movimentar recursos financeiros nas campanhas eleitorais; (Redação dada pela Lei nº 13.165, de 2015)

II – (Revogado pela Lei nº 13.165, de 2015)

III – relatório financeiro, com documentação que comprove a entrada e saída de dinheiro ou de bens recebidos e aplicados; (Redação dada pela Lei nº 13.165, de 2015)

IV – obrigatoriedade de ser conservada pelo partido, por prazo não inferior a cinco anos, a documentação comprobatória de suas prestações de contas; (Redação dada pela Lei nº 13.165, de 2015)

V – obrigatoriedade de prestação de contas pelo partido político e por seus candidatos no encerramento da campanha eleitoral, com o recolhimento imediato à tesouraria do partido dos saldos financeiros eventualmente apurados. (Redação dada pela Lei nº 13.165, de 2015)

§ 1º. A fiscalização de que trata o *caput* tem por escopo identificar a origem das receitas e a destinação das despesas com as atividades partidárias e eleitorais, mediante o exame formal dos documentos fiscais apresentados pelos partidos políticos e candidatos, sendo vedada a análise das atividades político-partidárias ou qualquer interferência em sua autonomia. (Redação dada pela Lei nº 13.165, de 2015)

§ 2º. Para efetuar os exames necessários ao atendimento do disposto no *caput*, a Justiça Eleitoral pode requisitar técnicos do Tribunal de Contas da União ou dos Estados, pelo tempo que for necessário. (Incluído pela Lei nº 12.891, de 2013)

§ 3º (VETADO na Lei 13.877/2019)

§ 4º Para o exame das prestações de contas dos partidos políticos, o sistema de contabilidade deve gerar e disponibilizar os relatórios para conhecimento da origem das receitas e das despesas. (Acrescido pela Lei 13.877/2019)

§ 5º Os relatórios emitidos pelas áreas técnicas dos tribunais eleitorais devem ser fundamentados estritamente com base na legislação eleitoral e nas normas de contabilidade, vedado opinar sobre sanções aplicadas aos partidos políticos, cabendo aos magistrados emitir juízo de valor. (Acrescido pela Lei 13.877/2019)

§ 6º A Justiça Eleitoral não pode exigir dos partidos políticos apresentação de certidão ou documentos expedidos por outro órgão da administração pública ou por entidade bancária e do sistema financeiro que mantêm convênio ou integração de sistemas eletrônicos que realizam o envio direto de documentos para a própria Justiça Eleitoral. (Acrescido pela Lei 13.877/2019)

Art. 35. O Tribunal Superior Eleitoral e os Tribunais Regionais Eleitorais, à vista de denúncia fundamentada de filiado ou delegado de partido, de representação do Procurador-Geral ou Regional ou de iniciativa do Corregedor, determinarão o exame da escrituração do partido e a apuração de qualquer ato que viole as prescrições legais ou estatutárias a que, em matéria financeira, aquele ou seus filiados estejam sujeitos, podendo, inclusive, determinar a quebra de sigilo bancário das contas dos partidos para o esclarecimento ou apuração de fatos vinculados à denúncia.

Parágrafo único. O partido pode examinar, na Justiça Eleitoral, as prestações de contas mensais ou anuais dos demais partidos, 15 (quinze) dias após a publicação dos balanços financeiros, aberto o prazo de 5 (cinco) dias para impugná-las, podendo, ainda, relatar fatos, indicar provas e pedir abertura de investigação para apurar qualquer ato que viole as prescrições legais ou estatutárias a que, em matéria financeira, os partidos e seus filiados estejam sujeitos.

Art. 36. Constatada a violação de normas legais ou estatutárias, ficará o partido sujeito às seguintes sanções:

I – no caso de recursos de origem não mencionada ou esclarecida, fica suspenso o recebimento das quotas do fundo partidário até que o esclarecimento seja aceito pela Justiça Eleitoral;

II – no caso de recebimento de recursos mencionados no art. 31, fica suspensa a participação no fundo partidário por 1 (um) ano;

III – no caso de recebimento de doações cujo valor ultrapasse os limites previstos no art. 39, § 4º, fica suspensa por 2 (dois) anos a participação no fundo partidário e será aplicada ao partido multa correspondente ao valor que exceder aos limites fixados.

› Art. 107 da Lei 9.504/1997 revogou o § 4º do art. 39.

Art. 37. A desaprovação das contas do partido implicará exclusivamente a sanção de devolução da importância apontada como irregular, acrescida de multa de até 20% (vinte por cento). (Redação dada pela Lei nº 13.165, de 2015)

§ 1º. A Justiça Eleitoral pode determinar diligências necessárias à complementação de informações ou ao saneamento de irregularidades encontradas nas contas dos órgãos de direção partidária ou de candidatos. (Parágrafo renumerado pela Lei nº 9.693, de 1998)

§ 2º. A sanção a que se refere o *caput* será aplicada exclusivamente à esfera partidária responsável pela irregularidade, não suspendendo o registro ou a anotação de seus órgãos de direção partidária nem tornando devedores ou inadimplentes os respectivos responsáveis partidários. (Redação dada pela Lei nº 13.165, de 2015)

§ 3º A sanção a que se refere o *caput* deste artigo deverá ser aplicada de forma proporcional e razoável, pelo período de 1 (um) a 12 (doze) meses, e o pagamento deverá ser feito por meio de desconto nos futuros repasses de cotas do fundo partidário a, no máximo, 50% (cinquenta por cento) do valor mensal, desde que a prestação de contas seja julgada, pelo juízo ou tribunal competente, em até 5 (cinco) anos de sua apresentação, vedada a acumulação de sanções. (Redação dada pela Lei 13.877/2019)

§ 3º-A. O cumprimento da sanção aplicada a órgão estadual, distrital ou municipal somente será efetivado a partir da data de juntada aos autos do processo de prestação de contas do aviso de recebimento da citação ou intimação, encaminhada, por via postal, pelo Tribunal Regional Eleitoral ou Juízo Eleitoral ao órgão partidário hierarquicamente superior. (Acrescido pela Lei 13.877/2019)

§ 4º. Da decisão que desaprovar total ou parcialmente a prestação de contas dos órgãos partidários caberá recurso para os Tribunais Regionais Eleitorais ou para o Tribunal Superior Eleitoral, conforme o caso, o qual deverá ser recebido com efeito suspensivo. (Incluído pela Lei nº 12.034, de 2009)

§ 5º. As prestações de contas desaprovadas pelos Tribunais Regionais e pelo Tribunal Superior poderão ser revistas para fins de aplicação proporcional da sanção aplicada, mediante requerimento ofertado nos autos da prestação de contas. (Incluído pela Lei nº 12.034, de 2009)

§ 6º. O exame da prestação de contas dos órgãos partidários tem caráter jurisdicional. (Incluído pela Lei nº 12.034, de 2009)

§ 7º. (VETADO). (Incluído pela Lei nº 12.891, de 2013)

§ 8º. (VETADO). (Incluído pela Lei nº 12.891, de 2013)

§ 9º. O desconto no repasse de cotas resultante da aplicação da sanção a que se refere o *caput* será suspenso durante o segundo semestre do ano em que se realizarem as eleições. (Incluído pela Lei nº 13.165, de 2015)

§ 10. Os gastos com passagens aéreas serão comprovados mediante apresentação de fatura ou duplicata emitida por agência de viagem, quando for o caso, e os beneficiários deverão atender ao interesse da respectiva agremiação e, nos casos de congressos, reuniões, convenções, palestras, poderão ser emitidas independentemente de filiação partidária segundo critérios interna corporis, vedada a exigência de apresentação de qualquer outro documento para esse fim. (Redação dada pela Lei 13.877/2019, vetada pelo Presidente da República, mantida pelo Congresso Nacional e publicada na edição extra do DOU de 13.12.2019)

§ 11. Os órgãos partidários poderão apresentar documentos hábeis para esclarecer questionamentos da Justiça Eleitoral ou para sanear irregularidades a qualquer tempo, enquanto não transitada em julgado a decisão que julgar a prestação de contas. (Incluído pela Lei nº 13.165, de 2015)

§ 12. Erros formais ou materiais que no conjunto da prestação de contas não comprometam o conhecimento da origem das receitas e a destinação das despesas não acarretarão a desaprovação das contas. (Incluído pela Lei nº 13.165, de 2015)

§ 13. A responsabilização pessoal civil e criminal dos dirigentes partidários decorrente da desaprovação das contas partidárias e de atos ilícitos atribuídos ao partido político somente ocorrerá se verificada irregularidade grave e insanável resultante de conduta dolosa que importe enriquecimento ilícito e lesão ao patrimônio do partido. (Incluído pela Lei nº 13.165, de 2015)

§ 14. O instituto ou fundação de pesquisa e de doutrinação e educação política não será atingido pela sanção aplicada ao partido político em caso de desaprovação de suas contas, exceto se tiver diretamente dado causa à reprovação. (Incluído pela Lei nº 13.165, de 2015)

§ 15. As responsabilidades civil e criminal são subjetivas e, assim como eventuais dívidas já apuradas, recaem somente sobre o dirigente partidário responsável pelo órgão partidário à época do fato e não impedem que o órgão partidário receba recurso do fundo partidário. (Incluído pela Lei 13.831/2019)

Art. 37-A. A falta de prestação de contas implicará a suspensão de novas cotas do Fundo Partidário enquanto perdurar a inadimplência e sujeitará os responsáveis às penas da lei. (Incluído pela Lei nº 13.165, de 2015)

CAPÍTULO II. DO FUNDO PARTIDÁRIO

Art. 38. O Fundo Especial de Assistência Financeira aos Partidos Políticos (Fundo Partidário) é constituído por:

I – multas e penalidades pecuniárias aplicadas nos termos do Código Eleitoral e leis conexas;

II – recursos financeiros que lhe forem destinados por lei, em caráter permanente ou eventual;

III – doações de pessoa física ou jurídica, efetuadas por intermédio de depósitos bancários diretamente na conta do Fundo Partidário;

- ADI 4.650/DF: O Tribunal, por maioria, [...], julgou procedente em parte o pedido formulado na ação direta para declarar a inconstitucionalidade dos dispositivos legais que autorizavam as contribuições de pessoas jurídicas às campanhas eleitorais, [...]. O Tribunal rejeitou a modulação dos efeitos da declaração de inconstitucionalidade por não ter alcançado o número de votos exigido pelo art. 27 da Lei 9.868/99, e, consequentemente, a decisão aplica-se às eleições de 2016 e seguintes, a partir da Sessão de Julgamento, independentemente da publicação do acórdão. (DJE 24.02.2016)

IV – dotações orçamentárias da União em valor nunca inferior, cada ano, ao número de eleitores inscritos em 31 de dezembro do ano anterior ao da proposta orçamentária, multiplicados por trinta e cinco centavos de real, em valores de agosto de 1995.

§ 1º. (*VETADO*).

§ 2º. (*VETADO*).

Art. 39. Ressalvado o disposto no art. 31, o partido político pode receber doações de pessoas físicas e jurídicas para constituição de seus fundos.

- ADI 4.650/DF: O Tribunal, por maioria, [...], julgou procedente em parte o pedido formulado na ação direta para declarar a inconstitucionalidade dos dispositivos legais que autorizavam as contribuições de pessoas jurídicas às campanhas eleitorais, [...]. O Tribunal rejeitou a modulação dos efeitos da declaração de inconstitucionalidade por não ter alcançado o número de votos exigido pelo art. 27 da Lei 9.868/99, e, consequentemente, a decisão aplica-se às eleições de 2016 e seguintes, a partir da Sessão de Julgamento, independentemente da publicação do acórdão. (DJE 24.02.2016)

§ 1º. As doações de que trata este artigo podem ser feitas diretamente aos órgãos de direção nacional, estadual e municipal, que remeterão, à Justiça Eleitoral e aos órgãos hierarquicamente superiores do partido, o demonstrativo de seu recebimento e respectiva destinação, juntamente com o balanço contábil.

§ 2º. Outras doações, quaisquer que sejam, devem ser lançadas na contabilidade do partido, definidos seus valores em moeda corrente.

§ 3º. As doações de recursos financeiros somente poderão ser efetuadas na conta do partido político por meio de: (Redação dada pela Lei nº 13.165, de 2015)

I – cheques cruzados e nominais ou transferência eletrônica de depósitos; (Incluído pela Lei nº 13.165, de 2015)

II – depósitos em espécie devidamente identificados; (Incluído pela Lei nº 13.165, de 2015)

III - mecanismo disponível em sítio do partido na internet que permita o uso de cartão de crédito, cartão de débito, emissão on-line de boleto bancário ou, ainda, convênios de débitos em conta, no formato único e no formato recorrente, e outras modalidades, e que atenda aos seguintes requisitos: (Redação dada pela Lei 13.877/2019)

a) identificação do doador; (Incluído pela Lei nº 13.165, de 2015)

b) emissão obrigatória de recibo eleitoral para cada doação realizada. (Incluído pela Lei nº 13.165, de 2015)

§ 4º. (*Revogado pela Lei nº 9.504, de 1997*)

§ 5º. Em ano eleitoral, os partidos políticos poderão aplicar ou distribuir pelas diversas eleições os recursos financeiros recebidos de pessoas físicas e jurídicas, observando-se o disposto no § 1º do art. 23, no art. 24 e no § 1º do art. 81 da Lei nº 9.504, de 30 de setembro de 1997, e os critérios definidos pelos respectivos órgãos de direção e pelas normas estatutárias. (Incluído pela Lei nº 12.034, de 2009)

§ 6º Os bancos e empresas de meios de pagamentos, incluídos os denominados digitais, ficam obrigados a disponibilizar a abertura de contas bancárias e os seus serviços de meios de pagamentos e compensação, inclusive on-line, para que os partidos políticos possam desenvolver e operacionalizar os mecanismos previstos no inciso III do § 3º deste artigo. (Acrescido pela Lei 13.877/2019)

§ 7º Os serviços para os partidos políticos não se caracterizam e não acarretam restrições relativas às pessoas politicamente expostas, e seus serviços serão disponibilizados pelo preço oferecido pela instituição financeira a outras pessoas jurídicas. (Acrescido pela Lei 13.877/2019)

§ 8º As instituições financeiras devem oferecer aos partidos políticos pacote de serviços bancários que agreguem o conjunto dos serviços financeiros, e a mensalidade desse pacote não poderá ser superior à soma das tarifas avulsas praticadas no mercado. (Acrescido pela Lei 13.877/2019)

Art. 40. A previsão orçamentária de recursos para o Fundo Partidário deve ser consignada, no Anexo do Poder Judiciário, ao Tribunal Superior Eleitoral.

§ 1º. O Tesouro Nacional depositará, mensalmente, os duodécimos no Banco do Brasil, em conta especial à disposição do Tribunal Superior Eleitoral.

§ 2º. Na mesma conta especial serão depositadas as quantias arrecadadas pela aplicação de multas e outras penalidades pecuniárias, previstas na Legislação Eleitoral.

Art. 41. O Tribunal Superior Eleitoral, dentro de 5 (cinco) dias, a contar da data do depósito a que se refere o § 1º do artigo anterior, fará a respectiva distribuição aos órgãos nacionais dos partidos, obedecendo aos seguintes critérios:

- ADI 1.351-3/DF e 1.354-8/DF: O Tribunal, à unanimidade, julgou procedente a ação direta para declarar a inconstitucionalidade dos seguintes dispositivos da Lei 9.096, de 19 de setembro de 1995: artigo 13; a expressão "obedecendo aos seguintes critérios", contida no *caput* do artigo 41; incisos I e II do mesmo artigo 41; artigo 48; a expressão "que atenda ao disposto no art. 13", contida no *caput* do artigo 49, com redução de texto; *caput* dos artigos 56 e 57, com interpretação que elimina de tais dispositivos as limitações temporais neles constantes, até que sobrevenha disposição legislativa a respeito; e a expressão "no art. 13", constante no inciso II do artigo 57. Também por unanimidade, julgou improcedente a ação no que se refere ao inciso II do artigo 56. (D.O.U. 18.12.2006 e D.J. 30.03.2007)

I – 1% (um por cento) do total do Fundo Partidário será destacado para entrega, em partes iguais, a todos os partidos que tenham seus estatutos registrados no Tribunal Superior Eleitoral;

- ADI 1.351-3/DF e 1.354-8/DF.

II – 99% (noventa e nove por cento) do total do Fundo Partidário serão distribuídos aos partidos que tenham preenchido as condições do art. 13, na proporção dos votos obtidos na última eleição geral para a Câmara dos Deputados.

‣ ADI 1.351-3/DF e 1.354-8/DF.

Art. 41-A. Do total do Fundo Partidário: (Redação dada pela Lei nº 12.875, de 2013)

I – 5% (cinco por cento) serão destacados para entrega, em partes iguais, a todos os partidos que atendam aos requisitos constitucionais de acesso aos recursos do Fundo Partidário; e (Redação dada pela Lei nº 13.165, de 2015)

II – 95% (noventa e cinco por cento) serão distribuídos aos partidos na proporção dos votos obtidos na última eleição geral para a Câmara dos Deputados. (Incluído pela Lei nº 12.875, de 2013)

Parágrafo único. Para efeito do disposto no inciso II, serão desconsideradas as mudanças de filiação partidária em quaisquer hipóteses. (Redação dada pela Lei nº 13.107, de 2015)

Art. 42. Em caso de cancelamento ou caducidade do órgão de direção nacional do partido, reverterá ao Fundo Partidário a quota que a este caberia.

§ 1º O órgão de direção nacional do partido está obrigado a abrir conta bancária exclusivamente para movimentação do fundo partidário e para a aplicação dos recursos prevista no inciso V do *caput* do art. 44 desta Lei, observado que, para os demais órgãos do partido e para outros tipos de receita, a obrigação prevista neste parágrafo somente se aplica quando existir movimentação financeira. (Incluído pela Lei 13.831/2019)

§ 2º A certidão do órgão superior, ou do próprio órgão regional e municipal, de inexistência de movimentação financeira tem fé pública como prova documental para aplicação do art. 32 desta Lei, sem prejuízo de apuração de ilegalidade de acordo com o disposto no art. 35 desta Lei. (Incluído pela Lei 13.831/2019)

Art. 43. Os depósitos e movimentações dos recursos oriundos do Fundo Partidário serão feitos em estabelecimentos bancários controlados pelo Poder Público Federal, pelo Poder Público Estadual ou, inexistindo estes, no banco escolhido pelo órgão diretivo do partido.

Art. 44. Os recursos oriundos do Fundo Partidário serão aplicados:

I – na manutenção das sedes e serviços do partido, permitido o pagamento de pessoal, a qualquer título, observado, do total recebido, os seguintes limites: (Redação dada pela Lei nº 13.165, de 2015)

a) 50% (cinquenta por cento) para o órgão nacional; (Incluído pela Lei nº 13.165, de 2015)

b) 60% (sessenta por cento) para cada órgão estadual e municipal; (Incluído pela Lei nº 13.165, de 2015)

II – na propaganda doutrinária e política;

III – no alistamento e campanhas eleitorais;

IV – na criação e manutenção de instituto ou fundação de pesquisa e de doutrinação e educação política, sendo esta aplicação de, no mínimo, 20% (vinte por cento) do total recebido.

‣ Lei 9.096/1995: art. 53.

V – na criação e manutenção de programas de promoção e difusão da participação política das mulheres, criados e executados pela Secretaria da Mulher ou, a critério da agremiação, por instituto com personalidade jurídica própria presidido pela Secretária da Mulher, em nível nacional, conforme percentual que será fixado pelo órgão nacional de direção partidária, observado o mínimo de 5% (cinco por cento) do total; (Redação dada pela Lei 13.877/2019)

VI – no pagamento de mensalidades, anuidades e congêneres devidos a organismos partidários internacionais que se destinem ao apoio à pesquisa, ao estudo e à doutrinação política, aos quais seja o partido político regularmente filiado; (Incluído pela Lei nº 13.165, de 2015)

VII – no pagamento de despesas com alimentação, incluindo restaurantes e lanchonetes. (Incluído pela Lei nº 13.165, de 2015)

VIII - na contratação de serviços de consultoria contábil e advocatícia e de serviços para atuação jurisdicional em ações de controle de constitucionalidade e em demais processos judiciais e administrativos de interesse partidário, bem como nos litígios que envolvam candidatos do partido, eleitos ou não, relacionados exclusivamente ao processo eleitoral; (Acrescido pela Lei 13.877/2019)

IX - (VETADO na Lei 13.877/2019)

X - na compra ou locação de bens móveis e imóveis, bem como na edificação ou construção de sedes e afins, e na realização de reformas e outras adaptações nesses bens; (Acrescido pela Lei 13.877/2019)

XI - no custeio de impulsionamento, para conteúdos contratados diretamente com provedor de aplicação de internet com sede e foro no País, incluída a priorização paga de conteúdos resultantes de aplicações de busca na internet, mediante o pagamento por meio de boleto bancário, de depósito identificado ou de transferência eletrônica diretamente para conta do provedor, o qual deve manter conta bancária específica para receber recursos dessa natureza, proibido nos 180 (cento e oitenta) dias anteriores à eleição. (Acrescido pela Lei 13.877/2019)

§ 1º. Na prestação de contas dos órgãos de direção partidária de qualquer nível devem ser discriminadas as despesas realizadas com recursos do Fundo Partidário, de modo a permitir o controle da Justiça Eleitoral sobre o cumprimento do disposto nos incisos I e IV deste artigo.

§ 2º. A Justiça Eleitoral pode, a qualquer tempo, investigar sobre a aplicação de recursos oriundos do Fundo Partidário.

‣ Lei 9.096/1995: art. 35.

§ 3º. Os recursos de que trata este artigo não estão sujeitos ao regime da Lei nº 8.666, de 21 de junho de 1993, tendo os partidos políticos autonomia para contratar e realizar despesas. (Redação dada pela Lei nº 12.891, de 2013)

‣ Lei 14.133/2021 (Nova Lei de Licitações)

§ 4º. Não se incluem no cômputo do percentual previsto no inciso I deste artigo encargos e tributos de qualquer natureza. (Incluído pela Lei nº 12.034, de 2009)

§ 5º. O partido político que não cumprir o disposto no inciso V do *caput* deverá transferir o saldo para conta específica, sendo vedada sua aplicação para finalidade diversa, de modo que o saldo remanescente deverá ser aplicado dentro do exercício financeiro subsequente, sob pena de acréscimo de 12,5% (doze inteiros e cinco décimos por cento) do valor previsto no inciso V do *caput*, a ser aplicado na mesma finalidade. (Redação dada pela Lei nº 13.165, de 2015)

§ 5º-A. A critério das agremiações partidárias, os recursos a que se refere o inciso V poderão ser acumulados em diferentes exercícios financeiros, mantidos em contas bancárias específicas, para utilização futura em campanhas eleitorais de candidatas do partido. (Incluído pela Lei nº 13.165, de 2015)

§ 6º. No exercício financeiro em que a fundação ou instituto de pesquisa não despender a totalidade dos recursos que lhe forem assinalados, a eventual sobra poderá ser revertida para outras atividades partidárias, conforme previstas no *caput* deste artigo. (Incluído pela Lei nº 12.891, de 2013)

§ 7º. A critério da secretaria da mulher ou, inexistindo a secretaria, a critério da fundação de pesquisa e de doutrinação e educação política, os recursos a que se refere o inciso V do *caput* poderão ser acumulados em diferentes exercícios financeiros, mantidos em contas bancárias específicas, para utilização futura em campanhas eleitorais de candidatas do partido, não se aplicando, neste caso, o disposto no § 5º. (Incluído pela Lei nº 13.165, de 2015)

Art. 44-A. As atividades de direção exercidas nos órgãos partidários e em suas fundações e institutos, bem como as de assessoramento e as de apoio político-partidário, assim definidas em normas internas de organização, não geram vínculo de emprego, não sendo aplicável o regime jurídico previsto na Consolidação das Leis do Trabalho, aprovada pelo Decreto-Lei nº 5.452, de 1º de maio de 1943, quando remuneradas com valor mensal igual ou superior a 2 (duas) vezes o limite máximo do benefício do Regime Geral de Previdência Social. (Acrescido pela Lei 13.877/2019)

Parágrafo único. O partido político poderá ressarcir despesas comprovadamente realizadas no desempenho de atividades partidárias e deverá manter registro contábil de todos os dispêndios efetuados, sem computar esses valores para os fins do inciso I do *caput* do art. 44 desta Lei.

TÍTULO IV. DO ACESSO GRATUITO AO RÁDIO E À TELEVISÃO

Art. 45. (Revogado pela Lei 13.487/2017).

Art. 45-A. (Vetado na Lei 13.877/2019).

Art. 46. (Revogado pela Lei 13.487/2017).

Art. 46-A. (Vetado na Lei 13.877/2019).

Art. 47. (Revogado pela Lei 13.487/2017).

Art. 47-A. (Vetado na Lei 13.877/2019).

Art. 48. (Revogado pela Lei 13.487/2017).

Art. 48-A. (Vetado na Lei 13.877/2019).

Art. 49. (Revogado pela Lei 13.487/2017).

Art. 49-A. (Vetado na Lei 13.877/2019).

TÍTULO V. DISPOSIÇÕES GERAIS

Art. 50. (*VETADO*).

Art. 51. É assegurado ao partido político com estatuto registrado no Tribunal Superior Eleitoral o direito à utilização gratuita de escolas públicas ou Casas Legislativas para a realização de suas reuniões ou convenções, responsabilizando-se pelos danos porventura causados com a realização do evento.

‣ Lei 9.504/1997: art. 8º.

Art. 52. (*VETADO*).

Parágrafo único. (*Revogado pela Lei nº 13.487, de 2017, a partir do dia 1º de janeiro subsequente à publicação desta Lei - DOU de 06.10.2017 – Ed. extra*)

Art. 53. A fundação ou instituto de direito privado, criado por partido político, destinado ao estudo e pesquisa, à doutrinação e à educação política, rege-se pelas normas da lei civil e tem autonomia para contratar com instituições públicas e privadas, prestar serviços e manter estabelecimentos de acordo com suas finalidades, podendo, ainda, manter intercâmbio com instituições não nacionais.

‣ Lei 9.096/1995: art. 44, IV.

§ 1º O instituto poderá ser criado sob qualquer das formas admitidas pela lei civil. (Incluído pela Lei nº 13.487, de 2017)

§ 2º O patrimônio da fundação ou do instituto de direito privado a que se referem o inciso IV do art. 44 desta Lei e o *caput* deste artigo será vertido ao ente que vier a sucedê-lo nos casos de: (Incluído pela Lei nº 13.487, de 2017)

I – extinção da fundação ou do instituto, quando extinto, fundido ou incorporado o partido político, assim como nas demais hipóteses previstas na legislação; (Incluído pela Lei nº 13.487, de 2017)

II – conversão ou transformação da fundação em instituto, assim como deste em fundação. (Incluído pela Lei nº 13.487, de 2017)

§ 3º Para fins do disposto no § 2º deste artigo, a versão do patrimônio implica a sucessão de todos os direitos, os deveres e as obrigações da fundação ou do instituto extinto, transformado ou convertido. (Incluído pela Lei nº 13.487, de 2017)

§ 4º. A conversão, a transformação ou, quando for o caso, a extinção da fundação ou do instituto ocorrerá por decisão do órgão de direção nacional do partido político. (Incluído pela Lei nº 13.487, de 2017)

Art. 54. Para fins de aplicação das normas estabelecidas nesta Lei, consideram-se como equivalentes a Estados e Municípios o Distrito Federal e os Territórios e respectivas divisões político-administrativas.

TÍTULO VI. DISPOSIÇÕES FINAIS E TRANSITÓRIAS

Art. 55. O partido político que, nos termos da legislação anterior, tenha registro definitivo, fica dispensado da condição estabelecida no § 1º do art. 7º, e deve providenciar a adaptação de seu estatuto às disposições desta Lei, no prazo de 6 (seis) meses da data de sua publicação.

§ 1º. A alteração estatutária com a finalidade prevista neste artigo pode ser realizada pelo partido político em reunião do órgão nacional máximo, especialmente convocado na forma dos estatutos, com antecedência mínima de 30 (trinta) dias e ampla divulgação, entre seus órgãos e filiados, do projeto do estatuto.

§ 2º. Aplicam-se as disposições deste artigo ao partido que, na data da publicação desta Lei:

I – tenha completado seu processo de organização nos termos da legislação anterior e requerido o registro definitivo;

II – tenha seu pedido de registro *sub judice*, desde que sobrevenha decisão favorável do órgão judiciário competente;

III – tenha requerido registro de seus estatutos junto ao Tribunal Superior Eleitoral, após o devido registro como entidade civil.

Art. 55-A. Os partidos que não tenham observado a aplicação de recursos prevista no inciso V do *caput* do art. 44 desta Lei nos exercícios anteriores a 2019, e que tenham utilizado esses recursos no financiamento das candidaturas femininas até as eleições de 2018, não poderão ter suas contas rejeitadas ou sofrer qualquer outra penalidade. (Incluído pela Lei 13.831/2019)

Art. 55-B. Os partidos que, nos termos da legislação anterior, ainda possuam saldo em conta bancária específica conforme o disposto no § 5º-A do art. 44 desta Lei poderão utilizá-lo na criação e na manutenção de programas de promoção e difusão da participação política das mulheres até o exercício de 2020, como forma de compensação. (Incluído pela Lei 13.831/2019)

Art. 55-C. A não observância do disposto no inciso V do *caput* do art. 44 desta Lei até o exercício de 2018 não ensejará a desaprovação das contas. (Incluído pela Lei 13.831/2019)

Art. 55-D. Ficam anistiadas as devoluções, as cobranças ou as transferências ao Tesouro Nacional que tenham como causa as doações ou contribuições feitas em anos anteriores por servidores públicos que exerçam função ou cargo público de livre nomeação e exoneração, desde que filiados a partido político. *(Artigo vetado pelo Presidente da República na Lei 13.831/2019, mantido pelo Congresso Nacional e publicado em 21.06.2019).*

Art. 55-E. O disposto no art. 30 desta Lei deverá ser implantado no prazo máximo de 180 (cento e oitenta) dias, contado da data de entrada em vigor deste artigo. (Acrescido pela Lei 13.877/2019).

Art. 56. (*Revogado pela Lei nº 13.165, de 2015*)

I a IV (*Revogados pela Lei nº 13.165, de 2015*)

V – (*Revogado pela Lei nº 11.459, de 2007*)

Art. 57. (*Revogado pela Lei nº 13.165, de 2015*)

I – (*Revogado pela Lei nº 13.165, de 2015*)

II – (*Revogado pela Lei nº 11.459, de 2007*)

III – (*Revogado pela Lei nº 13.165, de 2015*)

Art. 58. A requerimento de partido, o Juiz Eleitoral devolverá as fichas de filiação partidária existentes no cartório da respectiva Zona, devendo ser organizada a primeira relação de filiados, nos termos do art. 19, obedecidas as normas estatutárias.

Parágrafo único. Para efeito de candidatura a cargo eletivo será considerada como primeira filiação a constante das listas de que trata este artigo.

Art. 59. O art. 16 da Lei nº 3.071, de 1º de janeiro de 1916 (Código Civil), passa a vigorar com a seguinte redação:

‣ Lei 10.406/2002 revogou o Código Civil de 1916.

"Art. 16. (...)

(...)

III – os partidos políticos.

(...)

§ 3º Os partidos políticos reger-se-ão pelo disposto, no que lhes for aplicável, nos arts. 17 a 22 deste Código e em lei específica."

Art. 60. Os artigos a seguir enumerados da Lei nº 6.015, de 31 de dezembro de 1973, passam a vigorar a seguinte redação:

‣ Alteração incorporada ao texto da referida lei.

Art. 61. O Tribunal Superior Eleitoral expedirá instruções para a fiel execução desta Lei.

Art. 62. Esta Lei entra em vigor na data de sua publicação.

Art. 63. Ficam revogadas a Lei nº 5.682, de 21 de julho de 1971, e respectivas alterações; a Lei nº 6.341, de 5 de julho de 1976; a Lei nº 6.817, de 5 de setembro de 1980; a Lei nº 6.957, de 23 de novembro de 1981; o art. 16 da Lei nº 6.996, de 7 de junho de 1982; a Lei nº 7.307, de 9 de abril de 1985, e a Lei nº 7.514, de 9 de julho de 1986.

Brasília, 19 de setembro de 1995; 174º da Independência e 107º da República.

MARCO ANTONIO DE OLIVEIRA MACIEL

D.O.U. 20.9.1995

LEI Nº 9.099, DE 26 DE SETEMBRO DE 1995

Dispõe sobre os Juizados Especiais Cíveis e Criminais e dá outras providências.

‣ *JEC e JECRIM*

O PRESIDENTE DA REPÚBLICA Faço saber que o Congresso Nacional decreta e eu sanciono a seguinte Lei:

CAPÍTULO I. DISPOSIÇÕES GERAIS

‣ Lei 13.140/2015 – Lei de mediação e autocomposição de conflitos.

‣ Lei 12.153/2009 – Dispõe sobre os Juizados Especiais da Fazenda Pública no âmbito dos Estados, do Distrito Federal, dos Territórios e dos Municípios.

‣ Lei 10.259/2001 – Dispõe sobre a instituição dos Juizados Especiais Cíveis e Criminais no âmbito da Justiça Federal.

Art. 1º. Os Juizados Especiais Cíveis e Criminais, órgãos da Justiça Ordinária, serão criados pela União, no Distrito Federal e nos Territórios, e pelos Estados, para conciliação, processo, julgamento e execução, nas causas de sua competência.

‣ CF/88: arts. 24, X, e 98, I.

‣ CPC/15: arts. 985 e 1.063.

‣ CDC: art. 5º, IV.

Art. 2º. O processo orientar-se-á pelos critérios da oralidade, simplicidade, informalidade, economia processual e celeridade, buscando, sempre que possível, a conciliação ou a transação.

CAPÍTULO II. DOS JUIZADOS ESPECIAIS CÍVEIS

SEÇÃO I. DA COMPETÊNCIA

Art. 3º. O Juizado Especial Cível tem competência para conciliação, processo e julgamento das causas cíveis de menor complexidade, assim consideradas:

I – as causas cujo valor não exceda a 40 (quarenta) vezes o salário mínimo;

II – as enumeradas no art. 275, inciso II, do Código de Processo Civil;

‣ CPC/15: art. 1.063.

III – a ação de despejo para uso próprio;

‣ Lei 8.245/1991 – Dispõe sobre as locações dos imóveis urbanos e os procedimentos a elas pertinentes.

IV – as ações possessórias sobre bens imóveis de valor não excedente ao fixado no inciso I deste artigo.

‣ CC: arts. 79 a 81.

‣ CPC/15: arts. 560 a 568.

§ 1º. Compete ao Juizado Especial promover a execução:

I – dos seus julgados;

II – dos títulos executivos extrajudiciais, no valor de até quarenta vezes o salário mínimo, observado o disposto no § 1º do art. 8º desta Lei.

‣ CPC/15: art. 784.

§ 2º. Ficam excluídas da competência do Juizado Especial as causas de natureza alimentar, falimentar, fiscal e de interesse da Fazenda Pública, e também as relativas a acidentes de trabalho, a resíduos e ao estado e capacidade das pessoas, ainda que de cunho patrimonial.

‣ Lei 11.101/2005 – Regula a recuperação judicial, a extrajudicial e a falência do empresário e da sociedade empresária.

‣ Lei 6.830/1980 – Dispõe sobre a cobrança judicial da Dívida Ativa da Fazenda Pública.

‣ Lei 5.478/1968 – Dispõe sobre ação de alimentos.

§ 3º. A opção pelo procedimento previsto nesta Lei importará em renúncia ao crédito excedente ao limite estabelecido neste artigo, excetuada a hipótese de conciliação.

Art. 4º. É competente, para as causas previstas nesta Lei, o Juizado do foro:

‣ CC: arts. 70 a 78.

‣ CPC/15: arts. 43, 47 e 53.

I – do domicílio do réu ou, a critério do autor, do local onde aquele exerça atividades profissionais ou econômicas ou mantenha estabelecimento, filial, agência, sucursal ou escritório;

II – do lugar onde a obrigação deva ser satisfeita;

‣ CPC/15: art. 53, III, d.

III – do domicílio do autor ou do local do ato ou fato, nas ações para reparação de dano de qualquer natureza.

‣ CPC/15: art. 53, IV.

Parágrafo único. Em qualquer hipótese, poderá a ação ser proposta no foro previsto no inciso I deste artigo.

SEÇÃO II.
DO JUIZ, DOS CONCILIADORES E DOS JUÍZES LEIGOS

Art. 5º. O juiz dirigirá o processo com liberdade para determinar as provas a serem produzidas, para apreciá-las e para dar especial valor às regras de experiência comum ou técnica.

- CPC/15: arts. 369 a 380.

Art. 6º. O juiz adotará em cada caso a decisão que reputar mais justa e equânime, atendendo aos fins sociais da lei e às exigências do bem comum.

- LINDB: art. 5º.

Art. 7º. Os conciliadores e juízes leigos são auxiliares da Justiça, recrutados, os primeiros, preferentemente, entre os bacharéis em Direito, e os segundos, entre advogados com mais de 5 (cinco) anos de experiência.

Parágrafo único. Os juízes leigos ficarão impedidos de exercer a advocacia perante os Juizados Especiais, enquanto no desempenho de suas funções.

- Lei 8.906/1994: art. 28.

SEÇÃO III.
DAS PARTES

Art. 8º. Não poderão ser partes, no processo instituído por esta Lei, o incapaz, o preso, as pessoas jurídicas de direito público, as empresas públicas da União, a massa falida e o insolvente civil.

- CC: arts. 3º, 4º, e 40 a 52.
- CPC/15: art. 17 e 70 a 76.

§ 1º. Somente serão admitidas a propor ação perante o Juizado Especial: (Redação dada pela Lei nº 12.126, de 2009)

I – as pessoas físicas capazes, excluídos os cessionários de direito de pessoas jurídicas; (Incluído pela Lei nº 12.126, de 2009)

II – as pessoas enquadradas como microempreendedores individuais, microempresas e empresas de pequeno porte na forma da Lei Complementar nº 123, de 14 de dezembro de 2006; (Redação dada pela Lei Complementar nº 147, de 2014)

III – as pessoas jurídicas qualificadas como Organização da Sociedade Civil de Interesse Público, nos termos da Lei nº 9.790, de 23 de março de 1999; (Incluído pela Lei nº 12.126, de 2009)

IV – as sociedades de crédito ao microempreendedor, nos termos do art. 1º da Lei nº 10.194, de 14 de fevereiro de 2001. (Incluído pela Lei nº 12.126, de 2009)

§ 2º. O maior de 18 anos poderá ser autor, independentemente de assistência, inclusive para fins de conciliação.

- CPC/15: art. 5º.

Art. 9º. Nas causas de valor até 20 (vinte) salários mínimos, as partes comparecerão pessoalmente, podendo ser assistidas por advogado; nas de valor superior, a assistência é obrigatória.

- Lei 8.906/1994: art. 1º, I.

§ 1º. Sendo facultativa a assistência, se uma das partes comparecer assistida por advogado, ou se o réu for pessoa jurídica ou firma individual, terá a outra parte, se quiser, assistência judiciária prestada por órgão instituído junto ao Juizado Especial, na forma da lei local.

- CF/88: art. 134.
- Lei 1.060/1950: art. 1º.

§ 2º. O juiz alertará as partes da conveniência do patrocínio por advogado, quando a causa o recomendar.

§ 3º. O mandato ao advogado podera ser verbal, salvo quanto aos poderes especiais.

§ 4º. O réu, sendo pessoa jurídica ou titular de firma individual, poderá ser representado por preposto credenciado, munido de carta de preposição com poderes para transigir, sem haver necessidade de vínculo empregatício. (Redação dada pela Lei nº 12.137, de 2009)

- CC/15: art. 75.

Art. 10. Não se admitirá, no processo, qualquer forma de intervenção de terceiro nem de assistência. Admitir-se-á o litisconsórcio.

- CC/15: arts. 113 a 118.

Art. 11. O Ministério Público intervirá nos casos previstos em lei.

- Súm. 99 do STJ.
- CPC/15: arts. 178, 179 e 279.

SEÇÃO IV.
DOS ATOS PROCESSUAIS

Art. 12. Os atos processuais serão públicos e poderão realizar-se em horário noturno, conforme dispuserem as normas de organização judiciária.

- CPC/15: arts. 189 e 212.

Art. 12-A. Na contagem de prazo em dias, estabelecido por lei ou pelo juiz, para a prática de qualquer ato processual, inclusive para a interposição de recursos, computar-se-ão somente os dias úteis. (Incluído pela Lei 13.728/2018)

Art. 13. Os atos processuais serão válidos sempre que preencherem as finalidades para as quais forem realizados, atendidos os critérios indicados no art. 2º desta Lei.

§ 1º. Não se pronunciará qualquer nulidade sem que tenha havido prejuízo.

- CPC/15: art. 283.

§ 2º. A prática de atos processuais em outras comarcas poderá ser solicitada por qualquer meio idôneo de comunicação.

- CPC/15: arts. 236 e 237.

§ 3º. Apenas os atos considerados essenciais serão registrados resumidamente, em notas manuscritas, datilografadas, taquigrafadas ou estenotipadas. Os demais atos poderão ser gravados em fita magnética ou equivalente, que será inutilizada após o trânsito em julgado da decisão.

§ 4º. As normas locais disporão sobre a conservação das peças do processo e demais documentos que o instruem.

SEÇÃO V.
DO PEDIDO

- CPC/15: arts. 322 a 329.

Art. 14. O processo instaurar-se-á com a apresentação do pedido, escrito ou oral, à Secretaria do Juizado.

§ 1º. Do pedido constarão, de forma simples e em linguagem acessível:

I – o nome, a qualificação e o endereço das partes;

II – os fatos e os fundamentos, de forma sucinta;

III – o objeto e seu valor.

§ 2º. É lícito formular pedido genérico quando não for possível determinar, desde logo, a extensão da obrigação.

§ 3º. O pedido oral será reduzido a escrito pela Secretaria do Juizado, podendo ser utilizado o sistema de fichas ou formulários impressos.

Art. 15. Os pedidos mencionados no art. 3º desta Lei poderão ser alternativos ou cumulados; nesta última hipótese, desde que conexos e a soma não ultrapasse o limite fixado naquele dispositivo.

Art. 16. Registrado o pedido, independentemente de distribuição e autuação, a Secretaria do Juizado designará a sessão de conciliação, a realizar-se no prazo de 15 (quinze) dias.

Art. 17. Comparecendo inicialmente ambas as partes, instaurar-se-á, desde logo, a sessão de conciliação, dispensados o registro prévio de pedido e a citação.

Parágrafo único. Havendo pedidos contrapostos, poderá ser dispensada a contestação formal e ambos serão apreciados na mesma sentença.

SEÇÃO VI.
DAS CITAÇÕES E INTIMAÇÕES

- CPC/15: arts. 238 a 240, e 242 a 258.

Art. 18. A citação far-se-á:

I – por correspondência, com aviso de recebimento em mão própria;

II – tratando-se de pessoa jurídica ou firma individual, mediante entrega ao encarregado da recepção, que será obrigatoriamente identificado;

III – sendo necessário, por oficial de justiça, independentemente de mandado ou carta precatória.

§ 1º. A citação conterá cópia do pedido inicial, dia e hora para comparecimento do citando e advertência de que, não comparecendo este, considerar-se-ão verdadeiras as alegações iniciais, e será proferido julgamento, de plano.

§ 2º. Não se fará citação por edital.

§ 3º. O comparecimento espontâneo suprirá a falta ou nulidade da citação.

Art. 19. As intimações serão feitas na forma prevista para citação, ou por qualquer outro meio idôneo de comunicação.

- CPC/15: arts. 180, 183, § 1º, 186, §§ 1º e2º, 232, 252, par. único, 269, 272, § 1º, e 275.

§ 1º. Dos atos praticados na audiência, considerar-se-ão desde logo cientes as partes.

§ 2º. As partes comunicarão ao juízo as mudanças de endereço ocorridas no curso do processo, reputando-se eficazes as intimações enviadas ao local anteriormente indicado, na ausência da comunicação.

SEÇÃO VII.
DA REVELIA

- CPC/15: arts. 344 a 346.

Art. 20. Não comparecendo o demandado à sessão de conciliação ou à audiência de instrução e julgamento, reputar-se-ão verdadeiros os fatos alegados no pedido inicial, salvo se o contrário resultar da convicção do juiz.

SEÇÃO VIII.
DA CONCILIAÇÃO E DO JUÍZO ARBITRAL

Art. 21. Aberta a sessão, o juiz togado ou leigo esclarecerá as partes presentes sobre as vantagens da conciliação, mostrando-lhes os riscos e as consequências do litígio, especialmente quanto ao disposto no § 3º do art. 3º desta Lei.

Art. 22. A conciliação será conduzida pelo juiz togado ou leigo ou por conciliador sob sua orientação.

§ 1º Obtida a conciliação, esta será reduzida a escrito e homologada pelo Juiz togado mediante sentença com eficácia de título executivo. *(Parágrafo único transformado em § 1º e com redação dada pela Lei 13.994/2020)*

§ 2º É cabível a conciliação não presencial conduzida pelo Juizado mediante o emprego dos recursos tecnológicos disponíveis de transmissão de sons e imagens em tempo real, devendo o resultado da tentativa de conciliação ser reduzido a escrito com os anexos pertinentes. *(Acrescido pela Lei 13.994/2020)*

Art. 23. Se o demandado não comparecer ou recusar-se a participar da tentativa de conciliação não presencial, o Juiz togado proferirá sentença. *(Redação dada pela Lei 13.994/2020)*

Art. 24. Não obtida a conciliação, as partes poderão optar, de comum acordo, pelo juízo arbitral, na forma prevista nesta Lei.

- Lei 9.307/1996 – Dispõe sobre a arbitragem.

§ 1º. O juízo arbitral considerar-se-á instaurado, independentemente de termo de compromisso, com a escolha do árbitro pelas partes.

Se este não estiver presente, o juiz convocá-lo-á e designará, de imediato, a data para a audiência de instrução.

§ 2º. O árbitro será escolhido dentre os juízes leigos.

Art. 25. O árbitro conduzirá o processo com os mesmos critérios do juiz, na forma dos arts. 5º e 6º desta Lei, podendo decidir por equidade.

Art. 26. Ao término da instrução, ou nos 5 (cinco) dias subsequentes, o árbitro apresentará o laudo ao juiz togado para homologação por sentença irrecorrível.

SEÇÃO IX. DA INSTRUÇÃO E JULGAMENTO

Art. 27. Não instituído o juízo arbitral, proceder-se-á imediatamente à audiência de instrução e julgamento, desde que não resulte prejuízo para a defesa.

Parágrafo único. Não sendo possível a sua realização imediata, será a audiência designada para um dos quinze dias subsequentes, cientes, desde logo, as partes e testemunhas eventualmente presentes.

Art. 28. Na audiência de instrução e julgamento serão ouvidas as partes, colhida a prova e, em seguida, proferida a sentença.

› CPC/15: art. 365.

Art. 29. Serão decididos de plano todos os incidentes que possam interferir no regular prosseguimento da audiência. As demais questões serão decididas na sentença.

Parágrafo único. Sobre os documentos apresentados por uma das partes, manifestar-se-á imediatamente a parte contrária, sem interrupção da audiência.

SEÇÃO X. DA RESPOSTA DO RÉU

Art. 30. A contestação, que será oral ou escrita, conterá toda matéria de defesa, exceto arguição de suspeição ou impedimento do juiz, que se processará na forma da legislação em vigor.

› CPC/15: art. 336.

Art. 31. Não se admitirá a reconvenção. É lícito ao réu, na contestação, formular pedido em seu favor, nos limites do art. 3º desta Lei, desde que fundado nos mesmos fatos que constituem objeto da controvérsia.

Parágrafo único. O autor poderá responder ao pedido do réu na própria audiência ou requerer a designação da nova data, que será desde logo fixada, cientes todos os presentes.

SEÇÃO XI. DAS PROVAS

› CPC/15: arts. 369 a 383.

Art. 32. Todos os meios de prova moralmente legítimos, ainda que não especificados em lei, são hábeis para provar a veracidade dos fatos alegados pelas partes.

Art. 33. Todas as provas serão produzidas na audiência de instrução e julgamento, ainda que não requeridas previamente, podendo o Juiz limitar ou excluir as que considerar excessivas, impertinentes ou protelatórias.

Art. 34. As testemunhas, até o máximo de 3 (três) para cada parte, comparecerão à audiência de instrução e julgamento levadas pela parte que as tenha arrolado, independentemente de intimação, ou mediante esta, se assim for requerido.

§ 1º. O requerimento para intimação das testemunhas será apresentado à Secretaria no mínimo 5 (cinco) dias antes da audiência de instrução e julgamento.

§ 2º. Não comparecendo a testemunha intimada, o juiz poderá determinar sua imediata condução, valendo-se, se necessário, do concurso da força pública.

Art. 35. Quando a prova do fato exigir, o juiz poderá inquirir técnicos de sua confiança, permitida às partes a apresentação de parecer técnico.

Parágrafo único. No curso da audiência, poderá o juiz, de ofício ou a requerimento das partes, realizar inspeção em pessoas ou coisas, ou determinar que o faça pessoa de sua confiança, que lhe relatará informalmente o verificado.

Art. 36. A prova oral não será reduzida a escrito, devendo a sentença referir, no essencial, os informes trazidos nos depoimentos.

Art. 37. A instrução poderá ser dirigida por Juiz leigo, sob a supervisão de juiz togado.

SEÇÃO XII. DA SENTENÇA

› CPC/15: arts. 485 a 495.

Art. 38. A sentença mencionará os elementos de convicção do juiz, com breve resumo dos fatos relevantes ocorridos em audiência, dispensado o relatório.

Parágrafo único. Não se admitirá sentença condenatória por quantia ilíquida, ainda que genérico o pedido.

Art. 39. É ineficaz a sentença condenatória na parte que exceder a alçada estabelecida nesta Lei.

Art. 40. O juiz leigo que tiver dirigido a instrução proferirá sua decisão e imediatamente a submeterá ao juiz togado, que poderá homologá-la, proferir outra em substituição ou, antes de se manifestar, determinar a realização de atos probatórios indispensáveis.

Art. 41. Da sentença, excetuada a homologatória de conciliação ou laudo arbitral, caberá recurso para o próprio Juizado.

› Súm. 640 do STF.

§ 1º. O recurso será julgado por uma turma composta por três juízes togados, em exercício no primeiro grau de jurisdição, reunidos na sede do Juizado.

› Súm. 376 do STJ.

§ 2º. No recurso, as partes serão obrigatoriamente representadas por advogado.

Art. 42. O recurso será interposto no prazo de 10 (dez) dias, contados da ciência da sentença, por petição escrita, da qual constarão as razões e o pedido do recorrente.

› CPC/15: art. 1.003.

§ 1º. O preparo será feito, independentemente de intimação, nas quarenta e oito horas seguintes à interposição, sob pena de deserção.

› CPC/15: art. 1.007.

§ 2º. Após o preparo, a Secretaria intimará o recorrido para oferecer resposta escrita no prazo de 10 (dez) dias.

Art. 43. O recurso terá somente efeito devolutivo, podendo o juiz dar-lhe efeito suspensivo, para evitar dano irreparável para a parte.

› CPC/15: art. 1.012.

Art. 44. As partes poderão requerer a transcrição da gravação da fita magnética a que alude o § 3º do art. 13 desta Lei, correndo por conta do requerente as despesas respectivas.

Art. 45. As partes serão intimadas da data da sessão de julgamento.

Art. 46. O julgamento em segunda instância constará apenas da ata, com a indicação suficiente do processo, fundamentação sucinta e parte dispositiva. Se a sentença for confirmada pelos próprios fundamentos, a Súm. do julgamento servirá de acórdão.

Art. 47. (*VETADO*).

SEÇÃO XIII. DOS EMBARGOS DE DECLARAÇÃO

› CPC/15: arts. 1.022 a 1.026.

Art. 48. Caberão embargos de declaração contra sentença ou acórdão nos casos previstos no Código de Processo Civil. (Redação dada pela Lei nº 13.105, de 2015)

Parágrafo único. Os erros materiais podem ser corrigidos de ofício.

Art. 49. Os embargos de declaração serão interpostos por escrito ou oralmente, no prazo de 5 (cinco) dias, contados da ciência da decisão.

Art. 50. Os embargos de declaração interrompem o prazo para a interposição de recurso. (Redação dada pela Lei nº 13.105, de 2015)

SEÇÃO XIV. DA EXTINÇÃO DO PROCESSO SEM JULGAMENTO DO MÉRITO

› CPC/15: arts. 485 a 488.

Art. 51. Extingue-se o processo, além dos casos previstos em lei:

I – quando o autor deixar de comparecer a qualquer das audiências do processo;

II – quando inadmissível o procedimento instituído por esta Lei ou seu prosseguimento, após a conciliação;

III – quando for reconhecida a incompetência territorial;

IV – quando sobrevier qualquer dos impedimentos previstos no art. 8º desta Lei;

V – quando, falecido o autor, a habilitação depender de sentença ou não se der no prazo de 30 (trinta) dias;

VI – quando, falecido o réu, o autor não promover a citação dos sucessores no prazo de 30 (trinta) dias da ciência do fato.

§ 1º. A extinção do processo independerá, em qualquer hipótese, de prévia intimação pessoal das partes.

§ 2º. No caso do inciso I deste artigo, quando comprovar que a ausência decorre de força maior, a parte poderá ser isentada, pelo juiz, do pagamento das custas.

SEÇÃO XV. DA EXECUÇÃO

› CPC/15: arts. 771 a 788.

Art. 52. A execução da sentença processar-se-á no próprio Juizado, aplicando-se, no que couber, o disposto no Código do Processo Civil, com as seguintes alterações:

I – as sentenças serão necessariamente líquidas, contendo a conversão em Bônus do Tesouro Nacional – BTN ou índice equivalente;

II – os cálculos de conversão de índices, de honorários, de juros e de outras parcelas serão efetuados por servidor judicial;

III – a intimação da sentença será feita, sempre que possível, na própria audiência em que for proferida. Nessa intimação, o vencido será instado a cumprir a sentença tão logo ocorra seu trânsito em julgado, e advertido dos efeitos do seu descumprimento (inciso V);

IV – não cumprida voluntariamente a sentença transitada em julgado, e tendo havido solicitação do interessado, que poderá ser verbal, proceder-se-á desde logo à execução, dispensada nova citação;

V – nos casos de obrigação de entregar, de fazer, ou de não fazer, o juiz, na sentença ou na fase de execução, cominará multa diária, arbitrada de acordo com as condições econômicas do devedor, para a hipótese de inadimplemento. Não cumprida a obrigação, o credor poderá requerer a elevação da multa ou a transformação da condenação em perdas e danos, que o juiz de imediato arbitrará, seguindo-se a execução por quantia certa, incluída a multa vencida de obrigação de dar, quando evidenciada a malícia do devedor na execução do julgado;

VI – na obrigação de fazer, o juiz pode determinar o cumprimento por outrem, fixado o valor que o devedor deve depositar para as despesas, sob pena de multa diária;

VII – na alienação forçada dos bens, o juiz poderá autorizar o devedor, o credor ou terceira pessoa idônea a tratar da alienação do bem penhorado, a qual se aperfeiçoará em juízo até a data fixada para a praça ou leilão. Sendo o preço inferior ao da avaliação, as partes serão ouvidas. Se o pagamento não for à vista, será oferecida caução idônea, nos casos de alienação de bem móvel, ou hipotecado o imóvel;

VIII – é dispensada a publicação de editais em jornais, quando se tratar de alienação de bens de pequeno valor;

IX – o devedor poderá oferecer embargos, nos autos da execução, versando sobre:

a) falta ou nulidade da citação no processo, se ele correu à revelia;

b) manifesto excesso de execução;

c) erro de cálculo;

d) causa impeditiva, modificativa ou extintiva da obrigação, superveniente à sentença.

Art. 53. A execução de título executivo extrajudicial, no valor de até 40 (quarenta) salários mínimos, obedecerá ao disposto no Código de Processo Civil, com as modificações introduzidas por esta Lei.

§ 1º. Efetuada a penhora, o devedor será intimado a comparecer à audiência de conciliação, quando poderá oferecer embargos (art. 52, IX), por escrito ou verbalmente.

§ 2º. Na audiência, será buscado o meio mais rápido e eficaz para a solução do litígio, se possível com dispensa da alienação judicial, devendo o conciliador propor, entre outras medidas cabíveis, o pagamento do débito a prazo ou a prestação, a dação em pagamento ou a imediata adjudicação do bem penhorado.

§ 3º. Não apresentados os embargos em audiência, ou julgados improcedentes, qualquer das partes poderá requerer ao Juiz a adoção de uma das alternativas do parágrafo anterior.

§ 4º. Não encontrado o devedor ou inexistindo bens penhoráveis, o processo será imediatamente extinto, devolvendo-se os documentos ao autor.

SEÇÃO XVI. DAS DESPESAS

Art. 54. O acesso ao Juizado Especial independerá, em primeiro grau de jurisdição, do pagamento de custas, taxas ou despesas.

Parágrafo único. O preparo do recurso, na forma do § 1º do art. 42 desta Lei, compreenderá todas as despesas processuais, inclusive aquelas dispensadas em primeiro grau de jurisdição, ressalvada a hipótese de assistência judiciária gratuita.

Art. 55. A sentença de primeiro grau não condenará o vencido em custas e honorários de advogado, ressalvados os casos de litigância de má-fé. Em segundo grau, o recorrente, vencido, pagará as custas e honorários de advogado, que serão fixados entre 10% (dez por cento) e 20% (vinte por cento) do valor de condenação ou, não havendo condenação, do valor corrigido da causa.

Parágrafo único. Na execução não serão contadas custas, salvo quando:

I – reconhecida a litigância de má-fé;

II – improcedentes os embargos do devedor;

III – tratar-se de execução de sentença que tenha sido objeto de recurso improvido do devedor.

SEÇÃO XVII. DISPOSIÇÕES FINAIS

Art. 56. Instituído o Juizado Especial, serão implantadas as curadorias necessárias e o serviço de assistência judiciária.

‣ Lei 1.060/1950 – Estabelece normas para a concessão de assistência judiciária aos necessitados.

Art. 57. O acordo extrajudicial, de qualquer natureza ou valor, poderá ser homologado, no juízo competente, independentemente de termo, valendo a sentença como título executivo judicial.

Parágrafo único. Valerá como título extrajudicial o acordo celebrado pelas partes, por instrumento escrito, referendado pelo órgão competente do Ministério Público.

‣ CPC/15: art. 784.

Art. 58. As normas de organização judiciária local poderão estender a conciliação prevista nos arts. 22 e 23 a causas não abrangidas por esta Lei.

Art. 59. Não se admitirá ação rescisória nas causas sujeitas ao procedimento instituído por esta Lei.

CAPÍTULO III. DOS JUIZADOS ESPECIAIS CRIMINAIS

DISPOSIÇÕES GERAIS

‣ Lei 11.343/2006: art. 48, §§ 1º e 5º.

‣ Lei 11.340/2006: art. 41.

Art. 60. O Juizado Especial Criminal, provido por juízes togados ou togados e leigos, tem competência para a conciliação, o julgamento e a execução das infrações penais de menor potencial ofensivo, respeitadas as regras de conexão e continência. (Redação dada pela Lei nº 11.313, de 2006)

Parágrafo único. Na reunião de processos, perante o juízo comum ou o tribunal do júri, decorrentes da aplicação das regras de conexão e continência, observar-se-ão os institutos da transação penal e da composição dos danos civis. (Incluído pela Lei nº 11.313, de 2006)

Art. 61. Consideram-se infrações penais de menor potencial ofensivo, para os efeitos desta Lei, as contravenções penais e os crimes a que a lei comine pena máxima não superior a 2 (dois) anos, cumulada ou não com multa. (Redação dada pela Lei nº 11.313, de 2006)

‣ CF/88: art. 98, I.

‣ Lei 10.259/2001: art. 2º.

‣ Decreto-lei 3.688/1941 – Lei das Contravenções Penais.

Art. 62. O processo perante o Juizado Especial orientar-se-á pelos critérios da oralidade, simplicidade, informalidade, economia processual e celeridade, objetivando, sempre que possível, a reparação dos danos sofridos pela vítima e a aplicação de pena não privativa de liberdade. (Redação dada pela Lei 13.603/2018.)

‣ CF/88: art. 5º, LXXXVIII.

SEÇÃO I. DA COMPETÊNCIA E DOS ATOS PROCESSUAIS

Art. 63. A competência do Juizado será determinada pelo lugar em que foi praticada a infração penal.

‣ CPP: arts. 69 a 71.

Art. 64. Os atos processuais serão públicos e poderão realizar-se em horário noturno e em qualquer dia da semana, conforme dispuserem as normas de organização judiciária.

‣ CPP: art. 792.

Art. 65. Os atos processuais serão válidos sempre que preencherem as finalidades para as quais foram realizados, atendidos os critérios indicados no art. 62 desta Lei.

§ 1º. Não se pronunciará qualquer nulidade sem que tenha havido prejuízo.

‣ Súm. 523 do STF.

‣ CPP: art. 563.

§ 2º. A prática de atos processuais em outras comarcas poderá ser solicitada por qualquer meio hábil de comunicação.

§ 3º. Serão objeto de registro escrito exclusivamente os atos havidos por essenciais. Os atos realizados em audiência de instrução e julgamento poderão ser gravados em fita magnética ou equivalente.

Art. 66. A citação será pessoal e far-se-á no próprio Juizado, sempre que possível, ou por mandado.

Parágrafo único. Não encontrado o acusado para ser citado, o Juiz encaminhará as peças existentes ao Juízo comum para adoção do procedimento previsto em lei.

Art. 67. A intimação far-se-á por correspondência, com aviso de recebimento pessoal ou, tratando-se de pessoa jurídica ou firma individual, mediante entrega ao encarregado da recepção, que será obrigatoriamente identificado, ou, sendo necessário, por oficial de justiça, independentemente de mandado ou carta precatória, ou ainda por qualquer meio idôneo de comunicação.

‣ CPP: arts. 370 a 372.

Parágrafo único. Dos atos praticados em audiência considerar-se-ão desde logo cientes as partes, os interessados e defensores.

Art. 68. Do ato de intimação do autor do fato e do mandado de citação do acusado, constará a necessidade de seu comparecimento acompanhado de advogado, com a advertência de que, na sua falta, ser-lhe-á designado defensor público.

SEÇÃO II. DA FASE PRELIMINAR

Art. 69. A autoridade policial que tomar conhecimento da ocorrência lavrará termo circunstanciado e o encaminhará imediatamente ao Juizado, com o autor do fato e a vítima, providenciando-se as requisições dos exames periciais necessários.

‣ CPP: arts. 4º, 6º e 158 a 184.

Parágrafo único. Ao autor do fato que, após a lavratura do termo, for imediatamente encaminhado ao juizado ou assumir o compromisso de a ele comparecer, não se imporá prisão em flagrante, nem se exigirá fiança. Em caso de violência doméstica, o juiz poderá determinar, como medida de cautela, seu afastamento do lar, domicílio ou local de convivência com a vítima. (Redação dada pela Lei nº 10.455, de 2002)

‣ CPP: arts. 301 a 310, e 321 a 350.

Art. 70. Comparecendo o autor do fato e a vítima, e não sendo possível a realização imediata da audiência preliminar, será designada data próxima, da qual ambos sairão cientes.

Art. 71. Na falta do comparecimento de qualquer dos envolvidos, a Secretaria providenciará sua intimação e, se for o caso, a do responsável civil, na forma dos arts. 67 e 68 desta Lei.

Art. 72. Na audiência preliminar, presente o representante do Ministério Público, o autor do fato e a vítima e, se possível, o responsável civil, acompanhados por seus advogados, o juiz esclarecerá sobre a possibilidade da composição dos danos e da aceitação da proposta de aplicação imediata de pena não privativa de liberdade.

Art. 73. A conciliação será conduzida pelo juiz ou por conciliador sob sua orientação.

Parágrafo único. Os conciliadores são auxiliares da Justiça, recrutados, na forma da lei local, preferentemente entre bacharéis em Direito, excluídos os que exerçam funções na administração da Justiça Criminal.

Art. 74. A composição dos danos civis será reduzida a escrito e, homologada pelo juiz mediante sentença irrecorrível, terá eficácia de título a ser executado no juízo civil competente.

Parágrafo único. Tratando-se de ação penal de iniciativa privada ou de ação penal pública condicionada à representação, o acordo homologado acarreta a renúncia ao direito de queixa ou representação.

▸ CPP: arts. 49 e 50.

Art. 75. Não obtida a composição dos danos civis, será dada imediatamente ao ofendido a oportunidade de exercer o direito de representação verbal, que será reduzida a termo.

▸ CPP: arts. 25 e 39.

Parágrafo único. O não oferecimento da representação na audiência preliminar não implica decadência do direito, que poderá ser exercido no prazo previsto em lei.

Art. 76. Havendo representação ou tratando-se de crime de ação penal pública incondicionada, não sendo caso de arquivamento, o Ministério Público poderá propor a aplicação imediata de pena restritiva de direitos ou multas, a ser especificada na proposta.

▸ Súm.. Vinculante 35 do STF.

▸ CPP: arts. 24 e 28.

§ 1º. Nas hipóteses de ser a pena de multa a única aplicável, o juiz poderá reduzi-la até a metade.

▸ CP: arts. 49 a 52.

▸ Lei 7.210/1984: arts. 164 a 170.

§ 2º. Não se admitirá a proposta se ficar comprovado:

I – ter sido o autor da infração condenado, pela prática de crime, à pena privativa de liberdade, por sentença definitiva;

II – ter sido o agente beneficiado anteriormente, no prazo de 5 (cinco) anos, pela aplicação de pena restritiva ou multa, nos termos deste artigo;

III – não indicarem os antecedentes, a conduta social e a personalidade do agente, bem como os motivos e as circunstâncias, ser necessária e suficiente a adoção da medida.

§ 3º. Aceita a proposta pelo autor da infração e seu defensor, será submetida à apreciação do juiz.

§ 4º. Acolhendo a proposta do Ministério Público aceita pelo autor da infração, o juiz aplicará a pena restritiva de direitos ou multa, que não importará em reincidência, sendo registrada apenas para impedir novamente o mesmo benefício no prazo de 5 (cinco) anos.

§ 5º. Da sentença prevista no parágrafo anterior caberá a apelação referida no art. 82 desta Lei.

§ 6º. A imposição da sanção de que trata o § 4º deste artigo não constará de certidão de antecedentes criminais, salvo para os fins previstos no mesmo dispositivo, e não terá efeitos civis, cabendo aos interessados propor ação cabível no juízo cível.

SEÇÃO III.
DO PROCEDIMENTO SUMARÍSSIMO

Art. 77. Na ação penal de iniciativa pública, quando não houver aplicação de pena, pela ausência do autor do fato, ou pela não ocorrência da hipótese prevista no art. 76 desta Lei, o Ministério Público oferecerá ao juiz, de imediato, denúncia oral, se não houver necessidade de diligências imprescindíveis.

▸ CP: art. 100, § 1º.

▸ CPP: arts. 24 e 26.

§ 1º. Para o oferecimento da denúncia, que será elaborada com base no termo de ocorrência referido no art. 69 desta Lei, com dispensa do inquérito policial, prescindir-se-á do exame do corpo de delito quando a materialidade do crime estiver aferida por boletim médico ou prova equivalente.

§ 2º. Se a complexidade ou circunstâncias do caso não permitirem a formulação da denúncia, o Ministério Público poderá requerer ao juiz o encaminhamento das peças existentes, na forma do parágrafo único do art. 66 desta Lei.

§ 3º. Na ação penal de iniciativa do ofendido poderá ser oferecida queixa oral, cabendo ao juiz verificar se a complexidade e as circunstâncias do caso determinam a adoção das providências previstas no parágrafo único do art. 66 desta Lei.

▸ CPP: arts. 41, 44, 45 e 48.

Art. 78. Oferecida a denúncia ou queixa, será reduzida a termo, entregando-se cópia ao acusado, que com ela ficará citado e imediatamente cientificado da designação de dia e hora para a audiência de instrução e julgamento, da qual também tomarão ciência o Ministério Público, o ofendido, o responsável civil e seus advogados.

§ 1º. Se o acusado não estiver presente, será citado na forma dos arts. 66 e 68 desta Lei e cientificado da data da audiência de instrução e julgamento, devendo a ela trazer suas testemunhas ou apresentar requerimento para intimação, no mínimo 5 (cinco) dias antes de sua realização.

▸ CPP: arts. 202 a 225.

§ 2º. Não estando presentes o ofendido e o responsável civil, serão intimados nos termos do art. 67 desta Lei para comparecerem à audiência de instrução e julgamento.

§ 3º. As testemunhas arroladas serão intimadas na forma prevista no art. 67 desta Lei.

▸ CPP: arts. 202 a 225.

Art. 79. No dia e hora designados para a audiência de instrução e julgamento, se na fase preliminar não tiver havido possibilidade de tentativa de conciliação e de oferecimento de proposta pelo Ministério Público, proceder-se-á nos termos dos arts. 72, 73, 74 e 75 desta Lei.

Art. 80. Nenhum ato será adiado, determinando o juiz, quando imprescindível, a condução coercitiva de quem deva comparecer.

Art. 81. Aberta a audiência, será dada a palavra ao defensor para responder à acusação, após o que o juiz receberá, ou não, a denúncia ou queixa; havendo recebimento, serão ouvidas a vítima e as testemunhas de acusação e defesa, interrogando-se a seguir o acusado, se presente, passando-se imediatamente aos debates orais e à prolação da sentença.

§ 1º. Todas as provas serão produzidas na audiência de instrução e julgamento, podendo o Juiz limitar ou excluir as que considerar excessivas, impertinentes ou protelatórias.

§ 2º. De todo ocorrido na audiência será lavrado termo, assinado pelo juiz e pelas partes, contendo breve resumo dos fatos relevantes ocorridos em audiência e a sentença.

§ 3º. A sentença, dispensado o relatório, mencionará os elementos de convicção do juiz.

Art. 82. Da decisão de rejeição da denúncia ou queixa e da sentença caberá apelação, que poderá ser julgada por turma composta de 3 (três) juízes em exercício no primeiro grau de jurisdição, reunidos na sede do Juizado.

▸ CPP: arts. 395 e 581, I.

§ 1º. A apelação será interposta no prazo de 10 (dez) dias, contados da ciência da sentença pelo Ministério Público, pelo réu e seu defensor, por petição escrita, da qual constarão as razões e o pedido do recorrente.

▸ CPP: art. 593.

§ 2º. O recorrido será intimado para oferecer resposta escrita no prazo de 10 (dez) dias.

§ 3º. As partes poderão requerer a transcrição da gravação da fita magnética a que alude o § 3º do art. 65 desta Lei.

§ 4º. As partes serão intimadas da data da sessão de julgamento pela imprensa.

§ 5º. Se a sentença for confirmada pelos próprios fundamentos, a Súm. do julgamento servirá de acórdão.

Art. 83. Cabem embargos de declaração quando, em sentença ou acórdão, houver obscuridade, contradição ou omissão. (Redação dada pela Lei nº 13.105, de 2015)

▸ CPP: arts. 619 e 620.

§ 1º. Os embargos de declaração serão opostos por escrito ou oralmente, no prazo de 5 (cinco) dias, contados da ciência da decisão.

§ 2º. Os embargos de declaração interrompem o prazo para a interposição de recurso. (Redação dada pela Lei nº 13.105, de 2015)

§ 3º. Os erros materiais podem ser corrigidos de ofício.

SEÇÃO IV.
DA EXECUÇÃO

Art. 84. Aplicada exclusivamente pena de multa, seu cumprimento far-se-á mediante pagamento na Secretaria do Juizado.

Parágrafo único. Efetuado o pagamento, o juiz declarará extinta a punibilidade, determinando que a condenação não fique constando dos registros criminais, exceto para fins de requisição judicial.

Art. 85. Não efetuado o pagamento de multa, será feita a conversão em pena privativa da liberdade, ou restritiva de direitos, nos termos previstos em lei.

Art. 86. A execução das penas privativas de liberdade e restritivas de direitos, ou de multa cumulada com estas, será processada perante o órgão competente, nos termos da lei.

SEÇÃO V.
DAS DESPESAS PROCESSUAIS

Art. 87. Nos casos de homologação do acordo civil e aplicação de pena restritiva de direitos ou multa (arts. 74 e 76, § 4º), as despesas processuais serão reduzidas, conforme dispuser lei estadual.

SEÇÃO VI.
DISPOSIÇÕES FINAIS

Art. 88. Além das hipóteses do Código Penal e da legislação especial, dependerá de representação a ação penal relativa aos crimes de lesões corporais leves e lesões culposas.

Art. 89. Nos crimes em que a pena mínima cominada for igual ou inferior a 1 (um) ano, abrangidas ou não por esta Lei, o Ministério Público, ao oferecer a denúncia, poderá propor a suspensão do processo, por 2 (dois) a 4 (quatro) anos, desde que o acusado não esteja sendo processado ou não tenha sido condenado por outro crime, presentes os demais requisitos que autorizariam a suspensão condicional da pena (art. 77 do Código Penal).

▸ Súm. 696 e 723 do STF.

▸ Súm. 243 e 536 do STJ.

§ 1º. Aceita a proposta pelo acusado e seu defensor, na presença do juiz, este, recebendo a denúncia, poderá suspender o processo, submetendo o acusado a período de prova, sob as seguintes condições:

I – reparação do dano, salvo impossibilidade de fazê-lo;

II – proibição de frequentar determinados lugares;

III – proibição de ausentar-se da comarca onde reside, sem autorização do juiz;

IV – comparecimento pessoal e obrigatório a juízo, mensalmente, para informar e justificar suas atividades.

§ 2º. O juiz poderá especificar outras condições a que fica subordinada a suspensão, desde que adequadas ao fato e à situação pessoal do acusado.

§ 3º. A suspensão será revogada se, no curso do prazo, o beneficiário vier a ser processado por outro crime ou não efetuar, sem motivo justificado, a reparação do dano.

§ 4º. A suspensão poderá ser revogada se o acusado vier a ser processado, no curso do prazo, por contravenção, ou descumprir qualquer outra condição imposta.

§ 5º. Expirando o prazo sem revogação, o Juiz declarará extinta a punibilidade.

§ 6º. Não correrá a prescrição durante o prazo de suspensão do processo.

§ 7º. Se o acusado não aceitar a proposta prevista neste artigo, o processo prosseguirá em seus ulteriores termos.

Art. 90. As disposições desta Lei não se aplicam aos processos penais cuja instrução já estiver iniciada.

- ADIn. 1.719-9.

Art. 90-A. As disposições desta Lei não se aplicam no âmbito da Justiça Militar. (Artigo incluído pela Lei nº 9.839, de 1999)

Art. 91. Nos casos em que esta Lei passa a exigir representação para a propositura da ação penal pública, o ofendido ou seu representante legal será intimado para oferecê-la no prazo de 30 (trinta) dias, sob pena de decadência.

- CP: art. 103.
- CPP: art. 38.

Art. 92. Aplicam-se subsidiariamente as disposições dos Códigos Penal e de Processo Penal, no que não forem incompatíveis com esta Lei.

CAPÍTULO IV. DISPOSIÇÕES FINAIS COMUNS

Art. 93. Lei Estadual disporá sobre o Sistema de Juizados Especiais Cíveis e Criminais, sua organização, composição e competência.

Art. 94. Os serviços de cartório poderão ser prestados, e as audiências realizadas fora da sede da Comarca, em bairros ou cidades a ela pertencentes, ocupando instalações de prédios públicos, de acordo com audiências previamente anunciadas.

Art. 95. Os Estados, Distrito Federal e Territórios criarão e instalarão os Juizados Especiais no prazo de 6 (seis) meses, a contar da vigência desta Lei.

Parágrafo único. No prazo de 6 (seis) meses, contado da publicação desta Lei, serão criados e instalados os Juizados Especiais Itinerantes, que deverão dirimir, prioritariamente, os conflitos existentes nas áreas rurais ou nos locais de menor concentração populacional. (Redação dada pela Lei nº 12.726, de 2012)

Art. 96. Esta Lei entra em vigor no prazo de 60 (sessenta) dias após a sua publicação.

Art. 97. Ficam revogadas a Lei nº 4.611, de 2 de abril de 1965, e a Lei nº 7.244, de 7 de novembro de 1984.

Brasília, 26 de setembro de 1995; 174º da Independência e 107º da República.

FERNANDO HENRIQUE CARDOSO
D.O.U. 27.9.1995

LEI Nº 9.112, DE 10 DE OUTUBRO DE 1995

Dispõe sobre a exportação de bens sensíveis e serviços diretamente vinculados.

- *Exportação de bens sensíveis e serviços diretamente vinculados*

O Presidente da República

Faço saber que o Congresso Nacional decreta e eu sanciono a seguinte Lei:

Art. 1º Esta Lei disciplina as operações relativas à exportação de bens sensíveis e serviços diretamente vinculados a tais bens.

§ 1º Consideram-se bens sensíveis os bens de uso duplo e os bens de uso na área nuclear, química e biológica: (Redação dada pela Medida provisória nº 2.216-37, de 2001)

I – (Revogado pela Medida Provisória nº 2.216-37, de 31.8.2001)

II – consideram-se bens de uso duplo os de aplicação generalizada, desde que relevantes para aplicação bélica;

III – consideram-se bens de uso na área nuclear os materiais que contenham elementos de interesse para o desenvolvimento da energia nuclear, bem como as instalações e equipamentos utilizados para o seu desenvolvimento ou para as inúmeras aplicações pacíficas da energia nuclear;

IV – consideram-se bens químicos ou biológicos os que sejam relevantes para qualquer aplicação bélica e seus precursores.

§ 2º Consideram-se serviços diretamente vinculados a um bem as operações de fornecimento de informação específica ou tecnologia necessária ao desenvolvimento, à produção ou à utilização do referido bem, inclusive sob a forma de fornecimento de dados técnicos ou de assistência técnica.

Art. 2º Os bens de que trata o artigo anterior serão relacionados em Listas de Bens Sensíveis, atualizadas periodicamente e publicadas no Diário Oficial.

Art. 3º Dependerão de prévia autorização formal dos órgãos federais competentes, segundo a regulamentação estabelecida e publicada no Diário Oficial, a exportação de:

I – bem constante das Listas de Bens Sensíveis; e

II – serviço diretamente vinculado a bem constante das Listas de Bens Sensíveis.

§ 1º O exportador deverá apresentar ao órgão coordenador a que se refere o parágrafo único do art. 4º documentos de garantia de destino ou uso final, julgados suficientes.

§ 2º Os órgãos federais competentes poderão exigir dos exportadores, por intermédio do órgão coordenador, cópias de contratos ou outros documentos que sejam considerados necessários para subsidiar suas deliberações sobre a operação em questão, assegurada a devida proteção ao sigilo da documentação.

§ 3º Os órgãos federais competentes poderão aplicar o disposto neste artigo a outros bens e serviços não abrangidos pelos incisos I e II, desde que seja considerado que se destinam, em todo ou em parte, a contribuir para o desenvolvimento, a produção ou a utilização de armas de destruição em massa – nucleares, químicas ou biológicas – ou sistemas de ataques, inclusive mísseis, carregados com tais armas.

Art. 4º No âmbito da Presidência da República, fica constituída a Comissão Interministerial de Controle de Exportação de Bens Sensíveis, integrada por representantes dos órgãos federais envolvidos no processo de exportação dos bens de que trata esta Lei.

Parágrafo único. O Ministério da Ciência e Tecnologia exercerá a função de órgão coordenador. (Redação dada pela Medida Provisória nº 2.229-43, de 2001)

Art. 5º Compete à Comissão Interministerial de Controle de Exportação de Bens Sensíveis:

I – propor os regulamentos, critérios, procedimentos e mecanismos de controle a serem adotados para a exportação de bens sensíveis e serviços diretamente vinculados, de que trata esta Lei;

II – elaborar, atualizar e divulgar as Listas de Bens Sensíveis;

III – aplicar as penalidades administrativas previstas no art. 6º desta Lei.

Parágrafo único. No exercício de sua competência, a Comissão deverá observar os seguintes pressupostos:

I – os interesses da política externa, da defesa nacional, da capacitação tecnológica e do comércio exterior do País; e

II – os tratados e compromissos internacionais de que o Brasil é parte.

Art. 6º A exportação de bens sensíveis e serviços diretamente vinculados, em violação ao disposto nesta Lei e em suas normas reguladoras, tornará o infrator sujeito às seguintes penalidades:

I – advertência;

II – multa de até o dobro do valor equivalente ao da operação;

III – perda do bem objeto da operação;

IV – suspensão do direito de exportar, pelo prazo de seis meses a cinco anos;

V – cassação da habilitação para atuar no comércio exterior, no caso de reincidência.

§ 1º A advertência será aplicada por escrito, no caso de infrações de menor relevância, que não justifiquem a imposição de penalidade mais grave.

§ 2º As penalidades previstas nos incisos II a V podem ser aplicadas cumulativamente.

§ 3º As penalidades previstas neste artigo serão aplicadas levando-se em conta a gravidade da infração e os antecedentes do infrator, depois de concluída a apuração de responsabilidades em processo administrativo no qual se assegure ao indiciado amplo direito de defesa.

Art. 7º As pessoas físicas que, direta ou indiretamente, por ação ou omissão, concorrerem para o descumprimento desta Lei, incorrerão em crime.

Pena – reclusão, de um a quatro anos.

Art. 8º Permanece com o Ministério do Exército a atribuição de fiscalização sobre os produtos controlados de que trata o Decreto nº 55.649, de 28 de janeiro de 1965.

Art. 9º O Poder Executivo, observadas as condições estabelecidas nesta Lei, regulamentará as operações de exportação de bens sensíveis e serviços diretamente vinculados.

Art. 10. Esta Lei entra em vigor na data de sua publicação.

Brasília, 10 de outubro de 1995; 174º da Independência e 107º da República.

FERNANDO HENRIQUE CARDOSO

D.O.U. de 11.10.1995. e Retificada no D.O.U. de 18.10.1995

LEI Nº 9.249, DE 26 DE DEZEMBRO DE 1995

Altera a legislação do imposto de renda das pessoas jurídicas, bem como da contribuição social sobre o lucro líquido, e dá outras providências.

- *IR e CSLL*

O PRESIDENTE DA REPÚBLICA Faço saber que o Congresso Nacional decreta e eu sanciono a seguinte Lei:

Art. 1º. As bases de cálculo e o valor dos tributos e contribuições federais serão expressos em Reais.

Art. 2º. O imposto de renda das pessoas jurídicas e a contribuição social sobre o lucro líquido serão determinados segundo as normas da legislação vigente, com as alterações desta Lei.

- Lei 9.430/1996 – Dispõe sobre a legislação tributária federal, as contribuições para a seguridade social, o processo administrativo de consulta.

Art. 3º. A alíquota do imposto de renda das pessoas jurídicas é de 15% (quinze por cento).

§ 1º A parcela do lucro real, presumido ou arbitrado, que exceder o valor resultante da multiplicação de R$ 20.000,00 (vinte mil reais) pelo número de meses do respectivo período de apuração, sujeita-se à incidência de adicional de imposto de renda à alíquota de dez por cento. (Redação dada pela Lei nº 9.430, de 1996)

§ 2º O disposto no parágrafo anterior aplica-se, inclusive, nos casos de incorporação, fusão ou cisão e de extinção da pessoa jurídica pelo encerramento da liquidação. (Redação dada pela Lei nº 9.430, de 1996)

§ 3º. O disposto neste artigo aplica-se, inclusive, à pessoa jurídica que explore atividade rural de que trata a Lei nº 8.023, de 12 de abril de 1990.

§ 4º. O valor do adicional será recolhido integralmente, não sendo permitidas quaisquer deduções.

Art. 4º. Fica revogada a correção monetária das demonstrações financeiras de que tratam a Lei nº 7.799, de 10 de julho de 1989, e o art. 1º da Lei nº 8.200, de 28 de junho de 1991.

Parágrafo único. Fica vedada a utilização de qualquer sistema de correção monetária de demonstrações financeiras, inclusive para fins societários.

Art. 5º. O inciso IV do art. 187 da Lei nº 6.404, de 15 de dezembro de 1976, passa a vigorar com a seguinte redação:

- Alteração incorporada ao texto da referida lei.

Art. 6º. Os valores controlados na parte "B" do Livro de Apuração do Lucro Real, existentes em 31 de dezembro de 1995, somente serão corrigidos monetariamente até essa data, observada a legislação então vigente, ainda que venham a ser adicionados, excluídos ou compensados em períodos-base posteriores.

Parágrafo único. A correção dos valores referidos neste artigo será efetuada tomando-se por base o valor da UFIR vigente em 1º de janeiro de 1996.

Art. 7º. O saldo do lucro inflacionário acumulado, remanescente em 31 de dezembro de 1995, corrigido monetariamente até essa data, será realizado de acordo com as regras da legislação então vigente.

§ 1º. Para fins do cálculo do lucro inflacionário realizado nos períodos-base posteriores, os valores dos ativos que estavam sujeitos a correção monetária, existentes em 31 de dezembro de 1995, deverão ser registrados destacadamente na contabilidade da pessoa jurídica.

§ 2º. O disposto no parágrafo único do art. 6º aplica-se à correção dos valores de que trata este artigo.

§ 3º. À opção da pessoa jurídica, o lucro inflacionário acumulado existente em 31 de dezembro de 1995, corrigido monetariamente até essa data, com base no parágrafo único do art. 6º, poderá ser considerado realizado integralmente e tributado à alíquota de 10% (dez por cento).

§ 4º. A opção de que trata o parágrafo anterior, que deverá ser feita até 31 de dezembro de 1996, será irretratável e manifestada através do pagamento do imposto em cota única, podendo alcançar também o saldo do lucro inflacionário a realizar relativo à opção prevista no art. 31 da Lei nº 8.541, de 23 de dezembro de 1992.

§ 5º. O imposto de que trata o § 3º será considerado como de tributação exclusiva.

Art. 8º. Permanecem em vigor as normas aplicáveis às contrapartidas de variações monetárias dos direitos de crédito e das obrigações do contribuinte em função da taxa de câmbio ou de índices ou coeficientes aplicáveis por disposição legal ou contratual.

Art. 9º. A pessoa jurídica poderá deduzir, para efeitos da apuração do lucro real, os juros pagos ou creditados individualizadamente a titular, sócios ou acionistas, a título de remuneração do capital próprio, calculados sobre as contas do patrimônio líquido e limitados à variação, *pro rata* dia, da Taxa de Juros de Longo Prazo – TJLP.

§ 1º. O efetivo pagamento ou crédito dos juros fica condicionado à existência de lucros, computados antes da dedução dos juros, ou de lucros acumulados e reservas de lucros, em montante igual ou superior ao valor de duas vezes os juros a serem pagos ou creditados. (Redação dada pela Lei nº 9.430, de 1996)

§ 2º. Os juros ficarão sujeitos à incidência do imposto de renda na fonte à alíquota de quinze por cento, na data do pagamento ou crédito ao beneficiário.

§ 3º. O imposto retido na fonte será considerado:

I – antecipação do devido na declaração de rendimentos, no caso de beneficiário pessoa jurídica tributada com base no lucro real;

II – tributação definitiva, no caso de beneficiário pessoa física ou pessoa jurídica não tributada com base no lucro real, inclusive isenta, ressalvado o disposto no § 4º.

§ 4º. (*Revogado pela Lei nº 9.430, de 1996*)

§ 5º. No caso de beneficiário sociedade civil de prestação de serviços, submetida ao regime de tributação de que trata o art. 1º do Decreto-Lei nº 2.397, de 21 de dezembro de 1987, o imposto poderá ser compensado com o retido por ocasião do pagamento dos rendimentos aos sócios beneficiários.

§ 6º. No caso de beneficiário pessoa jurídica tributada com base no lucro real, o imposto de que trata o § 2º poderá ainda ser compensado com o retido por ocasião do pagamento ou crédito de juros, a título de remuneração de capital próprio, a seu titular, sócios ou acionistas.

§ 7º. O valor dos juros pagos ou creditados pela pessoa jurídica, a título de remuneração do capital próprio, poderá ser imputado ao valor dos dividendos de que trata o art. 202 da Lei nº 6.404, de 15 de dezembro de 1976, sem prejuízo do disposto no § 2º.

§ 8º. Para fins de cálculo da remuneração prevista neste artigo, serão consideradas exclusivamente as seguintes contas do patrimônio líquido: (Redação dada pela Lei nº 12.973, de 2014)

I – capital social; (Incluído pela Lei nº 12.973, de 2014)

II – reservas de capital; (Incluído pela Lei nº 12.973, de 2014)

III – reservas de lucros; (Incluído pela Lei nº 12.973, de 2014)

IV – ações em tesouraria; e (Incluído pela Lei nº 12.973, de 2014)

V – prejuízos acumulados. (Incluído pela Lei nº 12.973, de 2014)

§ 9º. (*Revogado pela Lei nº 9.430, de 1996*)

§ 10. (*Revogado pela Lei nº 9.430, de 1996*)

§ 11. O disposto neste artigo aplica-se à Contribuição Social sobre o Lucro Líquido. (Incluído pela Lei nº 12.973, de 2014)

§ 12. Para fins de cálculo da remuneração prevista neste artigo, a conta capital social, prevista no inciso I do § 8º deste artigo, inclui todas as espécies de ações previstas no art. 15 da Lei nº 6.404, de 15 de dezembro de 1976, ainda que classificadas em contas de passivo na escrituração comercial. (Incluído pela Lei nº 12.973, de 2014)

Art. 10. Os lucros ou dividendos calculados com base nos resultados apurados a partir do mês de janeiro de 1996, pagos ou creditados pelas pessoas jurídicas tributadas com base no lucro real, presumido ou arbitrado, não ficarão sujeitos à incidência do imposto de renda na fonte, nem integrarão a base de cálculo do imposto de renda do beneficiário, pessoa física ou jurídica, domiciliado no País ou no exterior.

§ 1º. No caso de quotas ou ações distribuídas em decorrência de aumento de capital por incorporação de lucros apurados, a partir do mês de janeiro de 1996, ou de reservas constituídas com esses lucros, o custo de aquisição será igual à parcela do lucro ou reserva capitalizado, que corresponder ao sócio ou acionista. (Incluído pela Lei nº 12.973, de 2014)

§ 2º. A não incidência prevista no *caput* inclui os lucros ou dividendos pagos ou creditados a beneficiários de todas as espécies de ações previstas no art. 15 da Lei nº 6.404, de 15 de dezembro de 1976, ainda que a ação seja classificada em conta de passivo ou que a remuneração seja classificada como despesa financeira na escrituração comercial. (Incluído pela Lei nº 12.973, de 2014)

§ 3º. Não são dedutíveis na apuração do lucro real e da base de cálculo da CSLL os lucros ou dividendos pagos ou creditados a beneficiários de qualquer espécie de ação prevista no art. 15 da Lei nº 6.404, de 15 de dezembro de 1976, ainda que classificados como despesa financeira na escrituração comercial. (Incluído pela Lei nº 12.973, de 2014)

Art. 11. Os rendimentos produzidos por aplicação financeira de renda fixa, auferidos por qualquer beneficiário, inclusive pessoa jurídica isenta, sujeitam-se à incidência do imposto de renda à alíquota de 15% (quinze por cento).

§ 1º. Os rendimentos de que trata este artigo serão apropriados *pro rata tempore* até 31 de dezembro de 1995 e tributados, no que se refere à parcela relativa a 1995, nos termos da legislação então vigente.

§ 2º. (*Revogado pela Lei nº 9.430, de 1996*)

§ 3º. O disposto neste artigo não elide as regras previstas nos arts. 76 e 77 da Lei nº 8.981, de 20 de janeiro de 1995.

Art. 12. O inciso III do art. 77 da Lei nº 8.981, de 20 de janeiro de 1995, passa a vigorar com a seguinte redação:

"Art. 77. (...)

(...)

III – nas operações de renda variável realizadas em bolsa, no mercado de balcão organizado, autorizado pelo órgão competente, ou através de fundos de investimento, para a carteira própria das entidades citadas no inciso I;

(...)"

Art. 13. Para efeito de apuração do lucro real e da base de cálculo da contribuição social sobre o lucro líquido, são vedadas as seguintes deduções, independentemente do disposto no art. 47 da Lei nº 4.506, de 30 de novembro de 1964:

I – de qualquer provisão, exceto as constituídas para o pagamento de férias de empregados e de décimo terceiro salário, a de que trata o art. 43 da Lei nº 8.981, de 20 de janeiro de 1995, com as alterações da Lei nº 9.065, de 20 de junho de 1995, e as provisões técnicas das companhias de seguro e de capitalização, bem como das entidades de previdência privada, cuja constituição é exigida pela legislação especial a elas aplicável;

II – das contraprestações de arrendamento mercantil e do aluguel de bens móveis ou imóveis, exceto quando relacionados intrinsecamente com a produção ou comercialização dos bens e serviços;

III – de despesas de depreciação, amortização, manutenção, reparo, conservação, impostos, taxas, seguros e quaisquer outros gastos com bens móveis ou imóveis, exceto se intrinsecamente relacionados com a produção ou comercialização dos bens e serviços;

IV – das despesas com alimentação de sócios, acionistas e administradores;

V – das contribuições não compulsórias, exceto as destinadas a custear seguros e planos de saúde, e benefícios complementares assemelhados aos da previdência social, instituídos em favor dos empregados e dirigentes da pessoa jurídica;

VI – das doações, exceto as referidas no § 2º;

VII – das despesas com brindes.

VIII – de despesas de depreciação, amortização e exaustão geradas por bem objeto de arrendamento mercantil pela arrendatária, na hipótese em que esta reconheça contabilmente o encargo. (Incluído pela Lei nº 12.973, de 2014)

§ 1º. Admitir-se-ão como dedutíveis as despesas com alimentação fornecida pela pessoa jurídica, indistintamente, a todos os seus empregados.

§ 2º. Poderão ser deduzidas as seguintes doações:

I – as de que trata a Lei nº 8.313, de 23 de dezembro de 1991;

II – as efetuadas às instituições de ensino e pesquisa cuja criação tenha sido autorizada por lei federal e que preencham os requisitos dos incisos I e II do art. 213 da Constituição Federal, até o limite de 1,5% (um e meio por cento) do lucro operacional, antes de computada a sua dedução e a de que trata o inciso seguinte;

III – as doações, até o limite de 2% (dois por cento) do lucro operacional da pessoa jurídica, antes de computada a sua dedução, efetuadas a entidades civis, legalmente constituídas no Brasil, sem fins lucrativos, que prestem serviços gratuitos em benefício de empregados da pessoa jurídica doadora, e respectivos dependentes, ou em benefício da comunidade onde atuem, observadas as seguintes regras:

a) as doações quando em dinheiro, serão feitas mediante crédito em conta corrente bancária diretamente em nome da entidade beneficiária;

b) a pessoa jurídica doadora manterá em arquivo, à disposição da fiscalização, declaração, segundo modelo aprovado pela Secretaria da Receita Federal, fornecida pela entidade beneficiária, em que esta se compromete a aplicar integralmente os recursos recebidos na realização de seus objetivos sociais, com identificação da pessoa física responsável pelo seu cumprimento, e a não distribuir lucros, bonificações ou vantagens a dirigentes, mantenedores ou associados, sob nenhuma forma ou pretexto;

c) a entidade beneficiária deverá ser organização da sociedade civil, conforme a Lei nº 13.019, de 31 de julho de 2014, desde que cumpridos os requisitos previstos nos arts. 3º e 16 da Lei nº 9.790, de 23 de março de 1999, independentemente de certificação. (Redação dada pela Lei nº 13.204, de 2015)

Art. 14. Para efeito de apuração do lucro real, fica vedada a exclusão, do lucro líquido do exercício, do valor do lucro da exploração de atividades monopolizadas de que tratam o § 2º do art. 2º da Lei nº 6.264, de 18 de novembro de 1975, e o § 2º do art. 19 do Decreto-Lei nº 1.598, de 26 de dezembro de 1977, com a redação dada pelo Decreto-Lei nº 1.730, de 17 de outubro de 1979.

Art. 15. A base de cálculo do imposto, em cada mês, será determinada mediante a aplicação do percentual de 8% (oito por cento) sobre a receita bruta auferida mensalmente, observado o disposto no art. 12 do Decreto-Lei nº 1.598, de 26 de dezembro de 1977, deduzida das devoluções, vendas canceladas e dos descontos incondicionais concedidos, sem prejuízo do disposto nos arts. 30, 32, 34 e 35 da Lei nº 8.981, de 20 de janeiro de 1995. (Redação dada pela Lei nº 12.973, de 2014)

§ 1º. Nas seguintes atividades, o percentual de que trata este artigo será de:

I – 1,6% (um inteiro e seis décimos por cento), para a atividade de revenda, para consumo, de combustível derivado de petróleo, álcool etílico carburante e gás natural;

II – 16% (dezesseis por cento):

a) para a atividade de prestação de serviços de transporte, exceto o de carga, para o qual se aplicará o percentual previsto no *caput* deste artigo;

b) para as pessoas jurídicas a que se refere o inciso III do art. 36 da Lei nº 8.981, de 20 de janeiro de 1995, observado o disposto nos §§ 1º e 2º do art. 29 da referida Lei;

III – 32% (trinta e dois por cento), para as atividades de:

a) prestação de serviços em geral, exceto a de serviços hospitalares e de auxílio diagnóstico e terapia, patologia clínica, imagenologia, anatomia patológica e citopatologia, medicina nuclear e análises e patologias clínicas, desde que a prestadora destes serviços seja organizada sob a forma de sociedade empresária e atenda às normas da Agência Nacional de Vigilância Sanitária – Anvisa; (Redação dada pela Lei nº 11.727, de 2008)

b) intermediação de negócios;

c) administração, locação ou cessão de bens imóveis, móveis e direitos de qualquer natureza;

d) prestação cumulativa e contínua de serviços de assessoria creditícia, mercadológica, gestão de crédito, seleção de riscos, administração de contas a pagar e a receber, compra de direitos creditórios resultantes de vendas mercantis a prazo ou de prestação de serviços (*factoring*).

e) prestação de serviços de construção, recuperação, reforma, ampliação ou melhoramento de infraestrutura vinculados a contrato de concessão de serviço público. (Incluído pela Lei nº 12.973, de 2014)

IV - 38,4% (trinta e oito inteiros e quatro décimos por cento), para as atividades de operação de empréstimo, de financiamento e de desconto de títulos de crédito realizadas por Empresa Simples de Crédito (ESC). (Incluído pela LC 167/2019)

§ 2º. No caso de atividades diversificadas será aplicado o percentual correspondente a cada atividade.

§ 3º. As receitas provenientes de atividade incentivada não comporão a base de cálculo do imposto, na proporção do benefício a que a pessoa jurídica, submetida ao regime de tributação com base no lucro real, fizer jus.

§ 4º. O percentual de que trata este artigo também será aplicado sobre a receita financeira da pessoa jurídica que explore atividades imobiliárias relativas a loteamento de terrenos, incorporação imobiliária, construção de prédios destinados à venda, bem como a venda de imóveis construídos ou adquiridos para a revenda, quando decorrente da comercialização de imóveis e for apurada por meio de índices ou coeficientes previstos em contrato. (Incluído pela Lei nº 11.196, de 2005)

Art. 16. O lucro arbitrado das pessoas jurídicas será determinado mediante a aplicação, sobre a receita bruta, quando conhecida, dos percentuais fixados no art. 15, acrescidos de 20% (vinte por cento).

Parágrafo único. No caso das instituições a que se refere o inciso III do art. 36 da Lei nº 8.981, de 20 de janeiro de 1995, o percentual para determinação do lucro arbitrado será de 45% (quarenta e cinco por cento).

Art. 17. Para os fins de apuração do ganho de capital, as pessoas físicas e as pessoas jurídicas não tributadas com base no lucro real observarão os seguintes procedimentos:

I – tratando-se de bens e direitos cuja aquisição tenha ocorrido até o final de 1995, o custo de aquisição poderá ser corrigido monetariamente até 31 de dezembro desse ano, tomando-se por base o valor da Ufir vigente em 1º de janeiro de 1996, não se lhe aplicando qualquer correção monetária a partir dessa data;

II – tratando-se de bens e direitos adquiridos após 31 de dezembro de 1995, ao custo de aquisição dos bens e direitos não será atribuída qualquer correção monetária.

Art. 18. O ganho de capital auferido por residente ou domiciliado no exterior será apurado e tributado de acordo com as regras aplicáveis aos residentes no País.

Art. 19. A partir de 1º de janeiro de 1996, a alíquota da contribuição social sobre o lucro líquido, de que trata a Lei nº 7.689, de 15 de dezembro de 1988, passa a ser de 8% (oito por cento).

Parágrafo único. O disposto neste artigo não se aplica às instituições a que se refere o § 1º do art. 22 da Lei nº 8.212, de 24 de julho de 1991, para as quais a alíquota da contribuição social será de 18% (dezoito por cento).

Base de cálculo da CSLL – Estimativa e Presumido

(Incluído pela Lei nº 12.973, de 2014)

Art. 20. A base de cálculo da Contribuição Social sobre o Lucro Líquido (CSLL) devida pelas pessoas jurídicas que efetuarem o pagamento mensal ou trimestral a que se referem os arts. 2º, 25 e 27 da Lei nº 9.430, de 27 de dezembro de 1996, corresponderá aos seguintes percentuais aplicados sobre a receita bruta definida pelo art. 12 do Decreto-Lei nº 1.598, de 26 de dezembro de 1977, auferida no período, deduzida das devoluções, das vendas canceladas e dos descontos incondicionais concedidos: (Redação dada pela LC 167/2019)

I – 32% (trinta e dois por cento) para a receita bruta decorrente das atividades previstas no inciso III do § 1º do art. 15 desta Lei; (Incluído pela LC 167/2019)

II – 38,4% (trinta e oito inteiros e quatro décimos por cento) para a receita bruta decorrente das atividades previstas no inciso IV do § 1º do art. 15 desta Lei; e (Incluído pela LC 167/2019)

III – 12% (doze por cento) para as demais receitas brutas. (Incluído pela LC 167/2019)

§ 1º. A pessoa jurídica submetida ao lucro presumido poderá, excepcionalmente, em relação ao 4º (quarto) trimestre-calendário de 2003, optar pelo lucro real, sendo definitiva a tributação pelo lucro presumido relativa aos 3 (três) primeiros trimestres. (Renumerado com alteração pela Lei nº 11.196, de 2005)

§ 2º. O percentual de que trata o *caput* deste artigo também será aplicado sobre a receita financeira de que trata o § 4º do art. 15 desta Lei. (Incluído pela Lei nº 11.196, de 2005)

Incorporação, Fusão e Cisão

(Incluído pela Lei nº 12.973, de 2014)

Art. 21. A pessoa jurídica que tiver parte ou todo o seu patrimônio absorvido em virtude de incorporação, fusão ou cisão deverá levantar balanço específico para esse fim, observada a legislação comercial. (Redação dada pela Lei nº 12.973, de 2014)

§ 1º. O balanço a que se refere este artigo deverá ser levantado até 30 (trinta) dias antes do evento.

§ 2º. (Revogado pela Lei nº 12.973, de 2014)

§ 3º. (Revogado pela Lei nº 12.973, de 2014)

§ 4º. A pessoa jurídica incorporada, fusionada ou cindida deverá apresentar declaração de rendimentos correspondente ao período transcorrido durante o ano-calendário, em seu próprio nome, até o último dia útil do mês subsequente ao do evento.

Art. 22. Os bens e direitos do ativo da pessoa jurídica, que forem entregues ao titular ou a sócio ou acionista, a título de devolução de sua participação no capital social, poderão ser avaliados pelo valor contábil ou de mercado.

§ 1º. No caso de a devolução realizar-se pelo valor de mercado, a diferença entre este e o valor contábil dos bens ou direitos entregues será considerada ganho de capital, que será computado nos resultados da pessoa jurídica tributada com base no lucro real ou na base de cálculo do imposto de renda e da contribuição social sobre o lucro líquido devidos pela pessoa jurídica tributada com base no lucro presumido ou arbitrado.

§ 2º. Para o titular, sócio ou acionista, pessoa jurídica, os bens ou direitos recebidos em devolução de sua participação no capital serão registrados pelo valor contábil da participação ou pelo valor de mercado, conforme avaliado pela pessoa jurídica que esteja devolvendo capital.

§ 3º. Para o titular, sócio ou acionista, pessoa física, os bens ou direitos recebidos em devolução de sua participação no capital serão informados, na declaração de bens correspondente à declaração de rendimentos do respectivo ano-base, pelo valor contábil ou de mercado, conforme avaliado pela pessoa jurídica.

§ 4º. A diferença entre o valor de mercado e o valor constante da declaração de bens, no caso de pessoa física, ou o valor contábil, no caso de pessoa jurídica, não será computada, pelo titular, sócio ou acionista, na base de cálculo do imposto de renda ou da contribuição social sobre o lucro líquido.

Art. 23. As pessoas físicas poderão transferir a pessoas jurídicas, a título de integralização de capital, bens e direitos pelo valor constante da respectiva declaração de bens ou pelo valor de mercado.

§ 1º. Se a entrega for feita pelo valor constante da declaração de bens, as pessoas físicas deverão lançar nesta declaração as ações ou quotas subscritas pelo mesmo valor dos bens ou direitos transferidos, não se aplicando o disposto no art. 60 do Decreto-Lei nº 1.598, de 26 de dezembro de 1977, e no art. 20, II, do Decreto-Lei nº 2.065, de 26 de outubro de 1983.

§ 2º. Se a transferência não se fizer pelo valor constante da declaração de bens, a diferença a maior será tributável como ganho de capital.

Art. 24. Verificada a omissão de receita, a autoridade tributária determinará o valor do imposto e do adicional a serem lançados de acordo com o regime de tributação a que estiver submetida a pessoa jurídica no período-base a que corresponder a omissão.

§ 1º. No caso de pessoa jurídica com atividades diversificadas tributadas com base no lucro presumido ou arbitrado, não sendo possível a identificação da atividade a que se refere a receita omitida, esta será adicionado àquela a que corresponder o percentual mais elevado.

§ 2º. O valor da receita omitida será considerado na determinação da base de cálculo para o lançamento da Contribuição Social sobre o Lucro Líquido – CSLL, da Contribuição para o Financiamento da Seguridade Social – COFINS, da Contribuição para o PIS/Pasep e das contribuições previdenciárias incidentes sobre a receita. (Redação dada pela Lei nº 11.941, de 2009)

§ 3º. *(Revogado pela Lei nº 9.430, de 1996)*

§ 4º. Para a determinação do valor da Contribuição para o Financiamento da Seguridade Social – COFINS e da Contribuição para o PIS/Pasep, na hipótese de a pessoa jurídica auferir receitas sujeitas a alíquotas diversas, não sendo possível identificar a alíquota aplicável à receita omitida, aplicar-se-á a esta a alíquota mais elevada entre aquelas previstas para as receitas auferidas pela pessoa jurídica. (Incluído pela Lei nº 11.941, de 2009)

§ 5º. Na hipótese de a pessoa jurídica sujeitar-se ao recolhimento da Cofins e da Contribuição para o PIS/Pasep, calculadas por unidade de medida de produto, não sendo possível identificar qual o produto vendido ou a quantidade que se refere à receita omitida, a contribuição será determinada com base na alíquota ad valorem mais elevada entre aquelas previstas para as receitas auferidas pela pessoa jurídica. (Incluído pela Lei nº 11.941, de 2009)

§ 6º. Na determinação da alíquota mais elevada, considerar-se-ão: (Incluído pela Lei nº 11.941, de 2009)

I – para efeito do disposto nos §§ 4º e 5º deste artigo, as alíquotas aplicáveis às receitas auferidas pela pessoa jurídica no ano-calendário em que ocorreu a omissão; (Incluído pela Lei nº 11.941, de 2009)

II – para efeito do disposto no § 5º deste artigo, as alíquotas ad valorem correspondentes àquelas fixadas por unidade de medida do produto, bem como as alíquotas aplicáveis às demais receitas auferidas pela pessoa jurídica. (Incluído pela Lei nº 11.941, de 2009)

Art. 25. Os lucros, rendimentos e ganhos de capital auferidos no exterior serão computados na determinação do lucro real das pessoas jurídicas correspondente ao balanço levantado em 31 de dezembro de cada ano.

§ 1º. Os rendimentos e ganhos de capital auferidos no exterior serão computados na apuração do lucro líquido das pessoas jurídicas com observância do seguinte:

I – os rendimentos e ganhos de capital serão convertidos em reais de acordo com a taxa de câmbio, para venda, na data em que forem contabilizados no Brasil;

II – caso a moeda em que for auferido o rendimento ou ganho de capital não tiver cotação no Brasil, será ela convertida em dólares norte-americanos e, em seguida, em reais.

§ 2º. Os lucros auferidos por filiais, sucursais ou controladas, no exterior, de pessoas jurídicas domiciliadas no Brasil serão computados na apuração do lucro real com observância do seguinte:

I – as filiais, sucursais e controladas deverão demonstrar a apuração dos lucros que auferirem em cada um de seus exercícios fiscais, segundo as normas da legislação brasileira;

II – os lucros a que se refere o inciso I serão adicionados ao lucro líquido da matriz ou controladora, na proporção de sua participação acionária, para apuração do lucro real;

III – se a pessoa jurídica se extinguir no curso do exercício, deverá adicionar ao seu lucro líquido os lucros auferidos por filiais, sucursais ou controladas, até a data do balanço de encerramento;

IV – as demonstrações financeiras das filiais, sucursais e controladas que embasarem as demonstrações em reais deverão ser mantidas no Brasil pelo prazo previsto no art. 173 da Lei nº 5.172, de 25 de outubro de 1966.

§ 3º. Os lucros auferidos no exterior por coligadas de pessoas jurídicas domiciliadas no Brasil serão computados na apuração do lucro real com observância do seguinte:

I – os lucros realizados pela coligada serão adicionados ao lucro líquido, na proporção da participação da pessoa jurídica no capital da coligada;

II – os lucros a serem computados na apuração do lucro real são os apurados no balanço ou balanços levantados pela coligada no curso do período-base da pessoa jurídica;

III – se a pessoa jurídica se extinguir no curso do exercício, deverá adicionar ao seu lucro líquido, para apuração do lucro real, sua participação nos lucros da coligada apurados por esta em balanços levantados até a data do balanço de encerramento da pessoa jurídica;

IV – a pessoa jurídica deverá conservar em seu poder cópia das demonstrações financeiras da coligada.

§ 4º. Os lucros a que se referem os §§ 2º e 3º serão convertidos em reais pela taxa de câmbio, para venda, do dia das demonstrações financeiras em que tenham sido apurados os lucros da filial, sucursal, controlada ou coligada.

§ 5º. Os prejuízos e perdas decorrentes das operações referidas neste artigo não serão compensados com lucros auferidos no Brasil.

§ 6º. Os resultados da avaliação dos investimentos no exterior, pelo método da equivalência patrimonial, continuarão a ter o tratamento previsto na legislação vigente, sem prejuízo do disposto nos §§ 1º, 2º e 3º.

§ 7º. Os lucros serão apurados segundo as normas da legislação comercial do país de domicílio. (Redação dada pela Lei nº 12.973, de 2014)

Art. 26. A pessoa jurídica poderá compensar o imposto de renda incidente, no exterior, sobre os lucros, rendimentos e ganhos de capital computados no lucro real, até o limite do imposto de renda incidente, no Brasil, sobre os referidos lucros, rendimentos ou ganhos de capital.

§ 1º. Para efeito de determinação do limite fixado no *caput*, o imposto incidente, no Brasil, correspondente aos lucros, rendimentos ou ganhos de capital auferidos no exterior, será proporcional ao total do imposto e adicional devidos pela pessoa jurídica no Brasil.

§ 2º. Para fins de compensação, o documento relativo ao imposto de renda incidente no exterior deverá ser reconhecido pelo respectivo órgão arrecadador e pelo Consulado da Embaixada Brasileira no país em que for devido o imposto.

§ 3º. O imposto de renda a ser compensado será convertido em quantidade de reais, de acordo com a taxa de câmbio, para venda, na data em que o imposto foi pago; caso a moeda em que o imposto foi pago não tiver cotação no Brasil, será ela convertida em dólares norte-americanos e, em seguida, em reais.

Art. 27. As pessoas jurídicas que tiverem lucros, rendimentos ou ganhos de capital oriundos do exterior estão obrigadas ao regime de tributação com base no lucro real.

Art. 28. A alíquota do imposto de renda de que tratam o art. 77 da Lei nº 3.470, de 28 de novembro de 1958 e o art. 100 do Decreto-Lei nº 5.844, de 23 de setembro de 1943, com as modificações posteriormente introduzidas, passa, a partir de 1º de janeiro de 1996, a ser de 15% (quinze por cento).

Art. 29. Os limites a que se referem os arts. 36, I, e 44, da Lei nº 8.981, de 20 de janeiro de

1995, com a redação dada pela Lei nº 9.065, de 20 de junho de 1995, passam a ser de R$ 12.000.000,00 (doze milhões de reais).

Art. 30. Os valores constantes da legislação tributária, expressos em quantidade de Ufir, serão convertidos em reais pelo valor da Ufir vigente em 1º de janeiro de 1996.

Art. 31. (Revogado pela Lei nº 12.973, de 2014)

Art. 32. (*VETADO*).

Art. 33. (*VETADO*).

Art. 34. Extingue-se a punibilidade dos crimes definidos na Lei nº 8.137, de 27 de dezembro de 1990, e na Lei nº 4.729, de 14 de julho de 1965, quando o agente promover o pagamento do tributo ou contribuição social, inclusive acessórios, antes do recebimento da denúncia.

§ 1º. (*VETADO*).

§ 2º. (*VETADO*).

Art. 35. Esta Lei entra em vigor na data de sua publicação, produzindo efeitos a partir de 1º de janeiro de 1996.

Art. 36. Ficam revogadas as disposições em contrário, especialmente:

I – o Decreto-Lei nº 1.215, de 4 de maio de 1972, observado o disposto no art. 178 da Lei nº 5.172, de 25 de outubro de 1966;

II – os arts. 2º a 19 da Lei nº 7.799, de 10 de julho de 1989;

III – os arts. 9º e 12 da Lei nº 8.023, de 12 de abril de 1990;

IV – os arts. 43 e 44 da Lei nº 8.541, de 23 de dezembro de 1992;

V – o art. 28 e os incisos VI, XI e XII e o parágrafo único do art. 36, os arts. 46, 48 e 54, e o inciso II do art. 60, todos da Lei nº 8.981, de 20 de janeiro de 1995, alterada pela Lei nº 9.065, de 20 de junho de 1995, e o art. 10 da Lei nº 9.065, de 20 de junho de 1995.

Brasília, 26 de dezembro de 1995; 174º da Independência e 107º da República.

FERNANDO HENRIQUE CARDOSO
D.O.U. 27.12.1995

LEI Nº 9.250, DE 26 DE DEZEMBRO DE 1995

Altera a legislação do imposto de renda das pessoas físicas e dá outras providências.

› *Altera a legislação do IR*

CAPÍTULO I. DISPOSIÇÕES PRELIMINARES

Art. 1º. A partir de 1º de janeiro de 1996 o imposto de renda das pessoas físicas será determinado segundo as normas da legislação vigente, com as alterações desta Lei.

Art. 2º. Os valores expressos em UFIR na legislação do imposto de renda das pessoas físicas ficam convertidos em Reais, tomando-se por base o valor da UFIR vigente em 1º de janeiro de 1996.

CAPÍTULO II. DA INCIDÊNCIA MENSAL DO IMPOSTO

Art. 3º. O imposto de renda incidente sobre os rendimentos de que tratam os arts. 7º, 8º e 12, da Lei nº 7.713, de 22 de dezembro de 1988, será calculado de acordo com a seguinte tabela progressiva em Reais:

BASE DE CÁLCULO EM R$	ALÍQUOTA %	PARCELA A DEDUZIR DO IMPOSTO EM R$
até 900,00	-	-
acima de 900,00 até 1.800,00	15	135
acima de 1.800,00	25	315

Parágrafo único. O imposto de que trata este artigo será calculado sobre os rendimentos efetivamente recebidos em cada mês.

› Lei nº 11.482, de 31-05-2007, que efetua alterações na tabela do imposto de renda da pessoa física; dispõe sobre a redução a 0 (zero) da alíquota da CPMF nas hipóteses que menciona.

Art. 4º. Na determinação da base de cálculo sujeita à incidência mensal do imposto de renda poderão ser deduzidas:

I – a soma dos valores referidos no art. 6º da Lei nº 8.134, de 27 de dezembro de 1990;

II – as importâncias pagas a título de pensão alimentícia em face das normas do Direito de Família, quando em cumprimento de decisão judicial, inclusive a prestação de alimentos provisionais, de acordo homologado judicialmente, ou de escritura pública a que se refere o art. 1.124-A da Lei nº 5.869, de 11 de janeiro de 1973 – Código de Processo Civil; (Redação dada pela Lei nº 11.727, de 2008)

III – a quantia, por dependente, de: (Redação dada pela Lei nº 11.482, de 2007)

a) R$ 132,05 (cento e trinta e dois reais e cinco centavos), para o ano-calendário de 2007; (Incluído pela Lei nº 11.482, de 2007)

b) R$ 137,99 (cento e trinta e sete reais e noventa e nove centavos), para o ano-calendário de 2008; (Incluído pela Lei nº 11.482, de 2007)

c) R$ 144,20 (cento e quarenta e quatro reais e vinte centavos), para o ano-calendário de 2009; (Incluído pela Lei nº 11.482, de 2007)

d) R$ 150,69 (cento e cinquenta reais e sessenta e nove centavos), para o ano-calendário de 2010; (Redação dada pela Lei nº 12.469, de 2011)

e) R$ 157,47 (cento e cinquenta e sete reais e quarenta e sete centavos), para o ano-calendário de 2011; (Incluído pela Lei nº 12.469, de 2011)

f) R$ 164,56 (cento e sessenta e quatro reais e cinquenta e seis centavos), para o ano-calendário de 2012; (Incluído pela Lei nº 12.469, de 2011)

g) R$ 171,97 (cento e setenta e um reais e noventa e sete centavos), para o ano-calendário de 2013; (Incluído pela Lei nº 12.469, de 2011)

h) R$ 179,71 (cento e setenta e nove reais e setenta e um centavos), para o ano-calendário de 2014 e nos meses de janeiro a março do ano-calendário de 2015; e (Redação dada pela Lei nº 13.149, de 2015)

i) R$ 189,59 (cento e oitenta e nove reais e cinquenta e nove centavos), a partir do mês de abril do ano-calendário de 2015; (Redação dada pela Lei nº 13.149, de 2015)

IV – as contribuições para a Previdência Social da União, dos Estados, do Distrito Federal e dos Municípios;

V – as contribuições para as entidades de previdência privada domiciliadas no País, cujo ônus tenha sido do contribuinte, destinadas a custear benefícios complementares assemelhados aos da Previdência Social;

VI – a quantia, correspondente à parcela isenta dos rendimentos provenientes de aposentadoria e pensão, transferência para a reserva remunerada ou reforma, pagos pela Previdência Social da União, dos Estados, do Distrito Federal e dos Municípios, por qualquer pessoa jurídica de direito público interno ou por entidade de previdência privada, a partir do mês em que o contribuinte completar 65 (sessenta e cinco) anos de idade, de: (Redação dada pela Lei nº 11.482, de 2007)

a) R$ 1.313,69 (mil, trezentos e treze reais e sessenta e nove centavos), por mês, para o ano-calendário de 2007; (Incluído pela Lei nº 11.482, de 2007)

b) R$ 1.372,81 (mil, trezentos e setenta e dois reais e oitenta e um centavos), por mês, para o ano-calendário de 2008; (Incluído pela Lei nº 11.482, de 2007)

c) R$ 1.434,59 (mil, quatrocentos e trinta e quatro reais e cinquenta e nove centavos), por mês, para o ano-calendário de 2009; (Incluído pela Lei nº 11.482, de 2007)

d) R$ 1.499,15 (mil, quatrocentos e noventa e nove reais e quinze centavos), por mês, para o ano-calendário de 2010; (Redação dada pela Lei nº 12.469, de 2011)

e) R$ 1.566,61 (mil, quinhentos e sessenta e seis reais e sessenta e um centavos), por mês, para o ano-calendário de 2011; (Incluído pela Lei nº 12.469, de 2011)

f) R$ 1.637,11 (mil, seiscentos e trinta e sete reais e onze centavos), por mês, para o ano-calendário de 2012; (Incluído pela Lei nº 12.469, de 2011)

g) R$ 1.710,78 (mil, setecentos e dez reais e setenta e oito centavos), por mês, para o ano-calendário de 2013; (Incluído pela Lei nº 12.469, de 2011)

h) R$ 1.787,77 (mil, setecentos e oitenta e sete reais e setenta e sete centavos), por mês, para o ano-calendário de 2014 e nos meses de janeiro a março do ano-calendário de 2015; e (Redação dada pela Lei nº 13.149, de 2015)

i) R$ 1.903,98 (mil, novecentos e três reais e noventa e oito centavos), por mês, a partir do mês de abril do ano-calendário de 2015; (Redação dada pela Lei nº 13.149, de 2015)

VII – as contribuições para as entidades fechadas de previdência complementar de natureza pública de que trata o § 15 do art. 40 da Constituição Federal, cujo ônus tenha sido do contribuinte, destinadas a custear benefícios complementares assemelhados aos da Previdência Social. (Redação dada pela Lei nº 13.043, de 2014)

Parágrafo único. A dedução permitida pelo inciso V aplica-se exclusivamente à base de cálculo relativa aos seguintes rendimentos, assegurada, nos demais casos, a dedução dos valores pagos a esse título, por ocasião da apuração da base de cálculo do imposto devido no ano-calendário, conforme disposto na alínea e do inciso II do art. 8º desta Lei: (Redação dada pela Lei nº 13.202, de 2015)

I – do trabalho com vínculo empregatício ou de administradores; e (Incluído pela Lei nº 13.202, de 2015)

II – proventos de aposentados e pensionistas, quando a fonte pagadora for responsável pelo desconto e respectivo pagamento das contribuições previdenciárias. (Incluído pela Lei nº 13.202, de 2015)

Art. 5º. As pessoas físicas residentes ou domiciliadas no Brasil que recebam rendimentos de trabalho assalariado, em moeda estrangeira, de autarquias ou repartições do Governo brasileiro, situadas no exterior, estão sujeitas ao imposto de renda na fonte incidente sobre a base de cálculo de que trata o art. 4º, mediante utilização da tabela progressiva de que trata o art. 3º.

§ 1º. Os rendimentos em moeda estrangeira serão convertidos em Reais, mediante utilização do valor do dólar dos Estados Unidos da América fixado para compra pelo Banco Central do Brasil para o último dia útil da primeira quinzena do mês anterior ao do pagamento do rendimento.

§ 2º. As deduções de que tratam os incisos II, IV e V do art. 4º serão convertidas em Reais, mediante utilização do valor do dólar dos Estados Unidos da América fixado para venda pelo Banco Central do Brasil para o último dia útil da primeira quinzena do mês anterior ao do pagamento do rendimento.

§ 3º. As pessoas físicas computarão, na determinação da base de cálculo de que trata o art. 4º e na declaração de rendimentos, 25% do total dos rendimentos do trabalho assalariado recebidos nas condições referidas neste artigo.

Art. 6º. Os rendimentos recebidos de fontes situadas no exterior, sujeitos a tributação no Brasil, bem como o imposto pago no exterior, serão convertidos em Reais mediante utilização do valor do dólar dos Estados Unidos da América fixado para compra pelo Banco Central do Brasil para o último dia útil da primeira quinzena do mês anterior ao do recebimento do rendimento.

CAPÍTULO III. DA DECLARAÇÃO DE RENDIMENTOS

Art. 7º. A pessoa física deverá apurar o saldo em Reais do imposto a pagar ou o valor a ser restituído, relativamente aos rendimentos percebidos no ano-calendário, e apresentar anualmente, até o último dia útil do mês de abril do ano-calendário subsequente, declaração de rendimentos em modelo aprovado pela Secretaria da Receita Federal.

§ 1º. O prazo de que trata este artigo aplica-se inclusive à declaração de rendimentos relativa ao exercício de 1996, ano-calendário de 1995.

§ 2º. O Ministro da Fazenda poderá estabelecer limites e condições para dispensar pessoas físicas da obrigação de apresentar declaração de rendimentos. (Redação dada pela Lei nº 9.532, de 10.12.1997)

§ 3º. Fica o Ministro da Fazenda autorizado a prorrogar o prazo para a apresentação da declaração, dentro do exercício financeiro.

§ 4º. Homologada a partilha ou feita a adjudicação dos bens, deverá ser apresentada pelo inventariante, dentro de trinta dias contados da data em que transitar em julgado a sentença respectiva, declaração dos rendimentos correspondentes ao período de 1º de janeiro até a data da homologação ou adjudicação.

§ 5º. Se a homologação ou adjudicação ocorrer antes do prazo anualmente fixado para a entrega das declarações de rendimentos, juntamente com a declaração referida no parágrafo anterior deverá ser entregue a declaração dos rendimentos correspondente ao ano-calendário anterior.

Art. 8º. A base de cálculo do imposto devido no ano-calendário será a diferença entre as somas:

I – de todos os rendimentos percebidos durante o ano-calendário, exceto os isentos, os não-tributáveis, os tributáveis exclusivamente na fonte e os sujeitos à tributação definitiva;

II – das deduções relativas:

a) aos pagamentos efetuados, no ano-calendário, a médicos, dentistas, psicólogos, fisioterapeutas, fonoaudiólogos, terapeutas ocupacionais e hospitais, bem como as despesas com exames laboratoriais, serviços radiológicos, aparelhos ortopédicos e próteses ortopédicas e dentárias;

b) a pagamentos de despesas com instrução do contribuinte e de seus dependentes, efetuados a estabelecimentos de ensino, relativamente à educação infantil, compreendendo as creches e as pré-escolas; ao ensino fundamental; ao ensino médio; à educação superior, compreendendo os cursos de graduação e de pós-graduação (mestrado, doutorado e especialização); e à educação profissional, compreendendo o ensino técnico e o tecnológico, até o limite anual individual de: (Redação dada pela Lei nº 11.482, de 2007)

1. R$ 2.480,66 (dois mil, quatrocentos e oitenta reais e sessenta e seis centavos) para o ano-calendário de 2007; (Redação dada pela Lei nº 11.482, de 2007)

2. R$ 2.592,29 (dois mil, quinhentos e noventa e dois reais e vinte e nove centavos) para o ano-calendário de 2008; (Redação dada pela Lei nº 11.482, de 2007)

3. R$ 2.708,94 (dois mil, setecentos e oito reais e noventa e quatro centavos) para o ano-calendário de 2009; (Redação dada pela Lei nº 11.482, de 2007)

4. R$ 2.830,84 (dois mil, oitocentos e trinta reais e oitenta e quatro centavos) para o ano-calendário de 2010; (Redação dada pela Lei nº 12.469, de 2011)

5. Revogado pela Lei nº 11.482, de 2007.

6. R$ 2.958,23 (dois mil, novecentos e cinquenta e oito reais e vinte e três centavos) para o ano-calendário de 2011; (Incluído pela Lei nº 12.469, de 2011)

7. R$ 3.091,35 (três mil, noventa e um reais e trinta e cinco centavos) para o ano-calendário de 2012; (Incluído pela Lei nº 12.469, de 2011)

8. R$ 3.230,46 (três mil, duzentos e trinta reais e quarenta e seis centavos) para o ano-calendário de 2013; (Incluído pela Lei nº 12.469, de 2011)

9. R$ 3.375,83 (três mil, trezentos e setenta e cinco reais e oitenta e três centavos) para o ano-calendário de 2014; e (Redação dada pela Lei nº 13.149, de 2015)

10. R$ 3.561,50 (três mil, quinhentos e sessenta e um reais e cinquenta centavos), a partir do ano-calendário de 2015; (Redação dada pela Lei nº 13.149, de 2015)

c) à quantia, por dependente, de: (Redação dada pela Lei nº 11.482, de 2007)

1. R$ 1.584,60 (mil, quinhentos e oitenta e quatro reais e sessenta centavos) para o ano-calendário de 2007; (Incluído pela Lei nº 11.482, de 2007)

2. R$ 1.655,88 (mil, seiscentos e cinquenta e cinco reais e oitenta e oito centavos) para o ano-calendário de 2008; (Incluído pela Lei nº 11.482, de 2007)

3. R$ 1.730,40 (mil, setecentos e trinta reais e quarenta centavos) para o ano-calendário de 2009; (Incluído pela Lei nº 11.482, de 2007)

4. R$ 1.808,28 (mil, oitocentos e oito reais e vinte e oito centavos) para o ano-calendário de 2010; (Redação dada pela Lei nº 12.469, de 2011)

5. R$ 1.889,64 (mil, oitocentos e oitenta e nove reais e sessenta e quatro centavos) para o ano-calendário de 2011; (Incluído pela Lei nº 12.469, de 2011)

6. R$ 1.974,72 (mil, novecentos e setenta e quatro reais e setenta e dois centavos) para o ano-calendário de 2012; (Incluído pela Lei nº 12.469, de 2011)

7. R$ 2.063,64 (dois mil, sessenta e três reais e sessenta e quatro centavos) para o ano-calendário de 2013; (Incluído pela Lei nº 12.469, de 2011)

8. R$ 2.156,52 (dois mil, cento e cinquenta e seis reais e cinquenta e dois centavos) para o ano-calendário de 2014; e (Redação dada pela Lei nº 13.149, de 2015)

9. R$ 2.275,08 (dois mil, duzentos e setenta e cinco reais e oito centavos) a partir do ano-calendário de 2015; (Redação dada pela Lei nº 13.149, de 2015)

d) às contribuições para a Previdência Social da União, dos Estados, do Distrito Federal e dos Municípios;

e) às contribuições para as entidades de previdência privada domiciliadas no País, cujo ônus tenha sido do contribuinte, destinadas a custear benefícios complementares assemelhados aos da Previdência Social;

- Lei nº 9.532, de 10-12-1997, art. 11, que altera a legislação tributária federal.

f) às importâncias pagas a título de pensão alimentícia em face das normas do Direito de Família, quando em cumprimento de decisão judicial, inclusive a prestação de alimentos provisionais, de acordo homologado judicialmente, ou de escritura pública a que se refere o art. 1.124-A da Lei nº 5.869, de 11 de janeiro de 1973 – Código de Processo Civil; (Redação dada pela Lei nº 11.727, de 2008)

g) às despesas escrituradas no Livro Caixa, previstas nos incisos I a III do art. 6º da Lei nº 8.134, de 27 de dezembro de 1990, no caso de trabalho não-assalariado, inclusive dos leiloeiros e dos titulares de serviços notariais e de registro.

h) Vetado pela Lei nº 12.469, de 2011.

i) às contribuições para as entidades fechadas de previdência complementar de natureza pública de que trata o § 15 do art. 40 da Constituição Federal, cujo ônus tenha sido do contribuinte, destinadas a custear benefícios complementares assemelhados aos da Previdência Social. (Redação dada pela Lei nº 13.043, de 2014)

j) (VETADO). (Incluído pela Lei nº 13.149, de 2015)

§ 1º. A quantia correspondente à parcela isenta dos rendimentos provenientes de aposentadoria e pensão, transferência para a reserva remunerada ou reforma, pagos pela Previdência Social da União, dos Estados, do Distrito Federal e dos Municípios, por qualquer pessoa jurídica de direito público interno, ou por entidade de previdência privada, representada pela soma dos valores mensais computados a partir do mês em que o contribuinte completar sessenta e cinco anos de idade, não integrará a soma de que trata o inciso I.

§ 2º. O disposto na alínea a do inciso II:

I – aplica-se, também, aos pagamentos efetuados a empresas domiciliadas no País, destinados à cobertura de despesas com hospitalização, médicas e odontológicas, bem como a entidades que assegurem direito de atendimento ou ressarcimento de despesas da mesma natureza;

II – restringe-se aos pagamentos efetuados pelo contribuinte, relativos ao próprio tratamento e ao de seus dependentes;

III – limita-se a pagamentos especificados e comprovados, com indicação do nome, endereço e número de inscrição no Cadastro de Pessoas Físicas – CPF ou no Cadastro Geral de Contribuintes – CGC de quem os recebeu, podendo, na falta de documentação, ser feita indicação do cheque nominativo pelo qual foi efetuado o pagamento;

IV – não se aplica às despesas ressarcidas por entidade de qualquer espécie ou cobertas por contrato de seguro;

V – no caso de despesas com aparelhos ortopédicos e próteses ortopédicas e dentárias, exige-se a comprovação com receituário médico e nota fiscal em nome do beneficiário.

§ 3º. As despesas médicas e de educação dos alimentandos, quando realizadas pelo alimentante em virtude de cumprimento de decisão judicial, de acordo homologado judicialmente ou de escritura pública a que se refere o art. 1.124-A da Lei nº 5.869, de 11 de janeiro de 1973 – Código de Processo Civil, poderão ser deduzidas pelo alimentante na determinação da base de cálculo do imposto de renda na declaração, observado, no caso de despesas de educação, o limite previsto na alínea b do inciso II do *caput* deste artigo. (Redação dada pela Lei nº 11.727, de 2008)

§ 4º. Vetado pela Lei nº 12.469, de 2011.

Art. 9º. O resultado da atividade rural, apurado na forma da Lei nº 8.023, de 12 de abril de 1990, com as alterações posteriores, quando positivo, integrará a base de cálculo do imposto definida no artigo anterior.

Art. 10. O contribuinte poderá optar por desconto simplificado, que substituirá todas as deduções admitidas na legislação, correspondente à dedução de 20% (vinte por cento) do valor dos rendimentos tributáveis na Declaração de Ajuste Anual, independentemente do montante desses rendimentos, dispensadas a comprovação da despesa e a indicação de sua espécie, limitada a: (Redação dada pela Lei nº 11.482, de 2007)

I – R$ 11.669,72 (onze mil, seiscentos e sessenta e nove reais e setenta e dois centavos) para o ano-calendário de 2007; (Incluído pela Lei nº 11.482, de 2007)

II – R$ 12.194,86 (doze mil, cento e noventa e quatro reais e oitenta e seis centavos) para o ano-calendário de 2008; (Incluído pela Lei nº 11.482, de 2007)

III – R$ 12.743,63 (doze mil, setecentos e quarenta e três reais e sessenta e três centavos) para o ano-calendário de 2009; (Incluído pela Lei nº 11.482, de 2007)

IV – R$ 13.317,09 (treze mil, trezentos e dezessete reais e nove centavos) para o ano-calendário de 2010; (Redação dada pela Lei nº 12.469, de 2011)

V – R$ 13.916,36 (treze mil, novecentos e dezesseis reais e trinta e seis centavos) para o ano-calendário de 2011; (Incluído pela Lei nº 12.469, de 2011)

VI – R$ 14.542,60 (quatorze mil, quinhentos e quarenta e dois reais e sessenta centavos) para o ano-calendário de 2012; (Incluído pela Lei nº 12.469, de 2011)

VII – R$ 15.197,02 (quinze mil, cento e noventa e sete reais e dois centavos) para o ano-calendário de 2013; (Incluído pela Lei nº 12.469, de 2011)

VIII – R$ 15.880,89 (quinze mil, oitocentos e oitenta reais e oitenta e nove centavos) para o ano-calendário de 2014; e (Redação dada pela Lei nº 13.149, de 2015)

IX – R$ 16.754,34 (dezesseis mil, setecentos e cinquenta e quatro reais e trinta e quatro centavos) a partir do ano-calendário de 2015. (Redação dada pela Lei nº 13.149, de 2015)

Parágrafo único. O valor deduzido não poderá ser utilizado para comprovação de acréscimo patrimonial, sendo considerado rendimento consumido. (Incluído pela Lei nº 11.482, de 2007)

Art. 11. O imposto de renda devido na declaração será calculado mediante utilização da seguinte tabela:

BASE DE CÁLCULO EM R$	ALÍQUOTA %	PARCELA A DEDUZIR DO IMPOSTO EM R$
até 10.800,00	–	–
acima de 10.800,00 até 21.600,00	15	1.620,00
acima de 21.600,00	25	3.780,00

› Lei nº 11.482, de 31-05-2007, que efetua alterações na tabela do imposto de renda da pessoa física; dispõe sobre a redução a 0 (zero) da alíquota da CPMF nas hipóteses que menciona.

Art. 12. Do imposto apurado na forma do artigo anterior, poderão ser deduzidos:

› Lei nº 9.532, de 10-12-1997, art. 22, que altera a legislação tributária federal.

I – as contribuições feitas aos Fundos controlados pelos Conselhos Municipais, Estaduais e Nacional dos Direitos da Criança e do Adolescente e pelos Conselhos Municipais, Estaduais e Nacional do Idoso; (Redação dada pela Lei nº 12.213, de 2010)

II – as contribuições efetivamente realizadas em favor de projetos culturais, aprovados na forma da regulamentação do Programa Nacional de Apoio à Cultura – PRONAC, instituído pelo art. 1º da Lei nº 8.313, de 23 de dezembro de 1991;

III – os investimentos feitos a título de incentivo às atividades audiovisuais, na forma e condições previstas nos arts. 1º e 4º da Lei nº 8.685, de 20 de julho de 1993;

IV – Vetado.

V – o imposto retido na fonte ou o pago, inclusive a título de recolhimento complementar, correspondente aos rendimentos incluídos na base de cálculo;

VI – o imposto pago no exterior de acordo com o previsto no art. 5º da Lei nº 4.862, de 29 de novembro de 1965.

VII – até o exercício de 2019, ano-calendário de 2018, a contribuição patronal paga à Previdência Social pelo empregador doméstico incidente sobre o valor da remuneração do empregado; e (Redação dada pela Lei nº 13.097, de 2015)

VIII – doações e patrocínios diretamente efetuados por pessoas físicas no âmbito do Programa Nacional de Apoio à Atenção Oncológica – PRONON e do Programa Nacional de Apoio à Atenção da Saúde da Pessoa com Deficiência – PRONAS/PCD, previamente aprovados pelo Ministério da Saúde. (Redação dada pela Lei nº 12.715, de 2012)

§ 1º. A soma das deduções a que se referem os incisos I a IV não poderá reduzir o imposto devido em mais de doze por cento.

§ 2º. Vetado.

§ 3º. A dedução de que trata o inciso VII do *caput* deste artigo: (Incluído pela Lei nº 11.324, de 2006)

I – está limitada: (Incluído pela Lei nº 11.324, de 2006)

a) a 1 (um) empregado doméstico por declaração, inclusive no caso da declaração em conjunto; (Incluído pela Lei nº 11.324, de 2006)

b) ao valor recolhido no ano-calendário a que se referir a declaração; (Incluído pela Lei nº 11.324, de 2006)

II – aplica-se somente ao modelo completo de Declaração de Ajuste Anual; (Incluído pela Lei nº 11.324, de 2006)

III – não poderá exceder: (Incluído pela Lei nº 11.324, de 2006)

a) ao valor da contribuição patronal calculada sobre 1 (um) salário mínimo mensal, sobre o 13º (décimo terceiro) salário e sobre a remuneração adicional de férias, referidos também a 1 (um) salário mínimo; (Incluído pela Lei nº 11.324, de 2006)

b) ao valor do imposto apurado na forma do art. 11 desta Lei, deduzidos os valores de que tratam os incisos I a III do *caput* deste artigo; (Incluído pela Lei nº 11.324, de 2006)

IV – fica condicionada à comprovação da regularidade do empregador doméstico perante o regime geral de previdência social quando se tratar de contribuinte individual. (Incluído pela Lei nº 11.324, de 2006)

Art. 13. O montante determinado na forma do artigo anterior constituirá, se positivo, saldo do imposto a pagar e, se negativo, valor a ser restituído.

Parágrafo único. Quando positivo, o saldo do imposto deverá ser pago até o último dia útil do mês fixado para a entrega da declaração de rendimentos.

Art. 14. À opção do contribuinte, o saldo do imposto a pagar poderá ser parcelado em até 8 (oito) quotas iguais, mensais e sucessivas, observado o seguinte: (Redação dada pela Lei nº 11.311, de 2006)

I – nenhuma quota será inferior a R$ 50,00 (cinquenta reais), e o imposto de valor inferior a R$ 100,00 (cem reais) será pago de uma só vez;

II – a primeira quota deverá ser paga no mês fixado para a entrega da declaração de rendimentos;

III – as demais quotas, acrescidas de juros equivalentes à taxa referencial do Sistema Especial de Liquidação e de Custódia – SELIC para títulos federais, acumulada mensalmente, calculados a partir da data prevista para a entrega da declaração de rendimentos até o mês anterior ao do pagamento e de 1% no mês do pagamento, vencerão no último dia útil de cada mês.

IV – é facultado ao contribuinte antecipar, total ou parcialmente, o pagamento do imposto ou das quotas.

Art. 15. Nos casos de encerramento de espólio e de saída definitiva do território nacional, o imposto de renda devido será calculado mediante a utilização dos valores correspondentes à soma das tabelas progressivas mensais relativas aos meses do período abrangido pela tributação no ano-calendário. (Redação dada pela Lei nº 11.311, de 2006)

Art. 16. O valor da restituição do imposto de renda da pessoa física, apurado em declaração de rendimentos, será acrescido de juros equivalentes à taxa referencial do Sistema Especial de Liquidação e de Custódia – SELIC para títulos federais, acumulada mensalmente, calculados a partir da data prevista para a entrega da declaração de rendimentos até o mês anterior ao da liberação da restituição e de 1% no mês em que o recurso for colocado no banco à disposição do contribuinte.

› Nova redação: Parágrafo único. Será obedecida a seguinte ordem de prioridade para recebimento da restituição do imposto de renda: (Acrescentado pela Lei nº 13.498, de 26.10.2017, em vigor no primeiro dia do ano seguinte ao de sua publicação – DOU de 27.10.2017).

I – idosos, nos termos definidos pelo inciso IX do § 1º do art. 3º da Lei nº 10.741, de 1º de outubro de 2003;

II – contribuintes cuja maior fonte de renda seja o magistério;

III – demais contribuintes.

CAPÍTULO IV. TRIBUTAÇÃO DA ATIVIDADE RURAL

Art. 17. O art. 2º da Lei nº 8.023, de 12 de abril de 1990, passa a vigorar com a seguinte redação:

"Art. 2º. [...]

[...]

V – a transformação de produtos decorrentes da atividade rural, sem que sejam alteradas a composição e as características do produto in natura, feita pelo próprio agricultor ou criador, com equipamentos e utensílios usualmente empregados nas atividades rurais, utilizando exclusivamente matéria-prima produzida na área rural explorada, tais como a pasteurização e o acondicionamento do leite, assim como o mel e o suco de laranja, acondicionados em embalagem de apresentação.

Parágrafo único. O disposto neste artigo não se aplica à mera intermediação de animais e de produtos agrícolas."

Art. 18. O resultado da exploração da atividade rural apurado pelas pessoas físicas, a partir do ano-calendário de 1996, será apurado mediante escrituração do Livro Caixa, que deverá abranger as receitas, as despesas de custeio, os investimentos e demais valores que integram a atividade.

§ 1º. O contribuinte deverá comprovar a veracidade das receitas e das despesas escrituradas no Livro Caixa, mediante documentação idônea que identifique o adquirente ou beneficiário, o valor e a data da operação, a qual será mantida em seu poder à disposição da fiscalização, enquanto não ocorrer a decadência ou prescrição.

§ 2º. A falta da escrituração prevista neste artigo implicará arbitramento da base de cálculo à razão de vinte por cento da receita bruta do ano-calendário.

§ 3º. Aos contribuintes que tenham auferido receitas anuais até o valor de R$ 56.000,00 (cinquenta e seis mil reais) faculta-se apurar o resultado da exploração da atividade rural, mediante prova documental, dispensado o registro do Livro Caixa.

Art. 19. O resultado positivo obtido na exploração da atividade rural pela pessoa física poderá ser compensado com prejuízos apurados em anos-calendário anteriores.

Parágrafo único. A pessoa física fica obrigada à conservação e guarda do Livro Caixa e dos documentos fiscais que demonstram a apuração do prejuízo a compensar.

Art. 20. O resultado decorrente da atividade rural, exercida no Brasil por residente ou domiciliado no exterior, apurado por ocasião do encerramento do ano-calendário, constituirá a base de cálculo do imposto e será tributado à alíquota de quinze por cento.

§ 1º. Na hipótese de que trata este artigo, a apuração do resultado deverá ser feita por procurador, a quem compete reter e recolher o imposto devido, não sendo permitidas a opção pelo arbitramento de vinte por cento da receita bruta e a compensação de prejuízos apurados.

§ 2º. O imposto apurado deverá ser pago na data da ocorrência do fato gerador.

§ 3º. Ocorrendo remessa de lucros antes do encerramento do ano-calendário, o imposto deverá ser recolhido no ato sobre o valor remetido por ocasião do evento, exceto no caso de devolução de capital.

Art. 21. O resultado da atividade rural exercida no exterior, por residentes e domiciliados no Brasil, convertido em reais mediante utilização do valor do dólar dos Estados Unidos da América fixado para compra pelo Banco Central do Brasil, para o último dia do ano-calendário a que se refere o resultado, sujeita-se ao mesmo tratamento tributário previsto no art. 9º, vedada a compensação de resultado positivo obtido no exterior, com resultado negativo obtido no País.

CAPÍTULO V. TRIBUTAÇÃO DOS GANHOS DE CAPITAL DAS PESSOAS FÍSICAS

Art. 22. Fica isento do imposto de renda o ganho de capital auferido na alienação de bens e direitos de pequeno valor, cujo preço unitário de alienação, no mês em que esta se realizar, seja igual ou inferior a: (Redação dada pela Lei nº 11.196, de 2005)

I – R$ 20.000,00 (vinte mil reais), no caso de alienação de ações negociadas no mercado de balcão; (Incluído pela Lei nº 11.196, de 2005)

II – R$ 35.000,00 (trinta e cinco mil reais), nos demais casos. (Incluído pela Lei nº 11.196, de 2005)

Parágrafo único. No caso de alienação de diversos bens ou direitos da mesma natureza, será considerado, para os efeitos deste artigo, o valor do conjunto dos bens alienados no mês.

Art. 23. Fica isento do imposto de renda o ganho de capital auferido na alienação do único imóvel que o titular possua, cujo valor de alienação seja de até R$ 440.000,00 (quatrocentos e quarenta mil reais), desde que não tenha sido realizada qualquer outra alienação nos últimos cinco anos.

Art. 24. Na apuração do ganho de capital de bens adquiridos por meio de arrendamento mercantil, será considerado custo de aquisição o valor residual do bem acrescido dos valores pagos a título de arrendamento.

CAPÍTULO VI. DA DECLARAÇÃO DE BENS E DIREITOS

Art. 25. Como parte integrante da declaração de rendimentos, a pessoa física apresentará relação pormenorizada dos bens imóveis e móveis e direitos que, no País ou no exterior, constituam o seu patrimônio e o de seus dependentes, em 31 de dezembro do ano-calendário, bem como os bens e direitos adquiridos e alienados no mesmo ano.

§ 1º. Devem ser declarados:

I – os bens imóveis, os veículos automotores, as embarcações e as aeronaves, independentemente do valor de aquisição;

II – os demais bens móveis, tais como antiguidades, obras de arte, objetos de uso pessoal e utensílios, adquiridos a partir do ano-calendário de 1996, cujo valor de aquisição unitário seja igual ou superior a R$ 5.000,00 (cinco mil reais);

III – os saldos de aplicações financeiras e de conta corrente bancária cujo valor individual, em 31 de dezembro do ano-calendário, exceda a R$ 140,00 (cento e quarenta reais);

IV – os investimentos em participações societárias, em ações negociadas ou não em bolsa de valores e em ouro, ativo-financeiro, adquiridos a partir do ano-calendário de 1996, cujo valor de aquisição unitário seja igual ou superior a R$ 1.000,00 (um mil reais).

§ 2º. Os bens serão declarados discriminadamente pelos valores de aquisição em Reais, constantes dos respectivos instrumentos de transferência de propriedade ou da nota fiscal.

§ 3º. Os bens existentes no exterior devem ser declarados pelos valores de aquisição constantes dos respectivos instrumentos de transferência de propriedade, segundo a moeda do país em que estiverem situados, convertidos em Reais pela cotação cambial de venda do dia da transmissão da propriedade.

§ 4º. Os depósitos mantidos em instituições financeiras no exterior devem ser relacionados na declaração de bens, a partir do ano-calendário de 1999, pelo valor do saldo desses depósitos em moeda estrangeira convertido em reais pela cotação cambial de compra em 31 de dezembro, sendo isento o acréscimo patrimonial decorrente da variação cambial. (Redação dada pela Medida Provisória nº 2.189-49, de 2001)

§ 5º. Na declaração de bens e direitos, também deverão ser consignados os ônus reais e obrigações da pessoa física e de seus dependentes, em 31 de dezembro do ano-calendário, cujo valor seja superior a R$ 5.000,00 (cinco mil reais).

§ 6º. O disposto nos incisos II e IV do § 1º poderá ser observado na declaração de bens referente ao ano-calendário de 1995, com relação aos bens móveis e aos investimentos adquiridos anteriormente a 1996.

CAPÍTULO VII. DISPOSIÇÕES GERAIS

Art. 26. Ficam isentas do imposto de renda as bolsas de estudo e de pesquisa caracterizadas como doação, quando recebidas exclusivamente para proceder a estudos ou pesquisas e desde que os resultados dessas atividades não representem vantagem para o doador, nem importem contraprestação de serviços.

Parágrafo único. Não caracterizam contraprestação de serviços nem vantagem para o doador, para efeito da isenção referida no *caput*, as bolsas de estudo recebidas pelos médicos residentes, nem as bolsas recebidas pelos servidores das redes públicas de educação profissional, científica e tecnológica que participem das atividades do Pronatec, nos termos do § 1º do art. 9º da Lei nº 12.513, de 26 de outubro de 2011. (Redação dada pela Lei nº 12.816, de 2013)

Art. 27. O art. 48 da Lei nº 8.541, de 23 de dezembro de 1992, passa a vigorar com a seguinte redação:

"Art. 48. Ficam isentos do imposto de renda os rendimentos percebidos pelas pessoas físicas decorrentes de seguro-desemprego, auxílio-natalidade, auxílio-doença, auxílio-funeral e auxílio-acidente, pagos pela previdência oficial da União, dos Estados, do Distrito Federal e dos Municípios e pelas entidades de previdência privada."

Art. 28. O inciso XV do art. 6º da Lei 7.713, de 22 de dezembro de 1988, passa a vigorar com a seguinte redação:

› Alterações incorporadas ao texto da referida Lei.

Art. 29. Estão isentos do imposto de renda na fonte os rendimentos pagos a pessoa física, residente ou domiciliada no exterior, por autarquias ou repartições do Governo brasileiro situadas fora do território nacional e que correspondam a serviços prestados a esses órgãos.

Art. 30. A partir de 1º de janeiro de 1996, para efeito do reconhecimento de novas isenções de que tratam os incisos XIV e XXI do art. 6º da Lei nº 7.713, de 22 de dezembro de 1988, com a redação dada pelo art. 47 da Lei nº 8.541, de 23 de dezembro de 1992, a moléstia deverá ser comprovada mediante laudo pericial emitido por serviço médico oficial, da União, dos Estados, do Distrito Federal e dos Municípios.

§ 1º. O serviço médico oficial fixará o prazo de validade do laudo pericial, no caso de moléstias passíveis de controle.

§ 2º. Na relação das moléstias a que se refere o inciso XIV do art. 6º da Lei nº 7.713, de 22 de dezembro de 1988, com a redação dada pelo art. 47 da Lei nº 8.541, de 23 de dezembro de 1992, fica incluída a fibrose cística (mucoviscidose).

Art. 31. Vetado.

Art. 32. O inciso VII do art. 6º da Lei 7.713, de 22 de dezembro de 1988, passa a vigorar com a seguinte redação:

› Alterações incorporadas ao texto da referida Lei.

Art. 33. Sujeitam-se à incidência do imposto de renda na fonte e na declaração de ajuste anual os benefícios recebidos de entidade de previdência privada, bem como as importâncias correspondentes ao resgate de contribuições.

› Lei nº 9.532, de 10-12-1997, art. 11, § 1º, que altera a legislação tributária federal.

Parágrafo único. Vetado.

Art. 34. As alíneas a e b do § 1º do art. 6º da Lei nº 8.134, de 27 de dezembro de 1990, passam a vigorar com a seguinte redação:

[...]

Art. 35. Para efeito do disposto nos arts. 4º, inciso III, e 8º, inciso II, alínea c, poderão ser considerados como dependentes:

I – o cônjuge;

II – o companheiro ou a companheira, desde que haja vida em comum por mais de cinco anos, ou por período menor se da união resultou filho;

III – a filha, o filho, a enteada ou o enteado, até 21 anos, ou de qualquer idade quando incapacitado física ou mentalmente para o trabalho;

IV – o menor pobre, até 21 anos, que o contribuinte crie e eduque e do qual detenha a guarda judicial;
V – o irmão, o neto ou o bisneto, sem arrimo dos pais, até 21 anos, desde que o contribuinte detenha a guarda judicial, ou de qualquer idade quando incapacitado física ou mentalmente para o trabalho;
VI – os pais, os avós ou os bisavós, desde que não aufiram rendimentos, tributáveis ou não, superiores ao limite de isenção mensal;
VII – o absolutamente incapaz, do qual o contribuinte seja tutor ou curador.

§ 1º. Os dependentes a que se referem os incisos III e V deste artigo poderão ser assim considerados quando maiores até 24 anos de idade, se ainda estiverem cursando estabelecimento de ensino superior ou escola técnica de segundo grau.

§ 2º. Os dependentes comuns poderão, opcionalmente, ser considerados por qualquer um dos cônjuges.

§ 3º. No caso de filhos de pais separados, poderão ser considerados dependentes os que ficarem sob a guarda do contribuinte, em cumprimento de decisão judicial ou acordo homologado judicialmente.

§ 4º. É vedada a dedução concomitante do montante referente a um mesmo dependente, na determinação da base de cálculo do imposto, por mais de um contribuinte.

§ 5º. Sem prejuízo do disposto no inciso IX do parágrafo único do art. 3º da Lei nº 10.741, de 1º de outubro de 2003, a pessoa com deficiência, ou o contribuinte que tenha dependente nessa condição, tem preferência na restituição referida no inciso III do art. 4º e na alínea "c" do inciso II do art. 8º. (Incluído pela Lei nº 13.146, de 06 de julho de 2015)

CAPÍTULO VIII. DISPOSIÇÕES FINAIS E TRANSITÓRIAS

Art. 36. O contribuinte que no ano-calendário de 1995 tiver auferido rendimentos tributáveis até o limite de R$ 21.458,00 (vinte e um mil, quatrocentos e cinquenta e oito reais) poderá optar pelo regime de tributação simplificada de que trata o art. 10.

Art. 37. Fica a Secretaria da Receita Federal autorizada a:

I – instituir modelo de documento fiscal a ser emitido por profissionais liberais;
II – celebrar, em nome da União, convênio com os Estados, Distrito Federal e Municípios, objetivando instituir cadastro único de contribuintes, em substituição aos cadastros federal, estaduais e municipais.

Art. 38. Os processos fiscais relativos a tributos e contribuições federais e a penalidades isoladas e as declarações não poderão sair dos órgãos da Secretaria da Receita Federal, salvo quando se tratar de:

I – encaminhamento de recursos à instância superior;
II – restituições de autos aos órgãos de origem;
III – encaminhamento de documentos para fins de processamento de dados.

§ 1º. Nos casos a que se referem os incisos I e II deverá ficar cópia autenticada dos documentos essenciais na repartição.

§ 2º. É facultado o fornecimento de cópia do processo ao sujeito passivo ou a seu mandatário.

Art. 39. A compensação de que trata o art. 66 da Lei nº 8.383, de 30 de dezembro de 1991, com a redação dada pelo art. 58 da Lei nº 9.069, de 29 de junho de 1995, somente poderá ser efetuada com o recolhimento de importância correspondente a imposto, taxa, contribuição federal ou receitas patrimoniais de mesma espécie e destinação constitucional, apurado em períodos subsequentes.

§§ 1º a 3º. Vetados.

§ 4º. A partir de 1º de janeiro de 1996, a compensação ou restituição será acrescida de juros equivalentes à taxa referencial do Sistema Especial de Liquidação e de Custódia – SELIC para títulos federais, acumulada mensalmente, calculados a partir da data do pagamento indevido ou a maior até o mês anterior ao da compensação ou restituição e de 1% relativamente ao mês em que estiver sendo efetuada.

Art. 40. A base de cálculo mensal do imposto de renda das pessoas jurídicas prestadoras de serviços em geral, cuja receita bruta anual seja de até R$ 120.000,00 (cento e vinte mil reais), será determinada mediante a aplicação do percentual de 16% sobre a receita bruta auferida mensalmente, observado o disposto nos arts. 30 a 35 da Lei nº 8.981, de 20 de janeiro de 1995.

Parágrafo único. O disposto neste artigo não se aplica às pessoas jurídicas que prestam serviços hospitalares e de transporte, bem como às sociedades prestadoras de serviços de profissões legalmente regulamentadas.

Art. 41. Esta Lei entra em vigor na data de sua publicação.

Art. 42. Revogam-se as disposições em contrário e, especialmente, o Decreto-Lei nº 1.380, de 23 de dezembro de 1974, o art. 27 da Lei nº 7.713, de 22 de dezembro de 1988, o art. 26 da Lei nº 8.218, de 29 de agosto de 1991, e os arts. 8º a 20 e 23 da Lei nº 8.981, de 20 de janeiro de 1995.

Brasília, 26 de dezembro de 1995; 174º da Independência e 107º da República.

FERNANDO HENRIQUE CARDOSO
Publicado no DOU de 27.12.1995

LEI Nº 9.265, DE 12 DE FEVEREIRO DE 1996

Regulamenta o inciso LXXVII do art. 5º da Constituição, dispondo sobre a gratuidade dos atos necessários ao exercício da cidadania.

▸ *Gratuidade dos Atos de cidadania*

O PRESIDENTE DA REPÚBLICA Faço saber que o Congresso Nacional decreta e eu sanciono a seguinte Lei:

Art. 1º. São gratuitos os atos necessários ao exercício da cidadania, assim considerados:

I – os que capacitam o cidadão ao exercício da soberania popular, a que se reporta o art. 14 da Constituição;
II – aqueles referentes ao alistamento militar;
III – os pedidos de informações ao poder público, em todos os seus âmbitos, objetivando a instrução de defesa ou a denúncia de irregularidades administrativas na órbita pública;
IV – as ações de impugnação de mandato eletivo por abuso do poder econômico, corrupção ou fraude;
V – quaisquer requerimentos ou petições que visem às garantias individuais e à defesa do interesse público;
VI – o registro civil de nascimento e o assento de óbito, bem como a primeira certidão respectiva. (Incluído pela Lei nº 9.534, de 1997)
VII – o requerimento e a emissão de documento de identificação específico, ou segunda via, para pessoa com transtorno do espectro autista. *(Acrescido pela Lei 13.977/2020)*

Art. 2º. Esta Lei entra em vigor na data de sua publicação.

Art. 3º. Revogam-se as disposições em contrário.

Art. 4º. (VETADO). (Incluído pela Lei nº 9.534, de 1997)

Brasília, 12 de fevereiro de 1996; 175º da Independência e 108º da República.

FERNANDO HENRIQUE CARDOSO
D.O.U. de 13.2.1996

LEI Nº 9.279, DE 14 DE MAIO DE 1996

Regula direitos e obrigações relativos à propriedade industrial.

▸ *Propriedade Industrial*

O PRESIDENTE DA REPÚBLICA Faço saber que o Congresso Nacional decreta e eu sanciono a seguinte Lei:

DISPOSIÇÕES PRELIMINARES

Art. 1º. Esta Lei regula direitos e obrigações relativos à propriedade industrial.

▸ CF/88: art. 5º, XXIX.

Art. 2º. A proteção dos direitos relativos à propriedade industrial, considerado o seu interesse social e o desenvolvimento tecnológico e econômico do País, efetua-se mediante:

I – concessão de patentes de invenção e de modelo de utilidade;
II – concessão de registro de desenho industrial;
III – concessão de registro de marca;
IV – repressão às falsas indicações geográficas; e
V – repressão à concorrência desleal.

Art. 3º. Aplica-se também o disposto nesta Lei:

I – ao pedido de patente ou de registro proveniente do exterior e depositado no País por quem tenha proteção assegurada por tratado ou convenção em vigor no Brasil; e
II – aos nacionais ou pessoas domiciliadas em país que assegure aos brasileiros ou pessoas domiciliadas no Brasil a reciprocidade de direitos iguais ou equivalentes.

Art. 4º. As disposições dos tratados em vigor no Brasil são aplicáveis, em igualdade de condições, às pessoas físicas e jurídicas nacionais ou domiciliadas no País.

Art. 5º. Consideram-se bens móveis, para os efeitos legais, os direitos de propriedade industrial.

▸ CC: arts. 82 a 84.

TÍTULO I. DAS PATENTES

CAPÍTULO I. DA TITULARIDADE

Art. 6º. Ao autor de invenção ou modelo de utilidade será assegurado o direito de obter a patente que lhe garanta a propriedade, nas condições estabelecidas nesta Lei.

§ 1º. Salvo prova em contrário, presume-se o requerente legitimado a obter a patente.

§ 2º. A patente poderá ser requerida em nome próprio, pelos herdeiros ou sucessores do autor, pelo cessionário ou por aquele a quem a lei ou o contrato de trabalho ou de prestação de serviços determinar que pertença a titularidade.

§ 3º. Quando se tratar de invenção ou de modelo de utilidade realizado conjuntamente por duas ou mais pessoas, a patente poderá ser requerida por todas ou qualquer delas, mediante nomeação e qualificação das demais, para ressalva dos respectivos direitos.

§ 4º. O inventor será nomeado e qualificado, podendo requerer a não divulgação de sua nomeação.

Art. 7º. Se dois ou mais autores tiverem realizado a mesma invenção ou modelo de utilidade, de forma independente, o direito de obter patente será assegurado àquele que provar o depósito mais antigo, independentemente das datas de invenção ou criação.

Parágrafo único. A retirada de depósito anterior sem produção de qualquer efeito dará prioridade ao depósito imediatamente posterior.

CAPÍTULO II. DA PATENTEABILIDADE

SEÇÃO I. DAS INVENÇÕES E DOS MODELOS DE UTILIDADE PATENTEÁVEIS

Art. 8º. É patenteável a invenção que atenda aos requisitos de novidade, atividade inventiva e aplicação industrial.

Art. 9º. É patenteável como modelo de utilidade o objeto de uso prático, ou parte deste, suscetível de aplicação industrial, que apresente nova forma ou disposição, envolvendo ato inventivo, que resulte em melhoria funcional no seu uso ou em sua fabricação.

Art. 10. Não se considera invenção nem modelo de utilidade:

I – descobertas, teorias científicas e métodos matemáticos;
II – concepções puramente abstratas;
III – esquemas, planos, princípios ou métodos comerciais, contábeis, financeiros, educativos, publicitários, de sorteio e de fiscalização;
IV – as obras literárias, arquitetônicas, artísticas e científicas ou qualquer criação estética;
V – programas de computador em si;
VI – apresentação de informações;
VII – regras de jogo;
VIII – técnicas e métodos operatórios ou cirúrgicos, bem como métodos terapêuticos ou de diagnóstico, para aplicação no corpo humano ou animal; e
IX – o todo ou parte de seres vivos naturais e materiais biológicos encontrados na natureza, ou ainda que dela isolados, inclusive o genoma ou germoplasma de qualquer ser vivo natural e os processos biológicos naturais.

Art. 11. A invenção e o modelo de utilidade são considerados novos quando não compreendidos no estado da técnica.

§ 1º. O estado da técnica é constituído por tudo aquilo tornado acessível ao público antes da data de depósito do pedido de patente, por descrição escrita ou oral, por uso ou qualquer outro meio, no Brasil ou no exterior, ressalvado o disposto nos arts. 12, 16 e 17.

§ 2º. Para fins de aferição da novidade, o conteúdo completo de pedido depositado no Brasil, e ainda não publicado, será considerado estado da técnica a partir da data de depósito, ou da prioridade reivindicada, desde que venha a ser publicado, mesmo que subsequentemente.

§ 3º. O disposto no parágrafo anterior será aplicado ao pedido internacional de patente depositado segundo tratado ou convenção em vigor no Brasil, desde que haja processamento nacional.

Art. 12. Não será considerada como estado da técnica a divulgação de invenção ou modelo de utilidade, quando ocorrida durante os 12 (doze) meses que precederem a data de depósito ou a da prioridade do pedido de patente, se promovida:

I – pelo inventor;
II – pelo Instituto Nacional da Propriedade Industrial – INPI, através de publicação oficial do pedido de patente depositado sem o consentimento do inventor, baseado em informações deste obtidas ou em decorrência de atos por ele realizados; ou
III – por terceiros, com base em informações obtidas direta ou indiretamente do inventor ou em decorrência de atos por este realizados.

Parágrafo único. O INPI poderá exigir do inventor declaração relativa à divulgação, acompanhada ou não de provas, nas condições estabelecidas em regulamento.

Art. 13. A invenção é dotada de atividade inventiva sempre que, para um técnico no assunto, não decorra de maneira evidente ou óbvia do estado da técnica.

Art. 14. O modelo de utilidade é dotado de ato inventivo sempre que, para um técnico no assunto, não decorra de maneira comum ou vulgar do estado da técnica.

Art. 15. A invenção e o modelo de utilidade são considerados suscetíveis de aplicação industrial quando possam ser utilizados ou produzidos em qualquer tipo de indústria.

SEÇÃO II. DA PRIORIDADE

Art. 16. Ao pedido de patente depositado em país que mantenha acordo com o Brasil, ou em organização internacional, que produza efeito de depósito nacional, será assegurado direito de prioridade, nos prazos estabelecidos no acordo, não sendo o depósito invalidado nem prejudicado por fatos ocorridos nesses prazos.

§ 1º. A reivindicação de prioridade será feita no ato de depósito, podendo ser suplementada dentro de 60 (sessenta) dias por outras prioridades anteriores à data do depósito no Brasil.

§ 2º. A reivindicação de prioridade será comprovada por documento hábil da origem, contendo número, data, título, relatório descritivo e, se for o caso, reivindicações e desenhos, acompanhado de tradução simples da certidão de depósito ou documento equivalente, contendo dados identificadores do pedido, cujo teor será de inteira responsabilidade do depositante.

§ 3º. Se não efetuada por ocasião do depósito, a comprovação deverá ocorrer em até 180 (cento e oitenta) dias contados do depósito.

§ 4º. Para os pedidos internacionais depositados em virtude de tratado em vigor no Brasil, a tradução prevista no § 2º deverá ser apresentada no prazo de 60 (sessenta) dias contados da data da entrada no processamento nacional.

§ 5º. No caso de o pedido depositado no Brasil estar fielmente contido no documento da origem, será suficiente uma declaração do depositante a este respeito para substituir a tradução simples.

§ 6º. Tratando-se de prioridade obtida por cessão, o documento correspondente deverá ser apresentado dentro de 180 (cento e oitenta) dias contados do depósito, ou, se for o caso, em até 60 (sessenta) dias da data da entrada no processamento nacional, dispensada a legalização consular no país de origem.

§ 7º. A falta de comprovação nos prazos estabelecidos neste artigo acarretará a perda da prioridade.

§ 8º. Em caso de pedido depositado com reivindicação de prioridade, o requerimento para antecipação de publicação deverá ser instruído com a comprovação da prioridade.

Art. 17. O pedido de patente de invenção ou de modelo de utilidade depositado originalmente no Brasil, sem reivindicação de prioridade e não publicado, assegurará o direito de prioridade ao pedido posterior sobre a mesma matéria depositado no Brasil pelo mesmo requerente ou sucessores, dentro do prazo de 1 (um) ano.

§ 1º. A prioridade será admitida apenas para a matéria revelada no pedido anterior, não se estendendo a matéria nova introduzida.

§ 2º. O pedido anterior ainda pendente será considerado definitivamente arquivado.

§ 3º. O pedido de patente originário de divisão de pedido anterior não poderá servir de base a reivindicação de prioridade.

SEÇÃO III. DAS INVENÇÕES E DOS MODELOS DE UTILIDADE NÃO PATENTEÁVEIS

Art. 18. Não são patenteáveis:

I – o que for contrário à moral, aos bons costumes e à segurança, à ordem e à saúde públicas;
II – as substâncias, matérias, misturas, elementos ou produtos de qualquer espécie, bem como a modificação de suas propriedades físico-químicas e os respectivos processos de obtenção ou modificação, quando resultantes de transformação do núcleo atômico; e
III – o todo ou parte dos seres vivos, exceto os micro-organismos transgênicos que atendam aos três requisitos de patenteabilidade – novidade, atividade inventiva e aplicação industrial – previstos no art. 8º e que não sejam mera descoberta.

- Lei 11.105/2005 – Regulamenta os incisos II, IV e V do § 1º do art. 225 da CF, estabelece normas de segurança e mecanismos de fiscalização de atividades que envolvam organismos geneticamente modificados – OGM e seus derivados.

Parágrafo único. Para os fins desta Lei, micro-organismos transgênicos são organismos, exceto o todo ou parte de plantas ou de animais, que expressem, mediante intervenção humana direta em sua composição genética, uma característica normalmente não alcançável pela espécie em condições naturais.

CAPÍTULO III. DO PEDIDO DE PATENTE

SEÇÃO I. DO DEPÓSITO DO PEDIDO

Art. 19. O pedido de patente, nas condições estabelecidas pelo INPI, conterá:

I – requerimento;
II – relatório descritivo;
III – reivindicações;
IV – desenhos, se for o caso;
V – resumo; e
VI – comprovante do pagamento da retribuição relativa ao depósito.

Art. 20. Apresentado o pedido, será ele submetido a exame formal preliminar e, se devidamente instruído, será protocolizado, considerada a data de depósito a da sua apresentação.

Art. 21. O pedido que não atender formalmente ao disposto no art. 19, mas que contiver dados relativos ao objeto, ao depositante e ao inventor, poderá ser entregue, mediante recibo datado, ao INPI, que estabelecerá as exigências a serem cumpridas, no prazo de 30 (trinta) dias, sob pena de devolução ou arquivamento da documentação.

Parágrafo único. Cumpridas as exigências, o depósito será considerado como efetuado na data do recibo.

SEÇÃO II. DAS CONDIÇÕES DO PEDIDO

Art. 22. O pedido de patente de invenção terá de se referir a uma única invenção ou a um grupo de invenções inter-relacionadas de maneira a compreenderem um único conceito inventivo.

Art. 23. O pedido de patente de modelo de utilidade terá de se referir a um único modelo principal, que poderá incluir uma pluralidade de elementos distintos, adicionais ou variantes construtivas ou configurativas, desde que mantida a unidade técnico-funcional e corporal do objeto.

Art. 24. O relatório deverá descrever clara e suficientemente o objeto, de modo a possibilitar sua realização por técnico no assunto e indicar, quando for o caso, a melhor forma de execução.

Parágrafo único. No caso de material biológico essencial à realização prática do objeto do pedido, que não possa ser descrito na forma deste artigo e que não estiver acessível ao público, o relatório será suplementado por depósito do material em instituição autorizada pelo INPI ou indicada em acordo internacional.

Art. 25. As reivindicações deverão ser fundamentadas no relatório descritivo, caracterizando as particularidades do pedido e definindo, de modo claro e preciso, a matéria objeto da proteção.

Art. 26. O pedido de patente poderá ser dividido em dois ou mais, de ofício ou a requerimento do depositante, até o final do exame, desde que o pedido dividido:

I – faça referência específica ao pedido original; e

II – não exceda à matéria revelada constante do pedido original.

Parágrafo único. O requerimento de divisão em desacordo com o disposto neste artigo será arquivado.

Art. 27. Os pedidos divididos terão a data de depósito do pedido original e o benefício de prioridade deste, se for o caso.

Art. 28. Cada pedido dividido estará sujeito a pagamento das retribuições correspondentes.

Art. 29. O pedido de patente retirado ou abandonado será obrigatoriamente publicado.

§ 1º. O pedido de retirada deverá ser apresentado em até 16 (dezesseis) meses, contados da data do depósito ou da prioridade mais antiga.

§ 2º. A retirada de um depósito anterior sem produção de qualquer efeito dará prioridade ao depósito imediatamente posterior.

SEÇÃO III.
DO PROCESSO E DO EXAME DO PEDIDO

Art. 30. O pedido de patente será mantido em sigilo durante 18 (dezoito) meses contados da data de depósito ou da prioridade mais antiga, quando houver, após o que será publicado, à exceção do caso previsto no art. 75.

§ 1º. A publicação do pedido poderá ser antecipada a requerimento do depositante.

§ 2º. Da publicação deverão constar dados identificadores do pedido de patente, ficando cópia do relatório descritivo, das reivindicações, do resumo e dos desenhos à disposição do público no INPI.

§ 3º. No caso previsto no parágrafo único do art. 24, o material biológico tornar-se-á acessível ao público com a publicação de que trata este artigo.

Art. 31. Publicado o pedido de patente e até o final do exame, será facultada a apresentação, pelos interessados, de documentos e informações para subsidiarem o exame.

Parágrafo único. O exame não será iniciado antes de decorridos 60 (sessenta) dias da publicação do pedido.

Art. 32. Para melhor esclarecer ou definir o pedido de patente, o depositante poderá efetuar alterações até o requerimento do exame, desde que estas se limitem à matéria inicialmente revelada no pedido.

Art. 33. O exame do pedido de patente deverá ser requerido pelo depositante ou por qualquer interessado, no prazo de 36 (trinta e seis) meses contados da data do depósito, sob pena do arquivamento do pedido.

Parágrafo único. O pedido de patente poderá ser desarquivado, se o depositante assim o requerer, dentro de 60 (sessenta) dias contados do arquivamento, mediante pagamento de uma retribuição específica, sob pena de arquivamento definitivo.

Art. 34. Requerido o exame, deverão ser apresentados, no prazo de 60 (sessenta) dias, sempre que solicitado, sob pena de arquivamento do pedido:

I – objeções, buscas de anterioridade e resultados de exame para concessão de pedido correspondente em outros países, quando houver reivindicação de prioridade;

II – documentos necessários à regularização do processo e exame do pedido; e

III – tradução simples do documento hábil referido no § 2º do art. 16, caso esta tenha sido substituída pela declaração prevista no § 5º do mesmo artigo.

Art. 35. Por ocasião do exame técnico, será elaborado o relatório de busca e parecer relativo a:

I – patenteabilidade do pedido;

II – adaptação do pedido à natureza reivindicada;

III – reformulação do pedido ou divisão; ou

IV – exigências técnicas.

Art. 36. Quando o parecer for pela não patenteabilidade ou pelo não enquadramento do pedido na natureza reivindicada ou formular qualquer exigência, o depositante será intimado para manifestar-se no prazo de 90 (noventa) dias.

§ 1º. Não respondida a exigência, o pedido será definitivamente arquivado.

§ 2º. Respondida a exigência, ainda que não cumprida, ou contestada sua formulação, e havendo ou não manifestação sobre a patenteabilidade ou o enquadramento, dar-se-á prosseguimento ao exame.

Art. 37. Concluído o exame, será proferida decisão, deferindo ou indeferindo o pedido de patente.

CAPÍTULO IV.
DA CONCESSÃO E DA VIGÊNCIA DA PATENTE

SEÇÃO I.
DA CONCESSÃO DA PATENTE

Art. 38. A patente será concedida depois de deferido o pedido, e comprovado o pagamento da retribuição correspondente, expedindo-se a respectiva carta-patente.

§ 1º. O pagamento da retribuição e respectiva comprovação deverão ser efetuados no prazo de 60 (sessenta) dias contados do deferimento.

§ 2º. A retribuição prevista neste artigo poderá ainda ser paga e comprovada dentro de 30 (trinta) dias após o prazo previsto no parágrafo anterior, independentemente de notificação, mediante pagamento de retribuição específica, sob pena de arquivamento definitivo do pedido.

§ 3º. Reputa-se concedida a patente na data de publicação do respectivo ato.

Art. 39. Da carta-patente deverão constar o número, o título e a natureza respectivos, o nome do inventor, observado o disposto no § 4º do art. 6º, a qualificação e o domicílio do titular, o prazo de vigência, o relatório descritivo, as reivindicações e os desenhos, bem como os dados relativos à prioridade.

SEÇÃO II.
DA VIGÊNCIA DA PATENTE

Art. 40. A patente de invenção vigorará pelo prazo de 20 (vinte) anos e a de modelo de utilidade pelo prazo 15 (quinze) anos contados da data de depósito.

Parágrafo único. O prazo de vigência não será inferior a 10 (dez) anos para a patente de invenção e a 7 (sete) anos para a patente de modelo de utilidade, a contar da data de concessão, ressalvada a hipótese de o INPI estar impedido de proceder ao exame de mérito do pedido, por pendência judicial comprovada ou por motivo de força maior.

› Parágrafo único declarado inconstitucional, em controle concentrado, pelo STF na ADI nº 5.529/2016, publicada no DOU de 13.05.2021.

CAPÍTULO V.
DA PROTEÇÃO CONFERIDA PELA PATENTE

SEÇÃO I.
DOS DIREITOS

Art. 41. A extensão da proteção conferida pela patente será determinada pelo teor das reivindicações, interpretado com base no relatório descritivo e nos desenhos.

Art. 42. A patente confere ao seu titular o direito de impedir terceiro, sem o seu consentimento, de produzir, usar, colocar à venda, vender ou importar com estes propósitos:

I – produto objeto de patente;

II – processo ou produto obtido diretamente por processo patenteado.

§ 1º. Ao titular da patente é assegurado ainda o direito de impedir que terceiros contribuam para que outros pratiquem os atos referidos neste artigo.

§ 2º. Ocorrerá violação de direito da patente de processo, a que se refere o inciso II, quando o possuidor ou proprietário não comprovar, mediante determinação judicial específica, que o seu produto foi obtido por processo de fabricação diverso daquele protegido pela patente.

Art. 43. O disposto no artigo anterior não se aplica:

I – aos atos praticados por terceiros não autorizados, em caráter privado e sem finalidade comercial, desde que não acarretem prejuízo ao interesse econômico do titular da patente;

II – aos atos praticados por terceiros não autorizados, com finalidade experimental, relacionados a estudos ou pesquisas científicas ou tecnológicas;

III – à preparação de medicamento de acordo com prescrição médica para casos individuais, executada por profissional habilitado, bem como ao medicamento assim preparado;

IV – a produto fabricado de acordo com patente de processo ou de produto que tiver sido colocado no mercado interno diretamente pelo titular da patente ou com seu consentimento;

V – a terceiros que, no caso de patentes relacionadas com matéria viva, utilizem, sem finalidade econômica, o produto patenteado como fonte inicial de variação ou propagação para obter outros produtos; e

VI – a terceiros que, no caso de patentes relacionadas com matéria viva, utilizem, ponham em circulação ou comercializem um produto patenteado que haja sido introduzido licitamente no comércio pelo detentor da patente ou por detentor de licença, desde que o produto patenteado não seja utilizado para multiplicação ou propagação comercial da matéria viva em causa;

VII – aos atos praticados por terceiros não autorizados, relacionados à invenção protegida por patente, destinados exclusivamente à produção de informações, dados e resultados de testes, visando à obtenção do registro de comercialização, no Brasil ou em outro país, para a exploração e comercialização do produto objeto da patente, após a expiração dos prazos estipulados no art. 40. (Incluído pela Lei nº 10.196, de 2001)

Art. 44. Ao titular da patente é assegurado o direito de obter indenização pela exploração indevida de seu objeto, inclusive em relação à exploração ocorrida entre a data da publicação do pedido e a da concessão da patente.

§ 1º. Se o infrator obteve, por qualquer meio, conhecimento do conteúdo do pedido depositado, anteriormente à publicação, contar-se-á o período da exploração indevida para efeito da indenização a partir da data de início da exploração.

§ 2º. Quando o objeto do pedido de patente se referir a material biológico, depositado na forma do parágrafo único do art. 24, o direito à indenização será somente conferido quando o material biológico se tiver tornado acessível ao público.

§ 3º. O direito de obter indenização por exploração indevida, inclusive com relação ao período anterior à concessão da patente, está limitado ao conteúdo do seu objeto, na forma do art. 41.

SEÇÃO II. DO USUÁRIO ANTERIOR

Art. 45. À pessoa de boa-fé que, antes da data de depósito ou de prioridade de pedido de patente, explorava seu objeto no País, será assegurado o direito de continuar a exploração, sem ônus, na forma e condição anteriores.

§ 1º. O direito conferido na forma deste artigo só poderá ser cedido juntamente com o negócio ou empresa, ou parte desta que tenha direta relação com a exploração do objeto da patente, por alienação ou arrendamento.

§ 2º. O direito de que trata este artigo não será assegurado a pessoa que tenha tido conhecimento do objeto da patente através de divulgação na forma do art. 12, desde que o pedido tenha sido depositado no prazo de 1 (um) ano, contado da divulgação.

CAPÍTULO VI. DA NULIDADE DA PATENTE

SEÇÃO I. DAS DISPOSIÇÕES GERAIS

Art. 46. É nula a patente concedida contrariando as disposições desta Lei.

Art. 47. A nulidade poderá não incidir sobre todas as reivindicações, sendo condição para a nulidade parcial o fato de as reivindicações subsistentes constituírem matéria patenteável por si mesmas.

Art. 48. A nulidade da patente produzirá efeitos a partir da data do depósito do pedido.

Art. 49. No caso de inobservância do disposto no art. 6º, o inventor poderá, alternativamente, reivindicar, em ação judicial, a adjudicação da patente.

SEÇÃO II. DO PROCESSO ADMINISTRATIVO DE NULIDADE

Art. 50. A nulidade da patente será declarada administrativamente quando:

I – não tiver sido atendido qualquer dos requisitos legais;

II – o relatório e as reivindicações não atenderem ao disposto nos arts. 24 e 25, respectivamente;

III – o objeto da patente se estenda além do conteúdo do pedido originalmente depositado; ou

IV – no seu processamento, tiver sido omitida qualquer das formalidades essenciais, indispensáveis à concessão.

Art. 51. O processo de nulidade poderá ser instaurado de ofício ou mediante requerimento de qualquer pessoa com legítimo interesse, no prazo de 6 (seis) meses contados da concessão da patente.

Parágrafo único. O processo de nulidade prosseguirá ainda que extinta a patente.

Art. 52. O titular será intimado para se manifestar no prazo de 60 (sessenta) dias.

Art. 53. Havendo ou não manifestação, decorrido o prazo fixado no artigo anterior, o INPI emitirá parecer, intimando o titular e o requerente para se manifestarem no prazo comum de 60 (sessenta) dias.

Art. 54. Decorrido o prazo fixado no artigo anterior, mesmo que não apresentadas as manifestações, o processo será decidido pelo Presidente do INPI, encerrando-se a instância administrativa.

Art. 55. Aplicam-se, no que couber, aos certificados de adição, as disposições desta Seção.

SEÇÃO III. DA AÇÃO DE NULIDADE

Art. 56. A ação de nulidade poderá ser proposta a qualquer tempo da vigência da patente, pelo INPI ou por qualquer pessoa com legítimo interesse.

§ 1º. A nulidade da patente poderá ser arguida, a qualquer tempo, como matéria de defesa.

§ 2º. O juiz poderá, preventiva ou incidentalmente, determinar a suspensão dos efeitos da patente, atendidos os requisitos processuais próprios.

Art. 57. A ação de nulidade de patente será ajuizada no foro da Justiça Federal e o INPI, quando não for autor, intervirá no feito.

§ 1º. O prazo para resposta do réu titular da patente será de 60 (sessenta) dias.

§ 2º. Transitada em julgado a decisão da ação de nulidade, o INPI publicará anotação, para ciência de terceiros.

CAPÍTULO VII. DA CESSÃO E DAS ANOTAÇÕES

Art. 58. O pedido de patente ou a patente, ambos de conteúdo indivisível, poderão ser cedidos, total ou parcialmente.

Art. 59. O INPI fará as seguintes anotações:

I – da cessão, fazendo constar a qualificação completa do cessionário;

II – de qualquer limitação ou ônus que recaia sobre o pedido ou a patente; e

III – das alterações de nome, sede ou endereço do depositante ou titular.

Art. 60. As anotações produzirão efeito em relação a terceiros a partir da data de sua publicação.

CAPÍTULO VIII. DAS LICENÇAS

SEÇÃO I. DA LICENÇA VOLUNTÁRIA

Art. 61. O titular de patente ou o depositante poderá celebrar contrato de licença para exploração.

Parágrafo único. O licenciado poderá ser investido pelo titular de todos os poderes para agir em defesa da patente.

Art. 62. O contrato de licença deverá ser averbado no INPI para que produza efeitos em relação a terceiros.

§ 1º. A averbação produzirá efeitos em relação a terceiros a partir da data de sua publicação.

§ 2º. Para efeito de validade de prova de uso, o contrato de licença não precisará estar averbado no INPI.

Art. 63. O aperfeiçoamento introduzido em patente licenciada pertence a quem o fizer, sendo assegurado à outra parte contratante o direito de preferência para seu licenciamento.

SEÇÃO II. DA OFERTA DE LICENÇA

Art. 64. O titular da patente poderá solicitar ao INPI que a coloque em oferta para fins de exploração.

§ 1º. O INPI promoverá a publicação da oferta.

§ 2º. Nenhum contrato de licença voluntária de caráter exclusivo será averbado no INPI sem que o titular tenha desistido da oferta.

§ 3º. A patente sob licença voluntária, com caráter de exclusividade, não poderá ser objeto de oferta.

§ 4º. O titular poderá, a qualquer momento, antes da expressa aceitação de seus termos pelo interessado, desistir da oferta, não se aplicando o disposto no art. 66.

Art. 65. Na falta de acordo entre o titular e o licenciado, as partes poderão requerer ao INPI o arbitramento da remuneração.

§ 1º. Para efeito deste artigo, o INPI observará o disposto no § 4º do art. 73.

§ 2º. A remuneração poderá ser revista decorrido 1 (um) ano de sua fixação.

Art. 66. A patente em oferta terá sua anuidade reduzida à metade no período compreendido entre o oferecimento e a concessão da primeira licença, a qualquer título.

Art. 67. O titular da patente poderá requerer o cancelamento da licença se o licenciado não der início à exploração efetiva dentro de 1 (um) ano da concessão, interromper a exploração por prazo superior a 1 (um) ano, ou, ainda, se não forem obedecidas as condições para a exploração.

SEÇÃO III. DA LICENÇA COMPULSÓRIA

Art. 68. O titular ficará sujeito a ter a patente licenciada compulsoriamente se exercer os direitos dela decorrentes de forma abusiva, ou por meio dela praticar abuso de poder econômico, comprovado nos termos da lei, por decisão administrativa ou judicial.

§ 1º. Ensejam, igualmente, licença compulsória:

I – a não exploração do objeto da patente no território brasileiro por falta de fabricação ou fabricação incompleta do produto, ou, ainda, a falta de uso integral do processo patenteado, ressalvados os casos de inviabilidade econômica, quando será admitida a importação; ou

II – a comercialização que não satisfizer às necessidades do mercado.

§ 2º. A licença só poderá ser requerida por pessoa com legítimo interesse e que tenha capacidade técnica e econômica para realizar a exploração eficiente do objeto da patente, que deverá destinar-se, predominantemente, ao mercado interno, extinguindo-se nesse caso a excepcionalidade prevista no inciso I do parágrafo anterior.

§ 3º. No caso de a licença compulsória ser concedida em razão de abuso de poder econômico, ao licenciado, que propõe fabricação local, será garantido um prazo, limitado ao estabelecido no art. 74, para proceder à importação do objeto da licença, desde que tenha sido colocado no mercado diretamente pelo titular ou com o seu consentimento.

§ 4º. No caso de importação para exploração de patente e no caso da importação prevista no parágrafo anterior, será igualmente admitida a importação por terceiros de produto fabricado de acordo com patente de processo ou de produto, desde que tenha sido colocado no mercado diretamente pelo titular ou com o seu consentimento.

§ 5º. A licença compulsória de que trata o § 1º somente será requerida após decorridos 3 (três) anos da concessão da patente.

Art. 69. A licença compulsória não será concedida se, à data do requerimento, o titular:

I – justificar o desuso por razões legítimas;

II – comprovar a realização de sérios e efetivos preparativos para a exploração; ou

III – justificar a falta de fabricação ou comercialização por obstáculo de ordem legal.

Art. 70. A licença compulsória será ainda concedida quando, cumulativamente, se verificarem as seguintes hipóteses:

I – ficar caracterizada situação de dependência de uma patente em relação a outra;

II – o objeto da patente dependente constituir substancial progresso técnico em relação à patente anterior; e

III – o titular não realizar acordo com o titular da patente dependente para exploração da patente anterior.

§ 1º. Para os fins deste artigo considera-se patente dependente aquela cuja exploração depende obrigatoriamente da utilização do objeto de patente anterior.

§ 2º. Para efeito deste artigo, uma patente de processo poderá ser considerada dependente de patente do produto respectivo, bem como uma patente de produto poderá ser dependente de patente de processo.

§ 3º. O titular da patente licenciada na forma deste artigo terá direito a licença compulsória cruzada da patente dependente.

Art. 71. Nos casos de emergência nacional ou interesse público, declarados em ato do Poder Executivo Federal, desde que o titular da patente ou seu licenciado não atenda a essa necessidade, poderá ser concedida, de ofício, licença compulsória, temporária e não exclusiva, para a exploração da patente, sem prejuízo dos direitos do respectivo titular.

Parágrafo único. O ato de concessão da licença estabelecerá seu prazo de vigência e a possibilidade de prorrogação.

Art. 72. As licenças compulsórias serão sempre concedidas sem exclusividade, não se admitindo o sublicenciamento.

Art. 73. O pedido de licença compulsória deverá ser formulado mediante indicação das condições oferecidas ao titular da patente.

§ 1º. Apresentado o pedido de licença, o titular será intimado para manifestar-se no prazo de 60 (sessenta) dias, findo o qual, sem manifestação do titular, será considerada aceita a proposta nas condições oferecidas.

§ 2º. O requerente de licença que invocar abuso de direitos patentários ou abuso de poder econômico deverá juntar documentação que o comprove.

§ 3º. No caso de a licença compulsória ser requerida com fundamento na falta de exploração, caberá ao titular da patente comprovar a exploração.

§ 4º. Havendo contestação, o INPI poderá realizar as necessárias diligências, bem como designar comissão, que poderá incluir especialistas não integrantes dos quadros da autarquia, visando arbitrar a remuneração que será paga ao titular.

§ 5º. Os órgãos e entidades da administração pública direta ou indireta, federal, estadual e municipal, prestarão ao INPI as informações solicitadas com o objetivo de subsidiar o arbitramento da remuneração.

§ 6º. No arbitramento da remuneração, serão consideradas as circunstâncias de cada caso, levando-se em conta, obrigatoriamente, o valor econômico da licença concedida.

§ 7º. Instruído o processo, o INPI decidirá sobre a concessão e condições da licença compulsória no prazo de 60 (sessenta) dias.

§ 8º. O recurso da decisão que conceder a licença compulsória não terá efeito suspensivo.

Art. 74. Salvo razões legítimas, o licenciado deverá iniciar a exploração do objeto da patente no prazo de 1 (um) ano da concessão da licença, admitida a interrupção por igual prazo.

§ 1º. O titular poderá requerer a cassação da licença quando não cumprido o disposto neste artigo.

§ 2º. O licenciado ficará investido de todos os poderes para agir em defesa da patente.

§ 3º. Após a concessão da licença compulsória, somente será admitida a sua cessão quando realizada conjuntamente com a cessão, alienação ou arrendamento da parte do empreendimento que a explore.

CAPÍTULO IX. DA PATENTE DE INTERESSE DA DEFESA NACIONAL

Art. 75. O pedido de patente originário do Brasil cujo objeto interesse à defesa nacional será processado em caráter sigiloso e não estará sujeito às publicações previstas nesta Lei.

- Decreto 2.553/1998 – Regulamenta os arts. 75 e 88 a 93 da Lei 9.279/1996.

§ 1º. O INPI encaminhará o pedido, de imediato, ao órgão competente do Poder Executivo para, no prazo de 60 (sessenta) dias, manifestar-se sobre o caráter sigiloso. Decorrido o prazo sem a manifestação do órgão competente, o pedido será processado normalmente.

§ 2º. É vedado o depósito no exterior de pedido de patente cujo objeto tenha sido considerado de interesse da defesa nacional, bem como qualquer divulgação do mesmo, salvo expressa autorização do órgão competente.

§ 3º. A exploração e a cessão do pedido ou da patente de interesse da defesa nacional estão condicionadas à prévia autorização do órgão competente, assegurada indenização sempre que houver restrição dos direitos do depositante ou do titular.

CAPÍTULO X. DO CERTIFICADO DE ADIÇÃO DE INVENÇÃO

Art. 76. O depositante do pedido ou titular de patente de invenção poderá requerer, mediante pagamento de retribuição específica, certificado de adição para proteger aperfeiçoamento ou desenvolvimento introduzido no objeto da invenção, mesmo que destituído de atividade inventiva, desde que a matéria se inclua no mesmo conceito inventivo.

§ 1º. Quando tiver ocorrido a publicação do pedido principal, o pedido de certificado de adição será imediatamente publicado.

§ 2º. O exame do pedido de certificado de adição obedecerá ao disposto nos arts. 30 a 37, ressalvado o disposto no parágrafo anterior.

§ 3º. O pedido de certificado de adição será indeferido se o seu objeto não apresentar o mesmo conceito inventivo.

§ 4º. O depositante poderá, no prazo do recurso, requerer a transformação do pedido de certificado de adição em pedido de patente, beneficiando-se da data de depósito do pedido de certificado, mediante pagamento das retribuições cabíveis.

Art. 77. O certificado de adição é acessório da patente, tem a data final de vigência desta e acompanha-a para todos os efeitos legais.

Parágrafo único. No processo de nulidade, o titular poderá requerer que a matéria contida no certificado de adição seja analisada para se verificar a possibilidade de sua subsistência, sem prejuízo do prazo de vigência da patente.

CAPÍTULO XI. DA EXTINÇÃO DA PATENTE

Art. 78. A patente extingue-se:

I – pela expiração do prazo de vigência;

II – pela renúncia de seu titular, ressalvado o direito de terceiros;

III – pela caducidade;

IV – pela falta de pagamento da retribuição anual, nos prazos previstos no § 2º do art. 84 e no art. 87; e

V – pela inobservância do disposto no art. 217.

Parágrafo único. Extinta a patente, o seu objeto cai em domínio público.

Art. 79. A renúncia só será admitida se não prejudicar direitos de terceiros.

Art. 80. Caducará a patente, de ofício ou a requerimento de qualquer pessoa com legítimo interesse, se, decorridos 2 (dois) anos da concessão da primeira licença compulsória, esse prazo não tiver sido suficiente para prevenir ou sanar o abuso ou desuso, salvo motivos justificáveis.

§ 1º. A patente caducará quando, na data do requerimento da caducidade ou da instauração de ofício do respectivo processo, não tiver sido iniciada a exploração.

§ 2º. No processo de caducidade instaurado a requerimento, o INPI poderá prosseguir se houver desistência do requerente.

Art. 81. O titular será intimado mediante publicação para se manifestar, no prazo de 60 (sessenta) dias, cabendo-lhe o ônus da prova quanto à exploração.

Art. 82. A decisão será proferida dentro de 60 (sessenta) dias, contados do término do prazo mencionado no artigo anterior.

Art. 83. A decisão da caducidade produzirá efeitos a partir da data do requerimento ou da publicação da instauração de ofício do processo.

CAPÍTULO XII. DA RETRIBUIÇÃO ANUAL

Art. 84. O depositante do pedido e o titular da patente estão sujeitos ao pagamento de retribuição anual, a partir do início do terceiro ano da data do depósito.

§ 1º. O pagamento antecipado da retribuição anual será regulado pelo INPI.

§ 2º. O pagamento deverá ser efetuado dentro dos primeiros 3 (três) meses de cada período anual, podendo, ainda, ser feito, independente de notificação, dentro dos 6 (seis) meses subsequentes, mediante pagamento de retribuição adicional.

Art. 85. O disposto no artigo anterior aplica-se aos pedidos internacionais depositados em virtude de tratado em vigor no Brasil, devendo o pagamento das retribuições anuais vencidas antes da data da entrada no processamento nacional ser efetuado no prazo de 3 (três) meses dessa data.

Art. 86. A falta de pagamento da retribuição anual, nos termos dos arts. 84 e 85, acarretará o arquivamento do pedido ou a extinção da patente.

CAPÍTULO XIII. DA RESTAURAÇÃO

Art. 87. O pedido de patente e a patente poderão ser restaurados, se o depositante ou o titular assim o requerer, dentro de 3 (três) meses, contados da notificação do arquivamento do pedido ou da extinção da patente, mediante pagamento de retribuição específica.

CAPÍTULO XIV. DA INVENÇÃO E DO MODELO DE UTILIDADE REALIZADO POR EMPREGADO OU PRESTADOR DE SERVIÇO

- Decreto 2.553/1998 – Regulamenta os arts. 75 e 88 a 93 da Lei 9.279/1996.

Art. 88. A invenção e o modelo de utilidade pertencem exclusivamente ao empregador quando decorrerem de contrato de trabalho cuja execução ocorra no Brasil e que tenha por objeto a pesquisa ou a atividade inventiva, ou resulte esta da natureza dos serviços para os quais foi o empregado contratado.

§ 1º. Salvo expressa disposição contratual em contrário, a retribuição pelo trabalho a que se refere este artigo limita-se ao salário ajustado.

§ 2º. Salvo prova em contrário, consideram-se desenvolvidos na vigência do contrato a invenção ou o modelo de utilidade, cuja patente seja requerida pelo empregado até 1 (um) ano após a extinção do vínculo empregatício.

Art. 89. O empregador, titular da patente, poderá conceder ao empregado, autor de invento ou aperfeiçoamento, participação nos ganhos econômicos resultantes da exploração da patente, mediante negociação com o interessado ou conforme disposto em norma da empresa.

Parágrafo único. A participação referida neste artigo não se incorpora, a qualquer título, ao salário do empregado.

Art. 90. Pertencerá exclusivamente ao empregado a invenção ou o modelo de utilidade por ele desenvolvido, desde que desvinculado do contrato de trabalho e não decorrente da utilização de recursos, meios, dados, materiais, instalações ou equipamentos do empregador.

Art. 91. A propriedade de invenção ou de modelo de utilidade será comum, em partes iguais, quando resultar da contribuição pessoal do empregado e de recursos, dados, meios, materiais, instalações ou equipamentos do empregador, ressalvada expressa disposição contratual em contrário.

§ 1º. Sendo mais de um empregado, a parte que lhes couber será dividida igualmente entre todos, salvo ajuste em contrário.

§ 2º. É garantido ao empregador o direito exclusivo de licença de exploração e assegurada ao empregado a justa remuneração.

§ 3º. A exploração do objeto da patente, na falta de acordo, deverá ser iniciada pelo empregador dentro do prazo de 1 (um) ano, contado da data de sua concessão, sob pena de passar à exclusiva propriedade do empregado a titularidade da patente, ressalvadas as hipóteses de falta de exploração por razões legítimas.

§ 4º. No caso de cessão, qualquer dos cotitulares, em igualdade de condições, poderá exercer o direito de preferência.

Art. 92. O disposto nos artigos anteriores aplica-se, no que couber, às relações entre o trabalhador autônomo ou o estagiário e a empresa contratante e entre empresas contratantes e contratadas.

Art. 93. Aplica-se o disposto neste Capítulo, no que couber, às entidades da Administração Pública, direta, indireta e fundacional, federal, estadual ou municipal.

Parágrafo único. Na hipótese do art. 88, será assegurada ao inventor, na forma e condições previstas no estatuto ou regimento interno da entidade a que se refere este artigo, premiação de parcela no valor das vantagens auferidas com o pedido ou com a patente, a título de incentivo.

TÍTULO II. DOS DESENHOS INDUSTRIAIS

CAPÍTULO I. DA TITULARIDADE

Art. 94. Ao autor será assegurado o direito de obter registro de desenho industrial que lhe confira a propriedade, nas condições estabelecidas nesta Lei.

Parágrafo único. Aplicam-se ao registro de desenho industrial, no que couber, as disposições dos arts. 6º e 7º.

CAPÍTULO II. DA REGISTRABILIDADE

SEÇÃO I. DOS DESENHOS INDUSTRIAIS REGISTRÁVEIS

Art. 95. Considera-se desenho industrial a forma plástica ornamental de um objeto ou o conjunto ornamental de linhas e cores que possa ser aplicado a um produto, proporcionando resultado visual novo e original na sua configuração externa e que possa servir de tipo de fabricação industrial.

Art. 96. O desenho industrial é considerado novo quando não compreendido no estado da técnica.

§ 1º. O estado da técnica é constituído por tudo aquilo tornado acessível ao público antes da data de depósito do pedido, no Brasil ou no exterior, por uso ou qualquer outro meio, ressalvado o disposto no § 3º deste artigo e no art. 99.

§ 2º. Para aferição unicamente da novidade, o conteúdo completo de pedido de patente ou de registro depositado no Brasil, e ainda não publicado, será considerado como incluído no estado da técnica a partir da data de depósito, ou da prioridade reivindicada, desde que venha a ser publicado, mesmo que subsequentemente.

§ 3º. Não será considerado como incluído no estado da técnica o desenho industrial cuja divulgação tenha ocorrido durante os 180 (cento e oitenta) dias que precederem a data do depósito ou a da prioridade reivindicada, se promovida nas situações previstas nos incisos I a III do art. 12.

Art. 97. O desenho industrial é considerado original quando dele resulte uma configuração visual distintiva, em relação a outros objetos anteriores.

Parágrafo único. O resultado visual original poderá ser decorrente da combinação de elementos conhecidos.

Art. 98. Não se considera desenho industrial qualquer obra de caráter puramente artístico.

SEÇÃO II. DA PRIORIDADE

Art. 99. Aplicam-se ao pedido de registro, no que couber, as disposições do art. 16, exceto o prazo previsto no seu § 3º, que será de 90 (noventa) dias.

SEÇÃO III. DOS DESENHOS INDUSTRIAIS NÃO REGISTRÁVEIS

Art. 100. Não é registrável como desenho industrial:

I – o que for contrário à moral e aos bons costumes ou que ofenda a honra ou imagem de pessoas, ou atente contra liberdade de consciência, crença, culto religioso ou ideia e sentimentos dignos de respeito e veneração;

II – a forma necessária comum ou vulgar do objeto ou, ainda, aquela determinada essencialmente por considerações técnicas ou funcionais.

CAPÍTULO III. DO PEDIDO DE REGISTRO

SEÇÃO I. DO DEPÓSITO DO PEDIDO

Art. 101. O pedido de registro, nas condições estabelecidas pelo INPI, conterá:

I – requerimento;

II – relatório descritivo, se for o caso;

III – reivindicações, se for o caso;

IV – desenhos ou fotografias;

V – campo de aplicação do objeto; e

VI – comprovante do pagamento da retribuição relativa ao depósito.

Parágrafo único. Os documentos que integram o pedido de registro deverão ser apresentados em língua portuguesa.

Art. 102. Apresentado o pedido, será ele submetido a exame formal preliminar e, se devidamente instruído, será protocolizado, considerada a data do depósito a da sua apresentação.

Art. 103. O pedido que não atender formalmente ao disposto no art. 101, mas que contiver dados suficientes relativos ao depositante, ao desenho industrial e ao autor, poderá ser entregue, mediante recibo datado, ao INPI, que estabelecerá as exigências a serem cumpridas, em 5 (cinco) dias, sob pena de ser considerado inexistente.

Parágrafo único. Cumpridas as exigências, o depósito será considerado como efetuado na data da apresentação do pedido.

SEÇÃO II. DAS CONDIÇÕES DO PEDIDO

Art. 104. O pedido de registro de desenho industrial terá que se referir a um único objeto, permitida uma pluralidade de variações, desde que se destinem ao mesmo propósito e guardem entre si a mesma característica distintiva preponderante, limitado cada pedido ao máximo de 20 (vinte) variações.

Parágrafo único. O desenho deverá representar clara e suficientemente o objeto e suas variações, se houver, de modo a possibilitar sua reprodução por técnico no assunto.

Art. 105. Se solicitado o sigilo na forma do § 1º do art. 106, poderá o pedido ser retirado em até 90 (noventa) dias contados da data do depósito.

Parágrafo único. A retirada de um depósito anterior sem produção de qualquer efeito dará prioridade ao depósito imediatamente posterior.

SEÇÃO III. DO PROCESSO E DO EXAME DO PEDIDO

Art. 106. Depositado o pedido de registro de desenho industrial e observado o disposto nos arts. 100, 101 e 104, será automaticamente publicado e simultaneamente concedido o registro, expedindo-se o respectivo certificado.

§ 1º. A requerimento do depositante, por ocasião do depósito, poderá ser mantido em sigilo o pedido, pelo prazo de 180 (cento e oitenta) dias contados da data do depósito, após o que será processado.

§ 2º. Se o depositante se beneficiar do disposto no art. 99, aguardar-se-á a apresentação do documento de prioridade para o processamento do pedido.

§ 3º. Não atendido o disposto nos arts. 101 e 104, será formulada exigência, que deverá ser respondida em 60 (sessenta) dias, sob pena de arquivamento definitivo.

§ 4º. Não atendido o disposto no art. 100, o pedido de registro será indeferido.

CAPÍTULO IV. DA CONCESSÃO E DA VIGÊNCIA DO REGISTRO

Art. 107. Do certificado deverão constar o número e o título, nome do autor – observado o disposto no § 4º do art. 6º, o nome, a nacionalidade e o domicílio do titular, o prazo de vigência, os desenhos, os dados relativos à prioridade estrangeira, e, quando houver, relatório descritivo e reivindicações.

Art. 108. O registro vigorará pelo prazo de 10 (dez) anos contados da data do depósito, prorrogável por 3 (três) períodos sucessivos de 5 (cinco) anos cada.

§ 1º O pedido de prorrogação deverá ser formulado durante o último ano de vigência do registro, instruído com o comprovante do pagamento da respectiva retribuição.

§ 2º Se o pedido de prorrogação não tiver sido formulado até o termo final da vigência do registro, o titular poderá fazê-lo nos 180 (cento e oitenta) dias subsequentes, mediante o pagamento de retribuição adicional.

CAPÍTULO V.
DA PROTEÇÃO CONFERIDA PELO REGISTRO

Art. 109. A propriedade do desenho industrial adquire-se pelo registro validamente concedido.

Parágrafo único. Aplicam-se ao registro do desenho industrial, no que couber, as disposições do art. 42 e dos incisos I, II e IV do art. 43.

Art. 110. À pessoa que, de boa-fé, antes da data do depósito ou da prioridade do pedido de registro explorava seu objeto no País, será assegurado o direito de continuar a exploração, sem ônus, na forma e condição anteriores.

§ 1º. O direito conferido na forma deste artigo só poderá ser cedido juntamente com o negócio ou empresa, ou parte deste, que tenha direta relação com a exploração do objeto do registro, por alienação ou arrendamento.

§ 2º. O direito de que trata este artigo não será assegurado a pessoa que tenha tido conhecimento do objeto do registro através de divulgação nos termos do § 3º do art. 96, desde que o pedido tenha sido depositado no prazo de 6 (seis) meses contados da divulgação.

CAPÍTULO VI.
DO EXAME DE MÉRITO

Art. 111. O titular do desenho industrial poderá requerer o exame do objeto do registro, a qualquer tempo da vigência, quanto aos aspectos de novidade e de originalidade.

Parágrafo único. O INPI emitirá parecer de mérito, que, se concluir pela ausência de pelo menos um dos requisitos definidos nos arts. 95 a 98, servirá de fundamento para instauração de ofício de processo de nulidade do registro.

CAPÍTULO VII.
DA NULIDADE DO REGISTRO

SEÇÃO I.
DAS DISPOSIÇÕES GERAIS

Art. 112. É nulo o registro concedido em desacordo com as disposições desta Lei.

§ 1º. A nulidade do registro produzirá efeitos a partir da data do depósito do pedido.

§ 2º. No caso de inobservância do disposto no art. 94, o autor poderá, alternativamente, reivindicar a adjudicação do registro.

SEÇÃO II.
DO PROCESSO ADMINISTRATIVO DE NULIDADE

Art. 113. A nulidade do registro será declarada administrativamente quando tiver sido concedido com infringência dos arts. 94 a 98.

§ 1º. O processo de nulidade poderá ser instaurado de ofício ou mediante requerimento de qualquer pessoa com legítimo interesse, no prazo de 5 (cinco) anos contados da concessão do registro, ressalvada a hipótese prevista no parágrafo único do art. 111.

§ 2º. O requerimento ou a instauração de ofício suspenderá os efeitos da concessão do registro se apresentada ou publicada no prazo de 60 (sessenta) dias da concessão.

Art. 114. O titular será intimado para se manifestar no prazo de 60 (sessenta) dias contados da data da publicação.

Art. 115. Havendo ou não manifestação, decorrido o prazo fixado no artigo anterior, o INPI emitirá parecer, intimando o titular e o requerente para se manifestarem no prazo comum de 60 (sessenta) dias.

Art. 116. Decorrido o prazo fixado no artigo anterior, mesmo que não apresentadas as manifestações, o processo será decidido pelo Presidente do INPI, encerrando-se a instância administrativa.

Art. 117. O processo de nulidade prosseguirá, ainda que extinto o registro.

SEÇÃO III.
DA AÇÃO DE NULIDADE

Art. 118. Aplicam-se à ação de nulidade de registro de desenho industrial, no que couber, as disposições dos arts. 56 e 57.

CAPÍTULO VIII.
DA EXTINÇÃO DO REGISTRO

Art. 119. O registro extingue-se:

I – pela expiração do prazo de vigência;
II – pela renúncia de seu titular, ressalvado o direito de terceiros;
III – pela falta de pagamento da retribuição prevista nos arts. 108 e 120; ou
IV – pela inobservância do disposto no art. 217.

CAPÍTULO IX.
DA RETRIBUIÇÃO QUINQUENAL

Art. 120. O titular do registro está sujeito ao pagamento de retribuição quinquenal, a partir do segundo quinquênio da data do depósito.

§ 1º. O pagamento do segundo quinquênio será feito durante o 5º (quinto) ano da vigência do registro.

§ 2º. O pagamento dos demais quinquênios será apresentado junto com o pedido de prorrogação a que se refere o art. 108.

§ 3º. O pagamento dos quinquênios poderá ainda ser efetuado dentro dos 6 (seis) meses subsequentes ao prazo estabelecido no parágrafo anterior, mediante pagamento de retribuição adicional.

CAPÍTULO X.
DAS DISPOSIÇÕES FINAIS

Art. 121. As disposições dos arts. 58 a 63 aplicam-se, no que couber, à matéria de que trata o presente Título, disciplinando-se o direito do empregado ou prestador de serviços pelas disposições dos arts. 88 a 93.

TÍTULO III.
DAS MARCAS

CAPÍTULO I.
DA REGISTRABILIDADE

SEÇÃO I.
DOS SINAIS REGISTRÁVEIS COMO MARCA

Art. 122. São suscetíveis de registro como marca os sinais distintivos visualmente perceptíveis, não compreendidos nas proibições legais.

Art. 123. Para os efeitos desta Lei, considera-se:

I – marca de produto ou serviço: aquela usada para distinguir produto ou serviço de outro idêntico, semelhante ou afim, de origem diversa;
II – marca de certificação: aquela usada para atestar a conformidade de um produto ou serviço com determinadas normas ou especificações técnicas, notadamente quanto à qualidade, natureza, material utilizado e metodologia empregada; e
III – marca coletiva: aquela usada para identificar produtos ou serviços provindos de membros de uma determinada entidade.

SEÇÃO II.
DOS SINAIS NÃO REGISTRÁVEIS COMO MARCA

Art. 124. Não são registráveis como marca:

I – brasão, armas, medalha, bandeira, emblema, distintivo e monumento oficiais, públicos, nacionais, estrangeiros ou internacionais, bem como a respectiva designação, figura ou imitação;
II – letra, algarismo e data, isoladamente, salvo quando revestidos de suficiente forma distintiva;
III – expressão, figura, desenho ou qualquer outro sinal contrário à moral e aos bons costumes ou que ofenda a honra ou imagem de pessoas ou atente contra liberdade de consciência, crença, culto religioso ou ideia e sentimento dignos de respeito e veneração;
IV – designação ou sigla de entidade ou órgão público, quando não requerido o registro pela própria entidade ou órgão público;
V – reprodução ou imitação de elemento característico ou diferenciador de título de estabelecimento ou nome de empresa de terceiros, suscetível de causar confusão ou associação com estes sinais distintivos;
VI – sinal de caráter genérico, necessário, comum, vulgar ou simplesmente descritivo, quando tiver relação com o produto ou serviço a distinguir, ou aquele empregado comumente para designar uma característica do produto ou serviço, quanto à natureza, nacionalidade, peso, valor, qualidade e época de produção ou de prestação do serviço, salvo quando revestidos de suficiente forma distintiva;
VII – sinal ou expressão empregada apenas como meio de propaganda;
VIII – cores e suas denominações, salvo se dispostas ou combinadas de modo peculiar e distintivo;
IX – indicação geográfica, sua imitação suscetível de causar confusão ou sinal que possa falsamente induzir indicação geográfica;
X – sinal que induza a falsa indicação quanto à origem, procedência, natureza, qualidade ou utilidade do produto ou serviço a que a marca se destina;
XI – reprodução ou imitação de cunho oficial, regularmente adotada para garantia de padrão de qualquer gênero ou natureza;
XII – reprodução ou imitação de sinal que tenha sido registrado como marca coletiva ou de certificação por terceiro, observado o disposto no art. 154;
XIII – nome, prêmio ou símbolo de evento esportivo, artístico, cultural, social, político, econômico ou técnico, oficial ou oficialmente reconhecido, bem como a imitação suscetível de criar confusão, salvo quando autorizados pela autoridade competente ou entidade promotora do evento;
XIV – reprodução ou imitação de título, apólice, moeda e cédula da União, dos Estados, do Distrito Federal, dos Territórios, dos Municípios, ou de país;
XV – nome civil ou sua assinatura, nome de família ou patronímico e imagem de terceiros, salvo com consentimento do titular, herdeiros ou sucessores;
XVI – pseudônimo ou apelido notoriamente conhecidos, nome artístico singular ou coletivo, salvo com consentimento do titular, herdeiros ou sucessores;
XVII – obra literária, artística ou científica, assim como os títulos que estejam protegidos pelo direito autoral e sejam suscetíveis de causar confusão ou associação, salvo com consentimento do autor ou titular;

XVIII – termo técnico usado na indústria, na ciência e na arte, que tenha relação com o produto ou serviço a distinguir;

XIX – reprodução ou imitação, no todo ou em parte, ainda que com acréscimo, de marca alheia registrada, para distinguir ou certificar produto ou serviço idêntico, semelhante ou afim, suscetível de causar confusão ou associação com marca alheia;

XX – dualidade de marcas de um só titular para o mesmo produto ou serviço, salvo quando, no caso de marcas de mesma natureza, se revestirem de suficiente forma distintiva;

XXI – a forma necessária, comum ou vulgar do produto ou de acondicionamento, ou, ainda, aquela que não possa ser dissociada de efeito técnico;

XXII – objeto que estiver protegido por registro de desenho industrial de terceiro; e

XXIII – sinal que imite ou reproduza, no todo ou em parte, marca que o requerente evidentemente não poderia desconhecer em razão de sua atividade, cujo titular seja sediado ou domiciliado em território nacional ou em país com o qual o Brasil mantenha acordo ou que assegure reciprocidade de tratamento, se a marca se destinar a distinguir produto ou serviço idêntico, semelhante ou afim, suscetível de causar confusão ou associação com aquela marca alheia.

SEÇÃO III. MARCA DE ALTO RENOME

Art. 125. À marca registrada no Brasil considerada de alto renome será assegurada proteção especial, em todos os ramos de atividade.

SEÇÃO IV. MARCA NOTORIAMENTE CONHECIDA

Art. 126. A marca notoriamente conhecida em seu ramo de atividade nos termos do art. 6º *bis* (I), da Convenção da União de Paris para Proteção da Propriedade Industrial, goza de proteção especial, independentemente de estar previamente depositada ou registrada no Brasil.

§ 1º. A proteção de que trata este artigo aplica-se também às marcas de serviço.

§ 2º. O INPI poderá indeferir de ofício pedido de registro de marca que reproduza ou imite, no todo ou em parte, marca notoriamente conhecida.

CAPÍTULO II. PRIORIDADE

Art. 127. Ao pedido de registro de marca depositado em país que mantenha acordo com o Brasil ou em organização internacional, que produza efeito de depósito nacional, será assegurado direito de prioridade, nos prazos estabelecidos no acordo, não sendo o depósito invalidado nem prejudicado por fatos ocorridos nesses prazos.

§ 1º. A reivindicação da prioridade será feita no ato de depósito, podendo ser suplementada dentro de 60 (sessenta) dias, por outras prioridades anteriores à data do depósito no Brasil.

§ 2º. A reivindicação da prioridade será comprovada por documento hábil da origem, contendo o número, a data e a reprodução do pedido ou do registro, acompanhado de tradução simples, cujo teor será de inteira responsabilidade do depositante.

§ 3º. Se não efetuada por ocasião do depósito, a comprovação deverá ocorrer em até 4 (quatro) meses, contados do depósito, sob pena de perda da prioridade.

§ 4º. Tratando-se de prioridade obtida por cessão, o documento correspondente deverá ser apresentado junto com o próprio documento de prioridade.

CAPÍTULO III. DOS REQUERENTES DE REGISTRO

Art. 128. Podem requerer registro de marca as pessoas físicas ou jurídicas de direito público ou de direito privado.

§ 1º. As pessoas de direito privado só podem requerer registro de marca relativo à atividade que exerçam efetiva e licitamente, de modo direto ou através de empresas que controlem direta ou indiretamente, declarando, no próprio requerimento, esta condição, sob as penas da lei.

§ 2º. O registro de marca coletiva só poderá ser requerido por pessoa jurídica representativa de coletividade, a qual poderá exercer atividade distinta da de seus membros.

§ 3º. O registro da marca de certificação só poderá ser requerido por pessoa sem interesse comercial ou industrial direto no produto ou serviço atestado.

§ 4º. A reivindicação de prioridade não isenta o pedido da aplicação dos dispositivos constantes deste Título.

CAPÍTULO IV. DOS DIREITOS SOBRE A MARCA

SEÇÃO I. AQUISIÇÃO

Art. 129. A propriedade da marca adquire-se pelo registro validamente expedido, conforme as disposições desta Lei, sendo assegurado ao titular seu uso exclusivo em todo o território nacional, observado quanto às marcas coletivas e de certificação o disposto nos arts. 147 e 148.

§ 1º. Toda pessoa que, de boa-fé, na data da prioridade ou depósito, usava no País, há pelo menos 6 (seis) meses, marca idêntica ou semelhante, para distinguir ou certificar produto ou serviço idêntico, semelhante ou afim, terá direito de precedência ao registro.

§ 2º. O direito de precedência somente poderá ser cedido juntamente com o negócio da empresa, ou parte deste, que tenha direta relação com o uso da marca, por alienação ou arrendamento.

SEÇÃO II. DA PROTEÇÃO CONFERIDA PELO REGISTRO

Art. 130. Ao titular da marca ou ao depositante é ainda assegurado o direito de:

I – ceder seu registro ou pedido de registro;

II – licenciar seu uso;

III – zelar pela sua integridade material ou reputação.

Art. 131. A proteção de que trata esta Lei abrange o uso da marca em papéis, impressos, propaganda e documentos relativos à atividade do titular.

Art. 132. O titular da marca não poderá:

I – impedir que comerciantes ou distribuidores utilizem sinais distintivos que lhes são próprios, juntamente com a marca do produto, na sua promoção e comercialização;

II – impedir que fabricantes de acessórios utilizem a marca para indicar a destinação do produto, desde que obedecidas as práticas leais de concorrência;

III – impedir a livre circulação de produto colocado no mercado interno, por si ou por outrem com seu consentimento, ressalvado o disposto nos §§ 3º e 4º do art. 68; e

IV – impedir a citação da marca em discurso, obra científica ou literária ou qualquer outra publicação, desde que sem conotação comercial e sem prejuízo para seu caráter distintivo.

CAPÍTULO V. DA VIGÊNCIA, DA CESSÃO E DAS ANOTAÇÕES

SEÇÃO I. DA VIGÊNCIA

Art. 133. O registro da marca vigorará pelo prazo de 10 (dez) anos, contados da data da concessão do registro, prorrogável por períodos iguais e sucessivos.

§ 1º. O pedido de prorrogação deverá ser formulado durante o último ano de vigência do registro, instruído com o comprovante do pagamento da respectiva retribuição.

§ 2º. Se o pedido de prorrogação não tiver sido efetuado até o termo final da vigência do registro, o titular poderá fazê-lo nos 6 (seis) meses subsequentes, mediante o pagamento de retribuição adicional.

§ 3º. A prorrogação não será concedida se não atendido o disposto no art. 128.

SEÇÃO II. DA CESSÃO

Art. 134. O pedido de registro e o registro poderão ser cedidos, desde que o cessionário atenda aos requisitos legais para requerer tal registro.

Art. 135. A cessão deverá compreender todos os registros ou pedidos, em nome do cedente, de marcas iguais ou semelhantes, relativas a produto ou serviço idêntico, semelhante ou afim, sob pena de cancelamento dos registros ou arquivamento dos pedidos não cedidos.

SEÇÃO III. DAS ANOTAÇÕES

Art. 136. O INPI fará as seguintes anotações:

I – da cessão, fazendo constar a qualificação completa do cessionário;

II – de qualquer limitação ou ônus que recaia sobre o pedido ou registro; e

III – das alterações de nome, sede ou endereço do depositante ou titular.

Art. 137. As anotações produzirão efeitos em relação a terceiros a partir da data de sua publicação.

Art. 138. Cabe recurso da decisão que:

I – indeferir anotação de cessão;

II – cancelar o registro ou arquivar o pedido, nos termos do art. 135.

SEÇÃO IV. DA LICENÇA DE USO

Art. 139. O titular de registro ou o depositante de pedido de registro poderá celebrar contrato de licença para uso da marca, sem prejuízo de seu direito de exercer controle efetivo sobre as especificações, natureza e qualidade dos respectivos produtos ou serviços.

Parágrafo único. O licenciado poderá ser investido pelo titular de todos os poderes para agir em defesa da marca, sem prejuízo dos seus próprios direitos.

Art. 140. O contrato de licença deverá ser averbado no INPI para que produza efeitos em relação a terceiros.

§ 1º. A averbação produzirá efeitos em relação a terceiros a partir da data de sua publicação.

§ 2º. Para efeito de validade de prova de uso, o contrato de licença não precisará estar averbado no INPI.

Art. 141. Da decisão que indeferir a averbação do contrato de licença cabe recurso.

CAPÍTULO VI. DA PERDA DOS DIREITOS

Art. 142. O registro da marca extingue-se:

I – pela expiração do prazo de vigência;

II – pela renúncia, que poderá ser total ou parcial em relação aos produtos ou serviços assinalados pela marca;
III – pela caducidade; ou
IV – pela inobservância do disposto no art. 217.

Art. 143. Caducará o registro, a requerimento de qualquer pessoa com legítimo interesse se, decorridos 5 (cinco) anos da sua concessão, na data do requerimento:

I – o uso da marca não tiver sido iniciado no Brasil; ou
II – o uso da marca tiver sido interrompido por mais de 5 (cinco) anos consecutivos, ou se, no mesmo prazo, a marca tiver sido usada com modificação que implique alteração de seu caráter distintivo original, tal como constante do certificado de registro.

§ 1º. Não ocorrerá caducidade se o titular justificar o desuso da marca por razões legítimas.

§ 2º. O titular será intimado para se manifestar no prazo de 60 (sessenta) dias, cabendo-lhe o ônus de provar o uso da marca ou justificar seu desuso por razões legítimas.

Art. 144. O uso da marca deverá compreender produtos ou serviços constantes do certificado, sob pena de caducar parcialmente o registro em relação aos não semelhantes ou afins daqueles para os quais a marca foi comprovadamente usada.

Art. 145. Não se conhecerá do requerimento de caducidade se o uso da marca tiver sido comprovado ou justificado seu desuso em processo anterior, requerido há menos de 5 (cinco) anos.

Art. 146. Da decisão que declarar ou denegar a caducidade caberá recurso.

CAPÍTULO VII. DAS MARCAS COLETIVAS E DE CERTIFICAÇÃO

Art. 147. O pedido de registro de marca coletiva conterá regulamento de utilização, dispondo sobre condições e proibições de uso da marca.

Parágrafo único. O regulamento de utilização, quando não acompanhar o pedido, deverá ser protocolizado no prazo de 60 (sessenta) dias do depósito, sob pena de arquivamento definitivo do pedido.

Art. 148. O pedido de registro da marca de certificação conterá:

I – as características do produto ou serviço objeto de certificação; e
II – as medidas de controle que serão adotadas pelo titular.

Parágrafo único. A documentação prevista nos incisos I e II deste artigo, quando não acompanhar o pedido, deverá ser protocolizada no prazo de 60 (sessenta) dias, sob pena de arquivamento definitivo do pedido.

Art. 149. Qualquer alteração no regulamento de utilização deverá ser comunicada ao INPI, mediante petição protocolizada, contendo todas as condições alteradas, sob pena de não ser considerada.

Art. 150. O uso da marca independe de licença, bastando sua autorização no regulamento de utilização.

Art. 151. Além das causas de extinção estabelecidas no art. 142, o registro da marca coletiva e de certificação extingue-se quando:

I – a entidade deixar de existir; ou
II – a marca for utilizada em condições outras que não aquelas previstas no regulamento de utilização.

Art. 152. Só será admitida a renúncia ao registro de marca coletiva quando requerida nos termos do contrato social ou estatuto da própria entidade, ou, ainda, conforme o regulamento de utilização.

Art. 153. A caducidade do registro será declarada se a marca coletiva não for usada por mais de uma pessoa autorizada, observado o disposto nos arts. 143 a 146.

Art. 154. A marca coletiva e a de certificação que já tenham sido usadas e cujos registros tenham sido extintos não poderão ser registradas em nome de terceiro, antes de expirado o prazo de 5 (cinco) anos, contados da extinção do registro.

CAPÍTULO VIII. DO DEPÓSITO

Art. 155. O pedido deverá referir-se a um único sinal distintivo e, nas condições estabelecidas pelo INPI, conterá:

I – requerimento;
II – etiquetas, quando for o caso; e
III – comprovante do pagamento da retribuição relativa ao depósito.

Parágrafo único. O requerimento e qualquer documento que o acompanhe deverão ser apresentados em língua portuguesa e, quando houver documento em língua estrangeira, sua tradução simples deverá ser apresentada no ato do depósito ou dentro dos 60 (sessenta) dias subsequentes, sob pena de não ser considerado o documento.

Art. 156. Apresentado o pedido, será ele submetido a exame formal preliminar e, se devidamente instruído, será protocolizado, considerada a data de depósito a da sua apresentação.

Art. 157. O pedido que não atender formalmente ao disposto no art. 155, mas que contiver dados suficientes relativos ao depositante, sinal marcário e classe, poderá ser entregue, mediante recibo datado, ao INPI, que estabelecerá as exigências a serem cumpridas pelo depositante, em 5 (cinco) dias, sob pena de ser considerado inexistente.

Parágrafo único. Cumpridas as exigências, o depósito será considerado como efetuado na data da apresentação do pedido.

CAPÍTULO IX. DO EXAME

Art. 158. Protocolizado, o pedido será publicado para apresentação de oposição no prazo de 60 (sessenta) dias.

§ 1º. O depositante será intimado da oposição, podendo se manifestar no prazo de 60 (sessenta) dias.

§ 2º. Não se conhecerá da oposição, nulidade administrativa ou de ação de nulidade se, fundamentada no inciso XXIII do art. 124 ou no art. 126, não se comprovar, no prazo de 60 (sessenta) dias após a interposição, o depósito do pedido de registro da marca na forma desta Lei.

Art. 159. Decorrido o prazo de oposição ou, se interposta esta, findo o prazo de manifestação, será feito o exame, durante o qual poderão ser formuladas exigências, que deverão ser respondidas no prazo de 60 (sessenta) dias.

§ 1º. Não respondida a exigência, o pedido será definitivamente arquivado.

§ 2º. Respondida a exigência, ainda que não cumprida, ou contestada a sua formulação, dar-se-á prosseguimento ao exame.

Art. 160. Concluído o exame, será proferida decisão, deferindo ou indeferindo o pedido de registro.

CAPÍTULO X. DA EXPEDIÇÃO DO CERTIFICADO DE REGISTRO

Art. 161. O certificado de registro será concedido depois de deferido o pedido e comprovado o pagamento das retribuições correspondentes.

Art. 162. O pagamento das retribuições, e sua comprovação, relativas à expedição do certificado de registro e ao primeiro decênio de sua vigência, deverão ser efetuados no prazo de 60 (sessenta) dias contados do deferimento.

Parágrafo único. A retribuição poderá ainda ser paga e comprovada dentro de 30 (trinta) dias após o prazo previsto neste artigo, independentemente de notificação, mediante o pagamento de retribuição específica, sob pena de arquivamento definitivo do pedido.

Art. 163. Reputa-se concedido o certificado de registro na data da publicação do respectivo ato.

Art. 164. Do certificado deverão constar a marca, o número e data do registro, nome, nacionalidade e domicílio do titular, os produtos ou serviços, as características do registro e a prioridade estrangeira.

CAPÍTULO XI. DA NULIDADE DO REGISTRO

SEÇÃO I. DISPOSIÇÕES GERAIS

Art. 165. É nulo o registro que for concedido em desacordo com as disposições desta Lei.

Parágrafo único. A nulidade do registro poderá ser total ou parcial, sendo condição para a nulidade parcial o fato de a parte subsistente poder ser considerada registrável.

Art. 166. O titular de uma marca registrada em país signatário da Convenção da União de Paris para Proteção da Propriedade Industrial poderá, alternativamente, reivindicar, através de ação judicial, a adjudicação do registro, nos termos previstos no art. 6º *septies* (1) daquela Convenção.

Art. 167. A declaração de nulidade produzirá efeito a partir da data do depósito do pedido.

SEÇÃO II. DO PROCESSO ADMINISTRATIVO DE NULIDADE

Art. 168. A nulidade do registro será declarada administrativamente quando tiver sido concedida com infringência do disposto nesta Lei.

Art. 169. O processo de nulidade poderá ser instaurado de ofício ou mediante requerimento de qualquer pessoa com legítimo interesse, no prazo de 180 (cento e oitenta) dias contados da data da expedição do certificado de registro.

Art. 170. O titular será intimado para se manifestar no prazo de 60 (sessenta) dias.

Art. 171. Decorrido o prazo fixado no artigo anterior, mesmo que não apresentada a manifestação, o processo será decidido pelo Presidente do INPI, encerrando-se a instância administrativa.

Art. 172. O processo de nulidade prosseguirá ainda que extinto o registro.

SEÇÃO III. DA AÇÃO DE NULIDADE

Art. 173. A ação de nulidade poderá ser proposta pelo INPI ou por qualquer pessoa com legítimo interesse.

Parágrafo único. O juiz poderá, nos autos da ação de nulidade, determinar liminarmente a suspensão dos efeitos do registro e do uso da marca, atendidos os requisitos processuais próprios.

Art. 174. Prescreve em 5 (cinco) anos a ação para declarar a nulidade do registro, contados da data da sua concessão.

Art. 175. A ação de nulidade do registro será ajuizada no foro da justiça federal e o INPI, quando não for autor, intervirá no feito.

§ 1º. O prazo para resposta do réu titular do registro será de 60 (sessenta) dias.

§ 2º. Transitada em julgado a decisão da ação de nulidade, o INPI publicará anotação, para ciência de terceiros.

TÍTULO IV. DAS INDICAÇÕES GEOGRÁFICAS

Art. 176. Constitui indicação geográfica a indicação de procedência ou a denominação de origem.

Art. 177. Considera-se indicação de procedência o nome geográfico de país, cidade, região ou localidade de seu território, que se tenha tornado conhecido como centro de extração, produção ou fabricação de determinado produto ou de prestação de determinado serviço.

Art. 178. Considera-se denominação de origem o nome geográfico de país, cidade, região ou localidade de seu território, que designe produto ou serviço cujas qualidades ou características se devam exclusiva ou essencialmente ao meio geográfico, incluídos fatores naturais e humanos.

Art. 179. A proteção estender-se-á à representação gráfica ou figurativa da indicação geográfica, bem como à representação geográfica de país, cidade, região ou localidade de seu território cujo nome seja indicação geográfica.

Art. 180. Quando o nome geográfico se houver tornado de uso comum, designando produto ou serviço, não será considerado indicação geográfica.

Art. 181. O nome geográfico que não constitua indicação de procedência ou denominação de origem poderá servir de elemento característico de marca para produto ou serviço, desde que não induza falsa procedência.

Art. 182. O uso da indicação geográfica é restrito aos produtores e prestadores de serviço estabelecidos no local, exigindo-se, ainda, em relação às denominações de origem, o atendimento de requisitos de qualidade.

Parágrafo único. O INPI estabelecerá as condições de registro das indicações geográficas.

TÍTULO V. DOS CRIMES CONTRA A PROPRIEDADE INDUSTRIAL

CAPÍTULO I. DOS CRIMES CONTRA AS PATENTES

Art. 183. Comete crime contra patente de invenção ou de modelo de utilidade quem:

I – fabrica produto que seja objeto de patente de invenção ou de modelo de utilidade, sem autorização do titular; ou

II – usa meio ou processo que seja objeto de patente de invenção, sem autorização do titular.

Pena – detenção, de 3 (três) meses a 1 (um) ano, ou multa.

Art. 184. Comete crime contra patente de invenção ou de modelo de utilidade quem:

I – exporta, vende, expõe ou oferece à venda, tem em estoque, oculta ou recebe, para utilização com fins econômicos, produto fabricado com violação de patente de invenção ou de modelo de utilidade, ou obtido por meio ou processo patenteado; ou

II – importa produto que seja objeto de patente de invenção ou de modelo de utilidade ou obtido por meio ou processo patenteado no País, para os fins previstos no inciso anterior, e que não tenha sido colocado no mercado externo diretamente pelo titular da patente ou com seu consentimento.

Pena – detenção, de 1 (um) a 3 (três) meses, ou multa.

Art. 185. Fornecer componente de um produto patenteado, ou material ou equipamento para realizar um processo patenteado, desde que a aplicação final do componente, material ou equipamento induza, necessariamente, à exploração do objeto da patente.

Pena – detenção, de 1 (um) a 3 (três) meses, ou multa.

Art. 186. Os crimes deste Capítulo caracterizam-se ainda que a violação não atinja todas as reivindicações da patente ou se restrinja à utilização de meios equivalentes ao objeto da patente.

CAPÍTULO II. DOS CRIMES CONTRA OS DESENHOS INDUSTRIAIS

Art. 187. Fabricar, sem autorização do titular, produto que incorpore desenho industrial registrado, ou imitação substancial que possa induzir em erro ou confusão.

Pena – detenção, de 3 (três) meses a 1 (um) ano, ou multa.

Art. 188. Comete crime contra registro de desenho industrial quem:

I – exporta, vende, expõe ou oferece à venda, tem em estoque, oculta ou recebe, para utilização com fins econômicos, objeto que incorpore ilicitamente desenho industrial registrado, ou imitação substancial que possa induzir em erro ou confusão; ou

II – importa produto que incorpore desenho industrial registrado no País, ou imitação substancial que possa induzir em erro ou confusão, para os fins previstos no inciso anterior, e que não tenha sido colocado no mercado externo diretamente pelo titular ou com seu consentimento.

Pena – detenção, de 1 (um) a 3 (três) meses, ou multa.

CAPÍTULO III. DOS CRIMES CONTRA AS MARCAS

Art. 189. Comete crime contra registro de marca quem:

I – reproduz, sem autorização do titular, no todo ou em parte, marca registrada, ou imita-a de modo que possa induzir confusão; ou

II – altera marca registrada de outrem já aposta em produto colocado no mercado.

Pena – detenção, de 3 (três) meses a 1 (um) ano, ou multa.

Art. 190. Comete crime contra registro de marca quem importa, exporta, vende, oferece ou expõe à venda, oculta ou tem em estoque:

I – produto assinalado com marca ilicitamente reproduzida ou imitada, de outrem, no todo ou em parte; ou

II – produto de sua indústria ou comércio, contido em vasilhame, recipiente ou embalagem que contenha marca legítima de outrem.

Pena – detenção, de 1 (um) a 3 (três) meses, ou multa.

CAPÍTULO IV. DOS CRIMES COMETIDOS POR MEIO DE MARCA, TÍTULO DE ESTABELECIMENTO E SINAL DE PROPAGANDA

Art. 191. Reproduzir ou imitar, de modo que possa induzir em erro ou confusão, armas, brasões ou distintivos oficiais nacionais, estrangeiros ou internacionais, sem a necessária autorização, no todo ou em parte, em marca, título de estabelecimento, nome comercial, insígnia ou sinal de propaganda, ou usar essas reproduções ou imitações com fins econômicos.

Pena – detenção, de 1 (um) a 3 (três) meses, ou multa.

Parágrafo único. Incorre na mesma pena quem vende ou expõe ou oferece à venda produtos assinalados com essas marcas.

CAPÍTULO V. DOS CRIMES CONTRA INDICAÇÕES GEOGRÁFICAS E DEMAIS INDICAÇÕES

Art. 192. Fabricar, importar, exportar, vender, expor ou oferecer à venda ou ter em estoque produto que apresente falsa indicação geográfica.

Pena – detenção, de 1 (um) a 3 (três) meses, ou multa.

Art. 193. Usar, em produto, recipiente, invólucro, cinta, rótulo, fatura, circular, cartaz ou em outro meio de divulgação ou propaganda, termos retificativos, tais como "tipo", "espécie", "gênero", "sistema", "semelhante", "sucedâneo", "idêntico", ou equivalente, não ressalvando a verdadeira procedência do produto.

Pena – detenção, de 1 (um) a 3 (três) meses, ou multa.

Art. 194. Usar marca, nome comercial, título de estabelecimento, insígnia, expressão ou sinal de propaganda ou qualquer outra forma que indique procedência que não a verdadeira, ou vender ou expor à venda produto com esses sinais.

Pena – detenção, de 1 (um) a 3 (três) meses, ou multa.

CAPÍTULO VI. DOS CRIMES DE CONCORRÊNCIA DESLEAL

Art. 195. Comete crime de concorrência desleal quem:

I – publica, por qualquer meio, falsa afirmação, em detrimento de concorrente, com o fim de obter vantagem;

II – presta ou divulga, acerca de concorrente, falsa informação, com o fim de obter vantagem;

III – emprega meio fraudulento, para desviar, em proveito próprio ou alheio, clientela de outrem;

IV – usa expressão ou sinal de propaganda alheios, ou os imita, de modo a criar confusão entre os produtos ou estabelecimentos;

V – usa, indevidamente, nome comercial, título de estabelecimento ou insígnia alheios ou vende, expõe ou oferece à venda ou tem em estoque produto com essas referências;

VI – substitui, pelo seu próprio nome ou razão social, em produto de outrem, o nome ou razão social deste, sem o seu consentimento;

VII – atribui-se, como meio de propaganda, recompensa ou distinção que não obteve;

VIII – vende ou expõe ou oferece à venda, em recipiente ou invólucro de outrem, produto adulterado ou falsificado, ou dele se utiliza para negociar com produto da mesma espécie, embora não adulterado ou falsificado, se o fato não constitui crime mais grave;

IX – dá ou promete dinheiro ou outra utilidade a empregado de concorrente, para que o empregado, faltando ao dever do emprego, lhe proporcione vantagem;

X – recebe dinheiro ou outra utilidade, ou aceita promessa de paga ou recompensa, para, faltando ao dever de empregado, proporcionar vantagem a concorrente do empregador;

XI – divulga, explora ou utiliza-se, sem autorização, de conhecimentos, informações ou dados confidenciais, utilizáveis na indústria, comércio ou prestação de serviços, excluídos aqueles que sejam de conhecimento público ou que sejam evidentes para um técnico no assunto, a que teve acesso mediante relação contratual ou empregatícia, mesmo após o término do contrato;

XII – divulga, explora ou utiliza-se, sem autorização, de conhecimentos ou informações a que se refere o inciso anterior, obtidos por meios ilícitos ou a que teve acesso mediante fraude;

XIII – vende, expõe ou oferece à venda produto, declarando ser objeto de patente depositada, ou concedida, ou de desenho industrial registrado, que não o seja, ou menciona-o, em anúncio ou papel comercial, como depositado ou patenteado, ou registrado, sem o ser; ou

XIV – divulga, explora ou utiliza-se, sem autorização, de resultados de testes ou outros dados não divulgados, cuja elaboração envolva esforço considerável e que tenham sido apresentados a entidades governamentais como condição para aprovar a comercialização de produtos.

Pena – detenção, de 3 (três) meses a 1 (um) ano, ou multa.

§ 1º. Inclui-se nas hipóteses a que se referem os incisos XI e XII o empregador, sócio ou administrador da empresa, que incorrer nas tipificações estabelecidas nos mencionados dispositivos.

§ 2º. O disposto no inciso XIV não se aplica quanto à divulgação por órgão governamental competente para autorizar a comercialização de produto, quando necessário para proteger o público.

CAPÍTULO VII. DAS DISPOSIÇÕES GERAIS

Art. 196. As penas de detenção previstas nos Capítulos I, II e III deste Título serão aumentadas de um terço à metade se:

I – o agente é ou foi representante, mandatário, preposto, sócio ou empregado do titular da patente ou do registro, ou, ainda, do seu licenciado; ou

II – a marca alterada, reproduzida ou imitada for de alto renome, notoriamente conhecida, de certificação ou coletiva.

Art. 197. As penas de multa previstas neste Título serão fixadas, no mínimo, em 10 (dez) e, no máximo, em 360 (trezentos e sessenta) dias-multa, de acordo com a sistemática do Código Penal.

Parágrafo único. A multa poderá ser aumentada ou reduzida, em até 10 (dez) vezes, em face das condições pessoais do agente e da magnitude da vantagem auferida, independentemente da norma estabelecida no artigo anterior.

Art. 198. Poderão ser apreendidos, de ofício ou a requerimento do interessado, pelas autoridades alfandegárias, no ato de conferência, os produtos assinalados com marcas falsificadas, alteradas ou imitadas ou que apresentem falsa indicação de procedência.

Art. 199. Nos crimes previstos neste Título somente se procede mediante queixa, salvo quanto ao crime do art. 191, em que a ação penal será pública.

Art. 200. A ação penal e as diligências preliminares de busca e apreensão, nos crimes contra a propriedade industrial, regulam-se pelo disposto no Código de Processo Penal, com as modificações constantes dos artigos deste Capítulo.

Art. 201. Na diligência de busca e apreensão, em crime contra patente que tenha por objeto a invenção de processo, o oficial do juízo será acompanhado por perito, que verificará, preliminarmente, a existência do ilícito, podendo o juiz ordenar a apreensão de produtos obtidos pelo contrafator com o emprego do processo patenteado.

Art. 202. Além das diligências preliminares de busca e apreensão, o interessado poderá requerer:

I – apreensão de marca falsificada, alterada ou imitada onde for preparada ou onde quer que seja encontrada, antes de utilizada para fins criminosos; ou

II – destruição de marca falsificada nos volumes ou produtos que a contiverem, antes de serem distribuídos, ainda que fiquem destruídos os envoltórios ou os próprios produtos.

Art. 203. Tratando-se de estabelecimentos industriais ou comerciais legalmente organizados e que estejam funcionando publicamente, as diligências preliminares limitar-se-ão à vistoria e apreensão dos produtos, quando ordenadas pelo juiz, não podendo ser paralisada a sua atividade licitamente exercida.

Art. 204. Realizada a diligência de busca e apreensão, responderá por perdas e danos a parte que a tiver requerido de má-fé, por espírito de emulação, mero capricho ou erro grosseiro.

Art. 205. Poderá constituir matéria de defesa na ação penal a alegação de nulidade da patente ou registro em que a ação se fundar. A absolvição do réu, entretanto, não importará a nulidade da patente ou do registro, que só poderá ser demandada pela ação competente.

Art. 206. Na hipótese de serem reveladas, em juízo, para a defesa dos interesses de qualquer das partes, informações que se caracterizem como confidenciais, sejam segredo de indústria ou de comércio, deverá o juiz determinar que o processo prossiga em segredo de justiça, vedado o uso de tais informações também à outra parte para outras finalidades.

Art. 207. Independentemente da ação criminal, o prejudicado poderá intentar as ações cíveis que considerar cabíveis na forma do Código de Processo Civil.

- CC: art. 935.
- Lei 13.105/2015 – Código de Processo Civil.

Art. 208. A indenização será determinada pelos benefícios que o prejudicado teria auferido se a violação não tivesse ocorrido.

Art. 209. Fica ressalvado ao prejudicado o direito de haver perdas e danos em ressarcimento de prejuízos causados por atos de violação de direitos de propriedade industrial e atos de concorrência desleal não previstos nesta Lei, tendentes a prejudicar a reputação ou os negócios alheios, a criar confusão entre estabelecimentos comerciais, industriais ou prestadores de serviço, ou entre os produtos e serviços postos no comércio.

§ 1º. Poderá o juiz, nos autos da própria ação, para evitar dano irreparável ou de difícil reparação, determinar liminarmente a sustação da violação ou de ato que a enseje, antes da citação do réu, mediante, caso julgue necessário, caução em dinheiro ou garantia fidejussória.

§ 2º. Nos casos de reprodução ou de imitação flagrante de marca registrada, o juiz poderá determinar a apreensão de todas as mercadorias, produtos, objetos, embalagens, etiquetas e outros que contenham a marca falsificada ou imitada.

Art. 210. Os lucros cessantes serão determinados pelo critério mais favorável ao prejudicado, dentre os seguintes:

- CC: art. 403.

I – os benefícios que o prejudicado teria auferido se a violação não tivesse ocorrido; ou

II – os benefícios que foram auferidos pelo autor da violação do direito; ou

III – a remuneração que o autor da violação teria pago ao titular do direito violado pela concessão de uma licença que lhe permitisse legalmente explorar o bem.

TÍTULO VI. DA TRANSFERÊNCIA DE TECNOLOGIA E DA FRANQUIA

Art. 211. O INPI fará o registro dos contratos que impliquem transferência de tecnologia, contratos de franquia e similares para produzirem efeitos em relação a terceiros.

Parágrafo único. A decisão relativa aos pedidos de registro de contratos de que trata este artigo será proferida no prazo de 30 (trinta) dias, contados da data do pedido de registro.

TÍTULO VII. DAS DISPOSIÇÕES GERAIS

CAPÍTULO I. DOS RECURSOS

Art. 212. Salvo expressa disposição em contrário, das decisões de que trata esta Lei cabe recurso, que será interposto no prazo de 60 (sessenta) dias.

§ 1º. Os recursos serão recebidos nos efeitos suspensivo e devolutivo pleno, aplicando-se todos os dispositivos pertinentes ao exame de primeira instância, no que couber.

§ 2º. Não cabe recurso da decisão que determinar o arquivamento definitivo de pedido de patente ou de registro e da que deferir pedido de patente, de certificado de adição ou de registro de marca.

§ 3º. Os recursos serão decididos pelo Presidente do INPI, encerrando-se a instância administrativa.

Art. 213. Os interessados serão intimados para, no prazo de 60 (sessenta) dias, oferecerem contrarrazões ao recurso.

Art. 214. Para fins de complementação das razões oferecidas a título de recurso, o INPI poderá formular exigências, que deverão ser cumpridas no prazo de 60 (sessenta) dias.

Parágrafo único. Decorrido o prazo do *caput*, será decidido o recurso.

Art. 215. A decisão do recurso é final e irrecorrível na esfera administrativa.

CAPÍTULO II. DOS ATOS DAS PARTES

Art. 216. Os atos previstos nesta Lei serão praticados pelas partes ou por seus procuradores, devidamente qualificados.

§ 1º. O instrumento de procuração, no original, traslado ou fotocópia autenticada, deverá ser em língua portuguesa, dispensados a legalização consular e o reconhecimento de firma.

§ 2º. A procuração deverá ser apresentada em até 60 (sessenta) dias contados da prática do primeiro ato da parte no processo, independente de notificação ou exigência, sob pena de arquivamento, sendo definitivo o arquivamento do pedido de patente, do pedido de registro de desenho industrial e de registro de marca.

Art. 217. A pessoa domiciliada no exterior deverá constituir e manter procurador devidamente qualificado e domiciliado no País, com poderes para representá-la administrativa e judicialmente, inclusive para receber citações.

Art. 218. Não se conhecerá da petição:

I – se apresentada fora do prazo legal; ou

II – se desacompanhada do comprovante da respectiva retribuição no valor vigente à data de sua apresentação.

Art. 219. Não serão conhecidos a petição, a oposição e o recurso, quando:

I – apresentados fora do prazo previsto nesta Lei;

II – não contiverem fundamentação legal; ou

III – desacompanhados do comprovante do pagamento da retribuição correspondente.

Art. 220. O INPI aproveitará os atos das partes, sempre que possível, fazendo as exigências cabíveis.

CAPÍTULO III. DOS PRAZOS

Art. 221. Os prazos estabelecidos nesta Lei são contínuos, extinguindo-se automaticamente o direito de praticar o ato, após seu decurso, salvo se a parte provar que não o realizou por justa causa.

§ 1º. Reputa-se justa causa o evento imprevisto, alheio à vontade da parte e que a impediu de praticar o ato.

§ 2º. Reconhecida a justa causa, a parte praticará o ato no prazo que lhe for concedido pelo INPI.

Art. 222. No cômputo dos prazos, exclui-se o dia do começo e inclui-se o do vencimento.

Art. 223. Os prazos somente começam a correr a partir do primeiro dia útil após a intimação, que será feita mediante publicação no órgão oficial do INPI.

Art. 224. Não havendo expressa estipulação nesta Lei, o prazo para a prática do ato será de 60 (sessenta) dias.

CAPÍTULO IV. DA PRESCRIÇÃO

Art. 225. Prescreve em 5 (cinco) anos a ação para reparação de dano causado ao direito de propriedade industrial.

CAPÍTULO V. DOS ATOS DO INPI

Art. 226. Os atos do INPI nos processos administrativos referentes à propriedade industrial só produzem efeitos a partir da sua publicação no respectivo órgão oficial, ressalvados:

I – os que expressamente independerem de notificação ou publicação por força do disposto nesta Lei;

II – as decisões administrativas, quando feita notificação por via postal ou por ciência dada ao interessado no processo; e

III – os pareceres e despachos internos que não necessitem ser do conhecimento das partes.

CAPÍTULO VI. DAS CLASSIFICAÇÕES

Art. 227. As classificações relativas às matérias dos Títulos I, II e III desta Lei serão estabelecidas pelo INPI, quando não fixadas em tratado ou acordo internacional em vigor no Brasil.

CAPÍTULO VII. DA RETRIBUIÇÃO

Art. 228. Para os serviços previstos nesta Lei será cobrada retribuição, cujo valor e processo de recolhimento serão estabelecidos por ato do titular do órgão da administração pública federal a que estiver vinculado o INPI.

TÍTULO VIII. DAS DISPOSIÇÕES TRANSITÓRIAS E FINAIS

Art. 229. Aos pedidos em andamento serão aplicadas as disposições desta Lei, exceto quanto à patenteabilidade dos pedidos depositados até 31 de dezembro de 1994, cujo objeto de proteção sejam substâncias, matérias ou produtos obtidos por meios ou processos químicos ou substâncias, matérias, misturas ou produtos alimentícios, químico-farmacêuticos e medicamentos de qualquer espécie, bem como os respectivos processos de obtenção ou modificação e cujos depositantes não tenham exercido a faculdade prevista nos arts. 230 e 231 desta Lei, os quais serão considerados indeferidos, para todos os efeitos, devendo o INPI publicar a comunicação dos aludidos indeferimentos. (Redação dada pela Lei nº 10.196, de 2001)

Parágrafo único. Aos pedidos relativos a produtos farmacêuticos e produtos químicos para a agricultura, que tenham sido depositados entre 1º de janeiro de 1995 e 14 de maio de 1997, aplicam-se os critérios de patenteabilidade desta Lei, na data efetiva do depósito do pedido no Brasil, ou da prioridade, se houver, assegurando-se a proteção a partir da data da concessão da patente, pelo prazo remanescente a contar do dia do depósito no Brasil, limitado ao prazo previsto no *caput* do art. 40. (Incluído pela Lei nº 10.196, de 2001)

Art. 229-A. Consideram-se indeferidos os pedidos de patentes de processo apresentados entre 1º de janeiro de 1995 e 14 de maio de 1997, aos quais o art. 9º, alínea *c*, da Lei nº 5.772, de 21 de dezembro de 1971, não conferia proteção, devendo o INPI publicar a comunicação dos aludidos indeferimentos. (Incluído pela Lei nº 10.196, de 2001)

Art. 229-B. Os pedidos de patentes de produto apresentados entre 1º de janeiro de 1995 e 14 de maio de 1997, aos quais o art. 9º, alíneas *b* e *c*, da Lei nº 5.772, de 1971, não conferia proteção e cujos depositantes não tenham exercido a faculdade prevista nos arts. 230 e 231, serão decididos até 31 de dezembro de 2004, em conformidade com esta Lei. (Incluído pela Lei nº 10.196, de 2001)

Art. 229-C. A concessão de patentes para produtos e processos farmacêuticos dependerá da prévia anuência da Agência Nacional de Vigilância Sanitária (ANVISA). (Incluído pela Lei nº 10.196, de 2001)

Art. 230. Poderá ser depositado pedido de patente relativo às substâncias, matérias ou produtos obtidos por meios ou processos químicos e as substâncias, matérias, misturas ou produtos alimentícios, químico-farmacêuticos e medicamentos de qualquer espécie, bem como os respectivos processos de obtenção ou modificação, por quem tenha proteção garantida em tratado ou convenção em vigor no Brasil, ficando assegurada a data do primeiro depósito no exterior, desde que seu objeto não tenha sido colocado em qualquer mercado, por iniciativa direta do titular ou por terceiro com seu consentimento, nem tenham sido realizados, por terceiros, no País, sérios e efetivos preparativos para a exploração do objeto do pedido ou da patente.

§ 1º. O depósito deverá ser feito dentro do prazo de 1 (um) ano contado da publicação desta Lei, e deverá indicar a data do primeiro depósito no exterior.

§ 2º. O pedido de patente depositado com base neste artigo será automaticamente publicado, sendo facultado a qualquer interessado manifestar-se, no prazo de 90 (noventa) dias, quanto ao atendimento do disposto no *caput* deste artigo.

§ 3º. Respeitados os arts. 10 e 18 desta Lei, e uma vez atendidas as condições estabelecidas neste artigo e comprovada a concessão da patente no país onde foi depositado o primeiro pedido, será concedida a patente no Brasil, tal como concedida no país de origem.

§ 4º. Fica assegurado à patente concedida com base neste artigo o prazo remanescente de proteção no país onde foi depositado o primeiro pedido, contado da data do depósito no Brasil e limitado ao prazo previsto no art. 40, não se aplicando o disposto no seu parágrafo único.

§ 5º. O depositante que tiver pedido de patente em andamento, relativo às substâncias, matérias ou produtos obtidos por meios ou processos químicos e as substâncias, matérias, misturas ou produtos alimentícios, químico-farmacêuticos e medicamentos de qualquer espécie, bem como os respectivos processos de obtenção ou modificação, poderá apresentar novo pedido, no prazo e condições estabelecidos neste artigo, juntando prova de desistência do pedido em andamento.

§ 6º. Aplicam-se as disposições desta Lei, no que couber, ao pedido depositado e à patente concedida com base neste artigo.

Art. 231. Poderá ser depositado pedido de patente relativo às matérias de que trata o artigo anterior, por nacional ou pessoa domiciliada no País, ficando assegurada a data de divulgação do invento, desde que seu objeto não tenha sido colocado em qualquer mercado, por iniciativa direta do titular ou por terceiro com seu consentimento, nem tenham sido realizados, por terceiros, no País, sérios e efetivos preparativos para a exploração do objeto do pedido.

§ 1º. O depósito deverá ser feito dentro do prazo de 1 (um) ano contado da publicação desta Lei.

§ 2º. O pedido de patente depositado com base neste artigo será processado nos termos desta Lei.

§ 3º. Fica assegurado à patente concedida com base neste artigo o prazo remanescente de proteção de 20 (vinte) anos contado da data da divulgação do invento, a partir do depósito no Brasil.

§ 4º. O depositante que tiver pedido de patente em andamento, relativo às matérias de que trata o artigo anterior, poderá apresentar novo pedido, no prazo e condições estabelecidos neste artigo, juntando prova de desistência do pedido em andamento.

Art. 232. A produção ou utilização, nos termos da legislação anterior, de substâncias, matérias ou produtos obtidos por meios ou processos químicos e as substâncias, matérias, misturas ou produtos alimentícios, químico-farmacêuticos e medicamentos de qualquer espécie, bem como os respectivos processos de obtenção ou modificação, mesmo que protegidos por patente de produto ou processo em outro país, de conformidade com tratado ou convenção em vigor no Brasil, poderão continuar, nas mesmas condições anteriores à aprovação desta Lei.

§ 1º. Não será admitida qualquer cobrança retroativa ou futura, de qualquer valor, a qualquer título, relativa a produtos produzidos ou processos utilizados no Brasil em conformidade com este artigo.

§ 2º. Não será igualmente admitida cobrança nos termos do parágrafo anterior, caso, no período anterior à entrada em vigência desta Lei, tenham sido realizados investimentos significativos para a exploração de produto ou de processo referidos neste artigo, mesmo que protegidos por patente de produto ou de processo em outro país.

Art. 233. Os pedidos de registro de expressão e sinal de propaganda e de declaração de notoriedade serão definitivamente arquivados e os registros e declaração permanecerão em vigor pelo prazo de vigência restante, não podendo ser prorrogados.

Art. 234. Fica assegurada ao depositante a garantia de prioridade de que trata o art. 7º da Lei nº 5.772, de 21 de dezembro de 1971, até o término do prazo em curso.

Art. 235. É assegurado o prazo em curso concedido na vigência da Lei nº 5.772, de 21 de dezembro de 1971.

Art. 236. O pedido de patente de modelo ou de desenho industrial depositado na vigência da Lei nº 5.772, de 21 de dezembro de 1971, será automaticamente denominado pedido de registro de desenho industrial, considerando-se, para todos os efeitos legais, a publicação já feita.

Parágrafo único. Nos pedidos adaptados serão considerados os pagamentos para efeito de cálculo de retribuição quinquenal devida.

Art. 237. Aos pedidos de patente de modelo ou de desenho industrial que tiverem sido objeto de exame na forma da Lei nº 5.772, de 21 de dezembro de 1971, não se aplicará o disposto no art. 111.

Art. 238. Os recursos interpostos na vigência da Lei nº 5.772, de 21 de dezembro de 1971, serão decididos na forma nela prevista.

Art. 239. Fica o Poder Executivo autorizado a promover as necessárias transformações no INPI, para assegurar à Autarquia autonomia financeira e administrativa, podendo esta:

I – contratar pessoal técnico e administrativo mediante concurso público;

II – fixar tabela de salários para os seus funcionários, sujeita à aprovação do Ministério a que estiver vinculado o INPI; e

III – dispor sobre a estrutura básica e regimento interno, que serão aprovados pelo Ministério a que estiver vinculado o INPI.

Parágrafo único. As despesas resultantes da aplicação deste artigo correrão por conta de recursos próprios do INPI.

Art. 240. O art. 2º da Lei nº 5.648, de 11 de dezembro de 1970, passa a ter a seguinte redação:

"Art. 2º O INPI tem por finalidade principal executar, no âmbito nacional, as normas que regulam a propriedade industrial, tendo em vista a sua função social, econômica, jurídica e técnica, bem como pronunciar-se quanto à conveniência de assinatura, ratificação e denúncia de convenções, tratados, convênios e acordos sobre propriedade industrial."

Art. 241. Fica o Poder Judiciário autorizado a criar juízos especiais para dirimir questões relativas à propriedade intelectual.

Art. 242. O Poder Executivo submeterá ao Congresso Nacional projeto de lei destinado a promover, sempre que necessário, a harmonização desta Lei com a política para propriedade industrial adotada pelos demais países integrantes do MERCOSUL.

Art. 243. Esta Lei entra em vigor na data de sua publicação quanto às matérias disciplinadas nos arts. 230, 231, 232 e 239, e 1 (um) ano após sua publicação quanto aos demais artigos.

Art. 244. Revogam-se a Lei nº 5.772, de 21 de dezembro de 1971, a Lei nº 6.348, de 7 de julho de 1976, os arts. 187 a 196 do Dec.-lei nº 2.848, de 7 de dezembro de 1940, os arts. 169 a 189 do Dec.-lei nº 7.903, de 27 de agosto de 1945, e as demais disposições em contrário.

Brasília, 14 de maio de 1996;
175º da Independência e 108º da República.

FERNANDO HENRIQUE CARDOSO
D.O.U. 15.5.1996

LEI Nº 9.289, DE 4 DE JULHO DE 1996

Dispõe sobre as custas devidas à União, na Justiça Federal de primeiro e segundo graus e dá outras providências.

› *Regimento de Custas da Justiça Federal*

Art. 1º. As custas devidas à União, na Justiça Federal de primeiro e segundo graus, são cobradas de acordo com as normas estabelecidas nesta Lei.

§ 1º. Rege-se pela legislação estadual respectiva a cobrança de custas nas causas ajuizadas perante a Justiça Estadual, no exercício da jurisdição federal.

§ 2º. As custas previstas nas tabelas anexas não excluem as despesas estabelecidas na legislação processual não disciplinadas por esta Lei.

Art. 2º. O pagamento das custas é feito mediante documento de arrecadação das receitas federais, na Caixa Econômica Federal – CEF, ou, não existindo agência desta instituição no local, em outro banco oficial.

Art. 3º. Incumbe ao Diretor de Secretaria fiscalizar o exato recolhimento das custas.

Art. 4º. São isentos de pagamento de custas:

I – a União, os Estados, os Municípios, os Territórios Federais, o Distrito Federal e as respectivas autarquias e fundações;

II – os que provarem insuficiência de recursos e os beneficiários da assistência judiciária gratuita;

III – o Ministério Público;

IV – os autores nas ações populares, nas ações civis públicas e nas ações coletivas de que trata o Código de Defesa do Consumidor, ressalvada a hipótese de litigância de má-fé.

Parágrafo único. A isenção prevista neste artigo não alcança as entidades fiscalizadoras do exercício profissional, nem exime as pessoas jurídicas referidas no inciso I da obrigação de reembolsar as despesas judiciais feitas pela parte vencedora.

Art. 5º. Não são devidas custas nos processos de *habeas corpus* e *habeas data*.

Art. 6º. Nas ações penais subdivididas, as custas são pagas a final pelo réu, se condenado.

Art. 7º. A reconvenção e os embargos à execução não se sujeitam ao pagamento de custas.

Art. 8º. Os recursos dependentes de instrumento sujeitam-se ao pagamento das despesas de traslado.

Parágrafo único. Se o recurso for unicamente de qualquer das pessoas jurídicas referidas no inciso I do art. 4º, o pagamento das custas e dos traslados será efetuado a final pelo vencido, salvo se este também for isento.

Art. 9º. Em caso de incompetência, redistribuído o feito a outro juiz federal, não haverá novo pagamento de custas, nem haverá restituição quando se declinar da competência para outros órgãos jurisdicionais.

Art. 10. A remuneração do perito, do intérprete e do tradutor será fixada pelo Juiz em despacho fundamentado, ouvidas as partes e à vista da proposta de honorários apresentada, considerados o local da prestação do serviço, a natureza, a complexidade e o tempo estimado do trabalho a realizar, aplicando-se, no que couber, o disposto no art. 33 do Código de Processo Civil.

Art. 11. Os depósitos de pedras e metais preciosos e de quantias em dinheiro e a amortização ou liquidação de dívida ativa serão recolhidos, sob responsabilidade da parte, diretamente na Caixa Econômica Federal, ou, na sua inexistência no local, em outro banco oficial, os quais manterão guias próprias para tal finalidade.

§ 1º. Os depósitos efetuados em dinheiro observarão as mesmas regras das cadernetas de poupança, no que se refere à remuneração básica e ao prazo.

§ 2º. O levantamento dos depósitos a que se refere este artigo dependerá de alvará ou de ofício do Juiz.

Art. 12. A unidade utilizada para o cálculo das custas previstas nesta Lei é a mesma utilizada para os débitos de natureza fiscal, considerando-se o valor fixado no primeiro dia do mês.

Art. 13. Não se fará levantamento de caução ou de fiança sem o pagamento das custas.

Art. 14. O pagamento das custas e contribuições devidas nos feitos e nos recursos que se processam nos próprios autos efetua-se da forma seguinte:

I – o autor ou requerente pagará metade das custas e contribuições tabeladas, por ocasião da distribuição do feito, ou, não havendo distribuição, logo após o despacho da inicial;

II – aquele que recorrer da sentença adiantará a outra metade das custas, comprovando o adiantamento no ato de interposição do recurso, sob pena de deserção, observado o disposto nos §§1º a 7º do art. 1.007 do Código de Processo Civil; (Redação dada pela Lei nº13.105, de 2015)

III – não havendo recurso, e cumprindo o vencido desde logo a sentença, reembolsará ao vencedor as custas e contribuições por este adiantadas, ficando obrigado ao pagamento previsto no inciso II;

IV – se o vencido, embora não recorrendo da sentença, oferecer defesa à sua execução, ou embaraçar seu cumprimento, deverá pagar a outra metade, no prazo marcado pelo juiz, não excedente de três dias, sob pena de não ter apreciada sua defesa ou impugnação.

§ 1º. O abandono ou desistência de feito, ou a existência de transação que lhe ponha termo, em qualquer fase do processo, não dispensa o pagamento das custas e contribuições já exigíveis, nem dá direito a restituição.

§ 2º. Somente com o pagamento de importância igual à paga até o momento pelo autor serão admitidos o assistente, o litisconsorte ativo voluntário e o oponente.

§ 3º. Nas ações em que o valor estimado for inferior ao da liquidação, a parte não pode prosseguir na execução sem efetuar o pagamento da diferença de custas e contribuições, recalculadas de acordo com a importância a final apurada ou resultante da condenação definitiva.

§ 4º. As custas e contribuições serão reembolsadas a final pelo vencido, ainda que seja uma das entidades referidas no inciso I do art. 4º, nos termos da decisão que o condenar, ou pelas partes, na proporção de seus quinhões, nos processos divisórios e demarcatórios, ou suportadas por quem tiver dado causa ao procedimento judicial.

§ 5º. Nos recursos a que se refere este artigo o pagamento efetuado por um recorrente não aproveita aos demais, salvo se representados pelo mesmo advogado.

Art. 15. A indenização de transporte, de que trata o art. 60 da Lei nº 8.112, de 11 de dezembro de 1990, destinada ao ressarcimento de despesas realizadas com a utilização do meio próprio de locomoção para a execução de serviços externos, será paga aos Oficiais de Justiça Avaliadores da Justiça Federal de primeiro e segundo graus, de acordo com critérios estabelecidos pelo Conselho da Justiça Federal, que fixará também o percentual correspondente.

Parágrafo único. Para efeito do disposto neste artigo, consideram-se como serviço externo as atividades exercidas no cumprimento das diligências fora das dependências dos Tribunais Regionais Federais ou das Seções Judiciárias em que os Oficiais de Justiça estejam lotados.

Art. 16. Extinto o processo, se a parte responsável pelas custas, devidamente intimada, não as pagar dentro de quinze dias, o Diretor da Secretaria encaminhará os elementos necessários à Procuradoria da Fazenda Nacional, para sua inscrição como dívida ativa da União.

Art. 17. Esta Lei entra em vigor na data de sua publicação.

Art. 18. Revogam-se as disposições em contrário, em especial a Lei nº 6.032, de 30 de abril de 1974, alterada pelas Leis nºs 6.789, de 28 de maio de 1980, e 7.400, de 6 de novembro de 1985.

Brasília, 4 de julho de 1996;
175º da Independência e 108º da República.

FERNANDO HENRIQUE CARDOSO
Publicado no DOU de 05-07-1996 e republicado no DOU de 08-07-1996

LEI Nº 9.296, DE 24 DE JULHO DE 1996

Regulamenta o inciso XII, parte final, do art. 5º da Constituição Federal.

- *Interceptação telefônica*

O PRESIDENTE DA REPÚBLICA Faço saber que o Congresso Nacional decreta e eu sanciono a seguinte Lei:

- Resolução 59/2008 do CNJ – Disciplina e uniformiza as rotinas visando ao aperfeiçoamento do procedimento de interceptação de comunicações telefônicas e de sistemas de informática e telemática nos órgãos jurisdicionais do Poder Judiciário, a que se refere a Lei 9.296/1996.

Art. 1º. A interceptação de comunicações telefônicas, de qualquer natureza, para prova em investigação criminal e em instrução processual penal, observará o disposto nesta Lei e dependerá de ordem do juiz competente da ação principal, sob segredo de justiça.

Parágrafo único. O disposto nesta Lei aplica-se à interceptação do fluxo de comunicações em sistemas de informática e telemática.

Art. 2º. Não será admitida a interceptação de comunicações telefônicas quando ocorrer qualquer das seguintes hipóteses:

I – não houver indícios razoáveis da autoria ou participação em infração penal;

II – a prova puder ser feita por outros meios disponíveis;

III – o fato investigado constituir infração penal punida, no máximo, com pena de detenção.

Parágrafo único. Em qualquer hipótese deve ser descrita com clareza a situação objeto da investigação, inclusive com a indicação e qualificação dos investigados, salvo impossibilidade manifesta, devidamente justificada.

Art. 3º. A interceptação das comunicações telefônicas poderá ser determinada pelo juiz, de ofício ou a requerimento:

I – da autoridade policial, na investigação criminal;

II – do representante do Ministério Público, na investigação criminal e na instrução processual penal.

Art. 4º. O pedido de interceptação de comunicação telefônica conterá a demonstração de que a sua realização é necessária à apuração de infração penal, com indicação dos meios a serem empregados.

§ 1º. Excepcionalmente, o juiz poderá admitir que o pedido seja formulado verbalmente, desde que estejam presentes os pressupostos que autorizem a interceptação, caso em que a concessão será condicionada à sua redução a termo.

§ 2º. O juiz, no prazo máximo de vinte e quatro horas, decidirá sobre o pedido.

Art. 5º. A decisão será fundamentada, sob pena de nulidade, indicando também a forma de execução da diligência, que não poderá exceder o prazo de quinze dias, renovável por igual tempo uma vez comprovada a indispensabilidade do meio de prova.

Art. 6º. Deferido o pedido, a autoridade policial conduzirá os procedimentos de interceptação, dando ciência ao Ministério Público, que poderá acompanhar a sua realização.

§ 1º. No caso de a diligência possibilitar a gravação da comunicação interceptada, será determinada a sua transcrição.

§ 2º. Cumprida a diligência, a autoridade policial encaminhará o resultado da interceptação ao juiz, acompanhado de auto circunstanciado, que deverá conter o resumo das operações realizadas.

§ 3º. Recebidos esses elementos, o juiz determinará a providência do art. 8º, ciente o Ministério Público.

Art. 7º. Para os procedimentos de interceptação de que trata esta Lei, a autoridade policial poderá requisitar serviços e técnicos especializados às concessionárias de serviço público.

Art. 8º. A interceptação de comunicação telefônica, de qualquer natureza, ocorrerá em autos apartados, apensados aos autos do inquérito policial ou do processo criminal, preservando-se o sigilo das diligências, gravações e transcrições respectivas.

Parágrafo único. A apensação somente poderá ser realizada imediatamente antes do relatório da autoridade, quando se tratar de inquérito policial (Código de Processo Penal, art. 10, § 1°) ou na conclusão do processo ao juiz para o despacho decorrente do disposto nos arts. 407, 502 ou 538 do Código de Processo Penal.

Art. 8º-A. Para investigação ou instrução criminal, poderá ser autorizada pelo juiz, a requerimento da autoridade policial ou do Ministério Público, a captação ambiental de sinais eletromagnéticos, ópticos ou acústicos, quando: (Incluído pela Lei 13.964/2019)

I - a prova não puder ser feita por outros meios disponíveis e igualmente eficazes; e

II - houver elementos probatórios razoáveis de autoria e participação em infrações criminais cujas penas máximas sejam superiores a 4 (quatro) anos ou em infrações penais conexas.

§ 1º O requerimento deverá descrever circunstanciadamente o local e a forma de instalação do dispositivo de captação ambiental.

§ 2º A instalação do dispositivo de captação ambiental poderá ser realizada, quando necessária, por meio de operação policial disfarçada ou no período noturno, exceto na casa, nos termos do inciso XI do *caput* do art. 5º da Constituição Federal. (Parágrafo vetado pelo Presidente da República na Lei nº 13.964/2019, mantido pelo Congresso Nacional e publicado no DOU de 30/4/2021)

§ 3º A captação ambiental não poderá exceder o prazo de 15 (quinze) dias, renovável por decisão judicial por iguais períodos, se comprovada a indispensabilidade do meio de prova e quando presente atividade criminal permanente, habitual ou continuada.

§ 4º A captação ambiental feita por um dos interlocutores sem o prévio conhecimento da autoridade policial ou do Ministério Público poderá ser utilizada, em matéria de defesa, quando demonstrada a integridade da gravação. (Parágrafo vetado pelo Presidente da República na Lei nº 13.964/2019, mantido pelo Congresso Nacional e publicado no DOU de 30/4/2021)

§ 5º Aplicam-se subsidiariamente à captação ambiental as regras previstas na legislação específica para a interceptação telefônica e telemática.

Art. 9º. A gravação que não interessar à prova será inutilizada por decisão judicial, durante o inquérito, a instrução processual ou após esta, em virtude de requerimento do Ministério Público ou da parte interessada.

Parágrafo único. O incidente de inutilização será assistido pelo Ministério Público, sendo facultada a presença do acusado ou de seu representante legal.

Art. 10. Constitui crime realizar interceptação de comunicações telefônicas, de informática ou telemática, promover escuta ambiental ou quebrar segredo da Justiça, sem autorização judicial ou com objetivos não autorizados em lei: (Redação dada pela Lei 13.869/2019)

Pena - reclusão, de 2 (dois) a 4 (quatro) anos, e multa. (Redação dada pela Lei 13.869/2019)

Parágrafo único. Incorre na mesma pena a autoridade judicial que determina a execução de conduta prevista no *caput* deste artigo com objetivo não autorizado em lei. (Acrescido pela Lei 13.869/2019)

Art. 10-A. Realizar captação ambiental de sinais eletromagnéticos, ópticos ou acústicos para investigação ou instrução criminal sem autorização judicial, quando esta for exigida: (Incluído pela Lei 13.964/2019)

Pena - reclusão, de 2 (dois) a 4 (quatro) anos, e multa.

§ 1º Não há crime se a captação é realizada por um dos interlocutores.

§ 2º A pena será aplicada em dobro ao funcionário público que descumprir determinação de sigilo das investigações que envolvam a captação ambiental ou revelar o conteúdo das gravações enquanto mantido o sigilo judicial.

Art. 11. Esta Lei entra em vigor na data de sua publicação.

Art. 12. Revogam-se as disposições em contrário.

Brasília, 24 de julho de 1996; 175º da Independência e 108º da República.

FERNANDO HENRIQUE CARDOSO
D.O.U. de 25.7.1996

LEI COMPLEMENTAR Nº 87, DE 13 DE SETEMBRO DE 1996

Dispõe sobre o imposto dos Estados e do Distrito Federal sobre operações relativas à circulação de mercadorias e sobre prestações de serviços de transporte interestadual e intermunicipal e de comunicação, e dá outras providências.

- *ICMS*

O PRESIDENTE DA REPÚBLICA Faço saber que o Congresso Nacional decreta e eu sanciono a seguinte Lei:

Art. 1º. Compete aos Estados e ao Distrito Federal instituir o imposto sobre operações relativas à circulação de mercadorias e sobre prestações de serviços de transporte interestadual e intermunicipal e de comunicação, ainda que as operações e as prestações se iniciem no exterior.

- CF/1988: art. 155, II, e § 2º.
- Dec.-lei 406/1968 – Estabelece normas gerais de direito financeiro, aplicáveis aos impostos sobre operações relativas à circulação de mercadorias e sobre serviços de qualquer natureza, e dá outras providências.
- ADIn 1.600-8 (D.O.U. 8.8.2003) – O STF julgou, por maioria de votos, parcialmente procedente o pedido formulado na inicial para declarar a inconstitucionalidade do ICMS sobre a prestação de serviço de transporte aéreo de passageiros intermunicipal, interestadual, internacional e de transporte aéreo internacional de cargas.

Art. 2º. O imposto incide sobre:

- LC 24/1975 – Dispõe sobre os Convênios para a Concessão de Isenções do Imposto sobre Operações Relativas à Circulação de Mercadorias, e dá outras providências.

I – operações relativas à circulação de mercadorias, inclusive o fornecimento de alimentação e bebidas em bares, restaurantes e estabelecimentos similares;

II – prestações de serviços de transporte interestadual e intermunicipal, por qualquer via, de pessoas, bens, mercadorias ou valores;

III – prestações onerosas de serviços de comunicação, por qualquer meio, inclusive a geração, a emissão, a recepção, a transmissão, a retransmissão, a repetição e a ampliação de comunicação de qualquer natureza;

IV – fornecimento de mercadorias com prestação de serviços não compreendidos na competência tributária dos Municípios;

V – fornecimento de mercadorias com prestação de serviços sujeitos ao imposto sobre serviços, de competência dos Municípios, quando a lei complementar aplicável expressamente o sujeitar à incidência do imposto estadual.

§ 1º. O imposto incide também:

I – sobre a entrada de mercadoria ou bem importados do exterior, por pessoa física ou jurídica, ainda que não seja contribuinte habitual do imposto, qualquer que seja a sua finalidade; (Redação dada pela Lei Complementar nº 114, de 2002)

II – sobre o serviço prestado no exterior ou cuja prestação se tenha iniciado no exterior;

III – sobre a entrada, no território do Estado destinatário, de petróleo, inclusive lubrificantes e combustíveis líquidos e gasosos dele derivados, e de energia elétrica, quando não destinados à comercialização ou à industrialização, decorrentes de operações interestaduais, cabendo o imposto ao Estado onde estiver localizado o adquirente.

§ 2º. A caracterização do fato gerador independe da natureza jurídica da operação que o constitua.

- CTN: art. 4º.

Art. 3º. O imposto não incide sobre:

- CF/1988: art. 150, § 2º, X.
- Súm. 570 e 573 do STF.
- Súm. 432 do STJ.

I – operações com livros, jornais, periódicos e o papel destinado a sua impressão;

II – operações e prestações que destinem ao exterior mercadorias, inclusive produtos primários e produtos industrializados semielaborados, ou serviços;

- Súm. 536 do STF.

III – operações interestaduais relativas a energia elétrica e petróleo, inclusive lubrificantes e combustíveis líquidos e gasosos dele derivados, quando destinados à industrialização ou à comercialização;

IV – operações com ouro, quando definido em lei como ativo financeiro ou instrumento cambial;

V – operações relativas a mercadorias que tenham sido ou que se destinem a ser utilizadas na prestação, pelo próprio autor da saída, de serviço de qualquer natureza definido em lei complementar como sujeito ao imposto sobre serviços, de competência dos Municípios, ressalvadas as hipóteses previstas na mesma lei complementar;

VI – operações de qualquer natureza de que decorra a transferência de propriedade de estabelecimento industrial, comercial ou de outra espécie;

VII – operações decorrentes de alienação fiduciária em garantia, inclusive a operação efetuada pelo credor em decorrência do inadimplemento do devedor;

VIII – operações de arrendamento mercantil, não compreendida a venda do bem arrendado ao arrendatário;

IX – operações de qualquer natureza de que decorra a transferência de bens móveis salvados de sinistro para companhias seguradoras.

- Súm. Vinculante 32 do STF.

Parágrafo único. Equipara-se às operações de que trata o inciso II a saída de mercadoria realizada com o fim específico de exportação para o exterior, destinada a:

I – empresa comercial exportadora, inclusive *tradings* ou outro estabelecimento da mesma empresa;

II – armazém alfandegado ou entreposto aduaneiro.

Art. 4º. Contribuinte é qualquer pessoa, física ou jurídica, que realize, com habitualidade ou em volume que caracterize intuito comercial, operações de circulação de mercadoria ou prestações de serviços de transporte interestadual e intermunicipal e de comunicação, ainda que as operações e as prestações se iniciem no exterior.

Parágrafo único. É também contribuinte a pessoa física ou jurídica que, mesmo sem habitualidade ou intuito comercial: (Redação dada pela Lei Complementar nº 114, de 2002)

I – importe mercadorias ou bens do exterior, qualquer que seja a sua finalidade; (Redação dada pela Lei Complementar nº 114, de 2002)

II – seja destinatária de serviço prestado no exterior ou cuja prestação se tenha iniciado no exterior;

III – adquira em licitação mercadorias ou bens apreendidos ou abandonados; (Redação dada pela Lei Complementar nº 114, de 2002)

IV – adquira lubrificantes e combustíveis líquidos e gasosos derivados de petróleo e energia elétrica oriundos de outro Estado, quando não destinados à comercialização ou à industrialização. (Redação dada pela Lei Complementar nº 102, de 2000)

Art. 5º. Lei poderá atribuir a terceiros a responsabilidade pelo pagamento do imposto e acréscimos devidos pelo contribuinte ou responsável, quando os atos ou omissões daqueles concorrerem para o não recolhimento do tributo.

Art. 6º. Lei estadual poderá atribuir a contribuinte do imposto ou a depositário a qualquer título a responsabilidade pelo seu pagamento, hipótese em que assumirá a condição de substituto tributário. (Redação dada pela Lei Complementar nº 114, de 2002)

§ 1º. A responsabilidade poderá ser atribuída em relação ao imposto incidente sobre uma ou mais operações ou prestações, sejam antecedentes, concomitantes ou subsequentes, inclusive ao valor decorrente da diferença entre alíquotas interna e interestadual nas operações e prestações que destinem bens e serviços a consumidor final localizado em outro Estado, que seja contribuinte do imposto.

- Súm. 95 do STJ.

§ 2º. A atribuição de responsabilidade dar-se-á em relação a mercadorias, bens ou serviços previstos em lei de cada Estado. (Redação dada pela Lei Complementar nº 114, de 2002)

Art. 7º. Para efeito de exigência do imposto por substituição tributária, inclui-se, também, como fato gerador de imposto, a entrada de mercadoria ou bem no estabelecimento do adquirente ou em outro por ele indicado.

Art. 8º. A base de cálculo, para fins de substituição tributária, será:

- Súm. 431 do STJ.

I – em relação às operações ou prestações antecedentes ou concomitantes, o valor da operação ou prestação praticado pelo contribuinte substituído;

II – em relação às operações ou prestações subsequentes, obtida pelo somatório das parcelas seguintes:

a) o valor da operação ou prestação própria realizada pelo substituto tributário ou pelo substituído intermediário;

b) o montante dos valores de seguro, de frete e de outros encargos cobrados ou transferíveis aos adquirentes ou tomadores de serviço;

c) a margem de valor agregado, inclusive lucro, relativa às operações ou prestações subsequentes.

§ 1º. Na hipótese de responsabilidade tributária em relação às operações ou prestações antecedentes, o imposto devido pelas referidas operações ou prestações será pago pelo responsável, quando:

I – da entrada ou recebimento da mercadoria, do bem ou do serviço; (Redação dada pela Lei Complementar nº 114, de 2002)

II – da saída subsequente por ele promovida, ainda que isenta ou não tributada;

III – ocorrer qualquer saída ou evento que impossibilite a ocorrência do fato determinante do pagamento do imposto.

§ 2º. Tratando-se de mercadoria ou serviço cujo preço final a consumidor, único ou máximo, seja fixado por órgão público competente, a base de cálculo do imposto, para fins de substituição tributária, é o referido preço por ele estabelecido.

§ 3º. Existindo preço final a consumidor sugerido pelo fabricante ou importador, poderá a lei estabelecer como base de cálculo este preço.

§ 4º. A margem a que se refere a alínea *c* do inciso II do *caput* será estabelecida com base em preços usualmente praticados no mercado considerado, obtidos por levantamento, ainda que por amostragem ou através de informações e outros elementos fornecidos por entidades representativas dos respectivos setores, adotando-se a média ponderada dos preços coletados, devendo os critérios para sua fixação ser previstos em lei.

§ 5º. O imposto a ser pago por substituição tributária, na hipótese do inciso II do *caput*, corresponderá à diferença entre o valor resultante da aplicação da alíquota prevista para as operações ou prestações internas do Estado de destino sobre a respectiva base de cálculo e o valor do imposto devido pela operação ou prestação própria do substituto.

§ 6º. Em substituição ao disposto no inciso II do *caput*, a base de cálculo em relação às operações ou prestações subsequentes poderá ser o preço a consumidor final usualmente praticado no mercado considerado, relativamente ao serviço, à mercadoria ou sua similar, em condições de livre concorrência, adotando-se para sua apuração as regras estabelecidas no § 4º deste artigo. (Redação dada pela Lei Complementar nº 114, de 2002)

Art. 9º. A adoção do regime de substituição tributária em operações interestaduais dependerá de acordo específico celebrado pelos Estados interessados.

§ 1º. A responsabilidade a que se refere o art. 6º poderá ser atribuída:

I – ao contribuinte que realizar operação interestadual com petróleo, inclusive lubrificantes, combustíveis líquidos e gasosos dele derivados, em relação às operações subsequentes;

II – às empresas geradoras ou distribuidoras de energia elétrica, nas operações internas e interestaduais, na condição de contribuinte ou de substituto tributário, pelo pagamento do imposto, desde a produção ou importação até a última operação, sendo seu cálculo efetuado sobre o preço praticado na operação final, assegurado seu recolhimento ao Estado onde deva ocorrer essa operação.

§ 2º. Nas operações interestaduais com as mercadorias de que tratam os incisos I e II do parágrafo anterior, que tenham como destinatário consumidor final, o imposto incidente na operação será devido ao Estado onde estiver localizado o adquirente e será pago pelo remetente.

Art. 10. É assegurado ao contribuinte substituído o direito à restituição do valor do imposto pago por força da substituição tributária, correspondente ao fato gerador presumido que não se realizar.

§ 1º. Formulado o pedido de restituição e não havendo deliberação no prazo de 90 (noventa) dias, o contribuinte substituído poderá se creditar, em sua escrita fiscal, do valor objeto do pedido, devidamente atualizado segundo os mesmos critérios aplicáveis ao tributo.

§ 2º. Na hipótese do parágrafo anterior, sobrevindo decisão contrária irrecorrível, o contribuinte substituído, no prazo de 15 (quinze) dias da respectiva notificação, procederá ao estorno dos créditos lançados, também devidamente atualizados, com o pagamento dos acréscimos legais cabíveis.

Art. 11. O local da operação ou da prestação, para os efeitos da cobrança do imposto e definição do estabelecimento responsável, é:

I – tratando-se de mercadoria ou bem:

a) o do estabelecimento onde se encontre, no momento da ocorrência do fato gerador;

b) onde se encontre, quando em situação irregular pela falta de documentação fiscal ou quando acompanhado de documentação inidônea, como dispuser a legislação tributária;

c) o do estabelecimento que transfira a propriedade, ou o título que a represente, de mercadoria por ele adquirida no País e que por ele não tenha transitado;

d) importado do exterior, o do estabelecimento onde ocorrer a entrada física;

- Súm. 577 do STF.

e) importado do exterior, o do domicílio do adquirente, quando não estabelecido;

f) aquele onde seja realizada a licitação, no caso de arrematação de mercadoria ou bem importados do exterior e apreendidos ou abandonados; (Redação dada pela Lei Complementar nº 114, de 2002)

g) o do Estado onde estiver localizado o adquirente, inclusive consumidor final, nas operações interestaduais com energia elétrica e petróleo, lubrificantes e combustíveis dele derivados, quando não destinados à industrialização ou à comercialização;

h) o do Estado de onde o ouro tenha sido extraído, quando não considerado como ativo financeiro ou instrumento cambial;

i) o de desembarque do produto, na hipótese de captura de peixes, crustáceos e moluscos;

II – tratando-se de prestação de serviço de transporte:

a) onde tenha início a prestação;

b) onde se encontre o transportador, quando em situação irregular pela falta de documentação fiscal ou quando acompanhada de documentação inidônea, como dispuser a legislação tributária;

c) o do estabelecimento destinatário do serviço, na hipótese do inciso XIII do art. 12 e para os efeitos do § 3º do art. 13;

III – tratando-se de prestação onerosa de serviço de comunicação:

a) o da prestação do serviço de radiodifusão sonora e de som e imagem, assim entendido o da geração, emissão, transmissão e retransmissão, repetição, ampliação e recepção;

b) o do estabelecimento da concessionária ou da permissionária que forneça ficha, cartão, ou assemelhados com que o serviço é pago;

c) o do estabelecimento destinatário do serviço, na hipótese e para os efeitos do inciso XIII do art. 12;

c-1) o do estabelecimento ou domicílio do tomador do serviço, quando prestado por meio de satélite; (Incluído pela Lei Complementar nº 102, de 2000)

d) onde seja cobrado o serviço, nos demais casos;

IV – tratando-se de serviços prestados ou iniciados no exterior, o do estabelecimento ou do domicílio do destinatário.

§ 1º. O disposto na alínea c do inciso I não se aplica às mercadorias recebidas em regime de depósito de contribuinte de Estado que não o do depositário.

§ 2º. Para os efeitos da alínea *h* do inciso I, o ouro, quando definido como ativo financeiro ou instrumento cambial, deve ter sua origem identificada.

§ 3º. Para efeito desta Lei Complementar, estabelecimento é local, privado ou público, edificado ou não, próprio ou de terceiro, onde pessoas físicas ou jurídicas exerçam suas atividades em caráter temporário ou permanente, bem como onde se encontrem armazenadas mercadorias, observado, ainda, o seguinte:

I – na impossibilidade de determinação do estabelecimento, considera-se como tal o local em que tenha sido efetuada a operação ou prestação, encontrada a mercadoria ou constatada a prestação;

II – é autônomo cada estabelecimento do mesmo titular;

- Inciso declarado inconstitucional, em controle concentrado, pelo Supremo Tribunal Federal, na ADC nº 49/2017, publicada no DOU de 29/4/2021.

III – considera-se também estabelecimento autônomo o veículo usado no comércio ambulante e na captura de pescado;

IV – respondem pelo crédito tributário todos os estabelecimentos do mesmo titular.

§ 4º. (*VETADO*).

§ 5º. Quando a mercadoria for remetida para armazém-geral ou para depósito fechado do próprio contribuinte, no mesmo Estado, a posterior saída considerar-se-á ocorrida no estabelecimento do depositante, salvo se para retornar ao estabelecimento remetente.

§ 6º. Na hipótese do inciso III do *caput* deste artigo, tratando-se de serviços não medidos, que envolvam localidades situadas em diferentes unidades da Federação e cujo preço seja cobrado por períodos definidos, o imposto devido será recolhido em partes iguais para as unidades da Federação onde estiverem localizados o prestador e o tomador. (Incluído pela Lei Complementar nº 102, de 2000)

Art. 12. Considera-se ocorrido o fato gerador do imposto no momento:

- CTN: art. 116.

I – da saída de mercadoria de estabelecimento de contribuinte, ainda que para outro estabelecimento do mesmo titular;

- O trecho "ainda que para outro estabelecimento do mesmo titular" declarado inconstitucional, em controle concentrado, pelo STF, na ADC nº 49/2017, publicada no DOU de 29/4/2021.

II – do fornecimento de alimentação, bebidas e outras mercadorias por qualquer estabelecimento;

III – da transmissão a terceiro de mercadoria depositada em armazém-geral ou em depósito fechado, no Estado do transmitente;

IV – da transmissão de propriedade de mercadoria, ou de título que a represente, quando a mercadoria não tiver transitado pelo estabelecimento transmitente;

V – do início da prestação de serviços de transporte interestadual e intermunicipal, de qualquer natureza;

VI – do ato final do transporte iniciado no exterior;

VII – das prestações onerosas de serviços de comunicação, feita por qualquer meio, inclusive a geração, a emissão, a recepção, a transmissão, a retransmissão, a repetição e a ampliação de comunicação de qualquer natureza;

VIII – do fornecimento de mercadoria com prestação de serviços:

a) não compreendidos na competência tributária dos Municípios;

b) compreendidos na competência tributária dos Municípios e com indicação expressa de incidência do imposto de competência estadual, como definido na lei complementar aplicável;

IX – do desembaraço aduaneiro de mercadorias ou bens importados do exterior; (Redação dada pela Lei Complementar nº 114, de 2002)

X – do recebimento, pelo destinatário, de serviço prestado no exterior;

XI – da aquisição em licitação pública de mercadorias ou bens importados do exterior e apreendidos ou abandonados; (Redação dada pela Lei Complementar nº 114, de 2002)

XII – da entrada no território do Estado de lubrificantes e combustíveis líquidos e gasosos derivados de petróleo e energia elétrica oriundos de outro Estado, quando não destinados à comercialização ou à industrialização; (Redação dada pela Lei Complementar nº 102, de 2000)

XIII – da utilização, por contribuinte, de serviço cuja prestação se tenha iniciado em outro Estado e não esteja vinculada a operação ou prestação subsequente.

§ 1º. Na hipótese do inciso VII, quando o serviço for prestado mediante pagamento em ficha, cartão ou assemelhados, considera-se ocorrido o fato gerador do imposto quando do fornecimento desses instrumentos ao usuário.

§ 2º. Na hipótese do inciso IX, após o desembaraço aduaneiro, a entrega, pelo depositário, de mercadoria ou bem importados do exterior deverá ser autorizada pelo órgão responsável pelo seu desembaraço, que somente se fará mediante a exibição do comprovante de pagamento do imposto incidente no ato do despacho aduaneiro, salvo disposição em contrário.

§ 3º. Na hipótese de entrega de mercadoria ou bem importados do exterior antes do desembaraço aduaneiro, considera-se ocorrido o fato gerador neste momento, devendo a autoridade responsável, salvo disposição em contrário, exigir a comprovação do pagamento do imposto. (Incluído pela Lei Complementar nº 114, de 2002)

Art. 13. A base de cálculo do imposto é:

I – na saída de mercadoria prevista nos incisos I, III e IV do art. 12, o valor da operação;

II – na hipótese do inciso II do art. 12, o valor da operação, compreendendo mercadoria e serviço;

III – na prestação de serviço de transporte interestadual e intermunicipal e de comunicação, o preço do serviço;

IV – no fornecimento de que trata o inciso VIII do art. 12:

a) o valor da operação, na hipótese da alínea *a*;

b) o preço corrente da mercadoria fornecida ou empregada, na hipótese da alínea *b*;

V – na hipótese do inciso IX do art. 12, a soma das seguintes parcelas:

a) o valor da mercadoria ou bem constante dos documentos de importação, observado o disposto no art. 14;

b) imposto de importação;

c) imposto sobre produtos industrializados;

d) imposto sobre operações de câmbio;

e) quaisquer outros impostos, taxas, contribuições e despesas aduaneiras; (Redação dada pela Lei Complementar nº 114, de 2002)

VI – na hipótese do inciso X do art. 12, o valor da prestação do serviço, acrescido, se for o caso, de todos os encargos relacionados com a sua utilização;

VII – no caso do inciso XI do art. 12, o valor da operação acrescido do valor dos impostos de importação e sobre produtos industrializados e de todas as despesas cobradas ou debitadas ao adquirente;

› Súm. 95 do STJ.

VIII – na hipótese do inciso XII do art. 12, o valor da operação de que decorrer a entrada;

IX – na hipótese do inciso XIII do art. 12, o valor da prestação no Estado de origem.

§ 1º. Integra a base de cálculo do imposto, inclusive na hipótese do inciso V do *caput* deste artigo: (Redação dada pela Lei Complementar nº 114, de 2002)

I – o montante do próprio imposto, constituindo o respectivo destaque mera indicação para fins de controle;

II – o valor correspondente a:

a) seguros, juros e demais importâncias pagas, recebidas ou debitadas, bem como descontos concedidos sob condição;

b) frete, caso o transporte seja efetuado pelo próprio remetente ou por sua conta e ordem e seja cobrado em separado.

§ 2º. Não integra a base de cálculo do imposto o montante do Imposto sobre Produtos Industrializados, quando a operação, realizada entre contribuintes e relativa a produto destinado à industrialização ou à comercialização, configurar fato gerador de ambos os impostos.

§ 3º. No caso do inciso IX, o imposto a pagar será o valor resultante da aplicação do percentual equivalente à diferença entre a alíquota interna e a interestadual, sobre o valor ali previsto.

§ 4º. Na saída de mercadoria para estabelecimento localizado em outro Estado, pertencente ao mesmo titular, a base de cálculo do imposto é:

› Parágrafo declarado inconstitucional, em controle concentrado, pelo STF, pela ADC nº 49/2017, publicada no DOU de 29/4/2021.

I – o valor correspondente à entrada mais recente da mercadoria;

II – o custo da mercadoria produzida, assim entendida a soma do custo da matéria--prima, material secundário, mão de obra e acondicionamento;

III – tratando-se de mercadorias não industrializadas, o seu preço corrente no mercado atacadista do estabelecimento remetente.

§ 5º. Nas operações e prestações interestaduais entre estabelecimentos de contribuintes diferentes, caso haja reajuste do valor depois da remessa ou da prestação, a diferença fica sujeita ao imposto no estabelecimento do remetente ou do prestador.

Art. 14. O preço de importação expresso em moeda estrangeira será convertido em moeda nacional pela mesma taxa de câmbio utilizada no cálculo do imposto de importação, sem qualquer acréscimo ou devolução posterior se houver variação da taxa de câmbio até o pagamento efetivo do preço.

Parágrafo único. O valor fixado pela autoridade aduaneira para base de cálculo do imposto de importação, nos termos da lei aplicável, substituirá o preço declarado.

Art. 15. Na falta do valor a que se referem os incisos I e VIII do art. 13, a base de cálculo do imposto é:

I – o preço corrente da mercadoria, ou de seu similar, no mercado atacadista do local da operação ou, na sua falta, no mercado atacadista regional, caso o remetente seja produtor, extrator ou gerador, inclusive de energia;

II – o preço FOB estabelecimento industrial à vista, caso o remetente seja industrial;

III – o preço FOB estabelecimento comercial à vista, na venda a outros comerciantes ou industriais, caso o remetente seja comerciante.

§ 1º. Para aplicação dos incisos II e III do *caput*, adotar-se-á sucessivamente:

I – o preço efetivamente cobrado pelo estabelecimento remetente na operação mais recente;

II – caso o remetente não tenha efetuado venda de mercadoria, o preço corrente da mercadoria ou de seu similar no mercado atacadista do local da operação ou, na falta deste, no mercado atacadista regional.

§ 2º. Na hipótese do inciso III do *caput*, se o estabelecimento remetente não efetue vendas a outros comerciantes ou industriais ou, em qualquer caso, se não houver mercadoria similar, a base de cálculo será equivalente a 75% (setenta e cinco por cento) do preço de venda corrente no varejo.

Art. 16. Nas prestações sem preço determinado, a base de cálculo do imposto é o valor corrente do serviço, no local da prestação.

Art. 17. Quando o valor do frete, cobrado por estabelecimento pertencente ao mesmo titular da mercadoria ou por outro estabelecimento de empresa que com aquele mantenha relação de interdependência, exceder os níveis normais de preços em vigor, no mercado local, para serviço semelhante, constantes de tabelas elaboradas pelos órgãos competentes, o valor excedente será havido como parte do preço da mercadoria.

Parágrafo único. Considerar-se-ão interdependentes duas empresas quando:

I – uma delas, por si, seus sócios ou acionistas e respectivos cônjuges ou filhos menores, for titular de mais de 50% (cinquenta por cento) do capital da outra;

II – uma mesma pessoa fizer parte de ambas, na qualidade de diretor, ou sócio com funções de gerência ainda que exercidas sob outra denominação;

III – uma delas locar ou transferir a outra, a qualquer título, veículo destinado ao transporte de mercadorias.

Art. 18. Quando o cálculo do tributo tenha por base, ou tome em consideração, o valor ou o preço de mercadorias, bens, serviços ou direitos, a autoridade lançadora, mediante processo regular, arbitrará aquele valor ou preço, sempre que sejam omissos ou não mereçam fé as declarações ou os esclarecimentos prestados, ou os documentos expedidos pelo sujeito passivo ou pelo terceiro legalmente obrigado, ressalvada, em caso de contestação, avaliação contraditória, administrativa ou judicial.

Art. 19. O imposto é não cumulativo, compensando-se o que for devido em cada operação relativa à circulação de mercadorias ou prestação de serviços de transporte interestadual e intermunicipal e de comunicação com o montante cobrado nas anteriores pelo mesmo ou por outro Estado.

Art. 20. Para a compensação a que se refere o artigo anterior, é assegurado ao sujeito passivo o direito de creditar-se do imposto anteriormente cobrado em operações de que tenha resultado a entrada de mercadoria, real ou simbólica, no estabelecimento, inclusive a destinada ao seu uso ou consumo ou ao ativo permanente, ou o recebimento de serviços de transporte interestadual e intermunicipal ou de comunicação.

§ 1º. Não dão direito a crédito as entradas de mercadorias ou utilização de serviços resultantes de operações ou prestações isentas ou não tributadas, ou que se refiram a mercadorias ou serviços alheios à atividade do estabelecimento.

§ 2º. Salvo prova em contrário, presumem-se alheios à atividade do estabelecimento os veículos de transporte pessoal.

§ 3º. É vedado o crédito relativo a mercadoria entrada no estabelecimento ou a prestação de serviços a ele feita:

I – para integração ou consumo em processo de industrialização ou produção rural, quando a saída do produto resultante não for tributada ou estiver isenta do imposto, exceto se tratar-se de saída para o exterior;

II – para comercialização ou prestação de serviço, quando a saída ou a prestação subsequente não forem tributadas ou estiverem isentas do imposto, exceto as destinadas ao exterior.

§ 4º. Deliberação dos Estados, na forma do art. 28, poderá dispor que não se aplique, no todo ou em parte, a vedação prevista no parágrafo anterior.

§ 5º. Para efeito do disposto no *caput* deste artigo, relativamente aos créditos decorrentes de entrada de mercadorias no estabelecimento destinadas ao ativo permanente, deverá ser observado: (Redação dada pela Lei Complementar nº 102, de 2000)

I – a apropriação será feita à razão de 1/48 (um quarenta e oito avos) por mês, devendo a primeira fração ser apropriada no mês em que ocorrer a entrada no estabelecimento; (Incluído pela Lei Complementar nº 102, de 2000)

II – em cada período de apuração do imposto, não será admitido o creditamento de que trata o inciso I, em relação à proporção das operações de saídas ou prestações isentas ou não tributadas sobre o total das operações de saídas ou prestações efetuadas no mesmo período; (Incluído pela Lei Complementar nº 102, de 2000)

III – para aplicação do disposto nos incisos I e II deste parágrafo, o montante do crédito a ser apropriado será obtido multiplicando-se o valor total do respectivo crédito pelo fator igual a 1/48 (um quarenta e oito avos) da relação entre o valor das operações de saídas e prestações tributadas e o total das operações de saídas e prestações do período, equiparando-se às tributadas, para fins deste inciso, as saídas e prestações com destino ao exterior ou as saídas de papel destinado à impressão de livros, jornais e periódicos; (Redação dada pela Lei Complementar nº 120, de 2005)

IV – o quociente de 1/48 (um quarenta e oito avos) será proporcionalmente aumentado ou diminuído, *pro rata die*, caso o período de apuração seja superior ou inferior a um mês; (Incluído pela Lei Complementar nº 102, de 2000)

V – na hipótese de alienação dos bens do ativo permanente, antes de decorrido o prazo de 4 (quatro) anos contado da data de sua aquisição, não será admitido, a partir da data da alienação, o creditamento de que trata este parágrafo em relação à fração que corresponderia ao restante do quadriênio; (Incluído pela Lei Complementar nº 102, de 2000)

VI – serão objeto de outro lançamento, além do lançamento em conjunto com os demais créditos, para efeito da compensação prevista neste artigo e no art. 19, em livro próprio ou de outra forma que a legislação determinar, para aplicação do disposto nos incisos I a V deste parágrafo; e (Incluído pela Lei Complementar nº 102, de 2000)

VII – ao final do quadragésimo oitavo mês contado da data da entrada do bem no estabelecimento, o saldo remanescente do crédito será cancelado. (Incluído pela Lei Complementar nº 102, de 2000)

§ 6º. Operações tributadas, posteriores a saídas de que trata o § 3º, dão ao estabelecimento que as praticar direito a creditar-se do imposto cobrado nas operações anteriores às isentas ou não tributadas sempre que a saída isenta ou não tributada seja relativa a:

I – produtos agropecuários;

II – quando autorizado em lei estadual, outras mercadorias.

Art. 21. O sujeito passivo deverá efetuar o estorno do imposto de que se tiver creditado sempre que o serviço tomado ou a mercadoria entrada no estabelecimento:

I – for objeto de saída ou prestação de serviço não tributada ou isenta, sendo esta circunstância imprevisível na data da entrada da mercadoria ou da utilização do serviço;

II – for integrada ou consumida em processo de industrialização, quando a saída do produto resultante não for tributada ou estiver isenta do imposto;

III – vier a ser utilizada em fim alheio à atividade do estabelecimento;

IV – vier a perecer, deteriorar-se ou extraviar-se.

§ 1º. (*Revogado pela Lei Complementar nº 102, de 2000*).

§ 2º. Não se estornam créditos referentes a mercadorias e serviços que venham a ser objeto de operações ou prestações destinadas ao exterior ou de operações com o papel destinado à impressão de livros, jornais e periódicos. (Redação dada pela Lei Complementar nº 120, de 2005)

§ 3º. O não creditamento ou o estorno a que se referem o § 3º do art. 20 e o *caput* deste artigo não impedem a utilização dos mesmos créditos em operações posteriores, sujeitas ao imposto, com a mesma mercadoria.

§§ 4º a 8º. (*Revogados pela Lei Complementar nº 102, de 2000*).

Art. 22. (*VETADO*).

Art. 23. O direito de crédito, para efeito de compensação com débito do imposto, reconhecido ao estabelecimento que tenha recebido as mercadorias ou para o qual tenham sido prestados os serviços, está condicionado à idoneidade da documentação e, se for o caso, à escrituração nos prazos e condições estabelecidos na legislação.

‣ Súm. 509 do STJ.

Parágrafo único. O direito de utilizar o crédito extingue-se depois de decorridos cinco anos contados da data de emissão do documento.

Art. 24. A legislação tributária estadual disporá sobre o período de apuração do imposto. As obrigações consideram-se vencidas na data em que termina o período de apuração e são liquidadas por compensação ou mediante pagamento em dinheiro como disposto neste artigo:

I – as obrigações consideram-se liquidadas por compensação até o montante dos créditos escriturados no mesmo período mais o saldo credor de período ou períodos anteriores, se for o caso;

II – se o montante dos débitos do período superar o dos créditos, a diferença será liquidada dentro do prazo fixado pelo Estado;

III – se o montante dos créditos superar o dos débitos, a diferença será transportada para o período seguinte.

Art. 25. Para efeito de aplicação do disposto no art. 24, os débitos e créditos devem ser apurados em cada estabelecimento, compensando-se os saldos credores e devedores entre os estabelecimentos do mesmo sujeito passivo localizados no Estado. (Redação dada pela Lei Complementar nº 102, de 2000)

§ 1º. Saldos credores acumulados a partir da data de publicação desta Lei Complementar por estabelecimentos que realizem operações e prestações de que tratam o inciso II do art. 3º e seu parágrafo único podem ser, na proporção que estas saídas representem do total das saídas realizadas pelo estabelecimento:

I – imputados pelo sujeito passivo a qualquer estabelecimento seu no Estado;

II – havendo saldo remanescente, transferidos pelo sujeito passivo a outros contribuintes do mesmo Estado, mediante a emissão pela autoridade competente de documento que reconheça o crédito.

§ 2º. Lei estadual poderá, nos demais casos de saldos credores acumulados a partir da vigência desta Lei Complementar, permitir que:

I – sejam imputados pelo sujeito passivo a qualquer estabelecimento seu no Estado;

II – sejam transferidos, nas condições que definir, a outros contribuintes do mesmo Estado.

Art. 26. Em substituição ao regime de apuração mencionado nos arts. 24 e 25, a lei estadual poderá estabelecer:

I – que o cotejo entre créditos e débitos se faça por mercadoria ou serviço dentro de determinado período;

II – que o cotejo entre créditos e débitos se faça por mercadoria ou serviço em cada operação;

III – que, em função do porte ou da atividade do estabelecimento, o imposto seja pago em parcelas periódicas e calculado por estimativa, para um determinado período, assegurado ao sujeito passivo o direito de impugná-la e instaurar processo contraditório.

§ 1º. Na hipótese do inciso III, ao fim do período, será feito o ajuste com base na escrituração regular do contribuinte, que pagará a diferença apurada, se positiva; caso contrário, a diferença será compensada com o pagamento referente ao período ou períodos imediatamente seguintes.

§ 2º. A inclusão de estabelecimento no regime de que trata o inciso III não dispensa o sujeito passivo do cumprimento de obrigações acessórias.

Arts. 27 a 30 (VETADOS).

Art. 31. Nos exercícios financeiros de 2003 a 2006, a União entregará mensalmente recursos aos Estados e seus Municípios, obedecidos os montantes, os critérios, os prazos e as demais condições fixadas no Anexo desta Lei Complementar. (Redação dada pela Lei Complementar nº 115, de 2002)

§ 1º. Do montante de recursos que couber a cada Estado, a União entregará, diretamente: (Redação dada pela Lei Complementar nº 115, de 2002)

I – 75% (setenta e cinco por cento) ao próprio Estado; e

II – 25% (vinte e cinco por cento) aos respectivos Municípios, de acordo com os critérios previstos no parágrafo único do art. 158 da Constituição Federal.

§ 2º Para atender ao disposto no *caput*, os recursos do Tesouro Nacional serão provenientes: (Redação dada pela Lei Complementar nº 115, de 2002)

I – da emissão de títulos de sua responsabilidade, ficando autorizada, desde já, a inclusão nas leis orçamentárias anuais de estimativa de receita decorrente dessas emissões, bem como de dotação até os montantes anuais previstos no Anexo, não se aplicando neste caso, desde que atendidas as condições e os limites globais fixados pelo Senado Federal, quaisquer restrições ao acréscimo que acarretará no endividamento da União;

II – de outras fontes de recursos.

§ 3º. A entrega dos recursos a cada unidade federada, na forma e condições detalhadas no Anexo, especialmente no seu item 3, será satisfeita, primeiro, para efeito de pagamento ou compensação da dívida da respectiva unidade, inclusive de sua administração indireta, vencida e não paga junto à União, bem como para o ressarcimento à União de despesas decorrentes de eventuais garantias honradas de operações de crédito externas. O saldo remanescente, se houver, será creditado em moeda corrente. (Redação dada pela Lei Complementar nº 115, de 2002)

§ 4º. A entrega dos recursos a cada unidade federada, na forma e condições detalhadas no Anexo, subordina-se à existência de disponibilidades orçamentárias consignadas a essa finalidade na respectiva Lei Orçamentária Anual da União, inclusive eventuais créditos adicionais. (Redação dada pela Lei Complementar nº 115, de 2002)

§ 4º-A. (*Revogado pela Lei Complementar nº 115, de 2002*)

§ 5º. Para efeito da apuração de que trata o art. 4º da Lei Complementar 65, de 15 de abril de 1991, será considerado o valor das respectivas exportações de produtos industrializados, inclusive de semielaborados, não submetidas à incidência do imposto sobre operações relativas à circulação de mercadorias e sobre prestações de serviços de transporte interestadual e intermunicipal e de comunicação, em 31 de julho de 1996. (Redação dada pela Lei Complementar nº 102, de 2000)

Art. 32. A partir da data de publicação desta Lei Complementar:

I – o imposto não incidirá sobre operações que destinem ao exterior mercadorias, inclusive produtos primários e produtos industrializados semielaborados, bem como sobre prestações de serviços para o exterior;

II – darão direito de crédito, que não será objeto de estorno, as mercadorias entradas no estabelecimento para integração ou consumo em processo de produção de mercadorias industrializadas, inclusive semielaboradas, destinadas ao exterior;

III – entra em vigor o disposto no Anexo integrante desta Lei Complementar.

Art. 33. Na aplicação do art. 20 observar-se-á o seguinte:

I – somente darão direito de crédito as mercadorias destinadas ao uso ou consumo do estabelecimento nele entradas a partir de 1º de janeiro de 2033; (Redação dada pela LC nº 171/2019)

II – somente dará direito a crédito a entrada de energia elétrica no estabelecimento: (Redação dada pela Lei Complementar nº 102, de 2000)

a) quando for objeto de operação de saída de energia elétrica; (Redação dada pela Lei Complementar nº 102, de 2000)

b) quando consumida no processo de industrialização; (Redação dada pela Lei Complementar nº 102, de 2000)

c) quando seu consumo resultar em operação de saída ou prestação para o exterior, na proporção destas sobre as saídas ou prestações totais; e (Redação dada pela Lei Complementar nº 102, de 2000)

d) a partir de 1º de janeiro de 2033, nas demais hipóteses; (Redação dada pela LC nº 171/2019)

III – somente darão direito de crédito as mercadorias destinadas ao ativo permanente do estabelecimento, nele entradas a partir da data da entrada desta Lei Complementar em vigor;

IV – somente dará direito a crédito o recebimento de serviços de comunicação utilizados pelo estabelecimento: (Incluído pela Lei Complementar nº 102, de 2000)

a) ao qual tenham sido prestados na execução de serviços da mesma natureza; (Redação dada pela Lei Complementar nº 102, de 2000)

b) quando sua utilização resultar em operação de saída ou prestação para o exterior, na proporção desta sobre as saídas ou prestações totais; e (Incluído pela Lei Complementar nº 102, de 2000)

c) a partir de 1º de janeiro de 2033, nas demais hipóteses. (Redação dada pela LC nº 171/2019)

Art. 34. (*VETADO*).

Art. 35. As referências feitas aos Estados nesta Lei Complementar entendem-se feitas também ao Distrito Federal.

Art. 36. Esta Lei Complementar entra em vigor no primeiro dia do segundo mês seguinte ao da sua publicação, observado o disposto nos arts. 32 e 33 e no Anexo integrante desta Lei Complementar.

Brasília, 13 de setembro de 1996; 175º da Independência e 108º da República.

FERNANDO HENRIQUE CARDOSO
D.O.U. 16.9.1996

ANEXO
(Redação dada pela Lei Complementar Nº 115, de 2002)

1. A entrega de recursos a que se refere o art. 31 da Lei Complementar nº 87, de 13 de setembro de 1996, será realizada da seguinte forma:

1.1. a União entregará aos Estados e aos seus Municípios, no exercício financeiro de 2003, o valor de até R$ 3.900.000.000,00 (três bilhões e novecentos milhões de reais), desde que respeitada a dotação consignada da Lei Orçamentária Anual da União de 2003 e eventuais créditos adicionais;

1.2. nos exercícios financeiros de 2004 a 2006, a União entregará aos Estados e aos seus Municípios os montantes consignados a essa finalidade nas correspondentes Leis Orçamentárias Anuais da União;

1.3. a cada mês, o valor a ser entregue aos Estados e aos seus Municípios corresponderá ao montante do saldo orçamentário existente no dia 1º, dividido pelo número de meses remanescentes no ano;

1.3.1. nos meses de janeiro e fevereiro de 2003, o saldo orçamentário, para efeito do cálculo da parcela pertencente a cada Estado e a seus Municípios, segundo os coeficientes individuais de participação definidos no item 1.5 deste Anexo, corresponderá ao montante remanescente após a dedução dos valores de entrega mencionados no art. 3º desta Lei Complementar;

1.3.1.1. nesses meses, a parcela pertencente aos Estados que fizerem jus ao disposto no art. 3º desta Lei Complementar corresponderá ao somatório dos montantes derivados da aplicação do referido artigo e dos coeficientes individuais de participação definidos no item 1.5 deste Anexo;

1.3.2. no mês de dezembro, o valor de entrega corresponderá ao saldo orçamentário existente no dia 15.

1.4. Os recursos serão entregues aos Estados e aos seus respectivos Municípios no último dia útil de cada mês.

1.5. A parcela pertencente a cada Estado, incluídas as parcelas de seus Municípios, será proporcional aos seguintes coeficientes individuais de participação:

AC	0,09104%	PB	0,28750%
AL	0,84022%	PR	10,08256%
AP	0,40648%	PE	1,48565%
AM	1,00788%	PI	0,30165%
BA	3,71666%	RJ	5,86503%
CE	1,62881%	RN	0,36214%
DF	0,80975%	RS	10,04446%
ES	4,26332%	RO	0,24939%
GO	1,33472%	RR	0,03824%
MA	1,67880%	SC	3,59131%
MT	1,94087%	SP	31,14180%
MS	1,23465%	SE	0,25049%
MG	12,90414%	TO	0,07873%
PA	4,36371%	TOTAL	100,00000%

2. Caberá ao Ministério da Fazenda apurar o montante mensal a ser entregue aos Estados e aos seus Municípios.

2.1. O Ministério da Fazenda publicará no *Diário Oficial da União*, até 5 (cinco) dias úteis antes da data prevista para a efetiva entrega dos recursos, o resultado do cálculo do montante a ser entregue aos Estados e aos seus Municípios, o qual, juntamente com o detalhamento da memória de cálculo, será remetido, no mesmo prazo, ao Tribunal de Contas da União.

2.2. Do montante dos recursos que cabe a cada Estado, a União entregará, diretamente ao próprio Estado, 75% (setenta e cinco por cento), e aos seus Municípios, 25% (vinte e cinco por cento), distribuídos segundo os mesmos critérios de rateio aplicados às parcelas de receita que lhes cabem do ICMS.

2.3. Antes do início de cada exercício financeiro, o Estado comunicará ao Ministério da Fazenda os coeficientes de participação dos respectivos Municípios no rateio da parcela do ICMS a serem aplicados no correspondente exercício, observado o seguinte:

2.3.1. o atraso na comunicação dos coeficientes acarretará a suspensão da transferência dos recursos ao Estado e aos respectivos Municípios até que seja regularizada a entrega das informações;

2.3.1.1. os recursos em atraso e os do mês em que ocorrer o fornecimento das informações serão entregues no último dia útil do mês seguinte à regularização, se esta ocorrer após o décimo quinto dia; caso contrário, a entrega dos recursos ocorrerá no último dia útil do próprio mês da regularização.

3. A forma de entrega dos recursos a cada Estado e a cada Município observará o disposto neste item.

3.1. Para efeito de entrega dos recursos à unidade federada e por uma das duas formas previstas no subitem 3.3 serão obrigatoriamente considerados, pela ordem e até o montante total da entrega apurado no respectivo período, os valores das seguintes dívidas:

3.1.1. contraídas junto ao Tesouro Nacional pela unidade federada vencidas e não pagas, computadas primeiro as da administração direta e depois as da administração indireta;

3.1.2. contraídas pela unidade federada com garantia da União, inclusive dívida externa, vencidas e não pagas, sempre computadas inicialmente as da administração direta e posteriormente as da administração indireta;

3.1.3. contraídas pela unidade federada junto aos demais entes da administração federal, direta e indireta, vencidas e não pagas, sempre computadas inicialmente as da administração direta e posteriormente as da administração indireta.

3.2. Para efeito do disposto no subitem 3.1.3, ato do Poder Executivo Federal poderá autorizar:

3.2.1. a inclusão, como mais uma opção para efeito da entrega dos recursos, e na ordem que determinar, do valor correspondente a título da respectiva unidade federada na carteira da União, inclusive entes de sua administração indireta, primeiro relativamente aos valores vencidos e não pagos e, depois, aos vincendos no mês seguinte àquele em que serão entregues os recursos;

3.2.2. a suspensão temporária da dedução de dívida compreendida pelo subitem 3.1.3, quando não estiverem disponíveis, no prazo devido, as necessárias informações.

3.3. Os recursos a serem entregues mensalmente à unidade federada, equivalentes ao montante das dívidas apurado na forma do subitem 3.1, e do anterior, serão satisfeitos pela União por uma das seguintes formas:

3.3.1. entrega de obrigações do Tesouro Nacional, de série especial, inalienáveis, com vencimento não inferior a 10 (dez) anos, remunerados por taxa igual ao custo médio das dívidas da respectiva unidade federada junto ao Tesouro Nacional, com poder liberatório para pagamento das referidas dívidas; ou

3.3.2. correspondente compensação.

3.4. Os recursos a serem entregues mensalmente à unidade federada equivalentes à diferença positiva entre o valor total que lhe cabe e o valor da dívida apurada nos termos dos subitens 3.1 e 3.2, e liquidada na forma do subitem anterior, serão satisfeitos por meio de crédito, em moeda corrente, à conta bancária do beneficiário.

4. As referências deste Anexo feitas aos Estados entendem-se também feitas ao Distrito Federal.

LEI Nº 9.307, DE 23 DE SETEMBRO DE 1996

O PRESIDENTE DA REPÚBLICA Faço saber que o Congresso Nacional decreta e eu sanciono a seguinte Lei:

Dispõe sobre a arbitragem.

‣ *Lei da arbitragem*

CAPÍTULO I. DISPOSIÇÕES GERAIS

Art. 1º. As pessoas capazes de contratar poderão valer-se da arbitragem para dirimir litígios relativos a direitos patrimoniais disponíveis.

‣ CC: arts. 851 a 853.

§ 1º. A administração pública direta e indireta poderá utilizar-se da arbitragem para dirimir conflitos relativos a direitos patrimoniais disponíveis. (Incluído pela Lei nº 13.129, de 2015)

§ 2º. A autoridade ou o órgão competente da administração pública direta para a celebração de convenção de arbitragem é a mesma para a realização de acordos ou transações. (Incluído pela Lei nº 13.129, de 2015)

‣ Lei 8.987/1995: art. 23-A.

‣ Lei 11.079/2004: art. 11, III.

Art. 2º. A arbitragem poderá ser de direito ou de equidade, a critério das partes.

§ 1º. Poderão as partes escolher, livremente, as regras de direito que serão aplicadas na arbitragem, desde que não haja violação aos bons costumes e à ordem pública.

§ 2º. Poderão, também, as partes convencionar que a arbitragem se realize com base nos princípios gerais de direito, nos usos e costumes e nas regras internacionais de comércio.

§ 3º. A arbitragem que envolva a administração pública será sempre de direito e respeitará o princípio da publicidade. (Incluído pela Lei nº 13.129, de 2015)

CAPÍTULO II. DA CONVENÇÃO DE ARBITRAGEM E SEUS EFEITOS

Art. 3º. As partes interessadas podem submeter a solução de seus litígios ao juízo arbitral mediante convenção de arbitragem, assim entendida a cláusula compromissória e o compromisso arbitral.

Art. 4º. A cláusula compromissória é a convenção através da qual as partes em um contrato comprometem-se a submeter à arbitragem os litígios que possam vir a surgir, relativamente a tal contrato.

‣ CC: art. 853.

§ 1º. A cláusula compromissória deve ser estipulada por escrito, podendo estar inserta no próprio contrato ou em documento apartado que a ele se refira.

§ 2º. Nos contratos de adesão, a cláusula compromissória só terá eficácia se o aderente tomar a iniciativa de instituir a arbitragem ou concordar, expressamente, com a sua instituição, desde que por escrito em documento anexo ou em negrito, com a assinatura ou visto especialmente para essa cláusula.

‣ CC: arts. 423 e 424.

§ 3º. (VETADO). (Incluído pela Lei nº 13.129, de 2015)

§ 4º. (VETADO). (Incluído pela Lei nº 13.129, de 2015)

Art. 5º. Reportando-se as partes, na cláusula compromissória, às regras de algum órgão arbitral institucional ou entidade especializada, a arbitragem será instituída e processada de acordo com tais regras, podendo, igualmente, as partes estabelecer na própria cláusula, ou em outro documento, a forma convencionada para a instituição da arbitragem.

Art. 6º. Não havendo acordo prévio sobre a forma de instituir a arbitragem, a parte interessada manifestará à outra parte sua intenção de dar início à arbitragem, por via postal ou por outro meio qualquer de comunicação, mediante comprovação de recebimento, convocando-a para, em dia, hora e local certos, firmar o compromisso arbitral.

Parágrafo único. Não comparecendo a parte convocada ou, comparecendo, recusar-se a firmar o compromisso arbitral, poderá a outra parte propor a demanda de que trata o art. 7º desta Lei, perante o órgão do Poder Judiciário a que, originariamente, tocaria o julgamento da causa.

Art. 7º. Existindo cláusula compromissória e havendo resistência quanto à instituição da arbitragem, poderá a parte interessada requerer a citação da outra parte para comparecer em juízo a fim de lavrar-se o compromisso, designando o juiz audiência especial para tal fim.

§ 1º. O autor indicará, com precisão, o objeto da arbitragem, instruindo o pedido com o documento que contiver a cláusula compromissória.

§ 2º. Comparecendo as partes à audiência, o juiz tentará, previamente, a conciliação acerca do litígio. Não obtendo sucesso, tentará o juiz conduzir as partes à celebração, de comum acordo, do compromisso arbitral.

§ 3º. Não concordando as partes sobre os termos do compromisso, decidirá o juiz, após ouvir o réu, sobre seu conteúdo, na própria audiência ou no prazo de 10 (dez) dias, respeitadas as disposições da cláusula compromissória e atendendo ao disposto nos arts. 10 e 21, § 2º desta Lei.

§ 4º. Se a cláusula compromissória nada dispuser sobre a nomeação de árbitros, caberá ao juiz, ouvidas as partes, estatuir a respeito, podendo nomear árbitro único para a solução do litígio.

§ 5º. A ausência do autor, sem justo motivo, à audiência designada para a lavratura do compromisso arbitral, importará a extinção do processo sem julgamento de mérito.

§ 6º. Não comparecendo o réu à audiência, caberá ao juiz, ouvido o autor, estatuir a respeito do conteúdo do compromisso, nomeando árbitro único.

§ 7º. A sentença que julgar procedente o pedido valerá como compromisso arbitral.

Art. 8º. A cláusula compromissória é autônoma em relação ao contrato em que estiver inserta, de tal sorte que a nulidade deste não implica, necessariamente, a nulidade da cláusula compromissória.

Parágrafo único. Caberá ao árbitro decidir de ofício, ou por provocação das partes, as questões acerca da existência, validade e eficácia da convenção de arbitragem e do contrato que contenha a cláusula compromissória.

Art. 9º. O compromisso arbitral é a convenção através da qual as partes submetem um litígio à arbitragem de uma ou mais pessoas, podendo ser judicial ou extrajudicial.

‣ CC: arts. 851 a 853.

§ 1º. O compromisso arbitral judicial celebrar-se-á por termo nos autos, perante o juízo ou tribunal, onde tem curso a demanda.

§ 2º. O compromisso arbitral extrajudicial será celebrado por escrito particular, assinado por duas testemunhas, ou por instrumento público.

Art. 10. Constará, obrigatoriamente, do compromisso arbitral:

I – o nome, profissão, estado civil e domicílio das partes;

II – o nome, profissão e domicílio do árbitro, ou dos árbitros, ou, se for o caso, a identificação da entidade à qual as partes delegaram a indicação de árbitros;

III – a matéria que será objeto da arbitragem; e

IV – o lugar em que será proferida a sentença arbitral.

Art. 11. Poderá, ainda, o compromisso arbitral conter:

I – local, ou locais, onde se desenvolverá a arbitragem;

II – a autorização para que o árbitro ou os árbitros julguem por equidade, se assim for convencionado pelas partes;

III – o prazo para apresentação da sentença arbitral;

IV – a indicação da lei nacional ou das regras corporativas aplicáveis à arbitragem, quando assim convencionarem as partes;

V – a declaração da responsabilidade pelo pagamento dos honorários e das despesas com a arbitragem; e

VI – a fixação dos honorários do árbitro, ou dos árbitros.

Parágrafo único. Fixando as partes os honorários do árbitro, ou dos árbitros, no compromisso arbitral, este constituirá título executivo extrajudicial; não havendo tal estipulação, o árbitro requererá ao órgão do Poder Judiciário que seria competente para julgar, originariamente, a causa que os fixe por sentença.

Art. 12. Extingue-se o compromisso arbitral:

I – escusando-se qualquer dos árbitros, antes de aceitar a nomeação, desde que as partes tenham declarado, expressamente, não aceitar substituto;

II – falecendo ou ficando impossibilitado de dar seu voto algum dos árbitros, desde que as partes declarem, expressamente, não aceitar substituto; e

III – tendo expirado o prazo a que se refere o art. 11, inc. III, desde que a parte interessada tenha notificado o árbitro, ou o presidente do tribunal arbitral, concedendo-lhe o prazo de 10 (dez) dias para a prolação e apresentação da sentença arbitral.

CAPÍTULO III DOS ÁRBITROS

Art. 13. Pode ser árbitro qualquer pessoa capaz e que tenha a confiança das partes.

§ 1º. As partes nomearão um ou mais árbitros, sempre em número ímpar, podendo nomear, também, os respectivos suplentes.

§ 2º. Quando as partes nomearem árbitros em número par, estes estão autorizados, desde logo, a nomear mais um árbitro. Não havendo acordo, requererão as partes ao órgão do Poder Judiciário a que tocaria, originariamente, o julgamento da causa a nomeação do árbitro, aplicável, no que couber, o procedimento previsto no art. 7º desta Lei.

§ 3º. As partes poderão, de comum acordo, estabelecer o processo de escolha dos árbitros, ou adotar as regras de um órgão arbitral institucional ou entidade especializada.

§ 4º. As partes, de comum acordo, poderão afastar a aplicação de dispositivo do regulamento do órgão arbitral institucional ou entidade especializada que limite a escolha do árbitro único, coárbitro ou presidente do tribunal à respectiva lista de árbitros, autorizado o controle da escolha pelos órgãos competentes da instituição, sendo que, nos casos de impasse e arbitragem multiparte, deverá ser observado o que dispuser o regulamento aplicável. (Redação dada pela Lei nº 13.129, de 2015)

§ 5º. O árbitro ou o presidente do tribunal designará, se julgar conveniente, um secretário, que poderá ser um dos árbitros.

§ 6º. No desempenho de sua função, o árbitro deverá proceder com imparcialidade, independência, competência, diligência e discrição.

§ 7º. Poderá o árbitro ou o tribunal arbitral determinar às partes o adiantamento de verbas para despesas e diligências que julgar necessárias.

Art. 14. Estão impedidos de funcionar como árbitros as pessoas que tenham, com as partes ou com o litígio que lhes for submetido, algumas das relações que caracterizam os casos de impedimento ou suspeição de juízes, aplicando-se lhes, no que couber, os mesmos deveres e responsabilidades, conforme previsto no Código de Processo Civil.

‣ CPC/15: arts. 144 e 145.

§ 1º. As pessoas indicadas para funcionar como árbitro têm o dever de revelar, antes da aceitação da função, qualquer fato que denote dúvida justificada quanto à sua imparcialidade e independência.

§ 2º. O árbitro somente poderá ser recusado por motivo ocorrido após sua nomeação. Poderá, entretanto, ser recusado por motivo anterior à sua nomeação, quando:

a) não for nomeado, diretamente, pela parte; ou

b) o motivo para a recusa do árbitro for conhecido posteriormente à sua nomeação.

Art. 15. A parte interessada em arguir a recusa do árbitro apresentará, nos termos do art. 20, a respectiva exceção, diretamente ao árbitro ou ao presidente do tribunal arbitral, deduzindo suas razões e apresentando as provas pertinentes.

Parágrafo único. Acolhida a exceção, será afastado o árbitro suspeito ou impedido, que será substituído, na forma do art. 16 desta Lei.

Art. 16. Se o árbitro escusar-se antes da aceitação da nomeação, ou, após a aceitação, vier a falecer, tornar-se impossibilitado para o exercício da função, ou for recusado, assumirá seu lugar o substituto indicado no compromisso, se houver.

§ 1º. Não havendo substituto indicado para o árbitro, aplicar-se-ão as regras do órgão arbitral institucional ou entidade especializada, se as partes as tiverem invocado na convenção de arbitragem.

§ 2º. Nada dispondo a convenção de arbitragem e não chegando as partes a um acordo sobre a nomeação do árbitro a ser substituído, procederá a parte interessada da forma prevista no art. 7º desta Lei, a menos que as partes tenham declarado, expressamente, na convenção de arbitragem, não aceitar substituto.

Art. 17. Os árbitros, quando no exercício de suas funções ou em razão delas, ficam equiparados aos funcionários públicos, para os efeitos da legislação penal.

Art. 18. O árbitro é juiz de fato e de direito, e a sentença que proferir não fica sujeita a recurso ou a homologação pelo Poder Judiciário.

› CPC/15: art. 515, VII.

CAPÍTULO IV. DO PROCEDIMENTO ARBITRAL

Art. 19. Considera-se instituída a arbitragem quando aceita a nomeação pelo árbitro, se for único, ou por todos, se forem vários.

§ 1º. Instituída a arbitragem e entendendo o árbitro ou o tribunal arbitral que há necessidade de explicitar questão disposta na convenção de arbitragem, será elaborado, juntamente com as partes, adendo firmado por todos, que passará a fazer parte integrante da convenção de arbitragem. (Incluído pela Lei nº 13.129, de 2015)

§ 2º. A instituição da arbitragem interrompe a prescrição, retroagindo à data do requerimento de sua instauração, ainda que extinta a arbitragem por ausência de jurisdição. (Incluído pela Lei nº 13.129, de 2015)

Art. 20. A parte que pretender arguir questões relativas à competência, suspeição ou impedimento do árbitro ou dos árbitros, bem como nulidade, invalidade ou ineficácia da convenção de arbitragem, deverá fazê-lo na primeira oportunidade que tiver de se manifestar, após a instituição da arbitragem.

§ 1º. Acolhida a arguição de suspeição ou impedimento, será o árbitro substituído nos termos do art. 16 desta Lei, reconhecida a incompetência do árbitro ou do tribunal arbitral, bem como a nulidade, invalidade ou ineficácia da convenção de arbitragem, serão as partes remetidas ao órgão do Poder Judiciário competente para julgar a causa.

§ 2º. Não sendo acolhida a arguição, terá normal prosseguimento a arbitragem, sem prejuízo de vir a ser examinada a decisão pelo órgão do Poder Judiciário competente, quando da eventual propositura da demanda de que trata o art. 33 desta Lei.

Art. 21. A arbitragem obedecerá ao procedimento estabelecido pelas partes na convenção de arbitragem, que poderá reportar-se às regras de um órgão arbitral institucional ou entidade especializada, facultando-se, ainda, às partes delegar ao próprio árbitro, ou ao tribunal arbitral, regular o procedimento.

§ 1º. Não havendo estipulação acerca do procedimento, caberá ao árbitro ou ao tribunal arbitral discipliná-lo.

§ 2º. Serão, sempre, respeitados no procedimento arbitral os princípios do contraditório, da igualdade das partes, da imparcialidade do árbitro e de seu livre convencimento.

§ 3º. As partes poderão postular por intermédio de advogado, respeitada, sempre, a faculdade de designar quem as represente ou assista no procedimento arbitral.

§ 4º. Competirá ao árbitro ou ao tribunal arbitral, no início do procedimento, tentar a conciliação das partes, aplicando-se, no que couber, o art. 28 desta Lei.

Art. 22. Poderá o árbitro ou o tribunal arbitral tomar o depoimento das partes, ouvir testemunhas e determinar a realização de perícias ou outras provas que julgar necessárias, mediante requerimento das partes ou de ofício.

§ 1º. O depoimento das partes e das testemunhas será tomado em local, dia e hora previamente comunicados, por escrito, e reduzido a termo, assinado pelo depoente, ou a seu rogo, e pelos árbitros.

§ 2º. Em caso de desatendimento, sem justa causa, da convocação para prestar depoimento pessoal, o árbitro ou o tribunal arbitral levará em consideração o comportamento da parte faltosa, ao proferir sua sentença; se a ausência for de testemunha, nas mesmas circunstâncias, poderá o árbitro ou o presidente do tribunal arbitral requerer à autoridade judiciária que conduza a testemunha renitente, comprovando a existência da convenção de arbitragem.

§ 3º. A revelia da parte não impedirá que seja proferida a sentença arbitral.

§ 4º. *(Revogado pela Lei nº 13.129, de 2015)*

§ 5º. Se, durante o procedimento arbitral, um árbitro vier a ser substituído fica a critério do substituto repetir as provas já produzidas.

CAPÍTULO IV-A (Incluído pela Lei nº 13.129, de 2015)

DAS TUTELAS CAUTELARES E DE URGÊNCIA

Art. 22-A. Antes de instituída a arbitragem, as partes poderão recorrer ao Poder Judiciário para a concessão de medida cautelar ou de urgência. (Incluído pela Lei nº 13.129, de 2015)

Parágrafo único. Cessa a eficácia da medida cautelar ou de urgência se a parte interessada não requerer a instituição da arbitragem no prazo de 30 (trinta) dias, contado da data de efetivação da respectiva decisão. (Incluído pela Lei nº 13.129, de 2015)

Art. 22-B. Instituída a arbitragem, caberá aos árbitros manter, modificar ou revogar a medida cautelar ou de urgência concedida pelo Poder Judiciário. (Incluído pela Lei nº 13.129, de 2015)

Parágrafo único. Estando já instituída a arbitragem, a medida cautelar ou de urgência será requerida diretamente aos árbitros. (Incluído pela Lei nº 13.129, de 2015)

CAPÍTULO IV-B (Incluído pela Lei nº 13.129, de 2015)

DA CARTA ARBITRAL

Art. 22-C. O árbitro ou o tribunal arbitral poderá expedir carta arbitral para que o órgão jurisdicional nacional pratique ou determine o cumprimento, na área de sua competência territorial, de ato solicitado pelo árbitro. (Incluído pela Lei nº 13.129, de 2015)

Parágrafo único. No cumprimento da carta arbitral será observado o segredo de justiça, desde que comprovada a confidencialidade estipulada na arbitragem. (Incluído pela Lei nº 13.129, de 2015)

CAPÍTULO V. DA SENTENÇA ARBITRAL

› CPC/15: art. 515, VII.

Art. 23. A sentença arbitral será proferida no prazo estipulado pelas partes. Nada tendo sido convencionado, o prazo para a apresentação da sentença é de 6 (seis) meses, contado da instituição da arbitragem ou da substituição do árbitro.

§ 1º. Os árbitros poderão proferir sentenças parciais. (Incluído pela Lei nº 13.129, de 2015)

§ 2º. As partes e os árbitros, de comum acordo, poderão prorrogar o prazo para proferir a sentença final. (Incluído pela Lei nº 13.129, de 2015)

Art. 24. A decisão do árbitro ou dos árbitros será expressa em documento escrito.

§ 1º. Quando forem vários os árbitros, a decisão será tomada por maioria. Se não houver acordo majoritário, prevalecerá o voto do presidente do tribunal arbitral.

§ 2º. O árbitro que divergir da maioria poderá, querendo, declarar seu voto em separado.

Art. 25. *(Revogado pela Lei nº 13.129, de 2015)*

Parágrafo único. *(Revogado pela Lei nº 13.129, de 2015)*

Art. 26. São requisitos obrigatórios da sentença arbitral:

I – o relatório, que conterá os nomes das partes e um resumo do litígio;

II – os fundamentos da decisão, onde serão analisadas as questões de fato e de direito, mencionando-se, expressamente, se os árbitros julgaram por equidade;

III – o dispositivo, em que os árbitros resolverão as questões que lhes forem submetidas e estabelecerão o prazo para o cumprimento da decisão, se for o caso; e

IV – a data e o lugar em que foi proferida.

Parágrafo único. A sentença arbitral será assinada pelo árbitro ou por todos os árbitros. Caberá ao presidente do tribunal arbitral, na hipótese de um ou alguns dos árbitros não poder ou não querer assinar a sentença, certificar tal fato.

Art. 27. A sentença arbitral decidirá sobre a responsabilidade das partes acerca das custas e despesas com a arbitragem, bem como sobre verba decorrente de litigância de má-fé, se for o caso, respeitadas as disposições da convenção de arbitragem, se houver.

Art. 28. Se, no decurso da arbitragem, as partes chegarem a acordo quanto ao litígio, o árbitro ou o tribunal arbitral poderá, a pedido das partes, declarar tal fato mediante sentença arbitral, que conterá os requisitos do art. 26 desta Lei.

Art. 29. Proferida a sentença arbitral, dá-se por finda a arbitragem, devendo o árbitro, ou o presidente do tribunal arbitral, enviar cópia da decisão às partes, por via postal ou por outro meio qualquer de comunicação, mediante comprovação de recebimento, ou, ainda, entregando-a diretamente às partes, mediante recibo.

Art. 30. No prazo de 5 (cinco) dias, a contar do recebimento da notificação ou da ciência pessoal da sentença arbitral, salvo se outro prazo for acordado entre as partes, a parte interessada, mediante comunicação à outra parte, poderá solicitar ao árbitro ou ao tribunal arbitral que: (Redação dada pela Lei nº 13.129, de 2015)

I – corrija qualquer erro material da sentença arbitral;

II – esclareça alguma obscuridade, dúvida ou contradição da sentença arbitral, ou se pronuncie sobre ponto omitido a respeito do qual devia manifestar-se a decisão.

Parágrafo único. O árbitro ou o tribunal arbitral decidirá no prazo de 10 (dez) dias ou em prazo acordado com as partes, aditará a sentença arbitral e notificará as partes na forma do art. 29. (Redação dada pela Lei nº 13.129, de 2015)

Art. 31. A sentença arbitral produz, entre as partes, e seus sucessores, os mesmos efeitos da sentença proferida pelos órgãos do Poder Judiciário e, sendo condenatória, constitui título executivo.

Art. 32. É nula a sentença arbitral se:

I – for nula a convenção de arbitragem; (Redação dada pela Lei nº 13.129, de 2015)
II – emanou de quem não podia ser árbitro;
III – não contiver os requisitos do art. 26 desta Lei;
IV – for proferida fora dos limites da convenção de arbitragem;
V – *(Revogado pela Lei nº 13.129, de 2015)*
VI – comprovado que foi proferida por prevaricação, concussão ou corrupção passiva;
VII – proferida fora do prazo, respeitado o disposto no art. 12, inciso III, desta Lei; e
VIII – forem desrespeitados os princípios de que trata o art. 21, § 2º, desta Lei.

Art. 33. A parte interessada poderá pleitear ao órgão do Poder Judiciário competente a declaração de nulidade da sentença arbitral, nos casos previstos nesta Lei. (Redação dada pela Lei nº 13.129, de 2015)

§ 1º. A demanda para a declaração de nulidade da sentença arbitral, parcial ou final, seguirá as regras do procedimento comum, previstas na Lei nº 5.869, de 11 de janeiro de 1973 (Código de Processo Civil), e deverá ser proposta no prazo de até 90 (noventa) dias após o recebimento da notificação da respectiva sentença, parcial ou final, ou da decisão do pedido de esclarecimentos. (Redação dada pela Lei nº 13.129, de 2015)

- Refere-se ao CPC/1973 revogado pela Lei 13.105/2015.

§ 2º. A sentença que julgar procedente o pedido declarará a nulidade da sentença arbitral, nos casos do art. 32, e determinará, se for o caso, que o árbitro ou o tribunal profira nova sentença arbitral. (Redação dada pela Lei nº 13.129, de 2015)

§ 3º. A decretação da nulidade da sentença arbitral também poderá ser requerida na impugnação ao cumprimento da sentença, nos termos dos arts. 525 e seguintes do Código de Processo Civil, se houver execução judicial. (Redação dada pela Lei nº 13.105, de 2015)

- Refere-se ao CPC/1973 revogado pela Lei 13.105/2015.

§ 4º. A parte interessada poderá ingressar em juízo para requerer a prolação de sentença arbitral complementar, se o árbitro não decidir todos os pedidos submetidos à arbitragem. (Incluído pela Lei nº 13.129, de 2015)

CAPÍTULO VI. DO RECONHECIMENTO E EXECUÇÃO DE SENTENÇAS ARBITRAIS ESTRANGEIRAS

Art. 34. A sentença arbitral estrangeira será reconhecida ou executada no Brasil de conformidade com os tratados internacionais com eficácia no ordenamento interno e, na sua ausência, estritamente de acordo com os termos desta Lei.

Parágrafo único. Considera-se sentença arbitral estrangeira a que tenha sido proferida fora do território nacional.

Art. 35. Para ser reconhecida ou executada no Brasil, a sentença arbitral estrangeira está sujeita, unicamente, à homologação do Superior Tribunal de Justiça. (Redação dada pela Lei nº 13.129, de 2015)

Art. 36. Aplica-se à homologação para reconhecimento ou execução de sentença arbitral estrangeira, no que couber, o disposto nos arts. 483 e 484 do Código de Processo Civil.

Art. 37. A homologação de sentença arbitral estrangeira será requerida pela parte interessada, devendo a petição inicial conter as indicações da lei processual, conforme o art. 282 do Código de Processo Civil, e ser instruída, necessariamente, com:

- Refere-se ao CPC/1973 revogado pela Lei 13.105/2015.
- CPC/15: arts. 319 e 515, VII.

I – o original da sentença arbitral ou uma cópia devidamente certificada, autenticada pelo consulado brasileiro e acompanhada de tradução oficial;
II – o original da convenção de arbitragem ou cópia devidamente certificada, acompanhada de tradução oficial.

Art. 38. Somente poderá ser negada a homologação para o reconhecimento ou execução de sentença arbitral estrangeira, quando o réu demonstrar que:
I – as partes na convenção de arbitragem eram incapazes;
II – a convenção de arbitragem não era válida segundo a lei à qual as partes a submeteram, ou, na falta de indicação, em virtude da lei do país onde a sentença arbitral foi proferida;
III – não foi notificado da designação do árbitro ou do procedimento de arbitragem, ou tenha sido violado o princípio do contraditório, impossibilitando a ampla defesa;
IV – a sentença arbitral foi proferida fora dos limites da convenção de arbitragem, e não foi possível separar a parte excedente daquela submetida à arbitragem;
V – a instituição da arbitragem não está de acordo com o compromisso arbitral ou cláusula compromissória;
VI – a sentença arbitral não se tenha, ainda, tornado obrigatória para as partes, tenha sido anulada, ou, ainda, tenha sido suspensa por órgão judicial do país onde a sentença arbitral for prolatada.

Art. 39. A homologação para o reconhecimento ou a execução da sentença arbitral estrangeira também será denegada se o Superior Tribunal de Justiça constatar que: (Redação dada pela Lei nº 13.129, de 2015)
I – segundo a lei brasileira, o objeto do litígio não é suscetível de ser resolvido por arbitragem;
II – a decisão ofende a ordem pública nacional.

Parágrafo único. Não será considerada ofensa à ordem pública nacional a efetivação da citação da parte residente ou domiciliada no Brasil, nos moldes da convenção de arbitragem ou da lei processual do país onde se realizou a arbitragem, admitindo-se, inclusive, a citação postal com prova inequívoca de recebimento, desde que assegure à parte brasileira tempo hábil para o exercício do direito de defesa.

Art. 40. A denegação da homologação para reconhecimento ou execução de sentença arbitral estrangeira por vícios formais, não obsta que a parte interessada renove o pedido, uma vez sanados os vícios apresentados.

CAPÍTULO VII. DISPOSIÇÕES FINAIS

Art. 41. Os arts. 267, inciso VII; 301, inciso IX; e 584, inciso III, do Código de Processo Civil passam a ter a seguinte redação:

- Refere-se ao CPC/1973 revogado pela Lei 13.105/2015.
- O referido art. 584 do CPC/1973 está revogado pela Lei 11.232/2005.

"Art. 267. [...]

VII – pela convenção de arbitragem;"

"Art. 301. [...]

IX – convenção de arbitragem;"

"Art. 584. [...]

III – a sentença arbitral e a sentença homologatória de transação ou de conciliação;"

Art. 42. O art. 520 do Código de Processo Civil passa a ter mais um inciso, com a seguinte redação:

- Refere-se ao CPC/1973 revogado pela Lei 13.105/2015.

"Art. 520. [...]

VI – julgar procedente o pedido de instituição de arbitragem."

Art. 43. Esta Lei entrará em vigor 60 (sessenta) dias após a data de sua publicação.

Art. 44. Ficam revogados os arts. 1.037 a 1.048 da Lei nº 3.071, de 1º de janeiro de 1916, Código Civil Brasileiro; os arts. 101 e 1.072 a 1.102 da Lei nº 5.869, de 11 de janeiro de 1973, Código de Processo Civil; e demais disposições em contrário.

- Refere-se ao CPC/1973 revogado pela Lei 13.105/2015.

Brasília, 23 de setembro de 1996; 175º da Independência e 108º da República.

FERNANDO HENRIQUE CARDOSO

D.O.U. 24.9.1996

LEI Nº 9.316, DE 22 DE NOVEMBRO DE 1996

Altera a legislação do imposto de renda e da contribuição social sobre o lucro líquido.

- *Alteração a Legislação do IR e CSLL*

Art. 1º. O valor da contribuição social sobre o lucro líquido não poderá ser deduzido para efeito de determinação do lucro real, nem de sua própria base de cálculo.

Parágrafo único. Os valores da contribuição social a que se refere este artigo, registrados como custo ou despesa, deverão ser adicionados ao lucro líquido do respectivo período de apuração para efeito de determinação do lucro real e de sua própria base de cálculo.

Art. 2º. A contribuição social sobre o lucro líquido, devida pelas instituições a que se refere o § 1º do art. 22 da Lei nº 8.212, de 24 de julho de 1991, será calculada à alíquota de dezoito por cento.

Art. 3º. Ficam convalidados os atos praticados com base na Medida Provisória nº 1.516-2, de 24 de outubro de 1996.

Art. 4º. Esta Lei entra em vigor na data de sua publicação, produzindo efeitos em relação aos períodos de apuração iniciados a partir de 1º de janeiro de 1997.

Senado Federal, em 22 de novembro de 1996; 175º da Independência e 108º da República.

Deputado RONALDO PERIM

Primeiro Vice-Presidente da Mesa do Congresso Nacional, no exercício da Presidência

Publicado no DOU de 23.11.1996

LEI Nº 9.363, DE 13 DE DEZEMBRO DE 1996

Dispõe sobre a instituição de crédito presumido do Imposto sobre Produtos Industrializados, para ressarcimento do valor do PIS/PASEP e COFINS nos casos que especifica, e dá outras providências.

- *Crédito presumido do IPI*

Art. 1º. A empresa produtora e exportadora de mercadorias nacionais fará jus a crédito presumido do Imposto sobre Produtos Industrializados, como ressarcimento das contribuições de que tratam as Leis Complementares nº 7, de 7 de setembro de 1970, 8, de 3 de dezembro de 1970, e 70, de 30 de dezembro de 1991, incidentes sobre as respectivas aquisições, no mercado interno, de matérias-primas, produtos intermediários e material de embalagem, para utilização no processo produtivo.

- Esta Lei: art. 5º.
- Lei nº 9.718, de 27-11-1998, arts. 2º a 8º, que altera a Legislação Tributária Federal.

Parágrafo único. O disposto neste artigo aplica-se, inclusive, nos casos de venda a empresa comercial exportadora com o fim específico de exportação para o exterior.

Art. 2º. A base de cálculo do crédito presumido será determinada mediante a aplicação, sobre o valor total das aquisições de matérias-primas, produtos intermediários e material de embalagem referidos no artigo anterior, do percentual correspondente à relação entre a receita de exportação e a receita operacional bruta do produtor exportador.

§ 1º. O crédito fiscal será o resultado da aplicação do percentual de 5,37% sobre a base de cálculo definida neste artigo.

§ 2º. No caso de empresa com mais de um estabelecimento produtor exportador, a apuração do crédito presumido poderá ser centralizada na matriz.

- Esta Lei: art. 4º, par. ún.

§ 3º. O crédito presumido, apurado na forma do parágrafo anterior, poderá ser transferido para qualquer estabelecimento da empresa para efeito de compensação com o Imposto sobre Produtos Industrializados, observadas as normas expedidas pela Secretaria da Receita Federal.

§ 4º. A empresa comercial exportadora que, no prazo de 180 dias, contado da data da emissão da nota fiscal de venda pela empresa produtora, não houver efetuado a exportação dos produtos para o exterior, fica obrigada ao pagamento das contribuições para o PIS/PASEP e COFINS relativamente aos produtos adquiridos e não exportados, bem assim de valor correspondente ao do crédito presumido atribuído à empresa produtora vendedora.

§ 5º. Na hipótese do parágrafo anterior, o valor a ser pago, correspondente ao crédito presumido, será determinado mediante a aplicação do percentual de 5,37% sobre sessenta por cento do preço de aquisição dos produtos adquiridos e não exportados.

§ 6º. Se a empresa comercial exportadora revender, no mercado interno, os produtos adquiridos para exportação, sobre o valor de revenda serão devidas as contribuições para o PIS/PASEP e COFINS, sem prejuízo do disposto no § 4º.

§ 7º. O pagamento dos valores referidos nos §§ 4º e 5º deverá ser efetuado até o décimo dia subsequente ao do vencimento do prazo estabelecido para a efetivação da exportação, acrescido de multa de mora e de juros equivalentes à taxa referencial do Sistema Especial de Liquidação e Custódia – SELIC, para títulos federais, acumulada mensalmente, calculados a partir do primeiro dia do mês subsequente ao da emissão da nota fiscal de venda dos produtos para a empresa comercial exportadora até o último dia do mês anterior ao do pagamento e de um por cento no mês do pagamento.

Art. 3º. Para os efeitos desta Lei, a apuração do montante da receita operacional bruta, da receita de exportação e do valor das matérias-primas, produtos intermediários e material de embalagem será efetuada nos termos das normas que regem a incidência das contribuições referidas no art. 1º, tendo em vista o valor constante da respectiva nota fiscal de venda emitida pelo fornecedor ao produtor exportador.

Parágrafo único. Utilizar-se-á, subsidiariamente, a legislação do Imposto de Renda e do Imposto sobre Produtos Industrializados para o estabelecimento, respectivamente, dos conceitos de receita operacional bruta e de produção, matéria-prima, produtos intermediários e material de embalagem.

Art. 4º. Em caso de comprovada impossibilidade de utilização do crédito presumido em compensação do Imposto sobre Produtos Industrializados devido, pelo produtor exportador, nas operações de venda no mercado interno, far-se-á o ressarcimento em moeda corrente.

Parágrafo único. Na hipótese de crédito presumido apurado na forma do § 2º do art. 2º, o ressarcimento em moeda corrente será efetuado ao estabelecimento matriz da pessoa jurídica.

Art. 5º. A eventual restituição, ao fornecedor, das importâncias recolhidas em pagamento das contribuições referidas no art. 1º, bem assim a compensação mediante crédito, implica imediato estorno, pelo produtor exportador, do valor correspondente.

Art. 6º. O Ministro de Estado da Fazenda expedirá as instruções necessárias ao cumprimento do disposto nesta Lei, inclusive quanto aos requisitos e periodicidade para apuração e para fruição do crédito presumido e respectivo ressarcimento, à definição de receita de exportação e aos documentos fiscais comprobatórios dos lançamentos, a esse título, efetuados pelo produtor exportador

Art. 7º. O Poder Executivo, no prazo de noventa dias, encaminhará ao Congresso Nacional projeto de lei cancelando dotação orçamentária para compensar o acréscimo de renúncia tributária decorrente desta Lei.

Art. 8º. São declarados insubsistentes os atos praticados com base na Medida Provisória nº 905, de 21 de fevereiro de 1995.

Art. 9º. Ficam convalidados os atos praticados com base na Medida Provisória nº 1.484-27, de 22 de novembro de 1996.

Art. 10. Esta Lei entra em vigor na data de sua publicação.

Senado Federal, em 13 de dezembro de 1996; 175º da Independência e 108º da República.

Senador JOSÉ SARNEY
Presidente do Senado Federal
Publicado no DOU de 17.12.1996

LEI Nº 9.393, DE 19 DE DEZEMBRO DE 1996

Dispõe sobre o Imposto sobre a Propriedade Territorial Rural – ITR, sobre pagamento da dívida representada por Títulos da Dívida Agrária e dá outras providências.

- *Lei ITR e Pagamento das Dívidas por Títulos da Dívida Agrária*

CAPÍTULO I. DO IMPOSTO SOBRE A PROPRIEDADE TERRITORIAL RURAL – ITR

SEÇÃO I. DO FATO GERADOR DO ITR

DEFINIÇÃO

- Súmulas nº 74 e 583 do STF.
- CF: art. 153, VI e § 4º.
- CTN: arts. 29 a 34.
- Lei nº 4.504, de 30-11-1964, Estatuto da Terra.
- Lei nº 8.022, de 12-04-1990, que altera o sistema de administração das receitas federais.
- Dec.-lei nº 57, de 18-11-1966, que altera dispositivos sobre lançamento e cobrança do Imposto sobre a Propriedade Territorial Rural, institui normas sobre arrecadação da Dívida Ativa correspondente.

Art. 1º. O Imposto sobre a Propriedade Territorial Rural – ITR, de apuração anual, tem como fato gerador a propriedade, o domínio útil ou a posse de imóvel por natureza, localizado fora da zona urbana do município, em 1º de janeiro de cada ano.

- CF: art. 146, III, a.

§ 1º. O ITR incide inclusive sobre o imóvel declarado de interesse social para fins de reforma agrária, enquanto não transferida a propriedade, exceto se houver imissão prévia na posse.

- CF: art. 5º, XXII, XXIII e XXIV.

§ 2º. Para os efeitos desta Lei, considera-se imóvel rural a área contínua, formada de uma ou mais parcelas de terras, localizada na zona rural do município.

§ 3º. O imóvel que pertencer a mais de um município deverá ser enquadrado no município onde fique a sede do imóvel e, se esta não existir, será enquadrado no município onde se localize a maior parte do imóvel.

IMUNIDADE

Art. 2º. Nos termos do art. 153, § 4º, in fine, da Constituição, o imposto não incide sobre pequenas glebas rurais, quando as explore, só ou com sua família, o proprietário que não possua outro imóvel.

- Esta Lei: art. 8º, § 3º.

Parágrafo único. Para os efeitos deste artigo, pequenas glebas rurais são os imóveis com área igual ou inferior a:

I – 100 ha, se localizado em município compreendido na Amazônia Ocidental ou no Pantanal mato-grossense e sul-mato-grossense;
II – 50 ha, se localizado em município compreendido no Polígono das Secas ou na Amazônia Oriental;
III – 30 ha, se localizado em qualquer outro município.

SEÇÃO II. DA ISENÇÃO

Art. 3º. São isentos do imposto:

- Esta Lei: art. 8º, § 3º.

I – o imóvel rural compreendido em programa oficial de reforma agrária, caracterizado pelas autoridades competentes como assentamento, que, cumulativamente, atenda aos seguintes requisitos:

a) seja explorado por associação ou cooperativa de produção;

b) a fração ideal por família assentada não ultrapasse os limites estabelecidos no artigo anterior;

c) o assentado não possua outro imóvel.

II – o conjunto de imóveis rurais de um mesmo proprietário, cuja área total observe os limites fixados no parágrafo único do artigo anterior, desde que, cumulativamente, o proprietário:

a) o explore só ou com sua família, admitida ajuda eventual de terceiros;

b) não possua imóvel urbano.

Art. 3º-A. Os imóveis rurais oficialmente reconhecidos como áreas ocupadas por remanescentes de comunidades de quilombos que estejam sob a ocupação direta e sejam explorados, individual ou coletivamente, pelos membros destas comunidades são isentos do Imposto sobre a Propriedade Territorial Rural – ITR. (Incluído pela Lei nº 13.043, de 2014)

§ 1º. Ficam dispensados a constituição de créditos da Fazenda Nacional, a inscrição na Dívida Ativa da União e o ajuizamento da respectiva execução fiscal, e cancelados o lançamento e a inscrição relativos ao ITR referentes aos imóveis rurais de que trata o *caput* a partir da data do registro do título de domínio previsto no art. 68 do Ato das Disposições Constitucionais Transitórias. (Incluído pela Lei nº 13.043, de 2014)

§ 2º. Observada a data prevista no § 1º, não serão aplicadas as penalidades estabelecidas nos arts. 7º e 9º para fatos geradores ocorridos até a data de publicação da lei decorrente da conversão da Medida Provisória nº 651, de

9 de julho de 2014, e ficam anistiados os valores decorrentes de multas lançadas pela apresentação da declaração do ITR fora do prazo. (Incluído pela Lei nº 13.043, de 2014)

SEÇÃO III. DO CONTRIBUINTE E DO RESPONSÁVEL

CONTRIBUINTE

Art. 4º. Contribuinte do ITR é o proprietário de imóvel rural, o titular de seu domínio útil ou o seu possuidor a qualquer título.

▸ CTN: art. 31.

Parágrafo único. O domicílio tributário do contribuinte é o município de localização do imóvel, vedada a eleição de qualquer outro.

RESPONSÁVEL

Art. 5º. É responsável pelo crédito tributário o sucessor, a qualquer título, nos termos dos arts. 128 a 133 da Lei nº 5.172, de 25 de outubro de 1966 (Sistema Tributário Nacional).

SEÇÃO IV. DAS INFORMAÇÕES CADASTRAIS

ENTREGA DO DIAC

Art. 6º. O contribuinte ou o seu sucessor comunicará ao órgão local da Secretaria da Receita Federal (SRF), por meio do Documento de Informação e Atualização Cadastral do ITR – DIAC, as informações cadastrais correspondentes a cada imóvel, bem como qualquer alteração ocorrida, na forma estabelecida pela Secretaria da Receita Federal.

▸ Lei nº 8.022, de 12-04-1990, que altera o sistema de administração das receitas federais.

§ 1º. É obrigatória, no prazo de sessenta dias, contado de sua ocorrência, a comunicação das seguintes alterações:

I – desmembramento;
II – anexação;
III – transmissão, por alienação da propriedade ou dos direitos a ela inerentes, a qualquer título;
IV – sucessão causa mortis;
V – cessão de direitos;
VI – constituição de reservas ou usufruto.

§ 2º. As informações cadastrais integrarão o Cadastro de Imóveis Rurais – CAFIR, administrado pela Secretaria da Receita Federal, que poderá, a qualquer tempo, solicitar informações visando à sua atualização.

§ 3º. Sem prejuízo do disposto no parágrafo único do art. 4º, o contribuinte poderá indicar no DIAC, somente para fins de intimação, endereço diferente daquele constante do domicílio tributário, que valerá para esse efeito até ulterior alteração.

ENTREGA DO DIAC FORA DO PRAZO

Art. 7º. No caso de apresentação espontânea do DIAC fora do prazo estabelecido pela Secretaria da Receita Federal, será cobrada multa de 1% (um por cento) ao mês ou fração sobre o imposto devido não inferior a R$ 50,00 (cinquenta reais), sem prejuízo da multa e dos juros de mora pela falta ou insuficiência de recolhimento do imposto ou quota.

SEÇÃO V. DA DECLARAÇÃO ANUAL

Art. 8º. O contribuinte do ITR entregará, obrigatoriamente, em cada ano, o Documento de Informação e Apuração do ITR – DIAT, correspondente a cada imóvel, observadas data e condições fixadas pela Secretaria da Receita Federal.

§ 1º. O contribuinte declarará, no DIAT, o Valor da Terra Nua – VTN correspondente ao imóvel.

§ 2º. O VTN refletirá o preço de mercado de terras, apurado em 1º de janeiro do ano a que se referir o DIAT, e será considerado autoavaliação da terra nua a preço de mercado.

§ 3º. O contribuinte cujo imóvel se enquadre nas hipóteses estabelecidas nos arts. 2º e 3º fica dispensado da apresentação do DIAT. (Incluído pela Lei nº 13.043, de 2014)

ENTREGA DO DIAT FORA DO PRAZO

Art. 9º. A entrega do DIAT fora do prazo estabelecido sujeitará o contribuinte à multa de que trata o art. 7º, sem prejuízo da multa e dos juros de mora pela falta ou insuficiência de recolhimento do imposto ou quota.

SEÇÃO VI. DA APURAÇÃO E DO PAGAMENTO

SUBSEÇÃO I. DA APURAÇÃO

APURAÇÃO PELO CONTRIBUINTE

Art. 10. A apuração e o pagamento do ITR serão efetuados pelo contribuinte, independentemente de prévio procedimento da administração tributária, nos prazos e condições estabelecidos pela Secretaria da Receita Federal, sujeitando-se a homologação posterior.

§ 1º. Para os efeitos de apuração do ITR, considerar-se-á:

I – VTN, o valor do imóvel, excluídos os valores relativos a:

a) construções, instalações e benfeitorias;
b) culturas permanentes e temporárias;
c) pastagens cultivadas e melhoradas;
d) florestas plantadas;

II – área tributável, a área total do imóvel, menos as áreas:

a) de preservação permanente e de reserva legal, previstas na Lei nº 12.651, de 25 de maio de 2012; (Redação dada pela Lei nº 12.844, de 2013)
b) de interesse ecológico para a proteção dos ecossistemas, assim declaradas mediante ato do órgão competente, federal ou estadual, e que ampliem as restrições de uso previstas na alínea anterior;
c) comprovadamente imprestáveis para qualquer exploração agrícola, pecuária, granjeira, aquícola ou florestal, declaradas de interesse ecológico mediante ato do órgão competente, federal ou estadual;
d) sob regime de servidão ambiental; (Redação dada pela Lei nº 12.651, de 2012).
e) cobertas por florestas nativas, primárias ou secundárias em estágio médio ou avançado de regeneração; (Incluído pela Lei nº 11.428, de 2006)
f) alagadas para fins de constituição de reservatório de usinas hidrelétricas autorizada pelo poder público. (Incluído pela Lei nº 11.727, de 2008)

III – VTNt, o valor da terra nua tributável, obtido pela multiplicação do VTN pelo quociente entre a área tributável e a área total;

IV – área aproveitável, a que for passível de exploração agrícola, pecuária, granjeira, aquícola ou florestal, excluídas as áreas:

a) ocupadas por benfeitorias úteis e necessárias;
b) de que tratam as alíneas do inciso II deste parágrafo; (Redação dada pela Lei nº 11.428, de 2006)

V – área efetivamente utilizada, a porção do imóvel que no ano anterior tenha:

a) sido plantada com produtos vegetais;
b) servido de pastagem, nativa ou plantada, observados índices de lotação por zona de pecuária;
c) sido objeto de exploração extrativa, observados os índices de rendimento por produto e a legislação ambiental;
d) servido para exploração de atividades granjeira e aquícola;
e) sido o objeto de implantação de projeto técnico, nos termos do art. 7º da Lei nº 8.629, de 25 de fevereiro de 1993;

VI – Grau de Utilização – GU, a relação percentual entre a área efetivamente utilizada e a área aproveitável.

§ 2º. As informações que permitam determinar o GU deverão constar do DIAT.

§ 3º. Os índices a que se referem as alíneas "b" e "c" do inciso V do § 1º serão fixados, ouvido o Conselho Nacional de Política Agrícola, pela Secretaria da Receita Federal, que dispensará da sua aplicação os imóveis com área inferior a:

a) 1.000 ha, se localizados em municípios compreendidos na Amazônia Ocidental ou no Pantanal mato-grossense e sul-mato-grossense;
b) 500 ha, se localizados em municípios compreendidos no Polígono das Secas ou na Amazônia Oriental;
c) 200 ha, se localizados em qualquer outro município.

§ 4º. Para os fins do inciso V do § 1º, o contribuinte poderá valer-se dos dados sobre a área utilizada e respectiva produção, fornecidos pelo arrendatário ou parceiro, quando o imóvel, ou parte dele, estiver sendo explorado em regime de arrendamento ou parceria.

§ 5º. Na hipótese de que trata a alínea "c" do inciso V do § 1º, será considerada a área total objeto de plano de manejo sustentado, desde que aprovado pelo órgão competente, e cujo cronograma esteja sendo cumprido pelo contribuinte.

§ 6º. Será considerada como efetivamente utilizada a área dos imóveis rurais que, no ano anterior, estejam:

I – comprovadamente situados em área de ocorrência de calamidade pública decretada pelo Poder Público, de que resulte frustração de safras ou destruição de pastagens;
II – oficialmente destinados à execução de atividades de pesquisa e experimentação que objetivem o avanço tecnológico da agricultura.

§ 7º. A declaração para fim de isenção do ITR relativa às áreas de que tratam as alíneas "a" e "d" do inciso II, § 1º, deste artigo, não está sujeita à prévia comprovação por parte do declarante, ficando o mesmo responsável pelo pagamento do imposto correspondente, com juros e multa previstos nesta Lei, caso fique comprovado que a sua declaração não é verdadeira, sem prejuízo de outras sanções aplicáveis. (Incluído pela Medida Provisória nº 2.166-67, de 2001)

VALOR DO IMPOSTO

Art. 11. O valor do imposto será apurado aplicando-se sobre o Valor da Terra Nua Tributável – VTNt a alíquota correspondente, prevista no Anexo desta Lei, considerados a área total do imóvel e o Grau de Utilização – GU.

§ 1º. Na hipótese de inexistir área aproveitável após efetuadas as exclusões previstas no art. 10, § 1º, inciso IV, serão aplicadas as alíquotas, correspondentes aos imóveis com grau de utilização superior a 80% (oitenta por cento), observada a área total do imóvel.

§ 2º. Em nenhuma hipótese o valor do imposto devido será inferior a R$ 10,00 (dez reais).

SUBSEÇÃO II. DO PAGAMENTO

PRAZO

Art. 12. O imposto deverá ser pago até o último dia útil do mês fixado para a entrega do DIAT.

Parágrafo único. À opção do contribuinte, o imposto a pagar poderá ser parcelado em até três quotas iguais, mensais e consecutivas, observando-se que:

I – nenhuma quota será inferior a R$ 50,00 (cinquenta reais);

II – a primeira quota ou quota única deverá ser paga até a data fixada no *caput*;

III – as demais quotas, acrescidas de juros equivalentes à taxa referencial do Sistema de Liquidação e de Custódia (SELIC) para títulos federais, acumulada mensalmente, calculados a partir do primeiro dia do mês subsequente à data fixada no *caput* até o último dia do mês anterior ao do pagamento, e de 1% (um por cento) no mês do pagamento, vencerão no último dia útil de cada mês;

IV – é facultado ao contribuinte antecipar, total ou parcialmente, o pagamento do imposto ou das quotas.

PAGAMENTO FORA DO PRAZO

Art. 13. O pagamento do imposto fora dos prazos previstos nesta Lei será acrescido de:

I – multa de mora calculada à taxa de 0,33% (zero vírgula trinta e três por cento), por dia de atraso, não podendo ultrapassar 20% (vinte por cento), calculada a partir do primeiro dia subsequente ao do vencimento do prazo previsto para o pagamento do imposto até o dia em que ocorrer o seu pagamento;

II – juros de mora calculados à taxa a que se refere o art. 12, parágrafo único, inciso III, a partir do primeiro dia do mês subsequente ao vencimento do prazo até o mês anterior ao do pagamento, e de 1% (um por cento) no mês do pagamento.

SEÇÃO VII. DOS PROCEDIMENTOS DE OFÍCIO

Art. 14. No caso de falta de entrega do DIAC ou do DIAT, bem como de subavaliação ou prestação de informações inexatas, incorretas ou fraudulentas, a Secretaria da Receita Federal procederá à determinação e ao lançamento de ofício do imposto, considerando informações sobre preços de terras, constantes de sistema a ser por ela instituído, e os dados de área total, área tributável e grau de utilização do imóvel, apurados em procedimentos de fiscalização.

§ 1º. As informações sobre preços de terra observarão os critérios estabelecidos no art. 12, § 1º, inciso II da Lei nº 8.629, de 25 de fevereiro de 1993, e considerarão levantamentos realizados pelas Secretarias de Agricultura das Unidades Federadas ou dos Municípios.

§ 2º. As multas cobradas em virtude do disposto neste artigo serão aquelas aplicáveis aos demais tributos federais.

SEÇÃO VIII. DA ADMINISTRAÇÃO DO IMPOSTO

COMPETÊNCIA DA SECRETARIA DA RECEITA FEDERAL

Art. 15. Compete à Secretaria da Receita Federal a administração do ITR, incluídas as atividades de arrecadação, tributação e fiscalização.

› Lei nº 8.022, de 12-04-1990, que altera o sistema de administração das receitas federais.

Parágrafo único. No processo administrativo fiscal, compreendendo os procedimentos destinados à determinação e exigência do imposto, imposição de penalidades, repetição de indébito e solução de consultas, bem como a compensação do imposto, observar-se-á a legislação prevista para os demais tributos federais.

CONVÊNIOS DE COOPERAÇÃO

Art. 16. A Secretaria da Receita Federal poderá celebrar convênio com o Instituto Nacional de Colonização e Reforma Agrária – INCRA, com a finalidade de delegar as atividades de fiscalização das informações sobre os imóveis rurais, contidas no DIAC e no DIAT.

§ 1º. No exercício da delegação a que se refere este artigo, o INCRA poderá celebrar convênios de cooperação com o Instituto Brasileiro do Meio Ambiente e dos Recursos Naturais Renováveis – IBAMA, Fundação Nacional do Índio – FUNAI e Secretarias Estaduais de Agricultura.

§ 2º. No uso de suas atribuições, os agentes do INCRA terão acesso ao imóvel de propriedade particular, para levantamento de dados e informações.

§ 3º. A Secretaria da Receita Federal, com o apoio do INCRA, administrará o CAFIR e colocará as informações nele contidas à disposição daquela Autarquia, para fins de levantamento e pesquisa de dados e de proposição de ações administrativas e judiciais. (Redação dada pela Lei nº 10.267, de 28.8.2001)

§ 4º. Às informações a que se refere o § 3º aplica-se o disposto no art. 198 da Lei nº 5.172, de 25 de outubro de 1966. (Redação dada pela Lei nº 10.267, de 2001)

Art. 17. A Secretaria da Receita Federal poderá, também, celebrar convênios com:

I – órgãos da administração tributária das unidades federadas, visando delegar competência para a cobrança e o lançamento do ITR;

II – a Confederação Nacional da Agricultura – CNA e a Confederação Nacional dos Trabalhadores na Agricultura – CONTAG, com a finalidade de fornecer dados cadastrais de imóveis rurais que possibilitem a cobrança das contribuições sindicais devidas àquelas entidades.

SEÇÃO IX. DAS DISPOSIÇÕES GERAIS

DÍVIDA ATIVA – PENHORA OU ARRESTO

Art. 18. Na execução de dívida ativa, decorrente de crédito tributário do ITR, na hipótese de penhora ou arresto de bens, previstos no art. 11 da Lei nº 6.830, de 22 de setembro de 1980, será penhorado ou arrestado, preferencialmente, imóvel rural, não tendo recaído a penhora ou o arresto sobre dinheiro.

§ 1º. No caso do imóvel rural penhorado ou arrestado, na lavratura do termo ou auto de penhora, deverá ser observado, para efeito de avaliação, o VTN declarado e o disposto no art. 14.

§ 2º. A Fazenda Pública poderá, ouvido o INCRA, adjudicar, para fins fundiários, o imóvel rural penhorado, se a execução não for embargada ou se rejeitados os embargos.

§ 3º. O depósito da diferença de que trata o parágrafo único do art. 24 da Lei nº 6.830, de 22 de setembro de 1980, poderá ser feito em Títulos da Dívida Agrária, até o montante equivalente ao VTN declarado.

§ 4º. Na hipótese do § 2º, o imóvel passará a integrar o patrimônio do INCRA, e a carta de adjudicação e o registro imobiliário serão expedidos em seu nome.

VALORES PARA APURAÇÃO DE GANHO DE CAPITAL

Art. 19. A partir do dia 1º de janeiro de 1997, para fins de apuração de ganho de capital, nos termos da legislação do imposto de renda, considera-se custo de aquisição e valor da venda do imóvel rural o VTN declarado, na forma do art. 8º, observado o disposto no art. 14, respectivamente, nos anos da ocorrência de sua aquisição e de sua alienação.

Parágrafo único. Na apuração de ganho de capital correspondente a imóvel rural adquirido anteriormente à data a que se refere este artigo, será considerado custo de aquisição o valor constante da escritura pública, observado o disposto no art. 17 da Lei nº 9.249, de 26 de dezembro de 1995.

INCENTIVOS FISCAIS E CRÉDITO RURAL

Art. 20. A concessão de incentivos fiscais e de crédito rural, em todas as suas modalidades, bem como a constituição das respectivas contrapartidas ou garantias, ficam condicionadas à comprovação do recolhimento do ITR, relativo ao imóvel rural, correspondente aos últimos cinco exercícios, ressalvados os casos em que a exigibilidade do imposto esteja suspensa, ou em curso de cobrança executiva em que tenha sido efetivada a penhora.

Parágrafo único. É dispensada a comprovação de regularidade do recolhimento do imposto relativo ao imóvel rural, para efeito de concessão de financiamento ao amparo do Programa Nacional de Fortalecimento da Agricultura Familiar – PRONAF.

REGISTRO PÚBLICO

Art. 21. É obrigatória a comprovação do pagamento do ITR, referente aos cinco últimos exercícios, para serem praticados quaisquer dos atos previstos nos arts. 167 e 168 da Lei nº 6.015, de 31 de dezembro de 1973 (Lei dos Registros Públicos), observada a ressalva prevista no *caput* do artigo anterior, in fine.

Parágrafo único. São solidariamente responsáveis pelo imposto e pelos acréscimos legais, nos termos do art. 134 da Lei nº 5.172, de 25 de outubro de 1966 – Sistema Tributário Nacional, os serventuários do registro de imóveis que descumprirem o disposto neste artigo, sem prejuízo de outras sanções legais.

DEPÓSITO JUDICIAL NA DESAPROPRIAÇÃO

Art. 22. O valor da terra nua para fins do depósito judicial, a que se refere o inciso I do art. 6º da Lei Complementar nº 76, de 6 de julho de 1993, na hipótese de desapropriação do imóvel rural de que trata o art. 184 da Constituição, não poderá ser superior ao VTN declarado, observado o disposto no art. 14.

Parágrafo único. A desapropriação por valor inferior ao declarado não autorizará a redução do imposto a ser pago, nem a restituição de quaisquer importâncias já recolhidas.

CAPÍTULO II. DAS DISPOSIÇÕES FINAIS

Art. 23. Esta Lei entra em vigor na data de sua publicação, produzindo efeitos, quanto aos arts. 1º a 22, a partir de janeiro de 1997.

Art. 24. Revogam-se os arts. 1º a 22 e 25 da Lei nº 8.847, de 28 de janeiro de 1994.

Brasília, 19 de dezembro de 1996;
175º da Independência e 108º da República.

FERNANDO HENRIQUE CARDOSO
Publicado no DOU de 20.12.1996

TABELA DE ALÍQUOTAS
(ART. 11)

Área total do imóvel (em hectares)	GRAU DE UTILIZAÇÃO – GU (EM %)				
	Maior que 80	Maior que 65 até 80	Maior que 50 até 65	Maior que 30 até 50	Até 30
Até 50	0,03	0,2	0,4	0,7	1
Maior que 50 até 200	0,07	0,4	0,8	1,4	2
Maior que 200 até 500	0,1	0,6	1,3	2,3	3,3
Maior que 500 até 1.000	0,15	0,85	1,9	3,3	4,7
Maior que 1.000 até 5.000	0,3	1,6	3,4	6	8,6
Acima de 5.000	0,45	3	6,4	12	20

LEI Nº 9.427, DE 26 DE DEZEMBRO DE 1996

Institui a Agência Nacional de Energia Elétrica – ANEEL, disciplina o regime das concessões de serviços públicos de energia elétrica e dá outras providências.

▸ *Agência Nacional de Energia Elétrica (ANEEL)*

CAPÍTULO I. DAS ATRIBUIÇÕES E DA ORGANIZAÇÃO

Art. 1º. É instituída a Agência Nacional de Energia Elétrica – ANEEL, autarquia sob regime especial, vinculada ao Ministério de Minas e Energia, com sede e foro no Distrito Federal e prazo de duração indeterminado.

Art. 2º. A Agência Nacional de Energia Elétrica – ANEEL tem por finalidade regular e fiscalizar a produção, transmissão, distribuição e comercialização de energia elétrica, em conformidade com as políticas e diretrizes do governo federal.

Parágrafo único. Revogado pela Lei nº 10.848, de 2004.

Art. 3º. Além das atribuições previstas nos incisos II, III, V, VI, VII, X, XI e XII do art. 29 e no art. 30 da Lei nº 8.987, de 13 de fevereiro de 1995, de outras incumbências expressamente previstas em lei e observado o disposto no § 1º, compete à ANEEL: (Redação dada pela Lei nº 10.848, de 2004)

I – implementar as políticas e diretrizes do governo federal para a exploração da energia elétrica e o aproveitamento dos potenciais hidráulicos, expedindo os atos regulamentares necessários ao cumprimento das normas estabelecidas pela Lei nº 9.074, de 7 de julho de 1995;

II – promover, mediante delegação, com base no plano de outorgas e diretrizes aprovadas pelo Poder Concedente, os procedimentos licitatórios para a contratação de concessionárias e permissionárias de serviço público para produção, transmissão e distribuição de energia elétrica e para a outorga de concessão para aproveitamento de potenciais hidráulicos; (Redação dada pela Lei nº 10.848, de 2004)

III – Revogado pela Lei nº 10.848, de 2004.

IV – gerir os contratos de concessão ou de permissão de serviços públicos de energia elétrica, de concessão de uso de bem público, bem como fiscalizar, diretamente ou mediante convênios com órgãos estaduais, as concessões, as permissões e a prestação dos serviços de energia elétrica; (Redação dada pela Lei nº 10.848, de 2004)

V – dirimir, no âmbito administrativo, as divergências entre concessionárias, permissionárias, autorizadas, produtores independentes e autoprodutores, bem como entre esses agentes e seus consumidores;

VI – fixar os critérios para cálculo do preço de transporte de que trata o § 6º do art. 15 da Lei nº 9.074, de 7 de julho de 1995, e arbitrar seus valores nos casos de negociação frustrada entre os agentes envolvidos;

VII – articular com o órgão regulador do setor de combustíveis fósseis e gás natural os critérios para fixação dos preços de transporte desses combustíveis, quando destinados à geração de energia elétrica, e para arbitramento de seus valores, nos casos de negociação frustrada entre os agentes envolvidos;

VIII – estabelecer, com vistas a propiciar concorrência efetiva entre os agentes e a impedir a concentração econômica nos serviços e atividades de energia elétrica, restrições, limites ou condições para empresas, grupos empresariais e acionistas, quanto à obtenção e transferência de concessões, permissões e autorizações, à concentração societária e à realização de negócios entre si; (Incluído pela Lei nº 9.648, de 1998)

IX – zelar pelo cumprimento da legislação de defesa da concorrência, monitorando e acompanhando as práticas de mercado dos agentes do setor de energia elétrica; (Incluído pela Lei nº 9.648, de 1998)

X – fixar as multas administrativas a serem impostas aos concessionários, permissionários e autorizados de instalações e serviços de energia elétrica, observado o limite, por infração, de 2% (dois por cento) do faturamento, ou do valor estimado da energia produzida nos casos de autoprodução e produção independente, correspondente aos últimos doze meses anteriores à lavratura do auto de infração ou estimados para um período de doze meses caso o infrator não esteja em operação ou esteja operando por um período inferior a doze meses; (Incluído pela Lei nº 9.648, de 1998)

XI – estabelecer tarifas para o suprimento de energia elétrica realizado às concessionárias e às permissionárias de distribuição, inclusive às cooperativas de eletrificação rural enquadradas como permissionárias, cujos mercados próprios sejam inferiores a 700 GWh/ano, e tarifas de fornecimento às cooperativas autorizadas, considerando parâmetros técnicos, econômicos, operacionais e a estrutura dos mercados atendidos; (Redação dada pela Lei nº 13.360, de 2016)

XII – estabelecer, para cumprimento por parte de cada concessionária e permissionária de serviço público de distribuição de energia elétrica, as metas a serem periodicamente alcançadas, visando a universalização do uso da energia elétrica; (Incluído pela Lei nº 10.438, de 2002)

XIII – efetuar o controle prévio e a posteriori de atos e negócios jurídicos a serem celebrados entre concessionárias, permissionárias, autorizadas e seus controladores, suas sociedades controladas ou coligadas e outras sociedades controladas ou coligadas de controlador comum, impondo-lhes restrições à mútua constituição de direitos e obrigações, especialmente comerciais e, no limite, a abstenção do próprio ato ou contrato; (Incluído pela Lei nº 10.438, de 2002)

XIV – aprovar as regras e os procedimentos de comercialização de energia elétrica, contratada de formas regulada e livre; (Incluído pela Lei nº 10.848, de 2004)

XV – promover processos licitatórios para atendimento às necessidades do mercado; (Incluído pela Lei nº 10.848, de 2004)

XVI – homologar as receitas dos agentes de geração na contratação regulada e as tarifas a serem pagas pelas concessionárias, permissionárias ou autorizadas de distribuição de energia elétrica, observados os resultados dos processos licitatórios referidos no inciso XV do *caput* deste artigo; (Incluído pela Lei nº 10.848, de 2004)

XVII – estabelecer mecanismos de regulação e fiscalização para garantir o atendimento à totalidade do mercado de cada agente de distribuição e de comercialização de energia elétrica, bem como à carga dos consumidores que tenham exercido a opção prevista nos arts. 15 e 16 da Lei nº 9.074, de 7 de julho de 1995; (Incluído pela Lei nº 10.848, de 2004)

XVIII – definir as tarifas de uso dos sistemas de transmissão e distribuição, sendo que as de transmissão devem ser baseadas nas seguintes diretrizes: (Incluído pela Lei nº 10.848, de 2004)

a) assegurar arrecadação de recursos suficientes para a cobertura dos custos dos sistemas de transmissão, inclusive das interligações internacionais conectadas à rede básica; (Redação dada pela Lei nº 12.111, de 2009)

b) utilizar sinal locacional visando a assegurar maiores encargos para os agentes que mais onerem o sistema de transmissão; (Incluído pela Lei nº 10.848, de 2004)

XIX – regular o serviço concedido, permitido e autorizado e fiscalizar permanentemente sua prestação; (Incluído pela Lei nº 10.848, de 2004)

XX – definir adicional de tarifas de uso específico das instalações de interligações internacionais para exportação e importação de energia elétrica, visando à modicidade tarifária dos usuários do sistema de transmissão ou distribuição; (Incluído pela Lei nº 12.111, de 2009)

XXI – definir as tarifas das concessionárias de geração hidrelétrica que comercializarem energia no regime de cotas de que trata a Medida Provisória nº 579, de 11 de setembro de 2012. (Incluído pela Lei nº 12.783, de 2013)

§ 1º. No exercício da competência prevista nos incisos VIII e IX, a ANEEL deverá articular-se com a Secretaria de Direito Econômico do Ministério da Justiça. (Redação dada pela Lei nº 13.360, de 2016)

§ 2º. No exercício da competência prevista no inciso XI, a Aneel deverá definir o valor da subvenção prevista no inciso XIII do art. 13 da Lei nº 10.438, de 26 de abril de 2002, a ser recebida por cooperativas de eletrificação rural, concessionárias ou permissionárias, para compensar a reduzida densidade de carga de seu mercado, quando for o caso. (Incluído pela Lei nº 13.360, de 2016)

§ 3º. A subvenção a que se refere o § 4º será calculada pela Aneel a cada revisão tarifária ordinária da principal concessionária de distribuição supridora da cooperativa de eletrificação rural, concessionária ou permissionária, devendo o valor encontrado ser atualizado pelo Índice Nacional de Preços ao Consumidor Amplo (IPCA), e publicado pelo Instituto Brasileiro de Geografia e Estatística (IBGE), ou outro que o substituir, nos processos subsequentes de reajuste tarifário. (Incluído pela Lei nº 13.360, de 2016)

§ 4º. A subvenção será igual ao valor adicional de receita requerida que precisaria ser concedido à principal concessionária de distribuição supridora caso os ativos, o mercado e os consumidores da cooperativa de eletrificação rural, concessionária ou permissionária, fizessem parte de sua concessão. (Incluído pela Lei nº 13.360, de 2016)

§ 5º. O disposto neste artigo aplica-se a partir do processo tarifário da cooperativa de eletrificação rural, concessionária ou permissionária, que suceder a revisão tarifária ordinária da principal concessionária supridora, mesmo que essa tenha ocorrido nos anos de 2015 ou 2016, sempre com efeitos prospectivos, nos termos da regulação da Aneel. (Incluído pela Lei nº 13.360, de 2016)

§ 6º. A partir da definição da subvenção de que trata o § 4º, os descontos concedidos às cooperativas de eletrificação rural, concessionárias ou permissionárias, nas tarifas de uso dos sistemas de distribuição e transmissão e nas tarifas de energia serão reduzidos até a sua extinção, sendo a redução pelo processo tarifário de que trata o § 5º limitada pelo efeito médio final do processo tarifário, máximo de 20% (vinte por cento). (Incluído pela Lei nº 13.360, de 2016)

§ 7º. No exercício da competência prevista no inciso XI, a Aneel deverá, para efeito de definição da subvenção de que trata o § 4º e dos descontos nas tarifas de uso dos sistemas de distribuição e transmissão e nas tarifas de energia, considerar o mercado limitado a 500 GWh/ano para as cooperativas de eletrificação rural cujos mercados próprios sejam superiores a 500 GWh/ano. (Incluído pela Lei nº 13.360, de 2016)

Art. 3º-A. Além das competências previstas nos incisos IV, VIII e IX do art. 29 da Lei nº 8.987, de 13 de fevereiro de 1995, aplicáveis aos serviços de energia elétrica, compete ao Poder Concedente: (Incluído pela Lei nº 10.848, de 2004)

I – elaborar o plano de outorgas, definir as diretrizes para os procedimentos licitatórios e promover as licitações destinadas à contratação de concessionários de serviço público para produção, transmissão e distribuição de energia elétrica e para a outorga de concessão para aproveitamento de potenciais hidráulicos; (Incluído pela Lei nº 10.848, de 2004)

II – celebrar os contratos de concessão ou de permissão de serviços públicos de energia elétrica, de concessão de uso de bem público e expedir atos autorizativos. (Incluído pela Lei nº 10.848, de 2004)

§ 1º. No exercício das competências referidas no inciso IV do art. 29 da Lei nº 8.987, de 13 de fevereiro de 1995, e das competências referidas nos incisos I e II do *caput* deste artigo, o Poder Concedente ouvirá previamente a ANEEL. (Incluído pela Lei nº 10.848, de 2004)

§ 2º. No exercício das competências referidas no inciso I do *caput* deste artigo, o Poder Concedente delegará à ANEEL a operacionalização dos procedimentos licitatórios. (Incluído pela Lei nº 10.848, de 2004)

§ 3º. A celebração de contratos e a expedição de atos autorizativos de que trata o inciso II do *caput* deste artigo poderão ser delegadas à ANEEL. (Incluído pela Lei nº 10.848, de 2004)

§ 4º. O exercício pela ANEEL das competências referidas nos incisos VIII e IX do art. 29 da Lei nº 8.987, de 13 de fevereiro de 1995, dependerá de delegação expressa do Poder Concedente. (Incluído pela Lei nº 10.848, de 2004)

Art. 4º. A ANEEL será dirigida por um Diretor-Geral e quatro Diretores, em regime de colegiado, cujas funções serão estabelecidas no ato administrativo que aprovar a estrutura organizacional da autarquia.

§ 1º Integrarão a estrutura da Aneel uma Procuradoria e uma Ouvidoria. (Redação dada pela Lei nº 13.848, de 2019)

§ 2º. Revogado pela Lei nº 9.649, de 1998.

§ 3º. O processo decisório que implicar afetação de direitos dos agentes econômicos do setor elétrico ou dos consumidores, mediante iniciativa de projeto de lei ou, quando possível, por via administrativa, será precedido de audiência pública convocada pela ANEEL.

Art. 5º O Diretor-Geral e os Diretores serão nomeados pelo Presidente da República para cumprir mandatos não coincidentes de 5 (cinco) anos, vedada a recondução, ressalvado o que dispõe o art. 29. (Redação dada pela Lei nº 13.848, de 2019)

Parágrafo único. A nomeação dos membros da Diretoria Colegiada dependerá de prévia aprovação do Senado Federal, nos termos da alínea "f" do inciso III do art. 52 da Constituição Federal, observado o disposto na Lei nº 9.986, de 18 de julho de 2000. (Redação dada pela Lei nº 13.848, de 2019)

Arts. 6º e 7º. (Revogados pela Lei nº 13.848, de 2019)

Art. 8º. Revogado pela Lei nº 9.986, de 2000.

Art. 9º. O ex-dirigente da ANEEL continuará vinculado à autarquia nos doze meses seguintes ao exercício do cargo, durante os quais estará impedido de prestar, direta ou indiretamente, independentemente da forma ou natureza do contrato, qualquer tipo de serviço às empresas sob sua regulamentação ou fiscalização, inclusive controladas, coligadas ou subsidiárias.

§ 1º. Durante o prazo da vinculação estabelecida neste artigo, o ex-dirigente continuará prestando serviço à ANEEL ou a qualquer outro órgão da administração pública direta da União, em área atinente à sua qualificação profissional, mediante remuneração equivalente à do cargo de direção que exerceu.

§ 2º. Incorre na prática de advocacia administrativa, sujeitando-se o infrator às penas previstas no art. 321 do Código Penal, o ex-dirigente da ANEEL, inclusive por renúncia ao mandato, que descumprir o disposto no *caput* deste artigo.

§ 3º. Exclui-se do disposto neste artigo o ex-dirigente que for exonerado no prazo indicado no *caput* do artigo anterior ou pelos motivos constantes de seu parágrafo único.

Art. 10. Os cargos em comissão da autarquia serão exercidos, preferencialmente, por servidores ocupantes de cargo de carreira técnica ou profissional da autarquia, aplicando-se-lhes as mesmas restrições do art. 6º quando preenchidos por pessoas estranhas aos quadros da ANEEL, exceto no período a que se refere o art. 29.

Parágrafo único. Ressalvada a participação em comissões de trabalho criadas com fim específico, duração determinada e não integrantes da estrutura organizacional da autarquia, é vedado à ANEEL requisitar, para lhe prestar serviço, empregados de empresas sob sua regulamentação ou fiscalização.

CAPÍTULO II. DAS RECEITAS E DO ACERVO DA AUTARQUIA

Art. 11. Constituem receitas da Agência Nacional de Energia Elétrica – ANEEL:

I – recursos oriundos da cobrança da taxa de fiscalização sobre serviços de energia elétrica, instituída por esta Lei;

II – recursos ordinários do Tesouro Nacional consignados no Orçamento Fiscal da União e em seus créditos adicionais, transferências e repasses que lhe forem conferidos;

III – produto da venda de publicações, material técnico, dados e informações, inclusive para fins de licitação pública, de emolumentos administrativos e de taxas de inscrição em concurso público;

IV – rendimentos de operações financeiras que realizar;

V – recursos provenientes de convênios, acordos ou contratos celebrados com entidades, organismos ou empresas, públicos ou privados, nacionais ou internacionais;

VI – doações, legados, subvenções e outros recursos que lhe forem destinados;

VII – valores apurados na venda ou aluguel de bens móveis e imóveis de sua propriedade.

Parágrafo único. O orçamento anual da ANEEL, que integra a Lei Orçamentária da União, nos termos do inciso I do § 5º do art. 165 da Constituição Federal, deve considerar as receitas previstas neste artigo de forma a dispensar, no prazo máximo de três anos, os recursos ordinários do Tesouro Nacional.

Art. 12. É instituída a Taxa de Fiscalização de Serviços de Energia Elétrica, que será anual, diferenciada em função da modalidade e proporcional ao porte do serviço concedido, permitido ou autorizado, aí incluída a produção independente de energia elétrica e a autoprodução de energia.

§ 1º. A taxa de fiscalização, equivalente a 0,4% (quatro décimos por cento) do valor do benefício econômico anual auferido pelo concessionário, permissionário ou autorizado, será determinada pelas seguintes fórmulas: (Redação dada pela Lei nº 12.783, de 2013)

I – TFg = P x Gu (Redação dada pela Lei nº 12.783, de 2013)

onde: (Redação dada pela Lei nº 12.783, de 2013)

TFg = taxa de fiscalização da concessão de geração; (Redação dada pela Lei nº 12.783, de 2013)

P = potência instalada para o serviço de geração; (Redação dada pela Lei nº 12.783, de 2013)

Gu = 0,4% do valor unitário do benefício anual decorrente da exploração do serviço de geração; (Redação dada pela Lei nº 12.783, de 2013)

II – TFt = P x Tu (Redação dada pela Lei nº 12.783, de 2013)

onde: (Redação dada pela Lei nº 12.783, de 2013)

TFt = taxa de fiscalização da concessão de transmissão; (Redação dada pela Lei nº 12.783, de 2013)

P = potência instalada para o serviço de transmissão; (Redação dada pela Lei nº 12.783, de 2013)

Tu = 0,4% do valor unitário do benefício anual decorrente da exploração do serviço de transmissão;

III – TFd = [Ed / (FC x 8,76)] x Du (Redação dada pela Lei nº 12.783, de 2013)

onde: (Redação dada pela Lei nº 12.783, de 2013)

TFd = taxa de fiscalização da concessão de distribuição; (Redação dada pela Lei nº 12.783, de 2013)

Ed = energia anual faturada com o serviço concedido de distribuição, em megawatt/hora; (Redação dada pela Lei nº 12.783, de 2013)

FC = fator de carga médio anual das instalações de distribuição, vinculadas ao serviço concedido; (Redação dada pela Lei nº 12.783, de 2013)

Du = 0,4% (quatro décimos por cento) do valor unitário do benefício anual decorrente da exploração do serviço de distribuição. (Redação dada pela Lei nº 12.783, de 2013)

§ 2º. Para determinação do valor do benefício econômico a que se refere o parágrafo anterior, considerar-se-á a tarifa fixada no respectivo contrato de concessão ou no ato de outorga da concessão, permissão ou autorização, quando se tratar de serviço público, ou no contrato de venda de energia, quando se tratar de produção independente.

§ 3º. No caso de exploração para uso exclusivo, o benefício econômico será calculado com base na estipulação de um valor típico para a unidade de energia elétrica gerada.

§ 4º. Vetado.

Art. 13. A taxa anual de fiscalização será devida pelos concessionários, permissionários e autorizados a partir de 1º de janeiro de 1997, devendo ser recolhida diretamente à ANEEL, em duodécimos, na forma em que dispuser o regulamento desta Lei.

§ 1º. Do valor global das quotas da Reserva Global de Reversão – RGR, de que trata o art. 4º da Lei nº 5.655, de 20 de maio de 1971, com a redação dada pelo art. 9º da Lei nº 8.631, de 4 de março de 1993, devidas pelos concessionários e permissionários, será deduzido o valor da taxa de fiscalização, vedada qualquer majoração de tarifas por conta da instituição desse tributo.

§ 2º. A Reserva Global de Reversão de que trata o parágrafo anterior é considerada incluída nas tarifas de energia elétrica, com as alterações seguintes:

I – é fixada em até dois e meio por cento a quota anual de reversão que incidirá sobre os investimentos dos concessionários e permissionários, nos termos estabelecidos pelo art. 9º da Lei nº 8.631, de 4 de março de 1993, observado o limite de três por cento da receita anual;

II – do total dos recursos arrecadados a partir da vigência desta Lei, cinquenta por cento, no mínimo, serão destinados para aplicação em investimentos no Setor Elétrico das Regiões Norte, Nordeste e Centro-Oeste, dos quais 1/2 em programas de eletrificação rural, conservação e uso racional de energia e atendimento de comunidades de baixa renda.

III – os recursos referidos neste artigo poderão ser contratados diretamente com Estados, Municípios, concessionárias e permissionárias de serviço público de energia elétrica e agentes autorizados, assim como Cooperativas de Eletrificação Rural, Cooperativas responsáveis pela implantação de infra-estrutura em projetos de reforma agrária e Consórcios Intermunicipais; Redação dada pela Lei nº 10.438, de 2002.

IV – os recursos destinados ao semi-árido da Região Nordeste serão aplicados a taxas de financiamento não superiores às previstas para os recursos a que se refere a alínea "c" do inciso I do art. 159 da Constituição Federal.

V – as condições de financiamento previstas no inciso IV poderão ser estendidas, a critério da Aneel, aos recursos contratados na forma do inciso III que se destinem a programas vinculados às metas de universalização do serviço público de energia elétrica nas regiões mencionadas no inciso II. (Incluído pela Lei nº 10.438, de 2002).

CAPÍTULO III. DO REGIME ECONÔMICO E FINANCEIRO

DAS CONCESSÕES DE SERVIÇO PÚBLICO DE ENERGIA ELÉTRICA

Art. 14. O regime econômico e financeiro da concessão de serviço público de energia elétrica, conforme estabelecido no respectivo contrato, compreende:

I – a contraprestação pela execução do serviço, paga pelo consumidor final com tarifas baseadas no serviço pelo preço, nos termos da Lei nº 8.987, de 13 de fevereiro de 1995;

II – a responsabilidade da concessionária em realizar investimentos em obras e instalações que reverterão à União na extinção do contrato, garantida a indenização nos casos e condições previstos na Lei nº 8.987, de 13 de fevereiro de 1995, e nesta Lei, de modo a assegurar a qualidade do serviço de energia elétrica;

III – a participação do consumidor no capital da concessionária, mediante contribuição financeira para execução de obras de interesse mútuo, conforme definido em regulamento;

IV – apropriação de ganhos de eficiência empresarial e da competitividade;

V – indisponibilidade, pela concessionária, salvo disposição contratual, dos bens considerados reversíveis.

Art. 15. Entende-se por serviço pelo preço o regime econômico-financeiro mediante o qual as tarifas máximas do serviço público de energia elétrica são fixadas:

I – no contrato de concessão ou permissão resultante de licitação pública, nos termos da Lei nº 8.987, de 13 de fevereiro de 1995;

II – no contrato que prorrogue a concessão existente, nas hipóteses admitidas na legislação vigente; Redação dada pela Lei nº 12.783, de 2013.

III – no contrato de concessão celebrado em decorrência de desestatização, nos casos indicados no art. 27 da Lei nº 9.074, de 7 de julho de 1995;

IV – em ato específico da ANEEL, que autorize a aplicação de novos valores, resultantes de revisão ou de reajuste, nas condições do respectivo contrato.

§ 1º. A manifestação da ANEEL para a autorização exigida no inciso IV deste artigo deverá ocorrer no prazo máximo de trinta dias a contar da apresentação da proposta da concessionária ou permissionária, vedada a formulação de exigências que não se limitem à comprovação dos fatos alegados para a revisão ou reajuste, ou dos índices utilizados.

§ 2º. A não manifestação da ANEEL, no prazo indicado, representará a aceitação dos novos valores tarifários apresentados, para sua imediata aplicação.

§ 3º A concessionária deverá divulgar em seu sítio eletrônico, de forma clara e de fácil compreensão pelo consumidor final, tabela com o valor das tarifas praticadas e a evolução das revisões ou reajustes realizados nos últimos cinco anos. (Acrescido pela Lei nº 13.673, de 2018)

Art. 16. Os contratos de concessão referidos no artigo anterior, ao detalhar a cláusula prevista no inciso V do art. 23 da Lei nº 8.987, de 13 de fevereiro de 1995, poderão prever o compromisso de investimento mínimo anual da concessionária destinado a atender a expansão do mercado e a ampliação e modernização das instalações vinculadas ao serviço.

Art. 16-A. A interrupção no fornecimento de energia elétrica pela empresa prestadora do serviço público de distribuição de energia elétrica, observado o disposto no § 1º, importa na aplicação de multa em benefício dos usuários finais que forem diretamente prejudicados, na forma do regulamento. (Acrescido pela Lei nº 14.052, de 2020)

§ 1º A multa prevista no *caput*:

I – será aplicável quando for superado o valor limite de indicadores de qualidade do serviço prestado;

II – não será devida, entre outras situações a serem definidas na forma do regulamento:

a) quando a interrupção for causada por falha nas instalações da unidade consumidora;

b) em caso de suspensão por inadimplemento do usuário;

III – estará sujeita a um valor mínimo e a um valor máximo;

IV – poderá ser paga sob a forma de crédito na fatura de energia elétrica ou em espécie, em prazo não superior a 3 (três) meses após o período de apuração;

V – não inibe a aplicação de qualquer outra penalidade prevista em lei.

§ 2º Deverão ser implantadas ferramentas que permitam a auditoria dos indicadores referidos no inciso I do § 1º independentemente de informações da empresa prestadora do serviço público de distribuição de energia elétrica.

Art. 17. A suspensão, por falta de pagamento, do fornecimento de energia elétrica a consumidor que preste serviço público ou essencial à população e cuja atividade sofra prejuízo será comunicada com antecedência de quinze dias ao Poder Público local ou ao Poder Executivo Estadual.

§ 1º. O Poder Público que receber a comunicação adotará as providências administrativas para preservar a população dos efeitos da suspensão do fornecimento de energia elétrica, inclusive dando publicidade à contingência, sem prejuízo das ações de responsabilização pela falta de pagamento que motivou a medida. (Redação dada pela Lei nº 10.438, de 2002).

§ 2º. Sem prejuízo do disposto nos contratos em vigor, o atraso do pagamento de faturas de compra de energia elétrica e das contas mensais de seu fornecimento aos consumidores, do uso da rede básica e das instalações de conexão, bem como do recolhimento mensal dos encargos relativos às quotas da Reserva Global de Reversão – RGR, à compensação financeira pela utilização de recursos hídricos, ao uso de bem público, ao rateio da Conta de Consumo de Combustíveis – CCC, à Conta de Desenvolvimento Energético – CDE, ao Programa de Incentivo às Fontes Alternativas de Energia Elétrica – PROINFA e à Taxa de Fiscalização dos Serviços de Energia Elétrica, implicará a incidência de juros de mora de um por cento ao mês e multa de até cinco por cento, a ser fixada pela ANEEL, respeitado o limite máximo admitido pela legislação em vigor. (Redação dada pela Lei nº 10.762, de 2003)

Art. 18. A ANEEL somente aceitará como bens reversíveis da concessionária ou permissionária do serviço público de energia elétrica aqueles utilizados, exclusiva e permanentemente, para produção, transmissão e distribuição de energia elétrica.

Art. 19. Na hipótese de encampação da concessão, a indenização devida ao concessionário, conforme previsto no art. 36 da Lei nº 8.987, de 13 de fevereiro de 1995, compreenderá as perdas decorrentes da extinção do contrato, excluídos os lucros cessantes.

CAPÍTULO IV. DA DESCENTRALIZAÇÃO DAS ATIVIDADES

Art. 20. Sem prejuízo do disposto na alínea b do inciso XII do art. 21 e no inciso XI do art. 23 da Constituição Federal, a execução das atividades complementares de regulação, controle e fiscalização dos serviços e instalações de energia elétrica poderá ser descentralizada pela União para os Estados e para o Distrito Federal visando à gestão associada de serviços públicos, mediante convênio de cooperação. (Redação dada pela Lei nº 12.111, de 2009)

§ 1º. A descentralização abrangerá os serviços e instalações de energia elétrica prestados e situados no território da respectiva unidade federativa, exceto:

I – os de geração de interesse do sistema elétrico interligado, conforme condições estabelecidas em regulamento da Aneel; (Redação dada pela Lei nº 12.111, de 2009)
II – os de transmissão integrante da rede básica.

§ 2º. A delegação de que trata este Capítulo será conferida desde que o Distrito Federal ou o Estado interessado possua serviços técnicos e administrativos competentes, devidamente organizados e aparelhados para execução das respectivas atividades, conforme condições estabelecidas em regulamento da Aneel. (Redação dada pela Lei nº 12.111, de 2009)

§ 3º. A execução pelos Estados e Distrito Federal das atividades delegadas será disciplinada por meio de contrato de metas firmado entre a Aneel e a Agência Estadual ou Distrital, conforme regulamentação da Aneel, que observará os seguintes parâmetros. (Redação dada pela Lei nº 12.111, de 2009)

I – controle de resultado voltado para a eficiência da gestão; (Incluído pela Lei nº 12.111, de 2009).
II – contraprestação baseada em custos de referência. (Incluído pela Lei nº 12.111, de 2009).
III – vinculação ao Convênio de Cooperação firmado por prazo indeterminado. (Incluído pela Lei nº 12.111, de 2009).

§ 4º. Os atuais convênios de cooperação permanecem em vigor até 31 de dezembro de 2011. (Incluído pela Lei nº 12.111, de 2009).

Art. 21. Na execução das atividades complementares de regulação, controle e fiscalização dos serviços e instalações de energia elétrica, a unidade federativa observará as pertinentes normas legais e regulamentares federais.

§ 1º. As normas de regulação complementar baixadas pela unidade federativa deverão se harmonizar com as normas expedidas pela ANEEL.

§ 2º. É vedado à unidade federativa conveniada exigir de concessionária ou permissionária sob sua ação complementar de regulação, controle e fiscalização obrigação não exigida ou que resulte em encargo distinto do exigido de empresas congêneres, sem prévia autorização da ANEEL.

Art. 22. (Revogado pela Lei nº 13.848, de 2019)

CAPÍTULO V. DAS DISPOSIÇÕES FINAIS E TRANSITÓRIAS

Art. 23. As licitações realizadas para outorga de concessões devem observar o disposto nesta Lei, nas Leis nºs 8.987, de 13 de fevereiro de 1995, 9.074, de 7 de julho de 1995, e, como norma geral, a Lei nº 8.666, de 21 de junho de 1993.

§ 1º. Nas licitações destinadas a contratar concessões e permissões de serviço público e uso de bem público é vedada a declaração de inexigibilidade prevista no art. 25 da Lei nº 8.666, de 21 de junho de 1993;

§ 2º. Nas licitações mencionadas no parágrafo anterior, a declaração de dispensa de licitação só será admitida quando não acudirem interessados à primeira licitação e esta, justificadamente, não puder ser repetida sem prejuízo para a administração, mantidas, neste caso, todas as condições estabelecidas no edital, ainda que modifiquem condições vigentes de concessão, permissão ou uso de bem público cujos contratos estejam por expirar.

Art. 24. As licitações para exploração de potenciais hidráulicos serão processadas nas modalidades de concorrência ou de leilão e as concessões serão outorgadas a título oneroso.

Parágrafo único. No caso de leilão, somente poderão oferecer proposta os interessados pré-qualificados, conforme definido no procedimento correspondente.

Art. 25. No caso de concessão ou autorização para produção independente de energia elétrica, o contrato ou ato autorizativo definirá as condições em que o produtor independente poderá realizar a comercialização de energia elétrica produzida e da que vier a adquirir, observado o limite de potência autorizada, para atender aos contratos celebrados, inclusive na hipótese de interrupção da geração de sua usina em virtude de determinação dos órgãos responsáveis pela operação otimizada do sistema elétrico.

Art. 26. Cabe ao Poder Concedente, diretamente ou mediante delegação à ANEEL, autorizar. (Redação dada pela Lei nº 10.848, de 2004)

I – o aproveitamento de potencial hidráulico de potência superior a 5.000 kW (cinco mil quilowatts) e igual ou inferior a 30.000 kW (trinta mil quilowatts), destinado a produção independente ou autoprodução, mantidas as características de pequena central hidroelétrica; (Redação dada pela Lei nº 13.360, de 2016)
II – a compra e venda de energia elétrica, por agente comercializador; (Redação dada pela Lei nº 9.648, de 1998)
III – a importação e exportação de energia elétrica, bem como a implantação das respectivas instalações de transmissão associadas, ressalvado o disposto no § 6º do art. 17 da Lei nº 9.074, de 7 de julho de 1995; (Redação dada pela Lei nº 12.111, de 2009)
IV – a comercialização, eventual e temporária, pelos autoprodutores, de seus excedentes de energia elétrica; (Incluído pela Lei nº 9.648, de 1998)
V – os acréscimos de capacidade de geração, objetivando o aproveitamento ótimo do potencial hidráulico; (Incluído pela Lei nº 10.438, de 2002)
VI – o aproveitamento de potencial hidráulico de potência superior a 5.000 kW (cinco mil quilowatts) e igual ou inferior a 50.000 kW (cinquenta mil quilowatts), destinado à produção independente ou autoprodução, independentemente de ter ou não característica de pequena central hidroelétrica. (Redação dada pela Lei nº 13.360, de 2016)

§ 1º. Para o aproveitamento referido no inciso I do *caput* deste artigo, para os empreendimentos hidroelétricos com potência igual ou inferior a 5.000 kW (cinco mil quilowatts) e para aqueles com base em fontes solar, eólica, biomassa e cogeração qualificada, conforme regulamentação da Aneel, incluindo proveniente de resíduos sólidos urbanos e rurais, cuja potência injetada nos sistemas de transmissão ou distribuição seja menor ou igual a 30.000 kW (trinta mil quilowatts), a Aneel estipulará percentual de redução não inferior a 50% (cinquenta por cento) a ser aplicado às tarifas de uso dos sistemas elétricos de transmissão e de distribuição, incidindo na produção e no consumo da energia: (Redação dada pela Lei nº 13.360, de 2016)

I – comercializada pelos aproveitamentos; e (Incluído pela Lei nº 13.203, de 2015)
II – destinada à autoprodução, desde que proveniente de empreendimentos que entrarem em operação comercial a partir de 1º de janeiro de 2016. (Incluído pela Lei nº 13.203, de 2015)

§ 1º-A. Para empreendimentos com base em fontes solar, eólica, biomassa e, conforme regulamentação da Aneel, cogeração qualificada, a Aneel estipulará percentual de redução não inferior a 50% (cinquenta por cento) a ser aplicado às tarifas de uso dos sistemas elétricos de transmissão e de distribuição, incidindo na produção e no consumo da energia proveniente de tais empreendimentos, comercializada ou destinada à autoprodução, pelos aproveitamentos, desde que a potência injetada nos sistemas de transmissão ou distribuição seja maior que 30.000 kW (trinta mil quilowatts) e menor ou igual a 300.000 kW (trezentos mil quilowatts) e atendam a quaisquer dos seguintes critérios: (Incluído pela Lei nº 13.203, de 2015)

I – resultem de leilão de compra de energia realizado a partir de 1º de janeiro de 2016; ou (Incluído pela Lei nº 13.203, de 2015)
II – venham a ser autorizados a partir de 1º de janeiro de 2016. (Incluído pela Lei nº 13.203, de 2015)

§ 1º-B. Os aproveitamentos com base em fonte de biomassa cuja potência injetada nos sistemas de transmissão e distribuição seja maior que 30.000 kW (trinta mil quilowatts) e menor ou igual a 50.000 kW (cinquenta mil quilowatts) que não atendam aos critérios definidos no § 1º-A, bem como aqueles previstos no inciso VI do *caput*, terão direito ao percentual de redução sobre as tarifas de uso dos sistemas elétricos de transmissão e de distribuição previsto no § 1º, limitando-se a aplicação do desconto a 30.000 kW (trinta mil quilowatts) de potência injetada nos sistemas de transmissão e distribuição. (Incluído pela Lei nº 13.299, de 2016)

§ 1º-C. Os percentuais de redução de que tratam os §§ 1º, 1º-A e 1º-B deste artigo serão aplicados: (Redação dada pela Lei nº 14.120, de 2021)

I – aos empreendimentos que solicitarem a outorga, conforme regulamento da Aneel, no prazo de até 12 (doze) meses, contado a partir da data de publicação deste inciso, e que iniciarem a operação de todas as suas unidades geradoras no prazo de até 48 (quarenta e oito) meses, contado da data da outorga; e (Acrescido pela Lei nº 14.120, de 2021)
II – ao montante acrescido de capacidade instalada, caso a solicitação de alteração da outorga que resulte em aumento na capacidade instalada do empreendimento seja realizada no prazo de até 12 (doze) meses, contado a partir da data de publicação deste inciso, e a operação de todas as unidades geradoras associadas à solicitação seja iniciada no prazo de até 48 (quarenta e oito) meses, contado da data de publicação do ato que autoriza a alteração da outorga. (Acrescido pela Lei nº 14.120, de 2021)

§ 1º-D. Para novos empreendimentos de geração hidrelétricos com potência instalada de até 30 MW (trinta megawatts), os descontos serão mantidos em 50% (cinquenta por cento) por 5 (cinco) anos adicionais e em 25% (vinte e cinco por cento) por outros 5 (cinco) anos, contados a partir da data de publicação deste parágrafo. (Acrescido pela Lei nº 14.120, de 2021)

§ 1º-E. Os descontos de que trata o § 1º-D deste artigo serão válidos enquanto os respectivos empreendimentos se mantiverem em operação, mas não poderão ser transferidos a terceiros. (Acrescido pela Lei nº 14.120, de 2021)

§ 1º-F. Os percentuais de redução de que tratam os §§ 1º, 1º-A e 1º-B deste artigo não serão aplicados aos empreendimentos após o fim do prazo das suas outorgas ou se houver prorrogação de suas outorgas. (Acrescido pela Lei nº 14.120, de 2021)

§ 1º-G. O Poder Executivo federal definirá diretrizes para a implementação, no setor elétrico, de mecanismos para a consideração dos benefícios ambientais, em consonância com mecanismos para a garantia da segurança do suprimento e da competitividade, no prazo de

12 (doze) meses, contado a partir da data de publicação deste parágrafo. (Acrescido pela Lei nº 14.120, de 2021)

§ 1º-H. As diretrizes de que trata o § 1º-G deste artigo não disporão sobre os empreendimentos de que tratam os §§ 1º, 1º-A, 1º-B e 1º-C deste artigo. (Acrescido pela Lei nº 14.120, de 2021)

§ 1º-I. As diretrizes de que trata o § 1º-G deste artigo deverão prever a possibilidade futura de integração dos mecanismos nele referidos a outros setores, observada a articulação dos Ministérios envolvidos. (Acrescido pela Lei nº 14.120, de 2021)

§ 2º. Ao aproveitamento referido neste artigo que funcionar interligado e ou integrado ao sistema elétrico, é assegurada a participação nas vantagens técnicas e econômicas da operação interligada, especialmente em sistemática ou mecanismo de realocação de energia entre usinas, destinado a mitigação dos riscos hidrológicos, devendo também se submeter ao rateio do ônus, quando ocorrer. (Redação dada pela Lei nº 10.438, de 2002)

§ 3º. A comercialização da energia elétrica resultante da atividade referida nos incisos II, III e IV, far-se-á nos termos dos arts. 12, 15 e 16 da Lei nº 9.074, de 1995. (Incluído pela Lei nº 9.648, de 1998)

§ 4º. Ressalvado o disposto no art. 2º da Lei nº 12.783, de 11 de janeiro de 2013, é estendida às usinas hidroelétricas referidas no inciso I do *caput* deste artigo que iniciarem a operação após a publicação desta Lei a isenção de que trata o inciso I do art. 4º da Lei nº 7.990, de 28 de dezembro de 1989. (Redação dada pela Lei nº 13.360, de 2016)

§ 5º. Os aproveitamentos referidos nos incisos I e VI do *caput* deste artigo, os empreendimentos com potência igual ou inferior a 5.000 kW (cinco mil quilowatts) e aqueles com base em fontes solar, eólica e biomassa cuja potência injetada nos sistemas de transmissão ou distribuição seja menor ou igual a 50.000 kW (cinquenta mil quilowatts) poderão comercializar energia elétrica com consumidor ou conjunto de consumidores reunidos por comunhão de interesses de fato ou de direito, cuja carga seja maior ou igual a 500 kW (quinhentos quilowatts), observados os prazos de carência constantes do art. 15 da Lei nº 9.074, de 7 de julho de 1995, conforme regulamentação da Aneel, podendo o fornecimento ser complementado por empreendimentos de geração associados às fontes aqui referidas, visando à garantia de suas disponibilidades energéticas, mas limitado a 49% (quarenta e nove por cento) da energia média que produzirem, sem prejuízo do previsto nos §§ 1º e 2º deste artigo. (Redação dada pela Lei nº 13.360, de 2016)

§ 6º. Quando dos acréscimos de capacidade de geração de que trata o inciso V deste artigo, a potência final da central hidrelétrica resultar superior a 30.000 kW, o autorizado não fará mais jus ao enquadramento de pequena central hidrelétrica. (Incluído pela Lei nº 10.438, de 2002).

§ 7º. As autorizações e concessões que venham a ter acréscimo de capacidade na forma do inciso V deste artigo poderão ser prorrogadas por prazo suficiente à amortização dos investimentos, limitado a 20 (vinte) anos. (Incluído pela Lei nº 10.438, de 2002).

§ 8º. Fica reduzido para 50 kW o limite mínimo de carga estabelecido no § 5º deste artigo quando o consumidor ou conjunto de consumidores se situar no âmbito dos sistemas elétricos isolados. (Incluído pela Lei nº 10.438, de 2002)

§ 9º. Vetado. (Incluído pela Lei nº 11.943, de 2009)

§ 10. (VETADO). (Incluído pela Lei nº 13.360, de 2016)

§ 11. Nos processos de outorga de autorização, inclusive na realização dos estudos e dos projetos, é facultada ao agente interessado a apresentação de qualquer uma das modalidades de garantia previstas no § 1º do art. 56 da Lei nº 8.666, de 21 de junho de 1993. (Incluído pela Lei nº 13.360, de 2016)

§ 12. O agente titular de outorga de autorização para geração de energia elétrica com prazo de 30 (trinta) anos, cuja usina esteja em operação em 1º de setembro de 2020 e que não tenha sido objeto de qualquer espécie de penalidade pela Aneel quanto ao cumprimento do cronograma de sua implantação, terá seu prazo de autorização contado a partir da declaração da operação comercial da primeira unidade geradora, com ajuste, quando necessário, do respectivo termo de outorga, após o reconhecimento pela Aneel do atendimento ao critério estabelecido neste parágrafo. (Vetado pelo Presidente da República, mantido pelo Congresso Nacional e publicado no DOU de 11/6/2021)

Art. 27. Revogado pela Lei nº 10.848, de 2004.

Art. 28. A realização de estudos de viabilidade, anteprojetos ou projetos de aproveitamentos de potenciais hidráulicos deverá ser informada à ANEEL para fins de registro, não gerando direito de preferência para a obtenção de concessão para serviço público ou uso de bem público.

§ 1º. Os proprietários ou possuidores de terrenos marginais a potenciais de energia hidráulica e das rotas dos correspondentes sistemas de transmissão só estão obrigados a permitir a realização de levantamentos de campo quando o interessado dispuser de autorização específica da ANEEL.

§ 2º. A autorização mencionada no parágrafo anterior não confere exclusividade ao interessado, podendo a ANEEL estipular a prestação de caução em dinheiro para eventuais indenizações de danos causados à propriedade onde se localize o sítio objeto dos levantamentos.

§ 3º. No caso de serem esses estudos ou projetos aprovados pelo Poder Concedente, para inclusão no programa de licitações de concessões, será assegurado ao interessado o ressarcimento dos respectivos custos incorridos, pelo vencedor da licitação, nas condições estabelecidas no edital. (Redação dada pela Lei nº 10.848, de 2004)

§ 4º. A liberdade prevista neste artigo não abrange os levantamentos de campo em sítios localizados em áreas indígenas, que somente poderão ser realizados com autorização específica do Poder Executivo, que estabelecerá as condições em cada caso.

Art. 29. Na primeira gestão da autarquia, visando implementar a transição para o sistema de mandatos não coincidentes, o Diretor-Geral e dois Diretores serão nomeados pelo Presidente da República, por indicação do Ministério de Minas e Energia, e dois Diretores nomeados na forma do disposto no parágrafo único do art. 5º

§ 1º. O Diretor-Geral e os dois Diretores indicados pelo Ministério de Minas e Energia serão nomeados pelo período de três anos.

§ 2º. Para as nomeações de que trata o parágrafo anterior não terá aplicação o disposto nos arts. 6º e 8º desta Lei.

Art. 30. Durante o período de trinta e seis meses, contados da data de publicação desta Lei, os reajustes e revisões das tarifas do serviço público de energia elétrica serão efetuados segundo as condições dos respectivos contratos e legislação pertinente, observados os parâmetros e diretrizes específicos, estabelecidos em ato conjunto dos Ministros de Minas e Energia e da Fazenda.

Art. 31. Serão transferidos para a ANEEL o acervo técnico e patrimonial, as obrigações, os direitos e receitas do Departamento Nacional de Águas e Energia Elétrica – DNAEE.

§ 1º. Permanecerão com o Ministério de Minas e Energia as receitas oriundas do § 1º do art. 20 da Constituição Federal.

§ 2º. Ficarão com o Ministério de Minas e Energia, sob a administração temporária da ANEEL, como órgão integrante do Sistema Nacional de Gerenciamento de Recursos Hídricos, a rede hidrométrica, o acervo técnico e as atividades de hidrologia relativos aos aproveitamentos de energia hidráulica.

§ 3º. Os órgãos responsáveis pelo gerenciamento dos recursos hídricos e a ANEEL devem se articular para a outorga de concessão de uso de águas em bacias hidrográficas, de que possa resultar a redução da potência firme de potenciais hidráulicos, especialmente os que se encontrem em operação, com obras iniciadas ou por iniciar, mas já concedidas.

Art. 32. É o Poder Executivo autorizado a remanejar, transferir ou utilizar os saldos orçamentários do Ministério de Minas e Energia, para atender as despesas de estruturação e manutenção da ANEEL, utilizando como recursos as dotações orçamentárias destinadas às atividades finalísticas e administrativas, observados os mesmos subprojetos, subatividades e grupos de despesas previstos na Lei Orçamentária em vigor.

Art. 33. No prazo máximo de vinte e quatro meses, a contar da sua organização, a ANEEL promoverá a simplificação do Plano de Contas específico para as empresas concessionárias de serviços públicos de energia elétrica, com a segmentação das contas por tipo de atividade de geração, transmissão e distribuição.

Art. 34. O Poder Executivo adotará as providências necessárias à constituição da autarquia Agência Nacional de Energia Elétrica – ANEEL, em regime especial, com a definição da estrutura organizacional, aprovação do seu regimento interno e a nomeação dos Diretores, a que se refere o § 1º do art. 29, e do Procurador-Geral.

§ 1º. Revogado pela Lei nº 9.649, 1998.

§ 2º. Revogado pela Lei 10.871, de 2004.

§ 3º. Até que seja provido o cargo de Procurador-Geral da ANEEL, a Consultoria Jurídica do Ministério de Minas e Energia e a Advocacia-Geral da União prestarão à autarquia a assistência jurídica necessária, no âmbito de suas competências.

§ 4º. Constituída a Agência Nacional de Energia Elétrica – ANEEL, com a publicação de seu regimento interno, ficará extinto o Departamento Nacional de Águas e Energia Elétrica – DNAEE.

Art. 35. Esta Lei entra em vigor na data de sua publicação.

Brasília, 26 de dezembro de 1996;
175º da Independência e
108º da República.

FERNANDO HENRIQUE CARDOSO
Publicado no DOU de 27.12.1996.

LEI Nº 9.430, DE 27 DE DEZEMBRO DE 1996

Dispõe sobre a legislação tributária federal, as contribuições para a seguridade social, o processo administrativo de consulta e dá outras providências.

▸ *Lei do Ajuste Tributário*

CAPÍTULO I. IMPOSTO DE RENDA – PESSOA JURÍDICA

SEÇÃO I. APURAÇÃO DA BASE DE CÁLCULO

PERÍODO DE APURAÇÃO TRIMESTRAL

Art. 1º. A partir do ano-calendário de 1997, o imposto de renda das pessoas jurídicas será determinado com base no lucro real, presumido, ou arbitrado, por períodos de apuração trimestrais, encerrados nos dias 31 de março, 30 de junho, 30 de setembro e 31 de dezembro de cada ano-calendário, observada a legislação vigente, com as alterações desta Lei.

▸ Esta Lei: arts. 8º, par. ún.; 25; 27, I, e 28.

§ 1º. Nos casos de incorporação, fusão ou cisão, a apuração da base de cálculo e do imposto de renda devido será efetuada na data do evento, observado o disposto no art. 21 da Lei nº 9.249, de 26 de dezembro de 1995.

§ 2º. Na extinção da pessoa jurídica, pelo encerramento da liquidação, a apuração da base de cálculo e do imposto devido será efetuada na data desse evento.

PAGAMENTO POR ESTIMATIVA

Art. 2º. A pessoa jurídica sujeita a tributação com base no lucro real poderá optar pelo pagamento do imposto, em cada mês, determinado sobre base de cálculo estimada, mediante a aplicação dos percentuais de que trata o art. 15 da Lei nº 9.249, de 26 de dezembro de 1995, sobre a receita bruta definida pelo art. 12 do Decreto-Lei nº 1.598, de 26 de dezembro de 1977, auferida mensalmente, deduzida das devoluções, vendas canceladas e dos descontos incondicionais concedidos, observado o disposto nos §§ 1º e 2º do art. 29 e nos arts. 30, 32, 34 e 35 da Lei nº 8.981, de 20 de janeiro de 1995. (Redação dada pela Lei nº 12.973, de 2014)

▸ Esta Lei: arts. 6º; 8º; 14, § 2º; 28; 30 e 44, IV.

▸ Lei nº 9.718, de 27-11-1998, arts. 8º, § 2º, II, e 14, V, que altera a Legislação Tributária Federal.

§ 1º. O imposto a ser pago mensalmente na forma deste artigo será determinado mediante a aplicação, sobre a base de cálculo, da alíquota de quinze por cento.

§ 2º. A parcela da base de cálculo, apurada mensalmente, que exceder a R$ 20.000,00 (vinte mil reais) ficará sujeita à incidência de adicional de imposto de renda à alíquota de dez por cento.

§ 3º. A pessoa jurídica que optar pelo pagamento do imposto na forma deste artigo deverá apurar o lucro real em 31 de dezembro de cada ano, exceto nas hipóteses de que tratam os §§ 1º e 2º do artigo anterior.

§ 4º. Para efeito de determinação do saldo de imposto a pagar ou a ser compensado, a pessoa jurídica poderá deduzir do imposto devido o valor:

I – dos incentivos fiscais de dedução do imposto, observados os limites e prazos fixados na legislação vigente, bem como o disposto no § 4º do art. 3º da Lei nº 9.249, de 26 de dezembro de 1995;

II – dos incentivos fiscais de redução e isenção do imposto, calculados com base no lucro da exploração;

III – do imposto de renda pago ou retido na fonte, incidente sobre receitas computadas na determinação do lucro real;

IV – do imposto de renda pago na forma deste artigo.

SEÇÃO II. PAGAMENTO DO IMPOSTO

ESCOLHA DA FORMA DE PAGAMENTO

Art. 3º. A adoção da forma de pagamento do imposto prevista no art. 1º, pelas pessoas jurídicas sujeitas ao regime do lucro real, ou a opção pela forma do art. 2º será irretratável para todo o ano-calendário.

▸ Esta Lei: art. 28.

Parágrafo único. A opção pela forma estabelecida no art. 2º será manifestada com o pagamento do imposto correspondente ao mês de janeiro ou de início de atividade.

ADICIONAL DO IMPOSTO DE RENDA

Art. 4º. Os §§ 1º e 2º do art. 3º da Lei nº 9.249, de 26 de dezembro de 1995, passam a vigorar com a seguinte redação:

[...]

IMPOSTO CORRESPONDENTE A PERÍODO TRIMESTRAL

Art. 5º. O imposto de renda devido, apurado na forma do art. 1º, será pago em quota única, até o último dia útil do mês subsequente ao do encerramento do período de apuração.

▸ Esta Lei: art. 28.

§ 1º. À opção da pessoa jurídica, o imposto devido poderá ser pago em até três quotas mensais, iguais e sucessivas, vencíveis no último dia útil dos três meses subsequentes ao de encerramento do período de apuração a que corresponder.

§ 2º. Nenhuma quota poderá ter valor inferior a R$ 1.000,00 (mil reais) e o imposto de valor inferior a R$ 2.000,00 (dois mil reais) será pago em quota única, até o último dia útil do mês subsequente ao do encerramento do período de apuração.

§ 3º. As quotas do imposto serão acrescidas de juros equivalentes à taxa referencial do Sistema Especial de Liquidação e Custódia – SELIC, para títulos federais, acumulada mensalmente, calculados a partir do primeiro dia do segundo mês subsequente ao do encerramento do período de apuração até o último dia do mês anterior ao do pagamento e de um por cento no mês do pagamento.

▸ Esta Lei: arts. 43, par. ún.; 61, § 3º; 62 e par. ún.

§ 4º. Nos casos de incorporação, fusão ou cisão e de extinção da pessoa jurídica pelo encerramento da liquidação, o imposto devido deverá ser pago até o último dia útil do mês subsequente ao do evento, não se lhes aplicando a opção prevista no § 1º.

PAGAMENTO POR ESTIMATIVA

Art. 6º. O imposto devido, apurado na forma do art. 2º, deverá ser pago até o último dia útil do mês subsequente àquele a que se referir.

▸ Esta Lei: art. 28.

§ 1º. O saldo do imposto apurado em 31 de dezembro receberá o seguinte tratamento: (Redação dada pela Lei nº 12.844, de 2013)

I – se positivo, será pago em quota única, até o último dia útil do mês de março do ano subsequente, observado o disposto no § 2º; ou (Redação dada pela Lei nº 12.844, de 2013)

II – se negativo, poderá ser objeto de restituição ou de compensação nos termos do art. 74. (Redação dada pela Lei nº 12.844, de 2013)

§ 2º. O saldo do imposto a pagar de que trata o inciso I do parágrafo anterior será acrescido de juros calculados à taxa a que se refere o § 3º do art. 5º, a partir de 1º de fevereiro até o último dia do mês anterior ao do pagamento e de um por cento no mês do pagamento.

§ 3º. O prazo a que se refere o inciso I do § 1º não se aplica ao imposto relativo ao mês de dezembro, que deverá ser pago até o último dia útil do mês de janeiro do ano subsequente.

DISPOSIÇÕES TRANSITÓRIAS

Art. 7º. Alternativamente ao disposto no art. 40 da Lei nº 8.981, de 20 de janeiro de 1995, com as alterações da Lei nº 9.065, de 20 de junho de 1995, a pessoa jurídica tributada com base no lucro real ou presumido poderá efetuar o pagamento do saldo do imposto devido, apurado em 31 de dezembro de 1996, em até quatro quotas mensais, iguais e sucessivas, devendo a primeira ser paga até o último dia útil do mês de março de 1997 e as demais no último dia útil dos meses subsequentes.

▸ Esta Lei: art. 28.

§ 1º. Nenhuma quota poderá ter valor inferior a R$ 1.000,00 (mil reais) e o imposto de valor inferior a R$ 2.000,00 (dois mil reais) será pago em quota única, até o último dia útil do mês de março de 1997.

§ 2º. As quotas do imposto serão acrescidas de juros calculados à taxa a que se refere o § 3º do art. 5º, a partir de 1º de abril de 1997 até o último dia do mês anterior ao do pagamento e de um por cento no mês do pagamento.

§ 3º. Havendo saldo de imposto pago a maior, a pessoa jurídica poderá compensá-lo com o imposto devido, correspondente aos períodos de apuração subsequentes, facultado o pedido de restituição.

Art. 8º. As pessoas jurídicas, mesmo as que não tenham optado pela forma de pagamento do art. 2º, deverão calcular e pagar o imposto de renda relativo aos meses de janeiro e fevereiro de 1997 de conformidade com o referido dispositivo.

▸ Esta Lei: art. 28.

Parágrafo único. Para as empresas submetidas às normas do art. 1º o imposto pago com base na receita bruta auferida nos meses de janeiro e fevereiro de 1997 será deduzido do que for devido em relação ao período de apuração encerrado no dia 31 de março de 1997.

SEÇÃO III. PERDAS NO RECEBIMENTO DE CRÉDITOS

DEDUÇÃO

Art. 9º. As perdas no recebimento de créditos decorrentes das atividades da pessoa jurídica poderão ser deduzidas como despesas, para determinação do lucro real, observado o disposto neste artigo.

▸ Esta Lei: art. 28.

§ 1º. Poderão ser registrados como perda os créditos:

I – em relação aos quais tenha havido a declaração de insolvência do devedor, em sentença emanada do Poder Judiciário;

II – sem garantia, de valor:

a) até R$ 5.000,00 (cinco mil reais), por operação, vencidos há mais de seis meses, independentemente de iniciados os procedimentos judiciais para o seu recebimento;

b) acima de R$ 5.000,00 (cinco mil reais) até R$ 30.000,00 (trinta mil reais), por operação, vencidos há mais de um ano, independentemente de iniciados os procedimentos judiciais para o seu recebimento, porém, mantida a cobrança administrativa;

c) superior a R$ 30.000,00 (trinta mil reais), vencidos há mais de um ano, desde que iniciados e mantidos os procedimentos judiciais para o seu recebimento;

III – com garantia, vencidos há mais de dois anos, desde que iniciados e mantidos os procedimentos judiciais para o seu recebimento ou o arresto das garantias;

IV – contra devedor declarado falido ou pessoa jurídica em concordata ou recuperação judicial, relativamente à parcela que exceder o valor que esta tenha se comprometido a pagar, observado o disposto no § 5º. (Redação dada pela Lei nº 13.097, de 2015)

§ 2º. No caso de contrato de crédito em que o não pagamento de uma ou mais parcelas implique o vencimento automático de todas as demais parcelas vincendas, os limites a que se referem as alíneas a e b do inciso II do § 1º e as alíneas a e b do inciso II do § 7º serão considerados em relação ao total dos créditos, por operação, com o mesmo devedor. (Redação dada pela Lei nº 13.097, de 2015)

§ 3º. Para os fins desta Lei, considera-se crédito garantido o proveniente de vendas com reserva de domínio, de alienação fiduciária em garantia ou de operações com outras garantias reais.

§ 4º. No caso de crédito com pessoa jurídica em processo falimentar, em concordata ou em recuperação judicial, a dedução da perda será admitida a partir da data da decretação da falência ou do deferimento do processamento da concordata ou recuperação judicial, desde que a credora tenha adotado os procedimentos judiciais necessários para o recebimento do crédito. (Redação dada pela Lei nº 13.097, de 2015)

§ 5º. A parcela do crédito cujo compromisso de pagar não houver sido honrado pela pessoa jurídica em concordata ou recuperação judicial poderá, também, ser deduzida como perda, observadas as condições previstas neste artigo. (Redação dada pela Lei nº 13.097, de 2015)

§ 6º. Não será admitida a dedução de perda no recebimento de créditos com pessoa jurídica que seja controladora, controlada, coligada ou interligada, bem como com pessoa física que seja acionista controlador, sócio, titular ou administrador da pessoa jurídica credora, ou parente até o terceiro grau dessas pessoas físicas.

§ 7º. Para os contratos inadimplidos a partir da data de publicação da Medida Provisória nº 656, de 7 de outubro de 2014, poderão ser registrados como perda os créditos: (Incluído pela Lei nº 13.097, de 2015)

I – em relação aos quais tenha havido a declaração de insolvência do devedor, em sentença emanada do Poder Judiciário; (Incluído pela Lei nº 13.097, de 2015)

II – sem garantia, de valor: (Incluído pela Lei nº 13.097, de 2015)

a) até R$ 15.000,00 (quinze mil reais), por operação, vencidos há mais de seis meses, independentemente de iniciados os procedimentos judiciais para o seu recebimento;

b) acima de R$ 15.000,00 (quinze mil reais) até R$ 100.000,00 (cem mil reais), por operação, vencidos há mais de um ano, independentemente de iniciados os procedimentos judiciais para o seu recebimento, mantida a cobrança administrativa; e (Incluído pela Lei nº 13.097, de 2015)

c) superior a R$ 100.000,00 (cem mil reais), vencidos há mais de um ano, desde que iniciados e mantidos os procedimentos judiciais para o seu recebimento; (Incluído pela Lei nº 13.097, de 2015)

III – com garantia, vencidos há mais de dois anos, de valor: (Incluído pela Lei nº 13.097, de 2015)

a) até R$ 50.000,00 (cinquenta mil reais), independentemente de iniciados os procedimentos judiciais para o seu recebimento ou o arresto das garantias; e (Incluído pela Lei nº 13.097, de 2015)

b) superior a R$ 50.000,00 (cinquenta mil reais), desde que iniciados e mantidos os procedimentos judiciais para o seu recebimento ou o arresto das garantias; e (Incluído pela Lei nº 13.097, de 2015)

IV – contra devedor declarado falido ou pessoa jurídica em concordata ou recuperação judicial, relativamente à parcela que exceder o valor que esta tenha se comprometido a pagar, observado o disposto no § 5º. (Incluído pela Lei nº 13.097, de 2015)

Art. 9º-A. Na hipótese de inadimplência do débito, as exigências de judicialização de que tratam a alínea c do inciso II e a alínea b do inciso III do § 7º do art. 9º e o art. 11 desta Lei poderão ser substituídas pelo instrumento de que trata a Lei nº 9.492, de 10 de setembro de 1997, e os credores deverão arcar, nesse caso, com o pagamento antecipado de taxas, de emolumentos, de acréscimos legais e de demais despesas por ocasião da protocolização e dos demais atos. (Acrescido pela Lei nº 14.043, de 2020)

REGISTRO CONTÁBIL DAS PERDAS

Art. 10. Os registros contábeis das perdas admitidas nesta Lei serão efetuados a débito de conta de resultado e a crédito:

‣ Esta Lei: art. 28.

I – da conta que registra o crédito de que trata a alínea a do inciso II do § 1º do art. 9º e a alínea a do inciso II do § 7º do art. 9º; (Redação dada pela Lei nº 13.097, de 2015)

II – de conta redutora do crédito, nas demais hipóteses.

§ 1º. Ocorrendo a desistência da cobrança pela via judicial, antes de decorridos cinco anos do vencimento do crédito, a perda eventualmente registrada deverá ser estornada ou adicionada ao lucro líquido, para determinação do lucro real correspondente ao período de apuração em que se der a desistência.

§ 2º. Na hipótese do parágrafo anterior, o imposto será considerado como postergado desde o período de apuração em que tenha sido reconhecida a perda.

§ 3º. Se a solução da cobrança se der em virtude de acordo homologado por sentença judicial, o valor da perda a ser estornado ou adicionado ao lucro líquido para determinação do lucro real será igual à soma da quantia recebida com o saldo a receber renegociado, não sendo aplicável o disposto no parágrafo anterior.

§ 4º. Os valores registrados na conta redutora do crédito referida no inciso II do *caput* poderão ser baixados definitivamente em contrapartida à conta que registre o crédito, a partir do período de apuração em que se completar cinco anos do vencimento do crédito sem que o mesmo tenha sido liquidado pelo devedor.

ENCARGOS FINANCEIROS DE CRÉDITOS VENCIDOS

Art. 11. Após dois meses do vencimento do crédito, sem que tenha havido o seu recebimento, a pessoa jurídica credora poderá excluir do lucro líquido, para determinação do lucro real, o valor dos encargos financeiros incidentes sobre o crédito, contabilizado como receita, auferido a partir do prazo definido neste artigo.

‣ Esta Lei: art. 28.

§ 1º. Ressalvadas as hipóteses das alíneas a e b do inciso II do § 1º do art. 9º, das alíneas a e b do inciso II do § 7º do art. 9º e da alínea a do inciso III do § 7º do art. 9º, o disposto neste artigo somente se aplica quando a pessoa jurídica houver tomado as providências de caráter judicial necessárias ao recebimento do crédito. (Redação dada pela Lei nº 13.097, de 2015)

§ 2º. Os valores excluídos deverão ser adicionados no período de apuração em que, para os fins legais, se tornarem disponíveis para a pessoa jurídica credora ou em que reconhecida a respectiva perda.

§ 3º. A partir da citação inicial para o pagamento do débito, a pessoa jurídica devedora deverá adicionar ao lucro líquido, para determinação do lucro real, os encargos incidentes sobre o débito vencido e não pago que tenham sido deduzidos como despesa ou custo, incorridos a partir daquela data.

§ 4º. Os valores adicionados a que se refere o parágrafo anterior poderão ser excluídos do lucro líquido, para determinação do lucro real, no período de apuração em que ocorra a quitação do débito por qualquer forma.

CRÉDITOS RECUPERADOS

Art. 12. Deverá ser computado na determinação do lucro real o montante dos créditos deduzidos que tenham sido recuperados, em qualquer época ou a qualquer título, inclusive nos casos de novação da dívida ou do arresto dos bens recebidos em garantia real.

‣ Esta Lei: art. 28.

§ 1º. Os bens recebidos a título de quitação do débito serão escriturados pelo valor do crédito ou avaliados pelo valor definido na decisão judicial que tenha determinado sua incorporação ao patrimônio do credor. (Incluído pela Lei nº 12.431, de 2011).

§ 2º. Nas operações de crédito realizadas por instituições financeiras autorizadas a funcionar pelo Banco Central do Brasil, nos casos de renegociação de dívida, o reconhecimento da receita para fins de incidência de imposto sobre a renda e da Contribuição Social sobre o Lucro Líquido ocorrerá no momento do efetivo recebimento do crédito. (Redação dada pela nº 12.715, de 2012)

DISPOSIÇÃO TRANSITÓRIA

Art. 13. No balanço levantado para determinação do lucro real em 31 de dezembro de 1996, a pessoa jurídica poderá optar pela constituição de provisão para créditos de liquidação duvidosa na forma do art. 43 da Lei nº 8.981, de 20 de janeiro de 1995, com as alterações da Lei nº 9.065, de 20 de junho de 1995, ou pelos critérios de perdas a que se referem os arts. 9º a 12.

‣ Esta Lei: art. 28.

SALDO DE PROVISÕES EXISTENTE EM 31.12.96

Art. 14. A partir do ano-calendário de 1997, ficam revogadas as normas previstas no art. 43 da Lei nº 8.981, de 20 de janeiro de 1995, com as alterações da Lei nº 9.065, de 20 de junho de 1995, bem como a autorização para a constituição de provisão nos termos dos artigos citados, contida no inciso I do art. 13 da Lei nº 9.249, de 26 de dezembro de 1995.

‣ Esta Lei: art. 28.

§ 1º. A pessoa jurídica que, no balanço de 31 de dezembro de 1996, optar pelos critérios de dedução de perdas de que tratam os arts. 9º a 12 deverá, nesse mesmo balanço, reverter os saldos das provisões para créditos de liquidação duvidosa, constituídas na forma do art. 43 da Lei nº 8.981, de 20 de janeiro de 1995, com as alterações da Lei nº 9.065, de 20 de junho de 1995.

§ 2º. Para a pessoa jurídica que, no balanço de 31 de dezembro de 1996, optar pela constituição de provisão na forma do art. 43 da Lei nº 8.981, de 20 de janeiro de 1995, com as alterações da Lei nº 9.065, de 20 de junho de 1995, a reversão a que se refere o parágrafo anterior será efetuada no balanço correspondente ao primeiro período de apuração encerrado em 1997, se houver adotado o regime de apuração trimestral, ou no balanço de 31 de dezembro de

1997 ou da data da extinção, se houver optado pelo pagamento mensal de que trata o art. 2º.

§ 3º. Nos casos de incorporação, fusão ou cisão, a reversão de que trata o parágrafo anterior será efetuada no balanço que servir de base à apuração do lucro real correspondente.

SEÇÃO IV.
RENDIMENTOS DO EXTERIOR

COMPENSAÇÃO DE IMPOSTO PAGO

Art. 15. A pessoa jurídica domiciliada no Brasil que auferir, de fonte no exterior, receita decorrente da prestação de serviços efetuada diretamente poderá compensar o imposto pago no país de domicílio da pessoa física ou jurídica contratante, observado o disposto no art. 26 da Lei nº 9.249, de 26 de dezembro de 1995.

LUCROS E RENDIMENTOS

Art. 16. Sem prejuízo do disposto nos arts. 25, 26 e 27 da Lei nº 9.249, de 26 de dezembro de 1995, os lucros auferidos por filiais, sucursais, controladas e coligadas, no exterior, serão:

I – considerados de forma individualizada, por filial, sucursal, controlada ou coligada;

II – arbitrados, os lucros das filiais, sucursais e controladas, quando não for possível a determinação de seus resultados, com observância das mesmas normas aplicáveis às pessoas jurídicas domiciliadas no Brasil e computados na determinação do lucro real.

§ 1º. Os resultados decorrentes de aplicações financeiras de renda variável no exterior, em um mesmo país, poderão ser consolidados para efeito de cômputo do ganho, na determinação do lucro real.

§ 2º. Para efeito da compensação de imposto pago no exterior, a pessoa jurídica:

I – com relação aos lucros, deverá apresentar as demonstrações financeiras correspondentes, exceto na hipótese do inciso II do *caput* deste artigo;

II – fica dispensada da obrigação a que se refere o § 2º do art. 26 da Lei nº 9.249, de 26 de dezembro de 1995, quando comprovar que a legislação do país de origem do lucro, rendimento ou ganho de capital prevê a incidência do imposto de renda que houver sido pago, por meio do documento de arrecadação apresentado.

§ 3º. Na hipótese de arbitramento do lucro da pessoa jurídica domiciliada no Brasil, os lucros, rendimentos e ganhos de capital oriundos do exterior serão adicionados ao lucro arbitrado para determinação da base de cálculo do imposto.

§ 4º. Do imposto devido correspondente a lucros, rendimentos ou ganhos de capital oriundos do exterior não será admitida qualquer destinação ou dedução a título de incentivo fiscal.

OPERAÇÕES DE COBERTURA EM BOLSA DO EXTERIOR

Art. 17. Serão computados na determinação do lucro real os resultados líquidos, positivos ou negativos, obtidos em operações de cobertura (hedge) realizadas em mercados de liquidação futura, diretamente pela empresa brasileira, em bolsas no exterior.

- Esta Lei: art. 28.

Parágrafo único. A Secretaria da Receita Federal e o Banco Central do Brasil expedirão instruções para a apuração do resultado líquido, sobre a movimentação de divisas relacionadas com essas operações, e outras que se fizerem necessárias à execução do disposto neste artigo. (Incluído pela lei nº 11.033, de 2004)

SEÇÃO V.
PREÇOS DE TRANSFERÊNCIA

BENS, SERVIÇOS E DIREITOS ADQUIRIDOS NO EXTERIOR

Art. 18. Os custos, despesas e encargos relativos a bens, serviços e direitos, constantes dos documentos de importação ou de aquisição, nas operações efetuadas com pessoa vinculada, somente serão dedutíveis na determinação do lucro real até o valor que não exceda ao preço determinado por um dos seguintes métodos:

- Esta Lei: art. 28.

I – Método dos Preços Independentes Comparados – PIC: definido como a média aritmética ponderada dos preços de bens, serviços ou direitos, idênticos ou similares, apurados no mercado brasileiro ou de outros países, em operações de compra e venda empreendidas pela própria interessada ou por terceiros, em condições de pagamento semelhantes; (Redação dada pela Lei nº 12.715, de 2012)

II – Método do Preço de Revenda menos Lucro – PRL: definido como a média aritmética ponderada dos preços de venda, no País, dos bens, direitos ou serviços importados, em condições de pagamento semelhantes e calculados conforme a metodologia a seguir: (Redação dada pela Lei nº 12.715, de 2012)

a) preço líquido de venda: a média aritmética ponderada dos preços de venda do bem, direito ou serviço produzido, diminuídos dos descontos incondicionais concedidos, dos impostos e contribuições sobre as vendas e das comissões e corretagens pagas; (Redação dada pela Lei nº 12.715, de 2012)

b) percentual de participação dos bens, direitos ou serviços importados no custo total do bem, direito ou serviço vendido: a relação percentual entre o custo médio ponderado do bem, direito ou serviço importado e o custo total médio ponderado do bem, direito ou serviço vendido, calculado em conformidade com a planilha de custos da empresa; (Redação dada pela Lei nº 12.715, de 2012)

c) participação dos bens, direitos ou serviços importados no preço de venda do bem, direito ou serviço vendido: aplicação do percentual de participação do bem, direito ou serviço importado no custo total, apurada conforme a alínea b, sobre o preço líquido de venda calculado de acordo com a alínea a; (Redação dada pela Lei nº 12.715, de 2012)

d) margem de lucro: a aplicação dos percentuais previstos no § 12, conforme setor econômico da pessoa jurídica sujeita ao controle de preços de transferência, sobre a participação do bem, direito ou serviço importado no preço de venda do bem, direito ou serviço vendido, calculado de acordo com a alínea c; e (Redação dada pela Lei nº 12.715, de 2012)

1. Revogado pela Lei nº 12.715, de 2012.

2. Revogado pela Lei nº 12.715, de 2012.

e) preço parâmetro: a diferença entre o valor da participação do bem, direito ou serviço importado no preço de venda do bem, direito ou serviço vendido, calculado conforme a alínea c; e a "margem de lucro", calculada de acordo com a alínea d; e (Redação dada pela Lei nº 12.715, de 2012)

III – Método do Custo de Produção mais Lucro – CPL: definido como o custo médio ponderado de produção de bens, serviços ou direitos, idênticos ou similares, acrescido dos impostos e taxas cobrados na exportação no país onde tiverem sido originariamente produzidos, e de margem de lucro de 20% (vinte por cento), calculada sobre o custo apurado. (Redação dada pela Lei nº 12.715, de 2012)

§ 1º. As médias aritméticas ponderadas dos preços de que tratam os incisos I e II do *caput* e o custo médio ponderado de produção de que trata o inciso III do *caput* serão calculados considerando-se os preços praticados e os custos incorridos durante todo o período de apuração da base de cálculo do imposto sobre a renda a que se referirem os custos, despesas ou encargos. (Redação dada pela Lei nº 12.715, de 2012)

§ 2º. Para efeito do disposto no inciso I, somente serão consideradas as operações de compra e venda praticadas entre compradores e vendedores não vinculados.

§ 3º. Para efeito do disposto no inciso II, somente serão considerados os preços praticados pela empresa com compradores não vinculados.

§ 4º. Na hipótese de utilização de mais de um método, será considerado dedutível o maior valor apurado, observado o disposto no parágrafo subsequente.

§ 5º. Se os valores apurados segundo os métodos mencionados neste artigo forem superiores ao de aquisição, constante dos respectivos documentos, a dedutibilidade fica limitada ao montante deste último.

§ 6º. Não integram o custo, para efeito do cálculo disposto na alínea b do inciso II do *caput*, o valor do frete e do seguro, cujo ônus tenha sido do importador, desde que tenham sido contratados com pessoas: (Redação dada pela Lei nº 12.715, de 2012)

I – não vinculadas; e (Incluído pela Lei nº 12.715, de 2012)

II – que não sejam residentes ou domiciliadas em países ou dependências de tributação favorecida, ou que não estejam amparados por regimes fiscais privilegiados. (Incluído pela Lei nº 12.715, de 2012)

§ 6º-A. Não integram o custo, para efeito do cálculo disposto na alínea b do inciso II do *caput*, os tributos incidentes na importação e os gastos no desembaraço aduaneiro. (Incluído pela Lei nº 12.715, de 2012)

§ 7º. A parcela dos custos que exceder ao valor determinado de conformidade com este artigo deverá ser adicionada ao lucro líquido, para determinação do lucro real.

§ 8º. A dedutibilidade dos encargos de depreciação ou amortização dos bens e direitos fica limitada, em cada período de apuração, ao montante calculado com base no preço determinado na forma deste artigo.

§ 9º. O disposto neste artigo não se aplica aos casos de royalties e assistência técnica, científica, administrativa ou assemelhada, os quais permanecem subordinados às condições de dedutibilidade constantes da legislação vigente.

§ 10. Relativamente ao método previsto no inciso I do *caput*, as operações utilizadas para fins de cálculo devem: (Incluído pela Lei nº 12.715, de 2012)

I – representar, ao menos, 5% (cinco por cento) do valor das operações de importação sujeitas ao controle de preços de transferência, empreendidas pela pessoa jurídica, no período de apuração, quanto ao tipo de bem, direito ou serviço importado, na hipótese em que os dados utilizados para fins de cálculo digam respeito às suas próprias operações; e (Incluído pela Lei nº 12.715, de 2012)

II – corresponder a preços independentes realizados no mesmo ano-calendário das respectivas operações de importações sujeitas ao controle de preços de transferência. (Incluído pela Lei nº 12.715, de 2012)

§ 11. Na hipótese do inciso II do § 10, não havendo preço independente no ano-calendário da importação, poderá ser utilizado preço independente relativo à operação efetuada no ano-calendário imediatamente anterior ao da importação, ajustado pela variação cambial do período. (Incluído pela Lei nº 12.715, de 2012)

§ 12. As margens a que se refere a alínea d do inciso II do *caput* serão aplicadas de acordo com o setor da atividade econômica da pessoa jurídica brasileira sujeita aos controles de preços de transferência e incidirão, independentemente de submissão a processo produtivo ou não no Brasil, nos seguintes percentuais: (Incluído pela Lei nº 12.715, de 2012)

I – 40% (quarenta por cento), para os setores de: (Incluído pela Lei nº 12.715, de 2012)

a) produtos farmoquímicos e farmacêuticos; (Incluído pela Lei nº 12.715, de 2012)

b) produtos do fumo; (Incluído pela Lei nº 12.715, de 2012)

c) equipamentos e instrumentos ópticos, fotográficos e cinematográficos; (Incluído pela Lei nº 12.715, de 2012)

d) máquinas, aparelhos e equipamentos para uso odontomédico-hospitalar; (Incluído pela Lei nº 12.715, de 2012)

e) extração de petróleo e gás natural; e (Incluído pela Lei nº 12.715, de 2012)

f) produtos derivados do petróleo; (Incluído pela Lei nº 12.715, de 2012)

II – 30% (trinta por cento) para os setores de: (Incluído pela Lei nº 12.715, de 2012)

a) produtos químicos; (Incluído pela Lei nº 12.715, de 2012)

b) vidros e de produtos do vidro; (Incluído pela Lei nº 12.715, de 2012)

c) celulose, papel e produtos de papel; e (Incluído pela Lei nº 12.715, de 2012)

d) metalurgia; e (Incluído pela Lei nº 12.715, de 2012)

III – 20% (vinte por cento) para os demais setores. (Incluído pela Lei nº 12.715, de 2012)

§ 13. Na hipótese em que a pessoa jurídica desenvolva atividades enquadradas em mais de um inciso do § 12, deverá ser adotada para fins de cálculo do PRL a margem correspondente ao setor da atividade para o qual o bem importado tenha sido destinado, observado o disposto no § 14. (Incluído pela Lei nº 12.715, de 2012)

§ 14. Na hipótese de um mesmo bem importado ser revendido e aplicado na produção de um ou mais produtos, ou na hipótese de o bem importado ser submetido a diferentes processos produtivos no Brasil, o preço parâmetro final será a média ponderada dos valores encontrados mediante a aplicação do método PRL, de acordo com suas respectivas destinações. (Incluído pela Lei nº 12.715, de 2012)

§ 15. No caso de ser utilizado o método PRL, o preço parâmetro deverá ser apurado considerando-se os preços de venda no período em que os produtos forem baixados dos estoques para resultado. (Incluído pela Lei nº 12.715, de 2012)

§ 16. Na hipótese de importação de commodities sujeitas à cotação em bolsas de mercadorias e futuros internacionalmente reconhecidas, deverá ser utilizado o Método do Preço sob Cotação na Importação – PCI definido no art. 18-A. (Incluído pela Lei nº 12.715, de 2012)

§ 17. Na hipótese do inciso I do § 10, não havendo operações que representem 5% (cinco por cento) do valor das importações sujeitas ao controle de preços de transferência no período de apuração, o percentual poderá ser complementado com as importações efetuadas no ano-calendário imediatamente anterior, ajustado pela variação cambial do período. (Incluído pela Lei nº 12.715, de 2012)

Art. 18-A. O Método do Preço sob Cotação na Importação – PCI é definido como os valores médios diários da cotação de bens ou direitos sujeitos a preços públicos em bolsas de mercadorias e futuros internacionalmente reconhecidas. (Incluído pela Lei nº 12.715, de 2012)

§ 1º. Os preços dos bens importados e declarados por pessoas físicas ou jurídicas residentes ou domiciliadas no País serão comparados com os preços de cotação desses bens, constantes em bolsas de mercadorias e futuros internacionalmente reconhecidas, ajustados para mais ou para menos do prêmio médio de mercado, na data da transação, nos casos de importação de: (Incluído pela Lei nº 12.715, de 2012)

I – pessoas físicas ou jurídicas vinculadas; (Incluído pela Lei nº 12.715, de 2012)

II – residentes ou domiciliadas em países ou dependências com tributação favorecida; ou (Incluído pela Lei nº 12.715, de 2012)

III – pessoas físicas ou jurídicas beneficiadas por regimes fiscais privilegiados. (Incluído pela Lei nº 12.715, de 2012)

§ 2º. Não havendo cotação disponível para o dia da transação, deverá ser utilizada a última cotação conhecida. (Incluído pela Lei nº 12.715, de 2012)

§ 3º. Na hipótese de ausência de identificação da data da transação, a conversão será efetuada considerando-se a data do registro da declaração de importação de mercadoria. (Incluído pela Lei nº 12.715, de 2012)

§ 4º. Na hipótese de não haver cotação dos bens em bolsas de mercadorias e futuros internacionalmente reconhecidas, os preços dos bens importados a que se refere o § 1º poderão ser comparados com os obtidos a partir de fontes de dados independentes fornecidas por instituições de pesquisa setoriais internacionalmente reconhecidas. (Incluído pela Lei nº 12.715, de 2012)

§ 5º. A Secretaria da Receita Federal do Brasil do Ministério da Fazenda disciplinará a aplicação do disposto neste artigo, inclusive a divulgação das bolsas de mercadorias e futuros e das instituições de pesquisas setoriais internacionalmente reconhecidas para cotação de preços. (Incluído pela Lei nº 12.715, de 2012)

RECEITAS ORIUNDAS DE EXPORTAÇÕES PARA O EXTERIOR

Art. 19. As receitas auferidas nas operações efetuadas com pessoa vinculada ficam sujeitas a arbitramento quando o preço médio de venda dos bens, serviços ou direitos, nas exportações efetuadas durante o respectivo período de apuração da base de cálculo do imposto de renda, for inferior a noventa por cento do preço médio praticado na venda dos mesmos bens, serviços ou direitos, no mercado brasileiro, durante o mesmo período, em condições de pagamento semelhantes.

‣ Esta Lei: art. 28.

§ 1º. Caso a pessoa jurídica não efetue operações de venda no mercado interno, a determinação dos preços médios a que se refere o *caput* será efetuada com dados de outras empresas que pratiquem a venda de bens, serviços ou direitos, idênticos ou similares, no mercado brasileiro.

§ 2º. Para efeito de comparação, o preço de venda:

I – no mercado brasileiro, deverá ser considerado líquido dos descontos incondicionais concedidos, do imposto sobre a circulação de mercadorias e serviços, do imposto sobre serviços e das contribuições para a seguridade social – COFINS e para o PIS/PASEP;

II – nas exportações, será tomado pelo valor depois de diminuído dos encargos de frete e seguro, cujo ônus tenha sido da empresa exportadora.

§ 3º. Verificado que o preço de venda nas exportações é inferior ao limite de que trata este artigo, as receitas das vendas nas exportações serão determinadas tomando-se por base o valor apurado segundo um dos seguintes métodos:

I – Método do Preço de Venda nas Exportações – PVEx: definido como a média aritmética dos preços de venda nas exportações efetuadas pela própria empresa, para outros clientes, ou por outra exportadora nacional de bens, serviços ou direitos, idênticos ou similares, durante o mesmo período de apuração da base de cálculo do imposto de renda e em condições de pagamento semelhantes;

II – Método do Preço de Venda por Atacado no País de Destino, Diminuído do Lucro – PVA: definido como a média aritmética dos preços de venda de bens, idênticos ou similares, praticados no mercado atacadista do país de destino, em condições de pagamento semelhantes, diminuídos dos tributos incluídos no preço, cobrados no referido país, e de margem de lucro de quinze por cento sobre o preço de venda no atacado;

III – Método do Preço de Venda a Varejo no País de Destino, Diminuído do Lucro – PVV: definido como a média aritmética dos preços de venda de bens, idênticos ou similares, praticados no mercado varejista do país de destino, em condições de pagamento semelhantes, diminuídos dos tributos incluídos no preço, cobrados no referido país, e de margem de lucro de trinta por cento sobre o preço de venda no varejo;

IV – Método do Custo de Aquisição ou de Produção mais Tributos e Lucro – CAP: definido como a média aritmética dos custos de aquisição ou de produção dos bens, serviços ou direitos, exportados, acrescidos dos impostos e contribuições cobrados no Brasil e de margem de lucro de quinze por cento sobre a soma dos custos mais impostos e contribuições.

§ 4º. As médias aritméticas de que trata o parágrafo anterior serão calculadas em relação ao período de apuração da respectiva base de cálculo do imposto de renda da empresa brasileira.

§ 5º. Na hipótese de utilização de mais de um método, será considerado o menor dos valores apurados, observado o disposto no parágrafo subsequente.

§ 6º. Se o valor apurado segundo os métodos mencionados no § 3º for inferior aos preços de venda constantes dos documentos de exportação, prevalecerá o montante da receita reconhecida conforme os referidos documentos.

§ 7º. A parcela das receitas, apurada segundo o disposto neste artigo, que exceder ao valor já apropriado na escrituração da empresa deverá ser adicionada ao lucro líquido, para determinação do lucro real, bem como ser computada na determinação do lucro presumido e do lucro arbitrado.

§ 8º. Para efeito do disposto no § 3º, somente serão consideradas as operações de compra e venda praticadas entre compradores e vendedores não vinculados.

§ 9º. Na hipótese de exportação de commodities sujeitas à cotação em bolsas de mercadorias e futuros internacionalmente reconhecidas, deverá ser utilizado o Método do Preço sob Cotação na Exportação – Pecex, definido no art. 19-A. (Incluído pela Lei nº 12.715, de 2012)

Art. 19-A. O Método do Preço sob Cotação na Exportação – PECEX é definido como os valores médios diários da cotação de bens ou direitos sujeitos a preços públicos em bolsas de mercadorias e futuros internacionalmente reconhecidas. (Incluído pela Lei nº 12.715, de 2012)

§ 1º. Os preços dos bens exportados e declarados por pessoas físicas ou jurídicas residentes ou domiciliadas no País serão comparados com os preços de cotação dos bens, constantes em bolsas de mercadorias e futuros internacionalmente reconhecidas, ajustados para mais ou para menos do prêmio médio de mercado, na data da transação, nos casos de exportação para: (Incluído pela Lei nº 12.715, de 2012)

I – pessoas físicas ou jurídicas vinculadas; (Incluído pela Lei nº 12.715, de 2012)

II – residentes ou domiciliadas em países ou dependências com tributação favorecida; ou (Incluído pela Lei nº 12.715, de 2012)

III – pessoas físicas ou jurídicas beneficiadas por regimes fiscais privilegiados. (Incluído pela Lei nº 12.715, de 2012)

§ 2º. Não havendo cotação disponível para o dia da transação, deverá ser utilizada a última cotação conhecida. (Incluído pela Lei nº 12.715, de 2012)

§ 3º. Na hipótese de ausência de identificação da data da transação, a conversão será efetuada considerando-se a data de embarque dos bens exportados. (Incluído pela Lei nº 12.715, de 2012)

§ 4º. As receitas auferidas nas operações de que trata o *caput* ficam sujeitas ao arbitramento de preços de transferência, não se aplicando o percentual de 90% (noventa por cento) previsto no *caput* do art. 19. (Incluído pela Lei nº 12.715, de 2012)

§ 5º. Na hipótese de não haver cotação dos bens em bolsas de mercadorias e futuros internacionalmente reconhecidas, os preços dos bens exportados a que se refere o § 1º poderão ser comparados: (Incluído pela Lei nº 12.715, de 2012)

I – com os obtidos a partir de fontes de dados independentes fornecidas por instituições de pesquisa setoriais internacionalmente reconhecidas; ou (Incluído pela Lei nº 12.715, de 2012)

II – com os preços definidos por agências ou órgãos reguladores e publicados no Diário Oficial da União. (Incluído pela Lei nº 12.715, de 2012)

§ 6º. A Secretaria da Receita Federal do Brasil do Ministério da Fazenda disciplinará o disposto neste artigo, inclusive a divulgação das bolsas de mercadorias e futuros e das instituições de pesquisas setoriais internacionalmente reconhecidas para cotação de preços. (Incluído pela Lei nº 12.715, de 2012)

§ 7º. Vetado pela Lei nº 12.715, de 2012

Art. 20. O Ministro de Estado da Fazenda poderá, em circunstâncias justificadas, alterar os percentuais de que tratam os arts. 18 e 19, de ofício ou mediante requerimento conforme o § 2º do art. 21. (Redação dada pela Lei nº 12.715, de 2012)

‣ Esta Lei: art. 28.

Art. 20-A. A partir do ano-calendário de 2012, a opção por um dos métodos previstos nos arts. 18 e 19 será efetuada para o ano-calendário e não poderá ser alterada pelo contribuinte uma vez iniciado o procedimento fiscal, salvo quando, em seu curso, o método ou algum de seus critérios de cálculo venha a ser desqualificado pela fiscalização, situação esta em que deverá ser intimado o sujeito passivo para, no prazo de 30 (trinta) dias, apresentar novo cálculo de acordo com qualquer outro método previsto na legislação. (Incluído pela Lei nº 12.715, de 2012)

§ 1º. A fiscalização deverá motivar o ato caso desqualifique o método eleito pela pessoa jurídica. (Incluído pela Lei nº 12.715, de 2012)

§ 2º. A autoridade fiscal responsável pela verificação poderá determinar o preço parâmetro, com base nos documentos de que dispuser, e aplicar um dos métodos previstos nos arts. 18 e 19, quando o sujeito passivo, após decorrido o prazo de que trata o *caput*: (Incluído pela Lei nº 12.715, de 2012)

I – não apresentar os documentos que deem suporte à determinação do preço praticado nem às respectivas memórias de cálculo para apuração do preço parâmetro, segundo o método escolhido; (Incluído pela Lei nº 12.715, de 2012)

II – apresentar documentos imprestáveis ou insuficientes para demonstrar a correção do cálculo do preço parâmetro pelo método escolhido; ou (Incluído pela Lei nº 12.715, de 2012)

III – deixar de oferecer quaisquer elementos úteis à verificação dos cálculos para apuração do preço parâmetro, pelo método escolhido, quando solicitados pela autoridade fiscal. (Incluído pela Lei nº 12.715, de 2012)

§ 3º. A Secretaria da Receita Federal do Brasil do Ministério da Fazenda definirá o prazo e a forma de opção de que trata o *caput*. (Incluído pela Lei nº 12.715, de 2012)

Art. 20-B. A utilização do método de cálculo de preço parâmetro, de que tratam os arts. 18 e 19, deve ser consistente por bem, serviço ou direito, para todo o ano-calendário. (Incluído pela Lei nº 12.715, de 2012)

APURAÇÃO DOS PREÇOS MÉDIOS

Art. 21. Os custos e preços médios a que se referem os arts. 18 e 19 deverão ser apurados com base em:

‣ Esta Lei: art. 28.

I – publicações ou relatórios oficiais do governo do país do comprador ou vendedor ou declaração da autoridade fiscal desse mesmo país, quando com ele o Brasil mantiver acordo para evitar a bitributação ou para intercâmbio de informações;

II – pesquisas efetuadas por empresa ou instituição de notório conhecimento técnico ou publicações técnicas, em que se especifiquem o setor, o período, as empresas pesquisadas e a margem encontrada, bem como identifiquem, por empresa, os dados coletados e trabalhados.

§ 1º. As publicações, as pesquisas e os relatórios oficiais a que se refere este artigo somente serão admitidos como prova se houverem sido realizados com observância de métodos de avaliação internacionalmente adotados e se referirem a período contemporâneo com o de apuração da base de cálculo do imposto de renda da empresa brasileira.

§ 2º. Admitir-se-ão margens de lucro diversas das estabelecidas nos arts. 18 e 19, desde que o contribuinte as comprove, com base em publicações, pesquisas ou relatórios elaborados de conformidade com o disposto neste artigo.

§ 3º. As publicações técnicas, as pesquisas e os relatórios a que se refere este artigo poderão ser desqualificados mediante ato do Secretário da Receita Federal, quando considerados inidôneos ou inconsistentes.

JUROS

Art. 22. Os juros pagos ou creditados a pessoa vinculada somente serão dedutíveis para fins de determinação do lucro real até o montante que não exceda ao valor calculado com base em taxa determinada conforme este artigo acrescida de margem percentual a título de spread, a ser definida por ato do Ministro de Estado da Fazenda com base na média de mercado, proporcionalizados em função do período a que se referirem os juros. (Redação dada pela Lei nº 12.766, de 2012)

‣ Esta Lei: art. 28.

§ 1º. No caso de mútuo com pessoa vinculada, a pessoa jurídica mutuante, domiciliada no Brasil, deverá reconhecer, como receita financeira correspondente à operação, no mínimo o valor apurado segundo o disposto neste artigo.

§ 2º. Para efeito do limite a que se refere este artigo, os juros serão calculados com base no valor da obrigação ou do direito, expresso na moeda objeto do contrato e convertida em reais pela taxa de câmbio, divulgada pelo Banco Central do Brasil, para a data do termo final do cálculo dos juros.

§ 3º. O valor dos encargos que exceder o limite referido no *caput* e a diferença de receita apurada na forma do parágrafo anterior serão adicionados à base de cálculo do imposto de renda devido pela empresa no Brasil, inclusive ao lucro presumido ou arbitrado.

§ 4º. Nos casos de contratos registrados no Banco Central do Brasil, serão admitidos os juros determinados com base na taxa registrada.

§ 5º. Revogado pela Lei nº 12.766, de 2012.

§ 6º. A taxa de que trata o *caput* será a taxa: (Incluído pela Lei nº 12.766, de 2012)

I – de mercado dos títulos soberanos da República Federativa do Brasil emitidos no mercado externo em dólares dos Estados Unidos da América, na hipótese de operações em dólares dos Estados Unidos da América com taxa prefixada; (Incluído pela Lei nº 12.766, de 2012)

II – de mercado dos títulos soberanos da República Federativa do Brasil emitidos no mercado externo em reais, na hipótese de operações em reais no exterior com taxa prefixada; e (Incluído pela Lei nº 12.766, de 2012)

III – London Interbank Offered Rate – LIBOR pelo prazo de 6 (seis) meses, nos demais casos. (Incluído pela Lei nº 12.766, de 2012)

§ 7º. O Ministro de Estado da Fazenda poderá fixar a taxa de que trata o *caput* na hipótese de operações em reais no exterior com taxa flutuante. (Incluído pela Lei nº 12.766, de 2012)

§ 8º. Na hipótese do inciso III do § 6º, para as operações efetuadas em outras moedas nas quais não seja divulgada taxa Libor própria, deverá ser utilizado o valor da taxa Libor para depósitos em dólares dos Estados Unidos da América. (Incluído pela Lei nº 12.766, de 2012) Produção de efeito

§ 9º. A verificação de que trata este artigo deve ser efetuada na data da contratação da operação e será aplicada aos contratos celebrados a partir de 1º de janeiro de 2013. (Incluído pela Lei nº 12.766, de 2012)

§ 10. Para fins do disposto no § 9º, a novação e a repactuação são consideradas novos contratos. (Incluído pela Lei nº 12.766, de 2012)

§ 11. O disposto neste artigo será disciplinado pela Secretaria da Receita Federal do Brasil, inclusive quanto às especificações e condições de utilização das taxas previstas no *caput* e no § 6º. (Incluído pela Lei nº 12.766, de 2012)

PESSOA VINCULADA – CONCEITO

Art. 23. Para efeito dos arts. 18 a 22, será considerada vinculada à pessoa jurídica domiciliada no Brasil:

‣ Esta Lei: art. 28.

I – a matriz desta, quando domiciliada no exterior;

II – a sua filial ou sucursal, domiciliada no exterior;

III – a pessoa física ou jurídica, residente ou domiciliada no exterior, cuja participação societária no seu capital social a caracterize como sua controladora ou coligada, na forma definida nos §§ 1º e 2º do art. 243 da Lei nº 6.404, de 15 de dezembro de 1976;

IV – a pessoa jurídica domiciliada no exterior que seja caracterizada como sua controlada ou coligada, na forma definida nos §§ 1º e 2º do art. 243 da Lei nº 6.404, de 15 de dezembro de 1976;

V – a pessoa jurídica domiciliada no exterior, quando esta e a empresa domiciliada no Brasil estiverem sob controle societário ou administrativo comum ou quando pelo menos dez por cento do capital social de cada uma pertencer a uma mesma pessoa física ou jurídica;

VI – a pessoa física ou jurídica, residente ou domiciliada no exterior, que, em conjunto com a pessoa jurídica domiciliada no Brasil, tiver participação societária no capital social de uma terceira pessoa jurídica, cuja soma as caracterizem como controladoras ou coligadas desta, na forma definida nos §§ 1º e 2º do art. 243 da Lei nº 6.404, de 15 de dezembro de 1976;

VII – a pessoa física ou jurídica, residente ou domiciliada no exterior, que seja sua associada, na forma de consórcio ou condomínio, conforme definido na legislação brasileira, em qualquer empreendimento;

VIII – a pessoa física residente no exterior que for parente ou afim até o terceiro grau, cônjuge ou companheiro de qualquer de seus diretores ou de seu sócio ou acionista controlador em participação direta ou indireta;

IX – a pessoa física ou jurídica, residente ou domiciliada no exterior, que goze de exclusividade, como seu agente, distribuidor ou concessionário, para a compra e venda de bens, serviços ou direitos;

X – a pessoa física ou jurídica, residente ou domiciliada no exterior, em relação à qual a pessoa jurídica domiciliada no Brasil goze de exclusividade, como agente, distribuidora ou concessionária, para a compra e venda de bens, serviços ou direitos.

PAÍSES COM TRIBUTAÇÃO FAVORECIDA

Art. 24. As disposições relativas a preços, custos e taxas de juros, constantes dos arts. 18 a 22, aplicam-se, também, às operações efetuadas por pessoa física ou jurídica residente ou domiciliada no Brasil, com qualquer pessoa física ou jurídica, ainda que não vinculada, residente ou domiciliada em país que não tribute a renda ou que a tribute a alíquota máxima inferior a vinte por cento.

- Esta Lei: art. 28.
- Lei nº 10.833, de 29-12-2003, art. 47, que altera a Legislação Tributária Federal.

§ 1º. Para efeito do disposto na parte final deste artigo, será considerada a legislação tributária do referido país, aplicável às pessoas físicas ou às pessoas jurídicas, conforme a natureza do ente com o qual houver sido praticada a operação.

§ 2º. No caso de pessoa física residente no Brasil:

I – o valor apurado segundo os métodos de que trata o art. 18 será considerado como custo de aquisição para efeito de apuração de ganho de capital na alienação do bem ou direito;

II – o preço relativo ao bem ou direito alienado, para efeito de apuração de ganho de capital, será o apurado de conformidade com o disposto no art. 19;

III – será considerado como rendimento tributável o preço dos serviços prestados apurado de conformidade com o disposto no art. 19;

IV – serão considerados como rendimento tributável os juros determinados de conformidade com o art. 22.

§ 3º. Para os fins do disposto neste artigo, considerar-se-á separadamente a tributação do trabalho e do capital, bem como as dependências do país de residência ou domicílio. (Incluído pela Lei nº 10.451, de 2002)

§ 4º. Considera-se também país ou dependência com tributação favorecida aquele cuja legislação não permita o acesso a informações relativas à composição societária de pessoas jurídicas, à sua titularidade ou à identificação do beneficiário efetivo de rendimentos atribuídos a não residentes. (Incluído pela Lei nº 11.727, de 2008)

- Lei nº 11.727, de 23-06-2008, art. 41, VI, que dispõe sobre medidas tributárias destinadas a estimular os investimentos e a modernização do setor de turismo, a reforçar o sistema de proteção tarifária brasileiro, a estabelecer a incidência de forma concentrada da Contribuição para o PIS/Pasep e da Contribuição para o Financiamento da Seguridade Social – Cofins na produção e comercialização de álcool.

Art. 24-A. Aplicam-se às operações realizadas em regime fiscal privilegiado as disposições relativas a preços, custos e taxas de juros constantes dos arts. 18 a 22 desta Lei, nas transações entre pessoas físicas ou jurídicas residentes e domiciliadas no País com qualquer pessoa física ou jurídica, ainda que não vinculada, residente ou domiciliada no exterior. (Incluído pela Lei nº 11.727, de 2008)

- Lei nº 11.727, de 23-06-2008, art. 41, VI, que dispõe sobre medidas tributárias destinadas a estimular os investimentos e a modernização do setor de turismo, a reforçar o sistema de proteção tarifária brasileiro, a estabelecer a incidência de forma concentrada da Contribuição para o PIS/Pasep e da Contribuição para o Financiamento da Seguridade Social – Cofins na produção e comercialização de álcool.

Parágrafo único. Para os efeitos deste artigo, considera-se regime fiscal privilegiado aquele que apresentar uma ou mais das seguintes características: (Redação dada pela Lei nº 11.941, de 2009)

I – não tribute a renda ou a tribute à alíquota máxima inferior a 20% (vinte por cento); (Incluído pela Lei nº 11.727, de 2008)

II – conceda vantagem de natureza fiscal a pessoa física ou jurídica não residente: (Incluído pela Lei nº 11.727, de 2008)

a) sem exigência de realização de atividade econômica substantiva no país ou dependência; (Incluído pela Lei nº 11.727, de 2008)

b) condicionada ao não exercício de atividade econômica substantiva no país ou dependência; (Incluído pela Lei nº 11.727, de 2008)

III – não tribute, ou o faça em alíquota máxima inferior a 20% (vinte por cento), os rendimentos auferidos fora de seu território; (Incluído pela Lei nº 11.727, de 2008)

IV – não permita o acesso a informações relativas à composição societária, titularidade de bens ou direitos ou às operações econômicas realizadas. (Incluído pela Lei nº 11.727, de 2008)

Art. 24-B. O Poder Executivo poderá reduzir ou restabelecer os percentuais de que tratam o *caput* do art. 24 e os incisos I e III do parágrafo único do art. 24-A, ambos desta Lei. (Incluído pela Lei nº 11.727, de 2008)

- Lei nº 11.727, de 23-06-2008, art. 41, VI, que dispõe sobre medidas tributárias destinadas a estimular os investimentos e a modernização do setor de turismo, a reforçar o sistema de proteção tarifária brasileiro, a estabelecer a incidência de forma concentrada da Contribuição para o PIS/Pasep e da Contribuição para o Financiamento da Seguridade Social – Cofins na produção e comercialização de álcool.

Parágrafo único. O uso da faculdade prevista no *caput* deste artigo poderá também ser aplicado, de forma excepcional e restrita, a países que componham blocos econômicos dos quais o País participe. (Incluído pela Lei nº 11.727, de 2008)

SEÇÃO VI.
LUCRO PRESUMIDO

DETERMINAÇÃO

Art. 25. O lucro presumido será o montante determinado pela soma das seguintes parcelas:

I – o valor resultante da aplicação dos percentuais de que trata o art. 15 da Lei nº 9.249, de 26 de dezembro de 1995, sobre a receita bruta definida pelo art. 12 do Decreto-Lei nº 1.598, de 26 de dezembro de 1977, auferida no período de apuração de que trata o art. 1º, deduzida das devoluções e vendas canceladas e dos descontos incondicionais concedidos; e (Redação dada pela Lei nº 12.973, de 2014)

II – os ganhos de capital, os rendimentos e ganhos líquidos auferidos em aplicações financeiras, as demais receitas, os resultados positivos decorrentes de receitas não abrangidas pelo inciso I, com os respectivos valores decorrentes do ajuste a valor presente de que trata o inciso VIII do *caput* do art. 183 da Lei nº 6.404, de 15 de dezembro de 1976, e demais valores determinados nesta Lei, auferidos naquele mesmo período. (Redação dada pela Lei nº 12.973, de 2014)

§ 1º. O ganho de capital nas alienações de investimentos, imobilizados e intangíveis corresponderá à diferença positiva entre o valor da alienação e o respectivo valor contábil. (Incluído pela Lei nº 12.973, de 2014)

§ 2º. Para fins do disposto no § 1º, poderão ser considerados no valor contábil, e na proporção deste, os respectivos valores decorrentes dos efeitos do ajuste a valor presente de que trata o inciso III do *caput* do art. 184 da Lei nº 6.404, de 15 de dezembro de 1976. (Incluído pela Lei nº 12.973, de 2014)

§ 3º. Os ganhos decorrentes de avaliação de ativo ou passivo com base no valor justo não integrarão a base de cálculo do imposto, no momento em que forem apurados. (Incluído pela Lei nº 12.973, de 2014)

§ 4º. Para fins do disposto no inciso II do *caput*, os ganhos e perdas decorrentes de avaliação do ativo com base em valor justo não serão considerados como parte integrante do valor contábil. (Incluído pela Lei nº 12.973, de 2014)

§ 5º. O disposto no § 4º não se aplica aos ganhos que tenham sido anteriormente computados na base de cálculo do imposto. (Incluído pela Lei nº 12.973, de 2014)

OPÇÃO

Art. 26. A opção pela tributação com base no lucro presumido será aplicada em relação a todo o período de atividade da empresa em cada ano-calendário.

§ 1º. A opção de que trata este artigo será manifestada com o pagamento da primeira ou única quota do imposto devido correspondente ao primeiro período de apuração de cada ano-calendário.

§ 2º. A pessoa jurídica que houver iniciado atividade a partir do segundo trimestre manifestará a opção de que trata este artigo com o pagamento da primeira ou única quota do imposto devido relativa ao período de apuração do início de atividade.

§ 3º. A pessoa jurídica que houver pago o imposto com base no lucro presumido e que, em relação ao mesmo ano-calendário, alterar a opção, passando a ser tributada com base no lucro real, ficará sujeita ao pagamento de multa e juros moratórios sobre a diferença de imposto paga a menor.

§ 4º. A mudança de opção a que se refere o parágrafo anterior somente será admitida quando formalizada até a entrega da correspondente declaração de rendimentos e antes de iniciado procedimento de ofício relativo a qualquer dos períodos de apuração do respectivo ano-calendário.

SEÇÃO VII.
LUCRO ARBITRADO

DETERMINAÇÃO

Art. 27. O lucro arbitrado será o montante determinado pela soma das seguintes parcelas:

I – o valor resultante da aplicação dos percentuais de que trata o art. 16 da Lei nº 9.249, de 26 de dezembro de 1995, sobre a receita bruta definida pelo art. 12 do Decreto-Lei nº 1.598, de 26 de dezembro de 1977, auferida no período de apuração de que trata o art. 1º, deduzida das devoluções e vendas canceladas e dos descontos incondicionais concedidos; e (Redação dada pela Lei nº 12.973, de 2014)

II – os ganhos de capital, os rendimentos e ganhos líquidos auferidos em aplicações financeiras, as demais receitas, os resultados positivos decorrentes de receitas não abrangidas pelo inciso I do *caput*, com os respectivos valores decorrentes do ajuste a valor presente de que trata o inciso VIII do *caput* do art. 183 da Lei nº 6.404, de 15 de dezembro de 1976, e demais valores determinados nesta Lei, auferidos naquele mesmo período. (Redação dada pela Lei nº 12.973, de 2014)

§ 1º. Na apuração do lucro arbitrado, quando não conhecida a receita bruta, os coeficientes de que tratam os incisos II, III e IV do art. 51 da Lei nº 8.981, de 20 de janeiro de 1995, deverão ser multiplicados pelo número de meses do período de apuração.

§ 2º. Na hipótese de utilização das alternativas de cálculo previstas nos incisos V a VIII do art. 51 da Lei nº 8.981, de 20 de janeiro de 1995, o lucro arbitrado será o valor resultante da soma dos valores apurados para cada mês do período de apuração.

§ 3º. O ganho de capital nas alienações de investimentos, imobilizados e intangíveis corresponderá à diferença positiva entre o valor da alienação e o respectivo valor contábil. (Incluído pela Lei nº 12.973, de 2014)

§ 4º. Para fins do disposto no § 3º, poderão ser considerados no valor contábil, e na proporção deste, os respectivos valores decorrentes dos efeitos do ajuste a valor presente de que trata o inciso III do *caput* do art. 184 da Lei nº 6.404, de 15 de dezembro de 1976. (Incluído pela Lei nº 12.973, de 2014)

§ 5º. Os ganhos decorrentes de avaliação de ativo ou passivo com base no valor justo não integrarão a base de cálculo do imposto, no momento em que forem apurados. (Incluído pela Lei nº 12.973, de 2014)

§ 6º. Para fins do disposto no inciso II do *caput*, os ganhos e perdas decorrentes de avaliação do ativo com base em valor justo não serão considerados como parte integrante do valor contábil. (Incluído pela Lei nº 12.973, de 2014)

§ 7º. O disposto no § 6º não se aplica aos ganhos que tenham sido anteriormente computados na base de cálculo do imposto. (Incluído pela Lei nº 12.973, de 2014)

CAPÍTULO II. CONTRIBUIÇÃO SOCIAL SOBRE O LUCRO LÍQUIDO

SEÇÃO I. APURAÇÃO DA BASE DE CÁLCULO E PAGAMENTO

- Lei nº 9.718, de 27-11-1998, art. 8º, § 2º, II, que altera a Legislação Tributária Federal.

NORMAS APLICÁVEIS

Art. 28. Aplicam-se à apuração da base de cálculo e ao pagamento da contribuição social sobre o lucro líquido as normas da legislação vigente e as correspondentes aos arts. 1º a 3º, 5º a 14, 17 a 24-B, 26, 55 e 71. (Redação dada pela Lei nº 12.715, de 2012)

EMPRESAS SEM ESCRITURAÇÃO CONTÁBIL

Art. 29. A base de cálculo da contribuição social sobre o lucro líquido, devida pelas pessoas jurídicas tributadas com base no lucro presumido ou arbitrado e pelas demais empresas dispensadas de escrituração contábil, corresponderá à soma dos valores:

I – de que trata o art. 20 da Lei nº 9.249, de 26 de dezembro de 1995;

II – os ganhos de capital, os rendimentos e ganhos líquidos auferidos em aplicações financeiras, as demais receitas, os resultados positivos decorrentes de receitas não abrangidas pelo inciso I do *caput*, com os respectivos valores decorrentes do ajuste a valor presente de que trata o inciso VIII do *caput* do art. 183 da Lei nº 6.404, de 15 de dezembro de 1976, e demais valores determinados nesta Lei, auferidos naquele mesmo período. (Redação dada pela Lei nº 12.973, de 2014)

PAGAMENTO MENSAL ESTIMADO

Art. 30. A pessoa jurídica que houver optado pelo pagamento do imposto de renda na forma do art. 2º fica, também, sujeita ao pagamento mensal da contribuição social sobre o lucro líquido, determinada mediante a aplicação da alíquota a que estiver sujeita sobre a base de cálculo apurada na forma dos incisos I e II do artigo anterior.

CAPÍTULO III. IMPOSTO SOBRE PRODUTOS INDUSTRIALIZADOS

CONTRIBUINTE SUBSTITUTO

Art. 31. O art. 35 da Lei nº 4.502, de 30 de novembro de 1964, passa a vigorar com a seguinte redação:

"Art. 35. [...]

[...]

II – como contribuinte substituto:

[...]

c) o industrial ou equiparado, mediante requerimento, nas operações anteriores, concomitantes ou posteriores às saídas que promover, nas hipóteses e condições estabelecidas pela Secretaria da Receita Federal.

§ 1º. Nos casos das alíneas a e b do inciso II deste artigo, o pagamento do imposto não exclui a responsabilidade por infração do contribuinte originário quando este for identificado, e será considerado como efetuado fora do prazo, para todos os efeitos legais.

§ 2º. Para implementar o disposto na alínea c do inciso II, a Secretaria da Receita Federal poderá instituir regime especial de suspensão do imposto."

CAPÍTULO IV. PROCEDIMENTOS DE FISCALIZAÇÃO

SEÇÃO I. SUSPENSÃO DA IMUNIDADE E DA ISENÇÃO

Art. 32. A suspensão da imunidade tributária, em virtude de falta de observância de requisitos legais, deve ser procedida de conformidade com o disposto neste artigo.

- Lei nº 9.532, de 10-12-1997, art. 14, que altera a legislação tributária federal.

§ 1º. Constatado que entidade beneficiária de imunidade de tributos federais de que trata a alínea c do inciso VI do art. 150 da Constituição Federal não está observando requisito ou condição previsto nos arts. 9º, § 1º, e 14, da Lei nº 5.172, de 25 de outubro de 1966 – Código Tributário Nacional, a fiscalização tributária expedirá notificação fiscal, na qual relatará os fatos que determinam a suspensão do benefício, indicando inclusive a data da ocorrência da infração.

§ 2º. A entidade poderá, no prazo de trinta dias da ciência da notificação, apresentar as alegações e provas que entender necessárias.

§ 3º. O Delegado ou Inspetor da Receita Federal decidirá sobre a procedência das alegações, expedindo o ato declaratório suspensivo do benefício, no caso de improcedência, dando, de sua decisão, ciência à entidade.

§ 4º. Será igualmente expedido o ato suspensivo se decorrido o prazo previsto no § 2º sem qualquer manifestação da parte interessada.

§ 5º. A suspensão da imunidade terá como termo inicial a data da prática da infração.

§ 6º. Efetivada a suspensão da imunidade:

I – a entidade interessada poderá, no prazo de trinta dias da ciência, apresentar impugnação ao ato declaratório, a qual será objeto de decisão pela Delegacia da Receita Federal de Julgamento competente;

II – a fiscalização de tributos federais lavrará auto de infração, se for o caso.

§ 7º. A impugnação relativa à suspensão da imunidade obedecerá às demais normas reguladoras do processo administrativo fiscal.

§ 8º. A impugnação e o recurso apresentados pela entidade não terão efeito suspensivo em relação ao ato declaratório contestado.

§ 9º. Caso seja lavrado auto de infração, as impugnações contra o ato declaratório e contra a exigência de crédito tributário serão reunidas em um único processo, para serem decididas simultaneamente.

§ 10. Os procedimentos estabelecidos neste artigo aplicam-se, também, às hipóteses de suspensão de isenções condicionadas, quando a entidade beneficiária estiver descumprindo as condições ou requisitos impostos pela legislação de regência.

§ 11. (Revogado pela Lei nº 13.165, de 2015)

§ 12. A entidade interessada disporá de todos os meios legais para impugnar os fatos que determinam a suspensão do benefício. (Incluído pela Lei nº 11.941, de 2009)

SEÇÃO II. REGIMES ESPECIAIS DE FISCALIZAÇÃO

Art. 33. A Secretaria da Receita Federal pode determinar regime especial para cumprimento de obrigações, pelo sujeito passivo, nas seguintes hipóteses:

I – embaraço à fiscalização, caracterizado pela negativa não justificada de exibição de livros e documentos em que se assente a escrituração das atividades do sujeito passivo, bem como pelo não fornecimento de informações sobre bens, movimentação financeira, negócio ou atividade, próprios ou de terceiros, quando intimado, e demais hipóteses que autorizam a requisição do auxílio da força pública, nos termos do art. 200 da Lei nº 5.172, de 25 de outubro de 1966;

II – resistência à fiscalização, caracterizada pela negativa de acesso ao estabelecimento, ao domicílio fiscal ou a qualquer outro local onde se desenvolvam as atividades do sujeito passivo, ou se encontrem bens de sua posse ou propriedade;

III – evidências de que a pessoa jurídica esteja constituída por interpostas pessoas que não sejam os verdadeiros sócios ou acionistas, ou o titular, no caso de firma individual;

IV – realização de operações sujeitas à incidência tributária, sem a devida inscrição no cadastro de contribuintes apropriado;

V – prática reiterada de infração da legislação tributária;

VI – comercialização de mercadorias com evidências de contrabando ou descaminho;

VII – incidência em conduta que enseje representação criminal, nos termos da legislação que rege os crimes contra a ordem tributária.

§ 1º. O regime especial de fiscalização será aplicado em virtude de ato do Secretário da Receita Federal.

§ 2º. O regime especial pode consistir, inclusive, em:

I – manutenção de fiscalização ininterrupta no estabelecimento do sujeito passivo;

II – redução, à metade, dos períodos de apuração e dos prazos de recolhimento dos tributos;

III – utilização compulsória de controle eletrônico das operações realizadas e recolhimento diário dos respectivos tributos;

IV – exigência de comprovação sistemática do cumprimento das obrigações tributárias;

V – controle especial da impressão e emissão de documentos comerciais e fiscais e da movimentação financeira.

§ 3º. As medidas previstas neste artigo poderão ser aplicadas isolada ou cumulativamente, por tempo suficiente à normalização do cumprimento das obrigações tributárias.

§ 4º. A imposição do regime especial não elide a aplicação de penalidades previstas na legislação tributária.

§ 5º. Às infrações cometidas pelo contribuinte durante o período em que estiver submetido a regime especial de fiscalização será aplicada a multa de que trata o inciso I do *caput* do art. 44 desta Lei, duplicando-se o seu percentual. (Redação dada Lei nº 11.488, de 2007)

SEÇÃO III. DOCUMENTAÇÃO FISCAL

ACESSO À DOCUMENTAÇÃO

Art. 34. São também passíveis de exame os documentos do sujeito passivo, mantidos em arquivos magnéticos ou assemelhados, encontrados no local da verificação, que tenham relação direta ou indireta com a atividade por ele exercida.

RETENÇÃO DE LIVROS E DOCUMENTOS

Art. 35. Os livros e documentos poderão ser examinados fora do estabelecimento do sujeito passivo, desde que lavrado termo escrito de retenção pela autoridade fiscal, em que se especifiquem a quantidade, espécie, natureza e condições dos livros e documentos retidos.

§ 1º. Constituindo os livros ou documentos prova da prática de ilícito penal ou tributário, os originais retidos não serão devolvidos, extraindo-se cópia para entrega ao interessado.

§ 2º. Excetuado o disposto no parágrafo anterior, devem ser devolvidos os originais dos documentos retidos para exame, mediante recibo.

LACRAÇÃO DE ARQUIVOS

Art. 36. A autoridade fiscal encarregada de diligência ou fiscalização poderá promover a lacração de móveis, caixas, cofres ou depósitos onde se encontram arquivos e documentos, toda vez que ficar caracterizada a resistência ou o embaraço à fiscalização, ou ainda quando as circunstâncias ou a quantidade de documentos não permitirem sua identificação e conferência no local ou no momento em que foram encontrados.

Parágrafo único. O sujeito passivo e demais responsáveis serão previamente notificados para acompanharem o procedimento de rompimento do lacre e identificação dos elementos de interesse da fiscalização.

GUARDA DE DOCUMENTOS

Art. 37. Os comprovantes da escrituração da pessoa jurídica, relativos a fatos que repercutam em lançamentos contábeis de exercícios futuros, serão conservados até que se opere a decadência do direito de a Fazenda Pública constituir os créditos tributários relativos a esses exercícios.

ARQUIVOS MAGNÉTICOS

Art. 38. O sujeito passivo usuário de sistema de processamento de dados deverá manter documentação técnica completa e atualizada do sistema, suficiente para possibilitar a sua auditoria, facultada a manutenção em meio magnético, sem prejuízo da sua emissão gráfica, quando solicitada.

EXTRAVIO DE LIVROS E DOCUMENTOS

Art. 39. Revogado pela Lei nº 9.532, de 1997.

SEÇÃO IV. OMISSÃO DE RECEITA

FALTA DE ESCRITURAÇÃO DE PAGAMENTOS

Art. 40. A falta de escrituração de pagamentos efetuados pela pessoa jurídica, assim como a manutenção, no passivo, de obrigações cuja exigibilidade não seja comprovada, caracterizam, também, omissão de receita.

LEVANTAMENTO QUANTITATIVO POR ESPÉCIE

Art. 41. A omissão de receita poderá, também, ser determinada a partir de levantamento por espécie das quantidades de matérias-primas e produtos intermediários utilizados no processo produtivo da pessoa jurídica.

§ 1º. Para os fins deste artigo, apurar-se-á a diferença, positiva ou negativa, entre a soma das quantidades de produtos em estoque no início do período com a quantidade de produtos fabricados com as matérias-primas e produtos intermediários utilizados e a soma das quantidades de produtos cuja venda houver sido registrada na escrituração contábil da empresa com as quantidades em estoque, no final do período de apuração, constantes do livro de Inventário.

§ 2º. Considera-se receita omitida, nesse caso, o valor resultante da multiplicação das diferenças de quantidades de produtos ou de matérias-primas e produtos intermediários pelos respectivos preços médios de venda ou de compra, conforme o caso, em cada período de apuração abrangido pelo levantamento.

§ 3º. Os critérios de apuração de receita omitida de que trata este artigo aplicam-se, também, às empresas comerciais, relativamente às mercadorias adquiridas para revenda.

DEPÓSITOS BANCÁRIOS

Art. 42. Caracterizam-se também omissão de receita ou de rendimento os valores creditados em conta de depósito ou de investimento mantida junto a instituição financeira, em relação aos quais o titular, pessoa física ou jurídica, regularmente intimado, não comprove, mediante documentação hábil e idônea, a origem dos recursos utilizados nessas operações.

§ 1º. O valor das receitas ou dos rendimentos omitido será considerado auferido ou recebido no mês do crédito efetuado pela instituição financeira.

§ 2º. Os valores cuja origem houver sido comprovada, que não houverem sido computados na base de cálculo dos impostos e contribuições a que estiverem sujeitos, submeter-se-ão às normas de tributação específicas, previstas na legislação vigente à época em que auferidos ou recebidos.

§ 3º. Para efeito de determinação da receita omitida, os créditos serão analisados individualizadamente, observado que não serão considerados:

I – os decorrentes de transferências de outras contas da própria pessoa física ou jurídica;

II – no caso de pessoa física, sem prejuízo do disposto no inciso anterior, os de valor individual igual ou inferior a R$ 1.000,00 (mil reais), desde que o seu somatório, dentro do ano-calendário, não ultrapasse o valor de R$ 12.000,00 (doze mil reais).

§ 4º. Tratando-se de pessoa física, os rendimentos omitidos serão tributados no mês em que considerados recebidos, com base na tabela progressiva vigente à época em que tenha sido efetuado o crédito pela instituição financeira.

§ 5º. Quando provado que os valores creditados na conta de depósito ou de investimento pertencem a terceiro, evidenciando interposição de pessoa, a determinação dos rendimentos ou receitas será efetuada em relação ao terceiro, na condição de efetivo titular da conta de depósito ou de investimento. (Incluído pela Lei nº 10.637, de 2002)

§ 6º. Na hipótese de contas de depósito ou de investimento mantidas em conjunto, cuja declaração de rendimentos ou de informações dos titulares tenham sido apresentadas em separado, e não havendo comprovação da origem dos recursos nos termos deste artigo, o valor dos rendimentos ou receitas será imputado a cada titular mediante divisão entre o total dos rendimentos ou receitas pela quantidade de titulares. (Incluído pela Lei nº 10.637, de 2002)

SEÇÃO V. NORMAS SOBRE O LANÇAMENTO DE TRIBUTOS E CONTRIBUIÇÕES

AUTO DE INFRAÇÃO SEM TRIBUTO

Art. 43. Poderá ser formalizada exigência de crédito tributário correspondente exclusivamente a multa ou a juros de mora, isolada ou conjuntamente.

- Lei nº 10.865, de 30-04-2004, art. 19, que dispõe sobre a Contribuição para os Programas de Integração Social e de Formação do Patrimônio do Servidor Público e a Contribuição para o Financiamento da Seguridade Social incidentes sobre a importação de bens e serviços.

Parágrafo único. Sobre o crédito constituído na forma deste artigo, não pago no respectivo vencimento, incidirão juros de mora, calculados à taxa a que se refere o § 3º do art. 5º, a partir do primeiro dia do mês subsequente ao vencimento do prazo até o mês anterior ao do pagamento e de um por cento no mês de pagamento.

MULTAS DE LANÇAMENTO DE OFÍCIO

Art. 44. Nos casos de lançamento de ofício, serão aplicadas as seguintes multas: (Redação dada pela Lei nº 11.488, de 2007)

- Lei nº 10.865, de 30-04-2004, art. 19, que dispõe sobre a Contribuição para os Programas de Integração Social e de Formação do Patrimônio do Servidor Público e a Contribuição para o Financiamento da Seguridade Social incidentes sobre a importação de bens e serviços.

I – de 75% (setenta e cinco por cento) sobre a totalidade ou diferença de imposto ou contribuição nos casos de falta de pagamento ou recolhimento, de falta de declaração e nos de declaração inexata; (Redação dada pela Lei nº 11.488, de 2007)

- Lei nº 10.892, de 13-07-2004, art. 2º, que altera os arts. 8º e 16 da Lei nº 9.311, de 24 de outubro de 1996, que institui a Contribuição Provisória sobre Movimentação ou Transmissão de Valores e de Créditos e Direitos de Natureza Financeira – CPMF.

II – de 50% (cinquenta por cento), exigida isoladamente, sobre o valor do pagamento mensal: (Redação dada pela Lei nº 11.488, de 2007)

a) na forma do art. 8º da Lei nº 7.713, de 22 de dezembro de 1988, que deixar de ser efetuado, ainda que não tenha sido apurado imposto a pagar na declaração de ajuste, no caso de pessoa física; (Incluída pela Lei nº 11.488, de 2007)

b) na forma do art. 2º desta Lei, que deixar de ser efetuado, ainda que tenha sido apurado prejuízo fiscal ou base de cálculo negativa para a contribuição social sobre o lucro líquido, no ano-calendário correspondente, no caso de pessoa jurídica. (Incluída pela Lei nº 11.488, de 2007)

§ 1º. O percentual de multa de que trata o inciso I do *caput* deste artigo será duplicado nos casos previstos nos arts. 71, 72 e 73 da Lei nº 4.502, de 30 de novembro de 1964, independentemente de outras penalidades administrativas ou criminais cabíveis. (Redação dada pela Lei nº 11.488, de 2007)

I a IV – Revogados pela Lei nº 11.488, de 2007.
V – Revogado pela Lei nº 9.716, de 26 de novembro de 1998. (Redação dada pela Lei nº 11.488, de 2007)

§ 2º. Os percentuais de multa a que se referem o inciso I do *caput* e o § 1º deste artigo serão aumentados de metade, nos casos de não atendimento pelo sujeito passivo, no prazo marcado, de intimação para: (Redação dada pela Lei nº 11.488, de 2007)

I – prestar esclarecimentos; (Renumerado da alínea "a", pela Lei nº 11.488, de 2007)
II – apresentar os arquivos ou sistemas de que tratam os arts. 11 a 13 da Lei nº 8.218, de 29 de agosto de 1991; (Renumerado da alínea "b", com nova redação pela Lei nº 11.488, de 2007)
III – apresentar a documentação técnica de que trata o art. 38 desta Lei. (Renumerado da alínea "c", com nova redação pela Lei nº 11.488, de 2007)

§ 3º. Aplicam-se às multas de que trata este artigo as reduções previstas no art. 6º da Lei nº 8.218, de 29 de agosto de 1991, e no art. 60 da Lei nº 8.383, de 30 de dezembro de 1991.

§ 4º. As disposições deste artigo aplicam-se, inclusive, aos contribuintes que derem causa a ressarcimento indevido de tributo ou contribuição decorrente de qualquer incentivo ou benefício fiscal.

§ 5º. Aplica-se também, no caso de que seja comprovadamente constatado dolo ou má-fé do contribuinte, a multa de que trata o inciso I do *caput* sobre: (Incluído pela Lei nº 12.249, de 2010)

I – a parcela do imposto a restituir informado pelo contribuinte pessoa física, na Declaração de Ajuste Anual, que deixar de ser restituída por infração à legislação tributária; e (Incluído pela Lei nº 12.249, de 2010)
II – Vetado. (Incluído pela Lei nº 12.249, de 2010)

Arts. 45 a 46. Revogados pela Lei nº 11.488, de 2007.

SEÇÃO VI. APLICAÇÃO DE ACRÉSCIMOS DE PROCEDIMENTO ESPONTÂNEO

Art. 47. A pessoa física ou jurídica submetida a ação fiscal por parte da Secretaria da Receita Federal poderá pagar, até o vigésimo dia subsequente à data de recebimento do termo de início de fiscalização, os tributos e contribuições já declarados, de que for sujeito passivo como contribuinte ou responsável, com os acréscimos legais aplicáveis nos casos de procedimento espontâneo. (Redação dada pela Lei nº 9.532, de 1997)

CAPÍTULO V. DISPOSIÇÕES GERAIS

SEÇÃO I. PROCESSO ADMINISTRATIVO DE CONSULTA

Art. 48. No âmbito da Secretaria da Receita Federal, os processos administrativos de consulta serão solucionados em instância única.

§ 1º. A competência para solucionar a consulta ou declarar sua ineficácia, na forma disciplinada pela Secretaria da Receita Federal do Brasil, poderá ser atribuída: (Redação dada pela Lei nº 12.788, de 2013)

I – a unidade central; ou (Redação dada pela Lei nº 12.788, de 2013)
II – a unidade descentralizada. (Redação dada pela Lei nº 12.788, de 2013)

§ 2º. Os atos normativos expedidos pelas autoridades competentes serão observados quando da solução da consulta.

§ 3º. Não cabe recurso nem pedido de reconsideração da solução da consulta ou do despacho que declarar sua ineficácia.

§ 4º. As soluções das consultas serão publicadas pela imprensa oficial, na forma disposta em ato normativo emitido pela Secretaria da Receita Federal.

§ 5º. Havendo diferença de conclusões entre soluções de consultas relativas a uma mesma matéria, fundada em idêntica norma jurídica, cabe recurso especial, sem efeito suspensivo, para o órgão de que trata o inciso I do § 1º.

§ 6º. O recurso de que trata o parágrafo anterior pode ser interposto pelo destinatário da solução divergente, no prazo de trinta dias, contados da ciência da solução.

§ 7º. Cabe a quem interpuser o recurso comprovar a existência das soluções divergentes sobre idênticas situações.

§ 8º. O juízo de admissibilidade do recurso será realizado na forma disciplinada pela Secretaria da Receita Federal do Brasil. (Redação dada pela Lei nº 12.788, de 2013)

§ 9º. Qualquer servidor da administração tributária deverá, a qualquer tempo, formular representação ao órgão que houver proferido a decisão, encaminhando as soluções divergentes sobre a mesma matéria, de que tenha conhecimento.

§ 10. O sujeito passivo que tiver conhecimento de solução divergente daquela que esteja observando em decorrência de resposta a consulta anteriormente formulada, sobre idêntica matéria, poderá adotar o procedimento previsto no § 5º, no prazo de trinta dias contados da respectiva publicação.

§ 11. A solução da divergência acarretará, em qualquer hipótese, a edição de ato específico, uniformizando o entendimento, com imediata ciência ao destinatário da solução reformada, aplicando-se seus efeitos a partir da data da ciência.

§ 12. Se, após a resposta à consulta, a administração alterar o entendimento nela expresso, a nova orientação atingirá, apenas, os fatos geradores que ocorram após dado ciência ao consulente ou após a sua publicação pela imprensa oficial.

§ 13. A partir de 1º de janeiro de 1997, cessarão todos os efeitos decorrentes de consultas não solucionadas definitivamente, ficando assegurado aos consulentes, até 31 de janeiro de 1997:

I – a não instauração de procedimento de fiscalização em relação à matéria consultada;
II – a renovação da consulta anteriormente formulada, à qual serão aplicadas as normas previstas nesta Lei.

§ 14. A consulta poderá ser formulada por meio eletrônico, na forma disciplinada pela Secretaria da Receita Federal do Brasil. (Incluído pela Lei nº 12.788, de 2013)

§ 15. O Poder Executivo regulamentará prazo para solução das consultas de que trata este artigo. (Incluído pela Lei nº 12.788, de 2013)

Art. 49. Não se aplicam aos processos de consulta no âmbito da Secretaria da Receita Federal as disposições dos arts. 54 a 58 do Decreto nº 70.235, de 6 de março de 1972.

Art. 50. Aplicam-se aos processos de consulta relativos à classificação de mercadorias as disposições dos arts. 46 a 53 do Decreto nº 70.235, de 6 de março de 1972 e do art. 48 desta Lei.

§ 1º. O órgão de que trata o inciso I do § 1º do art. 48 poderá alterar ou reformar, de ofício, as decisões proferidas nos processos relativos à classificação de mercadorias.

§ 2º. Da alteração ou reforma mencionada no parágrafo anterior, deverá ser dada ciência ao consulente.

§ 3º. Em relação aos atos praticados até a data da ciência ao consulente, nos casos de que trata o § 1º deste artigo, aplicam-se as conclusões da decisão proferida pelo órgão regional da Secretaria da Receita Federal.

§ 4º. O envio de conclusões decorrentes de decisões proferidas em processos de consulta sobre classificação de mercadorias, para órgãos do Mercado Comum do Sul – MERCOSUL, será efetuado exclusivamente pelo órgão de que trata o inciso I do § 1º do art. 48.

SEÇÃO II. NORMAS SOBRE O LUCRO PRESUMIDO E ARBITRADO

Art. 51. Os juros de que trata o art. 9º da Lei nº 9.249, de 26 de dezembro de 1995, bem como os rendimentos e ganhos líquidos decorrentes de quaisquer operações financeiras, serão adicionados ao lucro presumido ou arbitrado, para efeito de determinação do imposto de renda devido.

Parágrafo único. O imposto de renda incidente na fonte sobre os rendimentos de que trata este artigo será considerado como antecipação do devido na declaração de rendimentos.

Art. 52. Na apuração de ganho de capital de pessoa jurídica tributada pelo lucro presumido ou arbitrado, os valores acrescidos em virtude de reavaliação somente poderão ser computados como parte integrante dos custos de aquisição dos bens e direitos se a empresa comprovar que os valores acrescidos foram computados na determinação da base de cálculo do imposto de renda.

Art. 53. Os valores recuperados, correspondentes a custos e despesas, inclusive com perdas no recebimento de créditos, deverão ser adicionados ao lucro presumido ou arbitrado para determinação do imposto de renda, salvo se o contribuinte comprovar não os ter deduzido em período anterior no qual tenha se submetido ao regime de tributação com base no lucro real ou que se refiram a período no qual tenha se submetido ao regime de tributação com base no lucro presumido ou arbitrado.

Art. 54. A pessoa jurídica que, até o ano-calendário anterior, houver sido tributada com base no lucro real deverá adicionar à base de cálculo do imposto de renda, correspondente ao primeiro período de apuração no qual houver optado pela tributação com base no lucro presumido ou for tributada com base no lucro arbitrado, os saldos dos valores cuja tributação havia diferido, independentemente da necessidade de controle no livro de que trata o inciso I do *caput* do art. 8º do Decreto-Lei nº 1.598, de 26 de dezembro de 1977. (Redação dada pela Lei nº 12.973, de 2014)

SEÇÃO III. NORMAS APLICÁVEIS A ATIVIDADES ESPECIAIS

SOCIEDADES CIVIS

Art. 55. As sociedades civis de prestação de serviços profissionais relativos ao exercício de profissão legalmente regulamentada de que trata o art. 1º do Decreto-lei nº 2.397, de 21 de dezembro de 1987, passam, em relação aos resultados auferidos a partir de 1º de janeiro de 1997, a ser tributadas pelo imposto de renda de conformidade com as normas aplicáveis às demais pessoas jurídicas.

- Esta Lei: art. 28.

Art. 56. As sociedades civis de prestação de serviços de profissão legalmente regulamentada passam a contribuir para a seguridade social com base na receita bruta da prestação de serviços, observadas as normas da Lei Complementar nº 70, de 30 de dezembro de 1991.

Parágrafo único. Para efeito da incidência da contribuição de que trata este artigo, serão consideradas as receitas auferidas a partir do mês de abril de 1997.

Art. 56-A. A entidade privada de abrangência nacional e sem fins lucrativos, constituída pelo conjunto das cooperativas de crédito e dos bancos cooperativos, na forma da legislação e regulamentação próprias, destinada a administrar mecanismo de proteção a titulares de créditos contra essas instituições e a contribuir para a manutenção da estabilidade e a prevenção de insolvência e de outros riscos dessas instituições, é isenta do imposto de renda, inclusive do incidente sobre ganhos líquidos mensais e do retido na fonte sobre os rendimentos de aplicação financeira de renda fixa e de renda variável, bem como da contribuição social sobre o lucro líquido. (Incluído pela Lei nº 12.873, de 2013)

§ 1º. Para efeito de gozo da isenção, a referida entidade deverá ter seu estatuto e seu regulamento aprovados pelo Conselho Monetário Nacional. (Incluído pela Lei nº 12.873, de 2013)

§ 2º. Ficam autorizadas as transferências, para a entidade mencionada no *caput*, de recursos oriundos de recolhimentos realizados pelas cooperativas de crédito e bancos cooperativos, de forma direta ou indireta, ao Fundo Garantidor de Crédito de que trata o art. 4º da Lei nº 9.710, de 19 de novembro de 1998. (Incluído pela Lei nº 12.873, de 2013)

§ 3º. As transferências dos recursos de que trata o § 2º não serão tributadas, nos termos deste artigo. (Incluído pela Lei nº 12.873, de 2013)

§ 4º. Em caso de dissolução, por qualquer motivo, da entidade de que trata o *caput*, os recursos eventualmente devolvidos às associadas estarão sujeitos à tributação na instituição recebedora, na forma da legislação vigente. (Incluído pela Lei nº 12.873, de 2013)

§ 5º. O disposto neste artigo entra em vigor no dia seguinte ao da aprovação pelo Conselho Monetário Nacional do estatuto e do regulamento da entidade de que trata o *caput*. (Incluído pela Lei nº 12.873, de 2013)

ASSOCIAÇÕES DE POUPANÇA E EMPRÉSTIMO

Art. 57. As Associações de Poupança e Empréstimo pagarão o imposto de renda correspondente aos rendimentos e ganhos líquidos, auferidos em aplicações financeiras, à alíquota de quinze por cento, calculado sobre vinte e oito por cento do valor dos referidos rendimentos e ganhos líquidos.

Parágrafo único. O imposto incidente na forma deste artigo será considerado tributação definitiva.

EMPRESAS DE FACTORING

Art. 58. Fica incluído no art. 36 da Lei nº 8.981, de 20 de janeiro de 1995, com as alterações da Lei nº 9.065, de 20 de junho de 1995, o seguinte inciso XV:

- Alterações incorporadas ao texto da referida Lei.

ATIVIDADE FLORESTAL

Art. 59. Considera-se, também, como atividade rural o cultivo de florestas que se destinem ao corte para comercialização, consumo ou industrialização.

LIQUIDAÇÃO EXTRAJUDICIAL E FALÊNCIA

Art. 60. As entidades submetidas aos regimes de liquidação extrajudicial e de falência sujeitam-se às normas de incidência dos impostos e contribuições de competência da União aplicáveis às pessoas jurídicas, em relação às operações praticadas durante o período em que perdurarem os procedimentos para a realização de seu ativo e o pagamento do passivo.

- Lei nº 11.101, de 09-02-2005, dispõe sobre recuperação e falência de empresas.

SEÇÃO IV. ACRÉSCIMOS MORATÓRIOS

MULTAS E JUROS

Art. 61. Os débitos para com a União, decorrentes de tributos e contribuições administrados pela Secretaria da Receita Federal, cujos fatos geradores ocorrerem a partir de 1º de janeiro de 1997, não pagos nos prazos previstos na legislação específica, serão acrescidos de multa de mora, calculada à taxa de trinta e três centésimos por cento, por dia de atraso.

- Lei nº 9.532, de 10-12-1997, art. 49, § 5º, b, que altera a legislação tributária federal.

§ 1º. A multa de que trata este artigo será calculada a partir do primeiro dia subsequente ao do vencimento do prazo previsto para o pagamento do tributo ou da contribuição até o dia em que ocorrer o seu pagamento.

§ 2º. O percentual de multa a ser aplicado fica limitado a vinte por cento.

§ 3º. Sobre os débitos a que se refere este artigo incidirão juros de mora calculados à taxa a que se refere o § 3º do art. 5º, a partir do primeiro dia do mês subsequente ao vencimento do prazo até o mês anterior ao do pagamento e de um por cento no mês de pagamento.

PAGAMENTO EM QUOTAS-JUROS

Art. 62. Os juros a que se referem o inciso III do art. 14 e o art. 16, ambos da Lei nº 9.250, de 26 de dezembro de 1995, serão calculados à taxa a que se refere o § 3º do art. 5º, a partir do primeiro dia do mês subsequente ao previsto para a entrega tempestiva da declaração de rendimentos.

Parágrafo único. As quotas do imposto sobre a propriedade territorial rural a que se refere a alínea "c" do parágrafo único do art. 14 da Lei nº 8.847, de 28 de janeiro de 1994, serão acrescidas de juros calculados à taxa a que se refere o § 3º do art. 5º, a partir do primeiro dia do mês subsequente àquele em que o contribuinte for notificado até o último dia do mês anterior ao do pagamento e de um por cento no mês do pagamento.

DÉBITOS COM EXIGIBILIDADE SUSPENSA

Art. 63. Na constituição de crédito tributário destinada a prevenir a decadência, relativo a tributo de competência da União, cuja exigibilidade houver sido suspensa na forma dos incisos IV e V do art. 151 da Lei nº 5.172, de 25 de outubro de 1966, não caberá lançamento de multa de ofício. (Redação dada pela Medida Provisória nº 2.158-35, de 2001)

§ 1º. O disposto neste artigo aplica-se, exclusivamente, aos casos em que a suspensão da exigibilidade do débito tenha ocorrido antes do início de qualquer procedimento de ofício a ele relativo.

§ 2º. A interposição da ação judicial favorecida com a medida liminar interrompe a incidência da multa de mora, desde a concessão da medida judicial, até 30 dias após a data da publicação da decisão judicial que considerar devido o tributo ou contribuição.

SEÇÃO V. ARRECADAÇÃO DE TRIBUTOS E CONTRIBUIÇÕES

RETENÇÃO DE TRIBUTOS E CONTRIBUIÇÕES

Art. 64. Os pagamentos efetuados por órgãos, autarquias e fundações da administração pública federal a pessoas jurídicas, pelo fornecimento de bens ou prestação de serviços, estão sujeitos à incidência, na fonte, do imposto sobre a renda, da contribuição social sobre o lucro líquido, da contribuição para seguridade social – COFINS e da contribuição para o PIS/PASEP.

§ 1º. A obrigação pela retenção é do órgão ou entidade que efetuar o pagamento.

§ 2º. O valor retido, correspondente a cada tributo ou contribuição, será levado a crédito da respectiva conta de receita da União.

§ 3º. O valor do imposto e das contribuições sociais retido será considerado como antecipação do que for devido pelo contribuinte em relação ao mesmo imposto e às mesmas contribuições.

§ 4º. O valor retido correspondente ao imposto de renda e a cada contribuição social somente poderá ser compensado com o que for devido em relação à mesma espécie de imposto ou contribuição.

§ 5º. O imposto de renda a ser retido será determinado mediante a aplicação da alíquota de quinze por cento sobre o resultado da multiplicação do valor a ser pago pelo percentual de que trata o art. 15 da Lei nº 9.249, de 26 de dezembro de 1995, aplicável à espécie de receita correspondente ao tipo de bem fornecido ou de serviço prestado.

§ 6º. O valor da contribuição social sobre o lucro líquido, a ser retido, será determinado mediante a aplicação da alíquota de um por cento, sobre o montante a ser pago.

§ 7º. O valor da contribuição para a seguridade social – COFINS, a ser retido, será determinado mediante a aplicação da alíquota respectiva sobre o montante a ser pago.

§ 8º. O valor da contribuição para o PIS/PASEP, a ser retido, será determinado mediante a aplicação da alíquota respectiva sobre o montante a ser pago.

§ 9º. Até 31 de dezembro de 2017, fica dispensada a retenção dos tributos na fonte de que trata o *caput* sobre os pagamentos efetuados por órgãos ou entidades da administração pública federal, mediante a utilização do Cartão de Pagamento do Governo Federal – CPGF, no caso de compra de passagens aéreas diretamente das companhias aéreas prestadoras de serviços de transporte aéreo. (Incluído pela Lei nº 13.043, de 2014)

- **Texto novo:** § 9º. Até 31 de dezembro de 2022, fica dispensada a retenção dos tributos na fonte de que trata o *caput* sobre os pagamentos efetuados por órgãos ou entidades da administração pública federal, mediante a utilização do Cartão de Pagamento do Governo Federal – CPGF, no caso de compra de passagens aéreas diretamente das companhias aéreas prestadoras de serviços de transporte aéreo. (Redação dada pela Medida Provisória nº 822, de 2018)

Art. 65. O Banco do Brasil S.A. deverá reter, no ato do pagamento ou crédito, a contribuição para o PIS/PASEP incidente nas transferências voluntárias da União para suas autarquias e fundações e para os Estados, Distrito Federal e Municípios, suas autarquias e fundações.

Art. 66. As cooperativas que se dedicam a vendas em comum, referidas no art. 82 da Lei nº 5.764, de 16 de dezembro de 1971, que recebam para comercialização a produção de suas associadas, são responsáveis pelo recolhimento da Contribuição para Financiamento da Seguridade Social – COFINS, instituída pela Lei Complementar nº 70, de 30 de dezembro de 1991 e da Contribuição para o Programa de Integração Social – PIS, criada pela Lei Complementar nº 7, de 7 de setembro de 1970, com suas posteriores modificações.

§ 1º. O valor das contribuições recolhidas pelas cooperativas mencionadas no *caput* deste artigo, deverá ser por elas informado, individualizadamente, às suas filiadas, juntamente com o montante do faturamento relativo às vendas dos produtos de cada uma delas, com vistas a atender aos procedimentos contábeis exigidos pela legislação.

§ 2º. O disposto neste artigo aplica-se a procedimento idêntico que, eventualmente, tenha sido anteriormente adotado pelas cooperativas centralizadoras de vendas, inclusive quanto ao recolhimento da Contribuição para o Fundo de Investimento Social – FINSOCIAL, criada pelo Decreto-lei nº 1.940, de 25 de maio de 1982, com suas posteriores modificações.

§ 3º. A Secretaria da Receita Federal poderá baixar as normas necessárias ao cumprimento e controle das disposições contidas neste artigo.

DISPENSA DE RETENÇÃO DE IMPOSTO DE RENDA

Art. 67. Fica dispensada a retenção de imposto de renda, de valor igual ou inferior a R$ 10,00 (dez reais), incidente na fonte sobre rendimentos que devam integrar a base de cálculo do imposto devido na declaração de ajuste anual.

UTILIZAÇÃO DE DARF

Art. 68. É vedada a utilização de Documento de Arrecadação de Receitas Federais para o pagamento de tributos e contribuições de valor inferior a R$ 10,00 (dez reais).

§ 1º. O imposto ou contribuição administrado pela Secretaria da Receita Federal, arrecadado sob um determinado código de receita, que, no período de apuração, resultar inferior a R$ 10,00 (dez reais), deverá ser adicionado ao imposto ou contribuição de mesmo código, correspondente aos períodos subsequentes, até que o total seja igual ou superior a R$ 10,00 (dez reais), quando, então, será pago ou recolhido no prazo estabelecido na legislação para este último período de apuração.

§ 2º. O critério a que se refere o parágrafo anterior aplica-se, também, ao imposto sobre operações de crédito, câmbio e seguro e sobre operações relativas a títulos e valores mobiliários – IOF.

Art. 68-A. O Poder Executivo poderá elevar para até R$ 100,00 (cem reais) os limites e valores de que tratam os arts. 67 e 68 desta Lei, inclusive de forma diferenciada por tributo, regime de tributação ou de incidência, relativos à utilização do Documento de Arrecadação de Receitas Federais, podendo reduzir ou restabelecer os limites e valores que vier a fixar. (Incluído pela Lei nº 11.941, de 2009)

IMPOSTO RETIDO NA FONTE – RESPONSABILIDADE

Art. 69. É responsável pela retenção e recolhimento do imposto de renda na fonte, incidente sobre os rendimentos auferidos pelos fundos, sociedades de investimentos e carteiras de que trata o art. 81 da Lei nº 8.981, de 20 de janeiro de 1995, a pessoa jurídica que efetuar o pagamento dos rendimentos.

SEÇÃO VI. CASOS ESPECIAIS DE TRIBUTAÇÃO

MULTAS POR RESCISÃO DE CONTRATO

Art. 70. A multa ou qualquer outra vantagem paga ou creditada por pessoa jurídica, ainda que a título de indenização, a beneficiária pessoa física ou jurídica, inclusive isenta, em virtude de rescisão de contrato, sujeitam-se à incidência do imposto de renda na fonte à alíquota de quinze por cento.

- Lei nº 11.196, de 21-11-2005, art. 132, IV, b, que instituí o Regime Especial de Tributação para a Plataforma de Exportação de Serviços de Tecnologia da Informação – REPES, o Regime Especial de Aquisição de Bens de Capital para Empresas Exportadoras – RECAP e o Programa de Inclusão Digital; dispõe sobre incentivos fiscais para a inovação tecnológica.

§ 1º. A responsabilidade pela retenção e recolhimento do imposto de renda é da pessoa jurídica que efetuar o pagamento ou crédito da multa ou vantagem.

§ 2º. O imposto será retido na data do pagamento ou crédito da multa ou vantagem. (Redação dada pela Lei nº 11.196, de 2005)

§ 3º. O valor da multa ou vantagem será:

I – computado na apuração da base de cálculo do imposto devido na declaração de ajuste anual da pessoa física;

II – computado como receita, na determinação do lucro real;

III – acrescido ao lucro presumido ou arbitrado, para determinação da base de cálculo do imposto devido pela pessoa jurídica.

§ 4º. O imposto retido na fonte, na forma deste artigo, será considerado como antecipação do devido em cada período de apuração, nas hipóteses referidas no parágrafo anterior, ou como tributação definitiva, no caso de pessoa jurídica isenta.

§ 5º. O disposto neste artigo não se aplica às indenizações pagas ou creditadas em conformidade com a legislação trabalhista e àquelas destinadas a reparar danos patrimoniais.

GANHOS EM MERCADO DE BALCÃO

Art. 71. Sem prejuízo do disposto no art. 74 da Lei nº 8.981, de 20 de janeiro de 1995, os ganhos auferidos por qualquer beneficiário, inclusive pessoa jurídica isenta, nas demais operações realizadas em mercados de liquidação futura, fora de bolsa, serão tributados de acordo com as normas aplicáveis aos ganhos líquidos auferidos em operações de natureza semelhante realizadas em bolsa.

- Esta Lei: art. 28.

§ 1º. Não se aplica aos ganhos auferidos nas operações de que trata este artigo o disposto no § 1º do art. 81 da Lei nº 8.981, de 20 de janeiro de 1995.

§ 2º. Somente será admitido o reconhecimento de perdas nas operações registradas nos termos da legislação vigente. (Redação dada pela Lei nº 10.833, de 2003)

REMUNERAÇÃO DE DIREITOS

Art. 72. Estão sujeitas à incidência do imposto na fonte, à alíquota de quinze por cento, as importâncias pagas, creditadas, entregues, empregadas ou remetidas para o exterior pela aquisição ou pela remuneração, a qualquer título, de qualquer forma de direito, inclusive à transmissão, por meio de rádio ou televisão ou por qualquer outro meio, de quaisquer filmes ou eventos, mesmo os de competições desportivas das quais faça parte representação brasileira.

SEÇÃO VII. RESTITUIÇÃO E COMPENSAÇÃO DE TRIBUTOS E CONTRIBUIÇÕES

Art. 73. A restituição e o ressarcimento de tributos administrados pela Secretaria da Receita Federal do Brasil ou a restituição de pagamentos efetuados mediante DARF e GPS cuja receita não seja administrada pela Secretaria da Receita Federal do Brasil será efetuada depois de verificada a ausência de débitos em nome do sujeito passivo credor perante a Fazenda Nacional. (Redação dada pela Lei nº 12.844, de 2013)

I a II – Revogados pela Lei nº 12.844, de 2013.

Parágrafo único. Existindo débitos, não parcelados ou parcelados sem garantia, inclusive inscritos em Dívida Ativa da União, os créditos serão utilizados para quitação desses débitos, observado o seguinte: (Incluído pela Lei nº 12.844, de 2013)

I – o valor bruto da restituição ou do ressarcimento será debitado à conta do tributo a que se referir; (Incluído pela Lei nº 12.844, de 2013)

II – a parcela utilizada para a quitação de débitos do contribuinte ou responsável será creditada à conta do respectivo tributo. (Incluído pela Lei nº 12.844, de 2013)

Art. 74. O sujeito passivo que apurar crédito, inclusive os judiciais com trânsito em julgado, relativo a tributo ou contribuição administrado pela Secretaria da Receita Federal, passível de restituição ou de ressarcimento, poderá utilizá-lo na compensação de débitos próprios relativos a quaisquer tributos e contribuições administrados por aquele Órgão. (Redação dada pela Lei nº 10.637, de 2002)

- Súmula nº 464 do STJ.

§ 1º. A compensação de que trata o *caput* será efetuada mediante a entrega, pelo sujeito passivo, de declaração na qual constarão informações relativas aos créditos utilizados e aos respectivos débitos compensados. (Incluído pela Lei nº 10.637, de 2002)

§ 2º. A compensação declarada à Secretaria da Receita Federal extingue o crédito tributário, sob condição resolutória de sua ulterior homologação. (Incluído pela Lei nº 10.637, de 2002)

§ 3º. Além das hipóteses previstas nas leis específicas de cada tributo ou contribuição, não poderão ser objeto de compensação mediante entrega, pelo sujeito passivo, da declaração referida no § 1º: (Redação dada pela Lei nº 10.833, de 2003)

I – o saldo a restituir apurado na Declaração de Ajuste Anual do Imposto de Renda da Pessoa Física; (Incluído pela Lei nº 10.637, de 2002)

II – os débitos relativos a tributos e contribuições devidos no registro da Declaração de Importação. (Incluído pela Lei nº 10.637, de 2002)

III – os débitos relativos a tributos e contribuições administrados pela Secretaria da Receita Federal que já tenham sido encaminhados à Procuradoria-Geral da Fazenda Nacional para inscrição em Dívida Ativa da União; (Incluído pela Lei nº 10.833, de 2003)

IV – o débito consolidado em qualquer modalidade de parcelamento concedido pela Secretaria da Receita Federal – SRF; (Redação dada pela Lei nº 11.051, de 2004)

V – o débito que já tenha sido objeto de compensação não homologada, ainda que a compensação se encontre pendente de decisão definitiva na esfera administrativa; (Redação dada pela Lei nº 13.670, de 2018)

VI – o valor objeto de pedido de restituição ou de ressarcimento já indeferido pela autoridade competente da Secretaria da Receita Federal do Brasil, ainda que o pedido se encontre pendente de decisão definitiva na esfera administrativa; (Redação dada pela Lei nº 13.670, de 2018)

VII – o crédito objeto de pedido de restituição ou ressarcimento e o crédito informado em declaração de compensação cuja confirmação de liquidez e certeza esteja sob procedimento fiscal; (Acrescido pela Lei nº 13.670, de 2018)

VIII – os valores de quotas de salário-família e salário-maternidade; e (Acrescido pela Lei nº 13.670, de 2018)

IX – os débitos relativos ao recolhimento mensal por estimativa do Imposto sobre a Renda das Pessoas Jurídicas (IRPJ) e da Contribuição Social sobre o Lucro Líquido (CSLL) apurados na forma do art. 2º desta Lei. (Acrescido pela Lei nº 13.670, de 2018)

§ 4º. Os pedidos de compensação pendentes de apreciação pela autoridade administrativa serão considerados declaração de compensação, desde o seu protocolo, para os efeitos previstos neste artigo. (Incluído pela Lei nº 10.637, de 2002)

§ 5º. O prazo para homologação da compensação declarada pelo sujeito passivo será de 5 (cinco) anos, contado da data da entrega da declaração de compensação. (Redação dada pela Lei nº 10.833, de 2003)

§ 6º. A declaração de compensação constitui confissão de dívida e instrumento hábil e suficiente para a exigência dos débitos indevidamente compensados. (Incluído pela Lei nº 10.833, de 2003)

§ 7º. Não homologada a compensação, a autoridade administrativa deverá cientificar o sujeito passivo e intimá-lo a efetuar, no prazo de 30 (trinta) dias, contado da ciência do ato que não a homologou, o pagamento dos débitos indevidamente compensados. (Incluído pela Lei nº 10.833, de 2003)

§ 8º. Não efetuado o pagamento no prazo previsto no § 7º, o débito será encaminhado à Procuradoria-Geral da Fazenda Nacional para inscrição em Dívida Ativa da União, ressalvado o disposto no § 9º. (Incluído pela Lei nº 10.833, de 2003)

§ 9º. É facultado ao sujeito passivo, no prazo referido no § 7º, apresentar manifestação de inconformidade contra a não-homologação da compensação. (Incluído pela Lei nº 10.833, de 2003)

§ 10. Da decisão que julgar improcedente a manifestação de inconformidade caberá recurso ao Conselho de Contribuintes. (Incluído pela Lei nº 10.833, de 2003)

§ 11. A manifestação de inconformidade e o recurso de que tratam os §§ 9º e 10 obedecerão ao rito processual do Decreto nº 70.235, de 6 de março de 1972, e enquadram-se no disposto no inciso III do art. 151 da Lei nº 5.172, de 25 de outubro de 1966 – Código Tributário Nacional, relativamente ao débito objeto da compensação. (Incluído pela Lei nº 10.833, de 2003)

§ 12. Será considerada não declarada a compensação nas hipóteses: (Redação dada pela Lei nº 11.051, de 2004)

I – previstas no § 3º deste artigo; (Incluído pela Lei nº 11.051, de 2004)

II – em que o crédito: (Incluído pela Lei nº 11.051, de 2004)

a) seja de terceiros; (Incluída pela Lei nº 11.051, de 2004)

b) refira-se a "crédito-prêmio" instituído pelo art. 1º do Decreto-Lei nº 491, de 5 de março de 1969; (Incluída pela Lei nº 11.051, de 2004)

c) refira-se a título público; (Incluída pela Lei nº 11.051, de 2004)

d) seja decorrente de decisão judicial não transitada em julgado; ou (Incluída pela Lei nº 11.051, de 2004)

e) não se refira a tributos e contribuições administrados pela Secretaria da Receita Federal – SRF. (Incluída pela Lei nº 11.051, de 2004)

f) tiver como fundamento a alegação de inconstitucionalidade de lei, exceto nos casos em que a lei: (Redação dada pela Lei nº 11.941, de 2009)

1 – tenha sido declarada inconstitucional pelo Supremo Tribunal Federal em ação direta de inconstitucionalidade ou em ação declaratória de constitucionalidade; (Incluído pela Lei nº 11.941, de 2009)

2 – tenha tido sua execução suspensa pelo Senado Federal; (Incluído pela Lei nº 11.941, de 2009)

3 – tenha sido julgada inconstitucional em sentença judicial transitada em julgado a favor do contribuinte; ou (Incluído pela Lei nº 11.941, de 2009)

4 – seja objeto de súmula vinculante aprovada pelo Supremo Tribunal Federal nos termos do art. 103-A da Constituição Federal. (Incluído pela Lei nº 11.941, de 2009)

§ 13. O disposto nos §§ 2º e 5º a 11 deste artigo não se aplica às hipóteses previstas no § 12 deste artigo. (Incluído pela Lei nº 11.051, de 2004)

§ 14. A Secretaria da Receita Federal – SRF disciplinará o disposto neste artigo, inclusive quanto à fixação de critérios de prioridade para apreciação de processos de restituição, de ressarcimento e de compensação. (Incluído pela Lei nº 11.051, de 2004)

§ 15. (Revogado pela Lei nº 13.137, de 2015)

§ 16. (Revogado pela Lei nº 13.137, de 2015)

§ 17. Será aplicada multa isolada de 50% (cinquenta por cento) sobre o valor do débito objeto de declaração de compensação não homologada, salvo no caso de falsidade da declaração apresentada pelo sujeito passivo. (Redação dada pela Lei nº 13.097, de 2015)

§ 18. No caso de apresentação de manifestação de inconformidade contra a não homologação da compensação, fica suspensa a exigibilidade da multa de ofício de que trata o § 17, ainda que não impugnada essa exigência, enquadrando-se no disposto no inciso III do art. 151 da Lei nº 5.172, de 25 de outubro de 1966 – Código Tributário Nacional. (Incluído pela Lei nº 12.844, de 2013)

SEÇÃO VIII. UFIR

Art. 75. A partir de 1º de janeiro de 1997, a atualização do valor da Unidade Fiscal de Referência – UFIR, de que trata o art. 1º da Lei nº 8.383, de 30 de dezembro de 1991, com as alterações posteriores, será efetuada por períodos anuais, em 1º de janeiro.

- Lei nº 10.522, de 19-07-2002, art. 29, § 3º, que dispõe sobre o Cadastro Informativo dos créditos não quitados de órgãos e entidades federais.

Parágrafo único. No âmbito da legislação tributária federal, a UFIR será utilizada exclusivamente para a atualização dos créditos tributários da União, objeto de parcelamento concedido até 31 de dezembro de 1994.

SEÇÃO IX. COMPETÊNCIAS DOS CONSELHOS DE CONTRIBUINTES

Art. 76. Fica o Poder Executivo autorizado a alterar as competências relativas às matérias objeto de julgamento pelos Conselhos de Contribuintes do Ministério da Fazenda.

SEÇÃO X. DISPOSITIVO DECLARADO INCONSTITUCIONAL

Art. 77. Fica o Poder Executivo autorizado a disciplinar as hipóteses em que a administração tributária federal, relativamente aos créditos tributários baseados em dispositivo declarado inconstitucional por decisão definitiva do Supremo Tribunal Federal, possa: (Regulamento)

I – abster-se de constituí-los;

II – retificar o seu valor ou declará-los extintos, de ofício, quando houverem sido constituídos anteriormente, ainda que inscritos em dívida ativa;

III – formular desistência de ações de execução fiscal já ajuizadas, bem como deixar de interpor recursos de decisões judiciais.

SEÇÃO XI. JUROS SOBRE O CAPITAL PRÓPRIO

Art. 78. O § 1º do art. 9º da Lei nº 9.249, de 26 de dezembro de 1995, passa a vigorar com a seguinte redação:

- Alteração incorporada ao texto da referida Lei.

SEÇÃO XII. ADMISSÃO TEMPORÁRIA

Art. 79. Os bens admitidos temporariamente no País, para utilização econômica, ficam sujeitos ao pagamento dos impostos incidentes na importação proporcionalmente ao tempo de sua permanência em território nacional, nos termos e condições estabelecidos em regulamento.

Parágrafo único. O Poder Executivo poderá excepcionar, em caráter temporário, a aplicação do disposto neste artigo em relação a determinados bens. (Incluído pela Medida Provisória nº 2.189-49, de 2001)

CAPÍTULO VI. DISPOSIÇÕES FINAIS

EMPRESA INIDÔNEA

Art. 80. As pessoas jurídicas que, estando obrigadas, deixarem de apresentar declarações e demonstrativos por 5 (cinco) ou mais exercícios poderão ter sua inscrição no Cadastro Nacional da Pessoa Jurídica – CNPJ baixada, nos termos e condições definidos pela Secretaria da Receita Federal do Brasil, se, intimadas por edital, não regularizarem sua situação no prazo de 60 (sessenta) dias, contado da data da publicação da intimação. (Redação dada pela Lei nº 11.941, de 2009)

§ 1º. Poderão ainda ter a inscrição no CNPJ baixada, nos termos e condições definidos pela Secretaria da Receita Federal do Brasil, as pessoas jurídicas: (Redação dada pela Lei nº 11.941, de 2009)

I – que não existam de fato; ou (Incluído pela Lei nº 11.941, de 2009)

II – que, declaradas inaptas, nos termos do art. 81 desta Lei, não tenham regularizado sua situação nos 5 (cinco) exercícios subsequentes. (Incluído pela Lei nº 11.941, de 2009)

§ 2º. No edital de intimação, que será publicado no Diário Oficial da União, as pessoas jurídicas serão identificadas pelos respectivos números de inscrição no CNPJ. (Redação dada pela Lei nº 11.941, de 2009)

§ 3º. Decorridos 90 (noventa) dias da publicação do edital de intimação, a Secretaria da Receita Federal do Brasil publicará no Diário Oficial da União a relação de CNPJ das pessoas jurídicas que houverem regularizado sua situação, tornando-se automaticamente baixadas, nessa data, as inscrições das pessoas jurídicas que não tenham providenciado a regularização. (Redação dada pela Lei nº 11.941, de 2009)

§ 4º. A Secretaria da Receita Federal do Brasil manterá, para consulta, em seu sítio na internet, informação sobre a situação cadastral das pessoas jurídicas inscritas no CNPJ. (Incluído pela Lei nº 11.941, de 2009)

Art. 80-A. Poderão ter sua inscrição no CNPJ baixada, nos termos e condições definidos pela Secretaria da Receita Federal do Brasil, as pessoas jurídicas que estejam extintas, canceladas ou baixadas nos respectivos órgãos de registro. (Incluído pela Lei nº 11.941, de 2009)

Art. 80-B. O ato de baixa da inscrição no CNPJ não impede que, posteriormente, sejam lançados ou cobrados os débitos de natureza tributária da pessoa jurídica. (Incluído pela Lei nº 11.941, de 2009)

Art. 80-C. Mediante solicitação da pessoa jurídica, poderá ser restabelecida a inscrição no CNPJ, observados os termos e condições definidos pela Secretaria da Receita Federal do Brasil. (Incluído pela Lei nº 11.941, de 2009)

Art. 81. Poderá ser declarada inapta, nos termos e condições definidos pela Secretaria da Receita Federal do Brasil, a inscrição no CNPJ da pessoa jurídica que, estando obrigada, deixar de apresentar declarações e demonstrativos em 2 (dois) exercícios consecutivos. (Redação dada pela Lei nº 11.941, de 2009)

§ 1º. Será também declarada inapta a inscrição da pessoa jurídica que não comprove a origem, a disponibilidade e a efetiva transferência, se for o caso, dos recursos empregados em operações de comércio exterior. (Incluído pela Lei nº 10.637, de 2002)

§ 2º. Para fins do disposto no § 1º, a comprovação da origem de recursos provenientes do exterior dar-se-á mediante, cumulativamente: (Incluído pela Lei nº 10.637, de 2002)

I – prova do regular fechamento da operação de câmbio, inclusive com a identificação da instituição financeira no exterior encarregada da remessa dos recursos para o País; (Incluído pela Lei nº 10.637, de 2002)

II – identificação do remetente dos recursos, assim entendido como a pessoa física ou jurídica titular dos recursos remetidos. (Incluído pela Lei nº 10.637, de 2002)

§ 3º. No caso de o remetente referido no inciso II do § 2º ser pessoa jurídica deverão ser também identificados os integrantes de seus quadros societário e gerencial. (Incluído pela Lei nº 10.637, de 2002)

§ 4º. O disposto nos §§ 2º e 3º aplica-se, também, na hipótese de que trata o § 2º do art. 23 do Decreto-Lei nº 1.455, de 7 de abril de 1976. (Incluído pela Lei nº 10.637, de 2002)

§ 5º. Poderá também ser declarada inapta a inscrição no CNPJ da pessoa jurídica que não for localizada no endereço informado ao CNPJ, nos termos e condições definidos pela Secretaria da Receita Federal do Brasil. (Incluído pela Lei nº 11.941, de 2009)

Art. 82. Além das demais hipóteses de inidoneidade de documentos previstos na legislação, não produzirá efeitos tributários em favor de terceiros interessados, o documento emitido por pessoa jurídica cuja inscrição no Cadastro Geral de Contribuintes tenha sido considerada ou declarada inapta.

Parágrafo único. O disposto neste artigo não se aplica aos casos em que o adquirente de bens, direitos e mercadorias ou o tomador de serviços comprovarem a efetivação do pagamento do preço respectivo e o recebimento dos bens, direitos e mercadorias ou utilização dos serviços.

CRIME CONTRA A ORDEM TRIBUTÁRIA

Art. 83. A representação fiscal para fins penais relativa aos crimes contra a ordem tributária previstos nos arts. 1º e 2º da Lei nº 8.137, de 27 de dezembro de 1990, e aos crimes contra a Previdência Social, previstos nos arts. 168-A e 337-A do Decreto-Lei nº 2.848, de 7 de dezembro de 1940 (Código Penal), será encaminhada ao Ministério Público depois de proferida a decisão final, na esfera administrativa, sobre a exigência fiscal do crédito tributário correspondente. (Redação dada pela Lei nº 12.350, de 2010)

§ 1º. Na hipótese de concessão de parcelamento do crédito tributário, a representação fiscal para fins penais somente será encaminhada ao Ministério Público após a exclusão da pessoa física ou jurídica do parcelamento. (Incluído pela Lei nº 12.382, de 2011).

§ 2º. É suspensa a pretensão punitiva do Estado referente aos crimes previstos no *caput*, durante o período em que a pessoa física ou a pessoa jurídica relacionada com o agente dos aludidos crimes estiver incluída no parcelamento, desde que o pedido de parcelamento tenha sido formalizado antes do recebimento da denúncia criminal. (Incluído pela Lei nº 12.382, de 2011).

§ 3º. A prescrição criminal não corre durante o período de suspensão da pretensão punitiva. (Incluído pela Lei nº 12.382, de 2011).

§ 4º. Extingue-se a punibilidade dos crimes referidos no *caput* quando a pessoa física ou a pessoa jurídica relacionada com o agente efetuar o pagamento integral dos débitos oriundos de tributos, inclusive acessórios, que tiverem sido objeto de concessão de parcelamento. (Incluído pela Lei nº 12.382, de 2011).

§ 5º. O disposto nos §§ 1º a 4º não se aplica nas hipóteses de vedação legal de parcelamento. (Incluído pela Lei nº 12.382, de 2011).

§ 6º. As disposições contidas no *caput* do art. 34 da Lei nº 9.249, de 26 de dezembro de 1995, aplicam-se aos processos administrativos e aos inquéritos e processos em curso, desde que não recebida a denúncia pelo juiz. (Renumerado do Parágrafo único pela Lei nº 12.382, de 2011).

Art. 84. Nos casos de incorporação, fusão ou cisão de empresa incluída no Programa Nacional de Desestatização, bem como nos programas de desestatização das Unidades Federadas e dos Municípios, não ocorrerá a realização do lucro inflacionário acumulado relativamente à parcela do ativo sujeito a correção monetária até 31 de dezembro de 1995, que houver sido vertida.

§ 1º. O lucro inflacionário acumulado da empresa sucedida, correspondente aos ativos vertidos sujeitos a correção monetária até 31 de dezembro de 1995, será integralmente transferido para a sucessora, nos casos de incorporação e fusão.

§ 2º. No caso de cisão, o lucro inflacionário acumulado será transferido, para a pessoa jurídica que absorver o patrimônio da empresa cindida, na proporção das contas do ativo, sujeitas a correção monetária até 31 de dezembro de 1995, que houverem sido vertidas.

§ 3º. O lucro inflacionário transferido na forma deste artigo será realizado e submetido a tributação, na pessoa jurídica sucessora, com observância do disposto na legislação vigente.

FRETES INTERNACIONAIS

Art. 85. Ficam sujeitos ao imposto de renda na fonte, à alíquota de quinze por cento, os rendimentos recebidos por companhias de navegação aérea e marítima, domiciliadas no exterior, de pessoas físicas ou jurídicas residentes ou domiciliadas no Brasil.

Parágrafo único. O imposto de que trata este artigo não será exigido das companhias aéreas e marítimas domiciliadas em países que não tributam, em decorrência da legislação interna ou de acordos internacionais, os rendimentos auferidos por empresas brasileiras que exercem o mesmo tipo de atividade.

Art. 86. Nos casos de pagamento de contraprestação de arrendamento mercantil, do tipo financeiro, a beneficiária pessoa jurídica domiciliada no exterior, a Secretaria da Receita Federal expedirá normas para excluir da base de cálculo do imposto de renda incidente na fonte a parcela remetida que corresponder ao valor do bem arrendado.

VIGÊNCIA

Art. 87. Esta Lei entra em vigor na data da sua publicação, produzindo efeitos financeiros a partir de 1º de janeiro de 1997.

REVOGAÇÃO

Art. 88. Revogam-se:

I – o § 2º do art. 97 do Decreto-lei nº 5.844, de 23 de setembro de 1943, o Decreto-lei nº 7.885, de 21 de agosto de 1945, o art. 46 da Lei nº 4.862, de 29 de novembro de 1965 e o art. 56 da Lei nº 7.713, de 22 de dezembro de 1988;

II – o Decreto-lei nº 165, de 13 de fevereiro de 1967;

III – o § 3º do art. 21 do Decreto-lei nº 401, de 30 de dezembro de 1968;

IV – o Decreto-lei nº 716, de 30 de julho de 1969;

V – o Decreto-lei nº 815, de 4 de setembro de 1969, o Decreto-lei nº 1.139, de 21 de dezembro de 1970, o art. 87 da Lei nº 7.450, de 23 de dezembro de 1985 e os arts. 11 e 12 do Decreto-lei nº 2.303, de 21 de novembro de 1986;

VI – o art. 3º do Decreto-lei nº 1.118, de 10 de agosto de 1970, o art. 6º do Decreto-lei nº 1.189, de 24 de setembro de 1971 e o inciso IX do art. 1º da Lei nº 8.402, de 8 de janeiro de 1992;

VII – o art. 9º do Decreto-lei nº 1.351, de 24 de outubro de 1974, o Decreto-lei nº 1.411, de 31 de julho de 1975 e o Decreto-lei nº 1.725, de 7 de dezembro de 1979;

VIII – o art. 9º do Decreto-lei nº 1.633, de 9 de agosto de 1978;

IX – o número 4 da alínea "b" do § 1º do art. 35 do Decreto-lei nº 1.598, de 26 de dezembro de 1977, com a redação dada pelo inciso VI do art. 1º do Decreto-lei nº 1.730, de 17 de dezembro de 1979;

X – o Decreto-lei nº 1.811, de 27 de outubro de 1980, e o art. 3º da Lei nº 7.132, de 26 de outubro de 1983;

XI – o art. 7º do Decreto-lei nº 1.814, de 28 de novembro de 1980;

XII – o Decreto-lei nº 2.227, de 16 de janeiro de 1985;

XIII – os arts. 29 e 30 do Decreto-lei nº 2.341, de 29 de junho de 1987;

XIV – os arts. 1º e 2º do Decreto-lei nº 2.397, de 21 de dezembro de 1987;

XV – o art. 8º do Decreto-lei nº 2.429, de 14 de abril de 1988;

XVI – Revogado pela Lei nº 11.508, de 2007

XVII – o art. 40 da Lei nº 7.799, de 10 de julho de 1989;

XVIII – o § 5º do art. 6º da Lei nº 8.021, de 1990;

XIX – o art. 22 da Lei nº 8.218, de 29 de agosto de 1991;

XX – o art. 92 da Lei nº 8.383, de 30 de dezembro de 1991;

XXI – o art. 6º da Lei nº 8.661, de 2 de junho de 1993;

XXII – o art. 1º da Lei nº 8.696, de 26 de agosto de 1993;

XXIII – o parágrafo único do art. 3º da Lei nº 8.846, de 21 de janeiro de 1994;

XXIV – o art. 33, o § 4º do art. 37 e os arts. 38, 50, 52 e 53, o § 1º do art. 82 e art. 98, todos da Lei nº 8.981, de 20 de janeiro de 1995;

XXV – o art. 89 da Lei nº 8.981, de 20 de janeiro de 1995, com a redação dada pela Lei nº 9.065, de 20 de junho de 1995;

XXVI – os §§ 4º, 9º e 10 do art. 9º, o § 2º do art. 11, e o § 3º do art. 24, todos da Lei nº 9.249, de 26 de dezembro de 1995;

XXVII – a partir de 1º de abril de 1997, o art. 40 da Lei nº 8.981, de 1995, com as alterações introduzidas pela Lei nº 9.065, de 20 de junho de 1995.

Brasília, 27 de dezembro de 1996;
175º da Independência e
108º da República.

FERNANDO HENRIQUE CARDOSO
Publicado no DOU de 30.12.1996

LEI Nº 9.433, DE 8 DE JANEIRO DE 1997

Institui a Política Nacional de Recursos Hídricos, cria o Sistema Nacional de Gerenciamento de Recursos Hídricos, regulamenta o inciso XIX do art. 21 da Constituição Federal e altera o art. 1º da Lei nº 8.001, de 13 de março de 1990, que modificou a Lei nº 7.990, de 28 de dezembro de 1989.

▸ *Lei de Gestão de Recursos Hídricos*

O PRESIDENTE DA REPÚBLICA

Faço saber que o Congresso Nacional decreta e eu sanciono a seguinte Lei:

TÍTULO I
DA POLÍTICA NACIONAL DE RECURSOS HÍDRICOS

CAPÍTULO I
DOS FUNDAMENTOS

Art. 1º. A Política Nacional de Recursos Hídricos baseia-se nos seguintes fundamentos:

I – a água é um bem de domínio público;

II – a água é um recurso natural limitado, dotado de valor econômico;

III – em situações de escassez, o uso prioritário dos recursos hídricos é o consumo humano e a dessedentação de animais;

IV – a gestão dos recursos hídricos deve sempre proporcionar o uso múltiplo das águas;

V – a bacia hidrográfica é a unidade territorial para implementação da Política Nacional de Recursos Hídricos e atuação do Sistema Nacional de Gerenciamento de Recursos Hídricos;

VI – a gestão dos recursos hídricos deve ser descentralizada e contar com a participação do Poder Público, dos usuários e das comunidades.

CAPÍTULO II
DOS OBJETIVOS

Art. 2º. São objetivos da Política Nacional de Recursos Hídricos:

I – assegurar à atual e às futuras gerações a necessária disponibilidade de água, em padrões de qualidade adequados aos respectivos usos;

II – a utilização racional e integrada dos recursos hídricos, incluindo o transporte aquaviário, com vistas ao desenvolvimento sustentável;

III – a prevenção e a defesa contra eventos hidrológicos críticos de origem natural ou decorrentes do uso inadequado dos recursos naturais.

IV – incentivar e promover a captação, a preservação e o aproveitamento de águas pluviais.
(Inciso acrescido pela Lei 13.501/2017)

CAPÍTULO III
DAS DIRETRIZES GERAIS DE AÇÃO

Art. 3º. Constituem diretrizes gerais de ação para implementação da Política Nacional de Recursos Hídricos:

I – a gestão sistemática dos recursos hídricos, sem dissociação dos aspectos de quantidade e qualidade;

II – a adequação da gestão de recursos hídricos às diversidades físicas, bióticas, demográficas, econômicas, sociais e culturais das diversas regiões do País;

III – a integração da gestão de recursos hídricos com a gestão ambiental;

IV – a articulação do planejamento de recursos hídricos com o dos setores usuários e com os planejamentos regional, estadual e nacional;

V – a articulação da gestão de recursos hídricos com a do uso do solo;

VI – a integração da gestão das bacias hidrográficas com a dos sistemas estuarinos e zonas costeiras.

Art. 4º. A União articular-se-á com os Estados tendo em vista o gerenciamento dos recursos hídricos de interesse comum.

CAPÍTULO IV
DOS INSTRUMENTOS

Art. 5º. São instrumentos da Política Nacional de Recursos Hídricos:

I – os Planos de Recursos Hídricos;

II – o enquadramento dos corpos de água em classes, segundo os usos preponderantes da água,

III – a outorga dos direitos de uso de recursos hídricos;

IV – a cobrança pelo uso de recursos hídricos;

V – a compensação a municípios;

VI – o Sistema de Informações sobre Recursos Hídricos.

SEÇÃO I
DOS PLANOS DE RECURSOS HÍDRICOS

Art. 6º. Os Planos de Recursos Hídricos são planos diretores que visam a fundamentar e orientar a implementação da Política Nacional de Recursos Hídricos e o gerenciamento dos recursos hídricos.

Art. 7º. Os Planos de Recursos Hídricos são planos de longo prazo, com horizonte de planejamento compatível com o período de implantação de seus programas e projetos e terão o seguinte conteúdo mínimo:

I – diagnóstico da situação atual dos recursos hídricos;

II – análise de alternativas de crescimento demográfico, de evolução de atividades produtivas e de modificações dos padrões de ocupação do solo;

III – balanço entre disponibilidades e demandas futuras dos recursos hídricos, em quantidade e qualidade, com identificação de conflitos potenciais;

IV – metas de racionalização de uso, aumento da quantidade e melhoria da qualidade dos recursos hídricos disponíveis;

V – medidas a serem tomadas, programas a serem desenvolvidos e projetos a serem implantados, para o atendimento das metas previstas;

VI – (VETADO)

VII – (VETADO)

VIII – prioridades para outorga de direitos de uso de recursos hídricos;

IX – diretrizes e critérios para a cobrança pelo uso dos recursos hídricos;

X – propostas para a criação de áreas sujeitas a restrição de uso, com vistas à proteção dos recursos hídricos.

Art. 8º. Os Planos de Recursos Hídricos serão elaborados por bacia hidrográfica, por Estado e para o País.

SEÇÃO II
DO ENQUADRAMENTO DOS CORPOS DE ÁGUA EM CLASSES, SEGUNDO OS USOS PREPONDERANTES DA ÁGUA

Art. 9º. O enquadramento dos corpos de água em classes, segundo os usos preponderantes da água, visa a:

I – assegurar às águas qualidade compatível com os usos mais exigentes a que forem destinadas;

II – diminuir os custos de combate à poluição das águas, mediante ações preventivas permanentes.

Art. 10. As classes de corpos de água serão estabelecidas pela legislação ambiental.

SEÇÃO III
DA OUTORGA DE DIREITOS DE USO DE RECURSOS HÍDRICOS

Art. 11. O regime de outorga de direitos de uso de recursos hídricos tem como objetivos assegurar o controle quantitativo e qualitativo dos usos da água e o efetivo exercício dos direitos de acesso à água.

Art. 12. Estão sujeitos a outorga pelo Poder Público os direitos dos seguintes usos de recursos hídricos:

I – derivação ou captação de parcela da água existente em um corpo de água para consumo final, inclusive abastecimento público, ou insumo de processo produtivo;

II – extração de água de aqüífero subterrâneo para consumo final ou insumo de processo produtivo;

III – lançamento em corpo de água de esgotos e demais resíduos líquidos ou gasosos, tratados ou não, com o fim de sua diluição, transporte ou disposição final;

IV – aproveitamento dos potenciais hidrelétricos;

V – outros usos que alterem o regime, a quantidade ou a qualidade da água existente em um corpo de água.

§ 1º. Independem de outorga pelo Poder Público, conforme definido em regulamento:

I – o uso de recursos hídricos para a satisfação das necessidades de pequenos núcleos populacionais, distribuídos no meio rural;

II – as derivações, captações e lançamentos considerados insignificantes;

III – as acumulações de volumes de água consideradas insignificantes.

§ 2º. A outorga e a utilização de recursos hídricos para fins de geração de energia elétrica estará subordinada ao Plano Nacional de Recursos Hídricos, aprovado na forma do disposto no inciso VIII do art. 35 desta Lei, obedecida a disciplina da legislação setorial específica.

Art. 13. Toda outorga estará condicionada às prioridades de uso estabelecidas nos Planos de Recursos Hídricos e deverá respeitar a classe em que o corpo de água estiver enquadrado e a manutenção de condições adequadas ao transporte aquaviário, quando for o caso.

Parágrafo único. A outorga de uso dos recursos hídricos deverá preservar o uso múltiplo destes.

Art. 14. A outorga efetivar-se-á por ato da autoridade competente do Poder Executivo Federal, dos Estados ou do Distrito Federal.

§ 1º. O Poder Executivo Federal poderá delegar aos Estados e ao Distrito Federal competência para conceder outorga de direito de uso de recurso hídrico de domínio da União.

§ 2º. (VETADO)

Art. 15. A outorga de direito de uso de recursos hídricos poderá ser suspensa parcial ou totalmente, em definitivo ou por prazo determinado, nas seguintes circunstâncias:

I – não cumprimento pelo outorgado dos termos da outorga;
II – ausência de uso por três anos consecutivos;
III – necessidade premente de água para atender a situações de calamidade, inclusive as decorrentes de condições climáticas adversas;
IV – necessidade de se prevenir ou reverter grave degradação ambiental;
V – necessidade de se atender a usos prioritários, de interesse coletivo, para os quais não se disponha de fontes alternativas;
VI – necessidade de serem mantidas as características de navegabilidade do corpo de água.

Art. 16. Toda outorga de direitos de uso de recursos hídricos far-se-á por prazo não excedente a trinta e cinco anos, renovável.

Art. 17. (VETADO)

Art. 18. A outorga não implica a alienação parcial das águas, que são inalienáveis, mas o simples direito de seu uso.

SEÇÃO IV
DA COBRANÇA DO USO DE RECURSOS HÍDRICOS

Art. 19. A cobrança pelo uso de recursos hídricos objetiva:

I – reconhecer a água como bem econômico e dar ao usuário uma indicação de seu real valor;
II – incentivar a racionalização do uso da água;
III – obter recursos financeiros para o financiamento dos programas e intervenções contemplados nos planos de recursos hídricos.

Art. 20. Serão cobrados os usos de recursos hídricos sujeitos a outorga, nos termos do art. 12 desta Lei.

Parágrafo único. (VETADO)

Art. 21. Na fixação dos valores a serem cobrados pelo uso dos recursos hídricos devem ser observados, dentre outros:

I – nas derivações, captações e extrações de água, o volume retirado e seu regime de variação;
II – nos lançamentos de esgotos e demais resíduos líquidos ou gasosos, o volume lançado e seu regime de variação e as características físico-químicas, biológicas e de toxidade do afluente.

Art. 22. Os valores arrecadados com a cobrança pelo uso de recursos hídricos serão aplicados prioritariamente na bacia hidrográfica em que foram gerados e serão utilizados:

I – no financiamento de estudos, programas, projetos e obras incluídos nos Planos de Recursos Hídricos;
II – no pagamento de despesas de implantação e custeio administrativo dos órgãos e entidades integrantes do Sistema Nacional de Gerenciamento de Recursos Hídricos.

§ 1º. A aplicação nas despesas previstas no inciso II deste artigo é limitada a sete e meio por cento do total arrecadado.

§ 2º. Os valores previstos no *caput* deste artigo poderão ser aplicados a fundo perdido em projetos e obras que alterem, de modo considerado benéfico à coletividade, a qualidade, a quantidade e o regime de vazão de um corpo de água.

§ 3º. (VETADO)

Art. 23. (VETADO)

SEÇÃO V
DA COMPENSAÇÃO A MUNICÍPIOS

Art. 24. (VETADO)

SEÇÃO VI
DO SISTEMA DE INFORMAÇÕES SOBRE RECURSOS HÍDRICOS

Art. 25. O Sistema de Informações sobre Recursos Hídricos é um sistema de coleta, tratamento, armazenamento e recuperação de informações sobre recursos hídricos e fatores intervenientes em sua gestão.

Parágrafo único. Os dados gerados pelos órgãos integrantes do Sistema Nacional de Gerenciamento de Recursos Hídricos serão incorporados ao Sistema Nacional de Informações sobre Recursos Hídricos.

Art. 26. São princípios básicos para o funcionamento do Sistema de Informações sobre Recursos Hídricos:

I – descentralização da obtenção e produção de dados e informações;
II – coordenação unificada do sistema;
III – acesso aos dados e informações garantido à toda a sociedade.

Art. 27. São objetivos do Sistema Nacional de Informações sobre Recursos Hídricos:

I – reunir, dar consistência e divulgar os dados e informações sobre a situação qualitativa e quantitativa dos recursos hídricos no Brasil;
II – atualizar permanentemente as informações sobre disponibilidade e demanda de recursos hídricos em todo o território nacional;
III – fornecer subsídios para a elaboração dos Planos de Recursos Hídricos.

CAPÍTULO V
DO RATEIO DE CUSTOS DAS OBRAS DE USO MÚLTIPLO, DE INTERESSE COMUM OU COLETIVO

Art. 28. (VETADO)

CAPÍTULO VI
DA AÇÃO DO PODER PÚBLICO

Art. 29. Na implementação da Política Nacional de Recursos Hídricos, compete ao Poder Executivo Federal:

I – tomar as providências necessárias à implementação e ao funcionamento do Sistema de Nacional de Gerenciamento de Recursos Hídricos.
II – outorgar os direitos de uso de recursos hídricos, e regulamentar e fiscalizar os usos, na sua esfera de competência;
III – implantar e gerir o Sistema de Informações sobre Recursos Hídricos, em âmbito nacional;
IV – promover a integração da gestão de recursos hídricos com a gestão ambiental.

Parágrafo único. O Poder Executivo Federal indicará, por decreto, a autoridade responsável pela efetivação de outorgas de direito de uso dos recursos hídricos sob domínio da União.

Art. 30. Na implementação da Política Nacional de Recursos Hídricos, cabe aos Poderes Executivos Estaduais e do Distrito Federal, na sua esfera de competência:

I – outorgar os direitos de uso de recursos hídricos e regulamentar e fiscalizar os seus usos;
II – realizar o controle técnico das obras de oferta hídrica;
III – implantar e gerir o Sistema de Informações sobre Recursos Hídricos, em âmbito estadual e do Distrito Federal;
IV – promover a integração da gestão de recursos hídricos com a gestão ambiental.

Art. 31. Na implementação da Política Nacional de Recursos Hídricos, os Poderes Executivos do Distrito Federal e dos municípios promoverão a integração das políticas locais de saneamento básico, de uso, ocupação e conservação do solo e de meio ambiente com as políticas federal e estaduais de recursos hídricos.

TÍTULO II
DO SISTEMA NACIONAL DE GERENCIAMENTO DE RECURSOS HÍDRICOS

CAPÍTULO I
DOS OBJETIVOS E DA COMPOSIÇÃO

Art. 32. Fica criado o Sistema Nacional de Gerenciamento de Recursos Hídricos, com os seguintes objetivos:

I – coordenar a gestão integrada das águas;
II – arbitrar administrativamente os conflitos relacionados com os recursos hídricos;
III – implementar a Política Nacional de Recursos Hídricos;
IV – planejar, regular e controlar o uso, a preservação e a recuperação dos recursos hídricos;
V – promover a cobrança pelo uso de recursos hídricos.

Art. 33. Integram o Sistema Nacional de Gerenciamento de Recursos Hídricos. *("Caput" do artigo com redação dada pela Lei 9.984/2000)*

I – Conselho Nacional de Recursos Hídricos; *(Inciso com redação dada pela Lei 9.984/2000)*
I-A. – a Agência Nacional de Águas; *(Inciso acrescido pela Lei 9.984/2000)*
II – os Conselhos de Recursos Hídricos dos Estados e do Distrito Federal; *(Inciso com redação dada pela Lei 9.984/2000)*
III – os Comitês de Bacia Hidrográfica; *(Inciso com redação dada pela Lei 9.984/2000)*
IV – os órgão dos poderes públicos federal, estaduais, do Distrito Federal e municipais cujas competências se relacionem com a gestão de recurso hídricos; *(Inciso com redação dada pela Lei 9.984/2000)*
V – as Agências de Água. *(Inciso com redação dada pela Lei 9.984/2000)*

CAPÍTULO II
DO CONSELHO NACIONAL DE RECURSOS HÍDRICOS

Art. 34. O Conselho Nacional de Recursos Hídricos é composto por:

I – representantes dos Ministérios e Secretarias da Presidência da República com atuação no gerenciamento ou no uso de recursos hídricos;
II – representantes indicados pelos Conselhos Estaduais de Recursos Hídricos;
III – representantes dos usuários dos recursos hídricos;
IV – representantes das organizações civis de recursos hídricos.

Parágrafo único. O número de representantes do Poder Executivo Federal não poderá ceder à metade mais um do total dos membros do Conselho Nacional de Recursos Hídricos.

Art. 35. Compete ao Conselho Nacional de Recursos Hídricos:

I – promover a articulação do planejamento de recursos hídricos com os planejamentos nacional, regional, estaduais e dos setores usuários;
II – arbitrar, em última instância administrativa, os conflitos existentes entre Conselhos Estaduais de Recursos Hídricos;
III – deliberar sobre os projetos de aproveitamento de recursos hídricos cujas repercussões extrapolem o âmbito dos Estados em que serão implantados;
IV – deliberar sobre as questões que lhe tenham sido encaminhadas pelos Conselhos Estaduais de Recursos Hídricos ou pelos Comitês de Bacia Hidrográfica;
V – analisar propostas de alteração da legislação pertinente a recursos hídricos e à Política Nacional de Recursos Hídricos;
VI – estabelecer diretrizes complementares para implementação da Política Nacional de Recursos Hídricos, aplicação de seus instru-

mentos e atuação do Sistema Nacional de Gerenciamento de Recursos Hídricos;

VII – aprovar propostas de instituição dos Comitês de Bacia Hidrográfica e estabelecer critérios gerais para a elaboração de seus regimentos;

VIII – (VETADO)

IX – acompanhar a execução e aprovar o Plano Nacional de Recursos Hídricos e determinar as providências necessárias ao cumprimento de suas metas; *(Inciso com redação dada pela Lei 9.984/2000)*

X – estabelecer critérios gerais para a outorga de direitos de uso de recursos hídricos e para a cobrança por seu uso.

XI – zelar pela implementação da Política Nacional de Segurança de Barragens (PNSB); *(Inciso acrescido pela Lei 12.334/2010)*

XII – estabelecer diretrizes para implementação da PNSB, aplicação de seus instrumentos e atuação do Sistema Nacional de Informações sobre Segurança de Barragens (SNISB); *(Inciso acrescido pela Lei 12.334/2010)*

XIII – apreciar o Relatório de Segurança de Barragens, fazendo, se necessário, recomendações para melhoria da segurança das obras, bem como encaminhá-lo ao Congresso Nacional. *(Inciso acrescido pela Lei 12.334/2010)*

Art. 36. O Conselho Nacional de Recursos Hídricos será gerido por:

I – um Presidente, que será o Ministro de Estado do Desenvolvimento Regional; *(Inciso com redação dada pela Lei 13.844/2019)*

II – um Secretário-Executivo, que será o titular do órgão integrante da estrutura do Ministério do Desenvolvimento Regional responsável pela gestão dos recursos hídricos. *(Inciso com redação dada pela Lei 13.844/2019)*

CAPÍTULO III
DOS COMITÊS DE BACIA HIDROGRÁFICA

Art. 37. Os Comitês de Bacia Hidrográfica terão como área de atuação:

I – a totalidade de uma bacia hidrográfica;

II – sub-bacia hidrográfica de tributário do curso de água principal da bacia, ou de tributário desse tributário; ou

III – grupo de bacias ou sub-bacias hidrográficas contíguas.

Parágrafo único. A instituição de Comitês de Bacia Hidrográfica em rios de domínio da União será efetivada por ato do Presidente da República.

Art. 38. Compete aos Comitês de Bacia Hidrográfica, no âmbito de sua área de atuação:

I – promover o debate das questões relacionadas a recursos hídricos e articular a atuação das entidades intervenientes;

II – arbitrar, em primeira instância administrativa, os conflitos relacionados aos recursos hídricos;

III – aprovar o Plano de Recursos Hídricos da bacia;

IV – acompanhar a execução do Plano de Recursos Hídricos da bacia e sugerir as providências necessárias ao cumprimento de suas metas;

V – propor ao Conselho Nacional e aos Conselhos Estaduais de Recursos Hídricos as acumulações, derivações, captações e lançamentos de pouca expressão, para efeito de isenção da obrigatoriedade de outorga de direitos de uso de recursos hídricos, de acordo com os domínios destes;

VI – estabelecer os mecanismos de cobrança pelo uso de recursos hídricos e sugerir os valores a serem cobrados;

VII – (VETADO)

VIII – (VETADO)

IX – estabelecer critérios e promover o rateio de custo das obras de uso múltiplo, de interesse comum ou coletivo.

Parágrafo único. Das decisões dos Comitês de Bacia Hidrográfica caberá recurso ao Conselho Nacional ou aos Conselhos Estaduais de Recursos Hídricos, de acordo com sua esfera de competência.

Art. 39. Os Comitês de Bacia Hidrográfica são compostos por representantes:

I – da União;

II – dos Estados e do Distrito Federal cujos territórios se situem, ainda que parcialmente, em suas respectivas áreas de atuação;

III – dos Municípios situados, no todo ou em parte, em sua área de atuação;

IV – dos usuários das águas de sua área de atuação;

V – das entidades civis de recursos hídricos com atuação comprovada na bacia.

§ 1º. O número de representantes de cada setor mencionado neste artigo, bem como os critérios para sua indicação, serão estabelecidos nos regimentos dos comitês, limitada a representação dos poderes executivos da União, Estados, Distrito Federal e Municípios à metade do total de membros.

§ 2º. Nos Comitês de Bacia Hidrográfica de bacias de rios fronteiriços e transfronteiriços de gestão compartilhada, a representação da União deverá incluir um representante do Ministério das Relações Exteriores.

§ 3º. Nos Comitês de Bacia Hidrográfica de bacias cujos territórios abranjam terras indígenas devem ser incluídos representantes:

I – da Fundação Nacional do Índio – FUNAI, como parte da representação da União;

II – das comunidades indígenas ali residentes ou com interesses na bacia.

§ 4º. A participação da União nos Comitês de Bacia Hidrográfica com área de atuação restrita a bacias de rios sob domínio estadual, dar-se-á na forma estabelecida nos respectivos regimentos.

Art. 40. Os Comitês de Bacia Hidrográfica serão dirigidos por um Presidente e um Secretário, eleitos dentre seus membros.

CAPÍTULO IV
DAS AGÊNCIAS DE ÁGUA

Art. 41. As Agências de Água exercerão a função de secretaria executiva do respectivo ou respectivos Comitês de Bacia Hidrográfica.

Art. 42. As Agências de Água terão a mesma área de atuação de um ou mais Comitês de Bacia Hidrográfica.

Parágrafo único. A criação das Agências de Água será autorizada pelo Conselho Nacional de Recursos Hídricos ou pelos Conselhos Estaduais de Recursos Hídricos mediante solicitação de um ou mais Comitês de Bacia Hidrográfica.

Art. 43. A criação de uma Agência de Água é condicionada ao atendimento dos seguintes requisitos:

I – prévia existência do respectivo ou respectivos Comitês de Bacia Hidrográfica;

II – viabilidade financeira assegurada pela cobrança do uso dos recursos hídricos em sua área de atuação.

Art. 44. Compete às Agências de Água no âmbito de sua área de atuação:

I – manter balanço atualizado da disponibilidade de recursos hídricos em sua área de atuação;

II – manter o cadastro de usuários de recursos hídricos;

III – efetuar, mediante delegação do outorgante, a cobrança pelo uso de recursos hídricos;

IV – analisar e emitir pareceres sobre os projetos e obras a serem financiados com recursos gerados pela cobrança pelo uso de Recursos Hídricos e encaminhá-los à instituição financeira responsável pela administração desses recursos;

V – acompanhar a administração financeira dos recursos arrecadados com a cobrança pelo uso de recursos hídricos em sua área de atuação;

VI – gerir o Sistema de Informações sobre Recursos Hídricos em sua área de atuação;

VII – celebrar convênios e contratar financiamentos e serviços para a execução de suas competências;

VIII – elaborar a sua proposta orçamentária e submetê-la à apreciação do respectivo ou respectivos Comitês de Bacia Hidrográfica;

IX – promover os estudos necessários para a gestão dos recursos hídricos em sua área de atuação;

X – elaborar o Plano de Recursos Hídricos para apreciação do respectivo Comitê de Bacia Hidrográfica;

XI – propor ao respectivo ou respectivos Comitês de Bacia Hidrográfica:

a) o enquadramento dos corpos de água nas classes de uso, para encaminhamento ao respectivo Conselho Nacional ou Conselhos Estaduais de Recursos Hídricos, de acordo com o domínio destes;

b) os valores a serem cobrados pelo uso de recursos hídricos;

c) o plano de aplicação dos recursos arrecadados com a cobrança pelo uso de recursos hídricos;

d) o rateio de custo das obras de uso múltiplo, de interesse comum ou coletivo.

CAPÍTULO V
DA SECRETARIA EXECUTIVA DO CONSELHO NACIONAL DE RECURSOS HÍDRICOS

Art. 45. A Secretaria-Executiva do Conselho Nacional de Recursos Hídricos será exercida pelo órgão integrante da estrutura do Ministério do Desenvolvimento Regional responsável pela gestão dos recursos hídricos. *(Artigo com redação dada pela Lei 13.844/2019)*

Art. 46. Compete à Secretaria Executiva do Conselho Nacional de Recursos Hídricos: *("Caput" do artigo com redação dada pela Lei 9.984/2000)*

I – prestar apoio administrativo, técnico e financeiro ao Conselho Nacional de Recursos Hídricos; *(Inciso com redação dada pela Lei 9.984/2000)*

II – *(Revogado pela Lei 9.984/2000)*

III – instruir os expedientes provenientes dos Conselhos Estaduais de Recursos Hídricos e dos Comitês de Bacia Hidrográfica; *(Inciso com redação dada pela Lei 9.984/2000)*

IV – *(Revogado pela Lei 9.984/2000)*

V – elaborar seu programa de trabalho e respectiva proposta orçamentária anual e submetê-los à aprovação do Conselho Nacional de Recursos Hídricos. *(Inciso com redação dada pela Lei 9.984/2000)*

CAPÍTULO VI
DAS ORGANIZAÇÕES CIVIS DE RECURSOS HÍDRICOS

Art. 47. São consideradas, para os efeitos desta Lei, organizações civis de recursos hídricos:

I – consórcios e associações intermunicipais de bacias hidrográficas;

II – associações regionais, locais ou setoriais de usuários de recursos hídricos;

III – organizações técnicas e de ensino e pesquisa com interesse na área de recursos hídricos;

IV – organizações não-governamentais com objetivos de defesa de interesses difusos e coletivos da sociedade;

V – outras organizações reconhecidas pelo Conselho Nacional ou pelos Conselhos Estaduais de Recursos Hídricos.

Art. 48. Para integrar o Sistema Nacional de Recursos Hídricos, as organizações civis de recursos hídricos devem ser legalmente constituídas.

TÍTULO III
DAS INFRAÇÕES E PENALIDADES

Art. 49. Constitui infração das normas de utilização de recursos hídricos superficiais ou subterrâneos:

I – derivar ou utilizar recursos hídricos para qualquer finalidade, sem a respectiva outorga de direito de uso;

II – iniciar a implantação ou implantar empreendimento relacionado com a derivação ou a utilização de recursos hídricos, superficiais ou subterrâneos, que implique alterações no regime, quantidade ou qualidade dos mesmos, sem autorização dos órgãos ou entidades competentes;

III – (VETADO)

IV – utilizar-se dos recursos hídricos ou executar obras ou serviços relacionados com os mesmos em desacordo com as condições estabelecidas na outorga;

V – perfurar poços para extração de água subterrânea ou operá-los sem a devida autorização;

VI – fraudar as medições dos volumes de água utilizados ou declarar valores diferentes dos medidos;

VII – infringir normas estabelecidas no regulamento desta Lei e nos regulamentos administrativos, compreendendo instruções e procedimentos fixados pelos órgãos ou entidades competentes;

VIII – obstar ou dificultar a ação fiscalizadora das autoridades competentes no exercício de suas funções.

Art. 50. Por infração de qualquer disposição legal ou regulamentar referente à execução de obras e serviços hidráulicos, derivação ou utilização de recursos hídricos, ou pelo não atendimento das solicitações feitas, o infrator, a critério da autoridade competente, ficará sujeito às seguintes penalidades, independentemente de sua ordem de enumeração: *(Redação dada pela Lei 14.066/2020)*

I – advertência por escrito, na qual serão estabelecidos prazos para correção das irregularidades;

II – multa, simples ou diária, proporcional à gravidade da infração, de R$ 100,00 (cem reais) a R$ 50.000.000,00 (cinquenta milhões de reais); *(Redação dada pela Lei 14.066/2020)*

III – embargo provisório, por prazo determinado, para execução de serviços e obras necessárias ao efetivo cumprimento das condições de outorga ou para o cumprimento de normas referentes ao uso, controle, conservação e proteção dos recursos hídricos;

IV – embargo definitivo, com revogação da outorga, se for o caso, para repor incontinenti , no seu antigo estado, os recursos hídricos, leitos e margens, nos termos dos arts. 58 e 59 do Código de Águas ou tamponar os poços de extração de água subterrânea.

§ 1º. Sempre que da infração cometida resultar prejuízo a serviço público de abastecimento de água, riscos à saúde ou à vida, perecimento de bens ou animais, ou prejuízos de qualquer natureza a terceiros, a multa a ser aplicada nunca será inferior à metade do valor máximo cominado em abstrato.

§ 2º. No caso dos incisos III e IV, independentemente da pena de multa, serão cobradas do infrator as despesas em que incorrer a Administração para tornar efetivas as medidas previstas nos citados incisos, na forma dos arts. 36, 53, 56 e 58 do Código de Águas, sem prejuízo de responder pela indenização dos danos a que der causa.

§ 3º. Da aplicação das sanções previstas neste título caberá recurso à autoridade administrativa competente, nos termos do regulamento.

§ 4º. Em caso de reincidência, a multa será aplicada em dobro.

TÍTULO IV
DAS DISPOSIÇÕES GERAIS E TRANSITÓRIAS

Art. 51. O Conselho Nacional de Recursos Hídricos e os Conselhos Estaduais de Recursos Hídricos poderão delegar a organizações sem fins lucrativos relacionadas no art. 47 desta Lei, por prazo determinado, o exercício de funções de competência das Agências de Água, enquanto esses organismos não estiverem constituídos. *(Artigo com redação dada pela Lei 10.881/2004)*

Art. 52. Enquanto não estiver aprovado e regulamentado o Plano Nacional de Recursos Hídricos, a utilização dos potenciais hidráulicos para fins de geração de energia elétrica continuará subordinada à disciplina da legislação setorial específica.

Art. 53. O Poder Executivo, no prazo de cento e vinte dias a partir da publicação desta Lei, encaminhará ao Congresso Nacional projeto de lei dispondo sobre a criação das Agências de Água.

Art. 54. O art. 1º da Lei nº 8.001, de 13 de março de 1990, passa a vigorar com a seguinte redação:

"Art. 1º ....

....

III – quatro inteiros e quatro décimos por cento à Secretaria de Recursos Hídricos do Ministério do Meio Ambiente, dos Recursos Hídricos e da Amazônia Legal;

IV – três inteiros e seis décimos por cento ao Departamento Nacional de Águas e Energia Elétrica – DNAEE, do Ministério de Minas e Energia;

V – dois por cento ao Ministério da Ciência e Tecnologia. ....

....

§ 4º. A cota destinada à Secretaria de Recursos Hídricos do Ministério do Meio Ambiente, dos Recursos Hídricos e da Amazônia Legal será empregada na implementação da Política Nacional de Recursos Hídricos e do Sistema Nacional de Gerenciamento de Recursos Hídricos e na gestão da rede hidrometeorológica nacional.

§ 5º. A cota destinada ao DNAEE será empregada na operação e expansão de sua rede hidrometeorológica, no estudo dos recursos hídricos e em serviços relacionados ao aproveitamento da energia hidráulica."

Parágrafo único. Os novos percentuais definidos no *caput* deste artigo entrarão em vigor no prazo de cento e oitenta dias contados a partir da data de publicação desta Lei.

Art. 55. O Poder Executivo Federal regulamentará esta Lei no prazo de cento e oitenta dias, contados da data de sua publicação.

Art. 56. Esta Lei entra em vigor na data de sua publicação.

Art. 57. Revogam-se as disposições em contrário.

Brasília, 8 de janeiro de 1997; 176º da Independência e 109º da República.

FERNANDO HENRIQUE CARDOSO
Gustavo Krause

LEI Nº 9.434,
DE 4 DE FEVEREIRO DE 1997

Dispõe sobre a remoção de órgãos, tecidos e partes do corpo humano para fins de transplante e tratamento e dá outras providências.

- *Transplantes*
- Regulamentada pelo Decreto 9.175, de 2017.

O PRESIDENTE DA REPÚBLICA Faço saber que o Congresso Nacional decreta e eu sanciono a seguinte Lei:

CAPÍTULO I.
DAS DISPOSIÇÕES GERAIS

Art. 1º. A disposição gratuita de tecidos, órgãos e partes do corpo humano, em vida ou *post mortem*, para fins de transplante e tratamento, é permitida na forma desta Lei.

Parágrafo único. Para os efeitos desta Lei, não estão compreendidos entre os tecidos a que se refere este artigo o sangue, o esperma e o óvulo.

Art. 2º. A realização de transplante ou enxertos de tecidos, órgãos ou partes do corpo humano só poderá ser realizada por estabelecimento de saúde, público ou privado, e por equipes médico-cirúrgicas de remoção e transplante previamente autorizados pelo órgão de gestão nacional do Sistema Único de Saúde.

Parágrafo único. A realização de transplantes ou enxertos de tecidos, órgãos e partes do corpo humano só poderá ser autorizada após a realização, no doador, de todos os testes de triagem para diagnóstico de infecção e infestação exigidos em normas regulamentares expedidas pelo Ministério da Saúde. (Redação dada pela Lei nº 10.211, de 2001)

CAPÍTULO II.
DA DISPOSIÇÃO *POST MORTEM* DE TECIDOS, ÓRGÃOS E PARTES DO CORPO HUMANO PARA FINS DE TRANSPLANTE

Art. 3º. A retirada *post mortem* de tecidos, órgãos ou partes do corpo humano destinados a transplante ou tratamento deverá ser precedida de diagnóstico de morte encefálica, constatada e registrada por 2 (dois) médicos não participantes das equipes de remoção e transplante, mediante a utilização de critérios clínicos e tecnológicos definidos por resolução do Conselho Federal de Medicina.

§ 1º. Os prontuários médicos, contendo os resultados ou os laudos dos exames referentes aos diagnósticos de morte encefálica e cópias dos documentos de que tratam os arts. 2º, parágrafo único; 4º e seus parágrafos; 5º; 7º; 9º, §§ 2º, 4º, 6º e 8º; e 10, quando couber, e detalhando os atos cirúrgicos relativos aos transplantes e enxertos, serão mantidos nos arquivos das instituições referidas no art. 2º por um período mínimo de 5 (cinco) anos.

§ 2º. As instituições referidas no art. 2º enviarão anualmente um relatório contendo os nomes dos pacientes receptores ao órgão gestor estadual do Sistema único de Saúde.

§ 3º. Será admitida a presença de médico de confiança da família do falecido no ato da comprovação e atestação da morte encefálica.

Art. 4º. A retirada de tecidos, órgãos e partes do corpo de pessoas falecidas para transplantes ou outra finalidade terapêutica, dependerá da autorização do cônjuge ou parente, maior de idade, obedecida a linha sucessória, reta ou colateral, até o segundo grau inclusive, firmada em documento subscrito por 2 (duas) testemunhas presentes à verificação da morte. (Redação dada pela Lei nº 10.211, de 2001)

Parágrafo único. (*VETADO*). (Incluído pela Lei nº 10.211, de 23.3.2001)

§§ 1º a 5º (*Revogados pela Lei nº 10.211, de 2001*).

Art. 5º. A remoção *post mortem* de tecidos, órgãos ou partes do corpo de pessoa juridicamente incapaz poderá ser feita desde que permitida expressamente por ambos os pais ou por seus responsáveis legais.

Art. 6º. É vedada a remoção *post mortem* de tecidos, órgãos ou partes do corpo de pessoas não identificadas.

Art. 7º. (*VETADO*).

Parágrafo único. No caso de morte sem assistência médica, de óbito em decorrência de causa mal definida ou de outras situações nas quais houver indicação de verificação da causa médica da morte, a remoção de tecidos, órgãos ou partes de cadáver para fins de transplante ou terapêutica somente poderá ser realizada após a autorização do patologista do serviço de verificação de óbito responsável pela investigação e citada em relatório de necrópsia.

Art. 8º. Após a retirada de tecidos, órgãos e partes, o cadáver será imediatamente necropsiado, se verificada a hipótese do parágrafo único do art. 7º, e, em qualquer caso, condignamente recomposto para ser entregue, em seguida, aos parentes do morto ou seus responsáveis legais para sepultamento. (Redação dada pela Lei nº 10.211, de 2001)

CAPÍTULO III. DA DISPOSIÇÃO DE TECIDOS, ÓRGÃOS E PARTES DO CORPO HUMANO VIVO PARA FINS DE TRANSPLANTE OU TRATAMENTO

Art. 9º. É permitida à pessoa juridicamente capaz dispor gratuitamente de tecidos, órgãos e partes do próprio corpo vivo, para fins terapêuticos ou para transplantes em cônjuge ou parentes consanguíneos até o quarto grau, inclusive, na forma do § 4º deste artigo, ou em qualquer outra pessoa, mediante autorização judicial, dispensada esta em relação à medula óssea. (Redação dada pela Lei nº 10.211, de 2001)

§ 1º. (*VETADO*).

§ 2º. (*VETADO*).

§ 3º. Só é permitida a doação referida neste artigo quando se tratar de órgãos duplos, de partes de órgãos, tecidos ou partes do corpo cuja retirada não impeça o organismo do doador de continuar vivendo sem risco para a sua integridade e não represente grave comprometimento de suas aptidões vitais e saúde mental e não cause mutilação ou deformação inaceitável, e corresponda a uma necessidade terapêutica comprovadamente indispensável à pessoa receptora.

§ 4º. O doador deverá autorizar, preferencialmente por escrito e diante de testemunhas, especificamente o tecido, órgão ou parte do corpo objeto da retirada.

§ 5º. A doação poderá ser revogada pelo doador ou pelos responsáveis legais a qualquer momento antes de sua concretização.

§ 6º. O indivíduo juridicamente incapaz, com compatibilidade imunológica comprovada, poderá fazer doação nos casos de transplante de medula óssea, desde que haja consentimento de ambos os pais ou seus responsáveis legais e autorização judicial e o ato não oferecer risco para a sua saúde.

§ 7º. É vedado à gestante dispor de tecidos, órgãos ou partes de seu corpo vivo, exceto quando se tratar de doação de tecido para ser utilizado em transplante de medula óssea e o ato não oferecer risco à sua saúde ou ao feto.

§ 8º. O autotransplante depende apenas do consentimento do próprio indivíduo, registrado em seu prontuário médico ou, se ele for juridicamente incapaz, de um de seus pais ou responsáveis legais.

Art. 9º-A. É garantido a toda mulher o acesso a informações sobre as possibilidades e os benefícios da doação voluntária de sangue do cordão umbilical e placentário durante o período de consultas pré-natais e no momento da realização do parto. (Incluído pela Lei nº 11.633, de 2007)

CAPÍTULO IV. DAS DISPOSIÇÕES COMPLEMENTARES

Art. 10. O transplante ou enxerto só se fará com o consentimento expresso do receptor, assim inscrito em lista única de espera, após aconselhamento sobre a excepcionalidade e os riscos do procedimento. (Redação dada pela Lei nº 10.211, de 2001)

§ 1º. Nos casos em que o receptor seja juridicamente incapaz ou cujas condições de saúde impeçam ou comprometam a manifestação válida da sua vontade, o consentimento de que trata este artigo será dado por um de seus pais ou responsáveis legais. (Incluído pela Lei nº 10.211, de 23.3.2001)

§ 2º. A inscrição em lista única de espera não confere ao pretenso receptor ou à sua família direito subjetivo a indenização, se o transplante não se realizar em decorrência de alteração do estado de órgãos, tecidos e partes, que lhe seriam destinados, provocado por acidente ou incidente em seu transporte. (Incluído pela Lei nº 10.211, de 23.3.2001)

Art. 11. É proibida a veiculação, através de qualquer meio de comunicação social de anúncio que configure:

a) publicidade de estabelecimentos autorizados a realizar transplantes e enxertos, relativa a estas atividades;

b) apelo público no sentido da doação de tecido, órgão ou parte do corpo humano para pessoa determinada identificada ou não, ressalvado o disposto no parágrafo único;

c) apelo público para a arrecadação de fundos para o financiamento de transplante ou enxerto em benefício de particulares.

Parágrafo único. Os órgãos de gestão nacional, regional e local do Sistema único de Saúde realizarão periodicamente, através dos meios adequados de comunicação social, campanhas de esclarecimento público dos benefícios esperados a partir da vigência desta Lei e de estímulo à doação de órgãos.

‣ Lei 11.584/2007: art. 1º, par. único.

Art. 12. (*VETADO*).

Art. 13. É obrigatório, para todos os estabelecimentos de saúde, notificar, às centrais de notificação, captação e distribuição de órgãos da unidade federada onde ocorrer o diagnóstico de morte encefálica feito em pacientes por eles atendidos.

Parágrafo único. Após a notificação prevista no *caput* deste artigo, os estabelecimentos de saúde não autorizados a retirar tecidos, órgãos ou partes do corpo humano destinados a transplante ou tratamento deverão permitir a imediata remoção do paciente ou franquear suas instalações e fornecer o apoio operacional necessário às equipes médico-cirúrgicas de remoção e transplante, hipótese em que serão ressarcidos na forma da lei. (Incluído pela Lei nº 11.521, de 2007)

CAPÍTULO V. DAS SANÇÕES PENAIS E ADMINISTRATIVAS

SEÇÃO I. DOS CRIMES

Art. 14. Remover tecidos, órgãos ou partes do corpo de pessoa ou cadáver, em desacordo com as disposições desta Lei:

Pena – reclusão, de 2 (dois) a 6 (seis) anos, e multa, de 100 (cem) a 360 (trezentos e sessenta) dias-multa.

§ 1º. Se o crime é cometido mediante paga ou promessa de recompensa ou por outro motivo torpe:

Pena – reclusão, de 3 (três) a 8 (oito) anos, e multa, de 100 (cem) a 150 (cento e cinquenta) dias-multa.

§ 2º. Se o crime é praticado em pessoa viva, e resulta para o ofendido:

‣ CP: art. 129, § 1º.

I – incapacidade para as ocupações habituais, por mais de 30 (trinta) dias;

II – perigo de vida;

III – debilidade permanente de membro, sentido ou função;

IV – aceleração de parto:

Pena – reclusão, de 3 (três) a 10 (dez) anos, e multa, de 100 (cem) a 200 (duzentos) dias-multa

§ 3º. Se o crime é praticado em pessoa viva, e resulta para o ofendido:

‣ CP: art. 129, § 2º.

I – Incapacidade permanente para o trabalho;

II – Enfermidade incurável;

III – perda ou inutilização de membro, sentido ou função;

IV – deformidade permanente;

V – aborto:

Pena – reclusão, de 4 (quatro) a 12 (doze) anos, e multa, de 150 (cento e cinquenta) a 300 (trezentos) dias-multa.

§ 4º. Se o crime é praticado em pessoa viva e resulta morte:

‣ CP: art. 129, § 3º.

Pena – reclusão, de 8 (oito) a 20 (vinte) anos, e multa de 200 (duzentos) a 360 (trezentos e sessenta) dias-multa.

Art. 15. Comprar ou vender tecidos, órgãos ou partes do corpo humano:

Pena – reclusão, de 3 (três) a 8 (oito) anos, e multa, de 200 (duzentos) a 360 (trezentos e sessenta) dias-multa.

Parágrafo único. Incorre na mesma pena quem promove, intermedeia, facilita ou aufere qualquer vantagem com a transação.

Art. 16. Realizar transplante ou enxerto utilizando tecidos, órgãos ou partes do corpo humano de que se tem ciência terem sido obtidos em desacordo com os dispositivos desta Lei:

Pena – reclusão, de 1 (um) a 6 (seis) anos, e multa, de 150 (cento e cinquenta) a 300 (trezentos) dias-multa.

Art. 17. Recolher, transportar, guardar ou distribuir partes do corpo humano de que se tem ciência terem sido obtidos em desacordo com os dispositivos desta Lei:

Pena – reclusão, de 6 (seis) meses a 2 (dois) anos, e multa, de 100 (cem) a 250 (duzentos e cinquenta) dias-multa.

Art. 18. Realizar transplante ou enxerto em desacordo com o disposto no art. 10 desta Lei e seu parágrafo único:

Pena – detenção, de 6 (seis) meses a 2 (dois) anos.

Art. 19. Deixar de recompor cadáver, devolvendo-lhe aspecto condigno, para sepultamento ou deixar de entregar ou retardar sua entrega aos familiares ou interessados:

Pena – detenção, de 6 (seis) meses a 2 (dois) anos.

‣ CP: art. 212.

Art. 20. Publicar anúncio ou apelo público em desacordo com o disposto no art. 11:

Pena – multa, de 100 (cem) a 200 (duzentos) dias-multa.

SEÇÃO II. DAS SANÇÕES ADMINISTRATIVAS

Art. 21. No caso dos crimes previstos nos arts. 14, 15, 16 e 17, o estabelecimento de saúde e as equipes médico-cirúrgicas envolvidas poderão ser desautorizadas temporária ou permanentemente pelas autoridades competentes.

§ 1º. Se a instituição é particular, a autoridade competente poderá multá-la em 200 (duzentos) a 360 (trezentos e sessenta) dias-multa e, em caso de reincidência, poderá ter suas atividades suspensas temporária ou definitivamente, sem direito a qualquer indenização ou compensação por investimentos realizados.

§ 2º. Se a instituição é particular, é proibida de estabelecer contratos ou convênios com entidades públicas, bem como se beneficiar de créditos oriundos de instituições governamentais ou daquelas em que o Estado é acionista, pelo prazo de 5 (cinco) anos.

Art. 22. As instituições que deixarem de manter em arquivo relatórios dos transplantes realizados, conforme o disposto no art. 3º, § 1º, ou que não enviarem os relatórios mencionados no art. 3º, § 2º ao órgão de gestão estadual do Sistema único de Saúde, estão sujeitas a multa, de 100 (cem) a 200 (duzentos) dias-multa.

§ 1º. Incorre na mesma pena o estabelecimento de saúde que deixar de fazer as notificações previstas no art. 13 desta Lei ou proibir, dificultar ou atrasar as hipóteses definidas em seu parágrafo único. (Redação dada pela Lei nº 11.521, de 2007)

§ 2º. Em caso de reincidência, além de multa, o órgão de gestão estadual do Sistema Único de Saúde poderá determinar a desautorização temporária ou permanente da instituição.

Art. 23. Sujeita-se às penas do art. 59 da Lei nº 4.117, de 27 de agosto de 1962, a empresa de comunicação social que veicular anúncio em desacordo com o disposto no art. 11.

CAPÍTULO VI. DAS DISPOSIÇÕES FINAIS

Art. 24. (*VETADO*).

Art. 25. Revogam-se as disposições em contrário, particularmente a Lei nº 8.489, de 18 de novembro de 1992, e o Decreto nº 879, de 22 de julho de 1993.

Brasília, 4 de fevereiro de 1997; 176º da Independência e 109º da República.

FERNANDO HENRIQUE CARDOSO
D.O.U. 5.2.1997

LEI Nº 9.447, DE 14 DE MARÇO DE 1997

Dispõe sobre a responsabilidade solidária de controladores de instituições submetidas aos regimes de que tratam a Lei nº 6.024, de 13 de março de 1974, e o Decreto-lei nº 2.321, de 25 de fevereiro de 1987; sobre a indisponibilidade de seus bens; sobre a responsabilização das empresas de auditoria contábil ou dos auditores contábeis independentes; sobre privatização de instituições cujas ações sejam desapropriadas, na forma do Decreto-lei nº 2.321, de 1987, e dá outras providências.

- *Intervenção e Liquidação extrajudicial*

Faço saber que o PRESIDENTE DA REPÚBLICA adotou a Medida Provisória nº 1.470-16, de 1997, que o Congresso Nacional aprovou, e eu, Antonio Carlos Magalhães, Presidente, para os efeitos do disposto no parágrafo único do art. 62 da Constituição Federal, promulgo a seguinte Lei:

Art. 1º. A responsabilidade solidária dos controladores de instituições financeiras estabelecida no art. 15 do Decreto-lei nº 2.321, de 25 de fevereiro de 1987, aplica-se, também, aos regimes de intervenção e liquidação extrajudicial de que trata a Lei nº 6.024, de 13 de março de 1974.

Art. 2º. O disposto na Lei nº 6.024, de 1974, e no Decreto-lei nº 2.321, de 1987, no que se refere à indisponibilidade de bens, aplica-se, também, aos bens das pessoas, naturais ou jurídicas, que detenham o controle, direto ou indireto das instituições submetidas aos regimes de intervenção, liquidação extrajudicial ou administração especial temporária.

§ 1º. Objetivando assegurar a normalidade da atividade econômica e os interesses dos credores, o Banco Central do Brasil, por decisão de sua diretoria, poderá excluir da indisponibilidade os bens das pessoas jurídicas controladoras das instituições financeiras submetidas aos regimes especiais.

§ 2º. Não estão sujeitos à indisponibilidade os bens considerados inalienáveis ou impenhoráveis, nos termos da legislação em vigor.

§ 3º. A indisponibilidade não impede a alienação de controle, cisão, fusão ou incorporação da instituição submetida aos regimes de intervenção, liquidação extrajudicial ou administração especial temporária.

Art. 3º. O inquérito de que trata o art. 41 da Lei nº 6.024, de 1974, compreende também a apuração dos atos praticados ou das omissões incorridas pelas pessoas naturais ou jurídicas prestadoras de serviços de auditoria independente às instituições submetidas aos regimes de intervenção, liquidação extrajudicial ou administração especial temporária.

Parágrafo único. Concluindo o inquérito que houve culpa ou dolo na atuação das pessoas de que trata o *caput*, aplicar-se-á o disposto na parte final do *caput* do art. 45 da Lei nº 6.024, de 1974.

Art. 4º. O Banco Central do Brasil poderá, além das hipóteses previstas no art. 1º do Decreto-lei nº 2.321, de 1987, decretar regime de administração especial temporária, quando caracterizada qualquer das situações previstas no art. 15 da Lei nº 6.024, de 1974.

Art. 5º. Verificada a ocorrência de qualquer das hipóteses previstas nos arts. 2º e 15 da Lei nº 6.024, de 1974, e no art. 1º do Decreto-lei nº 2.321, de 1987, é facultado ao Banco Central do Brasil, visando assegurar a normalidade da economia pública e resguardar os interesses dos depositantes, investidores e demais credores, sem prejuízo da posterior adoção dos regimes de intervenção, liquidação extrajudicial ou administração especial temporária, determinar as seguintes medidas:

I – capitalização da sociedade, com o aporte de recursos necessários ao seu soerguimento, em montante por ele fixado;

II – transferência do controle acionário;

III – reorganização societária, inclusive mediante incorporação, fusão ou cisão.

Parágrafo único. Não implementadas as medidas de que trata este artigo, no prazo estabelecido pelo Banco Central do Brasil, decretar-se-á o regime especial cabível.

Art. 6º. No resguardo da economia pública e dos interesses dos depositantes e investidores, o interventor, o liquidante ou o conselho diretor da instituição submetida aos regimes de intervenção, liquidação extrajudicial ou administração especial temporária, quando prévia e expressamente autorizado pelo Banco Central do Brasil, poderá:

I – transferir para outra ou outras sociedades, isoladamente ou em conjunto, bens, direitos e obrigações da empresa ou de seus estabelecimentos;

II – alienar ou ceder bens e direitos a terceiros e acordar a assunção de obrigações por outra sociedade;

III – proceder à constituição ou reorganização de sociedade ou sociedades para as quais sejam transferidos, no todo ou em parte, bens, direitos e obrigações da instituição sob intervenção, liquidação extrajudicial ou administração especial temporária, objetivando a continuação geral ou parcial de seu negócio ou atividade.

Art. 7º. A implementação das medidas previstas no artigo anterior e o encerramento, por qualquer forma, dos regimes de intervenção, liquidação extrajudicial ou administração especial temporária não prejudicarão:

I – o andamento do inquérito para apuração das responsabilidades dos controladores, administradores, membros dos conselhos da instituição e das pessoas naturais ou jurídicas prestadoras de serviços de auditoria independente às instituições submetidas aos regimes de que tratam a Lei nº 6.024, de 1974, e o Decreto-lei nº 2.321, de 1987;

II – a legitimidade do Ministério Público para prosseguir ou propor as ações previstas nos arts. 45 e 46 da Lei nº 6.024, de 1974.

Art. 8º. A intervenção e a liquidação extrajudicial de instituições financeiras poderão, também, a critério do Banco Central do Brasil, ser executadas por pessoa jurídica.

Art. 9º. (*Revogado pela Lei nº 13.506, de 2017*).

Art. 10. A alienação do controle de instituições financeiras cujas ações sejam desapropriadas pela União, na forma do Decreto-lei nº 2.321, de 1987, será feita mediante oferta pública, na forma de regulamento, assegurada igualdade de condições a todos os concorrentes.

§ 1º. O decreto expropriatório fixará, em cada caso, o prazo para alienação do controle, o qual poderá ser prorrogado por igual período.

§ 2º. Desapropriadas as ações, o regime de administração especial temporária prosseguirá, até que efetivada a transferência, pela União, do controle acionário da instituição.

Art. 11. As instituições financeiras cujas ações sejam desapropriadas pela União permanecerão, até a alienação de seu controle, para todos os fins, sob o regime jurídico próprio das empresas privadas.

Art. 12. Nos empréstimos realizados no âmbito do Programa de Estímulo à Reestruturação e ao Fortalecimento do Sistema Financeiro Nacional – PROER poderão ser aceitos, como garantia, títulos ou direitos relativos a operações de responsabilidade do Tesouro Nacional ou de entidades da Administração Pública Federal indireta.

- Lei 9.710/1998 – Dispõe sobre medidas de fortalecimento do Sistema Financeiro Nacional. (Lei do Proer)

Parágrafo único. Exceto nos casos em que as garantias sejam representadas por títulos da dívida pública mobiliária federal vendidos em leilões competitivos, o valor nominal das garantias deverá exceder em pelo menos vinte por cento o montante garantido.

Art. 13. Na hipótese de operações financeiras ao amparo do PROER, o Banco Central do Brasil informará, tempestivamente, à Comissão de Assuntos Econômicos do Senado Federal, em cada caso:

- Lei 9.710/1998 – Dispõe sobre medidas de fortalecimento do Sistema Financeiro Nacional. (Lei do Proer)

I – os motivos pelos quais a instituição financeira solicitou sua inclusão no Programa;
II – o valor da operação;
III – os dados comparativos entre os encargos financeiros cobrados no PROER e os encargos financeiros médios pagos pelo Banco Central do Brasil na colocação de seus títulos no mercado;
IV – as garantias aceitas e seu valor em comparação com o empréstimo concedido.

Art. 14. Os arts. 22 e 26 da Lei nº 6.385, de 7 de dezembro de 1976, passam a vigorar com as seguintes alterações:

- Alterações incorporadas ao texto da referida lei.

Art. 15. Ficam convalidados os atos praticados com base na Medida Provisória 1.470-15, de 17 de janeiro de 1997.

Art. 16. Esta Lei entra em vigor na data de sua publicação.

Congresso Nacional, em 14 de março de 1997; 176º da Independência e 109º da República.

SENADOR ANTÔNIO CARLOS MAGALHÃES
Presidente do Congresso Nacional
D.O.U. de 15.3.1997 (ed. Extra)

LEI Nº 9.455, DE 7 DE ABRIL DE 1997

Define os crimes de tortura e dá outras providências.

- *Crimes de tortura*

O PRESIDENTE DA REPÚBLICA Faço saber que o Congresso Nacional decreta e eu sanciono a seguinte Lei:

- Decreto 6.085/2007 – Promulga o Protocolo Facultativo à Convenção contra a Tortura e Outros Tratamentos ou Penas Cruéis, Desumanos ou Degradantes, adotado em 18 de dezembro de 2002.
- Decreto 40/1991 – Promulga a Convenção Contra a Tortura e Outros Tratamentos ou Penas Cruéis, Desumanos ou Degradantes.

Art. 1º. Constitui crime de tortura:

- CF/88: arts. 5º, III e XLIII.
- Lei 8.072/1990: art. 2º, I.

I – constranger alguém com emprego de violência ou grave ameaça, causando-lhe sofrimento físico ou mental:

a) com o fim de obter informação, declaração ou confissão da vítima ou de terceira pessoa;

b) para provocar ação ou omissão de natureza criminosa;

c) em razão de discriminação racial ou religiosa;

II – submeter alguém, sob sua guarda, poder ou autoridade, com emprego de violência ou grave ameaça, a intenso sofrimento físico ou mental, como forma de aplicar castigo pessoal ou medida de caráter preventivo.

Pena – reclusão, de 2 (dois) a 8 (oito) anos.

§ 1º. Na mesma pena incorre quem submete pessoa presa ou sujeita a medida de segurança a sofrimento físico ou mental, por intermédio da prática de ato não previsto em lei ou não resultante de medida legal.

- CF/88: art. 5º, XLIX.

§ 2º. Aquele que se omite em face dessas condutas, quando tinha o dever de evitá-las ou apurá-las, incorre na pena de detenção de 1 (um) a 4 (quatro) anos.

- CP: art. 13, § 2º.

§ 3º. Se resulta lesão corporal de natureza grave ou gravíssima, a pena é de reclusão de 4 (quatro) a 10 (dez) anos; se resulta morte, a reclusão é de 8 (oito) a 16 (dezesseis) anos.

§ 4º. Aumenta-se a pena de 1/6 (um sexto) até 1/3 (um terço):

I – se o crime é cometido por agente público;

- CP: art. 327.

II – se o crime é cometido contra criança, gestante, portador de deficiência, adolescente ou maior de 60 anos; (Redação dada pela Lei nº 10.741, de 2003)

III – se o crime é cometido mediante sequestro.

§ 5º. A condenação acarretará a perda do cargo, função ou emprego público e a interdição para seu exercício pelo dobro do prazo da pena aplicada.

§ 6º. O crime de tortura é inafiançável e insuscetível de graça ou anistia.

- CF/88: art. 5º, XLIII.
- Lei 8.072/1990: art. 2º, I e II.

§ 7º. O condenado por crime previsto nesta Lei, salvo a hipótese do § 2º, iniciará o cumprimento da pena em regime fechado.

- Súm. 698 do STF.
- Lei 8.072/1990: art. 2º, § 1º.

Art. 2º. O disposto nesta Lei aplica-se ainda quando o crime não tenha sido cometido em território nacional, sendo a vítima brasileira ou encontrando-se o agente em local sob jurisdição brasileira.

- CP: arts. 5º a 8º.

Art. 3º. Esta Lei entra em vigor na data de sua publicação.

Art. 4º. Revoga-se o art. 233 da Lei nº 8.069, de 13 de julho de 1990 – Estatuto da Criança e do Adolescente.

Brasília, 7 de abril de 1997; 176º da Independência e 109º da República.

FERNANDO HENRIQUE CARDOSO
D.O.U. de 8.4.1997

LEI Nº 9.469, DE 10 DE JULHO DE 1997

Regulamenta o disposto no inciso VI do art. 4º da Lei Complementar nº 73, de 10 de fevereiro de 1993; dispõe sobre a intervenção da União nas causas em que figurarem, como autores ou réus, entes da administração indireta; regula os pagamentos devidos pela Fazenda Pública em virtude de sentença judiciária; revoga a Lei nº 8.197, de 27 de junho de 1991, e a Lei nº 9.081, de 19 de julho de 1995, e dá outras providências.

- *Advocacia-Geral da União*
- CF/88: arts. 131 e 132.
- LC 73/1993 – Institui a Lei Orgânica da Advocacia-Geral da União.

Faço saber que o PRESIDENTE DA REPÚBLICA adotou a Medida Provisória nº 1.561-6, de 1997, que o Congresso Nacional aprovou, e eu, Antonio Carlos Magalhães, Presidente, para os efeitos do disposto no parágrafo único do art. 62 da Constituição Federal, promulgo a seguinte Lei:

Art. 1º. O Advogado-Geral da União, diretamente ou mediante delegação, e os dirigentes máximos das empresas públicas federais, em conjunto com o dirigente estatutário da área afeta ao assunto, poderão autorizar a realização de acordos ou transações para prevenir ou terminar litígios, inclusive os judiciais. (Redação dada pela Lei nº 13.140, de 2015)

§ 1º. Poderão ser criadas câmaras especializadas, compostas por servidores públicos ou empregados públicos efetivos, com o objetivo de analisar e formular propostas de acordos ou transações. (Redação dada pela Lei 13.140, de 2015)

§ 2º. (*Revogado pela Lei nº 12.348, de 2010*).

§ 3º. Regulamento disporá sobre a forma de composição das câmaras de que trata o § 1º, que deverão ter como integrante pelo menos um membro efetivo da Advocacia-Geral da União ou, no caso das empresas públicas, um assistente jurídico ou ocupante de função equivalente. (Redação dada pela Lei nº 13.140, de 2015)

§ 4º. Quando o litígio envolver valores superiores aos fixados em regulamento, o acordo ou a transação, sob pena de nulidade, dependerá de prévia e expressa autorização do Advogado-Geral da União e do Ministro de Estado a cuja área de competência estiver afeto o assunto, ou ainda do Presidente da Câmara dos Deputados, do Senado Federal, do Tribunal de Contas da União, de Tribunal ou Conselho, ou do Procurador-Geral da República, no caso de interesse dos órgãos dos Poderes Legislativo e Judiciário ou do Ministério Público da União, excluídas as empresas públicas federais não dependentes, que necessitarão apenas de prévia e expressa autorização dos dirigentes de que trata o *caput*. (Incluído pela Lei nº 13.140, de 2015)

- Dec. 10.201/2020 (Regulamenta o § 4º do art. 1º e o art. 2º da Lei nº 9.469, de 10 de julho de 1997, para fixar os valores de alçada para a autorização de acordos ou transações celebradas por pessoa jurídica de direito público federal e por empresas públicas federais, para prevenir ou terminar litígios, inclusive os judiciais).

§ 5º. Na transação ou acordo celebrado diretamente pela parte ou por intermédio de procurador para extinguir ou encerrar processo judicial, inclusive os casos de extensão administrativa de pagamentos postulados em juízo, as partes poderão definir a responsabilidade de cada uma pelo pagamento dos honorários dos respectivos advogados. (Incluído pela Lei nº 13.140, de 2015)

Art. 1º-A. O Advogado-Geral da União poderá dispensar a inscrição de crédito, autorizar o não ajuizamento de ações e a não interposição de recursos, assim como o requerimento de extinção das ações em curso ou de desistência dos respectivos recursos judiciais, para cobrança de créditos da União e das autarquias e fundações públicas federais, observados os critérios de custos de administração e cobrança. (Incluído pela Lei nº 11.941, de 2009)

Parágrafo único. O disposto neste artigo não se aplica à Dívida Ativa da União e aos processos em que a União seja autora, ré, assistente ou opoente cuja representação judicial seja atribuída à Procuradoria-Geral da Fazenda Nacional.

Art. 1º-B. Os dirigentes máximos das empresas públicas federais poderão autorizar a não propositura de ações e a não interposição de recursos, assim como o requerimento de extinção das ações em curso ou de desistência dos respectivos recursos judiciais, para cobrança de créditos, atualizados, de valor igual ou inferior a R$ 10.000,00 (dez mil reais), em que interessadas essas entidades na qualidade de autoras, rés, assistentes ou opoentes, nas condições aqui estabelecidas. (Incluído pela Lei nº 11.941, de 2009)

Parágrafo único. Quando a causa envolver valores superiores ao limite fixado neste artigo, o disposto no *caput*, sob pena de nulidade, dependerá de prévia e expressa autorização do Ministro de Estado ou do titular da Secretaria da Presidência da República a cuja área de competência estiver afeto o assunto, excluído o caso das empresas públicas não dependentes que necessitarão apenas de prévia e expressa autorização de seu dirigente máximo.

Art. 1º-C. Verificada a prescrição do crédito, o representante judicial da União, das autarquias e fundações públicas federais não efetivará a inscrição em dívida ativa dos créditos, não procederá ao ajuizamento, não recorrerá e desistirá dos recursos já interpostos. (Incluído pela Lei nº 11.941, de 2009)

Art. 2º. O Procurador-Geral da União, o Procurador-Geral Federal, o Procurador-Geral do Banco Central do Brasil e os dirigentes das empresas públicas federais mencionadas no *caput* do art. 1º poderão autorizar, diretamente ou mediante delegação, a realização de acordos para prevenir ou terminar, judicial ou extrajudicialmente, litígio que envolver valores inferiores aos fixados em regulamento. (Redação dada pela Lei nº 13.140, de 2015)

- Dec. 10.201/2020 (Regulamenta o § 4º do art. 1º e o art. 2º da Lei nº 9.469, de 10 de julho de 1997, para fixar os valores de alçada para a autorização de acordos ou transações celebradas por pessoa jurídica de direito público federal e por empresas públicas federais, para prevenir ou terminar litígios, inclusive os judiciais).

§ 1º. No caso das empresas públicas federais, a delegação é restrita a órgão colegiado formalmente constituído, composto por pelo menos um dirigente estatutário. (Redação dada pela Lei nº 13.140, de 2015)

§ 2º. O acordo de que trata o *caput* poderá consistir no pagamento do débito em parcelas mensais e sucessivas, até o limite máximo de sessenta. (Redação dada pela Lei nº 13.140, de 2015)

§ 3º. O valor de cada prestação mensal, por ocasião do pagamento, será acrescido de juros equivalentes à taxa referencial do Sistema Especial de Liquidação e de Custódia – SELIC para títulos federais, acumulada mensalmente, calculados a partir do mês subsequente ao da consolidação até o mês anterior ao do pagamento e de um por cento relativamente ao mês em que o pagamento estiver sendo efetuado. (Incluído pela Lei nº 13.140, de 2015)

§ 4º. Inadimplida qualquer parcela, após trinta dias, instaurar-se-á o processo de execução ou nele prosseguir-se-á, pelo saldo. (Incluído pela Lei nº 13.140, de 2015)

Art. 3º. As autoridades indicadas no *caput* do art. 1º poderão concordar com pedido de desistência da ação, nas causas de quaisquer valores, desde que o autor renuncie expressamente ao direito sobre que se funda a ação (art. 269, inciso V, do Código de Processo Civil).

- Refere-se a dispositivo do CPC/1973.
- CPC/15: art. 487, III, c.

Parágrafo único. Quando a desistência de que trata este artigo decorrer de prévio requerimento do autor dirigido à administração pública federal para apreciação de pedido administrativo com o mesmo objeto da ação, esta não poderá negar o seu deferimento exclusivamente em razão da renúncia prevista no *caput* deste artigo. (Incluído pela Lei nº 11.941, de 2009)

Art. 4º. Não havendo Súm. da Advocacia-Geral da União (arts. 4º, inciso XII, e 43, da Lei Complementar nº 73, de 1993), o Advogado-Geral da União poderá dispensar a propositura de ações ou a interposição de recursos judiciais quando a controvérsia jurídica estiver sendo iterativamente decidida pelo Supremo Tribunal Federal ou pelos Tribunais Superiores.

Art. 4º-A. O termo de ajustamento de conduta, para prevenir ou terminar litígios, nas hipóteses que envolvam interesse público da União, suas autarquias e fundações, firmado pela Advocacia-Geral da União, deverá conter: (Incluído pela Lei nº 12.249, de 2010)

I – a descrição das obrigações assumidas;
II – o prazo e o modo para o cumprimento das obrigações;
III – a forma de fiscalização da sua observância;
IV – os fundamentos de fato e de direito; e
V – a previsão de multa ou de sanção administrativa, no caso de seu descumprimento.

Parágrafo único. A Advocacia-Geral da União poderá solicitar aos órgãos e entidades públicas federais manifestação sobre a viabilidade técnica, operacional e financeira das obrigações a serem assumidas em termo de ajustamento de conduta, cabendo ao Advogado-Geral da União a decisão final quanto à sua celebração.

Art. 5º. A União poderá intervir nas causas em que figurarem, como autoras ou rés, autarquias, fundações públicas, sociedades de economia mista e empresas públicas federais.

Parágrafo único. As pessoas jurídicas de direito público poderão nas causas cuja decisão possa ter reflexos, ainda que indiretos, de natureza econômica, intervir, independentemente da demonstração de interesse jurídico, para esclarecer questões de fato e de direito, podendo juntar documentos e memoriais reputados úteis ao exame da matéria e, se for o caso, recorrer, hipótese em que, para fins de deslocamento de competência, serão consideradas partes.

Art. 6º. Os pagamentos devidos pela Fazenda Pública federal, estadual ou municipal e pelas autarquias e fundações públicas, em virtude de sentença judiciária, far-se-ão, exclusivamente, na ordem cronológica da apresentação dos precatórios judiciários e à conta do respectivo crédito.

- CF/88: art. 100.

§ 1º. É assegurado o direito de preferência aos credores de obrigação de natureza alimentícia, obedecida, entre eles, a ordem cronológica de apresentação dos respectivos precatórios judiciários. (Renumerado pela Medida Provisória nº 2.226, de 2001)

§ 2º. (Revogado pela Lei nº 13.140, de 2015)

Art. 7º. (*Revogado pela Lei nº 11.941, de 2009*).

Art. 7º-A. As competências previstas nesta Lei aplicam-se concorrentemente àquelas específicas existentes na legislação em vigor em relação às autarquias, às fundações e às empresas públicas federais não dependentes. (Incluído pela Lei nº 11.941, de 2009)

Art. 8º. Aplicam-se as disposições desta Lei, no que couber, às ações propostas e aos recursos interpostos pelas entidades legalmente sucedidas pela União.

Art. 9º. A representação judicial das autarquias e fundações públicas por seus procuradores ou advogados, ocupantes de cargos efetivos dos respectivos quadros, independe da apresentação do instrumento de mandato.

Art. 10. Aplica-se às autarquias e fundações públicas o disposto nos arts. 188 e 475, *caput*, e no seu inciso II, do Código de Processo Civil.

- Referem-se a dispositivos do CPC/1973.
- CPC/15: arts. 180 e 496, II.

Art. 10-A. Ficam convalidados os acordos ou transações, em juízo, para terminar o litígio, realizados pela União ou pelas autarquias, fundações ou empresas públicas federais não dependentes durante o período de vigência da Medida Provisória 449, de 3 de dezembro de 2008, que estejam de acordo com o disposto nesta Lei. (Incluído pela Lei nº 11.941, de 2009)

Art. 11. Ficam convalidados os atos praticados com base na Medida Provisória nº 1.561-5, de 15 de maio de 1997.

Art. 12. Revogam-se a Lei nº 8.197, de 27 de junho de 1991, e a Lei nº 9.081, de 19 de julho de 1995.

Art. 13. Esta Lei entra em vigor na data de sua publicação.

Congresso Nacional, em 10 de julho de 1997; 176º da Independência e 109º da República.

ANTÔNIO CARLOS MAGALHÃES
D.O.U. 11.7.1997

LEI Nº 9.472, DE 16 DE JULHO DE 1997

Dispõe sobre a organização dos serviços de telecomunicações, a criação e funcionamento de um órgão regulador e outros aspectos institucionais, nos termos da Emenda Constitucional nº 8, de 1995.

- *Serviços de Telecomunicação*

O Presidente da República Faço saber que o Congresso Nacional decreta e eu sanciono a seguinte Lei:

LIVRO I
DOS PRINCÍPIOS FUNDAMENTAIS

Art. 1° Compete à União, por intermédio do órgão regulador e nos termos das políticas estabelecidas pelos Poderes Executivo e Legislativo, organizar a exploração dos serviços de telecomunicações.

Parágrafo único. A organização inclui, entre outros aspectos, o disciplinamento e a fiscalização da execução, comercialização e uso dos serviços e da implantação e funcionamento de redes de telecomunicações, bem como da utilização dos recursos de órbita e espectro de radiofrequências.

Art. 2° O Poder Público tem o dever de:

I - garantir, a toda a população, o acesso às telecomunicações, a tarifas e preços razoáveis, em condições adequadas;

II - estimular a expansão do uso de redes e serviços de telecomunicações pelos serviços de interesse público em benefício da população brasileira;

III - adotar medidas que promovam a competição e a diversidade dos serviços, incrementem sua oferta e propiciem padrões de qualidade compatíveis com a exigência dos usuários;

IV - fortalecer o papel regulador do Estado;

V - criar oportunidades de investimento e estimular o desenvolvimento tecnológico e industrial, em ambiente competitivo;

VI - criar condições para que o desenvolvimento do setor seja harmônico com as metas de desenvolvimento social do País.

VII - criar condições para ampliação da conectividade e da inclusão digital, priorizando a cobertura de estabelecimentos públicos de ensino. (Acrescido pela Lei nº 14.173/2021)

Art. 3° O usuário de serviços de telecomunicações tem direito:

I - de acesso aos serviços de telecomunicações, com padrões de qualidade e regularidade adequados à sua natureza, em qualquer ponto do território nacional;

II - à liberdade de escolha de sua prestadora de serviço;

III - de não ser discriminado quanto às condições de acesso e fruição do serviço;

IV - à informação adequada sobre as condições de prestação dos serviços, suas tarifas e preços;

V - à inviolabilidade e ao segredo de sua comunicação, salvo nas hipóteses e condições constitucional e legalmente previstas;

VI - à não divulgação, caso o requeira, de seu código de acesso;

VII - à não suspensão de serviço prestado em regime público, salvo por débito diretamente decorrente de sua utilização ou por descumprimento de condições contratuais;

VIII - ao prévio conhecimento das condições de suspensão do serviço;

IX - ao respeito de sua privacidade nos documentos de cobrança e na utilização de seus dados pessoais pela prestadora do serviço;

X - de resposta às suas reclamações pela prestadora do serviço;

XI - de peticionar contra a prestadora do serviço perante o órgão regulador e os organismos de defesa do consumidor;
XII - à reparação dos danos causados pela violação de seus direitos.

Parágrafo único. Para o cumprimento do disposto no inciso IV do *caput* deste artigo, a prestadora de serviço deverá divulgar em seu sítio eletrônico, de forma clara e de fácil compreensão pelos usuários, tabela com o valor das tarifas e preços praticados e a evolução dos reajustes realizados nos últimos cinco anos. (Incluído pela Lei nº 13.673, de 2018)

Art. 4° O usuário de serviços de telecomunicações tem o dever de:
I - utilizar adequadamente os serviços, equipamentos e redes de telecomunicações;
II - respeitar os bens públicos e aqueles voltados à utilização do público em geral;
III - comunicar às autoridades irregularidades ocorridas e atos ilícitos cometidos por prestadora de serviço de telecomunicações.

Art. 5º Na disciplina das relações econômicas no setor de telecomunicações observar-se-ão, em especial, os princípios constitucionais da soberania nacional, função social da propriedade, liberdade de iniciativa, livre concorrência, defesa do consumidor, redução das desigualdades regionais e sociais, repressão ao abuso do poder econômico e continuidade do serviço prestado no regime público.

Art. 6° Os serviços de telecomunicações serão organizados com base no princípio da livre, ampla e justa competição entre todas as prestadoras, devendo o Poder Público atuar para propiciá-la, bem como para corrigir os efeitos da competição imperfeita e reprimir as infrações da ordem econômica.

Art. 7º As normas gerais de proteção à ordem econômica são aplicáveis ao setor de telecomunicações. (Redação dada pela Lei 13.848/2019)

§ 1º Os atos envolvendo prestadora de serviço de telecomunicações, no regime público ou privado, que visem a qualquer forma de concentração econômica, inclusive mediante fusão ou incorporação de empresas, constituição de sociedade para exercer o controle de empresas ou qualquer forma de agrupamento societário, ficam submetidos aos controles, procedimentos e condicionamentos previstos nas normas gerais de proteção à ordem econômica.

§ 2º Os atos de que trata o § 1º serão submetidos à aprovação do Conselho Administrativo de Defesa Econômica (Cade). (Redação dada pela Lei 13.848/2019)

§ 3º Praticará infração da ordem econômica a prestadora de serviço de telecomunicações que, na celebração de contratos de fornecimento de bens e serviços, adotar práticas que possam limitar, falsear ou, de qualquer forma, prejudicar a livre concorrência ou a livre iniciativa.

LIVRO II
DO ÓRGÃO REGULADOR E DAS POLÍTICAS SETORIAIS

TÍTULO I
DA CRIAÇÃO DO ÓRGÃO REGULADOR

Art. 8° Fica criada a Agência Nacional de Telecomunicações, entidade integrante da Administração Pública Federal indireta, submetida a regime autárquico especial e vinculada ao Ministério das Comunicações, com a função de órgão regulador das telecomunicações, com sede no Distrito Federal, podendo estabelecer unidades regionais.

§ 1º A Agência terá como órgão máximo o Conselho Diretor, devendo contar, também, com um Conselho Consultivo, uma Procuradoria, uma Corregedoria, uma Biblioteca e uma Ouvidoria, além das unidades especializadas incumbidas de diferentes funções.

§ 2º A natureza de autarquia especial conferida à Agência é caracterizada por independência administrativa, ausência de subordinação hierárquica, mandato fixo e estabilidade de seus dirigentes e autonomia financeira.

Art. 9° A Agência atuará como autoridade administrativa independente, assegurando-se-lhe, nos termos desta Lei, as prerrogativas necessárias ao exercício adequado de sua competência.

Art. 10. Caberá ao Poder Executivo instalar a Agência, devendo o seu regulamento, aprovado por decreto do Presidente da República, fixar-lhe a estrutura organizacional.

Parágrafo único. A edição do regulamento marcará a instalação da Agência, investindo-a automaticamente no exercício de suas atribuições.

Art. 11. O Poder Executivo encaminhará ao Congresso Nacional, no prazo de até noventa dias, a partir da publicação desta Lei, mensagem criando o quadro efetivo de pessoal da Agência, podendo remanejar cargos disponíveis na estrutura do Ministério das Comunicações.

Arts. 12 a 14. *(Revogados pela Lei 9.986/2000).*

Art. 15. A fixação das dotações orçamentárias da Agência na Lei de Orçamento Anual e sua programação orçamentária e financeira de execução não sofrerão limites nos seus valores para movimentação e empenho.

Art. 16. Fica o Poder Executivo autorizado a realizar as despesas e os investimentos necessários à instalação da Agência, podendo remanejar, transferir ou utilizar saldos orçamentários, empregando como recursos dotações destinadas a atividades finalísticas e administrativas do Ministério das Comunicações, inclusive do Fundo de Fiscalização das Telecomunicações - FISTEL.

Parágrafo único. Serão transferidos à Agência os acervos técnico e patrimonial, bem como as obrigações e direitos do Ministério das Comunicações, correspondentes às atividades a ela atribuídas por esta Lei.

Art. 17. A extinção da Agência somente ocorrerá por lei específica.

TÍTULO II
DAS COMPETÊNCIAS

Art. 18. Cabe ao Poder Executivo, observadas as disposições desta Lei, por meio de decreto:
I - instituir ou eliminar a prestação de modalidade de serviço no regime público, concomitantemente ou não com sua prestação no regime privado;
II - aprovar o plano geral de outorgas de serviço prestado no regime público;
III - aprovar o plano geral de metas para a progressiva universalização de serviço prestado no regime público;
IV - autorizar a participação de empresa brasileira em organizações ou consórcios intergovernamentais destinados ao provimento de meios ou à prestação de serviços de telecomunicações.

Parágrafo único. O Poder Executivo, levando em conta os interesses do País no contexto de suas relações com os demais países, poderá estabelecer limites à participação estrangeira no capital de prestadora de serviços de telecomunicações.

Art. 19. À Agência compete adotar as medidas necessárias para o atendimento do interesse público e para o desenvolvimento das telecomunicações brasileiras, atuando com independência, imparcialidade, legalidade, impessoalidade e publicidade, e especialmente:
I - implementar, em sua esfera de atribuições, a política nacional de telecomunicações;
II - representar o Brasil nos organismos internacionais de telecomunicações, sob a coordenação do Poder Executivo;
III - elaborar e propor ao Presidente da República, por intermédio do Ministro de Estado das Comunicações, a adoção das medidas a que se referem os incisos I a IV do artigo anterior, submetendo previamente a consulta pública as relativas aos incisos I a III;
IV - expedir normas quanto à outorga, prestação e fruição dos serviços de telecomunicações no regime público;

> ‣ O STF, por maioria, conheceu em parte da ADI 1668, e, na parte conhecida, julgou parcialmente procedente o pedido, para "dar interpretação conforme à CF, sem redução de texto, ao artigo 19, incisos IV e X, da Lei nº 9.472/1997, com o objetivo de fixar exegese segundo o qual a competência da Agência Nacional de Telecomunicações para expedir normas subordinadas aos preceitos legais e regulamentares que regem a outorga, prestação e fruição dos serviços de telecomunicações no regime público e no regime privado." DJe de 23.03.2021.

V - editar atos de outorga e extinção de direito de exploração do serviço no regime público;
VI - celebrar e gerenciar contratos de concessão e fiscalizar a prestação do serviço no regime público, aplicando sanções e realizando intervenções;
VII - controlar, acompanhar e proceder à revisão de tarifas dos serviços prestados no regime público, podendo fixá-las nas condições previstas nesta Lei, bem como homologar reajustes;
VIII - administrar o espectro de radiofrequências e o uso de órbitas, expedindo as respectivas normas;
IX - editar atos de outorga e extinção do direito de uso de radiofrequência e de órbita, fiscalizando e aplicando sanções;
X - expedir normas sobre prestação de serviços de telecomunicações no regime privado;

> ‣ O STF, por maioria, conheceu em parte da ADI 1668, e, na parte conhecida, julgou parcialmente procedente o pedido, para "dar interpretação conforme à CF, sem redução de texto, ao artigo 19, incisos IV e X, da Lei nº 9.472/1997, com o objetivo de fixar exegese segundo o qual a competência da Agência Nacional de Telecomunicações para expedir normas subordinadas aos preceitos legais e regulamentares que regem a outorga, prestação e fruição dos serviços de telecomunicações no regime público e no regime privado." DJe de 23.03.2021.

XI - expedir e extinguir autorização para prestação de serviço no regime privado, fiscalizando e aplicando sanções;
XII - expedir normas e padrões a serem cumpridos pelas prestadoras de serviços de telecomunicações quanto aos equipamentos que utilizarem;
XIII - expedir ou reconhecer a certificação de produtos, observados os padrões e normas por ela estabelecidos;
XIV - expedir normas e padrões que assegurem a compatibilidade, a operação integrada e a interconexão entre as redes, abrangendo inclusive os equipamentos terminais;
XV - realizar busca e apreensão de bens no âmbito de sua competência;

> ‣ O STF, por maioria, conheceu em parte da ADI 1668, e, na parte conhecida, julgou parcialmente procedente o pedido, para "julgar inconstitucional o disposto neste inciso". DJe de 23.03.2021.

XVI - deliberar na esfera administrativa quanto à interpretação da legislação de telecomunicações e sobre os casos omissos;
XVII - compor administrativamente conflitos de interesses entre prestadoras de serviço de telecomunicações;

XVIII - reprimir infrações dos direitos dos usuários;

XIX - exercer, relativamente às telecomunicações, as competências legais em matéria de controle, prevenção e repressão das infrações da ordem econômica, ressalvadas as pertencentes ao Conselho Administrativo de Defesa Econômica - CADE;

XX - propor ao Presidente da República, por intermédio do Ministério das Comunicações, a declaração de utilidade pública, para fins de desapropriação ou instituição de servidão administrativa, dos bens necessários à implantação ou manutenção de serviço no regime público;

XXI - arrecadar e aplicar suas receitas;

XXII - resolver quanto à celebração, alteração ou extinção de seus contratos, bem como quanto à nomeação, exoneração e demissão de servidores, realizando os procedimentos necessários, na forma em que dispuser o regulamento;

XXIII - contratar pessoal por prazo determinado, de acordo com o disposto na Lei nº 8.745, de 9 de dezembro de 1993;

XXIV - adquirir, administrar e alienar seus bens;

XXV - decidir em último grau sobre as matérias de sua alçada, sempre admitido recurso ao Conselho Diretor;

XXVI - (Revogado pela Lei 13.848/2019).

XXVII - aprovar o seu regimento interno;

XXVIII - elaborar relatório anual de suas atividades, nele destacando o cumprimento da política do setor definida nos termos do artigo anterior;

XXIX - (Revogado pela Lei 13.848/2019).

XXX - rever, periodicamente, os planos enumerados nos incisos II e III do artigo anterior, submetendo-os, por intermédio do Ministro de Estado das Comunicações, ao Presidente da República, para aprovação;

XXXI - promover interação com administrações de telecomunicações dos países do Mercado Comum do Sul - MERCOSUL, com vistas à consecução de objetivos de interesse comum.

XXXII - reavaliar, periodicamente, a regulamentação com vistas à promoção da competição e à adequação à evolução tecnológica e de mercado. (Acrescido pela Lei 13.879/2019)

TÍTULO III
DOS ÓRGÃOS SUPERIORES

CAPÍTULO I
DO CONSELHO DIRETOR

Art. 20. O Conselho Diretor será composto por Presidente e 4 (quatro) conselheiros e decidirá por maioria absoluta. (Redação dada pela Lei 13.848/2019)

Parágrafo único. Cada membro do Conselho Diretor votará com independência, fundamentando seu voto. (Redação dada pela Lei 13.848/2019)

Art. 21. As sessões do Conselho Diretor serão registradas em atas, que ficarão arquivadas na Biblioteca, disponíveis para conhecimento geral.

§ 1º Quando a publicidade puder colocar em risco a segurança do País, ou violar segredo protegido ou a intimidade de alguém, os registros correspondentes serão mantidos em sigilo.

§ 2º As sessões deliberativas do Conselho Diretor que se destinem a resolver pendências entre agentes econômicos e entre estes e consumidores e usuários de bens e serviços de telecomunicações serão públicas, permitida a sua gravação por meios eletrônicos e assegurado aos interessados o direito de delas obter transcrições.

Art. 22. Compete ao Conselho Diretor:

I - submeter ao Presidente da República, por intermédio do Ministro de Estado das Comunicações, as modificações do regulamento da Agência;

II - aprovar normas próprias de licitação e contratação;

> ▸ O STF, por maioria, conheceu em parte da ADI 1668, e, na parte conhecida, julgou parcialmente procedente o pedido, para "dar interpretação conforme à CF, sem redução de texto, ao artigo 22, inciso II, da Lei nº 9.472/1997, para assentar que o exercício da competência normativa pelo Conselho Diretor deve observar o arcabouço normativo atinente às licitações e contratos". DJe de 23.03.2021.

III - propor o estabelecimento e alteração das políticas governamentais de telecomunicações;

IV - editar normas sobre matérias de competência da Agência;

V - aprovar editais de licitação, homologar adjudicações, bem como decidir pela prorrogação, transferência, intervenção e extinção, em relação às outorgas para prestação de serviço no regime público, obedecendo ao plano aprovado pelo Poder Executivo;

VI - aprovar o plano geral de autorizações de serviço prestado no regime privado;

VII - aprovar editais de licitação, homologar adjudicações, bem como decidir pela prorrogação, transferência e extinção, em relação às autorizações para prestação de serviço no regime privado, na forma do regimento interno;

VIII - aprovar o plano de destinação de faixas de radiofrequência e de ocupação de órbitas;

IX - aprovar os planos estruturais das redes de telecomunicações, na forma em que dispuser o regimento interno;

X - aprovar o regimento interno;

XI - resolver sobre a aquisição e a alienação de bens;

XII - autorizar a contratação de serviços de terceiros, na forma da legislação em vigor.

Parágrafo único. Fica vedada a realização por terceiros da fiscalização de competência da Agência, ressalvadas as atividades de apoio.

Art. 23. Os membros do Conselho Diretor serão brasileiros e terão reputação ilibada, formação universitária e elevado conceito no campo de sua especialidade, devendo ser indicados pelo Presidente da República e por ele nomeados, após aprovação pelo Senado Federal, nos termos da alínea "f" do inciso III do art. 52 da Constituição Federal, observado o disposto na Lei nº 9.986, de 18 de julho de 2000. (Redação dada pela Lei 13.848/2019, em vigor 90 dias após sua publicação, DOU 26/6/2019)

Art. 24. O mandato dos membros do Conselho Diretor será de 5 (cinco) anos, vedada a recondução, nos termos da Lei nº 9.986, de 18 de julho de 2000. (Redação dada pela Lei 13.848/2019, em vigor 90 dias após sua publicação, DOU 26/6/2019)

Parágrafo único. Em caso de vaga no curso do mandato, este será completado por sucessor investido na forma prevista no artigo anterior, que o exercerá pelo prazo remanescente.

Art. 25. Os mandatos dos primeiros membros do Conselho Diretor serão de três, quatro, cinco, seis e sete anos, a serem estabelecidos no decreto de nomeação.

Art. 26. (Revogado pela Lei nº 9.986, de 18.7.2000)

Art. 27. (Revogado pela Lei 13.848/2019).

Art. 28. (Revogado pela Lei 9.986/2000)

Art. 29. Caberá aos membros do Conselho Diretor a direção dos órgãos administrativos da Agência. (Redação dada pela Lei 13.848/2019)

Art. 30. Até um ano após deixar o cargo, é vedado ao ex-conselheiro representar qualquer pessoa ou interesse perante a Agência.

Parágrafo único. É vedado, ainda, ao ex-conselheiro utilizar informações privilegiadas obtidas em decorrência do cargo exercido, sob pena de incorrer em improbidade administrativa.

Art. 31. (Revogado pela Lei nº 9.986, de 18.7.2000)

Art. 32. Cabe ao Presidente a representação da Agência, o comando hierárquico sobre o pessoal e o serviço, exercendo todas as competências administrativas correspondentes, bem como a presidência das sessões do Conselho Diretor.

Parágrafo único. A representação judicial da Agência, com prerrogativas processuais de Fazenda Pública, será exercida pela Procuradoria.

CAPÍTULO II
DO CONSELHO CONSULTIVO

Art. 33. O Conselho Consultivo é o órgão de participação institucionalizada da sociedade na Agência.

Art. 34. O Conselho será integrado por representantes indicados pelo Senado Federal, pela Câmara dos Deputados, pelo Poder Executivo, pelas entidades de classe das prestadoras de serviços de telecomunicações, por entidades representativas dos usuários e por entidades representativas da sociedade, nos termos do regulamento.

Parágrafo único. O Presidente do Conselho Consultivo será eleito pelos seus membros e terá mandato de um ano.

Art. 35. Cabe ao Conselho Consultivo:

I - opinar, antes de seu encaminhamento ao Ministério das Comunicações, sobre o plano geral de outorgas, o plano geral de metas para universalização de serviços prestados no regime público e demais políticas governamentais de telecomunicações;

II - aconselhar quanto à instituição ou eliminação da prestação de serviço no regime público;

III - apreciar os relatórios anuais do Conselho Diretor;

IV - requerer informação e fazer proposição a respeito das ações referidas no art. 22.

Art. 36. Os membros do Conselho Consultivo, que não serão remunerados, terão mandato de três anos, vedada a recondução.

§ 1º Os mandatos dos primeiros membros do Conselho serão de um, dois e três anos, na proporção de um terço para cada período.

§ 2º O Conselho será renovado anualmente em um terço.

Art. 37. O regulamento disporá sobre o funcionamento do Conselho Consultivo.

TÍTULO IV
DA ATIVIDADE E DO CONTROLE

Art. 38. A atividade da Agência será juridicamente condicionada pelos princípios da legalidade, celeridade, finalidade, razoabilidade, proporcionalidade, impessoalidade, igualdade, devido processo legal, publicidade e moralidade.

Art. 39. Ressalvados os documentos e os autos cuja divulgação possa violar a segurança do País, segredo protegido ou a intimidade de alguém, todos os demais permanecerão abertos à consulta do público, sem formalidades, na Biblioteca.

Parágrafo único. A Agência deverá garantir o tratamento confidencial das informações técnicas, operacionais, econômico-financeiras e contábeis que solicitar às empresas prestadoras dos serviços de telecomunicações, nos termos do regulamento.

Art. 40. Os atos da Agência deverão ser sempre acompanhados da exposição formal dos motivos que os justifiquem.

Art. 41. Os atos normativos somente produzirão efeito após publicação no Diário Oficial da União, e aqueles de alcance particular, após a correspondente notificação.

Art. 42. (Revogado pela Lei 13.848/2019).

Art. 43. Na invalidação de atos e contratos, será garantida previamente a manifestação dos interessados.

Art. 44. Qualquer pessoa terá o direito de peticionar ou de recorrer contra ato da Agência no prazo máximo de trinta dias, devendo a decisão da Agência ser conhecida em até noventa dias.

Art. 45. (Revogado pela Lei 13.848/2019).

Art. 46. A Corregedoria acompanhará permanentemente o desempenho dos servidores da Agência, avaliando sua eficiência e o cumprimento dos deveres funcionais e realizando os processos disciplinares.

TÍTULO V
DAS RECEITAS

Art. 47. O produto da arrecadação das taxas de fiscalização de instalação e de funcionamento a que se refere a Lei nº 5.070, de 7 de julho de 1966, será destinado ao Fundo de Fiscalização das Telecomunicações - FISTEL, por ela criado.

Art. 48. A concessão, permissão ou autorização para a exploração de serviços de telecomunicações e de uso de radiofrequência, para qualquer serviço, será sempre feita a título oneroso, ficando autorizada a cobrança do respectivo preço nas condições estabelecidas nesta Lei e na regulamentação, constituindo o produto da arrecadação receita do Fundo de Fiscalização das Telecomunicações - FISTEL.

§ 1º Conforme dispuser a Agência, o pagamento devido pela concessionária, permissionária ou autorizada poderá ser feito na forma de quantia certa, em uma ou várias parcelas, ou de parcelas anuais, sendo seu valor, alternativamente:

I - determinado pela regulamentação;
II - determinado no edital de licitação;
III - fixado em função da proposta vencedora, quando constituir fator de julgamento;
IV - fixado no contrato de concessão ou no ato de permissão, nos casos de inexigibilidade de licitação.

§ 2º Após a criação do fundo de universalização dos serviços de telecomunicações mencionado no inciso II do art. 81, parte do produto da arrecadação a que se refere o *caput* deste artigo será a ele destinada, nos termos da lei correspondente.

Art. 49. A Agência submeterá anualmente ao Ministério da Economia a sua proposta de orçamento, bem como a do Fistel, para inclusão na lei orçamentária anual a que se refere o § 5º do art. 165 da Constituição Federal. (Redação dada pela Lei 13.848/2019)

§ 1º A Agência fará acompanhar as propostas orçamentárias de um quadro demonstrativo do planejamento plurianual das receitas e despesas, visando ao seu equilíbrio orçamentário e financeiro nos cinco exercícios subsequentes.

§ 2º O planejamento plurianual preverá o montante a ser transferido ao fundo de universalização a que se refere o inciso II do art. 81 desta Lei, e os saldos a serem transferidos ao Tesouro Nacional.

§ 3º A lei orçamentária anual consignará as dotações para as despesas de custeio e capital da Agência, bem como o valor das transferências de recursos do FISTEL ao Tesouro Nacional e ao fundo de universalização, relativos ao exercício a que ela se referir.

§ 4º As transferências a que se refere o parágrafo anterior serão formalmente feitas pela Agência ao final de cada mês.

Art. 50. O Fundo de Fiscalização das Telecomunicações - FISTEL, criado pela Lei nº 5.070, de 7 de julho de 1966, passará à administração exclusiva da Agência, a partir da data de sua instalação, com os saldos nele existentes, incluídas as receitas que sejam produto da cobrança a que se refere o art. 14 da Lei nº 9.295, de 19 de julho de 1996.

Art. 51. Os arts. 2°, 3°, 6° e seus parágrafos, o art. 8° e seu § 2°, e o art. 13, da Lei nº 5.070, de 7 de julho de 1966, passam a ter a seguinte redação:

"Art. 2° O Fundo de Fiscalização das Telecomunicações - FISTEL é constituído das seguintes fontes:

a) dotações consignadas no Orçamento Geral da União, créditos especiais, transferências e repasses que lhe forem conferidos;

b) o produto das operações de crédito que contratar, no País e no exterior, e rendimentos de operações financeiras que realizar;

c) relativas ao exercício do poder concedente dos serviços de telecomunicações, no regime público, inclusive pagamentos pela outorga, multas e indenizações;

d) relativas ao exercício da atividade ordenadora da exploração de serviços de telecomunicações, no regime privado, inclusive pagamentos pela expedição de autorização de serviço, multas e indenizações;

e) relativas ao exercício do poder de outorga do direito de uso de radiofreqüência para qualquer fim, inclusive multas e indenizações;

f) taxas de fiscalização;

g) recursos provenientes de convênios, acordos e contratos celebrados com entidades, organismos e empresas, públicas ou privadas, nacionais ou estrangeiras;

h) doações, legados, subvenções e outros recursos que lhe forem destinados;

i) o produto dos emolumentos, preços ou multas, os valores apurados na venda ou locação de bens, bem assim os decorrentes de publicações, dados e informações técnicas, inclusive para fins de licitação;

j) decorrentes de quantias recebidas pela aprovação de laudos de ensaio de produtos e pela prestação de serviços técnicos por órgãos da Agência Nacional de Telecomunicações;

l) rendas eventuais."

"Art. 3° Além das transferências para o Tesouro Nacional e para o fundo de universalização das telecomunicações, os recursos do Fundo de Fiscalização das Telecomunicações - FISTEL serão aplicados pela Agência Nacional de Telecomunicações exclusivamente:

....

d) no atendimento de outras despesas correntes e de capital por ela realizadas no exercício de sua competência."

"Art. 6° As taxas de fiscalização a que se refere a alínea f do art. 2° são a de instalação e a de funcionamento.

§ 1° Taxa de Fiscalização de Instalação é a devida pelas concessionárias, permissionárias e autorizadas de serviços de telecomunicações e de uso de radiofreqüência, no momento da emissão do certificado de licença para o funcionamento das estações.

§ 2° Taxa de Fiscalização de Funcionamento é a devida pelas concessionárias, permissionárias e autorizadas de serviços de telecomunicações e de uso de radiofreqüência, anualmente, pela fiscalização do funcionamento das estações."

"Art. 8° A Taxa de Fiscalização de Funcionamento será paga, anualmente, até o dia 31 de março, e seus valores serão os correspondentes a cinqüenta por cento dos fixados para a Taxa de Fiscalização de Instalação.

(...)

§ 2° O não-pagamento da Taxa de Fiscalização de Funcionamento no prazo de sessenta dias após a notificação da Agência determinará a caducidade da concessão, permissão ou autorização, sem que caiba ao interessado o direito a qualquer indenização.

(...)"

"Art. 13. São isentos do pagamento das taxas do FISTEL a Agência Nacional de Telecomunicações, as Forças Armadas, a Polícia Federal, as Polícias Militares, a Polícia Rodoviária Federal, as Polícias Civis e os Corpos de Bombeiros Militares."

Art. 52. Os valores das taxas de fiscalização de instalação e de funcionamento, constantes do Anexo I da Lei nº 5.070, de 7 de julho de 1966, passam a ser os da Tabela do Anexo III desta Lei.

Parágrafo único. A nomenclatura dos serviços relacionados na Tabela vigorará até que nova regulamentação seja editada, com base nesta Lei.

Art. 53. Os valores de que tratam as alíneas i e j do art. 2° da Lei nº 5.070, de 7 de julho de 1966, com a redação dada por esta Lei, serão estabelecidos pela Agência.

TÍTULO VI
DAS CONTRATAÇÕES

Art. 54. A contratação de obras e serviços de engenharia civil está sujeita ao procedimento das licitações previsto em lei geral para a Administração Pública.

Parágrafo único. Para os casos não previstos no *caput*, a Agência poderá utilizar procedimentos próprios de contratação, nas modalidades de consulta e pregão.

Art. 55. A consulta e o pregão serão disciplinados pela Agência, observadas as disposições desta Lei e, especialmente:

> ‣ O STF, por maioria, conheceu em parte da ADI 1668, e, na parte conhecida, julgou parcialmente procedente o pedido, para "julgar inconstitucional a expressão 'serão disciplinados pela Agência' do artigo 55 da Lei nº 9.472/1997". DJe de 23.03.2021.

I - a finalidade do procedimento licitatório é, por meio de disputa justa entre interessados, obter um contrato econômico, satisfatório e seguro para a Agência;
II - o instrumento convocatório identificará o objeto do certame, circunscreverá o universo de proponentes, estabelecerá critérios para aceitação e julgamento de propostas, regulará o procedimento, indicará as sanções aplicáveis e fixará as cláusulas do contrato;
III - o objeto será determinado de forma precisa, suficiente e clara, sem especificações que, por excessivas, irrelevantes ou desnecessárias, limitem a competição;
IV - a qualificação, exigida indistintamente dos proponentes, deverá ser compatível e proporcional ao objeto, visando à garantia do cumprimento das futuras obrigações;
V - como condição de aceitação da proposta, o interessado declarará estar em situação regular perante as Fazendas Públicas e a Seguridade Social, fornecendo seus códigos de inscrição, exigida a comprovação como condição indispensável à assinatura do contrato;
VI - o julgamento observará os princípios de vinculação ao instrumento convocatório, comparação objetiva e justo preço, sendo o empate resolvido por sorteio;
VII - as regras procedimentais assegurarão adequada divulgação do instrumento convocatório, prazos razoáveis para o preparo de propostas, os direitos ao contraditório e ao recurso, bem como a transparência e fiscalização;
VIII - a habilitação e o julgamento das propostas poderão ser decididos em uma única fase, podendo a habilitação, no caso de pregão, ser verificada apenas em relação ao licitante vencedor;

IX - quando o vencedor não celebrar o contrato, serão chamados os demais participantes na ordem de classificação;
X - somente serão aceitos certificados de registro cadastral expedidos pela Agência, que terão validade por dois anos, devendo o cadastro estar sempre aberto à inscrição dos interessados.

Art. 56. A disputa pelo fornecimento de bens e serviços comuns poderá ser feita em licitação na modalidade de pregão, restrita aos previamente cadastrados, que serão chamados a formular lances em sessão pública.

Parágrafo único. Encerrada a etapa competitiva, a Comissão examinará a melhor oferta quanto ao objeto, forma e valor.

Art. 57. Nas seguintes hipóteses, o pregão será aberto a quaisquer interessados, independentemente de cadastramento, verificando-se a um só tempo, após a etapa competitiva, a qualificação subjetiva e a aceitabilidade da proposta:

I - para a contratação de bens e serviços comuns de alto valor, na forma do regulamento;
II - quando o número de cadastrados na classe for inferior a cinco;
III - para o registro de preços, que terá validade por até dois anos;
IV - quando o Conselho Diretor assim o decidir.

Art. 58. A licitação na modalidade de consulta tem por objeto o fornecimento de bens e serviços não compreendidos nos arts. 56 e 57.

Parágrafo único. A decisão ponderará o custo e o benefício de cada proposta, considerando a qualificação do proponente.

Art. 59. A Agência poderá utilizar, mediante contrato, técnicos ou empresas especializadas, inclusive consultores independentes e auditores externos, para executar atividades de sua competência, vedada a contratação para as atividades de fiscalização, salvo para as correspondentes atividades de apoio.

- O STF, por maioria, conheceu em parte da ADI 1668, e, na parte conhecida, julgou parcialmente procedente o pedido, para "dar interpretação conforme à CF, sem redução de texto, ao artigo 59 da Lei nº 9.472/1997, assentando interpretação no sentido de que a contratação de técnicos ou empresas especializadas, inclusive consultores independentes e auditores externos, para executar atividades de competência da Agência, deve observar o regular procedimento licitatório previsto pelas leis de regência." DJe de 23.03.2021.

LIVRO III
DA ORGANIZAÇÃO DOS SERVIÇOS DE TELECOMUNICAÇÕES

TÍTULO I
DISPOSIÇÕES GERAIS

CAPÍTULO I
DAS DEFINIÇÕES

Art. 60. Serviço de telecomunicações é o conjunto de atividades que possibilita a oferta de telecomunicação.

§ 1° Telecomunicação é a transmissão, emissão ou recepção, por fio, radioeletricidade, meios ópticos ou qualquer outro processo eletromagnético, de símbolos, caracteres, sinais, escritos, imagens, sons ou informações de qualquer natureza.

§ 2° Estação de telecomunicações é o conjunto de equipamentos ou aparelhos, dispositivos e demais meios necessários à realização de telecomunicação, seus acessórios e periféricos, e, quando for o caso, as instalações que os abrigam e complementam, inclusive terminais portáteis.

Art. 61. Serviço de valor adicionado é a atividade que acrescenta, a um serviço de telecomunicações que lhe dá suporte e com o qual não se confunde, novas utilidades relacionadas ao acesso, armazenamento, apresentação, movimentação ou recuperação de informações.

§ 1º Serviço de valor adicionado não constitui serviço de telecomunicações, classificando-se seu provedor como usuário do serviço de telecomunicações que lhe dá suporte, com os direitos e deveres inerentes a essa condição.

§ 2° É assegurado aos interessados o uso das redes de serviços de telecomunicações para prestação de serviços de valor adicionado, cabendo à Agência, para assegurar esse direito, regular os condicionamentos, assim como o relacionamento entre aqueles e as prestadoras de serviço de telecomunicações.

CAPÍTULO II
DA CLASSIFICAÇÃO

Art. 62. Quanto à abrangência dos interesses a que atendem, os serviços de telecomunicações classificam-se em serviços de interesse coletivo e serviços de interesse restrito.

Parágrafo único. Os serviços de interesse restrito estarão sujeitos aos condicionamentos necessários para que sua exploração não prejudique o interesse coletivo.

Art. 63. Quanto ao regime jurídico de sua prestação, os serviços de telecomunicações classificam-se em públicos e privados.

Parágrafo único. Serviço de telecomunicações em regime público é o prestado mediante concessão ou permissão, com atribuição a sua prestadora de obrigações de universalização e de continuidade.

Art. 64. Comportarão prestação no regime público as modalidades de serviço de telecomunicações de interesse coletivo, cuja existência, universalização e continuidade a própria União comprometa-se a assegurar.

Parágrafo único. (Revogado pela Lei 13.879/2019)

Art. 65. Cada modalidade de serviço será destinada à prestação:

I - exclusivamente no regime público;
II - exclusivamente no regime privado; ou
III - concomitantemente nos regimes público e privado.

§ 1º Poderão ser deixadas à exploração apenas em regime privado as modalidades de serviço de interesse coletivo que, mesmo sendo essenciais, não estejam sujeitas a deveres de universalização. (Redação dada pela Lei 13.879/2019)

§ 2° A exclusividade ou concomitância a que se refere o *caput* poderá ocorrer em âmbito nacional, regional, local ou em áreas determinadas.

Art. 66. Quando um serviço for, ao mesmo tempo, explorado nos regimes público e privado, serão adotadas medidas que impeçam a inviabilidade econômica de sua prestação no regime público.

Art. 67. Não comportarão prestação no regime público os serviços de telecomunicações de interesse restrito.

Art. 68. É vedada, a uma mesma pessoa jurídica, a exploração, de forma direta ou indireta, de uma mesma modalidade de serviço nos regimes público e privado, salvo em regiões, localidades ou áreas distintas.

CAPÍTULO III
DAS REGRAS COMUNS

Art. 69. As modalidades de serviço serão definidas pela Agência em função de sua finalidade, âmbito de prestação, forma, meio de transmissão, tecnologia empregada ou de outros atributos.

Parágrafo único. Forma de telecomunicação é o modo específico de transmitir informação, decorrente de características particulares de transdução, de transmissão, de apresentação da informação ou de combinação destas, considerando-se formas de telecomunicação, entre outras, a telefonia, a telegrafia, a comunicação de dados e a transmissão de imagens.

Art. 69-A. As políticas governamentais de telecomunicações serão financiadas por recursos do Fundo de Universalização dos Serviços de Telecomunicações (Fust), criado pela Lei nº 9.998, de 17 de agosto de 2000. *(Acrescido pela Lei 14.109/2020)*

Art. 70. Serão coibidos os comportamentos prejudiciais à competição livre, ampla e justa entre as prestadoras do serviço, no regime público ou privado, em especial:

I - a prática de subsídios para redução artificial de preços;
II - o uso, objetivando vantagens na competição, de informações obtidas dos concorrentes, em virtude de acordos de prestação de serviço;
III - a omissão de informações técnicas e comerciais relevantes à prestação de serviços por outrem.

Art. 71. Visando a propiciar competição efetiva e a impedir a concentração econômica no mercado, a Agência poderá estabelecer restrições, limites ou condições a empresas ou grupos empresariais quanto à obtenção e transferência de concessões, permissões e autorizações.

Art. 72. Apenas na execução de sua atividade, a prestadora poderá valer-se de informações relativas à utilização individual do serviço pelo usuário.

§ 1° A divulgação das informações individuais dependerá da anuência expressa e específica do usuário.

§ 2° A prestadora poderá divulgar a terceiros informações agregadas sobre o uso de seus serviços, desde que elas não permitam a identificação, direta ou indireta, do usuário, ou a violação de sua intimidade.

Art. 73. As prestadoras de serviços de telecomunicações de interesse coletivo terão direito à utilização de postes, dutos, condutos e servidões pertencentes ou controlados por prestadora de serviços de telecomunicações ou de outros serviços de interesse público, de forma não discriminatória e a preços e condições justos e razoáveis.

Parágrafo único. Caberá ao órgão regulador do cessionário dos meios a serem utilizados definir as condições para adequado atendimento do disposto no *caput*.

Art. 74. A concessão, permissão ou autorização de serviço de telecomunicações não isenta a prestadora do atendimento às normas de engenharia e às leis municipais, estaduais ou distritais relativas à construção civil. (Redação dada pela Lei nº 13.116, de 2015)

Art. 75. Independerá de concessão, permissão ou autorização a atividade de telecomunicações restrita aos limites de uma mesma edificação ou propriedade móvel ou imóvel, conforme dispuser a Agência.

Art. 76. As empresas prestadoras de serviços e os fabricantes de produtos de telecomunicações que investirem em projetos de pesquisa e desenvolvimento no Brasil, na área de telecomunicações, obterão incentivos nas condições fixadas em lei.

Art. 77. O Poder Executivo encaminhará ao Congresso Nacional, no prazo de cento e vinte dias da publicação desta Lei, mensagem de criação de um fundo para o desenvolvimento tecnológico das telecomunicações brasileiras, com o objetivo de estimular a pesquisa e o desenvolvimento de novas tecnologias, incentivar a capacitação dos recursos humanos, fomentar a geração de empregos e promover o acesso de pequenas e médias empresas a recursos de capital, de modo a ampliar a competição na indústria de telecomunicações.

Art. 78. A fabricação e o desenvolvimento no País de produtos de telecomunicações serão estimulados mediante adoção de instrumentos de política creditícia, fiscal e aduaneira.

TÍTULO II DOS SERVIÇOS PRESTADOS EM REGIME PÚBLICO

CAPÍTULO I DAS OBRIGAÇÕES DE UNIVERSALIZAÇÃO E DE CONTINUIDADE

Art. 79. A Agência regulará as obrigações de universalização e de continuidade atribuídas às prestadoras de serviço no regime público.

§ 1º Obrigações de universalização são as que objetivam possibilitar o acesso de qualquer pessoa ou instituição de interesse público a serviço de telecomunicações, independentemente de sua localização e condição socioeconômica, bem como as destinadas a permitir a utilização das telecomunicações em serviços essenciais de interesse público.

§ 2º Obrigações de continuidade são as que objetivam possibilitar aos usuários dos serviços sua fruição de forma ininterrupta, sem paralisações injustificadas, devendo os serviços estar à disposição dos usuários, em condições adequadas de uso.

Art. 80. As obrigações de universalização serão objeto de metas periódicas, conforme plano específico elaborado pela Agência e aprovado pelo Poder Executivo, que deverá referir-se, entre outros aspectos, à disponibilidade de instalações de uso coletivo ou individual, ao atendimento de deficientes físicos, de instituições de caráter público ou social, bem como de áreas rurais ou de urbanização precária e de regiões remotas.

§ 1º O plano detalhará as fontes de financiamento das obrigações de universalização, que serão neutras em relação à competição, no mercado nacional, entre prestadoras.

§ 2º Os recursos do fundo de universalização de que trata o inciso II do art. 81 não poderão ser destinados à cobertura de custos com universalização dos serviços que, nos termos do contrato de concessão, a própria prestadora deva suportar.

Art. 81. Os recursos complementares destinados a cobrir a parcela do custo exclusivamente atribuível ao cumprimento das obrigações de universalização de prestadora de serviço de telecomunicações, que não possa ser recuperada com a exploração eficiente do serviço, poderão ser oriundos das seguintes fontes:

I - Orçamento Geral da União, dos Estados, do Distrito Federal e dos Municípios;

II – Fundo de Universalização dos Serviços de Telecomunicações (Fust), criado pela Lei nº 9.998, de 17 de agosto de 2000. *(Redação dada pela Lei 14.109/2020)*

Parágrafo único. *(Revogado pela Lei 14.109/2020)*

I e II – *(Revogados pela Lei 14.109/2020)*

Art. 82. O descumprimento das obrigações relacionadas à universalização e à continuidade ensejará a aplicação de sanções de multa, caducidade ou decretação de intervenção, conforme o caso.

CAPÍTULO II DA CONCESSÃO

SEÇÃO I DA OUTORGA

Art. 83. A exploração do serviço no regime público dependerá de prévia outorga, pela Agência, mediante concessão, implicando esta o direito de uso das radiofrequências necessárias, conforme regulamentação.

Parágrafo único. Concessão de serviço de telecomunicações é a delegação de sua prestação, mediante contrato, por prazo determinado, no regime público, sujeitando-se a concessionária aos riscos empresariais, remunerando-se pela cobrança de tarifas dos usuários ou por outras receitas alternativas e respondendo diretamente pelas suas obrigações e pelos prejuízos que causar.

Art. 84. As concessões não terão caráter de exclusividade, devendo obedecer ao plano geral de outorgas, com definição quanto à divisão do País em áreas, ao número de prestadoras para cada uma delas, seus prazos de vigência e os prazos para admissão de novas prestadoras.

§ 1º As áreas de exploração, o número de prestadoras, os prazos de vigência das concessões e os prazos para admissão de novas prestadoras serão definidos considerando-se o ambiente de competição, observados o princípio do maior benefício ao usuário e o interesse social e econômico do País, de modo a propiciar a justa remuneração da prestadora do serviço no regime público.

§ 2º A oportunidade e o prazo das outorgas serão determinados de modo a evitar o vencimento concomitante das concessões de uma mesma área.

Art. 85. Cada modalidade de serviço será objeto de concessão distinta, com clara determinação dos direitos e deveres da concessionária, dos usuários e da Agência.

Art. 86. A concessão somente poderá ser outorgada a empresa constituída segundo as leis brasileiras, com sede e administração no País, criada para explorar exclusivamente serviços de telecomunicações. (Redação dada pela Lei nº 12.485, de 2011)

Parágrafo único. Os critérios e condições para a prestação de outros serviços de telecomunicações diretamente pela concessionária obedecerão, entre outros, aos seguintes princípios, de acordo com regulamentação da Anatel: (Redação dada pela Lei nº 12.485, de 2011)

I - garantia dos interesses dos usuários, nos mecanismos de reajuste e revisão das tarifas, mediante o compartilhamento dos ganhos econômicos advindos da racionalização decorrente da prestação de outros serviços de telecomunicações, ou ainda mediante a transferência integral dos ganhos econômicos que não decorram da eficiência ou iniciativa empresarial, observados os termos dos §§ 2º e 3º do art. 108 desta Lei; (Incluído pela Lei nº 12.485, de 2011)

II - atuação do poder público para propiciar a livre, ampla e justa competição, reprimidas as infrações da ordem econômica, nos termos do art. 6º desta Lei; (Incluído pela Lei nº 12.485, de 2011)

III - existência de mecanismos que assegurem o adequado controle público no que tange aos bens reversíveis. (Incluído pela Lei nº 12.485, de 2011)

Art. 87. A outorga a empresa ou grupo empresarial que, na mesma região, localidade ou área, já preste a mesma modalidade de serviço, será condicionada à assunção do compromisso de, no prazo máximo de dezoito meses, contado da data de assinatura do contrato, transferir a outrem o serviço anteriormente explorado, sob pena de sua caducidade e de outras sanções previstas no processo de outorga.

Art. 88. As concessões serão outorgadas mediante licitação.

Art. 89. A licitação será disciplinada pela Agência, observados os princípios constitucionais, as disposições desta Lei e, especialmente:

I - a finalidade do certame é, por meio de disputa entre os interessados, escolher quem possa executar, expandir e universalizar o serviço no regime público com eficiência, segurança e a tarifas razoáveis;

II - a minuta de instrumento convocatório será submetida a consulta pública prévia;

III - o instrumento convocatório identificará o serviço objeto do certame e as condições de sua prestação, expansão e universalização, definirá o universo de proponentes, estabelecerá fatores e critérios para aceitação e julgamento de propostas, regulará o procedimento, determinará a quantidade de fases e seus objetivos, indicará as sanções aplicáveis e fixará as cláusulas do contrato de concessão;

IV - as qualificações técnico-operacional ou profissional e econômico-financeira, bem como as garantias da proposta e do contrato, exigidas indistintamente dos proponentes, deverão ser compatíveis com o objeto e proporcionais a sua natureza e dimensão;

V - o interessado deverá comprovar situação regular perante as Fazendas Públicas e a Seguridade Social;

VI - a participação de consórcio, que se constituirá em empresa antes da outorga da concessão, será sempre admitida;

VII - o julgamento atenderá aos princípios de vinculação ao instrumento convocatório e comparação objetiva;

VIII - os fatores de julgamento poderão ser, isolada ou conjugadamente, os de menor tarifa, maior oferta pela outorga, melhor qualidade dos serviços e melhor atendimento da demanda, respeitado sempre o princípio da objetividade;

IX - o empate será resolvido por sorteio;

X - as regras procedimentais assegurarão a adequada divulgação do instrumento convocatório, prazos compatíveis com o preparo de propostas e os direitos ao contraditório, ao recurso e à ampla defesa.

Art. 90. Não poderá participar da licitação ou receber outorga de concessão a empresa proibida de licitar ou contratar com o Poder Público ou que tenha sido declarada inidônea, bem como aquela que tenha sido punida nos dois anos anteriores com a decretação de caducidade de concessão, permissão ou autorização de serviço de telecomunicações, ou da caducidade de direito de uso de radiofrequência.

Art. 91. A licitação será inexigível quando, mediante processo administrativo conduzido pela Agência, a disputa for considerada inviável ou desnecessária.

§ 1º Considera-se inviável a disputa quando apenas um interessado puder realizar o serviço, nas condições estipuladas.

§ 2º Considera-se desnecessária a disputa nos casos em que se admita a exploração do serviço por todos os interessados que atendam às condições requeridas.

§ 3º O procedimento para verificação da inexigibilidade compreenderá chamamento público para apurar o número de interessados.

Art. 92. Nas hipóteses de inexigibilidade de licitação, a outorga de concessão dependerá de procedimento administrativo sujeito aos princípios da publicidade, moralidade, impessoalidade e contraditório, para verificar o preenchimento das condições relativas às qualificações técnico-operacional ou profissional e econômico-financeira, à regularidade fiscal e às garantias do contrato.

Parágrafo único. As condições deverão ser compatíveis com o objeto e proporcionais a sua natureza e dimensão.

SEÇÃO II
DO CONTRATO

Art. 93. O contrato de concessão indicará:

I - objeto, área e prazo da concessão;
II - modo, forma e condições da prestação do serviço;
III - regras, critérios, indicadores, fórmulas e parâmetros definidores da implantação, expansão, alteração e modernização do serviço, bem como de sua qualidade;
IV - deveres relativos à universalização e à continuidade do serviço;
V - o valor devido pela outorga, a forma e as condições de pagamento;
VI - as condições de prorrogação, incluindo os critérios para fixação do valor;
VII - as tarifas a serem cobradas dos usuários e os critérios para seu reajuste e revisão;
VIII - as possíveis receitas alternativas, complementares ou acessórias, bem como as provenientes de projetos associados;
IX - os direitos, as garantias e as obrigações dos usuários, da Agência e da concessionária;
X - a forma da prestação de contas e da fiscalização;
XI - os bens reversíveis, se houver;
XII - as condições gerais para interconexão;
XIII - a obrigação de manter, durante a execução do contrato, todas as condições de habilitação exigidas na licitação;
XIV - as sanções;
XV - o foro e o modo para solução extrajudicial das divergências contratuais.

Parágrafo único. O contrato será publicado resumidamente no Diário Oficial da União, como condição de sua eficácia.

Art. 94. No cumprimento de seus deveres, a concessionária poderá, observadas as condições e limites estabelecidos pela Agência:

I - empregar, na execução dos serviços, equipamentos e infraestrutura que não lhe pertençam;
II - contratar com terceiros o desenvolvimento de atividades inerentes, acessórias ou complementares ao serviço, bem como a implementação de projetos associados.

§ 1° Em qualquer caso, a concessionária continuará sempre responsável perante a Agência e os usuários.

§ 2° Serão regidas pelo direito comum as relações da concessionária com os terceiros, que não terão direitos frente à Agência, observado o disposto no art. 117 desta Lei.

Art. 95. A Agência concederá prazos adequados para adaptação da concessionária às novas obrigações que lhe sejam impostas.

Art. 96. A concessionária deverá:

I - prestar informações de natureza técnica, operacional, econômico-financeira e contábil, ou outras pertinentes que a Agência solicitar;
II - manter registros contábeis separados por serviço, caso explore mais de uma modalidade de serviço de telecomunicações;
III - submeter à aprovação da Agência a minuta de contrato-padrão a ser celebrado com os usuários, bem como os acordos operacionais que pretenda firmar com prestadoras estrangeiras;
IV - divulgar relação de assinantes, observado o disposto nos incisos VI e IX do art. 3º, bem como o art. 213, desta Lei;
V - submeter-se à regulamentação do serviço e à sua fiscalização;
VI - apresentar relatórios periódicos sobre o atendimento das metas de universalização constantes do contrato de concessão.

Art. 97. Dependerão de prévia aprovação da Agência a cisão, a fusão, a transformação, a incorporação, a redução do capital da empresa ou a transferência de seu controle societário.

Parágrafo único. A aprovação será concedida se a medida não for prejudicial à competição e não colocar em risco a execução do contrato, observado o disposto no art. 7º desta Lei.

Art. 98. O contrato de concessão poderá ser transferido após a aprovação da Agência desde que, cumulativamente:

I - o serviço esteja em operação, há pelo menos três anos, com o cumprimento regular das obrigações;
II - o cessionário preencha todos os requisitos da outorga, inclusive quanto às garantias, à regularidade jurídica e fiscal e à qualificação técnica e econômico-financeira;
III - a medida não prejudique a competição e não coloque em risco a execução do contrato, observado o disposto no art. 7° desta Lei.

Art. 99. O prazo máximo da concessão será de 20 (vinte) anos, prorrogável por iguais períodos, sendo necessário que a concessionária tenha cumprido as condições da concessão e as obrigações já assumidas e manifeste expresso interesse na prorrogação, pelo menos, 30 (trinta) meses antes de sua expiração. (Redação dada pela Lei 13.879/2019)

§ 1° A prorrogação do prazo da concessão implicará pagamento, pela concessionária, pelo direito de exploração do serviço e pelo direito de uso das radiofrequências associadas, e poderá, a critério da Agência, incluir novos condicionamentos, tendo em vista as condições vigentes à época.

§ 2° A desistência do pedido de prorrogação sem justa causa, após seu deferimento, sujeitará a concessionária à pena de multa.

§ 3° Em caso de comprovada necessidade de reorganização do objeto ou da área da concessão para ajustamento ao plano geral de outorgas ou à regulamentação vigente, poderá a Agência indeferir o pedido de prorrogação.

SEÇÃO III
DOS BENS

Art. 100. Poderá ser declarada a utilidade pública, para fins de desapropriação ou instituição de servidão, de bens imóveis ou móveis, necessários à execução do serviço, cabendo à concessionária a implementação da medida e o pagamento da indenização e das demais despesas envolvidas.

Art. 101. A alienação, oneração ou substituição de bens reversíveis dependerá de prévia aprovação da Agência.

Art. 102. A extinção da concessão transmitirá automaticamente à União a posse dos bens reversíveis.

Parágrafo único. A reversão dos bens, antes de expirado o prazo contratual, importará pagamento de indenização pelas parcelas de investimentos a eles vinculados, ainda não amortizados ou depreciados, que tenham sido realizados com o objetivo de garantir a continuidade e atualidade do serviço concedido.

SEÇÃO IV
DAS TARIFAS

Art. 103. Compete à Agência estabelecer a estrutura tarifária para cada modalidade de serviço.

§ 1° A fixação, o reajuste e a revisão das tarifas poderão basear-se em valor que corresponda à média ponderada dos valores dos itens tarifários.

§ 2° São vedados os subsídios entre modalidades de serviços e segmentos de usuários, ressalvado o disposto no parágrafo único do art. 81 desta Lei.

§ 3° As tarifas serão fixadas no contrato de concessão, consoante edital ou proposta apresentada na licitação.

§ 4° Em caso de outorga sem licitação, as tarifas serão fixadas pela Agência e constarão do contrato de concessão.

Art. 104. Transcorridos ao menos três anos da celebração do contrato, a Agência poderá, se existir ampla e efetiva competição entre as prestadoras do serviço, submeter a concessionária ao regime de liberdade tarifária.

§ 1° No regime a que se refere o *caput*, a concessionária poderá determinar suas próprias tarifas, devendo comunicá-las à Agência com antecedência de sete dias de sua vigência.

§ 2° Ocorrendo aumento arbitrário dos lucros ou práticas prejudiciais à competição, a Agência restabelecerá o regime tarifário anterior, sem prejuízo das sanções cabíveis.

Art. 105. Quando da implantação de novas prestações, utilidades ou comodidades relativas ao objeto da concessão, suas tarifas serão previamente levadas à Agência, para aprovação, com os estudos correspondentes.

Parágrafo único. Considerados os interesses dos usuários, a Agência poderá decidir por fixar as tarifas ou por submetê-las ao regime de liberdade tarifária, sendo vedada qualquer cobrança antes da referida aprovação.

Art. 106. A concessionária poderá cobrar tarifa inferior à fixada desde que a redução se baseie em critério objetivo e favoreça indistintamente todos os usuários, vedado o abuso do poder econômico.

Art. 107. Os descontos de tarifa somente serão admitidos quando extensíveis a todos os usuários que se enquadrem nas condições, precisas e isonômicas, para sua fruição.

Art. 108. Os mecanismos para reajuste e revisão das tarifas serão previstos nos contratos de concessão, observando-se, no que couber, a legislação específica.

§ 1° A redução ou o desconto de tarifas não ensejará revisão tarifária.

§ 2° Serão compartilhados com os usuários, nos termos regulados pela Agência, os ganhos econômicos decorrentes da modernização, expansão ou racionalização dos serviços, bem como de novas receitas alternativas.

§ 3° Serão transferidos integralmente aos usuários os ganhos econômicos que não decorram diretamente da eficiência empresarial, em casos como os de diminuição de tributos ou encargos legais e de novas regras sobre os serviços.

§ 4° A oneração causada por novas regras sobre os serviços, pela álea econômica extraordinária, bem como pelo aumento dos encargos legais ou tributos, salvo o imposto sobre a renda, implicará a revisão do contrato.

Art. 109. A Agência estabelecerá:

I - os mecanismos para acompanhamento das tarifas praticadas pela concessionária, inclusive a antecedência a ser observada na comunicação de suas alterações;
II - os casos de serviço gratuito, como os de emergência;
III - os mecanismos para garantir a publicidade das tarifas.

SEÇÃO V
DA INTERVENÇÃO

Art. 110. Poderá ser decretada intervenção na concessionária, por ato da Agência, em caso de:

I - paralisação injustificada dos serviços;
II - inadequação ou insuficiência dos serviços prestados, não resolvidas em prazo razoável;

III - desequilíbrio econômico-financeiro decorrente de má administração que coloque em risco a continuidade dos serviços;
IV - prática de infrações graves;
V - inobservância de atendimento das metas de universalização;
VI - recusa injustificada de interconexão;
VII - infração da ordem econômica nos termos da legislação própria.

Art. 111. O ato de intervenção indicará seu prazo, seus objetivos e limites, que serão determinados em função das razões que a ensejaram, e designará o interventor.

§ 1° A decretação da intervenção não afetará o curso regular dos negócios da concessionária nem seu normal funcionamento e produzirá, de imediato, o afastamento de seus administradores.

§ 2° A intervenção será precedida de procedimento administrativo instaurado pela Agência, em que se assegure a ampla defesa da concessionária, salvo quando decretada cautelarmente, hipótese em que o procedimento será instaurado na data da intervenção e concluído em até cento e oitenta dias.

§ 3° A intervenção poderá ser exercida por um colegiado ou por uma empresa, cuja remuneração será paga com recursos da concessionária.

§ 4° Dos atos do interventor caberá recurso à Agência.

§ 5° Para os atos de alienação e disposição do patrimônio da concessionária, o interventor necessitará de prévia autorização da Agência.

§ 6° O interventor prestará contas e responderá pelos atos que praticar.

SEÇÃO VI
DA EXTINÇÃO

Art. 112. A concessão extinguir-se-á por advento do termo contratual, encampação, caducidade, rescisão e anulação.

Parágrafo único. A extinção devolve à União os direitos e deveres relativos à prestação do serviço.

Art. 113. Considera-se encampação a retomada do serviço pela União durante o prazo da concessão, em face de razão extraordinária de interesse público, mediante lei autorizativa específica e após o pagamento de prévia indenização.

Art. 114. A caducidade da concessão será decretada pela Agência nas hipóteses:

I - de infração do disposto no art. 97 desta Lei ou de dissolução ou falência da concessionária;
II - de transferência irregular do contrato;
III - de não-cumprimento do compromisso de transferência a que se refere o art. 87 desta Lei;
IV - em que a intervenção seria cabível, mas sua decretação for inconveniente, inócua, injustamente benéfica ao concessionário ou desnecessária.

§ 1° Será desnecessária a intervenção quando a demanda pelos serviços objeto da concessão puder ser atendida por outras prestadoras de modo regular e imediato.

§ 2° A decretação da caducidade será precedida de procedimento administrativo instaurado pela Agência, em que se assegure a ampla defesa da concessionária.

Art. 115. A concessionária terá direito à rescisão quando, por ação ou omissão do Poder Público, a execução do contrato se tornar excessivamente onerosa.

Parágrafo único. A rescisão poderá ser realizada amigável ou judicialmente.

Art. 116. A anulação será decretada pela Agência em caso de irregularidade insanável e grave do contrato de concessão.

Art. 117. Extinta a concessão antes do termo contratual, a Agência, sem prejuízo de outras medidas cabíveis, poderá:

I - ocupar, provisoriamente, bens móveis e imóveis e valer-se de pessoal empregado na prestação dos serviços, necessários a sua continuidade;
II - manter contratos firmados pela concessionária com terceiros, com fundamento nos incisos I e II do art. 94 desta Lei, pelo prazo e nas condições inicialmente ajustadas.

Parágrafo único. Na hipótese do inciso II deste artigo, os terceiros que não cumprirem com as obrigações assumidas responderão pelo inadimplemento.

CAPÍTULO III
DA PERMISSÃO

Art. 118. Será outorgada permissão, pela Agência, para prestação de serviço de telecomunicações em face de situação excepcional comprometedora do funcionamento do serviço que, em virtude de suas peculiaridades, não possa ser atendida, de forma conveniente ou em prazo adequado, mediante intervenção na empresa concessionária ou mediante outorga de nova concessão.

Parágrafo único. Permissão de serviço de telecomunicações é o ato administrativo pelo qual se atribui a alguém o dever de prestar serviço de telecomunicações no regime público e em caráter transitório, até que seja normalizada a situação excepcional que a tenha ensejado.

Art. 119. A permissão será precedida de procedimento licitatório simplificado, instaurado pela Agência, nos termos por ela regulados, ressalvados os casos de inexigibilidade previstos no art. 91, observado o disposto no art. 92, desta Lei.

▸ O STF, por maioria, conheceu em parte da ADI 1668, e, na parte conhecida, julgou parcialmente procedente o pedido, para "julgar inconstitucionais as expressões 'simplificado' e 'nos termos por ela regulados' do artigo 119 da Lei nº 9.472/1997". DJe de 23.03.2021.

Art. 120. A permissão será formalizada mediante assinatura de termo, que indicará:

I - o objeto e a área da permissão, bem como os prazos mínimo e máximo de vigência estimados;
II - modo, forma e condições da prestação do serviço;
III - as tarifas a serem cobradas dos usuários, critérios para seu reajuste e revisão e as possíveis fontes de receitas alternativas;
IV - os direitos, as garantias e as obrigações dos usuários, do permitente e do permissionário;
V - as condições gerais de interconexão;
VI - a forma da prestação de contas e da fiscalização;
VII - os bens entregues pelo permitente à administração do permissionário;
VIII - as sanções;
IX - os bens reversíveis, se houver;
X - o foro e o modo para solução extrajudicial das divergências.

Parágrafo único. O termo de permissão será publicado resumidamente no Diário Oficial da União, como condição de sua eficácia.

Art. 121. Outorgada permissão em decorrência de procedimento licitatório, a recusa injustificada pelo outorgado em assinar o respectivo termo sujeitá-lo-á às sanções previstas no instrumento convocatório.

Art. 122. A permissão extinguir-se-á pelo decurso do prazo máximo de vigência estimado, observado o disposto no art. 124 desta Lei, bem como por revogação, caducidade e anulação.

Art. 123. A revogação deverá basear-se em razões de conveniência e oportunidade relevantes e supervenientes à permissão.

§ 1° A revogação, que poderá ser feita a qualquer momento, não dará direito a indenização.

§ 2° O ato revocatório fixará o prazo para o permissionário devolver o serviço, que não será inferior a sessenta dias.

Art. 124. A permissão poderá ser mantida, mesmo vencido seu prazo máximo, se persistir a situação excepcional que a motivou.

Art. 125. A Agência disporá sobre o regime da permissão, observados os princípios e objetivos desta Lei.

TÍTULO III
DOS SERVIÇOS PRESTADOS EM REGIME PRIVADO

CAPÍTULO I
DO REGIME GERAL DA EXPLORAÇÃO

Art. 126. A exploração de serviço de telecomunicações no regime privado será baseada nos princípios constitucionais da atividade econômica.

Art. 127. A disciplina da exploração dos serviços no regime privado terá por objetivo viabilizar o cumprimento das leis, em especial das relativas às telecomunicações, à ordem econômica e aos direitos dos consumidores, destinando-se a garantir:

I - a diversidade de serviços, o incremento de sua oferta e sua qualidade;
II - a competição livre, ampla e justa;
III - o respeito aos direitos dos usuários;
IV - a convivência entre as modalidades de serviço e entre prestadoras em regime privado e público, observada a prevalência do interesse público;
V - o equilíbrio das relações entre prestadoras e usuários dos serviços;
VI - a isonomia de tratamento às prestadoras;
VII - o uso eficiente do espectro de radiofrequências;
VIII - o cumprimento da função social do serviço de interesse coletivo, bem como dos encargos dela decorrentes;
IX - o desenvolvimento tecnológico e industrial do setor;
X - a permanente fiscalização.

Art. 128. Ao impor condicionamentos administrativos ao direito de exploração das diversas modalidades de serviço no regime privado, sejam eles limites, encargos ou sujeições, a Agência observará a exigência de mínima intervenção na vida privada, assegurando que:

I - a liberdade será a regra, constituindo exceção as proibições, restrições e interferências do Poder Público;
II - nenhuma autorização será negada, salvo por motivo relevante;
III - os condicionamentos deverão ter vínculos, tanto de necessidade como de adequação, com finalidades públicas específicas e relevantes;
IV - o proveito coletivo gerado pelo condicionamento deverá ser proporcional à privação que ele impuser;
V - haverá relação de equilíbrio entre os deveres impostos às prestadoras e os direitos a elas reconhecidos.

Art. 129. O preço dos serviços será livre, ressalvado o disposto no § 2° do art. 136 desta Lei, reprimindo-se toda prática prejudicial à competição, bem como o abuso do poder econômico, nos termos da legislação própria.

Art. 130. A prestadora de serviço em regime privado não terá direito adquirido à permanência das condições vigentes quando da expedição da autorização ou do início das atividades, devendo observar os novos condicionamentos impostos por lei e pela regulamentação.

Parágrafo único. As normas concederão prazos suficientes para adaptação aos novos condicionamentos.

Art. 130-A. É facultado às prestadoras de serviço em regime privado o aluguel de suas redes para implantação de sistema de localização de pessoas desaparecidas. (Incluído pela Lei nº 12.841, de 2013)

Parágrafo único. O sistema a que se refere o *caput* deste artigo está sujeito às regras de mercado, nos termos do art. 129 desta Lei. (Incluído pela Lei nº 12.841, de 2013)

CAPÍTULO II
DA AUTORIZAÇÃO DE SERVIÇO DE TELECOMUNICAÇÕES

SEÇÃO I
DA OBTENÇÃO

Art. 131. A exploração de serviço no regime privado dependerá de prévia autorização da Agência, que acarretará direito de uso das radiofrequências necessárias.

§ 1° Autorização de serviço de telecomunicações é o ato administrativo vinculado que faculta a exploração, no regime privado, de modalidade de serviço de telecomunicações, quando preenchidas as condições objetivas e subjetivas necessárias.

§ 2° A Agência definirá os casos que independerão de autorização.

§ 3° A prestadora de serviço que independa de autorização comunicará previamente à Agência o início de suas atividades, salvo nos casos previstos nas normas correspondentes.

§ 4° A eficácia da autorização dependerá da publicação de extrato no Diário Oficial da União.

Art. 132. É condição objetiva para a obtenção de autorização de serviço a disponibilidade de radiofrequência necessária, no caso de serviços que a utilizem. (Redação dada pela Lei 13.879/2019)

I e II - (Revogado pela Lei 13.879/2019)

Art. 133. São condições subjetivas para obtenção de autorização de serviço de interesse coletivo pela empresa:

I - estar constituída segundo as leis brasileiras, com sede e administração no País;

II - não estar proibida de licitar ou contratar com o Poder Público, não ter sido declarada inidônea ou não ter sido punida, nos dois anos anteriores, com a decretação da caducidade de concessão, permissão ou autorização de serviço de telecomunicações, ou da caducidade de direito de uso de radiofrequência;

III - dispor de qualificação técnica para bem prestar o serviço, capacidade econômico-financeira, regularidade fiscal e estar em situação regular com a Seguridade Social;

IV - não ser, na mesma região, localidade ou área, encarregada de prestar a mesma modalidade de serviço.

Parágrafo único. A Agência deverá verificar a situação de regularidade fiscal da empresa relativamente a entidades integrantes da administração pública federal, podendo, ainda, quando se mostrar relevante, requerer comprovação de regularidade perante as esferas municipal e estadual do Poder Público. (Acrescido pela Lei 13.879/2019)

Art. 134. A Agência disporá sobre as condições subjetivas para obtenção de autorização de serviço de interesse restrito.

Art. 135. A Agência poderá, excepcionalmente, em face de relevantes razões de caráter coletivo, condicionar a expedição de autorização à aceitação, pelo interessado, de compromissos de interesse da coletividade.

Parágrafo único. Os compromissos a que se refere o *caput* serão objeto de regulamentação, pela Agência, observados os princípios da razoabilidade, proporcionalidade e igualdade.

Art. 136. Não haverá limite ao número de autorizações de serviço, salvo em caso de impossibilidade técnica ou, excepcionalmente, quando o excesso de competidores puder comprometer a prestação de uma modalidade de serviço de interesse coletivo.

§ 1° A Agência determinará as regiões, localidades ou áreas abrangidas pela limitação e disporá sobre a possibilidade de a prestadora atuar em mais de uma delas.

§ 2° As prestadoras serão selecionadas mediante procedimento licitatório, na forma estabelecida nos arts. 88 a 92, sujeitando-se a transferência da autorização às mesmas condições estabelecidas no art. 98, desta Lei.

§ 3° Dos vencedores da licitação será exigida contrapartida proporcional à vantagem econômica que usufruírem, na forma de compromissos de interesse dos usuários.

Art. 137. O descumprimento de condições ou de compromissos assumidos, associados à autorização, sujeitará a prestadora às sanções de multa, suspensão temporária ou caducidade.

SEÇÃO II
DA EXTINÇÃO

Art. 138. A autorização de serviço de telecomunicações não terá sua vigência sujeita a termo final, extinguindo-se somente por cassação, caducidade, decaimento, renúncia ou anulação.

Art. 139. Quando houver perda das condições indispensáveis à expedição ou manutenção da autorização, a Agência poderá extingui-la mediante ato de cassação.

Parágrafo único. Importará em cassação da autorização do serviço a extinção da autorização de uso da radiofrequência respectiva.

Art. 140. Em caso de prática de infrações graves, de transferência irregular da autorização ou de descumprimento reiterado de compromissos assumidos, a Agência poderá extinguir a autorização decretando-lhe a caducidade.

Art. 141. O decaimento será decretado pela Agência, por ato administrativo, se, em face de razões de excepcional relevância pública, as normas vierem a vedar o tipo de atividade objeto da autorização ou a suprimir a exploração no regime privado.

§ 1° A edição das normas de que trata o *caput* não justificará o decaimento senão quando a preservação das autorizações já expedidas for efetivamente incompatível com o interesse público.

§ 2° Decretado o decaimento, a prestadora terá o direito de manter suas próprias atividades regulares por prazo mínimo de cinco anos, salvo desapropriação.

Art. 142. Renúncia é o ato formal unilateral, irrevogável e irretratável, pelo qual a prestadora manifesta seu desinteresse pela autorização.

Parágrafo único. A renúncia não será causa para punição do autorizado, nem o desonerará de suas obrigações com terceiros.

Art. 143. A anulação da autorização será decretada, judicial ou administrativamente, em caso de irregularidade insanável do ato que a expediu.

Art. 144. A extinção da autorização mediante ato administrativo dependerá de procedimento prévio, garantidos o contraditório e a ampla defesa do interessado.

TÍTULO III-A
DA ADAPTAÇÃO DA MODALIDADE DE OUTORGA DE SERVIÇO DE TELECOMUNICAÇÕES DE CONCESSÃO PARA AUTORIZAÇÃO
(Título acrescido pela Lei 13.879/2019)

Art. 144-A. A Agência poderá autorizar, mediante solicitação da concessionária, a adaptação do instrumento de concessão para autorização, condicionada à observância dos seguintes requisitos: (Acrescido pela Lei 13.879/2019)

I - manutenção da prestação do serviço adaptado e compromisso de cessão de capacidade que possibilite essa manutenção, nas áreas sem competição adequada, nos termos da regulamentação da Agência;

II - assunção, pela requerente, de compromissos de investimento, conforme o art. 144-B;

III - apresentação, pela requerente, de garantia que assegure o fiel cumprimento das obrigações previstas nos incisos I e II;

IV - adaptação das outorgas para prestação de serviços de telecomunicações e respectivas autorizações de uso de radiofrequências detidas pelo grupo empresarial da concessionária em termo único de serviços.

§ 1º Na prestação prevista no inciso I, deverão ser mantidas as ofertas comerciais do serviço adaptado existentes à época da aprovação da adaptação nas áreas sem competição adequada, nos termos da regulamentação da Agência.

§ 2º Ressalvadas as obrigações previstas nos incisos I e II, o processo de adaptação previsto no inciso IV dar-se-á de forma não onerosa, mantidos os prazos remanescentes das autorizações de uso de radiofrequências.

§ 3º A garantia prevista no inciso III deverá possibilitar sua execução por terceiro beneficiado, de forma a assegurar o cumprimento das obrigações a ela associadas.

§ 4º O contrato de concessão deverá ser alterado para incluir a possibilidade de adaptação prevista no *caput* deste artigo.

§ 5º Após a adaptação prevista no *caput*, poderá ser autorizada a transferência do termo previsto no inciso IV, no todo ou em parte, conforme regulamentação da Agência, desde que preservada a prestação do serviço.

Art. 144-B. O valor econômico associado à adaptação do instrumento de concessão para autorização prevista no art. 144-A será determinado pela Agência, com indicação da metodologia e dos critérios de valoração. (Acrescido pela Lei 13.879/2019)

§ 1º O valor econômico referido no *caput* deste artigo será a diferença entre o valor esperado da exploração do serviço adaptado em regime de autorização e o valor esperado da exploração desse serviço em regime de concessão, calculados a partir da adaptação.

§ 2º O valor econômico referido no *caput* deste artigo será revertido em compromissos de investimento, priorizados conforme diretrizes do Poder Executivo.

§ 3º Os compromissos de investimento priorizarão a implantação de infraestrutura de rede de alta capacidade de comunicação de dados em áreas sem competição adequada e a redução das desigualdades, nos termos da regulamentação da Agência.

§ 4º Os compromissos de investimento mencionados neste artigo deverão integrar o termo previsto no inciso IV do art. 144-A.

§ 5º Os compromissos de investimento deverão incorporar a oferta subsidiada de tecnologias assistivas para acessibilidade de pessoas com deficiência, seja às redes de alta capacidade de comunicação de dados, seja aos planos de consumo nos serviços de comunicações para usuários com deficiência, nos termos da regulamentação da Agência.

Art. 144-C. Para efeito do cálculo do valor econômico mencionado no art. 144-B, serão considerados bens reversíveis, se houver, os ativos essenciais e efetivamente empregados na prestação do serviço concedido. (Acrescido pela Lei 13.879/2019)

Parágrafo único. Os bens reversíveis utilizados para a prestação de outros serviços de telecomunicações explorados em regime privado serão valorados na proporção de seu uso para o serviço concedido.

TÍTULO IV
DAS REDES DE TELECOMUNICAÇÕES

Art. 145. A implantação e o funcionamento de redes de telecomunicações destinadas a dar suporte à prestação de serviços de interesse coletivo, no regime público ou privado, observarão o disposto neste Título.

Parágrafo único. As redes de telecomunicações destinadas à prestação de serviço em regime privado poderão ser dispensadas do disposto no *caput*, no todo ou em parte, na forma da regulamentação expedida pela Agência.

Art. 146. As redes serão organizadas como vias integradas de livre circulação, nos termos seguintes:

I - é obrigatória a interconexão entre as redes, na forma da regulamentação;

II - deverá ser assegurada a operação integrada das redes, em âmbito nacional e internacional;

III - o direito de propriedade sobre as redes é condicionado pelo dever de cumprimento de sua função social.

Parágrafo único. Interconexão é a ligação entre redes de telecomunicações funcionalmente compatíveis, de modo que os usuários de serviços de uma das redes possam comunicar-se com usuários de serviços de outra ou acessar serviços nela disponíveis.

Art. 147. É obrigatória a interconexão às redes de telecomunicações a que se refere o art. 145 desta Lei, solicitada por prestadora de serviço no regime privado, nos termos da regulamentação.

Art. 148. É livre a interconexão entre redes de suporte à prestação de serviços de telecomunicações no regime privado, observada a regulamentação.

Art. 149. A regulamentação estabelecerá as hipóteses e condições de interconexão a redes internacionais.

Art. 150. A implantação, o funcionamento e a interconexão das redes obedecerão à regulamentação editada pela Agência, assegurando a compatibilidade das redes das diferentes prestadoras, visando à sua harmonização em âmbito nacional e internacional.

Art. 151. A Agência disporá sobre os planos de numeração dos serviços, assegurando sua administração de forma não discriminatória e em estímulo à competição, garantindo o atendimento aos compromissos internacionais.

Parágrafo único. A Agência disporá sobre as circunstâncias e as condições em que a prestadora de serviço de telecomunicações cujo usuário transferir-se para outra prestadora será obrigada a, sem ônus, interceptar as ligações dirigidas ao antigo código de acesso do usuário e informar o seu novo código.

Art. 152. O provimento da interconexão será realizado em termos não discriminatórios, sob condições técnicas adequadas, garantindo preços isonômicos e justos, atendendo ao estritamente necessário à prestação do serviço.

Art. 153. As condições para a interconexão de redes serão objeto de livre negociação entre os interessados, mediante acordo, observado o disposto nesta Lei e nos termos da regulamentação.

§ 1º O acordo será formalizado por contrato, cuja eficácia dependerá de homologação pela Agência, arquivando-se uma de suas vias na Biblioteca para consulta por qualquer interessado.

§ 2º Não havendo acordo entre os interessados, a Agência, por provocação de um deles, arbitrará as condições para a interconexão.

Art. 154. As redes de telecomunicações poderão ser, secundariamente, utilizadas como suporte de serviço a ser prestado por outrem, de interesse coletivo ou restrito.

Art. 155. Para desenvolver a competição, as empresas prestadoras de serviços de telecomunicações de interesse coletivo deverão, nos casos e condições fixados pela Agência, disponibilizar suas redes a outras prestadoras de serviços de telecomunicações de interesse coletivo.

Art. 156. Poderá ser vedada a conexão de equipamentos terminais sem certificação, expedida ou aceita pela Agência, no caso das redes referidas no art. 145 desta Lei.

§ 1º Terminal de telecomunicações é o equipamento ou aparelho que possibilita o acesso do usuário a serviço de telecomunicações, podendo incorporar estágio de transdução, estar incorporado a equipamento destinado a exercer outras funções ou, ainda, incorporar funções secundárias.

§ 2º Certificação é o reconhecimento da compatibilidade das especificações de determinado produto com as características técnicas do serviço a que se destina.

TÍTULO V
DO ESPECTRO E DA ÓRBITA

CAPÍTULO I
DO ESPECTRO DE RADIOFREQUÊNCIAS

Art. 157. O espectro de radiofrequências é um recurso limitado, constituindo-se em bem público, administrado pela Agência.

Art. 158. Observadas as atribuições de faixas segundo tratados e acordos internacionais, a Agência manterá plano com a atribuição, distribuição e destinação de radiofrequências, e detalhamento necessário ao uso das radiofrequências associadas aos diversos serviços e atividades de telecomunicações, atendidas suas necessidades específicas e as de suas expansões.

§ 1º O plano destinará faixas de radiofrequência para:

I - fins exclusivamente militares;

II - serviços de telecomunicações a serem prestados em regime público e em regime privado;

III - serviços de radiodifusão;

IV - serviços de emergência e de segurança pública;

V - outras atividades de telecomunicações.

§ 2º A destinação de faixas de radiofrequência para fins exclusivamente militares será feita em articulação com as Forças Armadas.

Art. 159. Na destinação de faixas de radiofrequência serão considerados o emprego racional e econômico do espectro, bem como as atribuições, distribuições e consignações existentes, objetivando evitar interferências prejudiciais.

Parágrafo único. Considera-se interferência prejudicial qualquer emissão, irradiação ou indução que obstrua, degrade seriamente ou interrompa repetidamente a telecomunicação.

Art. 160. A Agência regulará a utilização eficiente e adequada do espectro, podendo restringir o emprego de determinadas radiofrequências ou faixas, considerado o interesse público.

Parágrafo único. O uso da radiofrequência será condicionado à sua compatibilidade com a atividade ou o serviço a ser prestado, particularmente no tocante à potência, à faixa de transmissão e à técnica empregada.

Art. 161. A qualquer tempo, poderá ser modificada a destinação de radiofrequências ou faixas, bem como ordenada a alteração de potências ou de outras características técnicas, desde que o interesse público ou o cumprimento de convenções ou tratados internacionais assim o determine.

Parágrafo único. Será fixado prazo adequado e razoável para a efetivação da mudança.

Art. 162. A operação de estação transmissora de radiocomunicação está sujeita à licença de funcionamento prévia e à fiscalização permanente, nos termos da regulamentação.

§ 1º Radiocomunicação é a telecomunicação que utiliza frequências radioelétricas não confinadas a fios, cabos ou outros meios físicos.

§ 2º É vedada a utilização de equipamentos emissores de radiofrequência sem certificação expedida ou aceita pela Agência.

§ 3º A emissão ou extinção da licença relativa à estação de apoio à navegação marítima ou aeronáutica, bem como à estação de radiocomunicação marítima ou aeronáutica, dependerá de parecer favorável dos órgãos competentes para a vistoria de embarcações e aeronaves.

§ 4º Excetuam-se da obrigação de licenciamento de funcionamento prévio estabelecida no *caput* deste artigo as estações de telecomunicações que integrem sistemas de comunicação máquina a máquina, conforme regulamentação. *(Acrescido pela Lei 14.108/2020)*

CAPÍTULO II
DA AUTORIZAÇÃO DE USO DE RADIOFREQUÊNCIA

Art. 163. O uso de radiofrequência, tendo ou não caráter de exclusividade, dependerá de prévia outorga da Agência, mediante autorização, nos termos da regulamentação.

§ 1º Autorização de uso de radiofrequência é o ato administrativo vinculado, associado à concessão, permissão ou autorização para prestação de serviço de telecomunicações, que atribui a interessado, por prazo determinado, o direito de uso de radiofrequência, nas condições legais e regulamentares.

§ 2º Independerão de outorga:

I - o uso de radiofrequência por meio de equipamentos de radiação restrita definidos pela Agência;

II - o uso, pelas Forças Armadas, de radiofrequências nas faixas destinadas a fins exclusivamente militares.

§ 3º A eficácia da autorização de uso de radiofrequência dependerá de publicação de extrato no Diário Oficial da União.

§ 4º A transferência da autorização de uso de radiofrequências entre prestadores de serviços de telecomunicações dependerá de anuência da Agência, nos termos da regulamentação. (Acrescido pela Lei 13.879/2019)

§ 5º Na anuência prevista no § 4º, a Agência poderá estabelecer condicionamentos de caráter concorrencial para a aprovação da transferência, tais como limitações à quantidade de radiofrequências transferidas. (Acrescido pela Lei 13.879/2019)

Art. 164. Havendo limitação técnica ao uso de radiofrequência e ocorrendo o interesse na sua utilização, por parte de mais de um interessado, para fins de expansão de serviço e, havendo ou não, concomitantemente, outros interessados em prestar a mesma modalidade de serviço, observar-se-á:

I - a autorização de uso de radiofrequência dependerá de licitação, na forma e condições estabelecidas nos arts. 88 a 90 desta Lei e será sempre onerosa;

II - o vencedor da licitação receberá, conforme o caso, a autorização para uso da radiofrequência, para fins de expansão do serviço, ou a autorização para a prestação do serviço.

Art. 165. Para fins de verificação da necessidade de abertura ou não da licitação prevista no artigo anterior, observar-se-á o disposto nos arts. 91 e 92 desta Lei.

Art. 166. A autorização de uso de radiofrequência terá o mesmo prazo de vigência da concessão ou permissão de prestação de serviço de telecomunicações à qual esteja vinculada.

Art. 167. No caso de serviços autorizados, o prazo de vigência será de até 20 (vinte) anos, prorrogável por iguais períodos, sendo necessário que a autorizada tenha cumprido as obrigações já assumidas e manifeste prévio e expresso interesse. (Redação dada pela Lei 13.879/2019)

§ 1° A prorrogação, sempre onerosa, poderá ser requerida até três anos antes do vencimento do prazo original, devendo o requerimento ser decidido em, no máximo, doze meses.

§ 2° O indeferimento somente ocorrerá se o interessado não estiver fazendo uso racional e adequado da radiofrequência, se houver cometido infrações reiteradas em suas atividades ou se for necessária a modificação de destinação do uso da radiofrequência.

§ 3º Na prorrogação prevista no *caput*, deverão ser estabelecidos compromissos de investimento, conforme diretrizes do Poder Executivo, alternativamente ao pagamento de todo ou de parte do valor do preço público devido pela prorrogação. (Acrescido pela Lei 13.879/2019)

Art. 168. (Revogado pela Lei 13.879/2019)

Art. 169. A autorização de uso de radiofrequências extinguir-se-á pelo advento de seu termo final ou no caso de sua transferência irregular, bem como por caducidade, decaimento, renúncia ou anulação da autorização para prestação do serviço de telecomunicações que dela se utiliza.

CAPÍTULO III
DA ÓRBITA E DOS SATÉLITES

Art. 170. A Agência disporá sobre os requisitos e critérios específicos para execução de serviço de telecomunicações que utilize satélite, geoestacionário ou não, independentemente de o acesso a ele ocorrer a partir do território nacional ou do exterior.

Art. 171. Para a execução de serviço de telecomunicações via satélite regulado por esta Lei, deverá ser dada preferência ao emprego de satélite brasileiro, quando este propiciar condições equivalentes às de terceiros.

§ 1° O emprego de satélite estrangeiro somente será admitido quando sua contratação for feita com empresa constituída segundo as leis brasileiras e com sede e administração no País, na condição de representante legal do operador estrangeiro.

§ 2° Satélite brasileiro é o que utiliza recursos de órbita e espectro radioelétrico notificados pelo País, ou a ele distribuídos ou consignados, e cuja estação de controle e monitoração seja instalada no território brasileiro.

Art. 172. O direito de exploração de satélite brasileiro para transporte de sinais de telecomunicações assegura a ocupação da órbita e o uso das radiofrequências destinadas ao controle e monitoração do satélite e à telecomunicação via satélite, por prazo de até 15 (quinze) anos, podendo esse prazo ser prorrogado, nos termos da regulamentação, desde que cumpridas as obrigações já assumidas. (Redação dada pela Lei 13.879/2019)

§ 1º Imediatamente após um pedido para exploração de satélite que implique utilização de novos recursos de órbita ou espectro, a Agência avaliará as informações e, considerando-as em conformidade com a regulamentação, encaminhará à União Internacional de Telecomunicações a correspondente notificação, sem que isso caracterize compromisso de outorga ao requerente.

§ 2º O direito de exploração será conferido mediante processo administrativo estabelecido pela Agência. (Redação dada pela Lei 13.879/2019)

§ 3° (Revogado pela Lei 13.879/2019)

§ 4º O direito de exploração será conferido a título oneroso, podendo o pagamento, conforme dispuser a Agência, ser convertido em compromissos de investimento, conforme diretrizes do Poder Executivo. (Redação dada pela Lei 13.879/2019)

TÍTULO VI
DAS SANÇÕES

CAPÍTULO I
DAS SANÇÕES ADMINISTRATIVAS

Art. 173. A infração desta Lei ou das demais normas aplicáveis, bem como a inobservância dos deveres decorrentes dos contratos de concessão ou dos atos de permissão, autorização de serviço ou autorização de uso de radiofrequência, sujeitará os infratores às seguintes sanções, aplicáveis pela Agência, sem prejuízo das de natureza civil e penal:

I - advertência;
II - multa;
III - suspensão temporária;
IV - caducidade;
V - declaração de inidoneidade.

Art. 174. Toda acusação será circunstanciada, permanecendo em sigilo até sua completa apuração.

Art. 175. Nenhuma sanção será aplicada sem a oportunidade de prévia e ampla defesa.

Parágrafo único. Apenas medidas cautelares urgentes poderão ser tomadas antes da defesa.

Art. 176. Na aplicação de sanções, serão considerados a natureza e a gravidade da infração, os danos dela resultantes para o serviço e para os usuários, a vantagem auferida pelo infrator, as circunstâncias agravantes, os antecedentes do infrator e a reincidência específica.

Parágrafo único. Entende-se por reincidência específica a repetição de falta de igual natureza após o recebimento de notificação anterior.

Art. 177. Nas infrações praticadas por pessoa jurídica, também serão punidos com a sanção de multa seus administradores ou controladores, quando tiverem agido de má-fé.

Art. 178. A existência de sanção anterior será considerada como agravante na aplicação de outra sanção.

Art. 179. A multa poderá ser imposta isoladamente ou em conjunto com outra sanção, não devendo ser superior a R$ 50.000.000,00 (cinquenta milhões de reais) para cada infração cometida.

§ 1° Na aplicação de multa serão considerados a condição econômica do infrator e o princípio da proporcionalidade entre a gravidade da falta e a intensidade da sanção.

§ 2° A imposição, a prestadora de serviço de telecomunicações, de multa decorrente de infração da ordem econômica, observará os limites previstos na legislação específica.

Art. 180. A suspensão temporária será imposta, em relação à autorização de serviço ou de uso de radiofrequência, em caso de infração grave cujas circunstâncias não justifiquem a decretação de caducidade.

Parágrafo único. O prazo da suspensão não será superior a trinta dias.

Art. 181. A caducidade importará na extinção de concessão, permissão, autorização de serviço ou autorização de uso de radiofrequência, nos casos previstos nesta Lei.

Art. 182. A declaração de inidoneidade será aplicada a quem tenha praticado atos ilícitos visando frustrar os objetivos de licitação.

Parágrafo único. O prazo de vigência da declaração de inidoneidade não será superior a cinco anos.

CAPÍTULO II
DAS SANÇÕES PENAIS

Art. 183. Desenvolver clandestinamente atividades de telecomunicação:

Pena - detenção de dois a quatro anos, aumentada da metade se houver dano a terceiro, e multa de R$ 10.000,00 (dez mil reais).

Parágrafo único. Incorre na mesma pena quem, direta ou indiretamente, concorrer para o crime.

Art. 184. São efeitos da condenação penal transitada em julgado:

I - tornar certa a obrigação de indenizar o dano causado pelo crime;

II - a perda, em favor da Agência, ressalvado o direito do lesado ou de terceiros de boa-fé, dos bens empregados na atividade clandestina, sem prejuízo de sua apreensão cautelar.

Parágrafo único. Considera-se clandestina a atividade desenvolvida sem a competente concessão, permissão ou autorização de serviço, de uso de radiofrequência e de exploração de satélite.

Art. 185. O crime definido nesta Lei é de ação penal pública, incondicionada, cabendo ao Ministério Público promovê-la.

LIVRO IV
DA REESTRUTURAÇÃO E DA DESESTATIZAÇÃO DAS EMPRESAS FEDERAIS DE TELECOMUNICAÇÕES

Art. 186. A reestruturação e a desestatização das empresas federais de telecomunicações têm como objetivo conduzir ao cumprimento dos deveres constantes do art. 2º desta Lei.

Art. 187. Fica o Poder Executivo autorizado a promover a reestruturação e a desestatização das seguintes empresas controladas, direta ou indiretamente, pela União, e supervisionadas pelo Ministério das Comunicações:

I - Telecomunicações Brasileiras S.A. - TELEBRÁS;

II - Empresa Brasileira de Telecomunicações - EMBRATEL;

III - Telecomunicações do Maranhão S.A. - TELMA;

IV - Telecomunicações do Piauí S.A. - TELEPISA;

V - Telecomunicações do Ceará - TELECEARÁ;

VI - Telecomunicações do Rio Grande do Norte S.A. - TELERN;

VII - Telecomunicações da Paraíba S.A. - TELPA;

VIII - Telecomunicações de Pernambuco S.A. - TELPE;

IX - Telecomunicações de Alagoas S.A. - TELASA;

X - Telecomunicações de Sergipe S.A. - TELERGIPE;

XI - Telecomunicações da Bahia S.A. - TELEBAHIA;

XII - Telecomunicações de Mato Grosso do Sul S.A. - TELEMS;

XIII - Telecomunicações de Mato Grosso S.A. - TELEMAT;
XIV - Telecomunicações de Goiás S.A. - TELEGOIÁS;
XV - Telecomunicações de Brasília S.A. - TELEBRASÍLIA;
XVI - Telecomunicações de Rondônia S.A. - TELERON;
XVII - Telecomunicações do Acre S.A. - TELEACRE;
XVIII - Telecomunicações de Roraima S.A. - TELAIMA;
XIX - Telecomunicações do Amapá S.A. - TELEAMAPÁ;
XX - Telecomunicações do Amazonas S.A. - TELAMAZON;
XXI - Telecomunicações do Pará S.A. - TELEPARÁ;
XXII - Telecomunicações do Rio de Janeiro S.A. - TELERJ;
XXIII - Telecomunicações de Minas Gerais S.A. - TELEMIG;
XXIV - Telecomunicações do Espírito Santo S.A. - TELEST;
XXV - Telecomunicações de São Paulo S.A. - TELESP;
XXVI - Companhia Telefônica da Borda do Campo - CTBC;
XXVII - Telecomunicações do Paraná S.A. - TELEPAR;
XXVIII - Telecomunicações de Santa Catarina S.A. - TELESC;
XXIX - Companhia Telefônica Melhoramento e Resistência - CTMR.

Parágrafo único. Incluem-se na autorização a que se refere o *caput* as empresas subsidiárias exploradoras do serviço móvel celular, constituídas nos termos do art. 5° da Lei n° 9.295, de 19 de julho de 1996.

Art. 188. A reestruturação e a desestatização deverão compatibilizar as áreas de atuação das empresas com o plano geral de outorgas, o qual deverá ser previamente editado, na forma do art. 84 desta Lei, bem como observar as restrições, limites ou condições estabelecidas com base no art. 71.

Art. 189. Para a reestruturação das empresas enumeradas no art. 187, fica o Poder Executivo autorizado a adotar as seguintes medidas:
I - cisão, fusão e incorporação;
II - dissolução de sociedade ou desativação parcial de seus empreendimentos;
III - redução de capital social.

Art. 190. Na reestruturação e desestatização da Telecomunicações Brasileiras S.A. - TELEBRÁS deverão ser previstos mecanismos que assegurem a preservação da capacidade em pesquisa e desenvolvimento tecnológico existente na empresa.

Parágrafo único. Para o cumprimento do disposto no *caput*, fica o Poder Executivo autorizado a criar entidade, que incorporará o Centro de Pesquisa e Desenvolvimento da TELEBRÁS, sob uma das seguintes formas:
I - empresa estatal de economia mista ou não, inclusive por meio da cisão a que se refere o inciso I do artigo anterior;
II - fundação governamental, pública ou privada.

Art. 191. A desestatização caracteriza-se pela alienação onerosa de direitos que asseguram à União, direta ou indiretamente, preponderância nas deliberações sociais e o poder de eleger a maioria dos administradores da sociedade, podendo ser realizada mediante o emprego das seguintes modalidades operacionais:
I - alienação de ações;
II - cessão do direito de preferência à subscrição de ações em aumento de capital.

Parágrafo único. A desestatização não afetará as concessões, permissões e autorizações detidas pela empresa.

Art. 192. Na desestatização das empresas a que se refere o art. 187, parte das ações poderá ser reservada a seus empregados e ex-empregados aposentados, a preços e condições privilegiados, inclusive com a utilização do Fundo de Garantia por Tempo de Serviço - FGTS.

Art. 193. A desestatização de empresas ou grupo de empresas citadas no art. 187 implicará a imediata abertura à competição, na respectiva área, dos serviços prestados no regime público.

Art. 194. Poderão ser objeto de alienação conjunta o controle acionário de empresas prestadoras de serviço telefônico fixo comutado e o de empresas prestadoras do serviço móvel celular.

Parágrafo único. Fica vedado ao novo controlador promover a incorporação ou fusão de empresa prestadora do serviço telefônico fixo comutado com empresa prestadora do serviço móvel celular.

Art. 195. O modelo de reestruturação e desestatização das empresas enumeradas no art. 187, após submetido a consulta pública, será aprovado pelo Presidente da República, ficando a coordenação e o acompanhamento dos atos e procedimentos decorrentes a cargo de Comissão Especial de Supervisão, a ser instituída pelo Ministro de Estado das Comunicações.

§ 1° A execução de procedimentos operacionais necessários à desestatização poderá ser cometida, mediante contrato, a instituição financeira integrante da Administração Federal, de notória experiência no assunto.

§ 2° A remuneração da contratada será paga com parte do valor líquido apurado nas alienações.

Art. 196. Na reestruturação e na desestatização poderão ser utilizados serviços especializados de terceiros, contratados mediante procedimento licitatório de rito próprio, nos termos seguintes:
I - o Ministério das Comunicações manterá cadastro organizado por especialidade, aberto a empresas e instituições nacionais ou internacionais, de notória especialização na área de telecomunicações e na avaliação e auditoria de empresas, no planejamento e execução de venda de bens e valores mobiliários e nas questões jurídicas relacionadas;
II - para inscrição no cadastro, os interessados deverão atender aos requisitos definidos pela Comissão Especial de Supervisão, com a aprovação do Ministro de Estado das Comunicações;
III - poderão participar das licitações apenas os cadastrados, que serão convocados mediante carta, com a especificação dos serviços objeto do certame;
IV - os convocados, isoladamente ou em consórcio, apresentarão suas propostas em trinta dias, contados da convocação;
V - além de outros requisitos previstos na convocação, as propostas deverão conter o detalhamento dos serviços, a metodologia de execução, a indicação do pessoal técnico a ser empregado e o preço pretendido;
VI - o julgamento das propostas será realizado pelo critério de técnica e preço;
VII - o contratado, sob sua exclusiva responsabilidade e com a aprovação do contratante, poderá subcontratar parcialmente os serviços objeto do contrato;
VIII - o contratado será obrigado a aceitar, nas mesmas condições contratuais, os acréscimos ou reduções que se fizerem necessários nos serviços, de até vinte e cinco por cento do valor inicial do ajuste.

Art. 197. O processo especial de desestatização obedecerá aos princípios de legalidade, impessoalidade, moralidade e publicidade, podendo adotar a forma de leilão ou concorrência ou, ainda, de venda de ações em oferta pública, de acordo com o estabelecido pela Comissão Especial de Supervisão.

Parágrafo único. O processo poderá comportar uma etapa de pré-qualificação, ficando restrita aos qualificados a participação em etapas subsequentes.

Art. 198. O processo especial de desestatização será iniciado com a publicação, no Diário Oficial da União e em jornais de grande circulação nacional, de avisos referentes ao edital, do qual constarão, obrigatoriamente:
I - as condições para qualificação dos pretendentes;
II - as condições para aceitação das propostas;
III - os critérios de julgamento;
IV - minuta do contrato de concessão;
V - informações relativas às empresas objeto do processo, tais como seu passivo de curto e longo prazo e sua situação econômica e financeira, especificando-se lucros, prejuízos e endividamento interno e externo, no último exercício;
VI - sumário dos estudos de avaliação;
VII - critério de fixação do valor mínimo de alienação, com base nos estudos de avaliação;
VIII - indicação, se for o caso, de que será criada, no capital social da empresa objeto da desestatização, ação de classe especial, a ser subscrita pela União, e dos poderes especiais que lhe serão conferidos, os quais deverão ser incorporados ao estatuto social.

§ 1° O acesso à integralidade dos estudos de avaliação e a outras informações confidenciais poderá ser restrito aos qualificados, que assumirão compromisso de confidencialidade.

§ 2° A alienação do controle acionário, se realizada mediante venda de ações em oferta pública, dispensará a inclusão, no edital, das informações relacionadas nos incisos I a III deste artigo.

Art. 199. Visando à universalização dos serviços de telecomunicações, os editais de desestatização deverão conter cláusulas de compromisso de expansão do atendimento à população, consoantes com o disposto no art. 80.

Art. 200. Para qualificação, será exigida dos pretendentes comprovação de capacidade técnica, econômica e financeira, podendo ainda haver exigências quanto a experiência na prestação de serviços de telecomunicações, guardada sempre a necessária compatibilidade com o porte das empresas objeto do processo.

Parágrafo único. Será admitida a participação de consórcios, nos termos do edital.

Art. 201. Fica vedada, no decurso do processo de desestatização, a aquisição, por um mesmo acionista ou grupo de acionistas, do controle, direto ou indireto, de empresas atuantes em áreas distintas do plano geral de outorgas.

Art. 202. A transferência do controle acionário ou da concessão, após a desestatização, somente poderá efetuar-se quando transcorrido o prazo de cinco anos, observado o disposto nos incisos II e III do art. 98 desta Lei.

§ 1° Vencido o prazo referido no *caput*, a transferência de controle ou de concessão que resulte no controle, direto ou indireto, por um mesmo acionista ou grupo de acionistas, de concessionárias atuantes em áreas distintas do plano geral de outorgas, não poderá ser efetuada enquanto tal impedimento for considerado, pela Agência, necessário ao cumprimento do plano.

§ 2° A restrição à transferência da concessão não se aplica quando efetuada entre empresas atuantes em uma mesma área do plano geral de outorgas.

Art. 203. Os preços de aquisição serão pagos exclusivamente em moeda corrente, admitido o parcelamento, nos termos do edital.

Art. 204. Em até trinta dias após o encerramento de cada processo de desestatização, a Comissão Especial de Supervisão publicará relatório circunstanciado a respeito.

Art. 205. Entre as obrigações da instituição financeira contratada para a execução de atos e procedimentos da desestatização, poderá ser incluído o fornecimento de assistência jurídica integral aos membros da Comissão Especial de Supervisão e aos demais responsáveis pela condução da desestatização, na hipótese de serem demandados pela prática de atos decorrentes do exercício de suas funções.

Art. 206. Os administradores das empresas sujeitas à desestatização são responsáveis pelo fornecimento, no prazo fixado pela Comissão Especial de Supervisão ou pela instituição financeira contratada, das informações necessárias à instrução dos respectivos processos.

DISPOSIÇÕES FINAIS E TRANSITÓRIAS

Art. 207. No prazo máximo de sessenta dias a contar da publicação desta Lei, as atuais prestadoras do serviço telefônico fixo comutado destinado ao uso do público em geral, inclusive as referidas no art. 187 desta Lei, bem como do serviço dos troncos e suas conexões internacionais, deverão pleitear a celebração de contrato de concessão, que será efetivada em até vinte e quatro meses a contar da publicação desta Lei.

§ 1° A concessão, cujo objeto será determinado em função do plano geral de outorgas, será feita a título gratuito, com termo final fixado para o dia 31 de dezembro de 2005, assegurado o direito à prorrogação única por vinte anos, a título oneroso, desde que observado o disposto no Título II do Livro III desta Lei.

§ 2° À prestadora que não atender ao disposto no *caput* deste artigo aplicar-se-ão as seguintes disposições:

I - se concessionária, continuará sujeita ao contrato de concessão atualmente em vigor, o qual não poderá ser transferido ou prorrogado;

II - se não for concessionária, o seu direito à exploração do serviço extinguir-se-á em 31 de dezembro de 1999.

§ 3° Em relação aos demais serviços prestados pelas entidades a que se refere o *caput*, serão expedidas as respectivas autorizações ou, se for o caso, concessões, observado o disposto neste artigo, no que couber, e no art. 208 desta Lei.

Art. 208. As concessões das empresas prestadoras de serviço móvel celular abrangidas pelo art. 4º da Lei nº 9.295, de 19 de julho de 1996, serão outorgadas na forma e condições determinadas pelo referido artigo e seu parágrafo único.

Art. 209. Ficam autorizadas as transferências de concessão, parciais ou totais, que forem necessárias para compatibilizar as áreas de atuação das atuais prestadoras com o plano geral de outorgas.

Art. 210. As concessões, permissões e autorizações de serviço de telecomunicações e de uso de radiofrequência e as respectivas licitações regem-se exclusivamente por esta Lei, a elas não se aplicando as Leis n° 8.666, de 21 de junho de 1993, n° 8.987, de 13 de fevereiro de 1995, n° 9.074, de 7 de julho de 1995, e suas alterações.

Art. 211. A outorga dos serviços de radiodifusão sonora e de sons e imagens fica excluída da jurisdição da Agência, permanecendo no âmbito de competências do Poder Executivo, devendo a Agência elaborar e manter os respectivos planos de distribuição de canais, levando em conta, inclusive, os aspectos concernentes à evolução tecnológica.

Parágrafo único. Caberá à Agência a fiscalização, quanto aos aspectos técnicos, das respectivas estações.

Art. 212. O serviço de TV a Cabo, inclusive quanto aos atos, condições e procedimentos de outorga, continuará regido pela Lei n° 8.977, de 6 de janeiro de 1995, ficando transferidas à Agência as competências atribuídas pela referida Lei ao Poder Executivo.

Art. 213. Será livre a qualquer interessado a divulgação, por qualquer meio, de listas de assinantes do serviço telefônico fixo comutado destinado ao uso do público em geral.

§ 1° Observado o disposto nos incisos VI e IX do art. 3° desta Lei, as prestadoras do serviço serão obrigadas a fornecer, em prazos e a preços razoáveis e de forma não discriminatória, a relação de seus assinantes a quem queira divulgá-la.

§ 2° É obrigatório e gratuito o fornecimento, pela prestadora, de listas telefônicas aos assinantes dos serviços, diretamente ou por meio de terceiros, nos termos em que dispuser a Agência.

Art. 214. Na aplicação desta Lei, serão observadas as seguintes disposições:

I - os regulamentos, normas e demais regras em vigor serão gradativamente substituídos por regulamentação a ser editada pela Agência, em cumprimento a esta Lei;

II - enquanto não for editada a nova regulamentação, as concessões, permissões e autorizações continuarão regidas pelos atuais regulamentos, normas e regras;

III - até a edição da regulamentação decorrente desta Lei, continuarão regidos pela Lei nº 9.295, de 19 de julho de 1996, os serviços por ela disciplinados e os respectivos atos e procedimentos de outorga;

IV - as concessões, permissões e autorizações feitas anteriormente a esta Lei, não reguladas no seu art. 207, permanecerão válidas pelos prazos nelas previstos;

V - com a aquiescência do interessado, poderá ser realizada a adaptação dos instrumentos de concessão, permissão e autorização a que se referem os incisos III e IV deste artigo aos preceitos desta Lei;

VI - a renovação ou prorrogação, quando prevista nos atos a que se referem os incisos III e IV deste artigo, somente poderá ser feita quando tiver havido a adaptação prevista no inciso anterior.

Art. 215. Ficam revogados:

I - a Lei n° 4.117, de 27 de agosto de 1962, salvo quanto a matéria penal não tratada nesta Lei e quanto aos preceitos relativos à radiodifusão;

II - a Lei n°. 6.874, de 3 de dezembro de 1980;

III - a Lei n°. 8.367, de 30 de dezembro de 1991;

IV - os arts. 1°, 2°, 3°, 7°, 9°, 10, 12 e 14, bem como o *caput* e os §§ 1° e 4° do art. 8°, da Lei n° 9.295, de 19 de julho de 1996;

V - o inciso I do art. 16 da Lei nº 8.029, de 12 de abril de 1990.

Art. 216. Esta Lei entra em vigor na data de sua publicação.

Brasília, 16 de julho de 1997; 176º da Independência e 109º da República.

FERNANDO HENRIQUE CARDOSO

DOU de 17.7.1997

LEI Nº 9.478, DE 6 DE AGOSTO DE 1997

Dispõe sobre a política energética nacional, as atividades relativas ao monopólio do petróleo, institui o Conselho Nacional de Política Energética e a Agência Nacional do Petróleo e dá outras providências.

‣ *Lei da ANP*

CAPÍTULO I. DOS PRINCÍPIOS E OBJETIVOS DA POLÍTICA ENERGÉTICA NACIONAL

Art. 1º. As políticas nacionais para o aproveitamento racional das fontes de energia visarão aos seguintes objetivos:

I – preservar o interesse nacional;

II – promover o desenvolvimento, ampliar o mercado de trabalho e valorizar os recursos energéticos;

III – proteger os interesses do consumidor quanto a preço, qualidade e oferta dos produtos;

IV – proteger o meio ambiente e promover a conservação de energia;

V – garantir o fornecimento de derivados de petróleo em todo o território nacional, nos termos do § 2º do art. 177 da Constituição Federal;

VI – incrementar, em bases econômicas, a utilização do gás natural;

VII – identificar as soluções mais adequadas para o suprimento de energia elétrica nas diversas regiões do País;

VIII – utilizar fontes alternativas de energia, mediante o aproveitamento econômico dos insumos disponíveis e das tecnologias aplicáveis;

IX – promover a livre concorrência;

X – atrair investimentos na produção de energia;

XI – ampliar a competitividade do País no mercado internacional.

XII – incrementar, em bases econômicas, sociais e ambientais, a participação dos biocombustíveis na matriz energética nacional. (Redação dada pela Lei nº 11.097, de 2005)

XIII – garantir o fornecimento de biocombustíveis em todo o território nacional; (Incluído pela Lei nº 12.490, de 2011)

XIV – incentivar a geração de energia elétrica a partir da biomassa e de subprodutos da produção de biocombustíveis, em razão do seu caráter limpo, renovável e complementar à fonte hidráulica; (Incluído pela Lei nº 12.490, de 2011)

XV – promover a competitividade do País no mercado internacional de biocombustíveis; (Incluído pela Lei nº 12.490, de 2011)

XVI – atrair investimentos em infraestrutura para transporte e estocagem de biocombustíveis; (Incluído pela Lei nº 12.490, de 2011)

XVII – fomentar a pesquisa e o desenvolvimento relacionados à energia renovável; (Incluído pela Lei nº 12.490, de 2011)

XVIII – mitigar as emissões de gases causadores de efeito estufa e de poluentes nos setores de energia e de transportes, inclusive com o uso de biocombustíveis. (Incluído pela Lei nº 12.490, de 2011)

CAPÍTULO II. DO CONSELHO NACIONAL DE POLÍTICA ENERGÉTICA

Art. 2º. Fica criado o Conselho Nacional de Política Energética – CNPE, vinculado à Presidência da República e presidido pelo Ministro de Estado de Minas e Energia, com a atribuição de propor ao Presidente da República políticas nacionais e medidas específicas destinadas a:

I – promover o aproveitamento racional dos recursos energéticos do País, em conformidade com os princípios enumerados no capítulo anterior e com o disposto na legislação aplicável;

II – assegurar, em função das características regionais, o suprimento de insumos energéticos às áreas mais remotas ou de difícil acesso do País, submetendo as medidas específicas ao Congresso Nacional, quando implicarem criação de subsídios;

III – rever periodicamente as matrizes energéticas aplicadas às diversas regiões do País, considerando as fontes convencionais e alternativas e as tecnologias disponíveis;

IV – estabelecer diretrizes para programas específicos, como os de uso do gás natural, do carvão, da energia termonuclear, dos biocombustíveis, da energia solar, da energia eólica e da energia proveniente de outras fontes alternativas; (Redação dada pela Lei nº 11.097, de 2005)

V – estabelecer diretrizes para a importação e exportação, de maneira a atender às necessidades de consumo interno de petróleo e seus derivados, biocombustíveis, gás natural e condensado, e assegurar o adequado funcionamento do Sistema Nacional de Estoques de Combustíveis e o cumprimento do Plano Anual de Estoques Estratégicos de Combustíveis, de que trata o art. 4º da Lei nº 8.176, de 8 de fevereiro de 1991; (Redação dada pela Lei nº 12490, de 2011)

VI – sugerir a adoção de medidas necessárias para garantir o atendimento à demanda nacional de energia elétrica, considerando o planejamento de longo, médio e curto prazos, podendo indicar empreendimentos que devam ter prioridade de licitação e implantação, tendo em vista seu caráter estratégico e de interesse público, de forma que tais projetos venham assegurar a otimização do binômio modicidade tarifária e confiabilidade do Sistema Elétrico. (Incluído pela lei nº 10.848, de 2004)

VII – estabelecer diretrizes para o uso de gás natural como matéria-prima em processos produtivos industriais, mediante a regulamentação de condições e critérios específicos, que visem a sua utilização eficiente e compatível com os mercados interno e externos. (Incluído pela Lei nº 11.909, de 2009)

VIII – definir os blocos a serem objeto de concessão ou partilha de produção; (Incluído pela Lei nº 12.351, de 2010)

IX – definir a estratégia e a política de desenvolvimento econômico e tecnológico da indústria de petróleo, de gás natural, de outros hidrocarbonetos fluidos e de biocombustíveis, bem como da sua cadeia de suprimento; (Redação dada pela Lei nº 12490, de 2011)

X – induzir o incremento dos índices mínimos de conteúdo local de bens e serviços, a serem observados em licitações e contratos de concessão e de partilha de produção, observado o disposto no inciso IX. (Incluído pela Lei nº 12.351, de 2010)

XI – definir diretrizes para comercialização e uso de biodiesel e estabelecer, em caráter autorizativo, quantidade superior ao percentual de adição obrigatória fixado em lei específica. (Incluído pela Lei nº 13.033, de 2014)

XII – estabelecer os parâmetros técnicos e econômicos das licitações de concessões de geração, transmissão e distribuição de energia elétrica, de que trata o art. 8º da Lei nº 12.783, de 11 de janeiro de 2013; e (Redação dada pela Lei nº 13.203, de 2015)

XIII – definir a estratégia e a política de desenvolvimento tecnológico do setor de energia elétrica. (Incluído pela Lei nº 13.203, de 2015)

XIV – estabelecer diretrizes para o suprimento de gás natural nas situações caracterizadas como de contingência, nos termos previstos em lei. (Acrescido pela Lei nº 14.134, de 2021)

§ 1º. Para o exercício de suas atribuições, o CNPE contará com o apoio técnico dos órgãos reguladores do setor energético.

§ 2º. O CNPE será regulamentado por decreto do Presidente da República, que determinará sua composição e a forma de seu funcionamento.

Art. 2º-A. Caberá ao Ministério de Minas e Energia, entre outras competências, propor ao CNPE os seguintes parâmetros técnicos e econômicos: (Incluído pela Lei nº 13.203, de 2015)

I – valores de bonificação pela outorga das concessões a serem licitadas nos termos do art. 8º da Lei nº 12.783, de 11 de janeiro de 2013; (Incluído pela Lei nº 13.203, de 2015)

II – prazo e forma de pagamento da bonificação pela outorga de que trata o inciso I; e (Incluído pela Lei nº 13.203, de 2015)

III – nas licitações de geração: (Incluído pela Lei nº 13.203, de 2015)

a) a parcela da garantia física destinada ao Ambiente de Contratação Regulada – ACR dos empreendimentos de geração licitados nos termos do art. 8º da Lei nº 12.783, de 11 de janeiro de 2013, observado o limite mínimo de 70% (setenta por cento) destinado ao ACR, e o disposto no § 3º do art. 8º da Lei nº 12.783, de 11 de janeiro de 2013; e (Incluída pela Lei nº 13.203, de 2015)

b) a data de que trata o § 8º do art. 8º da Lei nº 12.783, de 11 de janeiro de 2013. (Incluída pela Lei nº 13.203, de 2015)

Parágrafo único. Nos casos previstos nos incisos I e II do *caput*, será ouvido o Ministério da Fazenda. (Incluído pela Lei nº 13.203, de 2015)

Art. 2º-B. Caberá ao Ministério de Minas e Energia, entre outras competências, propor ao CNPE a política de desenvolvimento tecnológico do setor de energia elétrica. (Incluído pela Lei nº 13.203, de 2015)

Parágrafo único. Na proposição de que trata o *caput*, será ouvido o Ministério da Ciência, Tecnologia e Inovação. (Incluído pela Lei nº 13.203, de 2015)

CAPÍTULO III. DA TITULARIDADE E DO MONOPÓLIO DO PETRÓLEO E DO GÁS NATURAL

SEÇÃO I. DO EXERCÍCIO DO MONOPÓLIO

Art. 3º. Pertencem à União os depósitos de petróleo, gás natural e outros hidrocarbonetos fluidos existentes no território nacional, nele compreendidos a parte terrestre, o mar territorial, a plataforma continental e a zona econômica exclusiva.

Art. 4º. Constituem monopólio da União, nos termos do art. 177 da Constituição Federal, as seguintes atividades:

I – a pesquisa e lavra das jazidas de petróleo e gás natural e outros hidrocarbonetos fluidos;

II – a refinação de petróleo nacional ou estrangeiro;

III – a importação e exportação dos produtos e derivados básicos resultantes das atividades previstas nos incisos anteriores;

IV – o transporte marítimo do petróleo bruto de origem nacional ou de derivados básicos de petróleo produzidos no País, bem como o transporte, por meio de conduto, de petróleo bruto, seus derivados e de gás natural.

Art. 5º. As atividades econômicas de que trata o art. 4º desta Lei serão reguladas e fiscalizadas pela União e poderão ser exercidas, mediante concessão, autorização ou contratação sob o regime de partilha de produção, por empresas constituídas sob as leis brasileiras, com sede e administração no País. (Redação dada pela Lei nº 12.351, de 2010)

SEÇÃO II. DAS DEFINIÇÕES TÉCNICAS

Art. 6º. Para os fins desta Lei e de sua regulamentação, ficam estabelecidas as seguintes definições:

I – Petróleo: todo e qualquer hidrocarboneto líquido em seu estado natural, a exemplo do óleo cru e condensado;

II – Gás Natural ou Gás: todo hidrocarboneto que permaneça em estado gasoso nas condições atmosféricas normais, extraído diretamente a partir de reservatórios petrolíferos ou gaseíferos, incluindo gases úmidos, secos, residuais e gases raros;

III – Derivados de Petróleo: produtos decorrentes da transformação do petróleo;

IV – Derivados Básicos: principais derivados de petróleo, referidos no art. 177 da Constituição Federal, a serem classificados pela Agência Nacional do Petróleo;

V – Refino ou Refinação: conjunto de processos destinados a transformar o petróleo em derivados de petróleo;

VI – Tratamento ou Processamento de Gás Natural: conjunto de operações destinadas a permitir o seu transporte, distribuição e utilização;

VII – Transporte: movimentação de petróleo, seus derivados, biocombustíveis ou gás natural em meio ou percurso considerado de interesse geral; (Redação dada pela Lei nº 12.490, de 2011)

VIII – Transferência: movimentação de petróleo, seus derivados, biocombustíveis ou gás natural em meio ou percurso considerado de interesse específico e exclusivo do proprietário ou explorador das facilidades; (Redação dada pela Lei nº 12.490, de 2011)

IX – Bacia Sedimentar: depressão da crosta terrestre onde se acumulam rochas sedimentares que podem ser portadoras de petróleo ou gás, associados ou não;

X – Reservatório ou Depósito: configuração geológica dotada de propriedades específicas, armazenadora de petróleo ou gás, associados ou não;

XI – Jazida: reservatório ou depósito já identificado e possível de ser posto em produção;

XII – Prospecto: feição geológica mapeada como resultado de estudos geofísicos e de interpretação geológica, que justificam a perfuração de poços exploratórios para a localização de petróleo ou gás natural;

XIII – Bloco: parte de uma bacia sedimentar, formada por um prisma vertical de profundidade indeterminada, com superfície poligonal definida pelas coordenadas geográficas de seus vértices, onde são desenvolvidas atividades de exploração ou produção de petróleo e gás natural;

XIV – Campo de Petróleo ou de Gás Natural: área produtora de petróleo ou gás natural, a partir de um reservatório contínuo ou de mais de um reservatório, a profundidades variáveis, abrangendo instalações e equipamentos destinados à produção;

XV – Pesquisa ou Exploração: conjunto de operações ou atividades destinadas a avaliar áreas, objetivando a descoberta e a identificação de jazidas de petróleo ou gás natural;

XVI – Lavra ou Produção: conjunto de operações coordenadas de extração de petróleo ou gás natural de uma jazida e de preparo para sua movimentação;

XVII – Desenvolvimento: conjunto de operações e investimentos destinados a viabilizar as atividades de produção de um campo de petróleo ou gás;

XVIII – Descoberta Comercial: descoberta de petróleo ou gás natural em condições que, a preços de mercado, tornem possível o retorno dos investimentos no desenvolvimento e na produção;

XIX – Indústria do Petróleo: conjunto de atividades econômicas relacionadas com a exploração, desenvolvimento, produção, refino, processamento, transporte, importação e exportação de petróleo, gás natural e outros hidrocarbonetos fluidos e seus derivados;

XX – Distribuição: atividade de comercialização por atacado com a rede varejista ou com grandes consumidores de combustíveis, lubrificantes, asfaltos e gás liquefeito envasado, exercida por empresas especializadas, na forma das leis e regulamentos aplicáveis;

XXI – Revenda: atividade de venda a varejo de combustíveis, lubrificantes e gás liquefeito envasado, exercida por postos de serviços ou revendedores, na forma das leis e regulamentos aplicáveis;

XXII – (Revogado pela Lei nº 14.134, de 2021)

XXIII – Estocagem de Gás Natural: armazenamento de gás natural em reservatórios próprios, formações naturais ou artificiais.

XXIV – Biocombustível: substância derivada de biomassa renovável, tal como biodiesel, etanol e outras substâncias estabelecidas em regulamento da ANP, que pode ser empregada diretamente ou mediante alterações em motores a combustão interna ou para outro tipo de geração de energia, podendo substituir parcial ou totalmente combustíveis de origem fóssil; (Redação dada pela Lei nº 12.490, de 2011)

XXV – Biodiesel: biocombustível derivado de biomassa renovável para uso em motores a combustão interna com ignição por compressão ou, conforme regulamento, para geração de outro tipo de energia, que possa substituir parcial ou totalmente combustíveis de origem fóssil. (Incluído pela Lei nº 11.097, de 2005)

XXVI – Indústria Petroquímica de Primeira e Segunda Geração: conjunto de indústrias que fornecem produtos petroquímicos básicos, a exemplo do eteno, do propeno e de resinas termoplásticas. (Incluído pela lei nº 11.921, de 2009)

XXVII – cadeia produtiva do petróleo: sistema de produção de petróleo, gás natural e outros hidrocarbonetos fluidos e seus derivados, incluindo a distribuição, a revenda e a estocagem, bem como o seu consumo. (Incluído pela lei nº 12.114, de 2009)

XXVIII – Indústria de Biocombustível: conjunto de atividades econômicas relacionadas com produção, importação, exportação, transferência, transporte, armazenagem, comercialização, distribuição, avaliação de conformidade e certificação de qualidade de biocombustíveis; (Incluído pela Lei nº 12490, de 2011)

XXIX – Produção de Biocombustível: conjunto de operações industriais para a transformação de biomassa renovável, de origem vegetal ou animal, em combustível; (Incluído pela Lei nº 12.490, de 2011)

XXX – Etanol: biocombustível líquido derivado de biomassa renovável, que tem como principal componente o álcool etílico, que pode ser utilizado, diretamente ou mediante alterações, em motores a combustão interna com ignição por centelha, em outras formas de geração de energia ou em indústria petroquímica, podendo ser obtido por rotas tecnológicas distintas, conforme especificado em regulamento; e (Incluído pela Lei nº 12.490, de 2011)

XXXI – Bioquerosene de Aviação: substância derivada de biomassa renovável que pode ser usada em turborreatores e turbopropulsores aeronáuticos ou, conforme regulamento, em outro tipo de aplicação que possa substituir parcial ou totalmente combustível de origem fóssil. (Incluído pela Lei nº 12.490, de 2011)

CAPÍTULO IV. DA AGÊNCIA NACIONAL DO PETRÓLEO, GÁS NATURAL E BIOCOMBUSTÍVEIS

(REDAÇÃO DADA PELA LEI Nº 11.097, DE 2005)

SEÇÃO I. DA INSTITUIÇÃO E DAS ATRIBUIÇÕES

Art. 7º. Fica instituída a Agência Nacional do Petróleo, Gás Natural e Biocombustíves – ANP, entidade integrante da Administração Federal Indireta, submetida ao regime autárquico especial, como órgão regulador da indústria do petróleo, gás natural, seus derivados e biocombustíveis, vinculada ao Ministério de Minas e Energia. (Redação dada pela Lei nº 11.097, de 2005)

Parágrafo único. A ANP terá sede e foro no Distrito Federal e escritórios centrais na cidade do Rio de Janeiro, podendo instalar unidades administrativas regionais.

Art. 8º. A ANP terá como finalidade promover a regulação, a contratação e a fiscalização das atividades econômicas integrantes da indústria do petróleo, do gás natural e dos biocombustíveis, cabendo-lhe: (Redação dada pela Lei nº 11.097, de 2005)

I – implementar, em sua esfera de atribuições, a política nacional de petróleo, gás natural e biocombustíveis, contida na política energética nacional, nos termos do Capítulo I desta Lei, com ênfase na garantia do suprimento de derivados de petróleo, gás natural e seus derivados, e de biocombustíveis, em todo o território nacional, e na proteção dos interesses dos consumidores quanto a preço, qualidade e oferta dos produtos; (Redação dada pela Lei nº 11.097, de 2005)

II – promover estudos visando à delimitação de blocos, para efeito de concessão ou contratação sob o regime de partilha de produção das atividades de exploração, desenvolvimento e produção; (Redação dada pela Lei nº 12.351, de 2010)

III – regular a execução de serviços de geologia e geofísica aplicados à prospecção petrolífera, visando ao levantamento de dados técnicos, destinados à comercialização, em bases não-exclusivas;

IV – elaborar os editais e promover as licitações para a concessão de exploração, desenvolvimento e produção, celebrando os contratos delas decorrentes e fiscalizando a sua execução;

V – autorizar a prática das atividades de refinação, liquefação, regaseificação, carregamento, processamento, tratamento, transporte, estocagem e acondicionamento; (Redação dada pela Lei nº 11.909, de 2009)

VI – estabelecer critérios para o cálculo de tarifas de transporte dutoviário e arbitrar seus valores, nos casos e da forma previstos nesta Lei;

VII – fiscalizar diretamente e de forma concorrente nos termos da Lei nº 8.078, de 11 de setembro de 1990, ou mediante convênios com órgãos dos Estados e do Distrito Federal as atividades integrantes da indústria do petróleo, do gás natural e dos biocombustíveis, bem como aplicar as sanções administrativas e pecuniárias previstas em lei, regulamento ou contrato; (Redação dada pela Lei nº 11.909, de 2009)

VIII – declarar a utilidade pública, para fins de desapropriação e instituição de servidão administrativa, das áreas necessárias à exploração, desenvolvimento e produção de petróleo e gás natural, bem como à construção de refinarias, de unidades de processamento de gás natural, de instalações de estocagem subterrânea, de dutos e de terminais; (Redação dada pela Lei nº 14.134, de 2021)

IX – fazer cumprir as boas práticas de conservação e uso racional do petróleo, gás natural, seus derivados e biocombustíveis e de preservação do meio ambiente; (Redação dada pela Lei nº 11.097, de 2005)

X – estimular a pesquisa e a adoção de novas tecnologias na exploração, produção, transporte, refino e processamento;

XI – organizar e manter o acervo das informações e dados técnicos relativos às atividades reguladas da indústria do petróleo, do gás natural e dos biocombustíveis; (Redação dada pela Lei nº 11.097, de 2005)

XII – consolidar anualmente as informações sobre as reservas nacionais de petróleo e gás natural transmitidas pelas empresas, responsabilizando-se por sua divulgação;

XIII – fiscalizar o adequado funcionamento do Sistema Nacional de Estoques de Combustíveis e o cumprimento do Plano Anual de Estoques Estratégicos de Combustíveis, de que trata o art. 4º da Lei nº 8.176, de 8 de fevereiro de 1991;

XIV – articular-se com os outros órgãos reguladores do setor energético sobre matérias de interesse comum, inclusive para efeito de apoio técnico ao CNPE;

XV – regular e autorizar as atividades relacionadas com o abastecimento nacional de combustíveis, fiscalizando-as diretamente ou mediante convênios com outros órgãos da União, Estados, Distrito Federal ou Municípios.

XVI – regular e autorizar as atividades relacionadas à produção, à importação, à exportação, à armazenagem, à estocagem, ao transporte, à transferência, à distribuição, à revenda e à comercialização de biocombustíveis, assim como avaliação de conformidade e certificação de sua qualidade, fiscalizando-as diretamente ou mediante convênios com outros órgãos da União, Estados, Distrito Federal ou Municípios; (Redação dada pela Lei nº 12490, de 2011)

XVII – exigir dos agentes regulados o envio de informações relativas às operações de produção, importação, exportação, refino, beneficiamento, tratamento, processamento, transporte, transferência, armazenagem, estocagem, distribuição, revenda, destinação e comercialização de produtos sujeitos à sua regulação; (Incluído pela Lei nº 11.097, de 2005)

XVIII – especificar a qualidade dos derivados de petróleo, gás natural e seus derivados e dos biocombustíveis. (Incluído pela Lei nº 11.097, de 2005)

XIX – regular e fiscalizar o acesso à capacidade dos gasodutos de transporte; (Redação dada pela Lei nº 14.134, de 2021)

XX a XXII – (Revogados pela Lei nº 14.134, de 2021)

XXIII – regular e fiscalizar o exercício da atividade de estocagem de gás natural e o acesso de terceiros às instalações autorizadas; (Redação dada pela Lei nº 14.134, de 2021)

XXIV e XXV – (Revogados pela Lei nº 14.134, de 2021)

XXVI – autorizar e fiscalizar a prática da atividade de comercialização de gás natural; (Redação dada pela Lei nº 14.134, de 2021)

XXVII – estabelecer critérios para a aferição da capacidade dos gasodutos de transporte e de transferência; (Incluído pela Lei nº 11.909, de 2009)

XXVIII – articular-se com órgãos reguladores estaduais e ambientais, objetivando compatibilizar e uniformizar as normas aplicáveis à indústria e aos mercados de gás natural (Incluído pela Lei nº 11.909, de 2009)

XXIX – promover medidas para ampliar a concorrência no mercado de gás natural; (Acrescido pela Lei nº 14.134, de 2021)

XXX – regular, autorizar e fiscalizar o autoprodutor e o autoimportador de gás natural; (Acrescido pela Lei nº 14.134, de 2021)

XXXI – estabelecer os procedimentos para as situações caracterizadas como de contingência no suprimento de gás natural e supervisionar a execução dos planos de contingência; (Acrescido pela Lei nº 14.134, de 2021)

XXXII – certificar transportadores quanto ao enquadramento em critérios de independência e autonomia estabelecidos em regulação; (Acrescido pela Lei nº 14.134, de 2021)

XXXIII – regular e aprovar os planos coordenados de desenvolvimento do sistema de transporte de gás natural, bem como fiscalizar a sua execução; (Acrescido pela Lei nº 14.134, de 2021)

XXXIV – regular, autorizar e fiscalizar o exercício da atividade de transporte de gás natural com vistas ao acesso não discriminatório à capacidade de transporte e à eficiência operacional e de investimentos; (Acrescido pela Lei nº 14.134, de 2021)

XXXV – estabelecer princípios básicos para a elaboração dos códigos de condutas e práticas de acesso aos terminais de Gás Natural Liquefeito (GNL) e às infraestruturas de escoamento, tratamento e processamento de gás natural. (Acrescido pela Lei nº 14.134, de 2021)

Parágrafo único. No exercício das atribuições de que trata este artigo, com ênfase na garantia do abastecimento nacional de combustíveis, desde que em bases econômicas sustentáveis, a ANP poderá exigir dos agentes regulados, conforme disposto em regulamento: (Incluído pela Lei nº 12490, de 2011)

I – a manutenção de estoques mínimos de combustíveis e de biocombustíveis, em instalação própria ou de terceiro; (Incluído pela Lei nº 12490, de 2011)

II – garantias e comprovação de capacidade para atendimento ao mercado de combustíveis e biocombustíveis, mediante a apresentação de, entre outros mecanismos, contratos de fornecimento entre os agentes regulados. (Incluído pela Lei nº 12490, de 2011)

III - (VETADO na Lei nº 13.723, de 2018)

Art. 8º-A Caberá à ANP supervisionar a movimentação de gás natural na rede de transporte e as medidas adotadas nas situações caracterizadas como de contingência. (Redação dada pela Lei nº 14.134, de 2021)

§ 1º. (Revogado pela Lei nº 14.134, de 2021)

§ 2º. No exercício das atribuições referidas no *caput* deste artigo, caberá à ANP, sem prejuízo de outras funções que lhe forem atribuídas na regulamentação: (Incluído pela Lei nº 11.909, de 2009)

I – supervisionar os dados e as informações dos centros de controle dos gasodutos de transporte; (Incluído pela Lei nº 11.909, de 2009)

II – manter banco de informações relativo ao sistema de movimentação de gás natural permanentemente atualizado, subsidiando o Ministério de Minas e Energia com as informações sobre necessidades de reforço ao sistema; (Incluído pela Lei nº 11.909, de 2009)

III – monitorar as entradas e saídas de gás natural das redes de transporte, confrontando os volumes movimentados com os contratos de transporte vigentes; (Incluído pela Lei nº 11.909, de 2009)

IV – dar publicidade às capacidades de movimentação existentes que não estejam sendo utilizadas e às modalidades possíveis para sua contratação; e (Incluído pela Lei nº 11.909, de 2009)

V – estabelecer padrões e parâmetros para a operação e manutenção eficientes do sistema de transporte e estocagem subterrânea de gás natural (Redação dada pela Lei nº 14.134, de 2021)

§ 3º. Os parâmetros e informações relativos ao transporte de gás natural necessários à supervisão, controle e coordenação da operação dos gasodutos deverão ser disponibilizados pelos transportadores à ANP, conforme regulação específica. (Incluído pela Lei nº 11.909, de 2009)

Art. 9º. Além das atribuições que lhe são conferidas no artigo anterior, caberá à ANP exercer, a partir de sua implantação, as atribuições do Departamento Nacional de Combustíveis – DNC, relacionadas com as atividades de distribuição e revenda de derivados de petróleo e álcool, observado o disposto no art. 78.

Art. 10. Quando, no exercício de suas atribuições, a ANP tomar conhecimento de fato que possa configurar indício de infração da ordem econômica, deverá comunicá-lo imediatamente ao Conselho Administrativo de Defesa Econômica – Cade e à Secretaria de Direito Econômico do Ministério da Justiça, para que estes adotem as providências cabíveis, no âmbito da legislação pertinente. (Redação dada pela Lei nº 10.202, de 20.2.2001)

Parágrafo único. Independentemente da comunicação prevista no *caput* deste artigo, o Conselho Administrativo de Defesa Econômica – Cade notificará a ANP do teor da decisão que aplicar sanção por infração da ordem econômica cometida por empresas ou pessoas físicas no exercício de atividades relacionadas com o abastecimento nacional de combustíveis, no prazo máximo de vinte e quatro horas após a publicação do respectivo acórdão, para que esta adote as providências legais de sua alçada. (Parágrafo único incluído pela Lei nº 10.202, de 20.2.2001)

SEÇÃO II. DA ESTRUTURA ORGANIZACIONAL DA AUTARQUIA

Art. 11. A ANP será dirigida por Diretoria Colegiada composta de 1 (um) Diretor-Geral e 4 (quatro) Diretores. (Redação dada pela Lei nº 13.848, de 2019)

§ 1º Integrarão a estrutura organizacional da ANP uma Procuradoria e uma Ouvidoria. (Redação dada pela Lei nº 13.848, de 2019)

§ 2º Os membros da Diretoria Colegiada serão nomeados pelo Presidente da República, após aprovação dos respectivos nomes pelo Senado Federal, nos termos da alínea "f" do inciso III do art. 52 da Constituição Federal, observado o disposto na Lei nº 9.986, de 18 de julho de 2000. (Redação dada pela Lei nº 13.848, de 2019)

§ 3º Os membros da Diretoria Colegiada cumprirão mandatos de 5 (cinco) anos, não coincidentes, vedada a recondução, observado o disposto no art. 75 desta Lei e na Lei nº 9.986, de 18 de julho de 2000. (Redação dada pela Lei nº 13.848, de 2019)

Art. 12. (VETADO)

Art. 13. (Revogado pela Lei nº 9.986, de 18.7.2000)

Art. 14. Terminado o mandato, ou uma vez exonerado do cargo, o ex-Diretor da ANP ficará impedido, por um período de 12 (doze) meses, contado da data de sua exoneração, de prestar, direta ou indiretamente, qualquer tipo de serviço a empresa integrante das indústrias do petróleo e dos biocombustíveis ou de distribuição. (Redação dada pela Lei nº 12490, de 2011)

§ 1º. Durante o impedimento, o ex-Diretor que não tiver sido exonerado nos termos do art. 12 poderá continuar prestando serviço à ANP, ou a qualquer órgão da Administração Direta da União, mediante remuneração equivalente à do cargo de direção que exerceu.

§ 2º. Incorre na prática de advocacia administrativa, sujeitando-se às penas da lei, o ex-Diretor que violar o impedimento previsto neste artigo.

SEÇÃO III. DAS RECEITAS E DO ACERVO DA AUTARQUIA

Art. 15. Constituem receitas da ANP:

I – as dotações consignadas no Orçamento Geral da União, créditos especiais, transferências e repasses que lhe forem conferidos;

II – parcela das participações governamentais referidas nos incisos I e III do art. 45 desta Lei, de acordo com as necessidades operacionais da ANP, consignadas no orçamento aprovado;

III – os recursos provenientes de convênios, acordos ou contratos celebrados com entidades, organismos ou empresas, excetuados os referidos no inciso anterior;

IV – as doações, legados, subvenções e outros recursos que lhe forem destinados;

V – o produto dos emolumentos, taxas e multas previstos na legislação específica, os valores apurados na venda ou locação dos bens móveis e imóveis de sua propriedade, bem como os decorrentes da venda de dados e informações técnicas, inclusive para fins de licitação, ressalvados os referidos no § 2º do art. 22 desta Lei.

Art. 16. Os recursos provenientes da participação governamental prevista no inciso IV do art. 45, nos termos do art. 51, destinar-se-ão ao financiamento das despesas da ANP para o exercício das atividades que lhe são conferidas nesta Lei.

SEÇÃO IV. DO PROCESSO DECISÓRIO

Art. 17. O processo decisório da ANP obedecerá aos princípios da legalidade, impessoalidade, moralidade e publicidade.

Art. 18. As sessões deliberativas da Diretoria da ANP que se destinem a resolver pendências entre agentes econômicos e entre esses e consumidores e usuários de bens e serviços da indústria de petróleo, de gás natural ou de biocombustíveis serão públicas, permitida a sua gravação por meios eletrônicos e assegurado aos interessados o direito de delas obter transcrições. (Redação dada pela Lei nº 12490, de 2011)

Art. 19. As iniciativas de projetos de lei ou de alteração de normas administrativas que impliquem afetação de direito dos agentes econômicos ou de consumidores e usuários de bens e serviços das indústrias de petróleo, de gás natural ou de biocombustíveis serão precedidas de audiência pública convocada e dirigida pela ANP. (Redação dada pela Lei nº 12490, de 2011)

Art. 20. O regimento interno da ANP disporá sobre os procedimentos a serem adotados para a solução de conflitos entre agentes econômicos, e entre estes e usuários e consumidores, com ênfase na conciliação e no arbitramento.

CAPÍTULO V. DA EXPLORAÇÃO E DA PRODUÇÃO

SEÇÃO I. DAS NORMAS GERAIS

Art. 21. Todos os direitos de exploração e produção de petróleo, de gás natural e de outros hidrocarbonetos fluidos em território nacional, nele compreendidos a parte terrestre, o mar territorial, a plataforma continental e a zona econômica exclusiva, pertencem à União, cabendo sua administração à ANP, ressalvadas as competências de outros órgãos e entidades expressamente estabelecidas em lei. (Redação dada pela Lei nº 12.351, de 2010)

Art. 22. O acervo técnico constituído pelos dados e informações sobre as bacias sedimentares brasileiras é também considerado parte integrante dos recursos petrolíferos nacionais, cabendo à ANP sua coleta, manutenção e administração.

§ 1º. A Petróleo Brasileiro S.A. – PETROBRÁS transferirá para a ANP as informações e dados de que dispuser sobre as bacias sedimentares brasileiras, assim como sobre as atividades de pesquisa, exploração e produção de petróleo ou gás natural, desenvolvidas em função da exclusividade do exercício do monopólio até a publicação desta Lei.

§ 2º. A ANP estabelecerá critérios para remuneração à PETROBRÁS pelos dados e informações referidos no parágrafo anterior e que venham a ser utilizados pelas partes interessadas, com fiel observância ao disposto no art. 117 da Lei nº 6.404, de 15 de dezembro de 1976, com as alterações procedidas pela Lei nº 9.457, de 5 de maio de 1997.

§ 3º. O Ministério de Minas e Energia terá acesso irrestrito e gratuito ao acervo a que se refere o *caput* deste artigo, com o objetivo de realizar estudos e planejamento setorial, mantido o sigilo a que esteja submetido, quando for o caso. (Incluído pela Lei nº 12.351, de 2010)

Art. 23. As atividades de exploração, desenvolvimento e produção de petróleo e de gás natural serão exercidas mediante contratos de concessão, precedidos de licitação, na forma estabelecida nesta Lei, ou sob o regime de partilha de produção nas áreas do pré-sal e nas áreas estratégicas, conforme legislação específica. (Redação dada pela Lei nº 12.351, de 2010)

§ 1º. (Revogado pela Lei nº 12.351, de 2010)

§ 2º. A ANP poderá outorgar diretamente ao titular de direito de lavra ou de autorização de pesquisa de depósito de carvão mineral concessão para o aproveitamento do gás metano que ocorra associado a esse depósito, dispensada a licitação prevista no *caput* deste artigo. (Incluído pela Lei nº 11.909, de 2009)

§ 3º Será dispensada da licitação prevista no *caput* deste artigo a extração residual de hidrocarbonetos resultante do exercício da atividade de estocagem subterrânea de gás natural, nos termos de regulação da ANP. (Acrescido pela Lei nº 14.134, de 2021)

Art. 24. Os contratos de concessão deverão prever duas fases: a de exploração e a de produção.

§ 1º. Incluem-se na fase de exploração as atividades de avaliação de eventual descoberta de petróleo ou gás natural, para determinação de sua comercialidade.

§ 2º. A fase de produção incluirá também as atividades de desenvolvimento.

Art. 25. Somente poderão obter concessão para a exploração e produção de petróleo ou gás natural as empresas que atendam aos requisitos técnicos, econômicos e jurídicos estabelecidos pela ANP.

Art. 26. A concessão implica, para o concessionário, a obrigação de explorar, por sua conta e risco e, em caso de êxito, produzir petróleo ou gás natural em determinado bloco, conferindo-lhe a propriedade desses bens, após extraídos, com os encargos relativos ao pagamento dos tributos incidentes e das participações legais ou contratuais correspondentes.

§ 1º. Em caso de êxito na exploração, o concessionário submeterá à aprovação da ANP os planos e projetos de desenvolvimento e produção.

§ 2º. A ANP emitirá seu parecer sobre os planos e projetos referidos no parágrafo anterior no prazo máximo de cento e oitenta dias.

§ 3º. Decorrido o prazo estipulado no parágrafo anterior sem que haja manifestação da ANP, os planos e projetos considerar-se-ão automaticamente aprovados.

Art. 27. (Revogado pela Lei nº 12.351, de 2010)

Art. 28. As concessões extinguir-se-ão:

I – pelo vencimento do prazo contratual;

II – por acordo entre as partes;

III – pelos motivos de rescisão previstos em contrato;

IV – ao término da fase de exploração, sem que tenha sido feita qualquer descoberta comercial, conforme definido no contrato;

V – no decorrer da fase de exploração, se o concessionário exercer a opção de desistência e de devolução das áreas em que, a seu critério, não se justifiquem investimentos em desenvolvimento.

§ 1º. A devolução de áreas, assim como a reversão de bens, não implicará ônus de qualquer natureza para a União ou para a ANP, nem conferirá ao concessionário qualquer direito de indenização pelos serviços, poços, imóveis e bens reversíveis, os quais passarão à propriedade da União e à administração da ANP, na forma prevista no inciso VI do art. 43.

§ 2º. Em qualquer caso de extinção da concessão, o concessionário fará, por sua conta exclusiva, a remoção dos equipamentos e bens que não sejam objeto de reversão, ficando obrigado a reparar ou indenizar os danos decorrentes de suas atividades e praticar os atos de recuperação ambiental determinados pelos órgãos competentes.

Art. 29. É permitida a transferência do contrato de concessão, preservando-se seu objeto e as condições contratuais, desde que o novo concessionário atenda aos requisitos técnicos, econômicos e jurídicos estabelecidos pela ANP, conforme o previsto no art. 25.

Parágrafo único. A transferência do contrato só poderá ocorrer mediante prévia e expressa autorização da ANP.

Art. 30. O contrato para exploração, desenvolvimento e produção de petróleo ou gás natural não se estende a nenhum outro recurso natural, ficando o concessionário obrigado a informar a sua descoberta, prontamente e em caráter exclusivo, à ANP.

SEÇÃO II.
DAS NORMAS ESPECÍFICAS PARA AS ATIVIDADES EM CURSO

Art. 31. A PETROBRÁS submeterá à ANP, no prazo de três meses da publicação desta Lei, seu programa de exploração, desenvolvimento e produção, com informações e dados que propiciem:

I – o conhecimento das atividades de produção em cada campo, cuja demarcação poderá incluir uma área de segurança técnica;

II – o conhecimento das atividades de exploração e desenvolvimento, registrando, neste caso, os custos incorridos, os investimentos realizados e o cronograma dos investimentos a realizar, em cada bloco onde tenha definido prospectos.

Art. 32. A PETROBRÁS terá ratificados seus direitos sobre cada um dos campos que se encontrem em efetiva produção na data de início de vigência desta Lei.

Art. 33. Nos blocos em que, quando do início da vigência desta Lei, tenha a PETROBRÁS realizado descobertas comerciais ou promovido investimentos na exploração, poderá ela, observada sua capacidade de investir, inclusive por meio de financiamentos, prosseguir nos trabalhos de exploração e desenvolvimento pelo prazo de três anos e, nos casos de êxito, prosseguir nas atividades de produção.

Parágrafo único. Cabe à ANP, após a avaliação da capacitação financeira da PETROBRÁS e dos dados e informações de que trata o art. 31, aprovar os blocos em que os trabalhos referidos neste artigo terão continuidade.

Art. 34. Cumprido o disposto no art. 31 e dentro do prazo de um ano a partir da data de publicação desta Lei, a ANP celebrará com a PETROBRÁS, dispensada a licitação prevista no art. 23, contratos de concessão dos blocos que atendam às condições estipuladas nos arts. 32 e 33, definindo-se, em cada um desses contratos, as participações devidas, nos termos estabelecidos na Seção VI.

Parágrafo único. Os contratos de concessão referidos neste artigo serão regidos, no que couber, pelas normas gerais estabelecidas na Seção anterior e obedecerão ao disposto na Seção V deste Capítulo.

Art. 35. Os blocos não contemplados pelos contratos de concessão mencionados no artigo anterior e aqueles em que tenha havido insucesso nos trabalhos de exploração, ou não tenham sido ajustados com a ANP, dentro dos prazos estipulados, serão objeto de licitação pela ANP para a outorga de novos contratos de concessão, regidos pelas normas gerais estabelecidas na Seção anterior.

SEÇÃO III.
DO EDITAL DE LICITAÇÃO

Art. 36. A licitação para outorga dos contratos de concessão referidos no art. 23 obedecerá ao disposto nesta Lei, na regulamentação a ser expedida pela ANP e no respectivo edital.

Art. 37. O edital da licitação será acompanhado da minuta básica do respectivo contrato e indicará, obrigatoriamente:

I – o bloco objeto da concessão, o prazo estimado para a duração da fase de exploração, os investimentos e programas exploratórios mínimos;

II – os requisitos exigidos dos concorrentes, nos termos do art. 25, e os critérios de pré-qualificação, quando este procedimento for adotado;

III – as participações governamentais mínimas, na forma do disposto no art. 45, e a participação dos superficiários prevista no art. 52;

IV – a relação de documentos exigidos e os critérios a serem seguidos para aferição da capacidade técnica, da idoneidade financeira e da regularidade jurídica dos interessados, bem como para o julgamento técnico e econômico-financeiro da proposta;

V – a expressa indicação de que caberá ao concessionário o pagamento das indenizações devidas por desapropriações ou servidões necessárias ao cumprimento do contrato;

VI – o prazo, local e horário em que serão fornecidos, aos interessados, os dados, estudos e demais elementos e informações necessários à elaboração das propostas, bem como o custo de sua aquisição.

Parágrafo único. O prazo de duração da fase de exploração, referido no inciso I deste artigo, será estimado pela ANP, em função do nível de informações disponíveis, das características e da localização de cada bloco.

Art. 38. Quando permitida a participação de empresas em consórcio, o edital conterá as seguintes exigências:

I – comprovação de compromisso, público ou particular, de constituição do consórcio, subscrito pelas consorciadas;

II – indicação da empresa líder, responsável pelo consórcio e pela condução das operações, sem prejuízo da responsabilidade solidária das demais consorciadas;

III – apresentação, por parte de cada uma das empresas consorciadas, dos documentos exigidos para efeito de avaliação da qualificação técnica e econômico-financeira do consórcio;

IV – proibição de participação de uma mesma empresa em outro consórcio, ou isoladamente, na licitação de um mesmo bloco;

V – outorga de concessão ao consórcio vencedor da licitação condicionada ao registro do instrumento constitutivo do consórcio, na forma do disposto no parágrafo único do art. 279 da Lei nº 6.404, de 15 de dezembro de 1976.

Art. 39. O edital conterá a exigência de que a empresa estrangeira que concorrer isoladamente ou em consórcio deverá apresentar, juntamente com sua proposta e em envelope separado:

I – prova de capacidade técnica, idoneidade financeira e regularidade jurídica e fiscal, nos termos da regulamentação a ser editada pela ANP;

II – inteiro teor dos atos constitutivos e prova de encontrar-se organizada e em funcionamento regular, conforme a lei de seu país;

III – designação de um representante legal junto à ANP, com poderes especiais para a prática de atos e assunção de responsabilidades relativamente à licitação e à proposta apresentada;

IV – compromisso de, caso vencedora, constituir empresa segundo as leis brasileiras, com sede e administração no Brasil.

Parágrafo único. A assinatura do contrato de concessão ficará condicionada ao efetivo cumprimento do compromisso assumido de acordo com o inciso IV deste artigo.

SEÇÃO IV.
DO JULGAMENTO DA LICITAÇÃO

Art. 40. O julgamento da licitação identificará a proposta mais vantajosa, segundo critérios objetivos, estabelecidos no instrumento convocatório, com fiel observância dos princípios da legalidade, impessoalidade, moralidade, publicidade e igualdade entre os concorrentes.

Art. 41. No julgamento da licitação, além de outros critérios que o edital expressamente estipular, serão levados em conta:

I – o programa geral de trabalho, as propostas para as atividades de exploração, os prazos, os volumes mínimos de investimentos e os cronogramas físico-financeiros;

II – as participações governamentais referidas no art. 45.

Art. 42. Em caso de empate, a licitação será decidida em favor da PETROBRÁS, quando esta concorrer não consorciada com outras empresas.

SEÇÃO V.
DO CONTRATO DE CONCESSÃO

Art. 43. O contrato de concessão deverá refletir fielmente as condições do edital e da proposta vencedora e terá como cláusulas essenciais:

I – a definição do bloco objeto da concessão;

II – o prazo de duração da fase de exploração e as condições para sua prorrogação;

III – o programa de trabalho e o volume do investimento previsto;

IV – as obrigações do concessionário quanto às participações, conforme o disposto na Seção VI;

V – a indicação das garantias a serem prestadas pelo concessionário quanto ao cumprimento do contrato, inclusive quanto à realização dos investimentos ajustados para cada fase;

VI – a especificação das regras sobre devolução e desocupação de áreas, inclusive retirada de equipamentos e instalações, e reversão de bens;

VII – os procedimentos para acompanhamento e fiscalização das atividades de exploração, desenvolvimento e produção, e para auditoria do contrato;

VIII – a obrigatoriedade de o concessionário fornecer à ANP relatórios, dados e informações relativos às atividades desenvolvidas;

IX – os procedimentos relacionados com a transferência do contrato, conforme o disposto no art. 29;

X – as regras sobre solução de controvérsias, relacionadas com o contrato e sua execução, inclusive a conciliação e a arbitragem internacional;

XI – os casos de rescisão e extinção do contrato;

XII – as penalidades aplicáveis na hipótese de descumprimento pelo concessionário das obrigações contratuais.

Parágrafo único. As condições contratuais para prorrogação do prazo de exploração, referidas no inciso II deste artigo, serão estabelecidas de modo a assegurar a devolução de um percentual do bloco, a critério da ANP, e o aumento do valor do pagamento pela ocupação da área, conforme disposto no parágrafo único do art. 51.

Art. 44. O contrato estabelecerá que o concessionário estará obrigado a:

I – adotar, em todas as suas operações, as medidas necessárias para a conservação dos reservatórios e de outros recursos naturais, para a segurança das pessoas e dos equipamentos e para a proteção do meio ambiente;

II – comunicar à ANP, imediatamente, a descoberta de qualquer jazida de petróleo, gás natural ou outros hidrocarbonetos ou de outros minerais;

III – realizar a avaliação da descoberta nos termos do programa submetido à ANP, apresentando relatório de comercialidade e declarando seu interesse no desenvolvimento do campo;

IV – submeter à ANP o plano de desenvolvimento de campo declarado comercial, contendo o cronograma e a estimativa de investimento;

V – responsabilizar-se civilmente pelos atos de seus prepostos e indenizar todos e quaisquer danos decorrentes das atividades de exploração, desenvolvimento e produção contratadas, devendo ressarcir à ANP ou à União os ônus que venham a suportar em conseqüência de eventuais demandas motivadas por atos de responsabilidade do concessionário;

VI – adotar as melhores práticas da indústria internacional do petróleo e obedecer às normas e procedimentos técnicos e científicos pertinentes, inclusive quanto às técnicas apropriadas de recuperação, objetivando a racionalização da produção e o controle do declínio das reservas.

SEÇÃO VI.
DAS PARTICIPAÇÕES

Art. 45. O contrato de concessão disporá sobre as seguintes participações governamentais, previstas no edital de licitação:

I – bônus de assinatura;

II – royalties;

III – participação especial;

IV – pagamento pela ocupação ou retenção de área.

§ 1º. As participações governamentais constantes dos incisos II e IV serão obrigatórias.

§ 2º. As receitas provenientes das participações governamentais definidas no *caput*, alocadas para órgãos da administração pública federal, de acordo com o disposto nesta Lei, serão mantidas na Conta Única do Governo Federal, enquanto não forem destinadas para as respectivas programações.

§ 3º. O superávit financeiro dos órgãos da administração pública federal referidos no parágrafo anterior, apurado em balanço de cada exercício financeiro, será transferido ao Tesouro Nacional.

Art. 46. O bônus de assinatura terá seu valor mínimo estabelecido no edital e corresponderá ao pagamento ofertado na proposta para obtenção da concessão, devendo ser pago no ato da assinatura do contrato.

Art. 47. Os royalties serão pagos mensalmente, em moeda nacional, a partir da data de início da produção comercial de cada campo, em montante correspondente a dez por cento da produção de petróleo ou gás natural.

§ 1º. Tendo em conta os riscos geológicos, as expectativas de produção e outros fatores pertinentes, a ANP poderá prever, no edital de licitação correspondente, a redução do valor dos royalties estabelecido no *caput* deste artigo para um montante correspondente a, no mínimo, cinco por cento da produção.

§ 2º. Os critérios para o cálculo do valor dos royalties serão estabelecidos por decreto do Presidente da República, em função dos preços de mercado do petróleo, gás natural ou condensado, das especificações do produto e da localização do campo.

§ 3º. A queima de gás em flares, em prejuízo de sua comercialização, e a perda de produto ocorrida sob a responsabilidade do concessionário serão incluídas no volume total da produção a ser computada para cálculo dos royalties devidos.

§ 4º. Os recursos provenientes dos pagamentos dos royalties serão distribuídos, nos termos do disposto nesta Lei, com base nos cálculos de valores devidos a cada beneficiário, fornecidos pela autoridade administrativa competente. (Incluído pela Lei nº 13.609, de 2018)

§ 5º. No caso dos Estados e dos Municípios, os recursos de que trata o § 4º deste artigo serão creditados em contas bancárias específicas de titularidade deles. (Incluído pela Lei nº 13.609, de 2018)

§ 6º. Observado o disposto no § 9º deste artigo, na hipótese de o Estado ou o Município ter celebrado operação de cessão ou transferência, parcial ou total, dos seus direitos sobre os royalties ou de antecipação, parcial ou total, das receitas decorrentes dos direitos sobre os royalties, os recursos de que trata o § 4º deste artigo serão creditados pelo seu valor líquido, após as deduções de natureza legal, tributária e/ou contratual anteriormente incidentes, se houver, e desde que tais deduções tenham prioridade de pagamentos, diretamente pela União, em conta bancária específica de titularidade dos investidores, no Brasil ou no exterior, ou de entidade representativa dos interesses dos investidores que tenham contratado com o Estado ou o Município a respectiva operação de cessão ou transferência de direitos sobre os royalties ou de antecipação das receitas decorrentes dos direitos sobre os royalties. (Incluído pela Lei nº 13.609, de 2018)

§ 7º. Na hipótese prevista no § 6º deste artigo, a União não poderá alterar a conta bancária específica indicada para o pagamento dos direitos e receitas sobre os royalties sem a prévia e expressa autorização do beneficiário da operação. (Incluído pela Lei nº 13.609, de 2018)

§ 8º. Eventual adesão do Estado ao Regime de Recuperação Fiscal previsto na Lei Complementar nº 159, de 19 de maio de 2017, não poderá afetar a transferência dos direitos e receitas sobre os royalties para a conta bancária específica de titularidade do investidor ou da entidade representativa dos interesses do investidor referida no § 6º deste artigo, até o integral cumprimento da obrigação assumida. (Incluído pela Lei nº 13.609, de 2018)

§ 9º. Para as operações já contratadas na data da promulgação desta Lei, poderão as partes, de comum acordo, ajustar a transferência do depósito dos recursos de que trata o § 4º deste artigo diretamente para conta bancária específica do investidor ou da entidade representativa dos interesses do investidor para essa finalidade. (Incluído pela Lei nº 13.609, de 2018)

§ 10. (VETADO na Lei nº 13.609, de 2018)

Art. 48. A parcela do valor dos royalties, previstos no contrato de concessão, que representar 5% (cinco por cento) da produção, correspondente ao montante mínimo referido no § 1º do art. 47, será distribuída segundo os seguintes critérios: (Redação dada pela Lei nº 12.734, de 2012)

I – quando a lavra ocorrer em terra ou em lagos, rios, ilhas fluviais e lacustres: (Incluído pela Lei nº 12.734, de 2012)

a) 70% (setenta por cento) aos Estados onde ocorrer a produção; (Incluída pela Lei nº 12.734, de 2012)

b) 20% (vinte por cento) aos Municípios onde ocorrer a produção; e (Incluída pela Lei nº 12.734, de 2012)

c) 10% (dez por cento) aos Municípios que sejam afetados pelas operações de embarque e desembarque de petróleo, gás natural e outros hidrocarbonetos fluidos, na forma e critérios estabelecidos pela ANP; (Incluída pela Lei nº 12.734, de 2012)

II – quando a lavra ocorrer na plataforma continental, no mar territorial ou na zona econômica exclusiva: (Incluído pela Lei nº 12.734, de 2012)

a) 20% (vinte por cento) para os Estados confrontantes; (Incluída pela Lei nº 12.734, de 2012)

b) 17% (dezessete por cento) para os Municípios confrontantes e respectivas áreas geoeconômicas, conforme definido nos arts. 2º, 3º e 4º da Lei nº 7.525, de 22 de julho de 1986; (Incluída pela Lei nº 12.734, de 2012)

c) 3% (três por cento) para os Municípios que sejam afetados pelas operações de embarque e desembarque de petróleo, de gás natural e de outros hidrocarbonetos fluidos, na forma e critério estabelecidos pela ANP; (Incluída pela Lei nº 12.734, de 2012)

d) 20% (vinte por cento) para constituição de fundo especial, a ser distribuído entre Estados e o Distrito Federal, se for o caso, de acordo com os seguintes critérios: (Incluída pela Lei nº 12.734, de 2012)

1. os recursos serão distribuídos somente para os Estados e, se for o caso, o Distrito Federal, que não tenham recebido recursos em decorrência do disposto na alínea "a" dos incisos I e II do art. 42-B da Lei nº 12.351, de 22 de dezembro de 2010, na alínea "a" deste inciso e do inciso II do art. 49 desta Lei e no inciso II do § 2º do art. 50 desta Lei; (Incluído pela Lei nº 12.734, de 2012)

2. o rateio dos recursos do fundo especial obedecerá às mesmas regras do rateio do Fundo de Participação dos Estados e do Distrito Federal (FPE), de que trata o art. 159 da Constituição; (Incluído pela Lei nº 12.734, de 2012)

3. o percentual que o FPE destina aos Estados e ao Distrito Federal, se for o caso, que serão excluídos do rateio dos recursos do fundo especial em decorrência do disposto no item 1 será redistribuído entre os demais Estados e o Distrito Federal, se for o caso, proporcionalmente às suas participações no FPE; (Incluído pela Lei nº 12.734, de 2012)

4. o Estado produtor ou confrontante, e o Distrito Federal, se for produtor, poderá optar por receber os recursos do fundo especial de que trata esta alínea, desde que não receba recursos em decorrência do disposto na alínea "a" dos incisos I e II do art. 42-B da Lei nº 12.351, de 22 de dezembro de 2010, na alínea "a" deste inciso e do inciso II do art. 49 desta Lei e no inciso II do § 2º do art. 50 desta Lei; (Incluído pela Lei nº 12.734, de 2012)

5. os recursos que Estados produtores ou confrontantes, ou que o Distrito Federal, se for o caso, tenham deixado de arrecadar em função da opção prevista no item 4 serão adicionados aos recursos do fundo especial de que trata esta alínea; (Incluído pela Lei nº 12.734, de 2012)

e) 20% (vinte por cento) para constituição de fundo especial, a ser distribuído entre os Municípios de acordo com os seguintes critérios: (Incluída pela Lei nº 12.734, de 2012)

1. os recursos serão distribuídos somente para os Municípios que não tenham recebido recursos em decorrência do disposto nas alíneas "b" e "c" dos incisos I e II do art. 42-B da Lei nº 12.351, de 22 de dezembro de 2010, nas alíneas "b" e "c" deste inciso e do inciso II do art. 49 desta Lei e no inciso III do § 2º do art. 50 desta Lei; (Incluído pela Lei nº 12.734, de 2012)

2. o rateio dos recursos do fundo especial obedecerá às mesmas regras do rateio do Fundo de Participação dos Municípios (FPM), de que trata o art. 159 da Constituição; (Incluído pela Lei nº 12.734, de 2012)

3. o percentual que o FPM destina aos Municípios que serão excluídos do rateio dos recursos do fundo especial em decorrência do disposto no item 1 será redistribuído entre Municípios proporcionalmente às suas participações no FPM; (Incluído pela Lei nº 12.734, de 2012)

4. o Município produtor ou confrontante poderá optar por receber os recursos do fundo especial de que trata esta alínea, desde que não receba recursos em decorrência do disposto nas alíneas "b" e "c" dos incisos I e II do art. 42-B da Lei nº 12.351, de 22 de dezembro de 2010, nas alíneas "b" e "c" deste inciso e do inciso II do art. 49 desta Lei e no inciso III do § 2º do art. 50 desta Lei; (Incluído pela Lei nº 12.734, de 2012)

5. os recursos que Municípios produtores ou confrontantes tenham deixado de arrecadar em função da opção prevista no item 4 serão adicionados aos recursos do fundo especial de que trata esta alínea; (Incluído pela Lei nº 12.734, de 2012)

f) 20% (vinte por cento) para a União, a ser destinado ao Fundo Social, instituído por esta Lei, deduzidas as parcelas destinadas aos órgãos específicos da Administração Direta da União, nos termos do regulamento do Poder Executivo. (Incluída pela Lei nº 12.734, de 2012)

§ 1º. A soma dos valores referentes aos royalties devidos aos Municípios nos termos das alíneas "b" e "c" dos incisos I e II do art. 42-B da Lei nº 12.351, de 22 de dezembro de 2010, com os royalties devidos nos termos das alíneas "b" e "c" dos incisos I e II deste art. 48 e do art. 49 desta Lei, com a participação especial devida nos termos do inciso III do § 2º do art. 50 desta Lei, ficarão limitados ao maior dos seguintes valores: (Incluído pela Lei nº 12.734, de 2012)

I – os valores que o Município recebeu a título de royalties e participação especial em 2011; (Incluído pela Lei nº 12.734, de 2012)

II – 2 (duas) vezes o valor per capita distribuído pelo FPM, calculado em nível nacional, multiplicado pela população do Município. (Incluído pela Lei nº 12.734, de 2012)

§ 2º. A parcela dos royalties de que trata este artigo que contribuir para o que exceder o limite de pagamentos aos Municípios em decorrência do disposto no § 1º será transferida para o fundo especial de que trata a alínea "e" do inciso II. (Incluído pela Lei nº 12.734, de 2012)

§ 3º. Os pontos de entrega às concessionárias de gás natural produzido no País serão considerados instalações de embarque e desembarque, para fins de pagamento de royalties aos Municípios afetados por essas operações, em razão do disposto na alínea "c" dos incisos I e II. (Incluído pela Lei nº 12.734, de 2012)

§ 4º. A opção dos Estados, Distrito Federal e Municípios de que trata o item 4 das alíneas "d" e "e" do inciso II poderá ser feita após conhecido o valor dos royalties e da participação especial a serem distribuídos, nos termos do regulamento. (Incluído pela Lei nº 12.734, de 2012)

Art. 49. A parcela do valor do royalty que exceder a cinco por cento da produção terá a seguinte distribuição:

I – quando a lavra ocorrer em terra ou em lagos, rios, ilhas fluviais e lacustres:

a) cinqüenta e dois inteiros *e cinco décimos por cento aos Estados onde ocorrer* a produção;

b) quinze por cento aos Municípios onde ocorrer a produção;

c) sete inteiros e cinco décimos por cento aos Municípios que sejam afetados pelas operações de embarque e desembarque de petróleo e gás natural, na forma e critério estabelecidos pela ANP;

d) 25% (vinte e cinco por cento) *para a União, a ser destinado ao Fundo Social, instituído por esta Lei, deduzidas as parcelas* destinadas aos órgãos específicos da Administração Direta da União, nos termos do regulamento do Poder Executivo; (Redação dada pela Lei nº 12.734, de 2012)

II – quando a lavra ocorrer na plataforma continental:

a) 20% (vinte por cento) para os Estados confrontantes; (Redação dada pela Lei nº 12.734, de 2012)

b) 17% (dezessete por cento) para os Municípios confrontantes e respectivas áreas geoeconômicas, conforme definido nos arts. 2º, 3º e 4º da Lei nº 7.525, de 22 de julho de 1986; (Redação dada pela Lei nº 12.734, de 2012)

c) 3% (três por cento) para os Municípios que sejam afetados pelas operações de embarque e desembarque de petróleo, de gás natural e de outros hidrocarbonetos fluidos, na forma e critério estabelecidos pela ANP; (Redação dada pela Lei nº 12.734, de 2012)

d) 20% (vinte por cento) para constituição de fundo especial, a ser distribuído entre Estados e o Distrito Federal, se for o caso, de acordo com os seguintes critérios: (Redação dada pela Lei nº 12.734, de 2012)

1. os recursos serão distribuídos somente para os Estados e, se for o caso, o Distrito Federal, que não tenham recebido recursos em decorrência do disposto na alínea "a" dos incisos I e II do art. 42-B da Lei nº 12.351, de 22 de dezembro de 2010, na alínea "a" deste inciso e do inciso II do art. 48 desta Lei e no inciso II do § 2º do art. 50 desta Lei; (Incluído pela Lei nº 12.734, de 2012)

2. o rateio dos recursos do fundo especial obedecerá às mesmas regras do rateio do Fundo de Participação dos Estados e do Distrito Federal (FPE), de que trata o art. 159 da Constituição; (Incluído pela Lei nº 12.734, de 2012)

3. o percentual que o FPE destina aos Estados e ao Distrito Federal, se for o caso, que serão excluídos do rateio dos recursos do fundo especial em decorrência do disposto no item 1 será redistribuído entre os demais Estados e o Distrito Federal, se for o caso, proporcionalmente às suas participações no FPE; (Incluído pela Lei nº 12.734, de 2012)

4. o Estado produtor ou confrontante, e o Distrito Federal, se for produtor, poderá optar por receber os recursos do fundo especial de que trata esta alínea, desde que não receba os recursos referidos no item 1; (Incluído pela Lei nº 12.734, de 2012)

5. os recursos que Estados produtores ou confrontantes, ou que o Distrito Federal, se for o caso, tenham deixado de arrecadar em função da opção prevista no item 4 serão adicionados aos recursos do fundo especial de que trata esta alínea; (Incluído pela Lei nº 12.734, de 2012)

e) 20% (vinte por cento) para constituição de fundo especial, a ser distribuído entre os Municípios de acordo com os seguintes critérios: (Redação dada pela Lei nº 12.734, de 2012)

1. os recursos serão distribuídos somente para os Municípios que não tenham recebido recursos em decorrência do disposto nas alíneas "b" e "c" dos incisos I e II do art. 42-B da Lei nº 12.351, de 22 de dezembro de 2010, nas alíneas "b" e "c" deste inciso e do inciso II do art. 48 desta Lei e no inciso III do § 2º do art. 50 desta Lei; (Incluído pela Lei nº 12.734, de 2012)

2. o rateio dos recursos do fundo especial obedecerá às mesmas regras do rateio do FPM, de que trata o art. 159 da Constituição; (Incluído pela Lei nº 12.734, de 2012)

3. o percentual que o FPM destina aos Municípios que serão excluídos do rateio dos recursos do fundo especial em decorrência do disposto no item 1 será redistribuído entre Municípios proporcionalmente às suas participações no FPM; (Incluído pela Lei nº 12.734, de 2012)

4. o Município produtor ou confrontante poderá optar por receber os recursos do fundo especial de que trata esta alínea, desde que não receba os recursos referidos no item 1; (Incluído pela Lei nº 12.734, de 2012)

5. os recursos que Municípios produtores ou confrontantes tenham deixado de arrecadar em função da opção prevista no item 4 serão adicionados aos recursos do fundo especial de que trata esta alínea; (Incluído pela Lei nº 12.734, de 2012)

f) 20% (vinte por cento) para a União, a ser destinado ao Fundo Social, instituído por esta Lei, deduzidas as parcelas destinadas aos órgãos específicos da Administração Direta da União, nos termos do regulamento do Poder Executivo. (Redação dada pela Lei nº 12.734, de 2012)

§ 1º. (Revogado). (Redação dada pela Lei nº 12.734, de 2012)

§ 2º. (Revogado). (Redação dada pela Lei nº 12.734, de 2012)

§ 3º. (Revogado). (Redação dada pela Lei nº 12.734, de 2012)

§ 4º. A soma dos valores referentes aos royalties devidos aos Municípios nos termos das alíneas "b" e "c" dos incisos I e II do art. 42-B da Lei nº 12.351, de 22 de dezembro de 2010, com os royalties devidos nos termos das alíneas "b" e "c" dos incisos I e II deste artigo e do art. 48 desta Lei, com a participação especial devida nos termos do inciso III do § 2º do art. 50 desta Lei, ficarão limitados ao maior dos seguintes valores: (Incluído pela Lei nº 12.734, de 2012)

I – os valores que o Município recebeu a título de royalties e participação especial em 2011; (Incluído pela Lei nº 12.734, de 2012)

II – 2 (duas) vezes o valor per capita distribuído pelo FPM, calculado em nível nacional, multiplicado pela população do Município. (Incluído pela Lei nº 12.734, de 2012)

§ 5º. A parcela dos royalties de que trata este artigo que contribuir para o valor que exceder o limite de pagamentos aos Municípios em decorrência do disposto no § 4º será transferida para o fundo especial de que trata a alínea "e" do inciso II. (Incluído pela Lei nº 12.734, de 2012)

§ 6º. A opção dos Estados, Distrito Federal e Municípios de que trata o item 4 das alíneas "d" e "e" do inciso II poderá ser feita após conhecido o valor dos royalties e da participação especial a serem distribuídos, nos termos do regulamento. (Incluído pela Lei nº 12.734, de 2012)

§ 7º. Os pontos de entrega às concessionárias de gás natural produzido no País serão considerados instalações de embarque e desembarque, para fins de pagamento de royalties aos Municípios afetados por essas operações, em razão do disposto na alínea "c" dos incisos I e II. (Incluído pela Lei nº 12.734, de 2012)

Art. 49-A. Os percentuais de distribuição a que se referem a alínea "b" do inciso II do art. 48 e a alínea "b" do inciso II do art. 49 serão reduzidos: (Incluído pela Lei nº 12.734, de 2012)

I – em 2 (dois) pontos percentuais em 2013 e em cada ano subsequente até 2018, quando alcançará 5% (cinco por cento); (Incluído pela Lei nº 12.734, de 2012)

II – em 1 (um) ponto percentual em 2019, quando alcançará o mínimo de 4% (quatro por cento). (Incluído pela Lei nº 12.734, de 2012)

Parágrafo único. A partir de 2019, o percentual de distribuição a que se refere este artigo será de 4% (quatro por cento). (Incluído pela Lei nº 12.734, de 2012)

Art. 49-B. Os percentuais de distribuição a que se referem a alínea "d" do inciso II do art. 48 e a alínea "d" do inciso II do art. 49 serão acrescidos: (Incluído pela Lei nº 12.734, de 2012)

I – em 1 (um) ponto percentual em 2013 e em cada ano subsequente até atingir 24% (vinte e quatro por cento) em 2016; (Incluído pela Lei nº 12.734, de 2012)

II – em 1,5 (um inteiro e cinco décimos) de ponto percentual em 2017, quando atingirá 25,5% (vinte e cinco inteiros e cinco décimos por cento); (Incluído pela Lei nº 12.734, de 2012)

III – em 1 (um) ponto percentual em 2018, quando atingirá 26,5% (vinte e seis inteiros e cinco décimos por cento); (Incluído pela Lei nº 12.734, de 2012)

IV – em 0,5 (cinco décimos) de ponto percentual em 2019, quando atingirá o máximo de 27% (vinte e sete por cento). (Incluído pela Lei nº 12.734, de 2012)

Parágrafo único. A partir de 2019, o percentual de distribuição a que se refere este artigo será de 27% (vinte e sete por cento). (Incluído pela Lei nº 12.734, de 2012)

Art. 49-C. Os percentuais de distribuição a que se referem a alínea "e" do inciso II do art. 48 e a alínea "e" do inciso II do art. 49 serão acrescidos: (Incluído pela Lei nº 12.734, de 2012)

I – em 1 (um) ponto percentual em 2013 e em cada ano subsequente até atingir 24% (vinte e quatro por cento) em 2016; (Incluído pela Lei nº 12.734, de 2012)

II – em 1,5 (um inteiro e cinco décimos) de ponto percentual em 2017, quando atingirá 25,5% (vinte e cinco inteiros e cinco décimos por cento); (Incluído pela Lei nº 12.734, de 2012)

III – em 1 (um) ponto percentual em 2018, quando atingirá 26,5% (vinte e seis inteiros e cinco décimos por cento); (Incluído pela Lei nº 12.734, de 2012)

IV – em 0,5 (cinco décimos) de ponto percentual em 2019, quando atingirá o máximo de 27% (vinte e sete por cento). (Incluído pela Lei nº 12.734, de 2012)

Parágrafo único. A partir de 2019, o percentual de distribuição a que se refere este artigo será de 27% (vinte e sete por cento). (Incluído pela Lei nº 12.734, de 2012)

Art. 50. O edital e o contrato estabelecerão que, nos casos de grande volume de produção, ou de grande rentabilidade, haverá o pagamento de uma participação especial, a ser regulamentada em decreto do Presidente da República.

§ 1º. A participação especial será aplicada sobre a receita bruta da produção, deduzidos os royalties, os investimentos na exploração, os custos operacionais, a depreciação e os tributos previstos na legislação em vigor.

§ 2º. Os recursos da participação especial serão distribuídos na seguinte proporção:

I – 42% (quarenta e dois por cento) à União, a ser destinado ao Fundo Social, instituído pela Lei nº 12.351, de 2010, deduzidas as parcelas destinadas aos órgãos específicos da Administração Direta da União, nos termos do regulamento do Poder Executivo; (Redação dada pela Lei nº 12.734, de 2012)

II – 34% (trinta e quatro por cento) para o Estado onde ocorrer a produção em terra, ou confrontante com a plataforma continental onde se realizar a produção; (Redação dada pela Lei nº 12.734, de 2012)

III – 5% (cinco por cento) para o Município onde ocorrer a produção em terra, ou confrontante com a plataforma continental onde se realizar a produção; (Redação dada pela Lei nº 12.734, de 2012)

IV – 9,5% (nove inteiros e cinco décimos por cento) para constituição de fundo especial, a ser distribuído entre Estados e o Distrito Federal, se for o caso, de acordo com os seguintes critérios: (Redação dada pela Lei nº 12.734, de 2012)

a) os recursos serão distribuídos somente para os Estados e, se for o caso, o Distrito Federal, que não tenham recebido recursos em decorrência do disposto na alínea "a" dos incisos I e II do art. 42-B da Lei nº 12.351, de 22 de dezembro de 2010, na alínea "a" do inciso II dos arts. 48 e 49 desta Lei e no inciso II do § 2º deste artigo; (Incluída pela Lei nº 12.734, de 2012)

b) o rateio dos recursos do fundo especial obedecerá às mesmas regras do rateio do Fundo de Participação dos Estados e do Distrito Federal (FPE), de que trata o art. 159 da Constituição; (Incluída pela Lei nº 12.734, de 2012)

c) o percentual que o FPE destina aos Estados e ao Distrito Federal, se for o caso, que serão excluídos do rateio dos recursos do fundo especial em decorrência do disposto na alínea "a" será redistribuído entre os demais Estados e o Distrito Federal, se for o caso, proporcionalmente às suas participações no FPE; (Incluída pela Lei nº 12.734, de 2012)

d) o Estado produtor ou confrontante, e o Distrito Federal, se for produtor, poderá optar por receber os recursos do fundo especial de que trata este inciso, desde que não receba recursos em decorrência do disposto na alínea "a" dos incisos I e II do art. 42-B da Lei nº 12.351, de 22 de dezembro de 2010, na alínea "a" do inciso II dos arts. 48 e 49 desta Lei e no inciso II do § 2º deste artigo; (Incluída pela Lei nº 12.734, de 2012

e) os recursos que Estados produtores ou confrontantes, ou que o Distrito Federal, se for o caso, tenham deixado de arrecadar em função da opção prevista na alínea "d" serão adicionados aos recursos do fundo especial de que trata este inciso; (Incluída pela Lei nº 12.734, de 2012)

V – 9,5% (nove inteiros e cinco décimos por cento) para constituição de fundo especial, a ser distribuído entre os Municípios de acordo com os seguintes critérios: (Incluído pela Lei nº 12.734, de 2012)

a) os recursos serão distribuídos somente para os Municípios que não tenham recebido recursos em decorrência do disposto nas alíneas "b" e "c" dos incisos I e II do art. 42-B da Lei nº 12.351, de 22 de dezembro de 2010, nas alíneas "b" e "c" do inciso II dos arts. 48 e 49 desta Lei e no inciso III do § 2º deste artigo; (Incluída pela Lei nº 12.734, de 2012)

b) o rateio dos recursos do fundo especial obedecerá às mesmas regras do rateio do FPM, de que trata o art. 159 da Constituição; (Incluída pela Lei nº 12.734, de 2012

c) o percentual que o FPM destina aos Municípios que serão excluídos do rateio dos recursos do fundo especial em decorrência do disposto na alínea "a" será redistribuído entre Municípios proporcionalmente às suas participações no FPM; (Incluída pela Lei nº 12.734, de 2012)

d) o Município produtor ou confrontante poderá optar por receber os recursos do fundo especial de que trata este inciso, desde que não receba recursos em decorrência do disposto nas alíneas "b" e "c" dos incisos I e II do art. 42-B da Lei nº 12.351, de 22 de dezembro de 2010, nas alíneas "b" e "c" do inciso II dos arts. 48 e 49 desta Lei e no inciso III do § 2º deste artigo; (Incluída pela Lei nº 12.734, de 2012)

e) os recursos que Municípios produtores ou confrontantes tenham deixado de arrecadar em função da opção prevista na alínea "d" serão adicionados aos recursos do fundo especial de que trata este inciso. (Incluída pela Lei nº 12.734, de 2012)

§ 3º. (Revogado pela Lei nº 12.114, de 2009)

§ 4º. (Revogado). (Redação dada pela Lei nº 12.734, de 2012)

§ 5º. A soma dos valores referentes aos royalties devidos aos Municípios nos termos das alíneas "b" e "c" dos incisos I e II do art. 42-B da Lei nº 12.351, de 22 de dezembro de 2010, com os royalties devidos nos termos das alíneas "b" e "c" dos incisos I e II dos arts. 48 e 49 desta Lei, com a participação especial devida nos termos do inciso III do § 2º deste artigo, ficarão limitados ao maior dos seguintes valores: (Incluído pela Lei nº 12.734, de 2012)

I – os valores que o Município recebeu a título de royalties e participação especial em 2011; (Incluído pela Lei nº 12.734, de 2012)

II – 2 (duas) vezes o valor per capita distribuído pelo FPM, calculado em nível nacional, multiplicado pela população do Município. (Incluído pela Lei nº 12.734, de 2012)

§ 6º. A opção dos Estados, Distrito Federal e Municípios de que trata a alínea "d" dos incisos IV e V poderá ser feita após conhecido o valor dos royalties e da participação especial a serem distribuídos, nos termos do regulamento. (Incluído pela Lei nº 12.734, de 2012)

§ 7º. A parcela da participação especial que contribuir para o valor que exceder o limite de pagamentos aos Municípios em decorrência do disposto no § 5º será transferida para o fundo especial de que trata o inciso V do § 2º. (Incluído pela Lei nº 12.734, de 2012)

§ 8º. Os recursos provenientes dos pagamentos da participação especial serão distribuídos, nos termos do disposto nesta Lei, com base nos cálculos de valores devidos a cada beneficiário, fornecidos pela autoridade administrativa competente. (Incluído pela Lei nº 13.609, de 2018)

§ 9º. No caso dos Estados e dos Municípios, os recursos de que trata o § 8º deste artigo serão creditados em contas bancárias específicas de titularidade deles. (Incluído pela Lei nº 13.609, de 2018)

§ 10. Observado o disposto no § 13 deste artigo, na hipótese de o Estado ou o Município ter celebrado operação de cessão ou transferência, parcial ou total, dos seus direitos sobre a participação especial ou de antecipação, parcial ou total, das receitas decorrentes dos direitos sobre a participação especial, os recursos de que trata o § 8º deste artigo serão creditados pelo seu valor líquido, após as deduções de natureza legal, tributária e/ou contratual anteriormente incidentes, se houver, e desde que tais deduções tenham prioridade de pagamentos, diretamente pela União, em conta bancária específica de titularidade dos investidores, no Brasil ou no exterior, ou de entidade representativa dos interesses dos investidores que tenham contratado com o Estado ou o Município a respectiva operação de cessão ou transferência de direitos sobre a participação especial ou de antecipação das receitas decorrentes dos direitos sobre a participação especial. (Incluído pela Lei nº 13.609, de 2018)

§ 11. Na hipótese prevista no § 10 deste artigo, a União não poderá alterar a conta bancária específica indicada para o pagamento dos direitos e receitas sobre a participação especial sem a prévia e expressa autorização do beneficiário da operação. (Incluído pela Lei nº 13.609, de 2018)

§ 12. Eventual adesão do Estado ao Regime de Recuperação Fiscal previsto na Lei Complementar nº 159, de 19 de maio de 2017, não poderá afetar a transferência dos direitos e receitas sobre a participação especial para a conta bancária específica de titularidade do investidor ou da entidade representativa dos interesses do investidor referida no § 10 deste artigo, até o integral cumprimento da obrigação assumida. (Incluído pela Lei nº 13.609, de 2018)

§ 13. Para as operações já contratadas na data da promulgação desta Lei, poderão as partes, de comum acordo, ajustar a transferência do depósito dos recursos de que trata o § 8º deste artigo diretamente para conta bancária específica do investidor ou da entidade representativa dos interesses do investidor para essa finalidade. (Incluído pela Lei nº 13.609, de 2018)

§ 14. (VETADO na Lei nº 13.609, de 2018)

Art. 50-A. O percentual de distribuição a que se refere o inciso I do § 2º do art. 50 será acrescido de 1 (um) ponto percentual em 2013 e em cada ano subsequente até 2016, quando alcançará 46% (quarenta e seis por cento). (Incluído pela Lei nº 12.734, de 2012)

Parágrafo único. A partir de 2016, o percentual de distribuição a que se refere este artigo será de 46% (quarenta e seis por cento). (Incluído pela Lei nº 12.734, de 2012

Art. 50-B. O percentual de distribuição a que se refere o inciso II do § 2º do art. 50 será reduzido: (Incluído pela Lei nº 12.734, de 2012)

I – em 2 (dois) pontos percentuais em 2013, quando atingirá 32% (trinta e dois por cento); (Incluído pela Lei nº 12.734, de 2012)

II – em 3 (três) pontos percentuais em 2014 e em 2015, quando atingirá 26% (vinte e seis por cento); (Incluído pela Lei nº 12.734, de 2012)

III – em 2 (dois) pontos percentuais em 2016, em 2017 e em 2018, quando atingirá 20% (vinte por cento). (Incluído pela Lei nº 12.734, de 2012)

Parágrafo único. A partir de 2018, o percentual de distribuição a que se refere este artigo será de 20% (vinte por cento). (Incluído pela Lei nº 12.734, de 2012)

Art. 50-C. O percentual de distribuição a que se refere o inciso III do § 2º do art. 50 será reduzido em 1 (um) ponto percentual em 2019, quando atingirá 4% (quatro por cento). (Incluído pela Lei nº 12.734, de 2012)

Parágrafo único. A partir de 2019, o percentual de distribuição a que se refere este artigo será de 4% (quatro por cento). (Incluído pela Lei nº 12.734, de 2012

Art. 50-D. O percentual de distribuição a que se refere o inciso IV do § 2º do art. 50 será acrescido: (Incluído pela Lei nº 12.734, de 2012)

I – em 0,5 (cinco décimos) de ponto percentual em 2013, quando atingirá 10% (dez por cento); (Incluído pela Lei nº 12.734, de 2012)

II – em 1 (um) ponto percentual em 2014 e em 2015, quando atingirá 12% (doze por cento); (Incluído pela Lei nº 12.734, de 2012)

III – em 0,5 (cinco décimos) de ponto percentual em 2016, quando atingirá 12,5% (doze inteiros e cinco décimos por cento); (Incluído pela Lei nº 12.734, de 2012)

IV – em 1 (um) ponto percentual em 2017 e em 2018, quando atingirá 14,5% (quatorze inteiros e cinco décimos por cento); (Incluído pela Lei nº 12.734, de 2012)

V – em 0,5 (cinco décimos) de ponto percentual em 2019, quando atingirá 15% (quinze por cento). (Incluído pela Lei nº 12.734, de 2012)

Parágrafo único. A partir de 2019, o percentual de distribuição a que se refere este artigo será de 15% (quinze por cento). (Incluído pela Lei nº 12.734, de 2012

Art. 50-E. O percentual de distribuição a que se refere o inciso V do § 2º do art. 50 será acrescido: (Incluído pela Lei nº 12.734, de 2012)

I – em 0,5 (cinco décimos) de ponto percentual em 2013, quando atingirá 10% (dez por cento); (Incluído pela Lei nº 12.734, de 2012)

II – em 1 (um) ponto percentual em 2014 e em 2015, quando atingirá 12% (doze por cento); (Incluído pela Lei nº 12.734, de 2012)

III – em 0,5 (cinco décimos) de ponto percentual em 2016, quando atingirá 12,5% (doze inteiros e cinco décimos por cento); (Incluído pela Lei nº 12.734, de 2012)

IV – em 1 (um) ponto percentual em 2017 e em 2018, quando atingirá 14,5% (quatorze inteiros e cinco décimos por cento); (Incluído pela Lei nº 12.734, de 2012)

V – em 0,5 (cinco décimos) de ponto percentual em 2019, quando atingirá 15% (quinze por cento). (Incluído pela Lei nº 12.734, de 2012)

Parágrafo único. A partir de 2019, o percentual de distribuição a que se refere este artigo será de 15% (quinze por cento). (Incluído pela Lei nº 12.734, de 2012)

Art. 50-F. O fundo especial de que tratam as alíneas "d" e "e" do inciso II dos arts. 48 e 49 desta Lei, os incisos IV e V do § 2º do art. 50 desta Lei e as alíneas "d" e "e" dos incisos I e II do art. 42-B da Lei nº 12.351, de 22 de dezembro de 2010, serão destinados para as áreas de educação, infraestrutura social e econômica, saúde, segurança, programas de erradicação da miséria e da pobreza, cultura, esporte, pesquisa, ciência e tecnologia, defesa civil, meio ambiente, em programas voltados para a mitigação e adaptação às mudanças climáticas, e para o tratamento e reinserção social dos dependentes químicos. (Incluído pela Lei nº 12.734, de 2012)

Parágrafo único. Os Estados, o Distrito Federal e os Municípios encaminharão anexo contendo a previsão para a aplicação dos recursos de que trata o *caput* junto aos respectivos planos plurianuais, leis de diretrizes orçamentárias e leis do orçamento anual. (Incluído pela Lei nº 12.734, de 2012)

Art. 51. O edital e o contrato disporão sobre o pagamento pela ocupação ou retenção de área, a ser feito anualmente, fixado por quilômetro quadrado ou fração da superfície do bloco, na forma da regulamentação por decreto do Presidente da República.

Parágrafo único. O valor do pagamento pela ocupação ou retenção de área será aumentado em percentual a ser estabelecido pela ANP, sempre que houver prorrogação do prazo de exploração.

Art. 52. Constará também do contrato de concessão de bloco localizado em terra cláusula que determine o pagamento aos proprietários da terra de participação equivalente, em moeda corrente, a um percentual variável entre cinco décimos por cento e um por cento da produção de petróleo ou gás natural, a critério da ANP.

Parágrafo único. A participação a que se refere este artigo será distribuída na proporção da produção realizada nas propriedades regularmente demarcadas na superfície do bloco.

CAPÍTULO VI. DO REFINO DE PETRÓLEO E DO PROCESSAMENTO DE GÁS NATURAL

Art. 53. Qualquer empresa ou consórcio de empresas que atenda ao disposto no art. 5º desta Lei poderá submeter à ANP proposta, acompanhada do respectivo projeto, para a construção e operação de refinarias e de unidades de processamento, de liquefação, de regaseificação e de estocagem de gás natural, bem como para a ampliação de sua capacidade. (Redação dada pela Lei nº 11.909, de 2009)

§ 1º. A ANP estabelecerá os requisitos técnicos, econômicos e jurídicos a serem atendidos pelos proponentes e as exigências de projeto quanto à proteção ambiental e à segurança industrial e das populações.

§ 2º. Atendido o disposto no parágrafo anterior, a ANP outorgará a autorização a que se refere o inciso V do art. 8º, definindo seu objeto e sua titularidade.

Art. 54. É permitida a transferência da titularidade da autorização, mediante prévia e expressa aprovação pela ANP, desde que o novo titular satisfaça os requisitos expressos no § 1º do artigo anterior.

Art. 55. No prazo de cento e oitenta dias, a partir da publicação desta Lei, a ANP expedirá as autorizações relativas às refinarias e unidades de processamento de gás natural existentes, ratificando sua titularidade e seus direitos.

Parágrafo único. As autorizações referidas neste artigo obedecerão ao disposto no art. 53 quanto à transferência da titularidade e à ampliação da capacidade das instalações.

CAPÍTULO VII.
DO TRANSPORTE DE PETRÓLEO, SEUS DERIVADOS E GÁS NATURAL

Art. 56. Observadas as disposições das leis pertinentes, qualquer empresa ou consórcio de empresas que atender ao disposto no art. 5º poderá receber autorização da ANP para construir instalações e efetuar qualquer modalidade de transporte de petróleo, seus derivados e gás natural, seja para suprimento interno ou para importação e exportação.

Parágrafo único. A ANP baixará normas sobre a habilitação dos interessados e as condições para a autorização e para transferência de sua titularidade, observado o atendimento aos requisitos de proteção ambiental e segurança de tráfego.

Art. 57. No prazo de cento e oitenta dias, a partir da publicação desta Lei, a PETROBRÁS e as demais empresas proprietárias de equipamentos e instalações de transporte marítimo e dutoviário receberão da ANP as respectivas autorizações, ratificando sua titularidade e seus direitos.

Parágrafo único. As autorizações referidas neste artigo observarão as normas de que trata o parágrafo único do artigo anterior, quanto à transferência da titularidade e à ampliação da capacidade das instalações.

Art. 58. Será facultado a qualquer interessado o uso dos dutos de transporte e dos terminais marítimos existentes ou a serem construídos, mediante remuneração ao titular das instalações ou da capacidade de movimentação de gás natural, nos termos da lei e da regulamentação aplicável. (Redação dada pela Lei nº 14.134, de 2021)

§ 1º A ANP fixará o valor e a forma de pagamento da remuneração da instalação com base em critérios previamente estabelecidos, caso não haja acordo entre as partes, cabendo-lhe também verificar se o valor acordado é compatível com o mercado. (Redação dada pela Lei nº 14.134, de 2021)

§ 2º. A ANP regulará a preferência a ser atribuída ao proprietário das instalações para movimentação de seus próprios produtos, com o objetivo de promover a máxima utilização da capacidade de transporte pelos meios disponíveis.

§ 3º. A receita referida no *caput* deste artigo deverá ser destinada a quem efetivamente estiver suportando o custo da capacidade de movimentação de gás natural. (Incluído pela Lei nº 11.909, de 2009)

Art. 59. Os dutos de transferência serão reclassificados pela ANP como dutos de transporte, caso haja comprovado interesse de terceiros em sua utilização, observadas as disposições aplicáveis deste Capítulo.

CAPÍTULO VIII.
DA IMPORTAÇÃO E EXPORTAÇÃO DE PETRÓLEO, SEUS DERIVADOS E GÁS NATURAL

Art. 60. Qualquer empresa ou consórcio de empresas que atender ao disposto no art. 5º poderá receber autorização da ANP para exercer a atividade de importação e exportação de petróleo e seus derivados, de gás natural e condensado.

Parágrafo único. O exercício da atividade referida no *caput* deste artigo observará as diretrizes do CNPE, em particular as relacionadas com o cumprimento das disposições do art. 4º da Lei nº 8.176, de 8 de fevereiro de 1991, e obedecerá às demais normas legais e regulamentares pertinentes.

CAPÍTULO IX.
DA PETROBRÁS

Art. 61. A Petróleo Brasileiro S.A. – PETROBRÁS é uma sociedade de economia mista vinculada ao Ministério de Minas e Energia, que tem como objeto a pesquisa, a lavra, a refinação, o processamento, o comércio e o transporte de petróleo proveniente de poço, de xisto ou de outras rochas, de seus derivados, de gás natural e de outros hidrocarbonetos fluidos, bem como quaisquer outras atividades correlatas ou afins, conforme definidas em lei.

§ 1º. As atividades econômicas referidas neste artigo serão desenvolvidas pela PETROBRÁS em caráter de livre competição com outras empresas, em função das condições de mercado, observados o período de transição previsto no Capítulo X e os demais princípios e diretrizes desta Lei.

§ 2º. A PETROBRÁS, diretamente ou por intermédio de suas subsidiárias, associada ou não a terceiros, poderá exercer, fora do território nacional, qualquer uma das atividades integrantes de seu objeto social.

Art. 62. A União manterá o controle acionário da PETROBRÁS com a propriedade e posse de, no mínimo, cinqüenta por cento das ações, mais uma ação, do capital votante.

Parágrafo único. O capital social da PETROBRÁS é dividido em ações ordinárias, com direito de voto, e ações preferenciais, estas sempre sem direito de voto, todas escriturais, na forma do art. 34 da Lei nº 6.404, de 15 de dezembro de 1976.

Art. 63. A PETROBRÁS e suas subsidiárias ficam autorizadas a formar consórcios com empresas nacionais ou estrangeiras, na condição ou não de empresa líder, objetivando expandir atividades, reunir tecnologias e ampliar investimentos aplicados à indústria do petróleo.

Art. 64. Para o estrito cumprimento de atividades de seu objeto social que integrem a indústria do petróleo, fica a PETROBRÁS autorizada a constituir subsidiárias, as quais poderão associar-se, majoritária ou minoritariamente, a outras empresas.

Art. 65. A PETROBRÁS deverá constituir uma subsidiária com atribuições específicas de operar e construir seus dutos, terminais marítimos e embarcações para transporte de petróleo, seus derivados e gás natural, ficando facultado a essa subsidiária associar-se, majoritária ou minoritariamente, a outras empresas.

Art. 66. A PETROBRÁS poderá transferir para seus ativos os títulos e valores recebidos por qualquer subsidiária, em decorrência do Programa Nacional de Desestatização, mediante apropriada redução de sua participação no capital social da subsidiária.

Art. 67. (Revogado pela Lei nº 13.303, de 2016)

Art. 68. (Revogado pela Lei nº 13.303, de 2016)

Parágrafo único. (Revogado pela Lei nº 13.303, de 2016)

CAPÍTULO IX-A.
DAS ATIVIDADES ECONÔMICAS DA INDÚSTRIA DE BIOCOMBUSTÍVEIS

▸ (Incluído pela Lei nº 12.490, de 2011)

Art. 68-A. Qualquer empresa ou consórcio de empresas constituídas sob as leis brasileiras com sede e administração no País poderá obter autorização da ANP para exercer as atividades econômicas da indústria de biocombustíveis. (Incluído pela Lei nº 12.490, de 2011)

§ 1º. As autorizações de que trata o *caput* destinam-se a permitir a exploração das atividades econômicas em regime de livre iniciativa e ampla competição, nos termos da legislação específica. (Incluído pela Lei nº 12.490, de 2011)

§ 2º. A autorização de que trata o *caput* deverá considerar a comprovação, pelo interessado, quando couber, das condições previstas em lei específica, além das seguintes, conforme regulamento: (Incluído pela Lei nº 12.490, de 2011)

I – estar constituído sob as leis brasileiras, com sede e administração no País; (Incluído pela Lei nº 12.490, de 2011)

II – estar regular perante as fazendas federal, estadual e municipal, bem como demonstrar a regularidade de débitos perante a ANP; (Incluído pela Lei nº 12.490, de 2011)

III – apresentar projeto básico da instalação, em conformidade às normas e aos padrões técnicos aplicáveis à atividade; (Incluído pela Lei nº 12.490, de 2011)

IV – apresentar licença ambiental, ou outro documento que a substitua, expedida pelo órgão competente; (Incluído pela Lei nº 12.490, de 2011)

V – apresentar projeto de controle de segurança das instalações aprovado pelo órgão competente; (Incluído pela Lei nº 12.490, de 2011)

VI – deter capital social integralizado ou apresentar outras fontes de financiamento suficientes para o empreendimento. (Incluído pela Lei nº 12.490, de 2011)

§ 3º. A autorização somente poderá ser revogada por solicitação do próprio interessado ou por ocasião do cometimento de infrações passíveis de punição com essa penalidade, conforme previsto em lei. (Incluído pela Lei nº 12.490, de 2011)

§ 4º. A autorização será concedida pela ANP em prazo a ser estabelecido na forma do regulamento. (Incluído pela Lei nº 12.490, de 2011)

§ 5º. A autorização não poderá ser concedida se o interessado, nos 5 (cinco) anos anteriores ao requerimento, teve autorização para o exercício de atividade regulamentada pela ANP revogada em decorrência de penalidade aplicada em processo administrativo com decisão definitiva. (Incluído pela Lei nº 12.490, de 2011)

§ 6º. Não são sujeitas à regulação e à autorização pela ANP a produção agrícola, a fabricação de produtos agropecuários e alimentícios e a geração de energia elétrica, quando vinculadas ao estabelecimento no qual se construirá, modificará ou ampliará a unidade de produção de biocombustível. (Incluído pela Lei nº 12.490, de 2011)

§ 7º. A unidade produtora de biocombustível que produzir ou comercializar energia elétrica deverá atender às normas e aos regulamentos estabelecidos pelos órgãos e entidades competentes. (Incluído pela Lei nº 12.490, de 2011)

§ 8º. São condicionadas à prévia aprovação da ANP a modificação ou a ampliação de instalação relativas ao exercício das atividades econômicas da indústria de biocombustíveis. (Incluído pela Lei nº 12.490, de 2011)

CAPÍTULO X.
DAS DISPOSIÇÕES FINAIS E TRANSITÓRIAS

SEÇÃO I.
DO PERÍODO DE TRANSIÇÃO

Art. 69. Durante o período de transição, que se estenderá, no máximo, até o dia 31 de dezembro de 2001, os reajustes e revisões de preços dos derivados básicos de petróleo e gás natural, praticados pelas unidades produtoras ou de processamento, serão efetuados segundo diretrizes e parâmetros específicos estabelecidos, em ato conjunto, pelos Ministros de Estado da Fazenda e de Minas e Energia." (Redação dada pela Lei nº 9.990, 2000)

Art. 70. Durante o período de transição de que trata o artigo anterior, a ANP estabelecerá critérios para as importações de petróleo, de seus derivados básicos e de gás natural, os quais serão compatíveis com os critérios de desregulamentação de preços, previstos no mesmo dispositivo.

Art. 71. Os derivados de petróleo e de gás natural que constituam insumos para a indústria petroquímica terão o tratamento previsto nos arts. 69 e 70, objetivando a competitividade do setor.

Art. 72. Durante o prazo de cinco anos, contados a partir da data de publicação desta Lei, a União assegurará, por intermédio da ANP, às refinarias em funcionamento no país, excluídas do monopólio da União, nos termos do art. 45 do Ato das Disposições Constitucionais Transitórias, condições operacionais e econômicas, com base nos critérios em vigor, aplicados à atividade de refino.

Parágrafo único. No prazo previsto neste artigo, observar-se-á o seguinte:

I – (VETADO)

II – as refinarias se obrigam a submeter à ANP plano de investimentos na modernização tecnológica e na expansão da produtividade de seus respectivos parques de refino, com vistas ao aumento da produção e à conseqüente redução dos subsídios a elas concedidos;

III – a ANP avaliará, periodicamente, o grau de competitividade das refinarias, a realização dos respectivos planos de investimentos e a conseqüente redução dos subsídios relativos a cada uma delas.

Art. 73. Até que se esgote o período de transição estabelecido no art. 69, os preços dos derivados básicos praticados pela PETROBRÁS poderão considerar os encargos resultantes de subsídios incidentes sobre as atividades por ela desenvolvidas.

Parágrafo único. À exceção das condições e do prazo estabelecidos no artigo anterior, qualquer subsídio incidente sobre os preços dos derivados básicos, transcorrido o período previsto no art. 69, deverá ser proposto pelo CNPE e submetido à aprovação do Congresso Nacional, nos termos do inciso II do art. 2º.

Art. 74. A Secretaria do Tesouro Nacional procederá ao levantamento completo de todos os créditos e débitos recíprocos da União e da PETROBRÁS, abrangendo as diversas contas de obrigações recíprocas e subsídios, inclusive os relativos à denominada Conta Petróleo, Derivados e Álcool, instituída pela Lei nº 4.452, de 5 de novembro de 1964, e legislação complementar, ressarcindo-se o Tesouro dos dividendos mínimos legais que tiverem sido pagos a menos desde a promulgação da Lei nº 6.404, de 15 de dezembro de 1976.

Parágrafo único. Até que se esgote o período de transição, o saldo credor desse encontro de contas deverá ser liquidado pela parte devedora, ficando facultado à União, caso seja a devedora, liquidá-lo em títulos do Tesouro Nacional.

SEÇÃO II. DAS DISPOSIÇÕES FINAIS

Art. 75. Na composição da primeira Diretoria da ANP, visando implementar a transição para o sistema de mandatos não coincidentes, o Diretor-Geral e dois Diretores serão nomeados pelo Presidente da República, por indicação do Ministro de Estado de Minas e Energia, respectivamente com mandatos de três, dois e um ano, e dois Diretores serão nomeados conforme o disposto nos §§ 2º e 3º do art. 11.

Art. 76. A ANP poderá contratar especialistas para a execução de trabalhos nas áreas técnica, econômica e jurídica, por projetos ou prazos limitados, com dispensa de licitação nos casos previstos na legislação aplicável.

Parágrafo único. (Revogado pela Lei 10.871, de 2004)

Art. 77. O Poder Executivo promoverá a instalação do CNPE e implantará a ANP, mediante a aprovação de sua estrutura regimental, em até cento e vinte dias, contados a partir da data de publicação desta Lei.

§ 1º. A estrutura regimental da ANP incluirá os cargos em comissão e funções gratificadas existentes no DNC.

§ 2º. (VETADO)

§ 3º. Enquanto não implantada a ANP, as competências a ela atribuídas por esta Lei serão exercidas pelo Ministro de Estado de Minas e Energia.

Art. 78. Implantada a ANP, ficará extinto o DNC.

Parágrafo único. Serão transferidos para a ANP o acervo técnico-patrimonial, as obrigações, os direitos e as receitas do DNC.

Art. 79. Fica o Poder Executivo autorizado a remanejar, transferir ou utilizar os saldos orçamentários do Ministério de Minas e Energia, para atender às despesas de estruturação e manutenção da ANP, utilizando como recursos as dotações orçamentárias destinadas às atividades finalísticas e administrativas, observados os mesmos subprojetos, subatividades e grupos de despesa previstos na Lei Orçamentária em vigor.

Art. 80. As disposições desta Lei não afetam direitos anteriores de terceiros, adquiridos mediante contratos celebrados com a PETROBRÁS, em conformidade com as leis em vigor, e não invalidam os atos praticados pela PETROBRÁS e suas subsidiárias, de acordo com seus estatutos, os quais serão ajustados, no que couber, a esta Lei.

Art. 81. Não se incluem nas regras desta Lei os equipamentos e instalações destinados a execução de serviços locais de distribuição de gás canalizado, a que se refere o § 2º do art. 25 da Constituição Federal.

Art. 82. Esta Lei entra em vigor na data de sua publicação.

Art. 83. Revogam-se as disposições em contrário, inclusive a Lei nº 2.004, de 3 de outubro de 1953.

Brasília, 6 de agosto de 1997;
176º da Independência e
109º da República.

FERNANDO HENRIQUE CARDOSO
Este texto não substitui o publicado no D.O.U. de 7.8.1997

LEI Nº 9.492, DE 10 DE SETEMBRO DE 1997

Define competência, regulamenta os serviços concernentes ao protesto de títulos e outros documentos de dívida e dá outras providências.

- *Protesto de Títulos*

O PRESIDENTE DA REPÚBLICA Faço saber que o Congresso Nacional decreta e eu sanciono a seguinte Lei:

CAPÍTULO I. DA COMPETÊNCIA E DAS ATRIBUIÇÕES

Art. 1º. Protesto é o ato formal e solene pelo qual se prova a inadimplência e o descumprimento de obrigação originada em títulos e outros documentos de dívida.

- CC: art. 202, II.
- CCo: art. 661.
- Lei 7.357/1985: arts. 47, II, e 48.
- Lei 6.268/1975: art. 3º.
- Lei 6.690/1979 – Disciplina o cancelamento de protesto de títulos cambiais.
- Lei 5.474/1968: arts. 13 e 14.
- Decreto 2.044/1908: arts. 28 a 33.
- Decreto 57.663/1966: Anexo I, artigos 43 a 54.

Parágrafo único. Incluem-se entre os títulos sujeitos a protesto as certidões de dívida ativa da União, dos Estados, do Distrito Federal, dos Municípios e das respectivas autarquias e fundações públicas. (Incluído pela Lei nº 12.767, de 2012)

- ADI 5135 (4) (DJE 01.02.2018 e 07.02.2018).

Art. 2º. Os serviços concernentes ao protesto, garantidores da autenticidade, publicidade, segurança e eficácia dos atos jurídicos, ficam sujeitos ao regime estabelecido nesta Lei.

Art. 3º. Compete privativamente ao Tabelião de Protesto de Títulos, na tutela dos interesses públicos e privados, a protocolização, a intimação, o acolhimento da devolução ou do aceite, o recebimento do pagamento, do título e de outros documentos de dívida, bem como lavrar e registrar o protesto ou acatar a desistência do credor em relação ao mesmo, proceder às averbações, prestar informações e fornecer certidões relativas a todos os atos praticados, na forma desta Lei.

CAPÍTULO II. DA ORDEM DOS SERVIÇOS

Art. 4º. O atendimento ao público será, no mínimo, de seis horas diárias.

Art. 5º. Todos os documentos apresentados ou distribuídos no horário regulamentar serão protocolizados dentro de vinte e quatro horas, obedecendo à ordem cronológica de entrega.

Parágrafo único. Ao apresentante será entregue recibo com as características essenciais do título ou documento de dívida, sendo de sua responsabilidade os dados fornecidos.

Art. 6º. Tratando-se de cheque, poderá o protesto ser lavrado no lugar do pagamento ou do domicílio do emitente, devendo do referido cheque constar a prova de apresentação ao Banco sacado, salvo se o protesto tenha por fim instruir medidas pleiteadas contra o estabelecimento de crédito.

CAPÍTULO III. DA DISTRIBUIÇÃO

Art. 7º. Os títulos e documentos de dívida destinados a protesto somente estarão sujeitos a prévia distribuição obrigatória nas localidades onde houver mais de um Tabelionato de Protesto de Títulos.

Parágrafo único. Onde houver mais de um Tabelionato de Protesto de Títulos, a distribuição será feita por um Serviço instalado e mantido pelos próprios Tabelionatos, salvo se já existir Ofício Distribuidor organizado antes da promulgação desta Lei.

Art. 8º. Os títulos e documentos de dívida serão recepcionados, distribuídos e entregues na mesma data aos Tabelionatos de Protesto, obedecidos os critérios de quantidade e qualidade.

§ 1º Poderão ser recepcionadas as indicações a protestos das Duplicatas Mercantis e de Prestação de Serviços, por meio magnético ou de gravação eletrônica de dados, sendo de inteira responsabilidade do apresentante os dados fornecidos, ficando a cargo dos Tabelionatos a mera instrumentalização das mesmas. *(Renumerado pela Lei 13.775/2018)*

§ 2º Os títulos e documentos de dívida mantidos sob a forma escritural nos sistemas eletrônicos de escrituração ou nos depósitos centralizados de que trata a Lei nº 12.810, de 15 de maio de 2013, poderão ser recepcionados para protesto por extrato, desde que atestado por seu emitente, sob as penas da lei, que as informações conferem com o que consta na origem. *(Incluído pela Lei 13.775/2018)*

CAPÍTULO IV. DA APRESENTAÇÃO E PROTOCOLIZAÇÃO

Art. 9º. Todos os títulos e documentos de dívida protocolizados serão examinados em seus caracteres formais e terão curso se não apresentarem vícios, não cabendo ao Tabelião de Protesto investigar a ocorrência de prescrição ou caducidade.

Parágrafo único. Qualquer irregularidade formal observada pelo Tabelião obstará o registro do protesto.

Art. 10. Poderão ser protestados títulos e outros documentos de dívida em moeda estrangeira, emitidos fora do Brasil, desde que acompanhados de tradução efetuada por tradutor público juramentado.

§ 1º. Constarão obrigatoriamente do registro do protesto a descrição do documento e sua tradução.

§ 2º. Em caso de pagamento, este será efetuado em moeda corrente nacional, cumprindo ao apresentante a conversão na data de apresentação do documento para protesto.

§ 3º. Tratando-se de títulos ou documentos de dívidas emitidos no Brasil, em moeda estrangeira, cuidará o Tabelião de observar as disposições do Decreto-lei 857, de 11 de setembro de 1969, e legislação complementar ou superveniente.

Art. 11. Tratando-se de títulos ou documentos de dívida sujeitos a qualquer tipo de correção, o pagamento será feito pela conversão vigorante no dia da apresentação, no valor indicado pelo apresentante.

CAPÍTULO V. DO PRAZO

Art. 12. O protesto será registrado dentro de 3 (três) dias úteis contados da protocolização do título ou documento de dívida.

§ 1º. Na contagem do prazo a que se refere o *caput* exclui-se o dia da protocolização e inclui-se o do vencimento.

§ 2º. Considera-se não útil o dia em que não houver expediente bancário para o público ou aquele em que este não obedecer ao horário normal.

Art. 13. Quando a intimação for efetivada excepcionalmente no último dia do prazo ou além dele, por motivo de força maior, o protesto será tirado no primeiro dia útil subsequente.

CAPÍTULO VI. DA INTIMAÇÃO

Art. 14. Protocolizado o título ou documento de dívida, o Tabelião de Protesto expedirá a intimação ao devedor, no endereço fornecido pelo apresentante do título ou documento, considerando-se cumprida quando comprovada a sua entrega no mesmo endereço.

§ 1º. A remessa da intimação poderá ser feita por portador do próprio tabelião, ou por qualquer outro meio, desde que o recebimento fique assegurado e comprovado através de protocolo, aviso de recepção (AR) ou documento equivalente.

§ 2º. A intimação deverá conter nome e endereço do devedor, elementos de identificação do título ou documento de dívida, e prazo limite para cumprimento da obrigação no Tabelionato, bem como número do protocolo e valor a ser pago.

Art. 15. A intimação será feita por edital se a pessoa indicada para aceitar ou pagar for desconhecida, sua localização incerta ou ignorada, for residente ou domiciliada fora da competência territorial do Tabelionato, ou, ainda, ninguém se dispuser a receber a intimação no endereço fornecido pelo apresentante.

§ 1º. O edital será afixado no Tabelionato de Protesto e publicado pela imprensa local onde houver jornal de circulação diária.

§ 2º. Aquele que fornecer endereço incorreto, agindo de má-fé, responderá por perdas e danos, sem prejuízo de outras sanções civis, administrativas ou penais.

CAPÍTULO VII. DA DESISTÊNCIA E SUSTAÇÃO DO PROTESTO

Art. 16. Antes da lavratura do protesto, poderá o apresentante retirar o título ou documento de dívida, pagos os emolumentos e demais despesas.

Art. 17. Permanecerão no Tabelionato, à disposição do Juízo respectivo, os títulos ou documentos de dívida cujo protesto for judicialmente sustado.

§ 1º. O título do documento de dívida cujo protesto tiver sido sustado judicialmente só poderá ser pago, protestado ou retirado com autorização judicial.

§ 2º. Revogada a ordem de sustação, não há necessidade de se proceder a nova intimação do devedor, sendo a lavratura e o registro do protesto efetivados até o primeiro dia útil subsequente ao do recebimento da revogação, salvo se a materialização do ato depender de consulta a ser formulada ao apresentante, caso em que o mesmo prazo será contado da data da resposta dada.

§ 3º. Tornada definitiva a ordem de sustação, o título ou o documento de dívida será encaminhado ao Juízo respectivo, quando não constar determinação expressa a qual das partes o mesmo deverá ser entregue, ou se decorridos 30 (trinta) dias sem que a parte autorizada tenha comparecido no Tabelionato para retirá-lo.

Art. 18. As dúvidas do Tabelião de Protesto serão resolvidas pelo Juízo competente.

CAPÍTULO VIII. DO PAGAMENTO

Art. 19. O pagamento do título ou do documento de dívida apresentado para protesto será feito diretamente no Tabelionato competente, no valor igual ao declarado pelo apresentante, acrescido dos emolumentos e demais despesas.

§ 1º. Não poderá ser recusado pagamento oferecido dentro do prazo legal, desde que feito no Tabelionato de Protesto competente e no horário de funcionamento dos serviços.

§ 2º. No ato do pagamento, o Tabelionato de Protesto dará a respectiva quitação, e o valor devido será colocado à disposição do apresentante no primeiro dia útil subsequente ao do recebimento.

§ 3º. Quando for adotado sistema de recebimento do pagamento por meio de cheque, ainda que de emissão de estabelecimento bancário, a quitação dada pelo Tabelionato fica condicionada à efetiva liquidação.

§ 4º. Quando do pagamento no Tabelionato ainda subsistirem parcelas vincendas, será dada quitação da parcela paga em apartado, devolvendo-se o original ao apresentante.

CAPÍTULO IX. DO REGISTRO DO PROTESTO

Art. 20. Esgotado o prazo previsto no art. 12, sem que tenham ocorrido as hipóteses dos Capítulos VII e VIII, o Tabelião lavrará e registrará o protesto, sendo o respectivo instrumento entregue ao apresentante.

Art. 21. O protesto será tirado por falta de pagamento, de aceite ou de devolução.

§ 1º. O protesto por falta de aceite somente poderá ser efetuado antes do vencimento da obrigação e após o decurso do prazo legal para o aceite ou a devolução.

§ 2º. Após o vencimento, o protesto sempre será efetuado por falta de pagamento, vedada a recusa da lavratura e registro do protesto por motivo não previsto na lei cambial.

§ 3º. Quando o sacado retiver a letra de câmbio ou a duplicata enviada para aceite e não proceder à devolução dentro do prazo legal, o protesto poderá ser baseado na segunda via da letra de câmbio ou nas indicações da duplicata, que se limitarão a conter os mesmos requisitos lançados pelo sacador ao tempo da emissão da duplicata, vedada a exigência de qualquer formalidade não prevista na Lei que regula a emissão e circulação das duplicatas.

§ 4º. Os devedores, assim compreendidos os emitentes de notas promissórias e cheques, os sacados nas letras de câmbio e duplicatas, bem como os indicados pelo apresentante ou credor como responsáveis pelo cumprimento da obrigação, não poderão deixar de figurar no termo de lavratura e registro de protesto.

§ 5º. Não se poderá tirar protesto por falta de pagamento de letra de câmbio contra o sacado não aceitante. (Incluído pela Lei nº 12.767, de 2012)

Art. 22. O registro do protesto e seu instrumento deverão conter:

I – data e número de protocolização;

II – nome do apresentante e endereço;

III – reprodução ou transcrição do documento ou das indicações feitas pelo apresentante e declarações nele inseridas;

IV – certidão das intimações feitas e das respostas eventualmente oferecidas;

V – indicação dos intervenientes voluntários e das firmas por eles honradas;

VI – a aquiescência do portador ao aceite por honra;

VII – nome, número do documento de identificação do devedor e endereço;

VIII – data e assinatura do Tabelião de Protesto, de seus substitutos ou de Escrevente autorizado.

Parágrafo único. Quando o Tabelião de Protesto conservar em seus arquivos gravação eletrônica da imagem, cópia reprográfica ou micrográfica do título ou documento de dívida, dispensa-se, no registro e no instrumento, a sua transcrição literal, bem como das demais declarações nele inseridas.

Art. 23. Os termos dos protestos lavrados, inclusive para fins especiais, por falta de pagamento, de aceite ou de devolução serão registrados em um único livro e conterão as anotações do tipo e do motivo do protesto, além dos requisitos previstos no artigo anterior.

Parágrafo único. Somente poderão ser protestados, para fins falimentares, os títulos ou documentos de dívida de responsabilidade das pessoas sujeitas às consequências da legislação falimentar.

Art. 24. O deferimento do processamento de concordata não impede o protesto.

CAPÍTULO X. DAS AVERBAÇÕES E DO CANCELAMENTO

Art. 25. A averbação de retificação de erros materiais pelo serviço poderá ser efetuada de ofício ou a requerimento do interessado, sob responsabilidade do Tabelião de Protesto de Títulos.

§ 1º. Para a averbação da retificação será indispensável a apresentação do instrumento eventualmente expedido e de documentos que comprovem o erro.

§ 2º. Não são devidos emolumentos pela averbação prevista neste artigo.

Art. 26. O cancelamento do registro do protesto será solicitado diretamente no Tabelionato de Protesto de Títulos, por qualquer interessado, mediante apresentação do documento protestado, cuja cópia ficará arquivada.

§ 1º. Na impossibilidade de apresentação do original do título ou documento de dívida protestado, será exigida a declaração de anuência, com identificação e firma reconhecida, daquele que figurou no registro de protesto como credor, originário ou por endosso translativo.

§ 2º. Na hipótese de protesto em que tenha figurado apresentante por endosso-mandato, será suficiente a declaração de anuência passada pelo credor endossante.

§ 3º. O cancelamento do registro do protesto, se fundado em outro motivo que não no pagamento do título ou documento de dívida, será efetivado por determinação judicial, pagos os emolumentos devidos ao Tabelião.

§ 4º. Quando a extinção da obrigação decorrer de processo judicial, o cancelamento do registro do protesto poderá ser solicitado com a apresentação da certidão expedida pelo Juízo processante, com menção do trânsito em julgado, que substituirá o título ou o documento de dívida protestado.

§ 5º. O cancelamento do registro do protesto será feito pelo Tabelião titular, por seus Substitutos ou por Escrevente autorizado.

§ 6º. Quando o protesto lavrado for registrado sob forma de microfilme ou gravação eletrônica, o termo do cancelamento será lançado em documento apartado, que será arquivado juntamente com os documentos que instruíram o pedido, e anotado no índice respectivo.

CAPÍTULO XI. DAS CERTIDÕES E INFORMAÇÕES DO PROTESTO

Art. 27. O Tabelião de Protesto expedirá as certidões solicitadas dentro de 5 (cinco) dias úteis, no máximo, que abrangerão o período mínimo dos 5 (cinco) anos anteriores, contados da data do pedido, salvo quando se referir a protesto específico.

§ 1º. As certidões expedidas pelos serviços de protesto de títulos, inclusive as relativas à prévia distribuição, deverão obrigatoriamente indicar, além do nome do devedor, seu número no Registro Geral (RG), constante da Cédula de Identidade, ou seu número no Cadastro de Pessoas Físicas (CPF), se pessoa física, e o número de inscrição no Cadastro Geral de Contribuintes (CGC), se pessoa jurídica, cabendo ao apresentante do título para protesto fornecer esses dados, sob pena de recusa.

§ 2º. Das certidões não constarão os registros cujos cancelamentos tiverem sido averbados, salvo por requerimento escrito do próprio devedor ou por ordem judicial.

Art. 28. Sempre que a homonímia puder ser verificada simplesmente pelo confronto do número de documento de identificação, o Tabelião de Protesto dará certidão negativa.

Art. 29. Os cartórios fornecerão às entidades representativas da indústria e do comércio ou àquelas vinculadas à proteção do crédito, quando solicitada, certidão diária, em forma de relação, dos protestos tirados e dos cancelamentos efetuados, com a nota de se cuidar de informação reservada, da qual não se poderá dar publicidade pela imprensa, nem mesmo parcialmente. (Redação dada pela Lei nº 9.841, de 5.10.1999)

§ 1º. O fornecimento da certidão será suspenso caso se desatenda ao disposto no *caput* ou se forneçam informações de protestos cancelados. (Redação dada pela Lei nº 9.841, de 1999)

§ 2º. Dos cadastros ou bancos de dados das entidades referidas no *caput* somente serão prestadas informações restritivas de crédito oriundas de títulos ou documentos de dívidas regularmente protestados cujos registros não foram cancelados. (Redação dada pela Lei nº 9.841, de 1999)

§ 3º. *(Revogado pela Lei nº 9.841, de 1999)*

Art. 30. As certidões, informações e relações serão elaboradas pelo nome dos devedores, conforme previsto no § 4º. do art. 21, desta Lei, devidamente identificados, e abrangerão os protestos lavrados e registrados por falta de pagamento, de aceite ou de devolução, vedada a exclusão ou omissão de nomes e de protestos, ainda que provisória ou parcial.

Art. 31. Poderão ser fornecidas certidões de protestos, não cancelados, a quaisquer interessados, desde que requeridas por escrito. (Redação dada pela Lei nº 9.841, de 1999)

CAPÍTULO XII. DOS LIVROS E ARQUIVOS

Art. 32. O livro de Protocolo poderá ser escriturado mediante processo manual, mecânico, eletrônico ou informatizado, em folhas soltas e com colunas destinadas às seguintes anotações: número de ordem, natureza do título ou documento de dívida, valor, apresentante, devedor e ocorrências.

Parágrafo único. A escrituração será diária, constando do termo de encerramento o número de documentos apresentados no dia, sendo a data da protocolização a mesma do termo diário do encerramento.

Art. 33. Os livros de Registros de Protesto serão abertos e encerrados pelo Tabelião de Protestos ou seus Substitutos, ou ainda por Escrevente autorizado, com suas folhas numeradas e rubricadas.

Art. 34. Os índices serão de localização dos protestos registrados e conterão os nomes dos devedores, na forma do § 4º do art. 21, vedada a exclusão ou omissão de nomes e de protestos, ainda que em caráter provisório ou parcial, não decorrente do cancelamento definitivo do protesto.

§ 1º. Os índices conterão referência ao livro e à folha, ao microfilme ou ao arquivo eletrônico onde estiver registrado o protesto, ou ao número do registro, e aos cancelamentos de protestos efetuados.

§ 2º. Os índices poderão ser elaborados pelo sistema de fichas, microfichas ou banco eletrônico de dados.

Art. 35. O Tabelião de Protestos arquivará ainda:

I – intimações;
II – editais;
III – documentos apresentados para a averbação no registro de protestos e ordens de cancelamentos;
IV – mandados e ofícios judiciais;
V – solicitações de retirada de documentos pelo apresentante;
VI – comprovantes de entrega de pagamentos aos credores;
VII – comprovantes de devolução de documentos de dívida irregulares.

§ 1º. Os arquivos deverão ser conservados, pelo menos, durante os seguintes prazos:

I – 1 (um) ano, para as intimações e editais correspondentes a documentos protestados e ordens de cancelamento;

II – 6 (seis) meses, para as intimações e editais correspondentes a documentos pagos ou retirados além do tríduo legal;

III – 30 (trinta) dias, para os comprovantes de entrega de pagamento aos credores, para as solicitações de retirada dos apresentantes e para os comprovantes de devolução, por irregularidade, aos mesmos, dos títulos e documentos de dívidas.

§ 2º. Para os livros e documentos microfilmados ou gravados por processo eletrônico de imagens não subsiste a obrigatoriedade de sua conservação.

§ 3º. Os mandados judiciais de sustação de protesto deverão ser conservados, juntamente com os respectivos documentos, até solução definitiva por parte do Juízo.

Art. 36. O prazo de arquivamento é de 3 (três) anos para livros e protocolo e de 10 (dez) anos para os livros de registros de protesto e respectivos títulos.

CAPÍTULO XIII. DOS EMOLUMENTOS

Art. 37. Pelos atos que praticarem em decorrência desta Lei, os Tabeliães de Protesto perceberão, diretamente das partes, a título de remuneração, os emolumentos fixados na forma da lei estadual e de seus decretos regulamentadores, salvo quando o serviço for estatizado.

§ 1º. Poderá ser exigido depósito prévio dos emolumentos e demais despesas devidas, caso em que igual importância deverá ser reembolsada ao apresentante por ocasião da prestação de contas, quando ressarcidas pelo devedor no Tabelionato.

§ 2º. Todo e qualquer ato praticado pelo Tabelião de Protesto será cotado, identificando-se as parcelas componentes do seu total.

§ 3º. Pelo ato de digitalização e gravação eletrônica dos títulos e outros documentos, serão cobrados os mesmos valores previstos na tabela de emolumentos para o ato de microfilmagem.

CAPÍTULO XIV. DISPOSIÇÕES FINAIS

Art. 38. Os Tabeliães de Protesto de Títulos são civilmente responsáveis por todos os prejuízos que causarem, por culpa ou dolo, pessoalmente, pelos substitutos que designarem ou Escreventes que autorizarem, assegurado o direito de regresso.

Art. 39. A reprodução de microfilme ou do processamento eletrônico da imagem, do título ou de qualquer documento arquivado no Tabelionato, quando autenticado pelo Tabelião de Protesto, por seu Substituto ou Escrevente autorizado, guarda o mesmo valor do original, independentemente de restauração judicial.

Art. 40. Não havendo prazo assinado, a data do registro do protesto é o termo inicial da incidência de juros, taxas e atualizações monetárias sobre o valor da obrigação contida no título ou documento de dívida.

Art. 41. Para os serviços previstos nesta Lei os Tabeliães poderão adotar, independentemente de autorização, sistemas de computação, microfilmagem, gravação eletrônica de imagem e quaisquer outros meios de reprodução.

Art. 41-A. Os tabeliães de protesto manterão, em âmbito nacional, uma central nacional de serviços eletrônicos compartilhados que prestará, ao menos, os seguintes serviços: *(Artigo incluído pela Lei 13.775/2018)*

I – escrituração e emissão de duplicata sob a forma escritural, observado o disposto na legislação específica, inclusive quanto ao requisito de autorização prévia para o exercício da atividade de escrituração pelo órgão supervisor e aos demais requisitos previstos na regulamentação por ele editada;

II – recepção e distribuição de títulos e documentos de dívida para protesto, desde que escriturais;

III – consulta gratuita quanto a devedores inadimplentes e aos protestos realizados, aos dados desses protestos e dos tabelionatos aos quais foram distribuídos, ainda que os respectivos títulos e documentos de dívida não sejam escriturais;

IV – confirmação da autenticidade dos instrumentos de protesto em meio eletrônico; e

V – anuência eletrônica para o cancelamento de protestos.

§ 1º. A partir da implementação da central de que trata o *caput* deste artigo, os tabelionatos de protesto disponibilizarão ao poder público, por meio eletrônico e sem ônus, o acesso às informações constantes dos seus bancos de dados.

§ 2º. É obrigatória a adesão imediata de todos os tabeliães de protesto do País ou responsáveis pelo expediente à central nacional de serviços eletrônicos compartilhados de que trata o *caput* deste artigo, sob pena de responsabilização disciplinar nos termos do inciso I do *caput* do art. 31 da Lei nº 8.935, de 18 de novembro de 1994.

Art. 42. Esta Lei entra em vigor na data de sua publicação.

Art. 43. Revogam-se as disposições em contrário.

Brasília, 10 de setembro de 1997; 176º da Independência e 109º da República.

FERNANDO HENRIQUE CARDOSO
D.O.U. 11.9.1997

LEI Nº 9.494, DE 10 DE SETEMBRO DE 1997

Disciplina a aplicação da tutela antecipada contra a Fazenda Pública, altera a Lei nº 7.347, de 24 de julho de 1985, e dá outras providências.

- *Tutela antecipada*

Faço saber que o PRESIDENTE DA REPÚBLICA adotou a Medida Provisória nº 1.570-5, de 1997, que o Congresso Nacional aprovou, e eu, Antonio Carlos Magalhães, Presidente, para os efeitos do disposto no parágrafo único do art. 62 da Constituição Federal, promulgo a seguinte Lei:

Art. 1º. Aplica-se à tutela antecipada prevista nos arts. 273 e 461 do Código de Processo Civil o disposto nos arts. 5º e seu parágrafo único e 7º da Lei nº 4.348, de 26 de junho de 1964, no art. 1º e seu § 4º da Lei nº 5.021, de 9 de junho de 1966, e nos arts. 1º, 3º e 4º da Lei nº 8.437, de 30 de junho de 1992.

- Refere-se ao CPC de 1973.
- Lei 12.016/2009 revogou as Leis 4.348/1964 e 5.021/1966.
- Súm. 729 do STF.
- CPC/15: art..300 e 497.

Art. 1º-A. Estão dispensadas de depósito prévio, para interposição de recurso, as pessoas jurídicas de direito público federais, estaduais, distritais e municipais. (Incluído pela Medida Provisória nº 2.180-35, de 2001)

Art. 1º-B. O prazo a que se refere o *caput* dos arts. 730 do Código de Processo Civil, e 884 da Consolidação das Leis do Trabalho, aprovada pelo Decreto-lei nº 5.452, de 1º de maio de 1943, passa a ser de 30 (trinta) dias. (Incluído pela Medida Provisória nº 2.180-35, de 2001)

- ADC 11-8/DF (Med. Caut.): O STF deferiu cautelar para suspender todos os processos em que se discuta constitucionalidade do art. 1º-B da Lei 9.494/1997 acrescentado pela MP 2.180-35/2001. (D.J.U. 29.06.2007)
- Refere-se ao CPC de 1973.
- v.CPC/15: arts. 497, 499, 500, 536 e 537.

Art. 1º-C. Prescreverá em 5 (cinco) anos o direito de obter indenização dos danos causados por agentes de pessoas jurídicas de direito público e de pessoas jurídicas de direito privado prestadoras de serviços públicos. (Incluído pela Medida Provisória nº 2.180-35, de 2001)

Art. 1º-D. Não serão devidos honorários advocatícios pela Fazenda Pública nas execuções não embargadas. (Incluído pela Medida Provisória nº 2.180-35, de 2001)

- Súm. 345 do STJ.

Art. 1º-E. São passíveis de revisão, pelo Presidente do Tribunal, de ofício ou a requerimento das partes, as contas elaboradas para aferir o valor dos precatórios antes de seu pagamento ao credor. (Incluído pela Medida Provisória nº 2.180-35, de 2001)

Art. 1º-F. Nas condenações impostas à Fazenda Pública, independentemente de sua natureza e para fins de atualização monetária, remuneração do capital e compensação da mora, haverá a incidência uma única vez, até o efetivo pagamento, dos índices oficiais de remuneração básica e juros aplicados à caderneta de poupança. (Redação dada pela Lei nº 11.960, de 2009)

- ADIs 4.357/DF (D.J.E. 26.9.2014) e 4.425/DF (D.J.E. 19.12.2013): O Plenário do STF, por maioria de votos, julgou parcialmente procedentes as ADIs, declarando inconstitucional "O art. 1º-F da Lei 9.494/97, com redação dada pela Lei 11.960/2009, ao reproduzir as regras da EC 62/2009 quanto à atualização monetária e à fixação de juros moratórios de créditos inscritos em precatórios incorre nos mesmos vícios de juridicidade que inquinam o art. 100, § 12, da CF, razão pela qual se revela inconstitucional por arrastamento, na mesma extensão dos itens 5 e 6 supra."
- ADI 5.348: O Tribunal, por maioria, julgou procedente o pedido formulado na ação direta para declarar a inconstitucionalidade do art. 1º-F da Lei nº 9.494/1997, alterado pela Lei nº 11.960/2009, na parte em que se estabelece a aplicação dos índices da caderneta de poupança como critério de atualização monetária nas condenações da Fazenda Pública, nos termos do voto da Relatora, vencido o Ministro Gilmar Mendes. (DOU de 21.11.2019)

Art. 2º. O art. 16 da Lei nº 7.347, de 24 de julho de 1985, passa a vigorar com a seguinte redação:

- Alteração incorporada ao texto da referida lei.

Art. 2º-A. A sentença civil prolatada em ação de caráter coletivo proposta por entidade associativa, na defesa dos interesses e direitos dos seus associados, abrangerá apenas os substituídos que tenham, na data da propositura da ação, domicílio no âmbito da competência territorial do órgão prolator. (Incluído pela Medida Provisória nº 2.180-35, de 2001)

Parágrafo único. Nas ações coletivas propostas contra a União, os Estados, o Distrito Federal, os Municípios e suas autarquias e fundações, a petição inicial deverá obrigatoriamente estar instruída com a ata da assembleia da entidade associativa que a autorizou, acompanhada da relação nominal dos seus associados e indicação dos respectivos endereços. (Incluído pela Medida Provisória nº 2.180-35, de 2001)

Art. 2º-B. A sentença que tenha por objeto a liberação de recurso, inclusão em folha de pagamento, reclassificação, equiparação, concessão de aumento ou extensão de vantagens a servidores da União, dos Estados, do Distrito Federal e dos Municípios, inclusive de suas autarquias e fundações, somente poderá ser executada após seu trânsito em julgado. (Incluído pela Medida Provisória nº 2.180-35, de 2001)

Art. 3º. Ficam convalidados os atos praticados com base na Medida Provisória 1.570-4, de 22 de julho de 1997.

Art. 4º. Esta Lei entra em vigor na data de sua publicação.

Congresso Nacional, em 10 de setembro de 1997; 176º da Independência e 109º da República.

ANTÔNIO CARLOS MAGALHÃES
D.O.U. de 11.9.1997

LEI Nº 9.507, DE 12 DE NOVEMBRO DE 1997

Regula o direito de acesso a informações e disciplina o rito processual do habeas data.

- *Habeas data*

O PRESIDENTE DA REPÚBLICA Faço saber que o Congresso Nacional decreta e eu sanciono a seguinte Lei:

- Lei 12.527/2011 – Regula o acesso a informações previsto no inciso XXXIII do art. 5º, no inciso II do § 3º do art. 37 e no § 2º do art. 216 da CF.
- CF/88: arts. 5º, XIV, LXIX, LXXII, LXXVII, 102, I, d, II, a, 108, I, c, 109, VIII, 114, IV e 121, § 4º, V.

Art. 1º. (*VETADO*).

Parágrafo único. Considera-se de caráter público todo registro ou banco de dados contendo informações que sejam ou que possam ser transmitidas a terceiros ou que não sejam de uso privativo do órgão ou entidade produtora ou depositária das informações.

- Lei 9.265/1996 – Regulamenta o inciso LXXVII do art. 5º da Constituição, dispondo sobre a gratuidade dos atos necessários ao exercício da cidadania.

Art. 2º. O requerimento será apresentado ao órgão ou entidade depositária do registro ou banco de dados e será deferido ou indeferido no prazo de 48 (quarenta e oito) horas.

Parágrafo único. A decisão será comunicada ao requerente em 24 (vinte e quatro) horas.

Art. 3º. Ao deferir o pedido, o depositário do registro ou do banco de dados marcará dia e hora para que o requerente tome conhecimento das informações.

Parágrafo único. (*VETADO*).

Art. 4º. Constatada a inexatidão de qualquer dado a seu respeito, o interessado, em petição acompanhada de documentos comprobatórios, poderá requerer sua retificação.

§ 1º. Feita a retificação em, no máximo, 10 (dez) dias após a entrada do requerimento, a entidade ou órgão depositário do registro ou da informação dará ciência ao interessado.

§ 2º. Ainda que não se constate a inexatidão do dado, se o interessado apresentar explicação ou contestação sobre o mesmo, justificando possível pendência sobre o fato objeto do dado, tal explicação será anotada no cadastro do interessado.

Art. 5º. (*VETADO*).

Art. 6º. (*VETADO*).

Art. 7º. Conceder-se-á *habeas data*:

- Súm. 2 do STJ.

I – para assegurar o conhecimento de informações relativas à pessoa do impetrante, cons-

tantes de registro ou banco de dados de entidades governamentais ou de caráter público;
II – para a retificação de dados, quando não se prefira fazê-lo por processo sigiloso, judicial ou administrativo;
III – para a anotação nos assentamentos do interessado, de contestação ou explicação sobre dado verdadeiro mas justificável e que esteja sob pendência judicial ou amigável.

Art. 8º. A petição inicial, que deverá preencher os requisitos dos arts. 282 a 285 do Código de Processo Civil, será apresentada em duas vias, e os documentos que instruírem a primeira serão reproduzidos por cópia na segunda.

- Refere-se aos dispositivos do CPC/1973.
- CPC/15: arts. 319 a 331.

Parágrafo único. A petição inicial deverá ser instruída com prova:

I – da recusa ao acesso às informações ou do decurso de mais de 10 (dez) dias sem decisão;
II – da recusa em fazer-se a retificação ou do decurso de mais de 15 (quinze) dias, sem decisão; ou
III – da recusa em fazer-se a anotação a que se refere o § 2º do art. 4º ou do decurso de mais de 15 (quinze) dias sem decisão.

Art. 9º. Ao despachar a inicial, o juiz ordenará que se notifique o coator do conteúdo da petição, entregando-lhe a segunda via apresentada pelo impetrante, com as cópias dos documentos, a fim de que, no prazo de 10 (dez) dias, preste as informações que julgar necessárias.

Art. 10. A inicial será desde logo indeferida, quando não for o caso de *habeas data*, ou se lhe faltar algum dos requisitos previstos nesta Lei.

Parágrafo único. Do despacho de indeferimento caberá recurso previsto no art. 15.

Art. 11. Feita a notificação, o serventuário em cujo cartório corra o feito, juntará aos autos cópia autêntica do ofício endereçado ao coator, bem como a prova da sua entrega a este ou da recusa, seja de recebê-lo, seja de dar recibo.

Art. 12. Findo o prazo a que se refere o art. 9º, e ouvido o representante do Ministério Público dentro de 5 (cinco) dias, os autos serão conclusos ao juiz para decisão a ser proferida em 5 (cinco) dias.

Art. 13. Na decisão, se julgar procedente o pedido, o juiz marcará data e horário para que o coator:

I – apresente ao impetrante as informações a seu respeito, constantes de registros ou bancos de dados; ou
II – apresente em juízo a prova de retificação ou da anotação feita nos assentamentos do impetrante.

Art. 14. A decisão será comunicada ao coator, por correio, com aviso de recebimento, ou por telegrama, radiograma ou telefonema, conforme o requerer o impetrante.

Parágrafo único. Os originais, no caso de transmissão telegráfica, radiofônica ou telefônica deverão ser apresentados à agência expedidora, com a firma do juiz devidamente reconhecida.

Art. 15. Da sentença que conceder ou negar o *habeas data* cabe apelação.

Parágrafo único. Quando a sentença conceder o *habeas data*, o recurso terá efeito meramente devolutivo.

Art. 16. Quando o *habeas data* for concedido e o Presidente do Tribunal ao qual competir o conhecimento do recurso ordenar ao juiz a suspensão da execução da sentença, desse seu ato caberá agravo para o Tribunal a que presida.

Art. 17. Nos casos de competência do Supremo Tribunal Federal e dos demais Tribunais caberá ao relator a instrução do processo.

Art. 18. O pedido de *habeas data* poderá ser renovado se a decisão denegatória não lhe houver apreciado o mérito.

Art. 19. Os processos de *habeas data* terão prioridade sobre todos os atos judiciais, exceto *habeas corpus* e mandado de segurança. Na instância superior, deverão ser levados a julgamento na primeira sessão que se seguir à data em que, feita a distribuição, forem conclusos ao relator.

Parágrafo único. O prazo para a conclusão não poderá exceder de 24 (vinte e quatro) horas, a contar da distribuição.

Art. 20. O julgamento do *habeas data* compete:

I – originariamente:

a) ao Supremo Tribunal Federal, contra atos do Presidente da República, das Mesas da Câmara dos Deputados e do Senado Federal, do Tribunal de Contas da União, do Procurador-Geral da República e do próprio Supremo Tribunal Federal;

- CF/88: art. 102, I, d.

b) ao Superior Tribunal de Justiça, contra atos de Ministro de Estado ou do próprio Tribunal;

- CF/88: art. 105, I, b.

c) aos Tribunais Regionais Federais contra atos do próprio Tribunal ou de juiz federal;

- CF/88: art. 108, I, c.

d) a juiz federal, contra ato de autoridade federal, excetuados os casos de competência dos tribunais federais;

- CF/88: art. 109, VIII.

e) a tribunais estaduais, segundo o disposto na Constituição do Estado;

- CF/88: art. 125.

f) a juiz estadual, nos demais casos;

- CF/88: art. 125.

II – em grau de recurso:

a) ao Supremo Tribunal Federal, quando a decisão denegatória for proferida em única instância pelos Tribunais Superior;

- CF/88: art. 102, II, a.

b) ao Superior Tribunal de Justiça, quando a decisão for proferida em única instância pelos Tribunais Regionais Federais;

c) aos Tribunais Regionais Federais, quando a decisão for proferida por juiz federal;

- CF/88: art. 108, II.

d) aos Tribunais Estaduais e ao do Distrito Federal e Territórios, conforme dispuserem a respectiva Constituição e a lei que organizar a Justiça do Distrito Federal;

III – mediante recurso extraordinário ao Supremo Tribunal Federal, nos casos previstos na Constituição.

Art. 21. São gratuitos o procedimento administrativo para acesso a informações e retificação de dados e para anotação de justificação, bem como a ação de *habeas data*.

Art. 22. Esta Lei entra em vigor na data de sua publicação.

Art. 23. Revogam-se as disposições em contrário.

Brasília, 12 de novembro de 1997; 176º da Independência e 109º da República.

FERNANDO HENRIQUE CARDOSO
D.O.U. de 13.11.1997

LEI Nº 9.514, DE 20 DE NOVEMBRO DE 1997

Dispõe sobre o Sistema de Financiamento Imobiliário, institui a alienação fiduciária de coisa imóvel e dá outras providências.

- *Alienação fiduciária*

O PRESIDENTE DA REPÚBLICA Faço saber que o Congresso Nacional decreta e eu sanciono a seguinte Lei:

CAPÍTULO I. DO SISTEMA DE FINANCIAMENTO IMOBILIÁRIO

SEÇÃO I. DA FINALIDADE

Art. 1º. O Sistema de Financiamento Imobiliário – SFI tem por finalidade promover o financiamento imobiliário em geral, segundo condições compatíveis com as da formação dos fundos respectivos.

SEÇÃO II. DAS ENTIDADES

Art. 2º. Poderão operar no SFI as caixas econômicas, os bancos comerciais, os bancos de investimento, os bancos com carteira de crédito imobiliário, as sociedades de crédito imobiliário, as associações de poupança e empréstimo, as companhias hipotecárias e, a critério do Conselho Monetário Nacional – CMN, outras entidades.

Art. 3º. As companhias securitizadoras de créditos imobiliários, instituições não financeiras constituídas sob a forma de sociedade por ações, terão por finalidade a aquisição e securitização desses créditos e a emissão e colocação, no mercado financeiro, de Certificados de Recebíveis Imobiliários, podendo emitir outros títulos de crédito, realizar negócios e prestar serviços compatíveis com as suas atividades.

Parágrafo único. *(Revogado pela Lei nº 13.097, de 2015)*

SEÇÃO III. DO FINANCIAMENTO IMOBILIÁRIO

Art. 4º. As operações de financiamento imobiliário em geral serão livremente efetuadas pelas entidades autorizadas a operar no SFI, segundo condições de mercado e observadas as prescrições legais.

Parágrafo único. Nas operações de que trata este artigo, poderão ser empregados recursos provenientes da captação nos mercados financeiro e de valores mobiliários, de acordo com a legislação pertinente.

Art. 5º As operações de financiamento imobiliário em geral, no âmbito do SFI, serão livremente pactuadas pelas partes, observadas as seguintes condições essenciais:

I – reposição integral do valor emprestado e respectivo reajuste;
II – remuneração do capital emprestado às taxas convencionadas no contrato;
III – capitalização dos juros;
IV – contratação, pelos tomadores de financiamento, de seguros contra os riscos de morte e invalidez permanente.

§ 1º. As partes poderão estabelecer os critérios do reajuste de que trata o inciso I, observada a legislação vigente.

§ 2º. As operações de comercialização de imóveis, com pagamento parcelado, de arrendamento mercantil de imóveis e de financiamento imobiliário em geral poderão ser pactuadas nas mesmas condições permitidas para as entidades autorizadas a operar no SFI. (Redação dada pela Lei nº 10.931, de 2004)

§ 3º. Na alienação de unidades em edificação sob o regime da Lei 4.591, de 16 de dezembro de 1964, a critério do adquirente e mediante informação obrigatória do incorporador, poderá ser contratado seguro que garanta o ressarcimento ao adquirente das quantias por este pagas, na hipótese de inadimplemento do incorporador ou construtor quanto à entrega da obra.

SEÇÃO IV.
DO CERTIFICADO DE RECEBÍVEIS IMOBILIÁRIOS

Art. 6º. O Certificado de Recebíveis Imobiliários – CRI é título de crédito nominativo, de livre negociação, lastreado em créditos imobiliários e constitui promessa de pagamento em dinheiro.

Parágrafo único. O CRI é de emissão exclusiva das companhias securitizadoras.

Art. 7º. O CRI terá as seguintes características:

I – nome da companhia emitente;
II – número de ordem, local e data de emissão;
III – denominação "Certificado de Recebíveis Imobiliários";
IV – forma escritural;
V – nome do titular;
VI – valor nominal;
VII – data de pagamento ou, se emitido para pagamento parcelado, discriminação dos valores e das datas de pagamento das diversas parcelas;
VIII – taxa de juros, fixa ou flutuante, e datas de sua exigibilidade, admitida a capitalização;
IX – cláusula de reajuste, observada a legislação pertinente;
X – lugar de pagamento;
XI – identificação do Termo de Securitização de Créditos que lhe tenha dado origem.

§ 1º. O registro e a negociação do CRI far-se-ão por meio de sistemas centralizados de custódia e liquidação financeira de títulos privados.

§ 2º. O CRI poderá ter, conforme dispuser o Termo de Securitização de Créditos, garantia flutuante, que lhe assegurará privilégio geral sobre o ativo da companhia securitizadora, mas não impedirá a negociação dos bens que compõem esse ativo.

SEÇÃO V.
DA SECURITIZAÇÃO DE CRÉDITOS IMOBILIÁRIOS

Art. 8º. A securitização de créditos imobiliários é a operação pela qual tais créditos são expressamente vinculados à emissão de uma série de títulos de crédito, mediante Termo de Securitização de Créditos, lavrado por uma companhia securitizadora, do qual constarão os seguintes elementos:

I – a identificação do devedor e o valor nominal de cada crédito que lastreie a emissão, com a individuação do imóvel a que esteja vinculado e a indicação do Cartório de Registro de Imóveis em que esteja registrado e respectiva matrícula, bem como a indicação do ato pelo qual o crédito foi cedido; (Redação dada pela Lei nº 10.931, de 2004)
II – a identificação dos títulos emitidos;
III – a constituição de outras garantias de resgate dos títulos da série emitida, se for o caso.

Parágrafo único. Será permitida a securitização de créditos oriundos da alienação de unidades em edificação sob regime de incorporação nos moldes da Lei 4.591, de 16 de dezembro de 1964.

SEÇÃO VI.
DO REGIME FIDUCIÁRIO

Art. 9º. A companhia securitizadora poderá instituir regime fiduciário sobre créditos imobiliários, a fim de lastrear a emissão de Certificados de Recebíveis Imobiliários, sendo agente fiduciário uma instituição financeira ou companhia autorizada para esse fim pelo Bacen e beneficiários os adquirentes dos títulos lastreados nos recebíveis objeto desse regime.

Art. 10. O regime fiduciário será instituído mediante declaração unilateral da companhia securitizadora no contexto do Termo de Securitização de Créditos, que, além de conter os elementos de que trata o art. 8º, submeter-se-á às seguintes condições:

I – a constituição do regime fiduciário sobre os créditos que lastreiem a emissão;
II – a constituição de patrimônio separado, integrado pela totalidade dos créditos submetidos ao regime fiduciário que lastreiem a emissão;
III – a afetação dos créditos como lastro da emissão da respectiva série de títulos;
IV – a nomeação do agente fiduciário, com a definição de seus deveres, responsabilidades e remuneração, bem como as hipóteses, condições e forma de sua destituição ou substituição e as demais condições de sua atuação;
V – a forma de liquidação do patrimônio separado.

Parágrafo único. O Termo de Securitização de Créditos, em que seja instituído o regime fiduciário, será averbado nos Registros de Imóveis em que estejam matriculados os respectivos imóveis.

Art. 11. Os créditos objeto do regime fiduciário:

I – constituem patrimônio separado, que não se confunde com o da companhia securitizadora;
II – manter-se-ão apartados do patrimônio da companhia securitizadora até que se complete o resgate de todos os títulos da série a que estejam afetados;
III – destinam-se exclusivamente à liquidação dos títulos a que estiverem afetados, bem como ao pagamento dos respectivos custos de administração e de obrigações fiscais;
IV – estão isentos de qualquer ação ou execução pelos credores da companhia securitizadora;
V – não são passíveis de constituição de garantias ou de excussão por quaisquer dos credores da companhia securitizadora, por mais privilegiados que sejam;
VI – só responderão pelas obrigações inerentes aos títulos a ele afetados.

§ 1º. No Termo de Securitização de Créditos, poderá ser conferido aos beneficiários e demais credores do patrimônio separado, se este se tornar insuficiente, o direito de haverem seus créditos contra o patrimônio da companhia securitizadora.

§ 2º. Uma vez assegurado o direito de que trata o parágrafo anterior, a companhia securitizadora, sempre que se verificar insuficiência do patrimônio separado, promoverá a respectiva recomposição, mediante aditivo ao Termo de Securitização de Créditos, nele incluindo outros créditos imobiliários, com observância dos requisitos previstos nesta seção.

§ 3º. A realização dos direitos dos beneficiários limitar-se-á aos créditos imobiliários integrantes do patrimônio separado, salvo se tiverem sido constituídas garantias adicionais por terceiros.

Art. 12. Instituído o regime fiduciário, incumbirá à companhia securitizadora administrar cada patrimônio separado, manter registros contábeis independentes em relação a cada um deles e elaborar e publicar as respectivas demonstrações financeiras.

Parágrafo único. A totalidade do patrimônio da companhia securitizadora responderá pelos prejuízos que esta causar por descumprimento de disposição legal ou regulamentar, por negligência ou administração temerária ou, ainda, por desvio da finalidade do patrimônio separado.

Art. 13. Ao agente fiduciário são conferidos poderes gerais de representação da comunhão dos beneficiários, inclusive os de receber e dar quitação, incumbindo-lhe:

I – zelar pela proteção dos direitos e interesses dos beneficiários, acompanhando a atuação da companhia securitizadora na administração do patrimônio separado;
II – adotar as medidas judiciais ou extrajudiciais necessárias à defesa dos interesses dos beneficiários, bem como à realização dos créditos afetados ao patrimônio separado, caso a companhia securitizadora não o faça;
III – exercer, na hipótese de insolvência da companhia securitizadora, a administração do patrimônio separado;
IV – promover, na forma em que dispuser o Termo de Securitização de Créditos, a liquidação do patrimônio separado;
V – executar os demais encargos que lhe forem atribuídos no Termo de Securitização de Créditos.

§ 1º. O agente fiduciário responderá pelos prejuízos que causar por descumprimento de disposição legal ou regulamentar, por negligência ou administração temerária.

§ 2º. Aplicam-se ao agente fiduciário os mesmos requisitos e incompatibilidades impostos pelo art. 66 da Lei nº 6.404, de 15 de dezembro de 1976.

Art. 14. A insuficiência dos bens do patrimônio separado não dará causa à declaração de sua quebra, cabendo, nessa hipótese, ao agente fiduciário convocar assembleia geral dos beneficiários para deliberar sobre as normas de administração ou liquidação do patrimônio separado.

§ 1º. Na hipótese de que trata este artigo, a assembleia geral estará legitimada a adotar qualquer medida pertinente à administração ou liquidação do patrimônio separado, inclusive a transferência dos bens e direitos dele integrantes para outra entidade que opere no SFI, a forma de liquidação do patrimônio e a nomeação do liquidante.

§ 2º. A assembleia geral, convocada mediante edital publicado por 3 (três) vezes, com antecedência de 20 (vinte) dias, em jornal de grande circulação na praça em que tiver sido feita a emissão dos títulos, instalar-se-á, em primeira convocação, com a presença de beneficiários que representem, pelo menos, 2/3 (dois terços) do valor global dos títulos e, em segunda convocação, com qualquer número, sendo válidas as deliberações tomadas pela maioria absoluta desse capital.

Art. 15. No caso de insolvência da companhia securitizadora, o agente fiduciário assumirá imediatamente a custódia e administração dos créditos imobiliários integrantes do patrimônio separado e convocará a assembleia geral dos beneficiários para deliberar sobre a forma de administração, observados os requisitos estabelecidos no § 2º do art. 14.

Parágrafo único. A insolvência da companhia securitizadora não afetará os patrimônios separados que tenha constituído.

Art. 16. Extinguir-se-á o regime fiduciário de que trata esta seção pelo implemento das condições a que esteja submetido, na conformidade do Termo de Securitização de Créditos que o tenha instituído.

§ 1º. Uma vez satisfeitos os créditos dos beneficiários e extinto o regime fiduciário, o Agente Fiduciário fornecerá, no prazo de 3 (três) dias úteis, à companhia securitizadora, termo de quitação, que servirá para baixa, nos competentes Registros de Imóveis, da averbação que tenha instituído o regime fiduciário.

§ 2º. A baixa de que trata o parágrafo anterior importará na reintegração ao patrimônio comum da companhia securitizadora dos recebíveis imobiliários que sobejarem.

§ 3º. Os emolumentos devidos aos Cartórios de Registros de Imóveis para cancelamento do regime fiduciário e das garantias reais existentes serão cobrados como ato único. (Incluído pela Lei nº 10.931, de 2004)

SEÇÃO VII.
DAS GARANTIAS

Art. 17. As operações de financiamento imobiliário em geral poderão ser garantidas por:

I – hipoteca;

II – cessão fiduciária de direitos creditórios decorrentes de contratos de alienação de imóveis;

III – caução de direitos creditórios ou aquisitivos decorrentes de contratos de venda ou promessa de venda de imóveis;

IV – alienação fiduciária de coisa imóvel.

§ 1º. As garantias a que se referem os incisos II, III e IV deste artigo constituem direito real sobre os respectivos objetos.

§ 2º. Aplicam-se à caução dos direitos creditórios a que se refere o inciso III deste artigo as disposições dos arts. 789 a 795 do Código Civil.

§ 3º. As operações do SFI que envolvam locação poderão ser garantidas suplementarmente por anticrese.

Art. 18. O contrato de cessão fiduciária em garantia opera a transferência ao credor da titularidade dos créditos cedidos, até a liquidação da dívida garantida, e conterá, além de outros elementos, os seguintes:

I – o total da dívida ou sua estimativa;

II – o local, a data e a forma de pagamento;

III – a taxa de juros;

IV – a identificação dos direitos creditórios objeto da cessão fiduciária.

Art. 19. Ao credor fiduciário compete o direito de:

I – conservar e recuperar a posse dos títulos representativos dos créditos cedidos, contra qualquer detentor, inclusive o próprio cedente;

II – promover a intimação dos devedores que não paguem ao cedente, enquanto durar a cessão fiduciária;

III – usar das ações, recursos e execuções, judiciais e extrajudiciais, para receber os créditos cedidos e exercer os demais direitos conferidos ao cedente no contrato de alienação do imóvel;

IV – receber diretamente dos devedores os créditos cedidos fiduciariamente.

§ 1º. As importâncias recebidas na forma do inciso IV deste artigo, depois de deduzidas as despesas de cobrança e de administração, serão creditadas ao devedor cedente, na operação objeto da cessão fiduciária, até final liquidação da dívida e encargos, responsabilizando-se o credor fiduciário perante o cedente, como depositário, pelo que receber além do que este lhe devia.

§ 2º. Se as importâncias recebidas, a que se refere o parágrafo anterior, não bastarem para o pagamento integral da dívida e seus encargos, bem como das despesas de cobrança e de administração daqueles créditos, o devedor continuará obrigado a resgatar o saldo remanescente nas condições convencionadas no contrato.

Art. 20. Na hipótese de falência do devedor cedente e se não tiver havido a tradição dos títulos representativos dos créditos cedidos fiduciariamente, ficará assegurada ao cessionário fiduciário a restituição na forma da legislação pertinente.

Parágrafo único. Efetivada a restituição, prosseguirá o cessionário fiduciário no exercício de seus direitos na forma do disposto nesta seção.

Art. 21. São suscetíveis de caução, desde que transmissíveis, os direitos aquisitivos sobre imóvel, ainda que em construção.

§ 1º. O instrumento da caução, a que se refere este artigo, indicará o valor do débito e dos encargos e identificará o imóvel cujos direitos aquisitivos são caucionados.

§ 2º. Referindo-se a caução a direitos aquisitivos de promessa de compra e venda cujo preço ainda não tenha sido integralizado, poderá o credor caucionário, sobrevindo a mora do promissário comprador, promover a execução do seu crédito ou efetivar, sob protesto, o pagamento do saldo da promessa.

§ 3º. Se, nos termos do disposto no parágrafo anterior, o credor efetuar o pagamento, o valor pago, com todos os seus acessórios e eventuais penalidades, será adicionado à dívida garantida pela caução, ressalvado ao credor o direito de executar desde logo o devedor, inclusive pela parcela da dívida assim acrescida.

CAPÍTULO II. DA ALIENAÇÃO FIDUCIÁRIA DE COISA IMÓVEL

Art. 22. A alienação fiduciária regulada por esta Lei é o negócio jurídico pelo qual o devedor, ou fiduciante, com o escopo de garantia, contrata a transferência ao credor, ou fiduciário, da propriedade resolúvel de coisa imóvel.

‣ CC: art. 1.368-B.

§ 1º. A alienação fiduciária poderá ser contratada por pessoa física ou jurídica, não sendo privativa das entidades que operam no SFI, podendo ter como objeto, além da propriedade plena: (Renumerado do parágrafo único pela Lei nº 11.481, de 2007)

I – bens enfitêuticos, hipótese em que será exigível o pagamento do laudêmio, se houver a consolidação do domínio útil no fiduciário; (Incluído pela Lei nº 11.481, de 2007)

II – o direito de uso especial para fins de moradia; (Incluído pela Lei nº 11.481, de 2007)

III – o direito real de uso, desde que suscetível de alienação; (Incluído pela Lei nº 11.481, de 2007)

IV – a propriedade superficiária. (Incluído pela Lei nº 11.481, de 2007)

§ 2º. Os direitos de garantia instituídos nas hipóteses dos incisos III e IV do § 1º deste artigo ficam limitados à duração da concessão ou direito de superfície, caso tenham sido transferidos por período determinado. (Incluído pela Lei nº 11.481, de 2007)

Art. 23. Constitui-se a propriedade fiduciária de coisa imóvel mediante registro, no competente Registro de Imóveis, do contrato que lhe serve de título.

Parágrafo único. Com a constituição da propriedade fiduciária, dá-se o desdobramento da posse, tornando-se o fiduciante possuidor direto e o fiduciário possuidor indireto da coisa imóvel.

Art. 24. O contrato que serve de título ao negócio fiduciário conterá:

I – o valor do principal da dívida;

II – o prazo e as condições de reposição do empréstimo ou do crédito do fiduciário;

III – a taxa de juros e os encargos incidentes;

IV – a cláusula de constituição da propriedade fiduciária, com a descrição do imóvel objeto da alienação fiduciária e a indicação do título e modo de aquisição;

V – a cláusula assegurando ao fiduciante, enquanto adimplente, a livre utilização, por sua conta e risco, do imóvel objeto da alienação fiduciária;

VI – a indicação, para efeito de venda em público leilão, do valor do imóvel e dos critérios para a respectiva revisão;

VII – a cláusula dispondo sobre os procedimentos de que trata o art. 27.

Parágrafo único. Caso o valor do imóvel convencionado pelas partes nos termos do inciso VI do *caput* deste artigo seja inferior ao utilizado pelo órgão competente como base de cálculo para a apuração do imposto sobre transmissão inter vivos, exigível por força da consolidação da propriedade em nome do credor fiduciário, este último será o valor mínimo para efeito de venda do imóvel no primeiro leilão. (Incluído pela Lei nº 13.465, de 2017)

Art. 25. Com o pagamento da dívida e seus encargos, resolve-se, nos termos deste artigo, a propriedade fiduciária do imóvel.

§ 1º. No prazo de 30 (trinta) dias, a contar da data de liquidação da dívida, o fiduciário fornecerá o respectivo termo de quitação ao fiduciante, sob pena de multa em favor deste, equivalente a 0,5% (meio por cento) ao mês, ou fração, sobre o valor do contrato.

§ 2º. À vista do termo de quitação de que trata o parágrafo anterior, o oficial do competente Registro de Imóveis efetuará o cancelamento do registro da propriedade fiduciária.

§ 3º (*Revogado pela Lei nº 12.810, de 2013*)

Art. 26. Vencida e não paga, no todo ou em parte, a dívida e constituído em mora o fiduciante, consolidar-se-á, nos termos deste artigo, a propriedade do imóvel em nome do fiduciário.

§ 1º. Para os fins do disposto neste artigo, o fiduciante, ou seu representante legal ou procurador regularmente constituído, será intimado, a requerimento do fiduciário, pelo oficial do competente Registro de Imóveis, a satisfazer, no prazo de 15 (quinze) dias, a prestação vencida e as que se vencerem até a data do pagamento, os juros convencionais, as penalidades e os demais encargos contratuais, os encargos legais, inclusive tributos, as contribuições condominiais imputáveis ao imóvel, além das despesas de cobrança e de intimação.

§ 2º. O contrato definirá o prazo de carência após o qual será expedida a intimação.

§ 3º. A intimação far-se-á pessoalmente ao fiduciante, ou ao seu representante legal ou ao procurador regularmente constituído, podendo ser promovida, por solicitação do oficial do Registro de Imóveis, por oficial de Registro de Títulos e Documentos da comarca da situação do imóvel ou do domicílio de quem deva recebê-la, ou pelo correio, com aviso de recebimento.

§ 3º-A. Quando, por duas vezes, o oficial de registro de imóveis ou de registro de títulos e documentos ou o serventuário por eles credenciado houver procurado o intimando em seu domicílio ou residência sem o encontrar, deverá, havendo suspeita motivada de ocultação, intimar qualquer pessoa da família ou, em sua falta, qualquer vizinho de que, no dia útil imediato, retornará ao imóvel, a fim de efetuar a intimação, na hora que designar, aplicando-se subsidiariamente o disposto nos arts. 252, 253 e 254 da Lei no 13.105, de 16 de março de 2015 (Código de Processo Civil). (Incluído pela Lei nº 13.465, de 2017)

§ 3º-B. Nos condomínios edilícios ou outras espécies de conjuntos imobiliários com controle de acesso, a intimação de que trata o § 3º-A poderá ser feita ao funcionário da portaria responsável pelo recebimento de correspondência. (Incluído pela Lei nº 13.465, de 2017)

§ 4º. Quando o fiduciante, ou seu cessionário, ou seu representante legal ou procurador encontrar-se em local ignorado, incerto ou inacessível, o fato será certificado pelo serventuário encarregado da diligência e informado ao oficial de Registro de Imóveis, que, à vista da certidão, promoverá a intimação por edital publicado durante 3 (três) dias, pelo menos, em um dos jornais de maior circulação local ou noutro de comarca de fácil acesso, se no local não houver imprensa diária, contado o prazo para purgação da mora da data da última publicação do edital. (Redação dada pela Lei nº 13.043, de 2014)

§ 5º. Purgada a mora no Registro de Imóveis, convalescerá o contrato de alienação fiduciária.

§ 6º. O oficial do Registro de Imóveis, nos 3 (três) dias seguintes à purgação da mora, entregará ao fiduciário as importâncias recebidas, deduzidas as despesas de cobrança e de intimação.

§ 7º. Decorrido o prazo de que trata o § 1º sem a purgação da mora, o oficial do competente Registro de Imóveis, certificando esse fato, promoverá a averbação, na matrícula do imóvel, da consolidação da propriedade em nome do fiduciário, à vista da prova do pagamento por este, do imposto de transmissão *inter vivos* e, se for o caso, do laudêmio. (Redação dada pela Lei nº 10.931, de 2004)

§ 8º. O fiduciante pode, com a anuência do fiduciário, dar seu direito eventual ao imóvel em pagamento da dívida, dispensados os procedimentos previstos no art. 27. (Incluído pela Lei nº 10.931, de 2004)

Art. 26-A. Os procedimentos de cobrança, purgação de mora e consolidação da propriedade fiduciária relativos às operações de financiamento habitacional, inclusive as operações do Programa Minha Casa, Minha Vida, instituído pela Lei no 11.977, de 7 de julho de 2009, com recursos advindos da integralização de cotas no Fundo de Arrendamento Residencial (FAR), sujeitam-se às normas especiais estabelecidas neste artigo. (Incluído pela Lei nº 13.465, de 2017)

§ 1º. A consolidação da propriedade em nome do credor fiduciário será averbada no registro de imóveis trinta dias após a expiração do prazo para purgação da mora de que trata o § 1º do art. 26 desta Lei. (Incluído pela Lei nº 13.465, de 2017)

§ 2º. Até a data da averbação da consolidação da propriedade fiduciária, é assegurado ao devedor fiduciante pagar as parcelas da dívida vencidas e as despesas de que trata o inciso II do § 3º do art. 27, hipótese em que convalescerá o contrato de alienação fiduciária. (Incluído pela Lei nº 13.465, de 2017)

Art. 27. Uma vez consolidada a propriedade em seu nome, o fiduciário, no prazo de 30 (trinta) dias, contados da data do registro de que trata o § 7º do artigo anterior, promoverá público leilão para a alienação do imóvel.

§ 1º. Se no primeiro leilão público o maior lance oferecido for inferior ao valor do imóvel, estipulado na forma do inciso VI e do parágrafo único do art. 24 desta Lei, será realizado o segundo leilão nos quinze dias seguintes. (Redação dada pela Lei nº 13.465, de 2017)

§ 2º. No segundo leilão, será aceito o maior lance oferecido, desde que igual ou superior ao valor da dívida, das despesas, dos prêmios de seguro, dos encargos legais, inclusive tributos, e das contribuições condominiais.

§ 2º-A. Para os fins do disposto nos §§ 1º e 2º deste artigo, as datas, horários e locais dos leilões serão comunicados ao devedor mediante correspondência dirigida aos endereços constantes do contrato, inclusive ao endereço eletrônico. (Incluído pela Lei nº 13.465, de 2017)

§ 2º-B. Após a averbação da consolidação da propriedade fiduciária no patrimônio do credor fiduciário e até a data da realização do segundo leilão, é assegurado ao devedor fiduciante o direito de preferência para adquirir o imóvel por preço correspondente ao valor da dívida, somado aos encargos e despesas de que trata o § 2º deste artigo, aos valores correspondentes ao imposto sobre transmissão inter vivos e ao laudêmio, se for o caso, pagos para efeito de consolidação da propriedade fiduciária no patrimônio do credor fiduciário, e às despesas inerentes ao procedimento de cobrança e leilão, incumbindo, também, ao devedor fiduciante o pagamento dos encargos tributários e despesas exigíveis para a nova aquisição do imóvel, de que trata este parágrafo, inclusive custas e emolumentos. (Incluído pela Lei nº 13.465, de 2017)

§ 3º. Para os fins do disposto neste artigo, entende-se por:

I – dívida: o saldo devedor da operação de alienação fiduciária, na data do leilão, nele incluídos os juros convencionais, as penalidades e os demais encargos contratuais;

II – despesas: a soma das importâncias correspondentes aos encargos e custas de intimação e as necessárias à realização do público leilão, nestas compreendidas as relativas aos anúncios e à comissão do leiloeiro.

§ 4º. Nos 5 (cinco) dias que se seguirem à venda do imóvel no leilão, o credor entregará ao devedor a importância que sobejar, considerando-se nela compreendido o valor da indenização de benfeitorias, depois de deduzidos os valores da dívida e das despesas e encargos de que tratam os §§ 2º e 3º, fato esse que importará em recíproca quitação, não se aplicando o disposto na parte final do art. 516 do Código Civil.

§ 5º. Se, no segundo leilão, o maior lance oferecido não for igual ou superior ao valor referido no § 2º, considerar-se-á extinta a dívida e exonerado o credor da obrigação de que trata o § 4º.

§ 6º. Na hipótese de que trata o parágrafo anterior, o credor, no prazo de 5 (cinco) dias a contar da data do segundo leilão, dará ao devedor quitação da dívida, mediante termo próprio.

§ 7º. Se o imóvel estiver locado, a locação poderá ser denunciada com o prazo de trinta dias para desocupação, salvo se tiver havido aquiescência por escrito do fiduciário, devendo a denúncia ser realizada no prazo de noventa dias a contar da data da consolidação da propriedade no fiduciário, devendo essa condição constar expressamente em cláusula contratual específica, destacando-se das demais por sua apresentação gráfica. (Incluído pela Lei nº 10.931, de 2004)

§ 8º. Responde o fiduciante pelo pagamento dos impostos, taxas, contribuições condominiais e quaisquer outros encargos que recaiam ou venham a recair sobre o imóvel, cuja posse tenha sido transferida para o fiduciário, nos termos deste artigo, até a data em que o fiduciário vier a ser imitido na posse. (Incluído pela Lei nº 10.931, de 2004)

§ 9º. O disposto no § 2º-B deste artigo aplica-se à consolidação da propriedade fiduciária de imóveis do FAR, na forma prevista na Lei nº 11.977, de 7 de julho de 2009. (Incluído pela Lei nº 13.465, de 2017)

Art. 28. A cessão do crédito objeto da alienação fiduciária implicará a transferência, ao cessionário, de todos os direitos e obrigações inerentes à propriedade fiduciária em garantia.

Art. 29. O fiduciante, com anuência expressa do fiduciário, poderá transmitir os direitos de que seja titular sobre o imóvel objeto da alienação fiduciária em garantia, assumindo o adquirente as respectivas obrigações.

Art. 30. É assegurada ao fiduciário, seu cessionário ou sucessores, inclusive o adquirente do imóvel por força do público leilão de que tratam os §§ 1º e 2º do art. 27, a reintegração na posse do imóvel, que será concedida liminarmente, para desocupação em 60 (sessenta) dias, desde que comprovada, na forma do disposto no art. 26, a consolidação da propriedade em seu nome.

Parágrafo único. Nas operações de financiamento imobiliário, inclusive nas operações do Programa Minha Casa, Minha Vida, instituído pela Lei nº 11.977, de 7 de julho de 2009, com recursos advindos da integralização de cotas no Fundo de Arrendamento Residencial (FAR), uma vez averbada a consolidação da propriedade fiduciária, as ações judiciais que tenham por objeto controvérsias sobre as estipulações contratuais ou os requisitos procedimentais de cobrança e leilão, excetuada a exigência de notificação do devedor fiduciante, serão resolvidas em perdas e danos e não obstarão a reintegração de posse de que trata este artigo. (Incluído pela Lei nº 13.465, de 2017)

Art. 31. O fiador ou terceiro interessado que pagar a dívida ficará sub-rogado, de pleno direito, no crédito e na propriedade fiduciária.

Parágrafo único. Nos casos de transferência de financiamento para outra instituição financeira, o pagamento da dívida à instituição credora original poderá ser feito, a favor do mutuário, pela nova instituição credora. (Incluído pela Lei nº 12.810, de 2013)

Art. 32. Na hipótese de insolvência do fiduciante, fica assegurada ao fiduciário a restituição do imóvel alienado fiduciariamente, na forma da legislação pertinente.

Art. 33. Aplicam-se à propriedade fiduciária, no que couber, as disposições dos arts. 647 e 648 do Código Civil.

CAPÍTULO II-A.

(Incluído pela Lei nº 12.810, de 2013)

DO REFINANCIAMENTO COM TRANSFERÊNCIA DE CREDOR

Art. 33-A. A transferência de dívida de financiamento imobiliário com garantia real, de um credor para outro, inclusive sob a forma de sub-rogação, obriga o credor original a emitir documento que ateste, para todos os fins de direito, inclusive para efeito de averbação, a validade da transferência. (Incluído pela Lei nº 12.810, de 2013)

Parágrafo único. A emissão do documento será feita no prazo máximo de 2 (dois) dias úteis após a quitação da dívida original. (Incluído pela Lei nº 12.810, de 2013)

Art. 33-B. Para fins de efetivação do disposto no art. 33-A, a nova instituição credora deverá informar à instituição credora original, por documento escrito ou, quando solicitado, eletrônico, as condições de financiamento oferecidas ao mutuário, inclusive as seguintes: (Incluído pela Lei nº 12.810, de 2013)

I – a taxa de juros do financiamento; (Incluído pela Lei nº 12.810, de 2013)

II – o custo efetivo total; (Incluído pela Lei nº 12.810, de 2013)

III – o prazo da operação; (Incluído pela Lei nº 12.810, de 2013)

IV – o sistema de pagamento utilizado; e (Incluído pela Lei nº 12.810, de 2013)

V – o valor das prestações. (Incluído pela Lei nº 12.810, de 2013)

§ 1º. A instituição credora original terá prazo máximo de 5 (cinco) dias úteis, contados do recebimento das informações de que trata o *caput*, para solicitar à instituição proponente da transferência o envio dos recursos necessários para efetivar a transferência. (Incluído pela Lei nº 12.810, de 2013)

§ 2º. O mutuário da instituição credora original poderá, a qualquer tempo, enquanto não encaminhada a solicitação de envio dos recursos necessários para efetivar a transferência de que trata o § 1º, decidir pela não efetivação da transferência, sendo vedada a cobrança de qualquer tipo de ônus ou custa por parte das instituições envolvidas. (Incluído pela Lei nº 12.810, de 2013)

§ 3º. A eventual desistência do mutuário deverá ser informada à instituição credora original, que terá até 2 (dois) dias úteis para transmiti-la à instituição proponente da transferência. (Incluído pela Lei nº 12.810, de 2013)

Art. 33-C. O credor original deverá fornecer a terceiros, sempre que formalmente solicitado pelo mutuário, as informações sobre o crédito que se fizerem necessárias para viabilizar a transferência referida no art. 33-A. (Incluído pela Lei nº 12.810, de 2013)

Parágrafo único. O credor original não poderá realizar ações que impeçam, limitem ou dificultem o fornecimento das informações requeridas na forma do *caput*. (Incluído pela Lei nº 12.810, de 2013)

Art. 33-D. A instituição credora original poderá exigir ressarcimento financeiro pelo custo de originação da operação de crédito, o qual não poderá ser repassado ao mutuário. (Incluído pela Lei nº 12.810, de 2013)

§ 1º. O ressarcimento disposto no *caput* deverá ser proporcional ao valor do saldo devedor apurado à época da transferência e decrescente com o decurso de prazo desde a assinatura do contrato, cabendo sua liquidação à instituição proponente da transferência. (Incluído pela Lei nº 12.810, de 2013)

§ 2º. O Conselho Monetário Nacional disciplinará o disposto neste artigo, podendo inclusive limitar o ressarcimento considerando o tipo de operação de crédito ou o prazo decorrido desde a assinatura do contrato de crédito com a instituição credora original até o momento da transferência. (Incluído pela Lei nº 12.810, de 2013)

Art. 33-E. O Conselho Monetário Nacional e o Conselho Curador do Fundo de Garantia do Tempo de Serviço, no âmbito de suas respectivas competências, expedirão as instruções que se fizerem necessárias à execução do disposto no parágrafo único do art. 31 e nos arts. 33-A a 33-D desta Lei. (Incluído pela Lei nº 12.810, de 2013)

Art. 33-F. O disposto nos arts. 33-A a 33-E desta Lei não se aplica às operações de transferência de dívida decorrentes de cessão de crédito entre entidades que compõem o Sistema Financeiro da Habitação, desde que a citada transferência independa de manifestação do mutuário. (Incluído pela Lei nº 12.810, de 2013)

CAPÍTULO III. DISPOSIÇÕES GERAIS E FINAIS

Art. 34. Os contratos relativos ao financiamento imobiliário em geral poderão estipular que litígios ou controvérsias entre as partes sejam dirimidos mediante arbitragem, nos termos do disposto na Lei nº 9.307, de 24 de setembro de 1996.

Art. 35. Nas cessões de crédito a que aludem os arts. 3º, 18 e 28, é dispensada a notificação do devedor.

Art. 36. Nos contratos de venda de imóveis a prazo, inclusive alienação fiduciária, de arrendamento mercantil de imóveis, de financiamento imobiliário em geral e nos títulos de que tratam os arts. 6º, 7º e 8º, admitir-se-á, respeitada a legislação pertinente, a estipulação de cláusula de reajuste e das condições e critérios de sua aplicação.

Art. 37. Às operações de arrendamento mercantil de imóveis não se aplica a legislação pertinente à locação de imóveis residenciais, não residenciais ou comerciais.

Art. 37-A. O devedor fiduciante pagará ao credor fiduciário, ou a quem vier a sucedê-lo, a título de taxa de ocupação do imóvel, por mês ou fração, valor correspondente a 1% (um por cento) do valor a que se refere o inciso VI ou o parágrafo único do art. 24 desta Lei, computado e exigível desde a data da consolidação da propriedade fiduciária no patrimônio do credor fiduciante até a data em que este, ou seus sucessores, vier a ser imitido na posse do imóvel. (Redação dada pela Lei nº 13.465, de 2017)

Parágrafo único. O disposto no *caput* deste artigo aplica-se às operações do Programa Minha Casa, Minha Vida, instituído pela Lei nº 11.977, de 7 de julho de 2009, com recursos advindos da integralização de cotas no Fundo de Arrendamento Residencial (FAR). (Incluído pela Lei nº 13.465, de 2017)

Art. 37-B. Será considerada ineficaz, e sem qualquer efeito perante o fiduciário ou seus sucessores, a contratação ou a prorrogação de locação de imóvel alienado fiduciariamente por prazo superior a um ano sem concordância por escrito do fiduciário. (Incluído pela Lei nº 10.931, de 2004)

Art. 38. Os atos e contratos referidos nesta Lei ou resultantes da sua aplicação, mesmo aqueles que visem à constituição, transferência, modificação ou renúncia de direitos reais sobre imóveis, poderão ser celebrados por escritura pública ou por instrumento particular com efeitos de escritura pública. (Redação dada pela Lei nº 11.076, de 2004)

Art. 39. Às operações de crédito compreendidas no sistema de financiamento imobiliário, a que se refere esta Lei: (Redação dada pela Lei nº 13.465, de 2017)

I – não se aplicam as disposições da Lei nº 4.380, de 21 de agosto de 1964, e as demais disposições legais referentes ao Sistema Financeiro da Habitação – SFH;

II – aplicam-se as disposições dos arts. 29 a 41 do Decreto-Lei nº 70, de 21 de novembro de 1966, exclusivamente aos procedimentos de execução de créditos garantidos por hipoteca. (Redação dada pela Lei nº 13.465, de 2017)

Art. 40. Os incisos I e II do art. 167 da Lei nº 6.015, de 31 de dezembro de 1973, passam a vigorar acrescidos, respectivamente, dos seguintes itens:

‣ Alteração incorporada ao texto da referida lei.

Art. 41. O Conselho Monetário Nacional poderá regulamentar o disposto nesta Lei, inclusive estabelecer prazos mínimos e outras condições para emissão e resgate de CRI e diferenciar tais condições de acordo com o tipo de crédito imobiliário vinculado à emissão e com o indexador adotado contratualmente. (Redação dada pela Lei nº 13.097, de 2015)

Art. 42. Esta Lei entra em vigor na data de sua publicação.

Brasília, 20 de novembro de 1997; 176º da Independência e 109º da República.

FERNANDO HENRIQUE CARDOSO
D.O.U 21.11.1997 e ret. 24.11.1997.

RESOLUÇÃO CONAMA Nº 237, DE 19 DE DEZEMBRO DE 1997

Dispõe sobre a revisão e complementação dos procedimentos e critérios utilizados para o licenciamento ambiental

‣ *Licenciamento ambiental*

O CONSELHO NACIONAL DO MEIO AMBIENTE – CONAMA, no uso das atribuições e competências que lhe são conferidas pela Lei nº 6.938, de 31 de agosto de 1981, regulamentadas pelo Decreto nº 99.274, de 6 de junho de 1990, e tendo em vista o disposto em seu Regimento Interno, e

Considerando a necessidade de revisão dos procedimentos e critérios utilizados no licenciamento ambiental, de forma a efetivar a utilização do sistema de licenciamento como instrumento de gestão ambiental, instituído pela Política Nacional do Meio Ambiente;

Considerando a necessidade de se incorporar ao sistema de licenciamento ambiental os instrumentos de gestão ambiental, visando o desenvolvimento sustentável e a melhoria contínua;

Considerando as diretrizes estabelecidas na Resolução CONAMA nº 11/94, que determina a necessidade de revisão no sistema de licenciamento ambiental;

Considerando a necessidade de regulamentação de aspectos do licenciamento ambiental estabelecidos na Política Nacional do Meio Ambiente que ainda não foram definidos;

Considerando a necessidade de ser estabelecido critério para exercício da competência para o licenciamento a que se refere o artigo 10 da Lei nº 6.938, de 31 de agosto de 1981;

Considerando a necessidade de se integrar a atuação dos órgãos competentes do Sistema Nacional de Meio Ambiente – SISNAMA na execução da Política Nacional do Meio Ambiente, em conformidade com as respectivas competências, resolve:

Art. 1º. Para efeito desta Resolução são adotadas as seguintes definições:

I – Licenciamento Ambiental: procedimento administrativo pelo qual o órgão ambiental competente licencia a localização, instalação, ampliação e a operação de empreendimentos e atividades utilizadoras de recursos ambientais, consideradas efetiva ou potencialmente poluidoras ou daquelas que, sob qualquer forma, possam causar degradação ambiental, considerando as disposições legais e regulamentares e as normas técnicas aplicáveis ao caso.

II – Licença Ambiental: ato administrativo pelo qual o órgão ambiental competente, estabelece as condições, restrições e medidas de controle ambiental que deverão ser obedecidas pelo empreendedor, pessoa física ou jurídica, para localizar, instalar, ampliar e operar empreendimentos ou atividades utilizadoras dos recursos ambientais consideradas efetiva ou potencialmente poluidoras ou aquelas que, sob qualquer forma, possam causar degradação ambiental.

III – Estudos Ambientais: são todos e quaisquer estudos relativos aos aspectos ambientais relacionados à localização, instalação, operação e ampliação de uma atividade ou empreendimento, apresentado como subsídio para a análise da licença requerida, tais como: relatório ambiental, plano e projeto de controle ambiental, relatório ambiental preliminar, diagnóstico ambiental, plano de manejo, plano de recuperação de área degradada e análise preliminar de risco.

IV[1] – Impacto Ambiental Regional: é todo e qualquer impacto ambiental que afete diretamente (área de influência direta do projeto), no todo ou em parte, o território de dois ou mais Estados.

Art. 2º. A localização, construção, instalação, ampliação, modificação e operação de empreendimentos e atividades utilizadoras de recursos ambientais consideradas efetiva ou potencialmente poluidoras, bem como os empreendimentos capazes, sob qualquer forma, de causar degradação ambiental, dependerão de prévio licenciamento do órgão ambiental competente, sem prejuízo de outras licenças legalmente exigíveis.

§ 1º. Estão sujeitos ao licenciamento ambiental os empreendimentos e as atividades relacionadas no anexo 1, parte integrante desta Resolução.

§ 2º. Caberá ao órgão ambiental competente definir os critérios de exigibilidade, o detalhamento e a complementação do anexo 1, levando em consideração as especificidades, os riscos ambientais, o porte e outras características do empreendimento ou atividade.

Art. 3º. A licença ambiental para empreendimentos e atividades consideradas efetiva ou potencialmente causadoras de significativa degradação do meio dependerá de prévio estudo

[1] Inciso renumerado por erro no original, no DOU nº 198, de 13 de outubro de 2003, pág. 41.

de impacto ambiental e respectivo relatório de impacto sobre o meio ambiente (EIA/RIMA), ao qual dar-se-á publicidade, garantida a realização de audiências públicas, quando couber, de acordo com a regulamentação.

Parágrafo único. O órgão ambiental competente, verificando que a atividade ou empreendimento não é potencialmente causador de significativa degradação do meio ambiente, definirá os estudos ambientais pertinentes ao respectivo processo de licenciamento.

Art. 4º. Compete ao Instituto Brasileiro do Meio Ambiente e dos Recursos Naturais Renováveis – IBAMA, órgão executor do SISNAMA, o licenciamento ambiental a que se refere o artigo 10 da Lei nº 6.938, de 31 de agosto de 1981, de empreendimentos e atividades com significativo impacto ambiental de âmbito nacional ou regional, a saber:

I – localizadas ou desenvolvidas conjuntamente no Brasil e em país limítrofe; no mar territorial; na plataforma continental; na zona econômica exclusiva; em terras indígenas ou em unidades de conservação do domínio da União.

II – localizadas ou desenvolvidas em dois ou mais Estados;

III – cujos impactos ambientais diretos ultrapassem os limites territoriais do País ou de um ou mais Estados;

IV – destinados a pesquisar, lavrar, produzir, beneficiar, transportar, armazenar e dispor material radioativo, em qualquer estágio, ou que utilizem energia nuclear em qualquer de suas formas e aplicações, mediante parecer da Comissão Nacional de Energia Nuclear – CNEN;

V – bases ou empreendimentos militares, quando couber, observada a legislação específica.

§ 1º. O IBAMA fará o licenciamento de que trata este artigo após considerar o exame técnico procedido pelos órgãos ambientais dos Estados e Municípios em que se localizar a atividade ou empreendimento, bem como, quando couber, o parecer dos demais órgãos competentes da União, dos Estados, do Distrito Federal e dos Municípios, envolvidos no procedimento de licenciamento.

§ 2º. O IBAMA, ressalvada sua competência supletiva, poderá delegar aos Estados o licenciamento de atividade com significativo impacto ambiental de âmbito regional, uniformizando, quando possível, as exigências.

Art. 5º. Compete ao órgão ambiental estadual ou do Distrito Federal o licenciamento ambiental dos empreendimentos e atividades:

I – localizados ou desenvolvidos em mais de um Município ou em unidades de conservação de domínio estadual ou do Distrito Federal;

II – localizados ou desenvolvidos nas florestas e demais formas de vegetação natural de preservação permanente relacionadas no artigo 2º da Lei nº 4.771, de 15 de setembro de 1965, e em todas as que assim forem consideradas por normas federais, estaduais ou municipais;

III – cujos impactos ambientais diretos ultrapassem os limites territoriais de um ou mais Municípios;

IV – delegados pela União aos Estados ou ao Distrito Federal, por instrumento legal ou convênio.

Parágrafo único. O órgão ambiental estadual ou do Distrito Federal fará o licenciamento de que trata este artigo após considerar o exame técnico procedido pelos órgãos ambientais dos Municípios em que se localizar a atividade ou empreendimento, bem como, quando couber, o parecer dos demais órgãos competentes da União, dos Estados, do Distrito Federal e dos Municípios, envolvidos no procedimento de licenciamento.

Art. 6º. Compete ao órgão ambiental municipal, ouvidos os órgãos competentes da União, dos Estados e do Distrito Federal, quando couber, o licenciamento ambiental de empreendimentos e atividades de impacto ambiental local e daquelas que lhe forem delegadas pelo Estado por instrumento legal ou convênio.

Art. 7º. Os empreendimentos e atividades serão licenciados em um único nível de competência, conforme estabelecido nos artigos anteriores.

Art. 8º. O Poder Público, no exercício de sua competência de controle, expedirá as seguintes licenças:

I – Licença Prévia (LP) – concedida na fase preliminar do planejamento do empreendimento ou atividade aprovando sua localização e concepção, atestando a viabilidade ambiental e estabelecendo os requisitos básicos e condicionantes a serem atendidos nas próximas fases de sua implementação;

II – Licença de Instalação (LI) – autoriza a instalação do empreendimento ou atividade de acordo com as especificações constantes dos planos, programas e projetos aprovados, incluindo as medidas de controle ambiental e demais condicionantes, da qual constituem motivo determinante;

III – Licença de Operação (LO) – autoriza a operação da atividade ou empreendimento, após a verificação do efetivo cumprimento do que consta das licenças anteriores, com as medidas de controle ambiental e condicionantes determinados para a operação.

Parágrafo único. As licenças ambientais poderão ser expedidas isolada ou sucessivamente, de acordo com a natureza, características e fase do empreendimento ou atividade.

Art. 9º. O CONAMA definirá, quando necessário, licenças ambientais específicas, observadas a natureza, características e peculiaridades da atividade ou empreendimento e, ainda, a compatibilização do processo de licenciamento com as etapas de planejamento, implantação e operação.

Art. 10. O procedimento de licenciamento ambiental obedecerá às seguintes etapas:

I – Definição pelo órgão ambiental competente, com a participação do empreendedor, dos documentos, projetos e estudos ambientais, necessários ao início do processo de licenciamento correspondente à licença a ser requerida;

II – Requerimento da licença ambiental pelo empreendedor, acompanhado dos documentos, projetos e estudos ambientais pertinentes, dando-se a devida publicidade;

III – Análise pelo órgão ambiental competente, integrante do SISNAMA , dos documentos, projetos e estudos ambientais apresentados e a realização de vistorias técnicas, quando necessárias;

IV – Solicitação de esclarecimentos e complementações pelo órgão ambiental competente integrante do SISNAMA, uma única vez, em decorrência da análise dos documentos, projetos e estudos ambientais apresentados, quando couber, podendo haver a reiteração da mesma solicitação caso os esclarecimentos e complementações não tenham sido satisfatórios;

V – Audiência pública, quando couber, de acordo com a regulamentação pertinente;

VI – Solicitação de esclarecimentos e complementações pelo órgão ambiental competente, decorrentes de audiências públicas, quando couber, podendo haver reiteração da solicitação quando os esclarecimentos e complementações não tenham sido satisfatórios;

VII – Emissão de parecer técnico conclusivo e, quando couber, parecer jurídico;

VIII – Deferimento ou indeferimento do pedido de licença, dando-se a devida publicidade.

§ 1º. No procedimento de licenciamento ambiental deverá constar, obrigatoriamente, a certidão da Prefeitura Municipal, declarando que o local e o tipo de empreendimento ou atividade estão em conformidade com a legislação aplicável ao uso e ocupação do solo e, quando for o caso, a autorização para supressão de vegetação e a outorga para o uso da água, emitidas pelos órgãos competentes.

§ 2º. No caso de empreendimentos e atividades sujeitos ao estudo de impacto ambiental – EIA, se verificada a necessidade de nova complementação em decorrência de esclarecimentos já prestados, conforme incisos IV e VI, o órgão ambiental competente, mediante decisão motivada e com a participação do empreendedor, poderá formular novo pedido de complementação.

Art. 11. Os estudos necessários ao processo de licenciamento deverão ser realizados por profissionais legalmente habilitados, às expensas do empreendedor.

Parágrafo único. O empreendedor e os profissionais que subscrevem os estudos previstos no *caput* deste artigo serão responsáveis pelas informações apresentadas, sujeitando-se às sanções administrativas, civis e penais.

Art. 12. O órgão ambiental competente definirá, se necessário, procedimentos específicos para as licenças ambientais, observadas a natureza, características e peculiaridades da atividade ou empreendimento e, ainda, a compatibilização do processo de licenciamento com as etapas de planejamento, implantação e operação.

§ 1º. Poderão ser estabelecidos procedimentos simplificados para as atividades e empreendimentos de pequeno potencial de impacto ambiental, que deverão ser aprovados pelos respectivos Conselhos de Meio Ambiente.

§ 2º. Poderá ser admitido um único processo de licenciamento ambiental para pequenos empreendimentos e atividades similares e vizinhos ou para aqueles integrantes de planos de desenvolvimento aprovados, previamente, pelo órgão governamental competente, desde que definida a responsabilidade legal pelo conjunto de empreendimentos ou atividades.

§ 3º. Deverão ser estabelecidos critérios para agilizar e simplificar os procedimentos de licenciamento ambiental das atividades e empreendimentos que implementem planos e programas voluntários de gestão ambiental, visando a melhoria contínua e o aprimoramento do desempenho ambiental.

Art. 13. O custo de análise para a obtenção da licença ambiental deverá ser estabelecido por dispositivo legal, visando o ressarcimento, pelo empreendedor, das despesas realizadas pelo órgão ambiental competente.

Parágrafo único. Facultar-se-á ao empreendedor acesso à planilha de custos realizados pelo órgão ambiental para a análise da licença.

Art. 14. O órgão ambiental competente poderá estabelecer prazos de análise diferenciados para cada modalidade de licença (LP, LI e LO), em função das peculiaridades da atividade ou empreendimento, bem como para a formulação de exigências complementares, desde que observado o prazo máximo de 6 (seis) meses a contar do ato de protocolar o requerimento até seu deferimento ou indeferimento, ressalvados os casos em que houver EIA/RIMA e/ou audiência pública, quando o prazo será de até 12 (doze) meses.

§ 1º. A contagem do prazo previsto no *caput* deste artigo será suspensa durante a elaboração dos estudos ambientais complementares ou preparação de esclarecimentos pelo empreendedor.

§ 2º. Os prazos estipulados no *caput* poderão ser alterados, desde que justificados e com a concordância do empreendedor e do órgão ambiental competente.

Art. 15. O empreendedor deverá atender à solicitação de esclarecimentos e complementações, formuladas pelo órgão ambiental competente, dentro do prazo máximo de 4 (quatro) meses, a contar do recebimento da respectiva notificação

Parágrafo único. O prazo estipulado no *caput* poderá ser prorrogado, desde que justificado e com a concordância do empreendedor e do órgão ambiental competente.

Art. 16. O não cumprimento dos prazos estipulados nos artigos 14 e 15, respectivamente, sujeitará o licenciamento à ação do órgão que detenha competência para atuar supletivamente e o empreendedor ao arquivamento de seu pedido de licença.

Art. 17. O arquivamento do processo de licenciamento não impedirá a apresentação de novo requerimento de licença, que deverá obedecer aos procedimentos estabelecidos no artigo 10, mediante novo pagamento de custo de análise.

Art. 18. O órgão ambiental competente estabelecerá os prazos de validade de cada tipo de licença, especificando-os no respectivo documento, levando em consideração os seguintes aspectos:

I – O prazo de validade da Licença Prévia (LP) deverá ser, no mínimo, o estabelecido pelo cronograma de elaboração dos planos, programas e projetos relativos ao empreendimento ou atividade, não podendo ser superior a 5 (cinco) anos.

II – O prazo de validade da Licença de Instalação (LI) deverá ser, no mínimo, o estabelecido pelo cronograma de instalação do empreendimento ou atividade, não podendo ser superior a 6 (seis) anos.

III – O prazo de validade da Licença de Operação (LO) deverá considerar os planos de controle ambiental e será de, no mínimo, 4 (quatro) anos e, no máximo, 10 (dez) anos.

§ 1º. A Licença Prévia (LP) e a Licença de Instalação (LI) poderão ter os prazos de validade prorrogados, desde que não ultrapassem os prazos máximos estabelecidos nos incisos I e II.

§ 2º. O órgão ambiental competente poderá estabelecer prazos de validade específicos para a Licença de Operação (LO) de empreendimentos ou atividades que, por sua natureza e peculiaridades, estejam sujeitos a encerramento ou modificação em prazos inferiores.

§ 3º. Na renovação da Licença de Operação (LO) de uma atividade ou empreendimento, o órgão ambiental competente poderá, mediante decisão motivada, aumentar ou diminuir o seu prazo de validade, após avaliação do desempenho ambiental da atividade ou empreendimento no período de vigência anterior, respeitados os limites estabelecidos no inciso III.

§ 4º. A renovação da Licença de Operação (LO) de uma atividade ou empreendimento deverá ser requerida com antecedência mínima de 120 (cento e vinte) dias da expiração de seu prazo de validade, fixado na respectiva licença, ficando este automaticamente prorrogado até a manifestação definitiva do órgão ambiental competente.

Art. 19. O órgão ambiental competente, mediante decisão motivada, poderá modificar os condicionantes e as medidas de controle e adequação, suspender ou cancelar uma licença expedida, quando ocorrer:

I – violação ou inadequação de quaisquer condicionantes ou normas legais;

II – omissão ou falsa descrição de informações relevantes que subsidiaram a expedição da licença;

III – superveniência de graves riscos ambientais e de saúde.

Art. 20. Os entes federados, para exercerem suas competências licenciatórias, deverão ter implementados os Conselhos de Meio Ambiente, com caráter deliberativo e participação social e, ainda, possuir em seus quadros ou a sua disposição profissionais legalmente habilitados.

Art. 21. Esta Resolução entra em vigor na data de sua publicação, aplicando seus efeitos aos processos de licenciamento em tramitação nos órgãos ambientais competentes, revogadas as disposições em contrário, em especial os artigos 3º e 7º da Resolução CONAMA nº 1, de 23 de janeiro de 1986.

GUSTAVO KRAUSE GONÇALVES SOBRINHO – Presidente do Conselho

RAIMUNDO DEUSDARÁ FILHO – Secretário-Executivo

ANEXO 1
ATIVIDADES OU EMPREENDIMENTOS SUJEITOS AO LICENCIAMENTO AMBIENTAL

Extração e tratamento de minerais

- pesquisa mineral com guia de utilização
- lavra a céu aberto, inclusive de aluvião, com ou sem beneficiamento
- lavra subterrânea com ou sem beneficiamento
- lavra garimpeira
- perfuração de poços e produção de petróleo e gás natural

Indústria de produtos minerais não metálicos

- beneficiamento de minerais não metálicos, não associados à extração
- fabricação e elaboração de produtos minerais não metálicos tais como: produção de material cerâmico, cimento, gesso, amianto e vidro, entre outros.

Indústria metalúrgica

- fabricação de aço e de produtos siderúrgicos
- produção de fundidos de ferro e aço / forjados / arames / relaminados com ou sem tratamento de superfície, inclusive galvanoplastia
- metalurgia dos metais não-ferrosos, em formas primárias e secundárias, inclusive ouro
- produção de laminados / ligas / artefatos de metais não-ferrosos com ou sem tratamento de superfície, inclusive galvanoplastia
- relaminação de metais não-ferrosos, inclusive ligas
- produção de soldas e anodos
- metalurgia de metais preciosos
- metalurgia do pó, inclusive peças moldadas
- fabricação de estruturas metálicas com ou sem tratamento de superfície, inclusive galvanoplastia
- fabricação de artefatos de ferro / aço e de metais não-ferrosos com ou sem tratamento de superfície, inclusive galvanoplastia
- têmpera e cementação de aço, recozimento de arames, tratamento de superfície

Indústria mecânica

- fabricação de máquinas, aparelhos, peças, utensílios e acessórios com e sem tratamento térmico e/ou de superfície

Indústria de material elétrico, eletrônico e comunicações

- fabricação de pilhas, baterias e outros acumuladores
- fabricação de material elétrico, eletrônico e equipamentos para telecomunicação e informática
- fabricação de aparelhos elétricos e eletrodomésticos

Indústria de material de transporte

- fabricação e montagem de veículos rodoviários e ferroviários, peças e acessórios
- fabricação e montagem de aeronaves
- fabricação e reparo de embarcações e estruturas flutuantes

Indústria de madeira

- serraria e desdobramento de madeira
- preservação de madeira
- fabricação de chapas, placas de madeira aglomerada, prensada e compensada
- fabricação de estruturas de madeira e de móveis

Indústria de papel e celulose

- fabricação de celulose e pasta mecânica
- fabricação de papel e papelão
- fabricação de artefatos de papel, papelão, cartolina, cartão e fibra prensada

Indústria de borracha

- beneficiamento de borracha natural
- fabricação de câmara de ar e fabricação e recondicionamento de pneumáticos
- fabricação de laminados e fios de borracha
- fabricação de espuma de borracha e de artefatos de espuma de borracha , inclusive látex

Indústria de couros e peles

- secagem e salga de couros e peles
- curtimento e outras preparações de couros e peles
- fabricação de artefatos diversos de couros e peles
- fabricação de cola animal

Indústria química

- produção de substâncias e fabricação de produtos químicos
- fabricação de produtos derivados do processamento de petróleo, de rochas betuminosas e da madeira
- fabricação de combustíveis não derivados de petróleo
- produção de óleos/gorduras/ceras vegetais-animais/óleos essenciais vegetais e outros produtos da destilação da madeira
- fabricação de resinas e de fibras e fios artificiais e sintéticos e de borracha e látex sintéticos
- fabricação de pólvora/explosivos/detonantes/munição para caça-desporto, fósforo de segurança e artigos pirotécnicos
- recuperação e refino de solventes, óleos minerais, vegetais e animais
- fabricação de concentrados aromáticos naturais, artificiais e sintéticos
- fabricação de preparados para limpeza e polimento, desinfetantes, inseticidas, germicidas e fungicidas
- fabricação de tintas, esmaltes, lacas , vernizes, impermeabilizantes, solventes e secantes
- fabricação de fertilizantes e agroquímicos
- fabricação de produtos farmacêuticos e veterinários
- fabricação de sabões, detergentes e velas
- fabricação de perfumarias e cosméticos
- produção de álcool etílico, metanol e similares

Indústria de produtos de matéria plástica

- fabricação de laminados plásticos
- fabricação de artefatos de material plástico

Indústria têxtil, de vestuário, calçados e artefatos de tecidos

– beneficiamento de fibras têxteis, vegetais, de origem animal e sintéticos

– fabricação e acabamento de fios e tecidos

– tingimento, estamparia e outros acabamentos em peças do vestuário e artigos diversos de tecidos

– fabricação de calçados e componentes para calçados

Indústria de produtos alimentares e bebidas

– beneficiamento, moagem, torrefação e fabricação de produtos alimentares

– matadouros, abatedouros, frigoríficos, charqueadas e derivados de origem animal

– fabricação de conservas

– preparação de pescados e fabricação de conservas de pescados

– preparação, beneficiamento e industrialização de leite e derivados

– fabricação e refinação de açúcar

– refino/preparação de óleo e gorduras vegetais

– produção de manteiga, cacau, gorduras de origem animal para alimentação

– fabricação de fermentos e leveduras

– fabricação de rações balanceadas e de alimentos preparados para animais

– fabricação de vinhos e vinagre

– fabricação de cervejas, chopes e maltes

– fabricação de bebidas não alcoólicas, bem como engarrafamento e gaseificação de águas minerais

– fabricação de bebidas alcoólicas

Indústria de fumo

– fabricação de cigarros/charutos/cigarrilhas e outras atividades de beneficiamento do fumo

Indústrias diversas

– usinas de produção de concreto

– usinas de asfalto

– serviços de galvanoplastia

Obras civis

– rodovias, ferrovias, hidrovias, metropolitanos

– barragens e diques

– canais para drenagem

– retificação de curso de água

– abertura de barras, embocaduras e canais

– transposição de bacias hidrográficas

– outras obras de arte

Serviços de utilidade

– produção de energia termoelétrica

– transmissão de energia elétrica

– estações de tratamento de água

– interceptores, emissários, estação elevatória e tratamento de esgoto sanitário

– tratamento e destinação de resíduos industriais (líquidos e sólidos)

– tratamento/disposição de resíduos especiais tais como: de agroquímicos e suas embalagens usadas e de serviço de saúde, entre outros

– tratamento e destinação de resíduos sólidos urbanos, inclusive aqueles provenientes de fossas

– dragagem e derrocamentos em corpos d'água

– recuperação de áreas contaminadas ou degradadas

Transporte, terminais e depósitos

– transporte de cargas perigosas

– transporte por dutos

– marinas, portos e aeroportos

– terminais de minério, petróleo e derivados e produtos químicos

– depósitos de produtos químicos e produtos perigosos

Turismo

– complexos turísticos e de lazer, inclusive parques temáticos e autódromos

Atividades diversas

– parcelamento do solo

– distrito e pólo industrial

Atividades agropecuárias

– projeto agrícola

– criação de animais

– projetos de assentamentos e de colonização

Uso de recursos naturais

– silvicultura

– exploração econômica da madeira ou lenha e subprodutos florestais

– atividade de manejo de fauna exótica e criadouro de fauna silvestre

– utilização do patrimônio genético natural

– manejo de recursos aquáticos vivos

– introdução de espécies exóticas e/ou geneticamente modificadas

– uso da diversidade biológica pela biotecnologia

LEI Nº 9.605, DE 12 DE FEVEREIRO DE 1998

Dispõe sobre as sanções penais e administrativas derivadas de condutas e atividades lesivas ao meio ambiente, e dá outras providências.

‣ *Crimes ambientais*

O PRESIDENTE DA REPÚBLICA Faço saber que o Congresso Nacional decreta e eu sanciono a seguinte Lei:

CAPÍTULO I. DISPOSIÇÕES GERAIS

‣ CF/88: art. 225, § 3º.

‣ Lei 12.651/2012 – Dispõe sobre a proteção da vegetação nativa (Novo Código Florestal).

‣ Decreto 6.514/2008 – Dispõe sobre as infrações e sanções administrativas ao meio ambiente, estabelece o processo administrativo federal para apuração destas infrações.

Art. 1º. (*VETADO*).

Art. 2º. Quem, de qualquer forma, concorre para a prática dos crimes previstos nesta Lei, incide nas penas a estes cominadas, na medida da sua culpabilidade, bem como o diretor, o administrador, o membro de conselho e de órgão técnico, o auditor, o gerente, o preposto ou mandatário de pessoa jurídica, que, sabendo da conduta criminosa de outrem, deixar de impedir a sua prática, quando podia agir para evitá-la.

‣ CP: art. 29.

Art. 3º. As pessoas jurídicas serão responsabilizadas administrativa, civil e penalmente conforme o disposto nesta Lei, nos casos em que a infração seja cometida por decisão de seu representante legal ou contratual, ou de seu órgão colegiado, no interesse ou benefício da sua entidade.

‣ CF/88: arts. 173, § 5º, e 225, § 3º.

‣ CPC/15: art. 75, VIII.

Parágrafo único. A responsabilidade das pessoas jurídicas não exclui a das pessoas físicas, autoras, coautoras ou partícipes do mesmo fato.

Art. 4º. Poderá ser desconsiderada a pessoa jurídica sempre que sua personalidade for obstáculo ao ressarcimento de prejuízos causados à qualidade do meio ambiente.

‣ Lei 8.078/1990: art. 28.

Art. 5º. (*VETADO*).

CAPÍTULO II. DA APLICAÇÃO DA PENA

Art. 6º. Para imposição e gradação da penalidade, a autoridade competente observará:

‣ CF/88: art. 5º, XLVI.

‣ CP: arts. 59 e 68.

‣ Lei 7.201/1984: art. 5º.

I – a gravidade do fato, tendo em vista os motivos da infração e suas consequências para a saúde pública e para o meio ambiente;

II – os antecedentes do infrator quanto ao cumprimento da legislação de interesse ambiental;

III – a situação econômica do infrator, no caso de multa.

Art. 7º. As penas restritivas de direitos são autônomas e substituem as privativas de liberdade quando:

‣ CP: art. 44.

I – tratar-se de crime culposo ou for aplicada a pena privativa de liberdade inferior a 4 (quatro) anos;

II – a culpabilidade, os antecedentes, a conduta social e a personalidade do condenado, bem como os motivos e as circunstâncias do crime indicarem que a substituição seja suficiente para efeitos de reprovação e prevenção do crime.

‣ CP: art. 59.

Parágrafo único. As penas restritivas de direitos a que se refere este artigo terão a mesma duração da pena privativa de liberdade substituída.

Art. 8º. As penas restritivas de direito são:

‣ CP: art. 43 a 48.

I – prestação de serviços à comunidade;

II – interdição temporária de direitos;

III – suspensão parcial ou total de atividades;

IV – prestação pecuniária;

V – recolhimento domiciliar.

Art. 9º. A prestação de serviços à comunidade consiste na atribuição ao condenado de tarefas gratuitas junto a parques e jardins públicos e unidades de conservação, e, no caso de dano da coisa particular, pública ou tombada, na restauração desta, se possível.

‣ CP: art. 46, § 2º.

Art. 10. As penas de interdição temporária de direito são a proibição de o condenado contratar com o Poder Público, de receber incentivos fiscais ou quaisquer outros benefícios, bem como de participar de licitações, pelo prazo de 5 (cinco) anos, no caso de crimes dolosos, e de 3 (três) anos, no de crimes culposos.

Art. 11. A suspensão de atividades será aplicada quando estas não estiverem obedecendo às prescrições legais.

Art. 12. A prestação pecuniária consiste no pagamento em dinheiro à vítima ou à entidade pública ou privada com fim social, de importância, fixada pelo juiz, não inferior a 1 (um) salário mínimo nem superior a 360 (trezentos e sessenta) salários mínimos. O valor pago será deduzido do montante de eventual reparação civil a que for condenado o infrator.

Art. 13. O recolhimento domiciliar baseia-se na autodisciplina e senso de responsabilidade do condenado, que deverá, sem vigilância, trabalhar, frequentar curso ou exercer atividade autorizada, permanecendo recolhido nos dias e horários de folga em residência ou em qualquer local destinado a sua moradia habitual, conforme estabelecido na sentença condenatória.

‣ CP: art. 36.

Art. 14. São circunstâncias que atenuam a pena:

- CP: arts. 65 e 66.

I – baixo grau de instrução ou escolaridade do agente;

II – arrependimento do infrator, manifestado pela espontânea reparação do dano, ou limitação significativa da degradação ambiental causada;

- CP: arts. 15 e 16.

III – comunicação prévia pelo agente do perigo iminente de degradação ambiental;

IV – colaboração com os agentes encarregados da vigilância e do controle ambiental.

- CP: art. 66.

Art. 15. São circunstâncias que agravam a pena, quando não constituem ou qualificam o crime:

- CP: arts. 61 e 62.

I – reincidência nos crimes de natureza ambiental;

- CP: art. 63.

II – ter o agente cometido a infração:

a) para obter vantagem pecuniária;

b) coagindo outrem para a execução material da infração;

- CP: art. 22.

c) afetando ou expondo a perigo, de maneira grave, a saúde pública ou o meio ambiente;

d) concorrendo para danos à propriedade alheia;

- CP: art. 163.

e) atingindo áreas de unidades de conservação ou áreas sujeitas, por ato do Poder Público, a regime especial de uso;

f) atingindo áreas urbanas ou quaisquer assentamentos humanos;

g) em período de defeso à fauna;

- Lei 9.605/1998: art. 34.

h) em domingos ou feriados;

i) à noite;

j) em épocas de seca ou inundações;

- Lei 9.605/1988: art. 53, II, d.

l) no interior do espaço territorial especialmente protegido;

m) com o emprego de métodos cruéis para abate ou captura de animais;

- Lei 9.605/1998: art. 15, II, m.

n) mediante fraude ou abuso de confiança;

o) mediante abuso do direito de licença, permissão ou autorização ambiental;

p) no interesse de pessoa jurídica mantida, total ou parcialmente, por verbas públicas ou beneficiada por incentivos fiscais;

q) atingindo espécies ameaçadas, listadas em relatórios oficiais das autoridades competentes;

- Lei 9.605/1998: art. 53, II, c.

r) facilitada por funcionário público no exercício de suas funções.

- CP: art. 327.

Art. 16. Nos crimes previstos nesta lei, a suspensão condicional da pena pode ser aplicada nos casos de condenação a pena privativa de liberdade não superior a 3 (três) anos.

- CP: art. 77.

Art. 17. A verificação da reparação a que se refere o § 2º do art. 78 do Código Penal será feita mediante laudo de reparação do dano ambiental, e as condições a serem impostas pelo juiz deverão relacionar-se com a proteção ao meio ambiente.

- CP: art. 79.

Art. 18. A multa será calculada segundo os critérios do Código Penal; se revelar-se ineficaz, ainda que aplicada no valor máximo, poderá ser aumentada até 3 (três) vezes, tendo em vista o valor da vantagem econômica auferida.

- CP: arts. 49 e 60.

Art. 19. A perícia de constatação do dano ambiental, sempre que possível, fixará o montante do prejuízo causado para efeitos de prestação de fiança e cálculo de multa.

- CPP: arts. 158, 310, 326 e 328.

Parágrafo único. A perícia produzida no inquérito civil ou no juízo cível poderá ser aproveitada no processo penal, instaurando-se o contraditório.

Art. 20. A sentença penal condenatória, sempre que possível, fixará o valor mínimo para reparação dos danos causados pela infração, considerando os prejuízos sofridos pelo ofendido ou pelo meio ambiente.

Parágrafo único. Transitada em julgado a sentença condenatória, a execução poderá efetuar-se pelo valor fixado nos termos do *caput*, sem prejuízo da liquidação para apuração do dano efetivamente sofrido.

Art. 21. As penas aplicáveis isolada, cumulativa ou alternativamente às pessoas jurídicas, de acordo com o disposto no art. 3º, são:

I – multa;

II – restritivas de direitos;

III – prestação de serviços à comunidade.

Art. 22. As penas restritivas de direitos da pessoa jurídica são:

I – suspensão parcial ou total de atividades;

II – interdição temporária de estabelecimento, obra ou atividade;

III – proibição de contratar com o Poder Público, bem como dele obter subsídios, subvenções ou doações.

§ 1º. A suspensão de atividades será aplicada quando estas não estiverem obedecendo às disposições legais ou regulamentares, relativas à proteção do meio ambiente.

§ 2º. A interdição será aplicada quando o estabelecimento, obra ou atividade estiver funcionando sem a devida autorização, ou em desacordo com a concedida, ou com violação de disposição legal ou regulamentar.

§ 3º. A proibição de contratar com o Poder Público e dele obter subsídios, subvenções ou doações não poderá exceder o prazo de 10 (dez) anos.

Art. 23. A prestação de serviços à comunidade pela pessoa jurídica consistirá em:

I – custeio de programas e de projetos ambientais;

II – execução de obras de recuperação de áreas degradadas;

III – manutenção de espaços públicos;

IV – contribuições a entidades ambientais ou culturais públicas.

Art. 24. A pessoa jurídica constituída ou utilizada, preponderantemente, com o fim de permitir, facilitar ou ocultar a prática de crime definido nesta Lei terá decretada sua liquidação forçada, seu patrimônio será considerado instrumento do crime e como tal perdido em favor do Fundo Penitenciário Nacional.

- CF/88: art. 5º, XLVI, b.
- CP: art. 91, II, a.

CAPÍTULO III. DA APREENSÃO DO PRODUTO E DO INSTRUMENTO DE INFRAÇÃO ADMINISTRATIVA OU DE CRIME

Art. 25. Verificada a infração, serão apreendidos seus produtos e instrumentos, lavrando-se os respectivos autos.

- CPP: art. 6º, II e III.

§ 1º. Os animais serão prioritariamente libertados em seu habitat ou, sendo tal medida inviável ou não recomendável por questões sanitárias, entregues a jardins zoológicos, fundações ou entidades assemelhadas, para guarda e cuidados sob a responsabilidade de técnicos habilitados. (Redação dada pela Lei nº 13.052, de 2014)

§ 2º. Até que os animais sejam entregues às instituições mencionadas no § 1º deste artigo, o órgão autuante zelará para que eles sejam mantidos em condições adequadas de acondicionamento e transporte que garantam o seu bem-estar físico. (Redação dada pela Lei nº 13.052, de 2014)

§ 3º. Tratando-se de produtos perecíveis ou madeiras, serão estes avaliados e doados a instituições científicas, hospitalares, penais e outras com fins beneficentes. (Renumerando do §2º para §3º pela Lei nº 13.052, de 2014)

§ 4º. Os produtos e subprodutos da fauna não perecíveis serão destruídos ou doados a instituições científicas, culturais ou educacionais. (Renumerando do § 3º para § 4º pela Lei nº 13.052, de 2014)

§ 5º Os instrumentos utilizados na prática da infração serão vendidos, garantida a sua descaracterização por meio da reciclagem. (Renumerando do § 4º para § 5º pela Lei nº 13.052, de 2014)

CAPÍTULO IV. DA AÇÃO E DO PROCESSO PENAL

Art. 26. Nas infrações penais previstas nesta Lei, a ação penal é pública incondicionada.

- CP: art. 100.
- CPP: arts. 24 a 26.

Parágrafo único. (*VETADO*).

Art. 27. Nos crimes ambientais de menor potencial ofensivo, a proposta de aplicação imediata de pena restritiva de direitos ou multa, prevista no art. 76 da Lei nº 9.099, de 26 de setembro de 1995, somente poderá ser formulada desde que tenha havido a prévia composição do dano ambiental, de que trata o art. 74 da mesma Lei, salvo em caso de comprovada impossibilidade.

Art. 28. As disposições do art. 89 da Lei nº 9.099, de 26 de setembro de 1995, aplicam-se aos crimes de menor potencial ofensivo definidos nesta Lei, com as seguintes modificações:

I – a declaração de extinção de punibilidade, de que trata o § 5º do artigo referido no *caput*, dependerá de laudo de constatação de reparação do dano ambiental, ressalvada a impossibilidade prevista no inciso I do § 1º do mesmo artigo;

II – na hipótese de o laudo de constatação comprovar não ter sido completa a reparação, o prazo de suspensão do processo será prorrogado, até o período máximo previsto no artigo referido no *caput*, acrescido de mais 1 (um) ano, com suspensão do prazo da prescrição;

III – no período de prorrogação, não se aplicarão as condições dos incisos II, III e IV do § 1º do artigo mencionado no *caput*;

IV – findo o prazo de prorrogação, proceder-se-á à lavratura de novo laudo de constatação de reparação do dano ambiental, podendo, conforme seu resultado, ser novamente prorrogado o período de suspensão, até o máximo previsto no inciso II deste artigo, observado o disposto no inciso III;

V – esgotado o prazo máximo de prorrogação, a declaração de extinção de punibilidade dependerá de laudo de constatação que comprove ter o acusado tomado as providências necessárias à reparação integral do dano.

CAPÍTULO V. DOS CRIMES CONTRA O MEIO AMBIENTE

SEÇÃO I. DOS CRIMES CONTRA A FAUNA

Art. 29. Matar, perseguir, caçar, apanhar, utilizar espécimes da fauna silvestre, nativos ou em rota migratória, sem a devida permissão, licença ou autorização da autoridade competente, ou em desacordo com a obtida:

- Lei 5.197/1967: arts. 1º e 2º.

Pena – detenção, de 6 (seis) meses a 1 (um) ano, e multa.

§ 1º. Incorre nas mesmas penas:

I – quem impede a procriação da fauna, sem licença, autorização ou em desacordo com a obtida;

II – quem modifica, danifica ou destrói ninho, abrigo ou criadouro natural;

III – quem vende, expõe à venda, exporta ou adquire, guarda, tem em cativeiro ou depósito, utiliza ou transporta ovos, larvas ou espécimes da fauna silvestre, nativa ou em rota migratória, bem como produtos e objetos dela oriundos, provenientes de criadouros não autorizados ou sem a devida permissão, licença ou autorização da autoridade competente.

§ 2º. No caso de guarda doméstica de espécie silvestre não considerada ameaçada de extinção, pode o juiz, considerando as circunstâncias, deixar de aplicar a pena.

§ 3º. São espécimes da fauna silvestre todos aqueles pertencentes às espécies nativas, migratórias e quaisquer outras, aquáticas ou terrestres, que tenham todo ou parte de seu ciclo de vida ocorrendo dentro dos limites do território brasileiro, ou águas jurisdicionais brasileiras.

§ 4º. A pena é aumentada de metade, se o crime é praticado:

I – contra espécie rara ou considerada ameaçada de extinção, ainda que somente no local da infração;

II – em período proibido à caça;

III – durante a noite;

IV – com abuso de licença;

V – em unidade de conservação;

VI – com emprego de métodos ou instrumentos capazes de provocar destruição em massa.

§ 5º. A pena é aumentada até o triplo, se o crime decorre do exercício de caça profissional.

§ 6º. As disposições deste artigo não se aplicam aos atos de pesca.

Art. 30. Exportar para o exterior peles e couros de anfíbios e répteis em bruto, sem a autorização da autoridade ambiental competente:

Pena – reclusão, de 1 (um) a 3 (três) anos, e multa.

Art. 31. Introduzir espécime animal no País, sem parecer técnico oficial favorável e licença expedida por autoridade competente:

Pena – detenção, de 3 (três) meses a 1 (um) ano, e multa.

Art. 32. Praticar ato de abuso, maus-tratos, ferir ou mutilar animais silvestres, domésticos ou domesticados, nativos ou exóticos:

- Decreto-lei 3.688/1941: art. 64.

Pena – detenção, de 3 (três) meses a 1 (um) ano, e multa.

§ 1º. Incorre nas mesmas penas quem realiza experiência dolorosa ou cruel em animal vivo, ainda que para fins didáticos ou científicos, quando existirem recursos alternativos.

- Lei 11.794/2008 – Regulamenta o inciso VII do § 1º do art. 225 da CF, estabelecendo procedimentos para o uso científico de animais.
- Decreto-lei 3.688/1941: art. 64, § 1º.

§ 1º-A. Quando se tratar de cão ou gato, a pena para as condutas descritas no *caput* deste artigo será de reclusão, de 2 (dois) a 5 (cinco) anos, multa e proibição da guarda. *(Acrescido pela Lei 14.064/2020)*

§ 2º. A pena é aumentada de 1/6 (um sexto) a 1/3 (um terço), se ocorre morte do animal.

Art. 33. Provocar, pela emissão de efluentes ou carreamento de materiais, o perecimento de espécimes da fauna aquática existentes em rios, lagos, açudes, lagoas, baías ou águas jurisdicionais brasileiras:

Pena – detenção, de 1 (um) a 3 (três) anos, ou multa, ou ambas cumulativamente.

Parágrafo único. Incorre nas mesmas penas:

I – quem causa degradação em viveiros, açudes ou estações de aquicultura de domínio público;

II – quem explora campos naturais de invertebrados aquáticos e algas, sem licença, permissão ou autorização da autoridade competente;

III – quem fundeia embarcações ou lança detritos de qualquer natureza sobre bancos de moluscos ou corais, devidamente demarcados em carta náutica.

Art. 34. Pescar em período no qual a pesca seja proibida ou em lugares interditados por órgão competente:

- Lei 11.959/2009: arts. 4º a 7º.
- Lei 7.643/1987 – Proíbe a pesca de cetáceo nas águas jurisdicionais brasileiras.
- Decreto 6.514/2008: art. 35.

Pena – detenção, de 1 (um) ano a 3 (três) anos ou multa, ou ambas as penas cumulativamente.

Parágrafo único. Incorre nas mesmas penas quem:

I – pesca espécies que devam ser preservadas ou espécimes com tamanhos inferiores aos permitidos;

II – pesca quantidades superiores às permitidas, ou mediante a utilização de aparelhos, petrechos, técnicas e métodos não permitidos;

III – transporta, comercializa, beneficia ou industrializa espécimes provenientes da coleta, apanha e pesca proibidas.

Art. 35. Pescar mediante a utilização de:

I – explosivos ou substâncias que, em contato com a água, produzam efeito semelhante;

- Lei 11.959/2009: art. 6º, § 1º, VII.
- Decreto 6.514/2008: art. 36.

II – substâncias tóxicas, ou outro meio proibido pela autoridade competente:

Pena – reclusão, de 1 (um) ano a 5 (cinco) anos.

Art. 36. Para os efeitos desta Lei, considera-se pesca todo ato tendente a retirar, extrair, coletar, apanhar, apreender ou capturar espécimes dos grupos dos peixes, crustáceos, moluscos e vegetais hidróbios, suscetíveis ou não de aproveitamento econômico, ressalvadas as espécies ameaçadas de extinção, constantes nas listas oficiais da fauna e da flora.

- Lei 11.959/2009: art. 2º, III.

Art. 37. Não é crime o abate de animal, quando realizado:

I – em estado de necessidade, para saciar a fome do agente ou de sua família;

- CP: arts. 23, I, e 24.

II – para proteger lavouras, pomares e rebanhos da ação predatória ou destruidora de animais, desde que legal e expressamente autorizado pela autoridade competente;

III – *(VETADO)*;

IV – por ser nocivo o animal, desde que assim caracterizado pelo órgão competente.

SEÇÃO II.
DOS CRIMES CONTRA A FLORA

Art. 38. Destruir ou danificar floresta considerada de preservação permanente, mesmo que em formação, ou utilizá-la com infringência das normas de proteção:

Pena – detenção, de 1 (um) a 3 (três) anos, ou multa, ou ambas as penas cumulativamente.

Parágrafo único. Se o crime for culposo, a pena será reduzida à metade.

Art. 38-A. Destruir ou danificar vegetação primária ou secundária, em estágio avançado ou médio de regeneração, do Bioma Mata Atlântica, ou utilizá-la com infringência das normas de proteção: (Incluído pela Lei nº 11.428, de 2006)

- Lei 11.428/2006: art. 2º.

Pena – detenção, de 1 (um) a 3 (três) anos, ou multa, ou ambas as penas cumulativamente. (Incluído pela Lei nº 11.428, de 2006).

Parágrafo único. Se o crime for culposo, a pena será reduzida à metade. (Incluído pela Lei nº 11.428, de 2006)

Art. 39. Cortar árvores em floresta considerada de preservação permanente, sem permissão da autoridade competente:

- Lei 12.651/2012: art. 60.
- Decreto 6.514/2008: art. 44.

Pena – detenção, de 1 (um) a 3 (três) anos, ou multa, ou ambas as penas cumulativamente.

Art. 40. Causar dano direto ou indireto às Unidades de Conservação e às áreas de que trata o art. 27 do Decreto nº 99.274, de 6 de junho de 1990, independentemente de sua localização:

Pena – reclusão, de 1 (um) a 5 (cinco) anos.

§ 1º. Entende-se por Unidades de Conservação de Proteção Integral as Estações Ecológicas, as Reservas Biológicas, os Parques Nacionais, os Monumentos Naturais e os Refúgios de Vida Silvestre. (Redação dada pela Lei nº 9.985, de 2000)

- Lei 9.985/2000: arts. 2º, I, 7º, § 1º, e 9º a 13.
- Decreto 4.340/2002 – Regulamenta artigos da Lei 9.985/2000, que dispõe sobre o Sistema Nacional de Unidades de Conservação da Natureza – SNUC.
- Resolução 371/2006 do Conama – Estabelece diretrizes aos órgãos ambientais para o cálculo, cobrança, aplicação, aprovação e controle de gastos de recursos advindos de compensação ambiental, conforme a Lei 9.985/2000, que institui o Sistema Nacional de Unidades de Conservação da Natureza – SNUC.

§ 2º. A ocorrência de dano afetando espécies ameaçadas de extinção no interior das Unidades de Conservação de Proteção Integral será considerada circunstância agravante para a fixação da pena. (Redação dada pela Lei nº 9.985, de 2000)

§ 3º. Se o crime for culposo, a pena será reduzida à metade.

Art. 40-A. (VETADO) (Incluído pela Lei nº 9.985, de 2000)

§ 1º. Entende-se por Unidades de Conservação de Uso Sustentável as Áreas de Proteção Ambiental, as Áreas de Relevante Interesse Ecológico, as Florestas Nacionais, as Reservas Extrativistas, as Reservas de Fauna, as Reservas de Desenvolvimento Sustentável e as Reservas Particulares do Patrimônio Natural. (Incluído pela Lei nº 9.985, de 2000)

- Lei 9.985/2000: arts. 7º, § 2º, 15 a 21.
- Decreto 4.340/2002 – Regulamenta artigos da Lei 9.985/2000, que dispõe sobre o Sistema Nacional de Unidades de Conservação da Natureza – SNUC.
- Resolução 371/2006 do Conama – Estabelece diretrizes aos órgãos ambientais para o cálculo, cobrança, aplicação, aprovação e controle de gastos de recursos advindos de compensação ambiental, conforme a Lei 9.985/2000, que institui o Sistema Nacional de Unidades de Conservação da Natureza – SNUC.

§ 2º. A ocorrência de dano afetando espécies ameaçadas de extinção no interior das Unidades de Conservação de Uso Sustentável será considerada circunstância agravante para a fixação da pena. (Incluído pela Lei nº 9.985, de 2000)

- Decreto 6.514/2008: art. 91.

§ 3º. Se o crime for culposo, a pena será reduzida à metade. (Incluído pela Lei nº 9.985, de 2000)

Art. 41. Provocar incêndio em mata ou floresta:

- CP: art. 250, § 1º, II, h.
- CPP: art. 173.
- Lei 12.651/2012: art. 38.
- Decreto 6.514/2008: art. 60, I.

Pena – reclusão, de 2 (dois) a 4 (quatro) anos, e multa.

Parágrafo único. Se o crime é culposo, a pena é de detenção de 6 (seis) meses a 1 (um) ano, e multa.

Art. 42. Fabricar, vender, transportar ou soltar balões que possam provocar incêndios nas florestas e demais formas de vegetação, em áreas urbanas ou qualquer tipo de assentamento humano:

- Decreto 6.514/2008: arts. 59 e 60, I.

Pena – detenção, de 1 (um) a 3 (três) anos ou multa, ou ambas as penas cumulativamente.

Art. 43. (*VETADO*).

Art. 44. Extrair de florestas de domínio público ou consideradas de preservação permanente, sem prévia autorização, pedra, areia, cal ou qualquer espécie de minerais:

Pena – detenção, de 6 (seis) meses a 1 (um) ano, e multa.

Art. 45. Cortar ou transformar em carvão madeira de lei, assim classificada por ato do Poder Público, para fins industriais, energéticos ou para qualquer outra exploração, econômica ou não, em desacordo com as determinações legais:

- Decreto 6.514/2008: art. 46.

Pena – reclusão, de 1 (um) a 2 (dois) anos, e multa.

Art. 46. Receber ou adquirir, para fins comerciais ou industriais, madeira, lenha, carvão e outros produtos de origem vegetal, sem exigir a exibição de licença do vendedor, outorgada pela autoridade competente, e sem munir-se da via que deverá acompanhar o produto até final beneficiamento:

- Decreto 6.514/2008: art. 47.

Pena – detenção, de 6 (seis) meses a 1 (um) ano, e multa.

Parágrafo único. Incorre nas mesmas penas quem vende, expõe à venda, tem em depósito, transporta ou guarda madeira, lenha, carvão e outros produtos de origem vegetal, sem licença válida para todo o tempo da viagem ou do armazenamento, outorgada pela autoridade competente.

Art. 47. (*VETADO*).

Art. 48. Impedir ou dificultar a regeneração natural de florestas e demais formas de vegetação:

- Lei 12.651/2012: art. 60.
- Decreto 6.514/2008: art. 48.

Pena – detenção, de 6 (seis) meses a 1 (um) ano, e multa.

Art. 49. Destruir, danificar, lesar ou maltratar, por qualquer modo ou meio, plantas de ornamentação de logradouros públicos ou em propriedade privada alheia:

- Decreto 6.514/2008: art. 56.

Pena – detenção, de 3 (três) meses a 1 (um) ano, ou multa, ou ambas as penas cumulativamente.

Parágrafo único. No crime culposo, a pena é de 1 (um) a 6 (seis) meses, ou multa.

Art. 50. Destruir ou danificar florestas nativas ou plantadas ou vegetação fixadora de dunas, protetora de mangues, objeto de especial preservação:

- Decreto 6.514/2008: art. 50.

Pena – detenção, de 3 (três) meses a 1 (um) ano, e multa.

Art. 50-A. Desmatar, explorar economicamente ou degradar floresta, plantada ou nativa, em terras de domínio público ou devolutas, sem autorização do órgão competente: (Incluído pela Lei nº 11.284, de 2006)

- Decreto 6.514/2008: art. 51.

Pena – reclusão de 2 (dois) a 4 (quatro) anos e multa. (Incluído pela Lei nº 11.284, de 2006)

§ 1º. Não é crime a conduta praticada quando necessária à subsistência imediata pessoal do agente ou de sua família. (Incluído pela Lei nº 11.284, de 2006)

- CP: art. 24.

§ 2º. Se a área explorada for superior a 1.000 ha (mil hectares), a pena será aumentada de 1 (um) ano por milhar de hectare. (Incluído pela Lei nº 11.284, de 2006)

Art. 51. Comercializar motosserra ou utilizá-la em florestas e nas demais formas de vegetação, sem licença ou registro da autoridade competente:

- Decreto 6.514/2008: art. 57.

Pena – detenção, de 3 (três) meses a 1 (um) ano, e multa.

Art. 52. Penetrar em Unidades de Conservação conduzindo substâncias ou instrumentos próprios para caça ou para exploração de produtos ou subprodutos florestais, sem licença da autoridade competente:

- Decreto 6.514/2008: art. 92.

Pena – detenção, de 6 (seis) meses a 1 (um) ano, e multa.

Art. 53. Nos crimes previstos nesta Seção, a pena é aumentada de 1/6 (um sexto) a 1/3 (um terço) se:

I – do fato resulta a diminuição de águas naturais, a erosão do solo ou a modificação do regime climático;

II – o crime é cometido:

a) no período de queda das sementes;

b) no período de formação de vegetações;

c) contra espécies raras ou ameaçadas de extinção, ainda que a ameaça ocorra somente no local da infração;

d) em época de seca ou inundação;

e) durante a noite, em domingo ou feriado.

SEÇÃO III.
DA POLUIÇÃO E OUTROS CRIMES AMBIENTAIS

Art. 54. Causar poluição de qualquer natureza em níveis tais que resultem ou possam resultar em danos à saúde humana, ou que provoquem a mortandade de animais ou a destruição significativa da flora:

Pena – reclusão, de 1 (um) a 4 (quatro) anos, e multa.

§ 1º. Se o crime é culposo:

Pena – detenção, de 6 (seis) meses a 1 (um) ano, e multa.

§ 2º. Se o crime:

I – tornar uma área, urbana ou rural, imprópria para a ocupação humana;

II – causar poluição atmosférica que provoque a retirada, ainda que momentânea, dos habitantes das áreas afetadas, ou que cause danos diretos à saúde da população;

III – causar poluição hídrica que torne necessária a interrupção do abastecimento público de água de uma comunidade;

IV – dificultar ou impedir o uso público das praias;

V – ocorrer por lançamento de resíduos sólidos, líquidos ou gasosos, ou detritos, óleos ou substâncias oleosas, em desacordo com as exigências estabelecidas em leis ou regulamentos:

- Lei 12.305/2010: art. 3º, XVI.

Pena – reclusão, de 1 (um) a 5 (cinco) anos.

§ 3º. Incorre nas mesmas penas previstas no parágrafo anterior quem deixar de adotar, quando assim o exigir a autoridade competente, medidas de precaução em caso de risco de dano ambiental grave ou irreversível.

- Decreto 6.514/2008: art. 62, VII.

Art. 55. Executar pesquisa, lavra ou extração de recursos minerais sem a competente autorização, permissão, concessão ou licença, ou em desacordo com a obtida:

Pena – detenção, de 6 (seis) meses a 1 (um) ano, e multa.

Parágrafo único. Nas mesmas penas incorre quem deixa de recuperar a área pesquisada ou explorada, nos termos da autorização, permissão, licença, concessão ou determinação do órgão competente.

Art. 56. Produzir, processar, embalar, importar, exportar, comercializar, fornecer, transportar, armazenar, guardar, ter em depósito ou usar produto ou substância tóxica, perigosa ou nociva à saúde humana ou ao meio ambiente, em desacordo com as exigências estabelecidas em leis ou nos seus regulamentos:

- CP: art. 278.
- Lei 7.802/1989: art. 15.

Pena – reclusão, de 1 (um) a 4 (quatro) anos, e multa.

§ 1º. Nas mesmas penas incorre quem: (Redação dada pela Lei nº 12.305, de 2010)

I – abandona os produtos ou substâncias referidos no *caput* ou os utiliza em desacordo com as normas ambientais ou de segurança; (Incluído pela Lei nº 12.305, de 2010)

II – manipula, acondiciona, armazena, coleta, transporta, reutiliza, recicla ou dá destinação final a resíduos perigosos de forma diversa da estabelecida em lei ou regulamento. (Incluído pela Lei nº 12.305, de 2010)

§ 2º. Se o produto ou a substância for nuclear ou radioativa, a pena é aumentada de 1/6 (um sexto) a 1/3 (um terço).

- Lei 6.453/1977: arts. 1º, II, 20, 22, 24 e 25.

§ 3º. Se o crime é culposo:

Pena – detenção, de 6 (seis) meses a 1 (um) ano, e multa.

Art. 57. (*VETADO*).

Art. 58. Nos crimes dolosos previstos nesta Seção, as penas serão aumentadas:

I – de 1/6 (um sexto) a 1/3 (um terço), se resulta dano irreversível a flora ou ao meio ambiente em geral;

II – de 1/3 (um terço) até a 1/2 (metade), se resulta lesão corporal de natureza grave em outrem;

- CP: art. 129, §§ 1º e 2º.

III – até o dobro, se resultar a morte de outrem.

- CP: art. 121.

Parágrafo único. As penalidades previstas neste artigo somente serão aplicadas se do fato não resultar crime mais grave.

Art. 59. (*VETADO*).

Art. 60. Construir, reformar, ampliar, instalar ou fazer funcionar, em qualquer parte do território nacional, estabelecimentos, obras ou serviços potencialmente poluidores, sem licença ou autorização dos órgãos ambientais competentes, ou contrariando as normas legais e regulamentares pertinentes:

- Decreto 6.514/2008: art. 66.

Pena – detenção, de 1 (um) a 6 (seis) meses, ou multa, ou ambas as penas cumulativamente.

Art. 61. Disseminar doença ou praga ou espécies que possam causar dano à agricultura, à pecuária, à fauna, à flora ou aos ecossistemas:

- CP: art. 259.

Pena – reclusão, de 1 (um) a 4 (quatro) anos, e multa.

SEÇÃO IV. DOS CRIMES CONTRA O ORDENAMENTO URBANO E O PATRIMÔNIO CULTURAL

Art. 62. Destruir, inutilizar ou deteriorar:

- CP: arts. 163 e 165.
- Decreto-lei 25/1937 – Organiza a proteção do patrimônio histórico e artístico nacional.

I – bem especialmente protegido por lei, ato administrativo ou decisão judicial;

II – arquivo, registro, museu, biblioteca, pinacoteca, instalação científica ou similar protegido por lei, ato administrativo ou decisão judicial:

Pena – reclusão, de 1 (um) a 3 (três) anos, e multa.

Parágrafo único. Se o crime for culposo, a pena é de 6 (seis) meses a 1 (um) ano de detenção, sem prejuízo da multa.

Art. 63. Alterar o aspecto ou estrutura de edificação ou local especialmente protegido por lei, ato administrativo ou decisão judicial, em razão de seu valor paisagístico, ecológico, turístico, artístico, histórico, cultural, religioso, arqueológico, etnográfico ou monumental, sem autorização da autoridade competente ou em desacordo com a concedida:

- CP: art. 166.
- Lei 3.924/ 1961 – Dispõe sobre os monumentos arqueológicos e pré-históricos.
- Decreto-lei 25/1937: art. 1º.

Pena – reclusão, de 1 (um) a 3 (três) anos, e multa.

Art. 64. Promover construção em solo não edificável, ou no seu entorno, assim considerado em razão de seu valor paisagístico, ecológico, artístico, turístico, histórico, cultural, religioso, arqueológico, etnográfico ou monumental, sem autorização da autoridade competente ou em desacordo com a concedida:

Pena – detenção, de 6 (seis) meses a 1 (um) ano, e multa.

Art. 65. Pichar ou por outro meio conspurcar edificação ou monumento urbano: (Redação dada pela Lei nº 12.408, de 2011)

- Lei 12.408/2011: art. 6º.
- Lei 3.924/ 1961 – Dispõe sobre os monumentos arqueológicos e pré-históricos.
- Decreto-lei 25/1937 – Organiza a proteção do patrimônio histórico e artístico nacional.

Pena - detenção, de 3 (três) meses a 1 (um) ano, e multa. (Redação dada pela Lei nº 12.408, de 2011)

§ 1º. Se o ato for realizado em monumento ou coisa tombada em virtude do seu valor artístico, arqueológico ou histórico, a pena é de 6 (seis) meses a 1 (um) ano de detenção e multa. (Renumerado do parágrafo único pela Lei nº 12.408, de 2011)

§ 2º. Não constitui crime a prática de grafite realizada com o objetivo de valorizar o patrimônio público ou privado mediante manifestação artística, desde que consentida pelo proprietário e, quando couber, pelo locatário ou arrendatário do bem privado e, no caso de bem público, com a autorização do órgão competente e a observância das posturas municipais e das normas editadas pelos órgãos governamentais responsáveis pela preservação e conservação do patrimônio histórico e artístico nacional. (Incluído pela Lei nº 12.408, de 2011)

SEÇÃO V. DOS CRIMES CONTRA A ADMINISTRAÇÃO AMBIENTAL

- CP: arts. 312 a 327.

Art. 66. Fazer o funcionário público afirmação falsa ou enganosa, omitir a verdade, sonegar informações ou dados técnico-científicos em procedimentos de autorização ou de licenciamento ambiental:

Pena – reclusão, de 1 (um) a 3 (três) anos, e multa.

Art. 67. Conceder o funcionário público licença, autorização ou permissão em desacordo com as normas ambientais, para as atividades, obras ou serviços cuja realização depende de ato autorizativo do Poder Público:

Pena – detenção, de 1 (um) a 3 (três) anos, e multa.

Parágrafo único. Se o crime é culposo, a pena é de 3 (três) meses a 1 (um) ano de detenção, sem prejuízo da multa.

Art. 68. Deixar, aquele que tiver o dever legal ou contratual de fazê-lo, de cumprir obrigação de relevante interesse ambiental:

- Lei 12.305/2010: art. 52.

Pena – detenção, de 1 (um) a 3 (três) anos, e multa.

Parágrafo único. Se o crime é culposo, a pena é de 3 (três) meses a 1 (um) ano, sem prejuízo da multa.

Art. 69. Obstar ou dificultar a ação fiscalizadora do Poder Público no trato de questões ambientais:

Pena – detenção, de 1 (um) a 3 (três) anos, e multa.

Art. 69-A. Elaborar ou apresentar, no licenciamento, concessão florestal ou qualquer outro procedimento administrativo, estudo, laudo ou relatório ambiental total ou parcialmente falso ou enganoso, inclusive por omissão: (Incluído pela Lei nº 11.284, de 2006)

Pena - reclusão, de 3 (três) a 6 (seis) anos, e multa. (Incluído pela Lei nº 11.284, de 2006)

§ 1º. Se o crime é culposo: (Incluído pela Lei nº 11.284, de 2006)

Pena - detenção, de 1 (um) a 3 (três) anos. (Incluído pela Lei nº 11.284, de 2006)

§ 2º. A pena é aumentada de 1/3 (um terço) a 2/3 (dois terços), se há dano significativo ao meio ambiente, em decorrência do uso da informação falsa, incompleta ou enganosa. (Incluído pela Lei nº 11.284, de 2006)

CAPÍTULO VI. DA INFRAÇÃO ADMINISTRATIVA

Art. 70. Considera-se infração administrativa ambiental toda ação ou omissão que viole as regras jurídicas de uso, gozo, promoção, proteção e recuperação do meio ambiente.

§ 1º. São autoridades competentes para lavrar auto de infração ambiental e instaurar processo administrativo os funcionários de órgãos ambientais integrantes do Sistema Nacional de Meio Ambiente – SISNAMA, designados para as atividades de fiscalização, bem como os agentes das Capitanias dos Portos, do Ministério da Marinha.

§ 2º. Qualquer pessoa, constatando infração ambiental, poderá dirigir representação às autoridades relacionadas no parágrafo anterior, para efeito do exercício do seu poder de polícia.

§ 3º. A autoridade ambiental que tiver conhecimento de infração ambiental é obrigada a promover a sua apuração imediata, mediante processo administrativo próprio, sob pena de corresponsabilidade.

§ 4º. As infrações ambientais são apuradas em processo administrativo próprio, assegurado o direito de ampla defesa e o contraditório, observadas as disposições desta Lei.

Art. 71. O processo administrativo para apuração de infração ambiental deve observar os seguintes prazos máximos:

I – 20 (vinte) dias para o infrator oferecer defesa ou impugnação contra o auto de infração, contados da data da ciência da autuação;

II – 30 (trinta) dias para a autoridade competente julgar o auto de infração, contados da data da sua lavratura, apresentada ou não a defesa ou impugnação;

III – 20 (vinte) dias para o infrator recorrer da decisão condenatória à instância superior do Sistema Nacional do Meio Ambiente – SISNAMA, ou à Diretoria de Portos e Costas, do Ministério da Marinha, de acordo com o tipo de autuação;

IV – 5 (cinco) dias para o pagamento de multa, contados da data do recebimento da notificação.

Art. 72. As infrações administrativas são punidas com as seguintes sanções, observado o disposto no art. 6º:

I – advertência;

II – multa simples;

III – multa diária;

IV – apreensão dos animais, produtos e subprodutos da fauna e flora, instrumentos, petrechos, equipamentos ou veículos de qualquer natureza utilizados na infração;

V – destruição ou inutilização do produto;

VI – suspensão de venda e fabricação do produto;

VII – embargo de obra ou atividade;

VIII – demolição de obra;

IX – suspensão parcial ou total de atividades;

X – (*VETADO*);

XI – restritiva de direitos.

§ 1º. Se o infrator cometer, simultaneamente, duas ou mais infrações, ser-lhe-ão aplicadas, cumulativamente, as sanções a elas cominadas.

§ 2º. A advertência será aplicada pela inobservância das disposições desta Lei e da legislação em vigor, ou de preceitos regulamentares, sem prejuízo das demais sanções previstas neste artigo.

§ 3º. A multa simples será aplicada sempre que o agente, por negligência ou dolo:

I – advertido por irregularidades que tenham sido praticadas, deixar de saná-las, no prazo assinalado por órgão competente do SISNAMA ou pela Capitania dos Portos, do Ministério da Marinha;

II – opuser embaraço à fiscalização dos órgãos do SISNAMA ou da Capitania dos Portos, do Ministério da Marinha.

§ 4º. A multa simples pode ser convertida em serviços de preservação, melhoria e recuperação da qualidade do meio ambiente.

§ 5º. A multa diária será aplicada sempre que o cometimento da infração se prolongar no tempo.

§ 6º. A apreensão e destruição referidas nos incisos IV e V do *caput* obedecerão ao disposto no art. 25 desta Lei.

§ 7º. As sanções indicadas nos incisos VI a IX do *caput* serão aplicadas quando o produto, a obra, a atividade ou o estabelecimento não estiverem obedecendo às prescrições legais ou regulamentares.

§ 8º. As sanções restritivas de direito são:

I – suspensão de registro, licença ou autorização;

II – cancelamento de registro, licença ou autorização;

III – perda ou restrição de incentivos e benefícios fiscais;

IV – perda ou suspensão da participação em linhas de financiamento em estabelecimentos oficiais de crédito;

V – proibição de contratar com a Administração Pública, pelo período de até 3 (três) anos.

Art. 73. Os valores arrecadados em pagamento de multas por infração ambiental serão revertidos ao Fundo Nacional do Meio Ambiente, criado pela Lei nº 7.797, de 10 de julho de 1989, Fundo Naval, criado pelo Decreto nº 20.923, de 8 de janeiro de 1932, fundos estaduais ou municipais de meio ambiente, ou correlatos, conforme dispuser o órgão arrecadador.

Art. 74. A multa terá por base a unidade, hectare, metro cúbico, quilograma ou outra medida pertinente, de acordo com o objeto jurídico lesado.

Art. 75. O valor da multa de que trata este Capítulo será fixado no regulamento desta Lei e corrigido periodicamente, com base nos índices estabelecidos na legislação pertinente, sendo o mínimo de R$ 50,00 (cinquenta reais) e o máximo de R$ 50.000.000,00 (cinquenta milhões de reais).

Art. 76. O pagamento de multa imposta pelos Estados, Municípios, Distrito Federal ou Territórios substitui a multa federal na mesma hipótese de incidência.

CAPÍTULO VII. DA COOPERAÇÃO INTERNACIONAL PARA A PRESERVAÇÃO DO MEIO AMBIENTE

Art. 77. Resguardados a soberania nacional, a ordem pública e os bons costumes, o Governo brasileiro prestará, no que concerne ao meio ambiente, a necessária cooperação a outro país, sem qualquer ônus, quando solicitado para:

I – produção de prova;

II – exame de objetos e lugares;

III – informações sobre pessoas e coisas;

IV – presença temporária da pessoa presa, cujas declarações tenham relevância para a decisão de uma causa;

V – outras formas de assistência permitidas pela legislação em vigor ou pelos tratados de que o Brasil seja parte.

§ 1º. A solicitação de que trata este artigo será dirigida ao Ministério da Justiça, que a remeterá, quando necessário, ao órgão judiciário competente para decidir a seu respeito, ou a encaminhará à autoridade capaz de atendê-la.

- Lei 13.341/2016: art. 2º, IV (transforma o Ministério da Justiça em Ministério da Justiça e Cidadania).

§ 2º. A solicitação deverá conter:

I – o nome e a qualificação da autoridade solicitante;

II – o objeto e o motivo de sua formulação;

III – a descrição sumária do procedimento em curso no país solicitante;

IV – a especificação da assistência solicitada;

V – a documentação indispensável ao seu esclarecimento, quando for o caso.

Art. 78. Para a consecução dos fins visados nesta Lei e especialmente para a reciprocidade da cooperação internacional, deve ser mantido sistema de comunicações apto a facilitar o intercâmbio rápido e seguro de informações com órgãos de outros países.

CAPÍTULO VIII. DISPOSIÇÕES FINAIS

Art. 79. Aplicam-se subsidiariamente a esta Lei as disposições do Código Penal e do Código de Processo Penal.

Art. 79-A. Para o cumprimento do disposto nesta Lei, os órgãos ambientais integrantes do SISNAMA, responsáveis pela execução de programas e projetos e pelo controle e fiscalização dos estabelecimentos e das atividades suscetíveis de degradarem a qualidade ambiental, ficam autorizados a celebrar, com força de título executivo extrajudicial, termo de compromisso com pessoas físicas ou jurídicas responsáveis pela construção, instalação, ampliação e funcionamento de estabelecimentos e atividades utilizadores de recursos ambientais, considerados efetiva ou potencialmente poluidores. (Redação dada pela Medida Provisória nº 2.163-41, de 2001)

§ 1º. O termo de compromisso a que se refere este artigo destinar-se-á, exclusivamente, a permitir que as pessoas físicas e jurídicas mencionadas no *caput* possam promover as necessárias correções de suas atividades, para o atendimento das exigências impostas pelas autoridades ambientais competentes, sendo obrigatório que o respectivo instrumento disponha sobre: (Redação dada pela Medida Provisória nº 2.163-41, de 2001)

I – o nome, a qualificação e o endereço das partes compromissadas e dos respectivos representantes legais; (Redação dada pela Medida Provisória nº 2.163-41, de 2001)

II – o prazo de vigência do compromisso, que, em função da complexidade das obrigações nele fixadas, poderá variar entre o mínimo de noventa dias e o máximo de três anos, com possibilidade de prorrogação por igual período; (Redação dada pela Medida Provisória nº 2.163-41, de 2001)

III – a descrição detalhada de seu objeto, o valor do investimento previsto e o cronograma físico de execução e de implantação das obras e serviços exigidos, com metas trimestrais a serem atingidas; (Redação dada pela Medida Provisória nº 2.163-41, de 2001)

IV – as multas que podem ser aplicadas à pessoa física ou jurídica compromissada e os casos de rescisão, em decorrência do não cumprimento das obrigações nele pactuadas; (Redação dada pela Medida Provisória nº 2.163-41, de 2001)

V – o valor da multa de que trata o inciso IV não poderá ser superior ao valor do investimento previsto; (Redação dada pela Medida Provisória nº 2.163-41, de 2001)

VI – o foro competente para dirimir litígios entre as partes. (Incluído pela Medida Provisória nº 2.163-41, de 2001)

§ 2º. No tocante aos empreendimentos em curso até o dia 30 de março de 1998, envolvendo construção, instalação, ampliação e funcionamento de estabelecimentos e atividades utilizadores de recursos ambientais, considerados efetiva ou potencialmente poluidores, a assinatura do termo de compromisso deverá ser requerida pelas pessoas físicas e jurídicas interessadas, até o dia 31 de dezembro de 1998, mediante requerimento escrito protocolizado junto aos órgãos competentes do SISNAMA, devendo ser firmado pelo dirigente máximo do estabelecimento. (Redação dada pela Medida Provisória nº 2.163-41, de 2001)

§ 3º. Da data da protocolização do requerimento previsto no § 2º e enquanto perdurar a vigência do correspondente termo de compromisso, ficarão suspensas, em relação aos fatos que deram causa à celebração do instrumento, a aplicação de sanções administrativas contra a pessoa física ou jurídica que o houver firmado. (Redação dada pela Medida Provisória nº 2.163-41, de 2001)

§ 4º. A celebração do termo de compromisso de que trata este artigo não impede a execução de eventuais multas aplicadas antes da protocolização do requerimento. (Redação dada pela Medida Provisória nº 2.163-41, de 2001)

§ 5º. Considera-se rescindido de pleno direito o termo de compromisso, quando descumprida qualquer de suas cláusulas, ressalvado o caso fortuito ou de força maior. (Incluído pela Medida Provisória nº 2.163-41, de 2001)

§ 6º. O termo de compromisso deverá ser firmado em até noventa dias, contados da protocolização do requerimento. (Incluído pela Medida Provisória nº 2.163-41, de 2001)

§ 7º. O requerimento de celebração do termo de compromisso deverá conter as informações necessárias à verificação da sua viabilidade técnica e jurídica, sob pena de indeferimento do plano. (Incluído pela Medida Provisória nº 2.163-41, de 2001)

§ 8º. Sob pena de ineficácia, os termos de compromisso deverão ser publicados no órgão oficial competente, mediante extrato. (Incluído pela Medida Provisória nº 2.163-41, de 2001)

Art. 80. O Poder Executivo regulamentará esta Lei no prazo de 90 (noventa) dias a contar de sua publicação.

- Decreto 6.514/2008 – Dispõe sobre as infrações e sanções administrativas ao meio ambiente, estabelece o processo administrativo federal para apuração destas infrações.

Art. 81. (*VETADO*).

Art. 82. Revogam-se as disposições em contrário.

Brasília, 12 de fevereiro de 1998; 177º da Independência e 110º da República.

FERNANDO HENRIQUE CARDOSO
D.O.U. 13.2.1998;
ret.17.2.1998

LEI Nº 9.609, DE 19 DE FEVEREIRO DE 1998

Dispõe sobre a proteção da propriedade intelectual de programa de computador, sua comercialização no País, e dá outras providências.

- *Propriedade intelectual de programas de computador*

O PRESIDENTE DA REPÚBLICA Faço saber que o Congresso Nacional decreta e eu sanciono a seguinte Lei:

CAPÍTULO I. DISPOSIÇÕES PRELIMINARES

Art. 1º. Programa de computador é a expressão de um conjunto organizado de instruções em linguagem natural ou codificada, contida em suporte físico de qualquer natureza, de emprego necessário em máquinas automáticas de tratamento da informação, dispositivos, instrumentos ou equipamentos periféricos, baseados em técnica digital ou análoga, para fazê-los funcionar de modo e para fins determinados.

CAPÍTULO II. DA PROTEÇÃO AOS DIREITOS DE AUTOR E DO REGISTRO

Art. 2º. O regime de proteção à propriedade intelectual de programa de computador é o conferido às obras literárias pela legislação de direitos autorais e conexos vigentes no País, observado o disposto nesta Lei.

- Lei 9.610/1998 – Altera, atualiza e consolida a legislação sobre direitos autorais.
- Decreto 8.469/2015 – Regulamenta a Lei 9.610/1998, e a Lei 12.853/2013, para dispor sobre a gestão coletiva de direitos autorais.

§ 1º. Não se aplicam ao programa de computador as disposições relativas aos direitos morais, ressalvado, a qualquer tempo, o direito do autor de reivindicar a paternidade do programa de computador e o direito do autor de opor-se a alterações não autorizadas, quando estas impliquem deformação, mutilação ou outra modificação do programa de computador, que prejudiquem a sua honra ou a sua reputação.

§ 2º. Fica assegurada a tutela dos direitos relativos a programa de computador pelo prazo de 50 (cinquenta) anos, contados a partir de 1º de janeiro do ano subsequente ao da sua publicação ou, na ausência desta, da sua criação.

§ 3º. A proteção aos direitos de que trata esta Lei independe de registro.

§ 4º. Os direitos atribuídos por esta Lei ficam assegurados aos estrangeiros domiciliados no exterior, desde que o país de origem do programa conceda, aos brasileiros e estrangeiros domiciliados no Brasil, direitos equivalentes.

§ 5º. Inclui-se dentre os direitos assegurados por esta Lei e pela legislação de direitos autorais e conexos vigentes no País aquele direito exclusivo de autorizar ou proibir o aluguel comercial, não sendo esse direito exaurível pela venda, licença ou outra forma de transferência da cópia do programa.

§ 6º. O disposto no parágrafo anterior não se aplica aos casos em que o programa em si não seja objeto essencial do aluguel.

Art. 3º. Os programas de computador poderão, a critério do titular, ser registrados em órgão ou entidade a ser designado por ato do Poder Executivo, por iniciativa do Ministério responsável pela política de ciência e tecnologia.

- Decreto 2.556/1998 – Regulamenta o registro previsto no art. 3º da Lei 9.609/1998.

§ 1º. O pedido de registro estabelecido neste artigo deverá conter, pelo menos, as seguintes informações:

I – os dados referentes ao autor do programa de computador e ao titular, se distinto do autor, sejam pessoas físicas ou jurídicas;

II – a identificação e descrição funcional do programa de computador; e

III – os trechos do programa e outros dados que se considerar suficientes para identificá-lo e caracterizar sua originalidade, ressalvando-se os direitos de terceiros e a responsabilidade do Governo.

§ 2º. As informações referidas no inciso III do parágrafo anterior são de caráter sigiloso, não podendo ser reveladas, salvo por ordem judicial ou a requerimento do próprio titular.

Art. 4º. Salvo estipulação em contrário, pertencerão exclusivamente ao empregador, contratante de serviços ou órgão público, os direitos relativos ao programa de computador, desenvolvido e elaborado durante a vigência de contrato ou de vínculo estatutário, expressamente destinado à pesquisa e desenvolvimento, ou em que a atividade do empregado, contratado de serviço ou servidor seja prevista, ou, ainda, que decorra da própria natureza dos encargos concernentes a esses vínculos.

§ 1º. Ressalvado ajuste em contrário, a compensação do trabalho ou serviço prestado limitar-se-á à remuneração ou ao salário convencionado.

§ 2º. Pertencerão, com exclusividade, ao empregado, contratado de serviço ou servidor os direitos concernentes a programa de computador gerado sem relação com o contrato de trabalho, prestação de serviços ou vínculo estatutário, e sem a utilização de recursos, informações tecnológicas, segredos industriais e de negócios, materiais, instalações ou equipamentos do empregador, da empresa ou entidade com a qual o empregador mantenha contrato de prestação de serviços ou assemelhados, do contratante de serviços ou órgão público.

§ 3º. O tratamento previsto neste artigo será aplicado nos casos em que o programa de computador for desenvolvido por bolsistas, estagiários e assemelhados.

Art. 5º. Os direitos sobre as derivações autorizadas pelo titular dos direitos de programa de computador, inclusive sua exploração econômica, pertencerão à pessoa autorizada que as fizer, salvo estipulação contratual em contrário.

Art. 6º. Não constituem ofensa aos direitos do titular de programa de computador:

I – a reprodução, em um só exemplar, de cópia legitimamente adquirida, desde que se destine à cópia de salvaguarda ou armazenamento eletrônico, hipótese em que o exemplar original servirá de salvaguarda;

II – a citação parcial do programa, para fins didáticos, desde que identificados o programa e o titular dos direitos respectivos;

III – a ocorrência de semelhança de programa a outro, preexistente, quando se der por força das características funcionais de sua aplicação, da observância de preceitos normativos e técnicos, ou de limitação de forma alternativa para a sua expressão;

IV – a integração de um programa, mantendo-se suas características essenciais, a um sistema aplicativo ou operacional, tecnicamente indispensável às necessidades do usuário, desde que para o uso exclusivo de quem a promoveu.

CAPÍTULO III. DAS GARANTIAS AOS USUÁRIOS DE PROGRAMA DE COMPUTADOR

Art. 7º. O contrato de licença de uso de programa de computador, o documento fiscal correspondente, os suportes físicos do programa ou as respectivas embalagens deverão consignar, de forma facilmente legível pelo usuário, o prazo de validade técnica da versão comercializada.

Art. 8º. Aquele que comercializar programa de computador, quer seja titular dos direitos do programa, quer seja titular dos direitos de comercialização, fica obrigado, no território nacional, durante o prazo de validade técnica da respectiva versão, a assegurar aos respectivos usuários a prestação de serviços técnicos complementares relativos ao adequado funcionamento do programa, consideradas as suas especificações.

Parágrafo único. A obrigação persistirá no caso de retirada de circulação comercial do programa de computador durante o prazo de validade, salvo justa indenização de eventuais prejuízos causados a terceiros.

CAPÍTULO IV. DOS CONTRATOS DE LICENÇA DE USO, DE COMERCIALIZAÇÃO E DE TRANSFERÊNCIA DE TECNOLOGIA

Art. 9º. O uso de programa de computador no País será objeto de contrato de licença.

Parágrafo único. Na hipótese de eventual inexistência do contrato referido no *caput* deste artigo, o documento fiscal relativo à aquisição ou licenciamento de cópia servirá para comprovação da regularidade do seu uso.

Art. 10. Os atos e contratos de licença de direitos de comercialização referentes a programas de computador de origem externa deverão fixar, quanto aos tributos e encargos exigíveis, a responsabilidade pelos respectivos pagamentos e estabelecerão a remuneração do titular dos direitos de programa de computador residente ou domiciliado no exterior.

§ 1º. Serão nulas as cláusulas que:

I – limitem a produção, a distribuição ou a comercialização, em violação às disposições normativas em vigor;

II – eximam qualquer dos contratantes das responsabilidades por eventuais ações de terceiros, decorrentes de vícios, defeitos ou violação de direitos de autor.

§ 2º. O remetente do correspondente valor em moeda estrangeira, em pagamento da remuneração de que se trata, conservará em seu poder, pelo prazo de 5 (cinco) anos, todos os documentos necessários à comprovação da licitude das remessas e da sua conformidade ao *caput* deste artigo.

Art. 11. Nos casos de transferência de tecnologia de programa de computador, o Instituto Nacional da Propriedade Industrial fará o registro dos respectivos contratos, para que produzam efeitos em relação a terceiros.

Parágrafo único. Para o registro de que trata este artigo, é obrigatória a entrega, por parte do fornecedor ao receptor de tecnologia, da documentação completa, em especial do código-fonte comentado, memorial descritivo, especificações funcionais internas, diagramas, fluxogramas e outros dados técnicos necessários à absorção da tecnologia.

CAPÍTULO V. DAS INFRAÇÕES E DAS PENALIDADES

Art. 12. Violar direitos de autor de programa de computador:

Pena – detenção, de 6 (seis) meses a 2 (dois) anos ou multa.

§ 1º. Se a violação consistir na reprodução, por qualquer meio, de programa de computador, no todo ou em parte, para fins de comércio, sem autorização expressa do autor ou de quem o represente:

Pena – reclusão, de 1 (um) a 4 (quatro) anos e multa.

§ 2º. Na mesma pena do parágrafo anterior incorre quem vende, expõe à venda, introduz no País, adquire, oculta ou tem em depósito, para fins de comércio, original ou cópia de programa de computador, produzido com violação de direito autoral.

§ 3º. Nos crimes previstos neste artigo, somente se procede mediante queixa, salvo:

I – quando praticados em prejuízo de entidade de direito público, autarquia, empresa pública, sociedade de economia mista ou fundação instituída pelo poder público;

II – quando, em decorrência de ato delituoso, resultar sonegação fiscal, perda de arrecadação tributária ou prática de quaisquer dos crimes contra a ordem tributária ou contra as relações de consumo.

§ 4º. No caso do inciso II do parágrafo anterior, a exigibilidade do tributo, ou contribuição social e qualquer acessório, processar-se-á independentemente de representação.

Art. 13. A ação penal e as diligências preliminares de busca e apreensão, nos casos de violação de direito de autor de programa de computador, serão precedidas de vistoria, podendo o juiz ordenar a apreensão das cópias produzidas ou comercializadas com violação de direito de autor, suas versões e derivações, em poder do infrator ou de quem as esteja expondo, mantendo em depósito, reproduzindo ou comercializando.

Art. 14. Independentemente da ação penal, o prejudicado poderá intentar ação para proibir ao infrator a prática do ato incriminado, com cominação de pena pecuniária para o caso de transgressão do preceito.

§ 1º. A ação de abstenção de prática de ato poderá ser cumulada com a de perdas e danos pelos prejuízos decorrentes da infração.

§ 2º. Independentemente de ação cautelar preparatória, o juiz poderá conceder medida liminar proibindo ao infrator a prática do ato incriminado, nos termos deste artigo.

§ 3º. Nos procedimentos cíveis, as medidas cautelares de busca e apreensão observarão o disposto no artigo anterior.

§ 4º. Na hipótese de serem apresentadas, em juízo, para a defesa dos interesses de qualquer das partes, informações que se caracterizem como confidenciais, deverá o juiz determinar que o processo prossiga em segredo de justiça, vedado o uso de tais informações também à outra parte para outras finalidades.

§ 5º. Será responsabilizado por perdas e danos aquele que requerer e promover as medidas previstas neste e nos arts. 12 e 13, agindo de má-fé ou por espírito de emulação, capricho ou erro grosseiro, nos termos dos arts. 16, 17 e 18 do Código de Processo Civil.

- Referem-se a dispositivos do CPC/1973.
- CPC/15: arts. 79 a 81.

CAPÍTULO VI. DISPOSIÇÕES FINAIS

Art. 15. Esta Lei entra em vigor na data de sua publicação.

Art. 16. Fica revogada a Lei 7.646, de 18 de dezembro de 1987.

Brasília, 19 de fevereiro de 1998; 177º da Independência e 110º da República.

FERNANDO HENRIQUE CARDOSO

Publicação no D.O.U. de 20.2.1998; ret. 25.2.1998

LEI Nº 9.610, DE 19 DE FEVEREIRO DE 1998

Altera, atualiza e consolida a legislação sobre direitos autorais e dá outras providências.

- *Direitos autorais*

O PRESIDENTE DA REPÚBLICA Faço saber que o Congresso Nacional decreta e eu sanciono a seguinte Lei:

TÍTULO I. DISPOSIÇÕES PRELIMINARES

- Súm. 386 do STF.
- Súm. 63, 221, 228 e 261 do STJ.
- Lei 12.853/2013 – Altera os arts. 5º, 68, 97, 98, 99 e 100, acrescenta arts. 98-A, 98-B, 98-C, 99-A, 99-B, 100-A, 100-B e 109-A e revoga o art. 94 da Lei 9.610/1998, para dispor sobre a gestão coletiva de direitos autorais.
- Lei 9.609/1998 – Dispõe sobre a proteção da propriedade intelectual de programa de computador, sua comercialização no País.
- Decreto 5.244/2004 – Dispõe sobre a composição e funcionamento do Conselho Nacional de Combate à Pirataria e Delitos contra a Propriedade Intelectual,.
- Decreto 972/1993 – Promulga o Tratado sobre o Registro Internacional de Obras Audiovisuais, concluído em Genebra, em 18 de abril de 1989.
- Decreto 8.469/2015 – Regulamenta a Lei 9.610/1998, e a Lei 12.853/2013, para dispor sobre a gestão coletiva de direitos autorais.
- Decreto 76.905/1975 – Promulgada a convenção Universal sobre Direito de Autor, revisão de Paris, 1971.
- Decreto 75.699/1975 – Promulga a Convenção de Berna para a Proteção das Obras Literárias e Artísticas, de 9 de setembro de 1886, revista em Paris, a 24 de julho de 1971.
- Decreto 57.125/1965 – Promulga a Convenção Internacional para proteção aos artistas intérpretes ou executantes, aos produtores de fonogramas e aos organismos de radiodifusão.

Art. 1º. Esta Lei regula os direitos autorais, entendendo-se sob esta denominação os direitos de autor e os que lhes são conexos.

- CF/88: arts. 5º, XXVII e XXIX.
- CP : art. 184.
- CPP. arts. 524 a 530 I.

Art. 2º. Os estrangeiros domiciliados no exterior gozarão da proteção assegurada nos acordos, convenções e tratados em vigor no Brasil.

- LINDB: art. 9º.
- Lei 9.609/1998 – Dispõe sobre a proteção da propriedade intelectual de programa de computador, sua comercialização no País.
- Lei 13.445/2017 (Lei de Migração).

Parágrafo único. Aplica-se o disposto nesta Lei aos nacionais ou pessoas domiciliadas em país que assegure aos brasileiros ou pessoas domiciliadas no Brasil a reciprocidade na proteção aos direitos autorais ou equivalentes.

Art. 3º. Os direitos autorais reputam-se, para os efeitos legais, bens móveis.

Art. 4º. Interpretam-se restritivamente os negócios jurídicos sobre os direitos autorais.

- CC: arts. 112 e 114.

Art. 5º. Para os efeitos desta Lei, considera-se:

I – publicação – o oferecimento de obra literária, artística ou científica ao conhecimento do público, com o consentimento do autor, ou de qualquer outro titular de direito de autor, por qualquer forma ou processo;

- Decreto 76.905/1975: Artigo VI.
- Decreto 75.699/1975: Artigo 3, 3.

II – transmissão ou emissão – a difusão de sons ou de sons e imagens, por meio de ondas radioelétricas; sinais de satélites; fio, cabo ou outro condutor; meios óticos ou qualquer outro processo eletromagnético;

- Lei 9.612/1998 – Institui o Serviço de Radiodifusão Comunitária.
- Lei 9.472/1997 – Dispõe sobre a organização dos serviços de telecomunicações.
- Lei 4.117/1962 – Institui o Código Brasileiro de Telecomunicações.

III – retransmissão – a emissão simultânea da transmissão de uma empresa por outra;

- Decreto 57.125/1965: Artigo 3º, g.

IV – distribuição – a colocação à disposição do público do original ou cópia de obras literárias, artísticas ou científicas, interpretações ou execuções fixadas e fonogramas, mediante a venda, locação ou qualquer outra forma de transferência de propriedade ou posse;

- Decreto 76.906/1975: Artigo 1, d.

V – comunicação ao público – ato mediante o qual a obra é colocada ao alcance do público, por qualquer meio ou procedimento e que não consista na distribuição de exemplares;

VI – reprodução – a cópia de um ou vários exemplares de uma obra literária, artística ou científica ou de um fonograma, de qualquer forma tangível, incluindo qualquer armazenamento permanente ou temporário por meios eletrônicos ou qualquer outro meio de fixação que venha a ser desenvolvido;

- Decreto 57.125/1965: Artigo 3º, e.

VII – contrafação – a reprodução não autorizada;

- Decreto 75.699/1975: Artigo 16.

VIII – obra:

a) em coautoria – quando é criada em comum, por dois ou mais autores;

b) anônima – quando não se indica o nome do autor, por sua vontade ou por ser desconhecido;

c) pseudônima – quando o autor se oculta sob nome suposto;

d) inédita – a que não haja sido objeto de publicação;

e) póstuma – a que se publique após a morte do autor;

f) originária – a criação primígena;

g) derivada – a que, constituindo criação intelectual nova, resulta da transformação de obra originária;

h) coletiva – a criada por iniciativa, organização e responsabilidade de uma pessoa física ou jurídica, que a publica sob seu nome ou marca e que é constituída pela participação de diferentes autores, cujas contribuições se fundem numa criação autônoma;

i) audiovisual – a que resulta da fixação de imagens com ou sem som, que tenha a finalidade de criar, por meio de sua reprodução, a impressão de movimento, independentemente dos processos de sua captação, do suporte usado inicial ou posteriormente para fixá-lo, bem como dos meios utilizados para sua veiculação;

- Lei 8.685/1993 – Cria mecanismos de fomento à atividade audiovisual.
- Decreto 6.304/2007: art. 2º, I.

IX – fonograma – toda fixação de sons de uma execução ou interpretação ou de outros sons, ou de uma representação de sons que não seja uma fixação incluída em uma obra audiovisual.

- Decreto 57.125/1965: Artigo 3º, b.

X – editor – a pessoa física ou jurídica à qual se atribui o direito exclusivo de reprodução da obra e o dever de divulgá-la, nos limites previstos no contrato de edição;

XI – produtor – a pessoa física ou jurídica que toma a iniciativa e tem a responsabilidade econômica da primeira fixação do fonograma ou da obra audiovisual, qualquer que seja a natureza do suporte utilizado;

XII – radiodifusão – a transmissão sem fio, inclusive por satélites, de sons ou imagens e sons ou das representações desses, para recepção ao público e a transmissão de sinais codificados, quando os meios de decodificação sejam oferecidos ao público pelo organismo de radiodifusão ou com seu consentimento;

- Decreto 57.125/1965: Artigo 3º, f.

XIII – artistas intérpretes ou executantes – todos os atores, cantores, músicos, bailarinos ou outras pessoas que representem um papel, cantem, recitem, declamem, interpretem ou executem em qualquer forma obras literárias ou artísticas ou expressões do folclore.

- Decreto 57.125/1965: Artigo 3º, a.

XIV – titular originário - o autor de obra intelectual, o intérprete, o executante, o produtor fonográfico e as empresas de radiodifusão. (Incluído pela Lei nº 12.853, de 2013)

Art. 6º. Não serão de domínio da União, dos Estados, do Distrito Federal ou dos Municípios as obras por eles simplesmente subvencionadas.

TÍTULO II. DAS OBRAS INTELECTUAIS

CAPÍTULO I. DAS OBRAS PROTEGIDAS

Art. 7º. São obras intelectuais protegidas as criações do espírito, expressas por qualquer meio ou fixadas em qualquer suporte, tangível ou intangível, conhecido ou que se invente no futuro, tais como:

- CF/88: art. 5º, IX.

I – os textos de obras literárias, artísticas ou científicas;

- Decreto 75.699/1975: Artigo 2.

II – as conferências, alocuções, sermões e outras obras da mesma natureza;

III – as obras dramáticas e dramático-musicais;

IV – as obras coreográficas e pantomímicas, cuja execução cênica se fixe por escrito ou por outra qualquer forma;

V – as composições musicais, tenham ou não letra;

- Súm. 386 do STF.

VI – as obras audiovisuais, sonorizadas ou não, inclusive as cinematográficas;

- Decreto 75.699/1975: Artigo 14 bis.

VII – as obras fotográficas e as produzidas por qualquer processo análogo ao da fotografia;

‣ CF/88: art. 5º, X.

VIII – as obras de desenho, pintura, gravura, escultura, litografia e arte cinética;

‣ Decreto 75.699/1975: Artigo 2, item 1.

IX – as ilustrações, cartas geográficas e outras obras da mesma natureza;

‣ Decreto 75.699/1975: Artigo 2, item 1.

X – os projetos, esboços e obras plásticas concernentes à geografia, engenharia, topografia, arquitetura, paisagismo, cenografia e ciência;

‣ Decreto 75.699/1975: Artigo 2, item 1.

XI – as adaptações, traduções e outras transformações de obras originais, apresentadas como criação intelectual nova;

‣ Decreto 75.699/1975: Artigo 2, item 3.

XII – os programas de computador;

‣ Lei 9.609/1998 – Dispõe sobre a proteção da propriedade intelectual de programa de computador, sua comercialização no País.

‣ Lei 9.279/1996 – Regula direitos e obrigações relativos à propriedade industrial.

XIII – as coletâneas ou compilações, antologias, enciclopédias, dicionários, bases de dados e outras obras, que, por sua seleção, organização ou disposição de seu conteúdo, constituam uma criação intelectual.

‣ Decreto 75.699/1975: Artigo 2, item 5.

§ 1º. Os programas de computador são objeto de legislação específica, observadas as disposições desta Lei que lhes sejam aplicáveis.

‣ Lei 9.609/1998 – Dispõe sobre a proteção da propriedade intelectual de programa de computador, sua comercialização no País.

§ 2º. A proteção concedida no inciso XIII não abarca os dados ou materiais em si mesmos e se entende sem prejuízo de quaisquer direitos autorais que subsistam a respeito dos dados ou materiais contidos nas obras.

§ 3º. No domínio das ciências, a proteção recairá sobre a forma literária ou artística, não abrangendo o seu conteúdo científico ou técnico, sem prejuízo dos direitos que protegem os demais campos da propriedade imaterial.

Art. 8º. Não são objeto de proteção como direitos autorais de que trata esta Lei:

I – as ideias, procedimentos normativos, sistemas, métodos, projetos ou conceitos matemáticos como tais;

II – os esquemas, planos ou regras para realizar atos mentais, jogos ou negócios;

III – os formulários em branco para serem preenchidos por qualquer tipo de informação, científica ou não, e suas instruções;

IV – os textos de tratados ou convenções, leis, decretos, regulamentos, decisões judiciais e demais atos oficiais;

V – as informações de uso comum tais como calendários, agendas, cadastros ou legendas;

VI – os nomes e títulos isolados;

VII – o aproveitamento industrial ou comercial das ideias contidas nas obras.

Art. 9º. À cópia de obra de arte plástica feita pelo próprio autor é assegurada a mesma proteção de que goza o original.

Art. 10. A proteção à obra intelectual abrange o seu título, se original e inconfundível com o de obra do mesmo gênero, divulgada anteriormente por outro autor.

Parágrafo único. O título de publicações periódicas, inclusive jornais, é protegido até 1 (um) ano após a saída do seu último número, salvo se forem anuais, caso em que esse prazo se elevará a 2 (dois) anos.

CAPÍTULO II. DA AUTORIA DAS OBRAS INTELECTUAIS

‣ Decreto 75.699/1975 – Promulga a Convenção de Berna para a Proteção das Obras Literárias e Artísticas, de 9 de setembro de 1886, revista em Paris, a 24 de julho de 1971.

Art. 11. Autor é a pessoa física criadora de obra literária, artística ou científica.

Parágrafo único. A proteção concedida ao autor poderá aplicar-se às pessoas jurídicas nos casos previstos nesta Lei.

Art. 12. Para se identificar como autor, poderá o criador da obra literária, artística ou científica usar de seu nome civil, completo ou abreviado até por suas iniciais, de pseudônimo ou qualquer outro sinal convencional.

Art. 13. Considera-se autor da obra intelectual, não havendo prova em contrário, aquele que, por uma das modalidades de identificação referidas no artigo anterior, tiver, em conformidade com o uso, indicada ou anunciada essa qualidade na sua utilização.

Art. 14. É titular de direitos de autor quem adapta, traduz, arranja ou orquestra obra caída no domínio público, não podendo opor-se a outra adaptação, arranjo, orquestração ou tradução, salvo se for cópia da sua.

Art. 15. A coautoria da obra é atribuída àqueles em cujo nome, pseudônimo ou sinal convencional for utilizada.

§ 1º. Não se considera coautor quem simplesmente auxiliou o autor na produção da obra literária, artística ou científica, revendo-a, atualizando-a, bem como fiscalizando ou dirigindo sua edição ou apresentação por qualquer meio.

§ 2º. Ao coautor, cuja contribuição possa ser utilizada separadamente, são asseguradas todas as faculdades inerentes à sua criação como obra individual, vedada, porém, a utilização que possa acarretar prejuízo à exploração da obra comum.

Art. 16. São coautores da obra audiovisual o autor do assunto ou argumento literário, musical ou lítero-musical e o diretor.

Parágrafo único. Consideram-se coautores de desenhos animados os que criam os desenhos utilizados na obra audiovisual.

Art. 17. É assegurada a proteção às participações individuais em obras coletivas.

§ 1º. Qualquer dos participantes, no exercício de seus direitos morais, poderá proibir que se indique ou anuncie seu nome na obra coletiva, sem prejuízo do direito de haver a remuneração contratada.

§ 2º. Cabe ao organizador a titularidade dos direitos patrimoniais sobre o conjunto da obra coletiva.

§ 3º. O contrato com o organizador especificará a contribuição do participante, o prazo para entrega ou realização, a remuneração e demais condições para sua execução.

CAPÍTULO III. DO REGISTRO DAS OBRAS INTELECTUAIS

Art. 18. A proteção aos direitos de que trata esta Lei independe de registro.

Art. 19. É facultado ao autor registrar a sua obra no órgão público definido no *caput* e no § 1º do art. 17 da Lei nº 5.988, de 14 de dezembro de 1973.

Art. 20. Para os serviços de registro previstos nesta Lei será cobrada retribuição, cujo valor e processo de recolhimento serão estabelecidos por ato do titular do órgão da administração pública federal a que estiver vinculado o registro das obras intelectuais.

Art. 21. Os serviços de registro de que trata esta Lei serão organizados conforme preceitua o § 2º do art. 17 da Lei nº 5.988, de 14 de dezembro de 1973.

TÍTULO III. DOS DIREITOS DO AUTOR

CAPÍTULO I. DISPOSIÇÕES PRELIMINARES

Art. 22. Pertencem ao autor os direitos morais e patrimoniais sobre a obra que criou.

Art. 23. Os coautores da obra intelectual exercerão, de comum acordo, os seus direitos, salvo convenção em contrário.

CAPÍTULO II. DOS DIREITOS MORAIS DO AUTOR

Art. 24. São direitos morais do autor:

I – o de reivindicar, a qualquer tempo, a autoria da obra;

II – o de ter seu nome, pseudônimo ou sinal convencional indicado ou anunciado, como sendo o do autor, na utilização de sua obra;

III – o de conservar a obra inédita;

IV – o de assegurar a integridade da obra, opondo-se a quaisquer modificações ou à prática de atos que, de qualquer forma, possam prejudicá-la ou atingi-lo, como autor, em sua reputação ou honra;

V – o de modificar a obra, antes ou depois de utilizada;

VI – o de retirar de circulação a obra ou de suspender qualquer forma de utilização já autorizada, quando a circulação ou utilização implicarem afronta à sua reputação e imagem;

VII – o de ter acesso a exemplar único e raro da obra, quando se encontre legitimamente em poder de outrem, para o fim de, por meio de processo fotográfico ou assemelhado, ou audiovisual, preservar sua memória, de forma que cause o menor inconveniente possível a seu detentor, que, em todo caso, será indenizado de qualquer dano ou prejuízo que lhe seja causado.

§ 1º. Por morte do autor, transmitem-se a seus sucessores os direitos a que se referem os incisos I a IV.

§ 2º. Compete ao Estado a defesa da integridade e autoria da obra caída em domínio público.

§ 3º. Nos casos dos incisos V e VI, ressalvam-se as prévias indenizações a terceiros, quando couberem.

Art. 25. Cabe exclusivamente ao diretor o exercício dos direitos morais sobre a obra audiovisual.

Art. 26. O autor poderá repudiar a autoria de projeto arquitetônico alterado sem o seu consentimento durante a execução ou após a conclusão da construção.

Parágrafo único. O proprietário da construção responde pelos danos que causar ao autor sempre que, após o repúdio, der como sendo daquele a autoria do projeto repudiado.

Art. 27. Os direitos morais do autor são inalienáveis e irrenunciáveis.

CAPÍTULO III. DOS DIREITOS PATRIMONIAIS DO AUTOR E DE SUA DURAÇÃO

Art. 28. Cabe ao autor o direito exclusivo de utilizar, fruir e dispor da obra literária, artística ou científica.

Art. 29. Depende de autorização prévia e expressa do autor a utilização da obra, por quaisquer modalidades, tais como:

I – a reprodução parcial ou integral;

II – a edição;

III – a adaptação, o arranjo musical e quaisquer outras transformações;

IV – a tradução para qualquer idioma;

V – a inclusão em fonograma ou produção audiovisual;

VI – a distribuição, quando não intrínseca ao contrato firmado pelo autor com terceiros para uso ou exploração da obra;
VII – a distribuição para oferta de obras ou produções mediante cabo, fibra ótica, satélite, ondas ou qualquer outro sistema que permita ao usuário realizar a seleção da obra ou produção para percebê-la em um tempo e lugar previamente determinados por quem formula a demanda, e nos casos em que o acesso às obras ou produções se faça por qualquer sistema que importe em pagamento pelo usuário;
VIII – a utilização, direta ou indireta, da obra literária, artística ou científica, mediante:

a) representação, recitação ou declamação;

b) execução musical;

c) emprego de alto-falante ou de sistemas análogos;

d) radiodifusão sonora ou televisiva;

- Lei 9.612/1998 – Institui o Serviço de Radiodifusão Comunitária.
- Lei 9.472/1997 – Dispõe sobre a organização dos serviços de telecomunicações.
- Lei 4.117/1962 – Institui o Código Brasileiro de Telecomunicações.

e) captação de transmissão de radiodifusão em locais de frequência coletiva;

f) sonorização ambiental;

g) a exibição audiovisual, cinematográfica ou por processo assemelhado;

h) emprego de satélites artificiais;

i) emprego de sistemas óticos, fios telefônicos ou não, cabos de qualquer tipo e meios de comunicação similares que venham a ser adotados;

j) exposição de obras de artes plásticas e figurativas;

IX – a inclusão em base de dados, o armazenamento em computador, a microfilmagem e as demais formas de arquivamento do gênero;
X – quaisquer outras modalidades de utilização existentes ou que venham a ser inventadas.

Art. 30. No exercício do direito de reprodução, o titular dos direitos autorais poderá colocar à disposição do público a obra, na forma, local e pelo tempo que desejar, a título oneroso ou gratuito.

§ 1º. O direito de exclusividade de reprodução não será aplicável quando ela for temporária e apenas tiver o propósito de tornar a obra, fonograma ou interpretação perceptível em meio eletrônico ou quando for de natureza transitória e incidental, desde que ocorra no curso do uso devidamente autorizado da obra, pelo titular.

§ 2º. Em qualquer modalidade de reprodução, a quantidade de exemplares será informada e controlada, cabendo a quem reproduzir a obra a responsabilidade de manter os registros que permitam, ao autor, a fiscalização do aproveitamento econômico da exploração.

Art. 31. As diversas modalidades de utilização de obras literárias, artísticas ou científicas ou de fonogramas são independentes entre si, e a autorização concedida pelo autor, ou pelo produtor, respectivamente, não se estende a quaisquer das demais.

Art. 32. Quando uma obra feita em regime de coautoria não for divisível, nenhum dos coautores, sob pena de responder por perdas e danos, poderá, sem consentimento dos demais, publicá-la ou autorizar-lhe a publicação, salvo na coleção de suas obras completas.

§ 1º. Havendo divergência, os coautores decidirão por maioria.

§ 2º. Ao coautor dissidente é assegurado o direito de não contribuir para as despesas de publicação, renunciando a sua parte nos lucros, e o de vedar que se inscreva seu nome na obra.

§ 3º. Cada coautor pode, individualmente, sem aquiescência dos outros, registrar a obra e defender os próprios direitos contra terceiros.

Art. 33. Ninguém pode reproduzir obra que não pertença ao domínio público, a pretexto de anotá-la, comentá-la ou melhorá-la, sem permissão do autor.

Parágrafo único. Os comentários ou anotações poderão ser publicados separadamente.

Art. 34. As cartas missivas, cuja publicação está condicionada à permissão do autor, poderão ser juntadas como documento de prova em processos administrativos e judiciais.

Art. 35. Quando o autor, em virtude de revisão, tiver dado à obra versão definitiva, não poderão seus sucessores reproduzir versões anteriores.

Art. 36. O direito de utilização econômica dos escritos publicados pela imprensa, diária ou periódica, com exceção dos assinados ou que apresentem sinal de reserva, pertence ao editor, salvo convenção em contrário.

Parágrafo único. A autorização para utilização econômica de artigos assinados, para publicação em diários e periódicos, não produz efeito além do prazo da periodicidade acrescido de 20 (vinte) dias, a contar de sua publicação, findo o qual recobra o autor o seu direito.

Art. 37. A aquisição do original de uma obra, ou de exemplar, não confere ao adquirente qualquer dos direitos patrimoniais do autor, salvo convenção em contrário entre as partes e os casos previstos nesta Lei.

Art. 38. O autor tem o direito, irrenunciável e inalienável, de perceber, no mínimo, 5% (cinco por cento) sobre o aumento do preço eventualmente verificável em cada revenda de obra de arte ou manuscrito, sendo originais, que houver alienado.

Parágrafo único. Caso o autor não perceba o seu direito de sequência no ato da revenda, o vendedor é considerado depositário da quantia a ele devida, salvo se a operação for realizada por leiloeiro, quando será este o depositário.

Art. 39. Os direitos patrimoniais do autor, excetuados os rendimentos resultantes de sua exploração, não se comunicam, salvo pacto antenupcial em contrário.

Art. 40. Tratando-se de obra anônima ou pseudônima, caberá a quem publicá-la o exercício dos direitos patrimoniais do autor.

Parágrafo único. O autor que se der a conhecer assumirá o exercício dos direitos patrimoniais, ressalvados os direitos adquiridos por terceiros.

Art. 41. Os direitos patrimoniais do autor perduram por 70 (setenta) anos contados de 1º de janeiro do ano subsequente ao de seu falecimento, obedecida a ordem sucessória da lei civil.

- Lei 5.805/1972 – Estabelece normas destinadas a preservar a autenticidade das obras literárias caídas em domínio público.

Parágrafo único. Aplica-se às obras póstumas o prazo de proteção a que alude o *caput* deste artigo.

Art. 42. Quando a obra literária, artística ou científica realizada em coautoria for indivisível, o prazo previsto no artigo anterior será contado da morte do último dos coautores sobreviventes.

Parágrafo único. Acrescer-se-ão aos dos sobreviventes os direitos do coautor que falecer sem sucessores.

Art. 43. Será de 70 (setenta) anos o prazo de proteção aos direitos patrimoniais sobre as obras anônimas ou pseudônimas, contado de 1º de janeiro do ano imediatamente posterior ao da primeira publicação.

Parágrafo único. Aplicar-se-á o disposto no art. 41 e seu parágrafo único, sempre que o autor se der a conhecer antes do termo do prazo previsto no *caput* deste artigo.

Art. 44. O prazo de proteção aos direitos patrimoniais sobre obras audiovisuais e fotográficas será de 70 (setenta) anos, a contar de 1º de janeiro do ano subsequente ao de sua divulgação.

Art. 45. Além das obras em relação às quais decorreu o prazo de proteção aos direitos patrimoniais, pertencem ao domínio público:

- Lei 5.805/1972 – Estabelece normas destinadas a preservar a autenticidade das obras literárias caídas em domínio público.

I – as de autores falecidos que não tenham deixado sucessores;
II – as de autor desconhecido, ressalvada a proteção legal aos conhecimentos étnicos e tradicionais.

CAPÍTULO IV. DAS LIMITAÇÕES AOS DIREITOS AUTORAIS

Art. 46. Não constitui ofensa aos direitos autorais:

I – a reprodução:

a) na imprensa diária ou periódica, de notícia ou de artigo informativo, publicado em diários ou periódicos, com a menção do nome do autor, se assinados, e da publicação de onde foram transcritos;

b) em diários ou periódicos, de discursos pronunciados em reuniões públicas de qualquer natureza;

c) de retratos, ou de outra forma de representação da imagem, feitos sob encomenda, quando realizada pelo proprietário do objeto encomendado, não havendo a oposição da pessoa neles representada ou de seus herdeiros;

d) de obras literárias, artísticas ou científicas, para uso exclusivo de deficientes visuais, sempre que a reprodução, sem fins comerciais, seja feita mediante o sistema Braille ou outro procedimento em qualquer suporte para esses destinatários;

II – a reprodução, em um só exemplar de pequenos trechos, para uso privado do copista, desde que feita por este, sem intuito de lucro;
III – a citação em livros, jornais, revistas ou qualquer outro meio de comunicação, de passagens de qualquer obra, para fins de estudo, crítica ou polêmica, na medida justificada para o fim a atingir, indicando-se o nome do autor e a origem da obra;
IV – o apanhado de lições em estabelecimentos de ensino por aqueles a quem elas se dirigem, vedada sua publicação, integral ou parcial, sem autorização prévia e expressa de quem as ministrou;
V – a utilização de obras literárias, artísticas ou científicas, fonogramas e transmissão de rádio e televisão em estabelecimentos comerciais, exclusivamente para demonstração à clientela, desde que esses estabelecimentos comercializem os suportes ou equipamentos que permitam a sua utilização;
VI – a representação teatral e a execução musical, quando realizadas no recesso familiar ou, para fins exclusivamente didáticos, nos estabelecimentos de ensino, não havendo em qualquer caso intuito de lucro;
VII – a utilização de obras literárias, artísticas ou científicas para produzir prova judiciária ou administrativa;

- CPC/15: arts. 369 a 373, 422 e 423.

VIII – a reprodução, em quaisquer obras, de pequenos trechos de obras preexistentes, de qualquer natureza, ou de obra integral, quando de artes plásticas, sempre que a reprodução em si não seja o objetivo principal da obra nova e que não prejudique a exploração normal da obra reproduzida nem cause um prejuízo injustificado aos legítimos interesses dos autores.

Art. 47. São livres as paráfrases e paródias que não forem verdadeiras reproduções da obra originária nem lhe implicarem descrédito.

Art. 48. As obras situadas permanentemente em logradouros públicos podem ser representadas livremente, por meio de pinturas, desenhos, fotografias e procedimentos audiovisuais.

CAPÍTULO V. DA TRANSFERÊNCIA DOS DIREITOS DE AUTOR

Art. 49. Os direitos de autor poderão ser total ou parcialmente transferidos a terceiros, por ele ou por seus sucessores, a título universal ou singular, pessoalmente ou por meio de representantes com poderes especiais, por meio de licenciamento, concessão, cessão ou por outros meios admitidos em Direito, obedecidas as seguintes limitações:

I – a transmissão total compreende todos os direitos de autor, salvo os de natureza moral e os expressamente excluídos por lei;

II – somente se admitirá transmissão total e definitiva dos direitos mediante estipulação contratual escrita;

III – na hipótese de não haver estipulação contratual escrita, o prazo máximo será de 5 (cinco) anos;

IV – a cessão será válida unicamente para o país em que se firmou o contrato, salvo estipulação em contrário;

V – a cessão só se operará para modalidades de utilização já existentes à data do contrato;

VI – não havendo especificações quanto à modalidade de utilização, o contrato será interpretado restritivamente, entendendo-se como limitada apenas a uma que seja aquela indispensável ao cumprimento da finalidade do contrato.

Art. 50. A cessão total ou parcial dos direitos de autor, que se fará sempre por escrito, presume-se onerosa.

§ 1º. Poderá a cessão ser averbada à margem do registro a que se refere o art. 19 desta Lei, ou, não estando a obra registrada, poderá o instrumento ser registrado em Cartório de Títulos e Documentos.

§ 2º. Constarão do instrumento de cessão como elementos essenciais seu objeto e as condições de exercício do direito quanto a tempo, lugar e preço.

Art. 51. A cessão dos direitos de autor sobre obras futuras abrangerá, no máximo, o período de 5 (cinco) anos.

Parágrafo único. O prazo será reduzido a 5 (cinco) anos sempre que indeterminado ou superior, diminuindo-se, na devida proporção, o preço estipulado.

Art. 52. A omissão do nome do autor, ou de coautor, na divulgação da obra não presume o anonimato ou a cessão de seus direitos.

TÍTULO IV. DA UTILIZAÇÃO DE OBRAS INTELECTUAIS E DOS FONOGRAMAS

CAPÍTULO I. DA EDIÇÃO

Art. 53. Mediante contrato de edição, o editor, obrigando-se a reproduzir e a divulgar a obra literária, artística ou científica, fica autorizado, em caráter de exclusividade, a publicá-la e a explorá-la pelo prazo e nas condições pactuadas com o autor.

Parágrafo único. Em cada exemplar da obra o editor mencionará:

I – o título da obra e seu autor;

II – no caso de tradução, o título original e o nome do tradutor;

III – o ano de publicação;

IV – o seu nome ou marca que o identifique.

Art. 54. Pelo mesmo contrato pode o autor obrigar-se à feitura de obra literária, artística ou científica em cuja publicação e divulgação se empenha o editor.

Art. 55. Em caso de falecimento ou de impedimento do autor para concluir a obra, o editor poderá:

I – considerar resolvido o contrato, mesmo que tenha sido entregue parte considerável da obra;

II – editar a obra, sendo autônoma, mediante pagamento proporcional do preço;

III – mandar que outro a termine, desde que consintam os sucessores e seja o fato indicado na edição.

Parágrafo único. É vedada a publicação parcial, se o autor manifestou a vontade de só publicá-la por inteiro ou se assim o decidirem seus sucessores.

Art. 56. Entende-se que o contrato versa apenas sobre uma edição, se não houver cláusula expressa em contrário.

Parágrafo único. No silêncio do contrato, considera-se que cada edição se constitui de 3.000 (três mil) exemplares.

Art. 57. O preço da retribuição será arbitrado, com base nos usos e costumes, sempre que no contrato não a tiver estipulado expressamente o autor.

Art. 58. Se os originais forem entregues em desacordo com o ajustado e o editor não os recusar nos 30 (trinta) dias seguintes ao do recebimento, ter-se-ão por aceitas as alterações introduzidas pelo autor.

Art. 59. Quaisquer que sejam as condições do contrato, o editor é obrigado a facultar ao autor o exame da escrituração na parte que lhe corresponde, bem como a informá-lo sobre o estado da edição.

Art. 60. Ao editor compete fixar o preço da venda, sem, todavia, poder elevá-lo a ponto de embaraçar a circulação da obra.

Art. 61. O editor será obrigado a prestar contas mensais ao autor sempre que a retribuição deste estiver condicionada à venda da obra, salvo se prazo diferente houver sido convencionado.

Art. 62. A obra deverá ser editada em 2 (dois) anos da celebração do contrato, salvo prazo diverso estipulado em convenção.

Parágrafo único. Não havendo edição da obra no prazo legal ou contratual, poderá ser rescindido o contrato, respondendo o editor por danos causados.

Art. 63. Enquanto não se esgotarem as edições a que tiver direito o editor, não poderá o autor dispor de sua obra, cabendo ao editor o ônus da prova.

§ 1º. Na vigência do contrato de edição, assiste ao editor o direito de exigir que se retire de circulação edição da mesma obra feita por outrem.

§ 2º. Considera-se esgotada a edição quando restarem em estoque, em poder do editor, exemplares em número inferior a 10% (dez por cento) do total da edição.

Art. 64. Somente decorrido 1 (um) ano de lançamento da edição, o editor poderá vender, como saldo, os exemplares restantes, desde que o autor seja notificado de que, no prazo de 30 (trinta) dias, terá prioridade na aquisição dos referidos exemplares pelo preço de saldo.

Art. 65. Esgotada a edição, e o editor, com direito a outra, não a publicar, poderá o autor notificá-lo a que o faça em certo prazo, sob pena de perder aquele direito, além de responder por danos.

Art. 66. O autor tem o direito de fazer, nas edições sucessivas de suas obras, as emendas e alterações que bem lhe aprouver.

Parágrafo único. O editor poderá opor-se às alterações que lhe prejudiquem os interesses, ofendam sua reputação ou aumentem sua responsabilidade.

Art. 67. Se, em virtude de sua natureza, for imprescindível a atualização da obra em novas edições, o editor, negando-se o autor a fazê-la, dela poderá encarregar outrem, mencionando o fato na edição.

CAPÍTULO II. DA COMUNICAÇÃO AO PÚBLICO

Art. 68. Sem prévia e expressa autorização do autor ou titular, não poderão ser utilizadas obras teatrais, composições musicais ou lítero-musicais e fonogramas, em representações e execuções públicas.

§ 1º. Considera-se representação pública a utilização de obras teatrais no gênero drama, tragédia, comédia, ópera, opereta, balé, pantomimas e assemelhadas, musicadas ou não, mediante a participação de artistas, remunerados ou não, em locais de frequência coletiva ou pela radiodifusão, transmissão e exibição cinematográfica.

§ 2º. Considera-se execução pública a utilização de composições musicais ou lítero-musicais, mediante a participação de artistas, remunerados ou não, ou a utilização de fonogramas e obras audiovisuais, em locais de frequência coletiva, por quaisquer processos, inclusive a radiodifusão ou transmissão por qualquer modalidade, e a exibição cinematográfica.

§ 3º. Consideram-se locais de frequência coletiva os teatros, cinemas, salões de baile ou concertos, boates, bares, clubes ou associações de qualquer natureza, lojas, estabelecimentos comerciais e industriais, estádios, circos, feiras, restaurantes, hotéis, motéis, clínicas, hospitais, órgãos públicos da administração direta ou indireta, fundacionais e estatais, meios de transporte de passageiros terrestre, marítimo, fluvial ou aéreo, ou onde quer se representem, executem ou transmitam obras literárias, artísticas ou científicas.

§ 4º. Previamente à realização da execução pública, o empresário deverá apresentar ao escritório central, previsto no art. 99, a comprovação dos recolhimentos relativos aos direitos autorais.

§ 5º. Quando a remuneração depender da frequência do público, poderá o empresário, por convênio com o escritório central, pagar o preço após a realização da execução pública.

§ 6º. O usuário entregará à entidade responsável pela arrecadação dos direitos relativos à execução ou exibição pública, imediatamente após o ato de comunicação ao público, relação completa das obras e fonogramas utilizados, e a tornará pública e de livre acesso, juntamente com os valores pagos, em seu sítio eletrônico ou, em não havendo este, no local da comunicação e em sua sede. (Redação dada pela Lei nº 12.853, de 2013)

§ 7º. As empresas cinematográficas e de radiodifusão manterão à imediata disposição dos interessados, cópia autêntica dos contratos, ajustes ou acordos, individuais ou coletivos, autorizando e disciplinando a remuneração por execução pública das obras musicais e fonogramas contidas em seus programas ou obras audiovisuais.

§ 8º. Para as empresas mencionadas no § 7º, o prazo para cumprimento do disposto no § 6º será até o décimo dia útil de cada mês, relativamente à relação completa das obras e fonogramas utilizados no mês anterior. (Incluído pela Lei nº 12.853, de 2013)

Art. 69. O autor, observados os usos locais, notificará o empresário do prazo para a representação ou execução, salvo prévia estipulação convencional.

Art. 70. Ao autor assiste o direito de opor-se à representação ou execução que não seja suficientemente ensaiada, bem como fiscalizá-la, tendo, para isso, livre acesso durante as representações ou execuções, no local onde se realizam.

Art. 71. O autor da obra não pode alterar-lhe a substância, sem acordo com o empresário que a faz representar.

Art. 72. O empresário, sem licença do autor, não pode entregar a obra a pessoa estranha à representação ou à execução.

Art. 73. Os principais intérpretes e os diretores de orquestras ou coro, escolhidos de comum acordo pelo autor e pelo produtor, não podem ser substituídos por ordem deste, sem que aquele consinta.

Art. 74. O autor de obra teatral, ao autorizar a sua tradução ou adaptação, poderá fixar prazo para utilização dela em representações públicas.

Parágrafo único. Após o decurso do prazo a que se refere este artigo, não poderá opor-se o tradutor ou adaptador à utilização de outra tradução ou adaptação autorizada, salvo se for cópia da sua.

Art. 75. Autorizada a representação de obra teatral feita em coautoria, não poderá qualquer dos coautores revogar a autorização dada, provocando a suspensão da temporada contratualmente ajustada.

Art. 76. É impenhorável a parte do produto dos espetáculos reservada ao autor e aos artistas.

CAPÍTULO III. DA UTILIZAÇÃO DA OBRA DE ARTE PLÁSTICA

Art. 77. Salvo convenção em contrário, o autor de obra de arte plástica, ao alienar o objeto em que ela se materializa, transmite o direito de expô-la, mas não transmite ao adquirente o direito de reproduzi-la.

Art. 78. A autorização para reproduzir obra de arte plástica, por qualquer processo, deve se fazer por escrito e se presume onerosa.

CAPÍTULO IV. DA UTILIZAÇÃO DA OBRA FOTOGRÁFICA

Art. 79. O autor de obra fotografada tem direito a reproduzi-la e colocá-la à venda, observadas as restrições à exposição, reprodução e venda de retratos, e sem prejuízo dos direitos de autor sobre a obra fotografada, se de artes plásticas protegidas.

§ 1º. A fotografia, quando utilizada por terceiros, indicará de forma legível o nome do seu autor.

§ 2º. É vedada a reprodução de obra fotográfica que não esteja em absoluta consonância com o original, salvo prévia autorização do autor.

CAPÍTULO V. DA UTILIZAÇÃO DE FONOGRAMA

- Decreto 57.125/1965 – Promulga a Convenção Internacional para proteção aos artistas intérpretes ou executantes, aos produtores de fonogramas e aos organismos de radiodifusão.

Art. 80. Ao publicar o fonograma, o produtor mencionará em cada exemplar:

I – o título da obra incluída e seu autor;
II – o nome ou pseudônimo do intérprete;
III – o ano de publicação;
IV – o seu nome ou marca que o identifique.

CAPÍTULO VI. DA UTILIZAÇÃO DA OBRA AUDIOVISUAL

Art. 81. A autorização do autor e do intérprete de obra literária, artística ou científica para produção audiovisual implica, salvo disposição em contrário, consentimento para sua utilização econômica.

§ 1º A exclusividade da autorização depende de cláusula expressa e cessa 10 (dez) anos após a celebração do contrato.

§ 2º. Em cada cópia da obra audiovisual, mencionará o produtor:

I – o título da obra audiovisual;
II – os nomes ou pseudônimos do diretor e dos demais coautores;
III – o título da obra adaptada e seu autor, se for o caso;
IV – os artistas intérpretes;
V – o ano de publicação;
VI – o seu nome ou marca que o identifique;
VII – o nome dos dubladores. (Incluído pela Lei nº 12.091, de 2009)

Art. 82. O contrato de produção audiovisual deve estabelecer:

I – a remuneração devida pelo produtor aos coautores da obra e aos artistas intérpretes e executantes, bem como o tempo, lugar e forma de pagamento;
II – o prazo de conclusão da obra;
III – a responsabilidade do produtor para com os coautores, artistas intérpretes ou executantes, no caso de coprodução.

Art. 83. O participante da produção da obra audiovisual que interromper, temporária ou definitivamente, sua atuação, não poderá opor-se a que esta seja utilizada na obra nem a que terceiro o substitua, resguardados os direitos que adquiriu quanto à parte já executada.

Art. 84. Caso a remuneração dos coautores da obra audiovisual dependa dos rendimentos de sua utilização econômica, o produtor lhes prestará contas semestralmente, se outro prazo não houver sido pactuado.

Art. 85. Não havendo disposição em contrário, poderão os coautores da obra audiovisual utilizar-se, em gênero diverso, da parte que constitua sua contribuição pessoal.

Parágrafo único. Se o produtor não concluir a obra audiovisual no prazo ajustado ou não iniciar sua exploração dentro de 2 (dois) anos, a contar de sua conclusão, a utilização a que se refere este artigo será livre.

Art. 86. Os direitos autorais de execução musical relativos a obras musicais, lítero-musicais e fonogramas incluídos em obras audiovisuais serão devidos aos seus titulares pelos responsáveis dos locais ou estabelecimentos a que alude o § 3º do art. 68 desta Lei, que as exibirem, ou pelas emissoras de televisão que as transmitirem.

CAPÍTULO VII. DA UTILIZAÇÃO DE BASES DE DADOS

Art. 87. O titular do direito patrimonial sobre uma base de dados terá o direito exclusivo, a respeito da forma de expressão da estrutura da referida base, de autorizar ou proibir:

I – sua reprodução total ou parcial, por qualquer meio ou processo;
II – sua tradução, adaptação, reordenação ou qualquer outra modificação;
III – a distribuição do original ou cópias da base de dados ou a sua comunicação ao público;
IV – a reprodução, distribuição ou comunicação ao público dos resultados das operações mencionadas no inciso II deste artigo.

CAPÍTULO VIII. DA UTILIZAÇÃO DA OBRA COLETIVA

Art. 88. Ao publicar a obra coletiva, o organizador mencionará em cada exemplar:

I – o título da obra;
II – a relação de todos os participantes, em ordem alfabética, se outra não houver sido convencionada;
III – o ano de publicação;
IV – o seu nome ou marca que o identifique.

Parágrafo único. Para valer-se do disposto no § 1º do art. 17, deverá o participante notificar o organizador, por escrito, até a entrega de sua participação.

TÍTULO V. DOS DIREITOS CONEXOS

CAPÍTULO I. DISPOSIÇÕES PRELIMINARES

Art. 89. As normas relativas aos direitos de autor aplicam-se, no que couber, aos direitos dos artistas intérpretes ou executantes, dos produtores fonográficos e das empresas de radiodifusão.

Parágrafo único. A proteção desta Lei aos direitos previstos neste artigo deixa intactas e não afeta as garantias asseguradas aos autores das obras literárias, artísticas ou científicas.

CAPÍTULO II. DOS DIREITOS DOS ARTISTAS INTÉRPRETES OU EXECUTANTES

Art. 90. Tem o artista intérprete ou executante o direito exclusivo de, a título oneroso ou gratuito, autorizar ou proibir:

I – a fixação de suas interpretações ou execuções;
II – a reprodução, a execução pública e a locação das suas interpretações ou execuções fixadas;
III – a radiodifusão das suas interpretações ou execuções, fixadas ou não;
IV – a colocação à disposição do público de suas interpretações ou execuções, de maneira que qualquer pessoa a elas possa ter acesso, no tempo e no lugar que individualmente escolherem;
V – qualquer outra modalidade de utilização de suas interpretações ou execuções.

§ 1º. Quando na interpretação ou na execução participarem vários artistas, seus direitos serão exercidos pelo diretor do conjunto.

§ 2º. A proteção aos artistas intérpretes ou executantes estende-se à reprodução da voz e imagem, quando associadas às suas atuações.

Art. 91. As empresas de radiodifusão poderão realizar fixações de interpretação ou execução de artistas que as tenham permitido para utilização em determinado número de emissões, facultada sua conservação em arquivo público.

Parágrafo único. A reutilização subsequente da fixação, no País ou no exterior, somente será lícita mediante autorização escrita dos titulares de bens intelectuais incluídos no programa, devida uma remuneração adicional aos titulares para cada nova utilização.

Art. 92. Aos intérpretes cabem os direitos morais de integridade e paternidade de suas interpretações, inclusive depois da cessão dos direitos patrimoniais, sem prejuízo da redução, compactação, edição ou dublagem da obra de que tenham participado, sob a responsabilidade do produtor, que não poderá desfigurar a interpretação do artista.

Parágrafo único. O falecimento de qualquer participante de obra audiovisual, concluída ou não, não obsta sua exibição e aproveitamento econômico, nem exige autorização adicional, sendo a remuneração prevista para o falecido, nos termos do contrato e da lei, efetuada a favor do espólio ou dos sucessores.

CAPÍTULO III. DOS DIREITOS DOS PRODUTORES FONOGRÁFICOS

- Decreto 57.125/1965 – Promulga a Convenção Internacional para proteção aos artistas intérpretes ou executantes, aos produtores de fonogramas e aos organismos de radiodifusão.

Art. 93. O produtor de fonogramas tem o direito exclusivo de, a título oneroso ou gratuito, autorizar-lhes ou proibir-lhes:

I – a reprodução direta ou indireta, total ou parcial;

II – a distribuição por meio da venda ou locação de exemplares da reprodução;

III – a comunicação ao público por meio da execução pública, inclusive pela radiodifusão;

IV – (*VETADO*);

V – quaisquer outras modalidades de utilização, existentes ou que venham a ser inventadas.

Art. 94. (*Revogado pela Lei nº 12.853, de 2013*)

CAPÍTULO IV. DOS DIREITOS DAS EMPRESAS DE RADIODIFUSÃO

- Lei 9.612/1998 – Institui o Serviço de Radiodifusão Comunitária.
- Lei 9.472/1997 – Dispõe sobre a organização dos serviços de telecomunicações.
- Lei 4.117/1962 – Institui o Código Brasileiro de Telecomunicações.

Art. 95. Cabe às empresas de radiodifusão o direito exclusivo de autorizar ou proibir a retransmissão, fixação e reprodução de suas emissões, bem como a comunicação ao público, pela televisão, em locais de frequência coletiva, sem prejuízo dos direitos dos titulares de bens intelectuais incluídos na programação.

CAPÍTULO V. DA DURAÇÃO DOS DIREITOS CONEXOS

Art. 96. É de 70 (setenta) anos o prazo de proteção aos direitos conexos, contados a partir de 1º de janeiro do ano subsequente à fixação, para os fonogramas; à transmissão, para as emissões das empresas de radiodifusão; e à execução e representação pública, para os demais casos.

TÍTULO VI. DAS ASSOCIAÇÕES DE TITULARES DE DIREITOS DE AUTOR E DOS QUE LHES SÃO CONEXOS

Art. 97. Para o exercício e defesa de seus direitos, podem os autores e os titulares de direitos conexos associar-se sem intuito de lucro.

§ 1º. As associações reguladas por este artigo exercem atividade de interesse público, por determinação desta Lei, devendo atender a sua função social. (Redação dada pela Lei nº 12.853, de 2013)

§ 2º. É vedado pertencer, simultaneamente, a mais de uma associação para a gestão coletiva de direitos da mesma natureza. (Redação dada pela Lei nº 12.853, de 2013)

§ 3º. Pode o titular transferir-se, a qualquer momento, para outra associação, devendo comunicar o fato, por escrito, à associação de origem. (Redação dada pela Lei nº 12.853, de 2013)

§ 4º. As associações com sede no exterior far-se-ão representar, no País, por associações nacionais constituídas na forma prevista nesta Lei. (Incluído pela Lei nº 12.853, de 2013)

§ 5º. Apenas os titulares originários de direitos de autor ou de direitos conexos filiados diretamente às associações nacionais poderão votar ou ser votados nas associações reguladas por este artigo. (Incluído pela Lei nº 12.853, de 2013)

§ 6º. Apenas os titulares originários de direitos de autor ou de direitos conexos, nacionais ou estrangeiros domiciliados no Brasil, filiados diretamente às associações nacionais poderão assumir cargos de direção nas associações reguladas por este artigo. (Incluído pela Lei nº 12.853, de 2013)

Art. 98. Com o ato de filiação, as associações de que trata o art. 97 tornam-se mandatárias de seus associados para a prática de todos os atos necessários à defesa judicial ou extrajudicial de seus direitos autorais, bem como para o exercício da atividade de cobrança desses direitos. (Redação dada pela Lei nº 12.853, de 2013)

§ 1º. O exercício da atividade de cobrança citada no *caput* somente será lícito para as associações que obtiverem habilitação em órgão da Administração Pública Federal, nos termos do art. 98-A. (Incluído pela Lei nº 12.853, de 2013)

§ 2º. As associações deverão adotar os princípios da isonomia, eficiência e transparência na cobrança pela utilização de qualquer obra ou fonograma. (Incluído pela Lei nº 12.853, de 2013)

§ 3º. Caberá às associações, no interesse dos seus associados, estabelecer os preços pela utilização de seus repertórios, considerando a razoabilidade, a boa-fé e os usos do local de utilização das obras. (Incluído pela Lei nº 12.853, de 2013)

§ 4º. A cobrança será sempre proporcional ao grau de utilização das obras e fonogramas pelos usuários, considerando a importância da execução pública no exercício de suas atividades, e as particularidades de cada segmento, conforme disposto no regulamento desta Lei. (Incluído pela Lei nº 12.853, de 2013)

§ 5º. As associações deverão tratar seus associados de forma equitativa, sendo vedado o tratamento desigual. (Incluído pela Lei nº 12.853, de 2013)

§ 6º. As associações deverão manter um cadastro centralizado de todos os contratos, declarações ou documentos de qualquer natureza que comprovem a autoria e a titularidade das obras e dos fonogramas, bem como as participações individuais em cada obra e em cada fonograma, prevenindo o falseamento de dados e fraudes e promovendo a desambiguação de títulos similares de obras. (Incluído pela Lei nº 12.853, de 2013)

§ 7º. As informações mencionadas no § 6º são de interesse público e o acesso a elas deverá ser disponibilizado por meio eletrônico a qualquer interessado, de forma gratuita, permitindo-se ainda ao Ministério da Cultura o acesso contínuo e integral a tais informações. (Incluído pela Lei nº 12.853, de 2013)

§ 8º. Mediante comunicação do interessado e preservada a ampla defesa e o direito ao contraditório, o Ministério da Cultura poderá, no caso de inconsistência nas informações mencionadas no § 6º deste artigo, determinar sua retificação e demais medidas necessárias à sua regularização, conforme disposto em regulamento. (Incluído pela Lei nº 12.853, de 2013)

§ 9º. As associações deverão disponibilizar sistema de informação para comunicação periódica, pelo usuário, da totalidade das obras e fonogramas utilizados, bem como para acompanhamento, pelos titulares de direitos, dos valores arrecadados e distribuídos. (Incluído pela Lei nº 12.853, de 2013)

§ 10. Os créditos e valores não identificados deverão permanecer retidos e à disposição dos titulares pelo período de 5 (cinco) anos, devendo ser distribuídos à medida da sua identificação. (Incluído pela Lei nº 12.853, de 2013)

§ 11. Findo o período de 5 (cinco) anos previsto no § 10 sem que tenha ocorrido a identificação dos créditos e valores retidos, estes serão distribuídos aos titulares de direitos de autor e de direitos conexos dentro da mesma rubrica em que foram arrecadados e na proporção de suas respectivas arrecadações durante o período da retenção daqueles créditos e valores, sendo vedada a sua destinação para outro fim. (Incluído pela Lei nº 12.853, de 2013)

§ 12. A taxa de administração praticada pelas associações no exercício da cobrança e distribuição de direitos autorais deverá ser proporcional ao custo efetivo de suas operações, considerando as peculiaridades de cada uma delas. (Incluído pela Lei nº 12.853, de 2013)

§ 13. Os dirigentes das associações serão eleitos para mandato de 3 (três) anos, permitida uma única recondução precedida de nova eleição. (Incluído pela Lei nº 12.853, de 2013)

§ 14. Os dirigentes das associações atuarão diretamente em sua gestão, por meio de voto pessoal, sendo vedado que atuem representados por terceiros. (Incluído pela Lei nº 12.853, de 2013)

§ 15. Os titulares de direitos autorais poderão praticar pessoalmente os atos referidos no *caput* e no § 3º deste artigo, mediante comunicação à associação a que estiverem filiados, com até 48 (quarenta e oito) horas de antecedência da sua prática. (Incluído pela Lei nº 12.853, de 2013)

§ 16. As associações, por decisão do seu órgão máximo de deliberação e conforme previsto em seus estatutos, poderão destinar até 20% (vinte por cento) da totalidade ou de parte dos recursos oriundos de suas atividades para ações de natureza cultural e social que beneficiem seus associados de forma coletiva. (Incluído pela Lei nº 12.853, de 2013)

Art. 98-A. O exercício da atividade de cobrança de que trata o art. 98 dependerá de habilitação prévia em órgão da Administração Pública Federal, conforme disposto em regulamento, cujo processo administrativo observará: (Incluído pela Lei nº 12.853, de 2013)

I – o cumprimento, pelos estatutos da entidade solicitante, dos requisitos estabelecidos na legislação para sua constituição; (Incluído pela Lei nº 12.853, de 2013)

II – a demonstração de que a entidade solicitante reúne as condições necessárias para assegurar uma administração eficaz e transparente dos direitos a ela confiados e significativa representatividade de obras e titulares cadastrados, mediante comprovação dos seguintes documentos e informações: (Incluído pela Lei nº 12.853, de 2013)

a) cadastros das obras e titulares que representam; (Incluído pela Lei nº 12.853, de 2013)

b) contratos e convênios mantidos com usuários de obras de seus repertórios, quando aplicável; (Incluído pela Lei nº 12.853, de 2013)

c) estatutos e respectivas alterações; (Incluído pela Lei nº 12.853, de 2013)

d) atas das assembleias ordinárias ou extraordinárias; (Incluído pela Lei nº 12.853, de 2013)

e) acordos de representação recíproca com entidades congêneres estrangeiras, quando existentes; (Incluído pela Lei nº 12.853, de 2013)

f) relatório anual de suas atividades, quando aplicável; (Incluído pela Lei nº 12.853, de 2013)

g) demonstrações contábeis anuais, quando aplicável; (Incluído pela Lei nº 12.853, de 2013)

h) demonstração de que as taxas de administração são proporcionais aos custos de cobrança e distribuição para cada tipo de utilização, quando aplicável; (Incluído pela Lei nº 12.853, de 2013)

i) relatório anual de auditoria externa de suas contas, desde que a entidade funcione há mais de 1 (um) ano e que a auditoria seja demandada pela maioria de seus associados ou por sindicato ou associação profissional, nos termos do art. 100; (Incluído pela Lei nº 12.853, de 2013)

j) detalhamento do modelo de governança da associação, incluindo estrutura de representação isonômica dos associados; (Incluído pela Lei nº 12.853, de 2013)

k) plano de cargos e salários, incluindo valor das remunerações dos dirigentes, gratificações, bonificações e outras modalidades de remuneração e premiação, com valores atualizados; (Incluído pela Lei nº 12.853, de 2013)

III – outras informações estipuladas em regulamento por órgão da Administração Pública Federal, como as que demonstrem o cumprimento das obrigações internacionais contratuais da entidade solicitante que possam ensejar questionamento ao Estado Brasileiro no âmbito dos acordos internacionais dos quais é parte. (Incluído pela Lei nº 12.853, de 2013)

§ 1º. Os documentos e informações a que se referem os incisos II e III do *caput* deste artigo deverão ser apresentados anualmente ao Ministério da Cultura. (Incluído pela Lei nº 12.853, de 2013)

§ 2º. A habilitação de que trata o § 1º do art. 98 é um ato de qualificação vinculado ao cumprimento dos requisitos instituídos por esta Lei e por seu regulamento e não precisará ser renovada periodicamente, mas poderá ser anulada mediante decisão proferida em processo administrativo ou judicial, quando verificado que a associação não atende ao disposto nesta Lei, assegurados sempre o contraditório e ampla defesa, bem como a comunicação do fato ao Ministério Público. (Incluído pela Lei nº 12.853, de 2013)

§ 3º. A anulação da habilitação a que se refere o § 1º do art. 98 levará em consideração a gravidade e a relevância das irregularidades identificadas, a boa-fé do infrator e a reincidência nas irregularidades, conforme disposto em regulamento, e somente se efetivará após a aplicação de advertência, quando se concederá prazo razoável para atendimento das exigências apontadas pela autoridade competente. (Incluído pela Lei nº 12.853, de 2013)

§ 4º. A ausência de uma associação que seja mandatária de determinada categoria de titulares em função da aplicação do § 2º deste artigo não isenta os usuários das obrigações previstas no art. 68, que deverão ser quitadas em relação ao período compreendido entre o indeferimento do pedido de habilitação, a anulação ou o cancelamento da habilitação e a obtenção de nova habilitação ou constituição de entidade sucessora nos termos deste artigo, ficando a entidade sucessora responsável pela fixação dos valores dos direitos autorais ou conexos em relação ao período compreendido entre o indeferimento do pedido de habilitação ou sua anulação e a obtenção de nova habilitação pela entidade sucessora. (Incluído pela Lei nº 12.853, de 2013)

§ 5º. A associação cuja habilitação, nos termos deste artigo, seja anulada, inexistente ou pendente de apreciação pela autoridade competente, ou apresente qualquer outra forma de irregularidade, não poderá utilizar tais fatos como impedimento para distribuição de eventuais valores já arrecadados, sob pena de responsabilização direta de seus dirigentes nos termos do art. 100-A, sem prejuízo das sanções penais cabíveis. (Incluído pela Lei nº 12.853, de 2013)

§ 6º. As associações de gestão coletiva de direitos autorais deverão manter atualizados e disponíveis aos associados os documentos e as informações previstos nos incisos II e III deste artigo. (Incluído pela Lei nº 12.853, de 2013)

Art. 98-B. As associações de gestão coletiva de direitos autorais, no desempenho de suas funções, deverão: (Incluído pela Lei nº 12.853, de 2013)

I – dar publicidade e transparência, por meio de sítios eletrônicos próprios, às formas de cálculo e critérios de cobrança, discriminando, dentre outras informações, o tipo de usuário, tempo e lugar de utilização, bem como os critérios de distribuição dos valores dos direitos autorais arrecadados, incluídas as planilhas e demais registros de utilização das obras e fonogramas fornecidas pelos usuários, excetuando os valores distribuídos aos titulares individualmente; (Incluído pela Lei nº 12.853, de 2013)

II – dar publicidade e transparência, por meio de sítios eletrônicos próprios, aos estatutos, aos regulamentos de arrecadação e distribuição, às atas de suas reuniões deliberativas e aos cadastros das obras e titulares que representam, bem como ao montante arrecadado e distribuído e aos créditos eventualmente arrecadados e não distribuídos, sua origem e o motivo da sua retenção; (Incluído pela Lei nº 12.853, de 2013)

III – buscar eficiência operacional, dentre outros meios, pela redução de seus custos administrativos e dos prazos de distribuição dos valores aos titulares de direitos; (Incluído pela Lei nº 12.853, de 2013)

IV – oferecer aos titulares de direitos os meios técnicos para que possam acessar o balanço dos seus créditos da forma mais eficiente dentro do estado da técnica; (Incluído pela Lei nº 12.853, de 2013)

V – aperfeiçoar seus sistemas para apuração cada vez mais acurada das execuções públicas realizadas e publicar anualmente seus métodos de verificação, amostragem e aferição; (Incluído pela Lei nº 12.853, de 2013)

VI – garantir aos associados o acesso às informações referentes às obras sobre as quais sejam titulares de direitos e às execuções aferidas para cada uma delas, abstendo-se de firmar contratos, convênios ou pactos com cláusula de confidencialidade; (Incluído pela Lei nº 12.853, de 2013)

VII – garantir ao usuário o acesso às informações referentes às utilizações por ele realizadas. (Incluído pela Lei nº 12.853, de 2013)

Parágrafo único. As informações contidas nos incisos I e II devem ser atualizadas periodicamente, em intervalo nunca superior a 6 (seis) meses. (Incluído pela Lei nº 12.853, de 2013)

Art. 98-C. As associações de gestão coletiva de direitos autorais deverão prestar contas dos valores devidos, em caráter regular e de modo direto, aos seus associados. (Incluído pela Lei nº 12.853, de 2013)

§ 1º. O direito à prestação de contas poderá ser exercido diretamente pelo associado. (Incluído pela Lei nº 12.853, de 2013)

§ 2º. Se as contas não forem prestadas na forma do § 1º, o pedido do associado poderá ser encaminhado ao Ministério da Cultura que, após sua apreciação, poderá determinar a prestação de contas pela associação, na forma do regulamento. (Incluído pela Lei nº 12.853, de 2013)

Art. 99. A arrecadação e distribuição dos direitos relativos à execução pública de obras musicais e literomusicais e de fonogramas será feita por meio das associações de gestão coletiva criadas para este fim por seus titulares, as quais deverão unificar a cobrança em um único escritório central para arrecadação e distribuição, que funcionará como ente arrecadador com personalidade jurídica própria e observará os §§ 1º a 12 do art. 98 e os arts. 98-A, 98-B, 98-C, 99-B, 100, 100-A e 100-B. (Redação dada pela Lei nº 12.853, de 2013)

§ 1º. O ente arrecadador organizado na forma prevista no *caput* não terá finalidade de lucro e será dirigido e administrado por meio do voto unitário de cada associação que o integra. (Redação dada pela Lei nº 12.853, de 2013)

§ 2º. O ente arrecadador e as associações a que se refere este Título atuarão em juízo e fora dele em seus próprios nomes como substitutos processuais dos titulares a eles vinculados. (Redação dada pela Lei nº 12.853, de 2013)

§ 3º. O recolhimento de quaisquer valores pelo ente arrecadador somente se fará por depósito bancário. (Redação dada pela Lei nº 12.853, de 2013)

§ 4º. A parcela destinada à distribuição aos autores e demais titulares de direitos não poderá, em um ano da data de publicação desta Lei, ser inferior a 77,5% (setenta e sete inteiros e cinco décimos por cento) dos valores arrecadados, aumentando-se tal parcela à razão de 2,5% a.a. (dois inteiros e cinco décimos por cento ao ano), até que, em 4 (quatro) anos da data de publicação desta Lei, ela não seja inferior a 85% (oitenta e cinco por cento) dos valores arrecadados. (Redação dada pela Lei nº 12.853, de 2013)

§ 5º. O ente arrecadador poderá manter fiscais, aos quais é vedado receber do usuário numerário a qualquer título. (Redação dada pela Lei nº 12.853, de 2013)

§ 6º. A inobservância da norma do § 5º tornará o faltoso inabilitado à função de fiscal, sem prejuízo da comunicação do fato ao Ministério Público e da aplicação das sanções civis e penais cabíveis. (Incluído pela Lei nº 12.853, de 2013)

§ 7º. Cabe ao ente arrecadador e às associações de gestão coletiva zelar pela continuidade da arrecadação e, no caso de perda da habilitação por alguma associação, cabe a ela cooperar para que a transição entre associações seja realizada sem qualquer prejuízo aos titulares, transferindo-se todas as informações necessárias ao processo de arrecadação e distribuição de direitos. (Incluído pela Lei nº 12.853, de 2013)

§ 8º. Sem prejuízo do disposto no § 3º do art. 98, as associações devem estabelecer e unificar o preço de seus repertórios junto ao ente arrecadador para a sua cobrança, atuando este como mandatário das associações que o integram. (Incluído pela Lei nº 12.853, de 2013)

§ 9º. O ente arrecadador cobrará do usuário de forma unificada, e se encarregará da devida distribuição da arrecadação às associações, observado o disposto nesta Lei, especialmente os critérios estabelecidos nos §§ 3º e 4º do art. 98. (Incluído pela Lei nº 12.853, de 2013)

Art. 99-A. O ente arrecadador de que trata o *caput* do art. 99 deverá admitir em seus quadros, além das associações que o constituíram, as associações de titulares de direitos autorais que tenham pertinência com sua área de atuação e estejam habilitadas em órgão da Administração Pública Federal na forma do art. 98-A. (Incluído pela Lei nº 12.853, de 2013)

Parágrafo único. As deliberações quanto aos critérios de distribuição dos recursos arrecadados serão tomadas por meio do voto unitário de cada associação que integre o ente arrecadador. (Incluído pela Lei nº 12.853, de 2013)

Art. 99-B. As associações referidas neste Título estão sujeitas às regras concorrenciais definidas em legislação específica que trate da prevenção e repressão às infrações contra a ordem econômica. (Incluído pela Lei nº 12.853, de 2013)

Art. 100. O sindicato ou associação profissional que congregue filiados de uma associação de gestão coletiva de direitos autorais poderá, 1 (uma) vez por ano, às suas expensas, após notificação, com 8 (oito) dias de antecedência, fiscalizar, por intermédio de auditor independente, a exatidão das contas prestadas por essa associação autoral a seus representados. (Redação dada pela Lei nº 12.853, de 2013)

Art. 100-A. Os dirigentes das associações de gestão coletiva de direitos autorais respondem solidariamente, com seus bens particulares, por desvio de finalidade ou quanto ao inadimplemento das obrigações para com os associados, por dolo ou culpa. (Incluído pela Lei nº 12.853, de 2013)

Art. 100-B. Os litígios entre usuários e titulares de direitos autorais ou seus mandatários, em relação à falta de pagamento, aos critérios de cobrança, às formas de oferecimento de repertório e aos valores de arrecadação, e entre titulares e suas associações, em relação aos valores e critérios de distribuição, poderão ser objeto da atuação de órgão da Administração Pública Federal para a resolução de conflitos por meio de mediação ou arbitragem, na forma do regulamento, sem prejuízo da apreciação pelo Poder Judiciário e pelos órgãos do Sistema Brasileiro de Defesa da Concorrência, quando cabível. (Incluído pela Lei nº 12.853, de 2013)

TÍTULO VII. DAS SANÇÕES ÀS VIOLAÇÕES DOS DIREITOS AUTORAIS

CAPÍTULO I. DISPOSIÇÃO PRELIMINAR

Art. 101. As sanções civis de que trata este Capítulo aplicam-se sem prejuízo das penas cabíveis.

CAPÍTULO II. DAS SANÇÕES CIVIS

Art. 102. O titular cuja obra seja fraudulentamente reproduzida, divulgada ou de qualquer forma utilizada, poderá requerer a apreensão dos exemplares reproduzidos ou a suspensão da divulgação, sem prejuízo da indenização cabível.

Art. 103. Quem editar obra literária, artística ou científica, sem autorização do titular, perderá para este os exemplares que se apreenderem e pagar-lhe-á o preço dos que tiver vendido.

Parágrafo único. Não se conhecendo o número de exemplares que constituem a edição fraudulenta, pagará o transgressor o valor de 3.000 (três mil) exemplares, além dos apreendidos.

Art. 104. Quem vender, expuser a venda, ocultar, adquirir, distribuir, tiver em depósito ou utilizar obra ou fonograma reproduzidos com fraude, com a finalidade de vender, obter ganho, vantagem, proveito, lucro direto ou indireto, para si ou para outrem, será solidariamente responsável com o contrafator, nos termos dos artigos precedentes, respondendo como contrafatores o importador e o distribuidor em caso de reprodução no exterior.

Art. 105. A transmissão e a retransmissão, por qualquer meio ou processo, e a comunicação ao público de obras artísticas, literárias e científicas, de interpretações e de fonogramas, realizadas mediante violação aos direitos de seus titulares, deverão ser imediatamente suspensas ou interrompidas pela autoridade judicial competente, sem prejuízo da multa diária pelo descumprimento e das demais indenizações cabíveis, independentemente das sanções penais aplicáveis; caso se comprove que o infrator é reincidente na violação aos direitos dos titulares de direitos de autor e conexos, o valor da multa poderá ser aumentado até o dobro.

Art. 106. A sentença condenatória poderá determinar a destruição de todos os exemplares ilícitos, bem como as matrizes, moldes, negativos e demais elementos utilizados para praticar o ilícito civil, assim como a perda de máquinas, equipamentos e insumos destinados a tal fim ou, servindo eles unicamente para o fim ilícito, sua destruição.

Art. 107. Independentemente da perda dos equipamentos utilizados, responderá por perdas e danos, nunca inferiores ao valor que resultaria da aplicação do disposto no art. 103 e seu parágrafo único, quem:

I – alterar, suprimir, modificar ou inutilizar, de qualquer maneira, dispositivos técnicos introduzidos nos exemplares das obras e produções protegidas para evitar ou restringir sua cópia;

II – alterar, suprimir ou inutilizar, de qualquer maneira, os sinais codificados destinados a restringir a comunicação ao público de obras, produções ou emissões protegidas ou a evitar a sua cópia;

III – suprimir ou alterar, sem autorização, qualquer informação sobre a gestão de direitos;

IV – distribuir, importar para distribuição, emitir, comunicar ou puser à disposição do público, sem autorização, obras, interpretações ou execuções, exemplares de interpretações fixadas em fonogramas e emissões, sabendo que a informação sobre a gestão de direitos, sinais codificados e dispositivos técnicos foram suprimidos ou alterados sem autorização.

Art. 108. Quem, na utilização, por qualquer modalidade, de obra intelectual, deixar de indicar ou de anunciar, como tal, o nome, pseudônimo ou sinal convencional do autor e do intérprete, além de responder por danos morais, está obrigado a divulgar-lhes a identidade da seguinte forma:

I – tratando-se de empresa de radiodifusão, no mesmo horário em que tiver ocorrido a infração, por 3 (três) dias consecutivos;

II – tratando-se de publicação gráfica ou fonográfica, mediante inclusão de errata nos exemplares ainda não distribuídos, sem prejuízo de comunicação, com destaque, por 3 (três) vezes consecutivas em jornal de grande circulação, dos domicílios do autor, do intérprete e do editor ou produtor;

III – tratando-se de outra forma de utilização, por intermédio da imprensa, na forma a que se refere o inciso anterior.

Art. 109. A execução pública feita em desacordo com os arts. 68, 97, 98 e 99 desta Lei sujeitará os responsáveis a multa de 20 (vinte) vezes o valor que deveria ser originariamente pago.

Art. 109-A. A falta de prestação ou a prestação de informações falsas no cumprimento do disposto no § 6º do art. 68 e no § 9º do art. 98 sujeitará os responsáveis, por determinação da autoridade competente e nos termos do regulamento desta Lei, a multa de 10 (dez) a 30% (trinta por cento) do valor que deveria ser originariamente pago, sem prejuízo das perdas e danos. (Incluído pela Lei nº 12.853, de 2013)

Parágrafo único. Aplicam-se as regras da legislação civil quanto ao inadimplemento das obrigações no caso de descumprimento, pelos usuários, dos seus deveres legais e contratuais junto às associações referidas neste Título. (Incluído pela Lei nº 12.853, de 2013)

Art. 110. Pela violação de direitos autorais nos espetáculos e audições públicas, realizados nos locais ou estabelecimentos a que alude o art. 68, seus proprietários, diretores, gerentes, empresários e arrendatários respondem solidariamente com os organizadores dos espetáculos.

CAPÍTULO III. DA PRESCRIÇÃO DA AÇÃO

Art. 111. (*VETADO*).

TÍTULO VIII. DISPOSIÇÕES FINAIS E TRANSITÓRIAS

Art. 112. Se uma obra, em consequência de ter expirado o prazo de proteção que lhe era anteriormente reconhecido pelo § 2º do art. 42 da Lei nº 5.988, de 14 de dezembro de 1973, caiu no domínio público, não terá o prazo de proteção dos direitos patrimoniais ampliado por força do art. 41 desta Lei.

Art. 113. Os fonogramas, os livros e as obras audiovisuais sujeitar-se-ão a selos ou sinais de identificação sob a responsabilidade do produtor, distribuidor ou importador, sem ônus para o consumidor, com o fim de atestar o cumprimento das normas legais vigentes, conforme dispuser o regulamento.

Art. 114. Esta Lei entra em vigor 120 (cento e vinte) dias após sua publicação.

Art. 115. Ficam revogados os arts. 649 a 673 e 1.346 a 1.362 do Código Civil e as Leis nºs 4.944, de 6 de abril de 1966; 5.988, de 14 de dezembro de 1973, excetuando-se o art. 17 e seus §§ 1º e 2º; 6.800, de 25 de junho de 1980; 7.123, de 12 de setembro de 1983; 9.045, de 18 de maio de 1995, e demais disposições em contrário, mantidos em vigor as Leis nºs 6.533, de 24 de maio de 1978, e 6.615, de 16 de dezembro de 1978.

Brasília, 19 de fevereiro de 1998; 177º da Independência e 110º da República.

FERNANDO HENRIQUE CARDOSO

D.O.U. 20.2.1998

LEI COMPLEMENTAR Nº 95, DE 26 DE FEVEREIRO DE 1998

Dispõe sobre a elaboração, a redação, a alteração e a consolidação das leis, conforme determina o parágrafo único do art. 59 da Constituição Federal, e estabelece normas para a consolidação dos atos normativos que menciona.

▸ *Estruturação e consolidação das leis*

O PRESIDENTE DA REPÚBLICA Faço saber que o Congresso Nacional decreta e eu sanciono a seguinte Lei Complementar:

CAPÍTULO I. DISPOSIÇÕES PRELIMINARES

▸ Decreto 4.176/2002 – Normas e diretrizes para a elaboração, a redação, a alteração, a consolidação e o encaminhamento ao Presidente da República de projetos de atos normativos de competência dos órgãos do Poder Executivo Federal.

Art. 1º. A elaboração, a redação, a alteração e a consolidação das leis obedecerão ao disposto nesta Lei Complementar.

Parágrafo único. As disposições desta Lei Complementar aplicam-se, ainda, às medidas provisórias e demais atos normativos referidos no art. 59 da Constituição Federal, bem como, no que couber, aos decretos e aos demais atos de regulamentação expedidos por órgãos do Poder Executivo.

Art. 2º. (*VETADO*).

§ 1º. (*VETADO*).

§ 2º. Na numeração das leis serão observados, ainda, os seguintes critérios:

I – as emendas à Constituição Federal terão sua numeração iniciada a partir da promulgação da Constituição;

II – as leis complementares, as leis ordinárias e as leis delegadas terão numeração sequencial em continuidade às séries iniciadas em 1946.

CAPÍTULO II. DAS TÉCNICAS DE ELABORAÇÃO, REDAÇÃO E ALTERAÇÃO DAS LEIS

SEÇÃO I. DA ESTRUTURAÇÃO DAS LEIS

Art. 3º. A lei será estruturada em três partes básicas:

I – parte preliminar, compreendendo a epígrafe, a ementa, o preâmbulo, o enunciado do objeto e a indicação do âmbito de aplicação das disposições normativas;

II – parte normativa, compreendendo o texto das normas de conteúdo substantivo relacionadas com a matéria regulada;

III – parte final, compreendendo as disposições pertinentes às medidas necessárias à implementação das normas de conteúdo substantivo, às disposições transitórias, se for o caso, a cláusula de vigência e a cláusula de revogação, quando couber.

Art. 4º. A epígrafe, grafada em caracteres maiúsculos, propiciará identificação numérica singular à lei e será formada pelo título designativo da espécie normativa, pelo número respectivo e pelo ano de promulgação.

Art. 5º. A ementa será grafada por meio de caracteres que a realcem e explicitará, de modo conciso e sob a forma de título, o objeto da lei.

Art. 6º. O preâmbulo indicará o órgão ou instituição competente para a prática do ato e sua base legal.

Art. 7º. O primeiro artigo do texto indicará o objeto da lei e o respectivo âmbito de aplicação, observados os seguintes princípios:

I – excetuadas as codificações, cada lei tratará de um único objeto;

II – a lei não conterá matéria estranha a seu objeto ou a este não vinculada por afinidade, pertinência ou conexão;

III – o âmbito de aplicação da lei será estabelecido de forma tão específica quanto o possibilite o conhecimento técnico ou científico da área respectiva;

IV – o mesmo assunto não poderá ser disciplinado por mais de uma lei, exceto quando a subsequente se destine a complementar lei considerada básica, vinculando-se a esta por remissão expressa.

Art. 8º. A vigência da lei será indicada de forma expressa e de modo a contemplar prazo razoável para que dela se tenha amplo conhecimento, reservada a cláusula "entra em vigor na data de sua publicação" para as leis de pequena repercussão.

§ 1º. A contagem do prazo para entrada em vigor das leis que estabeleçam período de vacância far-se-á com a inclusão da data da publicação e do último dia do prazo, entrando em vigor no dia subsequente à sua consumação integral. (Incluído pela Lei Complementar nº 107, de 2001)

§ 2º. As leis que estabeleçam período de vacância deverão utilizar a cláusula "esta lei entra em vigor após decorridos (o número de) dias de sua publicação oficial". (Incluído pela Lei Complementar nº 107, de 2001)

Art. 9º. A cláusula de revogação deverá enumerar, expressamente, as leis ou disposições legais revogadas. (Redação dada pela Lei Complementar nº 107, de 2001)

Parágrafo único. (*VETADO*). (Incluído pela Lei Complementar nº 107, de 2001)

SEÇÃO II. DA ARTICULAÇÃO E DA REDAÇÃO DAS LEIS

Art. 10. Os textos legais serão articulados com observância dos seguintes princípios:

I – a unidade básica de articulação será o artigo, indicado pela abreviatura "Art.", seguida de numeração ordinal até o nono e cardinal a partir deste;

II – os artigos desdobrar-se-ão em parágrafos ou em incisos; os parágrafos em incisos, os incisos em alíneas e as alíneas em itens;

III – os parágrafos serão representados pelo sinal gráfico "§", seguido de numeração ordinal até o nono e cardinal a partir deste, utilizando-se, quando existente apenas um, a expressão "parágrafo único" por extenso;

IV – os incisos serão representados por algarismos romanos, as alíneas por letras minúsculas e os itens por algarismos arábicos;

V – o agrupamento de artigos poderá constituir Subseções; o de Subseções, a Seção; o de Seções, o Capítulo; o de Capítulos, o Título; o de Títulos, o Livro e o de Livros, a Parte;

VI – os Capítulos, Títulos, Livros e Partes serão grafados em letras maiúsculas e identificados por algarismos romanos, podendo estas últimas desdobrar-se em Parte Geral e Parte Especial ou ser subdivididas em partes expressas em numeral ordinal, por extenso;

VII – as Subseções e Seções serão identificadas em algarismos romanos, grafadas em letras minúsculas e postas em negrito ou caracteres que as coloquem em realce;

VIII – a composição prevista no inciso V poderá também compreender agrupamentos em Disposições Preliminares, Gerais, Finais ou Transitórias, conforme necessário.

Art. 11. As disposições normativas serão redigidas com clareza, precisão e ordem lógica, observadas, para esse propósito, as seguintes normas:

I – para a obtenção de clareza:

a) usar as palavras e as expressões em seu sentido comum, salvo quando a norma versar sobre assunto técnico, hipótese em que se empregará a nomenclatura própria da área em que se esteja legislando;

b) usar frases curtas e concisas;

c) construir as orações na ordem direta, evitando preciosismo, neologismo e adjetivações dispensáveis;

d) buscar a uniformidade do tempo verbal em todo o texto das normas legais, dando preferência ao tempo presente ou ao futuro simples do presente;

e) usar os recursos de pontuação de forma judiciosa, evitando os abusos de caráter estilístico;

II – para a obtenção de precisão:

a) articular a linguagem, técnica ou comum, de modo a ensejar perfeita compreensão do objetivo da lei e a permitir que seu texto evidencie com clareza o conteúdo e o alcance que o legislador pretende dar à norma;

b) expressar a ideia, quando repetida no texto, por meio das mesmas palavras, evitando o emprego de sinonímia com propósito meramente estilístico;

c) evitar o emprego de expressão ou palavra que confira duplo sentido ao texto;

d) escolher termos que tenham o mesmo sentido e significado na maior parte do território nacional, evitando o uso de expressões locais ou regionais;

e) usar apenas siglas consagradas pelo uso, observado o princípio de que a primeira referência no texto seja acompanhada de explicitação de seu significado;

f) grafar por extenso quaisquer referências a números e percentuais, exceto data, número de lei e nos casos em que houver prejuízo para a compreensão do texto; (Redação dada pela Lei Complementar nº 107, de 2001)

g) indicar, expressamente, o dispositivo objeto de remissão, em vez de usar as expressões "anterior", "seguinte" ou equivalentes; (Incluído pela Lei Complementar nº 107, de 2001)

III – para a obtenção de ordem lógica:

a) reunir sob as categorias de agregação – subseção, seção, capítulo, título e livro – apenas as disposições relacionadas com o objeto da lei;

b) restringir o conteúdo de cada artigo da lei a um único assunto ou princípio;

c) expressar por meio dos parágrafos os aspectos complementares à norma enunciada no *caput* do artigo e as exceções à regra por este estabelecida;

d) promover as discriminações e enumerações por meio dos incisos, alíneas e itens.

SEÇÃO III. DA ALTERAÇÃO DAS LEIS

Art. 12. A alteração da lei será feita:

I – mediante reprodução integral em novo texto, quando se tratar de alteração considerável;

II – mediante revogação parcial; (Redação dada pela Lei Complementar nº 107, de 2001)

III – nos demais casos, por meio de substituição, no próprio texto, do dispositivo alterado, ou acréscimo de dispositivo novo, observadas as seguintes regras:

a) (Revogada pela Lei Complementar nº 107, de 2001);

b) é vedada, mesmo quando recomendável, qualquer renumeração de artigos e de unidades superiores ao artigo, referidas no inciso V do art. 10, devendo ser utilizado o mesmo número do artigo ou unidade imediatamente anterior, seguido de letras maiúsculas, em ordem alfabética, tantas quantas forem suficientes para identificar os acréscimos; (Redação dada pela Lei Complementar nº 107, de 2001)

c) é vedado o aproveitamento do número de dispositivo revogado, vetado, declarado inconstitucional pelo Supremo Tribunal Federal ou de execução suspensa pelo Senado Federal em face de decisão do Supremo Tribunal Federal, devendo a lei alterada manter essa indicação, seguida da expressão "revogado", "vetado", "declarado inconstitucional, em controle concentrado, pelo Supremo Tribunal Federal", ou "execução suspensa pelo Senado Federal, na forma do art. 52, X, da Constituição Federal"; (Redação dada pela Lei Complementar nº 107, de 2001)

d) é admissível a reordenação interna das unidades em que se desdobra o artigo, identificando-se o artigo assim modificado por alteração de redação, supressão ou acréscimo com as letras "NR" maiúsculas, entre parênteses, uma única vez ao seu final, obedecidas, quando for o caso, as prescrições da alínea *c*. (Redação dada pela Lei Complementar nº 107, de 2001)

Parágrafo único. O termo "dispositivo" mencionado nesta Lei refere-se a artigos, parágrafos, incisos, alíneas ou itens. (Incluído pela Lei Complementar nº 107, de 2001)

CAPÍTULO III. DA CONSOLIDAÇÃO DAS LEIS E OUTROS ATOS NORMATIVOS

SEÇÃO I. DA CONSOLIDAÇÃO DAS LEIS

Art. 13. As leis federais serão reunidas em codificações e consolidações, integradas por volumes contendo matérias conexas ou afins, constituindo em seu todo a Consolidação da Legislação Federal. (Redação dada pela Lei Complementar nº 107, de 2001)

§ 1º. A consolidação consistirá na integração de todas as leis pertinentes a determinada matéria num único diploma legal, revogando-se formalmente as leis incorporadas à consolidação, sem modificação do alcance nem interrupção da força normativa dos dispositivos consolidados. (Incluído pela Lei Complementar nº 107, de 2001)

§ 2º. Preservando-se o conteúdo normativo original dos dispositivos consolidados, poderão ser feitas as seguintes alterações nos projetos de lei de consolidação: (Incluído pela Lei Complementar nº 107, de 2001)

I – introdução de novas divisões do texto legal base; (Incluído pela Lei Complementar nº 107, de 2001)

II – diferente colocação e numeração dos artigos consolidados; (Incluído pela Lei Complementar nº 107, de 2001)

III – fusão de disposições repetitivas ou de valor normativo idêntico; (Incluído pela Lei Complementar nº 107, de 2001)

IV – atualização da denominação de órgãos e entidades da administração pública; (Incluído pela Lei Complementar nº 107, de 2001)

V – atualização de termos antiquados e modos de escrita ultrapassados; (Incluído pela Lei Complementar nº 107, de 2001)

VI – atualização do valor de penas pecuniárias, com base em indexação padrão; (Incluído pela Lei Complementar nº 107, de 2001)

VII – eliminação de ambiguidades decorrentes do mau uso do vernáculo; (Incluído pela Lei Complementar nº 107, de 2001)

VIII – homogeneização terminológica do texto; (Incluído pela Lei Complementar nº 107, de 2001)

IX – supressão de dispositivos declarados inconstitucionais pelo Supremo Tribunal Federal, observada, no que couber, a suspensão pelo Senado Federal de execução de dispositivos, na forma do art. 52, X, da Constituição Federal; (Incluído pela Lei Complementar nº 107, de 2001)

X – indicação de dispositivos não recepcionados pela Constituição Federal; (Incluído pela Lei Complementar nº 107, de 2001)

XI – declaração expressa de revogação de dispositivos implicitamente revogados por leis posteriores. (Incluído pela Lei Complementar nº 107, de 2001)

§ 3º. As providências a que se referem os incisos IX, X e XI do § 2º deverão ser expressa e fundamentadamente justificadas, com indicação precisa das fontes de informação que lhes serviram de base. (Incluído pela Lei Complementar nº 107, de 2001)

Art. 14. Para a consolidação de que trata o art. 13 serão observados os seguintes procedimentos: (Redação dada pela Lei Complementar nº 107, de 2001)

I – o Poder Executivo ou o Poder Legislativo procederá ao levantamento da legislação federal em vigor e formulará projeto de lei de consolidação de normas que tratem da mesma matéria ou de assuntos a ela vinculados, com a indicação precisa dos diplomas legais expressa ou implicitamente revogados; (Redação dada pela Lei Complementar nº 107, de 2001)

II – a apreciação dos projetos de lei de consolidação pelo Poder Legislativo será feita na forma do Regimento Interno de cada uma de suas Casas, em procedimento simplificado, visando a dar celeridade aos trabalhos; (Redação dada pela Lei Complementar nº 107, de 2001)

III – *(Revogado pela Lei Complementar nº 107, de 2001).*

§ 1º. Não serão objeto de consolidação as medidas provisórias ainda não convertidas em lei. (Incluído pela Lei Complementar nº 107, de 2001)

§ 2º. A Mesa Diretora do Congresso Nacional, de qualquer de suas Casas e qualquer membro ou Comissão da Câmara dos Deputados, do Senado Federal ou do Congresso Nacional poderá formular projeto de lei de consolidação. (Incluído pela Lei Complementar nº 107, de 2001)

§ 3º. Observado o disposto no inciso II do *caput*, será também admitido projeto de lei de consolidação destinado exclusivamente à: (Incluído pela Lei Complementar nº 107, de 2001)

I – declaração de revogação de leis e dispositivos implicitamente revogados ou cuja eficácia ou validade encontre-se completamente prejudicada; (Incluído pela Lei Complementar nº 107, de 2001)

II – inclusão de dispositivos ou diplomas esparsos em leis preexistentes, revogando-se as disposições assim consolidadas nos mesmos termos do § 1º do art. 13. (Incluído pela Lei Complementar nº 107, de 2001)

§ 4º. *(VETADO).* (Incluído pela Lei Complementar nº 107, de 2001)

Art. 15. Na primeira sessão legislativa de cada legislatura, a Mesa do Congresso Nacional promoverá a atualização da Consolidação das Leis Federais Brasileiras, incorporando às coletâneas que a integram as emendas constitucionais, leis, decretos legislativos e resoluções promulgadas durante a legislatura imediatamente anterior, ordenados e indexados sistematicamente.

SEÇÃO II.
DA CONSOLIDAÇÃO DE OUTROS ATOS NORMATIVOS

Art. 16. Os órgãos diretamente subordinados à Presidência da República e os Ministérios, assim como as entidades da administração indireta, adotarão, em prazo estabelecido em decreto, as providências necessárias para, observado, no que couber, o procedimento a que se refere o art. 14, ser efetuada a triagem, o exame e a consolidação dos decretos de conteúdo normativo e geral e demais atos normativos inferiores em vigor, vinculados às respectivas áreas de competência, remetendo os textos consolidados à Presidência da República, que os examinará e reunirá em coletâneas, para posterior publicação.

Art. 17. O Poder Executivo, até 180 dias do início do primeiro ano do mandato presidencial, promoverá a atualização das coletâneas a que se refere o artigo anterior, incorporando aos textos que as integram os decretos e atos de conteúdo normativo e geral editados no último quadriênio.

CAPÍTULO IV.
DISPOSIÇÕES FINAIS

Art. 18. Eventual inexatidão formal de norma elaborada mediante processo legislativo regular não constitui escusa válida para o seu descumprimento.

Art. 18-A. *(VETADO).* (Incluído pela Lei Complementar nº 107, de 2001)

Art. 19. Esta Lei Complementar entra em vigor no prazo de 90 (noventa) dias, a partir da data de sua publicação.

Brasília, 26 de fevereiro de 1998; 177º da Independência e 110º da República.

FERNANDO HENRIQUE CARDOSO
D.O.U. de 27.2.1998

LEI Nº 9.613, DE 3 DE MARÇO DE 1998

Dispõe sobre os crimes de "lavagem" ou ocultação de bens, direitos e valores; a prevenção da utilização do sistema financeiro para os ilícitos previstos nesta Lei; cria o Conselho de Controle de Atividades Financeiras – COAF, e dá outras providências.

- *"Lavagem" de dinheiro*

O PRESIDENTE DA REPÚBLICA Faço saber que o Congresso Nacional decreta e eu sanciono a seguinte Lei:

- Dec. 9.663/2018 (Estatuto do Conselho de Controle de Atividades Financeiras – COAF)
- Instrução Normativa DREI 76 (Dispõe sobre a política, os procedimentos e os controles a serem adotados no âmbito das Juntas Comerciais para o cumprimento das disposições da Lei nº 9.613, de 3 de março de 1998, relativas à prevenção de atividades de lavagem de dinheiro, ou a ela relacionadas, e financiamento do terrorismo; e da Lei nº 13.810, de 8 de março de 2019, relativas ao cumprimento de determinações do Conselho de Segurança das Nações Unidas acerca da indisponibilidade de ativos).

CAPÍTULO I.
DOS CRIMES DE "LAVAGEM" OU OCULTAÇÃO DE BENS, DIREITOS E VALORES

Art. 1º. Ocultar ou dissimular a natureza, origem, localização, disposição, movimentação ou propriedade de bens, direitos ou valores provenientes, direta ou indiretamente, de infração penal. (Redação dada pela Lei nº 12.683, de 2012)

I a VIII – *(Revogados pela Lei nº 12.683, de 2012);*

Pena – reclusão, de 3 (três) a 10 (dez) anos e multa. (Redação dada pela Lei nº 12.683, de 2012)

§ 1º. Incorre na mesma pena quem, para ocultar ou dissimular a utilização de bens, direitos ou valores provenientes de infração penal: (Redação dada pela Lei nº 12.683, de 2012)

I – os converte em ativos lícitos;

II – os adquire, recebe, troca, negocia, dá ou recebe em garantia, guarda, tem em depósito, movimenta ou transfere;

III – importa ou exporta bens com valores não correspondentes aos verdadeiros.

§ 2º. Incorre, ainda, na mesma pena quem: (Redação dada pela Lei nº 12.683, de 2012)

I – utiliza, na atividade econômica ou financeira, bens, direitos ou valores provenientes de infração penal; (Redação dada pela Lei nº 12.683, de 2012)

II – participa de grupo, associação ou escritório tendo conhecimento de que sua atividade principal ou secundária é dirigida à prática de crimes previstos nesta Lei.

§ 3º. A tentativa é punida nos termos do parágrafo único do art. 14 do Código Penal.

§ 4º. A pena será aumentada de 1 (um) a 2/3 (dois terços) se os crimes definidos nesta Lei forem cometidos de forma reiterada ou por intermédio de organização criminosa. (Redação dada pela Lei nº 12.683, de 2012)

- Lei 12.850/2013 – Define organização criminosa e dispõe sobre a investigação criminal, os meios de obtenção da prova, infrações penais correlatas e o procedimento criminal.

§ 5º. A pena poderá ser reduzida de um a dois terços e ser cumprida em regime aberto ou semiaberto, facultando-se ao juiz deixar de aplicá-la ou substituí-la, a qualquer tempo, por pena restritiva de direitos, se o autor, coautor ou partícipe colaborar espontaneamente com as autoridades, prestando esclarecimentos que conduzam à apuração das infrações penais, à identificação dos autores, coautores e partícipes, ou à localização dos bens, direitos ou valores objeto do crime. (Redação dada pela Lei nº 12.683, de 2012)

- Lei 12.850/2013: arts. 4º a 7º.
- Lei 9.807/1999: arts. 13 a 15.

§ 6º Para a apuração do crime de que trata este artigo, admite-se a utilização da ação controlada e da infiltração de agentes. (Incluído pela Lei 13.964/2019)

CAPÍTULO II. DISPOSIÇÕES PROCESSUAIS ESPECIAIS

Art. 2º. O processo e julgamento dos crimes previstos nesta Lei:

I – obedecem às disposições relativas ao procedimento comum dos crimes punidos com reclusão, da competência do juiz singular;

- CPP: arts. 394 a 405.

II – independem do processo e julgamento das infrações penais antecedentes, ainda que praticados em outro país, cabendo ao juiz competente para os crimes previstos nesta Lei a decisão sobre a unidade de processo e julgamento; (Redação dada pela Lei nº 12.683, de 2012)

III – são da competência da Justiça Federal:

a) quando praticados contra o sistema financeiro e a ordem econômico-financeira, ou em detrimento de bens, serviços ou interesses da União, ou de suas entidades autárquicas ou empresas públicas;

b) quando a infração penal antecedente for de competência da Justiça Federal. (Redação dada pela Lei nº 12.683, de 2012)

§ 1º. A denúncia será instruída com indícios suficientes da existência da infração penal antecedente, sendo puníveis os fatos previstos nesta Lei, ainda que desconhecido ou isento de pena o autor, ou extinta a punibilidade da infração penal antecedente. (Redação dada pela Lei nº 12.683, de 2012)

- CPP: arts. 41 e 239.

§ 2º. No processo por crime previsto nesta Lei, não se aplica o disposto no art. 366 do Decreto-Lei nº 3.689, de 3 de outubro de 1941 (Código de Processo Penal), devendo o acusado que não comparecer nem constituir advogado ser citado por edital, prosseguindo o feito até o julgamento, com a nomeação de defensor dativo. (Redação dada pela Lei nº 12.683, de 2012)

Art. 3º. (*Revogado pela Lei nº 12.683, de 2012*).

Art. 4º. O juiz, de ofício, a requerimento do Ministério Público ou mediante representação do delegado de polícia, ouvido o Ministério Público em 24 (vinte e quatro) horas, havendo indícios suficientes de infração penal, poderá decretar medidas assecuratórias de bens, direitos ou valores do investigado ou acusado, ou existentes em nome de interpostas pessoas, que sejam instrumento, produto ou proveito dos crimes previstos nesta Lei ou das infrações penais antecedentes. (Redação dada pela Lei nº 12.683, de 2012)

§ 1º. Proceder-se-á à alienação antecipada para preservação do valor dos bens sempre que estiverem sujeitos a qualquer grau de deterioração ou depreciação, ou quando houver dificuldade para sua manutenção. (Redação dada pela Lei nº 12.683, de 2012)

§ 2º. O juiz determinará a liberação total ou parcial dos bens, direitos e valores quando comprovada a licitude de sua origem, mantendo-se a constrição dos bens, direitos e valores necessários e suficientes à reparação dos danos e ao pagamento de prestações pecuniárias, multas e custas decorrentes da infração penal. (Redação dada pela Lei nº 12.683, de 2012)

§ 3º. Nenhum pedido de liberação será conhecido sem o comparecimento pessoal do acusado ou de interposta pessoa a que se refere o *caput* deste artigo, podendo o juiz determinar a prática de atos necessários à conservação de bens, direitos ou valores, sem prejuízo do disposto no § 1º. (Redação dada pela Lei nº 12.683, de 2012)

§ 4º. Poderão ser decretadas medidas assecuratórias sobre bens, direitos ou valores para reparação do dano decorrente da infração penal antecedente ou da prevista nesta Lei ou para pagamento de prestação pecuniária, multa e custas. (Redação dada pela Lei nº 12.683, de 2012)

Art. 4º-A. A alienação antecipada para preservação de valor de bens sob constrição será decretada pelo juiz, de ofício, a requerimento do Ministério Público ou por solicitação da parte interessada, mediante petição autônoma, que será autuada em apartado e cujos autos terão tramitação em separado em relação ao processo principal. (Incluído pela Lei nº 12.683, de 2012)

§ 1º. O requerimento de alienação deverá conter a relação de todos os demais bens, com a descrição e a especificação de cada um deles, e informações sobre quem os detém e local onde se encontram. (Incluído pela Lei nº 12.683, de 2012)

§ 2º. O juiz determinará a avaliação dos bens, nos autos apartados, e intimará o Ministério Público. (Incluído pela Lei nº 12.683, de 2012)

§ 3º. Feita a avaliação e dirimidas eventuais divergências sobre o respectivo laudo, o juiz, por sentença, homologará o valor atribuído aos bens e determinará sejam alienados em leilão ou pregão, preferencialmente eletrônico, por valor não inferior a 75% (setenta e cinco por cento) da avaliação. (Incluído pela Lei nº 12.683, de 2012)

§ 4º. Realizado o leilão, a quantia apurada será depositada em conta judicial remunerada, adotando-se a seguinte disciplina: (Incluído pela Lei nº 12.683, de 2012)

I – nos processos de competência da Justiça Federal e da Justiça do Distrito Federal: (Incluído pela Lei nº 12.683, de 2012)

a) os depósitos serão efetuados na Caixa Econômica Federal ou em instituição financeira pública, mediante documento adequado para essa finalidade; (Incluído pela Lei nº 12.683, de 2012)

b) os depósitos serão repassados pela Caixa Econômica Federal ou por outra instituição financeira pública para a Conta Única do Tesouro Nacional, independentemente de qualquer formalidade, no prazo de 24 (vinte e quatro) horas; e (Incluído pela Lei nº 12.683, de 2012)

c) os valores devolvidos pela Caixa Econômica Federal ou por instituição financeira pública serão debitados à Conta Única do Tesouro Nacional, em subconta de restituição; (Incluído pela Lei nº 12.683, de 2012)

II – nos processos de competência da Justiça dos Estados: (Incluído pela Lei nº 12.683, de 2012)

a) os depósitos serão efetuados em instituição financeira designada em lei, preferencialmente pública, de cada Estado ou, na sua ausência, em instituição financeira pública da União; (Incluído pela Lei nº 12.683, de 2012)

b) os depósitos serão repassados para a conta única de cada Estado, na forma da respectiva legislação. (Incluído pela Lei nº 12.683, de 2012)

§ 5º. Mediante ordem da autoridade judicial, o valor do depósito, após o trânsito em julgado da sentença proferida na ação penal, será: (Incluído pela Lei nº 12.683, de 2012)

I – em caso de sentença condenatória, nos processos de competência da Justiça Federal e da Justiça do Distrito Federal, incorporado definitivamente ao patrimônio da União, e, nos processos de competência da Justiça Estadual, incorporado ao patrimônio do Estado respectivo; (Incluído pela Lei nº 12.683, de 2012)

II – em caso de sentença absolutória extintiva de punibilidade, colocado à disposição do réu pela instituição financeira, acrescido da remuneração da conta judicial. (Incluído pela Lei nº 12.683, de 2012)

§ 6º. A instituição financeira depositária manterá controle dos valores depositados ou devolvidos. (Incluído pela Lei nº 12.683, de 2012)

§ 7º. Serão deduzidos da quantia apurada no leilão todos os tributos e multas incidentes sobre o bem alienado, sem prejuízo de iniciativas que, no âmbito da competência de cada ente da Federação, venham a desonerar bens sob constrição judicial daqueles ônus. (Incluído pela Lei nº 12.683, de 2012)

§ 8º. Feito o depósito a que se refere o § 4º deste artigo, os autos da alienação serão apensados aos do processo principal. (Incluído pela Lei nº 12.683, de 2012)

§ 9º. Terão apenas efeito devolutivo os recursos interpostos contra as decisões proferidas no curso do procedimento previsto neste artigo. (Incluído pela Lei nº 12.683, de 2012)

§ 10. Sobrevindo o trânsito em julgado de sentença penal condenatória, o juiz decretará, em favor, conforme o caso, da União ou do Estado: (Incluído pela Lei nº 12.683, de 2012)

I – a perda dos valores depositados na conta remunerada e da fiança; (Incluído pela Lei nº 12.683, de 2012)

II – a perda dos bens não alienados antecipadamente e daqueles aos quais não foi dada destinação prévia; e (Incluído pela Lei nº 12.683, de 2012)

III – a perda dos bens não reclamados no prazo de 90 (noventa) dias após o trânsito em julgado da sentença condenatória, ressalvado o direito de lesado ou terceiro de boa-fé. (Incluído pela Lei nº 12.683, de 2012)

§ 11. Os bens a que se referem os incisos II e III do § 10 deste artigo serão adjudicados ou levados a leilão, depositando-se o saldo na conta única do respectivo ente. (Incluído pela Lei nº 12.683, de 2012)

§ 12. O juiz determinará ao registro público competente que emita documento de habilitação à circulação e utilização dos bens colocados sob o uso e custódia das entidades a que se refere o *caput* deste artigo. (Incluído pela Lei nº 12.683, de 2012)

- Lei 6.015/1973 – Lei de Registros Públicos.

§ 13. Os recursos decorrentes da alienação antecipada de bens, direitos e valores oriundos do crime de tráfico ilícito de drogas e que tenham sido objeto de dissimulação e ocultação nos termos desta Lei permanecem submetidos à disciplina definida em lei específica. (Incluído pela Lei nº 12.683, de 2012)

Art. 4º-B. A ordem de prisão de pessoas ou as medidas assecuratórias de bens, direitos ou valores poderão ser suspensas pelo juiz, ouvido o Ministério Público, quando a sua execução imediata puder comprometer as investigações. (Incluído pela Lei nº 12.683, de 2012)

Art. 5º. Quando as circunstâncias o aconselharem, o juiz, ouvido o Ministério Público, nomeará pessoa física ou jurídica qualificada para a administração dos bens, direitos ou valores sujeitos a medidas assecuratórias, mediante termo de compromisso. (Redação dada pela Lei nº 12.683, de 2012)

Art. 6º. A pessoa responsável pela administração dos bens: (Redação dada pela Lei nº 12.683, de 2012)

I – fará jus a uma remuneração, fixada pelo juiz, que será satisfeita com o produto dos bens objeto da administração;

II – prestará, por determinação judicial, informações periódicas da situação dos bens sob sua administração, bem como explicações e detalhamentos sobre investimentos e reinvestimentos realizados.

Parágrafo único. Os atos relativos à administração dos bens sujeitos a medidas assecuratórias serão levados ao conhecimento do Ministério Público, que requererá o que entender cabível. (Redação dada pela Lei nº 12.683, de 2012)

CAPÍTULO III. DOS EFEITOS DA CONDENAÇÃO

Art. 7º. São efeitos da condenação, além dos previstos no Código Penal:

- CP: arts. 91 e 92.

I – a perda, em favor da União – e dos Estados, nos casos de competência da Justiça Estadual –, de todos os bens, direitos e valores relacionados, direta ou indiretamente, à prática dos crimes previstos nesta Lei, inclusive aqueles utilizados para prestar a fiança, ressalvado o direito do lesado ou de terceiro de boa-fé; (Redação dada pela Lei nº 12.683, de 2012)

II – a interdição do exercício de cargo ou função pública de qualquer natureza e de diretor, de membro de conselho de administração ou de gerência das pessoas jurídicas referidas no art. 9º, pelo dobro do tempo da pena privativa de liberdade aplicada.

§ 1º. A União e os Estados, no âmbito de suas competências, regulamentarão a forma de destinação dos bens, direitos e valores cuja perda houver sido declarada, assegurada, quanto aos processos de competência da Justiça Federal, a sua utilização pelos órgãos federais encarregados da prevenção, do combate, da ação penal e do julgamento dos crimes previstos nesta Lei, e, quanto aos processos de competência da Justiça Estadual, a preferência dos órgãos locais com idêntica função. (Incluído pela Lei nº 12.683, de 2012)

§ 2º. Os instrumentos do crime sem valor econômico cuja perda em favor da União ou do Estado for decretada serão inutilizados ou doados a museu criminal ou a entidade pública, se houver interesse na sua conservação. (Incluído pela Lei nº 12.683, de 2012)

CAPÍTULO IV. DOS BENS, DIREITOS OU VALORES ORIUNDOS DE CRIMES PRATICADOS NO ESTRANGEIRO

Art. 8º. O juiz determinará, na hipótese de existência de tratado ou convenção internacional e por solicitação de autoridade estrangeira competente, medidas assecuratórias sobre bens, direitos ou valores oriundos de crimes descritos no art. 1º praticados no estrangeiro. (Redação dada pela Lei nº 12.683, de 2012)

§ 1º. Aplica-se o disposto neste artigo, independentemente de tratado ou convenção internacional, quando o governo do país da autoridade solicitante prometer reciprocidade ao Brasil.

§ 2º. Na falta de tratado ou convenção, os bens, direitos ou valores privados sujeitos a medidas assecuratórias por solicitação de autoridade estrangeira competente ou os recursos provenientes da sua alienação serão repartidos entre o Estado requerente e o Brasil, na proporção de metade, ressalvado o direito do lesado ou de terceiro de boa-fé. (Redação dada pela Lei nº 12.683, de 2012)

CAPÍTULO V. DAS PESSOAS SUJEITAS AO MECANISMO DE CONTROLE

- (Redação dada pela Lei nº 12.683, de 2012)

Art. 9º. Sujeitam-se às obrigações referidas nos arts. 10 e 11 as pessoas físicas e jurídicas que tenham, em caráter permanente ou eventual, como atividade principal ou acessória, cumulativamente ou não: (Redação dada pela Lei nº 12.683, de 2012)

I – a captação, intermediação e aplicação de recursos financeiros de terceiros, em moeda nacional ou estrangeira;

II – a compra e venda de moeda estrangeira ou ouro como ativo financeiro ou instrumento cambial;

III – a custódia, emissão, distribuição, liquidação, negociação, intermediação ou administração de títulos ou valores mobiliários.

Parágrafo único. Sujeitam-se às mesmas obrigações:

I – as bolsas de valores, as bolsas de mercadorias ou futuros e os sistemas de negociação do mercado de balcão organizado; (Redação dada pela Lei nº 12.683, de 2012)

II – as seguradoras, as corretoras de seguros e as entidades de previdência complementar ou de capitalização;

III – as administradoras de cartões de credenciamento ou cartões de crédito, bem como as administradoras de consórcios para aquisição de bens ou serviços;

IV – as administradoras ou empresas que se utilizem de cartão ou qualquer outro meio eletrônico, magnético ou equivalente, que permita a transferência de fundos;

V – as empresas de arrendamento mercantil (leasing), as empresas de fomento comercial (factoring) e as Empresas Simples de Crédito (ESC); (Redação dada pela LC 167/2019);

VI – as sociedades que efetuem distribuição de dinheiro ou quaisquer bens móveis, imóveis, mercadorias, serviços, ou, ainda, concedam descontos na sua aquisição, mediante sorteio ou método assemelhado;

VII – as filiais ou representações de entes estrangeiros que exerçam no Brasil qualquer das atividades listadas neste artigo, ainda que de forma eventual;

VIII – as demais entidades cujo funcionamento dependa de autorização de órgão regulador dos mercados financeiro, de câmbio, de capitais e de seguros;

IX – as pessoas físicas ou jurídicas, nacionais ou estrangeiras, que operem no Brasil como agentes, dirigentes, procuradoras, comissionarias ou por qualquer forma representem interesses de ente estrangeiro que exerça qualquer das atividades referidas neste artigo;

X – as pessoas físicas ou jurídicas que exerçam atividades de promoção imobiliária ou compra e venda de imóveis; (Redação dada pela Lei nº 12.683, de 2012)

XI – as pessoas físicas ou jurídicas que comercializem joias, pedras e metais preciosos, objetos de arte e antiguidades;

XII – as pessoas físicas ou jurídicas que comercializem bens de luxo ou de alto valor, intermedeiem a sua comercialização ou exerçam atividades que envolvam grande volume de recursos em espécie; (Redação dada pela Lei nº 12.683, de 2012)

XIII – as juntas comerciais e os registros públicos; (Incluído pela Lei nº 12.683, de 2012)

XIV – as pessoas físicas ou jurídicas que prestem, mesmo que eventualmente, serviços de assessoria, consultoria, contadoria, auditoria, aconselhamento ou assistência, de qualquer natureza, em operações: (Incluído pela Lei nº 12.683, de 2012)

a) de compra e venda de imóveis, estabelecimentos comerciais ou industriais ou participações societárias de qualquer natureza; (Incluído pela Lei nº 12.683, de 2012)

b) de gestão de fundos, valores mobiliários ou outros ativos; (Incluído pela Lei nº 12.683, de 2012)

c) de abertura ou gestão de contas bancárias, de poupança, investimento ou de valores mobiliários; (Incluído pela Lei nº 12.683, de 2012)

d) de criação, exploração ou gestão de sociedades de qualquer natureza, fundações, fundos fiduciários ou estruturas análogas; (Incluído pela Lei nº 12.683, de 2012)

e) financeiras, societárias ou imobiliárias; e (Incluído pela Lei nº 12.683, de 2012)

f) de alienação ou aquisição de direitos sobre contratos relacionados a atividades desportivas ou artísticas profissionais; (Incluído pela Lei nº 12.683, de 2012)

XV – pessoas físicas ou jurídicas que atuem na promoção, intermediação, comercialização, agenciamento ou negociação de direitos de transferência de atletas, artistas ou feiras, exposições ou eventos similares; (Incluído pela Lei nº 12.683, de 2012)

XVI – as empresas de transporte e guarda de valores; (Incluído pela Lei nº 12.683, de 2012)

XVII – as pessoas físicas ou jurídicas que comercializem bens de alto valor de origem rural ou animal ou intermedeiem a sua comercialização; e (Incluído pela Lei nº 12.683, de 2012)

XVIII – as dependências no exterior das entidades mencionadas neste artigo, por meio de sua matriz no Brasil, relativamente a residentes no País. (Incluído pela Lei nº 12.683, de 2012)

CAPÍTULO VI. DA IDENTIFICAÇÃO DOS CLIENTES E MANUTENÇÃO DE REGISTROS

Art. 10. As pessoas referidas no art. 9º:

I – identificarão seus clientes e manterão cadastro atualizado, nos termos de instruções emanadas das autoridades competentes;

II – manterão registro de toda transação em moeda nacional ou estrangeira, títulos e valores mobiliários, títulos de crédito, metais, ou qualquer ativo passível de ser convertido em dinheiro, que ultrapassar limite fixado pela autoridade competente e nos termos de instruções por esta expedidas;

III – deverão adotar políticas, procedimentos e controles internos, compatíveis com seu porte e volume de operações, que lhes permitam atender ao disposto neste artigo e no art. 11, na forma disciplinada pelos órgãos competentes; (Redação dada pela Lei nº 12.683, de 2012)

IV – deverão cadastrar-se e manter seu cadastro atualizado no órgão regulador ou fiscalizador e, na falta deste, no Conselho de Controle de Atividades Financeiras (COAF), na forma e condições por eles estabelecidas; (Incluído pela Lei nº 12.683, de 2012)

V – deverão atender às requisições formuladas pelo COAF na periodicidade, forma e condições por ele estabelecidas, cabendo-lhe preservar, nos termos da lei, o sigilo das informações prestadas. (Incluído pela Lei nº 12.683, de 2012)

§ 1º. Na hipótese de o cliente constituir-se em pessoa jurídica, a identificação referida no inciso I deste artigo deverá abranger as pessoas físicas autorizadas a representá-la, bem como seus proprietários.

§ 2º. Os cadastros e registros referidos nos incisos I e II deste artigo deverão ser conservados durante o período mínimo de 5 (cinco) anos a partir do encerramento da conta ou da conclusão da transação, prazo este que poderá ser ampliado pela autoridade competente.

§ 3º. O registro referido no inciso II deste artigo será efetuado também quando a pessoa física ou jurídica, seus entes ligados, houver realizado, em um mesmo mês-calendário, operações com uma mesma pessoa, conglomerado ou grupo que, em seu conjunto, ultrapassem o limite fixado pela autoridade competente.

Art. 10-A. O Banco Central manterá registro centralizado formando o cadastro geral de correntistas e clientes de instituições financeiras, bem como de seus procuradores. (Incluído pela Lei nº 10.701, de 2003)

CAPÍTULO VII. DA COMUNICAÇÃO DE OPERAÇÕES FINANCEIRAS

Art. 11. As pessoas referidas no art. 9º:

I – dispensarão especial atenção às operações que, nos termos de instruções emanadas das autoridades competentes, possam constituir-se em sérios indícios dos crimes previstos nesta Lei, ou com eles relacionar-se;

II – deverão comunicar ao COAF, abstendo-se de dar ciência de tal ato a qualquer pessoa, inclusive àquela à qual se refira a informação, no prazo de 24 (vinte e quatro) horas, a proposta ou realização: (Redação dada pela Lei nº 12.683, de 2012)

a) de todas as transações referidas no inciso II do art. 10, acompanhadas da identificação de que trata o inciso I do mencionado artigo; e (Redação dada pela Lei nº 12.683, de 2012)

b) das operações referidas no inciso I; (Redação dada pela Lei nº 12.683, de 2012)

III – deverão comunicar ao órgão regulador ou fiscalizador da sua atividade ou, na sua falta, ao COAF, na periodicidade, forma e condições por eles estabelecidas, a não ocorrência de propostas, transações ou operações passíveis de serem comunicadas nos termos do inciso II. (Incluído pela Lei nº 12.683, de 2012)

§ 1º. As autoridades competentes, nas instruções referidas no inciso I deste artigo, elaborarão relação de operações que, por suas características, no que se refere às partes envolvidas, valores, forma de realização, instrumentos utilizados, ou pela falta de fundamento econômico ou legal, possam configurar a hipótese nele prevista.

§ 2º. As comunicações de boa-fé, feitas na forma prevista neste artigo, não acarretarão responsabilidade civil ou administrativa.

§ 3º. O COAF disponibilizará as comunicações recebidas com base no inciso II do *caput* aos respectivos órgãos responsáveis pela regulação ou fiscalização das pessoas a que se refere o art. 9º. (Redação dada pela Lei nº 12.683, de 2012)

Art. 11-A. As transferências internacionais e os saques em espécie deverão ser previamente comunicados à instituição financeira, nos termos, limites, prazos e condições fixados pelo Banco Central do Brasil. (Incluído pela Lei nº 12.683, de 2012)

CAPÍTULO VIII.
DA RESPONSABILIDADE ADMINISTRATIVA

Art. 12. Às pessoas referidas no art. 9º, bem como aos administradores das pessoas jurídicas, que deixem de cumprir as obrigações previstas nos arts. 10 e 11, serão aplicadas, cumulativamente ou não, pelas autoridades competentes, as seguintes sanções:

I – advertência;

II – multa pecuniária variável não superior: (Redação dada pela Lei nº 12.683, de 2012)

a) ao dobro do valor da operação; (Incluído pela Lei nº 12.683, de 2012)

b) ao dobro do lucro real obtido ou que presumivelmente seria obtido pela realização da operação; ou (Incluído pela Lei nº 12.683, de 2012)

c) ao valor de R$ 20.000.000,00 (vinte milhões de reais); (Incluído pela Lei nº 12.683, de 2012)

III – inabilitação temporária, pelo prazo de até 10 (dez) anos, para o exercício do cargo de administrador das pessoas jurídicas referidas no art. 9º;

IV – cassação ou suspensão da autorização para o exercício de atividade, operação ou funcionamento. (Redação dada pela Lei nº 12.683, de 2012)

§ 1º. A pena de advertência será aplicada por irregularidade no cumprimento das instruções referidas nos incisos I e II do art. 10.

§ 2º. A multa será aplicada sempre que as pessoas referidas no art. 9º, por culpa ou dolo: (Redação alterada pela Lei nº 12.683, de 2012)

I – deixarem de sanar as irregularidades objeto de advertência, no prazo assinalado pela autoridade competente;

II – não cumprirem o disposto nos incisos I a IV do art. 10; (Redação dada pela Lei nº 12.683, de 2012)

III – deixarem de atender, no prazo estabelecido, a requisição formulada nos termos do inciso V do art. 10; (Redação dada pela Lei nº 12.683, de 2012)

IV – descumprirem a vedação ou deixarem de fazer a comunicação a que se refere o art. 11.

§ 3º. A inabilitação temporária será aplicada quando forem verificadas infrações graves quanto ao cumprimento das obrigações constantes desta Lei ou quando ocorrer reincidência específica, devidamente caracterizada em transgressões anteriormente punidas com multa.

§ 4º. A cassação da autorização será aplicada nos casos de reincidência específica de infrações anteriormente punidas com a pena prevista no inciso III do *caput* deste artigo.

Art. 13. *(Revogado pela Lei 13.974/2020)*

CAPÍTULO IX.
DO CONSELHO DE CONTROLE DE ATIVIDADES FINANCEIRAS

Art. 14. É criado, no âmbito do Ministério da Fazenda, o Conselho de Controle de Atividades Financeiras – COAF, com a finalidade de disciplinar, aplicar penas administrativas, receber, examinar e identificar as ocorrências suspeitas de atividades ilícitas previstas nesta Lei, sem prejuízo da competência de outros órgãos e entidades.

§ 1º. As instruções referidas no art. 10 destinadas às pessoas mencionadas no art. 9º, para as quais não exista órgão próprio fiscalizador ou regulador, serão expedidas pelo COAF, competindo-lhe, para esses casos, a definição das pessoas abrangidas e a aplicação das sanções enumeradas no art. 12.

§ 2º. O COAF deverá, ainda, coordenar e propor mecanismos de cooperação e de troca de informações que viabilizem ações rápidas e eficientes no combate à ocultação ou dissimulação de bens, direitos e valores.

§ 3º. O COAF poderá requerer aos órgãos da Administração Pública as informações cadastrais bancárias e financeiras de pessoas envolvidas em atividades suspeitas. (Incluído pela Lei nº 10.701, de 2003)

Art. 15. O COAF comunicará às autoridades competentes para a instauração dos procedimentos cabíveis, quando concluir pela existência de crimes previstos nesta Lei, de fundados indícios de sua prática, ou de qualquer outro ilícito.

Arts. 16 e 17. *(Revogados pela Lei 13.974/2020)*

CAPÍTULO X.

› (Incluído pela Lei nº 12.683, de 2012)

DISPOSIÇÕES GERAIS

Art. 17-A. Aplicam-se, subsidiariamente, as disposições do Decreto-Lei nº 3.689, de 3 de outubro de 1941 (Código de Processo Penal), no que não forem incompatíveis com esta Lei. (Incluído pela Lei nº 12.683, de 2012)

Art. 17-B. A autoridade policial e o Ministério Público terão acesso, exclusivamente, aos dados cadastrais do investigado que informam qualificação pessoal, filiação e endereço, independentemente de autorização judicial, mantidos pela Justiça Eleitoral, pelas empresas telefônicas, pelas instituições financeiras, pelos provedores de internet e pelas administradoras de cartão de crédito. (Incluído pela Lei nº 12.683, de 2012)

› CPP: arts. 13-A e 13-B.

Art. 17-C. Os encaminhamentos das instituições financeiras e tributárias em resposta às ordens judiciais de quebra ou transferência de sigilo deverão ser, sempre que determinado, em meio informático, e apresentados em arquivos que possibilitem a migração de informações para os autos do processo sem redigitação. (Incluído pela Lei nº 12.683, de 2012)

› LC 105/2001: art. 1º, § 4º.

Art. 17-D. Em caso de indiciamento de servidor público, este será afastado, sem prejuízo de remuneração e demais direitos previstos em lei, até que o juiz competente autorize, em decisão fundamentada, o seu retorno. (Incluído pela Lei nº 12.683, de 2012)

› Declarado inconstitucional em controle concentrado pelo Supremo Tribunal Federal pela ADI nº 4.911/2013, publicada no DOU de 02.12.2020.

Art. 17-E. A Secretaria da Receita Federal do Brasil conservará os dados fiscais dos contribuintes pelo prazo mínimo de 5 (cinco) anos, contado a partir do início do exercício seguinte ao da declaração de renda respectiva ou ao do pagamento do tributo. (Incluído pela Lei nº 12.683, de 2012)

Art. 18. Esta Lei entra em vigor na data de sua publicação.

Brasília, 3 de março de 1998; 177º da Independência e 110º da República.

FERNANDO HENRIQUE CARDOSO

D.O.U. 4.3.1998

LEI Nº 9.636, DE 15 DE MAIO DE 1998

Dispõe sobre a regularização, administração, aforamento e alienação de bens imóveis de domínio da União, altera dispositivos dos Decretos-Leis nºs 9.760, de 5 de setembro de 1946, e 2.398, de 21 de dezembro de 1987, regulamenta o § 2º do art. 49 do Ato das Disposições Constitucionais Transitórias, e dá outras providências.

› *Bens imóveis da União*

O PRESIDENTE DA REPÚBLICA Faço saber que o Congresso Nacional decreta e eu sanciono a seguinte Lei:

CAPÍTULO I.
REGULARIZAÇÃO E UTILIZAÇÃO ORDENADA

› Decreto 3.725/2001 – Regulamenta a Lei 9.636/1998.

› Decreto-lei 9.760/1946 – Dispõe sôbre os bens imóveis da União.

Art. 1º É o Poder Executivo autorizado, por intermédio da Secretaria de Coordenação e Governança do Patrimônio da União da Secretaria Especial de Desestatização, Desinvestimento e Mercados do Ministério da Economia, a executar ações de identificação, de demarcação, de cadastramento, de registro e de fiscalização dos bens imóveis da União e a regularizar as ocupações desses imóveis, inclusive de assentamentos informais de baixa renda, e poderá, para tanto, firmar convênios com os Estados, o Distrito Federal e os Municípios em cujos territórios se localizem e, observados os procedimentos licitatórios previstos em lei, celebrar contratos com a iniciativa privada. *(Redação dada pela Lei 14.011/2020)*

› Lei 13.341/2016: art. 2º, VI (transformou o Ministério do Planejamento, Orçamento e Gestão em Ministério do Planejamento, Desenvolvimento e Gestão).

Art. 2º. Concluído, na forma da legislação vigente, o processo de identificação e demarcação das terras de domínio da União, a SPU lavrará, em livro próprio, com força de escritura pública, o termo competente, incorporando a área ao patrimônio da União.

Parágrafo único. O termo a que se refere este artigo, mediante certidão de inteiro teor, acompanhado de plantas e outros documentos técnicos que permitam a correta caracterização do imóvel, será registrado no Cartório de Registro de Imóveis competente.

- Lei 6.015/1973 – Dispõe sobre os registros públicos.

Art. 3º. A regularização dos imóveis de que trata esta Lei, junto aos órgãos municipais e aos Cartórios de Registro de Imóveis, será promovida pela SPU e pela Procuradoria-Geral da Fazenda Nacional – PGFN, com o concurso, sempre que necessário, da Caixa Econômica Federal – CEF.

Parágrafo único. Os órgãos públicos federais, estaduais e municipais e os Cartórios de Registro de Imóveis darão preferência ao atendimento dos serviços de regularização de que trata este artigo.

Art. 3º-A. Caberá ao Poder Executivo organizar e manter sistema unificado de informações sobre os bens de que trata esta Lei, que conterá, além de outras informações relativas a cada imóvel: (Incluído pela Lei nº 11.481, de 2007)

I – a localização e a área; (Incluído pela Lei nº 11.481, de 2007)

II – a respectiva matrícula no registro de imóveis competente; (Incluído pela Lei nº 11.481, de 2007)

III – o tipo de uso; (Incluído pela Lei nº 11.481, de 2007)

IV – a indicação da pessoa física ou jurídica à qual, por qualquer instrumento, o imóvel tenha sido destinado; e (Incluído pela Lei nº 11.481, de 2007)

V – o valor atualizado, se disponível. (Incluído pela Lei nº 11.481, de 2007)

Parágrafo único. As informações do sistema de que trata o *caput* deste artigo deverão ser disponibilizadas na internet, sem prejuízo de outras formas de divulgação. (Incluído pela Lei nº 11.481, de 2007)

SEÇÃO I.
DA CELEBRAÇÃO DE CONVÊNIOS E CONTRATOS

Art. 4º. Os Estados, o Distrito Federal, os Municípios e a iniciativa privada, a critério da Secretaria de Coordenação e Governança do Patrimônio da União, observadas as instruções que regulamentam a matéria, poderão firmar, mediante convênios ou contratos com essa Secretaria, compromisso para executar ações de demarcação, de cadastramento, de avaliação, de venda e de fiscalização de áreas do patrimônio da União, assim como para o planejamento, a execução e a aprovação dos parcelamentos urbanos e rurais. *(Redação dada pela Lei 14.011/2020)*

§ 1º. Na elaboração e execução dos projetos de que trata este artigo, serão sempre respeitados a preservação e o livre acesso às praias marítimas, fluviais e lacustres e a outras áreas de uso comum do povo.

§ 2º. Como retribuição pelas obrigações assumidas na elaboração dos projetos de parcelamentos urbanos e rurais, os Estados, o Distrito Federal, os Municípios e a iniciativa privada farão jus a parte das receitas provenientes da alienação dos imóveis da União, no respectivo projeto de parcelamento, até a satisfação integral dos custos por eles assumidos, observado que: *(Redação dada pela Lei 14.011/2020)*

I – *(revogado pela Lei 14.011/2020);*

II – *(revogado pela Lei 14.011/2020);*

III – os contratos e convênios firmados em conformidade com o disposto no *caput* deste artigo deverão ser registrados nas matrículas dos imóveis; *(Acrescido pela Lei 14.011/2020)*

IV – o interessado que optar pela aquisição da área por ele ocupada poderá desmembrar parte de seu imóvel para fins de pagamento dos custos da regularização, respeitado o limite mínimo de parcelamento definido no plano diretor do Município em que se encontre; *(Acrescido pela Lei 14.011/2020)*

V – a partir da assinatura dos contratos ou convênios, as taxas de ocupação poderão ser revertidas para amortizar os custos da regularização no momento da alienação, desde que o ocupante esteja adimplente e seja comprovada a sua participação no financiamento dos custos para regularização do parcelamento; *(Acrescido pela Lei 14.011/2020)*

VI – o domínio útil ou pleno dos lotes resultantes de projetos urbanísticos poderá ser vendido para o ressarcimento dos projetos de parcelamento referidos no *caput* deste parágrafo; *(Acrescido pela Lei 14.011/2020)*

VII – os custos para a elaboração das peças técnicas necessárias à regularização de imóvel da União, para fins de alienação, poderão ser abatidos do valor do pagamento do imóvel no momento da sua aquisição. *(Acrescido pela Lei 14.011/2020)*

§ 3º. A participação nas receitas de que trata o parágrafo anterior será ajustada nos respectivos convênios ou contratos, observados os limites previstos em regulamento e as instruções a serem baixadas pelo Ministro de Estado da Fazenda, que considerarão a complexidade, o volume e o custo dos trabalhos de identificação, demarcação, cadastramento, recadastramento e fiscalização das áreas vagas existentes, bem como de elaboração e execução dos projetos de parcelamento e urbanização e, ainda, o valor de mercado dos imóveis na região e, quando for o caso, a densidade de ocupação local.

§ 4º. A participação dos Estados e Municípios nas receitas de que tratam os incisos I e II poderá ser realizada mediante repasse de recursos financeiros.

§ 5º. Na contratação, por intermédio da iniciativa privada, da elaboração e execução dos projetos urbanísticos de que trata este artigo, observados os procedimentos licitatórios previstos em lei, quando os serviços contratados envolverem, também, a cobrança e o recebimento das receitas deles decorrentes, poderá ser admitida a dedução prévia, pela contratada, da participação acordada.

Art. 5º. A demarcação de terras, o cadastramento e os loteamentos, realizados com base no disposto no art. 4º, somente terão validade depois de homologados pela SPU.

Art. 5º-A. Após a conclusão dos trabalhos, a Secretaria do Patrimônio da União (SPU) fica autorizada a utilizar, total ou parcialmente, os dados e informações decorrentes dos serviços executados por empresas contratadas para prestação de consultorias e elaboração de trabalhos de atualização e certificação cadastral, pelo prazo de até vinte anos, nos termos constantes de ato da SPU. (Incluído pela Lei nº 13.465, de 2017)

SEÇÃO II.
DO CADASTRAMENTO

(Redação dada pela Lei nº 11.481, de 2007)

Art. 6º. Para fins do disposto no art. 1º desta Lei, as terras da União deverão ser cadastradas, nos termos do regulamento. (Redação dada pela Lei nº 11.481, de 2007)

§ 1º. Nas áreas urbanas, em imóveis possuídos por população carente ou de baixa renda para sua moradia, onde não for possível individualizar as posses, poderá ser feita a demarcação da área a ser regularizada, cadastrando-se o assentamento, para posterior outorga de título de forma individual ou coletiva. (Redação dada pela Lei nº 11.481, de 2007)

§§ 2º a 4º (Revogados pela Lei 11.481/2007)

Art. 6º-A. No caso de cadastramento de ocupações para fins de moradia cujo ocupante seja considerado carente ou de baixa renda, na forma do § 2º do art. 1º do Decreto-Lei nº 1.876, de 15 de julho de 1981, a União poderá proceder à regularização fundiária da área, utilizando, entre outros, os instrumentos previstos no art. 18, no inciso VI do art. 19 e nos arts. 22-A e 31 desta Lei. (Incluído pela Lei nº 11.481, de 2007)

SEÇÃO II-A.
DA INSCRIÇÃO DA OCUPAÇÃO

(Redação dada pela Lei nº 11.481, de 2007)

Art. 7º. A inscrição de ocupação, a cargo da Secretaria do Patrimônio da União, é ato administrativo precário, resolúvel a qualquer tempo, que pressupõe o efetivo aproveitamento do terreno pelo ocupante, nos termos do regulamento, outorgada pela administração depois de analisada a conveniência e oportunidade, e gera obrigação de pagamento anual da taxa de ocupação. (Redação dada pela Lei nº 11.481, de 2007)

§ 1º. É vedada a inscrição de ocupação sem a comprovação do efetivo aproveitamento de que trata o *caput* deste artigo. (Incluído pela Lei nº 11.481, de 2007)

§ 2º. A comprovação do efetivo aproveitamento será dispensada nos casos de assentamentos informais definidos pelo Município como área ou zona especial de interesse social, nos termos do seu plano diretor ou outro instrumento legal que garanta a função social da área, exceto na faixa de fronteira ou quando se tratar de imóveis que estejam sob a administração do Ministério da Defesa e dos Comandos da Marinha, do Exército e da Aeronáutica. (Incluído pela Lei nº 11.481, de 2007)

§ 3º. A inscrição de ocupação de imóvel dominial da União, a pedido ou de ofício, será formalizada por meio de ato da autoridade local da Secretaria do Patrimônio da União em processo administrativo específico. (Incluído pela Lei nº 11.481, de 2007)

§ 4º. Será inscrito o ocupante do imóvel, tornando-se este o responsável no cadastro dos bens dominiais da União, para efeito de administração e cobrança de receitas patrimoniais. (Incluído pela Lei nº 11.481, de 2007)

§ 5º. As ocupações anteriores à inscrição, sempre que identificadas, serão anotadas no cadastro a que se refere o § 4º. (Redação dada pela Lei nº 13.139, de 2015)

§ 6º. Os créditos originados em receitas patrimoniais decorrentes da ocupação de imóvel da União serão lançados após concluído o processo administrativo correspondente, observadas a decadência e a inexigibilidade previstas no art. 47 desta Lei. (Incluído pela Lei nº 11.481, de 2007)

§ 7º. Para fins de regularização nos registros cadastrais da Secretaria do Patrimônio da União do Ministério do Planejamento, Desenvolvimento e Gestão das ocupações ocorridas até 10 de junho de 2014, as transferências de posse na cadeia sucessória do imóvel serão anotadas no cadastro dos bens dominiais da União para o fim de cobrança de receitas patrimoniais dos responsáveis, independentemente do prévio recolhimento do laudêmio. (Redação dada pela Lei nº 13.813, de 2019)

Art. 8º. Na realização do cadastramento ou recadastramento de ocupantes, serão observados os procedimentos previstos no art. 128 do Decreto-Lei nº 9.760, de 5 de setembro de 1946, com as alterações desta Lei.

Art. 9º. É vedada a inscrição de ocupações que:

I – ocorreram após 10 de junho de 2014; (Redação dada pela Lei nº 13.139, de 2015)

II – estejam concorrendo ou tenham concorrido para comprometer a integridade das áreas de uso comum do povo, de segurança nacional, de preservação ambiental ou necessárias à preservação dos ecossistemas naturais e de implantação de programas ou ações de regularização fundiária de interesse social ou habitacionais das reservas indígenas, das áreas ocupadas por comunidades remanescentes de quilombos, das vias federais de comunicação e das áreas reservadas para construção de hidrelétricas ou congêneres, ressalvados os casos especiais autorizados na forma da lei. (Redação dada pela Lei nº 11.481, de 2007)

Art. 10. Constatada a existência de posses ou ocupações em desacordo com o disposto nesta Lei, a União deverá imitir-se sumariamente na posse do imóvel, cancelando-se as inscrições eventualmente realizadas.

Parágrafo único. Até a efetiva desocupação, será devida à União indenização pela posse ou ocupação ilícita, correspondente a 10% (dez por cento) do valor atualizado do domínio pleno do terreno, por ano ou fração de ano em que a União tenha ficado privada da posse ou ocupação do imóvel, sem prejuízo das demais sanções cabíveis.

Art. 10-A. A autorização de uso sustentável, de incumbência da Secretaria do Patrimônio da União (SPU), ato administrativo excepcional, transitório e precário, é outorgada às comunidades tradicionais, mediante termo, quando houver necessidade de reconhecimento de ocupação em área da União, conforme procedimento estabelecido em ato da referida Secretaria. (Incluído pela Lei nº 13.465, de 2017)

Parágrafo único. A autorização a que se refere o *caput* deste artigo visa a possibilitar a ordenação do uso racional e sustentável dos recursos naturais disponíveis na orla marítima e fluvial, destinados à subsistência da população tradicional, de maneira a possibilitar o início do processo de regularização fundiária que culminará na concessão de título definitivo, quando cabível. (Incluído pela Lei nº 13.465, de 2017)

SEÇÃO III.
DA FISCALIZAÇÃO E CONSERVAÇÃO

Art. 11. Caberá à SPU a incumbência de fiscalizar e zelar para que sejam mantidas a destinação e o interesse público, o uso e a integridade física dos imóveis pertencentes ao patrimônio da União, podendo, para tanto, por intermédio de seus técnicos credenciados, embargar serviços e obras, aplicar multas e demais sanções previstas em lei e, ainda, requisitar força policial federal e solicitar o necessário auxílio de força pública estadual.

§ 1º. Para fins do disposto neste artigo, quando necessário, a SPU poderá, na forma do regulamento, solicitar a cooperação de força militar federal.

§ 2º. A incumbência de que trata o presente artigo não implicará prejuízo para:

I – as obrigações e responsabilidades previstas nos arts. 70 e 79, § 2º, do Decreto-Lei nº 9.760, de 1946;

II – as atribuições dos demais órgãos federais, com área de atuação direta ou indiretamente relacionada, nos termos da legislação vigente, com o patrimônio da União.

§ 3º. As obrigações e prerrogativas previstas neste artigo poderão ser repassadas, no que couber, às entidades conveniadas ou contratadas na forma dos arts. 1º e 4º.

§ 4º. Constitui obrigação do Poder Público federal, estadual e municipal, observada a legislação específica vigente, zelar pela manutenção das áreas de preservação ambiental, das necessárias à proteção dos ecossistemas naturais e de uso comum do povo, independentemente da celebração de convênio para esse fim.

Art. 11-A. Para efeitos desta Lei, considera-se avaliação de imóvel a atividade desenvolvida por profissional habilitado para identificar o valor de bem imóvel, os seus custos, frutos e direitos e determinar os indicadores de viabilidade de sua utilização econômica para determinada finalidade, por meio do seu valor de mercado, do valor da terra nua, do valor venal ou do valor de referência, consideradas suas características físicas e econômicas, a partir de exames, vistorias e pesquisas. (Incluído pela Lei nº 13.465, de 2017)

§ 1º. As avaliações no âmbito da União terão como objeto os bens classificados como de uso comum do povo, de uso especial e dominicais, nos termos estabelecidos em ato da Secretaria do Patrimônio da União (SPU). (Incluído pela Lei nº 13.465, de 2017)

§ 2º. Os imóveis da União cedidos ou administrados por outros órgãos ou entidades da administração pública federal serão por estes avaliados, conforme critérios estabelecidos em ato da Secretaria do Patrimônio da União (SPU). (Incluído pela Lei nº 13.465, de 2017)

Art. 11-B. O valor do domínio pleno do terreno da União será obtido com base na planta de valores da Secretaria de Coordenação e Governança do Patrimônio da União. *(Redação dada pela Lei 14.011/2020)*

› Dec. 9.354/2018: Regulamenta este artigo.

I e II – *(Revogado pela Lei 14.011/2020)*

§ 1º ao 3º *(Revogados pela Lei 14.011/2020)*

§ 4º Os Municípios e o Distrito Federal fornecerão à Secretaria de Coordenação e Governança do Patrimônio da União, até 30 de junho de cada ano, o valor venal dos terrenos localizados sob sua jurisdição, para subsidiar a atualização da base de dados da referida Secretaria. *(Redação dada pela Lei 14.011/2020)*

§ 5º. Em caso de descumprimento do prazo estabelecido no § 4º deste artigo para encaminhamento do valor venal dos terrenos pelos Municípios e pelo Distrito Federal, o ente federativo perderá o direito, no exercício seguinte, ao repasse de 20% (vinte por cento) dos recursos arrecadados por meio da cobrança de taxa de ocupação, foro e laudêmio aos Municípios e ao Distrito Federal onde estão localizados os imóveis que deram origem à cobrança, previstos no Decreto-Lei nº 2.398, de 21 de dezembro de 1987, e dos 20% (vinte por cento) da receita patrimonial decorrente da alienação desses imóveis, conforme o disposto na Lei nº 13.240, de 30 de dezembro de 2015. (Incluído pela Lei nº 13.465, de 2017)

§ 6º. Para o exercício de 2017, o valor de que trata o *caput* deste artigo será determinado de acordo com a planta de valores da Secretaria do Patrimônio da União (SPU), referente ao exercício de 2016 e atualizada pelo percentual de 7,17% (sete inteiros e dezessete centésimos por cento), ressalvada a correção de inconsistências cadastrais. (Incluído pela Lei nº 13.465, de 2017)

§ 7º Ato do Secretário de Coordenação e Governança do Patrimônio da União disporá sobre as condições para o encaminhamento dos dados de que trata o § 4º deste artigo. *(Acrescido pela Lei 14.011/2020)*

§ 8º O lançamento de débitos relacionados ao foro, à taxa de ocupação e a outras receitas extraordinárias: *(Acrescido pela Lei 14.011/2020)*

I - utilizará como parâmetro o valor do domínio pleno do terreno estabelecido de acordo com o disposto no *caput* deste artigo; e

II - observará o percentual de atualização de, no máximo, 5 (cinco) vezes a variação acumulada do Índice Nacional de Preços ao Consumidor Amplo (IPCA) do exercício anterior, aplicado sobre os valores cobrados no ano anterior, ressalvada a correção de inconsistências cadastrais ou a existência de avaliação válida do imóvel.

§ 9º A Secretaria de Coordenação e Governança do Patrimônio da União atualizará a planta de valores anualmente e estabelecerá os valores mínimos para fins de cobrança dos débitos a que se refere o § 8º deste artigo. *(Acrescido pela Lei 14.011/2020)*

§ 10. (VETADO).

Art. 11-C. As avaliações para fins de alienação onerosa dos domínios pleno, útil ou direto de imóveis da União, permitida a contratação da Caixa Econômica Federal ou de empresas públicas, órgãos ou entidades da administração pública direta ou indireta da União, do Distrito Federal, dos Estados ou dos Municípios cuja atividade-fim seja o desenvolvimento urbano ou imobiliário, com dispensa de licitação, ou de empresa privada, por meio de licitação, serão realizadas: *(Redação dada pela Lei 14.011/2020)*

I – pela Secretaria de Coordenação e Governança do Patrimônio da União; ou *(Acrescido pela Lei 14.011/2020)*

II – pelo órgão ou entidade pública gestora responsável pelo imóvel. *(Acrescido pela Lei 14.011/2020)*

§ 1º. O preço mínimo para as alienações onerosas será fixado com base no valor de mercado do imóvel, estabelecido em laudo de avaliação, cujo prazo de validade será de, no máximo, doze meses. (Incluído pela Lei nº 13.465, de 2017)

§ 2º. Para as áreas públicas da União objeto da Reurb-E, nos casos de venda direta, o preço de venda será fixado com base no valor de mercado do imóvel, excluídas as benfeitorias realizadas pelo ocupante, cujo prazo de validade da avaliação será de, no máximo, doze meses. (Incluído pela Lei nº 13.465, de 2017)

§ 3º. Para as alienações que tenham como objeto a remição do aforamento ou a venda do domínio pleno ou útil, para os ocupantes ou foreiros regularmente cadastrados na SPU, a avaliação, cujo prazo de validade será de, no máximo, doze meses, poderá ser realizada por trecho ou região, desde que comprovadamente homogêneos, com base em pesquisa mercadológica e critérios estabelecidos no zoneamento ou plano diretor do Município." (Incluído pela Lei nº 13.465, de 2017)

§ 4º Nas hipóteses de venda de terrenos de até 250 m² (duzentos e cinquenta metros quadrados) em área urbana, ou de imóveis rurais de até o limite do módulo fiscal, definido pelo Instituto Nacional de Colonização e Reforma Agrária (Incra), será admitida a avaliação por planta de valores. *(Acrescido pela Lei 14.011/2020)*

§ 5º A avaliação de que trata o § 4º deste artigo será baseada em métodos estatísticos lastreados em pesquisa mercadológica e em níveis de precisão compatíveis com os riscos aceitos, nos termos estabelecidos em ato do Secretário de Coordenação e Governança do Patrimônio da União, desde que esses métodos: *(Acrescido pela Lei 14.011/2020)*

LEGISLAÇÃO COMPLEMENTAR

I – sejam previamente aprovados pela Secretaria de Coordenação e Governança do Patrimônio da União;

II – sejam baseados em critérios, premissas e procedimentos objetivos, documentados, passíveis de verificação pelos órgãos de controle e disponíveis em sistema eletrônico de dados; e

III – propiciem a geração de relatório individualizado da precificação do imóvel.

§ 6º As avaliações poderão ser realizadas sem que haja visita presencial, por meio de modelos de precificação, automatizados ou não, nos termos dos §§ 4º e 5º deste artigo. *(Acrescido pela Lei 14.011/2020)*

§ 7º Os laudos de avaliação dos imóveis elaborados por empresas especializadas serão homologados pela Secretaria de Coordenação e Governança do Patrimônio da União ou pelo órgão ou entidade pública gestora do imóvel, por meio de modelos preestabelecidos e sistema automatizado. *(Acrescido pela Lei 14.011/2020)*

§ 8º É dispensada a homologação de que trata o § 7º deste artigo dos laudos de avaliação realizados por banco público federal ou por empresas públicas. *(Acrescido pela Lei 14.011/2020)*

§ 9º O órgão ou a entidade pública gestora poderá estabelecer que o laudo de avaliação preveja os valores para a venda do imóvel de acordo com prazo inferior à média de absorção do mercado. *(Acrescido pela Lei 14.011/2020)*

§ 10. A Secretaria de Coordenação e Governança do Patrimônio da União poderá utilizar o valor estimado nos laudos de avaliação para fins de venda do imóvel em prazo menor do que a média de absorção do mercado. *(Acrescido pela Lei 14.011/2020)*

§ 11. É vedada a avaliação por empresas especializadas cujos sócios sejam servidores da Secretaria de Coordenação e Governança do Patrimônio da União ou da Secretaria Especial de Desestatização, Desinvestimento e Mercados do Ministério da Economia, ou seus parentes, em linha reta ou colateral, por consanguinidade ou afinidade, até o terceiro grau, inclusive. *(Acrescido pela Lei 14.011/2020)*

§ 12. Ato do Secretário de Coordenação e Governança do Patrimônio da União disporá sobre critérios técnicos para a elaboração e a homologação dos laudos de avaliação. *(Acrescido pela Lei 14.011/2020)*

Art. 11-D. Ato do Secretário de Coordenação e Governança do Patrimônio da União estabelecerá critérios técnicos e impessoais para habilitação de profissionais com vistas à execução de medidas necessárias ao processo de alienação dos bens imóveis da União. *(Acrescido pela Lei 14.011/2020)*

§ 1º A remuneração do profissional habilitado pela Secretaria de Coordenação e Governança do Patrimônio da União será devida somente na hipótese de êxito do processo de alienação correspondente.

§ 2º Os laudos de avaliação dos imóveis elaborados pelos avaliadores serão homologados pela Secretaria de Coordenação e Governança do Patrimônio da União ou pelo órgão ou entidade pública gestora do imóvel, por meio de modelos preestabelecidos e sistema automatizado.

§ 3º O profissional ou empresa que atender aos critérios estabelecidos no ato a que se refere o *caput* deste artigo será automaticamente considerado habilitado, sem necessidade de declaração da Secretaria de Coordenação e Governança do Patrimônio da União.

SEÇÃO IV. DO AFORAMENTO

- CC: art. 2.038, § 1º.

Art. 12. Observadas as condições previstas no § 1º do art. 23 e resguardadas as situações previstas no inciso I do art. 5º do Decreto-lei nº 2.398, de 1987, os imóveis dominiais da União, situados em zonas sujeitas ao regime enfitêutico, poderão ser aforados, mediante leilão ou concorrência pública, respeitado, como preço mínimo, o valor de mercado do respectivo domínio útil, estabelecido em avaliação de precisão, realizada, especificamente para esse fim, pela SPU ou, sempre que necessário, pela Caixa Econômica Federal, com validade de 6 (seis) meses a contar da data de sua publicação.

§ 1º. Na impossibilidade, devidamente justificada, de realização de avaliação de precisão, será admitida a avaliação expedita.

§ 2º. Para realização das avaliações de que trata este artigo, a SPU e a CEF poderão contratar serviços especializados de terceiros, devendo os respectivos laudos, para os fins previstos nesta Lei, ser homologados por quem os tenha contratado, quanto à observância das normas técnicas pertinentes.

§ 3º. Não serão objeto de aforamento os imóveis que: (Redação dada pela Lei nº 13.139, de 2015)

I – por sua natureza e em razão de norma especial, são ou venham a ser considerados indisponíveis e inalienáveis; e (Incluído pela Lei nº 13.139, de 2015)

II – são considerados de interesse do serviço público, mediante ato do Secretário do Patrimônio da União do Ministério do Planejamento, Orçamento e Gestão. (Incluído pela Lei nº 13.139, de 2015)

- Lei 13.341/2016: art. 2º, VI (transformou o Ministério do Planejamento, Orçamento e Gestão em Ministério do Planejamento, Desenvolvimento e Gestão).

Art. 13. Na concessão do aforamento, será dada preferência a quem, comprovadamente, em 10 de junho de 2014, já ocupava o imóvel há mais de 1 (um) ano e esteja, até a data da formalização do contrato de alienação do domínio útil, regularmente inscrito como ocupante e em dia com suas obrigações perante a Secretaria do Patrimônio da União do Ministério do Planejamento, Orçamento e Gestão. (Redação dada pela Lei nº 13.139, de 2015)

- Lei 13.341/2016: art. 2º, VI (transformou o Ministério do Planejamento, Orçamento e Gestão em Ministério do Planejamento, Desenvolvimento e Gestão).

§ 1º. Previamente à publicação do edital de licitação, dar-se-á conhecimento do preço mínimo para venda do domínio útil ao titular da preferência de que trata este artigo, que poderá adquiri-lo por esse valor, devendo, para este fim, sob pena de decadência, manifestar o seu interesse na aquisição e apresentar a documentação exigida em lei na forma e nos prazos previstos em regulamento e, ainda, celebrar o contrato de aforamento de que trata o art. 14 no prazo de 6 (seis) meses, a contar da data da notificação.

§ 2º. O prazo para celebração do contrato de que trata o parágrafo anterior poderá ser prorrogado, a pedido do interessado e observadas as condições previstas em regulamento, por mais 6 (seis) meses, situação em que, havendo variação significativa no mercado imobiliário local, será feita nova avaliação, correndo os custos de sua realização por conta do respectivo ocupante.

§ 3º. A notificação de que trata o § 1º será feita por edital publicado no Diário Oficial da União e, sempre que possível, por carta registrada a ser enviada ao ocupante do imóvel que se encontre inscrito na SPU.

§ 4º. O edital especificará o nome do ocupante, a localização do imóvel e a respectiva área, o valor de avaliação, bem como o local e horário de atendimento aos interessados.

§ 5º. (Revogado pela Lei nº 13.139, de 2015)

§ 6º. Para fins de regularização nos registros cadastrais da Secretaria do Patrimônio da União do Ministério do Planejamento, Desenvolvimento e Gestão dos aforamentos ocorridos até 10 de junho de 2014, as transferências de posse na cadeia sucessória do imóvel serão anotadas no cadastro dos bens dominiais da União para o fim de cobrança de receitas patrimoniais dos respectivos responsáveis, independentemente do prévio recolhimento do laudêmio. (Redação dada pela Lei nº 13.813, de 2019)

Art. 14. O domínio útil, quando adquirido mediante o exercício da preferência de que tratam o art. 13 e o § 3º do art. 17 desta Lei, poderá ser pago: (Redação dada pela Lei nº 13.465, de 2017)

I – à vista. (Redação dada pela Lei nº 13.465, de 2017)

II – a prazo, mediante pagamento, no ato da assinatura do contrato de aforamento, de entrada mínima de 10% (dez por cento) do preço, a título de sinal e princípio de pagamento, e do saldo em até 120 prestações mensais e consecutivas, devidamente atualizadas, observando-se, neste caso, que o término do parcelamento não poderá ultrapassar a data em que o adquirente completar 80 (oitenta) anos de idade.

Parágrafo único. (Revogado pela Lei nº 13.465, de 2017)

Art. 15. A Secretaria do Patrimônio da União do Ministério do Planejamento, Orçamento e Gestão promoverá, mediante licitação, o aforamento dos terrenos de domínio da União situados em zonas sujeitas ao regime enfitêutico que estiverem vagos ou ocupados há até 1 (um) ano em 10 de junho de 2014, bem como daqueles cujos ocupantes não tenham exercido a preferência ou a opção de que tratam os arts. 13 e 17 desta Lei e o inciso I do *caput* do art. 5º do Decreto-Lei nº 2.398, de 21 de dezembro de 1987. (Redação dada pela Lei nº 13.139, de 2015)

- Lei 13.341/2016: art. 2º, VI (transformou o Ministério do Planejamento, Orçamento e Gestão em Ministério do Planejamento, Desenvolvimento e Gestão).

§ 1º. O domínio pleno das benfeitorias incorporadas ao imóvel, independentemente de quem as tenha realizado, será também objeto de alienação.

§ 2º. Os ocupantes com até 1 (um) ano de ocupação em 10 de junho de 2014 que continuem ocupando o imóvel e estejam regularmente inscritos e em dia com suas obrigações perante a Secretaria do Patrimônio da União do Ministério do Planejamento, Orçamento e Gestão na data da realização da licitação poderão adquirir o domínio útil do imóvel, em caráter preferencial, pelo preço, abstraído o valor correspondente às benfeitorias por eles realizadas, e nas mesmas condições oferecidas pelo vencedor da licitação, desde que manifestem seu interesse no ato do pregão ou no prazo de 48 (quarenta e oito) horas, contado da publicação do resultado do julgamento da concorrência. (Redação dada pela Lei nº 13.139, de 2015)

§ 3º. O edital de licitação especificará, com base na proporção existente entre os valores apurados no laudo de avaliação, o percentual a ser subtraído da proposta ou do lance vencedor, correspondente às benfeitorias realizadas pelo ocupante, caso este exerça a preferência de que trata o parágrafo anterior.

§ 4º. Ocorrendo a venda, na forma deste artigo, do domínio útil do imóvel a terceiros, será repassado ao ocupante, exclusivamente neste caso, o valor correspondente às benfeitorias por ele realizadas calculado com base no percentual apurado na forma do parágrafo anterior, sendo vedada a extensão deste benefício a outros casos, mesmo que semelhantes.

§ 5º. O repasse de que trata o parágrafo anterior será realizado nas mesmas condições de pagamento, pelo adquirente, do preço do domínio útil.

§ 6º. Caso o domínio útil do imóvel não seja vendido no primeiro certame, serão promovidas, após a reintegração sumária da União na posse do imóvel, novas licitações, nas quais não será dada nenhuma preferência ao ocupante.

§ 7º. Os ocupantes que não exercerem, conforme o caso, as preferências de que tratam os arts. 13 e 15, § 2º, e a opção de que trata o art. 17, nos termos e condições previstos nesta Lei e em seu regulamento, terão o prazo de 60 (sessenta) dias para desocupar o imóvel, findo o qual ficarão sujeitos ao pagamento de indenização pela ocupação ilícita, correspondente a 10% (dez por cento) do valor atualizado do domínio pleno do terreno, por ano ou fração de ano, até que a União seja reintegrada na posse do imóvel.

Art. 16. Constatado, no processo de habilitação, que os adquirentes prestaram declaração falsa sobre pré-requisitos necessários ao exercício da preferência de que tratam os arts. 13, 15, § 2º, e 17, § 3º, desta Lei, e o inciso I do art. 5º do Decreto-Lei nº 2.398, de 1987, os respectivos contratos de aforamento serão nulos de pleno direito, sem prejuízo das sanções penais aplicáveis, independentemente de notificação judicial ou extrajudicial, retornando automaticamente o imóvel ao domínio pleno da União e perdendo os compradores o valor correspondente aos pagamentos eventualmente já efetuados.

Art. 16-A. Para os terrenos submetidos ao regime enfitêutico, ficam autorizadas a remição do foro e a consolidação do domínio pleno com o foreiro mediante o pagamento do valor correspondente ao domínio direto do terreno, segundo os critérios de avaliação previstos no art. 11-C desta Lei, cujo prazo de validade da avaliação será de, no máximo, doze meses, e das obrigações pendentes na Secretaria do Patrimônio da União (SPU), inclusive aquelas objeto de parcelamento, excluídas as benfeitorias realizadas pelo foreiro. (Incluído pela Lei nº 13.465, de 2017)

§ 1º. Ficam dispensadas do pagamento pela remição as pessoas consideradas carentes ou de baixa renda, nos termos previstos no art. 1º do Decreto-Lei nº 1.876, de 15 de julho de 1981. (Incluído pela Lei nº 13.465, de 2017)

§ 2º. A remição do foro e a consolidação do domínio pleno com o foreiro a que se refere este artigo poderão ser efetuadas à vista ou de forma parcelada, permitida a utilização dos recursos do FGTS para pagamento total, parcial ou em amortização de parcelas e liquidação do saldo devedor, observadas as demais regras e condições estabelecidas para uso do FGTS. (Incluído pela Lei nº 13.465, de 2017)

§ 3º. As demais condições para a remição do foro dos imóveis submetidos ao regime enfitêutico a que se refere este artigo serão estabelecidas em ato da Secretaria do Patrimônio da União (SPU). (Incluído pela Lei nº 13.465, de 2017)

§ 4º. O foreiro que não optar pela aquisição dos imóveis de que trata este artigo continuará submetido ao regime enfitêutico, na forma da legislação vigente. (Incluído pela Lei nº 13.465, de 2017)

§ 5º. A Secretaria do Patrimônio da União (SPU) verificará a regularidade cadastral dos imóveis a serem alienados e procederá aos ajustes eventualmente necessários durante o processo de alienação. (Incluído pela Lei nº 13.465, de 2017)

§ 6º. Não se aplica o disposto neste artigo aos imóveis da União: (Incluído pela Lei nº 13.465, de 2017)

I - administrados pelo Ministério das Relações Exteriores, pelo Ministério da Defesa ou pelos Comandos da Marinha, do Exército ou da Aeronáutica; (Incluído pela Lei nº 13.465, de 2017)
II - situados na faixa de fronteira de que trata a Lei nº 6.634, de 2 de maio de 1979, ou na faixa de segurança de que trata o § 3º do art. 49 do Ato das Disposições Constitucionais Transitórias. (Incluído pela Lei nº 13.465, de 2017)

§ 7º. Para os fins desta Lei, considera-se faixa de segurança a extensão de trinta metros a partir do final da praia, nos termos do § 3º do art. 10 da Lei nº 7.661, de 16 de maio de 1988. (Incluído pela Lei nº 13.465, de 2017)

Art. 16-B. Fica o Poder Executivo Federal autorizado, por intermédio da Secretaria do Patrimônio da União (SPU), a contratar a Caixa Econômica Federal, independentemente de processo licitatório, para a prestação de serviços relacionados à administração dos contratos, à arrecadação e à cobrança administrativa decorrentes da remição do foro dos imóveis a que se refere o art. 16-A desta Lei. (Incluído pela Lei nº 13.465, de 2017)

Parágrafo único. A Caixa Econômica Federal representará a União na celebração dos contratos de que trata o *caput* deste artigo. (Incluído pela Lei nº 13.465, de 2017)

Art. 16-C. O Ministro de Estado do Planejamento, Desenvolvimento e Gestão, permitida a delegação, editará portaria com a lista de áreas ou imóveis sujeitos à alienação nos termos do art. 16-A desta Lei. (Incluído pela Lei nº 13.465, de 2017)

§ 1º. Os terrenos de marinha e acrescidos alienados na forma desta Lei: (Incluído pela Lei nº 13.465, de 2017)

I - não incluirão: (Incluído pela Lei nº 13.465, de 2017)

a) áreas de preservação permanente, na forma do inciso II do *caput* do art. 3º da Lei nº 12.651, de 25 de maio de 2012; ou (Incluído pela Lei nº 13.465, de 2017)

b) áreas em que seja vedado o parcelamento do solo, na forma do art. 3º e do inciso I do *caput* do art. 13 da Lei nº 6.766, de 19 de dezembro de 1979; (Incluído pela Lei nº 13.465, de 2017)

II - deverão estar situados em área urbana consolidada. (Incluído pela Lei nº 13.465, de 2017)

§ 2º. Para os fins desta Lei, considera-se área urbana consolidada aquela: (Incluído pela Lei nº 13.465, de 2017)

I - incluída no perímetro urbano ou em zona urbana pelo plano diretor ou por lei municipal específica; (Incluído pela Lei nº 13.465, de 2017)
II - com sistema viário implantado e vias de circulação pavimentadas; (Incluído pela Lei nº 13.465, de 2017)
III - organizada em quadras e lotes predominantemente edificados; (Incluído pela Lei nº 13.465, de 2017)
IV - de uso predominantemente urbano, caracterizado pela existência de edificações residenciais, comerciais, industriais, institucionais, mistas ou voltadas à prestação de serviços; e (Incluído pela Lei nº 13.465, de 2017)
V - com a presença de, no mínimo, três dos seguintes equipamentos de infraestrutura urbana implantados: (Incluído pela Lei nº 13.465, de 2017)

a) drenagem de águas pluviais; (Incluído pela Lei nº 13.465, de 2017)

b) esgotamento sanitário; (Incluído pela Lei nº 13.465, de 2017)

c) abastecimento de água potável; (Incluído pela Lei nº 13.465, de 2017)

d) distribuição de energia elétrica; e (Incluído pela Lei nº 13.465, de 2017)

e) limpeza urbana, coleta e manejo de resíduos sólidos. (Incluído pela Lei nº 13.465, de 2017)

§ 3º. A alienação dos imóveis de que trata o § 1º deste artigo não implica supressão das restrições administrativas de uso ou edificação que possam prejudicar a segurança da navegação, conforme estabelecido em ato do Ministro de Estado da Defesa. (Incluído pela Lei nº 13.465, de 2017)

§ 4º. Não há necessidade de autorização legislativa específica para alienação dos imóveis arrolados na portaria a que se refere o *caput* deste artigo." (Incluído pela Lei nº 13.465, de 2017)

Art. 16-D. O adquirente receberá desconto de 25% (vinte e cinco por cento) na aquisição à vista, com fundamento no art. 16-A desta Lei, desde que atendidas as seguintes condições, cumulativamente: (Redação dada pela Lei nº 13.813, de 2019)

I - tenha sido apresentada manifestação de interesse para a aquisição à vista com o desconto de que trata o *caput* deste artigo no prazo de 30 (trinta) dias, contado a partir da data do recebimento da notificação da inclusão do imóvel na portaria de que trata o art. 16-C desta Lei; e (Incluído pela Lei nº 13.813, de 2019)
II - tenha sido efetuado o pagamento à vista do valor da alienação no prazo de sessenta dias, contado a partir da data da manifestação de interesse do adquirente. (Incluído pela Lei nº 13.813, de 2019)

Parágrafo único. Para as alienações efetuadas de forma parcelada não será concedido desconto. (Incluído pela Lei nº 13.465, de 2017)

Art. 16-E. O pagamento das alienações realizadas nos termos do art. 16-A desta Lei observará critérios fixados em regulamento e poderá ser realizado: (Incluído pela Lei nº 13.465, de 2017)

I - à vista; (Incluído pela Lei nº 13.465, de 2017)
II - a prazo, mediante as condições de parcelamento estabelecidas em ato da Secretaria do Patrimônio da União (SPU)." (Incluído pela Lei nº 13.465, de 2017)

Art. 16-F. Para os imóveis divididos em frações ideais em que já tenha havido aforamento de, no mínimo, uma das unidades autônomas, na forma do item 1º do art. 105 do Decreto-Lei nº 9.760, de 5 de setembro de 1946, combinado com o inciso I do *caput* do art. 5º do Decreto-Lei nº 2.398, de 21 de dezembro 1987, será aplicado o mesmo critério de outorga de aforamento para as demais unidades do imóvel." (Incluído pela Lei nº 13.465, de 2017)

Art. 16-G. A União repassará 20% (vinte por cento) da receita patrimonial decorrente da remição do foro dos imóveis a que se refere o art. 16-A desta Lei aos Municípios e ao Distrito Federal onde estão localizados. (Incluído pela Lei nº 13.465, de 2017)

Art. 16-H. Fica a Secretaria do Patrimônio da União (SPU) autorizada a receber Proposta de Manifestação de Aquisição, por foreiro de imóvel da União, que esteja regularmente inscrito e adimplente com suas obrigações com aquela Secretaria. (Incluído pela Lei nº 13.465, de 2017)

§ 1º. O foreiro deverá apresentar à SPU carta formalizando o interesse na aquisição juntamente com a identificação do imóvel e do foreiro, comprovação do período de foro e de estar em dia com as respectivas taxas, avaliação do imóvel e das benfeitorias, proposta de pagamento e, para imóveis rurais, georreferenciamento e CAR individualizado. (Incluído pela Lei nº 13.465, de 2017)

§ 2º. Para a análise da Proposta de Manifestação de Aquisição de que trata este artigo deverão ser cumpridos todos os requisitos e condicionantes estabelecidos na legislação que normatiza a alienação de imóveis da União, mediante a edição da portaria do Ministério do Planejamento, Desenvolvimento e Gestão de que trata o art. 16-C, bem como os critérios de avaliação previstos no art. 11-C, ambos desta Lei. (Incluído pela Lei nº 13.465, de 2017)

§ 3º. O protocolo da Proposta de Manifestação de Aquisição de imóvel da União pela Secretaria do Patrimônio da União (SPU) não constituirá nenhum direito ao foreiro perante a União. (Incluído pela Lei nº 13.465, de 2017)

§ 4º. A Secretaria do Patrimônio da União (SPU) fica autorizada a regulamentar a Proposta de Manifestação de Aquisição de que trata este artigo, mediante edição de portaria específica." (Incluído pela Lei nº 13.465, de 2017)

Art. 16-I. Os imóveis submetidos ao regime enfitêutico com valor de remição do domínio direto do terreno até o limite estabelecido em ato do Ministro de Estado da Economia terão, mediante procedimento simplificado, a remição do foro autorizada, e o domínio pleno será consolidado em nome dos atuais foreiros que estejam regularmente cadastrados na Secretaria de Coordenação e Governança do Patrimônio da União e que estejam em dia com suas obrigações. *(Acrescido pela Lei 14.011/2020)*

§ 1º O valor para remição do foro dos imóveis enquadrados no *caput* deste artigo será definido de acordo com a planta de valores da Secretaria de Coordenação e Governança do Patrimônio da União, observado, no que couber, o disposto no art. 11-C desta Lei.

§ 2º Os imóveis sujeitos à alienação nos termos deste artigo serão remidos mediante venda direta ao atual foreiro, dispensada a edição de portaria específica.

§ 3º Os imóveis com valor do domínio direto do terreno superior ao estabelecido em ato do Ministro de Estado da Economia poderão ser alienados nos termos do art. 16-A desta Lei.

§ 4º A hipótese de que trata este artigo está condicionada à edição de ato do Secretário de Coordenação e Governança do Patrimônio da União que discipline os procedimentos e o cronograma dos imóveis abrangidos.

SEÇÃO V.
DOS DIREITOS DOS OCUPANTES REGULARMENTE INSCRITOS ATÉ 5 DE OUTUBRO DE 1988

Art. 17. Os ocupantes regularmente inscritos até 5 de outubro de 1988, que não exercerem a preferência de que trata o art. 13, terão os seus direitos e obrigações assegurados mediante a celebração de contratos de cessão de uso onerosa, por prazo indeterminado.

§ 1º. A opção pela celebração do contrato de cessão de que trata este artigo deverá ser manifestada e formalizada, sob pena de decadência, observando-se os mesmos prazos previstos no art. 13, para exercício da preferência ao aforamento.

§ 2º. Havendo interesse do serviço público, a União poderá, a qualquer tempo, revogar o contrato de cessão e reintegrar-se na posse do imóvel, após o decurso do prazo de 90 (noventa) dias da notificação administrativa que para esse fim expedir, em cada caso, não sendo reconhecidos ao cessionário quaisquer direitos sobre o terreno ou a indenização por benfeitorias realizadas.

§ 3º. A qualquer tempo, durante a vigência do contrato de cessão, poderá o cessionário pleitear novamente a preferência à aquisição, exceto na hipótese de haver sido declarado o interesse do serviço público, na forma do art. 5º do Decreto-Lei nº 2.398, de 1987.

SEÇÃO VI.
DA CESSÃO

Art. 18. A critério do Poder Executivo poderão ser cedidos, gratuitamente ou em condições especiais, sob qualquer dos regimes previstos no Decreto-Lei nº 9.760, de 1946, imóveis da União a:

‣ Decreto-lei 9.760/1946: art. 64.

I – Estados, Distrito Federal, Municípios e entidades sem fins lucrativos das áreas de educação, cultura, assistência social ou saúde; (Redação dada pela Lei nº 11.481, de 2007)

II – pessoas físicas ou jurídicas, em se tratando de interesse público ou social ou de aproveitamento econômico de interesse nacional. (Redação dada pela Lei nº 11.481, de 2007)

§ 1º. A cessão de que trata este artigo poderá ser realizada, ainda, sob o regime de concessão de direito real de uso resolúvel, previsto no art. 7º do Decreto-Lei nº 271, de 28 de fevereiro de 1967, aplicando-se, inclusive, em terrenos de marinha e acrescidos, dispensando-se o procedimento licitatório para associações e cooperativas que se enquadrem no inciso II do *caput* deste artigo. (Redação dada pela Lei nº 11.481, de 2007)

§ 2º. O espaço aéreo sobre bens públicos, o espaço físico em águas públicas, as áreas de álveo de lagos, rios e quaisquer correntes d'água, de vazantes, da plataforma continental e de outros bens de domínio da União, insusceptíveis de transferência de direitos reais a terceiros, poderão ser objeto de cessão de uso, nos termos deste artigo, observadas as prescrições legais vigentes.

§ 3º. A cessão será autorizada em ato do Presidente da República e se formalizará mediante termo ou contrato, do qual constarão expressamente as condições estabelecidas, entre as quais a finalidade da sua realização e o prazo para seu cumprimento, e tornar-se-á nula, independentemente de ato especial, se ao imóvel, no todo ou em parte, vier a ser dada aplicação diversa da prevista no ato autorizativo e consequente termo ou contrato.

§ 4º. A competência para autorizar a cessão de que trata este artigo poderá ser delegada ao Ministro de Estado da Fazenda, permitida a subdelegação.

§ 5º. Na hipótese de destinação à execução de empreendimento de fim lucrativo, a cessão será onerosa e, sempre que houver condições de competitividade, serão observados os procedimentos licitatórios previstos em lei e o disposto no art. 18-B desta Lei. (Redação dada pela Lei nº 13.813, de 2019).

§ 6º. Fica dispensada de licitação a cessão prevista no *caput* deste artigo relativa a: (Incluído pela Lei nº 11.481, de 2007)

I – bens imóveis residenciais construídos, destinados ou efetivamente utilizados no âmbito de programas de provisão habitacional ou de regularização fundiária de interesse social desenvolvidos por órgãos ou entidades da administração pública; (Incluído pela Lei nº 11.481, de 2007)

II – bens imóveis de uso comercial de âmbito local com área de até 250 m² (duzentos e cinquenta metros quadrados), inseridos no âmbito de programas de regularização fundiária de interesse social desenvolvidos por órgãos ou entidades da administração pública e cuja ocupação se tenha consolidado até 27 de abril de 2006. (Incluído pela Lei nº 11.481, de 2007)

III – espaços físicos em corpos d'água de domínio da União para fins de aquicultura, no âmbito da regularização aquícola desenvolvida por órgãos ou entidades da administração pública. *(Acrescido pela Lei 14.011/2020)*

§ 6º-A. Os espaços físicos a que refere o inciso III do § 6º deste artigo serão cedidos ao requerente que tiver projeto aprovado perante a Secretaria de Aquicultura e Pesca do Ministério da Agricultura, Pecuária e Abastecimento e demais órgãos da administração pública. *(Acrescido pela Lei 14.011/2020)*

§ 7º. Além das hipóteses previstas nos incisos I e II do *caput* e no § 2º deste artigo, o espaço aéreo sobre bens públicos, o espaço físico em águas públicas, as áreas de álveo de lagos, rios e quaisquer correntes d'água, de vazantes e de outros bens do domínio da União, contíguos a imóveis da União afetados ao regime de aforamento ou ocupação, poderão ser objeto de cessão de uso. (Incluído pela Lei nº 12.058, de 2009)

§ 8º. A destinação que tenha como beneficiários entes públicos ou privados concessionários ou delegatários da prestação de serviços de coleta, tratamento e distribuição de água potável, esgoto sanitário e destinação final de resíduos sólidos poderá ser realizada com dispensa de licitação e sob regime gratuito. (Incluído pela Lei nº 13.465, de 2017)

§ 9º. Na hipótese prevista no § 8º deste artigo, caso haja a instalação de tubulação subterrânea e subaquática que permita outro uso concomitante, a destinação dar-se-á por meio de autorização de passagem, nos termos de ato da Secretaria do Patrimônio da União (SPU). (Incluído pela Lei nº 13.465, de 2017)

§ 10. A cessão de que trata este artigo poderá estabelecer como contrapartida a obrigação de construir, reformar ou prestar serviços de engenharia em imóveis da União ou em bens móveis de interesse da União, admitida a contrapartida em imóveis da União que não sejam objeto da cessão. *(Acrescido pela Lei 14.011/2020)*

§ 11. A cessão com contrapartida será celebrada sob condição resolutiva até que a obrigação seja integralmente cumprida pelo cessionário. *(Acrescido pela Lei 14.011/2020)*

§ 12. Na hipótese de descumprimento pelo cessionário da contrapartida, nas condições e nos prazos estabelecidos, o instrumento jurídico da cessão resolver-se-á sem direito à indenização pelas acessões e benfeitorias nem a qualquer outra indenização ao cessionário, e a posse do imóvel será imediatamente revertida para a União. *(Acrescido pela Lei 14.011/2020)*

Art. 18-A. Os responsáveis pelas estruturas náuticas instaladas ou em instalação no mar territorial, nos rios e nos lagos de domínio da União que requererem a sua regularização até 31 de dezembro de 2018 perceberão desconto de 50% (cinquenta por cento) no valor do recolhimento do preço público pelo uso privativo de área da União quanto ao período que antecedeu a data de publicação da Medida Provisória nº 759, de 22 de dezembro de 2016. (Incluído pela Lei nº 13.465, de 2017)

§ 1º. O desconto de que trata o *caput* deste artigo fica condicionado ao deferimento do pedido de regularização pela Secretaria do Patrimônio da União (SPU). (Incluído pela Lei nº 13.465, de 2017)

§ 2º. O disposto no *caput* deste artigo não se aplica aos créditos inscritos em dívida ativa da União. (Incluído pela Lei nº 13.465, de 2017)

Art. 18-B. Os imóveis da União que estiverem ocupados por entidades desportivas de quaisquer modalidades poderão ser objeto de cessão em condições especiais, dispensado o procedimento licitatório e observadas as seguintes condições: (Incluído pela Lei nº 13.813, de 2019)

I - que as ocupações sejam anteriores a 5 de outubro de 1988, exclusivamente; e (Incluído pela Lei nº 13.813, de 2019)
II - que a cessão seja pelo prazo máximo de 30 (trinta) anos, admitidas prorrogações por iguais períodos. (Incluído pela Lei nº 13.813, de 2019)

§ 1º A cessão será formalizada por meio de termo ou de contrato, do qual constarão expressamente as condições estabelecidas. (Incluído pela Lei nº 13.813, de 2019)

§ 2º A cessão será tornada nula, independentemente de ato especial, se ao imóvel vier a ser dada aplicação diversa da prevista no termo ou no contrato, no todo ou em parte, observado o disposto no § 5º do art. 18 desta Lei. (Incluído pela Lei nº 13.813, de 2019)

§ 3º As entidades desportivas de que trata este artigo receberão desconto de 50% (cinquenta por cento) sobre os débitos inadimplidos relativos a preços públicos pelo uso privativo de área da União quanto ao período anterior à data de formalização do termo ou do contrato. (Incluído pela Lei nº 13.813, de 2019)

§ 4º O desconto de que trata o § 3º deste artigo somente será concedido aos interessados que requererem a regularização até 31 de dezembro de 2019 e ficará condicionado ao deferimento do pedido pela Secretaria do Patrimônio da União do Ministério do Planejamento, Desenvolvimento e Gestão. (Incluído pela Lei nº 13.813, de 2019)

Art. 19. O ato autorizativo da cessão de que trata o artigo anterior poderá:

I – permitir a alienação do domínio útil ou de direitos reais de uso de frações do terreno cedido mediante regime competente, com a finalidade de obter recursos para execução dos objetivos da cessão, inclusive para construção de edificações que pertencerão, no todo ou em parte, ao cessionário;
II – permitir a hipoteca do domínio útil ou de direitos reais de uso de frações do terreno cedido, mediante regime competente, e de benfeitorias eventualmente aderidas, com as finalidades referidas no inciso anterior;
III – permitir a locação ou o arrendamento de partes do imóvel cedido e benfeitorias eventualmente aderidas, desnecessárias ao uso imediato do cessionário;

- Lei 9.636/1998: art. 40, V.

IV – isentar o cessionário do pagamento de foro, enquanto o domínio útil do terreno fizer parte do seu patrimônio, e de laudêmios, nas transferências de domínio útil de que trata este artigo;
V – conceder prazo de carência para início de pagamento das retribuições devidas, quando:

a) for necessária a viabilização econômico-financeira do empreendimento;

b) houver interesse em incentivar atividade pouco ou ainda não desenvolvida no País ou em alguma de suas regiões; ou

c) for necessário ao desenvolvimento de microempresas, cooperativas e associações de pequenos produtores e de outros segmentos da economia brasileira que precisem ser incrementados.

VI – permitir a cessão gratuita de direitos enfitêuticos relativos a frações de terrenos cedidos quando se tratar de regularização fundiária ou provisão habitacional para famílias carentes ou de baixa renda. (Incluído pela Lei nº 11.481, de 2007)

Art. 20. Não será considerada utilização em fim diferente do previsto no termo de entrega, a que se refere o § 2º do art. 79 do Decreto-Lei nº 9.760, de 1946, a cessão de uso a terceiros, a título gratuito ou oneroso de áreas para exercício de atividade de apoio, definidas em regulamento, necessárias ao desempenho da atividade do órgão a que o imóvel foi entregue.

- Lei 9.636/1998: art. 40, IV.

Parágrafo único. A cessão de que trata este artigo será formalizada pelo chefe da repartição, estabelecimento ou serviço público federal a que tenha sido entregue o imóvel, desde que aprovada sua realização pelo Secretário-Geral da Presidência da República, respectivos Ministros de Estado ou autoridades com competência equivalente nos Poderes Legislativo ou Judiciário, conforme for o caso, e que tenham sido observadas as condições previstas no regulamento e os procedimentos licitatórios previstos em lei.

Art. 21. Quando o projeto envolver investimentos cujo retorno, justificadamente, não possa ocorrer dentro do prazo máximo de 20 (vinte) anos, a cessão sob o regime de arrendamento poderá ser realizada por prazo superior, observando-se, nesse caso, como prazo de vigência, o tempo seguramente necessário à viabilização econômico-financeira do empreendimento, não ultrapassando o período da possível renovação. (Redação dada pela Lei nº 11.314 de 2006)

SEÇÃO VII.
DA PERMISSÃO DE USO

Art. 22. A utilização, a título precário, de áreas de domínio da União para a realização de eventos de curta duração, de natureza recreativa, esportiva, cultural, religiosa ou educacional, poderá ser autorizada, na forma do regulamento, sob o regime de permissão de uso, em ato do Secretário do Patrimônio da União, publicado no Diário Oficial da União.

§ 1º. A competência para autorizar a permissão de uso de que trata este artigo poderá ser delegada aos titulares das Delegacias do Patrimônio da União nos Estados.

§ 2º. Em áreas específicas, devidamente identificadas, a competência para autorizar a permissão de uso poderá ser repassada aos Estados e Municípios, devendo, para tal fim, as áreas envolvidas lhes serem cedidas sob o regime de cessão de uso, na forma do art. 18.

SEÇÃO VIII
DA CONCESSÃO DE USO ESPECIAL PARA FINS DE MORADIA

- (Incluído pela Lei nº 11.481, de 2007)

Art. 22-A. A concessão de uso especial para fins de moradia aplica-se às áreas de propriedade da União, inclusive aos terrenos de marinha e acrescidos, e será conferida aos possuidores ou ocupantes que preencham os requisitos legais estabelecidos na Medida Provisória nº 2.220, de 4 de setembro de 2001. (Incluído pela Lei nº 11.481, de 2007)

- Lei 10.257/2001: art. 4º, V, h.

§ 1º. O direito de que trata o *caput* deste artigo não se aplica a imóveis funcionais. (Incluído pela Lei nº 11.481, de 2007)

§ 2º. Os imóveis sob administração do Ministério da Defesa ou dos Comandos da Marinha, do Exército e da Aeronáutica são considerados de interesse da defesa nacional para efeito do disposto no inciso III do *caput* do art. 5º da Medida Provisória nº 2.220, de 4 de setembro de 2001, sem prejuízo do estabelecido no § 1º deste artigo. (Incluído pela Lei nº 11.481, de 2007)

CAPÍTULO II.
DA ALIENAÇÃO

Art. 23. A alienação de bens imóveis da União dependerá de autorização, mediante ato do Presidente da República, e será sempre precedida de parecer da SPU quanto à sua oportunidade e conveniência.

- Lei 14.133/2021 (Nova Lei de Licitações)
- Lei 8.666/1993: art. 17.

§ 1º. A alienação ocorrerá quando não houver interesse público, econômico ou social em manter o imóvel no domínio da União, nem inconveniência quanto à preservação ambiental e à defesa nacional, no desaparecimento do vínculo de propriedade.

§ 2º. A competência para autorizar a alienação poderá ser delegada ao Ministro de Estado da Fazenda, permitida a subdelegação.

Art. 23-A. Qualquer interessado poderá apresentar proposta de aquisição de imóveis da União que não estejam inscritos em regime enfitêutico ou em ocupação, mediante requerimento específico à Secretaria de Coordenação e Governança do Patrimônio da União. *(Acrescido pela Lei 14.011/2020)*

§ 1º O requerimento de que trata o *caput* deste artigo não gera para a administração pública federal obrigação de alienar o imóvel nem direito subjetivo à aquisição.

§ 2º A Secretaria de Coordenação e Governança do Patrimônio da União manifestar-se-á sobre o requerimento de que trata o *caput* deste artigo e avaliará a conveniência e a oportunidade de alienar o imóvel.

§ 3º Na hipótese de manifestação favorável da Secretaria de Coordenação e Governança do Patrimônio da União, se o imóvel não possuir avaliação dentro do prazo de validade, o interessado providenciará, a expensas dele, avaliação elaborada por avaliador habilitado ou empresa especializada, nos termos dos §§ 1º, 7º e 8º do art. 11-C desta Lei.

§ 4º Compete à Secretaria de Coordenação e Governança do Patrimônio da União homologar os laudos de avaliação e iniciar o processo de alienação do imóvel, observado o disposto no art. 24 desta Lei.

§ 5º A homologação de avaliação pela Secretaria de Coordenação e Governança do Patrimônio da União não constituirá nenhum direito ao interessado, e a Secretaria poderá desistir da alienação.

§ 6º As propostas apresentadas que não cumprirem os requisitos mínimos ou que forem descartadas de plano pela Secretaria de Coordenação e Governança do Patrimônio da União serão desconsideradas.

§ 7º As propostas apresentadas nos termos deste artigo serão disponibilizadas pela Secretaria de Coordenação e Governança do Patrimônio da União em sua página na internet, exceto as propostas de que trata o § 6º deste artigo.

§ 8º Ato do Secretário de Coordenação e Governança do Patrimônio da União disporá sobre o conteúdo e a forma do requerimento de que trata o *caput* deste artigo.

SEÇÃO I.
DA VENDA

Art. 24. A venda de bens imóveis da União será feita mediante concorrência ou leilão público, observadas as seguintes condições:

I – na venda por leilão público, a publicação do edital observará as mesmas disposições legais aplicáveis à concorrência pública;
II – os licitantes apresentarão propostas ou lances distintos para cada imóvel;
III – (Revogado pela Lei nº 13.240, de 2015)

IV – no caso de leilão público, o arrematante pagará, no ato do pregão, sinal correspondente a, no mínimo, 10% (dez por cento) do valor da arrematação, complementando o preço no prazo e nas condições previstas no edital, sob pena de perder, em favor da União, o valor correspondente ao sinal e, em favor do leiloeiro, se for o caso, a respectiva comissão;

V – o leilão público será realizado por leiloeiro oficial ou por servidor especialmente designado;

VI – quando o leilão público for realizado por leiloeiro oficial, a respectiva comissão será, na forma do regulamento, de até 5% (cinco por cento) do valor da arrematação e será paga pelo arrematante, juntamente com o sinal;

VII – o preço mínimo de venda será fixado com base no valor de mercado do imóvel, estabelecido na forma dos arts. 11-C, 11-D e 23-A desta Lei; e *(Redação dada pela Lei 14.011/2020)*

VIII – demais condições previstas no regulamento e no edital de licitação.

§ 1º *(Revogado pela Lei 14.011/2020)*

§ 2º Para realização das avaliações de que trata o inciso VII, é dispensada a homologação dos serviços técnicos de engenharia realizados pela Caixa Econômica Federal. (Redação dada pela Lei nº 13.240, de 2015)

§ 3º. Poderá adquirir o imóvel, em condições de igualdade com o vencedor da licitação, o cessionário de direito real ou pessoal, o locatário ou o arrendatário que esteja em dia com suas obrigações junto à SPU, bem como o expropriado.

§ 3º-A. Os ocupantes regulares de imóveis funcionais da União poderão adquiri-los, com direito de preferência, excluídos aqueles considerados indispensáveis ao serviço público, em condições de igualdade com o vencedor da licitação. (Incluído pela Lei nº 13.465, de 2017)

§ 4º. A venda, em quaisquer das modalidades previstas neste artigo, poderá ser parcelada, mediante pagamento de sinal correspondente a, no mínimo, 10% (dez por cento) do valor de aquisição, na forma a ser regulamentada em ato do Poder Executivo federal. (Incluído pela Lei nº 13.465, de 2017)

§ 5º. (Revogado). (Incluído pela Lei nº 13.465, de 2017)

§ 6º O interessado que tiver custeado a avaliação poderá adquirir o imóvel, em condições de igualdade com o vencedor da licitação, na hipótese de não serem exercidos os direitos previstos nos §§ 3º e 3º-A deste artigo. *(Acrescido pela Lei 14.011/2020)*

§ 7º O vencedor da licitação ressarcirá os gastos com a avaliação diretamente àquele que a tiver custeado, na hipótese de o vencedor ser outra pessoa, observados os limites de remuneração da avaliação estabelecidos pelo Secretário de Coordenação e Governança do Patrimônio da União. *(Acrescido pela Lei 14.011/2020)*

§ 8º Os procedimentos licitatórios de que trata este artigo poderão ser realizados integralmente por meio de recursos de tecnologia da informação, com a utilização de sistemas próprios ou disponibilizados por terceiros, mediante acordo ou contrato. *(Acrescido pela Lei 14.011/2020)*

§ 9º Os procedimentos específicos a serem adotados na execução do disposto no § 8º deste artigo serão estabelecidos em ato específico do Secretário de Coordenação e Governança do Patrimônio da União. *(Acrescido pela Lei 14.011/2020)*

Art. 24-A. Na hipótese de concorrência ou leilão público deserto ou fracassado na venda de bens imóveis da União, poderão esses imóveis ser disponibilizados para venda direta. (Redação dada pela Lei nº 13.813, de 2019)

§ 1º Na hipótese de concorrência ou leilão público deserto ou fracassado, a Secretaria de Coordenação e Governança do Patrimônio da União poderá realizar segunda concorrência ou leilão público com desconto de 25% (vinte e cinco por cento) sobre o valor de avaliação vigente. *(Acrescido pela Lei 14.011/2020)*

§ 2º Na hipótese de concorrência ou leilão público deserto ou fracassado por 2 (duas) vezes consecutivas, os imóveis serão disponibilizados automaticamente para venda direta, aplicado o desconto de 25% (vinte e cinco por cento) sobre o valor de avaliação. *(Acrescido pela Lei 14.011/2020)*

§ 3º A compra de imóveis da União disponibilizados para venda direta poderá ser intermediada por corretores de imóveis. *(Acrescido pela Lei 14.011/2020)*

§ 4º Na hipótese de que trata o § 3º deste artigo, caberá ao comprador o pagamento dos valores de corretagem. *(Acrescido pela Lei 14.011/2020)*

§ 5º Na hipótese de realização de leilão eletrônico, nos termos do § 8º do art. 24 desta Lei, a Secretaria de Coordenação e Governança do Patrimônio da União poderá realizar sessões públicas com prazos definidos e aplicar descontos sucessivos, até o limite de 25% (vinte e cinco por cento) sobre o valor de avaliação vigente. *(Acrescido pela Lei 14.011/2020)*

Art. 24-B. A Secretaria de Coordenação e Governança do Patrimônio da União poderá realizar a alienação de imóveis da União por lote, se essa modalidade implicar, conforme demonstrado em parecer técnico: *(Acrescido pela Lei 14.011/2020)*

I - maior valorização dos bens;

II - maior liquidez para os imóveis cuja alienação isolada seja difícil ou não recomendada; ou

III - outras situações decorrentes das práticas normais do mercado ou em que se observem condições mais vantajosas para a administração pública, devidamente fundamentadas.

Parágrafo único. A alienação por lote a que se refere o *caput* deste artigo somente poderá ser adotada após o encerramento da vigência do estado de emergência em saúde pública a que se refere a Lei nº 13.979, de 6 de fevereiro de 2020.

Art. 24-C. A Secretaria de Coordenação e Governança do Patrimônio da União poderá contratar empresas privadas, por meio de licitação, ou bancos públicos federais, bem como empresas públicas, órgãos ou entidades da administração pública direta ou indireta da União, do Distrito Federal, dos Estados ou dos Municípios cuja atividade-fim seja o desenvolvimento urbano ou imobiliário, com dispensa de licitação, e celebrar convênios ou acordos de cooperação com os demais entes da Federação e seus órgãos para: *(Acrescido pela Lei 14.011/2020)*

I - elaboração de propostas de alienação para bens individuais ou lotes de ativos imobiliários da União;

II - execução de ações de cadastramento, de regularização, de avaliação e de alienação dos bens imóveis; e

III - execução das atividades de alienação dos ativos indicados, incluídas a realização do procedimento licitatório e a representação da União na assinatura dos instrumentos jurídicos indicados.

§ 1º Fica dispensada a homologação da avaliação realizada, nos termos deste artigo, por bancos públicos federais ou empresas públicas, órgãos ou entidades da administração pública direta ou indireta da União, do Distrito Federal, dos Estados ou dos Municípios que tenham como atividade-fim o desenvolvimento urbano ou imobiliário, bem como nas hipóteses de convênios ou acordos de cooperação firmados com órgãos ou entidades da administração pública federal, estadual, distrital ou municipal.

§ 2º A remuneração fixa, a remuneração variável ou a combinação das duas modalidades, em percentual da operação concluída, poderá ser admitida, além do ressarcimento dos gastos efetuados com terceiros necessários à execução dos processos de alienação previstos neste artigo, conforme estabelecido em ato do Secretário de Coordenação e Governança do Patrimônio da União e no ato de contratação.

§ 3º Outras condições para a execução das ações previstas neste artigo serão estabelecidas em ato do Secretário de Coordenação e Governança do Patrimônio da União.

Art. 24-D. A Secretaria de Coordenação e Governança do Patrimônio da União poderá contratar o Banco Nacional de Desenvolvimento Econômico e Social (BNDES), com dispensa de licitação, para a realização de estudos e a execução de plano de desestatização de ativos imobiliários da União. *(Acrescido pela Lei 14.011/2020)*

§ 1º A desestatização referida no *caput* deste artigo poderá ocorrer por meio de:

I – remição de foro, alienação mediante venda ou permuta, cessão ou concessão de direito real de uso;

II – constituição de fundos de investimento imobiliário e contratação de seus gestores e administradores, conforme legislação vigente; ou

III – qualquer outro meio admitido em lei.

§ 2º Os atos de que trata o inciso I do § 1º deste artigo dependem de ratificação pela Secretaria de Coordenação e Governança do Patrimônio da União.

§ 3º A execução do plano de desestatização poderá incluir as ações previstas nos incisos I, II e III do *caput* do art. 24-C desta Lei.

§ 4º A remuneração fixa, a remuneração variável ou a combinação das duas modalidades, no percentual de até 3% (três por cento) sobre a receita pública decorrente de cada plano de desestatização, poderá ser admitida, além do ressarcimento dos gastos efetuados com terceiros necessários à execução dos planos de desestatização previstos neste artigo, conforme estabelecido em regulamento e no instrumento de contratação.

Art. 25. A preferência de que trata o art. 13, exceto com relação aos imóveis sujeitos aos regimes dos arts. 80 a 85 do Decreto-Lei nº 9.760, de 1946, e da Lei nº 8.025, de 12 de abril de 1990, poderá, a critério da Administração, ser estendida, na aquisição do domínio útil ou pleno de imóveis residenciais de propriedade da União, que venham a ser colocados à venda, àqueles que, em 15 de fevereiro de 1997, já os ocupavam, na qualidade de locatários, independentemente do tempo de locação, observadas, no que couber, as demais condições estabelecidas para os ocupantes.

Parágrafo único. A preferência de que trata este artigo poderá, ainda, ser estendida àquele que, atendendo as demais condições previstas neste artigo, esteja regularmente cadastrado como locatário, independentemente da existência de contrato locativo.

Art. 26. Em se tratando de projeto de caráter social para fins de moradia, a venda do domínio pleno ou útil observará os critérios de habilitação e renda familiar fixados em regulamento, podendo o pagamento ser efetivado mediante um sinal de, no mínimo, 5% (cinco por cento) do valor da avaliação, permitido o seu parcelamento em até 2 (duas) vezes e do saldo em até 300 (trezentas) prestações mensais e consecutivas, observando-se, como mínimo, a quantia correspondente a 30% (trinta por cento) do valor do salário mínimo vigente. (Redação dada pela Lei nº 11.481, de 2007)

§ 1º. *(Revogado pela Lei 11.481, de 2007)*

§ 2º. *(Revogado pela Lei 11.481, de 2007)*

§ 3º. (Revogado pela Lei nº 13.465, de 2017)

Art. 27. (Revogado pela Lei nº 13.465, de 2017)

Parágrafo único. (Revogado pela Lei nº 13.465, de 2017)

Art. 28. (Revogado pela Lei nº 13.465, de 2017)

Art. 29. (Revogado pela Lei nº 13.465, de 2017)

SEÇÃO II.
DA PERMUTA

Art. 30. Poderá ser autorizada, na forma do art. 23, a permuta de imóveis de qualquer natureza, de propriedade da União, por imóveis edificados ou não, ou por edificações a construir.

- Lei 9.636/1998: art. 39.

§ 1º. Os imóveis permutados com base neste artigo não poderão ser utilizados para fins residenciais funcionais, exceto nos casos de residências de caráter obrigatório, de que tratam os arts. 80 a 85 do Decreto-Lei nº 9.760, de 1946.

§ 2º. Na permuta, sempre que houver condições de competitividade, deverão ser observados os procedimentos licitatórios previstos em lei.

SEÇÃO III.
DA DOAÇÃO

Art. 31. Mediante ato do Poder Executivo e a seu critério, poderá ser autorizada a doação de bens imóveis de domínio da União, observado o disposto no art. 23 desta Lei, a: (Redação dada pela Lei nº 11.481, de 2007)

I – Estados, Distrito Federal, Municípios, fundações públicas e autarquias públicas federais, estaduais e municipais; (Incluído pela Lei nº 11.481, de 2007)

II – empresas públicas federais, estaduais e municipais; (Incluído pela Lei nº 11.481, de 2007)

III – fundos públicos e fundos privados dos quais a União seja cotista, nas transferências destinadas à realização de programas de provisão habitacional ou de regularização fundiária de interesse social; (Incluído pela Lei nº 12.693, de 2012)

IV – sociedades de economia mista direcionadas à execução de programas de provisão habitacional ou de regularização fundiária de interesse social; (Redação dada pela Lei nº 13.813, de 2019)

V – beneficiários, pessoas físicas ou jurídicas, de programas de provisão habitacional ou de regularização fundiária de interesse social desenvolvidos por órgãos ou entidades da administração pública, para cuja execução seja efetivada a doação; ou (Redação dada pela Lei nº 13.813, de 2019)

VI – instituições filantrópicas devidamente comprovadas como entidades beneficentes de assistência social e organizações religiosas. (Redação dada pela Lei nº 13.813, de 2019)

§ 1º. No ato autorizativo e no respectivo termo constarão a finalidade da doação e o prazo para seu cumprimento.

§ 2º. O encargo de que trata o parágrafo anterior será permanente e resolutivo, revertendo automaticamente o imóvel à propriedade da União, independentemente de qualquer indenização por benfeitorias realizadas, se:

I – não for cumprida, dentro do prazo, a finalidade da doação;

II – cessarem as razões que justificaram a doação, ou

III – ao imóvel, no todo ou em parte, vier a ser dada aplicação diversa da prevista.

§ 3º. Nas hipóteses de que tratam os incisos I a IV do *caput* deste artigo, é vedada ao beneficiário a possibilidade de alienar o imóvel recebido em doação, exceto quando a finalidade for a execução, por parte do donatário, de projeto de assentamento de famílias carentes ou de baixa renda, na forma do art. 26 desta Lei, e desde que, no caso de alienação onerosa, o produto da venda seja destinado à instalação de infraestrutura, equipamentos básicos ou de outras melhorias necessárias ao desenvolvimento do projeto. (Redação dada pela Lei nº 11.481, de 2007)

§ 4º. Na hipótese de que trata o inciso V do *caput* deste artigo: (Incluído pela Lei nº 11.481, de 2007)

I – não se aplica o disposto no § 2o deste artigo para o beneficiário pessoa física, devendo o contrato dispor sobre eventuais encargos e conter cláusula de inalienabilidade por um período de 5 (cinco) anos; e (Incluído pela Lei nº 11.481, de 2007)

II – a pessoa jurídica que receber o imóvel em doação só poderá utilizá-lo no âmbito do respectivo programa habitacional ou de regularização fundiária e deverá observar, nos contratos com os beneficiários finais, o requisito de inalienabilidade previsto no inciso I deste parágrafo. (Incluído pela Lei nº 11.481, de 2007)

§ 5º. Nas hipóteses de que tratam os incisos III a V do *caput* deste artigo, o beneficiário final pessoa física deve atender aos seguintes requisitos: (Incluído pela Lei nº 11.481, de 2007)

I – possuir renda familiar mensal não superior a 5 (cinco) salários mínimos; (Incluído pela Lei nº 11.481, de 2007)

II – não ser proprietário de outro imóvel urbano ou rural. (Incluído pela Lei nº 11.481, de 2007)

§ 6º Na hipótese de que trata o inciso VI do *caput* deste artigo, a escolha da instituição será precedida de chamamento público, na forma prevista em regulamento. (Incluído pela Lei nº 13.813, de 2019)

CAPÍTULO III.
DAS DISPOSIÇÕES FINAIS

Art. 32. Os arts. 79, 81, 82, 101, 103, 104, 110, 118, 123 e 128 do Decreto-lei nº 9.760, de 1946, passam a vigorar com as seguintes alterações:

- Alterações processadas no texto do referido Decreto-lei.

Art. 32-A. A Secretaria de Coordenação e Governança do Patrimônio da União será responsável pelo acompanhamento e monitoramento dos dados patrimoniais recebidos dos órgãos e das entidades da administração pública federal e pelo apoio à realização das operações de alienação de bens imóveis. *(Acrescido pela Lei 14.011/2020)*

§ 1º É obrigação dos órgãos e das entidades da administração pública manter inventário atualizado dos bens imóveis sob sua gestão, públicos ou privados, e disponibilizá-lo à Secretaria de Coordenação e Governança do Patrimônio da União.

§ 2º A Secretaria de Coordenação e Governança do Patrimônio da União será responsável pela compilação dos dados patrimoniais recebidos dos órgãos, das autarquias e das fundações públicas e pelo apoio à realização das operações de alienação de bens regidas por esta Lei.

§ 3º As demais condições para a execução das ações previstas neste artigo serão estabelecidas em ato do Secretário de Coordenação e Governança do Patrimônio da União.

Art. 33. Os arts. 3º, 5º e 6º do Decreto-Lei nº 2.398, de 1987, passam a vigorar com as seguintes alterações:

"Art. 3º (...)

(...)

§ 2º. Os Cartórios de Notas e Registro de Imóveis, sob pena de responsabilidade dos seus respectivos titulares, não lavrarão nem registrarão escrituras relativas a bens imóveis de propriedade da União, ou que contenham, ainda que parcialmente, área de seu domínio:

I – sem certidão da Secretaria do Patrimônio da União – SPU que declare:

a) ter o interessado recolhido o laudêmio devido, nas transferências onerosas entre vivos;

b) estar o transmitente em dia com as demais obrigações junto ao Patrimônio da União; e

c) estar autorizada a transferência do imóvel, em virtude de não se encontrar em área de interesse do serviço público;

II – sem a observância das normas estabelecidas em regulamento.

§ 3º. A SPU procederá ao cálculo do valor do laudêmio, mediante solicitação do interessado.

§ 4º. Concluída a transmissão, o adquirente deverá requerer ao órgão local da SPU, no prazo máximo de 60 (sessenta) dias, que providencie a transferência dos registros cadastrais para o seu nome, observando-se, no caso de imóvel aforado, o disposto no art. 116 do Decreto-Lei nº 9.760, de 1946.

§ 5º. A não observância do prazo estipulado no § 4º sujeitará o adquirente à multa de 0,05% (cinco centésimos por cento), por mês ou fração, sobre o valor do terreno e benfeitorias nele existentes.

§ 6º. É vedado o loteamento ou o desmembramento de áreas objeto de ocupação sem preferência ao aforamento, nos termos dos arts. 105 e 215 do Decreto-Lei nº 9.760, de 1946, exceto quando:

a) realizado pela própria União, em razão do interesse público;

b) solicitado pelo próprio ocupante, comprovada a existência de benfeitoria suficiente para caracterizar, nos termos da legislação vigente, o aproveitamento efetivo e independente da parcela a ser desmembrada."

"Art. 5º. Ressalvados os terrenos da União que, a critério do Poder Executivo, venham a ser considerados de interesse do serviço público, conceder-se-á o aforamento:

I – independentemente do pagamento do preço correspondente ao valor do domínio útil, nos casos previstos nos arts. 105 e 215 do Decreto-Lei nº 9.760, de 1946;

II – mediante leilão público ou concorrência, observado o disposto no art. 99 do Decreto-Lei 9.760, de 1946.

Parágrafo único. Considera-se de interesse do serviço público todo imóvel necessário ao desenvolvimento de projetos públicos, sociais ou econômicos de interesse nacional, à preservação ambiental, à proteção dos ecossistemas naturais e à defesa nacional, independentemente de se encontrar situado em zona declarada de interesse do serviço público, mediante portaria do Secretário do Patrimônio da União."

"Art. 6º. A realização de aterro, construção ou obra e, bem assim, a instalação de equipamentos no mar, lagos, rios e quaisquer correntes de água, inclusive em áreas de praias, mangues e vazantes, ou em outros bens de uso comum, de domínio da União, sem a prévia autorização do Ministério da Fazenda, importará:

I – na remoção do aterro, da construção, obra e dos equipamentos instalados, inclusive na demolição das benfeitorias, à conta de quem as houver efetuado; e

II – a automática aplicação de multa mensal em valor equivalente a R$ 30,00 (trinta reais), atualizados anualmente em 1º. de janeiro de cada ano, mediante portaria do Ministério da Fazenda, para cada metro quadrado das áreas aterradas ou construídas, ou em que forem realizadas obras ou instalados equipamentos, que será cobrada em dobro após 30 (trinta) dias da notificação, pessoal, pelo correio ou por edital, se o infrator não tiver removido o aterro e demolido as benfeitorias efetuadas."

Art. 34. (Revogado pela Lei nº 13.465, de 2017)

Art. 35. (Revogado pela Lei nº 13.465, de 2017)

Art. 36. Nas vendas de que trata esta Lei, quando realizadas mediante licitação, os adquirentes poderão, a critério da Administração, utilizar, para pagamento à vista do domínio útil ou pleno de imóveis de propriedade da União, créditos securitizados ou títulos da dívida pública de emissão do Tesouro Nacional.

Art. 37. Fica instituído o Programa de Administração Patrimonial Imobiliária da União - PROAP, destinado, segundo as possibilidades e as prioridades definidas pela administração pública federal: (Redação dada pela Lei nº 13.240, de 2015)

I - à adequação dos imóveis de uso especial aos critérios de: (Incluído pela Lei nº 13.240, de 2015)

a) acessibilidade das pessoas com deficiência ou com mobilidade reduzida; (Incluído pela Lei nº 13.240, de 2015)

b) sustentabilidade; (Incluído pela Lei nº 13.240, de 2015)

c) baixo impacto ambiental; (Incluído pela Lei nº 13.240, de 2015)

d) eficiência energética; (Incluído pela Lei nº 13.240, de 2015)

e) redução de gastos com manutenção; (Incluído pela Lei nº 13.240, de 2015)

f) qualidade e eficiência das edificações; (Incluído pela Lei nº 13.240, de 2015)

II – à ampliação e à qualificação do cadastro dos bens imóveis da União; (Incluído pela Lei nº 13.240, de 2015)

III – à aquisição, à reforma, ao restauro e à construção de imóveis; (Incluído pela Lei nº 13.240, de 2015)

IV - ao incentivo à regularização e realização de atividades de fiscalização, demarcação, cadastramento, controle e avaliação dos imóveis públicos federais e ao incremento das receitas patrimoniais; (Incluído pela Lei nº 13.465, de 2017)

V - ao desenvolvimento de recursos humanos visando à qualificação da gestão patrimonial, mediante a realização de cursos de capacitação e participação em eventos relacionados ao tema; (Incluído pela Lei nº 13.465, de 2017)

VI - à aquisição e instalação de equipamentos, bem como à modernização e informatização dos métodos e processos inerentes à gestão patrimonial dos imóveis públicos federais; (Incluído pela Lei nº 13.465, de 2017)

VII - à regularização fundiária; e (Incluído pela Lei nº 13.465, de 2017)

VIII - à gestão e manutenção das atividades das Unidades Central e Descentralizadas da SPU. (Incluído pela Lei nº 13.465, de 2017)

Parágrafo único. Comporão o Fundo instituído pelo Decreto-Lei nº 1.437, de 17 de dezembro de 1975, e integrarão subconta especial destinada a atender às despesas com o Programa instituído neste artigo, que será gerida pelo Secretário do Patrimônio da União, as receitas patrimoniais decorrentes de:

I – multas; e

II – parcela do produto das alienações de que trata esta Lei, nos percentuais adiante indicados, observado o limite de R$ 25.000.000,00 (vinte e cinco milhões de reais) ao ano: (Redação dada pela Lei nº 9.821, de 1999)

a) vinte por cento, nos anos 1998 e 1999; (Redação dada pela Lei nº 9.821, de 1999)

b) quinze por cento, no ano 2000; (Redação dada pela Lei nº 9.821, de 1999)

c) dez por cento, no ano 2001; (Redação dada pela Lei nº 9.821, de 1999)

d) cinco por cento, nos anos 2002 e 2003. (Redação dada pela Lei nº 9.821, de 1999)

Art. 38. No desenvolvimento do Proap, a SPU priorizará ações no sentido de desobrigar-se de tarefas operacionais, recorrendo, sempre que possível, à execução indireta, mediante convênio com outros órgãos públicos, federais, estaduais e municipais e contrato com a iniciativa privada, ressalvadas as atividades típicas de Estado e resguardados os ditames do interesse público e as conveniências da segurança nacional.

Art. 39. As disposições previstas no art. 30 aplicam-se, no que couber, às entidades da Administração Pública Federal indireta, inclusive às autarquias e fundações públicas e às sociedades sob controle direto ou indireto da União.

Parágrafo único. A permuta que venha a ser realizada com base no disposto neste artigo deverá ser previamente autorizada pelo conselho de administração, ou órgão colegiado equivalente, das entidades de que trata o *caput*, ou ainda, na inexistência destes ou de respectiva autorização, pelo Ministro de Estado a cuja Pasta se vinculem, dispensando-se autorização legislativa para a correspondente alienação. (Incluído pela Lei nº 9.821, de 1999)

Art. 40. Será de competência exclusiva da SPU, observado o disposto no art. 38 e sem prejuízo das competências da Procuradoria-Geral da Fazenda Nacional, previstas no Decreto-Lei nº 147, de 3 de fevereiro de 1967, a realização de aforamentos, concessões de direito real de uso, locações, arrendamentos, entregas e cessões a qualquer título, de imóveis de propriedade da União, exceto nos seguintes casos:

I – cessões, locações e arrendamentos especialmente autorizados nos termos de entrega, observadas as condições fixadas em regulamento;

II – locações de imóveis residenciais de caráter obrigatório, de que tratam os arts. 80 a 85 do Decreto-Lei nº 9.760, de 1946;

III – locações de imóveis residenciais sob o regime da Lei 8.025, de 1990;

IV – cessões de que trata o art. 20; e

V – as locações e arrendamentos autorizados nos termos do inciso III do art. 19.

Art. 41. Será observado como valor mínimo para efeito de aluguel, arrendamento, cessão de uso onerosa, foro e taxa de ocupação, aquele correspondente ao custo de processamento da respectiva cobrança.

Art. 42. Serão reservadas, na forma do regulamento, áreas necessárias à gestão ambiental, à implantação de projetos demonstrativos de uso sustentável dos recursos naturais e dos ecossistemas costeiros, de compensação por impactos ambientais, relacionados com instalações portuárias, marinas, complexos navais e outros complexos náuticos, desenvolvimento do turismo, de atividades pesqueiras, da aquicultura, da exploração de petróleo e gás natural, de recursos hídricos e minerais, aproveitamento de energia hidráulica e outros empreendimentos considerados de interesse nacional.

§ 1º Na hipótese de o empreendimento envolver áreas originariamente de uso comum do povo, poderá ser autorizada a utilização dessas áreas, mediante cessão de uso na forma do art. 18 desta Lei, condicionada, quando necessário, à apresentação de licença ambiental que ateste a viabilidade do empreendimento, observadas as demais disposições legais pertinentes. (Redação dada pela Lei nº 13.813, de 2019)

§ 2º A regularidade ambiental é condicionante de contratos de destinação de áreas da União e, comprovada a existência de comprometimento da integridade da área pelo órgão ambiental competente, o contrato será rescindido sem ônus para a União e sem prejuízo das demais sanções cabíveis. (Incluído pela Lei nº 13.813, de 2019)

Art. 43. Nos aterros realizados até 15 de fevereiro de 1997, sem prévia autorização, a aplicação das penalidades de que tratam os incisos I e II do art. 6º do Decreto-Lei 2.398, de 1987, com a redação dada por esta Lei, será suspensa a partir do mês seguinte ao da sua aplicação, desde que o interessado solicite, junto ao Ministério da Fazenda, a regularização e a compra à vista do domínio útil do terreno acrescido, acompanhado do comprovante de recolhimento das multas até então incidentes, cessando a suspensão 30 (trinta) dias após a ciência do eventual indeferimento.

Parágrafo único. O deferimento do pleito dependerá da prévia audiência dos órgãos técnicos envolvidos.

Art. 44. As condições previstas nesta Lei aplicar-se-ão às ocupações existentes nas terras de propriedade da União situadas na Área de Proteção Ambiental – APA da Bacia do Rio São Bartolomeu, no Distrito Federal, que se tornarem passíveis de regularização, após o rezoneamento de que trata a Lei nº 9.262, de 12 de janeiro de 1996.

Parágrafo único. A alienação dos imóveis residenciais da União, localizados nas Vilas Operárias de Nossa Senhora das Graças e Santa Alice, no Conjunto Residencial Salgado Filho, em Xerém, no Município de Duque de Caxias (RJ), e na Vila Portuária Presidente Dutra, na Rua da América n. 31, no Bairro da Gamboa, no Município do Rio de Janeiro (RJ), observará, também, o disposto nesta Lei.

Art. 45. (Revogado pela Lei nº 13.465, de 2017)

Art. 46. O disposto nesta Lei não se aplica à alienação do domínio útil ou pleno dos terrenos interiores de domínio da União, situados em ilhas oceânicas e costeiras de que trata o inciso IV do art. 20 da Constituição Federal, onde existam sedes de municípios, que será disciplinada em lei específica, ressalvados os terrenos de uso especial que vierem a ser desafetados.

Art. 47. O crédito originado de receita patrimonial será submetido aos seguintes prazos: (Redação dada pela Lei nº 10.852, de 2004)

I – decadencial de dez anos para sua constituição, mediante lançamento; e (Incluído pela Lei nº 10.852, de 2004)

II – prescricional de cinco anos para sua exigência, contados do lançamento. (Incluído pela Lei nº 10.852, de 2004)

§ 1º. O prazo de decadência de que trata o *caput* conta-se do instante em que o respectivo crédito poderia ser constituído, a partir do conhecimento por iniciativa da União ou por solicitação do interessado das circunstâncias e fatos que caracterizam a hipótese de incidência da receita patrimonial, ficando limitada a cinco anos a cobrança de créditos relativos a período anterior ao conhecimento. (Redação dada pela Lei nº 9.821, de 1999)

§ 2º. Os débitos cujos créditos foram alcançados pela prescrição serão considerados apenas para o efeito da caracterização da ocorrência de caducidade de que trata o parágrafo único do art. 101 do Decreto-Lei nº 9.760, de 1946, com a redação dada pelo art. 32 desta Lei. (Redação dada pela Lei nº 9.821, de 1999)

Art. 48. (*VETADO*).

Art. 49. O Poder Executivo regulamentará esta Lei no prazo de 90 (noventa) dias, contado da sua publicação.

Art. 50. O Poder Executivo fará publicar no Diário Oficial da União, no prazo de 90 (noventa) dias, contado da publicação desta Lei, texto consolidado do Decreto-Lei nº 9.760, de 1946, e legislação superveniente.

Art. 51. Serão convalidados os atos praticados com base na Medida Provisória nº 1.647-14, de 24 de março de 1998.

Art. 52. Esta Lei entra em vigor na data da sua publicação.

Art. 53. São revogados os arts. 65, 66, 125, 126 e 133, e os itens 5º, 8º, 9º e 10 do art. 105 do Decreto-Lei nº 9.760, de 5 de setembro de 1946, o Decreto-Lei nº 178, de 16 de fevereiro de 1967, o art. 195 do Decreto-Lei nº 200, de 25 de fevereiro de 1967, o art. 4º do Decreto-Lei nº 1.561, de 13 de julho de 1977, a Lei nº 6.609, de 7 de dezembro de 1978, o art. 90 da Lei nº 7.450, de 23 de dezembro de 1985, o art. 4º do Decreto-Lei nº 2.398, de 21 de dezembro de 1987, e a Lei nº 9.253, de 28 de dezembro de 1995.

Brasília, 15 de maio de 1998; 177º da Independência e 110º da República.

FERNANDO HENRIQUE CARDOSO
D.O.U. 18.5.1998

LEI Nº 9.637, DE 15 DE MAIO DE 1998

▸ *Programa Nacional de Publicização*

Dispõe sobre a qualificação de entidades como organizações sociais, a criação do Programa Nacional de Publicização, a extinção dos órgãos e entidades que menciona e a absorção de suas atividades por organizações sociais, e dá outras providências.

O PRESIDENTE DA REPÚBLICA Faço saber que o Congresso Nacional decreta e eu sanciono a seguinte Lei:

CAPÍTULO I. DAS ORGANIZAÇÕES SOCIAIS

▸ Lei 13.019/2014 – Estabelece o regime jurídico das parcerias entre a administração pública e as organizações da sociedade civil, em regime de mútua cooperação, para a consecução de finalidades de interesse público e recíproco, mediante a execução de atividades ou de projetos previamente estabelecidos em planos de trabalho inseridos em termos de colaboração, em termos de fomento ou em acordos de cooperação; define diretrizes para a política de fomento, de colaboração e de cooperação com organizações da sociedade civil.

▸ Lei 9.790/1999 – Dispõe sobre a qualificação de pessoas jurídicas de direito privado, sem fins lucrativos, como Organizações da Sociedade Civil de Interesse Público, institui e disciplina o Termo de Parceria.

SEÇÃO I. DA QUALIFICAÇÃO

Art. 1º. O Poder Executivo poderá qualificar como organizações sociais pessoas jurídicas de direito privado, sem fins lucrativos, cujas atividades sejam dirigidas ao ensino, à pesquisa científica, ao desenvolvimento tecnológico, à proteção e preservação do meio ambiente, à cultura e à saúde, atendidos aos requisitos previstos nesta Lei.

Art. 2º. São requisitos específicos para que as entidades privadas referidas no artigo anterior habilitem-se a qualificação como organização social:

I – comprovar o registro de seu ato constitutivo, dispondo sobre:

a) natureza social de seus objetivos relativos à respectiva área de atuação;

b) finalidade não lucrativa, com a obrigatoriedade de investimento de seus excedentes financeiros no desenvolvimento das próprias atividades;

c) previsão expressa de a entidade ter, como órgãos de deliberação superior e de direção, um conselho de administração e uma diretoria definidos nos termos do estatuto, asseguradas àquele composição e atribuições normativas e de controle básicas previstas nesta Lei;

d) previsão de participação, no órgão colegiado de deliberação superior, de representantes do Poder Público e de membros da comunidade, de notória capacidade profissional e idoneidade moral;

e) composição e atribuições da diretoria;

f) obrigatoriedade de publicação anual, no *Diário Oficial da União*, dos relatórios financeiros e do relatório de execução do contrato de gestão;

g) no caso de associação civil, a aceitação de novos associados, na forma do estatuto;

h) proibição de distribuição de bens ou de parcela do patrimônio líquido em qualquer hipótese, inclusive em razão de desligamento, retirada ou falecimento de associado ou membro da entidade;

i) previsão de incorporação integral do patrimônio, dos legados ou das doações que lhe foram destinados, bem como dos excedentes financeiros decorrentes de suas atividades, em caso de extinção ou desqualificação, ao patrimônio de outra organização social qualificada no âmbito da União, da mesma área de atuação, ou ao patrimônio da União, dos Estados, do Distrito Federal ou dos Municípios, na proporção dos recursos e bens por estes alocados;

II – haver aprovação, quanto à conveniência e oportunidade de sua qualificação como organização social, do Ministro ou titular de órgão supervisor ou regulador da área de atividade correspondente ao seu objeto social e do Ministro de Estado da Administração Federal e Reforma do Estado.

SEÇÃO II. DO CONSELHO DE ADMINISTRAÇÃO

Art. 3º. O conselho de administração deve estar estruturado nos termos que dispuser o respectivo estatuto, observados, para os fins de atendimento dos requisitos de qualificação, os seguintes critérios básicos:

I – ser composto por:

a) 20 a 40% (vinte a quarenta por cento) de membros natos representantes do Poder Público, definidos pelo estatuto da entidade;

b) 20 a 30% (vinte a trinta por cento) de membros natos representantes de entidades da sociedade civil, definidos pelo estatuto;

c) até 10% (dez por cento), no caso de associação civil, de membros eleitos dentre os membros ou os associados;

d) 10 a 30% (dez a trinta por cento) de membros eleitos pelos demais integrantes do conselho, dentre pessoas de notória capacidade profissional e reconhecida idoneidade moral;

e) até 10% (dez por cento) de membros indicados ou eleitos na forma estabelecida pelo estatuto;

II – os membros eleitos ou indicados para compor o Conselho devem ter mandato de quatro anos, admitida uma recondução;

III – os representantes de entidades previstos nas alíneas *a* e *b* do inciso I devem corresponder a mais de 50% (cinquenta por cento) do Conselho;

IV – o primeiro mandato de metade dos membros eleitos ou indicados deve ser de dois anos, segundo critérios estabelecidos no estatuto;

V – o dirigente máximo da entidade deve participar das reuniões do conselho, sem direito a voto;

VI – o Conselho deve reunir-se ordinariamente, no mínimo, três vezes a cada ano e, extraordinariamente, a qualquer tempo;

VII – os conselheiros não devem receber remuneração pelos serviços que, nesta condição, prestarem à organização social, ressalvada a ajuda de custo por reunião da qual participem;

VIII – os conselheiros eleitos ou indicados para integrar a diretoria da entidade devem renunciar ao assumirem funções executivas.

Art. 4º. Para os fins de atendimento dos requisitos de qualificação, devem ser atribuições privativas do Conselho de Administração, dentre outras:

I – fixar o âmbito de atuação da entidade, para consecução do seu objeto;

II – aprovar a proposta de contrato de gestão da entidade;

III – aprovar a proposta de orçamento da entidade e o programa de investimentos;

IV – designar e dispensar os membros da diretoria;

V – fixar a remuneração dos membros da diretoria;

VI – aprovar e dispor sobre a alteração dos estatutos e a extinção da entidade por maioria, no mínimo, de 2/3 (dois terços) de seus membros;

VII – aprovar o regimento interno da entidade, que deve dispor, no mínimo, sobre a estrutura, forma de gerenciamento, os cargos e respectivas competências;

VIII – aprovar por maioria, no mínimo, de 2/3 (dois terços) de seus membros, o regulamento próprio contendo os procedimentos que deve adotar para a contratação de obras, serviços, compras e alienações e o plano de cargos, salários e benefícios dos empregados da entidade;

IX – aprovar e encaminhar, ao órgão supervisor da execução do contrato de gestão, os relatórios gerenciais e de atividades da entidade, elaborados pela diretoria;

X – fiscalizar o cumprimento das diretrizes e metas definidas e aprovar os demonstrativos financeiros e contábeis e as contas anuais da entidade, com o auxílio de auditoria externa.

SEÇÃO III. DO CONTRATO DE GESTÃO

Art. 5º. Para os efeitos desta Lei, entende-se por contrato de gestão o instrumento firmado entre o Poder Público e a entidade qualificada como organização social, com vistas à formação de parceria entre as partes para fomento e execução de atividades relativas às áreas relacionadas no artigo 1º.

Art. 6º. O contrato de gestão, elaborado de comum acordo entre o órgão ou entidade supervisora e a organização social, discriminará as atribuições, responsabilidades e obrigações do Poder Público e da organização social.

Parágrafo único. O contrato de gestão deve ser submetido, após aprovação pelo Conselho de Administração da entidade, ao Ministro de Estado ou autoridade supervisora da área correspondente à atividade fomentada.

Art. 7º. Na elaboração do contrato de gestão, devem ser observados os princípios da legalidade, impessoalidade, moralidade, publicidade, economicidade e, também, os seguintes preceitos:

▸ CF/88: art. 37, *caput*.

I – especificação do programa de trabalho proposto pela organização social, a estipulação das metas a serem atingidas e os respectivos prazos de execução, bem como previsão expressa dos critérios objetivos de avaliação de desempenho a serem utilizados, mediante indicadores de qualidade e produtividade;

II – a estipulação dos limites e critérios para despesa com remuneração e vantagens de qualquer natureza a serem percebidas pelos dirigentes e empregados das organizações sociais, no exercício de suas funções.

Parágrafo único. Os Ministros de Estado ou autoridades supervisoras da área de atuação da entidade devem definir as demais cláusulas dos contratos de gestão de que sejam signatários.

SEÇÃO IV.
DA EXECUÇÃO E FISCALIZAÇÃO DO CONTRATO DE GESTÃO

Art. 8º. A execução do contrato de gestão celebrado por organização social será fiscalizada pelo órgão ou entidade supervisora da área de atuação correspondente à atividade fomentada.

§ 1º. A entidade qualificada apresentará ao órgão ou entidade do Poder Público supervisora signatária do contrato, ao término de cada exercício ou a qualquer momento, conforme recomende o interesse público, relatório pertinente à execução do contrato de gestão, contendo comparativo específico das metas propostas com os resultados alcançados, acompanhado da prestação de contas correspondente ao exercício financeiro.

§ 2º. Os resultados atingidos com a execução do contrato de gestão devem ser analisados, periodicamente, por comissão de avaliação, indicada pela autoridade supervisora da área correspondente, composta por especialistas de notória capacidade e adequada qualificação.

§ 3º. A comissão deve encaminhar à autoridade supervisora relatório conclusivo sobre a avaliação procedida.

Art. 9º. Os responsáveis pela fiscalização da execução do contrato de gestão, ao tomarem conhecimento de qualquer irregularidade ou ilegalidade na utilização de recursos ou bens de origem pública por organização social, dela darão ciência ao Tribunal de Contas da União, sob pena de responsabilidade solidária.

Art. 10. Sem prejuízo da medida a que se refere o artigo anterior, quando assim exigir a gravidade dos fatos ou o interesse público, havendo indícios fundados de malversação de bens ou recursos de origem pública, os responsáveis pela fiscalização representarão ao Ministério Público, à Advocacia-Geral da União ou à Procuradoria da entidade para que requeira ao juízo competente a decretação da indisponibilidade dos bens da entidade e o sequestro dos bens dos seus dirigentes, bem como de agente público ou terceiro, que possam ter enriquecido ilicitamente ou causado dano ao patrimônio público.

§ 1º. O pedido de sequestro será processado de acordo com o disposto nos artigos 822 e 825 do Código de Processo Civil.

- Referem-se a dispositivos do CPC/1973 revogado pela Lei 13.105/2015.
- CPC/15: art. 301.

§ 2º. Quando for o caso, o pedido incluirá a investigação, o exame e o bloqueio de bens, contas bancárias e aplicações mantidas pelo demandado no País e no exterior, nos termos da lei e dos tratados internacionais.

§ 3º. Até o término da ação, o Poder Público permanecerá como depositário e gestor dos bens e valores sequestrados ou indisponíveis e velará pela continuidade das atividades sociais da entidade.

SEÇÃO V.
DO FOMENTO ÀS ATIVIDADES SOCIAIS

Art. 11. As entidades qualificadas como organizações sociais são declaradas como entidades de interesse social e utilidade pública, para todos os efeitos legais.

Art. 12. Às organizações sociais poderão ser destinados recursos orçamentários e bens públicos necessários ao cumprimento do contrato de gestão.

§ 1º. São assegurados às organizações sociais os créditos previstos no orçamento e as respectivas liberações financeiras, de acordo com o cronograma de desembolso previsto no contrato de gestão.

§ 2º. Poderá ser adicionada aos créditos orçamentários destinados ao custeio do contrato de gestão parcela de recursos para compensar desligamento de servidor cedido, desde que haja justificativa expressa da necessidade pela organização social.

§ 3º. Os bens de que trata este artigo serão destinados às organizações sociais, dispensada licitação, mediante permissão de uso, consoante cláusula expressa do contrato de gestão.

- Lei 14.133/2021 (Nova Lei de Licitações)
- Lei 8.666/1993: art. 24, XXIV.

Art. 13. Os bens móveis públicos permitidos para uso poderão ser permutados por outros de igual ou maior valor, condicionado a que os novos bens integrem o patrimônio da União.

Parágrafo único. A permuta de que trata este artigo dependerá de prévia avaliação do bem e expressa autorização do Poder Público.

Art. 14. É facultado ao Poder Executivo a cessão especial de servidor para as organizações sociais, com ônus para a origem.

§ 1º. Não será incorporada aos vencimentos ou à remuneração de origem do servidor cedido qualquer vantagem pecuniária que vier a ser paga pela organização social.

§ 2º. Não será permitido o pagamento de vantagem pecuniária permanente por organização social a servidor cedido com recursos provenientes do contrato de gestão, ressalvada a hipótese de adicional relativo ao exercício de função temporária de direção e assessoria.

§ 3º. O servidor cedido perceberá as vantagens do cargo a que fizer jus no órgão de origem, quando ocupante de cargo de primeiro ou de segundo escalão na organização social.

Art. 15. São extensíveis, no âmbito da União, os efeitos dos artigos 11 e 12, § 3º, para as entidades qualificadas como organizações sociais pelos Estados, pelo Distrito Federal e pelos Municípios, quando houver reciprocidade e desde que a legislação local não contrarie os preceitos desta Lei e a legislação específica de âmbito federal.

SEÇÃO VI.
DA DESQUALIFICAÇÃO

Art. 16. O Poder Executivo poderá proceder à desqualificação da entidade como organização social, quando constatado o descumprimento das disposições contidas no contrato de gestão.

§ 1º. A desqualificação será precedida de processo administrativo, assegurado o direito de ampla defesa, respondendo os dirigentes da organização social, individual e solidariamente, pelos danos ou prejuízos decorrentes de sua ação ou omissão.

§ 2º. A desqualificação importará reversão dos bens permitidos e dos valores entregues à utilização da organização social, sem prejuízo de outras sanções cabíveis.

CAPÍTULO II.
DAS DISPOSIÇÕES FINAIS E TRANSITÓRIAS

Art. 17. A organização social fará publicar, no prazo máximo de 90 (noventa) dias contado da assinatura do contrato de gestão, regulamento próprio contendo os procedimentos que adotará para a contratação de obras e serviços, bem como para compras com emprego de recursos provenientes do Poder Público.

Art. 18. A organização social que absorver atividades de entidade federal extinta no âmbito da área de saúde deverá considerar no contrato de gestão, quanto ao atendimento da comunidade, os princípios do Sistema Único de Saúde, expressos no artigo 198 da Constituição Federal e no artigo 7º da Lei nº 8.080, de 19 de setembro de 1990.

Art. 19. As entidades que absorverem atividades de rádio e televisão educativa poderão receber recursos e veicular publicidade institucional de entidades de direito público ou privado, a título de apoio cultural, admitindo-se o patrocínio de programas, eventos e projetos, vedada a veiculação remunerada de anúncios e outras práticas que configurem comercialização de seus intervalos.

- Decreto 5.396/2005 – Regulamenta o art. 19 da Lei 9.637/1998.

Art. 20. Será criado, mediante decreto do Poder Executivo, o Programa Nacional de Publicização – PNP, com o objetivo de estabelecer diretrizes e critérios para a qualificação de organizações sociais, a fim de assegurar a absorção de atividades desenvolvidas por entidades ou órgãos públicos da União, que atuem nas atividades referidas no artigo 1º, por organizações sociais, qualificadas na forma desta Lei, observadas as seguintes diretrizes:

- Decreto 9.190/2017 - Regulamenta o art. 20 desta Lei.

I – ênfase no atendimento do cidadão-cliente;

II – ênfase nos resultados, qualitativos e quantitativos nos prazos pactuados;

III – controle social das ações de forma transparente.

Art. 21. São extintos o Laboratório Nacional de Luz Síncrotron, integrante da estrutura do Conselho Nacional de Desenvolvimento Científico e Tecnológico – CNPq, e a Fundação Roquette Pinto, entidade vinculada à Presidência da República.

§ 1º. Competirá ao Ministério da Administração Federal e Reforma do Estado supervisionar o processo de inventário do Laboratório Nacional de Luz Síncrotron, a cargo do Conselho Nacional de Desenvolvimento Científico e Tecnológico – CNPq, cabendo-lhe realizá-lo para a Fundação Roquette Pinto.

§ 2º. No curso do processo de inventário da Fundação Roquette Pinto e até a assinatura do contrato de gestão, a continuidade das atividades sociais ficará sob a supervisão da Secretaria de Comunicação Social da Presidência da República.

§ 3º. É o Poder Executivo autorizado a qualificar como organizações sociais, nos termos desta Lei, as pessoas jurídicas de direito privado indicadas no Anexo I, bem assim a permitir a absorção de atividades desempenhadas pelas entidades extintas por este artigo.

§ 4º. Os processos judiciais em que a Fundação Roquette Pinto seja parte, ativa ou passivamente, serão transferidos para a União, na qualidade de sucessora, sendo representada pela Advocacia-Geral da União.

Art. 22. As extinções e a absorção de atividades e serviços por organizações sociais de que trata esta Lei observarão os seguintes preceitos:

I – os servidores integrantes dos quadros permanentes dos órgãos e das entidades extintos terão garantidos todos os direitos e vantagens decorrentes do respectivo cargo ou emprego e integrarão quadro em extinção nos órgãos ou nas entidades indicados no Anexo II, sendo facultada aos órgãos e entidades supervisoras, ao seu critério exclusivo, a cessão de servidor, irrecusável para este, com ônus para a origem, à organização social que vier a absorver as correspondentes atividades, observados os §§ 1º e 2º do artigo 14;

II – a desativação das unidades extintas será realizada mediante inventário de seus bens imóveis e de seu acervo físico, documental e material, bem como dos contratos e convênios, com a adoção de providências dirigidas à manutenção e ao prosseguimento das atividades sociais a cargo dessas unidades, nos termos da legislação aplicável em cada caso;

III – os recursos e as receitas orçamentárias de qualquer natureza, destinados às unidades extintas, serão utilizados no processo de inventário e para a manutenção e o financiamento das atividades sociais até a assinatura do contrato de gestão;

IV – quando necessário, parcela dos recursos orçamentários poderá ser reprogramada, mediante crédito especial a ser enviado ao Congresso Nacional, para o órgão ou entidade supervisora dos contratos de gestão, para o fomento das atividades sociais, assegurada a liberação periódica do respectivo desembolso financeiro para a organização social;

V – encerrados os processos de inventário, os cargos efetivos vagos e os em comissão serão considerados extintos;

VI – a organização social que tiver absorvido as atribuições das unidades extintas poderá adotar os símbolos designativos destes, seguidos da identificação "OS".

§ 1º. A absorção pelas organizações sociais das atividades das unidades extintas efetivar-se-á mediante a celebração de contrato de gestão, na forma dos artigos 6º e 7º.

§ 2º. Poderá ser adicionada às dotações orçamentárias referidas no inciso IV parcela dos recursos decorrentes da economia de despesa incorrida pela União com os cargos e funções comissionados existentes nas unidades extintas.

Art. 23. É o Poder Executivo autorizado a ceder os bens e os servidores da Fundação Roquette Pinto no Estado do Maranhão ao Governo daquele Estado.

Art. 23-A. Os servidores oriundos da extinta Fundação Roquette Pinto e do extinto Território Federal de Fernando de Noronha poderão ser redistribuídos ou cedidos para órgãos e entidades da Administração Pública Federal, independentemente do disposto no inciso II do art. 37 e no inciso I do art. 93 da Lei nº 8.112, de 11 de dezembro de 1990, assegurados todos os direitos e vantagens, inclusive o pagamento de gratificação de desempenho ou de produtividade, sem alteração de cargo ou de tabela remuneratória. (Incluído pela Lei nº 12.269, de 2010)

Parágrafo único. As disposições do *caput* aplicam-se aos servidores que se encontram cedidos nos termos do inciso I do art. 22 e do art. 23 desta Lei. (Incluído pela Lei nº 12.269, de 2010)

Art. 24. São convalidados os atos praticados com base na Medida Provisória 1.648-6, de 24 de março de 1998.

Art. 25. Esta Lei entra em vigor na data de sua publicação.

Brasília, 15 de maio de 1998; 177º da Independência e 110º da República.

FERNANDO HENRIQUE CARDOSO

D.O.U. 18.5.1998; ret. 25.5.1998

ANEXO I

ÓRGÃO E ENTIDADE EXTINTOS	ENTIDADE AUTORIZADA A SER QUALIFICADA	REGISTRO CARTORIAL
Laboratório Nacional de Luz Síncrotron	Associação Brasileira de Tecnologia de Luz Síncrotron – ABTLuS	Primeiro Ofício de Registro de Títulos e Documentos da Cidade de Campinas – SP, n. de ordem 169367, averbado na inscrição n. 10.814, Livro A-36, Fls 01.
Fundação Roquette Pinto	Associação de Comunicação Educativa Roquette Pinto – ACERP	Registro Civil das Pessoas Jurídicas, Av. Pres. Roosevelt, 126, Rio de Janeiro – RJ, apontado sob o n. de ordem 624205 do protocolo do Livro A n. 54, registrado sob o n. de ordem 161374 do Livro A n. 39 do Registro Civil das Pessoas Jurídicas.

ANEXO II

ÓRGÃO E ENTIDADE EXTINTOS	QUADRO EM EXTINÇÃO
Laboratório Nacional de Luz Síncrotron	Conselho Nacional de Desenvolvimento Científico e Tecnológico – CNPq
Fundação Roquette Pinto	Ministério da Administração Federal e Reforma do Estado

LEI Nº 9.656, DE 3 DE JUNHO DE 1998

Dispõe sobre os planos e seguros privados de assistência à saúde.

- *Planos de saúde*

O PRESIDENTE DA REPÚBLICA Faço saber que o Congresso Nacional decreta e eu sanciono a seguinte Lei:

Art. 1º. Submetem-se às disposições desta Lei as pessoas jurídicas de direito privado que operam planos de assistência à saúde, sem prejuízo do cumprimento da legislação específica que rege a sua atividade, adotando-se, para fins de aplicação das normas aqui estabelecidas, as seguintes definições: (Redação dada pela Medida Provisória nº 2.177-44, de 2001)

- Súm. 469 do STJ.
- CF/88: art. 199.
- Lei 10.850/2004 – Atribui competências à Agência Nacional de Saúde Suplementar – ANS e fixa as diretrizes a serem observadas na definição de normas para implementação de programas especiais de incentivo à adaptação de contratos anteriores à Lei 9.656/1998.
- Lei 9.961/2000 – Cria a Agência Nacional de Saúde Suplementar – ANS.

I – Plano Privado de Assistência à Saúde: prestação continuada de serviços ou cobertura de custos assistenciais a preço pré ou pós estabelecido, por prazo indeterminado, com a finalidade de garantir, sem limite financeiro, a assistência à saúde, pela faculdade de acesso e atendimento por profissionais ou serviços de saúde, livremente escolhidos, integrantes ou não de rede credenciada, contratada ou referenciada, visando a assistência médica, hospitalar e odontológica, a ser paga integral ou parcialmente às expensas da operadora contratada, mediante reembolso ou pagamento direto ao prestador, por conta e ordem do consumidor; (Incluído pela Medida Provisória nº 2.177-44, de 2001)

II – Operadora de Plano de Assistência à Saúde: pessoa jurídica constituída sob a modalidade de sociedade civil ou comercial, cooperativa, ou entidade de autogestão, que opere produto, serviço ou contrato de que trata o inciso I deste artigo; (Incluído pela Medida Provisória nº 2.177-44, de 2001)

III – Carteira: o conjunto de contratos de cobertura de custos assistenciais ou de serviços de assistência à saúde em qualquer das modalidades de que tratam o inciso I e o § 1o deste artigo, com todos os direitos e obrigações nele contidos. (Incluído pela Medida Provisória nº 2.177-44, de 2001)

§ 1º. Está subordinada às normas e à fiscalização da Agência Nacional de Saúde Suplementar – ANS qualquer modalidade de produto, serviço e contrato que apresente, além da garantia de cobertura financeira de riscos de assistência médica, hospitalar e odontológica, outras características que o diferencie de atividade exclusivamente financeira, tais como: (Redação dada pela Medida Provisória nº 2.177-44, de 2001)

a) custeio de despesas; (Incluído pela Medida Provisória nº 2.177-44, de 2001)

b) oferecimento de rede credenciada ou referenciada; (Incluído pela Medida Provisória nº 2.177-44, de 2001)

c) reembolso de despesas; (Incluído pela Medida Provisória nº 2.177-44, de 2001)

d) mecanismos de regulação; (Incluído pela Medida Provisória nº 2.177-44, de 2001)

e) qualquer restrição contratual, técnica ou operacional para a cobertura de procedimentos solicitados por prestador escolhido pelo consumidor; e (Incluído pela Medida Provisória nº 2.177-44, de 2001)

f) vinculação de cobertura financeira à aplicação de conceitos ou critérios médico-assistenciais. (Incluído pela Medida Provisória nº 2.177-44, de 2001)

§ 2º. Incluem-se na abrangência desta Lei as cooperativas que operem os produtos de que tratam o inciso I e o § 1º deste artigo, bem assim as entidades ou empresas que mantêm sistemas de assistência à saúde, pela modalidade de autogestão ou de administração. (Redação dada pela Medida Provisória nº 2.177-44, de 2001)

§ 3º. As pessoas físicas ou jurídicas residentes ou domiciliadas no exterior podem constituir ou participar do capital, ou do aumento do capital, de pessoas jurídicas de direito privado constituídas sob as leis brasileiras para operar planos privados de assistência à saúde. (Redação dada pela Medida Provisória nº 2.177-44, de 2001)

§ 4º. É vedada às pessoas físicas a operação dos produtos de que tratam o inciso I e o § 1º deste artigo. (Redação dada pela Medida Provisória nº 2.177-44, de 2001)

§ 5º. É vedada às pessoas físicas a operação de plano ou seguro privado de assistência à saúde.

Art. 2º. Para o cumprimento das obrigações constantes do contrato, as pessoas jurídicas de que trata esta Lei poderão: (Artigo com eficácia suspensa pela Medida Provisória nº 2.177-44, de 2001)

I – nos planos privados de assistência à saúde, manter serviços próprios, contratar ou credenciar pessoas físicas ou jurídicas legalmente habilitadas e reembolsar o beneficiário das despesas decorrentes de eventos cobertos pelo plano; (Inciso com eficácia suspensa pela Medida Provisória nº 2.177-44, de 2001)

II – nos seguros privados de assistência à saúde, reembolsar o segurado ou, ainda, pagar por ordem e conta deste, diretamente aos prestadores, livremente escolhidos pelo segurado, as despesas advindas de eventos cobertos, nos limites da apólice. (Inciso com eficácia suspensa pela Medida Provisória nº 2.177-44, de 2001)

Parágrafo único. Nos seguros privados de assistência à saúde, e sem que isso implique o desvirtuamento do princípio da livre escolha dos segurados, as sociedades seguradoras podem apresentar relação de prestadores de serviços de assistência à saúde. (Parágrafo único com eficácia suspensa pela Medida Provisória nº 2.177-44, de 2001)

Art. 3º. Sem prejuízo das atribuições previstas na legislação vigente e observadas, no que couber, as disposições expressas nas Leis nºs 8.078, de 11 de setembro de 1990, e 8.080, de 19 de setembro de 1990, compete ao Conselho Nacional de Seguros Privados – CNSP ouvido, obrigatoriamente, o órgão instituído nos termos do art. 6º desta Lei, ressalvado o disposto no inciso VIII, regulamentar os planos privados de assistência à saúde, e em particular dispor sobre: (Artigo com eficácia suspensa pela Medida Provisória nº 2.177-44, de 2001)

I – a constituição, organização, funcionamento e fiscalização das operadoras de planos privados de assistência à saúde; (Inciso com eficácia suspensa pela Medida Provisória nº 2.177-44, de 2001)

II – as condições técnicas aplicáveis às operadoras de planos privados de assistência à saúde, de acordo com as suas peculiaridades; (Inciso com eficácia suspensa pela Medida Provisória nº 2.177-44, de 2001)

III – as características gerais dos instrumentos contratuais utilizados na atividade das operadoras de planos privados de assistência à saúde; (Inciso com eficácia suspensa pela Medida Provisória nº 2.177-44, de 2001)

IV – as normas de contabilidade, atuariais e estatísticas, a serem observadas pelas operadoras de planos privados de assistência à saúde; (Inciso com eficácia suspensa pela Medida Provisória nº 2.177-44, de 2001)

V – o capital e o patrimônio líquido das operadoras de planos privados de assistência à saúde, assim como a forma de sua subscrição e realização quando se tratar de sociedade anônima de capital; (Inciso com eficácia suspensa pela Medida Provisória nº 2.177-44, de 2001)

VI – os limites técnicos das operações relacionadas com planos privados de assistência à saúde; (Inciso com eficácia suspensa pela Medida Provisória nº 2.177-44, de 2001)

VII – os critérios de constituição de garantias de manutenção do equilíbrio econômico-financeiro, consistentes em bens, móveis ou imóveis, ou fundos especiais ou seguros garantidores, a serem observados pelas operadoras de planos privados de assistência à saúde; (Inciso com eficácia suspensa pela Medida Provisória nº 2.177-44, de 2001)

VIII – a direção fiscal, a liquidação extrajudicial e os procedimentos de recuperação financeira. (Inciso com eficácia suspensa pela Medida Provisória nº 2.177-44, de 2001)

Parágrafo único. A regulamentação prevista neste artigo obedecerá às características específicas da operadora, mormente no que concerne à natureza jurídica de seus atos constitutivos. (Parágrafo único com eficácia suspensa pela Medida Provisória nº 2.177-44, de 2001)

Art. 4º. O art. 33 do Decreto-Lei nº 73, de 21 de novembro de 1966, alterado pela Lei nº 8.127, de 20 de dezembro de 1990, passa a vigorar com a seguinte redação: (Artigo com eficácia suspensa pela Medida Provisória nº 2.177-44, de 2001)

"Art. 33. O Conselho Nacional de Seguros Privados – CNSP será integrado pelos seguintes membros: (Artigo com eficácia suspensa pela Medida Provisória nº 2.177-44, de 2001)

I – Ministro de Estado da Fazenda, ou seu representante legal;

II – Ministro de Estado da Saúde, ou seu representante legal;

III – Ministro de Estado da Justiça, ou seu representante legal;

IV – Ministro de Estado da Previdência e Assistência Social, ou seu representante legal;

V – Presidente do Banco Central do Brasil, ou seu representante legal;

VI – Superintendente da Superintendência de Seguros Privados – SUSEP, ou seu representante legal;

VII – Presidente do Instituto de Resseguros do Brasil – IRB, ou seu representante legal.

§ 1º O Conselho será presidido pelo Ministro de Estado da Fazenda e, na sua ausência, pelo Superintendente da SUSEP.

§ 2º O CNSP terá seu funcionamento regulado em regimento interno."

Art. 5º. Compete à Superintendência de Seguros Privados Susep, de acordo com as diretrizes e resoluções do CNSP, sem prejuízo das atribuições previstas na legislação em vigor: (Artigo com eficácia suspensa pela Medida Provisória nº 2.177-44, de 2001)

I – autorizar os pedidos de constituição, funcionamento, cisão, fusão, incorporação, alteração ou transferência do controle societário das operadoras de planos privados de assistência à saúde; (Inciso com eficácia suspensa pela Medida Provisória nº 2.177-44, de 2001)

II – fiscalizar as atividades das operadoras de planos privados de assistência à saúde e zelar pelo cumprimento das normas atinentes ao funcionamento dos planos privados de saúde;

III – aplicar as penalidades cabíveis às operadoras de planos privados de assistência à saúde previstas nesta Lei; (Inciso com eficácia suspensa pela Medida Provisória nº 2.177-44, de 2001)

IV – estabelecer critérios gerais para o exercício de cargos diretivos das operadoras de planos privados de assistência à saúde, segundo normas definidas pelo CNSP; (Inciso com eficácia suspensa pela Medida Provisória nº 2.177-44, de 2001)

V – proceder à liquidação das operadoras que tiverem cassada a autorização para funcionar no País; (Inciso com eficácia suspensa pela Medida Provisória nº 2.177-44, de 2001)

VI – promover a alienação da carteira de planos ou seguros das operadoras. (Inciso com eficácia suspensa pela Medida Provisória nº 2.177-44, de 2001)

§ 1º. A Susep contará, em sua estrutura organizacional, com setor específico para o tratamento das questões concernentes às operadoras referidas no art. 1º. (§ 1º com eficácia suspensa pela Medida Provisória nº 2.177-44, de 2001)

§ 2º. A Susep ouvirá o Ministério da Saúde para a apreciação de questões concernentes às coberturas, aos aspectos sanitários e epidemiológicos relativos à prestação de serviços médicos e hospitalares. (§ 2º com eficácia suspensa pela Medida Provisória nº 2.177-44, de 2001)

Art. 6º. É criada a Câmara de Saúde Suplementar como órgão do Conselho Nacional de Seguros Privados – CNSP, com competência privativa para se pronunciar acerca das matérias de sua audiência obrigatória, previstas no art. 3º, bem como propor a expedição de normas sobre: (Artigo com eficácia suspensa pela Medida Provisória nº 2.177-44, de 2001)

I – regulamentação das atividades das operadoras de planos e seguros privados de assistência à saúde; (Inciso com eficácia suspensa pela Medida Provisória nº 2.177-44, de 2001)

II – fixação de condições mínimas dos contratos relativos a planos e seguros privados de assistência à saúde; (Inciso com eficácia suspensa pela Medida Provisória nº 2.177-44, de 2001)

III – critérios normativos em relação aos procedimentos de credenciamento e destituição de prestadores de serviço do sistema, visando assegurar o equilíbrio das relações entre os consumidores e os operadores de planos e seguros privados de assistência à saúde; (Inciso com eficácia suspensa pela Medida Provisória nº 2.177-44, de 2001)

IV – estabelecimento de mecanismos de garantia, visando preservar a prestação de serviços aos consumidores; (Inciso com eficácia suspensa pela Medida Provisória nº 2.177-44, de 2001)

V – o regimento interno da própria Câmara. (Inciso com eficácia suspensa pela Medida Provisória nº 2.177-44, de 2001)

Art. 7º. A Câmara de Saúde Suplementar é composta dos seguintes membros: (Artigo com eficácia suspensa pela Medida Provisória nº 2.177-44, de 2001)

I – Ministro de Estado da Saúde, ou seu representante legal, na qualidade de presidente; (Inciso com eficácia suspensa pela Medida Provisória nº 2.177-44, de 2001)

II – Ministro de Estado da Fazenda, ou seu representante legal; (Inciso com eficácia suspensa pela Medida Provisória nº 2.177-44, de 2001)

III – Ministro de Estado da Previdência e Assistência Social, ou seu representante legal; (Inciso com eficácia suspensa pela Medida Provisória nº 2.177-44, de 2001)

IV – Ministro de Estado do Trabalho, ou seu representante legal; (Inciso com eficácia suspensa pela Medida Provisória nº 2.177-44, de 2001)

V – Secretário Executivo do Ministério da Saúde, ou seu representante legal; (Inciso com eficácia suspensa pela Medida Provisória nº 2.177-44, de 2001)

VI – Superintendente da Superintendência de Seguros Privados – Susep, ou seu representante legal; (Inciso com eficácia suspensa pela Medida Provisória nº 2.177-44, de 2001)

VII – Secretário de Direito Econômico do Ministério da Justiça, ou seu representante legal; (Inciso com eficácia suspensa pela Medida Provisória nº 2.177-44, de 2001)

VIII – um representante indicado pelo Conselho Nacional de Saúde – CNS, dentre seus membros; (Inciso com eficácia suspensa pela Medida Provisória nº 2.177-44, de 2001)

IX – um representante de entidades de defesa do consumidor; (Inciso com eficácia suspensa pela Medida Provisória nº 2.177-44, de 2001)

X – um representante de entidades de consumidores de planos e seguros privados de assistência à saúde; (Inciso com eficácia suspensa pela Medida Provisória nº 2.177-44, de 2001)

XI – um representante indicado pelos órgãos superiores de classe que representem os estabelecimentos de seguro; (Inciso com eficácia suspensa pela Medida Provisória nº 2.177-44, de 2001)

XII – um representante indicado pelos órgãos superiores de classe que representem o segmento de autogestão de assistência à saúde; (Inciso com eficácia suspensa pela Medida Provisória nº 2.177-44, de 2001)

XIII – um representante indicado pelos órgãos superiores de classe que representem a medicina de grupo; (Inciso com eficácia suspensa pela Medida Provisória nº 2.177-44, de 2001)

XIV – um representante indicado pelas entidades que representem as cooperativas de serviços médicos; (Inciso com eficácia suspensa pela Medida Provisória nº 2.177-44, de 2001)

XV – um representante das entidades filantrópicas da área de saúde; (Inciso com eficácia suspensa pela Medida Provisória nº 2.177-44, de 2001)

XVI – um representante indicado pelas entidades nacionais de representação da categoria dos médicos; (Inciso com eficácia suspensa pela Medida Provisória nº 2.177-44, de 2001)

XVII – um representante indicado pelas entidades nacionais de representação da categoria dos odontólogos; (Inciso com eficácia suspensa pela Medida Provisória nº 2.177-44, de 2001)

XVIII – um representante indicado pelos órgãos superiores de classe que representem as empresas de odontologia de grupo; (Inciso com eficácia suspensa pela Medida Provisória nº 2.177-44, de 2001)

XIX – um representante do Ministério Público Federal. (Inciso com eficácia suspensa pela Medida Provisória nº 2.177-44, de 2001)

§ 1º. As deliberações da Câmara dar-se-ão por maioria de votos, presente a maioria absoluta de seus membros, e as proposições aprovadas por 2/3 (dois terços) de seus integrantes exigirão igual *quorum* para serem reformadas, no todo ou em parte, pelo CNSP. (§ 1º com eficácia suspensa pela Medida Provisória nº 2.177-44, de 2001)

§ 2º. Em suas faltas e impedimentos, o presidente da Câmara será substituído pelo Secretário Executivo do Ministério da Saúde. (§ 2º com eficácia suspensa pela Medida Provisória nº 2.177-44, de 2001)

§ 3º. A Câmara, mediante deliberação de seus membros, pode constituir subcomissões consultivas, formadas por representantes dos profissionais e dos estabelecimentos de serviços de saúde, das entidades vinculadas à assistência à saúde ou dos consumidores, conforme dispuser seu regimento interno. (§ 3º com eficácia suspensa pela Medida Provisória nº 2.177-44, de 2001)

§ 4º. Os representantes de que tratam os incisos VIII a XVII serão indicados pelas respectivas entidades e designados pelo Ministro de Estado da Saúde. (§ 4º com eficácia suspensa pela Medida Provisória nº 2.177-44, de 2001)

§ 5º. As matérias definidas no art. 3º e em seus incisos, bem como as de competência da Câmara, têm prazo de 30 (trinta) dias para discussão e votação, após o que poderão ser avocadas pelo CNSP para deliberação final. (§ 5º com eficácia suspensa pela Medida Provisória nº 2.177-44, de 2001)

Art. 8º. Para obter a autorização de funcionamento, as operadoras de planos privados de assistência à saúde devem satisfazer os seguintes requisitos, independentemente de outros que venham a ser determinados pela ANS: (Redação dada pela Medida Provisória nº 2.177-44, de 2001)

I – registro nos Conselhos Regionais de Medicina e Odontologia, conforme o caso, em cumprimento ao disposto no art. 1º da Lei nº 6.839, de 30 de outubro de 1980;

II – descrição pormenorizada dos serviços de saúde próprios oferecidos e daqueles a serem prestados por terceiros;

III – descrição de suas instalações e equipamentos destinados à prestação de serviços;

IV – especificação dos recursos humanos qualificados e habilitados, com responsabilidade técnica de acordo com as leis que regem a matéria;

V – demonstração da capacidade de atendimento em razão dos serviços a serem prestados;

VI – demonstração da viabilidade econômico-financeira dos planos privados de assistência à saúde oferecidos, respeitadas as peculiaridades operacionais de cada uma das respectivas operadoras;

VII – especificação da área geográfica coberta pelo plano privado de assistência à saúde.

§ 1º. São dispensadas do cumprimento das condições estabelecidas nos incisos VI e VII deste artigo as entidades ou empresas que mantêm sistemas de assistência privada à saúde na modalidade de autogestão, citadas no § 2º do art. 1º. (Redação dada pela Medida Provisória nº 2.177-44, de 2001)

§ 2º. A autorização de funcionamento será cancelada caso a operadora não comercialize os produtos de que tratam o inciso I e o § 1º do art. 1º desta Lei, no prazo máximo de 180 (cento e oitenta) dias a contar do seu registro na ANS. (Incluído pela Medida Provisória nº 2.177-44, de 2001)

§ 3º. As operadoras privadas de assistência à saúde poderão voluntariamente requerer autorização para encerramento de suas atividades, observando os seguintes requisitos, independentemente de outros que venham a ser determinados pela ANS: (Incluído pela Medida Provisória nº 2.177-44, de 2001)

a) comprovação da transferência da carteira sem prejuízo para o consumidor, ou a inexistência de beneficiários sob sua responsabilidade; (Incluído pela Medida Provisória nº 2.177-44, de 2001)

b) garantia da continuidade da prestação de serviços dos beneficiários internados ou em tratamento; (Incluído pela Medida Provisória nº 2.177-44, de 2001)

c) comprovação da quitação de suas obrigações com os prestadores de serviço no âmbito da operação de planos privados de assistência à saúde; (Incluído pela Medida Provisória nº 2.177-44, de 2001)

d) informação prévia à ANS, aos beneficiários e aos prestadores de serviço contratados, credenciados ou referenciados, na forma e nos prazos a serem definidos pela ANS. (Incluído pela Medida Provisória nº 2.177-44, de 2001)

Art. 9º. Após decorridos 120 (cento e vinte) dias de vigência desta Lei, para as operadoras, e 240 (duzentos e quarenta) dias, para as administradoras de planos de assistência à saúde, e até que sejam definidas pela ANS, as normas gerais de registro, as pessoas jurídicas que operam os produtos de que tratam o inciso I e o § 1º do art. 1º desta Lei, e observado o que dispõe o art. 19, só poderão comercializar estes produtos se: (Redação dada pela Medida Provisória nº 2.177-44, de 2001)

I – as operadoras e administradoras estiverem provisoriamente cadastradas na ANS; e (Incluído pela Medida Provisória nº 2.177-44, de 2001)

II – os produtos a serem comercializados estiverem registrados na ANS. (Incluído pela Medida Provisória nº 2.177-44, de 2001)

§ 1º. O descumprimento das formalidades previstas neste artigo, além de configurar infração, constitui agravante na aplicação de penalidades por infração das demais normas previstas nesta Lei. (Redação dada pela Medida Provisória nº 2.177-44, de 2001)

§ 2º. A ANS poderá solicitar informações, determinar alterações e promover a suspensão do todo ou de parte das condições dos planos apresentados. (Redação dada pela Medida Provisória nº 2.177-44, de 2001)

§ 3º. A autorização de comercialização será cancelada caso a operadora não comercialize os planos ou os produtos de que tratam o inciso I e o § 1º do art. 1º desta Lei, no prazo máximo de 180 (cento e oitenta) dias a contar do seu registro na ANS. (Incluído pela Medida Provisória nº 2.177-44, de 2001)

§ 4º. A ANS poderá determinar a suspensão temporária da comercialização de plano ou produto caso identifique qualquer irregularidade contratual, econômico-financeira ou assistencial. (Incluído pela Medida Provisória nº 2.177-44, de 2001)

Art. 10. É instituído o plano referência de assistência à saúde, com cobertura assistencial médico-ambulatorial e hospitalar, compreendendo partos e tratamentos, realizados exclusivamente no Brasil, com padrão de enfermaria, centro de terapia intensiva, ou similar, quando necessária a internação hospitalar, das doenças listadas na Classificação Estatística Internacional de Doenças e Problemas Relacionados com a Saúde, da Organização Mundial de Saúde, respeitadas as exigências mínimas estabelecidas no art. 12 desta Lei, exceto: (Redação dada pela Medida Provisória nº 2.177-44, de 2001)

I – tratamento clínico ou cirúrgico experimental; (Redação dada pela Medida Provisória nº 2.177-44, de 2001)

II – procedimentos clínicos ou cirúrgicos para fins estéticos, bem como órteses e próteses para o mesmo fim;

III – inseminação artificial;

IV – tratamento de rejuvenescimento ou de emagrecimento com finalidade estética;

V – fornecimento de medicamentos importados não nacionalizados;

VI – fornecimento de medicamentos para tratamento domiciliar, ressalvado o disposto nas alíneas *c* do inciso I e *g* do inciso II do art. 12; (Redação dada pela Lei nº 12.880, de 2013)

VII – fornecimento de próteses, órteses e seus acessórios não ligados ao ato cirúrgico; (Redação dada pela Medida Provisória nº 2.177-44, de 2001)

VIII – procedimentos odontológicos, salvo o conjunto de serviços voltados à prevenção e manutenção básica da saúde dentária, assim compreendidos a pesquisa, o tratamento e a remoção de focos de infecção dentária, profilaxia de cárie dentária, cirurgia e traumatologia bucomaxilar; (Inciso VIII com eficácia suspensa pela Medida Provisória nº 2.177-44, de 2001)

IX – tratamentos ilícitos ou antiéticos, assim definidos sob o aspecto médico, ou não reconhecidos pelas autoridades competentes;

X – casos de cataclismos, guerras e comoções internas, quando declarados pela autoridade competente.

§ 1º. As exceções constantes dos incisos deste artigo serão objeto de regulamentação pela ANS. (Redação dada pela Medida Provisória nº 2.177-44, de 2001)

§ 2º. As pessoas jurídicas que comercializam produtos de que tratam o inciso I e o § 1º do art. 1º desta Lei oferecerão, obrigatoriamente, a partir de 3 de dezembro de 1999, o plano referência de que trata este artigo a todos os seus atuais e futuros consumidores. (Redação dada pela Medida Provisória nº 2.177-44, de 2001)

- ADI 1.931 e 5.135

§ 3º. Excluem-se da obrigatoriedade a que se refere o § 2º deste artigo as pessoas jurídicas que mantêm sistemas de assistência à saúde pela modalidade de autogestão e as pessoas jurídicas que operem exclusivamente planos odontológicos. (Redação dada pela Medida Provisória nº 2.177-44, de 2001)

§ 4º. A amplitude das coberturas, inclusive de transplantes e de procedimentos de alta complexidade, será definida por normas editadas pela ANS. (Incluído pela Medida Provisória nº 2.177-44, de 2001)

Art. 10-A. Cabe às operadoras definidas nos incisos I e II do § 1º do art. 1º desta Lei, por meio de sua rede de unidades conveniadas, prestar serviço de cirurgia plástica reconstrutiva de mama, utilizando-se de todos os meios e técnicas necessárias, para o tratamento de mutilação decorrente de utilização de técnica de tratamento de câncer. (Incluído pela Lei nº 10.223, de 2001)

§ 1º Quando existirem condições técnicas, a reconstrução da mama será efetuada no tempo cirúrgico da mutilação referida no *caput* deste artigo. *(Incluído pela Lei 13.770/2018, publicada no DOU de 20/12/2018, em vigor 180 dias após a publicação)*

§ 2º No caso de impossibilidade de reconstrução imediata, a paciente será encaminhada para acompanhamento e terá garantida a realização da cirurgia imediatamente após alcançar as condições clínicas requeridas. *(Incluído pela Lei 13.770/2018, publicada no DOU de 20/12/2018, em vigor 180 dias após a publicação)*

§ 3º Os procedimentos de simetrização da mama contralateral e de reconstrução do complexo aréolo-mamilar integram a cirurgia plástica reconstrutiva prevista no *caput* e no § 1º deste artigo. *(Incluído pela Lei 13.770/2018, publicada no DOU de 20/12/2018, em vigor 180 dias após a publicação)*

Art. 10-B. Cabe às operadoras dos produtos de que tratam o inciso I e o § 1º do art. 1º, por meio de rede própria, credenciada, contratada ou referenciada, ou mediante reembolso, fornecer bolsas de colostomia, ileostomia e urostomia, sonda vesical de demora e coletor de urina com conector, para uso hospitalar, ambulatorial ou domiciliar, vedada a limitação de prazo, valor máximo e quantidade. (Incluído pela Lei nº 12.738, de 2012)

Art. 10-C. Os produtos de que tratam o inciso I do *caput* e o § 1º do art. 1º desta Lei deverão incluir cobertura de atendimento à violência autoprovocada e às tentativas de suicídio. (Incluído pela Lei 13.819/2019, publicada no DOU de 29.04.2019, em vigor 90 dias após a publicação)

Art. 11. É vedada a exclusão de cobertura às doenças e lesões preexistentes à data de contratação dos produtos de que tratam o inciso I e o § 1º do art. 1º desta Lei após 24 (vinte e quatro) meses de vigência do aludido instrumento contratual, cabendo à respectiva operadora o ônus da prova e da demonstração do conhecimento prévio do consumidor ou beneficiário. (Redação dada pela Medida Provisória nº 2.177-44, de 2001)

Parágrafo único. É vedada a suspensão da assistência à saúde do consumidor ou beneficiário, titular ou dependente, até a prova de que trata o *caput*, na forma da regulamentação a ser editada pela ANS. (Incluído pela Medida Provisória nº 2.177-44, de 2001)

Art. 12. São facultadas a oferta, a contratação e a vigência dos produtos de que tratam o inciso I e o § 1º do art. 1º desta Lei, nas segmentações previstas nos incisos I a IV deste artigo, respeitadas as respectivas amplitudes de cobertura definidas no plano referência de que trata o art. 10, segundo as seguintes exigências mínimas: (Redação dada pela Medida Provisória nº 2.177-44, de 2001)

I – quando incluir atendimento ambulatorial:

a) cobertura de consultas médicas, em número ilimitado, em clínicas básicas e especializadas, reconhecidas pelo Conselho Federal de Medicina;

b) cobertura de serviços de apoio diagnóstico, tratamentos e demais procedimentos ambulatoriais, solicitados pelo médico assistente; (Redação dada pela Medida Provisória nº 2.177-44, de 2001)

c) cobertura de tratamentos antineoplásicos domiciliares de uso oral, incluindo medicamentos para o controle de efeitos adversos relacionados ao tratamento e adjuvantes; (Incluído pela Lei nº 12.880, de 2013)

II – quando incluir internação hospitalar:

a) cobertura de internações hospitalares, vedada a limitação de prazo, valor máximo e quantidade, em clínicas básicas e especializadas, reconhecidas pelo Conselho Federal de Medicina, admitindo-se a exclusão dos procedimentos obstétricos; (Redação dada pela Medida Provisória nº 2.177-44, de 2001)

b) cobertura de internações hospitalares em centro de terapia intensiva, ou similar, vedada a limitação de prazo, valor máximo e quantidade, a critério do médico assistente; (Redação dada pela Medida Provisória nº 2.177-44, de 2001)

c) cobertura de despesas referentes a honorários médicos, serviços gerais de enfermagem e alimentação;

d) cobertura de exames complementares indispensáveis para o controle da evolução da doença e elucidação diagnóstica, fornecimento de medicamentos, anestésicos, gases medicinais, transfusões e sessões de quimioterapia e radioterapia, conforme prescrição do médico assistente, realizados ou ministrados durante o período de internação hospitalar; (Redação dada pela Medida Provisória nº 2.177-44, de 2001)

e) cobertura de toda e qualquer taxa, incluindo materiais utilizados, assim como da remoção do paciente, comprovadamente necessária, para outro estabelecimento hospitalar, dentro dos limites de abrangência geográfica previstos no contrato, em território brasileiro; e (Redação dada pela Medida Provisória nº 2.177-44, de 2001)

f) cobertura de despesas de acompanhante, no caso de pacientes menores de 18 anos;

g) cobertura para tratamentos antineoplásicos ambulatoriais e domiciliares de uso oral, procedimentos radioterápicos para tratamento de câncer e hemoterapia, na qualidade de procedimentos cuja necessidade esteja relacionada à continuidade da assistência prestada em âmbito de internação hospitalar; (Incluído pela Lei nº 12.880, de 2013)

III – quando incluir atendimento obstétrico:

a) cobertura assistencial ao recém-nascido, filho natural ou adotivo do consumidor, ou de seu dependente, durante os primeiros trinta dias após o parto;

b) inscrição assegurada ao recém-nascido, filho natural ou adotivo do consumidor, como dependente, isento do cumprimento dos períodos de carência, desde que a inscrição ocorra no prazo máximo de trinta dias do nascimento ou da adoção; (Redação dada pela Medida Provisória nº 2.177-44, de 2001)

IV – quando incluir atendimento odontológico:

a) cobertura de consultas e exames auxiliares ou complementares, solicitados pelo odontólogo assistente;

b) cobertura de procedimentos preventivos, de dentística e endodontia;

c) cobertura de cirurgias orais menores, assim consideradas as realizadas em ambiente ambulatorial e sem anestesia geral;

V – quando fixar períodos de carência:

a) prazo máximo de 300 (trezentos) dias para partos a termo;

b) prazo máximo de 180 (cento e oitenta) dias para os demais casos;

c) prazo máximo de vinte e quatro horas para a cobertura dos casos de urgência e emergência; (Incluído pela Medida Provisória nº 2.177-44, de 2001)

VI – reembolso, em todos os tipos de produtos de que tratam o inciso I e o § 1º do art. 1º desta Lei, nos limites das obrigações contratuais, das despesas efetuadas pelo beneficiário com assistência à saúde, em casos de urgência ou emergência, quando não for possível a utilização dos serviços próprios, contratados, credenciados ou referenciados pelas operadoras, de acordo com a relação de preços de serviços médicos e hospitalares praticados pelo respectivo produto, pagáveis no prazo máximo de trinta dias após a entrega da documentação adequada; (Redação dada pela Medida Provisória nº 2.177-44, de 2001)

VII – inscrição de filho adotivo, menor de 12 anos de idade, aproveitando os períodos de carência já cumpridos pelo consumidor adotante.

§ 1º. Após cento e vinte dias da vigência desta Lei, fica proibido o oferecimento de produtos de que tratam o inciso I e o § 1º do art. 1º desta Lei fora das segmentações de que trata este artigo, observadas suas respectivas condições de abrangência e contratação. (Redação dada pela Medida Provisória nº 2.177-44, de 2001)

§ 2º. A partir de 3 de dezembro de 1999, da documentação relativa à contratação de produtos de que tratam o inciso I e o § 1º do art. 1º desta Lei, nas segmentações de que trata este artigo, deverá constar declaração em separado do consumidor, de que tem conhecimento da existência e disponibilidade do plano referência, e de que este lhe foi oferecido. (Redação dada pela Medida Provisória nº 2.177-44, de 2001)

§ 3º. Nas hipóteses previstas no parágrafo anterior, é vedado o estabelecimento de carências superiores a 3 (três) dias úteis. (§ 3º com eficácia suspensa pela Medida Provisória nº 2.177-44, de 2001)

§ 4º. As coberturas a que se referem as alíneas 'c' do inciso I e 'g' do inciso II deste artigo serão objeto de protocolos clínicos e diretrizes terapêuticas, revisados periodicamente, ouvidas as sociedades médicas de especialistas da área, publicados pela ANS. (Incluído pela Lei nº 12.880, de 2013)

§ 5º. O fornecimento previsto nas alíneas 'c' do inciso I e 'g' do inciso II deste artigo dar-se-á, por meio de rede própria, credenciada, contratada ou referenciada, diretamente ao paciente ou ao seu representante legal, podendo ser realizado de maneira fracionada por ciclo, observadas as normas estabelecidas pelos órgãos reguladores e de acordo com prescrição médica. (Incluído pela Lei nº 12.880, de 2013)

Art. 13. Os contratos de produtos de que tratam o inciso I e o § 1º do art. 1º desta Lei têm renovação automática a partir do vencimento do prazo inicial de vigência, não cabendo a cobrança de taxas ou qualquer outro valor no ato da renovação. (Redação dada pela Medida Provisória nº 2.177-44, de 2001)

Parágrafo único. Os produtos de que trata o *caput*, contratados individualmente, terão vigência mínima de um ano, sendo vedadas: (Redação dada pela Medida Provisória nº 2.177-44, de 2001)

I – a recontagem de carências; (Redação dada pela Medida Provisória nº 2.177-44, de 2001)

II – a suspensão ou a rescisão unilateral do contrato, salvo por fraude ou não-pagamento da mensalidade por período superior a sessenta dias, consecutivos ou não, nos últimos doze meses de vigência do contrato, desde que o consumidor seja comprovadamente notificado até o quinquagésimo dia de inadimplência; e (Redação dada pela Medida Provisória nº 2.177-44, de 2001)

III – a suspensão ou a rescisão unilateral do contrato, em qualquer hipótese, durante a ocorrência de internação do titular.

Art. 14. Em razão da idade do consumidor, ou da condição de pessoa portadora de deficiência, ninguém pode ser impedido de participar de planos privados de assistência à saúde. (Redação dada pela Medida Provisória nº 2.177-44, de 2001)

Art. 15. A variação das contraprestações pecuniárias estabelecidas nos contratos de produtos de que tratam o inciso I e o § 1º do art. 1º desta Lei, em razão da idade do consumidor, somente poderá ocorrer caso estejam previstas no contrato inicial as faixas etárias e os percentuais de reajustes incidentes em cada uma delas, conforme normas expedidas pela ANS, ressalvado o disposto no art. 35-E. (Redação dada pela Medida Provisória nº 2.177-44, de 2001)

Parágrafo único. É vedada a variação a que alude o *caput* para consumidores com mais de sessenta anos de idade, que participarem dos produtos de que tratam o inciso I e o § 1º do art. 1º, ou sucessores, há mais de dez anos. (Redação dada pela Medida Provisória nº 2.177-44, de 2001)

Art. 16. Dos contratos, regulamentos ou condições gerais dos produtos de que tratam o inciso I e o § 1º do art. 1º desta Lei devem constar dispositivos que indiquem com clareza: (Redação dada pela Medida Provisória nº 2.177-44, de 2001)

I – as condições de admissão;

II – o início da vigência;

III – os períodos de carência para consultas, internações, procedimentos e exames;

IV – as faixas etárias e os percentuais a que alude o *caput* do art. 15;

V – as condições de perda da qualidade de beneficiário; (Redação dada pela Medida Provisória nº 2.177-44, de 2001)

VI – os eventos cobertos e excluídos;

VII – o regime, ou tipo de contratação: (Redação dada pela Medida Provisória nº 2.177-44, de 2001)

a) individual ou familiar; (Redação dada pela Medida Provisória nº 2.177-44, de 2001)

b) coletivo empresarial; ou (Redação dada pela Medida Provisória nº 2.177-44, de 2001)

c) coletivo por adesão; (Redação dada pela Medida Provisória nº 2.177-44, de 2001)

VIII – a franquia, os limites financeiros ou o percentual de coparticipação do consumidor ou beneficiário, contratualmente previstos nas despesas com assistência médica, hospitalar e odontológica; (Redação dada pela Medida Provisória nº 2.177-44, de 2001)

IX – os bônus, os descontos ou os agravamentos da contraprestação pecuniária;

X – a área geográfica de abrangência; (Redação dada pela Medida Provisória nº 2.177-44, de 2001)

XI – os critérios de reajuste e revisão das contraprestações pecuniárias;

XII – número de registro na ANS. (Incluído pela Medida Provisória nº 2.177-44, de 2001)

Parágrafo único. A todo consumidor titular de plano individual ou familiar será obrigatoriamente entregue, quando de sua inscrição, cópia do contrato, do regulamento ou das condições gerais dos produtos de que tratam o inciso I e o § 1º do art. 1º, além de material explicativo que descreva, em linguagem simples e precisa, todas as suas características, direitos e obrigações. (Redação dada pela Medida Provisória nº 2.177-44, de 2001)

Art. 17. A inclusão de qualquer prestador de serviço de saúde como contratado, referenciado ou credenciado dos produtos de que tratam o inciso I e o § 1º do art. 1º desta Lei implica compromisso com os consumidores quanto à sua manutenção ao longo da vigência dos contratos, permitindo-se sua substituição, desde que seja por outro prestador equivalente e mediante comunicação aos consumidores com 30 (trinta) dias de antecedência. (Redação dada pela Lei nº 13.003, de 2014)

§ 1º. É facultada a substituição de entidade hospitalar, a que se refere o *caput* deste artigo, desde que por outro equivalente e mediante comunicação aos consumidores e à ANS com trinta dias de antecedência, ressalvados desse prazo mínimo os casos decorrentes de rescisão por fraude ou infração das normas sanitárias e fiscais em vigor. (Redação dada pela Medida Provisória nº 2.177-44, de 2001)

§ 2º. Na hipótese de a substituição do estabelecimento hospitalar a que se refere o § 1º ocorrer por vontade da operadora durante período de internação do consumidor, o estabelecimento obriga-se a manter a internação e a operadora, a pagar as despesas até a alta hospitalar, a critério médico, na forma do contrato. (Redação dada pela Medida Provisória nº 2.177-44, de 2001)

§ 3º. Excetuam-se do previsto no § 2º os casos de substituição do estabelecimento hospitalar por infração às normas sanitárias em vigor, durante período de internação, quando a operadora arcará com a responsabilidade pela transferência imediata para outro estabelecimento equivalente, garantindo a continuação da assistência, sem ônus adicional para o consumidor. (Incluído pela Medida Provisória nº 2.177-44, de 2001)

§ 4º. Em caso de redimensionamento da rede hospitalar por redução, as empresas deverão solicitar à ANS autorização expressa para tanto, informando: (Incluído pela Medida Provisória nº 2.177-44, de 2001)

I – nome da entidade a ser excluída; (Incluído pela Medida Provisória nº 2.177-44, de 2001)

II – capacidade operacional a ser reduzida com a exclusão; (Incluído pela Medida Provisória nº 2.177-44, de 2001)

III – impacto sobre a massa assistida, a partir de parâmetros definidos pela ANS, correlacionando a necessidade de leitos e a capacidade operacional restante; e (Incluído pela Medida Provisória nº 2.177-44, de 2001)

IV – justificativa para a decisão, observando a obrigatoriedade de manter cobertura com padrões de qualidade equivalente e sem ônus adicional para o consumidor. (Incluído pela Medida Provisória nº 2.177-44, de 2001)

Art. 17-A. As condições de prestação de serviços de atenção à saúde no âmbito dos planos privados de assistência à saúde por pessoas físicas ou jurídicas, independentemente de sua qualificação como contratadas, referenciadas ou credenciadas, serão reguladas por contrato escrito, estipulado entre a operadora do plano e o prestador de serviço. (Incluído pela Lei nº 13.003, de 2014)

§ 1º. São alcançados pelas disposições do *caput* os profissionais de saúde em prática liberal privada, na qualidade de pessoa física, e os estabelecimentos de saúde, na qualidade de pessoa jurídica, que prestem ou venham a prestar os serviços de assistência à saúde a que aludem os arts. 1º e 35-F desta Lei, no âmbito de planos privados de assistência à saúde. (Incluído pela Lei nº 13.003, de 2014)

§ 2º. O contrato de que trata o *caput* deve estabelecer com clareza as condições para a sua execução, expressas em cláusulas que definam direitos, obrigações e responsabilidades das partes, incluídas, obrigatoriamente, as que determinem: (Incluído pela Lei nº 13.003, de 2014)

I – o objeto e a natureza do contrato, com descrição de todos os serviços contratados; (Incluído pela Lei nº 13.003, de 2014)

II – a definição dos valores dos serviços contratados, dos critérios, da forma e da periodicidade do seu reajuste e dos prazos e procedimentos para faturamento e pagamento dos serviços prestados; (Incluído pela Lei nº 13.003, de 2014)

III – a identificação dos atos, eventos e procedimentos médico-assistenciais que necessitem de autorização administrativa da operadora; (Incluído pela Lei nº 13.003, de 2014)

IV – a vigência do contrato e os critérios e procedimentos para prorrogação, renovação e rescisão; (Incluído pela Lei nº 13.003, de 2014)

V – as penalidades pelo não cumprimento das obrigações estabelecidas. (Incluído pela Lei nº 13.003, de 2014)

§ 3º. A periodicidade do reajuste de que trata o inciso II do § 2º deste artigo será anual e realizada no prazo improrrogável de 90 (noventa) dias, contado do início de cada ano-calendário. (Incluído pela Lei nº 13.003, de 2014)

§ 4º. Na hipótese de vencido o prazo previsto no § 3º deste artigo, a Agência Nacional de Saúde Suplementar – ANS, quando for o caso, definirá o índice de reajuste. (Incluído pela Lei nº 13.003, de 2014)

§ 5º. A ANS poderá constituir, na forma da legislação vigente, câmara técnica com representação proporcional das partes envolvidas para o adequado cumprimento desta Lei. (Incluído pela Lei nº 13.003, de 2014)

§ 6º. A ANS publicará normas regulamentares sobre o disposto neste artigo. (Incluído pela Lei nº 13.003, de 2014)

Art. 18. A aceitação, por parte de qualquer prestador de serviço ou profissional de saúde, da condição de contratado, referenciado, credenciado ou cooperado de uma operadora de produtos de que tratam o inciso I e o § 1º do art. 1º desta Lei implica as seguintes obrigações e direitos: (Redação dada pela Lei nº 13.003, de 2014)

I – o consumidor de determinada operadora, em nenhuma hipótese e sob nenhum pretexto ou alegação, pode ser discriminado ou atendido de forma distinta daquela dispensada aos clientes vinculados a outra operadora ou plano;

II – a marcação de consultas, exames e quaisquer outros procedimentos deve ser feita de forma a atender às necessidades dos consumidores, privilegiando os casos de emergência ou urgência, assim como as pessoas com mais de 65 (sessenta e cinco) anos de idade, as gestantes, lactantes, lactentes e crianças até 5 (cinco) anos;

III – a manutenção de relacionamento de contratação, credenciamento ou referenciamento com número ilimitado de operadoras, sendo expressamente vedado às operadoras, independente de sua natureza jurídica constitutiva, impor contratos de exclusividade ou de restrição à atividade profissional. (Redação dada pela Medida Provisória nº 2.177-44, de 2001)

Parágrafo único. A partir de 3 de dezembro de 1999, os prestadores de serviço ou profissionais de saúde não poderão manter contrato, credenciamento ou referenciamento com operadoras que não tiverem registros para funcionamento e comercialização conforme previsto nesta Lei, sob pena de responsabilidade por atividade irregular. (Incluído pela Medida Provisória nº 2.177-44, de 2001)

Art. 19. Para requerer a autorização definitiva de funcionamento, as pessoas jurídicas que já atuavam como operadoras ou administradoras dos produtos de que tratam o inciso I e o § 1º do art. 1º desta Lei, terão prazo de cento e oitenta dias, a partir da publicação da regulamentação específica pela ANS. (Redação dada pela Medida Provisória nº 2.177-44, de 2001)

§ 1º. Até que sejam expedidas as normas de registro, serão mantidos registros provisórios das pessoas jurídicas e dos produtos na ANS, com a finalidade de autorizar a comercialização ou operação dos produtos a que alude o *caput*, a partir de 2 de janeiro de 1999. (Redação dada pela Medida Provisória nº 2.177-44, de 2001)

§ 2º. Para o registro provisório, as operadoras ou administradoras dos produtos a que alude o *caput* deverão apresentar à ANS as informações requeridas e os seguintes documentos, independentemente de outros que venham a ser exigidos: (Incluído pela Medida Provisória nº 2.177-44, de 2001)

I – registro do instrumento de constituição da pessoa jurídica; (Incluído pela Medida Provisória nº 2.177-44, de 2001)

II – nome fantasia; (Incluído pela Medida Provisória nº 2.177-44, de 2001)

III – CNPJ; (Incluído pela Medida Provisória nº 2.177-44, de 2001)

IV – endereço; (Incluído pela Medida Provisória nº 2.177-44, de 2001)

V – telefone, fax e e-mail; e (Incluído pela Medida Provisória nº 2.177-44, de 2001)

VI – principais dirigentes da pessoa jurídica e nome dos cargos que ocupam. (Incluído pela Medida Provisória nº 2.177-44, de 2001)

§ 3º. Para registro provisório dos produtos a serem comercializados, deverão ser apresentados à ANS os seguintes dados: (Incluído pela Medida Provisória nº 2.177-44, de 2001)

I – razão social da operadora ou da administradora; (Incluído pela Medida Provisória nº 2.177-44, de 2001)

II – CNPJ da operadora ou da administradora; (Incluído pela Medida Provisória nº 2.177-44, de 2001)

III – nome do produto; (Incluído pela Medida Provisória nº 2.177-44, de 2001)

IV – segmentação da assistência (ambulatorial, hospitalar com obstetrícia, hospitalar sem obstetrícia, odontológica e referência); (Incluído pela Medida Provisória nº 2.177-44, de 2001)

V – tipo de contratação (individual/familiar, coletivo empresarial e coletivo por adesão); (Incluído pela Medida Provisória nº 2.177-44, de 2001)

VI – âmbito geográfico de cobertura; (Incluído pela Medida Provisória nº 2.177-44, de 2001)

VII – faixas etárias e respectivos preços; (Incluído pela Medida Provisória nº 2.177-44, de 2001)

VIII – rede hospitalar própria por Município (para segmentações hospitalar e referência); (Incluído pela Medida Provisória nº 2.177-44, de 2001)

IX – rede hospitalar contratada ou referenciada por Município (para segmentações hospitalar e referência); (Incluído pela Medida Provisória nº 2.177-44, de 2001)

X – outros documentos e informações que venham a ser solicitados pela ANS. (Incluído pela Medida Provisória nº 2.177-44, de 2001)

§ 4º. Os procedimentos administrativos para registro provisório dos produtos serão tratados em norma específica da ANS. (Incluído pela Medida Provisória nº 2.177-44, de 2001)

§ 5º. Independentemente do cumprimento, por parte da operadora, das formalidades do registro provisório, ou da conformidade dos textos das condições gerais ou dos instrumentos contratuais, ficam garantidos, a todos os usuários de produtos a que alude o *caput*, contratados a partir de 2 de janeiro de 1999, todos os benefícios de acesso e cobertura previstos nesta Lei e em seus regulamentos, para cada segmentação definida no art. 12. (Incluído pela Medida Provisória nº 2.177-44, de 2001)

§ 6º. O não cumprimento do disposto neste artigo implica o pagamento de multa diária no valor de R$ 10.000,00 (dez mil reais) aplicada às operadoras dos produtos de que tratam o inciso I e o § 1º do art. 1º. (Incluído pela Medida Provisória nº 2.177-44, de 2001)

§ 7º. As pessoas jurídicas que forem iniciar operação de comercialização de planos privados de assistência à saúde, a partir de 8 de dezembro de 1998, estão sujeitas aos registros de que trata o § 1º deste artigo. (Incluído pela Medida Provisória nº 2.177-44, de 2001)

Art. 20. As operadoras de produtos de que tratam o inciso I e o § 1º do art. 1º desta Lei são obrigadas a fornecer, periodicamente, à ANS todas as informações e estatísticas relativas as suas atividades, incluídas as de natureza cadastral, especialmente aquelas que permitam a identificação dos consumidores e de seus dependentes, incluindo seus nomes, inscrições no Cadastro de Pessoas Físicas dos titulares e Municípios onde residem, para fins do disposto no art. 32. (Redação dada pela Medida Provisória nº 2.177-44, de 2001)

§ 1º. Os agentes, especialmente designados pela ANS, para o exercício das atividades de fiscalização e nos limites por ela estabelecidos, têm livre acesso às operadoras, podendo requisitar e apreender processos, contratos, manuais de rotina operacional e demais documentos, relativos aos produtos de que tratam o inciso I e o § 1º do art. 1º desta Lei. (Renumerado pela Medida Provisória nº 2.177-44, de 2001)

§ 2º. Caracteriza-se como embaraço à fiscalização, sujeito às penas previstas na lei, a imposição de qualquer dificuldade à consecução dos objetivos da fiscalização, de que trata o § 1º deste artigo. (Incluído pela Medida Provisória nº 2.177-44, de 2001)

Art. 21. É vedado às operadoras de planos privados de assistência à saúde realizar quaisquer operações financeiras:

I – com seus diretores e membros dos conselhos administrativos, consultivos, fiscais ou assemelhados, bem como com os respectivos cônjuges e parentes até o segundo grau, inclusive;

II – com empresa de que participem as pessoas a que se refere o inciso I, desde que estas sejam, em conjunto ou isoladamente, consideradas como controladoras da empresa. (Redação dada pela Medida Provisória nº 2.177-44, de 2001)

Art. 22. As operadoras de planos privados de assistência à saúde submeterão suas contas a auditores independentes, registrados no respectivo Conselho Regional de Contabilidade e na Comissão de Valores Mobiliários – CVM, publicando, anualmente, o parecer respectivo, juntamente com as demonstrações financeiras determinadas pela Lei nº 6.404, de 15 de dezembro de 1976.

§ 1º. A auditoria independente também poderá ser exigida quanto aos cálculos atuariais, elaborados segundo diretrizes gerais definidas pelo CONSU. (Renumerado pela Medida Provisória nº 2.177-44, de 2001)

§ 2º. As operadoras com número de beneficiários inferior a vinte mil usuários ficam dispensadas da publicação do parecer do auditor e das demonstrações financeiras, devendo, a ANS, dar-lhes publicidade. (Incluído pela Medida Provisória nº 2.177-44, de 2001)

Art. 23. As operadoras de planos privados de assistência à saúde não podem requerer concordata e não estão sujeitas a falência ou insolvência civil, mas tão somente ao regime de liquidação extrajudicial. (Redação dada pela Medida Provisória nº 2.177-44, de 2001)

§ 1º. As operadoras sujeitar-se-ão ao regime de falência ou insolvência civil quando, no curso da liquidação extrajudicial, forem verificadas uma das seguintes hipóteses: (Incluído pela Medida Provisória nº 2.177-44, de 2001)

I – o ativo da massa liquidanda não for suficiente para o pagamento de pelo menos a metade dos créditos quirografários; (Incluído pela Medida Provisória nº 2.177-44, de 2001)

II – o ativo realizável da massa liquidanda não for suficiente, sequer, para o pagamento das despesas administrativas e operacionais inerentes ao regular processamento da liquidação extrajudicial; ou (Incluído pela Medida Provisória nº 2.177-44, de 2001)

III – nas hipóteses de fundados indícios de condutas previstas nos arts. 186 a 189 do Decreto-Lei nº 7.661, de 21 de junho de 1945. (Incluído pela Medida Provisória nº 2.177-44, de 2001)

§ 2º. Para efeito desta Lei, define-se ativo realizável como sendo todo ativo que possa ser convertido em moeda corrente em prazo compatível para o pagamento das despesas administrativas e operacionais da massa liquidanda. (Incluído pela Medida Provisória nº 2.177-44, de 2001)

§ 3º. À vista do relatório do liquidante extrajudicial, e em se verificando qualquer uma das hipóteses previstas nos incisos I, II ou III do § 1º deste artigo, a ANS poderá autorizá-lo a requerer a falência ou insolvência civil da operadora. (Incluído pela Medida Provisória nº 2.177-44, de 2001)

§ 4º. A distribuição do requerimento produzirá imediatamente os seguintes efeitos: (Incluído pela Medida Provisória nº 2.177-44, de 2001)

I – a manutenção da suspensão dos prazos judiciais em relação à massa liquidanda; (Incluído pela Medida Provisória nº 2.177-44, de 2001)

II – a suspensão dos procedimentos administrativos de liquidação extrajudicial, salvo os relativos à guarda e à proteção dos bens e imóveis da massa; (Incluído pela Medida Provisória nº 2.177-44, de 2001)

III – a manutenção da indisponibilidade dos bens dos administradores, gerentes, conselheiros e assemelhados, até posterior determinação judicial; e (Incluído pela Medida Provisória nº 2.177-44, de 2001)

IV – prevenção do juízo que emitir o primeiro despacho em relação ao pedido de conversão do regime. (Incluído pela Medida Provisória nº 2.177-44, de 2001)

§ 5º. A ANS, no caso previsto no inciso II do § 1º deste artigo, poderá, no período compreendido entre a distribuição do requerimento e a decretação da falência ou insolvência civil, apoiar a proteção dos bens móveis e imóveis da massa liquidanda. (Incluído pela Medida Provisória nº 2.177-44, de 2001)

§ 6º. O liquidante enviará ao juízo prevento o rol das ações judiciais em curso cujo andamento ficará suspenso até que o juiz competente nomeie o síndico da massa falida ou o liquidante da massa insolvente. (Incluído pela Medida Provisória nº 2.177-44, de 2001)

Art. 24. Sempre que detectadas nas operadoras sujeitas à disciplina desta Lei insuficiência das garantias do equilíbrio financeiro, anormalidades econômico-financeiras ou administrativas graves que coloquem em risco a continuidade ou a qualidade do atendimento à saúde, a ANS poderá determinar a alienação da carteira, o regime de direção fiscal ou técnica, por prazo não superior a trezentos e sessenta e cinco dias, ou a liquidação extrajudicial, conforme a gravidade do caso. (Redação dada pela Medida Provisória nº 2.177-44, de 2001)

§ 1º. O descumprimento das determinações do diretor-fiscal ou técnico, e do liquidante, por dirigentes, administradores, conselheiros ou empregados da operadora de planos privados de assistência à saúde acarretará o imediato afastamento do infrator, por decisão da ANS, sem prejuízo das sanções penais cabíveis, assegurado o direito ao contraditório, sem que isto implique efeito suspensivo da decisão administrativa que determinou o afastamento. (Redação dada pela Medida Provisória nº 2.177-44, de 2001)

§ 2º. A ANS, *ex officio* ou por recomendação do diretor técnico ou fiscal ou do liquidante, poderá, em ato administrativo devidamente motivado, determinar o afastamento dos diretores, administradores, gerentes e membros do conselho fiscal da operadora sob regime de direção ou em liquidação. (Redação dada pela Medida Provisória nº 2.177-44, de 2001)

§ 3º. No prazo que lhe for designado, o diretor-fiscal ou técnico procederá à análise da organização administrativa e da situação econômico-financeira da operadora, bem assim da qualidade do atendimento aos consumidores, e proporá à ANS as medidas cabíveis. (Redação dada pela Medida Provisória nº 2.177-44, de 2001)

§ 4º. O diretor-fiscal ou técnico poderá propor a transformação do regime de direção em liquidação extrajudicial. (Redação dada pela Medida Provisória nº 2.177-44, de 2001)

§ 5º. A ANS promoverá, no prazo máximo de noventa dias, a alienação da carteira das operadoras de planos privados de assistência à saúde, no caso de não surtirem efeito as medidas por ela determinadas para sanar as irregularidades ou nas situações que impliquem risco para os consumidores participantes da carteira. (Redação dada pela Medida Provisória nº 2.177-44, de 2001)

Art. 24-A. Os administradores das operadoras de planos privados de assistência à saúde em regime de direção fiscal ou liquidação extrajudicial, independentemente da natureza jurídica da operadora, ficarão com todos os seus bens indisponíveis, não podendo, por qualquer forma, direta ou indireta, aliená-los ou onerá-los, até apuração e liquidação final de suas responsabilidades. (Incluído pela Medida Provisória nº 2.177-44, de 2001)

§ 1º. A indisponibilidade prevista neste artigo decorre do ato que decretar a direção fiscal ou a liquidação extrajudicial e atinge a todos aqueles que tenham estado no exercício das funções nos doze meses anteriores ao mesmo ato. (Incluído pela Medida Provisória nº 2.177-44, de 2001)

§ 2º. Na hipótese de regime de direção fiscal, a indisponibilidade de bens a que se refere o *caput* deste artigo poderá não alcançar os bens dos administradores, por deliberação expressa da Diretoria Colegiada da ANS. (Incluído pela Medida Provisória nº 2.177-44, de 2001)

§ 3º. A ANS, *ex officio* ou por recomendação do diretor fiscal ou do liquidante, poderá estender a indisponibilidade prevista neste artigo: (Incluído pela Medida Provisória nº 2.177-44, de 2001)

I – aos bens de gerentes, conselheiros e aos de todos aqueles que tenham concorrido, no período previsto no § 1º, para a decretação da direção fiscal ou da liquidação extrajudicial; (Incluído pela Medida Provisória nº 2.177-44, de 2001)

II – aos bens adquiridos, a qualquer título, por terceiros, no período previsto no § 1º, das pessoas referidas no inciso I, desde que configurada a fraude na transferência. (Incluído pela Medida Provisória nº 2.177-44, de 2001)

§ 4º. Não se incluem nas disposições deste artigo os bens considerados inalienáveis ou impenhoráveis pela legislação em vigor. (Incluído pela Medida Provisória nº 2.177-44, de 2001)

§ 5º. A indisponibilidade também não alcança os bens objeto de contrato de alienação, de promessa de compra e venda, de cessão ou promessa de cessão de direitos, desde que os respectivos instrumentos tenham sido levados ao competente registro público, anteriormente à data da decretação da direção fiscal ou da liquidação extrajudicial. (Incluído pela Medida Provisória nº 2.177-44, de 2001)

§ 6º. Os administradores das operadoras de planos privados de assistência à saúde respondem solidariamente pelas obrigações por eles assumidas durante sua gestão até o montante dos prejuízos causados, independentemente do nexo de causalidade. (Incluído pela Medida Provisória nº 2.177-44, de 2001)

Art. 24-B. A Diretoria Colegiada definirá as atribuições e competências do diretor técnico, diretor fiscal e do responsável pela alienação de carteira, podendo ampliá-las, se necessário. (Incluído pela Medida Provisória nº 2.177-44, de 2001)

Art. 24-C. Os créditos decorrentes da prestação de serviços de assistência privada à saúde preferem a todos os demais, exceto os de natureza trabalhista e tributários. (Incluído pela Medida Provisória nº 2.177-44, de 2001)

Art. 24-D. Aplica-se à liquidação extrajudicial das operadoras de planos privados de assistência à saúde e ao disposto nos arts. 24-A e 35-I, no que couber com os preceitos desta Lei, o disposto na Lei nº 6.024, de 13 de março de 1974, no Decreto-Lei nº 7.661, de 21 de junho de 1945, no Decreto-Lei nº 41, de 18 de novembro de 1966, e no Decreto-Lei nº 73, de 21 de novembro de 1966, conforme o que dispuser a ANS. (Incluído pela Medida Provisória nº 2.177-44, de 2001)

Art. 25. As infrações dos dispositivos desta Lei e de seus regulamentos, bem como aos dispositivos dos contratos firmados, a qualquer tempo, entre operadoras e usuários de planos privados de assistência à saúde, sujeitam a operadora dos produtos de que tratam o inciso I e o § 1º do art. 1º desta Lei, seus administradores, membros de conselhos administrativos, deliberativos, consultivos, fiscais e assemelhados às seguintes penalidades, sem prejuízo de outras estabelecidas na legislação vigente: (Redação dada pela Medida Provisória nº 2.177-44, de 2001)

I – advertência;

II – multa pecuniária;

III – suspensão do exercício do cargo;

IV – inabilitação temporária para exercício de cargos em operadoras de planos de assistência à saúde; (Redação dada pela Medida Provisória nº 2.177-44, de 2001)

V – inabilitação permanente para exercício de cargos de direção ou em conselhos das operadoras a que se refere esta Lei, bem como em entidades de previdência privada, sociedades seguradoras, corretoras de seguros e instituições financeiras;

VI – cancelamento da autorização de funcionamento e alienação da carteira da operadora. (Incluído pela Medida Provisória nº 2.177-44, de 2001)

Art. 26. Os administradores e membros dos conselhos administrativos, deliberativos, consultivos, fiscais e assemelhados das operadoras de que trata esta Lei respondem solidariamente pelos prejuízos causados a terceiros, inclusive aos acionistas, cotistas, cooperados e consumidores de planos privados de assistência à saúde, conforme o caso, em consequência do descumprimento de leis, normas e instruções referentes às operações previstas na legislação e, em especial, pela falta de constituição e cobertura das garantias obrigatórias. (Redação dada pela Medida Provisória nº 2.177-44, de 2001)

Art. 27. A multa de que trata o art. 25 será fixada e aplicada pela ANS no âmbito de suas atribuições, com valor não inferior a R$ 5.000,00 (cinco mil reais) e não superior a R$ 1.000.000,00 (um milhão de reais) de acordo com o porte econômico da operadora ou prestadora de serviço e a gravidade da infração, ressalvado o disposto no § 6º do art. 19. (Redação dada pela Medida Provisória nº 2.177-44, de 2001)

Parágrafo único. As multas constituir-se-ão em receitas da Susep. (Parágrafo único com eficácia suspensa pela Medida Provisória nº 2.177-44, de 2001)

Art. 28. Das decisões da Susep caberá recurso ao CNSP, no prazo de 15 (quinze) dias, contados a partir do recebimento da intimação. (Artigo com eficácia suspensa pela Medida Provisória nº 2.177-44, de 2001)

Art. 29. As infrações serão apuradas mediante processo administrativo que tenha por base o auto de infração, a representação ou a denúncia positiva dos fatos irregulares, cabendo à ANS dispor sobre normas para instauração, recursos e seus efeitos, instâncias e prazos. (Redação dada pela Medida Provisória nº 2.177-44, de 2001)

§ 1º. O processo administrativo, antes de aplicada a penalidade, poderá, a título excepcional, ser suspenso, pela ANS, se a operadora ou prestadora de serviço assinar termo de compromisso de ajuste de conduta, perante a diretoria colegiada, que terá eficácia de título executivo extrajudicial, obrigando-se a: (Incluído pela Medida Provisória nº 2.177-44, de 2001)

I – cessar a prática de atividades ou atos objetos da apuração; e (Incluído pela Medida Provisória nº 2.177-44, de 2001)

II – corrigir as irregularidades, inclusive indenizando os prejuízos delas decorrentes. (Incluído pela Medida Provisória nº 2.177-44, de 2001)

§ 2º. O termo de compromisso de ajuste de conduta conterá, necessariamente, as seguintes cláusulas: (Incluído pela Medida Provisória nº 2.177-44, de 2001)

I – obrigações do compromissário de fazer cessar a prática objeto da apuração, no prazo estabelecido; (Incluído pela Medida Provisória nº 2.177-44, de 2001)

II – valor da multa a ser imposta no caso de descumprimento, não inferior a R$ 5.000,00 (cinco mil reais) e não superior a R$ 1.000.000,00 (um milhão de reais) de acordo com o porte econômico da operadora ou da prestadora de serviço. (Incluído pela Medida Provisória nº 2.177-44, de 2001)

§ 3º. A assinatura do termo de compromisso de ajuste de conduta não importa confissão do compromissário quanto à matéria de fato, nem reconhecimento de ilicitude da conduta em apuração. (Incluído pela Medida Provisória nº 2.177-44, de 2001)

§ 4º. O descumprimento do termo de compromisso de ajuste de conduta, sem prejuízo da aplicação da multa a que se refere o inciso II do § 2º, acarreta a revogação da suspensão do processo. (Incluído pela Medida Provisória nº 2.177-44, de 2001)

§ 5º. Cumpridas as obrigações assumidas no termo de compromisso de ajuste de conduta, será extinto o processo. (Incluído pela Medida Provisória nº 2.177-44, de 2001)

§ 6º. Suspende-se a prescrição durante a vigência do termo de compromisso de ajuste de conduta. (Incluído pela Medida Provisória nº 2.177-44, de 2001)

§ 7º. Não poderá ser firmado termo de compromisso de ajuste de conduta quando tiver havido descumprimento de outro termo de compromisso de ajuste de conduta nos termos desta Lei, dentro do prazo de dois anos. (Incluído pela Medida Provisória nº 2.177-44, de 2001)

§ 8º. O termo de compromisso de ajuste de conduta deverá ser publicado no Diário Oficial da União. (Incluído pela Medida Provisória nº 2.177-44, de 2001)

§ 9º. A ANS regulamentará a aplicação do disposto nos §§ 1º a 7º deste artigo. (Incluído pela Medida Provisória nº 2.177-44, de 2001)

Art. 29-A. A ANS poderá celebrar com as operadoras termo de compromisso, quando houver interesse na implementação de práticas que consistam em vantagens para os consumidores, com vistas a assegurar a manutenção da qualidade dos serviços de assistência à saúde. (Incluído pela Medida Provisória nº 2.177-44, de 2001)

§ 1º. O termo de compromisso referido no *caput* não poderá implicar restrição de direitos do usuário. (Incluído pela Medida Provisória nº 2.177-44, de 2001)

§ 2º. Na definição do termo de que trata este artigo serão considerados os critérios de aferição e controle da qualidade dos serviços a serem oferecidos pelas operadoras. (Incluído pela Medida Provisória nº 2.177-44, de 2001)

§ 3º. O descumprimento injustificado do termo de compromisso poderá importar na aplicação da penalidade de multa a que se refere o inciso II, § 2º, do art. 29 desta Lei. (Incluído pela Medida Provisória nº 2.177-44, de 2001)

Art. 30. Ao consumidor que contribuir para produtos de que tratam o inciso I e o § 1º do art. 1º desta Lei, em decorrência de vínculo empregatício, no caso de rescisão ou exoneração do contrato de trabalho sem justa causa, é assegurado o direito de manter sua condição de beneficiário, nas mesmas condições de cobertura assistencial de que gozava quando da vigência do contrato de trabalho, desde que assuma o seu pagamento integral. (Redação dada pela Medida Provisória nº 2.177-44, de 2001)

§ 1º. O período de manutenção da condição de beneficiário a que se refere o *caput* será de um terço do tempo de permanência nos produtos de que tratam o inciso I e o § 1º do art. 1º, ou sucessores, com um mínimo assegurado de seis meses e um máximo de vinte e quatro meses. (Redação dada pela Medida Provisória nº 2.177-44, de 2001)

§ 2º. A manutenção de trata este artigo é extensiva, obrigatoriamente, a todo o grupo familiar inscrito quando da vigência do contrato de trabalho.

§ 3º. Em caso de morte do titular, o direito de permanência é assegurado aos dependentes cobertos pelo plano ou seguro privado coletivo de assistência à saúde, nos termos do disposto neste artigo.

§ 4º. O direito assegurado neste artigo não exclui vantagens obtidas pelos empregados decorrentes de negociações coletivas de trabalho.

§ 5º. A condição prevista no *caput* deste artigo deixará de existir quando da admissão do consumidor titular em novo emprego. (Incluído pela Medida Provisória nº 2.177-44, de 2001)

§ 6º. Nos planos coletivos custeados integralmente pela empresa, não é considerada contribuição a coparticipação do consumidor, única e exclusivamente, em procedimentos, como fator de moderação, na utilização dos serviços de assistência médica ou hospitalar. (Incluído pela Medida Provisória nº 2.177-44, de 2001)

Art. 31. Ao aposentado que contribuir para produtos de que tratam o inciso I e o § 1º do art. 1o desta Lei, em decorrência de vínculo empregatício, pelo prazo mínimo de dez anos, é assegurado o direito de manutenção como beneficiário, nas mesmas condições de cobertura assistencial de que gozava quando da vigência do contrato de trabalho, desde que assuma o seu pagamento integral. (Redação dada pela Medida Provisória nº 2.177-44, de 2001)

§ 1º. Ao aposentado que contribuir para planos coletivos de assistência à saúde por período inferior ao estabelecido no *caput* é assegurado o direito de manutenção como beneficiário, à razão de um ano para cada ano de contribuição, desde que assuma o pagamento integral do mesmo. (Redação dada pela Medida Provisória nº 2.177-44, de 2001)

§ 2º. Para gozo do direito assegurado neste artigo, observar-se-ão as mesmas condições estabelecidas nos §§ 2º, 3º, 4º, 5º e 6º do art. 30. (Redação dada pela Medida Provisória nº 2.177-44, de 2001)

§ 3º. Para gozo do direito assegurado neste artigo, observar-se-ão as mesmas condições estabelecidas nos §§ 2º e 4º do art. 30.

Art. 32. Serão ressarcidos pelas operadoras dos produtos de que tratam o inciso I e o § 1º do art. 1º desta Lei, de acordo com normas a serem definidas pela ANS, os serviços de atendimento à saúde previstos nos respectivos contratos, prestados a seus consumidores e respectivos dependentes, em instituições públicas ou privadas, conveniadas ou contratadas, integrantes do Sistema Único de Saúde - SUS. (Redação dada pela Medida Provisória nº 2.177-44, de 2001)

§ 1º. O ressarcimento será efetuado pelas operadoras ao SUS com base em regra de valoração aprovada e divulgada pela ANS, mediante crédito ao Fundo Nacional de Saúde – FNS. (Redação dada pela Lei nº 12.469, de 2011)

§ 2º. Para a efetivação do ressarcimento, a ANS disponibilizará às operadoras a discriminação dos procedimentos realizados para cada consumidor. (Redação dada pela Medida Provisória nº 2.177-44, de 2001)

§ 3º. A operadora efetuará o ressarcimento até o 15º (décimo quinto) dia da data de recebimento da notificação de cobrança feita pela ANS. (Redação dada pela Lei nº 12.469, de 2011)

§ 4º. O ressarcimento não efetuado no prazo previsto no § 3º será cobrado com os seguintes acréscimos: (Redação dada pela Medida Provisória nº 2.177-44, de 2001)

I – juros de mora contados do mês seguinte ao do vencimento, à razão de um por cento ao mês ou fração; (Incluído pela Medida Provisória nº 2.177-44, de 2001)

II – multa de mora de dez por cento. (Incluído pela Medida Provisória nº 2.177-44, de 2001)

§ 5º. Os valores não recolhidos no prazo previsto no § 3º serão inscritos em dívida ativa da ANS, a qual compete a cobrança judicial dos respectivos créditos. (Vide Medida Provisória nº 1.665, de 1998) (Incluído pela Medida Provisória nº 2.177-44, de 2001)

§ 6º. O produto da arrecadação dos juros e da multa de mora serão revertidos ao Fundo Nacional de Saúde. (Incluído pela Medida Provisória nº 2.177-44, de 2001)

§ 7º. A ANS disciplinará o processo de glosa ou impugnação dos procedimentos encaminhados, conforme previsto no § 2º deste artigo, cabendo-lhe, inclusive, estabelecer procedimentos para cobrança dos valores a serem ressarcidos. (Redação dada pela Lei nº 12.469, de 2011)

§ 8º. Os valores a serem ressarcidos não serão inferiores aos praticados pelo SUS e nem superiores aos praticados pelas operadoras de produtos de que tratam o inciso I e o § 1º do art. 1º desta Lei. (Incluído pela Medida Provisória nº 2.177-44, de 2001)

§ 9º. Os valores a que se referem os §§ 3º e 6º deste artigo não serão computados para fins de aplicação dos recursos mínimos nas ações e serviços públicos de saúde nos termos da Constituição Federal. (Incluído pela Lei nº 12.469, de 2011)

Art. 33. Havendo indisponibilidade de leito hospitalar nos estabelecimentos próprios ou credenciados pelo plano, é garantido ao consumidor o acesso à acomodação, em nível superior, sem ônus adicional.

Art. 34. As pessoas jurídicas que executam outras atividades além das abrangidas por esta Lei deverão, na forma e no prazo definidos pela ANS, constituir pessoas jurídicas independentes, com ou sem fins lucrativos, especificamente para operar planos privados de assistência à saúde, na forma da legislação em vigor e em especial desta Lei e de seus regulamentos. (Redação dada pela Medida Provisória nº 2.177-44, de 2001)

§ 1º. O disposto no *caput* não se aplica às entidades de autogestão constituídas sob a forma de fundação, de sindicato ou de associação que, na data da publicação desta Lei, já exerciam outras atividades em conjunto com as relacionadas à assistência à saúde, nos termos dos pertinentes estatutos sociais. (Incluído pela Lei nº 13.127, de 2015)

§ 2º. As entidades de que trata o § 1º poderão, desde que a hipótese de segregação da finalidade estatutária esteja prevista ou seja assegurada pelo órgão interno competente, constituir filial ou departamento com número do Cadastro Nacional da Pessoa Jurídica sequencial ao da pessoa jurídica principal. (Incluído pela Lei nº 13.127, de 2015)

§ 3º. As entidades de que trata o § 1º que optarem por proceder de acordo com o previsto no § 2º assegurarão condições para sua adequada segregação patrimonial, administrativa, financeira e contábil. (Incluído pela Lei nº 13.127, de 2015)

Art. 35. Aplicam-se as disposições desta Lei a todos os contratos celebrados a partir de sua vigência, assegurada aos consumidores com contratos anteriores, bem como àqueles com contratos celebrados entre 2 de setembro de 1998 e 1º de janeiro de 1999, a possibilidade de optar pela adaptação ao sistema previsto nesta Lei. (Redação dada pela Medida Provisória nº 2.177-44, de 2001)

§ 1º. Sem prejuízo do disposto no art. 35-E, a adaptação dos contratos de que trata este artigo deverá ser formalizada em termo próprio, assinado pelos contratantes, de acordo com as normas a serem definidas pela ANS. (Redação dada pela Medida Provisória nº 2.177-44, de 2001)

§ 2º. Quando a adaptação dos contratos incluir aumento de contraprestação pecuniária, a composição da base de cálculo deverá ficar restrita aos itens correspondentes ao aumento de cobertura, e ficará disponível para verificação pela ANS, que poderá determinar sua alteração quando o novo valor não estiver devidamente justificado. (Redação dada pela Medida Provisória nº 2.177-44, de 2001)

§ 3º. A adaptação dos contratos não implica nova contagem dos períodos de carência e dos prazos de aquisição dos benefícios previstos nos arts. 30 e 31 desta Lei, observados, quanto aos últimos, os limites de cobertura previstos no contrato original. (Incluído pela Medida Provisória nº 2.177-44, de 2001)

§ 4º. Nenhum contrato poderá ser adaptado por decisão unilateral da empresa operadora. (Incluído pela Medida Provisória nº 2.177-44, de 2001)

§ 5º. A manutenção dos contratos originais pelos consumidores não optantes tem caráter personalíssimo, devendo ser garantida somente ao titular e a seus dependentes já inscritos, permitida inclusão apenas de novo cônjuge e filhos, e vedada a transferência da sua titularidade, sob qualquer pretexto, a terceiros. (Incluído pela Medida Provisória nº 2.177-44, de 2001)

§ 6º. Os produtos de que tratam o inciso I e o § 1º do art. 1º desta Lei, contratados até 1º de janeiro de 1999, deverão permanecer em operação, por tempo indeterminado, apenas para os consumidores que não optarem pela adaptação às novas regras, sendo considerados extintos para fim de comercialização. (Incluído pela Medida Provisória nº 2.177-44, de 2001)

§ 7º. Às pessoas jurídicas contratantes de planos coletivos, não optantes pela adaptação prevista neste artigo, fica assegurada a manutenção dos contratos originais, nas coberturas assistenciais neles pactuadas. (Incluído pela Medida Provisória nº 2.177-44, de 2001)

§ 8º. A ANS definirá em norma própria os procedimentos formais que deverão ser adotados pelas empresas para a adatação dos contratos de que trata este artigo. (Incluído pela Medida Provisória nº 2.177-44, de 2001)

- Consta conforme publicação oficial. Onde se lê "adatação"; leia-se "adaptação".

Art. 35-A. Fica criado o Conselho de Saúde Suplementar – CONSU, órgão colegiado integrante da estrutura regimental do Ministério da Saúde, com competência para: (Incluído pela Medida Provisória nº 2.177-44, de 2001)

I – estabelecer e supervisionar a execução de políticas e diretrizes gerais do setor de saúde suplementar; (Incluído pela Medida Provisória nº 2.177-44, de 2001)

II – aprovar o contrato de gestão da ANS; (Incluído pela Medida Provisória nº 2.177-44, de 2001)

III – supervisionar e acompanhar as ações e o funcionamento da ANS; (Incluído pela Medida Provisória nº 2.177-44, de 2001)

IV – fixar diretrizes gerais para implementação no setor de saúde suplementar sobre: (Incluído pela Medida Provisória nº 2.177-44, de 2001)

a) aspectos econômico-financeiros; (Incluído pela Medida Provisória nº 2.177-44, de 2001)

b) normas de contabilidade, atuariais e estatísticas; (Incluído pela Medida Provisória nº 2.177-44, de 2001)

c) parâmetros quanto ao capital e ao patrimônio líquido mínimos, bem assim quanto às formas de sua subscrição e realização quando se tratar de sociedade anônima; (Incluído pela Medida Provisória nº 2.177-44, de 2001)

d) critérios de constituição de garantias de manutenção do equilíbrio econômico-financeiro, consistentes em bens, móveis ou imóveis, ou fundos especiais ou seguros garantidores; (Incluído pela Medida Provisória nº 2.177-44, de 2001)

e) criação de fundo, contratação de seguro garantidor ou outros instrumentos que julgar adequados, com o objetivo de proteger o consumidor de planos privados de assistência à saúde em caso de insolvência de empresas operadoras; (Incluído pela Medida Provisória nº 2.177-44, de 2001)

V – deliberar sobre a criação de câmaras técnicas, de caráter consultivo, de forma a subsidiar suas decisões. (Incluído pela Medida Provisória nº 2.177-44, de 2001)

Parágrafo único. A ANS fixará as normas sobre as matérias previstas no inciso IV deste artigo, devendo adequá-las, se necessário, quando houver diretrizes gerais estabelecidas pelo CONSU. (Incluído pela Medida Provisória nº 2.177-44, de 2001)

Art. 35-B. O CONSU será integrado pelos seguintes Ministros de Estado: (Incluído pela Medida Provisória nº 2.177-44, de 2001)

I – Chefe da Casa Civil da Presidência da República, na qualidade de Presidente; (Incluído pela Medida Provisória nº 2.177-44, de 2001)

II – da Saúde; (Incluído pela Medida Provisória nº 2.177-44, de 2001)

III – da Fazenda; (Incluído pela Medida Provisória nº 2.177-44, de 2001)

IV – da Justiça; e (Incluído pela Medida Provisória nº 2.177-44, de 2001)

V – do Planejamento, Orçamento e Gestão. (Incluído pela Medida Provisória nº 2.177-44, de 2001)

§ 1º. O Conselho deliberará mediante resoluções, por maioria de votos, cabendo ao Presidente a prerrogativa de deliberar nos casos de urgência e relevante interesse, ad referendum dos demais membros. (Incluído pela Medida Provisória nº 2.177-44, de 2001)

§ 2º. Quando deliberar ad referendum do Conselho, o Presidente submeterá a decisão ao Colegiado na primeira reunião que se seguir àquela deliberação. (Incluído pela Medida Provisória nº 2.177-44, de 2001)

§ 3º. O Presidente do Conselho poderá convidar Ministros de Estado, bem assim outros representantes de órgãos públicos, para participar das reuniões, não lhes sendo permitido o direito de voto. (Incluído pela Medida Provisória nº 2.177-44, de 2001)

§ 4º. O Conselho reunir-se-á sempre que for convocado por seu Presidente. (Incluído pela Medida Provisória nº 2.177-44, de 2001)

§ 5º. O regimento interno do CONSU será aprovado por decreto do Presidente da República. (Incluído pela Medida Provisória nº 2.177-44, de 2001)

§ 6º. As atividades de apoio administrativo ao CONSU serão prestadas pela ANS. (Incluído pela Medida Provisória nº 2.177-44, de 2001)

§ 7º. O Presidente da ANS participará, na qualidade de Secretário, das reuniões do CONSU. (Incluído pela Medida Provisória nº 2.177-44, de 2001)

Art. 35-C. É obrigatória a cobertura do atendimento nos casos: (Redação dada pela Lei nº 11.935, de 2009)

I – de emergência, como tal definidos os que implicarem risco imediato de vida ou de lesões irreparáveis para o paciente, caracterizado em declaração do médico assistente; (Redação dada pela Lei nº 11.935, de 2009)

II – de urgência, assim entendidos os resultantes de acidentes pessoais ou de complicações no processo gestacional; (Redação dada pela Lei nº 11.935, de 2009)

III – de planejamento familiar. (Incluído pela Lei nº 11.935, de 2009)

Parágrafo único. A ANS fará publicar normas regulamentares para o disposto neste artigo, observados os termos de adaptação previstos no art. 35. (Incluído pela Medida Provisória nº 2.177-44, de 2001)

Art. 35-D. As multas a serem aplicadas pela ANS em decorrência da competência fiscalizadora e normativa estabelecida nesta Lei e em seus regulamentos serão recolhidas à conta daquela Agência, até o limite de R$ 1.000.000,00 (um milhão de reais) por infração, ressalvado o disposto no § 6º do art. 19 desta Lei. (Incluído pela Medida Provisória nº 2.177-44, de 2001)

Art. 35-E. A partir de 5 de junho de 1998, fica estabelecido para os contratos celebrados anteriormente à data de vigência desta Lei que: (Incluído pela Medida Provisória nº 2.177-44, de 2001)

- ADI 1.931 e 5.135

I – qualquer variação na contraprestação pecuniária para consumidores com mais de sessenta anos de idade estará sujeita à autorização prévia da ANS; (Incluído pela Medida Provisória nº 2.177-44, de 2001)

II – a alegação de doença ou lesão preexistente estará sujeita à prévia regulamentação da matéria pela ANS; (Incluído pela Medida Provisória nº 2.177-44, de 2001)

III – é vedada a suspensão ou a rescisão unilateral do contrato individual ou familiar de produtos de que tratam o inciso I e o § 1º do art. 1º desta Lei por parte da operadora, salvo o disposto no inciso II do parágrafo único do art. 13 desta Lei; (Incluído pela Medida Provisória nº 2.177-44, de 2001)

IV – é vedada a interrupção de internação hospitalar em leito clínico, cirúrgico ou em centro de terapia intensiva ou similar, salvo a critério do médico assistente. (Incluído pela Medida Provisória nº 2.177-44, de 2001)

§ 1º. Os contratos anteriores à vigência desta Lei, que estabeleçam reajuste por mudança de faixa etária com idade inicial em sessenta anos ou mais, deverão ser adaptados, até 31 de outubro de 1999, para repactuação da cláusula de reajuste, observadas as seguintes disposições: (Incluído pela Medida Provisória nº 2.177-44, de 2001)

I – a repactuação será garantida aos consumidores de que trata o parágrafo único do art. 15, para as mudanças de faixa etária ocorridas após a vigência desta Lei, e limitar-se-á à diluição da aplicação do reajuste anteriormente previsto, em reajustes parciais anuais, com adoção de percentual fixo que, aplicado a cada ano, permita atingir o reajuste integral no início do último ano da faixa etária considerada; (Incluído pela Medida Provisória nº 2.177-44, de 2001)

II – para aplicação da fórmula de diluição, consideram-se de dez anos as faixas etárias que tenham sido estipuladas sem limite superior; (Incluído pela Medida Provisória nº 2.177-44, de 2001)

III – a nova cláusula, contendo a fórmula de aplicação do reajuste, deverá ser encaminhada aos consumidores, juntamente com o boleto ou título de cobrança, com a demonstração do valor originalmente contratado, do valor repactuado e do percentual de reajuste anual fixo, esclarecendo, ainda, que o seu pagamento formalizará esta repactuação; (Incluído pela Medida Provisória nº 2.177-44, de 2001)

IV – a cláusula original de reajuste deverá ter sido previamente submetida à ANS; (Incluído pela Medida Provisória nº 2.177-44, de 2001)

V – na falta de aprovação prévia, a operadora, para que possa aplicar reajuste por faixa etária a consumidores com sessenta anos ou mais de idade e dez anos ou mais de contrato, deverá submeter à ANS as condições contratuais acompanhadas de nota técnica, para, uma vez aprovada a cláusula e o percentual de reajuste, adotar a diluição prevista neste parágrafo. (Incluído pela Medida Provisória nº 2.177-44, de 2001)

§ 2º. Nos contratos individuais de produtos de que tratam o inciso I e o § 1º do art. 1º desta Lei, independentemente da data de sua celebração, a aplicação de cláusula de reajuste das contraprestações pecuniárias dependerá de prévia aprovação da ANS. (Incluído pela Medida Provisória nº 2.177-44, de 2001)

§ 3º. O disposto no art. 35 desta Lei aplica-se sem prejuízo do estabelecido neste artigo. (Incluído pela Medida Provisória nº 2.177-44, de 2001)

Art. 35-F. A assistência a que alude o art. 1º desta Lei compreende todas as ações necessárias à prevenção da doença e à recuperação, manutenção e reabilitação da saúde, observados os termos desta Lei e do contrato firmado entre as partes. (Incluído pela Medida Provisória nº 2.177-44, de 2001)

Art. 35-G. Aplicam-se subsidiariamente aos contratos entre usuários e operadoras de produtos de que tratam o inciso I e o § 1º do art. 1º desta Lei as disposições da Lei nº 8.078, de 1990. (Incluído pela Medida Provisória nº 2.177-44, de 2001)

Art. 35-H. Os expedientes que até esta data foram protocolizados na SUSEP pelas operadoras de produtos de que tratam o inciso I e o § 1º do art. 1º desta Lei e que forem encaminhados à ANS em consequência desta Lei, deverão estar acompanhados de parecer conclusivo daquela Autarquia. (Incluído pela Medida Provisória nº 2.177-44, de 2001)

Art. 35-I. Responderão subsidiariamente pelos direitos contratuais e legais dos consumidores, prestadores de serviço e fornecedores, além dos débitos fiscais e trabalhistas, os bens pessoais dos diretores, administradores, gerentes e membros de conselhos da operadora de plano privado de assistência à saúde, independentemente da sua natureza jurídica. (Incluído pela Medida Provisória nº 2.177-44, de 2001)

Art. 35-J. O diretor técnico ou fiscal ou o liquidante são obrigados a manter sigilo relativo às informações da operadora às quais tiverem acesso em razão do exercício do encargo, sob pena de incorrer em improbidade administrativa, sem prejuízo das responsabilidades civis e penais. (Incluído pela Medida Provisória nº 2.177-44, de 2001)

Art. 35-L. Os bens garantidores das provisões técnicas, fundos e provisões deverão ser registrados na ANS e não poderão ser alienados, prometidos a alienar ou, de qualquer forma, gravados sem prévia e expressa autorização, sendo nulas, de pleno direito, as alienações realizadas ou os gravames constituídos com violação deste artigo. (Incluído pela Medida Provisória nº 2.177-44, de 2001)

Parágrafo único. Quando a garantia recair em bem imóvel, será obrigatoriamente inscrita no competente Cartório do Registro Geral de Imóveis, mediante requerimento firmado pela operadora de plano de assistência à saúde e pela ANS. (Incluído pela Medida Provisória nº 2.177-44, de 2001)

Art. 35-M. As operadoras de produtos de que tratam o inciso I e o § 1º do art. 1º desta Lei poderão celebrar contratos de resseguro junto às empresas devidamente autorizadas a operar em tal atividade, conforme estabelecido na Lei nº 9.932, de 20 de dezembro de 1999, e regulamentações posteriores. (Incluído pela Medida Provisória nº 2.177-44, de 2001)

Art. 36. Esta Lei entra em vigor 90 (noventa) dias após a data de sua publicação.

Brasília, 3 de junho de 1998; 177º da Independência e 110º da República.

FERNANDO HENRIQUE CARDOSO

D.O.U. 4.6.1998

LEI Nº 9.703, DE 17 DE NOVEMBRO DE 1998

Dispõe sobre os depósitos judiciais e extrajudiciais de tributos e contribuições federais.

▸ *Depósitos judiciais e extrajudiciais de tributos*

▸ Lei nº 12.099, de 27-11-2009, que dispõe sobre a transferência de depósitos judiciais e extrajudiciais de tributos e contribuições federais para a Caixa Econômica Federal; e altera a Lei nº 9.703, de 17 de novembro de 1998.

Art. 1º. Os depósitos judiciais e extrajudiciais, em dinheiro, de valores referentes a tributos e contribuições federais, inclusive seus acessórios, administrados pela Secretaria da Receita Federal do Ministério da Fazenda, serão efetuados na Caixa Econômica Federal, mediante Documento de Arrecadação de Receitas Federais – DARF, específico para essa finalidade.

§ 1º. O disposto neste artigo aplica-se, inclusive, aos débitos provenientes de tributos e contribuições inscritos em Dívida Ativa da União.

§ 2º. Os depósitos serão repassados pela Caixa Econômica Federal para a Conta Única do Tesouro Nacional, independentemente de qualquer formalidade, no mesmo prazo fixado para recolhimento dos tributos e das contribuições federais.

§ 3º. Mediante ordem da autoridade judicial ou, no caso de depósito extrajudicial, da autoridade administrativa competente, o valor do depósito, após o encerramento da lide ou do processo litigioso, será:

I – devolvido ao depositante pela Caixa Econômica Federal, no prazo máximo de vinte e quatro horas, quando a sentença lhe for favorável ou na proporção em que o for, acrescido de juros, na forma estabelecida pelo § 4º do art. 39 da Lei nº 9.250, de 26 de dezembro de 1995, e alterações posteriores; ou

II – transformado em pagamento definitivo, proporcionalmente à exigência do correspondente tributo ou contribuição, inclusive seus acessórios, quando se tratar de sentença ou decisão favorável à Fazenda Nacional.

§ 4º. Os valores devolvidos pela Caixa Econômica Federal serão debitados à Conta Única do Tesouro Nacional, em subconta de restituição.

§ 5º. A Caixa Econômica Federal manterá controle dos valores depositados ou devolvidos.

Art. 2º. Observada a legislação própria, o disposto nesta Lei aplica-se aos depósitos judiciais e extrajudiciais referentes às contribuições administradas pelo Instituto Nacional do Seguro Social.

Art. 2º-A. Aos depósitos efetuados antes de 1º de dezembro de 1998 será aplicada a sistemática prevista nesta Lei de acordo com um cronograma fixado por ato do Ministério da Fazenda, sendo obrigatória a sua transferência à conta única do Tesouro Nacional. (Incluído pela Lei nº 12.058, de 2009)

▸ Lei nº 12.099, de 27-11-2009, art. 4º, que dispõe sobre a transferência de depósitos judiciais e extrajudiciais de tributos e contribuições federais para a Caixa Econômica Federal; e altera a Lei nº 9.703, de 17 de novembro de 1998.

Parágrafo único. A inobservância da transferência obrigatória de que trata o *caput* deste artigo sujeita os recursos depositados à remuneração à taxa Selic e sujeita os administradores da Caixa Econômica Federal às penalidades impostas pela Lei nº 4.595, de 31 de dezembro de 1964. (Incluído pela Lei nº 12.058, de 2009)

§ 1º. Os juros dos depósitos referidos no *caput* serão calculados à taxa originalmente devida até a data da transferência à conta única do Tesouro Nacional. (Incluído pela Lei nº 12.099, de 2009)

§ 2º. Após a transferência à conta única do Tesouro Nacional, os juros dos depósitos referidos no *caput* serão calculados na forma estabelecida pelo § 4º do art. 39 da Lei nº 9.250, de 26 de dezembro de 1995. (Incluído pela Lei nº 12.099, de 2009)

§ 3º. A inobservância da transferência obrigatória de que trata o *caput* sujeita os recursos depositados à remuneração na forma estabelecida pelo § 4º do art. 39 da Lei nº 9.250, de 26 de dezembro de 1995, desde a inobservância, e os administradores das instituições financeiras às penalidades previstas na Lei nº 4.595, de 31 de dezembro de 1964. (Renumerado do parágrafo único pela Lei nº 12.099, de 2009)

§ 4º. Vetado pela Lei nº 12.099, de 2009.

Art. 3º. Os procedimentos para execução desta Lei serão disciplinados em regulamento.

Art. 4º. Esta Lei entra em vigor na data de sua publicação, aplicando-se aos depósitos efetuados a partir de 1º de dezembro de 1998.

Congresso Nacional, em 17 de novembro de 1998;
177º da Independência e
110º da República.

Senador ANTONIO CARLOS MAGALHÃES
Presidente

Publicado no DOU de 18.11.1998

LEI Nº 9.709, DE 18 DE NOVEMBRO DE 1998

Regulamenta a execução do disposto nos incisos I, II e III do art. 14 da Constituição Federal.

▸ *Plebiscito, referendo e iniciativa popular*

O PRESIDENTE DA REPÚBLICA Faço saber que o Congresso Nacional decreta e eu sanciono a seguinte Lei:

Art. 1º. A soberania popular é exercida por sufrágio universal e pelo voto direto e secreto, com valor igual para todos, nos termos desta Lei e das normas constitucionais pertinentes, mediante:

I – plebiscito;
II – referendo;
III – iniciativa popular.

Art. 2º. Plebiscito e referendo são consultas formuladas ao povo para que delibere sobre matéria de acentuada relevância, de natureza constitucional, legislativa ou administrativa.

▸ CF/88: art. 49, XV.

§ 1º. O plebiscito é convocado com anterioridade a ato legislativo ou administrativo, cabendo ao povo, pelo voto, aprovar ou denegar o que lhe tenha sido submetido.

§ 2º. O referendo é convocado com posterioridade a ato legislativo ou administrativo, cumprindo ao povo a respectiva ratificação ou rejeição.

Art. 3º. Nas questões de relevância nacional, de competência do Poder Legislativo ou do Poder Executivo, e no caso do § 3º do art. 18 da Constituição Federal, o plebiscito e o referendo são convocados mediante decreto legislativo, por proposta de 1/3 (um terço), no mínimo, dos membros que compõem qualquer das Casas do Congresso Nacional, de conformidade com esta Lei.

Art. 4º. A incorporação de Estados entre si, subdivisão ou desmembramento para se anexarem a outros, ou formarem novos Estados ou Territórios Federais, dependem da aprovação da população diretamente interessada, por meio de plebiscito realizado na mesma data e horário em cada um dos Estados, e do Congresso Nacional, por lei complementar, ouvidas as respectivas Assembleias Legislativas.

§ 1º. Proclamado o resultado da consulta plebiscitária, sendo favorável à alteração territorial prevista no *caput*, o projeto de lei complementar respectivo será proposto perante qualquer das Casas do Congresso Nacional.

§ 2º. À Casa perante a qual tenha sido apresentado o projeto de lei complementar referido no parágrafo anterior compete proceder à audiência das respectivas Assembleias Legislativas.

§ 3º. Na oportunidade prevista no parágrafo anterior, as respectivas Assembleias Legislativas opinarão, sem caráter vinculativo, sobre a matéria, e fornecerão ao Congresso Nacional os detalhamentos técnicos concernentes aos aspectos administrativos, financeiros, sociais e econômicos da área geopolítica afetada.

§ 4º. O Congresso Nacional, ao aprovar a lei complementar, tomará em conta as informações técnicas a que se refere o parágrafo anterior.

Art. 5º. O plebiscito destinado à criação, à incorporação, à fusão e ao desmembramento de Municípios, será convocado pela Assembleia Legislativa, de conformidade com a legislação federal e estadual.

Art. 6º. Nas demais questões, de competência dos Estados, do Distrito Federal e dos Municípios, o plebiscito e o referendo serão convocados de conformidade, respectivamente, com a Constituição Estadual e com a Lei Orgânica.

Art. 7º. Nas consultas plebiscitárias previstas nos arts. 4º e 5º entende-se por população diretamente interessada tanto a do território que se pretende desmembrar, quanto a do que sofrerá desmembramento; em caso de fusão ou anexação, tanto a população da área que se quer anexar quanto a da que receberá o acréscimo; e a vontade popular se aferirá pelo percentual que se manifestar em relação ao total da população consultada.

Art. 8º. Aprovado o ato convocatório, o Presidente do Congresso Nacional dará ciência à Justiça Eleitoral, a quem incumbirá, nos limites de sua circunscrição:

I – fixar a data da consulta popular;

II – tornar pública a cédula respectiva;

III – expedir instruções para a realização do plebiscito ou referendo;

IV – assegurar a gratuidade nos meio de comunicação de massa concessionários de serviço público, aos partidos políticos e às frentes suprapartidárias organizadas pela sociedade civil em torno da matéria em questão, para a divulgação de seus postulados referentes ao tema sob consulta.

Art. 9º. Convocado o plebiscito, o projeto legislativo ou medida administrativa não efetivada, cujas matérias constituam objeto da consulta popular, terá sustada sua tramitação, até que o resultado das urnas seja proclamado.

Art. 10. O plebiscito ou referendo, convocado nos termos da presente Lei, será considerado aprovado ou rejeitado por maioria simples, de acordo com o resultado homologado pelo Tribunal Superior Eleitoral.

Art. 11. O referendo pode ser convocado no prazo de 30 (trinta) dias, a contar da promulgação de lei ou adoção de medida administrativa, que se relacione de maneira direta com a consulta popular.

Art. 12. A tramitação dos projetos de plebiscito e referendo obedecerá às normas do Regimento Comum do Congresso Nacional.

Art. 13. A iniciativa popular consiste na apresentação de projeto de lei à Câmara dos Deputados, subscrito por, no mínimo, 1% (um por cento) do eleitorado nacional, distribuído pelo menos por cinco Estados, com não menos de 0,3% (três décimos por cento) dos eleitores de cada um deles.

▸ CF/88: art. 61, § 2º.

§ 1º. O projeto de lei de iniciativa popular deverá circunscrever-se a um só assunto.

§ 2º. O projeto de lei de iniciativa popular não poderá ser rejeitado por vício de forma, cabendo à Câmara dos Deputados, por seu órgão competente, providenciar a correção de eventuais impropriedades de técnica legislativa ou de redação.

Art. 14. A Câmara dos Deputados, verificando o cumprimento das exigências estabelecidas no art. 13 e respectivos parágrafos, dará seguimento à iniciativa popular, consoante as normas do Regimento Interno.

Art. 15. Esta Lei entra em vigor na data de sua publicação.

Brasília, 18 de novembro de 1998; 177º da Independência e 110º da República.

FERNANDO HENRIQUE CARDOSO
D.O.U. de 19.11.1998

LEI Nº 9.717, DE 27 DE NOVEMBRO DE 1998

Dispõe sobre regras gerais para a organização e o funcionamento dos regimes próprios de previdência social dos servidores públicos da União, dos Estados, do Distrito Federal e dos Municípios, dos militares dos Estados e do Distrito Federal e dá outras providências.

▸ *Lei dos Regimes Próprios de Previdência Social*

Art. 1º. Os regimes próprios de previdência social dos servidores públicos da União, dos Estados, do Distrito Federal e dos Municípios, dos militares dos Estados e do Distrito Federal deverão ser organizados, baseados em normas gerais de contabilidade e atuária, de modo a garantir o seu equilíbrio financeiro e atuarial, observados os seguintes critérios:

I – realização de avaliação atuarial inicial e em cada balanço utilizando-se parâmetros gerais, para a organização e revisão do plano de custeio e benefícios; (Redação dada pela Medida Provisória nº 2.187-13, de 2001)

II – financiamento mediante recursos provenientes da União, dos Estados, do Distrito Federal e dos Municípios e das contribuições do pessoal civil e militar, ativo, inativo e dos pensionistas, para os seus respectivos regimes;

III – as contribuições e os recursos vinculados ao Fundo Previdenciário da União, dos Estados, do Distrito Federal e dos Municípios e as contribuições do pessoal civil e militar, ativo, inativo, e dos pensionistas, somente poderão ser utilizadas para pagamento de benefícios previdenciários dos respectivos regimes, ressalvadas as despesas administrativas estabelecidas no art. 6º, inciso VIII, desta Lei, observado os limites de gastos estabelecidos em parâmetros gerais; (Redação dada pela Medida Provisória nº 2.187-13, de 2001)

IV – cobertura de um número mínimo de segurados, de modo que os regimes possam garantir diretamente a totalidade dos riscos cobertos no plano de benefícios, preservando o equilíbrio atuarial sem necessidade de resseguro, conforme parâmetros gerais;

V – cobertura exclusiva a servidores públicos titulares de cargos efetivos e a militares, e a seus respectivos dependentes, de cada ente estatal, vedado o pagamento de benefícios, mediante convênios ou consórcios entre Estados, entre Estados e Municípios e entre Municípios;

VI – pleno acesso dos segurados às informações relativas à gestão do regime e participação de representantes dos servidores públicos e dos militares, ativos e inativos, nos colegiados e instâncias de decisão em que os seus interesses sejam objeto de discussão e deliberação;

VII – registro contábil individualizado das contribuições de cada servidor e dos entes estatais, conforme diretrizes gerais;

VIII – identificação e consolidação em demonstrativos financeiros e orçamentários de todas as despesas fixas e variáveis com pessoal inativo civil, militar e pensionistas, bem como dos encargos incidentes sobre os proventos e pensões pagos;

IX – sujeição às inspeções e auditorias de natureza atuarial, contábil, financeira, orçamentária e patrimonial dos órgãos de controle interno e externo.

X – vedação de inclusão nos benefícios, para efeito de percepção destes, de parcelas remuneratórias pagas em decorrência de local de trabalho, de função de confiança ou de cargo em comissão, exceto quando tais parcelas integrarem a remuneração de contribuição do servidor que se aposentar com fundamento no art. 40 da Constituição Federal, respeitado, em qualquer hipótese, o limite previsto no § 2º do citado artigo; (Redação dada pela Lei nº 10.887, de 2004)

XI – vedação de inclusão nos benefícios, para efeito de percepção destes, do abono de permanência de que tratam o § 19 do art. 40 da Constituição Federal, o § 5º do art. 2º e o § 1º do art. 3º da Emenda Constitucional nº 41, de 19 de dezembro de 2003. (Incluído pela Lei nº 10.887, de 2004)

§ 1º Aplicam-se adicionalmente aos regimes próprios de previdência social as disposições estabelecidas no art. 6º desta Lei relativas aos fundos com finalidade previdenciária por eles instituídos. (Parágrafo único transformado em § 1º e com redação dada pela Lei nº 13.846, de 2019)

§ 2º Os regimes próprios de previdência social da União, dos Estados, do Distrito Federal e dos Municípios operacionalizarão a compensação financeira a que se referem o § 9º do art. 201 da Constituição Federal e a Lei nº 9.796, de 5 de maio de 1999, entre si e com o regime geral de previdência social, sob pena de incidirem nas sanções de que trata o art. 7º desta Lei. (Acrescido pela Lei nº 13.846, de 2019)

Art. 1º-A. O servidor público titular de cargo efetivo da União, dos Estados, do Distrito Federal e dos Municípios ou o militar dos Estados e do Distrito Federal filiado a regime próprio de previdência social, quando cedido a órgão ou entidade de outro ente da federação, com ou sem ônus para o cessionário, permanecerá vinculado ao regime de origem. (Incluído pela Medida Provisória nº 2.187-13, de 2001)

Art. 2º. A contribuição da União, dos Estados, do Distrito Federal e dos Municípios, incluídas suas autarquias e fundações, aos regimes próprios de previdência social a que estejam vinculados seus servidores não poderá ser inferior ao valor da contribuição do servidor ativo, nem superior ao dobro desta contribuição. (Redação dada pela Lei nº 10.887, de 2004)

§ 1º. A União, os Estados, o Distrito Federal e os Municípios são responsáveis pela cobertura de eventuais insuficiências financeiras do respectivo regime próprio, decorrentes do pagamento de benefícios previdenciários. (Redação dada pela Lei nº 10.887, de 2004)

§ 2º. A União, os Estados, o Distrito Federal e os Municípios publicarão, até 30 (trinta) dias após o encerramento de cada bimestre, demonstrativo financeiro e orçamentário da receita e despesa previdenciárias acumuladas no exercício financeiro em curso. (Redação dada pela Lei nº 10.887, de 2004)

§§ 3º a 7º. (Revogados). (Redação dada pela Lei nº 10.887, de 2004)

Art. 3º. As alíquotas de contribuição dos servidores ativos dos Estados, do Distrito Federal e dos Municípios para os respectivos regimes próprios de previdência social não serão inferiores às dos servidores titulares de cargos efetivos da União, devendo ainda ser observadas, no caso das contribuições sobre os proventos dos inativos e sobre as pensões, as mesmas alíquotas aplicadas às remunerações dos servidores em atividade do respectivo ente estatal. (Redação dada pela Lei nº 10.887, de 2004)

Art. 4º. Revogado pela Lei nº 10.887, de 2004.

Art. 5º. Os regimes próprios de previdência social dos servidores públicos da União, dos Estados, do Distrito Federal e dos Municípios, dos militares dos Estados e do Distrito Federal não poderão conceder benefícios distintos dos previstos no Regime Geral de Previdência Social, de que trata a Lei nº 8.213, de 24 de julho de 1991, salvo disposição em contrário da Constituição Federal.

Parágrafo único. Fica vedada a concessão de aposentadoria especial, nos termos do § 4º do art. 40 da Constituição Federal, até que lei complementar federal discipline a matéria. (Incluído pela Medida Provisória nº 2.187-13, de 2001)

Art. 6º. Fica facultada à União, aos Estados, ao Distrito Federal e aos Municípios, a constituição de fundos integrados de bens, direitos e ativos, com finalidade previdenciária, desde que observados os critérios de que trata o artigo 1º e, adicionalmente, os seguintes preceitos:

I – Revogado pela Medida Provisória nº 2.187-13, de 2001.

II – existência de conta do fundo distinta da conta do Tesouro da unidade federativa;

III – Revogado pela Medida Provisória nº 2.187-13, de 2001.

IV – aplicação de recursos, conforme estabelecido pelo Conselho Monetário Nacional;

V – vedação da utilização de recursos do fundo de bens, direitos e ativos para empréstimos de qualquer natureza, inclusive à União, aos Estados, ao Distrito Federal e aos Municípios, a entidades da administração indireta e aos respectivos segurados;

VI – vedação à aplicação de recursos em títulos públicos, com exceção de títulos do Governo Federal;

VII – avaliação de bens, direitos e ativos de qualquer natureza integrados ao fundo, em conformidade com a Lei nº 4.320, de 17 de março de 1964 e alterações subsequentes;

VIII – estabelecimento de limites para a taxa de administração, conforme parâmetros gerais;

IX – constituição e extinção do fundo mediante lei.

Parágrafo único. No estabelecimento das condições e dos limites para aplicação dos recursos dos regimes próprios de previdência social, na forma do inciso IV do *caput* deste artigo, o Conselho Monetário Nacional deverá considerar, entre outros requisitos: (Acrescido pela Lei nº 13.846, de 2019)

I – a natureza pública das unidades gestoras desses regimes e dos recursos aplicados, exigindo a observância dos princípios de segurança, proteção e prudência financeira;

II – a necessidade de exigência, em relação às instituições públicas ou privadas que administram, direta ou indiretamente por meio de fundos de investimento, os recursos desses regimes, da observância de critérios relacionados a boa qualidade de gestão, ambiente de controle interno, histórico e experiência de atuação, solidez patrimonial, volume de recursos sob administração e outros destinados à mitigação de riscos.

Art. 7º. O descumprimento do disposto nesta Lei pelos Estados, Distrito Federal e Municípios e pelos respectivos fundos, implicará, a partir de 1º de julho de 1999:

I – suspensão das transferências voluntárias de recursos pela União;

II – impedimento para celebrar acordos, contratos, convênios ou ajustes, bem como receber empréstimos, financiamentos, avais e subvenções em geral de órgãos ou entidades da Administração direta e indireta da União;

III – suspensão de empréstimos e financiamentos por instituições financeiras federais.

IV – (Revogado pela Lei nº 13.846, de 2019)

Art. 8º Os responsáveis pelos poderes, órgãos ou entidades do ente estatal, os dirigentes da unidade gestora do respectivo regime próprio de previdência social e os membros dos seus conselhos e comitês respondem diretamente por infração ao disposto nesta Lei, sujeitando-se, no que couber, ao regime disciplinar estabelecido na Lei Complementar nº 109, de 29 de maio de 2001, e seu regulamento, e conforme diretrizes gerais. (Redação dada pela Lei nº 13.846, de 2019)

§ 1º As infrações serão apuradas mediante processo administrativo que tenha por base o auto, a representação ou a denúncia positiva dos fatos irregulares, assegurados ao acusado o contraditório e a ampla defesa, em conformidade com diretrizes gerais. (Parágrafo único transformado em § 1º e com redação dada pela Lei nº 13.846, de 2019)

§ 2º São também responsáveis quaisquer profissionais que prestem serviços técnicos ao ente estatal e respectivo regime próprio de previdência social, diretamente ou por intermédio de pessoa jurídica contratada. (Acrescido pela Lei nº 13.846, de 2019)

Art. 8º-A. Os dirigentes do ente federativo instituidor do regime próprio de previdência social e da unidade gestora do regime e os demais responsáveis pelas ações de investimento e aplicação dos recursos previdenciários, inclusive os consultores, os distribuidores, a instituição financeira administradora da carteira, o fundo de investimentos que tenha recebido os recursos e seus gestores e administradores serão solidariamente responsáveis, na medida de sua participação, pelo ressarcimento dos prejuízos decorrentes de aplicação em desacordo com a legislação vigente a que tiverem dado causa. (Acrescido pela Lei nº 13.846, de 2019)

Art. 8º-B. Os dirigentes da unidade gestora do regime próprio de previdência social deverão atender aos seguintes requisitos mínimos: (Acrescido pela Lei nº 13.846, de 2019)

I - não ter sofrido condenação criminal ou incidido em alguma das demais situações de inelegilidade previstas no inciso I do *caput* do art. 1º da Lei Complementar nº 64, de 18 de maio de 1990, observados os critérios e prazos previstos na referida Lei Complementar;

II - possuir certificação e habilitação comprovadas, nos termos definidos em parâmetros gerais;

III - possuir comprovada experiência no exercício de atividade nas áreas financeira, administrativa, contábil, jurídica, de fiscalização, atuarial ou de auditoria;

IV - ter formação superior.

Parágrafo único. Os requisitos a que se referem os incisos I e II do *caput* deste artigo aplicam-se aos membros dos conselhos deliberativo e fiscal e do comitê de investimentos da unidade gestora do regime próprio de previdência social.

Art. 9º Compete à União, por intermédio da Secretaria Especial de Previdência e Trabalho do Ministério da Economia, em relação aos regimes próprios de previdência social e aos seus fundos previdenciários: (Redação dada pela Lei nº 13.846, de 2019)

I – a orientação, a supervisão, a fiscalização e o acompanhamento; (Redação dada pela Lei nº 13.846, de 2019)

II – o estabelecimento e a publicação de parâmetros, diretrizes e critérios de responsabilidade previdenciária na sua instituição, organização e funcionamento, relativos a custeio, benefícios, atuária, contabilidade, aplicação e utilização de recursos e constituição e manutenção dos fundos previdenciários, para preservação do caráter contributivo e solidário e do equilíbrio financeiro e atuarial; (Redação dada pela Lei nº 13.846, de 2019)

III – a apuração de infrações, por servidor credenciado, e a aplicação de penalidades, por órgão próprio, nos casos previstos no art. 8º desta Lei; (Redação dada pela Lei nº 13.846, de 2019)

IV - a emissão do Certificado de Regularidade Previdenciária (CRP), que atestará, para os fins do disposto no art. 7º desta Lei, o cumprimento, pelos Estados, Distrito Federal e Municípios, dos critérios e exigências aplicáveis aos regimes próprios de previdência social e aos seus fundos previdenciários. (Acrescido pela Lei nº 13.846, de 2019)

Parágrafo único. A União, os Estados, o Distrito Federal e os Municípios encaminharão à Secretaria Especial de Previdência e Trabalho do Ministério da Economia, na forma, na periodicidade e nos critérios por ela definidos, dados e informações sobre o regime próprio de previdência social e seus segurados. (Redação dada pela Lei nº 13.846, de 2019)

Art. 10. No caso de extinção de regime próprio de previdência social, a União, o Estado, o Distrito Federal e os Municípios assumirão integralmente a responsabilidade pelo pagamento dos benefícios concedidos durante a sua vigência, bem como daqueles benefícios cujos requisitos necessários a sua concessão foram implementados anteriormente à extinção do regime próprio de previdência social.

Art. 11. Esta Lei entra em vigor na data de sua publicação.

Brasília, 27 de novembro de 1998;
177º da Independência e
110º da República.

FERNANDO HENRIQUE CARDOSO

Este texto não substitui o publicado no DOU de 28-11-1998

LEI Nº 9.784, DE 29 DE JANEIRO DE 1999

Regula o processo administrativo no âmbito da Administração Pública Federal.

› *Processo Administrativo*

O PRESIDENTE DA REPÚBLICA Faço saber que o Congresso Nacional decreta e eu sanciono a seguinte Lei:

CAPÍTULO I. DAS DISPOSIÇÕES GERAIS

Art. 1º. Esta Lei estabelece normas básicas sobre o processo administrativo no âmbito da Administração Federal direta e indireta, visando, em especial, à proteção dos direitos dos administrados e ao melhor cumprimento dos fins da Administração.

› Decreto 8.539/2015 – Dispõe sobre o uso do meio eletrônico para a realização do processo administrativo no âmbito dos órgãos e das entidades da administração pública federal direta, autárquica e fundacional.

§ 1º. Os preceitos desta Lei também se aplicam aos órgãos dos Poderes Legislativo e Judiciário da União, quando no desempenho de função administrativa.

§ 2º. Para os fins desta Lei, consideram-se:

I – órgão – a unidade de atuação integrante da estrutura da Administração direta e da estrutura da Administração indireta;
II – entidade – a unidade de atuação dotada de personalidade jurídica;
III – autoridade – o servidor ou agente público dotado de poder de decisão.

Art. 2º. A Administração Pública obedecerá, dentre outros, aos princípios da legalidade, finalidade, motivação, razoabilidade, proporcionalidade, moralidade, ampla defesa, contraditório, segurança jurídica, interesse público e eficiência.

- Súm. Vinculante 3 do STF.
- CF/88: art. 37.

Parágrafo único. Nos processos administrativos serão observados, entre outros, os critérios de:

I – atuação conforme a lei e o Direito;
II – atendimento a fins de interesse geral, vedada a renúncia total ou parcial de poderes ou competências, salvo autorização em lei;
III – objetividade no atendimento do interesse público, vedada a promoção pessoal de agentes ou autoridades;
IV – atuação segundo padrões éticos de probidade, decoro e boa-fé;
V – divulgação oficial dos atos administrativos, ressalvadas as hipóteses de sigilo previstas na Constituição;
VI – adequação entre meios e fins, vedada a imposição de obrigações, restrições e sanções em medida superior àquelas estritamente necessárias ao atendimento do interesse público;
VII – indicação dos pressupostos de fato e de direito que determinarem a decisão;
VIII – observância das formalidades essenciais à garantia dos direitos dos administrados;
IX – adoção de formas simples, suficientes para propiciar adequado grau de certeza, segurança e respeito aos direitos dos administrados;
X – garantia dos direitos à comunicação, à apresentação de alegações finais, à produção de provas e à interposição de recursos, nos processos de que possam resultar sanções e nas situações de litígio;
XI – proibição de cobrança de despesas processuais, ressalvadas as previstas em lei;
XII – impulsão, de ofício, do processo administrativo, sem prejuízo da atuação dos interessados;
XIII – interpretação da norma administrativa da forma que melhor garanta o atendimento do fim público a que se dirige, vedada aplicação retroativa de nova interpretação.

CAPÍTULO II. DOS DIREITOS DOS ADMINISTRADOS

Art. 3º. O administrado tem os seguintes direitos perante a Administração, sem prejuízo de outros que lhe sejam assegurados:

I – ser tratado com respeito pelas autoridades e servidores, que deverão facilitar o exercício de seus direitos e o cumprimento de suas obrigações;
II – ter ciência da tramitação dos processos administrativos em que tenha a condição de interessado, ter vista dos autos, obter cópias de documentos neles contidos e conhecer as decisões proferidas;
III – formular alegações e apresentar documentos antes da decisão, os quais serão objeto de consideração pelo órgão competente;
IV – fazer-se assistir, facultativamente, por advogado, salvo quando obrigatória a representação, por força de lei.

CAPÍTULO III. DOS DEVERES DO ADMINISTRADO

Art. 4º. São deveres do administrado perante a Administração, sem prejuízo de outros previstos em ato normativo:

I – expor os fatos conforme a verdade;
II – proceder com lealdade, urbanidade e boa-fé;
III – não agir de modo temerário;
IV – prestar as informações que lhe forem solicitadas e colaborar para o esclarecimento dos fatos.

CAPÍTULO IV. DO INÍCIO DO PROCESSO

Art. 5º. O processo administrativo pode iniciar-se de ofício ou a pedido de interessado.

Art. 6º. O requerimento inicial do interessado, salvo casos em que for admitida solicitação oral, deve ser formulado por escrito e conter os seguintes dados:

I – órgão ou autoridade administrativa a que se dirige;
II – identificação do interessado ou de quem o represente;
III – domicílio do requerente ou local para recebimento de comunicações;
IV – formulação do pedido, com exposição dos fatos e de seus fundamentos;
V – data e assinatura do requerente ou de seu representante.

Parágrafo único. É vedada à Administração a recusa imotivada de recebimento de documentos, devendo o servidor orientar o interessado quanto ao suprimento de eventuais falhas.

Art. 7º. Os órgãos e entidades administrativas deverão elaborar modelos ou formulários padronizados para assuntos que importem pretensões equivalentes.

Art. 8º. Quando os pedidos de uma pluralidade de interessados tiverem conteúdo e fundamentos idênticos, poderão ser formulados em um único requerimento, salvo preceito legal em contrário.

CAPÍTULO V. DOS INTERESSADOS

Art. 9º. São legitimados como interessados no processo administrativo:

I – pessoas físicas ou jurídicas que o iniciem como titulares de direitos ou interesses individuais ou no exercício do direito de representação;
II – aqueles que, sem terem iniciado o processo, têm direitos ou interesses que possam ser afetados pela decisão a ser adotada;
III – as organizações e associações representativas, no tocante a direitos e interesses coletivos;
IV – as pessoas ou as associações legalmente constituídas quanto a direitos ou interesses difusos.

Art. 10. São capazes, para fins de processo administrativo, os maiores de 18 anos, ressalvada previsão especial em ato normativo próprio.

CAPÍTULO VI. DA COMPETÊNCIA

Art. 11. A competência é irrenunciável e se exerce pelos órgãos administrativos a que foi atribuída como própria, salvo os casos de delegação e avocação legalmente admitidos.

Art. 12. Um órgão administrativo e seu titular poderão, se não houver impedimento legal, delegar parte da sua competência a outros órgãos ou titulares, ainda que estes não lhe sejam hierarquicamente subordinados, quando for conveniente, em razão de circunstâncias de índole técnica, social, econômica, jurídica ou territorial.

Parágrafo único. O disposto no *caput* deste artigo aplica-se à delegação de competência dos órgãos colegiados aos respectivos presidentes.

Art. 13. Não podem ser objeto de delegação:

I – a edição de atos de caráter normativo;
II – a decisão de recursos administrativos;
III – as matérias de competência exclusiva do órgão ou autoridade.

Art. 14. O ato de delegação e sua revogação deverão ser publicados no meio oficial.

§ 1º. O ato de delegação especificará as matérias e poderes transferidos, os limites da atuação do delegado, a duração e os objetivos da delegação e o recurso cabível, podendo conter ressalva de exercício da atribuição delegada.

§ 2º. O ato de delegação é revogável a qualquer tempo pela autoridade delegante.

§ 3º. As decisões adotadas por delegação devem mencionar explicitamente esta qualidade e considerar-se-ão editadas pelo delegado.

Art. 15. Será permitida, em caráter excepcional e por motivos relevantes devidamente justificados, a avocação temporária de competência atribuída a órgão hierarquicamente inferior.

Art. 16. Os órgãos e entidades administrativas divulgarão publicamente os locais das respectivas sedes e, quando conveniente, a unidade fundacional competente em matéria de interesse especial.

Art. 17. Inexistindo competência legal específica, o processo administrativo deverá ser iniciado perante a autoridade de menor grau hierárquico para decidir.

CAPÍTULO VII. DOS IMPEDIMENTOS E DA SUSPEIÇÃO

Art. 18. É impedido de atuar em processo administrativo o servidor ou autoridade que:

I – tenha interesse direto ou indireto na matéria;
II – tenha participado ou venha a participar como perito, testemunha ou representante, ou se tais situações ocorrem quanto ao cônjuge, companheiro ou parente e afins até o terceiro grau;
III – esteja litigando judicial ou administrativamente com o interessado ou respectivo cônjuge ou companheiro.

Art. 19. A autoridade ou servidor que incorrer em impedimento deve comunicar o fato à autoridade competente, abstendo-se de atuar.

Parágrafo único. A omissão do dever de comunicar o impedimento constitui falta grave, para efeitos disciplinares.

Art. 20. Pode ser arguida a suspeição de autoridade ou servidor que tenha amizade íntima ou inimizade notória com algum dos interessados ou com os respectivos cônjuges, companheiros, parentes e afins até o terceiro grau.

Art. 21. O indeferimento de alegação de suspeição poderá ser objeto de recurso, sem efeito suspensivo.

CAPÍTULO VIII. DA FORMA, TEMPO E LUGAR DOS ATOS DO PROCESSO

Art. 22. Os atos do processo administrativo não dependem de forma determinada senão quando a lei expressamente a exigir.

§ 1º. Os atos do processo devem ser produzidos por escrito, em vernáculo, com a data e o local de sua realização e a assinatura da autoridade responsável.

§ 2º. Salvo imposição legal, o reconhecimento de firma somente será exigido quando houver dúvida de autenticidade.

§ 3º. A autenticação de documentos exigidos em cópia poderá ser feita pelo órgão administrativo.

§ 4º. O processo deverá ter suas páginas numeradas sequencialmente e rubricadas.

Art. 23. Os atos do processo devem realizar-se em dias úteis, no horário normal de funcionamento da repartição na qual tramitar o processo.

Parágrafo único. Serão concluídos depois do horário normal os atos já iniciados, cujo adiamento prejudique o curso regular do procedimento ou cause dano ao interessado ou à Administração.

Art. 24. Inexistindo disposição específica, os atos do órgão ou autoridade responsável pelo processo e dos administrados que dele participem devem ser praticados no prazo de 5 (cinco) dias, salvo motivo de força maior.

Parágrafo único. O prazo previsto neste artigo pode ser dilatado até o dobro, mediante comprovada justificação.

Art. 25. Os atos do processo devem realizar-se preferencialmente na sede do órgão, cientificando-se o interessado se outro for o local de realização.

CAPÍTULO IX.
DA COMUNICAÇÃO DOS ATOS

Art. 26. O órgão competente perante o qual tramita o processo administrativo determinará a intimação do interessado para ciência de decisão ou a efetivação de diligências.

§ 1º. A intimação deverá conter:

I – identificação do intimado e nome do órgão ou entidade administrativa;

II – finalidade da intimação;

III – data, hora e local em que deve comparecer;

IV – se o intimado deve comparecer pessoalmente, ou fazer-se representar;

V – informação da continuidade do processo independentemente do seu comparecimento;

VI – indicação dos fatos e fundamentos legais pertinentes.

§ 2º. A intimação observará a antecedência mínima de 3 (três) dias úteis quanto à data de comparecimento.

§ 3º. A intimação pode ser efetuada por ciência no processo, por via postal com aviso de recebimento, por telegrama ou outro meio que assegure a certeza da ciência do interessado.

§ 4º. No caso de interessados indeterminados, desconhecidos ou com domicílio indefinido, a intimação deve ser efetuada por meio de publicação oficial.

§ 5º. As intimações serão nulas quando feitas sem observância das prescrições legais, mas o comparecimento do administrado supre sua falta ou irregularidade.

Art. 27. O desatendimento da intimação não importa o reconhecimento da verdade dos fatos, nem a renúncia a direito pelo administrado.

Parágrafo único. No prosseguimento do processo, será garantido direito de ampla defesa ao interessado.

- CF/1988: art. 5º, LV.

Art. 28. Devem ser objeto de intimação os atos do processo que resultem para o interessado em imposição de deveres, ônus, sanções ou restrição ao exercício de direitos e atividades e os atos de outra natureza, de seu interesse.

CAPÍTULO X.
DA INSTRUÇÃO

Art. 29. As atividades de instrução destinadas a averiguar e comprovar os dados necessários à tomada de decisão realizam-se de ofício ou mediante impulsão do órgão responsável pelo processo, sem prejuízo do direito dos interessados de propor atuações probatórias.

§ 1º. O órgão competente para a instrução fará constar dos autos os dados necessários à decisão do processo.

§ 2º. Os atos de instrução que exijam a atuação dos interessados devem realizar-se do modo menos oneroso para estes.

Art. 30. São inadmissíveis no processo administrativo as provas obtidas por meios ilícitos.

Art. 31. Quando a matéria do processo envolver assunto de interesse geral, o órgão competente poderá, mediante despacho motivado, abrir período de consulta pública para manifestação de terceiros, antes da decisão do pedido, se não houver prejuízo para a parte interessada.

§ 1º. A abertura da consulta pública será objeto de divulgação pelos meios oficiais, a fim de que pessoas físicas ou jurídicas possam examinar os autos, fixando-se prazo para oferecimento de alegações escritas.

§ 2º. O comparecimento à consulta pública não confere, por si, a condição de interessado do processo, mas confere o direito de obter da Administração resposta fundamentada, que poderá ser comum a todas as alegações substancialmente iguais.

Art. 32. Antes da tomada de decisão, a juízo da autoridade, diante da relevância da questão, poderá ser realizada audiência pública para debates sobre a matéria do processo.

Art. 33. Os órgãos e entidades administrativas, em matéria relevante, poderão estabelecer outros meios de participação de administrados, diretamente ou por meio de organizações e associações legalmente reconhecidas.

Art. 34. Os resultados da consulta e audiência pública e de outros meios de participação de administrados deverão ser apresentados com a indicação do procedimento adotado.

Art. 35. Quando necessária à instrução do processo, a audiência de outros órgãos ou entidades administrativas poderá ser realizada em reunião conjunta, com a participação de titulares ou representantes dos órgãos competentes, lavrando-se a respectiva ata, a ser juntada aos autos.

Art. 36. Cabe ao interessado a prova dos fatos que tenha alegado, sem prejuízo do dever atribuído ao órgão competente para a instrução e do disposto no art. 37 desta Lei.

Art. 37. Quando o interessado declarar que fatos e dados estão registrados em documentos existentes na própria Administração responsável pelo processo ou em outro órgão administrativo, o órgão competente para a instrução proverá, de ofício, à obtenção dos documentos ou das respectivas cópias.

Art. 38. O interessado poderá, na fase instrutória e antes da tomada da decisão, juntar documentos e pareceres, requerer diligências e perícias, bem como aduzir alegações referentes à matéria objeto do processo.

§ 1º. Os elementos probatórios deverão ser considerados na motivação do relatório e da decisão.

§ 2º. Somente poderão ser recusadas, mediante decisão fundamentada, as provas propostas pelos interessados quando sejam ilícitas, impertinentes, desnecessárias ou protelatórias.

Art. 39. Quando for necessária a prestação de informações ou a apresentação de provas pelos interessados ou terceiros, serão expedidas intimações para esse fim, mencionando-se data, prazo, forma e condições de atendimento.

Parágrafo único. Não sendo atendida a intimação, poderá o órgão competente, se entender relevante a matéria, suprir de ofício a omissão, não se eximindo de proferir a decisão.

Art. 40. Quando dados, atuações ou documentos solicitados ao interessado forem necessários à apreciação de pedido formulado, o não atendimento no prazo fixado pela Administração para a respectiva apresentação implicará arquivamento do processo.

Art. 41. Os interessados serão intimados de prova ou diligência ordenada, com antecedência mínima de 3 (três) dias úteis, mencionando-se data, hora e local de realização.

Art. 42. Quando deva ser obrigatoriamente ouvido um órgão consultivo, o parecer deverá ser emitido no prazo máximo de 15 (quinze) dias, salvo norma especial ou comprovada necessidade de maior prazo.

§ 1º. Se um parecer obrigatório e vinculante deixar de ser emitido no prazo fixado, o processo não terá seguimento até a respectiva apresentação, responsabilizando-se quem der causa ao atraso.

§ 2º. Se um parecer obrigatório e não vinculante deixar de ser emitido no prazo fixado, o processo poderá ter prosseguimento e ser decidido com sua dispensa, sem prejuízo da responsabilidade de quem se omitiu no atendimento.

Art. 43. Quando por disposição de ato normativo devam ser previamente obtidos laudos técnicos de órgãos administrativos e estes não cumprirem o encargo no prazo assinalado, o órgão responsável pela instrução deverá solicitar laudo técnico de outro órgão dotado de qualificação e capacidade técnica equivalentes.

Art. 44. Encerrada a instrução, o interessado terá o direito de manifestar-se no prazo máximo de 10 (dez) dias, salvo se outro prazo for legalmente fixado.

Art. 45. Em caso de risco iminente, a Administração Pública poderá motivadamente adotar providências acauteladoras sem a prévia manifestação do interessado.

Art. 46. Os interessados têm direito à vista do processo e a obter certidões ou cópias reprográficas dos dados e documentos que o integram, ressalvados os dados e documentos de terceiros protegidos por sigilo ou pelo direito à privacidade, à honra e à imagem.

Art. 47. O órgão de instrução que não for competente para emitir a decisão final elaborará relatório indicando o pedido inicial, o conteúdo das fases do procedimento e formulará proposta de decisão, objetivamente justificada, encaminhando o processo à autoridade competente.

CAPÍTULO XI.
DO DEVER DE DECIDIR

Art. 48. A Administração tem o dever de explicitamente emitir decisão nos processos administrativos e sobre solicitações ou reclamações, em matéria de sua competência.

Art. 49. Concluída a instrução de processo administrativo, a Administração tem o prazo de até 30 (trinta) dias para decidir, salvo prorrogação por igual período expressamente motivada.

CAPÍTULO XII.
DA MOTIVAÇÃO

Art. 50. Os atos administrativos deverão ser motivados, com indicação dos fatos e dos fundamentos jurídicos, quando:

I – neguem, limitem ou afetem direitos ou interesses;

II – imponham ou agravem deveres, encargos ou sanções;

III – decidam processos administrativos de concurso ou seleção pública;

IV – dispensem ou declarem a inexigibilidade de processo licitatório;
V – decidam recursos administrativos;
VI – decorram de reexame de ofício;
VII – deixem de aplicar jurisprudência firmada sobre a questão ou discrepem de pareceres, laudos, propostas e relatórios oficiais;
VIII – importem anulação, revogação, suspensão ou convalidação de ato administrativo.

§ 1º. A motivação deve ser explícita, clara e congruente, podendo consistir em declaração de concordância com fundamentos de anteriores pareceres, informações, decisões ou propostas, que, neste caso, serão parte integrante do ato.

§ 2º. Na solução de vários assuntos da mesma natureza, pode ser utilizado meio mecânico que reproduza os fundamentos das decisões, desde que não prejudique direito ou garantia dos interessados.

§ 3º. A motivação das decisões de órgãos colegiados e comissões ou de decisões orais constará da respectiva ata ou de termo escrito.

CAPÍTULO XIII. DA DESISTÊNCIA E OUTROS CASOS DE EXTINÇÃO DO PROCESSO

Art. 51. O interessado poderá, mediante manifestação escrita, desistir total ou parcialmente do pedido formulado ou, ainda, renunciar a direitos disponíveis.

§ 1º. Havendo vários interessados, a desistência ou renúncia atinge somente quem a tenha formulado.

§ 2º. A desistência ou renúncia do interessado, conforme o caso, não prejudica o prosseguimento do processo, se a Administração considerar que o interesse público assim o exige.

Art. 52. O órgão competente poderá declarar extinto o processo quando exaurida sua finalidade ou o objeto da decisão se tornar impossível, inútil ou prejudicado por fato superveniente.

CAPÍTULO XIV. DA ANULAÇÃO, REVOGAÇÃO E CONVALIDAÇÃO

Art. 53. A Administração deve anular seus próprios atos, quando eivados de vício de legalidade, e pode revogá-los por motivo de conveniência ou oportunidade, respeitados os direitos adquiridos.

- Súm. 473 do STF.
- CF/88: art. 5º, XXXVI.
- CPC/15: art. 502.
- LINDB: art. 6º.

Art. 54. O direito da Administração de anular os atos administrativos de que decorram efeitos favoráveis para os destinatários decai em cinco anos, contados da data em que foram praticados, salvo comprovada má-fé.

§ 1º. No caso de efeitos patrimoniais contínuos, o prazo de decadência contar-se-á da percepção do primeiro pagamento.

§ 2º. Considera-se exercício do direito de anular qualquer medida de autoridade administrativa que importe impugnação à validade do ato.

Art. 55. Em decisão na qual se evidencie não acarretarem lesão ao interesse público nem prejuízo a terceiros, os atos que apresentarem defeitos sanáveis poderão ser convalidados pela própria Administração.

CAPÍTULO XV. DO RECURSO ADMINISTRATIVO E DA REVISÃO

Art. 56. Das decisões administrativas cabe recurso, em face de razões de legalidade e de mérito.

- Súm. Vinculante 21 do STF.

§ 1º. O recurso será dirigido à autoridade que proferiu a decisão, a qual, se não a reconsiderar no prazo de 5 (cinco) dias, o encaminhará à autoridade superior.

§ 2º. Salvo exigência legal, a interposição de recurso administrativo independe de caução.

- Súm. 373 do STJ.

§ 3º. Se o recorrente alegar que a decisão administrativa contraria enunciado da Súm. vinculante, caberá à autoridade prolatora da decisão impugnada, se não a reconsiderar, explicitar, antes de encaminhar o recurso à autoridade superior, as razões da aplicabilidade ou inaplicabilidade da Súm, conforme o caso. (Incluído pela Lei nº 11.417, de 2006)

Art. 57. O recurso administrativo tramitará no máximo por três instâncias administrativas, salvo disposição legal diversa.

Art. 58. Têm legitimidade para interpor recurso administrativo:

I – os titulares de direitos e interesses que forem parte no processo;
II – aqueles cujos direitos ou interesses forem indiretamente afetados pela decisão recorrida;
III – as organizações e associações representativas, no tocante a direitos e interesses coletivos;
IV – os cidadãos ou associações, quanto a direitos ou interesses difusos.

Art. 59. Salvo disposição legal específica, é de 10 (dez) dias o prazo para interposição de recurso administrativo, contado a partir da ciência ou divulgação oficial da decisão recorrida.

§ 1º. Quando a lei não fixar prazo diferente, o recurso administrativo deverá ser decidido no prazo máximo de 30 (trinta) dias, a partir do recebimento dos autos pelo órgão competente.

§ 2º. O prazo mencionado no parágrafo anterior poderá ser prorrogado por igual período, ante justificativa explícita.

Art. 60. O recurso interpõe-se por meio de requerimento no qual o recorrente deverá expor os fundamentos do pedido de reexame, podendo juntar os documentos que julgar convenientes.

Art. 61. Salvo disposição legal em contrário, o recurso não tem efeito suspensivo.

Parágrafo único. Havendo justo receio de prejuízo de difícil ou incerta reparação decorrente da execução, a autoridade recorrida ou a imediatamente superior poderá, de ofício ou a pedido, dar efeito suspensivo ao recurso.

Art. 62. Interposto o recurso, o órgão competente para dele conhecer deverá intimar os demais interessados para que, no prazo de 5 (cinco) dias úteis, apresentem alegações.

Art. 63. O recurso não será conhecido quando interposto:

I – fora do prazo;
II – perante órgão incompetente;
III – por quem não seja legitimado;
IV – após exaurida a esfera administrativa.

§ 1º. Na hipótese do inciso II, será indicada ao recorrente a autoridade competente, sendo-lhe devolvido o prazo para recurso.

§ 2º. O não conhecimento do recurso não impede a Administração de rever de ofício o ato ilegal, desde que não ocorrida preclusão administrativa.

Art. 64. O órgão competente para decidir o recurso poderá confirmar, modificar, anular ou revogar, total ou parcialmente, a decisão recorrida, se a matéria for de sua competência.

Parágrafo único. Se da aplicação do disposto neste artigo puder decorrer gravame à situação do recorrente, este deverá ser cientificado para que formule suas alegações antes da decisão.

Art. 64-A. Se o recorrente alegar violação de enunciado da Súm. vinculante, o órgão competente para decidir o recurso explicitará as razões da aplicabilidade ou inaplicabilidade da Súm, conforme o caso. (Incluído pela Lei nº 11.417, de 2006)

Art. 64-B. Acolhida pelo Supremo Tribunal Federal a reclamação fundada em violação de enunciado da Súm. vinculante, dar-se-á ciência à autoridade prolatora e ao órgão competente para o julgamento do recurso, que deverão adequar as futuras decisões administrativas em casos semelhantes, sob pena de responsabilização pessoal nas esferas cível, administrativa e penal. (Incluído pela Lei nº 11.417, de 2006)

Art. 65. Os processos administrativos de que resultem sanções poderão ser revistos, a qualquer tempo, a pedido ou de ofício, quando surgirem fatos novos ou circunstâncias relevantes suscetíveis de justificar a inadequação da sanção aplicada.

Parágrafo único. Da revisão do processo não poderá resultar agravamento da sanção.

CAPÍTULO XVI. DOS PRAZOS

Art. 66. Os prazos começam a correr a partir da data da cientificação oficial, excluindo-se da contagem o dia do começo e incluindo-se o do vencimento.

§ 1º. Considera-se prorrogado o prazo até o primeiro dia útil seguinte se o vencimento cair em dia em que não houver expediente ou este for encerrado antes da hora normal.

§ 2º. Os prazos expressos em dias contam-se de modo contínuo.

§ 3º. Os prazos fixados em meses ou anos contam-se de data a data. Se no mês do vencimento não houver o dia equivalente àquele do início do prazo, tem-se como termo o último dia do mês.

Art. 67. Salvo motivo de força maior devidamente comprovado, os prazos processuais não se suspendem.

CAPÍTULO XVII. DAS SANÇÕES

Art. 68. As sanções, a serem aplicadas por autoridade competente, terão natureza pecuniária ou consistirão em obrigação de fazer ou de não fazer, assegurado sempre o direito de defesa.

CAPÍTULO XVIII. DAS DISPOSIÇÕES FINAIS

Art. 69. Os processos administrativos específicos continuarão a reger-se por lei própria, aplicando-se lhes apenas subsidiariamente os preceitos desta Lei.

Art. 69-A. Terão prioridade na tramitação, em qualquer órgão ou instância, os procedimentos administrativos em que figure como parte ou interessado: (Incluído pela Lei nº 12.008, de 2009)

I – pessoa com idade igual ou superior a 60 (sessenta) anos; (Incluído pela Lei nº 12.008, de 2009)

- Lei 13.105/15: art. 1.048, I.

II – pessoa portadora de deficiência, física ou mental; (Incluído pela Lei nº 12.008, de 2009)

- CPC/15: art. 1.048.

III – (*VETADO*). (Incluído pela Lei nº 12.008, de 2009)

IV – pessoa portadora de tuberculose ativa, esclerose múltipla, neoplasia maligna, hanseníase, paralisia irreversível e incapacitante, cardiopatia grave, doença de Parkinson, espondiloartrose anquilosante, nefropatia grave, hepatopatia grave, estados avançados da doença de Paget (osteíte deformante), contaminação por radiação, síndrome de imunodeficiência adquirida, ou outra doença grave, com base em conclusão da medicina especializada, mesmo que a doença tenha sido contraída após o início do processo. (Incluído pela Lei nº 12.008, de 2009)

§ 1º. A pessoa interessada na obtenção do benefício, juntando prova de sua condição, deverá requerê-lo à autoridade administrativa competente, que determinará as providências a serem cumpridas. (Incluído pela Lei nº 12.008, de 2009)

§ 2º. Deferida a prioridade, os autos receberão identificação própria que evidencie o regime de tramitação prioritária. (Incluído pela Lei nº 12.008, de 2009)

§ 3º. (*VETADO*). (Incluído pela Lei nº 12.008, de 2009)

§ 4º. (*VETADO*). (Incluído pela Lei nº 12.008, de 2009)

Art. 70. Esta Lei entra em vigor na data de sua publicação.

Brasília, 29 de janeiro de 1999; 178º da Independência e 111º da República.

Fernando Henrique Cardoso

D.O.U. 1.2.1999;
ret. 11.3.1999

LEI Nº 9.790, DE 23 DE MARÇO DE 1999

Dispõe sobre a qualificação de pessoas jurídicas de direito privado, sem fins lucrativos, como Organizações da Sociedade Civil de Interesse Público, institui e disciplina o Termo de Parceria, e dá outras providências.

- *Organização da sociedade civil*

O PRESIDENTE DA REPÚBLICA Faço saber que o Congresso Nacional decreta e eu sanciono a seguinte Lei:

- Lei 13.019/2014 – Estabelece o regime jurídico das parcerias entre a administração pública e as organizações da sociedade civil, em regime de mútua cooperação, para a consecução de finalidades de interesse público e recíproco, mediante a execução de atividades ou de projetos previamente estabelecidos em planos de trabalho inseridos em termos de colaboração, em termos de fomento ou em acordos de cooperação; define diretrizes para a política de fomento, de colaboração e de cooperação com organizações da sociedade civil.
- Decreto 3.100/1999 – Regulamenta a Lei 9.790/1999.

CAPÍTULO I. DA QUALIFICAÇÃO COMO ORGANIZAÇÃO DA SOCIEDADE CIVIL DE INTERESSE PÚBLICO

Art. 1º. Podem qualificar-se como Organizações da Sociedade Civil de Interesse Público as pessoas jurídicas de direito privado sem fins lucrativos que tenham sido constituídas e se encontrem em funcionamento regular há, no mínimo, 3 (três) anos, desde que os respectivos objetivos sociais e normas estatutárias atendam aos requisitos instituídos por esta Lei. (Redação dada pela Lei nº 13.019, de 2014)

- Lei 13.019/2014 – art. 88: A Lei 9.790/1999 entra em vigor após decorridos 540 (quinhentos e quarenta) dias de sua publicação oficial. A vigência para os Municípios, a partir de 1º.01.2017; e por ato administrativo local, o disposto nesta Lei poderá ser implantado nos Municípios a partir da data decorrente do disposto no *caput*.

§ 1º. Para os efeitos desta Lei, considera-se sem fins lucrativos a pessoa jurídica de direito privado que não distribui, entre os seus sócios ou associados, conselheiros, diretores, empregados ou doadores, eventuais excedentes operacionais, brutos ou líquidos, dividendos, bonificações, participações ou parcelas do seu patrimônio, auferidos mediante o exercício de suas atividades, e que os aplica integralmente na consecução do respectivo objeto social.

- Lei 13.019/2014 : art. 2º, I.

§ 2º. A outorga da qualificação prevista neste artigo é ato vinculado ao cumprimento dos requisitos instituídos por esta Lei.

Art. 2º. Não são passíveis de qualificação como Organizações da Sociedade Civil de Interesse Público, ainda que se dediquem de qualquer forma às atividades descritas no art. 3º desta Lei:

I – as sociedades comerciais;

II – os sindicatos, as associações de classe ou de representação de categoria profissional;

III – as instituições religiosas ou voltadas para a disseminação de credos, cultos, práticas e visões devocionais e confessionais;

IV – as organizações partidárias e assemelhadas, inclusive suas fundações;

V – as entidades de benefício mútuo destinadas a proporcionar bens ou serviços a um círculo restrito de associados ou sócios;

VI – as entidades e empresas que comercializam planos de saúde e assemelhados;

VII – as instituições hospitalares privadas não gratuitas e suas mantenedoras;

VIII – as escolas privadas dedicadas ao ensino formal não gratuito e suas mantenedoras;

IX – as organizações sociais;

X – as cooperativas;

XI – as fundações públicas;

XII – as fundações, sociedades civis ou associações de direito privado criadas por órgão público ou por fundações públicas;

XIII – as organizações creditícias que tenham quaisquer tipo de vinculação com o sistema financeiro nacional a que se refere o art. 192 da Constituição Federal.

Parágrafo único. Não constituem impedimento à qualificação como Organização da Sociedade Civil de Interesse Público as operações destinadas a microcrédito realizadas com instituições financeiras na forma de recebimento de repasses, venda de operações realizadas ou atuação como mandatárias. *(Acrescido pela Lei 13.999/2020)*

Art. 3º. A qualificação instituída por esta Lei, observado em qualquer caso, o princípio da universalização dos serviços, no respectivo âmbito de atuação das Organizações, somente será conferida às pessoas jurídicas de direito privado, sem fins lucrativos, cujos objetivos sociais tenham pelo menos uma das seguintes finalidades:

I – promoção da assistência social;

II – promoção da cultura, defesa e conservação do patrimônio histórico e artístico;

III – promoção gratuita da educação, observando-se a forma complementar de participação das organizações de que trata esta Lei;

IV – promoção gratuita da saúde, observando-se a forma complementar de participação das organizações de que trata esta Lei;

V – promoção da segurança alimentar e nutricional;

VI – defesa, preservação e conservação do meio ambiente e promoção do desenvolvimento sustentável;

VII – promoção do voluntariado;

VIII – promoção do desenvolvimento econômico e social e combate à pobreza;

IX – experimentação, não lucrativa, de novos modelos socioprodutivos e de sistemas alternativos de produção, comércio, emprego e crédito;

X – promoção de direitos estabelecidos, construção de novos direitos e assessoria jurídica gratuita de interesse suplementar;

XI – promoção da ética, da paz, da cidadania, dos direitos humanos, da democracia e de outros valores universais;

XII – estudos e pesquisas, desenvolvimento de tecnologias alternativas, produção e divulgação de informações e conhecimentos técnicos e científicos que digam respeito às atividades mencionadas neste artigo.

XIII – estudos e pesquisas para o desenvolvimento, a disponibilização e a implementação de tecnologias voltadas à mobilidade de pessoas, por qualquer meio de transporte. (Incluído pela Lei nº 13.019, de 2014)

- Lei 13.019/2014 – art. 88: A Lei 9.790/1999 entra em vigor após decorridos 540 (quinhentos e quarenta) dias de sua publicação oficial. A vigência para os Municípios, a partir de 1º.01.2017; e por ato administrativo local, o disposto nesta Lei poderá ser implantado nos Municípios a partir da data decorrente do disposto no *caput*.

Parágrafo único. Para os fins deste artigo, a dedicação às atividades nele previstas configura-se mediante a execução direta de projetos, programas, planos de ações correlatas, por meio da doação de recursos físicos, humanos e financeiros, ou ainda pela prestação de serviços intermediários de apoio a outras organizações sem fins lucrativos e a órgãos do setor público que atuem em áreas afins.

Art. 4º. Atendido o disposto no art. 3º, exige-se ainda, para qualificarem-se como Organizações da Sociedade Civil de Interesse Público, que as pessoas jurídicas interessadas sejam regidas por estatutos cujas normas expressamente disponham sobre:

I – a observância dos princípios da legalidade, impessoalidade, moralidade, publicidade, economicidade e da eficiência;

- CF/88: art. 37, *caput*.

II – a adoção de práticas de gestão administrativa, necessárias e suficientes a coibir a obtenção, de forma individual ou coletiva, de benefícios ou vantagens pessoais, em decorrência da participação no respectivo processo decisório;

III – a constituição de conselho fiscal ou órgão equivalente, dotado de competência para opinar sobre os relatórios de desempenho financeiro e contábil, e sobre as operações patrimoniais realizadas, emitindo pareceres para os organismos superiores da entidade;

IV – a previsão de que, em caso de dissolução da entidade, o respectivo patrimônio líquido será transferido a outra pessoa jurídica qualificada nos termos desta Lei, preferencialmente que tenha o mesmo objeto social da extinta;

V – a previsão de que, na hipótese de a pessoa jurídica perder a qualificação instituída por esta Lei, o respectivo acervo patrimonial disponível, adquirido com recursos públicos durante o período em que perdurou aquela qualificação, será transferido a outra pessoa jurídica qualificada nos termos desta Lei, preferencialmente que tenha o mesmo objeto social;

VI – a possibilidade de se instituir remuneração para os dirigentes da entidade que atuem efetivamente na gestão executiva e para aqueles que a ela prestam serviços específicos, respeitados, em ambos os casos, os valores praticados pelo mercado, na região correspondente a sua área de atuação;

VII – as normas de prestação de contas a serem observadas pela entidade, que determinarão, no mínimo:

a) a observância dos princípios fundamentais de contabilidade e das Normas Brasileiras de Contabilidade;

b) que se dê publicidade por qualquer meio eficaz, no encerramento do exercício fiscal, ao relatório de atividades e das demonstrações financeiras da entidade, incluindo-se as certidões negativas de débitos junto ao INSS e ao FGTS, colocando-os à disposição para exame de qualquer cidadão;

c) a realização de auditoria, inclusive por auditores externos independentes se for o caso, da aplicação dos eventuais recursos objeto do Termo de Parceria conforme previsto em regulamento;

d) a prestação de contas de todos os recursos e bens de origem pública recebidos pelas Organizações da Sociedade Civil de Interesse Público será feita conforme determina o parágrafo único do art. 70 da Constituição Federal.

Parágrafo único. É permitida a participação de servidores públicos na composição de conselho ou diretoria de Organização da Sociedade Civil de Interesse Público. (Redação dada pela Lei nº 13.019, de 2014)

- Lei 13.019/2014 – art. 88: A Lei 9.790/1999 entra em vigor após decorridos 540 (quinhentos e quarenta) dias de sua publicação oficial. A vigência para os Municípios, a partir de 1º.01.2017; e por ato administrativo local, o disposto nesta Lei poderá ser implantado nos Municípios a partir da data decorrente do disposto no *caput*.

Art. 5º. Cumpridos os requisitos dos arts. 3º e 4º desta Lei, a pessoa jurídica de direito privado sem fins lucrativos, interessada em obter a qualificação instituída por esta Lei, deverá formular requerimento escrito ao Ministério da Justiça, instruído com cópias autenticadas dos seguintes documentos:

I – estatuto registrado em cartório;

II – ata de eleição de sua atual diretoria;

III – balanço patrimonial e demonstração do resultado do exercício;

IV – declaração de isenção do imposto de renda;

V – inscrição no Cadastro Geral de Contribuintes.

Art. 6º. Recebido o requerimento previsto no artigo anterior, o Ministério da Justiça decidirá, no prazo de 30 (trinta) dias, deferindo ou não o pedido.

§ 1º. No caso de deferimento, o Ministério da Justiça emitirá, no prazo de 15 (quinze) dias da decisão, certificado de qualificação da requerente como Organização da Sociedade Civil de Interesse Público.

§ 2º. Indeferido o pedido, o Ministério da Justiça, no prazo do § 1º, dará ciência da decisão, mediante publicação no *Diário Oficial*.

§ 3º. O pedido de qualificação somente será indeferido quando:

I – a requerente enquadrar-se nas hipóteses previstas no art. 2º desta Lei;

II – a requerente não atender aos requisitos descritos nos arts. 3º e 4º desta Lei;

III – a documentação apresentada estiver incompleta.

Art. 7º. Perde-se a qualificação de Organização da Sociedade Civil de Interesse Público, a pedido ou mediante decisão proferida em processo administrativo ou judicial, de iniciativa popular ou do Ministério Público, no qual serão assegurados, ampla defesa e o devido contraditório.

Art. 8º. Vedado o anonimato, e desde que amparado por fundadas evidências de erro ou fraude, qualquer cidadão, respeitadas as prerrogativas do Ministério Público, é parte legítima para requerer, judicial ou administrativamente, a perda da qualificação instituída por esta Lei.

CAPÍTULO II. DO TERMO DE PARCERIA

Art. 9º. Fica instituído o Termo de Parceria, assim considerado o instrumento passível de ser firmado entre o Poder Público e as entidades qualificadas como Organizações da Sociedade Civil de Interesse Público destinado à formação de vínculo de cooperação entre as partes, para o fomento e a execução das atividades de interesse público previstas no art. 3º desta Lei.

Art. 10. O Termo de Parceria firmado de comum acordo entre o Poder Público e as Organizações da Sociedade Civil de Interesse Público discriminará direitos, responsabilidades e obrigações das partes signatárias.

§ 1º. A celebração do Termo de Parceria será precedida de consulta aos Conselhos de Políticas Públicas das áreas correspondentes de atuação existentes, nos respectivos níveis de governo.

§ 2º. São cláusulas essenciais do Termo de Parceria:

I – a do objeto, que conterá a especificação do programa de trabalho proposto pela Organização da Sociedade Civil de Interesse Público;

II – a de estipulação das metas e dos resultados a serem atingidos e os respectivos prazos de execução ou cronograma;

III – a de previsão expressa dos critérios objetivos de avaliação de desempenho a serem utilizados, mediante indicadores de resultado;

IV – a de previsão de receitas e despesas a serem realizadas em seu cumprimento, estipulando item por item as categorias contábeis usadas pela organização e o detalhamento das remunerações e benefícios de pessoal a serem pagos, com recursos oriundos ou vinculados ao Termo de Parceria, a seus diretores, empregados e consultores;

V – a que estabelece as obrigações da Sociedade Civil de Interesse Público, entre as quais a de apresentar ao Poder Público, ao término de cada exercício, relatório sobre a execução do objeto do Termo de Parceria, contendo comparativo específico das metas propostas com os resultados alcançados, acompanhado de prestação de contas dos gastos e receitas efetivamente realizados, independente das previsões mencionadas no inciso IV;

VI – a de publicação, na imprensa oficial do Município, do Estado ou da União, conforme o alcance das atividades celebradas entre o órgão parceiro e a Organização da Sociedade Civil de Interesse Público, de extrato do Termo de Parceria e de demonstrativo da sua execução física e financeira, conforme modelo simplificado estabelecido no regulamento desta Lei, contendo os dados principais da documentação obrigatória do inciso V, sob pena de não liberação dos recursos previstos no Termo de Parceria.

Art. 11. A execução do objeto do Termo de Parceria será acompanhada e fiscalizada por órgão do Poder Público da área de atuação correspondente à atividade fomentada, e pelos Conselhos de Políticas Públicas das áreas correspondentes de atuação existentes, em cada nível de governo.

§ 1º. Os resultados atingidos com a execução do Termo de Parceria devem ser analisados por comissão de avaliação, composta de comum acordo entre o órgão parceiro e a Organização da Sociedade Civil de Interesse Público.

§ 2º. A comissão encaminhará à autoridade competente relatório conclusivo sobre a avaliação procedida.

§ 3º. Os Termos de Parceria destinados ao fomento de atividades nas áreas de que trata esta Lei estarão sujeitos aos mecanismos de controle social previstos na legislação.

Art. 12. Os responsáveis pela fiscalização do Termo de Parceria, ao tomarem conhecimento de qualquer irregularidade ou ilegalidade na utilização de recursos ou bens de origem pública pela organização parceira, darão imediata ciência ao Tribunal de Contas respectivo e ao Ministério Público, sob pena de responsabilidade solidária.

Art. 13. Sem prejuízo da medida a que se refere o art. 12 desta Lei, havendo indícios fundados de malversação de bens ou recursos de origem pública, os responsáveis pela fiscalização representarão ao Ministério Público, à Advocacia-Geral da União, para que requeiram ao juízo competente a decretação da indisponibilidade dos bens da entidade e o sequestro dos bens dos seus dirigentes, bem como de agente público ou terceiro, que possam ter enriquecido ilicitamente ou causado dano ao patrimônio público, além de outras medidas consubstanciadas na Lei nº 8.429, de 2 de junho de 1992, e na Lei Complementar nº 64, de 18 de maio de 1990.

§ 1º. O pedido de sequestro será processado de acordo com o disposto nos arts. 822 e 825 do Código de Processo Civil.

- Referem-se a dispositivos do CPC/1973 revogado pela Lei 13.105/2015.
- CPC/15: art. 301.

§ 2º. Quando for o caso, o pedido incluirá a investigação, o exame e o bloqueio de bens, contas bancárias e aplicações mantidas pelo demandado no País e no exterior, nos termos da lei e dos tratados internacionais.

§ 3º. Até o término da ação, o Poder Público permanecerá como depositário e gestor dos bens e valores sequestrados ou indisponíveis e velará pela continuidade das atividades sociais da organização parceira.

Art. 14. A organização parceira fará publicar, no prazo máximo de 30 (trinta) dias, contado da assinatura do Termo de Parceria, regulamento próprio contendo os procedimentos que adotará para a contratação de obras e serviços, bem como para compras com emprego de recursos provenientes do Poder Público, observados os princípios estabelecidos no inciso I do art. 4º desta Lei.

Art. 15. Caso a organização adquira bem imóvel com recursos provenientes da celebração do Termo de Parceria, este será gravado com cláusula de inalienabilidade.

Art. 15-A. (*VETADO*). (Incluído pela Lei nº 13.019, de 2014)

- Lei 13.019/2014 – art. 88: A Lei 9.790/1999 entra em vigor após decorridos 540 (quinhentos e quarenta) dias de sua publicação oficial. A vigência para os Municípios, a partir de 1º.01.2017; e por ato administrativo local, o disposto nesta Lei poderá ser implantado nos Municípios a partir da data decorrente do disposto no *caput*.

Art. 15-B. A prestação de contas relativa à execução do Termo de Parceria perante o órgão da entidade estatal parceira refere-se à correta aplicação dos recursos públicos recebidos e ao adimplemento do objeto do Termo de Parceria, mediante a apresentação dos seguintes documentos: (Incluído pela Lei nº 13.019, de 2014)

- Lei 13.019/2014 – art. 88: A Lei 9.790/1999 entra em vigor após decorridos 540 (quinhentos e quarenta) dias de sua publicação oficial. A vigência para os Municípios, a partir de 1º.01.2017; e por ato administrativo local, o disposto nesta Lei poderá ser implantado nos Municípios a partir da data decorrente do disposto no *caput*.

I – relatório anual de execução de atividades, contendo especificamente relatório sobre a execução do objeto do Termo de Parceria, bem como comparativo entre as metas propostas e os resultados alcançados; (Incluído pela Lei nº 13.019, de 2014)

II – demonstrativo integral da receita e despesa realizadas na execução; (Incluído pela Lei nº 13.019, de 2014)

III – extrato da execução física e financeira; (Incluído pela Lei nº 13.019, de 2014)

IV – demonstração de resultados do exercício; (Incluído pela Lei nº 13.019, de 2014)

V – balanço patrimonial; (Incluído pela Lei nº 13.019, de 2014)

VI – demonstração das origens e das aplicações de recursos; (Incluído pela Lei nº 13.019, de 2014)

VII – demonstração das mutações do patrimônio social; (Incluído pela Lei nº 13.019, de 2014)

VIII – notas explicativas das demonstrações contábeis, caso necessário; (Incluído pela Lei nº 13.019, de 2014)

IX – parecer e relatório de auditoria, se for o caso. (Incluído pela Lei nº 13.019, de 2014)

CAPÍTULO III. DAS DISPOSIÇÕES FINAIS E TRANSITÓRIAS

Art. 16. É vedada às entidades qualificadas como Organizações da Sociedade Civil de Interesse Público a participação em campanhas de interesse político-partidário ou eleitorais, sob quaisquer meios ou formas.

Art. 17. O Ministério da Justiça permitirá, mediante requerimento dos interessados, livre acesso público a todas as informações pertinentes às Organizações da Sociedade Civil de Interesse Público.

Art. 18. As pessoas jurídicas de direito privado sem fins lucrativos, qualificadas com base em outros diplomas legais, poderão qualificar-se como Organizações da Sociedade Civil de Interesse Público, desde que atendidos aos requisitos para tanto exigidos, sendo-lhes assegurada a manutenção simultânea dessas qualificações, até 5 (cinco) anos contados da data de vigência desta Lei. (Redação dada pela Medida Provisória nº 2.216-37, de 2001)

§ 1º. Findo o prazo de 5 (cinco) anos, a pessoa jurídica interessada em manter a qualificação prevista nesta Lei deverá por ela optar, fato que implicará a renúncia automática de suas qualificações anteriores. (Redação dada pela Medida Provisória nº 2.216-37, de 2001)

§ 2º. Caso não seja feita a opção prevista no parágrafo anterior, a pessoa jurídica perderá automaticamente a qualificação obtida nos termos desta Lei.

Art. 19. O Poder Executivo regulamentará esta Lei no prazo de 30 (trinta) dias.

Art. 20. Esta Lei entra em vigor na data de sua publicação.

Brasília, 23 de março de 1999; 178º da Independência e 111º da República.

FERNANDO HENRIQUE CARDOSO

D.O.U. 24.

LEI Nº 9.796, DE 5 DE MAIO DE 1999.

Dispõe sobre a compensação financeira entre o Regime Geral de Previdência Social e os regimes de previdência dos servidores da União, dos Estados, do Distrito Federal e dos Municípios, nos casos de contagem recíproca de tempo de contribuição para efeito de aposentadoria, e dá outras providências. O PRESIDENTE DA REPÚBLICA

- *Lei Hauly*

Faço saber que o Congresso Nacional decreta e eu sanciono a seguinte Lei:

Art. 1º A compensação financeira entre o Regime Geral de Previdência Social e os regimes próprios de previdência social dos servidores da União, dos Estados, do Distrito Federal e dos Municípios, na hipótese de contagem recíproca de tempos de contribuição, obedecerá às disposições desta Lei.

Art. 2º Para os efeitos desta Lei, considera-se:

I - regime de origem: o regime previdenciário ao qual o segurado ou servidor público esteve vinculado sem que dele receba aposentadoria ou tenha gerado pensão para seus dependentes;

II - regime instituidor: o regime previdenciário responsável pela concessão e pagamento de benefício de aposentadoria ou pensão dela decorrente a segurado ou servidor público ou a seus dependentes com cômputo de tempo de contribuição no âmbito do regime de origem.

§ 1º Os regimes próprios de previdência de servidores da União, dos Estados, do Distrito Federal e dos Municípios só serão considerados regimes de origem quando o Regime Geral de Previdência Social for o regime instituidor.

§ 2º Na hipótese de o regime próprio de previdência de servidor público não possuir personalidade jurídica própria, atribuem-se ao respectivo ente federado as obrigações e direitos previstos nesta Lei.

Art. 3º O Regime Geral de Previdência Social, como regime instituidor, tem direito de receber de cada regime de origem compensação financeira, observado o disposto neste artigo.

§ 1º O Regime Geral de Previdência Social deve apresentar a cada regime de origem os seguintes dados referentes a cada benefício concedido com cômputo de tempo de contribuição no âmbito daquele regime de origem:

I - identificação do segurado e, se for o caso, de seu dependente;

II - a renda mensal inicial e a data de início do benefício;

III - o percentual do tempo de serviço total do segurado correspondente ao tempo de contribuição no âmbito daquele regime de origem.

§ 2º Cada regime de origem deve pagar ao Regime Geral de Previdência Social, para cada mês de competência do benefício, o valor resultante da multiplicação da renda mensal do benefício pelo percentual obtido na forma do inciso III do parágrafo anterior.

§ 3º A compensação financeira referente a cada benefício não poderá exceder o resultado da multiplicação do percentual obtido na forma do inciso III do § 1º deste artigo pela renda mensal do maior benefício da mesma espécie pago diretamente pelo regime de origem.

§ 4º Para fins do disposto no parágrafo anterior, o regime de origem deve informar ao Regime Geral de Previdência Social, na forma do regulamento, a maior renda mensal de cada espécie de benefício por ele pago diretamente.

§ 5º O valor de que trata o § 2º deste artigo será reajustado nas mesmas datas e pelos mesmos índices de reajustamento do benefício pela Previdência Social, devendo o Regime Geral de Previdência Social comunicar a cada regime de origem o total por ele devido em cada mês como compensação financeira.

§ 6º Aplica-se o disposto neste artigo aos períodos de contribuição utilizados para fins de concessão de aposentadoria pelo INSS em decorrência de acordos internacionais. (Incluído pela Lei nº 11.430, de 2006)

Art. 4º Cada regime próprio de previdência de servidor público tem direito, como regime instituidor, de receber do Regime Geral de Previdência Social, enquanto regime de origem, compensação financeira, observado o disposto neste artigo.

§ 1º O regime instituidor deve apresentar ao Regime Geral de Previdência Social, além das normas que o regem, os seguintes dados referentes a cada benefício concedido com cômputo de tempo de contribuição no âmbito do Regime Geral de Previdência Social:

I - identificação do servidor público e, se for o caso, de seu dependente;

II - o valor dos proventos da aposentadoria ou pensão dela decorrente e a data de início do benefício;

III - o tempo de serviço total do servidor e o correspondente ao tempo de contribuição ao Regime Geral de Previdência Social.

§ 2º Com base nas informações referidas no parágrafo anterior, o Regime Geral de Previdência Social calculará qual seria a renda mensal inicial daquele benefício segundo as normas do Regime Geral de Previdência Social.

§ 3º A compensação financeira devida pelo Regime Geral de Previdência Social, relativa ao primeiro mês de competência do benefício, será calculada com base no valor do benefício pago pelo regime instituidor ou na renda mensal do benefício calculada na forma do parágrafo anterior, o que for menor.

§ 4º O valor da compensação financeira mencionada no parágrafo anterior corresponde à multiplicação do montante ali especificado pelo percentual correspondente ao tempo de contribuição ao Regime Geral de Previdência Social no tempo de serviço total do servidor público.

§ 5º O valor da compensação financeira devida pelo Regime Geral de Previdência Social será reajustado nas mesmas datas e pelos mesmos índices de reajustamento dos benefícios da Previdência Social, mesmo que tenha prevalecido, no primeiro mês, o valor do benefício pago pelo regime instituidor.

Art. 5º Os regimes instituidores apresentarão aos regimes de origem, no prazo máximo de trinta e seis meses a contar da data da entrada em vigor desta Lei, os dados relativos aos benefícios em manutenção nessa data, concedidos a partir da promulgação da Constituição Federal. (Redação dada pela Medida Provisória nº 2.187-13, de 2001)

Parágrafo único. A compensação financeira em atraso relativa aos benefícios de que trata este artigo será calculada multiplicando-se a renda mensal obtida para o último mês, de acordo com o procedimento determinado nos arts. 3º e 4º, pelo número de meses em que o benefício foi pago até então.

Art. 6º O Instituto Nacional do Seguro Social - INSS manterá cadastro atualizado de todos os benefícios objeto de compensação financeira, totalizando o quanto deve para cada regime próprio de previdência dos servidores da União, dos Estados, do Distrito Federal e dos Municípios, bem como o montante devido por cada um deles para o Regime Geral de Previdência Social, como compensação financeira e pelo não recolhimento de contribuições previdenciárias no prazo legal.

§ 1º Os desembolsos pelos regimes de origem só serão feitos para os regimes instituidores que se mostrem credores no cômputo da compensação financeira devida de lado a lado e dos débitos pelo não recolhimento de contribuições previdenciárias no prazo legal.

§ 2º O Instituto Nacional do Seguro Social - INSS comunicará o total a ser desembolsado por cada regime de origem até o dia trinta de cada mês, devendo os desembolsos ser feitos até o quinto dia útil do mês subseqüente.

§ 3º Os valores não desembolsados em virtude do disposto no § 1º deste artigo serão contabilizados como pagamentos efetivos, devendo o Instituto Nacional do Seguro Social - INSS registrar mensalmente essas operações e informar a cada regime próprio de previdência de servidor público os valores a ele referentes.

§ 4º Sendo inviável financeiramente para um regime de origem desembolsar de imediato os valores relativos à compensação financeira, em função dos valores em atraso a que se refere o parágrafo único do artigo anterior, podem os regimes de origem e instituidor firmar termo de parcelamento dos desembolsos atualizando-se os valores devidos nas mesmas datas e pelos mesmos índices de reajustamento dos benefícios de prestação continuada da Previdência Social.

§ 5º O pagamento para os regimes próprios de previdência social credores da compensação financeira, relativa ao período de 5 de outubro de 1988 a 5 de maio de 1999, cujos entes instituidores não sejam devedores de contribuições previdenciárias ao Regime Geral de Previdência Social (RGPS), será efetivado conforme os seguintes parâmetros: (Incluído pela Lei nº 13.485, de 2017)

I - até o exercício de 2017, para os Municípios: (Incluído pela Lei nº 13.485, de 2017)

a) em parcela única, se o crédito não superar R$ 500.000,00 (quinhentos mil reais); (Incluído pela Lei nº 13.485, de 2017)

b) em tantas parcelas mensais quantas forem necessárias até o limite de R$ 500.000,00 (quinhentos mil reais), se o crédito superar esse montante; (Incluído pela Lei nº 13.485, de 2017)

II - a partir do exercício de 2018, para os Municípios, os Estados e o Distrito Federal: (Incluído pela Lei nº 13.485, de 2017)

a) em parcela única, se o crédito não superar R$ 1.500.000,00 (um milhão e quinhentos mil reais); (Incluído pela Lei nº 13.485, de 2017)

b) em tantas parcelas mensais de até R$ 1.500.000,00 (um milhão e quinhentos mil reais), se o crédito superar esse montante, no prazo de até cento e oitenta meses, condicionada à existência de recursos financeiros para cumprimento da meta de resultado primário estabelecido na lei de diretrizes orçamentárias; c) caso o limite de cento e oitenta meses não seja suficiente para a quitação dos créditos, o valor da parcela disposto na alínea b deste inciso será ajustado de forma a garantir a quitação no prazo de cento e oitenta meses; (Incluído pela Lei nº 13.485, de 2017)

III - por meio de dação em pagamento de imóveis integrantes do Fundo do Regime Geral de Previdência Social (FRGPS). (Incluído pela Lei nº 13.485, de 2017)

§ 6º O pagamento da compensação financeira do Fundo do Regime Geral de Previdência Social depende da desistência de eventuais ações judiciais que tenham por objeto a dívida compensada, e é causa da extinção dos pagamentos previstos no § 5º deste artigo a manutenção do litígio ou o ajuizamento de novas ações. (Incluído pela Lei nº 13.485, de 2017)

Art. 7º Os regimes instituidores devem comunicar de imediato aos regimes de origem qualquer revisão no valor do benefício objeto de compensação financeira ou sua extinção total ou parcial, cabendo ao Instituto Nacional do Seguro Social - INSS registrar as alterações no cadastro a que se refere o artigo anterior.

Parágrafo único. Constatado o não cumprimento do disposto neste artigo, as parcelas pagas indevidamente pelo regime de origem serão registradas em dobro, no mês seguinte ao da constatação, como débito daquele regime.

Art. 8º Na hipótese de descumprimento do prazo de desembolso estipulado no § 2º do art. 6º desta Lei ou de descumprimento do prazo de análise dos requerimentos estipulado em regulamento, serão aplicadas as mesmas normas em vigor para atualização dos valores dos recolhimentos em atraso de contribuições previdenciárias arrecadadas pelo Instituto Nacional do Seguro Social (INSS). (Redação dada pela Lei nº 13.846, de 2019)

Parágrafo único. Na hipótese de o regime previdenciário próprio dos servidores da União, dos Estados, do Distrito Federal e dos Municípios possuir personalidade jurídica própria, os respectivos entes federados respondem solidariamente pelas obrigações previstas nesta Lei.

Art. 8º-A. A compensação financeira entre os regimes próprios de previdência social da União, dos Estados, do Distrito Federal e dos Municípios, na hipótese de contagem recíproca de tempos de contribuição, obedecerá, no que couber, às disposições desta Lei (Incluído pela Medida Provisória nº 2.187-13, de 2001)

§ 1º O regulamento estabelecerá as disposições específicas a serem observadas na compensação financeira entre os regimes próprios de previdência social, inclusive no que se refere ao período de estoque e às condições para seu pagamento, admitido o parcelamento. (Acrescido pela Lei nº 13.846, de 2019)

§ 2º O ente federativo que não aderir à compensação financeira com os demais regimes próprios de previdência social ou inadimplir suas obrigações terá suspenso o recebimento dos valores devidos pela compensação com o regime geral de previdência social, na forma estabelecida no regulamento. (Acrescido pela Lei nº 13.846, de 2019)

Art. 9º O Poder Executivo regulamentará esta Lei no prazo de sessenta dias contado da data de sua publicação.

Art. 10. Esta Lei entra em vigor na data de sua publicação.

Brasília, 5 de maio de 1999; 178º da Independência e 111º da República.

FERNANDO HENRIQUE CARDOSO

DOU de 6.5.1999

DECRETO Nº 3.048, DE 6 DE MAIO DE 1999

Aprova o Regulamento da Previdência Social, e dá outras providências.

‣ *Regulamento da Previdência Social*

O PRESIDENTE DA REPÚBLICA, no uso da atribuição que lhe confere o art. 84, inciso IV, da Constituição Federal, e de acordo com a Emenda Constitucional nº 20, de 1998, as Leis Complementares nºs 70, de 30 de dezembro de 1991, e 84, de 18 de janeiro de 1996, e as Leis nºs 8.138, de 28 de dezembro de 1990, 8.212, de 24 de julho de 1991, 8.213, de 24 de julho de 1991, 8.218, de 29 de agosto de 1991, 8.383, de 30 de dezembro de 1991, 8.398, de 7 de janeiro de 1992, 8.436, de 25 de junho de 1992, 8.444, de 20 de julho de 1992, 8.540, de 22 de dezembro de 1992, 8.542, de 23 de dezembro de 1992. 8.619, de 5 de janeiro de 1993, 8.620, de 5 de janeiro de 1993, 8.630 de 25 de fevereiro de 1993, 8.647, de 13 de abril de 1993, 8.742, de 7 de dezembro de 1993, 8.745, de 9 de dezembro de 1993, 8.861, de 25 de março de 1994, 8.864, de 28 de março de 1994, 8.870, de 1 5 de abril de 1994, 8.880, de 27 de maio de 1994, 8.935, de 18 de novembro de 1994, 8.981, de 20 de janeiro de 1995, 9.032, de 28 de abril de 1995, 9.063, de 14 de junho de 1995, 9.065, de 20 de junho de 1995, 9.069, de 29 de junho de 1995, 9.129, de 20 de novembro de 1995, 9.249. de 26 de dezembro de 1995, 9.250, de 26 de dezembro de 1995, 9.317, de 5 de dezembro de 1996, 9.429, de 26 de dezembro de 1996, 9.476, de 23 de julho de 1997, 9.506, de 30 de outubro de 1997, 9.528, de 10 de dezembro de 1997, 9.601, de 21 de janeiro de 1998, 9.615, de 24 de março de 1998, 9.639, de 25 de maio de 1998, 9.649, de 27 de maio de 1998, 9.676, de 30 de junho de 1998, 9.703, de 17 de novembro de 1998, 9.711, de 21 de novembro de 1998, 9.717, de 27 de novembro de 1998. 9.718, de 27 de novembro de 1998, 9.719, de 27 de novembro de 1998, 9.720, de 30 de novembro de 1998, e 9.732, de 11 de dezembro de 1998,

DECRETA:

Art. 1º O Regulamento, da Previdência Social passa a vigorar na forma do texto apenso ao presente Decreto, com seus anexos.

Art. 2º Este Decreto entra em vigor na data de sua publicação.

Art. 3º Ficam revogados os Decretos nº 33.335, de 20 de julho de 1953, 36.911, de 15 de fevereiro de 1955, 65.106, de 5 de setembro de 1969, 69.382, de 19 de outubro de 1971, 72.771, de 6 de setembro de 1973, 73.617, de 12 de fevereiro de 1974, 73.833, de. 13 de março de 1974, 74.661, de 7 de outubro de 1974, 75.478, de 14 de março de 1975, 75.706, de 8 de maio de 1975, 75.884, de 19 de junho de 1975, 76.326, de 23 de setembro de 1975, 77.210, de 20 de fevereiro de 1976, 79.037, de 24 de dezembro de 1976, 79.575, de 26 de abril de 1977, 79.789, de 7 de junho de 1977, 83.080, de 24 de janeiro de 1979, 83.081. de 24 de janeiro de 1979, 85.745, de 23 de fevereiro de 1981, 85.850, de 30 de março de 1981, 86.512, de 29 de outubro de 1981, 87.374, de 8 de julho de 1982, 87.430, de 28 de julho de 1982, 88.353, de 6 de junho de 1983, 88.367, de 7 de junho de 1983, 88.443, de 29 de junho de 1983, 89,167, de 9 de dezembro de 1983, 89.312, de 23 de janeiro de 1984, 90.038, de 9 de agosto de 1984, 90.195, de 12 de setembro de 1984, 90.817, de 17 de janeiro de 1985, 91.406, de 5 de julho de 1985, 92.588, de 25 de abril de 1986, 92.700, de 21 de maio de 1986, 92.702, de 21 de maio de 1986, 92.769, de 10 de junho de 1986, 92.770, de 10 de junho de 1986, 92.976, de 22 de julho de 1986, 94.512, de 24 de junho de 1987, 96.543, de 22 de agosto de 1988, 96.595, de 25 de agosto de 1998, 98.376, de 7 de novembro de 1989, 99.301, de 15 de junho de 1990, 99.351, de 27 de junho de 1990, 1.197, de 14 de julho de 1994, 1.514, de 5 de junho de 1995, 1.826, de 29 de fevereiro de 1996, 1.843, de 25 de março de 1996, 2.172, de 5 de março de 1997, 2.173, de 5 de março de 1997, 2.342 de 9 de outubro de 1997, 2.664, de 10 de julho de 1998, 2.782, de 14 de setembro de 1998, 2.803, de 20 de outubro de 1998, 2.924, de 5 de janeiro de 1999, e 3.039, de 28 de abril de 1999.

Brasília, 6 de maio de 1999;
178º da Independência e
111º da Repúlica.

FERNANDO HENRIQUE CARDOSO

REGULAMENTO DA PREVIDÊNCIA SOCIAL

LIVRO I DA FINALIDADE E DOS PRINCÍPIOS BÁSICOS

TÍTULO I DA SEGURIDADE SOCIAL

Art. 1º A seguridade social compreende um conjunto integrado de ações de iniciativa dos poderes públicos e da sociedade, destinado a assegurar o direito relativo à saúde, e à previdência e à assistência social.

Parágrafo único. A seguridade social obedecerá aos seguintes princípios e diretrizes:

I – universalidade da cobertura e do atendimento;

II – uniformidade e equivalência dos benefícios e serviços às populações urbanas e rurais;

III – seletividade e distributividade na prestação dos benefícios e serviços;

IV – irredutibilidade do valor dos benefícios, de forma a preservar-lhe o poder aquisitivo;

V – equidade na forma de participação no custeio;

VI – diversidade da base de financiamento; e

VII – caráter democrático e descentralizado da administração, mediante gestão quadripartite, com participação dos trabalhadores, dos empregadores, dos aposentados e do governo nos órgãos colegiados.

TÍTULO II
DA SAÚDE

Art. 2º A saúde é direito de todos e dever do Estado, garantido mediante políticas sociais e econômicas que visem à redução do risco de doença e de outros agravos e ao acesso universal e igualitário às ações e serviços para sua promoção, proteção e recuperação.

Parágrafo único. As atividades de saúde são de relevância pública, e sua organização obedecerá aos seguintes princípios e diretrizes:

I – acesso universal e igualitário;

II – provimento das ações e serviços mediante rede regionalizada e hierarquizada, integrados em sistema único;

III – descentralização, com direção única em cada esfera de governo;

IV – atendimento integral, com prioridade para as atividades preventivas;

V – participação da comunidade na gestão, fiscalização e acompanhamento das ações e serviços de saúde; e

VI – participação da iniciativa privada na assistência à saúde, em obediência aos preceitos constitucionais.

TÍTULO III
DA ASSISTÊNCIA SOCIAL

Art. 3º A assistência social é a política social que provê o atendimento das necessidades básicas, traduzidas em proteção à família, à maternidade, à infância, à adolescência, à velhice e à pessoa portadora de deficiência, independentemente de contribuição à seguridade social.

Parágrafo único. A organização da assistência social obedecerá às seguintes diretrizes:

I – descentralização político-administrativa; e

II – participação da população na formulação e controle das ações em todos os níveis.

TÍTULO IV
DA PREVIDÊNCIA SOCIAL

Art. 4º A previdência social rege-se pelos seguintes princípios e objetivos:

I – universalidade de participação nos planos previdenciários;

II – uniformidade e equivalência dos benefícios e serviços às populações urbanas e rurais;

III – seletividade e distributividade na prestação dos benefícios;

IV – cálculo dos benefícios considerando-se os salários de contribuição corrigidos monetariamente;

V – irredutibilidade do valor dos benefícios, de forma a preservar-lhe o poder aquisitivo;

VI – valor da renda mensal dos benefícios substitutos do salário de contribuição ou do rendimento do trabalho do segurado não inferior ao do salário mínimo; e

VII – caráter democrático e descentralizado da administração, mediante gestão quadripartite, com participação dos trabalhadores, dos empregadores, dos aposentados e do governo nos órgãos colegiados.

Art. 5º A previdência social será organizada sob a forma de regime geral, de caráter contributivo e de filiação obrigatória, observados critérios que preservem o equilíbrio financeiro e atuarial, e atenderá a:

I – cobertura de eventos de incapacidade temporária ou permanente para trabalho e idade avançada; *(Redação dada pelo Decreto 10.410/2020)*

II – proteção à maternidade, especialmente à gestante;

III – proteção ao trabalhador em situação de desemprego involuntário;

IV – salário-família e auxílio-reclusão para os dependentes dos segurados de baixa renda; e

V – pensão por morte do segurado, homem ou mulher, ao cônjuge ou companheiro e dependentes.

LIVRO II
DOS BENEFÍCIOS DA PREVIDÊNCIA SOCIAL

TÍTULO I
DOS REGIMES DA PREVIDÊNCIA SOCIAL

Art. 6º A previdência social compreende:

I – o Regime Geral de Previdência Social; e

II – os regimes próprios de previdência social dos servidores públicos e dos militares.

Parágrafo único. O Regime Geral de Previdência Social garante a cobertura de todas as situações expressas no art. 5º, exceto a de desemprego involuntário, observado o disposto no art. 199-A quanto ao direito à aposentadoria por tempo de contribuição. (Parágrafo único com redação dada pelo Decreto nº 6.042, de 12/2/2007)

Art. 7º A administração do Regime Geral de Previdência Social é atribuída ao Ministério da Previdência e Assistência Social, sendo exercida pelos órgãos e entidades a ele vinculados.

TÍTULO II
DO REGIME GERAL DE PREVIDÊNCIA SOCIAL

CAPÍTULO I
DOS BENEFICIÁRIOS

Art. 8º São beneficiários do Regime Geral de Previdência Social as pessoas físicas classificadas como segurados e dependentes, nos termos das Seções I e II deste Capítulo.

SEÇÃO I
DOS SEGURADOS

Art. 9º São segurados obrigatórios da previdência social as seguintes pessoas físicas:

I – como empregado:

a) aquele que presta serviço de natureza urbana ou rural a empresa, em caráter não eventual, sob sua subordinação e mediante remuneração, inclusive como diretor empregado;

b) aquele que, contratado por empresa de trabalho temporário, na forma prevista em legislação específica, por prazo não superior a cento e oitenta dias, consecutivos ou não, prorrogável por até noventa dias, presta serviço para atender a necessidade transitória de substituição de pessoal regular e permanente ou a acréscimo extraordinário de serviço de outras empresas; *(Redação dada pelo Decreto 10.410/2020)*

c) o brasileiro ou estrangeiro domiciliado e contratado no Brasil para trabalhar como empregado no exterior, em sucursal ou agência de empresa constituída sob as leis brasileiras e que tenha sede e administração domiciliado no País;

d) o brasileiro ou o estrangeiro domiciliado e contratado no Brasil para trabalhar como empregado em empresa domiciliada no exterior com maioria do capital votante pertencente a empresa constituída sob as leis brasileiras, que tenha sede e administração no País e cujo controle efetivo esteja em caráter permanente sob a titularidade direta ou indireta de pessoas físicas domiciliadas e residentes no País ou de entidade de direito público interno;

e) aquele que presta serviço no Brasil a missão diplomática ou a repartição consular de carreira estrangeira e a órgãos a elas subordinados, ou a membros dessas missões e repartições, excluídos o não brasileiro sem residência permanente no Brasil e o brasileiro amparado pela legislação previdenciária do país da respectiva missão diplomática ou repartição consular;

f) o brasileiro civil que trabalha para a União no exterior, em organismos oficiais internacionais dos quais o Brasil seja membro efetivo, ainda que lá domiciliado e contratado, salvo se amparado por regime próprio de previdência social;

g) o brasileiro civil que presta serviços à União no exterior, em repartições governamentais brasileiras, lá domiciliado e contratado, inclusive o auxiliar local de que tratam os arts. 56 e 57 da Lei nº 11.440, de 29 de dezembro de 2006, este desde que, em razão de proibição legal, não possa filiar-se ao sistema previdenciário local; (Alínea com redação dada pelo Decreto nº 6.722, de 30/12/2008)

h) o bolsista e o estagiário que prestam serviços a empresa, em desacordo com a Lei nº 11.788, de 25 de setembro de 2008; (Alínea com redação dada pelo Decreto nº 6.722, de 30/12/2008)

i) o servidor da União, Estado, Distrito Federal ou Município, incluídas suas autarquias e fundações, ocupante, exclusivamente, de cargo em comissão declarado em lei de livre nomeação e exoneração;

j) o servidor do Estado, Distrito Federal ou Município, bem como o das respectivas autarquias e fundações, ocupante de cargo efetivo, desde que, nessa qualidade, não esteja amparado por regime próprio de previdência social;

l) o servidor contratado pela União, Estado, Distrito Federal ou Município, bem como pelas respectivas autarquias e fundações, por tempo determinado, para atender a necessidade temporária de excepcional interesse público, nos termos do inciso IX do art. 37 da Constituição Federal;

m) o servidor da União, Estado, Distrito Federal ou Município, incluídas suas autarquias e fundações, ocupante de emprego público;

n) (Revogada pelo Decreto nº 3.265, de 29/11/1999)

o) o escrevente e o auxiliar contratados por titular de serviços notariais e de registro a partir de 21 de novembro de 1994, bem como aquele que optou pelo Regime Geral de Previdência Social, em conformidade com a Lei nº 8.935, de 18 de novembro de 1994; e

p) aquele em exercício de mandato eletivo federal, estadual, distrital ou municipal, desde que não seja vinculado a regime próprio de previdência social; *(Redação dada pelo Decreto 10.410/2020)*

q) o empregado de organismo oficial internacional ou estrangeiro em funcionamento no Brasil, salvo quando coberto por regime próprio de previdência social; (Alínea acrescida pelo Decreto nº 3.265, de 29/11/1999)

r) o trabalhador rural contratado por produtor rural pessoa física, na forma do art. 14-A da Lei nº 5.889, de 8 de junho de 1973, para o exercício de atividades de natureza temporária por prazo não superior a dois meses dentro do período de um ano; (Alínea acrescida pelo Decreto nº 6.722, de 30/12/2008)

s) aquele contratado como trabalhador intermitente para a prestação de serviços, com subordinação, de forma não contínua, com alternância de períodos de prestação de serviços e de inatividade, em conformidade com o disposto no § 3º do art. 443 da Consolidação das Leis do Trabalho, aprovada pelo Decreto-Lei nº 5.452, de 1º de maio de 1943; *(Acrescida pelo Decreto 10.410/2020)*

II – como empregado doméstico - aquele que presta serviço de forma contínua, subordinada, onerosa e pessoal a pessoa ou família, no âmbito residencial desta, em atividade sem fins lucrativos, por mais de dois dias por semana; *(Redação dada pelo Decreto 10.410/2020)*

III – (Revogado pelo Decreto nº 3.265, de 29/11/1999)

IV – (Revogado pelo Decreto nº 3.265, de 29/11/1999)

V – como contribuinte individual: (*Caput* do inciso com redação dada pelo Decreto nº 3.265, de 29/11/1999)

a) a pessoa física, proprietária ou não, que explora atividade agropecuária, a qualquer título, em caráter permanente ou temporário, em área, contínua ou descontínua, superior a quatro módulos fiscais; ou, quando em área igual ou inferior a quatro módulos fiscais ou atividade pesqueira ou extrativista, com auxílio de empregados ou por intermédio de prepostos; ou ainda nas hipóteses dos §§ 8º e 23 deste artigo; (Alínea com redação dada pelo Decreto nº 6.722, de 30/12/2008)

b) a pessoa física, proprietária ou não, que explora atividade de extração mineral – garimpo –, em caráter permanente ou temporário, diretamente ou por intermédio de prepostos, com ou sem o auxílio de empregados, utilizados a qualquer título, ainda que de forma não contínua; (Alínea com redação dada pelo Decreto nº 3.265, de 29/11/1999)

c) o ministro de confissão religiosa e o membro de instituto de vida consagrada, de congregação ou de ordem religiosa; (Alínea com redação dada pelo Decreto nº 4.079, de 9/1/2002)

d) o brasileiro civil que trabalha no exterior para organismo oficial internacional do qual o Brasil é membro efetivo, ainda que lá domiciliado e contratado, salvo quando coberto por regime próprio de previdência social; (Alínea com redação dada pelo Decreto nº 3.265, de 29/11/1999)

e) desde que receba remuneração decorrente de trabalho na empresa: *(Redação dada pelo Decreto 10.410/2020)*

1. o empresário individual e o titular de empresa individual de responsabilidade limitada, urbana ou rural;

2. o diretor não empregado e o membro de conselho de administração de sociedade anônima;

3. o sócio de sociedade em nome coletivo; e

4. o sócio solidário, o sócio gerente, o sócio cotista e o administrador, quanto a este último, quando não for empregado em sociedade limitada, urbana ou rural;

f a h) (Revogadas pelo Decreto 10.410/2020)

i) o associado eleito para cargo de direção em cooperativa, associação ou entidade de qualquer natureza ou finalidade, bem como o síndico ou administrador eleito para exercer atividade de direção condominial, desde que recebam remuneração; (Alínea acrescida pelo Decreto nº 3.265, de 29/11/1999)

j) quem presta serviço de natureza urbana ou rural, em caráter eventual, a uma ou mais empresas, sem relação de emprego; (Alínea acrescida pelo Decreto nº 3.265, de 29/11/1999)

l) a pessoa física que exerce, por conta própria, atividade econômica de natureza urbana, com fins lucrativos ou não; (Alínea acrescida pelo Decreto nº 3.265, de 29/11/1999)

m) o aposentado de qualquer regime previdenciário nomeado magistrado classista temporário da Justiça do Trabalho, na forma dos incisos II do § 1º do art. 111 ou III do art. 115 ou do parágrafo único do art. 116 da Constituição Federal, ou nomeado magistrado da Justiça Eleitoral, na forma dos incisos II do art. 119 ou III do § 1º do art. 120 da Constituição Federal; (Alínea acrescida pelo Decreto nº 3.265, de 29/11/1999)

n) o cooperado de cooperativa de produção que, nesta condição, presta serviço à sociedade cooperativa mediante remuneração ajustada ao trabalho executado; e (Alínea acrescida pelo Decreto nº 4.032, de 26/11/2001)

o) Revogada pelo Decreto nº 7.054, de 28/12/2009.

p) o Micro Empreendedor Individual – MEI de que tratam os arts. 18-A e 18-C da Lei Complementar nº 123, de 14 de dezembro de 2006, que opte pelo recolhimento dos impostos e contribuições abrangidos pelo Simples Nacional em valores fixos mensais; (Alínea acrescida pelo Decreto nº 6.722, de 30/12/2008)

q) o médico participante do Projeto Mais Médicos para o Brasil, instituído pela Lei nº 12.871, de 22 de outubro de 2013, exceto na hipótese de cobertura securitária específica estabelecida por organismo internacional ou filiação a regime de seguridade social em seu país de origem, com o qual a República Federativa do Brasil mantenha acordo de seguridade social; *(Acrescida pelo Decreto 10.410/2020)*

r) o médico em curso de formação no âmbito do Programa Médicos pelo Brasil, instituído pela Lei nº 13.958, de 18 de dezembro de 2019; *(Acrescida pelo Decreto 10.410/2020)*

VI – como trabalhador avulso - aquele que: *(Redação dada pelo Decreto 10.410/2020)*

a) sindicalizado ou não, preste serviço de natureza urbana ou rural a diversas empresas, ou equiparados, sem vínculo empregatício, com intermediação obrigatória do órgão gestor de mão de obra, nos termos do disposto na Lei nº 12.815, de 5 de junho de 2013, ou do sindicato da categoria, assim considerados: *(Redação dada pelo Decreto 10.410/2020)*

1. o trabalhador que exerça atividade portuária de capatazia, estiva, conferência e conserto de carga e vigilância de embarcação e bloco;

2. o trabalhador de estiva de mercadorias de qualquer natureza, inclusive carvão e minério;

3. o trabalhador em alvarenga (embarcação para carga e descarga de navios);

4. o amarrador de embarcação;

5. o ensacador de café, cacau, sal e similares;

6. o trabalhador na indústria de extração de sal;

7. o carregador de bagagem em porto;

8. o prático de barra em porto;

9. o guindasteiro; e

10. o classificador, o movimentador e o empacotador de mercadorias em portos; e

b) exerça atividade de movimentação de mercadorias em geral, nos termos do disposto na Lei nº 12.023, de 27 de agosto de 2009, em áreas urbanas ou rurais, sem vínculo empregatício, com intermediação obrigatória do sindicato da categoria, por meio de acordo ou convenção coletiva de trabalho, nas atividades de: *(Redação dada pelo Decreto 10.410/2020)*

1. cargas e descargas de mercadorias a granel e ensacados, costura, pesagem, embalagem, enlonamento, ensaque, arrasto, posicionamento, acomodação, reordenamento, reparação de carga, amostragem, arrumação, remoção, classificação, empilhamento, transporte com empilhadeiras, paletização, ova e desova de vagões, carga e descarga em feiras livres e abastecimento de lenha em secadores e caldeiras;

2. operação de equipamentos de carga e descarga; e

3. pré-limpeza e limpeza em locais necessários às operações ou à sua continuidade;

c a j) (Revogadas pelo Decreto 10.410/2020)

VII – como segurado especial: a pessoa física residente no imóvel rural ou em aglomerado urbano ou rural próximo que, individualmente ou em regime de economia familiar, ainda que com o auxílio eventual de terceiros, na condição de: (*Caput* do inciso com redação dada pelo Decreto nº 6.722, de 30/12/2008)

a) produtor, seja ele proprietário, usufrutuário, possuidor, assentado, parceiro ou meeiro outorgados, comodatário ou arrendatário rurais, que explore atividade:

1. agropecuária em área contínua ou não de até quatro módulos fiscais; ou (Alínea acrescida pelo Decreto 6.722, de 30/12/2008)

2. de seringueiro ou extrativista vegetal na coleta e extração, de modo sustentável, de recursos naturais renováveis, e faça dessas atividades o principal meio de vida; (Alínea acrescida pelo Decreto nº 6.722, de 30/12/2008)

b) pescador artesanal ou a este assemelhado, que faça da pesca profissão habitual ou principal meio de vida; e (Alínea acrescida pelo Decreto nº 6.722, de 30/12/2008)

c) cônjuge ou companheiro, bem como filho maior de dezesseis anos de idade ou a este equiparado, do segurado de que tratam as alíneas *a* e *b* deste inciso, que, comprovadamente, tenham participação ativa nas atividades rurais ou pesqueiras artesanais, respectivamente, do grupo familiar. *(Redação dada pelo Decreto nº 8.499, de 2015 – DOU 13.08.2015).*

§ 1º O aposentado pelo Regime Geral de Previdência Social que voltar a exercer atividade abrangida por este regime é segurado obrigatório em relação a essa atividade, ficando sujeito às contribuições de que trata este Regulamento.

§ 2º Considera-se diretor empregado aquele que, participando ou não do risco econômico do empreendimento, seja contratado ou promovido para cargo de direção das sociedades anônimas, mantendo as características inerentes à relação de emprego.

§ 3º Considera-se diretor não empregado aquele que, participando ou não do risco econômico do empreendimento, seja eleito, por assembleia-geral dos acionistas, para cargo de direção das sociedades anônimas, não mantendo as características inerentes à relação de emprego.

§ 4º Entende-se por serviço prestado em caráter não eventual aquele relacionado direta ou indiretamente com as atividades normais da empresa.

§ 5º Entende-se como regime de economia familiar a atividade em que o trabalho dos membros da família é indispensável à própria subsistência e ao desenvolvimento socioeconômico do núcleo familiar e é exercido em condições de mútua dependência e colaboração, sem a utilização de empregados permanentes. (Parágrafo com redação dada pelo Decreto nº 6.722, de 30/12/2008)

§ 6º Entende-se como auxílio eventual de terceiros o que é exercido ocasionalmente, em condições de mútua colaboração, não existindo subordinação nem remuneração.

§ 7º Para efeito do disposto na alínea a do inciso VI do *caput*, entende-se por:

I – capatazia - a atividade de movimentação de mercadorias nas instalações dentro do porto, compreendidos o recebimento, a conferência, o transporte interno, a abertura de volumes para a conferência aduaneira, a manipulação, a arrumação e a entrega e o carregamento e a descarga de embarcações, quando efetuados por aparelhamento portuário; *(Redação dada pelo Decreto 10.410/2020)*

II – estiva – a atividade de movimentação de mercadorias nos conveses ou nos porões das embarcações principais ou auxiliares, incluindo transbordo, arrumação, peação e despeação, bem como o carregamento e a descarga das mesmas, quando realizados com equipamentos de bordo;

III – conferência de carga – a contagem de volumes, anotação de suas características, procedência ou destino, verificação do estado das mercadorias, assistência à pesagem, conferência do manifesto e demais serviços correlatos, nas operações de carregamento e descarga de embarcações;

IV – conserto de carga – o reparo e a restauração das embalagens de mercadoria, nas operações de carregamento e descarga de embarcações, reembalagem, marcação, remarcação, carimbagem, etiquetagem, abertura de volumes para vistoria e posterior recomposição;

V – vigilância de embarcações – a atividade de fiscalização da entrada e saída de pessoas a bordo das embarcações atracadas ou fundeadas ao largo, bem como da movimentação de mercadorias nos portalós, rampas, porões, conveses, plataformas e em outros locais da embarcação; e

VI – bloco – a atividade de limpeza e conservação de embarcações mercantes e de seus tanques, incluindo batimento de ferrugem, pintura, reparo de pequena monta e serviços correlatos.

§ 8º Não é segurado especial o membro de grupo familiar que possuir outra fonte de rendimento, exceto se decorrente de: (*Caput* do parágrafo com redação dada pelo Decreto nº 6.722, de 30/12/2008)

I – benefício de pensão por morte, auxílio-acidente ou auxílio-reclusão, cujo valor não supere o do menor benefício da previdência social; *(Redação dada pelo Decreto 10.410/2020)*

I-A – benefício concedido ao segurado qualificado como segurado especial, independentemente do valor; *(Acrescido pelo Decreto 10.410/2020)*

II – benefício previdenciário pela participação em plano de previdência complementar instituído nos termos do inciso III do § 18 deste artigo; (Inciso com redação dada pelo Decreto nº 6.722, de 30/12/2008)

III – exercício de atividade remunerada em período não superior a cento e vinte dias, corridos ou intercalados, no ano civil, observado o disposto no § 22; *(Redação dada pelo Decreto 10.410/2020)*

IV – exercício de mandato eletivo de dirigente sindical de organização da categoria de trabalhadores rurais; (Inciso acrescido pelo Decreto nº 6.722, de 30/12/2008)

V – exercício de mandato de vereador do município onde desenvolve a atividade rural, ou de dirigente de cooperativa rural constituída exclusivamente por segurados especiais, observado o disposto no § 22 deste artigo; (Inciso acrescido pelo Decreto nº 6.722, de 30/12/2008)

VI – parceria ou meação outorgada na forma e condições estabelecidas no inciso I do § 18 deste artigo; (Inciso acrescido pelo Decreto nº 6.722, de 30/12/2008)

VII – atividade artesanal desenvolvida com matéria-prima produzida pelo respectivo grupo familiar, podendo ser utilizada matéria-prima de outra origem, desde que, nesse caso, a renda mensal obtida na atividade não exceda ao menor benefício de prestação continuada da previdência social; e (Inciso acrescido pelo Decreto nº 6.722, de 30/12/2008)

VIII – atividade artística, desde que em valor mensal inferior ao menor benefício de prestação continuada da previdência social. (Inciso acrescido pelo Decreto nº 6.722, de 30/12/2008)

§ 9º Para os fins previstos nas alíneas a e b de inciso V do *caput*, entende-se que a pessoa física, proprietária ou não, explora atividade através de prepostos quando, na condição de parceiro outorgante, desenvolve atividade agropecuária, pesqueira ou de extração de minerais por intermédio de parceiros ou meeiros.

§ 10. O dirigente sindical mantém, durante o exercício do mandato, o mesmo enquadramento no Regime Geral de Previdência Social de antes da investidura no cargo.

§ 11. O magistrado da Justiça Eleitoral, nomeado na forma do inciso II do art. 119 ou III do § 1º do art. 120 da Constituição Federal, mantém o mesmo enquadramento no Regime Geral de Previdência Social de antes da investidura no cargo. (Parágrafo com redação dada pelo Decreto nº 4.729, de 9/6/2003)

§ 12. O exercício de atividade remunerada sujeita a filiação obrigatória ao Regime Geral de Previdência Social.

§ 13. Aquele que exerce concomitantemente mais de uma atividade remunerada sujeita ao RGPS é obrigatoriamente filiado no referido Regime em relação a cada uma dessas atividades, observado o disposto no inciso III do *caput* do art. 214. *(Redação dada pelo Decreto 10.410/2020)*

§ 14. Considera-se pescador artesanal aquele que, individualmente ou em regime de economia familiar, faz da pesca sua profissão habitual ou meio principal de vida, desde que: (*Caput* do parágrafo com redação dada pelo Decreto nº 3.668, de 2000)

I – não utilize embarcação; ou (Inciso com redação dada pelo Decreto nº 8.424, de 2015)

II – utilize embarcação de pequeno porte, nos termos da Lei 11.959, de 29 de junho de 2009. (Inciso com redação dada pelo Decreto nº 8.424, de 2015)

III – *Revogado pelo Decreto nº 8.424, de 2015.*

§ 14-A. Considera-se assemelhado ao pescador artesanal aquele que realiza atividade de apoio à pesca artesanal, exercendo trabalhos de confecção e de reparos de artes e petrechos de pesca e de reparos em embarcações de pequeno porte ou atuando no processamento do produto da pesca artesanal. *(Parágrafo acrescido pelo Decreto nº 8.499, de 2015 – DOU 13.08.2015).*

§ 15. Enquadram-se nas situações previstas nas alíneas *j* e *l* do inciso V do *caput*, entre outros: (*Caput* do parágrafo com redação dada pelo Decreto nº 3.265, de 1999).

I – aquele que trabalha como condutor autônomo de veículo rodoviário, inclusive como taxista ou motorista de transporte remunerado privado individual de passageiros, ou como operador de trator, máquina de terraplenagem, colheitadeira e assemelhados, sem vínculo empregatício; *(Redação dada pelo Decreto 10.410/2020)*

II – aquele que exerce atividade de auxiliar de condutor autônomo de veículo rodoviário, em automóvel cedido em regime de colaboração, nos termos da Lei 6.094, de 30 de agosto de 1974;

III – aquele que, pessoalmente, por conta própria e a seu risco, exerce pequena atividade comercial em via pública ou de porta em porta, como comerciante ambulante, nos termos da Lei 6.586, de 6 de novembro de 1978;

IV – o trabalhador associado a cooperativa que, nessa qualidade, presta serviços a terceiros;

V – o membro de conselho fiscal de sociedade por ações;

VI - aquele que presta serviço de natureza não contínua, por conta própria, a pessoa ou família, no âmbito residencial desta, em atividade sem fins lucrativos, até dois dias por semana; *(Redação dada pelo Decreto 10.410/2020)*

VII – o notário ou tabelião e o oficial de registros ou registrador, titular de cartório, que detêm a delegação do exercício da atividade notarial e de registro, não remunerados pelos cofres públicos, admitidos a partir de 21 de novembro de 1994;

VIII – aquele que, na condição de pequeno feirante, compra para revenda produtos hortifrutigranjeiros ou assemelhados;

IX – a pessoa física que edifica obra de construção civil;

X – o médico residente de que trata a Lei 6.932, de 7 de julho de 1981; (*Inciso* com redação dada pelo Decreto nº 4.729, de 2003).

XI – o pescador que trabalha em regime de parceria, meação ou arrendamento, em embarcação de médio ou grande porte, nos termos da Lei nº 11.959, de 2009. (*Inciso* com redação dada pelo Decreto nº 8.424, de 2015)

XII – o incorporador de que trata o art. 29 da Lei 4.591, de 16 de dezembro de 1964;

XIII – o bolsista da Fundação Habitacional do Exército contratado em conformidade com a Lei 6.855, de 18 de novembro de 1980; e (*Inciso* com redação dada pelo Decreto nº 3.265, de 1999)

XIV – o árbitro e seus auxiliares que atuam em conformidade com a Lei 9.615, de 24 de março de 1998; (*Inciso* acrescido pelo Decreto nº 3.265, de 1999)

XV – o membro de conselho tutelar de que trata o art. 132 da Lei 8.069, de 13 de julho de 1990, quando remunerado; (*Inciso* acrescido pelo Decreto nº 4.032, de 2001)

XVI – o interventor, o liquidante, o administrador especial e o diretor fiscal de instituição financeira, empresa ou entidade referida no § 6º do art. 201; *(Redação dada pelo Decreto 10.410/2020)*

XVII – o transportador autônomo de cargas e o transportador autônomo de cargas auxiliar, nos termos do disposto na Lei nº 11.442, de 5 de janeiro de 2007; *(Acrescido pelo Decreto 10.410/2020)*

XVIII – o repentista de que trata a Lei nº 12.198, de 14 de janeiro de 2010, desde que não se enquadre na condição de empregado, prevista no inciso I do *caput*, em relação à referida atividade; e *(Acrescido pelo Decreto 10.410/2020)*

XIX – o artesão de que trata a Lei nº 13.180, de 22 de outubro de 2015, desde que não se enquadre em outras categorias de segurado obrigatório do RGPS em relação à referida atividade. *(Acrescido pelo Decreto 10.410/2020)*

§ 16. Aplica-se o disposto na alínea i do inciso I do *caput* ao ocupante de cargo de Ministro de Estado, de Secretário Estadual, Distrital ou Municipal, sem vínculo efetivo com a União, Estados, Distrito Federal e Municípios, suas autarquias, ainda que em regime especial, e fundações. (Parágrafo acrescido pelo Decreto nº 3.265, de 29/11/1999)

§ 17. *Revogado pelo Decreto nº 8.424, de 2015.*

§ 18. Não descaracteriza a condição de segurado especial:

I – a outorga, por meio de contrato escrito de parceria, meação ou comodato, de até cinquenta por cento de imóvel rural cuja área total, contínua ou descontínua, não seja superior a quatro módulos fiscais, desde que outorgante e outorgado continuem a exercer a respectiva atividade, individualmente ou em regime de economia familiar;

II – a exploração da atividade turística da propriedade rural, inclusive com hospedagem, por não mais de cento e vinte dias ao ano;

III – a participação em plano de previdência complementar instituído por entidade classista a que seja associado, em razão da condição de trabalhador rural ou de produtor rural em regime de economia familiar;

IV – a participação como beneficiário ou integrante de grupo familiar que tem algum componente que seja beneficiário de programa assistencial oficial de governo;

V – a utilização pelo próprio grupo familiar de processo de beneficiamento ou industrialização artesanal, na exploração da atividade, de acordo com o disposto no § 25; e

VI - a associação a cooperativa agropecuária ou de crédito rural; *(Redação dada pelo Decreto 10.410/2020)*

VII - a incidência do Imposto sobre Produtos Industrializados - IPI sobre o produto das atividades desenvolvidas nos termos do disposto no inciso VIII; e *(Acrescido pelo Decreto 10.410/2020)*

VIII - a participação do segurado especial em sociedade empresária ou em sociedade simples ou a sua atuação como empresário individual ou como titular de empresa individual de responsabilidade limitada de objeto ou âmbito agrícola, agroindustrial ou agroturístico, considerada microempresa nos termos do disposto na Lei Complementar nº 123, de 2006, desde que, mantido o exercício da sua atividade rural na forma prevista no inciso VII do *caput* e no § 5º, a pessoa jurídica seja composta apenas por segurados especiais e sediada no mesmo Município ou em Município limítrofe àquele em que ao menos um deles desenvolva as suas atividades. *(Acrescido pelo Decreto 10.410/2020)*

§ 19. Os segurados de que trata o art. 199-A terão identificação específica nos registros da Previdência Social. (Parágrafo acrescido pelo Decreto nº 6.042, de 12/2/2007)

§ 20. Para os fins deste artigo, considera-se que o segurado especial reside em aglomerado urbano ou rural próximo ao imóvel rural onde desenvolve a atividade quando resida no mesmo município de situação do imóvel onde desenvolve a atividade rural, ou em município contíguo ao em que desenvolve a atividade rural.

§ 21. O grupo familiar poderá utilizar-se de empregado contratado por prazo determinado, inclusive daquele referido na alínea "r" do inciso I do *caput*, ou de trabalhador de que trata a alínea "j" do inciso V do *caput*, à razão de, no máximo, cento e vinte pessoas por dia no mesmo ano civil, em períodos corridos ou intercalados, ou, ainda, por tempo equivalente em horas de trabalho, à razão de oito horas por dia e quarenta e quatro horas por semana, hipóteses em que períodos de afastamento em decorrência de percepção de auxílio por incapacidade temporária não serão computados. *(Redação dada pelo Decreto 10.410/2020)*

§ 22. O disposto nos incisos III e V do § 8º e no inciso VIII do § 18 não dispensará o recolhimento da contribuição devida em relação ao exercício das atividades de que tratam os referidos incisos. *(Redação dada pelo Decreto 10.410/2020)*

§ 23. O segurado especial fica excluído dessa categoria:

I – a contar do primeiro dia do mês em que:

a) deixar de satisfazer as condições estabelecidas no inciso VII do *caput* deste artigo, sem prejuízo do disposto no art. 13, ou exceder qualquer dos limites estabelecidos no inciso I do § 18 deste artigo;

b) se enquadrar em qualquer outra categoria de segurado obrigatório do Regulamento da Previdência Social, exceto nas hipóteses previstas nos incisos III, V, VII e VIII do § 8º e no inciso VIII do § 18, sem prejuízo do disposto no art. 13; *(Redação dada pelo Decreto 10.410/2020)*

c) se tornar segurado obrigatório de outro regime previdenciário; ou *(Redação dada pelo Decreto 10.410/2020)*

d) na hipótese de descumprimento do disposto no inciso VIII do § 18: *(Acrescida pelo Decreto 10.410/2020)*

1. participar de sociedade empresária ou de sociedade simples; ou

2. atuar como empresário individual ou como titular de empresa individual de responsabilidade limitada; ou

II – a contar do primeiro dia do mês subsequente ao da ocorrência, quando o grupo familiar a que pertence exceder o limite de:

a) utilização de trabalhadores nos termos do § 21 deste artigo;

b) dias em atividade remunerada estabelecidos no inciso III do § 8º deste artigo; e

c) dias de hospedagem a que se refere o inciso II do § 18 deste artigo. (Parágrafo acrescido pelo Decreto nº 6.722, de 30/12/2008)

§ 24. Aplica-se o disposto na alínea a do inciso V do *caput* deste artigo ao cônjuge ou companheiro do produtor que participe da atividade rural por este explorada. (Parágrafo acrescido pelo Decreto nº 6.722, de 30/12/2008)

§ 25. Considera-se processo de beneficiamento ou industrialização artesanal aquele realizado diretamente pelo próprio produtor rural pessoa física, observado o disposto no § 5º do art. 200, desde que não esteja sujeito à incidência do Imposto Sobre Produtos Industrializados – IPI. (Parágrafo acrescido pelo Decreto nº 6.722, de 30/12/2008)

§ 26. É considerado microempreendedor individual – MEI o empresário individual a que se refere o art. 966 da Lei nº 10.406, de 2002 – Código Civil, ou o empreendedor que exerça as atividades de industrialização, comercialização e prestação de serviços no âmbito rural, que tenha auferido receita bruta no ano-calendário imediatamente anterior até o limite estabelecido no art. 18-A da Lei Complementar nº 123, de 2006, que tenha optado pelo Simples Nacional e não esteja impedido de optar pela sistemática de recolhimento a que se refere a alínea "p" do inciso V do *caput*. *(Redação dada pelo Decreto 10.410/2020)*

§ 27. O vínculo empregatício mantido entre cônjuges ou companheiros não impede o reconhecimento da qualidade de segurado do empregado, excluído o doméstico, observado o disposto no art. 19-B. *(Acrescido pelo Decreto 10.410/2020)*

Art. 10. O servidor civil ocupante de cargo efetivo ou o militar da União, Estado, Distrito Federal ou Município, bem como o das respectivas autarquias e fundações, são excluídos do Regime Geral de Previdência Social consubstanciado neste Regulamento, desde que amparados por regime próprio de previdência social. (*Caput* do artigo com redação dada pelo Decreto nº 3.265, de 29/11/1999)

§ 1º Caso o servidor ou o militar, amparados por regime próprio de previdência social, sejam requisitados para outro órgão ou entidade cujo regime previdenciário não permita a filiação nessa condição, permanecerão vinculados ao regime de origem, obedecidas às regras que cada ente estabeleça acerca de sua contribuição. (Parágrafo com redação dada pelo Decreto nº 3.265, de 29/11/1999)

§ 2º Caso o servidor ou o militar venham a exercer, concomitantemente, uma ou mais atividades abrangidas pelo Regime Geral de Previdência Social, tornar-se-ão segurados obrigatórios em relação a essas atividades. (Parágrafo com redação dada pelo Decreto nº 3.265, de 29/11/1999)

§ 3º Entende-se por regime próprio de previdência social o que assegura pelo menos as aposentadorias e pensão por morte previstas no art. 40 da Constituição Federal. (Parágrafo com redação dada pelo Decreto nº 3.452, de 9/5/2000)

Art. 11. É segurado facultativo o maior de dezesseis anos de idade que se filiar ao Regime Geral de Previdência Social, mediante contribuição, na forma do art. 199, desde que não esteja exercendo atividade remunerada que o enquadre como segurado obrigatório da previdência social.

§ 1º Podem filiar-se facultativamente, entre outros:

I – aquele que se dedique exclusivamente ao trabalho doméstico no âmbito de sua residência; *(Redação dada pelo Decreto 10.410/2020)*

II – o síndico de condomínio, quando não remunerado;

III – o estudante;

IV – o brasileiro que acompanha cônjuge que presta serviço no exterior;

V – aquele que deixou de ser segurado obrigatório da previdência social;

VI – o membro de conselho tutelar de que trata o art. 132 da Lei nº 8.069, de 13 de julho de 1990, quando não esteja vinculado a qualquer regime de previdência social;

VII – o estagiário que preste serviços a empresa nos termos do disposto na Lei nº 11.788, de 2008; *(Redação dada pelo Decreto 10.410/2020)*

VIII – o bolsista que se dedique em tempo integral a pesquisa, curso de especialização, pós-graduação, mestrado ou doutorado, no Brasil ou no exterior, desde que não esteja vinculado a qualquer regime de previdência social;

IX – o presidiário que não exerce atividade remunerada nem esteja vinculado a qualquer regime de previdência social; (Inciso com redação dada pelo Decreto nº 7.054, de 28/12/2009)

X – o brasileiro residente ou domiciliado no exterior; *(Redação dada pelo Decreto 10.410/2020)*

XI – o segurado recolhido à prisão sob regime fechado ou semiaberto, que, nesta condição, preste serviço, dentro ou fora da unidade penal, a uma ou mais empresas, com ou sem intermediação da organização carcerária ou entidade afim, ou que exerce atividade artesanal por conta própria. (Inciso acrescido pelo Decreto nº 7.054, de 28/12/2009)

XII – o atleta beneficiário da Bolsa-Atleta não filiado a regime próprio de previdência social ou não enquadrado em uma das hipóteses previstas no art. 9º. *(Acrescido pelo Decreto 10.410/2020)*

§ 2º É vedada a filiação ao Regime Geral de Previdência Social, na qualidade de segurado facultativo, de pessoa participante de regime próprio de previdência social, salvo na hipótese de afastamento sem vencimento e desde que não permitida, nesta condição, contribuição ao respectivo regime próprio.

§ 3º A filiação na qualidade de segurado facultativo representa ato volitivo, gerando efeito somente a partir da inscrição e do primeiro recolhimento, não podendo retroagir e não permitindo o pagamento de contribuições relativas a competências anteriores à data da inscrição, ressalvado o § 3º do art. 28.

§ 4º Após a inscrição, o segurado facultativo somente poderá recolher contribuições em atraso quando não tiver ocorrido perda da qualidade de segurado, conforme o disposto no inciso VI do art. 13.

§ 5º O segurado poderá contribuir facultativamente durante os períodos de afastamento ou de inatividade, desde que não receba remuneração nesses períodos e não exerça outra atividade que o vincule ao RGPS ou a regime próprio de previdência social. *(Acrescido pelo Decreto 10.410/2020)*

Art. 12. Consideram-se:

I – empresa – a firma individual ou a sociedade que assume o risco de atividade econômica urbana ou rural, com fins lucrativos ou não, bem como os órgãos e as entidades da administração pública direta, indireta e fundacional; e

II – empregador doméstico – aquele que admite a seu serviço, mediante remuneração, sem finalidade lucrativa, empregado doméstico.

Parágrafo único. Equiparam-se a empresa, para os efeitos deste Regulamento: (*Caput* do parágrafo único com redação dada pelo Decreto nº 3.265, de 29/11/1999)

I – o contribuinte individual, em relação a segurado que lhe presta serviço; (Inciso com redação dada pelo Decreto nº 3.265, de 29/11/1999)

II – a cooperativa, a associação ou a entidade de qualquer natureza ou finalidade, inclusive a missão diplomática e a repartição consular de carreiras estrangeiras;

III – o operador portuário e o órgão gestor de mão de obra de que trata a Lei nº 12.815, de 2013; e *(Redação dada pelo Decreto 10.410/2020)*

IV – o proprietário ou dono de obra de construção civil, quando pessoa física, em relação a segurado que lhe presta serviço.

SUBSEÇÃO ÚNICA
DA MANUTENÇÃO E DA PERDA DA QUALIDADE DE SEGURADO

Art. 13. Mantém a qualidade de segurado, independentemente de contribuições:

I – sem limite de prazo, o segurado que estiver em gozo de benefício, exceto na hipótese de auxílio-acidente; *(Redação dada pelo Decreto 10.410/2020)*

II – até doze meses após a cessação de benefício por incapacidade ou das contribuições, observado o disposto nos § 7º e § 8º e no art. 19-E; *(Redação dada pelo Decreto 10.491/2020)*

III – até doze meses após cessar a segregação, o segurado acometido de doença de segregação compulsória;

IV – até doze meses após o livramento, o segurado detido ou recluso;

V – até três meses após o licenciamento, o segurado incorporado às Forças Armadas para prestar serviço militar; e

VI – até seis meses após a cessação das contribuições, o segurado facultativo.

§ 1º O prazo do inciso II será prorrogado para até vinte e quatro meses, se o segurado já tiver pago mais de cento e vinte contribuições mensais sem interrupção que acarrete a perda da qualidade de segurado.

§ 2º O prazo do inciso II ou do § 1º será acrescido de doze meses para o segurado desempregado. desde que comprovada essa situação por registro no órgão próprio do Ministério do Trabalho e Emprego.

§ 3º Durante os prazos deste artigo, o segurado conserva todos os seus direitos perante a previdência social.

§ 4º Aplica-se o disposto no inciso II do *caput* e no § 1º ao segurado que se desvincular de regime próprio de previdência social. (Parágrafo acrescido pelo Decreto nº 3.265, de 29/11/1999)

§ 5º A perda da qualidade de segurado não será considerada para a concessão das aposentadorias por tempo de contribuição e especial. (Parágrafo acrescido pelo Decreto nº 4.729, de 9/6/2003)

§ 6º Aplica-se o disposto no § 5º à aposentadoria por idade, desde que o segurado conte com, no mínimo, o número de contribuições mensais exigido para efeito de carência na data do requerimento do benefício. (Parágrafo acrescido pelo Decreto nº 4.729, de 9/6/2003)

§ 7º Para o contribuinte individual, o período de manutenção da qualidade de segurado inicia-se no primeiro dia do mês subsequente ao da última contribuição com valor igual ou superior ao salário-mínimo. *(Acrescido pelo Decreto 10.410/2020)*

§ 8º O segurado que receber remuneração inferior ao limite mínimo mensal do salário de contribuição somente manterá a qualidade de segurado se efetuar os ajustes de complementação, utilização e agrupamento a que se referem o § 1º do art. 19-E e o § 27-A do art. 216. *(Acrescido pelo Decreto 10.410/2020)*

Art. 14. O reconhecimento da perda da qualidade de segurado no termo final dos prazos fixados no art. 13 ocorrerá no dia seguinte ao do vencimento da contribuição do contribuinte individual relativa ao mês imediatamente posterior ao término daqueles prazos. (Artigo com redação dada pelo Decreto nº 4.032, de 26/11/2001)

Art. 15. (Revogado pelo Decreto nº 4.032, de 26/11/2001)

SEÇÃO II
DOS DEPENDENTES

Art. 16. São beneficiários do Regime Geral de Previdência Social, na condição de dependentes do segurado:

I – o cônjuge, a companheira, o companheiro e o filho não emancipado, de qualquer condição, menor de vinte e um anos de idade ou inválido ou que tenha deficiência intelectual, mental ou grave; *(Redação dada pelo Decreto 10.410/2020)*

II – os pais; ou

III – o irmão não emancipado, de qualquer condição, menor de vinte e um anos de idade ou inválido ou que tenha deficiência intelectual, mental ou grave. *(Redação dada pelo Decreto 10.410/2020)*

§ 1º Os dependentes de uma mesma classe concorrem em igualdade de condições.

§ 2º A existência de dependente de qualquer das classes deste artigo exclui do direito às prestações os das classes seguintes.

§ 3º Equiparam-se a filho, na condição de dependente de que trata o inciso I do *caput*, exclusivamente o enteado e o menor tutelado, desde que comprovada a dependência econômica na forma estabelecida no § 3º do art. 22. *(Redação dada pelo Decreto 10.410/2020)*

§ 4º O menor sob tutela somente poderá ser equiparado aos filhos do segurado mediante apresentação de termo de tutela.

§ 5º Considera-se companheira ou companheiro a pessoa que mantenha união estável com o segurado ou segurada.

§ 6º Considera-se união estável aquela configurada na convivência pública, contínua e duradoura entre pessoas, estabelecida com intenção de constituição de família, observado o disposto no § 1º do art. 1.723 da Lei nº 10.406, de 2002 - Código Civil, desde que comprovado o vínculo na forma estabelecida no § 3º do art. 22. *(Redação dada pelo Decreto 10.410/2020)*

§ 6º-A. As provas de união estável e de dependência econômica exigem início de prova material contemporânea dos fatos, produzido em período não superior aos vinte e quatro meses anteriores à data do óbito ou do recolhimento à prisão do segurado, não admitida a prova exclusivamente testemunhal, exceto na ocorrência de motivo de força maior ou caso fortuito, observado o disposto no § 2º do art. 143. *(Acrescido pelo Decreto 10.410/2020)*

§ 7º A dependência econômica das pessoas de que trata o inciso I é presumida e a das demais deve ser comprovada.

§ 8º Para fins do disposto na alínea "c" do inciso V do *caput* do art. 114, em observância ao requisito previsto no § 6º-A, deverá ser apresentado, ainda, início de prova material que comprove união estável pelo período mínimo de dois anos antes do óbito do segurado. *(Acrescido pelo Decreto 10.410/2020)*

§ 9º Será excluído definitivamente da condição de dependente aquele que tiver sido condenado criminalmente por sentença transitada em julgado, como autor, coautor ou partícipe de homicídio doloso, ou de tentativa desse crime, cometido contra a pessoa do segurado, ressalvados os absolutamente incapazes e os inimputáveis. *(Acrescido pelo Decreto 10.410/2020)*

Art. 17. A perda da qualidade de dependente ocorre:

I – para o cônjuge, pelo divórcio ou pela separação judicial ou de fato, enquanto não lhe for assegurada a prestação de alimentos, pela anulação do casamento, pelo óbito ou por sentença judicial transitada em julgado; *(Redação dada pelo Decreto 10.410/2020)*

II – para a companheira ou companheiro, pela cessação da união estável com o segurado ou segurada, enquanto não lhe for garantida a prestação de alimentos;

III – ao completar vinte e um anos de idade, para o filho, o irmão, o enteado ou o menor tutelado, ou nas seguintes hipóteses, se ocorridas anteriormente a essa idade: *(Redação dada pelo Decreto 10.410/2020)*

a) casamento; *(Redação dada pelo Decreto 10.410/2020)*

b) início do exercício de emprego público efetivo; *(Redação dada pelo Decreto 10.410/2020)*

c) constituição de estabelecimento civil ou comercial ou pela existência de relação de emprego, desde que, em função deles, o menor com dezesseis anos completos tenha economia própria; ou *(Redação dada pelo Decreto 10.410/2020)*

d) concessão de emancipação, pelos pais, ou por um deles na falta do outro, por meio de instrumento público, independentemente de homologação judicial, ou por sentença judicial, ouvido o tutor, se o menor tiver dezesseis anos completos; e *(Redação dada pelo Decreto 10.410/2020)*

e) (Revogada pelo Decreto 10.410/2020)

IV – para os dependentes em geral:

a) pela cessação da invalidez ou da deficiência intelectual, mental ou grave; ou *(Redação dada pelo Decreto 10.410/2020)*

b) pelo falecimento.

§ 1º O filho, o irmão, o enteado e o menor tutelado, desde que comprovada a dependência econômica dos três últimos, se inválidos ou se tiverem deficiência intelectual, mental ou grave, não perderão a qualidade de dependentes desde que a invalidez ou a deficiência intelectual, mental ou grave tenha ocorrido antes de uma das hipóteses previstas no inciso III do *caput*. *(Acrescido pelo Decreto 10.410/2020)*

§ 2º Para fins do disposto no § 1º, a data de início da invalidez ou da deficiência intelectual, mental ou grave será estabelecida pela Perícia Médica Federal. *(Acrescido pelo Decreto 10.410/2020)*

SEÇÃO III
DAS INSCRIÇÕES

SUBSEÇÃO I – DO SEGURADO

Art. 18. Considera-se inscrição de segurado para os efeitos da previdência social o ato pelo qual o segurado é cadastrado no RGPS, por meio da comprovação dos dados pessoais, da seguinte forma: *(Redação dada pelo Decreto 10.410/2020)*

I – empregado - pelo empregador, por meio da formalização do contrato de trabalho e, a partir da obrigatoriedade do uso do Sistema de Escrituração Digital das Obrigações Fiscais, Previdenciárias e Trabalhistas - eSocial, instituído pelo Decreto nº 8.373, de 11 de dezembro de 2014, ou do sistema que venha a substituí-lo, por meio do registro contratual eletrônico realizado nesse Sistema; *(Redação dada pelo Decreto 10.410/2020)*

II – trabalhador avulso - pelo cadastramento e pelo registro no órgão gestor de mão de obra, no caso de trabalhador portuário, ou no sindicato, no caso de trabalhador não portuário, e a partir da obrigatoriedade do uso do eSocial, ou do sistema que venha a substituí-lo, por meio do cadastramento e do registro eletrônico realizado nesse Sistema; *(Redação dada pelo Decreto 10.410/2020)*

III – empregado doméstico - pelo empregador, por meio do registro contratual eletrônico realizado no eSocial; *(Redação dada pelo Decreto 10.410/2020)*

IV – contribuinte individual: *(Redação dada pelo Decreto 10.410/2020)*

a) por ato próprio, por meio do cadastramento de informações para identificação e reconhecimento da atividade, hipótese em que o Instituto Nacional do Seguro Social - INSS poderá solicitar a apresentação de documento que comprove o exercício da atividade declarada;

b) pela cooperativa de trabalho ou pela pessoa jurídica a quem preste serviço, no caso de cooperados ou contratados, respectivamente, se ainda não inscritos no RGPS; e

c) pelo MEI, por meio do sítio eletrônico do Portal do Empreendedor;

V – segurado especial - preferencialmente, pelo titular do grupo familiar que se enquadre em uma das condições previstas no inciso VII do *caput* do art. 9º, hipótese em que o INSS poderá solicitar a apresentação de documento que comprove o exercício da atividade declarada, observado o disposto no art. 19-D; e *(Redação dada pelo Decreto 10.410/2020)*

VI – segurado facultativo - por ato próprio, por meio do cadastramento de informações pessoais que permitam a sua identificação, desde que não exerça atividade que o enquadre na categoria de segurado obrigatório. *(Acrescido pelo Decreto 10.410/2020)*

§ 1º *(Revogado pelo Decreto 10.410/2020)*

§ 2º A inscrição do segurado em qualquer categoria mencionada neste artigo exige a idade mínima de dezesseis anos.

§ 3º Todo aquele que exercer, concomitantemente, mais de uma atividade remunerada sujeita ao Regime Geral de Previdência Social será obrigatoriamente inscrito em relação a cada uma delas.

§ 4º (Revogado pelo Decreto 6.722, de 30/12/2008).

§ 5º Presentes os pressupostos da filiação, admite-se a inscrição post mortem do segurado especial. (Parágrafo acrescido pelo Decreto nº 3.265, de 29/11/1999)

§ 5º-A. Na hipótese prevista no § 5º, caso não seja comprovada a condição de segurado especial, poderá ser atribuído Número de Inscrição do Trabalhador - NIT especificamente para fins de requerimento do benefício previdenciário. *(Acrescido pelo Decreto 10.410/2020)*

§ 5º-B. Não será admitida a inscrição post mortem de segurado contribuinte individual e nem de segurado facultativo. *(Acrescido pelo Decreto 10.410/2020)*

§ 6º A comprovação dos dados pessoais e de outros elementos necessários e úteis à caracterização do segurado poderá ser exigida pelo INSS, a qualquer tempo, para fins de atualização cadastral, inclusive para a concessão de benefício. *(Redação dada pelo Decreto 10.410/2020)*

§ 7º A inscrição do segurado especial será feita de forma a vinculá-lo ao seu grupo familiar e conterá, além das informações pessoais: *(Redação dada pelo Decreto 10.410/2020)*

I – a identificação da propriedade em que é desenvolvida a atividade e a informação de a que título ela é ocupada; *(Acrescido pelo Decreto 10.410/2020)*

II – a informação sobre a residência ou não do segurado na propriedade em que é desenvolvida a atividade, e, em caso negativo, sobre o Município onde reside; e *(Acrescido pelo Decreto 10.410/2020)*

III – quando for o caso, a identificação e a inscrição da pessoa responsável pelo grupo familiar. *(Acrescido pelo Decreto 10.410/2020)*

§ 8º O segurado especial integrante de grupo familiar que não seja proprietário do imóvel rural ou da embarcação em que desenvolve sua atividade deve informar, no ato da inscrição, conforme o caso, o nome e o CPF do parceiro ou meeiro outorgante, arrendador, comodante ou assemelhado. (Parágrafo acrescido pelo Decreto nº 6.722, de 30/12/2008)

§ 9º A identificação do trabalhador no Cadastro Nacional de Informações Sociais - CNIS poderá ser feita: *(Acrescido pelo Decreto 10.410/2020)*

I – pelo NIT, único, pessoal e intransferível, independentemente de alterações de categoria profissional; ou

II – pelo Cadastro de Pessoas Físicas - CPF.

§ 10. Ao segurado cadastrado no Programa de Integração Social - PIS, no Programa de Formação do Patrimônio do Servidor Público - Pasep ou no Número de Identificação Social - NIS não caberá novo cadastramento. *(Acrescido pelo Decreto 10.410/2020)*

Art. 19. Os dados constantes do Cadastro Nacional de Informações Sociais – CNIS relativos a vínculos, remunerações e contribuições valem como prova de filiação à previdência social, tempo de contribuição e salários de contribuição. (*Caput* do artigo com redação dada pelo Decreto nº 6.722, de 30/12/2008)

§ 1º O segurado poderá solicitar, a qualquer tempo, a inclusão, a exclusão, a ratificação ou a retificação de suas informações constantes do CNIS, com a apresentação de documentos comprobatórios dos dados divergentes, conforme critérios definidos pelo INSS, independentemente de requerimento de benefício, exceto na hipótese prevista no art. 142, observado o disposto nos art. 19-B e art. 19-C. *(Redação dada pelo Decreto 10.410/2020)*

§ 2º Informações inseridas extemporaneamente no CNIS, independentemente de serem inéditas ou retificadoras de dados anteriormente informados, somente serão aceitas se corroboradas por documentos que comprovem a sua regularidade, na forma prevista no art. 19-B. *(Redação dada pelo Decreto 10.410/2020)*

§ 3º Respeitadas as definições vigentes sobre a procedência e origem das informações, considera-se extemporânea a inserção de dados:

I – relativos à data de início de vínculo empregatício, após o último dia do quinto mês subsequente ao mês da data da admissão do segurado; *(Redação dada pelo Decreto 10.410/2020)*

II – relativos à remuneração de trabalhador avulso ou contribuinte individual que preste serviços a empresa ou equiparado, após o último dia do quinto mês subsequente ao mês da data da prestação de serviço pelo segurado; ou *(Redação dada pelo Decreto 10.410/2020)*

a) e *b)* (Revogadas pelo Decreto 10.410/2020);

III – relativos à contribuição, sempre que o recolhimento tiver sido feito sem observância ao disposto em lei. *(Redação dada pelo Decreto 10.410/2020)*

§ 4º A extemporaneidade de que trata o § 3º poderá ser desconsiderada depois de decorrido o prazo de um ano, contado da data de inserção das informações relativas a vínculos e remunerações, conforme critérios definidos pelo INSS. *(Redação dada pelo Decreto 10.410/2020)*

I – *(Revogado pelo Decreto 10.410/2020);*

II – *(Revogado pelo Decreto nº 7.223, de 2010);*

III – *(Revogadas pelo Decreto 10.410/2020);*

§ 5º Ato do Secretário Especial de Previdência e Trabalho do Ministério da Economia poderá reduzir ou ampliar os prazos previstos nos § 3º e § 4º. *(Redação dada pelo Decreto 10.410/2020)*

§ 6º O INSS poderá definir critérios para a apuração das informações constantes da Guia de Recolhimento do Fundo de Garantia do Tempo de Serviço e Informações à Previdência Social - GFIP, ou do instrumento que venha a substituí-la, que ainda não tiver sido processada e para o recebimento de informações relativas a situações cuja regularidade dependa do cumprimento de critério estabelecido em lei. *(Redação dada pelo Decreto 10.410/2020)*

§ 7º Para os fins de que trata os §§ 2º a 6º, o INSS e a DATAPREV adotarão as providências necessárias para que as informações constantes do CNIS sujeitas à comprovação sejam identificadas e destacadas dos demais registros. (Parágrafo acrescido pelo Decreto nº 6.722, de 30/12/2008)

§ 8º Para o exercício de suas competências, o INSS terá acesso às informações do segurado relativas aos períodos em que tenha sido registrada deficiência leve, moderada ou grave, identificada em decorrência de avaliação biopsicossocial realizada por equipe multiprofissional e interdisciplinar, para fins de reconhecimento e manutenção de direitos. *(Redação dada pelo Decreto 10.410/2020)*

§ 9º Constarão do CNIS as informações dos segurados e beneficiários dos regimes próprios de previdência social para fins de verificação das situações previstas neste Regulamento que impactem no reconhecimento de direitos e na concessão e no pagamento de benefícios pelo RGPS. *(Acrescido pelo Decreto 10.410/2020)*

§ 10. O empregado com contrato de trabalho intermitente terá identificação específica em instrumento de prestação de informações à previdência social, de forma a permitir a identificação dos períodos de prestação serviços e dos períodos de inatividade. *(Acrescido pelo Decreto 10.410/2020)*

§ 11. A partir da obrigatoriedade do uso do eSocial, ou do sistema que venha a substituí-lo, será observado, para o segurado: *(Acrescido pelo Decreto 10.410/2020)*

I - empregado e empregado doméstico - os registros eletrônicos gerados pelo eSocial equivalerão às anotações relativas ao contrato de trabalho, definidas pela Consolidação das Leis do Trabalho, aprovada pelo Decreto-Lei nº 5.452, de 1943, que serão incorporados ao CNIS e à Carteira de Trabalho Digital;

II - trabalhador avulso - os registros eletrônicos gerados pelo eSocial substituirão as informações relativas ao registro e às remunerações do trabalhador avulso portuário previstas no inciso II do *caput* do art. 32 e no § 2º do art. 33 da Lei nº 12.815, de 2013, e aquelas relativas ao trabalhador avulso não portuário previstas no art. 4º da Lei nº 12.023, de 2009, que serão incorporados ao CNIS;

III - contribuinte individual que preste serviços conforme o disposto no § 20 do art. 216 - os registros eletrônicos gerados pelo eSocial substituirão as informações prestadas sobre os valores da remuneração na forma prevista no § 21 do art. 216, que serão incorporados ao CNIS; e

IV - contribuinte individual que preste serviços a empresa ou equiparado a partir de abril de 2003, conforme o disposto no art. 4º da Lei nº 10.666, de 8 de maio de 2003 - os registros eletrônicos gerados pelo eSocial substituirão as informações prestadas sobre os valores da remuneração e do desconto feito a título de contribuição previdenciária, conforme previsto no inciso XII do *caput* do art. 216, que serão incorporados ao CNIS.

§ 12. Os recolhimentos efetuados na época apropriada constantes do CNIS serão reconhecidos automaticamente, observados a contribuição mínima mensal e o disposto no art. 19-E, dispensada a comprovação do exercício da atividade. *(Acrescido pelo Decreto 10.410/2020)*

Art. 19-A. Para fins de benefícios de que trata este Regulamento, os períodos de vínculos que corresponderem a serviços prestados na condição de servidor estatutário somente serão considerados mediante apresentação de Certidão de Tempo de Contribuição fornecida pelo órgão público competente, salvo se o órgão de vinculação do servidor não tiver instituído regime próprio de previdência social. (Artigo acrescido pelo Decreto nº 6.722, de 30/12/2008)

Art. 19-B. Na hipótese de não constarem do CNIS as informações sobre atividade, vínculo, remunerações ou contribuições, ou de haver dúvida sobre a regularidade das informações existentes, o período somente será confirmado por meio da apresentação de documentos contemporâneos dos fatos a serem comprovados, com menção às datas de início e de término e, quando se tratar de trabalhador avulso, à duração do trabalho e à condição em que tiver sido prestada a atividade. *(Redação dada pelo Decreto 10.410/2020)*

§ 1º Além dos dados constantes do CNIS a que se refere o art. 19, observada a forma de filiação do trabalhador ao RGPS, os seguintes documentos serão considerados para fins de comprovação do tempo de contribuição de que trata o *caput*, desde que contemporâneos aos fatos a serem comprovados: *(Acrescido pelo Decreto 10.410/2020)*

I - carteira profissional ou Carteira de Trabalho e Previdência Social;

II - contrato individual de trabalho;

III - contrato de trabalho por pequeno prazo, na forma prevista no § 3º do art. 14-A da Lei nº 5.889, de 1973;

IV - carteira de férias;

V - carteira sanitária;

VI - caderneta de matrícula;

VII - caderneta de contribuição dos extintos institutos de aposentadoria e pensões;

VIII - caderneta de inscrição pessoal visada:

a) pela Capitania dos Portos;

b) pela Superintendência do Desenvolvimento da Pesca; ou

c) pelo Departamento Nacional de Obras Contra as Secas;

IX - declaração da Secretaria Especial da Receita Federal do Brasil do Ministério da Economia;

X - certidão de inscrição em órgão de fiscalização profissional, acompanhada de documento que prove o exercício da atividade;

XI - contrato social, acompanhado de seu distrato, e, quando for o caso, ata de assembleia geral e registro de empresário;

XII - certificado de sindicato ou órgão gestor de mão de obra que agrupe trabalhadores avulsos;

XIII - extrato de recolhimento do FGTS; e

XIV - recibos de pagamento.

§ 2º Os documentos necessários à atualização do CNIS e à análise de requerimentos de benefícios e serviços poderão ser apresentados em cópias simples, em meio físico ou eletrônico, dispensada a sua autenticação, exceto nas hipóteses em que haja previsão legal expressa e de dúvida fundada quanto à autenticidade ou à integridade do documento, ressalvada a possibilidade de o INSS exigir, a qualquer tempo, os documentos originais para fins do disposto no art. 179, situação em que o responsável pela apresentação das cópias ficará sujeito às sanções administrativas, civis e penais aplicáveis. *(Acrescido pelo Decreto 10.410/2020)*

§ 3º Caso os documentos apresentados não sejam suficientes para a comprovação de atividade, vínculo ou remunerações, estes poderão ser corroborados por pesquisa, na forma prevista no § 5º, ou justificação administrativa, conforme o caso. *(Acrescido pelo Decreto 10.410/2020)*

§ 4º Na falta de documento contemporâneo, podem ser aceitos declaração do empregador ou de seu preposto, atestado de empresa ainda existente ou certificado ou certidão de entidade oficial dos quais constem os dados previstos no *caput*, desde que extraídos de registros existentes, que serão confirmados pelo INSS na forma prevista no § 5º, exceto se fornecidas por órgão público. *(Acrescido pelo Decreto 10.410/2020)*

§ 5º A empresa disponibilizará a servidor designado por dirigente do INSS as informações e os registros de que dispuser, relativamente a segurado a seu serviço e previamente identificado, para fins de instrução ou revisão de processo de reconhecimento de direitos e outorga de benefícios do RGPS e para inclusão, exclusão, ratificação ou retificação das informações constantes do CNIS, conforme critérios definidos pelo INSS, independentemente de requerimento de benefício. *(Acrescido pelo Decreto 10.410/2020)*

§ 6º Somente serão exigidos certidões ou documentos expedidos por órgãos públicos quando não for possível a sua obtenção diretamente do órgão ou da entidade responsável pela base de dados oficial. *(Acrescido pelo Decreto 10.410/2020)*

§ 7º Serão realizados exclusivamente pela Secretaria Especial da Receita Federal do Brasil do Ministério da Economia os acertos de: *(Acrescido pelo Decreto 10.410/2020)*

I - inclusão de recolhimento, alterações de valor autenticado ou data de pagamento da Guia da Previdência Social ou do documento que venha a substituí-la;

II - transferência de contribuição com identificador de pessoa jurídica ou equiparada para o CNIS; e

III - inclusão da contribuição liquidada por meio de parcelamento.

Art. 19-C. Considera-se tempo de contribuição o tempo correspondente aos períodos para os quais tenha havido contribuição obrigatória ou facultativa ao RGPS, dentre outros, o período: *(Acrescido pelo Decreto 10.410/2020)*

I - de contribuição efetuada por segurado que tenha deixado de exercer atividade remunerada que o enquadrasse como segurado obrigatório da previdência social;

II - em que a segurada tenha recebido salário-maternidade;

III - de licença remunerada, desde que tenha havido desconto de contribuições;

IV - em que o segurado tenha sido colocado em disponibilidade remunerada pela empresa, desde que tenha havido desconto de contribuições;

V - de atividade patronal ou autônoma, exercida anteriormente à vigência da Lei nº 3.807, de 26 de agosto de 1960, desde que tenha sido indenizado conforme o disposto no art. 122;

VI - de atividade na condição de empregador rural, desde que tenha havido contribuição na forma prevista na Lei nº 6.260, de 6 de novembro de 1975, e indenização do período anterior, conforme o disposto no art. 122;

VII - de exercício de mandato eletivo federal, estadual, distrital ou municipal, desde que tenha havido contribuição na época apropriada e este não tenha sido contado para fins de aposentadoria por outro regime de previdência social;

VIII - de licença, afastamento ou inatividade sem remuneração do segurado empregado, inclusive o doméstico e o intermitente, desde que tenha havido contribuição na forma prevista no § 5º do art. 11; e

IX - em que o segurado contribuinte individual e o segurado facultativo tenham contribuído na forma prevista no art. 199-A, observado o disposto em seu § 2º.

§ 1º Será computado o tempo intercalado de recebimento de benefício por incapacidade, na forma do disposto no inciso II do *caput* do art. 55 da Lei nº 8.213, de 24 de julho de 1991, exceto para efeito de carência.

§ 2º As competências em que o salário de contribuição mensal tenha sido igual ou superior ao limite mínimo serão computadas integralmente como tempo de contribuição, independentemente da quantidade de dias trabalhados.

§ 3º Na hipótese de o débito ser objeto de parcelamento, o período correspondente ao parcelamento somente será computado para fins de concessão de benefício no RGPS e de emissão de certidão de tempo de contribuição para fins de contagem recíproca após a comprovação da quitação dos valores devidos.

Art. 19-D. O Ministério da Economia manterá sistema de cadastro dos segurados especiais no CNIS, observado o disposto nos § 7º e § 8º do art. 18, e poderá firmar acordo de cooperação com o Ministério da Agricultura, Pecuária e Abastecimento e com outros órgãos da administração pública federal, estadual, distrital e municipal para a manutenção e a gestão do sistema de cadastro. *(Acrescido pelo Decreto 10.410/2020)*

§ 1º O sistema de que trata o *caput* preverá a manutenção e a atualização anual do cadastro e conterá as informações necessárias à caracterização da condição de segurado especial.

§ 2º A manutenção e a atualização de que trata o § 1º ocorrerão por meio da apresentação, pelo segurado especial, de declaração anual ou de documento equivalente, conforme definido em ato do Secretário Especial de Previdência e Trabalho do Ministério da Economia.

§ 3º A aplicação do disposto neste artigo não poderá acarretar ônus para o segurado, sem prejuízo do disposto no § 4º.

§ 4º O INSS, no ato de habilitação ou de concessão de benefício, verificará a condição de segurado especial e, se for o caso, o pagamento da contribuição previdenciária, nos termos do disposto na Lei nº 8.212, de 24 de julho de 1991, de modo a considerar, dentre outras informações, aquelas constantes do CNIS.

§ 5º A atualização anual de que trata o § 1º será feita pelo segurado especial até 30 de junho do ano subsequente.

§ 6º É vedada a atualização anual de que trata o § 1º decorrido o prazo de cinco anos, contado da data a que se refere o § 5º.

§ 7º Decorrido o prazo de cinco anos de que trata o § 6º, o segurado especial somente poderá computar o período de trabalho rural se efetuados na época apropriada a comercialização da produção e o recolhimento da contribuição prevista no art. 25 da Lei nº 8.212, de 1991.

§ 8º O INSS utilizará as informações constantes do cadastro de que trata o *caput* para fins de comprovação da condição e do exercício da atividade rural do segurado especial e do seu grupo familiar.

§ 9º A partir de 1º de janeiro de 2023, a comprovação da condição e do exercício da atividade rural do segurado especial ocorrerá, exclusivamente, por meio das informações constantes do cadastro a que se refere o *caput*, observado o disposto no § 18.

§ 10. Para o período anterior a 1º de janeiro de 2023, o segurado especial comprovará o exercício da atividade rural por meio de autodeclaração ratificada por entidades públicas credenciadas, nos termos do disposto no art. 13 da Lei nº 12.188, de 11 de janeiro de 2010, e por outros órgãos públicos, observado o seguinte:

I - a autodeclaração será feita por meio do preenchimento de formulários que serão disponibilizados pelo INSS;

II - a ratificação da autodeclaração será realizada por meio de informações obtidas das bases de dados da Secretaria de Agricultura Familiar e Cooperativismo do Ministério da Agricultura, Pecuária e Abastecimento e de outras bases de dados a que o INSS tiver acesso; e

III - as informações obtidas por meio de consultas às bases de dados governamentais que forem consideradas insuficientes para o reconhecimento do exercício da atividade rural alegada poderão ser complementadas por prova documental contemporânea ao período informado.

§ 11. Complementarmente à autodeclaração de que trata o § 10 e ao cadastro de que trata o *caput*, a comprovação do exercício de atividade do segurado especial será feita por meio dos seguintes documentos, dentre outros:

I - contrato de arrendamento, de parceria ou de comodato rural;

II - Declaração de Aptidão ao Programa Nacional de Fortalecimento da Agricultura Familiar de que trata o inciso II do *caput* do art. 2º da Lei nº 12.188, de 2010, ou pelo documento que venha a substituí-la;

III - bloco de notas do produtor rural;

IV - documentos fiscais de entrada de mercadorias de que trata o § 7º do art. 30 da Lei nº 8.212, de 1991, emitidos pela empresa adquirente da produção, com indicação do nome do segurado como vendedor;

V - documentos fiscais relativos a entrega de produção rural a cooperativa agrícola, entreposto de pescado ou outros, com indicação do segurado como vendedor ou consignante;

VI - comprovantes de recolhimento de contribuição à previdência social decorrentes da comercialização de produção rural;

VII - cópia da declaração de imposto sobre a renda, com indicação de renda proveniente da comercialização de produção rural; ou

VIII - licença de ocupação ou permissão outorgada pelo Instituto Nacional de Colonização e Reforma Agrária - Incra.

§ 12. Sempre que o tipo de outorga informado na autodeclaração de que trata § 10 for de parceiro, meeiro, arrendatário, comodatário ou de outra modalidade de outorgado, o documento deverá identificar e qualificar o outorgante.

§ 13. A condição de segurado especial dos índios será comprovada por meio de certidão fornecida pela Fundação Nacional do Índio - Funai que:

I - conterá a identificação da entidade e de seu emitente, com a indicação do mandato, se for o caso;

II - será fornecida em duas vias, em papel timbrado, com numeração sequencial controlada e ininterrupta;

III - conterá a identificação, a qualificação pessoal do beneficiário e a categoria de produtor a que pertença;

IV - consignará os documentos e as informações que tenham servido de base para a sua emissão e, se for o caso, a origem dos dados extraídos de registros existentes na própria entidade declarante ou em outro órgão, entidade ou empresa, desde que idôneos e acessíveis à previdência social;

V - não conterá informação referente a período anterior ao início da atividade da entidade declarante, exceto se baseada em documento que constitua prova material do exercício dessa atividade; e

VI - consignará os dados relativos ao período e à forma de exercício da atividade rural nos termos estabelecidos pelo INSS.

§ 14. A homologação a que se refere o § 13 se restringirá às informações relativas à atividade rural e deverá atender aos seguintes critérios:

I - conterá a identificação do órgão e do emitente da declaração;

II - conterá a identificação, a qualificação pessoal do beneficiário e a categoria de produtor a que pertença;

III - consignará os documentos e as informações que tenham servido de base para a sua emissão e, se for o caso, a origem dos dados extraídos de registros existentes na própria entidade declarante ou em outro órgão, entidade ou empresa, desde que idôneos e acessíveis à previdência social; e

IV - consignará dados relativos ao período e à forma de exercício da atividade rural nos termos estabelecidos pelo INSS.

§ 15. Até 1º de janeiro de 2025, o cadastro de que trata o *caput* poderá ser efetuado, atualizado e corrigido sem prejuízo do prazo de que trata o § 9º e das regras permanentes estabelecidas nos § 5º e § 6º.

§ 16. Na hipótese de haver divergência de informações entre o cadastro de que trata o *caput* e as demais bases de dados, para fins de reconhecimento do direito ao benefício, o INSS poderá exigir a apresentação dos documentos referidos no § 11.

§ 17. As informações obtidas e acolhidas pelo INSS diretamente de bancos de dados disponibilizados por órgãos do Poder Público serão utilizadas para validar ou invalidar informação para o cadastramento do segurado especial e, quando for o caso, para deixar de reconhecer o segurado nessa condição.

§ 18. O prazo a que se refere o § 9º será prorrogado até que cinquenta por cento dos segurados especiais, apurados conforme quantitativo da Pesquisa Nacional por Amostra de Domicílios Contínua, estejam inseridos no sistema de cadastro dos segurados especiais de que trata o *caput*.

§ 19. O fim da prorrogação a que se refere o § 18 será definido em ato do Secretário Especial de Previdência e Trabalho do Ministério da Economia.

Art. 19-E. A partir de 13 de novembro de 2019, para fins de aquisição e manutenção da qualidade de segurado, de carência, de tempo de contribuição e de cálculo do salário de benefício exigidos para o reconhecimento do direito aos benefícios do RGPS e para fins de contagem recíproca, somente serão consideradas as competências cujo salário de contribuição seja igual ou superior ao limite mínimo mensal do salário de contribuição. *(Acrescido pelo Decreto 10.410/2020)*

§ 1º Para fins do disposto no *caput*, ao segurado que, no somatório de remunerações auferidas no período de um mês, receber remuneração inferior ao limite mínimo mensal do salário de contribuição será assegurado:

I - complementar a contribuição das competências, de forma a alcançar o limite mínimo do salário de contribuição exigido;

II - utilizar o excedente do salário de contribuição superior ao limite mínimo de uma competência para completar o salário de contribuição de outra competência até atingir o limite mínimo; ou

III - agrupar os salários de contribuição inferiores ao limite mínimo de diferentes competências para aproveitamento em uma ou mais competências até que estas atinjam o limite mínimo.

§ 2º Os ajustes de complementação, utilização e agrupamento previstos no § 1º poderão ser efetivados, a qualquer tempo, por iniciativa do segurado, hipótese em que se tornarão irreversíveis e irrenunciáveis após processados.

§ 3º A complementação de que trata o inciso I do § 1º poderá ser recolhida até o dia quinze do mês subsequente ao da prestação do serviço e, a partir dessa data, com os acréscimos previstos no art. 35 da Lei nº 8.212, de 1991.

§ 4º Os ajustes de que tratam os incisos II e III do § 1º serão efetuados na forma indicada ou autorizada pelo segurado, desde que utilizadas as competências do mesmo ano civil definido no art. 181-E, em conformidade com o disposto nos § 27-A ao § 27-D do art. 216.

§ 5º A efetivação do ajuste previsto no inciso III do § 1º não impede o recolhimento da contribuição referente à competência que tenha o salário de contribuição transferido, em todo ou em parte, para agrupamento com outra competência a fim de atingir o limite mínimo mensal do salário de contribuição.

§ 6º Para complementação ou recolhimento da competência que tenha o salário de contribuição transferido, em todo ou em parte, na forma prevista no § 5º, será observado o disposto no § 3º.

§ 7º Na hipótese de falecimento do segurado, os ajustes previstos no § 1º poderão ser solicitados por seus dependentes para fins de reconhecimento de direito para benefício a eles devidos até o dia quinze do mês de janeiro subsequente ao do ano civil correspondente, observado o disposto no § 4º.

Art. 19-F. A obrigação do INSS de promover a instrução de requerimentos e a comprovação de requisitos legais para o reconhecimento de direitos não afasta a obrigação de o interessado ou o seu representante juntar ao requerimento toda a documentação útil à comprovação do direito, principalmente em relação aos fatos que não constem da base de dados da previdência social. *(Acrescido pelo Decreto 10.410/2020)*

Art. 20. Filiação é o vínculo que se estabelece entre pessoas que contribuem para a previdência social e esta, do qual decorrem direitos e obrigações.

§ 1º A filiação à previdência social decorre automaticamente do exercício de atividade remunerada para os segurados obrigatórios, observado o disposto no § 2º, e da inscrição formalizada com o pagamento da primeira contribuição para o segurado facultativo. (Parágrafo acrescido pelo Decreto nº 6.722, de 30/12/2008)

§ 2º A filiação do trabalhador rural contratado por produtor rural pessoa física por prazo de até dois meses no período de um ano, para o exercício de atividades de natureza temporária, decorre automaticamente de sua inclusão em declaração prevista em ato do Secretário Especial da Receita Federal do Brasil do Ministério da Economia por meio de identificação específica. *(Redação dada pelo Decreto 10.410/2020)*

§ 3º O exercício de atividade prestada de forma gratuita e o serviço voluntário, nos termos do disposto na Lei nº 9.608, de 18 de fevereiro de 1998, não geram filiação obrigatória ao RGPS. *(Acrescido pelo Decreto 10.410/2020)*

Art. 21. *(Revogado pelo Decreto 10.410/2020)*

SUBSEÇÃO II
DO DEPENDENTE

Art. 22. A inscrição do dependente do segurado será promovida quando do requerimento do benefício a que tiver direito, mediante a apresentação dos seguintes documentos: (*Caput* do artigo com redação dada pelo Decreto nº 4.079, de 9/1/2002)

I – para os dependentes preferenciais:

a) cônjuge e filhos – certidões de casamento e de nascimento;

b) companheira ou companheiro – documento de identidade e certidão de casamento com averbação da separação judicial ou divórcio, quando um dos companheiros ou ambos já tiverem sido casados, ou de óbito, se for o caso; e

c) equiparado a filho – certidão judicial de tutela e, em se tratando de enteado, certidão de casamento do segurado e de nascimento do dependente, observado o disposto no § 3º do art. 16.

II – pais – certidão de nascimento do segurado e documentos de identidade dos mesmos; e

III – irmão – certidão de nascimento.

§ 1º (Revogado pelo Decreto nº 4.079, de 9/1/2002)

§ 2º (Revogado pelo Decreto nº 4.079, de 9/1/2002)

§ 3º Para comprovação do vínculo e da dependência econômica, conforme o caso, deverão ser apresentados, no mínimo, dois documentos, observado o disposto nos § 6º-A e § 8º do art. 16, e poderão ser aceitos, dentre outros: *(Redação dada pelo Decreto 10.410/2020)*

I – certidão de nascimento de filho havido em comum;

II – certidão de casamento religioso;

III – declaração do imposto de renda do segurado, em que conste o interessado como seu dependente;

IV – disposições testamentárias;

V – (Revogado pelo Decreto nº 5.699, de 13/2/2006)

VI – declaração especial feita perante tabelião;

VII – prova de mesmo domicílio;

VIII – prova de encargos domésticos evidentes e existência de sociedade ou comunhão nos atos da vida civil;

IX – procuração ou fiança reciprocamente outorgada;

X – conta bancária conjunta;

XI – registro em associação de qualquer natureza, onde conste o interessado como dependente do segurado:

XII – anotação constante de ficha ou livro de registro de empregados;

XIII – apólice de seguro da qual conste o segurado como instituidor do seguro e a pessoa interessada como sua beneficiária;

XIV – ficha de tratamento em instituição de assistência médica, da qual conste o segurado como responsável;

XV – escritura de compra e venda de imóvel pelo segurado em nome de dependente;

XVI – declaração de não emancipação do dependente menor de vinte e um anos; ou

XVII – quaisquer outros que possam levar à convicção do fato a comprovar.

§ 4º O fato superveniente que importe em exclusão ou inclusão de dependente deve ser comunicado ao Instituto Nacional do Seguro Social, com as provas cabíveis.

§ 5º (Revogado pelo Decreto nº 4.079, de 9/1/2002)

§ 6º Somente será exigida a certidão judicial de adoção quando esta for anterior a 14 de outubro de 1990, data da vigência da lei nº 8.069, de 1990.

§ 7º (Revogado pelo Decreto nº 3.668, de 22/11/2000)

§ 8º (Revogado pelo Decreto nº 3.668, de 22/11/2000)

§ 9º No caso de dependente inválido ou com deficiência intelectual, mental ou grave, para fins de inscrição e concessão de benefício, a invalidez será comprovada por meio de exame médico-pericial a cargo da Perícia Médica Federal e a deficiência, por meio de avaliação biopsicossocial realizada por equipe multiprofissional e interdisciplinar. *(Redação dada pelo Decreto 10.410/2020)*

§ 10. O dependente menor de vinte e um anos de idade apresentará declaração para atestar a não ocorrência das hipóteses previstas no inciso III do *caput* do art. 17. *(Redação dada pelo Decreto 10.410/2020)*

§ 11. (Revogado pelo Decreto nº 4.079, de 9/1/2002)

§ 12. Os dependentes excluídos de tal condição em razão de lei têm suas inscrições tornadas nulas de pleno direito.

§ 13. No caso de equiparado a filho, a inscrição será feita mediante a comprovação da equiparação por documento escrito do segurado falecido manifestando essa intenção, da dependência econômica e da declaração de que não tenha sido emancipado. (Parágrafo acrescido pelo Decreto nº 4.079, de 9/1/2002)

§ 14. Caso o dependente só possua um dos documentos a que se refere o § 3º produzido em período não superior a vinte e quatro meses anteriores à data do óbito ou do recolhimento à prisão, a comprovação de vínculo ou de dependência econômica para esse período poderá ser suprida por justificação administrativa, processada na forma prevista nos art. 142 ao art. 151. *(Acrescido pelo Decreto 10.410/2020)*

Art. 23. (Revogado pelo Decreto nº 4.079, de 9/1/2002)

Art. 24. Os pais ou irmãos deverão, para fins de concessão de benefícios, comprovar a inexistência de dependentes preferenciais, mediante declaração firmada perante o Instituto Nacional do Seguro Social.

CAPÍTULO II
DAS PRESTAÇÕES EM GERAL

SEÇÃO I
DAS ESPÉCIES DE PRESTAÇÃO

Art. 25. O Regime Geral de Previdência Social compreende as seguintes prestações, expressas em benefícios e serviços:

I – quanto ao segurado:

a) aposentadoria por incapacidade permanente; *(Redação dada pelo Decreto 10.410/2020)*

b) aposentadoria programada; *(Redação dada pelo Decreto 10.410/2020)*

c) aposentadoria por idade do trabalhador rural; *(Redação dada pelo Decreto 10.410/2020)*

d) aposentadoria especial,

e) auxílio por incapacidade temporária; *(Redação dada pelo Decreto 10.410/2020)*

f) salário-família:

g) salário-maternidade; e

h) auxílio-acidente,

II – quanto ao dependente:

a) pensão por morte; e

b) auxílio-reclusão; e

III – quanto ao segurado e dependente: reabilitação profissional.

SEÇÃO II
DA CARÊNCIA

Art. 26. Período de carência é o tempo correspondente ao número mínimo de contribuições mensais indispensáveis para que o beneficiário faça jus ao benefício, consideradas as competências cujo salário de contribuição seja igual ou superior ao seu limite mínimo mensal. *(Redação dada pelo Decreto 10.410/2020)*

§ 1º Para o segurado especial, considera-se período de carência, para fins de concessão dos benefícios de que trata o inciso I do § 2º do art. 39, o tempo mínimo de efetivo exercício de atividade rural, ainda que de forma descontínua, igual à quantidade de meses necessária à concessão do benefício requerido. *(Redação dada pelo Decreto 10.410/2020)*

§ 2º Será considerado, para efeito de carência, o tempo de contribuição para o Plano de Seguridade Social do Servidor Público anterior à Lei nº 8.647, de 13 de abril de 1993, efetuado pelo servidor público ocupante de cargo em comissão sem vínculo efetivo com a União, autarquias, ainda que em regime especial, e fundações públicas federais.

§ 3º Não é computado para efeito de carência o tempo de atividade do trabalhador rural anterior à competência novembro de 1991.

§ 4º Para efeito de carência, considera-se presumido o recolhimento das contribuições do segurado empregado, do trabalhador avulso e, relativamente ao contribuinte individual, a partir da competência abril de 2003, as contribuições dele descontadas pela empresa na forma do art. 216. (Parágrafo com redação dada pelo Decreto nº 4.729, de 9/6/2003)

§ 4º-A. Para fins de carência, no caso de segurado empregado doméstico, considera-se presumido o recolhimento das contribuições dele descontadas pelo empregador doméstico, a partir da competência junho de 2015, na forma prevista no art. 211. *(Acrescido pelo Decreto 10.410/2020)*

§ 4º-B. Para o segurado empregado doméstico filiado ao RGPS nessa condição até 31 de maio de 2015, o período de carência será contado a partir da data do efetivo recolhimento da primeira contribuição sem atraso. *(Acrescido pelo Decreto 10.410/2020)*

§ 4º-C. Para o período de filiação comprovado como empregado doméstico sem a comprovação do recolhimento ou sem a comprovação da primeira contribuição sem atraso, será reconhecido o direito ao benefício na forma prevista no § 2º do art. 36, independentemente da categoria do segurado na data do requerimento. *(Acrescido pelo Decreto 10.410/2020)*

§ 5º Observado o disposto no § 4º do art. 13, as contribuições vertidas para regime próprio de previdência social serão consideradas para todos os efeitos, inclusive para os de carência. (Parágrafo acrescido pelo Decreto nº 3.265, de 29/11/1999)

§ 6º Para fins de carência, as contribuições anteriores à data de publicação da Emenda à Constituição nº 103, de 12 de novembro de 2019, serão consideradas em conformidade com a legislação vigente à época. *(Acrescido pelo Decreto 10.410/2020)*

Art. 27. (Revogado pelo Decreto nº 5.399, de 24/3/2005)

Art. 27-A. Na hipótese de perda da qualidade de segurado, para fins da concessão dos benefícios de auxílio por incapacidade temporária, de aposentadoria por incapacidade permanente, de salário-maternidade e de auxílio-reclusão, as contribuições anteriores à perda somente serão computadas para fins de carência depois que o segurado contar, a partir da nova filiação ao RGPS, com metade do número de contribuições exigidas para o cumprimento do período de carência definido no art. 29. *(Redação dada pelo Decreto 10.410/2020)*

Parágrafo único. Aplica-se o disposto no *caput* ao segurado oriundo de regime próprio de previdência social que se filiar ao Regime Geral de Previdência Social após os prazos a que se refere o inciso II do *caput* e o § 1º do art. 13. (Artigo acrescido pelo Decreto nº 5.545, de 22/9/2005)

Art. 28. O período de carência é contado:

I - para o segurado empregado, inclusive o doméstico, e o trabalhador avulso, a partir da data de sua filiação ao RGPS; e *(Redação dada pelo Decreto 10.410/2020)*

II - para o segurado contribuinte individual, observado o disposto no § 4º do art. 26, e o segurado facultativo, inclusive o segurado especial que contribua na forma prevista no § 2º do art.

200, a partir da data do efetivo recolhimento da primeira contribuição sem atraso, e não serão consideradas, para esse fim, as contribuições recolhidas com atraso referentes a competências anteriores, observado, quanto ao segurado facultativo, o disposto nos § 3º e § 4º do art. 11. *(Redação dada pelo Decreto 10.410/2020)*

§ 1º Para o segurado especial que não contribui na forma do § 2º do art. 200, o período de carência de que trata o § 1º do art. 26 é contado a partir do efetivo exercício da atividade rural, mediante comprovação, na forma do disposto no art. 62. (Parágrafo com redação dada pelo Decreto nº 6.042, de 12/2/2007)

§ 2º O período a que se refere o inciso XVIII do art. 60 será computado para fins de carência.

§ 3º Para os segurados a que se refere o inciso II, optantes pelo recolhimento trimestral na forma prevista nos §§ 15 e 16 do art. 216, o período de carência é contado a partir do mês de inscrição do segurado, desde que efetuado o recolhimento da primeira contribuição no prazo estipulado no referido § 15.

§ 4º Para os segurados a que se refere o inciso II do *caput*, na hipótese de perda da qualidade de segurado, somente serão consideradas, para fins de carência, as contribuições efetivadas após novo recolhimento sem atraso, observado o disposto no art. 19-E. *(Acrescido pelo Decreto 10.410/2020)*

Art. 29. A concessão das prestações pecuniárias do Regime Geral de Previdência Social, ressalvado o disposto no art. 30, depende dos seguintes períodos de carência:

I - doze contribuições mensais, nos casos de auxílio por incapacidade temporária e aposentadoria por incapacidade permanente; e *(Redação dada pelo Decreto 10.410/2020)*

II - cento e oitenta contribuições mensais, nos casos de aposentadoria programada, por idade do trabalhador rural e especial; *(Redação dada pelo Decreto 10.410/2020)*

III – dez contribuições mensais, no caso de salário-maternidade, para as seguradas contribuinte individual, especial e facultativa, respeitado o disposto no § 2º do art. 93 e no inciso II do art. 101. (Inciso com nova redação dada pelo Decreto nº 3.452, de 9/5/2000)

IV - vinte e quatro contribuições mensais, no caso de auxílio-reclusão. *(Acrescido pelo Decreto 10.410/2020)*

Parágrafo único. Em caso de parto antecipado, o período de carência a que se refere o inciso III será reduzido em número de contribuições equivalente ao número de meses em que o parto foi antecipado. (Inciso acrescido pelo Decreto nº 3.265, de 29/11/1999)

Art. 30. Independe de carência a concessão das seguintes prestações:

I - pensão por morte, salário-família e auxílio-acidente de qualquer natureza, observado, quanto à pensão por morte, o disposto no inciso V do *caput* e nos § 3º e § 4º do art. 114; *(Redação dada pelo Decreto 10.410/2020)*

II – salário-maternidade, para as seguradas empregada, empregada doméstica e trabalhadora avulsa; (Inciso com redação dada pelo Decreto nº 3.265, de 29/11/1999)

III - auxílio por incapacidade temporária e aposentadoria por incapacidade permanente nos casos de acidente de qualquer natureza ou causa e de doença profissional ou do trabalho e nos casos de segurado que, após filiar-se ao RGPS, seja acometido de alguma das doenças ou afecções especificadas em lista elaborada pelos Ministérios da Saúde e da Economia, atualizada a cada três anos, de acordo com os critérios de estigma, deformação, mutilação, deficiência ou outro fator que lhe confira especificidade e gravidade que mereçam tratamento particularizado; *(Redação dada pelo Decreto 10.410/2020)*

IV – aposentadoria por idade ou por invalidez, auxílio-doença, auxílio-reclusão ou pensão por morte aos segurados especiais, desde que comprovem o exercício de atividade rural no período imediatamente anterior ao requerimento do benefício, ainda que de forma descontínua, igual ao número de meses correspondente à carência do benefício requerido; e

V – reabilitação profissional.

§ 1º Entende-se como acidente de qualquer natureza ou causa aquele de origem traumática e por exposição a agentes exógenos, físicos, químicos ou biológicos, que acarrete lesão corporal ou perturbação funcional que cause a morte ou a perda ou a redução permanente ou temporária da capacidade laborativa. *(Acrescido pelo Decreto 10.410/2020)*

§ 2º Até que seja elaborada a lista de doenças ou afecções a que se refere o inciso III do *caput*, independerá de carência a concessão de auxílio por incapacidade temporária e de aposentadoria por incapacidade permanente ao segurado que, após filiar-se ao RGPS, seja acometido por alguma das seguintes doenças: *(Acrescido pelo Decreto 10.410/2020)*

I - tuberculose ativa;

II - hanseníase;

III - alienação mental;

IV - esclerose múltipla;

V - hepatopatia grave;

VI - neoplasia maligna;

VII - cegueira;

VIII - paralisia irreversível e incapacitante;

IX - cardiopatia grave;

X - doença de Parkinson;

XI - espondiloartrose anquilosante;

XII - nefropatia grave;

XIII - estado avançado da doença de Paget (osteíte deformante);

XIV - síndrome da imunodeficiência adquirida (aids); ou

XV - contaminação por radiação, com base em conclusão da medicina especializada.

SEÇÃO III
DO SALÁRIO DE BENEFÍCIO

Art. 31. Salário de benefício é o valor básico utilizado para o cálculo da renda mensal dos benefícios de prestação continuada, inclusive aqueles regidos por normas especiais, exceto: *(Redação dada pelo Decreto 10.410/2020)*

I - o salário-família; *(Acrescido pelo Decreto 10.410/2020)*

II - a pensão por morte; *(Acrescido pelo Decreto 10.410/2020)*

III - o salário-maternidade; *(Acrescido pelo Decreto 10.410/2020)*

IV - o auxílio-reclusão; e *(Acrescido pelo Decreto 10.410/2020)*

V - os demais benefícios previstos em legislação especial. *(Acrescido pelo Decreto 10.410/2020)*

Parágrafo único. *(Revogado pelo Decreto 10.410/2020)*

Art. 32. O salário de benefício a ser utilizado para o cálculo dos benefícios de que trata este Regulamento, inclusive aqueles previstos em acordo internacional, consiste no resultado da média aritmética simples dos salários de contribuição e das remunerações adotadas como base para contribuições a regime próprio de previdência social ou como base para contribuições decorrentes das atividades militares de que tratam os art. 42 e art. 142 da Constituição, considerados para a concessão do benefício, atualizados monetariamente, correspondentes a cem por cento do período contributivo desde a competência julho de 1994 ou desde o início da contribuição, se posterior a essa competência. *(Redação dada pelo Decreto 10.410/2020)*

I e II – *(Revogados pelo Decreto 10.410/2020)*

III – (Revogado pelo Decreto nº 5.545, de 22/9/2005)

§ 1º (Revogado pelo Decreto nº 3.265, de 29/11/1999)

§ 2º (Revogado pelo Decreto nº 5.399, de 24/3/2005)

§ 3º O valor do salário de benefício não será inferior ao de um salário mínimo, nem superior ao limite máximo do salário de contribuição na data de início do benefício.

- Portaria ME/SEPT 477, de 12 de janeiro de 2021: Art. A partir de 1º de janeiro de 2021, o salário de benefício e o salário de contribuição não poderão ser inferiores a R$ 1.100,00 (um mil e cem reais), nem superiores a R$ 6.433,57 (seis mil quatrocentos e trinta e três reais e cinquenta e sete centavos).

§ 4º Serão considerados para o cálculo do salário de benefício os ganhos habituais do segurado empregado, a qualquer título, sob forma de moeda corrente ou de utilidades, sobre os quais tenha incidido contribuição previdenciária, exceto o décimo terceiro salário, observado o disposto no art. 19-E. *(Redação dada pelo Decreto 10.410/2020)*

§ 5º Não será considerado, no cálculo do salário de benefício, o aumento dos salários de contribuição que exceder o limite legal, inclusive o voluntariamente concedido nos trinta e seis meses imediatamente anteriores ao início do benefício, salvo se homologado pela Justiça do Trabalho, resultante de promoção regulada por normas gerais da empresa, admitida pela legislação do trabalho, de sentença normativa ou de reajustamento salarial obtido pela categoria respectiva.

§ 6º Se, no período básico de cálculo, o segurado tiver recebido benefício por incapacidade, considerar-se-á como salário de contribuição, no período, o salário de benefício que serviu de base para o cálculo de renda mensal, reajustado nas mesmas épocas e nas mesmas bases dos benefícios em geral, não podendo ser inferior ao salário mínimo nem superior ao limite máximo do salário de contribuição.

§ 7º Exceto para o salário-família e o auxílio-acidente, será pago o valor mínimo de benefício para as prestações referidas no art. 30, quando não houver salário de contribuição no período básico de cálculo.

§ 8º Para fins de apuração do salário de benefício de qualquer aposentadoria precedida de auxílio-acidente, o valor mensal deste será somado ao salário de contribuição antes da aplicação da correção a que se refere o art. 33, não podendo o total apurado ser superior ao limite máximo do salário de contribuição.

§ 9º Quando inexistirem salários de contribuição a partir de julho de 1994, as aposentadorias concedidas nos termos do disposto nos § 5º e § 6º do art. 13 terão o valor correspondente ao do salário-mínimo, observado, no caso de acordos internacionais, o disposto no § 1º do art. 35. *(Redação dada pelo Decreto 10.410/2020)*

§ 10. Para os segurados contribuinte individual e facultativo optantes pelo recolhimento trimestral na forma prevista no § 15 do art. 216, que tenham solicitado qualquer benefício previdenciário, o salário de benefício consistirá na média aritmética simples de todos os salários de contribuição integrantes da contribuição trimestral, desde que efetivamente recolhidos. (Parágrafo com redação dada pelo Decreto nº 3.265, de 29/11/1999)

§§ 11 a 14. *(Revogados pelo Decreto 10.410/2020)*

§ 15. No cálculo do salário de benefício serão considerados os salário de contribuição vertidos para regime próprio de previdência social de segurado oriundo desse regime, após a sua filiação ao Regime Geral de Previdência Social, de acordo com o disposto no art. 214. (Parágrafo acrescido pelo Decreto nº 3.265, de 29/11/1999)

§§ 16 e 17. *(Revogados pelo Decreto 10.410/2020)*

§ 18. Para fins de cálculo da renda mensal inicial teórica dos benefícios por totalização, no âmbito dos acordos internacionais, serão considerados os tempos de contribuição para a previdência social brasileira e para a do país acordante, observado o disposto no § 9º. *(Redação dada pelo Decreto 10.410/2020)*

I a III – *(Revogados pelo Decreto 10.410/2020)*

§ 19. *(Revogado pelo Decreto 10.410/2020)*

§ 20. (Revogado pelo Decreto n.º 6.939, de 18/8/2009)

§ 21. O salário de benefício do segurado especial consiste no valor equivalente ao salário mínimo, ressalvado o disposto no inciso II do § 2º do art. 39 deste Regulamento. (Parágrafo acrescido pelo Decreto nº 6.722, de 30/12/2008)

§ 22. Considera-se período contributivo:

I – para o empregado, inclusive o doméstico, e o trabalhador avulso - o conjunto de competências em que houve ou deveria ter havido contribuição em razão do exercício de atividade remunerada sujeita à filiação obrigatória ao RGPS, observado o disposto no art. 19-E; ou *(Redação dada pelo Decreto 10.410/2020)*

II – para os demais segurados, inclusive o facultativo: o conjunto de meses de efetiva contribuição ao regime de que trata este Regulamento. (Parágrafo acrescido pelo Decreto nº 6.939, de 18/8/2009)

§ 22-A. O período contributivo até 13 de novembro de 2019 será apurado em conformidade com o disposto no art. 188-G. *(Acrescido pelo Decreto 10.410/2020)*

§ 23. O auxílio por incapacidade temporária não poderá exceder a média aritmética simples dos últimos doze salários de contribuição, inclusive no caso de remuneração variável, ou, se não houver doze salários de contribuição, a média aritmética simples dos salários de contribuição existentes, observado o disposto no art. 33. *(Redação dada pelo Decreto 10.410/2020)*

§ 24. Para fins do cálculo das aposentadorias programadas para as quais seja exigido tempo mínimo de contribuição, poderão ser excluídas do cálculo da média dos salários de contribuição e das remunerações adotadas como base para contribuições a regime próprio de previdência social ou como base para contribuições decorrentes das atividades militares de que tratam os art. 42 e art. 142 da Constituição, utilizado para definição do salário de benefício, as contribuições que resultem em redução do valor do benefício, observado o disposto nos § 25 e § 26. *(Redação dada pelo Decreto 10.410/2020)*

§ 25. Para fins da exclusão a que se refere o § 24, consideram-se programadas as aposentadorias programada, especial e por idade do trabalhador rural e as aposentadorias transitórias por idade e por tempo de contribuição, para as quais se exige tempo mínimo de contribuição. *(Acrescido pelo Decreto 10.410/2020)*

§ 26. A exclusão das contribuições de que trata o § 24 não altera o direito à aposentadoria previamente reconhecido, desde que mantida a quantidade de contribuições equivalentes ao período de carência e observado o tempo mínimo de contribuição necessário à elegibilidade da aposentadoria requerida. *(Acrescido pelo Decreto 10.410/2020)*

§ 27. É vedada a utilização das contribuições excluídas na forma prevista no § 24 para qualquer finalidade, inclusive para: *(Acrescido pelo Decreto 10.410/2020)*

I - o acréscimo do percentual da renda mensal;

II - o somatório de pontos das aposentadorias por tempo de contribuição e especial;

III - o cumprimento de período adicional exigido para as aposentadorias por tempo de contribuição;

IV - a averbação em outro regime previdenciário; ou

V - a obtenção dos proventos de inatividade de que tratam os art. 42 e art. 142 da Constituição.

Art. 33. Todos os salários de contribuição utilizados no cálculo do salário de benefício serão corrigidos, mês a mês, de acordo com a variação integral do Índice Nacional de Preço ao Consumidor – INPC, referente ao período decorrido a partir da primeira competência do salário de contribuição que compõe o período básico de cálculo até o mês anterior ao do início do benefício, de modo a preservar o seu valor real. (Artigo com redação dada pelo Decreto nº 5.545, de 22/9/2005)

Art. 34. O salário de benefício do segurado que contribuir em razão de atividades concomitantes será calculado com base na soma dos salários de contribuição das atividades exercidas na data do requerimento ou do óbito ou no período básico de cálculo, observado o disposto no art. 32. *(Redação dada pelo Decreto 10.410/2020)*

I a III – *(Revogados pelo Decreto 10.410/2020)*

§ 1º O disposto neste artigo não se aplica ao segurado que, em obediência ao limite máximo do salário de contribuição, contribuiu apenas por uma das atividades concominantes.

§ 2º a 4º *(Revogados pelo Decreto 10.410/2020)*

§ 5º Na hipótese prevista no § 3º do art. 73, o salário de benefício do auxílio por incapacidade temporária será calculado com base na soma dos salários de contribuição referentes às atividades para as quais o segurado seja considerado incapacitado. *(Redação dada pelo Decreto 10.410/2020)*

I e II – *(Revogados pelo Decreto 10.410/2020)*

§ 6º *(Revogado pelo Decreto 10.410/2020)*

SEÇÃO IV
DA RENDA MENSAL DO BENEFÍCIO

Art. 35. A renda mensal do benefício de prestação continuada que substituir o salário de contribuição ou o rendimento do trabalho do segurado não terá valor inferior ao salário mínimo nem superior ao limite máximo do salário-de contribuição, exceto no caso previsto no art. 45.

§ 1º A renda mensal inicial pro rata dos benefícios por totalização, concedidos com base em acordos internacionais, será proporcional ao tempo de contribuição para previdência social brasileira e poderá ter valor inferior ao do salário-mínimo. *(Redação dada pelo Decreto 10.410/2020)*

§ 2º *(Revogado pelo Decreto 10.410/2020)*

§ 3º No hipótese de a média apurada na forma do art. 32 resultar superior ao limite máximo do salário de contribuição vigente no mês de início do benefício, a diferença percentual entre esta média e o referido limite será incorporada ao valor do benefício juntamente com o primeiro reajuste do mesmo após a concessão, observado que nenhum benefício assim reajustado poderá superar o limite máximo do salário de contribuição vigente na competência em que ocorrer o reajuste.

Art. 36. No cálculo do valor da renda mensal de benefício serão computados:

I - para o segurado empregado, inclusive o doméstico, e o trabalhador avulso, os salários de contribuição referentes aos meses de contribuições devidas, ainda que não recolhidas pela empresa ou pelo empregador doméstico, observado o disposto no art. 19-E, sem prejuízo da respectiva cobrança e da aplicação das penalidades cabíveis; e *(Redação dada pelo Decreto 10.410/2020)*

II - para o segurado empregado, inclusive o doméstico, o trabalhador avulso e o segurado especial, o valor do auxílio-acidente será considerado como salário de contribuição para fins de concessão de qualquer aposentadoria, nos termos do disposto no § 8º do art. 32. *(Redação dada pelo Decreto 10.410/2020)*

§ 1º Para os demais segurados, somente serão computados os salários de contribuição referentes aos meses de contribuição efetivamente recolhida, observado o disposto no art. 19-E. *(Redação dada pelo Decreto 10.410/2020)*

§ 2º No caso de segurado empregado, inclusive o doméstico, e de trabalhador avulso que tenham cumprido todas as condições para a concessão do benefício pleiteado, mas não possam comprovar o valor dos seus salários de contribuição no período básico de cálculo, será considerado, para o cálculo do benefício referente ao período sem comprovação do valor do salário de contribuição, o valor do saláriomínimo e essa renda será recalculada quando da apresentação de prova dos salários de contribuição. *(Redação dada pelo Decreto 10.410/2020)*

§ 3º Na hipótese de jornada de trabalho parcial ou intermitente, a aplicação do disposto no § 2º fica condicionada à apresentação do contrato de trabalho do qual conste a remuneração contratada ou a demonstração das remunerações auferidas que possibilite a verificação do valor do salário de contribuição para fins de aplicação do disposto no art. 19-E. *(Redação dada pelo Decreto 10.410/2020)*

§ 4º Na hipótese prevista no § 2º, após a concessão do benefício, o INSS notificará a Secretaria Especial da Receita Federal do Brasil do Ministério da Economia por meio eletrônico, para que esta adote as providências a que se referem os art. 238 ao art. 243, o art. 245 e o art. 246. *(Redação dada pelo Decreto 10.410/2020)*

§ 5º Sem prejuízo do disposto no § 2º, cabe à previdência social manter cadastro dos segurados com os informes necessários para o cálculo de sua renda mensal. *(Redação dada pelo Decreto 10.410/2020)*

§ 6º Para o segurado especial que não contribui facultativamente, o disposto no inciso II será aplicado somando-se ao valor da aposentadoria a renda mensal do auxílio-acidente vigente na data de início da referida aposentadoria, não sendo, neste caso, aplicada a limitação contida no inciso I do § 2º do art. 39 e do art. 183.

§ 7º *(Revogado pelo Decreto 10.410/2020)*

Art. 37. A renda mensal inicial, recalculada de acordo com o disposto nos §§ 2º e 3º do art. 36, deve ser reajustada como a dos benefícios correspondentes com igual data de início e substituirá, a partir da data do requerimento de revisão do valor do benefício, a renda mensal que prevalecia até então.

Parágrafo único. Para fins da substituição de que trata o *caput*, o requerimento de revisão deve ser aceito pelo Instituto Nacional do Seguro Social a partir da concessão do benefício em valor provisório e processado quando da apresentação de prova dos salários de contribuição ou de recolhimento das contribuições.

Art. 38. *(Revogado pelo Decreto 10.410/2020)*

Art. 39. A renda mensal inicial do benefício será calculada a partir da aplicação dos percentuais definidos neste Regulamento, para cada espécie, sobre o salário de benefício. *(Redação dada pelo Decreto 10.410/2020)*

I a VI – *(Revogados pelo Decreto 10.410/2020)*

§ 1º Para fins da aplicação dos percentuais a que se refere o *caput*, presumese como efetivado o recolhimento correspondente, quando se tratar de segurado empregado, inclusive o doméstico, e de trabalhador avulso, observado o disposto no art. 19-E. *(Redação dada pelo Decreto 10.410/2020)*

§ 2º Para os segurados especiais, inclusive os com deficiência, é garantida a concessão, alternativamente: (Redação dada pelo Decreto nº 8.145, de 2013)

I - de aposentadoria por idade do trabalhador rural ou por incapacidade permanente, de auxílio por incapacidade temporária, de auxílio-reclusão ou de pensão por morte, no valor de um salário-mínimo, observado o disposto no inciso III do *caput* do art. 30, e de auxílio-acidente, observado o disposto no art. 104; ou *(Redação dada pelo Decreto 10.410/2020)*

II – dos benefícios especificados neste Regulamento, observados os critérios e a forma de cálculo estabelecidos, desde que contribuam, facultativamente, de acordo com o disposto no § 2º do art. 200.

§ 3º O valor mensal da pensão por morte e do auxílio-reclusão será apurado em conformidade com o disposto, respectivamente, nos art. 106 e art. 117. *(Redação dada pelo Decreto 10.410/2020)*

§ 4º Se, na data do óbito, o segurado estiver recebendo aposentadoria e auxílio-acidente, o valor mensal da pensão por morte será calculado conforme o disposto no art. 106, sem a incorporação do valor do auxílio-acidente. *(Redação dada pelo Decreto 10.410/2020)*

§ 5º Após a cessação do auxílio por incapacidade temporária decorrente de acidente de qualquer natureza ou causa, independentemente de o segurado ter retornado ou não ao trabalho, se houver agravamento ou sequela que resulte na reabertura do benefício, a renda mensal será igual a noventa e um por cento do valor do salário de benefício do auxílio por incapacidade temporária cessado, observado o disposto no § 23 do art. 32, corrigido até o mês anterior ao da reabertura do benefício pelos mesmos índices de correção empregados no cálculo dos benefícios em geral. *(Redação dada pelo Decreto 10.410/2020)*

§ 6º A renda mensal inicial das aposentadorias dos segurados que tenham contribuído exclusivamente na forma prevista no § 2º do art. 21 da Lei nº 8.212, de 1991, corresponderá ao salário-mínimo e, nas demais hipóteses, será aplicado o disposto no art. 32 ou no art. 188-E, conforme o caso. *(Acrescido pelo Decreto 10.410/2020)*

SEÇÃO V
DO REAJUSTAMENTO DO VALOR DO BENEFÍCIO

Art. 40. É assegurado o reajustamento dos benefícios para preservar-lhes, em caráter permanente, o valor real da data de sua concessão.

§ 1º Os valores dos benefícios em manutenção serão reajustados, anualmente, na mesma data do reajuste do salário mínimo, pro rata, de acordo com suas respectivas datas de início ou do último reajustamento, com base no Índice Nacional de Preços ao Consumidor – INPC, apurado pela Fundação Instituto Brasileiro de Geografia e Estatística – IBGE. (Parágrafo com redação dada pelo Decreto nº 6.042, de 12/2/2007)

§ 2º Os benefícios com renda mensal superior a um salário mínimo serão pagos do primeiro ao quinto dia útil do mês subsequente ao de sua competência, observada a distribuição proporcional do número de beneficiários por dia de pagamento. (Parágrafo com redação dada pelo Decreto nº 6.722, de 30/12/2008)

§ 3º (Revogado pelo Decreto nº 6.042, de 12/2/2007)

§ 4º Os benefícios com renda mensal no valor de até um salário mínimo serão pagos no período compreendido entre o quinto dia útil que anteceder o final do mês de sua competência e o quinto dia útil do mês subsequente, observada a distribuição proporcional dos beneficiários por dia de pagamento. (Parágrafo acrescido pelo Decreto nº 4.729, de 9/6/2003 e com nova redação dada pelo Decreto nº 6.722, de 30/12/2008)

§ 5º Para os efeitos dos §§ 2º e 4º, considera-se dia útil aquele de expediente bancário com horário normal de atendimento. (Parágrafo acrescido pelo Decreto nº 6.722, de 30/12/2008)

§ 6º Para os benefícios que tenham sido majorados devido à elevação do salário mínimo, o referido aumento deverá ser compensado no momento da aplicação do disposto no § 1º, de acordo com normas a serem baixadas pelo Ministério da Previdência Social. (Parágrafo acrescido pelo Decreto nº 6.722, de 30/12/2008)

Art. 41. O valor mensal do abono de permanência em serviço, do auxílio-suplementar e do auxílio-acidente será reajustado na forma do disposto no art. 40 e não varia de acordo com o salário de contribuição do segurado.

Art. 42. Nenhum benefício reajustado poderá exceder o limite máximo do salário de benefício na data do reajustamento, respeitados os direitos adquiridos, nem inferior ao valor de um salário mínimo. (*Caput* do artigo com redação dada pelo Decreto nº 6.722, de 30/12/2008)

Parágrafo único. O auxílio-acidente, o abono de permanência em serviço, o auxílio-suplementar o salário-família e a parcela a cargo do Regime Geral de Previdência Social dos benefícios por totalização, concedidos com base em acordos internacionais de previdência social, poderão ter valor inferior ao do salário mínimo.

SEÇÃO VI
DOS BENEFÍCIOS
(Redação dada pelo Decreto 10.410/2020)

SUBSEÇÃO I
DA APOSENTADORIA POR INCAPACIDADE PERMANENTE
(Redação dada pelo Decreto 10.410/2020)

Art. 43. A aposentadoria por incapacidade permanente, uma vez cumprido o período de carência exigido, quando for o caso, será devida ao segurado que, em gozo ou não de auxílio por incapacidade temporária, for considerado incapaz para o trabalho e insuscetível de reabilitação para o exercício de atividade que lhe garanta a subsistência, que lhe será paga enquanto permanecer nessa condição. *(Redação dada pelo Decreto 10.410/2020)*

§ 1º A concessão de aposentadoria por incapacidade permanente dependerá da verificação da condição de incapacidade por meio de exame médico-pericial a cargo da Perícia Médica Federal, de modo que o segurado possa, às suas expensas, ser acompanhado por médico de sua confiança. *(Redação dada pelo Decreto 10.410/2020)*

§ 2º A doença ou lesão de que o segurado já era portador ao filiar-se ao RGPS não lhe conferirá direito à aposentadoria por incapacidade permanente, exceto quando a incapacidade sobrevier por motivo de progressão ou agravamento dessa doença ou lesão. *(Redação dada pelo Decreto 10.410/2020)*

Art. 44. A aposentadoria por incapacidade permanente será devida a partir do dia imediato ao da cessação do auxílio por incapacidade temporária, ressalvado o disposto no § 1º, e consistirá em renda mensal decorrente da aplicação dos seguintes percentuais incidentes sobre o salário de benefício, definido na forma do disposto no art. 32: *(Redação dada pelo Decreto 10.410/2020)*

I - sessenta por cento, com acréscimo de dois pontos percentuais para cada ano de contribuição que exceder o tempo de vinte anos de contribuição, para os homens, ou quinze anos de contribuição, para as mulheres; ou *(Acrescido pelo Decreto 10.410/2020)*

II - cem por cento, quando a aposentadoria decorrer de: *(Acrescido pelo Decreto 10.410/2020)*

a) acidente de trabalho;

b) doença profissional; ou

c) doença do trabalho.

§ 1º Na hipótese de a perícia médica inicial concluir pela existência de incapacidade total e definitiva para o trabalho, a aposentadoria por incapacidade permanente será devida: *(Redação dada pelo Decreto 10.410/2020)*

I – ao segurado empregado a contar do décimo sexto dia do afastamento da atividade ou a partir da data da entrada do requerimento, se entre o afastamento e a entrada do requerimento decorrerem mais de trinta dias; e (Inciso com redação dada pelo Decreto nº 3.265, de 29/11/1999)

II – ao segurado empregado doméstico, contribuinte individual, trabalhador avulso, especial ou facultativo, a contar da data do início da incapacidade ou da data da entrada do requerimento, se entre essas datas decorrerem mais de trinta dias. (Inciso com redação dada pelo Decreto nº 3.265, de 29/11/1999)

§ 2º Durante os primeiros quinze dias de afastamento consecutivos da atividade por motivo de invalidez, caberá à empresa pagar ao segurado empregado o salário. (Parágrafo com redação dada pelo Decreto nº 3.265, de 29/11/1999)

§ 3º A concessão de aposentadoria por incapacidade permanente, inclusive quando precedida de auxílio por incapacidade temporária concedido na forma prevista no art. 73, fica condicionada ao afastamento do segurado de todas as suas atividades. *(Redação dada pelo Decreto 10.410/2020)*

Art. 45. O valor da aposentadoria por incapacidade permanente do segurado que necessitar da assistência permanente de outra pessoa será acrescido de vinte e cinco por cento, observada a relação constante do Anexo I, e: *(Redação dada pelo Decreto 10.410/2020)*

I – devido ainda que o valor da aposentadoria atinja o limite máximo legal; e

II – recalculado quando o benefício que lhe deu origem for reajustado.

Parágrafo único. O acréscimo de que trata o *caput* cessará com a morte do aposentado, não sendo incorporado ao valor da pensão por morte.

Art. 46. O segurado aposentado por incapacidade permanente poderá ser convocado a qualquer momento para avaliação das condições que ensejaram o afastamento ou a aposentadoria, concedida judicial ou administrativamente, sem prejuízo do disposto no § 1º e sob pena de suspensão do benefício. *(Redação dada pelo Decreto 10.410/2020)*

§ 1º Observado o disposto no *caput*, o aposentado por incapacidade permanente fica obrigado, sob pena de suspensão do pagamento do benefício, a submeter-se a exame médico-pericial pela Perícia Médica Federal, a processo de reabilitação profissional a cargo do INSS e a tratamento dispensado gratuitamente, exceto o cirúrgico e a transfusão de sangue, que são facultativos. *(Acrescido pelo Decreto 10.410/2020)*

§ 2º O aposentado por incapacidade permanente que não tenha retornado à atividade estará isento do exame médico-pericial de que trata este artigo: *(Acrescido pelo Decreto 10.410/2020)*

I - após completar cinquenta e cinco anos de idade e quando decorridos quinze anos da data de concessão da aposentadoria por incapacidade permanente ou do auxílio por incapacidade temporária que a tenha precedido; ou
II - após completar sessenta anos de idade.

§ 3º A isenção de que trata o § 2º não se aplica quando o exame tem as seguintes finalidades: *(Acrescido pelo Decreto 10.410/2020)*

I - verificação da necessidade de assistência permanente de outra pessoa para a concessão do acréscimo de vinte e cinco por cento sobre o valor do benefício, nos termos do disposto no art. 45;
II - verificação da recuperação da capacidade laborativa, por meio de solicitação do aposentado que se julgar apto; ou
III - subsídios à autoridade judiciária na concessão de curatela, observado o disposto no § 4º do art. 162.

§ 4º O aposentado por incapacidade permanente, ainda que tenha implementado as condições de que o trata o § 2º, será submetido ao exame médico-pericial de que trata este artigo quando necessário para apuração de fraude. *(Acrescido pelo Decreto 10.410/2020)*

§ 5º O segurado com síndrome da imunodeficiência adquirida (aids) fica dispensado da avaliação de que trata o *caput*, observado o disposto nos § 3º e § 4º. *(Acrescido pelo Decreto 10.410/2020)*

§ 6º A Perícia Médica Federal terá acesso aos prontuários médicos do segurado registrados no Sistema Único de Saúde - SUS, desde que haja anuência prévia do periciado e seja garantido o sigilo sobre os seus dados. *(Acrescido pelo Decreto 10.410/2020)*

§ 7º O atendimento domiciliar e hospitalar é assegurado pela Perícia Médica Federal e pelo serviço social ao segurado com dificuldade de locomoção, quando o seu deslocamento, em razão de sua limitação funcional e de condições de acessibilidade, lhe impuser ônus desproporcional e indevido. *(Acrescido pelo Decreto 10.410/2020)*

Art. 47. O aposentado por incapacidade permanente que se julgar apto a retornar à atividade deverá solicitar ao INSS a realização de nova avaliação médico-pericial. *(Redação dada pelo Decreto 10.410/2020)*

Parágrafo único. Na hipótese de a Perícia Médica Federal concluir pela recuperação da capacidade laborativa, a aposentadoria do segurado será cancelada, observado o disposto no art. 49. *(Redação dada pelo Decreto 10.410/2020)*

Art. 48. O aposentado por incapacidade permanente que retornar voluntariamente à atividade terá a sua aposentadoria automaticamente cessada, a partir da data de seu retorno, observado o disposto no art. 179. *(Redação dada pelo Decreto 10.410/2020)*

Art. 49. Verificada a recuperação da capacidade laborativa do aposentado por incapacidade permanente, exceto na hipótese prevista no art. 48, serão observadas as seguintes normas: *(Redação dada pelo Decreto 10.410/2020)*

I - quando a recuperação for total e ocorrer no prazo de cinco anos, contado da data de início da aposentadoria por incapacidade permanente ou do auxílio por incapacidade temporária que a antecedeu sem interrupção, o benefício cessará: *(Redação dada pelo Decreto 10.410/2020)*

a) de imediato, para o segurado empregado que tiver direito a retornar à função que desempenhava na empresa ao se aposentar, na forma da legislação trabalhista, valendo como documento, para tal fim, o certificado de capacidade fornecido pela previdência social; ou

b) após tantos meses quantos forem os anos de duração do auxílio por incapacidade temporária e da aposentadoria por incapacidade permanente, para os demais segurados; e

II – quando a recuperação for parcial ou ocorrer após o período previsto no inciso I, ou ainda quando o segurado for declarado apto para o exercício de trabalho diverso do qual habitualmente exercia, a aposentadoria será mantida, sem prejuízo da volta à atividade:

a) pelo seu valor integral, durante seis meses contados da data em que for verificada a recuperação da capacidade;

b) com redução de cinquenta por cento, no período seguinte de seis meses; e

c) com redução de setenta e cinco por cento, também por igual período de seis meses, ao término do qual cessará definitivamente.

Art. 50. O segurado que retomar à atividade poderá requerer, a qualquer tempo, novo benefício, tendo este processamento normal.

§ 1º Observado o disposto no art. 167, caso haja requerimento de novo benefício durante os períodos a que se refere o art. 49, caberá ao segurado optar por um dos benefícios, assegurada a opção pelo benefício mais vantajoso. *(Acrescido pelo Decreto 10.410/2020)*

§ 2º Na hipótese de opção pelo recebimento de novo benefício nos termos do disposto no § 1º, cuja duração se encerre antes da cessação do benefício decorrente do disposto no art. 49, o pagamento deste poderá ser restabelecido pelo período remanescente, respeitadas as reduções correspondentes. *(Acrescido pelo Decreto 10.410/2020)*

SUBSEÇÃO II
DA APOSENTADORIA PROGRAMADA
(Redação dada pelo Decreto 10.410/2020)

Art. 51. A aposentadoria programada, uma vez cumprido o período de carência exigido, será devida ao segurado que cumprir, cumulativamente, os seguintes requisitos: *(Redação dada pelo Decreto 10.410/2020)*

I - sessenta e dois anos de idade, se mulher, e sessenta e cinco anos de idade, se homem; e *(Acrescido pelo Decreto 10.410/2020)*
II - quinze anos de tempo de contribuição, se mulher, e vinte anos de tempo de contribuição, se homem. *(Acrescido pelo Decreto 10.410/2020)*

§ 1º Para fins de apuração do tempo de contribuição a que se refere o inciso II do *caput*, é vedada a inclusão de tempo fictício. *(Redação dada pelo Decreto 10.410/2020)*

§ 2º O período pelo qual os segurados contribuinte individual e facultativo tiverem contribuído na forma prevista no art. 199-A será considerado como tempo de contribuição, observada a restrição estabelecida em seu § 2º. *(Redação dada pelo Decreto 10.410/2020)*

§ 3º e 4º *(Revogados pelo Decreto 10.410/2020)*

Art. 52. A aposentadoria programada será devida: *(Redação dada pelo Decreto 10.410/2020)*

I – ao segurado empregado, inclusive o doméstico:

a) a partir da data do desligamento do emprego, quando requerida até noventa dias depois dela; ou

b) a partir da data do requerimento, quando não houver desligamento do emprego ou quando for requerida após o prazo da alínea a; e

II – para os demais segurados, a partir da data da entrada do requerimento.

Art. 53. O valor da aposentadoria programada corresponderá a sessenta por cento do salário de benefício definido na forma prevista no art. 32, com acréscimo de dois pontos percentuais para cada ano de contribuição que exceder o tempo de vinte anos de contribuição, para os homens, ou de quinze anos de contribuição, para as mulheres. *(Redação dada pelo Decreto 10.491/2020)*

SUBSEÇÃO II-A
DA APOSENTADORIA PROGRAMADA DO PROFESSOR
(Redação dada pelo Decreto 10.410/2020)

Art. 54. Para o professor que comprove, exclusivamente, tempo de efetivo exercício em função de magistério na educação infantil, no ensino fundamental ou no ensino médio, desde que cumprido o período de carência exigido, será concedida a aposentadoria de que trata esta Subseção quando cumprir, cumulativamente, os seguintes requisitos: *(Redação dada pelo Decreto 10.410/2020)*

I - cinquenta e sete anos de idade, se mulher, e sessenta anos de idade, se homem; e *(Acrescido pelo Decreto 10.410/2020)*
II - vinte e cinco anos de contribuição, para ambos os sexos, em efetivo exercício na função a que se refere o *caput*. *(Acrescido pelo Decreto 10.410/2020)*

§ 1º O valor da aposentadoria de que trata este artigo será apurado na forma prevista no art. 53. *(Acrescido pelo Decreto 10.410/2020)*

§ 2º Para fins de concessão da aposentadoria de que trata este artigo, considera-se função de magistério aquela exercida por professor em estabelecimento de ensino de educação básica em seus diversos níveis e modalidades, incluídas, além do exercício da docência, as funções de direção de unidade escolar e de coordenação e assessoramento pedagógicos. *(Acrescido pelo Decreto 10.410/2020)*

§ 3º A comprovação da condição de professor será feita por meio da apresentação: *(Acrescido pelo Decreto 10.410/2020)*

I - do diploma registrado nos órgãos competentes federais e estaduais ou de documento que comprove a habilitação para o exercício do magistério, na forma prevista em lei específica; e
II - dos registros em carteira profissional ou Carteira de Trabalho e Previdência Social complementados, quando for o caso, por declaração do estabelecimento de ensino no qual tenha sido exercida a atividade, sempre que essa informação for necessária para caracterização do efetivo exercício da função de magistério, nos termos do disposto no *caput*.

§ 4º É vedada a conversão de tempo de serviço de magistério, exercido em qualquer época, em tempo de serviço comum. *(Acrescido pelo Decreto 10.410/2020)*

§ 5º A aposentadoria de que trata este artigo será devida na forma prevista no art. 52. *(Acrescido pelo Decreto 10.410/2020)*

Art. 55. (Revogado pelo Decreto 6.722, de 30/12/2008).

SUBSEÇÃO III
DA APOSENTADORIA POR IDADE
DO TRABALHADOR RURAL
(Redação dada pelo Decreto 10.410/2020)

Art. 56. A aposentadoria por idade do trabalhador rural, uma vez cumprido o período de carência exigido, será devida aos segurados a que se referem a alínea "a" do inciso I, a alínea "j" do inciso V e os incisos VI e VII do *caput* do art. 9º e aos segurados garimpeiros que trabalhem, comprovadamente, em regime de economia familiar, conforme definido no § 5º do art. 9º, quando completarem cinquenta e cinco anos de idade, se mulher, e sessenta anos de idade, se homem. *(Redação dada pelo Decreto 10.410/2020)*

§ 1º Para fins do disposto no *caput*, o segurado a que se refere o inciso VII do *caput* do art. 9º comprovará o efetivo exercício de atividade rural, ainda que de forma descontínua, no período imediatamente anterior ao requerimento do benefício ou, conforme o caso, ao mês em que tiver cumprido o requisito etário, por tempo igual ao número de meses de contribuição correspondente à carência do benefício pretendido, computados os períodos pelos quais o segurado especial tenha recebido os rendimentos a que se referem os incisos III ao VIII do § 8º do art. 9º. *(Redação dada pelo Decreto 10.410/2020)*

§ 2º O valor da renda mensal da aposentadoria de que trata este artigo para os trabalhadores rurais a que se referem a alínea "a" do inciso I, a alínea "j" do inciso V e o inciso VI do *caput* do art. 9º, para o garimpeiro e para o segurado especial que contribua facultativamente corresponderá a setenta por cento do salário de benefício definido na forma prevista no art. 32, com acréscimo de um ponto percentual para cada ano de contribuição. *(Redação dada pelo Decreto 10.410/2020)*

§ 3º O valor da renda mensal do benefício de que trata este artigo para os trabalhadores rurais a que se refere o inciso VII do *caput* do art. 9º será de um salário-mínimo. *(Redação dada pelo Decreto 10.410/2020)*

§ 4º O segurado especial que contribui na forma prevista no § 2º do art. 200 somente fará jus à aposentadoria com valor apurado na forma prevista no § 2º deste artigo após o cumprimento do período de carência exigido, hipótese em que não será considerado como período de carência o tempo de atividade rural não contributivo. *(Redação dada pelo Decreto 10.410/2020)*

§ 5º A aposentadoria de que trata este artigo será devida na forma prevista no art. 52. *(Redação dada pelo Decreto 10.410/2020)*

Art. 57. Os trabalhadores rurais que não atendam ao disposto no art. 56 mas que satisfaçam essa condição, se considerados períodos de contribuição sob outras categorias de segurado, farão jus ao benefício ao atenderem os requisitos definidos nos incisos I e II do *caput* do art. 51. *(Redação dada pelo Decreto 10.410/2020)*

§ 1º Para fins do disposto no *caput*, o valor da renda mensal da aposentadoria será apurado na forma do disposto no art. 53, considerando-se como salário de contribuição mensal do período como segurado especial o salário-mínimo. *(Acrescido pelo Decreto 10.410/2020)*

§ 2º O disposto neste artigo aplica-se ainda que, na oportunidade do requerimento da aposentadoria, o segurado não se enquadre como trabalhador rural. *(Acrescido pelo Decreto 10.410/2020)*

Arts. 58 a 63. *(Revogados pelo Decreto 10.410/2020)*

SUBSEÇÃO IV
DA APOSENTADORIA ESPECIAL

Art. 64. A aposentadoria especial, uma vez cumprido o período de carência exigido, será devida ao segurado empregado, trabalhador avulso e contribuinte individual, este último somente quando cooperado filiado a cooperativa de trabalho ou de produção, que comprove o exercício de atividades com efetiva exposição a agentes químicos, físicos e biológicos prejudiciais à saúde, ou a associação desses agentes, de forma permanente, não ocasional nem intermitente, vedada a caracterização por categoria profissional ou ocupação, durante, no mínimo, quinze, vinte ou vinte e cinco anos, e que cumprir os seguintes requisitos: *(Redação dada pelo Decreto 10.410/2020)*

I - cinquenta e cinco anos de idade, quando se tratar de atividade especial de quinze anos de contribuição; *(Acrescido pelo Decreto 10.410/2020)*

II - cinquenta e oito anos de idade, quando se tratar de atividade especial de vinte anos de contribuição; ou *(Acrescido pelo Decreto 10.410/2020)*

III - sessenta anos de idade, quando se tratar de atividade especial de vinte e cinco anos de contribuição. *(Acrescido pelo Decreto 10.410/2020)*

§ 1º A efetiva exposição a agente prejudicial à saúde configura-se quando, mesmo após a adoção das medidas de controle previstas na legislação trabalhista, a nocividade não seja eliminada ou neutralizada. *(Redação dada pelo Decreto 10.410/2020)*

§ 1º-A. Para fins do disposto no § 1º, considera-se: *(Acrescido pelo Decreto 10.410/2020)*

I - eliminação - a adoção de medidas de controle que efetivamente impossibilitem a exposição ao agente prejudicial à saúde no ambiente de trabalho; e (Redação dada pelo Decreto 10.410/2020)

II - neutralização - a adoção de medidas de controle que reduzam a intensidade, a concentração ou a dose do agente prejudicial à saúde ao limite de tolerância previsto neste Regulamento ou, na sua ausência, na legislação trabalhista. (Redação dada pelo Decreto 10.410/2020)

§ 2º Para fins do disposto no *caput*, a exposição aos agentes químicos, físicos e biológicos prejudiciais à saúde, ou a associação desses agentes, deverá superar os limites de tolerância estabelecidos segundo critérios quantitativos ou estar caracterizada de acordo com os critérios da avaliação qualitativa de que trata o § 2º do art. 68. *(Redação dada pelo Decreto 10.410/2020)*

Art. 65. Considera-se tempo de trabalho permanente aquele que é exercido de forma não ocasional nem intermitente, no qual a exposição do empregado, do trabalhador avulso ou do cooperado ao agente nocivo seja indissociável da produção do bem ou da prestação do serviço. (Redação dada pelo Decreto nº 8.123, de 2013)

Parágrafo único. Aplica-se o disposto no *caput* aos períodos de descanso determinados pela legislação trabalhista, inclusive ao período de férias, e aos de percepção de salário-maternidade, desde que, à data do afastamento, o segurado estivesse exposto aos fatores de risco de que trata o art. 68. *(Redação dada pelo Decreto 10.410/2020)*

Art. 66. Para o segurado que houver exercido duas ou mais atividades sujeitas a agentes químicos, físicos e biológicos prejudiciais à saúde, ou a associação desses agentes, sem completar em quaisquer delas o prazo mínimo exigido para a aposentadoria especial, os respectivos períodos de exercício serão somados após conversão, hipótese em que será considerada a atividade preponderante para efeito de enquadramento. *(Redação dada pelo Decreto 10.410/2020)*

§ 1º Para fins do disposto no *caput*, não serão considerados os períodos em que a atividade exercida não estava sujeita a condições especiais, observado, nesse caso, o disposto no art. 70. (Redação dada pelo Decreto nº 8.123, de 2013)

§ 2º A conversão de que trata o *caput* será feita segundo a tabela abaixo: (Redação dada pelo Decreto nº 8.123, de 2013)

§ 3º A atividade preponderante será aquela pela qual o segurado tenha contribuído por mais tempo, antes da conversão, e servirá como parâmetro para definir o tempo mínimo necessário para a aposentadoria especial e para a conversão. *(Acrescido pelo Decreto 10.410/2020)*

TEMPO A CONVERTER	MULTIPLICADORES		
	PARA 15	PARA 20	PARA 25
DE 15 ANOS	-	1,33	1,67
DE 20 ANOS	0,75	-	1,25
DE 25 ANOS	0,60	0,80	-

Art. 67. O valor da aposentadoria especial corresponderá a sessenta por cento do salário de benefício definido na forma prevista no art. 32, com acréscimo de dois pontos percentuais para cada ano de contribuição que exceder o tempo de vinte anos de contribuição exceto no caso da aposentadoria a que se refere o inciso I do *caput* do art. 64 e das mulheres, cujo acréscimo será aplicado para cada ano de contribuição que exceder quinze anos de contribuição. *(Redação dada pelo Decreto 10.410/2020)*

Art. 68. A relação dos agentes químicos, físicos, biológicos, e da associação desses agentes, considerados para fins de concessão de aposentadoria especial, é aquela constante do Anexo IV. *(Redação dada pelo Decreto 10.410/2020)*

§ 1º A Secretaria Especial de Previdência e Trabalho do Ministério da Economia promoverá a elaboração de estudos com base em critérios técnicos e científicos para atualização periódica do disposto no Anexo IV. *(Redação dada pelo Decreto 10.410/2020)*

§ 2º A avaliação qualitativa de riscos e agentes prejudiciais à saúde será comprovada pela descrição: *(Redação dada pelo Decreto 10.410/2020)*

I - das circunstâncias de exposição ocupacional a determinado agente ou associação de agentes prejudiciais à saúde presentes no ambiente de trabalho durante toda a jornada de trabalho; *(Redação dada pelo Decreto 10.410/2020)*

II – de todas as fontes e possibilidades de liberação dos agentes mencionados no inciso I; e (Incluído pelo Decreto nº 8.123, de 2013)

III – dos meios de contato ou exposição dos trabalhadores, as vias de absorção, a intensidade da exposição, a frequência e a duração do contato. (Incluído pelo Decreto nº 8.123, de 2013)

§ 3º A comprovação da efetiva exposição do segurado a agentes prejudiciais à saúde será feita por meio de documento, em meio físico ou eletrônico, emitido pela empresa ou por seu preposto com base em laudo técnico de condições ambientais do trabalho expedido por médico do trabalho ou engenheiro de segurança do trabalho. *(Redação dada pelo Decreto 10.410/2020)*

§ 4º Os agentes reconhecidamente cancerígenos para humanos, listados pela Secretaria Especial de Previdência e Trabalho do Ministério da Economia, serão avaliados em conformidade com o disposto nos § 2º e § 3º deste artigo e no *caput* do art. 64 e, caso sejam adotadas as medidas de controle previstas na legislação trabalhista que eliminem a nocividade, será descaracterizada a efetiva exposição. *(Redação dada pelo Decreto 10.410/2020)*

§ 5º O laudo técnico a que se refere o § 3º conterá informações sobre a existência de tecnologia de proteção coletiva ou individual e sobre a sua eficácia e será elaborado com observância às normas editadas pela Secretaria Especial de Previdência e Trabalho do Ministério Economia e aos procedimentos adotados pelo INSS. *(Redação dada pelo Decreto 10.410/2020)*

§ 6º A empresa que não mantiver laudo técnico atualizado com referência aos agentes existentes no ambiente de trabalho prejudiciais à saúde de seus trabalhadores ou que emitir documento de comprovação de efetiva exposição em desacordo com o referido laudo incorrerá na infração a que se refere a alínea "n" do inciso II do *caput* do art. 283. *(Redação dada pelo Decreto 10.410/2020)*

§ 7º O INSS estabelecerá os procedimentos para fins de concessão de aposentadoria especial, podendo, se necessário, confirmar as informações contidas nos documentos mencionados nos §§ 2º e 3º.

§ 8º A empresa deverá elaborar e manter atualizado o perfil profissiográfico previdenciário, ou o documento eletrônico que venha a substituí-lo, no qual deverão ser contempladas as atividades desenvolvidas durante o período laboral, garantido ao trabalhador o acesso às informações nele contidas, sob pena de sujeição às sanções previstas na alínea "h" do inciso I do *caput* do art. 283. *(Redação dada pelo Decreto 10.410/2020)*

§ 9º Para fins do disposto no § 8º, considera-se perfil profissiográfico previdenciário o documento que contenha o histórico laboral do trabalhador, elaborado de acordo com o modelo instituído pelo INSS. *(Redação dada pelo Decreto 10.410/2020)*

§ 10. O trabalhador ou o seu preposto terá acesso às informações prestadas pela empresa sobre o seu perfil profissiográfico previdenciário e poderá, inclusive, solicitar a retificação de informações que estejam em desacordo com a realidade do ambiente de trabalho, conforme orientação estabelecida em ato do Ministro de Estado da Economia. *(Redação dada pelo Decreto 10.410/2020)*

§ 11. A cooperativa de trabalho e a empresa contratada para prestar serviços mediante cessão ou empreitada de mão de obra atenderão ao disposto nos §§ 3º, 4º e 5º com base nos laudos técnicos de condições ambientais de trabalho emitidos pela empresa contratante, quando o serviço for prestado em estabelecimento da contratante. (Redação dada pelo Decreto nº 8.123, de 2013)

§ 12. Nas avaliações ambientais deverão ser considerados, além do disposto no Anexo IV, a metodologia e os procedimentos de avaliação estabelecidos pela Fundação Jorge Duprat Figueiredo de Segurança e Medicina do Trabalho – FUNDACENTRO. (Incluído pelo Decreto nº 8.123, de 2013)

§ 13. Na hipótese de não terem sido estabelecidos pela FUNDACENTRO a metodologia e os procedimentos de avaliação, caberá ao Ministério da Economia indicar outras instituições para estabelecê-los. *(Redação dada pelo Decreto 10.410/2020)*

Art. 69. A data de início da aposentadoria especial será fixada: (Redação dada pelo Decreto nº 8.123, de 2013)

I – para o segurado empregado: (Incluído pelo Decreto nº 8.123, de 2013)

a) a partir da data do desligamento do emprego, quando requerida a aposentadoria especial, até noventa dias após essa data; ou (Incluída pelo Decreto nº 8.123, de 2013)

b) a partir da data do requerimento, quando não houver desligamento do emprego ou quando a aposentadoria for requerida após o prazo estabelecido na alínea "a"; e (Incluída pelo Decreto nº 8.123, de 2013)

II – para os demais segurados, a partir da data da entrada do requerimento. (Incluído pelo Decreto nº 8.123, de 2013)

Parágrafo único. O segurado que retornar ao exercício de atividade ou operação que o sujeite aos riscos e agentes nocivos constantes do Anexo IV, ou nele permanecer, na mesma ou em outra empresa, qualquer que seja a forma de prestação do serviço ou categoria de segurado, será imediatamente notificado da cessação do pagamento de sua aposentadoria especial, no prazo de sessenta dias contado da data de emissão da notificação, salvo comprovação, nesse prazo, de que o exercício dessa atividade ou operação foi encerrado. (Redação dada pelo Decreto nº 8.123, de 2013)

Art. 70. *(Revogado pelo Decreto 10.410/2020)*

SUBSEÇÃO IV-A
DAS APOSENTADORIAS POR TEMPO DE CONTRIBUIÇÃO E POR IDADE DO SEGURADO COM DEFICIÊNCIA

‣ Incluído pelo Decreto nº 8.145, de 2013

Art. 70-A. A concessão da aposentadoria por tempo de contribuição ou por idade ao segurado que tenha reconhecido, após ter sido submetido a avaliação biopsicossocial realizada por equipe multiprofissional e interdisciplinar, grau de deficiência leve, moderada ou grave está condicionada à comprovação da condição de pessoa com deficiência na data da entrada do requerimento ou na data da implementação dos requisitos para o benefício. *(Redação dada pelo Decreto 10.410/2020)*

Art. 70-B. A aposentadoria por tempo de contribuição do segurado com deficiência, cumprida a carência, é devida ao segurado empregado, inclusive o doméstico, trabalhador avulso, contribuinte individual e facultativo, observado o disposto no art. 199-A e os seguintes requisitos: (Incluído pelo Decreto nº 8.145, de 2013)

I – aos vinte e cinco anos de tempo de contribuição na condição de pessoa com deficiência, se homem, e vinte anos, se mulher, no caso de segurado com deficiência grave; (Incluído pelo Decreto nº 8.145, de 2013)

II – aos vinte e nove anos de tempo de contribuição na condição de pessoa com deficiência, se homem, e vinte e quatro anos, se mulher, no caso de segurado com deficiência moderada; e (Incluído pelo Decreto nº 8.145, de 2013)

III – aos trinta e três anos de tempo de contribuição na condição de pessoa com deficiência, se homem, e vinte e oito anos, se mulher, no caso de segurado com deficiência leve. (Incluído pelo Decreto nº 8.145, de 2013)

Parágrafo único. A aposentadoria de que trata o *caput* é devida aos segurados especiais que contribuam facultativamente, de acordo com o disposto no art. 199 e no § 2º do art. 200. (Incluído pelo Decreto nº 8.145, de 2013)

Art. 70-C. A aposentadoria por idade da pessoa com deficiência, cumprida a carência, é devida ao segurado aos sessenta anos de idade, se homem, e cinquenta e cinco anos de idade, se mulher. (Incluído pelo Decreto nº 8.145, de 2013)

§ 1º Para efeitos de concessão da aposentadoria de que trata o *caput*, o segurado deve contar com no mínimo quinze anos de tempo de contribuição, cumpridos na condição de pessoa com deficiência, independentemente do grau, observado o disposto no art. 70-D. (Incluído pelo Decreto nº 8.145, de 2013)

§ 2º Aplica-se ao segurado especial com deficiência o disposto nos §§ 1º a 4º do art. 51, e na hipótese do § 2º será considerada a idade prevista no *caput* deste artigo, desde que o tempo exigido para a carência da aposentadoria por idade seja cumprido na condição de pessoa com deficiência. (Incluído pelo Decreto nº 8.145, de 2013)

Art. 70-D. Para efeito de concessão da aposentadoria da pessoa com deficiência, a avaliação de que trata o art. 70-A deverá, entre outros aspectos: *(Redação dada pelo Decreto 10.410/2020)*

I – avaliar o segurado e fixar a data provável do início da deficiência e o seu grau; e (Incluído pelo Decreto nº 8.145, de 2013)

II – identificar a ocorrência de variação no grau de deficiência e indicar os respectivos períodos em cada grau. (Incluído pelo Decreto nº 8.145, de 2013)

§ 1º A comprovação da deficiência anterior à data da vigência da Lei Complementar nº 142, de 8 de maio de 2013, será instruída por documentos que subsidiem a avaliação de que trata o art. 70-A, vedada a prova exclusivamente testemunhal. *(Redação dada pelo Decreto 10.410/2020)*

§ 2º A avaliação da pessoa com deficiência será realizada para fazer prova dessa condição exclusivamente para fins previdenciários. (Incluído pelo Decreto nº 8.145, de 2013)

§ 3º Considera-se pessoa com deficiência aquela que tem impedimentos de longo prazo de natureza física, mental, intelectual ou sensorial, os quais, em interação com diversas barreiras, podem obstruir sua participação plena e efetiva na sociedade em igualdade de condições com as demais pessoas. (Incluído pelo Decreto nº 8.145, de 2013)

§ 4º *(Revogado pelo Decreto 10.410/2020)*

Art. 70-E. Para o segurado que, após a filiação ao RGPS, tornar-se pessoa com deficiência, ou tiver seu grau alterado, os parâmetros mencionados nos incisos I, II e III do *caput* do art. 70-B serão proporcionalmente ajustados e os respectivos períodos serão somados após conversão, conforme as tabelas abaixo, considerando o grau de deficiência preponderante, observado o disposto no art. 70-A: (Incluído pelo Decreto nº 8.145, de 2013)

MULHER

TEMPO A CONVERTER	MULTIPLICADORES			
	Para 20	Para 24	Para 28	Para 30
De 20 anos	1,00	1,20	1,40	1,50
De 24 anos	0,83	1,00	1,17	1,25
De 28 anos	0,71	0,86	1,00	1,07
De 30 anos	0,67	0,80	0,93	1,00

HOMEM

TEMPO A CONVERTER	MULTIPLICADORES			
	Para 25	Para 29	Para 33	Para 35
De 25 anos	1,00	1,16	1,32	1,40
De 29 anos	0,86	1,00	1,14	1,21
De 33 anos	0,76	0,88	1,00	1,06
De 35 anos	0,71	0,83	0,94	1,00

§ 1º O grau de deficiência preponderante será aquele em que o segurado cumpriu maior tempo de contribuição, antes da conversão, e servirá como parâmetro para definir o tempo mínimo necessário para a aposentadoria por tempo de contribuição da pessoa com deficiência e para a conversão. (Incluído pelo Decreto nº 8.145, de 2013)

§ 2º Quando o segurado contribuiu alternadamente na condição de pessoa sem deficiência e com deficiência, os respectivos períodos poderão ser somados, após aplicação da conversão de que trata o *caput*. (Incluído pelo Decreto nº 8.145, de 2013)

Art. 70-F. A redução do tempo de contribuição da pessoa com deficiência não poderá ser acumulada, no mesmo período contributivo, com a redução aplicada aos períodos de contribuição relativos a atividades exercidas sob condições especiais que prejudiquem a saúde ou a integridade física. (Incluído pelo Decreto nº 8.145, de 2013)

§ 1º É garantida a conversão do tempo de contribuição cumprido em condições especiais que prejudiquem a saúde ou a integridade física do segurado, inclusive da pessoa com deficiência, para fins da aposentadoria de que trata o art. 70-B, se resultar mais favorável ao segurado, conforme tabela abaixo: (Incluído pelo Decreto nº 8.145, de 2013)

MULHER

TEMPO A CONVERTER	MULTIPLICADORES				
	Para 15	Para 20	Para 24	Para 25	Para 28
De 15 anos	1,00	1,33	1,60	1,67	1,87
De 20 anos	0,75	1,00	1,20	1,25	1,40
De 24 anos	0,63	0,83	1,00	1,04	1,17
De 25 anos	0,60	0,80	0,96	1,00	1,12
De 28 anos	0,54	0,71	0,86	0,89	1,00

HOMEM					
TEMPO A CONVERTER	MULTIPLICADORES				
	Para 15	Para 20	Para 25	Para 29	Para 33
De 15 anos	1,00	1,33	1,67	1,93	2,20
De 20 anos	0,75	1,00	1,25	1,45	1,65
De 25 anos	0,60	0,80	1,00	1,16	1,32
De 29 anos	0,52	0,69	0,86	1,00	1,14
De 33 anos	0,45	0,61	0,76	0,88	1,00

§ 2º É vedada a conversão do tempo de contribuição da pessoa com deficiência para fins de concessão da aposentadoria especial de que trata a Subseção IV da Seção VI do Capítulo II. (Incluído pelo Decreto nº 8.145, de 2013)

§ 3º *(Revogado pelo Decreto 10.410/2020)*

Art.70-G. É facultado ao segurado com deficiência optar pela percepção de qualquer outra espécie de aposentadoria do RGPS que lhe seja mais vantajosa. (Incluído pelo Decreto nº 8.145, de 2013)

Art. 70-H. A critério do INSS, o segurado com deficiência deverá, a qualquer tempo, submeter-se à avaliação de que trata o art. 70-A. *(Redação dada pelo Decreto 10.410/2020)*

Parágrafo único. Após a concessão das aposentadorias na forma dos arts. 70-B e 70-C, será observado o disposto nos arts. 347 e 347-A. (Incluído pelo Decreto nº 8.145, de 2013)

Art. 70-I. Aplicam-se à pessoa com deficiência as demais normas relativas aos benefícios do RGPS. (Incluído pelo Decreto nº 8.145, de 2013)

Art. 70-J. A renda mensal da aposentadoria devida ao segurado com deficiência será calculada a partir da aplicação dos seguintes percentuais sobre o salário de benefício definido na forma prevista no art. 32: *(Acrescido pelo Decreto 10.410/2020)*

I - cem por cento, na hipótese de aposentadoria por tempo de contribuição de que trata o art. 70-B; ou

II - setenta por cento, acrescido de um ponto percentual do salário de benefício por grupo de doze contribuições mensais até o máximo de trinta por cento, na hipótese de aposentadoria por idade de que trata o art. 70-C.

SUBSEÇÃO V
DO AUXÍLIO POR INCAPACIDADE TEMPORÁRIA
(Redação dada pelo Decreto 10.410/2020)

Art. 71. O auxílio por incapacidade temporária será devido ao segurado que, uma vez cumprido, quando for o caso, o período de carência exigido, ficar incapacitado para o seu trabalho ou para a sua atividade habitual por mais de quinze dias consecutivos, conforme definido em avaliação médico-pericial. *(Redação dada pelo Decreto 10.410/2020)*

§ 1º Não será devido auxílio por incapacidade temporária ao segurado que se filiar ao RGPS já portador de doença ou lesão invocada como causa para a concessão do benefício, exceto quando a incapacidade sobrevier por motivo de progressão ou agravamento dessa doença ou lesão. *(Redação dada pelo Decreto 10.410/2020)*

§ 2º Será devido auxílio por incapacidade temporária, independentemente do cumprimento de período de carência, aos segurados obrigatório e facultativo quando sofrerem acidente de qualquer natureza. *(Redação dada pelo Decreto 10.410/2020)*

§ 3º Não será devido o auxílio por incapacidade temporária ao segurado recluso em regime fechado. *(Acrescido pelo Decreto 10.410/2020)*

§ 4º O segurado em gozo de auxílio por incapacidade temporária na data do recolhimento à prisão terá o seu benefício suspenso. *(Acrescido pelo Decreto 10.410/2020)*

§ 5º A suspensão prevista no § 4º será pelo prazo de até sessenta dias, contado da data do recolhimento à prisão, hipótese em que o benefício será cessado após o referido prazo. *(Acrescido pelo Decreto 10.410/2020)*

§ 6º Na hipótese de o segurado ser colocado em liberdade antes do prazo previsto no § 5º, o benefício será restabelecido a partir da data de sua soltura. *(Acrescido pelo Decreto 10.410/2020)*

§ 7º Em caso de prisão declarada ilegal, o segurado terá direito à percepção do benefício por todo o período devido, efetuado o encontro de contas na hipótese de ter havido pagamento de auxílio-reclusão com valor inferior ao do auxílio por incapacidade temporária no mesmo período. *(Acrescido pelo Decreto 10.410/2020)*

§ 8º O disposto nos § 3º ao § 7º aplica-se somente aos benefícios dos segurados que tiverem sido recolhidos à prisão a partir da data de publicação da Lei nº 13.846, de 18 de junho de 2019. *(Acrescido pelo Decreto 10.410/2020)*

§ 9º O segurado recluso em cumprimento de pena em regime aberto ou semiaberto fará jus ao auxílio por incapacidade temporária. *(Acrescido pelo Decreto 10.410/2020)*

Art. 72. O auxílio por incapacidade temporária consiste em renda mensal correspondente a noventa e um por cento do salário de benefício definido na forma prevista no art. 32 e será devido: *(Redação dada pelo Decreto 10.410/2020)*

I – a contar do décimo sexto dia do afastamento da atividade para o segurado empregado, exceto o doméstico; (Inciso com redação dada pelo Decreto nº 3.265, de 29/11/1999)

II – a contar da data do início da incapacidade, para os demais segurados, desde que o afastamento seja superior a quinze dias; *(Redação dada pelo Decreto 10.410/2020)*

III – a contar da data de entrada do requerimento, quando requerido após o trigésimo dia do afastamento da atividade, para todos os segurados.

§ 1º Quando o acidentado não se afastar do trabalho no dia do acidente, os quinze dias de responsabilidade da empresa pela sua remuneração integral são contados a partir da data do afastamento.

§ 2º (Revogado pelo Decreto nº 3.668, de 22/11/2000)

§ 3º O auxílio por incapacidade temporária será devido durante o curso de reclamação trabalhista relacionada com a rescisão do contrato de trabalho, ou após a decisão final, desde que implementadas as condições mínimas para a concessão do benefício, observado o disposto nos § 2º e § 3º do art. 36. *(Redação dada pelo Decreto 10.410/2020)*

Art. 73. O auxílio por incapacidade temporária do segurado que exercer mais de uma atividade abrangida pela previdência social será devido mesmo no caso de incapacidade apenas para o exercício de uma delas, hipótese em que o segurado deverá informar a Perícia Médica Federal a respeito de todas as atividades que estiver exercendo. *(Redação dada pelo Decreto 10.410/2020)*

§ 1º Na hipótese prevista neste artigo, o auxílio por incapacidade temporária será concedido em relação à atividade para a qual o segurado estiver incapacitado, consideradas para fins de carência somente as contribuições relativas a essa atividade. *(Redação dada pelo Decreto 10.410/2020)*

§ 2º Se nas várias atividades o segurado exercer a mesma profissão, será exigido de imediato o afastamento de todas.

§ 3º Constatada durante o recebimento do auxílio por incapacidade temporária concedido nos termos do disposto neste artigo a incapacidade do segurado para cada uma das demais atividades, o valor do benefício deverá ser revisto com base nos salários de contribuição de cada uma das atividades, observado o disposto nos incisos I ao III do *caput* do art. 72. *(Redação dada pelo Decreto 10.410/2020)*

§ 4º Na hipótese prevista no § 1º, o valor do auxílio por incapacidade temporária poderá ser inferior ao salário-mínimo, desde que, se somado às demais remunerações recebidas, resulte em valor superior ao salário-mínimo. *(Redação dada pelo Decreto 10.410/2020)*

§ 5º O segurado que, durante o gozo do auxílio por incapacidade temporária, vier a exercer atividade remunerada que lhe garanta a subsistência poderá ter o benefício cancelado a partir do retorno à atividade, observado o disposto no art. 179. *(Acrescido pelo Decreto 10.410/2020)*

§ 6º Na hipótese prevista no § 5º, caso a atividade remunerada exercida seja diversa daquela que gerou o benefício, deverá ser verificada a incapacidade para cada uma das atividades exercidas, observado o disposto no *caput* e nos § 1º, § 2º e § 3º. *(Acrescido pelo Decreto 10.410/2020)*

Art. 74. Quando o segurado que exercer mais de uma atividade for considerado definitivamente incapacitado para uma delas, o auxílio por incapacidade temporária deverá ser mantido indefinidamente, hipótese em que não caberá a concessão de aposentadoria por incapacidade permanente enquanto a incapacidade não se estender às demais atividades. *(Redação dada pelo Decreto 10.410/2020)*

Parágrafo único. Na situação prevista no *caput*, o segurado somente poderá transferir-se das demais atividades que exerce após o conhecimento da reavaliação médico-pericial.

Art. 75. Durante os primeiros quinze dias consecutivos de afastamento da atividade por motivo de incapacidade temporária, compete à empresa pagar o salário ao segurado empregado. *(Redação dada pelo Decreto 10.410/2020)*

§ 1º Cabe à empresa que dispuser de serviço médico próprio ou em convênio o exame médico e o abono das faltas correspondentes aos primeiros quinze dias de afastamento.

§ 2º Quando a incapacidade ultrapassar o período de quinze dias consecutivos, o segurado será encaminhado ao INSS para avaliação médico-pericial. *(Redação dada pelo Decreto 10.410/2020)*

§ 3º Se concedido novo benefício decorrente do mesmo motivo que gerou a incapacidade no prazo de sessenta dias, contado da data da cessação do benefício anterior, a empresa ficará desobrigada do pagamento relativo aos quinze primeiros dias de afastamento, prorrogando-se o benefício anterior e descontando-se os dias trabalhados, se for o caso. *(Redação dada pelo Decreto 10.410/2020)*

§ 4º Se o segurado empregado, por motivo de incapacidade, afastar-se do trabalho durante o período de quinze dias, retornar à atividade no décimo sexto dia e voltar a se afastar no prazo de sessenta dias, contado da data de seu retorno, em decorrência do mesmo motivo que gerou a incapacidade, este fará jus ao auxílio por incapacidade temporária a partir da data do novo afastamento. *(Redação dada pelo Decreto 10.410/2020)*

§ 5º Na hipótese prevista no § 4º, se o retorno à atividade tiver ocorrido antes do período de quinze dias do afastamento, o segurado fará jus ao auxílio por incapacidade temporária a partir do dia seguinte ao que completar aquele período. *(Redação dada pelo Decreto 10.410/2020)*

§ 6º Na impossibilidade de realização do exame médico-pericial inicial antes do término do período de recuperação indicado pelo médico assistente em documentação, o empregado é autorizado a retornar ao trabalho no dia seguinte à data indicada pelo médico assistente, mantida a necessidade de comparecimento do segurado à perícia na data agendada. *(Redação dada pelo Decreto 10.410/2020)*

Arts. 75-A e 75-B. *(Revogados pelo Decreto 10.410/2020)*

Art. 76. A previdência social processará, de ofício, o benefício quando tiver ciência da incapacidade do segurado sem que este tenha requerido auxílio por incapacidade temporária. *(Redação dada pelo Decreto 10.410/2020)*

Art. 76-A. É facultado à empresa protocolar requerimento de auxílio por incapacidade temporária ou documento dele originário de seu empregado ou de contribuinte individual a ela vinculado ou a seu serviço, na forma estabelecida pelo INSS. *(Redação dada pelo Decreto 10.410/2020)*

Parágrafo único. *(Revogado pelo Decreto 10.410/2020)*

Art. 76-B. A empresa terá acesso às decisões administrativas de benefícios requeridos por seus empregados, resguardadas as informações consideradas sigilosas, na forma estabelecida em ato do INSS. *(Acrescido pelo Decreto 10.410/2020)*

Art. 77. O segurado em gozo de auxílio por incapacidade temporária concedido judicial ou administrativamente está obrigado, independentemente de sua idade e sob pena de suspensão do benefício, a submeter-se a exame médico a cargo da Perícia Médica Federal, processo de reabilitação profissional a cargo do INSS e tratamento dispensado gratuitamente, exceto o cirúrgico e a transfusão de sangue, que são facultativos. *(Redação dada pelo Decreto 10.410/2020)*

Art. 77-A. O segurado em gozo de auxílio por incapacidade temporária concedido judicial ou administrativamente poderá ser convocado a qualquer tempo para avaliação das condições que ensejaram sua concessão ou manutenção. *(Acrescido pelo Decreto 10.410/2020)*

Art. 78. O auxílio por incapacidade temporária cessa pela recuperação da capacidade para o trabalho, pela concessão de aposentadoria por incapacidade permanente ou, na hipótese de o evento causador da redução da capacidade laborativa ser o mesmo que gerou o auxílio por incapacidade temporária, pela concessão do auxílio acidente. *(Redação dada pelo Decreto 10.410/2020)*

§ 1º Sempre que possível, o ato de concessão ou de reativação de auxílio por incapacidade temporária, judicial ou administrativo, deverá estabelecer o prazo estimado para a duração do benefício. *(Redação dada pelo Decreto 10.410/2020)*

§ 2º Caso o prazo concedido para a recuperação se revele insuficiente, o segurado poderá solicitar a sua prorrogação, na forma estabelecida pelo INSS. (Parágrafo com redação dada pelo Decreto nº 8.691, de 14/3/2016)

§ 3º A comunicação da concessão do auxílio por incapacidade temporária conterá as informações necessárias ao requerimento de sua prorrogação. *(Redação dada pelo Decreto 10.410/2020)*

§ 4º Caso não seja estabelecido o prazo de que trata o § 1º, o benefício cessará após o prazo de cento e vinte dias, contado da data de concessão ou de reativação do auxílio por incapacidade temporária, exceto se o segurado requerer a sua prorrogação ao INSS, observado o disposto no art. 79. *(Redação dada pelo Decreto 10.410/2020)*

§ 5º O segurado que se considerar capaz antes do prazo estabelecido pela Perícia Médica Federal no ato da concessão ou da prorrogação do auxílio por incapacidade temporária somente retornará ao trabalho após nova avaliação médico-pericial. *(Acrescido pelo Decreto 10.410/2020)*

§ 6º O segurado poderá desistir do requerimento de prorrogação antes da realização do exame médico-pericial, hipótese em que o benefício será mantido até a data da sua desistência, desde que posterior à data de cessação estabelecida pela Perícia Médica Federal. *(Acrescido pelo Decreto 10.410/2020)*

§ 7º O segurado que não concordar com o resultado da avaliação a que se refere o § 1º poderá apresentar, no prazo de trinta dias, recurso da decisão proferida pela Perícia Médica Federal perante o Conselho de Recursos da Previdência Social - CRPS, cuja análise médico-pericial, se necessária, será feita por perito médico federal diverso daquele que tenha realizado o exame anterior. *(Acrescido pelo Decreto 10.410/2020)*

Art. 79. O segurado em gozo de auxílio por incapacidade temporária insuscetível de recuperação para sua atividade habitual deverá submeter-se a processo de reabilitação profissional para o exercício de outra atividade. *(Redação dada pelo Decreto 10.410/2020)*

§ 1º O benefício a que se refere o *caput* será mantido até que o segurado seja considerado reabilitado para o desempenho de atividade que lhe garanta a subsistência ou, quando considerado não recuperável, seja aposentado por incapacidade permanente. *(Acrescido pelo Decreto 10.410/2020)*

§ 2º A alteração das atribuições e responsabilidades do segurado compatíveis com a limitação que tenha sofrido em sua capacidade física ou mental não configura desvio de cargo ou função do segurado reabilitado ou que estiver em processo de reabilitação profissional a cargo do INSS. *(Acrescido pelo Decreto 10.410/2020)*

Art. 80. O segurado empregado, inclusive o doméstico, em gozo de auxílio por incapacidade temporária será considerado pela empresa e pelo empregador doméstico como licenciado. *(Redação dada pelo Decreto 10.410/2020)*

Parágrafo único. A empresa que garantir ao segurado licença remunerada ficará obrigada a pagar-lhe, durante o período do auxílio por incapacidade temporária, a eventual diferença entre o valor do benefício recebido e a quantia garantida pela licença. *(Redação dada pelo Decreto 10.410/2020)*

SUBSEÇÃO VI
DO SALÁRIO-FAMÍLIA

Art. 81. O salário-família é devido, mensalmente, ao segurado empregado, inclusive o doméstico, e ao trabalhador avulso com salário de contribuição inferior ou igual a R$ 1.425,56 (mil quatrocentos e vinte e cinco reais e cinquenta e seis centavos), na proporção do respectivo número de filhos ou de enteados e de menores tutelados, desde que comprovada a dependência econômica dos dois últimos nos termos do disposto no art. 16, observado o disposto no art. 83. *(Redação dada pelo Decreto 10.410/2020)*

Art. 82. O salário-família será pago mensalmente:

I - ao empregado, inclusive o doméstico, pela empresa ou pelo empregador doméstico, juntamente com o salário, e ao trabalhador avulso, pelo sindicato ou órgão gestor de mão de obra, por meio de convênio; *(Redação dada pelo Decreto 10.410/2020)*

II - ao empregado, inclusive o doméstico, e ao trabalhador avulso aposentados por incapacidade permanente ou em gozo de auxílio por incapacidade temporária, pelo INSS, juntamente com o benefício; *(Redação dada pelo Decreto 10.410/2020)*

III – ao trabalhador rural aposentado por idade aos sessenta anos, se do sexo masculino, ou cinquenta e cinco anos, se do sexo feminino, pelo Instituto Nacional do Seguro Social, juntamente com a aposentadoria; e

IV - aos demais empregados, inclusive os domésticos, e aos trabalhadores avulsos aposentados aos sessenta e cinco anos de idade, se homem, ou aos sessenta anos, se mulher, pelo INSS, juntamente com a aposentadoria. *(Redação dada pelo Decreto 10.410/2020)*

§ 1º No caso do inciso I, quando o salário do empregado não for mensal, o salário-família será pago juntamente com o último pagamento relativo ao mês.

§ 2º O salário-família do trabalhador avulso independe do número de dias trabalhados no mês, devendo o seu pagamento corresponder ao valor integral da cota.

§ 3º Quando o pai e a mãe são segurados empregados, inclusive domésticos, ou trabalhadores avulsos, ambos têm direito ao salário-família. *(Redação dada pelo Decreto 10.410/2020)*

§ 4º As cotas do salário-família pagas pela empresa ou pelo empregador doméstico serão deduzidas quando do recolhimento das contribuições. *(Redação dada pelo Decreto 10.410/2020)*

Art. 83. O valor da cota do salário-família por filho ou por enteado e por menor tutelado, desde que comprovada a dependência econômica dos dois últimos, até quatorze anos de idade ou inválido, é de R$ 48,62 (quarenta e oito reais e sessenta e dois centavos). *(Redação dada pelo Decreto 10.410/2020)*

I e II – *(Revogado pelo Decreto 10.410/2020)*

Art. 84. O pagamento do salário-família será devido a partir da data de apresentação da certidão de nascimento do filho ou da documentação relativa ao enteado e ao menor tutelado, desde que comprovada a dependência econômica dos dois últimos, e fica condicionado à apresentação anual de atestado de vacinação obrigatória dos referidos dependentes, de até seis anos de idade, e de comprovação semestral de frequência à escola dos referidos dependentes, a partir de quatro anos de idade, observado, para o empregado doméstico, o disposto no § 5º. *(Redação dada pelo Decreto 10.410/2020)*

§ 1º A empresa e o empregador doméstico deverão conservar, durante o prazo decadencial de que trata o art. 348, os comprovantes dos pagamentos e as cópias das certidões correspondentes, para exame pela fiscalização. *(Redação dada pelo Decreto 10.410/2020)*

§ 2º Na hipótese de o segurado empregado ou de o trabalhador avulso não apresentar o atestado de vacinação obrigatória e a comprovação de frequência escolar do filho, do enteado ou do menor tutelado, desde que comprovada a dependência econômica dos dois últimos, nas datas definidas pelo INSS, o benefício do salário-família será suspenso até que a documentação seja apresentada. *(Redação dada pelo Decreto 10.410/2020)*

§ 3º Não é devido salário-família no período entre a suspensão do benefício motivada pela falta de comprovação da frequência escolar e o seu reativamento, exceto se provada a frequência escolar regular no período. *(Redação dada pelo Decreto 10.410/2020)*

§ 4º A comprovação semestral de frequência escolar de que trata o *caput* será feita por meio da apresentação de documento emitido pela escola, na forma estabelecida na legislação específica, em nome do aluno, de qual conste o registro de frequência regular, ou de atestado do estabelecimento de ensino que comprove a regularidade da matrícula e a frequência escolar do aluno. *(Redação dada pelo Decreto 10.410/2020)*

§ 5º Para recebimento do salário-família, o empregado doméstico apresentará ao seu empregador apenas a certidão de nascimento do filho ou a documentação relativa ao enteado e ao menor tutelado, desde que comprovada a dependência econômica dos dois últimos. *(Acrescido pelo Decreto 10.410/2020)*

Art. 85. A invalidez do filho, do enteado ou do menor tutelado, desde que comprovada a dependência econômica dos dois últimos, maior de quatorze anos de idade será verificada em exame médico-pericial realizado pela Perícia Médica Federal. *(Redação dada pelo Decreto 10.410/2020)*

Art. 86. O salário-família correspondente ao mês de afastamento do trabalho será pago integralmente pela empresa, pelo empregador doméstico ou pelo sindicato ou pelo órgão gestor de mão de obra, conforme o caso, e, ao mês da cessação de benefício, pelo INSS. *(Redação dada pelo Decreto 10.410/2020)*

Art. 87. Tendo havido divórcio, separação judicial ou de fato dos pais, ou em caso de abandono legalmente caracterizado ou perda do pátrio-poder, o salário-família passará a ser pago diretamente àquele a cujo cargo ficar o sustento do menor, ou a outra pessoa, se houver determinação judicial nesse sentido.

Art. 88. O direito ao salário-família cessa automaticamente:

I - por morte do filho, do enteado ou do menor tutelado, a contar do mês seguinte ao do óbito; *(Redação dada pelo Decreto 10.410/2020)*

II - quando o filho, o enteado ou o menor tutelado completar quatorze anos de idade, exceto se inválido, a contar do mês seguinte ao da data do aniversário; *(Redação dada pelo Decreto 10.410/2020)*

III - pela recuperação da capacidade do filho, do enteado ou do menor tutelado inválido, a contar do mês seguinte ao da cessação da incapacidade; ou *(Redação dada pelo Decreto 10.410/2020)*

IV – pelo desemprego do segurado.

Art. 89. Para efeito de concessão e manutenção do salário-família, o segurado firmará termo de responsabilidade, no qual se comprometerá a comunicar à empresa, ao empregador doméstico ou ao INSS, conforme o caso, qualquer fato ou circunstância que determine a perda do direito ao benefício e ficará sujeito, em caso de descumprimento, às sanções penais e trabalhistas. *(Redação dada pelo Decreto 10.410/2020)*

Art. 90. A falta de comunicação oportuna de fato que implique cessação do salário-família e a prática, pelo segurado, de fraude de qualquer natureza para o seu recebimento autorizam a empresa, o empregador doméstico ou o INSS, conforme o caso, a descontar dos pagamentos de cotas devidas com relação a outros filhos, enteados ou menores tutelados ou, na falta delas, do próprio salário do segurado ou da renda mensal do seu benefício, o valor das cotas indevidamente recebidas, sem prejuízo das sanções penais cabíveis, observado o disposto no § 2º do art. 154. *(Redação dada pelo Decreto 10.410/2020)*

Art. 91. O empregado, inclusive o doméstico, ou o trabalhador avulso deve dar quitação à empresa ou ao empregador doméstico de cada recebimento mensal do salário-família, na própria folha de pagamento ou por outra forma admitida, de modo que a quitação fique claramente caracterizada. *(Redação dada pelo Decreto 10.410/2020)*

Art. 92. As cotas do salário-família não serão incorporadas, para qualquer efeito, ao salário ou ao benefício.

SUBSEÇÃO VII
DO SALÁRIO-MATERNIDADE

Art. 93. O salário-maternidade é devido à segurada da previdência social, durante cento e vinte dias, com início vinte e oito dias antes e término noventa e um dias depois do parto, podendo ser prorrogado na forma prevista no § 3º. (*Caput* do artigo com redação dada pelo Decreto nº 4.862, de 21/10/2003)

§ 1º Para a segurada empregada, inclusive a doméstica, observar-se-á, no que couber, as situações e condições previstas na legislação trabalhista relativas à proteção à maternidade.

§ 2º Será devido o salário-maternidade à segurada especial, desde que comprove o exercício de atividade rural nos últimos dez meses imediatamente anteriores à data do parto ou do requerimento do benefício, quando requerido antes do parto, mesmo que de forma descontínua, aplicando-se, quando for o caso, o disposto no parágrafo único do art. 29. (Parágrafo com redação dada pelo Decreto nº 5.545, de 22/9/2005)

§ 3º Em casos excepcionais, os períodos de repouso anterior e posterior ao parto podem ser aumentados de mais duas semanas, por meio de atestado médico específico submetido à avaliação medico-pericial. *(Redação dada pelo Decreto 10.410/2020)*

- O STF, por maioria, referendou a liminar deferida na ADI 6327 a fim de conferir interpretação conforme à CF a este artigo e: "assim assentar a necessidade de prorrogar o benefício, bem como considerar como termo inicial da licença-maternidade e do respectivo salário-maternidade a alta hospitalar do recém-nascido e/ou de sua mãe, o que ocorrer por último, quando o período de internação exceder as duas semanas previstas no art. 392, § 2º, da CLT, e no art. 93, § 3º, do Decreto n.º 3.048/99". DJe de 19.10.2020.

§ 4º Em caso de parto antecipado ou não, a segurada tem direito aos cento e vinte dias previstos neste artigo.

§ 5º Em caso de aborto não criminoso, comprovado mediante atestado médico, a segurada terá direito ao salário-maternidade correspondente a duas semanas. (Parágrafo com redação dada pelo Decreto nº 3.668, de 22/11/2000)

§ 6º (Revogado pelo Decreto nº 4.032, de 26/11/2001)

Art. 93-A. O salário-maternidade é devido ao segurado ou à segurada da previdência social que adotar ou obtiver guarda judicial, para fins de adoção de criança de até doze anos de idade, pelo período de cento e vinte dias. *(Redação dada pelo Decreto 10.410/2020)*

I a III – *(Revogados pelo Decreto 10.410/2020)*

§ 1º O salário-maternidade é devido ao segurado ou à segurada independentemente de a mãe biológica ter recebido o mesmo benefício quando do nascimento da criança. *(Redação dada pelo Decreto 10.410/2020)*

§ 2º O salário-maternidade não é devido quando o termo de guarda não contiver a observação de que é para fins de adoção ou só contiver o nome do cônjuge ou companheiro. (Parágrafo acrescido pelo Decreto nº 4.729, de 9/6/2003)

§ 3º Para a concessão do salário-maternidade é indispensável: *(Redação dada pelo Decreto 10.410/2020)*

I - que conste da nova certidão de nascimento da criança o nome do segurado ou da segurada adotante; ou *(Acrescido pelo Decreto 10.410/2020)*

II - no caso do termo de guarda para fins de adoção, que conste o nome do segurado ou da segurada guardião. *(Acrescido pelo Decreto 10.410/2020)*

§ 4º Na hipótese de haver adoção ou guarda judicial para adoção de mais de uma criança, será devido somente um salário-maternidade, observado o disposto no art. 98. *(Redação dada pelo Decreto 10.410/2020)*

§ 5º A renda mensal do salário-maternidade é calculada na forma do disposto nos arts. 94, 100 ou 101, de acordo com a forma de contribuição da segurada à Previdência Social. (Parágrafo acrescido pelo Decreto nº 4.729, de 9/6/2003)

§ 6º O salário-maternidade de que trata este artigo é pago diretamente pela previdência social. (Parágrafo acrescido pelo Decreto nº 4.862, de 21/10/2003)

§ 7º Ressalvadas as hipóteses de pagamento de salário-maternidade à mãe biológica e de pagamento ao cônjuge ou companheiro sobrevivente, nos termos do disposto no art. 93-B, não poderá ser concedido salário-maternidade a mais de um segurado ou segurada em decorrência do mesmo processo de adoção ou guarda, ainda que o cônjuge ou companheiro esteja vinculado a regime próprio de previdência social. *(Acrescido pelo Decreto 10.410/2020)*

Art. 93-B. No caso de óbito do segurado ou da segurada que fazia jus ao recebimento do salário-maternidade, o benefício será pago, pelo tempo restante a que o segurado ou a segurada teria direito ou por todo o período, ao cônjuge ou companheiro sobrevivente que tenha a qualidade de segurado, exceto no caso de óbito do filho ou de seu abandono. *(Acrescido pelo Decreto 10.410/2020)*

§ 1º O pagamento do benefício nos termos do disposto no *caput* deverá ser requerido até o último dia do prazo previsto para o término do salário-maternidade originário.

§ 2º Os requerimentos de salário-maternidade efetuados após a data prevista no § 1º serão indeferidos.

§ 3º O benefício de que trata o *caput* será pago diretamente pela previdência social durante o período entre a data do óbito e o último dia do término do salário-maternidade originário e corresponderá:

I - à remuneração integral, para o empregado e o trabalhador avulso, observado o disposto no art. 248 da Constituição e no art. 19-F;

II - ao último salário de contribuição, para o empregado doméstico, observado o disposto no art. 19-E;

III - a um doze avos da soma dos doze últimos salários de contribuição, apurados em período não superior a quinze meses, para o contribuinte individual, o facultativo ou o desempregado que mantenha a qualidade de segurado, nos termos do disposto no art. 13; e

IV - ao valor do salário-mínimo, para o segurado especial que não contribua facultativamente.

§ 4º Aplica-se o disposto neste artigo ao segurado ou à segurada que adotar ou obtiver guarda judicial para fins de adoção.

Art. 93-C. A percepção do salário-maternidade, inclusive nos termos do disposto no art. 93-B, está condicionada ao afastamento do trabalho ou da atividade desempenhada pelo segurado ou pela segurada, sob pena de suspensão do benefício. *(Acrescido pelo Decreto 10.410/2020)*

Art. 94. O salário-maternidade para a segurada empregada consiste numa renda mensal igual à sua remuneração integral e será pago pela empresa, efetivando-se a compensação, observado o disposto no art. 248 da Constituição, quando do recolhimento das contribuições incidentes sobre a folha de salários e demais rendimentos pagos ou creditados, a qualquer título, à pessoa física que lhe preste serviço, devendo aplicar-se à renda mensal do benefício o disposto no art. 198. (*Caput* do artigo com redação dada pelo Decreto nº 4.862, de 21/10/2003)

§ 1º (Revogado pelo Decreto nº 3.265, de 29/11/1999)

§ 2º (Revogado pelo Decreto nº 3.265, de 29/11/1999)

§ 3º A empregada deve dar quitação à empresa dos recolhimentos mensais do salário-maternidade na própria folha de pagamento ou por outra forma admitida, de modo que a quitação fique plena e claramente caracterizada. (Parágrafo acrescido pelo Decreto nº 4.862, de 21/10/2003)

§ 4º A empresa deve conservar, durante o prazo decadencial de que trata o art. 348, comprovantes dos pagamentos e atestados ou das certidões correspondentes para exame pela fiscalização. *(Redação dada pelo Decreto 10.410/2020)*

Art. 95. Compete à interessada instruir o requerimento do salário-maternidade com os atestados médicos necessários.

Parágrafo único. Quando o benefício for requerido após o parto, o documento comprobatório é a Certidão de Nascimento, podendo, no caso de dúvida, a segurada ser submetida à avaliação pericial junto ao Instituto Nacional do Seguro Social. (Artigo com redação dada pelo Decreto nº 3.668, de 22/11/2000)

Art. 96. O início do afastamento do trabalho da segurada empregada, inclusive da doméstica, será determinado com base em atestado médico ou certidão de nascimento do filho. *(Redação dada pelo Decreto 10.410/2020)*

§ 1º (Revogado pelo Decreto nº 4.729, de 9/6/2003)

§ 2º (Revogado pelo Decreto nº 4.729, de 9/6/2003)

Art. 97. O salário-maternidade da segurada empregada será devido pela previdência social enquanto existir relação de emprego, observadas as regras quanto ao pagamento desse benefício pela empresa. (*Caput* do artigo com redação dada pelo Decreto nº 6.122, de 13/6/2007)

Parágrafo único. Durante o período de graça a que se refere o art. 13, a segurada desempregada fará jus ao recebimento do salário-maternidade, situação em que o benefício será pago diretamente pela previdência social. *(Redação dada pelo Decreto 10.410/2020)*

Art. 98. A segurada que exerça atividades concomitantes fará jus ao saláriomaternidade relativo a cada atividade para a qual tenha cumprido os requisitos exigidos, observadas as seguintes condições: *(Redação dada pelo Decreto 10.410/2020)*

I - na hipótese de uma ou mais atividades ter remuneração ou salário de contribuição inferior ao salário-mínimo mensal, o benefício somente será devido se o somatório dos valores auferidos em todas as atividades for igual ou superior a um salário-mínimo mensal; *(Acrescido pelo Decreto 10.410/2020)*

II - o salário-maternidade relativo a uma ou mais atividades poderá ser inferior ao salário-mínimo mensal; e *(Acrescido pelo Decreto 10.410/2020)*

III - o valor global do salário-maternidade, consideradas todas as atividades, não poderá ser inferior ao salário-mínimo mensal. *(Acrescido pelo Decreto 10.410/2020)*

Art. 99. Nos meses de início e término do salário-maternidade da segurada empregada, inclusive da doméstica, o salário-maternidade será proporcional aos dias de afastamento do trabalho. *(Redação dada pelo Decreto 10.410/2020)*

Art. 100. O salário-maternidade da segurada trabalhadora avulsa, pago diretamente pela previdência social, consiste em renda mensal igual à sua remuneração integral, observado o disposto no art. 19-E, hipótese em que se aplica à renda mensal do benefício o disposto no art. 198. *(Redação dada pelo Decreto 10.410/2020)*

Art. 100-A. O salário-maternidade devido à empregada do MEI, de que trata o § 26 do art. 9º, será pago diretamente pela previdência social, e o valor da contribuição previdenciária será deduzido da renda mensal do benefício, nos termos do disposto no art. 198. *(Acrescido pelo Decreto 10.410/2020)*

Parágrafo único. Caberá ao MEI recolher a contribuição previdenciária a seu cargo durante a percepção do salário-maternidade pela segurada a seu serviço.

Art. 100-B. O salário-maternidade devido à empregada intermitente será pago diretamente pela previdência social, observado o disposto no art. 19-E, e o valor da contribuição previdenciária será deduzido da renda mensal do benefício, nos termos do disposto no art. 198, e não será aplicado o disposto no art. 94. *(Acrescido pelo Decreto 10.410/2020)*

§ 1º O salário-maternidade de que trata este artigo consiste na média aritmética simples das remunerações apuradas no período referente aos doze meses que antecederem o parto, a adoção ou a obtenção da guarda para fins de adoção.

§ 2º Na hipótese de empregos intermitentes concomitantes, a média aritmética a que se refere o § 1º será calculada em relação a todos os empregos e será pago somente um salário-maternidade.

§ 3º A contribuição previdenciária a cargo da empresa terá como base de cálculo a soma das remunerações pagas no período de doze meses anteriores à data de início do salário-maternidade, dividida pelo número de meses em que houve remuneração.

Art. 100-C. O salário-maternidade devido à empregada com jornada parcial cujo salário de contribuição seja inferior ao seu limite mínimo mensal, observado o disposto no art. 19-E, será pago diretamente pela previdência social, e o valor da contribuição previdenciária deverá ser deduzido da renda mensal do benefício, nos termos do disposto no art. 198. *(Acrescido pelo Decreto 10.410/2020)*

§ 1º Na hipótese de empregos parciais concomitantes, se o somatório dos rendimentos auferidos em todos os empregos for igual ou superior ao limite mínimo mensal do salário de contribuição, o salário-maternidade será pago pelas empresas, observado o disposto no inciso II do *caput* do art. 98.

§ 2º Para fins do disposto no § 1º, a empresa que pagar remuneração inferior ao limite mínimo mensal do salário de contribuição deverá exigir da empregada cópia dos comprovantes de pagamento efetuado pelas demais empresas.

§ 3º Cabe à empresa recolher a contribuição previdenciária a seu cargo durante a percepção do salário-maternidade pela segurada a seu serviço, mesmo na hipótese de o benefício ser pago pela previdência social.

§ 4º A contribuição a que se refere o § 3º terá como base de cálculo a remuneração integral que a empresa pagava à empregada antes da percepção do salário-maternidade.

§ 5º Na hipótese prevista no *caput*, o valor do salário-maternidade será de um salário-mínimo.

§ 6º A empresa deverá conservar, durante o prazo decadencial de que trata o art. 348, os comprovantes de pagamento a que se refere o § 2º, para exame pela fiscalização.

Art. 101. O salário-maternidade, observado o disposto nos art. 35, art. 198, art. 199, art. 199-A ou art. 200, pago diretamente pela previdência social, consistirá: *(Redação dada pelo Decreto 10.410/2020)*

I - no valor correspondente ao do último salário de contribuição, para a segurada empregada doméstica, observado o disposto no art. 19-E; *(Redação dada pelo Decreto 10.410/2020)*

II – em um salário mínimo, para a segurada especial; (Inciso com redação dada pelo Decreto nº 3.265, de 29/11/1999)

III - em um doze avos da soma dos doze últimos salários de contribuição, observado o disposto no art. 19-E, apurados em período não superior a quinze meses, para as seguradas contribuinte individual e facultativa e para a desempregada que mantenha a qualidade de segurada na forma prevista no art. 13. *(Redação dada pelo Decreto 10.410/2020)*

§ 1º (Revogado pelo Decreto nº 3.265, de 29/11/1999)

§ 2º (Revogado pelo Decreto nº 3.265, de 29/11/1999)

§ 3º O documento comprobatório para requerimento do salário-maternidade da segurada que mantenha esta qualidade é a certidão de nascimento do filho, exceto nos casos de aborto espontâneo, quando deverá ser apresentado atestado médico, e no de adoção ou guarda para fins de adoção, casos em que serão observadas as regras do art. 93-A, devendo o evento gerador do benefício ocorrer, em qualquer hipótese, dentro do período previsto no art. 13. (Parágrafo acrescido pelo Decreto nº 6.122, de 13/6/2007)

Art. 102. O salário-maternidade não pode ser acumulado com benefício por incapacidade.

Parágrafo único. Quando ocorrer incapacidade em concomitância com o período de pagamento do salário-maternidade, o benefício por incapacidade, conforme o caso, deverá ser suspenso enquanto perdurar o referido pagamento, ou terá sua data de início adiada para o primeiro dia seguinte ao término do período de cento e vinte dias.

Art. 103. A segurada aposentada que retornar à atividade fará jus ao pagamento do salário-maternidade, de acordo com o disposto no art. 93.

SUBSEÇÃO VIII
DO AUXÍLIO-ACIDENTE

Art. 104. O auxílio-acidente será concedido, como indenização, ao segurado empregado, inclusive o doméstico, ao trabalhador avulso e ao segurado especial quando, após a consolidação das lesões decorrentes de acidente de qualquer natureza, resultar sequela definitiva que, a exemplo das situações discriminadas no Anexo III, implique redução da capacidade para o trabalho que habitualmente exercia. *(Redação dada pelo Decreto 10.410/2020)*

I a III – *(Revogados pelo Decreto 10.410/2020)*

§ 1º O auxílio-acidente mensal corresponderá a cinquenta por cento do salário de benefício que deu origem ao auxílio-doença do segurado, corrigido até o mês anterior ao do início do auxílio-acidente e será devido até a véspera de início de qualquer aposentadoria ou até a data do óbito do segurado.

§ 2º O auxílio-acidente será devido a partir do dia seguinte ao da cessação do auxílio por incapacidade temporária, independentemente de qualquer remuneração ou rendimento auferido pelo acidentado, vedada a sua acumulação com qualquer aposentadoria. *(Redação dada pelo Decreto 10.410/2020)*

§ 3º O recebimento de salário ou concessão de outro benefício, exceto de aposentadoria, não prejudicará a continuidade do recebimento do auxílio-acidente.

§ 4º Não dará ensejo ao benefício a que se refere este artigo o caso:

I – que apresente danos funcionais ou redução da capacidade funcional sem repercussão na capacidade laborativa; e

II – de mudança de função, mediante readaptação profissional promovida pela empresa, como medida preventiva, em decorrência de inadequação do local de trabalho.

§ 5º A perda da audição, em qualquer grau, somente proporcionará a concessão do auxílio-acidente quando, além do reconhecimento do nexo entre o trabalho e o agravo, resultar, comprovadamente, na redução ou perda da capacidade para o trabalho que o segurado habitualmente exercia. (Parágrafo com redação dada pelo Decreto nº 6.939, de 18/8/2009)

§ 6º No caso de reabertura de auxílio por incapacidade temporária por acidente de qualquer natureza que tenha dado origem a auxílio-acidente, este será suspenso até a cessação do auxílio por incapacidade temporária reaberto, quando será reativado. *(Redação dada pelo Decreto 10.410/2020)*

§ 7º Cabe a concessão de auxílio-acidente oriundo de acidente de qualquer natureza ocorrido durante o período de manutenção da qualidade de segurado, desde que atendidas às condições inerentes à espécie. (Parágrafo com redação dada pelo Decreto nº 6.722, de 30/12/2008)

§ 8º Para fins do disposto no *caput* considerar-se-á a atividade exercida na data do acidente. (Parágrafo acrescido pelo Decreto nº 4.729, de 9/6/2003)

SUBSEÇÃO IX
DA PENSÃO POR MORTE

Art. 105. A pensão por morte será devida ao conjunto dos dependentes do segurado que falecer, aposentado ou não, a contar da data:

I - do óbito, quando requerida em até cento e oitenta dias após o óbito, para os filhos menores de dezesseis anos, ou quando requerida no prazo de noventa dias, para os demais dependentes; *(Redação dada pelo Decreto 10.410/2020)*

II – do requerimento, quando requerida após o prazo previsto no inciso I; ou

III – da decisão judicial, no caso de morte presumida.

§ 1º No caso do disposto no inciso II, a data de início do benefício será a data do óbito, aplicados os devidos reajustamentos até a data de início do pagamento, não sendo devida qualquer importância relativa ao período anterior à data de entrada do requerimento. (Parágrafo com redação dada pelo Decreto nº 5.545, de 22/9/2005)

§ 2º (Revogado pelo Decreto nº 5.545, de 22/9/2005)

§ 3º O exercício de atividade remunerada, inclusive na condição de MEI, não impede a concessão ou a manutenção da parte individual da pensão do dependente com deficiência intelectual, mental ou grave. *(Acrescido pelo Decreto 10.410/2020)*

§ 4º Perde o direito à pensão por morte o condenado criminalmente por sentença transitada em julgado, como autor, coautor ou partícipe de homicídio doloso, ou de tentativa desse crime, cometido contra a pessoa do segurado, ressalvados os absolutamente incapazes e os inimputáveis. *(Acrescido pelo Decreto 10.410/2020)*

§ 5º Perde o direito à pensão por morte o cônjuge ou o companheiro ou a companheira se comprovada, a qualquer tempo, simulação ou fraude no casamento ou na união estável, ou a formalização desses com o fim exclusivo de constituir benefício previdenciário, apurada em processo judicial, assegurados os direitos ao contraditório e à ampla defesa. *(Acrescido pelo Decreto 10.410/2020)*

§ 6º Ajuizada a ação judicial para reconhecimento da condição de dependente, este poderá requerer a sua habilitação provisória ao benefício de pensão por morte, exclusivamente para fins de rateio dos valores com outros dependentes, vedado o pagamento da cota respectiva até o trânsito em julgado da ação, ressalvada a existência de decisão judicial que disponha em sentido contrário. *(Acrescido pelo Decreto 10.410/2020)*

§ 7º Nas ações judiciais em que o INSS for parte, este poderá proceder, de ofício, à habilitação excepcional da pensão objeto da ação apenas para efeitos de rateio, descontados os valores referentes à habilitação das demais cotas, vedado o pagamento da respectiva cota até o trânsito em julgado da ação, ressalvada a existência de decisão judicial que disponha em sentido contrário.

§ 8º Julgada improcedente a ação a que se referem os § 6º e § 7º, o valor retido para pagamento ao autor será corrigido pelos índices legais de reajustamento e será pago de forma proporcional aos demais dependentes, de acordo com as suas cotas e o tempo de duração de seus benefícios. *(Acrescido pelo Decreto 10.410/2020)*

§ 9º Fica assegurada ao INSS a cobrança dos valores indevidamente pagos em decorrência da habilitação a que se referem os § 6º e § 7º. *(Acrescido pelo Decreto 10.410/2020)*

Art. 106. A pensão por morte consiste em renda mensal equivalente a uma cota familiar de cinquenta por cento do valor da aposentadoria recebida pelo segurado ou daquela a que teria direito se fosse aposentado por incapacidade permanente na data do óbito, acrescida de cotas de dez pontos percentuais por dependente, até o máximo de cem por cento. *(Redação dada pelo Decreto 10.410/2020)*

§ 1º O valor da pensão por morte, no caso de morte de segurado recluso que tenha contribuído para a previdência social durante o período de reclusão, será calculado de modo a considerar o tempo de contribuição adicional e os correspondentes salários de contribuição. *(Acrescido pelo Decreto 10.410/2020)*

§ 2º Na hipótese de haver dependente inválido ou com deficiência intelectual, mental ou grave, o valor da pensão por morte será equivalente a cem por cento do valor da aposentadoria recebida pelo segurado ou daquela a que teria direito se fosse aposentado por incapacidade permanente na data do óbito, até o limite máximo do salário de benefício do RGPS, observado o disposto no § 1º do art. 113. *(Acrescido pelo Decreto 10.410/2020)*

§ 3º O valor da pensão será recalculado na forma do disposto no *caput*, quando: *(Acrescido pelo Decreto 10.410/2020)*

I - a invalidez ou deficiência intelectual, mental ou grave sobrevier à data do óbito, enquanto estiver mantida a qualidade de dependente; ou

II - deixar de haver dependente inválido ou com deficiência intelectual, mental ou grave.

Art. 107. A concessão da pensão por morte não será protelada pela falta de habilitação de outro possível dependente, e qualquer habilitação posterior que importe em exclusão ou inclusão de dependente somente produzirá efeito a contar da data da habilitação.

Art. 108. A pensão por morte será devida ao filho, ao enteado, ao menor tutelado e ao irmão, desde que comprovada a dependência econômica dos três últimos, que sejam inválidos ou que tenham deficiência intelectual, mental ou grave, cuja invalidez ou deficiência tenha ocorrido antes da data do óbito, observado o disposto no § 1º do art. 17. *(Redação dada pelo Decreto 10.410/2020)*

Parágrafo único. (Revogado pelo Decreto 6.722, de 30/12/2008).

§ 1º A invalidez será reconhecida pela Perícia Médica Federal e a deficiência, por meio de avaliação biopsicossocial realizada por equipe multiprofissional e interdisciplinar. *(Acrescido pelo Decreto 10.410/2020)*

§ 2º A condição do dependente inválido ou com deficiência intelectual, mental ou grave poderá ser reconhecida previamente ao óbito do segurado e, quando necessário, ser reavaliada quando da concessão do benefício. *(Acrescido pelo Decreto 10.410/2020)*

Art. 109. O pensionista inválido fica obrigado, sob pena de suspensão do benefício, a submeter-se a exame médico a cargo da Perícia Médica Federal, processo de reabilitação profissional a cargo do INSS e tratamento dispensado gratuitamente, exceto o cirúrgico e a transfusão de sangue, que são facultativos. *(Redação dada pelo Decreto 10.410/2020)*

§ 1º O pensionista inválido que não tenha retornado à atividade estará isento do exame de que trata o *caput* a partir dos sessenta anos de idade. *(Acrescido pelo Decreto 10.410/2020)*

§ 2º A isenção de que trata o § 1º não se aplica quando o exame tiver a finalidade de: *(Acrescido pelo Decreto 10.410/2020)*

I - verificar a recuperação da capacidade de trabalho, em razão de solicitação do pensionista que se julgar apto; e

II - subsidiar autoridade judiciária na concessão de curatela, nos termos do disposto no art. 162.

§ 3º O pensionista inválido, ainda que tenha implementado a condição de que trata o § 1º, será submetido ao exame médico-pericial de que trata este artigo quando necessário para apuração de fraude. *(Acrescido pelo Decreto 10.410/2020)*

Art. 110. O cônjuge ausente somente fará jus ao benefício a partir da data de sua habilitação e mediante prova de dependência econômica, não excluindo do direito a companheira ou o companheiro.

Art. 111. O cônjuge divorciado ou separado judicialmente ou de fato, que recebia pensão de alimentos, receberá a pensão em igualdade de condições com os demais dependentes referidos no inciso I do art. 16.

Parágrafo único. Na hipótese de o segurado estar, na data do seu óbito, obrigado por determinação judicial a pagar alimentos temporários a ex-cônjuge ou a ex-companheiro ou ex-companheira, a pensão por morte será devida pelo prazo remanescente na data do óbito, caso não incida outra hipótese de cancelamento anterior do benefício. *(Acrescido pelo Decreto 10.410/2020)*

Art. 112. A pensão poderá ser concedida, em caráter provisório, por morte presumida:

I – mediante sentença declaratória de ausência, expedida por autoridade judiciária, a contar da data de sua emissão; ou

II – em caso de desaparecimento do segurado por motivo de catástrofe, acidente ou desastre, a contar da data da ocorrência, mediante prova hábil.

Parágrafo único. Verificado o reaparecimento do segurado, o pagamento da pensão cessa imediatamente, ficando os dependentes desobrigados da reposição dos valores recebidos, salvo má-fé.

Art. 113. A pensão por morte, havendo mais de um pensionista, será rateada entre todos, em partes iguais.

§ 1º Na hipótese prevista no § 2º do art. 106, enquanto o dependente inválido ou com deficiência intelectual, mental ou grave mantiver essa condição, independentemente do número de dependentes habilitados ao benefício, o valor da pensão será rateado entre todos os dependentes em partes iguais. *(Acrescido pelo Decreto 10.410/2020)*

§ 2º Na hipótese de deixar de haver dependente inválido ou com deficiência intelectual, mental ou grave, o valor da pensão será recalculado na forma prevista no *caput* do art. 106 e rateado de acordo com o disposto no *caput*. *(Acrescido pelo Decreto 10.410/2020)*

§ 3º As cotas por dependente cessarão com a perda dessa qualidade e não serão reversíveis aos demais dependentes, preservado o valor de cem por cento da pensão por morte quando o número de dependentes remanescentes for igual ou superior a cinco. *(Acrescido pelo Decreto 10.410/2020)*

Art. 114. O pagamento da cota individual da pensão por morte cessa:

I – pela morte do pensionista;

II - para o filho, o enteado, o menor tutelado ou o irmão, de ambos os sexos, ao completar vinte e um anos de idade, exceto se o pensionista for inválido ou tiver deficiência intelectual, mental ou grave; *(Redação dada pelo Decreto 10.410/2020)*

III - para o filho, o enteado, o menor tutelado ou o irmão inválido, pela cessação da invalidez; *(Redação dada pelo Decreto 10.410/2020)*

III-A - para o filho, o enteado, o menor tutelado ou o irmão que tenha deficiência intelectual, mental ou grave, pelo afastamento da deficiência; *(Acrescido pelo Decreto 10.410/2020)*

IV – pela adoção, para o filho adotado que receba pensão por morte dos pais biológicos. (Inciso acrescido pelo Decreto nº 5.545, de 22/9/2005)

V - para o cônjuge ou o companheiro ou a companheira: *(Acrescido pelo Decreto 10.410/2020)*

a) se inválido ou com deficiência, pela cessação da invalidez ou pelo afastamento da deficiência, respeitados os períodos mínimos decorrentes da aplicação do disposto nas alíneas "b" e "c";

b) em quatro meses, se o óbito ocorrer sem que o segurado tenha vertido dezoito contribuições mensais ou se o casamento ou a união estável tiver sido iniciado a menos de dois anos antes do óbito do segurado; ou

c) transcorridos os seguintes períodos, estabelecidos de acordo com a idade do beneficiário na data de óbito do segurado, se o óbito ocorrer depois de vertidas dezoito contribuições mensais e de, no mínimo, dois anos de casamento ou união estável:

1. três anos, com menos de vinte e um anos de idade;

2. seis anos, entre vinte e um e vinte e seis anos de idade;

3. dez anos, entre vinte e sete e vinte e nove anos de idade;

4. quinze anos, entre trinta e quarenta anos de idade;

5. vinte anos, entre quarenta e um e quarenta e três anos de idade; ou

6. vitalícia, com quarenta e quatro ou mais anos de idade;

VI - pela perda do direito na forma do disposto nos § 4º e § 5º do art. 105; e *(Acrescido pelo Decreto 10.410/2020)*

VII - pelo decurso do prazo remanescente na data do óbito estabelecido na determinação judicial para recebimento de pensão de alimentos temporários para o ex-cônjuge ou o ex-companheiro ou a ex-companheira, caso não incida outra hipótese de cancelamento anterior do benefício. *(Acrescido pelo Decreto 10.410/2020)*

§ 1º Com a extinção da cota do último pensionista, a pensão por morte será encerrada. (Parágrafo único renumerado pelo Decreto nº 5.545, de 22/9/2005)

§ 2º Não se aplica o disposto no inciso IV do *caput* quando o cônjuge ou companheiro adota o filho do outro. (Parágrafo acrescido pelo Decreto nº 5.545, de 22/9/2005)

§ 3º Serão aplicados, conforme o caso, o disposto na alínea "a" ou na alínea "c" do inciso V do *caput* se o óbito do segurado decorrer de acidente de qualquer natureza ou de doença profissional ou do trabalho, independentemente do recolhimento de dezoito contribuições mensais ou da comprovação de dois anos de casamento ou de união estável. *(Acrescido pelo Decreto 10.410/2020)*

§ 4º O tempo de contribuição para regime próprio de previdência social, utilizado na forma prevista no art. 125, será considerado na contagem das dezoito contribuições mensais de que tratam as alíneas "b" e "c" do inciso V do *caput*. *(Acrescido pelo Decreto 10.410/2020)*

§ 5º Na hipótese de haver fundados indícios de autoria, coautoria ou participação de dependente, ressalvados os absolutamente incapazes e os inimputáveis, em homicídio, ou em tentativa desse crime, cometido contra a pessoa do segurado, será possível a suspensão provisória de sua parte no benefício de pensão por morte, por meio de processo administrativo próprio, respeitados os direitos à ampla defesa e ao contraditório, e, na hipótese de absolvição, serão devidas as parcelas corrigidas desde a data da suspensão e a reativação imediata do benefício. *(Acrescido pelo Decreto 10.410/2020)*

§ 6º Para os fins do disposto na alínea "c" do inciso V do *caput*, após o transcurso de, no mínimo, três anos e desde que nesse período se verifique o incremento mínimo de um ano inteiro na média nacional única, para ambos os sexos, correspondente à expectativa de sobrevida da população brasileira ao nascer, poderão ser estabelecidos, em números inteiros, novas idades, em ato do Ministro de Estado da Economia, limitado o acréscimo à comparação com as idades anteriores ao referido incremento. *(Acrescido pelo Decreto 10.410/2020)*

Art. 115. A cota do filho, do enteado, do menor tutelado ou do irmão dependente que se tornar inválido ou pessoa com deficiência intelectual, mental ou grave antes de completar vinte e um anos de idade não será extinta se confirmada a invalidez ou a deficiência nos termos do disposto no § 1º do art. 108. *(Redação dada pelo Decreto 10.410/2020)*

SUBSEÇÃO X
DO AUXÍLIO-RECLUSÃO

Art. 116. O auxílio-reclusão, cumprida a carência prevista no inciso IV do *caput* do art. 29, será devido, nas condições da pensão por morte, aos dependentes do segurado de baixa renda recolhido à prisão em regime fechado que não receber remuneração da empresa nem estiver em gozo de auxílio por incapacidade temporária, de pensão por morte, de salário-maternidade, de aposentadoria ou de abono de permanência em serviço. *(Redação dada pelo Decreto 10.410/2020)*

- Portaria ME/SEPT 477, de 12 de janeiro de 2021: Art. A partir de 1º de janeiro de 2021, o salário de benefício e o salário de contribuição não poderão ser inferiores a R$ 1.100,00 (um mil e cem reais), nem superiores a R$ 6.433,57 (seis mil quatrocentos e trinta e três reais e cinquenta e sete centavos).

§ 1º Para fins de concessão do benefício de que trata este artigo, considera-se segurado de baixa renda aquele que tenha renda bruta mensal igual ou inferior a R$ 1.425,56 (um mil quatrocentos e vinte e cinco reais e cinquenta e seis centavos), corrigidos pelos mesmos índices de reajuste aplicados aos benefícios do RGPS, calculada com base na média aritmética simples dos salários de contribuição apurados no período dos doze meses anteriores ao mês do recolhimento à prisão. *(Redação dada pelo Decreto 10.410/2020)*

§ 2º O requerimento do auxílio-reclusão será instruído com certidão judicial que ateste o recolhimento efetivo à prisão e será obrigatória a apresentação de prova de permanência na condição de presidiário para a manutenção do benefício. *(Redação dada pelo Decreto 10.410/2020)*

§ 2º-A. O INSS celebrará convênios com os órgãos públicos responsáveis pelo cadastro dos presos para obter informações sobre o recolhimento à prisão. *(Acrescido pelo Decreto 10.410/2020)*

§ 2º-B. A certidão judicial e a prova de permanência na condição de presidiário serão substituídas pelo acesso à base de dados, por meio eletrônico, a ser disponibilizada pelo Conselho Nacional de Justiça, com dados cadastrais que assegurem a identificação plena do segurado e da sua condição de presidiário. *(Acrescido pelo Decreto 10.410/2020)*

§ 3º Aplicam-se ao auxílio-reclusão as normas referentes à pensão por morte e, no caso de qualificação de cônjuge ou companheiro ou companheira após a prisão do segurado, o benefício será devido a partir da data de habilitação, desde que comprovada a preexistência da dependência econômica. *(Redação dada pelo Decreto 10.410/2020)*

§ 4º A data de início do benefício será: *(Redação dada pelo Decreto 10.410/2020)*

I - a do efetivo recolhimento do segurado à prisão, se o benefício for requerido no prazo de cento e oitenta dias, para os filhos menores de dezesseis anos, ou de noventa dias, para os demais dependentes; ou *(Acrescido pelo Decreto 10.410/2020)*

II - a do requerimento, se o benefício for requerido após os prazos a que se refere o inciso I. *(Acrescido pelo Decreto 10.410/2020)*

§ 5º O auxílio-reclusão será devido somente durante o período em que o segurado estiver recolhido à prisão sob regime fechado. *(Redação dada pelo Decreto 10.410/2020)*

§ 6º O exercício de atividade remunerada iniciado após a prisão do segurado recluso em cumprimento de pena em regime fechado não acarreta a perda do direito ao recebimento do auxílio-reclusão para os seus dependentes. *(Redação dada pelo Decreto 10.410/2020)*

Art. 117. O valor do auxílio-reclusão será apurado na forma estabelecida para o cálculo da pensão por morte, não poderá exceder o valor de um salário-mínimo e será mantido enquanto o segurado permanecer em regime fechado. *(Redação dada pelo Decreto 10.410/2020)*

§ 1º Até que o acesso à base de dados a que se refere o § 2º-B do art. 116 seja disponibilizado pelo Conselho Nacional de Justiça, o beneficiário apresentará trimestralmente atestado de que o segurado continua em regime fechado, que deverá ser firmado pela autoridade competente. *(Redação dada pelo Decreto 10.410/2020)*

§ 2º No caso de fuga, o benefício será suspenso e, se houver recaptura do segurado, será restabelecido a contar da data em que esta ocorrer, desde que esteja ainda mantida a qualidade de segurado.

§ 3º Se houver exercício de atividade dentro do período de fuga, o mesmo será considerado para a verificação da perda ou não da qualidade de segurado.

Art. 118. Na hipótese de óbito do segurado recluso, o auxílio-reclusão que estiver sendo pago será cessado e será concedida a pensão por morte em conformidade com o disposto nos art. 105 ao art. 115. *(Redação dada pelo Decreto 10.410/2020)*

Parágrafo único. Não havendo concessão de auxílio-reclusão, em razão da não comprovação da baixa renda, será devida pensão por morte aos dependentes se o óbito do segurado tiver ocorrido no prazo previsto no inciso IV do *caput* do art. 13. *(Redação dada pelo Decreto 10.410/2020)*

Art. 119. É vedada a concessão do auxílio-reclusão após a soltura do segurado.

SUBSEÇÃO XI
DO ABONO ANUAL

Art. 120. Será devido abono anual ao segurado e ao dependente que, durante o ano, receberam auxílio por incapacidade temporária, auxílio-acidente, aposentadoria, salário-maternidade, pensão por morte ou auxílio-reclusão. *(Redação dada pelo Decreto 10.410/2020)*

§ 1º O abono anual será calculado, no que couber, da mesma forma que a gratificação natalina dos trabalhadores e terá por base o valor da renda mensal do benefício do mês de dezembro de cada ano e o seu pagamento será efetuado em duas parcelas, da seguinte forma: *(Redação dada pelo Decreto 10.410/2020)*

I - a primeira parcela corresponderá a até cinquenta por cento do valor do benefício devido no mês de agosto e será paga juntamente com os benefícios dessa competência; e *(Acrescido pelo Decreto 10.410/2020)*

II - a segunda parcela corresponderá à diferença entre o valor total do abono anual e o valor da primeira parcela e será paga juntamente com os benefícios da competência de novembro. *(Acrescido pelo Decreto 10.410/2020)*

§ 2º O valor do abono anual correspondente ao período de duração do salário-maternidade será pago, em cada exercício, juntamente com a última parcela do benefício nele devida. (Parágrafo acrescido pelo Decreto nº 4.032, de 26/11/2001)

CAPÍTULO III
DO RECONHECIMENTO DA FILIAÇÃO

**SEÇÃO ÚNICA
DO RECONHECIMENTO DO
TEMPO DE CONTRIBUIÇÃO
(Redação dada pelo Decreto 10.410/2020)**

Art. 121. Reconhecimento do tempo de contribuição é o direito de o segurado ter reconhecido, em qualquer época, o tempo de exercício de atividade anteriormente abrangida pela previdência social, observado o disposto no art. 122. *(Redação dada pelo Decreto 10.410/2020)*

SUBSEÇÃO I
DA INDENIZAÇÃO

Art. 122. O reconhecimento do tempo de contribuição no período em que o exercício de atividade remunerada não exigia filiação obrigatória à previdência social somente será feito por meio de indenização das contribuições relativas ao respectivo período, conforme o disposto no § 7º e nos § 9º ao § 14 do art. 216 e nos § 8º e § 8º-A do art. 239. *(Redação dada pelo Decreto 10.410/2020)*

§ 1º O valor a ser indenizado poderá ser objeto de parcelamento por solicitação do segurado à Secretaria Especial da Receita Federal do Brasil do Ministério da Economia, observado o disposto no § 1º do art. 128. *(Redação dada pelo Decreto 10.410/2020)*

§ 2º *(Revogado pelo Decreto 10.410/2020)*

Art. 123. Para fins de contagem recíproca, o tempo de serviço prestado pelo trabalhador rural anteriormente à competência novembro de 1991 somente será reconhecido por meio da indenização de que trata o § 13 do art. 216, observado o disposto nos § 8º e § 8º-A do art. 239. *(Redação dada pelo Decreto 10.410/2020)*

Parágrafo único. *(Revogado pelo Decreto 10.410/2020)*

SUBSEÇÃO II
DA RETROAÇÃO DA DATA DO INÍCIO DAS CONTRIBUIÇÕES

Art. 124. Caso o segurado contribuinte individual manifeste interesse em recolher contribuições relativas a período anterior à sua inscrição, a retroação da data do início das contribuições será autorizada, desde que comprovado o exercício de atividade remunerada no respectivo período, observado o disposto no § 7º e nos § 9º ao § 14 do art. 216 e nos § 8º e § 8º-A do art. 239. *(Redação dada pelo Decreto 10.410/2020)*

Parágrafo único. O valor do débito poderá ser objeto de parcelamento desde que solicitado pelo segurado à Secretaria Especial da Receita Federal do Brasil do Ministério da Economia. *(Redação dada pelo Decreto 10.410/2020)*

CAPÍTULO IV
DA CONTAGEM RECÍPROCA DE TEMPO DE CONTRIBUIÇÃO

Art. 125. Para efeito de contagem recíproca, hipótese em que os diferentes sistemas de previdência social ou proteção social se compensarão financeiramente, fica assegurado: *(Redação dada pelo Decreto 10.410/2020)*

I - o cômputo do tempo de contribuição na administração pública e de serviço militar exercido nas atividades de que tratam os art. 42, art. 142 e art. 143 da Constituição, para fins de concessão de benefícios previstos no RGPS, inclusive de aposentadoria em decorrência de tratado, convenção ou acordo internacional; e *(Redação dada pelo Decreto 10.410/2020)*

II - para fins de emissão de certidão de tempo de contribuição, pelo INSS, para utilização no serviço público ou para inativação militar, o cômputo do tempo de contribuição na atividade privada, rural e urbana, observado o disposto nos § 4º e § 4º-A deste artigo, no art. 123, no § 13 do art. 216 e nos § 8º e § 8º-A do art. 239. *(Redação dada pelo Decreto 10.410/2020)*

§ 1º Para os fins deste artigo, é vedada: (Redação dada pelo Decreto nº 8.145, de 2013)

I - conversão do tempo de contribuição exercido em atividade sujeita à condições especiais, nos termos do disposto no art. 66; *(Redação dada pelo Decreto 10.410/2020)*

II – conversão do tempo cumprido pelo segurado com deficiência, reconhecida na forma do art. 70-D, em tempo de contribuição comum; e (Redação dada pelo Decreto nº 8.145, de 2013)

III – a contagem de qualquer tempo de serviço fictício. (Redação dada pelo Decreto nº 8.145, de 2013)

§ 2º Admite-se a aplicação da contagem recíproca de tempo de contribuição no âmbito dos tratados, convenções ou acordos internacionais de previdência social. (Parágrafo com nova redação dada pelo Decreto nº 6.042, de 12/2/2007))

§ 3º É permitida a emissão de certidão de tempo de contribuição para períodos de contribuição posteriores à data da aposentadoria no RGPS, observado o disposto no art. 19-E. *(Redação dada pelo Decreto 10.410/2020)*

§ 4º Para efeito de contagem recíproca, o período em que os segurados contribuinte individual e facultativo tiverem contribuído na forma prevista no art. 199-A só será computado se forem complementadas as contribuições na forma prevista no § 2º do referido artigo. *(Redação dada pelo Decreto 10.410/2020)*

§ 4º-A. Para efeito de contagem recíproca, a partir de 14 de novembro de 2019, somente serão consideradas as competências cujos salários de contribuição tenham valor igual ou superior ao limite mínimo mensal do salário de contribuição para o RGPS, observado o disposto no art. 19-E. *(Acrescido pelo Decreto 10.410/2020)*

§ 5º A certidão referente ao tempo de contribuição com deficiência deverá identificar os períodos com deficiência e seus graus. (Incluído pelo Decreto nº 8.145, de 2013)

Art. 126. O segurado terá direito de computar, para fins de concessão dos benefícios do Regime Geral de Previdência Social, o tempo de contribuição na administração pública federal direta, autárquica e fundacional. (*Caput* do artigo com redação dada pelo Decreto nº 3.112, de 6/7/1999)

Parágrafo único. Poderá ser contado o tempo de contribuição na administração pública direta, autárquica e fundacional dos Estados, do Distrito Federal e dos Municípios, desde que estes assegurem aos seus servidores, mediante legislação própria, a contagem de tempo de contribuição em atividade vinculada ao Regime Geral de Previdência Social.

Art. 127. O tempo de contribuição de que trata este Capítulo será contado de acordo com a legislação pertinente, observadas as seguintes normas:

I – não será admitida a contagem em dobro ou em outras condições especiais;

II – é vedada a contagem de tempo de contribuição no serviço público com o de contribuição na atividade privada, quando concomitantes;

III – não será contado por um regime o tempo de contribuição utilizado para concessão de aposentadoria por outro regime;

IV - o tempo de contribuição anterior ou posterior à obrigatoriedade de filiação à previdência social só será contado por meio de indenização da contribuição correspondente ao período respectivo, com acréscimo de juros moratórios de cinco décimos por cento ao mês, capitalizados anualmente, e multa de dez por cento, observado o disposto nos § 8º e § 8º-A do art. 239; *(Redação dada pelo Decreto 10.410/2020)*

V - é vedada a emissão de certidão de tempo de contribuição com o registro exclusivo de tempo de serviço sem a comprovação de contribuição efetiva, exceto para segurado empregado, empregado doméstico, trabalhador avulso e, a partir de 1º de abril de 2003, para o contribuinte individual que preste serviço a empresa obrigada a arrecadar a contribuição a seu cargo, observado o disposto no art. 5º da Lei nº 10.666, de 2003; *(Redação dada pelo Decreto 10.410/2020)*

VI - para ex-servidor público, a certidão de tempo de contribuição somente poderá ser emitida por regime próprio de previdência social; *(Acrescido pelo Decreto 10.410/2020)*

VII - é vedada a contagem recíproca de tempo de contribuição do RGPS por regime próprio de previdência social sem a emissão da certidão de tempo de contribuição correspondente, ainda que o tempo de contribuição referente ao RGPS tenha sido prestado pelo servidor público ao próprio ente instituidor; *(Acrescido pelo Decreto 10.410/2020)*

VIII - é vedada a desaverbação de tempo em regime próprio de previdência social quando o tempo averbado tiver gerado a concessão de vantagens remuneratórias ao servidor público em atividade; e *(Acrescido pelo Decreto 10.410/2020)*

IX - para fins de elegibilidade às aposentadorias especiais referidas no § 4º do art. 40 e no § 1º do art. 201 da Constituição, os períodos reconhecidos pelo regime previdenciário de origem como de tempo especial sem conversão em tempo comum deverão estar incluídos nos períodos de contribuição compreendidos na certidão de tempo de contribuição e discriminados de data a data. *(Acrescido pelo Decreto 10.410/2020)*

Parágrafo único. O disposto no inciso V do *caput* não se aplica ao tempo de serviço anterior à edição da Emenda Constitucional nº 20, de 15 de dezembro de 1998, que tenha sido equiparado por lei a tempo de contribuição. *(Acrescido pelo Decreto 10.410/2020)*

Art. 128. A certidão de tempo de contribuição anterior ou posterior à filiação obrigatória à previdência social somente será expedida mediante a observância do disposto nos arts. 122 e 124.

§ 1º A certidão de tempo de contribuição, para fins de averbação do tempo em outros regimes de previdências, somente será expedida pelo Instituto Nacional de Seguro Social após a comprovação da quitação de todos os valores devidos, inclusive de eventuais parcelamentos de débitos.

§ 2º (Revogado pelo Decreto nº 3.265, de 29/11/1999)

§ 3º A certidão de tempo de contribuição referente a período de atividade rural anterior à competência novembro de 1991 somente será emitida por meio da comprovação do recolhimento das contribuições correspondentes ou da indenização, na forma prevista nos § 13 e § 14 do art. 216, observado o disposto nos § 8º e § 8º-A do art. 239. *(Redação dada pelo Decreto 10.410/2020)*

Art. 129. O segurado em gozo de auxílio-acidente, auxílio-suplementar ou abono de permanência em serviço terá o benefício encerrado na data da emissão da certidão de tempo de contribuição. (Artigo com redação dada pelo Decreto nº 4.729, de 9/6/2003)

Art. 130. O tempo de contribuição para regime próprio de previdência social ou para Regime Geral de Previdência Social deve ser provado com certidão fornecida: (*Caput* do artigo com redação dada pelo Decreto nº 6.722, de 30/12/2008)

I – pela unidade gestora do regime próprio de previdência social ou pelo setor competente da administração federal, estadual, do Distrito Federal e municipal, suas autarquias e fundações, desde que devidamente homologada pela unidade gestora do regime próprio, relativamente ao tempo de contribuição para o respectivo regime próprio de previdência social; ou (Inciso com redação dada pelo Decreto nº 6.722, de 30/12/2008)

II – pelo setor competente do Instituto Nacional do Seguro Social, relativamente ao tempo de contribuição para o Regime Geral de Previdência Social. (Inciso com redação dada pelo Decreto nº 3.668, de 22/11/2000)

§ 1º O setor competente do INSS promoverá o levantamento do tempo de contribuição ao RGPS, com base na documentação apresentada, observado o disposto no art. 19. *(Redação dada pelo Decreto 10.410/2020)*

§ 2º O setor competente do órgão federal, estadual, do Distrito Federal ou municipal deverá promover o levantamento do tempo de contribuição para o respectivo regime próprio de previdência social à vista dos assentamentos funcionais.

§ 3º Após as providências de que tratam os §§ 1º e 2º, e observado, quando for o caso, o disposto no § 9º, os setores competentes deverão emitir certidão de tempo de contribuição, sem rasuras, constando, obrigatoriamente: (*Caput* do parágrafo com redação dada pelo Decreto nº 3.668, de 22/11/2000)

I – órgão expedidor;

II – nome do servidor, seu número de matrícula, RG, CPF, sexo, data de nascimento, filiação, número do PIS ou PASEP, e, quando for o caso, cargo efetivo, lotação, data de admissão e data de exoneração ou emissão; (Inciso com redação dada pelo Decreto nº 6.722, de 30/12/2008)

III – período de contribuição, de data a data, compreendido na certidão;

IV – fonte de informação;

V – discriminação da frequência durante o período abrangido pela certidão, indicadas as várias alterações, tais como faltas, licenças, suspensões e outras ocorrências;

VI – soma do tempo líquido;

VII – declaração expressa do servidor responsável pela certidão, indicando o tempo líquido de efetiva contribuição em dias, ou anos, meses e dias;

VIII – assinatura do responsável pela certidão e do dirigente do órgão expedidor e, no caso de ser emitida por outro órgão da administração do ente federativo, homologação da unidade gestora do regime próprio de previdência social; (Inciso com redação dada pelo Decreto nº 6.722, de 30/12/2008)

IX – indicação da lei que assegure, aos servidores do Estado, do Distrito Federal ou do Município, aposentadorias por invalidez, idade, tempo de contribuição e compulsória, e pensão por morte, com aproveitamento de tempo de contribuição prestado em atividade vinculada ao Regime Geral de Previdência Social.

§ 4º A certidão de tempo de contribuição deverá ser expedida em duas vias, das quais a primeira será fornecida ao interessado, mediante recibo passado na segunda via, implicando sua concordância quanto ao tempo certificado.

§§ 5º e 6º (Revogados pelo Decreto 6.722, de 30/12/2013).

§ 7º Quando solicitado pelo segurado que exerce cargos constitucionalmente acumuláveis, é permitida a emissão de certidão única com destinação do tempo de contribuição para, no máximo, dois órgãos distintos.

§ 8º Na situação do parágrafo anterior, a certidão de tempo de contribuição deverá ser expedida em três vias, das quais a primeira e a segunda serão fornecidas ao interessado, mediante recibo passado na terceira via, implicando sua concordância quanto ao tempo certificado.

§ 9º A certidão só poderá ser fornecida para os períodos de efetiva contribuição para o Regime Geral de Previdência Social, devendo ser excluídos aqueles para os quais não tenha havido contribuição, salvo se recolhida na forma dos §§ 7º a 14 do art. 216. (Parágrafo acrescido pelo Decreto nº 3.668, de 22/11/2000)

§ 10. Poderá ser emitida, por solicitação do segurado, certidão de tempo de contribuição para período fracionado. (Parágrafo acrescido pelo Decreto nº 3.668, de 22/11/2000)

§ 11. Na hipótese do parágrafo anterior, a certidão conterá informação de todo o tempo de contribuição ao Regime Geral de Previdência Social e a indicação dos períodos a serem aproveitados no regime próprio de previdência social. (Parágrafo acrescido pelo Decreto nº 3.668, de 22/11/2000)

§ 12. É vedada a contagem de tempo de contribuição de atividade privada com a do serviço público ou de mais de uma atividade no serviço público, quando concomitantes, ressalvados os casos de acumulação de cargos ou empregos públicos admitidos pela Constituição. (Parágrafo acrescido pelo Decreto nº 3.668, de 22/11/2000 e com nova redação dada pelo Decreto nº 6.722, de 30/12/2008)

§ 13. Em hipótese alguma será expedida certidão de tempo de contribuição para período que já tiver sido utilizado para a concessão de aposentadoria, em qualquer regime de previdência social. (Parágrafo acrescido pelo Decreto nº 3.668, de 22/11/2000)

§ 14. A certidão de que trata o § 3º deverá vir acompanhada de relação dos valores das remunerações, por competência, que serão utilizados para fins de cálculo dos proventos da aposentadoria. (Parágrafo acrescido pelo Decreto nº 6.722, de 30/12/2008)

§ 15. O tempo de serviço considerado para efeito de aposentadoria e cumprido até 15 de dezembro de 1998 será contado como tempo de contribuição. (Parágrafo acrescido pelo Decreto nº 6.722, de 30/12/2008)

§ 16. Caberá revisão da certidão de tempo de contribuição, inclusive de ofício, quando constatado erro material, vedada à destinação da certidão a órgão diverso daquele a que se destinava originariamente. (Parágrafo acrescido pelo Decreto nº 6.722, de 30/12/2008)

Art. 131. Concedido o benefício, caberá:

I – ao Instituto Nacional do Seguro Social comunicar o fato ao órgão público emitente da certidão, para as anotações nos registros funcionais e/ou na segunda via da certidão de tempo de contribuição; e

II – ao órgão público comunicar o fato ao Instituto Nacional do Seguro Social, para efetuar os registros cabíveis.

Art. 132. O tempo de contribuição na administração pública federal, estadual, distrital ou municipal de que trata este Capítulo será considerado para efeito do percentual de acréscimo previsto no inciso I do *caput* do art. 44, no art. 53, no § 1º do art. 54, no art. 67, no inciso II do *caput* do art. 70-J, no § 3º do art. 188-H, no 4º do art. 188-I, no § 3º do art. 188-J, no § 4º do art. 188-M, no § 3º do art. 188-N e no § 3º do art. 188-P. *(Redação dada pelo Decreto 10.410/2020)*

Art. 133. O tempo de contribuição certificado na forma deste Capítulo produz, no Instituto Nacional do Seguro Social e nos órgãos ou autarquias federais, estaduais, do Distrito Federal ou municipais, todos os efeitos previstos na respectiva legislação pertinente.

Art. 134. As aposentadorias e demais benefícios resultantes da contagem de tempo de contribuição na forma deste Capítulo serão concedidos e pagos pelo regime a que o interessado pertencer ao requerê-los e o seu valor será calculado na forma da legislação pertinente.

Art. 135. (Revogado pelo Decreto nº 5.545, de 22/9/2005)

CAPÍTULO V
DA HABILITAÇÃO E DA REABILITAÇÃO PROFISSIONAL

Art. 136. A assistência (re)educativa e de (re) adaptação profissional, instituída sob a denominação genérica de habilitação e reabilitação profissional, visa proporcionar aos beneficiários, incapacitados parcial ou totalmente para o trabalho, em caráter obrigatório, independentemente de carência, e às pessoas portadoras de deficiência, os meios indicados para proporcionar o reingresso no mercado de trabalho e no contexto em que vivem.

§ 1º Cabe ao Instituto Nacional do Seguro Social promover a prestação de que trata este artigo aos segurados, inclusive aposentados, e, de acordo com as possibilidades administrativas, técnicas, financeiras e as condições locais do órgão, aos seus dependentes, preferencialmente mediante a contratação de serviços especializados.

§ 2º As pessoas portadoras de deficiência serão atendidas mediante celebração de convênio de cooperação técnico-financeira.

Art. 137. O processo de habilitação e de reabilitação profissional do beneficiário será desenvolvido por meio das funções básicas de:

I – avaliação do potencial laborativo; (Inciso com redação dada pelo Decreto nº 3.668, de 22/11/2000)

II – orientação e acompanhamento da programação profissional;

III – articulação com a comunidade, inclusive mediante a celebração de convênio para reabilitação física restrita a segurados que cumpriram os pressupostos de elegibilidade ao programa de reabilitação profissional, com vistas ao reingresso no mercado de trabalho; e (Inciso com redação dada pelo Decreto nº 4.729, de 9/6/2003)

IV – acompanhamento e pesquisa da fixação no mercado de trabalho.

§ 1º A execução das funções de que trata o *caput* será realizada, preferencialmente, por meio do trabalho de equipe multiprofissional especializada, sempre que possível, na localidade do domicílio do beneficiário, ressalvadas as situações excepcionais em que ele tenha direito à reabilitação profissional fora dela. *(Redação dada pelo Decreto 10.410/2020)*

§ 1º-A. A avaliação da elegibilidade do segurado para encaminhamento à reabilitação profissional, a reavaliação da incapacidade de segurados em programa de reabilitação profissional e a prescrição de órteses, próteses e meios auxiliares de locomoção e acessórios serão realizadas pela Perícia Médica Federal. *(Acrescido pelo Decreto 10.410/2020)*

§ 2º Quando indispensáveis ao desenvolvimento do processo de reabilitação profissional, o Instituto Nacional do Seguro Social fornecerá aos segurados, inclusive aposentados, em caráter obrigatório, prótese e órtese, seu reparo ou substituição, instrumentos de auxílio para locomoção, bem como equipamentos necessários à habilitação e à reabilitação profissional, transporte urbano e alimentação e, na medida das possibilidades do Instituto, aos seus dependentes.

§ 3º No caso das pessoas portadoras de deficiência, a concessão dos recursos materiais referidos no parágrafo anterior ficará condicionada à celebração de convênio de cooperação técnico-financeira.

§ 4º O Instituto Nacional do Seguro Social não reembolsará as despesas realizadas com a aquisição de órtese ou prótese e outros recursos materiais não prescritos ou não autorizados por suas unidades de reabilitação profissional.

Art. 138. Cabe à unidade de reabilitação profissional encaminhar para avaliação médico-pericial a ocorrência de que trata o § 2º do art. 337. *(Redação dada pelo Decreto 10.410/2020)*

Art. 139. A programação profissional será desenvolvida mediante cursos e/ou treinamentos, na comunidade, por meio de contratos, acordos e convênios com instituições e empresas públicas ou privadas, na forma do art. 317.

§ 1º O treinamento do reabilitando, quando realizado em empresa, não estabelece qualquer vínculo empregatício ou funcional entre o reabilitando e a empresa, bem como entre estes e o Instituto Nacional do Seguro Social.

§ 2º Compete ao reabilitando, além de acatar e cumprir as normas estabelecidas nos contratos, acordos ou convênios, pautar-se no regulamento daquelas organizações.

Art. 140. Concluído o processo de reabilitação profissional, o Instituto Nacional do Seguro Social emitirá certificado individual indicando a função para a qual o reabilitando foi capacitado profissionalmente, sem prejuízo do exercício de outra para a qual se julgue capacitado.

§ 1º Não constitui obrigação da previdência social a manutenção do segurado no mesmo emprego ou a sua colocação em outro para o qual foi reabilitado, cessando o processo de reabilitação profissional com a emissão de certificado a que se refere o *caput*.

§ 2º Cabe à previdência social a articulação com a comunidade, com vistas ao levantamento da oferta do mercado de trabalho, ao direcionamento da programação profissional e à possibilidade de reingresso do reabilitando no mercado formal.

§ 3º O acompanhamento e a pesquisa de que trata o inciso IV do art. 137 é obrigatório e tem como finalidade a comprovação da efetividade do processo de reabilitação profissional.

Art. 141. A empresa com cem ou mais empregados está obrigada a preencher de dois por cento a cinco por cento de seus cargos com beneficiários reabilitados ou pessoas portadoras de deficiência, habilitadas, na seguinte proporção:

I – até duzentos empregados, dois por cento;

II – de duzentos e um a quinhentos empregados, três por cento;

III – de quinhentos e um a mil empregados, quatro por cento; ou

IV – mais de mil empregados, cinco por cento.

§ 1º A dispensa de pessoa com deficiência ou de beneficiário reabilitado pela previdência social ao final de contrato por prazo determinado de mais de noventa dias e a dispensa imotivada em contrato por prazo indeterminado somente poderão ocorrer após a contratação de outro trabalhador com deficiência ou beneficiário reabilitado pela previdência social. *(Redação dada pelo Decreto 10.410/2020)*

§ 2º (Revogado pelo Decreto nº 3.298, de 20/12/1999)

§ 3º À Secretaria Especial de Previdência e Trabalho do Ministério da Economia compete estabelecer a sistemática de fiscalização e gerar dados e estatísticas sobre o total de empregados e as vagas preenchidas por pessoas com deficiência e por beneficiários reabilitados pela previdência social, além de fornecê-los, quando solicitados, aos sindicatos, às entidades representativas dos empregados ou aos cidadãos interessados. *(Acrescido pelo Decreto 10.410/2020)*

§ 4º Para a reserva de cargos será considerada somente a contratação direta de pessoa com deficiência, excluído o aprendiz com deficiência de que trata a Consolidação das Leis do Trabalho, aprovada pelo Decreto-Lei nº 5.452, de 1943. *(Acrescido pelo Decreto 10.410/2020)*

CAPÍTULO VI
DA JUSTIFICAÇÃO ADMINISTRATIVA

Art. 142. A justificação administrativa constitui meio para suprir a falta ou a insuficiência de documento ou para produzir prova de fato ou circunstância de interesse dos beneficiários perante a previdência social. *(Redação dada pelo Decreto 10.410/2020)*

§ 1º Não será admitida a justificação administrativa quando o fato a comprovar exigir registro público de casamento, de idade ou de óbito, ou de qualquer ato jurídico para o qual a lei prescreva forma especial.

§ 2º A justificação administrativa é parte do processo de atualização de dados do CNIS ou de reconhecimento de direitos, vedada a sua tramitação na condição de processo autônomo. *(Redação dada pelo Decreto 10.410/2020)*

§ 3º Quando a concessão do benefício depender de documento ou de prova de ato ao qual o segurado não tenha acesso, exceto quanto a registro público ou início de prova material, a justificação administrativa será oportunizada, observado o disposto no art. 151. *(Acrescido pelo Decreto 10.410/2020)*

§ 4º A prova material somente terá validade para a pessoa referida no documento, vedada a sua utilização por outras pessoas. *(Acrescido pelo Decreto 10.410/2020)*

Art. 143. A justificação administrativa ou judicial, para fins de comprovação de tempo de contribuição, dependência econômica, identidade e relação de parentesco, somente produzirá efeito quando for baseada em início de prova material contemporânea dos fatos e não serão admitidas as provas exclusivamente testemunhais. *(Redação dada pelo Decreto 10.410/2020)*

§ 1º Será dispensado o início de prova material quando houver ocorrência de motivo de força maior ou de caso fortuito. *(Redação dada pelo Decreto 10.410/2020)*

§ 2º Caracteriza motivo de força maior ou caso fortuito a verificação de ocorrência notória, tais como incêndio, inundação ou desmoronamento, que tenha atingido a empresa na qual o segurado alegue ter trabalhado, devendo ser comprovada mediante registro da ocorrência policial feito em época própria ou apresentação de documentos contemporâneos dos fatos, e verificada a correlação entre a atividade da empresa e a profissão do segurado.

§ 3º Se a empresa não estiver mais em atividade, deverá o interessado juntar prova oficial de sua existência no período que pretende comprovar.

§ 4º No caso dos segurados empregado doméstico e contribuinte individual, após a homologação do processo, este deverá ser encaminhado ao setor competente de arrecadação para levantamento e cobrança do crédito. (Parágrafo com redação dada pelo Decreto nº 3.265, de 29/11/1999)

Art. 144. A homologação da justificação judicial processada com base em prova exclusivamente testemunhal dispensa a justificação administrativa, desde que complementada com início de prova material contemporânea dos fatos. *(Redação dada pelo Decreto 10.410/2020)*

Parágrafo único. A inclusão, a exclusão, a ratificação e a retificação de vínculos, remunerações e contribuições, ainda que reconhecidos em ação trabalhista transitada em julgado, dependerão da existência de início de prova material contemporânea dos fatos. *(Acrescido pelo Decreto 10.410/2020)*

Art. 145. Para o processamento de justificação administrativa, o interessado deverá apresentar requerimento no qual exponha, clara e minuciosamente, os pontos que pretende justificar, além de indicar testemunhas idôneas, em número não inferior a dois nem superior a seis, cujos depoimentos possam levar à convicção da veracidade do que se pretende comprovar. *(Redação dada pelo Decreto 10.410/2020)*

Parágrafo único. As testemunhas, no dia e no horário marcados, serão inquiridas a respeito dos pontos que forem objeto da justificação de que trata o *caput*. *(Redação dada pelo Decreto 10.410/2020)*

Art. 146. Não podem ser testemunhas:

I e II – *(Revogados pelo Decreto 10.410/2020)*

III – os menores de dezesseis anos; e

IV - o cônjuge, o companheiro ou a companheira, os ascendentes, os descendentes e os colaterais, até o terceiro grau, por consanguinidade ou afinidade. *(Redação dada pelo Decreto 10.410/2020)*

Parágrafo único. A pessoa com deficiência poderá testemunhar em igualdade de condições com as demais pessoas e lhe serão assegurados todos os recursos de tecnologia assistiva. *(Acrescido pelo Decreto 10.410/2020)*

Art. 147. Não caberá recurso da decisão da autoridade competente do Instituto Nacional do Seguro Social que considerar eficaz ou ineficaz a justificação administrativa.

Art. 148. A justificação administrativa será avaliada globalmente quanto à forma e ao mérito, valendo perante o Instituto Nacional do Seguro Social para os fins especificamente visados, caso considerada eficaz.

Art. 149. A justificação administrativa será processada sem ônus para o interessado e nos termos das instruções do Instituto Nacional do Seguro Social.

Art. 150. Aos autores de declarações falsas, prestadas em justificações processadas perante a previdência social, serão aplicadas as penas previstas no art. 299 do Código Penal.

Art. 151. Somente será admitido o processamento de justificação administrativa quando necessário para corroborar o início de prova material apto a demonstrar a plausibilidade do que se pretende comprovar. *(Redação dada pelo Decreto 10.410/2020)*

CAPÍTULO VII
DAS DISPOSIÇÕES DIVERSAS RELATIVAS ÀS PRESTAÇÕES DO REGIME GERAL DE PREVIDÊNCIA SOCIAL

Art. 152. Nenhum benefício ou serviço da previdência social poderá ser criado, majorado ou estendido, sem a correspondente fonte de custeio total.

Art. 153. O benefício concedido a segurado ou dependente não pode ser objeto de penhora, arresto ou sequestro, sendo nula de pleno direito a sua venda ou cessão, ou a constituição de qualquer ônus sobre ele, bem como a outorga de poderes irrevogáveis ou em causa própria para seu recebimento, ressalvado o disposto no art. 154.

Art. 153-A. A concessão de aposentadoria requerida a partir de 14 de novembro de 2019 com utilização de tempo de contribuição decorrente de cargo, emprego ou função pública acarretará o rompimento do vínculo que gerou o referido tempo de contribuição. *(Acrescido pelo Decreto 10.410/2020)*

Parágrafo único. Para fins do disposto no *caput*, após a consolidação da aposentadoria, nos termos do disposto no art. 181-B, o INSS notificará a empresa responsável sobre a aposentadoria do segurado e constarão da notificação as datas de concessão e de início do benefício.

Art. 154. O Instituto Nacional do Seguro Social pode descontar da renda mensal do benefício:

I – contribuições devidas pelo segurado à previdência social;

II - pagamento administrativo ou judicial de benefício previdenciário ou assistencial indevido, ou além do devido, inclusive na hipótese de cessação do benefício pela revogação de decisão judici-al, em valor que não exceda trinta por cento da importância da renda mensal do benefício, nos termos do disposto neste Regulamento; *(Redação dada pelo Decreto 10.410/2020)*

III – imposto de renda na fonte;

IV – alimentos decorrentes de sentença judicial; e

V – mensalidades de associações e de demais entidades de aposentados ou pensionistas legalmente reconhecidas, constituídas e em funcionamento, desde que autorizadas por seus filiados, observado o disposto nos § 1º ao § 1º-I; e *(Redação dada pelo Decreto 10.537/2020)*

VI - pagamento de empréstimos, financiamentos, cartões de crédito e operações de arrendamento mercantil concedidos por instituições financeiras e sociedades de arrendamento mercantil ou por entidades fechadas ou abertas de previdência complementar, públicas e privadas, quando expressamente autorizado pelo beneficiário, até o limite de trinta e cinco por cento do valor do benefício, dos quais cinco por cento serão destinados exclusivamente para: *(Redação dada pelo Decreto 10.410/2020)*

a) amortização de despesas contraídas por meio de cartão de crédito; ou

b) utilização com a finalidade de saque por meio do cartão de crédito.

§ 1º O INSS estabelecerá requisitos adicionais para a efetivação dos descontos de que trata este artigo, observados critérios de conveniência administrativa, segurança das operações, interesse dos beneficiários e interesse público. *(Redação dada pelo Decreto 10.410/2020)*

§ 1º-A. Os benefícios previdenciários, uma vez concedidos, permanecerão bloqueados para os descontos previstos no inciso V do *caput* e somente serão desbloqueados por meio de autoriza-ção prévia, pessoal e específica por parte do beneficiário, conforme critérios e requisitos a serem definidos em ato do INSS. *(Acrescido pelo Decreto 10.410/2020)*

§ 1º-B. A autorização do segurado prevista no § 1º-A deverá, sob pena de os descontos serem excluídos automaticamente, ser revalidada a cada três anos, a partir de 31 de dezembro de 2021, segundo critérios e requisitos a serem definidos em ato do INSS. *(Acrescido pelo Decreto 10.410/2020)*

§ 1º-C. A autorização do segurado de que trata o inciso V do *caput* poderá ser revogada, a qual-quer tempo, pelo próprio beneficiário. *(Acrescido pelo Decreto 10.410/2020)*

§ 1º-D. Considera-se associação ou entidade de aposentados ou pensionistas aquela formada por: *(Redação dada pelo Decreto 10.537/2020)*

I – aposentados ou pensionistas, com objetivos inerentes a essas categorias; ou *(Redação dada pelo Decreto 10.537/2020)*

II – pessoas de categoria profissional específica, cujo estatuto as preveja como associados ativos e inativos, e que tenha dentre os seus objetivos a representação de aposentados ou pensionistas. *(Redação dada pelo Decreto 10.537/2020)*

§ 1º-E. Considera-se mensalidade de associações e de demais entidades de aposentados ou pensionistas a contribuição associativa, devida exclusivamente em razão da condição de associado, em decorrência de previsão estatutária ou definição pelas assembleias gerais, a qual não admite descontos de taxas extras, contribuições especiais, retribuição por serviços ou pacotes de serviços específicos, prêmios de seguros, empréstimos nem qualquer outro tipo de desconto, sujeita ao limite máximo de desconto estabelecido em ato do Presidente do INSS. *(Redação dada pelo Decreto 10.537/2020)*

§ 1º-F. O INSS avaliará periodicamente a quantidade de reclamações de beneficiários, ações judiciais, processos de órgãos de controle e impacto em sua rede de atendimento, dentre outros elementos relacionados ao acordo de cooperação técnica celebrado, para fins do disposto no inciso V do *caput*, e poderá rescindir o referido acordo unilateralmente, a depender da quantidade de irregularidades identificadas. *(Redação dada pelo Decreto 10.537/2020)*

§ 1º-G. Para fins de repasse do desconto efetuado pelo INSS, as entidades referidas no inciso V do *caput* devem estar em situação regular perante as Fazendas nacional, estadual, distrital e municipal, a previdência social, FGTS, o Sistema Integrado de Administração Financeira do Go-verno Federal - Siafi, o Sistema de Cadastramento Unificado de Fornecedores - Sicaf e o Cadastro Informativo de Créditos não Quitados do Setor Público Federal - Cadin. *(Acrescido pelo Decreto 10.410/2020)*

§ 1º-H. Na hipótese de entidade confederativa que representa instituições a ela vinculadas, as exigências de que tratam os § 1º-D e § 1º-G deverão ser atendidas pela instituição que celebrar o acordo de cooperação técnica. *(Acrescido pelo Decreto 10.537/2020)*

§ 1º-I. O INSS deverá ser ressarcido das despesas realizadas em função da implementação e do controle do acordo de cooperação técnica de que trata o § 1º-F pela instituição que o celebrar. *(Acrescido pelo Decreto 10.537/2020)*

§ 2º A restituição de importância recebida indevidamente por beneficiário da previdência social, nos casos comprovados de dolo, fraude ou má-fé, deverá ser atualizada nos moldes do art. 175, e feita de uma só vez ou mediante acordo de parcelamento na forma do art. 244, independentemente de outras penalidades legais. (Parágrafo com redação dada pelo Decreto nº 5.699, de 13/2/2006)

§ 3º Caso o débito seja originário de erro da previdência social, o segurado, usufruindo de benefício regularmente concedido, poderá devolver o valor de forma parcelada, atualizado nos moldes do art. 175, devendo cada parcela corresponder, no máximo, a trinta por cento do valor do benefício em manutenção, e ser descontado em número de meses necessários à liquidação do débito.

§ 4º Se o débito for originário de erro da previdência social e o segurado não usufruir de benefício, o valor deverá ser devolvido, com a correção de que trata o parágrafo anterior, da seguinte forma:

I – no caso de empregado, com a observância do disposto no art. 365; e

II – no caso dos demais beneficiários, será observado:

a) se superior a cinco vezes o valor do benefício suspenso ou cessado, no prazo de sessenta dias, contados da notificação para fazê-lo, sob pena de inscrição em Dívida Ativa; e

b) se inferior a cinco vezes o valor do benefício suspenso ou cessado, no prazo de trinta dias, contados da notificação para fazê-lo, sob pena de inscrição em Dívida Ativa.

§ 5º No caso de revisão de benefícios em que resultar valor superior ao que vinha sendo pago, em razão de erro da previdência social, o valor resultante da diferença verificada entre o pago e o devido será objeto de atualização nos mesmos moldes do art. 175.

§ 6º O INSS disciplinará o desconto e a retenção de valores de benefícios com fundamento no disposto no inciso VI do *caput*, observadas as seguintes condições: *(Redação dada pelo Decreto 10.410/2020)*

I – a habilitação das instituições consignatárias deverá ser definida de maneira objetiva e transparente; (Inciso acrescido pelo Decreto nº 4.862, de 21/10/2003)

II – o desconto somente poderá incidir sobre os benefícios de aposentadoria, qualquer que seja sua espécie, ou de pensão por morte, recebidos pelos seus respectivos titulares; (Inciso acrescido pelo Decreto nº 4.862, de 21/10/2003)

III – a prestação de informações aos titulares de benefícios em manutenção e às instituições consignatárias necessária à realização do desconto deve constar de rotinas próprias; (Inciso acrescido pelo Decreto nº 4.862, de 21/10/2003)

IV – os prazos para o início dos descontos autorizados e para o repasse das prestações às instituições consignatárias devem ser definidos de forma justa e eficiente; (Inciso acrescido pelo Decreto nº 4.862, de 21/10/2003)

V – *(Revogado pelo Decreto 10.410/2020)*

VI – o próprio titular do benefício deverá firmar autorização expressa para o desconto; (Inciso acrescido pelo Decreto nº 4.862, de 21/10/2003)

VII - o valor do desconto não poderá exceder trinta e cinco por cento do valor disponível do benefício, assim entendido o valor do benefício após a dedução das consignações de que tratam os incisos I ao V do *caput*, correspondente à última competência paga, excluídas aquelas que contenham o décimo terceiro salário ou sua parcela, estabelecido no momento da contratação; *(Redação dada pelo Decreto 10.410/2020)*

VIII – o empréstimo poderá ser concedido por qualquer instituição consignatária, independentemente de ser ou não responsável pelo pagamento de benefício; (Inciso acrescido pelo Decreto nº 4.862, de 21/10/2003 e com nova redação dada pelo Decreto nº 5.180, de 13/8/2004)

IX – os beneficiários somente poderão realizar as operações previstas no inciso VI do *caput* se receberem o benefício no Brasil; (Inciso acrescido pelo Decreto nº 4.862, de 21/10/2003 e com nova redação dada pelo Decreto nº 5.180, de 13/8/2004)

X – a retenção recairá somente sobre as parcelas mensais fixas integrais, vedada a administração de eventual saldo devedor; (Inciso acrescido pelo Decreto nº 4.862, de 21/10/2003)

XI – o titular de benefício poderá autorizar mais de um desconto em favor da mesma instituição consignatária, respeitados o limite consignável e a prevalência de retenção em favor dos contratos mais antigos; (Inciso acrescido pelo Decreto nº 4.862, de 21/10/2003)

XII – a eventual modificação no valor do benefício ou das consignações de que tratam os incisos I a V do *caput* que resulte margem consignável inferior ao valor da parcela pactuada, poderá ensejar a reprogramação da retenção, alterando-se o valor e o prazo do desconto, desde que solicitado pela instituição consignatária e sem acréscimo de custos operacionais; e (Inciso acrescido pelo Decreto nº 4.862, de 21/10/2003)

XIII – outras que se fizerem necessárias. (Inciso acrescido pelo Decreto nº 4.862, de 21/10/2003)

§ 7º Na hipótese de coexistência de descontos relacionados nos incisos II e VI do *caput*, prevalecerá o desconto do inciso II. (Parágrafo acrescido pelo Decreto nº 4.862, de 21/10/2003)

§ 7º-A. Os benefícios previdenciários, uma vez concedidos, permanecerão bloqueados para os descontos previstos no inciso VI do *caput* e somente serão desbloqueados por meio de autorização prévia, pessoal e específica por parte do beneficiário, conforme critérios e requisitos a serem definidos em ato do INSS. *(Acrescido pelo Decreto 10.410/2020)*

§ 7º-B. A autorização do segurado de que trata o § 7º-A poderá ser revogada, a qualquer tempo, pelo próprio beneficiário. *(Acrescido pelo Decreto 10.410/2020)*

§ 8º É facultado ao titular do benefício solicitar a substituição da instituição financeira pagadora do benefício por outra, para pagamento de benefício mediante crédito em conta corrente, exceto se já tiver realizado operação com a instituição pagadora na forma do § 9º e enquanto houver saldo devedor em amortização. (Parágrafo acrescido pelo Decreto nº 4.862, de 21/10/2003 e com nova redação dada pelo Decreto nº 5.699, de 13/2/2006)

§ 9º O titular de benefício de aposentadoria, independentemente de sua espécie, ou de pensão por morte concedida pelo RGPS poderá autorizar, de forma irrevogável e irretratável, que a instituição financeira na qual receba o seu benefício retenha valores referentes ao pagamento mensal de empréstimos, financiamentos, cartões de crédito e operações de arrendamento mercantil por ela concedidos, quando previstos em contrato, para fins de amortização, observadas as normas editadas pelo INSS. *(Redação dada pelo Decreto 10.410/2020)*

§ 10. O INSS não responde, em nenhuma hipótese, pelos débitos contratados pelos segurados, restringindo-se sua responsabilidade:

I – à retenção dos valores autorizados pelo beneficiário e seu repasse à instituição consignatária, em relação às operações contratadas na forma do inciso VI do *caput*; e

II – à manutenção dos pagamentos na mesma instituição financeira enquanto houver saldo devedor, desde que seja por ela comunicado, na forma estabelecida pelo INSS, e enquanto não houver retenção superior ao limite de trinta por cento do valor do benefício, em relação às operações contratadas na forma do § 9º. (Parágrafo acrescido pelo Decreto nº 5.699, de 13/2/2006)

§ 11. Serão inscritos em dívida ativa pela Procuradoria-Geral Federal os créditos constituídos pelo INSS em decorrência de benefício previdenciário ou assistencial pago indevidamente ou além do devido, inclusive na hipótese de cessação do benefício pela revogação de decisão judicial, nos termos do disposto na Lei nº 6.830, de 22 de setembro de 1980, para a execução judicial. *(Acrescido pelo Decreto 10.410/2020)*

§ 12. Será objeto de inscrição em dívida ativa, para fins do disposto no § 11, em conjunto ou separadamente, o terceiro beneficiado que sabia ou deveria saber da origem do benefício pago indevidamente em razão de fraude, dolo ou coação, desde que devidamente identificado em procedimento administrativo de responsabilização. *(Acrescido pelo Decreto 10.410/2020)*

§ 13. O procedimento administrativo de responsabilização de que trata o § 12 ocorrerá na forma prevista no art. 179 deste Regulamento e no art. 27 do Decreto- Lei nº 4.657, de 4 de setembro de 1942. *(Acrescido pelo Decreto 10.410/2020)*

Art. 154-A. O INSS poderá arredondar, para a unidade de real imediatamente superior, os valores em centavos dos benefícios de prestação continuada pagos mensalmente a seus beneficiários.

Parágrafo único. Os valores recebidos a maior pelo beneficiário serão descontados no pagamento do abono anual ou do último valor do pagamento do benefício, na hipótese de sua cessação. (Artigo acrescido pelo Decreto nº 4.032, de 26/11/2001)

Art. 155. Será fornecido ao beneficiário demonstrativo minucioso das importâncias pagas, discriminando-se o valor da mensalidade, as diferenças eventualmente pagas, com o período a que se referem, e os descontos efetuados.

Art. 156. O benefício será pago diretamente ao beneficiário, salvo em caso de ausência, moléstia contagiosa ou impossibilidade de locomoção, quando será pago a procurador, cujo mandato não terá prazo superior a doze meses, podendo ser renovado ou revalidado pelos setores de benefícios do Instituto Nacional do Seguro Social.

Parágrafo único. O procurador do beneficiário deverá firmar, perante o Instituto Nacional do Seguro Social, termo de responsabilidade mediante o qual se comprometa a comunicar ao Instituto qualquer evento que possa anular a procuração, principalmente o óbito do outorgante, sob pena de incorrer nas sanções criminais cabíveis.

Art. 157. O Instituto Nacional do Seguro Social apenas poderá negar-se a aceitar procuração quando se manifestar indício de inidoneidade do documento ou do mandatário, sem prejuízo, no entanto, das providências que se fizerem necessárias.

Art. 158. Na constituição de procuradores, observar-se-á subsidiariamente o disposto no Código Civil.

§ 1º O dependente excluído na forma prevista no § 9º do art. 16 ou que tenha a parte provisoriamente suspensa na forma prevista no § 5º do art. 114 não poderá representar outro dependente para fins de recebimento e percepção do benefício. *(Acrescido pelo Decreto 10.410/2020)*

§ 2º O dependente que perder o direito à pensão por morte na forma prevista no § 5º do art. 105 não poderá representar outro dependente para fins de percepção do benefício. *(Acrescido pelo Decreto 10.410/2020)*

Art. 159. Somente será aceita a constituição de procurador com mais de uma procuração, ou procurações coletivas, nos casos de representantes credenciados de leprosários, sanatórios, asilos e outros estabelecimentos congêneres, nos casos de parentes de primeiro grau, ou, em outros casos, a critério do Instituto Nacional do Seguro Social.

Art. 160. Não poderão ser procuradores:

I – os servidores públicos civis ativos e os militares ativos, salvo se parentes até o segundo grau; e

II – os incapazes para os atos da vida civil, ressalvado o disposto no art. 666 do Código Civil. (Inciso com redação dada pelo Decreto nº 4.729, de 9/6/2003)

Parágrafo único. Podem outorgar procuração as pessoas maiores ou emancipadas, no gozo dos direitos civis.

Art. 161. O serviço social constitui atividade auxiliar do seguro social e visa prestar ao beneficiário orientação e apoio no que concerne à solução dos problemas pessoais e familiares e à melhoria da sua inter-relação com a previdência social, para a solução de questões referentes a benefícios, bem como, quando necessário, à obtenção de outros recursos sociais da comunidade.

§ 1º Será dada prioridade de atendimento a segurados em benefício por incapacidade temporária e atenção especial a aposentados e pensionistas. (Parágrafo acrescido pelo Decreto nº 6.722, de 30/12/2008)

§ 2º Para assegurar o efetivo atendimento aos beneficiários, poderão ser utilizados mecanismos de intervenção técnica, ajuda material, recursos sociais, intercâmbio com empresas, inclusive mediante celebração de convênios, acordos ou contratos, ou pesquisa social. (Parágrafo acrescido pelo Decreto nº 6.722, de 30/12/2008)

§ 3º O serviço social terá como diretriz a participação do beneficiário na implementação e fortalecimento da política previdenciária, em articulação com associações e entidades de classes. (Parágrafo acrescido pelo Decreto nº 6.722, de 30/12/2008)

§ 4º O serviço social prestará assessoramento técnico aos estados, Distrito Federal e municípios na elaboração de suas respectivas propostas de trabalho relacionadas com a previdência social. (Parágrafo acrescido pelo Decreto nº 6.722, de 30/12/2008)

§ 5º O Ministro de Estado da Previdência Social editará atos complementares para a aplicação do disposto neste artigo. (Parágrafo acrescido pelo Decreto nº 6.722, de 30/12/2008)

Art. 162. O benefício devido ao segurado ou dependente civilmente incapaz será pago ao cônjuge, pai, mãe, tutor ou curador, admitindo-se, na sua falta e por período não superior a seis meses, o pagamento a herdeiro necessário, mediante termo de compromisso firmado no ato do recebimento.

Parágrafo único. *(Revogado pelo Decreto 10.410/2020)*

§ 3º O período a que se refere o *caput* poderá ser prorrogado por iguais períodos, desde que comprovado o andamento regular do processo legal de tutela ou curatela. *(Acrescido pelo Decreto 10.410/2020)*

- Mantida numeração conforme publicação oficial.

§ 4º Na hipótese de interdição do beneficiário, para fins de curatela, a autoridade judiciária pode-rá utilizar-se de laudo médico-pericial da Perícia Médica Federal. *(Acrescido pelo Decreto 10.410/2020)*

- Mantida numeração conforme publicação oficial.

§ 5º No ato de requerimento de benefícios operacionalizados pelo INSS, não será exigida apre-sentação de termo de curatela de titular ou de beneficiário com deficiência, observados os pro-cedimentos a serem estabelecidos em ato do INSS. *(Acrescido pelo Decreto 10.410/2020)*

- Mantida numeração conforme publicação oficial.

Art. 163. O segurado e o dependente, após dezesseis anos de idade, poderão firmar recibo de benefício, independentemente da presença dos pais ou do tutor. (Artigo com redação dada pelo Decreto nº 4.079, de 9/1/2002)

Art. 164. A impressão digital do beneficiário incapaz de assinar, aposta na presença de servidor da previdência social ou representante desta, vale como assinatura para quitação de pagamento de benefício.

Art. 165. O valor não recebido em vida pelo segurado somente será pago aos seus dependentes habilitados à pensão por morte ou, na falta deles, aos seus sucessores na forma da lei civil, independentemente de inventário ou arrolamento.

Art. 166. Os benefícios poderão ser pagos mediante depósito em conta corrente bancária em nome do beneficiário. (*Caput* do artigo com redação dada pelo Decreto nº 4.729, de 9/6/2003)

§ 1º (Revogado pelo Decreto nº 3.265, de 29/11/1999)

§ 2º (Revogado pelo Decreto nº 4.729, de 9/6/2003)

§ 3º Na hipótese da falta de movimentação relativo a saque em conta corrente cujos depósitos sejam decorrentes exclusivamente de pagamento de benefícios, por prazo superior a sessenta dias, os valores dos benefícios remanescentes serão estornados e creditados à Conta Única do Tesouro Nacional, com a identificação de sua origem. (Parágrafo acrescido pelo Decreto nº 4.729, de 9/6/2003)

Art. 167. Exceto na hipótese de direito adquirido, não é permitido o recebimento conjunto dos seguintes benefícios do RGPS, inclusive quando decorrentes de acidente do trabalho: *(Redação dada pelo Decreto 10.410/2020)*

I - aposentadoria com auxílio por incapacidade temporária; *(Redação dada pelo Decreto 10.410/2020)*

II – mais de uma aposentadoria;

III – aposentadoria com abono de permanência em serviço;

IV - salário-maternidade com auxílio por incapacidade temporária; *(Redação dada pelo Decreto 10.410/2020)*

V – mais de um auxílio-acidente;

VI – mais de uma pensão deixada por cônjuge;

VII – mais de uma pensão deixada por companheiro ou companheira;

VIII – mais de uma pensão deixada por cônjuge e companheiro ou companheira; e

IX – auxílio-acidente com qualquer aposentadoria.

§ 1º Nas hipóteses de que tratam os incisos VI, VII e VIII do *caput*, fica facultado ao dependente optar pela pensão mais vantajosa, observado o disposto no art. 167-A. *(Redação dada pelo Decreto 10.410/2020)*

§ 2º É vedado o recebimento conjunto do seguro-desemprego com qualquer benefício de prestação continuada da previdência social, exceto pensão por morte, auxílio-reclusão, auxílio-acidente, auxílio-suplementar ou abono de permanência em serviço.

§ 3º É permitida a acumulação dos benefícios previstos neste Regulamento com o benefício de que trata a Lei nº 7.070, de 20 de dezembro de 1982, que não poderá ser reduzido em razão de eventual aquisição de capacidade laborativa ou de redução de incapacidade para o trabalho ocorrida após a sua concessão.

§ 4º O segurado recluso em regime fechado, durante a percepção, pelos dependentes, do benefício de auxílio-reclusão, não terá o direito aos benefícios de salário-maternidade e de aposentadoria reconhecido, exceto se manifestada a opção pelo benefício mais vantajoso também pelos dependentes. *(Redação dada pelo Decreto 10.410/2020)*

Art. 167-A. Será admitida a acumulação dos seguintes benefícios: *(Acrescido pelo Decreto 10.410/2020)*

I - de pensão por morte deixada por cônjuge ou companheiro do RGPS com pensão por morte concedida por outro regime de previdência social ou com pensões decorrentes das atividades militares de que tratam o art. 42 e o art. 142 da Constituição;

II - de pensão por morte deixada por cônjuge ou companheiro do RGPS com aposentadoria do mesmo regime e de regime próprio de previdência social ou com proventos de inatividade decorrentes das atividades militares de que tratam o art. 42 e o art. 142 da Constituição; ou

III - de aposentadoria concedida no âmbito do RGPS com pensão deixada por cônjuge ou companheiro de regime próprio de previdência social ou com proventos de inatividade decorrentes das atividades militares de que tratam o art. 42 e o art. 142 da Constituição.

§ 1º Nas hipóteses de acumulação previstas no *caput*, fica assegurada a percepção do valor integral do benefício mais vantajoso e de uma parte de cada um dos demais benefícios, apurada cumulativamente de acordo com as seguintes faixas:

I - sessenta por cento do valor que exceder um salário-mínimo, até o limite de dois salários-mínimos;

II - quarenta por cento do valor que exceder dois salários-mínimos, até o limite de três salários-mínimos;

III - vinte por cento do valor que exceder três salários-mínimos, até o limite de quatro salários-mínimos; e

IV - dez por cento do valor que exceder quatro salários-mínimos.

§ 2º A aplicação do disposto no § 1º poderá ser revista a qualquer tempo, a pedido do interessado, em razão de alteração de algum dos benefícios.

§ 3º Na hipótese de recebimento de pensão desdobrada, para fins de aplicação do disposto no § 1º, em relação a esse benefício, será considerado o valor correspondente ao somatório da cota individual e da parcela da cota familiar, devido ao pensionista, que será revisto em razão do fim do desdobramento ou da alteração do número de dependentes.

§ 4º As restrições previstas neste artigo não se aplicam caso o direito aos benefícios tenha sido adquirido até 13 de novembro de 2019.

§ 5º Para fins do disposto neste artigo, no ato de habilitação ou concessão de benefício sujeito a acumulação, o INSS deverá:

I - verificar a filiação do segurado ao RGPS ou a regime próprio de previdência social;

II - solicitar ao segurado que manifeste expressamente a sua opção pelo benefício que lhe seja mais vantajoso; e

III - quando for o caso, verificar a condição do segurado ou pensionista, de modo a considerar, dentre outras, as informações constantes do CNIS.

§ 6º O Ministério da Economia manterá sistema de cadastro dos segurados do RGPS e dos servidores vinculados a regimes próprios de previdência social, e poderá, para tanto, firmar acordo de cooperação com outros órgãos da administração pública federal, estadual, distrital ou municipal para a manutenção e a gestão do referido sistema de cadastro.

§ 7º Até que o sistema de que trata o § 6º seja implementado, a comprovação de que o aposentado ou o pensionista cônjuge ou companheira ou companheiro do RGPS não recebe aposentadoria ou pensão de outro regime próprio de previdência social será feita por meio de autodeclaração, a qual o sujeitará às sanções administrativas, civis e penais aplicáveis caso seja constatada a emissão de declaração falsa.

§ 8º Caberá ao aposentado ou pensionista do RGPS informar ao INSS a obtenção de aposentadoria ou pensão de cônjuge ou companheira ou companheiro de outro regime, sob pena de suspensão do benefício.

Art. 168. Exceto nas hipóteses de aposentadoria por incapacidade permanente ou especial, observado quanto a esta última o disposto no parágrafo único do art. 69, o retorno do aposentado à atividade não prejudicará o recebimento de sua aposentadoria. *(Redação dada pelo Decreto 10.410/2020)*

Art. 169. Os pagamentos dos benefícios de prestação continuada não poderão ser antecipados.

§ 1º Excepcionalmente, nas hipóteses de estado de calamidade pública, reconhecidas por ato do Poder Executivo federal, o INSS poderá, nos termos estabelecidos em ato do Secretário Especial de Previdência e Trabalho do Ministério da Economia, antecipar aos beneficiários domiciliados nos respectivos Municípios: (Redação dada pelo Decreto 9.700/2019)

I – o cronograma de pagamento dos benefícios de prestação continuada previdenciária e assistencial, enquanto perdurar o estado de calamidade; e

II – o valor correspondente a uma renda mensal do benefício devido, excetuados os temporários, mediante opção dos beneficiários. (Parágrafo acrescido pelo Decreto nº 7.223, de 29/6/2010)

§ 2º O valor antecipado de que trata o inciso II do § 1º será ressarcido de forma parcelada, mediante desconto da renda do benefício, para esse fim equiparado ao crédito de que trata o inciso II do *caput* do art. 154, nos termos do ato a que se refere o § 1º. (Parágrafo acrescido pelo Decreto nº 7.223, de 29/6/2010)

Art. 170. Compete exclusivamente aos servidores públicos ocupantes dos cargos de que trata o § 3º do art. 30 da Lei nº 11.907, de 2 de fevereiro de 2009, a realização das atividades médico-periciais relacionadas com o RGPS, sem prejuízo de outras disposições constantes no referido artigo. *(Redação dada pelo Decreto 10.410/2020)*

Parágrafo único. Os servidores de que trata o *caput* poderão solicitar ao médico assistente do beneficiário que forneça informações sobre antecedentes médicos a ele relativas, na forma disciplinada pela Secretaria Especial de Previdência e Trabalho do Ministério da Economia, para fins do disposto no § 2º do art. 43 e no § 1º do art. 71 ou para subsidiar emissão de laudo médico-pericial conclusivo. *(Redação dada pelo Decreto 10.410/2020)*

Art. 170-A. Incumbem privativamente aos servidores públicos da Carreira do Seguro Social de que trata a Lei nº 10.855, de 1º de abril de 2004, as atribuições previstas no inciso I do *caput* do art. 5º-B da referida Lei, e compete à Secretaria Especial de Previdência e Trabalho do Ministério da Economia a edição de atos complementares para a especificação e a definição das atividades acessórias ou preparatórias ao exercício das atribuições privativas e para a atuação no exame de matérias e processos administrativos de benefícios sociais. *(Acrescido pelo Decreto 10.410/2020)*

Art. 171. Quando o segurado ou dependente deslocar-se por determinação do Instituto Nacional do Seguro Social para submeter-se a exame médico-pericial ou a processo de reabilitação profissional em localidade diversa da de sua residência, deverá a instituição custear o seu transporte e pagar-lhe diária no valor de R$24,57 (vinte e quatro reais e cinquenta e sete centavos), ou promover sua hospedagem mediante contratação de serviços de hotéis, pensões ou similares.

§ 1º Caso o beneficiário, a critério do Instituto Nacional do Seguro Social, necessite de acompanhante, a viagem deste poderá ser autorizada, aplicando-se o disposto neste artigo.

§ 2º Quando o beneficiário ficar hospedado em hotéis, pensões ou similares contratados ou conveniados pelo Instituto Nacional do Seguro Social, não caberá pagamento de diária.

Art. 172. Fica o Instituto Nacional do Seguro Social obrigado a emitir e a enviar aos beneficiários aviso de concessão de benefício, além da memória de cálculo do valor dos benefícios concedidos.

Art. 173. O segurado em gozo de aposentadoria que voltar a exercer atividade abrangida pelo RGPS, observados o disposto no art. 168 e, nos casos de aposentadoria especial, o disposto no parágrafo único do art. 69, fará jus: *(Redação dada pelo Decreto 10.491/2020)*

I – ao salário-família e à reabilitação profissional, quando empregado, inclusive o doméstico, ou trabalhador avulso; e *(Acrescido pelo Decreto 10.491/2020)*

II – ao salário-maternidade. *(Acrescido pelo Decreto 10.491/2020)*

Art. 174. O primeiro pagamento do benefício será efetuado até quarenta e cinco dias após a data da apresentação, pelo segurado, da documentação necessária à sua concessão. (*Caput* do artigo com redação dada pelo Decreto nº 6.722, de 30/12/2008)

Parágrafo único. O prazo fixado no *caput* fica prejudicado nos casos de justificação administrativa ou outras providências a cargo do segurado, que demandem a sua dilatação, iniciando-se essa contagem a partir da data da conclusão das mesmas.

Art. 175. O pagamento de parcelas relativas a benefícios efetuado com atraso, independentemente de ocorrência de mora e de quem lhe deu causa, deve ser corrigido monetariamente desde o momento em que restou devido, pelo mesmo índice utilizado para os reajustamentos dos benefícios do RGPS, apurado no período compreendido entre o mês que deveria ter sido pago e o mês do efetivo pagamento. (Artigo com redação dada pelo Decreto nº 6.722, de 30/12/2008)

Art. 176. A apresentação de documentação incompleta não constitui, por si só, motivo para recusa do requerimento de benefício ou serviço, ainda que seja possível identificar previamente que o segurado não faça jus ao benefício ou serviço pretendido. (Redação do artigo dada pelo Decreto 10.410/2020)

§ 1º Na hipótese de que trata o *caput*, o INSS deverá proferir decisão administrativa, com ou sem análise de mérito, em todos os pedidos administrativos formulados, e, quando for o caso, emitirá carta de exigência prévia ao requerente.

§ 2º Encerrado o prazo para cumprimento da exigência sem que os documentos solicitados tenham sido apresentados pelo requerente, o INSS:

I - decidirá pelo reconhecimento do direito, caso haja elementos suficientes para subsidiar a sua decisão; ou

II - decidirá pelo arquivamento do processo sem análise de mérito do requerimento, caso não haja elementos suficientes ao reconhecimento do direito nos termos do disposto no art. 40 da Lei nº 9.784, de 29 de janeiro de 1999.

§ 3º Não caberá recurso ao CRPS da decisão que determine o arquivamento do requerimento sem análise de mérito decorrente da não apresentação de documentação indispensável ao exame do requerimento.

§ 4º Caso haja manifestação formal do segurado no sentido de não dispor de outras informações ou documentos úteis, diversos daqueles apresentados ou disponíveis ao INSS, será proferida a decisão administrativa com análise de mérito do requerimento.

§ 5º O arquivamento do processo não inviabilizará a apresentação de novo requerimento pelo interessado, que terá efeitos a partir da data de apresentação da nova solicitação.

§ 6º O reconhecimento do direito ao benefício com base em documento apresentado após a decisão administrativa proferida pelo INSS considerará como data de entrada do requerimento a data de apresentação do referido documento.

§ 7º O disposto neste artigo aplica-se aos pedidos de revisão e recursos fundamentados em documentos não apresentados no momento do requerimento administrativo e, quanto aos seus efeitos financeiros, aplica-se o disposto no § 4º do art. 347.

Art. 176-A. O requerimento de benefícios e de serviços administrados pelo INSS será formulado por meio de canais de atendimento eletrônico, observados os procedimentos previstos em ato do INSS. *(Acrescido pelo Decreto 10.410/2020)*

§ 1º O requerimento formulado será processado em meio eletrônico em todas as fases do processo administrativo, ressalvados os atos que exijam a presença do requerente.

§ 2º Excepcionalmente, caso o requerente não disponha de meios adequados para apresentação da solicitação pelos canais de atendimento eletrônico, o requerimento e o agendamento de serviços poderão ser feitos presencialmente nas Agências da Previdência Social.

Art. 176-B. O INSS poderá firmar acordo de cooperação técnica com entes públicos e demais entidades para fins de geração e recebimento de requerimentos de benefícios. *(Acrescido pelo Decreto 10.410/2020)*

Art. 176-C. O requerente poderá, enquanto não proferida a decisão do INSS e por meio de manifestação escrita, desistir do requerimento formulado, nos termos do disposto no art. 51 da Lei nº 9.784, de 1999. *(Acrescido pelo Decreto 10.410/2020)*

§ 1º Havendo vários interessados, a desistência a que se refere o *caput* atinge somente quem a tenha formulado.

§ 2º A desistência do requerimento não impede o INSS de analisar a matéria objeto do requerimento para fins de uniformização de entendimento, de forma geral e abstrata, ou para efeito de apuração de irregularidade.

Art. 176-D. Se, na data de entrada do requerimento do benefício, o segurado não satisfizer os requisitos para o reconhecimento do direito, mas implementá-los em momento posterior, antes da decisão do INSS, o requerimento poderá ser reafirmado para a data em que satisfizer os requisitos, que será fixada como início do benefício, exigindo-se, para tanto, a concordância formal do interessado, admitida a sua manifestação de vontade por meio eletrônico. *(Acrescido pelo Decreto 10.410/2020)*

Art. 176-E. Caberá ao INSS conceder o benefício mais vantajoso ao requerente ou benefício diverso do requerido, desde que os elementos constantes do processo administrativo assegurem o reconhecimento desse direito. *(Acrescido pelo Decreto 10.410/2020)*

Parágrafo único. Na hipótese de direito à concessão de benefício diverso do requerido, caberá ao INSS notificar o segurado para que este manifeste expressamente a sua opção pelo benefício, observado o disposto no art. 176-D.

Art. 177. (Revogado pelo Decreto 3.668/2000)

Art. 178. O pagamento mensal de benefícios de valor superior a vinte vezes o limite máximo de salário de contribuição deverá ser autorizado expressamente pelo Gerente-Executivo do Instituto Nacional do Seguro Social, observada a análise da Divisão ou Serviço de Benefícios. (*Caput* do artigo com redação dada pelo Decreto nº 5.545, de 22/9/2005)

- Portaria ME/SEPT 477, de 12 de janeiro de 2021: Art. 9º. A partir de 1º de janeiro de 2021, o pagamento mensal de benefícios de valor superior a R$ 128.671,40 (cento e vinte e oito mil seiscentos e setenta e um reais e quarenta centavos) deverá ser autorizado expressamente pelo Gerente-Executivo do INSS, observada a análise da Divisão ou Serviço de Benefícios. Parágrafo único. Os benefícios de valor inferior ao limite estipulado no *caput*, quando do reconhecimento do direito da concessão, revisão e manutenção de benefícios serão supervisionados pelas Agências da Previdência Social e Divisões ou Serviços de Benefícios, sob critérios aleatórios pré-estabelecidos pela Presidência do INSS.

Parágrafo único. Os benefícios de valor inferior ao limite estipulado no *caput*, quando do reconhecimento do direito da concessão, revisão e manutenção de benefícios, serão supervisionados pelas Agências da Previdência Social e Divisões ou Serviços de Benefícios, sob critérios pré-estabelecidos pela Direção Central (Parágrafo único com redação dada pelo Decreto nº 5.545, de 22/9/2005)

Art. 179. O INSS manterá programa permanente de revisão da concessão e da manutenção dos benefícios por ele administrados, a fim de apurar irregularidades ou erros materiais. *(Redação do artigo dada pelo Decreto 10.410/2020)*

§ 1º Na hipótese de haver indícios de irregularidade ou erro material na concessão, na manutenção ou na revisão do benefício, o INSS notificará o beneficiário, o seu representante legal ou o seu procurador para apresentar defesa, provas ou os documentos dos quais dispuser, no prazo de:

I - trinta dias, no caso de trabalhador urbano; ou

II - sessenta dias, no caso de:

a) trabalhador rural individual;

b) trabalhador rural avulso;

c) agricultor familiar; ou

d) segurado especial.

§ 2º A notificação a que se refere o § 1º será feita, preferencialmente:

I - por rede bancária, conforme definido em ato do INSS;

II - por meio eletrônico, por meio de cadastramento prévio, na forma definida em ato do INSS, a ser realizado por procedimento em que seja assegurada a identificação adequada do interessado;

III - por via postal, por meio de carta simples destinada ao endereço constante do cadastro do segurado que requereu o benefício, hipótese em que o aviso de recebimento será considerado prova suficiente da sua notificação;

IV - pessoalmente, quando entregue ao interessado em mão; ou

V - por edital, na hipótese de o segurado não ter sido localizado por meio da comunicação a que se refere o inciso III.

§ 3º A defesa poderá ser apresentada pelo canal de atendimento eletrônico do INSS ou na Agência da Previdência Social do domicílio do beneficiário.

§ 4º O benefício será suspenso nas seguintes hipóteses:

I - de não apresentação da defesa no prazo estabelecido no § 1º; ou

II - de defesa considerada insuficiente ou improcedente pelo INSS.

§ 5º O INSS notificará o beneficiário quanto à suspensão do benefício de que trata o § 4º, que disporá do prazo de trinta dias, contado da data de notificação, para interposição de recurso.

§ 6º Decorrido o prazo a que se refere o § 5º sem que o beneficiário, o seu representante legal ou o seu procurador apresente recurso administrativo aos canais de atendimento do INSS ou a outros canais autorizados, o benefício será cessado.

§ 7º Para fins do disposto no *caput*, o INSS poderá realizar recenseamento para atualização do cadastro dos beneficiários e verificação dos benefícios administrados pelo INSS, observado o disposto nos incisos III, IV e V do § 8º.

§ 8º Aqueles que receberem benefícios realizarão anualmente a comprovação de vida nas instituições financeiras, por meio de atendimento eletrônico com uso de biometria ou por outro meio definido pelo INSS que assegure a identificação do beneficiário, observadas as seguintes disposições:

I - a prova de vida e a renovação de senha serão efetuadas por aquele que receber o benefício, que deverá ser identificado por funcionário da instituição, quando realizadas nas instituições financeiras;

II - o representante legal ou o procurador do beneficiário, legalmente cadastrado no INSS, poderá realizar a prova de vida no INSS ou na instituição financeira responsável pelo pagamento;

III - a prova de vida de segurados com idade igual ou superior a sessenta anos será disciplinada em ato do INSS;

IV - o INSS disporá de meios, incluída a realização de pesquisa externa, que garantam a identificação e o processo de prova de vida para pessoas com dificuldade de locomoção e idosos acima de oitenta anos que recebam benefícios; e

V - o INSS poderá bloquear o pagamento do benefício encaminhado às instituições financeiras até que o beneficiário atenda à convocação para a realização de prova de vida, permitida a liberação do pagamento automaticamente pela instituição financeira.

§ 8º-A. A prova de vida para quem reside no exterior, a ser encaminhada obrigatoriamente ao INSS, deverá ser realizada nas embaixadas ou nos consulados brasileiros no exterior ou por meio de apostilamento de documento definido pelo INSS para esse fim.

§ 9º O recurso de que trata o § 5º não terá efeito suspensivo.

§ 10. Apurada irregularidade recorrente ou fragilidade nos procedimentos, reconhecida na forma prevista no *caput* ou pelos órgãos de controle, os procedimentos de análise e concessão de benefícios serão revistos, de modo a reduzir o risco de fraude e concessão irregular.

§ 11. Para fins do disposto no § 8º, preservados o sigilo e a integridade dos dados, o INSS:

I - terá acesso aos dados biométricos mantidos e administrados pelos órgãos públicos federais; e

II - poderá ter, por meio de convênio, acesso aos dados biométricos hospedados em sistemas:

a) da Justiça Eleitoral; e

b) de outros entes federativos.

Art. 179-A. O INSS implementará e manterá processo administrativo eletrônico para requerimento de benefícios e serviços e disponibilizará canais eletrônicos de atendimento. *(Acrescido pelo Decreto 10.410/2020)*

§ 1º O INSS facilitará o requerimento, a concessão, a manutenção e a revisão de benefícios por meio eletrônico e implementará procedimentos automatizados de atendimento e prestação de serviços por meio telefônico ou por canais remotos.

§ 2º Poderão ser celebrados acordos de cooperação, na modalidade de adesão, com órgãos e entidades da União, dos Estados, do Distrito Federal e dos Municípios, para o recebimento de documentos e o apoio administrativo às atividades do INSS que demandem a prestação de serviços presenciais.

§ 3º A implementação de serviços eletrônicos pelo INSS preverá mecanismos de controle preventivos de fraude e de identificação segura do cidadão.

Art. 179-B. No exercício de suas competências, observado o disposto nos incisos XI e XII do *caput* do art. 5º da Constituição e na Lei nº 13.709, de 14 de agosto de 2018, o INSS terá acesso aos dados necessários para a análise, a concessão, a revisão e a manutenção de benefícios por ele administrados, em especial aos dados: *(Acrescido pelo Decreto 10.410/2020)*

I - dos registros e dos prontuários eletrônicos do SUS, administrados pelo Ministério da Saúde;

II - dos documentos médicos mantidos por entidades públicas e privadas, e, no caso destas últimas, será necessária a celebração de convênio para que o acesso seja garantido; e

III - de movimentação das contas do FGTS, mantidas pela Caixa Econômica Federal.

§ 1º Para fins do cumprimento do disposto no *caput*, serão preservados o sigilo e a integridade dos dados acessados pelo INSS, eventualmente existentes, e, quanto aos dados dos prontuários eletrônicos do SUS e dos documentos médicos mantidos por entidades públicas e privadas, o acesso será franqueado exclusivamente aos peritos médicos federais designados pelo INSS.

§ 2º O Ministério da Economia terá acesso às bases de dados geridas ou administradas pelo INSS, incluída a folha de pagamento de benefícios detalhada.

§ 3º As bases de dados e as informações de que tratam o *caput* e o § 1º poderão ser compartilhadas com os regimes próprios de previdência social somente para fins de cumprimento de suas competências relacionadas à recepção, à análise, à concessão, à revisão e à manutenção de benefícios por eles administrados, preservados o sigilo e a integridade dos dados, na forma disciplinada em ato conjunto do Secretário Especial de Previdência e Trabalho do Ministério da Economia e do gestor dos dados.

§ 4º Fica dispensada a celebração de convênio, acordo de cooperação técnica ou instrumentos congêneres para a concessão do acesso aos dados de que trata o *caput* quando se tratar de dados hospedados por órgãos da administração pública federal e caberá ao INSS a responsabilidade de arcar com os custos envolvidos, quando houver, para o acesso ou a extração dos dados, exceto quando estabelecido de forma diversa entre os órgãos envolvidos.

§ 5º As solicitações de acesso a dados hospedados por entidades privadas têm característica de requisição, dispensados a celebração de convênio, acordo de cooperação técnica ou instrumentos congêneres para a concessão do acesso aos dados de que trata o *caput* e o ressarcimento de eventuais custos, vedado o compartilhamento dos referidos dados com outras entidades de direito privado.

Art. 179-C. O servidor responsável pela análise dos pedidos dos benefícios motivará suas decisões ou opiniões técnicas e responderá pessoalmente apenas nas hipóteses de dolo e de erro grosseiro. *(Acrescido pelo Decreto 10.410/2020)*

Art. 179-D. A administração pública federal desenvolverá ações de segurança da informação e das comunicações, incluídas as de segurança cibernética, de segurança das infraestruturas, de qualidade dos dados e de segurança de interoperabilidade de bases governamentais, e efetuará a sua integração, inclusive com as bases de dados e informações dos Estados, do Distrito Federal e dos Municípios, com o objetivo de atenuar riscos e inconformidades em pagamentos de benefícios sociais. *(Acrescido pelo Decreto 10.410/2020)*

Art. 179-E. Os benefícios administrados pelo INSS que forem objeto de apuração de irregularidade ou fraude pela Coordenação-Geral de Inteligência Previdenciária e Trabalhista da Secretaria Especial de Previdência e Trabalho do Ministério da Economia poderão ter o respectivo valor bloqueado cautelarmente pelo INSS, por meio de decisão fundamentada, quando houver risco iminente de prejuízo ao erário e restarem evidenciados elementos suficientes que indiquem a existência de irregularidade ou fraude na sua concessão ou manutenção, hipótese em que será facultado ao titular a apresentação de defesa, nos termos do disposto neste Regulamento. *(Acrescido pelo Decreto 10.410/2020)*

§ 1º Para fins do disposto neste artigo, o bloqueio do valor do benefício consiste no comando bancário que impossibilita temporariamente a movimentação do valor referente ao benefício.

§ 2º Será dada prioridade à tramitação de processo no qual seja requerido o bloqueio do valor do benefício.

§ 3º Na hipótese prevista no § 2º, a tramitação do processo deverá ser concluída no prazo de trinta dias, contado da data de apresentação da defesa pelo titular do benefício.

§ 4º Encerrado o prazo de que trata o § 3º, independentemente de concluída a tramitação do processo, o benefício será desbloqueado automaticamente, ressalvada a hipótese prevista no § 5º.

§ 5º Na hipótese de o titular do benefício não apresentar defesa, o bloqueio será convertido automaticamente em suspensão do benefício.

§ 6º Ato conjunto da Secretaria Especial de Previdência e Trabalho do Ministério da Economia e do INSS disciplinará os procedimentos, os requisitos e a forma de encaminhamento das apurações de irregularidade ou fraude e de efetivação do bloqueio de que trata este artigo.

Art. 180. Ressalvado o disposto nos §§ 5º e 6º do art. 13, a perda da qualidade de segurado importa em caducidade dos direitos inerentes a essa qualidade. (*Caput* do artigo com redação dada pelo Decreto nº 4.729, de 9/6/2003)

§ 1º A perda da qualidade de segurado não prejudica o direito à aposentadoria para cuja concessão tenham sido preenchidos todos os requisitos, segundo a legislação em vigor à época em que estes requisitos foram atendidos.

§ 2º Não será concedida pensão por morte aos dependentes do segurado que falecer após a perda desta qualidade, nos termos dos arts. 13 a 15, salvo se preenchidos os requisitos para obtenção de aposentadoria na forma do parágrafo anterior, observado o disposto no art. 105.

§ 3º No cálculo da aposentadoria de que trata o § 1º, será observado o disposto no § 9º do art. 32 e no art. 52.

Art. 181. Todo e qualquer benefício concedido pelo Instituto Nacional do Seguro Social, ainda que à conta do Tesouro Nacional, submete-se ao limite a que se refere o § 5º do art. 214.

Parágrafo único. Aos beneficiários de que trata o art. 150 da Lei nº 8.213, de 1991, aplicam-se as disposições previstas neste Regulamento, vedada a adoção de critérios diferenciados para a concessão de benefícios.

Art. 181-A. *(Revogado pelo Decreto 10.410/2020)*

Art. 181-B. As aposentadorias concedidas pela previdência social são irreversíveis e irrenunciáveis. *(Redação dada pelo Decreto 10.410/2020)*

§ 1º O disposto neste artigo não se aplica à concessão de aposentadoria por incapacidade permanente. *(Acrescido pelo Decreto 10.410/2020)*

§ 2º O segurado poderá desistir do seu pedido de aposentadoria desde que manifeste essa intenção e requeira o arquivamento definitivo do pedido antes da ocorrência de um dos seguintes atos: *(Acrescido pelo Decreto 10.410/2020)*

I - recebimento do primeiro pagamento do benefício; ou

II - efetivação do saque do FGTS ou do PIS.

§ 3º O disposto no *caput* não impede a cessação dos benefícios não acumuláveis por força de disposição legal ou constitucional. *(Acrescido pelo Decreto 10.410/2020)*

Art. 181-C. Na hipótese de o inventariante não tomar a iniciativa do pagamento das contribuições devidas pelo segurado falecido o Instituto Nacional do Seguro Social deverá requerer, no inventário ou arrolamento de bens por ele deixado, o pagamento da dívida.

Parágrafo único. Na hipótese de ter sido feita a partilha da herança sem a liquidação das contribuições devidas pelo segurado falecido, respondem os herdeiros, cada qual em proporção da parte que na herança lhe coube, aplicando-se, em relação aos herdeiros dependentes, o disposto no art. 154, inciso I, combinado com o § 3º do mesmo artigo. (Artigo acrescido pelo Decreto nº 4.729, de 9/6/2003)

Art. 181-D. Se mais vantajoso, fica assegurado o direito à aposentadoria, nas condições legalmen-te previstas na data do cumprimento de todos os requisitos ao segurado que tiver optado por permanecer em atividade. *(Acrescido pelo Decreto 10.410/2020)*

§ 1º Para fins do disposto no *caput*, o valor inicial da aposentadoria, apurado conforme as regras vigentes na data em que todos os requisitos tiverem sido cumpridos, será comparado com o valor da aposentadoria calculada na data de entrada do requerimento, hipótese em que será mantido o benefício mais vantajoso e será considerada como data de início do benefício a data de entrada do requerimento, observado o disposto no art. 52.

§ 2º A renda mensal inicial, apurada na forma prevista no § 1º, será reajustada pelos índices de reajustamento aplicados aos benefícios até a data de entrada do requerimento e não será devi-do qualquer pagamento relativamente a período anterior a essa data.

Art. 181-E. Para fins do disposto neste Regulamento, considera-se ano civil o período de doze meses contados de 1º de janeiro a 31 de dezembro do respectivo ano. *(Acrescido pelo Decreto 10.410/2020)*

CAPÍTULO VIII
DAS DISPOSIÇÕES TRANSITÓRIAS RELATIVAS ÀS PRESTAÇÕES DO REGIME GERAL DE PREVIDÊNCIA SOCIAL

Art. 182. A carência das aposentadorias por idade, tempo de contribuição e especial de que tratam os art. 188-H ao art. 188-P para os segurados inscritos na previdência social urbana até 24 de julho de 1991 e para os trabalhadores e empregadores rurais amparados pela previdência social rural obedecerá à seguinte tabela, considerado o ano em que o segurado tiver implementado todas as condições necessárias à obtenção do benefício, ressalvada a aposentadoria por idade, para a qual será considerado o ano em que o segurado tiver implementado a idade exigida: *(Redação dada pelo Decreto 10.410/2020)*

Parágrafo único. Não se aplica a tabela de que trata o *caput* para os benefícios de aposentadoria por tempo de contribuição e por idade garantida aos segurados com deficiência, de que tratam os arts. 70-B e 70-C. (Incluído pelo Decreto nº 8.145, de 2013)

ANO DE IMPLEMENTAÇÃO DAS CONDIÇÕES	MESES DE CONTRIBUIÇÃO EXIGIDOS
1998	102 meses
1999	108 meses
2000	114 meses
2001	120 meses
2002	126 meses
2003	132 meses
2004	138 meses
2005	144 meses
2006	150 meses
2007	156 meses
2008	162 meses
2009	168 meses
2010	174 meses
2011	180 meses

Art. 183. O trabalhador rural enquadrado como segurado obrigatório do RGPS, na forma da alínea a do inciso I ou da alínea j do inciso V do *caput* do art. 9º, pode requerer a aposentadoria por idade, no valor de um salário mínimo, até 31 de dezembro de 2010, desde que comprove o exercício de atividade rural, ainda que de forma descontínua, no período imediatamente anterior ao requerimento do benefício ou, conforme o caso, ao mês em que cumpriu o requisito etário, em número de meses idêntico à carência do referido benefício. (Artigo com redação dada pelo Decreto nº 6.722, de 30/12/2008)

Art. 183-A. Na concessão de aposentadoria por idade do empregado rural, em valor equivalente ao salário mínimo, serão contados para efeito de carência:

I – até 31 de dezembro de 2010, o período de atividade comprovado na forma do inciso II, letra a, do § 2º do art. 62, observado o disposto no art. 183;

II – de janeiro de 2011 a dezembro de 2015, cada mês comprovado de emprego, multiplicado por três, limitado a doze meses dentro do respectivo ano civil; e

III – de janeiro de 2016 a dezembro de 2020, cada mês comprovado de emprego, multiplicado por dois, limitado a doze meses dentro do respectivo ano civil.

§ 1º O disposto no inciso I do *caput* aplica-se ao trabalhador rural que se enquadre na categoria de segurado contribuinte individual que comprovar a prestação de serviço de natureza rural, em caráter eventual, a uma ou mais empresas, sem relação de emprego. *(Acrescido pelo Decreto 10.410/2020)*

§ 2º Para fins do disposto no inciso I do *caput*, a comprovação do tempo de contribuição até 31 de dezembro de 2010 do empregado rural e do contribuinte individual rural ocorrerá por meio dos documentos de que trata o § 1º do art. 19-B ou por justificação administrativa. *(Acrescido pelo Decreto 10.410/2020)*

Art. 184. O segurado que recebe aposentadoria por idade, tempo de contribuição ou especial do Regime Geral de Previdência Social que permaneceu ou retornou à atividade e que contribuindo até 14 de abril de 1994, véspera da vigência da Lei nº 8.870, de 15 de abril de 1994, receberá o pecúlio, em pagamento único, quando do desligamento da atividade que vinha exercendo.

§ 1º O pecúlio de que trata este artigo consistirá em pagamento único de valor correspondente à soma das importâncias relativas às contribuições do segurado, remuneradas de acordo com o índice de remuneração básica dos depósitos de poupança com data de aniversário no dia primeiro.

LEGISLAÇÃO COMPLEMENTAR

§ 2º O disposto no parágrafo anterior aplica-se a contar de 25 de julho de 1991, data da vigência da Lei nº 8.213, de 1991, observada, com relação às contribuições anteriores, a legislação vigente à época do seu recolhimento.

Art. 185. Serão mantidos, de acordo com a respectiva legislação específica, as prestações e o seu financiamento, referentes aos benefícios de ferroviário servidor público ou autárquico federal ou em regime especial que não optou pelo regime da Consolidação das Leis do Trabalho, na forma da Lei nº 6.184, de 11 de dezembro de 1974, bem como de seus dependentes.

Art. 186. (Revogado pelo Decreto nº 4.079, de 9/1/2002)

Art. 187. É assegurada a concessão de aposentadoria, a qualquer tempo, nas condições previstas na legislação anterior à Emenda Constitucional nº 20, de 1998, ao segurado do Regime Geral de Previdência Social que, até 16 de dezembro de 1998, tenha cumprido os requisitos para obtê-la.

§ 1º Quando da concessão de aposentadoria nos termos previstos no *caput*, o tempo de serviço será considerado até 16 de dezembro de 1998 e a renda mensal inicial será calculada com base nos trinta e seis últimos salários de contribuição anteriores àquela data, reajustada pelos mesmos índices aplicados aos benefícios, até a data de entrada do requerimento, hipótese em que não será devido qualquer pagamento relativamente a período anterior, observado, quando couber, o disposto no § 9º do art. 32. *(Acrescido pelo Decreto 10.410/2020)*

§ 2º O segurado que, até 16 de dezembro de 1998, tenha cumprido os requisitos para obter a aposentadoria proporcional somente fará jus ao acréscimo de cinco por cento a que se refere o § 4º do art. 188 se cumprir o requisito previsto no inciso I do *caput* do art. 188. *(Acrescido pelo Decreto 10.410/2020)*

Art. 187-A. O professor que tenha exercido atividade de magistério, em qualquer nível, e que até 16 de dezembro de 1998 não tenha implementado as condições para aposentadoria por tempo de serviço de professor, poderá ter contado esse tempo até aquela data acrescido de dezessete por cento, se homem, e de vinte por cento, se mulher, se optar pela aposentadoria transitória por tempo de contribuição, desde que cumpridos trinta e cinco anos de contribuição, se homem, e trinta anos, se mulher, exclusivamente em funções de magistério. *(Acrescido pelo Decreto 10.410/2020)*

Art. 188. Ao segurado filiado ao RGPS até 16 de dezembro de 1998, uma vez cumprido o período de carência exigido, será assegurada, a qualquer tempo, a aposentadoria com valores proporcionais ao tempo de contribuição, quando cumpridos, cumulativamente, até 13 de novembro de 2019, os seguintes requisitos: *(Redação dada pelo Decreto 10.410/2020)*

I – contar cinquenta e três anos ou mais de idade, se homem, e quarenta e oito anos ou mais de idade, se mulher; e

II – contar tempo de contribuição igual, no mínimo, à soma de:

a) trinta anos, se homem, e vinte e cinco anos, se mulher; e (Alínea com redação dada pelo Decreto nº 4.729, de 9/6/2003)

b) um período adicional de contribuição equivalente a, no mínimo, quarenta por cento do tempo que, em 16 de dezembro de 1998, faltava para atingir o limite de tempo constante da alínea a. (Alínea com redação dada pelo Decreto nº 4.729, de 9/6/2003)

§ 1º (Revogado pelo Decreto nº 4.729, de 9/6/2003)

§ 2º Para o segurado que tenha cumprido os requisitos a que se refere o *caput* até 28 de novembro de 1999, a renda mensal inicial da aposentadoria será calculada com base nos trinta e seis últimos salários de contribuição anteriores àquela data, apurados no período de quarenta e oito meses, e reajustada pelos mesmos índices aplicados ao benefício a que o segurado fazia jus, até a data de entrada do requerimento. *(Redação dada pelo Decreto 10.410/2020)*

§ 3º Para o segurado que tenha cumprido os requisitos a que se refere o *caput* no período entre 29 de novembro de 1999 e 13 de novembro de 2019 e que optar pela aposentadoria em conformidade com as regras vigentes à época, a renda mensal inicial será calculada na forma prevista no art. 188-E e reajustada pelos mesmos índices aplicados aos benefícios do RGPS, até a data de entrada do requerimento. *(Redação dada pelo Decreto 10.410/2020)*

§ 4º O valor da renda mensal da aposentadoria proporcional será equivalente a setenta por cento da média apurada na forma prevista nos § 2º e § 3º, acrescida de cinco pontos percentuais por ano de contribuição que supere a soma a que se refere o inciso II do *caput*, até o limite de cem por cento. *(Redação dada pelo Decreto 10.410/2020)*

Art. 188-A. Será assegurada a concessão de aposentadoria, a qualquer tempo, ao segurado do RGPS, inclusive o oriundo de regime próprio de previdência social, que, até 13 de novembro de 2019, uma vez cumprido o período de carência exigido, tenha cumprido os seguintes requisitos: *(Redação dada pelo Decreto 10.410/2020)*

I - no caso de aposentadoria por idade - sessenta e cinco anos de idade, se homem, e sessenta anos de idade, se mulher;

II - no caso de aposentadoria por tempo de contribuição:

a) para os professores que comprovem tempo de efetivo exercício exclusivamente em função de magistério na educação infantil, no ensino fundamental ou no ensino médio:

1. trinta anos de contribuição, se homem; ou
2. vinte e cinco anos de contribuição, se mulher; e

b) para os demais segurados:

1. trinta e cinco anos de contribuição, se homem; e
2. trinta anos de contribuição, se mulher; ou

III - no caso de aposentadoria especial - quinze, vinte ou vinte e cinco anos de contribuição, conforme o caso, para os segurados sujeitos a condições especiais que prejudiquem a sua saúde ou a sua integridade física.

§ 1º e 2º *(Revogados pelo Decreto 10.410/2020)*

§ 3º (Revogado pelo Decreto nº 5.399, de 24/3/2005)

§ 4º *(Revogado pelo Decreto 10.410/2020)*

§ 5º O valor da renda mensal da aposentadoria concedida na forma prevista neste artigo será apurado na data de 13 de novembro de 2019, em conformidade com o disposto nos art. 188-E e art. 188-F, e reajustado pelos mesmos índices aplicados ao benefício até a data do requerimento. *(Acrescido pelo Decreto 10.410/2020)*

Art. 188-B. *(Revogado pelo Decreto 10.410/2020)*

Art. 188-C. (Revogado pelo Decreto nº 4.729, de 9/6/2003)

Art. 188-D. (Revogado pelo Decreto nº 4.729, de 9/6/2003)

Art. 188-E. O salário de benefício a ser utilizado para apuração do valor da renda mensal dos benefícios concedidos com base em direito adquirido até 13 de novembro de 2019 consistirá: *(Redação do artigo dada pelo Decreto 10.410/2020)*

I - para as aposentadorias por idade e por tempo de contribuição, na média aritmética simples dos maiores salários de contribuição correspondentes a oitenta por cento de todo o período contributivo, multiplicada pelo fator previdenciário; e

II - para as aposentadorias por invalidez e especial, auxílio-doença e auxílio-acidente, na média aritmética simples dos maiores salários de contribuição correspondentes a oitenta por cento de todo o período contributivo.

§ 1º No caso das aposentadorias por idade, por tempo de contribuição e especial, o divisor considerado no cálculo da média a que se referem os incisos I e II do *caput* não poderá ser inferior a sessenta por cento do período decorrido da competência julho de 1994 até a data de início do benefício, limitado a cem por cento de todo o período contributivo.

§ 2º O fator previdenciário a que se refere o inciso I do *caput* será calculado com base na idade, na expectativa de sobrevida e no tempo de contribuição do segurado ao se aposentar, por meio da seguinte fórmula:

$$f = \frac{Tc \times a}{Es} \times \left[1 + \frac{(Id + Tc \times a)}{100}\right]$$

Em que:

f = fator previdenciário;

Es = expectativa de sobrevida no momento da aposentadoria;

Tc = tempo de contribuição até o momento da aposentadoria;

Id = idade no momento da aposentadoria; e

a = alíquota de contribuição correspondente a 0,31.

§ 3º Para fins do disposto no § 2º, a expectativa de sobrevida do segurado na idade da aposentadoria será obtida a partir da tábua completa de mortalidade construída pelo IBGE para toda a população brasileira, considerada a média nacional única para ambos os sexos.

§ 4º Os benefícios previdenciários requeridos a partir da data de publicação da tábua de mortalidade considerarão a nova expectativa de sobrevida.

§ 5º Para efeito da aplicação do fator previdenciário, ao tempo de contribuição do segurado serão adicionados:

I - cinco anos, se mulher; ou

II - no caso de professores que comprovem tempo de efetivo exercício exclusivamente em função de magistério na educação infantil, no ensino fundamental ou no ensino médio:

a) cinco anos, se homem; e

b) dez anos, se mulher.

§ 6º Fica garantida a aplicação do fator previdenciário no cálculo das aposentadorias por tempo de contribuição e por idade devidas ao segurado com deficiência, se resultar em renda mensal de valor mais elevado, hipótese em que caberá ao INSS, quando da concessão do benefício, proceder ao cálculo da renda mensal inicial com e sem a aplicação do fator previdenciário.

§ 7º Fica garantido ao segurado com direito à aposentadoria por idade na forma do disposto no art. 188-H a opção pela não aplicação do fator previdenciário e caberá ao INSS, quando da concessão do benefício, proceder ao cálculo da renda mensal inicial com e sem o fator previdenciário.

§ 8º O segurado que tiver cumprido os requisitos para a aposentadoria por tempo de contribuição poderá optar pela não incidência do fator previdenciário no cálculo de sua aposentadoria se o total resultante da soma de sua idade e de seu tempo de contribuição, incluídas as frações, tiver atingido o número de pontos:

I – a partir de 18 de junho de 2015 até 30 de dezembro de 2018: *(Redação dada pelo Decreto 10.491/2020)*

a) igual ou superior a noventa e cinco pontos, se homem, observado o tempo mínimo de contribuição de trinta e cinco anos; ou

b) igual ou superior a oitenta e cinco pontos, se mulher, observado o tempo mínimo de contribuição de trinta anos; e

II – de 31 de dezembro de 2018 até 13 de novembro de 2019: *(Redação dada pelo Decreto 10.491/2020)*

a) igual ou superior a noventa e seis pontos, se homem, observado o tempo mínimo de contribuição de trinta e cinco anos; ou

b) igual ou superior a oitenta e seis pontos, se mulher, observado o tempo mínimo de contribuição de trinta anos.

§ 9º Para fins de aplicação do disposto no *caput* e no § 8º, o tempo mínimo de contribuição dos professores que comprovarem tempo de efetivo exercício exclusivamente em função de magistério na educação infantil, no ensino fundamental ou no ensino médio será de trinta anos de contribuição, se homem, e vinte e cinco anos de contribuição, se mulher.

§ 10. Na hipótese prevista no § 9º, ao resultado da soma da idade do professor e de seu tempo de contribuição serão acrescidos cinco pontos.

Art. 188-F. A renda mensal do benefício concedido ao segurado de que trata o art. 188-A será calculada sobre o salário de benefício, apurado na forma prevista no art. 188-E, ao qual serão aplicados os seguintes percentuais: *(Redação do artigo dada pelo Decreto 10.410/2020)*

I - no caso de aposentadoria por idade - setenta por cento do salário de benefício, mais um ponto percentual por grupo de doze contribuições mensais, até o máximo de trinta por cento;

II - no caso de aposentadoria por tempo de contribuição:

a) cem por cento do salário de benefício aos trinta anos de contribuição, se mulher;

b) cem por cento do salário de benefício aos trinta e cinco anos de contribuição, se homem; e

c) no caso de professores que comprovem tempo de efetivo exercício exclusivamente em função de magistério na educação infantil, no ensino fundamental ou no ensino médio:

1. cem por cento do salário de benefício aos vinte e cinco anos de contribuição, se mulher; e

2. cem por cento do salário de benefício aos trinta anos de contribuição, se homem; e

III - no caso de aposentadoria especial - cem por cento do salário de benefício.

Parágrafo único. Para fins de cálculo do percentual de acréscimo de que trata o inciso I do *caput*, presume-se como efetivado o recolhimento correspondente quando se tratar de segurado empregado, empregado doméstico ou trabalhador avulso.

Art. 188-G. O tempo de contribuição até 13 de novembro de 2019 será contado de data a data, desde o início da atividade até a data do desligamento, considerados, além daqueles referidos no art. 19-C, os seguintes períodos: *(Acrescido pelo Decreto 10.410/2020)*

I - o tempo de serviço militar, exceto se já contado para inatividade remunerada nas Forças Armadas ou auxiliares ou para aposentadoria no serviço público federal, estadual, distrital ou municipal, ainda que anterior à filiação ao RGPS, obrigatório, voluntário ou alternativo, assim considerado o tempo atribuído pelas Forças Armadas àqueles que, após o alistamento, alegaram imperativo de consciência, entendido como tal aquele decorrente de crença religiosa ou de convicção filosófica ou política, para se eximirem de atividades de caráter militar;

II - o tempo em que o anistiado político esteve compelido ao afastamento de suas atividades profissionais, em decorrência de punição ou de fundada ameaça de punição, por motivo exclusivamente político, situação que será comprovada nos termos do disposto na Lei nº 10.559, de 13 de novembro de 2002;

III - o tempo de serviço público federal, estadual, distrital ou municipal, inclusive aquele prestado a autarquia, sociedade de economia mista ou fundação instituída pelo Poder Público, regularmente certificado na forma prevista na Lei nº 3.841, de 15 de dezembro de 1960, desde que a certidão tenha sido requerida na entidade para a qual o serviço tenha sido prestado até 30 de setembro de 1975, data imediatamente anterior ao início da vigência da Lei nº 6.226, de 14 de junho de 1975;

IV - o tempo de serviço do segurado trabalhador rural anterior à competência novembro de 1991;

V - o tempo de exercício de mandato classista junto a órgão de deliberação coletiva em que, nessa qualidade, tenha havido contribuição para a previdência social;

VI - o tempo de serviço prestado à Justiça dos Estados, às serventias extrajudiciais e às escrivanias judiciais, desde que não tenha havido remuneração pelo erário e que a atividade não estivesse, à época, vinculada a regime próprio de previdência social;

VII - o tempo de atividade dos auxiliares locais de nacionalidade brasileira no exterior amparados pela Lei nº 8.745, de 9 de dezembro de 1993, anteriormente a 1º de janeiro de 1994, desde que a sua situação previdenciária esteja regularizada no INSS;

VIII - o tempo de contribuição efetuado pelo servidor público de que tratam as alíneas "i", "j" e "l" do inciso I do *caput* do art. 9º e o § 2º do art. 26, com fundamento do disposto nos art. 8º e art. 9º da Lei nº 8.162, de 8 de janeiro de 1991, e no art. 2º da Lei nº 8.688, de 21 de julho de 1993; e

IX - o tempo exercido na condição de aluno-aprendiz referente ao período de aprendizado profissional realizado em escola técnica, desde que comprovados a remuneração pelo erário, mesmo que indireta, e o vínculo empregatício.

Parágrafo único. O tempo de contribuição de que trata este artigo será considerado para fins de cálculo do valor da renda mensal de qualquer benefício.

Art. 188-H. Ressalvado o direito de opção pelas aposentadorias de que tratam os art. 51, art. 188-I, art. 188-J, art. 188-K e art. 188-L, a aposentadoria por idade será devida, a qualquer tempo, ao segurado filiado ao RGPS até 13 de novembro de 2019 que cumprir, cumulativamente, os seguintes requisitos: *(Acrescido pelo Decreto 10.410/2020)*

I - sessenta anos de idade, se mulher, e sessenta e cinco anos de idade, se homem;

II - quinze anos de contribuição, para ambos os sexos; e

III - carência de cento e oitenta contribuições mensais, para ambos os sexos.

§ 1º A partir de 1º de janeiro de 2020, serão acrescidos seis meses a cada ano à idade considerada mínima para a aposentadoria por idade para as mulheres até atingir sessenta e dois anos de idade.

§ 2º A data do início da aposentadoria de que trata este artigo será estabelecida em conformidade com o disposto no art. 52.

§ 3º O valor da aposentadoria de que trata este artigo corresponderá a sessenta por cento do salário de benefício definido na forma prevista no art. 32, com acréscimo de dois pontos percentuais para cada ano de contribuição que exceder o tempo de vinte anos de contribuição, para os homens, e de quinze anos de contribuição, para as mulheres.

Art. 188-I. Ressalvado o direito de opção pelas aposentadorias de que tratam os art. 51, art. 188-H, art. 188-J, art. 188-K e art. 188-L, observado o disposto no art. 199-A, a aposentadoria por tempo de contribuição será devida, a qualquer tempo, ao segurado filiado ao RGPS até 13 de novembro de 2019 que cumprir cumulativamente, os seguintes requisitos: *(Acrescida pelo Decreto 10.410/2020)*

I - trinta anos de contribuição, se mulher, e trinta e cinco anos de contribuição, se homem;

II - somatório da idade e do tempo de contribuição, incluídas as frações, equivalente a oitenta e seis pontos, se mulher, e noventa e seis pontos, se homem; e

III - carência de cento e oitenta contribuições mensais, para ambos os sexos.

§ 1º A partir de 1º de janeiro de 2020, será acrescido um ponto a cada ano ao somatório considerado mínimo, a que se refere o inciso II do *caput*, até atingir o limite de cem pontos, se mulher, e de cento e cinco pontos, se homem.

§ 2º A idade e o tempo de contribuição serão apurados em dias para o cálculo do somatório de pontos a que se refere o inciso II do *caput*.

§ 3º A data do início da aposentadoria de que trata este artigo será estabelecida em conformidade com o disposto no art. 52.

§ 4º O valor da aposentadoria de que trata este artigo será apurado na forma prevista no § 3º do art. 188-H.

Art. 188-J. Ressalvado o direito de opção pelas aposentadorias de que tratam os art. 51, art. 188-H, art. 188-I, art. 188-K e art. 188-L, observado o disposto no art. 199-A, a aposentadoria por tempo de contribuição será devida, a qualquer tempo, ao segurado filiado ao RGPS até 13 de novembro de 2019 que cumprir, cumulativamente, os seguintes requisitos: *(Acrescida pelo Decreto 10.410/2020)*

I - cinquenta e seis anos de idade, se mulher, e sessenta e um anos de idade, se homem;

II - trinta anos de contribuição, se mulher, e trinta e cinco anos de contribuição, se homem; e

III - carência de cento e oitenta contribuições mensais, para ambos os sexos.

§ 1º A partir de 1º de janeiro de 2020, serão acrescidos seis meses a cada ano à idade considerada mínima para aposentadoria por tempo de contribuição até atingir sessenta e dois anos, para as mulheres, e sessenta e cinco anos, para os homens.

§ 2º A data do início da aposentadoria de que trata este artigo será estabelecida em conformidade com o disposto no art. 52.

§ 3º O valor da aposentadoria concedida em conformidade com o disposto neste artigo será apurado na forma prevista no § 3º do art. 188-H.

Art. 188-K. Ressalvado o direito de opção pelas aposentadorias de que tratam os art. 51, art. 188-H, art. 188-I, art. 188-J e art. 188-L, observado o disposto no art. 199-A, a aposentadoria por tempo de contribuição será devida, a qualquer tempo, ao segurado filiado ao RGPS até 13 de novembro de 2019 que contar com mais de vinte e oito anos de contribuição, se mulher, e com mais de trinta e três anos de contribuição, se homem, que cumprir, cumulativamente, os seguintes requisitos: *(Acrescido pelo Decreto 10.410/2020)*

I - trinta anos de contribuição, se mulher, e trinta e cinco anos de contribuição, se homem;

II - cumprimento de período adicional de contribuição correspondente a cinquenta por cento do tempo que, em 13 de novembro de 2019, faltaria para atingir trinta anos de contribuição, se mulher, e trinta e cinco anos de contribuição, se homem; e

III - carência de cento e oitenta contribuições mensais, para ambos os sexos.

§ 1º A data do início da aposentadoria de que trata este artigo será estabelecida em conformidade com o disposto no art. 52.

§ 2º O valor da aposentadoria de que trata este artigo corresponderá ao valor do salário de benefício definido na forma prevista no art. 32, multiplicado pelo fator previdenciário, calculado na forma prevista nos § 2º ao § 5º do art. 188-E.

§ 3º A aplicação do fator previdenciário no cálculo do valor da aposentadoria de que trata este artigo é obrigatória, observado o disposto no art. 32, hipótese em que não se aplica o disposto no art. 29-C da Lei nº 8.213, de 1991.

Art. 188-L. Ressalvado o direito de opção pelas aposentadorias de que tratam os art. 51, art. 188-H, art. 188-I, art. 188-J e art. 188-K, a aposentadoria por tempo de contribuição será devida, a qualquer tempo, ao segurado filiado ao RGPS até 13 de novembro de 2019 que cumprir, cumulativamente, os seguintes requisitos: *(Acrescido pelo Decreto 10.410/2020)*

I - cinquenta e sete anos de idade, se mulher, e sessenta anos de idade, se homem;

II - trinta anos de contribuição, se mulher, e trinta e cinco anos de contribuição, se homem;

III - cumprimento de período adicional de contribuição correspondente ao tempo que, em 13 de novembro de 2019, faltaria para atingir trinta anos de contribuição, se mulher, e trinta e cinco anos de contribuição, se homem; e

IV - carência de cento e oitenta contribuições mensais, para ambos os sexos.

§ 1º A data do início da aposentadoria de que trata este artigo será estabelecida em conformidade com o disposto no art. 52.

§ 2º O valor da aposentadoria de que trata este artigo corresponderá a cem por cento do salário de benefício definido na forma prevista no art. 32.

Art. 188-M. Ressalvado o direito de opção pelas aposentadorias de que tratam os art. 51, art. 54, art. 188-H ao art. 188-L, art. 188-N e art. 188-O, observado o disposto nos § 2º e § 3º do art. 54, a aposentadoria por tempo de contribuição será devida, a qualquer tempo, ao professor filiado ao RGPS até 13 de novembro de 2019 que comprovar tempo de efetivo exercício exclusivamente em função de magistério na educação infantil, no ensino fundamental ou no ensino médio e que cumprir, cumulativamente, os seguintes requisitos: *(Acrescido pelo Decreto 10.410/2020)*

I - vinte e cinco anos de contribuição, se mulher, e trinta anos de contribuição, se homem;

II - somatório da idade e do tempo de contribuição, incluídas as frações, equivalente a oitenta e um pontos, se mulher, e noventa e um pontos, se homem; e

III - carência de cento e oitenta contribuições mensais, para ambos os sexos.

§ 1º A partir de 1º de janeiro de 2020, será acrescido um ponto a cada ano ao somatório considerado mínimo, a que se refere o inciso II do *caput*, até atingir o limite de noventa e dois pontos, se mulher, e de cem pontos, se homem.

§ 2º A idade e o tempo de contribuição serão apurados em dias para o cálculo do somatório de pontos a que se refere o inciso II do *caput*.

§ 3º A data do início da aposentadoria de que trata este artigo será estabelecida em conformidade com o disposto no art. 52.

§ 4º O valor da aposentadoria de que trata este artigo será apurado na forma prevista no § 3º do art. 188-H.

Art. 188-N. Ressalvado o direito de opção pelas aposentadorias de que tratam os art. 51, art. 54, art. 188-H ao 188-M e art. 188-O, observado o disposto no art. 199-A, a aposentadoria por tempo de contribuição será devida, a qualquer tempo, ao professor filiado ao RGPS até 13 de novembro de 2019 que comprovar tempo de efetivo exercício exclusivamente em função de magistério na educação infantil, no ensino fundamental ou no ensino médio e cumprir, cumulativamente, os seguintes requisitos: *(Acrescido pelo Decreto 10.410/2020)*

I - cinquenta e um anos de idade, se mulher, e cinquenta e seis anos de idade, se homem;

II - vinte e cinco anos de contribuição, se mulher, e trinta anos de contribuição, se homem; e

III - carência de cento e oitenta contribuições mensais, para ambos os sexos.

§ 1º A partir de 1º de janeiro de 2020, serão acrescidos seis meses a cada ano à idade considerada mínima para aposentadoria por idade até atingir cinquenta e sete anos, para as mulheres, e sessenta anos de idade, para os homens.

§ 2º A data do início da aposentadoria de que trata este artigo será estabelecida em conformidade com o disposto no art. 52.

§ 3º O valor da aposentadoria de que trata este artigo será apurado na forma prevista no § 3º do art. 188-H.

Art. 188-O. Ressalvado o direito de opção pelas aposentadorias de que tratam os art. 51, art. 54 e art. 188-H ao 188-N, observado o disposto nos § 2º e § 3º do art. 54, a aposentadoria por tempo de contribuição será devida, a qualquer tempo, ao professor filiado ao RGPS até 13 de novembro de 2019 que comprovar tempo de efetivo exercício exclusivamente em função de magistério na educação infantil, no ensino fundamental ou no ensino médio e que cumprir, cumulativamente, os seguintes requisitos: *(Acrescido pelo Decreto 10.410/2020)*

I - cinquenta e dois anos de idade, se mulher, e cinquenta e cinco anos de idade, se homem;

II - vinte e cinco anos de contribuição, se mulher, e trinta anos de contribuição, se homem;

III - cumprimento de período adicional de contribuição correspondente ao tempo que, em 13 de novembro de 2019, faltaria para atingir vinte e cinco anos de contribuição, se mulher, e trinta anos de contribuição, se homem; e

IV - carência de cento e oitenta contribuições mensais, para ambos os sexos.

§ 1º A data do início da aposentadoria de que trata este artigo será estabelecida em conformidade com o disposto no art. 52.

§ 2º O valor da aposentadoria de que trata este artigo corresponderá a cem por cento do salário de benefício definido na forma prevista no art. 32.

Art. 188-P. Ressalvado o direito de opção pelas aposentadorias de que tratam os art. 51, art. 64 e art. 188-I ao 188-L, uma vez cumprido o período de carência exigido, a aposentadoria especial será devida ao segurado empregado, trabalhador avulso e contribuinte individual, este último somente quando cooperado filiado a cooperativa de trabalho ou de produção, filiados ao RGPS até 13 de novembro de 2019, quando o somatório da sua idade e do seu tempo de contribuição e o tempo de efetiva exposição forem, respectivamente, de: *(Acrescido pelo Decreto 10.410/2020)*

I - sessenta e seis pontos e quinze anos de efetiva exposição;

II - setenta e seis pontos e vinte anos de efetiva exposição; ou

III - oitenta e seis pontos e vinte e cinco anos de efetiva exposição.

§ 1º A idade e o tempo de contribuição serão apurados em dias para o cálculo do somatório de pontos a que se refere o *caput*.

§ 2º A data do início da aposentadoria de que trata este artigo será estabelecida em conformidade com o disposto no art. 52.

§ 3º O valor da aposentadoria de que trata este artigo corresponderá a sessenta por cento do salário de benefício definido na forma prevista no art. 32, com acréscimo de dois pontos percentuais para cada ano de contribuição que exceder o tempo de vinte anos de contribuição, exceto na hipótese prevista no inciso I do *caput*, e das mulheres, cujo acréscimo será aplicado para cada ano que exceder quinze anos de tempo de contribuição.

§ 4º A concessão da aposentadoria especial prevista neste artigo dependerá da comprovação, durante os períodos mínimos exigidos:

I - do tempo de trabalho permanente, não ocasional nem intermitente; e

II - da efetiva exposição do segurado a agentes químicos, físicos e biológicos prejudiciais à saúde ou à integridade física, ou a associação desses agentes, comprovada na forma prevista nos art. 64 ao art. 68.

§ 5º A conversão de tempo de atividade sob condições especiais em tempo de atividade comum aplica-se somente ao trabalho prestado até 13 de novembro de 2019, em conformidade com o disposto na seguinte tabela:

TEMPO A CONVERTER	MULTIPLICADORES	
	Mulher (30 anos de contribuição)	Homem (35 anos de contribuição)
DE 15 ANOS	2,00	2,33
DE 20 ANOS	1,50	1,75
DE 25 ANOS	1,20	1,40

§ 6º A caracterização e a comprovação do tempo de atividade sob condições especiais obedecerão ao disposto na legislação em vigor à época da prestação do serviço.

Art. 188-Q. Para a aposentadoria por idade concedida a pessoa com deficiência, será assegurada, exclusivamente para fins de cálculo do valor da renda mensal, a conversão do período de exercício de atividade sujeito a condições especiais que prejudiquem a sua saúde ou a sua integridade física, cumprido na condição de pessoa com deficiência até 13 de novembro de 2019, vedado o cômputo do tempo convertido para fins de carência. *(Acrescido pelo Decreto 10.410/2020)*

Art. 189. Os benefícios de legislação especial pagos pela previdência social à conta do Tesouro Nacional e de ex-combatentes, iniciados até 16 de dezembro de 1998, serão reajustados com base nos mesmos índices aplicáveis aos benefícios de prestação continuada da previdência social.

Art. 190. A partir de 14 de outubro de 1996, não serão mais devidos os benefícios de legislação específica do jornalista profissional, do jogador profissional de futebol e do telefonista.

Parágrafo único. A aposentadoria especial do aeronauta nos moldes do Decreto-Lei nº 158, de 10 de fevereiro de 1967, está extinta a partir de 16 de dezembro de 1998, passando a ser devida ao aeronauta os benefícios deste Regulamento.

Art. 191. É vedada a inclusão em regime próprio de previdência social do servidor de que tratam as alíneas i, l e m do inciso I do *caput* do art. 9º, sendo automática sua filiação ao Regime Geral de Previdência Social a partir de 16 de dezembro de 1998.

Art. 192. Aos menores de dezesseis anos filiados ao Regime Geral de Previdência Social até 16 de dezembro de 1998 são assegurados todos os direitos previdenciários.

Art. 193. O Instituto Nacional do Seguro Social deverá rever:

I – as aposentadorias concedidas no período de 29 de abril de 1995 até a data da publicação deste Regulamento, com conversão de tempo de atividade sob condições especiais em tempo de atividade comum, considerando-se a legislação vigente quando do cumprimento dos requisitos necessários à concessão das referidas aposentadorias; e

II – as aposentadorias por tempo de serviço e especial e as certidões de tempo de serviço com cômputo de tempo de serviço rural concedidas ou emitidas a partir de 24 de julho de 1991 até a data da publicação deste Regulamento.

LIVRO III
DO CUSTEIO DA SEGURIDADE SOCIAL

TÍTULO I
DO FINANCIAMENTO DA SEGURIDADE SOCIAL

CAPÍTULO I
INTRODUÇÃO

Art. 194. A seguridade social é financiada por toda a sociedade, de forma direta e indireta, mediante recursos provenientes dos orçamentos da União, dos Estados, do Distrito Federal, dos Municípios e de contribuições sociais.

Art. 195. No âmbito federal, o orçamento da seguridade social é composto de receitas provenientes:

I – da União;
II – das contribuições sociais; e
III – de outras fontes.

Parágrafo único. Constituem contribuições sociais:

I – as das empresas, incidentes sobre a remuneração paga, devida ou creditada aos segurados e demais pessoas físicas a seu serviço, mesmo sem vínculo empregatício;
II – as dos empregadores domésticos, incidentes sobre o salário de contribuição dos empregados domésticos a seu serviço;
III – as dos trabalhadores, incidentes sobre seu salário de contribuição;
IV – as das associações desportivas que mantém equipe de futebol profissional, incidentes sobre a receita bruta decorrente dos espetáculos desportivos de que participem em todo território nacional em qualquer modalidade desportiva, inclusive jogos internacionais, e de qualquer forma de patrocínio, licenciamento de uso de marcas e símbolos, publicidade, propaganda e transmissão de espetáculos desportivos;
V – as incidentes sobre a receita bruta proveniente da comercialização da produção rural;
VI – as das empresas, incidentes sobre a receita ou o faturamento e o lucro; e
VII – as incidentes sobre a receita de concursos de prognósticos.

CAPÍTULO II
DA CONTRIBUIÇÃO DA UNIÃO

Art. 196. A contribuição da União é constituída de recursos adicionais do Orçamento Fiscal, fixados obrigatoriamente na Lei Orçamentária anual.

Parágrafo único. A União é responsável pela cobertura de eventuais insuficiências financeiras da seguridade social, quando decorrentes do pagamento de benefícios de prestação continuada da previdência social, na forma da Lei Orçamentária anual.

Art. 197. Para pagamento dos encargos previdenciários da União poderão contribuir os recursos da seguridade social referidos no inciso VI do parágrafo único do art. 195, na forma da Lei Orçamentária anual, assegurada a destinação de recursos para as ações de saúde e assistência social.

CAPÍTULO III
DA CONTRIBUIÇÃO DO SEGURADO

SEÇÃO I
DA CONTRIBUIÇÃO DO SEGURADO EMPREGADO, EMPREGADO DOMÉSTICO E TRABALHADOR AVULSO

Art. 198. A contribuição do segurado empregado, inclusive o doméstico, e do trabalhador avulso é calculada por meio da aplicação da alíquota correspondente, de forma progressiva, sobre o seu salário de contribuição mensal, observado o disposto no art. 214, de acordo com a seguinte tabela, com vigência a partir de 1º de março de 2020: *(Redação dada pelo Decreto 10.410/2020)*

SALÁRIO DE CONTRIBUIÇÃO R$	ALÍQUOTA PARA FINS DE RECOLHIMENTO AO INSS
até um salário-mínimo	7,5%
acima de um salário-mínimo até 2.089,60	9%
de 2.089,61 até 3.134,40	12%
de 3.134,41 até 6.101,06	14%

Parágrafo único. A contribuição do segurado trabalhador rural a que se refere à alínea r do inciso I do art. 9º é de oito por cento sobre o respectivo salário de contribuição definido no inciso I do art. 214. (Parágrafo único acrescido pelo Decreto nº 6.722, de 30/12/2008)

SEÇÃO II
DA CONTRIBUIÇÃO DOS SEGURADOS CONTRIBUINTE INDIVIDUAL E FACULTATIVO

(Seção com redação dada pelo Decreto nº 3.265, de 29/11/1999)

Art. 199. A alíquota de contribuição dos segurados contribuinte individual e facultativo é de vinte por cento aplicada sobre o respectivo salário de contribuição, observado os limites a que se referem os §§ 3º e 5º do art. 214. (Artigo com redação dada pelo Decreto nº 3.265, de 29/11/1999)

Art. 199-A. A partir da competência em que o segurado fizer a opção pela exclusão do direito ao benefício de aposentadoria por tempo de contribuição, é de onze por cento, sobre o valor correspondente ao limite mínimo mensal do salário de contribuição, a alíquota de contribuição: (*Caput* do artigo acrescido pelo Decreto nº 6.042, de 12/2/2007)

I – do segurado contribuinte individual, que trabalhe por conta própria, sem relação de trabalho com empresa ou equiparado; (Inciso acrescido pelo Decreto nº 6.042, de 12/2/2007)

II - do segurado facultativo, observado o disposto no inciso II do § 1º; e (Redação dada pelo Decreto 10.410/2020)
III - até a competência abril de 2011, do MEI, de que trata o § 26 do art. 9º, cuja contribuição deverá ser recolhida na forma regulamentada em ato do Comitê Gestor do Simples Nacional. (Redação dada pelo Decreto 10.410/2020)

§ 1º A alíquota de contribuição de que trata o *caput* é de cinco por cento: *(Redação dada pelo Decreto 10.410/2020)*

I - a partir da competência maio de 2011, para o MEI, de que trata o § 26 do art. 9º, cuja contribuição deverá ser recolhida na forma regulamentada em ato do Comitê Gestor do Simples Nacional; e *(Redação dada pelo Decreto 10.410/2020)*
II - a partir da competência setembro de 2011, para o segurado facultativo sem renda própria que se dedique exclusivamente ao trabalho doméstico no âmbito de sua residência, desde que pertencente a família de baixa renda, observado o disposto no § 5º. *(Redação dada pelo Decreto 10.410/2020)*

§ 2º O segurado, inclusive aquele com deficiência, que tenha contribuído na forma do *caput* e do § 1º e pretenda contar o tempo de contribuição correspondente para fins de obtenção de aposentadoria por tempo de contribuição ou de contagem recíproca do tempo de contribuição deverá complementar a contribuição mensal. *(Redação dada pelo Decreto 10.410/2020)*

§ 3º A complementação de que trata o § 2º será feita por meio do recolhimento da diferença entre o percentual pago e o de vinte por cento sobre o valor correspondente ao limite mínimo mensal do salário de contribuição em vigor na competência a ser complementada, acrescido dos juros moratórios de que trata o § 3º do art. 5º da Lei nº 9.430, de 27 de dezembro de 1996. *(Redação dada pelo Decreto 10.410/2020)*

§ 4º A contribuição complementar referida nos § 2º e § 3º será exigida a qualquer tempo, sob pena do indeferimento ou do cancelamento da certidão emitida para fins de contagem recíproca ou da aposentadoria por tempo de contribuição, observado o disposto no art. 347-A. *(Acrescido pelo Decreto 10.410/2020)*

§ 5º Para fins do disposto no inciso II do § 1º, considera-se de baixa renda a família inscrita no Cadastro Único para Programas Sociais do Governo Federal - CadÚnico cuja renda mensal seja de até dois salários-mínimos. *(Acrescido pelo Decreto 10.410/2020)*

§ 6º O segurado facultativo que auferir renda própria não poderá recolher contribuição na forma prevista no § 1º, exceto se a renda for proveniente, exclusivamente, de auxílios assistenciais de natureza eventual e temporária e de valores oriundos de programas sociais de transferência de renda, observado o disposto no § 5º. *(Acrescido pelo Decreto 10.410/2020)*

SEÇÃO III
DA CONTRIBUIÇÃO DO PRODUTOR RURAL PESSOA FÍSICA E DO SEGURADO ESPECIAL

Art. 200. A contribuição do empregador rural pessoa física, em substituição à contribuição de que tratam o inciso I do art. 201 e o art.202, e a do segurado especial, incidente sobre a receita bruta da comercialização da produção rural, é de: (*Caput* do artigo com redação dada pelo Decreto nº 4.032, de 26/11/2001)

I - um inteiro e dois décimos por cento; e *(Redação dada pelo Decreto 10.410/2020)*

II – zero vírgula um por cento para o financiamento dos benefícios concedidos em razão do grau de incidência de incapacidade laborativa decorrente dos incisos ambientais do trabalho.

§ 1º (Revogado pelo Decreto nº 4.032, de 26/11/2001)

§ 2º O segurado especial referido neste artigo, além da contribuição obrigatória de que tratam os incisos I e II do *caput*, poderá contribuir, facultativamente, na forma do art. 199. (Parágrafo com redação dada pelo Decreto nº 6.042, de 12/2/2007)

§ 3º O produtor rural pessoa física de que trata a alínea a do inciso V do *caput* do art. 9º contribui, também, obrigatoriamente, na forma do

LEGISLAÇÃO COMPLEMENTAR

art. 199, observando ainda o disposto nas alíneas a e b do inciso I do art. 216.

§ 4º Integra a receita bruta de que trata este artigo, além dos valores decorrentes da comercialização da produção relativa aos produtos a que se refere o § 5º, a receita proveniente: (*Caput* do parágrafo com redação dada pelo Decreto nº 6.722, de 30/12/2008)

I – da comercialização da produção obtida em razão de contrato de parceria ou meação de parte do imóvel rural; (Inciso acrescido pelo Decreto nº 6.722, de 30/12/2008)

II – da comercialização de artigos de artesanato de que trata o inciso VII do § 8º do art. 9º; (Inciso acrescido pelo Decreto nº 6.722, de 30/12/2008)

III – de serviços prestados, de equipamentos utilizados e de produtos comercializados no imóvel rural, desde que em atividades turística e de entretenimento desenvolvidas no próprio imóvel, inclusive hospedagem, alimentação, recepção, recreação e atividades pedagógicas, bem como taxa de visitação e serviços especiais; (Inciso acrescido pelo Decreto nº 6.722, de 30/12/2008)

IV – do valor de mercado da produção rural dada em pagamento ou que tiver sido trocada por outra, qualquer que seja o motivo ou finalidade; e (Inciso acrescido pelo Decreto nº 6.722, de 30/12/2008)

V – de atividade artística de que trata o inciso VIII do § 8º do art. 9º. (Inciso acrescido pelo Decreto nº 6.722, de 30/12/2008)

§ 5º Integram a produção, para os efeitos dos incisos I e II do *caput*, observado o disposto no § 25 do art. 9º, os produtos de origem animal ou vegetal, em estado natural ou submetidos a processos de beneficiamento ou industrialização rudimentar, assim compreendidos, entre outros, os processos de lavagem, limpeza, descaroçamento, pilagem, descascamento, lenhamento, pasteurização, resfriamento, secagem, socagem, fermentação, embalagem, cristalização, fundição, carvoejamento, cozimento, destilação, moagem e torrefação, bem como os subprodutos e os resíduos obtidos por meio desses processos. (Parágrafo com redação dada pelo Decreto nº 6.722, de 30/12/2008)

§ 6º (Revogado pelo Decreto 6.722, de 30/12/2008).

I – o produto vegetal destinado ao plantio e reflorestamento;

II – o produto vegetal vendido por pessoa ou entidade que, registrada no Ministério da Agricultura e do Abastecimento, se dedique ao comércio de sementes e mudas no País;

III – o produto animal destinado à reprodução ou criação pecuária ou granjeira; e

IV – o produto animal utilizado como cobaia para fins de pesquisas científicas no País.

§ 7º A contribuição de que trata este artigo será recolhida:

I – pela empresa adquirente, consumidora ou consignatária ou a cooperativa, que ficam sub-rogadas no cumprimento das obrigações do produtor rural pessoa física de que trata a alínea a do inciso V do *caput* do art. 9º e do segurado especial, independentemente de as operações de venda ou consignação terem sido realizadas diretamente com estes ou com intermediário pessoa física, exceto nos casos do inciso III;

II – pela pessoa física não produtor rural, que fica sub-rogada no cumprimento das obrigações do produtor rural pessoa física de que trata a alínea a do inciso V do *caput* do art. 9º do segurado especial, quando adquire produção para venda, no varejo, a consumidor pessoa física; ou

III – pela pessoa física de que trata alínea a do inciso V do *caput* do art. 9º e pelo segurado especial, caso comercializem sua produção com adquirente domiciliado no exterior, diretamente, no varejo, a consumidor pessoa física, a outro produtor rural pessoa física ou a outro segurado especial.

§ 8º O produtor rural pessoa física continua obrigado a arrecadar e recolher ao Instituto Nacional do Seguro Social a contribuição do segurado empregado e do trabalhador avulso a seu serviço, descontando-a da respectiva remuneração, nos mesmos prazos e segundo as mesmas normas aplicadas às empresas em geral.

§ 9º Sem prejuízo do disposto no inciso III do § 7º, o produtor rural pessoa física e o segurado especial são obrigados a recolher, diretamente, a contribuição incidente sobre a receita bruta proveniente: (*Caput* do parágrafo acrescido pelo Decreto nº 6.722, de 30/12/2008)

I – da comercialização de artigos de artesanato elaborados com matéria-prima produzida pelo respectivo grupo familiar; (Inciso acrescido pelo Decreto nº 6.722, de 30/12/2008)

II – de comercialização de artesanato ou do exercício de atividade artística, observado o disposto nos incisos VII e VIII do § 8º do art. 9º; e (Inciso acrescido pelo Decreto nº 6.722, de 30/12/2008)

III – de serviços prestados, de equipamentos utilizados e de produtos comercializados no imóvel rural, desde que em atividades turística e de entretenimento desenvolvidas no próprio imóvel, inclusive hospedagem, alimentação, recepção, recreação e atividades pedagógicas, bem como taxa de visitação e serviços especiais. (Inciso acrescido pelo Decreto nº 6.722, de 30/12/2008)

§ 10. O segurado especial é obrigado a arrecadar a contribuição de trabalhadores a seu serviço e a recolhê-la no prazo referido na alínea b do inciso I do art. 216. (Parágrafo acrescido pelo Decreto nº 6.722, de 30/12/2008)

§ 11. Não integram a base de cálculo da contribuição de que trata o *caput* a produção rural destinada ao plantio ou ao reflorestamento nem o produto animal destinado à reprodução ou à criação pecuária ou granjeira e à utilização como cobaia para fins de pesquisas científicas, quando vendido pelo próprio produtor a quem o utilize diretamente com essas finalidades e, no caso de produto vegetal, a pessoa ou entidade registrada no Ministério da Agricultura, Pecuária e Abastecimento que se dedique ao comércio de sementes e mudas no País. (Acrescido pelo Decreto 10.410/2020)

§ 12. O produtor rural pessoa física poderá optar por contribuir na forma prevista no *caput* deste artigo ou na forma prevista no inciso I do *caput* do art. 201 e no art. 202, hipótese em que deverá manifestar a sua opção por meio do pagamento da contribuição incidente sobre a folha de salários relativa a janeiro de cada anocalendário ou à primeira competência subsequente ao início da atividade rural. (Acrescido pelo Decreto 10.410/2020)

§ 13. A opção de contribuição de que trata o § 12 será irretratável para todo o ano-calendário. (Acrescido pelo Decreto 10.410/2020)

Art. 200-A. Equipara-se ao empregador rural pessoa física o consórcio simplificado de produtores rurais, formado pela união de produtores rurais pessoas físicas, que outorgar a um deles poderes para contratar, gerir e demitir trabalhadores rurais, na condição de empregados, para prestação de serviços, exclusivamente, aos seus integrantes, mediante documento registrado em cartório de títulos e documentos.

§ 1º O documento de que trata o *caput* deverá conter a identificação de cada produtor, seu endereço pessoal e o de sua propriedade rural, bem como o respectivo registro no Instituto Nacional de Colonização e Reforma Agrária ou informações relativas à parceria, arrendamento ou equivalente e à matrícula no INSS de cada um dos produtores rurais.

§ 2º O consórcio deverá ser matriculado no INSS, na forma por este estabelecida, em nome do empregador a quem hajam sido outorgados os mencionados poderes. (Artigo acrescido pelo Decreto nº 4.032, de 26/11/2001)

Art. 200-B. As contribuições de que tratam o inciso I do art. 201 e o art. 202, bem como a devida ao Serviço Nacional Rural, são substituídas, em relação à remuneração paga, devida ou creditada ao trabalhador rural contratado pelo consórcio simplificado de produtores rurais de que trata o art. 200-A, pela contribuição dos respectivos produtores rurais. (Artigo acrescido pelo Decreto nº 4.032, de 26/11/2001)

CAPÍTULO IV
DAS CONTRIBUIÇÕES DA EMPRESA E DO EMPREGADOR DOMÉSTICO

SEÇÃO I
DAS CONTRIBUIÇÕES DA EMPRESA

Art. 201. A contribuição a cargo da empresa, destinada à seguridade social, é de:

I – vinte por cento sobre o total das remunerações pagas, devidas ou creditadas, a qualquer título, no decorrer do mês, aos segurados empregado e trabalhador avulso, além das contribuições previstas nos arts. 202 e 204; (Inciso com redação dada pelo Decreto nº 3.265, de 29/11/1999)

II – vinte por cento sobre o total das remunerações ou retribuições pagas ou creditadas no decorrer do mês ao segurado contribuinte individual; (Inciso com redação dada pelo Decreto nº 3.265, de 29/11/1999)

III – *(Revogado pelo Decreto 10.410/2020)*

IV - um inteiro e sete décimos por cento sobre o total da receita bruta proveniente da comercialização da produção rural, em substituição às contribuições previstas no inciso I do *caput* e no art. 202, quando se tratar de pessoa jurídica que tenha como fim apenas a atividade de produção rural. *(Redação dada pelo Decreto 10.410/2020)*

§ 1º São consideradas remuneração as importâncias auferidas em uma ou mais empresas, assim entendida a totalidade dos rendimentos pagos, devidos ou creditados a qualquer título, durante o mês, destinados a retribuir o trabalho, qualquer que seja a sua forma, inclusive os ganhos habituais sob a forma de utilidades, ressalvado o disposto no § 9º do art. 214 e excetuado o lucro distribuído ao segurado empresário, observados os termos do inciso II do § 5º.

§ 2º Para fins do disposto no inciso II do *caput*, integra a remuneração a bolsa de estudos paga ou creditada ao médico-residente participante do programa de residência médica de que trata o art. 4º da Lei nº 6.932, de 1981. *(Redação dada pelo Decreto 10.410/2020)*

§ 3º Não havendo comprovação dos valores pagos ou creditados aos segurados de que tratam as alíneas e a i do inciso V do art. 9º, em face de recusa ou sonegação de qualquer documento ou informação, ou sua apresentação deficiente, a contribuição da empresa referente a esses segurados será de vinte por cento sobre:

I – o salário de contribuição do segurado nessa condição;

II – a maior remuneração paga a empregados da empresa; ou

III – o salário mínimo, caso não ocorra nenhuma das hipóteses anteriores. (Parágrafo com redação dada pelo Decreto nº 3.452, de 9/5/2000)

§ 4º Na contratação de serviços de transporte rodoviário de carga ou de passageiro ou de serviços prestados com a utilização de trator, máquina de terraplenagem, colheitadeira e assemelhados a base de cálculo da contribuição da empresa corresponde a vinte por cento do valor registrado na nota fiscal, na fatura ou no recibo, quando esses serviços forem prestados sem vínculo empregatício por condutor autônomo de veículo rodoviário, auxiliar de condutor autônomo de veículo rodoviário, inclusive por taxista e motorista de transporte remunerado privado individual de passageiros, e operador de máquinas. *(Redação dada pelo Decreto 10.410/2020)*

§ 5º No caso de sociedade civil de prestação de serviços profissionais relativos ao exercício de profissões legalmente regulamentadas, a contribuição da empresa referente aos segurados a que se referem as alíneas g a i do inciso V do art. 9º, observado o disposto no art. 225 e legislação específica, será de vinte por cento sobre: (*Caput* do parágrafo com redação dada pelo Decreto nº 3.265, de 29/11/1999)

I – a remuneração paga ou creditada aos sócios em decorrência de seu trabalho, de acordo com a escrituração contábil da empresa; ou

II – os valores totais pagos ou creditados aos sócios, ainda que a título de antecipação de lucro da pessoa jurídica, quando não houver discriminação entre a remuneração decorrente do trabalho e a proveniente do capital social ou tratar-se de adiantamento de resultado ainda não apurado por meio de demonstração de resultado do exercício. (Inciso com redação dada pelo Decreto nº 4.729, de 9/6/2003)

§ 6º No caso de banco comercial, banco de investimento, banco de desenvolvimento, caixa econômica, sociedade de crédito, financiamento e investimento, sociedade de crédito imobiliário, inclusive associação de poupança e empréstimo, sociedade corretora, distribuidora de títulos e valores mobiliários, inclusive bolsa de mercadorias e de valores, empresa de arrendamento mercantil, cooperativa de crédito, empresa de seguros privados e de capitalização, agente autônomo de seguros privados e de crédito e entidade de previdência privada, aberta e fechada, além das contribuições referidas nos incisos I e II do *caput* e nos arts. 202 e 204, é devida a contribuição adicional de dois vírgula cinco por cento sobre a base de cálculo definida nos incisos I e II do *caput*. (Parágrafo com redação dada pelo Decreto nº 3.265, de 29/11/1999)

§ 7º A pessoa jurídica enquadrada na condição de microempresa ou de empresa de pequeno porte, na forma do art. 2º da Lei nº 9.317, de 5 de dezembro de 1996, que optar pela inscrição no Sistema Integrado de Pagamento de Impostos e Contribuições das Microempresas e Empresas de Pequeno Porte, contribuirá na forma estabelecida no art. 23 da referida Lei, em substituição às contribuições de que tratam os incisos I a IV do *caput* e os arts. 201-A, 202 e 204. (Parágrafo com redação dada pelo Decreto nº 4.032, de 26/11/2001)

§ 8º A contribuição será sempre calculada na forma do inciso II do *caput* quando a remuneração ou retribuição for paga ou creditada a pessoa física, quando ausentes os requisitos que caracterizem o segurado como empregado, mesmo que não esteja inscrita no Regime Geral de Previdência Social. (Parágrafo com redação dada pelo Decreto nº 3.265, de 29/11/1999)

§§ 9º a 14 (Revogados pelo Decreto nº 3.265, de 29/11/1999)

§ 15. Para fins do disposto no inciso IV do *caput* e no § 8º do art. 202, considera-se receita bruta o valor recebido ou creditado pela comercialização da produção, assim entendida a operação de venda ou consignação, observadas as disposições constantes dos § 5º e § 11 do art. 200. *(Redação dada pelo Decreto 10.410/2020)*

§ 16. A partir de 14 de outubro de 1996, as contribuições de que tratam o inciso IV do *caput* e o § 8º do art. 202 são de responsabilidade do produtor rural pessoa jurídica, não sendo admitida a sub-rogação ao adquirente, consignatário ou cooperativa.

§ 17. O produtor rural pessoa jurídica continua obrigado a arrecadar e recolher ao Instituto Nacional do Seguro Social a contribuição do segurado empregado e do trabalhador avulso a seu serviço, descontando-a da respectiva remuneração, nos mesmos prazos e segundo as mesmas normas aplicadas às empresas em geral.

§ 18. (Revogado pelo Decreto nº 4.032, de 26/11/2001)

§ 19. A cooperativa de trabalho não está sujeita à contribuição de que trata o inciso II do *caput*, em relação às importâncias por ela pagas, distribuídas ou creditadas aos respectivos cooperados, a título de remuneração ou retribuição pelos serviços que, por seu intermédio, tenham prestado a empresas. (Parágrafo com redação dada pelo Decreto nº 3.452, de 9/5/2000)

§ 20. *(Revogado pelo Decreto 10.410/2020)*

§ 21. O disposto no inciso IV do *caput* não se aplica às operações relativas à prestação de serviços a terceiros, cujas contribuições previdenciárias continuam sendo devidas na forma deste artigo e do art. 202. (Parágrafo acrescido pelo Decreto nº 4.032, de 26/11/2001)

§ 22. A pessoa jurídica, exceto a agroindústria, que, além da atividade rural, explorar também outra atividade econômica autônoma, quer seja comercial, industrial ou de serviços, no mesmo ou em estabelecimento distinto, independentemente de qual seja a atividade preponderante, contribuirá de acordo com os incisos I, II e III do art. 201 e art. 202. (Parágrafo acrescido pelo Decreto nº 4.032, de 26/11/2001)

§ 23. Nos contratos de trabalho intermitente, a empresa recolherá as contribuições previdenciárias da empresa e do empregado e o valor devido ao FGTS, o qual será calculado com base nos valores pagos no período mensal, e fornecerá ao empregado o comprovante de cumprimento dessas obrigações. *(Acrescido pelo Decreto 10.410/2020)*

§ 24. Não integram a base de cálculo da contribuição de que trata o inciso IV do *caput* a produção rural destinada ao plantio ou ao reflorestamento nem o produto animal destinado à reprodução ou à criação pecuária ou granjeira e à utilização como cobaia para fins de pesquisas científicas, quando vendido pelo próprio produtor a quem o utilize diretamente com essas finalidades e, no caso de produto vegetal, a pessoa ou entidade registrada no Ministério da Agricultura, Pecuária e Abastecimento que se dedique ao comércio de sementes e mudas no País. *(Acrescido pelo Decreto 10.410/2020)*

§ 25. O empregador rural pessoa jurídica poderá optar por contribuir na forma prevista no inciso I do *caput* deste artigo e no *caput* do art. 202 ou na forma prevista no inciso IV do *caput* deste artigo e no § 8º do art. 202, hipótese em que deverá manifestar a sua opção por meio do pagamento da contribuição incidente sobre a folha de salários relativa a janeiro de cada ano-calendário ou à primeira competência subsequente ao início da atividade rural. *(Acrescido pelo Decreto 10.410/2020)*

§ 26. A opção de contribuição de que trata o § 25 será irretratável para todo o ano-calendário. *(Acrescido pelo Decreto 10.410/2020)*

§ 27. A empresa contratante de serviços de hidráulica, eletricidade, pintura, alvenaria, carpintaria e manutenção ou reparo de veículos, executados por intermédio de MEI, mantém, em relação a essa contratação, a obrigatoriedade de recolhimento da contribuição a que se referem o inciso II do *caput* e o § 6º. *(Acrescido pelo Decreto 10.410/2020)*

Art. 201-A. A contribuição devida pela agroindústria, definida como sendo o produtor rural pessoa jurídica cuja atividade econômica seja a industrialização de produção própria ou de produção própria e adquirida de terceiros, incidente sobre o valor da receita bruta proveniente da comercialização da produção, em substituição às previstas no inciso I do art. 201 e art. 202, é de: (*Caput* do artigo acrescido pelo Decreto nº 4.032, de 26/11/2001)

I – dois vírgula cinco por cento destinados à Seguridade Social; e (Inciso acrescido pelo Decreto nº 4.032, de 26/11/2001)

II – zero vírgula um por cento para o financiamento do benefício previsto nos arts. 64 a 70, e daqueles concedidos em razão do grau de incidência de incapacidade para o trabalho decorrente dos riscos ambientais da atividade. (Inciso acrescido pelo Decreto nº 4.032, de 26/11/2001)

§ 1º Para os fins deste artigo, entende-se por receita bruta o valor total da receita proveniente da comercialização da produção própria e da adquirida de terceiros, industrializada ou não. (Parágrafo acrescido pelo Decreto nº 4.032, de 26/11/2001)

§ 2º O disposto neste artigo não se aplica às operações relativas à prestação de serviços a terceiros, cujas contribuições previdenciárias continuam sendo devidas na forma do art. 201 e 202, obrigando-se a empresa a elaborar folha de salários e registros contábeis distintos. (Parágrafo acrescido pelo Decreto nº 4.032, de 26/11/2001)

§ 3º Na hipótese do § 2º, a receita bruta correspondente aos serviços prestados a terceiros não integram a base de cálculo da contribuição de que trata o *caput*. (Parágrafo acrescido pelo Decreto nº 4.032, de 26/11/2001)

§ 4º O disposto neste artigo não se aplica:

I – às sociedades cooperativas e às agroindústrias de piscicultura, carcinicultura, suinocultura e avicultura; e

II – à pessoa jurídica que, relativamente à atividade rural, se dedique apenas ao florestamento e reflorestamento como fonte de matéria-prima para industrialização própria mediante a utilização de processo industrial que modifique a natureza química da madeira ou a transforme em pasta celulósica. (Parágrafo com redação dada pelo Decreto nº 4.862, de 21/10/2003)

§ 5º Aplica-se o disposto no inciso II do § 4º ainda que a pessoa jurídica comercialize resíduos vegetais ou sobras ou partes da produção, desde que a receita bruta decorrente dessa comercialização represente menos de um por cento de sua receita bruta proveniente da comercialização da produção. (Parágrafo acrescido pelo Decreto nº 4.862, de 21/10/2003)

Art. 201-B. Aplica-se o disposto no artigo anterior, ainda que a agroindústria explore, também, outra atividade econômica autônoma, no mesmo ou em estabelecimento distinto, hipótese em que a contribuição incidirá sobre o valor da receita bruta dela decorrente. (Artigo acrescido pelo Decreto nº 4.032, de 26/11/2001)

Art. 201-C. Quando a cooperativa de produção rural contratar empregados para realizarem, exclusivamente, a colheita da produção de seus cooperados, as contribuições de que tratam o art. 201, I, e o art. 202, relativas à folha de salário destes segurados, serão substituídas pela contribuição devida pelos cooperados, cujas colheitas sejam por eles realizadas, incidentes sobre a receita bruta da comercialização da produção rural, na forma prevista no art. 200, se pessoa física, no inciso IV do *caput* do art. 201 e no § 8º do art. 202, se pessoa jurídica.

§ 1º A cooperativa deverá elaborar folha de salários distinta e apurar os encargos decorrentes da contratação de que trata o *caput* separadamente dos relativos aos seus empregados regulares, discriminadamente por cooperado, na forma definida pelo INSS.

§ 2º A cooperativa é diretamente responsável pela arrecadação e recolhimento da contribuição previdenciária dos segurados contratados na forma deste artigo.

§ 3º O disposto neste artigo aplica-se à contribuição devida ao Serviço Nacional Rural. (Artigo acrescido pelo Decreto nº 4.032, de 26/11/2001)

Art. 201-D. As alíquotas de que tratam os incisos I e II do art. 201, em relação às empresas que prestam serviços de tecnologia da informação – TI e de tecnologia da informação e comunicação – TIC, ficam reduzidas de acordo com a aplicação sucessiva das seguintes operações:

I – subtrair do valor da receita bruta total de venda de bens e serviços relativa aos doze meses imediatamente anteriores ao trimestre-calendário o valor correspondente aos impostos e às contribuições incidentes sobre venda;

II – identificar, no valor da receita bruta total resultante da operação prevista no inciso I, a parte relativa aos serviços mencionados nos §§ 3º e 4º que foram exportados;

III – dividir a receita bruta de exportação resultante do inciso II pela receita bruta total resultante do inciso I;

IV – multiplicar a razão decorrente do inciso III por um décimo;

V – multiplicar o valor encontrado de acordo com a operação do inciso IV por cem, para que se chegue ao percentual de redução;

VI – subtrair de vinte por cento o percentual resultante do inciso V, de forma que se obtenha a nova alíquota percentual a ser aplicada sobre a base de cálculo da contribuição previdenciária.

§ 1º A alíquota apurada na forma do inciso VI do *caput* será aplicada uniformemente nos meses que compõem o trimestrecalendário.

§ 2º No caso de empresa em início de atividades ou sem receita de exportação até a data de publicação da Lei nº 11.774, de 17 de setembro de 2008, a apuração de que trata o *caput* poderá ser realizada com base em período inferior a doze meses, observado o mínimo de três meses anteriores.

§ 3º Para efeito do *caput*, consideram-se serviços de TI e TIC:

I – análise e desenvolvimento de sistemas;

II – programação;

III – processamento de dados e congêneres;

IV – elaboração de programas de computadores, inclusive de jogos eletrônicos;

V – licenciamento ou cessão de direito de uso de programas de computação;

VI – assessoria e consultoria em informática;

VII – suporte técnico em informática, inclusive instalação, configuração e manutenção de programas de computação e bancos de dados; e

VIII – planejamento, confecção, manutenção e atualização de páginas eletrônicas.

§ 4º O disposto neste artigo aplica-se também a empresas que prestam serviços de call center.

§ 5º No caso das empresas que prestam serviços referidos nos §§ 3º e 4º, os valores das contribuições devidas a terceiros, denominados outras entidades ou fundos, com exceção do Fundo Nacional de Desenvolvimento da Educação – FNDE, ficam reduzidos no percentual resultante das operações referidas no *caput* e de acordo com a aplicação sucessiva das seguintes operações:

I – calcular a contribuição devida no mês a cada entidade ou fundo, levando em consideração as regras aplicadas às empresas em geral;

II – aplicar o percentual de redução, resultante do inciso V do *caput*, sobre o valor resultante do inciso I;

III – subtrair, do valor apurado na forma do inciso I, o valor obtido no inciso II, o que resultará no valor a ser recolhido a cada entidade ou fundo no mês.

§ 6º As reduções de que tratam o *caput* e o § 5º pressupõem o atendimento ao seguinte:

I – até 31 de dezembro de 2009, a empresa deverá implementar o Programa de Prevenção de Riscos Ambientais e de Doenças Ocupacionais previsto em lei, caracterizado pela plena execução do Programa de Prevenção de Riscos Ambientais – PPRA e do Programa de Controle Médico de Saúde Ocupacional – PCMSO, conforme disciplinado nas normas regulamentadoras do Ministério do Trabalho e Emprego, devendo ainda estabelecer metas de melhoria das condições e do ambiente de trabalho que reduzam a ocorrência de benefícios por incapacidade decorrentes de acidentes do trabalho ou doenças ocupacionais em pelo menos cinco por cento em relação ao ano anterior; (Inciso com redação dada pelo Decreto nº 7331, de 19/10/2010)

a) a responsabilidade pela elaboração do programa de prevenção de riscos ambientais e de doenças ocupacionais será, exclusivamente, de engenheiro com especialização em Engenharia de Segurança do Trabalho, devidamente registrado no Conselho Regional de Engenharia e Arquitetura – CREA, que o assinará;

b) o programa de prevenção de riscos ambientais e de doenças ocupacionais elaborado deverá ser homologado pelas Superintendências Regionais do Trabalho, vinculadas ao Ministério do Trabalho e Emprego, e será colocado à disposição da fiscalização da Secretaria da Receita Federal do Brasil e do Ministério do Trabalho e Emprego sempre que exigido; (Alíneas acrescidas pelo Decreto 6.945, de 21/8/2009)

II – até 31 de dezembro de 2010, a empresa que comprovar estar executando o programa de prevenção de riscos ambientais e de doenças ocupacionais implantado nos prazo e forma estabelecidos no inciso I, terá presumido o atendimento à exigência fixada no inciso I do § 9º do art. 14 da Lei nº 11.774, de 2008;

III – a partir de 1º de janeiro de 2011, a empresa deverá comprovar a eficácia do respectivo programa de prevenção de riscos ambientais e de doenças ocupacionais, por meio de relatórios que atestem o atendimento da meta de redução de sinistralidade nele estabelecida;

IV – (Revogado pelo Decreto nº 7.331, de 19/10/2010)

§ 7º Sem prejuízo do disposto no § 6º, as empresas dos setores de TI e de TIC só farão jus às reduções de que tratam o *caput* e o § 5º se aplicarem montante igual ou superior a dez por cento do benefício auferido, alternativa ou cumulativamente em despesas:

I – para capacitação de pessoal, relacionada a aspectos técnicos associados aos serviços de TI e TIC, referidos no § 3º, bem como a serviços de call centers, aí incluída a capacitação em temas diretamente relacionados com qualidade de produtos, processos ou sistemas, bem como a proficiência em línguas estrangeiras;

II – relacionadas ao desenvolvimento de atividades de avaliação de conformidade, incluindo certificação de produtos, serviços e sistemas, realizadas com entidades ou especialistas do País ou do exterior;

III – realizadas com desenvolvimento tecnológico de produtos, processos e serviços, sendo consideradas atividades de pesquisa e desenvolvimento em TI aquelas dispostas nos arts. 24 e 25 do Decreto nº 5.906, de 26 de setembro de 2006; ou

IV – realizadas no apoio a projetos de desenvolvimento científico ou tecnológico, por instituições de pesquisa e desenvolvimento, conforme definidos nos arts. 27 e 28 do Decreto nº 5.906, de 2006, devidamente credenciadas pelo Comitê da Área de Tecnologia da Informação – CATI ou pelo Comitê das Atividades de Pesquisa e Desenvolvimento da Amazônia – CAPDA.

§ 8º O valor do benefício e a especificação das contrapartidas referidos no § 7º deverão ser declarados formalmente pelas empresas beneficiárias, a cada exercício, ao Ministério da Ciência e Tecnologia, na forma a ser definida em ato daquele Ministério.

§ 9º Para fins do § 8º, as empresas beneficiadas pela Lei nº 8.248, de 23 de outubro de 1991, poderão deduzir do montante previsto no § 7º as despesas efetivamente realizadas, no atendimento às exigências da referida Lei, observado o disposto no § 10.

§ 10. O disposto no § 9º aplica-se exclusivamente às despesas de mesma natureza das previstas no § 7º.

§ 11. A União compensará, mensalmente, o Fundo do Regime Geral de Previdência Social, de que trata o art. 68 da Lei Complementar nº 101, de 4 de maio de 2000, no valor correspondente à renúncia previdenciária decorrente da desoneração de que trata este artigo, de forma a não afetar a apuração do resultado financeiro do Regime Geral de Previdência Social.

§ 12. A renúncia de que trata o § 11 consistirá na diferença entre o valor da contribuição que seria devido, como se não houvesse incentivo, e o valor da contribuição efetivamente recolhido.

§ 13. O valor estimado da renúncia será incluído na Lei Orçamentária Anual, sem prejuízo do repasse enquanto não constar na mencionada Lei.

§ 14. O não cumprimento das exigências de que tratam os §§ 6º e 7º implica a perda do direito das reduções de que tratam o *caput* e o § 5º, ensejando o recolhimento da diferença de contribuições com os acréscimos legais cabíveis.

Art. 202. A contribuição da empresa, destinada ao financiamento da aposentadoria especial, nos termos dos arts. 64 a 70, e dos benefícios concedidos em razão do grau de incidência de incapacidade laborativa decorrente dos riscos ambientais do trabalho corresponde à aplicação dos seguintes percentuais, incidentes sobre o total da remuneração paga, devida ou creditada a qualquer título, no decorrer do mês, ao segurado empregado e trabalhador avulso:

I – um por cento para a empresa em cuja atividade preponderante o risco de acidente do trabalho seja considerado leve;

II – dois por cento para a empresa em cuja atividade preponderante o risco de acidente do trabalho seja considerado médio; ou

III – três por cento para a empresa em cuja atividade preponderante o risco de acidente do trabalho seja considerado grave.

§ 1º As alíquotas constantes do *caput* serão acrescidas de doze, nove ou seis pontos percentuais, respectivamente, se a atividade exercida pelo segurado a serviço da empresa ensejar a concessão de aposentadoria especial após quinze, vinte ou vinte e cinco anos de contribuição.

§ 2º O acréscimo de que trata o parágrafo anterior incide exclusivamente sobre a remuneração do segurado sujeito às condições especiais que prejudiquem a saúde ou a integridade física.

§ 3º Considera-se preponderante a atividade que ocupa, em cada estabelecimento da empresa, o maior número de segurados empregados e de trabalhadores avulsos. *(Redação dada pelo Decreto 10.410/2020)*

§ 3º-A. Considera-se estabelecimento da empresa a dependência, matriz ou filial, que tenha número de Cadastro Nacional da Pessoa Jurídica - CNPJ próprio e a obra de construção civil executada sob sua responsabilidade. *(Acrescido pelo Decreto 10.410/2020)*

§ 4º A atividade econômica preponderante da empresa e os respectivos riscos de acidentes do trabalho compõem a Relação de Atividades Preponderantes e correspondentes Graus de Risco, prevista no Anexo V.

§ 5º É de responsabilidade da empresa realizar o enquadramento na atividade preponderante, cabendo à Secretaria da Receita Previdenciária do Ministério da Previdência Social revê-lo a qualquer tempo. (Parágrafo com redação dada pelo Decreto nº 6.042, de 12/2/2007)

§ 6º Verificado erro no autoenquadramento, a Secretaria da Receita Previdenciária adotará as medidas necessárias à sua correção, orientará o responsável pela empresa em caso de recolhimento indevido e procederá à notificação dos valores devidos. (Parágrafo com redação dada pelo Decreto nº 6.042, de 12/2/2007)

§ 7º O disposto neste artigo não se aplica à pessoa física de que trata a alínea a do inciso V do *caput* do art. 9º.

§ 8º Quando se tratar de produtor rural pessoa jurídica que se dedique à produção rural e contribua nos moldes do inciso IV do *caput* do art. 201, a contribuição referida neste artigo corresponde a zero vírgula um por cento incidente sobre a receita bruta proveniente da comercialização de sua produção.

§ 9º (Revogado pelo Decreto nº 3.265, de 29/11/1999)

§ 10. Será devida contribuição adicional de doze, nove ou seis pontos percentuais, a cargo da cooperativa de produção, incidente sobre a remuneração paga, devida ou creditada ao cooperado filiado, na hipótese de exercício de atividade que autorize a concessão de aposentadoria especial após quinze, vinte ou vinte e cinco anos de contribuição, respectivamente. (Parágrafo acrescido pelo Decreto nº 4.729, de 9/6/2003)

§ 11 e 12. *(Revogados pelo Decreto 10.410/2020)*

§ 13. A empresa informará mensalmente, por meio da Guia de Recolhimento do Fundo de Garantia do Tempo de Serviço e Informações à Previdência Social – GFIP, a alíquota correspondente ao seu grau de risco, a respectiva atividade preponderante e a atividade do estabelecimento, apuradas de acordo com o disposto nos §§ 3º e 5º. (Parágrafo acrescido pelo Decreto nº 6.042, de 12/2/2007)

Art. 202-A. As alíquotas a que se refere o *caput* do art. 202 serão reduzidas em até cinquenta por cento ou aumentadas em até cem por cento em razão do desempenho da empresa, individualizada pelo seu CNPJ em relação à sua atividade econômica, aferido pelo Fator Acidentário de Prevenção - FAP. (*Redação dada pelo Decreto 10.410/2020)*

§ 1º O FAP consiste em multiplicador variável em um intervalo contínuo de cinco décimos a dois inteiros aplicado à respectiva alíquota, considerado o critério de truncamento na quarta casa decimal. *(Redação dada pelo Decreto 10.410/2020)*

§ 2º Para fins da redução ou da majoração a que se refere o *caput*, o desempenho da empresa, individualizada pelo seu CNPJ será discriminado em relação à sua atividade econômica, a partir da criação de índice composto pelos índices de gravidade, de frequência e de custo que pondera os respectivos percentis. *(Redação dada pelo Decreto 10.410/2020)*

§ 3º (Revogado pelo Decreto 6.957/2009)

§ 4º Os índices de frequência, gravidade e custo serão calculados segundo metodologia aprovada pelo Conselho Nacional de Previdência Social, levando-se em conta: (*Caput* do parágrafo acrescido pelo Decreto nº 6.042, de 12/2/2007)

I - para o índice de frequência, os registros de acidentes ou benefícios de natureza acidentária; *(Redação dada pelo Decreto 10.410/2020)*

II - para o índice de gravidade, as hipóteses de auxílio por incapacidade temporária, auxílio-acidente, aposentadoria por incapacidade permanente, pensão por morte e morte de natureza acidentária, aos quais são atribuídos pesos diferentes em razão da gravidade da ocorrência, da seguinte forma: *(Redação dada pelo Decreto 10.410/2020)*

a) pensão por morte e morte de natureza acidentária - peso de cinquenta por cento;

b) aposentadoria por incapacidade permanente - peso de trinta por cento; e

c) auxílio por incapacidade temporária e auxílio-acidente - peso de dez por cento para cada; e

III - para o índice de custo, os valores dos benefícios de natureza acidentária pagos ou devidos pela previdência social. *(Redação dada pelo Decreto 10.410/2020)*

a) e *b) (Revogadas pelo Decreto 10.410/2020)*;

§ 5º O Ministério da Economia publicará, anualmente, no Diário Oficial da União, portaria para disponibilizar consulta ao FAP e aos róis dos percentis de frequência, gravidade e custo por subclasse da Classificação Nacional de Atividades Econômicas. *(Redação dada pelo Decreto 10.410/2020)*

§ 6º O FAP produzirá efeitos tributários a partir do primeiro dia do quarto mês subsequente ao de sua divulgação. (Parágrafo acrescido pelo Decreto nº 6.042, de 12/2/2007)

§ 7º Para o cálculo anual do FAP, serão utilizados os dados de janeiro a dezembro de cada ano, até completar o período de dois anos, a partir do qual os dados do ano inicial serão substituídos pelos novos dados anuais incorporados. (Parágrafo com redação dada pelo Decreto nº 6.957, de 9/9/2009)

§ 8º O FAP será calculado a partir de 1º de janeiro do ano seguinte àquele ano em que o estabelecimento completar dois anos de sua constituição. *(Redação dada pelo Decreto 10.410/2020)*

§ 9º *(Revogado pelo Decreto 10.410/2020)*

§ 10. A metodologia aprovada pelo Conselho Nacional de Previdência indicará a sistemática de cálculo e a forma de aplicação de índices e critérios acessórios à composição do índice composto do FAP. *(Redação dada pelo Decreto 10.410/2020)*

Art. 202-B. *(Revogado pelo Decreto 10.410/2020)*

Art. 203. A fim de estimular investimentos destinados a diminuir os riscos ambientais no trabalho, o Ministério da Previdência e Assistência Social poderá alterar o enquadramento de empresa que demonstre a melhoria das condições do trabalho, com redução dos agravos à saúde do trabalhador, obtida através de investimentos em prevenção e em sistemas gerenciais de risco.

§ 1º A alteração do enquadramento estará condicionada à inexistência de débitos em relação às contribuições devidas ao Instituto Nacional do Seguro Social e aos demais requisitos estabelecidos pelo Ministério da Previdência e Assistência Social.

§ 2º O Instituto Nacional do Seguro Social, com base principalmente na comunicação prevista no art. 336, implementará sistema de controle e acompanhamento de acidentes do trabalho.

§ 3º Verificado o descumprimento por parte da empresa dos requisitos fixados pelo Ministério da Previdência e Assistência Social, para fins de enquadramento de que trata o artigo anterior, o Instituto Nacional do Seguro Social procederá à notificação dos valores devidos.

Art. 204. As contribuições a cargo da empresa, provenientes do faturamento e do lucro, destinadas à seguridade social, arrecadadas, normatizadas, fiscalizadas e cobradas pela Secretaria da Receita Federal. (*Caput* do artigo com redação dada pelo Decreto nº 4.729, de 9/6/2003)

§§ 1º a 3º (Revogados pelo Decreto nº 4.729, de 9/6/2003)

Art. 205. A contribuição empresarial da associação desportiva que mantém equipe de futebol profissional, destinada à seguridade social, em substituição às previstas no inciso I do *caput* do art. 201 e no art. 202, corresponde a cinco por cento da receita bruta decorrente dos espetáculos desportivos de que participe em todo território nacional, em qualquer modalidade desportiva, inclusive jogos internacionais, e de qualquer forma de patrocínio, licenciamento de uso de marcas e símbolos, publicidade, propaganda e transmissão de espetáculos desportivos.

§ 1º Cabe à entidade promotora do espetáculo a responsabilidade de efetuar o desconto de cinco por cento da receita bruta decorrente dos espetáculos desportivos e o respectivo recolhimento do Instituto Nacional do Seguro Social, no prazo de até dois dias úteis após a realização do evento.

§ 2º Cabe à associação desportiva que mantém equipe de futebol profissional informar à entidade promotora do espetáculo desportivo todas as receitas auferidas no evento, discriminando-as detalhadamente.

§ 3º Cabe à empresa ou entidade que repassar recursos a associação desportiva que mantém equipe de futebol profissional, a título de patrocínio, licenciamento de uso de marcas e símbolos, publicidade, propaganda e transmissão de espetáculos, a responsabilidade de reter e recolher, no prazo estabelecido na alínea b do inciso I do art. 216, o percentual de cinco por cento da receita bruta, inadmitida qualquer dedução.

§ 4º O Conselho Deliberativo do Instituto Nacional de Desenvolvimento do Desporto informará ao Instituto Nacional do Seguro Social, com a antecedência necessária, a realização de todo espetáculo esportivo de que a associação desportiva referida no *caput* participe no território nacional.

§ 5º O não recolhimento das contribuições a que se referem os §§ 1º e 3º nos prazos estabelecidos no § 1º deste artigo e na alínea b do inciso I do art. 216, respectivamente, sujeitará os responsáveis ao pagamento de atualização monetária, quando couber, juros moratórios e multas, na forma do art. 239.

§ 6º O não desconto ou a não retenção das contribuições a que se referem os §§ 1º e 3º sujeitará a entidade promotora do espetáculo, a empresa ou a entidade às penalidades previstas no art. 283.

§ 7º O disposto neste artigo não se aplica às demais entidades desportivas, que continuam a contribuir na forma dos arts. 201, 202 e 204, a partir da competência novembro de 1991.

§ 8º O disposto no *caput* e §§ 1º a 6º aplica-se à associação desportiva que mantém equipe de futebol profissional e que se organize na forma da Lei nº 9.615, de 24 de março de 1998.

SEÇÃO II
DA ISENÇÃO DE CONTRIBUIÇÕES

Arts. 206 a 210. (Revogado pelo Decreto nº 7.237, de 20/7/2010)

SEÇÃO III
DA CONTRIBUIÇÃO DO EMPREGADOR DOMÉSTICO

Art. 211. A contribuição previdenciária do empregador doméstico sobre o salário de contribuição do empregado doméstico a seu serviço será de: *(Redação dada pelo Decreto 10.410/2020)*

I - oito por cento de contribuição patronal; e

II - oito décimos por cento de contribuição social para financiamento do seguro contra acidentes do trabalho.

Art. 211-A. O empregador doméstico não poderá contratar o MEI, de que trata o § 26 do art. 9º, quando existentes os elementos da relação de emprego doméstico, sob pena de ficar sujeito às obrigações dela decorrentes, inclusive trabalhistas, tributárias e previdenciárias. *(Acrescido pelo Decreto 10.410/2020)*

Art. 211-B. O Simples Doméstico, instituído pela Lei Complementar nº 150, de 1º de junho de 2015, assegurará o recolhimento mensal por meio de documento único de arrecadação dos seguintes valores: *(Acrescido pelo Decreto 10.410/2020)*

I - sete inteiros e cinco décimos por cento a quatorze por cento de contribuição previdenciária, a cargo do segurado empregado doméstico, nos termos do disposto no art. 198;

II - oito por cento de contribuição patronal previdenciária, a cargo do empregador doméstico, nos termos do disposto no art. 211;

III - oito décimos por cento de contribuição social para financiamento do seguro contra acidentes do trabalho, nos termos do disposto no art. 211;

IV - oito por cento de contribuição para o FGTS;

V - três inteiros e dois décimos por cento de contribuição para fins de aplicação do disposto no art. 22 da Lei Complementar nº 150, de 2015; e

VI - quando couber, percentual referente ao imposto sobre a renda retido na fonte de que trata o inciso I do *caput* do art. 7º da Lei nº 7.713, de 22 de dezembro de 1988.

§ 1º As contribuições, os depósitos e o imposto de que tratam os incisos I ao VI do *caput* incidem sobre a remuneração paga ou devida no mês anterior a cada empregado doméstico, incluída na remuneração a gratificação de natal.

§ 2º A contribuição e o imposto de que tratam os incisos I e VI do *caput* serão descontados da remuneração do empregado doméstico pelo empregador doméstico, que é responsável por seu recolhimento.

§ 3º O produto da arrecadação das contribuições, dos depósitos e do imposto de que trata o *caput* será centralizado na Caixa Econômica Federal.

§ 4º A Caixa Econômica Federal, com base nos elementos identificadores do recolhimento, disponíveis no sistema do Simples Doméstico, transferirá para a Conta Única do Tesouro Nacional o valor arrecadado das contribuições e do imposto de que tratam os incisos I, II, III e VI do *caput*.

§ 5º O recolhimento de que trata o *caput* será efetuado em instituições financeiras integrantes da rede arrecadadora de receitas federais.

§ 6º O empregador doméstico fornecerá, mensalmente, ao empregado doméstico cópia do documento a que se refere o *caput*.

§ 7º O recolhimento mensal, por meio de documento único de arrecadação, e a exigência das contribuições, dos depósitos e do imposto, nos valores definidos nos incisos I ao VI do *caput*, somente serão devidos a partir da competência outubro de 2015.

Art. 211-C. O empregador doméstico fica obrigado a pagar a remuneração devida ao empregado doméstico e a arrecadar e a recolher as contribuições, os depósitos e o imposto a que se referem os incisos I ao VI do *caput* do art. 211-B até o dia 7 do mês seguinte ao da competência. *(Acrescido pelo Decreto 10.410/2020)*

§ 1º Os valores a que se referem os incisos I, II, III e VI do *caput* do art. 211-B não recolhidos até a data de vencimento estarão sujeitos à incidência de encargos legais na forma prevista na legislação do imposto sobre a renda.

§ 2º Os valores a que se referem os incisos IV e V do *caput* referentes ao FGTS não recolhidos até a data de vencimento serão corrigidos e terão a incidência de multa, observado o disposto na Lei nº 8.036, de 11 de maio de 1990.

CAPÍTULO V
DA CONTRIBUIÇÃO SOBRE A RECEITA DE CONCURSOS DE PROGNÓSTICOS

Art. 212. Constitui receita da seguridade social a renda líquida dos concursos de prognósticos, excetuando-se os valores destinados ao Programa de Crédito Educativo.

§ 1º Consideram-se concurso de prognósticos todo e qualquer concurso de sorteio de números ou quaisquer outros símbolos, loterias e apostas de qualquer natureza no âmbito federal, estadual, do Distrito Federal ou municipal, promovidos por órgãos do Poder Público ou por sociedades comerciais ou civis.

§ 2º A contribuição de que trata este artigo constitui-se de:

I – renda líquida dos concursos de prognósticos realizados pelos órgãos do Poder Público destinada à seguridade social de sua esfera de governo;

II – cinco por cento sobre o movimento global de apostas em prado de corridas; e

III – cinco por cento sobre o movimento global de sorteio de números ou de quaisquer modalidades de símbolos.

§ 3º Para o efeito do disposto no parágrafo anterior, entende-se como:

I – renda líquida – o total da arrecadação, deduzidos os valores destinados ao pagamento de prêmios, de impostos e de despesas com administração;

II – movimento global das apostas – total das importâncias relativas às várias modalidades de jogos, inclusive o de acumulada, apregoadas para o público no prado de corrida, subsede ou outra dependência da entidade; e

III – movimento global de sorteio de números – o total da receita bruta, apurada com a venda de cartelas, cartões ou quaisquer outras modalidades, para sorteio realizado em qualquer condição.

CAPÍTULO VI
DAS OUTRAS RECEITAS DA SEGURIDADE SOCIAL

Art. 213. Constituem outras receitas da seguridade social:

I – as multas, a atualização monetária e os juros moratórios;

II – a remuneração recebida pela prestação de serviços de arrecadação, fiscalização e cobrança prestados a terceiros;

III – as receitas provenientes de prestação de outros serviços e de fornecimento ou arrecadamento de bens;

IV – as demais receitas patrimoniais, industriais e financeiras;

V – as doações, legados, subvenções e outras receitas eventuais;

VI – cinquenta por cento da receita obtida na forma do parágrafo único do art. 243 da Constituição Federal, repassados pelo Instituto Nacional do Seguro Social aos órgãos responsáveis pelas ações de proteção à saúde e a ser aplicada no tratamento e recuperação de viciados em entorpecentes e drogas afins;

VII – quarenta por cento do resultado dos leilões dos bens apreendidos pela Secretaria da Receita Federal; e

VIII – outras receitas previstas em legislação específica.

Parágrafo único. As companhias seguradoras que mantém seguro obrigatório de danos pessoais causados por veículos automotores de vias terrestres, de que trata a Lei nº 6.194, de 19 de dezembro de 1974, deverão repassar à seguridade social cinquenta por cento do valor total do prêmio recolhido, destinados ao Sistema Único de Saúde, para custeio da assistência médico-hospitalar dos segurados vitimados em acidentes de trânsito. (Parágrafo único com redação dada pelo Decreto nº 3.265, de 29/11/1999)

CAPÍTULO VII
DO SALÁRIO DE CONTRIBUIÇÃO

Art. 214. Entende-se por salário de contribuição:

I – para o empregado e o trabalhador avulso: a remuneração auferida em uma ou mais empresas, assim entendida a totalidade dos rendimentos pagos, devidos ou creditados a qualquer título, durante o mês, destinados a retribuir o trabalho, qualquer que seja a sua forma, inclusive as gorjetas, os ganhos habituais sob a forma de utilidades e os adiantamentos decorrentes de reajuste salarial, quer pelos serviços efetivamente prestados, quer pelo tempo à disposição do empregador ou tomador de serviços, nos termos da lei ou do contrato ou, ainda, de convenção ou acordo coletivo de trabalho ou sentença normativa;

II – para o empregado doméstico: a remuneração registrada na Carteira Profissional e/ou na Carteira de Trabalho e Previdência Social, observados os limites mínimo e máximo previstos nos §§ 3º e 5º;

III – para o contribuinte individual: a remuneração auferida em uma ou mais empresas ou pelo exercício de sua atividade por conta própria, durante o mês, observados os limites a que se referem os §§ 3º e 5º; (Inciso com redação dada pelo Decreto nº 3.265, de 29/11/1999)

IV – para o dirigente sindical na qualidade de empregado: a remuneração paga, devida ou creditada pela entidade sindical, pela empresa ou por ambas; e

V – para o dirigente sindical na qualidade de trabalhador avulso: a remuneração paga, devida ou creditada pela entidade sindical.

VI – para o segurado facultativo: o valor por ele declarado, observados os limites a que se referem os §§ 3º e 5º; (Inciso acrescido pelo Decreto nº 3.265, de 29/11/1999)

§ 1º Quando a admissão, a dispensa, o afastamento ou a falta do empregado, inclusive o doméstico, ocorrer no curso do mês, o salário de contribuição será proporcional ao número de dias efetivamente trabalhados, observadas as normas estabelecidas pelo Instituto Nacional do Seguro Social.

§ 2º O salário-maternidade é considerado salário de contribuição.

§ 3º O limite mínimo do salário de contribuição corresponde: (Redação dada pelo Decreto 10.491/2020)

I – para os segurados contribuinte individual e facultativo, ao salário-mínimo, tomado no seu valor mensal; e *(Redação dada pelo Decreto 10.491/2020)*

II – para os segurados empregado, inclusive o doméstico, e trabalhador avulso, ao piso salarial legal ou normativo da categoria ou, inexistindo este, ao salário mínimo, tomado no seu valor mensal, diário ou horário, conforme o ajustado e o tempo de trabalho efetivo durante o mês. (Parágrafo com redação dada pelo Decreto nº 3.265, de 29/11/1999)

§ 4º A remuneração adicional de férias de que trata o inciso XVII do art. 7º da Constituição Federal integra o salário de contribuição.

§ 5º O valor do limite máximo do salário de contribuição será publicado mediante portaria do Ministério da Previdência e Assistência Social, sempre que ocorrer alteração do valor dos benefícios.

› Portaria ME/SEPT 477, de 12 de janeiro de 2021, que altera o limite máximo do salário de contribuição para R$ 6.433,57 (seis mil quatrocentos e trinta e três reais e cinquenta e sete centavos).

§ 6º A gratificação natalina – décimo terceiro salário – integra o salário de contribuição, exceto para o cálculo do salário de benefício, sendo devida a contribuição quando do pagamento ou crédito da última parcela ou na rescisão do contrato de trabalho.

§ 7º A contribuição de que trata o § 6º incidirá sobre o valor bruto da gratificação, sem compensação dos adiantamentos pagos, mediante aplicação, em separado, da tabela de que trata o art. 198 e observadas as normas estabelecias pelo Instituto Nacional do Seguro Social.

§ 8º *(Revogado pelo Decreto 10.410/2020)*

§ 9º Não integram o salário de contribuição, exclusivamente:

I – os benefícios da previdência social, nos termos e limites legais, ressalvado o disposto no § 2º;

II – a ajuda de custo e o adicional mensal recebidos pelo aeronauta, nos termos da Lei nº 5.929, de 30 de outubro de 1973;

III – a parcela in natura recebida de acordo com programa de alimentação aprovado pelo Ministério do Trabalho e Emprego, nos termos da Lei nº 6.321, de 14 de abril de 1976;

IV – as importâncias recebidas a título de férias indenizadas e respectivo adicional constitucional, inclusive o valor correspondente à dobra da remuneração de férias de que trata o art. 137 da Consolidação das Leis do Trabalho;

V – as importâncias recebidas a título de:

a) indenização compensatória de quarenta por cento do montante depositado no Fundo de Garantia do Tempo de Serviço, como proteção à relação de emprego contra despedida arbitrária ou sem justa causa, conforme disposto no inciso I do art. 10 do Ato das Disposições Constitucionais Transitórias;

b) indenização por tempo de serviço, anterior a 5 de outubro de 1988, do empregado não optante pelo Fundo de Garantia do Tempo de Serviço;

c) indenização por despedida sem justa causa do empregado nos contratos por prazo determinado, conforme estabelecido no art. 479 da Consolidação das Leis do Trabalho;

d) indenização do tempo de serviço do safrista, quando da expiração normal do contrato, conforme disposto no art. 14 da Lei nº 5.889, de 8 de junho de 1973;

e) incentivo à demissão;

f) (Revogada pelo Decreto nº 6.727, de 12/1/2009)

g) indenização por dispensa sem justa causa no período de trinta dias que antecede a correção salarial a que se refere o art. 9º da Lei nº 7.238, de 29 de outubro de 1984;

h) indenizações previstas nos arts. 496 e 497 da Consolidação das Leis do Trabalho;

i) abono de férias na forma dos arts. 143 e 144 da Consolidação das Leis do Trabalho;

j) ganhos eventuais expressamente desvinculados do salário por força de lei; *(Redação dada pelo Decreto 10.410/2020)*

k) licença-prêmio indenizada; *(Acrescida pelo Decreto 10.410/2020)*

l) outras indenizações, desde que expressamente previstas em lei; e *(Redação dada pelo Decreto 10.410/2020)*

m) importâncias, ainda que habituais, pagas a título de ajuda de custo, auxílio-alimentação, vedado o seu pagamento em dinheiro, e diárias para viagem; e *(Acrescida pelo Decreto 10.410/2020)*

n) prêmios e abonos; *(Acrescida pelo Decreto 10.410/2020)*

VI - a parcela recebida a título de vale-transporte, ainda que paga em dinheiro, na forma da legislação própria; *(Redação dada pelo Decreto 10.410/2020)*

VII – a ajuda de custo, em parcela única, recebida exclusivamente em decorrência de mudança de local de trabalho do empregado, na forma do art. 470 da Consolidação das Leis do Trabalho;

VIII – *(Revogado pelo Decreto 10.410/2020)*

IX – a importância recebida a título de bolsa de complementação educacional de estagiário, quando paga nos termos do disposto na Lei nº 11.788, de 2008; *(Redação dada pelo Decreto 10.410/2020)*

X – a participação do empregado nos lucros ou resultados da empresa, quando paga ou creditada de acordo com lei específica;

XI – o abono do Programa de Integração Social/Programa de Assistência ao Servidor Público;

XII – os valores correspondentes a transporte, alimentação e habitação fornecidos pela empresa ao empregado contratado para trabalhar em localidade distante da de sua residência, em canteiro de obras ou local que, por força da atividade, exija deslocamento e estada, observadas as normas de proteção estabelecidas pelo Ministério do Trabalho e Emprego;

XIII – a importância paga ao empregado a título de complementação ao valor do auxílio-doença desde que este direito seja extensivo à totalidade dos empregados da empresa;

XIV – as parcelas destinadas à assistência ao trabalhador da agroindústria canavieira de que trata o art. 36 da Lei nº 4.870, de 1º de dezembro de 1965;

XV – o valor das contribuições efetivamente pago pela pessoa jurídica relativo a programa de previdência complementar privada, aberta ou fechada, desde que disponível à totalidade de seus empregados e dirigentes, observados, no que couber, os arts. 9º e 468 da Consolidação das Leis do Trabalho;

XVI - o valor relativo à assistência prestada por serviço médico ou odontológico, próprio ou não, inclusive o reembolso de despesas com medicamentos, óculos, aparelhos ortopédicos, próteses, órteses, despesas médico-hospitalares e outras similares, mesmo quando concedido em diferentes modalidades de planos e coberturas; *(Redação dada pelo Decreto 10.410/2020)*

XVII – o valor correspondente a vestuários, equipamentos e outros acessórios fornecidos ao empregado e utilizados no local do trabalho para prestação dos respectivos serviços;

XVIII – o ressarcimento de despesas pelo uso de veículo do empregado, quando devidamente comprovadas; (Inciso com redação dada pelo Decreto nº 3.265, de 29/11/1999)

XIX - o valor relativo a plano educacional ou bolsa de estudo que vise à educação básica de empregados e de seus dependentes e, desde que vinculada às atividades desenvolvidas pela empresa, à educação profissional e tecnológica de empregados, nos termos do disposto na Lei nº 9.394, de 20 de dezembro de 1996, observados os seguintes requisitos: *(Redação dada pelo Decreto 10.410/2020)*

a) o valor não ser utilizado em substituição de parcela salarial; e

b) o valor mensal do plano educacional ou da bolsa de estudo, considerado individualmente, não ultrapassar cinco por cento do valor da remuneração do segurado a que se destina ou o valor correspondente a cento e cinquenta por cento do valor do limite mínimo mensal do salário de contribuição, o que for maior;

XX – (Revogado pelo Decreto 3.265/1999)

XXI – os valores recebidos em decorrência da cessão de direitos autorais; e

XXII – o valor da multa paga ao empregado em decorrência da mora no pagamento das parcelas constantes do instrumento de rescisão do contrato de trabalho, conforme previsto no § 8º do art. 477 da Consolidação das Leis do Trabalho.

XXIII – o reembolso creche pago em conformidade com a legislação trabalhista, observado o limite máximo de seis anos de idade da criança, quando devidamente comprovadas as despesas; (Inciso acrescido pelo Decreto nº 3.265, de 29/11/1999)

XXIV – o reembolso babá, limitado ao menor salário de contribuição mensal e condicionado à comprovação do registro na Carteira de Trabalho e Previdência Social da empregada, do pagamento da remuneração e do recolhimento da contribuição previdenciária, pago em conformidade com a legislação trabalhista, observado o limite máximo de seis anos de idade da criança; e (Inciso acrescido pelo Decreto nº 3.265, de 29/11/1999)

XXV – o valor das contribuições efetivamente pago pela pessoa jurídica relativo a prêmio de seguro de vida em grupo, desde que previsto em acordo ou convenção coletiva de trabalho e disponível à totalidade de seus empregados e dirigentes, observados, no que couber, os arts. 9º e 468 da Consolidação das Leis do Trabalho. (Inciso acrescido pelo Decreto nº 3.265, de 29/11/1999)

XXVI - o valor correspondente ao vale-cultura. *(Acrescido pelo Decreto 10.410/2020)*

§ 10. As parcelas referidas no parágrafo anterior, quando pagas ou creditadas em desacordo com a legislação pertinente, integram o salário de contribuição para todos os fins e efeitos, sem prejuízo da aplicação das cominações legais cabíveis.

§ 11. Para a identificação dos ganhos habituais recebidos sob a forma de utilidades, deverão ser observados:

I – os valores reais das utilidades recebidas; ou

II – os valores resultantes da aplicação dos percentuais estabelecidos em lei em função do salário mínimo, aplicados sobre a remuneração paga caso não haja determinação dos valores de que trata o inciso I.

§ 12. O valor pago à empregada gestante, inclusive à doméstica, em função do disposto na alínea b do inciso II do art. 10 do Ato das Disposições Constitucionais Transitórias da Constituição Federal, integra o salário de contribuição, excluídos os casos de conversão em indenização previstos nos arts. 496 e 497 da Consolidação das Leis do Trabalho.

§ 13. *(Revogado pelo Decreto 10.410/2020)*

§ 14. A incidência da contribuição sobre a remuneração das férias ocorrerá no mês a que elas se referirem, mesmo quando pagas antecipadamente na forma da legislação trabalhista;

§ 15. O valor mensal do auxílio-acidente integra o salário de contribuição, para fins de cálculo do salário de benefício de qualquer aposentadoria, observado, no que couber, o disposto no art. 32.

§ 16. Não se considera remuneração direta ou indireta os valores despendidos pelas entidades religiosas e instituições de ensino vocacional com ministro de confissão religiosa, membros de instituto de vida consagrada, de congregação ou de ordem religiosa em face do seu mister religioso ou para sua subsistência, desde que fornecidos em condições que independam da natureza e da quantidade do trabalho executado. (Parágrafo acrescido pelo Decreto nº 4.032, de 26/11/2001)

§ 17. Para fins de aplicação do disposto no § 16: *(Acrescido pelo Decreto 10.410/2020)*

I - os critérios informadores dos valores despendidos pelas entidades religiosas e instituições de ensino vocacional aos ministros de confissão religiosa, membros de vida consagrada, de congregação ou de ordem religiosa não são taxativos e, sim, exemplificativos; e

II - os valores despendidos, ainda que pagos de forma e em montante diferenciados, em pecúnia ou a título de ajuda de custo de moradia, transporte ou formação educacional, vinculados exclusivamente à atividade religiosa não configuram remuneração direta ou indireta.

§ 18. Para fins do disposto neste artigo, consideram-se prêmios as liberalidades concedidas pelo empregador em forma de bens, serviços ou valores em dinheiro a empregado ou a grupo de empregados, em razão de desempenho superior ao ordinariamente esperado no exercício de suas atividades. *(Acrescido pelo Decreto 10.410/2020)*

§ 19. O salário de contribuição do condutor autônomo de veículo rodoviário, inclusive o taxista e o motorista de transporte remunerado privado individual de passageiros, do auxiliar de condutor autônomo e do operador de trator, máquina de terraplanagem, colheitadeira e assemelhados, sem vínculo empregatício, a que se referem os incisos I e II do § 15 do art. 9º, e do cooperado filiado a cooperativa de transportadores autônomos corresponde a vinte por cento do valor bruto auferido pelo frete, carreto ou transporte e não se admite a dedução de qualquer valor relativo aos dispêndios com combustível e manutenção do veículo. *(Acrescido pelo Decreto 10.491/2020)*

§ 20. *(Revogado pelo Decreto 10.491/2020)*

Art. 215. (Revogado pelo Decreto nº 3.265, de 29/11/2006)

CAPÍTULO VIII
DA ARRECADAÇÃO E RECOLHIMENTO DAS CONTRIBUIÇÕES

SEÇÃO I
DAS NORMAS GERAIS DE ARRECADAÇÃO

Art. 216. A arrecadação e o recolhimento das contribuições e de outras importâncias devidas à seguridade social, observado o que a respeito dispuserem o Instituto Nacional do Seguro Social e a Secretaria da Receita Federal, obedecem às seguintes normas gerais:

I – a empresa é obrigada a:

a) arrecadar a contribuição do segurado empregado, do trabalhador avulso e do contribuinte individual a seu serviço, descontando-a da respectiva remuneração; (Alínea com redação dada pelo Decreto nº 4.729, de 9/6/2003)

b) recolher o produto arrecadado na forma da alínea a e as contribuições a seu cargo incidentes sobre as remunerações pagas, devidas ou creditadas, a qualquer título, inclusive adiantamentos decorrentes de reajuste salarial, acordo ou convenção coletiva, aos segurados empregado, contribuinte individual e trabalhador avulso a seu serviço, e sobre o valor bruto da nota fiscal ou fatura de serviço, relativo a serviços que lhe tenham sido prestados por cooperados, por intermédio de cooperativas de trabalho, até o dia vinte do mês seguinte àquele a que se referirem as remunerações, bem como as importâncias retidas na forma do art. 219, até o dia vinte do mês seguinte àquele da emissão da nota fiscal ou fatura, antecipando-se o vencimento para o dia útil imediatamente anterior quando não houver expediente bancário no dia vinte; (Alínea com redação dada pelo Decreto nº 6.722, de 30/12/2008)

c) recolher as contribuições de que trata o art. 204, na forma e prazos definidos pela legislação tributária federal; (Alínea com redação dada pelo Decreto nº 4.729, de 9/6/2003)

II – os segurados contribuinte individual, quando exercer atividade econômica por conta própria ou prestar serviço a pessoa física ou a outro contribuinte individual, produtor rural pessoa física, missão diplomática ou repartição consular de carreira estrangeiras, ou quando tratar-se de brasileiro civil que trabalha no exterior para organismo oficial internacional do qual o Brasil seja membro efetivo, ou ainda, na hipótese do § 28, e o facultativo estão obrigados a recolher sua contribuição, por iniciativa própria, até o dia quinze do mês seguinte àquele a que as contribuições se referirem, prorrogando-se o vencimento para o dia útil subsequente quando não houver expediente bancário no dia quinze, facultada a opção prevista no § 15; (Inciso com redação dada pelo Decreto nº 4.729, de 9/6/2003)

III – a empresa adquirente, consumidora ou consignatária ou a cooperativa são obrigadas a recolher a contribuição de que trata o art. 200 no prazo referido na alínea b do inciso I, no mês subsequente ao da operação de venda ou consignação da produção rural, independentemente de estas operações terem sido realizadas diretamente com o produtor ou com o intermediário pessoa física;

IV – o produtor rural pessoa física e o segurado especial são obrigados a recolher a contribuição de que trata o art. 200 no prazo referido na alínea b do inciso I, no mês subsequente ao da operação de venda, caso comercializem a sua produção com adquirente domiciliado no exterior, diretamente, no varejo, a consumidor pessoa física, a outro produtor rural pessoa física ou a outro segurado especial;

V – (Revogado pelo Decreto nº 3.452, de 9/5/2000)

VI – a pessoa física não produtor rural que adquire produção para venda, no varejo, a consumidor pessoa física é obrigada a recolher a contribuição de que trata o art. 200 no prazo referido na alínea b do inciso I, no mês subsequente ao da operação de venda;

VII – o produtor rural pessoa jurídica é obrigado a recolher a contribuição de que trata o inciso IV do *caput* do art. 201 e o § 8º do art. 202 no prazo referido na alínea b do inciso I, no mês subsequente ao da operação de venda; (Inciso com redação dada pelo Decreto nº 3.452, de 9/5/2000)

VIII - o empregador doméstico fica obrigado a arrecadar a contribuição do segurado empregado doméstico a seu serviço e recolhê-la, além dos demais valores de que trata o *caput* do art. 211-B, até o dia 7 do mês seguinte ao da competência; *(Redação dada pelo Decreto 10.410/2020)*

VIII-A - durante o período da licença-maternidade da empregada doméstica, o empregador doméstico fica obrigado a recolher apenas os valores de que tratam os incisos II ao V do *caput* do art. 211-B; *(Acrescido pelo Decreto 10.410/2020)*

IX – a empresa que remunera empregado licenciado para exercer mandato de dirigente sindical é obrigada a recolher a contribuição deste, bem como as parcelas a seu cargo, na forma deste artigo;

X – a entidade sindical que remunera dirigente que mantém a qualidade de segurado empregado, licenciado da empresa, ou trabalhador avulso é obrigada a recolher a contribuição destes, bem como as parcelas a seu cargo, na forma deste artigo; e

XI – a entidade sindical que remunera dirigente que mantém a qualidade de segurado contribuinte individual é obrigada a recolher a contribuição prevista no inciso II do *caput* do art. 201 na forma deste artigo, observado o disposto no § 26; (Inciso com redação dada pelo Decreto nº 4.729, de 9/6/2003)

XII – a empresa que remunera contribuinte individual é obrigada a fornecer a este comprovante do pagamento do serviço prestado consignando, além dos valores da remuneração e do desconto feito, o número da inscrição do segurado no Instituto Nacional do Seguro Social; (Inciso com redação dada pelo Decreto nº 4.729, de 9/6/2003)

XIII – cabe ao empregador, durante o período de licença-maternidade da empregada, recolher apenas a parcela da contribuição a seu cargo. (Inciso acrescido pelo Decreto nº 3.452, de 9/5/2000)

§ 1º O desconto da contribuição do segurado incidente sobre o valor bruto da gratificação natalina – décimo terceiro salário – é devido quando do pagamento ou crédito da última parcela e deverá ser calculado em separado, observado o § 7º do art. 214, e recolhida, juntamente com a contribuição a cargo da empresa, até o dia vinte do mês de dezembro, antecipando-se o vencimento para o dia útil imediatamente anterior se não houver expediente bancário no dia vinte. (Parágrafo com redação dada pelo Decreto nº 4.729, de 9/6/2003)

§ 1º-A. O empregador doméstico pode recolher a contribuição do segurado empregado a seu serviço e a parcela a seu cargo relativas à competência novembro até o dia 20 de dezembro, juntamente com a contribuição referente à gratificação natalina – décimo terceiro salário – utilizando-se de um único documento de arrecadação. (Parágrafo acrescido pelo Decreto nº 6.722, de 30/12/2008)

§ 2º Se for o caso, a contribuição de que trata o § 1º será atualizada monetariamente a partir da data prevista para o seu recolhimento, utilizando-se o mesmo indexador definido para as demais contribuições arrecadadas pelo Instituto Nacional do Seguro Social.

§ 3º No caso de rescisão de contrato de trabalho, as contribuições devidas serão recolhidas no mesmo prazo referido na alínea b do inciso I, do mês subsequente à rescisão, computando-se em separado a parcela referente à gratificação natalina – décimo terceiro salário.

§ 4º A pessoa jurídica de direito privado beneficiada pela isenção de que tratam os arts. 206 ou 207 é obrigada a arrecadar a contribuição do segurado empregado e do trabalhador avulso a seu serviço, descontando-a da respectiva remuneração, e recolhê-la no prazo referido na alínea b do inciso I.

§ 5º O desconto da contribuição e da consignação legalmente determinado sempre se presumirá feito, oportuna e regularmente, pela empresa, pelo empregador doméstico, pelo adquirente, consignatário e cooperativa a isso obrigados, não lhes sendo lícito alegarem qualquer omissão para se eximirem do recolhimento, ficando os mesmos diretamente responsáveis pelas importâncias que deixarem de descontar ou tiverem descontado em desacordo com este Regulamento.

§ 6º Sobre os valores das contribuições arrecadadas pelo Instituto Nacional do Seguro Social e não recolhidas até a data de seu vencimento serão aplicadas na data do pagamento as disposições dos arts. 238 e 239.

§ 7º Para apuração e constituição dos créditos a que se refere o § 1º do art. 348, a seguridade social utilizará como base de incidência o valor da média aritmética simples dos maiores salários de contribuição correspondentes a oitenta por cento de todo o período contributivo decorrido desde a competência julho de 1994, corrigidos mês a mês pelos mesmos índices utilizados para a obtenção do salário de benefício, observado o limite máximo a que se refere o § 5º do art. 214. *(Redação dada pelo Decreto 10.410/2020)*

§ 7º-A. O valor do salário de contribuição mensal, calculado na forma prevista no § 7º, sofrerá desindexação para apropriação no CNIS, conforme critérios definidos pelo INSS. *(Acrescido pelo Decreto 10.410/2020)*

§ 8º (Revogado pelo Decreto 6.722, de 30/12/2008).

§ 9º No caso de o segurado manifestar interesse em indenizar contribuições relativas a período em que o exercício de atividade remunerada não exigia filiação obrigatória à previdência social, aplica-se, desde que a atividade tenha se tornado de filiação obrigatória, o disposto no § 7º. (Parágrafo com redação dada pelo Decreto nº 6.722, de 30/12/2008)

§ 10. O disposto no § 7º não se aplica aos casos de contribuições em atraso de segurado contribuinte individual não alcançadas pela decadência do direito de a previdência social constituir o respectivo crédito, obedecendo-se, em relação a elas, às disposições do *caput* e §§ 2º a 6º do art. 239. (Parágrafo com redação dada pelo Decreto nº 6.722, de 30/12/2008)

§ 11. Para o segurado recolher contribuições relativas a período anterior à sua inscrição, aplica-se o disposto nos §§ 7º a 10.

§ 12. Somente será feito o reconhecimento da filiação nas situações referidas nos §§ 7º, 9º e 11 após o efetivo recolhimento das contribuições relativas ao período em que for comprovado o exercício da atividade remunerada. (Parágrafo com redação dada pelo Decreto nº 3.265, de 29/11/1999)

§ 13. No caso de indenização relativa ao exercício de atividade remunerada para fins de contagem recíproca correspondente a período de filiação obrigatória ou não, na forma do inciso IV do art. 127, a base de incidência será a remuneração da data do requerimento sobre a qual incidem as contribuições para o regime próprio de previdência social a que estiver filiado o interessado, observados os limites a que se referem os §§ 3º e 5º do art. 214. (Parágrafo com redação dada pelo Decreto nº 3.265, de 29/11/1999)

§ 14. Sobre os salários de contribuição apurados na forma dos §§ 7º a 11 e 13 será aplicada a alíquota de vinte por cento, e o resultado multiplicado pelo número de meses do período a ser indenizado, observado o disposto no § 8º do art. 239.

§ 15. É facultado aos segurados contribuinte individual e facultativo, cujos salários de contribuição sejam iguais ao valor de um salário mínimo, optarem pelo recolhimento trimestral das contribuições previdenciárias, com vencimento no dia quinze do mês seguinte ao de cada trimestre civil, prorrogando-se o vencimento para o dia útil subsequente quando não houver expediente bancário no dia quinze. (Parágrafo com redação dada pelo Decreto nº 3.265, de 29/11/1999)

§ 16. *(Revogado pelo Decreto 10.410/2020)*

§ 17. A inscrição do segurado no segundo ou terceiro mês do trimestre civil não altera a data de vencimento prevista no § 15, no caso de opção pelo recolhimento trimestral.

§ 18. *(Revogado pelo Decreto 10.410/2020)*

§ 19. Fica autorizada, nos termo deste Regulamento, a compensação de contribuições devidas ao Instituto Nacional do Seguro Social, pelos hospitais contratados ou conveniados com o Sistema Único de Saúde com parcela dos créditos correspondentes a faturas emitidas para recebimento de internações hospitalares, cujo valor correspondente será retido pelo órgão pagador do Sistema Único de Saúde para amortização de parcela do débito, nos termos da Lei nº 8.870, de 1994.

§ 20. Na hipótese de o contribuinte individual prestar serviço a outro contribuinte individual equiparado a empresa ou a produtor rural pessoa física ou a missão diplomática e repartição consular de carreira estrangeiras, poderá deduzir, da sua contribuição mensal, quarenta e cinco por cento da contribuição patronal do contratante, efetivamente recolhida ou declarada, incidente sobre a remuneração que este lhe tenha pago ou creditado, no respectivo mês, limitada a nove por cento do respectivo salário de contribuição. (Parágrafo com redação dada pelo Decreto nº 4.729, de 9/6/2003)

§ 21. Para efeito de dedução, considera-se contribuição declarada a informação prestada na Guia de Recolhimento do Fundo de Garantia do Tempo de Serviço e Informações à Previdência Social ou declaração fornecida pela empresa ao segurado, onde conste, além de sua identificação completa, inclusive com o número no Cadastro Nacional de Pessoas Jurídicas, o nome e o número da inscrição do contribuinte individual, o valor da retribuição paga e o compromisso de que esse valor será incluído na citada Guia de Recolhimento do Fundo de Garantia do Tempo de Serviço e Informações à Previdência Social e efetuado o recolhimento da correspondente contribuição. (Parágrafo acrescido pelo Decreto nº 3.265, de 29/11/1999)

§ 22. (Revogado pelo Decreto nº 4.729, de 9/6/2003)

§ 23. O contribuinte individual que não comprovar a regularidade da dedução de que tratam os §§ 20 e 21 terá glosado o valor indevidamente deduzido, devendo complementar as contribuições com os acréscimos legais devidos. (Parágrafo com redação dada pelo Decreto nº 4.729, de 9/6/2003)

§ 24. (Revogado pelo Decreto 6.722, de 30/12/2008).

§ 25. Relativamente aos que recebem salário variável, o recolhimento da contribuição decorrente de eventual diferença da gratificação natalina (13º salário) deverá ser efetuado juntamente com a competência dezembro do mesmo ano. (Parágrafo acrescido pelo Decreto nº 3.265, de 29/11/1999)

§ 26. A alíquota de contribuição a ser descontada pela empresa da remuneração paga, devida ou creditada ao contribuinte individual a seu serviço, observado o limite máximo do salário de contribuição, é de onze por cento no caso das empresas em geral e de vinte por cento quando se tratar de entidade beneficente de assistência social isenta das contribuições sociais patronais. (Parágrafo acrescido pelo Decreto nº 4.729, de 9/6/2003)

§ 27. O contribuinte individual contratado por pessoa jurídica obrigada a proceder à arrecadação e ao recolhimento da contribuição por ele devida, cuja remuneração recebida ou creditada no mês, por serviços prestados a ela, for inferior ao limite mínimo do salário de contribuição, é obrigado a complementar sua contribuição mensal, diretamente, mediante a aplicação da alíquota estabelecida no art. 199 sobre o valor resultante da subtração do valor das remunerações recebidas das pessoas jurídicas do valor mínimo do salário de contribuição mensal. (Parágrafo acrescido pelo Decreto nº 4.729, de 9/6/2003)

§ 27-A. O segurado que, no somatório de remunerações auferidas no período de um mês, receber remuneração inferior ao limite mínimo mensal do salário de contribuição poderá solicitar o ajuste das competências pertencentes ao mesmo ano civil, na forma por ele indicada, ou autorizar que os ajustes sejam feitos automaticamente, para que o limite mínimo mensal do salário de contribuição seja alcançado, por meio da opção por: *(Acrescido pelo Decreto 10.410/2020)*

I - complementar a sua contribuição, observado que:

a) o recolhimento da complementação deverá ser efetuado pelo próprio segurado até o dia quinze do mês seguinte ao da competência de referência e, após essa data, com incidência dos acréscimos legais de que tratam os art. 238 e art. 239;

b) para o empregado, o empregado doméstico e o trabalhador avulso, a complementação será efetuada por meio da aplicação da alíquota de sete inteiros e cinco décimos por cento, inclusive para o mês em que exista contribuição concomitante na condição de contribuinte individual; e

c) para o contribuinte individual que preste serviço a empresa, de que trata o § 26, e que contribua exclusivamente nessa condição, a complementação será efetuada por meio da aplicação da alíquota de vinte por cento;

II - utilizar o valor da contribuição que exceder o limite mínimo de uma competência em outra, observado que:

a) para efeito de utilização da contribuição, serão considerados os salários de contribuição apurados por categoria, consolidados na competência de origem;

b) o salário de contribuição poderá ser utilizado para complementar uma ou mais competências com valor inferior ao limite mínimo, mesmo que em categoria distinta;

c) poderão ser utilizados valores excedentes ao limite mínimo do salário de contribuição de mais de uma competência para compor o salário de contribuição de apenas uma competência; e

d) utilizado o valor excedente, caso o salário de contribuição da competência favorecida ainda permaneça inferior ao limite mínimo, esse valor poderá ser complementado nos termos do disposto no inciso I; ou

III - agrupar contribuições inferiores ao limite mínimo de diferentes competências, para aproveitamento em contribuições mínimas mensais, observado que:

a) as competências que não atingirem o valor mínimo do salário de contribuição poderão ser agrupadas desde que o resultado do agrupamento não ultrapasse o valor mínimo do salário de contribuição;

b) na hipótese de o resultado do agrupamento ser inferior ao limite mínimo do salário de contribuição, o segurado poderá complementar na forma prevista no inciso I ou utilizar valores excedentes na forma prevista no inciso II; e

c) as competências em que tenha havido exercício de atividade e tenham sido zeradas em decorrência do agrupamento poderão ser objeto de recolhimento pelo segurado, respeitado o limite mínimo.

§ 27-B. Para fins do disposto no § 27-A, o valor da contribuição referente ao décimo terceiro salário não poderá ser utilizado em decorrência do disposto no § 6º do art. 214. *(Acrescido pelo Decreto 10.410/2020)*

§ 27-C. É vedada a reversão da utilização e do agrupamento de que trata o § 27-A. *(Acrescido pelo Decreto 10.410/2020)*

§ 27-D. Caso ocorram eventos posteriores que gerem inconsistências no cálculo da contribuição na competência favorecida por complementação, utilização ou agrupamento, essa competência ficará pendente de regularização. *(Acrescido pelo Decreto 10.410/2020)*

§ 28. Cabe ao próprio contribuinte individual que prestar serviços, no mesmo mês, a mais de uma empresa, cuja soma das remunerações superar o limite mensal do salário de contribuição, comprovar às que sucederem à primeira o valor ou valores sobre os quais já tenha incidido o desconto da contribuição, de forma a se observar o limite máximo do salário de contribuição. (Parágrafo acrescido pelo Decreto nº 4.729, de 9/6/2003)

§ 29. Na hipótese do § 28, o Instituto Nacional do Seguro Social poderá facultar ao contribuinte individual que prestar, regularmente, serviços a uma ou mais empresas, cuja soma das remunerações seja igual ou superior ao limite mensal do salário de contribuição, indicar qual ou quais empresas e sobre qual valor deverá proceder o desconto da contribuição, de forma a respeitar o limite máximo, e dispensar as demais dessa providência, bem como atribuir ao próprio contribuinte individual a responsabilidade de complementar a respectiva contribuição até o limite máximo, na hipótese de, por qualquer razão, deixar de receber remuneração ou receber remuneração inferior às indicadas para o desconto. (Parágrafo acrescido pelo Decreto nº 4.729, de 9/6/2003)

§ 30. Aplica-se o disposto neste artigo, no que couber e observado o § 31, à cooperativa de trabalho em relação à contribuição devida pelo seu cooperado. (Parágrafo acrescido pelo Decreto nº 4.729, de 9/6/2003)

§ 31. A cooperativa de trabalho fica obrigada a descontar vinte por cento do valor da quota distribuída ao cooperado contribuinte individual por serviços por ele prestados por seu intermédio a empresas, a pessoas físicas e a entidades em gozo de isenção e recolher o produto dessa arrecadação até o dia vinte do mês subsequente ao da competência a que se referir ou até o dia útil imediatamente anterior, se não houver expediente bancário naquele dia. *(Redação dada pelo Decreto 10.410/2020)*

§ 32. Ficam excluídos da obrigação de descontar a contribuição do contribuinte individual que lhe preste serviço: *(Redação dada pelo Decreto 10.410/2020)*

I - o produtor rural pessoa física; *(Redação dada pelo Decreto 10.410/2020)*
II - o contribuinte individual equiparado a empresa; (Redação dada pelo Decreto 10.410/2020)
III - a missão diplomática e a repartição consular de carreiras estrangeiras; e *(Redação dada pelo Decreto 10.410/2020)*
IV - o proprietário ou dono de obra de construção civil, quando pessoa física. *(Redação dada pelo Decreto 10.410/2020)*

§ 33. Na hipótese prevista no § 32, cabe ao contribuinte individual recolher a própria contribuição, sendo a alíquota, neste caso, de vinte por cento, observado o disposto nos §§ 20, 21 e 23. (Parágrafo com dação dada pelo Decreto nº 6.722, de 30/12/2008)

§ 34. O recolhimento da contribuição do produtor rural pessoa física ou produtor rural pessoa jurídica, quando houver, será efetuado pela Companhia Nacional de Abastecimento – CONAB, à conta do Programa de Aquisição de Alimentos, instituído pelo art. 19 da Lei nº 10.696, de 2 de julho de 2003, na aquisição de produtos agropecuários no âmbito do referido Programa. (Parágrafo acrescido pelo Decreto nº 6.722, de 30/12/2008)

§ 35. Na hipótese prevista no § 5º do art. 11, o segurado contribuirá com a mesma alíquota com a qual vinha contribuindo anteriormente. *(Acrescido pelo Decreto 10.410/2020)*

§ 36. A Secretaria Especial da Receita Federal do Brasil do Ministério da Economia disponibilizará ao INSS as informações e os registros das contribuições referentes ao desconto dos empregados, inclusive o doméstico, e dos trabalhadores avulsos e às complementações previstas no § 27-A para fins de aplicação do disposto no § 9º do art. 19 sobre a contagem de tempo de contribuição, inclusive para instrução e revisão de direitos e outorga de benefícios. *(Acrescido pelo Decreto 10.410/2020)*

§ 37. *(Revogado pelo Decreto 10.491/2020)*

Art. 216-A. Os órgãos da administração pública direta, indireta e fundações públicas da União, bem como as demais entidades integrantes do Sistema Integrado de Administração Financeira do Governo Federal ao contratarem pessoa física para prestação de serviços eventuais, sem vínculo empregatício, inclusive como integrante de grupo-tarefa, deverão obter dela a respectiva inscrição no Instituto Nacional do Seguro Social, como contribuinte individual, ou providenciá-la em nome dela, caso não seja inscrita, e proceder ao desconto e recolhimento da respectiva contribuição, na forma do art. 216. (*Caput* com redação dada pelo Decreto nº 4.729, de 9/6/2003)

§ 1º Aplica-se o disposto neste artigo mesmo que o contratado exerça concomitantemente uma ou mais atividades abrangidas pelo Regime Geral de Previdência Social ou por qualquer outro regime de previdência social ou seja aposentado por qualquer regime previdenciário. (Parágrafo acrescido pelo Decreto nº 4.032, de 26/11/2001)

§ 2º O contratado que já estiver contribuindo para o Regime Geral de Previdência Social na condição de empregado ou trabalhador avulso sobre o limite máximo do salário de contribuição deverá comprovar esse fato e, se a sua contribuição nessa condição for inferior ao limite máximo, a contribuição como contribuinte individual deverá ser complementar, respeitando, no conjunto, aquele limite, procedendo-se, no caso, de conformidade com o disposto no § 28 do art. 216. (Parágrafo com redação dada pelo Decreto nº 4.729, de 9/6/2003)

§ 3º (Revogado pelo Decreto nº 4.729, de 9/6/2003)

§ 4º Aplica-se o disposto neste artigo às contratações feitas por organismos internacionais, em programas de cooperação e operações de mútua conveniência entre estes e o governo brasileiro. (Parágrafo acrescido pelo Decreto nº 4.032, de 26/11/2001)

Art. 217. Na requisição de mão de obra de trabalhador avulso efetuada em conformidade com o disposto na Lei nº 12.815, de 2013, e na Lei nº 9.719, de 27 de novembro de 1998, o responsável pelas obrigações previstas neste Regulamento, em relação aos segurados que lhe prestem serviços, é o operador portuário ou o tomador de mão de obra, inclusive o titular de instalação portuária de uso privativo, observadas as normas estabelecidas pelo INSS. *(Redação dada pelo Decreto 10.410/2020)*

§ 1º O operador portuário ou titular de instalação de uso privativo repassará ao órgão gestor de mão de obra, até vinte e quatro horas após a realização dos serviços: (*Caput* do parágrafo com redação dada pelo Decreto nº 4.032, de 26/11/2001)

I – o valor da remuneração devida aos trabalhadores portuários avulsos, inclusive a referente às férias e à gratificação natalina; e (Inciso acrescido pelo Decreto nº 4.032, de 26/11/2001)
II – o valor da contribuição patronal previdenciária correspondente e o valor daquela devida a terceiros conforme o art. 274. (Inciso acrescido pelo Decreto nº 4.032, de 26/11/2001)

§ 2º O órgão gestor de mão de obra é responsável: (*Caput* do parágrafo com redação dada pelo Decreto nº 4.032, de 26/11/2001)

I – pelo pagamento da remuneração ao trabalhador portuário avulso; (Inciso acrescido pelo Decreto nº 4.032, de 26/11/2001)
II – pela elaboração da folha de pagamento; (Inciso acrescido pelo Decreto nº 4.032, de 26/11/2001)
III – pelo preenchimento e entrega da Guia de Recolhimento do Fundo de Garantia do Tempo de Serviço e Informações à Previdência Social; e (Inciso acrescido pelo Decreto nº 4.032, de 26/11/2001)
IV – pelo recolhimento das contribuições de que tratam o art. 198, o inciso I do *caput* do art. 201 e os arts. 202 e 274, incidentes sobre a remuneração paga, devida ou creditada aos trabalhadores portuários avulsos, inclusive sobre férias e gratificação natalina, no prazo previsto na alínea b do inciso I do art. 216. (Inciso acrescido pelo Decreto nº 4.032, de 26/11/2001)

§ 3º (Revogado pelo Decreto nº 4.032, de 26/11/2001)

§ 4º O prazo previsto no § 1º pode ser alterado mediante convenção coletiva firmada entre entidades sindicais representativas dos trabalhadores e operadores portuários, observado o prazo legal para recolhimento dos encargos previdenciários. (Parágrafo com redação dada pelo Decreto nº 4.032, de 26/11/2001)

§ 5º A contribuição do trabalhador avulso, relativamente à gratificação natalina, será calculada com base na alíquota correspondente ao seu salário de contribuição mensal. (Parágrafo com redação dada pelo Decreto nº 4.032, de 26/11/2001)

§ 6º O salário-família devido ao trabalhador portuário avulso será pago pelo órgão gestor de mão de obra, mediante convênio, que se incumbirá de demonstrá-lo na folha de pagamento correspondente.

Art. 218. A empresa tomadora ou requisitante dos serviços de trabalhador avulso, cuja contratação de pessoal não seja abrangida pelo disposto na Lei nº 12.815, de 2013, e na Lei nº 9.719, de 1998, é responsável pelo cumprimento de todas as obrigações previstas neste Regulamento, além do preenchimento e da entrega da GFIP em relação aos segurados que lhe prestem serviços, observadas as normas estabelecidas pelo INSS. *(Redação dada pelo Decreto 10.410/2020)*

§ 1º O salário-família devido ao trabalhador avulso mencionado no *caput* será pago pelo sindicato de classe respectivo, mediante convênio, que se incumbirá de elaborar as folhas correspondentes.

§ 2º O tomador de serviços é responsável pelo recolhimento das contribuições de que tratam o art. 198, o inciso I do *caput* do art. 201 e os arts. 202 e 274, incidentes sobre a remuneração paga, devida ou creditada ao trabalhador avulso, inclusive sobre férias e gratificação natalina, no prazo previsto na alínea b do inciso I do art. 216. (Parágrafo com redação dada pelo Decreto nº 4.032, de 26/11/2001)

SEÇÃO II
DA RETENÇÃO E DE RESPONSABILIDADE SOLIDÁRIA

Art. 219. A empresa contratante de serviços executados mediante cessão ou empreitada de mão de obra, inclusive em regime de trabalho temporário, deverá reter onze por cento do valor bruto da nota fiscal, fatura ou recibo de prestação de serviços e recolher a importância retida em nome da empresa contratada, observado o disposto no § 5º do art. 216. (*Caput* do artigo com nova redação dada pelo Decreto nº 4.729, de 9/6/2003)

§ 1º Exclusivamente para os fins deste Regulamento, entende-se como cessão de mão de obra a colocação à disposição do contratante, em suas dependências ou nas de terceiros, de segurados que realizem serviços contínuos, relacionados ou não com a atividade fim da empresa, independentemente da natureza e da forma de contratação, inclusive por meio de trabalho temporário na forma da Lei nº 6.019, de 3 de janeiro de 1974, entre outros.

§ 2º Enquadram-se na situação prevista no *caput* os seguintes serviços realizados mediante cessão de mão de obra:

I – limpeza, conservação e zeladoria;
II – vigilância e segurança;
III – construção civil;
IV – serviços rurais;
V – digitação e preparação de dados para processamento;
VI – acabamento, embalagem e acondicionamento de produtos;
VII – cobrança;
VIII – coleta e reciclagem de lixo e resíduos;
IX – copa e hotelaria;
X – corte e ligação de serviços públicos;
XI – distribuição;
XII – treinamento e ensino;
XIII – entrega de contas e documentos;
XIV – ligação e leitura de medidores;
XV – manutenção de instalações, de máquinas e de equipamentos;
XVI – montagem;
XVII – operação de máquinas, equipamentos e veículos;
XVIII – operação de pedágio e de terminais de transporte;
XIX – operação de transporte de passageiros, inclusive nos casos de concessão ou subconcessão; (Inciso com redação dada pelo Decreto nº 4.729, de 9/6/2003)
XX – portaria, recepção e ascensorista;
XXI – recepção, triagem e movimentação de materiais;
XXII – promoção de vendas e eventos;
XXIII – secretaria e expediente;
XXIV – saúde; e
XXV – telefonia, inclusive telemarketing.

§ 3º Os serviços relacionados nos incisos I a V também estão sujeitos à retenção de que trata o *caput* quando contratados mediante empreitada de mão de obra.

§ 4º O valor retido de que trata este artigo deverá ser destacado na nota fiscal, fatura ou recibo de prestação de serviços, sendo compensado pelo respectivo estabelecimento da empresa contratada quando do recolhimento das contribuições destinadas à seguridade social devidas sobre a folha de pagamento dos segurados.

§ 5º O contratado deverá elaborar folha de pagamento e Guia de Recolhimento do Fundo de Garantia do Tempo de Serviço e Informações à Previdência Social distintas para cada estabelecimento ou obra de construção civil da empresa contratante do serviço.

§ 6º A empresa contratante do serviço deverá manter em boa guarda, em ordem cronológica e por contratada, as correspondentes notas fiscais, faturas ou recibos de prestação de serviços, Guias da Previdência Social e Guias de Recolhimento do Fundo de Garantia do Tempo de Serviço e Informações à Previdência Social com comprovante de entrega.

§ 7º Na contratação de serviços em que a contratada se obriga a fornecer material ou dispor de equipamentos, fica facultada ao contratado a discriminação, na nota fiscal, fatura ou recibo, do valor correspondente ao material ou equipamentos, que será excluído da retenção, desde que contratualmente previsto e devidamente comprovado.

§ 8º Cabe ao Instituto Nacional do Seguro Social normatizar a forma de apuração e o limite mínimo do valor do serviço contido no total da nota fiscal, fatura ou recibo, quando, na hipótese do parágrafo anterior, não houver previsão contratual dos valores correspondentes a material ou a equipamentos.

§ 9º Na impossibilidade de haver compensação integral na própria competência, o saldo remanescente poderá ser compensado nas competências subsequentes, inclusive na relativa à gratificação natalina, ou ser objeto de restituição, não sujeitas ao disposto no § 3º do art. 247. (Parágrafo com redação dada pelo Decreto nº 4.729, de 9/6/2003)

§ 10. Para fins de recolhimento e de compensação da importância retida, será considerada como competência aquela a que corresponder à data da emissão da nota fiscal, fatura ou recibo.

§ 11. As importâncias retidas não podem ser compensadas com contribuições arrecadadas pelo Instituto Nacional do Seguro Social para outras entidades.

§ 12. O percentual previsto no *caput* será acrescido de quatro, três ou dois pontos percentuais, relativamente aos serviços prestados pelos segurados empregado, cuja atividade permita a concessão de aposentadoria especial, após quinze, vinte ou vinte e cinco anos de contribuição, respectivamente. (Parágrafo acrescido pelo Decreto nº 4.729, de 9/6/2003)

Art. 220. O proprietário, o incorporador definido na Lei nº 4.591, de 1964, o dono da obra ou condômino da unidade imobiliária cuja contratação da construção, reforma ou acréscimo não envolva cessão de mão de obra, são solidários com o construtor, e este e aqueles com a subempreiteira, pelo cumprimento das obrigações para com a seguridade social, ressalvado o seu direito regressivo contra o executor ou contratante da obra e admitida a retenção de importância a este devida para garantia do cumprimento dessas obrigações, não se aplicando, em qualquer hipótese, o benefício de ordem.

§ 1º Não se considera cessão de mão de obra, para os fins deste artigo, a contratação de construção civil em que a empresa construtora assuma a responsabilidade direta e total pela obra ou repasse o contrato integralmente.

§ 2º O executor da obra deverá elaborar, distintamente para cada estabelecimento ou obra de construção civil da empresa contratante, folha de pagamento, Guia de Recolhimento do Fundo de Garantia do Tempo de Serviço e Informações à Previdência Social e Guia da Previdência Social, cujas cópias deverão ser exigidas pela empresa contratante quando da quitação da nota fiscal ou fatura, juntamente com o comprovante de entrega daquela Guia.

§ 3º A responsabilidade solidária de que trata o *caput* será elidida:

I – pela comprovação, na forma do parágrafo anterior, do recolhimento das contribuições incidentes sobre a remuneração dos segurados, incluída em nota fiscal ou fatura correspondente aos serviços executados, quando corroborada por escrituração contábil; e

II – pela comprovação do recolhimento das contribuições incidentes sobre a remuneração dos segurados, aferidas indiretamente nos termos, forma e percentuais previstos pelo Instituto Nacional do Seguro Social.

III – pela comprovação do recolhimento da retenção permitida no *caput* deste artigo, efetivada nos termos do art. 219. (Inciso acrescido pelo Decreto nº 4.032, de 26/11/2001)

§ 4º Considera-se construtor, para os efeitos deste Regulamento, a pessoa física ou jurídica que executa obra sob sua responsabilidade, no todo ou em parte.

Art. 221. Exclui-se da responsabilidade solidária perante a seguridade social o adquirente de prédio ou unidade imobiliária que realize a operação com empresa de comercialização ou com incorporador de imóveis definido na Lei nº 4.591, de 1964, ficando estes solidariamente responsáveis com o construtor, na forma prevista no art. 220.

Art. 221-A. O instituto da responsabilidade solidária não se aplica à administração pública direta, autárquica e fundacional, quando contratante de serviços, inclusive de obra de construção civil, reforma ou acréscimo, independentemente da forma de contratação. *(Acrescido pelo Decreto 10.410/2020)*

Parágrafo único. A administração pública contratante de serviços, inclusive de construção civil executados por meio de cessão de mão de obra ou empreitada parcial, efetuará a retenção prevista no art. 219.

Art. 222. As empresas que integram grupo econômico de qualquer natureza, bem como os produtores rurais integrantes do consórcio simplificado de que trata o art. 200-A, respondem entre si, solidariamente, pelas obrigações decorrentes do disposto neste Regulamento. (Artigo com redação dada pelo Decreto nº 4.032, de 26/11/2001)

Art. 222-A. As empresas integrantes de consórcio constituído nos termos do disposto nos art. 278 e art. 279 da Lei nº 6.404, de 15 de dezembro de 1976, respondem pelas contribuições devidas, em relação às operações praticadas pelo consórcio, na proporção de sua participação no empreendimento. *(Acrescido pelo Decreto 10.410/2020)*

§ 1º O consórcio que realizar a contratação, em nome próprio, de pessoas jurídicas e físicas, com ou sem vínculo empregatício, poderá efetuar a retenção das contribuições e cumprir as respectivas obrigações acessórias, hipótese em que as empresas consorciadas serão solidariamente responsáveis.

§ 2º Na hipótese de a retenção das contribuições ou o cumprimento das obrigações acessórias relativas ao consórcio ser realizado por sua empresa líder, as empresas consorciadas também serão solidariamente responsáveis.

§ 3º O disposto neste artigo abrange as contribuições destinadas a outras entidades e fundos, além da multa por atraso no cumprimento das obrigações acessórias.

Art. 223. O operador portuário e o órgão gestor de mão de obra são solidariamente responsáveis pelo pagamento das contribuições previdenciárias e demais obrigações, inclusive acessórias, devidas à seguridade social, arrecadadas pelo Instituto Nacional do Seguro Social, relativamente à requisição de mão de obra de trabalhador avulso, vedada a invocação do benefício de ordem.

Art. 224. Os administradores de autarquias e fundações públicas, criadas ou mantidas pelo Poder Público, de empresas públicas e de sociedades de economia mista sujeitas ao controle da União, dos Estados, do Distrito Federal ou dos Municípios, que se encontrarem em mora por mais de trinta dias, no recolhimento das contribuições previstas neste Regulamento, tornam-se solidariamente responsáveis pelo respectivo pagamento, ficando ainda sujeitos às proibições do art. 1º e às sanções dos arts. 4º e 7º do Decreto-Lei nº 368, de 19 de dezembro de 1968.

Art. 224-A. O disposto nesta Seção não se aplica à contratação de serviços por intermédio de cooperativa de trabalho. (Artigo acrescido pelo Decreto nº 3.265, de 29/11/1999)

SEÇÃO III
DAS OBRIGAÇÕES ACESSÓRIAS

Art. 225. A empresa é também obrigada a:

I – preparar folha de pagamento da remuneração paga, devida ou creditada a todos os segurados a seu serviço, devendo manter, em cada estabelecimento, uma via da respectiva folha e recibos de pagamentos;

II – lançar mensalmente em títulos próprios de sua contabilidade, de forma discriminada, os fatos geradores de todas as contribuições, a montante das quantias descontadas, as contribuições da empresa e os totais recolhidos;

III – prestar ao Instituto Nacional do Seguro Social e à Secretaria da Receita Federal todas as informações cadastrais, financeiras e contábeis de interesse dos mesmos, na forma por eles estabelecida, bem como os esclarecimentos necessários à fiscalização;

IV – informar mensalmente ao Instituto Nacional do Seguro Social, por intermédio da Guia de Recolhimento do Fundo de Garantia do Tempo de Serviço e Informações à Previdência Social, na forma por ele estabelecida, dados cadastrais, todos os fatos geradores de contribuição previdenciária e outras informações de interesse daquele Instituto;

V – *(Revogado pelo Decreto 10.410/2020)*

VI – afixar cópia da Guia da Previdência Social, relativamente à competência anterior, durante o período de um mês, no quadro de horário de que trata o art. 74 da Consolidação das Leis do Trabalho.

VII – informar, anualmente, à Secretaria da Receita Federal do Brasil, na forma por ela estabelecida, o nome, o número de inscrição na previdência social e o endereço completo dos segurados de que trata o inciso III do § 15 do art. 9º, por ela utilizados no período, a qualquer título, para distribuição ou comercialização de seus produtos, sejam eles de fabricação própria ou de terceiros, sempre que se tratar de empresa que realize vendas diretas. (Inciso acrescido pelo Decreto nº 6.722, de 30/12/2008)

VIII - comunicar, mensalmente, os empregados a respeito dos valores descontados de sua contribuição previdenciária e, quando for o caso, dos valores da contribuição do empregador incidentes sobre a remuneração do mês de competência por meio de contracheque, recibo de pagamento ou documento equivalente. *(Acrescido pelo Decreto 10.410/2020)*

§ 1º As informações prestadas na Guia de Recolhimento do Fundo de Garantia do Tempo de Serviço e Informações à Previdência Social servirão como base de cálculo das contribuições arrecadadas pelo Instituto Nacional do Seguro Social, comporão a base de dados para fins de cálculo e concessão dos benefícios previdenciários, bem como constituir-se-ão em termo de confissão de dívida, na hipótese do não recolhimento.

§ 2º A entrega da Guia de Recolhimento do Fundo de Garantia do Tempo de Serviço e Informações à Previdência Social deverá ser efetuada na rede bancária, conforme estabelecido pelo Ministério da Previdência e Assistência Social, até o dia sete do mês seguinte àquele a que se referirem as informações. (Parágrafo com redação dada pelo Decreto nº 3.265, de 29/11/1999)

§ 3º A Guia de Recolhimento do Fundo de Garantia do Tempo de Serviço e Informações à Previdência Social é exigida relativamente a fatos geradores ocorridos a partir de janeiro de 1999.

§ 4º O preenchimento, as informações prestadas e a entrega da Guia de Recolhimento do Fundo de Garantia do Tempo de Serviço e Informações à Previdência Social são de inteira responsabilidade da empresa.

§ 5º A empresa manterá arquivados os documentos comprobatórios do cumprimento das obrigações de que trata este artigo e os documentos comprobatórios do pagamento de benefícios previdenciários reembolsados até que ocorra a prescrição relativa aos créditos decorrentes das operações a que os documentos se refiram, observados o disposto no § 22 e nas normas estabelecidas pela Secretaria Especial da Receita Federal do Brasil do Ministério da Economia e pelo Conselho Curador do Fundo de Garantia do Tempo de Serviço. *(Redação dada pelo Decreto 10.410/2020)*

§ 6º O Instituto Nacional do Seguro Social e a Caixa Econômica Federal estabelecerão normas para disciplinar a entrega da Guia de Recolhimento do Fundo de Garantia do Tempo de Serviço e Informações à Previdência Social, nos casos de rescisão contratual.

§ 7º *(Revogado pelo Decreto 10.410/2020)*

§ 8º O disposto neste artigo aplica-se, no que couber, aos demais contribuintes e ao adquirente, consignatário ou cooperativa, sub-rogados na forma deste Regulamento.

§ 9º A folha de pagamento de que trata o inciso I do *caput*, elaborado mensalmente, de forma coletiva por estabelecimento da empresa, por obra de construção civil e por tomador de serviços, com a correspondente totalização, deverá:

I – discriminar o nome dos segurados, indicando cargo, função ou serviço prestado;

II – agrupar os segurados por categoria, assim entendido: segurado empregado, trabalhador avulso, contribuinte individual; (Inciso com redação dada pelo Decreto nº 3.265, de 29/11/1999)

III – destacar o nome das seguradas em gozo de salário-maternidade;

IV – destacar as parcelas integrantes e não integrantes da remuneração e os descontos legais; e

V – indicar o número de quotas de salário-família atribuídas a cada segurado empregado ou trabalhador avulso.

§ 10. No que se refere ao trabalhador portuário avulso, o órgão gestor de mão de obra elaborará a folha de pagamento por navio, mantendo-a disponível para uso da fiscalização do Instituto Nacional do Seguro Social, indicando o operador portuário e os trabalhadores que participaram da operação, detalhando, com relação aos últimos:

I – os correspondentes números de registro ou cadastro no órgão gestor de mão de obra;

II – o cargo, função ou serviço prestado;

III – os turnos em que trabalharam; e

IV – as remunerações pagas, devidas ou creditadas a cada um dos trabalhadores e a correspondente totalização.

§ 11. No que se refere ao parágrafo anterior, o órgão gestor de mão de obra consolidará as folhas de pagamento relativas às operações concluídas no mês anterior por operador portuário e por trabalhador portuário avulso, indicando, com relação a estes, os respectivos números de registro ou cadastro, as datas dos turnos trabalhados, as importâncias pagas e os valores das contribuições previdenciárias retidas;

§ 12. Para efeito de observância do limite máximo da contribuição do segurado trabalhador avulso, de que trata o art. 198, o órgão gestor de mão de obra manterá resumo mensal e acumulado, por trabalhador portuário avulso, dos valores totais das férias, do décimo terceiro salário e das contribuições previdenciárias retidas.

§ 13. Os lançamentos de que trata o inciso II do *caput*, devidamente escriturados nos livros Diário e Razão, serão exigidos pela fiscalização após noventa dias contados da ocorrência dos fatos geradores das contribuições, devendo, obrigatoriamente:

I – atender ao princípio contábil do regime de competência; e

II – registrar em contas individualizadas, todos os fatos geradores de contribuições previdenciárias de forma a identificar, clara e precisamente, as rubricas integrantes e não integrantes do salário de contribuição, bem como as contribuições descontadas do segurado, as da empresa e os totais recolhidos, por estabelecimento da empresa, por obra de construção civil e por tomador de serviços.

§ 14. A empresa deverá manter à disposição da fiscalização os códigos ou abreviaturas que identifiquem as respectivas rubricas utilizadas na elaboração da folha de pagamento, bem como os utilizados na escrituração contábil.

§ 15. A exigência prevista no inciso II do *caput* não desobriga a empresa do cumprimento das demais normas legais e regulamentares referentes à escrituração contábil.

§ 16. São desobrigadas de apresentação de escrituração contábil: (*Caput* do parágrafo com redação dada pelo Decreto nº 3.265, de 29/11/1999)

I – o pequeno comerciante, nas condições estabelecidas pelo Decreto-lei nº 486, de 3 de março de 1969, e seu Regulamento;

II – a pessoa jurídica tributada com base no lucro presumido, de acordo com a legislação tributada federal, desde que mantenha a escrituração do Livro Caixa e Livro de Registro de Inventário; e

III – a pessoa jurídica que optar pela inscrição no Sistema Integrado de Pagamento de Impostos e Contribuições das Microempresas e Empresas de Pequeno Porte, desde que mantenha escrituração do Livro Caixa e Livro de Registro de Inventário.

§ 17. A empresa, agência ou sucursal estabelecida no exterior deverá apresentar os documentos comprobatórios do cumprimento das obrigações referidas neste artigo à sua congênere no Brasil, observada a solidariedade de que trata o art. 222.

§ 18. Para o cumprimento do disposto no inciso V do *caput* serão observadas as seguintes situações:

I – caso a empresa possua mais de um estabelecimento localizado em base geográfica diversa, a cópia da Guia da Previdência Social será encaminhada ao sindicato representativo da categoria profissional mais numerosa entre os empregados de cada estabelecimento;

II – a empresa que recolher suas contribuições em mais de uma Guia da Previdência Social encaminhará cópia de todas as guias;

III – a remessa poderá ser efetuada por qualquer meio que garanta a reprodução integral do documento, cabendo à empresa manter, em seus arquivos, prova do recebimento pelo sindicato; e

IV – cabe à empresa a comprovação, perante a fiscalização do Instituto Nacional do Seguro Social, do cumprimento de sua obrigação frente ao sindicato.

§ 19. O órgão gestor de mão de obra deverá, quando exigido pela fiscalização do Instituto Nacional do Seguro Social, exibir as listas de escalação diária dos trabalhadores portuários avulsos, por operador portuário e por navio.

§ 20. Caberá exclusivamente ao órgão gestor de mão de obra a responsabilidade pela exatidão dos dados lançados nas listas diárias referidas no parágrafo anterior.

§ 21. Fica dispensado do cumprimento do disposto nos incisos V e VI do *caput* o contribuinte individual, em relação a segurado que lhe presta serviço. (Parágrafo com redação dada pelo Decreto nº 3.265, de 29/11/1999)

§ 22. A empresa que utiliza sistema de processamento eletrônico de dados para o registro de negócios e atividades econômicas, escrituração de livros ou produção de documentos de natureza contábil, fiscal, trabalhista e previdenciária fica obrigada a arquivar e conservar, devidamente certificados, os sistemas e os arquivos, em meio eletrônico ou assemelhado, durante o prazo decadencial de que trata o art. 348, os quais ficarão à disposição da fiscalização. *(Redação dada pelo Decreto 10.410/2020)*

§ 23. A cooperativa de trabalho e a pessoa jurídica são obrigadas a efetuar a inscrição no Instituto Nacional do Seguro Social dos seus cooperados e contratados, respectivamente, como contribuintes individuais, se ainda não inscritos. (Parágrafo acrescido pelo Decreto nº 4.729, de 9/6/2003)

§ 24. A empresa ou cooperativa adquirente, consumidora ou consignatária da produção fica obrigada a fornecer ao segurado especial cópia do documento fiscal de entrada da mercadoria, onde conste, além do registro da operação realizada, o valor da respectiva contribuição previdenciária. (Parágrafo acrescido pelo Decreto nº 6.722, de 30/12/2008)

§ 25. A contribuição do empregador de que trata o inciso VIII do *caput* compreende aquela destinada ao seguro de acidentes do trabalho e ao financiamento da aposentadoria especial, sem prejuízo de outras contribuições incidentes sobre a remuneração do empregado. *(Acrescido pelo Decreto 10.410/2020)*

Art. 226. O Município, por intermédio do órgão competente, fornecerá ao Instituto Nacional do Seguro Social, para fins de fiscalização, mensalmente, relação de todos os alvarás para construção civil e documentos de habite-se concedidos, de acordo com critérios estabelecidos pelo referido Instituto.

§ 1º A relação a que se refere o *caput* será encaminhada ao INSS até o dia dez do mês seguinte àquele a que se referirem os documentos. (Parágrafo com redação dada pelo Decreto nº 4.032, de 26/11/2001)

§ 2º O encaminhamento da relação fora do prazo ou a sua falta e a apresentação com incorreções ou omissões sujeitará o dirigente do órgão municipal à penalidade prevista na alínea *f* do inciso I do art. 283.

Art. 227. *Revogado pelo Decreto nº 8.302, 2014.*

Art. 228. O titular do Cartório de Registro Civil de Pessoas Naturais remeterá ao INSS, no prazo de um dia útil, pelo Sistema Nacional de Informações de Registro Civil, ou pelo sistema que venha a substituí-lo, a relação dos nascimentos, dos natimortos, dos casamentos, dos óbitos, das averbações, das anotações e das retificações registradas na serventia. *(Redação do artigo dada pelo Decreto 10.410/2020)*

§ 1º Para os Municípios que não dispõem de provedor de conexão à internet ou de qualquer meio de acesso à internet, fica autorizada a remessa da relação no prazo de cinco dias úteis, conforme critérios definidos pelo INSS.

§ 2º Os registros de nascimento e de natimorto conterão, obrigatoriamente, as seguintes informações do registrado e da filiação:

I - nome completo;
II - número de inscrição no CPF;
III - sexo; e
IV - data e local de nascimento.

§ 3º Os registros de casamento e de óbito conterão, obrigatoriamente, as seguintes informações do registrado:

I - nome completo;
II - número de inscrição no CPF;
III - sexo; e
IV - data e local de nascimento do registrado.

§ 4º Além das informações a que se refere o § 3º, constarão dos registros de casamento e de óbito, caso estejam disponíveis, os seguintes dados:

I - número de inscrição no PIS ou no Pasep;
II - NIT;
III - número de benefício previdenciário ou assistencial, se o falecido for titular de qualquer benefício pago pelo INSS;
IV - número de registro da carteira de identidade e órgão emissor;
V - número do título de eleitor; e
VI - número de registro e série da Carteira de Trabalho e Previdência Social.

§ 5º Na hipótese de não haver sido registrado nascimento, natimorto, casamento, óbito ou averbação, anotação e retificação no mês, o titular do Cartório de Registro Civil de Pessoas Naturais comunicará este fato ao INSS até o quinto dia útil do mês subsequente, na forma estabelecida pelo INSS.

§ 6º O descumprimento de obrigação imposta por este artigo e o fornecimento de informação inexata sujeitarão o titular do Cartório de Registro Civil de Pessoas Naturais, além de outras penalidades, à penalidade prevista na alínea "e" do inciso I do *caput* do art. 283 e a ação regressiva, na forma estabelecida pelo INSS.

SEÇÃO IV
DA COMPETÊNCIA PARA ARRECADAR, FISCALIZAR E COBRAR

Art. 229. O Instituto Nacional do Seguro Social é o órgão competente para:

I – arrecadar e fiscalizar o recolhimento das contribuições sociais previstas nos incisos I, II, III, IV e V do parágrafo único do art. 195, bem como as contribuições incidentes a título de substituição; (Inciso com redação dada pelo Decreto nº 4.032, de 26/11/2001)
II – constituir seus créditos por meio dos correspondentes lançamentos e promover a respectiva cobrança;
III – aplicar sanções; e
IV – normalizar procedimentos relativos à arrecadação, fiscalização e cobrança das contribuições referidas no inciso I.

§ 1º Os Auditores Fiscais da Previdência Social terão livre acesso a todas as dependências ou estabelecimentos da empresa, com vistas à verificação física dos segurados em serviço, para confronto com os registros e documentos da empresa, podendo requisitar e apreender livros, notas técnicas e demais documentos necessários ao perfeito desempenho de suas funções, caracterizando-se como embaraço à fiscalização qualquer dificuldade oposta à consecução do objetivo. (Parágrafo com redação dada pelo Decreto nº 3.265, de 29/11/1999)

§ 2º Se o Auditor Fiscal da Previdência Social constatar que o segurado contratado como contribuinte individual, trabalhador avulso, ou sob qualquer outra denominação, preenche as condições referidas no inciso I do *caput* do art. 9º, deverá desconsiderar o vínculo pactuado e efetuar o enquadramento como segurado empregado. (Parágrafo com redação dada pelo Decreto nº 3.265, de 29/11/1999)

§ 3º A fiscalização das entidades fechadas de previdência privada, estabelecida na Lei nº 6.435, de 15 de julho de 1977, será exercida pelos Fiscais de Contribuições Previdenciárias do Instituto Nacional do Seguro Social, devidamente credenciados pelo órgão próprio, sem prejuízo das atribuições e vantagens a que fazem jus, conforme disposto no Decreto nº 1.317, de 29 de novembro de 1994.

§ 4º A fiscalização dos regimes próprios de previdência social dos servidores públicos e dos militares da União, dos Estados, do Distrito Federal e dos Municípios, nos temos da Lei nº 9.717, de 27 de novembro de 1998, será exercida pelos Fiscais de Contribuições Previdenciárias do Instituto Nacional do Seguro Social, devidamente credenciados pelo órgão próprio, sem prejuízo das atribuições e vantagens a que fazem jus, conforme orientação expedida pelo Ministério da Previdência e Assistência Social,

§ 5º Aplica-se à fiscalização de que tratam os §§ 3º e 4º o disposto na Lei nº 8.212, de 1991, neste Regulamento e demais dispositivos da legislação previdenciária, no que couber e não colidir com os preceitos das Leis nº 6.435, de 1977, e 9.717, de 1998.

Art. 230. A Secretaria da Receita Federal é o órgão competente para:

I – arrecadar e fiscalizar o recolhimento das contribuições sociais previstas nos incisos VI e VII do parágrafo único do art. 195;
II – constituir seus créditos por meio dos correspondentes lançamentos e promover respectiva cobrança;
III – aplicar sanções; e
IV – normatizar procedimentos relativos à arrecadação, fiscalização e cobrança das contribuições de que trata o inciso I.

SEÇÃO V
DO EXAME DA CONTABILIDADE

Art. 231. É prerrogativa do Ministério da Previdência e Assistência Social, do Instituto Nacional do Seguro Social e da Secretaria da Receita Federal o exame da contabilidade da empresa, não prevalecendo para esse efeito o disposto nos arts. 17 e 18 do Código Comercial, ficando obrigados a empresa e o segurado a prestarem todos os esclarecimentos e informações solicitados.

Art. 232. A empresa, o servidor de órgão público da administração direta e indireta, o segurado da previdência social, o serventuário da Justiça, o síndico ou seu representante legal, o comissário e o liquidante de empresa em liquidação judicial ou extrajudicial são obrigados a exibir todos os documentos e livros relacionados com as contribuições previstas neste Regulamento.

Art. 233. Ocorrendo recusa ou sonegação de qualquer documento ou informação, ou sua apresentação deficiente, o Instituto Nacional do Seguro Social e a Secretaria da Receita Federal podem, sem prejuízo da penalidade cabível nas esferas de sua competência, lançar de ofício importância que reputarem devida, cabendo à empresa, ao empregador doméstico ou ao segurado o ônus da prova em contrário.

Parágrafo único. Considera-se deficiente o documento ou informação apresentada que não preencha as formalidades legais, bem como aquele que contenha informação diversa da realidade, ou, ainda, que omita informação verdadeira.

Art. 234. Na falta de prova regular e formalizada, o montante dos salários pagos pela execução de obra de construção civil pode ser obtido mediante cálculo da mão de obra empregada, proporcional à área construída e ao padrão de execução da obra, de acordo com critérios estabelecidos pelo Instituto Nacional do Seguro Social, cabendo ao proprietário, dona da obra, incorporador, condômino da unidade imobiliária ou empresa corresponsável o ônus da prova em contrário.

Art. 235. Se, no exame da escrituração contábil e de qualquer outro documento da empresa, a fiscalização constatar que a contabilidade não registra o movimento real da remuneração dos segurados a seu serviço, da receita ou do faturamento e do lucro, esta será desconsiderada, sendo apuradas e lançadas de ofício as contribuições devidas, cabendo à empresa o ônus da prova em contrário.

Art. 236. Deverá ser dado tratamento especial ao exame da documentação que envolva operações ou assuntos de caráter sigiloso, ficando o fiscal responsável obrigado à guarda da informação e à sua utilização exclusivamente nos documentos elaborados em decorrência do exercício de suas atividades.

Art. 237. A autoridade policial prestará à fiscalização, mediante solicitação, o auxílio necessário ao regular desempenho dessa atividade.

SEÇÃO VI
DAS CONTRIBUIÇÕES E OUTRAS IMPORTÂNCIAS NÃO RECOLHIDAS ATÉ O VENCIMENTO

Art. 238. Os créditos de qualquer natureza da seguridade social, constituídos ou não, vencidos até 31 de dezembro de 1991 e não pagos até 2 de janeiro de 1992, serão atualizados monetariamente com base na legislação aplicável e convertidos, nessa data, em quantidade de Unidade Fiscal de Referência diária.

§ 1º Os juros de mora calculados até 2 de janeiro de 1992 serão, também, convertidos em Unidade Fiscal de Referência, na mesma data.

§ 2º Sobre a parcela correspondente à contribuição, convertida em quantidade de Unidade Fiscal de Referência, incidirão juros moratórios à razão de um por cento, ao mês-calendário ou fração, a partir de fevereiro de 1992, inclusive, além da multa variável pertinente.

§ 3º Os créditos calculados e expressos em quantidade de Unidade Fiscal de Referência conforme o disposto neste artigo serão reconvertidos para moeda corrente, com base no valor da Unidade Fiscal de Referência na data do pagamento.

Art. 239. As contribuições sociais e outras importâncias arrecadadas pela Secretaria Especial da Receita Federal do Brasil do Ministério da Economia, incluídas ou não em notificação fiscal de lançamento, pagas com atraso, objeto ou não de parcelamento, ficam sujeitas a: *(Redação dada pelo Decreto 10.410/2020)*

I – atualização monetária, quando exigida pela legislação de regência;

II – juros de mora, de caráter irrelevável, incidentes sobre o valor atualizado, equivalentes a:

a) um por cento no mês do vencimento;

b) taxa referencial do Sistema Especial de Liquidação e de Custódia nos meses intermediários; e

c) um por cento no mês do pagamento; e

III – multa variável, de caráter irrelevável, nos seguintes percentuais, para fatos geradores ocorridos a partir de 28 de novembro de 1999: (*Caput* do inciso com redação dada pelo Decreto nº 3.265, de 29/11/1999)

a) para pagamento após o vencimento de obrigação não incluída em notificação fiscal de lançamento:

1. oito por cento, dentro do mês de vencimento da obrigação; (Item com redação dada pelo Decreto nº 3.265, de 29/11/1999)

2. quatorze por cento, no mês seguinte; ou (Item com redação dada pelo Decreto nº 3.265, de 29/11/1999)

3. vinte por cento, a partir do segundo mês seguinte ao do vencimento da obrigação; (Item com redação dada pelo Decreto nº 3.265, de 29/11/1999)

b) para pagamento de obrigação incluída em notificação fiscal de lançamento:

1. vinte e quatro por cento, até quinze dias do recebimento da notificação; (Item com redação dada pelo Decreto nº 3.265, de 29/11/1999)

2. trinta por cento, após o décimo quinto dia do recebimento da notificação; (Item com redação dada pelo Decreto nº 3.265, de 29/11/1999)

3. quarenta por cento, após apresentação de recurso desde que antecedido de defesa, sendo ambos tempestivos, até quinze dias da ciência da decisão do Conselho de Recursos da Previdência Social; ou (Item com redação dada pelo Decreto nº 3.265, de 29/11/1999)

4. cinquenta por cento, após o décimo quinto dia da ciência da decisão do Conselho de Recursos da Previdência Social, enquanto não inscrita em Dívida Ativa; e (Item com redação dada pelo Decreto nº 3.265, de 29/11/1999)

c) para pagamento do crédito inscrito em Dívida Ativa:

1. sessenta por cento, quando não tenha sido objeto de parcelamento; (Item com redação dada pelo Decreto nº 3.265, de 29/11/1999)

2. setenta por cento, se houve parcelamento; (Item com redação dada pelo Decreto nº 3.265, de 29/11/1999)

3. oitenta por cento, após o ajuizamento da execução fiscal, mesmo que o devedor ainda não tenha sido citado, se o crédito não foi objeto de parcelamento; ou (Item com redação dada pelo Decreto nº 3.265, de 29/11/1999)

4. cem por cento, após o ajuizamento da execução fiscal, mesmo que o devedor ainda não tenha sido citado, se o crédito foi objeto de parcelamento. (Item com redação dada pelo Decreto nº 3.265, de 29/11/1999)

§ 1º (Revogado pelo Decreto nº 6.224, de 4/10/2007)

§ 2º Nas hipóteses de parcelamento, ou de reparcelamento incidirá um acréscimo de vinte por cento sobre a multa de mora a que se refere o inciso III.

§ 3º Se houver pagamento antecipado à vista, no todo ou em parte, do saldo devedor, o acréscimo previsto no parágrafo anterior não incidirá sobre a multa correspondente à parte do pagamento que se efetuar.

§ 4º O valor do pagamento parcial, antecipado, do saldo devedor de parcelamento ou do reparcelamento somente poderá ser utilizado para quitação de parcelas na ordem inversa do vencimento, sem prejuízo da que for devida no mês de competência em curso e sobre a qual incidirá sempre o acréscimo a que se refere o § 2º.

§ 5º É facultada a realização de depósito à disposição da seguridade social, sujeito ao mesmo percentual do item 1 da alínea b do inciso III, desde que dentro do prazo legal para apresentação de defesa.

§ 6º À correção monetária e aos acréscimos legais de que trata este artigo aplicar-se-á a legislação vigente em cada competência a que se referirem.

§ 7º Às contribuições de que trata o art. 204, devidas e não recolhidas até as datas dos respectivos vencimentos, aplicam-se multas e juros moratórios na forma da legislação pertinente.

§ 8º Sobre as contribuições devidas e apuradas com fundamento no inciso IV do *caput* do art. 127 e no § 1º do art. 348 incidirão juros moratórios de cinco décimos por cento ao mês, capitalizados anualmente, limitados ao percentual máximo de cinquenta por cento, e multa de dez por cento. *(Redação dada pelo Decreto 10.410/2020)*

§ 8º-A. A incidência de juros moratórios e multa de que trata o § 8º será estabelecida para fatos geradores ocorridos a partir de 14 de outubro de 1996. *(Acrescido pelo Decreto 10.410/2020)*

§ 9º Não se aplicam as multas impostas e calculadas como percentual do crédito por motivo de recolhimento fora do prazo das contribuições, nem quaisquer outras penas pecuniárias, às massas falidas de que trata o art. 192 da Lei nº 11.101, de 9 de fevereiro de 2005, e às missões diplomáticas estrangeiras no Brasil e aos membros dessas missões quando assegurada a isenção em tratado, convenção ou outro acordo internacional de que o Estado estrangeiro ou organismo internacional e o Brasil sejam partes. (Parágrafo com redação dada pelo Decreto nº 6.042, de 12/2/2007)

§ 10. O disposto no § 8º não se aplica aos casos de contribuições em atraso a partir da competência abril de 1995, obedecendo-se, a partir de então, às disposições aplicadas às empresas em geral. (Parágrafo acrescido pelo Decreto nº 3.265, de 29/11/1999)

§ 11. Na hipótese de as contribuições terem sido declaradas no documento a que se refere o inciso IV do art. 225, ou quando se tratar de empregador doméstico ou de empresa ou segurado dispensados de apresentar o citado documento, a multa de mora a que se refere o *caput* e seus incisos será reduzida em cinquenta por cento. (Parágrafo acrescido pelo Decreto nº 3.265, de 29/11/1999)

Art. 240. Os créditos de qualquer natureza da seguridade social, constituídos ou não, que forem objeto de parcelamento serão consolidados na data da concessão e expressos em moeda corrente.

§ 1º Os valores referentes a competências anteriores a 1º de janeiro de 1995 e expressos em Unidade Fiscal de Referência serão reconvertidos para moeda corrente, com base no valor da Unidade Fiscal de Referência na data do pagamento.

§ 2º O valor do crédito consolidado será dividido pela quantidade de parcelas mensais concedidas na forma da legislação pertinente.

§ 3º O valor de cada parcela mensal, por ocasião do pagamento, será acrescido de juros na forma da legislação pertinente.

§ 4º A parcela mensal com valores relativos a competências anteriores a janeiro de 1995 será determinada de acordo com as disposições do § 1º, acrescida de juros conforme a legislação pertinente.

Art. 241. No caso de parcelamento concedido administrativamente até o dia 31 de dezembro de 1991, cujo saldo devedor foi expresso em quantidade de Unidade Fiscal de Referência diária a partir de 1º de janeiro de 1992, mediante a divisão do débito, atualizado monetariamente, pelo valor da Unidade Fiscal de Referência diária no dia 1º de janeiro de 1992, terá o valor do débito ou da parcela expresso em Unidade Fiscal de Referência reconvertido para moeda corrente, multiplicando-se a quantidade de Unidade Fiscal de Referência pelo valor desta na data do pagamento.

Art. 242. Os valores das contribuições incluídos em notificação fiscal de lançamento e os acréscimos legais, observada a legislação de regência, serão expressos em moeda corrente.

§ 1º Os valores das contribuições incluídos na Guia de Recolhimento do Fundo de Garantia do Tempo de Serviço e Informações à Previdência

Social, não recolhidos ou não parcelados, serão inscritos na Dívida Ativa do Instituto Nacional do Seguro Social, dispensando-se o processo administrativo de natureza contenciosa.

§ 2º Os juros e a multa serão calculados com base no valor da contribuição.

Art. 243. Constatada a falta de recolhimento de qualquer contribuição ou outra importância devida nos termos deste Regulamento, a fiscalização lavrará, de imediato, notificação fiscal de lançamento com discriminação clara e precisa dos fatos geradores, das contribuições devidas e dos períodos a que se referem, de acordo com as normas estabelecidas pelos órgãos competentes.

§ 1º Aplica-se o disposto neste artigo em caso de falta de pagamento de benefício reembolsado ou em caso de pagamento desse benefício sem observância das normas pertinentes estabelecidas pelo Instituto Nacional do Seguro Social.

§ 2º Recebida a notificação, o empregador doméstico, a empresa ou o segurado terão o prazo de trinta dias para efetuar o pagamento ou apresentar impugnação. (Parágrafo com redação dada pelo Decreto nº 6.103, de 30/4/2007)

§ 3º Decorrido esse prazo, será automaticamente declarada a revelia, considerado, de plano, procedente o lançamento, permanecendo o processo no órgão jurisdicionante, pelo prazo de trinta dias, para cobrança amigável.

§ 4º Após o prazo referido no parágrafo anterior, o crédito será inscrito em Dívida Ativa.

§ 5º Apresentada a defesa, o processo formado a partir da notificação fiscal de lançamento será submetido à autoridade competente, que decidirá sobre a procedência ou não do lançamento, cabendo recurso na forma da Subseção II da Seção II do Capítulo Único do Título I do Livro V.

§ 6º Ao lançamento considerado procedente aplicar-se-á o disposto no § 1º do art. 245, salvo se houver recurso tempestivo na forma da Subseção II da Seção II do Capítulo Único do Título I do Livro V.

§ 7º A liquidação de crédito incluído em notificação deve ser feita em moeda corrente, mediante documento próprio emitido exclusivamente pelo Instituto Nacional do Seguro Social.

Art. 244. *(Revogado pelo Decreto 10.410/2020)*

Art. 245. O crédito da seguridade social é constituído por meio de notificação fiscal de lançamento, auto de infração, confissão ou documento declaratório de valores devidos apresentado pelo contribuinte ou outro instrumento previsto em legislação própria.

§ 1º As contribuições, a atualização monetária, os juros de mora, as multas, bem como outras importâncias devidas e não recolhidas até o seu vencimento devem ser lançados em livro próprio destinado à inscrição em Dívida Ativa do Instituto Nacional do Seguro Social e da Fazenda Nacional, após a constituição do respectivo crédito.

§ 2º A certidão textual do livro de que trata este artigo serve de título para que o órgão competente, por intermédio de seu procurador ou representante legal, promova em juízo a cobrança da Dívida Ativa, segundo o mesmo processo e com as mesmas prerrogativas e privilégios da Fazenda Nacional, nos termos da Lei nº 6.830, de 22 de setembro de 1980.

§ 3º Os órgãos competentes podem, antes de ajuizar a cobrança da Dívida Ativa, promover o protesto de título dado em garantia de sua liquidação, ficando, entretanto, ressalvado que o título será sempre recebido pró solvendo.

§ 4º Considera-se Dívida Ativa o crédito proveniente de fato jurídico gerador das obrigações legais ou contratuais, desde que inscrito no livro próprio, de conformidade com os dispositivos da Lei nº 6.830, de 1980.

§ 5º As contribuições arrecadadas pelo Instituto Nacional do Seguro Social poderão, sem prejuízo da respectiva liquidez e certeza, ser inscritas em Dívida Ativa.

Art. 246. O crédito relativo a contribuições, atualização monetária, juros de mora, multas, bem como a outras importâncias, está sujeito, nos processos de falência, concordata ou concurso de credores, às disposições atinentes aos créditos da União, aos quais é equiparado.

Parágrafo único. O Instituto Nacional do Seguro Social reivindicará os valores descontados pela empresa do segurado empregado e trabalhador avulso, as decorrentes da sub-rogação de que tratam os incisos I e II do § 7º do art. 200 e as importâncias retidas na forma do art. 219 e não recolhidos, sendo que esses valores não estão sujeitos ao concurso de credores.

SEÇÃO VII
DA RESTITUIÇÃO E DA COMPENSAÇÃO DE CONTRIBUIÇÕES E OUTRAS IMPORTÂNCIAS

Art. 247. A restituição e a compensação de valores recolhidos indevidamente observarão os termos e as condições estabelecidos pela Secretaria Especial da Receita Federal do Brasil do Ministério da Economia. *(Redação dada pelo Decreto 10.410/2020)*

§ 1º a 3º *(Revogados pelo Decreto 10.410/2020)*

Arts. 248 a 254. *(Revogados pelo Decreto 10.410/2020)*

SEÇÃO VIII
DO REEMBOLSO DE PAGAMENTO

Art. 255. A dedução e o reembolso relativos a quotas do salário-família e do salário-maternidade e a compensação do adicional de insalubridade a que se refere o § 2º do art. 394-A da Consolidação das Leis do Trabalho, aprovada pelo Decreto-Lei nº 5.452, de 1943, observarão os termos e as condições estabelecidos pela Secretaria Especial da Receita Federal do Brasil do Ministério da Economia. *(Redação dada pelo Decreto 10.410/2020)*

§ 1º a 3º *(Revogado pelo Decreto 10.410/2020)*

CAPÍTULO IX
DA MATRÍCULA DA EMPRESA, DO PRODUTOR RURALPESSOA FÍSICA E DO SEGURADO ESPECIAL

- Redação dada pelo Decreto nº 6.722, de 30/12/2008

Art. 256. A matrícula da empresa será feita:

I – simultaneamente com a inscrição no Cadastro Nacional da Pessoa Jurídica; ou

II – perante o Instituto Nacional do Seguro Social, no prazo de trinta dias contados do início de suas atividades, quando não sujeita a inscrição no Cadastro Nacional da Pessoa Jurídica.

§ 1º Independentemente do disposto neste artigo, o Instituto Nacional do Seguro Social procederá à matrícula:

I – de ofício, quando ocorrer omissão; e

II – de obra de construção civil, mediante comunicação obrigatória do responsável por sua execução, no prazo do inciso II do *caput*.

§ 2º A unidade matriculada na forma do inciso II do *caput* e do § 1º receberá certificado de matrícula com número cadastral básico, de caráter permanente.

§ 3º O não cumprimento do disposto no inciso II do *caput* e no inciso II do § 1º sujeita o responsável à multa prevista no art. 283.

§ 4º O Departamento Nacional de Registro do Comércio, por intermédio das juntas comerciais, bem como os cartórios de registro civil de pessoas jurídicas, prestarão obrigatoriamente ao Instituto Nacional do Seguro Social todas as informações referentes aos atos constitutivos e alterações posteriores relativos a empresas neles registradas, sem ônus para o Instituto.

§ 5º São válidos perante o Instituto Nacional do Seguro Social os atos de constituição, alteração e extinção de empresa registrados nas juntas comerciais.

§ 6º O Ministério da Previdência e Assistência Social estabelecerá as condições em que o Departamento Nacional de Registro do Comércio, por intermédio das juntas comerciais, e os cartórios de registro civil de pessoas jurídicas cumprirão o disposto no § 4º.

Art. 256-A. A matrícula atribuída pela Secretaria da Receita Federal do Brasil ao produtor rural pessoa física ou segurado especial é o documento de inscrição do contribuinte, em substituição à inscrição no Cadastro Nacional de Pessoa Jurídica – CNPJ, a ser apresentado em suas relações:

I – com o Poder Público, inclusive para licenciamento sanitário de produtos de origem animal ou vegetal submetidos a processos de beneficiamento ou industrialização artesanal;

II – com as instituições financeiras, para fins de contratação de operações de crédito; e

III – com os adquirentes de sua produção ou fornecedores de sementes, insumos, ferramentas e demais implementos agrícolas.

§ 1º Para fins de recolhimento das contribuições previdenciárias, a matrícula de que trata o *caput* será atribuída ao grupo familiar no ato de sua inscrição.

§ 2º O disposto no *caput* não se aplica ao licenciamento sanitário de produtos sujeitos à incidência do IPI ou ao contribuinte cuja inscrição no CNPJ seja obrigatória. (Artigo acrescido pelo Decreto nº 6.722, de 30/12/2008)

CAPÍTULO X
DA PROVA DE INEXISTÊNCIA DE DÉBITO

Arts. 257 a 259. Revogados pelo Decreto nº 8.302/2014.

Art. 260. Serão aceitas as seguintes modalidades de garantia:

I – depósito integral e atualizado do débito em moeda corrente;

II – hipoteca de bens imóveis com ou sem seus acessórios;

III – fiança bancária;

IV – vinculação de parcelas do preço de bens ou serviços a serem negociados a prazo pela empresa;

V – alienação fiduciária de bens móveis; ou

VI – penhora.

Parágrafo único. A garantia deve ter valor mínimo de cento e vinte por cento do total da dívida, observado, em qualquer caso, o valor de mercado dos bens indicados, em conformidade com os critérios estabelecidos pelo Instituto Nacional do Seguro Social.

Art. 261. A autorização do órgão competente para outorga de instrumento em que se estipule o pagamento do débito da empresa no ato, ou apenas parte no ato e o restante em parcelas ou prestações do saldo do preço do bem a ser negociado pela empresa, com vinculação ao cumprimento das obrigações assumidas na confissão de dívida fiscal desta perante a seguridade social, na forma do inciso IV do art. 260, será dada mediante interveniência no instrumento.

Parágrafo único. A autorização para lavratura de instrumento de interesse da empresa em que a garantia oferecida pelo devedor não tem relação com o bem transacionado será dada mediante alvará.

Art. 262. Revogado pelo Decreto nº 8.302, de 2014.

Art. 263. Revogado pelo Decreto nº 8.302, de 2014.

Art. 264. A inexistência de débito em relação às contribuições devidas ao Instituto Nacional do Seguro Social é condição necessária para que os Estados, o Distrito Federal e os Municípios possam receber as transferências dos recursos do Fundo de Participação dos Estados e do Distrito Federal e do Fundo de Participação dos Municípios, celebrar acordo, contrato, convênio ou ajuste, bem como receber empréstimo, financiamento, aval ou subvenção em geral de órgão ou entidade da administração direta e indireta da União.

Parágrafo único. Para recebimento do Fundo de Participação dos Estados e do Distrito Federal e do Fundo de Participação dos Municípios e para a consecução dos demais instrumentos citados no *caput*, os Estados, o Distrito Federal e os Municípios deverão apresentar aos órgãos ou entidades responsáveis pela liberação dos fundos, celebração de acordos, contratos, convênios ou ajustes, concessão de empréstimos, financiamentos, avais ou subvenções em geral os comprovantes de recolhimento das suas contribuições ao Instituto Nacional do Seguro Social referentes aos três meses imediatamente anteriores ao mês previsto para a efetivação daqueles procedimentos.

Art. 265. Os Estados, o Distrito Federal e os Municípios serão, igualmente, obrigados a apresentar, para os fins do disposto no art. 264, comprovação de pagamento da parcela mensal referente nos débitos com o Instituto Nacional do Seguro Social objeto do parcelamento.

TÍTULO II
DAS DISPOSIÇÕES DIVERSAS RELATIVAS AO CUSTEIO DA SEGURIDADE SOCIAL

Art. 266. Os sindicatos poderão apresentar denúncia contra a empresa, junto ao Instituto Nacional do Seguro Social, nas seguintes hipóteses:

I – falta de envio da Guia da Previdência Social para o sindicato, na forma do inciso V do *caput* do art. 225;

II – não afixação da Guia da Previdência Social no quadro de horário, na forma do inciso VI do *caput* do art. 225;

III – divergência entre os valores informados pela empresa e pelo Instituto Nacional do Seguro Social sobre as contribuições recolhidas na mesma competência; ou

IV – existência de evidentes indícios de recolhimento a menor das contribuições devidas, constatados pela comparação com dados disponíveis sobre quantidade de empregados e de rescisões de contrato de trabalho homologadas pelo sindicato.

§ 1º As denúncias formuladas pelos sindicatos deverão identificar com precisão a empresa infratora e serão encaminhadas por seu representante legal, especificando nome, número no Cadastro Nacional da Pessoa Jurídica e endereço da empresa denunciada, o item infringido e outros elementos indispensáveis à análise dos fatos.

§ 2º A constatação da improcedência da denúncia apresentada pelo sindicato implicará a cessação do seu direito ao acesso às informações fornecidas pelas empresas e pelo Instituto Nacional do Seguro Social, pelo prazo de:

I – um ano, quando fundamentada nos incisos I, II e III do *caput*; e

II – quatro meses, quando fundamentada no inciso IV do *caput*.

§ 3º Os prazos mencionados no parágrafo anterior serão duplicados a cada reincidência, considerando-se esta a ocorrência de nova denúncia improcedente, dentro do período de cinco anos contados da data da denúncia não confirmada.

Art. 267. (Revogado pelo Decreto nº 4.032, de 26/11/2001)

Art. 268. O titular da firma individual e os sócios das empresas por cotas de responsabilidade limitada respondem solidariamente, com seus bens pessoais, pelos débitos junto à seguridade social.

Parágrafo único. Os acionistas controladores, os administradores, os gerentes e os diretores respondem solidariamente e subsidiariamente, com seus bens pessoais, quanto ao inadimplemento das obrigações para com a seguridade social, por dolo ou culpa.

Art. 269. Os orçamentos das entidades da administração pública direta e indireta devem consignar as dotações ao pagamento das contribuições devidas à seguridade social, de modo a assegurar a sua regular liquidação dentro do exercício.

Parágrafo único. O pagamento das contribuições devidas ao Instituto Nacional do Seguro Social terá prioridade absoluta nos cronogramas financeiros de desembolso dos órgãos da administração pública direta, das entidades de administração indireta e suas subsidiárias e das demais entidades sob controle acionário direto ou indireto da União, dos Estados, do Distrito Federal e dos Municípios, bem como de suas autarquias, e fundações instituídas ou mantidas pelo Poder Público.

Art. 270. A existência de débitos junto ao Instituto Nacional do Seguro Social, não renegociados ou renegociados e não saldados, nas condições estabelecidas em lei, importará na indisponibilidade dos recursos existentes, ou que venham a ingressar nas contas dos órgãos ou entidades devedoras de que trata o artigo anterior, abertas em quaisquer instituições financeiras, até o valor equivalente ao débito apurado na data de expedição de solicitação do Instituto Nacional do Seguro Social ao Banco Central do Brasil, incluindo o principal, corrigido monetariamente nos períodos em que a legislação assim dispuser, as multas e os juros.

Parágrafo único. Os Ministros da Fazenda e da Previdência e Assistência Social expedirão as instruções para aplicação do disposto neste artigo.

Art. 271. As contribuições referentes ao período de que trata o § 2º do art. 26, vertidas desde o inicio do vínculo do servidor com a administração pública ao Plano de Seguridade Social do Servidor Público, nos termos dos arts. 8º e 9º da Lei nº 8.162, de 1991, serão atualizadas monetariamente e repassadas de imediato ao Instituto Nacional do Seguro Social.

Art. 272. As alíquotas a que se referem o inciso II do art. 200 e os incisos I, II, III e § 8º do art. 202 são reduzidas em cinquenta por cento de seu valor, a partir de 22 de janeiro de 1998, por sessenta meses, nos contratos de trabalho por prazo determinado, nos termos da Lei nº 9.601, de 21 de janeiro de 1998. (Artigo com redação dada pelo Decreto nº 4.032, de 26/11/2001)

Art. 273. A empresa é obrigada a preparar folha de pagamento dos trabalhadores contratados com base na Lei nº 9.601, de 1998, na forma do art. 225, agrupando-os separadamente.

Art. 274. O Instituto Nacional do Seguro Social poderá arrecadar e fiscalizar, mediante remuneração de três vírgula cinco por cento sobre o montante arrecadado, contribuição por lei devida a terceiros, desde que provenha de empresa, segurado, aposentado ou pensionista a ele vinculado, aplicando-se a essa contribuição, no que couber, o disposto neste Regulamento.

§ 1º O disposto neste artigo aplica-se às contribuições que tenham a mesma base utilizada para o cálculo das contribuições incidentes sobre a remuneração paga, devida ou creditada a segurados, bem como sobre as contribuições incidentes sobre outras bases a título de substituição. (Parágrafo com redação dada pelo Decreto nº 4.032, de 26/11/2001)

§ 2º As contribuições previstas neste artigo ficam sujeitas nos mesmos prazos, condições, sanções e privilégios das contribuições da seguridade social, inclusive no que se refere à cobrança judicial.

Art. 275. O Instituto Nacional do Seguro Social divulgará, trimestralmente, lista atualizada dos devedores com débitos inscritos na Dívida Ativa relativos às contribuições previstas nos incisos I, II, III, IV e V do parágrafo único do art. 195, acompanhada de relatório circunstanciado das medidas administrativas e judiciais adotadas para a cobrança e execução da dívida.

§ 1º O relatório a que se refere o *caput* será encaminhado aos órgãos da administração federal direta e indireta, às entidades controladas direta ou indiretamente pela União, aos registros públicos, cartórios de registro de títulos e documentos, cartórios de registro de imóveis e ao sistema financeiro oficial, para os fins do § 3º do art. 195 da Constituição Federal e da Lei nº 7.711, de 22 de dezembro de 1988.

§ 2º O Ministério da Previdência e Assistência Social fica autorizado a firmar convênio com os governos estaduais, do Distrito Federal e municipais para extensão, àquelas esferas de governo, das hipóteses previstas no art. 1º da Lei nº 7.711, de 1988.

Art. 276. Nas ações trabalhistas de que resultar o pagamento de direitos sujeitos à incidência de contribuição previdenciária, o recolhimento das importâncias devidas à seguridade social será feito no dia dois do mês seguinte ao da liquidação da sentença.

§ 1º No caso do pagamento parcelado, as contribuições devidas à seguridade social serão recolhidas na mesma data e proporcionalmente ao valor de cada parcela.

§ 2º Nos acordos homologados em que não figurarem, discriminadamente, as parcelas legais de incidência da contribuição previdenciária, esta incidirá sobre o valor total do acordo homologado.

§ 3º Não se considera como discriminação de parcelas legais de incidência de contribuição previdenciária a fixação de percentual de verbas remuneratórias e indenizatórias constantes dos acordos homologados, aplicando-se, nesta hipótese, o disposto no parágrafo anterior.

§ 4º A contribuição do empregado no caso de ações trabalhistas será calculada, mês a mês, aplicando-se as alíquotas previstas no art. 198, observado o limite máximo do salário de contribuição.

§ 5º Na sentença ou acordo homologado, cujo valor da contribuição previdenciária devida for inferior ao limite mínimo permitido para recolhimento na Guia da Previdência Social, é autorizado o recolhimento dos valores devidos cumulativamente com as contribuições normais de mesma competência. (Parágrafo acrescido pelo Decreto nº 4.032, de 26/11/2001)

§ 6º O recolhimento das contribuições do empregado reclamante deverá ser feito na mesma inscrição em que são recolhidas as contribuições devidas pela empresa. (Parágrafo acrescido pelo Decreto nº 4.032, de 26/11/2001)

§ 7º Se da decisão resultar reconhecimento de vínculo empregatício, deverão ser exigidas as contribuições, tanto do empregador como do reclamante, para todo o período reconhecido, ainda que o pagamento das remunerações a ele correspondentes não tenham sido reclamadas na ação, tomando-se por base de incidência, na ordem, o valor da remuneração paga, quando conhecida, da remuneração paga a outro empregado de categoria ou função equivalente ou semelhante, do salário normativo da categoria ou do salário mínimo mensal, permitida a compensação das contribuições patronais eventualmente recolhidas. (Parágrafo acrescido pelo Decreto nº 4.032, de 26/11/2001)

§ 8º Havendo reconhecimento de vínculo empregatício para empregado doméstico, tanto as contribuições do segurado empregado como as do empregador deverão ser recolhidas na inscrição do trabalhador. (Parágrafo acrescido pelo Decreto nº 4.032, de 26/11/2001)

§ 9º É exigido o recolhimento da contribuição previdenciária de que trata o inciso II do art. 201, incidente sobre o valor resultante da decisão que reconhecer a ocorrência de prestação de serviço à empresa, mas não o vínculo empregatício, sobre o valor total da condenação ou do acordo homologado, independentemente da natureza da parcela e forma de pagamento. (Parágrafo acrescido pelo Decreto nº 4.032, de 26/11/2001)

Art. 277. A autoridade judiciária deverá velar pelo fiel cumprimento do disposto no artigo anterior, executando, de ofício, quando for o caso, as contribuições devidas, fazendo expedir notificação ao Instituto Nacional do Seguro Social, para dar-lhe ciência dos termos da sentença, do acordo celebrado ou de execução.

Parágrafo único. O Instituto Nacional do Seguro Social fornecerá, quando solicitados, as orientações e dados necessários ao cumprimento do que dispõe este artigo.

Art. 278. Nenhuma contribuição é devida à seguridade social se a construção residencial for unifamiliar, com área total não superior a setenta metros quadrados, destinada a uso próprio, do tipo econômico e tiver sido executada sem a utilização de mão de obra assalariada.

Parágrafo único. Comprovado o descumprimento de qualquer das disposições do *caput*, tornam-se devidas as contribuições previstas neste Regulamento, sem prejuízo das cominações legais cabíveis.

TÍTULO III
DAS DISPOSIÇÕES TRANSITÓRIAS RELATIVAS AO CUSTEIO DA SEGURIDADE SOCIAL

- (Título acrescido pelo Decreto nº 3.265, de 29/11/1999)

Art. 278-A. (Revogado pelo Decreto nº 4.729, de 9/6/2003)

LIVRO IV
DAS PENALIDADES EM GERAL

TÍTULO I
DAS RESTRIÇÕES

Art. 279. A empresa que transgredir as normas deste Regulamento, além de outras sanções previstas, sujeitar-se-á às seguintes restrições:

I – suspensão de empréstimos e financiamentos. por instituições financeiras oficiais;

II – revisão de incentivo fiscal de tratamento tributário especial;

III – inabilitação para licitar e contratar com qualquer órgão ou entidade da administração pública direta ou indireta federal, estadual, do Distrito Federal ou municipal;

IV – interdição para o exercício do comércio, se for sociedade mercantil ou comerciante individual;

V – desqualificação para impetrar concordata; e

VI – cassação de autorização para funcionar no País, quando for o caso.

Art. 280. A empresa em débito para com a seguridade social não pode:

I – distribuir bonificação ou dividendo a acionista; e

II – dar ou atribuir cota ou participação nos lucros a sócio cotista, diretor ou outro membro de órgão dirigente, fiscal ou consultivo, ainda que a titulo de adiantamento.

TÍTULO II
DAS INFRAÇÕES E DAS PENALIDADES

CAPÍTULO I
DOS CRIMES

Art. 281. (Revogado pelo Decreto nº 4.032, de 26/11/2001)

CAPÍTULO II
DA APREENSÃO DE DOCUMENTOS

Art. 282. A seguridade social, por meio de seus órgãos competentes, promoverá a apreensão de comprovantes de arrecadação e de pagamento de benefícios, bem como de quaisquer documentos pertinentes, inclusive contábeis, mediante lavratura do competente termo, com a finalidade de apurar administrativamente a ocorrência dos crimes previstos em lei.

Parágrafo único. O Instituto Nacional do Seguro Social e a Secretaria da Receita Federal estabelecerão normas específicas para:

I – apreensão de comprovantes e demais documentos;

II – apuração administrativa da ocorrência de crimes;

III – devolução de comprovantes e demais documentos;

IV – instrução do processo administrativo de apuração;

V – encaminhamento do resultado da apuração referida no inciso IV à autoridade competente; e

VI – acompanhamento de processo judicial.

CAPÍTULO III
DAS INFRAÇÕES

Art. 283. Por infração a qualquer dispositivo das Leis nºs 8.212 e 8.213, ambas de 1991, e 10.666, de 8 de maio de 2003, para a qual não haja penalidade expressamente cominada neste Regulamento, fica o responsável sujeito a multa variável de R$ 636,17 (seiscentos e trinta e seis reais e dezessete centavos) a R$ 63.617,35 (sessenta e três mil, seiscentos e dezessete reais e trinta e cinco centavos), conforme a gravidade da infração, aplicando-se-lhe o disposto nos arts. 290 a 292, e de acordo com os seguintes valores: (*Caput* do artigo com redação dada pelo Decreto nº 4.862, de 21/10/2003)

- Portaria ME/SEPT 477, de 12 de janeiro de 2021: Art. 8º, III - o valor da multa pela infração a qualquer dispositivo do RPS, para a qual não haja penalidade expressamente cominada no art. 283 do RPS, varia, conforme a gravidade da infração, de R$ 2.656,61 (dois mil seiscentos e cinquenta e seis reais e sessenta e um centavos) a R$ 265.659,51 (duzentos e sessenta e cinco mil seiscentos e cinquenta e nove reais e cinquenta e um centavos).

I – a partir de R$ 636,17 (seiscentos e trinta e seis reais e dezessete centavos) nas seguintes infrações:

a) deixar a empresa de preparar folha de pagamento das remunerações pagas, devidas ou creditadas a todos os segurados a seu serviço, de acordo com este Regulamento e com os demais padrões e normas estabelecidos pelo Instituto Nacional do Seguro Social;

b) deixar a empresa de se matricular no Instituto Nacional do Seguro Social, dentro de trinta dias contados da data do início de suas atividades, quando não sujeita a inscrição no Cadastro Nacional da Pessoa Jurídica;

c) deixar a empresa de descontar da remuneração paga aos segurados a seu serviço importância proveniente de dívida ou responsabilidade por eles contraída junto à seguridade social, relativa a benefícios pagos indevidamente;

d) deixar a empresa de matricular no Instituto Nacional do Seguro Social obra de construção civil de sua propriedade ou executada sob sua responsabilidade no prazo de trinta dias do início das respectivas atividades;

e) deixar o Titular de Cartório de Registro Civil de Pessoas Naturais de comunicar ao Instituto Nacional do Seguro Social, até o dia dez de cada mês, a ocorrência ou a não ocorrência de óbitos, no mês imediatamente anterior, bem como enviar informações inexatas, conforme o disposto no art. 228;

f) deixar o dirigente dos órgãos municipais competentes de prestar ao Instituto Nacional do Seguro Social as informações concernentes aos alvarás, habite-se ou documento equivalente, relativos a construção civil, na forma do art. 226; e

g) deixar a empresa de efetuar os descontos das contribuições devidas pelos segurados a seu serviço; (Alínea com redação dada pelo Decreto nº 4.862, de 21/10/2003)

h) deixar a empresa de elaborar e manter atualizado perfil profissiográfico abrangendo as atividades desenvolvidas pelo trabalhador e de fornecer a este, quando da rescisão do contrato de trabalho, cópia autêntica deste documento; e (Alínea acrescida pelo Decreto nº 4.862, de 21/10/2003)

II – a partir de R$6.361,73 (seis mil trezentos e sessenta e um reais e setenta e três centavos) nas seguintes infrações:

- Portaria ME/SEPT 477, de 12 de janeiro de 2021: Art. 8º, IV - o valor da multa indicada no inciso II do art. 283 do RPS é de R$ 26.565,90 (vinte e seis mil quinhentos e sessenta e cinco reais e noventa centavos).

a) deixar a empresa de lançar mensalmente, em títulos próprios de sua contabilidade, de forma discriminada, os fatos geradores de todas as contribuições, o montante das quantias descontadas, as contribuições da empresa e os totais recolhidos;

b) deixar a empresa de apresentar ao Instituto Nacional do Seguro Social e à Secretaria da Receita Federal os documentos que contenham as informações cadastrais, financeiras e contábeis de interesse dos mesmos, na forma por eles estabelecida, ou os esclarecimentos necessários à fiscalização;

c) deixar o servidor, o serventuário da Justiça ou o titular de serventia extrajudicial de exigir documento comprobatório de inexistência de débito, quando da contratação com o poder público ou no recebimento de benefício ou de incentivo fiscal ou creditício;

d) deixar o servidor, o serventuário da Justiça ou o titular de serventia extrajudicial de exigir o documento comprobatório de inexistência de débito, quando da alienação ou oneração, a qualquer título de bem imóvel ou direito a ele relativo;

e) deixar o servidor, o serventuário da Justiça ou o titular de serventia extrajudicial de exigir a apresentação do documento comprobatório de inexistência de débito na alienação ou oneração, a qualquer título, de bem móvel incorporado ao ativo permanente da empresa, de valor superior a R$15.904,18 (quinze mil novecentos e quatro reais e dezoito centavos);

- Portaria ME/SEPT 477, de 12 de janeiro de 2021: Art. 8º, V - é exigida Certidão Negativa de Débito - CND da empresa na alienação ou oneração, a qualquer título, de bem móvel incorporado ao seu ativo permanente de valor superior a R$ 66.414,20 (sessenta e seis mil quatrocentos e quatorze reais e vinte centavos).

f) deixar o servidor, o serventuário da Justiça ou o titular de serventia extrajudicial de exigir documento comprobatório de inexistência de débito no registro ou arquivamento, no órgão próprio, de ato relativo a baixa ou redução de capital de firma individual, redução de capital social, cisão total ou parcial, transformação ou extinção de entidade ou sociedade comercial ou civil e transferência de controle de cotas de sociedades de responsabilidade limitada;

g) deixar o servidor, o serventuário da Justiça ou o titular de serventia extrajudicial de exigir documento comprobatório de inexistência de débito do proprietário, pessoa física ou jurídica, de obra de construção civil, quando da averbação de obra no Registro de Imóveis;

h) deixar o servidor, o serventuário da Justiça ou o titular de serventia extrajudicial de exigir documento comprobatório de inexistência de débito do incorporador, quando da averbação de obra no Registro de Imóveis, independentemente do documento apresentado por ocasião da inscrição do memorial de incorporação;

i) deixar o dirigente da entidade da administração pública direta ou indireta de consignar as dotações necessárias ao pagamento das contribuições devidas à seguridade social, de modo a assegurar a sua regular liquidação dentro do exercício;

j) deixar a empresa, o servidor de órgão público da administração direta e indireta, o segurado da previdência social, o serventuário da Justiça ou o titular de serventia extrajudicial, o síndico ou seu representante, o comissário ou o liquidante de empresa em liquidação judicial ou extrajudicial, de exibir os documentos e livros relacionados com as contribuições previstas neste Regulamento ou apresentá-los sem atender às formalidades legais exigidas ou contendo informação diversa da realidade ou, ainda, com omissão de informação verdadeira;

l) deixar a entidade promotora do espetáculo desportivo de efetuar o desconto da contribuição prevista no § 1º do art. 205;

m) deixar a empresa ou entidade de reter e recolher a contribuição prevista no § 3º do art. 205;

n) deixar a empresa de manter laudo técnico atualizado com referência aos agentes nocivos existentes no ambiente de trabalho de seus trabalhadores ou emitir documento de comprovação de efetiva exposição em desacordo com o respectivo laudo; e (Alínea com redação dada pelo Decreto nº 6.722, de 30/12/2008)

o) (Revogada pelo Decreto nº 4.882, de 18/11/2003)

§ 1º Considera-se dirigente, para os fins do disposto neste Capítulo, aquele que tem a competência funcional para decidir a prática ou não do ato que constitua infração à legislação da seguridade social.

§ 2º A falta de inscrição do segurado sujeita o responsável à multa de R$ 1.254,89 (mil, duzentos e cinquenta e quatro reais e oitenta e nove centavos), por segurado não inscrito. (Parágrafo com redação dada pelo Decreto nº 6.722, de 30/12/2008)

§ 3º As demais infrações a dispositivos da legislação, para as quais não haja penalidade expressamente cominada, sujeitam o infrator à multa de R$636,17 (seiscentos e trinta e seis reais e dezessete centavos).

Art. 284. A infração ao disposto no inciso IV do *caput* do art. 225 sujeitará o responsável às seguintes penalidades administrativas:

I – valor equivalente a um multiplicador sobre o valor mínimo previsto no *caput* do art. 283, em função do número de segurados, pela não apresentação da Guia de Recolhimento do Fundo de Garantia do Tempo de Serviço e Informações à Previdência Social, independentemente do recolhimento da contribuição, conforme quadro abaixo:

0 a 5 segurados	1/2 valor mínimo
6 a 15 segurados	1 x o valor mínimo
16 a 50 segurados	2 x o valor mínimo
51 a 100 segurados	5 x o valor mínimo
101 a 500 segurados	10 x o valor mínimo
501 a 1000 segurados	20 x o valor mínimo
1001 a 5000 segurados	35 x o valor mínimo
acima de 5000 segurados	50 x o valor mínimo

II – cem por cento do valor devido relativo à contribuição não declarada, limitada aos valores previstos no inciso I, pela apresentação da Guia de Recolhimento do Fundo de Garantia do Tempo de Serviço e Informações à Previdência Social com dados não correspondentes aos fatos geradores, seja em relação às bases de cálculo, seja em relação às informações que alterem o valor das contribuições, ou do valor que seria devido se não houvesse isenção ou substituição, quando se tratar de infração cometida por pessoa jurídica de direito privado beneficente de assistência social em gozo de isenção das contribuições previdenciárias ou por empresa cujas contribuições incidentes sobre os respectivos fatos geradores tenham sido substituídas por outras; (Inciso com redação dada pelo Decreto nº 4.729, de 9/6/2003)

III – cinco por cento do valor mínimo previsto no *caput* do art. 283, por campo com informações inexatas, incompletas ou omissas, limitada aos valores previstos no inciso I, pela apresentação da Guia de Recolhimento do Fundo de Garantia do Tempo de Serviço e Informações à Previdência Social com erro de preenchimento nos dados não relacionados aos fatos geradores.

§ 1º A multa de que trata o inciso I, a partir do mês seguinte àquele em que o documento deveria ter sido entregue, sofrerá acréscimo de cinco por cento por mês calendário ou fração.

§ 2º O valor mínimo a que se refere o inciso I será o vigente na data da lavratura do auto de infração.

Art. 285. A infração ao disposto no art. 280 sujeita o responsável à multa de cinquenta por cento das quantias que tiverem sido pagas ou creditadas, a partir da data do evento.

Art. 286. A infração ao disposto no art. 336 sujeita o responsável à multa variável entre os limites mínimo e máximo do salário de contribuição, por acidente que tenha deixado de comunicar nesse prazo.

§ 1º Em caso de morte, a comunicação a que se refere este artigo deverá ser efetuada de imediato à autoridade competente.

§ 2º A multa será elevada em duas vezes o seu valor a cada reincidência.

§ 3º A multa será aplicada no seu grau mínimo na ocorrência da primeira comunicação feita fora do prazo estabelecido neste artigo, ou não comunicada, observado o disposto nos arts. 290 a 292.

Art. 287. Pelo descumprimento das obrigações contidas nos incisos V e VI do *caput* do art. 225, e verificado o disposto no inciso III do *caput* do art. 266, será aplicada multa de R$ 99,74 (noventa e nove reais e setenta e quatro centavos) a R$ 9.974,34 (nove mil, novecentos e setenta e quatro reais e trinta e quatro centavos), para cada competência em que tenha havido a irregularidade. (*Caput* do artigo com redação dada pelo Decreto nº 4.032, de 26/11/2001)

- Portaria ME/SEPT 477, de 12 de janeiro de 2021: Art. 8º, II - o valor da multa pelo descumprimento das obrigações, indicadas no: a) *caput* do art. 287 do Regulamento da Previdência Social - RPS, varia de R$ 349,50 (trezentos e quarenta e nove reais e cinquenta centavos) a R$ 34.952,64 (trinta e quatro mil novecentos e cinquenta e dois reais e sessenta e quatro centavos); b) inciso I do parágrafo único do art. 287 do RPS, é de R$ 77.672,48 (setenta e sete mil seiscentos e setenta e dois reais e quarenta e oito centavos); e c) inciso II do parágrafo único do art. 287 do RPS, é de R$ 388.362,42 (trezentos e oitenta e oito mil trezentos e sessenta e dois reais e quarenta e dois centavos).

Parágrafo único. O descumprimento das disposições constantes do art. 227 e dos incisos V e VI do *caput* do art. 257, sujeitará a instituição financeira à multa de:

- Os artigos 227 e 257 foram revogados pelo Decreto 8.302, de 04 de setembro de 2014.

I – R$ 22.165,20 (vinte e dois mil, cento e sessenta e cinco reais e vinte centavos), no caso do art. 227; e (Inciso com redação dada pelo Decreto nº 4.032, de 26/11/2001)

- O artigo 227 foi revogado pelo Decreto 8.302, de 04 de setembro de 2014.

II – R$ 110.826,01 (cento e dez mil, oitocentos e vinte e seis reais e um centavo), no caso dos incisos V e VI do *caput* do art. 257. (Inciso com redação dada pelo Decreto nº 4.032, de 26/11/2001)

- O artigo 257 foi revogado pelo Decreto 8.302, de 04 de setembro de 2014.

Art. 288. O descumprimento do disposto nos §§ 19 e 20 do art. 225 sujeitará o infrator à multa de:

I – R$173,00 (cento e setenta e três reais) a R$ 1.730,00 (um mil setecentos e trinta reais), no caso do § 19; e

II – R$ 345,00 (trezentos e quarenta e cinco reais) a R$ 3.450,00 (três mil quatrocentos e cinquenta reais), no caso do § 20.

Art. 289. O dirigente de órgão ou entidade da administração federal, estadual, do Distrito Federal ou municipal responde pessoalmente pela multa aplicada por infração a dispositivos deste Regulamento, sendo obrigatório o respectivo desconto em folha de pagamento, mediante requisição dos órgãos competentes e a partir do primeiro pagamento que se seguir à requisição.

Parágrafo único. Ao disposto neste artigo não se aplica a multa de que trata o inciso III do art. 239.

CAPÍTULO IV
DAS CIRCUNSTÂNCIAS AGRAVANTES DA PENALIDADE

Art. 290. Constituem circunstâncias agravantes da infração, das quais dependerá a gradação da multa, ter o infrator:

I – tentado subornar servidor dos órgãos competentes;
II – agido com dolo, fraude ou má-fé;
III – desacatado, no ato da ação fiscal, o agente da fiscalização;
IV – obstado a ação da fiscalização; ou
V – incorrido em reincidência.

Parágrafo único. Caracteriza reincidência a prática de nova infração a dispositivo da legislação por uma mesma pessoa ou por seu sucessor, dentro de cinco anos da data em que se tornar irrecorrível administrativamente a decisão condenatória, da data do pagamento ou da data em que se configurou a revelia, referentes à autuação anterior. (Parágrafo único com redação dada pelo Decreto nº 6.032, de 1/2/2007)

CAPÍTULO V
DAS CIRCUNSTÂNCIAS ATENUANTES DA PENALIDADE

Art. 291. (Revogado pelo Decreto nº 6.727, de 12/1/2009)

CAPÍTULO VI
DA GRADAÇÃO DAS MULTAS

Art. 292. As multas serão aplicadas da seguinte forma:

I – na ausência de agravantes, serão aplicadas nos valores mínimos estabelecidos nos incisos I e II e no § 3º do art. 283 e nos arts. 286 e 288, conforme o caso;
II – as agravantes dos incisos I e II do art. 290 elevam a multa em três vezes;
III – as agravantes dos incisos III e IV do art. 290 elevam a multa em duas vezes;
IV – a agravante do inciso V do art. 290 eleva a multa em três vezes a cada reincidência no mesmo tipo de infração, e em duas vezes em caso de reincidência em infrações diferentes, observados os valores máximos estabelecidos no *caput* dos arts. 283 e 286, conforme o caso; e
V – (Revogado pelo Decreto nº 6.727, de 12/1/2009)

Parágrafo único. Na aplicação da multa a que se refere o art. 288, aplicar-se-á apenas as agravantes referidas nos incisos III a V do art. 290, as quais elevam a multa em duas vezes.

Art. 293. Constatada a ocorrência de infração a dispositivo deste Regulamento, será lavrado auto de infração com discriminação clara e precisa da infração e das circunstâncias em que foi praticada, contendo o dispositivo legal infringido, a penalidade aplicada e os critérios de gradação, e indicando local, dia e hora de sua lavratura, observadas as normas fixadas pelos órgãos competentes. (*Caput* do artigo com redação dada pelo Decreto nº 6.103, de 30/4/2007)

§ 1º Recebido o auto de infração, o autuado terá o prazo de trinta dias, a contar da ciência, para efetuar o pagamento da multa de ofício com redução de cinquenta por cento ou impugnar a autuação. (Parágrafo com redação dada pelo Decreto nº 6.103, de 30/4/2007)

§ 2º Impugnada a autuação, o autuado, após a ciência da decisão de primeira instância, poderá efetuar o pagamento da multa de ofício com redução de vinte e cinco por cento, até a data limite para interposição de recurso. (Parágrafo com redação dada pelo Decreto nº 6.103, de 30/4/2007)

§ 3º O recolhimento do valor da multa, com redução, implica renúncia ao direito de impugnar ou de recorrer. (Parágrafo com redação dada pelo Decreto nº 4.032, de 26/11/2001)

§ 4º Apresentada impugnação, o processo será submetido à autoridade competente, que decidirá sobre a autuação, cabendo recurso na forma da Subseção II da Seção II do Capítulo Único do Título I do Livro V deste Regulamento. (Parágrafo com redação dada pelo Decreto nº 6.032, de 1/2/2007)

§§ 5º e 6º (Revogados pelo Decreto nº 6.032, de 1/2/2007)

LIVRO V
DA ORGANIZAÇÃO DA SEGURIDADE SOCIAL

TÍTULO I
DO SISTEMA NACIONAL DE SEGURIDADE SOCIAL

Art. 294. As ações nas áreas de saúde, previdência social e assistência social, conforme o disposto no Capítulo II do Título VIII da Constituição Federal, serão organizadas em Sistema Nacional de Seguridade Social.

Parágrafo único. As áreas de que trata este artigo organizar-se-ão em conselhos setoriais, com representantes da União, dos Estados, do Distrito Federal, dos Municípios e da sociedade civil.

CAPÍTULO ÚNICO
DOS ORGÃOS COLEGIADOS

SEÇÃO I
DO CONSELHO NACIONAL DE PREVIDÊNCIA SOCIAL

Art. 295. O Conselho Nacional de Previdência Social, órgão superior de deliberação colegiada, terá como membros:

I – seis representantes do Governo Federal; e
II – nove representantes da sociedade civil, sendo:

a) três representantes dos aposentados e pensionistas;

b) três representantes dos trabalhadores em atividade; e

c) três representantes dos empregadores.

§ 1º Os membros do Conselho Nacional de Previdência Social e seus respectivos suplentes serão nomeados pelo Presidente da República, tendo os representantes titulares da sociedade civil mandato de dois anos, podendo ser reconduzidos, de imediato, uma única vez.

§ 2º Os representantes dos trabalhadores em atividade, dos aposentados, dos empregadores e seus respectivos suplentes serão indicados pelas centrais sindicais e confederações nacionais.

§ 3º O Conselho Nacional de Previdência Social reunir-se-á, ordinariamente, uma vez por mês, por convocação de seu Presidente, não podendo ser adiada a reunião por mais de quinze dias se houver requerimento nesse sentido da maioria dos conselheiros.

§ 4º Poderá ser convocada reunião extraordinária por seu Presidente ou a requerimento de um terço de seus membros, conforme dispuser o Regimento Interno do Conselho Nacional de Previdência Social.

Art. 296. Compete ao Conselho Nacional de Previdência Social:

I – estabelecer diretrizes gerais e apreciar as decisões de políticas aplicáveis à previdência social;
II – participar, acompanhar e avaliar, sistematicamente, a gestão previdenciária;
III – apreciar e aprovar os planos e programas da previdência social;
IV – apreciar e aprovar as propostas orçamentárias da previdência social, antes de sua consolidação na proposta orçamentária da seguridade social;
V – acompanhar e apreciar, mediante relatórios gerenciais por ele definidos, a execução dos planos, programas e orçamentos no âmbito da previdência social;
VI – acompanhar a aplicação da legislação pertinente à previdência social;
VII – apreciar a prestação de contas anual a ser remetida ao Tribunal de Contas da União, podendo, se for necessário, contratar auditoria externa;
VIII – estabelecer os valores mínimos em litígio, acima dos quais será exigida a anuência prévia do Procurador-Geral ou do Presidente do Instituto Nacional do Seguro Social para formalização de desistência ou transigência judiciais, conforme o disposto no art. 353;
IX – elaborar e aprovar seu regimento interno;
X – aprovar os critérios de arrecadação e de pagamento dos benefícios por intermédio da rede bancária ou por outras formas; e
XI – acompanhar e avaliar os trabalhos de implantação e manutenção do Cadastro Nacional de Informações Sociais.

Art. 296-A. Ficam instituídos, como unidades descentralizadas do Conselho Nacional de Previdência Social – CNPS, Conselhos de Previdência Social – CPS, que funcionarão junto às Gerências-Executivas do INSS. (*Caput* com redação dada pelo Dec. nº 5.699, de 13-2-2006)

§ 1º Os CPS serão compostos por dez conselheiros e respectivos suplentes, designados pelo titular da Gerência Executiva na qual for instalado, assim distribuídos: (Redação pelo Dec. nº 5.699, de 13-2-2006.

I – quatro representantes do Governo Federal; e (Acrescido pelo Dec. nº 4.874, de 11-11-2003)
I – seis representantes da sociedade, sendo: (Acrescido pelo Dec. nº 4.874, de 11-11-2003)

a) dois dos empregadores;

b) dois dos empregados; e

c) dois dos aposentados e pensionistas.

§ 2º O Governo Federal será representado: (Acrescido pelo Dec. nº 4.874, de 11-11-2003)

I – nas cidades onde houver mais de uma Gerência Executiva: (Redação pelo dada Decreto nº 5.699, de 13-2-2006)

a) pelo Gerente Executivo da Gerência Executiva a que se refere o § 1º; e (Redação dada pelo Dec. nº 6.722, de 30-12-2008)

b) outros Gerentes-Executivos; ou (Redação dada pelo Dec. nº 6.722, de 30-12-2008)

c) servidores da Divisão ou do Serviço Benefícios ou de Atendimento ou da Procuradoria Federal Especializada junto ao INSS de Gerência Executiva sediadas na cidade, ou de representante da Secretaria da Receita Federal do Brasil, ou de representante da DATAPREV; (Redação dada pelo Dec. nº 6.722, de 30-12-2008)

d) Revogada pelo Dec. nº 6.722, de 30-12-2008.

II – nas cidades onde houver apenas uma Gerência Executiva: (Redação dada pelo Decreto nº 5.699, de 13-2-2006)

a) pelo Gerente Executivo; (Redação dada pelo Decreto nº 5.699, de 13-2-2006)

b) servidores da Divisão ou do Serviço de Benefícios ou de Atendimento ou da Procuradoria Federal Especializada junto ao INSS da Gerência Executiva, ou de representante da Secretaria da Receita Federal do Brasil, ou de representante da DATAPREV. (Redação dada pelo Dec. nº 6.722, de 30-12-2008) c e d) *Revogadas*. Dec. nº 6.722, de 30-12-2008.

III – *Revogado*. Dec. nº 5.699, de 13-2-2006.

§ 3º As reuniões serão mensais ou bimensais, a critério do respectivo CPS, e abertas ao público, cabendo a sua organização e funcionamento ao titular da Gerência Executiva na qual for instalado o colegiado. (Redação dada pelo Dec. nº 5.699, de 13-2-2006)

§ 4º Os representantes dos trabalhadores, dos aposentados e dos empregadores serão indicados pelas respectivas entidades sindicais ou associações representativas. (Redação dada pelo Dec. nº 6.722, de 30-12-2008)

§ 5º Os CPS terão caráter consultivo e de assessoramento, competindo ao CNPS disciplinar os procedimentos para o seu funcionamento, suas competências, os critérios de seleção dos representantes da sociedade e o prazo de duração dos respectivos mandatos, além de estipular por resolução o regimento dos CPS. (Acrescido pelo Decreto nº 4.874, de 11-11-2003)

§ 6º As funções dos conselheiros dos CPS não serão remuneradas e seu exercício será considerado serviço público relevante. (Acrescido pelo Decreto nº 4.874, de 11-11-2003)

§ 7º A Previdência Social não se responsabilizará por eventuais despesas com deslocamento ou estada dos conselheiros representantes da sociedade. (Acrescido pelo Decreto nº 4.874, de 11-11-2003)

§ 8º Nas cidades onde houver mais de uma Gerência Executiva, o Conselho será instalado naquela indicada pelo Gerente Regional do INSS cujas atribuições abranjam a referida cidade. (Redação dada pelo Dec. nº 6.722, de 30-12-2008)

§ 9º Cabe ao Gerente Executivo a designação dos conselheiros. (Acrescido pelo Dec. nº 6.722, de 30-12-2008)

§ 10. É facultado ao Gerente Regional do INSS participar das reuniões do CPS localizados em região de suas atribuições e presidi-las. (Acrescido pelo Dec. nº 6.722, de 30-12-2008)

Art. 297. Compete aos órgãos governamentais:

I – prestar toda e qualquer informação necessária ao adequado cumprimento das competências do Conselho Nacional de Previdência Social, fornecendo inclusive estudos técnicos; e

II – encaminhar ao Conselho Nacional de Previdência Social, com antecedência mínima de dois meses do seu envio ao Congresso Nacional, a proposta orçamentária da previdência social, devidamente detalhada.

Art. 298. As resoluções tomadas pelo Conselho Nacional de Previdência Social deverão ser publicadas no Diário Oficial da União.

Art. 299. As reuniões do Conselho Nacional de Previdência Social serão iniciadas com a presença da maioria absoluta de seus membros, sendo exigida para deliberação a maioria simples de votos.

Art. 300. As ausências ao trabalho dos representantes dos trabalhadores em atividade, decorrentes das atividades do Conselho Nacional de Previdência Social, serão abonadas, computando-se como jornada efetivamente trabalhada para todos os fins e efeitos legais.

Art. 301. Aos membros do Conselho Nacional de Previdência Social, enquanto representantes dos trabalhadores em atividade, titulares e suplentes, é assegurada a estabilidade no emprego, da nomeação até um ano após o término do mandato de representação, somente podendo ser demitidos por motivo de falta grave, regularmente comprovada mediante processo judicial.

Art. 302. Compete ao Ministério da Previdência e Assistência Social proporcionar ao Conselho Nacional de Previdência Social os meios necessários ao exercício de suas competências, para o que contará com uma Secretaria Executiva do Conselho Nacional de Previdência Social.

SEÇÃO II
DO CONSELHO DE RECURSOS DA PREVIDÊNCIA SOCIAL

SUBSEÇÃO I
DA COMPOSIÇÃO

Art. 303. O Conselho de Recursos da Previdência Social - CRPS é órgão colegiado de julgamento, integrante da estrutura do Ministério da Economia. *(Redação dada pelo Decreto 10.410/2020)*

§ 1º O Conselho de Recursos da Previdência Social compreende os seguintes órgãos:

I – Juntas de Recursos, com a competência para julgar: *(Redação dada pelo Decreto 10.491/2020)*

a) os recursos das decisões proferidas pelo INSS nos processos de interesse de seus beneficiários; (Alínea acrescida pelo Decreto 10.410/2020)

b) os recursos das decisões proferidas pelo INSS relacionados à comprovação de atividade rural de segurado especial de que trata o art. art. 38-B da Lei nº 8.213, de 1991, ou às demais informações relacionadas ao CNIS de que trata o art. 29-A da referida Lei; (Alínea acrescida pelo Decreto 10.410/2020)

c) os recursos de decisões relacionadas à compensação financeira de que trata a Lei nº 9.796, de 5 de maio de 1999; (Alínea acrescida pelo Decreto 10.410/2020)

d) as contestações relativas à atribuição do FAP aos estabelecimentos da empresa; e (Alínea acrescida pelo Decreto 10.410/2020)

e) os recursos relacionados aos processos sobre irregularidades verificadas em procedimento de supervisão e de fiscalização nos regimes próprios de previdência social e aos processos sobre apuração de responsabilidade por infração às disposições da Lei nº 9.717, de 1998; (Alínea acrescida pelo Decreto 10.410/2020)

II – Câmaras de Julgamento, com sede em Brasília, Distrito Federal, com a competência para julgar os recursos interpostos contra as decisões proferidas pelas Juntas de Recursos; *(Redação dada pelo Decreto 10.491/2020)*

III – (Revogado pelo Decreto nº 3.668, de 22/11/2000)

IV – Conselho Pleno, com a competência para uniformizar a jurisprudência previdenciária mediante enunciados, podendo ter outras competências definidas no Regimento Interno do Conselho de Recursos da Previdência Social. (Inciso acrescido pelo Decreto nº 4.729, de 9/6/2003 e com nova redação dada pelo Decreto nº 6.857, de 25/5/2009)

§ 1º-A. A quantidade de Juntas de Recursos e de Câmaras de Julgamento do CRPS será estabelecida no decreto que aprovar a estrutura regimental do Ministério da Economia. *(Acrescido pelo Decreto 10.491/2020)*

§ 2º O CRPS é presidido por representante do Governo, com notório conhecimento da legislação previdenciária, nomeado pelo Ministro de Estado da Previdência Social, cabendo-lhe dirigir os serviços administrativos do órgão. (Parágrafo com redação dada pelo Decreto nº 6.722, de 30/12/2008)

§ 3º (Revogado pelo Decreto nº 3.668, de 22/11/2000)

§ 4º As Juntas de Recursos e as Câmaras de Julgamento, presididas por representante do Governo federal, são integradas por quatro conselheiros em cada turma, nomeados pelo Ministro de Estado da Economia, com a seguinte composição: *(Redação dada pelo Decreto 10.410/2020)*

I - para os órgãos com competência para processar e julgar as contestações ou os recursos de que tratam os incisos I, II e III do *caput* do art. 305:

a) dois representantes do Governo federal;

b) um representante das empresas; e

c) um representante dos trabalhadores; e

II - para os órgãos com competência para processar e julgar os recursos de que tratam os incisos IV e V do *caput* do art. 305:

a) dois representantes do Governo federal;

b) um representante dos entes federativos; e

c) um representante dos servidores públicos.

§ 5º O mandato dos conselheiros do CRPS é de três anos, permitida a recondução, cumpridos os seguintes requisitos: *(Redação dada pelo Decreto 10.410/2020)*

▸ *Decreto 10.140/2020: art. 3º.*

I - os representantes do Governo federal serão escolhidos entre servidores federais, preferencialmente do Ministério da Economia ou do INSS, ou de outro órgão da administração pública federal, estadual, municipal ou distrital, com graduação em Direito, os quais prestarão serviços exclusivos ao CRPS, sem prejuízo dos direitos e das vantagens percebidos no cargo de origem;

II - os representantes das empresas e dos trabalhadores serão escolhidos entre os indicados em lista tríplice pelas entidades de classe ou sindicais das respectivas jurisdições, com graduação em Direito, e serão enquadrados como segurados obrigatórios do RGPS na condição de contribuintes individuais;

III - os representantes dos entes federativos e dos servidores públicos serão escolhidos entre os indicados em lista tríplice pelo Conselho Nacional dos Regimes Próprios de Previdência Social, observadas as respectivas representações, com graduação em Direito, e manterão a qualidade de segurados do regime próprio a que estejam vinculados; e

IV - os representantes não poderão incidir em situações que caracterizem conflito de interesses, nos termos do disposto no art. 10 da Lei nº 12.813, de 16 de maio de 2013.

§ 6º A gratificação dos membros de Câmara de Julgamento e Junta de Recursos será definida em ato do Ministro de Estado da Economia. *(Redação dada pelo Decreto 10.410/2020)*

▸ *Decreto 10.140/2020: art. 2º.*

I a III - *(Revogados pelo Decreto 10.410/2020)*

§ 7º Os servidores do Instituto Nacional do Seguro Social, mediante ato do Ministro de Estado da Previdência Social, poderão ser cedidos para terem exercício no Conselho de Recursos da Previdência Social, sem prejuízo dos direitos e das vantagens do respectivo cargo de origem, inclusive os previstos no art. 61 da Lei nº 8.112, de 11 de dezembro de 1990. (Parágrafo com redação dada pelo Decreto nº 4.729, de 9/6/2003)

§ 8º (Revogado pelo Decreto nº 3.452, de 9/5/2000)

§ 9º O conselheiro afastado por qualquer das razões elencadas no Regimento Interno do Conselho de Recursos da Previdência Social, exceto quando decorrente de renúncia voluntária, não poderá ser novamente designado para o exercício desta função antes do transcurso de cinco anos, contados do efetivo afastamento. (Parágrafo acrescido pelo Decreto nº 5.545, de 22/9/2005 e com nova redação dada pelo Decreto nº 5.699, de 13/2/2006)

§ 10. O limite máximo de composições por Câmara de Julgamento ou Junta de Recursos, do Conselho de Recursos da Previdência Social, será definido em ato do Ministro de Estado da Previdência Social, por proposta fundamentada do presidente do referido Conselho, em função da quantidade de processos em tramitação em cada órgão julgador. (Parágrafo com redação dada pelo Decreto nº 6.496, de 30/6/2008)

§ 11. (Revogado pelo Decreto 6.857/2009)

§ 12. O afastamento do representante dos trabalhadores da empresa empregadora ou dos servidores do ente federativo não constitui motivo para alteração ou rescisão de seu vínculo contratual ou funcional. *(Acrescido pelo Decreto 10.410/2020)*

Art. 304. Compete ao Ministro de Estado da Previdência Social aprovar o Regimento Interno do CRPS. (Artigo com redação dada pelo Decreto nº 6.722, de 30/12/2008)

SUBSEÇÃO II
DAS CONTESTAÇÕES E DOS RECURSOS

› Redação dada pelo Decreto 10.410/2020.

Art. 305. Compete ao CRPS processar e julgar: *(Redação dada pelo Decreto 10.410/2020)*

I - os recursos das decisões proferidas pelo INSS nos processos de interesse de seus beneficiários; *(Acrescido pelo Decreto 10.410/2020)*
II - as contestações e os recursos relativos à atribuição, pelo Ministério da Economia, do FAP aos estabelecimentos das empresas; *(Acrescido pelo Decreto 10.410/2020)*
III - os recursos das decisões proferidas pelo INSS relacionados à comprovação de atividade rural de segurado especial de que trata o art. 19-D ou às demais informações relacionadas ao CNIS de que trata o art. 19; *(Acrescido pelo Decreto 10.410/2020)*
IV - os recursos das decisões relacionadas à compensação financeira de que trata a Lei nº 9.796, de 1999; e *(Acrescido pelo Decreto 10.410/2020)*
V - os recursos relacionados aos processos sobre irregularidades verificadas em procedimento de supervisão e de fiscalização nos regimes próprios de previdência social e aos processos sobre apuração de responsabilidade por infração às disposições da Lei nº 9.717, de 1998. *(Acrescido pelo Decreto 10.410/2020)*

§ 1º O prazo para interposição de contestações e recursos ou para oferecimento de contrarrazões será de trinta dias, contado: *(Redação dada pelo Decreto 10.410/2020)*

I - no caso das contestações, da publicação no Diário Oficial da União das informações sobre a forma de consulta ao FAP; *(Acrescido pelo Decreto 10.410/2020)*
II - no caso dos recursos, da ciência da decisão; e (Redação dada pelo Decreto 10.410/2020)
III - no caso das contrarrazões, da interposição do recurso. *(Acrescido pelo Decreto 10.410/2020)*

§ 2º (Revogado pelo Decreto 3.265/1999)

§ 3º O INSS, a Secretaria Especial de Previdência e Trabalho do Ministério da Economia e, quando for o caso, na hipótese prevista no inciso IV do *caput*, os entes federativos poderão reformar suas decisões e deixar de encaminhar, no caso de reforma favorável ao interessado, a contestação ou o recurso à instância competente ou de rever o ato para o não prosseguimento da contestação ou do recurso. *(Redação dada pelo Decreto 10.410/2020)*

§ 4º Se o reconhecimento do direito do interessado ocorrer na fase de instrução do recurso por ele interposto contra decisão de Junta de Recursos, ainda que de alçada, ou de Câmara de Julgamento, o processo, acompanhado das razões do novo entendimento, será encaminhado:

I - à Junta de Recursos, no caso de decisão dela emanada, para fins de reexame da questão; ou
II - à Câmara de Julgamento, se por ela proferida a decisão, para revisão do acórdão, na forma que dispuser o seu Regimento Interno.

§ 5º (Revogado pelo Decreto 6.722/2008).

§ 6º As contestações e os recursos a que se refere o inciso II do *caput* deverão dispor, exclusivamente, sobre razões relativas a divergências quanto aos elementos que compõem o cálculo do FAP. *(Acrescido pelo Decreto 10.410/2020)*

§ 7º Exceto se houver disposição em contrário disciplinada em ato do INSS, as razões do indeferimento e os demais elementos que compõem o processo administrativo previdenciário substituirão as contrarrazões apresentadas pelo INSS, hipótese em que o processo poderá ser remetido ao CRPS imediatamente após a interposição do recurso pelo interessado, preferencialmente por meio eletrônico. *(Acrescido pelo Decreto 10.410/2020)*

§ 8º Ato conjunto do INSS e do CRPS estabelecerá os procedimentos operacionais relativos à tramitação dos recursos das decisões proferidas pelo INSS. *(Acrescido pelo Decreto 10.410/2020)*

Art. 306. (Revogado pelo Decreto 6.722/2008).

Art. 307. A propositura pelo interessado de ação judicial que tenha por objeto idêntico pedido sobre o qual verse o processo administrativo importará renúncia ao direito de contestar e recorrer na esfera administrativa, com a consequente desistência da contestação ou do recurso interposto. *(Redação dada pelo Decreto 10.410/2020)*

Art. 308. Os recursos interpostos tempestivamente contra decisões proferidas pelas Juntas de Recursos e pelas Câmaras de Julgamento do CRPS têm efeito suspensivo e devolutivo. *(Redação dada pelo Decreto 10.410/2020)*

§ 1º Para fins do disposto neste artigo, não se considera recurso o pedido de revisão de acórdão endereçado às Juntas de Recursos e Câmaras de Julgamento. (Parágrafo único acrescido pelo Decreto nº 4.729, de 9/6/2003 e transformado em § 1º com nova redação dada pelo Decreto nº 5.699, de 13/2/2006)

§ 2º É vedado ao INSS escusar-se de cumprir as diligências solicitadas pelo CRPS, bem como deixar de dar cumprimento às decisões definitivas daquele colegiado, reduzir ou ampliar o seu alcance ou executá-las de modo que contrarie ou prejudique seu evidente sentido. (Redação dada pelo Dec. 6.722/2008)

Art. 309. Na hipótese de haver controvérsia em matéria previdenciária, na aplicação de lei ou de ato normativo, entre órgãos do Ministério da Economia, entidades a ele vinculadas e, na hipótese prevista no inciso IV do *caput* do art. 305, entes federativos, ou ocorrência de questão previdenciária de relevante interesse público ou social, o órgão ministerial ou a entidade interessada poderá, por intermédio de seu dirigente, solicitar ao Ministro de Estado da Economia solução para a controvérsia ou questão. *(Redação dada pelo Decreto 10.410/2020)*

§ 1º A controvérsia na aplicação de lei ou ato normativo será relatada in abstracto e encaminhada com manifestações fundamentadas dos órgãos interessados, podendo ser instruída com cópias dos documentos que demonstrem sua ocorrência. (Parágrafo acrescido pelo Decreto nº 4.729, de 9/6/2003)

§ 2º A Procuradoria-Geral Federal Especializada/INSS deverá pronunciar-se em todos os casos previstos neste artigo. (Parágrafo acrescido pelo Decreto nº 4.729, de 9/6/2003)

Art. 310. (Revogado pelo Decreto 6.722, de 30/12/2008).

TÍTULO II
DOS CONVÊNIOS, CONTRATOS, CREDENCIAMENTOS E ACORDOS

Art. 311. A empresa, o sindicato ou entidade de aposentados devidamente legalizada poderá, mediante convênio, encarregar-se, relativamente a seu empregado ou associado e respectivos dependentes, de processar requerimento de benefício, preparando-o e instruindo-o de maneira a ser despachado pela previdência social. (*Caput* do artigo com redação dada pelo Decreto nº 6.722, de 30/12/2008)

Parágrafo único. Somente poderá optar pelo encargo de pagamento, as convenentes que fazem a complementação de benefícios, observada a conveniência administrativa do INSS. (Parágrafo único com nova redação dada pelo Decreto nº 6.939, de 18/8/2009)

Art. 312. A concessão e manutenção de prestação devida a beneficiário residente no exterior devem ser efetuadas nos termos do acordo entre o Brasil e o país de residência do beneficiário ou, na sua falta, nos termos de instruções expedidas pelo Ministério da Previdência e Assistência Social.

Art. 313. Os convênios, credenciamentos e acordos da linha do seguro social deverão ser feitos pelos setores de acordos e convênios do Instituto Nacional do Seguro Social.

Parágrafo único. O Instituto Nacional do Seguro Social poderá ainda colaborar para a complementação das instalações e equipamentos de entidades de habilitação e reabilitação profissional, com as quais mantenha convênio, ou fornecer outros recursos materiais para a melhoria do padrão de atendimento aos beneficiários.

Art. 314. A prestação de serviços da entidade que mantém convênio, contrato, credenciamento ou acordo com o Instituto Nacional do Seguro Social não cria qualquer vínculo empregatício entre este e o prestador de serviço.

Art. 315. Os órgãos da administração pública direta, autárquica e fundacional dos Estados, do Distrito Federal e dos Municípios poderão, mediante convênio com a previdência social, encarregar-se, relativamente aos seus funcionários, de formalizar processo de pedido de certidão de tempo de contribuição para fins de contagem recíproca, preparando-o e instruindo-o de forma a ser despachado pelo Instituto Nacional do Seguro Social.

Art. 316. O Instituto Nacional do Seguro Social, de acordo com as possibilidades administrativas e técnicas das unidades executivas de reabilitação profissional, poderá estabelecer convênios e/ou acordos de cooperação técnico-financeira, para viabilizar o atendimento às pessoas portadoras de deficiência.

Art. 317. Nos casos de impossibilidade de instalação de órgão ou setor próprio competente do Instituto Nacional do Seguro Social, assim como de efetiva incapacidade física ou técnica de implementação das atividades e atendimento adequado à clientela da previdência social, as unidades executivas de reabilitação profissional poderão solicitar a celebração de convênios, contratos ou acordos com entidades públicas ou privadas de comprovada idoneidade financeira e técnica, ou seu credenciamento, para prestação de serviço, por delegação ou simples cooperação técnica, sob coordenação e supervisão dos órgãos competentes do Instituto Nacional do Seguro Social.

TÍTULO III
DA DIVULGAÇÃO DOS ATOS E DECISÕES DA PREVIDÊNCIA SOCIAL

Art. 318. A divulgação dos atos e decisões dos órgãos e autoridades da previdência social, sobre benefícios, tem como objetivo:

I – dar inequívoco conhecimento deles aos interessados, inclusive para efeito de recurso;
II – possibilitar seu conhecimento público; e
III – produzir efeitos legais quanto aos direitos e obrigações deles derivados.

Art. 319. O INSS notificará o interessado de sua decisão, preferencialmente por meio eletrônico, por meio de cadastramento prévio, na forma definida pelo INSS, realizado por procedimento em que seja assegurada a identificação adequada do interessado ou: *(Redação do artigo dada pelo Decreto 10.410/2020)*

I - por rede bancária, conforme definido em ato do INSS;
II - por via postal, por meio de carta simples destinada ao endereço constante do cadastro do segurado no INSS, hipótese em que o aviso de recebimento será considerado prova suficiente da notificação; ou
III - pessoalmente, quando entregue ao interessado em mão.

Parágrafo único. *(Revogado pelo Decreto 10.410/2020)*

Art. 320. O conhecimento das decisões e demais atos dos órgãos do Ministério da Previdência e Assistência Social deve ser dado mediante publicação no Diário Oficial da União, boletim de serviço ou outro órgão de divulgação oficialmente reconhecido, ou na forma do art. 319.

Art. 321. O contrato, o convênio, o credenciamento e o acordo celebrados que impliquem pagamento de benefícios deverão ser publicados, em síntese, em boletim de serviço. *(Redação dada pelo Decreto 10.410/2020)*

Art. 322. O órgão do Instituto Nacional do Seguro Social, especialmente o pagador, só pode cumprir ato ou decisão de publicação obrigatória em boletim de serviço depois de atendida essa formalidade.

Parágrafo único. O administrador que determina e o servidor que realiza pagamento sem observar o disposto neste artigo são civilmente responsáveis por ele, ficando sujeitos também às penalidades administrativas cabíveis.

Art. 323. Os atos de que trata este Título serão publicados também no Diário Oficial da União, quando houver obrigação legal nesse sentido.

Art. 324. Os atos normativos ministeriais obrigam a todos os órgãos e entidades integrantes do Ministério da Previdência e Assistência Social, inclusive da administração indireta a ele vinculados.

Art. 325. Os atos e decisões normativas sobre benefícios dos órgãos e entidades da previdência social devem ser publicados na íntegra em boletim de serviço da entidade interessada, só tendo validade depois dessa publicação.

Parágrafo único. Os pareceres somente serão publicados quando aprovados pelas autoridades competentes e por determinação destas.

TÍTULO IV
DAS DISPOSIÇÕES DIVERSAS RELATIVAS À ORGANIZAÇÃO DA SEGURIDADE SOCIAL

Art. 326. O Instituto Nacional do Seguro Social, na forma da legislação específica, fica autorizado a contratar auditoria externa, periodicamente, para analisar e emitir parecer sobre demonstrativos econômico-financeiros e contábeis, arrecadação, cobrança e fiscalização de contribuições, bem como pagamento de benefícios, submetendo os resultados obtidos à apreciação do Conselho Nacional de Previdência Social.

Art. 327. A Auditoria e a Procuradoria do Instituto Nacional do Seguro Social deverão, a cada trimestre, elaborar relação das auditorias realizadas e dos trabalhos executados, bem como dos resultados obtidos, enviando-a à apreciação do Conselho Nacional de Previdência Social.

Art. 328. O Instituto Nacional do Seguro Social deverá implantar programa de qualificação e treinamento sistemático de pessoal, bem como promover reciclagem e redistribuição de funcionários conforme demandas dos órgãos regionais e locais, visando à melhoria da qualidade do atendimento, ao controle e à eficiência dos sistemas de arrecadação e fiscalização de contribuições, bem como de pagamento de benefícios.

Art. 329. O Cadastro Nacional de Informações Sociais é destinado a registrar informações de interesse da Administração Pública Federal e dos beneficiários da previdência social.

Parágrafo único. As contribuições aportadas pelos segurados e empresas terão o registro contábil individualizado, conforme dispuser o Ministério da Previdência e Assistência Social.

Arts. 329-A e 329-B. *(Revogados pelo Decreto 10.410/2020)*

Art. 330. *(Revogado pelo Decreto 10.410/2020)*

Art. 331. O Instituto Nacional do Seguro Social fica autorizado a efetuar permuta de informações, em caráter geral ou específico, com qualquer órgão ou entidade da administração direta ou indireta da União, Estados, Distrito Federal ou Municípios, com a prestação, quando for o caso, de assistência mútua na fiscalização dos respectivos tributos.

§ 1º A permuta de informações sobre a situação econômica ou financeira dos sujeitos passivos ou de terceiros e sobre a natureza e o estado dos seus negócios ou atividades somente poderá ser efetivada com a Secretaria da Receita Federal ou com a Fazenda Pública dos Estados, do Distrito Federal ou dos Municípios.

§ 2º Até que seja totalmente implantado o Cadastro Nacional de Informações Sociais, as instituições e órgãos federais, estaduais, do Distrito Federal e municipais, detentores de cadastros de empresas e de contribuintes em geral, deverão colocar à disposição do Instituto Nacional do Seguro Social, mediante convênio, todos os dados necessários à permanente atualização dos seus cadastros.

§ 3º O convênio de que trata o parágrafo anterior estabelecerá, entre outras condições, a forma e a periodicidade de acesso ao cadastro e às alterações posteriores.

Art. 332. O INSS estabelecerá indicadores qualitativos e quantitativos para acompanhamento e avaliação das concessões de benefícios realizadas. *(Redação dada pelo Decreto 10.410/2020)*

Art. 333. O INSS adotará como prática o cruzamento das informações declaradas pelos segurados com as informações constantes das bases de dados de que dispuser quando da análise dos requerimentos dos benefícios. *(Redação dada pelo Decreto 10.410/2020)*

Art. 334. Haverá, no âmbito da previdência social, uma Ouvidoria-Geral, cujas atribuições serão definidas em regulamento específico.

Art. 335. Deverão ser enviadas ao Congresso Nacional, anualmente, acompanhando a proposta orçamentária da seguridade social, projeções atuariais relativas à seguridade social, abrangendo um horizonte temporal de, no mínimo, vinte anos, considerando hipóteses alternativas quanto às variações demográficas, econômicas e institucionais relevantes.

LIVRO VI
DAS DISPOSIÇÕES GERAIS

Art. 336. Para fins estatísticos e epidemiológicos, a empresa deverá comunicar à previdência social o acidente de que tratam os arts. 19, 20, 21 e 23 da Lei nº 8.213, de 1991, ocorrido com o segurado empregado, exceto o doméstico, e o trabalhador avulso, até o primeiro dia útil seguinte ao da ocorrência e, em caso de morte, de imediato, à autoridade competente, sob pena da multa aplicada e cobrada na forma do art.286. (*Caput* do artigo com redação dada pelo Decreto nº 4.032, de 26/11/2001)

§ 1º Da comunicação a que se refere este artigo receberão cópia fiel o acidentado ou seus dependentes, bem como o sindicato a que corresponda a sua categoria.

§ 2º Na falta do cumprimento do disposto no *caput*, caberá ao setor de benefícios do Instituto Nacional do Seguro Social comunicar a ocorrência ao setor de fiscalização, para a aplicação e cobrança da multa devida.

§ 3º Na falta de comunicação por parte da empresa, ou quando se tratar de segurado especial, podem formalizá-la o próprio acidentado, seus dependentes, a entidade sindical competente, o médico que o assistiu ou qualquer autoridade pública, não prevalecendo nestes casos o prazo previsto neste artigo. (Parágrafo com redação dada pelo Decreto nº 4.032, de 26/11/2001)

§ 4º A comunicação a que se refere o § 3º não exime a empresa de responsabilidade pela falta do cumprimento do disposto neste artigo.

§ 5º (Revogado pelo Decreto nº 3.265, de 29/11/1999)

§ 6º Os sindicatos e entidades representativas de classe poderão acompanhar a cobrança, pela previdência social, das multas previstas neste artigo.

Art. 337. O acidente do trabalho será caracterizado tecnicamente pela Perícia Médica Federal, por meio da identificação do nexo entre o trabalho e o agravo. *(Redação dada pelo Decreto 10.491/2020)*

I a III - *(Revogados pelo Decreto 10.410/2020)*

§ 1º O setor de benefícios do Instituto Nacional do Seguro Social reconhecerá o direito do segurado à habilitação do benefício acidentário.

§ 2º Será considerado agravamento do acidente aquele sofrido pelo acidentado quando estiver sob a responsabilidade da reabilitação profissional.

§ 3º Considera-se estabelecido o nexo entre o trabalho e o agravo quando se verificar nexo técnico epidemiológico entre a atividade da empresa e a entidade mórbida motivadora da incapacidade, elencada na Classificação Internacional de Doenças – CID em conformidade com o disposto na Lista C do Anexo II deste Regulamento. (Parágrafo acrescido pelo Decreto nº 6.042, de 12/2/2007 e com nova redação dada pelo Decreto nº 6.957, de 9/9/2009)

§ 4º Para os fins deste artigo, considera-se agravo a lesão, doença, transtorno de saúde, distúrbio, disfunção ou síndrome de evolução aguda, subaguda ou crônica, de natureza clínica ou subclínica, inclusive morte, independentemente do tempo de latência. (Parágrafo acrescido pelo Decreto nº 6.042, de 12/2/2007)

§ 5º Reconhecidos pela Perícia Médica Federal a incapacidade para o trabalho e o nexo entre o trabalho e o agravo, na forma prevista no § 3º, serão devidas as prestações acidentárias a que o beneficiário tiver direito. *(Redação dada pelo Decreto 10.491/2020)*

§ 6º A Perícia Médica Federal deixará de aplicar o disposto no § 3º quando demonstrada a inexistência de nexo entre o trabalho e o agravo, sem prejuízo do disposto no § 7º e no § 12. *(Redação dada pelo Decreto 10.491/2020)*

§ 7º A empresa poderá requerer ao INSS a não aplicação do nexo técnico epidemiológico ao caso concreto mediante a demonstração de inexistência de correspondente nexo entre o trabalho e o agravo. (Parágrafo acrescido pelo Decreto nº 6.042, de 12/2/2007 e com nova redação dada pelo Decreto nº 6.939, de 18/8/2009)

§ 8º O requerimento de que trata o § 7º poderá ser apresentado no prazo de quinze dias da data para a entrega, na forma do inciso IV do art. 225, da GFIP que registre a movimentação do trabalhador, sob pena de não conhecimento da alegação em instância administrativa. (Parágrafo acrescido pelo Decreto nº 6.042, de 12/2/2007)

§ 9º Caracterizada a impossibilidade de atendimento ao disposto no § 8º, motivada pelo não conhecimento tempestivo do diagnóstico do agravo, o requerimento de que trata o § 7º poderá ser apresentado no prazo de quinze dias, contado da data em que a empresa tomar ciência da decisão a que se refere o § 5º. *(Redação dada pelo Decreto 10.410/2020)*

§ 10. Juntamente com o requerimento de que tratam os §§ 8º e 9º, a empresa formulará as alegações que entender necessárias e apresentará as provas que possuir demonstrando a inexistência de nexo entre o trabalho e o agravo. (Parágrafo acrescido pelo Decreto nº 6.042, de 12/2/2007 e com nova redação dada pelo Decreto nº 6.939, de 18/8/2009)

§ 11. A documentação probatória poderá trazer, entre outros meios de prova, evidências técnicas circunstanciadas e tempestivas à exposição do segurado, podendo ser produzidas no âmbito de programas de gestão de risco, a cargo da empresa, que possuam responsável técnico legalmente habilitado. (Parágrafo acrescido pelo Decreto nº 6.042, de 12/2/2007)

§ 12. O INSS informará ao segurado sobre a contestação da empresa para que este, querendo, possa impugná-la, obedecendo, quanto à produção de provas, ao disposto no § 10, sempre que a instrução do pedido evidenciar a possibilidade de reconhecimento de inexistência do nexo entre o trabalho e o agravo. (Parágrafo acrescido pelo Decreto nº 6.042, de 12/2/2007 e com nova redação dada pelo Decreto nº 6.939, de 18/8/2009)

§ 13. Da decisão do requerimento de que trata o § 7º cabe recurso, com efeito suspensivo, por parte da empresa ou, conforme o caso, do segurado ao Conselho de Recursos da Previdência Social, nos termos dos arts. 305 a 310. (Parágrafo acrescido pelo Decreto nº 6.042, de 12/2/2007)

Art. 338. A empresa é responsável pela adoção e uso de medidas coletivas e individuais de proteção à segurança e saúde do trabalhador sujeito aos riscos ocupacionais por ela gerados. (*Caput* do artigo com redação dada pelo Decreto nº 4.032, de 26/11/2001)

§ 1º É dever da empresa prestar informações pormenorizadas sobre os riscos da operação a executar e do produto a manipular. (Parágrafo único transformado em § 1º pelo Decreto nº 4.032, de 26/11/2001)

§ 2º A Perícia Médica Federal terá acesso aos ambientes de trabalho e a outros locais onde se encontrem os documentos referentes ao controle médico de saúde ocupacional e aqueles que digam respeito ao programa de prevenção de riscos ocupacionais para verificar a eficácia das medidas adotadas pela empresa para a prevenção e o controle das doenças ocupacionais. *(Redação dada pelo Decreto 10.410/2020)*

§ 3º O INSS auditará a regularidade e a conformidade das demonstrações ambientais, incluindo-se as de monitoramento biológico, e dos controles internos da empresa relativos ao gerenciamento dos riscos ocupacionais, de modo a assegurar a veracidade das informações prestadas pela empresa e constantes do CNIS, bem como o cumprimento das obrigações relativas ao acidente de trabalho. (Parágrafo com redação dada pelo Decreto nº 4.882, de 18/11/2003)

§ 4º Sempre que a Perícia Médica Federal constatar o descumprimento do disposto neste artigo, esta comunicará formalmente aos demais órgãos interessados, inclusive para fins de aplicação e cobrança da multa devida *(Redação dada pelo Decreto 10.410/2020)*

Art. 339. O Ministério do Trabalho e Emprego fiscalizará e os sindicatos e entidades representativas de classe acompanharão o fiel cumprimento do disposto nos arts. 338 e 343.

Art. 340. Por intermédio dos estabelecimentos de ensino, sindicatos, associações de classe, Fundação Jorge Duprat Figueiredo de Segurança e Medicina do Trabalho, órgãos públicos e outros meios, serão promovidas regularmente instrução e formação com vistas a incrementar costumes e atitudes prevencionistas em matéria de acidentes, especialmente daquele referido no art. 336.

Art. 341. O INSS ajuizará ação regressiva contra os responsáveis nas hipóteses de: *(Redação do artigo dada pelo Decreto 10.410/2020)*

I - negligência quanto às normas-padrão de segurança e higiene do trabalho indicadas para proteção individual e coletiva; e

II - violência doméstica e familiar contra a mulher, nos termos do disposto na Lei nº 11.340, de 7 de agosto de 2006.

§ 1º Os órgãos de fiscalização das relações de trabalho encaminharão à Procuradoria-Geral Federal os relatórios de análise de acidentes do trabalho com indícios de negligência quanto às normas-padrão de segurança e higiene do trabalho indicadas para proteção individual e coletiva.

§ 2º O pagamento de prestações pela previdência social em decorrência das hipóteses previstas nos incisos I e II do *caput* não exclui a responsabilidade civil da empresa, na hipótese de que trata o inciso I do *caput*, ou do responsável pela violência doméstica e familiar, na hipótese de que trata o inciso II do *caput*.

Art. 342. O pagamento pela previdência social das prestações decorrentes do acidente a que se refere o art. 336 não exclui a responsabilidade civil da empresa, do empregador doméstico ou de terceiros. *(Redação dada pelo Decreto 10.410/2020)*

Art. 343. Constitui contravenção penal, punível com multa, deixar a empresa de cumprir as normas de segurança e saúde do trabalho.

Art. 344. Os litígios e medidas cautelares relativos aos acidentes de que trata o art. 336 serão apreciados:

I – na esfera administrativa, pelos órgãos da previdência social, segundo as regras e prazos aplicáveis às demais prestações, com prioridade para conclusão; e

II – na via judicial, pela Justiça dos Estados e do Distrito Federal, segundo o rito sumaríssimo, inclusive durante as férias forenses, mediante petição instruída pela prova de efetiva notificação do evento à previdência social, através da Comunicação de Acidente de Trabalho.

Parágrafo único. O procedimento judicial de que trata o inciso II é isento do pagamento de quaisquer custas e de verbas relativas à sucumbência.

Art. 345. As ações referentes às prestações decorrentes do acidente de que trata o art. 336 prescrevem em cinco anos, observado o disposto no art. 347, contados da data:

I - do acidente, quando dele resultar a morte ou a incapacidade temporária verificada em perícia médica a cargo da Perícia Médica Federal; ou *(Redação dada pelo Decreto 10.410/2020)*

II - em que for reconhecido pela Perícia Médica Federal a incapacidade permanente ou o agravamento das sequelas do acidente *(Redação dada pelo Decreto 10.410/2020)*

Art. 346. O segurado que houver sofrido o acidente a que se refere o art. 336 terá garantida, pelo prazo mínimo de doze meses, a manutenção de seu contrato de trabalho na empresa, após a cessação do auxílio por incapacidade temporária decorrente de acidente, independentemente da percepção de auxílio-acidente. *(Redação dada pelo Decreto 10.410/2020)*

Art. 347. É de dez anos o prazo de decadência de todo e qualquer direito ou ação do segurado ou beneficiário para a revisão dos atos de concessão, indeferimento, cancelamento ou cessação de benefício e dos atos de deferimento, indeferimento ou não concessão de revisão de benefício, contado: *(Redação dada pelo Decreto 10.410/2020)*

I - do primeiro dia do mês subsequente ao do recebimento da primeira prestação ou da data em que a prestação deveria ter sido paga com o valor revisto; ou *(Acrescido pelo Decreto 10.410/2020)*

II - do dia em que o segurado tiver ciência da decisão de indeferimento, cancelamento ou cessação do seu pedido de benefício ou da decisão de deferimento ou indeferimento de revisão de benefício no âmbito administrativo. *(Acrescido pelo Decreto 10.410/2020)*

§ 1º Prescreve em cinco anos, a contar da data em que deveriam ter sido pagas, toda e qualquer ação para haver prestações vencidas ou quaisquer restituições ou diferenças devidas pela previdência social, salvo o direito dos menores, incapazes e ausentes, na forma do Código Civil. (Parágrafo único transformado em § 1º pelo Decreto nº 4.729, de 9/6/2003)

§ 2º Não é considerado pedido de revisão de decisão indeferitória definitiva, mas de novo pedido de benefício, o que vier acompanhado de outros documentos além dos já existentes no processo. (Parágrafo acrescido pelo Decreto nº 4.729, de 9/6/2003)

§ 3º Não terá sequência eventual pedido de revisão de decisão indeferitória definitiva de benefício confirmada pela última instância do Conselho de Recursos da Previdência Social, aplicando-se, no caso de apresentação de outros documentos, além dos já existentes no processo, o disposto no § 2º. (Parágrafo acrescido pelo Decreto nº 4.729, de 9/6/2003)

§ 4º Nas hipóteses de requerimento de revisão de benefício em manutenção ou de recurso de decisão do INSS com apresentação de novos elementos extemporaneamente ao ato concessório, os efeitos financeiros serão fixados na data do pedido de revisão ou do recurso. *(Redação dada pelo Decreto 10.410/2020)*

Art. 347-A. O direito da Previdência Social de anular os atos administrativos de que decorram efeitos favoráveis para os seus beneficiários decai em dez anos, contados da data em que foram praticados, salvo comprovada má-fé.

§ 1º No caso de efeitos patrimoniais contínuos, o prazo decadencial contar-se-á da percepção do primeiro pagamento.

§ 2º Considera-se exercício do direito de anular qualquer medida de autoridade administrativa que importe impugnação à validade do ato. (Artigo acrescido pelo Decreto nº 5.545, de 22/9/2005)

Art. 348. O direito da seguridade social de apurar e constituir seus créditos extingue-se no prazo de cinco anos, contado: *(Redação dada pelo Decreto 10.410/2020)*

I – do primeiro dia do exercício seguinte àquele em que o crédito poderia ter sido constituído; ou

II – da data em que se tornar definitiva a decisão que houver anulado, por vício formal, a constituição de crédito anteriormente efetuado.

§ 1º Para comprovar o exercício de atividade remunerada, com vistas à concessão de benefícios, será exigido do contribuinte individual, a qualquer tempo, o recolhimento das correspondentes contribuições, observado o disposto nos §§ 7º a 14 do art. 216. (Parágrafo com redação dada pelo Decreto nº 3.265, de 29/11/1999)

§ 2º Na hipótese de ocorrência de dolo, fraude ou simulação, a seguridade social pode, a qualquer tempo, apurar e constituir seus créditos.

§ 3º O direito de pleitear judicialmente a desconstituição de exigência fiscal fixada pelo Instituto Nacional do Seguro Social no julgamento de litígio em processo administrativo fiscal extingue-se com o decurso do prazo de cento e oitenta dias, contado da intimação da referida decisão.

Art. 349. O direito da seguridade social de cobrar seus créditos, constituídos na forma prevista no art. 348, prescreverá no prazo de cinco anos, contado da data de sua constituição definitiva, observado o disposto nos art. 151 e art. 174 da Lei nº 5.172, de 25 de outubro de 1966 - Código Tributário Nacional. *(Redação dada pelo Decreto 10.410/2020)*

Art. 350. Será de responsabilidade da Procuradoria-Geral do Instituto Nacional do Seguro Social manter entendimentos com o Ministério Público, objetivando a agilização das causas judiciais necessárias à concessão e manutenção de benefícios.

Art. 351. O pagamento de benefícios decorrente de sentença judicial far-se-á com a observância da prioridade garantida aos créditos alimentícios.

Art. 352. Para fins de reconhecimento inicial de benefícios previdenciários, desde que este não acarrete revisão de ato administrativo anterior, o Presidente do INSS poderá editar súmulas administrativas, que terão caráter vinculante perante o INSS nas seguintes hipóteses: (Redação do artigo dada pelo Decreto 10.410/2020)

I - sobre tema a respeito do qual exista súmula ou parecer emitido pelo Advogado-Geral da União; e

II - sobre tema decidido pelo Supremo Tribunal Federal, em matéria constitucional, ou pelo Superior Tribunal de Justiça, no âmbito de suas competências, quando definido em sede de repercussão geral ou recurso repetitivo e não houver viabilidade de reversão da tese firmada em sentido desfavorável ao INSS, conforme disciplinado pelo Advogado- Geral da União, nos termos do disposto no § 2º do art. 19-D da Lei nº 10.522, de 19 de julho de 2002.

§ 1º A edição da súmula administrativa de que trata este artigo será precedida de avaliação de impacto orçamentário e financeiro pela Secretaria Especial de Previdência e Trabalho do Ministério da Economia.

§ 2º As súmulas administrativas serão numeradas em ordem cronológica e terão validade até que lei, decreto ou outra súmula discipline a matéria de forma diversa, e competirá ao INSS mantê-las atualizadas em seus sítios eletrônicos.

§ 3º Para fins do disposto neste artigo, a Procuradoria Federal Especializada junto ao INSS emitirá parecer conclusivo para propor a edição, a alteração ou o cancelamento de súmula administrativa, da qual deverá constar o fundamento para a sua edição.

Art. 353. A formalização de desistência ou transigência judiciais por parte de procurador da previdência social, será sempre precedida da anuência, por escrito, do Procurador-Geral do Instituto Nacional do Seguro Social ou do Presidente deste órgão, quando os valores em litígio ultrapassarem os limites definidos pelo Conselho Nacional de Previdência Social.

Parágrafo único. Os valores, a partir dos quais se exigirá a anuência do Procurador-Geral ou do Presidente do Instituto Nacional do Seguro Social, serão definidos periodicamente pelo Conselho Nacional de Previdência Social, mediante resolução própria.

Art. 354. O Instituto Nacional do Seguro Social, nas causas em que seja interessado na condição de autor, réu, assistente ou oponente, gozará das mesmas prerrogativas e privilégios assegurados à Fazenda Pública, inclusive quanto à inalienabilidade e impenhorabilidade de seus bens.

§ 1º O Instituto Nacional do Seguro Social é isento do pagamento de custas, traslados, preparos, certidões, registros, averbações e quaisquer outros emolumentos, nas causas em que seja interessado na condição de autor, réu, assistente ou oponente, inclusive nas ações de natureza trabalhista, acidentária e de benefício.

§ 2º O Instituto Nacional do Seguro Social antecipará os honorários periciais nas ações de acidentes do trabalho.

Art. 355. O Instituto Nacional do Seguro Social poderá requisitar a qualquer órgão ou entidade da administração direta ou indireta da União, dos Estados, do Distrito Federal e dos Municípios, bem como das demais entidades sob seu controle, elementos de fato e de direito relativos às alegações e ao pedido do autor de ação proposta contra a previdência social, bem assim promover diligências para localização de devedores e apuração de bens penhoráveis, que serão atendidas prioritariamente e sob regime de urgência.

Art. 356. Nos casos de indenização na forma do art. 122 e da retroação da data do início das contribuições, conforme o disposto no art. 124, após a homologação do processo pelo setor de benefícios do Instituto Nacional do Seguro Social, este deverá ser encaminhado ao setor de arrecadação e fiscalização, para levantamento e cobrança do débito.

Art. 357. A Secretaria Especial de Previdência e Trabalho do Ministério da Economia e o INSS ficam autorizados a editar normas que disponham sobre os critérios e a forma de realização de pesquisas externas. *(Redação dada pelo Decreto 10.410/2020)*

Parágrafo único. Para efeito do disposto no *caput*, os servidores designados receberão, a título de indenização, o valor correspondente a um onze avos do valor mínimo do salário de contribuição do contribuinte individual, por deslocamento com pesquisa concluída. (Parágrafo com redação dada pelo Decreto nº 3.265, de 29/11/1999)

Art. 358. Na execução judicial da Dívida Ativa da União, suas autarquias e fundações públicas, será facultado ao exequente indicar bens à penhora, a qual será efetivada concomitantemente com a citação inicial do devedor.

§ 1º Os bens penhorados nos termos deste artigo ficam desde logo indisponíveis.

§ 2º Efetuado o pagamento integral da dívida executada, com seus acréscimos legais, no prazo de dois dias úteis contados da citação, independentemente da juntada aos autos do respectivo mandado, poderá ser liberada a penhora, desde que não haja outra execução pendente.

§ 3º O disposto neste artigo aplica-se também às execuções já processadas.

§ 4º Não sendo opostos embargos, no prazo legal, ou sendo eles julgados improcedentes, os autos serão conclusos ao juiz do feito, para determinar o prosseguimento da execução.

Art. 359. O Instituto Nacional do Seguro Social poderá contratar leiloeiros oficiais para promover a venda administrativa dos bens, adjudicados judicialmente ou que receber em dação de pagamento.

Parágrafo único. O Instituto Nacional do Seguro Social, no prazo de sessenta dias, providenciará alienação do bem por intermédio do leiloeiro oficial.

Art. 360. Nas execuções fiscais da Dívida Ativa do Instituto Nacional do Seguro Social, o leilão judicial dos bens penhorados realizar-se-á por leiloeiro oficial, indicado pelo credor, que procederá à hasta pública:

I – no primeiro leilão, pelo valor do maior lance, que não poderá ser inferior ao da avaliação; ou

II – no segundo leilão, por qualquer valor, excetuado o vil.

§ 1º Poderá o juiz, a requerimento do credor, autorizar seja parcelado o pagamento do valor da arrematação, na forma prevista para os parcelamentos administrativos de débitos previdenciários.

§ 2º Todas as condições do parcelamento deverão constar do edital de leilão.

§ 3º O débito do executado será quitado na proporção do valor de arrematação.

§ 4 º O arrematante deverá depositar, no ato, o valor da primeira parcela.

§ 5º Realizado o depósito, será expedida carta de arrematação, contendo as seguintes disposições:

I – valor da arrematação, valor e número de parcelas mensais em que será pago;

II – constituição de hipoteca do bem adquirido, ou de penhor, em favor do credor, servindo a carta de título hábil para registro da garantia;

III – indicação do arrematante como fiel depositário do bem móvel, quando constituído penhor; e

IV – especificação dos critérios de reajustamento do saldo e das parcelas, que será sempre mesmo vigente para os parcelamentos de créditos previdenciários.

§ 6º Se o arrematante não pagar no vencimento qualquer das parcelas mensais, o saldo devedor remanescente vencerá antecipadamente e será acrescido em cinquenta por cento de seu valor a título de multa, devendo, de imediato, ser inscrito em Dívida Ativa e executado.

§ 7º Se no primeiro ou no segundo leilões a que se refere o *caput* não houver licitante, o Instituto Nacional do Seguro Social poderá adjudicar o bem por cinquenta por cento do valor da avaliação.

§ 8º Se o bem adjudicado não puder ser utilizado pelo Instituto Nacional do Seguro Social e for de difícil venda, poderá ser negociado ou doado a outro órgão ou entidade pública que demonstre interesse na sua utilização.

§ 9º Não havendo interesse na adjudicação, poderá o juiz do feito, de ofício ou a requerimento do credor, determinar sucessivas repetições da hasta pública.

§ 10. O leiloeiro oficial, a pedido do credor, poderá ficar como fiel depositário dos bens penhorados e realizar a respectiva remoção.

Art. 361. O Instituto Nacional do Seguro Social poderá concordar com valores divergentes, para pagamento da dívida objeto de execução fiscal, quando a diferença entre os cálculos de atualização da dívida por ele elaborados ou levados a efeito pela contadoria do Juízo e os cálculos apresentados pelo executado for igual ou inferior a cinco por cento.

§ 1º O disposto neste artigo aplica-se somente a dívidas cuja petição inicial da execução tenha sido protocolada em Juízo até 31 de março de 1997.

§ 2º A extinção de processos de execução, em decorrência da aplicação do disposto neste artigo, não implicará condenação em honorários, custas e quaisquer outros ônus de sucumbência contra o exequente, oferecidos ou não embargos à execução, e acarretará a desistência de eventual recurso que tenha por razão a divergência de valores de atualização nos limites do percentual referido.

Art. 362. O Instituto Nacional do Seguro Social e a Secretaria da Receita Federal estabelecerão critérios para a dispensa de constituição ou exigência de crédito de valor inferior ao custo dessas medidas.

Art. 363. A arrecadação das receitas previstas nos incisos I, II, III, IV e V do parágrafo único do art. 195, bem como as contribuições incidentes a título de substituição, e o pagamento dos benefícios da seguridade social serão realizados pela rede bancária ou por outras formas, nos termos e condições aprovados pelo Conselho Nacional de Previdência Social. (Artigo com redação dada pelo Decreto nº 4.032, de 26/11/2001)

Art. 364. As receitas provenientes da cobrança de débitos dos Estados, do Distrito Federal e dos Municípios e da alienação, arrendamento ou locação de bens móveis ou imóveis pertencentes ao patrimônio do Instituto Nacional do Seguro Social deverão constituir reserva técnica, de longo prazo, que garantirá o seguro social instituído no Plano de Benefícios da Previdência Social.

Parágrafo único. É vedada a utilização dos recursos de que trata este artigo para cobrir despesas de custeio em geral, inclusive as decorrentes de criação, majoração ou extensão dos benefícios ou serviços da previdência social, admitindo-se sua utilização, excepcionalmente, em despesas de capital, conforme definido na lei orçamentária.

Art. 365. Mediante requisição do Instituto Nacional do Seguro Social, a empresa é obrigada a descontar, da remuneração paga aos segurados a seu serviço, a importância proveniente de dívida ou responsabilidade por eles contraída junto à seguridade social, relativa a benefícios pagos indevidamente, observado o disposto no art. 154.

Art. 366. O Presidente de Turma de Julgamento da Delegacia da Receita Federal do Brasil recorrerá de ofício sempre que a decisão: (*Caput* do artigo com redação dada pelo Decreto nº 6.224, de 4/10/2007)

I – declarar indevida contribuição ou outra importância apurada pela fiscalização; e (Inciso com redação dada pelo Decreto nº 6.224, de 4/10/2007)

II – relevar ou atenuar multa aplicada por infração a dispositivos deste Regulamento. (Inciso com redação dada pelo Decreto nº 6.224, de 4/10/2007)

§ 1º (Revogado pelo Decreto nº 6.224, de 4/10/2007)

§ 2º O recurso de que trata o *caput* será interposto ao Segundo Conselho de Contribuintes do Ministério da Fazenda. (Parágrafo com redação dada pelo Decreto nº 6.224, de 4/10/2007)

§ 3º O Ministro de Estado da Fazenda poderá estabelecer limite abaixo do qual será dispensada a interposição do recurso de ofício previsto neste artigo. (Parágrafo acrescido pelo Decreto nº 6.224, de 4/10/2007)

Art. 367. O Instituto Nacional do Seguro Social e a Empresa de Processamento de Dados da Previdência Social confrontarão a relação dos óbitos com os cadastros da previdência social, determinando o cancelamento dos pagamentos, a partir da data do falecimento dos beneficiários identificados na comunicação a que se refere o art. 228.

Art. 368. Fica o Instituto Nacional do Seguro Social obrigado a:

I – enviar às empresas e aos contribuintes individuais, quando por eles solicitado, extrato de recolhimento das suas contribuições;

II – emitir automaticamente e enviar às empresas avisos de cobrança de débitos;

III – emitir e enviar aos beneficiários carta de concessão de benefícios, além da memória de cálculo do valor dos benefícios concedidos;

IV – reeditar versão atualizada da Carta dos Direitos dos Segurados;

V – divulgar, com a devida antecedência, pelos meios de comunicação, alterações das contribuições das empresas e dos segurados em geral;

VI – descentralizar, progressivamente, o processamento eletrônico das informações, mediante extensão dos programas de informatização aos Postos de Atendimento e às Gerências Regionais de Arrecadação e Fiscalização; e

VII – garantir a integração dos sistemas de processamento eletrônico de informações e sua compatibilidade com o Cadastro Nacional de Informações Sociais.

VIII – tornar disponível ao público, inclusive por meio de rede pública de transmissão de dados, informações atualizadas sobre as despesas do Regime Geral de Previdência Social, bem como os critérios e parâmetros adotados para garantir o seu equilíbrio financeiro e atuarial. (Inciso acrescido pelo Decreto nº 5.545, de 22/9/2005)

Parágrafo único. O fornecimento das informações a que se referem os incisos I e III do *caput* poderá ocorrer por meio da sua disponibilização pelos canais de atendimento do INSS previstos na Carta de Serviços ao Usuário do INSS. *(Acrescido pelo Decreto 10.410/2020)*

Art. 369. Os depósitos judiciais e extrajudiciais referentes a contribuições sociais e outras importâncias arrecadadas pelo Instituto Nacional do Seguro Social serão efetuados na Caixa Econômica Federal mediante guia de recolhimento específica para essa finalidade, conforme modelo a ser aprovado pelo Instituto Nacional do Seguro Social e confeccionado e distribuído pela Caixa Econômica Federal.

§ 1º Quando houver mais de um interessado na ação, o depósito será efetuado, à ordem e disposição do Juízo, em nome de cada contribuinte, individualizadamente.

§ 2º A guia de recolhimento conterá, além de outros elementos fixados em ato normativo da autoridade competente, os dados necessários à identificação do órgão judicial em que tramita a ação.

§ 3º No caso de recebimento de depósito judicial, a Caixa Econômica Federal remeterá uma via da guia de recolhimento ao órgão judicial em que tramita a ação.

§ 4º A Caixa Econômica Federal tornará disponível para o Instituto Nacional do Seguro Social, por meio magnético, os dados referentes aos depósitos.

Art. 370. O valor dos depósitos recebidos será creditado pela Caixa Econômica Federal à Subconta da Previdência Social da Conta Única do Tesouro Nacional junto ao Banco Central do Brasil, no mesmo prazo fixado para recolhimento das contribuições arrecadadas pelo Instituto Nacional do Seguro Social.

Art. 371. Mediante ordem da autoridade judicial ou, no caso de depósito extrajudicial, da autoridade administrativa competente, o valor do depósito, após o encerramento da lide ou do processo litigioso, será:

I – devolvido ao depositante pela Caixa Econômica Federal, no prazo máximo de vinte e quatro horas, quando a sentença ou decisão lhe for favorável ou na proporção em que o for, acrescido de juros equivalentes à taxa referencial do Sistema Especial de Liquidação e de Custódia, para títulos federais, acumulada mensalmente, calculados a partir do mês subsequente ao da efetivação do depósito até o mês anterior ao de seu levantamento, e de juros de um por cento relativamente ao mês em que estiver sendo efetivada a devolução; ou

II – transformado em pagamento definitivo, proporcionalmente à exigência do correspondente crédito, quando se tratar de sentença ou decisão favorável ao Instituto Nacional do Seguro Social.

§ 1º O documento contendo os dados relativos aos depósitos devolvidos ou transformados em pagamento definitivo, a ser confeccionado e preenchido pela Caixa Econômica Federal, deverá ser aprovado pelo Instituto Nacional do Seguro Social.

§ 2º O valor dos depósitos devolvidos pela Caixa Econômica Federal será debitado à Subconta da Previdência Social da Conta Única do Tesouro Nacional junto ao Banco Central do Brasil, a título de restituição, no mesmo dia em que ocorrer a devolução.

§ 3º O Banco Central do Brasil creditará, na conta de reserva bancária da Caixa Econômica Federal, no mesmo dia, os valores devolvidos.

§ 4º Os valores das devoluções, inclusive dos juros acrescidos, serão contabilizados como estorno da respectiva espécie de receita em que tiver sido contabilizado o depósito.

§ 5º No caso de transformação do depósito em pagamento definitivo, a Caixa Econômica Federal efetuará a baixa em seus controles e comunicará a ocorrência ao Instituto Nacional do Seguro Social.

§ 6º A Caixa Econômica Federal manterá controle dos valores depositados, devolvidos e transformados em pagamento definitivo, por contribuinte e por processo, devendo, relativamente aos valores depositados e respectivos acréscimos de juros, tornar disponível o acesso aos registros, emitir extratos mensais e remetê-los ao Instituto Nacional do Seguro Social.

§ 7º Os extratos referidos neste artigo conterão dados que permitam identificar o depositante, o processo administrativo ou judicial, a movimentação dos depósitos durante o mês, além de outros elementos considerados indispensáveis.

Art. 372. Pelo recebimento dos depósitos e pela prestação dos demais serviços previstos nos arts. 369 a 371, a Caixa Econômica Federal será remunerada pela tarifa fixada pelo Ministro de Estado da Fazenda, na forma do disposto no Decreto nº 2.850, de 27 de novembro de 1998.

Art. 373. Os valores expressos em moeda corrente referidos neste Regulamento exceto aqueles referidos no art. 288, são reajustados nas mesmas épocas e com os mesmos índices utilizados para o reajustamento dos benefícios de prestação continuada da previdência social.

Art. 374. Serão aceitos os números de inscrição no Cadastro Geral de Contribuintes, até que seja concluída, pela Secretaria da Receita Federal, a implantação do Cadastro Nacional da Pessoa Jurídica.

Art. 375. Ficam anistiados, por força do art. 3º da Lei nº 9.476, de 23 de julho de 1997, os agentes políticos e os dirigentes de órgãos públicos estaduais, do Distrito Federal ou municipais, a quem foram impostas penalidades pecuniárias pessoais até 24 de julho de 1997, em decorrência do disposto no art. 289.

Art. 376. A multa de que trata a alínea e do inciso I do art. 283 retroagirá a 16 de abril de 1994, na que for mais favorável.

Art. 377. Os recursos a que se refere o Decreto nº 2.536, de 6 de abril de 1998, não têm efeito suspensivo.

Art. 378. (Revogado pelo Decreto nº 4.729, de 9/6/2003)

Art. 379. A pessoa jurídica de direito privado já beneficiária da isenção ou que já a tenha requerido e que atenda ao disposto nos arts. 206 ou 207 está dispensada do requerimento previsto no art. 208, devendo, até 30 de maio de 1999:

I – comunicar ao Instituto Nacional do Seguro Social que está enquadrada nos arts. 206 ou 207; e

II – apresentar ao Instituto Nacional do Seguro Social o plano de ação de atividades a serem desenvolvidas durante o ano em curso.

Parágrafo único. O Conselho Nacional de Assistência Social, mediante resolução que observe a natureza dos serviços assistenciais, poderá, por proposição da Secretaria de Estado de Assistência Social, considerar atendido o requisito de gratuidade, à vista de doações ou contribuições voluntárias feitas por terceiros, pelos responsáveis ou pelos próprios beneficiários dos serviços, desde que garantido o livre acesso a esses serviços, independentemente dessas doações e contribuições, não se lhes aplicando o disposto nos §§ 2º e 3º do art. 206.

Art. 380. Fica cancelada, a partir de 1º de abril de 1999, toda e qualquer isenção de contribuição para a seguridade social concedida, em caráter geral ou especial, em desacordo com os arts. 206 ou 207.

Art. 381. As normas deste Regulamento de natureza procedimental aplicam-se imediatamente a todos os processos pendentes no Ministério da Previdência e Assistência Social e no Instituto Nacional do Seguro Social.

Art. 382. Os tratados, convenções e outros acordos internacionais de que Estado estrangeiro ou organismo internacional e o Brasil sejam partes, e que versem sobre matéria previdenciária, serão interpretados como lei especial. (Artigo acrescido pelo Decreto nº 3.265, de 29/11/1999)

‣ Deixamos de publicar o Anexo constante desta norma.

LEI Nº 9.800, DE 26 DE MAIO DE 1999

Permite às partes a utilização de sistema de transmissão de dados para a prática de atos processuais.

‣ *Lei do Fax*

O PRESIDENTE DA REPÚBLICA Faço saber que o Congresso Nacional decreta e eu sanciono a seguinte Lei:

Art. 1º. É permitida às partes a utilização de sistema de transmissão de dados e imagens tipo fac-símile ou outro similar, para a prática de atos processuais que dependam de petição escrita.

Art. 2º. A utilização de sistema de transmissão de dados e imagens não prejudica o cumprimento dos prazos, devendo os originais ser entregues em juízo, necessariamente, até 5 (cinco) dias da data de seu término.

Parágrafo único. Nos atos não sujeitos a prazo, os originais deverão ser entregues, necessariamente, até 5 (cinco) dias da data da recepção do material.

Art. 3º. Os juízes poderão praticar atos de sua competência à vista de transmissões efetuadas na forma desta Lei, sem prejuízo do disposto no artigo anterior.

Art. 4º. Quem fizer uso de sistema de transmissão torna-se responsável pela qualidade e fidelidade do material transmitido, e por sua entrega ao órgão judiciário.

Parágrafo único. Sem prejuízo de outras sanções, o usuário do sistema será considerado litigante de má-fé se não houver perfeita concordância entre o original remetido pelo fac-símile e o original entregue em juízo.

Art. 5º. O disposto nesta Lei não obriga a que os órgãos judiciários disponham de equipamentos para recepção.

Art. 6º. Esta Lei entra em vigor 30 (trinta) dias após a data de sua publicação.

Brasília, 26 de maio de 1999; 178º da Independência e 111º da República.

FERNANDO HENRIQUE CARDOSO

D.O.U. 27.05.1999

LEI Nº 9.807, DE 13 DE JULHO DE 1999

Estabelece normas para a organização e a manutenção de programas especiais de proteção a vítimas e a testemunhas ameaçadas, institui o Programa Federal de Assistência a Vítimas e a Testemunhas Ameaçadas e dispõe sobre a proteção de acusados ou condenados que tenham voluntariamente prestado efetiva colaboração à investigação policial e ao processo criminal.

‣ *Programa de proteção às vítimas e testemunhas*

O PRESIDENTE DA REPÚBLICA Faço saber que o Congresso Nacional decreta e eu sanciono a seguinte Lei:

CAPÍTULO I. DA PROTEÇÃO ESPECIAL A VÍTIMAS E A TESTEMUNHAS

Art. 1º. As medidas de proteção requeridas por vítimas ou por testemunhas de crimes que estejam coagidas ou expostas a grave ameaça em razão de colaborarem com a investigação ou processo criminal serão prestadas pela União, pelos Estados e pelo Distrito Federal, no âmbito das respectivas competências, na forma de programas especiais organizados com base nas disposições desta Lei.

‣ CP: art. 344.

‣ CPP: arts. 202 a 225.

§ 1º. A União, os Estados e o Distrito Federal poderão celebrar convênios, acordos, ajustes ou termos de parceria entre si ou com entidades não governamentais objetivando a realização dos programas.

§ 2º. A supervisão e a fiscalização dos convênios, acordos, ajustes e termos de parceria de interesse da União ficarão a cargo do órgão do Ministério da Justiça com atribuições para a execução da política de direitos humanos.

Art. 2º. A proteção concedida pelos programas e as medidas dela decorrentes levarão em conta a gravidade da coação ou da ameaça à integridade física ou psicológica, a dificuldade de preveni-las ou reprimi-las pelos meios convencionais e a sua importância para a produção da prova.

§ 1º. A proteção poderá ser dirigida ou estendida ao cônjuge ou companheiro, ascendentes, descendentes e dependentes que tenham convivência habitual com a vítima ou testemunha, conforme o especificamente necessário em cada caso.

§ 2º. Estão excluídos da proteção os indivíduos cuja personalidade ou conduta seja incompatível com as restrições de comportamento exigidas pelo programa, os condenados que estejam cumprindo pena e os indiciados ou acusados sob prisão cautelar em qualquer de suas modalidades. Tal exclusão não trará prejuízo a eventual prestação de medidas de preservação da integridade física desses indivíduos por parte dos órgãos de segurança pública.

§ 3º. O ingresso no programa, as restrições de segurança e demais medidas por ele adotadas terão sempre a anuência da pessoa protegida, ou de seu representante legal.

§ 4º. Após ingressar no programa, o protegido ficará obrigado ao cumprimento das normas por ele prescritas.

§ 5º. As medidas e providências relacionadas com os programas serão adotadas, executadas e mantidas em sigilo pelos protegidos e pelos agentes envolvidos em sua execução.

Art. 3º. Toda admissão no programa ou exclusão dele será precedida de consulta ao Ministério Público sobre o disposto no art. 2º e deverá ser subsequentemente comunicada à autoridade policial ou ao juiz competente.

Art. 4º. Cada programa será dirigido por um conselho deliberativo em cuja composição haverá representantes do Ministério Público, do Poder Judiciário e de órgãos públicos e privados relacionados com a segurança pública e a defesa dos direitos humanos.

§ 1º. A execução das atividades necessárias ao programa ficará a cargo de um dos órgãos representados no conselho deliberativo, devendo os agentes dela incumbidos ter formação e capacitação profissional compatíveis com suas tarefas.

§ 2º. Os órgãos policiais prestarão a colaboração e o apoio necessários à execução de cada programa.

Art. 5º. A solicitação objetivando ingresso no programa poderá ser encaminhada ao órgão executor:

I – pelo interessado;

II – por representante do Ministério Público;

III – pela autoridade policial que conduz a investigação criminal;

IV – pelo juiz competente para a instrução do processo criminal;

V – por órgãos públicos e entidades com atribuições de defesa dos direitos humanos.

§ 1º. A solicitação será instruída com a qualificação da pessoa a ser protegida e com informações sobre a sua vida pregressa, o fato delituoso e a coação ou ameaça que a motiva.

§ 2º. Para fins de instrução do pedido, o órgão executor poderá solicitar, com a aquiescência do interessado:

I – documentos ou informações comprobatórias de sua identidade, estado civil, situação profissional, patrimônio e grau de instrução, e da pendência de obrigações civis, administrativas, fiscais, financeiras ou penais;

II – exames ou pareceres técnicos sobre a sua personalidade, estado físico ou psicológico.

§ 3º. Em caso de urgência e levando em consideração a procedência, gravidade e a iminência da coação ou ameaça, a vítima ou testemunha poderá ser colocada provisoriamente sob a custódia de órgão policial, pelo órgão executor, no aguardo de decisão do conselho deliberativo, com comunicação imediata a seus membros e ao Ministério Público.

Art. 6º. O conselho deliberativo decidirá sobre:

I – o ingresso do protegido no programa ou a sua exclusão;

II – as providências necessárias ao cumprimento do programa.

Parágrafo único. As deliberações do conselho serão tomadas por maioria absoluta de seus membros e sua execução ficará sujeita à disponibilidade orçamentária.

Art. 7º. Os programas compreendem, dentre outras, as seguintes medidas, aplicáveis isolada ou cumulativamente em benefício da pessoa protegida, segundo a gravidade e as circunstâncias de cada caso:

I – segurança na residência, incluindo o controle de telecomunicações;

II – escolta e segurança nos deslocamentos da residência, inclusive para fins de trabalho ou para a prestação de depoimentos;

III – transferência de residência ou acomodação provisória em local compatível com a proteção;

IV – preservação da identidade, imagem e dados pessoais;

V – ajuda financeira mensal para prover as despesas necessárias à subsistência individual ou familiar, no caso de a pessoa protegida estar impossibilitada de desenvolver trabalho regular ou de inexistência de qualquer fonte de renda;

VI – suspensão temporária das atividades funcionais, sem prejuízo dos respectivos vencimentos ou vantagens, quando servidor público ou militar;

VII – apoio e assistência social, médica e psicológica;

VIII – sigilo em relação aos atos praticados em virtude da proteção concedida;

IX – apoio do órgão executor do programa para o cumprimento de obrigações civis e administrativas que exijam o comparecimento pessoal.

Parágrafo único. A ajuda financeira mensal terá um teto fixado pelo conselho deliberativo no início de cada exercício financeiro.

Art. 8º. Quando entender necessário, poderá o conselho deliberativo solicitar ao Ministério Público que requeira ao juiz a concessão de medidas cautelares direta ou indiretamente relacionadas com a eficácia da proteção.

Art. 9º. Em casos excepcionais e considerando as características e gravidade da coação ou ameaça, poderá o conselho deliberativo encaminhar requerimento da pessoa protegida ao juiz competente para registros públicos objetivando a alteração de nome completo.

§ 1º. A alteração de nome completo poderá estender-se às pessoas mencionadas no § 1º do art. 2º desta Lei, inclusive aos filhos menores, e será precedida das providências necessárias ao resguardo de direitos de terceiros.

§ 2º. O requerimento será sempre fundamentado e o juiz ouvirá previamente o Ministério Público, determinando, em seguida, que o procedimento tenha rito sumaríssimo e corra em segredo de justiça.

§ 3º. Concedida a alteração pretendida, o juiz determinará na sentença, observando o sigilo indispensável à proteção do interessado:

I – a averbação no registro original de nascimento da menção de que houve alteração de nome completo em conformidade com o estabelecido nesta Lei, com expressa referência à sentença autorizatória e ao juiz que a exarou e sem a aposição do nome alterado;

II – a determinação aos órgãos competentes para o fornecimento dos documentos decorrentes da alteração;

III – a remessa da sentença ao órgão nacional competente para o registro único de identificação civil, cujo procedimento obedecerá às necessárias restrições de sigilo.

§ 4º. O conselho deliberativo, resguardado o sigilo das informações, manterá controle sobre a localização do protegido cujo nome tenha sido alterado.

§ 5º. Cessada a coação ou ameaça que deu causa à alteração, ficará facultado ao protegido solicitar ao juiz competente o retorno à situação anterior, com a alteração para o nome original, em petição que será encaminhada pelo conselho deliberativo e terá manifestação prévia do Ministério Público.

Art. 10. A exclusão da pessoa protegida de programa de proteção a vítimas e a testemunhas poderá ocorrer a qualquer tempo:

I – por solicitação do próprio interessado;

II – por decisão do conselho deliberativo, em consequência de:

a) cessação dos motivos que ensejaram a proteção;

b) conduta incompatível do protegido.

Art. 11. A proteção oferecida pelo programa terá a duração máxima de 2 (dois) anos.

Parágrafo único. Em circunstâncias excepcionais, perdurando os motivos que autorizam a admissão, a permanência poderá ser prorrogada.

Art. 12. Fica instituído, no âmbito do órgão do Ministério da Justiça com atribuições para a execução da política de direitos humanos, o Programa Federal de Assistência a Vítimas e a Testemunhas Ameaçadas, a ser regulamentado por decreto do Poder Executivo.

- Lei 13.341/2016: art. 2º, IV (transforma o Ministério da Justiça em Ministério da Justiça e Cidadania).
- Decreto 3.518/2000 – Regulamenta o Programa Federal de Assistência a Vítimas e a Testemunhas Ameaçadas, instituído pelo art. 12 da Lei 9.807/1999, e dispõe sobre a atuação da Polícia Federal nas hipóteses previstas nos arts. 2º, § 2º, 4º, § 2º, 5º, § 3º, e 15 da referida Lei.

CAPÍTULO II. DA PROTEÇÃO AOS RÉUS COLABORADORES

Art. 13. Poderá o juiz, de ofício ou a requerimento das partes, conceder o perdão judicial e a consequente extinção da punibilidade ao acusado que, sendo primário, tenha colaborado efetiva e voluntariamente com a investigação e o processo criminal, desde que dessa colaboração tenha resultado:

I – a identificação dos demais coautores ou partícipes da ação criminosa;

II – a localização da vítima com a sua integridade física preservada;

III – a recuperação total ou parcial do produto do crime.

- art. 103, V, CF.

Parágrafo único. A concessão do perdão judicial levará em conta a personalidade do beneficiado e a natureza, circunstâncias, gravidade e repercussão social do fato criminoso.

Art. 14. O indiciado ou acusado que colaborar voluntariamente com a investigação policial e o processo criminal na identificação dos demais coautores ou partícipes do crime, na localização da vítima com vida e na recuperação total ou parcial do produto do crime, no caso de condenação, terá pena reduzida de 1/3 (um terço) a 2/3 (dois terços).

- CP: art. 159, § 4º.
- Lei 11.343/2006: art. 41.
- Lei 8.072/1990: art. 8º, par. único.

Art. 15. Serão aplicadas em benefício do colaborador, na prisão ou fora dela, medidas especiais de segurança e proteção a sua integridade física, considerando ameaça ou coação eventual ou efetiva.

§ 1º. Estando sob prisão temporária, preventiva ou em decorrência de flagrante delito, o colaborador será custodiado em dependência separada dos demais presos.

- CPP: art. 312.
- Lei 7.960/1989 – Prisão temporária.

§ 2º. Durante a instrução criminal, poderá o juiz competente determinar em favor do colaborador qualquer das medidas previstas no art. 8º desta Lei.

§ 3º. No caso de cumprimento da pena em regime fechado, poderá o juiz criminal determinar medidas especiais que proporcionem a segurança do colaborador em relação aos demais apenados.

DISPOSIÇÕES GERAIS

Art. 16. O art. 57 da Lei nº 6.015, de 31 de dezembro de 1973, fica acrescido do seguinte § 7º:

- Alteração incorporada ao texto da referida lei.

Art. 17. O parágrafo único do art. 58 da Lei nº 6.015, de 31 de dezembro de 1973, com a redação dada pela Lei nº 9.708, de 18 de novembro de 1998, passa a ter a seguinte redação:

- Alteração incorporada ao texto da referida lei.

Art. 18. O art. 18 da Lei nº 6.015, de 31 de dezembro de 1973, passa a ter a seguinte redação:

- Alteração incorporada ao texto da referida lei.

Art. 19. A União poderá utilizar estabelecimentos especialmente destinados ao cumprimento de pena de condenados que tenham prévia e voluntariamente prestado a colaboração de que trata esta Lei.

Parágrafo único. Para fins de utilização desses estabelecimentos, poderá a União celebrar convênios com os Estados e o Distrito Federal.

Art. 19-A. Terão prioridade na tramitação o inquérito e o processo criminal em que figure indiciado, acusado, vítima ou réu colaboradores, vítima ou testemunha protegidas pelos programas de que trata esta Lei. (Incluído pela Lei nº 12.483, de 2011)

Parágrafo único. Qualquer que seja o rito processual criminal, o juiz, após a citação, tomará antecipadamente o depoimento das pessoas incluídas nos programas de proteção previstos nesta Lei, devendo justificar a eventual impossibilidade de fazê-lo no caso concreto ou o possível prejuízo que a oitiva antecipada traria para a instrução criminal. (Incluído pela Lei nº 12.483, de 2011)

Art. 20. As despesas decorrentes da aplicação desta Lei, pela União, correrão à conta de dotação consignada no orçamento.

Art. 21. Esta Lei entra em vigor na data de sua publicação.

Brasília, 13 de julho de 1999; 178º da Independência e 111º da República.

FERNANDO HENRIQUE CARDOSO

D.O.U. 14.7.1999

LEI Nº 9.868, DE 10 DE NOVEMBRO DE 1999

Dispõe sobre o processo e julgamento da ação direta de inconstitucionalidade e da ação declaratória de constitucionalidade perante o Supremo Tribunal Federal.

‣ *ADI e ADC*

O PRESIDENTE DA REPÚBLICA Faço saber que o Congresso Nacional decreta e eu sanciono a seguinte Lei:

CAPÍTULO I. DA AÇÃO DIRETA DE INCONSTITUCIONALIDADE E DA AÇÃO DECLARATÓRIA DE CONSTITUCIONALIDADE

Art. 1º. Esta Lei dispõe sobre o processo e julgamento da ação direta de inconstitucionalidade e da ação declaratória de constitucionalidade perante o Supremo Tribunal Federal.

‣ CF/88: art. 102, I, a.

‣ Decreto 2.346/1997 – Consolida normas de procedimentos a serem observadas pela Administração Pública Federal em razão de decisões judiciais.

CAPÍTULO II. DA AÇÃO DIRETA DE INCONSTITUCIONALIDADE

SEÇÃO I. DA ADMISSIBILIDADE E DO PROCEDIMENTO DA AÇÃO DIRETA DE INCONSTITUCIONALIDADE

Art. 2º. Podem propor a ação direta de inconstitucionalidade:

‣ CF/88: art. 103.

I – o Presidente da República;
II – a Mesa do Senado Federal;
III – a Mesa da Câmara dos Deputados;
IV – a Mesa de Assembleia Legislativa ou a Mesa da Câmara Legislativa do Distrito Federal;
V – o Governador de Estado ou o Governador do Distrito Federal;
VI – o Procurador-Geral da República;
VII – o Conselho Federal da Ordem dos Advogados do Brasil;
VIII – partido político com representação no Congresso Nacional;
IX – confederação sindical ou entidade de classe de âmbito nacional.

Parágrafo único. (*VETADO*).

Art. 3º. A petição indicará:

I – o dispositivo da lei ou do ato normativo impugnado e os fundamentos jurídicos do pedido em relação a cada uma das impugnações;

‣ Súm. 642 do STF.

II – o pedido, com suas especificações.

Parágrafo único. A petição inicial, acompanhada de instrumento de procuração, quando subscrita por advogado, será apresentada em duas vias, devendo conter cópias da lei ou do ato normativo impugnado e dos documentos necessários para comprovar a impugnação.

Art. 4º. A petição inicial inepta, não fundamentada e a manifestamente improcedente serão liminarmente indeferidas pelo relator.

Parágrafo único. Cabe agravo da decisão que indeferir a petição inicial.

Art. 5º. Proposta a ação direta, não se admitirá desistência.

Parágrafo único. (*VETADO*).

Art. 6º. O relator pedirá informações aos órgãos ou às autoridades das quais emanou a lei ou o ato normativo impugnado.

Parágrafo único. As informações serão prestadas no prazo de 30 (trinta) dias contado do recebimento do pedido.

Art. 7º. Não se admitirá intervenção de terceiros no processo de ação direta de inconstitucionalidade.

§ 1º. (*VETADO*).

§ 2º. O relator, considerando a relevância da matéria e a representatividade dos postulantes, poderá, por despacho irrecorrível, admitir, observado o prazo fixado no parágrafo anterior, a manifestação de outros órgãos ou entidades.

Art. 8º. Decorrido o prazo das informações, serão ouvidos, sucessivamente, o Advogado-Geral da União e o Procurador-Geral da República, que deverão manifestar-se, cada qual, no prazo de 15 (quinze) dias.

Art. 9º. Vencidos os prazos do artigo anterior, o relator lançará o relatório, com cópia a todos os Ministros, e pedirá dia para julgamento.

§ 1º. Em caso de necessidade de esclarecimento de matéria ou circunstância de fato ou de notória insuficiência das informações existentes nos autos, poderá o relator requisitar informações adicionais, designar perito ou comissão de peritos para que emita parecer sobre a questão, ou fixar data para, em audiência pública, ouvir depoimentos de pessoas com experiência e autoridade na matéria.

§ 2º. O relator poderá, ainda, solicitar informações aos Tribunais Superiores, aos Tribunais federais e aos Tribunais estaduais acerca da aplicação da norma impugnada no âmbito de sua jurisdição.

§ 3º. As informações, perícias e audiências a que se referem os parágrafos anteriores serão realizadas no prazo de 30 (trinta) dias, contado da solicitação do relator.

SEÇÃO II. DA MEDIDA CAUTELAR EM AÇÃO DIRETA DE INCONSTITUCIONALIDADE

‣ CF/88: art. 102, I, p.

Art. 10. Salvo no período de recesso, a medida cautelar na ação direta será concedida por decisão da maioria absoluta dos membros do Tribunal, observado o disposto no art. 22, após a audiência dos órgãos ou autoridades dos quais emanou a lei ou ato normativo impugnado, que deverão pronunciar-se no prazo de 5 (cinco) dias.

§ 1º. O relator, julgando indispensável, ouvirá o Advogado-Geral da União e o Procurador-Geral da República, no prazo de 3 (três) dias.

§ 2º. No julgamento do pedido de medida cautelar, será facultada sustentação oral aos representantes judiciais do requerente e das autoridades ou órgãos responsáveis pela expedição do ato, na forma estabelecida no Regimento do Tribunal.

§ 3º. Em caso de excepcional urgência, o Tribunal poderá deferir a medida cautelar sem a audiência dos órgãos ou das autoridades das quais emanou a lei ou o ato normativo impugnado.

Art. 11. Concedida a medida cautelar, o Supremo Tribunal Federal fará publicar em seção especial do *Diário Oficial da União* e do *Diário da Justiça da União* a parte dispositiva da decisão, no prazo de 10 (dez) dias, devendo solicitar as informações à autoridade da qual tiver emanado o ato, observando-se, no que couber, o procedimento estabelecido na Seção I deste Capítulo.

§ 1º. A medida cautelar, dotada de eficácia contra todos, será concedida com efeito *ex nunc*, salvo se o Tribunal entender que deva conceder-lhe eficácia retroativa.

§ 2º. A concessão da medida cautelar torna aplicável a legislação anterior acaso existente, salvo expressa manifestação em sentido contrário.

Art. 12. Havendo pedido de medida cautelar, o relator, em face da relevância da matéria e de seu especial significado para a ordem social e a segurança jurídica, poderá, após a prestação das informações, no prazo de 10 (dez) dias, e a manifestação do Advogado-Geral da União e do Procurador-Geral da República, sucessivamente, no prazo de 5 (cinco) dias, submeter o processo diretamente ao Tribunal, que terá a faculdade de julgar definitivamente a ação.

CAPÍTULO II-A. DA AÇÃO DIRETA DE INCONSTITUCIONALIDADE POR OMISSÃO

(Incluído pela Lei nº 12.063, de 2009)

SEÇÃO I. DA ADMISSIBILIDADE E DO PROCEDIMENTO DA AÇÃO DIRETA DE INCONSTITUCIONALIDADE POR OMISSÃO

(Incluído pela Lei nº 12.063, de 2009)

Art. 12-A. Podem propor a ação direta de inconstitucionalidade por omissão os legitimados à propositura da ação direta de inconstitucionalidade e da ação declaratória de constitucionalidade. (Incluído pela Lei nº 12.063, de 2009)

Art. 12-B. A petição indicará: (Incluído pela Lei nº 12.063, de 2009)

I – a omissão inconstitucional total ou parcial quanto ao cumprimento de dever constitucional de legislar ou quanto à adoção de providência de índole administrativa; (Incluído pela Lei nº 12.063, de 2009)

II – o pedido, com suas especificações. (Incluído pela Lei nº 12.063, de 2009)

Parágrafo único. A petição inicial, acompanhada de instrumento de procuração, se for o caso, será apresentada em 2 (duas) vias, devendo conter cópias dos documentos necessários para comprovar a alegação de omissão. (Incluído pela Lei nº 12.063, de 2009)

Art. 12-C. A petição inicial inepta, não fundamentada, e a manifestamente improcedente serão liminarmente indeferidas pelo relator. (Incluído pela Lei nº 12.063, de 2009)

Parágrafo único. Cabe agravo da decisão que indeferir a petição inicial. (Incluído pela Lei nº 12.063, de 2009)

Art. 12-D. Proposta a ação direta de inconstitucionalidade por omissão, não se admitirá desistência. (Incluído pela Lei nº 12.063, de 2009)

Art. 12-E. Aplicam-se ao procedimento da ação direta de inconstitucionalidade por omissão, no que couber, as disposições constantes da Seção I do Capítulo II desta Lei. (Incluído pela Lei nº 12.063, de 2009)

§ 1º. Os demais titulares referidos no art. 2º desta Lei poderão manifestar-se, por escrito, sobre o objeto da ação e pedir a juntada de documentos reputados úteis para o exame da matéria, no prazo das informações, bem como apresentar memoriais. (Incluído pela Lei nº 12.063, de 2009)

§ 2º. O relator poderá solicitar a manifestação do Advogado-Geral da União, que deverá ser encaminhada no prazo de 15 (quinze) dias. (Incluído pela Lei nº 12.063, de 2009)

§ 3º. O Procurador-Geral da República, nas ações em que não for autor, terá vista do processo, por 15 (quinze) dias, após o decurso do prazo para informações. (Incluído pela Lei nº 12.063, de 2009)

SEÇÃO II. DA MEDIDA CAUTELAR EM AÇÃO DIRETA DE INCONSTITUCIONALIDADE POR OMISSÃO

(Incluído pela Lei nº 12.063, de 2009)

Art. 12-F. Em caso de excepcional urgência e relevância da matéria, o Tribunal, por decisão da maioria absoluta de seus membros, observado o disposto no art. 22, poderá conceder medida cautelar, após a audiência dos órgãos ou autoridades responsáveis pela omissão inconstitucional, que deverão pronunciar-se no prazo de 5 (cinco) dias. (Incluído pela Lei nº 12.063, de 2009)

§ 1º. A medida cautelar poderá consistir na suspensão da aplicação da lei ou do ato normativo questionado, no caso de omissão parcial, bem como na suspensão de processos judiciais ou de procedimentos administrativos, ou ainda em outra providência a ser fixada pelo Tribunal. (Incluído pela Lei nº 12.063, de 2009)

§ 2º. O relator, julgando indispensável, ouvirá o Procurador-Geral da República, no prazo de 3 (três) dias. (Incluído pela Lei nº 12.063, de 2009)

§ 3º. No julgamento do pedido de medida cautelar, será facultada sustentação oral aos representantes judiciais do requerente e das autoridades ou órgãos responsáveis pela omissão inconstitucional, na forma estabelecida no Regimento do Tribunal. (Incluído pela Lei nº 12.063, de 2009)

Art. 12-G. Concedida a medida cautelar, o Supremo Tribunal Federal fará publicar, em seção especial do *Diário Oficial da União* e do *Diário da Justiça da União*, a parte dispositiva da decisão no prazo de 10 (dez) dias, devendo solicitar as informações à autoridade ou ao órgão responsável pela omissão inconstitucional, observando-se, no que couber, o procedimento estabelecido na Seção I do Capítulo II desta Lei. (Incluído pela Lei nº 12.063, de 2009)

SEÇÃO III. DA DECISÃO NA AÇÃO DIRETA DE INCONSTITUCIONALIDADE POR OMISSÃO

(Incluído pela Lei nº 12.063, de 2009)

Art. 12-H. Declarada a inconstitucionalidade por omissão, com observância do disposto no art. 22, será dada ciência ao Poder competente para a adoção das providências necessárias. (Incluído pela Lei nº 12.063, de 2009)

§ 1º. Em caso de omissão imputável a órgão administrativo, as providências deverão ser adotadas no prazo de 30 (trinta) dias, ou em prazo razoável a ser estipulado excepcionalmente pelo Tribunal, tendo em vista as circunstâncias específicas do caso e o interesse público envolvido. (Incluído pela Lei nº 12.063, de 2009)

§ 2º. Aplica-se à decisão da ação direta de inconstitucionalidade por omissão, no que couber, o disposto no Capítulo IV desta Lei. (Incluído pela Lei nº 12.063, de 2009)

CAPÍTULO III. DA AÇÃO DECLARATÓRIA DE CONSTITUCIONALIDADE

SEÇÃO I. DA ADMISSIBILIDADE E DO PROCEDIMENTO DA AÇÃO DECLARATÓRIA DE CONSTITUCIONALIDADE

Art. 13. Podem propor a ação declaratória de constitucionalidade de lei ou ato normativo federal:

I – o Presidente da República;
II – a Mesa da Câmara dos Deputados;
III – a Mesa do Senado Federal;
IV – o Procurador-Geral da República.

Art. 14. A petição inicial indicará:

I – o dispositivo da lei ou do ato normativo questionado e os fundamentos jurídicos do pedido;
II – o pedido, com suas especificações;
III – a existência de controvérsia judicial relevante sobre a aplicação da disposição objeto da ação declaratória.

Parágrafo único. A petição inicial, acompanhada de instrumento de procuração, quando subscrita por advogado, será apresentada em duas vias, devendo conter cópias do ato normativo questionado e dos documentos necessários para comprovar a procedência do pedido de declaração de constitucionalidade.

Art. 15. A petição inicial inepta, não fundamentada e a manifestamente improcedente serão liminarmente indeferidas pelo relator.

Parágrafo único. Cabe agravo da decisão que indeferir a petição inicial.

Art. 16. Proposta a ação declaratória, não se admitirá desistência.

Art. 17. (*VETADO*).

Art. 18. Não se admitirá intervenção de terceiros no processo de ação declaratória de constitucionalidade.

§ 1º. (*VETADO*).

§ 2º. (*VETADO*).

Art. 19. Decorrido o prazo do artigo anterior, será aberta vista ao Procurador-Geral da República, que deverá pronunciar-se no prazo de 15 (quinze) dias.

Art. 20. Vencido o prazo do artigo anterior, o relator lançará o relatório, com cópia a todos os Ministros, e pedirá dia para julgamento.

§ 1º. Em caso de necessidade de esclarecimento de matéria ou circunstância de fato ou de notória insuficiência das informações existentes nos autos, poderá o relator requisitar informações adicionais, designar perito ou comissão de peritos para que emita parecer sobre a questão ou fixar data para, em audiência pública, ouvir depoimentos de pessoas com experiência e autoridade na matéria.

§ 2º. O relator poderá solicitar, ainda, informações aos Tribunais Superiores, aos Tribunais federais e aos Tribunais estaduais acerca da aplicação da norma questionada no âmbito de sua jurisdição.

§ 3º. As informações, perícias e audiências a que se referem os parágrafos anteriores serão realizadas no prazo de 30 (trinta) dias, contado da solicitação do relator.

SEÇÃO II. DA MEDIDA CAUTELAR EM AÇÃO DECLARATÓRIA DE CONSTITUCIONALIDADE

Art. 21. O Supremo Tribunal Federal, por decisão da maioria absoluta de seus membros, poderá deferir pedido de medida cautelar na ação declaratória de constitucionalidade, consistente na determinação de que os juízes e os Tribunais suspendam o julgamento dos processos que envolvam a aplicação da lei ou do ato normativo objeto da ação até seu julgamento definitivo.

Parágrafo único. Concedida a medida cautelar, o Supremo Tribunal Federal fará publicar em seção especial do *Diário Oficial da União* a parte dispositiva da decisão, no prazo de 10 (dez) dias, devendo o Tribunal proceder ao julgamento da ação no prazo de 180 (cento e oitenta) dias, sob pena de perda de sua eficácia.

CAPÍTULO IV. DA DECISÃO NA AÇÃO DIRETA DE INCONSTITUCIONALIDADE E NA AÇÃO DECLARATÓRIA DE CONSTITUCIONALIDADE

Art. 22. A decisão sobre a constitucionalidade ou a inconstitucionalidade da lei ou do ato normativo somente será tomada se presentes na sessão pelo menos oito Ministros.

Art. 23. Efetuado o julgamento, proclamar-se-á a constitucionalidade ou a inconstitucionalidade da disposição ou da norma impugnada se num ou noutro sentido se tiverem manifestado pelo menos seis Ministros, quer se trate de ação direta de inconstitucionalidade ou de ação declaratória de constitucionalidade.

Parágrafo único. Se não for alcançada a maioria necessária à declaração de constitucionalidade ou de inconstitucionalidade, estando ausentes Ministros em número que possa influir no julgamento, este será suspenso a fim de aguardar-se o comparecimento dos Ministros ausentes, até que se atinja o número necessário para prolação da decisão num ou noutro sentido.

Art. 24. Proclamada a constitucionalidade, julgar-se-á improcedente a ação direta ou procedente eventual ação declaratória; e, proclamada a inconstitucionalidade, julgar-se-á procedente a ação direta ou improcedente eventual ação declaratória.

Art. 25. Julgada a ação, far-se-á a comunicação à autoridade ou ao órgão responsável pela expedição do ato.

Art. 26. A decisão que declara a constitucionalidade ou a inconstitucionalidade da lei ou do ato normativo em ação direta ou em ação declaratória é irrecorrível, ressalvada a interposição de embargos declaratórios, não podendo, igualmente, ser objeto de ação rescisória.

Art. 27. Ao declarar a inconstitucionalidade de lei ou ato normativo, e tendo em vista razões de segurança jurídica ou de excepcional interesse social, poderá o Supremo Tribunal Federal, por maioria de 2/3 (dois terços) de seus membros, restringir os efeitos daquela declaração ou decidir que ela só tenha eficácia a partir de seu trânsito em julgado ou de outro momento que venha a ser fixado.

Art. 28. Dentro do prazo de 10 (dez) dias após o trânsito em julgado da decisão, o Supremo Tribunal Federal fará publicar em seção especial do *Diário da Justiça* e do *Diário Oficial da União* a parte dispositiva do acórdão.

Parágrafo único. A declaração de constitucionalidade ou de inconstitucionalidade, inclusive a interpretação conforme a Constituição e a declaração parcial de inconstitucionalidade sem redução de texto, têm eficácia contra todos e efeito vinculante em relação aos órgãos do Poder Judiciário e à Administração Pública federal, estadual e municipal.

CAPÍTULO V. DAS DISPOSIÇÕES GERAIS E FINAIS

Art. 29. O art. 482 do Código de Processo Civil fica acrescido dos seguintes parágrafos:

- Refere-se ao CPC/1973.
- CPC/15: arts. 1.045 e 1.046.

"Art. 482. [...]

§ 1º O Ministério Público e as pessoas jurídicas de direito público responsáveis pela edição do ato questionado, se assim o requererem, poderão manifestar-se no incidente de inconstitucionalidade, observados os prazos e condições fixados no Regimento Interno do Tribunal.

§ 2º Os titulares do direito de propositura referidos no art. 103 da Constituição poderão manifestar-se, por escrito, sobre a questão constitucional objeto de apreciação pelo órgão especial ou pelo Pleno do Tribunal, no prazo fixado em Regimento, sendo-lhes assegurado o direito de apresentar memoriais ou de pedir a juntada de documentos.

§ 3º O relator, considerando a relevância da matéria e a representatividade dos postulantes, poderá admitir, por despacho irrecorrível, a manifestação de outros órgãos ou entidades."

Art. 30. O art. 8º da Lei nº 8.185, de 14 de maio de 1991, passa a vigorar acrescido dos seguintes dispositivos:

"Art. 8º (...)

I – (...)

(...)

n) a ação direta de inconstitucionalidade de lei ou ato normativo do Distrito Federal em face da sua Lei Orgânica;

(...)

§ 3º São partes legítimas para propor a ação direta de inconstitucionalidade:

I – o Governador do Distrito Federal;

II – a Mesa da Câmara Legislativa;

III – o Procurador-Geral de Justiça;

IV – a Ordem dos Advogados do Brasil, seção do Distrito Federal;

V – as entidades sindicais ou de classe, de atuação no Distrito Federal, demonstrando que a pretensão por elas deduzida guarda relação de pertinência direta com os seus objetivos institucionais;

VI – os partidos políticos com representação na Câmara Legislativa.

§ 4º Aplicam-se ao processo e julgamento da ação direta de inconstitucionalidade perante o Tribunal de Justiça do Distrito Federal e Territórios as seguintes disposições:

I – o Procurador-Geral de Justiça será sempre ouvido nas ações diretas de constitucionalidade ou de inconstitucionalidade;

II – declarada a inconstitucionalidade por omissão de medida para tornar efetiva norma da Lei Orgânica do Distrito Federal, a decisão será comunicada ao Poder competente para adoção das providências necessárias, e, tratando-se de órgão administrativo, para fazê-lo em 30 (trinta) dias;

III – somente pelo voto da maioria absoluta de seus membros ou de seu órgão especial, poderá o Tribunal de Justiça declarar a inconstitucionalidade de lei ou de ato normativo do Distrito Federal ou suspender a sua vigência em decisão de medida cautelar.

§ 5º Aplicam-se, no que couber, ao processo de julgamento da ação direta de inconstitucionalidade de lei ou ato normativo do Distrito Federal em face da sua Lei Orgânica as normas sobre o processo e o julgamento da ação direta de inconstitucionalidade perante o Supremo Tribunal Federal."

Art. 31. Esta Lei entra em vigor na data de sua publicação.

Brasília, 10 de novembro de 1999; 178º da Independência e 111º da República.

FERNANDO HENRIQUE CARDOSO

D.O.U 11.11.1999

LEI Nº 9.873, DE 23 DE NOVEMBRO DE 1999

Estabelece prazo de prescrição para o exercício de ação punitiva pela Administração Pública Federal, direta e indireta, e dá outras providências.

▸ *Prescrição administrativa*

Faço saber que o PRESIDENTE DA REPÚBLICA adotou a Medida Provisória 1.859-17, de 1999, que o Congresso Nacional aprovou, e eu, Antonio Carlos Magalhães, Presidente, para os efeitos do disposto no parágrafo único do art. 62 da Constituição Federal, promulgo a seguinte Lei:

Art. 1º. Prescreve em 5 (cinco) anos a ação punitiva da Administração Pública Federal, direta e indireta, no exercício do poder de polícia, objetivando apurar infração à legislação em vigor, contados da data da prática do ato ou, no caso de infração permanente ou continuada, do dia em que tiver cessado.

§ 1º. Incide a prescrição no procedimento administrativo paralisado por mais de 3 (três) anos, pendente de julgamento ou despacho, cujos autos serão arquivados de ofício ou mediante requerimento da parte interessada, sem prejuízo da apuração da responsabilidade funcional decorrente da paralisação, se for o caso.

§ 2º. Quando o fato objeto da ação punitiva da Administração também constituir crime, a prescrição reger-se-á pelo prazo previsto na lei penal.

▸ CP: arts. 109 a 119.

Art. 1º-A. Constituído definitivamente o crédito não tributário, após o término regular do processo administrativo, prescreve em 5 (cinco) anos a ação de execução da administração pública federal relativa a crédito decorrente da aplicação de multa por infração à legislação em vigor. (Incluído pela Lei nº 11.941, de 2009)

▸ Súm. 467 do STJ.

Art. 2º. Interrompe-se a prescrição da ação punitiva: (Redação dada pela Lei nº 11.941, de 2009)

I – pela notificação ou citação do indiciado ou acusado, inclusive por meio de edital; (Redação dada pela Lei nº 11.941, de 2009)

II – por qualquer ato inequívoco, que importe apuração do fato;

III – pela decisão condenatória recorrível;

IV – por qualquer ato inequívoco que importe em manifestação expressa de tentativa de solução conciliatória no âmbito interno da administração pública federal. (Incluído pela Lei nº 11.941, de 2009)

Art. 2º-A. Interrompe-se o prazo prescricional da ação executória: (Incluído pela Lei nº 11.941, de 2009)

I – pelo despacho do juiz que ordenar a citação em execução fiscal; (Incluído pela Lei nº 11.941, de 2009)

II – pelo protesto judicial; (Incluído pela Lei nº 11.941, de 2009)

III – por qualquer ato judicial que constitua em mora o devedor; (Incluído pela Lei nº 11.941, de 2009)

IV – por qualquer ato inequívoco, ainda que extrajudicial, que importe em reconhecimento do débito pelo devedor; (Incluído pela Lei nº 11.941, de 2009)

V – por qualquer ato inequívoco que importe em manifestação expressa de tentativa de solução conciliatória no âmbito interno da administração pública federal. (Incluído pela Lei nº 11.941, de 2009)

Art. 3º. Suspende-se a prescrição durante a vigência:

I – dos compromissos de cessação ou de desempenho, respectivamente, previstos nos arts. 53 e 58 da Lei 8.884, de 11 de junho de 1994;

▸ Lei 12.529/2011 revogou a Lei 8.884/1994..

II – (Revogado pela Lei nº 13.506, de 2017)

Art. 4º. Ressalvadas as hipóteses de interrupção previstas no art. 2º, para as infrações ocorridas há mais de 3 (três) anos, contados do dia 1º de julho de 1998, a prescrição operará em 2 (dois) anos, a partir dessa data.

Art. 5º. O disposto nesta Lei não se aplica às infrações de natureza funcional e aos processos e procedimentos de natureza tributária.

Art. 6º. Ficam convalidados os atos praticados com base na Medida Provisória 1.859-16, de 24 de setembro de 1999.

Art. 7º. Esta Lei entra em vigor na data de sua publicação.

Art. 8º. Ficam revogados o art. 33 da Lei nº 6.385, de 1976, com a redação dada pela Lei nº 9.457, de 1997, o art. 28 da Lei nº 8.884, de 1994, e demais disposições em contrário, ainda que constantes de lei especial.

▸ Lei 12.529/2011 revogou a Lei 8.884/1994.

Congresso Nacional, em 23 de novembro de 1999; 178º da Independência e 111º da República.

Senador ANTÔNIO CARLOS MAGALHÃES

Presidente do Congresso Nacional

D.O.U. de 24.11.1999

LEI Nº 9.882, DE 3 DE DEZEMBRO DE 1999

Dispõe sobre o processo e julgamento da arguição de descumprimento de preceito fundamental, nos termos do § 1º do art. 102 da Constituição Federal.

▸ *ADPF*

O PRESIDENTE DA REPÚBLICA Faço saber que o Congresso Nacional decreta e eu sanciono a seguinte Lei:

Art. 1º. A arguição prevista no § 1º do art. 102 da Constituição Federal será proposta perante o Supremo Tribunal Federal, e terá por objeto evitar ou reparar lesão a preceito fundamental, resultante de ato do Poder Público.

Parágrafo único. Caberá também arguição de descumprimento de preceito fundamental:

I – quando for relevante o fundamento da controvérsia constitucional sobre lei ou ato normativo federal, estadual ou municipal, incluídos os anteriores à Constituição;

▸ ADIn 2231-8/DF.

II – (*VETADO*).

Art. 2º. Podem propor arguição de descumprimento de preceito fundamental:

I – os legitimados para a ação direta de inconstitucionalidade;

▸ CF/88: art. 103.

II – (*VETADO*).

§ 1º. Na hipótese do inciso II, faculta-se ao interessado, mediante representação, solicitar a propositura de arguição de descumprimento de preceito fundamental ao Procurador-Geral da República, que, examinando os fundamentos jurídicos do pedido, decidirá do cabimento do seu ingresso em juízo.

§ 2º. (*VETADO*).

Art. 3º. A petição inicial deverá conter:

I – a indicação do preceito fundamental que se considera violado;
II – a indicação do ato questionado;
III – a prova da violação do preceito fundamental;
IV – o pedido, com suas especificações;
V – se for o caso, a comprovação da existência de controvérsia judicial relevante sobre a aplicação do preceito fundamental que se considera violado.

Parágrafo único. A petição inicial, acompanhada de instrumento de mandato, se for o caso, será apresentada em duas vias, devendo conter cópias do ato questionado e dos documentos necessários para comprovar a impugnação.

Art. 4º. A petição inicial será indeferida liminarmente, pelo relator, quando não for o caso de arguição de descumprimento de preceito fundamental, faltar algum dos requisitos prescritos nesta Lei ou for inepta.

§ 1º. Não será admitida arguição de descumprimento de preceito fundamental quando houver qualquer outro meio eficaz de sanar a lesividade.

§ 2º. Da decisão de indeferimento da petição inicial caberá agravo, no prazo de 5 (cinco) dias.

Art. 5º. O Supremo Tribunal Federal, por decisão da maioria absoluta de seus membros, poderá deferir pedido de medida liminar na arguição de descumprimento de preceito fundamental.

§ 1º. Em caso de extrema urgência ou perigo de lesão grave, ou, ainda, em período de recesso, poderá o relator conceder a liminar, *ad referendum* do Tribunal Pleno.

§ 2º. O relator poderá ouvir os órgãos ou autoridades responsáveis pelo ato questionado, bem como o Advogado-Geral da União ou o Procurador-Geral da República, no prazo comum de 5 (cinco) dias.

§ 3º. A liminar poderá consistir na determinação de que juízes e tribunais suspendam o andamento de processo ou os efeitos de decisões judiciais, ou de qualquer outra medida que apresente relação com a matéria objeto da arguição de descumprimento de preceito fundamental, salvo se decorrentes da coisa julgada.

▸ ADIn 2231-8/DF.

§ 4º. (*VETADO*).

Art. 6º. Apreciado o pedido de liminar, o relator solicitará as informações às autoridades responsáveis pela prática do ato questionado, no prazo de 10 (dez) dias.

§ 1º. Se entender necessário, poderá o relator ouvir as partes nos processos que ensejaram a arguição, requisitar informações adicionais, designar perito ou comissão de peritos para que emita parecer sobre a questão, ou, ainda, fixar data para declarações, em audiência pública, de pessoas com experiência e autoridade na matéria.

§ 2º. Poderão ser autorizadas, a critério do relator, sustentação oral e juntada de memoriais, por requerimento dos interessados no processo.

Art. 7º. Decorrido o prazo das informações, o relator lançará o relatório, com cópia a todos os ministros, e pedirá dia para julgamento.

Parágrafo único. O Ministério Público, nas arguições que não houver formulado, terá vista do processo, por 5 (cinco) dias, após o decurso do prazo para informações.

Art. 8º. A decisão sobre a arguição de descumprimento de preceito fundamental somente será tomada se presentes na sessão pelo menos 2/3 (dois terços) dos Ministros.

§ 1º. (*VETADO*).

§ 2º. (*VETADO*).

Art. 9º. (*VETADO*).

Art. 10. Julgada a ação, far-se-á comunicação às autoridades ou órgãos responsáveis pela prática dos atos questionados, fixando-se as condições e o modo de interpretação e aplicação do preceito fundamental.

▸ ADIn 2231-8/DF.

§ 1º. O presidente do Tribunal determinará o imediato cumprimento da decisão, lavrando-se o acórdão posteriormente.

§ 2º. Dentro do prazo de 10 (dez) dias contado a partir do trânsito em julgado da decisão, sua parte dispositiva será publicada em seção especial do *Diário da Justiça* e do *Diário Oficial da União*.

§ 3º. A decisão terá eficácia contra todos e efeito vinculante relativamente aos demais órgãos do Poder Público.

▸ ADIn 2231-8/DF.

Art. 11. Ao declarar a inconstitucionalidade de lei ou ato normativo, no processo de arguição de descumprimento de preceito fundamental, e tendo em vista razões de segurança jurídica ou de excepcional interesse social, poderá o Supremo Tribunal Federal, por maioria de 2/3 (dois terços) de seus membros, restringir os efeitos daquela declaração ou decidir que ela só tenha eficácia a partir de seu trânsito em julgado ou de outro momento que venha a ser fixado.

▸ ADIn 2231-8/DF.

Art. 12. A decisão que julgar procedente ou improcedente o pedido em arguição de descumprimento de preceito fundamental é irrecorrível, não podendo ser objeto de ação rescisória.

Art. 13. Caberá reclamação contra o descumprimento da decisão proferida pelo Supremo Tribunal Federal, na forma do seu Regimento Interno.

Art. 14. Esta Lei entra em vigor na data de sua publicação.

Brasília, 3 de dezembro de 1999; 178º da Independência e 111º da República.

FERNANDO HENRIQUE CARDOSO
D.O.U. 06.12.1999

DECRETO Nº 3.298, DE 20 DE DEZEMBRO DE 1999

Regulamenta a Lei nº 7.853, de 24 de outubro de 1989, dispõe sobre a Política Nacional para a Integração da Pessoa Portadora de Deficiência, consolida as normas de proteção, e dá outras providências.

▸ *Regulamento PCD*

O Presidente da República, no uso das atribuições que lhe confere o art. 84, incisos IV e VI, da Constituição, e tendo em vista o disposto na Lei nº 7.853, de 24 de outubro de 1989,

DECRETA:

CAPÍTULO I
DAS DISPOSIÇÕES GERAIS

Art. 1º A Política Nacional para a Integração da Pessoa Portadora de Deficiência compreende o conjunto de orientações normativas que objetivam assegurar o pleno exercício dos direitos individuais e sociais das pessoas portadoras de deficiência.

Art. 2º Cabe aos órgãos e às entidades do Poder Público assegurar à pessoa portadora de deficiência o pleno exercício de seus direitos básicos, inclusive dos direitos à educação, à saúde, ao trabalho, ao desporto, ao turismo, ao lazer, à previdência social, à assistência social, ao transporte, à edificação pública, à habitação, à cultura, ao amparo à infância e à maternidade, e de outros que, decorrentes da Constituição e das leis, propiciem seu bem-estar pessoal, social e econômico.

Art. 3º Para os efeitos deste Decreto, considera-se:

I – deficiência – toda perda ou anormalidade de uma estrutura ou função psicológica, fisiológica ou anatômica que gere incapacidade para o desempenho de atividade, dentro do padrão considerado normal para o ser humano;
II – deficiência permanente – aquela que ocorreu ou se estabilizou durante um período de tempo suficiente para não permitir recuperação ou ter probabilidade de que se altere, apesar de novos tratamentos; e
III – incapacidade – uma redução efetiva e acentuada da capacidade de integração social, com necessidade de equipamentos, adaptações, meios ou recursos especiais para que a pessoa portadora de deficiência possa receber ou transmitir informações necessárias ao seu bem-estar pessoal e ao desempenho de função ou atividade a ser exercida.

Art. 4º É considerada pessoa portadora de deficiência a que se enquadra nas seguintes categorias:

I – deficiência física – alteração completa ou parcial de um ou mais segmentos do corpo humano, acarretando o comprometimento da função física, apresentando-se sob a forma de paraplegia, paraparesia, monoplegia, monoparesia, tetraplegia, tetraparesia, triplegia, triparesia, hemiplegia, hemiparesia, ostomia, amputação ou ausência de membro, paralisia cerebral, nanismo, membros com deformidade congênita ou adquirida, exceto as deformidades estéticas e as que não produzam dificuldades para o desempenho de funções; (Redação dada pelo Decreto nº 5.296, de 2004)
II – deficiência auditiva – perda bilateral, parcial ou total, de quarenta e um decibéis (dB) ou mais, aferida por audiograma nas freqüências de 500HZ, 1.000HZ, 2.000Hz e 3.000Hz; (Redação dada pelo Decreto nº 5.296, de 2004)
III – deficiência visual – cegueira, na qual a acuidade visual é igual ou menor que 0,05 no melhor olho, com a melhor correção óptica; a baixa visão, que significa acuidade visual entre 0,3 e 0,05 no melhor olho, com a melhor correção óptica; os casos nos quais a somatória da medida do campo visual em ambos os olhos for igual ou menor que 60º; ou a ocorrência simultânea de quaisquer das condições anteriores; (Redação dada pelo Decreto nº 5.296, de 2004)
IV – deficiência mental – funcionamento intelectual significativamente inferior à média, com manifestação antes dos dezoito anos e limitações associadas a duas ou mais áreas de habilidades adaptativas, tais como:
a) comunicação;
b) cuidado pessoal;
c) habilidades sociais;
d) utilização dos recursos da comunidade; (Redação dada pelo Decreto nº 5.296, de 2004)
e) saúde e segurança;
f) habilidades acadêmicas;
g) lazer; e
h) trabalho;
V – deficiência múltipla – associação de duas ou mais deficiências.

CAPÍTULO II
DOS PRINCÍPIOS

Art. 5º A Política Nacional para a Integração da Pessoa Portadora de Deficiência, em consonância com o Programa Nacional de Direitos Humanos, obedecerá aos seguintes princípios;

I – desenvolvimento de ação conjunta do Estado e da sociedade civil, de modo a assegurar a plena integração da pessoa portadora de deficiência no contexto sócio-econômico e cultural;

II – estabelecimento de mecanismos e instrumentos legais e operacionais que assegurem às pessoas portadoras de deficiência o pleno exercício de seus direitos básicos que, decorrentes da Constituição e das leis, propiciam o seu bem-estar pessoal, social e econômico; e

III – respeito às pessoas portadoras de deficiência, que devem receber igualdade de oportunidades na sociedade por reconhecimento dos direitos que lhes são assegurados, sem privilégios ou paternalismos.

CAPÍTULO III
DAS DIRETRIZES

Art. 6º São diretrizes da Política Nacional para a Integração da Pessoa Portadora de Deficiência:

I – estabelecer mecanismos que acelerem e favoreçam a inclusão social da pessoa portadora de deficiência;

II – adotar estratégias de articulação com órgãos e entidades públicos e privados, bem assim com organismos internacionais e estrangeiros para a implantação desta Política;

III – incluir a pessoa portadora de deficiência, respeitadas as suas peculiaridades, em todas as iniciativas governamentais relacionadas à educação, à saúde, ao trabalho, à edificação pública, à previdência social, à assistência social, ao transporte, à habitação, à cultura, ao esporte e ao lazer;

IV – viabilizar a participação da pessoa portadora de deficiência em todas as fases de implementação dessa Política, por intermédio de suas entidades representativas;

V – ampliar as alternativas de inserção econômica da pessoa portadora de deficiência, proporcionando a ela qualificação profissional e incorporação no mercado de trabalho; e

VI – garantir o efetivo atendimento das necessidades da pessoa portadora de deficiência, sem o cunho assistencialista.

CAPÍTULO IV
DOS OBJETIVOS

Art. 7º São objetivos da Política Nacional para a Integração da Pessoa Portadora de Deficiência:

I – o acesso, o ingresso e a permanência da pessoa portadora de deficiência em todos os serviços oferecidos à comunidade;

II – integração das ações dos órgãos e das entidades públicos e privados nas áreas de saúde, educação, trabalho, transporte, assistência social, edificação pública, previdência social, habitação, cultura, desporto e lazer, visando à prevenção das deficiências, à eliminação de suas múltiplas causas e à inclusão social;

III – desenvolvimento de programas setoriais destinados ao atendimento das necessidades especiais da pessoa portadora de deficiência;

IV – formação de recursos humanos para atendimento da pessoa portadora de deficiência; e

V – garantia da efetividade dos programas de prevenção, de atendimento especializado e de inclusão social.

CAPÍTULO V
DOS INSTRUMENTOS

Art. 8º São instrumentos da Política Nacional para a Integração da Pessoa Portadora de Deficiência:

I – a articulação entre entidades governamentais e não-governamentais que tenham responsabilidades quanto ao atendimento da pessoa portadora de deficiência, em nível federal, estadual, do Distrito Federal e municipal;

II – o fomento à formação de recursos humanos para adequado e eficiente atendimento da pessoa portadora de deficiência;

III – a aplicação da legislação específica que disciplina a reserva de mercado de trabalho, em favor da pessoa portadora de deficiência, nos órgãos e nas entidades públicos e privados;

IV – o fomento da tecnologia de bioengenharia voltada para a pessoa portadora de deficiência, bem como a facilitação da importação de equipamentos; e

V – a fiscalização do cumprimento da legislação pertinente à pessoa portadora de deficiência.

CAPÍTULO VI
DOS ASPECTOS INSTITUCIONAIS

Art. 9º Os órgãos e as entidades da Administração Pública Federal direta e indireta deverão conferir, no âmbito das respectivas competências e finalidades, tratamento prioritário e adequado aos assuntos relativos à pessoa portadora de deficiência, visando a assegurar-lhe o pleno exercício de seus direitos básicos e a efetiva inclusão social.

Art. 10. Na execução deste Decreto, a Administração Pública Federal direta e indireta atuará de modo integrado e coordenado, seguindo planos e programas, com prazos e objetivos determinados, aprovados pelo Conselho Nacional dos Direitos da Pessoa Portadora de Deficiência – CONADE.

Arts. 11 e 12. (Revogados pelo Decreto nº 10.177, de 2019)

Art. 13. Poderão ser instituídas outras instâncias deliberativas pelos Estados, pelo Distrito Federal e pelos Municípios, que integrarão sistema descentralizado de defesa dos direitos da pessoa portadora de deficiência.

Art. 14. Incumbe ao Ministério dos Direitos Humanos, a coordenação superior, na Administração Pública Federal, dos assuntos, das atividades e das medidas que se refiram às pessoas portadoras de deficiência. (Redação dada pelo Decreto nº 9.494, de 2018)

§ 1º No âmbito do Ministério dos Direitos Humanos, compete à Secretaria Nacional dos Direitos da Pessoa com Deficiência: (Redação dada pelo Decreto nº 9.494, de 2018)

I – exercer a coordenação superior dos assuntos, das ações governamentais e das medidas referentes à pessoa portadora de deficiência;

II – elaborar os planos, programas e projetos da Política Nacional para Integração da Pessoa Portadora de Deficiência, bem como propor as providências necessárias à sua completa implantação e ao seu adequado desenvolvimento, inclusive as pertinentes a recursos financeiros e as de caráter legislativo;

III – acompanhar e orientar a execução pela Administração Pública Federal dos planos, programas e projetos mencionados no inciso anterior;

IV – manifestar-se sobre a Política Nacional para a Integração da Pessoa Portadora de Deficiência, dos projetos federais a ela conexos, antes da liberação dos recursos respectivos;

V – manter com os Estados, o Distrito Federal, os Municípios e o Ministério Público, estreito relacionamento, objetivando a concorrência de ações destinadas à integração das pessoas portadoras de deficiência;

VI – provocar a iniciativa do Ministério Público, ministrando-lhe informações sobre fatos que constituam objeto da ação civil de que trata a Lei nº 7.853, de 24 de outubro de 1989, e indicando-lhe os elementos de convicção;

VII – emitir opinião sobre os acordos, contratos ou convênios firmados pelos demais órgãos da Administração Pública Federal, no âmbito da Política Nacional para a Integração da Pessoa Portadora de Deficiência; e

VIII – promover e incentivar a divulgação e o debate das questões concernentes à pessoa portadora de deficiência, visando à conscientização da sociedade.

§ 2º Na elaboração dos planos e programas a seu cargo, a CORDE deverá:

I – recolher, sempre que possível, a opinião das pessoas e entidades interessadas; e

II – considerar a necessidade de ser oferecido efetivo apoio às entidades privadas voltadas à integração social da pessoa portadora de deficiência.

CAPÍTULO VII
DA EQUIPARAÇÃO DE OPORTUNIDADES

Art. 15. Os órgãos e as entidades da Administração Pública Federal prestarão direta ou indiretamente à pessoa portadora de deficiência os seguintes serviços:

I – reabilitação integral, entendida como o desenvolvimento das potencialidades da pessoa portadora de deficiência, destinada a facilitar sua atividade laboral, educativa e social;

II – formação profissional e qualificação para o trabalho;

III – escolarização em estabelecimentos de ensino regular com a provisão dos apoios necessários, ou em estabelecimentos de ensino especial; e

IV – orientação e promoção individual, familiar e social.

SEÇÃO I
DA SAÚDE

Art. 16. Os órgãos e as entidades da Administração Pública Federal direta e indireta responsáveis pela saúde devem dispensar aos assuntos objeto deste Decreto tratamento prioritário e adequado, viabilizando, sem prejuízo de outras, as seguintes medidas:

I – a promoção de ações preventivas, como as referentes ao planejamento familiar, ao aconselhamento genético, ao acompanhamento da gravidez, do parto e do puerpério, à nutrição da mulher e da criança, à identificação e ao controle da gestante e do feto de alto risco, à imunização, às doenças do metabolismo e seu diagnóstico, ao encaminhamento precoce de outras doenças causadoras de deficiência, e à detecção precoce das doenças crônico-degenerativas e a outras potencialmente incapacitantes;

II – o desenvolvimento de programas especiais de prevenção de acidentes domésticos, de trabalho, de trânsito e outros, bem como o desenvolvimento de programa para tratamento adequado a suas vítimas;

III – a criação de rede de serviços regionalizados, descentralizados e hierarquizados em crescentes níveis de complexidade, voltada ao atendimento à saúde e reabilitação da pessoa portadora de deficiência, articulada com os serviços sociais, educacionais e com o trabalho;

IV – a garantia de acesso da pessoa portadora de deficiência aos estabelecimentos de saúde públicos e privados e de seu adequado tratamento sob normas técnicas e padrões de conduta apropriados;

V – a garantia de atendimento domiciliar de saúde ao portador de deficiência grave não internado;

VI – o desenvolvimento de programas de saúde voltados para a pessoa portadora de deficiência, desenvolvidos com a participação da sociedade e que lhes ensejem a inclusão social; e

VII – o papel estratégico da atuação dos agentes comunitários de saúde e das equipes de saúde da família na disseminação das práticas e estratégias de reabilitação baseada na comunidade.

§ 1º Para os efeitos deste Decreto, prevenção compreende as ações e medidas orientadas a evitar as causas das deficiências que possam ocasionar incapacidade e as destinadas a evitar sua progressão ou derivação em outras incapacidades.

§ 2º A deficiência ou incapacidade deve ser diagnosticada e caracterizada por equipe multidisciplinar de saúde, para fins de concessão de benefícios e serviços.

§ 3º As ações de promoção da qualidade de vida da pessoa portadora de deficiência deverão também assegurar a igualdade de oportunidades no campo da saúde.

Art. 17. É beneficiária do processo de reabilitação a pessoa que apresenta deficiência, qualquer que seja sua natureza, agente causal ou grau de severidade.

§ 1º Considera-se reabilitação o processo de duração limitada e com objetivo definido, destinado a permitir que a pessoa com deficiência alcance o nível físico, mental ou social funcional ótimo, proporcionando-lhe os meios de modificar sua própria vida, podendo compreender medidas visando a compensar a perda de uma função ou uma limitação funcional e facilitar ajustes ou reajustes sociais.

§ 2º Para efeito do disposto neste artigo, toda pessoa que apresente redução funcional devidamente diagnosticada por equipe multiprofissional terá direito a beneficiar-se dos processos de reabilitação necessários para corrigir ou modificar seu estado físico, mental ou sensorial, quando este constitua obstáculo para sua integração educativa, laboral e social.

Art. 18. Incluem-se na assistência integral à saúde e reabilitação da pessoa portadora de deficiência a concessão de órteses, próteses, bolsas coletoras e materiais auxiliares, dado que tais equipamentos complementam o atendimento, aumentando as possibilidades de independência e inclusão da pessoa portadora de deficiência.

Art. 19. Consideram-se ajudas técnicas, para os efeitos deste Decreto, os elementos que permitem compensar uma ou mais limitações funcionais motoras, sensoriais ou mentais da pessoa portadora de deficiência, com o objetivo de permitir-lhe superar as barreiras da comunicação e da mobilidade e de possibilitar sua plena inclusão social.

Parágrafo único. São ajudas técnicas:

I – próteses auditivas, visuais e físicas;
II – órteses que favoreçam a adequação funcional;
III – equipamentos e elementos necessários à terapia e reabilitação da pessoa portadora de deficiência;
IV – equipamentos, maquinarias e utensílios de trabalho especialmente desenhados ou adaptados para uso por pessoa portadora de deficiência;
V – elementos de mobilidade, cuidado e higiene pessoal necessários para facilitar a autonomia e a segurança da pessoa portadora de deficiência;
VI – elementos especiais para facilitar a comunicação, a informação e a sinalização para pessoa portadora de deficiência;
VII – equipamentos e material pedagógico especial para educação, capacitação e recreação da pessoa portadora de deficiência;
VIII – adaptações ambientais e outras que garantam o acesso, a melhoria funcional e a autonomia pessoal; e
IX – bolsas coletoras para os portadores de ostomia.

Art. 20. É considerado parte integrante do processo de reabilitação o provimento de medicamentos que favoreçam a estabilidade clínica e funcional e auxiliem na limitação da incapacidade, na reeducação funcional e no controle das lesões que geram incapacidades.

Art. 21. O tratamento e a orientação psicológica serão prestados durante as distintas fases do processo reabilitador, destinados a contribuir para que a pessoa portadora de deficiência atinja o mais pleno desenvolvimento de sua personalidade.

Parágrafo único. O tratamento e os apoios psicológicos serão simultâneos aos tratamentos funcionais e, em todos os casos, serão concedidos desde a comprovação da deficiência ou do início de um processo patológico que possa originá-la.

Art. 22. Durante a reabilitação, será propiciada, se necessária, assistência em saúde mental com a finalidade de permitir que a pessoa submetida a esta prestação desenvolva ao máximo suas capacidades.

Art. 23. Será fomentada a realização de estudos epidemiológicos e clínicos, com periodicidade e abrangência adequadas, de modo a produzir informações sobre a ocorrência de deficiências e incapacidades.

SEÇÃO II
DO ACESSO À EDUCAÇÃO

Art. 24. Os órgãos e as entidades da Administração Pública Federal direta e indireta responsáveis pela educação dispensarão tratamento prioritário e adequado aos assuntos objeto deste Decreto, viabilizando, sem prejuízo de outras, as seguintes medidas:

I – a matrícula compulsória em cursos regulares de estabelecimentos públicos e particulares de pessoa portadora de deficiência capazes de se integrar na rede regular de ensino;
II – a inclusão, no sistema educacional, da educação especial como modalidade de educação escolar que permeia transversalmente todos os níveis e as modalidades de ensino;
III – a inserção, no sistema educacional, das escolas ou instituições especializadas públicas e privadas;
IV – a oferta, obrigatória e gratuita, da educação especial em estabelecimentos públicos de ensino;
V – o oferecimento obrigatório dos serviços de educação especial ao educando portador de deficiência em unidades hospitalares e congêneres nas quais esteja internado por prazo igual ou superior a um ano; e
VI – o acesso de aluno portador de deficiência aos benefícios conferidos aos demais educandos, inclusive material escolar, transporte, merenda escolar e bolsas de estudo.

§ 1º Entende-se por educação especial, para os efeitos deste Decreto, a modalidade de educação escolar oferecida preferencialmente na rede regular de ensino para educando com necessidades educacionais especiais, entre eles o portador de deficiência.

§ 2º A educação especial caracteriza-se por constituir processo flexível, dinâmico e individualizado, oferecido principalmente nos níveis de ensino considerados obrigatórios.

§ 3º A educação do aluno com deficiência deverá iniciar-se na educação infantil, a partir de zero ano.

§ 4º A educação especial contará com equipe multiprofissional, com a adequada especialização, e adotará orientações pedagógicas individualizadas.

§ 5º Quando da construção e reforma de estabelecimentos de ensino deverá ser observado o atendimento as normas técnicas da Associação Brasileira de Normas Técnicas – ABNT relativas à acessibilidade.

Art. 25. Os serviços de educação especial serão ofertados nas instituições de ensino público ou privado do sistema de educação geral, de forma transitória ou permanente, mediante programas de apoio para o aluno que está integrado no sistema regular de ensino, ou em escolas especializadas exclusivamente quando a educação das escolas comuns não puder satisfazer as necessidades educativas ou sociais do aluno ou quando necessário ao bem-estar do educando.

Art. 26. As instituições hospitalares e congêneres deverão assegurar atendimento pedagógico ao educando portador de deficiência internado nessas unidades por prazo igual ou superior a um ano, com o propósito de sua inclusão ou manutenção no processo educacional.

Art. 27. As instituições de ensino superior deverão oferecer adaptações de provas e os apoios necessários, previamente solicitados pelo aluno portador de deficiência, inclusive tempo adicional para realização das provas, conforme as características da deficiência.

§ 1º As disposições deste artigo aplicam-se, também, ao sistema geral do processo seletivo para ingresso em cursos universitários de instituições de ensino superior.

§ 2º O Ministério da Educação, no âmbito da sua competência, expedirá instruções para que os programas de educação superior incluam nos seus currículos conteúdos, itens ou disciplinas relacionados à pessoa portadora de deficiência.

Art. 28. O aluno portador de deficiência matriculado ou egresso do ensino fundamental ou médio, de instituições públicas ou privadas, terá acesso à educação profissional, a fim de obter habilitação profissional que lhe proporcione oportunidades de acesso ao mercado de trabalho.

§ 1º A educação profissional para a pessoa portadora de deficiência será oferecida nos níveis básico, técnico e tecnológico, em escola regular, em instituições especializadas e nos ambientes de trabalho.

§ 2º As instituições públicas e privadas que ministram educação profissional deverão, obrigatoriamente, oferecer cursos profissionais de nível básico à pessoa portadora de deficiência, condicionando a matrícula à sua capacidade de aproveitamento e não a seu nível de escolaridade.

§ 3º Entende-se por habilitação profissional o processo destinado a propiciar à pessoa portadora de deficiência, em nível formal e sistematizado, aquisição de conhecimentos e habilidades especificamente associados a determinada profissão ou ocupação.

§ 4º Os diplomas e certificados de cursos de educação profissional expedidos por instituição credenciada pelo Ministério da Educação ou órgão equivalente terão validade em todo o território nacional.

Art. 29. As escolas e instituições de educação profissional oferecerão, se necessário, serviços de apoio especializado para atender às peculiaridades da pessoa portadora de deficiência, tais como:

I – adaptação dos recursos instrucionais: material pedagógico, equipamento e currículo;
II – capacitação dos recursos humanos: professores, instrutores e profissionais especializados; e
III – adequação dos recursos físicos: eliminação de barreiras arquitetônicas, ambientais e de comunicação.

SEÇÃO III
DA HABILITAÇÃO E DA REABILITAÇÃO PROFISSIONAL

Art. 30. A pessoa portadora de deficiência, beneficiária ou não do Regime Geral de Previdência Social, tem direito às prestações de habilitação e reabilitação profissional para capacitar-se a obter trabalho, conservá-lo e progredir profissionalmente.

Art. 31. Entende-se por habilitação e reabilitação profissional o processo orientado a possibilitar que a pessoa portadora de deficiência, a partir da identificação de suas potencialidades laborativas, adquira o nível suficiente de desenvolvimento profissional para ingresso e reingresso no mercado de trabalho e participar da vida comunitária.

Art. 32. Os serviços de habilitação e reabilitação profissional deverão estar dotados dos recursos necessários para atender toda pessoa portadora de deficiência, independentemente da origem de sua deficiência, desde que possa ser preparada para trabalho que lhe seja adequado e tenha perspectivas de obter, conservar e nele progredir.

Art. 33. A orientação profissional será prestada pelos correspondentes serviços de habilitação e reabilitação profissional, tendo em conta as potencialidades da pessoa portadora de deficiência, identificadas com base em relatório de equipe multiprofissional, que deverá considerar:

I – educação escolar efetivamente recebida e por receber;

II – expectativas de promoção social;

III – possibilidades de emprego existentes em cada caso;

IV – motivações, atitudes e preferências profissionais; e

V – necessidades do mercado de trabalho.

SEÇÃO IV
DO ACESSO AO TRABALHO

Art. 34. É finalidade primordial da política de emprego a inserção da pessoa portadora de deficiência no mercado de trabalho ou sua incorporação ao sistema produtivo mediante regime especial de trabalho protegido.

Parágrafo único. Nos casos de deficiência grave ou severa, o cumprimento do disposto no *caput* deste artigo poderá ser efetivado mediante a contratação das cooperativas sociais de que trata a Lei nº 9.867, de 10 de novembro de 1999.

Art. 35. São modalidades de inserção laboral da pessoa portadora de deficiência:

I – colocação competitiva: processo de contratação regular, nos termos da legislação trabalhista e previdenciária, que independe da adoção de procedimentos especiais para sua concretização, não sendo excluída a possibilidade de utilização de apoios especiais;

II – colocação seletiva: processo de contratação regular, nos termos da legislação trabalhista e previdenciária, que depende da adoção de procedimentos e apoios especiais para sua concretização; e

III – promoção do trabalho por conta própria: processo de fomento da ação de uma ou mais pessoas, mediante trabalho autônomo, cooperativado ou em regime de economia familiar, com vista à emancipação econômica e pessoal.

§ 1º As entidades beneficentes de assistência social, na forma da lei, poderão intermediar a modalidade de inserção laboral de que tratam os incisos II e III, nos seguintes casos:

I – na contratação para prestação de serviços, por entidade pública ou privada, da pessoa portadora de deficiência física, mental ou sensorial: e

II – na comercialização de bens e serviços decorrentes de programas de habilitação profissional de adolescente e adulto portador de deficiência em oficina protegida de produção ou terapêutica.

§ 2º Consideram-se procedimentos especiais os meios utilizados para a contratação de pessoa que, devido ao seu grau de deficiência, transitória ou permanente, exija condições especiais, tais como jornada variável, horário flexível, proporcionalidade de salário, ambiente de trabalho adequado às suas especificidades, entre outros.

§ 3º Consideram-se apoios especiais a orientação, a supervisão e as ajudas técnicas entre outros elementos que auxiliem ou permitam compensar uma ou mais limitações funcionais motoras, sensoriais ou mentais da pessoa portadora de deficiência, de modo a superar as barreiras da mobilidade e da comunicação, possibilitando a plena utilização de suas capacidades em condições de normalidade.

§ 4º Considera-se oficina protegida de produção a unidade que funciona em relação de dependência com entidade pública ou beneficente de assistência social, que tem por objetivo desenvolver programa de habilitação profissional para adolescente e adulto portador de deficiência, provendo-o com trabalho remunerado, com vista à emancipação econômica e pessoal relativa.

§ 5º Considera-se oficina protegida terapêutica a unidade que funciona em relação de dependência com entidade pública ou beneficente de assistência social, que tem por objetivo a integração social por meio de atividades de adaptação e capacitação para o trabalho de adolescente e adulto que devido ao seu grau de deficiência, transitória ou permanente, não possa desempenhar atividade laboral no mercado competitivo de trabalho ou em oficina protegida de produção.

§ 6º O período de adaptação e capacitação para o trabalho de adolescente e adulto portador de deficiência em oficina protegida terapêutica não caracteriza vínculo empregatício e está condicionado a processo de avaliação individual que considere o desenvolvimento biopsicosocial da pessoa.

§ 7º A prestação de serviços será feita mediante celebração de convênio ou contrato formal, entre a entidade beneficente de assistência social e o tomador de serviços, no qual constará a relação nominal dos trabalhadores portadores de deficiência colocados à disposição do tomador.

§ 8º A entidade que se utilizar do processo de colocação seletiva deverá promover, em parceria com o tomador de serviços, programas de prevenção de doenças profissionais e de redução da capacidade laboral, bem assim programas de reabilitação caso ocorram patologias ou se manifestem outras incapacidades.

Art. 36. A empresa com cem ou mais empregados está obrigada a preencher de dois a cinco por cento de seus cargos com beneficiários da Previdência Social reabilitados ou com pessoa portadora de deficiência habilitada, na seguinte proporção:

I – até duzentos empregados, dois por cento;

II – de duzentos e um a quinhentos empregados, três por cento;

III – de quinhentos e um a mil empregados, quatro por cento; ou

IV – mais de mil empregados, cinco por cento.

§ 1º A dispensa de empregado na condição estabelecida neste artigo, quando se tratar de contrato por prazo determinado, superior a noventa dias, e a dispensa imotivada, no contrato por prazo indeterminado, somente poderá ocorrer após a contratação de substituto em condições semelhantes.

§ 2º Considera-se pessoa portadora de deficiência habilitada aquela que concluiu curso de educação profissional de nível básico, técnico ou tecnológico, ou curso superior, com certificação ou diplomação expedida por instituição pública ou privada, legalmente credenciada pelo Ministério da Educação ou órgão equivalente, ou aquela com certificado de conclusão de processo de habilitação ou reabilitação profissional fornecido pelo Instituto Nacional do Seguro Social – INSS.

§ 3º Considera-se, também, pessoa portadora de deficiência habilitada aquela que, não tendo se submetido a processo de habilitação ou reabilitação, esteja capacitada para o exercício da função.

§ 4º A pessoa portadora de deficiência habilitada nos termos dos §§ 2º e 3º deste artigo poderá recorrer à intermediação de órgão integrante do sistema público de emprego, para fins de inclusão laboral na forma deste artigo.

§ 5º Compete ao Ministério do Trabalho e Emprego estabelecer sistemática de fiscalização, avaliação e controle das empresas, bem como instituir procedimentos e formulários que propiciem estatísticas sobre o número de empregados portadores de deficiência e de vagas preenchidas, para fins de acompanhamento do disposto no *caput* deste artigo.

Arts. 37 a 43. (Revogados pelo Decreto nº 9.508, de 2018)

Art. 44. A análise dos aspectos relativos ao potencial de trabalho do candidato portador de deficiência obedecerá ao disposto no art. 20 da Lei nº 8.112, de 11 de dezembro de 1990.

Art. 45. Serão implementados programas de formação e qualificação profissional voltados para a pessoa portadora de deficiência no âmbito do Plano Nacional de Formação Profissional – PLANFOR.

Parágrafo único. Os programas de formação e qualificação profissional para pessoa portadora de deficiência terão como objetivos:

I – criar condições que garantam a toda pessoa portadora de deficiência o direito a receber uma formação profissional adequada;

II – organizar os meios de formação necessários para qualificar a pessoa portadora de deficiência para a inserção competitiva no mercado laboral; e

III – ampliar a formação e qualificação profissional sob a base de educação geral para fomentar o desenvolvimento harmônico da pessoa portadora de deficiência, assim como para satisfazer as exigências derivadas do progresso técnico, dos novos métodos de produção e da evolução social e econômica.

SEÇÃO V
DA CULTURA, DO DESPORTO, DO TURISMO E DO LAZER

Art. 46. Os órgãos e as entidades da Administração Pública Federal direta e indireta responsáveis pela cultura, pelo desporto, pelo turismo e pelo lazer dispensarão tratamento prioritário e adequado aos assuntos objeto deste Decreto, com vista a viabilizar, sem prejuízo de outras, as seguintes medidas:

I – promover o acesso da pessoa portadora de deficiência aos meios de comunicação social;

II – criar incentivos para o exercício de atividades criativas, mediante:

a) participação da pessoa portadora de deficiência em concursos de prêmios no campo das artes e das letras; e

b) exposições, publicações e representações artísticas de pessoa portadora de deficiência;

III – incentivar a prática desportiva formal e não-formal como direito de cada um e o lazer como forma de promoção social;

IV – estimular meios que facilitem o exercício de atividades desportivas entre a pessoa portadora de deficiência e suas entidades representativas;

V – assegurar a acessibilidade às instalações desportivas dos estabelecimentos de ensino, desde o nível pré-escolar até à universidade;

VI – promover a inclusão de atividades desportivas para pessoa portadora de deficiência na prática da educação física ministrada nas instituições de ensino públicas e privadas;

VII – apoiar e promover a publicação e o uso de guias de turismo com informação adequada à pessoa portadora de deficiência; e

VIII – estimular a ampliação do turismo à pessoa portadora de deficiência ou com mobilidade reduzida, mediante a oferta de instalações hoteleiras acessíveis e de serviços adaptados de transporte.

Art. 47. Os recursos do Programa Nacional de Apoio à Cultura financiarão, entre outras ações, a produção e a difusão artístico-cultural de pessoa portadora de deficiência.

Parágrafo único. Os projetos culturais financiados com recursos federais, inclusive oriundos de programas especiais de incentivo à cultura, deverão facilitar o livre acesso da pessoa portadora de deficiência, de modo a possibilitar-lhe o pleno exercício dos seus direitos culturais.

Art. 48. Os órgãos e as entidades da Administração Pública Federal direta e indireta, promotores ou financiadores de atividades desportivas e de lazer, devem concorrer técnica e financeiramente para obtenção dos objetivos deste Decreto.

Parágrafo único. Serão prioritariamente apoiadas a manifestação desportiva de rendimento e a educacional, compreendendo as atividades de:

I – desenvolvimento de recursos humanos especializados;

II – promoção de competições desportivas internacionais, nacionais, estaduais e locais;

III – pesquisa científica, desenvolvimento tecnológico, documentação e informação; e

IV – construção, ampliação, recuperação e adaptação de instalações desportivas e de lazer.

CAPÍTULO VIII
DA POLÍTICA DE CAPACITAÇÃO DE PROFISSIONAIS ESPECIALIZADOS

Art. 49. Os órgãos e as entidades da Administração Pública Federal direta e indireta, responsáveis pela formação de recursos humanos, devem dispensar aos assuntos objeto deste Decreto tratamento prioritário e adequado, viabilizando, sem prejuízo de outras, as seguintes medidas:

I – formação e qualificação de professores de nível médio e superior para a educação especial, de técnicos de nível médio e superior especializados na habilitação e reabilitação, e de instrutores e professores para a formação profissional;

II – formação e qualificação profissional, nas diversas áreas de conhecimento e de recursos humanos que atendam às demandas da pessoa portadora de deficiência; e

III – incentivo à pesquisa e ao desenvolvimento tecnológico em todas as áreas do conhecimento relacionadas com a pessoa portadora de deficiência.

CAPÍTULO IX
DA ACESSIBILIDADE NA ADMINISTRAÇÃO PÚBLICA FEDERAL

Arts. 50 a 54. (Revogado pelo Decreto nº 5.296, de 2004)

CAPÍTULO X
DO SISTEMA INTEGRADO DE INFORMAÇÕES

Art. 55. Fica instituído, no âmbito do Ministério dos Direitos Humanos, o Sistema Nacional de Informações sobre Deficiência, sob a responsabilidade da Secretaria Nacional dos Direitos da Pessoa com Deficiência, com a finalidade de criar e manter bases de dados, reunir e difundir informação sobre a situação das pessoas portadoras de deficiência e fomentar a pesquisa e o estudo de todos os aspectos que afetem a vida dessas pessoas. (Redação dada pelo Decreto nº 9.494, de 2018)

Parágrafo único. Serão produzidas, periodicamente, estatísticas e informações, podendo esta atividade realizar-se conjuntamente com os censos nacionais, pesquisas nacionais, regionais e locais, em estreita colaboração com universidades, institutos de pesquisa e organizações para pessoas portadoras de deficiência.

CAPÍTULO XI
DAS DISPOSIÇÕES FINAIS E TRANSITÓRIAS

Art. 56. O Ministério dos Direitos Humanos, com base nas diretrizes e metas do Plano Plurianual de Investimentos, por intermédio da Secretaria Nacional dos Direitos da Pessoa com Deficiência, elaborará, em articulação com outros órgãos e entidades da Administração Pública Federal, o Plano Nacional de Ações Integradas na Área das Deficiências. (Redação dada pelo Decreto nº 9.494, de 2018)

Art. 57. (Revogado pelo Decreto nº 10.087, de 2019)

Art. 58. A CORDE desenvolverá, em articulação com órgãos e entidades da Administração Pública Federal, programas de facilitação da acessibilidade em sítios de interesse histórico, turístico, cultural e desportivo, mediante a remoção de barreiras físicas ou arquitetônicas que impeçam ou dificultem a locomoção de pessoa portadora de deficiência ou com mobilidade reduzida.

Art. 59. Este Decreto entra em vigor na data da sua publicação,

Art. 60. Ficam revogados os Decretos nºs 93.481, de 29 de outubro de 1986, 914, de 6 de setembro de 1993, 1.680, de 18 de outubro de 1995, 3.030, de 20 de abril de 1999, o § 2º do art. 141 do Regulamento da Previdência Social, aprovado pelo Decreto nº 3.048, de 6 de maio de 1999, e o Decreto nº 3.076, de 1º de junho de 1999.

Brasília, 20 de dezembro de 1999; 178º da Independência e 111º da República.

FERNANDO HENRIQUE CARDOSO

DOU de 21.12.1999

LEI Nº 9.962, DE 22 DE FEVEREIRO DE 2000

Disciplina o regime de emprego público do pessoal da Administração federal direta, autárquica e fundacional, e dá outras providências.

- *Regime de Emprego Público*

O PRESIDENTE DA REPÚBLICA Faço saber que o Congresso Nacional decreta e eu sanciono a seguinte Lei:

Art. 1º O pessoal admitido para emprego público na Administração federal direta, autárquica e fundacional terá sua relação de trabalho regida pela Consolidação das Leis do Trabalho, aprovada pelo Decreto-Lei nº 5.452, de 1º de maio de 1943, e legislação trabalhista correlata, naquilo que a lei não dispuser em contrário.

§ 1º Leis específicas disporão sobre a criação dos empregos de que trata esta Lei no âmbito da Administração direta, autárquica e fundacional do Poder Executivo, bem como sobre a transformação dos atuais cargos em empregos.

§ 2º É vedado:

I – submeter ao regime de que trata esta Lei:

a) *(Vetado)*

b) cargos públicos de provimento em comissão;

II – alcançar, nas leis a que se refere o § 1º, servidores regidos pela Lei nº 8.112, de 11 de dezembro de 1990, às datas das respectivas publicações.

§ 3º Estende-se o disposto no § 2º à criação de empregos ou à transformação de cargos em empregos não abrangidas pelo § 1º.

§ 4º *(Vetado)*

Art. 2º A contratação de pessoal para emprego público deverá ser precedida de concurso público de provas ou de provas e títulos, conforme a natureza e a complexidade do emprego.

Art. 3º O contrato de trabalho por prazo indeterminado somente será rescindido por ato unilateral da Administração pública nas seguintes hipóteses:

I – prática de falta grave, dentre as enumeradas no art. 482 da Consolidação das Leis do Trabalho – CLT;

II – acumulação ilegal de cargos, empregos ou funções públicas;

III – necessidade de redução de quadro de pessoal, por excesso de despesa, nos termos da lei complementar a que se refere o art. 169 da Constituição Federal;

IV – insuficiência de desempenho, apurada em procedimento no qual se assegurem pelo menos um recurso hierárquico dotado de efeito suspensivo, que será apreciado em trinta dias, e o prévio conhecimento dos padrões mínimos exigidos para continuidade da relação de emprego, obrigatoriamente estabelecidos de acordo com as peculiaridades das atividades exercidas.

Parágrafo único. Excluem-se da obrigatoriedade dos procedimentos previstos no *caput* as contratações de pessoal decorrentes da autonomia de gestão de que trata o § 8º do art. 37 da Constituição Federal.

Art. 4º Aplica-se às leis a que se refere o § 1º do art. 1º desta Lei o disposto no art. 246 da Constituição Federal.

Art. 5º Esta Lei entra em vigor na data de sua publicação.

Brasília, 22 de fevereiro de 2000; 179º da Independência e 112º da República.

Fernando Henrique Cardoso

LEI COMPLEMENTAR Nº 101, DE 4 DE MAIO DE 2000

Estabelece normas de finanças públicas voltadas para a responsabilidade na gestão fiscal e dá outras providências.

- *Responsabilidade Fiscal*
- LC 151/2015 – Altera a LC 148/2014; revoga as Leis 10.819/2003, e 11.429/2006.
- LC 148/2014 – Altera a LC 101/2000.

O PRESIDENTE DA REPÚBLICA Faço saber que o Congresso Nacional decreta e eu sanciono a seguinte Lei Complementar:

- Lei 10.180/2001 – Organiza e disciplina os Sistemas de Planejamento e de Orçamento Federal, de Administração Financeira Federal, de Contabilidade Federal e de Controle Interno do Poder Executivo Federal, e dá outras providências.

CAPÍTULO I.
DISPOSIÇÕES PRELIMINARES

Art. 1º. Esta Lei Complementar estabelece normas de finanças públicas voltadas para a responsabilidade na gestão fiscal, com amparo no CAPÍTULO II do TÍTULO VI da Constituição.

§ 1º. A responsabilidade na gestão fiscal pressupõe a ação planejada e transparente, em que se previnem riscos e corrigem desvios capazes de afetar o equilíbrio das contas públicas, mediante o cumprimento de metas de resultados entre receitas e despesas e a obediência a limites e condições no que tange a renúncia de receita, geração de despesas com pessoal, da seguridade social e outras, dívidas consolidada e mobiliária, operações de crédito, inclusive por antecipação de receita, concessão de garantia e inscrição em Restos a Pagar.

§ 2º. As disposições desta Lei Complementar obrigam a União, os Estados, o Distrito Federal e os Municípios.

§ 3º. Nas referências:

I – à União, aos Estados, ao Distrito Federal e aos Municípios, estão compreendidos:

a) o Poder Executivo, o Poder Legislativo, neste abrangidos os Tribunais de Contas, o Poder Judiciário e o Ministério Público;

b) as respectivas administrações diretas, fundos, autarquias, fundações e empresas estatais dependentes;

II – a Estados entende-se considerado o Distrito Federal;

III – a Tribunais de Contas estão incluídos: Tribunal de Contas da União, Tribunal de Contas do Estado e, quando houver, Tribunal de Contas dos Municípios e Tribunal de Contas do Município.

Art. 2º. Para os efeitos desta Lei Complementar, entende-se como:

I – ente da Federação: a União, cada Estado, o Distrito Federal e cada Município;

II – empresa controlada: sociedade cuja maioria do capital social com direito a voto pertença, direta ou indiretamente, a ente da Federação;

III – empresa estatal dependente: empresa controlada que receba do ente controlador recursos financeiros para pagamento de despesas com pessoal ou de custeio em geral ou de capital, excluídos, no último caso, aqueles provenientes de aumento de participação acionária;

IV – receita corrente líquida: somatório das receitas tributárias, de contribuições, patrimoniais, industriais, agropecuárias, de serviços, transferências correntes e outras receitas também correntes, deduzidos:

a) na União, os valores transferidos aos Estados e Municípios por determinação constitucional ou legal, e as contribuições mencionadas na alínea a do inciso I e no inciso II do art. 195, e no art. 239 da Constituição;

b) nos Estados, as parcelas entregues aos Municípios por determinação constitucional;

c) na União, nos Estados e nos Municípios, a contribuição dos servidores para o custeio do seu sistema de previdência e assistência social e as receitas provenientes da compensação financeira citada no § 9º do art. 201 da Constituição.

§ 1º. Serão computados no cálculo da receita corrente líquida os valores pagos e recebidos em decorrência da Lei Complementar nº 87, de 13 de setembro de 1996, e do fundo previsto pelo art. 60 do Ato das Disposições Constitucionais Transitórias.

§ 2º. Não serão considerados na receita corrente líquida do Distrito Federal e dos Estados do Amapá e de Roraima os recursos recebidos da União para atendimento das despesas de que trata o inciso V do § 1º do art. 19.

§ 3º. A receita corrente líquida será apurada somando-se as receitas arrecadadas no mês em referência e nos onze anteriores, excluídas as duplicidades.

CAPÍTULO II. DO PLANEJAMENTO

SEÇÃO I. DO PLANO PLURIANUAL

Art. 3º. (*VETADO*).

SEÇÃO II. DA LEI DE DIRETRIZES ORÇAMENTÁRIAS

Art. 4º. A lei de diretrizes orçamentárias atenderá o disposto no § 2º do art. 165 da Constituição e:

I – disporá também sobre:

a) equilíbrio entre receitas e despesas;

b) critérios e forma de limitação de empenho, a ser efetivada nas hipóteses previstas na alínea *b* do inciso II deste artigo, no art. 9º e no inciso II do § 1º do art. 31;

c) (*VETADA*).

d) (*VETADA*).

e) normas relativas ao controle de custos e à avaliação dos resultados dos programas financiados com recursos dos orçamentos;

f) demais condições e exigências para transferências de recursos a entidades públicas e privadas;

II – (*VETADO*).

III – (*VETADO*).

§ 1º. Integrará o projeto de lei de diretrizes orçamentárias Anexo de Metas Fiscais, em que serão estabelecidas metas anuais, em valores correntes e constantes, relativas a receitas, despesas, resultados nominal e primário e montante da dívida pública, para o exercício a que se referirem e para os dois seguintes.

§ 2º. O Anexo conterá, ainda:

I – avaliação do cumprimento das metas relativas ao ano anterior;

II – demonstrativo das metas anuais, instruído com memória e metodologia de cálculo que justifiquem os resultados pretendidos, comparando-as com as fixadas nos três exercícios anteriores, e evidenciando a consistência delas com as premissas e os objetivos da política econômica nacional;

III – evolução do patrimônio líquido, também nos últimos três exercícios, destacando a origem e a aplicação dos recursos obtidos com a alienação de ativos;

IV – avaliação da situação financeira e atuarial:

a) dos regimes geral de previdência social e próprio dos servidores públicos e do Fundo de Amparo ao Trabalhador;

b) dos demais fundos públicos e programas estatais de natureza atuarial;

V – demonstrativo da estimativa e compensação da renúncia de receita e da margem de expansão das despesas obrigatórias de caráter continuado.

§ 3º. A lei de diretrizes orçamentárias conterá Anexo de Riscos Fiscais, onde serão avaliados os passivos contingentes e outros riscos capazes de afetar as contas públicas, informando as providências a serem tomadas, caso se concretizem.

§ 4º. A mensagem que encaminhar o projeto da União apresentará, em anexo específico, os objetivos das políticas monetária, creditícia e cambial, bem como os parâmetros e as projeções para seus principais agregados e variáveis, e ainda as metas de inflação, para o exercício subsequente.

SEÇÃO III. DA LEI ORÇAMENTÁRIA ANUAL

Art. 5º. O projeto de lei orçamentária anual, elaborado de forma compatível com o plano plurianual, com a lei de diretrizes orçamentárias e com as normas desta Lei Complementar:

I – conterá, em anexo, demonstrativo da compatibilidade da programação dos orçamentos com os objetivos e metas constantes do documento de que trata o § 1º do art. 4º;

II – será acompanhado do documento a que se refere o § 6º do art. 165 da Constituição, bem como das medidas de compensação a renúncias de receita e ao aumento de despesas obrigatórias de caráter continuado;

III – conterá reserva de contingência, cuja forma de utilização e montante, definido com base na receita corrente líquida, serão estabelecidos na lei de diretrizes orçamentárias, destinada ao:

a) (*VETADA*).

b) atendimento de passivos contingentes e outros riscos e eventos fiscais imprevistos.

§ 1º. Todas as despesas relativas à dívida pública, mobiliária ou contratual, e as receitas que as atenderão, constarão da lei orçamentária anual.

§ 2º. O refinanciamento da dívida pública constará separadamente na lei orçamentária e nas de crédito adicional.

§ 3º. A atualização monetária do principal da dívida mobiliária refinanciada não poderá superar a variação do índice de preços previsto na lei de diretrizes orçamentárias, ou em legislação específica.

§ 4º. É vedado consignar na lei orçamentária crédito com finalidade imprecisa ou com dotação ilimitada.

§ 5º. A lei orçamentária não consignará dotação para investimento com duração superior a um exercício financeiro que não esteja previsto no plano plurianual ou em lei que autorize a sua inclusão, conforme disposto no § 1º do art. 167 da Constituição.

§ 6º. Integrarão as despesas da União, e serão incluídas na lei orçamentária, as do Banco Central do Brasil relativas a pessoal e encargos sociais, custeio administrativo, inclusive os destinados a benefícios e assistência aos servidores, e a investimentos.

§ 7º. (*VETADO*).

Art. 6º. (*VETADO*).

Art. 7º. O resultado do Banco Central do Brasil, apurado após a constituição ou reversão de reservas, constitui receita do Tesouro Nacional, e será transferido até o décimo dia útil subsequente à aprovação dos balanços semestrais.

§ 1º. O resultado negativo constituirá obrigação do Tesouro para com o Banco Central do Brasil e será consignado em dotação específica no orçamento.

§ 2º. O impacto e o custo fiscal das operações realizadas pelo Banco Central do Brasil serão demonstrados trimestralmente, nos termos em que dispuser a lei de diretrizes orçamentárias da União.

§ 3º. Os balanços trimestrais do Banco Central do Brasil conterão notas explicativas sobre os custos da remuneração das disponibilidades do Tesouro Nacional e da manutenção das reservas cambiais e a rentabilidade de sua carteira de títulos, destacando os de emissão da União.

SEÇÃO IV. DA EXECUÇÃO ORÇAMENTÁRIA E DO CUMPRIMENTO DAS METAS

Art. 8º. Até 30 (trinta) dias após a publicação dos orçamentos, nos termos em que dispuser a lei de diretrizes orçamentárias e observado o disposto na alínea c do inciso I do art. 4º, o Poder Executivo estabelecerá a programação financeira e o cronograma de execução mensal de desembolso.

- Decreto 5.356/2005 – Dispõe sobre a execução orçamentária e financeira dos órgãos, dos fundos e das entidades do Poder Executivo até o estabelecimento do cronograma de que trata o *caput* do art. 8º da Lei Complementar 101, de 4 de maio de 2000, e dá outras providências.

Parágrafo único. Os recursos legalmente vinculados a finalidade específica serão utilizados exclusivamente para atender ao objeto de sua vinculação, ainda que em exercício diverso daquele em que ocorrer o ingresso.

Art. 9º. Se verificado, ao final de um bimestre, que a realização da receita poderá não comportar o cumprimento das metas de resultado primário ou nominal estabelecidas no Anexo de Metas Fiscais, os Poderes e o Ministério Público promoverão, por ato próprio e nos montantes necessários, nos 30 (trinta) dias subsequentes, limitação de empenho e movimentação financeira, segundo os critérios fixados pela lei de diretrizes orçamentárias.

§ 1º. No caso de restabelecimento da receita prevista, ainda que parcial, a recomposição das dotações cujos empenhos foram limitados dar-se-á de forma proporcional às reduções efetivadas.

§ 2º Não serão objeto de limitação as despesas que constituam obrigações constitucionais e legais do ente, inclusive aquelas destinadas ao pagamento do serviço da dívida, as relativas à inovação e ao desenvolvimento científico e tecnológico custeadas por fundo criado para tal finalidade e as ressalvadas pela lei de diretrizes orçamentárias. *(Redação dada pela LC 177/2021)*

§ 3º. No caso de os Poderes Legislativo e Judiciário e o Ministério Público não promoverem a limitação no prazo estabelecido no *caput*, é o Poder Executivo autorizado a limitar os valores financeiros segundo os critérios fixados pela lei de diretrizes orçamentárias.

- ADIn 2.238-5 (D.O.U. 13.8.2020) – Parágrafo declarado inconstitucional, em controle concentrado, pelo Supremo Tribunal Federal.

§ 4º. Até o final dos meses de maio, setembro e fevereiro, o Poder Executivo demonstrará e avaliará o cumprimento das metas fiscais de cada quadrimestre, em audiência pública na comissão referida no § 1º do art. 166 da Constituição ou equivalente nas Casas Legislativas estaduais e municipais.

§ 5º. No prazo de 90 (noventa) dias após o encerramento de cada semestre, o Banco Central do Brasil apresentará, em reunião conjunta das comissões temáticas pertinentes do Congresso Nacional, avaliação do cumprimento dos objetivos e metas das políticas monetária, creditícia e cambial, evidenciando o impacto e o custo fiscal de suas operações e os resultados demonstrados nos balanços.

Art. 10. A execução orçamentária e financeira identificará os beneficiários de pagamento de sentenças judiciais, por meio de sistema de contabilidade e administração financeira, para fins de observância da ordem cronológica determinada no art. 100 da Constituição.

CAPÍTULO III
DA RECEITA PÚBLICA

SEÇÃO I.
DA PREVISÃO E DA ARRECADAÇÃO

Art. 11. Constituem requisitos essenciais da responsabilidade na gestão fiscal a instituição, previsão e efetiva arrecadação de todos os tributos da competência constitucional do ente da Federação.

Parágrafo único. É vedada a realização de transferências voluntárias para o ente que não observe o disposto no *caput*, no que se refere aos impostos.

Art. 12. As previsões de receita observarão as normas técnicas e legais, considerarão os efeitos das alterações na legislação, da variação do índice de preços, do crescimento econômico ou de qualquer outro fator relevante e serão acompanhadas de demonstrativo de sua evolução nos últimos três anos, da projeção para os dois seguintes àquele a que se referirem, e da metodologia de cálculo e premissas utilizadas.

§ 1º. Reestimativa de receita por parte do Poder Legislativo só será admitida se comprovado erro ou omissão de ordem técnica ou legal.

§ 2º. O montante previsto para as receitas de operações de crédito não poderá ser superior ao das despesas de capital constantes do projeto de lei orçamentária.

- ADIn 2.238-5 (D.O.U. 12.9.2008) – O STF, por unanimidade, deferiu o pedido de medida cautelar para suspender a eficácia do § 2º do art. 12 da LC 101/2000.

§ 3º. O Poder Executivo de cada ente colocará à disposição dos demais Poderes e do Ministério Público, no mínimo 30 (trinta) dias antes do prazo final para encaminhamento de suas propostas orçamentárias, os estudos e as estimativas das receitas para o exercício subsequente, inclusive da corrente líquida, e as respectivas memórias de cálculo.

Art. 13. No prazo previsto no art. 8º, as receitas previstas serão desdobradas, pelo Poder Executivo, em metas bimestrais de arrecadação, com a especificação, em separado, quando cabível, das medidas de combate à evasão e à sonegação, da quantidade e valores de ações ajuizadas para cobrança da dívida ativa, bem como da evolução do montante dos créditos tributários passíveis de cobrança administrativa.

SEÇÃO II.
DA RENÚNCIA DE RECEITA

Art. 14. A concessão ou ampliação de incentivo ou benefício de natureza tributária da qual decorra renúncia de receita deverá estar acompanhada de estimativa do impacto orçamentário-financeiro no exercício em que deva iniciar sua vigência e nos dois seguintes, atender ao disposto na lei de diretrizes orçamentárias e a pelo menos uma das seguintes condições:

I – demonstração pelo proponente de que a renúncia foi considerada na estimativa de receita da lei orçamentária, na forma do art. 12, e de que não afetará as metas de resultados fiscais previstas no anexo próprio da lei de diretrizes orçamentárias;

II – estar acompanhada de medidas de compensação, no período mencionado no *caput*, por meio do aumento de receita, proveniente da elevação de alíquotas, ampliação da base de cálculo, majoração ou criação de tributo ou contribuição.

§ 1º. A renúncia compreende anistia, remissão, subsídio, crédito presumido, concessão de isenção em caráter não geral, alteração de alíquota ou modificação de base de cálculo que implique redução discriminada de tributos ou contribuições, e outros benefícios que correspondam a tratamento diferenciado.

§ 2º. Se o ato de concessão ou ampliação do incentivo ou benefício de que trata o *caput* deste artigo decorrer da condição contida no inciso II, o benefício só entrará em vigor quando implementadas as medidas referidas no mencionado inciso.

§ 3º. O disposto neste artigo não se aplica:

I – às alterações das alíquotas dos impostos previstos nos incisos I, II, IV e V do art. 153 da Constituição, na forma do seu § 1º;

II – ao cancelamento de débito cujo montante seja inferior ao dos respectivos custos de cobrança.

CAPÍTULO IV.
DA DESPESA PÚBLICA

SEÇÃO I.
DA GERAÇÃO DA DESPESA

Art. 15. Serão consideradas não autorizadas, irregulares e lesivas ao patrimônio público a geração de despesa ou assunção de obrigação que não atendam o disposto nos arts. 16 e 17.

Art. 16. A criação, expansão ou aperfeiçoamento de ação governamental que acarrete aumento da despesa será acompanhado de:

I – estimativa do impacto orçamentário-financeiro no exercício em que deva entrar em vigor e nos dois subsequentes;

II – declaração do ordenador da despesa de que o aumento tem adequação orçamentária e financeira com a lei orçamentária anual e compatibilidade com o plano plurianual e com a lei de diretrizes orçamentárias.

§ 1º. Para os fins desta Lei Complementar, considera-se:

I – adequada com a lei orçamentária anual, a despesa objeto de dotação específica e suficiente, ou que esteja abrangida por crédito genérico, de forma que somadas todas as despesas da mesma espécie, realizadas e a realizar, previstas no programa de trabalho, não sejam ultrapassados os limites estabelecidos para o exercício;

II – compatível com o plano plurianual e a lei de diretrizes orçamentárias, a despesa que se conforme com as diretrizes, objetivos, prioridades e metas previstos nesses instrumentos e não infrinja qualquer de suas disposições.

§ 2º. A estimativa de que trata o inciso I do *caput* será acompanhada das premissas e metodologia de cálculo utilizadas.

§ 3º. Ressalva-se do disposto neste artigo a despesa considerada irrelevante, nos termos em que dispuser a lei de diretrizes orçamentárias.

§ 4º. As normas do *caput* constituem condição prévia para:

I – empenho e licitação de serviços, fornecimento de bens ou execução de obras;

II – desapropriação de imóveis urbanos a que se refere o § 3º do art. 182 da Constituição.

SUBSEÇÃO I.
DA DESPESA OBRIGATÓRIA DE CARÁTER CONTINUADO

Art. 17. Considera-se obrigatória de caráter continuado a despesa corrente derivada de lei, medida provisória ou ato administrativo normativo que fixem para o ente a obrigação legal de sua execução por um período superior a dois exercícios.

§ 1º. Os atos que criarem ou aumentarem despesa de que trata o *caput* deverão ser instruídos com a estimativa prevista no inciso I do art. 16 e demonstrar a origem dos recursos para seu custeio.

§ 2º. Para efeito do atendimento do § 1º, o ato será acompanhado de comprovação de que a despesa criada ou aumentada não afetará as metas de resultados fiscais previstas no anexo referido no § 1º do art. 4º, devendo seus efeitos financeiros, nos períodos seguintes, ser compensados pelo aumento permanente de receita ou pela redução permanente de despesa.

§ 3º. Para efeito do § 2º, considera-se aumento permanente de receita o proveniente da elevação de alíquotas, ampliação da base de cálculo, majoração ou criação de tributo ou contribuição.

§ 4º. A comprovação referida no § 2º, apresentada pelo proponente, conterá as premissas e metodologia de cálculo utilizadas, sem prejuízo do exame de compatibilidade da despesa com as demais normas do plano plurianual e da lei de diretrizes orçamentárias.

§ 5º. A despesa de que trata este artigo não será executada antes da implementação das medidas referidas no § 2º, as quais integrarão o instrumento que a criar ou aumentar.

§ 6º. O disposto no § 1º não se aplica às despesas destinadas ao serviço da dívida nem ao reajustamento de remuneração de pessoal de que trata o inciso X do art. 37 da Constituição.

§ 7º. Considera-se aumento de despesa a prorrogação daquela criada por prazo determinado.

SEÇÃO II. DAS DESPESAS COM PESSOAL

SUBSEÇÃO I. DEFINIÇÕES E LIMITES

Art. 18. Para os efeitos desta Lei Complementar, entende-se como despesa total com pessoal: o somatório dos gastos do ente da Federação com os ativos, os inativos e os pensionistas, relativos a mandatos eletivos, cargos, funções ou empregos, civis, militares e de membros de Poder, com quaisquer espécies remuneratórias, tais como vencimentos e vantagens, fixas e variáveis, subsídios, proventos da aposentadoria, reformas e pensões, inclusive adicionais, gratificações, horas extras e vantagens pessoais de qualquer natureza, bem como encargos sociais e contribuições recolhidas pelo ente às entidades de previdência.

§ 1º. Os valores dos contratos de terceirização de mão de obra que se referem à substituição de servidores e empregados públicos serão contabilizados como "Outras Despesas de Pessoal".

§ 2º A despesa total com pessoal será apurada somando-se a realizada no mês em referência com as dos 11 (onze) imediatamente anteriores, adotando-se o regime de competência, independentemente de empenho. *(Redação dada pela LC 178/2021)*

§ 3º Para a apuração da despesa total com pessoal, será observada a remuneração bruta do servidor, sem qualquer dedução ou retenção, ressalvada a redução para atendimento ao disposto no art. 37, inciso XI, da Constituição Federal. *(Acrescido pela LC 178/2021)*

Art. 19. Para os fins do disposto no *caput* do art. 169 da Constituição, a despesa total com pessoal, em cada período de apuração e em cada ente da Federação, não poderá exceder os percentuais da receita corrente líquida, a seguir discriminados:

I – União: 50% (cinquenta por cento);
II – Estados: 60% (sessenta por cento);
III – Municípios: 60% (sessenta por cento).

§ 1º. Na verificação do atendimento dos limites definidos neste artigo, não serão computadas as despesas:

I – de indenização por demissão de servidores ou empregados;
II – relativas a incentivos à demissão voluntária;
III – derivadas da aplicação do disposto no inciso II do § 6º do art. 57 da Constituição;
IV – decorrentes de decisão judicial e da competência de período anterior ao da apuração a que se refere o § 2º do art. 18;
V – com pessoal, do Distrito Federal e dos Estados do Amapá e Roraima, custeadas com recursos transferidos pela União na forma dos incisos XIII e XIV do art. 21 da Constituição e do art. 31 da Emenda Constitucional n. 19;
VI – com inativos e pensionistas, ainda que pagas por intermédio de unidade gestora única ou fundo previsto no art. 249 da Constituição Federal, quanto à parcela custeada por recursos provenientes: *(Redação dada pela LC 178/2021)*

a) da arrecadação de contribuições dos segurados;

b) da compensação financeira de que trata o § 9º do art. 201 da Constituição;

c) de transferências destinadas a promover o equilíbrio atuarial do regime de previdência, na forma definida pelo órgão do Poder Executivo federal responsável pela orientação, pela supervisão e pelo acompanhamento dos regimes próprios de previdência social dos servidores públicos. *(Redação dada pela LC 178/2021)*

§ 2º. Observado o disposto no inciso IV do § 1º, as despesas com pessoal decorrentes de sentenças judiciais serão incluídas no limite do respectivo Poder ou órgão referido no art. 20.

§ 3º Na verificação do atendimento dos limites definidos neste artigo, é vedada a dedução da parcela custeada com recursos aportados para a cobertura do déficit financeiro dos regimes de previdência. *(Acrescido pela LC 178/2021)*

Art. 20. A repartição dos limites globais do art. 19 não poderá exceder os seguintes percentuais:

I – na esfera federal:

a) 2,5% (dois inteiros e cinco décimos por cento) para o Legislativo, incluído o Tribunal de Contas da União;

b) 6% (seis por cento) para o Judiciário;

c) 40,9% (quarenta inteiros e nove décimos por cento) para o Executivo, destacando-se 3% (três por cento) para as despesas com pessoal decorrentes do que dispõem os incisos XIII e XIV do art. 21 da Constituição e o art. 31 da Emenda Constitucional n. 19, repartidos de forma proporcional à média das despesas relativas a cada um destes dispositivos, em percentual da receita corrente líquida, verificadas nos três exercícios financeiros imediatamente anteriores ao da publicação desta Lei Complementar;

› Decreto 3.917/2001 – Estabelece os limites sobre o que dispõe o art. 20, inciso I, alínea c, da Lei Complementar nº 101, de 4 de maio de 2000, para o Ministério Público e o Tribunal de Justiça do Distrito Federal e dos Territórios, os ex-Territórios do Amapá e de Roraima e, ainda, o Distrito Federal.

d) 0,6% (seis décimos por cento) para o Ministério Público da União;

II – na esfera estadual:

a) 3% (três por cento) para o Legislativo, incluído o Tribunal de Contas do Estado;

b) 6% (seis por cento) para o Judiciário;

c) 49% (quarenta e nove por cento) para o Executivo;

d) 2% (dois por cento) para o Ministério Público dos Estados;

III – na esfera municipal:

a) 6% (seis por cento) para o Legislativo, incluído o Tribunal de Contas do Município, quando houver;

b) 54% (cinquenta e quatro por cento) para o Executivo.

§ 1º. Nos Poderes Legislativo e Judiciário de cada esfera, os limites serão repartidos entre seus órgãos de forma proporcional à média das despesas com pessoal, em percentual da receita corrente líquida, verificadas nos três exercícios financeiros imediatamente anteriores ao da publicação desta Lei Complementar.

§ 2º. Para efeito deste artigo entende-se como órgão:

I – o Ministério Público;
II – no Poder Legislativo:

a) Federal, as respectivas Casas e o Tribunal de Contas da União;

b) Estadual, a Assembleia Legislativa e os Tribunais de Contas;

c) do Distrito Federal, a Câmara Legislativa e o Tribunal de Contas do Distrito Federal;

d) Municipal, a Câmara de Vereadores e o Tribunal de Contas do Município, quando houver;

III – no Poder Judiciário:

a) Federal, os tribunais referidos no art. 92 da Constituição;

b) Estadual, o Tribunal de Justiça e outros, quando houver.

§ 3º. Os limites para as despesas com pessoal do Poder Judiciário, a cargo da União por força do inciso XIII do art. 21 da Constituição, serão estabelecidos mediante aplicação da regra do § 1º.

§ 4º. Nos Estados em que houver Tribunal de Contas dos Municípios, os percentuais definidos nas alíneas *a* e *c* do inciso II do *caput* serão, respectivamente, acrescidos e reduzidos em 0,4% (quatro décimos por cento).

§ 5º. Para os fins previstos no art. 168 da Constituição, a entrega dos recursos financeiros correspondentes à despesa total com pessoal por Poder e órgão será a resultante da aplicação dos percentuais definidos neste artigo, ou aqueles fixados na lei de diretrizes orçamentárias.

§ 6º. (*VETADO*).

§ 7º Os Poderes e órgãos referidos neste artigo deverão apurar, de forma segregada para aplicação dos limites de que trata este artigo, a integralidade das despesas com pessoal dos respectivos servidores inativos e pensionistas, mesmo que o custeio dessas despesas esteja a cargo de outro Poder ou órgão. *(Acrescido pela LC 178/2021)*

SUBSEÇÃO II. DO CONTROLE DA DESPESA TOTAL COM PESSOAL

› CF/88: art. 169, §§2º a 7º.

Art. 21. É nulo de pleno direito: *(Redação dada pela Lei Complementar 173/2020)*

I - o ato que provoque aumento da despesa com pessoal e não atenda: *(Redação dada pela Lei Complementar 173/2020)*

a) às exigências dos arts. 16 e 17 desta Lei Complementar e o disposto no inciso XIII do *caput* do art. 37 e no § 1º do art. 169 da Constituição Federal; e *(Acrescida pela Lei Complementar 173/2020)*

b) ao limite legal de comprometimento aplicado às despesas com pessoal inativo; *(Acrescida pela Lei Complementar 173/2020)*

II - o ato de que resulte aumento da despesa com pessoal nos 180 (cento e oitenta) dias anteriores ao final do mandato do titular de Poder ou órgão referido no art. 20; *(Acrescido pela Lei Complementar 173/2020)*

III - o ato de que resulte aumento da despesa com pessoal que preveja parcelas a serem implementadas em períodos posteriores ao final do mandato do titular de Poder ou órgão referido no art. 20; *(Acrescido pela Lei Complementar 173/2020)*

IV - a aprovação, a edição ou a sanção, por Chefe do Poder Executivo, por Presidente e demais membros da Mesa ou órgão decisório equivalente do Poder Legislativo, por Presidente de Tribunal do Poder Judiciário e pelo Chefe do Ministério Público, da União e dos Estados, de norma legal contendo plano de alteração, reajuste e reestruturação de carreiras do setor público, ou a edição de ato, por esses agentes, para nomeação de aprovados em concurso público, quando: *(Acrescido pela Lei Complementar 173/2020)*

a) resultar em aumento da despesa com pessoal nos 180 (cento e oitenta) dias anteriores ao final do mandato do titular do Poder Executivo; ou *(Acrescida pela Lei Complementar 173/2020)*

b) resultar em aumento da despesa com pessoal que preveja parcelas a serem implementadas em períodos posteriores ao final do mandato do titular do Poder Executivo. *(Acrescida pela Lei Complementar 173/2020)*

§ 1º As restrições de que tratam os incisos II, III e IV: *(Parágrafo único transformado em § 1º e com redação dada pela Lei Complementar 173/2020)*

I - devem ser aplicadas inclusive durante o período de recondução ou reeleição para o cargo de titular do Poder ou órgão autônomo; e *(Acrescida pela Lei Complementar 173/2020)*

II - aplicam-se somente aos titulares ocupantes de cargo eletivo dos Poderes referidos no art. 20. *(Acrescida pela Lei Complementar 173/2020)*

§ 2º Para fins do disposto neste artigo, serão considerados atos de nomeação ou de provimento de cargo público aqueles referidos no § 1º do art. 169 da Constituição Federal ou aqueles que, de qualquer modo, acarretem a criação ou o aumento de despesa obrigatória. *(Acrescido pela Lei Complementar 173/2020)*

Art. 22. A verificação do cumprimento dos limites estabelecidos nos arts. 19 e 20 será realizada ao final de cada quadrimestre.

Parágrafo único. Se a despesa total com pessoal exceder a 95% (noventa e cinco por cento) do limite, são vedados ao Poder ou órgão referido no art. 20 que houver incorrido no excesso:

I – concessão de vantagem, aumento, reajuste ou adequação de remuneração a qualquer título, salvo os derivados de sentença judicial ou de determinação legal ou contratual, ressalvada a revisão prevista no inciso X do art. 37 da Constituição;

II – criação de cargo, emprego ou função;

III – alteração de estrutura de carreira que implique aumento de despesa;

IV – provimento de cargo público, admissão ou contratação de pessoal a qualquer título, ressalvada a reposição decorrente de aposentadoria ou falecimento de servidores das áreas de educação, saúde e segurança;

V – contratação de hora extra, salvo no caso do disposto no inciso II do § 6º do art. 57 da Constituição e as situações previstas na lei de diretrizes orçamentárias.

Art. 23. Se a despesa total com pessoal, do Poder ou órgão referido no art. 20, ultrapassar os limites definidos no mesmo artigo, sem prejuízo das medidas previstas no art. 22, o percentual excedente terá de ser eliminado nos dois quadrimestres seguintes, sendo pelo menos 1/3 (um terço) no primeiro, adotando-se, entre outras, as providências previstas nos §§ 3º e 4º do art. 169 da Constituição.

§ 1º. No caso do inciso I do § 3º do art. 169 da Constituição, o objetivo poderá ser alcançado tanto pela extinção de cargos e funções quanto pela redução dos valores a eles atribuídos.

- ADIn 2.238-5 (D.O.U. 12.9.2008) – O STF, por unanimidade, deferiu o pedido de medida cautelar para suspender a eficácia da expressão "quanto pela redução dos valores a eles atribuídos" do § 1º do art. 23 da LC 101/2000.

§ 2º. É facultada a redução temporária da jornada de trabalho com adequação dos vencimentos à nova carga horária.

- ADIn 2.238-5 (D.O.U. 13.8.2020) – Parágrafo declarado inconstitucional, em controle concentrado, pelo Supremo Tribunal Federal.

§ 3º Não alcançada a redução no prazo estabelecido e enquanto perdurar o excesso, o Poder ou órgão referido no art. 20 não poderá: *(Redação dada pela LC 178/2021)*

I – receber transferências voluntárias;

II – obter garantia, direta ou indireta, de outro ente;

III – contratar operações de crédito, ressalvadas as destinadas ao pagamento da dívida mobiliária e as que visem à redução das despesas com pessoal. *(Redação dada pela LC 178/2021)*

§ 4º. As restrições do § 3º aplicam-se imediatamente se a despesa total com pessoal exceder o limite no primeiro quadrimestre do último ano do mandato dos titulares de Poder ou órgão referidos no art. 20.

§ 5º As restrições previstas no § 3º deste artigo não se aplicam ao Município em caso de queda de receita real superior a 10% (dez por cento), em comparação ao correspondente quadrimestre do exercício financeiro anterior, devido a: *(Incluído pela LC 164/2018)*

I – diminuição das transferências recebidas do Fundo de Participação dos Municípios decorrente de concessão de isenções tributárias pela União; e *(Incluído pela LC 164/2018)*

II – diminuição das receitas recebidas de royalties e participações especiais. (Incluído pela LC 164/2018)

§ 6º O disposto no § 5º deste artigo só se aplica caso a despesa total com pessoal do quadrimestre vigente não ultrapasse o limite percentual previsto no art. 19 desta Lei Complementar, considerada, para este cálculo, a receita corrente líquida do quadrimestre correspondente do ano anterior atualizada monetariamente. *(Incluído pela LC 164/2018)*

SEÇÃO III.
DAS DESPESAS COM A SEGURIDADE SOCIAL

Art. 24. Nenhum benefício ou serviço relativo à seguridade social poderá ser criado, majorado ou estendido sem a indicação da fonte de custeio total, nos termos do § 5º do art. 195 da Constituição, atendidas ainda as exigências do art. 17.

§ 1º. É dispensada da compensação referida no art. 17 o aumento de despesa decorrente de:

I – concessão de benefício a quem satisfaça as condições de habilitação prevista na legislação pertinente;

II – expansão quantitativa do atendimento e dos serviços prestados;

III – reajustamento de valor do benefício ou serviço, a fim de preservar o seu valor real.

§ 2º. O disposto neste artigo aplica-se a benefício ou serviço de saúde, previdência e assistência social, inclusive os destinados aos servidores públicos e militares, ativos e inativos, e aos pensionistas.

CAPÍTULO V.
DAS TRANSFERÊNCIAS VOLUNTÁRIAS

Art. 25. Para efeito desta Lei Complementar, entende-se por transferência voluntária a entrega de recursos correntes ou de capital a outro ente da Federação, a TÍTULO de cooperação, auxílio ou assistência financeira, que não decorra de determinação constitucional, legal ou os destinados ao Sistema Único de Saúde.

§ 1º. São exigências para a realização de transferência voluntária, além das estabelecidas na lei de diretrizes orçamentárias:

I – existência de dotação específica;

II – *(VETADO)*.

III – observância do disposto no inciso X do art. 167 da Constituição;

IV – comprovação, por parte do beneficiário, de:

a) que se acha em dia quanto ao pagamento de tributos, empréstimos e financiamentos devidos ao ente transferidor, bem como quanto à prestação de contas de recursos anteriormente dele recebidos;

b) cumprimento dos limites constitucionais relativos à educação e à saúde;

c) observância dos limites das dívidas consolidada e mobiliária, de operações de crédito, inclusive por antecipação de receita, de inscrição em Restos a Pagar e de despesa total com pessoal;

d) previsão orçamentária de contrapartida.

§ 2º. É vedada a utilização de recursos transferidos em finalidade diversa da pactuada.

§ 3º. Para fins da aplicação das sanções de suspensão de transferências voluntárias constantes desta Lei Complementar, excetuam-se aquelas relativas a ações de educação, saúde e assistência social.

CAPÍTULO VI.
DA DESTINAÇÃO DE RECURSOS PÚBLICOS PARA O SETOR PRIVADO

Art. 26. A destinação de recursos para, direta ou indiretamente, cobrir necessidades de pessoas físicas ou déficits de pessoas jurídicas deverá ser autorizada por lei específica, atender às condições estabelecidas na lei de diretrizes orçamentárias e estar prevista no orçamento ou em seus créditos adicionais.

§ 1º. O disposto no *caput* aplica-se a toda a administração indireta, inclusive fundações públicas e empresas estatais, exceto, no exercício de suas atribuições precípuas, as instituições financeiras e o Banco Central do Brasil.

§ 2º. Compreende-se incluída a concessão de empréstimos, financiamentos e refinanciamentos, inclusive as respectivas prorrogações e a composição de dívidas, a concessão de subvenções e a participação em constituição ou aumento de capital.

Art. 27. Na concessão de crédito por ente da Federação a pessoa física, ou jurídica que não esteja sob seu controle direto ou indireto, os encargos financeiros, comissões e despesas congêneres não serão inferiores aos definidos em lei ou ao custo de captação.

Parágrafo único. Dependem de autorização em lei específica as prorrogações e composições de dívidas decorrentes de operações de crédito, bem como a concessão de empréstimos ou financiamentos em desacordo com o *caput*, sendo o subsídio correspondente consignado na lei orçamentária.

Art. 28. Salvo mediante lei específica, não poderão ser utilizados recursos públicos, inclusive de operações de crédito, para socorrer instituições do Sistema Financeiro Nacional, ainda que mediante a concessão de empréstimos de recuperação ou financiamentos para mudança de controle acionário.

§ 1º. A prevenção de insolvência e outros riscos ficará a cargo de fundos, e outros mecanismos, constituídos pelas instituições do Sistema Financeiro Nacional, na forma da lei.

§ 2º. O disposto no *caput* não proíbe o Banco Central do Brasil de conceder às instituições financeiras operações de redesconto e de empréstimos de prazo inferior a 360 (trezentos e sessenta) dias.

CAPÍTULO VII.
DA DÍVIDA E DO ENDIVIDAMENTO

SEÇÃO I.
DEFINIÇÕES BÁSICAS

Art. 29. Para os efeitos desta Lei Complementar, são adotadas as seguintes definições:

I – dívida pública consolidada ou fundada: montante total, apurado sem duplicidade, das obrigações financeiras do ente da Federação, assumidas em virtude de leis, contratos, convênios ou tratados e da realização de operações de crédito, para amortização em prazo superior a 12 (doze) meses;

II – dívida pública mobiliária: dívida pública representada por títulos emitidos pela União, inclusive os do Banco Central do Brasil, Estados e Municípios;

III – operação de crédito: compromisso financeiro assumido em razão de mútuo, abertura de crédito, emissão e aceite de título, aquisição financiada de bens, recebimento antecipado de valores provenientes da venda a termo de bens e serviços, arrendamento mercantil e outras operações assemelhadas, inclusive com o uso de derivativos financeiros;

IV – concessão de garantia: compromisso de adimplência de obrigação financeira ou contratual assumida por ente da Federação ou entidade a ele vinculada;

V – refinanciamento da dívida mobiliária: emissão de títulos para pagamento do principal acrescido da atualização monetária.

§ 1º. Equipara-se a operação de crédito a assunção, o reconhecimento ou a confissão de dívidas pelo ente da Federação, sem prejuízo do cumprimento das exigências dos arts. 15 e 16.

§ 2º. Será incluída na dívida pública consolidada da União a relativa à emissão de títulos de responsabilidade do Banco Central do Brasil.

§ 3º. Também integram a dívida pública consolidada as operações de crédito de prazo inferior a 12 (doze) meses cujas receitas tenham constado do orçamento.

§ 4º. O refinanciamento do principal da dívida mobiliária não excederá, ao término de cada exercício financeiro, o montante do final do exercício anterior, somado ao das operações de crédito autorizadas no orçamento para este efeito e efetivamente realizadas, acrescido de atualização monetária.

SEÇÃO II. DOS LIMITES DA DÍVIDA PÚBLICA E DAS OPERAÇÕES DE CRÉDITO

Art. 30. No prazo de 90 (noventa) dias após a publicação desta Lei Complementar, o Presidente da República submeterá ao:

I – Senado Federal: proposta de limites globais para o montante da dívida consolidada da União, Estados e Municípios, cumprindo o que estabelece o inciso VI do art. 52 da Constituição, bem como de limites e condições relativos aos incisos VII, VIII e IX do mesmo artigo;

- A Resolução n. 40/2001, do Senado Federal, dispõe sobre os limites globais para o montante da dívida pública consolidada e da dívida pública mobiliária dos Estados, do DF e dos Municípios.

II – Congresso Nacional: projeto de lei que estabeleça limites para o montante da dívida mobiliária federal a que se refere o inciso XIV do art. 48 da Constituição, acompanhado da demonstração de sua adequação aos limites fixados para a dívida consolidada da União, atendido o disposto no inciso I do § 1º deste artigo.

§ 1º. As propostas referidas nos incisos I e II do *caput* e suas alterações conterão:

I – demonstração de que os limites e condições guardam coerência com as normas estabelecidas nesta Lei Complementar e com os objetivos da política fiscal;

II – estimativas do impacto da aplicação dos limites a cada uma das três esferas de governo;

III – razões de eventual proposição de limites diferenciados por esfera de governo;

IV – metodologia de apuração dos resultados primário e nominal.

§ 2º. As propostas mencionadas nos incisos I e II do *caput* também poderão ser apresentadas em termos de dívida líquida, evidenciando a forma e a metodologia de sua apuração.

§ 3º. Os limites de que tratam os incisos I e II do *caput* serão fixados em percentual da receita corrente líquida para cada esfera de governo e aplicados igualmente a todos os entes da Federação que a integrem, constituindo, para cada um deles, limites máximos.

§ 4º. Para fins de verificação do atendimento do limite, a apuração do montante da dívida consolidada será efetuada ao final de cada quadrimestre.

§ 5º. No prazo previsto no art. 5º, o Presidente da República enviará ao Senado Federal ou ao Congresso Nacional, conforme o caso, proposta de manutenção ou alteração dos limites e condições previstos nos incisos I e II do *caput*.

§ 6º. Sempre que alterados os fundamentos das propostas de que trata este artigo, em razão de instabilidade econômica ou alterações nas políticas monetária ou cambial, o Presidente da República poderá encaminhar ao Senado Federal ou ao Congresso Nacional solicitação de revisão dos limites.

§ 7º. Os precatórios judiciais não pagos durante a execução do orçamento em que houverem sido incluídos integram a dívida consolidada, para fins de aplicação dos limites.

SEÇÃO III. DA RECONDUÇÃO DA DÍVIDA AOS LIMITES

Art. 31. Se a dívida consolidada de um ente da Federação ultrapassar o respectivo limite ao final de um quadrimestre, deverá ser ele reconduzida até o término dos três subsequentes, reduzindo o excedente em pelo menos 25% (vinte e cinco por cento) no primeiro.

§ 1º. Enquanto perdurar o excesso, o ente que nele houver incorrido:

I – estará proibido de realizar operação de crédito interna ou externa, inclusive por antecipação de receita, ressalvadas as para pagamento de dívidas mobiliárias; *(Redação dada pela LC 178/2021)*

II – obterá resultado primário necessário à recondução da dívida ao limite, promovendo, entre outras medidas, limitação de empenho, na forma do art. 9º.

§ 2º. Vencido o prazo para retorno da dívida ao limite, e enquanto perdurar o excesso, o ente ficará também impedido de receber transferências voluntárias da União ou do Estado.

§ 3º. As restrições do § 1º aplicam-se imediatamente se o montante da dívida exceder o limite no primeiro quadrimestre do último ano do mandato do Chefe do Poder Executivo.

§ 4º. O Ministério da Fazenda divulgará, mensalmente, a relação dos entes que tenham ultrapassado os limites das dívidas consolidada e mobiliária.

§ 5º. As normas deste artigo serão observadas nos casos de descumprimento dos limites da dívida mobiliária e das operações de crédito internas e externas.

SEÇÃO IV. DAS OPERAÇÕES DE CRÉDITO

- A Resolução n. 43/2001, dispõe sobre as operações de crédito interno e externo dos Estados, do DF e dos Municípios, inclusive concessão de garantias, seus limites e condições de autorização.

SUBSEÇÃO I. DA CONTRATAÇÃO

Art. 32. O Ministério da Fazenda verificará o cumprimento dos limites e condições relativos à realização de operações de crédito de cada ente da Federação, inclusive das empresas por eles controladas, direta ou indiretamente.

- LC 148/2014: art. 10.

§ 1º. O ente interessado formalizará seu pleito fundamentando-o em parecer de seus órgãos técnicos e jurídicos, demonstrando a relação custo-benefício, o interesse econômico e social da operação e o atendimento das seguintes condições:

I – existência de prévia e expressa autorização para a contratação, no texto da lei orçamentária, em créditos adicionais ou lei específica;

II – inclusão no orçamento ou em créditos adicionais dos recursos provenientes da operação, exceto no caso de operações por antecipação de receita;

III – observância dos limites e condições fixados pelo Senado Federal;

IV – autorização específica do Senado Federal, quando se tratar de operação de crédito externo;

V – atendimento do disposto no inciso III do art. 167 da Constituição;

VI – observância das demais restrições estabelecidas nesta Lei Complementar.

§ 2º. As operações relativas à dívida mobiliária federal autorizadas, no texto da lei orçamentária ou de créditos adicionais, serão objeto de processo simplificado que atenda às suas especificidades.

§ 3º. Para fins do disposto no inciso V do § 1º, considerar-se-á, em cada exercício financeiro, o total dos recursos de operações de crédito nele ingressados e o das despesas de capital executadas, observado o seguinte:

I – não serão computadas nas despesas de capital as realizadas sob a forma de empréstimo ou financiamento a contribuinte, com o intuito de promover incentivo fiscal, tendo por base tributo de competência do ente da Federação, se resultar a diminuição, direta ou indireta, do ônus deste;

II – se o empréstimo ou financiamento a que se refere o inciso I for concedido por instituição financeira controlada pelo ente da Federação, o valor da operação será deduzido das despesas de capital;

III – (*VETADO*).

§ 4º. Sem prejuízo das atribuições próprias do Senado Federal e do Banco Central do Brasil, o Ministério da Fazenda efetuará o registro eletrônico centralizado e atualizado das dívidas públicas interna e externa, garantido o acesso público às informações, que incluirão:

I – encargos e condições de contratação;

II – saldos atualizados e limites relativos às dívidas consolidada e mobiliária, operações de crédito e concessão de garantias.

§ 5º. Os contratos de operação de crédito externo não conterão cláusula que importe na compensação automática de débitos e créditos.

§ 6º O prazo de validade da verificação dos limites e das condições de que trata este artigo e da análise realizada para a concessão de garantia pela União será de, no mínimo, 90 (noventa) dias e, no máximo, 270 (duzentos e setenta) dias, a critério do Ministério da Fazenda. (Incluído pela Lei Complementar nº 159, de 2017)

§ 7º Poderá haver alteração da finalidade de operação de crédito de Estados, do Distrito Federal e de Municípios sem a necessidade de nova verificação pelo Ministério da Economia, desde que haja prévia e expressa autorização para tanto, no texto da lei orçamentária, em créditos adicionais ou em lei específica, que se demonstre a relação custo-benefício e o interesse econômico e social da operação e que não configure infração a dispositivo desta Lei Complementar. *(Acrescido pela LC 178/2021)*

Art. 33. A instituição financeira que contratar operação de crédito com ente da Federação, exceto quando relativa à dívida mobiliária ou à externa, deverá exigir comprovação de que a operação atende às condições e limites estabelecidos.

- LC 148/2014: art. 10.

§ 1º. A operação realizada com infração do disposto nesta Lei Complementar será considerada nula, procedendo-se ao seu cancelamento, mediante a devolução do principal, vedados o pagamento de juros e demais encargos financeiros.

§ 2º. Se a devolução não for efetuada no exercício de ingresso dos recursos, será consignada reserva específica na lei orçamentária para o exercício seguinte.

§ 3º Enquanto não for efetuado o cancelamento ou a amortização ou constituída a reserva de que trata o § 2º, aplicam-se ao ente as restrições previstas no § 3º do art. 23. *(Redação dada pela LC 178/2021)*

§ 4º. Também se constituirá reserva, no montante equivalente ao excesso, se não atendido o disposto no inciso III do art. 167 da Constituição, consideradas as disposições do § 3º do art. 32.

SUBSEÇÃO II.
DAS VEDAÇÕES

Art. 34. O Banco Central do Brasil não emitirá títulos da dívida pública a partir de dois anos após a publicação desta Lei Complementar.

Art. 35. É vedada a realização de operação de crédito entre um ente da Federação, diretamente ou por intermédio de fundo, autarquia, fundação ou empresa estatal dependente, e outro, inclusive suas entidades da administração indireta, ainda que sob a forma de novação, refinanciamento ou postergação de dívida contraída anteriormente.

§ 1º. Excetuam-se da vedação a que se refere o *caput* as operações entre instituição financeira estatal e outro ente da Federação, inclusive suas entidades da administração indireta, que não se destinem a:

I – financiar, direta ou indiretamente, despesas correntes;

II – refinanciar dívidas não contraídas junto à própria instituição concedente.

§ 2º. O disposto no *caput* não impede Estados e Municípios de comprar títulos da dívida da União como aplicação de suas disponibilidades.

Art. 36. É proibida a operação de crédito entre uma instituição financeira estatal e o ente da Federação que a controle, na qualidade de beneficiário do empréstimo.

Parágrafo único. O disposto no *caput* não proíbe instituição financeira controlada de adquirir, no mercado, títulos da dívida pública para atender investimento de seus clientes, ou títulos da dívida de emissão da União para aplicação de recursos próprios.

Art. 37. Equiparam-se a operações de crédito e estão vedados:

I – captação de recursos a título de antecipação de receita de tributo ou contribuição cujo fato gerador ainda não tenha ocorrido, sem prejuízo do disposto no § 7º do art. 150 da Constituição;

II – recebimento antecipado de valores de empresa em que o Poder Público detenha, direta ou indiretamente, a maioria do capital social com direito a voto, salvo lucros e dividendos, na forma da legislação;

III – assunção direta de compromisso, confissão de dívida ou operação assemelhada, com fornecedor de bens, mercadorias ou serviços, mediante emissão, aceite ou aval de TÍTULO de crédito, não se aplicando esta vedação a empresas estatais dependentes;

IV – assunção de obrigação, sem autorização orçamentária, com fornecedores para pagamento *a posteriori* de bens e serviços.

SUBSEÇÃO III.
DAS OPERAÇÕES DE CRÉDITO POR ANTECIPAÇÃO DE RECEITA ORÇAMENTÁRIA

Art. 38. A operação de crédito por antecipação de receita destina-se a atender insuficiência de caixa durante o exercício financeiro e cumprirá as exigências mencionadas no art. 32 e mais as seguintes:

I – realizar-se-á somente a partir do décimo dia do início do exercício;

II – deverá ser liquidada, com juros e outros encargos incidentes, até o dia dez de dezembro de cada ano;

III – não será autorizada se forem cobrados outros encargos que não a taxa de juros da operação, obrigatoriamente prefixada ou indexada à taxa básica financeira, ou à que vier a esta substituir;

IV – estará proibida:

a) enquanto existir operação anterior da mesma natureza não integralmente resgatada;

b) no último ano de mandato do Presidente, Governador ou Prefeito Municipal.

§ 1º. As operações de que trata este artigo não serão computadas para efeito do que dispõe o inciso III do art. 167 da Constituição, desde que liquidadas no prazo definido no inciso II do *caput*.

§ 2º. As operações de crédito por antecipação de receita realizadas por Estados ou Municípios serão efetuadas mediante abertura de crédito junto à instituição financeira vencedora em processo competitivo eletrônico promovido pelo Banco Central do Brasil.

§ 3º. O Banco Central do Brasil manterá sistema de acompanhamento e controle do saldo do crédito aberto e, no caso de inobservância dos limites, aplicará as sanções cabíveis à instituição credora.

SUBSEÇÃO IV.
DAS OPERAÇÕES COM O BANCO CENTRAL DO BRASIL

Art. 39. Nas suas relações com ente da Federação, o Banco Central do Brasil está sujeito às vedações constantes do art. 35 e mais às seguintes:

I – compra de TÍTULO da dívida, na data de sua colocação no mercado, ressalvado o disposto no § 2º deste artigo;

II – permuta, ainda que temporária, por intermédio de instituição financeira ou não, de título da dívida de ente da Federação por título da dívida pública federal, bem como a operação de compra e venda, a termo, daquele título, cujo efeito final seja semelhante à permuta;

III – concessão de garantia.

§ 1º. O disposto no inciso II, *in fine*, não se aplica ao estoque de Letras do Banco Central do Brasil, Série Especial, existente na carteira das instituições financeiras, que pode ser refinanciado mediante novas operações de venda a termo.

§ 2º. O Banco Central do Brasil só poderá comprar diretamente títulos emitidos pela União para refinanciar a dívida mobiliária federal que estiver vencendo na sua carteira.

§ 3º. A operação mencionada no § 2º deverá ser realizada à taxa média e condições alcançadas no dia, em leilão público.

§ 4º. É vedado ao Tesouro Nacional adquirir títulos da dívida pública federal existentes na carteira do Banco Central do Brasil, ainda que com cláusula de reversão, salvo para reduzir a dívida mobiliária.

SEÇÃO V.
DA GARANTIA E DA CONTRA GARANTIA

‣ Lei 10.552/2002: art. 1º.

Art. 40. Os entes poderão conceder garantia em operações de crédito internas ou externas, observados o disposto neste artigo, as normas do art. 32 e, no caso da União, também os limites e as condições estabelecidos pelo Senado Federal e as normas emitidas pelo Ministério da Economia acerca da classificação de capacidade de pagamento dos mutuários. *(Redação dada pela LC 178/2021)*

§ 1º. A garantia estará condicionada ao oferecimento de contra garantia, em valor igual ou superior ao da garantia a ser concedida, e à adimplência da entidade que a pleitear relativamente a suas obrigações junto ao garantidor e às entidades por este controladas, observado o seguinte:

I – não será exigida contra garantia de órgãos e entidades do próprio ente;

II – a contra garantia exigida pela União a Estado ou Município, ou pelos Estados aos Municípios, poderá consistir na vinculação de receitas tributárias diretamente arrecadadas e provenientes de transferências constitucionais, com outorga de poderes ao garantidor para retê-las e empregar o respectivo valor na liquidação da dívida vencida.

§ 2º. No caso de operação de crédito junto a organismo financeiro internacional, ou a instituição federal de crédito e fomento para o repasse de recursos externos, a União só prestará garantia a ente que atenda, além do disposto no § 1º, as exigências legais para o recebimento de transferências voluntárias.

§ 3º. (*VETADO*).

§ 4º. (*VETADO*).

§ 5º. É nula a garantia concedida acima dos limites fixados pelo Senado Federal.

§ 6º. É vedado às entidades da administração indireta, inclusive suas empresas controladas e subsidiárias, conceder garantia, ainda que com recursos de fundos.

§ 7º. O disposto no § 6º não se aplica à concessão de garantia por:

I – empresa controlada a subsidiária ou controlada sua, nem à prestação de contragarantia nas mesmas condições;

II – instituição financeira a empresa nacional, nos termos da lei.

§ 8º. Excetua-se do disposto neste artigo a garantia prestada:

I – por instituições financeiras estatais, que se submeterão às normas aplicáveis às instituições financeiras privadas, de acordo com a legislação pertinente;

II – pela União, na forma de lei federal, a empresas de natureza financeira por ela controladas, direta e indiretamente, quanto às operações de seguro de crédito à exportação.

§ 9º. Quando honrarem dívida de outro ente, em razão de garantia prestada, a União e os Estados poderão condicionar as transferências constitucionais ao ressarcimento daquele pagamento.

§ 10. O ente da Federação cuja dívida tiver sido honrada pela União ou por Estado, em decorrência de garantia prestada em operação de crédito, terá suspenso o acesso a novos créditos ou financiamentos até a total liquidação da mencionada dívida.

§ 11. A alteração da metodologia utilizada para fins de classificação da capacidade de pagamento de Estados e Municípios deverá ser precedida de consulta pública, assegurada a manifestação dos entes. *(Parágrafo acrescido pela Lei Complementar nº 178, de 13/1/2021)*

SEÇÃO VI.
DOS RESTOS A PAGAR

Art. 41. (*VETADO*).

Art. 42. É vedado ao titular de Poder ou órgão referido no art. 20, nos últimos dois quadrimestres do seu mandato, contrair obrigação de despesa que não possa ser cumprida integralmente dentro dele, ou que tenha parcelas a serem pagas no exercício seguinte sem que haja suficiente disponibilidade de caixa para este efeito.

Parágrafo único. Na determinação da disponibilidade de caixa serão considerados os encargos e despesas compromissadas a pagar até o final do exercício.

CAPÍTULO VIII.
DA GESTÃO PATRIMONIAL

SEÇÃO I.
DAS DISPONIBILIDADES DE CAIXA

Art. 43. As disponibilidades de caixa dos entes da Federação serão depositadas conforme estabelece o § 3º do art. 164 da Constituição.

§ 1º. As disponibilidades de caixa dos regimes de previdência social, geral e próprio dos servidores públicos, ainda que vinculadas a fundos específicos a que se referem os arts. 249 e 250 da Constituição, ficarão depositadas em conta separada das demais disponibilidades de cada ente e aplicadas nas condições de mercado, com observância dos limites e condições de proteção e prudência financeira.

§ 2º. É vedada a aplicação das disponibilidades de que trata o § 1º em:

I – títulos da dívida pública estadual e municipal, bem como em ações e outros papéis relativos às empresas controladas pelo respectivo ente da Federação;

II – empréstimos, de qualquer natureza, aos segurados e ao Poder Público, inclusive a suas empresas controladas.

SEÇÃO II.
DA PRESERVAÇÃO DO PATRIMÔNIO PÚBLICO

Art. 44. É vedada a aplicação da receita de capital derivada da alienação de bens e direitos que integram o patrimônio público para o financiamento de despesa corrente, salvo se destinada por lei aos regimes de previdência social, geral e próprio dos servidores públicos.

Art. 45. Observado o disposto no § 5º do art. 5º, a lei orçamentária e as de créditos adicionais só incluirão novos projetos após adequadamente atendidos os em andamento e contempladas as despesas de conservação do patrimônio público, nos termos em que dispuser a lei de diretrizes orçamentárias.

Parágrafo único. O Poder Executivo de cada ente encaminhará ao Legislativo, até a data do envio do projeto de lei de diretrizes orçamentárias, relatório com as informações necessárias ao cumprimento do disposto neste artigo, ao qual será dada ampla divulgação.

Art. 46. É nulo de pleno direito ato de desapropriação de imóvel urbano expedido sem o atendimento do disposto no § 3º do art. 182 da Constituição, ou prévio depósito judicial do valor da indenização.

SEÇÃO III.
DAS EMPRESAS CONTROLADAS PELO SETOR PÚBLICO

Art. 47. A empresa controlada que firmar contrato de gestão em que se estabeleçam objetivos e metas de desempenho, na forma da lei, disporá de autonomia gerencial, orçamentária e financeira, sem prejuízo do disposto no inciso II do § 5º do art. 165 da Constituição.

Parágrafo único. A empresa controlada incluirá em seus balanços trimestrais nota explicativa em que informará:

I – fornecimento de bens e serviços ao controlador, com respectivos preços e condições, comparando-os com os praticados no mercado;

II – recursos recebidos do controlador, a qualquer título, especificando valor, fonte e destinação;

III – venda de bens, prestação de serviços ou concessão de empréstimos e financiamentos com preços, taxas, prazos ou condições diferentes dos vigentes no mercado.

CAPÍTULO IX.
DA TRANSPARÊNCIA, CONTROLE E FISCALIZAÇÃO

SEÇÃO I.
DA TRANSPARÊNCIA DA GESTÃO FISCAL

Art. 48. São instrumentos de transparência da gestão fiscal, aos quais será dada ampla divulgação, inclusive em meios eletrônicos de acesso público: os planos, orçamentos e leis de diretrizes orçamentárias; as prestações de contas e o respectivo parecer prévio; o Relatório Resumido da Execução Orçamentária e o Relatório de Gestão Fiscal; e as versões simplificadas desses documentos.

§ 1º. A transparência será assegurada também mediante: (Redação dada pela Lei Complementar nº 156, de 2016)

I – incentivo à participação popular e realização de audiências públicas, durante os processos de elaboração e discussão dos planos, lei de diretrizes orçamentárias e orçamentos; (Incluído pela Lei Complementar nº 131, de 2009).

II – liberação ao pleno conhecimento e acompanhamento da sociedade, em tempo real, de informações pormenorizadas sobre a execução orçamentária e financeira, em meios eletrônicos de acesso público; e (Redação dada pela Lei Complementar nº 156, de 2016)

III – adoção de sistema integrado de administração financeira e controle, que atenda a padrão mínimo de qualidade estabelecido pelo Poder Executivo da União e ao disposto no art. 48-A. (Incluído pela Lei Complementar nº 131, de 2009)

§ 2º. A União, os Estados, o Distrito Federal e os Municípios disponibilizarão suas informações e dados contábeis, orçamentários e fiscais conforme periodicidade, formato e sistema estabelecidos pelo órgão central de contabilidade da União, os quais deverão ser divulgados em meio eletrônico de amplo acesso público. (Incluído pela Lei Complementar nº 156, de 2016)

§ 3º. Os Estados, o Distrito Federal e os Municípios encaminharão ao Ministério da Fazenda, nos termos e na periodicidade a serem definidos em instrução específica deste órgão, as informações necessárias para a constituição do registro eletrônico centralizado e atualizado das dívidas públicas interna e externa, de que trata o § 4º do art. 32. (Incluído pela Lei Complementar nº 156, de 2016)

§ 4º. A inobservância do disposto nos §§ 2o e 3o ensejará as penalidades previstas no § 2o do art. 51. (Incluído pela Lei Complementar nº 156, de 2016)

§ 5º. Nos casos de envio conforme disposto no § 2o, para todos os efeitos, a União, os Estados, o Distrito Federal e os Municípios cumprem o dever de ampla divulgação a que se refere o *caput*. (Incluído pela Lei Complementar nº 156, de 2016)

§ 6º. Todos os Poderes e órgãos referidos no art. 20, incluídos autarquias, fundações públicas, empresas estatais dependentes e fundos, do ente da Federação devem utilizar sistemas únicos de execução orçamentária e financeira, mantidos e gerenciados pelo Poder Executivo, resguardada a autonomia. (Incluído pela Lei Complementar nº 156, de 2016)

Art. 48-A. Para os fins a que se refere o inciso II do parágrafo único do art. 48, os entes da Federação disponibilizarão a qualquer pessoa física ou jurídica o acesso a informações referentes a: (Incluído pela Lei Complementar nº 131, de 2009)

I – quanto à despesa: todos os atos praticados pelas unidades gestoras no decorrer da execução da despesa, no momento de sua realização, com a disponibilização mínima dos dados referentes ao número do correspondente processo, ao bem fornecido ou ao serviço prestado, à pessoa física ou jurídica beneficiária do pagamento e, quando for o caso, ao procedimento licitatório realizado; (Incluído pela Lei Complementar nº 131, de 2009)

II – quanto à receita: o lançamento e o recebimento de toda a receita das unidades gestoras, inclusive referente a recursos extraordinários. (Incluído pela Lei Complementar nº 131, de 2009)

Art. 49. As contas apresentadas pelo Chefe do Poder Executivo ficarão disponíveis, durante todo o exercício, no respectivo Poder Legislativo e no órgão técnico responsável pela sua elaboração, para consulta e apreciação pelos cidadãos e instituições da sociedade.

Parágrafo único. A prestação de contas da União conterá demonstrativos do Tesouro Nacional e das agências financeiras oficiais de fomento, incluído o Banco Nacional de Desenvolvimento Econômico e Social, especificando os empréstimos e financiamentos concedidos com recursos oriundos dos orçamentos fiscal e da seguridade social e, no caso das agências financeiras, avaliação circunstanciada do impacto fiscal de suas atividades no exercício.

SEÇÃO II.
DA ESCRITURAÇÃO E CONSOLIDAÇÃO DAS CONTAS

Art. 50. Além de obedecer às demais normas de contabilidade pública, a escrituração das contas públicas observará as seguintes:

I – a disponibilidade de caixa constará de registro próprio, de modo que os recursos vinculados a órgão, fundo ou despesa obrigatória fiquem identificados e escriturados de forma individualizada;

II – a despesa e a assunção de compromisso serão registradas segundo o regime de competência, apurando-se, em caráter complementar, o resultado dos fluxos financeiros pelo regime de caixa;

III – as demonstrações contábeis compreenderão, isolada e conjuntamente, as transações e operações de cada órgão, fundo ou entidade da administração direta, autárquica e fundacional, inclusive empresa estatal dependente;

IV – as receitas e despesas previdenciárias serão apresentadas em demonstrativos financeiros e orçamentários específicos;

V – as operações de crédito, as inscrições em Restos a Pagar e as demais formas de financiamento ou assunção de compromissos junto a terceiros, deverão ser escrituradas de modo a evidenciar o montante e a variação da dívida pública no período, detalhando, pelo menos, a natureza e o tipo de credor;

VI – a demonstração das variações patrimoniais dará destaque à origem e ao destino dos recursos provenientes da alienação de ativos.

§ 1º. No caso das demonstrações conjuntas, excluir-se-ão as operações intragovernamentais.

§ 2º. A edição de normas gerais para consolidação das contas públicas caberá ao órgão central de contabilidade da União, enquanto não implantado o conselho de que trata o art. 67.

§ 3º. A Administração Pública manterá sistema de custos que permita a avaliação e o acompanhamento da gestão orçamentária, financeira e patrimonial.

Art. 51. O Poder Executivo da União promoverá, até o dia trinta de junho, a consolidação, nacional e por esfera de governo, das contas dos entes da Federação relativas ao exercício anterior, e a sua divulgação, inclusive por meio eletrônico de acesso público.

§ 1º. Os Estados e os Municípios encaminharão suas contas ao Poder Executivo da União nos seguintes prazos:

▸ **Atualização:** § 1º Os Estados e os Municípios encaminharão suas contas ao Poder Executivo da União até 30 de abril. *(Redação dada pela LC 178/2021, em vigor a partir de 2022)*

I – Municípios, com cópia para o Poder Executivo do respectivo Estado, até trinta de abril;
II – Estados, até trinta e um de maio.

§ 2º. O descumprimento dos prazos previstos neste artigo impedirá, até que a situação seja regularizada, que o ente da Federação receba transferências voluntárias e contrate operações de crédito, exceto as destinadas ao refinanciamento do principal atualizado da dívida mobiliária.

▸ **Atualização:** § 2º O descumprimento dos prazos previstos neste artigo impedirá, até que a situação seja regularizada, que o Poder ou órgão referido no art. 20 receba transferências voluntárias e contrate operações de crédito, exceto as destinadas ao pagamento da dívida mobiliária. *(Redação dada pela LC 178/2021, em vigor a partir de 2022)*

SEÇÃO III. DO RELATÓRIO RESUMIDO DA EXECUÇÃO ORÇAMENTÁRIA

Art. 52. O relatório a que se refere o § 3º do art. 165 da Constituição abrangerá todos os Poderes e o Ministério Público, será publicado até 30 (trinta) dias após o encerramento de cada bimestre e composto de:

I – balanço orçamentário, que especificará, por categoria econômica, as:

a) receitas por fonte, informando as realizadas e a realizar, bem como a previsão atualizada;

b) despesas por grupo de natureza, discriminando a dotação para o exercício, a despesa liquidada e o saldo;

II – demonstrativos da execução das:

a) receitas, por categoria econômica e fonte, especificando a previsão inicial, a previsão atualizada para o exercício, a receita realizada no bimestre, a realizada no exercício e a previsão a realizar;

b) despesas, por categoria econômica e grupo de natureza da despesa, discriminando dotação inicial, dotação para o exercício, despesas empenhada e liquidada, no bimestre e no exercício;

c) despesas, por função e subfunção.

§ 1º. Os valores referentes ao refinanciamento da dívida mobiliária constarão destacadamente nas receitas de operações de crédito e nas despesas com amortização da dívida.

§ 2º. O descumprimento do prazo previsto neste artigo sujeita o ente às sanções previstas no § 2º do art. 51.

Art. 53. Acompanharão o Relatório Resumido demonstrativos relativos a:

I – apuração da receita corrente líquida, na forma definida no inciso IV do art. 2º, sua evolução, assim como a previsão de seu desempenho até o final do exercício;

II – receitas e despesas previdenciárias a que se refere o inciso IV do art. 50;

III – resultados nominal e primário;

IV – despesas com juros, na forma do inciso II do art. 4º;

V – Restos a Pagar, detalhando, por Poder e órgão referido no art. 20, os valores inscritos, os pagamentos realizados e o montante a pagar.

§ 1º. O relatório referente ao último bimestre do exercício será acompanhado também de demonstrativos:

I – do atendimento do disposto no inciso III do art. 167 da Constituição, conforme o § 3º do art. 32;

II – das projeções atuariais dos regimes de previdência social, geral e próprio dos servidores públicos;

III – da variação patrimonial, evidenciando a alienação de ativos e a aplicação dos recursos dela decorrentes.

§ 2º. Quando for o caso, serão apresentadas justificativas:

I – da limitação de empenho;

II – da frustração de receitas, especificando as medidas de combate à sonegação e à evasão fiscal, adotadas e a adotar, e as ações de fiscalização e cobrança.

SEÇÃO IV. DO RELATÓRIO DE GESTÃO FISCAL

Art. 54. Ao final de cada quadrimestre será emitido pelos titulares dos Poderes e órgãos referidos no art. 20 Relatório de Gestão Fiscal, assinado pelo:

I – Chefe do Poder Executivo;

II – Presidente e demais membros da Mesa Diretora ou órgão decisório equivalente, conforme regimentos internos dos órgãos do Poder Legislativo;

III – Presidente de Tribunal e demais membros de Conselho de Administração ou órgão decisório equivalente, conforme regimentos internos dos órgãos do Poder Judiciário;

IV – Chefe do Ministério Público, da União e dos Estados.

Parágrafo único. O relatório também será assinado pelas autoridades responsáveis pela administração financeira e pelo controle interno, bem como por outras definidas por ato próprio de cada Poder ou órgão referido no art. 20.

Art. 55. O relatório conterá:

I – comparativo com os limites de que trata esta Lei Complementar, dos seguintes montantes:

a) despesa total com pessoal, distinguindo a com inativos e pensionistas;

b) dívidas consolidada e mobiliária;

c) concessão de garantias;

d) operações de crédito, inclusive por antecipação de receita;

e) despesas de que trata o inciso II do art. 4º;

II – indicação das medidas corretivas adotadas ou a adotar, se ultrapassado qualquer dos limites;

III – demonstrativos, no último quadrimestre:

a) do montante das disponibilidades de caixa em trinta e um de dezembro;

b) da inscrição em Restos a Pagar, das despesas:

1) liquidadas;

2) empenhadas e não liquidadas, inscritas por atenderem a uma das condições do inciso II do art. 41;

3) empenhadas e não liquidadas, inscritas até o limite do saldo da disponibilidade de caixa;

4) não inscritas por falta de disponibilidade de caixa e cujos empenhos foram cancelados;

c) do cumprimento do disposto no inciso II e na alínea *b* do inciso IV do art. 38.

§ 1º. O relatório dos titulares dos órgãos mencionados nos incisos II, III e IV do art. 54 conterá apenas as informações relativas à alínea *a* do inciso I, e os documentos referidos nos incisos II e III.

§ 2º. O relatório será publicado até 30 dias após o encerramento do período a que corresponder, com amplo acesso ao público, inclusive por meio eletrônico.

§ 3º. O descumprimento do prazo a que se refere o § 2º sujeita o ente à sanção prevista no § 2º do art. 51.

§ 4º. Os relatórios referidos nos arts. 52 e 54 deverão ser elaborados de forma padronizada, segundo modelos que poderão ser atualizados pelo conselho de que trata o art. 67.

SEÇÃO V. DAS PRESTAÇÕES DE CONTAS

Art. 56. As contas prestadas pelos Chefes do Poder Executivo incluirão, além das suas próprias, as dos Presidentes dos órgãos dos Poderes Legislativo e Judiciário e do Chefe do Ministério Público, referidos no art. 20, as quais receberão parecer prévio, separadamente, do respectivo Tribunal de Contas.

▸ ADI 2.238 e ADI 2.324 (DOU 17.09.2019): *"Caput"* do artigo declarado inconstitucional, em controle concentrado, pelo Supremo Tribunal Federal.

§ 1º. As contas do Poder Judiciário serão apresentadas no âmbito:

I – da União, pelos Presidentes do Supremo Tribunal Federal e dos Tribunais Superiores, consolidando as dos respectivos tribunais;

II – dos Estados, pelos Presidentes dos Tribunais de Justiça, consolidando as dos demais tribunais.

§ 2º. O parecer sobre as contas dos Tribunais de Contas será proferido no prazo previsto no art. 57 pela comissão mista permanente referida no § 1º do art. 166 da Constituição ou equivalente das Casas Legislativas estaduais e municipais.

§ 3º. Será dada ampla divulgação dos resultados da apreciação das contas, julgadas ou tomadas.

Art. 57. Os Tribunais de Contas emitirão parecer prévio conclusivo sobre as contas no prazo de 60 (sessenta) dias do recebimento, se outro não estiver estabelecido nas constituições estaduais ou nas leis orgânicas municipais.

▸ ADI 2.238 e ADI 2.324 (DOU 17.09.2019): *"Caput"* do artigo declarado inconstitucional, em controle concentrado, pelo Supremo Tribunal Federal.

§ 1º. No caso de Municípios que não sejam capitais e que tenham menos de duzentos mil habitantes o prazo será de 180 (cento e oitenta) dias.

§ 2º. Os Tribunais de Contas não entrarão em recesso enquanto existirem contas de Poder, ou órgão referido no art. 20, pendentes de parecer prévio.

Art. 58. A prestação de contas evidenciará o desempenho da arrecadação em relação à previsão, destacando as providências adotadas no âmbito da fiscalização das receitas e combate à sonegação, as ações de recuperação de créditos nas instâncias administrativa e judicial, bem como as demais medidas para incremento das receitas tributárias e de contribuições.

SEÇÃO VI. DA FISCALIZAÇÃO DA GESTÃO FISCAL

Art. 59. O Poder Legislativo, diretamente ou com o auxílio dos Tribunais de Contas, e o sistema de controle interno de cada Poder e do Ministério Público fiscalizarão o cumprimento desta Lei Complementar, consideradas as normas de padronização metodológica editadas pelo conselho de que trata o art. 67, com ênfase no que se refere a: *(Redação dada pela LC 178/2021)*

I – atingimento das metas estabelecidas na lei de diretrizes orçamentárias;

II – limites e condições para realização de operações de crédito e inscrição em Restos a Pagar;

III – medidas adotadas para o retorno da despesa total com pessoal ao respectivo limite, nos termos dos arts. 22 e 23;

IV – providências tomadas, conforme o disposto no art. 31, para recondução dos montantes das dívidas consolidada e mobiliária aos respectivos limites;

V – destinação de recursos obtidos com a alienação de ativos, tendo em vista as restrições constitucionais e as desta Lei Complementar;
VI – cumprimento do limite de gastos totais dos legislativos municipais, quando houver.

§ 1º. Os Tribunais de Contas alertarão os Poderes ou órgãos referidos no art. 20 quando constatarem:

I – a possibilidade de ocorrência das situações previstas no inciso II do art. 4º e no art. 9º;
II – que o montante da despesa total com pessoal ultrapassou 90% (noventa por cento) do limite;
III – que os montantes das dívidas consolidada e mobiliária, das operações de crédito e da concessão de garantia se encontram acima de 90% (noventa por cento) dos respectivos limites;
IV – que os gastos com inativos e pensionistas se encontram acima do limite definido em lei;
V – fatos que comprometam os custos ou os resultados dos programas ou indícios de irregularidades na gestão orçamentária.

§ 2º. Compete ainda aos Tribunais de Contas verificar os cálculos dos limites da despesa total com pessoal de cada Poder e órgão referido no art. 20.

§ 3º. O Tribunal de Contas da União acompanhará o cumprimento do disposto nos §§ 2º, 3º e 4º do art. 39.

CAPÍTULO X. DISPOSIÇÕES FINAIS E TRANSITÓRIAS

Art. 60. Lei estadual ou municipal poderá fixar limites inferiores àqueles previstos nesta Lei Complementar para as dívidas consolidada e mobiliária, operações de crédito e concessão de garantias.

Art. 61. Os títulos da dívida pública, desde que devidamente escriturados em sistema centralizado de liquidação e custódia, poderão ser oferecidos em caução para garantia de empréstimos, ou em outras transações previstas em lei, pelo seu valor econômico, conforme definido pelo Ministério da Fazenda.

Art. 62. Os Municípios só contribuirão para o custeio de despesas de competência de outros entes da Federação se houver:

I – autorização na lei de diretrizes orçamentárias e na lei orçamentária anual;
II – convênio, acordo, ajuste ou congênere, conforme sua legislação.

Art. 63. É facultado aos Municípios com população inferior a cinquenta mil habitantes optar por:

I – aplicar o disposto no art. 22 e no § 4º do art. 30 ao final do semestre;
II – divulgar semestralmente:

a) (*VETADA*).
b) o Relatório de Gestão Fiscal;
c) os demonstrativos de que trata o art. 53;

III – elaborar o Anexo de Política Fiscal do plano plurianual, o Anexo de Metas Fiscais e o Anexo de Riscos Fiscais da lei de diretrizes orçamentárias e o anexo de que trata o inciso I do art. 5º a partir do quinto exercício seguinte ao da publicação desta Lei Complementar.

§ 1º. A divulgação dos relatórios e demonstrativos deverá ser realizada em até 30 (trinta) dias após o encerramento do semestre.

§ 2º. Se ultrapassados os limites relativos à despesa total com pessoal ou à dívida consolidada, enquanto perdurar esta situação, o Município ficará sujeito aos mesmos prazos de verificação e de retorno ao limite definidos para os demais entes.

Art. 64. A União prestará assistência técnica e cooperação financeira aos Municípios para a modernização das respectivas administrações tributária, financeira, patrimonial e previdenciária, com vistas ao cumprimento das normas desta Lei Complementar.

§ 1º. A assistência técnica consistirá no treinamento e desenvolvimento de recursos humanos e na transferência de tecnologia, bem como no apoio à divulgação dos instrumentos de que trata o art. 48 em meio eletrônico de amplo acesso público.

§ 2º. A cooperação financeira compreenderá a doação de bens e valores, o financiamento por intermédio das instituições financeiras federais e o repasse de recursos oriundos de operações externas.

Art. 65. Na ocorrência de calamidade pública reconhecida pelo Congresso Nacional, no caso da União, ou pelas Assembleias Legislativas, na hipótese dos Estados e Municípios, enquanto perdurar a situação:

I – serão suspensas a contagem dos prazos e as disposições estabelecidas nos arts. 23, 31 e 70;
II – serão dispensados o atingimento dos resultados fiscais e a limitação de empenho prevista no art. 9º.

§ 1º Na ocorrência de calamidade pública reconhecida pelo Congresso Nacional, nos termos de decreto legislativo, em parte ou na integralidade do território nacional e enquanto perdurar a situação, além do previsto nos inciso I e II do *caput*: *(Parágrafo único transformado em § 1º e com redação dada pela Lei Complementar 173/2020)*

I – serão dispensados os limites, condições e demais restrições aplicáveis à União, aos Estados, ao Distrito Federal e aos Municípios, bem como sua verificação, para: *(Acrescido pela Lei Complementar 173/2020)*

a) contratação e aditamento de operações de crédito;
b) concessão de garantias;
c) contratação entre entes da Federação; e
d) recebimento de transferências voluntárias;

II – serão dispensados os limites e afastadas as vedações e sanções previstas e decorrentes dos arts. 35, 37 e 42, bem como será dispensado o cumprimento do disposto no parágrafo único do art. 8º desta Lei Complementar, desde que os recursos arrecadados sejam destinados ao combate à calamidade pública; *(Acrescido pela Lei Complementar 173/2020)*
III – serão afastadas as condições e as vedações previstas nos arts. 14, 16 e 17 desta Lei Complementar, desde que o incentivo ou benefício e a criação ou o aumento da despesa sejam destinados ao combate à calamidade pública. *(Acrescido pela Lei Complementar 173/2020)*

§ 2º O disposto no § 1º deste artigo, observados os termos estabelecidos no decreto legislativo que reconhecer o estado de calamidade pública: *(Acrescido pela Lei Complementar 173/2020)*

I – aplicar-se-á exclusivamente:

a) às unidades da Federação atingidas e localizadas no território em que for reconhecido o estado de calamidade pública pelo Congresso Nacional e enquanto perdurar o referido estado de calamidade;
b) aos atos de gestão orçamentária e financeira necessários ao atendimento de despesas relacionadas ao cumprimento do decreto legislativo;

II – não afasta as disposições relativas a transparência, controle e fiscalização.

§ 3º No caso de aditamento de operações de crédito garantidas pela União com amparo no disposto no § 1º deste artigo, a garantia será mantida, não sendo necessária a alteração dos contratos de garantia e de contragarantia vigentes. *(Acrescido pela Lei Complementar 173/2020)*

Art. 66. Os prazos estabelecidos nos arts. 23, 31 e 70 serão duplicados no caso de crescimento real baixo ou negativo do Produto Interno Bruto (PIB) nacional, regional ou estadual por período igual ou superior a quatro trimestres.

§ 1º. Entende-se por baixo crescimento a taxa de variação real acumulada do Produto Interno Bruto inferior a 1% (um por cento), no período correspondente aos quatro últimos trimestres.

§ 2º. A taxa de variação será aquela apurada pela Fundação Instituto Brasileiro de Geografia e Estatística ou outro órgão que vier a substituí-la, adotada a mesma metodologia para apuração dos PIB nacional, estadual e regional.

§ 3º. Na hipótese do *caput*, continuarão a ser adotadas as medidas previstas no art. 22.

§ 4º. Na hipótese de se verificarem mudanças drásticas na condução das políticas monetária e cambial, reconhecidas pelo Senado Federal, o prazo referido no *caput* do art. 31 poderá ser ampliado em até quatro quadrimestres.

Art. 67. O acompanhamento e a avaliação, de forma permanente, da política e da operacionalidade da gestão fiscal serão realizados por conselho de gestão fiscal, constituído por representantes de todos os Poderes e esferas de Governo, do Ministério Público e de entidades técnicas representativas da sociedade, visando a:

I – harmonização e coordenação entre os entes da Federação;
II – disseminação de práticas que resultem em maior eficiência na alocação e execução do gasto público, na arrecadação de receitas, no controle do endividamento e na transparência da gestão fiscal;
III – adoção de normas de consolidação das contas públicas, padronização das prestações de contas e dos relatórios e demonstrativos de gestão fiscal de que trata esta Lei Complementar, normas e padrões mais simples para os pequenos Municípios, bem como outros, necessários ao controle social;
IV – divulgação de análises, estudos e diagnósticos.

§ 1º. O conselho a que se refere o *caput* instituirá formas de premiação e reconhecimento público aos titulares de Poder que alcançarem resultados meritórios em suas políticas de desenvolvimento social, conjugados com a prática de uma gestão fiscal pautada pelas normas desta Lei Complementar.

§ 2º. Lei disporá sobre a composição e a forma de funcionamento do conselho.

Art. 68. Na forma do art. 250 da Constituição, é criado o Fundo do Regime Geral de Previdência Social, vinculado ao Ministério da Previdência e Assistência Social, com a finalidade de prover recursos para o pagamento dos benefícios do regime geral da previdência social.

§ 1º. O Fundo será constituído de:

I – bens móveis e imóveis, valores e rendas do Instituto Nacional do Seguro Social não utilizados na operacionalização deste;
II – bens e direitos que, a qualquer título, lhe sejam adjudicados ou que lhe vierem a ser vinculados por força de lei;
III – receita das contribuições sociais para a seguridade social, previstas na alínea a do inciso I e no inciso II do art. 195 da Constituição;
IV – produto da liquidação de bens e ativos de pessoa física ou jurídica em débito com a Previdência Social;
V – resultado da aplicação financeira de seus ativos;
VI – recursos provenientes do orçamento da União.

§ 2º. O Fundo será gerido pelo Instituto Nacional do Seguro Social, na forma da lei.

Art. 69. O ente da Federação que mantiver ou vier a instituir regime próprio de previdência social para seus servidores conferir-lhe-á caráter contributivo e o organizará com base em normas de contabilidade e atuária que preservem seu equilíbrio financeiro e atuarial.

- Lei 9.717/1998, dispõe sobre regras gerais para a organização e o funcionamento dos regimes próprios de previdência social dos servidores públicos da União, dos Estados, do Distrito Federal e dos Municípios, dos militares dos Estados e do Distrito Federal e dá outras providências.

Art. 70. O Poder ou órgão referido no art. 20 cuja despesa total com pessoal no exercício anterior ao da publicação desta Lei Complementar estiver acima dos limites estabelecidos nos arts. 19 e 20 deverá enquadrar-se no respectivo limite em até dois exercícios, eliminando o excesso, gradualmente, à razão de, pelo menos, 50% a.a. (cinquenta por cento ao ano), mediante a adoção, entre outras, das medidas previstas nos arts. 22 e 23.

Parágrafo único. A inobservância do disposto no *caput*, no prazo fixado, sujeita o ente às sanções previstas no § 3º do art. 23.

Art. 71. Ressalvada a hipótese do inciso X do art. 37 da Constituição, até o término do terceiro exercício financeiro seguinte à entrada em vigor desta Lei Complementar, a despesa total com pessoal dos Poderes e órgãos referidos no art. 20 não ultrapassará, em percentual da receita corrente líquida, a despesa verificada no exercício imediatamente anterior, acrescida de até 10% (dez por cento), se esta for inferior ao limite definido na forma do art. 20.

Art. 72. A despesa com serviços de terceiros dos Poderes e órgãos referidos no art. 20 não poderá exceder, em percentual da receita corrente líquida, a do exercício anterior à entrada em vigor desta Lei Complementar, até o término do terceiro exercício seguinte.

Art. 73. As infrações dos dispositivos desta Lei Complementar serão punidas segundo o Decreto-lei nº 2.848, de 7 de dezembro de 1940 (Código Penal); a Lei nº 1.079, de 10 de abril de 1950; o Decreto-lei nº 201, de 27 de fevereiro de 1967; a Lei nº 8.429, de 2 de junho de 1992; e demais normas da legislação pertinente.

Art. 73-A. Qualquer cidadão, partido político, associação ou sindicato é parte legítima para denunciar ao respectivo Tribunal de Contas e ao órgão competente do Ministério Público o descumprimento das prescrições estabelecidas nesta Lei Complementar. (Incluído pela Lei Complementar nº 131, de 2009)

Art. 73-B. Ficam estabelecidos os seguintes prazos para o cumprimento das determinações dispostas nos incisos II e III do parágrafo único do art. 48 e do art. 48-A: (Incluído pela Lei Complementar nº 131, de 2009).

I – 1 (um) ano para a União, os Estados, o Distrito Federal e os Municípios com mais de 100.000 (cem mil) habitantes; (Incluído pela Lei Complementar nº 131, de 2009).

II – 2 (dois) anos para os Municípios que tenham entre 50.000 (cinquenta mil) e 100.000 (cem mil) habitantes; (Incluído pela Lei Complementar nº 131, de 2009).

III – 4 (quatro) anos para os Municípios que tenham até 50.000 (cinquenta mil) habitantes. (Incluído pela Lei Complementar nº 131, de 2009).

Parágrafo único. Os prazos estabelecidos neste artigo serão contados a partir da data de publicação da lei complementar que introduziu os dispositivos referidos no *caput* deste artigo. (Incluído pela Lei Complementar nº 131, de 2009).

Art. 73-C. O não atendimento, até o encerramento dos prazos previstos no art. 73-B, das determinações contidas nos incisos II e III do parágrafo único do art. 48 e no art. 48-A sujeita o ente à sanção prevista no inciso I do § 3º do art. 23. (Incluído pela Lei Complementar nº 131, de 2009)

Art. 74. Esta Lei Complementar entra em vigor na data da sua publicação.

Art. 75. Revoga-se a Lei Complementar 96, de 31 de maio de 1999.

Brasília, 4 de maio de 2000; 179º da Independência e 112º da República.

FERNANDO HENRIQUE CARDOSO

D.O.U. 5.5.2000

LEI Nº 9.984, DE 17 DE JULHO DE 2000

Dispõe sobre a criação da Agência Nacional de Águas e Saneamento Básico (ANA), entidade federal de implementação da Política Nacional de Recursos Hídricos, integrante do Sistema Nacional de Gerenciamento de Recursos Hídricos (Singreh) e responsável pela instituição de normas de referência para a regulação dos serviços públicos de saneamento básico. (Redação dada pela Lei nº 14.026, de 2020)

- *Lei da ANA*
- Lei 11.445, de 05-01-2007, que dispõe sobre as diretrizes nacionais para o saneamento básico, regulamentada pelo Dec. nº 7217, de 21-06-2010.

CAPÍTULO I. DOS OBJETIVOS

Art. 1º Esta Lei cria a Agência Nacional de Águas e Saneamento Básico (ANA), entidade federal de implementação da Política Nacional de Recursos Hídricos, integrante do Sistema Nacional de Gerenciamento de Recursos Hídricos (Singreh) e responsável pela instituição de normas de referência para a regulação dos serviços públicos de saneamento básico, e estabelece regras para sua atuação, sua estrutura administrativa e suas fontes de recursos. (Redação dada pela Lei nº 14.026, de 2020)

CAPÍTULO II. DA CRIAÇÃO, NATUREZA JURÍDICA E COMPETÊNCIAS DA AGÊNCIA NACIONAL DE ÁGUAS – ANA

Art. 2º. Compete ao Conselho Nacional de Recursos Hídricos promover a articulação dos planejamentos nacional, regionais, estaduais e dos setores usuários elaborados pelas entidades que integram o Sistema Nacional de Gerenciamento de Recursos Hídricos e formular a Política Nacional de Recursos Hídricos, nos termos da Lei nº 9.433, de 8 de janeiro de 1997.

Art. 3º Fica criada a Agência Nacional de Águas e Saneamento Básico (ANA), autarquia sob regime especial, com autonomia administrativa e financeira, vinculada ao Ministério do Desenvolvimento Regional, integrante do Sistema Nacional de Gerenciamento de Recursos Hídricos (Singreh), com a finalidade de implementar, no âmbito de suas competências, a Política Nacional de Recursos Hídricos e de instituir normas de referência para a regulação dos serviços públicos de saneamento básico. (Redação dada pela Lei nº 14.026, de 2020)

Parágrafo único. A ANA terá sede e foro no Distrito Federal, podendo instalar unidades administrativas regionais.

Art. 4º. A atuação da ANA obedecerá aos fundamentos, objetivos, diretrizes e instrumentos da Política Nacional de Recursos Hídricos e será desenvolvida em articulação com órgãos e entidades públicas e privadas integrantes do Sistema Nacional de Gerenciamento de Recursos Hídricos, cabendo-lhe:

I – supervisionar, controlar e avaliar as ações e atividades decorrentes do cumprimento da legislação federal pertinente aos recursos hídricos;

II – disciplinar, em caráter normativo, a implementação, a operacionalização, o controle e a avaliação dos instrumentos da Política Nacional de Recursos Hídricos;

III – Vetado.

IV – outorgar, por intermédio de autorização, o direito de uso de recursos hídricos em corpos de água de domínio da União, observado o disposto nos arts. 5º, 6º, 7º e 8º;

V – fiscalizar os usos de recursos hídricos nos corpos de água de domínio da União;

VI – elaborar estudos técnicos para subsidiar a definição, pelo Conselho Nacional de Recursos Hídricos, dos valores a serem cobrados pelo uso de recursos hídricos de domínio da União, com base nos mecanismos e quantitativos sugeridos pelos Comitês de Bacia Hidrográfica, na forma do inciso VI do art. 38 da Lei nº 9.433, de 1997;

VII – estimular e apoiar as iniciativas voltadas para a criação de Comitês de Bacia Hidrográfica;

VIII – implementar, em articulação com os Comitês de Bacia Hidrográfica, a cobrança pelo uso de recursos hídricos de domínio da União;

IX – arrecadar, distribuir e aplicar receitas auferidas por intermédio da cobrança pelo uso de recursos hídricos de domínio da União, na forma do disposto no art. 22 da Lei nº 9.433, de 1997;

X – planejar e promover ações destinadas a prevenir ou minimizar os efeitos de secas e inundações, no âmbito do Sistema Nacional de Gerenciamento de Recursos Hídricos, em articulação com o órgão central do Sistema Nacional de Defesa Civil, em apoio aos Estados e Municípios;

XI – promover a elaboração de estudos para subsidiar a aplicação de recursos financeiros da União em obras e serviços de regularização de cursos de água, de alocação e distribuição de água, e de controle da poluição hídrica, em consonância com o estabelecido nos planos de recursos hídricos;

XII – definir e fiscalizar as condições de operação de reservatórios por agentes públicos e privados, visando a garantir o uso múltiplo dos recursos hídricos, conforme estabelecido nos planos de recursos hídricos das respectivas bacias hidrográficas;

XIII – promover a coordenação das atividades desenvolvidas no âmbito da rede hidrometeorológica nacional, em articulação com órgãos e entidades públicas ou privadas que a integram, ou que dela sejam usuárias;

XIV – organizar, implantar e gerir o Sistema Nacional de Informações sobre Recursos Hídricos;

XV – estimular a pesquisa e a capacitação de recursos humanos para a gestão de recursos hídricos;

XVI – prestar apoio aos Estados na criação de órgãos gestores de recursos hídricos;

XVII – propor ao Conselho Nacional de Recursos Hídricos o estabelecimento de incentivos, inclusive financeiros, à conservação qualitativa e quantitativa de recursos hídricos.

XVIII – participar da elaboração do Plano Nacional de Recursos Hídricos e supervisionar a sua implementação. (Incluído pela Medida Provisória nº 2.216-37, de 2001)

XIX – regular e fiscalizar, quando envolverem corpos d'água de domínio da União, a prestação dos serviços públicos de irrigação, se em regime de concessão, e adução de água bruta, cabendo-lhe, inclusive, a disciplina, em caráter normativo, da prestação desses serviços, bem como a fixação de padrões de eficiência e o estabelecimento de tarifa, quando cabíveis, e a gestão e auditagem de todos os aspectos dos respectivos contratos de concessão, quando existentes. (Redação dada pela Lei nº 12.058, de 2009)

XX – organizar, implantar e gerir o Sistema Nacional de Informações sobre Segurança de Barragens (SNISB); (Incluído pela Lei nº 12.334, de 2010)

XXI – promover a articulação entre os órgãos fiscalizadores de barragens; (Incluído pela Lei nº 12.334, de 2010)

XXII – coordenar a elaboração do Relatório de Segurança de Barragens e encaminhá-lo, anualmente, ao Conselho Nacional de Recursos Hídricos (CNRH), de forma consolidada. (Incluído pela Lei nº 12.334, de 2010)

XXIII – declarar a situação crítica de escassez quantitativa ou qualitativa de recursos hídricos nos corpos hídricos que impacte o atendimento aos usos múltiplos localizados em rios de domínio da União, por prazo determinado, com base em estudos e dados de monitoramento, observados os critérios estabelecidos pelo Conselho Nacional de Recursos Hídricos, quando houver; e (Acrescido pela Lei nº 14.026, de 2020)

XXIV – estabelecer e fiscalizar o cumprimento de regras de uso da água, a fim de assegurar os usos múltiplos durante a vigência da declaração de situação crítica de escassez de recursos hídricos a que se refere o inciso XXIII do *caput* deste artigo. (Acrescido pela Lei nº 14.026, de 2020)

§ 1º. Na execução das competências a que se refere o inciso II deste artigo, serão considerados, nos casos de bacias hidrográficas compartilhadas com outros países, os respectivos acordos e tratados.

§ 2º. (Revogado pela Lei nº 14.026, de 2020)

§ 3º. Para os fins do disposto no inciso XII deste artigo, a definição das condições de operação de reservatórios de aproveitamentos hidrelétricos será efetuada em articulação com o Operador Nacional do Sistema Elétrico – ONS.

§ 4º. A ANA poderá delegar ou atribuir a agências de água ou de bacia hidrográfica a execução de atividades de sua competência, nos termos do art. 44 da Lei nº 9.433, de 1997, e demais dispositivos legais aplicáveis.

§ 5º. Vetado.

§ 6º. A aplicação das receitas de que trata o inciso IX será feita de forma descentralizada, por meio das agências de que trata o Capítulo IV do Título II da Lei nº 9.433, de 1997, e, na ausência ou impedimento destas, por outras entidades pertencentes ao Sistema Nacional de Gerenciamento de Recursos Hídricos.

§ 7º. Nos atos administrativos de outorga de direito de uso de recursos hídricos de cursos de água que banham o semiárido nordestino, expedidos nos termos do inciso IV deste artigo, deverão constar, explicitamente, as restrições decorrentes dos incisos III e V do art. 15 da Lei nº 9.433, de 1997.

§ 8º. No exercício das competências referidas no inciso XIX deste artigo, a ANA zelará pela prestação do serviço adequado ao pleno atendimento dos usuários, em observância aos princípios da regularidade, continuidade, eficiência, segurança, atualidade, generalidade, cortesia, modicidade tarifária e utilização racional dos recursos hídricos. (Redação dada pela Lei nº 12.058, de 2009)

§ 9º As regras a que se refere o inciso XXIV do *caput* deste artigo serão aplicadas aos corpos hídricos abrangidos pela declaração de situação crítica de escassez de recursos hídricos a que se refere o inciso XXIII do *caput* deste artigo. (Acrescido pela Lei nº 14.026, de 2020)

§ 10. A ANA poderá delegar as competências estabelecidas nos incisos V e XII do *caput* deste artigo, por meio de convênio ou de outro instrumento, a outros órgãos e entidades da administração pública federal, estadual e distrital. (Acrescido pela Lei nº 14.026, de 2020)

Art. 4º-A. A ANA instituirá normas de referência para a regulação dos serviços públicos de saneamento básico por seus titulares e suas entidades reguladoras e fiscalizadoras, observadas as diretrizes para a função de regulação estabelecidas na Lei nº 11.445, de 5 de janeiro de 2007. (Acrescido pela Lei nº 14.026, de 2020)

§ 1º Caberá à ANA estabelecer normas de referência sobre:

I – padrões de qualidade e eficiência na prestação, na manutenção e na operação dos sistemas de saneamento básico;

II – regulação tarifária dos serviços públicos de saneamento básico, com vistas a promover a prestação adequada, o uso racional de recursos naturais, o equilíbrio econômico-financeiro e a universalização do acesso ao saneamento básico;

III – padronização dos instrumentos negociais de prestação de serviços públicos de saneamento básico firmados entre o titular do serviço público e o delegatário, os quais contemplarão metas de qualidade, eficiência e ampliação da cobertura dos serviços, bem como especificação da matriz de riscos e dos mecanismos de manutenção do equilíbrio econômico-financeiro das atividades;

IV – metas de universalização dos serviços públicos de saneamento básico para concessões que considerem, entre outras condições, o nível de cobertura de serviço existente, a viabilidade econômico-financeira da expansão da prestação do serviço e o número de Municípios atendidos;

V – critérios para a contabilidade regulatória;

VI – redução progressiva e controle da perda de água;

VII – metodologia de cálculo de indenizações devidas em razão dos investimentos realizados e ainda não amortizados ou depreciados;

VIII – governança das entidades reguladoras, conforme princípios estabelecidos no art. 21 da Lei nº 11.445, de 5 de janeiro de 2007;

IX – reúso dos efluentes sanitários tratados, em conformidade com as normas ambientais e de saúde pública;

X – parâmetros para determinação de caducidade na prestação dos serviços públicos de saneamento básico;

XI – normas e metas de substituição do sistema unitário pelo sistema separador absoluto de tratamento de efluentes;

XII – sistema de avaliação do cumprimento de metas de ampliação e universalização da cobertura dos serviços públicos de saneamento básico;

XIII – conteúdo mínimo para a prestação universalizada e para a sustentabilidade econômico-financeira dos serviços públicos de saneamento básico.

§ 2° As normas de referência para a regulação dos serviços públicos de saneamento básico contemplarão os princípios estabelecidos no inciso I do *caput* do art. 2° da Lei nº 11.445, de 5 de janeiro de 2007, e serão instituídas pela ANA de forma progressiva.

§ 3° As normas de referência para a regulação dos serviços públicos de saneamento básico deverão:

I – promover a prestação adequada dos serviços, com atendimento pleno aos usuários, observados os princípios da regularidade, da continuidade, da eficiência, da segurança, da atualidade, da generalidade, da cortesia, da modicidade tarifária, da utilização racional dos recursos hídricos e da universalização dos serviços;

II – estimular a livre concorrência, a competitividade, a eficiência e a sustentabilidade econômica na prestação dos serviços;

III – estimular a cooperação entre os entes federativos com vistas à prestação, à contratação e à regulação dos serviços de forma adequada e eficiente, a fim de buscar a universalização dos serviços e a modicidade tarifária;

IV – possibilitar a adoção de métodos, técnicas e processos adequados às peculiaridades locais e regionais;

V – incentivar a regionalização da prestação dos serviços, de modo a contribuir para a viabilidade técnica e econômico-financeira, a criação de ganhos de escala e de eficiência e a universalização dos serviços;

VI – estabelecer parâmetros e periodicidade mínimos para medição do cumprimento das metas de cobertura dos serviços e do atendimento aos indicadores de qualidade e aos padrões de potabilidade, observadas as peculiaridades contratuais e regionais;

VII – estabelecer critérios limitadores da sobreposição de custos administrativos ou gerenciais a serem pagos pelo usuário final, independentemente da configuração de subcontratações ou de subdelegações; e

VIII – assegurar a prestação concomitante dos serviços de abastecimento de água e de esgotamento sanitário.

§ 4º No processo de instituição das normas de referência, a ANA:

I – avaliará as melhores práticas regulatórias do setor, ouvidas as entidades encarregadas da regulação e da fiscalização e as entidades representativas dos Municípios;

II – realizará consultas e audiências públicas, de forma a garantir a transparência e a publicidade dos atos, bem como a possibilitar a análise de impacto regulatório das normas propostas; e

III – poderá constituir grupos ou comissões de trabalho com a participação das entidades reguladoras e fiscalizadoras e das entidades representativas dos Municípios para auxiliar na elaboração das referidas normas.

§ 5° A ANA disponibilizará, em caráter voluntário e com sujeição à concordância entre as partes, ação mediadora ou arbitral nos conflitos que envolvam titulares, agências reguladoras ou prestadores de serviços públicos de saneamento básico.

§ 6º A ANA avaliará o impacto regulatório e o cumprimento das normas de referência de que trata o § 1º deste artigo pelos órgãos e pelas entidades responsáveis pela regulação e pela fiscalização dos serviços.

§ 7° No exercício das competências a que se refere este artigo, a ANA zelará pela uniformidade regulatória do setor de saneamento básico e pela segurança jurídica na prestação e na regulação dos serviços, observado o disposto no inciso IV do § 3° deste artigo.

§ 8º Para fins do disposto no inciso II do § 1° deste artigo, as normas de referência de regulação tarifária estabelecerão os mecanismos de subsídios para as populações de baixa renda, a fim de possibilitar a universalização dos serviços, observado o disposto no art. 31 da Lei nº 11.445, de 5 de janeiro de 2007, e, quando couber, o compartilhamento dos ganhos de produtividade com os usuários dos serviços.

§ 9º Para fins do disposto no inciso III do § 1º deste artigo, as normas de referência regulatórias estabelecerão parâmetros e condições para investimentos que permitam garantir a manutenção dos níveis de serviços desejados durante a vigência dos contratos.

§ 10. Caberá à ANA elaborar estudos técnicos para o desenvolvimento das melhores práticas regulatórias para os serviços públicos de saneamento básico, bem como guias e manuais para subsidiar o desenvolvimento das referidas práticas.

§ 11. Caberá à ANA promover a capacitação de recursos humanos para a regulação adequada e eficiente do setor de saneamento básico.

§ 12. A ANA contribuirá para a articulação entre o Plano Nacional de Saneamento Básico, o Plano Nacional de Resíduos Sólidos e o Plano Nacional de Recursos Hídricos.

Art. 4º-B. A ANA manterá atualizada e disponível, em seu sítio eletrônico, a relação das entidades reguladoras e fiscalizadoras que adotam as normas de referência nacionais para a regulação dos serviços públicos de saneamento básico, com vistas a viabilizar o acesso aos recursos públicos federais ou a contratação de financiamentos com recursos da União ou com recursos geridos ou operados por órgãos ou entidades da administração pública federal, nos termos do art. 50 da Lei nº 11.445, de 5 de janeiro de 2007. (Acrescido pela Lei nº 14.026, de 2020)

§ 1º A ANA disciplinará, por meio de ato normativo, os requisitos e os procedimentos a serem observados pelas entidades encarregadas da regulação e da fiscalização dos serviços públicos de saneamento básico, para a comprovação da adoção das normas regulatórias de referência, que poderá ser gradual, de modo a preservar as expectativas e os direitos decorrentes das normas a serem substituídas e a propiciar a adequada preparação das entidades reguladoras.

§ 2º A verificação da adoção das normas de referência nacionais para a regulação da prestação dos serviços públicos de saneamento básico estabelecidas pela ANA ocorrerá periodicamente e será obrigatória no momento da contratação dos financiamentos com recursos da União ou com recursos geridos ou operados por órgãos ou entidades da administração pública federal.

Art. 5º. Nas outorgas de direito de uso de recursos hídricos de domínio da União, serão respeitados os seguintes limites de prazos, contados da data de publicação dos respectivos atos administrativos de autorização:

I – até dois anos, para início da implantação do empreendimento objeto da outorga;

II – até seis anos, para conclusão da implantação do empreendimento projetado;

III – até trinta e cinco anos, para vigência da outorga de direito de uso.

§ 1º. Os prazos de vigência das outorgas de direito de uso de recursos hídricos serão fixados em função da natureza e do porte do empreendimento, levando-se em consideração, quando for o caso, o período de retorno do investimento.

§ 2º. Os prazos a que se referem os incisos I e II poderão ser ampliados, quando o porte e a importância social e econômica do empreendimento o justificar, ouvido o Conselho Nacional de Recursos Hídricos.

§ 3º. O prazo de que trata o inciso III poderá ser prorrogado, pela ANA, respeitando-se as prioridades estabelecidas nos Planos de Recursos Hídricos.

§ 4º. As outorgas de direito de uso de recursos hídricos para concessionárias e autorizadas de serviços públicos e de geração de energia hidrelétrica vigorarão por prazos coincidentes com os dos correspondentes contratos de concessão ou atos administrativos de autorização.

Art. 6º. A ANA poderá emitir outorgas preventivas de uso de recursos hídricos, com a finalidade de declarar a disponibilidade de água para os usos requeridos, observado o disposto no art. 13 da Lei nº 9.433, de 1997.

§ 1º. A outorga preventiva não confere direito de uso de recursos hídricos e se destina a reservar a vazão passível de outorga, possibilitando, aos investidores, o planejamento de empreendimentos que necessitem desses recursos.

§ 2º. O prazo de validade da outorga preventiva será fixado levando-se em conta a complexidade do planejamento do empreendimento, limitando-se ao máximo de três anos, findo o qual será considerado o disposto nos incisos I e II do art. 5º.

Art. 7º. A concessão ou a autorização de uso de potencial de energia hidráulica e a construção de eclusa ou de outro dispositivo de transposição hidroviária de níveis em corpo de água de domínio da União serão precedidas de declaração de reserva de disponibilidade hídrica. (Redação dada pela Lei nº 13.081, de 2015)

§ 1º. A declaração de reserva de disponibilidade hídrica será requerida: (Redação dada pela Lei nº 13.081, de 2015)

I – pela Agência Nacional de Energia Elétrica, para aproveitamentos de potenciais hidráulicos; (Incluído pela Lei nº 13.081, de 2015)

II – pelo Ministério dos Transportes, por meio do órgão responsável pela gestão hidroviária, quando se tratar da construção e operação direta de eclusa ou de outro dispositivo de transposição hidroviária de níveis; (Incluído pela Lei nº 13.081, de 2015)

III – pela Agência Nacional de Transportes Aquaviários, quando se tratar de concessão, inclusive na modalidade patrocinada ou administrativa, da construção seguida da exploração de serviços de eclusa ou de outro dispositivo de transposição hidroviária de níveis. (Incluído pela Lei nº 13.081, de 2015)

§ 2º. Quando o corpo de água for de domínio dos Estados ou do Distrito Federal, a declaração de reserva de disponibilidade hídrica será obtida em articulação com a respectiva unidade gestora de recursos hídricos. (Redação dada pela Lei nº 13.081, de 2015)

§ 3º. A declaração de reserva de disponibilidade hídrica será transformada automaticamente pelo respectivo poder outorgante em outorga de direito de uso de recursos hídricos à instituição ou empresa que receber a concessão ou autorização de uso de potencial de energia hidráulica ou que for responsável pela construção e operação de eclusa ou de outro dispositivo de transposição hidroviária de níveis. (Redação dada pela Lei nº 13.081, de 2015)

§ 4º. A declaração de reserva de disponibilidade hídrica obedecerá ao disposto no art. 13 da Lei nº 9.433, de 8 de janeiro de 1997. (Incluído pela Lei nº 13.081, de 2015)

Art. 8º A ANA dará publicidade aos pedidos de outorga de direito de uso de recursos hídricos de domínio da União por meio de publicação em seu sítio eletrônico, e os atos administrativos que deles resultarem serão publicados no Diário Oficial da União e no sítio eletrônico da ANA. (Redação dada pela Lei nº 14.026, de 2020)

Art. 8º-A. A ANA poderá criar mecanismos de credenciamento e descredenciamento de técnicos, de empresas especializadas, de consultores independentes e de auditores externos para obter, analisar e atestar informações ou dados necessários ao desempenho de suas atividades. (Acrescido pela Lei nº 14.026, de 2020)

CAPÍTULO III. DA ESTRUTURA ORGÂNICA DA AGÊNCIA NACIONAL DE ÁGUAS – ANA

Art. 9º A ANA será dirigida por Diretoria Colegiada composta de 5 (cinco) membros, nomeados pelo Presidente da República, com mandatos não coincidentes de 5 (cinco) anos, vedada a recondução, sendo um deles o Diretor-Presidente, e terá em sua estrutura uma Procuradoria, uma Ouvidoria e uma Auditoria, observado o disposto na Lei nº 9.986, de 18 de julho de 2000. (Redação dada pela Lei nº 13.848, de 2019)

§ 1º O Diretor-Presidente da ANA será nomeado pelo Presidente da República e investido na função pelo prazo de 5 (cinco) anos, vedada a recondução, observado o disposto na Lei nº 9.986, de 18 de julho de 2000. (Redação dada pela Lei nº 13.848, de 2019)

§ 2º (Revogado pela Lei nº 13.848, de 2019)

Art. 10. (Revogado pela Lei nº 13.848, de 2019)

Art. 11. Aos dirigentes da ANA é vedado o exercício de qualquer outra atividade profissional, empresarial, sindical ou de direção político-partidária.

§ 1º É vedado aos dirigentes da ANA, conforme disposto em seu regimento interno, ter interesse direto ou indireto em empresa relacionada com o Singreh e em empresa relacionada com a prestação de serviços públicos de saneamento básico. (Redação dada pela Lei nº 14.026, de 2020)

§ 2º. A vedação de que trata o *caput* não se aplica aos casos de atividades profissionais decorrentes de vínculos contratuais mantidos com entidades públicas ou privadas de ensino e pesquisa.

Art. 12. Compete à Diretoria Colegiada:

I – exercer a administração da ANA;

II – editar normas sobre matérias de competência da ANA;

III – aprovar o regimento interno da ANA, a organização, a estrutura e o âmbito decisório de cada diretoria;

IV – cumprir e fazer cumprir as normas relativas ao Sistema Nacional de Gerenciamento de Recursos Hídricos;

V – examinar e decidir sobre pedidos de outorga de direito de uso de recursos hídricos de domínio da União;

VI – elaborar e divulgar relatórios sobre as atividades da ANA;

VII – encaminhar os demonstrativos contábeis da ANA aos órgãos competentes;

VIII – decidir pela venda, cessão ou aluguel de bens integrantes do patrimônio da ANA; e

IX – conhecer e julgar pedidos de reconsideração de decisões de componentes da Diretoria da ANA.

§ 1º A Diretoria Colegiada deliberará por maioria absoluta de votos e reunir-se-á com a presença de, pelo menos, 3 (três) diretores, entre eles o Diretor-Presidente ou seu substituto legal. (Redação dada pela Lei nº 13.848, de 2019)

§ 2º. As decisões relacionadas com as competências institucionais da ANA, previstas no art. 3º, serão tomadas de forma colegiada.

Art. 13. Compete ao Diretor-Presidente:

I – exercer a representação legal da ANA;

II – presidir as reuniões da Diretoria Colegiada;

III – cumprir e fazer cumprir as decisões da Diretoria Colegiada;

IV – decidir ad referendum da Diretoria Colegiada as questões de urgência;

V – decidir, em caso de empate, nas deliberações da Diretoria Colegiada;

VI – nomear e exonerar servidores, provendo os cargos em comissão e as funções de confiança;

VII – admitir, requisitar e demitir servidores, preenchendo os empregos públicos;

VIII – encaminhar ao Conselho Nacional de Recursos Hídricos os relatórios elaborados pela Diretoria Colegiada e demais assuntos de competência daquele Conselho;

IX – assinar contratos e convênios e ordenar despesas; e

X – exercer o poder disciplinar, nos termos da legislação em vigor.

XI – encaminhar periodicamente ao Comitê Interministerial de Saneamento Básico (Cisb) os relatórios analisados pela Diretoria Colegiada e os demais assuntos do interesse desse órgão. (Acrescido pela Lei nº 14.026, de 2020)

Art. 14. Compete à Procuradoria da ANA, que se vincula à Advocacia-Geral da União para fins de orientação normativa e supervisão técnica:

I – representar judicialmente a ANA, com prerrogativas processuais de Fazenda Pública;

II – representar judicialmente os ocupantes de cargos e de funções de direção, inclusive após a cessação do respectivo exercício, com referência a atos praticados em decorrência de suas atribuições legais ou institucionais, adotando, inclusive, as medidas judiciais cabíveis, em nome e em defesa dos representados;

III – apurar a liquidez e certeza de créditos, de qualquer natureza, inerentes às atividades da ANA, inscrevendo-os em dívida ativa, para fins de cobrança amigável ou judicial; e

IV – executar as atividades de consultoria e de assessoramento jurídicos.

Art. 15. Vetado.

CAPÍTULO IV. DOS SERVIDORES DA ANA

Art. 16. A ANA constituirá, no prazo de trinta e seis meses a contar da data de publicação desta Lei, o seu quadro próprio de pessoal, por meio da realização de concurso público de provas, ou de provas e títulos, ou da redistribuição de servidores de órgãos e entidades da administração federal direta, autárquica ou fundacional.

§ 1º. Revogado pela Lei 10.871, de 2004.

§ 2º. Revogado pela Lei 10.871, de 2004.

Art. 17. Revogado pela Medida Provisória nº 2.216-37, de 2001.

Art. 17-A. O Ministério da Economia fica autorizado a promover a lotação ou o exercício de servidores de órgãos e de entidades da administração pública federal na ANA. (Acrescido pela Lei nº 14.026, de 2020)

Parágrafo único. A lotação ou o exercício de servidores de que trata o *caput* deste artigo ocorrerá sem prejuízo de outras medidas de fortalecimento da capacidade institucional.

Art. 18. Revogado pela Medida Provisória nº 2.216-37, de 2001.

Art. 18-A. Ficam criados, para exercício exclusivo na ANA: (Incluído pela Medida Provisória nº 2.216-37, de 2001)

I – cinco Cargos Comissionados de Direção – CD, sendo: um CD I e quatro CD II; (Incluído pela Medida Provisória nº 2.216-37, de 2001)

II – cinquenta e dois Cargos de Gerência Executiva – CGE, sendo: cinco CGE I, treze CGE II, trinta e três CGE III e um CGE IV; (Incluído pela Medida Provisória nº 2.216-37, de 2001)

III – doze Cargos Comissionados de Assessoria – CA, sendo: quatro CA I; quatro CA II e quatro CA III; (Incluído pela Medida Provisória nº 2.216-37, de 2001)

IV – onze Cargos Comissionados de Assistência – CAS I; (Incluído pela Medida Provisória nº 2.216-37, de 2001)

V – vinte e sete Cargos Comissionados Técnicos – CCT V. (Incluído pela Medida Provisória nº 2.216-37, de 2001)

Parágrafo único. Aplicam-se aos cargos de que trata este artigo as disposições da Lei nº 9.986, de 18 de julho de 2000. (Incluído pela Medida Provisória nº 2.216-37, de 2001)

CAPÍTULO V. DO PATRIMÔNIO E DAS RECEITAS

Art. 19. Constituem patrimônio da ANA os bens e direitos de sua propriedade, os que lhe forem conferidos ou que venha a adquirir ou incorporar.

Art. 20. Constituem receitas da ANA:

I – os recursos que lhe forem transferidos em decorrência de dotações consignadas no Orçamento-Geral da União, créditos especiais, créditos adicionais e transferências e repasses que lhe forem conferidos;

II – os recursos decorrentes da cobrança pelo uso de água de corpos hídricos de domínio da União, respeitando-se as formas e os limites de aplicação previstos no art. 22 da Lei nº 9.433, de 1997;

III – os recursos provenientes de convênios, acordos ou contratos celebrados com entidades, organismos ou empresas nacionais ou internacionais;

IV – as doações, legados, subvenções e outros recursos que lhe forem destinados;

V – o produto da venda de publicações, material técnico, dados e informações, inclusive para fins de licitação pública, de emolumentos administrativos e de taxas de inscrições em concursos;

VI – retribuição por serviços de quaisquer natureza prestados a terceiros;

VII – o produto resultante da arrecadação de multas aplicadas em decorrência de ações de fiscalização de que tratam os arts. 49 e 50 da Lei nº 9.433, de 1997;

VIII – os valores apurados com a venda ou aluguel de bens móveis e imóveis de sua propriedade;

IX – o produto da alienação de bens, objetos e instrumentos utilizados para a prática de infrações, assim como do patrimônio dos infratores, apreendidos em decorrência do exercício do poder de polícia e incorporados ao patrimônio da autarquia, nos termos de decisão judicial; e

X – os recursos decorrentes da cobrança de emolumentos administrativos.

Art. 21. As receitas provenientes da cobrança pelo uso de recursos hídricos de domínio da União serão mantidas à disposição da ANA, na Conta Única do Tesouro Nacional, enquanto não forem destinadas para as respectivas programações.

§ 1º. A ANA manterá registros que permitam correlacionar as receitas com as bacias hidrográficas em que foram geradas, com o objetivo de cumprir o estabelecido no art. 22 da Lei nº 9.433, de 1997.

§ 2. As disponibilidades de que trata o *caput* deste artigo poderão ser mantidas em aplicações financeiras, na forma regulamentada pelo Ministério da Fazenda.

§ 3º. Vetado.

§ 4º. As prioridades de aplicação de recursos a que se refere o *caput* do art. 22 da Lei nº 9.433, de 1997, serão definidas pelo Conselho Nacional de Recursos Hídricos, em articulação com os respectivos comitês de bacia hidrográfica.

CAPÍTULO VI. DISPOSIÇÕES FINAIS E TRANSITÓRIAS

Art. 22. Na primeira gestão da ANA, um diretor terá mandato de três anos, dois diretores terão mandatos de quatro anos e dois diretores terão mandatos de cinco anos, para implementar o sistema de mandatos não coincidentes.

Art. 23. Fica o Poder Executivo autorizado a:

I – transferir para a ANA o acervo técnico e patrimonial, direitos e receitas do Ministério do Meio Ambiente e de seus órgãos, necessários ao funcionamento da autarquia;

II – remanejar, transferir ou utilizar os saldos orçamentários do Ministério do Meio Ambiente para atender às despesas de estruturação e manutenção da ANA, utilizando, como recursos, as dotações orçamentárias destinadas às atividades fins e administrativas, observados os mesmos subprojetos, subatividades e grupos de despesas previstos na Lei Orçamentária em vigor.

Art. 24. A Consultoria Jurídica do Ministério do Meio Ambiente e a Advocacia-Geral da União prestarão à ANA, no âmbito de suas competências, a assistência jurídica necessária, até que seja provido o cargo de Procurador da autarquia.

Art. 25. O Poder Executivo implementará a descentralização das atividades de operação e manutenção de reservatórios, canais e adutoras de domínio da União, excetuada a infraestrutura componente do Sistema Interligado Brasileiro, operado pelo Operador Nacional do Sistema Elétrico – ONS.

Parágrafo único. Caberá à ANA a coordenação e a supervisão do processo de descentralização de que trata este artigo.

Art. 26. O Poder Executivo, no prazo de noventa dias, contado a partir da data de publicação desta Lei, por meio de decreto do Presidente da República, estabelecerá a estrutura regimental da ANA, determinando sua instalação.

Parágrafo único. O decreto a que se refere o *caput* estabelecerá regras de caráter transitório, para vigorarem na fase de implementação das atividades da ANA, por prazo não inferior a doze e nem superior a vinte e quatro meses, regulando a emissão temporária, pela ANEEL, das declarações de reserva de disponibilidade hídrica de que trata o art. 7º.

Art. 27. A ANA promoverá a realização de concurso público para preenchimento das vagas existentes no seu quadro de pessoal.

Art. 28. O art. 17 da Lei nº 9.648, de 27 de maio de 1998, passa a vigorar com a seguinte redação:

"Art. 17 A compensação financeira pela utilização de recursos hídricos de que trata a Lei nº 7.990, de 28 de dezembro de 1989, será de seis inteiros e setenta e cinco centésimos por cento sobre o valor da energia elétrica produzida, a ser paga por titular de concessão ou autorização para exploração de potencial hidráulico aos Estados, ao Distrito Federal e aos Municípios em cujos territórios se localizarem instalações destinadas à produção de energia elétrica, ou que tenham áreas invadidas por águas dos respectivos reservatórios, e a órgãos da administração direta da União."

"§ 1º Da compensação financeira de que trata o *caput*:"

"I – seis por cento do valor da energia produzida serão distribuídos entre os Estados, Municípios e órgãos da administração direta da União, nos termos do art. 1º da Lei nº 8.001, de 13 de março de 1990, com a redação dada por esta Lei;"

"II – setenta e cinco centésimos por cento do valor da energia produzida serão destinados ao Ministério do Meio Ambiente, para aplicação na implementação da Política Nacional de Recursos Hídricos e do Sistema Nacional de Gerenciamento de Recursos Hídricos, nos termos do art. 22 da Lei nº 9.433, de 8 de janeiro de 1997, e do disposto nesta Lei."

"§ 2º A parcela a que se refere o inciso II do § 1º constitui pagamento pelo uso de recursos hídricos e será aplicada nos termos do art. 22 da Lei nº 9.433, de 1997."

Art. 29. O art. 1º da Lei nº 8.001, de 13 de março de 1990, com a redação dada pela Lei nº 9.433, de 1997, passa a vigorar com a seguinte redação:

"Art. 1º A distribuição mensal da compensação financeira de que trata o inciso I do § 1º do art. 17 da Lei nº 9.648, de 27 de maio de 1998, com a redação alterada por esta Lei, será feita da seguinte forma:"

"I – quarenta e cinco por cento aos Estados;"

"II – quarenta e cinco por cento aos Municípios;"

"III – quatro inteiros e quatro décimos por cento ao Ministério do Meio Ambiente;"

"IV – três inteiros e seis décimos por cento ao Ministério de Minas e Energia;"

"V – dois por cento ao Ministério da Ciência e Tecnologia."

"§ 1º Na distribuição da compensação financeira, o Distrito Federal receberá o montante correspondente às parcelas de Estado e de Município."

"§ 2º Nas usinas hidrelétricas beneficiadas por reservatórios de montante, o acréscimo de energia por eles propiciado será considerado como geração associada a estes reservatórios regularizadores, competindo à ANEEL efetuar a avaliação correspondente para determinar a proporção da compensação financeira devida aos Estados, Distrito Federal e Municípios afetados por esses reservatórios."

"§ 3º A Usina de Itaipu distribuirá, mensalmente, respeitados os percentuais definidos no *caput* deste artigo, sem prejuízo das parcelas devidas aos órgãos da administração direta da União, aos Estados e aos Municípios por ela diretamente afetados, oitenta e cinco por cento dos royalties devidos por Itaipu Binacional ao Brasil, previstos no Anexo C, item III do Tratado de Itaipu, assinado em 26 de março de 1973, entre a República Federativa do Brasil e a República do Paraguai, bem como nos documentos interpretativos subsequentes, e quinze por cento aos Estados e Municípios afetados por reservatórios a montante da Usina de Itaipu, que contribuem para o incremento de energia nela produzida."

"§ 4º A cota destinada ao Ministério do Meio Ambiente será empregada na implementação da Política Nacional de Recursos Hídricos e do Sistema Nacional de Gerenciamento de Recursos Hídricos e na gestão da rede hidrometeorológica nacional."

"§ 5º Revogado."

Art. 30. O art. 33 da Lei nº 9.433, de 8 de janeiro de 1997, passa a vigorar com a seguinte redação:

"Art. 33 Integram o Sistema Nacional de Gerenciamento de Recursos Hídricos:"

"I – o Conselho Nacional de Recursos Hídricos;"

"I-A. – a Agência Nacional de Águas;"

"II – os Conselhos de Recursos Hídricos dos Estados e do Distrito Federal;"

"III – os Comitês de Bacia Hidrográfica;"

"IV – os órgãos dos poderes públicos federal, estaduais, do Distrito Federal e municipais cujas competências se relacionem com a gestão de recursos hídricos;"

"V – as Agências de Água."

Art. 31. O inciso IX do art. 35 da Lei nº 9.433, de 1997, passa a vigorar com a seguinte redação:

"Art. 35. [...]"

"IX – acompanhar a execução e aprovar o Plano Nacional de Recursos Hídricos e determinar as providências necessárias ao cumprimento de suas metas;"

Art. 32. O art. 46 da Lei nº 9.433, de 1997, passa a vigorar com a seguinte redação:

"Art. 46. Compete à Secretaria Executiva do Conselho Nacional de Recursos Hídricos:"

"I – prestar apoio administrativo, técnico e financeiro ao Conselho Nacional de Recursos Hídricos;"

"II – revogado;"

"III – instruir os expedientes provenientes dos Conselhos Estaduais de Recursos Hídricos e dos Comitês de Bacia Hidrográfica;"

"IV – revogado;"

"V – elaborar seu programa de trabalho e respectiva proposta orçamentária anual e submetê-los à aprovação do Conselho Nacional de Recursos Hídricos."

Art. 33. Esta Lei entra em vigor na data de sua publicação.

Brasília, 17 de julho de 2000;
179º da Independência e
112º da República.
MARCO ANTONIO DE OLIVEIRA MACIEL
Publicado no DOU, de 18.7.2000.

LEI Nº 9.985, DE 18 DE JULHO DE 2000

Regulamenta o art. 225, § 1º, incisos I, II, III e VII da Constituição Federal, institui o Sistema Nacional de Unidades de Conservação da Natureza e dá outras providências.

- *SNUC*
- Lei 12.651/2012 – Dispõe sobre a proteção da vegetação nativa. (Código Florestal)
- Lei 11.460/2007 – Dispõe sobre o plantio de organismos geneticamente modificados em unidades de conservação.
- Lei 11.428/2006 – Dispõe sobre a utilização e proteção da vegetação nativa do Bioma Mata Atlântica.
- Lei 11.284/2006 – Dispõe sobre a gestão de florestas públicas para a produção sustentável; institui, na estrutura do Ministério do Meio Ambiente, o Serviço Florestal Brasileiro – SFB; cria o Fundo Nacional de Desenvolvimento Florestal – FNDF.
- Lei 11.105/2005 – Regulamenta os incisos II, IV e V do § 1º do art. 225 da CF, estabelece normas de segurança e mecanismos de fiscalização de atividades que envolvam organismos geneticamente modificados – OGM e seus derivados, cria o Conselho Nacional de Biossegurança – CNBS, reestrutura a Comissão Técnica Nacional de Biossegurança – CTNBio, dispõe sobre a Política Nacional de Biossegurança – PNB.
- Decreto 4.340/2002 – Regulamenta artigos da Lei 9.985/2000, que dispõe sobre o Sistema Nacional de Unidades de Conservação da Natureza – SNUC.
- Resolução 371/2006 do Conama – Estabelece diretrizes aos órgãos ambientais para o cálculo, cobrança, aplicação, aprovação e controle de gastos de recursos advindos de compensação ambiental, conforme a Lei 9.985/2000, que institui o Sistema Nacional de Unidades de Conservação da Natureza – SNUC.

O VICE-PRESIDENTE DA REPÚBLICA, no exercício do cargo de PRESIDENTE DA REPÚBLICA Faço saber que o Congresso Nacional decreta e eu sanciono a seguinte Lei:

CAPÍTULO I. DAS DISPOSIÇÕES PRELIMINARES

Art. 1º. Esta Lei institui o Sistema Nacional de Unidades de Conservação da Natureza – SNUC, estabelece critérios e normas para a criação, implantação e gestão das unidades de conservação.

Art. 2º. Para os fins previstos nesta Lei, entende-se por:

I – unidade de conservação: espaço territorial e seus recursos ambientais, incluindo as águas jurisdicionais, com características naturais relevantes, legalmente instituído pelo Poder Público, com objetivos de conservação e limites definidos, sob regime especial de administração, ao qual se aplicam garantias adequadas de proteção;

II – conservação da natureza: o manejo do uso humano da natureza, compreendendo a preservação, a manutenção, a utilização sustentável, a restauração e a recuperação do ambiente natural, para que possa produzir o maior benefício, em bases sustentáveis, às atuais gerações, mantendo seu potencial de satisfazer as necessidades e aspirações das gerações futuras, e garantindo a sobrevivência dos seres vivos em geral;

III – diversidade biológica: a variabilidade de organismos vivos de todas as origens, compreendendo, dentre outros, os ecossistemas terrestres, marinhos e outros ecossistemas aquáticos e os complexos ecológicos de que fazem parte; compreendendo ainda a diversidade dentro de espécies, entre espécies e de ecossistemas;

IV – recurso ambiental: a atmosfera, as águas interiores, superficiais e subterrâneas, os estuários, o mar territorial, o solo, o subsolo, os elementos da biosfera, a fauna e a flora;

V – preservação: conjunto de métodos, procedimentos e políticas que visem a proteção a longo prazo das espécies, habitats e ecossistemas, além da manutenção dos processos ecológicos, prevenindo a simplificação dos sistemas naturais;

VI – proteção integral: manutenção dos ecossistemas livres de alterações causadas por interferência humana, admitido apenas o uso indireto dos seus atributos naturais;

VII – conservação *in situ*: conservação de ecossistemas e habitats naturais e a manutenção e recuperação de populações viáveis de espécies em seus meios naturais e, no caso de espécies domesticadas ou cultivadas, nos meios onde tenham desenvolvido suas propriedades características;

VIII – manejo: todo e qualquer procedimento que vise assegurar a conservação da diversidade biológica e dos ecossistemas;

IX – uso indireto: aquele que não envolve consumo, coleta, dano ou destruição dos recursos naturais;

X – uso direto: aquele que envolve coleta e uso, comercial ou não, dos recursos naturais;

XI – uso sustentável: exploração do ambiente de maneira a garantir a perenidade dos recursos ambientais renováveis e dos processos ecológicos, mantendo a biodiversidade e os demais atributos ecológicos, de forma socialmente justa e economicamente viável;

XII – extrativismo: sistema de exploração baseado na coleta e extração, de modo sustentável, de recursos naturais renováveis;

XIII – recuperação: restituição de um ecossistema ou de uma população silvestre degradada a uma condição não degradada, que pode ser diferente de sua condição original;

XIV – restauração: restituição de um ecossistema ou de uma população silvestre degradada o mais próximo possível da sua condição original;

XV – (*VETADO*);

XVI – zoneamento: definição de setores ou zonas em uma unidade de conservação com objetivos de manejo e normas específicos, com o propósito de proporcionar os meios e as condições para que todos os objetivos da unidade possam ser alcançados de forma harmônica e eficaz;

XVII – plano de manejo: documento técnico mediante o qual, com fundamento nos objetivos gerais de uma unidade de conservação, se estabelece o seu zoneamento e as normas que devem presidir o uso da área e o manejo dos recursos naturais, inclusive a implantação das estruturas físicas necessárias à gestão da unidade;

XVIII – zona de amortecimento: o entorno de uma unidade de conservação, onde as atividades humanas estão sujeitas a normas e restrições específicas, com o propósito de minimizar os impactos negativos sobre a unidade; e

XIX – corredores ecológicos: porções de ecossistemas naturais ou seminaturais, ligando unidades de conservação, que possibilitam entre elas o fluxo de genes e o movimento da biota, facilitando a dispersão de espécies e a recolonização de áreas degradadas, bem como a manutenção de populações que demandam para sua sobrevivência áreas com extensão maior do que aquela das unidades individuais.

CAPÍTULO II. DO SISTEMA NACIONAL DE UNIDADES DE CONSERVAÇÃO DA NATUREZA – SNUC

Art. 3º. O Sistema Nacional de Unidades de Conservação da Natureza – SNUC é constituído pelo conjunto das unidades de conservação federais, estaduais e municipais, de acordo com o disposto nesta Lei.

Art. 4º. O SNUC tem os seguintes objetivos:

I – contribuir para a manutenção da diversidade biológica e dos recursos genéticos no território nacional e nas águas jurisdicionais;

II – proteger as espécies ameaçadas de extinção no âmbito regional e nacional;

III – contribuir para a preservação e a restauração da diversidade de ecossistemas naturais;

IV – promover o desenvolvimento sustentável a partir dos recursos naturais;

V – promover a utilização dos princípios e práticas de conservação da natureza no processo de desenvolvimento;

VI – proteger paisagens naturais e pouco alteradas de notável beleza cênica;

VII – proteger as características relevantes de natureza geológica, geomorfológica, espeleológica, arqueológica, paleontológica e cultural;

VIII – proteger e recuperar recursos hídricos e edáficos;

IX – recuperar ou restaurar ecossistemas degradados;

X – proporcionar meios e incentivos para atividades de pesquisa científica, estudos e monitoramento ambiental;

XI – valorizar econômica e socialmente a diversidade biológica;

XII – favorecer condições e promover a educação e interpretação ambiental, a recreação em contato com a natureza e o turismo ecológico;

XIII – proteger os recursos naturais necessários à subsistência de populações tradicionais, respeitando e valorizando seu conhecimento e sua cultura e promovendo-as social e economicamente.

Art. 5º. O SNUC será regido por diretrizes que:

I – assegurem que no conjunto das unidades de conservação estejam representadas amostras significativas e ecologicamente viáveis das diferentes populações, habitats e ecossistemas do território nacional e das águas jurisdicionais, salvaguardando o patrimônio biológico existente;

II – assegurem os mecanismos e procedimentos necessários ao envolvimento da sociedade no estabelecimento e na revisão da política nacional de unidades de conservação;

III – assegurem a participação efetiva das populações locais na criação, implantação e gestão das unidades de conservação;

IV – busquem o apoio e a cooperação de organizações não governamentais, de organizações privadas e pessoas físicas para o desenvolvimento de estudos, pesquisas científicas, práticas de educação ambiental, atividades de lazer e de turismo ecológico, monitoramento, manutenção e outras atividades de gestão das unidades de conservação;

V – incentivem as populações locais e as organizações privadas a estabelecerem e administrarem unidades de conservação dentro do sistema nacional;

VI – assegurem, nos casos possíveis, a sustentabilidade econômica das unidades de conservação;

VII – permitam o uso das unidades de conservação para a conservação *in situ* de populações das variantes genéticas selvagens dos animais e plantas domesticados e recursos genéticos silvestres;

VIII – assegurem que o processo de criação e a gestão das unidades de conservação sejam feitos de forma integrada com as políticas de administração das terras e águas circundantes, considerando as condições e necessidades sociais e econômicas locais;

IX – considerem as condições e necessidades das populações locais no desenvolvimento e adaptação de métodos e técnicas de uso sustentável dos recursos naturais;

X – garantam às populações tradicionais cuja subsistência dependa da utilização de recursos naturais existentes no interior das unidades de conservação meios de subsistência alternativos ou a justa indenização pelos recursos perdidos;

XI – garantam uma alocação adequada dos recursos financeiros necessários para que, uma vez criadas, as unidades de conservação possam ser geridas de forma eficaz e atender aos seus objetivos;

XII – busquem conferir às unidades de conservação, nos casos possíveis e respeitadas as conveniências da administração, autonomia administrativa e financeira; e

XIII – busquem proteger grandes áreas por meio de um conjunto integrado de unidades de conservação de diferentes categorias, próximas ou contíguas, e suas respectivas zonas de amortecimento e corredores ecológicos, integrando as diferentes atividades de preservação da natureza, uso sustentável dos recursos naturais e restauração e recuperação dos ecossistemas.

Art. 6º. O SNUC será gerido pelos seguintes órgãos, com as respectivas atribuições:

I – órgão consultivo e deliberativo: o Conselho Nacional do Meio Ambiente – Conama, com as atribuições de acompanhar a implementação do Sistema;

II – órgão central: o Ministério do Meio Ambiente, com a finalidade de coordenar o Sistema; e

III – órgãos executores: o Instituto Chico Mendes e o Ibama, em caráter supletivo, os órgãos estaduais e municipais, com a função de implementar o SNUC, subsidiar as propostas de criação e administrar as unidades de conservação federais, estaduais e municipais, nas respectivas esferas de atuação. (Redação dada pela Lei nº 11.516, de 2007)

Parágrafo único. Podem integrar o SNUC, excepcionalmente e a critério do Conama, unidades de conservação estaduais e municipais que, concebidas para atender a peculiaridades regionais ou locais, possuam objetivos de manejo que não possam ser satisfatoriamente atendidos por nenhuma categoria prevista nesta Lei e cujas características permitam, em relação a estas, uma clara distinção.

CAPÍTULO III. DAS CATEGORIAS DE UNIDADES DE CONSERVAÇÃO

Art. 7º. As unidades de conservação integrantes do SNUC dividem-se em 2 (dois) grupos, com características específicas:

I – Unidades de Proteção Integral;

II – Unidades de Uso Sustentável.

§ 1º. O objetivo básico das Unidades de Proteção Integral é preservar a natureza, sendo admitido apenas o uso indireto dos seus recursos naturais, com exceção dos casos previstos nesta Lei.

§ 2º. O objetivo básico das Unidades de Uso Sustentável é compatibilizar a conservação da natureza com o uso sustentável de parcela dos seus recursos naturais.

▸ Lei 9.605/1998: art. 40-A, § 1º.

Art. 8º. O grupo das Unidades de Proteção Integral é composto pelas seguintes categorias de unidade de conservação:

I – Estação Ecológica;

II – Reserva Biológica;

III – Parque Nacional;

IV – Monumento Natural;

V – Refúgio de Vida Silvestre.

Art. 9º. A Estação Ecológica tem como objetivo a preservação da natureza e a realização de pesquisas científicas.

§ 1º. A Estação Ecológica é de posse e domínio públicos, sendo que as áreas particulares incluídas em seus limites serão desapropriadas, de acordo com o que dispõe a lei.

§ 2º. É proibida a visitação pública, exceto quando com objetivo educacional, de acordo com o que dispuser o Plano de Manejo da unidade ou regulamento específico.

§ 3º. A pesquisa científica depende de autorização prévia do órgão responsável pela administração da unidade e está sujeita às condições e restrições por este estabelecidas, bem como àquelas previstas em regulamento.

§ 4º. Na Estação Ecológica só podem ser permitidas alterações dos ecossistemas no caso de:

I – medidas que visem a restauração de ecossistemas modificados;

II – manejo de espécies com o fim de preservar a diversidade biológica;

III – coleta de componentes dos ecossistemas com finalidades científicas;

IV – pesquisas científicas cujo impacto sobre o ambiente seja maior do que aquele causado pela simples observação ou pela coleta controlada de componentes dos ecossistemas, em uma área correspondente a no máximo 3% (três por cento) da extensão total da unidade e até o limite de 1.500 (um mil e quinhentos) hectares.

Art. 10. A Reserva Biológica tem como objetivo a preservação integral da biota e demais atributos naturais existentes em seus limites, sem interferência humana direta ou modificações ambientais, excetuando-se as medidas de recuperação de seus ecossistemas alterados e as ações de manejo necessárias para recuperar e preservar o equilíbrio natural, a diversidade biológica e os processos ecológicos naturais.

§ 1º. A Reserva Biológica é de posse e domínio públicos, sendo que as áreas particulares incluídas em seus limites serão desapropriadas, de acordo com o que dispõe a lei.

§ 2º. É proibida a visitação pública, exceto aquela com objetivo educacional, de acordo com regulamento específico.

§ 3º. A pesquisa científica depende de autorização prévia do órgão responsável pela administração da unidade e está sujeita às condições e restrições por este estabelecidas, bem como àquelas previstas em regulamento.

Art. 11. O Parque Nacional tem como objetivo básico a preservação de ecossistemas naturais de grande relevância ecológica e beleza cênica, possibilitando a realização de pesquisas científicas e o desenvolvimento de atividades de educação e interpretação ambiental, de recreação em contato com a natureza e de turismo ecológico.

§ 1º. O Parque Nacional é de posse e domínio públicos, sendo que as áreas particulares incluídas em seus limites serão desapropriadas, de acordo com o que dispõe a lei.

§ 2º. A visitação pública está sujeita às normas e restrições estabelecidas no Plano de Manejo da unidade, às normas estabelecidas pelo órgão responsável por sua administração e àquelas previstas em regulamento.

§ 3º. A pesquisa científica depende de autorização prévia do órgão responsável pela administração da unidade e está sujeita às condições e restrições por este estabelecidas, bem como àquelas previstas em regulamento.

§ 4º. As unidades dessa categoria, quando criadas pelo Estado ou Município, serão denominadas, respectivamente, Parque Estadual e Parque Natural Municipal.

Art. 12. O Monumento Natural tem como objetivo básico preservar sítios naturais raros, singulares ou de grande beleza cênica.

§ 1º. O Monumento Natural pode ser constituído por áreas particulares, desde que seja possível compatibilizar os objetivos da unidade com a utilização da terra e dos recursos naturais do local pelos proprietários.

§ 2º. Havendo incompatibilidade entre os objetivos da área e as atividades privadas ou não havendo aquiescência do proprietário às condições propostas pelo órgão responsável pela administração da unidade para a coexistência do Monumento Natural com o uso da propriedade, a área deve ser desapropriada, de acordo com o que dispõe a lei.

§ 3º. A visitação pública está sujeita às condições e restrições estabelecidas no Plano de Manejo da unidade, às normas estabelecidas pelo órgão responsável por sua administração e àquelas previstas em regulamento.

Art. 13. O Refúgio de Vida Silvestre tem como objetivo proteger ambientes naturais onde se asseguram condições para a existência ou reprodução de espécies ou comunidades da flora local e da fauna residente ou migratória.

§ 1º. O Refúgio de Vida Silvestre pode ser constituído por áreas particulares, desde que seja possível compatibilizar os objetivos da unidade com a utilização da terra e dos recursos naturais do local pelos proprietários.

§ 2º. Havendo incompatibilidade entre os objetivos da área e as atividades privadas ou não havendo aquiescência do proprietário às condições propostas pelo órgão responsável pela administração da unidade para a coexistência do Refúgio de Vida Silvestre com o uso da propriedade, a área deve ser desapropriada, de acordo com o que dispõe a lei.

§ 3º. A visitação pública está sujeita às normas e restrições estabelecidas no Plano de Manejo da unidade, às normas estabelecidas pelo órgão responsável por sua administração e àquelas previstas em regulamento.

§ 4º. A pesquisa científica depende de autorização prévia do órgão responsável pela administração da unidade e está sujeita às condições e restrições por este estabelecidas, bem como àquelas previstas em regulamento.

Art. 14. Constituem o Grupo das Unidades de Uso Sustentável as seguintes categorias de unidade de conservação:

I – Área de Proteção Ambiental;
II – Área de Relevante Interesse Ecológico;
III – Floresta Nacional;
IV – Reserva Extrativista;
V – Reserva de Fauna;
VI – Reserva de Desenvolvimento Sustentável; e
VII – Reserva Particular do Patrimônio Natural.

Art. 15. A Área de Proteção Ambiental é uma área em geral extensa, com um certo grau de ocupação humana, dotada de atributos abióticos, bióticos, estéticos ou culturais especialmente importantes para a qualidade de vida e o bem-estar das populações humanas, e tem como objetivos básicos proteger a diversidade biológica, disciplinar o processo de ocupação e assegurar a sustentabilidade do uso dos recursos naturais.

- Decreto 4.340/2002 – Regulamenta artigos da Lei 9.985/2000, que dispõe sobre o Sistema Nacional de Unidades de Conservação da Natureza – SNUC.
- Lei 9.605/1998: art. 40-A, § 1º.

§ 1º. A Área de Proteção Ambiental é constituída por terras públicas ou privadas.

§ 2º. Respeitados os limites constitucionais, podem ser estabelecidas normas e restrições para a utilização de uma propriedade privada localizada em uma Área de Proteção Ambiental.

§ 3º. As condições para a realização de pesquisa científica e visitação pública nas áreas sob domínio público serão estabelecidas pelo órgão gestor da unidade.

§ 4º. Nas áreas sob propriedade privada, cabe ao proprietário estabelecer as condições para pesquisa e visitação pelo público, observadas as exigências e restrições legais.

§ 5º. A Área de Proteção Ambiental disporá de um Conselho presidido pelo órgão responsável por sua administração e constituído por representantes dos órgãos públicos, de organizações da sociedade civil e da população residente, conforme se dispuser no regulamento desta Lei.

Art. 16. A Área de Relevante Interesse Ecológico é uma área em geral de pequena extensão, com pouca ou nenhuma ocupação humana, com características naturais extraordinárias ou que abriga exemplares raros da biota regional, e tem como objetivo manter os ecossistemas naturais de importância regional ou local e regular o uso admissível dessas áreas, de modo a compatibilizá-lo com os objetivos de conservação da natureza.

- Lei 9.605/1998: art. 40-A, § 1º.

§ 1º. A Área de Relevante Interesse Ecológico é constituída por terras públicas ou privadas.

§ 2º. Respeitados os limites constitucionais, podem ser estabelecidas normas e restrições para a utilização de uma propriedade privada localizada em uma Área de Relevante Interesse Ecológico.

Art. 17. A Floresta Nacional é uma área com cobertura florestal de espécies predominantemente nativas e tem como objetivo básico o uso múltiplo sustentável dos recursos florestais e a pesquisa científica, com ênfase em métodos para exploração sustentável de florestas nativas.

- Decreto 4.340/2002 – Regulamenta artigos da Lei 9.985/2000, que dispõe sobre o Sistema Nacional de Unidades de Conservação da Natureza – SNUC.
- Lei 9.605/1998: art. 40-A, § 1º.

§ 1º. A Floresta Nacional é de posse e domínio públicos, sendo que as áreas particulares incluídas em seus limites devem ser desapropriadas de acordo com o que dispõe a lei.

§ 2º. Nas Florestas Nacionais é admitida a permanência de populações tradicionais que a habitam quando de sua criação, em conformidade com o disposto em regulamento e no Plano de Manejo da unidade.

§ 3º. A visitação pública é permitida, condicionada às normas estabelecidas para o manejo da unidade pelo órgão responsável por sua administração.

§ 4º. A pesquisa é permitida e incentivada, sujeitando-se à prévia autorização do órgão responsável pela administração da unidade, às condições e restrições por este estabelecidas e àquelas previstas em regulamento.

§ 5º. A Floresta Nacional disporá de um Conselho Consultivo, presidido pelo órgão responsável por sua administração e constituído por representantes de órgãos públicos, de organizações da sociedade civil e, quando for o caso, das populações tradicionais residentes.

§ 6º. A unidade desta categoria, quando criada pelo Estado ou Município, será denominada, respectivamente, Floresta Estadual e Floresta Municipal.

Art. 18. A Reserva Extrativista é uma área utilizada por populações extrativistas tradicionais, cuja subsistência baseia-se no extrativismo e, complementarmente, na agricultura de subsistência e na criação de animais de pequeno porte, e tem como objetivos básicos proteger os meios de vida e a cultura dessas populações, e assegurar o uso sustentável dos recursos naturais da unidade.

- Decreto 4.340/2002 – Regulamenta artigos da Lei 9.985/2000, que dispõe sobre o Sistema Nacional de Unidades de Conservação da Natureza – SNUC.
- Lei 9.605/1998: art. 40-A, § 1º.

§ 1º. A Reserva Extrativista é de domínio público, com uso concedido às populações extrativistas tradicionais conforme o disposto no art. 23 desta Lei e em regulamentação específica, sendo que as áreas particulares incluídas em seus limites devem ser desapropriadas, de acordo com o que dispõe a lei.

- Lei 6.938/1981: art. 9º, VI.

§ 2º. A Reserva Extrativista será gerida por um Conselho Deliberativo, presidido pelo órgão responsável por sua administração e constituído por representantes de órgãos públicos, de organizações da sociedade civil e das populações tradicionais residentes na área, conforme se dispuser em regulamento e no ato de criação da unidade.

§ 3º. A visitação pública é permitida, desde que compatível com os interesses locais e de acordo com o disposto no Plano de Manejo da área.

§ 4º. A pesquisa científica é permitida e incentivada, sujeitando-se à prévia autorização do órgão responsável pela administração da unidade, às condições e restrições por este estabelecidas e às normas previstas em regulamento.

§ 5º. O Plano de Manejo da unidade será aprovado pelo seu Conselho Deliberativo.

§ 6º. São proibidas a exploração de recursos minerais e a caça amadorística ou profissional.

§ 7º. A exploração comercial de recursos madeireiros só será admitida em bases sustentáveis e em situações especiais e complementares às demais atividades desenvolvidas na Reserva Extrativista, conforme o disposto em regulamento e no Plano de Manejo da unidade.

Art. 19. A Reserva de Fauna é uma área natural com populações animais de espécies nativas, terrestres ou aquáticas, residentes ou migratórias, adequadas para estudos técnico-científicos sobre o manejo econômico sustentável de recursos faunísticos.

- Lei 9.605/1998: art. 40-A, § 1º.

§ 1º. A Reserva de Fauna é de posse e domínio públicos, sendo que as áreas particulares incluídas em seus limites devem ser desapropriadas de acordo com o que dispõe a lei.

§ 2º. A visitação pública pode ser permitida, desde que compatível com o manejo da unidade e de acordo com as normas estabelecidas pelo órgão responsável por sua administração.

§ 3º. É proibido o exercício da caça amadorística ou profissional.

§ 4º. A comercialização dos produtos e subprodutos resultantes das pesquisas obedecerá ao disposto nas leis sobre fauna e regulamentos.

Art. 20. A Reserva de Desenvolvimento Sustentável é uma área natural que abriga populações tradicionais, cuja existência baseia-se em sistemas sustentáveis de exploração dos recursos naturais, desenvolvidos ao longo de gerações e adaptados às condições ecológicas locais e que desempenham um papel fundamental na proteção da natureza e na manutenção da diversidade biológica.

- Decreto 4.340/2002 – Regulamenta artigos da Lei 9.985/2000, que dispõe sobre o Sistema Nacional de Unidades de Conservação da Natureza – SNUC.
- Lei 9.605/1998: art. 40-A, § 1º.

§ 1º. A Reserva de Desenvolvimento Sustentável tem como objetivo básico preservar a natureza e, ao mesmo tempo, assegurar as condições e os meios necessários para a reprodução e a melhoria dos modos e da qualidade de vida e exploração dos recursos naturais das populações tradicionais, bem como valorizar, conservar e aperfeiçoar o conhecimento e as técnicas de manejo do ambiente, desenvolvido por estas populações.

§ 2º. A Reserva de Desenvolvimento Sustentável é de domínio público, sendo que as áreas particulares incluídas em seus limites devem ser, quando necessário, desapropriadas, de acordo com o que dispõe a lei.

§ 3º. O uso das áreas ocupadas pelas populações tradicionais será regulado de acordo com o disposto no art. 23 desta Lei e em regulamentação específica.

§ 4º. A Reserva de Desenvolvimento Sustentável será gerida por um Conselho Deliberativo, presidido pelo órgão responsável por sua administração e constituído por representantes de órgãos públicos, de organizações da sociedade civil e das populações tradicionais residentes na área, conforme se dispuser em regulamento e no ato de criação da unidade.

§ 5º. As atividades desenvolvidas na Reserva de Desenvolvimento Sustentável obedecerão às seguintes condições:

I – é permitida e incentivada a visitação pública, desde que compatível com os interesses locais e de acordo com o disposto no Plano de Manejo da área;

II – é permitida e incentivada a pesquisa científica voltada à conservação da natureza, à melhor relação das populações residentes com seu meio e à educação ambiental, sujeitando-se à prévia autorização do órgão responsável pela administração da unidade, às condições e restrições por este estabelecidas e às normas previstas em regulamento;

III – deve ser sempre considerado o equilíbrio dinâmico entre o tamanho da população e a conservação; e

IV – é admitida a exploração de componentes dos ecossistemas naturais em regime de manejo sustentável e a substituição da cobertura vegetal por espécies cultiváveis, desde que sujeitas ao zoneamento, às limitações legais e ao Plano de Manejo da área.

§ 6º. O Plano de Manejo da Reserva de Desenvolvimento Sustentável definirá as zonas de proteção integral, de uso sustentável e de amortecimento e corredores ecológicos, e será aprovado pelo Conselho Deliberativo da unidade.

Art. 21. A Reserva Particular do Patrimônio Natural é uma área privada, gravada com perpetuidade, com o objetivo de conservar a diversidade biológica.

- Decreto 5.746/2006 – Regulamenta o art. 21 da Lei 9.985/2000.

§ 1º. O gravame de que trata este artigo constará de termo de compromisso assinado perante o órgão ambiental, que verificará a existência de interesse público, e será averbado à margem da inscrição no Registro Público de Imóveis.

§ 2º. Só poderá ser permitida, na Reserva Particular do Patrimônio Natural, conforme se dispuser em regulamento:

I – a pesquisa científica;

II – a visitação com objetivos turísticos, recreativos e educacionais;

III – (*VETADO*).

§ 3º. Os órgãos integrantes do SNUC, sempre que possível e oportuno, prestarão orientação técnica e científica ao proprietário de Reserva Particular do Patrimônio Natural para a elaboração de um Plano de Manejo ou de Proteção e de Gestão da unidade.

CAPÍTULO IV. DA CRIAÇÃO, IMPLANTAÇÃO E GESTÃO DAS UNIDADES DE CONSERVAÇÃO

Art. 22. As unidades de conservação são criadas por ato do Poder Público.

- Decreto 4.340/2002 – Regulamenta artigos da Lei 9.985/2000, que dispõe sobre o Sistema Nacional de Unidades de Conservação da Natureza – SNUC.

§ 1º. (*VETADO*).

§ 2º. A criação de uma unidade de conservação deve ser precedida de estudos técnicos e de consulta pública que permitam identificar a localização, a dimensão e os limites mais adequados para a unidade, conforme se dispuser em regulamento.

§ 3º. No processo de consulta de que trata o § 2º, o Poder Público é obrigado a fornecer informações adequadas e inteligíveis à população local e a outras partes interessadas.

§ 4º. Na criação de Estação Ecológica ou Reserva Biológica não é obrigatória a consulta de que trata o § 2º deste artigo.

§ 5º. As unidades de conservação do grupo de Uso Sustentável podem ser transformadas total ou parcialmente em unidades do grupo de Proteção Integral, por instrumento normativo do mesmo nível hierárquico do que criou a unidade, desde que obedecidos os procedimentos de consulta estabelecidos no § 2º deste artigo.

§ 6º. A ampliação dos limites de uma unidade de conservação, sem modificação dos seus limites originais, exceto pelo acréscimo proposto, pode ser feita por instrumento normativo do mesmo nível hierárquico do que criou a unidade, desde que obedecidos os procedimentos de consulta estabelecidos no § 2º deste artigo.

§ 7º. A desafetação ou redução dos limites de uma unidade de conservação só pode ser feita mediante lei específica.

Art. 22-A. O Poder Público poderá, ressalvadas as atividades agropecuárias e outras atividades econômicas em andamento e obras públicas licenciadas, na forma da lei, decretar limitações administrativas provisórias ao exercício de atividades e empreendimentos efetiva ou potencialmente causadores de degradação ambiental, para a realização de estudos com vistas na criação de Unidade de Conservação, quando, a critério do órgão ambiental competente, houver risco de dano grave aos recursos naturais ali existentes. (Incluído pela Lei nº 11.132, de 2005)

§ 1º. Sem prejuízo da restrição e observada a ressalva constante do *caput*, na área submetida a limitações administrativas, não serão permitidas atividades que importem em exploração a corte raso da floresta e demais formas de vegetação nativa. (Incluído pela Lei nº 11.132, de 2005)

§ 2º. A destinação final da área submetida ao disposto neste artigo será definida no prazo de 7 (sete) meses, improrrogáveis, findo o qual fica extinta a limitação administrativa. (Incluído pela Lei nº 11.132, de 2005)

Art. 23. A posse e o uso das áreas ocupadas pelas populações tradicionais nas Reservas Extrativistas e Reservas de Desenvolvimento Sustentável serão regulados por contrato, conforme se dispuser no regulamento desta Lei.

§ 1º. As populações de que trata este artigo obrigam-se a participar da preservação, recuperação, defesa e manutenção da unidade de conservação.

§ 2º. O uso dos recursos naturais pelas populações de que trata este artigo obedecerá às seguintes normas:

I – proibição do uso de espécies localmente ameaçadas de extinção ou de práticas que danifiquem os seus habitats;

II – proibição de práticas ou atividades que impeçam a regeneração natural dos ecossistemas;

III – demais normas estabelecidas na legislação, no Plano de Manejo da unidade de conservação e no contrato de concessão de direito real de uso.

Art. 24. O subsolo e o espaço aéreo, sempre que influírem na estabilidade do ecossistema, integram os limites das unidades de conservação.

- Decreto 4.340/2002 – Regulamenta artigos da Lei 9.985/2000, que dispõe sobre o Sistema Nacional de Unidades de Conservação da Natureza – SNUC.

Art. 25. As unidades de conservação, exceto Área de Proteção Ambiental e Reserva Particular do Patrimônio Natural, devem possuir uma zona de amortecimento e, quando conveniente, corredores ecológicos.

- Decreto 4.340/2002 – Regulamenta artigos da Lei 9.985/2000, que dispõe sobre o Sistema Nacional de Unidades de Conservação da Natureza – SNUC.

§ 1º. O órgão responsável pela administração da unidade estabelecerá normas específicas regulamentando a ocupação e o uso dos recursos da zona de amortecimento e dos corredores ecológicos de uma unidade de conservação.

§ 2º. Os limites da zona de amortecimento e dos corredores ecológicos e as respectivas normas de que trata o § 1º poderão ser definidas no ato de criação da unidade ou posteriormente.

Art. 26. Quando existir um conjunto de unidades de conservação de categorias diferentes ou não, próximas, justapostas ou sobrepostas, e outras áreas protegidas públicas ou privadas, constituindo um mosaico, a gestão do conjunto deverá ser feita de forma integrada e participativa, considerando-se os seus distintos objetivos de conservação, de forma a compatibilizar a presença da biodiversidade, a valorização da sociodiversidade e o desenvolvimento sustentável no contexto regional.

- Decreto 4.340/2002 – Regulamenta artigos da Lei 9.985/2000, que dispõe sobre o Sistema Nacional de Unidades de Conservação da Natureza – SNUC.

Parágrafo único. O regulamento desta Lei disporá sobre a forma de gestão integrada do conjunto das unidades.

Art. 27. As unidades de conservação devem dispor de um Plano de Manejo.

- Decreto 4.340/2002 – Regulamenta artigos da Lei 9.985/2000, que dispõe sobre o Sistema Nacional de Unidades de Conservação da Natureza – SNUC.

§ 1º. O Plano de Manejo deve abranger a área da unidade de conservação, sua zona de amortecimento e os corredores ecológicos, incluindo medidas com o fim de promover sua integração à vida econômica e social das comunidades vizinhas.

§ 2º Na elaboração, atualização e implementação do Plano de Manejo das Reservas Extrativistas, das Reservas de Desenvolvimento Sustentável, das Áreas de Proteção Ambiental e, quando couber, das Florestas Nacionais e das Áreas de Relevante Interesse Ecológico, será assegurada a ampla participação da população residente.

§ 3º. O Plano de Manejo de uma unidade de conservação deve ser elaborado no prazo de 5 (cinco) anos a partir da data de sua criação.

§ 4º. O Plano de Manejo poderá dispor sobre as atividades de liberação planejada e cultivo de organismos geneticamente modificados nas Áreas de Proteção Ambiental e nas zonas de amortecimento das demais categorias de unidade de conservação, observadas as informações contidas na decisão técnica da Comissão Técnica Nacional de Biossegurança – CTNBio sobre: (Incluído pela Lei nº 11.460, de 2007)

I – o registro de ocorrência de ancestrais diretos e parentes silvestres; (Incluído pela Lei nº 11.460, de 2007)

II – as características de reprodução, dispersão e sobrevivência do organismo geneticamente modificado; (Incluído pela Lei nº 11.460, de 2007)

III – o isolamento reprodutivo do organismo geneticamente modificado em relação aos seus ancestrais diretos e parentes silvestres; e (Incluído pela Lei nº 11.460, de 2007)

IV – situações de risco do organismo geneticamente modificado à biodiversidade. (Incluído pela Lei nº 11.460, de 2007)

Art. 28. São proibidas, nas unidades de conservação, quaisquer alterações, atividades ou modalidades de utilização em desacordo com os seus objetivos, o seu Plano de Manejo e seus regulamentos.

Parágrafo único. Até que seja elaborado o Plano de Manejo, todas as atividades e obras desenvolvidas nas unidades de conservação de proteção integral devem se limitar àquelas destinadas a garantir a integridade dos recursos que a unidade objetiva proteger, assegurando-se às populações tradicionais porventura residentes na área as condições e os meios necessários para a satisfação de suas necessidades materiais, sociais e culturais.

Art. 29. Cada unidade de conservação do grupo de Proteção Integral disporá de um Conselho Consultivo, presidido pelo órgão responsável por sua administração e constituído por representantes de órgãos públicos, de organizações da sociedade civil, por proprietários de terras localizadas em Refúgio de Vida Silvestre ou Monumento Natural, quando for o caso, e, na hipótese prevista no § 2º do art. 42, das populações tradicionais residentes, conforme se dispuser em regulamento e no ato de criação da unidade.

- Decreto 4.340/2002 – Regulamenta artigos da Lei 9.985/2000, que dispõe sobre o Sistema Nacional de Unidades de Conservação da Natureza – SNUC.

Art. 30. As unidades de conservação podem ser geridas por organizações da sociedade civil de interesse público com objetivos afins aos da unidade, mediante instrumento a ser firmado com o órgão responsável por sua gestão.

- Decreto 4.340/2002 – Regulamenta artigos da Lei 9.985/2000, que dispõe sobre o Sistema Nacional de Unidades de Conservação da Natureza – SNUC.

Art. 31. É proibida a introdução nas unidades de conservação de espécies não autóctones.

§ 1º. Excetuam-se do disposto neste artigo as Áreas de Proteção Ambiental, as Florestas Nacionais, as Reservas Extrativistas e as Reservas de Desenvolvimento Sustentável, bem como os animais e plantas necessários à administração e às atividades das demais categorias de unidades de conservação, de acordo com o que se dispuser em regulamento e no Plano de Manejo da unidade.

§ 2º. Nas áreas particulares localizadas em Refúgios de Vida Silvestre e Monumentos Naturais podem ser criados animais domésticos e cultivadas plantas considerados compatíveis com as finalidades da unidade, de acordo com o que dispuser o seu Plano de Manejo.

Art. 32. Os órgãos executores articular-se-ão com a comunidade científica com o propósito de incentivar o desenvolvimento de pesquisas sobre a fauna, a flora e a ecologia das unidades de conservação e sobre formas de uso sustentável dos recursos naturais, valorizando-se o conhecimento das populações tradicionais.

§ 1º. As pesquisas científicas nas unidades de conservação não podem colocar em risco a sobrevivência das espécies integrantes dos ecossistemas protegidos.

§ 2º. A realização de pesquisas científicas nas unidades de conservação, exceto Área de Proteção Ambiental e Reserva Particular do Patrimônio Natural, depende de aprovação prévia e está sujeita à fiscalização do órgão responsável por sua administração.

§ 3º. Os órgãos competentes podem transferir para as instituições de pesquisa nacionais, mediante acordo, a atribuição de aprovar a realização de pesquisas científicas e de credenciar pesquisadores para trabalharem nas unidades de conservação.

Art. 33. A exploração comercial de produtos, subprodutos ou serviços obtidos ou desenvolvidos a partir dos recursos naturais, biológicos, cênicos ou culturais ou da exploração da imagem de unidade de conservação, exceto Área de Proteção Ambiental e Reserva Particular do Patrimônio Natural, dependerá de prévia autorização e sujeitará o explorador a pagamento, conforme disposto em regulamento.

- Decreto 4.340/2002 – Regulamenta artigos da Lei 9.985/2000, que dispõe sobre o Sistema Nacional de Unidades de Conservação da Natureza – SNUC.

Art. 34. Os órgãos responsáveis pela administração das unidades de conservação podem receber recursos ou doações de qualquer natureza, nacionais ou internacionais, com ou sem encargos, provenientes de organizações privadas ou públicas ou de pessoas físicas que desejarem colaborar com a sua conservação.

Parágrafo único. A administração dos recursos obtidos cabe ao órgão gestor da unidade, e estes serão utilizados exclusivamente na sua implantação, gestão e manutenção.

Art. 35. Os recursos obtidos pelas unidades de conservação do grupo de Proteção Integral mediante a cobrança de taxa de visitação e outras rendas decorrentes de arrecadação, serviços e atividades da própria unidade serão aplicados de acordo com os seguintes critérios:

I – até 50% (cinquenta por cento), e não menos que 25% (vinte e cinco por cento), na implementação, manutenção e gestão da própria unidade;

II – até 50% (cinquenta por cento), e não menos que 25% (vinte e cinco por cento), na regularização fundiária das unidades de conservação do grupo;

III – até 50% (cinquenta por cento), e não menos que 15% (quinze por cento), na implementação, manutenção e gestão de outras unidades de conservação do grupo de Proteção Integral.

Art. 36. Nos casos de licenciamento ambiental de empreendimentos de significativo impacto ambiental, assim considerado pelo órgão ambiental competente, com fundamento em estudo de impacto ambiental e respectivo relatório – EIA/Rima, o empreendedor é obrigado a apoiar a implantação e manutenção de unidade de conservação do grupo de Proteção Integral, de acordo com o disposto neste artigo e no regulamento desta Lei.

- Decreto 4.340/2002 – Regulamenta artigos da Lei 9.985/2000, que dispõe sobre o Sistema Nacional de Unidades de Conservação da Natureza – SNUC.

§ 1º. O montante de recursos a ser destinado pelo empreendedor para esta finalidade não pode ser inferior a 0,5% (meio por cento) dos custos totais previstos para a implantação do empreendimento, sendo o percentual fixado pelo órgão ambiental licenciador, de acordo com o grau de impacto ambiental causado pelo empreendimento.

- ADIN 3.378-6: O STF, por maioria de votos, declarou a inconstitucionalidade da expressão "não pode ser inferior a 0,5% (meio por cento) dos custos totais previstos para a implantação do empreendimento". (D.O.U. 20.6.2008)

§ 2º. Ao órgão ambiental licenciador compete definir as unidades de conservação a serem beneficiadas, considerando as propostas apresentadas no EIA/Rima e ouvido o empreendedor, podendo inclusive ser contemplada a criação de novas unidades de conservação.

§ 3º. Quando o empreendimento afetar unidade de conservação específica ou sua zona de amortecimento, o licenciamento a que se refere o *caput* deste artigo só poderá ser concedido mediante autorização do órgão responsável por sua administração, e a unidade afetada, mesmo que não pertencente ao grupo de Proteção Integral, deverá ser uma das beneficiárias da compensação definida neste artigo.

- Resolução do Conama 428/2010 – Dispõe, no âmbito do licenciamento ambiental sobre a autorização do órgão responsável pela administração da Unidade de Conservação (UC), de que trata o § 3º do artigo 36 da Lei 9.985/2000, bem como sobre a ciência do órgão responsável pela administração da UC no caso de licenciamento ambiental de empreendimentos não sujeitos a EIA-RIMA.

§ 4º A obrigação de que trata o *caput* deste artigo poderá, em virtude do interesse público, ser cumprida em unidades de conservação de posse e domínio públicos do grupo de Uso Sustentável, especialmente as localizadas na Amazônia Legal. (Incluído pela Lei nº 13.668, de 2018)

CAPÍTULO V. DOS INCENTIVOS, ISENÇÕES E PENALIDADES

Art. 37. (*VETADO*).

Art. 38. A ação ou omissão das pessoas físicas ou jurídicas que importem inobservância aos preceitos desta Lei e a seus regulamentos ou resultem em dano à flora, à fauna e aos demais atributos naturais das unidades de conservação, bem como às suas instalações e às zonas de amortecimento e corredores ecológicos, sujeitam os infratores às sanções previstas em lei.

Art. 39. Dê-se ao art. 40 da Lei 9.605, de 12 de fevereiro de 1998, a seguinte redação:

- Alteração incorporada ao texto da referida lei.

Art. 40. Acrescente-se à Lei 9.605, de 1998, o seguinte art. 40-A:

- Alteração incorporada ao texto da referida lei.

CAPÍTULO VI. DAS RESERVAS DA BIOSFERA

Art. 41. A Reserva da Biosfera é um modelo, adotado internacionalmente, de gestão integrada, participativa e sustentável dos recursos naturais, com os objetivos básicos de preservação da diversidade biológica, o desenvolvimento de atividades de pesquisa, o monitoramento ambiental, a educação ambiental, o desenvolvimento sustentável e a melhoria da qualidade de vida das populações.

- Decreto 4.340/2002 – Regulamenta artigos da Lei 9.985/2000, que dispõe sobre o Sistema Nacional de Unidades de Conservação da Natureza – SNUC.

§ 1º. A Reserva da Biosfera é constituída por:

I – uma ou várias áreas-núcleo, destinadas à proteção integral da natureza;

II – uma ou várias zonas de amortecimento, onde só são admitidas atividades que não resultem em dano para as áreas-núcleo; e

III – uma ou várias zonas de transição, sem limites rígidos, onde o processo de ocupação e o manejo dos recursos naturais são planejados e conduzidos de modo participativo e em bases sustentáveis.

§ 2º. A Reserva da Biosfera é constituída por áreas de domínio público ou privado.

§ 3º. A Reserva da Biosfera pode ser integrada por unidades de conservação já criadas pelo Poder Público, respeitadas as normas legais que disciplinam o manejo de cada categoria específica.

§ 4º. A Reserva da Biosfera é gerida por um Conselho Deliberativo, formado por representantes de instituições públicas, de organizações da sociedade civil e da população residente, conforme se dispuser em regulamento e no ato de constituição da unidade.

§ 5º. A Reserva da Biosfera é reconhecida pelo Programa Intergovernamental "O Homem e a Biosfera – MAB", estabelecido pela Unesco, organização da qual o Brasil é membro.

CAPÍTULO VII. DAS DISPOSIÇÕES GERAIS E TRANSITÓRIAS

Art. 42. As populações tradicionais residentes em unidades de conservação nas quais sua permanência não seja permitida serão indenizadas ou compensadas pelas benfeitorias existentes e devidamente realocadas pelo Poder Público, em local e condições acordados entre as partes.

- Decreto 4.340/2002 – Regulamenta artigos da Lei 9.985/2000, que dispõe sobre o Sistema Nacional de Unidades de Conservação da Natureza – SNUC.

§ 1º. O Poder Público, por meio do órgão competente, priorizará o reassentamento das populações tradicionais a serem realocadas.

§ 2º. Até que seja possível efetuar o reassentamento de que trata este artigo, serão estabelecidas normas e ações específicas destinadas a compatibilizar a presença das populações tradicionais residentes com os objetivos da unidade, sem prejuízo dos modos de vida, das fontes de subsistência e dos locais de moradia destas populações, assegurando-se a sua participação na elaboração das referidas normas e ações.

§ 3º. Na hipótese prevista no § 2º, as normas regulando o prazo de permanência e suas condições serão estabelecidas em regulamento.

Art. 43. O Poder Público fará o levantamento nacional das terras devolutas, com o objetivo de definir áreas destinadas à conservação da natureza, no prazo de 5 (cinco) anos após a publicação desta Lei.

Art. 44. As ilhas oceânicas e costeiras destinam-se prioritariamente à proteção da natureza e sua destinação para fins diversos deve ser precedida de autorização do órgão ambiental competente.

Parágrafo único. Estão dispensados da autorização citada no *caput* os órgãos que se utilizam das citadas ilhas por força de dispositivos legais ou quando decorrente de compromissos legais assumidos.

Art. 45. Excluem-se das indenizações referentes à regularização fundiária das unidades de conservação, derivadas ou não de desapropriação:

I – (*VETADO*).

II – (*VETADO*).

III – as espécies arbóreas declaradas imunes de corte pelo Poder Público;

IV – expectativas de ganhos e lucro cessante;

V – o resultado de cálculo efetuado mediante a operação de juros compostos;

VI – as áreas que não tenham prova de domínio inequívoco e anterior à criação da unidade.

Art. 46. A instalação de redes de abastecimento de água, esgoto, energia e infraestrutura urbana em geral, em unidades de conservação onde estes equipamentos são admitidos, depende de prévia aprovação do órgão responsável por sua administração, sem prejuízo da necessidade de elaboração de estudos de impacto ambiental e outras exigências legais.

Parágrafo único. Esta mesma condição se aplica à zona de amortecimento das unidades do grupo de Proteção Integral, bem como às áreas de propriedade privada inseridas nos limites dessas unidades e ainda não indenizadas.

Art. 47. O órgão ou empresa, público ou privado, responsável pelo abastecimento de água ou que faça uso de recursos hídricos, beneficiário da proteção proporcionada por uma unidade de conservação, deve contribuir financeiramente para a proteção e implementação da unidade, de acordo com o disposto em regulamentação específica.

- Decreto 4.340/2002 – Regulamenta artigos da Lei 9.985/2000, que dispõe sobre o Sistema Nacional de Unidades de Conservação da Natureza – SNUC.

Art. 48. O órgão ou empresa, público ou privado, responsável pela geração e distribuição de energia elétrica, beneficiário da proteção oferecida por uma unidade de conservação, deve contribuir financeiramente para a proteção e implementação da unidade, de acordo com o disposto em regulamentação específica.

- Decreto 4.340/2002 – Regulamenta artigos da Lei 9.985/2000, que dispõe sobre o Sistema Nacional de Unidades de Conservação da Natureza – SNUC.

Art. 49. A área de uma unidade de conservação do grupo de Proteção Integral é considerada zona rural, para os efeitos legais.

Parágrafo único. A zona de amortecimento das unidades de conservação de que trata este artigo, uma vez definida formalmente, não pode ser transformada em zona urbana.

Art. 50. O Ministério do Meio Ambiente organizará e manterá um Cadastro Nacional de Unidades de Conservação, com a colaboração do Ibama e dos órgãos estaduais e municipais competentes.

§ 1º. O Cadastro a que se refere este artigo conterá os dados principais de cada unidade de conservação, incluindo, dentre outras características relevantes, informações sobre espécies ameaçadas de extinção, situação fundiária, recursos hídricos, clima, solos e aspectos socioculturais e antropológicos.

§ 2º. O Ministério do Meio Ambiente divulgará e colocará à disposição do público interessado os dados constantes do Cadastro.

Art. 51. O Poder Executivo Federal submeterá à apreciação do Congresso Nacional, a cada 2 (dois) anos, um relatório de avaliação global da situação das unidades de conservação federais do País.

Art. 52. Os mapas e cartas oficiais devem indicar as áreas que compõem o SNUC.

Art. 53. O Ibama elaborará e divulgará periodicamente uma relação revista e atualizada das espécies da flora e da fauna ameaçadas de extinção no território brasileiro.

Parágrafo único. O Ibama incentivará os competentes órgãos estaduais e municipais a elaborarem relações equivalentes abrangendo suas respectivas áreas de jurisdição.

Art. 54. O Ibama, excepcionalmente, pode permitir a captura de exemplares de espécies ameaçadas de extinção destinadas a programas de criação em cativeiro ou formação de coleções científicas, de acordo com o disposto nesta Lei e em regulamentação específica.

Art. 55. As unidades de conservação e áreas protegidas criadas com base nas legislações anteriores e que não pertençam às categorias previstas nesta Lei serão reavaliadas, no todo ou em parte, no prazo de até 2 (dois) anos, com o objetivo de definir sua destinação com base na categoria e função para as quais foram criadas, conforme o disposto no regulamento desta Lei.

- Decreto 4.340/2002 – Regulamenta artigos da Lei 9.985/2000, que dispõe sobre o Sistema Nacional de Unidades de Conservação da Natureza – SNUC.

Art. 56. (*VETADO*).

Art. 57. Os órgãos federais responsáveis pela execução das políticas ambiental e indigenista deverão instituir grupos de trabalho para, no prazo de 180 (cento e oitenta) dias a partir da vigência desta Lei, propor as diretrizes a serem adotadas com vistas à regularização das eventuais superposições entre áreas indígenas e unidades de conservação.

Parágrafo único. No ato de criação dos grupos de trabalho serão fixados os participantes, bem como a estratégia de ação e a abrangência dos trabalhos, garantida a participação das comunidades envolvidas.

Art. 57-A. O Poder Executivo estabelecerá os limites para o plantio de organismos geneticamente modificados nas áreas que circundam as unidades de conservação até que seja fixada sua zona de amortecimento e aprovado o seu respectivo Plano de Manejo. (Incluído pela Lei nº 11.460, de 2007)

- Decreto 5.950/2006 – Regulamenta o art. 57-A da Lei 9.985/2000, para estabelecer os limites para o plantio de organismos geneticamente modificados nas áreas que circundam as unidades de conservação.

Parágrafo único. O disposto no *caput* deste artigo não se aplica às Áreas de Proteção Ambiental e Reservas de Particulares do Patrimônio Nacional. (Incluído pela Lei nº 11.460, de 2007)

Art. 58. O Poder Executivo regulamentará esta Lei, no que for necessário à sua aplicação, no prazo de 180 (cento e oitenta) dias a partir da data de sua publicação.

Art. 59. Esta Lei entra em vigor na data de sua publicação.

Art. 60. Revogam-se os arts. 5º e 6º da Lei nº 4.771, de 15 de setembro de 1965; o art. 5º da Lei nº 5.197, de 3 de janeiro de 1967; e o art. 18 da Lei nº 6.938, de 31 de agosto de 1981.

- Lei 12.651/2012 revogou a Lei 4.771/1965.

Brasília, 18 de julho de 2000; 179º da Independência e 112º da República.

MARCO ANTONIO DE OLIVEIRA MACIEL

D.O.U. 19.7.2000

LEI Nº 10.048, DE 8 DE NOVEMBRO DE 2000

Dá prioridade de atendimento às pessoas que especifica, e dá outras providências.

- *Prioridades de atendimento*

O PRESIDENTE DA REPÚBLICA Faço saber que o Congresso Nacional decreta e eu sanciono a seguinte Lei:

Art. 1º. As pessoas com deficiência, os idosos com idade igual ou superior a 60 (sessenta) anos, as gestantes, as lactantes, as pessoas com crianças de colo e os obesos terão atendimento prioritário, nos termos desta Lei. (Redação dada pela Lei nº 13.146, de 2015)

- Lei 12.146/2015 – Institui a Lei Brasileira de Inclusão da Pessoa com Deficiência (Estatuto da Pessoa com Deficiência)..
- Lei 10.741/2003 – Dispõe sobre o Estatuto do Idoso.

Art. 2º. As repartições públicas e empresas concessionárias de serviços públicos estão obrigadas a dispensar atendimento prioritário, por meio de serviços individualizados que assegurem tratamento diferenciado e atendimento imediato às pessoas a que se refere o art. 1º.

Parágrafo único. É assegurada, em todas as instituições financeiras, a prioridade de atendimento às pessoas mencionadas no art. 1º.

Art. 3º. As empresas públicas de transporte e as concessionárias de transporte coletivo reservarão assentos, devidamente identificados, aos idosos, gestantes, lactantes, pessoas portadoras de deficiência e pessoas acompanhadas por crianças de colo.

Art. 4º. Os logradouros e sanitários públicos, bem como os edifícios de uso público, terão normas de construção, para efeito de licenciamento da respectiva edificação, baixadas pela autoridade competente, destinadas a facilitar o acesso e uso desses locais pelas pessoas portadoras de deficiência.

- Lei 12.587/2012 – Institui as diretrizes da Política Nacional de Mobilidade Urbana.

Art. 5º. Os veículos de transporte coletivo a serem produzidos após doze meses da publicação desta Lei serão planejados de forma a facilitar o acesso a seu interior das pessoas portadoras de deficiência.

§ 1º. (VETADO).

§ 2º. Os proprietários de veículos de transporte coletivo em utilização terão o prazo de cento e oitenta dias, a contar da regulamentação desta Lei, para proceder às adaptações necessárias ao acesso facilitado das pessoas portadoras de deficiência.

Art. 6º. A infração ao disposto nesta Lei sujeitará os responsáveis:

I – no caso de servidor ou de chefia responsável pela repartição pública, às penalidades previstas na legislação específica;

II – no caso de empresas concessionárias de serviço público, a multa de R$ 500,00 (quinhentos reais) a R$ 2.500,00 (dois mil e quinhentos reais), por veículos sem as condições previstas nos arts. 3º e 5º;

III – no caso das instituições financeiras, às penalidades previstas no artigo 44, incisos I, II e III, da Lei nº 4.595, de 31 de dezembro de 1964.

Parágrafo único. As penalidades de que trata este artigo serão elevadas ao dobro, em caso de reincidência.

Art. 7º. O Poder Executivo regulamentará esta Lei no prazo de sessenta dias, contado de sua publicação.

Art. 8º. Esta Lei entra em vigor na data de sua publicação.

Brasília, 8 de novembro de 2000; 179º da Independência e 112º da República.

FERNANDO HENRIQUE CARDOSO

D.O.U. de 9.11.2000

LEI Nº 10.098, DE 19 DE DEZEMBRO DE 2000

Estabelece normas gerais e critérios básicos para a promoção da acessibilidade das pessoas portadoras de deficiência ou com mobilidade reduzida, e dá outras providências.

- *Acessibilidade de Deficientes Físicos*

O Presidente da República

Faço saber que o Congresso Nacional decreta e eu sanciono a seguinte Lei:

CAPÍTULO I DISPOSIÇÕES GERAIS

Art. 1º Esta Lei estabelece normas gerais e critérios básicos para a promoção da acessibilidade das pessoas portadoras de deficiência ou com mobilidade reduzida, mediante a supressão de barreiras e de obstáculos nas vias e espaços públicos, no mobiliário urbano, na construção e reforma de edifícios e nos meios de transporte e de comunicação.

Art. 2º Para os fins desta Lei são estabelecidas as seguintes definições:

I - acessibilidade: possibilidade e condição de alcance para utilização, com segurança e autonomia, de espaços, mobiliários, equipamentos urbanos, edificações, transportes, informação e comunicação, inclusive seus sistemas e tecnologias, bem como de outros serviços e instalações abertos ao público, de uso público ou privados de uso coletivo, tanto na zona urbana como na rural, por pessoa com deficiência ou com mobilidade reduzida; (Redação dada pela Lei nº 13.146, de 2015)

II - barreiras: qualquer entrave, obstáculo, atitude ou comportamento que limite ou impeça a participação social da pessoa, bem como o gozo, a fruição e o exercício de seus direitos à acessibilidade, à liberdade de movimento e de expressão, à comunicação, ao acesso à informação, à compreensão, à circulação com segurança, entre outros, classificadas em: (Redação dada pela Lei nº 13.146, de 2015)

a) barreiras urbanísticas: as existentes nas vias e nos espaços públicos e privados abertos ao público ou de uso coletivo; (Redação dada pela Lei nº 13.146, de 2015)

b) barreiras arquitetônicas: as existentes nos edifícios públicos e privados; (Redação dada pela Lei nº 13.146, de 2015)

c) barreiras nos transportes: as existentes nos sistemas e meios de transportes; (Redação dada pela Lei nº 13.146, de 2015)

d) barreiras nas comunicações e na informação: qualquer entrave, obstáculo, atitude ou comportamento que dificulte ou impossibilite a expressão ou o recebimento de mensagens e de informações por intermédio de sistemas de comunicação e de tecnologia da informação; (Redação dada pela Lei nº 13.146, de 2015)

III - pessoa com deficiência: aquela que tem impedimento de longo prazo de natureza física, mental, intelectual ou sensorial, o qual, em interação com uma ou mais barreiras, pode obstruir sua participação plena e efetiva na sociedade em igualdade de condições com as demais pessoas; (Redação dada pela Lei nº 13.146, de 2015)

IV - pessoa com mobilidade reduzida: aquela que tenha, por qualquer motivo, dificuldade de movimentação, permanente ou temporária, gerando redução efetiva da mobilidade, da flexibilidade, da coordenação motora ou da percepção, incluindo idoso, gestante, lactante, pessoa com criança de colo e obeso; (Redação dada pela Lei nº 13.146, de 2015)

V - acompanhante: aquele que acompanha a pessoa com deficiência, podendo ou não desempenhar as funções de atendente pessoal; (Redação dada pela Lei nº 13.146, de 2015)

VI - elemento de urbanização: quaisquer componentes de obras de urbanização, tais como os referentes a pavimentação, saneamento, encanamento para esgotos, distribuição de energia elétrica e de gás, iluminação pública, serviços de comunicação, abastecimento e distribuição de água, paisagismo e os que materializam as indicações do planejamento urbanístico; (Redação dada pela Lei nº 13.146, de 2015)

VII - mobiliário urbano: conjunto de objetos existentes nas vias e nos espaços públicos, superpostos ou adicionados aos elementos de urbanização ou de edificação, de forma que sua modificação ou seu traslado não provoque alterações substanciais nesses elementos, tais como semáforos, postes de sinalização e similares, terminais e pontos de acesso coletivo às telecomunicações, fontes de água, lixeiras, toldos, marquises, bancos, quiosques e quaisquer outros de natureza análoga; (Incluído pela Lei nº 13.146, de 2015)

VIII - tecnologia assistiva ou ajuda técnica: produtos, equipamentos, dispositivos, recursos, metodologias, estratégias, práticas e serviços que objetivem promover a funcionalidade, relacionada à atividade e à participação da pessoa com deficiência ou com mobilidade reduzida, visando à sua autonomia, independência, qualidade de vida e inclusão social; (Incluído pela Lei nº 13.146, de 2015)

IX - comunicação: forma de interação dos cidadãos que abrange, entre outras opções, as línguas, inclusive a Língua Brasileira de Sinais (Libras), a visualização de textos, o Braille, o sistema de sinalização ou de comunicação tátil, os caracteres ampliados, os dispositivos multimídia, assim como a linguagem simples, escrita e oral, os sistemas auditivos e os meios de voz digitalizados e os modos, meios e formatos aumentativos e alternativos de comunicação, incluindo as tecnologias da informação e das comunicações; (Incluído pela Lei nº 13.146, de 2015)

X - desenho universal: concepção de produtos, ambientes, programas e serviços a serem usados por todas as pessoas, sem necessidade de adaptação ou de projeto específico, incluindo os recursos de tecnologia assistiva. (Incluído pela Lei nº 13.146, de 2015)

CAPÍTULO II DOS ELEMENTOS DA URBANIZAÇÃO

Art. 3º O planejamento e a urbanização das vias públicas, dos parques e dos demais espaços de uso público deverão ser concebidos e executados de forma a torná-los acessíveis para todas as pessoas, inclusive para aquelas com deficiência ou com mobilidade reduzida. (Redação dada pela Lei nº 13.146, de 2015)

Parágrafo único. O passeio público, elemento obrigatório de urbanização e parte da via pública, normalmente segregado e em nível diferente, destina-se somente à circulação de pedestres e, quando possível, à implantação de mobiliário urbano e de vegetação. (Incluído pela Lei nº 13.146, de 2015)

Art. 4º As vias públicas, os parques e os demais espaços de uso público existentes, assim como as respectivas instalações de serviços e mobiliários urbanos deverão ser adaptados, obedecendo-se ordem de prioridade que vise à maior eficiência das modificações, no sentido de promover mais ampla acessibilidade às pessoas portadoras de deficiência ou com mobilidade reduzida.

Parágrafo único. No mínimo 5% (cinco por cento) de cada brinquedo e equipamento de lazer existentes nos locais referidos no *caput* devem ser adaptados e identificados, tanto quanto tecnicamente possível, para possibilitar sua utilização por pessoas com deficiência, inclusive visual, ou com mobilidade reduzida. (Redação dada pela Lei nº 13.443, de 2017)

Art. 5º O projeto e o traçado dos elementos de urbanização públicos e privados de uso comunitário, nestes compreendidos os itinerários e as passagens de pedestres, os percursos de entrada e de saída de veículos, as escadas e rampas, deverão observar os parâmetros estabelecidos pelas normas técnicas de acessibilidade da Associação Brasileira de Normas Técnicas – ABNT.

Art. 6º Os banheiros de uso público existentes ou a construir em parques, praças, jardins e espaços livres públicos deverão ser acessíveis e dispor, pelo menos, de um sanitário e um lavatório que atendam às especificações das normas técnicas da ABNT.

§ 1º Os eventos organizados em espaços públicos e privados em que haja instalação de banheiros químicos deverão contar com unidades acessíveis a pessoas com deficiência ou com mobilidade reduzida. (Parágrafo acrescido pela Lei 13.825/2019)

§ 2º O número mínimo de banheiros químicos acessíveis corresponderá a 10% (dez por cento) do total, garantindo-se pelo menos 1 (uma) unidade acessível caso a aplicação do percentual resulte em fração inferior a 1 (um). (Parágrafo acrescido pela Lei 13.825/2019)

Art. 7º Em todas as áreas de estacionamento de veículos, localizadas em vias ou em espaços públicos, deverão ser reservadas vagas próximas dos acessos de circulação de pedestres, devidamente sinalizadas, para veículos que transportem pessoas portadoras de deficiência com dificuldade de locomoção.

Parágrafo único. As vagas a que se refere o *caput* deste artigo deverão ser em número equivalente a dois por cento do total, garantida, no mínimo, uma vaga, devidamente sinalizada e com as especificações técnicas de desenho e traçado de acordo com as normas técnicas vigentes.

CAPÍTULO III
DO DESENHO E DA LOCALIZAÇÃO DO MOBILIÁRIO URBANO

Art. 8º Os sinais de tráfego, semáforos, postes de iluminação ou quaisquer outros elementos verticais de sinalização que devam ser instalados em itinerário ou espaço de acesso para pedestres deverão ser dispostos de forma a não dificultar ou impedir a circulação, e de modo que possam ser utilizados com a máxima comodidade.

Art. 9º Os semáforos para pedestres instalados nas vias públicas deverão estar equipados com mecanismo que emita sinal sonoro suave, intermitente e sem estridência, ou com mecanismo alternativo, que sirva de guia ou orientação para a travessia de pessoas portadoras de deficiência visual, se a intensidade do fluxo de veículos e a periculosidade da via assim determinarem.

Parágrafo único. Os semáforos para pedestres instalados em vias públicas de grande circulação, ou que deem acesso aos serviços de reabilitação, devem obrigatoriamente estar equipados com mecanismo que emita sinal sonoro suave para orientação do pedestre. (Incluído pela Lei nº 13.146, de 2015)

Art. 10. Os elementos do mobiliário urbano deverão ser projetados e instalados em locais que permitam sejam eles utilizados pelas pessoas portadoras de deficiência ou com mobilidade reduzida.

Art. 10-A. A instalação de qualquer mobiliário urbano em área de circulação comum para pedestre que ofereça risco de acidente à pessoa com deficiência deverá ser indicada mediante sinalização tátil de alerta no piso, de acordo com as normas técnicas pertinentes. (Incluído pela Lei nº 13.146, de 2015)

CAPÍTULO IV
DA ACESSIBILIDADE NOS EDIFÍCIOS PÚBLICOS OU DE USO COLETIVO

Art. 11. A construção, ampliação ou reforma de edifícios públicos ou privados destinados ao uso coletivo deverão ser executadas de modo que sejam ou se tornem acessíveis às pessoas portadoras de deficiência ou com mobilidade reduzida.

Parágrafo único. Para os fins do disposto neste artigo, na construção, ampliação ou reforma de edifícios públicos ou privados destinados ao uso coletivo deverão ser observados, pelo menos, os seguintes requisitos de acessibilidade:

I – nas áreas externas ou internas da edificação, destinadas a garagem e a estacionamento de uso público, deverão ser reservadas vagas próximas dos acessos de circulação de pedestres, devidamente sinalizadas, para veículos que transportem pessoas portadoras de deficiência com dificuldade de locomoção permanente;

II – pelo menos um dos acessos ao interior da edificação deverá estar livre de barreiras arquitetônicas e de obstáculos que impeçam ou dificultem a acessibilidade de pessoa portadora de deficiência ou com mobilidade reduzida;

III – pelo menos um dos itinerários que comuniquem horizontal e verticalmente todas as dependências e serviços do edifício, entre si e com o exterior, deverá cumprir os requisitos de acessibilidade de que trata esta Lei; e

IV – os edifícios deverão dispor, pelo menos, de um banheiro acessível, distribuindo-se seus equipamentos e acessórios de maneira que possam ser utilizados por pessoa portadora de deficiência ou com mobilidade reduzida.

Art. 12. Os locais de espetáculos, conferências, aulas e outros de natureza similar deverão dispor de espaços reservados para pessoas que utilizam cadeira de rodas, e de lugares específicos para pessoas com deficiência auditiva e visual, inclusive acompanhante, de acordo com a ABNT, de modo a facilitar-lhes as condições de acesso, circulação e comunicação.

Art. 12-A. Os centros comerciais e os estabelecimentos congêneres devem fornecer carros e cadeiras de rodas, motorizados ou não, para o atendimento da pessoa com deficiência ou com mobilidade reduzida. (Incluído pela Lei nº 13.146, de 2015)

CAPÍTULO V
DA ACESSIBILIDADE NOS EDIFÍCIOS DE USO PRIVADO

Art. 13. Os edifícios de uso privado em que seja obrigatória a instalação de elevadores deverão ser construídos atendendo aos seguintes requisitos mínimos de acessibilidade:

I – percurso acessível que una as unidades habitacionais com o exterior e com as dependências de uso comum;

II – percurso acessível que una a edificação à via pública, às edificações e aos serviços anexos de uso comum e aos edifícios vizinhos;

III – cabine do elevador e respectiva porta de entrada acessíveis para pessoas portadoras de deficiência ou com mobilidade reduzida.

Art. 14. Os edifícios a serem construídos com mais de um pavimento além do pavimento de acesso, à exceção das habitações unifamiliares, e que não estejam obrigados à instalação de elevador, deverão dispor de especificações técnicas e de projeto que facilitem a instalação de um elevador adaptado, devendo os demais elementos de uso comum destes edifícios atender aos requisitos de acessibilidade.

Art. 15. Caberá ao órgão federal responsável pela coordenação da política habitacional regulamentar a reserva de um percentual mínimo do total das habitações, conforme a característica da população local, para o atendimento da demanda de pessoas portadoras de deficiência ou com mobilidade reduzida.

CAPÍTULO VI
DA ACESSIBILIDADE NOS VEÍCULOS DE TRANSPORTE COLETIVO

Art. 16. Os veículos de transporte coletivo deverão cumprir os requisitos de acessibilidade estabelecidos nas normas técnicas específicas.

CAPÍTULO VII
DA ACESSIBILIDADE NOS SISTEMAS DE COMUNICAÇÃO E SINALIZAÇÃO

Art. 17. O Poder Público promoverá a eliminação de barreiras na comunicação e estabelecerá mecanismos e alternativas técnicas que tornem acessíveis os sistemas de comunicação e sinalização às pessoas portadoras de deficiência sensorial e com dificuldade de comunicação, para garantir-lhes o direito de acesso à informação, à comunicação, ao trabalho, à educação, ao transporte, à cultura, ao esporte e ao lazer.

Art. 18. O Poder Público implementará a formação de profissionais intérpretes de escrita em braile, linguagem de sinais e de guias-intérpretes, para facilitar qualquer tipo de comunicação direta à pessoa portadora de deficiência sensorial e com dificuldade de comunicação.

Art. 19. Os serviços de radiodifusão sonora e de sons e imagens adotarão plano de medidas técnicas com o objetivo de permitir o uso da linguagem de sinais ou outra subtitulação, para garantir o direito de acesso à informação às pessoas portadoras de deficiência auditiva, na forma e no prazo previstos em regulamento.

CAPÍTULO VIII
DISPOSIÇÕES SOBRE AJUDAS TÉCNICAS

Art. 20. O Poder Público promoverá a supressão de barreiras urbanísticas, arquitetônicas, de transporte e de comunicação, mediante ajudas técnicas.

Art. 21. O Poder Público, por meio dos organismos de apoio à pesquisa e das agências de financiamento, fomentará programas destinados:

I – à promoção de pesquisas científicas voltadas ao tratamento e prevenção de deficiências;

II – ao desenvolvimento tecnológico orientado à produção de ajudas técnicas para as pessoas portadoras de deficiência;

III – à especialização de recursos humanos em acessibilidade.

Art. 21-A. Às pessoas com deficiência visual será garantido, sem custo adicional, quando por elas solicitado, um kit que conterá, no mínimo: (Artigo acrescido pela Lei 13.835/2019)

I - etiqueta em braile: filme transparente fixo ao cartão com informações em braile, com a identificação do tipo do cartão e os 6 (seis) dígitos finais do número do cartão;

II - identificação do tipo de cartão em braile: primeiro dígito, da esquerda para a direita, identificador do tipo de cartão;

III - fita adesiva: fita para fixar a etiqueta em braile de dados no cartão;

IV - porta-cartão: objeto para armazenar o cartão e possibilitar ao portador acesso às informações necessárias ao pleno uso do cartão, com identificação, em braile, do número completo do cartão, do tipo de cartão, da bandeira, do nome do emissor, da data de validade, do código de segurança e do nome do portador do cartão.

Parágrafo único. O porta-cartão de que trata o inciso IV do *caput* deste artigo deverá possuir tamanho suficiente para que constem todas as informações descritas no referido inciso e deverá ser conveniente ao transporte pela pessoa com deficiência visual.

CAPÍTULO IX
DAS MEDIDAS DE FOMENTO À ELIMINAÇÃO DE BARREIRAS

Art. 22. É instituído, no âmbito da Secretaria de Estado de Direitos Humanos do Ministério da Justiça, o Programa Nacional de Acessibilidade, com dotação orçamentária específica, cuja execução será disciplinada em regulamento.

CAPÍTULO X
DISPOSIÇÕES FINAIS

Art. 23. A Administração Pública federal direta e indireta destinará, anualmente, dotação orçamentária para as adaptações, eliminações e supressões de barreiras arquitetônicas existentes nos edifícios de uso público de sua propriedade e naqueles que estejam sob sua administração ou uso.

Parágrafo único. A implementação das adaptações, eliminações e supressões de barreiras arquitetônicas referidas no *caput* deste artigo deverá ser iniciada a partir do primeiro ano de vigência desta Lei.

Art. 24. O Poder Público promoverá campanhas informativas e educativas dirigidas à população em geral, com a finalidade de conscientizá-la e sensibilizá-la quanto à acessibilidade e à integração social da pessoa portadora de deficiência ou com mobilidade reduzida.

Art. 25. As disposições desta Lei aplicam-se aos edifícios ou imóveis declarados bens de interesse cultural ou de valor histórico-artístico, desde que as modificações necessárias observem as normas específicas reguladoras destes bens.

Art. 26. As organizações representativas de pessoas portadoras de deficiência terão legitimidade para acompanhar o cumprimento dos requisitos de acessibilidade estabelecidos nesta Lei.

Art. 27. Esta Lei entra em vigor na data de sua publicação.

Brasília, 19 de dezembro de 2000; 179º da Independência e 112º da República.
FERNANDO HENRIQUE CARDOSO
DOU de 20.12.2000

DECRETO Nº 3.691, DE 19 DE DEZEMBRO DE 2000

Regulamenta a Lei nº 8.899, de 29 de junho de 1994, que dispõe sobre o transporte de pessoas portadoras de deficiência no sistema de transporte coletivo interestadual.

- *Regimento do Conselho de Imigração e Colonização*

O Presidente da República, no uso das atribuições que lhe confere o art. 84, incisos IV e VI, da Constituição, e tendo em vista o disposto no art. 1º da Lei nº 8.899, de 29 de junho de 1994,

DECRETA:

Art. 1º As empresas permissionárias e autorizatárias de transporte interestadual de passageiros reservarão dois assentos de cada veículo, destinado a serviço convencional, para ocupação das pessoas beneficiadas pelo art. 1º da Lei nº 8.899, de 29 de junho de 1994, observado o que dispõem as Leis nºs 7.853, de 24 de outubro de 1989, 8.742, de 7 de dezembro de 1993, 10.048, de 8 de novembro de 2000, e os Decretos n. 1.744, de 8 de dezembro de 1995, e 3.298, de 20 de dezembro de 1999.

Art. 2º O Ministro de Estado dos Transportes disciplinará, no prazo de até trinta dias, o disposto neste Decreto.

Art. 3º Este Decreto entra em vigor na data de sua publicação.

Brasília, 19 de dezembro de 2000; 179º da Independência e 112º da República.
FERNANDO HENRIQUE CARDOSO
D.O.U. de 20.12.2000

LEI COMPLEMENTAR Nº 105, DE 10 DE JANEIRO DE 2001

Dispõe sobre o sigilo das operações de instituições financeiras e dá outras providências.

- *Sigilo Bancário*

O PRESIDENTE DA REPÚBLICA Faço saber que o Congresso Nacional decreta e eu sanciono a seguinte Lei Complementar:

Art. 1º. As instituições financeiras conservarão sigilo em suas operações ativas e passivas e serviços prestados.

- CTN: art. 198.
- Lei 4.595/1964 – Dispõe sobre a Política e as Instituições Monetárias, Bancárias e Creditícias, cria o Conselho Monetário Nacional e dá outras providências.

§ 1º. São consideradas instituições financeiras, para os efeitos desta Lei Complementar:

I – os bancos de qualquer espécie;
II – distribuidoras de valores mobiliários;
III – corretoras de câmbio e de valores mobiliários;
IV – sociedades de crédito, financiamento e investimentos;
V – sociedades de crédito imobiliário;
VI – administradoras de cartões de crédito;
VII – sociedades de arrendamento mercantil;
VIII – administradoras de mercado de balcão organizado;
IX – cooperativas de crédito;
X – associações de poupança e empréstimo;
XI – bolsas de valores e de mercadorias e futuros;
XII – entidades de liquidação e compensação;
XIII – outras sociedades que, em razão da natureza de suas operações, assim venham a ser consideradas pelo Conselho Monetário Nacional.

§ 2º. As empresas de fomento comercial ou *factoring*, para os efeitos desta Lei Complementar, obedecerão às normas aplicáveis às instituições financeiras previstas no § 1º.

§ 3º. Não constitui violação do dever de sigilo:

I – a troca de informações entre instituições financeiras, para fins cadastrais, inclusive por intermédio de centrais de risco, observadas as normas baixadas pelo Conselho Monetário Nacional e pelo Banco Central do Brasil;
II – o fornecimento de informações constantes de cadastro de emitentes de cheques sem provisão de fundos e de devedores inadimplentes, a entidades de proteção ao crédito, observadas as normas baixadas pelo Conselho Monetário Nacional e pelo Banco Central do Brasil;
III – o fornecimento das informações de que trata o § 2º do art. 11 da Lei nº 9.311, de 24 de outubro de 1996;
IV – a comunicação, às autoridades competentes, da prática de ilícitos penais ou administrativos, abrangendo o fornecimento de informações sobre operações que envolvam recursos provenientes de qualquer prática criminosa;
V – a revelação de informações sigilosas com o consentimento expresso dos interessados;
VI – a prestação de informações nos termos e condições estabelecidos nos artigos 2º, 3º, 4º, 5º, 6º, 7º e 9º desta Lei Complementar.
VII - o fornecimento de dados financeiros e de pagamentos, relativos a operações de crédito e obrigações de pagamento adimplidas ou em andamento de pessoas naturais ou jurídicas, a gestores de bancos de dados, para formação de histórico de crédito, nos termos de lei específica. (Incluído pela LC 166/2019, publicada no DOU de 09.04.2019, em vigor 91 dias após a publicação)

§ 4º. A quebra de sigilo poderá ser decretada, quando necessária para apuração de ocorrência de qualquer ilícito, em qualquer fase do inquérito ou do processo judicial, e especialmente nos seguintes crimes:

I – de terrorismo;
- Lei 7.170/1983 – Crimes Contra e Segurança Nacional.

II – de tráfico ilícito de substâncias entorpecentes ou drogas afins;

III – de contrabando ou tráfico de armas, munições ou material destinado a sua produção;
- Lei 10.826/2003 – Estatuto do Desarmamento.

IV – de extorsão mediante sequestro;
- CP: art. 159.

V – contra o sistema financeiro nacional;
- Lei 7.492/1986 – Crimes Contra o Sistema Financeiro.

VI – contra a Administração Pública;
- CP: arts. 312 a 327.

VII – contra a ordem tributária e a previdência social;
- Lei 8.137/1990 – Crimes Contra a Ordem Tributária e Econômica.

VIII – lavagem de dinheiro ou ocultação de bens, direitos e valores;
- Lei 9.613/1998 – Crimes de Lavagem de Capitais.

IX – praticado por organização criminosa.

Art. 2º. O dever de sigilo é extensivo ao Banco Central do Brasil, em relação às operações que realizar e às informações que obtiver no exercício de suas atribuições.

§ 1º. O sigilo, inclusive quanto a contas de depósitos, aplicações e investimentos mantidos em instituições financeiras, não pode ser oposto ao Banco Central do Brasil:

I – no desempenho de suas funções de fiscalização, compreendendo a apuração, a qualquer tempo, de ilícitos praticados por controladores, administradores, membros de conselhos estatutários, gerentes, mandatários e prepostos de instituições financeiras;
II – ao proceder a inquérito em instituição financeira submetida a regime especial.

§ 2º. As comissões encarregadas dos inquéritos a que se refere o inciso II do § 1º poderão examinar quaisquer documentos relativos a bens, direitos e obrigações das instituições financeiras, de seus controladores, administradores, membros de conselhos estatutários, gerentes, mandatários e prepostos, inclusive contas correntes e operações com outras instituições financeiras.

§ 3º. O disposto neste artigo aplica-se à Comissão de Valores Mobiliários, quando se tratar de fiscalização de operações e serviços no mercado de valores mobiliários, inclusive nas instituições financeiras que sejam companhias abertas.

§ 4º. O Banco Central do Brasil e a Comissão de Valores Mobiliários, em suas áreas de competência, poderão firmar convênios:

I – com outros órgãos públicos fiscalizadores de instituições financeiras, objetivando a realização de fiscalizações conjuntas, observadas as respectivas competências;
II – com bancos centrais ou entidades fiscalizadoras de outros países, objetivando:

a) a fiscalização de filiais e subsidiárias de instituições financeiras estrangeiras, em funcionamento no Brasil, e de filiais e subsidiárias, no exterior, de instituições financeiras brasileiras;

b) a cooperação mútua e o intercâmbio de informações para a investigação de atividades ou operações que impliquem aplicação, negociação, ocultação ou transferência de ativos financeiros e de valores mobiliários relacionados com a prática de condutas ilícitas.

§ 5º. O dever de sigilo de que trata esta Lei Complementar estende-se aos órgãos fiscalizadores mencionados no § 4º e a seus agentes.

§ 6º. O Banco Central do Brasil, a Comissão de Valores Mobiliários e os demais órgãos de fiscalização, nas áreas de suas atribuições, fornecerão ao Conselho de Controle de Atividades Financeiras – COAF, de que trata o art. 14 da Lei nº 9.613, de 3 de março de 1998, as informações cadastrais e de movimento de valores relativos às operações previstas no inciso I do art. 11 da referida Lei.

Art. 3º. Serão prestadas pelo Banco Central do Brasil, pela Comissão de Valores Mobiliários e pelas instituições financeiras as informações ordenadas pelo Poder Judiciário, preservado o seu caráter sigiloso mediante acesso restrito às partes, que delas não poderão servir-se para fins estranhos à lide.

§ 1º. Dependem de prévia autorização do Poder Judiciário a prestação de informações e o fornecimento de documentos sigilosos solicitados por comissão de inquérito administrativo destinada a apurar responsabilidade de servidor público por infração praticada no exercício de suas atribuições, ou que tenha relação com as atribuições do cargo em que se encontre investido.

§ 2º. Nas hipóteses do § 1º, o requerimento de quebra de sigilo independe da existência de processo judicial em curso.

§ 3º. Além dos casos previstos neste artigo o Banco Central do Brasil e a Comissão de Valores Mobiliários fornecerão à Advocacia-Geral da União as informações e os documentos necessários à defesa da União nas ações em que seja parte.

Art. 4º. O Banco Central do Brasil e a Comissão de Valores Mobiliários, nas áreas de suas atribuições, e as instituições financeiras fornecerão ao Poder Legislativo Federal as informações e os documentos sigilosos que, fundamentadamente, se fizerem necessários ao exercício de suas respectivas competências constitucionais e legais.

§ 1º. As comissões parlamentares de inquérito, no exercício de sua competência constitucional e legal de ampla investigação, obterão as informações e documentos sigilosos de que necessitarem, diretamente das instituições financeiras, ou por intermédio do Banco Central do Brasil ou da Comissão de Valores Mobiliários.

› Lei 1.579/1952 – Comissão Parlamentar de Inquérito.

§ 2º. As solicitações de que trata este artigo deverão ser previamente aprovadas pelo Plenário da Câmara dos Deputados, do Senado Federal, ou do plenário de suas respectivas comissões parlamentares de inquérito.

Art. 5º. O Poder Executivo disciplinará, inclusive quanto à periodicidade e aos limites de valor, os critérios segundo os quais as instituições financeiras informarão à administração tributária da União, as operações financeiras efetuadas pelos usuários de seus serviços.

› Artigo regulamentado pelo Decreto 4.489/2002.

§ 1º. Consideram-se operações financeiras, para os efeitos deste artigo:

I – depósitos à vista e a prazo, inclusive em conta de poupança;

II – pagamentos efetuados em moeda corrente ou em cheques;

III – emissão de ordens de crédito ou documentos assemelhados;

IV – resgates em contas de depósitos à vista ou a prazo, inclusive de poupança;

V – contratos de mútuo;

VI – descontos de duplicatas, notas promissórias e outros títulos de crédito;

VII – aquisições e vendas de títulos de renda fixa ou variável;

VIII – aplicações em fundos de investimentos;

IX – aquisições de moeda estrangeira;

X – conversões de moeda estrangeira em moeda nacional;

XI – transferências de moeda e outros valores para o exterior;

XII – operações com ouro, ativo financeiro;

XIII – operações com cartão de crédito;

XIV – operações de arrendamento mercantil; e

XV – quaisquer outras operações de natureza semelhante que venham a ser autorizadas pelo Banco Central do Brasil, Comissão de Valores Mobiliários ou outro órgão competente.

§ 2º. As informações transferidas na forma do *caput* deste artigo restringir-se-ão a informes relacionados com a identificação dos titulares das operações e os montantes globais mensalmente movimentados, vedada a inserção de qualquer elemento que permita identificar a sua origem ou a natureza dos gastos a partir deles efetuados.

§ 3º. Não se incluem entre as informações de que trata este artigo as operações financeiras efetuadas pelas administrações direta e indireta da União, dos Estados, do Distrito Federal e dos Municípios.

§ 4º. Recebidas as informações de que trata este artigo, se detectados indícios de falhas, incorreções ou omissões, ou de cometimento de ilícito fiscal, a autoridade interessada poderá requisitar as informações e os documentos de que necessitar, bem como realizar fiscalização ou auditoria para a adequada apuração dos fatos.

§ 5º. As informações a que se refere este artigo serão conservadas sob sigilo fiscal, na forma da legislação em vigor.

Art. 6º. As autoridades e os agentes fiscais tributários da União, dos Estados, do Distrito Federal e dos Municípios somente poderão examinar documentos, livros e registros de instituições financeiras, inclusive os referentes a contas de depósitos e aplicações financeiras, quando houver processo administrativo instaurado ou procedimento fiscal em curso e tais exames sejam considerados indispensáveis pela autoridade administrativa competente.

› Artigo regulamentado pelo Decreto 3.724/2001.

Parágrafo único. O resultado dos exames, as informações e os documentos a que se refere este artigo serão conservados em sigilo, observada a legislação tributária.

Art. 7º. Sem prejuízo do disposto no § 3º do art. 2º, a Comissão de Valores Mobiliários, instaurado inquérito administrativo, poderá solicitar à autoridade judiciária competente o levantamento do sigilo junto às instituições financeiras de informações e documentos relativos a bens, direitos e obrigações de pessoa física ou jurídica submetida ao seu poder disciplinar.

Parágrafo único. O Banco Central do Brasil e a Comissão de Valores Mobiliários manterão permanente intercâmbio de informações acerca dos resultados das inspeções que realizarem, dos inquéritos que instaurarem e das penalidades que aplicarem, sempre que as informações forem necessárias ao desempenho de suas atividades.

Art. 8º. O cumprimento das exigências e formalidades previstas nos artigos 4º, 6º e 7º será expressamente declarado pelas autoridades competentes nas solicitações dirigidas ao Banco Central do Brasil, à Comissão de Valores Mobiliários ou às instituições financeiras.

Art. 9º. Quando, no exercício de suas atribuições, o Banco Central do Brasil e a Comissão de Valores Mobiliários verificarem a ocorrência de crime definido em lei como de ação pública, ou indícios da prática de tais crimes, informarão ao Ministério Público, juntando à comunicação os documentos necessários à apuração ou comprovação dos fatos.

§ 1º. A comunicação de que trata este artigo será efetuada pelos Presidentes do Banco Central do Brasil e da Comissão de Valores Mobiliários, admitida delegação de competência, no prazo máximo de 15 (quinze) dias, a contar do recebimento do processo, com manifestação dos respectivos serviços jurídicos.

§ 2º. Independentemente do disposto no *caput* deste artigo, o Banco Central do Brasil e a Comissão de Valores Mobiliários comunicarão aos órgãos públicos competentes as irregularidades e os ilícitos administrativos de que tenham conhecimento, ou indícios de sua prática, anexando os documentos pertinentes.

Art. 10. A quebra de sigilo, fora das hipóteses autorizadas nesta Lei Complementar, constitui crime e sujeita os responsáveis à pena de reclusão, de 1 (um) a 4 (quatro) anos, e multa, aplicando-se, no que couber, o Código Penal, sem prejuízo de outras sanções cabíveis.

Parágrafo único. Incorre nas mesmas penas quem omitir, retardar injustificadamente ou prestar falsamente as informações requeridas nos termos desta Lei Complementar.

Art. 11. O servidor público que utilizar ou viabilizar a utilização de qualquer informação obtida em decorrência da quebra de sigilo de que trata esta Lei Complementar responde pessoal e diretamente pelos danos decorrentes, sem prejuízo da responsabilidade objetiva da entidade pública, quando comprovado que o servidor agiu de acordo com orientação oficial.

Art. 12. Esta Lei Complementar entra em vigor na data de sua publicação.

Art. 13. Revoga-se o art. 38 da Lei nº 4.595, de 31 de dezembro de 1964.

Brasília, 10 de janeiro de 2001; 180º da Independência e 113º da República.

FERNANDO HENRIQUE CARDOSO

D.O.U. 11.1.2001

LEI Nº 10.188, DE 12 DE FEVEREIRO DE 2001

Cria o Programa de Arrendamento Residencial, institui o arrendamento residencial com opção de compra e dá outras providências.

› *Programa de Arrendamento Residencial*

Faço saber que o PRESIDENTE DA REPÚBLICA adotou a Medida Provisória nº 2.135-24, de 2001, que o Congresso Nacional aprovou, e eu, Antonio Carlos Magalhães, Presidente, para os efeitos do disposto no parágrafo único do art. 62 da Constituição Federal, promulgo a seguinte Lei:

CAPÍTULO I. DAS DISPOSIÇÕES GERAIS

Art. 1º. Fica instituído o Programa de Arrendamento Residencial para atendimento da necessidade de moradia da população de baixa renda, sob a forma de arrendamento residencial com opção de compra. (Redação dada pela Lei nº 11.474, de 2007)

§ 1º. A gestão do Programa cabe ao Ministério das Cidades e sua operacionalização à Caixa Econômica Federal – CEF. (Redação dada pela Lei nº 10.859, de 2004)

§ 2º. Os Ministros de Estado das Cidades e da Fazenda fixarão, em ato conjunto, a remuneração da CEF pelas atividades exercidas no âmbito do Programa. (Incluído pela Lei nº 10.859, de 2004)

§ 3º. Fica facultada a alienação, sem prévio arrendamento, ou a cessão de direitos dos imóveis adquiridos no âmbito do Programa. (Redação dada pela Lei nº 12.424, de 2011)

Art. 2º. Para a operacionalização do Programa instituído nesta Lei, é a CEF autorizada a criar um fundo financeiro privado com o fim exclusivo de segregação patrimonial e contábil dos haveres financeiros e imobiliários destinados ao Programa. (Redação dada pela Lei nº 12.693, de 2012)

§ 1º. O fundo a que se refere o *caput* será subordinado à fiscalização do Banco Central do Brasil, devendo sua contabilidade sujeitar-se às normas do Plano Contábil das Instituições do Sistema Financeiro Nacional (Cosif), aos princípios gerais de contabilidade e, no que couber, às demais normas de contabilidade vigentes no País. (Redação dada pela Lei nº 12.693, de 2012)

§ 2º. O patrimônio do fundo a que se refere o *caput* será constituído: (Redação dada pela Lei nº 12.693, de 2012)

I – pelos bens e direitos adquiridos pela CEF no âmbito do Programa instituído nesta Lei; e (Incluído pela Lei nº 12.693, de 20120)

II – pelos recursos advindos da integralização de cotas. (Incluído pela Lei nº 12.693, de 20120)

§ 3º. Os bens e direitos integrantes do patrimônio do fundo a que se refere o *caput*, em especial os bens imóveis mantidos sob a propriedade fiduciária da CEF, bem como seus frutos e rendimentos, não se comunicam com o patrimônio desta, observadas, quanto a tais bens e direitos, as seguintes restrições:

I – não integram o ativo da CEF;

II – não respondem direta ou indiretamente por qualquer obrigação da CEF;

- Decreto 5.435/2005 – Define os limites de que tratam o inciso II e o § 5º do art. 3º da Lei no 10.188/2001.
- Decreto 4.918/2003 – Define os limites de que tratam o inciso II e o § 5º do art. 3º da Lei 10.188/2001.

III – não compõem a lista de bens e direitos da CEF, para efeito de liquidação judicial ou extrajudicial;

IV – não podem ser dados em garantia de débito de operação da CEF;

V – não são passíveis de execução por quaisquer credores da CEF, por mais privilegiados que possam ser;

VI – não podem ser constituídos quaisquer ônus reais sobre os imóveis.

§ 4º. No título aquisitivo, a CEF fará constar as restrições enumeradas nos incisos I a VI e destacará que o bem adquirido constitui patrimônio do fundo a que se refere o *caput*.

§ 5º. No registro de imóveis, serão averbadas as restrições e o destaque referido no parágrafo anterior.

- Decreto 5.435/2005 – Define os limites de que tratam o inciso II e o § 5º do art. 3º da Lei no 10.188/2001.
- Decreto 4.918/2003 – Define os limites de que tratam o inciso II e o § 5º do art. 3º da Lei 10.188/2001.

§ 6º. A CEF fica dispensada da apresentação de certidão negativa de débitos, expedida pelo Instituto Nacional do Seguro Social – INSS, e da Certidão Negativa de Tributos e Contribuições administradas pela Secretaria da Receita Federal, quando alienar imóveis integrantes do patrimônio do fundo a que se refere o *caput*.

§ 7º. A alienação dos imóveis pertencentes ao patrimônio do fundo a que se refere o *caput* deste artigo será efetivada diretamente pela CEF, constituindo o instrumento de alienação documento hábil para cancelamento, perante o Cartório de Registro de Imóveis, das averbações pertinentes às restrições e ao destaque de que tratam os §§ 3º e 4º deste artigo, observando-se: (Redação dada pela Lei nº 11.474, de 2007)

I – o decurso do prazo contratual do Arrendamento Residencial; ou (Incluído pela Lei nº 11.474, de 2007)

II – a critério do gestor do Fundo, o processo de desimobilização do fundo financeiro de que trata o *caput* deste artigo. (Incluído pela Lei nº 11.474, de 2007)

§ 8º. Cabe à CEF a gestão do fundo a que se refere o *caput* e a proposição de seu regulamento para a aprovação da assembleia de cotistas. (Redação dada pela Lei nº 12.693, de 2012)

Art. 2º-A. A integralização de cotas pela União poderá ser realizada, a critério do Ministério da Fazenda: (Incluído pela Lei nº 12.693, de 2012)

I – em moeda corrente; (Incluído pela Lei nº 12.693, de 2012)

II – em títulos públicos; (Incluído pela Lei nº 12.693, de 2012)

III – por meio de suas participações minoritárias; ou (Incluído pela Lei nº 12.693, de 2012)

IV – por meio de ações de sociedades de economia mista federais excedentes ao necessário para manutenção de seu controle acionário. (Incluído pela Lei nº 12.693, de 2012)

§ 1º. A representação da União na assembleia de cotistas ocorrerá na forma do inciso V do *caput* do art. 10 do Decreto-Lei nº 147, de 3 de fevereiro de 1967. (Incluído pela Lei nº 12.693, de 2012)

§ 2º O Fundo de Arrendamento Residencial (FAR), de que trata o inciso II do *caput do* art. 2º da Lei nº 11.977, de 7 de julho de 2009, terá direitos e obrigações próprias, pelas quais responderá com seu patrimônio, não respondendo os cotistas por qualquer obrigação do Fundo, salvo pela integralização das cotas que subscreverem. (Incluído pela Lei nº 12.693, de 2012)

Art. 3º. Para atendimento exclusivo às finalidades do Programa instituído nesta Lei, fica a CEF autorizada a:

I – utilizar os saldos disponíveis dos seguintes Fundos e Programa em extinção:

a) Fundo de Apoio ao Desenvolvimento Social – FAS, criado pela Lei nº 6.168, de 9 de dezembro de 1974;

b) Fundo de Investimento Social – FINSOCIAL, criado pelo Decreto-lei nº 1.940, de 25 de maio de 1982;

c) Programa de Difusão Tecnológica para Construção de Habitação de Baixo Custo – PROTECH, criado por Decreto de 28 de julho de 1993; e

d) Fundo de Desenvolvimento Social – FDS, a que se refere o Decreto nº 103, de 22 de abril de 1991;

II – contratar operações de crédito com o Fundo de Garantia do Tempo de Serviço – FGTS, na forma e condições disciplinadas pelo Conselho Curador do FGTS, até limite a ser fixado pelo Poder Executivo; e (Redação dada pela Lei nº 10.859, de 2004)

III – incorporar as receitas pertencentes ao fundo financeiro específico do Programa, provenientes do processo de desimobilização previsto no inciso II do § 7º do art. 2º desta Lei; e (Redação dada pela Lei nº 11.474, de 2007)

IV – receber outros recursos a serem destinados ao Programa. (Incluído pela Lei nº 11.474, de 2007)

§ 1º. Do saldo relativo ao FDS será deduzido o valor necessário ao provisionamento, na CEF, das exigibilidades de responsabilidade do Fundo existentes na data de publicação desta Lei.

§ 2º. A CEF promoverá o pagamento, nas épocas próprias, das obrigações de responsabilidade do FDS.

§ 3º. As receitas provenientes das operações de arrendamento e das aplicações de recursos destinados ao Programa instituído nesta Lei serão, deduzidas as despesas de administração, utilizadas para amortização da operação de crédito a que se refere o inciso II.

§ 4º. O saldo positivo existente ao final do Programa será integralmente revertido à União.

§ 5º. A aquisição de imóveis para atendimento dos objetivos do Programa será limitada a valor a ser estabelecido pelo Poder Executivo. (Redação dada pela Lei nº 10.859, de 2004)

§ 6º. No caso de imóveis tombados pelo Poder Público nos termos da legislação de preservação do patrimônio histórico e cultural ou daqueles inseridos em programas de revitalização ou reabilitação de centros urbanos, a CEF fica autorizada a adquirir os direitos de posse em que estiverem imitidos a União, Estados, Distrito Federal, Municípios e suas entidades, desde que devidamente registrados no Registro Geral de Imóveis – RGI, nos termos do art. 167, inciso I, item 36, da Lei nº 6.015, de 31 de dezembro de 1973. (Redação dada pela Lei nº 10.859, de 2004)

Art. 3º-A. O FAR não contará com qualquer tipo de garantia ou aval por parte do setor público e responderá por suas obrigações até o limite dos bens e direitos integrantes de seu patrimônio. (Incluído pela Lei nº 12.693, de 2012)

Art. 4º. Compete à CEF:

I – criar o fundo financeiro a que se refere o art. 2º;

II – alocar os recursos previstos no art. 3º, inciso II, responsabilizando-se pelo retorno dos recursos ao FGTS, na forma do § 1º do art. 9º da Lei nº 8.036, de 11 de maio de 1990;

III – expedir os atos necessários à operacionalização do Programa;

IV – definir os critérios técnicos a serem observados na aquisição, alienação e no arrendamento com opção de compra dos imóveis destinados ao Programa; (Redação dada pela Lei nº 11.474, de 2007)

V – assegurar que os resultados das aplicações sejam revertidos para o fundo e que as operações de aquisição de imóveis sujeitar-se-ão aos critérios técnicos definidos para o Programa;

VI – representar o arrendador ativa e passivamente, judicial e extrajudicialmente;

VII – promover, em nome do arrendador, o registro dos imóveis adquiridos.

VIII – observar as restrições a pessoas jurídicas e físicas, no que se refere a impedimentos à atuação em programas habitacionais, subsidiando a atualização dos cadastros existentes, inclusive os do Sistema Financeiro da Habitação – SFH. (Redação dada pela Lei nº 11.474, de 2007)

Parágrafo único. As operações de aquisição, construção, recuperação, arrendamento e venda de imóveis obedecerão aos critérios estabelecidos pela CEF, respeitados os princípios da legalidade, finalidade, razoabilidade, moralidade administrativa, interesse público e eficiência, ficando dispensada da observância das disposições específicas da lei geral de licitação.

Art. 5º. Compete ao Ministério das Cidades: (Redação dada pela Lei nº 10.859, de 2004)

I – estabelecer diretrizes gerais para a aplicação dos recursos alocados; (Redação dada pela Lei nº 10.859, de 2004)

II – fixar regras e condições para implementação do Programa, tais como áreas de atuação, público-alvo, valor máximo de aquisição da unidade habitacional, entre outras que julgar necessárias; (Redação dada pela Lei nº 11.474, de 2007)

III – acompanhar e avaliar o desempenho do Programa em conformidade com os objetivos estabelecidos nesta Lei. (Redação dada pela Lei nº 10.859, de 2004)

IV – estabelecer diretrizes para a alienação prevista no § 7º do art. 2º desta Lei; (Redação dada pela Lei nº 11.474, de 2007)

V – encaminhar às 2 (duas) Casas do Congresso Nacional relatório semestral sobre as ações do Programa. (Incluído pela Lei nº 11.474, de 2007)

CAPÍTULO II. DO ARRENDAMENTO RESIDENCIAL

Art. 6º. Considera-se arrendamento residencial a operação realizada no âmbito do Programa instituído nesta Lei, que tenha por objeto o arrendamento com opção de compra de bens imóveis adquiridos para esse fim específico.

Parágrafo único. Para os fins desta Lei, considera-se arrendatária a pessoa física que, atendidos os requisitos estabelecidos pelo Ministério das Cidades, seja habilitada pela CEF ao arrendamento. (Redação dada pela Lei nº 10.859, de 2004)

Art. 7º. *(Revogado pela Lei nº 10.859, de 2004)*

Art. 8º. O contrato de aquisição de imóveis pelo arrendador, as cessões de posse e as promessas de cessão, bem como o contrato de transferência do direito de propriedade ou do domínio útil ao arrendatário, serão celebrados por instrumento particular com força de escritura pública e registrados em Cartório de Registro de Imóveis competente. (Redação dada pela Lei nº 10.859, de 2004)

§ 1º. O contrato de compra e venda referente ao imóvel objeto de arrendamento residencial que vier a ser alienado na forma do inciso II do § 7º do art. 2º desta Lei, ainda que o pagamento integral seja feito à vista, contemplará cláusula impeditiva de o adquirente, no prazo de 24 (vinte e quatro) meses, vender, prometer vender ou ceder seus direitos sobre o imóvel alienado. (Incluído pela Lei nº 11.474, de 2007)

§ 2º. O prazo a que se refere o § 1º deste artigo poderá, excepcionalmente, ser reduzido conforme critério a ser definido pelo Ministério das Cidades, nos casos de arrendamento com período superior à metade do prazo final regulamentado. (Incluído pela Lei nº 11.474, de 2007)

§ 3º. Nos imóveis alienados na forma do inciso II do § 7º do art. 2º desta Lei, será admitida a utilização dos recursos depositados em conta vinculada do FGTS, em condições a serem definidas pelo Conselho Curador do FGTS. (Incluído pela Lei nº 11.474, de 2007)

Art. 9º. Na hipótese de inadimplemento no arrendamento, findo o prazo da notificação ou interpelação, sem pagamento dos encargos em atraso, fica configurado o esbulho possessório que autoriza o arrendador a propor a competente ação de reintegração de posse.

Art. 10. Aplica-se ao arrendamento residencial, no que couber, a legislação pertinente ao arrendamento mercantil.

Art. 10-A. Os valores apurados com a alienação dos imóveis serão utilizados para amortizar os saldos devedores dos empréstimos tomados perante o FGTS, na forma do inciso II do *caput* do art. 3º desta Lei, nas condições a serem estabelecidas pelo Conselho Curador do FGTS. (Incluído pela Lei nº 11.474, de 2007)

Art. 11. Ficam convalidados os atos praticados com base na Medida Provisória nº 2.135-23, de 28 de dezembro de 2000.

Art. 12. Esta Lei entra em vigor na data de sua publicação.

Congresso Nacional, em 12 de fevereiro de 2001; 180º da Independência e 113º da República.

Senador ANTONIO CARLOS MAGALHÃES
Presidente

D.O.U. 14.2.2001

LEI COMPLEMENTAR Nº 108, DE 29 DE MAIO DE 2001

Dispõe sobre a relação entre a União, os Estados, o Distrito Federal e os Municípios, suas autarquias, fundações, sociedades de economia mista e outras entidades públicas e suas respectivas entidades fechadas de previdência complementar, e dá outras providências.

- *Previdência complementar*
- CF/88: art. 40, §15.
- Resolução CNPC 35/2019 (Dispõe sobre entidades fechadas de previdência complementar e planos de benefícios sujeitos à Lei Complementar nº 108, de 29 de maio de 2001, e dá outras providências)

CAPÍTULO I. INTRODUÇÃO

Art. 1º. A relação entre a União, os Estados, o Distrito Federal e os Municípios, inclusive suas autarquias, fundações, sociedades de economia mista e empresas controladas direta ou indiretamente, enquanto patrocinadores de entidades fechadas de previdência complementar, e suas respectivas entidades fechadas, a que se referem os §§ 3º, 4º, 5º e 6º do art. 202 da Constituição Federal, será disciplinada pelo disposto nesta Lei Complementar.

Art. 2º. As regras e os princípios gerais estabelecidos na Lei Complementar que regula o *caput* do art. 202 da Constituição Federal aplicam-se às entidades reguladas por esta Lei Complementar, ressalvadas as disposições específicas.

CAPÍTULO II. DOS PLANOS DE BENEFÍCIOS

SEÇÃO I. DISPOSIÇÕES ESPECIAIS

Art. 3º. Observado o disposto no artigo anterior, os planos de benefícios das entidades de que trata esta Lei Complementar atenderão às seguintes regras:

I – carência mínima de sessenta contribuições mensais a plano de benefícios e cessação do vínculo com o patrocinador, para se tornar elegível a um benefício de prestação que seja programada e continuada; e

II – concessão de benefício pelo regime de previdência ao qual o participante esteja filiado por intermédio de seu patrocinador, quando se tratar de plano na modalidade benefício definido, instituído depois da publicação desta Lei Complementar.

Parágrafo único. Os reajustes dos benefícios em manutenção serão efetuados de acordo com critérios estabelecidos nos regulamentos dos planos de benefícios, vedado o repasse de ganhos de produtividade, abono e vantagens de qualquer natureza para tais benefícios.

Art. 4º. Nas sociedades de economia mista e empresas controladas direta ou indiretamente pela União, pelos Estados, pelo Distrito Federal e pelos Municípios, a proposta de instituição de plano de benefícios ou adesão a plano de benefícios em execução será submetida ao órgão fiscalizador, acompanhada de manifestação favorável do órgão responsável pela supervisão, pela coordenação e pelo controle do patrocinador.

Parágrafo único. As alterações no plano de benefícios que implique elevação da contribuição de patrocinadores serão objeto de prévia manifestação do órgão responsável pela supervisão, pela coordenação e pelo controle referido no *caput*.

Art. 5º. É vedado à União, aos Estados, ao Distrito Federal e aos Municípios, suas autarquias, fundações, empresas públicas, sociedades de economia mista e outras entidades públicas o aporte de recursos a entidades de previdência privada de caráter complementar, salvo na condição de patrocinador.

SEÇÃO II. DO CUSTEIO

Art. 6º. O custeio dos planos de benefícios será responsabilidade do patrocinador e dos participantes, inclusive assistidos.

§ 1º. A contribuição normal do patrocinador para plano de benefícios, em hipótese alguma, excederá a do participante, observado o disposto no art. 5º da Emenda Constitucional nº 20, de 15 de dezembro de 1998, e as regras específicas emanadas do órgão regulador e fiscalizador.

§ 2º. Além das contribuições normais, os planos poderão prever o aporte de recursos pelos participantes, a título de contribuição facultativa, sem contrapartida do patrocinador.

§ 3º. É vedado ao patrocinador assumir encargos adicionais para o financiamento dos planos de benefícios, além daqueles previstos nos respectivos planos de custeio.

Art. 7º. A despesa administrativa da entidade de previdência complementar será custeada pelo patrocinador e pelos participantes e assistidos, atendendo a limites e critérios estabelecidos pelo órgão regulador e fiscalizador.

Parágrafo único. É facultada aos patrocinadores a cessão de pessoal às entidades de previdência complementar que patrocinam, desde que ressarcidos os custos correspondentes.

CAPÍTULO III. DAS ENTIDADES DE PREVIDÊNCIA COMPLEMENTAR PATROCINADAS PELO PODER PÚBLICO E SUAS EMPRESAS

SEÇÃO I. DA ESTRUTURA ORGANIZACIONAL

Art. 8º. A administração e execução dos planos de benefícios compete às entidades fechadas de previdência complementar mencionadas no art. 1º desta Lei Complementar.

Parágrafo único. As entidades de que trata o *caput* organizar-se-ão sob a forma de fundação ou sociedade civil, sem fins lucrativos.

Art. 9º. A estrutura organizacional das entidades de previdência complementar a que se refere esta Lei Complementar é constituída de conselho deliberativo, conselho fiscal e diretoria-executiva.

SEÇÃO II. DO CONSELHO DELIBERATIVO E DO CONSELHO FISCAL

Art. 10. O conselho deliberativo, órgão máximo da estrutura organizacional, é responsável pela definição da política geral de administração da entidade e de seus planos de benefícios.

Art. 11. A composição do conselho deliberativo, integrado por no máximo seis membros, será paritária entre representantes dos participantes e assistidos e dos patrocinadores, cabendo a estes a indicação do conselheiro presidente, que terá, além do seu, o voto de qualidade.

§ 1º. A escolha dos representantes dos participantes e assistidos dar-se-á por meio de eleição direta entre seus pares.

§ 2º. Caso o estatuto da entidade fechada, respeitado o número máximo de conselheiros de que trata o *caput* e a participação paritária entre representantes dos participantes e assistidos e dos patrocinadores, preveja outra composição, que tenha sido aprovada na forma prevista no seu estatuto, esta poderá ser aplicada, mediante autorização do órgão regulador e fiscalizador.

Art. 12. O mandato dos membros do conselho deliberativo será de quatro anos, com garantia de estabilidade, permitida uma recondução.

§ 1º. O membro do conselho deliberativo somente perderá o mandato em virtude de renúncia, de condenação judicial transitada em julgado ou processo administrativo disciplinar.

§ 2º. A instauração de processo administrativo disciplinar, para apuração de irregularidades no âmbito de atuação do conselho deliberativo da entidade fechada, poderá determinar o afastamento do conselheiro até sua conclusão.

§ 3º. O afastamento de que trata o parágrafo anterior não implica prorrogação ou permanência no cargo além da data inicialmente prevista para o término do mandato.

§ 4º. O estatuto da entidade deverá regulamentar os procedimentos de que tratam os parágrafos anteriores deste artigo.

Art. 13. Ao conselho deliberativo compete a definição das seguintes matérias:

I – política geral de administração da entidade e de seus planos de benefícios;
II – alteração de estatuto e regulamentos dos planos de benefícios, bem como a implantação e a extinção deles e a retirada de patrocinador;
III – gestão de investimentos e plano de aplicação de recursos;
IV – autorizar investimentos que envolvam valores iguais ou superiores a cinco por cento dos recursos garantidores;
V – contratação de auditor independente atuário e avaliador de gestão, observadas as disposições regulamentares aplicáveis;
VI – nomeação e exoneração dos membros da diretoria-executiva; e
VII – exame, em grau de recurso, das decisões da diretoria-executiva.

Parágrafo único. A definição das matérias previstas no inciso II deverá ser aprovada pelo patrocinador.

Art. 14. O conselho fiscal é órgão de controle interno da entidade.

Art. 15. A composição do conselho fiscal, integrado por no máximo quatro membros, será paritária entre representantes de patrocinadores e de participantes e assistidos, cabendo a estes a indicação do conselheiro presidente, que terá, além do seu, o voto de qualidade.

Parágrafo único. Caso o estatuto da entidade fechada, respeitado o número máximo de conselheiros de que trata o *caput* e a participação paritária entre representantes dos participantes e assistidos e dos patrocinadores, preveja outra composição, que tenha sido aprovada na forma prevista no seu estatuto, esta poderá ser aplicada, mediante autorização do órgão regulador e fiscalizador.

Art. 16. O mandato dos membros do conselho fiscal será de quatro anos, vedada a recondução.

Art. 17. A renovação dos mandatos dos conselheiros deverá obedecer ao critério de proporcionalidade, de forma que se processe parcialmente a cada dois anos.

§ 1º. Na primeira investidura dos conselhos, após a publicação desta Lei Complementar, os seus membros terão mandato com prazo diferenciado.

§ 2º. O conselho deliberativo deverá renovar três de seus membros a cada dois anos e o conselho fiscal dois membros com a mesma periodicidade, observada a regra de transição estabelecida no parágrafo anterior.

Art. 18. Aplicam-se aos membros dos conselhos deliberativo e fiscal os mesmos requisitos previstos nos incisos I a III do art. 20 desta Lei Complementar.

SEÇÃO III.
DA DIRETORIA-EXECUTIVA

Art. 19. A diretoria-executiva é o órgão responsável pela administração da entidade, em conformidade com a política de administração traçada pelo conselho deliberativo.

§ 1º. A diretoria-executiva será composta, no máximo, por seis membros, definidos em função do patrimônio da entidade e do seu número de participantes, inclusive assistidos.

§ 2º. O estatuto da entidade fechada, respeitado o número máximo de diretores de que trata o parágrafo anterior, deverá prever a forma de composição e o mandato da diretoria-executiva, aprovado na forma prevista no seu estatuto, observadas as demais disposições desta Lei Complementar.

Art. 20. Os membros da diretoria-executiva deverão atender aos seguintes requisitos mínimos:

I – comprovada experiência no exercício de atividade na área financeira, administrativa, contábil, jurídica, de fiscalização, atuarial ou de auditoria;
II – não ter sofrido condenação criminal transitada em julgado;
III – não ter sofrido penalidade administrativa por infração da legislação da seguridade social, inclusive da previdência complementar ou como servidor público; e
IV – ter formação de nível superior.

Art. 21. Aos membros da diretoria-executiva é vedado:

I – exercer simultaneamente atividade no patrocinador;
II – integrar concomitantemente o conselho deliberativo ou fiscal da entidade e, mesmo depois do término do seu mandato na diretoria-executiva, enquanto não tiver suas contas aprovadas; e
III – ao longo do exercício do mandato prestar serviços a instituições integrantes do sistema financeiro.

Art. 22. A entidade de previdência complementar informará ao órgão regulador e fiscalizador o responsável pelas aplicações dos recursos da entidade, escolhido entre os membros da diretoria-executiva.

Parágrafo único. Os demais membros da diretoria-executiva responderão solidariamente com o dirigente indicado na forma do *caput* pelos danos e prejuízos causados à entidade para os quais tenham concorrido.

Art. 23. Nos doze meses seguintes ao término do exercício do cargo, o ex-diretor estará impedido de prestar, direta ou indiretamente, independentemente da forma ou natureza do contrato, qualquer tipo de serviço às empresas do sistema financeiro que impliquem a utilização das informações a que teve acesso em decorrência do cargo exercido, sob pena de responsabilidade civil e penal.

§ 1º. Durante o impedimento, ao ex-diretor que não tiver sido destituído ou que pedir afastamento será assegurada a possibilidade de prestar serviço à entidade, mediante remuneração equivalente à do cargo de direção que exerceu ou em qualquer outro órgão da Administração Pública.

§ 2º. Incorre na prática de advocacia administrativa, sujeitando-se às penas da lei, o ex-diretor que violar o impedimento previsto neste artigo, exceto se retornar ao exercício de cargo ou emprego que ocupava junto ao patrocinador, anteriormente à indicação para a respectiva diretoria-executiva, ou se for nomeado para exercício em qualquer órgão da Administração Pública.

CAPÍTULO IV.
DA FISCALIZAÇÃO

Art. 24. A fiscalização e controle dos planos de benefícios e das entidades fechadas de previdência complementar de que trata esta Lei Complementar competem ao órgão regulador e fiscalizador das entidades fechadas de previdência complementar.

Art. 25. As ações exercidas pelo órgão referido no artigo anterior não eximem os patrocinadores da responsabilidade pela supervisão e fiscalização sistemática das atividades das suas respectivas entidades de previdência complementar.

Parágrafo único. Os resultados da fiscalização e do controle exercidos pelos patrocinadores serão encaminhados ao órgão mencionado no artigo anterior.

CAPÍTULO V.
DISPOSIÇÕES GERAIS

Art. 26. As entidades fechadas de previdência complementar patrocinadas por empresas privadas permissionárias ou concessionárias de prestação de serviços públicos subordinam-se, no que couber, às disposições desta Lei Complementar, na forma estabelecida pelo órgão regulador e fiscalizador.

Art. 27. As entidades de previdência complementar patrocinadas por entidades públicas, inclusive empresas públicas e sociedades de economia mista, deverão rever, no prazo de dois anos, a contar de 16 de dezembro de 1998, seus planos de benefícios e serviços, de modo a ajustá-los atuarialmente a seus ativos, sob pena de intervenção, sendo seus dirigentes e seus respectivos patrocinadores responsáveis civil e criminalmente pelo descumprimento do disposto neste artigo.

Art. 28. A infração de qualquer disposição desta Lei Complementar ou de seu regulamento, para a qual não haja penalidade expressamente cominada, sujeita a pessoa física ou jurídica responsável, conforme o caso e a gravidade da infração, às penalidades administrativas previstas na Lei Complementar que disciplina o *caput* do art. 202 da Constituição Federal.

Art. 29. As entidades de previdência privada patrocinadas por empresas controladas, direta ou indiretamente, pela União, Estados, Distrito Federal e Municípios, que possuam planos de benefícios definidos com responsabilidade da patrocinadora, não poderão exercer o controle ou participar de acordo de acionistas que tenha por objeto formação de grupo de controle de sociedade anônima, sem prévia e expressa autorização da patrocinadora e do seu respectivo ente controlador.

Parágrafo único. O disposto no *caput* não se aplica às participações acionárias detidas na data de publicação desta Lei Complementar.

Art. 30. As entidades de previdência complementar terão o prazo de um ano para adaptar sua organização estatutária ao disposto nesta Lei Complementar, contados a partir da data de sua publicação.

Art. 31. Esta Lei Complementar entra em vigor na data de sua publicação.

Art. 32. Revoga-se a Lei nº 8.020, de 12 de abril de 1990.

Brasília, 29 de maio de 2001;
180º da Independência e
113º da República.
Fernando Henrique Cardoso
Publicado no DOU de 30.5.2001

LEI COMPLEMENTAR Nº 109, DE 29 DE MAIO DE 2001

Dispõe sobre o Regime de Previdência Complementar e dá outras providências.

▸ *Regime de Previdência Complementar*

O PRESIDENTE DA REPÚBLICA Faço saber que o Congresso Nacional decreta e eu sanciono a seguinte Lei Complementar:

CAPÍTULO I
INTRODUÇÃO

Art. 1º O regime de previdência privada, de caráter complementar e organizado de forma autônoma em relação ao regime geral de previdência social, é facultativo, baseado na constituição de reservas que garantam o benefício, nos termos do *caput* do art. 202 da Constituição Federal, observado o disposto nesta Lei Complementar.

Art. 2º O regime de previdência complementar é operado por entidades de previdência complementar que têm por objetivo principal instituir e executar planos de benefícios de caráter previdenciário, na forma desta Lei Complementar.

Art. 3º A ação do Estado será exercida com o objetivo de:

I - formular a política de previdência complementar;

II - disciplinar, coordenar e supervisionar as atividades reguladas por esta Lei Complementar, compatibilizando-as com as políticas previdenciária e de desenvolvimento social e econômico-financeiro;

III - determinar padrões mínimos de segurança econômico-financeira e atuarial, com fins específicos de preservar a liquidez, a solvência e o equilíbrio dos planos de benefícios, isoladamente, e de cada entidade de previdência complementar, no conjunto de suas atividades;

IV - assegurar aos participantes e assistidos o pleno acesso às informações relativas à gestão de seus respectivos planos de benefícios;

V - fiscalizar as entidades de previdência complementar, suas operações e aplicar penalidades; e

VI - proteger os interesses dos participantes e assistidos dos planos de benefícios.

Art. 4º As entidades de previdência complementar são classificadas em fechadas e abertas, conforme definido nesta Lei Complementar.

Art. 5º A normatização, coordenação, supervisão, fiscalização e controle das atividades das entidades de previdência complementar serão realizados por órgão ou órgãos regulador e fiscalizador, conforme disposto em lei, observado o disposto no inciso VI do art. 84 da Constituição Federal.

CAPÍTULO II
DOS PLANOS DE BENEFÍCIOS

SEÇÃO I
DISPOSIÇÕES COMUNS

Art. 6º As entidades de previdência complementar somente poderão instituir e operar planos de benefícios para os quais tenham autorização específica, segundo as normas aprovadas pelo órgão regulador e fiscalizador, conforme disposto nesta Lei Complementar.

Art. 7º Os planos de benefícios atenderão a padrões mínimos fixados pelo órgão regulador e fiscalizador, com o objetivo de assegurar transparência, solvência, liquidez e equilíbrio econômico-financeiro e atuarial.

Parágrafo único. O órgão regulador e fiscalizador normatizará planos de benefícios nas modalidades de benefício definido, contribuição definida e contribuição variável, bem como outras formas de planos de benefícios que reflitam a evolução técnica e possibilitem flexibilidade ao regime de previdência complementar.

Art. 8º Para efeito desta Lei Complementar, considera-se:

I - participante, a pessoa física que aderir aos planos de benefícios; e

II - assistido, o participante ou seu beneficiário em gozo de benefício de prestação continuada.

Art. 9º As entidades de previdência complementar constituirão reservas técnicas, provisões e fundos, de conformidade com os critérios e normas fixados pelo órgão regulador e fiscalizador.

§ 1º A aplicação dos recursos correspondentes às reservas, às provisões e aos fundos de que trata o *caput* será feita conforme diretrizes estabelecidas pelo Conselho Monetário Nacional.

§ 2º É vedado o estabelecimento de aplicações compulsórias ou limites mínimos de aplicação.

Art. 10. Deverão constar dos regulamentos dos planos de benefícios, das propostas de inscrição e dos certificados de participantes condições mínimas a serem fixadas pelo órgão regulador e fiscalizador.

§ 1º A todo pretendente será disponibilizado e a todo participante entregue, quando de sua inscrição no plano de benefícios:

I - certificado onde estarão indicados os requisitos que regulam a admissão e a manutenção da qualidade de participante, bem como os requisitos de elegibilidade e forma de cálculo dos benefícios;

II - cópia do regulamento atualizado do plano de benefícios e material explicativo que descreva, em linguagem simples e precisa, as características do plano;

III - cópia do contrato, no caso de plano coletivo de que trata o inciso II do art. 26 desta Lei Complementar; e

IV - outros documentos que vierem a ser especificados pelo órgão regulador e fiscalizador.

§ 2º Na divulgação dos planos de benefícios, não poderão ser incluídas informações diferentes das que figurem nos documentos referidos neste artigo.

Art. 11. Para assegurar compromissos assumidos junto aos participantes e assistidos de planos de benefícios, as entidades de previdência complementar poderão contratar operações de resseguro, por iniciativa própria ou por determinação do órgão regulador e fiscalizador, observados o regulamento do respectivo plano e demais disposições legais e regulamentares.

Parágrafo único. Fica facultada às entidades fechadas a garantia referida no *caput* por meio de fundo de solvência, a ser instituído na forma da lei.

SEÇÃO II
DOS PLANOS DE BENEFÍCIOS DE ENTIDADES FECHADAS

Art. 12. Os planos de benefícios de entidades fechadas poderão ser instituídos por patrocinadores e instituidores, observado o disposto no art. 31 desta Lei Complementar.

Art. 13. A formalização da condição de patrocinador ou instituidor de um plano de benefício dar-se-á mediante convênio de adesão a ser celebrado entre o patrocinador ou instituidor e a entidade fechada, em relação a cada plano de benefícios por esta administrado e executado, mediante prévia autorização do órgão regulador e fiscalizador, conforme regulamentação do Poder Executivo.

§ 1º Admitir-se-á solidariedade entre patrocinadores ou entre instituidores, com relação aos respectivos planos, desde que expressamente prevista no convênio de adesão.

§ 2º O órgão regulador e fiscalizador, dentre outros requisitos, estabelecerá o número mínimo de participantes admitido para cada modalidade de plano de benefício.

Art. 14. Os planos de benefícios deverão prever os seguintes institutos, observadas as normas estabelecidas pelo órgão regulador e fiscalizador:

▸ Súm. 427 do STJ.

I - benefício proporcional diferido, em razão da cessação do vínculo empregatício com o patrocinador ou associativo com o instituidor antes da aquisição do direito ao benefício pleno, a ser concedido quando cumpridos os requisitos de elegibilidade;

II - portabilidade do direito acumulado pelo participante para outro plano;

III - resgate da totalidade das contribuições vertidas ao plano pelo participante, descontadas as parcelas do custeio administrativo, na forma regulamentada; e

IV - faculdade de o participante manter o valor de sua contribuição e a do patrocinador, no caso de perda parcial ou total da remuneração recebida, para assegurar a percepção dos benefícios nos níveis correspondentes àquela remuneração ou em outros definidos em normas regulamentares.

§ 1º Não será admitida a portabilidade na inexistência de cessação do vínculo empregatício do participante com o patrocinador.

§ 2º O órgão regulador e fiscalizador estabelecerá período de carência para o instituto de que trata o inciso II deste artigo.

§ 3º Na regulamentação do instituto previsto no inciso II do *caput* deste artigo, o órgão regulador e fiscalizador observará, entre outros requisitos específicos, os seguintes:

I - se o plano de benefícios foi instituído antes ou depois da publicação desta Lei Complementar;

II - a modalidade do plano de benefícios.

§ 4º O instituto de que trata o inciso II deste artigo, quando efetuado para entidade aberta, somente será admitido quando a integralidade dos recursos financeiros correspondentes ao direito acumulado do participante for utilizada para a contratação de renda mensal vitalícia ou por prazo determinado, cujo prazo mínimo não poderá ser inferior ao período em que a respectiva reserva foi constituída, limitado ao mínimo de quinze anos, observadas as normas estabelecidas pelo órgão regulador e fiscalizador.

Art. 15. Para efeito do disposto no inciso II do *caput* do artigo anterior, fica estabelecido que:

I - a portabilidade não caracteriza resgate; e

II - é vedado que os recursos financeiros correspondentes transitem pelos participantes dos planos de benefícios, sob qualquer forma.

Parágrafo único. O direito acumulado corresponde às reservas constituídas pelo participante ou à reserva matemática, o que lhe for mais favorável.

Art. 16. Os planos de benefícios devem ser, obrigatoriamente, oferecidos a todos os empregados dos patrocinadores ou associados dos instituidores.

§ 1º Para os efeitos desta Lei Complementar, são equiparáveis aos empregados e associados a que se refere o *caput* os gerentes, diretores, conselheiros ocupantes de cargo eletivo e outros dirigentes de patrocinadores e instituidores.

§ 2º É facultativa a adesão aos planos a que se refere o *caput* deste artigo.

§ 3º O disposto no *caput* deste artigo não se aplica aos planos em extinção, assim considerados aqueles aos quais o acesso de novos participantes esteja vedado.

Art. 17. As alterações processadas nos regulamentos dos planos aplicam-se a todos os participantes das entidades fechadas, a partir de sua aprovação pelo órgão regulador e fiscalizador, observado o direito acumulado de cada participante.

Parágrafo único. Ao participante que tenha cumprido os requisitos para obtenção dos benefícios previstos no plano é assegurada a aplicação das disposições regulamentares vigentes na data em que se tornou elegível a um benefício de aposentadoria.

Art. 18. O plano de custeio, com periodicidade mínima anual, estabelecerá o nível de contribuição necessário à constituição das reservas garantidoras de benefícios, fundos, provisões e à cobertura das demais despesas, em conformidade com os critérios fixados pelo órgão regulador e fiscalizador.

§ 1º O regime financeiro de capitalização é obrigatório para os benefícios de pagamento em prestações que sejam programadas e continuadas.

§ 2º Observados critérios que preservem o equilíbrio financeiro e atuarial, o cálculo das reservas técnicas atenderá às peculiaridades de cada plano de benefícios e deverá estar expresso em nota técnica atuarial, de apresentação obrigatória, incluindo as hipóteses utilizadas, que deverão guardar relação com as características da massa e da atividade desenvolvida pelo patrocinador ou instituidor.

§ 3º As reservas técnicas, provisões e fundos de cada plano de benefícios e os exigíveis a qualquer título deverão atender permanentemente à cobertura integral dos compromissos assumidos pelo plano de benefícios, ressalvadas excepcionalidades definidas pelo órgão regulador e fiscalizador.

› Lei nº 12.618/2012: art. 12, §2º.

Art. 19. As contribuições destinadas à constituição de reservas terão como finalidade prover o pagamento de benefícios de caráter previdenciário, observadas as especificidades previstas nesta Lei Complementar.

Parágrafo único. As contribuições referidas no *caput* classificam-se em:

I - normais, aquelas destinadas ao custeio dos benefícios previstos no respectivo plano; e

II - extraordinárias, aquelas destinadas ao custeio de déficits, serviço passado e outras finalidades não incluídas na contribuição normal.

Art. 20. O resultado superavitário dos planos de benefícios das entidades fechadas, ao final do exercício, satisfeitas as exigências regulamentares relativas aos mencionados planos, será destinado à constituição de reserva de contingência, para garantia de benefícios, até o limite de vinte e cinco por cento do valor das reservas matemáticas.

§ 1º Constituída a reserva de contingência, com os valores excedentes será constituída reserva especial para revisão do plano de benefícios.

§ 2º A não utilização da reserva especial por três exercícios consecutivos determinará a revisão obrigatória do plano de benefícios da entidade.

§ 3º Se a revisão do plano de benefícios implicar redução de contribuições, deverá ser levada em consideração a proporção existente entre as contribuições dos patrocinadores e dos participantes, inclusive dos assistidos.

Art. 21. O resultado deficitário nos planos ou nas entidades fechadas será equacionado por patrocinadores, participantes e assistidos, na proporção existente entre as suas contribuições, sem prejuízo de ação regressiva contra dirigentes ou terceiros que deram causa a dano ou prejuízo à entidade de previdência complementar.

§ 1º O equacionamento referido no *caput* poderá ser feito, dentre outras formas, por meio do aumento do valor das contribuições, instituição de contribuição adicional ou redução do valor dos benefícios a conceder, observadas as normas estabelecidas pelo órgão regulador e fiscalizador.

§ 2º A redução dos valores dos benefícios não se aplica aos assistidos, sendo cabível, nesse caso, a instituição de contribuição adicional para cobertura do acréscimo ocorrido em razão da revisão do plano.

§ 3º Na hipótese de retorno à entidade dos recursos equivalentes ao déficit previsto no *caput* deste artigo, em conseqüência de apuração de responsabilidade mediante ação judicial ou administrativa, os respectivos valores deverão ser aplicados necessariamente na redução proporcional das contribuições devidas ao plano ou em melhoria dos benefícios.

Art. 22. Ao final de cada exercício, coincidente com o ano civil, as entidades fechadas deverão levantar as demonstrações contábeis e as avaliações atuariais de cada plano de benefícios, por pessoa jurídica ou profissional legalmente habilitado, devendo os resultados ser encaminhados ao órgão regulador e fiscalizador e divulgados aos participantes e aos assistidos.

Art. 23. As entidades fechadas deverão manter atualizada sua contabilidade, de acordo com as instruções do órgão regulador e fiscalizador, consolidando a posição dos planos de benefícios que administram e executam, bem como submetendo suas contas a auditores independentes.

Parágrafo único. Ao final de cada exercício serão elaboradas as demonstrações contábeis e atuariais consolidadas, sem prejuízo dos controles por plano de benefícios.

Art. 24. A divulgação aos participantes, inclusive aos assistidos, das informações pertinentes aos planos de benefícios dar-se-á ao menos uma vez ao ano, na forma, nos prazos e pelos meios estabelecidos pelo órgão regulador e fiscalizador.

Parágrafo único. As informações requeridas formalmente pelo participante ou assistido, para defesa de direitos e esclarecimento de situações de interesse pessoal específico deverão ser atendidas pela entidade no prazo estabelecido pelo órgão regulador e fiscalizador.

Art. 25. O órgão regulador e fiscalizador poderá autorizar a extinção de plano de benefícios ou a retirada de patrocínio, ficando os patrocinadores e instituidores obrigados ao cumprimento da totalidade dos compromissos assumidos com a entidade relativamente aos direitos dos participantes, assistidos e obrigações legais, até a data da retirada ou extinção do plano.

Parágrafo único. Para atendimento do disposto no *caput* deste artigo, a situação de solvência econômico-financeira e atuarial da entidade deverá ser atestada por profissional devidamente habilitado, cujos relatórios serão encaminhados ao órgão regulador e fiscalizador.

SEÇÃO III
DOS PLANOS DE BENEFÍCIOS DE ENTIDADES ABERTAS

Art. 26. Os planos de benefícios instituídos por entidades abertas poderão ser:

I - individuais, quando acessíveis a quaisquer pessoas físicas; ou

II - coletivos, quando tenham por objetivo garantir benefícios previdenciários a pessoas físicas vinculadas, direta ou indiretamente, a uma pessoa jurídica contratante.

§ 1º O plano coletivo poderá ser contratado por uma ou várias pessoas jurídicas.

§ 2º O vínculo indireto de que trata o inciso II deste artigo refere-se aos casos em que uma entidade representativa de pessoas jurídicas contrate plano previdenciário coletivo para grupos de pessoas físicas vinculadas a suas filiadas.

§ 3º Os grupos de pessoas de que trata o parágrafo anterior poderão ser constituídos por uma ou mais categorias específicas de empregados de um mesmo empregador, podendo abranger empresas coligadas, controladas ou subsidiárias, e por membros de associações legalmente constituídas, de caráter profissional ou classista, e seus cônjuges ou companheiros e dependentes econômicos.

§ 4º Para efeito do disposto no parágrafo anterior, são equiparáveis aos empregados e associados os diretores, conselheiros ocupantes de cargos eletivos e outros dirigentes ou gerentes da pessoa jurídica contratante.

§ 5º A implantação de um plano coletivo será celebrada mediante contrato, na forma, nos critérios, nas condições e nos requisitos mínimos a serem estabelecidos pelo órgão regulador.

§ 6º É vedada à entidade aberta a contratação de plano coletivo com pessoa jurídica cujo objetivo principal seja estipular, em nome de terceiros, planos de benefícios coletivos.

Art. 27. Observados os conceitos, a forma, as condições e os critérios fixados pelo órgão regulador, é assegurado aos participantes o direito à portabilidade, inclusive para plano de benefício de entidade fechada, e ao resgate de recursos das reservas técnicas, provisões e fundos, total ou parcialmente.

§ 1º A portabilidade não caracteriza resgate.

§ 2º É vedado, no caso de portabilidade:

I - que os recursos financeiros transitem pelos participantes, sob qualquer forma; e

II - a transferência de recursos entre participantes.

Art. 28. Os ativos garantidores das reservas técnicas, das provisões e dos fundos serão vinculados à ordem do órgão fiscalizador, na forma a ser regulamentada, e poderão ter sua livre movimentação suspensa pelo referido órgão, a partir da qual não poderão ser alienados ou prometidos alienar sem sua prévia e expressa autorização, sendo nulas, de pleno direito, quaisquer operações realizadas com violação daquela suspensão.

§ 1º Sendo imóvel, o vínculo será averbado à margem do respectivo registro no Cartório de Registro Geral de Imóveis competente, mediante comunicação do órgão fiscalizador.

§ 2º Os ativos garantidores a que se refere o *caput*, bem como os direitos deles decorrentes, não poderão ser gravados, sob qualquer forma, sem prévia e expressa autorização do órgão fiscalizador, sendo nulos os gravames constituídos com infringência do disposto neste parágrafo.

Art. 29. Compete ao órgão regulador, entre outras atribuições que lhe forem conferidas por lei:

I - fixar padrões adequados de segurança atuarial e econômico-financeira, para preservação da liquidez e solvência dos planos de benefícios, isoladamente, e de cada entidade aberta, no conjunto de suas atividades;

II - estabelecer as condições em que o órgão fiscalizador pode determinar a suspensão da comercialização ou a transferência, entre entidades abertas, de planos de benefícios; e

III - fixar condições que assegurem transparência, acesso a informações e fornecimento de dados relativos aos planos de benefícios, inclusive quanto à gestão dos respectivos recursos.

Art. 30. É facultativa a utilização de corretores na venda dos planos de benefícios das entidades abertas.

Parágrafo único. Aos corretores de planos de benefícios aplicam-se a legislação e a regulamentação da profissão de corretor de seguros.

CAPÍTULO III
DAS ENTIDADES FECHADAS DE PREVIDÊNCIA COMPLEMENTAR

Art. 31. As entidades fechadas são aquelas acessíveis, na forma regulamentada pelo órgão regulador e fiscalizador, exclusivamente:

I - aos empregados de uma empresa ou grupo de empresas e aos servidores da União, dos Estados, do Distrito Federal e dos Municípios, entes denominados patrocinadores; e

II - aos associados ou membros de pessoas jurídicas de caráter profissional, classista ou setorial, denominadas instituidores.

§ 1º As entidades fechadas organizar-se-ão sob a forma de fundação ou sociedade civil, sem fins lucrativos.

§ 2º As entidades fechadas constituídas por instituidores referidos no inciso II do *caput* deste artigo deverão, cumulativamente:

I - terceirizar a gestão dos recursos garantidores das reservas técnicas e provisões mediante a contratação de instituição especializada autorizada a funcionar pelo Banco Central do Brasil ou outro órgão competente;

II - ofertar exclusivamente planos de benefícios na modalidade contribuição definida, na forma do parágrafo único do art. 7º desta Lei Complementar.

§ 3º Os responsáveis pela gestão dos recursos de que trata o inciso I do parágrafo anterior deverão manter segregados e totalmente isolados o seu patrimônio dos patrimônios do instituidor e da entidade fechada.

§ 4º Na regulamentação de que trata o *caput*, o órgão regulador e fiscalizador estabelecerá o tempo mínimo de existência do instituidor e o seu número mínimo de associados.

Art. 32. As entidades fechadas têm como objeto a administração e execução de planos de benefícios de natureza previdenciária.

Parágrafo único. É vedada às entidades fechadas a prestação de quaisquer serviços que não estejam no âmbito de seu objeto, observado o disposto no art. 76.

Art. 33. Dependerão de prévia e expressa autorização do órgão regulador e fiscalizador:

I - a constituição e o funcionamento da entidade fechada, bem como a aplicação dos respectivos estatutos, dos regulamentos dos planos de benefícios e suas alterações;

II - as operações de fusão, cisão, incorporação ou qualquer outra forma de reorganização societária, relativas às entidades fechadas;

III - as retiradas de patrocinadores; e

IV - as transferências de patrocínio, de grupo de participantes, de planos e de reservas entre entidades fechadas.

§ 1º Excetuado o disposto no inciso III deste artigo, é vedada a transferência para terceiros de participantes, de assistidos e de reservas constituídas para garantia de benefícios de risco atuarial programado, de acordo com normas estabelecidas pelo órgão regulador e fiscalizador.

§ 2º Para os assistidos de planos de benefícios na modalidade contribuição definida que mantiveram esta característica durante a fase de percepção de renda programada, o órgão regulador e fiscalizador poderá, em caráter excepcional, autorizar a transferência dos recursos garantidores dos benefícios para entidade de previdência complementar ou companhia seguradora autorizada a operar planos de previdência complementar, com o objetivo específico de contratar plano de renda vitalícia, observadas as normas aplicáveis.

Art. 34. As entidades fechadas podem ser qualificadas da seguinte forma, além de outras que possam ser definidas pelo órgão regulador e fiscalizador:

I - de acordo com os planos que administram:

a) de plano comum, quando administram plano ou conjunto de planos acessíveis ao universo de participantes; e

b) com multiplano, quando administram plano ou conjunto de planos de benefícios para diversos grupos de participantes, com independência patrimonial;

II - de acordo com seus patrocinadores ou instituidores:

a) singulares, quando estiverem vinculadas a apenas um patrocinador ou instituidor; e

b) multipatrocinadas, quando congregarem mais de um patrocinador ou instituidor.

Art. 35. As entidades fechadas deverão manter estrutura mínima composta por conselho deliberativo, conselho fiscal e diretoria-executiva.

§ 1º O estatuto deverá prever representação dos participantes e assistidos nos conselhos deliberativo e fiscal, assegurado a eles no mínimo um terço das vagas.

§ 2º Na composição dos conselhos deliberativo e fiscal das entidades qualificadas como multipatrocinadas, deverá ser considerado o número de participantes vinculados a cada patrocinador ou instituidor, bem como o montante dos respectivos patrimônios.

§ 3º Os membros do conselho deliberativo ou do conselho fiscal deverão atender aos seguintes requisitos mínimos:

I - comprovada experiência no exercício de atividades nas áreas financeira, administrativa, contábil, jurídica, de fiscalização ou de auditoria;

II - não ter sofrido condenação criminal transitada em julgado; e

III - não ter sofrido penalidade administrativa por infração da legislação da seguridade social ou como servidor público.

§ 4º Os membros da diretoria-executiva deverão ter formação de nível superior e atender aos requisitos do parágrafo anterior.

§ 5º Será informado ao órgão regulador e fiscalizador o responsável pelas aplicações dos recursos da entidade, escolhido entre os membros da diretoria-executiva.

§ 6º Os demais membros da diretoria-executiva responderão solidariamente com o dirigente indicado na forma do parágrafo anterior pelos danos e prejuízos causados à entidade para os quais tenham concorrido.

§ 7º Sem prejuízo do disposto no § 1º do art. 31 desta Lei Complementar, os membros da diretoria-executiva e dos conselhos deliberativo e fiscal poderão ser remunerados pelas entidades fechadas, de acordo com a legislação aplicável.

§ 8º Em caráter excepcional, poderão ser ocupados até trinta por cento dos cargos da diretoria-executiva por membros sem formação de nível superior, sendo assegurada a possibilidade de participação neste órgão de pelo menos um membro, quando da aplicação do referido percentual resultar número inferior à unidade.

CAPÍTULO IV
DAS ENTIDADES ABERTAS DE PREVIDÊNCIA COMPLEMENTAR

Art. 36. As entidades abertas são constituídas unicamente sob a forma de sociedades anônimas e têm por objetivo instituir e operar planos de benefícios de caráter previdenciário concedidos em forma de renda continuada ou pagamento único, acessíveis a quaisquer pessoas físicas.

Parágrafo único. As sociedades seguradoras autorizadas a operar exclusivamente no ramo vida poderão ser autorizadas a operar os planos de benefícios a que se refere o *caput*, a elas se aplicando as disposições desta Lei Complementar.

Art. 37. Compete ao órgão regulador, entre outras atribuições que lhe forem conferidas por lei, estabelecer:

I - os critérios para a investidura e posse em cargos e funções de órgãos estatutários de entidades abertas, observado que o pretendente não poderá ter sofrido condenação criminal transitada em julgado, penalidade administrativa por infração da legislação da seguridade social ou como servidor público;

II - as normas gerais de contabilidade, auditoria, atuária e estatística a serem observadas pelas entidades abertas, inclusive quanto à padronização dos planos de contas, balanços gerais, balancetes e outras demonstrações financeiras, critérios sobre sua periodicidade, sobre a publicação desses documentos e sua remessa ao órgão fiscalizador;

III - os índices de solvência e liquidez, bem como as relações patrimoniais a serem atendidas pelas entidades abertas, observado que seu patrimônio líquido não poderá ser inferior ao respectivo passivo não operacional; e

IV - as condições que assegurem acesso a informações e fornecimento de dados relativos a quaisquer aspectos das atividades das entidades abertas.

Art. 38. Dependerão de prévia e expressa aprovação do órgão fiscalizador:

I - a constituição e o funcionamento das entidades abertas, bem como as disposições de seus estatutos e as respectivas alterações;

II - a comercialização dos planos de benefícios;

III - os atos relativos à eleição e conseqüente posse de administradores e membros de conselhos estatutários; e

IV - as operações relativas à transferência do controle acionário, fusão, cisão, incorporação ou qualquer outra forma de reorganização societária.

Parágrafo único. O órgão regulador disciplinará o tratamento administrativo a ser emprestado ao exame dos assuntos constantes deste artigo.

Art. 39. As entidades abertas deverão comunicar ao órgão fiscalizador, no prazo e na forma estabelecidos:

I - os atos relativos às alterações estatutárias e à eleição de administradores e membros de conselhos estatutários; e

II - o responsável pela aplicação dos recursos das reservas técnicas, provisões e fundos, escolhido dentre os membros da diretoria-executiva.

Parágrafo único. Os demais membros da diretoria-executiva responderão solidariamente com o dirigente indicado na forma do inciso II deste artigo pelos danos e prejuízos causados à entidade para os quais tenham concorrido.

Art. 40. As entidades abertas deverão levantar no último dia útil de cada mês e semestre, respectivamente, balancetes mensais e balanços gerais, com observância das regras e dos critérios estabelecidos pelo órgão regulador.

Parágrafo único. As sociedades seguradoras autorizadas a operar planos de benefícios deverão apresentar nas demonstrações financeiras, de forma discriminada, as atividades previdenciárias e as de seguros, de acordo com critérios fixados pelo órgão regulador.

CAPÍTULO V
DA FISCALIZAÇÃO

Art. 41. No desempenho das atividades de fiscalização das entidades de previdência complementar, os servidores do órgão regulador e fiscalizador terão livre acesso às respectivas entidades, delas podendo requisitar e apreender livros, notas técnicas e quaisquer documentos, caracterizando-se embaraço à fiscalização, sujeito às penalidades previstas em lei, qualquer dificuldade oposta à consecução desse objetivo.

§ 1º O órgão regulador e fiscalizador das entidades fechadas poderá solicitar dos patrocinadores e instituidores informações relativas aos aspectos específicos que digam respeito aos compromissos assumidos frente aos respectivos planos de benefícios.

§ 2º A fiscalização a cargo do Estado não exime os patrocinadores e os instituidores da responsabilidade pela supervisão sistemática das atividades das suas respectivas entidades fechadas.

§ 3º As pessoas físicas ou jurídicas submetidas ao regime desta Lei Complementar ficam obrigadas a prestar quaisquer informações ou esclarecimentos solicitados pelo órgão regulador e fiscalizador.

§ 4º O disposto neste artigo aplica-se, sem prejuízo da competência das autoridades fiscais, relativamente ao pleno exercício das atividades de fiscalização tributária.

Art. 42. O órgão regulador e fiscalizador poderá, em relação às entidades fechadas, nomear administrador especial, a expensas da entidade, com poderes próprios de intervenção e de liquidação extrajudicial, com o objetivo de sanear plano de benefícios específico, caso seja constatada na sua administração e execução alguma das hipóteses previstas nos arts. 44 e 48 desta Lei Complementar.

Parágrafo único. O ato de nomeação de que trata o *caput* estabelecerá as condições, os limites e as atribuições do administrador especial.

Art. 43. O órgão fiscalizador poderá, em relação às entidades abertas, desde que se verifique uma das condições previstas no art. 44 desta Lei Complementar, nomear, por prazo determinado, prorrogável a seu critério, e a expensas da respectiva entidade, um diretor-fiscal.

§ 1º O diretor-fiscal, sem poderes de gestão, terá suas atribuições estabelecidas pelo órgão regulador, cabendo ao órgão fiscalizador fixar sua remuneração.

§ 2º Se reconhecer a inviabilidade de recuperação da entidade aberta ou a ausência de qualquer condição para o seu funcionamento, o diretor-fiscal proporá ao órgão fiscalizador a decretação da intervenção ou da liquidação extrajudicial.

§ 3º O diretor-fiscal não está sujeito à indisponibilidade de bens, nem aos demais efeitos decorrentes da decretação da intervenção ou da liquidação extrajudicial da entidade aberta.

CAPÍTULO VI
DA INTERVENÇÃO E DA LIQUIDAÇÃO EXTRAJUDICIAL

SEÇÃO I
DA INTERVENÇÃO

Art. 44. Para resguardar os direitos dos participantes e assistidos poderá ser decretada a intervenção na entidade de previdência complementar, desde que se verifique, isolada ou cumulativamente:

I - irregularidade ou insuficiência na constituição das reservas técnicas, provisões e fundos, ou na sua cobertura por ativos garantidores;

II - aplicação dos recursos das reservas técnicas, provisões e fundos de forma inadequada ou em desacordo com as normas expedidas pelos órgãos competentes;

III - descumprimento de disposições estatutárias ou de obrigações previstas nos regulamentos dos planos de benefícios, convênios de adesão ou contratos dos planos coletivos de que trata o inciso II do art. 26 desta Lei Complementar;

IV - situação econômico-financeira insuficiente à preservação da liquidez e solvência de cada um dos planos de benefícios e da entidade no conjunto de suas atividades;

V - situação atuarial desequilibrada;

VI - outras anormalidades definidas em regulamento.

Art. 45. A intervenção será decretada pelo prazo necessário ao exame da situação da entidade e encaminhamento de plano destinado à sua recuperação.

Parágrafo único. Dependerão de prévia e expressa autorização do órgão competente os atos do interventor que impliquem oneração ou disposição do patrimônio.

Art. 46. A intervenção cessará quando aprovado o plano de recuperação da entidade pelo órgão competente ou se decretada a sua liquidação extrajudicial.

SEÇÃO II
DA LIQUIDAÇÃO EXTRAJUDICIAL

Art. 47. As entidades fechadas não poderão solicitar concordata e não estão sujeitas a falência, mas somente a liquidação extrajudicial.

Art. 48. A liquidação extrajudicial será decretada quando reconhecida a inviabilidade de recuperação da entidade de previdência complementar ou pela ausência de condição para seu funcionamento.

Parágrafo único. Para os efeitos desta Lei Complementar, entende-se por ausência de condição para funcionamento de entidade de previdência complementar:

I - (VETADO)

II - (VETADO)

III - o não atendimento às condições mínimas estabelecidas pelo órgão regulador e fiscalizador.

Art. 49. A decretação da liquidação extrajudicial produzirá, de imediato, os seguintes efeitos:

I - suspensão das ações e execuções iniciadas sobre direitos e interesses relativos ao acervo da entidade liquidanda;

II - vencimento antecipado das obrigações da liquidanda;

III - não incidência de penalidades contratuais contra a entidade por obrigações vencidas em decorrência da decretação da liquidação extrajudicial;

IV - não fluência de juros contra a liquidanda enquanto não integralmente pago o passivo;

V - interrupção da prescrição em relação às obrigações da entidade em liquidação;

VI - suspensão de multa e juros em relação às dívidas da entidade;

VII - inexigibilidade de penas pecuniárias por infrações de natureza administrativa;

VIII - interrupção do pagamento à liquidanda das contribuições dos participantes e dos patrocinadores, relativas aos planos de benefícios.

§ 1º As faculdades previstas nos incisos deste artigo aplicam-se, no caso das entidades abertas de previdência complementar, exclusivamente, em relação às suas atividades de natureza previdenciária.

§ 2º O disposto neste artigo não se aplica às ações e aos débitos de natureza tributária.

Art. 50. O liquidante organizará o quadro geral de credores, realizará o ativo e liquidará o passivo.

§ 1º Os participantes, inclusive os assistidos, dos planos de benefícios ficam dispensados de se habilitarem a seus respectivos créditos, estejam estes sendo recebidos ou não.

§ 2º Os participantes, inclusive os assistidos, dos planos de benefícios terão privilégio especial sobre os ativos garantidores das reservas técnicas e, caso estes não sejam suficientes para a cobertura dos direitos respectivos, privilégio geral sobre as demais partes não vinculadas ao ativo.

§ 3º Os participantes que já estiverem recebendo benefícios, ou que já tiverem adquirido este direito antes de decretada a liquidação extrajudicial, terão preferência sobre os demais participantes.

§ 4º Os créditos referidos nos parágrafos anteriores deste artigo não têm preferência sobre os créditos de natureza trabalhista ou tributária.

Art. 51. Serão obrigatoriamente levantados, na data da decretação da liquidação extrajudicial de entidade de previdência complementar, o balanço geral de liquidação e as demonstrações contábeis e atuariais necessárias à determinação do valor das reservas individuais.

Art. 52. A liquidação extrajudicial poderá, a qualquer tempo, ser levantada, desde que constatados fatos supervenientes que viabilizem a recuperação da entidade de previdência complementar.

Art. 53. A liquidação extrajudicial das entidades fechadas encerrar-se-á com a aprovação, pelo órgão regulador e fiscalizador, das contas finais do liquidante e com a baixa nos devidos registros.

Parágrafo único. Comprovada pelo liquidante a inexistência de ativos para satisfazer a possíveis créditos reclamados contra a entidade, deverá tal situação ser comunicada ao juízo competente e efetivados os devidos registros, para o encerramento do processo de liquidação.

SEÇÃO III
DISPOSIÇÕES ESPECIAIS

Art. 54. O interventor terá amplos poderes de administração e representação e o liquidante plenos poderes de administração, representação e liquidação.

Art. 55. Compete ao órgão fiscalizador decretar, aprovar e rever os atos de que tratam os arts. 45, 46 e 48 desta Lei Complementar, bem como nomear, por intermédio do seu dirigente máximo, o interventor ou o liquidante.

Art. 56. A intervenção e a liquidação extrajudicial determinam a perda do mandato dos administradores e membros dos conselhos estatutários das entidades, sejam titulares ou suplentes.

Art. 57. Os créditos das entidades de previdência complementar, em caso de liquidação ou falência de patrocinadores, terão privilégio especial sobre a massa, respeitado o privilégio dos créditos trabalhistas e tributários.

Parágrafo único. Os administradores dos respectivos patrocinadores serão responsabilizados pelos danos ou prejuízos causados às entidades de previdência complementar, especialmente pela falta de aporte das contribuições a que estavam obrigados, observado o disposto no parágrafo único do art. 63 desta Lei Complementar.

Art. 58. No caso de liquidação extrajudicial de entidade fechada motivada pela falta de aporte de contribuições de patrocinadores ou pelo não recolhimento de contribuições de participantes, os administradores daqueles também serão responsabilizados pelos danos ou prejuízos causados.

Art. 59. Os administradores, controladores e membros de conselhos estatutários das entidades de previdência complementar sob intervenção ou em liquidação extrajudicial ficarão com todos os seus bens indisponíveis, não podendo, por qualquer forma, direta ou indireta, aliená-los ou onerá-los, até a apuração e liquidação final de suas responsabilidades.

§ 1º A indisponibilidade prevista neste artigo decorre do ato que decretar a intervenção ou liquidação extrajudicial e atinge todos aqueles que tenham estado no exercício das funções nos doze meses anteriores.

§ 2º A indisponibilidade poderá ser estendida aos bens de pessoas que, nos últimos doze meses, os tenham adquirido, a qualquer título, das pessoas referidas no *caput* e no parágrafo anterior, desde que haja seguros elementos de convicção de que se trata de simulada transferência com o fim de evitar os efeitos desta Lei Complementar.

§ 3º Não se incluem nas disposições deste artigo os bens considerados inalienáveis ou impenhoráveis pela legislação em vigor.

§ 4º Não são também atingidos pela indisponibilidade os bens objeto de contrato de alienação, de promessas de compra e venda e de cessão de direitos, desde que os respectivos instrumentos tenham sido levados ao competente registro público até doze meses antes da data de decretação da intervenção ou liquidação extrajudicial.

§ 5º Não se aplica a indisponibilidade de bens das pessoas referidas no *caput* deste artigo no caso de liquidação extrajudicial de entidades fechadas que deixarem de ter condições para funcionar por motivos totalmente desvinculados do exercício das suas atribuições, situação esta que poderá ser revista a qualquer momento, pelo órgão regulador e fiscalizador, desde que constatada a existência de irregularidades ou indícios de crimes por elas praticados.

Art. 60. O interventor ou o liquidante comunicará a indisponibilidade de bens aos órgãos competentes para os devidos registros e publicará edital para conhecimento de terceiros.

Parágrafo único. A autoridade que receber a comunicação ficará, relativamente a esses bens, impedida de:

I - fazer transcrições, inscrições ou averbações de documentos públicos ou particulares;

II - arquivar atos ou contratos que importem em transferência de cotas sociais, ações ou partes beneficiárias;

III - realizar ou registrar operações e títulos de qualquer natureza; e

IV - processar a transferência de propriedade de veículos automotores, aeronaves e embarcações.

Art. 61. A apuração de responsabilidades específicas referida no *caput* do art. 59 desta Lei Complementar será feita mediante inquérito a ser instaurado pelo órgão regulador e fiscalizador, sem prejuízo do disposto nos arts. 63 a 65 desta Lei Complementar.

§ 1º Se o inquérito concluir pela inexistência de prejuízo, será arquivado no órgão fiscalizador.

§ 2º Concluindo o inquérito pela existência de prejuízo, será ele, com o respectivo relatório, remetido pelo órgão regulador e fiscalizador ao Ministério Público, observados os seguintes procedimentos:

I - o interventor ou o liquidante, de ofício ou a requerimento de qualquer interessado que não tenha sido indiciado no inquérito, após aprovação do respectivo relatório pelo órgão fiscalizador, determinará o levantamento da indisponibilidade de que trata o art. 59 desta Lei Complementar;

II - será mantida a indisponibilidade com relação às pessoas indiciadas no inquérito, após aprovação do respectivo relatório pelo órgão fiscalizador.

Art. 62. Aplicam-se à intervenção e à liquidação das entidades de previdência complementar, no que couber, os dispositivos da legislação sobre a intervenção e liquidação extrajudicial das instituições financeiras, cabendo ao órgão regulador e fiscalizador as funções atribuídas ao Banco Central do Brasil.

CAPÍTULO VII
DO REGIME DISCIPLINAR

Art. 63. Os administradores de entidade, os procuradores com poderes de gestão, os membros de conselhos estatutários, o interventor e o liquidante responderão civilmente pelos danos ou prejuízos que causarem, por ação ou omissão, às entidades de previdência complementar.

Parágrafo único. São também responsáveis, na forma do *caput*, os administradores dos patrocinadores ou instituidores, os atuários, os auditores independentes, os avaliadores de gestão e outros profissionais que prestem serviços técnicos à entidade, diretamente ou por intermédio de pessoa jurídica contratada.

Art. 64. O órgão fiscalizador competente, o Banco Central do Brasil, a Comissão de Valores Mobiliários ou a Secretaria da Receita Federal, constatando a existência de práticas irregulares ou indícios de crimes em entidades de previdência complementar, noticiará ao Ministério Público, enviando-lhe os documentos comprobatórios.

Parágrafo único. O sigilo de operações não poderá ser invocado como óbice à troca de informações entre os órgãos mencionados no *caput*, nem ao fornecimento de informações requisitadas pelo Ministério Público.

Art. 65. A infração de qualquer disposição desta Lei Complementar ou de seu regulamento, para a qual não haja penalidade expressamente cominada, sujeita a pessoa física ou jurídica responsável, conforme o caso e a gravidade da infração, às seguintes penalidades administrativas, observado o disposto em regulamento:

I - advertência;

II - suspensão do exercício de atividades em entidades de previdência complementar pelo prazo de até cento e oitenta dias;

III - inabilitação, pelo prazo de dois a dez anos, para o exercício de cargo ou função em entidades de previdência complementar, sociedades seguradoras, instituições financeiras e no serviço público; e

IV - multa de dois mil reais a um milhão de reais, devendo esses valores, a partir da publicação desta Lei Complementar, ser reajustados de forma a preservar, em caráter permanente, seus valores reais.

§ 1º A penalidade prevista no inciso IV será imputada ao agente responsável, respondendo solidariamente a entidade de previdência complementar, assegurado o direito de regresso, e poderá ser aplicada cumulativamente com as constantes dos incisos I, II ou III deste artigo.

§ 2º Das decisões do órgão fiscalizador caberá recurso, no prazo de quinze dias, com efeito suspensivo, ao órgão competente.

§ 3º O recurso a que se refere o parágrafo anterior, na hipótese do inciso IV deste artigo, somente será conhecido se for comprovado pelo requerente o pagamento antecipado, em favor do órgão fiscalizador, de trinta por cento do valor da multa aplicada.

§ 4º Em caso de reincidência, a multa será aplicada em dobro.

Art. 66. As infrações serão apuradas mediante processo administrativo, na forma do regulamento, aplicando-se, no que couber, o disposto na Lei nº 9.784, de 29 de janeiro de 1999.

- Artigo regulamentado pelo Decreto nº 4.942/2003.

Art. 67. O exercício de atividade de previdência complementar por qualquer pessoa, física ou jurídica, sem a autorização devida do órgão competente, inclusive a comercialização de planos de benefícios, bem como a captação ou a administração de recursos de terceiros com o objetivo de, direta ou indiretamente, adquirir ou conceder benefícios previdenciários sob qualquer forma, submete o responsável à penalidade de inabilitação pelo prazo de dois a dez anos para o exercício de cargo ou função em entidade de previdência complementar, sociedades seguradoras, instituições financeiras e no serviço público, além de multa aplicável de acordo com o disposto no inciso IV do art. 65 desta Lei Complementar, bem como noticiar ao Ministério Público.

CAPÍTULO VIII
DISPOSIÇÕES GERAIS

Art. 68. As contribuições do empregador, os benefícios e as condições contratuais previstos nos estatutos, regulamentos e planos de benefícios das entidades de previdência complementar não integram o contrato de trabalho dos participantes, assim como, à exceção dos benefícios concedidos, não integram a remuneração dos participantes.

§ 1º Os benefícios serão considerados direito adquirido do participante quando implementadas todas as condições estabelecidas para elegibilidade consignadas no regulamento do respectivo plano.

§ 2º A concessão de benefício pela previdência complementar não depende da concessão de benefício pelo regime geral de previdência social.

Art. 69. As contribuições vertidas para as entidades de previdência complementar, destinadas ao custeio dos planos de benefícios de natureza previdenciária, são dedutíveis para fins de incidência de imposto sobre a renda, nos limites e nas condições fixadas em lei.

§ 1º Sobre as contribuições de que trata o *caput* não incidem tributação e contribuições de qualquer natureza.

§ 2º Sobre a portabilidade de recursos de reservas técnicas, fundos e provisões entre planos de benefícios de entidades de previdência complementar, titulados pelo mesmo participante, não incidem tributação e contribuições de qualquer natureza.

Art. 70. (VETADO)

Art. 71. É vedado às entidades de previdência complementar realizar quaisquer operações comerciais e financeiras:

I - com seus administradores, membros dos conselhos estatutários e respectivos cônjuges ou companheiros, e com seus parentes até o segundo grau;

II - com empresa de que participem as pessoas a que se refere o inciso anterior, exceto no caso de participação de até cinco por cento como acionista de empresa de capital aberto; e

III - tendo como contraparte, mesmo que indiretamente, pessoas físicas e jurídicas a elas ligadas, na forma definida pelo órgão regulador.

Parágrafo único. A vedação deste artigo não se aplica ao patrocinador, aos participantes e aos assistidos, que, nessa condição, realizarem operações com a entidade de previdência complementar.

Art. 72. Compete privativamente ao órgão regulador e fiscalizador das entidades fechadas zelar pelas sociedades civis e fundações, como definido no art. 31 desta Lei Complementar, não se aplicando a estas o disposto nos arts. 26 e 30 do Código Civil e 1.200 a 1.204 do Código de Processo Civil e demais disposições em contrário.

- CC: arts. 26 e 30, que dispõem sobre sucessão provisória.
- CPC/2015: arts. 764 e 765.

Art. 73. As entidades abertas serão reguladas também, no que couber, pela legislação aplicável às sociedades seguradoras.

Art. 74. Até que seja publicada a lei de que trata o art. 5º desta Lei Complementar, as funções do órgão regulador e do órgão fiscalizador serão exercidas pelo Ministério da Previdência e Assistência Social, por intermédio, respectivamente, do Conselho de Gestão da Previdência Complementar (CGPC) e da Secretaria de Previdência Complementar (SPC), relativamente às entidades fechadas, e pelo Ministério da Fazenda, por intermédio do Conselho Nacional de Seguros Privados (CNSP) e da Superintendência de Seguros Privados (SUSEP), em relação, respectivamente, à regulação e fiscalização das entidades abertas.

Art. 75. Sem prejuízo do benefício, prescreve em cinco anos o direito às prestações não pagas nem reclamadas na época própria, resguardados os direitos dos menores dependentes, dos incapazes ou dos ausentes, na forma do Código Civil.

- Súm. 427 do STJ.

Art. 76. As entidades fechadas que, na data da publicação desta Lei Complementar, prestarem a seus participantes e assistidos serviços assistenciais à saúde poderão continuar a fazê-lo, desde que seja estabelecido um custeio específico para os planos assistenciais e que a sua contabilização e o seu patrimônio sejam mantidos em separado em relação ao plano previdenciário.

§ 1º Os programas assistenciais de natureza financeira deverão ser extintos a partir da data de publicação desta Lei Complementar, permanecendo em vigência, até o seu termo, apenas os compromissos já firmados.

§ 2º Consideram-se programas assistenciais de natureza financeira, para os efeitos desta Lei Complementar, aqueles em que o rendimento situa-se abaixo da taxa mínima atuarial do respectivo plano de benefícios.

Art. 77. As entidades abertas sem fins lucrativos e as sociedades seguradoras autorizadas a funcionar em conformidade com a Lei nº 6.435, de 15 de julho de 1977, terão o prazo de dois anos para se adaptar ao disposto nesta Lei Complementar.

§ 1º No caso das entidades abertas sem fins lucrativos já autorizadas a funcionar, é permitida a manutenção de sua organização jurídica como sociedade civil, sendo-lhes vedado participar, direta ou indiretamente, de pessoas jurídicas, exceto quando tiverem participação acionária:

I - minoritária, em sociedades anônimas de capital aberto, na forma regulamentada pelo Conselho Monetário Nacional, para aplicação de recursos de reservas técnicas, fundos e provisões;

II - em sociedade seguradora e/ou de capitalização.

§ 2º É vedado à sociedade seguradora e/ou de capitalização referida no inciso II do parágrafo anterior participar majoritariamente de pessoas jurídicas, ressalvadas as empresas de suporte ao seu funcionamento e as sociedades anônimas de capital aberto, nas condições previstas no inciso I do parágrafo anterior.

§ 3º A entidade aberta sem fins lucrativos e a sociedade seguradora e/ou de capitalização por ela controlada devem adaptar-se às condições estabelecidas nos §§ 1º e 2º, no mesmo prazo previsto no *caput* deste artigo.

§ 4º As reservas técnicas de planos já operados por entidades abertas de previdência privada sem fins lucrativos, anteriormente à data de publicação da Lei nº 6.435, de 15 de julho de 1977, poderão permanecer garantidas por ativos de propriedade da entidade, existentes à época, dentro de programa gradual de ajuste às normas estabelecidas pelo órgão regulador sobre a matéria, a ser submetido pela entidade ao órgão fiscalizador no prazo máximo de doze meses a contar da data de publicação desta Lei Complementar.

§ 5º O prazo máximo para o término para o programa gradual de ajuste a que se refere o parágrafo anterior não poderá superar cento e vinte meses, contados da data de aprovação do respectivo programa pelo órgão fiscalizador.

§ 6º As entidades abertas sem fins lucrativos que, na data de publicação desta Lei Complementar, já vinham mantendo programas de assistência filantrópica, prévia e expressamente autorizados, poderão, para efeito de cobrança, adicionar às contribuições de seus planos de benefícios valor destinado àqueles programas, observadas as normas estabelecidas pelo órgão regulador.

§ 7º A aplicabilidade do disposto no parágrafo anterior fica sujeita, sob pena de cancelamento da autorização previamente concedida, à prestação anual de contas dos programas filantrópicos e à aprovação pelo órgão competente.

§ 8º O descumprimento de qualquer das obrigações contidas neste artigo sujeita os administradores das entidades abertas sem fins lucrativos e das sociedades seguradora e/ou de capitalização por elas controladas ao Regime Disciplinar previsto nesta Lei Complementar, sem prejuízo da responsabilidade civil por danos ou prejuízos causados, por ação ou omissão, à entidade.

Art. 78. Esta Lei Complementar entra em vigor na data de sua publicação.

Art. 79. Revogam-se as Leis nº 6.435, de 15 de julho de 1977, e nº 6.462, de 9 de novembro de 1977.

Brasília, 29 de maio de 2001; 180º da Independência e 113º da República.

FERNANDO HENRIQUE CARDOSO

LEI Nº 10.259, DE 12 DE JULHO DE 2001

Dispõe sobre a instituição dos Juizados Especiais Cíveis e Criminais no âmbito da Justiça Federal.

- *Juizados Especiais Federais*

O PRESIDENTE DA REPÚBLICA Faço saber que o Congresso Nacional decreta e eu sanciono a seguinte Lei:

- Súm. 428 do STJ.
- Lei 12.153/2009 – Dispõe sobre os Juizados Especiais da Fazenda Pública no âmbito dos Estados, do Distrito Federal, dos Territórios e dos Municípios.
- Lei 9.099/1995 – Dispõe sobre os Juizados Especiais Cíveis e Criminais.

Art. 1º. São instituídos os Juizados Especiais Cíveis e Criminais da Justiça Federal, aos quais se aplica, no que não conflitar com esta Lei, o disposto na Lei nº 9.099, de 26 de setembro de 1995.

- Súm. 376 do STJ.

Art. 2º. Compete ao Juizado Especial Federal Criminal processar e julgar os feitos de competência da Justiça Federal relativos às infrações de menor potencial ofensivo, respeitadas as regras de conexão e continência. (Redação dada pela Lei nº 11.313, de 2006)

Parágrafo único. Na reunião de processos, perante o juízo comum ou o tribunal do júri, decorrente da aplicação das regras de conexão e continência, observar-se-ão os institutos da transação penal e da composição dos danos civis. (Redação dada pela Lei nº 11.313, de 2006)

Art. 3º. Compete ao Juizado Especial Federal Cível processar, conciliar e julgar causas de competência da Justiça Federal até o valor de 60 salários mínimos, bem como executar as suas sentenças.

§ 1º. Não se incluem na competência do Juizado Especial Cível as causas:

I – referidas no art. 109, incisos II, III e XI, da Constituição Federal, as ações de mandado de segurança, de desapropriação, de divisão e demarcação, populares, execuções fiscais e por improbidade administrativa e as demandas sobre direitos ou interesses difusos, coletivos ou individuais homogêneos;

II – sobre bens imóveis da União, autarquias e fundações públicas federais;

III – para a anulação ou cancelamento de ato administrativo federal, salvo o de natureza previdenciária e o de lançamento fiscal;

IV – que tenham como objeto a impugnação da pena de demissão imposta a servidores públicos civis ou de sanções disciplinares aplicadas a militares.

§ 2º. Quando a pretensão versar sobre obrigações vincendas, para fins de competência do Juizado Especial, a soma de 12 parcelas não poderá exceder o valor referido no art. 3º, *caput*.

§ 3º. No foro onde estiver instalada Vara do Juizado Especial, a sua competência é absoluta.

Art. 4º. O Juiz poderá, de ofício ou a requerimento das partes, deferir medidas cautelares no curso do processo, para evitar dano de difícil reparação.

Art. 5º. Exceto nos casos do art. 4º, somente será admitido recurso de sentença definitiva.

Art. 6º. Podem ser partes no Juizado Especial Federal Cível:

- LC 123/2006: art. 74.

I – como autores, as pessoas físicas e as microempresas e empresas de pequeno porte, assim definidas na Lei nº 9.317, de 5 de dezembro de 1996;

II – como rés, a União, autarquias, fundações e empresas públicas federais.

Art. 7º. As citações e intimações da União serão feitas na forma prevista nos arts. 35 a 38 da Lei Complementar nº 73, de 10 de fevereiro de 1993.

Parágrafo único. A citação das autarquias, fundações e empresas públicas será feita na pessoa do representante máximo da entidade, no local onde proposta a causa, quando ali instalado seu escritório ou representação; se não, na sede da entidade.

Art. 8º. As partes serão intimadas da sentença, quando não proferida esta na audiência em que estiver presente seu representante, por ARMP (aviso de recebimento em mão própria).

§ 1º. As demais intimações das partes serão feitas na pessoa dos advogados ou dos Procuradores que oficiem nos respectivos autos, pessoalmente ou por via postal.

§ 2º. Os tribunais poderão organizar serviço de intimação das partes e de recepção de petições por meio eletrônico.

Art. 9º. Não haverá prazo diferenciado para a prática de qualquer ato processual pelas pessoas jurídicas de direito público, inclusive a interposição de recursos, devendo a citação para audiência de conciliação ser efetuada com antecedência mínima de 30 (trinta) dias.

Art. 10. As partes poderão designar, por escrito, representantes para a causa, advogado ou não.

- ADin 3.168-6/DF: O Tribunal, por maioria, afastou a inconstitucionalidade do dispositivo impugnado, desde que excluídos os feitos criminais, respeitado o teto estabelecido no artigo 3º, e sem prejuízo da aplicação subsidiária integral dos parágrafos do artigo 9º da Lei nº 9.099, de 26 de setembro de 1995. (DJe 03/08/2007)

Parágrafo único. Os representantes judiciais da União, autarquias, fundações e empresas públicas federais, bem como os indicados na forma do *caput*, ficam autorizados a conciliar, transigir ou desistir, nos processos da competência dos Juizados Especiais Federais.

- Decreto 4.250/2002: art. 1º.

Art. 11. A entidade pública ré deverá fornecer ao Juizado a documentação de que disponha para o esclarecimento da causa, apresentando-a até a instalação da audiência de conciliação.

Parágrafo único. Para a audiência de composição dos danos resultantes de ilícito criminal (arts. 71, 72 e 74 da Lei nº 9.099, de 26 de setembro de 1995), o representante da entidade que comparecer terá poderes para acordar, desistir ou transigir, na forma do art. 10.

Art. 12. Para efetuar o exame técnico necessário à conciliação ou ao julgamento da causa, o Juiz nomeará pessoa habilitada, que apresentará o laudo até cinco dias antes da audiência, independentemente de intimação das partes.

§ 1º. Os honorários do técnico serão antecipados à conta de verba orçamentária do respectivo Tribunal e, quando vencida na causa a entidade pública, seu valor será incluído na ordem de pagamento a ser feita em favor do Tribunal.

§ 2º. Nas ações previdenciárias e relativas à assistência social, havendo designação de exame, serão as partes intimadas para, em dez dias, apresentar quesitos e indicar assistentes.

Art. 13. Nas causas de que trata esta Lei, não haverá reexame necessário.

Art. 14. Caberá pedido de uniformização de interpretação de lei federal quando houver divergência entre decisões sobre questões de direito material proferidas por Turmas Recursais na interpretação da lei.

§ 1º. O pedido fundado em divergência entre Turmas da mesma Região será julgado em reunião conjunta das Turmas em conflito, sob a presidência do Juiz Coordenador.

§ 2º. O pedido fundado em divergência entre decisões de turmas de diferentes regiões ou da proferida em contrariedade a súmula ou jurisprudência dominante do STJ será julgado por Turma de Uniformização, integrada por juízes de Turmas Recursais, sob a presidência do Coordenador da Justiça Federal.

§ 3º. A reunião de juízes domiciliados em cidades diversas será feita pela via eletrônica.

§ 4º. Quando a orientação acolhida pela Turma de Uniformização, em questões de direito material, contrariar súmula ou jurisprudência dominante no Superior Tribunal de Justiça – STJ, a parte interessada poderá provocar a manifestação deste, que dirimirá a divergência.

- Resolução 10/2007 do STJ – Dispõe sobre o processamento, no Superior Tribunal de Justiça, de incidente de uniformização da jurisprudência dos Juizados Especiais Federais.

§ 5º. No caso do § 4º, presente a plausibilidade do direito invocado e havendo fundado receio de dano de difícil reparação, poderá o relator conceder, de ofício ou a requerimento do interessado, medida liminar determinando a suspensão dos processos nos quais a controvérsia esteja estabelecida.

§ 6º. Eventuais pedidos de uniformização idênticos, recebidos subsequentemente em quaisquer Turmas Recursais, ficarão retidos nos autos, aguardando-se pronunciamento do Superior Tribunal de Justiça.

§ 7º. Se necessário, o relator pedirá informações ao Presidente da Turma Recursal ou Coordenador da Turma de Uniformização e ouvirá o Ministério Público, no prazo de 5 (cinco) dias. Eventuais interessados, ainda que não sejam partes no processo, poderão se manifestar, no prazo de 30 (trinta) dias.

§ 8º. Decorridos os prazos referidos no § 7º, o relator incluirá o pedido em pauta na Seção, com preferência sobre todos os demais feitos, ressalvados os processos com réus presos, os habeas corpus e os mandados de segurança.

§ 9º. Publicado o acórdão respectivo, os pedidos retidos referidos no § 6º serão apreciados pelas Turmas Recursais, que poderão exercer juízo de retratação ou declará-los prejudicados, se veicularem tese não acolhida pelo Superior Tribunal de Justiça.

§ 10. Os Tribunais Regionais, o Superior Tribunal de Justiça e o Supremo Tribunal Federal, no âmbito de suas competências, expedirão normas regulamentando a composição dos órgãos e os procedimentos a serem adotados para o processamento e o julgamento do pedido de uniformização e do recurso extraordinário.

Art. 15. O recurso extraordinário, para os efeitos desta Lei, será processado e julgado segundo o estabelecido nos §§ 4º a 9º do art. 14, além da observância das normas do Regimento.

Art. 16. O cumprimento do acordo ou da sentença, com trânsito em julgado, que imponham obrigação de fazer, não fazer ou entrega de coisa certa, será efetuado mediante ofício do Juiz à autoridade citada para a causa, com cópia da sentença ou do acordo.

Art. 17. Tratando-se de obrigação de pagar quantia certa, após o trânsito em julgado da decisão, o pagamento será efetuado no prazo de 60 (sessenta) dias, contados da entrega da requisição, por ordem do Juiz, à autoridade citada para a causa, na agência mais próxima da Caixa Econômica Federal ou do Banco do Brasil, independentemente de precatório.

§ 1º. Para os efeitos do § 3º do art. 100 da Constituição Federal, as obrigações ali definidas como de pequeno valor, a serem pagas independentemente de precatório, terão como limite o mesmo valor estabelecido nesta Lei para a competência do Juizado Especial Federal Cível (art. 3º, *caput*).

§ 2º. Desatendida a requisição judicial, o Juiz determinará o sequestro do numerário suficiente ao cumprimento da decisão.

§ 3º. São vedados o fracionamento, repartição ou quebra do valor da execução, de modo que o pagamento se faça, em parte, na forma estabelecida no § 1º deste artigo, e, em parte, mediante expedição do precatório, e a expedição de precatório complementar ou suplementar do valor pago.

§ 4º. Se o valor da execução ultrapassar o estabelecido no § 1º, o pagamento far-se-á, sempre, por meio do precatório, sendo facultado à parte exequente a renúncia ao crédito do valor excedente, para que possa optar pelo pagamento do saldo sem o precatório, da forma lá prevista.

Art. 18. Os Juizados Especiais serão instalados por decisão do Tribunal Regional Federal. O Juiz presidente do Juizado designará os conciliadores pelo período de 2 (dois) anos, admitida a recondução. O exercício dessas funções será gratuito, assegurados os direitos e prerrogativas do jurado (art. 437 do Código de Processo Penal).

Parágrafo único. Serão instalados Juizados Especiais Adjuntos nas localidades cujo movimento forense não justifique a existência de Juizado Especial, cabendo ao Tribunal designar a Vara onde funcionará.

Art. 19. No prazo de 6 (seis) meses, a contar da publicação desta Lei, deverão ser instalados os Juizados Especiais nas capitais dos Estados e no Distrito Federal.

Parágrafo único. Na capital dos Estados, no Distrito Federal e em outras cidades onde for necessário, neste último caso, por decisão do Tribunal Regional Federal, serão instalados Juizados com competência exclusiva para ações previdenciárias.

Art. 20. Onde não houver Vara Federal, a causa poderá ser proposta no Juizado Especial Federal mais próximo do foro definido no art. 4º da Lei nº 9.099, de 26 de setembro de 1995, vedada a aplicação desta Lei no juízo estadual.

Art. 21. As Turmas Recursais serão instituídas por decisão do Tribunal Regional Federal, que definirá sua composição e área de competência, podendo abranger mais de uma seção.

§ 1º. (*Revogado pela Lei nº 12.665, de 2012*).

§ 2º. (*Revogado pela Lei nº 12.665, de 2012*).

Art. 22. Os Juizados Especiais serão coordenados por Juiz do respectivo Tribunal Regional, escolhido por seus pares, com mandato de dois anos.

Parágrafo único. O Juiz Federal, quando o exigirem as circunstâncias, poderá determinar o funcionamento do Juizado Especial em caráter itinerante, mediante autorização prévia do Tribunal Regional Federal, com antecedência de 10 (dez) dias.

Art. 23. O Conselho da Justiça Federal poderá limitar, por até três anos, contados a partir da publicação desta Lei, a competência dos Juizados Especiais Cíveis, atendendo à necessidade da organização dos serviços judiciários ou administrativos.

Art. 24. O Centro de Estudos Judiciários do Conselho da Justiça Federal e as Escolas de Magistratura dos Tribunais Regionais Federais criarão programas de informática necessários para subsidiar a instrução das causas submetidas aos Juizados e promoverão cursos de aperfeiçoamento destinados aos seus magistrados e servidores.

Art. 25. Não serão remetidas aos Juizados Especiais as demandas ajuizadas até a data de sua instalação.

Art. 26. Competirá aos Tribunais Regionais Federais prestar o suporte administrativo necessário ao funcionamento dos Juizados Especiais.

Art. 27. Esta Lei entra em vigor 6 (seis) meses após a data de sua publicação.

Brasília, 12 de julho de 2001; 180º da Independência e 113º da República.

FERNANDO HENRIQUE CARDOSO

D.O.U. 13.7.2001

MEDIDA PROVISÓRIA Nº 2.220, DE 4 DE SETEMBRO DE 2001

Dispõe sobre a concessão de uso especial de que trata o § 1º do art. 183 da Constituição, cria o Conselho Nacional de Desenvolvimento Urbano – CNDU e dá outras providências.

- *Concessão de uso*

O PRESIDENTE DA REPÚBLICA, no uso da atribuição que lhe confere o art. 62 da Constituição, adota a seguinte Medida Provisória, com força de lei:

CAPÍTULO I. DA CONCESSÃO DE USO ESPECIAL

Art. 1º. Aquele que, até 22 de dezembro de 2016, possuiu como seu, por cinco anos, ininterruptamente e sem oposição, até duzentos e cinquenta metros quadrados de imóvel público situado em área com características e finalidade urbanas, e que o utilize para sua moradia ou de sua família, tem o direito à concessão de uso especial para fins de moradia em relação ao bem objeto da posse, desde que não seja proprietário ou concessionário, a qualquer título, de outro imóvel urbano ou rural. (Redação dada pela Lei nº 13.465, de 2017)

› Lei 10.257/2001: arts. 4º, V, h, e 9º.

§ 1º. A concessão de uso especial para fins de moradia será conferida de forma gratuita ao homem ou à mulher, ou a ambos, independentemente do estado civil.

› Lei 10.257/2001: art. 9º, § 1º.

§ 2º. O direito de que trata este artigo não será reconhecido ao mesmo concessionário mais de uma vez.

› Lei 10.257/2001: art. 9º, § 2º.

§ 3º. Para os efeitos deste artigo, o herdeiro legítimo continua, de pleno direito, na posse de seu antecessor, desde que já resida no imóvel por ocasião da abertura da sucessão.

› Lei 10.257/2001: art. 9º, § 3º.

Art. 2º. Nos imóveis de que trata o art. 1º, com mais de duzentos e cinquenta metros quadrados, ocupados até 22 de dezembro de 2016, por população de baixa renda para sua moradia, por cinco anos, ininterruptamente e sem oposição, cuja área total dividida pelo número de possuidores seja inferior a duzentos e cinquenta metros quadrados por possuidor, a concessão de uso especial para fins de moradia será conferida de forma coletiva, desde que os possuidores não sejam proprietários ou concessionários, a qualquer título, de outro imóvel urbano ou rural. (Redação dada pela Lei nº 13.465, de 2017)

› Lei 10.257/2001: art. 10.

§ 1º. O possuidor pode, para o fim de contar o prazo exigido por este artigo, acrescentar sua posse à de seu antecessor, contanto que ambas sejam contínuas.

› Lei 10.257/2001: art. 10, § 1º.

§ 2º. Na concessão de uso especial de que trata este artigo, será atribuída igual fração ideal de terreno a cada possuidor, independentemente da dimensão do terreno que cada um ocupe, salvo hipótese de acordo escrito entre os ocupantes, estabelecendo frações ideais diferenciadas.

§ 3º. A fração ideal atribuída a cada possuidor não poderá ser superior a 250m².

Art. 3º. Será garantida a opção de exercer os direitos de que tratam os arts. 1º e 2º também aos ocupantes, regularmente inscritos, de imóveis públicos, com até 250m², da União, dos Estados, do Distrito Federal e dos Municípios, que estejam situados em área urbana, na forma do regulamento.

Art. 4º. No caso de a ocupação acarretar risco à vida ou à saúde dos ocupantes, o Poder Público garantirá ao possuidor o exercício do direito de que tratam os arts. 1º e 2º em outro local.

Art. 5º. É facultado ao Poder Público assegurar o exercício do direito de que tratam os arts. 1º e 2º em outro local na hipótese de ocupação de imóvel:

I – de uso comum do povo;

II – destinado a projeto de urbanização;

III – de interesse da defesa nacional, da preservação ambiental e da proteção dos ecossistemas naturais;

IV – reservado à construção de represas e obras congêneres; ou

V – situado em via de comunicação.

Art. 6º. O título de concessão de uso especial para fins de moradia será obtido pela via administrativa perante o órgão competente da Administração Pública ou, em caso de recusa ou omissão deste, pela via judicial.

§ 1º. A Administração Pública terá o prazo máximo de 12 (doze) meses para decidir o pedido, contado da data de seu protocolo.

§ 2º. Na hipótese de bem imóvel da União ou dos Estados, o interessado deverá instruir o requerimento de concessão de uso especial para fins de moradia com certidão expedida pelo Poder Público municipal, que ateste a localização do imóvel em área urbana e a sua destinação para moradia do ocupante ou de sua família.

§ 3º. Em caso de ação judicial, a concessão de uso especial para fins de moradia será declarada pelo juiz, mediante sentença.

§ 4º. O título conferido por via administrativa ou por sentença judicial servirá para efeito de registro no cartório de registro de imóveis.

Art. 7º. O direito de concessão de uso especial para fins de moradia é transferível por ato *inter vivos* ou *causa mortis*.

Art. 8º. O direito à concessão de uso especial para fins de moradia extingue-se no caso de:

I – o concessionário dar ao imóvel destinação diversa da moradia para si ou para sua família; ou

II – o concessionário adquirir a propriedade ou a concessão de uso de outro imóvel urbano ou rural.

Parágrafo único. A extinção de que trata este artigo será averbada no cartório de registro de imóveis, por meio de declaração do Poder Público concedente.

Art. 9º. É facultado ao poder público competente conceder autorização de uso àquele que, até 22 de dezembro de 2016, possuiu como seu, por cinco anos, ininterruptamente e sem oposição, até duzentos e cinquenta metros quadrados de imóvel público situado em área com características e finalidade urbanas para fins comerciais. (Redação dada pela Lei nº 13.465, de 2017)

§ 1º. A autorização de uso de que trata este artigo será conferida de forma gratuita.

§ 2º. O possuidor pode, para o fim de contar o prazo exigido por este artigo, acrescentar sua posse à de seu antecessor, contanto que ambas sejam contínuas.

§ 3º. Aplica-se à autorização de uso prevista no *caput* deste artigo, no que couber, o disposto nos arts. 4º e 5º desta Medida Provisória.

CAPÍTULO II. DO CONSELHO NACIONAL DE DESENVOLVIMENTO URBANO

Art. 10. Fica criado o Conselho Nacional de Desenvolvimento Urbano – CNDU, órgão deliberativo e consultivo, integrante da estrutura da Presidência da República, com as seguintes competências:

I – propor diretrizes, instrumentos, normas e prioridades da política nacional de desenvolvimento urbano;

II – acompanhar e avaliar a implementação da política nacional de desenvolvimento urbano, em especial as políticas de habitação, de saneamento básico e de transportes urbanos, e recomendar as providências necessárias ao cumprimento de seus objetivos;

III – propor a edição de normas gerais de direito urbanístico e manifestar-se sobre propostas de alteração da legislação pertinente ao desenvolvimento urbano;

IV – emitir orientações e recomendações sobre a aplicação da Lei 10.257, de 10 de julho de 2001, e dos demais atos normativos relacionados ao desenvolvimento urbano;

V – promover a cooperação entre os governos da União, dos Estados, do Distrito Federal e dos Municípios e a sociedade civil na formulação e execução da política nacional de desenvolvimento urbano; e

VI – elaborar o regimento interno.

Art. 11. O CNDU é composto por seu Presidente, pelo Plenário e por uma Secretaria-Executiva, cujas atribuições serão definidas em decreto.

Parágrafo único. O CNDU poderá instituir comitês técnicos de assessoramento, na forma do regimento interno.

Art. 12. O Presidente da República disporá sobre a estrutura do CNDU, a composição do seu Plenário e a designação dos membros e suplentes do Conselho e dos seus comitês técnicos.

Art. 13. A participação no CNDU e nos comitês técnicos não será remunerada.

Art. 14. As funções de membro do CNDU e dos comitês técnicos serão consideradas prestação de relevante interesse público e a ausência ao trabalho delas decorrente será abonada e computada como jornada efetiva de trabalho, para todos os efeitos legais.

CAPÍTULO III. DAS DISPOSIÇÕES FINAIS

Art. 15. O inciso I do art. 167 da Lei nº 6.015, de 31 de dezembro de 1973, passa a vigorar com as seguintes alterações:

› Alteração incorporada ao texto da referida lei.

Art. 16. Esta Medida Provisória entra em vigor na data de sua publicação.

Brasília, 4 de setembro de 2001; 180º da Independência e 113º da República.

FERNANDO HENRIQUE CARDOSO

D.O.U. de 5.9.2001

LEI Nº 10.446, DE 8 DE MAIO DE 2002

Dispõe sobre infrações penais de repercussão interestadual ou internacional que exigem repressão uniforme, para os fins do disposto no inciso I do § 1º do art. 144 da Constituição.

› *Infrações penais de repercussão interestadual ou internacional*

O PRESIDENTE DA REPÚBLICA Faço saber que o Congresso Nacional decreta e eu sanciono a seguinte Lei:

Art. 1º. Na forma do inciso I do § 1º do art. 144 da Constituição, quando houver repercussão interestadual ou internacional que exija repressão uniforme, poderá o Departamento de Polícia Federal do Ministério da Justiça, sem prejuízo da responsabilidade dos órgãos de segurança pública arrolados no art. 144 da Constituição Federal, em especial das Polícias Militares e Civis dos Estados, proceder à investigação, dentre outras, das seguintes infrações penais:

I – sequestro, cárcere privado e extorsão mediante sequestro (arts. 148 e 159 do Código Penal), se o agente foi impelido por motivação política ou quando praticado em razão da função pública exercida pela vítima;

II – formação de cartel (incisos I, *a*, II, III e VII do art. 4º da Lei nº 8.137, de 27 de dezembro de 1990); e

› Lei 12.529/2011 revogou os incisos I, "a", III e VII do art. 4º da Lei 8.137/1990.

III – relativas à violação a direitos humanos, que a República Federativa do Brasil se comprometeu a reprimir em decorrência de tratados internacionais de que seja parte; e

IV – furto, roubo ou receptação de cargas, inclusive bens e valores, transportadas em operação interestadual ou internacional, quando houver indícios da atuação de quadrilha ou bando em mais de um Estado da Federação.

› CP: art. 157, § 2º, III.

V – falsificação, corrupção, adulteração ou alteração de produto destinado a fins terapêuticos ou medicinais e venda, inclusive pela internet, depósito ou distribuição do produto falsificado, corrompido, adulterado ou alterado (art. 273 do Decreto-Lei nº 2.848, de 7 de dezembro de 1940 – Código Penal). (Incluído pela Lei nº 12.894, de 2013)

VI – furto, roubo ou dano contra instituições financeiras, incluindo agências bancárias ou caixas eletrônicos, quando houver indícios da atuação de associação criminosa em mais de um Estado da Federação. (Incluído pela Lei nº 13.124, de 2015)

VII – quaisquer crimes praticados por meio da rede mundial de computadores que difundam conteúdo misógino, definidos como aqueles que propagam o ódio ou a aversão às mulheres. (Incluído pela Lei nº 13.642, de 2018)

Parágrafo único. Atendidos os pressupostos do *caput*, o Departamento de Polícia Federal procederá à apuração de outros casos, desde que tal providência seja autorizada ou determinada pelo Ministro de Estado da Justiça. (Incluído pela Lei nº 12.894, de 2013)

Art. 2º. Esta Lei entra em vigor na data de sua publicação.

Brasília, 8 de maio de 2002; 181º da Independência e 114º da República.
FERNANDO HENRIQUE CARDOSO
D.O.U. de 9.5.2002

LEI Nº 10.520, DE 17 DE JULHO DE 2002

Institui, no âmbito da União, Estados, Distrito Federal e Municípios, nos termos do art. 37, inciso XXI, da Constituição Federal, modalidade de licitação denominada pregão, para aquisição de bens e serviços comuns, e dá outras providências.

- *Pregão*

- Esta Lei estará revogada a partir de 2 anos da data da publicação da Lei 14.133/2021 (Nova Lei de Licitações). DOU 1º.4.2021.

O PRESIDENTE DA REPÚBLICA Faço saber que o Congresso Nacional decreta e eu sanciono a seguinte Lei:

- Lei 14.133/2021 (Nova Lei de Licitações)
- Lei 12.462/2011 – Institui o Regime Diferenciado de Contratações Públicas (RDC).
- Lei 12.349/2010: art. 2º.
- Lei 8.666/1993 – Regulamenta o art. 37, inciso XXI, da CF, institui normas para licitações e contratos da Administração Pública.

Art. 1º. Para aquisição de bens e serviços comuns, poderá ser adotada a licitação na modalidade de pregão, que será regida por esta Lei.

- Decreto 10.024/2019 – Regulamenta a licitação, na modalidade pregão, na forma eletrônica, para a aquisição de bens e a contratação de serviços comuns, incluídos os serviços comuns de engenharia, e dispõe sobre o uso da dispensa eletrônica, no âmbito da administração pública federal.

Parágrafo único. Consideram-se bens e serviços comuns, para os fins e efeitos deste artigo, aqueles cujos padrões de desempenho e qualidade possam ser objetivamente definidos pelo edital, por meio de especificações usuais no mercado.

Art. 2º. *(VETADO).*

§ 1º. Poderá ser realizado o pregão por meio da utilização de recursos de tecnologia da informação, nos termos de regulamentação específica.

- Decreto 10.024/2019 - Regulamenta a licitação, na modalidade pregão, na forma eletrônica, para a aquisição de bens e a contratação de serviços comuns, incluídos os serviços comuns de engenharia, e dispõe sobre o uso da dispensa eletrônica, no âmbito da administração pública federal.

§ 2º. Será facultado, nos termos de regulamentos próprios da União, Estados, Distrito Federal e Municípios, a participação de bolsas de mercadorias no apoio técnico e operacional aos órgãos e entidades promotores da modalidade de pregão, utilizando-se de recursos de tecnologia da informação.

§ 3º. As bolsas a que se refere o § 2º deverão estar organizadas sob a forma de sociedades civis sem fins lucrativos e com a participação plural de corretoras que operem sistemas eletrônicos unificados de pregões.

Art. 3º. A fase preparatória do pregão observará o seguinte:

I – a autoridade competente justificará a necessidade de contratação e definirá o objeto do certame, as exigências de habilitação, os critérios de aceitação das propostas, as sanções por inadimplemento e as cláusulas do contrato, inclusive com fixação dos prazos para fornecimento;

II – a definição do objeto deverá ser precisa, suficiente e clara, vedadas especificações que, por excessivas, irrelevantes ou desnecessárias, limitem a competição;

III – dos autos do procedimento constarão a justificativa das definições referidas no inciso I deste artigo e os indispensáveis elementos técnicos sobre os quais estiverem apoiados, bem como o orçamento, elaborado pelo órgão ou entidade promotora da licitação, dos bens ou serviços a serem licitados; e

IV – a autoridade competente designará, dentre os servidores do órgão ou entidade promotora da licitação, o pregoeiro e respectiva equipe de apoio, cuja atribuição inclui, dentre outras, o recebimento das propostas e lances, a análise de sua aceitabilidade e sua classificação, bem como a habilitação e a adjudicação do objeto do certame ao licitante vencedor.

§ 1º. A equipe de apoio deverá ser integrada em sua maioria por servidores ocupantes de cargo efetivo ou emprego da administração, preferencialmente pertencentes ao quadro permanente do órgão ou entidade promotora do evento.

§ 2º. No âmbito do Ministério da Defesa, as funções de pregoeiro e de membro da equipe de apoio poderão ser desempenhadas por militares.

Art. 4º. A fase externa do pregão será iniciada com a convocação dos interessados e observará as seguintes regras:

I – a convocação dos interessados será efetuada por meio de publicação de aviso em *Diário Oficial* do respectivo ente federado ou, não existindo, em jornal de circulação local, e, facultativamente, por meios eletrônicos e conforme o vulto da licitação, em jornal de grande circulação, nos termos do regulamento de que trata o art. 2º;

II – do aviso constarão a definição do objeto da licitação, a indicação do local, dias e horários em que poderá ser lida ou obtida a íntegra do edital;

III – do edital constarão todos os elementos definidos na forma do inciso I do art. 3º, as normas que disciplinarem o procedimento e a minuta do contrato, quando for o caso;

IV – cópias do edital e do respectivo aviso serão colocadas à disposição de qualquer pessoa para consulta e divulgadas na forma da Lei nº 9.755, de 16 de dezembro de 1998;

V – o prazo fixado para a apresentação das propostas, contado a partir da publicação do aviso, não será inferior a 8 (oito) dias úteis;

VI – no dia, hora e local designados, será realizada sessão pública para recebimento das propostas, devendo o interessado, ou seu representante, identificar-se e, se for o caso, comprovar a existência dos necessários poderes para formulação de propostas e para a prática de todos os demais atos inerentes ao certame;

VII – aberta a sessão, os interessados ou seus representantes apresentarão declaração dando ciência de que cumprem plenamente os requisitos de habilitação e entregarão os envelopes contendo a indicação do objeto e do preço oferecidos, procedendo-se à sua imediata abertura e à verificação da conformidade das propostas com os requisitos estabelecidos no instrumento convocatório;

VIII – no curso da sessão, o autor da oferta de valor mais baixo e os das ofertas com preços até 10% (dez por cento) superiores àquela poderão fazer novos lances verbais e sucessivos, até a proclamação do vencedor;

IX – não havendo pelo menos três ofertas nas condições definidas no inciso anterior, poderão os autores das melhores propostas, até o máximo de três, oferecer novos lances verbais e sucessivos, quaisquer que sejam os preços oferecidos;

X – para julgamento e classificação das propostas, será adotado o critério de menor preço, observados os prazos máximos para fornecimento, as especificações técnicas e parâmetros mínimos de desempenho e qualidade definidos no edital;

XI – examinada a proposta classificada em primeiro lugar, quanto ao objeto e valor, caberá ao pregoeiro decidir motivadamente a respeito da sua aceitabilidade;

XII – encerrada a etapa competitiva e ordenadas as ofertas, o pregoeiro procederá à abertura do invólucro contendo os documentos de habilitação do licitante que apresentou a melhor proposta, para verificação do atendimento das condições fixadas no edital;

XIII – a habilitação far-se-á com a verificação de que o licitante está em situação regular perante a Fazenda Nacional, a Seguridade Social e o Fundo de Garantia do Tempo de Serviço – FGTS, e as Fazendas Estaduais e Municipais, quando for o caso, com a comprovação de que atende às exigências do edital quanto à habilitação jurídica e qualificações técnica e econômico-financeira;

XIV – os licitantes poderão deixar de apresentar os documentos de habilitação que já constem do Sistema de Cadastramento Unificado de Fornecedores – SICAF e sistemas semelhantes mantidos por Estados, Distrito Federal ou Municípios, assegurado aos demais licitantes o direito de acesso aos dados nele constantes;

XV – verificado o atendimento das exigências fixadas no edital, o licitante será declarado vencedor;

XVI – se a oferta não for aceitável ou se o licitante desatender às exigências habilitatórias, o pregoeiro examinará as ofertas subsequentes e a qualificação dos licitantes, na ordem de classificação, e assim sucessivamente, até a apuração de uma que atenda ao edital, sendo o respectivo licitante declarado vencedor;

XVII – nas situações previstas nos incisos XI e XVI, o pregoeiro poderá negociar diretamente com o proponente para que seja obtido preço melhor;

XVIII – declarado o vencedor, qualquer licitante poderá manifestar imediata e motivadamente a intenção de recorrer, quando lhe será concedido o prazo de 3 (três) dias para apresentação das razões do recurso, ficando os demais licitantes desde logo intimados para apresentar contrarrazões em igual número de dias, que começarão a correr do término do prazo do recorrente, sendo-lhes assegurada vista imediata dos autos;

XIX – o acolhimento de recurso importará a invalidação apenas dos atos insuscetíveis de aproveitamento;

XX – a falta de manifestação imediata e motivada do licitante importará a decadência do direito de recurso e a adjudicação do objeto da licitação pelo pregoeiro ao vencedor;
XXI – decididos os recursos, a autoridade competente fará a adjudicação do objeto da licitação ao licitante vencedor;
XXII – homologada a licitação pela autoridade competente, o adjudicatário será convocado para assinar o contrato no prazo definido em edital; e
XXIII – se o licitante vencedor, convocado dentro do prazo de validade da sua proposta, não celebrar o contrato, aplicar-se-á o disposto no inciso XVI.

Art. 5º. É vedada a exigência de:
I – garantia de proposta;
II – aquisição do edital pelos licitantes, como condição para participação no certame; e
III – pagamento de taxas e emolumentos, salvo os referentes a fornecimento do edital, que não serão superiores ao custo de sua reprodução gráfica, e aos custos de utilização de recursos de tecnologia da informação, quando for o caso.

Art. 6º. O prazo de validade das propostas será de 60 (sessenta) dias, se outro não estiver fixado no edital.

Art. 7º. Quem, convocado dentro do prazo de validade da sua proposta, não celebrar o contrato, deixar de entregar ou apresentar documentação falsa exigida para o certame, ensejar o retardamento da execução de seu objeto, não mantiver a proposta, falhar ou fraudar na execução do contrato, comportar-se de modo inidôneo ou cometer fraude fiscal, ficará impedido de licitar e contratar com a União, Estados, Distrito Federal ou Municípios e, será descredenciado no SICAF, ou nos sistemas de cadastramento de fornecedores a que se refere o inciso XIV do art. 4º desta Lei, pelo prazo de até 5 (cinco) anos, sem prejuízo das multas previstas em edital e no contrato e das demais cominações legais.

Art. 8º. Os atos essenciais do pregão, inclusive os decorrentes de meios eletrônicos, serão documentados no processo respectivo, com vistas à aferição de sua regularidade pelos agentes de controle, nos termos do regulamento previsto no art. 2º.

Art. 9º. Aplicam-se subsidiariamente, para a modalidade de pregão, as normas da Lei nº 8.666, de 21 de junho de 1993.

‣ Lei 14.133/2021 (Nova Lei de Licitações)

Art. 10. Ficam convalidados os atos praticados com base na Medida Provisória nº 2.182-18, de 23 de agosto de 2001.

Art. 11. As compras e contratações de bens e serviços comuns, no âmbito da União, dos Estados, do Distrito Federal e dos Municípios, quando efetuadas pelo sistema de registro de preços previsto no art. 15 da Lei nº 8.666, de 21 de junho de 1993, poderão adotar a modalidade de pregão, conforme regulamento específico.

‣ Lei 14.133/2021 (Nova Lei de Licitações)

Art. 12. A Lei nº 10.191, de 14 de fevereiro de 2001, passa a vigorar acrescida do seguinte artigo:

"Art. 2º-A. A União, os Estados, o Distrito Federal e os Municípios poderão adotar, nas licitações de registro de preços destinadas à aquisição de bens e serviços comuns da área da saúde, a modalidade do pregão, inclusive por meio eletrônico, observando-se o seguinte:

I – são considerados bens e serviços comuns da área da saúde aqueles necessários ao atendimento dos órgãos que integram o Sistema Único de Saúde, cujos padrões de desempenho e qualidade possam ser objetivamente definidos no edital, por meio de especificações usuais do mercado;
II – quando o quantitativo total estimado para a contratação ou fornecimento não puder ser atendido pelo licitante vencedor, admitir-se-á a convocação de tantos licitantes quantos forem necessários para o atingimento da totalidade do quantitativo, respeitada a ordem de classificação, desde que os referidos licitantes aceitem praticar o mesmo preço da proposta vencedora;
III – na impossibilidade do atendimento ao disposto no inciso II, excepcionalmente, poderão ser registrados outros preços diferentes da proposta vencedora, desde que se trate de objetos de qualidade ou desempenho superior, devidamente justificada e comprovada a vantagem, e que as ofertas sejam em valor inferior ao limite máximo admitido."

Art. 13. Esta Lei entra em vigor na data de sua publicação.

Brasília, 17 de julho de 2002; 181º da Independência e 114º da República.
FERNANDO HENRIQUE CARDOSO
D.O.U. de 18.7.2002; ret. 30.7.2002

LEI Nº 10.522, DE 19 DE JULHO DE 2002

Dispõe sobre o Cadastro Informativo dos créditos não quitados de órgãos e entidades federais e dá outras providências.

‣ *Cadastro Informativo de créditos*

O PRESIDENTE DA REPÚBLICA Faço saber que o Congresso Nacional decreta e eu sanciono a seguinte Lei:

‣ Lei 12.453/2011: art. 5º.

Art. 1º. O Cadastro Informativo de créditos não quitados do setor público federal (CADIN) passa a ser regulado por esta Lei.

Art. 2º. O CADIN conterá relação das pessoas físicas e jurídicas que:
I – sejam responsáveis por obrigações pecuniárias vencidas e não pagas, para com órgãos e entidades da Administração Pública Federal, direta e indireta;
II – estejam com a inscrição nos cadastros indicados, do Ministério da Fazenda, em uma das seguintes situações:
a) cancelada no Cadastro de Pessoas Físicas – CPF; (Redação dada pela Lei nº 11.941, de 2009)
b) declarada inapta perante o Cadastro Geral de Contribuintes – CGC.

§ 1º. Os órgãos e as entidades a que se refere o inciso I procederão, segundo normas próprias e sob sua exclusiva responsabilidade, às inclusões no CADIN, de pessoas físicas ou jurídicas que se enquadrem nas hipóteses previstas neste artigo.

§ 2º. A inclusão no CADIN far-se-á 75 (setenta e cinco) dias após a comunicação ao devedor da existência do débito passível de inscrição naquele Cadastro, fornecendo-se todas as informações pertinentes ao débito.

§ 3º. Tratando-se de comunicação expedida por via postal ou telegráfica, para o endereço indicado no instrumento que deu origem ao débito, considerar-se-á entregue após 15 (quinze) dias da respectiva expedição.

§ 4º. A notificação expedida pela Secretaria da Receita Federal do Brasil, pela Procuradoria-Geral da Fazenda Nacional ou pela Procuradoria-Geral Federal, dando conhecimento ao devedor da existência do débito ou da sua inscrição em Dívida Ativa atenderá ao disposto no § 2º deste artigo. (Redação dada pela Lei nº 11.941, de 2009)

§ 5º. Comprovado ter sido regularizada a situação que deu causa à inclusão no CADIN, o órgão ou entidade responsável pelo registro procederá, no prazo de 5 (cinco) dias úteis, à respectiva baixa.

§ 6º. Na impossibilidade de a baixa ser efetuada no prazo indicado no § 5º, o órgão ou a entidade credora fornecerá a certidão de regularidade do débito, caso não haja outros pendentes de regularização.

§ 7º. A inclusão no CADIN sem a expedição da comunicação ou da notificação de que tratam os §§ 2º e 4º, ou a não exclusão, nas condições e no prazo previstos no § 5º, sujeitará o responsável às penalidades cominadas pela Lei nº 8.112, de 11 de dezembro de 1990, e pelo Decreto-lei nº 5.452, de 1º de maio de 1943 (Consolidação das Leis do Trabalho).

§ 8º. O disposto neste artigo não se aplica aos débitos referentes a preços de serviços públicos ou a operações financeiras que não envolvam recursos orçamentários.

Art. 3º. As informações fornecidas pelos órgãos e entidades integrantes do CADIN serão centralizadas no Sistema de Informações do Banco Central do Brasil – SISBACEN, cabendo à Secretaria do Tesouro Nacional expedir orientações de natureza normativa, inclusive quanto ao disciplinamento das respectivas inclusões e exclusões.

Parágrafo único. As pessoas físicas e jurídicas incluídas no CADIN terão acesso às informações a elas referentes, diretamente junto ao órgão ou entidade responsável pelo registro, ou, mediante autorização, por intermédio de qualquer outro órgão ou entidade integrante do CADIN.

Art. 4º. A inexistência de registro no CADIN não implica reconhecimento de regularidade de situação, nem elide a apresentação dos documentos exigidos em lei, decreto ou demais atos normativos.

§ 1º. No caso de operações de crédito contratadas por instituições financeiras, no âmbito de programas oficiais de apoio à microempresa e empresa de pequeno porte, ficam as mutuárias, no caso de não estarem inscritas no CADIN, dispensadas da apresentação, inclusive aos cartórios, quando do registro dos instrumentos de crédito e respectivas garantias, de quaisquer certidões exigidas em lei, decreto ou demais atos normativos, comprobatórias da quitação de quaisquer tributos e contribuições federais.

§ 2º. O disposto no § 1º aplica-se também aos mini e pequenos produtores rurais e aos agricultores familiares.

Art. 5º. O CADIN conterá as seguintes informações:
I – nome e número de inscrição no Cadastro Geral de Contribuintes – CGC ou no Cadastro de Pessoas Físicas – CPF, do responsável pelas obrigações de que trata o art. 2º, inciso I;
II – nome e outros dados identificadores das pessoas jurídicas ou físicas que estejam na situação prevista no art. 2º, inciso II, inclusive a indicação do número da inscrição suspensa ou cancelada;
III – nome e número de inscrição no Cadastro Geral de Contribuintes – CGC, endereço e telefone do respectivo credor ou do órgão responsável pela inclusão;
IV – data do registro.

Parágrafo único. Cada órgão ou entidade a que se refere o inciso I do art. 2º manterá, sob sua responsabilidade, cadastro contendo informações detalhadas sobre as operações ou situações que tenham registrado no CADIN, inclusive para atender ao que dispõe o parágrafo único do art. 3º.

Art. 6º. É obrigatória a consulta prévia ao CADIN, pelos órgãos e entidades da Administração Pública Federal, direta e indireta, para:

- **Atualização:** Lei 13.999/2020, Art. 4º. Para fins de concessão de crédito no âmbito do Pronampe, as instituições financeiras participantes ficam dispensadas de observar as seguintes disposições: VIII – o art. 6º da Lei nº 10.522, de 19 de julho de 2002.

I – realização de operações de crédito que envolvam a utilização de recursos públicos;
II – concessão de incentivos fiscais e financeiros;
III – celebração de convênios, acordos, ajustes ou contratos que envolvam desembolso, a qualquer título, de recursos públicos, e respectivos aditamentos.

Parágrafo único. O disposto neste artigo não se aplica:

I – à concessão de auxílios a Municípios atingidos por calamidade pública reconhecida pelo Governo Federal;
II – às operações destinadas à composição e regularização dos créditos e obrigações objeto de registro no CADIN, sem desembolso de recursos por parte do órgão ou entidade credora;
III – às operações relativas ao crédito educativo e ao penhor civil de bens de uso pessoal ou doméstico.

Art. 7º. Será suspenso o registro no CADIN quando o devedor comprove que:

I – tenha ajuizado ação, com o objetivo de discutir a natureza da obrigação ou o seu valor, com o oferecimento de garantia idônea e suficiente ao Juízo, na forma da lei;
II – esteja suspensa a exigibilidade do crédito objeto do registro, nos termos da lei.

- CTN: art. 151.

Art. 8º. A não observância do disposto no § 1º do art. 2º e nos arts. 6º e 7º desta Lei sujeita os responsáveis às sanções da Lei nº 8.112, de 1990, e do Decreto-lei nº 5.452, de 1943.

Art. 9º. Fica suspensa, até 31 de dezembro de 1999, a aplicação do disposto no *caput* do art. 22, e no seu § 2º, do Decreto-lei nº 147, de 3 de fevereiro de 1967, na redação que lhes deram o art. 4º do Decreto-lei nº 1.687, de 18 de julho de 1979, e o art. 10 do Decreto-lei nº 2.163, de 19 de setembro de 1984.

Parágrafo único. O Ministro de Estado da Fazenda estabelecerá cronograma, prioridades e condições para a remessa, às unidades da Procuradoria-Geral da Fazenda Nacional, dos débitos passíveis de inscrição em Dívida Ativa da União e cobrança judicial.

Art. 10. Os débitos de qualquer natureza para com a Fazenda Nacional poderão ser parcelados em até sessenta parcelas mensais, a exclusivo critério da autoridade fazendária, na forma e condições previstas nesta Lei. (Redação dada pela Lei nº 10.637, de 2002)

Parágrafo único. (*Revogado pela Lei nº 11.941, de 2009*)

Art. 10-A. O empresário ou a sociedade empresária que pleitear ou tiver deferido o processamento da recuperação judicial, nos termos dos arts. 51, 52 e 70 da Lei nº 11.101, de 9 de fevereiro de 2005, poderá liquidar os seus débitos para com a Fazenda Nacional existentes, ainda que não vencidos até a data do protocolo da petição inicial da recuperação judicial, de natureza tributária ou não tributária, constituídos ou não, inscritos ou não em dívida ativa, mediante a opção por uma das seguintes modalidades: (*Caput* com redação dada pela Lei nº 14.112/2020)

I a IV – Revogados. Lei nº 14.112/2020.
V – parcelamento da dívida consolidada em até 120 (cento e vinte) prestações mensais e sucessivas, calculadas de modo a observar os seguintes percentuais mínimos, aplicados sobre o valor da dívida consolidada no parcelamento:

a) da primeira à décima segunda prestação: 0,5% (cinco décimos por cento);
b) da décima terceira à vigésima quarta prestação: 0,6% (seis décimos por cento);
c) da vigésima quinta prestação em diante: percentual correspondente ao saldo remanescente, em até 96 (noventa e seis) prestações mensais e sucessivas; ou (Inciso acrescido pela Lei nº 14.112/2020)

VI – em relação aos débitos administrados pela Secretaria Especial da Receita Federal do Brasil, liquidação de até 30% (trinta por cento) da dívida consolidada no parcelamento com a utilização de créditos decorrentes de prejuízo fiscal e de base de cálculo negativa da Contribuição Social sobre o Lucro Líquido (CSLL) ou com outros créditos próprios relativos aos tributos administrados pela Secretaria Especial da Receita Federal do Brasil, hipótese em que o restante poderá ser parcelado em até 84 (oitenta e quatro) parcelas, calculadas de modo a observar os seguintes percentuais mínimos, aplicados sobre o saldo da dívida consolidada:

a) da primeira à décima segunda prestação: 0,5% (cinco décimos por cento);
b) da décima terceira à vigésima quarta prestação: 0,6% (seis décimos por cento);
c) da vigésima quinta prestação em diante: percentual correspondente ao saldo remanescente, em até 60 (sessenta) prestações mensais e sucessivas. (Inciso acrescido pela Lei nº 14.112/2020)

§ 1º Revogado. Lei nº 14.112/2020.

§ 1º-A. As opções previstas nos incisos V e VI do *caput* deste artigo não impedem que o empresário ou a sociedade empresária que pleitear ou tiver deferido o processamento da recuperação judicial, nos termos estabelecidos nos arts. 51, 52 e 70 da Lei nº 11.101, de 9 de fevereiro de 2005, opte por liquidar os referidos débitos para com a Fazenda Nacional por meio de outra modalidade de parcelamento instituído por lei federal, desde que atendidas as condições previstas na lei, hipótese em que será firmado ou mantido o termo de compromisso a que se refere o § 2º-A deste artigo, sob pena de indeferimento ou de exclusão do parcelamento, conforme o caso. (Parágrafo acrescido pela Lei nº 14.112/2020).

§ 1º-B. O valor do crédito de que trata o inciso VI do *caput* deste artigo, decorrente de prejuízo fiscal e de base de cálculo negativa da CSLL, será determinado por meio da aplicação das seguintes alíquotas:

I – 25% (vinte e cinco por cento) sobre o montante do prejuízo fiscal;
II – 20% (vinte por cento) sobre a base de cálculo negativa da CSLL, no caso das pessoas jurídicas de seguros privados, das pessoas jurídicas de capitalização e das pessoas jurídicas referidas nos incisos I, II, III, IV, V, VI, VII e X do § 1º do art. 1º da Lei Complementar nº 105, de 10 de janeiro de 2001;
III – 17% (dezessete por cento) sobre a base de cálculo negativa da CSLL, no caso das pessoas jurídicas referidas no inciso IX do § 1º do art. 1º da Lei Complementar nº 105, de 10 de janeiro de 2001;
IV – 9% (nove por cento) sobre a base de cálculo negativa da CSLL, no caso das demais pessoas jurídicas. (Parágrafo acrescido pela Lei nº 14.112/2020).

§ 1º-C. A adesão ao parcelamento abrangerá a totalidade dos débitos exigíveis em nome do sujeito passivo, observadas as seguintes condições e ressalvas:

I – os débitos sujeitos a outros parcelamentos ou que comprovadamente sejam objeto de discussão judicial poderão ser excluídos, estes últimos mediante:

a) o oferecimento de garantia idônea e suficiente, aceita pela Fazenda Nacional em juízo; ou
b) a apresentação de decisão judicial em vigor e eficaz que determine a suspensão de sua exigibilidade;

II – a garantia prevista na alínea "a" do inciso I deste parágrafo não poderá ser incluída no plano de recuperação judicial, permitida a sua execução regular, inclusive por meio da expropriação, se não houver a suspensão da exigibilidade ou a extinção do crédito em discussão judicial;
III – o disposto no inciso II deste § 1º-C também se aplica aos depósitos judiciais regidos pela Lei nº 9.703, de 17 de novembro de 1998, e pela Lei nº 12.099, de 27 de novembro de 2009. (Parágrafo acrescido pela Lei nº 14.112/2020).

§ 2º Na hipótese de o sujeito passivo optar pela inclusão, no parcelamento de que trata este artigo, de débitos que se encontrem sob discussão administrativa ou judicial, submetidos ou não a causa legal de suspensão de exigibilidade, deverá ele comprovar que desistiu expressamente e de forma irrevogável da impugnação ou do recurso interposto, ou da ação judicial e, cumulativamente, que renunciou às alegações de direito sobre as quais se fundam a ação judicial e o recurso administrativo. (Parágrafo com redação dada pela Lei nº 14.112/2020).

§ 2º-A. Para aderir ao parcelamento de que trata este artigo, o sujeito passivo firmará termo de compromisso, no qual estará previsto:

I – o fornecimento à Secretaria Especial da Receita Federal do Brasil e à Procuradoria-Geral da Fazenda Nacional de informações bancárias, incluídas aquelas sobre extratos de fundos ou aplicações financeiras e sobre eventual comprometimento de recebíveis e demais ativos futuros;
II – o dever de amortizar o saldo devedor do parcelamento de que trata este artigo com percentual do produto de cada alienação de bens e direitos integrantes do ativo não circulante realizada durante o período de vigência do plano de recuperação judicial, sem prejuízo do disposto no inciso III do § 4º deste artigo;
III – o dever de manter a regularidade fiscal;
IV – o cumprimento regular das obrigações para com o Fundo de Garantia do Tempo de Serviço (FGTS). (Parágrafo acrescido pela Lei nº 14.112/2020).

§ 2º-B. Para fins do disposto no inciso II do § 2º-A deste artigo:

I – a amortização do saldo devedor implicará redução proporcional da quantidade de parcelas vincendas;
II – observado o limite máximo de 30% (trinta por cento) do produto da alienação, o percentual a ser destinado para a amortização do parcelamento corresponderá à razão entre o valor total do passivo fiscal e o valor total de dívidas do devedor, na data do pedido de recuperação judicial. (Parágrafo acrescido pela Lei nº 14.112/2020).

§ 3º O empresário ou a sociedade empresária poderá, a seu critério, desistir dos parcelamentos em curso, independentemente da modalidade, e solicitar o parcelamento nos termos estabelecidos neste artigo. (Parágrafo com redação dada pela Lei nº 14.112/2020).

§ 4º Implicará a exclusão do sujeito passivo do parcelamento: (Parágrafo com redação dada pela Lei nº 14.112/2020).

I – a falta de pagamento de 6 (seis) parcelas consecutivas ou de 9 (nove) parcelas alternadas; (Inciso acrescido pela Lei nº 14.112/2020).
II – a falta de pagamento de 1 (uma) até 5 (cinco) parcelas, conforme o caso, se todas as de-

mais estiverem pagas; (Inciso acrescido pela Lei nº 14.112/2020).

III – a constatação, pela Secretaria Especial da Receita Federal do Brasil ou pela Procuradoria-Geral da Fazenda Nacional, de qualquer ato tendente ao esvaziamento patrimonial do sujeito passivo como forma de fraudar o cumprimento do parcelamento, observado, no que couber, o disposto no inciso II do § 2º-A deste artigo; (Inciso acrescido pela Lei nº 14.112/2020).

IV – a decretação de falência ou extinção, pela liquidação, da pessoa jurídica optante; (Inciso acrescido pela Lei nº 14.112/2020).

V – a concessão de medida cautelar fiscal, nos termos da Lei nº 8.397, de 6 de janeiro de 1992; (Inciso acrescido pela Lei nº 14.112/2020).

VI – a declaração de inaptidão da inscrição no Cadastro Nacional da Pessoa Jurídica (CNPJ), nos termos dos arts. 80 e 81 da Lei nº 9.430, de 27 de dezembro de 1996; (Inciso acrescido pela Lei nº 14.112/2020).

VII – a extinção sem resolução do mérito ou a não concessão da recuperação judicial, bem como a convolação desta em falência; ou (Inciso acrescido pela Lei nº 14.112/2020).

VIII – o descumprimento de quaisquer das condições previstas neste artigo, inclusive quanto ao disposto no § 2º-A deste artigo. (Inciso acrescido pela Lei nº 14.112/2020).

§ 4º-A. São consequências da exclusão prevista no § 4º deste artigo:

I – a exigibilidade imediata da totalidade do débito confessado e ainda não pago, com o prosseguimento das execuções fiscais relacionadas aos créditos cuja exigibilidade estava suspensa, inclusive com a possibilidade de prática de atos de constrição e de alienação pelos juízos que as processam, ressalvada a hipótese prevista no inciso IV deste parágrafo;

II – a execução automática das garantias;

III – o restabelecimento em cobrança dos valores liquidados com os créditos, na hipótese de parcelamento na modalidade prevista no inciso VI do *caput* deste artigo;

IV – a faculdade de a Fazenda Nacional requerer a convolação da recuperação judicial em falência. (Parágrafo acrescido pela Lei nº 14.112/2020).

§ 5º O empresário ou a sociedade empresária poderá ter apenas 1 (um) parcelamento perante a Fazenda Nacional, cujos débitos constituídos, inscritos ou não em dívida ativa da União, poderão ser incluídos até a data do pedido de parcelamento. (Parágrafo com redação dada pela Lei nº 14.112/2020).

§ 6º A concessão do parcelamento não implica a liberação dos bens e dos direitos do devedor ou de seus responsáveis que tenham sido constituídos em garantia dos créditos. (Parágrafo com redação dada pela Lei nº 14.112/2020).

§ 7º O parcelamento referido nos incisos V e VI do *caput* deste artigo observará as demais condições previstas nesta Lei, ressalvado o disposto nos seguintes dispositivos: (Parágrafo com redação dada pela Lei nº 14.112/2020).

I – § 1º do art. 11; (Inciso acrescido pela Lei nº 14.112/2020).

II – inciso II do § 1º do art. 12; (Inciso acrescido pela Lei nº 14.112/2020).

III – inciso VIII do *caput* do art. 14; (Inciso acrescido pela Lei nº 14.112/2020).

IV – § 2º do art. 14-A. (Inciso acrescido pela Lei nº 14.112/2020).

§ 7º-A. As microempresas e as empresas de pequeno porte farão jus a prazos 20% (vinte por cento) superiores àqueles regularmente concedidos às demais empresas. (Parágrafo acrescido pela Lei nº 14.112/2020).

§ 8º O disposto neste artigo aplica-se, no que couber, aos créditos de qualquer natureza das autarquias e das fundações públicas federais, ressalvada a modalidade de parcelamento de que trata o inciso VI do *caput* deste artigo. (Parágrafo com redação dada pela Lei nº 14.112/2020).

§§ 9º e 10 VETADOS na Lei nº 13.097/2015.

Art. 10-B. O empresário ou a sociedade empresária que pleitear ou tiver deferido o processamento da recuperação judicial, nos termos dos arts. 51, 52 e 70 da Lei nº 11.101, de 9 de fevereiro de 2005, poderá parcelar os seus débitos para com a Fazenda Nacional existentes, ainda que não vencidos até a data do protocolo da petição inicial da recuperação judicial, relativos aos tributos previstos nos incisos I e II do *caput* do art. 14 desta Lei, constituídos ou não, inscritos ou não em dívida ativa, em até 24 (vinte e quatro) parcelas mensais e consecutivas, calculadas de modo a observar os seguintes percentuais mínimos, aplicados sobre o valor da dívida consolidada:

I – da primeira à sexta prestação: 3% (três por cento);

II – da sétima à décima segunda prestação: 6% (seis por cento);

III – da décima terceira prestação em diante: percentual correspondente ao saldo remanescente, em até 12 (doze) prestações mensais e sucessivas.

§ 1º O disposto no art. 10-A desta Lei, exceto quanto aos incisos V e VI do *caput*, ao § 1º-B e ao inciso III do § 4º-A, aplica-se ao parcelamento de que trata este artigo.

§ 2º As microempresas e as empresas de pequeno porte farão jus a prazos 20% (vinte por cento) superiores àqueles regularmente concedidos às demais empresas. (Artigo acrescido pela Lei nº 14.112/2020).

Art. 10-C. Alternativamente ao parcelamento de que trata o art. 10-A desta Lei e às demais modalidades de parcelamento instituídas por lei federal porventura aplicáveis, o empresário ou a sociedade empresária que tiver o processamento da recuperação judicial deferido poderá, até o momento referido no art. 57 da Lei nº 11.101, de 9 de fevereiro de 2005, submeter à Procuradoria-Geral da Fazenda Nacional proposta de transação relativa a créditos inscritos em dívida ativa da União, nos termos da Lei nº 13.988, de 14 de abril de 2020, observado que:

I – o prazo máximo para quitação será de até 120 (cento e vinte) meses, observado, no que couber, o disposto no § 3º do art. 11 da Lei nº 13.988, de 14 de abril de 2020;

II – o limite máximo para reduções será de até 70% (setenta por cento);

III – a apresentação de proposta ou a análise de proposta de transação formulada pelo devedor caberá à Procuradoria-Geral da Fazenda Nacional, em juízo de conveniência e oportunidade, obedecidos os requisitos previstos nesta Lei e em atos regulamentares, de forma motivada, observados o interesse público e os princípios da isonomia, da capacidade contributiva, da transparência, da moralidade, da livre concorrência, da preservação da atividade empresarial, da razoável duração dos processos e da eficiência, e utilizados como parâmetros, entre outros:

a) a recuperabilidade do crédito, inclusive considerando eventual prognóstico em caso de falência;

b) a proporção entre o passivo fiscal e o restante das dívidas do sujeito passivo; e

c) o porte e a quantidade de vínculos empregatícios mantidos pela pessoa jurídica;

IV – a cópia integral do processo administrativo de análise da proposta de transação, ainda que esta tenha sido rejeitada, será encaminhada ao juízo da recuperação judicial;

V – os seguintes compromissos adicionais serão exigidos do proponente, sem prejuízo do disposto no art. 3º da Lei nº 13.988, de 14 de abril de 2020:

a) fornecer à Procuradoria-Geral da Fazenda Nacional informações bancárias e empresariais, incluídas aquelas sobre extratos de fundos ou aplicações financeiras e sobre eventual comprometimento de recebíveis e demais ativos futuros;

b) manter regularidade fiscal perante a União;

c) manter o Certificado de Regularidade do FGTS;

d) demonstrar a ausência de prejuízo decorrente do cumprimento das obrigações contraídas com a celebração da transação em caso de alienação ou de oneração de bens ou direitos integrantes do respectivo ativo não circulante;

VI – a apresentação da proposta de transação suspenderá o andamento das execuções fiscais, salvo oposição justificada por parte da Procuradoria-Geral da Fazenda Nacional, a ser apreciada pelo respectivo juízo; e

VII – a rescisão da transação por inadimplemento de parcelas somente ocorrerá nas seguintes hipóteses:

a) falta de pagamento de 6 (seis) parcelas consecutivas ou de 9 (nove) parcelas alternadas; e

b) falta de pagamento de 1 (uma) até 5 (cinco) parcelas, conforme o caso, se todas as demais estiverem pagas.

§ 1º O limite de que trata o inciso I do *caput* deste artigo poderá ser ampliado em até 12 (doze) meses adicionais quando constatado que o devedor em recuperação judicial desenvolve projetos sociais, nos termos da regulamentação a que se refere a Lei nº 13.988, de 14 de abril de 2020.

§ 2º O disposto neste artigo aplica-se, no que couber, aos créditos de qualquer natureza das autarquias e das fundações públicas federais.

§ 3º Na hipótese de os créditos referidos no § 2º deste artigo consistirem em multa decorrente do exercício de poder de polícia, não será aplicável o disposto no inciso I do § 2º do art. 11 da Lei nº 13.988, de 14 de abril de 2020.

§ 4º Os Estados, o Distrito Federal e os Municípios poderão, por lei de iniciativa própria, autorizar que o disposto neste artigo seja aplicado a seus créditos. (Artigo acrescido pela Lei nº 14.112/2020).

Art. 11. O parcelamento terá sua formalização condicionada ao prévio pagamento da primeira prestação, conforme o montante do débito e o prazo solicitado, observado o disposto no § 1º do art. 13 desta Lei. (Redação dada pela Lei nº 11.941, de 2009)

§ 1º. Observados os limites e as condições estabelecidos em portaria do Ministro de Estado da Fazenda, em se tratando de débitos inscritos em Dívida Ativa, a concessão do parcelamento fica condicionada à apresentação, pelo devedor, de garantia real ou fidejussória, inclusive fiança bancária, idônea e suficiente para o pagamento do débito, exceto quando se tratar de microempresas e empresas de pequeno porte optantes pela inscrição no Sistema Integrado de Pagamento de Impostos e Contribuições das Microempresas e das Empresas de Pequeno Porte – SIMPLES, de que trata a Lei nº 9.317, de 5 de dezembro de 1996.

- LC 123/2006 revogou a Lei 9.317/1996.

§ 2º. Enquanto não deferido o pedido, o devedor fica obrigado a recolher, a cada mês, como antecipação, valor correspondente a uma parcela.

§ 3º. O não cumprimento do disposto neste artigo implicará o indeferimento do pedido.

§§ 4º a 9º. (*Revogados pela Lei 11.941/2009*).

Art. 12. O pedido de parcelamento deferido constitui confissão de dívida e instrumento hábil e suficiente para a exigência do crédito tributário, podendo a exatidão dos valores parcelados ser objeto de verificação. (Redação dada pela Lei nº 11.941, de 2009)

§ 1º. Cumpridas as condições estabelecidas no art. 11 desta Lei, o parcelamento será: (Incluído pela Lei nº 11.941, de 2009)

I – consolidado na data do pedido; e (Incluído pela Lei nº 11.941, de 2009)

II – considerado automaticamente deferido quando decorrido o prazo de 90 (noventa) dias, contado da data do pedido de parcelamento sem que a Fazenda Nacional tenha se pronunciado. (Incluído pela Lei nº 11.941, de 2009)

§ 2º. Enquanto não deferido o pedido, o devedor fica obrigado a recolher, a cada mês, como antecipação, valor correspondente a uma parcela. (Incluído pela Lei 11.941, de 2009)

Art. 13. O valor de cada prestação mensal, por ocasião do pagamento, será acrescido de juros equivalentes à taxa referencial do Sistema Especial de Liquidação e de Custódia – SELIC para títulos federais, acumulada mensalmente, calculados a partir do mês subsequente ao da consolidação até o mês anterior ao do pagamento, e de 1% (um por cento) relativamente ao mês em que o pagamento estiver sendo efetuado. (Redação dada pela Lei nº 11.941, de 2009)

§ 1º. O valor mínimo de cada prestação será fixado em ato conjunto do Secretário da Receita Federal do Brasil e do Procurador-Geral da Fazenda Nacional. (Incluído pela Lei 11.941, de 2009)

§ 2º. No caso de parcelamento de débito inscrito em Dívida Ativa da União, o devedor pagará custas, emolumentos e demais encargos legais. (Incluído pela Lei nº 11.941, de 2009)

Art. 13-A. O parcelamento dos débitos decorrentes das contribuições sociais instituídas pelos arts. 1º e 2º da Lei Complementar nº 110, de 29 de junho de 2001, será requerido perante a Caixa Econômica Federal, aplicando-se-lhe o disposto no *caput* do art. 10, nos arts. 11 e 12, no § 2º do art. 13 e nos arts. 14 e 14-B desta Lei. (Redação dada pela Lei nº 11.941, de 2009)

§ 1º. O valor da parcela será determinado pela divisão do montante do débito consolidado pelo número de parcelas. (Incluído pela Lei nº 11.345, de 2006)

§ 2º. Para fins do disposto no § 1º deste artigo, o montante do débito será atualizado e acrescido dos encargos previstos na Lei nº 8.036, de 11 de maio de 1990, e, se for o caso, no Decreto-Lei nº 1.025, de 21 de outubro de 1969. (Incluído pela Lei nº 11.345, de 2006)

§ 3º. O Ministro de Estado da Fazenda poderá, nos limites do disposto neste artigo, delegar competência para regulamentar e autorizar o parcelamento dos débitos não inscritos em dívida ativa da União. (Incluído pela Lei nº 11.345, de 2006)

§ 4º. A concessão do parcelamento dos débitos a que se refere este artigo inscritos em dívida ativa da União compete privativamente à Procuradoria-Geral da Fazenda Nacional. (Incluído pela Lei nº 11.345, de 2006)

§ 5º. É vedado o reparcelamento de débitos a que se refere o *caput*, exceto quando inscritos em Dívida Ativa da União. (Incluído pela Lei nº 11.941, de 2009)

Art. 14. É vedada a concessão de parcelamento de débitos relativos a:

I – tributos passíveis de retenção na fonte, de desconto de terceiros ou de sub-rogação; (Redação dada pela Lei nº 11.941, de 2009)

II – Imposto sobre Operações de Crédito, Câmbio e Seguro e sobre Operações relativas a Títulos e Valores Mobiliários – IOF, retido e não recolhido ao Tesouro Nacional;

III – valores recebidos pelos agentes arrecadadores não recolhidos aos cofres públicos.

IV – tributos devidos no registro da Declaração de Importação; (Incluído pela Lei nº 11.941, de 2009)

V – incentivos fiscais devidos ao Fundo de Investimento do Nordeste – FINOR, Fundo de Investimento da Amazônia – FINAM e Fundo de Recuperação do Estado do Espírito Santo – FUNRES; (Incluído pela Lei nº 11.941, de 2009)

VI – pagamento mensal por estimativa do Imposto sobre a Renda da Pessoa Jurídica – IRPJ e da Contribuição Social sobre o Lucro Líquido – CSLL, na forma do art. 2º da Lei nº 9.430, de 27 de dezembro de 1996; (Incluído pela Lei nº 11.941, de 2009)

VII – recolhimento mensal obrigatório da pessoa física relativo a rendimentos de que trata o art. 8º da Lei nº 7.713, de 22 de dezembro de 1988; (Incluído pela Lei nº 11.941, de 2009)

VIII – tributo ou outra exação qualquer, enquanto não integralmente pago parcelamento anterior relativo ao mesmo tributo ou exação, salvo nas hipóteses previstas no art. 14-A desta Lei; (Incluído pela Lei nº 11.941, de 2009)

IX – tributos devidos por pessoa jurídica com falência decretada ou por pessoa física com insolvência civil decretada; e (Incluído pela Lei nº 11.941, de 2009

X – créditos tributários devidos na forma do art. 4o da Lei nº 10.931, de 2 de agosto de 2004, pela incorporadora optante do Regime Especial Tributário do Patrimônio de Afetação. (Incluído pela Lei nº 11.941, de 2009)

Art. 14-A. Observadas as condições previstas neste artigo, será admitido reparcelamento de débitos constantes de parcelamento em andamento ou que tenha sido rescindido. (Incluído pela Lei nº 11.941, de 2009)

§ 1º. No reparcelamento de que trata o *caput* deste artigo poderão ser incluídos novos débitos. (Incluído pela Lei nº 11.941, de 2009)

§ 2º. A formalização do pedido de reparcelamento previsto neste artigo fica condicionada ao recolhimento da primeira parcela em valor correspondente a: (Incluído pela Lei nº 11.941, de 2009)

I – 10% (dez por cento) do total dos débitos consolidados; ou (Incluído pela Lei nº 11.941, de 2009)

II – 20% (vinte por cento) do total dos débitos consolidados, caso haja débito com histórico de reparcelamento anterior. (Incluído pela Lei nº 11.941, de 2009)

§ 3º. Aplicam-se subsidiariamente aos pedidos de que trata este artigo as demais disposições relativas ao parcelamento previstas nesta Lei. (Incluído pela Lei nº 11.941, de 2009)

Art. 14-B. Implicará imediata rescisão do parcelamento e remessa do débito para inscrição em Dívida Ativa da União ou prosseguimento da execução, conforme o caso, a falta de pagamento: (Incluído pela Lei nº 11.941, de 2009)

I – de 3 (três) parcelas, consecutivas ou não; ou (Incluído pela Lei nº 11.941, de 2009)

II – de 1 (uma) parcela, estando pagas todas as demais. (Incluído pela Lei nº 11.941, de 2009)

Art. 14-C. Poderá ser concedido, de ofício ou a pedido, parcelamento simplificado, importando o pagamento da primeira prestação em confissão de dívida e instrumento hábil e suficiente para a exigência do crédito tributário. (Incluído pela Lei nº 11.941, de 2009)

Parágrafo único. Ao parcelamento de que trata o *caput* deste artigo não se aplicam as vedações estabelecidas no art. 14 desta Lei. (Incluído pela Lei nº 11.941, de 2009)

Art. 14-D. Os parcelamentos concedidos a Estados, Distrito Federal ou Municípios conterão cláusulas em que estes autorizem a retenção do Fundo de Participação dos Estados – FPE ou do Fundo de Participação dos Municípios – FPM. (Incluído pela Lei nº 11.941, de 2009)

Parágrafo único. O valor mensal das obrigações previdenciárias correntes, para efeito deste artigo, será apurado com base na respectiva Guia de Recolhimento do Fundo de Garantia do Tempo de Serviço e de Informações à Previdência Social – GFIP ou, no caso de sua não apresentação no prazo legal, estimado, utilizando-se a média das últimas 12 (doze) competências recolhidas anteriores ao mês da retenção prevista no *caput* deste artigo, sem prejuízo da cobrança ou restituição ou compensação de eventuais diferenças. (Incluído pela Lei nº 11.941, de 2009)

Art. 14-E. Mensalmente, a Secretaria da Receita Federal do Brasil e a Procuradoria-Geral da Fazenda Nacional divulgarão, em seus sítios na internet, demonstrativos dos parcelamentos concedidos no âmbito de suas competências. (Incluído pela Lei nº 11.941, de 2009)

Art. 14-F. A Secretaria da Receita Federal do Brasil e a Procuradoria-Geral da Fazenda Nacional, no âmbito de suas competências, editarão atos necessários à execução do parcelamento de que trata esta Lei. (Incluído pela Lei nº 11.941, de 2009)

Art. 15. Observados os requisitos e as condições estabelecidos nesta Lei, os parcelamentos de débitos vencidos até 31 de julho de 1998 poderão ser efetuados em até:

I – 96 (noventa e seis) prestações, se solicitados até 31 de outubro de 1998;

II – 72 (setenta e duas) prestações, se solicitados até 30 de novembro de 1998;

III – 60 (sessenta) prestações, se solicitados até 31 de dezembro de 1998.

§ 1º. O disposto neste artigo aplica-se aos débitos de qualquer natureza para com a Fazenda Nacional, inscritos ou não como Dívida Ativa, mesmo em fase de execução fiscal já ajuizada, ou que tenham sido objeto de parcelamento anterior, não integralmente quitado, ainda que cancelado por falta de pagamento.

§ 2º. A vedação de que trata o art. 14, na hipótese a que se refere este artigo, não se aplica a entidades esportivas e entidades assistenciais, sem fins lucrativos.

§ 3º. Ao parcelamento previsto neste artigo, inclusive os requeridos e já concedidos, a partir de 29 de junho de 1998, aplicam-se os juros de que trata o art. 13.

§ 4º. Constitui condição para o deferimento do pedido de parcelamento e sua manutenção a inexistência de débitos em situação irregular, de tributos e contribuições federais de responsabilidade do sujeito passivo, vencidos posteriormente a 31 de dezembro de 1997.

§ 5º. O Ministro de Estado da Fazenda fixará requisitos e condições especiais para o parcelamento previsto no *caput* deste artigo.

Art. 16. Os débitos para com a Fazenda Nacional, decorrentes de avais e outras garantias honradas em operações externas e internas e os de natureza financeira transferidos à União por força da extinção de entidades públicas federais, existentes em 30 de setembro de 1996, incluindo eventuais repactuações, poderão ser parcelados com prazo de até 72 (setenta e dois) meses, desde que os pedidos de parcelamento sejam protocolizados até 15 de abril de 1997, obedecidos aos requisitos e demais condições estabelecidos nesta Lei.

§ 1º. O saldo devedor da dívida será atualizado no primeiro dia útil de cada mês, de acordo com a variação da Taxa Referencial – TR, ocorrida no mês anterior, acrescida de 12% a.a. (doze por cento ao ano), mais 0,5% a.a. (cinco décimos por cento ao ano) sobre o saldo devedor destinado à administração do crédito pelo agente financeiro.

§ 2º. O parcelamento será formalizado, mediante a celebração de contrato de confissão, consolidação e parcelamento de dívida, sem implicar novação, junto ao Banco do Brasil S.A., na qualidade de agente financeiro do Tesouro Nacional.

§ 3º. Os contratos de parcelamento das dívidas decorrentes de honra de aval em operações externas incluirão, obrigatoriamente, cláusula que autorize o bloqueio de recursos na rede bancária, à falta de pagamento de qualquer parcela, decorridos 30 (trinta) dias do vencimento.

Art. 17. Fica acrescentado o seguinte parágrafo ao art. 84 da Lei nº 8.981, de 1995:

"Art. 84. (...)

(...)

§ 8º O disposto neste artigo aplica-se aos demais créditos da Fazenda Nacional, cuja inscrição e cobrança como Dívida Ativa da União seja de competência da Procuradoria-Geral da Fazenda Nacional."

Art. 18. Ficam dispensados a constituição de créditos da Fazenda Nacional, a inscrição como Dívida Ativa da União, o ajuizamento da respectiva execução fiscal, bem assim cancelados o lançamento e a inscrição, relativamente:

I – à contribuição de que trata a Lei nº 7.689, de 15 de dezembro de 1988, incidente sobre o resultado apurado no período-base encerrado em 31 de dezembro de 1988;

II – ao empréstimo compulsório instituído pelo Decreto-lei nº 2.288, de 23 de julho de 1986, sobre a aquisição de veículos automotores e de combustível;

III – à contribuição ao Fundo de Investimento Social – FINSOCIAL, exigida das empresas exclusivamente vendedoras de mercadorias e mistas, com fundamento no art. 9º da Lei nº 7.689, de 1988, na alíquota superior a 0,5% (cinco décimos por cento), conforme Leis nºs 7.787, de 30 de junho de 1989, 7.894, de 24 de novembro de 1989, e 8.147, de 28 de dezembro de 1990, acrescida do adicional de 0,1% (um décimo por cento) sobre os fatos geradores relativos ao exercício de 1988, nos termos do art. 22 do Decreto-lei nº 2.397, de 21 de dezembro de 1987;

IV – ao imposto provisório sobre a movimentação ou a transmissão de valores e de créditos e direitos de natureza financeira – IPMF, instituído pela Lei Complementar 77, de 13 de julho de 1993, relativo ao ano-base 1993 e às imunidades previstas no art. 150, inciso VI, alíneas *a*, *b*, *c* e *d*, da Constituição;

V – à taxa de licenciamento de importação, exigida nos termos do art. 10 da Lei nº 2.145, de 29 de dezembro de 1953, com a redação da Lei nº 7.690, de 15 de dezembro de 1988;

- Resolução 11/2005 do Senado Federal: "Art. 1º. É suspensa a execução do art. 10 da Lei Federal 2.145/1953, com a redação da Lei Federal 8.387/1991, em virtude de declaração de inconstitucionalidade em decisão definitiva do STF, nos autos do Recurso Extraordinário nº 188.107-1 - Santa Catarina."

VI – à sobretarifa ao Fundo Nacional de Telecomunicações;

VII – ao adicional de tarifa portuária, salvo em se tratando de operações de importação e exportação de mercadorias quando objeto de comércio de navegação de longo curso;

VIII – à parcela da contribuição ao Programa de Integração Social exigida na forma do Decreto-lei nº 2.445, de 29 de junho de 1988, e do Decreto-lei nº 2.449, de 21 de julho de 1988, na parte que exceda o valor devido com fulcro na Lei Complementar nº 7, de 7 de setembro de 1970, e alterações posteriores;

- Resolução 49/1995 do Senado Federal: "Art. 1º. É suspensa a execução dos Decretos-Leis 2.445/1988, e 2.449/1988, declarados inconstitucionais por decisão definitiva proferida pelo STF no Recurso Extraordinário nº 148.754-2/210/Rio de Janeiro."

IX – à contribuição para o financiamento da seguridade social – COFINS, nos termos do art. 7º da Lei Complementar nº 70, de 30 de dezembro de 1991, com a redação dada pelo art. 1º da Lei Complementar nº 85, de 15 de fevereiro de 1996;

- MP 2.158-35/2001: Art. 93, II, b, que revogou o art. 7º da LC 70/1991 e o art. 1º da LC 85/1996.

X – à Cota de Contribuição revigorada pelo art. 2º do Decreto-Lei nº 2.295, de 21 de novembro de 1986. (Incluído pela Lei nº 11.051, de 2004)

- Resolução 28/2005 do Senado Federal: "Art. 1º É suspensa a execução dos arts. 2º e 4º do Decreto-Lei 2.295/1986, em virtude de declaração de inconstitucionalidade em decisão definitiva do STF, nos autos do Recurso Extraordinário nº 408.830-4 - Espírito Santo."

§ 1º. Ficam cancelados os débitos inscritos em Dívida Ativa da União, de valor consolidado igual ou inferior a R$ 100,00 (cem reais).

§ 2º. Os autos das execuções fiscais dos débitos de que trata este artigo serão arquivados mediante despacho do juiz, ciente o Procurador da Fazenda Nacional, salvo a existência de valor remanescente relativo a débitos legalmente exigíveis.

§ 3º. O disposto neste artigo não implicará restituição *ex officio* de quantia paga.

Art. 18-A. Comitê formado de integrantes do Conselho Administrativo de Recursos Fiscais, da Secretaria Especial da Receita Federal do Brasil do Ministério da Economia e da Procuradoria-Geral da Fazenda Nacional editará enunciados de súmula da administração tributária federal, conforme o disposto em ato do Ministro de Estado da Economia, que deverão ser observados nos atos administrativos, normativos e decisórios praticados pelos referidos órgãos. (Acrescido pela Lei 13.874/2019)

Art. 19. Fica a Procuradoria-Geral da Fazenda Nacional dispensada de contestar, de oferecer contrarrazões e de interpor recursos, e fica autorizada a desistir de recursos já interpostos, desde que inexista outro fundamento relevante, na hipótese em que a ação ou a decisão judicial ou administrativa versar sobre: (Redação dada pela Lei 13.874/2019)

I – matérias de que trata o art. 18;

II - tema que seja objeto de parecer, vigente e aprovado, pelo Procurador-Geral da Fazenda Nacional, que conclua no mesmo sentido do pleito do particular; (Redação dada pela Lei 13.874/2019)

III – (VETADO). (Incluído pela Lei nº 12.788, de 2013)

IV - tema sobre o qual exista súmula ou parecer do Advogado-Geral da União que conclua no mesmo sentido do pleito do particular; (Redação dada pela Lei 13.874/2019)

V - tema fundado em dispositivo legal que tenha sido declarado inconstitucional pelo Supremo Tribunal Federal em sede de controle difuso e tenha tido sua execução suspensa por resolução do Senado Federal, ou tema sobre o qual exista enunciado de súmula vinculante ou que tenha sido definido pelo Supremo Tribunal Federal em sentido desfavorável à Fazenda Nacional em sede de controle concentrado de constitucionalidade; (Redação dada pela Lei 13.874/2019)

VI - tema decidido pelo Supremo Tribunal Federal, em matéria constitucional, ou pelo Superior Tribunal de Justiça, pelo Tribunal Superior do Trabalho, pelo Tribunal Superior Eleitoral ou pela Turma Nacional de Uniformização de Jurisprudência, no âmbito de suas competências, quando: (Redação dada pela Lei 13.874/2019)

a) for definido em sede de repercussão geral ou recurso repetitivo; ou (Acrescida pela Lei 13.874/2019)

b) não houver viabilidade de reversão da tese firmada em sentido desfavorável à Fazenda Nacional, conforme critérios definidos em ato do Procurador-Geral da Fazenda Nacional; e (Acrescida pela Lei 13.874/2019)

VII - tema que seja objeto de súmula da administração tributária federal de que trata o art. 18-A desta Lei. (Redação dada pela Lei 13.874/2019)

§ 1º. Nas matérias de que trata este artigo, o Procurador da Fazenda Nacional que atuar no feito deverá, expressamente: (Redação dada pela Lei nº 12.844, de 2013)

I – reconhecer a procedência do pedido, quando citado para apresentar resposta, inclusive em embargos à execução fiscal e exceções de pré-executividade, hipóteses em que não haverá condenação em honorários; ou (Incluído pela Lei nº 12.844, de 2013)

II – manifestar o seu desinteresse em recorrer, quando intimado da decisão judicial. (Incluído pela Lei nº 12.844, de 2013)

§ 2º. A sentença, ocorrendo a hipótese do § 1º, não se subordinará ao duplo grau de jurisdição obrigatório.

§§ 3º a 5º. (Revogados pela Lei 13.874/2019)

§ 6º. (*VETADO*). (Incluído pela Lei nº 12.788, de 2013)

§ 7º (Revogado pela Lei 13.874/2019)

§ 8º O parecer da Procuradoria-Geral da Fazenda Nacional que examina a juridicidade de proposições normativas não se enquadra no disposto no inciso II do *caput* deste artigo. (Redação dada pela Lei 13.874/2019)

§ 9º A dispensa de que tratam os incisos V e VI do *caput* deste artigo poderá ser estendida a tema não abrangido pelo julgado, quando a ele forem aplicáveis os fundamentos determinantes extraídos do julgamento paradigma ou da jurisprudência consolidada, desde que inexista outro fundamento relevante que justifique a impugnação em juízo. (Acrescido pela Lei 13.874/2019)

§ 10. O disposto neste artigo estende-se, no que couber, aos demais meios de impugnação às decisões judiciais. (Acrescido pela Lei 13.874/2019)

§ 11. O disposto neste artigo aplica-se a todas as causas em que as unidades da Procuradoria-Geral da Fazenda Nacional devam atuar na qualidade de representante judicial ou de autoridade coatora. (Acrescido pela Lei 13.874/2019)

§ 12. Os órgãos do Poder Judiciário e as unidades da Procuradoria-Geral da Fazenda Nacional poderão, de comum acordo, realizar mutirões para análise do enquadramento de processos ou de recursos nas hipóteses previstas neste artigo e celebrar negócios processuais com fundamento no disposto no art. 190 da Lei nº 13.105, de 16 de março de 2015 (Código de Processo Civil). (Acrescido pela Lei 13.874/2019)

§ 13. Sem prejuízo do disposto no § 12 deste artigo, a Procuradoria-Geral da Fazenda Nacional regulamentará a celebração de negócios jurídicos processuais em seu âmbito de atuação, inclusive na cobrança administrativa ou judicial da dívida ativa da União. (Acrescido pela Lei 13.874/2019)

Art. 19-A. Os Auditores-Fiscais da Secretaria Especial da Receita Federal do Brasil não constituirão os créditos tributários relativos aos temas de que trata o art. 19 desta Lei, observado: (Acrescido pela Lei 13.874/2019)

I - o disposto no parecer a que se refere o inciso II do *caput* do art. 19 desta Lei, que será aprovado na forma do art. 42 da Lei Complementar nº 73, de 10 de fevereiro de 1993, ou que terá concordância com a sua aplicação pela Secretaria Especial da Receita Federal do Brasil do Ministério da Economia; (Redação dada pela Lei 13.874/2019)

II - o parecer a que se refere o inciso IV do *caput* do art. 19 desta Lei, que será aprovado na forma do disposto no art. 40 da Lei Complementar nº 73, de 10 de fevereiro de 1993, ou que, quando não aprovado por despacho do Presidente da República, terá concordância com a sua aplicação pelo Ministro de Estado da Economia; ou (Redação dada pela Lei 13.874/2019)

III - nas hipóteses de que tratam o inciso VI do *caput* e o § 9º do art. 19 desta Lei, a Procuradoria-Geral da Fazenda Nacional deverá manifestar-se sobre as matérias abrangidas por esses dispositivos. (Redação dada pela Lei 13.874/2019)

§ 1º Os Auditores-Fiscais da Secretaria Especial da Receita Federal do Brasil do Ministério da Economia adotarão, em suas decisões, o entendimento a que estiverem vinculados, inclusive para fins de revisão de ofício do lançamento e de repetição de indébito administrativa. (Redação dada pela Lei 13.874/2019)

§ 2º O disposto neste artigo aplica-se, no que couber, aos responsáveis pela retenção de tributos e, ao emitirem laudos periciais para atestar a existência de condições que gerem isenção de tributos, aos serviços médicos oficiais. (Redação dada pela Lei 13.874/2019)

Art. 19-B. Os demais órgãos da administração pública que administrem créditos tributários e não tributários passíveis de inscrição e de cobrança pela Procuradoria-Geral da Fazenda Nacional encontram-se dispensados de constituir e de promover a cobrança com fundamento nas hipóteses de dispensa de que trata o art. 19 desta Lei. (Acrescido pela Lei 13.874/2019)

Parágrafo único. A aplicação do disposto no *caput* deste artigo observará, no que couber, as disposições do art. 19-A desta Lei.

Art. 19-C. A Procuradoria-Geral da Fazenda Nacional poderá dispensar a prática de atos processuais, inclusive a desistência de recursos interpostos, quando o benefício patrimonial almejado com o ato não atender aos critérios de racionalidade, de economicidade e de eficiência. (Acrescido pela Lei 13.874/2019)

§ 1º O disposto no *caput* deste artigo inclui o estabelecimento de parâmetros de valor para a dispensa da prática de atos processuais.

§ 2º A aplicação do disposto neste artigo não implicará o reconhecimento da procedência do pedido formulado pelo autor.

§ 3º O disposto neste artigo aplica-se, inclusive, à atuação da Procuradoria-Geral da Fazenda Nacional no âmbito do contencioso administrativo fiscal.

Art. 19-D. À Procuradoria-Geral da União, à Procuradoria-Geral Federal e à Procuradoria-Geral do Banco Central do Brasil aplica-se, no que couber, o disposto nos arts. 19, 19-B e 19-C desta Lei, sem prejuízo do disposto na Lei nº 9.469, de 10 de julho de 1997. (Redação dada pela Lei 13.874/2019)

§ 1º Aos órgãos da administração pública federal direta, representados pela Procuradoria-Geral da União, e às autarquias e fundações públicas, representadas pela Procuradoria-Geral Federal ou pela Procuradoria-Geral do Banco Central do Brasil, aplica-se, no que couber, o disposto no art. 19-B desta Lei. (Redação dada pela Lei 13.874/2019)

§ 2º Ato do Advogado-Geral da União disciplinará o disposto neste artigo. (Acrescido pela Lei 13.874/2019)

Art. 19-E. Em caso de empate no julgamento do processo administrativo de determinação e exigência do crédito tributário, não se aplica o voto de qualidade a que se refere o § 9º do art. 25 do Decreto nº 70.235, de 6 de março de 1972, resolvendo-se favoravelmente ao contribuinte. (Acrescido pela Lei 13.988/2020)

Art. 20. Serão arquivados, sem baixa na distribuição, por meio de requerimento do Procurador da Fazenda Nacional, os autos das execuções fiscais de débitos inscritos em dívida ativa da União pela Procuradoria-Geral da Fazenda Nacional ou por ela cobrados, de valor consolidado igual ou inferior àquele estabelecido em ato do Procurador-Geral da Fazenda Nacional. (Redação dada pela Lei 13.874/2019)

§ 1º Os autos de execução a que se refere este artigo serão reativados quando os valores dos débitos ultrapassarem os limites indicados.

§ 2º. Serão extintas, mediante requerimento do Procurador da Fazenda Nacional, as execuções que versem exclusivamente sobre honorários devidos à Fazenda Nacional de valor igual ou inferior a R$ 1.000,00 (mil reais). (Redação dada pela Lei nº 11.033, de 2004)

§ 3º (Revogado pela Lei nº 13.043, de 2014).

§ 4º. No caso de reunião de processos contra o mesmo devedor, na forma do art. 28 da Lei nº 6.830, de 22 de setembro de 1980, para os fins de que trata o limite indicado no *caput* deste artigo, será considerada a soma dos débitos consolidados das inscrições reunidas. (Incluído pela Lei nº 11.033, de 2004)

Art. 20-A. Nos casos de execução contra a Fazenda Nacional, é a Procuradoria-Geral da Fazenda Nacional autorizada a não opor embargos, quando o valor pleiteado pelo exequente for inferior àquele fixado em ato do Ministro da Fazenda. (Incluído pela Lei nº 12.649, de 2012)

Art. 20-B. Inscrito o crédito em dívida ativa da União, o devedor será notificado para, em até cinco dias, efetuar o pagamento do valor atualizado monetariamente, acrescido de juros, multa e demais encargos nela indicados. (Incluído pela Lei nº 13.606, de 2018)

§ 1º A notificação será expedida por via eletrônica ou postal para o endereço do devedor e será considerada entregue depois de decorridos quinze dias da respectiva expedição. (Incluído pela Lei nº 13.606, de 2018)

§ 2º Presume-se válida a notificação expedida para o endereço informado pelo contribuinte ou responsável à Fazenda Pública. (Incluído pela Lei nº 13.606, de 2018)

§ 3º Não pago o débito no prazo fixado no *caput* deste artigo, a Fazenda Pública poderá: (Incluído pela Lei nº 13.606, de 2018)

I - comunicar a inscrição em dívida ativa aos órgãos que operam bancos de dados e cadastros relativos a consumidores e aos serviços de proteção ao crédito e congêneres; e (Incluído pela Lei nº 13.606, de 2018)

II - averbar, inclusive por meio eletrônico, a certidão de dívida ativa nos órgãos de registro de bens e direitos sujeitos a arresto ou penhora, tornando-os indisponíveis. (Incluído pela Lei nº 13.606, de 2018)

› ADIs nºs 5.881, 5.886, 5.890, 5.925, 5.931 e 5.932/2018- Parte final do inciso II, onde se lê "tornando-os indisponíveis", declarada inconstitucional, em controle concentrado, pelo STF - DOU de 17/12/2020

Art. 20-C. A Procuradoria-Geral da Fazenda Nacional poderá condicionar o ajuizamento de execuções fiscais à verificação de indícios de bens, direitos ou atividade econômica dos devedores ou corresponsáveis, desde que úteis à satisfação integral ou parcial dos débitos a serem executados. (Incluído pela Lei nº 13.606, de 2018)

Parágrafo único. Compete ao Procurador-Geral da Fazenda Nacional definir os limites, critérios e parâmetros para o ajuizamento da ação de que trata o *caput* deste artigo, observados os critérios de racionalidade, economicidade e eficiência. (Incluído pela Lei nº 13.606, de 2018)

Art. 20-D. Sem prejuízo da utilização das medidas judicias para recuperação e acautelamento dos créditos inscritos, se houver indícios da prática de ato ilícito previsto na legislação tributária, civil e empresarial como causa de responsabilidade de terceiros por parte do contribuinte, sócios, administradores, pessoas relacionadas e demais responsáveis, a Procuradoria-Geral da Fazenda Nacional poderá, a critério exclusivo da autoridade fazendária: (Incluído pela Lei nº 13.606, de 2018)

I - notificar as pessoas de que trata o *caput* deste artigo ou terceiros para prestar depoimentos ou esclarecimentos; (Incluído pela Lei nº 13.606, de 2018)

II - requisitar informações, exames periciais e documentos de autoridades federais, estaduais e municipais, bem como dos órgãos e entidades da Administração Pública direta, indireta ou fundacional, de qualquer dos Poderes da União, dos Estados, do Distrito Federal e dos Municípios; (Incluído pela Lei nº 13.606, de 2018)

III - instaurar procedimento administrativo para apuração de responsabilidade por débito inscrito em dívida ativa da União, ajuizado ou não, observadas, no que couber, as disposições da Lei no 9.784, de 29 de janeiro de 1999. (Incluído pela Lei nº 13.606, de 2018)

Art. 20-E. A Procuradoria-Geral da Fazenda Nacional editará atos complementares para o fiel cumprimento do disposto nos arts. 20-B, 20-C e 20-D desta Lei. (Incluído pela Lei nº 13.606, de 2018)

Art. 21. Fica isento do pagamento dos honorários de sucumbência o autor da demanda de natureza tributária, proposta contra a União (Fazenda Nacional), que desistir da ação e renunciar ao direito sobre que ela se funda, desde que:

I – a decisão proferida no processo de conhecimento não tenha transitado em julgado;

II – a renúncia e o pedido de conversão dos depósitos judiciais em renda da União sejam protocolizados até 15 de setembro de 1997.

Art. 22. O pedido poderá ser homologado pelo juiz, pelo relator do recurso, ou pelo presidente do tribunal, ficando extinto o crédito tributário, até o limite dos depósitos convertidos.

§ 1º. Na hipótese de a homologação ser da competência do relator ou do presidente do tribunal, incumbirá ao autor peticionar ao juiz de primeiro grau que houver apreciado o feito, informando a homologação da renúncia para que este determine, de imediato, a conversão dos depósitos em renda da União, independentemente do retorno dos autos do processo ou da respectiva ação cautelar à vara de origem.

§ 2º. A petição de que trata o § 1º deverá conter o número da conta a que os depósitos estejam vinculados e virá acompanhada de cópia da página do órgão oficial onde tiver sido publicado o ato homologatório.

§ 3º. Com a renúncia da ação principal deverão ser extintas todas as ações cautelares a ela vinculadas, nas quais não será devida verba de sucumbência.

Art. 23. O ofício para que o depositário proceda à conversão de depósito em renda deverá ser expedido no prazo máximo de 15 (quinze) dias, contado da data do despacho judicial que acolher a petição.

Art. 24. As pessoas jurídicas de direito público são dispensadas de autenticar as cópias reprográficas de quaisquer documentos que apresentem em juízo.

Art. 25. O termo de inscrição em Dívida Ativa da União, bem como o das autarquias e fundações públicas federais, a Certidão de Dívida Ativa dele extraída e a petição inicial em processo de execução fiscal poderão ser subscritos manualmente, ou por chancela mecânica ou eletrônica, observadas as disposições legais. (Redação dada pela Lei nº 11.941, de 2009)

Parágrafo único. O disposto no *caput* deste artigo aplica-se, também, à inscrição em Dívida Ativa e à cobrança judicial da contribuição, multas e demais encargos previstos na legislação respectiva, relativos ao Fundo de Garantia do Tempo de Serviço.

Art. 26. Fica suspensa a restrição para transferência de recursos federais a Estados, Distrito Federal e Municípios destinados à execução de ações sociais ou ações em faixa de fronteira, em decorrência de inadimplementos objetos de registro no Cadin e no Sistema Integrado de Administração Financeira do Governo Federal - SIAFI. (Redação dada pela Lei nº 12.810, de 2013)

Art. 26-A. O órgão ou entidade que receber recursos para execução de convênios, contratos de repasse e termos de parcerias na forma estabelecida pela legislação federal estará sujeito a prestar contas da sua boa e regular aplicação, observando-se o disposto nos §§ 1º a 10 deste artigo. (Incluído pela Lei nº 12.810, de 2013)

§ 1º. Norma específica disporá sobre o prazo para prestação de contas e instauração de tomada de contas especial, se for o caso. (Incluído pela Lei nº 12.810, de 2013)

§ 2º. Quando a prestação de contas não for encaminhada no prazo estabelecido, será concedido o prazo máximo de 30 (trinta) dias para sua apresentação, ou recolhimento dos recursos, incluídos os rendimentos da aplicação no mercado financeiro, atualizados monetariamente e acrescidos de juros de mora, na forma da lei. (Incluído pela Lei nº 12.810, de 2013)

§ 3º. Para os convênios em que não tenha havido qualquer execução física nem utilização dos recursos, o recolhimento à conta única do Tesouro deverá ocorrer sem a incidência de juros de mora, mas com os rendimentos da aplicação financeira. (Incluído pela Lei nº 12.810, de 2013)

§ 4º. Apresentada a prestação de contas, o concedente deverá apreciá-la aprovando ou rejeitando, total ou parcialmente, as contas, de forma motivada. (Incluído pela Lei nº 12.810, de 2013)

§ 5º. Na ocorrência de uma das hipóteses de inadimplência previstas nos §§ 1º a 4º, ou no caso de as contas prestadas serem rejeitadas total ou parcialmente, o concedente registrará a inadimplência no sistema de gestão do instrumento e comunicará o fato ao órgão de contabilidade analítica a que estiver vinculado, para fins de instauração de tomada de contas especial, ou outro procedimento de apuração no qual sejam garantidos oportunizados o contraditório e a ampla defesa das partes envolvidas. (Incluído pela Lei nº 12.810, de 2013)

§ 6º. Confirmada a existência de prejuízo ao erário ou desvio dos recursos na forma do § 5o, serão implementadas medidas administrativas ou judiciais para recuperação dos valores, sob pena de responsabilização solidária. (Incluído pela Lei nº 12.810, de 2013)

§ 7º. Cabe ao prefeito e ao governador sucessores prestarem contas dos recursos provenientes de convênios, contratos de repasse e termos de parcerias firmados pelos seus antecessores. (Incluído pela Lei nº 12.810, de 2013)

§ 8º. Na impossibilidade de atender ao disposto no § 7º, deverão ser apresentadas ao concedente justificativas que demonstrem o impedimento de prestar contas e solicitação de instauração de tomada de contas especial. (Incluído pela Lei nº 12.810, de 2013)

§ 9º. Adotada a providência prevista no § 8o, o registro de inadimplência do órgão ou entidade será suspenso, no prazo de até 48 (quarenta e oito) horas, pelo concedente. (Incluído pela Lei nº 12.810, de 2013)

§ 10. Norma específica disporá sobre o prazo para registro de inadimplência no sistema de gestão do instrumento e a forma de notificação prévia com os referidos prazos. (Incluído pela Lei nº 12.810, de 2013)

Art. 27. Não cabe recurso de ofício das decisões prolatadas pela Secretaria da Receita Federal do Brasil, em processos relativos a tributos administrados por esse órgão: (Redação dada pela Lei nº 12.788, de 2013)

I – quando se tratar de pedido de restituição de tributos; (Incluído pela Lei nº 12.788, de 2013)

II – quando se tratar de ressarcimento de créditos do Imposto sobre Produtos Industrializados - IPI, da Contribuição para o PIS/Pasep e da Contribuição para o Financiamento da Seguridade Social - COFINS; (Incluído pela Lei nº 12.788, de 2013)

III – quando se tratar de reembolso do salário-família e do salário-maternidade; (Incluído pela Lei nº 12.788, de 2013)

IV – quando se tratar de homologação de compensação; (Incluído pela Lei nº 12.788, de 2013)

V – nos casos de redução de penalidade por retroatividade benigna; e (Incluído pela Lei nº 12.788, de 2013)

VI – nas hipóteses em que a decisão estiver fundamentada em decisão proferida em ação direta de inconstitucionalidade, em súmula vinculante proferida pelo Supremo Tribunal Federal e no disposto no § 6º do art. 19. (Incluído pela Lei nº 12.788, de 2013)

Art. 28. O inciso II do art. 3º da Lei nº 8.748, de 9 de dezembro de 1993, passa a ter a seguinte redação:

"(...)

II – julgar recurso voluntário de decisão de primeira instância nos processos relativos a restituição de impostos e contribuições e a ressarcimento de créditos do Imposto sobre Produtos Industrializados.

(...)"

Art. 29. Os débitos de qualquer natureza para com a Fazenda Nacional e os decorrentes de contribuições arrecadadas pela União, constituídos ou não, cujos fatos geradores tenham ocorrido até 31 de dezembro de 1994, que não hajam sido objeto de parcelamento requerido até 31 de agosto de 1995, expressos em quantidade de UFIR, serão reconvertidos para Real, com base no valor daquela fixado para 1º de janeiro de 1997.

§ 1º. A partir de 1º de janeiro de 1997, os créditos apurados serão lançados em Reais.

§ 2º. Para fins de inscrição dos débitos referidos neste artigo em Dívida Ativa da União, deverá ser informado à Procuradoria-Geral da Fazenda Nacional o valor originário dos mesmos, na moeda vigente à época da ocorrência do fato gerador da obrigação.

§ 3º. Observado o disposto neste artigo, bem assim a atualização efetuada para o ano de 2000, nos termos do art. 75 da Lei nº 9.430, de 27 de dezembro de 1996, fica extinta a Unidade Fiscal de Referência – UFIR, instituída pelo art. 1º da Lei nº 8.383, de 30 de dezembro de 1991.

Art. 30. Em relação aos débitos referidos no art. 29, bem como aos inscritos em Dívida Ativa da União, passam a incidir, a partir de 1º de janeiro de 1997, juros de mora equivalentes à taxa referencial do Sistema Especial de Liquidação e de Custódia – SELIC para títulos federais, acumulada mensalmente, até o último dia do mês anterior ao do pagamento, e de 1% (um por cento) no mês de pagamento.

Art. 31. Ficam dispensados a constituição de créditos da Comissão de Valores Mobiliários – CVM, a inscrição na sua Dívida Ativa e o ajuizamento da respectiva execução fiscal, bem assim cancelados o lançamento e a inscrição relativamente:

I – à taxa de fiscalização e seus acréscimos, de que trata a Lei nº 7.940, de 20 de dezembro de 1989, devida a partir de 1º de janeiro de 1990 àquela autarquia, pelas companhias fechadas beneficiárias de incentivos fiscais;

II – às multas cominatórias que tiverem sido aplicadas a essas companhias nos termos da Instrução CVM 92, de 8 de dezembro de 1988.

§ 1º O disposto neste artigo somente se aplica àquelas companhias que tenham patrimônio líquido igual ou inferior a R$ 10.000.000,00 (dez milhões de reais), conforme demonstrações financeiras do último exercício social, devidamente auditadas por auditor independente registrado na CVM e procedam ao cancelamento do seu registro na CVM, mediante oferta pública de aquisição da totalidade desses títulos, nos termos do art. 20 e seguintes da Instrução CVM nº 265, de 18 de julho de 1997, caso tenham ações disseminadas no mercado, em 31 de outubro de 1997.

§ 2º Os autos das execuções fiscais dos débitos de que trata este artigo serão arquivados mediante despacho do juiz, ciente o Procurador da CVM, salvo a existência de valor remanescente relativo a débitos legalmente exigíveis.

§ 3º O disposto neste artigo não implicará restituição de quantias pagas.

Art. 32. O art. 33 do Decreto nº 70.235, de 6 de março de 1972, que, por delegação do Decreto-lei 822, de 5 de setembro de 1969, regula o processo administrativo de determinação e exigência de créditos tributários da União, passa a vigorar com a seguinte alteração:

- Adin 1.976-7/DF: "[...] No mérito, o Tribunal julgou, por unanimidade, procedente a ação direta para declarar a inconstitucionalidade do artigo 32 da Medida Provisória nº 1.699-41/1998, convertida na Lei 10.522/2002, que deu nova redação ao artigo 33, § 2º, do Decreto 70.235/1972, [...]".

"Art. 33. (...)

§ 1º No caso de provimento a recurso de ofício, o prazo para interposição de recurso voluntário começará a fluir da ciência, pelo sujeito passivo, da decisão proferida no julgamento do recurso de ofício.

§ 2º Em qualquer caso, o recurso voluntário somente terá seguimento se o recorrente arrolar bens e direitos de valor equivalente a 30% (trinta por cento) da exigência fiscal definida na decisão, limitado o arrolamento, sem prejuízo do seguimento do recurso, ao total do ativo permanente se pessoa jurídica ou ao patrimônio se pessoa física.

§ 3º. O arrolamento de que trata o § 2º será realizado preferencialmente sobre bens imóveis.

§ 4º. O Poder Executivo editará as normas regulamentares necessárias à operacionalização do arrolamento previsto no § 2º."

Art. 33. (*VETADO*).

Art. 34. Fica acrescentado o seguinte parágrafo ao art. 98 da Lei nº 8.212, de 24 de julho de 1991:

- Alteração incorporada ao texto da referida lei.

Art. 35. As certidões expedidas pelos órgãos da administração fiscal e tributária poderão ser emitidas pela internet (rede mundial de computadores) com as seguintes características:

I – serão válidas independentemente de assinatura ou chancela de servidor dos órgãos emissores;

II – serão instituídas pelo órgão emissor mediante ato específico publicado no *Diário Oficial da União* onde conste o modelo do documento.

Art. 36. O inciso II do art. 11 da Lei nº 9.641, de 25 de maio de 1998, passa a vigorar com a seguinte redação:

"II – o pagamento da gratificação será devido até que seja definida e implementada a estrutura de apoio administrativo da Procuradoria-Geral da Fazenda Nacional.

(...)"

Art. 37. Os créditos do Banco Central do Brasil passíveis de inscrição e cobrança como Dívida Ativa e não pagos nos prazos previstos serão acrescidos de: (Redação dada pela Lei nº 12.548, de 2011)

I – juros de mora, contados do primeiro dia do mês subsequente ao do vencimento, equivalentes à taxa referencial do Sistema Especial de Liquidação e de Custódia – SELIC para os títulos federais, acumulada mensalmente, até o último dia do mês anterior ao do pagamento, e de 1% (um por cento) no mês do pagamento; (Redação dada pela Lei nº 12.548, de 2011)

II – multa de mora de 2% (dois por cento), a partir do primeiro dia após o vencimento do débito, acrescida, a cada 30 (trinta) dias, de igual percentual, até o limite de 20% (vinte por cento), incidente sobre o valor atualizado na forma do inciso I do *caput* deste artigo. (Redação dada pela Lei nº 12.548, de 2011)

§ 1º. Os juros de mora incidentes sobre os créditos provenientes de multas impostas em processo administrativo punitivo que, em razão de recurso, tenham sido confirmadas pela instância superior contam-se do primeiro dia do mês subsequente ao do vencimento, previsto na intimação da decisão de primeira instância. (Redação dada pela Lei nº 12.548, de 2011)

§ 2º. Os créditos referidos no *caput* deste artigo poderão ser parcelados em até 30 (trinta) parcelas mensais, a exclusivo critério do Banco Central do Brasil, na forma e condições por ele estabelecidas, incidindo sobre cada parcela a pagar os juros de mora previstos neste artigo. (Redação dada pela Lei nº 12.548, de 2011)

Art. 37-A. Os créditos das autarquias e fundações públicas federais, de qualquer natureza, não pagos nos prazos previstos na legislação, serão acrescidos de juros e multa de mora, calculados nos termos e na forma da legislação aplicável aos tributos federais. (Incluído pela Lei nº 11.941, de 2009)

§ 1º. Os créditos inscritos em Dívida Ativa serão acrescidos de encargo legal, substitutivo da condenação do devedor em honorários advocatícios, calculado nos termos e na forma da legislação aplicável à Dívida Ativa da União. (Incluído pela Lei nº 11.941, de 2009)

§ 2º. O disposto neste artigo não se aplica aos créditos do Banco Central do Brasil. (Incluído pela Lei nº 11.941, de 2009)

Art. 37-B. Os créditos das autarquias e fundações públicas federais, de qualquer natureza, poderão ser parcelados em até 60 (sessenta) prestações mensais. (Incluído pela Lei nº 11.941, de 2009)

§ 1º. O disposto neste artigo somente se aplica aos créditos inscritos em Dívida Ativa e centralizados nas Procuradorias Regionais Federais, Procuradorias Federais nos Estados e Procuradorias Seccionais Federais, nos termos dos §§ 11 e 12 do art. 10 da Lei nº 10.480, de 2 de julho de 2002, e do art. 22 da Lei nº 11.457, de 16 de março de 2007. (Incluído pela Lei nº 11.941, de 2009)

§ 2º. O parcelamento terá sua formalização condicionada ao prévio pagamento da primeira prestação, conforme o montante do débito e o prazo solicitado, observado o disposto no § 9º deste artigo. (Incluído pela Lei nº 11.941, de 2009)

§ 3º. Enquanto não deferido o pedido, o devedor fica obrigado a recolher, a cada mês, o valor correspondente a uma prestação. (Incluído pela Lei nº 11.941, de 2009)

§ 4º. O não cumprimento do disposto neste artigo implicará o indeferimento do pedido. (Incluído pela Lei nº 11.941, de 2009)

§ 5º. Considerar-se-á automaticamente deferido o parcelamento, em caso de não manifestação da autoridade competente no prazo de 90 (noventa) dias, contado da data da protocolização do pedido. (Incluído pela Lei nº 11.941, de 2009)

§ 6º. O pedido de parcelamento deferido constitui confissão de dívida e instrumento hábil e suficiente para exigência do crédito, podendo a exatidão dos valores parcelados ser objeto de verificação. (Incluído pela Lei nº 11.941, de 2009)

§ 7º. O débito objeto de parcelamento será consolidado na data do pedido. (Incluído pela Lei nº 11.941, de 2009)

§ 8º. O devedor pagará as custas, emolumentos e demais encargos legais. (Incluído pela Lei nº 11.941, de 2009)

§ 9º. O valor mínimo de cada prestação mensal será definido por ato do Procurador-Geral Federal. (Incluído pela Lei nº 11.941, de 2009)

§ 10. O valor de cada prestação mensal, por ocasião do pagamento, será acrescido de juros equivalentes à taxa referencial do Sistema Especial de Liquidação e de Custódia – SELIC para títulos federais, acumulada mensalmente, calculados a partir do mês subsequente ao da consolidação até o mês anterior ao do pagamento, e de 1% (um por cento) relativamente ao mês em que o pagamento estiver sendo efetuado. (Incluído pela Lei nº 11.941, de 2009)

§ 11. A falta de pagamento de 3 (três) parcelas, consecutivas ou não, ou de uma parcela, estando pagas todas as demais, implicará a imediata rescisão do parcelamento e, conforme o caso, o prosseguimento da cobrança. (Incluído pela Lei nº 11.941, de 2009)

§ 12. Atendendo ao princípio da economicidade, observados os termos, os limites e as condições estabelecidos em ato do Procurador-Geral Federal, poderá ser concedido, de ofício ou a pedido, parcelamento simplificado, importando o pagamento da primeira prestação em confissão de dívida e instrumento hábil e suficiente para a exigência do crédito. (Incluído pela Lei nº 11.941, de 2009)

§ 13. Observadas as condições previstas neste artigo, será admitido reparcelamento dos débitos, inscritos em Dívida Ativa das autarquias e fundações públicas federais, constantes de parcelamento em andamento ou que tenha sido rescindido. (Incluído pela Lei nº 11.941, de 2009)

§ 14. A formalização do pedido de reparcelamento fica condicionada ao recolhimento da primeira parcela em valor correspondente a: (Incluído pela Lei nº 11.941, de 2009)

I – 10% (dez por cento) do total dos débitos consolidados; ou (Incluído pela Lei nº 11.941, de 2009)

II – 20% (vinte por cento) do total dos débitos consolidados, caso haja débito com histórico de reparcelamento anterior. (Incluído pela Lei nº 11.941, de 2009)

§ 15. Aplicam-se subsidiariamente aos pedidos de reparcelamento, naquilo que não os contrariar, as demais disposições relativas ao parcelamento previstas neste artigo. (Incluído pela Lei nº 11.941, de 2009)

§ 16. O parcelamento de que trata este artigo será requerido exclusivamente perante as Procuradorias Regionais Federais, as Procuradorias Federais nos Estados e as Procuradorias Seccionais Federais. (Incluído pela Lei nº 11.941, de 2009)

§ 17. A concessão do parcelamento dos débitos a que se refere este artigo compete privativamente às Procuradorias Regionais Federais, às Procuradorias Federais nos Estados e às Procuradorias Seccionais Federais. (Incluído pela Lei nº 11.941, de 2009)

§ 18. A Procuradoria-Geral Federal editará atos necessários à execução do parcelamento de que trata este artigo. (Incluído pela Lei nº 11.941, de 2009)

§ 19. Mensalmente, a Procuradoria-Geral Federal divulgará, no sítio da Advocacia-Geral da União, demonstrativos dos parcelamentos concedidos no âmbito de sua competência. (Incluído pela Lei nº 11.941, de 2009)

§ 20. Ao disposto neste artigo aplicam-se subsidiariamente as regras previstas nesta Lei para o parcelamento dos créditos da Fazenda Nacional. (Incluído pela Lei nº 11.941, de 2009)

Art. 37-C. A Advocacia-Geral da União poderá celebrar os convênios de que trata o art. 46 da Lei nº 11.457, de 16 de março de 2007, em relação às informações de pessoas físicas ou jurídicas que tenham débito inscrito em Dívida Ativa das autarquias e fundações públicas federais. (Incluído pela Lei nº 11.941, de 2009)

Art. 38. Ficam convalidados os atos praticados com base na Medida Provisória nº 2.176-79, de 23 de agosto de 2001.

Art. 39. Ficam revogados o art. 11 do Decreto-lei nº 352, de 17 de junho de 1968, e alterações posteriores; o art. 10 do Decreto-lei nº 2.049, de 1º de agosto de 1983; o art. 11 do Decreto-lei nº 2.052, de 3 de agosto de 1983; o art. 11 do Decreto-lei nº 2.163, de 19 de setembro de 1984; os arts. 91, 93 e 94 da Lei nº 8.981, de 20 de janeiro de 1995.

Art. 40. Esta Lei entra em vigor na data de sua publicação.

Brasília, 19 de julho de 2002; 181º da Independência e 114º da República.

FERNANDO HENRIQUE CARDOSO

Publicado no D.O.U. 22.7.2002

LEI Nº 10.637, DE 30 DE DEZEMBRO DE 2002

Dispõe sobre a não cumulatividade na cobrança da contribuição para os Programas de Integração Social (PIS) e de Formação do Patrimônio do Servidor Público (Pasep), nos casos que especifica; sobre o pagamento e o parcelamento de débitos tributários federais, a compensação de créditos fiscais, a declaração de inaptidão de inscrição de pessoas jurídicas, a legislação aduaneira, e dá outras providências.

- *PIS-PASESP*

O PRESIDENTE DA REPÚBLICA Faço saber que o Congresso Nacional decreta e eu sanciono a seguinte Lei:

- Lei 10.833/2003: art. 15.
- v. IN 1.469/2014 da RFB – Disciplina a aplicação das disposições referentes à opção pelos efeitos em 2014, previstas na Lei 12.973/2014.

CAPÍTULO I. DA COBRANÇA NÃO CUMULATIVA DO PIS E DO PASEP

Art. 1º. A Contribuição para o PIS/Pasep, com a incidência não cumulativa, incide sobre o total das receitas auferidas no mês pela pessoa jurídica, independentemente de sua denominação ou classificação contábil. (Redação dada pela Lei nº 12.973, de 2014)

§ 1º. Para efeito do disposto neste artigo, o total das receitas compreende a receita bruta de que trata o art. 12 do Decreto-Lei nº 1.598, de 26 de dezembro de 1977, e todas as demais receitas auferidas pela pessoa jurídica com os respectivos valores decorrentes do ajuste a valor presente de que trata o inciso VIII do *caput* do art. 183 da Lei nº 6.404, de 15 de dezembro de 1976. (Redação dada pela Lei nº 12.973, de 2014)

§ 2º. A base de cálculo da Contribuição para o PIS/Pasep é o total das receitas auferidas pela pessoa jurídica, conforme definido no *caput* e no § 1º. (Redação dada pela Lei nº 12.973, de 2014)

§ 3º. Não integram a base de cálculo a que se refere este artigo, as receitas:

I – decorrentes de saídas isentas da contribuição ou sujeitas à alíquota zero;

II – (VETADO);

III – auferidas pela pessoa jurídica revendedora, na revenda de mercadorias em relação às quais a contribuição seja exigida da empresa vendedora, na condição de substituta tributária;

› Lei 10.865/2004: art. 16.

IV – (Revogado pela Lei nº 11.727, de 2008);

V – referentes a:

a) vendas canceladas e aos descontos incondicionais concedidos;

b) reversões de provisões e recuperações de créditos baixados como perda, que não representem ingresso de novas receitas, o resultado positivo da avaliação de investimentos pelo valor do patrimônio líquido e os lucros e dividendos derivados de participações societárias, que tenham sido computados como receita; (Redação dada pela Lei nº 12.973, de 2014)

VI – de que trata o inciso IV do *caput* do art. 187 da Lei nº 6.404, de 15 de dezembro de 1976, decorrentes da venda de bens do ativo não circulante, classificado como investimento, imobilizado ou intangível; (Redação dada pela Lei nº 12.973, de 2014)

VII – decorrentes de transferência onerosa a outros contribuintes do Imposto sobre Operações relativas à Circulação de Mercadorias e sobre Prestações de Serviços de Transporte Interestadual e Intermunicipal e de Comunicação – ICMS de créditos de ICMS originados de operações de exportação, conforme o disposto no inciso II do § 1º do art. 25 da Lei Complementar nº 87, de 13 de setembro de 1996. (Incluído pela Lei nº 11.945, de 2009)

VIII – financeiras decorrentes do ajuste a valor presente de que trata o inciso VIII do *caput* do art. 183 da Lei nº 6.404, de 15 de dezembro de 1976, referentes a receitas excluídas da base de cálculo da Contribuição para o PIS/Pasep; (Incluído pela Lei nº 12.973, de 2014)

IX – relativas aos ganhos decorrentes de avaliação de ativo e passivo com base no valor justo; (Incluído pela Lei nº 12.973, de 2014)

X – de subvenções para investimento, inclusive mediante isenção ou redução de impostos, concedidas como estímulo à implantação ou expansão de empreendimentos econômicos e de doações feitas pelo poder público; (Incluído pela Lei nº 12.973, de 2014)

XI – reconhecidas pela construção, recuperação, reforma, ampliação ou melhoramento da infraestrutura, cuja contrapartida seja ativo intangível representativo de direito de exploração, no caso de contratos de concessão de serviços públicos; (Incluído pela Lei nº 12.973, de 2014)

XII – relativas ao valor do imposto que deixar de ser pago em virtude das isenções e reduções de que tratam as alíneas "a", "b", "c" e "e" do § 1o do art. 19 do Decreto-Lei nº 1.598, de 26 de dezembro de 1977; e (Incluído pela Lei nº 12.973, de 2014)

XIII – relativas ao prêmio na emissão de debêntures. (Incluído pela Lei nº 12.973, de 2014)

Art. 2º. Para determinação do valor da contribuição para o PIS/Pasep aplicar-se-á, sobre a base de cálculo apurada conforme o disposto no art. 1º, a alíquota de 1,65% (um inteiro e sessenta e cinco centésimos por cento).

› Lei 11.051/2004: art. 2º, § 1º.

§ 1º. Excetua-se do disposto no *caput* a receita bruta auferida pelos produtores ou importadores, que devem aplicar as alíquotas previstas: (Incluído pela Lei nº 10.865, de 2004)

I – nos incisos I a III do art. 4º da Lei nº 9.718, de 27 de novembro de 1998, e alterações posteriores, no caso de venda de gasolinas e suas correntes, exceto gasolina de aviação, óleo diesel e suas correntes e gás liquefeito de petróleo – GLP derivado de petróleo e de gás natural; (Redação dada pela Lei nº 10.925, de 2004)

II – no inciso I do art. 1º da Lei nº 10.147, de 21 de dezembro de 2000, e alterações posteriores, no caso de venda de produtos farmacêuticos, de perfumaria, de toucador ou de higiene pessoal nele relacionados; (Incluído pela Lei nº 10.865, de 2004)

III – no art. 1º da Lei nº 10.485, de 3 de julho de 2002, e alterações posteriores, no caso de venda de máquinas e veículos classificados nos códigos 84.29, 8432.40.00, 84.32.80.00, 8433.20, 8433.30.00, 8433.40.00, 8433.5, 87.01, 87.02, 87.03, 87.04, 87.05 e 87.06, da TIPI; (Incluído pela Lei nº 10.865, de 2004)

IV – no inciso II do art. 3º da Lei nº 10.485, de 3 de julho de 2002, no caso de vendas para comerciante atacadista ou varejista ou para consumidores, de autopeças relacionadas nos Anexos I e II da mesma Lei; (Incluído pela Lei nº 10.865, de 2004)

V – no *caput* do art. 5º da Lei nº 10.485, de 3 de julho de 2002, e alterações posteriores, no caso de venda dos produtos classificados nas posições 40.11 (pneus novos de borracha) e 40.13 (câmaras-de-ar de borracha), da TIPI; (Incluído pela Lei nº 10.865, de 2004)

VI – no art. 2º da Lei nº 10.560, de 13 de novembro de 2002, e alterações posteriores, no caso de venda de querosene de aviação; (Incluído pela Lei nº 10.865, de 2004)

VII – (Revogado pela Lei nº 13.097, de 2015).

VIII – (Revogado pela Lei nº 13.097, de 2015).

IX – (Revogado pela Lei nº 13.097, de 2015).

X – no art. 23 da Lei nº 10.865, de 30 de abril de 2004, no caso de venda de gasolinas e suas correntes, exceto gasolina de aviação, óleo diesel e suas correntes, querosene de aviação, gás liquefeito de petróleo – GLP derivado de petróleo e de gás natural. (Incluído pela Lei nº 10.925, de 2004)

§ 1º-A. Excetua-se do disposto no *caput* deste artigo a receita bruta auferida pelos produtores, importadores ou distribuidores com a venda de álcool, inclusive para fins carburantes, à qual se aplicam as alíquotas previstas no *caput* e no § 4º do art. 5º da Lei nº 9.718, de 27 de novembro de 1998. (Incluído pela Lei nº 11.727, de 2008).

§2º. Excetua-se do disposto no *caput* deste artigo a receita bruta decorrente da venda de papel imune a impostos de que trata o art. 150, inciso VI, alínea d, da Constituição Federal, quando destinado à impressão de periódicos, que fica sujeita à alíquota de 0,8% (oito décimos por cento). (Incluído pela Lei nº 10.865, de 2004)

§ 3º. Fica o Poder Executivo autorizado a reduzir a 0 (zero) e a restabelecer a alíquota incidente sobre receita bruta decorrente da venda de produtos químicos e farmacêuticos, classificados nos Capítulos 29 e 30 da TIPI, sobre produtos destinados ao uso em hospitais, clínicas e consultórios médicos e odontológicos, campanhas de saúde realizadas pelo poder público, laboratório de anatomia patológica, citológica ou de análises clínicas, classificados nas posições 30.02, 30.06, 39.26, 40.15 e 90.18, e sobre semens e embriões da posição 05.11, todos da TIPI. (Redação dada pela Lei nº 11.488, de 2007)

§ 4º. Excetua-se do disposto no *caput* deste artigo a receita bruta auferida por pessoa jurídica industrial estabelecida na Zona Franca de Manaus, decorrente da venda de produção própria, consoante projeto aprovado pelo Conselho de Administração da Superintendência da Zona Franca de Manaus – SUFRAMA, que fica sujeita, ressalvado o disposto nos §§ 1º a 3º deste artigo, às alíquotas de: (Incluído pela Lei nº 10.996, de 2004)

I – 0,65% (sessenta e cinco centésimos por cento), no caso de venda efetuada a pessoa jurídica estabelecida: (Incluído pela Lei nº 10.996, de 2004)

a) na Zona Franca de Manaus; e (Incluído pela Lei nº 10.996, de 2004)

b) fora da Zona Franca de Manaus, que apure a Contribuição para o PIS/PASEP no regime de não cumulatividade; (Incluído pela Lei nº 10.996, de 2004)

II – 1,3% (um inteiro e três décimos por cento), no caso de venda efetuada a: (Incluído pela Lei nº 10.996, de 2004)

a) pessoa jurídica estabelecida fora da Zona Franca de Manaus, que apure o imposto de renda com base no lucro presumido; (Incluído pela Lei nº 10.996, de 2004)

b) pessoa jurídica estabelecida fora da Zona Franca de Manaus, que apure o imposto de renda com base no lucro real e que tenha sua receita, total ou parcialmente, excluída do regime de incidência não cumulativa da Contribuição para o PIS/PASEP; (Incluído pela Lei nº 10.996, de 2004)

c) pessoa jurídica estabelecida fora da Zona Franca de Manaus e que seja optante pelo Sistema Integrado de Pagamento de Impostos e Contribuições – SIMPLES; e (Incluído pela Lei nº 10.996, de 2004)

d) órgãos da administração federal, estadual, distrital e municipal. (Incluído pela Lei nº 10.996, de 2004)

§ 5º. O disposto no § 4º também se aplica à receita bruta auferida por pessoa jurídica industrial ou comercial estabelecida nas Áreas de Livre Comércio de que tratam as Leis nºs 7.965, de 22 de dezembro de 1989, 8.210, de 19 de julho de 1991, e 8.256, de 25 de novembro de 1991, o art. 11 da Lei nº 8.387, de 30 de dezembro de 1991, e a Lei nº 8.857, de 8 de março de 1994. (Incluído pela Lei nº 11.945, de 2009).

§ 6º. A exigência prevista no § 4º deste artigo relativa ao projeto aprovado não se aplica às pessoas jurídicas comerciais referidas no § 5º deste artigo. (Incluído pela Lei nº 11.945, de 2009).

Art. 3º. Do valor apurado na forma do art. 2º a pessoa jurídica poderá descontar créditos calculados em relação a:

› Decreto 8.212/2014: art. 4º.

I – bens adquiridos para revenda, exceto em relação às mercadorias e aos produtos referidos: (Redação dada pela Lei nº 10.865, de 2004)

a) no inciso III do § 3º do art. 1º desta Lei; e (Redação dada pela Lei nº 11.727, de 2008) *b)* nos §§ 1º e 1º-A do art. 2º desta Lei; (Redação dada pela Lei nº 11.787, de 2008)

II – bens e serviços, utilizados como insumo na prestação de serviços e na produção ou fabricação de bens ou produtos destinados à venda, inclusive combustíveis e lubrificantes, exceto em relação ao pagamento de que trata o art. 2º da Lei nº 10.485, de 3 de julho de 2002, devido pelo fabricante ou importador, ao concessionário, pela intermediação ou entrega dos veículos classificados nas posições 87.03 e 87.04 da TIPI; (Redação dada pela Lei nº 10.865, de 2004)

▸ Lei 11.051/2004: art. 9º.

III – (VETADO);

IV – aluguéis de prédios, máquinas e equipamentos, pagos a pessoa jurídica, utilizados nas atividades da empresa;

V – valor das contraprestações de operações de arrendamento mercantil de pessoa jurídica, exceto de optante pelo Sistema Integrado de Pagamento de Impostos e Contribuições das Microempresas e das Empresas de Pequeno Porte – SIMPLES; (Redação dada pela Lei nº 10.865, de 2004)

VI – máquinas, equipamentos e outros bens incorporados ao ativo imobilizado, adquiridos ou fabricados para locação a terceiros ou para utilização na produção de bens destinados à venda ou na prestação de serviços. (Redação dada pela Lei nº 11.196, de 2005)

VII – edificações e benfeitorias em imóveis de terceiros, quando o custo, inclusive de mão de obra, tenha sido suportado pela locatária;

VIII – bens recebidos em devolução, cuja receita de venda tenha integrado faturamento do mês ou de mês anterior, e tributada conforme o disposto nesta Lei.

IX – energia elétrica e energia térmica, inclusive sob a forma de vapor, consumidas nos estabelecimentos da pessoa jurídica. (Redação dada pela Lei nº 11.488, de 2007)

X – vale-transporte, vale-refeição ou vale-alimentação, fardamento ou uniforme fornecidos aos empregados por pessoa jurídica que explore as atividades de prestação de serviços de limpeza, conservação e manutenção. (Incluído pela Lei nº 11.898, de 2009)

XI – bens incorporados ao ativo intangível, adquiridos para utilização na produção de bens destinados a venda ou na prestação de serviços. (Incluído pela Lei nº 12.973, de 2014)

§ 1º. O crédito será determinado mediante a aplicação da alíquota prevista no *caput* do art. 2º desta Lei sobre o valor: (Redação dada pela Lei nº 10.865, de 2004)

I – dos itens mencionados nos incisos I e II do *caput*, adquiridos no mês;

II – dos itens mencionados nos incisos IV, V e IX do *caput*, incorridos no mês; (Redação dada pela Lei nº 10.684, de 2003)

III – dos encargos de depreciação e amortização dos bens mencionados nos incisos VI, VII e XI do *caput*, incorridos no mês; (Redação dada pela Lei nº 12.973, de 2014)

▸ Lei 11.051/2004: art. 2º.

IV – dos bens mencionados no inciso VIII do *caput*, devolvidos no mês.

§ 2º. Não dará direito a crédito o valor: (Redação dada pela Lei nº 10.865, de 2004)

I – de mão de obra paga a pessoa física; e (Incluído pela Lei nº 10.865, de 2004)

II – da aquisição de bens ou serviços não sujeitos ao pagamento da contribuição, inclusive no caso de isenção, esse último quando revendidos ou utilizados como insumo em produtos ou serviços sujeitos à alíquota 0 (zero), isentos ou não alcançados pela contribuição. (Incluído pela Lei nº 10.865, de 2004)

§ 3º. O direito ao crédito aplica-se, exclusivamente, em relação:

I – aos bens e serviços adquiridos de pessoa jurídica domiciliada no País;

II – aos custos e despesas incorridos, pagos ou creditados a pessoa jurídica domiciliada no País;

III – aos bens e serviços adquiridos e aos custos e despesas incorridos a partir do mês em que se iniciar a aplicação do disposto nesta Lei.

§ 4º. O crédito não aproveitado em determinado mês poderá sê-lo nos meses subsequentes.

§ 5º. (VETADO).

§ 6º. (VETADO).

§ 7º. Na hipótese de a pessoa jurídica sujeitar-se à incidência não cumulativa da contribuição para o PIS/Pasep, em relação apenas a parte de suas receitas, o crédito será apurado, exclusivamente, em relação aos custos, despesas e encargos vinculados a essas receitas.

§ 8º. Observadas as normas a serem editadas pela Secretaria da Receita Federal, no caso de custos, despesas e encargos vinculados às receitas referidas no § 7º e àquelas submetidas ao regime de incidência cumulativa dessa contribuição, o crédito será determinado, a critério da pessoa jurídica, pelo método de:

I – apropriação direta, inclusive em relação aos custos, por meio de sistema de contabilidade de custos integrada e coordenada com a escrituração; ou

II – rateio proporcional, aplicando-se aos custos, despesas e encargos comuns a relação percentual existente entre a receita bruta sujeita à incidência não cumulativa e a receita bruta total, auferidas em cada mês.

§ 9º. O método eleito pela pessoa jurídica será aplicado consistentemente por todo o ano-calendário, observadas as normas a serem editadas pela Secretaria da Receita Federal.

§ 10. (Revogado pela Lei nº 10.925, de 2004).

§ 11. (Revogado pela Lei nº 10.925, de 2004).

§ 12. Ressalvado o disposto no § 2º deste artigo e nos §§ 1º a 3º do art. 2º desta Lei, na aquisição de mercadoria produzida por pessoa jurídica estabelecida na Zona Franca de Manaus, consoante projeto aprovado pelo Conselho de Administração da Superintendência da Zona Franca de Manaus – SUFRAMA, o crédito será determinado mediante a aplicação da alíquota de 1% (um por cento) e, na situação de que trata a alínea b do inciso II do § 4º do art. 2º desta Lei, mediante a aplicação da alíquota de 1,65% (um inteiro e sessenta e cinco centésimos por cento). (Redação dada pela Lei nº 11.307, de 2006)

§ 13. Não integram o valor das máquinas, equipamentos e outros bens fabricados para incorporação ao ativo imobilizado na forma do inciso VI do *caput* deste artigo os custos de que tratam os incisos do § 2º deste artigo. (Incluído pela Lei nº 11.196, de 2005)

▸ A MP 413/2008 ao ser convertida na Lei 11.727/2008 não dispôs sobre o § 14.

§ 15. O disposto no § 12 deste artigo também se aplica na hipótese de aquisição de mercadoria produzida por pessoa jurídica estabelecida nas Áreas de Livre Comércio de que tratam as Leis nºs 7.965, de 22 de dezembro de 1989, 8.210, de 19 de julho de 1991, e 8.256, de 25 de novembro de 1991, o art. 11 da Lei nº 8.387, de 30 de dezembro de 1991, e a Lei nº 8.857, de 8 de março de 1994. (Incluído pela Lei nº 11.945, de 2009)

§ 16. Ressalvado o disposto no § 2º deste artigo e nos §§ 1º a 3º do art. 2º desta Lei, na hipótese de aquisição de mercadoria revendida por pessoa jurídica comercial estabelecida nas Áreas de Livre Comércio referidas no § 15, o crédito será determinado mediante a aplicação da alíquota de 0,65% (sessenta e cinco centésimos por cento). (Incluído pela Lei nº 11.945, de 2009).

§ 17. No cálculo do crédito de que tratam os incisos do *caput*, poderão ser considerados os valores decorrentes do ajuste a valor presente de que trata o inciso III do *caput* do art. 184 da Lei nº 6.404, de 15 de dezembro de 1976. (Incluído pela Lei nº 12.973, de 2014)

§ 18. O disposto nos incisos VI e VII do *caput* não se aplica no caso de bem objeto de arrendamento mercantil, na pessoa jurídica arrendatária. (Incluído pela Lei nº 12.973, de 2014)

§ 19. Para fins do disposto nos incisos VI e VII do *caput*, fica vedado o desconto de quaisquer créditos calculados em relação a: (Incluído pela Lei nº 12.973, de 2014)

I – encargos associados a empréstimos registrados como custo na forma da alínea "b" do § 1º do art. 17 do Decreto-Lei nº 1.598, de 26 de dezembro de 1977; e (Incluído pela Lei nº 12.973, de 2014)

II – custos estimados de desmontagem e remoção do imobilizado e de restauração do local em que estiver situado. (Incluído pela Lei nº 12.973, de 2014)

§ 20. No cálculo dos créditos a que se referem os incisos VI e VII do *caput*, não serão computados os ganhos e perdas decorrentes de avaliação de ativo com base no valor justo. (Incluído pela Lei nº 12.973, de 2014)

§ 21. Na execução de contratos de concessão de serviços públicos, os créditos gerados pelos serviços de construção, recuperação, reforma, ampliação ou melhoramento de infraestrutura, quando a receita correspondente tiver contrapartida em ativo intangível, representativo de direito de exploração, ou em ativo financeiro, somente poderão ser aproveitados, no caso do ativo intangível, à medida que este for amortizado e, no caso do ativo financeiro, na proporção de seu recebimento, excetuado, para ambos os casos, o crédito previsto no inciso VI do *caput*. (Incluído pela Lei nº 12.973, de 2014)

§ 22. O disposto no inciso XI do *caput* não se aplica ao ativo intangível referido no § 21. (Incluído pela Lei nº 12.973, de 2014)

Art. 4º. O contribuinte da contribuição para o PIS/Pasep é a pessoa jurídica que auferir as receitas a que se refere o art. 1º.

Art. 5º. A contribuição para o PIS/Pasep não incidirá sobre as receitas decorrentes das operações de:

I – exportação de mercadorias para o exterior;

II – prestação de serviços para pessoa física ou jurídica residente ou domiciliada no exterior, cujo pagamento represente ingresso de divisas; (Redação dada pela Lei nº 10.865, de 2004)

III – vendas a empresa comercial exportadora com o fim específico de exportação.

§ 1º. Na hipótese deste artigo, a pessoa jurídica vendedora poderá utilizar o crédito apurado na forma do art. 3º para fins de:

I – dedução do valor da contribuição a recolher, decorrente das demais operações no mercado interno;

II – compensação com débitos próprios, vencidos ou vincendos, relativos a tributos e contribuições administrados pela Secretaria da Receita Federal, observada a legislação específica aplicável à matéria.

§ 2º. A pessoa jurídica que, até o final de cada trimestre do ano civil, não conseguir utilizar o crédito por qualquer das formas previstas no § 1º, poderá solicitar o seu ressarcimento em dinheiro, observada a legislação específica aplicável à matéria.

Art. 5º-A. Ficam reduzidas a 0 (zero) as alíquotas da contribuição para o PIS/PASEP e da COFINS incidentes sobre as receitas decorrentes da comercialização de matérias-primas, produtos intermediários e materiais de embalagem, produzidos na Zona Franca de Manaus para emprego em processo de industrialização por estabelecimentos industriais ali instalados e consoante projetos aprovados pelo Conselho de Administração da Superintendência da Zona Franca de Manaus – SUFRAMA. (Redação dada pela Lei nº 10.865, de 2004)

› Lei 10.865/2004: art. 14, § 1º.

Art. 6º. (Revogado pela Lei nº 10.833, de 2003)

Art. 7º. A empresa comercial exportadora que houver adquirido mercadorias de outra pessoa jurídica, com o fim específico de exportação para o exterior, que, no prazo de 180 (cento e oitenta) dias, contado da data da emissão da nota fiscal pela vendedora, não comprovar o seu embarque para o exterior, ficará sujeita ao pagamento de todos os impostos e contribuições que deixaram de ser pagos pela empresa vendedora, acrescidos de juros de mora e multa, de mora ou de ofício, calculados na forma da legislação que rege a cobrança do tributo não pago.

§ 1º. Para efeito do disposto neste artigo, considera-se vencido o prazo para o pagamento na data em que a empresa vendedora deveria fazê-lo, caso a venda houvesse sido efetuada para o mercado interno.

§ 2º. No pagamento dos referidos tributos, a empresa comercial exportadora não poderá deduzir, do montante devido, qualquer valor a título de crédito de Imposto sobre Produtos Industrializados (IPI) ou de contribuição para o PIS/Pasep, decorrente da aquisição das mercadorias e serviços objeto da incidência.

§ 3º. A empresa deverá pagar, também, os impostos e contribuições devidos nas vendas para o mercado interno, caso, por qualquer forma, tenha alienado ou utilizado as mercadorias.

Art. 8º. Permanecem sujeitas às normas da legislação da contribuição para o PIS/Pasep, vigentes anteriormente a esta Lei, não se lhes aplicando as disposições dos arts. 1º a 6º:

› Lei 10.865/2004: art. 16.

I – as pessoas jurídicas referidas nos §§ 6º, 8o e 9o do art. 3o da Lei nº 9.718, de 27 de novembro de 1998 (parágrafos introduzidos pela Medida Provisória nº 2.158-35, de 24 de agosto de 2001), e Lei nº 7.102, de 20 de junho de 1983;

II – as pessoas jurídicas tributadas pelo imposto de renda com base no lucro presumido ou arbitrado;

III – as pessoas jurídicas optantes pelo Simples;

IV – as pessoas jurídicas imunes a impostos;

V – os órgãos públicos, as autarquias e fundações públicas federais, estaduais e municipais, e as fundações cuja criação tenha sido autorizada por lei, referidas no art. 61 do Ato das Disposições Constitucionais Transitórias da Constituição de 1988;

VI – (VETADO);

VII – as receitas decorrentes das operações:

a) (Revogada pela Lei nº 11.727, de 2008)

b) sujeitas à substituição tributária da contribuição para o PIS/Pasep;

c) referidas no art. 5º da Lei nº 9.716, de 26 de novembro de 1998;

VIII – as receitas decorrentes de prestação de serviços de telecomunicações;

IX – (VETADO);

X – (VETADO); (Redação dada pela Lei nº 12.973, de 2014)

XI – as receitas decorrentes de prestação de serviços das empresas jornalísticas e de radiodifusão sonora e de sons e imagens. (Incluído pela Lei nº 10.684, de 2003)

XII – as receitas decorrentes de operações de comercialização de pedra britada, de areia para construção civil e de areia de brita. (Incluído pela Lei nº 12.693, de 2012)

XIII – as receitas decorrentes da alienação de participações societárias. (Incluído pela Lei nº 13.043, de 2014

Art. 9º. (VETADO).

Art. 10. A contribuição de que trata o art. 1º desta Lei deverá ser paga até o 25º (vigésimo quinto) dia do mês subsequente ao de ocorrência do fato gerador. (Redação dada pela Lei nº 11.933, de 2009)

Parágrafo único. Se o dia do vencimento de que trata o *caput* deste artigo não for dia útil, considerar-se-á antecipado o prazo para o primeiro dia útil que o anteceder. (Incluído pela Lei nº 11.933, de 2009)

Art. 11. A pessoa jurídica contribuinte do PIS/Pasep, submetida à apuração do valor devido na forma do art. 3º, terá direito a desconto correspondente ao estoque de abertura dos bens de que tratam os incisos I e II desse artigo, adquiridos de pessoa jurídica domiciliada no País, existentes em 1º de dezembro de 2002.

§ 1º. O montante de crédito presumido será igual ao resultado da aplicação do percentual de 0,65% (sessenta e cinco centésimos por cento) sobre o valor do estoque.

§ 2º. O crédito presumido calculado segundo os §§ 1º e 7º será utilizado em 12 (doze) parcelas mensais, iguais e sucessivas, a partir da data a que se refere o *caput* deste artigo. (Redação dada pela Lei nº 10.865, de 2004)

§ 3º. A pessoa jurídica que, tributada com base no lucro presumido, passar a adotar o regime de tributação com base no lucro real, terá, na hipótese de, em decorrência dessa opção, sujeitar-se à incidência não cumulativa da contribuição para o PIS/Pasep, direito a desconto correspondente ao estoque de abertura dos bens e ao aproveitamento do crédito presumido na forma prevista neste artigo.

§ 4º. O disposto no *caput* aplica-se também aos estoques de produtos acabados e em elaboração. (Incluído pela Lei nº 10.684, de 2003)

§ 5º. O disposto neste artigo aplica-se, também, aos estoques de produtos que não geraram crédito na aquisição, em decorrência do disposto nos §§ 7º a 9º do art. 3º desta Lei, destinados à fabricação dos produtos de que tratam as Leis nºs 9.990, de 21 de julho de 2000, 10.147, 21 de dezembro de 2000, 10.485, de 3 de julho de 2002, e 10.560, de 13 de novembro de 2002, ou quaisquer outros submetidos à incidência monofásica da contribuição. (Incluído pela Lei nº 10.865, de 2004)

§ 6º. As disposições do § 5º não se aplicam aos estoques de produtos adquiridos a alíquota 0 (zero), isentos ou não alcançados pela incidência da contribuição. (Incluído pela Lei nº 10.865, de 2004)

§ 7º. O montante do crédito presumido de que trata o § 5º deste artigo será igual ao resultado da aplicação da alíquota de 1,65% (um inteiro e sessenta e cinco centésimos por cento) sobre o valor do estoque, inclusive para as pessoas jurídicas fabricantes dos produtos referidos no art. 51 da Lei nº 10.833, de 29 de dezembro de 2003. (Redação dada pela Lei nº 10.925, de 2004)

Art. 12. Até 31 de dezembro de 2003, o Poder Executivo submeterá ao Congresso Nacional projeto de lei tornando não cumulativa a cobrança da Contribuição para o Financiamento da Seguridade Social (Cofins).

Parágrafo único. O projeto conterá também a modificação, se necessária, da alíquota da contribuição para o PIS/Pasep, com a finalidade de manter constante, em relação a períodos anteriores, a parcela da arrecadação afetada pelas alterações introduzidas por esta Lei.

CAPÍTULO II. DAS OUTRAS DISPOSIÇÕES RELATIVAS À LEGISLAÇÃO TRIBUTÁRIA E ADUANEIRA

Art. 13. Poderão ser pagos até o último dia útil de janeiro de 2003, em parcela única, os débitos a que se refere o art. 11 da Medida Provisória nº 2.158-35, de 24 de agosto de 2001, vinculados ou não a qualquer ação judicial, relativos a fatos geradores ocorridos até 30 de abril de 2002.

§ 1º. Para os efeitos deste artigo, a pessoa jurídica deverá comprovar a desistência expressa e irrevogável de todas as ações judiciais que tenham por objeto os tributos a serem pagos e renunciar a qualquer alegação de direito sobre a qual se fundam as referidas ações.

§ 2º. Na hipótese de que trata este artigo, serão dispensados os juros de mora devidos até janeiro de 1999, sendo exigido esse encargo, na forma do § 4º do art. 17 da Lei nº 9.779, de 19 de janeiro de 1999, acrescido pela Medida Provisória nº 2.158-35, de 24 de agosto de 2001, a partir do mês:

I – de fevereiro do referido ano, no caso de fatos geradores ocorridos até janeiro de 1999;

II – seguinte ao da ocorrência do fato gerador, nos demais casos.

§ 3º. Na hipótese deste artigo, a multa, de mora ou de ofício, incidente sobre o débito constituído ou não, será reduzida no percentual fixado no *caput* do art. 6º da Lei nº 8.218, de 29 de agosto de 1991.

§ 4º. Para efeito do disposto no *caput*, se os débitos forem decorrentes de lançamento de ofício e se encontrarem com exigibilidade suspensa por força do inciso III do art. 151 da Lei nº 5.172, de 25 de outubro de 1966, o sujeito passivo deverá desistir expressamente e de forma irrevogável da impugnação ou do recurso interposto.

Art. 14. Os débitos de que trata o art. 13, relativos a fatos geradores vinculados a ações judiciais propostas pelo sujeito passivo contra exigência de imposto ou contribuição instituído após 1º de janeiro de 1999 ou contra majoração, após aquela data, de tributo ou contribuição anteriormente instituído, poderão ser pagos em parcela única até o último dia útil de janeiro de 2003 com a dispensa de multas moratória e punitivas.

§ 1º. Para efeito deste artigo, o contribuinte ou o responsável deverá comprovar a desistência expressa e irrevogável de todas as ações judiciais que tenham por objeto os tributos a serem pagos na forma do *caput*, e renunciar a qualquer alegação de direito sobre as quais se fundam as referidas ações.

§ 2º. O benefício de que trata este artigo somente poderá ser usufruído caso o contribuinte ou o responsável pague integralmente, no mesmo prazo estabelecido no *caput*, os débitos nele referidos, relativos a fatos geradores ocorridos de maio de 2002 até o mês anterior ao do pagamento.

§ 3º. Na hipótese deste artigo, os juros de mora devidos serão determinados pela variação mensal da Taxa de Juros de Longo Prazo (TJLP).

Art. 15. Relativamente aos tributos e contribuições administrados pela Secretaria da Receita Federal, o contribuinte ou o responsável que, a partir de 15 de maio de 2002, tenha efetuado pagamento de débitos, em conformidade com norma de caráter exonerativo, e divergir em relação ao valor de débito constituído de ofício, poderá impugnar, com base nas normas estabelecidas no Decreto nº 70.235, de 6 de março de 1972, a parcela não reconhecida como devida, desde que a impugnação:

I – seja apresentada juntamente com o pagamento do valor reconhecido como devido;

II – verse, exclusivamente, sobre a divergência de valor, vedada a inclusão de quaisquer outras matérias, em especial as de direito em que se fundaram as respectivas ações judiciais ou impugnações e recursos anteriormente apresentados contra o mesmo lançamento;

III – seja precedida do depósito da parcela não reconhecida como devida, determinada de conformidade com o disposto na Lei nº 9.703, de 17 de novembro de 1998.

§ 1º. Da decisão proferida em relação à impugnação de que trata este artigo caberá recurso nos termos do Decreto nº 70.235, de 6 de março de 1972.

§ 2º. A conclusão do processo administrativo-fiscal, por decisão definitiva em sua esfera ou desistência do sujeito passivo, implicará a imediata conversão em renda do depósito efetuado, na parte favorável à Fazenda Nacional, transformando-se em pagamento definitivo.

§ 3º. A parcela depositada nos termos do inciso III do *caput* que venha a ser considerada indevida por força da decisão referida no § 2º sujeitar-se-á ao disposto na Lei nº 9.703, de 17 de novembro de 1998.

§ 4º. O disposto neste artigo também se aplica a majoração ou a agravamento de multa de ofício, na hipótese do art. 13.

Art. 16. Aplica-se o disposto nos arts. 13 e 14 às contribuições arrecadadas pelo Instituto Nacional do Seguro Social (INSS), observada regulamentação editada por esse órgão, em especial quanto aos procedimentos no âmbito de seu contencioso administrativo.

Art. 17. A opção pela modalidade de pagamento de débitos prevista no *caput* do art. 5º da Medida Provisória nº 2.222, de 4 de setembro de 2001, poderá ser exercida até o último dia útil do mês de janeiro de 2003, desde que o pagamento seja efetuado em parcela única até essa data.

Parágrafo único. Os débitos a serem pagos em decorrência do disposto no *caput* serão acrescidos de juros equivalentes à taxa do Sistema Especial de Liquidação e Custódia (Selic) para títulos federais, acumulada mensalmente, calculados a partir do mês de janeiro de 2002 até o mês anterior ao do pagamento, e adicionados de 1% (um por cento) relativamente ao mês em que o pagamento estiver sendo feito.

Art. 18. Os débitos relativos à contribuição para o Programa de Formação do Patrimônio do Servidor Público (Pasep) dos Estados, do Distrito Federal e dos Municípios, bem como de suas autarquias e fundações públicas, sem exigibilidade suspensa, correspondentes a fato gerador ocorrido até 30 de abril de 2002, poderão ser pagos mediante regime especial de parcelamento, por opção da pessoa jurídica de direito público interno devedora.

Parágrafo único. A opção referida no *caput* deverá ser formalizada até o último dia útil do mês de setembro de 2002, nos termos e condições estabelecidos pela Secretaria da Receita Federal.

Art. 19. O regime especial de parcelamento referido no art. 18 implica a consolidação dos débitos na data da opção e abrangerá a totalidade dos débitos existentes em nome da optante, constituídos ou não, inclusive os juros de mora incidentes até a data de opção.

Parágrafo único. O débito consolidado na forma deste artigo:

I – sujeitar-se-á, a partir da data da consolidação, a juros equivalentes à taxa do Selic para títulos federais, acumulada mensalmente, calculados a partir da data de deferimento do pedido até o mês anterior ao do pagamento, e adicionados de 1% (um por cento) relativamente ao mês em que o pagamento estiver sendo feito;

II – será pago mensalmente, até o último dia útil da primeira quinzena de cada mês, no valor equivalente a 5% (cinco por cento) do valor devido no mesmo mês pela optante, relativo ao Pasep correspondente ao fato gerador ocorrido no mês imediatamente anterior, até a liquidação total do débito;

III – a última parcela será paga pelo valor residual do débito, quando inferior ao referido no inciso II.

Art. 20. A opção pelo regime especial de parcelamento referido no art. 18 sujeita a pessoa jurídica:

I – à confissão irrevogável e irretratável dos débitos referidos no art. 19;

II – ao pagamento regular das parcelas do débito consolidado, bem como dos valores devidos relativos ao Pasep decorrentes de fatos geradores ocorridos posteriormente a 30 de abril de 2002.

Parágrafo único. A opção pelo regime especial exclui qualquer outra forma de parcelamento de débitos relativos ao Pasep.

Art. 21. A pessoa jurídica optante pelo regime especial de parcelamento referido no art. 18 será dele excluída nas seguintes hipóteses:

I – inobservância da exigência estabelecida no inciso I do art. 20;

II – inadimplência, por 2 (dois) meses consecutivos ou 6 (seis) alternados, relativamente ao Pasep, inclusive decorrente de fatos geradores ocorridos posteriormente a 30 de abril de 2002.

§ 1º. A exclusão da pessoa jurídica do regime especial implicará exigibilidade imediata da totalidade do crédito confessado e ainda não pago.

§ 2º. A exclusão será formalizada por meio de ato da Secretaria da Receita Federal e produzirá efeitos a partir do mês subsequente àquele em que a pessoa jurídica optante for cientificada.

Art. 22. (VETADO).

Art. 23. A opção pelo parcelamento alternativo ao Refis de que trata o art. 12 da Lei nº 9.964, de 10 de abril de 2000, regularmente efetuada, poderá ser convertida em opção pelo Refis, e vice-versa, na hipótese de erro de fato cometido por ocasião do primeiro pagamento efetuado, observadas as normas estabelecidas pelo Comitê Gestor do referido Programa.

§ 1º. A mudança de opção referida neste artigo deverá ser solicitada até o último dia útil do mês de janeiro de 2003.

§ 2º. A pessoa jurídica excluída do parcelamento alternativo ao Refis em razão de pagamento de parcela em valor inferior ao fixado no art. 12, § 1º, da Lei nº 9.964, de 10 de abril de 2000, acrescido de juros correspondentes à variação mensal da Taxa de Juros de Longo Prazo (TJLP), poderá ter sua opção restabelecida, observado o disposto no *caput*.

§ 3º. A conversão da opção nos termos deste artigo não implica restituição ou compensação de valores já pagos.

Art. 24. O *caput* do art. 10 da Lei nº 10.522, de 19 de julho de 2002, passa a vigorar com a seguinte redação:

› Alteração incorporada ao texto da referida lei.

Art. 25. Relativamente aos tributos e contribuições administrados pela Secretaria da Receita Federal, na hipótese de, na data do pagamento realizado de conformidade com norma de caráter exonerativo, o contribuinte ou o responsável estiver sob ação de fiscalização relativamente à matéria a ser objeto desse pagamento, a parcela não reconhecida como devida poderá ser impugnada no prazo fixado na intimação constante do auto de infração ou da notificação de lançamento, nas condições estabelecidas pela referida norma, inclusive em relação ao depósito da respectiva parcela dentro do prazo previsto para o pagamento do valor reconhecido como devido.

Art. 26. Poderão optar pelo Sistema Integrado de Pagamento de Impostos e Contribuições das Microempresas e das Empresas de Pequeno Porte (Simples), nas condições estabelecidas pela Lei nº 9.317, de 5 de dezembro de 1996, as pessoas jurídicas que se dediquem exclusivamente às atividades de:

I – agência de viagem e turismo;

II a IX – (VETADOS).

Art. 27. A operação de comércio exterior realizada mediante utilização de recursos de terceiro presume-se por conta e ordem deste, para fins de aplicação do disposto nos arts. 77 a 81 da Medida Provisória nº 2.158-35, de 24 de agosto de 2001.

Art. 28. As empresas de transporte internacional que operem em linha regular, por via aérea ou marítima, deverão prestar informações sobre tripulantes e passageiros, na forma e no prazo estabelecidos pela Secretaria da Receita Federal.

Parágrafo único. O descumprimento do disposto neste artigo ensejará a aplicação de multa no valor de:

I – R$ 5.000,00 (cinco mil reais) por veículo cujas informações não sejam prestadas; ou

II – R$ 200,00 (duzentos reais) por informação omitida, limitado ao valor de R$ 5.000,00 (cinco mil reais) por veículo.

Art. 29. As matérias-primas, os produtos intermediários e os materiais de embalagem, destinados a estabelecimento que se dedique, preponderantemente, à elaboração de produtos classificados nos Capítulos 2, 3, 4, 7, 8, 9, 10, 11, 12, 15, 16, 17, 18, 19, 20, 23 (exceto códigos 2309.10.00 e 2309.90.30 e Ex-01 no código 2309.90.90), 28, 29, 30, 31 e 64, no código 2209.00.00 e 2501.00.00, e nas posições 21.01 a 21.05.00, da Tabela de Incidência do Imposto sobre Produtos Industrializados - TIPI, inclusive aqueles a que corresponde a notação NT (não tributados), sairão do estabelecimento industrial com suspensão do referido imposto. (Redação dada pela Lei nº 10.684, de 2003)

§ 1º. O disposto neste artigo aplica-se, também, às saídas de matérias-primas, produtos intermediários e materiais de embalagem, quando adquiridos por:

I – estabelecimentos industriais fabricantes, preponderantemente, de:

a) componentes, chassis, carroçarias, partes e peças dos produtos a que se refere o art. 1º da Lei nº 10.485, de 3 de julho de 2002;

b) partes e peças destinadas a estabelecimento industrial fabricante de produto classificado no CAPÍTULO 88 da Tipi;

c) (Revogada pela Lei 13.969/2019).

II – pessoas jurídicas preponderantemente exportadoras.

III – estabelecimentos industriais fabricantes de bens de que trata o art. 16-A da Lei nº 8.248, de 23 de outubro de 1991, desde que façam jus ao crédito previsto no art. 4º da mesma Lei. (Incluído pela Lei nº 13.969/2019)

§ 2º. O disposto no *caput* e no inciso I do § 1º aplica-se ao estabelecimento industrial cuja receita bruta decorrente dos produtos ali referidos, no ano-calendário imediatamente anterior ao da aquisição, houver sido superior a 60% (sessenta por cento) de sua receita bruta total no mesmo período.

§ 3º. Para fins do disposto no inciso II do § 1º, considera-se pessoa jurídica preponderantemente exportadora aquela cuja receita bruta decorrente de exportação para o exterior, no ano-calendário imediatamente anterior ao da aquisição, tenha sido superior a 50% (cinquenta por cento) de sua receita bruta total de venda de bens e serviços no mesmo período, após excluídos os impostos e contribuições incidentes sobre a venda. (Redação dada pela Lei nº 12.715, de 2012)

§ 4º As matérias-primas, os produtos intermediários e os materiais de embalagem, importados diretamente, por encomenda ou por conta e ordem do estabelecimento de que tratam o *caput* e o § 1º deste artigo serão desembaraçados com suspensão do IPI. (Parágrafo vetado pelo Presidente da República na Lei 13.755/2018, mantido pelo Congresso Nacional e publicado em 21.06.2019)

§ 5º. A suspensão do imposto não impede a manutenção e a utilização dos créditos do IPI pelo respectivo estabelecimento industrial, fabricante das referidas matérias-primas, produtos intermediários e materiais de embalagem.

§ 6º. Nas notas fiscais relativas às saídas referidas no § 5º, deverá constar a expressão "Saída com suspensão do IPI", com a especificação do dispositivo legal correspondente, vedado o registro do imposto nas referidas notas.

§ 7º. Para os fins do disposto neste artigo, as empresas adquirentes deverão:

I – atender aos termos e às condições estabelecidos pela Secretaria da Receita Federal;
II – declarar ao vendedor, de forma expressa e sob as penas da lei, que atende a todos os requisitos estabelecidos.

§ 8º. (Revogado pela Lei nº 12.712, de 2012).

Art. 30. A falta de prestação das informações a que se refere o art. 5º da Lei Complementar nº 105, de 10 de janeiro de 2001, ou sua apresentação de forma inexata ou incompleta, sujeita a pessoa jurídica às seguintes penalidades:

I – R$ 50,00 (cinquenta reais) por grupo de cinco informações inexatas, incompletas ou omitidas;
II – R$ 5.000,00 (cinco mil reais) por mês-calendário ou fração, independentemente da sanção prevista no inciso I, na hipótese de atraso na entrega da declaração que venha a ser instituída para o fim de apresentação das informações.

§ 1º. O disposto no inciso II do *caput* aplica-se também à declaração que não atenda às especificações que forem estabelecidas pela Secretaria da Receita Federal, inclusive quando exigida em meio digital.

§ 2º. As multas de que trata este artigo serão:

I – apuradas considerando o período compreendido entre o dia seguinte ao término do prazo fixado para a entrega da declaração até a data da efetiva entrega;
II – majoradas em 100% (cem por cento), na hipótese de lavratura de auto de infração.

§ 3º. Na hipótese de lavratura de auto de infração, caso a pessoa jurídica não apresente a declaração, serão lavrados autos de infração complementares até a sua efetiva entrega.

Art. 31. A falta de apresentação dos elementos a que se refere o art. 6º da Lei Complementar nº 105, de 10 de janeiro de 2001, ou sua apresentação de forma inexata ou incompleta, sujeita a pessoa jurídica à multa equivalente a 2% (dois por cento) do valor das operações objeto da requisição, apurado por meio de procedimento fiscal junto à própria pessoa jurídica ou ao titular da conta de depósito ou da aplicação financeira, bem como a terceiros, por mês--calendário ou fração de atraso, limitada a 10% (dez por cento), observado o valor mínimo de R$ 50.000,00 (cinquenta mil reais).

Parágrafo único. À multa de que trata este artigo aplica-se o disposto nos §§ 2º e 3º do art. 30.

Art. 32. As entidades fechadas de previdência complementar poderão excluir da base de cálculo da contribuição para o PIS/Pasep e da Cofins, além dos valores já previstos na legislação vigente, os referentes a:

I – rendimentos relativos a receitas de aluguel, destinados ao pagamento de benefícios de aposentadoria, pensão, pecúlio e resgates;
II – receita decorrente da venda de bens imóveis, destinada ao pagamento de benefícios de aposentadoria, pensão, pecúlio e resgates;
III – resultado positivo auferido na reavaliação da carteira de investimentos imobiliários referida nos incisos I e II.

Parágrafo único. As entidades de que trata o *caput* poderão pagar em parcela única, até o último dia útil do mês de novembro de 2002, com dispensa de juros e multa, os débitos relativos à contribuição para o PIS/Pasep e à Cofins, constituídos ou não, inscritos ou não em Dívida Ativa, ajuizados ou a ajuizar, referentes a fatos geradores ocorridos até 31 de julho de 2002 e decorrentes de:

I – rendimentos relativos a receitas de aluguel, destinados ao pagamento de benefícios de aposentadoria, pensão, pecúlio e resgates;
II – receita decorrente da venda de bens imóveis, destinada ao pagamento de benefícios de aposentadoria, pensão, pecúlio e resgates;
III – resultado positivo auferido na reavaliação da carteira de investimentos imobiliários referida nos incisos I e II.

Art. 33. (VETADO).

Art. 34. A condição e a vedação estabelecidas, respectivamente, no art. 13, § 2º, III, *b*, da Lei nº 9.249, de 26 de dezembro de 1995, e no art. 12, § 2º, *a*, da Lei nº 9.532, de 10 de dezembro de 1997, não alcançam a hipótese de remuneração de dirigente, em decorrência de vínculo empregatício, pelas Organizações da Sociedade Civil de Interesse Público (Oscip), qualificadas segundo as normas estabelecidas na Lei nº 9.790, de 23 de março de 1999, e pelas Organizações Sociais (OS), qualificadas consoante os dispositivos da Lei nº 9.637, de 15 de maio de 1998.

Parágrafo único. O disposto neste artigo aplica-se somente à remuneração não superior, em seu valor bruto, ao limite estabelecido para a remuneração de servidores do Poder Executivo Federal.

Art. 35. A receita decorrente da avaliação de títulos e valores mobiliários, instrumentos financeiros, derivativos e itens objeto de hedge, registrada pelas instituições financeiras e demais entidades autorizadas a funcionar pelo Banco Central do Brasil, instituições autorizadas a operar pela Superintendência de Seguros Privados – Susep e sociedades autorizadas a operar em seguros ou resseguros em decorrência da valoração a preço de mercado no que exceder ao rendimento produzido até a referida data somente será computada na base de cálculo do Imposto de Renda das Pessoas Jurídicas, da Contribuição Social sobre o Lucro Líquido, da Contribuição para o Financiamento da Seguridade Social (Cofins) e da contribuição para o PIS/Pasep quando da alienação dos respectivos ativos.

§ 1º. Na hipótese de desvalorização decorrente da avaliação mencionada no *caput*, o reconhecimento da perda para efeito do Imposto de Renda das Pessoas Jurídicas e da Contribuição Social sobre o Lucro Líquido será computada também quando da alienação.

§ 2º. Para fins do disposto neste artigo, considera-se alienação qualquer forma de transmissão da propriedade, bem como a liquidação, o resgate e a cessão dos referidos títulos e valores mobiliários, instrumentos financeiros derivativos e itens objeto de hedge.

§ 3º. Os registros contábeis de que trata este artigo serão efetuados em contrapartida à conta de ajustes específica para esse fim, na forma a ser estabelecida pela Secretaria da Receita Federal.

§ 4º. Ficam convalidados os procedimentos efetuados anteriormente à vigência desta Lei, no curso do ano-calendário de 2002, desde que observado o disposto neste artigo.

Art. 36. (Revogado pela Lei nº 11.196, de 2005)

Art. 37. (Revogado pela Lei nº 11.727, de 2008).

Art. 38. Fica instituído, em relação aos tributos e contribuições administrados pela Secretaria da Receita Federal, bônus de adimplência fiscal, aplicável às pessoas jurídicas submetidas ao regime de tributação com base no lucro real ou presumido.

§ 1º. O bônus referido no *caput*:

I – corresponde a 1% (um por cento) da base de cálculo da CSLL determinada segundo as normas estabelecidas para as pessoas jurídicas submetidas ao regime de apuração com base no lucro presumido;
II – será calculado em relação à base de cálculo referida no inciso I, relativamente ao ano-calendário em que permitido seu aproveitamento.

§ 2º. Na hipótese de período de apuração trimestral, o bônus será calculado em relação aos 4 (quatro) trimestres do ano-calendário e poderá ser deduzido da CSLL devida correspondente ao último trimestre.

§ 3º. Não fará jus ao bônus a pessoa jurídica que, nos últimos 5 (cinco) anos-calendário, se enquadre em qualquer das seguintes hipóteses, em relação a tributos e contribuições administrados pela Secretaria da Receita Federal:

I – lançamento de ofício;
II – débitos com exigibilidade suspensa;
III – inscrição em dívida ativa;
IV – recolhimentos ou pagamentos em atraso;
V – falta ou atraso no cumprimento de obrigação acessória.

§ 4º. Na hipótese de decisão definitiva, na esfera administrativa ou judicial, que implique desoneração integral da pessoa jurídica, as restrições referidas nos incisos I e II do § 3º serão desconsideradas desde a origem.

§ 5º. O período de 5 (cinco) anos-calendário será computado por ano completo, inclusive aquele em relação ao qual dar-se-á o aproveitamento do bônus.

§ 6º. A dedução do bônus dar-se-á em relação à CSLL devida no ano-calendário.

§ 7º. A parcela do bônus que não puder ser aproveitada em determinado período poderá sê-lo em períodos posteriores, vedado o ressarcimento ou a compensação distinta da referida neste artigo.

§ 8º. A utilização indevida do bônus instituído por este artigo implica a imposição da multa de que trata o inciso I do *caput* do art. 44 da Lei nº 9.430, de 27 de dezembro de 1996, duplicando-se o seu percentual, sem prejuízo do disposto no § 2º. (Redação dada pela Lei nº 11.488, de 2007)

§ 9º. O bônus será registrado na contabilidade da pessoa jurídica beneficiária:

I – na aquisição do direito, a débito de conta de Ativo Circulante e a crédito de Lucro ou Prejuízos Acumulados;
II – na utilização, a débito da provisão para pagamento da CSLL e a crédito da conta de Ativo Circulante referida no inciso I.

§ 10. A Secretaria da Receita Federal estabelecerá as normas necessárias à aplicação deste artigo.

Arts. 39 e 40. (Revogados pela Lei nº 11.196, de 2005)

Art. 41. (VETADO).

Arts. 42 e 43. (*Revogados pela Lei nº 11.196, de 2005*)

Art. 44. (VETADO).

Art. 45. Nos casos de apuração de excesso de custo de aquisição de bens, direitos e serviços, importados de empresas vinculadas e que sejam considerados indedutíveis na determinação do lucro real e da base de cálculo da contribuição social sobre o lucro líquido, apurados na forma do art. 18 da Lei nº 9.430, de 27 de dezembro de 1996, a pessoa jurídica deverá ajustar o excesso de custo, determinado por um dos métodos previstos na legislação, no encerramento do período de apuração, contabilmente, por meio de lançamento a débito de conta de resultados acumulados e a crédito de:

I – conta do ativo onde foi contabilizada a aquisição dos bens, direitos ou serviços e que permanecerem ali registrados ao final do período de apuração; ou

II – conta própria de custo ou de despesa do período de apuração, que registre o valor dos bens, direitos ou serviços, no caso de esses ativos já terem sido baixados da conta de ativo que tenha registrado a sua aquisição.

§ 1º. No caso de bens classificáveis no ativo permanente e que tenham gerado quotas de depreciação, amortização ou exaustão, no ano-calendário da importação, o valor do excesso de preço de aquisição na importação deverá ser creditado na conta de ativo em cujas quotas tenham sido debitadas, em contrapartida à conta de resultados acumulados a que se refere o *caput*.

§ 2º. Caso a pessoa jurídica opte por adicionar, na determinação do lucro real e da base de cálculo da contribuição social sobre o lucro líquido, o valor do excesso apurado em cada período de apuração somente por ocasião da realização por alienação ou baixa a qualquer TÍTULO do bem, direito ou serviço adquirido, o valor total do excesso apurado no período de aquisição deverá ser excluído do patrimônio líquido, para fins de determinação da base de cálculo dos juros sobre o capital próprio, de que trata o art. 9º da Lei nº 9.249, de 26 de dezembro de 1995, alterada pela Lei nº 9.430, de 27 de dezembro de 1996.

§ 3º. Na hipótese do § 2º, a pessoa jurídica deverá registrar o valor total do excesso de preço de aquisição em subconta própria que registre o valor do bem, serviço ou direito adquirido no exterior.

Art. 46. O art. 13, *caput*, e o art. 14, I, da Lei nº 9.718, de 27 de novembro de 1998, passam a vigorar com a seguinte redação:

"Art. 13. A pessoa jurídica cuja receita bruta total, no ano-calendário anterior, tenha sido igual ou inferior a R$ 48.000.000,00 (quarenta e oito milhões de reais), ou a R$ 4.000.000,00 (quatro milhões de reais) multiplicado pelo número de meses de atividade do ano-calendário anterior, quando inferior a 12 (doze) meses, poderá optar pelo regime de tributação com base no lucro presumido.

(...)"

"Art. 14. (...)

I – cuja receita total, no ano-calendário anterior seja superior ao limite de R$ 48.000.000,00 (quarenta e oito milhões de reais), ou proporcional ao número de meses do período, quando inferior a 12 (doze) meses;

(...)"

Art. 47. A pessoa jurídica integrante do Mercado Atacadista de Energia Elétrica (MAE), instituído pela Lei nº 10.433, de 24 de abril de 2002, poderá optar por regime especial de tributação, relativamente à contribuição para o Programa de Integração Social e de Formação do Patrimônio do Servidor Público (PIS/Pasep) e à Contribuição para o Financiamento da Seguridade Social (Cofins).

§ 1º. A opção pelo regime especial referido no *caput*:

I – será exercida mediante simples comunicado, nos termos e condições estabelecidos pela Secretaria da Receita Federal;

II – produzirá efeitos em relação aos fatos geradores ocorridos a partir do mês subsequente ao do exercício da opção.

§ 2º. Para os fins do regime especial referido no *caput*, considera-se receita bruta auferida nas operações de compra e venda de energia elétrica realizadas na forma da regulamentação de que trata o art. 14 da Lei nº 9.648, de 27 de maio de 1998, com a redação dada pela Lei nº 10.433, de 24 de abril de 2002, para efeitos de incidência da contribuição para o PIS/Pasep e da Cofins, os resultados positivos apurados mensalmente pela pessoa jurídica optante.

§ 3º. Na determinação da base de cálculo da contribuição para o PIS/Pasep e da Cofins, a pessoa jurídica optante poderá deduzir os valores devidos, correspondentes a ajustes de contabilizações encerradas de operações de compra e venda de energia elétrica, realizadas no âmbito do MAE, quando decorrentes de:

I – decisão proferida em processo de solução de conflitos, no âmbito do MAE, da Agência Nacional de Energia Elétrica (Aneel) ou em processo de arbitragem, na forma prevista no § 3º do art. 2o da Lei nº 10.433, de 24 de abril de 2002;

II – resolução da Aneel;

III – decisão proferida no âmbito do Poder Judiciário, transitada em julgado; e

IV – (VETADO).

§ 4º. A dedução de que trata o § 3º é permitida somente na hipótese em que o ajuste de contabilização caracterize anulação de receita sujeita à incidência do PIS/Pasep e da Cofins, na forma estabelecida pela Secretaria da Receita Federal.

§ 5º. Sem prejuízo do disposto nos §§ 3º e 4º, geradoras de energia elétrica optantes poderão excluir da base de cálculo da contribuição para o PIS/Pasep e da Cofins o valor da receita auferida com a venda compulsória de energia elétrica por meio do Mecanismo de Realocação de Energia, de que trata a alínea *b* do parágrafo único do art. 14 da Lei nº 9.648, de 27 de maio de 1998, introduzida pela Lei nº 10.433, de 24 de abril de 2002.

§ 6º. Aplicam-se ao regime especial de que trata este artigo as demais normas aplicáveis às contribuições referidas no *caput*, observado o que se segue:

I – em relação ao PIS/Pasep, não se aplica o disposto nos arts. 1º a 6º;

II – em relação aos fatos geradores ocorridos até 31 de agosto de 2002, o pagamento dos valores devidos correspondentes à Cofins e ao PIS/Pasep poderá ser feito com dispensa de multa e de juros moratórios, desde que efetuado em parcela única, até o último dia útil do mês de setembro de 2002.

§ 7º. (VETADO).

Art. 48. (VETADO).

Art. 49. O art. 74 da Lei nº 9.430, de 27 de dezembro de 1996, passa a vigorar com a seguinte redação:

"Art. 74. O sujeito passivo que apurar crédito, inclusive os judiciais com trânsito em julgado, relativo a tributo ou contribuição administrado pela Secretaria da Receita Federal, passível de restituição ou de ressarcimento, poderá utilizá-lo na compensação de débitos próprios relativos a quaisquer tributos e contribuições administrados por aquele Órgão.

§ 1º A compensação de que trata o *caput* será efetuada mediante a entrega, pelo sujeito passivo, de declaração na qual constarão informações relativas aos créditos utilizados e aos respectivos débitos compensados.

§ 2º A compensação declarada à Secretaria da Receita Federal extingue o crédito tributário, sob condição resolutória de sua ulterior homologação.

§ 3º Além das hipóteses previstas nas leis específicas de cada tributo ou contribuição, não poderão ser objeto de compensação:

I – o saldo a restituir apurado na Declaração de Ajuste Anual do Imposto de Renda da Pessoa Física;

II – os débitos relativos a tributos e contribuições devidos no registro da Declaração de Importação.

§ 4º. Os pedidos de compensação pendentes de apreciação pela autoridade administrativa serão considerados declaração de compensação, desde o seu protocolo, para os efeitos previstos neste artigo.

§ 5º. A Secretaria da Receita Federal disciplinará o disposto neste artigo."

Art. 50. O *caput* do art. 6º da Lei nº 9.826, de 23 de agosto de 1999, passa a vigorar com a seguinte redação:

"Art. 6º A exportação de produtos nacionais sem que tenha ocorrido sua saída do território brasileiro somente será admitida, produzindo todos os efeitos fiscais e cambiais, quando o pagamento for efetivado em moeda estrangeira de livre conversibilidade e a venda for realizada para:

(...)"

Art. 51. O *caput* do art. 52 da Lei nº 9.532, de 10 de dezembro de 1997, passa a vigorar com a seguinte alteração:

"Art. 52. O valor do IPI devido no desembaraço aduaneiro dos cigarros do código 2402.20.00 da Tipi será apurado da mesma forma que para o produto nacional, tomando-se por base a classe de enquadramento divulgada pela Secretaria da Receita Federal.

(...)"

Art. 52. O art. 33 do Decreto-Lei nº 1.593, de 21 de dezembro de 1977, passa a vigorar com a seguinte alteração:

"Art. 33. Aplicam-se as seguintes penalidades, em relação ao selo de controle de que trata o art. 46 da Lei 4.502, de 30 de novembro de 1964, na ocorrência das seguintes infrações:

I – venda ou exposição à venda de produto sem o selo ou com emprego de selo já utilizado: multa igual ao valor comercial do produto, não inferior a R$ 1.000,00 (mil reais);

II – emprego ou posse de selo legítimo não adquirido pelo próprio estabelecimento diretamente da repartição fornecedora: multa de R$ 1,00 (um real) por unidade, não inferior a R$ 1.000,00 (mil reais);

III – emprego de selo destinado a produto nacional, quando se tratar de produto estrangeiro, e vice-versa; emprego de selo destinado a produto diverso; emprego de selo não utilizado ou marcado como previsto em ato da Secretaria da Receita Federal; emprego de selo que não estiver em circulação: consideram-se os produtos como não selados, equiparando-se a infração à falta de pagamento do Imposto sobre Produtos Industrializados, que será exigível, além da multa igual a 75% (setenta e cinco por cento) do valor do imposto exigido;

IV – fabricação, venda, compra, cessão, utilização ou posse, soltos ou aplicados, de selos de controle falsos: independentemente de sanção penal cabível, multa de R$ 5,00 (cinco reais) por unidade, não inferior a R$ 5.000,00 (cinco mil reais), além da apreensão dos selos não utilizados e da aplicação da pena de perdimento dos produtos em que tenham sido utilizados os selos;

V – transporte de produto sem o selo ou com emprego de selo já utilizado: multa igual a 50% (cinquenta por cento) do valor comercial do produto, não inferior a R$ 1.000,00 (mil reais).

§ 1º Aplicar-se-á a mesma pena cominada no inciso II àqueles que fornecerem a outro estabelecimento, da mesma pessoa jurídica ou de terceiros, selos de controle legítimos adquiridos diretamente da repartição fornecedora.

§ 2º Aplicar-se-á ainda a pena de perdimento aos produtos do código 24.02.20.00 da Tabela de Incidência do Imposto sobre Produtos Industrializados (Tipi):

I – na hipótese de que tratam os incisos I e V do *caput*;

II – encontrados no estabelecimento industrial, acondicionados em embalagem destinada a comercialização, sem o selo de controle.

§ 3º Para fins de aplicação das penalidades previstas neste artigo, havendo a constatação de produtos com selos de controle em desacordo com as normas estabelecidas pela Secretaria da Receita Federal, considerar-se-á irregular a totalidade do lote identificado onde os mesmos foram encontrados."

Art. 53. É proibida a fabricação, em estabelecimento de terceiros, dos produtos do código 24.02.20.00 da Tipi.

Parágrafo único. Aos estabelecimentos que receberem ou tiverem em seu poder matérias-primas, produtos intermediários ou material de embalagem para a fabricação de cigarros para terceiros, aplica-se a penalidade prevista no inciso II do art. 15 do Decreto-Lei nº 1.593, de 21 de dezembro de 1977.

Art. 54. O papel para cigarros, em bobinas, somente poderá ser vendido, no mercado interno, a estabelecimento industrial fabricante de cigarros, classificados no código 2402.20.00 da Tabela de Incidência do IPI – TIPI, ou mortalhas. (Redação dada pela Lei nº 10.833, de 2003)

§ 1º. Os fabricantes e os importadores do papel de que trata o *caput* deverão: (Incluído pela Lei nº 10.833, de 2003)

I – exigir do estabelecimento industrial fabricante de cigarros a comprovação, no ato da venda, de que possui o registro especial de que trata o art. 1º do Decreto-Lei nº 1.593, de 21 de dezembro de 1977, e alterações posteriores; (Incluído pela Lei nº 10.833, de 2003)

II – prestar informações acerca da comercialização de papel para industrialização de cigarros, nos termos definidos pela Secretaria da Receita Federal. (Incluído pela Lei nº 10.833, de 2003)

§ 2º. O disposto no inciso I do § 1º não se aplica aos fabricantes de cigarros classificados no Ex 01 do código 2402.20.00 da TIPI. (Incluído pela Lei nº 10.833, de 2003)

Art. 55. (Revogado pela Lei nº 12.973, de 2014)

Art. 56. (VETADO).

Art. 57. O encargo de que trata o art 1º do Decreto-Lei nº 1.025, de 21 de outubro de 1969, inclusive na condição de que trata o art. 3º do Decreto-Lei nº 1.569, de 8 de agosto de 1977, nos pagamentos de débitos relativos a tributos e contribuições administrados pela Secretaria da Receita Federal, inscritos na Dívida Ativa da União, e efetuados a partir de 15 de maio de 2002, em virtude de norma de caráter exonerativo, inclusive nas hipóteses de que tratam os arts. 13 e 14 desta Lei, será calculado sobre os valores originalmente devidos, limitado ao valor correspondente à multa calculada nos termos do § 3º do art. 13.

Art. 58. O art. 42 da Lei nº 9.430, de 27 de dezembro de 1996, passa a vigorar acrescido dos seguintes §§ 5º e 6º:

"Art. 42. (...)

(...)

§ 5º Quando provado que os valores creditados na conta de depósito ou de investimento pertencem a terceiro, evidenciando interposição de pessoa, a determinação dos rendimentos ou receitas será efetuada em relação ao terceiro, na condição de efetivo titular da conta de depósito ou de investimento.

§ 6º Na hipótese de contas de depósito ou de investimento mantidas em conjunto, cuja declaração de rendimentos ou de informações dos titulares tenham sido apresentadas em separado, e não havendo comprovação da origem dos recursos nos termos deste artigo, o valor dos rendimentos ou receitas será imputado a cada titular mediante divisão entre o total dos rendimentos ou receitas pela quantidade de titulares."

Art. 59. O art. 23 do Decreto-Lei nº 1.455, de 7 de abril de 1976, passa a vigorar com as seguintes alterações:

"Art. 23. (...)

(...)

V – estrangeiras ou nacionais, na importação ou na exportação, na hipótese de ocultação do sujeito passivo, do real vendedor, comprador ou de responsável pela operação, mediante fraude ou simulação, inclusive a interposição fraudulenta de terceiros.

§ 1º O dano ao erário decorrente das infrações previstas no *caput* deste artigo será punido com a pena de perdimento das mercadorias.

§ 2º Presume-se interposição fraudulenta na operação de comércio exterior a não comprovação da origem, disponibilidade e transferência dos recursos empregados.

§ 3º A pena prevista no § 1º converte-se em multa equivalente ao valor aduaneiro da mercadoria que não seja localizada ou que tenha sido consumida.

§ 4º O disposto no § 3º não impede a apreensão da mercadoria nos casos previstos no inciso I ou quando for proibida sua importação, consumo ou circulação no território nacional."

Art. 60. O art. 81 da Lei nº 9.430, de 27 de dezembro de 1996, passa a vigorar com as seguintes alterações:

"Art. 81. (...)

§ 1º Será também declarada inapta a inscrição da pessoa jurídica que não comprove a origem, a disponibilidade e a efetiva transferência, se for o caso, dos recursos empregados em operações de comércio exterior.

§ 2º Para fins do disposto no § 1º, a comprovação da origem de recursos provenientes do exterior dar-se-á mediante, cumulativamente:

I – prova do regular fechamento da operação de câmbio, inclusive com a identificação da instituição financeira no exterior encarregada da remessa dos recursos para o País;

II – identificação do remetente dos recursos, assim entendido como a pessoa física ou jurídica titular dos recursos remetidos.

§ 3º No caso de o remetente referido no inciso II do § 2º ser pessoa jurídica deverão ser também identificados os integrantes de seus quadros societário e gerencial.

§ 4º O disposto nos §§ 2º e 3º aplica-se, também, na hipótese de que trata o § 2º do art. 23 do Decreto-Lei nº 1.455, de 7 de abril de 1976."

Art. 61. (VETADO).

Art. 62. O art. 15 da Lei nº 10.451, de 10 de maio de 2002, passa a vigorar com a seguinte redação:

"Art. 15. Esta Lei entra em vigor na data de sua publicação, produzindo efeitos, no caso dos arts. 1º e 2º, em relação aos fatos geradores ocorridos a partir de 1º de janeiro de 2002, observado o disposto no art. 1º da Lei 9.887, de 7 de dezembro de 1999."

Art. 63. (Revogado pela Lei nº 10.828, de 2003)

Art. 64. O art. 43 da Medida Provisória nº 2.158-35, de 2001, passa a vigorar acrescido do seguinte § 2º, renumerando-se o parágrafo único para § 1º:

"Art. 43. (...)

(...)

§ 2º O disposto neste artigo, no que diz respeito aos produtos classificados nas posições 84.32 e 84.33, alcança apenas os veículos autopropulsados descritos nos Códigos 8432.30, 8432.40.00, 8432.80.00 (exceto rolos para gramados ou campo de esporte), 8433.20, 8433.30.00, 8433.40.00 e 8433.5."

Art. 65. (VETADO).

CAPÍTULO III. DAS DISPOSIÇÕES FINAIS

Art. 66. A Secretaria da Receita Federal e a Procuradoria-Geral da Fazenda Nacional editarão, no âmbito de suas respectivas competências, as normas necessárias à aplicação do disposto nesta Lei.

Art. 67. (VETADO).

Art. 68. Esta Lei entra em vigor na data de sua publicação, produzindo efeitos:

I – a partir de 1º de outubro de 2002, em relação aos arts. 29 e 49;

II – a partir de 1º de dezembro de 2002, em relação aos arts. 1º a 6º e 8º a 11;

III – a partir de 1º de janeiro de 2003, em relação aos arts. 34, 37 a 44, 46 e 48;

IV – a partir da data da publicação desta Lei, em relação aos demais artigos.

Brasília, 30 de dezembro de 2002; 181o da Independência e 114o da República.

FERNANDO HENRIQUE CARDOSO

Publicado no D.O.U. 31.12.2002, ed. extra

LEI Nº 10.684, DE 30 DE MAIO DE 2003

Altera a legislação tributária, dispõe sobre parcelamento de débitos junto à Secretaria da Receita Federal, à Procuradoria-Geral da Fazenda Nacional e ao Instituto Nacional do Seguro Social e dá outras providências.

- *Parcelamento de débitos junto à Secretaria da Receita Federal*

O PRESIDENTE DA REPÚBLICA Faço saber que o Congresso Nacional decreta e eu sanciono a seguinte Lei:

- CTN: arts. 151, VI, 155-A e 198, § 3º, III.
- Lei 13.043/2014: arts. 33 e 42.

Art. 1º. Os débitos junto à Secretaria da Receita Federal ou à Procuradoria-Geral da Fazenda Nacional, com vencimento até 28 de fevereiro de 2003, poderão ser parcelados em até 180 (cento e oitenta) prestações mensais e sucessivas.

§ 1º. O disposto neste artigo aplica-se aos débitos constituídos ou não, inscritos ou não como Dívida Ativa, mesmo em fase de execução fiscal já ajuizada, ou que tenham sido objeto de parcelamento anterior, não integralmente quitado, ainda que cancelado por falta de pagamento.

§ 2º. Os débitos ainda não constituídos deverão ser confessados, de forma irretratável e irrevogável.

§ 3º. O débito objeto do parcelamento será consolidado no mês do pedido e será dividido pelo número de prestações, sendo que o montante de cada parcela mensal não poderá ser inferior a:

I – um inteiro e cinco décimos por cento da receita bruta auferida, pela pessoa jurídica, no mês imediatamente anterior ao do vencimento da parcela, exceto em relação às optantes pelo Sistema Simplificado de Pagamento de Impostos e Contribuições das Microempresas e das Empresas de Pequeno Porte – Simples, instituído pela Lei nº 9.317, de 5 de dezembro de 1996, e às microempresas e empresas de pequeno porte enquadradas no disposto no art. 2º da Lei nº 9.841, de 5 de outubro de 1999, observado o disposto no art. 8º desta Lei, salvo na hipótese do inciso II deste parágrafo, o prazo mínimo de 120 (cento e vinte) meses;

- LC 123/2006 revogou as Leis 9.317/1996 e 9.841/1999..

II – dois mil reais, considerado cumulativamente com o limite estabelecido no inciso I, no caso das pessoas jurídicas ali referidas;

III – cinquenta reais, no caso de pessoas físicas.

§ 4º. Relativamente às pessoas jurídicas optantes pelo Simples e às microempresas e empresas de pequeno porte, enquadradas no disposto no art. 2º da Lei nº 9.841, de 5 de outubro de 1999, o valor da parcela mínima mensal corresponderá a um cento e oitenta avos do total do débito ou a três décimos por cento da receita bruta auferida no mês imediatamente anterior ao do vencimento da parcela, o que for menor, não podendo ser inferior a:

- LC 123/2006 revogou a Lei 9.841/1999..

I – cem reais, se enquadrada na condição de microempresa;

II – duzentos reais, se enquadrada na condição de empresa de pequeno porte.

§ 5º. Aplica-se o disposto no § 4º às pessoas jurídicas que foram excluídas ou impedidas de ingressar no Simples exclusivamente em decorrência do disposto no inciso XV do art. 9º da Lei nº 9.317, de 5 de dezembro de 1996, desde que a pessoa jurídica exerça a opção pelo Simples até o último dia útil de 2003, com efeitos a partir de 1º de janeiro de 2004, nos termos e condições definidos pela Secretaria da Receita Federal.

- LC 123/2006 revogou a Lei 9.317/1996.

§ 6º. O valor de cada uma das parcelas, determinado na forma dos §§ 3º e 4º, será acrescido de juros correspondentes à variação mensal da Taxa de Juros de Longo Prazo – TJLP, a partir do mês subsequente ao da consolidação, até o mês do pagamento.

§ 7º. Para os fins da consolidação referida no § 3º, os valores correspondentes à multa, de mora ou de ofício, serão reduzidos em cinquenta por cento.

§ 8º. A redução prevista no § 7º não será cumulativa com qualquer outra redução admitida em lei, ressalvado o disposto no § 11.

§ 9º. Na hipótese de anterior concessão de redução de multa em percentual diverso de cinquenta por cento, prevalecerá o percentual referido no § 7º determinado sobre o valor original da multa.

§ 10. A opção pelo parcelamento de que trata este artigo exclui a concessão de qualquer outro, extinguindo os parcelamentos anteriormente concedidos, admitida a transferência de seus saldos para a modalidade desta Lei.

§ 11. O sujeito passivo fará jus a redução adicional da multa, após a redução referida no § 7º à razão de vinte e cinco centésimos por cento sobre o valor remanescente para cada ponto percentual do saldo do débito que for liquidado até a data prevista para o requerimento do parcelamento referido neste artigo, após deduzida a primeira parcela determinada nos termos do § 3º ou 4º.

Art. 2º. Os débitos incluídos no Programa de Recuperação Fiscal – Refis, de que trata a Lei nº 9.964, de 10 de abril de 2000, ou no parcelamento a ele alternativo, poderão, a critério da pessoa jurídica, ser parcelados nas condições previstas no art. 1º, nos termos a serem estabelecidos pelo Comitê Gestor do mencionado Programa.

Parágrafo único. Na hipótese deste artigo:

I – a opção pelo parcelamento na forma deste artigo implica desistência compulsória e definitiva do Refis ou do parcelamento a ele alternativo;

II – as contribuições arrecadadas pelo Instituto Nacional do Seguro Social – INSS retornarão à administração daquele órgão, sujeitando-se à legislação específica a elas aplicável;

III – será objeto do parcelamento nos termos do art. 1º o saldo devedor dos débitos relativos aos tributos administrados pela Secretaria da Receita Federal.

Art. 3º. Ressalvado o disposto no art. 2º, não será concedido o parcelamento de que trata o art. 1º na hipótese de existência de parcelamentos concedidos sob outras modalidades, admitida a transferência dos saldos remanescentes para a modalidade prevista nesta Lei, mediante requerimento do sujeito passivo.

Art. 4º. O parcelamento a que se refere o art. 1º:

I – deverá ser requerido, inclusive na hipótese de transferência de que tratam os arts. 2º e 3º, até o último dia útil do segundo mês subsequente ao da publicação desta Lei, perante a unidade da Secretaria da Receita Federal ou da Procuradoria-Geral da Fazenda Nacional, responsável pela cobrança do respectivo débito;

II – somente alcançará débitos que se encontrarem com exigibilidade suspensa por força dos incisos III a V do art. 151 da Lei nº 5.172, de 25 de outubro de 1966, no caso de o sujeito passivo desistir expressamente e de forma irrevogável da impugnação ou do recurso interposto, ou da ação judicial proposta, e renunciar a quaisquer alegações de direito sobre as quais se fundam os referidos processos administrativos e ações judiciais, relativamente à matéria cujo respectivo débito queira parcelar;

III – reger-se-á pelas disposições da Lei nº 10.522, de 19 de julho de 2002, ressalvado o disposto no seu art. 14;

IV – aplica-se, inclusive, à totalidade dos débitos apurados segundo o Simples;

V – independerá de apresentação de garantia ou de arrolamento de bens, mantidas aquelas decorrentes de débitos transferidos de outras modalidades de parcelamento ou de execução fiscal.

Parágrafo único. Na hipótese do inciso II, o valor da verba de sucumbência será de 1% (um por cento) do valor do débito consolidado decorrente da desistência da respectiva ação judicial.

Art. 5º. Os débitos junto ao Instituto Nacional do Seguro Social – INSS, oriundos de contribuições patronais, com vencimento até 28 de fevereiro de 2003, serão objeto de acordo para pagamento parcelado em até 180 (cento e oitenta) prestações mensais, observadas as condições fixadas neste artigo, desde que requerido até o último dia útil do segundo mês subsequente ao da publicação desta Lei.

§ 1º. Aplica-se ao parcelamento de que trata este artigo o disposto nos §§ 1º a 11 do art. 1º, observado o disposto no art. 8º.

§ 2º. (*VETADO*).

§ 3º. A concessão do parcelamento independerá de apresentação de garantias ou de arrolamento de bens, mantidas aquelas decorrentes de débitos transferidos de outras modalidades de parcelamento ou de execução fiscal.

Art. 6º. Os depósitos existentes, vinculados aos débitos a serem parcelados nos termos dos arts. 1º e 5º, serão automaticamente convertidos em renda da União ou da Seguridade Social ou do Instituto Nacional do Seguro Social – INSS, conforme o caso, concedendo-se o parcelamento sobre o saldo remanescente.

Art. 7º. O sujeito passivo será excluído dos parcelamentos a que se refere esta Lei na hipótese de inadimplência, por 3 (três) meses consecutivos ou 6 (seis) meses alternados, o que primeiro ocorrer, relativamente a qualquer dos tributos e das contribuições referidos nos arts. 1º e 5º, inclusive os com vencimento após 28 de fevereiro de 2003.

Art. 8º. Na hipótese de a pessoa jurídica manter parcelamentos de débitos com base no art. 1º e no art. 5º, simultaneamente, o percentual a que se refere o inciso I do § 3º do art. 1º será reduzido para setenta e cinco centésimos por cento.

§ 1º. Caberá à pessoa jurídica requerer a redução referida no *caput* até o prazo fixado no inciso I do art. 4º e no *caput* do art. 5º.

§ 2º. Ocorrendo liquidação, rescisão ou extinção de um dos parcelamentos, inclusive por exclusão do sujeito passivo, nos termos do art. 7º, aplica-se o percentual fixado no inciso I do § 3º do art. 1º ao parcelamento remanescente, a partir do mês subsequente ao da ocorrência da liquidação, extinção ou rescisão do parcelamento obtido junto ao outro órgão.

§ 3º. A pessoa jurídica deverá informar a liquidação, rescisão ou extinção do parcelamento ao órgão responsável pelo parcelamento remanescente, até o último dia útil do mês subsequente ao da ocorrência do evento, bem como efetuar o recolhimento da parcela referente àquele mês observando o percentual fixado no inciso I do § 3º do art. 1º.

§ 4º. O desatendimento do disposto nos parágrafos anteriores implicará a exclusão do sujeito passivo do parcelamento remanescente e a aplicação do disposto no art. 11.

Art. 9º. É suspensa a pretensão punitiva do Estado, referente aos crimes previstos nos arts. 1º e 2º da Lei nº 8.137, de 27 de dezembro de 1990, e nos arts. 168-A e 337-A do Decreto-Lei nº 2.848, de 7 de dezembro de 1940 – Código Penal, durante o período em que a pessoa jurídica relacionada com o agente dos aludidos crimes estiver incluída no regime de parcelamento.

§ 1º. A prescrição criminal não corre durante o período de suspensão da pretensão punitiva.

§ 2º. Extingue-se a punibilidade dos crimes referidos neste artigo quando a pessoa jurídica relacionada com o agente efetuar o pagamento integral dos débitos oriundos de tributos e contribuições sociais, inclusive acessórios.

Art. 10. A Secretaria da Receita Federal, a Procuradoria-Geral da Fazenda Nacional e o Instituto Nacional do Seguro Social – INSS expedirão, no âmbito de suas respectivas competências, os atos necessários à execução desta Lei.

Parágrafo único. Serão consolidados, por sujeito passivo, os débitos perante a Secretaria da Receita Federal e a Procuradoria-Geral da Fazenda Nacional.

Art. 11. Ao sujeito passivo que, optando por parcelamento a que se referem os arts. 1º e 5º, dele for excluído, será vedada a concessão de qualquer outra modalidade de parcelamento até 31 de dezembro de 2006.

Art. 12. A exclusão do sujeito passivo do parcelamento a que se refere esta Lei, inclusive a prevista no § 4º do art. 8º, independerá de notificação prévia e implicará exigibilidade imediata da totalidade do crédito confessado e ainda não pago e automática execução da garantia prestada, quando existente, restabelecendo-se, em relação ao montante não pago, os acréscimos legais na forma da legislação aplicável à época da ocorrência dos respectivos fatos geradores.

Art. 13. Os débitos relativos à contribuição para o Programa de Formação do Patrimônio do Servidor Público (Pasep) dos Estados, do Distrito Federal e dos Municípios, bem como de suas autarquias e fundações públicas, com vencimento até 31 de dezembro de 2002, poderão ser pagos mediante regime especial de parcelamento, por opção da pessoa jurídica de direito público interno devedora.

Parágrafo único. A opção referida no *caput* deverá ser formalizada até o último dia útil do segundo mês subsequente ao da publicação desta Lei, nos termos e condições estabelecidos pela Secretaria da Receita Federal.

Art. 14. O regime especial de parcelamento referido no art. 13 implica a consolidação dos débitos na data da opção e abrangerá totalidade dos débitos existentes em nome do optante, constituídos ou não, inclusive os juros de mora incidentes até a data de opção.

Parágrafo único. O débito consolidado na forma deste artigo:

I – sujeitar-se-á, a partir da data da consolidação, a juros equivalentes à taxa referencial do Sistema Especial de Liquidação e de Custódia – Selic para títulos federais, acumulada mensalmente, calculados a partir da data de deferimento do pedido até o mês anterior ao do pagamento, e adicionados de 1 (um por cento) relativamente ao mês em que o pagamento estiver sendo feito;

II – será pago mensalmente, até o último dia útil da primeira quinzena de cada mês, no valor equivalente a, no mínimo, um cento e vinte avos do total do débito consolidado;

III – o valor de cada parcela não poderá ser inferior a dois mil reais.

Art. 15. A opção pelo regime especial de parcelamento referido no art. 13 sujeita a pessoa jurídica optante:

I – à confissão irrevogável e irretratável dos débitos referidos no art. 14;

II – ao pagamento regular das parcelas do débito consolidado, bem como dos valores devidos relativos ao Pasep com vencimento após dezembro de 2002.

Parágrafo único. A opção pelo regime especial exclui qualquer outra forma de parcelamento de débitos relativos ao Pasep.

Art. 16. A pessoa jurídica optante pelo regime especial de parcelamento referido no art. 13 será dele excluída nas seguintes hipóteses:

I – inobservância da exigência estabelecida no art. 15;

II – inadimplência, por 2 (dois) meses consecutivos ou 6 (seis) alternados, relativamente ao Pasep, inclusive aqueles com vencimento após dezembro de 2002.

§ 1º. A exclusão da pessoa jurídica do regime especial implicará exigibilidade imediata da totalidade do crédito confessado e ainda não pago.

§ 2º. A exclusão será formalizada por meio de ato da Secretaria da Receita Federal e produzirá efeitos a partir do mês subsequente àquele em que a pessoa jurídica optante for cientificada.

Art. 17. Sem prejuízo do disposto no art. 15 da Medida Provisória nº 2.158-35, de 24 de agosto de 2001 , e no art. 1º da Medida Provisória 101, de 30 de dezembro de 2002, as sociedades cooperativas de produção agropecuária e de eletrificação rural poderão excluir da base de cálculo da contribuição para o Programa de Integração Social e de Formação do Patrimônio do Servidor Público – PIS/Pasep e da Contribuição Social para o Financiamento da Seguridade Social – Cofins os custos agregados ao produto agropecuário dos associados, quando da sua comercialização e os valores dos serviços prestados pelas cooperativas de eletrificação rural a seus associados.

Parágrafo único. O disposto neste artigo alcança os fatos geradores ocorridos a partir da vigência da Medida Provisória nº 1.858-10, de 26 de outubro de 1999.

- MP 2.158-35/2001 reeditou a MP 1.858-10/1999.

Art. 18. Fica elevada para 4 (quatro por cento) a alíquota da Contribuição para o Financiamento da Seguridade Social – Cofins devida pelas pessoas jurídicas referidas nos §§ 6º e 8º do art. 3º da Lei nº 9.718, de 27 de novembro de 1998.

Art. 19. O art. 22-A da Lei nº 8.212, de 24 de julho de 1991, introduzido pela Lei nº 10.256, de 9 de julho de 2001, passa a vigorar com a seguinte redação:

- Alteração incorporada ao texto da referida lei.

Art. 20. O § 1º do art. 126 da Lei nº 8.213, de 24 de julho de 1991, passa a vigorar com a seguinte redação:

- Alteração incorporada ao texto da referida lei.

Art. 21. (*Revogado pela Lei nº 12.101, de 2009*).

Art. 22. O art. 20 da Lei nº 9.249, de 26 de dezembro de 1995, passa a vigorar com a seguinte redação:

- Alteração incorporada ao texto da referida lei.

Art. 23. O art. 9º da Lei nº 9.317, de 5 de dezembro de 1996, passa a vigorar acrescido do seguinte parágrafo:

- LC 123/2006 revogou a Lei 9.317/1996.

"Art. 9º (...)

(...)

§ 5º A vedação a que se referem os incisos IX e XIV do *caput* não se aplica na hipótese de participação no capital de cooperativa de crédito."

Art. 24. Os arts. 1º e 2º da Lei nº 10.034, de 24 de outubro de 2000, passam a vigorar com a seguinte redação:

"Art. 1º Ficam excetuadas da restrição de que trata o inciso XIII do art. 9º da Lei nº 9.317, de 5 de dezembro de 1996, as pessoas jurídicas que se dediquem exclusivamente às seguintes atividades:

I – creches e pré-escolas;

II – estabelecimentos de ensino fundamental;

III – centros de formação de condutores de veículos automotores de transporte terrestre de passageiros e de carga;

IV – agências lotéricas;

V – agências terceirizadas de correios;

VI – (*Vetado*);

VII – (*Vetado*)."

"Art. 2º Ficam acrescidos de 50 (cinquenta por cento) os percentuais referidos no art. 5º da Lei 9.317, de 5 de dezembro de 1996, alterado pela Lei 9.732, de 11 de dezembro de 1998, em relação às atividades relacionadas nos incisos II a V do art. 1º desta Lei e às pessoas jurídicas que aufiram receita bruta decorrente da prestação de serviços em montante igual ou superior a 30 (trinta por cento) da receita bruta total."

Art. 25. A Lei nº 10.637, de 30 de dezembro de 2002, passa a vigorar acrescida do seguinte art. 5º-A e com as seguintes alterações dos arts. 1º, 3º, 8º, 11 e 29:

- Alteração incorporada ao texto da referida lei.

Art. 26. O art. 1º da Lei nº 9.074, de 7 de julho de 1995, passa a vigorar acrescido dos seguintes parágrafos, renumerando-se o parágrafo único para § 1º:

"Art. 1º (...)

(...)

§ 2º O prazo das concessões e permissões de que trata o inciso VI deste artigo será de 25(vinte e cinco) anos, podendo ser prorrogado por 10 (dez) anos.

§ 3º Ao término do prazo, as atuais concessões e permissões, mencionadas no § 2º, incluídas as anteriores à Lei 8.987, de 13 de fevereiro de 1995, serão prorrogadas pelo prazo previsto no § 2º."

Art. 27. (*VETADO*).

Art. 28. Fica o Poder Executivo autorizado a emitir títulos da dívida pública atualizados de acordo com as disposições do inciso I do § 4º do art. 2º da Lei nº 9.964, de 10 de abril de 2000, com prazo de vencimento determinado em função do prazo médio estimado da carteira de recebíveis do Programa de Recuperação Fiscal – Refis, instituído pela referida Lei, os quais terão poder liberatório perante a Secretaria da Receita Federal e o Instituto Nacional do Seguro Social quanto as dívidas inscritas no referido programa, diferindo-se os efeitos tributários de sua utilização, em função do prazo médio da dívida do contribuinte.

Art. 29. Esta Lei entra em vigor na data de sua publicação, produzindo efeitos:

I – em relação ao art. 17, a partir de 1º de janeiro de 2003;

II – em relação ao art. 25, a partir de 1º de fevereiro de 2003;

III – em relação aos arts. 18, 19, 20 e 22, a partir do mês subsequente ao do termo final do prazo nonagesimal, a que refere o § 6º do art. 195 da Constituição Federal.

Brasília, 30 de maio de 2003; 182º da Independência e 115º da República.

LUIZ INÁCIO LULA DA SILVA

Publicado no D.O.U. 31.5.2003, Ed. Extra

LEI COMPLEMENTAR Nº 116, DE 31 DE JULHO DE 2003

Dispõe sobre o Imposto Sobre Serviços de Qualquer Natureza, de competência dos Municípios e do Distrito Federal, e dá outras providências.

- *ISS*

O PRESIDENTE DA REPÚBLICA Faço saber que o Congresso Nacional decreta e eu sanciono a seguinte Lei Complementar:

Art. 1º. O Imposto Sobre Serviços de Qualquer Natureza, de competência dos Municípios e do Distrito Federal, tem como fato gerador a prestação de serviços constantes da lista anexa, ainda que esses não se constituam como atividade preponderante do prestador.

- Súm. Vinculante 31 do STF.
- Súm. 588 do STF.
- CF/1988: art. 156, II.
- ADIn 4.389 (DOU 27.042011) – O STF concedeu medida liminar para dar interpretação conforme a Constituição ao art. 1º, *caput* e § 2º, da LC 116/2003 e o subitem 13.05 da lista de serviços anexa, para reconhecer que o ISS não incide sobre operações de industrialização por encomenda de embalagens, destinadas à integração ou utilização direta em processo subsequente de industrialização ou de circulação de mercadoria. Presentes os requisitos constitucionais e legais, incidirá o ICMS.

§ 1º. O imposto incide também sobre o serviço proveniente do exterior do País ou cuja prestação se tenha iniciado no exterior do País.

§ 2º. Ressalvadas as exceções expressas na lista anexa, os serviços nela mencionados não ficam sujeitos ao Imposto Sobre Operações

Relativas à Circulação de Mercadorias e Prestações de Serviços de Transporte Interestadual e Intermunicipal e de Comunicação – ICMS, ainda que sua prestação envolva fornecimento de mercadorias.

§ 3º. O imposto de que trata esta Lei Complementar incide ainda sobre os serviços prestados mediante a utilização de bens e serviços públicos explorados economicamente mediante autorização, permissão ou concessão, com o pagamento de tarifa, preço ou pedágio pelo usuário final do serviço.

§ 4º. A incidência do imposto não depende da denominação dada ao serviço prestado.

Art. 2º. O imposto não incide sobre:

I – as exportações de serviços para o exterior do País;

II – a prestação de serviços em relação de emprego, dos trabalhadores avulsos, dos diretores e membros de conselho consultivo ou de conselho fiscal de sociedades e fundações, bem como dos sócios-gerentes e dos gerentes-delegados;

III – o valor intermediado no mercado de títulos e valores mobiliários, o valor dos depósitos bancários, o principal, juros e acréscimos moratórios relativos a operações de crédito realizadas por instituições financeiras.

Parágrafo único. Não se enquadram no disposto no inciso I os serviços desenvolvidos no Brasil, cujo resultado aqui se verifique, ainda que o pagamento seja feito por residente no exterior.

Art. 3º. O serviço considera-se prestado, e o imposto, devido, no local do estabelecimento prestador ou, na falta do estabelecimento, no local do domicílio do prestador, exceto nas hipóteses previstas nos incisos I a XXV, quando o imposto será devido no local: (Redação dada pela Lei Complementar nº 157, de 2016)

- LC 123/2006 – Institui o Estatuto Nacional da Microempresa e da Empresa de Pequeno Porte.

I – do estabelecimento do tomador ou intermediário do serviço ou, na falta de estabelecimento, onde ele estiver domiciliado, na hipótese do § 1º do art. 1º desta Lei Complementar;

II – da instalação dos andaimes, palcos, coberturas e outras estruturas, no caso dos serviços descritos no subitem 3.05 da lista anexa;

III – da execução da obra, no caso dos serviços descritos no subitem 7.02 e 7.19 da lista anexa;

IV – da demolição, no caso dos serviços descritos no subitem 7.04 da lista anexa;

V – das edificações em geral, estradas, pontes, portos e congêneres, no caso dos serviços descritos no subitem 7.05 da lista anexa;

VI – da execução da varrição, coleta, remoção, incineração, tratamento, reciclagem, separação e destinação final de lixo, rejeitos e outros resíduos quaisquer, no caso dos serviços descritos no subitem 7.09 da lista anexa;

VII – da execução da limpeza, manutenção e conservação de vias e logradouros públicos, imóveis, chaminés, piscinas, parques, jardins e congêneres, no caso dos serviços descritos no subitem 7.10 da lista anexa;

VIII – da execução da decoração e jardinagem, do corte e poda de árvores, no caso dos serviços descritos no subitem 7.11 da lista anexa;

IX – do controle e tratamento do efluente de qualquer natureza e de agentes físicos, químicos e biológicos, no caso dos serviços descritos no subitem 7.12 da lista anexa;

X – *(VETADO)*.

XI – *(VETADO)*.

XII – do florestamento, reflorestamento, semeadura, adubação, reparação de solo, plantio, silagem, colheita, corte, descascamento de árvores, silvicultura, exploração florestal e serviços congêneres indissociáveis da formação, manutenção e colheita de florestas para quaisquer fins e por quaisquer meios; (Redação dada pela Lei Complementar nº 157, de 2016)

XIII – da execução dos serviços de escoramento, contenção de encostas e congêneres, no caso dos serviços descritos no subitem 7.17 da lista anexa;

XIV – da limpeza e dragagem, no caso dos serviços descritos no subitem 7.18 da lista anexa;

XV – onde o bem estiver guardado ou estacionado, no caso dos serviços descritos no subitem 11.01 da lista anexa;

XVI – dos bens, dos semoventes ou do domicílio das pessoas vigiados, segurados ou monitorados, no caso dos serviços descritos no subitem 11.02 da lista anexa; (Redação dada pela Lei Complementar nº 157, de 2016)

XVII – do armazenamento, depósito, carga, descarga, arrumação e guarda do bem, no caso dos serviços descritos no subitem 11.04 da lista anexa;

XVIII – da execução dos serviços de diversão, lazer, entretenimento e congêneres, no caso dos serviços descritos nos subitens do item 12, exceto o 12.13, da lista anexa;

XIX – do Município onde está sendo executado o transporte, no caso dos serviços descritos pelo item 16 da lista anexa; (Redação dada pela Lei Complementar nº 157, de 2016)

XX – do estabelecimento do tomador da mão de obra ou, na falta de estabelecimento, onde ele estiver domiciliado, no caso dos serviços descritos pelo subitem 17.05 da lista anexa;

XXI – da feira, exposição, congresso ou congênere a que se referir o planejamento, organização e administração, no caso dos serviços descritos pelo subitem 17.10 da lista anexa;

XXII – do porto, aeroporto, ferroporto, terminal rodoviário, ferroviário ou metroviário, no caso dos serviços descritos pelo item 20 da lista anexa.

XXIII - do domicílio do tomador dos serviços dos subitens 4.22, 4.23 e 5.09; (Incluído pela Lei Complementar nº 157, de 2016)

XXIV - do domicílio do tomador do serviço no caso dos serviços prestados pelas administradoras de cartão de crédito ou débito e demais descritos no subitem 15.01; (Incluído pela Lei Complementar nº 157, de 2016)

XXV - do domicílio do tomador do serviço do subitem 15.09. (Redação dada pela LC 175/2020)

§ 1º. No caso dos serviços a que se refere o subitem 3.04 da lista anexa, considera-se ocorrido o fato gerador e devido o imposto em cada Município em cujo território haja extensão de ferrovia, rodovia, postes, cabos, dutos e condutos de qualquer natureza, objetos de locação, sublocação, arrendamento, direito de passagem ou permissão de uso, compartilhado ou não.

§ 2º. No caso dos serviços a que se refere o subitem 22.01 da lista anexa, considera-se ocorrido o fato gerador e devido o imposto em cada Município em cujo território haja extensão de rodovia explorada.

§ 3º. Considera-se ocorrido o fato gerador do imposto no local do estabelecimento prestador nos serviços executados em águas marítimas, excetuados os serviços descritos no subitem 20.01.

§ 4º Na hipótese de descumprimento do disposto no *caput* ou no § 1º, ambos do art. 8º-A desta Lei Complementar, o imposto será devido no local do estabelecimento do tomador ou intermediário do serviço ou, na falta de estabelecimento, onde ele estiver domiciliado. (Incluído pela Lei Complementar nº 157, de 2016)

§ 5º Ressalvadas as exceções e especificações estabelecidas nos §§ 6º a 12 deste artigo, considera-se tomador dos serviços referidos nos incisos XXIII, XXIV e XXV do *caput* deste artigo o contratante do serviço e, no caso de negócio jurídico que envolva estipulação em favor de unidade da pessoa jurídica contratante, a unidade em favor da qual o serviço foi estipulado, sendo irrelevantes para caracterizá-la as denominações de sede, filial, agência, posto de atendimento, sucursal, escritório de representação ou contato ou quaisquer outras que venham a ser utilizadas. (Acrescido pela LC 175/2020)

§ 6º No caso dos serviços de planos de saúde ou de medicina e congêneres, referidos nos subitens 4.22 e 4.23 da lista de serviços anexa a esta Lei Complementar, o tomador do serviço é a pessoa física beneficiária vinculada à operadora por meio de convênio ou contrato de plano de saúde individual, familiar, coletivo empresarial ou coletivo por adesão. (Acrescido pela LC 175/2020)

§ 7º Nos casos em que houver dependentes vinculados ao titular do plano, será considerado apenas o domicílio do titular para fins do disposto no § 6º deste artigo. (Acrescido pela LC 175/2020)

§ 8º No caso dos serviços de administração de cartão de crédito ou débito e congêneres, referidos no subitem 15.01 da lista de serviços anexa a esta Lei Complementar, prestados diretamente aos portadores de cartões de crédito ou débito e congêneres, o tomador é o primeiro titular do cartão. (Acrescido pela LC 175/2020)

§ 9º O local do estabelecimento credenciado é considerado o domicílio do tomador dos demais serviços referidos no subitem 15.01 da lista de serviços anexa a esta Lei Complementar relativos às transferências realizadas por meio de cartão de crédito ou débito, ou a eles conexos, que sejam prestados ao tomador, direta ou indiretamente, por: (Acrescido pela LC 175/2020)

I - bandeiras;

II - credenciadoras; ou

III - emissoras de cartões de crédito e débito.

§ 10. No caso dos serviços de administração de carteira de valores mobiliários e dos serviços de administração e gestão de fundos e clubes de investimento, referidos no subitem 15.01 da lista de serviços anexa a esta Lei Complementar, o tomador é o cotista. (Acrescido pela LC 175/2020)

§ 11. No caso dos serviços de administração de consórcios, o tomador de serviço é o consorciado. (Acrescido pela LC 175/2020)

§ 12. No caso dos serviços de arrendamento mercantil, o tomador do serviço é o arrendatário, pessoa física ou a unidade beneficiária da pessoa jurídica, domiciliado no País, e, no caso de arrendatário não domiciliado no País, o tomador é o beneficiário do serviço no País. (Acrescido pela LC 175/2020)

Art. 4º. Considera-se estabelecimento prestador o local onde o contribuinte desenvolva a atividade de prestar serviços, de modo permanente ou temporário, e que configure unidade econômica ou profissional, sendo irrelevantes para caracterizá-lo as denominações de sede, filial, agência, posto de atendimento, sucursal, escritório de representação ou contato ou quaisquer outras que venham a ser utilizadas.

Art. 5º. Contribuinte é o prestador do serviço.

Art. 6º. Os Municípios e o Distrito Federal, mediante lei, poderão atribuir de modo expresso a responsabilidade pelo crédito tributário a terceira pessoa, vinculada ao fato gerador da respectiva obrigação, excluindo a responsabilidade do contribuinte ou atribuindo-a a este em caráter supletivo do cumprimento total ou parcial da referida obrigação, inclusive no que se refere à multa e aos acréscimos legais.

§ 1º. Os responsáveis a que se refere este artigo estão obrigados ao recolhimento integral do imposto devido, multa e acréscimos legais, independentemente de ter sido efetuada sua retenção na fonte.

§ 2º. Sem prejuízo do disposto no *caput* e no § 1º deste artigo, são responsáveis:

- LC 123/2006 – Institui o Estatuto Nacional da Microempresa e da Empresa de Pequeno Porte.

I – o tomador ou intermediário de serviço proveniente do exterior do País ou cuja prestação se tenha iniciado no exterior do País;

II – a pessoa jurídica, ainda que imune ou isenta, tomadora ou intermediária dos serviços descritos nos subitens 3.05, 7.02, 7.04, 7.05, 7.09, 7.10, 7.12, 7.14, 7.15, 7.16, 7.17, 7.19, 11.02, 17.05 e 17.10 da lista anexa.

- LC 123/2006: art. 6º.

III - a pessoa jurídica tomadora ou intermediária de serviços, ainda que imune ou isenta, na hipótese prevista no § 4º do art. 3º desta Lei Complementar. (Incluído pela Lei Complementar nº 157, de 2016)

IV - as pessoas referidas nos incisos II ou III do § 9º do art. 3º desta Lei Complementar, pelo imposto devido pelas pessoas a que se refere o inciso I do mesmo parágrafo, em decorrência dos serviços prestados na forma do subitem 15.01 da lista de serviços anexa a esta Lei Complementar. (Acrescido pela LC 175/2020)

§ 3º (Revogado pela LC 175/2020)

§ 4º No caso dos serviços prestados pelas administradoras de cartão de crédito e débito, descritos no subitem 15.01, os terminais eletrônicos ou as máquinas das operações efetivadas deverão ser registrados no local do domicílio do tomador do serviço. (Incluído pela Lei Complementar nº 157, de 2016)

Art. 7º. A base de cálculo do imposto é o preço do serviço.

§ 1º. Quando os serviços descritos pelo subitem 3.04 da lista anexa forem prestados no território de mais de um Município, a base de cálculo será proporcional, conforme o caso, à extensão da ferrovia, rodovia, dutos e condutos de qualquer natureza, cabos de qualquer natureza, ou ao número de postes, existentes em cada Município.

§ 2º. Não se incluem na base de cálculo do Imposto Sobre Serviços de Qualquer Natureza:

I – o valor dos materiais fornecidos pelo prestador dos serviços previstos nos itens 7.02 e 7.05 da lista de serviços anexa a esta Lei Complementar;

II – *(VETADO)*.

§ 3º. *(VETADO)*.

Art. 8º. As alíquotas máximas do Imposto Sobre Serviços de Qualquer Natureza são as seguintes:

I – *(VETADO)*.

II – demais serviços, 5% (cinco por cento).

Art. 8º-A. A alíquota mínima do Imposto sobre Serviços de Qualquer Natureza é de 2% (dois por cento). (Incluído pela Lei Complementar nº 157, de 2016)

§ 1º. O imposto não será objeto de concessão de isenções, incentivos ou benefícios tributários ou financeiros, inclusive de redução de base de cálculo ou de crédito presumido ou outorgado, ou sob qualquer outra forma que resulte, direta ou indiretamente, em carga tributária menor que a decorrente da aplicação da alíquota mínima estabelecida no *caput*, exceto para os serviços a que se referem os subitens 7.02, 7.05 e 16.01 da lista anexa a esta Lei Complementar. (Incluído pela Lei Complementar nº 157, de 2016)

§ 2º. É nula a lei ou o ato do Município ou do Distrito Federal que não respeite as disposições relativas à alíquota mínima previstas neste artigo no caso de serviço prestado a tomador ou intermediário localizado em Município diverso daquele onde está localizado o prestador do serviço. (Incluído pela Lei Complementar nº 157, de 2016)

§ 3º. A nulidade a que se refere o § 2o deste artigo gera, para o prestador do serviço, perante o Município ou o Distrito Federal que não respeitar as disposições deste artigo, o direito à restituição do valor efetivamente pago do Imposto sobre Serviços de Qualquer Natureza calculado sob a égide da lei nula. (Incluído pela Lei Complementar nº 157, de 2016)

Art. 9º. Esta Lei Complementar entra em vigor na data de sua publicação.

Art. 10. Ficam revogados os arts. 8º, 10, 11 e 12 do Decreto-lei nº 406, de 31 de dezembro de 1968; os incisos III, IV, V e VII do art. 3º do Decreto-lei nº 834, de 8 de setembro de 1969; a Lei Complementar nº 22, de 9 de dezembro de 1974; a Lei nº 7.192, de 5 de junho de 1984; a Lei Complementar nº 56, de 15 de dezembro de 1987; e a Lei Complementar nº 100, de 22 de dezembro de 1999.

Brasília, 31 de julho de 2003; 182º da Independência e 115º da República.

LUIZ INÁCIO LULA DA SILVA
(Publicação no D.O.U. 1.8.2003)

LISTA DE SERVIÇOS ANEXA À LEI COMPLEMENTAR 116, DE 31 DE JULHO DE 2003

1 – Serviços de informática e congêneres.

1.01 – Análise e desenvolvimento de sistemas.

1.02 – Programação.

1.03 – Processamento, armazenamento ou hospedagem de dados, textos, imagens, vídeos, páginas eletrônicas, aplicativos e sistemas de informação, entre outros formatos, e congêneres. (Redação dada pela Lei Complementar nº 157, de 2016)

1.04 – Elaboração de programas de computadores, inclusive de jogos eletrônicos, independentemente da arquitetura construtiva da máquina em que o programa será executado, incluindo tablets, smartphones e congêneres. (Redação dada pela Lei Complementar nº 157, de 2016)

1.05 – Licenciamento ou cessão de direito de uso de programas de computação.

1.06 – Assessoria e consultoria em informática.

1.07 – Suporte técnico em informática, inclusive instalação, configuração e manutenção de programas de computação e bancos de dados.

1.08 – Planejamento, confecção, manutenção e atualização de páginas eletrônicas.

1.09 – Disponibilização, sem cessão definitiva, de conteúdos de áudio, vídeo, imagem e texto por meio da internet, respeitada a imunidade de livros, jornais e periódicos (exceto a distribuição de conteúdos pelas prestadoras de Serviço de Acesso Condicionado, de que trata a Lei no 12.485, de 12 de setembro de 2011, sujeita ao ICMS). (Incluído pela Lei Complementar nº 157, de 2016)

2 – Serviços de pesquisas e desenvolvimento de qualquer natureza.

2.01 – Serviços de pesquisas e desenvolvimento de qualquer natureza.

3 – Serviços prestados mediante locação, cessão de direito de uso e congêneres.

3.01 – *(VETADO)*.

3.02 – Cessão de direito de uso de marcas e de sinais de propaganda.

3.03 – Exploração de salões de festas, centro de convenções, escritórios virtuais, stands, quadras esportivas, estádios, ginásios, auditórios, casas de espetáculos, parques de diversões, canchas e congêneres, para realização de eventos ou negócios de qualquer natureza.

3.04 – Locação, sublocação, arrendamento, direito de passagem ou permissão de uso, compartilhado ou não, de ferrovia, rodovia, postes, cabos, dutos e condutos de qualquer natureza.

3.05 – Cessão de andaimes, palcos, coberturas e outras estruturas de uso temporário.

4 – Serviços de saúde, assistência médica e congêneres.

4.01 – Medicina e biomedicina.

4.02 – Análises clínicas, patologia, eletricidade médica, radioterapia, quimioterapia, ultrassonografia, ressonância magnética, radiologia, tomografia e congêneres.

4.03 – Hospitais, clínicas, laboratórios, sanatórios, manicômios, casas de saúde, prontos-socorros, ambulatórios e congêneres.

4.04 – Instrumentação cirúrgica.

4.05 – Acupuntura.

4.06 – Enfermagem, inclusive serviços auxiliares.

4.07 – Serviços farmacêuticos.

4.08 – Terapia ocupacional, fisioterapia e fonoaudiologia.

4.09 – Terapias de qualquer espécie destinadas ao tratamento físico, orgânico e mental.

4.10 – Nutrição.

4.11 – Obstetrícia.

4.12 – Odontologia.

4.13 – Ortóptica.

4.14 – Próteses sob encomenda.

4.15 – Psicanálise.

4.16 – Psicologia.

4.17 – Casas de repouso e de recuperação, creches, asilos e congêneres.

4.18 – Inseminação artificial, fertilização *in vitro* e congêneres.

4.19 – Bancos de sangue, leite, pele, olhos, óvulos, sêmen e congêneres.

4.20 – Coleta de sangue, leite, tecidos, sêmen, órgãos e materiais biológicos de qualquer espécie.

4.21 – Unidade de atendimento, assistência ou tratamento móvel e congêneres.

4.22 – Planos de medicina de grupo ou individual e convênios para prestação de assistência médica, hospitalar, odontológica e congêneres.

- LC 175/2020 (Dispõe sobre o padrão e obrigação acessória do ISSQN incidente sobre os serviços previstos nesse subitem).

4.23 – Outros planos de saúde que se cumpram através de serviços de terceiros contratados, credenciados, cooperados ou apenas pagos pelo operador do plano mediante indicação do beneficiário.

- LC 175/2020 (Dispõe sobre o padrão e obrigação acessória do ISSQN incidente sobre os serviços previstos nesse subitem).

5 – Serviços de medicina e assistência veterinária e congêneres.

5.01 – Medicina veterinária e zootecnia.

5.02 – Hospitais, clínicas, ambulatórios, prontos-socorros e congêneres, na área veterinária.

5.03 – Laboratórios de análise na área veterinária.

5.04 – Inseminação artificial, fertilização *in vitro* e congêneres.

5.05 – Bancos de sangue e de órgãos e congêneres.

5.06 – Coleta de sangue, leite, tecidos, sêmen, órgãos e materiais biológicos de qualquer espécie.

5.07 – Unidade de atendimento, assistência ou tratamento móvel e congêneres.

5.08 – Guarda, tratamento, amestramento, embelezamento, alojamento e congêneres.

5.09 – Planos de atendimento e assistência médico-veterinária.

- LC 175/2020 (Dispõe sobre o padrão e obrigação acessória do ISSQN incidente sobre os serviços previstos nesse subitem).

6 – Serviços de cuidados pessoais, estética, atividades físicas e congêneres.

6.01 – Barbearia, cabeleireiros, manicuros, pedicuros e congêneres.

6.02 – Esteticistas, tratamento de pele, depilação e congêneres.

6.03 – Banhos, duchas, sauna, massagens e congêneres.

6.04 – Ginástica, dança, esportes, natação, artes marciais e demais atividades físicas.

6.05 – Centros de emagrecimento, *spa* e congêneres.

6.06 – Aplicação de tatuagens, piercings e congêneres. (Incluído pela Lei Complementar nº 157, de 2016)

7 – Serviços relativos a engenharia, arquitetura, geologia, urbanismo, construção civil, manutenção, limpeza, meio ambiente, saneamento e congêneres.

7.01 – Engenharia, agronomia, agrimensura, arquitetura, geologia, urbanismo, paisagismo e congêneres.

7.02 – Execução, por administração, empreitada ou subempreitada, de obras de construção civil, hidráulica ou elétrica e de outras obras semelhantes, inclusive sondagem, perfuração de poços, escavação, drenagem e irrigação, terraplanagem, pavimentação, concretagem e a instalação e montagem de produtos, peças e equipamentos (exceto o fornecimento de mercadorias produzidas pelo prestador de serviços fora do local da prestação dos serviços, que fica sujeito ao ICMS).

7.03 – Elaboração de planos diretores, estudos de viabilidade, estudos organizacionais e outros, relacionados com obras e serviços de engenharia; elaboração de anteprojetos, projetos básicos e projetos executivos para trabalhos de engenharia.

7.04 – Demolição.

7.05 – Reparação, conservação e reforma de edifícios, estradas, pontes, portos e congêneres (exceto o fornecimento de mercadorias produzidas pelo prestador dos serviços, fora do local da prestação dos serviços, que fica sujeito ao ICMS).

7.06 – Colocação e instalação de tapetes, carpetes, assoalhos, cortinas, revestimentos de parede, vidros, divisórias, placas de gesso e congêneres, com material fornecido pelo tomador do serviço.

7.07 – Recuperação, raspagem, polimento e lustração de pisos e congêneres.

7.08 – Calafetação.

7.09 – Varrição, coleta, remoção, incineração, tratamento, reciclagem, separação e destinação final de lixo, rejeitos e outros resíduos quaisquer.

7.10 – Limpeza, manutenção e conservação de vias e logradouros públicos, imóveis, chaminés, piscinas, parques, jardins e congêneres.

7.11 – Decoração e jardinagem, inclusive corte e poda de árvores.

7.12 – Controle e tratamento de efluentes de qualquer natureza e de agentes físicos, químicos e biológicos.

7.13 – Dedetização, desinfecção, desinsetização, imunização, higienização, desratização, pulverização e congêneres.

7.14 – *(VETADO).*

7.15 – *(VETADO).*

7.16 – Florestamento, reflorestamento, semeadura, adubação, reparação de solo, plantio, silagem, colheita, corte e descascamento de árvores, silvicultura, exploração florestal e dos serviços congêneres indissociáveis da formação, manutenção e colheita de florestas, para quaisquer fins e por quaisquer meios. (Redação dada pela Lei Complementar nº 157, de 2016)

7.17 – Escoramento, contenção de encostas e serviços congêneres.

7.18 – Limpeza e dragagem de rios, portos, canais, baías, lagos, lagoas, represas, açudes e congêneres.

7.19 – Acompanhamento e fiscalização da execução de obras de engenharia, arquitetura e urbanismo.

7.20 – Aerofotogrametria (inclusive interpretação), cartografia, mapeamento, levantamentos topográficos, batimétricos, geográficos, geodésicos, geológicos, geofísicos e congêneres.

7.21 – Pesquisa, perfuração, cimentação, mergulho, perfilagem, concretação, testemunhagem, pescaria, estimulação e outros serviços relacionados com a exploração e explotação de petróleo, gás natural e de outros recursos minerais.

7.22 – Nucleação e bombardeamento de nuvens e congêneres.

8 – Serviços de educação, ensino, orientação pedagógica e educacional, instrução, treinamento e avaliação pessoal de qualquer grau ou natureza.

8.01 – Ensino regular pré-escolar, fundamental, médio e superior.

8.02 – Instrução, treinamento, orientação pedagógica e educacional, avaliação de conhecimentos de qualquer natureza.

9 – Serviços relativos a hospedagem, turismo, viagens e congêneres.

9.01 – Hospedagem de qualquer natureza em hotéis, *apart-service* condominiais, *flat*, apart-hotéis, hotéis residência, *residence-service*, *suite service*, hotelaria marítima, motéis, pensões e congêneres; ocupação por temporada com fornecimento de serviço (o valor da alimentação e gorjeta, quando incluído no preço da diária, fica sujeito ao Imposto Sobre Serviços).

9.02 – Agenciamento, organização, promoção, intermediação e execução de programas de turismo, passeios, viagens, excursões, hospedagens e congêneres.

9.03 – Guias de turismo.

10 – Serviços de intermediação e congêneres.

10.01 – Agenciamento, corretagem ou intermediação de câmbio, de seguros, de cartões de crédito, de planos de saúde e de planos de previdência privada.

10.02 – Agenciamento, corretagem ou intermediação de títulos em geral, valores mobiliários e contratos quaisquer.

10.03 – Agenciamento, corretagem ou intermediação de direitos de propriedade industrial, artística ou literária.

10.04 – Agenciamento, corretagem ou intermediação de contratos de arrendamento mercantil (*leasing*), de franquia (*franchising*) e de faturização (*factoring*).

10.05 – Agenciamento, corretagem ou intermediação de bens móveis ou imóveis, não abrangidos em outros itens ou subitens, inclusive aqueles realizados no âmbito de Bolsas de Mercadorias e Futuros, por quaisquer meios.

10.06 – Agenciamento marítimo.

10.07 – Agenciamento de notícias.

10.08 – Agenciamento de publicidade e propaganda, inclusive o agenciamento de veiculação por quaisquer meios.

10.09 – Representação de qualquer natureza, inclusive comercial.

10.10 – Distribuição de bens de terceiros.

11 – Serviços de guarda, estacionamento, armazenamento, vigilância e congêneres.

11.01 – Guarda e estacionamento de veículos terrestres automotores, de aeronaves e de embarcações.

11.02 – Vigilância, segurança ou monitoramento de bens, pessoas e semoventes. (Redação dada pela Lei Complementar nº 157, de 2016)

11.03 – Escolta, inclusive de veículos e cargas.

11.04 – Armazenamento, depósito, carga, descarga, arrumação e guarda de bens de qualquer espécie.

12 – Serviços de diversões, lazer, entretenimento e congêneres.

12.01 – Espetáculos teatrais.

12.02 – Exibições cinematográficas.

12.03 – Espetáculos circenses.

12.04 – Programas de auditório.

12.05 – Parques de diversões, centros de lazer e congêneres.

12.06 – Boates, *taxi-dancing* e congêneres.

12.07 – *Shows*, *ballet*, danças, desfiles, bailes, óperas, concertos, recitais, festivais e congêneres.

12.08 – Feiras, exposições, congressos e congêneres.

12.09 – Bilhares, boliches e diversões eletrônicas ou não.

12.10 – Corridas e competições de animais.

12.11 – Competições esportivas ou de destreza física ou intelectual, com ou sem a participação do espectador.

12.12 – Execução de música.

12.13 – Produção, mediante ou sem encomenda prévia, de eventos, espetáculos, entrevistas, *shows*, *ballet*, danças, desfiles, bailes, teatros, óperas, concertos, recitais, festivais e congêneres.

12.14 – Fornecimento de música para ambientes fechados ou não, mediante transmissão por qualquer processo.

12.15 – Desfiles de blocos carnavalescos ou folclóricos, trios elétricos e congêneres.

12.16 – Exibição de filmes, entrevistas, musicais, espetáculos, *shows*, concertos, desfiles, óperas, competições esportivas, de destreza intelectual ou congêneres.

12.17 – Recreação e animação, inclusive em festas e eventos de qualquer natureza.

13 – Serviços relativos a fonografia, fotografia, cinematografia e reprografia.

13.01 – *(VETADO).*

13.02 – Fonografia ou gravação de sons, inclusive trucagem, dublagem, mixagem e congêneres.

13.03 – Fotografia e cinematografia, inclusive revelação, ampliação, cópia, reprodução, trucagem e congêneres.

13.04 – Reprografia, microfilmagem e digitalização.

13.05 – Composição gráfica, inclusive confecção de impressos gráficos, fotocomposição, clicheria, zincografia, litografia e fotolitografia, exceto se destinados a posterior operação de comercialização ou industrialização, ainda que incorporados, de qualquer forma, a outra mercadoria que deva ser objeto de posterior circulação, tais como bulas, rótulos, etiquetas, caixas, cartuchos, embalagens e manuais técnicos e de instrução, quando ficarão sujeitos ao ICMS. (Redação dada pela Lei Complementar nº 157, de 2016)

14 – Serviços relativos a bens de terceiros.

14.01 – Lubrificação, limpeza, lustração, revisão, carga e recarga, conserto, restauração, blindagem, manutenção e conservação de máquinas, veículos, aparelhos, equipamentos, motores, elevadores ou de qualquer objeto (exceto peças e partes empregadas, que ficam sujeitas ao ICMS).

14.02 – Assistência técnica.

14.03 – Recondicionamento de motores (exceto peças e partes empregadas, que ficam sujeitas ao ICMS).

14.04 – Recauchutagem ou regeneração de pneus.

14.05 – Restauração, recondicionamento, acondicionamento, pintura, beneficiamento, lavagem, secagem, tingimento, galvanoplastia, anodização, corte, recorte, plastificação, costura, acabamento, polimento e congêneres de objetos quaisquer. (Redação dada pela Lei Complementar nº 157, de 2016)

14.06 – Instalação e montagem de aparelhos, máquinas e equipamentos, inclusive montagem industrial, prestados ao usuário final, exclusivamente com material por ele fornecido.

14.07 – Colocação de molduras e congêneres.

14.08 – Encadernação, gravação e douração de livros, revistas e congêneres.

14.09 – Alfaiataria e costura, quando o material for fornecido pelo usuário final, exceto aviamento.
14.10 – Tinturaria e lavanderia.
14.11 – Tapeçaria e reforma de estofamentos em geral.
14.12 – Funilaria e lanternagem.
14.13 – Carpintaria e serralheria.
14.14 – Guincho intramunicipal, guindaste e içamento. (Redação dada pela Lei Complementar nº 157, de 2016)
15 – Serviços relacionados ao setor bancário ou financeiro, inclusive aqueles prestados por instituições financeiras autorizadas a funcionar pela União ou por quem de direito.
15.01 – Administração de fundos quaisquer, de consórcio, de cartão de crédito ou débito e congêneres, de carteira de clientes, de cheques pré-datados e congêneres.

› LC 175/2020 (Dispõe sobre o padrão e obrigação acessória do ISSQN incidente sobre os serviços previstos nesse subitem).

15.02 – Abertura de contas em geral, inclusive conta corrente, conta de investimentos e aplicação e caderneta de poupança, no País e no exterior, bem como a manutenção das referidas contas ativas e inativas.
15.03 – Locação e manutenção de cofres particulares, de terminais eletrônicos, de terminais de atendimento e de bens e equipamentos em geral.
15.04 – Fornecimento ou emissão de atestados em geral, inclusive atestado de idoneidade, atestado de capacidade financeira e congêneres.
15.05 – Cadastro, elaboração de ficha cadastral, renovação cadastral e congêneres, inclusão ou exclusão no Cadastro de Emitentes de Cheques sem Fundos – CCF ou em quaisquer outros bancos cadastrais.
15.06 – Emissão, reemissão e fornecimento de avisos, comprovantes e documentos em geral; abono de firmas; coleta e entrega de documentos, bens e valores; comunicação com outra agência ou com a administração central; licenciamento eletrônico de veículos; transferência de veículos; agenciamento fiduciário ou depositário; devolução de bens em custódia.
15.07 – Acesso, movimentação, atendimento e consulta a contas em geral, por qualquer meio ou processo, inclusive por telefone, fac-símile, internet e telex, acesso a terminais de atendimento, inclusive 24 (vinte e quatro) horas; acesso a outro banco e a rede compartilhada; fornecimento de saldo, extrato e demais informações relativas a contas em geral, por qualquer meio ou processo.
15.08 – Emissão, reemissão, alteração, cessão, substituição, cancelamento e registro de contrato de crédito; estudo, análise e avaliação de operações de crédito; emissão, concessão, alteração ou contratação de aval, fiança, anuência e congêneres; serviços relativos a abertura de crédito, para quaisquer fins.
15.09 – Arrendamento mercantil (*leasing*) de quaisquer bens, inclusive cessão de direitos e obrigações, substituição de garantia, alteração, cancelamento e registro de contrato, e demais serviços relacionados ao arrendamento mercantil (*leasing*).

› LC 175/2020 (Dispõe sobre o padrão e obrigação acessória do ISSQN incidente sobre os serviços previstos nesse subitem).

15.10 – Serviços relacionados a cobranças, recebimentos ou pagamentos em geral, de títulos quaisquer, de contas ou carnês, de câmbio, de tributos e por conta de terceiros, inclusive os efetuados por meio eletrônico, automático ou por máquinas de atendimento; fornecimento de posição de cobrança, recebimento ou pagamento; emissão de carnês, fichas de compensação, impressos e documentos em geral.
15.11 – Devolução de títulos, protesto de títulos, sustação de protesto, manutenção de títulos, reapresentação de títulos, e demais serviços a eles relacionados.
15.12 – Custódia em geral, inclusive de títulos e valores mobiliários.
15.13 – Serviços relacionados a operações de câmbio em geral, edição, alteração, prorrogação, cancelamento e baixa de contrato de câmbio; emissão de registro de exportação ou de crédito; cobrança ou depósito no exterior; emissão, fornecimento e cancelamento de cheques de viagem; fornecimento, transferência, cancelamento e demais serviços relativos a carta de crédito de importação, exportação e garantias recebidas; envio e recebimento de mensagens em geral relacionadas a operações de câmbio.
15.14 – Fornecimento, emissão, reemissão, renovação e manutenção de cartão magnético, cartão de crédito, cartão de débito, cartão salário e congêneres.
15.15 – Compensação de cheques e títulos quaisquer; serviços relacionados a depósito, inclusive depósito identificado, a saque de contas quaisquer, por qualquer meio ou processo, inclusive em terminais eletrônicos e de atendimento.
15.16 – Emissão, reemissão, liquidação, alteração, cancelamento e baixa de ordens de pagamento, ordens de crédito e similares, por qualquer meio ou processo; serviços relacionados à transferência de valores, dados, fundos, pagamentos e similares, inclusive entre contas em geral.
15.17 – Emissão, fornecimento, devolução, sustação, cancelamento e oposição de cheques quaisquer, avulso ou por talão.
15.18 – Serviços relacionados a crédito imobiliário, avaliação e vistoria de imóvel ou obra, análise técnica e jurídica, emissão, reemissão, alteração, transferência e renegociação de contrato, emissão e reemissão do termo de quitação e demais serviços relacionados a crédito imobiliário.
16 – Serviços de transporte de natureza municipal.
16.01 – Serviços de transporte coletivo municipal rodoviário, metroviário, ferroviário e aquaviário de passageiros. (Redação dada pela Lei Complementar nº 157, de 2016)
16.02 – Outros serviços de transporte de natureza municipal. (Incluído pela Lei Complementar nº 157, de 2016)
17 – Serviços de apoio técnico, administrativo, jurídico, contábil, comercial e congêneres.
17.01 – Assessoria ou consultoria de qualquer natureza, não contida em outros itens desta lista; análise, exame, pesquisa, coleta, compilação e fornecimento de dados e informações de qualquer natureza, inclusive cadastro e similares.
17.02 – Datilografia, digitação, estenografia, expediente, secretaria em geral, resposta audível, redação, edição, interpretação, revisão, tradução, apoio e infraestrutura administrativa e congêneres.
17.03 – Planejamento, coordenação, programação ou organização técnica, financeira ou administrativa.
17.04 – Recrutamento, agenciamento, seleção e colocação de mão de obra.
17.05 – Fornecimento de mão de obra, mesmo em caráter temporário, inclusive de empregados ou trabalhadores, avulsos ou temporários, contratados pelo prestador de serviço.
17.06 – Propaganda e publicidade, inclusive promoção de vendas, planejamento de campanhas ou sistemas de publicidade, elaboração de desenhos, textos e demais materiais publicitários.
17.07 – (*VETADO*).
17.08 – Franquia (*franchising*).
17.09 – Perícias, laudos, exames técnicos e análises técnicas.
17.10 – Planejamento, organização e administração de feiras, exposições, congressos e congêneres.
17.11 – Organização de festas e recepções; bufê (exceto o fornecimento de alimentação e bebidas, que fica sujeito ao ICMS).
17.12 – Administração em geral, inclusive de bens e negócios de terceiros.
17.13 – Leilão e congêneres.
17.14 – Advocacia.
17.15 – Arbitragem de qualquer espécie, inclusive jurídica.
17.16 – Auditoria.
17.17 – Análise de Organização e Métodos.
17.18 – Atuária e cálculos técnicos de qualquer natureza.
17.19 – Contabilidade, inclusive serviços técnicos e auxiliares.
17.20 – Consultoria e assessoria econômica ou financeira.
17.21 – Estatística.
17.22 – Cobrança em geral.
17.23 – Assessoria, análise, avaliação, atendimento, consulta, cadastro, seleção, gerenciamento de informações, administração de contas a receber ou a pagar e em geral, relacionados a operações de faturização (*factoring*).
17.24 – Apresentação de palestras, conferências, seminários e congêneres.
17.25 – Inserção de textos, desenhos e outros materiais de propaganda e publicidade, em qualquer meio (exceto em livros, jornais, periódicos e nas modalidades de serviços de radiodifusão sonora e de sons e imagens de recepção livre e gratuita). (Incluído pela Lei Complementar nº 157, de 2016)
18 – Serviços de regulação de sinistros vinculados a contratos de seguros; inspeção e avaliação de riscos para cobertura de contratos de seguros; prevenção e gerência de riscos seguráveis e congêneres.
18.01 – Serviços de regulação de sinistros vinculados a contratos de seguros; inspeção e avaliação de riscos para cobertura de contratos de seguros; prevenção e gerência de riscos seguráveis e congêneres.
19 – Serviços de distribuição e venda de bilhetes e demais produtos de loteria, bingos, cartões, pules ou cupons de apostas, sorteios, prêmios, inclusive os decorrentes de títulos de capitalização e congêneres.
19.01 – Serviços de distribuição e venda de bilhetes e demais produtos de loteria, bingos, cartões, pules ou cupons de apostas, sorteios, prêmios, inclusive os decorrentes de títulos de capitalização e congêneres.
20 – Serviços portuários, aeroportuários, ferroportuários, de terminais rodoviários, ferroviários e metroviários.
20.01 – Serviços portuários, ferroportuários, utilização de porto, movimentação de passageiros, reboque de embarcações, rebocador escoteiro, atracação, desatracação, serviços de praticagem, capatazia, armazenagem de qualquer natureza, serviços acessórios, movimentação de mercadorias, serviços de apoio marítimo, de movimentação ao largo, serviços de armadores, estiva, conferência, logística e congêneres.
20.02 – Serviços aeroportuários, utilização de aeroporto, movimentação de passageiros, armazenagem de qualquer natureza, capatazia, movimentação de aeronaves, serviços de apoio aeroportuários, serviços acessórios, movimentação de mercadorias, logística e congêneres.
20.03 – Serviços de terminais rodoviários, ferroviários, metroviários, movimentação de passageiros, mercadorias, inclusive suas operações, logística e congêneres.
21 – Serviços de registros públicos, cartorários e notariais.

21.01 – Serviços de registros públicos, cartorários e notariais.
22 – Serviços de exploração de rodovia.
22.01 – Serviços de exploração de rodovia mediante cobrança de preço ou pedágio dos usuários, envolvendo execução de serviços de conservação, manutenção, melhoramentos para adequação de capacidade e segurança de trânsito, operação, monitoração, assistência aos usuários e outros serviços definidos em contratos, atos de concessão ou de permissão ou em normas oficiais.
23 – Serviços de programação e comunicação visual, desenho industrial e congêneres.
23.01 – Serviços de programação e comunicação visual, desenho industrial e congêneres.
24 – Serviços de chaveiros, confecção de carimbos, placas, sinalização visual, *banners*, adesivos e congêneres.
24.01 – Serviços de chaveiros, confecção de carimbos, placas, sinalização visual, *banners*, adesivos e congêneres.
25 – Serviços funerários.
25.01 – Funerais, inclusive fornecimento de caixão, urna ou esquifes; aluguel de capela; transporte do corpo cadavérico; fornecimento de flores, coroas e outros paramentos; desembaraço de certidão de óbito; fornecimento de véu, essa e outros adornos; embalsamento, embelezamento, conservação ou restauração de cadáveres.
25.02 – Translado intramunicipal e cremação de corpos e partes de corpos cadavéricos. (Redação dada pela Lei Complementar nº 157, de 2016)
25.03 – Planos ou convênio funerários.
25.04 – Manutenção e conservação de jazigos e cemitérios.
25.05 – Cessão de uso de espaços em cemitérios para sepultamento. (Incluído pela Lei Complementar nº 157, de 2016)
26 – Serviços de coleta, remessa ou entrega de correspondências, documentos, objetos, bens ou valores, inclusive pelos correios e suas agências franqueadas; *courrier* e congêneres.
26.01 – Serviços de coleta, remessa ou entrega de correspondências, documentos, objetos, bens ou valores, inclusive pelos correios e suas agências franqueadas; *courrier* e congêneres.
27 – Serviços de assistência social.
27.01 – Serviços de assistência social.
28 – Serviços de avaliação de bens e serviços de qualquer natureza.
28.01 – Serviços de avaliação de bens e serviços de qualquer natureza.
29 – Serviços de biblioteconomia.
29.01 – Serviços de biblioteconomia.
30 – Serviços de biologia, biotecnologia e química.
30.01 – Serviços de biologia, biotecnologia e química.
31 – Serviços técnicos em edificações, eletrônica, eletrotécnica, mecânica, telecomunicações e congêneres.
31.01 – Serviços técnicos em edificações, eletrônica, eletrotécnica, mecânica, telecomunicações e congêneres.
32 – Serviços de desenhos técnicos.
32.01 – Serviços de desenhos técnicos.
33 – Serviços de desembaraço aduaneiro, comissários, despachantes e congêneres.
33.01 – Serviços de desembaraço aduaneiro, comissários, despachantes e congêneres.
34 – Serviços de investigações particulares, detetives e congêneres.
34.01 – Serviços de investigações particulares, detetives e congêneres.
35 – Serviços de reportagem, assessoria de imprensa, jornalismo e relações públicas.
35.01 – Serviços de reportagem, assessoria de imprensa, jornalismo e relações públicas.
36 – Serviços de meteorologia.
36.01 – Serviços de meteorologia.
37 – Serviços de artistas, atletas, modelos e manequins.
37.01 – Serviços de artistas, atletas, modelos e manequins.
38 – Serviços de museologia.
38.01 – Serviços de museologia.
39 – Serviços de ourivesaria e lapidação.
39.01 – Serviços de ourivesaria e lapidação (quando o material for fornecido pelo tomador do serviço).
40 – Serviços relativos a obras de arte sob encomenda.
40.01 – Obras de arte sob encomenda.

LEI Nº 10.779, DE 25 DE NOVEMBRO DE 2003

Dispõe sobre a concessão do benefício de seguro desemprego, durante o período de defeso, ao pescador profissional que exerce a atividade pesqueira de forma artesanal.

‣ *Lei do Seguro-Defeso*

‣ Regulamento: Decreto nº 8.424/2015

O PRESIDENTE DA REPÚBLICA Faço saber que o Congresso Nacional decreta e eu sanciono a seguinte Lei:

Art. 1º O pescador artesanal de que tratam a alínea "b" do inciso VII do art. 12 da Lei 8.212, de 24 de julho de 1991, e a alínea "b" do inciso VII do art. 11 da Lei 8.213, de 24 de julho de 1991, desde que exerça sua atividade profissional ininterruptamente, de forma artesanal e individualmente ou em regime de economia familiar, fará jus ao benefício do seguro-desemprego, no valor de 1 (um) salário mínimo mensal, durante o período de defeso de atividade pesqueira para a preservação da espécie. *(Redação dada pela Lei nº 13.134, de 2015).*

§ 1º Considera-se profissão habitual ou principal meio de vida a atividade exercida durante o período compreendido entre o defeso anterior e o em curso, ou nos 12 (doze) meses imediatamente anteriores ao do defeso em curso, o que for menor. *(Redação de acordo com a Lei nº 13.134, de 2015).*

§ 2º O período de defeso de atividade pesqueira é o fixado pelo Instituto Brasileiro do Meio Ambiente e dos Recursos Naturais Renováveis – IBAMA, em relação à espécie marinha, fluvial ou lacustre a cuja captura o pescador se dedique.

§ 3º Considera-se ininterrupta a atividade exercida durante o período compreendido entre o defeso anterior e o em curso, ou nos 12 (doze) meses imediatamente anteriores ao do defeso em curso, que for menor. *(Acrescido pela Lei nº 13.134, de 2015).*

§ 4º Somente terá direito ao seguro-desemprego o segurado especial pescador artesanal que não disponha de outra fonte de renda diversa da decorrente da atividade pesqueira. *(Acrescentado pela Lei 13.134, de 2015).*

§ 5º O pescador profissional artesanal não fará jus, no mesmo ano, a mais de um benefício de seguro-desemprego decorrente de defesos relativos a espécies distintas. *(Primitivo § 4º renumerado pela Lei nº 13.134, de 2015).*

§ 6º A concessão do benefício não será extensível às atividades de apoio à pesca nem aos familiares do pescador profissional que não satisfaçam os requisitos e as condições estabelecidos nesta Lei. *(Primitivo § 5º renumerado pela Lei nº 13.134, de 2015).*

§ 7º O benefício do seguro-desemprego é pessoal e intransferível. *(Primitivo § 6º acrescido pela Lei nº 13.134, de 2015).*

§ 8º O período de recebimento do benefício não poderá exceder o limite máximo variável de que trata o *caput* do art. 4º da Lei 7.998, de 11 de janeiro de 1990, ressalvado o disposto nos §§ 4º e 5º do referido artigo. *(Primitivo § 7º acrescido pela Lei nº 13.134, de 2015).*

Art. 2º Cabe ao Instituto Nacional do Seguro Social (INSS) receber e processar os requerimentos e habilitar os beneficiários, nos termos do regulamento. *(Redação dada pela Lei nº 13.134, de 2015).*

§ 1º Para fazer jus ao benefício, o pescador não poderá estar em gozo de nenhum benefício decorrente de benefício previdenciário ou assistencial de natureza continuada, exceto pensão por morte e auxílio-acidente. *(Acrescido pela Lei nº 13.134, de 2015).*

§ 2º Para se habilitar ao benefício, o pescador deverá apresentar ao INSS os seguintes documentos: *(§ 2º acrescido pela Lei nº 13.134, de 2015).*

I – registro como pescador profissional, categoria artesanal, devidamente atualizado no Registro Geral da Atividade Pesqueira (RGP), emitido pelo Ministério da Pesca e Aquicultura com antecedência mínima de 1 (um) ano, contado da data de requerimento do benefício;

II – cópia do documento fiscal de venda do pescado a empresa adquirente, consumidora ou consignatária da produção, em que conste, além do registro da operação realizada, o valor da respectiva contribuição previdenciária de que trata o § 7º do art. 30 da Lei 8.212, de 24 de julho de 1991, ou comprovante de recolhimento da contribuição previdenciária, caso tenha comercializado sua produção a pessoa física; e

III – outros estabelecidos em ato do Ministério da Previdência Social que comprovem:

a) o exercício da profissão, na forma do art. 1º desta Lei;

b) que se dedicou à pesca durante o período definido no § 3º do art. 1º desta Lei;

c) que não dispõe de outra fonte de renda diversa da decorrente da atividade pesqueira.

§ 3º O INSS, no ato de habilitação ao benefício, deverá verificar a condição de segurado pescador artesanal e o pagamento da contribuição previdenciária, nos termos da Lei 8.212, de 24 de julho de 1991, nos últimos 12 (doze) meses imediatamente anteriores ao requerimento do benefício ou desde o último período de defeso até o requerimento do benefício, o que for menor, observado, quando for o caso, o disposto no inciso II do § 2º. *(Acrescido pela Lei nº 13.134, de 2015).*

§ 4º O Ministério da Previdência Social e o Ministério da Pesca e Aquicultura desenvolverão atividades que garantam ao INSS acesso às informações cadastrais disponíveis no RGP, de que trata o art. 24 da Lei 11.959, de 29 de junho de 2009, necessárias para a concessão do seguro-desemprego. *(Acrescido pela Lei nº 13.134, de 2015).*

§ 5º Da aplicação do disposto no § 4º deste artigo não poderá resultar nenhum ônus para os segurados. (*Acrescentado pela Lei nº 13.134, de 2015*).

§ 6º O Ministério da Previdência Social poderá, quando julgar necessário, exigir outros documentos para a habilitação do benefício. (*Acrescentado pela Lei nº 13.134, de 2015*).

§ 7º O INSS deverá divulgar mensalmente lista com todos os beneficiários que estão em gozo do seguro-desemprego no período de defeso, detalhados por localidade, nome, endereço e número e data de inscrição no RGP. (*Acrescentado pela Lei nº 13.134, de 2015*).

§ 8º Desde que atendidos os demais requisitos previstos neste artigo, o benefício de seguro-desemprego será concedido ao pescador profissional artesanal cuja família seja beneficiária de programa de transferência de renda com condicionalidades, e caberá ao órgão ou à entidade da administração pública federal responsável pela manutenção do programa a suspensão do pagamento pelo mesmo período da percepção do benefício de seguro-desemprego. (*Acrescentado pela Lei nº 13.134, de 2015*).

§ 9º Para fins do disposto no § 8º, o INSS disponibilizará aos órgãos ou às entidades da administração pública federal responsáveis pela manutenção de programas de transferência de renda com condicionalidades as informações necessárias para identificação dos beneficiários e dos benefícios de seguro-desemprego concedidos, inclusive as relativas à duração, à suspensão ou à cessação do benefício. (*Acrescentado pela Lei nº 13.134, de 2015*).

Art. 3º Sem prejuízo das sanções civis e penais cabíveis, todo aquele que fornecer ou beneficiar-se de atestado falso para o fim de obtenção do benefício de que trata esta Lei estará sujeito:

I – a demissão do cargo que ocupa, se servidor público;

II – a suspensão de sua atividade, com cancelamento do seu registro, por dois anos, se pescador profissional.

Art. 4º O benefício de que trata esta Lei será cancelado nas seguintes hipóteses:

I – início de atividade remunerada;

II – início de percepção de outra renda;

III – morte do beneficiário;

IV – desrespeito ao período de defeso; ou

V – comprovação de falsidade nas informações prestadas para a obtenção do benefício.

Art. 5º O benefício do seguro-desemprego a que se refere esta Lei será pago à conta do Fundo de Amparo ao Trabalhador – FAT, instituído pela Lei nº 7.998, de 11 de janeiro de 1990.

Art. 6º Esta Lei entra em vigor na data de sua publicação.

Art. 7º Fica revogada a Lei nº 8.287, de 20 de dezembro de 1991.

Brasília, 25 de novembro de 2003;
182º da Independência e
115º da República.
Luiz Inácio Lula da Silva

LEI Nº 10.833, DE 29 DE DEZEMBRO DE 2003

Altera a Legislação Tributária Federal e dá outras providências.

› *Altera a Legislação Tributária Federal*

O PRESIDENTE DA REPÚBLICA Faço saber que o Congresso Nacional decreta e eu sanciono a seguinte Lei:

CAPÍTULO I. DA COBRANÇA NÃO CUMULATIVA DA COFINS

Art. 1º. A Contribuição para o Financiamento da Seguridade Social – Cofins, com a incidência não cumulativa, incide sobre o total das receitas auferidas no mês pela pessoa jurídica, independentemente de sua denominação ou classificação contábil. (Redação dada pela Lei nº 12.973, de 2014)

› Súm. 423 do STJ.

§ 1º. Para efeito do disposto neste artigo, o total das receitas compreende a receita bruta de que trata o art. 12 do Decreto-Lei nº 1.598, de 26 de dezembro de 1977, e todas as demais receitas auferidas pela pessoa jurídica com os seus respectivos valores decorrentes do ajuste a valor presente de que trata o inciso VIII do *caput* do art. 183 da Lei nº 6.404, de 15 de dezembro de 1976. (Redação dada pela Lei nº 12.973, de 2014)

§ 2º. A base de cálculo da Cofins é o total das receitas auferidas pela pessoa jurídica, conforme definido no *caput* e no § 1º. (Redação dada pela Lei nº 12.973, de 2014)

§ 3º. Não integram a base de cálculo a que se refere este artigo as receitas:

I – isentas ou não alcançadas pela incidência da contribuição ou sujeitas à alíquota 0 (zero);

II – de que trata o inciso IV do *caput* do art. 187 da Lei nº 6.404, de 15 de dezembro de 1976, decorrentes da venda de bens do ativo não circulante, classificado como investimento, imobilizado ou intangível; (Redação dada pela Lei nº 12.973, de 2014)

III – auferidas pela pessoa jurídica revendedora, na revenda de mercadorias em relação às quais a contribuição seja exigida da empresa vendedora, na condição de substituta tributária;

IV – (Revogado pela Lei nº 11.727, de 2008)

V – referentes a:

a) vendas canceladas e aos descontos incondicionais concedidos;

b) reversões de provisões e recuperações de créditos baixados como perda que não representem ingresso de novas receitas, o resultado positivo da avaliação de investimentos pelo valor do patrimônio líquido e os lucros e dividendos derivados de participações societárias, que tenham sido computados como receita; (Redação dada pela Lei nº 12.973, de 2014)

VI – decorrentes de transferência onerosa a outros contribuintes do Imposto sobre Operações relativas à Circulação de Mercadorias e sobre Prestações de Serviços de Transporte Interestadual e Intermunicipal e de Comunicação – ICMS de créditos de ICMS originados de operações de exportação, conforme o disposto no inciso II do § 1º do art. 25 da Lei Complementar nº 87, de 13 de setembro de 1996. (Incluído pela Lei nº 11.945, de 2009). (Produção de efeitos).

VII – financeiras decorrentes do ajuste a valor presente de que trata o inciso VIII do *caput* do art. 183 da Lei nº 6.404, de 15 de dezembro de 1976, referentes a receitas excluídas da base de cálculo da Cofins; (Incluído pela Lei nº 12.973, de 2014)

VIII – relativas aos ganhos decorrentes de avaliação do ativo e passivo com base no valor justo; (Incluído pela Lei nº 12.973, de 2014)

IX – de subvenções para investimento, inclusive mediante isenção ou redução de impostos, concedidas como estímulo à implantação ou expansão de empreendimentos econômicos e de doações feitas pelo poder público; (Incluído pela Lei nº 12.973, de 2014)

X – reconhecidas pela construção, recuperação, reforma, ampliação ou melhoramento da infraestrutura, cuja contrapartida seja ativo intangível representativo de direito de exploração, no caso de contratos de concessão de serviços públicos; (Incluído pela Lei nº 12.973, de 2014)

XI – relativas ao valor do imposto que deixar de ser pago em virtude das isenções e reduções de que tratam as alíneas "a", "b", "c" e "e" do § 1º do art. 19 do Decreto-Lei no 1.598, de 26 de dezembro de 1977; e (Incluído pela Lei nº 12.973, de 2014)

XII – relativas ao prêmio na emissão de debêntures. (Incluído pela Lei nº 12.973, de 2014)

Art. 2º. Para determinação do valor da COFINS aplicar-se-á, sobre a base de cálculo apurada conforme o disposto no art. 1º, a alíquota de 7,6% (sete inteiros e seis décimos por cento).

§ 1º. Excetua-se do disposto no *caput* deste artigo a receita bruta auferida pelos produtores ou importadores, que devem aplicar as alíquotas previstas: (Incluído pela Lei nº 10.865, de 2004)

I – nos incisos I a III do art. 4º da Lei nº 9.718, de 27 de novembro de 1998, e alterações posteriores, no caso de venda de gasolinas e suas correntes, exceto gasolina de aviação, óleo diesel e suas correntes e gás liquefeito de petróleo – GLP derivado de petróleo e de gás natural; (Redação dada pela Lei nº 10.925, de 2004)

II – no inciso I do art. 1º da Lei nº 10.147, de 21 de dezembro de 2000, e alterações posteriores, no caso de venda de produtos farmacêuticos, de perfumaria, de toucador ou de higiene pessoal, nele relacionados; (Incluído pela Lei nº 10.865, de 2004)

III – no art. 1º da Lei nº 10.485, de 3 de julho de 2002, e alterações posteriores, no caso de venda de máquinas e veículos classificados nos códigos 84.29, 8432.40.00, 84.32.80.00, 8433.20, 8433.30.00, 8433.40.00, 8433.5, 87.01, 87.02, 87.03, 87.04, 87.05 e 87.06, da TIPI; (Incluído pela Lei nº 10.865, de 2004)

IV – no inciso II do art. 3º da Lei nº 10.485, de 3 de julho de 2002, no caso de vendas, para comerciante atacadista ou varejista ou para consumidores, das autopeças relacionadas nos Anexos I e II da mesma Lei; (Incluído pela Lei nº 10.865, de 2004)

V – no *caput* do art. 5º da Lei nº 10.485, de 3 de julho de 2002, e alterações posteriores, no caso de venda dos produtos classificados nas posições 40.11 (pneus novos de borracha) e 40.13 (câmaras-de-ar de borracha), da TIPI; (Incluído pela Lei nº 10.865, de 2004)

VI – no art. 2º da Lei nº 10.560, de 13 de novembro de 2002, e alterações posteriores, no caso de venda de querosene de aviação; (Incluído pela Lei nº 10.865, de 2004)

VII – no art. 51 desta Lei, e alterações posteriores, no caso de venda das embalagens nele previstas, destinadas ao envasamento de água, refrigerante e cerveja, classificados nos códigos 22.01, 22.02 e 22.03, todos da TIPI; e (Incluído pela Lei nº 10.865, de 2004)

VIII – no art. 58-I desta Lei, no caso de venda das bebidas mencionadas no art. 58-A desta Lei; (Redação dada pela Lei nº 11.727, de 2008)

IX – no inciso II do art. 58-M desta Lei, no caso de venda das bebidas mencionadas no art. 58-A desta Lei, quando efetuada por pessoa jurídica optante pelo regime especial instituído pelo art. 58-J desta Lei; (Redação dada pela Lei nº 11.727, de 2008)

X – no art. 23 da Lei nº 10.865, de 30 de abril de 2004, no caso de venda de gasolinas e suas correntes, exceto gasolina de aviação, óleo diesel e suas correntes, querosene de aviação, gás liquefeito de petróleo – GLP derivado de petróleo e de gás natural. (Incluído pela Lei nº 10.925, de 2004)

§ 1º-A. Excetua-se do disposto no *caput* deste artigo a receita bruta auferida pelos produtores, importadores ou distribuidores com a venda de álcool, inclusive para fins carburantes, à qual se aplicam as alíquotas previstas no *caput* e no § 4º do art. 5º da Lei no 9.718, de 27 de novembro de 1998. (Incluído pela Lei nº 11.727, de 2008).

§ 2º. Excetua-se do disposto no *caput* deste artigo a receita bruta decorrente da venda de papel imune a impostos de que trata o art. 150, inciso VI, alínea d, da Constituição Federal, quando destinado à impressão de periódicos, que fica sujeita à alíquota de 3,2% (três inteiros e dois décimos por cento). (Incluído pela Lei nº 10.865, de 2004)

§ 3º. Fica o Poder Executivo autorizado a reduzir a 0 (zero) e a restabelecer a alíquota incidente sobre receita bruta decorrente da venda de produtos químicos e farmacêuticos, classificados nos Capítulos 29 e 30, sobre produtos destinados ao uso em hospitais, clínicas e consultórios médicos e odontológicos, campanhas de saúde realizadas pelo Poder Público, laboratório de anatomia patológica, citológica ou de análises clínicas, classificadas nas posições 30.02, 30.06, 39.26, 40.15 e 90.18, e sobre sêmens e embriões da posição 05.11, todos da Tipi. (Redação dada pela Lei nº 11.196, de 2005)

§ 4º. Fica reduzida a 0 (zero) a alíquota da COFINS incidente sobre a receita de venda de livros técnicos e científicos, na forma estabelecida em ato conjunto do Ministério da Educação e da Secretaria da Receita Federal. (Incluído pela Lei nº 10.925, de 2004)

§ 5º. Excetua-se do disposto no *caput* deste artigo a receita bruta auferida por pessoa jurídica industrial estabelecida na Zona Franca de Manaus, decorrente da venda de produção própria, consoante projeto aprovado pelo Conselho de Administração da Superintendência da Zona Franca de Manaus – SUFRAMA, que fica sujeita, ressalvado o disposto nos §§ 1º a 4º deste artigo, às alíquotas de: (Incluído pela Lei nº 10.996, de 2004)

I – 3% (três por cento), no caso de venda efetuada a pessoa jurídica estabelecida: (Incluído pela Lei nº 10.996, de 2004)

a) na Zona Franca de Manaus; e (Incluído pela Lei nº 10.996, de 2004)

b) fora da Zona Franca de Manaus, que apure a COFINS no regime de não-cumulatividade; (Incluído pela Lei nº 10.996, de 2004)

II – 6% (seis por cento), no caso de venda efetuada a: (Incluído pela Lei nº 10.996, de 2004)

a) pessoa jurídica estabelecida fora da Zona Franca de Manaus, que apure o imposto de renda com base no lucro presumido; (Incluído pela Lei nº 10.996, de 2004)

b) pessoa jurídica estabelecida fora da Zona Franca de Manaus, que apure o imposto de renda com base no lucro real e que tenha sua receita, total ou parcialmente, excluída do regime de incidência não cumulativa da COFINS; (Incluído pela Lei nº 10.996, de 2004)

c) pessoa jurídica estabelecida fora da Zona Franca de Manaus e que seja optante pelo Sistema Integrado de Pagamento de Impostos e Contribuições – SIMPLES; e (Incluído pela Lei nº 10.996, de 2004)

d) órgãos da administração federal, estadual, distrital e municipal. (Incluído pela Lei nº 10.996, de 2004)

§ 6º. O disposto no § 5º também se aplica à receita bruta auferida por pessoa jurídica industrial ou comercial estabelecida nas Áreas de Livre Comércio de que tratam as Leis nºs 7.965, de 22 de dezembro de 1989, 8.210, de 19 de julho de 1991, e 8.256, de 25 de novembro de 1991, o art. 11 da Lei nº 8.387, de 30 de dezembro de 1991, e a Lei nº 8.857, de 8 de março de 1994. (Incluído pela Lei nº 11.945, de 2009).

§ 7º. A exigência prevista no § 5º deste artigo relativa ao projeto aprovado não se aplica às pessoas jurídicas comerciais referidas no § 6º deste artigo. (Incluído pela Lei nº 11.945, de 2009).

Art. 3º. Do valor apurado na forma do art. 2º a pessoa jurídica poderá descontar créditos calculados em relação a:

- Lei 10.865/2004: arts. 30 e 31.
- Decreto 6.144/2007 – Regulamenta a forma de habilitação e co-habilitação ao Regime Especial de Incentivos para o Desenvolvimento da Infra-Estrutura - REIDI, instituído pelos arts. 1º a 5º da Lei 11.488/2007.

I – bens adquiridos para revenda, exceto em relação às mercadorias e aos produtos referidos: (Redação dada pela Lei nº 10.865, de 2004)

a) no inciso III do § 3º do art. 1º desta Lei; e (Redação dada pela Lei nº 11.727, de 2008)

b) nos §§ 1º e 1º-A do art. 2º desta Lei; (Redação dada pela lei nº 11.787, de 2008)

II – bens e serviços, utilizados como insumo na prestação de serviços e na produção ou fabricação de bens ou produtos destinados à venda, inclusive combustíveis e lubrificantes, exceto em relação ao pagamento de que trata o art. 2º da Lei nº 10.485, de 3 de julho de 2002, devido pelo fabricante ou importador, ao concessionário, pela intermediação ou entrega dos veículos classificados nas posições 87.03 e 87.04 da Tipi; (Redação dada pela Lei nº 10.865, de 2004)

III – energia elétrica e energia térmica, inclusive sob a forma de vapor, consumidas nos estabelecimentos da pessoa jurídica; (Redação dada pela Lei nº 11.488, de 2007)

IV – aluguéis de prédios, máquinas e equipamentos, pagos a pessoa jurídica, utilizados nas atividades da empresa;

V – valor das contraprestações de operações de arrendamento mercantil de pessoa jurídica, exceto de optante pelo Sistema Integrado de Pagamento de Impostos e Contribuições das Microempresas e das Empresas de Pequeno Porte – SIMPLES;(Redação dada pela Lei nº 10.865, de 2004)

VI – máquinas, equipamentos e outros bens incorporados ao ativo imobilizado, adquiridos ou fabricados para locação a terceiros, ou para utilização na produção de bens destinados à venda ou na prestação de serviços; (Redação dada pela Lei nº 11.196, de 2005)

VII – edificações e benfeitorias em imóveis próprios ou de terceiros, utilizados nas atividades da empresa;

- Lei 11.488/2007: art. 6º.

VIII – bens recebidos em devolução cuja receita de venda tenha integrado faturamento do mês ou de mês anterior, e tributada conforme o disposto nesta Lei;

IX – armazenagem de mercadoria e frete na operação de venda, nos casos dos incisos I e II, quando o ônus for suportado pelo vendedor.

X – vale-transporte, vale-refeição ou vale-alimentação, fardamento ou uniforme fornecidos aos empregados por pessoa jurídica que explore as atividades de prestação de serviços de limpeza, conservação e manutenção. (Incluído pela Lei nº 11.898, de 2009)

XI – bens incorporados ao ativo intangível, adquiridos para utilização na produção de bens destinados a venda ou na prestação de serviços. (Incluído pela Lei nº 12.973, de 2014)

§ 1º. Observado o disposto no § 15 deste artigo, o crédito será determinado mediante a aplicação da alíquota prevista no *caput* do art. 2º desta Lei sobre o valor: (Redação dada pela Lei nº 11.727, de 2008)

I – dos itens mencionados nos incisos I e II do *caput*, adquiridos no mês;

II – dos itens mencionados nos incisos III a V e IX do *caput*, incorridos no mês;

III – dos encargos de depreciação e amortização dos bens mencionados nos incisos VI, VII e XI do *caput*, incorridos no mês; (Redação dada pela Lei nº 12.973, de 2014)

IV – dos bens mencionados no inciso VIII do *caput*, devolvidos no mês.

§ 2º. Não dará direito a crédito o valor: (Redação dada pela Lei nº 10.865, de 2004)

I – de mão de obra paga a pessoa física; e (Incluído pela Lei nº 10.865, de 2004)

II – da aquisição de bens ou serviços não sujeitos ao pagamento da contribuição, inclusive no caso de isenção, esse último quando revendidos ou utilizados como insumo em produtos ou serviços sujeitos à alíquota 0 (zero), isentos ou não alcançados pela contribuição. (Incluído pela Lei nº 10.865, de 2004)

§ 3º. O direito ao crédito aplica-se, exclusivamente, em relação:

I – aos bens e serviços adquiridos de pessoa jurídica domiciliada no País;

II – aos custos e despesas incorridos, pagos ou creditados a pessoa jurídica domiciliada no País;

III – aos bens e serviços adquiridos e aos custos e despesas incorridos a partir do mês em que se iniciar a aplicação do disposto nesta Lei.

§ 4º. O crédito não aproveitado em determinado mês poderá sê-lo nos meses subsequentes.

§ 5º. (Revogado pela Lei nº 10.925, de 2004)

§ 6º. (Revogado pela Lei nº 10.925, de 2004)

§ 7º. Na hipótese de a pessoa jurídica sujeitar-se à incidência não cumulativa da COFINS, em relação apenas à parte de suas receitas, o crédito será apurado, exclusivamente, em relação aos custos, despesas e encargos vinculados a essas receitas.

§ 8º. Observadas as normas a serem editadas pela Secretaria da Receita Federal, no caso de custos, despesas e encargos vinculados às receitas referidas no § 7º e àquelas submetidas ao regime de incidência cumulativa dessa contribuição, o crédito será determinado, a critério da pessoa jurídica, pelo método de:

I – apropriação direta, inclusive em relação aos custos, por meio de sistema de contabilidade de custos integrada e coordenada com a escrituração; ou

II – rateio proporcional, aplicando-se aos custos, despesas e encargos comuns a relação percentual existente entre a receita bruta sujeita à incidência não cumulativa e a receita bruta total, auferidas em cada mês.

§ 9º. O método eleito pela pessoa jurídica para determinação do crédito, na forma do § 8º, será aplicado consistentemente por todo o ano-calendário e, igualmente, adotado na apuração do crédito relativo à contribuição para o PIS/PASEP não cumulativa, observadas as normas a serem editadas pela Secretaria da Receita Federal.

§ 10. O valor dos créditos apurados de acordo com este artigo não constitui receita bruta da pessoa jurídica, servindo somente para dedução do valor devido da contribuição.

§ 11. (Revogado pela Lei nº 10.925, de 2004)

§ 12. (Revogado pela Lei nº 10.925, de 2004)

§ 13. Deverá ser estornado o crédito da COFINS relativo a bens adquiridos para revenda ou utilizados como insumos na prestação de serviços e na produção ou fabricação de bens ou produtos destinados à venda, que tenham sido furtados ou roubados, inutilizados ou deteriorados, destruídos em sinistro ou, ainda, empregados em outros produtos que tenham tido a mesma destinação. (Incluído pela Lei nº 10.865, de 2004)

§ 14. Opcionalmente, o contribuinte poderá calcular o crédito de que trata o inciso III do § 1º deste artigo, relativo à aquisição de máquinas e equipamentos destinados ao ativo imobilizado, no prazo de 4 (quatro) anos, mediante a aplicação, a cada mês, das alíquotas referidas no *caput* do art. 2º desta Lei sobre o valor correspondente a 1/48 (um quarenta e oito avos) do valor de aquisição do bem, de acordo com regulamentação da Secretaria da Receita Federal. (Incluído pela Lei nº 10.865, de 2004)

§ 15. O crédito, na hipótese de aquisição, para revenda, de papel imune a impostos de que trata o art. 150, inciso VI, alínea d da Constituição Federal, quando destinado à impressão de periódicos, será determinado mediante a aplicação da alíquota prevista no § 2º do art. 2º desta Lei. (Incluído pela Lei nº 10.865, de 2004)

§ 16. Opcionalmente, o contribuinte poderá calcular o crédito de que trata o inciso III do § 1º deste artigo, relativo à aquisição de embalagens de vidro retornáveis, classificadas no código 7010.90.21 da Tipi, destinadas ao ativo imobilizado, de acordo com regulamentação da Secretaria da Receita Federal do Brasil: (Redação dada pela Lei nº 11.727, de 2008)

I – no prazo de 12 (doze) meses, à razão de 1/12 (um doze avos); ou (Incluído pela Lei nº 11.727, de 2008)

II – na hipótese de opção pelo regime especial instituído pelo art. 58-J desta Lei, no prazo de 6 (seis) meses, à razão de 1/6 (um sexto) do valor da contribuição incidente, mediante alíquota específica, na aquisição dos vasilhames, ficando o Poder Executivo autorizado a alterar o prazo e a razão estabelecidos para o cálculo dos referidos créditos. (Incluído pela Lei nº 11.727, de 2008)

§ 17. Ressalvado o disposto no § 2º deste artigo e nos §§ 1º a 3º do art. 2º desta Lei, na aquisição de mercadoria produzida por pessoa jurídica estabelecida na Zona Franca de Manaus, consoante projeto aprovado pelo Conselho de Administração da Superintendência da Zona Franca de Manaus (Suframa), o crédito será determinado mediante a aplicação da alíquota: (Redação dada pela Lei nº 12.507, de 2011)

I – de 5,60% (cinco inteiros e sessenta centésimos por cento), nas operações com os bens referidos no inciso VI do art. 28 da Lei nº 11.196, de 21 de novembro de 2005; (Incluído pela Lei nº 12.507, de 2011)

II – de 7,60% (sete inteiros e sessenta centésimos por cento), na situação de que trata a alínea "b" do inciso II do § 5º do art. 2º desta Lei; e (Incluído pela Lei nº 12.507, de 2011)

III – de 4,60% (quatro inteiros e sessenta centésimos por cento), nos demais casos. (Incluído pela Lei nº 12.507, de 2011)

§ 18. No caso de devolução de vendas efetuadas em períodos anteriores, o crédito calculado mediante a aplicação da alíquota incidente na venda será apropriado no mês do recebimento da devolução. (Redação dada pela Lei nº 11.727, de 2008)

§ 19. A empresa de serviço de transporte rodoviário de carga que subcontratar serviço de transporte de carga prestado por: (Incluído pela Lei nº 11.051, de 2004)

I – pessoa física, transportador autônomo, poderá descontar, da Cofins devida em cada período de apuração, crédito presumido calculado sobre o valor dos pagamentos efetuados por esses serviços; (Incluído pela Lei nº 11.051, de 2004)

II – pessoa jurídica transportadora, optante pelo SIMPLES, poderá descontar, da Cofins devida em cada período de apuração, crédito calculado sobre o valor dos pagamentos efetuados por esses serviços. (Incluído pela Lei nº 11.051, de 2004)

§ 20. Relativamente aos créditos referidos no § 19 deste artigo, seu montante será determinado mediante aplicação, sobre o valor dos mencionados pagamentos, de alíquota correspondente a 75% (setenta e cinco por cento) daquela constante do art. 2º desta Lei. (Incluído pela Lei nº 11.051, de 2004)

§ 21. Não integram o valor das máquinas, equipamentos e outros bens fabricados para incorporação ao ativo imobilizado na forma do inciso VI do *caput* deste artigo os custos de que tratam os incisos do § 2º deste artigo. (Incluído pela Lei nº 11.196, de 2005)

§ 22. (A Medida Provisória nº 413/2008 ao ser convertida na Lei 11.727/2008 não manteve este parágrafo).

§ 23. O disposto no § 17 deste artigo também se aplica na hipótese de aquisição de mercadoria produzida por pessoa jurídica estabelecida nas Áreas de Livre Comércio de que tratam as Leis nºs 7.965, de 22 de dezembro de 1989, 8.210, de 19 de julho de 1991, e 8.256, de 25 de novembro de 1991, o art. 11 da Lei nº 8.387, de 30 de dezembro de 1991, e a Lei nº 8.857, de 8 de março de 1994. (Incluído pela Lei nº 11.945, de 2009)

§ 24. Ressalvado o disposto no § 2º deste artigo e nos §§ 1º a 3º do art. 2º desta Lei, na hipótese de aquisição de mercadoria revendida por pessoa jurídica comercial estabelecida nas Áreas de Livre Comércio referidas no § 23 deste artigo, o crédito será determinado mediante a aplicação da alíquota de 3% (três por cento). (Incluído pela Lei nº 11.945, de 2009).

§ 25. No cálculo do crédito de que tratam os incisos do *caput*, poderão ser considerados os valores decorrentes do ajuste a valor presente de que trata o inciso III do *caput* do art. 184 da Lei nº 6.404, de 15 de dezembro de 1976. (Incluído pela Lei nº 12.973, de 2014)

§ 26. O disposto nos incisos VI e VII do *caput* não se aplica no caso de bem objeto de arrendamento mercantil, na pessoa jurídica arrendatária. (Incluído pela Lei nº 12.973, de 2014)

§ 27. Para fins do disposto nos incisos VI e VII do *caput*, fica vedado o desconto de quaisquer créditos calculados em relação a: (Incluído pela Lei nº 12.973, de 2014)

I – encargos associados a empréstimos registrados como custo na forma da alínea "b" do § 1º do art. 17 do Decreto-Lei nº 1.598, de 26 de dezembro de 1977; e (Incluído pela Lei nº 12.973, de 2014)

II – custos estimados de desmontagem e remoção do imobilizado e de restauração do local em que estiver situado. (Incluído pela Lei nº 12.973, de 2014)

§ 28. No cálculo dos créditos a que se referem os incisos VI e VII do *caput*, não serão computados os ganhos e perdas decorrentes de avaliação de ativo com base no valor justo. (Incluído pela Lei nº 12.973, de 2014)

§ 29. Na execução de contratos de concessão de serviços públicos, os créditos gerados pelos serviços de construção, recuperação, reforma, ampliação ou melhoramento de infraestrutura, quando a receita correspondente tiver contrapartida em ativo intangível, representativo de direito de exploração, ou em ativo financeiro, somente poderão ser aproveitados, no caso do ativo intangível, à medida que este for amortizado e, no caso do ativo financeiro, na proporção de seu recebimento, excetuado, para ambos os casos, o crédito previsto no inciso VI do *caput*. (Incluído pela Lei nº 12.973, de 2014)

§ 30. O disposto no inciso XI do *caput* não se aplica ao ativo intangível referido no § 29. (Incluído pela Lei nº 12.973, de 2014)

Art. 4º. A pessoa jurídica que adquirir imóvel para venda ou promover empreendimento de desmembramento ou loteamento de terrenos, incorporação imobiliária ou construção de prédio destinado a venda, utilizará o crédito referente aos custos vinculados à unidade construída ou em construção, a ser descontado na forma do art. 3º, somente a partir da efetivação da venda.

§ 1º. Na hipótese de venda de unidade imobiliária não concluída, a pessoa jurídica poderá utilizar crédito presumido, em relação ao custo orçado de que trata a legislação do imposto de renda.

§ 2º. O crédito presumido será calculado mediante a aplicação da alíquota de que trata o art. 2º sobre o valor do custo orçado para conclusão da obra ou melhoramento, ajustado pela exclusão dos valores a serem pagos a pessoa física, encargos trabalhistas, sociais e previdenciários, e dos bens e serviços, acrescidos dos tributos incidentes na importação, adquiridos de pessoa física ou jurídica residente ou domiciliada no exterior.

§ 3º. O crédito a ser descontado na forma do *caput* e o crédito presumido apurado na forma do § 2º deverão ser utilizados na proporção da receita relativa à venda da unidade imobiliária, à medida do recebimento.

§ 4º. Ocorrendo modificação do valor do custo orçado, antes do término da obra ou melhoramento, nas hipóteses previstas na legislação do imposto de renda, o novo valor orçado deverá ser considerado para efeito do disposto nos §§ 2º e 3º.

§ 5º. A pessoa jurídica que utilizar o crédito presumido de que trata este artigo determinará, na data da conclusão da obra ou melhoramento, a diferença entre o custo orçado e o efetivamente realizado, apurados na forma da legislação do imposto de renda, com os ajustes previstos no § 2º:

I – se o custo realizado for inferior ao custo orçado, em mais de 15% (quinze por cento) deste, considerar-se-á como postergada a contribuição incidente sobre a diferença;

II – se o custo realizado for inferior ao custo orçado, em até 15% (quinze por cento) deste, a contribuição incidente sobre a diferença será devida a partir da data da conclusão, sem acréscimos legais;

III – se o custo realizado for superior ao custo orçado, a pessoa jurídica terá direito ao crédito correspondente à diferença, no período de apuração em que ocorrer a conclusão, sem acréscimos.

§ 6º. A diferença de custo a que se refere o § 5º será, no período de apuração em que ocorrer a conclusão da obra ou melhoramento, adicionada ou subtraída, conforme o caso, no cálculo do crédito a ser descontado na forma do art. 3º, devendo ainda, em relação à contribuição considerada postergada, de acordo com o inciso I, ser recolhidos os acréscimos referentes a juros de mora e multa, de mora ou de ofício, calculados na forma da legislação que rege a cobrança da contribuição não paga.

§ 7º. Se a venda de unidade imobiliária não concluída ocorrer antes de iniciada a apuração da COFINS na forma do art. 2º, o custo orçado poderá ser calculado na data de início dessa apuração, para efeito do disposto nos §§ 2º e 3º, observado, quanto aos custos incorridos até essa data, o disposto no § 4º do art. 12.

§ 8º. O disposto neste artigo não se aplica às vendas anteriores à vigência da Medida Provisória nº 2.221, de 4 de setembro de 2001.

§ 9º. Os créditos referentes a unidades imobiliárias recebidas em devolução, calculados com observância do disposto neste artigo, serão estornados na data do desfazimento do negócio.

Art. 5º. O contribuinte da COFINS é a pessoa jurídica que auferir as receitas a que se refere o art. 1º.

Art. 6º. A COFINS não incidirá sobre as receitas decorrentes das operações de:

I – exportação de mercadorias para o exterior;

II – prestação de serviços para pessoa física ou jurídica residente ou domiciliada no exterior, cujo pagamento represente ingresso de divisas; (Redação dada pela Lei nº 10.865, de 2004)

III – vendas a empresa comercial exportadora com o fim específico de exportação.

§ 1º. Na hipótese deste artigo, a pessoa jurídica vendedora poderá utilizar o crédito apurado na forma do art. 3º, para fins de:

I – dedução do valor da contribuição a recolher, decorrente das demais operações no mercado interno;

II – compensação com débitos próprios, vencidos ou vincendos, relativos a tributos e contribuições administrados pela Secretaria da

Receita Federal, observada a legislação específica aplicável à matéria.

§ 2º. A pessoa jurídica que, até o final de cada trimestre do ano civil, não conseguir utilizar o crédito por qualquer das formas previstas no § 1º poderá solicitar o seu ressarcimento em dinheiro, observada a legislação específica aplicável à matéria.

§ 3º. O disposto nos §§ 1º e 2º aplica-se somente aos créditos apurados em relação a custos, despesas e encargos vinculados à receita de exportação, observado o disposto nos §§ 8º e 9º do art. 3º.

§ 4º. O direito de utilizar o crédito de acordo com o § 1º não beneficia a empresa comercial exportadora que tenha adquirido mercadorias com o fim previsto no inciso III do *caput*, ficando vedada, nesta hipótese, a apuração de créditos vinculados à receita de exportação.

Art. 7º. No caso de construção por empreitada ou de fornecimento a preço predeterminado de bens ou serviços, contratados por pessoa jurídica de direito público, empresa pública, sociedade de economia mista ou suas subsidiárias, a pessoa jurídica optante pelo regime previsto no art. 7º da Lei nº 9.718, de 27 de novembro de 1998, somente poderá utilizar o crédito a ser descontado na forma do art. 3º, na proporção das receitas efetivamente recebidas.

Art. 8º. A contribuição incidente na hipótese de contratos, com prazo de execução superior a 1 (um) ano, de construção por empreitada ou de fornecimento, a preço predeterminado, de bens ou serviços a serem produzidos, será calculada sobre a receita apurada de acordo com os critérios de reconhecimento adotados pela legislação do imposto de renda, previstos para a espécie de operação.

Parágrafo único. O crédito a ser descontado na forma do art. 3º somente poderá ser utilizado na proporção das receitas reconhecidas nos termos do *caput*.

Art. 9º. A empresa comercial exportadora que houver adquirido mercadorias de outra pessoa jurídica, com o fim específico de exportação para o exterior, que, no prazo de 180 (cento e oitenta) dias, contados da data da emissão da nota fiscal pela vendedora, não comprovar o seu embarque para o exterior, ficará sujeita ao pagamento de todos os impostos e contribuições que deixaram de ser pagos pela empresa vendedora, acrescidos de juros de mora e multa, de mora ou de ofício, calculados na forma da legislação que rege a cobrança do tributo não pago.

§ 1º. Para efeito do disposto neste artigo, considera-se vencido o prazo para o pagamento na data em que a empresa vendedora deveria fazê-lo, caso a venda houvesse sido efetuada para o mercado interno.

§ 2º. No pagamento dos referidos tributos, a empresa comercial exportadora não poderá deduzir, do montante devido, qualquer valor a TÍTULO de crédito de Imposto sobre Produtos Industrializados – IPI, ou da COFINS, decorrente da aquisição das mercadorias e serviços objeto da incidência.

§ 3º. A empresa deverá pagar, também, os impostos e contribuições devidos nas vendas para o mercado interno, caso, por qualquer forma, tenha alienado ou utilizado as mercadorias.

Art. 10. Permanecem sujeitas às normas da legislação da COFINS, vigentes anteriormente a esta Lei, não se lhes aplicando as disposições dos arts. 1º a 8º:

I – as pessoas jurídicas referidas nos §§ 6º, 8º e 9º do art. 3º da Lei nº 9.718, de 1998, e na Lei nº 7.102, de 20 de junho de 1983;

II – as pessoas jurídicas tributadas pelo imposto de renda com base no lucro presumido ou arbitrado;

III – as pessoas jurídicas optantes pelo SIMPLES;

IV – as pessoas jurídicas imunes a impostos;

V – os órgãos públicos, as autarquias e fundações públicas federais, estaduais e municipais, e as fundações cuja criação tenha sido autorizada por lei, referidas no art. 61 do Ato das Disposições Constitucionais Transitórias da Constituição;

VI – sociedades cooperativas, exceto as de produção agropecuária, sem prejuízo das deduções de que trata o art. 15 da Medida Provisória nº 2.158-35, de 24 de agosto de 2001, e o art. 17 da Lei nº 10.684, de 30 de maio de 2003, não lhes aplicando as disposições do § 7º do art. 3º das Leis nºs 10.637, de 30 de dezembro de 2002, e 10.833, de 29 de dezembro de 2003, e as de consumo; (Redação dada pela Lei nº 10.865, de 2004)

VII – as receitas decorrentes das operações:

a) referidas no inciso IV do § 3º do art. 1º;

b) sujeitas à substituição tributária da COFINS;

c) referidas no art. 5º da Lei nº 9.716, de 26 de novembro de 1998;

VIII – as receitas decorrentes de prestação de serviços de telecomunicações;

IX – as receitas decorrentes de venda de jornais e periódicos e de prestação de serviços das empresas jornalísticas e de radiodifusão sonora e de sons e imagens; (Redação dada pela Lei nº 10.865, de 2004)

X – as receitas submetidas ao regime especial de tributação previsto no art. 47 da Lei no 10.637, de 30 de dezembro de 2002;

XI – as receitas relativas a contratos firmados anteriormente a 31 de outubro de 2003:

a) com prazo superior a 1 (um) ano, de administradoras de planos de consórcios de bens móveis e imóveis, regularmente autorizadas a funcionar pelo Banco Central;

b) com prazo superior a 1 (um) ano, de construção por empreitada ou de fornecimento, a preço predeterminado, de bens ou serviços;

c) de construção por empreitada ou de fornecimento, a preço predeterminado, de bens ou serviços contratados com pessoa jurídica de direito público, empresa pública, sociedade de economia mista ou suas subsidiárias, bem como os contratos posteriormente firmados decorrentes de propostas apresentadas, em processo licitatório, até aquela data;

XII – as receitas decorrentes de prestação de serviços de transporte coletivo rodoviário, metroviário, ferroviário e aquaviário de passageiros;

XIII – as receitas decorrentes de serviços: (Redação dada pela Lei nº 10.865, de 2004)

a) prestados por hospital, pronto-socorro, clínica médica, odontológica, de fisioterapia e de fonoaudiologia, e laboratório de anatomia patológica, citológica ou de análises clínicas; e (Incluído pela Lei nº 10.865, de 2004)

b) de diálise, raios X, radiodiagnóstico e radioterapia, quimioterapia e de banco de sangue; (Incluído pela Lei nº 10.865, de 2004)

XIV – as receitas decorrentes de prestação de serviços de educação infantil, ensinos fundamental e médio e educação superior.

XV – as receitas decorrentes de vendas de mercadorias realizadas pelas pessoas jurídicas referidas no art. 15 do Decreto-Lei nº 1.455, de 7 de abril de 1976; (Incluído pela Lei nº 10.865, de 2004)

XVI – as receitas decorrentes de prestação de serviço de transporte coletivo de passageiros, efetuado por empresas regulares de linhas aéreas domésticas, e as decorrentes da prestação de serviço de transporte de pessoas por empresas de táxi aéreo; (Incluído pela Lei nº 10.865, de 2004)

XVII – as receitas auferidas por pessoas jurídicas, decorrentes da edição de periódicos e de informações neles contidas, que sejam relativas aos assinantes dos serviços públicos de telefonia; (Incluído pela Lei nº 10.865, de 2004)

XVIII – as receitas decorrentes de prestação de serviços com aeronaves de uso agrícola inscritas no Registro Aeronáutico Brasileiro (RAB); (Incluído pela Lei nº 10.865, de 2004)

XIX – as receitas decorrentes de prestação de serviços das empresas de call center, telemarketing, telecobrança e de teleatendimento em geral; (Incluído pela Lei nº 10.865, de 2004)

XX – as receitas decorrentes da execução por administração, empreitada ou subempreitada, de obras de construção civil; (Redação dada pela Lei nº 13.043, de 2014)

XXI – as receitas auferidas por parques temáticos, e as decorrentes de serviços de hotelaria e de organização de feiras e eventos, conforme definido em ato conjunto dos Ministérios da Fazenda e do Turismo. (Incluído pela Lei nº 10.865, de 2004)

XXII – as receitas decorrentes da prestação de serviços postais e telegráficos prestados pela Empresa Brasileira de Correios e Telégrafos; (Incluído pela Lei nº 10.925, de 2004)

XXIII – as receitas decorrentes de prestação de serviços públicos de concessionárias operadoras de rodovias; (Incluído pela Lei nº 10.925, de 2004)

XXIV – as receitas decorrentes da prestação de serviços das agências de viagem e de viagens e turismo. (Incluído pela Lei nº 10.925, de 2004)

XXV – as receitas auferidas por empresas de serviços de informática, decorrentes das atividades de desenvolvimento de software e o seu licenciamento ou cessão de direito de uso, bem como de análise, programação, instalação, configuração, assessoria, consultoria, suporte técnico e manutenção ou atualização de software, compreendidas ainda como softwares as páginas eletrônicas. (Incluído pela Lei nº 11.051, de 2004)

XXVI – as receitas relativas às atividades de revenda de imóveis, desmembramento ou loteamento de terrenos, incorporação imobiliária e construção de prédio destinado à venda, quando decorrentes de contratos de longo prazo firmados antes de 31 de outubro de 2003; (Incluído pela Lei nº 11.196, de 2005)

XXVII – (VETADO) (Incluído pela Lei nº 11.196, de 2005)

XXVIII – (VETADO); (Incluído pela Lei nº 12.766, de 2012)

XXIX – as receitas decorrentes de operações de comercialização de pedra britada, de areia para construção civil e de areia de brita. (Incluído pela Lei nº 12.766, de 2012)

XXX – as receitas decorrentes da alienação de participações societárias. (Incluído pela Lei nº 13.043, de 2014)

§ 1º. Ficam convalidados os recolhimentos efetuados de acordo com a atual redação do inciso IX deste artigo. (Redação dada pela Lei nº 11.051, de 2004)

§ 2º. O disposto no inciso XXV do *caput* deste artigo não alcança a comercialização, licenciamento ou cessão de direito de uso de software importado. (Incluído pela Lei nº 11.051, de 2004)

Art. 11. A contribuição de que trata o art. 1º desta Lei deverá ser paga até o 25º (vigésimo quinto) dia do mês subsequente ao de ocorrência do fato gerador. (Redação dada pela Lei nº 11.488, de 2007)

Parágrafo único. Se o dia do vencimento de que trata o *caput* deste artigo não for dia útil, considerar-se-á antecipado o prazo para o primeiro dia útil que o anteceder. (Incluído pela Lei nº 11.488, de 2007)

Art. 12. A pessoa jurídica contribuinte da COFINS, submetida à apuração do valor devido na forma do art. 3º, terá direito a desconto correspondente ao estoque de abertura dos bens de que tratam os incisos I e II daquele mesmo artigo, adquiridos de pessoa jurídica domiciliada no País, existentes na data de início da incidência desta contribuição de acordo com esta Lei.

§ 1º. O montante de crédito presumido será igual ao resultado da aplicação do percentual de 3% (três por cento) sobre o valor do estoque.

§ 2º. O crédito presumido calculado segundo os §§ 1º, 9º e 10 deste artigo será utilizado em 12 (doze) parcelas mensais, iguais e sucessivas, a partir da data a que se refere o *caput* deste artigo. (Redação dada pela Lei nº 10.925, de 2004)

§ 3º. O disposto no *caput* aplica-se também aos estoques de produtos acabados e em elaboração.

§ 4º. A pessoa jurídica referida no art. 4º que, antes da data de início da vigência da incidência não cumulativa da COFINS, tenha incorrido em custos com unidade imobiliária construída ou em construção poderá calcular crédito presumido, naquela data, observado:

I – no cálculo do crédito será aplicado o percentual previsto no § 1º sobre o valor dos bens e dos serviços, inclusive combustíveis e lubrificantes, adquiridos de pessoas jurídicas domiciliadas no País, utilizados como insumo na construção;

II – o valor do crédito presumido apurado na forma deste parágrafo deverá ser utilizado na proporção da receita relativa à venda da unidade imobiliária, à medida do recebimento.

§ 5º. A pessoa jurídica que, tributada com base no lucro presumido ou optante pelo SIMPLES, passar a ser tributada com base no lucro real, na hipótese de sujeitar-se à incidência não-cumulativa da COFINS, terá direito ao aproveitamento do crédito presumido na forma prevista neste artigo, calculado sobre o estoque de abertura, devidamente comprovado, na data da mudança do regime de tributação adotado para fins do imposto de renda.

§ 6º. Os bens recebidos em devolução, tributados antes do início da aplicação desta Lei, ou da mudança do regime de tributação de que trata o § 5º, serão considerados como integrantes do estoque de abertura referido no *caput*, devendo o crédito ser utilizado na forma do § 2º a partir da data da devolução.

§ 7º. O disposto neste artigo aplica-se, também, aos estoques de produtos que não geraram crédito na aquisição, em decorrência do disposto nos §§ 7º a 9º do art. 3º desta Lei, destinados à fabricação dos produtos de que tratam as Leis nºs 9.990, de 21 de julho de 2000, 10.147, de 21 de dezembro de 2000, 10.485, de 3 de julho de 2002, e 10.560, de 13 de novembro de 2002, ou quaisquer outros submetidos à incidência monofásica da contribuição. (Incluído pela Lei nº 10.865, de 2004)

§ 8º. As disposições do § 7º deste artigo não se aplicam aos estoques de produtos adquiridos a alíquota 0 (zero), isentos ou não alcançados pela incidência da contribuição. (Incluído pela Lei nº 10.865, de 2004)

§ 9º. O montante do crédito presumido de que trata o § 7º deste artigo será igual ao resultado da aplicação do percentual de 7,6% (sete inteiros e seis décimos por cento) sobre o valor do estoque. (Incluído pela Lei nº 10.865, de 2004)

§ 10. O montante do crédito presumido de que trata o § 7º deste artigo, relativo às pessoas jurídicas referidas no art. 51 desta Lei, será igual ao resultado da aplicação da alíquota de 3% (três por cento) sobre o valor dos bens em estoque adquiridos até 31 de janeiro de 2004, e de 7,6% (sete inteiros e seis décimos por cento) sobre o valor dos bens em estoque adquiridos a partir de 1º de fevereiro de 2004. (Redação dada pela Lei nº 10.925, de 2004)

Art. 13. O aproveitamento de crédito na forma do § 4º do art. 3º, do art. 4º e dos §§ 1º e 2º do art. 6º, bem como do § 2º e inciso II do § 4º e § 5º do art. 12, não ensejará atualização monetária ou incidência de juros sobre os respectivos valores.

Art. 14. O disposto nas Leis nºs 9.363, de 13 de dezembro de 1996, e 10.276, de 10 de setembro de 2001, não se aplica à pessoa jurídica submetida à apuração do valor devido na forma dos arts. 2º e 3º desta Lei e dos arts. 2º e 3º da Lei nº 10.637, de 30 de dezembro de 2002.

Art. 15. Aplica-se à contribuição para o PIS/PASEP não cumulativa de que trata a Lei nº 10.637, de 30 de dezembro de 2002, o disposto: (Redação dada pela Lei nº 10.865, de 2004)

I – nos incisos I e II do § 3º do art. 1º desta Lei; (Incluído pela Lei nº 10.865, de 2004)

II – nos incisos VI, VII e IX do *caput* e nos §§ 1º e 10 a 20 do art. 3º desta Lei; (Redação dada pela Lei nº 11.051, de 2004)

III – nos §§ 3º e 4º do art. 6º desta Lei; (Incluído pela Lei nº 10.865, de 2004)

IV – nos arts. 7º e 8º desta Lei; (Incluído pela Lei nº 10.865, de 2004)

V – nos incisos VI, IX a XXVII do *caput* e nos §§ 1º e 2º do art. 10 desta Lei; (Redação dada pela Lei nº 11.196, de 2005)

VI – no art. 13 desta Lei. (Incluído pela Lei nº 10.865, de 2004)

Art. 16. O disposto no art. 4º e no § 4º do art. 12 aplica-se, a partir de 1º de janeiro de 2003, à contribuição para o PIS/PASEP não cumulativa, de que trata a Lei nº 10.637, de 30 de dezembro de 2002, com observância das alíquotas de 1,65% (um inteiro e sessenta e cinco centésimos por cento) e de 0,65% (sessenta e cinco centésimos por cento) em relação à apuração na forma dos referidos artigos, respectivamente.

Parágrafo único. O tratamento previsto no inciso II do *caput* do art. 3º e nos §§ 5º e 6º do art. 12 aplica-se também à contribuição para o PIS/PASEP não cumulativa na forma e a partir da data prevista no *caput*.

CAPÍTULO II.
DAS OUTRAS DISPOSIÇÕES RELATIVAS À LEGISLAÇÃO TRIBUTÁRIA

Art. 17. O art. 74 da Lei nº 9.430, de 27 de dezembro de 1996, alterado pelo art. 49 da Lei nº 10.637, de 30 de dezembro de 2002, passa a vigorar com a seguinte redação:

"Art. 74. (...)

(...)

§ 3º. Além das hipóteses previstas nas leis específicas de cada tributo ou contribuição, não poderão ser objeto de compensação mediante entrega, pelo sujeito passivo, da declaração referida no § 1º:

(...)

III – os débitos relativos a tributos e contribuições administrados pela Secretaria da Receita Federal que já tenham sido encaminhados à Procuradoria-Geral da Fazenda Nacional para inscrição em Dívida Ativa da União;

IV – os créditos relativos a tributos e contribuições administrados pela Secretaria da Receita Federal com o débito consolidado no âmbito do Programa de Recuperação Fiscal – Refis, ou do parcelamento a ele alternativo; e

V – os débitos que já tenham sido objeto de compensação não homologada pela Secretaria da Receita Federal.

(...)

§ 5º. O prazo para homologação da compensação declarada pelo sujeito passivo será de 5 (cinco) anos, contado da data da entrega da declaração de compensação.

§ 6º. A declaração de compensação constitui confissão de dívida e instrumento hábil e suficiente para a exigência dos débitos indevidamente compensados.

§ 7º. Não homologada a compensação, a autoridade administrativa deverá cientificar o sujeito passivo e intimá-lo a efetuar, no prazo de 30 (trinta) dias, contado da ciência do ato que não a homologou, o pagamento dos débitos indevidamente compensados.

§ 8º. Não efetuado o pagamento no prazo previsto no § 7º, o débito será encaminhado à Procuradoria-Geral da Fazenda Nacional para inscrição em Dívida Ativa da União, ressalvado o disposto no § 9º.

§ 9º. É facultado ao sujeito passivo, no prazo referido no § 7º, apresentar manifestação de inconformidade contra a não homologação da compensação.

§ 10. Da decisão que julgar improcedente a manifestação de inconformidade caberá recurso ao Conselho de Contribuintes.

§ 11. A manifestação de inconformidade e o recurso de que tratam os §§ 9º e 10 obedecerão ao rito processual do Decreto nº 70.235, de 6 de março de 1972, e enquadram-se no disposto no inciso III do art. 151 da Lei nº 5.172, de 25 de outubro de 1966 – Código Tributário Nacional, relativamente ao débito objeto da compensação.

§ 12. A Secretaria da Receita Federal disciplinará o disposto neste artigo, podendo, para fins de apreciação das declarações de compensação e dos pedidos de restituição e de ressarcimento, fixar critérios de prioridade em função do valor compensado ou a ser restituído ou ressarcido e dos prazos de prescrição.»

Art. 18. O lançamento de ofício de que trata o art. 90 da Medida Provisória nº 2.158-35, de 24 de agosto de 2001, limitar-se-á à imposição de multa isolada em razão de não homologação da compensação quando se comprove falsidade da declaração apresentada pelo sujeito passivo. (Redação dada pela Lei nº 11.488, de 2007)

§ 1º. Nas hipóteses de que trata o *caput*, aplica-se ao débito indevidamente compensado o disposto nos §§ 6º a 11 do art. 74 da Lei nº 9.430, de 27 de dezembro de 1996.

§ 2º. A multa isolada a que se refere o *caput* deste artigo será aplicada no percentual previsto no inciso I do *caput* do art. 44 da Lei nº 9.430, de 27 de dezembro de 1996, aplicado em dobro, e terá como base de cálculo o valor total do débito indevidamente compensado. (Redação dada pela Lei nº 11.488, de 2007)

§ 3º. Ocorrendo manifestação de inconformidade contra a não homologação da compensação e impugnação quanto ao lançamento das multas a que se refere este artigo, as peças serão reunidas em um único processo para serem decididas simultaneamente.

§ 4º. Será também exigida multa isolada sobre o valor total do débito indevidamente compensado quando a compensação for considerada não declarada nas hipóteses do inciso II do § 12 do art. 74 da Lei nº 9.430, de 27 de dezembro de 1996, aplicando-se o percentual previsto no inciso I do *caput* do art. 44 da Lei nº 9.430, de 27 de dezembro de 1996, duplicado na forma de seu § 1º, quando for o caso. (Redação dada pela Lei nº 11.488, de 2007)

§ 5º. Aplica-se o disposto no § 2º do art. 44 da Lei nº 9.430, de 27 de dezembro de 1996, às hipóteses previstas nos §§ 2º e 4º deste artigo. (Redação dada pela Lei nº 11.488, de 2007)

§ 6º. O disposto neste artigo aplica-se, inclusive, à compensação de que trata o inciso I do *caput* do art. 26-A da Lei nº 11.457, de 16 de março de 2007. (Incluído pelo Lei nº 13.670, de 2018)

Art. 19. O art. 8º da Lei nº 9.317, de 5 de dezembro de 1996, passa a vigorar acrescido do seguinte § 6º:

"Art. 8º. (...)

(...)

§ 6º. O indeferimento da opção pelo SIMPLES, mediante despacho decisório de autoridade da Secretaria da Receita Federal, submeter-se-á ao rito processual do Decreto nº 70.235, de 6 de março de 1972."

Art. 20. O art. 11 da Lei nº 8.248, de 23 de outubro de 1991, passa a vigorar com a seguinte redação:

"Art. 11. Para fazer jus aos benefícios previstos no art. 4º desta Lei, as empresas de desenvolvimento ou produção de bens e serviços de informática e automação deverão investir, anualmente, em atividades de pesquisa e desenvolvimento em tecnologia da informação a serem realizadas no País, no mínimo 5% (cinco por cento) do seu faturamento bruto no mercado interno, decorrente da comercialização de bens e serviços de informática, deduzidos os tributos correspondentes a tais comercializações, bem como o valor das aquisições de produtos incentivados na forma desta Lei e da no 8.387, de 30 de dezembro de 1991, conforme projeto elaborado pelas próprias empresas, a partir da apresentação da proposta de projeto de que trata o § 1ºC do art. 4º desta Lei."

Art. 21. O art. 2º da Lei nº 8.387, de 30 de dezembro de 1991, passa a vigorar com a seguinte redação:

"Art. 2º. (...)

(...).

§ 3º. Para fazer jus aos benefícios previstos neste artigo, as empresas que tenham como finalidade a produção de bens e serviços de informática deverão aplicar, anualmente, no mínimo 5% (cinco por cento) do seu faturamento bruto no mercado interno, decorrente da comercialização de bens e serviços de informática, deduzidos os tributos correspondentes a tais comercializações, bem como o valor das aquisições de produtos incentivados na forma desta Lei e da Lei nº 8.248, de 23 de outubro de 1991, em atividades de pesquisa e desenvolvimento a serem realizadas na Amazônia, conforme projeto elaborado pelas próprias empresas, com base em proposta de projeto a ser apresentada à Superintendência da Zona Franca de Manaus – Suframa, e ao Ministério da Ciência e Tecnologia."

Art. 22. As sociedades cooperativas que se dedicam a vendas em comum, referidas no art. 82 da Lei nº 5.764, de 16 de dezembro de 1971, e que recebam para comercialização a produção de seus associados, são responsáveis pelo recolhimento da Contribuição de Intervenção no Domínio Econômico – CIDE, incidente sobre a comercialização de álcool etílico combustível, observadas as normas estabelecidas na Lei nº 10.336, de 19 de dezembro de 2001.

Art. 23. A incidência da CIDE, nos termos do art. 3º, inciso V, da Lei nº 10.336, de 19 de dezembro de 2001, da contribuição para o PIS/PASEP e da COFINS, nos termos do art. 4º, inciso III, e art. 6º, *caput*, da Lei nº 9.718, de 27 de novembro de 1998, com a redação dada pela Lei nº 9.990, de 21 de julho de 2000, sobre os gases liquefeitos de petróleo, classificados na subposição 2711.1 da NCM, não alcança os produtos classificados no código 2711.11.00.

Art. 24. O disposto no § 2º, incisos I e II, do art. 14 da Medida Provisória nº 2.158-35, de 24 de agosto de 2001, não se aplica às vendas enquadradas nas hipóteses previstas nos incisos IV, VI, VIII e IX de seu *caput*.

Art. 25. A pessoa jurídica encomendante, no caso de industrialização por encomenda, sujeita-se, conforme o caso, às alíquotas previstas nas alíneas a ou b do inciso I do art. 1º da Lei nº 10.147, de 21 de dezembro de 2000, e alterações posteriores, incidentes sobre a receita bruta decorrente da venda dos produtos nelas referidas. (Redação dada pela Lei nº 10.865, de 2004)

Parágrafo único. Na hipótese a que se refere o *caput*:

I – as alíquotas da contribuição para o PIS/PASEP e da COFINS aplicáveis à pessoa jurídica executora da encomenda ficam reduzidas a 0 (zero); e

II – o crédito presumido de que trata o art. 3º da Lei nº 10.147, de 21 de dezembro de 2000, quando for o caso, será atribuído à pessoa jurídica encomendante.

Art. 26. O adquirente, pessoa física ou jurídica residente ou domiciliada no Brasil, ou o procurador, quando o adquirente for residente ou domiciliado no exterior, fica responsável pela retenção e recolhimento do imposto de renda incidente sobre o ganho de capital a que se refere o art. 18 da Lei nº 9.249, de 26 de dezembro de 1995, auferido por pessoa física ou jurídica residente ou domiciliada no exterior que alienar bens localizados no Brasil.

Art. 27. O imposto de renda sobre os rendimentos pagos, em cumprimento de decisão da Justiça Federal, mediante precatório ou requisição de pequeno valor, será retido na fonte pela instituição financeira responsável pelo pagamento e incidirá à alíquota de 3% (três por cento) sobre o montante pago, sem quaisquer deduções, no momento do pagamento ao beneficiário ou seu representante legal.

§ 1º. Fica dispensada a retenção do imposto quando o beneficiário declarar à instituição financeira responsável pelo pagamento que os rendimentos recebidos são isentos ou não tributáveis, ou que, em se tratando de pessoa jurídica, esteja inscrita no SIMPLES.

§ 2º. O imposto retido na fonte de acordo com o *caput* será:

I – considerado antecipação do imposto apurado na declaração de ajuste anual das pessoas físicas; ou

II – deduzido do apurado no encerramento do período de apuração ou na data da extinção, no caso de beneficiário pessoa jurídica.

§ 3º. A instituição financeira deverá, na forma, prazo e condições estabelecidas pela Secretaria da Receita Federal, fornecer à pessoa física ou jurídica beneficiária o Comprovante de Rendimentos Pagos e de Retenção do Imposto de Renda na Fonte, bem como apresentar à Secretaria da Receita Federal declaração contendo informações sobre: (Redação dada pela Lei nº 10.865, de 2004)

I – os pagamentos efetuados à pessoa física ou jurídica beneficiária e o respectivo imposto de renda retido na fonte; (Incluído pela Lei nº 10.865, de 2004)

II – os honorários pagos a perito e o respectivo imposto de renda retido na fonte; (Incluído pela Lei nº 10.865, de 2004)

III – a indicação do advogado da pessoa física ou jurídica beneficiária. (Incluído pela Lei nº 10.865, de 2004)

§ 4º. O disposto neste artigo não se aplica aos depósitos efetuados pelos Tribunais Regionais Federais antes de 1º de fevereiro de 2004 (Redação dada pela Lei nº 10.865, de 2004)

Art. 28. Cabe à fonte pagadora, no prazo de 15 (quinze) dias da data da retenção de que trata o *caput* do art. 46 da Lei nº 8.541, de 23 de dezembro de 1992, comprovar, nos respectivos autos, o recolhimento do imposto de renda na fonte incidente sobre os rendimentos pagos em cumprimento de decisões da Justiça do Trabalho.

§ 1º. Na hipótese de omissão da fonte pagadora relativamente à comprovação de que trata o *caput*, e nos pagamentos de honorários periciais, competirá ao Juízo do Trabalho calcular o imposto de renda na fonte e determinar o seu recolhimento à instituição financeira depositária do crédito.

§ 2º. A não indicação pela fonte pagadora da natureza jurídica das parcelas objeto de acordo homologado perante a Justiça do Trabalho acarretará a incidência do imposto de renda na fonte sobre o valor total da avença.

§ 3º. A instituição financeira deverá, na forma, prazo e condições estabelecidas pela Secretaria da Receita Federal, fornecer à pessoa física beneficiária o Comprovante de Rendimentos Pagos e de Retenção do Imposto de Renda na Fonte, bem como apresentar à Secretaria da Receita Federal declaração contendo informações sobre:

I – os pagamentos efetuados à reclamante e o respectivo imposto de renda retido na fonte, na hipótese do § 1º;

II – os honorários pagos a perito e o respectivo imposto de renda retido na fonte;

III – as importâncias pagas a TÍTULO de honorários assistenciais de que trata o art. 16 da Lei nº 5.584, de 26 de junho de 1970;

IV – a indicação do advogado da reclamante.

Art. 29. Sujeitam-se ao desconto do imposto de renda, à alíquota de 1,5% (um inteiro e cinco décimos por cento), que será deduzido do apurado no encerramento do período de apuração, as importâncias pagas ou creditadas por pessoas jurídicas a TÍTULO de prestação de serviços a outras pessoas jurídicas que explorem as atividades de prestação de serviços de assessoria creditícia, mercadológica, gestão de crédito, seleção e riscos, administração de contas a pagar e a receber.

Art. 30. Os pagamentos efetuados pelas pessoas jurídicas a outras pessoas jurídicas de direito privado, pela prestação de serviços de limpeza, conservação, manutenção, segurança, vigilância, transporte de valores e locação de mão de obra, pela prestação de serviços de assessoria creditícia, mercadológica, gestão de crédito, seleção e riscos, administração de contas a pagar e a receber, bem como pela remuneração de serviços profissionais, estão sujeitos a retenção na fonte da Contribuição Social sobre o Lucro Líquido – CSLL, da COFINS e da contribuição para o PIS/PASEP.

§ 1º. O disposto neste artigo aplica–se inclusive aos pagamentos efetuados por:

I – associações, inclusive entidades sindicais, federações, confederações, centrais sindicais e serviços sociais autônomos;

II – sociedades simples, inclusive sociedades cooperativas;

III – fundações de direito privado; ou

IV – condomínios edilícios.

§ 2º. Não estão obrigadas a efetuar a retenção a que se refere o *caput* as pessoas jurídicas optantes pelo SIMPLES.

§ 3º. As retenções de que trata o *caput* serão efetuadas sem prejuízo da retenção do imposto de renda na fonte das pessoas jurídicas sujeitas a alíquotas específicas previstas na legislação do imposto de renda.

§ 4º. (A Medida Provisória nº 232, 2004 foi convertida na Lei 11.119/2005 e esta mencionou o § 4º)

Art. 31. O valor da CSLL, da COFINS e da contribuição para o PIS/PASEP, de que trata o art. 30, será determinado mediante a aplicação, sobre o montante a ser pago, do percentual de 4,65% (quatro inteiros e sessenta e cinco centésimos por cento), correspondente à soma das alíquotas de 1% (um por cento), 3% (três por cento) e 0,65% (sessenta e cinco centésimos por cento), respectivamente.

§ 1º. As alíquotas de 0,65% (sessenta e cinco centésimos por cento) e 3% (três por cento) aplicam-se inclusive na hipótese de a prestadora do serviço enquadrar-se no regime de não-cumulatividade na cobrança da contribuição para o PIS/PASEP e da COFINS.

§ 2º. No caso de pessoa jurídica beneficiária de isenção, na forma da legislação específica, de uma ou mais das contribuições de que trata este artigo, a retenção dar-se-á mediante a aplicação da alíquota específica correspondente às contribuições não alcançadas pela isenção.

§ 3º. Fica dispensada a retenção de valor igual ou inferior a R$ 10,00 (dez reais), exceto na hipótese de Documento de Arrecadação de Receitas Federais – DARF eletrônico efetuado por meio do Siafi. (Redação dada pela Lei nº 13.137, de 2015)

§ 4º. (Revogado pela Lei nº 13.137, de 2015)

Art. 32. A retenção de que trata o art. 30 não será exigida na hipótese de pagamentos efetuados a:

I – cooperativas, relativamente à CSLL; (Redação dada pela Lei nº 10.865, de 2004)
II – empresas estrangeiras de transporte de valores; (Redação dada pela Lei nº 10.865, de 2004)
III – pessoas jurídicas optantes pelo SIMPLES.

Parágrafo único. A retenção da COFINS e da contribuição para o PIS/PASEP não será exigida, cabendo, somente, a retenção da CSLL nos pagamentos:

I – a TÍTULO de transporte internacional de valores efetuados por empresa nacional; (Redação dada pela Lei nº 10.865, de 2004)
II – aos estaleiros navais brasileiros nas atividades de conservação, modernização, conversão e reparo de embarcações pré-registradas ou registradas no Registro Especial Brasileiro – REB, instituído pela Lei nº 9.432, de 8 de janeiro de 1997.

Art. 33. A União, por intermédio da Secretaria da Receita Federal, poderá celebrar convênios com os Estados, Distrito Federal e Municípios, para estabelecer a responsabilidade pela retenção na fonte da CSLL, da COFINS e da contribuição para o PIS/PASEP, mediante a aplicação das alíquotas previstas no art. 31, nos pagamentos efetuados por órgãos, autarquias e fundações dessas administrações públicas às pessoas jurídicas de direito privado, pelo fornecimento de bens ou pela prestação de serviços em geral.

Art. 34. Ficam obrigadas a efetuar as retenções na fonte do imposto de renda, da CSLL, da COFINS e da contribuição para o PIS/PASEP, a que se refere o art. 64 da Lei nº 9.430, de 27 de dezembro de 1996, as seguintes entidades da administração pública federal:

I – empresas públicas;
II – sociedades de economia mista; e
III – demais entidades em que a União, direta ou indiretamente, detenha a maioria do capital social com direito a voto, e que dela recebam recursos do Tesouro Nacional e estejam obrigadas a registrar sua execução orçamentária e financeira na modalidade total no Sistema Integrado de Administração Financeira do Governo Federal – SIAFI.

Parágrafo único. A retenção a que se refere o *caput* deste artigo não se aplica na hipótese de pagamentos relativos à aquisição de: (Redação dada pela Lei nº 11.727, de 2008)

I – petróleo, gasolina, gás natural, óleo diesel, gás liquefeito de petróleo, querosene de aviação e demais derivados de petróleo e gás natural; (Incluído pela Lei nº 11.727, de 2008)
II – álcool, biodiesel e demais biocombustíveis. (Incluído pela Lei nº 11.727, de 2008)

Art. 35. Os valores retidos no mês, na forma dos arts. 30, 33 e 34 desta Lei, deverão ser recolhidos ao Tesouro Nacional pelo órgão público que efetuar a retenção ou, de forma centralizada, pelo estabelecimento matriz da pessoa jurídica, até o último dia útil do segundo decêndio do mês subsequente àquele mês em que tiver ocorrido o pagamento à pessoa jurídica fornecedora dos bens ou prestadora do serviço. (Redação dada pela Lei nº 13.137, de 2015)

Art. 36. Os valores retidos na forma dos arts. 30, 33 e 34 serão considerados como antecipação do que for devido pelo contribuinte que sofreu a retenção, em relação ao imposto de renda e às respectivas contribuições.

Art. 37. Relativamente aos investimentos existentes em 31 de outubro de 2003, fica facultado ao investidor estrangeiro antecipar o pagamento da Contribuição Provisória sobre Movimentação ou Transmissão de Valores e de Créditos e Direitos de Natureza Financeira – CPMF, que seria devida por ocasião da remessa, para o exterior, de recursos financeiros apurados na liquidação de operações com ações ou opções de ações adquiridas em bolsa de valores ou em mercado de balcão organizado.

§ 1º. A antecipação do pagamento da CPMF aplica-se a recursos financeiros não empregados exclusivamente, e por todo tempo de permanência no País, em ações ou contratos referenciados em ações ou índices de ações, negociados nos mercados referidos no *caput* ou em bolsa de mercadorias e de futuros, desde que na data do pagamento da contribuição estejam investidos nesses valores mobiliários.

§ 2º. A CPMF de que trata este artigo:

I – será apurada mediante lançamento a débito, precedido de lançamento a crédito no mesmo valor, em conta corrente de depósito do investidor estrangeiro;
II – terá como base de cálculo o valor correspondente à multiplicação da quantidade de ações ou de opções:

a) pelo preço médio ponderado da ação verificado na Bolsa de Valores de São Paulo ou em mercado de balcão organizado, no mês anterior ao do pagamento;

b) pelo preço médio da opção verificado na Bolsa referida na alínea a, no mês anterior ao do pagamento da CPMF;

III – será retida pela instituição financeira onde é mantida a conta corrente de que trata o inciso I até o dia 1º de dezembro de 2003, e recolhida até o 3º (terceiro) dia útil da semana subsequente à da retenção.

§ 3º. O pagamento da CPMF, nos termos previstos neste artigo, dispensa nova incidência da contribuição quando da remessa para o exterior dos recursos apurados na efetiva liquidação das operações.

Art. 38. O pagamento indevido ou maior que o devido efetuado no âmbito do Programa de Recuperação Fiscal – REFIS, ou do parcelamento a ele alternativo será restituído a pedido do sujeito passivo.

§ 1º. Na hipótese de existência de débitos do sujeito passivo relativos a tributos e contribuições perante a Secretaria da Receita Federal, a Procuradoria-Geral da Fazenda Nacional ou o Instituto Nacional do Seguro Social – INSS, inclusive inscritos em dívida ativa, o valor da restituição deverá ser utilizado para quitá-los, mediante compensação em procedimento de ofício.

§ 2º. A restituição e a compensação de que trata este artigo serão efetuadas pela Secretaria da Receita Federal, aplicando-se o disposto no art. 39 da Lei nº 9.250, de 26 de dezembro de 1995, alterado pelo art. 73 da Lei nº 9.532, de 10 de dezembro de 1997, observadas as normas estabelecidas pelo Comitê Gestor do REFIS.

Art. 39. (Revogado pela Lei nº 12.350, de 2010)

Art. 40. O *caput* do art. 1º do Decreto-Lei nº 1.593, de 21 de dezembro de 1977, com a redação dada pela Medida Provisória nº 2.158-35, de 24 de agosto de 2001, e o art. 18 do mesmo Decreto-Lei passam a vigorar com a seguinte redação:

"Art. 1º. A fabricação de cigarros classificados no código 2402.20.00 da Tabela de Incidência do Imposto sobre Produtos Industrializados – TIPI, excetuados os classificados no Ex 01, será exercida exclusivamente pelas empresas que, dispondo de instalações industriais adequadas, mantiverem registro especial na Secretaria da Receita Federal do Ministério da Fazenda."

"Art. 18. Consideram-se como produtos estrangeiros introduzidos clandestinamente no território nacional, para todos os efeitos legais, os cigarros nacionais destinados à exportação que forem encontrados no País, salvo se em trânsito, diretamente entre o estabelecimento industrial e os destinos referidos no art. 8º, desde que observadas as formalidades previstas para a operação.

§ 1º. Será exigido do proprietário do produto em infração deste artigo o imposto que deixou de ser pago, aplicando-se-lhe, independentemente de outras sanções cabíveis, a multa de 150% (cento e cinquenta por cento) do seu valor.

§ 2º. Se o proprietário não for identificado, considera-se como tal, para os efeitos do § 1º, o possuidor, transportador ou qualquer outro detentor do produto."

Art. 41. O art. 54 da Lei nº 10.637, de 30 de dezembro de 2002, passa a vigorar com a seguinte redação:

› Alteração incorporada ao texto da referida lei.

Art. 42. O art. 1º da Lei nº 8.850, de 28 de janeiro de 1994, passa a vigorar com a seguinte redação:

"Art. 1º O período de apuração do Imposto sobre Produtos Industrializados – IPI, incidente nas saídas dos produtos dos estabelecimentos industriais ou equiparados a industrial, passa a ser:

I – de 1º de janeiro de 2004 a 31 de dezembro de 2004: quinzenal; e

II – a partir de 1º de janeiro de 2005: mensal.

Parágrafo único. O disposto nos incisos I e II do *caput* não se aplica aos produtos classificados no CAPÍTULO 22, nas posições 84.29, 84.32, 84.33, 87.01 a 87.06 e 87.11 e no código 2402.20.00, da Tabela de Incidência do IPI – TIPI aprovada pelo Decreto no 4.542, de 26 de dezembro de 2002, em relação aos quais o período de apuração é decendial."

Art. 43. O inciso I do art. 52 da Lei nº 8.383, de 30 de dezembro de 1991, passa a vigorar com a seguinte redação:

"I – Imposto sobre Produtos Industrializados – IPI:

a) no caso dos produtos classificados no CAPÍTULO 22 e no código 2402.20.00, da Tabela de Incidência do IPI (TIPI): até o terceiro dia útil do decêndio subsequente ao de ocorrência dos fatos geradores;

b) no caso dos produtos classificados nas posições 84.29, 84.32, 84.33, 87.01 a 87.06 e 87.11 da TIPI: até o último dia útil do decêndio subsequente ao de ocorrência dos fatos geradores; e

c) no caso dos demais produtos:

1. em relação aos fatos geradores que ocorrerem no período de 1º de janeiro de 2004 até 31 de dezembro de 2004: até o último dia útil do decêndio subsequente à quinzena de ocorrência dos fatos geradores; e

2. em relação aos fatos geradores que ocorrerem a partir de 1º de janeiro de 2005: até o último dia útil da quinzena subsequente ao mês de ocorrência dos fatos geradores;"

Art. 44. O art. 2º da Lei nº 9.493, de 10 de setembro de 1997, passa a vigorar com a seguinte redação:

"Art. 2º. As microempresas e as empresas de pequeno porte, conforme definidas no art. 2º da Lei nº 9.841, de 5 de outubro de 1999, recolherão o IPI da seguinte forma:

I – o período de apuração é mensal; e

II – o pagamento deverá ser efetuado até o último dia útil do mês subseqüente ao de ocorrência dos fatos geradores.

Parágrafo único. O disposto no art. 1º da Lei nº 8.850, de 28 de janeiro de 1994, e no inciso I do art. 52 da Lei nº 8.383, de 30 de dezembro de 1991, não se aplica ao IPI devido pelas microempresas e empresas de pequeno porte de que trata o *caput* e ao incidente sobre os produtos importados."

Art. 45. A Secretaria da Receita Federal poderá estabelecer normas, tendo em vista condições especiais de rentabilidade e representatividade de operações da pessoa jurídica, disciplinando a forma de simplificação da apuração dos métodos de preço de transferência de que trata o art. 19 da Lei nº 9.430, de 27 de dezembro de 1996.

§ 1º. O disposto no *caput* não se aplica em relação às vendas efetuadas para empresa, vinculada ou não, domiciliada em país ou dependência com tributação favorecida, ou cuja legislação interna oponha sigilo, conforme definido no art. 24 da Lei nº 9.430, de 27 de dezembro de 1996, e art. 4º da Lei nº 10.451, de 10 de maio de 2002.

§ 2º. A autorização de que trata o *caput* se aplica também na fixação de percentual de margem de divergência máxima entre o preço ajustado, a ser utilizado como parâmetro, de acordo com os métodos previstos nos arts. 18 e 19 da Lei nº 9.430, de 27 de dezembro de 1996, e o daquele constante na documentação de importação e exportação.

Art. 46. (VETADO)

Art. 47. Sem prejuízo do disposto no art. 10 da Lei nº 9.249, de 26 de dezembro de 1995, e no art. 7º da Lei nº 9.959, de 27 de janeiro de 2000, o ganho de capital decorrente de operação, em que o beneficiário seja residente ou domiciliado em país ou dependência com tributação favorecida, a que se refere o art. 24 da Lei nº 9.430, de 27 de dezembro de 1996, sujeita-se à incidência do imposto de renda na fonte à alíquota de 25% (vinte e cinco por cento).

Art. 48. O art. 71 da Lei nº 9.430, de 27 de dezembro de 1996, passa a vigorar com a seguinte redação:

"Art. 71. (...)

(...)

§ 2º. Somente será admitido o reconhecimento de perdas nas operações registradas nos termos da legislação vigente."

Arts. 49 e 50. (Revogados pela Lei 11.727/2008)

Art. 51. (Revogado pela Lei 13.097/2015)

Art. 52. (Revogado pela Lei 11.727/2008)

Arts. 53 e 54. (Revogados pela Lei 13.097/2015)

Art. 55. (Revogado pela Lei 11.727/2008)

Art. 56. (Revogado pela Lei nº 10.925, de 2004)

Arts. 57 e 58. (Revogados pela Lei 11.727/2008)

Arts. 58-A a 58-V. (Revogados pela Lei nº 13.097, de 2015).

CAPÍTULO III. DAS DISPOSIÇÕES RELATIVAS À LEGISLAÇÃO ADUANEIRA

Art. 59. O beneficiário de regime aduaneiro suspensivo, destinado à industrialização para exportação, responde solidariamente pelas obrigações tributárias decorrentes da admissão de mercadoria no regime por outro beneficiário, mediante sua anuência, com vistas na execução de etapa da cadeia industrial do produto a ser exportado.

§ 1º. Na hipótese do *caput*, a aquisição de mercadoria nacional por qualquer dos beneficiários do regime, para ser incorporada ao produto a ser exportado, será realizada com suspensão dos tributos incidentes.

§ 2º. Compete à Secretaria da Receita Federal disciplinar a aplicação dos regimes aduaneiros suspensivos de que trata o *caput* e estabelecer os requisitos, as condições e a forma de registro da anuência prevista para a admissão de mercadoria, nacional ou importada, no regime.

Art. 60. Extinguem os regimes de admissão temporária, de admissão temporária para aperfeiçoamento ativo, de exportação temporária e de exportação temporária para aperfeiçoamento passivo, aplicados a produto, parte, peça ou componente recebido do exterior ou a ele enviado para substituição em decorrência de garantia ou, ainda, para reparo, revisão, manutenção, renovação ou recondicionamento, respectivamente, a exportação ou a importação de produto equivalente àquele submetido ao regime.

§ 1º. O disposto neste artigo aplica-se, exclusivamente, aos seguintes bens:

I – partes, peças e componentes de aeronave, objeto das isenções previstas na alínea j do inciso II do art. 2º e no inciso I do art. 3º da Lei nº 8.032, de 12 de abril de 1990;

II – produtos nacionais exportados definitivamente, ou suas partes e peças, que retornem ao País, mediante admissão temporária, ou admissão temporária para aperfeiçoamento ativo, para reparo ou substituição em virtude de defeito técnico que exija sua devolução; e

III – produtos nacionais, ou suas partes e peças, remetidos ao exterior mediante exportação temporária, para substituição de outro anteriormente exportado definitivamente, que deva retornar ao País para reparo ou substituição, em virtude de defeito técnico que exija sua devolução.

§ 2º. A Secretaria da Receita Federal disciplinará os procedimentos para a aplicação do disposto neste artigo e os requisitos para reconhecimento da equivalência entre os produtos importados e exportados.

Art. 61. Nas operações de exportação sem saída do produto do território nacional, com pagamento a prazo, os efeitos fiscais e cambiais, quando reconhecidos pela legislação vigente, serão produzidos no momento da contratação, sob condição resolutória, aperfeiçoando-se pelo recebimento integral em moeda nacional ou estrangeira de livre conversibilidade. (Redação dada pela lei nº 12.024, de 2009)

Parágrafo único. O disposto neste artigo aplica-se também ao produto exportado sem saída do território nacional, na forma disciplinada pela Secretaria da Receita Federal do Brasil, para ser: (Redação dada pela Lei nº 12.767, de 2012)

I – totalmente incorporado a bem que se encontre no País, de propriedade do comprador estrangeiro, inclusive em regime de admissão temporária sob a responsabilidade de terceiro;

II – entregue a órgão da administração direta, autárquica ou fundacional da União, dos Estados, do Distrito Federal ou dos Municípios, em cumprimento de contrato decorrente de licitação internacional;

III – entregue, em consignação, a empresa nacional autorizada a operar o regime de loja franca;

IV – entregue, no País, a subsidiária ou coligada, para distribuição sob a forma de brinde a fornecedores e clientes;

V – entregue a terceiro, no País, em substituição de produto anteriormente exportado e que tenha se mostrado, após o despacho aduaneiro de importação, defeituoso ou imprestável para o fim a que se destinava;

VI – entregue, no País, a missão diplomática, repartição consular de caráter permanente ou organismo internacional de que o Brasil seja membro, ou a seu integrante, estrangeiro; ou

VII – entregue, no País, para ser incorporado a plataforma destinada à pesquisa e lavra de jazidas de petróleo e gás natural em construção ou conversão contratada por empresa sediada no exterior, ou a seus módulos.

Art. 62. O regime de entreposto aduaneiro de que tratam os arts. 9º e 10 do Decreto-Lei nº 1.455, de 7 de abril de 1976, com a redação dada pelo art. 69 da Medida Provisória no 2.158-35, de 24 de agosto de 2001, poderá, mediante autorização da Secretaria da Receita Federal, observados os requisitos e condições estabelecidos na legislação específica, ser também operado em:

I – instalações portuárias previstas no inciso III do art. 2º da Lei nº 12.815, de 5 de junho de 2013; (Redação dada pela Lei nº 12.844, de 2013)

II – bens destinados à pesquisa e lavra de jazidas de petróleo e gás natural em construção ou conversão no País, contratados por empresas sediadas no exterior e relacionados em ato do Poder Executivo. (Redação dada pela Lei nº 12.844, de 2013)

Parágrafo único. No caso do inciso II, o beneficiário do regime será o contratado pela empresa sediada no exterior e o regime poderá ser operado também em estaleiros navais ou em outras instalações industriais, destinadas à construção dos bens de que trata aquele inciso. (Redação dada pela Lei nº 12.844, de 2013)

Art. 63. A Secretaria da Receita Federal fica autorizada a estabelecer:

I – hipóteses em que, na substituição de beneficiário de regime aduaneiro suspensivo, o termo inicial para o cálculo de juros e multa de mora relativos aos tributos suspensos passe a ser a data da transferência da mercadoria; e

II – os serviços permitidos no regime de entreposto aduaneiro na importação e na exportação.

Art. 64. Os documentos instrutivos de declaração aduaneira ou necessários ao controle aduaneiro podem ser emitidos, transmitidos e recepcionados eletronicamente, na forma e nos prazos estabelecidos pela Secretaria da Receita Federal.

§ 1º. A outorga de poderes a representante legal, inclusive quando residente no Brasil, para emitir e firmar os documentos referidos no *caput* deste artigo, também pode ser realizada por documento emitido e assinado eletronicamente. (Incluído pela Lei nº 11.452, de 2007)

§ 2º. Os documentos eletrônicos referidos no *caput* deste artigo e no § 1º deste artigo são válidos para os efeitos fiscais e de controle aduaneiro, observado o disposto na legislação sobre certificação digital e atendidos os requisitos estabelecidos pela Secretaria da Receita Federal. (Renumerado do parágrafo único pela Lei nº 11.452, de 2007)

Art. 65. A Secretaria da Receita Federal poderá adotar nomenclatura simplificada para a classificação de mercadorias apreendidas, na lavratura do correspondente auto de infração para a aplicação da pena de perdimento, bem como aplicar alíquotas de 50% (cinquenta por cento) sobre o valor arbitrado dessas mercadorias, para o cálculo do valor estimado do Imposto de Importação e do Imposto sobre Produtos Industrializados que seriam devidos na importação, para efeitos de controle patrimonial, elaboração de estatísticas, formalização de processo administrativo fiscal e representação fiscal para fins penais.

Art. 66. As diferenças percentuais de mercadoria a granel, apuradas em conferência física nos despachos aduaneiros, não serão consideradas para efeitos de exigência dos impostos incidentes, até o limite de 1% (um por cento), conforme dispuser o Poder Executivo.

Art. 67. Na impossibilidade de identificação da mercadoria importada, em razão de seu extravio ou consumo, e de descrição genérica nos documentos comerciais e de transporte disponíveis, será aplicada, para fins de determinação dos impostos e dos direitos incidentes na importação, alíquota única de 80% (oitenta por cento) em regime de tributação simplificada relativa ao Imposto de Importação – II, ao Imposto sobre Produtos Industrializados – IPI, à Contribuição para os Programas de Integração Social e de Formação do Patrimônio do Servidor Público – PIS/Pasep, à Contribuição Social para o Financiamento da Seguridade Social – COFINS e ao Adicional ao Frete para a Renovação da Marinha Mercante – AFRMM. (Redação dada pela Lei nº 13.043, de 2014)

§ 1º. A base de cálculo da tributação simplificada prevista neste artigo será arbitrada em valor equivalente à mediana dos valores por quilograma de todas as mercadorias importadas a TÍTULO definitivo, pela mesma via de transporte internacional, constantes de declarações registradas no semestre anterior, incluídas as despesas de frete e seguro internacionais. (Redação dada pela Lei nº 13.043, de 2014)

§ 2º. Na falta de informação sobre o peso da mercadoria, adotar-se-á o peso líquido admitido na unidade de carga utilizada no seu transporte.

Art. 68. As mercadorias descritas de forma semelhante em diferentes declarações aduaneiras do mesmo contribuinte, salvo prova em contrário, são presumidas idênticas para fins de determinação do tratamento tributário ou aduaneiro.

Parágrafo único. Para efeito do disposto no *caput*, a identificação das mercadorias poderá ser realizada no curso do despacho aduaneiro ou em outro momento, com base em informações coligidas em documentos, obtidos inclusive junto a clientes ou a fornecedores, ou no processo produtivo em que tenham sido ou venham a ser utilizadas.

Art. 69. A multa prevista no art. 84 da Medida Provisória nº 2.158-35, de 24 de agosto de 2001, não poderá ser superior a 10% (dez por cento) do valor total das mercadorias constantes da declaração de importação.

§ 1º. A multa a que se refere o *caput* aplica-se também ao importador, exportador ou beneficiário de regime aduaneiro que omitir ou prestar de forma inexata ou incompleta informação de natureza administrativo-tributária, cambial ou comercial necessária à determinação do procedimento de controle aduaneiro apropriado.

§ 2º. As informações referidas no § 1º, sem prejuízo de outras que venham a ser estabelecidas em ato normativo da Secretaria da Receita Federal, compreendem a descrição detalhada da operação, incluindo:

I – identificação completa e endereço das pessoas envolvidas na transação: importador/exportador; adquirente (comprador)/fornecedor (vendedor), fabricante, agente de compra ou de venda e representante comercial;

II – destinação da mercadoria importada: industrialização ou consumo, incorporação ao ativo, revenda ou outra finalidade;

III – descrição completa da mercadoria: todas as características necessárias à classificação fiscal, espécie, marca comercial, modelo, nome comercial ou científico e outros atributos estabelecidos pela Secretaria da Receita Federal que confiram sua identidade comercial;

IV – países de origem, de procedência e de aquisição; e

V – portos de embarque e de desembarque.

§ 3º. Quando aplicada sobre a exportação, a multa prevista neste artigo incidirá sobre o preço normal definido no art. 2º do Decreto-Lei nº 1.578, de 11 de outubro de 1977. (Incluído pela Lei nº 13.043, de 2014)

Art. 70. O descumprimento pelo importador, exportador ou adquirente de mercadoria importada por sua conta e ordem, da obrigação de manter, em boa guarda e ordem, os documentos relativos às transações que realizarem, pelo prazo decadencial estabelecido na legislação tributária a que estão submetidos, ou da obrigação de os apresentar à fiscalização aduaneira quando exigidos, implicará:

I – se relativo aos documentos comprobatórios da transação comercial ou os respectivos registros contábeis:

a) a apuração do valor aduaneiro com base em método substitutivo ao valor de transação, caso exista dúvida quanto ao valor aduaneiro declarado; e

b) o não-reconhecimento de tratamento mais benéfico de natureza tarifária, tributária ou aduaneira eventualmente concedido, com efeitos retroativos à data do fato gerador, caso não sejam apresentadas provas do regular cumprimento das condições previstas na legislação específica para obtê-lo;

II – se relativo aos documentos obrigatórios de instrução das declarações aduaneiras:

a) o arbitramento do preço da mercadoria para fins de determinação da base de cálculo, conforme os critérios definidos no art. 88 da Medida Provisória nº 2.158-35, de 24 de agosto de 2001, se existir dúvida quanto ao preço efetivamente praticado; e

b) a aplicação cumulativa das multas de:

1. 5% (cinco por cento) do valor aduaneiro das mercadorias importadas; e

2. 100% (cem por cento) sobre a diferença entre o preço declarado e o preço efetivamente praticado na importação ou entre o preço declarado e o preço arbitrado.

§ 1º. Os documentos de que trata o *caput* compreendem os documentos de instrução das declarações aduaneiras, a correspondência comercial, incluídos os documentos de negociação e cotação de preços, os instrumentos de contrato comercial, financeiro e cambial, de transporte e seguro das mercadorias, os registros contábeis e os correspondentes documentos fiscais, bem como outros que a Secretaria da Receita Federal venha a exigir em ato normativo.

§ 2º. Nas hipóteses de incêndio, furto, roubo, extravio ou qualquer outro sinistro que provoque a perda ou deterioração dos documentos a que se refere o § 1º, deverá ser feita comunicação, por escrito, no prazo de 48 (quarenta e oito) horas do sinistro, à unidade de fiscalização aduaneira da Secretaria da Receita Federal que jurisdicione o domicílio matriz do sujeito passivo.

§ 3º. As multas previstas no inciso II do *caput* não se aplicam no caso de regular comunicação da ocorrência de um dos eventos previstos no § 2º.

§ 4º. Somente produzirá efeitos a comunicação realizada dentro do prazo referido no § 2º e instruída com os documentos que comprovem o registro da ocorrência junto à autoridade competente para apurar o fato.

§ 5º. No caso de encerramento das atividades da pessoa jurídica, a guarda dos documentos referidos no *caput* será atribuída à pessoa responsável pela guarda dos demais documentos fiscais, nos termos da legislação específica.

§ 6º. A aplicação do disposto neste artigo não prejudica a aplicação das multas previstas no art. 107 do Decreto-Lei nº 37, de 18 de novembro de 1966, com a redação dada pelo art. 77 desta Lei, nem a aplicação de outras penalidades cabíveis.

Art. 71. O despachante aduaneiro, o transportador, o agente de carga, o depositário e os demais intervenientes em operação de comércio exterior ficam obrigados a manter em boa guarda e ordem, e a apresentar à fiscalização aduaneira, quando exigidos, os documentos e registros relativos às transações em que intervierem, ou outros definidos em ato normativo da Secretaria da Receita Federal, na forma e nos prazos por ela estabelecidos.

Art. 72. Aplica-se a multa de:

I – 10% (dez por cento) do valor aduaneiro da mercadoria submetida ao regime aduaneiro especial de admissão temporária, ou de admissão temporária para aperfeiçoamento ativo, pelo descumprimento de condições, requisitos ou prazos estabelecidos para aplicação do regime; e

II – 5% (cinco por cento) do preço normal da mercadoria submetida ao regime aduaneiro especial de exportação temporária, ou de exportação temporária para aperfeiçoamento passivo, pelo descumprimento de condições, requisitos ou prazos estabelecidos para aplicação do regime.

§ 1º. O valor da multa prevista neste artigo será de R$ 500,00 (quinhentos reais), quando do seu cálculo resultar valor inferior.

§ 2º. A multa aplicada na forma deste artigo não prejudica a exigência dos impostos incidentes, a aplicação de outras penalidades cabíveis e a representação fiscal para fins penais, quando for o caso.

Art. 73. Verificada a impossibilidade de apreensão da mercadoria sujeita a pena de perdimento, em razão de sua não localização ou consumo, extinguir-se-á o processo administrativo instaurado para apuração da infração capitulada como dano ao Erário.

§ 1º. Na hipótese prevista no *caput*, será instaurado processo administrativo para aplicação da multa prevista no § 3º do art. 23 do Decreto-Lei nº 1.455, de 7 de abril de 1976, com a redação dada pelo art. 59 da Lei nº 10.637, de 30 de dezembro de 2002.

§ 2º. A multa a que se refere o § 1º será exigida mediante lançamento de ofício, que será processado e julgado nos termos da legislação que rege a determinação e exigência dos demais créditos tributários da União.

Art. 74. O transportador de passageiros, em viagem internacional, ou que transite por zona de vigilância aduaneira, fica obrigado a identificar os volumes transportados como bagagem em compartimento isolado dos viajantes, e seus respectivos proprietários.

§ 1º. No caso de transporte terrestre de passageiros, a identificação referida no *caput* também se aplica aos volumes portados pelos passageiros no interior do veículo.

§ 2º. As mercadorias transportadas no compartimento comum de bagagens ou de carga do veículo, que não constituam bagagem identificada dos passageiros, devem estar acompanhadas do respectivo conhecimento de transporte.

§ 3º. Presume-se de propriedade do transportador, para efeitos fiscais, a mercadoria transportada sem a identificação do respectivo proprietário, na forma estabelecida no *caput* ou nos §§ 1º e 2º deste artigo.

§ 4º. Compete à Secretaria da Receita Federal disciplinar os procedimentos necessários para fins de cumprimento do previsto neste artigo.

Art. 75. Aplica-se a multa de R$ 15.000,00 (quinze mil reais) ao transportador, de passageiros ou de carga, em viagem doméstica ou internacional que transportar mercadoria sujeita a pena de perdimento:

I – sem identificação do proprietário ou possuidor; ou

II – ainda que identificado o proprietário ou possuidor, as características ou a quantidade dos volumes transportados evidenciarem tratar-se de mercadoria sujeita à referida pena.

§ 1º. Na hipótese de transporte rodoviário, o veículo será retido, na forma estabelecida pela Secretaria da Receita Federal, até o recolhimento da multa ou o deferimento do recurso a que se refere o § 3º.

§ 2º. A retenção prevista no § 1º será efetuada ainda que o infrator não seja o proprietário do veículo, cabendo a este adotar as ações necessárias contra o primeiro para se ressarcir dos prejuízos eventualmente incorridos.

§ 3º. Caberá recurso, com efeito exclusivamente devolutivo, a ser apresentado no prazo de 20 (vinte) dias da ciência da retenção a que se refere o § 1º, ao titular da unidade da Secretaria da Receita Federal responsável pela retenção, que o apreciará em instância única.

§ 4º. Decorrido o prazo de 45 (quarenta e cinco) dias da aplicação da multa, ou da ciência do indeferimento do recurso, e não recolhida a multa prevista, o veículo será considerado abandonado, caracterizando dano ao Erário e ensejando a aplicação da pena de perdimento, observado o rito estabelecido no Decreto-Lei nº 1.455, de 7 de abril de 1976.

§ 5º. A multa a ser aplicada será de R$ 30.000,00 (trinta mil reais) na hipótese de:

I – reincidência da infração prevista no *caput*, envolvendo o mesmo veículo transportador; ou

II – modificações da estrutura ou das características do veículo, com a finalidade de efetuar o transporte de mercadorias ou permitir a sua ocultação.

§ 6º. O disposto neste artigo não se aplica nas hipóteses em que o veículo estiver sujeito à pena de perdimento prevista no inciso V do art. 104 do Decreto-Lei nº 37, de 18 de novembro de 1966, nem prejudica a aplicação de outras penalidades estabelecidas.

§ 7º. Enquanto não consumada a destinação do veículo, a pena de perdimento prevista no § 4º poderá ser relevada à vista de requerimento do interessado, desde que haja o recolhimento de 2 (duas) vezes o valor da multa aplicada.

§ 8º. A Secretaria da Receita Federal deverá representar o transportador que incorrer na infração prevista no *caput* ou que seja submetido à aplicação da pena de perdimento de veículo à autoridade competente para fiscalizar o transporte terrestre.

§ 9º. Na hipótese do § 8º, as correspondentes autorizações de viagens internacionais ou por zonas de vigilância aduaneira do transportador representado serão canceladas, ficando vedada a expedição de novas autorizações pelo prazo de 2 (dois) anos.

Art. 76. Os intervenientes nas operações de comércio exterior ficam sujeitos às seguintes sanções:

I – advertência, na hipótese de:

a) (Revogado pela Lei nº 13.043, de 2014)

b) (Revogado pela Lei nº 13.043, de 2014)

c) atraso, de forma contumaz, na chegada ao destino de veículo conduzindo mercadoria submetida ao regime de trânsito aduaneiro;

d) emissão de documento de identificação ou quantificação de mercadoria sob controle aduaneiro em desacordo com o previsto em ato normativo, relativamente a sua efetiva qualidade ou quantidade; (Redação dada pela Lei nº 13.043, de 2014)

e) prática de ato que prejudique a identificação ou quantificação de mercadoria sob controle aduaneiro; (Redação dada pela Lei nº 13.043, de 2014)

f) (Revogado pela Lei nº 13.043, de 2014)

g) consolidação ou desconsolidação de carga efetuada em desacordo com disposição estabelecida em ato normativo e que altere o tratamento tributário ou aduaneiro da mercadoria; (Redação dada pela Lei nº 13.043, de 2014)

h) atraso, por mais de 3 (três) vezes, em um mesmo mês, na prestação de informações sobre carga e descarga de veículos, ou movimentação e armazenagem de mercadorias sob controle aduaneiro;

i) descumprimento de requisito, condição ou norma operacional para habilitar-se ou utilizar regime aduaneiro especial ou aplicado em áreas especiais, ou para habilitar-se ou manter recintos nos quais tais regimes sejam aplicados; ou

j) descumprimento de obrigação de apresentar à fiscalização, em boa ordem, os documentos relativos à operação em que realizar ou em que intervier, bem como outros documentos exigidos pela Secretaria da Receita Federal do Brasil; ou (Redação dada pela Lei nº 13.043, de 2014)

k) descumprimento de determinação legal ou de outras obrigações relativas ao controle aduaneiro previstas em ato normativo não referidas às alíneas c a j; (Incluído pela Lei nº 13.043, de 2014)

II – suspensão, pelo prazo de até 12 (doze) meses, do registro, licença, autorização, credenciamento ou habilitação para utilização de regime aduaneiro ou de procedimento simplificado, exercício de atividades relacionadas com o despacho aduaneiro, ou com a movimentação e armazenagem de mercadorias sob controle aduaneiro, e serviços conexos, na hipótese de:

a) reincidência em conduta já sancionada com advertência;

b) atuação em nome de pessoa que esteja cumprindo suspensão, ou no interesse desta;

c) (Revogado pela Lei nº 13.043, de 2014)

d) delegação de atribuição privativa a pessoa não credenciada ou habilitada; (Redação dada pela Lei nº 13.043, de 2014)

e) prática de qualquer outra conduta sancionada com suspensão de registro, licença, autorização, credenciamento ou habilitação, nos termos de legislação específica; ou (Redação dada pela Lei nº 13.043, de 2014)

f) agressão ou desacato à autoridade aduaneira no exercício da função; (Incluído pela Lei nº 13.043, de 2014)

III – cancelamento ou cassação do registro, licença, autorização, credenciamento ou habilitação para utilização de regime aduaneiro ou de procedimento simplificado, exercício de atividades relacionadas com o despacho aduaneiro, ou com a movimentação e armazenagem de mercadorias sob controle aduaneiro, e serviços conexos, na hipótese de:

a) acúmulo, em período de 3 (três) anos, de suspensão cujo prazo total supere 12 (doze) meses;

b) atuação em nome de pessoa cujo registro, licença, autorização, credenciamento ou habilitação tenha sido objeto de cancelamento ou cassação, ou no interesse desta;

c) exercício, por pessoa credenciada ou habilitada, de atividade ou cargo vedados na legislação específica;

d) prática de ato que embarace, dificulte ou impeça a ação da fiscalização aduaneira, para benefício próprio ou de terceiros; (Redação dada pela Lei nº 13.043, de 2014)

e) (Revogado pela Lei nº 13.043, de 2014)

f) sentença condenatória, transitada em julgado, por participação, direta ou indireta, na prática de crime contra a administração pública ou contra a ordem tributária;

g) ação ou omissão dolosa tendente a subtrair ao controle aduaneiro, ou dele ocultar, a importação ou a exportação de bens ou de mercadorias; ou

h) prática de qualquer outra conduta sancionada com cancelamento ou cassação de registro, licença, autorização, credenciamento ou habilitação, nos termos de legislação específica.

§ 1º. A aplicação das sanções previstas neste artigo será anotada no registro do infrator pela administração aduaneira, após a decisão definitiva na esfera administrativa, devendo a anotação ser cancelada após o decurso de 5 (cinco) anos de sua efetivação. (Redação dada pela Lei nº 13.043, de 2014)

§ 2º. Para os efeitos do disposto neste artigo, consideram-se intervenientes o importador, o exportador, o beneficiário de regime aduaneiro ou de procedimento simplificado, o despachante aduaneiro e seus ajudantes, o transportador, o agente de carga, o operador de transporte multimodal, o operador portuário, o depositário, o administrador de recinto alfandegado, o perito ou qualquer outra pessoa que tenha relação, direta ou indireta, com a operação de comércio exterior. (Redação dada pela Lei nº 13.043, de 2014)

§ 3º. Para efeitos do disposto na alínea c do inciso I do *caput*, considera-se contumaz o atraso sem motivo justificado ocorrido em mais de 20% (vinte por cento) das operações de trânsito aduaneiro realizadas no mês, se superior a 5 (cinco) o número total de operações.

§ 4º. Na aplicação da sanção prevista no inciso I do *caput* e na determinação do prazo para a aplicação das sanções previstas no inciso II do *caput* serão considerados: (Redação dada pela Lei nº 13.043, de 2014)

I – a natureza e a gravidade da infração cometida; (Incluído pela Lei nº 13.043, de 2014)

II – os danos que dela provierem; e (Incluído pela Lei nº 13.043, de 2014)

III – os antecedentes do infrator, inclusive quanto à proporção das irregularidades no conjunto das operações por ele realizadas e seus esforços para melhorar a conformidade à legislação, segundo os critérios estabelecidos pela Secretaria da Receita Federal do Brasil. (Incluído pela Lei nº 13.043, de 2014)

§ 5º. Para os fins do disposto na alínea a do inciso II do *caput* deste artigo, será considerado reincidente o infrator que: (Redação dada pela Lei nº 13.043, de 2014)

I – cometer nova infração pela mesma conduta já sancionada com advertência, no período de 365 (trezentos e sessenta e cinco) dias, contado da data da aplicação da sanção; ou (Incluído pela Lei nº 13.043, de 2014)

II – não sanar a irregularidade que ensejou a aplicação da advertência, depois de um mês de sua aplicação, quando se tratar de conduta passível de regularização. (Incluído pela Lei nº 13.043, de 2014)

§ 5º-A. Para os efeitos do § 5º, no caso de operadores que realizam grande quantidade de operações, poderá ser observada a proporção de erros e omissões em razão da quantidade de documentos, declarações e informações a serem prestadas, nos termos, limites e condições disciplinados pelo Poder Executivo. (Incluído pela Lei nº 13.043, de 2014)

§ 6º. Na hipótese de cassação ou cancelamento, a reinscrição para a atividade que exercia ou a inscrição para exercer outra atividade sujeita a controle aduaneiro só poderá ser solicitada depois de transcorridos 2 (dois) anos da data de aplicação da sanção, devendo ser cumpridas todas as exigências e formalidades previstas para a inscrição.

§ 7º. Ao sancionado com suspensão, cassação ou cancelamento, enquanto perdurarem os efeitos da sanção, é vedado o ingresso em local sob controle aduaneiro, sem autorização do titular da unidade jurisdicionante.

§ 8º. Compete a aplicação das sanções:

I – ao titular da unidade da Secretaria da Receita Federal responsável pela apuração da infração, nos casos de advertência ou suspensão; ou

II – à autoridade competente para habilitar ou autorizar a utilização de procedimento simplificado, de regime aduaneiro, ou o exercício de atividades relacionadas com o despacho aduaneiro, ou com a movimentação e armazenagem de mercadorias sob controle aduaneiro, e serviços conexos, nos casos de cancelamento ou cassação.

§ 9º. As sanções previstas neste artigo serão aplicadas mediante processo administrativo próprio, instaurado com a lavratura de auto de infração, acompanhado de termo de constatação de hipótese referida nos incisos I a III do *caput*.

§ 10. Feita a intimação, a não apresentação de impugnação no prazo de 20 (vinte) dias implicará revelia, cabendo a imediata aplicação da penalidade. (Redação dada pela Lei nº 13.043, de 2014)

§ 10-A. A intimação a que se refere o § 10 deste artigo será: (Incluído pela Lei nº 13.043, de 2014)

I – pessoal, pelo autor do procedimento ou por agente preparador, na repartição ou fora dela, produzindo efeitos com a assinatura do sujeito passivo, seu mandatário ou preposto, ou, no caso de recusa, com declaração escrita de quem o intimar; (Incluído pela Lei nº 13.043, de 2014)

II – por via postal, telegráfica ou por qualquer outro meio ou via, produzindo efeitos com o recebimento no domicílio indicado à Secretaria da Receita Federal do Brasil pelo interveniente na operação de comércio exterior ou, se omitida a data do recebimento, com o decurso de 15 (quinze) dias da expedição da intimação ao referido endereço; (Incluído pela Lei nº 13.043, de 2014)

III – por meio eletrônico, com prova de recebimento, mediante envio ao domicílio tributário do sujeito passivo ou registro em meio magnético ou equivalente utilizado pelo sujeito passivo, produzindo efeitos: (Incluído pela Lei nº 13.043, de 2014)

a) 15 (quinze) dias contados da data registrada no comprovante de entrega no domicílio tributário do sujeito passivo; (Incluído pela Lei nº 13.043, de 2014)

b) na data em que o sujeito passivo efetuar consulta ao endereço eletrônico a ele atribuído pela administração tributária, se ocorrida antes do prazo previsto na alínea a deste inciso; ou (Incluído pela Lei nº 13.043, de 2014)

c) na data registrada no meio magnético ou equivalente utilizado pelo sujeito passivo; ou (Incluído pela Lei nº 13.043, de 2014)

IV – por edital, quando resultarem improfícuos os meios previstos nos incisos I a III deste parágrafo, ou no caso de pessoa jurídica declarada inapta perante o Cadastro Nacional de Pessoas Jurídicas – CNPJ, produzindo efeitos com o decurso de 15 (quinze) dias da publicação ou com qualquer manifestação do interessado no mesmo período. (Incluído pela Lei nº 13.043, de 2014)

§ 11. Apresentada a impugnação, a autoridade preparadora terá prazo de 15 (quinze) dias para remessa do processo a julgamento.

§ 12. O prazo a que se refere o § 11 poderá ser prorrogado quando for necessária a realização de diligências ou perícias.

§ 13. Da decisão que aplicar a sanção cabe recurso, a ser apresentado em 30 (trinta) dias, à autoridade imediatamente superior, que o julgará em instância final administrativa.

§ 14. O rito processual a que se referem os §§ 9º a 13 aplica-se também aos processos ainda não conclusos para julgamento em 1ª (primeira) instância julgados na esfera administrativa, relativos a sanções administrativas de advertência, suspensão, cassação ou cancelamento.

§ 15. As sanções previstas neste artigo não prejudicam a exigência dos impostos incidentes, a aplicação de outras penalidades cabíveis e a representação fiscal para fins penais, quando for o caso.

Art. 77. Os arts. 1º, 17, 36, 37, 50, 104, 107 e 169 do Decreto-Lei nº 37, de 18 de novembro de 1966, passam a vigorar com as seguintes alterações:

"Art. 1º (...)

(...)

§ 4º. O imposto não incide sobre mercadoria estrangeira:

I – avariada ou que se revele imprestável para os fins a que se destinava, desde que seja destruída sob controle aduaneiro, antes de despachada para consumo, sem ônus para a Fazenda Nacional;

II – em trânsito aduaneiro de passagem, acidentalmente destruída; ou

III – que tenha sido objeto de pena de perdimento, exceto na hipótese em que não seja localizada, tenha sido consumida ou revendida."

"Art. 17.(...)

Parágrafo único. (...)

(...)

V – bens doados, destinados a fins culturais, científicos e assistenciais, desde que os beneficiários sejam entidades sem fins lucrativos."

"Art. 36. A fiscalização aduaneira poderá ser ininterrupta, em horários determinados, ou eventual, nos portos, aeroportos, pontos de fronteira e recintos alfandegados.

§ 1º. A administração aduaneira determinará os horários e as condições de realização dos serviços aduaneiros, nos locais referidos no *caput*.

(...)"

"Art. 37. O transportador deve prestar à Secretaria da Receita Federal, na forma e no prazo por ela estabelecidos, as informações sobre as cargas transportadas, bem como sobre a chegada de veículo procedente do exterior ou a ele destinado.

§ 1º. O agente de carga, assim considerada qualquer pessoa que, em nome do importador ou do exportador, contrate o transporte de mercadoria, consolide ou desconsolide cargas e preste serviços conexos, e o operador portuário, também devem prestar as informações sobre as operações que executem e respectivas cargas.

§ 2º. Não poderá ser efetuada qualquer operação de carga ou descarga, em embarcações, enquanto não forem prestadas as informações referidas neste artigo.

§ 3º. A Secretaria da Receita Federal fica dispensada de participar da visita a embarcações prevista no art. 32 da Lei nº 5.025, de 10 de junho de 1966.

§ 4º. A autoridade aduaneira poderá proceder às buscas em veículos necessárias para prevenir e reprimir a ocorrência de infração à legislação, inclusive em momento anterior à prestação das informações referidas no *caput*."

"Art. 50. A verificação de mercadoria, no curso da conferência aduaneira ou em qualquer outra ocasião, será realizada por Auditor-Fiscal da Receita Federal, ou sob a sua supervisão, por servidor integrante da Carreira Auditoria da Receita Federal, na presença do viajante, do importador, do exportador, ou de seus representantes, podendo ser adotados critérios de seleção e amostragem, de conformidade com o estabelecido pela Secretaria da Receita Federal.

§ 1º. Na hipótese de mercadoria depositada em recinto alfandegado, a verificação poderá ser realizada na presença do depositário ou de seus prepostos, dispensada a exigência da presença do importador ou do exportador.

§ 2º. A verificação de bagagem ou de outra mercadoria que esteja sob a responsabilidade do transportador poderá ser realizada na presença deste ou de seus prepostos, dispensada a exigência da presença do viajante, do importador ou do exportador.

§ 3º. Nas hipóteses dos §§ 1º e 2º, o depositário e o transportador, ou seus prepostos, representam o viajante, o importador ou o exportador, para efeitos de identificação, quantificação e descrição da mercadoria verificada."

"Art. 104. (...)

Parágrafo único. Aplicam-se cumulativamente:

I – no caso do inciso II do *caput*, a pena de perdimento da mercadoria;

II – no caso do inciso III do *caput*, a multa de R$ 200,00 (duzentos reais) por passageiro ou tripulante conduzido pelo veículo que efetuar a operação proibida, além do perdimento da mercadoria que transportar."

"Art. 107. Aplicam-se ainda as seguintes multas:

I – de R$ 50.000,00 (cinquenta mil reais), por contêiner ou qualquer veículo contendo mercadoria, inclusive a granel, ingressado em local ou recinto sob controle aduaneiro, que não seja localizado;

II – de R$ 15.000,00 (quinze mil reais), por contêiner ou veículo contendo mercadoria, inclusive a granel, no regime de trânsito aduaneiro, que não seja localizado;

III – de R$ 10.000,00 (dez mil reais), por desacato à autoridade aduaneira;

IV – de R$ 5.000,00 (cinco mil reais):

a) por ponto percentual que ultrapasse a margem de 5% (cinco por cento), na diferença de peso apurada em relação ao manifesto de carga a granel apresentado pelo transportador marítimo, fluvial ou lacustre;

b) por mês-calendário, a quem não apresentar à fiscalização os documentos relativos à operação que realizar ou em que intervier, bem como outros documentos exigidos pela Secretaria da Receita Federal, ou não mantiver os correspondentes arquivos em boa guarda e ordem;

c) a quem, por qualquer meio ou forma, omissiva ou comissiva, embaraçar, dificultar ou impedir ação de fiscalização aduaneira, inclusive no caso de não-apresentação de resposta, no prazo estipulado, a intimação em procedimento fiscal;

d) a quem promover a saída de veículo de local ou recinto sob controle aduaneiro, sem autorização prévia da autoridade aduaneira;

e) por deixar de prestar informação sobre veículo ou carga nele transportada, ou sobre as operações que execute, na forma e no prazo estabelecidos pela Secretaria da Receita Federal, aplicada à empresa de transporte internacional, inclusive a prestadora de serviços de transporte internacional expresso porta-a-porta, ou ao agente de carga; e

f) por deixar de prestar informação sobre carga armazenada, ou sob sua responsabilidade, ou sobre as operações que execute, na forma e no prazo estabelecidos pela Secretaria da Receita Federal, aplicada ao depositário ou ao operador portuário;

V – de R$ 3.000,00 (três mil reais), ao transportador de carga ou de passageiro, pelo descumprimento de exigência estabelecida para a circulação de veículos e mercadorias em zona de vigilância aduaneira;

VI – de R$ 2.000,00 (dois mil reais), no caso de violação de volume ou unidade de carga que contenha mercadoria sob controle aduaneiro, ou de dispositivo de segurança;

VII – de R$ 1.000,00 (mil reais):

a) por volume depositado em local ou recinto sob controle aduaneiro, que não seja localizado;

b) pela importação de mercadoria estrangeira atentatória à moral, aos bons costumes, à saúde ou à ordem pública, sem prejuízo da aplicação da pena prevista no inciso XIX do art. 105;

c) pela substituição do veículo transportador, em operação de trânsito aduaneiro, sem autorização prévia da autoridade aduaneira;

d) por dia, pelo descumprimento de condição estabelecida pela administração aduaneira para a prestação de serviços relacionados com o despacho aduaneiro;

e) por dia, pelo descumprimento de requisito, condição ou norma operacional para habilitar-se ou utilizar regime aduaneiro especial ou aplicado em áreas especiais, ou para habilitar-se ou manter recintos nos quais tais regimes sejam aplicados;

f) por dia, pelo descumprimento de requisito, condição ou norma operacional para executar atividades de movimentação e armazenagem de mercadorias sob controle aduaneiro, e serviços conexos; e

g) por dia, pelo descumprimento de condição estabelecida para utilização de procedimento aduaneiro simplificado;

VIII – de R$ 500,00 (quinhentos reais):

a) por ingresso de pessoa em local ou recinto sob controle aduaneiro sem a regular autorização, aplicada ao administrador do local ou recinto;

b) por tonelada de carga a granel depositada em local ou recinto sob controle aduaneiro, que não seja localizada;

c) por dia de atraso ou fração, no caso de veículo que, em operação de trânsito aduaneiro, chegar ao destino fora do prazo estabelecido, sem motivo justificado;

d) por erro ou omissão de informação em declaração relativa ao controle de papel imune; e

e) pela não apresentação do romaneio de carga (packing-list) nos documentos de instrução da declaração aduaneira;

IX – de R$ 300,00 (trezentos reais), por volume de mercadoria, em regime de trânsito aduaneiro, que não seja localizado no veículo transportador, limitada ao valor de R$ 15.000,00 (quinze mil reais);

X – de R$ 200,00 (duzentos reais):

a) por tonelada de carga a granel em regime de trânsito aduaneiro que não seja localizada no veículo transportador, limitada ao valor de R$ 15.000,00 (quinze mil reais);

b) para a pessoa que ingressar em local ou recinto sob controle aduaneiro sem a regular autorização; e

c) pela apresentação de fatura comercial em desacordo com uma ou mais de uma das indicações estabelecidas no regulamento; e

XI – de R$ 100,00 (cem reais):

a) por volume de carga não manifestada pelo transportador, sem prejuízo da aplicação da pena prevista no inciso IV do art. 105; e

b) por ponto percentual que ultrapasse a margem de 5% (cinco por cento), na diferença de peso apurada em relação ao manifesto de carga a granel apresentado pelo transportador rodoviário ou ferroviário.

§ 1º. O recolhimento das multas previstas nas alíneas e, f e g do inciso VII não garante o direito a regular operação do regime ou do recinto, nem a execução da atividade, do serviço ou do procedimento concedidos a TÍTULO precário.

§ 2º. As multas previstas neste artigo não prejudicam a exigência dos impostos incidentes, a aplicação de outras penalidades cabíveis e a representação fiscal para fins penais, quando for o caso."

"Art. 169. (...)

(...)

§ 2º. (...)

I – inferiores a R$ 500,00 (quinhentos reais);

II – superiores a R$ 5.000,00 (cinco mil reais) nas hipóteses previstas nas alíneas a, b e c, item 2, do inciso III do *caput* deste artigo."

Art. 78. O art. 3º do Decreto-Lei nº 399, de 30 de dezembro de 1968, passa a vigorar com a seguinte redação:

"Art. 3º. (...)

Parágrafo único. Sem prejuízo da sanção penal referida neste artigo, será aplicada, além da pena de perdimento da respectiva mercadoria, a multa de R$ 2,00 (dois reais) por maço de cigarro ou por unidade dos demais produtos apreendidos."

Art. 79. Os arts. 7º e 8º da Lei nº 9.019, de 30 de março de 1995, passam a vigorar com a seguinte redação:

"Art. 7º. (...)

(...)

§ 2º. Os direitos *antidumping* e os direitos compensatórios são devidos na data do registro da declaração de importação.

§ 3º. A falta de recolhimento de direitos *antidumping* ou de direitos compensatórios na data prevista no § 2º acarretará, sobre o valor não recolhido:

I – no caso de pagamento espontâneo, após o desembaraço aduaneiro:

a) a incidência de multa de mora, calculada à taxa de 0,33% (trinta e três centésimos por cento), por dia de atraso, a partir do 1º (primeiro) dia subsequente ao do registro da declaração de importação até o dia em que ocorrer o seu pagamento, limitada a 20% (vinte por cento); e

b) a incidência de juros de mora calculados à taxa referencial do Sistema Especial de Liquidação e Custódia – SELIC, para títulos federais, acumulada mensalmente, a partir do 1º (primeiro) dia do mês subsequente ao do registro da declaração de importação até o último dia do mês anterior ao do pagamento e de 1% (um por cento) no mês do pagamento; e

II – no caso de exigência de ofício, de multa de 75% (setenta e cinco por cento) e dos juros de mora previstos na alínea b do inciso I deste parágrafo.

§ 4º. A multa de que trata o inciso II do § 3º será exigida isoladamente quando os direitos *antidumping* ou os direitos compensatórios houverem sido pagos após o registro da declaração de importação, mas sem os acréscimos moratórios.

§ 5º. A exigência de ofício de direitos *antidumping* ou de direitos compensatórios e decorrentes acréscimos moratórios e penalidades será formalizada em auto de infração lavrado por Auditor-Fiscal da Receita Federal, observado o disposto no Decreto nº 70.235, de 6 de março de 1972, e o prazo de 5 (cinco) anos contados da data de registro da declaração de importação.

§ 6º. Verificado o inadimplemento da obrigação, a Secretaria da Receita Federal encaminhará o débito à Procuradoria-Geral da Fazenda Nacional, para inscrição em Dívida Ativa da União e respectiva cobrança, observado o prazo de prescrição de 5 (cinco) anos.

§ 7º. A restituição de valores pagos a TÍTULO de direitos *antidumping* e de direitos compensatórios, provisórios ou definitivos, enseja a restituição dos acréscimos legais correspondentes e das penalidades pecuniárias, de caráter material, prejudicados pela causa da restituição."

"Art. 8º. (...)

§ 1º. Nos casos de retroatividade, a Secretaria da Receita Federal intimará o contribuinte ou responsável para pagar os direitos antidumping ou compensatórios, provisórios ou definitivos, no prazo de 30 (trinta) dias, sem a incidência de quaisquer acréscimos moratórios.

§ 2º. Vencido o prazo previsto no § 1º, sem que tenha havido o pagamento dos direitos, a Secretaria da Receita Federal deverá exigi-los de ofício, mediante a lavratura de auto de infração, aplicando-se a multa e os juros de mora previstos no inciso II do § 3º do art. 7º, a partir do término do prazo de 30 (trinta) dias previsto no § 1º deste artigo."

Art. 80. O art. 2º da Lei nº 4.502, de 30 de novembro de 1964, passa a vigorar acrescido do § 3º, com a seguinte redação:

"Art. 2º. (...)

(...)

§ 3º. Para efeito do disposto no inciso I, considerar-se-á ocorrido o respectivo desembaraço aduaneiro da mercadoria que constar como tendo sido importada e cujo extravio ou avaria venham a ser apurados pela autoridade fiscal, inclusive na hipótese de mercadoria sob regime suspensivo de tributação."

Art. 81. A redução da multa de lançamento de ofício prevista no art. 6º da Lei nº 8.218, de 29 de agosto de 1991, não se aplica:

I – às multas previstas nos arts. 70, 72 e 75 desta Lei;

II – às multas previstas no art. 107 do Decreto-Lei nº 37, de 18 de novembro de 1966, com a redação dada pelo art. 77 desta Lei;

III – à multa prevista no § 3º do art. 23 do Decreto-Lei nº 1.455, de 7 de abril de 1976, com a redação dada pelo art. 59 da Lei nº 10.637, de 30 de dezembro de 2002;

IV – às multas previstas nos arts. 67 e 84 da Medida Provisória nº 2.158-35, de 24 de agosto de 2001;

V – à multa prevista no inciso I do art. 83 da Lei nº 4.502, de 30 de novembro de 1964, com a redação dada pelo art. 1º do Decreto-Lei nº 400, de 3 de dezembro de 1968; e

VI – à multa prevista no art. 19 da Lei nº 9.779, de 19 de janeiro de 1999.

CAPÍTULO IV. DISPOSIÇÕES FINAIS

Art. 82. O art. 2º da Lei nº 10.034, de 24 de outubro de 2000, passa vigorar com a seguinte redação:

"Art. 2º Ficam acrescidos de 50% (cinquenta por cento) os percentuais referidos no art. 5º da Lei nº 9.317, de 5 de dezembro de 1996, alterado pela Lei nº 9.732, de 11 de dezembro de 1998, em relação às atividades relacionadas nos incisos II a IV do art. 1º desta Lei e às pessoas jurídicas que aufiram receita bruta decorrente da prestação de serviços em montante igual ou superior a 30% (trinta por cento) da receita bruta total.

Parágrafo único. O produto da arrecadação proporcionado pelo disposto no *caput* será destinado integralmente às contribuições de que trata a alínea f do § 1º do art. 3º da Lei nº 9.317, de 5 de dezembro de 1996."

Art. 83. O não cumprimento das obrigações previstas nos arts. 11 e 19 da Lei nº 9.311, de 24 de outubro de 1996, sujeita as cooperativas de crédito às multas de:

I – R$ 5,00 (cinco reais) por grupo de 5 (cinco) informações inexatas, incompletas ou omitidas;

II – R$ 200,00 (duzentos reais) ao mês-calendário ou fração, independentemente da sanção prevista no inciso I, se o formulário ou outro meio de informação padronizado for apresentado fora do período determinado.

Parágrafo único. Apresentada a informação, fora de prazo, mas antes de qualquer procedimento de ofício, ou se, após a intimação, houver a apresentação dentro do prazo nesta fixado, as multas serão reduzidas à metade.

Art. 84. (Revogado pela Lei nº 11.051, de 2004)

Art. 85. A Lei nº 10.753, de 31 de outubro de 2003, passa a vigorar com as seguintes alterações:

"Art. 4º. É permitida a entrada no País de livros em língua estrangeira ou portuguesa, imunes de impostos nos termos do art. 150, inciso VI, alínea d, da Constituição, e, nos termos do regulamento, de tarifas alfandegárias prévias, sem prejuízo dos controles aduaneiros e de suas taxas."

"Art. 8º As pessoas jurídicas que exerçam as atividades descritas nos incisos II a IV do art. 5º poderão constituir provisão para perda de estoques, calculada no último dia de cada período de apuração do imposto de renda e da contribuição social sobre o lucro líquido, correspondente a 1/3 (um terço) do valor do estoque existente naquela data, na forma que dispuser o regulamento, inclusive em relação ao tratamento contábil e fiscal a ser dispensado às reversões dessa provisão."

"Art. 9º. A provisão referida no art. 8º será dedutível para fins de determinação do lucro real e da base de cálculo da contribuição social sobre o lucro líquido."

Art. 86. (Revogado pela Lei nº 12.111, de 2009)

Art. 87. Os §§ 2º, 3º e 4º do art. 5º da Lei nº 10.336, de 19 de dezembro de 2001, passam a vigorar com a seguinte redação:

"Art. 5º. (...)

(...)

§ 2º. Aplicam-se às correntes de hidrocarbonetos líquidos as mesmas alíquotas específicas fixadas para gasolinas.

§ 3º. O Poder Executivo poderá dispensar o pagamento da Cide incidente sobre as correntes de hidrocarbonetos líquidos não destinados à formulação de gasolina ou diesel, nos termos e condições que estabelecer, inclusive de registro especial do produtor, formulador, importador e adquirente.

§ 4º. Os hidrocarbonetos líquidos de que trata o § 3º serão identificados mediante marcação, nos termos e condições estabelecidos pela ANP."

Art. 88. A Lei nº 10.336, de 19 de dezembro de 2001, fica acrescida do art. 8ºA:

"Art. 8ºA O contribuinte da Cide, incidente sobre as correntes de hidrocarbonetos líquidos não destinados à formulação de gasolina ou diesel, poderá deduzir o valor da Cide, pago na importação ou na comercialização no mercado interno, dos valores da contribuição para o PIS/Pasep e da Cofins devidos na comercialização, no mercado interno, dos produtos referidos neste artigo."

Art. 89. No prazo de 120 (cento e vinte) dias contados a partir da publicação desta Lei, o Poder Executivo encaminhará Projeto de Lei ao Congresso Nacional prevendo a substituição parcial da contribuição a cargo da empresa, destinada à Seguridade Social, incidente sobre a folha de salários e demais rendimentos do trabalho, prevista no art. 22 da Lei nº 8.212, de 24 de julho de 1991, em Contribuição Social incidente sobre a receita bruta, observado o princípio da não-cumulatividade.

Art. 90. (Revogado pela Lei nº 11.051, de 2004)

Art. 91. Serão reduzidas a 0 (zero) as alíquotas da contribuição para o PIS/PASEP e da COFINS incidentes sobre a receita bruta decorrente da venda de álcool etílico hidratado carburante, realizada por distribuidor e revendedor varejista, desde que atendidas as condições estabelecidas pelo Poder Executivo.

Parágrafo único. A redução de alíquotas referidas no *caput* somente será aplicável a partir do mês subsequente ao da edição do decreto que estabeleça as condições requeridas.

Art. 92. A Secretaria da Receita Federal editará, no âmbito de sua competência, as normas necessárias à aplicação do disposto nesta Lei.

Art. 93. Esta Lei entra em vigor na data de sua publicação, produzindo efeitos, em relação:

I – aos arts. 1º a 15 e 25, a partir de 1º de fevereiro de 2004;

II – aos arts. 26, 27, 29, 30 e 34 desta Lei, a partir de 1º de fevereiro de 2004;

III – ao art. 1º da Lei nº 8.850, de 28 de janeiro de 1994, e ao inciso I do art. 52 da Lei nº 8.383, de 30 de dezembro de 1991, com a redação dada pelos arts. 42 e 43, a partir de 1º de janeiro de 2004;

IV – aos arts. 49 a 51 e 53 a 58 desta Lei, a partir do 1º dia do quarto mês subsequente ao de sua publicação;

V – ao art. 52 desta Lei, a partir do 1º dia do segundo mês subsequente ao de publicação desta Lei;

VI – aos demais artigos, a partir da data da publicação desta Lei.

Art. 94. Ficam revogados:

I – as alíneas a dos incisos III e IV e o inciso V do art. 106, o art. 109 e o art. 137 do Decreto-Lei nº 37, de 1966, este com a redação dada pelo art. 4º do Decreto-Lei nº 2.472, de 1988;

II – o art. 7º do Decreto-Lei nº 1.578, de 11 de outubro de 1977;

III – o inciso II do art. 77 da Lei nº 8.981, de 20 de janeiro de 1995;

IV – o art. 75 da Lei nº 9.532, de 10 de dezembro de 1997;

V – os §§ 5º e 6º do art. 5º da Lei nº 10.336, 28 de dezembro de 2001; e

VI – o art. 6º da Lei nº 10.637, de 30 de dezembro de 2002, a partir da data de início dos efeitos desta Lei.

Brasília, 29 de dezembro de 2003; 182º da Independência e 115º da República.

LUIZ INÁCIO LULA DA SILVA

Publicado no D.O.U. 30.12.2003 (Ed. Extra)

ANEXO ÚNICO

▸ (Revogado pela Lei nº 10.925, de 2004)

LEI Nº 10.887, DE 18 DE JUNHO DE 2004

Dispõe sobre a aplicação de disposições da Emenda Constitucional nº 41, de 19 de dezembro de 2003, altera dispositivos das Leis nos 9.717, de 27 de novembro de 1998, 8.213, de 24 de julho de 1991, 9.532, de 10 de dezembro de 1997, e dá outras providências.

▸ *Aplicação das disposições da EC 41/2003*

O PRESIDENTE DA REPÚBLICA Faço saber que o Congresso Nacional decreta e eu sanciono a seguinte Lei:

Art. 1º No cálculo dos proventos de aposentadoria dos servidores titulares de cargo efetivo de qualquer dos Poderes da União, dos Estados, do Distrito Federal e dos Municípios, incluídas suas autarquias e fundações, previsto no § 3º do art. 40 da Constituição Federal e no art. 2º da Emenda Constitucional nº 41, de 19 de dezembro de 2003, será considerada a média aritmética simples das maiores remunerações, utilizadas como base para as contribuições do servidor aos regimes de previdência a que esteve vinculado, correspondentes a 80% (oitenta por cento) de todo o período contributivo desde a competência julho de 1994 ou desde a do início da contribuição, se posterior àquela competência.

§ 1º As remunerações consideradas no cálculo do valor inicial dos proventos terão os seus valores atualizados mês a mês de acordo com a variação integral do índice fixado para a atualização dos salários-de-contribuição considerados no cálculo dos benefícios do regime geral de previdência social.

§ 2º A base de cálculo dos proventos será a remuneração do servidor no cargo efetivo nas competências a partir de julho de 1994 em que não tenha havido contribuição para regime próprio.

§ 3º Os valores das remunerações a serem utilizadas no cálculo de que trata este artigo serão comprovados mediante documento fornecido pelos órgãos e entidades gestoras dos regimes de previdência aos quais o servidor esteve vinculado ou por outro documento público, na forma do regulamento.

§ 4º Para os fins deste artigo, as remunerações consideradas no cálculo da aposentadoria, atualizadas na forma do § 1º deste artigo, não poderão ser:

I - inferiores ao valor do salário-mínimo;

II - superiores ao limite máximo do salário-de-contribuição, quanto aos meses em que o servidor esteve vinculado ao regime geral de previdência social.

§ 5º Os proventos, calculados de acordo com o *caput* deste artigo, por ocasião de sua concessão, não poderão ser inferiores ao valor do salário-mínimo nem exceder a remuneração do respectivo servidor no cargo efetivo em que se deu a aposentadoria.

Art. 2º. Aos dependentes dos servidores titulares de cargo efetivo e dos aposentados de qualquer dos Poderes da União, dos Estados, do Distrito Federal e dos Municípios, incluídas suas autarquias e fundações, falecidos a partir da data de publicação desta Lei, será concedido o benefício de pensão por morte, que será igual:

I - à totalidade dos proventos percebidos pelo aposentado na data anterior à do óbito, até o limite máximo estabelecido para os benefícios do regime geral de previdência social, acrescida de 70% (setenta por cento) da parcela excedente a este limite; ou

II - à totalidade da remuneração do servidor no cargo efetivo na data anterior à do óbito, até o limite máximo estabelecido para os benefícios do regime geral de previdência social, acrescida de 70% (setenta por cento) da parcela excedente a este limite, se o falecimento ocorrer quando o servidor ainda estiver em atividade.

Parágrafo único. Aplica-se ao valor das pensões o limite previsto no art. 40, § 2º, da Constituição Federal.

Art. 3º. Para os fins do disposto no inciso XI do art. 37 da Constituição Federal, a União, os Estados, o Distrito Federal e os Municípios instituirão sistema integrado de dados relativos às remunerações, proventos e pensões pagos aos respectivos servidores e militares, ativos e inativos, e pensionistas, na forma do regulamento.

Art. 4º. A contribuição social do servidor público ativo de qualquer dos Poderes da União, incluídas suas autarquias e fundações, para a manutenção do respectivo regime próprio de previdência social, será de 11% (onze por cento), incidentes sobre: (Redação dada pela Lei nº 12.618, de 2012)

I - a totalidade da base de contribuição, em se tratando de servidor que tiver ingressado no serviço público até a data da publicação do ato de instituição do regime de previdência complementar para os servidores públicos federais titulares de cargo efetivo e não tiver optado por aderir a ele; (Incluído pela Lei nº 12.618, de 2012)

II - a parcela da base de contribuição que não exceder ao limite máximo estabelecido para os benefícios do regime geral de previdência social, em se tratando de servidor: (Incluído pela Lei nº 12.618, de 2012)

a) que tiver ingressado no serviço público até a data a que se refere o inciso I e tenha optado por aderir ao regime de previdência complementar ali referido; ou (Incluído pela Lei nº 12.618, de 2012)

b) que tiver ingressado no serviço público a partir da data a que se refere o inciso I, independentemente de adesão ao regime de previdência complementar ali referido. (Incluído pela Lei nº 12.618, de 2012)

§ 1º Entende-se como base de contribuição o vencimento do cargo efetivo, acrescido das vantagens pecuniárias permanentes estabelecidas em lei, os adicionais de caráter individual ou quaisquer outras vantagens, excluídas:

I - as diárias para viagens;

II - a ajuda de custo em razão de mudança de sede;

III - a indenização de transporte;

IV - o salário-família;

V - o auxílio-alimentação;

VI - o auxílio-creche;

VII - as parcelas remuneratórias pagas em decorrência de local de trabalho;

VIII - a parcela percebida em decorrência do exercício de cargo em comissão ou de função comissionada ou gratificada; (Redação dada pela Lei nº 12.688, de 2012)

IX - o abono de permanência de que tratam o § 19 do art. 40 da Constituição Federal, o § 5º do art. 2º e o § 1º do art. 3º da Emenda Constitucional nº 41, de 19 de dezembro de 2003; (Redação dada pela Lei nº 12.688, de 2012)

X - o adicional de férias; (Incluído pela Lei nº 12.688, de 2012)

XI - o adicional noturno; (Incluído pela Lei nº 12.688, de 2012)

XII - o adicional por serviço extraordinário; (Incluído pela Lei nº 12.688, de 2012)

XIII - a parcela paga a título de assistência à saúde suplementar; (Incluído pela Lei nº 12.688, de 2012)

XIV - a parcela paga a título de assistência pré-escolar; (Incluído pela Lei nº 12.688, de 2012)

XV - a parcela paga a servidor público indicado para integrar conselho ou órgão deliberativo, na condição de representante do governo, de órgão ou de entidade da administração pública do qual é servidor; (Incluído pela Lei nº 12.688, de 2012)

XVI - o auxílio-moradia; (Incluído pela Lei nº 12.688, de 2012)

XVII - a Gratificação por Encargo de Curso ou Concurso, de que trata o art. 76-A da Lei nº 8.112, de 11 de dezembro de 1990; (Incluído pela Lei nº 12.688, de 2012)

XVIII - a Gratificação Temporária das Unidades dos Sistemas Estruturadores da Administração Pública Federal (GSISTE), instituída pela Lei nº 11.356, de 19 de outubro de 2006; (Incluído pela Lei nº 12.688, de 2012)

XIX - a Gratificação Temporária do Sistema de Administração dos Recursos de Informação e Informática (GSISP), instituída pela Lei nº 11.907, de 2 de fevereiro de 2009; (Redação dada pela Lei nº 13.328, de 2016)

XX - a Gratificação Temporária de Atividade em Escola de Governo (GAEG), instituída pela Lei nº 11.907, de 2 de fevereiro de 2009; (Incluído pela Lei nº 13.328, de 2016)

XXI - a Gratificação Específica de Produção de Radioisótopos e Radiofármacos (GEPR), instituída pela Lei nº 11.907, de 2 de fevereiro de 2009; (Incluído pela Lei nº 13.328, de 2016)

XXII - a Gratificação de Raio X; (Redação dada pela Lei nº 13.464, de 2017)

XXIII - a parcela relativa ao Bônus de Eficiência e Produtividade na Atividade Tributária e Aduaneira, recebida pelos servidores da carreira Tributária e Aduaneira da Receita Federal do Brasil; (Incluído pela Lei nº 13.464, de 2017)

XXIV - a parcela relativa ao Bônus de Eficiência e Produtividade na Atividade de Auditoria-Fiscal do Trabalho, recebida pelos servidores da carreira de Auditoria-Fiscal do Trabalho. (Incluído pela Lei nº 13.464, de 2017)

XXV – (Acrescido pela MP nº 805, de 2017, com prazo de vigência encerrado em 08.04.2018)

XXVI – o Bônus de Desempenho Institucional por Perícia Médica em Benefícios por Incapacidade (BPMBI); e (Acrescido pela Lei nº 13.846, de 2019)

XXVII – o Bônus de Desempenho Institucional por Análise de Benefícios com Indícios de Irregularidade do Monitoramento Operacional de Benefícios (BMOB). (Acrescido pela Lei nº 13.846, de 2019)

§ 2º O servidor ocupante de cargo efetivo poderá optar pela inclusão, na base de cálculo da contribuição, de parcelas remuneratórias percebidas em decorrência de local de trabalho e do exercício de cargo em comissão ou de função comissionada ou gratificada, da Gratificação Temporária das Unidades dos Sistemas Estruturadores da Administração Pública Federal (GSISTE), da Gratificação Temporária do Sistema de Administração dos Recursos de Informação e Informática (GSISP), da Gratificação Temporária de Atividade em Escola de Governo (GAEG), da Gratificação Específica de Produção de Radioisótopos e Radiofármacos (GEPR), da Gratificação de Raio X e daquelas recebidas a título de adicional noturno ou de adicional por serviço extraordinário, para efeito de cálculo do benefício a ser concedido com fundamento no art. 40 da Constituição Federal e no art. 2º da Emenda Constitucional nº 41, de 19 de dezembro de 2003, respeitada, em qualquer hipótese, a limitação estabelecida no § 2º do art. 40 da Constituição Federal. (Redação dada pela Lei nº 13.328, de 2016)

Art. 5º Os aposentados e os pensionistas de qualquer dos Poderes da União, incluídas suas autarquias e fundações, contribuirão com 11% (onze por cento), incidentes sobre o valor da parcela dos proventos de aposentadorias e pensões concedidas de acordo com os critérios estabelecidos no art. 40 da Constituição Federal e nos arts. 2º e 6º da Emenda Constitucional nº 41, de 19 de dezembro de 2003, que supere o limite máximo estabelecido para os benefícios do regime geral de previdência social.

Art. 6º Os aposentados e os pensionistas de qualquer dos Poderes da União, incluídas suas autarquias e fundações, em gozo desses benefícios na data de publicação da Emenda Constitucional no 41, de 19 de dezembro de 2003, contribuirão com 11% (onze por cento), incidentes sobre a parcela dos proventos de aposentadorias e pensões que supere 60% (sessenta por cento) do limite máximo estabelecido para os benefícios do regime geral de previdência social.

Parágrafo único. A contribuição de que trata o *caput* deste artigo incidirá sobre os proventos de aposentadorias e pensões concedidas aos servidores e seus dependentes que tenham cumprido todos os requisitos para obtenção desses benefícios com base nos critérios da legislação vigente até 31 de dezembro de 2003.

Art. 7º O servidor ocupante de cargo efetivo que tenha completado as exigências para aposentadoria voluntária estabelecidas na alínea a do inciso III do § 1º do art. 40 da Constituição Federal, no § 5º do art. 2º ou no § 1º do art. 3º da Emenda Constitucional nº 41, de 19 de dezembro de 2003, e que opte por permanecer em atividade fará jus a abono de permanência equivalente ao valor da sua contribuição previdenciária até completar as exigências para aposentadoria compulsória contidas no inciso II do § 1º do art. 40 da Constituição Federal.

Art. 8º A contribuição da União, de suas autarquias e fundações para o custeio do regime de previdência, de que trata o art. 40 da Constituição Federal, será o dobro da contribuição do servidor ativo, devendo o produto de sua arrecadação ser contabilizado em conta específica.

Parágrafo único. A União é responsável pela cobertura de eventuais insuficiências financeiras do regime decorrentes do pagamento de benefícios previdenciários.

Art. 8º-A. A responsabilidade pela retenção e recolhimento das contribuições de que tratam os arts. 4º a 6º e 8º será do dirigente e do ordenador de despesa do órgão ou entidade que efetuar o pagamento da remuneração ou do benefício. (Incluído pela Lei nº 12.350, de 2010)

§ 1º O recolhimento das contribuições de que trata este artigo deve ser efetuado: (Incluído pela Lei nº 12.350, de 2010)

I – até o dia 15, no caso de pagamentos de remunerações ou benefícios efetuados no primeiro decêndio do mês; (Incluído pela Lei nº 12.350, de 2010)

II – até o dia 25, no caso de pagamentos de remunerações ou benefícios efetuados no segundo decêndio do mês; ou (Incluído pela Lei nº 12.350, de 2010)

III – até o dia 5 do mês posterior, no caso de pagamentos de remunerações ou benefícios efetuados no último decêndio do mês. (Incluído pela Lei nº 12.350, de 2010)

§ 2º O não recolhimento das contribuições nos prazos previstos no § 1º: (Incluído pela Lei nº 12.350, de 2010)

I – enseja a aplicação dos acréscimos de mora previstos para os tributos federais; e (Incluído pela Lei nº 12.350, de 2010)

II – sujeita o responsável às sanções penais e administrativas cabíveis. (Incluído pela Lei nº 12.350, de 2010)

§ 3º A não retenção das contribuições pelo órgão pagador sujeita o responsável às sanções penais e administrativas, cabendo a esse órgão apurar os valores não retidos e proceder ao desconto na folha de pagamento do servidor ativo, do aposentado e do pensionista, em rubrica e classificação contábil específicas, podendo essas contribuições ser parceladas na forma do art. 46 da Lei nº 8.112, de 11 de dezembro de 1990, observado o disposto no art. 56 da Lei nº 9.784, de 29 de janeiro de 1999. (Incluído pela Lei nº 12.688, de 2012)

§ 4º Caso o órgão público não observe o disposto no § 3º, a Secretaria da Receita Federal do Brasil formalizará representações aos órgãos de controle e constituirá o crédito tributário relativo à parcela devida pelo servidor ativo, aposentado ou pensionista. (Incluído pela Lei nº 12.688, de 2012)

Art. 9º A unidade gestora do regime próprio de previdência dos servidores, prevista no art. 40, § 20, da Constituição Federal:

I - contará com colegiado, com participação paritária de representantes e de servidores dos Poderes da União, cabendo-lhes acompanhar e fiscalizar sua administração, na forma do regulamento;

II - procederá, no mínimo a cada 5 (cinco) anos, a recenseamento previdenciário, abrangendo todos os aposentados e pensionistas do respectivo regime;

III - disponibilizará ao público, inclusive por meio de rede pública de transmissão de dados, informações atualizadas sobre as receitas e despesas do respectivo regime, bem como os critérios e parâmetros adotados para garantir o seu equilíbrio financeiro e atuarial.

Art. 10. A Lei nº 9.717, de 27 de novembro de 1998, com a redação dada pela Medida Provisória nº 2.187-13, de 24 de agosto de 2001, passa a vigorar com as seguintes alterações:

- Alterações inseridas na referida lei.

Art. 11. A Lei nº 8.212, de 24 de julho de 1991, passa a vigorar com as seguintes alterações:

- Alterações inseridas na referida lei.

Art. 12. A Lei nº 8.213, de 24 de julho de 1991, passa a vigorar com as seguintes alterações:

- Alterações inseridas na referida lei.

Art. 13. O art. 11 da Lei nº 9.532, de 10 de dezembro de 1997, passa a vigorar com a seguinte redação:

"Art. 11. As deduções relativas às contribuições para entidades de previdência privada, a que se refere a alínea e do inciso II do art. 8º da Lei nº 9.250, de 26 de dezembro de 1995, e às contribuições para o Fundo de Aposentadoria Programada Individual - Fapi, a que se refere a Lei nº 9.477, de 24 de julho de 1997, cujo ônus seja da própria pessoa física, ficam condicionadas ao recolhimento, também, de contribuições para o regime geral de previdência social ou, quando for o caso, para regime próprio de previdência social dos servidores titulares de cargo efetivo da União, dos Estados, do Distrito Federal ou dos Municípios, observada a contribuição mínima, e limitadas a 12% (doze por cento) do total dos rendimentos computados na determinação da base de cálculo do imposto devido na declaração de rendimentos.

§ 1º Aos resgates efetuados pelos quotistas de Fundo de Aposentadoria Programada Individual - Fapi aplicam-se, também, as normas de incidência do imposto de renda de que trata o art. 33 da Lei nº 9.250, de 26 de dezembro de 1995.

§ 2º Na determinação do lucro real e da base de cálculo da contribuição social sobre o lucro líquido, o valor das despesas com contribuições para a previdência privada, a que se refere o inciso V do art. 13 da Lei nº 9.249, de 26 de dezembro de 1995, e para os Fundos de Aposentadoria Programada Individual - Fapi, a que se refere a Lei nº 9.477, de 24 de julho de 1997, cujo ônus seja da pessoa jurídica, não poderá exceder, em cada período de apuração, a 20% (vinte por cento) do total dos salários dos empregados e da remuneração dos dirigentes da empresa, vinculados ao referido plano.

§ 3º O somatório das contribuições que exceder o valor a que se refere o § 2º deste artigo deverá ser adicionado ao lucro líquido para efeito de determinação do lucro real e da base de cálculo da contribuição social sobre o lucro líquido.

§ 4º O disposto neste artigo não elide a observância das normas do art. 7º da Lei nº 9.477, de 24 de julho de 1997.

§ 5º Excetuam-se da condição de que trata o *caput* deste artigo os beneficiários de aposentadoria ou pensão concedidas por regime próprio de previdência ou pelo regime geral de previdência social." (NR)

Art. 14. O art. 12 da Lei nº 10.666, de 8 de maio de 2003, passa a vigorar com a seguinte redação:

"Art. 12. Para fins de compensação financeira entre o regime geral de previdência social e os regimes próprios de previdência social dos servidores da União, dos Estados, do Distrito Federal e dos Municípios, os regimes instituidores apresentarão aos regimes de origem até o mês de maio de 2007 os dados relativos aos benefícios em manutenção em 5 de maio de 1999 concedidos a partir da promulgação da Constituição Federal."

Art. 15. Os proventos de aposentadoria e as pensões de que tratam os arts. 1º e 2º desta Lei serão reajustados, a partir de janeiro de 2008, na mesma data e índice em que se der o reajuste dos benefícios do regime geral de previdência social, ressalvados os beneficiados pela garantia de paridade de revisão de proventos de aposentadoria e pensões de acordo com a legislação vigente. (Redação dada pela Lei nº 11.784, de 2008)

Art. 16. As contribuições a que se referem os arts. 4º, 5º e 6º desta Lei serão exigíveis a partir de 20 de maio de 2004.

§ 1º Decorrido o prazo estabelecido no *caput* deste artigo, os servidores abrangidos pela isenção de contribuição referida no § 1º do art. 3º e no § 5º do art. 8º da Emenda Constitucional no 20, de 15 de dezembro de 1998, passarão a recolher contribuição previdenciária correspondente, fazendo jus ao abono a que se refere o art. 7º desta Lei.

§ 2º A contribuição de que trata o art. 1º da Lei nº 9.783, de 28 de janeiro de 1999, fica mantida até o início do recolhimento da contribuição a que se refere o *caput* deste artigo, para os servidores ativos.

Art. 16-A. A contribuição do Plano de Seguridade do Servidor Público (PSS), decorrente de valores pagos em cumprimento de decisão judicial, ainda que derivada de homologação de acordo, será retida na fonte, no momento do pagamento ao beneficiário ou seu representante legal, pela instituição financeira responsável pelo pagamento, por intermédio da quitação da guia de recolhimento remetida pelo setor de precatórios do Tribunal respectivo, no caso de pagamento de precatório ou requisição de pequeno valor, ou pela fonte pagadora, no caso de implantação de rubrica específica em folha, mediante a aplicação da alíquota de 11% (onze por cento) sobre o valor pago. (Redação dada pela Lei nº 12.350, de 2010)

Parágrafo único. O recolhimento da contribuição deverá ser efetuado nos mesmos prazos previstos no § 1º do art. 8º-A, de acordo com a data do pagamento. (Redação dada pela Lei nº 12.688, de 2012)

Art. 17. Esta Lei entra em vigor na data de sua publicação.

Art. 18. Ficam revogados os §§ 3º, 4º, 5º, 6º e 7º do art. 2º, o art. 2º-A e o art. 4º da Lei nº 9.717, de 27 de novembro de 1998, o art. 8º da Medida Provisória nº 2.187-13, de 24 de agosto de 2001, na parte em que dá nova redação ao inciso X do art. 1º, ao art. 2º e ao art. 2º-A da Lei nº 9.717, de 27 de novembro de 1998, e a Lei nº 9.783, de 28 de janeiro de 1999.

Brasília, 18 de junho de 2004;
183º da Independência e
116º da República.
Luiz Inácio Lula da Silva
DOU de 21.6.2004

LEI Nº 10.931, DE 2 DE AGOSTO DE 2004

Dispõe sobre o patrimônio de afetação de incorporações imobiliárias, Letra de Crédito Imobiliário, Cédula de Crédito Imobiliário, Cédula de Crédito Bancário, altera o Decreto-lei nº 911, de 1º de outubro de 1969, as Leis nºs 4.591, de 16 de dezembro de 1964, 4.728, de 14 de julho de 1965, e 10.406, de 10 de janeiro de 2002, e dá outras providências.

- *Incorporações imobiliárias*

O PRESIDENTE DA REPÚBLICA Faço saber que o Congresso Nacional decreta e eu sanciono a seguinte Lei:

- Lei 9.514/1997 – Dispõe sobre o Sistema de Financiamento Imobiliário, institui a alienação fiduciária de coisa imóvel.
- Lei 4.591/1964 – Dispõe sobre o condomínio em edificações e as incorporações imobiliárias.

CAPÍTULO I. DO REGIME ESPECIAL TRIBUTÁRIO DO PATRIMÔNIO DE AFETAÇÃO

Art. 1º. Fica instituído o regime especial de tributação aplicável às incorporações imobiliárias, em caráter opcional e irretratável enquanto perdurarem direitos de crédito ou obrigações do incorporador junto aos adquirentes dos imóveis que compõem a incorporação.

Art. 2º. A opção pelo regime especial de tributação de que trata o art. 1º será efetivada quando atendidos os seguintes requisitos:

I – entrega do termo de opção ao regime especial de tributação na unidade competente da Secretaria da Receita Federal, conforme regulamentação a ser estabelecida; e

II – afetação do terreno e das acessões objeto da incorporação imobiliária, conforme disposto nos arts. 31-A a 31-E da Lei nº 4.591, de 16 de dezembro de 1964.

Art. 3º. O terreno e as acessões objeto da incorporação imobiliária sujeitas ao regime especial de tributação, bem como os demais bens e direitos a ela vinculados, não responderão por dívidas tributárias da incorporadora relativas ao Imposto de Renda das Pessoas Jurídicas – IRPJ, à Contribuição Social sobre o Lucro Líquido – CSLL, à Contribuição para o Financiamento da Seguridade Social – COFINS e à Contribuição para os Programas de Integração Social e de Formação do Patrimônio do Servidor Público – PIS/PASEP, exceto aquelas calculadas na forma do art. 4º. sobre as receitas auferidas no âmbito da respectiva incorporação.

Parágrafo único. O patrimônio da incorporadora responderá pelas dívidas tributárias da incorporação afetada.

Art. 4º. Para cada incorporação submetida ao regime especial de tributação, a incorporadora ficará sujeita ao pagamento equivalente a 4% (quatro por cento) da receita mensal recebida, o qual corresponderá ao pagamento mensal unificado do seguinte imposto e contribuições: (Redação dada pela Lei nº 12.844, de 2013)

I – Imposto de Renda das Pessoas Jurídicas – IRPJ;

II – Contribuição para os Programas de Integração Social e de Formação do Patrimônio do Servidor Público – PIS/PASEP;

III – Contribuição Social sobre o Lucro Líquido – CSLL; e

IV – Contribuição para Financiamento da Seguridade Social – COFINS.

§ 1º. Para fins do disposto no *caput*, considera-se receita mensal a totalidade das receitas auferidas pela incorporadora na venda das unidades imobiliárias que compõem a incorporação, bem como as receitas financeiras e variações monetárias decorrentes desta operação.

§ 2º. O pagamento dos tributos e contribuições na forma do disposto no *caput* deste artigo será considerado definitivo, não gerando, em qualquer hipótese, direito à restituição ou à compensação com o que for apurado pela incorporadora. (Redação dada pela Lei nº 11.196, de 2005)

§ 3º. As receitas, custos e despesas próprios da incorporação sujeita a tributação na forma deste artigo não deverão ser computados na apuração das bases de cálculo dos tributos e contribuições de que trata o *caput* deste artigo devidos pela incorporadora em virtude de suas outras atividades empresariais, inclusive incorporações não afetadas. (Redação dada pela Lei nº 11.196, de 2005)

§ 4º. Para fins do disposto no § 3º deste artigo, os custos e despesas indiretos pagos pela incorporadora no mês serão apropriados a cada incorporação na mesma proporção representada pelos custos diretos próprios da incorporação, em relação ao custo direto total da incorporadora, assim entendido como a soma de todos os custos diretos de todas as incorporações e o de outras atividades exercidas pela incorporadora. (Redação dada pela Lei nº 11.196, de 2005)

§ 5º. A opção pelo regime especial de tributação obriga o contribuinte a fazer o recolhimento dos tributos, na forma do *caput* deste artigo, a partir do mês da opção. (Redação dada pela Lei nº 11.196, de 2005)

§ 6º. Para os projetos de incorporação de imóveis residenciais de interesse social cuja construção tenha sido iniciada ou contratada a partir de 31 de março de 2009, o percentual correspondente ao pagamento unificado dos tributos de que trata o *caput* deste artigo será equivalente a 1% (um por cento) da receita mensal recebida, desde que, até 31 de dezembro de 2018, a incorporação tenha sido registrada no cartório de imóveis competente ou tenha sido assinado o contrato de construção. (Redação dada pela Lei nº 13.970, de 2019)

§ 7º. Para efeito do disposto no § 6º, consideram-se projetos de incorporação de imóveis de interesse social os destinados à construção de unidades residenciais de valor de até R$ 100.000,00 (cem mil reais) no âmbito do Programa Minha Casa, Minha Vida, de que trata a Lei 11.977, de 7 de julho de 2009. (Redação dada pela Lei nº 12.726, de 2012)

§ 8º. As condições para utilização do benefício de que trata o § 6º serão definidas em regulamento. (Incluído pela Lei nº 12.024, de 2009)

Art. 5º. O pagamento unificado de impostos e contribuições efetuado na forma do art. 4º. deverá ser feito até o 20º (vigésimo) dia do mês subsequente àquele em que houver sido auferida a receita. (Redação dada pela Lei nº 12.024, de 2009)

Parágrafo único. Para fins do disposto no *caput*, a incorporadora deverá utilizar, no Documento de Arrecadação de Receitas Federais – DARF, o número específico de inscrição da incorporação no Cadastro Nacional das Pessoas Jurídicas – CNPJ e código de arrecadação próprio.

Art. 6º. Os créditos tributários devidos pela incorporadora na forma do disposto no art. 4º não poderão ser objeto de parcelamento.

Art. 7º. O incorporador fica obrigado a manter escrituração contábil segregada para cada incorporação submetida ao regime especial de tributação.

Art. 8º. Para fins de repartição de receita tributária e do disposto no § 2º do art. 4º, o percentual de 4% (quatro por cento) de que trata o *caput* do art. 4º será considerado: (Redação dada pela Lei nº 12.844, de 2013)

I – 1,71% (um inteiro e setenta e um centésimos por cento) como Cofins; (Redação dada pela Lei nº 12.844, de 2013)

II – 0,37% (trinta e sete centésimos por cento) como Contribuição para o PIS/Pasep; (Redação dada pela Lei nº 12.844, de 2013)

III – 1,26% (um inteiro e vinte e seis centésimos por cento) como IRPJ; e (Redação dada pela Lei nº 12.844, de 2013)

IV – 0,66% (sessenta e seis centésimos por cento) como CSLL. (Redação dada pela Lei nº 12.844, de 2013)

Parágrafo único. O percentual de 1% (um por cento) de que trata o § 6º do art. 4º será considerado para os fins do *caput*: (Incluído pela Lei nº 12.024, de 2009)

I – 0,44% (quarenta e quatro centésimos por cento) como COFINS; (Incluído pela Lei nº 12.024, de 2009)

II – 0,09% (nove centésimos por cento) como Contribuição para o PIS/PASEP; (Incluído pela Lei nº 12.024, de 2009)

III – 0,31% (trinta e um centésimos por cento) como IRPJ; e (Incluído pela Lei nº 12.024, de 2009)

IV – 0,16% (dezesseis centésimos por cento) como CSLL. (Incluído pela Lei nº 12.024, de 2009)

Art. 9º. Perde eficácia a deliberação pela continuação da obra a que se refere o § 1º do art. 31-F da Lei nº 4.591, de 1964, bem como os efeitos do regime de afetação instituídos por esta Lei, caso não se verifique o pagamento das obrigações tributárias, previdenciárias e trabalhistas, vinculadas ao respectivo patrimônio de afetação, cujos fatos geradores tenham ocorrido até a data da decretação da falência, ou insolvência do incorporador, as quais deverão ser pagas pelos adquirentes em até 1 (um) ano daquela deliberação, ou até a data da concessão do habite-se, se esta ocorrer em prazo inferior.

Art. 10. O disposto no art. 76 da Medida Provisória nº 2.158-35, de 24 de agosto de 2001, não se aplica ao patrimônio de afetação de incorporações imobiliárias definido pela Lei nº 4.591, de 1964.

Art. 11. *(Revogado pela Lei nº 11.196, de 2005)*

Art. 11-A. O regime especial de tributação previsto nesta Lei será aplicado até o recebimento integral do valor das vendas de todas as unidades que compõem o memorial de incorporação registrado no cartório de imóveis competente, independentemente da data de sua comercialização, e, no caso de contratos de construção, até o recebimento integral do valor do respectivo contrato. (Acrescido pela Lei nº 13.970, de 2019)

CAPÍTULO II. DA LETRA DE CRÉDITO IMOBILIÁRIO

Art. 12. Os bancos comerciais, os bancos múltiplos com carteira de crédito imobiliário, a Caixa Econômica Federal, as sociedades de crédito imobiliário, as associações de poupança e empréstimo, as companhias hipotecárias e demais espécies de instituições que, para as operações a que se refere este artigo, venham a ser expressamente autorizadas pelo Banco Central do Brasil, poderão emitir, independentemente de tradição efetiva, Letra de Crédito Imobiliário – LCI, lastreada por créditos imobiliários garantidos por hipoteca ou por alienação fiduciária de coisa imóvel, conferindo aos seus tomadores direito de crédito pelo valor nominal, juros e, se for o caso, atualização monetária nelas estipulados.

§ 1º. A LCI será emitida sob a forma nominativa, podendo ser transferível mediante endosso em preto, e conterá:

I – o nome da instituição emitente e as assinaturas de seus representantes;

II – o número de ordem, o local e a data de emissão;

III – a denominação "Letra de Crédito Imobiliário";

IV – o valor nominal e a data de vencimento;

V – a forma, a periodicidade e o local de pagamento do principal, dos juros e, se for o caso, da atualização monetária;

VI – os juros, fixos ou flutuantes, que poderão ser renegociáveis, a critério das partes;

VII – a identificação dos créditos caucionados e seu valor;

VIII – o nome do titular; e

IX – cláusula à ordem, se endossável.

§ 2º A LCI poderá ser emitida sob a forma escritural, por meio do lançamento em sistema eletrônico do emissor, e deverá ser registrada ou depositada em entidade autorizada pelo Banco Central do Brasil a exercer a atividade de registro ou de depósito centralizado de ativos financeiros. *(Redação dada pela Lei 13.986/2020)*

Art. 13. A LCI poderá ser atualizada mensalmente por índice de preços, desde que emitida com prazo mínimo de 36 (trinta e seis) meses.

Parágrafo único. É vedado o pagamento dos valores relativos à atualização monetária apropriados desde a emissão, quando ocorrer o resgate antecipado, total ou parcial, em prazo inferior ao estabelecido neste artigo, da LCI emitida com previsão de atualização mensal por índice de preços.

Art. 14. A LCI poderá contar com garantia fidejussória adicional de instituição financeira.

Art. 15. A LCI poderá ser garantida por um ou mais créditos imobiliários, mas a soma do principal das LCI emitidas não poderá exceder o valor total dos créditos imobiliários em poder da instituição emitente.

§ 1º. A LCI não poderá ter prazo de vencimento superior ao prazo de quaisquer dos créditos imobiliários que lhe servem de lastro.

§ 2º. O crédito imobiliário caucionado poderá ser substituído por outro crédito da mesma natureza por iniciativa do emitente da LCI, nos casos de liquidação ou vencimento antecipados do crédito, ou por solicitação justificada do credor da letra.

Art. 16. O endossante da LCI responderá pela veracidade do título, mas contra ele não será admitido direito de cobrança regressiva.

Art. 17. O Conselho Monetário Nacional poderá estabelecer o prazo mínimo e outras condições para emissão e resgate de LCI, observado o disposto no art. 13 desta Lei, podendo inclusive diferenciar tais condições de acordo com o tipo de indexador adotado contratualmente. (Redação dada pela Lei nº 13.097, de 2015)

CAPÍTULO III. DA CÉDULA DE CRÉDITO IMOBILIÁRIO

Art. 18. É instituída a Cédula de Crédito Imobiliário – CCI para representar créditos imobiliários.

§ 1º. A CCI será emitida pelo credor do crédito imobiliário e poderá ser integral, quando representar a totalidade do crédito, ou fracionária, quando representar parte dele, não podendo a soma das CCI fracionárias emitidas em relação a cada crédito exceder o valor total do crédito que elas representam.

§ 2º. As CCI fracionárias poderão ser emitidas simultaneamente ou não, a qualquer momento antes do vencimento do crédito que elas representam.

§ 3º. A CCI poderá ser emitida com ou sem garantia, real ou fidejussória, sob a forma escritural ou cartular.

§ 4º A emissão da CCI sob a forma escritural ocorrerá por meio de escritura pública ou instrumento particular, que permanecerá custodiado em instituição financeira. *(Redação dada pela Lei 13.986/2020)*

§ 4º-A. A negociação da CCI emitida sob forma escritural ou a substituição da instituição custodiante de que trata o § 4º deste artigo será precedida de registro ou depósito em entidade autorizada pelo Banco Central do Brasil a exercer a atividade de registro ou de depósito centralizado de ativos financeiros. *(Acrescido pela Lei 13.986/2020)*

§ 4º-B. O Conselho Monetário Nacional poderá estabelecer as condições para o registro e o depósito centralizado de CCI e a obrigatoriedade de depósito da CCI em entidade autorizada pelo Banco Central do Brasil a exercer a atividade de depósito centralizado de ativos financeiros. *(Acrescido pela Lei 13.986/2020)*

§ 4º-C. Na hipótese de a CCI ser liquidada antes de ser negociada, a instituição custodiante declarará a inexistência do registro ou do depósito de que trata o § 4º-A deste artigo, para fins do disposto no art. 24 desta Lei. *(Acrescido pela Lei 13.986/2020)*

§ 5º. Sendo o crédito imobiliário garantido por direito real, a emissão da CCI será averbada no Registro de Imóveis da situação do imóvel, na respectiva matrícula, devendo dela constar, exclusivamente, o número, a série e a instituição custodiante.

§ 6º. A averbação da emissão da CCI e o registro da garantia do crédito respectivo, quando solicitados simultaneamente, serão considerados como ato único para efeito de cobrança de emolumentos.

§ 7º. A constrição judicial que recaia sobre crédito representado por CCI será efetuada nos registros da instituição custodiante ou mediante apreensão da respectiva cártula.

§ 8º. O credor da CCI deverá ser imediatamente intimado de constrição judicial que recaia sobre a garantia real do crédito imobiliário representado por aquele título.

§ 9º. No caso de CCI emitida sob a forma escritural, caberá à instituição custodiante identificar o credor, para o fim da intimação prevista no § 8º.

Art. 19. A CCI deverá conter:

I – a denominação "Cédula de Crédito Imobiliário", quando emitida cartularmente;

II – o nome, a qualificação e o endereço do credor e do devedor e, no caso de emissão escritural, também o do custodiante;

III – a identificação do imóvel objeto do crédito imobiliário, com a indicação da respectiva matrícula no Registro de Imóveis competente e do registro da constituição da garantia, se for o caso;

IV – a modalidade da garantia, se for o caso;

V – o número e a série da cédula;

VI – o valor do crédito que representa;

VII – a condição de integral ou fracionária e, nessa última hipótese, também a indicação da fração que representa;

VIII – o prazo, a data de vencimento, o valor da prestação total, nela incluídas as parcelas de amortização e juros, as taxas, seguros e demais encargos contratuais de responsabilidade do devedor, a forma de reajuste e o valor das multas previstas contratualmente, com a indicação do local de pagamento;

IX – o local e a data da emissão;

X – a assinatura do credor, quando emitida cartularmente;

XI – a autenticação pelo Oficial do Registro de Imóveis competente, no caso de contar com garantia real; e

XII – cláusula à ordem, se endossável.

Art. 20. A CCI é TÍTULO executivo extrajudicial, exigível pelo valor apurado de acordo com as cláusulas e condições pactuadas no contrato que lhe deu origem.

Parágrafo único. O crédito representado pela CCI será exigível mediante ação de execução, ressalvadas as hipóteses em que a lei determine procedimento especial, judicial ou extrajudicial para satisfação do crédito e realização da garantia.

Art. 21. A emissão e a negociação de CCI independe de autorização do devedor do crédito imobiliário que ela representa.

Art. 22. A cessão do crédito representado por CCI poderá ocorrer por meio de sistema de entidade autorizada pelo Banco Central do Brasil a exercer a atividade de depósito centralizado de ativos financeiros na qual a CCI tenha sido depositada. *(Redação dada pela Lei 13.986/2020)*

§ 1º. A cessão do crédito representado por CCI implica automática transmissão das respectivas garantias ao cessionário, subrogando-o em todos os direitos representados pela cédula, ficando o cessionário, no caso de contrato de alienação fiduciária, investido na propriedade fiduciária.

§ 2º. A cessão de crédito garantido por direito real, quando representado por CCI emitida sob a forma escritural, está dispensada de averbação no Registro de Imóveis, aplicando-se, no que esta Lei não contrarie, o disposto nos arts. 286 e seguintes da Lei nº 10.406, de 10 de janeiro de 2002 – Código Civil Brasileiro.

Art. 23. A CCI, objeto de securitização nos termos da Lei nº 9.514, de 20 de novembro de 1997, será identificada no respectivo Termo de Securitização de Créditos, mediante indicação do seu valor, número, série e instituição custodiante, dispensada a enunciação das informações já constantes da Cédula, ou nos controles das entidades mencionadas no § 4º-A do art. 18 desta Lei. *(Redação dada pela Lei 13.986/2020)*

Parágrafo único. O regime fiduciário de que trata a Seção VI do CAPÍTULO I da Lei nº 9.514, de 1997, no caso de emissão de Certificados de Recebíveis Imobiliários lastreados em créditos representados por CCI, será registrado na instituição custodiante, mencionando o patrimônio separado a que estão afetados, não se aplicando o disposto no parágrafo único do art. 10 da mencionada Lei.

Art. 24. O resgate da dívida representada pela CCI prova-se com a declaração de quitação, emitida pelo credor, ou, na falta desta, por outros meios admitidos em direito.

Art. 25. É vedada a averbação da emissão de CCI com garantia real quando houver prenotação ou registro de qualquer outro ônus real sobre os direitos imobiliários respectivos, inclusive penhora ou averbação de qualquer mandado ou ação judicial.

CAPÍTULO IV. DA CÉDULA DE CRÉDITO BANCÁRIO

Art. 26. A Cédula de Crédito Bancário é TÍTULO de crédito emitido, por pessoa física ou jurídica, em favor de instituição financeira ou de entidade a esta equiparada, representando promessa de pagamento em dinheiro, decorrente de operação de crédito, de qualquer modalidade.

§ 1º. A instituição credora deve integrar o Sistema Financeiro Nacional, sendo admitida a emissão da Cédula de Crédito Bancário em favor de instituição domiciliada no exterior, desde que a obrigação esteja sujeita exclusivamente à lei e ao foro brasileiros.

§ 2º. A Cédula de Crédito Bancário em favor de instituição domiciliada no exterior poderá ser emitida em moeda estrangeira.

Art. 27. A Cédula de Crédito Bancário poderá ser emitida, com ou sem garantia, real ou fidejussória, cedularmente constituída.

Parágrafo único. A garantia constituída será especificada na Cédula de Crédito Bancário, observadas as disposições deste CAPÍTULO e, no que não forem com elas conflitantes, as da legislação comum ou especial aplicável.

Art. 27-A. A Cédula de Crédito Bancário poderá ser emitida sob a forma escritural, por meio do lançamento em sistema eletrônico de escrituração. *(Acrescido pela Lei 13.986/2020)*

Parágrafo único. O sistema eletrônico de escrituração de que trata o *caput* deste artigo será mantido em instituição financeira ou em outra entidade autorizada pelo Banco Central do Brasil a exercer a atividade de escrituração eletrônica.

Art. 27-B. Compete ao Banco Central do Brasil: *(Acrescido pela Lei 13.986/2020)*

I - estabelecer as condições para o exercício da atividade de escrituração eletrônica de que trata o parágrafo único do art. 27-A desta Lei; e

II - autorizar e supervisionar o exercício da atividade prevista no inciso I do *caput* deste artigo.

§ 1º A autorização de que trata o parágrafo único do art. 27-A desta Lei poderá, a critério do Banco Central do Brasil, ser concedida por segmento, por espécie ou por grupos de entidades que atendam a critérios específicos, dispensada a concessão de autorização individualizada.

§ 2º As infrações às normas legais e regulamentares que regem a atividade de escrituração eletrônica sujeitam a entidade responsável pelo sistema eletrônico de escrituração, os seus administradores e os membros de seus órgãos estatutários ou contratuais ao disposto na Lei nº 13.506, de 13 de novembro de 2017.

Art. 27-C. A entidade responsável pelo sistema eletrônico de escrituração de que trata o art. 27-A desta Lei expedirá, mediante solicitação de seu titular, certidão de inteiro teor do título, a qual corresponderá a título executivo extrajudicial. *(Acrescido pela Lei 13.986/2020)*

Parágrafo único. A certidão de que trata o *caput* deste artigo poderá ser emitida na forma eletrônica, observados os requisitos de segurança que garantam a autenticidade e a integridade do documento.

Art. 27-D. O Banco Central do Brasil poderá regulamentar a emissão, a assinatura, a negociação e a liquidação da Cédula de Crédito Bancário emitida sob a forma escritural. *(Acrescido pela Lei 13.986/2020)*

Art. 28. A Cédula de Crédito Bancário é TÍTULO executivo extrajudicial e representa dívida em dinheiro, certa, líquida e exigível, seja pela soma nela indicada, seja pelo saldo devedor demonstrado em planilha de cálculo, ou nos extratos da conta corrente, elaborados conforme previsto no § 2º.

§ 1º. Na Cédula de Crédito Bancário poderão ser pactuados:

I – os juros sobre a dívida, capitalizados ou não, os critérios de sua incidência e, se for o caso, a periodicidade de sua capitalização, bem como as despesas e os demais encargos decorrentes da obrigação;

II – os critérios de atualização monetária ou de variação cambial como permitido em lei;

III – os casos de ocorrência de mora e de incidência das multas e penalidades contratuais, bem como as hipóteses de vencimento antecipado da dívida;

IV – os critérios de apuração e de ressarcimento, pelo emitente ou por terceiro garantidor, das despesas de cobrança da dívida e dos honorários advocatícios, judiciais ou extrajudiciais, sendo que os honorários advocatícios extrajudiciais não poderão superar o limite de 10% (dez por cento) do valor total devido;

V – quando for o caso, a modalidade de garantia da dívida, sua extensão e as hipóteses de substituição de tal garantia;

VI – as obrigações a serem cumpridas pelo credor;

VII – a obrigação do credor de emitir extratos da conta corrente ou planilhas de cálculo da dívida, ou de seu saldo devedor, de acordo com os critérios estabelecidos na própria Cédula de Crédito Bancário, observado o disposto no § 2º; e

VIII – outras condições de concessão do crédito, suas garantias ou liquidação, obrigações adicionais do emitente ou do terceiro garantidor da obrigação, desde que não contrariem as disposições desta Lei.

§ 2º. Sempre que necessário, a apuração do valor exato da obrigação, ou de seu saldo devedor, representado pela Cédula de Crédito Bancário, será feita pelo credor, por meio de planilha de cálculo e, quando for o caso, de extrato emitido pela instituição financeira, em favor da qual a Cédula de Crédito Bancário foi originalmente emitida, documentos esses que integrarão a Cédula, observado que:

I – os cálculos realizados deverão evidenciar de modo claro, preciso e de fácil entendimento e compreensão, o valor principal da dívida, seus encargos e despesas contratuais devidos, a parcela de juros e os critérios de sua incidência, a parcela de atualização monetária ou cambial, a parcela correspondente a multas e demais penalidades contratuais, as despesas de cobrança e de honorários advocatícios devidos até a data do cálculo e, por fim, o valor total da dívida; e

II – a Cédula de Crédito Bancário representativa de dívida oriunda de contrato de abertura de crédito bancário em conta corrente será emitida pelo valor total do crédito posto à disposição do emitente, competindo ao credor, nos termos deste parágrafo, discriminar nos extratos da conta corrente ou nas planilhas de cálculo, que serão anexados à Cédula, as parcelas utilizadas do crédito aberto, os aumentos do limite do crédito inicialmente concedido, as eventuais amortizações da dívida e a incidência dos encargos nos vários períodos de utilização do crédito aberto.

§ 3º. O credor que, em ação judicial, cobrar o valor do crédito exequendo em desacordo com o expresso na Cédula de Crédito Bancário, fica obrigado a pagar ao devedor o dobro do cobrado a maior, que poderá ser compensado na própria ação, sem prejuízo da responsabilidade por perdas e danos.

Art. 29. A Cédula de Crédito Bancário deve conter os seguintes requisitos essenciais:

I – a denominação "Cédula de Crédito Bancário";

II – a promessa do emitente de pagar a dívida em dinheiro, certa, líquida e exigível no seu vencimento ou, no caso de dívida oriunda de contrato de abertura de crédito bancário, a promessa do emitente de pagar a dívida em dinheiro, certa, líquida e exigível, correspondente ao crédito utilizado;

III – a data e o lugar do pagamento da dívida e, no caso de pagamento parcelado, as datas e os valores de cada prestação, ou os critérios para essa determinação;

IV – o nome da instituição credora, podendo conter cláusula à ordem;

V – a data e o lugar de sua emissão; e

VI – a assinatura do emitente e, se for o caso, do terceiro garantidor da obrigação, ou de seus respectivos mandatários.

§ 1º. A Cédula de Crédito Bancário será transferível mediante endosso em preto, ao qual se aplicarão, no que couberem, as normas do direito cambiário, caso em que o endossatário, mesmo não sendo instituição financeira ou entidade a ela equiparada, poderá exercer todos os direitos por ela conferidos, inclusive cobrar os juros e demais encargos na forma pactuada na Cédula.

§ 2º Na hipótese de emissão sob a forma cartular, a Cédula de Crédito Bancário será emitida em tantas vias quantas forem as partes que nela intervierem, assinadas pelo emitente e pelo terceiro garantidor, se houver, ou por seus respectivos mandatários, e cada parte receberá uma via. *(Redação dada pela Lei 13.986/2020)*

§ 3º. Somente a via do credor será negociável, devendo constar nas demais vias a expressão "não negociável".

§ 4º. A Cédula de Crédito Bancário pode ser aditada, retificada e ratificada mediante documento escrito, datado, com os requisitos previstos no *caput*, passando esse documento a integrar a Cédula para todos os fins.

§ 5º A assinatura de que trata o inciso VI do *caput* deste artigo poderá ocorrer sob a forma eletrônica, desde que garantida a identificação inequívoca de seu signatário. *(Redação dada pela Lei 13.986/2020)*

Art. 30. A constituição de garantia da obrigação representada pela Cédula de Crédito Bancário é disciplinada por esta Lei, sendo aplicáveis as disposições da legislação comum ou especial que não forem com ela conflitantes.

Art. 31. A garantia da Cédula de Crédito Bancário poderá ser fidejussória ou real, neste último caso constituída por bem patrimonial de qualquer espécie, disponível e alienável, móvel ou imóvel, material ou imaterial, presente ou futuro, fungível ou infungível, consumível ou não, cuja titularidade pertença ao próprio emitente ou a terceiro garantidor da obrigação principal.

Art. 32. A constituição da garantia poderá ser feita na própria Cédula de Crédito Bancário ou em documento separado, neste caso fazendo-se, na Cédula, menção a tal circunstância.

Art. 33. O bem constitutivo da garantia deverá ser descrito e individualizado de modo que permita sua fácil identificação.

Parágrafo único. A descrição e individualização do bem constitutivo da garantia poderá ser substituída pela remissão a documento ou certidão expedida por entidade competente, que integrará a Cédula de Crédito Bancário para todos os fins.

Art. 34. A garantia da obrigação abrangerá, além do bem principal constitutivo da garantia, todos os seus acessórios, benfeitorias de qualquer espécie, valorizações a qualquer título, frutos e qualquer bem vinculado ao bem principal por acessão física, intelectual, industrial ou natural.

§ 1º. O credor poderá averbar, no órgão competente para o registro do bem constitutivo da garantia, a existência de qualquer outro bem por ela abrangido.

§ 2º. Até a efetiva liquidação da obrigação garantida, os bens abrangidos pela garantia não poderão, sem prévia autorização escrita do credor, ser alterados, retirados, deslocados ou destruídos, nem poderão ter sua destinação modificada, exceto quando a garantia for constituída por semoventes ou por veículos, automotores ou não, e a remoção ou o deslocamento desses bens for inerente à atividade do emitente da Cédula de Crédito Bancário, ou do terceiro prestador da garantia.

Art. 35. Os bens constitutivos de garantia pignoratícia ou objeto de alienação fiduciária poderão, a critério do credor, permanecer sob a posse direta do emitente ou do terceiro prestador da garantia, nos termos da cláusula de constituto possessório, caso em que as partes deverão especificar o local em que o bem será guardado e conservado até a efetiva liquidação da obrigação garantida.

- CC: art. 1.267, par. único.

§ 1º. O emitente e, se for o caso, o terceiro prestador da garantia responderão solidariamente pela guarda e conservação do bem constitutivo da garantia.

§ 2º. Quando a garantia for prestada por pessoa jurídica, esta indicará representantes para responder nos termos do § 1º.

Art. 36. O credor poderá exigir que o bem constitutivo da garantia seja coberto por seguro até a efetiva liquidação da obrigação garantida, em que o credor será indicado como exclusivo beneficiário da apólice securitária e estará autorizado a receber a indenização para liquidar ou amortizar a obrigação garantida.

Art. 37. Se o bem constitutivo da garantia for desapropriado, ou se for danificado ou perecer por fato imputável a terceiro, o credor sub-rogar-se-á no direito à indenização devida pelo expropriante ou pelo terceiro causador do dano, até o montante necessário para liquidar ou amortizar a obrigação garantida.

Art. 38. Nos casos previstos nos arts. 36 e 37 desta Lei, facultar-se-á ao credor exigir a substituição da garantia, ou o seu reforço, renunciando ao direito à percepção do valor relativo à indenização.

Art. 39. O credor poderá exigir a substituição ou o reforço da garantia, em caso de perda, deterioração ou diminuição de seu valor.

Parágrafo único. O credor notificará por escrito o emitente e, se for o caso, o terceiro garantidor, para que substituam ou reforcem a garantia no prazo de 15 (quinze) dias, sob pena de vencimento antecipado da dívida garantida.

Art. 40. Nas operações de crédito rotativo, o limite de crédito concedido será recomposto, automaticamente e durante o prazo de vigência da Cédula de Crédito Bancário, sempre que o devedor, não estando em mora ou inadimplente, amortizar ou liquidar a dívida.

Art. 41. A Cédula de Crédito Bancário poderá ser protestada por indicação, desde que o credor apresente declaração de posse da sua única via negociável, inclusive no caso de protesto parcial.

Art. 42. A validade e eficácia da Cédula de Crédito Bancário não dependem de registro, mas as garantias reais, por ela constituídas, ficam sujeitas, para valer contra terceiros, aos registros ou averbações previstos na legislação aplicável, com as alterações introduzidas por esta Lei.

Art. 42-A. Na hipótese de Cédula de Crédito Bancário emitida sob a forma escritural, o sistema eletrônico de escrituração de que trata o art. 27-A desta Lei fará constar: *(Acrescido pela Lei 13.986/2020)*

I – a emissão do título, com seus requisitos essenciais;

II – a forma de pagamento ajustada no título;

III – o endosso em preto de que trata o § 1º do art. 29 desta Lei e a cadeia de endossos, se houver;

IV – os aditamentos, as retificações e as ratificações de que trata o § 4º do art. 29 desta Lei;

V – a inclusão de notificações, de cláusulas contratuais, de informações, inclusive sobre o fracionamento, quando houver, ou de outras declarações referentes à Cédula de Crédito Bancário ou ao certificado de que trata o art. 43 desta Lei; e

VI – as ocorrências de pagamento, se houver.

§ 1º Na hipótese de serem constituídos garantias e quaisquer outros gravames e ônus, tais ocorrências serão informadas no sistema eletrônico de escrituração de que trata o art. 27-A desta Lei.

§ 2º As garantias dadas na Cédula de Crédito Bancário ou, ainda, a constituição de gravames e ônus sobre o título deverão ser informadas no sistema ao qual se refere o art. 27-A desta Lei.

Art. 42-B. Para fins da cobrança de emolumentos e custas cartorárias relacionadas ao registro da garantia, fica a Cédula de Crédito Bancário, quando utilizada para a formalização de operações de crédito rural, equiparada à Cédula de Crédito Rural de que trata o Decreto-Lei nº 167, de 14 de fevereiro de 1967. *(Acrescido pela Lei 13.986/2020)*

Art. 43. As instituições financeiras, nas condições estabelecidas pelo Conselho Monetário Nacional, poderão emitir título representativo das Cédulas de Crédito Bancário por elas mantidas em custódia, do qual constarão: *(Redação dada pela Lei 13.986/2020)*

I – o local e a data da emissão;

II – o nome e a qualificação do custodiante das Cédulas de Crédito Bancário; *(Redação dada pela Lei 13.986/2020)*

III – a denominação "Certificado de Cédulas de Crédito Bancário";

IV – a especificação das cédulas custodiadas, o nome dos seus emitentes e o valor, o lugar e a data do pagamento do crédito por elas incorporado; *(Redação dada pela Lei 13.986/2020)*

V – o nome da instituição emitente;

VI – a declaração de que a instituição financeira, na qualidade e com as responsabilidades de custodiante e mandatária do titular do certificado, promoverá a cobrança das Cédulas de Crédito Bancário, e a declaração de que as cédulas custodiadas, o produto da cobrança do seu principal e os seus encargos serão entregues ao titular do certificado somente com a apresentação deste; *(Redação dada pela Lei 13.986/2020)*

VII – o lugar da entrega do objeto da custódia; e *(Redação dada pela Lei 13.986/2020)*

VIII – a remuneração devida à instituição financeira pela custódia das cédulas objeto da emissão do certificado, se convencionada. *(Redação dada pela Lei 13.986/2020)*

§ 1º A instituição financeira responderá pela origem e pela autenticidade das Cédulas de Crédito Bancário nela custodiadas. *(Redação dada pela Lei 13.986/2020)*

§ 2º. Emitido o certificado, as Cédulas de Crédito Bancário e as importâncias recebidas pela instituição financeira a TÍTULO de pagamento do principal e de encargos não poderão ser objeto de penhora, arresto, sequestro, busca e apreensão, ou qualquer outro embaraço que impeça a sua entrega ao titular do certificado, mas este poderá ser objeto de penhora, ou de qualquer medida cautelar por obrigação do seu titular.

§ 3º O certificado poderá ser emitido sob forma escritural, por meio do lançamento no sistema eletrônico de escrituração, hipótese em que se aplica, no que couber, com as devidas adaptações, o disposto nos arts. 27-A, 27-B, 27-C, 27-D e 42-A desta Lei. *(Redação dada pela Lei 13.986/2020)*

§ 4º O certificado será transferido somente por meio de endosso, ainda que por intermédio de sistema eletrônico de escrituração, hipótese em que a transferência deverá ser datada e assinada por seu titular ou mandatário com poderes especiais e, na hipótese de certificado cartular, averbada na instituição financeira emitente, no prazo de 2 (dois) dias, contado da data do endosso. *(Redação dada pela Lei 13.986/2020)*

§ 5º. As despesas e os encargos decorrentes da transferência e averbação do certificado serão suportados pelo endossatário ou cessionário, salvo convenção em contrário.

§ 6º O endossatário do certificado, ainda que não seja instituição financeira ou entidade a ela equiparada, fará jus a todos os direitos nele previstos, incluídos a cobrança de juros e os demais encargos. *(Acrescido pela Lei 13.986/2020)*

§ 7º O certificado poderá representar: *(Acrescido pela Lei 13.986/2020)*

I – uma única cédula;

II – um agrupamento de cédulas; ou

III – frações de cédulas.

§ 8º Na hipótese de que trata o inciso III do § 7º deste artigo, o certificado somente poderá representar frações de Cédulas de Crédito Bancário emitidas sob forma escritural, e essa informação deverá constar do sistema de que trata o § 3º deste artigo. *(Acrescido pela Lei 13.986/2020)*

Art. 44. Aplica-se às Cédulas de Crédito Bancário, no que não contrariar o disposto nesta Lei, a legislação cambial, dispensado o protesto para garantir o direito de cobrança contra endossantes, seus avalistas e terceiros garantidores.

Art. 45. Os títulos de crédito e direitos creditórios, representados sob a forma escritural ou física, que tenham sido objeto de desconto, poderão ser admitidos a redesconto junto ao Banco Central do Brasil, observando-se as normas e instruções baixadas pelo Conselho Monetário Nacional.

§ 1º. Os títulos de crédito e os direitos creditórios de que trata o *caput* considerar-se-ão transferidos, para fins de redesconto, à propriedade do Banco Central do Brasil, desde que inscritos em termo de tradição eletrônico constante do Sistema de Informações do Banco Central – SISBACEN, ou, ainda, no termo de tradição previsto no § 1º do art. 5º do Decreto nº 21.499, de 9 de junho de 1932, com a redação dada pelo art. 1º do Decreto nº 21.928, de 10 de outubro de 1932.

§ 2º. Entendem-se inscritos nos termos de tradição referidos no § 1º os títulos de crédito e direitos creditórios neles relacionados e descritos, observando-se os requisitos, os critérios e as formas estabelecidas pelo Conselho Monetário Nacional.

§ 3º. A inscrição produzirá os mesmos efeitos jurídicos do endosso, somente se aperfeiçoando com o recebimento, pela instituição financeira proponente do redesconto, de mensagem de aceitação do Banco Central do Brasil, ou, não sendo eletrônico o termo de tradição, após a assinatura das partes.

§ 4º. Os títulos de crédito e documentos representativos de direitos creditórios, inscritos nos termos de tradição, poderão, a critério do Banco Central do Brasil, permanecer na posse direta da instituição financeira beneficiária do redesconto, que os guardará e conservará em depósito, devendo proceder, como comissária *del credere*, à sua cobrança judicial ou extrajudicial.

Art. 45-A. Para fins do disposto no § 1º do art. 2º da Lei nº 6.385, de 7 de dezembro de 1976, a Cédula de Crédito Bancário, o Certificado de Cédulas de Crédito Bancário e a Cédula de Crédito Imobiliário são títulos cambiais de responsabilidade de instituição financeira ou de entidade autorizada a funcionar pelo Banco Central do Brasil, desde que a instituição financeira ou a entidade: *(Acrescido pela Lei 13.986/2020)*

I – seja titular dos direitos de crédito por eles representados;

II – preste garantia às obrigações por eles representadas; ou

III – realize, até a liquidação final dos títulos, o serviço de monitoramento dos fluxos de recursos entre credores e devedores e de eventuais inadimplementos.

CAPÍTULO V. DOS CONTRATOS DE FINANCIAMENTO DE IMÓVEIS

Art. 46. Nos contratos de comercialização de imóveis, de financiamento imobiliário em geral e nos de arrendamento mercantil de imóveis, bem como nos títulos e valores mobiliários por eles originados, com prazo mínimo de 36 (trinta e seis) meses, é admitida estipulação de cláusula de reajuste, com periodicidade mensal, por índices de preços setoriais ou gerais ou pelo índice de remuneração básica dos depósitos de poupança.

§ 1º. É vedado o pagamento dos valores relativos à atualização monetária apropriados nos títulos e valores mobiliários, quando ocorrer o resgate antecipado, total ou parcial, em prazo inferior ao estabelecido no *caput*.

§ 2º. Os títulos e valores mobiliários a que se refere o *caput* serão cancelados pelo emitente na hipótese de resgate antecipado em que o prazo a decorrer for inferior a 36 (trinta e seis) meses.

§ 3º. Não se aplica o disposto no § 1º, no caso de quitação ou vencimento antecipados dos créditos imobiliários que lastreiem ou tenham originado a emissão dos títulos e valores mobiliários a que se refere o *caput*.

Art. 47. São nulos de pleno direito quaisquer expedientes que, de forma direta ou indireta, resultem em efeitos equivalentes à redução do prazo mínimo de que trata o *caput* do art. 46.

Parágrafo único. O Conselho Monetário Nacional poderá disciplinar o disposto neste artigo.

Art. 48. Fica vedada a celebração de contratos com cláusula de equivalência salarial ou de comprometimento de renda, bem como a inclusão de cláusulas desta espécie em contratos já firmados, mantidas, para os contratos firmados até a data de entrada em vigor da Medida Provisória nº 2.223, de 4 de setembro de 2001, as disposições anteriormente vigentes.

Art. 49. No caso do não pagamento tempestivo, pelo devedor, dos tributos e das taxas condominiais incidentes sobre o imóvel objeto do crédito imobiliário respectivo, bem como das parcelas mensais incontroversas de encargos estabelecidos no respectivo contrato e de quaisquer outros encargos que a lei imponha ao proprietário ou ao ocupante de imóvel, poderá o juiz, a requerimento do credor, determinar a cassação de medida liminar, de medida cautelar ou de antecipação dos efeitos da tutela que tenha interferido na eficácia de cláusulas do contrato de crédito imobiliário correspondente ou suspendido encargos dele decorrentes.

Art. 50. Nas ações judiciais que tenham por objeto obrigação decorrente de empréstimo, financiamento ou alienação imobiliários, o autor deverá discriminar na petição inicial, dentre as obrigações contratuais, aquelas que pretende controverter, quantificando o valor incontroverso, sob pena de inépcia.

§ 1º. O valor incontroverso deverá continuar sendo pago no tempo e modo contratados.

§ 2º. A exigibilidade do valor controvertido poderá ser suspensa mediante depósito do montante correspondente, no tempo e modo contratados.

§ 3º. Em havendo concordância do réu, o autor poderá efetuar o depósito de que trata o § 2º deste artigo, com remuneração e atualização nas mesmas condições aplicadas ao contrato:

I – na própria instituição financeira credora, oficial ou não; ou

II – em instituição financeira indicada pelo credor, oficial ou não, desde que estes tenham pactuado nesse sentido.

§ 4º. O juiz poderá dispensar o depósito de que trata o § 2º em caso de relevante razão de direito e risco de dano irreparável ao autor, por decisão fundamentada na qual serão detalhadas as razões jurídicas e fáticas da ilegitimidade da cobrança no caso concreto.

§ 5º. É vedada a suspensão liminar da exigibilidade da obrigação principal sob a alegação de compensação com valores pagos a maior, sem o depósito do valor integral desta.

Art. 51. Sem prejuízo das disposições do Código Civil, as obrigações em geral também poderão ser garantidas, inclusive por terceiros, por cessão fiduciária de direitos creditórios decorrentes de contratos de alienação de imóveis, por caução de direitos creditórios ou aquisitivos decorrentes de contratos de venda ou promessa de venda de imóveis e por alienação fiduciária de coisa imóvel.

Art. 52. Uma vez protocolizados todos os documentos necessários à averbação ou ao registro dos atos e dos títulos a que se referem esta Lei e a Lei nº 9.514, de 1997, o oficial de Registro de Imóveis procederá ao registro ou à averbação, dentro do prazo de 15 (quinze) dias.

CAPÍTULO VI.
DISPOSIÇÕES FINAIS

Alterações da Lei de Incorporações

Art. 53. O TÍTULO II da Lei nº 4.591, de 16 de dezembro de 1964, passa a vigorar acrescido dos seguintes CAPÍTULO e artigos:

‣ Alteração incorporada ao texto da referida lei.

Art. 54. A Lei nº 4.591, de 1964, passa a vigorar com as seguintes alterações:

‣ Alteração incorporada ao texto da referida lei.

Alterações de Leis sobre Alienação Fiduciária

Art. 55. A Seção XIV da Lei nº 4.728, de 14 de julho de 1965, passa a vigorar com a seguinte redação:

‣ Alteração incorporada ao texto da referida lei.

Art. 56. O Decreto-lei nº 911, de 1º de outubro de 1969, passa a vigorar com as seguintes alterações:

‣ Alteração incorporada ao texto do referido Decreto-lei.

Art. 57. A Lei nº 9.514, de 1997, passa a vigorar com as seguintes alterações:

‣ Alteração incorporada ao texto da referida lei.

Alterações no Código Civil

Art. 58. A Lei nº 10.406, de 2002 – Código Civil passa a vigorar com as seguintes alterações:

‣ Alteração incorporada ao texto da referida lei.

Alterações na Lei de Registros Públicos

Art. 59. A Lei nº 6.015, de 31 de dezembro de 1973, passa a vigorar com as seguintes alterações:

‣ Alteração incorporada ao texto da referida lei.

Alteração na Lei do FGTS

Art. 60. O *caput* do art. 9º da Lei nº 8.036, de 11 de maio de 1990, passa a vigorar com a seguinte redação:

‣ Alteração incorporada ao texto da referida lei.

Alterações na Lei de Locações

Art. 61. A Lei nº 8.245, de 18 de outubro de 1991, passa a vigorar com as seguintes alterações:

‣ Alteração incorporada ao texto da referida lei.

Alterações na Lei de Protesto de Títulos e Documentos de Dívida

Art. 62. *(VETADO).*

Normas Complementares a esta Lei

Art. 63. Nas operações envolvendo recursos do Sistema Financeiro da Habitação e do Sistema Financeiro Imobiliário, relacionadas com a moradia, é vedado cobrar do mutuário a elaboração de instrumento contratual particular, ainda que com força de escritura pública.

Art. 63-A. (Revogado pela Lei nº 13.476, de 2017)

Art. 64. *(VETADO).*

Art. 65. O Conselho Monetário Nacional e a Secretaria da Receita Federal, no âmbito das suas respectivas atribuições, expedirão as instruções que se fizerem necessárias à execução das disposições desta Lei.

Vigência

Art. 66. Esta Lei entra em vigor na data de sua publicação.

Revogações

Art. 67. Ficam revogadas as Medidas Provisórias nºs 2.160-25, de 23 de agosto de 2001, 2.221, de 4 de setembro de 2001, e 2.223, de 4 de setembro de 2001, e os arts. 66 e 66-A da Lei nº 4.728, de 14 de julho de 1965.

Brasília, 2 de agosto de 2004; 183º da Independência e 116º da República.

LUIZ INÁCIO LULA DA SILVA

Publicado no D.O.U. 3.8.2004

DECRETO Nº 5.296, DE 2 DE DEZEMBRO DE 2004

Regulamenta as Leis nºs 10.048, de 8 de novembro de 2000, que dá prioridade de atendimento às pessoas que especifica, e 10.098, de 19 de dezembro de 2000, que estabelece normas gerais e critérios básicos para a promoção da acessibilidade das pessoas portadoras de deficiência ou com mobilidade reduzida, e dá outras providências.

‣ *Promoção da Acessibilidade*

O Presidente da República, no uso da atribuição que lhe confere o art. 84, inciso IV, da Constituição, e tendo em vista o disposto nas Leis nos 10.048, de 8 de novembro de 2000, e 10.098, de 19 de dezembro de 2000,

DECRETA:

CAPÍTULO I
DISPOSIÇÕES PRELIMINARES

Art. 1º Este Decreto regulamenta as Leis nºs 10.048, de 8 de novembro de 2000, e 10.098, de 19 de dezembro de 2000.

Art. 2º Ficam sujeitos ao cumprimento das disposições deste Decreto, sempre que houver interação com a matéria nele regulamentada:

I – a aprovação de projeto de natureza arquitetônica e urbanística, de comunicação e informação, de transporte coletivo, bem como a execução de qualquer tipo de obra, quando tenham destinação pública ou coletiva;

II – a outorga de concessão, permissão, autorização ou habilitação de qualquer natureza;

III – a aprovação de financiamento de projetos com a utilização de recursos públicos, dentre eles os projetos de natureza arquitetônica e urbanística, os tocantes à comunicação e informação e os referentes ao transporte coletivo, por meio de qualquer instrumento, tais como convênio, acordo, ajuste, contrato ou similar; e

IV – a concessão de aval da União na obtenção de empréstimos e financiamentos internacionais por entes públicos ou privados.

Art. 3º Serão aplicadas sanções administrativas, cíveis e penais cabíveis, previstas em lei, quando não forem observadas as normas deste Decreto.

Art. 4º O Conselho Nacional dos Direitos da Pessoa Portadora de Deficiência, os Conselhos Estaduais, Municipais e do Distrito Federal, e as organizações representativas de pessoas portadoras de deficiência terão legitimidade para acompanhar e sugerir medidas para o cumprimento dos requisitos estabelecidos neste Decreto.

CAPÍTULO II
DO ATENDIMENTO PRIORITÁRIO

Art. 5º Os órgãos da administração pública direta, indireta e fundacional, as empresas prestadoras de serviços públicos e as instituições financeiras deverão dispensar atendimento prioritário às pessoas portadoras de deficiência ou com mobilidade reduzida.

§ 1º Considera-se, para os efeitos deste Decreto:

I – pessoa portadora de deficiência, além daquelas previstas na Lei nº 10.690, de 16 de junho de 2003, a que possui limitação ou incapacidade para o desempenho de atividade e se enquadra nas seguintes categorias:

a) deficiência física: alteração completa ou parcial de um ou mais segmentos do corpo humano, acarretando o comprometimento da função física, apresentando-se sob a forma de paraplegia, paraparesia, monoplegia, monoparesia, tetraplegia, tetraparesia, triplegia, triparesia, hemiplegia, hemiparesia, ostomia, amputação ou ausência de membro, paralisia cerebral, nanismo, membros com deformidade congênita ou adquirida, exceto as deformidades estéticas e as que não produzam dificuldades para o desempenho de funções;

b) deficiência auditiva: perda bilateral, parcial ou total, de quarenta e um decibéis (dB) ou mais, aferida por audiograma nas frequências de 500Hz, 1.000Hz, 2.000Hz e 3.000Hz;

c) deficiência visual: cegueira, na qual a acuidade visual é igual ou menor que 0,05 no melhor olho, com a melhor correção óptica; a baixa visão, que significa acuidade visual entre 0,3 e 0,05 no melhor olho, com a melhor correção óptica; os casos nos quais a somatória da medida do campo visual em ambos os olhos for igual ou menor que 60º; ou a ocorrência simultânea de quaisquer das condições anteriores;

d) deficiência mental: funcionamento intelectual significativamente inferior à média, com manifestação antes dos dezoito anos e limitações associadas a duas ou mais áreas de habilidades adaptativas, tais como:

1. comunicação;
2. cuidado pessoal;
3. habilidades sociais;
4. utilização dos recursos da comunidade;
5. saúde e segurança;
6. habilidades acadêmicas;
7. lazer; e
8. trabalho;

e) deficiência múltipla – associação de duas ou mais deficiências; e

II – pessoa com mobilidade reduzida, aquela que, não se enquadrando no conceito de pessoa portadora de deficiência, tenha, por qualquer motivo, dificuldade de movimentar-se, permanente ou temporariamente, gerando redução efetiva da mobilidade, flexibilidade, coordenação motora e percepção.

§ 2º O disposto no *caput* aplica-se, ainda, às pessoas com idade igual ou superior a sessenta anos, gestantes, lactantes e pessoas com criança de colo.

§ 3º O acesso prioritário às edificações e serviços das instituições financeiras deve seguir os preceitos estabelecidos neste Decreto e nas normas técnicas de acessibilidade da Associação Brasileira de Normas Técnicas – ABNT, no que não conflitarem com a Lei nº 7.102, de 20 de junho de 1983, observando, ainda, a Resolução do Conselho Monetário Nacional nº 2.878, de 26 de julho de 2001.

Art. 6º O atendimento prioritário compreende tratamento diferenciado e atendimento imediato às pessoas de que trata o art. 5º.

§ 1º O tratamento diferenciado inclui, dentre outros:

I – assentos de uso preferencial sinalizados, espaços e instalações acessíveis;
II – mobiliário de recepção e atendimento obrigatoriamente adaptado à altura e à condição física de pessoas em cadeira de rodas, conforme estabelecido nas normas técnicas de acessibilidade da ABNT;
III – serviços de atendimento para pessoas com deficiência auditiva, prestado por intérpretes ou pessoas capacitadas em Língua Brasileira de Sinais – LIBRAS e no trato com aquelas que não se comuniquem em LIBRAS, e para pessoas surdocegas, prestado por guias-intérpretes ou pessoas capacitadas neste tipo de atendimento;
IV – pessoal capacitado para prestar atendimento às pessoas com deficiência visual, mental e múltipla, bem como às pessoas idosas;
V – disponibilidade de área especial para embarque e desembarque de pessoa portadora de deficiência ou com mobilidade reduzida;
VI – sinalização ambiental para orientação das pessoas referidas no art. 5º;
VII – divulgação, em lugar visível, do direito de atendimento prioritário das pessoas portadoras de deficiência ou com mobilidade reduzida;
VIII – admissão de entrada e permanência de cão-guia ou cão-guia de acompanhamento junto de pessoa portadora de deficiência ou de treinador nos locais dispostos no *caput* do art. 5º, bem como nas demais edificações de uso público e naquelas de uso coletivo, mediante apresentação da carteira de vacina atualizada do animal; e
IX – a existência de local de atendimento específico para as pessoas referidas no art. 5º.

§ 2º Entende-se por imediato o atendimento prestado às pessoas referidas no art. 5º, antes de qualquer outra, depois de concluído o atendimento que estiver em andamento, observado o disposto no inciso I do parágrafo único do art. 3º da Lei nº 10.741, de 1º de outubro de 2003 (Estatuto do Idoso).

§ 3º Nos serviços de emergência dos estabelecimentos públicos e privados de atendimento à saúde, a prioridade conferida por este Decreto fica condicionada à avaliação médica em face da gravidade dos casos a atender.

§ 4º Os órgãos, empresas e instituições referidos no *caput* do art. 5º devem possuir, pelo menos, um telefone de atendimento adaptado para comunicação com e por pessoas portadoras de deficiência auditiva.

Art. 7º O atendimento prioritário no âmbito da administração pública federal direta e indireta, bem como das empresas prestadoras de serviços públicos, obedecerá às disposições deste Decreto, além do que estabelece o Decreto nº 3.507, de 13 de junho de 2000.

Parágrafo único. Cabe aos Estados, Municípios e ao Distrito Federal, no âmbito de suas competências, criar instrumentos para a efetiva implantação e o controle do atendimento prioritário referido neste Decreto.

CAPÍTULO III
DAS CONDIÇÕES GERAIS DA ACESSIBILIDADE

Art. 8º Para os fins de acessibilidade, considera-se:

I – acessibilidade: condição para utilização, com segurança e autonomia, total ou assistida, dos espaços, mobiliários e equipamentos urbanos, das edificações, dos serviços de transporte e dos dispositivos, sistemas e meios de comunicação e informação, por pessoa portadora de deficiência ou com mobilidade reduzida;
II – barreiras: qualquer entrave ou obstáculo que limite ou impeça o acesso, a liberdade de movimento, a circulação com segurança e a possibilidade de as pessoas se comunicarem ou terem acesso à informação, classificadas em:
a) barreiras urbanísticas: as existentes nas vias públicas e nos espaços de uso público;
b) barreiras nas edificações: as existentes no entorno e interior das edificações de uso público e coletivo e no entorno e nas áreas internas de uso comum nas edificações de uso privado multifamiliar;
c) barreiras nos transportes: as existentes nos serviços de transportes; e
d) barreiras nas comunicações e informações: qualquer entrave ou obstáculo que dificulte ou impossibilite a expressão ou o recebimento de mensagens por intermédio dos dispositivos, meios ou sistemas de comunicação, sejam ou não de massa, bem como aqueles que dificultem ou impossibilitem o acesso à informação;
III – elemento da urbanização: qualquer componente das obras de urbanização, tais como os referentes à pavimentação, saneamento, distribuição de energia elétrica, iluminação pública, abastecimento e distribuição de água, paisagismo e os que materializam as indicações do planejamento urbanístico;
IV – mobiliário urbano: o conjunto de objetos existentes nas vias e espaços públicos, superpostos ou adicionados aos elementos da urbanização ou da edificação, de forma que sua modificação ou traslado não provoque alterações substanciais nestes elementos, tais como semáforos, postes de sinalização e similares, telefones e cabines telefônicas, fontes públicas, lixeiras, toldos, marquises, quiosques e quaisquer outros de natureza análoga;
V – ajuda técnica: os produtos, instrumentos, equipamentos ou tecnologia adaptados ou especialmente projetados para melhorar a funcionalidade da pessoa portadora de deficiência ou com mobilidade reduzida, favorecendo a autonomia pessoal, total ou assistida;
VI – edificações de uso público: aquelas administradas por entidades da administração pública, direta e indireta, ou por empresas prestadoras de serviços públicos e destinadas ao público em geral;
VII – edificações de uso coletivo: aquelas destinadas às atividades de natureza comercial, hoteleira, cultural, esportiva, financeira, turística, recreativa, social, religiosa, educacional, industrial e de saúde, inclusive as edificações de prestação de serviços de atividades da mesma natureza;
VIII – edificações de uso privado: aquelas destinadas à habitação, que podem ser classificadas como unifamiliar ou multifamiliar; e
IX – desenho universal: concepção de espaços, artefatos e produtos que visam atender simultaneamente todas as pessoas, com diferentes características antropométricas e sensoriais, de forma autônoma, segura e confortável, constituindo-se nos elementos ou soluções que compõem a acessibilidade.

Art. 9º A formulação, implementação e manutenção das ações de acessibilidade atenderão às seguintes premissas básicas:

I – a priorização das necessidades, a programação em cronograma e a reserva de recursos para a implantação das ações; e
II – o planejamento, de forma continuada e articulada, entre os setores envolvidos.

CAPÍTULO IV
DA IMPLEMENTAÇÃO DA ACESSIBILIDADE ARQUITETÔNICA E URBANÍSTICA

SEÇÃO I
DAS CONDIÇÕES GERAIS

Art. 10. A concepção e a implantação dos projetos arquitetônicos e urbanísticos devem atender aos princípios do desenho universal, tendo como referências básicas as normas técnicas de acessibilidade da ABNT, a legislação específica e as regras contidas neste Decreto.

§ 1º Caberá ao Poder Público promover a inclusão de conteúdos temáticos referentes ao desenho universal nas diretrizes curriculares da educação profissional e tecnológica e do ensino superior dos cursos de Engenharia, Arquitetura e correlatos.

§ 2º Os programas e as linhas de pesquisa a serem desenvolvidos com o apoio de organismos públicos de auxílio à pesquisa e de agências de fomento deverão incluir temas voltados para o desenho universal.

Art. 11. A construção, reforma ou ampliação de edificações de uso público ou coletivo, ou a mudança de destinação para estes tipos de edificação, deverão ser executadas de modo que sejam ou se tornem acessíveis à pessoa portadora de deficiência ou com mobilidade reduzida.

§ 1º As entidades de fiscalização profissional das atividades de Engenharia, Arquitetura e correlatas, ao anotarem a responsabilidade técnica dos projetos, exigirão a responsabilidade profissional declarada do atendimento às regras de acessibilidade previstas nas normas técnicas de acessibilidade da ABNT, na legislação específica e neste Decreto.

§ 2º Para a aprovação ou licenciamento ou emissão de certificado de conclusão de projeto arquitetônico ou urbanístico deverá ser atestado o atendimento às regras de acessibilidade previstas nas normas técnicas de acessibilidade da ABNT, na legislação específica e neste Decreto.

§ 3º O Poder Público, após certificar a acessibilidade de edificação ou serviço, determinará a colocação, em espaços ou locais de ampla visibilidade, do "Símbolo Internacional de Acesso", na forma prevista nas normas técnicas de acessibilidade da ABNT e na Lei nº 7.405, de 12 de novembro de 1985.

Art. 12. Em qualquer intervenção nas vias e logradouros públicos, o Poder Público e as empresas concessionárias responsáveis pela execução das obras e dos serviços garantirão o livre trânsito e a circulação de forma segura das pessoas em geral, especialmente das pessoas portadoras de deficiência ou com mobilidade reduzida, durante e após a sua execução, de acordo com o previsto em normas técnicas de acessibilidade da ABNT, na legislação específica e neste Decreto.

Art. 13. Orientam-se, no que couber, pelas regras previstas nas normas técnicas brasileiras de acessibilidade, na legislação específica, observado o disposto na Lei nº 10.257, de 10 de julho de 2001, e neste Decreto:

I – os Planos Diretores Municipais e Planos Diretores de Transporte e Trânsito elaborados ou atualizados a partir da publicação deste Decreto;
II – o Código de Obras, Código de Postura, a Lei de Uso e Ocupação do Solo e a Lei do Sistema Viário;
III – os estudos prévios de impacto de vizinhança;
IV – as atividades de fiscalização e a imposição de sanções, incluindo a vigilância sanitária e ambiental; e
V – a previsão orçamentária e os mecanismos tributários e financeiros utilizados em caráter compensatório ou de incentivo.

§ 1º Para concessão de alvará de funcionamento ou sua renovação para qualquer atividade, devem ser observadas e certificadas as regras de acessibilidade previstas neste Decreto e nas normas técnicas de acessibilidade da ABNT.

§ 2º Para emissão de carta de "habite-se" ou habilitação equivalente e para sua renovação, quando esta tiver sido emitida anteriormente às exigências de acessibilidade contidas na legislação específica, devem ser observadas e certificadas as regras de acessibilidade previstas neste Decreto e nas normas técnicas de acessibilidade da ABNT.

SEÇÃO II
DAS CONDIÇÕES ESPECÍFICAS

Art. 14. Na promoção da acessibilidade, serão observadas as regras gerais previstas neste Decreto, complementadas pelas normas técnicas de acessibilidade da ABNT e pelas disposições contidas na legislação dos Estados, Municípios e do Distrito Federal.

Art. 15. No planejamento e na urbanização das vias, praças, dos logradouros, parques e demais espaços de uso público, deverão ser cumpridas as exigências dispostas nas normas técnicas de acessibilidade da ABNT.

§ 1º Incluem-se na condição estabelecida no *caput*:
I – a construção de calçadas para circulação de pedestres ou a adaptação de situações consolidadas;
II – o rebaixamento de calçadas com rampa acessível ou elevação da via para travessia de pedestre em nível; e
III – a instalação de piso tátil direcional e de alerta.

§ 2º Nos casos de adaptação de bens culturais imóveis e de intervenção para regularização urbanística em áreas de assentamentos subnormais, será admitida, em caráter excepcional, faixa de largura menor que o estabelecido nas normas técnicas citadas no *caput*, desde que haja justificativa baseada em estudo técnico e que o acesso seja viabilizado de outra forma, garantida a melhor técnica possível.

Art. 16. As características do desenho e a instalação do mobiliário urbano devem garantir a aproximação segura e o uso por pessoa portadora de deficiência visual, mental ou auditiva, a aproximação e o alcance visual e manual para as pessoas portadoras de deficiência física, em especial aquelas em cadeira de rodas, e a circulação livre de barreiras, atendendo às condições estabelecidas nas normas técnicas de acessibilidade da ABNT.

§ 1º Incluem-se nas condições estabelecida no *caput*:
I – as marquises, os toldos, elementos de sinalização, luminosos e outros elementos que tenham sua projeção sobre a faixa de circulação de pedestres;
II – as cabines telefônicas e os terminais de autoatendimento de produtos e serviços;
III – os telefones públicos sem cabine;
IV – a instalação das aberturas, das botoeiras, dos comandos e outros sistemas de acionamento do mobiliário urbano;
V – os demais elementos do mobiliário urbano;
VI – o uso do solo urbano para posteamento; e
VII – as espécies vegetais que tenham sua projeção sobre a faixa de circulação de pedestres.

§ 2º A concessionária do Serviço Telefônico Fixo Comutado – STFC, na modalidade Local, deverá assegurar que, no mínimo, dois por cento do total de Telefones de Uso Público – TUPs, sem cabine, com capacidade para originar e receber chamadas locais e de longa distância nacional, bem como, pelo menos, dois por cento do total de TUPs, com capacidade para originar e receber chamadas de longa distância, nacional e internacional, estejam adaptados para o uso de pessoas portadoras de deficiência auditiva e para usuários de cadeiras de rodas, ou conforme estabelecer os Planos Gerais de Metas de Universalização.

§ 3º As botoeiras e demais sistemas de acionamento dos terminais de autoatendimento de produtos e serviços e outros equipamentos em que haja interação com o público devem estar localizados em altura que possibilite o manuseio por pessoas em cadeira de rodas e possuir mecanismos para utilização autônoma por pessoas portadoras de deficiência visual e auditiva, conforme padrões estabelecidos nas normas técnicas de acessibilidade da ABNT.

Art. 17. Os semáforos para pedestres instalados nas vias públicas deverão estar equipados com mecanismo que sirva de guia ou orientação para a travessia de pessoa portadora de deficiência visual ou com mobilidade reduzida em todos os locais onde a intensidade do fluxo de veículos, de pessoas ou a periculosidade na via assim determinarem, bem como mediante solicitação dos interessados.

Art. 18. A construção de edificações de uso privado multifamiliar e a construção, ampliação ou reforma de edificações de uso coletivo devem atender aos preceitos da acessibilidade na interligação de todas as partes de uso comum ou abertas ao público, conforme os padrões das normas técnicas de acessibilidade da ABNT.

Parágrafo único. (Revogado pelo Decreto nº 10.014, de 2019)

§ 1º Também estão sujeitos ao disposto no *caput* os acessos, as piscinas, os andares de recreação, os salão de festas e de reuniões, as saunas e os banheiros, as quadras esportivas, as portarias, os estacionamentos e as garagens, entre outras partes das áreas internas ou externas de uso comum das edificações de uso privado multifamiliar e das de uso coletivo. (Acrescido pelo Decreto nº 10.014, de 2019)

§ 2º O disposto no *caput* não se aplica às áreas destinadas ao altar e ao batistério das edificações de uso coletivo utilizadas como templos de qualquer culto. (Acrescido pelo Decreto nº 10.014, de 2019)

Art. 19. A construção, ampliação ou reforma de edificações de uso público deve garantir, pelo menos, um dos acessos ao seu interior, com comunicação com todas as suas dependências e serviços, livre de barreiras e de obstáculos que impeçam ou dificultem a sua acessibilidade.

§ 1º No caso das edificações de uso público já existentes, terão elas prazo de trinta meses a contar da data de publicação deste Decreto para garantir acessibilidade às pessoas portadoras de deficiência ou com mobilidade reduzida.

§ 2º Sempre que houver viabilidade arquitetônica, o Poder Público buscará garantir dotação orçamentária para ampliar o número de acessos nas edificações de uso público a serem construídas, ampliadas ou reformadas.

Art. 20. Na ampliação ou reforma das edificações de uso púbico ou de uso coletivo, os desníveis das áreas de circulação internas ou externas serão transpostos por meio de rampa ou equipamento eletromecânico de deslocamento vertical, quando não for possível outro acesso mais cômodo para pessoa portadora de deficiência ou com mobilidade reduzida, conforme estabelecido nas normas técnicas de acessibilidade da ABNT.

Art. 21. Os balcões de atendimento e as bilheterias em edificação de uso público ou de uso coletivo devem dispor de, pelo menos, uma parte da superfície acessível para atendimento às pessoas portadoras de deficiência ou com mobilidade reduzida, conforme os padrões das normas técnicas de acessibilidade da ABNT.

Parágrafo único. No caso do exercício do direito de voto, as urnas das seções eleitorais devem ser adequadas ao uso com autonomia pelas pessoas portadoras de deficiência ou com mobilidade reduzida e estarem instaladas em local de votação plenamente acessível e com estacionamento próximo.

Art. 22. A construção, ampliação ou reforma de edificações de uso público ou de uso coletivo devem dispor de sanitários acessíveis destinados ao uso por pessoa portadora de deficiência ou com mobilidade reduzida.

§ 1º Nas edificações de uso público a serem construídas, os sanitários destinados ao uso por pessoa portadora de deficiência ou com mobilidade reduzida serão distribuídos na razão de, no mínimo, uma cabine para cada sexo em cada pavimento da edificação, com entrada independente dos sanitários coletivos, obedecendo às normas técnicas de acessibilidade da ABNT.

§ 2º Nas edificações de uso público já existentes, terão elas prazo de trinta meses a contar da data de publicação deste Decreto para garantir pelo menos um banheiro acessível por pavimento, com entrada independente, distribuindo-se seus equipamentos e acessórios de modo que possam ser utilizados por pessoa portadora de deficiência ou com mobilidade reduzida.

§ 3º Nas edificações de uso coletivo a serem construídas, ampliadas ou reformadas, onde devem existir banheiros de uso público, os sanitários destinados ao uso por pessoa portadora de deficiência deverão ter entrada independente dos demais e obedecer às normas técnicas de acessibilidade da ABNT.

§ 4º Nas edificações de uso coletivo já existentes, onde haja banheiros destinados ao uso público, os sanitários preparados para o uso por pessoa portadora de deficiência ou com mobilidade reduzida deverão estar localizados nos pavimentos acessíveis, ter entrada independente dos demais sanitários, se houver, e obedecer as normas técnicas de acessibilidade da ABNT.

Art. 23. Nos teatros, cinemas, auditórios, estádios, ginásios de esporte, locais de espetáculos e de conferências e similares, serão reservados espaços livres para pessoas em cadeira de rodas e assentos para pessoas com deficiência ou com mobilidade reduzida, de acordo com a capacidade de lotação da edificação, conforme o disposto no art. 44 § 1º, da Lei 13.446, de 2015. (Redação dada pelo Decreto nº 9.404, de 2018)

§ 1º Os espaços e os assentos a que se refere o *caput*, a serem instalados e sinalizados conforme os requisitos estabelecidos nas normas técnicas de acessibilidade da Associação Brasileira de Normas Técnicas - ABNT, devem: (Redação dada pelo Decreto nº 9.404, de 2018)
I – ser disponibilizados, no caso de edificações com capacidade de lotação de até mil lugares, na proporção de: (Acrescido pelo Decreto nº 9.404, de 2018)

a) dois por cento de espaços para pessoas em cadeira de rodas, com a garantia de, no mínimo, um espaço; e

b) dois por cento de assentos para pessoas com deficiência ou com mobilidade reduzida, com a garantia de, no mínimo, um assento; ou

II – ser disponibilizados, no caso de edificações com capacidade de lotação acima de mil lugares, na proporção de: (Acrescido pelo Decreto 9.404/2018)

a) vinte espaços para pessoas em cadeira de rodas mais um por cento do que exceder mil lugares; e

b) vinte assentos para pessoas com deficiência ou com mobilidade reduzida mais um por cento do que exceder mil lugares.

§ 2º Cinquenta por cento dos assentos reservados para pessoas com deficiência ou com mobilidade reduzida devem ter características dimensionais e estruturais para o uso por pessoa obesa, conforme norma técnica de acessibilidade da ABNT, com a garantia de, no mínimo, um assento. (Redação dada pelo Decreto nº 9.404, de 2018)

§ 3º Os espaços e os assentos a que se refere este artigo deverão situar-se em locais que garantam a acomodação de um acompanhante ao lado da pessoa com deficiência ou com mobilidade reduzida, resguardado o direito de se acomodar proximamente a grupo familiar e comunitário. (Redação dada pelo Decreto nº 9.404, de 2018)

§ 4º Nos locais referidos no *caput*, haverá, obrigatoriamente, rotas de fuga e saídas de emergência acessíveis, conforme padrões das normas técnicas de acessibilidade da ABNT, a fim de permitir a saída segura de pessoas com deficiência ou com mobilidade reduzida, em caso de emergência. (Redação dada pelo Decreto nº 9.404, de 2018)

§ 5º As áreas de acesso aos artistas, tais como coxias e camarins, também devem ser acessíveis a pessoas com deficiência ou com mobilidade reduzida. (Redação dada pelo Decreto nº 9.404, de 2018)

§ 6º Para obtenção do financiamento de que trata o inciso III do *caput* do art. 2º, as salas de espetáculo deverão dispor de meios eletrônicos que permitam a transmissão de subtitulação por meio de legenda oculta e de audiodescrição, além de disposições especiais para a presença física de intérprete de Libras e de guias-intérpretes, com a projeção em tela da imagem do intérprete sempre que a distância não permitir sua visualização direta. (Redação dada pelo Decreto nº 9.404, de 2018)

§ 7º O sistema de sonorização assistida a que se refere o § 6º será sinalizado por meio do pictograma aprovado pela Lei nº 8.160, de 8 de janeiro de 1991.

§ 8º As edificações de uso público e de uso coletivo referidas no *caput*, já existentes, têm, respectivamente, prazo de trinta e quarenta e oito meses, a contar da data de publicação deste Decreto, para garantir a acessibilidade de que trata o *caput* e os §§ 1º a 5º.

§ 9º Na hipótese de a aplicação do percentual previsto nos § 1º e § 2º resultar em número fracionado, será utilizado o primeiro número inteiro superior. (Acrescido pelo Decreto nº 9.404, de 2018)

§ 10. As adaptações necessárias à oferta de assentos com características dimensionais e estruturais para o uso por pessoa obesa de que trata o § 2º serão implementadas no prazo de doze meses, contado da data de publicação deste Decreto. (Acrescido pelo Decreto nº 9.404, de 2018)

§ 11. O direito à meia entrada para pessoas com deficiência não está restrito aos espaços e aos assentos reservados de que trata o *caput* e está sujeito ao limite estabelecido no § 10 do art. 1º da Lei nº 12.933, de 26 de dezembro de 2013. (Acrescido pelo Decreto nº 9.404, de 2018)

§ 12. Os espaços e os assentos a que se refere o *caput* deverão garantir às pessoas com deficiência auditiva boa visualização da interpretação em Libras e da legendagem descritiva, sempre que estas forem oferecidas. (Acrescido pelo Decreto nº 9.404, de 2018)

Art. 23-A. Na hipótese de não haver procura comprovada pelos espaços livres para pessoas em cadeira de rodas e assentos reservados para pessoas com deficiência ou com mobilidade reduzida, esses podem, excepcionalmente, ser ocupados por pessoas sem deficiência ou que não tenham mobilidade reduzida. (Acrescido pelo Decreto nº 9.404, de 2018)

§ 1º A reserva de assentos de que trata o *caput* será garantida a partir do início das vendas até vinte e quatro horas antes de cada evento, com disponibilidade em todos os pontos de venda de ingresso, sejam eles físicos ou virtuais.

§ 2º No caso de eventos realizados em estabelecimentos com capacidade superior a dez mil pessoas, a reserva de assentos de que trata o *caput* será garantida a partir do início das vendas até setenta e duas horas antes de cada evento, com disponibilidade em todos os pontos de venda de ingresso, sejam eles físicos ou virtuais.

§ 3º Os espaços e os assentos de que trata o *caput*, em cada setor, somente serão disponibilizados às pessoas sem deficiência ou sem mobilidade reduzida depois de esgotados os demais assentos daquele setor e somente quando os prazos estabelecidos nos § 1º e § 2º se encerrarem.

§ 4º Nos cinemas, a reserva de assentos de que trata o *caput* será garantida a partir do início das vendas até meia hora antes de cada sessão, com disponibilidade em todos os pontos de venda de ingresso, sejam eles físicos ou virtuais.

Art. 23-B. Os espaços livres para pessoas em cadeira de rodas e assentos reservados para pessoas com deficiência ou com mobilidade reduzida serão identificados no mapa de assentos localizados nos pontos de venda de ingresso e de divulgação do evento, sejam eles físicos ou virtuais. (Acrescido pelo Decreto nº 9.404, de 2018)

Parágrafo único. Os pontos físicos e os sítios eletrônicos de venda de ingressos e de divulgação do evento deverão:

I - ser acessíveis a pessoas com deficiência e com mobilidade reduzida; e

II - conter informações sobre os recursos de acessibilidade disponíveis nos eventos. (Artigo acrescido pelo Decreto nº 9.404, de 11/6/2018)

Art. 24. Os estabelecimentos de ensino de qualquer nível, etapa ou modalidade, públicos ou privados, proporcionarão condições de acesso e utilização de todos os seus ambientes ou compartimentos para pessoas portadoras de deficiência ou com mobilidade reduzida, inclusive salas de aula, bibliotecas, auditórios, ginásios e instalações desportivas, laboratórios, áreas de lazer e sanitários.

§ 1º Para a concessão de autorização de funcionamento, de abertura ou renovação de curso pelo Poder Público, o estabelecimento de ensino deverá comprovar que:

I – está cumprindo as regras de acessibilidade arquitetônica, urbanística e na comunicação e informação previstas nas normas técnicas de acessibilidade da ABNT, na legislação específica ou neste Decreto;

II – coloca à disposição de professores, alunos, servidores e empregados portadores de deficiência ou com mobilidade reduzida ajudas técnicas que permitam o acesso às atividades escolares e administrativas em igualdade de condições com as demais pessoas; e

III – seu ordenamento interno contém normas sobre o tratamento a ser dispensado a professores, alunos, servidores e empregados portadores de deficiência, com o objetivo de coibir e reprimir qualquer tipo de discriminação, bem como as respectivas sanções pelo descumprimento dessas normas.

§ 2º As edificações de uso público e de uso coletivo referidas no *caput*, já existentes, têm, respectivamente, prazo de trinta e quarenta e oito meses, a contar da data de publicação deste Decreto, para garantir a acessibilidade de que trata este artigo.

Art. 25. Nos estacionamentos externos ou internos das edificações de uso público ou de uso coletivo, ou naqueles localizados nas vias públicas, serão reservados, pelo menos, dois por cento do total de vagas para veículos que transportem pessoa portadora de deficiência física ou visual definidas neste Decreto, sendo assegurada, no mínimo, uma vaga, em locais próximos à entrada principal ou ao elevador, de fácil acesso à circulação de pedestres, com especificações técnicas de desenho e traçado conforme o estabelecido nas normas técnicas de acessibilidade da ABNT.

§ 1º Os veículos estacionados nas vagas reservadas deverão portar identificação a ser colocada em local de ampla visibilidade, confeccionado e fornecido pelos órgãos de trânsito, que disciplinarão sobre suas características e condições de uso, observando o disposto na Lei nº 7.405, de 1985.

§ 2º Os casos de inobservância do disposto no § 1º estarão sujeitos às sanções estabelecidas pelos órgãos competentes.

§ 3º Aplica-se o disposto no *caput* aos estacionamentos localizados em áreas públicas e de uso coletivo.

§ 4º A utilização das vagas reservadas por veículos que não estejam transportando as pessoas citadas no *caput* constitui infração ao art. 181, inciso XVII, da Lei nº 9.503, de 23 de setembro de 1997.

Art. 26. Nas edificações de uso público ou de uso coletivo, é obrigatória a existência de sinalização visual e tátil para orientação de pessoas portadoras de deficiência auditiva e visual, em conformidade com as normas técnicas de acessibilidade da ABNT.

Art. 27. A instalação de novos elevadores ou sua adaptação em edificações de uso público ou de uso coletivo, bem assim a instalação em edificação de uso privado multifamiliar a ser construída, na qual haja obrigatoriedade da presença de elevadores, deve atender aos padrões das normas técnicas de acessibilidade da ABNT.

§ 1º No caso da instalação de elevadores novos ou da troca dos já existentes, qualquer que seja o número de elevadores da edificação de uso público ou de uso coletivo, pelo menos um deles terá cabine que permita acesso e movimentação cômoda de pessoa portadora de deficiência ou com mobilidade reduzida, de acordo com o que especifica as normas técnicas de acessibilidade da ABNT.

§ 2º Junto às botoeiras externas do elevador, deverá estar sinalizado em braile em qual andar da edificação a pessoa se encontra.

§ 3º Os edifícios a serem construídos com mais de um pavimento além do pavimento de acesso, à exceção das habitações unifamiliares e daquelas que estejam obrigadas à instalação de elevadores por legislação municipal, deverão dispor de especificações técnicas e de projeto que facilitem a instalação de equipamento eletromecânico de deslocamento vertical para uso das pessoas portadoras de deficiência ou com mobilidade reduzida.

§ 4º As especificações técnicas a que se refere o § 3º devem atender:

I – a indicação em planta aprovada pelo poder municipal do local reservado para a instalação do equipamento eletromecânico, devidamente assinada pelo autor do projeto;

II – a indicação da opção pelo tipo de equipamento (elevador, esteira, plataforma ou similar);

III – a indicação das dimensões internas e demais aspectos da cabine do equipamento a ser instalado; e

IV – demais especificações em nota na própria planta, tais como a existência e as medidas de botoeira, espelho, informação de voz, bem como a garantia de responsabilidade técnica de que a estrutura da edificação suporta a implantação do equipamento escolhido.

SEÇÃO III
DA ACESSIBILIDADE NA HABITAÇÃO DE INTERESSE SOCIAL

Art. 28. Na habitação de interesse social, deverão ser promovidas as seguintes ações para assegurar as condições de acessibilidade dos empreendimentos:

I – definição de projetos e adoção de tipologias construtivas livres de barreiras arquitetônicas e urbanísticas;

II – no caso de edificação multifamiliar, execução das unidades habitacionais acessíveis no piso térreo e acessíveis ou adaptáveis quando nos demais pisos;

III – execução das partes de uso comum, quando se tratar de edificação multifamiliar, conforme as normas técnicas de acessibilidade da ABNT; e

IV – elaboração de especificações técnicas de projeto que facilite a instalação de elevador adaptado para uso das pessoas portadoras de deficiência ou com mobilidade reduzida.

Parágrafo único. Os agentes executores dos programas e projetos destinados à habitação de interesse social, financiados com recursos próprios da União ou por ela geridos, devem observar os requisitos estabelecidos neste artigo.

Art. 29. Ao Ministério das Cidades, no âmbito da coordenação da política habitacional, compete:

I – adotar as providências necessárias para o cumprimento do disposto no art. 28; e

II – divulgar junto aos agentes interessados e orientar a clientela alvo da política habitacional sobre as iniciativas que promover em razão das legislações federal, estaduais, distrital e municipais relativas à acessibilidade.

SEÇÃO IV
DA ACESSIBILIDADE AOS BENS CULTURAIS IMÓVEIS

Art. 30. As soluções destinadas à eliminação, redução ou superação de barreiras na promoção da acessibilidade a todos os bens culturais imóveis devem estar de acordo com o que estabelece a Instrução Normativa nº 1 do Instituto do Patrimônio Histórico e Artístico Nacional – IPHAN, de 25 de novembro de 2003.

CAPÍTULO V
DA ACESSIBILIDADE AOS SERVIÇOS DE TRANSPORTES COLETIVOS

SEÇÃO I
DAS CONDIÇÕES GERAIS

Art. 31. Para os fins de acessibilidade aos serviços de transporte coletivo terrestre, aquaviário e aéreo, considera-se como integrantes desses serviços os veículos, terminais, estações, pontos de parada, vias principais, acessos e operação.

Art. 32. Os serviços de transporte coletivo terrestre são:

I – transporte rodoviário, classificado em urbano, metropolitano, intermunicipal e interestadual;

II – transporte metroferroviário, classificado em urbano e metropolitano; e

III – transporte ferroviário, classificado em intermunicipal e interestadual.

Art. 33. As instâncias públicas responsáveis pela concessão e permissão dos serviços de transporte coletivo são:

I – governo municipal, responsável pelo transporte coletivo municipal;

II – governo estadual, responsável pelo transporte coletivo metropolitano e intermunicipal;

III – governo do Distrito Federal, responsável pelo transporte coletivo do Distrito Federal; e

IV – governo federal, responsável pelo transporte coletivo interestadual e internacional.

Art. 34. Os sistemas de transporte coletivo são considerados acessíveis quando todos os seus elementos são concebidos, organizados, implantados e adaptados segundo o conceito de desenho universal, garantindo o uso pleno com segurança e autonomia por todas as pessoas.

Parágrafo único. A infraestrutura de transporte coletivo a ser implantada a partir da publicação deste Decreto deverá ser acessível e estar disponível para ser operada de forma a garantir o seu uso por pessoas portadoras de deficiência ou com mobilidade reduzida.

Art. 35. Os responsáveis pelos terminais, estações, pontos de parada e os veículos, no âmbito de suas competências, assegurarão espaços para atendimento, assentos preferenciais e meios de acesso devidamente sinalizados para o uso das pessoas portadoras de deficiência ou com mobilidade reduzida.

Art. 36. As empresas concessionárias e permissionárias e as instâncias públicas responsáveis pela gestão dos serviços de transportes coletivos, no âmbito de suas competências, deverão garantir a implantação das providências necessárias na operação, nos terminais, nas estações, nos pontos de parada e nas vias de acesso, de forma a assegurar as condições previstas no art. 34 deste Decreto.

Parágrafo único. As empresas concessionárias e permissionárias e as instâncias públicas responsáveis pela gestão dos serviços de transportes coletivos, no âmbito de suas competências, deverão autorizar a colocação do "Símbolo Internacional de Acesso" após certificar a acessibilidade do sistema de transporte.

Art. 37. Cabe às empresas concessionárias e permissionárias e as instâncias públicas responsáveis pela gestão dos serviços de transportes coletivos assegurar a qualificação dos profissionais que trabalham nesses serviços, para que prestem atendimento prioritário às pessoas portadoras de deficiência ou com mobilidade reduzida.

SEÇÃO II
DA ACESSIBILIDADE NO TRANSPORTE COLETIVO RODOVIÁRIO

Art. 38. No prazo de vinte e quatro meses, contado da data de publicação das normas técnicas referidas no § 1º, os veículos de transporte coletivo rodoviário para utilização no País serão fabricados acessíveis e estarão disponíveis para integrar a frota operante, de forma a garantir o uso por pessoas com deficiência ou com mobilidade reduzida. (Redação dada pelo Decreto nº 10.014, de 2019)

§ 1º As normas técnicas para fabricação dos veículos e dos equipamentos de transporte coletivo rodoviário, de forma a torná-los acessíveis, serão elaboradas pelas instituições e entidades que compõem o Sistema Nacional de Metrologia, Normalização e Qualidade Industrial, e estarão disponíveis no prazo de até doze meses a contar da data da publicação deste Decreto.

§ 2º A substituição da frota operante atual por veículos acessíveis, a ser feita pelas empresas concessionárias e permissionárias de transporte coletivo rodoviário, dar-se-á de forma gradativa, conforme o prazo previsto nos contratos de concessão e permissão deste serviço.

§ 3º A frota de veículos de transporte coletivo rodoviário e a infraestrutura dos serviços deste transporte deverão estar totalmente acessíveis no prazo máximo de cento e vinte meses a contar da data de publicação deste Decreto.

§ 4º Os serviços de transporte coletivo rodoviário urbano devem priorizar o embarque e desembarque dos usuários em nível em, pelo menos, um dos acessos do veículo.

§ 5º O disposto neste artigo não se aplica aos veículos destinados exclusivamente às empresas de transporte de fretamento e de turismo, observado o disposto no art. 49 da Lei nº 13.146, de 6 de julho de 2015. (Acrescido pelo Decreto nº 10.014, de 2019)

Art. 39. No prazo de até vinte e quatro meses a contar da data de implementação dos programas de avaliação de conformidade descritos no § 3º, as empresas concessionárias e permissionárias dos serviços de transporte coletivo rodoviário deverão garantir a acessibilidade da frota de veículos em circulação, inclusive de seus equipamentos.

§ 1º As normas técnicas para adaptação dos veículos e dos equipamentos de transporte coletivo rodoviário em circulação, de forma a torná-los acessíveis, serão elaboradas pelas instituições e entidades que compõem o Sistema Nacional de Metrologia, Normalização e Qualidade Industrial, e estarão disponíveis no prazo de até doze meses a contar da data da publicação deste Decreto.

§ 2º Caberá ao Instituto Nacional de Metrologia, Normalização e Qualidade Industrial – INMETRO, quando da elaboração das normas técnicas para a adaptação dos veículos, especificar dentre esses veículos que estão em operação quais serão adaptados, em função das restrições previstas no art. 98 da Lei nº 9.503, de 1997.

§ 3º As adaptações dos veículos em operação nos serviços de transporte coletivo rodoviário, bem como os procedimentos e equipamentos a serem utilizados nestas adaptações, estarão sujeitas a programas de avaliação de conformidade desenvolvidos e implementados pelo Instituto Nacional de Metrologia, Normalização e Qualidade Industrial – INMETRO, a partir de orientações normativas elaboradas no âmbito da ABNT.

SEÇÃO III
DA ACESSIBILIDADE NO TRANSPORTE COLETIVO AQUAVIÁRIO

Art. 40. No prazo de até trinta e seis meses a contar da data de edição das normas técnicas referidas no § 1º, todos os modelos e marcas de veículos de transporte coletivo aquaviário serão fabricados acessíveis e estarão disponíveis para integrar a frota operante, de forma a garantir o seu uso por pessoas portadoras de deficiência ou com mobilidade reduzida.

§ 1º As normas técnicas para fabricação dos veículos e dos equipamentos de transporte coletivo aquaviário acessíveis, a serem elaboradas pelas instituições e entidades que compõem o Sistema Nacional de Metrologia, Normalização e Qualidade Industrial, estarão disponíveis no prazo de até vinte e quatro meses a contar da data da publicação deste Decreto.

§ 2º As adequações na infraestrutura dos serviços desta modalidade de transporte deverão atender a critérios necessários para proporcionar as condições de acessibilidade do sistema de transporte aquaviário.

Art. 41. No prazo de até cinquenta e quatro meses a contar da data de implementação dos programas de avaliação de conformidade descritos no § 2º, as empresas concessionárias e permissionárias dos serviços de transporte coletivo aquaviário, deverão garantir a acessibilidade da frota de veículos em circulação, inclusive de seus equipamentos.

§ 1º As normas técnicas para adaptação dos veículos e dos equipamentos de transporte coletivo aquaviário em circulação, de forma a torná-los acessíveis, serão elaboradas pelas instituições e entidades que compõem o Sistema Nacional de Metrologia, Normalização e Qualidade Industrial, e estarão disponíveis no prazo de até trinta e seis meses a contar da data da publicação deste Decreto.

§ 2º As adaptações dos veículos em operação nos serviços de transporte coletivo aquaviário, bem como os procedimentos e equipamentos a serem utilizados nestas adaptações, estarão sujeitas a programas de avaliação de conformidade desenvolvidos e implementados pelo INMETRO, a partir de orientações normativas elaboradas no âmbito da ABNT.

SEÇÃO IV
DA ACESSIBILIDADE NO TRANSPORTE COLETIVO METROFERROVIÁRIO E FERROVIÁRIO

Art. 42. A frota de veículos de transporte coletivo metroferroviário e ferroviário, assim como a infra-estrutura dos serviços deste transporte deverão estar totalmente acessíveis no prazo máximo de cento e vinte meses a contar da data de publicação deste Decreto.

§ 1º A acessibilidade nos serviços de transporte coletivo metroferroviário e ferroviário obedecerá ao disposto nas normas técnicas de acessibilidade da ABNT.

§ 2º No prazo de até trinta e seis meses a contar da data da publicação deste Decreto, todos os modelos e marcas de veículos de transporte coletivo metroferroviário e ferroviário serão fabricados acessíveis e estarão disponíveis para integrar a frota operante, de forma a garantir o seu uso por pessoas portadoras de deficiência ou com mobilidade reduzida.

Art. 43. Os serviços de transporte coletivo metroferroviário e ferroviário existentes deverão estar totalmente acessíveis no prazo máximo de cento e vinte meses a contar da data de publicação deste Decreto.

§ 1º As empresas concessionárias e permissionárias dos serviços de transporte coletivo metroferroviário e ferroviário deverão apresentar plano de adaptação dos sistemas existentes, prevendo ações saneadoras de, no mínimo, oito por cento ao ano, sobre os elementos não acessíveis que compõem o sistema.

§ 2º O plano de que trata o § 1º deve ser apresentado em até seis meses a contar da data de publicação deste Decreto.

SEÇÃO V
DA ACESSIBILIDADE NO TRANSPORTE COLETIVO AÉREO

Art. 44. No prazo de até trinta e seis meses, a contar da data da publicação deste Decreto, os serviços de transporte coletivo aéreo e os equipamentos de acesso às aeronaves estarão acessíveis e disponíveis para serem operados de forma a garantir o seu uso por pessoas portadoras de deficiência ou com mobilidade reduzida.

Parágrafo único. A acessibilidade nos serviços de transporte coletivo aéreo obedecerá ao disposto na Norma de Serviço da Instrução da Aviação Civil NOSER/IAC – 2508-0796, de 1º de novembro de 1995, expedida pelo Departamento de Aviação Civil do Comando da Aeronáutica, e nas normas técnicas de acessibilidade da ABNT.

SEÇÃO VI
DAS DISPOSIÇÕES FINAIS

Art. 45. Caberá ao Poder Executivo, com base em estudos e pesquisas, verificar a viabilidade de redução ou isenção de tributo:

I – para importação de equipamentos que não sejam produzidos no País, necessários no processo de adequação do sistema de transporte coletivo, desde que não existam similares nacionais; e

II – para fabricação ou aquisição de veículos ou equipamentos destinados aos sistemas de transporte coletivo.

Parágrafo único. Na elaboração dos estudos e pesquisas a que se referem o *caput*, deve-se observar o disposto no art. 14 da Lei Complementar nº 101, de 4 de maio de 2000, sinalizando impacto orçamentário e financeiro da medida estudada.

Art. 46. A fiscalização e a aplicação de multas aos sistemas de transportes coletivos, segundo disposto no art. 6º, inciso II, da Lei nº 10.048, de 2000, cabe à União, aos Estados, Municípios e ao Distrito Federal, de acordo com suas competências.

CAPÍTULO VI
DO ACESSO À INFORMAÇÃO E À COMUNICAÇÃO

Art. 47. No prazo de até doze meses a contar da data de publicação deste Decreto, será obrigatória a acessibilidade nos portais e sítios eletrônicos da administração pública na rede mundial de computadores (internet), para o uso das pessoas portadoras de deficiência visual, garantindo-lhes o pleno acesso às informações disponíveis.

§ 1º Nos portais e sítios de grande porte, desde que seja demonstrada a inviabilidade técnica de se concluir os procedimentos para alcançar integralmente a acessibilidade, o prazo definido no *caput* será estendido por igual período.

§ 2º Os sítios eletrônicos acessíveis às pessoas portadoras de deficiência conterão símbolo que represente a acessibilidade na rede mundial de computadores (internet), a ser adotado nas respectivas páginas de entrada.

§ 3º Os telecentros comunitários instalados ou custeados pelos Governos Federal, Estadual, Municipal ou do Distrito Federal devem possuir instalações plenamente acessíveis e, pelo menos, um computador com sistema de som instalado, para uso preferencial por pessoas portadoras de deficiência visual.

Art. 48. Após doze meses da edição deste Decreto, a acessibilidade nos portais e sítios eletrônicos de interesse público na rede mundial de computadores (internet), deverá ser observada para obtenção do financiamento de que trata o inciso III do art. 2º.

Art. 49. As empresas prestadoras de serviços de telecomunicações deverão garantir o pleno acesso às pessoas portadoras de deficiência auditiva, por meio das seguintes ações:

I – no Serviço Telefônico Fixo Comutado – STFC, disponível para uso do público em geral:

a) instalar, mediante solicitação, em âmbito nacional e em locais públicos, telefones de uso público adaptados para uso por pessoas portadoras de deficiência;

b) garantir a disponibilidade de instalação de telefones para uso por pessoas portadoras de deficiência auditiva para acessos individuais;

c) garantir a existência de centrais de intermediação de comunicação telefônica a serem utilizadas por pessoas portadoras de deficiência auditiva, que funcionem em tempo integral e atendam a todo o território nacional, inclusive com integração com o mesmo serviço oferecido pelas prestadoras de Serviço Móvel Pessoal; e

d) garantir que os telefones de uso público contenham dispositivos sonoros para a identificação das unidades existentes e consumidas dos cartões telefônicos, bem como demais informações exibidas no painel destes equipamentos;

II – no Serviço Móvel Celular ou Serviço Móvel Pessoal:

a) garantir a interoperabilidade nos serviços de telefonia móvel, para possibilitar o envio de mensagens de texto entre celulares de diferentes empresas; e

b) garantir a existência de centrais de intermediação de comunicação telefônica a serem utilizadas por pessoas portadoras de deficiência auditiva, que funcionem em tempo integral e atendam a todo o território nacional, inclusive com integração com o mesmo serviço oferecido pelas prestadoras de Serviço Telefônico Fixo Comutado.

§ 1º Além das ações citadas no *caput*, deve-se considerar o estabelecido nos Planos Gerais de Metas de Universalização aprovados pelos Decretos n. 2.592, de 15 de maio de 1998, e 4.769, de 27 de junho de 2003, bem como o estabelecido pela Lei nº 9.472, de 16 de julho de 1997.

§ 2º O termo pessoa portadora de deficiência auditiva e da fala utilizado nos Planos Gerais de Metas de Universalização é entendido neste Decreto como pessoa portadora de deficiência auditiva, no que se refere aos recursos tecnológicos de telefonia.

Art. 50. A Agência Nacional de Telecomunicações – ANATEL regulamentará, no prazo de seis meses a contar da data de publicação deste Decreto, os procedimentos a serem observados para implementação do disposto no art. 49.

Art. 51. Caberá ao Poder Público incentivar a oferta de aparelhos de telefonia celular que indiquem, de forma sonora, todas as operações e funções neles disponíveis no visor.

Art. 52. Caberá ao Poder Público incentivar a oferta de aparelhos de televisão equipados com recursos tecnológicos que permitam sua utilização de modo a garantir o direito de acesso à informação às pessoas portadoras de deficiência auditiva ou visual.

Parágrafo único. Incluem-se entre os recursos referidos no *caput*:

I – circuito de decodificação de legenda oculta;

II – recurso para Programa Secundário de Áudio (SAP); e

III – entradas para fones de ouvido com ou sem fio.

Art. 53. Os procedimentos a serem observados para implementação do plano de medidas técnicas previstos no art. 19 da Lei nº 10.098, de 2000., serão regulamentados, em norma complementar, pelo Ministério das Comunicações. (Redação dada pelo Decreto nº 5.645, de 2005)

§ 1º O processo de regulamentação de que trata o *caput* deverá atender ao disposto no art. 31 da Lei nº 9.784, de 29 de janeiro de 1999.

§ 2º A regulamentação de que trata o *caput* deverá prever a utilização, entre outros, dos seguintes sistemas de reprodução das mensagens veiculadas para as pessoas portadoras de deficiência auditiva e visual:

I – a subtitulação por meio de legenda oculta;
II – a janela com intérprete de LIBRAS; e
III – a descrição e narração em voz de cenas e imagens.

§ 3º A Coordenadoria Nacional para Integração da Pessoa Portadora de Deficiência – CORDE da Secretaria Especial dos Direitos Humanos da Presidência da República assistirá o Ministério das Comunicações no procedimento de que trata o § 1º. (Redação dada pelo Decreto nº 5.645, de 2005)

Art. 54. Autorizatárias e consignatárias do serviço de radiodifusão de sons e imagens operadas pelo Poder Público poderão adotar plano de medidas técnicas próprio, como metas antecipadas e mais amplas do que aquelas as serem definidas no âmbito do procedimento estabelecido no art. 53.

Art. 55. Caberá aos órgãos e entidades da administração pública, diretamente ou em parceria com organizações sociais civis de interesse público, sob a orientação do Ministério da Educação e da Secretaria Especial dos Direitos Humanos, por meio da CORDE, promover a capacitação de profissionais em LIBRAS.

Art. 56. O projeto de desenvolvimento e implementação da televisão digital no País deverá contemplar obrigatoriamente os três tipos de sistema de acesso à informação de que trata o art. 52.

Art. 57. A Secretaria de Comunicação de Governo e Gestão Estratégica da Presidência da República editará, no prazo de doze meses a contar da data da publicação deste Decreto, normas complementares disciplinando a utilização dos sistemas de acesso à informação referidos no § 2º do art. 53, na publicidade governamental e nos pronunciamentos oficiais transmitidos por meio dos serviços de radiodifusão de sons e imagens.

Parágrafo único. Sem prejuízo do disposto no *caput* e observadas as condições técnicas, os pronunciamentos oficiais do Presidente da República serão acompanhados, obrigatoriamente, no prazo de seis meses a partir da publicação deste Decreto, de sistema de acessibilidade mediante janela com intérprete de LIBRAS.

Art. 58. O Poder Público adotará mecanismos de incentivo para tornar disponíveis em meio magnético, em formato de texto, as obras publicadas no País.

§ 1º A partir de seis meses da edição deste Decreto, a indústria de medicamentos deve disponibilizar, mediante solicitação, exemplares das bulas dos medicamentos em meio magnético, braile ou em fonte ampliada.

§ 2º A partir de seis meses da edição deste Decreto, os fabricantes de equipamentos eletroeletrônicos e mecânicos de uso doméstico devem disponibilizar, mediante solicitação, exemplares dos manuais de instrução em meio magnético, braile ou em fonte ampliada.

Art. 59. O Poder Público apoiará preferencialmente os congressos, seminários, oficinas e demais eventos científico-culturais que ofereçam, mediante solicitação, apoios humanos às pessoas com deficiência auditiva e visual, tais como tradutores e intérpretes de LIBRAS, ledores, guias-intérpretes, ou tecnologias de informação e comunicação, tais como a transcrição eletrônica simultânea.

Art. 60. Os programas e as linhas de pesquisa a serem desenvolvidos com o apoio de organismos públicos de auxílio à pesquisa e de agências de financiamento deverão contemplar temas voltados para tecnologia da informação acessível para pessoas portadoras de deficiência.

Parágrafo único. Será estimulada a criação de linhas de crédito para a indústria que produza componentes e equipamentos relacionados à tecnologia da informação acessível para pessoas portadoras de deficiência.

CAPÍTULO VII
DAS AJUDAS TÉCNICAS

Art. 61. Para os fins deste Decreto, consideram-se ajudas técnicas os produtos, instrumentos, equipamentos ou tecnologia adaptados ou especialmente projetados para melhorar a funcionalidade da pessoa portadora de deficiência ou com mobilidade reduzida, favorecendo a autonomia pessoal, total ou assistida.

§ 1º Os elementos ou equipamentos definidos como ajudas técnicas serão certificados pelos órgãos competentes, ouvidas as entidades representativas das pessoas portadoras de deficiência.

§ 2º Para os fins deste Decreto, os cães-guia e os cães-guia de acompanhamento são considerados ajudas técnicas.

Art. 62. Os programas e as linhas de pesquisa a serem desenvolvidos com o apoio de organismos públicos de auxílio à pesquisa e de agências de financiamento deverão contemplar temas voltados para ajudas técnicas, cura, tratamento e prevenção de deficiências ou que contribuam para impedir ou minimizar o seu agravamento.

Parágrafo único. Será estimulada a criação de linhas de crédito para a indústria que produza componentes e equipamentos de ajudas técnicas.

Art. 63. O desenvolvimento científico e tecnológico voltado para a produção de ajudas técnicas dar-se-á a partir da instituição de parcerias com universidades e centros de pesquisa para a produção nacional de componentes e equipamentos.

Parágrafo único. Os bancos oficiais, com base em estudos e pesquisas elaborados pelo Poder Público, serão estimulados a conceder financiamento às pessoas portadoras de deficiência para aquisição de ajudas técnicas.

Art. 64. Caberá ao Poder Executivo, com base em estudos e pesquisas, verificar a viabilidade de:

I – redução ou isenção de tributos para a importação de equipamentos de ajudas técnicas que não sejam produzidos no País ou que não possuam similares nacionais;
II – redução ou isenção do imposto sobre produtos industrializados incidente sobre as ajudas técnicas; e
III – inclusão de todos os equipamentos de ajudas técnicas para pessoas portadoras de deficiência ou com mobilidade reduzida na categoria de equipamentos sujeitos a dedução de imposto de renda.

Parágrafo único. Na elaboração dos estudos e pesquisas a que se referem o *caput*, deve-se observar o disposto no art. 14 da Lei Complementar nº 101, de 2000, sinalizando impacto orçamentário e financeiro da medida estudada.

Art. 65. Caberá ao Poder Público viabilizar as seguintes diretrizes:

I – reconhecimento da área de ajudas técnicas como área de conhecimento;
II – promoção da inclusão de conteúdos temáticos referentes a ajudas técnicas na educação profissional, no ensino médio, na graduação e na pós-graduação;
III – apoio e divulgação de trabalhos técnicos e científicos referentes a ajudas técnicas;
IV – estabelecimento de parcerias com escolas e centros de educação profissional, centros de ensino universitários e de pesquisa, no sentido de incrementar a formação de profissionais na área de ajudas técnicas; e
V – incentivo à formação e treinamento de ortesistas e protesistas.

Art. 66. A Secretaria Especial dos Direitos Humanos instituirá Comitê de Ajudas Técnicas, constituído por profissionais que atuam nesta área, e que será responsável por:

I – estruturação das diretrizes da área de conhecimento;
II – estabelecimento das competências desta área;
III – realização de estudos no intuito de subsidiar a elaboração de normas a respeito de ajudas técnicas;
IV – levantamento dos recursos humanos que atualmente trabalham com o tema; e
V – detecção dos centros regionais de referência em ajudas técnicas, objetivando a formação de rede nacional integrada.

§ 1º O Comitê de Ajudas Técnicas será supervisionado pela CORDE e participará do Programa Nacional de Acessibilidade, com vistas a garantir o disposto no art. 62.

§ 2º Os serviços a serem prestados pelos membros do Comitê de Ajudas Técnicas são considerados relevantes e não serão remunerados.

CAPÍTULO VIII
DO PROGRAMA NACIONAL DE ACESSIBILIDADE

Art. 67. O Programa Nacional de Acessibilidade, sob a coordenação da Secretaria Especial dos Direitos Humanos, por intermédio da CORDE, integrará os planos plurianuais, as diretrizes orçamentárias e os orçamentos anuais.

Art. 68. A Secretaria Especial dos Direitos Humanos, na condição de coordenadora do Programa Nacional de Acessibilidade, desenvolverá, dentre outras, as seguintes ações:

I – apoio e promoção de capacitação e especialização de recursos humanos em acessibilidade e ajudas técnicas;
II – acompanhamento e aperfeiçoamento da legislação sobre acessibilidade;
III – edição, publicação e distribuição de títulos referentes à temática da acessibilidade;
IV – cooperação com Estados, Distrito Federal e Municípios para a elaboração de estudos e diagnósticos sobre a situação da acessibilidade arquitetônica, urbanística, de transporte, comunicação e informação;
V – apoio e realização de campanhas informativas e educativas sobre acessibilidade;
VI – promoção de concursos nacionais sobre a temática da acessibilidade; e
VII – estudos e proposição da criação e normatização do Selo Nacional de Acessibilidade.

CAPÍTULO IX
DAS DISPOSIÇÕES FINAIS

Art. 69. Os programas nacionais de desenvolvimento urbano, os projetos de revitalização, recuperação ou reabilitação urbana incluirão ações destinadas à eliminação de barreiras arquitetônicas e urbanísticas, nos transportes e na comunicação e informação devidamente adequadas às exigências deste Decreto.

Art. 70. O art. 4º do Decreto nº 3.298, de 20 de dezembro de 1999, passa a vigorar com as seguintes alterações:

"Art. 4º

[...]

I – deficiência física – alteração completa ou parcial de um ou mais segmentos do corpo humano, acarretando o comprometimento da função física, apresentando-se sob a forma de paraplegia, paraparesia, monoplegia, monoparesia, tetraplegia, tetraparesia, triplegia, triparesia, hemiplegia, hemiparesia, ostomia, amputação ou ausência de membro, paralisia cerebral, nanismo, membros com deformidade congênita ou adquirida, exceto as deformidades estéticas e as que não produzam dificuldades para o desempenho de funções;

II – deficiência auditiva – perda bilateral, parcial ou total, de quarenta e um decibéis (dB) ou mais, aferida por audiograma nas frequências de 500HZ, 1.000HZ, 2.000Hz e 3.000Hz;

III – deficiência visual – cegueira, na qual a acuidade visual é igual ou menor que 0,05 no melhor olho, com a melhor correção óptica; a baixa visão, que significa acuidade visual entre 0,3 e 0,05 no melhor olho, com a melhor correção óptica; os casos nos quais a somatória da medida do campo visual em ambos os olhos for igual ou menor que 60º; ou a ocorrência simultânea de quaisquer das condições anteriores;

IV –

[...]

d) utilização dos recursos da comunidade;

[...]"

Art. 71. Ficam revogados os arts. 50 a 54 do Decreto nº 3.298, de 20 de dezembro de 1999.

Art. 72. Este Decreto entra em vigor na data da sua publicação.

Brasília, 2 de dezembro de 2004; 183º da Independência e 116º da República.

LUIZ INÁCIO LULA DA SILVA

DOU de 3.12.2004.

LEI Nº 11.079, DE 30 DE DEZEMBRO DE 2004

Institui normas gerais para licitação e contratação de parceria público-privada no âmbito da administração pública.

‣ *Parceria Público-Privada*

O PRESIDENTE DA REPÚBLICA Faço saber que o Congresso Nacional decreta e eu sanciono a seguinte Lei:

CAPÍTULO I. DISPOSIÇÕES PRELIMINARES

‣ Lei 14.133/2021 (Nova Lei de Licitações)

‣ Lei 8.987/1995 – Concessão e permissão da prestação de serviços públicos.

‣ v. Lei 8.666/1993 – Regulamenta o art. 37, inciso XXI, da Constituição Federal, institui normas para licitações e contratos da Administração Pública (Licitações e contratos).

‣ Decreto 5.411/2005 – Autoriza a integralização de cotas no Fundo Garantidor de Parcerias Público-Privadas – FGP, mediante ações representativas de participações acionárias da União em sociedades de economia mista disponíveis para venda.

Art. 1º. Esta Lei institui normas gerais para licitação e contratação de parceria público-privada no âmbito dos Poderes da União, dos Estados, do Distrito Federal e dos Municípios.

‣ CF/88: art. 37.

Parágrafo único. Esta Lei aplica-se aos órgãos da administração pública direta dos Poderes Executivo e Legislativo, aos fundos especiais, às autarquias, às fundações públicas, às empresas públicas, às sociedades de economia mista e às demais entidades controladas direta ou indiretamente pela União, Estados, Distrito Federal e Municípios. (Redação dada pela Lei nº 13.137, de 2015)

Art. 2º. Parceria público-privada é o contrato administrativo de concessão, na modalidade patrocinada ou administrativa.

§ 1º. Concessão patrocinada é a concessão de serviços públicos ou de obras públicas de que trata a Lei nº 8.987, de 13 de fevereiro de 1995, quando envolver, adicionalmente à tarifa cobrada dos usuários contraprestação pecuniária do parceiro público ao parceiro privado.

§ 2º. Concessão administrativa é o contrato de prestação de serviços de que a Administração Pública seja a usuária direta ou indireta, ainda que envolva execução de obra ou fornecimento e instalação de bens.

§ 3º. Não constitui parceria público-privada a concessão comum, assim entendida a concessão de serviços públicos ou de obras públicas de que trata a Lei nº 8.987, de 13 de fevereiro de 1995, quando não envolver contraprestação pecuniária do parceiro público ao parceiro privado.

§ 4º. É vedada a celebração de contrato de parceria público-privada:

I – cujo valor do contrato seja inferior a R$ 10.000.000,00 (dez milhões de reais); (Redação dada pela Lei nº 13.529, de 2017)

II – cujo período de prestação do serviço seja inferior a 5 (cinco) anos; ou

III – que tenha como objeto único o fornecimento de mão de obra, o fornecimento e instalação de equipamentos ou a execução de obra pública.

Art. 3º. As concessões administrativas regem-se por esta Lei, aplicando-se lhes adicionalmente o disposto nos arts. 21, 23, 25 e 27 a 39 da Lei nº 8.987, de 13 de fevereiro de 1995, e no art. 31 da Lei nº 9.074, de 7 de julho de 1995.

‣ Decreto 8.428/2015 – Dispõe sobre o Procedimento de Manifestação de Interesse a ser observado na apresentação de projetos, levantamentos, investigações ou estudos, por pessoa física ou jurídica de direito privado, a serem utilizados pela administração pública.

§ 1º. As concessões patrocinadas regem-se por esta Lei, aplicando-se lhes subsidiariamente o disposto na Lei nº 8.987, de 13 de fevereiro de 1995, e nas leis que lhe são correlatas.

§ 2º. As concessões comuns continuam regidas pela Lei 8.987, de 13 de fevereiro de 1995, e pelas leis que lhe são correlatas, não se lhes aplicando o disposto nesta Lei.

§ 3º. Continuam regidos exclusivamente pela Lei 8.666, de 21 de junho de 1993, e pelas leis que lhe são correlatas os contratos administrativos que não caracterizem concessão comum, patrocinada ou administrativa.

‣ Lei 14.133/2021 (Nova Lei de Licitações)

Art. 4º. Na contratação de parceria público-privada serão observadas as seguintes diretrizes:

I – eficiência no cumprimento das missões de Estado e no emprego dos recursos da sociedade;

II – respeito aos interesses e direitos dos destinatários dos serviços e dos entes privados incumbidos da sua execução;

III – indelegabilidade das funções de regulação, jurisdicional, do exercício do poder de polícia e de outras atividades exclusivas do Estado;

IV – responsabilidade fiscal na celebração e execução das parcerias;

V – transparência dos procedimentos e das decisões;

VI – repartição objetiva de riscos entre as partes;

VII – sustentabilidade financeira e vantagens socioeconômicas dos projetos de parceria.

CAPÍTULO II. DOS CONTRATOS DE PARCERIA PÚBLICO-PRIVADA

Art. 5º. As cláusulas dos contratos de parceria público-privada atenderão ao disposto no art. 23 da Lei nº 8.987, de 13 de fevereiro de 1995, no que couber, devendo também prever:

I – o prazo de vigência do contrato, compatível com a amortização dos investimentos realizados, não inferior a 5 (cinco), nem superior a 35 (trinta e cinco) anos, incluindo eventual prorrogação;

II – as penalidades aplicáveis à Administração Pública e ao parceiro privado em caso de inadimplemento contratual, fixadas sempre de forma proporcional à gravidade da falta cometida, e às obrigações assumidas;

III – a repartição de riscos entre as partes, inclusive os referentes a caso fortuito, força maior, fato do príncipe e álea econômica extraordinária;

IV – as formas de remuneração e de atualização dos valores contratuais;

V – os mecanismos para a preservação da atualidade da prestação dos serviços;

VI – os fatos que caracterizem a inadimplência pecuniária do parceiro público, os modos e o prazo de regularização e, quando houver, a forma de acionamento da garantia;

VII – os critérios objetivos de avaliação do desempenho do parceiro privado;

VIII – a prestação, pelo parceiro privado, de garantias de execução suficientes e compatíveis com os ônus e riscos envolvidos, observados os limites dos §§ 3º e 5º do art. 56 da Lei nº 8.666, de 21 de junho de 1993, e, no que se refere às concessões patrocinadas, o disposto no inciso XV do art. 18 da Lei nº 8.987, de 13 de fevereiro de 1995;

‣ Lei 14.133/2021 (Nova Lei de Licitações)

IX – o compartilhamento com a Administração Pública de ganhos econômicos efetivos do parceiro privado decorrentes da redução do risco de crédito dos financiamentos utilizados pelo parceiro privado;

X – a realização de vistoria dos bens reversíveis, podendo o parceiro público reter os pagamentos ao parceiro privado, no valor necessário para reparar as irregularidades eventualmente detectadas.

XI – o cronograma e os marcos para o repasse ao parceiro privado das parcelas do aporte de recursos, na fase de investimentos do projeto e/ou após a disponibilização dos serviços, sempre que verificada a hipótese do § 2º do art. 6º desta Lei. (Incluído pela Lei nº 12.766, de 2012)

§ 1º. As cláusulas contratuais de atualização automática de valores baseadas em índices e fórmulas matemáticas, quando houver, serão aplicadas sem necessidade de homologação pela Administração Pública, exceto se esta publicar, na imprensa oficial, onde houver, até o prazo de 15 (quinze) dias após apresentação da fatura, razões fundamentadas nesta Lei ou no contrato para a rejeição da atualização.

§ 2º. Os contratos poderão prever adicionalmente:

I – os requisitos e condições em que o parceiro público autorizará a transferência do controle ou a administração temporária da sociedade de propósito específico aos seus financiadores e garantidores com quem não mantenha vínculo societário direto, com o objetivo de promover a sua reestruturação financeira e assegurar a continuidade da prestação dos serviços, não se aplicando para este efeito o previsto no inciso I do parágrafo único do art. 27 da Lei nº 8.987, de 13 de fevereiro de 1995; (Redação dada pela Lei nº 13.097, de 2015)

‣ O parágrafo único do art. 27 da Lei 8.987/1995 foi renumerado para § 1º pela Lei 11.196/2005.

II – a possibilidade de emissão de empenho em nome dos financiadores do projeto em relação às obrigações pecuniárias da Administração Pública;

III – a legitimidade dos financiadores do projeto para receber indenizações por extinção antecipada do contrato, bem como pagamentos efetuados pelos fundos e empresas estatais garantidores de parcerias público-privadas.

Art. 5º-A. Para fins do inciso I do § 2º do art. 5º, considera-se: (Incluído pela Lei nº 13.097, de 2015)

I – o controle da sociedade de propósito específico a propriedade resolúvel de ações ou quotas por seus financiadores e garantidores que atendam os requisitos do art. 116 da Lei nº 6.404, de 15 de dezembro de 1976; (Incluído pela Lei nº 13.097, de 2015)

II – A administração temporária da sociedade de propósito específico, pelos financiadores e garantidores quando, sem a transferência da propriedade de ações ou quotas, forem outorgados os seguintes poderes: (Incluído pela Lei nº 13.097, de 2015)

a) indicar os membros do Conselho de Administração, a serem eleitos em Assembleia Geral pelos acionistas, nas sociedades regidas pela Lei nº 6.404, de 15 de dezembro de 1976; ou administradores, a serem eleitos pelos quotistas, nas demais sociedades; (Incluído pela Lei nº 13.097, de 2015)

b) indicar os membros do Conselho Fiscal, a serem eleitos pelos acionistas ou quotistas controladores em Assembleia Geral; (Incluído pela Lei nº 13.097, de 2015)

c) exercer poder de veto sobre qualquer proposta submetida à votação dos acionistas ou quotistas da concessionária, que representem, ou possam representar, prejuízos aos fins previstos no *caput* deste artigo; (Incluído pela Lei nº 13.097, de 2015)

d) outros poderes necessários ao alcance dos fins previstos no *caput* deste artigo; (Incluído pela Lei nº 13.097, de 2015)

§ 1º. A administração temporária autorizada pelo poder concedente não acarretará responsabilidade aos financiadores e garantidores em relação à tributação, encargos, ônus, sanções, obrigações ou compromissos com terceiros, inclusive com o poder concedente ou empregados. (Incluído pela Lei nº 13.097, de 2015)

§ 2º. O Poder Concedente disciplinará sobre o prazo da administração temporária. (Incluído pela Lei nº 13.097, de 2015)

Art. 6º. A contraprestação da Administração Pública nos contratos de parceria público-privada poderá ser feita por:

I – ordem bancária;

II – cessão de créditos não tributários;

III – outorga de direitos em face da Administração Pública;

IV – outorga de direitos sobre bens públicos dominicais;

V – outros meios admitidos em lei.

§ 1º. O contrato poderá prever o pagamento ao parceiro privado de remuneração variável vinculada ao seu desempenho, conforme metas e padrões de qualidade e disponibilidade definidos no contrato. (Incluído pela Lei nº 12.766, de 2012)

§ 2º. O contrato poderá prever o aporte de recursos em favor do parceiro privado para a realização de obras e aquisição de bens reversíveis, nos termos dos incisos X e XI do *caput* do art. 18 da Lei nº 8.987, de 13 de fevereiro de 1995, desde que autorizado no edital de licitação, se contratos novos, ou em lei específica, se contratos celebrados até 8 de agosto de 2012. (Incluído pela Lei nº 12.766, de 2012)

§ 3º. O valor do aporte de recursos realizado nos termos do § 2º poderá ser excluído da determinação: (Incluído pela Lei nº 12.766, de 2012)

I – do lucro líquido para fins de apuração do lucro real e da base de cálculo da Contribuição Social sobre o Lucro Líquido – CSLL; e (Incluído pela Lei nº 12.766, de 2012)

II – da base de cálculo da Contribuição para o PIS/Pasep e da Contribuição para o Financiamento da Seguridade Social – Cofins. (Incluído pela Lei nº 12.766, de 2012)

III – da base de cálculo da Contribuição Previdenciária sobre a Receita Bruta – CPRB devida pelas empresas referidas nos arts. 7º e 8º da Lei nº 12.546, de 14 de dezembro de 2011, a partir de 1º de janeiro de 2015. (Incluído pela Lei nº 13.043, de 2014)

§ 4º. Até 31 de dezembro de 2013, para os optantes conforme o art. 75 da Lei nº 12.973, de 13 de maio de 2014, e até 31 de dezembro de 2014, para os não optantes, a parcela excluída nos termos do § 3º deverá ser computada na determinação do lucro líquido para fins de apuração do lucro real, da base de cálculo da CSLL e da base de cálculo da Contribuição para o PIS/Pasep e da Cofins, na proporção em que o custo para a realização de obras e aquisição de bens a que se refere o § 2º deste artigo for realizado, inclusive mediante depreciação ou extinção da concessão, nos termos do art. 35 da Lei nº 8.987, de 13 de fevereiro de 1995. (Redação dada pela Lei nº 13.043, de 2014)

§ 5º. Por ocasião da extinção do contrato, o parceiro privado não receberá indenização pelas parcelas de investimentos vinculados a bens reversíveis ainda não amortizadas ou depreciadas, quando tais investimentos houverem sido realizados com valores provenientes do aporte de recursos de que trata o § 2º. (Incluído pela Lei nº 12.766, de 2012)

§ 6º. A partir de 1º de janeiro de 2014, para os optantes conforme o art. 75 da Lei nº 12.973, de 13 de maio de 2014, e de 1º de janeiro de 2015, para os não optantes, a parcela excluída nos termos do § 3º deverá ser computada na determinação do lucro líquido para fins de apuração do lucro real, da base de cálculo da CSLL e da base de cálculo da Contribuição para o PIS/Pasep e da Cofins em cada período de apuração durante o prazo restante do contrato, considerado a partir do início da prestação dos serviços públicos. (Incluído pela Lei nº 13.043, de 2014)

§ 7º. No caso do § 6º, o valor a ser adicionado em cada período de apuração deve ser o valor da parcela excluída dividida pela quantidade de períodos de apuração contidos no prazo restante do contrato. (Incluído pela Lei nº 13.043, de 2014)

§ 8º. Para os contratos de concessão em que a concessionária já tenha iniciado a prestação dos serviços públicos nas datas referidas no § 6º, as adições subsequentes serão realizadas em cada período de apuração durante o prazo restante do contrato, considerando o saldo remanescente ainda não adicionado. (Incluído pela Lei nº 13.043, de 2014)

§ 9º A parcela excluída nos termos do inciso III do § 3º deverá ser computada na determinação da base de cálculo da contribuição previdenciária de que trata o inciso III do § 3º em cada período de apuração durante o prazo restante previsto no contrato para construção, recuperação, reforma, ampliação ou melhoramento da infraestrutura que será utilizada na prestação de serviços públicos. (Incluído pela Lei nº 13.043, de 2014)

§ 10. No caso do § 9º, o valor a ser adicionado em cada período de apuração deve ser o valor da parcela excluída dividida pela quantidade de períodos de apuração contidos no prazo restante previsto no contrato para construção, recuperação, reforma, ampliação ou melhoramento da infraestrutura que será utilizada na prestação de serviços públicos. (Incluído pela Lei nº 13.043, de 2014)

§ 11. Ocorrendo a extinção da concessão antes do advento do termo contratual, o saldo da parcela excluída nos termos do § 3º, ainda não adicionado, deverá ser computado na determinação do lucro líquido para fins de apuração do lucro real, da base de cálculo da CSLL e da base de cálculo da Contribuição para o PIS/Pasep, da Cofins e da contribuição previdenciária de que trata o inciso III do § 3º no período de apuração da extinção. (Incluído pela Lei nº 13.043, de 2014)

§ 12. Aplicam-se às receitas auferidas pelo parceiro privado nos termos do § 6º o regime de apuração e as alíquotas da Contribuição para o PIS/Pasep e da Cofins aplicáveis às suas receitas decorrentes da prestação dos serviços públicos. (Incluído pela Lei nº 13.043, de 2014)

Art. 7º. A contraprestação da Administração Pública será obrigatoriamente precedida da disponibilização do serviço objeto do contrato de parceria público-privada.

§ 1º. É facultado à administração pública, nos termos do contrato, efetuar o pagamento da contraprestação relativa a parcela fruível do serviço objeto do contrato de parceria público-privada. (Incluído pela Lei nº 12.766, de 2012)

§ 2º. O aporte de recursos de que trata o § 2º do art. 6º, quando realizado durante a fase dos investimentos a cargo do parceiro privado, deverá guardar proporcionalidade com as etapas efetivamente executadas. (Incluído pela Lei nº 12.766, de 2012)

CAPÍTULO III. DAS GARANTIAS

Art. 8º. As obrigações pecuniárias contraídas pela Administração Pública em contrato de parceria público-privada poderão ser garantidas mediante:

I – vinculação de receitas, observado o disposto no inciso IV do art. 167 da Constituição Federal;

II – instituição ou utilização de fundos especiais previstos em lei;

III – contratação de seguro-garantia com as companhias seguradoras que não sejam controladas pelo Poder Público;

IV – garantia prestada por organismos internacionais ou instituições financeiras que não sejam controladas pelo Poder Público;

V – garantias prestadas por fundo garantidor ou empresa estatal criada para essa finalidade;

VI – outros mecanismos admitidos em lei.

Parágrafo único. *(VETADO). (Incluído* pela Lei nº 13.043, de 2014)

CAPÍTULO IV. DA SOCIEDADE DE PROPÓSITO ESPECÍFICO

Art. 9º. Antes da celebração do contrato, deverá ser constituída sociedade de propósito específico, incumbida de implantar e gerir o objeto da parceria.

§ 1º. A transferência do controle da sociedade de propósito específico estará condicionada à autorização expressa da Administração Pública, nos termos do edital e do contrato, observado o disposto no parágrafo único do art. 27 da Lei 8.987, de 13 de fevereiro de 1995. (Renumerada pela Lei nº 11.196, de 2005)

§ 2º. A sociedade de propósito específico poderá assumir a forma de companhia aberta, com valores mobiliários admitidos a negociação no mercado.

- CC: arts. 1.088 e 1.089.
- Lei 6.404/1976 – Dispõe sobre as Sociedades por Ações.

§ 3º. A sociedade de propósito específico deverá obedecer a padrões de governança corporativa e adotar contabilidade e demonstrações financeiras padronizadas, conforme regulamento.

§ 4º. Fica vedado à Administração Pública ser titular da maioria do capital votante das sociedades de que trata este Capítulo.

§ 5º. A vedação prevista no § 4º deste artigo não se aplica à eventual aquisição da maioria do capital votante da sociedade de propósito específico por instituição financeira controlada pelo Poder Público em caso de inadimplemento de contratos de financiamento.

CAPÍTULO V. DA LICITAÇÃO

Art. 10. A contratação de parceria público-privada será precedida de licitação na modalidade concorrência ou diálogo competitivo, estando a abertura do processo licitatório condicionada a: (Redação dada pela Lei 14.133/2021)

- Lei 14.133/2021 (Nova Lei de Licitações)
- Lei 8.666/1993: arts. 22, § 1º e 23.

I – autorização da autoridade competente, fundamentada em estudo técnico que demonstre:

a) a conveniência e a oportunidade da contratação, mediante identificação das razões que justifiquem a opção pela forma de parceria público-privada;

b) que as despesas criadas ou aumentadas não afetarão as metas de resultados fiscais previstas no Anexo referido no § 1º do art. 4º da Lei Complementar nº 101, de 4 de maio de 2000, devendo seus efeitos financeiros, nos períodos seguintes, ser compensados pelo aumento permanente de receita ou pela redução permanente de despesa; e

c) quando for o caso, conforme as normas editadas na forma do art. 25 desta Lei, a observância dos limites e condições decorrentes da aplicação dos arts. 29, 30 e 32 da Lei Complementar nº 101, de 4 de maio de 2000, pelas obrigações contraídas pela Administração Pública relativas ao objeto do contrato;

II – elaboração de estimativa do impacto orçamentário-financeiro nos exercícios em que deva vigorar o contrato de parceria público-privada;

III – declaração do ordenador da despesa de que as obrigações contraídas pela Administração Pública no decorrer do contrato são compatíveis com a lei de diretrizes orçamentárias e estão previstas na lei orçamentária anual;

IV – estimativa do fluxo de recursos públicos suficientes para o cumprimento, durante a vigência do contrato e por exercício financeiro, das obrigações contraídas pela Administração Pública;

V – seu objeto estar previsto no plano plurianual em vigor no âmbito onde o contrato será celebrado;

VI – submissão da minuta de edital e de contrato à consulta pública, mediante publicação na imprensa oficial, em jornais de grande circulação e por meio eletrônico, que deverá informar a justificativa para a contratação, a identificação do objeto, o prazo de duração do contrato, seu valor estimado, fixando-se prazo mínimo de 30 (trinta) dias para recebimento de sugestões, cujo termo dar-se-á pelo menos 7 (sete) dias antes da data prevista para a publicação do edital; e

VII – licença ambiental prévia ou expedição das diretrizes para o licenciamento ambiental do empreendimento, na forma do regulamento, sempre que o objeto do contrato exigir.

§ 1º. A comprovação referida nas alíneas *b* e *c* do inciso I do *caput* deste artigo conterá as premissas e metodologia de cálculo utilizadas, observadas as normas gerais para consolidação das contas públicas, sem prejuízo do exame de compatibilidade das despesas com as demais normas do plano plurianual e da lei de diretrizes orçamentárias.

§ 2º. Sempre que a assinatura do contrato ocorrer em exercício diverso daquele em que for publicado o edital, deverá ser precedida da atualização dos estudos e demonstrações a que se referem os incisos I a IV do *caput* deste artigo.

§ 3º. As concessões patrocinadas em que mais de 70% (setenta por cento) da remuneração do parceiro privado for paga pela Administração Pública dependerão de autorização legislativa específica.

§ 4º. Os estudos de engenharia para a definição do valor do investimento da PPP deverão ter nível de detalhamento de anteprojeto, e o valor dos investimentos para definição do preço de referência para a licitação será calculado com base em valores de mercado considerando o custo global de obras semelhantes no Brasil ou no exterior ou com base em sistemas de custos que utilizem como insumo valores de mercado do setor específico do projeto, aferidos, em qualquer caso, mediante orçamento sintético, elaborado por meio de metodologia expedita ou paramétrica. (Incluído pela Lei nº 12.766, de 2012)

Art. 11. O instrumento convocatório conterá minuta do contrato, indicará expressamente a submissão da licitação às normas desta Lei e observará, no que couber, os §§ 3º e 4º do art. 15, os arts. 18, 19 e 21 da Lei nº 8.987, de 13 de fevereiro de 1995, podendo ainda prever:

- Lei 14.133/2021 (Nova Lei de Licitações)
- Lei 8.666/1993: arts. 40, § 2º, III e 62, § 1º.

I – exigência de garantia de proposta do licitante, observado o limite do inciso III do art. 31 da Lei nº 8.666, de 21 de junho de 1993;

II – *(VETADO)*.

III – o emprego dos mecanismos privados de resolução de disputas, inclusive a arbitragem, a ser realizada no Brasil e em língua portuguesa, nos termos da Lei nº 9.307, de 23 de setembro de 1996, para dirimir conflitos decorrentes ou relacionados ao contrato.

Parágrafo único. O edital deverá especificar, quando houver, as garantias da contraprestação do parceiro público a serem concedidas ao parceiro privado.

Art. 12. O certame para a contratação de parcerias público-privadas obedecerá ao procedimento previsto na legislação vigente sobre licitações e contratos administrativos e também ao seguinte:

I – o julgamento poderá ser precedido de etapa de qualificação de propostas técnicas, desclassificando-se os licitantes que não alcançarem a pontuação mínima, os quais não participarão das etapas seguintes;

II – o julgamento poderá adotar como critérios, além dos previstos nos incisos I e V do art. 15 da Lei nº 8.987, de 13 de fevereiro de 1995, os seguintes:

a) menor valor da contraprestação a ser paga pela Administração Pública;

b) melhor proposta em razão da combinação do critério da alínea *a* com o de melhor técnica, de acordo com os pesos estabelecidos no edital;

III – o edital definirá a forma de apresentação das propostas econômicas, admitindo-se:

a) propostas escritas em envelopes lacrados; ou

b) propostas escritas, seguidas de lances em viva voz;

IV – o edital poderá prever a possibilidade de saneamento de falhas, de complementação de insuficiências ou ainda de correções de caráter formal no curso do procedimento, desde que o licitante possa satisfazer as exigências dentro do prazo fixado no instrumento convocatório.

§ 1º. Na hipótese da alínea *b* do inciso III do *caput* deste artigo:

I – os lances em viva voz serão sempre oferecidos na ordem inversa da classificação das propostas escritas, sendo vedado ao edital limitar a quantidade de lances;

II – o edital poderá restringir a apresentação de lances em viva voz aos licitantes cuja proposta escrita for no máximo 20% (vinte por cento) maior que o valor da melhor proposta.

§ 2º. O exame de propostas técnicas, para fins de qualificação ou julgamento, será feito por ato motivado, com base em exigências, parâmetros e indicadores de resultado pertinentes ao objeto, definidos com clareza e objetividade no edital.

Art. 13. O edital poderá prever a inversão da ordem das fases de habilitação e julgamento, hipótese em que:

I – encerrada a fase de classificação das propostas ou o oferecimento de lances, será aberto o invólucro com os documentos de habilitação do licitante mais bem classificado, para verificação do atendimento das condições fixadas no edital;

II – verificado o atendimento das exigências do edital, o licitante será declarado vencedor;

III – inabilitado o licitante melhor classificado, serão analisados os documentos habilitatórios do licitante com a proposta classificada em segundo lugar, e assim, sucessivamente, até que um licitante classificado atenda às condições fixadas no edital;

IV – proclamado o resultado final do certame, o objeto será adjudicado ao vencedor nas condições técnicas e econômicas por ele ofertadas.

CAPÍTULO VI. DISPOSIÇÕES APLICÁVEIS À UNIÃO

Art. 14. Será instituído, por decreto, órgão gestor de parcerias público-privadas federais, com competência para:

- Decreto 5.385/2005 – Comitê Gestor de Parceria Público-Privada Federal (CGP).

I – definir os serviços prioritários para execução no regime de parceria público-privada;

II – disciplinar os procedimentos para celebração desses contratos;

III – autorizar a abertura da licitação e aprovar seu edital;

IV – apreciar os relatórios de execução dos contratos.

§ 1º. O órgão mencionado no *caput* deste artigo será composto por indicação nominal de um representante titular e respectivo suplente de cada um dos seguintes órgãos:

I – Ministério do Planejamento, Orçamento e Gestão, ao qual cumprirá a tarefa de coordenação das respectivas atividades;

- Lei 13.341/2016: art. 2º, VI (transformou o Ministério do Planejamento, Orçamento e Gestão em Ministério do Planejamento, Desenvolvimento e Gestão).

II – Ministério da Fazenda;

III – Casa Civil da Presidência da República.

§ 2º. Das reuniões do órgão a que se refere o *caput* deste artigo para examinar projetos de parceria público-privada participará um representante do órgão da Administração Pública direta cuja área de competência seja pertinente ao objeto do contrato em análise.

§ 3º. Para deliberação do órgão gestor sobre a contratação de parceria público-privada, o expediente deverá estar instruído com pronunciamento prévio e fundamentado:

I – do Ministério do Planejamento, Orçamento e Gestão, sobre o mérito do projeto;

- Lei 13.341/2016: art. 2º, VI (transformou o Ministério do Planejamento, Orçamento e Gestão em Ministério do Planejamento, Desenvolvimento e Gestão).

II – do Ministério da Fazenda, quanto à viabilidade da concessão da garantia e à sua forma, relativamente aos riscos para o Tesouro Nacional e ao cumprimento do limite de que trata o art. 22 desta Lei.

§ 4º. Para o desempenho de suas funções, o órgão citado no *caput* deste artigo poderá criar estrutura de apoio técnico com a presença de representantes de instituições públicas.

§ 5º. O órgão de que trata o *caput* deste artigo remeterá ao Congresso Nacional e ao Tribunal de Contas da União, com periodicidade anual, relatórios de desempenho dos contratos de parceria público-privada.

§ 6º. Para fins do atendimento do disposto no inciso V do art. 4º desta Lei, ressalvadas as informações classificadas como sigilosas, os relatórios de que trata o § 5º deste artigo serão disponibilizados ao público, por meio de rede pública de transmissão de dados.

Art. 14-A. A Câmara dos Deputados e o Senado Federal, por meio de atos das respectivas Mesas, poderão dispor sobre a matéria de que trata o art. 14 no caso de parcerias público-privadas por eles realizadas, mantida a competência do Ministério da Fazenda descrita no inciso II do § 3º do referido artigo. (Incluído pela Lei nº 13.137, de 2015)

Art. 15. Compete aos Ministérios e às Agências Reguladoras, nas suas respectivas áreas de competência, submeter o edital de licitação ao órgão gestor, proceder à licitação, acompanhar e fiscalizar os contratos de parceria público-privada.

Parágrafo único. Os Ministérios e Agências Reguladoras encaminharão ao órgão a que se refere o *caput* do art. 14 desta Lei, com periodicidade semestral, relatórios circunstanciados acerca da execução dos contratos de parceria público-privada, na forma definida em regulamento.

Art. 16. Ficam a União, seus fundos especiais, suas autarquias, suas fundações públicas e suas empresas estatais dependentes autorizadas a participar, no limite global de R$ 6.000.000.000,00 (seis bilhões de reais), em Fundo Garantidor de Parcerias Público-Privadas – FGP que terá por finalidade prestar garantia de pagamento de obrigações pecuniárias assumidas pelos parceiros públicos federais, distritais, estaduais ou municipais em virtude das parcerias de que trata esta Lei. (Redação dada pela Lei nº 12.766, de 2012)

‣ Decreto 5.411/2005: art. 1º.

§ 1º. O FGP terá natureza privada e patrimônio próprio separado do patrimônio dos cotistas, e será sujeito a direitos e obrigações próprios.

§ 2º. O patrimônio do Fundo será formado pelo aporte de bens e direitos realizado pelos cotistas, por meio da integralização de cotas e pelos rendimentos obtidos com sua administração.

§ 3º. Os bens e direitos transferidos ao Fundo serão avaliados por empresa especializada, que deverá apresentar laudo fundamentado, com indicação dos critérios de avaliação adotados e instruído com os documentos relativos aos bens avaliados.

§ 4º. A integralização das cotas poderá ser realizada em dinheiro, títulos da dívida pública, bens imóveis dominicais, bens móveis, inclusive ações de sociedade de economia mista federal excedentes ao necessário para manutenção de seu controle pela União, ou outros direitos com valor patrimonial.

§ 5º. O FGP responderá por suas obrigações com os bens e direitos integrantes de seu patrimônio, não respondendo os cotistas por qualquer obrigação do Fundo, salvo pela integralização das cotas que subscreverem.

§ 6º. A integralização com bens a que se refere o § 4º deste artigo será feita independentemente de licitação, mediante prévia avaliação e autorização específica do Presidente da República, por proposta do Ministro da Fazenda.

§ 7º. O aporte de bens de uso especial ou de uso comum no FGP será condicionado a sua desafetação de forma individualizada.

§ 8º. A capitalização do FGP, quando realizada por meio de recursos orçamentários, dar-se-á por ação orçamentária específica para esta finalidade, no âmbito de Encargos Financeiros da União. (Incluído pela Lei nº 12.409, de 2011)

§ 9º. (*VETADO*). (Incluído pela Lei nº 12.766, de 2012)

Art. 17. O FGP será criado, administrado, gerido e representado judicial e extrajudicialmente por instituição financeira controlada, direta ou indiretamente, pela União, com observância das normas a que se refere o inciso XXII do art. 4º da Lei nº 4.595, de 31 de dezembro de 1964.

‣ Decreto 5.411/2005 – Autoriza a integralização de cotas no Fundo Garantidor de Parcerias Público-Privadas - FGP, mediante ações representativas de participações acionárias da União em sociedades de economia mista disponíveis para venda.

§ 1º. O estatuto e o regulamento do FGP serão aprovados em assembleia dos cotistas.

§ 2º. A representação da União na assembleia dos cotistas dar-se-á na forma do inciso V do art. 10 do Decreto-lei nº 147, de 3 de fevereiro de 1967.

§ 3º. Caberá à instituição financeira deliberar sobre a gestão e alienação dos bens e direitos do FGP, zelando pela manutenção de sua rentabilidade e liquidez.

Art. 18. O estatuto e o regulamento do FGP devem deliberar sobre a política de concessão de garantias, inclusive no que se refere à relação entre ativos e passivos do Fundo. (Redação dada pela Lei nº 12.409, de 2011)

§ 1º. A garantia será prestada na forma aprovada pela assembleia dos cotistas, nas seguintes modalidades:

I – fiança, sem benefício de ordem para o fiador;

II – penhor de bens móveis ou de direitos integrantes do patrimônio do FGP, sem transferência da posse da coisa empenhada antes da execução da garantia;

III – hipoteca de bens imóveis do patrimônio do FGP;

IV – alienação fiduciária, permanecendo a posse direta dos bens com o FGP ou com agente fiduciário por ele contratado antes da execução da garantia;

V – outros contratos que produzam efeito de garantia, desde que não transfiram a titularidade ou posse direta dos bens ao parceiro privado antes da execução da garantia;

VI – garantia, real ou pessoal, vinculada a um patrimônio de afetação constituído em decorrência da separação de bens e direitos pertencentes ao FGP.

§ 2º. O FGP poderá prestar contragarantias a seguradoras, instituições financeiras e organismos internacionais que garantirem o cumprimento das obrigações pecuniárias dos cotistas em contratos de parceria público-privadas.

§ 3º. A quitação pelo parceiro público de cada parcela de débito garantido pelo FGP importará exoneração proporcional da garantia.

§ 4º. O FGP poderá prestar garantia mediante contratação de instrumentos disponíveis em mercado, inclusive para complementação das modalidades previstas no § 1º. (Redação dada pela Lei nº 12.766, de 2012)

§ 5º. O parceiro privado poderá acionar o FGP nos casos de: (Redação dada pela Lei nº 2.766, de 2012)

I – crédito líquido e certo, constante de TÍTULO exigível aceito e não pago pelo parceiro público após 15 (quinze) dias contados da data de vencimento; e (Incluído pela Lei nº 12.766, de 2012)

II – débitos constantes de faturas emitidas e não aceitas pelo parceiro público após 45 (quarenta e cinco) dias contados da data de vencimento, desde que não tenha havido rejeição expressa por ato motivado. (Incluído pela Lei nº 12.766, de 2012)

§ 6º. A quitação de débito pelo FGP importará sua sub-rogação nos direitos do parceiro privado.

§ 7º. Em caso de inadimplemento, os bens e direitos do Fundo poderão ser objeto de constrição judicial e alienação para satisfazer as obrigações garantidas.

§ 8º. O FGP poderá usar parcela da cota da União para prestar garantia aos seus fundos especiais, às suas autarquias, às suas fundações públicas e às suas empresas estatais dependentes. (Incluído pela Lei nº 12.409, de 2011)

§ 9º. O FGP é obrigado a honrar faturas aceitas e não pagas pelo parceiro público. (Incluído pela Lei nº 12.766, de 2012)

§ 10. O FGP é proibido de pagar faturas rejeitadas expressamente por ato motivado. (Incluído pela Lei nº 12.766, de 2012)

§ 11. O parceiro público deverá informar o FGP sobre qualquer fatura rejeitada e sobre os motivos da rejeição no prazo de 40 (quarenta) dias contado da data de vencimento. (Incluído pela Lei nº 12.766, de 2012)

§ 12. A ausência de aceite ou rejeição expressa de fatura por parte do parceiro público no prazo de 40 (quarenta) dias contado da data de vencimento implicará aceitação tácita. (Incluído pela Lei nº 12.766, de 2012)

§ 13. O agente público que contribuir por ação ou omissão para a aceitação tácita de que trata o § 12 ou que rejeitar fatura sem motivação será responsabilizado pelos danos que causar, em conformidade com a legislação civil, administrativa e penal em vigor. (Incluído pela Lei nº 12.766, de 2012)

Art. 19. O FGP não pagará rendimentos a seus cotistas, assegurando-se a qualquer deles o direito de requerer o resgate total ou parcial de suas cotas, correspondente ao patrimônio ainda não utilizado para a concessão de garantias, fazendo-se a liquidação com base na situação patrimonial do Fundo.

Art. 20. A dissolução do FGP, deliberada pela assembleia dos cotistas, ficará condicionada à prévia quitação da totalidade dos débitos garantidos ou liberação das garantias pelos credores.

Parágrafo único. Dissolvido o FGP, o seu patrimônio será rateado entre os cotistas, com base na situação patrimonial à data da dissolução.

Art. 21. É facultada a constituição de patrimônio de afetação que não se comunicará com o restante do patrimônio do FGP, ficando vinculado exclusivamente à garantia em virtude da qual tiver sido constituído, não podendo ser objeto de penhora, arresto, sequestro, busca e apreensão ou qualquer ato de constrição judicial decorrente de outras obrigações do FGP.

Parágrafo único. A constituição do patrimônio de afetação será feita por registro em Cartório de Registro de Títulos e Documentos ou, no caso de bem imóvel, no Cartório de Registro Imobiliário correspondente.

Art. 22. A União somente poderá contratar parceria público-privada quando a soma das despesas de caráter continuado derivadas do conjunto das parcerias já contratadas não tiver excedido, no ano anterior, a 1% (um por cento) da receita corrente líquida do exercício, e as despesas anuais dos contratos vigentes, nos 10 (dez) anos subsequentes, não excedam a 1% (um por cento) da receita corrente líquida projetada para os respectivos exercícios.

CAPÍTULO VII.
DISPOSIÇÕES FINAIS

Art. 23. Fica a União autorizada a conceder incentivo, nos termos do Programa de Incentivo à Implementação de Projetos de Interesse Social – PIPS, instituído pela Lei nº 10.735, de 11 de setembro de 2003, às aplicações em fundos de investimento, criados por instituições financeiras, em direitos creditórios provenientes dos contratos de parcerias público-privadas.

Art. 24. O Conselho Monetário Nacional estabelecerá, na forma da legislação pertinente, as diretrizes para a concessão de crédito destinado ao financiamento de contratos de parcerias público-privadas, bem como para participação de entidades fechadas de previdência complementar.

Art. 25. A Secretaria do Tesouro Nacional editará, na forma da legislação pertinente, normas gerais relativas à consolidação das contas públicas aplicáveis aos contratos de parceria público-privada.

Art. 26. O inciso I do § 1º do art. 56 da Lei nº 8.666, de 21 de junho de 1993, passa a vigorar com a seguinte redação:

‣ Alteração incorporada ao texto da referida lei.

Art. 27. As operações de crédito efetuadas por empresas públicas ou sociedades de economia mista controladas pela União não poderão exceder a 70% (setenta por cento) do total das fontes de recursos financeiros da sociedade de propósito específico, sendo que para as áreas das regiões Norte, Nordeste e Centro-Oeste, onde o Índice de Desenvolvimento Humano – IDH seja inferior à média nacional, essa participação não poderá exceder a 80% (oitenta por cento).

§ 1º. Não poderão exceder a 80% (oitenta por cento) do total das fontes de recursos financeiros da sociedade de propósito específico ou 90% (noventa por cento) nas áreas das regiões Norte, Nordeste e Centro-Oeste, onde o Índice de Desenvolvimento Humano – IDH seja inferior à média nacional, as operações de crédito ou contribuições de capital realizadas cumulativamente por:

I – entidades fechadas de previdência complementar;

II – empresas públicas ou sociedades de economia mista controladas pela União.

§ 2º. Para fins do disposto neste artigo, entende-se por fonte de recursos financeiros as operações de crédito e contribuições de capital à sociedade de propósito específico.

Art. 28. A União não poderá conceder garantia ou realizar transferência voluntária aos Estados, Distrito Federal e Municípios se a soma das despesas de caráter continuado derivadas do conjunto das parcerias já contratadas por esses entes tiver excedido, no ano anterior, a 5% (cinco por cento) da receita corrente líquida do exercício ou se as despesas anuais dos contratos vigentes nos 10 (dez) anos subsequentes excederem a 5% (cinco por cento) da receita corrente líquida projetada para os respectivos exercícios. (Redação dada pela Lei nº 12.766, de 2012)

§ 1º. Os Estados, o Distrito Federal e os Municípios que contratarem empreendimentos por intermédio de parcerias público-privadas deverão encaminhar ao Senado Federal e à Secretaria do Tesouro Nacional, previamente à contratação, as informações necessárias para cumprimento do previsto no *caput* deste artigo.

§ 2º. Na aplicação do limite previsto no *caput* deste artigo, serão computadas as despesas derivadas de contratos de parceria celebrados pela administração pública direta, autarquias, fundações públicas, empresas públicas, sociedades de economia mista e demais entidades controladas, direta ou indiretamente, pelo respectivo ente, excluídas as empresas estatais não dependentes. (Redação dada pela Lei nº 12.024, de 2009)

§ 3º. *(VETADO).*

Art. 29. Serão aplicáveis, no que couber, as penalidades previstas no Decreto-lei nº 2.848, de 7 de dezembro de 1940 – Código Penal, na Lei nº 8.429, de 2 de junho de 1992 – Lei de Improbidade Administrativa, na Lei nº 10.028, de 19 de outubro de 2000 – Lei dos Crimes Fiscais, no Decreto-lei nº 201, de 27 de fevereiro de 1967, e na Lei nº 1.079, de 10 de abril de 1950, sem prejuízo das penalidades financeiras previstas contratualmente.

Art. 30. Esta Lei entra em vigor na data de sua publicação.

Brasília, 30 de dezembro de 2004; 183º da Independência e 116º da República.

LUIZ INÁCIO LULA DA SILVA
Publicado no D.O.U. 31.12.2004

LEI COMPLEMENTAR Nº 118, DE 9 DE FEVEREIRO DE 2005

Altera e acrescenta dispositivos à Lei nº 5.172, de 25 de outubro de 1966 – Código Tributário Nacional, e dispõe sobre a interpretação do inciso I do art. 168 da mesma Lei.

‣ *Legislação Tributária*

O PRESIDENTE DA REPÚBLICA

Faço saber que o Congresso Nacional decreta e eu sanciono a seguinte Lei:

Art. 1º A Lei nº 5.172, de 25 de outubro de 1966 – Código Tributário Nacional, passa a vigorar com as seguintes alterações:

‣ Alterações já incorporadas ao texto da referida lei.

Art. 2º A Lei nº 5.172, de 25 de outubro de 1966 – Código Tributário Nacional, passa a vigorar acrescida dos seguintes arts. 185-A e 191-A:

‣ Alterações já incorporadas ao texto da referida lei.

Art. 3º Para efeito de interpretação do inciso I do art. 168 da Lei nº 5.172, de 25 de outubro de 1966 – Código Tributário Nacional, a extinção do crédito tributário ocorre, no caso de tributo sujeito a lançamento por homologação, no momento do pagamento antecipado de que trata o § 1º do art. 150 da referida Lei.

Art. 4º Esta Lei entra em vigor 120 (cento e vinte) dias após sua publicação, observado, quanto ao art. 3º, o disposto no art. 106, inciso I, da Lei nº 5.172, de 25 de outubro de 1966 – Código Tributário Nacional.

Brasília, 9 de fevereiro de 2005; 184º da Independência e 117º da República.

LUIZ INÁCIO LULA DA SILVA
Márcio Thomaz Bastos
Antonio Palloci Filho
Ricardo José Ribeiro Berzoini

LEI Nº 11.101, DE 9 DE FEVEREIRO DE 2005

Regula a recuperação judicial, a extrajudicial e a falência do empresário e da sociedade empresária.

‣ *Falências*

CAPÍTULO I.
DISPOSIÇÕES PRELIMINARES

Art. 1º. Esta Lei disciplina a recuperação judicial, a recuperação extrajudicial e a falência do empresário e da sociedade empresária, doravante referidos simplesmente como devedor.

Art. 2º. Esta Lei não se aplica a:

I – empresa pública e sociedade de economia mista;

II – instituição financeira pública ou privada, cooperativa de crédito, consórcio, entidade de previdência complementar, sociedade operadora de plano de assistência à saúde, sociedade seguradora, sociedade de capitalização e outras entidades legalmente equiparadas às anteriores.

Art. 3º. É competente para homologar o plano de recuperação extrajudicial, deferir a recuperação judicial ou decretar a falência o juízo do local do principal estabelecimento do devedor ou da filial de empresa que tenha sede fora do Brasil.

Art. 4º. Vetado.

CAPÍTULO II.
DISPOSIÇÕES COMUNS À RECUPERAÇÃO JUDICIAL E À FALÊNCIA

SEÇÃO I.
DISPOSIÇÕES GERAIS

Art. 5º. Não são exigíveis do devedor, na recuperação judicial ou na falência:

I – as obrigações a título gratuito;

II – as despesas que os credores fizerem para tomar parte na recuperação judicial ou na falência, salvo as custas judiciais decorrentes de litígio com o devedor.

Art. 6º A decretação da falência ou o deferimento do processamento da recuperação judicial implica: (Redação dada pela Lei 14.112/2020)

I - suspensão do curso da prescrição das obrigações do devedor sujeitas ao regime desta Lei; (Acrescido pela Lei 14.112/2020)

II - suspensão das execuções ajuizadas contra o devedor, inclusive daquelas dos credores particulares do sócio solidário, relativas a créditos ou obrigações sujeitos à recuperação judicial ou à falência; (Acrescido pela Lei 14.112/2020)

III - proibição de qualquer forma de retenção, arresto, penhora, sequestro, busca e apreensão e constrição judicial ou extrajudicial sobre os bens do devedor, oriunda de demandas judiciais ou extrajudiciais cujos créditos ou obrigações sujeitem-se à recuperação judicial ou à falência. (Acrescido pela Lei 14.112/2020)

§ 1º. Terá prosseguimento no juízo no qual estiver se processando a ação que demandar quantia ilíquida.

‣ Esta Lei: arts. 19, § 1º, e 99, V.

§ 2º. É permitido pleitear, perante o administrador judicial, habilitação, exclusão ou modificação de créditos derivados da relação de trabalho, mas as ações de natureza trabalhista, inclusive as impugnações a que se refere o art. 8º desta Lei, serão processadas perante a justiça especializada até a apuração do respectivo crédito, que será inscrito no quadro-geral de credores pelo valor determinado em sentença.

‣ Esta Lei: arts. 19, § 1º, e 99, V.

§ 3º. O juiz competente para as ações referidas nos §§ 1º e 2º deste artigo poderá determinar a reserva da importância que estimar devida na recuperação judicial ou na falência, e, uma vez reconhecido líquido o direito, será o crédito incluído na classe própria.

§ 4º. Na recuperação judicial, as suspensões e a proibição de que tratam os incisos I, II e III do *caput* deste artigo perdurarão pelo prazo de 180 (cento e oitenta) dias, contado do deferimento do processamento da recuperação, prorrogável por igual período, uma única vez, em caráter excepcional, desde que o devedor não haja concorrido com a superação do lapso temporal. (Redação dada pela Lei 14.112/2020)

§ 4º-A. O decurso do prazo previsto no § 4º deste artigo sem a deliberação a respeito do plano de recuperação judicial proposto pelo devedor faculta aos credores a propositura de plano alternativo, na forma dos §§ 4º, 5º, 6º e 7º do art. 56 desta Lei, observado o seguinte: (Acrescido pela Lei 14.112/2020)

I - as suspensões e a proibição de que tratam os incisos I, II e III do *caput* deste artigo não serão aplicáveis caso os credores não apresentem plano alternativo no prazo de 30 (trinta) dias, contado do final do prazo referido no § 4º deste artigo ou no § 4º do art. 56 desta Lei;

II - as suspensões e a proibição de que tratam os incisos I, II e III do *caput* deste artigo perdurarão por 180 (cento e oitenta) dias contados do final do prazo referido no § 4º deste artigo, ou da realização da assembleia-geral de credores referida no § 4º do art. 56 desta Lei, caso os credores apresentem plano alternativo no prazo referido no inciso I deste parágrafo ou no prazo referido no § 4º do art. 56 desta Lei.

§ 5º. O disposto no § 2º deste artigo aplica-se à recuperação judicial durante o período de suspensão de que trata o § 4º deste artigo. (Redação dada pela Lei 14.112/2020)

§ 6º. Independentemente da verificação periódica perante os cartórios de distribuição, as ações que venham a ser propostas contra o devedor deverão ser comunicadas ao juízo da falência ou da recuperação judicial:

I – pelo juiz competente, quando do recebimento da petição inicial;

II – pelo devedor, imediatamente após a citação.

§ 7º. (Revogado pela Lei 14.112/2020)

§ 7º-A. O disposto nos incisos I, II e III do *caput* deste artigo não se aplica aos créditos referidos nos §§ 3º e 4º do art. 49 desta Lei, admitida, todavia, a competência do juízo da recuperação judicial para determinar a suspensão dos atos de constrição que recaiam sobre bens de capital essenciais à manutenção da atividade empresarial durante o prazo de suspensão a que se refere o § 4º deste artigo, a qual será implementada mediante a cooperação jurisdicional, na forma do art. 69 da Lei nº 13.105, de 16 de março de 2015 (Código de Processo Civil), observado o disposto no art. 805 do referido Código. (Acrescido pela Lei 14.112/2020)

§ 7º-B. O disposto nos incisos I, II e III do *caput* deste artigo não se aplica às execuções fiscais, admitida, todavia, a competência do juízo da recuperação judicial para determinar a substituição dos atos de constrição que recaiam sobre bens de capital essenciais à manutenção da atividade empresarial até o encerramento da recuperação judicial, a qual será implementada mediante a cooperação jurisdicional, na forma do art. 69 da Lei nº 13.105, de 16 de março de 2015 (Código de Processo Civil), observado o disposto no art. 805 do referido Código. (Acrescido pela Lei 14.112/2020)

§ 8º. A distribuição do pedido de falência ou de recuperação judicial ou a homologação de recuperação extrajudicial previne a jurisdição para qualquer outro pedido de falência, de recuperação judicial ou de homologação de recuperação extrajudicial relativo ao mesmo devedor. (Redação dada pela Lei 14.112/2020)

§ 9º. O processamento da recuperação judicial ou a decretação da falência não autoriza o administrador judicial a recusar a eficácia da convenção de arbitragem, não impedindo ou suspendendo a instauração de procedimento arbitral. (Acrescido pela Lei 14.112/2020)

§ 10. (VETADO na Lei 14.112/2020)

§ 11. O disposto no § 7º-B deste artigo aplica-se, no que couber, às execuções fiscais e às execuções de ofício que se enquadrem respectivamente nos incisos VII e VIII do *caput* do art. 114 da Constituição Federal, vedados a expedição de certidão de crédito e o arquivamento das execuções para efeito de habilitação na recuperação judicial ou na falência. (Acrescido pela Lei 14.112/2020)

§ 12. Observado o disposto no art. 300 da Lei nº 13.105, de 16 de março de 2015 (Código de Processo Civil), o juiz poderá antecipar total ou parcialmente os efeitos do deferimento do processamento da recuperação judicial. (Acrescido pela Lei 14.112/2020)

§ 13. Não se sujeitam aos efeitos da recuperação judicial os contratos e obrigações decorrentes dos atos cooperativos praticados pelas sociedades cooperativas com seus cooperados, na forma do art. 79 da Lei nº 5.764, de 16 de dezembro de 1971, consequentemente, não se aplicando a vedação contida no inciso II do art. 2º quando a sociedade operadora de plano de assistência à saúde for cooperativa médica. (Parágrafo vetado na Lei 14.112/2020 pelo Presidente da República, mantido pelo Congresso Nacional e publicado na Edição Extra D do DOU de 26/3/2021)

Art. 6º-A. É vedado ao devedor, até a aprovação do plano de recuperação judicial, distribuir lucros ou dividendos a sócios e acionistas, sujeitando-se o infrator ao disposto no art. 168 desta Lei. (Acrescido pela Lei 14.112/2020)

Art. 6º-B. Não se aplica o limite percentual de que tratam os arts. 15 e 16 da Lei nº 9.065, de 20 de junho de 1995, à apuração do imposto sobre a renda e da Contribuição Social sobre o Lucro Líquido (CSLL) sobre a parcela do lucro líquido decorrente de ganho de capital resultante da alienação judicial de bens ou direitos, de que tratam os arts. 60, 66 e 141 desta Lei, pela pessoa jurídica em recuperação judicial ou com falência decretada. (Artigo vetado na Lei 14.112/2020 pelo Presidente da República, mantido pelo Congresso Nacional e publicado na Edição Extra D do DOU de 26/3/2021)

Parágrafo único. O disposto no *caput* deste artigo não se aplica na hipótese em que o ganho de capital decorra de transação efetuada com:

I - pessoa jurídica que seja controladora, controlada, coligada ou interligada; ou

II - pessoa física que seja acionista controlador, sócio, titular ou administrador da pessoa jurídica devedora.

Art. 6º-C É vedada atribuição de responsabilidade a terceiros em decorrência do mero inadimplemento de obrigações do devedor falido ou em recuperação judicial, ressalvadas as garantias reais e fidejussórias, bem como as demais hipóteses reguladas por esta Lei. (Acrescido pela Lei 14.112/2020)

SEÇÃO II. DA VERIFICAÇÃO E DA HABILITAÇÃO DE CRÉDITOS

Art. 7º. A verificação dos créditos será realizada pelo administrador judicial, com base nos livros contábeis e documentos comerciais e fiscais do devedor e nos documentos que lhe forem apresentados pelos credores, podendo contar com o auxílio de profissionais ou empresas especializadas.

§ 1º. Publicado o edital previsto no art. 52, § 1º, ou no parágrafo único do art. 99 desta Lei, os credores terão o prazo de 15 (quinze) dias para apresentar ao administrador judicial suas habilitações ou suas divergências quanto aos créditos relacionados.

- Esta Lei: arts. 9º; 10; 52,§ 1º, III e 99, IV.

§ 2º. O administrador judicial, com base nas informações e documentos colhidos na forma do *caput* e do § 1º deste artigo, fará publicar edital contendo a relação de credores no prazo de 45 (quarenta e cinco) dias, contado do fim do prazo do § 1º deste artigo, devendo indicar o local, o horário e o prazo comum em que as pessoas indicadas no art. 8º desta Lei terão acesso aos documentos que fundamentaram a elaboração dessa relação.

- Esta Lei: arts. 14; 15, § 1º; 18; 22, I, e; 39 e 55.

Art. 7º-A Na falência, após realizadas as intimações e publicado o edital, conforme previsto, respectivamente, no inciso XIII do *caput* e no § 1º do art. 99 desta Lei, o juiz instaurará, de ofício, para cada Fazenda Pública credora, incidente de classificação de crédito público e determinará a sua intimação eletrônica para que, no prazo de 30 (trinta) dias, apresente diretamente ao administrador judicial ou em juízo, a depender do momento processual, a relação completa de seus créditos inscritos em dívida ativa, acompanhada dos cálculos, da classificação e das informações sobre a situação atual. (Acrescido pela Lei 14.112/2020)

§ 1º Para efeito do disposto no *caput* deste artigo, considera-se Fazenda Pública credora aquela que conste da relação do edital previsto no § 1º do art. 99 desta Lei, ou que, após a intimação prevista no inciso XIII do *caput* do art. 99 desta Lei, alegue nos autos, no prazo de 15 (quinze) dias, possuir crédito contra o falido.

§ 2º Os créditos não definitivamente constituídos, não inscritos em dívida ativa ou com exigibilidade suspensa poderão ser informados em momento posterior.

§ 3º Encerrado o prazo de que trata o *caput* deste artigo:

I - o falido, os demais credores e o administrador judicial disporão do prazo de 15 (quinze) dias para manifestar objeções, limitadamente, sobre os cálculos e a classificação para os fins desta Lei;

II - a Fazenda Pública, ultrapassado o prazo de que trata o inciso I deste parágrafo, será intimada para prestar, no prazo de 10 (dez) dias, eventuais esclarecimentos a respeito das manifestações previstas no referido inciso;

III - os créditos serão objeto de reserva integral até o julgamento definitivo quando rejeitados os argumentos apresentados de acordo com o inciso II deste parágrafo;

IV - os créditos incontroversos, desde que exigíveis, serão imediatamente incluídos no quadro-geral de credores, observada a sua classificação;

V - o juiz, anteriormente à homologação do quadro-geral de credores, concederá prazo comum de 10 (dez) dias para que o administrador judicial e a Fazenda Pública titular de crédito objeto de reserva manifestem-se sobre a situação atual desses créditos e, ao final do referido prazo, decidirá acerca da necessidade de mantê-la.

§ 4º Com relação à aplicação do disposto neste artigo, serão observadas as seguintes disposições:

I - a decisão sobre os cálculos e a classificação dos créditos para os fins do disposto nesta Lei, bem como sobre a arrecadação dos bens, a realização do ativo e o pagamento aos credores, competirá ao juízo falimentar;

II - a decisão sobre a existência, a exigibilidade e o valor do crédito, observado o disposto no inciso II do *caput* do art. 9º desta Lei e as demais regras do processo de falência, bem como sobre o eventual prosseguimento da cobrança contra os corresponsáveis, competirá ao juízo da execução fiscal;

III - a ressalva prevista no art. 76 desta Lei, ainda que o crédito reconhecido não esteja em cobrança judicial mediante execução fiscal, aplicar-se-á, no que couber, ao disposto no inciso II deste parágrafo;

IV - o administrador judicial e o juízo falimentar deverão respeitar a presunção de certeza e liquidez de que trata o art. 3º da Lei nº 6.830, de 22 de setembro de 1980, sem prejuízo do disposto nos incisos II e III deste parágrafo;

V - as execuções fiscais permanecerão suspensas até o encerramento da falência, sem prejuízo da possibilidade de prosseguimento contra os corresponsáveis;

VI - a restituição em dinheiro e a compensação serão preservadas, nos termos dos arts. 86 e 122 desta Lei; e

VII - o disposto no art. 10 desta Lei será aplicado, no que couber, aos créditos retardatários.

§ 5º. Na hipótese de não apresentação da relação referida no *caput* deste artigo no prazo nele estipulado, o incidente será arquivado e a Fazenda Pública credora poderá requerer o desarquivamento, observado, no que couber, o disposto no art. 10 desta Lei.

§ 6º. As disposições deste artigo aplicam-se, no que couber, às execuções fiscais e às execuções de ofício que se enquadrem no disposto nos incisos VII e VIII do *caput* do art. 114 da Constituição Federal.

§ 7º. O disposto neste artigo aplica-se, no que couber, aos créditos do Fundo de Garantia do Tempo de Serviço (FGTS).

§ 8º. Não haverá condenação em honorários de sucumbência no incidente de que trata este artigo.

Art. 8º. No prazo de 10 (dez) dias, contado da publicação da relação referida no art. 7º, § 2º, desta Lei, o Comitê, qualquer credor, o devedor ou seus sócios ou o Ministério Público podem apresentar ao juiz impugnação contra a relação de credores, apontando a ausência de qualquer crédito ou manifestando-se contra a legitimidade, importância ou classificação de crédito relacionado.

Parágrafo único. Autuada em separado, a impugnação será processada nos termos dos arts. 13 a 15 desta Lei.

Art. 9º. A habilitação de crédito realizada pelo credor nos termos do art. 7º, § 1º, desta Lei deverá conter:

I – o nome, o endereço do credor e o endereço em que receberá comunicação de qualquer ato do processo;

II – o valor do crédito, atualizado até a data da decretação da falência ou do pedido de recuperação judicial, sua origem e classificação;

III – os documentos comprobatórios do crédito e a indicação das demais provas a serem produzidas;

IV – a indicação da garantia prestada pelo devedor, se houver, e o respectivo instrumento;

V – a especificação do objeto da garantia que estiver na posse do credor.

Parágrafo único. Os títulos e documentos que legitimam os créditos deverão ser exibidos no original ou por cópias autenticadas se estiverem juntados em outro processo.

‣ Esta Lei: art. 94, § 3º.

Art. 10. Não observado o prazo estipulado no art. 7º, § 1º, desta Lei, as habilitações de crédito serão recebidas como retardatárias.

§ 1º. Na recuperação judicial, os titulares de créditos retardatários, excetuados os titulares de créditos derivados da relação de trabalho, não terão direito a voto nas deliberações da assembleia-geral de credores.

‣ Esta Lei: art. 39.

§ 2º. Aplica-se o disposto no § 1º deste artigo ao processo de falência, salvo se, na data da realização da assembleia-geral, já houver sido homologado o quadro-geral de credores contendo o crédito retardatário.

§ 3º. Na falência, os créditos retardatários perderão o direito a rateios eventualmente realizados e ficarão sujeitos ao pagamento de custas, não se computando os acessórios compreendidos entre o término do prazo e a data do pedido de habilitação.

§ 4º. Na hipótese prevista no § 3º deste artigo, o credor poderá requerer a reserva de valor para satisfação de seu crédito.

§ 5º. As habilitações de crédito retardatárias, se apresentadas antes da homologação do quadro-geral de credores, serão recebidas como impugnação e processadas na forma dos arts. 13 a 15 desta Lei.

§ 6º. Após a homologação do quadro-geral de credores, aqueles que não habilitaram seu crédito poderão, observado, no que couber, o procedimento ordinário previsto no Código de Processo Civil, requerer ao juízo da falência ou da recuperação judicial a retificação do quadro-geral para inclusão do respectivo crédito.

§ 7º O quadro-geral de credores será formado com o julgamento das impugnações tempestivas e com as habilitações e as impugnações retardatárias decididas até o momento da sua formação. (Acrescido pela Lei 14.112/2020)

§ 8º As habilitações e as impugnações retardatárias acarretarão a reserva do valor para a satisfação do crédito discutido. (Acrescido pela Lei 14.112/2020)

§ 9º A recuperação judicial poderá ser encerrada ainda que não tenha havido a consolidação definitiva do quadro-geral de credores, hipótese em que as ações incidentais de habilitação e de impugnação retardatárias serão redistribuídas ao juízo da recuperação judicial como ações autônomas e observarão o rito comum. (Acrescido pela Lei 14.112/2020)

§ 10. O credor deverá apresentar pedido de habilitação ou de reserva de crédito em, no máximo, 3 (três) anos, contados da data de publicação da sentença que decretar a falência, sob pena de decadência. (Acrescido pela Lei 14.112/2020)

Art. 11. Os credores cujos créditos forem impugnados serão intimados para contestar a impugnação, no prazo de 5 (cinco) dias, juntando os documentos que tiverem e indicando outras provas que reputem necessárias.

‣ Esta Lei: art. 15.

Art. 12. Transcorrido o prazo do art. 11 desta Lei, o devedor e o Comitê, se houver, serão intimados pelo juiz para se manifestar sobre ela no prazo comum de 5 (cinco) dias.

‣ Esta Lei: art. 15.

Parágrafo único. Findo o prazo a que se refere o *caput* deste artigo, o administrador judicial será intimado pelo juiz para emitir parecer no prazo de 5 (cinco) dias, devendo juntar à sua manifestação o laudo elaborado pelo profissional ou empresa especializada, se for o caso, e todas as informações existentes nos livros fiscais e demais documentos do devedor acerca do crédito, constante ou não da relação de credores, objeto da impugnação.

Art. 13. A impugnação será dirigida ao juiz por meio de petição, instruída com os documentos que tiver o impugnante, o qual indicará as provas consideradas necessárias.

‣ Esta Lei: arts. 8º, parágrafo único; e 10, § 5º.

Parágrafo único. Cada impugnação será autuada em separado, com os documentos a ela relativos, mas terão uma só autuação as diversas impugnações versando sobre o mesmo crédito.

Art. 14. Caso não haja impugnações, o juiz homologará, como quadro-geral de credores, a relação dos credores de que trata o § 2º do art. 7º, ressalvado o disposto no art. 7º-A desta Lei. (Redação dada pela Lei 14.112/2020)

‣ Esta Lei: arts. 8º, parágrafo único; e 10, § 5º.

Art. 15. Transcorridos os prazos previstos nos arts. 11 e 12 desta Lei, os autos de impugnação serão conclusos ao juiz, que:

‣ Esta Lei: arts. 8º, parágrafo único; e 10, § 5º.

I – determinará a inclusão no quadro-geral de credores das habilitações de créditos não impugnadas, no valor constante da relação referida no § 2º do art. 7º desta Lei;

II – julgará as impugnações que entender suficientemente esclarecidas pelas alegações e provas apresentadas pelas partes, mencionando, de cada crédito, o valor e a classificação;

III – fixará, em cada uma das restantes impugnações, os aspectos controvertidos e decidirá as questões processuais pendentes;

IV – determinará as provas a serem produzidas, designando audiência de instrução e julgamento, se necessário.

Art. 16. Para fins de rateio na falência, deverá ser formado quadro-geral de credores, composto pelos créditos não impugnados constantes do edital de que trata o § 2º do art. 7º desta Lei, pelo julgamento de todas as impugnações apresentadas no prazo previsto no art. 8º desta Lei e pelo julgamento realizado até então das habilitações de crédito recebidas como retardatárias. (Redação dada pela Lei 14.112/2020)

§ 1º As habilitações retardatárias não julgadas acarretarão a reserva do valor controvertido, mas não impedirão o pagamento da parte incontroversa. (Acrescido pela Lei 14.112/2020)

§ 2º Ainda que o quadro-geral de credores não esteja formado, o rateio de pagamentos na falência poderá ser realizado desde que a classe de credores a ser satisfeita já tenha tido todas as impugnações judiciais apresentadas no prazo previsto no art. 8º desta Lei, ressalvada a reserva dos créditos controvertidos em função das habilitações retardatárias de créditos distribuídas até então e ainda não julgadas. (Acrescido pela Lei 14.112/2020)

Art. 17. Da decisão judicial sobre a impugnação caberá agravo.

‣ Súm. nº 25 do STJ.

Parágrafo único. Recebido o agravo, o relator poderá conceder efeito suspensivo à decisão que reconhece o crédito ou determinar a inscrição ou modificação do seu valor ou classificação no quadro-geral de credores, para fins de exercício de direito de voto em assembleia-geral.

Art. 18. O administrador judicial será responsável pela consolidação do quadro-geral de credores, a ser homologado pelo juiz, com base na relação dos credores a que se refere o art. 7º, § 2º, desta Lei e nas decisões proferidas nas impugnações oferecidas.

‣ Esta Lei: arts. 14 e 22, I, f.

Parágrafo único. O quadro-geral, assinado pelo juiz e pelo administrador judicial, mencionará a importância e a classificação de cada crédito na data do requerimento da recuperação judicial ou da decretação da falência, será juntado aos autos e publicado no órgão oficial, no prazo de 5 (cinco) dias, contado da data da sentença que houver julgado as impugnações.

Art. 19. O administrador judicial, o Comitê, qualquer credor ou o representante do Ministério Público poderá, até o encerramento da recuperação judicial ou da falência, observado, no que couber, o procedimento ordinário previsto no Código de Processo Civil, pedir a exclusão, outra classificação ou a retificação de qualquer crédito, nos casos de descoberta de falsidade, dolo, simulação, fraude, erro essencial ou, ainda, documentos ignorados na época do julgamento do crédito ou da inclusão no quadro-geral de credores.

§ 1º. A ação prevista neste artigo será proposta exclusivamente perante o juízo da recuperação judicial ou da falência ou, nas hipóteses previstas no art. 6º, §§ 1º e 2º, desta Lei, perante o juízo que tenha originariamente reconhecido o crédito.

§ 2º. Proposta a ação de que trata este artigo, o pagamento ao titular do crédito por ela atingido somente poderá ser realizado mediante a prestação de caução no mesmo valor do crédito questionado.

Art. 20. As habilitações dos credores particulares do sócio ilimitadamente responsável processar-se-ão de acordo com as disposições desta Seção.

SEÇÃO II-A
DAS CONCILIAÇÕES E DAS MEDIAÇÕES ANTECEDENTES OU INCIDENTAIS AOS PROCESSOS DE RECUPERAÇÃO JUDICIAL

Art. 20-A. A conciliação e a mediação deverão ser incentivadas em qualquer grau de jurisdição, inclusive no âmbito de recursos em segundo grau de jurisdição e nos Tribunais Superiores, e não implicarão a suspensão dos prazos previstos nesta Lei, salvo se houver consenso entre as partes em sentido contrário ou determinação judicial. (Acrescido pela Lei 14.112/2020)

Art. 20-B. Serão admitidas conciliações e mediações antecedentes ou incidentais aos processos de recuperação judicial, notadamente: (Acrescido pela Lei 14.112/2020)

I - nas fases pré-processual e processual de disputas entre os sócios e acionistas de sociedade em dificuldade ou em recuperação judicial, bem como nos litígios que envolverem credores não sujeitos à recuperação judicial, nos termos dos §§ 3º e 4º do art. 49 desta Lei, ou credores extraconcursais;

II - em conflitos que envolverem concessionárias ou permissionárias de serviços públicos em recuperação judicial e órgãos reguladores ou entes públicos municipais, distritais, estaduais ou federais;

III - na hipótese de haver créditos extraconcursais contra empresas em recuperação judicial durante período de vigência de estado de calamidade pública, a fim de permitir a continuidade da prestação de serviços essenciais;

IV - na hipótese de negociação de dívidas e respectivas formas de pagamento entre a empresa em dificuldade e seus credores, em caráter antecedente ao ajuizamento de pedido de recuperação judicial.

§ 1º Na hipótese prevista no inciso IV do *caput* deste artigo, será facultado às empresas em dificuldade que preencham os requisitos legais para requerer recuperação judicial obter tutela de urgência cautelar, nos termos do art. 305 e seguintes da Lei nº 13.105, de 16 de março de 2015 (Código de Processo Civil), a fim de que sejam suspensas as execuções contra elas propostas pelo prazo de até 60 (sessenta) dias, para tentativa de composição com seus credores, em procedimento de mediação ou conciliação já instaurado perante o Centro Judiciário de Solução de Conflitos e Cidadania (Cejusc) do tribunal competente ou da câmara especializada, observados, no que couber, os arts. 16 e 17 da Lei nº 13.140, de 26 de junho de 2015.

§ 2º São vedadas a conciliação e a mediação sobre a natureza jurídica e a classificação de créditos, bem como sobre critérios de votação em assembleia-geral de credores.

§ 3º Se houver pedido de recuperação judicial ou extrajudicial, observados os critérios desta Lei, o período de suspensão previsto no § 1º deste artigo será deduzido do período de suspensão previsto no art. 6º desta Lei.

Art. 20-C. O acordo obtido por meio de conciliação ou de mediação com fundamento nesta Seção deverá ser homologado pelo juiz competente conforme o disposto no art. 3º desta Lei. (Acrescido pela Lei 14.112/2020)

Parágrafo único. Requerida a recuperação judicial ou extrajudicial em até 360 (trezentos e sessenta) dias contados do acordo firmado durante o período da conciliação ou de mediação pré-processual, o credor terá reconstituídos seus direitos e garantias nas condições originalmente contratadas, deduzidos os valores eventualmente pagos e ressalvados os atos validamente praticados no âmbito dos procedimentos previstos nesta Seção.

Art. 20-D. As sessões de conciliação e de mediação de que trata esta Seção poderão ser realizadas por meio virtual, desde que o Cejusc do tribunal competente ou a câmara especializada responsável disponham de meios para a sua realização. (Acrescido pela Lei 14.112/2020)

SEÇÃO III.
DO ADMINISTRADOR JUDICIAL E DO COMITÊ DE CREDORES

Art. 21. O administrador judicial será profissional idôneo, preferencialmente advogado, economista, administrador de empresas ou contador, ou pessoa jurídica especializada.

‣ Esta Lei: art. 52, I.

Parágrafo único. Se o administrador judicial nomeado for pessoa jurídica, declarar-se-á, no termo de que trata o art. 33 desta Lei, o nome de profissional responsável pela condução do processo de falência ou de recuperação judicial, que não poderá ser substituído sem autorização do juiz.

Art. 22. Ao administrador judicial compete, sob a fiscalização do juiz e do Comitê, além de outros deveres que esta Lei lhe impõe:

I – na recuperação judicial e na falência:

‣ Esta Lei: art. 22, § 2º.

a) enviar correspondência aos credores constantes na relação de que trata o inciso III do *caput* do art. 51, o inciso III do *caput* do art. 99 ou o inciso II do *caput* do art. 105 desta Lei, comunicando a data do pedido de recuperação judicial ou da decretação da falência, a natureza, o valor e a classificação dada ao crédito;

b) fornecer, com presteza, todas as informações pedidas pelos credores interessados;

c) dar extratos dos livros do devedor, que merecerão fé de ofício, a fim de servirem de fundamento nas habilitações e impugnações de créditos;

d) exigir dos credores, do devedor ou seus administradores quaisquer informações;

e) elaborar a relação de credores de que trata o § 2º do art. 7º desta Lei;

f) consolidar o quadro-geral de credores nos termos do art. 18 desta Lei;

g) requerer ao juiz convocação da assembleia-geral de credores nos casos previstos nesta Lei ou quando entender necessária sua ouvida para a tomada de decisões;

h) contratar, mediante autorização judicial, profissionais ou empresas especializadas para, quando necessário, auxiliá-lo no exercício de suas funções;

i) manifestar-se nos casos previstos nesta Lei;

j) estimular, sempre que possível, a conciliação, a mediação e outros métodos alternativos de solução de conflitos relacionados à recuperação judicial e à falência, respeitados os direitos de terceiros, na forma do § 3º do art. 3º da Lei nº 13.105, de 16 de março de 2015 (Código de Processo Civil); (Acrescido pela Lei 14.112/2020)

k) manter endereço eletrônico na internet, com informações atualizadas sobre os processos de falência e de recuperação judicial, com a opção de consulta às peças principais do processo, salvo decisão judicial em sentido contrário; (Acrescido pela Lei 14.112/2020)

l) manter endereço eletrônico específico para o recebimento de pedidos de habilitação ou a apresentação de divergências, ambos em âmbito administrativo, com modelos que poderão ser utilizados pelos credores, salvo decisão judicial em sentido contrário; (Acrescido pela Lei 14.112/2020)

m) providenciar, no prazo máximo de 15 (quinze) dias, as respostas aos ofícios e às solicitações enviadas por outros juízos e órgãos públicos, sem necessidade de prévia deliberação do juízo; (Acrescido pela Lei 14.112/2020)

II – na recuperação judicial:

a) fiscalizar as atividades do devedor e o cumprimento do plano de recuperação judicial;

b) requerer a falência no caso de descumprimento de obrigação assumida no plano de recuperação;

c) apresentar ao juiz, para juntada aos autos, relatório mensal das atividades do devedor, fiscalizando a veracidade e a conformidade das informações prestadas pelo devedor; (Redação dada pela Lei 14.112/2020)

d) apresentar o relatório sobre a execução do plano de recuperação, de que trata o inciso III do *caput* do art. 63 desta Lei;

e) fiscalizar o decurso das tratativas e a regularidade das negociações entre devedor e credores; (Acrescido pela Lei 14.112/2020)

f) assegurar que devedor e credores não adotem expedientes dilatórios, inúteis ou, em geral, prejudiciais ao regular andamento das negociações; (Acrescido pela Lei 14.112/2020)

g) assegurar que as negociações realizadas entre devedor e credores sejam regidas pelos termos convencionados entre os interessados ou, na falta de acordo, pelas regras propostas pelo administrador judicial e homologadas pelo juiz, observado o princípio da boa-fé para solução construtiva de consensos, que acarretem maior efetividade econômico-financeira e proveito social para os agentes econômicos envolvidos; (Acrescido pela Lei 14.112/2020)

h) apresentar, para juntada aos autos, e publicar no endereço eletrônico específico relatório mensal das atividades do devedor e relatório sobre o plano de recuperação judicial, no prazo de até 15 (quinze) dias contado da apresentação do plano, fiscalizando a veracidade e a conformidade das informações prestadas pelo devedor, além de informar eventual ocorrência das condutas previstas no art. 64 desta Lei; (Acrescido pela Lei 14.112/2020)

III – na falência:

‣ Esta Lei: arts. 99, IX; e 186.

a) avisar, pelo órgão oficial, o lugar e hora em que, diariamente, os credores terão à sua disposição os livros e documentos do falido;

b) examinar a escrituração do devedor;

c) relacionar os processos e assumir a representação judicial e extrajudicial, incluídos os processos arbitrais, da massa falida; (Redação dada pela Lei 14.112/2020)

d) receber e abrir a correspondência dirigida ao devedor, entregando a ele o que não for assunto de interesse da massa;

e) apresentar, no prazo de 40 (quarenta) dias, contado da assinatura do termo de compromisso, prorrogável por igual período, relatório sobre as causas e circunstâncias que conduziram à situação de falência, no qual apontará a responsabilidade civil e penal dos envolvidos, observado o disposto no art. 186 desta Lei;

‣ Esta Lei: art. 22, § 4º.

f) arrecadar os bens e documentos do devedor e elaborar o auto de arrecadação, nos termos dos arts. 108 e 110 desta Lei;

g) avaliar os bens arrecadados;

h) contratar avaliadores, de preferência oficiais, mediante autorização judicial, para a avaliação dos bens caso entenda não ter condições técnicas para a tarefa;

i) praticar os atos necessários à realização do ativo e ao pagamento dos credores;

j) proceder à venda de todos os bens da massa falida no prazo máximo de 180 (cento e oitenta) dias, contado da data da juntada do auto de arrecadação, sob pena de destituição, salvo por impossibilidade fundamentada, reconhecida por decisão judicial; (Redação dada pela Lei 14.112/2020)

l) praticar todos os atos conservatórios de direitos e ações, diligenciar a cobrança de dívidas e dar a respectiva quitação;

m) remir, em benefício da massa e mediante autorização judicial, bens apenhados, penhorados ou legalmente retidos;

n) representar a massa falida em juízo, contratando, se necessário, advogado, cujos honorários serão previamente ajustados e aprovados pelo Comitê de Credores;

o) requerer todas as medidas e diligências que forem necessárias para o cumprimento desta Lei, a proteção da massa ou a eficiência da administração;

p) apresentar ao juiz para juntada aos autos, até o 10º (décimo) dia do mês seguinte ao vencido, conta demonstrativa da administração, que especifique com clareza a receita e a despesa;

q) entregar ao seu substituto todos os bens e documentos da massa em seu poder, sob pena de responsabilidade;

r) prestar contas ao final do processo, quando for substituído, destituído ou renunciar ao cargo.

s) arrecadar os valores dos depósitos realizados em processos administrativos ou judiciais nos quais o falido figure como parte, oriundos de penhoras, de bloqueios, de apreensões, de leilões, de alienação judicial e de outras hipóteses de constrição judicial, ressalvado o disposto nas Leis nos 9.703, de 17 de novembro de 1998, e 12.099, de 27 de novembro de 2009, e na Lei Complementar nº 151, de 5 de agosto de 2015. (Acrescido pela Lei 14.112/2020)

§ 1º. As remunerações dos auxiliares do administrador judicial serão fixadas pelo juiz, que considerará a complexidade dos trabalhos a serem executados e os valores praticados no mercado para o desempenho de atividades semelhantes.

§ 2º. Na hipótese da alínea d do inciso I do *caput* deste artigo, se houver recusa, o juiz, a requerimento do administrador judicial, intimará aquelas pessoas para que compareçam à sede do juízo, sob pena de desobediência, oportunidade em que as interrogará na presença do administrador judicial, tomando seus depoimentos por escrito.

§ 3º. Na falência, o administrador judicial não poderá, sem autorização judicial, após ouvidos o Comitê e o devedor no prazo comum de 2 (dois) dias, transigir sobre obrigações e direitos da massa falida e conceder abatimento de dívidas, ainda que sejam consideradas de difícil recebimento.

§ 4º. Se o relatório de que trata a alínea e do inciso III do *caput* deste artigo apontar responsabilidade penal de qualquer dos envolvidos, o Ministério Público será intimado para tomar conhecimento de seu teor.

Art. 23. O administrador judicial que não apresentar, no prazo estabelecido, suas contas ou qualquer dos relatórios previstos nesta Lei será intimado pessoalmente a fazê-lo no prazo de 5 (cinco) dias, sob pena de desobediência.

Parágrafo único. Decorrido o prazo do *caput* deste artigo, o juiz destituirá o administrador judicial e nomeará substituto para elaborar relatórios ou organizar as contas, explicitando as responsabilidades de seu antecessor.

Art. 24. O juiz fixará o valor e a forma de pagamento da remuneração do administrador judicial, observados a capacidade de pagamento do devedor, o grau de complexidade do trabalho e os valores praticados no mercado para o desempenho de atividades semelhantes.

§ 1º. Em qualquer hipótese, o total pago ao administrador judicial não excederá 5% (cinco por cento) do valor devido aos credores submetidos à recuperação judicial ou do valor de venda dos bens na falência.

§ 2º. Será reservado 40% (quarenta por cento) do montante devido ao administrador judicial para pagamento após atendimento do previsto nos arts. 154 e 155 desta Lei.

§ 3º. O administrador judicial substituído será remunerado proporcionalmente ao trabalho realizado, salvo se renunciar sem relevante razão ou for destituído de suas funções por desídia, culpa, dolo ou descumprimento das obrigações fixadas nesta Lei, hipóteses em que não terá direito à remuneração.

§ 4º. Também não terá direito a remuneração o administrador que tiver suas contas desaprovadas.

§ 5º A remuneração do administrador judicial fica reduzida ao limite de 2% (dois por cento), no caso de microempresas e de empresas de pequeno porte, bem como na hipótese de que trata o art. 70-A desta Lei. (Redação dada pela Lei 14.112/2020)

Art. 25. Caberá ao devedor ou à massa falida arcar com as despesas relativas à remuneração do administrador judicial e das pessoas eventualmente contratadas para auxiliá-lo.

Art. 26. O Comitê de Credores será constituído por deliberação de qualquer das classes de credores na assembleia-geral e terá a seguinte composição:

‣ Esta Lei: art. 56, § 2º.

I – 1 (um) representante indicado pela classe de credores trabalhistas, com 2 (dois) suplentes;

II – 1 (um) representante indicado pela classe de credores com direitos reais de garantia ou privilégios especiais, com 2 (dois) suplentes;

III – 1 (um) representante indicado pela classe de credores quirografários e com privilégios gerais, com 2 (dois) suplentes.

IV – 1 (um) representante indicado pela classe de credores representantes de microempresas e empresas de pequeno porte, com 2 (dois) suplentes. (Incluído pela Lei Complementar nº 147, de 2014)

§ 1º. A falta de indicação de representante por quaisquer das classes não prejudicará a constituição do Comitê, que poderá funcionar com número inferior ao previsto no *caput* deste artigo.

§ 2º. O juiz determinará, mediante requerimento subscrito por credores que representem a maioria dos créditos de uma classe, independentemente da realização de assembleia:

I – a nomeação do representante e dos suplentes da respectiva classe ainda não representada no Comitê; ou

II – a substituição do representante ou dos suplentes da respectiva classe.

§ 3º. Caberá aos próprios membros do Comitê indicar, entre eles, quem irá presidi-lo.

Art. 27. O Comitê de Credores terá as seguintes atribuições, além de outras previstas nesta Lei:

I – na recuperação judicial e na falência:

a) fiscalizar as atividades e examinar as contas do administrador judicial;

b) zelar pelo bom andamento do processo e pelo cumprimento da lei;

c) comunicar ao juiz, caso detecte violação dos direitos ou prejuízo aos interesses dos credores;

d) apurar e emitir parecer sobre quaisquer reclamações dos interessados;

e) requerer ao juiz a convocação da assembleia-geral de credores;

f) manifestar-se nas hipóteses previstas nesta Lei;

II – na recuperação judicial:

a) fiscalizar a administração das atividades do devedor, apresentando, a cada 30 (trinta) dias, relatório de sua situação;

b) fiscalizar a execução do plano de recuperação judicial;

c) submeter à autorização do juiz, quando ocorrer o afastamento do devedor nas hipóteses previstas nesta Lei, a alienação de bens do ativo permanente, a constituição de ônus reais e outras garantias, bem como atos de endividamento necessários à continuação da atividade empresarial durante o período que antecede a aprovação do plano de recuperação judicial.

§ 1º. As decisões do Comitê, tomadas por maioria, serão consignadas em livro de atas, rubricado pelo juízo, que ficará à disposição do administrador judicial, dos credores e do devedor.

§ 2º. Caso não seja possível a obtenção de maioria em deliberação do Comitê, o impasse será resolvido pelo administrador judicial ou, na incompatibilidade deste, pelo juiz.

Art. 28. Não havendo Comitê de Credores, caberá ao administrador judicial ou, na incompatibilidade deste, ao juiz exercer suas atribuições.

Art. 29. Os membros do Comitê não terão sua remuneração custeada pelo devedor ou pela massa falida, mas as despesas realizadas para a realização de ato previsto nesta Lei, se devidamente comprovadas e com a autorização do juiz, serão ressarcidas atendendo às disponibilidades de caixa.

Art. 30. Não poderá integrar o Comitê ou exercer as funções de administrador judicial quem, nos últimos 5 (cinco) anos, no exercício do cargo de administrador judicial ou de membro do Comitê em falência ou recuperação judicial anterior, foi destituído, deixou de prestar contas dentro dos prazos legais ou teve a prestação de contas desaprovada.

§ 1º. Ficará também impedido de integrar o Comitê ou exercer a função de administrador judicial quem tiver relação de parentesco ou afinidade até o 3º (terceiro) grau com o devedor, seus administradores, controladores ou representantes legais ou deles for amigo, inimigo ou dependente.

§ 2º. O devedor, qualquer credor ou o Ministério Público poderá requerer ao juiz a substituição do administrador judicial ou dos membros do Comitê nomeados em desobediência aos preceitos desta Lei.

§ 3º. O juiz decidirá, no prazo de 24 (vinte e quatro) horas, sobre o requerimento do § 2º deste artigo.

Art. 31. O juiz, de ofício ou a requerimento fundamentado de qualquer interessado, poderá determinar a destituição do administrador judicial ou de quaisquer dos membros do Comitê de Credores quando verificar desobediência aos preceitos desta Lei, descumprimento de deveres, omissão, negligência ou prática de ato lesivo às atividades do devedor ou a terceiros.

§ 1º. No ato de destituição, o juiz nomeará novo administrador judicial ou convocará os suplentes para recompor o Comitê.

§ 2º. Na falência, o administrador judicial substituído prestará contas no prazo de 10 (dez) dias, nos termos dos §§ 1º a 6º do art. 154 desta Lei.

Art. 32. O administrador judicial e os membros do Comitê responderão pelos prejuízos causados à massa falida, ao devedor ou aos credores por dolo ou culpa, devendo o dissidente em deliberação do Comitê consignar sua discordância em ata para eximir-se da responsabilidade.

Art. 33. O administrador judicial e os membros do Comitê de Credores, logo que nomeados, serão intimados pessoalmente para, em 48 (quarenta e oito) horas, assinar, na sede do juízo, o termo de compromisso de bem e fielmente desempenhar o cargo e assumir todas as responsabilidades a ele inerentes.

‣ Esta Lei: art. 21, parágrafo único.

Art. 34. Não assinado o termo de compromisso no prazo previsto no art. 33 desta Lei, o juiz nomeará outro administrador judicial.

SEÇÃO IV. DA ASSEMBLEIA-GERAL DE CREDORES

Art. 35. A assembleia-geral de credores terá por atribuições deliberar sobre:

I – na recuperação judicial:

‣ Esta Lei: art. 42.

a) aprovação, rejeição ou modificação do plano de recuperação judicial apresentado pelo devedor;

b) a constituição do Comitê de Credores, a escolha de seus membros e sua substituição;

c) Vetado.

d) o pedido de desistência do devedor, nos termos do § 4º do art. 52 desta Lei;

e) o nome do gestor judicial, quando do afastamento do devedor;

f) qualquer outra matéria que possa afetar os interesses dos credores;

g) alienação de bens ou direitos do ativo não circulante do devedor, não prevista no plano de recuperação judicial; (Acrescido pela Lei 14.112/2020)

II – na falência:

‣ Esta Lei: art. 99, IX.

a) Vetado.

b) a constituição do Comitê de Credores, a escolha de seus membros e sua substituição;

c) a adoção de outras modalidades de realização do ativo, na forma do art. 145 desta Lei;

d) qualquer outra matéria que possa afetar os interesses dos credores.

Art. 36. A assembleia-geral de credores será convocada pelo juiz por meio de edital publicado no diário oficial eletrônico e disponibilizado no sítio eletrônico do administrador judicial, com antecedência mínima de 15 (quinze) dias, o qual conterá: (Redação dada pela Lei 14.112/2020)

I – local, data e hora da assembleia em 1ª (primeira) e em 2ª (segunda) convocação, não podendo esta ser realizada menos de 5 (cinco) dias depois da 1ª (primeira);

II – a ordem do dia;

III – local onde os credores poderão, se for o caso, obter cópia do plano de recuperação judicial a ser submetido à deliberação da assembleia.

§ 1º. Cópia do aviso de convocação da assembleia deverá ser afixada de forma ostensiva na sede e filiais do devedor.

§ 2º. Além dos casos expressamente previstos nesta Lei, credores que representem no mínimo 25% (vinte e cinco por cento) do valor total dos créditos de uma determinada classe poderão requerer ao juiz a convocação de assembleia-geral.

‣ Esta Lei: art. 52, § 2º.

§ 3º. As despesas com a convocação e a realização da assembleia-geral correm por conta do devedor ou da massa falida, salvo se convocada em virtude de requerimento do Comitê de Credores ou na hipótese do § 2º deste artigo.

Art. 37. A assembleia será presidida pelo administrador judicial, que designará 1 (um) secretário dentre os credores presentes.

§ 1º. Nas deliberações sobre o afastamento do administrador judicial ou em outras em que haja incompatibilidade deste, a assembleia será presidida pelo credor presente que seja titular do maior crédito.

§ 2º. A assembleia instalar-se-á, em 1ª (primeira) convocação, com a presença de credores titulares de mais da metade dos créditos de cada classe, computados pelo valor, e, em 2ª (segunda) convocação, com qualquer número.

§ 3º. Para participar da assembleia, cada credor deverá assinar a lista de presença, que será encerrada no momento da instalação.

§ 4º. O credor poderá ser representado na assembleia-geral por mandatário ou representante legal, desde que entregue ao administrador judicial, até 24 (vinte e quatro) horas antes da data prevista no aviso de convocação, documento hábil que comprove seus poderes ou a indicação das folhas dos autos do processo em que se encontre o documento.

§ 5º. Os sindicatos de trabalhadores poderão representar seus associados titulares de créditos derivados da legislação do trabalho ou decorrentes de acidente de trabalho que não comparecerem, pessoalmente ou por procurador, à assembleia.

§ 6º. Para exercer a prerrogativa prevista no § 5º deste artigo, o sindicato deverá:

I – apresentar ao administrador judicial, até 10 (dez) dias antes da assembleia, a relação dos associados que pretende representar, e o trabalhador que conste da relação de mais de um sindicato deverá esclarecer, até 24 (vinte e quatro) horas antes da assembleia, qual sindicato o representa, sob pena de não ser representado em assembleia por nenhum deles; e

II – Vetado.

§ 7º. Do ocorrido na assembleia, lavrar-se-á ata que conterá o nome dos presentes e as assinaturas do presidente, do devedor e de 2 (dois) membros de cada uma das classes votantes, e que será entregue ao juiz, juntamente com a lista de presença, no prazo de 48 (quarenta e oito) horas.

Art. 38. O voto do credor será proporcional ao valor de seu crédito, ressalvado, nas deliberações sobre o plano de recuperação judicial, o disposto no § 2º do art. 45 desta Lei.

Parágrafo único. Na recuperação judicial, para fins exclusivos de votação em assembleia-geral, o crédito em moeda estrangeira será convertido para moeda nacional pelo câmbio da véspera da data de realização da assembleia.

Art. 39. Terão direito a voto na assembleia-geral as pessoas arroladas no quadro-geral de credores ou, na sua falta, na relação de credores apresentada pelo administrador judicial na forma do art. 7º, § 2º, desta Lei, ou, ainda, na falta desta, na relação apresentada pelo próprio devedor nos termos dos arts. 51, incisos III e IV do *caput*, 99, inciso III do *caput*, ou 105, inciso II do *caput*, desta Lei, acrescidas, em qualquer caso, das que estejam habilitadas na data da realização da assembleia ou que tenham créditos admitidos ou alterados por decisão judicial, inclusive as que tenham obtido reserva de importâncias, observado o disposto nos §§ 1º e 2º do art. 10 desta Lei.

§ 1º. Não terão direito a voto e não serão considerados para fins de verificação do quorum de instalação e de deliberação os titulares de créditos excetuados na forma dos §§ 3º e 4º do art. 49 desta Lei.

§ 2º. As deliberações da assembleia-geral não serão invalidadas em razão de posterior decisão judicial acerca da existência, quantificação ou classificação de créditos.

§ 3º. No caso de posterior invalidação de deliberação da assembleia, ficam resguardados os direitos de terceiros de boa-fé, respondendo os credores que aprovarem a deliberação pelos prejuízos comprovados causados por dolo ou culpa.

§ 4º Qualquer deliberação prevista nesta Lei a ser realizada por meio de assembleia-geral de credores poderá ser substituída, com idênticos efeitos, por: (Acrescido pela Lei 14.112/2020)

I - termo de adesão firmado por tantos credores quantos satisfaçam o quórum de aprovação específico, nos termos estabelecidos no art. 45-A desta Lei;

II - votação realizada por meio de sistema eletrônico que reproduza as condições de tomada de voto da assembleia-geral de credores; ou

III - outro mecanismo reputado suficientemente seguro pelo juiz.

§ 5º. As deliberações nos formatos previstos no § 4º deste artigo serão fiscalizadas pelo administrador judicial, que emitirá parecer sobre sua regularidade, previamente à sua homologação judicial, independentemente da concessão ou não da recuperação judicial. (Acrescido pela Lei 14.112/2020)

§ 6º. O voto será exercido pelo credor no seu interesse e de acordo com o seu juízo de conveniência e poderá ser declarado nulo por abusividade somente quando manifestamente exercido para obter vantagem ilícita para si ou para outrem. (Acrescido pela Lei 14.112/2020)

§ 7º. A cessão ou a promessa de cessão do crédito habilitado deverá ser imediatamente comunicada ao juízo da recuperação judicial. (Acrescido pela Lei 14.112/2020)

Art. 40. Não será deferido provimento liminar, de caráter cautelar ou antecipatório dos efeitos da tutela, para a suspensão ou adiamento da assembleia-geral de credores em razão de pendência de discussão acerca da existência, da quantificação ou da classificação de créditos.

Art. 41. A assembleia-geral será composta pelas seguintes classes de credores:

‣ Esta Lei: art. 45.

I – titulares de créditos derivados da legislação do trabalho ou decorrentes de acidentes de trabalho;

‣ Esta Lei: art. 45, § 2º.

II – titulares de créditos com garantia real;

‣ Esta Lei: art. 45, § 1º.

III – titulares de créditos quirografários, com privilégio especial, com privilégio geral ou subordinados.

‣ Esta Lei: art. 45, § 1º.

IV – titulares de créditos enquadrados como microempresa ou empresa de pequeno porte. (Incluído pela Lei Complementar nº 147, de 2014)

§ 1º. Os titulares de créditos derivados da legislação do trabalho votam com a classe prevista no inciso I do *caput* deste artigo com o total de seu crédito, independentemente do valor.

§ 2º. Os titulares de créditos com garantia real votam com a classe prevista no inciso II do *caput* deste artigo até o limite do valor do bem gravado e com a classe prevista no inciso III do *caput* deste artigo pelo restante do valor de seu crédito.

Art. 42. Considerar-se-á aprovada a proposta que obtiver votos favoráveis de credores que representem mais da metade do valor total dos créditos presentes à assembleia-geral, exceto nas deliberações sobre o plano de recuperação judicial nos termos da alínea a do inciso I do *caput* do art. 35 desta Lei, a composição do Comitê de Credores ou forma alternativa de realização do ativo nos termos do art. 145 desta Lei.

› Esta Lei: art. 73, I.

Art. 43. Os sócios do devedor, bem como as sociedades coligadas, controladoras, controladas ou as que tenham sócio ou acionista com participação superior a 10% (dez por cento) do capital social do devedor ou em que o devedor ou algum de seus sócios detenham participação superior a 10% (dez por cento) do capital social, poderão participar da assembleia-geral de credores, sem ter direito a voto e não serão considerados para fins de verificação do quorum de instalação e de deliberação.

Parágrafo único. O disposto neste artigo também se aplica ao cônjuge ou parente, consanguíneo ou afim, colateral até o 2º (segundo) grau, ascendente ou descendente do devedor, de administrador, do sócio controlador, de membro dos conselhos consultivo, fiscal ou semelhantes da sociedade devedora e à sociedade em que quaisquer dessas pessoas exerçam essas funções.

Art. 44. Na escolha dos representantes de cada classe no Comitê de Credores, somente os respectivos membros poderão votar.

Art. 45. Nas deliberações sobre o plano de recuperação judicial, todas as classes de credores referidas no art. 41 desta Lei deverão aprovar a proposta.

› Esta Lei: art. 58, *caput*, § 1º e II.

§ 1º. Em cada uma das classes referidas nos incisos II e III do art. 41 desta Lei, a proposta deverá ser aprovada por credores que representem mais da metade do valor total dos créditos presentes à assembleia e, cumulativamente, pela maioria simples dos credores presentes.

§ 2º. Nas classes previstas nos incisos I e IV do art. 41 desta Lei, a proposta deverá ser aprovada pela maioria simples dos credores presentes, independentemente do valor de seu crédito. (Redação dada pela Lei Complementar nº 147, de 2014)

› Esta Lei: art. 38.

§ 3º. O credor não terá direito a voto e não será considerado para fins de verificação de quorum de deliberação se o plano de recuperação judicial não alterar o valor ou as condições originais de pagamento de seu crédito.

Art. 45-A. As deliberações da assembleia-geral de credores previstas nesta Lei poderão ser substituídas pela comprovação da adesão de credores que representem mais da metade do valor dos créditos sujeitos à recuperação judicial, observadas as exceções previstas nesta Lei. (Acrescido pela Lei 14.112/2020)

§ 1º Nos termos do art. 56-A desta Lei, as deliberações sobre o plano de recuperação judicial poderão ser substituídas por documento que comprove o cumprimento do disposto no art. 45 desta Lei.

§ 2º As deliberações sobre a constituição do Comitê de Credores poderão ser substituídas por documento que comprove a adesão da maioria dos créditos de cada conjunto de credores previsto no art. 26 desta Lei.

§ 3º As deliberações sobre forma alternativa de realização do ativo na falência, nos termos do art. 145 desta Lei, poderão ser substituídas por documento que comprove a adesão de credores que representem 2/3 (dois terços) dos créditos.

§ 4º As deliberações no formato previsto neste artigo serão fiscalizadas pelo administrador judicial, que emitirá parecer sobre sua regularidade, com oitiva do Ministério Público, previamente à sua homologação judicial, independentemente da concessão ou não da recuperação judicial.

Art. 46. A aprovação de forma alternativa de realização do ativo na falência, prevista no art. 145 desta Lei, dependerá do voto favorável de credores que representem 2/3 (dois terços) dos créditos presentes à assembleia.

CAPÍTULO III. DA RECUPERAÇÃO JUDICIAL

SEÇÃO I. DISPOSIÇÕES GERAIS

Art. 47. A recuperação judicial tem por objetivo viabilizar a superação da situação de crise econômico-financeira do devedor, a fim de permitir a manutenção da fonte produtora, do emprego dos trabalhadores e dos interesses dos credores, promovendo, assim, a preservação da empresa, sua função social e o estímulo à atividade econômica.

Art. 48. Poderá requerer recuperação judicial o devedor que, no momento do pedido, exerça regularmente suas atividades há mais de 2 (dois) anos e que atenda aos seguintes requisitos, cumulativamente:

› Esta Lei: art. 161.

I – não ser falido e, se o foi, estejam declaradas extintas, por sentença transitada em julgado, as responsabilidades daí decorrentes;

II – não ter, há menos de 5 (cinco) anos, obtido concessão de recuperação judicial;

III – não ter, há menos de 5 (cinco) anos, obtido concessão de recuperação judicial com base no plano especial de que trata a Seção V deste Capítulo; (Redação dada pela Lei Complementar nº 147, de 2014)

IV – não ter sido condenado ou não ter, como administrador ou sócio controlador, pessoa condenada por qualquer dos crimes previstos nesta Lei.

§ 1º. A recuperação judicial também poderá ser requerida pelo cônjuge sobrevivente, herdeiros do devedor, inventariante ou sócio remanescente. (Renumerado pela Lei nº 12.873, de 2013)

§ 2º No caso de exercício de atividade rural por pessoa jurídica, admite-se a comprovação do prazo estabelecido no *caput* deste artigo por meio da Escrituração Contábil Fiscal (ECF), ou por meio de obrigação legal de registros contábeis que venha a substituir a ECF, entregue tempestivamente. (Redação dada pela Lei 14.112/2020)

§ 3º Para a comprovação do prazo estabelecido no *caput* deste artigo, o cálculo do período de exercício de atividade rural por pessoa física é feito com base no Livro Caixa Digital do Produtor Rural (LCDPR), ou por meio de obrigação legal de registros contábeis que venha a substituir o LCDPR, e pela Declaração do Imposto sobre a Renda da Pessoa Física (DIRPF) e balanço patrimonial, todos entregues tempestivamente. (Acrescido pela Lei 14.112/2020)

§ 4º Para efeito do disposto no § 3º deste artigo, no que diz respeito ao período em que não for exigível a entrega do LCDPR, admitir-se-á a entrega do livro-caixa utilizado para a elaboração da DIRPF. (Acrescido pela Lei 14.112/2020)

§ 5º Para os fins de atendimento ao disposto nos §§ 2º e 3º deste artigo, as informações contábeis relativas a receitas, a bens, a despesas, a custos e a dívidas deverão estar organizadas de acordo com a legislação e com o padrão contábil da legislação correlata vigente, bem como guardar obediência ao regime de competência e de elaboração de balanço patrimonial por contador habilitado. (Acrescido pela Lei 14.112/2020)

Art. 48-A. Na recuperação judicial de companhia aberta, serão obrigatórios a formação e o funcionamento do conselho fiscal, nos termos da Lei nº 6.404, de 15 de dezembro de 1976, enquanto durar a fase da recuperação judicial, incluído o período de cumprimento das obrigações assumidas pelo plano de recuperação. (Acrescido pela Lei 14.112/2020)

Art. 49. Estão sujeitos à recuperação judicial todos os créditos existentes na data do pedido, ainda que não vencidos.

§ 1º. Os credores do devedor em recuperação judicial conservam seus direitos e privilégios contra os coobrigados, fiadores e obrigados de regresso.

§ 2º. As obrigações anteriores à recuperação judicial observarão as condições originalmente contratadas ou definidas em lei, inclusive no que diz respeito aos encargos, salvo se de modo diverso ficar estabelecido no plano de recuperação judicial.

§ 3º. Tratando-se de credor titular da posição de proprietário fiduciário de bens móveis ou imóveis, de arrendador mercantil, de proprietário ou promitente vendedor de imóvel cujos respectivos contratos contenham cláusula de irrevogabilidade ou irretratabilidade, inclusive em incorporações imobiliárias, ou de proprietário em contrato de venda com reserva de domínio, seu crédito não se submeterá aos efeitos da recuperação judicial e prevalecerão os direitos de propriedade sobre a coisa e as condições contratuais, observada a legislação respectiva, não se permitindo, contudo, durante o prazo de suspensão a que se refere o § 4º do art. 6º desta Lei, a venda ou a retirada do estabelecimento do devedor dos bens de capital essenciais a sua atividade empresarial.

› Esta Lei: arts. 39, § 1º; 52, III; 71, I; e 161,§ 1º.

§ 4º. Não se sujeitará aos efeitos da recuperação judicial a importância a que se refere o inciso II do art. 86 desta Lei.

› Esta Lei: arts. 39, § 1º; 52, III; 71, I.

§ 5º. Tratando-se de crédito garantido por penhor sobre títulos de crédito, direitos creditórios, aplicações financeiras ou valores mobiliários, poderão ser substituídas ou renovadas as garantias liquidadas ou vencidas durante a recuperação judicial e, enquanto não renovadas ou substituídas, o valor eventualmente recebido em pagamento das garantias permanecerá em conta vinculada durante o período de suspensão de que trata o § 4º do art. 6º desta Lei.

§ 6º Nas hipóteses de que tratam os §§ 2º e 3º do art. 48 desta Lei, somente estarão sujeitos à recuperação judicial os créditos que decorram exclusivamente da atividade rural e estejam discriminados nos documentos a que se referem os citados parágrafos, ainda que não vencidos. (Acrescido pela Lei 14.112/2020)

§ 7º Não se sujeitarão aos efeitos da recuperação judicial os recursos controlados e abrangidos nos termos dos arts. 14 e 21 da Lei nº 4.829, de 5 de novembro de 1965. (Acrescido pela Lei 14.112/2020)

§ 8º Estarão sujeitos à recuperação judicial os recursos de que trata o § 7º deste artigo que não tenham sido objeto de renegociação entre o devedor e a instituição financeira antes do pedido de recuperação judicial, na forma de ato do Poder Executivo. (Acrescido pela Lei 14.112/2020)

§ 9º Não se enquadrará nos créditos referidos no *caput* deste artigo aquele relativo à dívida constituída nos 3 (três) últimos anos anteriores ao pedido de recuperação judicial, que tenha sido contraída com a finalidade de aquisição de propriedades rurais, bem como as respectivas garantias. (Acrescido pela Lei 14.112/2020)

Art. 50. Constituem meios de recuperação judicial, observada a legislação pertinente a cada caso, dentre outros:

› Esta Lei: art. 53, I.

I – concessão de prazos e condições especiais para pagamento das obrigações vencidas ou vincendas;

II – cisão, incorporação, fusão ou transformação de sociedade, constituição de subsidiária integral, ou cessão de cotas ou ações, respeitados os direitos dos sócios, nos termos da legislação vigente;

III – alteração do controle societário;

IV – substituição total ou parcial dos administradores do devedor ou modificação de seus órgãos administrativos;

V – concessão aos credores de direito de eleição em separado de administradores e de poder de veto em relação às matérias que o plano especificar;

VI – aumento de capital social;

VII – trespasse ou arrendamento de estabelecimento, inclusive à sociedade constituída pelos próprios empregados;

VIII – redução salarial, compensação de horários e redução da jornada, mediante acordo ou convenção coletiva;

IX – dação em pagamento ou novação de dívidas do passivo, com ou sem constituição de garantia própria ou de terceiro;

X – constituição de sociedade de credores;

XI – venda parcial dos bens;

XII – equalização de encargos financeiros relativos a débitos de qualquer natureza, tendo como termo inicial a data da distribuição do pedido de recuperação judicial, aplicando-se inclusive aos contratos de crédito rural, sem prejuízo do disposto em legislação específica;

XIII – usufruto da empresa;

XIV – administração compartilhada;

XV – emissão de valores mobiliários;

XVI – constituição de sociedade de propósito específico para adjudicar, em pagamento dos créditos, os ativos do devedor.

XVII – conversão de dívida em capital social; (Acrescido pela Lei 14.112/2020)

XVIII – venda integral da devedora, desde que garantidas aos credores não submetidos ou não aderentes condições, no mínimo, equivalentes àquelas que teriam na falência, hipótese em que será, para todos os fins, considerada unidade produtiva isolada. (Acrescido pela Lei 14.112/2020)

§ 1º. Na alienação de bem objeto de garantia real, a supressão da garantia ou sua substituição somente serão admitidas mediante aprovação expressa do credor titular da respectiva garantia.

‣ Esta Lei: art. 59.

§ 2º. Nos créditos em moeda estrangeira, a variação cambial será conservada como parâmetro de indexação da correspondente obrigação e só poderá ser afastada se o credor titular do respectivo crédito aprovar expressamente previsão diversa no plano de recuperação judicial.

§ 3º Não haverá sucessão ou responsabilidade por dívidas de qualquer natureza a terceiro credor, investidor ou novo administrador em decorrência, respectivamente, da mera conversão de dívida em capital, de aporte de novos recursos na devedora ou de substituição dos administradores desta. (Acrescido pela Lei 14.112/2020)

§ 4º O imposto sobre a renda e a Contribuição Social sobre o Lucro Líquido (CSLL) incidentes sobre o ganho de capital resultante da alienação de bens ou direitos pela pessoa jurídica em recuperação judicial poderão ser parcelados, com atualização monetária das parcelas, observado o seguinte: (Acrescido pela Lei 14.112/2020)

I – o disposto na Lei nº 10.522, de 19 de julho de 2002; e

II – a utilização, como limite, da mediana de alongamento no plano de recuperação judicial em relação aos créditos a ele sujeitos.

§ 5º O limite de alongamento de prazo a que se refere o inciso II do § 4º deste artigo será readequado na hipótese de alteração superveniente do plano de recuperação judicial. (Acrescido pela Lei 14.112/2020)

Art. 50-A. Nas hipóteses de renegociação de dívidas de pessoa jurídica no âmbito de processo de recuperação judicial, estejam as dívidas sujeitas ou não a esta, e do reconhecimento de seus efeitos nas demonstrações financeiras das sociedades, deverão ser observadas as seguintes disposições: (Artigo vetado na Lei 14.112/2020 pelo Presidente da República, mantido pelo Congresso Nacional e publicado na Edição Extra D do DOU de 26/3/2021)

I – a receita obtida pelo devedor não será computada na apuração da base de cálculo da Contribuição para o Programa de Integração Social (PIS) e para o Programa de Formação do Patrimônio do Servidor Público (Pasep) e da Contribuição para o Financiamento da Seguridade Social (Cofins);

II – o ganho obtido pelo devedor com a redução da dívida não se sujeitará ao limite percentual de que tratam os arts. 42 e 58 da Lei nº 8.981, de 20 de janeiro de 1995, na apuração do imposto sobre a renda e da CSLL; e

III – as despesas correspondentes às obrigações assumidas no plano de recuperação judicial serão consideradas dedutíveis na determinação do lucro real e da base de cálculo da CSLL, desde que não tenham sido objeto de dedução anterior.

Parágrafo único. O disposto no *caput* deste artigo não se aplica à hipótese de dívida com:

I – pessoa jurídica que seja controladora, controlada, coligada ou interligada; ou

II – pessoa física que seja acionista controladora, sócia, titular ou administradora da pessoa jurídica devedora

SEÇÃO II.
DO PEDIDO E DO PROCESSAMENTO DA RECUPERAÇÃO JUDICIAL

Art. 51. A petição inicial de recuperação judicial será instruída com:

‣ Esta Lei: arts. 70, § 1º; e 96, VII.

I – a exposição das causas concretas da situação patrimonial do devedor e das razões da crise econômico-financeira;

II – as demonstrações contábeis relativas aos 3 (três) últimos exercícios sociais e as levantadas especialmente para instruir o pedido, confeccionadas com estrita observância da legislação societária aplicável e compostas obrigatoriamente de:

‣ Esta Lei: art. 163, II.

a) balanço patrimonial;

b) demonstração de resultados acumulados;

c) demonstração do resultado desde o último exercício social;

d) relatório gerencial de fluxo de caixa e de sua projeção;

e) descrição das sociedades de grupo societário, de fato ou de direito; (Acrescida pela Lei 14.112/2020)

III - a relação nominal completa dos credores, sujeitos ou não à recuperação judicial, inclusive aqueles por obrigação de fazer ou de dar, com a indicação do endereço físico e eletrônico de cada um, a natureza, conforme estabelecido nos arts. 83 e 84 desta Lei, e o valor atualizado do crédito, com a discriminação de sua origem, e o regime dos vencimentos;(Redação dada pela Lei 14.112/2020)

‣ Esta Lei: arts. 22, I; 39 e 64, IV, d.

IV – a relação integral dos empregados, em que constem as respectivas funções, salários, indenizações e outras parcelas a que têm direito, com o correspondente mês de competência, e a discriminação dos valores pendentes de pagamento;

‣ Esta Lei: art. 39.

V – certidão de regularidade do devedor no Registro Público de Empresas, o ato constitutivo atualizado e as atas de nomeação dos atuais administradores;

VI – a relação dos bens particulares dos sócios controladores e dos administradores do devedor;

VII – os extratos atualizados das contas bancárias do devedor e de suas eventuais aplicações financeiras de qualquer modalidade, inclusive em fundos de investimento ou em bolsas de valores, emitidos pelas respectivas instituições financeiras;

VIII – certidões dos cartórios de protestos situados na comarca do domicílio ou sede do devedor e naquelas onde possui filial;

IX – a relação, subscrita pelo devedor, de todas as ações judiciais e procedimentos arbitrais em que este figure como parte, inclusive as de natureza trabalhista, com a estimativa dos respectivos valores demandados; (Redação dada pela Lei 14.112/2020)

X – o relatório detalhado do passivo fiscal; e (Acrescido pela Lei 14.112/2020)

XI – a relação de bens e direitos integrantes do ativo não circulante, incluídos aqueles não sujeitos à recuperação judicial, acompanhada dos negócios jurídicos celebrados com os credores de que trata o § 3º do art. 49 desta Lei. (Acrescido pela Lei 14.112/2020)

§ 1º. Os documentos de escrituração contábil e demais relatórios auxiliares, na forma e no suporte previstos em lei, permanecerão à disposição do juízo, do administrador judicial e, mediante autorização judicial, de qualquer interessado.

§ 2º. Com relação à exigência prevista no inciso II do *caput* deste artigo, as microempresas e empresas de pequeno porte poderão apresentar livros e escrituração contábil simplificados nos termos da legislação específica.

§ 3º. O juiz poderá determinar o depósito em cartório dos documentos a que se referem os §§ 1º e 2º deste artigo ou de cópia destes.

§ 4º Na hipótese de o ajuizamento da recuperação judicial ocorrer antes da data final de entrega do balanço correspondente ao exercício anterior, o devedor apresentará balanço prévio e juntará o balanço definitivo no prazo da lei societária aplicável. (Acrescido pela Lei 14.112/2020)

§ 5º O valor da causa corresponderá ao montante total dos créditos sujeitos à recuperação judicial. (Acrescido pela Lei 14.112/2020)

§ 6º Em relação ao período de que trata o § 3º do art. 48 desta Lei: (Acrescido pela Lei 14.112/2020)

I – a exposição referida no inciso I do *caput* deste artigo deverá comprovar a crise de insolvência, caracterizada pela insuficiência de recursos financeiros ou patrimoniais com liquidez suficiente para saldar suas dívidas;

II – os requisitos do inciso II do *caput* deste artigo serão substituídos pelos documentos mencionados no § 3º do art. 48 desta Lei relativos aos últimos 2 (dois) anos.

Art. 51-A. Após a distribuição do pedido de recuperação judicial, poderá o juiz, quando reputar necessário, nomear profissional de sua confiança, com capacidade técnica e idoneidade, para promover a constatação exclusivamente das reais condições de funcionamento da requerente e da regularidade e da completude da documentação apresentada com a petição inicial. (Acrescido pela Lei 14.112/2020)

§ 1º A remuneração do profissional de que trata o *caput* deste artigo deverá ser arbitrada posteriormente à apresentação do laudo e deverá considerar a complexidade do trabalho desenvolvido.

§ 2º O juiz deverá conceder o prazo máximo de 5 (cinco) dias para que o profissional nomeado apresente laudo de constatação das reais condições de funcionamento do devedor e da regularidade documental.

§ 3º A constatação prévia será determinada sem que seja ouvida a outra parte e sem apresentação de quesitos por qualquer das partes, com a possibilidade de o juiz determinar a realização da diligência sem a prévia ciência do devedor, quando entender que esta poderá frustrar os seus objetivos.

§ 4º O devedor será intimado do resultado da constatação prévia concomitantemente à sua intimação da decisão que deferir ou indeferir o processamento da recuperação judicial, ou que determinar a emenda da petição inicial, e poderá impugná-la mediante interposição do recurso cabível.

§ 5º A constatação prévia consistirá, objetivamente, na verificação das reais condições de funcionamento da empresa e da regularidade documental, vedado o indeferimento do processamento da recuperação judicial baseado na análise de viabilidade econômica do devedor.

§ 6º Caso a constatação prévia detecte indícios contundentes de utilização fraudulenta da ação de recuperação judicial, o juiz poderá indeferir a petição inicial, sem prejuízo de oficiar ao Ministério Público para tomada das providências criminais eventualmente cabíveis.

§ 7º Caso a constatação prévia demonstre que o principal estabelecimento do devedor não se situa na área de competência do juízo, o juiz deverá determinar a remessa dos autos, com urgência, ao juízo competente.

Art. 52. Estando em termos a documentação exigida no art. 51 desta Lei, o juiz deferirá o processamento da recuperação judicial e, no mesmo ato:

I – nomeará o administrador judicial, observado o disposto no art. 21 desta Lei;

II – determinará a dispensa da apresentação de certidões negativas para que o devedor exerça suas atividades, observado o disposto no § 3º do art. 195 da Constituição Federal e no art. 69 desta Lei; (Redação dada pela Lei 14.112/2020)

III – ordenará a suspensão de todas as ações ou execuções contra o devedor, na forma do art. 6º desta Lei, permanecendo os respectivos autos no juízo onde se processam, ressalvadas as ações previstas nos §§ 1º, 2º e 7º do art. 6º desta Lei e as relativas a créditos excetuados na forma dos §§ 3º e 4º do art. 49 desta Lei;

IV – determinará ao devedor a apresentação de contas demonstrativas mensais enquanto perdurar a recuperação judicial, sob pena de destituição de seus administradores;

V – ordenará a intimação eletrônica do Ministério Público e das Fazendas Públicas federal e de todos os Estados, Distrito Federal e Municípios em que o devedor tiver estabelecimento, a fim de que tomem conhecimento da recuperação judicial e informem eventuais créditos perante o devedor, para divulgação aos demais interessados. (Redação dada pela Lei 14.112/2020)

§ 1º. O juiz ordenará a expedição de edital, para publicação no órgão oficial, que conterá: Esta Lei: art. 7º, § 1º.

I – o resumo do pedido do devedor e da decisão que defere o processamento da recuperação judicial;

II – a relação nominal de credores, em que se discrimine o valor atualizado e a classificação de cada crédito;

III – a advertência acerca dos prazos para habilitação dos créditos, na forma do art. 7º, § 1º, desta Lei, e para que os credores apresentem objeção ao plano de recuperação judicial apresentado pelo devedor nos termos do art. 55 desta Lei.

§ 2º. Deferido o processamento da recuperação judicial, os credores poderão, a qualquer tempo, requerer a convocação de assembleia-geral para a constituição do Comitê de Credores ou substituição de seus membros, observado o disposto no § 2º do art. 36 desta Lei.

§ 3º. No caso do inciso III do *caput* deste artigo, caberá ao devedor comunicar a suspensão aos juízos competentes.

§ 4º. O devedor não poderá desistir do pedido de recuperação judicial após o deferimento de seu processamento, salvo se obtiver aprovação da desistência na assembleia-geral de credores.

‣ Esta Lei: art. 35, I, d.

SEÇÃO III. DO PLANO DE RECUPERAÇÃO JUDICIAL

Art. 53. O plano de recuperação será apresentado pelo devedor em juízo no prazo improrrogável de 60 (sessenta) dias da publicação da decisão que deferir o processamento da recuperação judicial, sob pena de convolação em falência, e deverá conter:

‣ Esta Lei: arts. 71 e 73, II.

I – discriminação pormenorizada dos meios de recuperação a ser empregados, conforme o art. 50 desta Lei, e seu resumo;

II – demonstração de sua viabilidade econômica; e

III – laudo econômico-financeiro e de avaliação dos bens e ativos do devedor, subscrito por profissional legalmente habilitado ou empresa especializada.

Parágrafo único. O juiz ordenará a publicação de edital contendo aviso aos credores sobre o recebimento do plano de recuperação e fixando o prazo para a manifestação de eventuais objeções, observado o art. 55 desta Lei.

Art. 54. O plano de recuperação judicial não poderá prever prazo superior a 1 (um) ano para pagamento dos créditos derivados da legislação do trabalho ou decorrentes de acidentes de trabalho vencidos até a data do pedido de recuperação judicial.

§ 1º O plano não poderá, ainda, prever prazo superior a 30 (trinta) dias para o pagamento, até o limite de 5 (cinco) salários-mínimos por trabalhador, dos créditos de natureza estritamente salarial vencidos nos 3 (três) meses anteriores ao pedido de recuperação judicial. (Redação dada pela Lei 14.112/2020)

§ 2º O prazo estabelecido no *caput* deste artigo poderá ser estendido em até 2 (dois) anos, se o plano de recuperação judicial atender aos seguintes requisitos, cumulativamente: (Acrescido pela Lei 14.112/2020)

I – apresentação de garantias julgadas suficientes pelo juiz;

II – aprovação pelos credores titulares de créditos derivados da legislação trabalhista ou decorrentes de acidentes de trabalho, na forma do § 2º do art. 45 desta Lei; e

III – garantia da integralidade do pagamento dos créditos trabalhistas.

SEÇÃO IV. DO PROCEDIMENTO DE RECUPERAÇÃO JUDICIAL

Art. 55. Qualquer credor poderá manifestar ao juiz sua objeção ao plano de recuperação judicial no prazo de 30 (trinta) dias contado da publicação da relação de credores de que trata o § 2º do art. 7º desta Lei.

‣ Esta Lei: arts. 52, § 1º, III; 53, parágrafo único; 57; 58 e 72, parágrafo único.

Parágrafo único. Caso, na data da publicação da relação de que trata o *caput* deste artigo, não tenha sido publicado o aviso previsto no art. 53, parágrafo único, desta Lei, contar-se-á da publicação deste o prazo para as objeções.

Art. 56. Havendo objeção de qualquer credor ao plano de recuperação judicial, o juiz convocará a assembleia-geral de credores para deliberar sobre o plano de recuperação.

§ 1º. A data designada para a realização da assembleia-geral não excederá 150 (cento e cinquenta) dias contados do deferimento do processamento da recuperação judicial.

§ 2º. A assembleia-geral que aprovar o plano de recuperação judicial poderá indicar os membros do Comitê de Credores, na forma do art. 26 desta Lei, se já não estiver constituído.

§ 3º. O plano de recuperação judicial poderá sofrer alterações na assembleia-geral, desde que haja expressa concordância do devedor e em termos que não impliquem diminuição dos direitos exclusivamente dos credores ausentes.

§ 4º Rejeitado o plano de recuperação judicial, o administrador judicial submeterá, no ato, à votação da assembleia-geral de credores a concessão de prazo de 30 (trinta) dias para que seja apresentado plano de recuperação judicial pelos credores. (Redação dada pela Lei 14.112/2020)

‣ Esta Lei: art. 73, III.

§ 5º A concessão do prazo a que se refere o § 4º deste artigo deverá ser aprovada por credores que representem mais da metade dos créditos presentes à assembleia-geral de credores. (Acrescido pela Lei 14.112/2020)

§ 6º O plano de recuperação judicial proposto pelos credores somente será posto em votação caso satisfeitas, cumulativamente, as seguintes condições: (Acrescido pela Lei 14.112/2020)

I – não preenchimento dos requisitos previstos no § 1º do art. 58 desta Lei;

II – preenchimento dos requisitos previstos nos incisos I, II e III do *caput* do art. 53 desta Lei;

III – apoio por escrito de credores que representem, alternativamente:

a) mais de 25% (vinte e cinco por cento) dos créditos totais sujeitos à recuperação judicial; ou

b) mais de 35% (trinta e cinco por cento) dos créditos dos credores presentes à assembleia-geral a que se refere o § 4º deste artigo;

IV – não imputação de obrigações novas, não previstas em lei ou em contratos anteriormente celebrados, aos sócios do devedor;

V – previsão de isenção das garantias pessoais prestadas por pessoas naturais em relação aos créditos a serem novados e que sejam de titularidade dos credores mencionados no inciso III deste parágrafo ou daqueles que votarem favoravelmente ao plano de recuperação judicial apresentado pelos credores, não permitidas ressalvas de voto; e

VI – não imposição ao devedor ou aos seus sócios de sacrifício maior do que aquele que decorreria da liquidação na falência.

§ 7º O plano de recuperação judicial apresentado pelos credores poderá prever a capitalização dos créditos, inclusive com a consequente alteração do controle da sociedade devedora, permitido o exercício do direito de retirada pelo sócio do devedor. (Acrescido pela Lei 14.112/2020)

§ 8º Não aplicado o disposto nos §§ 4º, 5º e 6º deste artigo, ou rejeitado o plano de recuperação judicial proposto pelos credores, o juiz convolará a recuperação judicial em falência. (Acrescido pela Lei 14.112/2020)

§ 9º Na hipótese de suspensão da assembleia-geral de credores convocada para fins de votação do plano de recuperação judicial, a assembleia deverá ser encerrada no prazo de até 90 (noventa) dias, contado da data de sua instalação. (Acrescido pela Lei 14.112/2020)

Art. 56-A. Até 5 (cinco) dias antes da data de realização da assembleia-geral de credores convocada para deliberar sobre o plano, o devedor poderá comprovar a aprovação dos credores por meio de termo de adesão, observado o quórum previsto no art. 45 desta Lei, e requerer a sua homologação judicial. (Acrescido pela Lei 14.112/2020)

§ 1º No caso previsto no *caput* deste artigo, a assembleia-geral será imediatamente dispensada, e o juiz intimará os credores para apresentarem eventuais oposições, no prazo de 10 (dez) dias, o qual substituirá o prazo inicialmente estipulado nos termos do *caput* do art. 55 desta Lei.

§ 2º Oferecida oposição prevista no § 1º deste artigo, terá o devedor o prazo de 10 (dez) dias para manifestar-se a respeito, ouvido a seguir o administrador judicial, no prazo de 5 (cinco) dias.

§ 3º No caso de dispensa da assembleia-geral ou de aprovação do plano de recuperação judicial em assembleia-geral, as oposições apenas poderão versar sobre:

I – não preenchimento do quórum legal de aprovação;

II – descumprimento do procedimento disciplinado nesta Lei;

III – irregularidades do termo de adesão ao plano de recuperação; ou

IV – irregularidades e ilegalidades do plano de recuperação.

Art. 57. Após a juntada aos autos do plano aprovado pela assembleia-geral de credores ou decorrido o prazo previsto no art. 55 desta Lei sem objeção de credores, o devedor apresentará certidões negativas de débitos tributários nos termos dos arts. 151, 205, 206 da Lei nº 5.172, de 25 de outubro de 1966 – Código Tributário Nacional.

Art. 58. Cumpridas as exigências desta Lei, o juiz concederá a recuperação judicial do devedor cujo plano não tenha sofrido objeção de credor nos termos do art. 55 desta Lei ou tenha sido aprovado pela assembleia-geral de credores na forma dos arts. 45 ou 56-A desta Lei. (Redação dada pela Lei 14.112/2020)

‣ Esta Lei: art. 61.

§ 1º. O juiz poderá conceder a recuperação judicial com base em plano que não obteve aprovação na forma do art. 45 desta Lei, desde que, na mesma assembleia, tenha obtido, de forma cumulativa:

I – o voto favorável de credores que representem mais da metade do valor de todos os créditos presentes à assembleia, independentemente de classes;

II – a aprovação de 3 (três) das classes de credores ou, caso haja somente 3 (três) classes com credores votantes, a aprovação de pelo menos 2 (duas) das classes ou, caso haja somente 2 (duas) classes com credores votantes, a aprovação de pelo menos 1 (uma) delas, sempre nos termos do art. 45 desta Lei; (Redação dada pela Lei 14.112/2020)

III – na classe que o houver rejeitado, o voto favorável de mais de 1/3 (um terço) dos credores, computados na forma dos §§ 1º e 2º do art. 45 desta Lei.

§ 2º. A recuperação judicial somente poderá ser concedida com base no § 1º deste artigo se o plano não implicar tratamento diferenciado entre os credores da classe que o houver rejeitado.

§ 3º. Da decisão que conceder a recuperação judicial serão intimados eletronicamente o Ministério Público e as Fazendas Públicas federal e de todos os Estados, Distrito Federal e Municípios em que o devedor tiver estabelecimento. (Acrescido pela Lei 14.112/2020)

Art. 58-A. Rejeitado o plano de recuperação proposto pelo devedor ou pelos credores e não preenchidos os requisitos estabelecidos no § 1º do art. 58 desta Lei, o juiz convolará a recuperação judicial em falência.

Parágrafo único. Da sentença prevista no *caput* deste artigo caberá agravo de instrumento.

Art. 59. O plano de recuperação judicial implica novação dos créditos anteriores ao pedido, e obriga o devedor e todos os credores a ele sujeitos, sem prejuízo das garantias, observado o disposto no § 1º do art. 50 desta Lei.

§ 1º. A decisão judicial que conceder a recuperação judicial constituirá título executivo judicial, nos termos do art. 584, inciso III, do *caput* da Lei nº 5.869, de 11 de janeiro de 1973 – Código de Processo Civil.

‣ Súm. nº 25 do STJ.

§ 2º. Contra a decisão que conceder a recuperação judicial caberá agravo, que poderá ser interposto por qualquer credor e pelo Ministério Público.

§ 3º Da decisão que conceder a recuperação judicial serão intimadas eletronicamente as Fazendas Públicas federal e de todos os Estados, Distrito Federal e Municípios em que o devedor tiver estabelecimento. (Acrescido pela Lei 14.112/2020)

Art. 60. Se o plano de recuperação judicial aprovado envolver alienação judicial de filiais ou de unidades produtivas isoladas do devedor, o juiz ordenará a sua realização, observado o disposto no art. 142 desta Lei.

Parágrafo-único. O objeto da alienação estará livre de qualquer ônus e não haverá sucessão do arrematante nas obrigações do devedor de qualquer natureza, incluídas, mas não exclusivamente, as de natureza ambiental, regulatória, administrativa, penal, anticorrupção, tributária e trabalhista, observado o disposto no § 1º do art. 141 desta Lei. (Parágrafo vetado na Lei 14.112/2020 pelo Presidente da República, mantido pelo Congresso Nacional e publicado na Edição Extra D do DOU de 26/3/2021)

Art. 60-A. A unidade produtiva isolada de que trata o art. 60 desta Lei poderá abranger bens, direitos ou ativos de qualquer natureza, tangíveis ou intangíveis, isolados ou em conjunto, incluídas participações dos sócios. (Acrescido pela Lei 14.112/2020)

Parágrafo único. O disposto no *caput* deste artigo não afasta a incidência do inciso VI do *caput* e do § 2º do art. 73 desta Lei.

Art. 61. Proferida a decisão prevista no art. 58 desta Lei, o juiz poderá determinar a manutenção do devedor em recuperação judicial até que sejam cumpridas todas as obrigações previstas no plano que vencerem até, no máximo, 2 (dois) anos depois da concessão da recuperação judicial, independentemente do eventual período de carência. (Redação dada pela Lei 14.112/2020)

‣ Esta Lei: arts. 63 e 73, IV.

§ 1º. Durante o período estabelecido no *caput* deste artigo, o descumprimento de qualquer obrigação prevista no plano acarretará a convolação da recuperação em falência, nos termos do art. 73 desta Lei.

§ 2º. Decretada a falência, os credores terão reconstituídos seus direitos e garantias nas condições originalmente contratadas, deduzidos os valores eventualmente pagos e ressalvados os atos validamente praticados no âmbito da recuperação judicial.

‣ Esta Lei: art. 100.

Art. 62. Após o período previsto no art. 61 desta Lei, no caso de descumprimento de qualquer obrigação prevista no plano de recuperação judicial, qualquer credor poderá requerer a execução específica ou a falência com base no art. 94 desta Lei.

Art. 63. Cumpridas as obrigações vencidas no prazo previsto no *caput* do art. 61 desta Lei, o juiz decretará por sentença o encerramento da recuperação judicial e determinará:

I – o pagamento do saldo de honorários ao administrador judicial, somente podendo efetuar a quitação dessas obrigações mediante prestação de contas, no prazo de 30 (trinta) dias, e aprovação do relatório previsto no inciso III do *caput* deste artigo;

II – a apuração do saldo das custas judiciais a serem recolhidas;

III – a apresentação de relatório circunstanciado do administrador judicial, no prazo máximo de 15 (quinze) dias, versando sobre a execução do plano de recuperação pelo devedor;

‣ Esta Lei: art. 22, II, d.

IV – a dissolução do Comitê de Credores e a exoneração do administrador judicial;

V – a comunicação ao Registro Público de Empresas e à Secretaria Especial da Receita Federal do Brasil do Ministério da Economia para as providências cabíveis. (Redação dada pela Lei 14.112/2020)

Parágrafo único. O encerramento da recuperação judicial não dependerá da consolidação do quadro-geral de credores. (Acrescido pela Lei 14.112/2020)

Art. 64. Durante o procedimento de recuperação judicial, o devedor ou seus administradores serão mantidos na condução da atividade empresarial, sob fiscalização do Comitê, se houver, e do administrador judicial, salvo se qualquer deles:

I – houver sido condenado em sentença penal transitada em julgado por crime cometido em recuperação judicial ou falência anteriores ou por crime contra o patrimônio, a economia popular ou a ordem econômica previstos na legislação vigente;

II – houver indícios veementes de ter cometido crime previsto nesta Lei;

III – houver agido com dolo, simulação ou fraude contra os interesses de seus credores;

IV – houver praticado qualquer das seguintes condutas:

a) efetuar gastos pessoais manifestamente excessivos em relação a sua situação patrimonial;

b) efetuar despesas injustificáveis por sua natureza ou vulto, em relação ao capital ou gênero do negócio, ao movimento das operações e a outras circunstâncias análogas;

c) descapitalizar injustificadamente a empresa ou realizar operações prejudiciais ao seu funcionamento regular;

d) simular ou omitir créditos ao apresentar a relação de que trata o inciso III do *caput* do art. 51 desta Lei, sem relevante razão de direito ou amparo de decisão judicial;

V – negar-se a prestar informações solicitadas pelo administrador judicial ou pelos demais membros do Comitê;

VI – tiver seu afastamento previsto no plano de recuperação judicial.

Parágrafo único. Verificada qualquer das hipóteses do *caput* deste artigo, o juiz destituirá o administrador, que será substituído na forma prevista nos atos constitutivos do devedor ou do plano de recuperação judicial.

Art. 65. Quando do afastamento do devedor, nas hipóteses previstas no art. 64 desta Lei, o juiz convocará a assembleia-geral de credores para deliberar sobre o nome do gestor judicial que assumirá a administração das atividades do devedor, aplicando-se-lhe, no que couber, todas as normas sobre deveres, impedimentos e remuneração do administrador judicial.

§ 1º. O administrador judicial exercerá as funções de gestor enquanto a assembleia-geral não deliberar sobre a escolha deste.

§ 2º. Na hipótese de o gestor indicado pela assembleia-geral de credores recusar ou estar impedido de aceitar o encargo para gerir os negócios do devedor, o juiz convocará, no prazo de 72 (setenta e duas) horas, contado da recusa ou da declaração do impedimento nos autos, nova assembleia-geral, aplicado o disposto no § 1º deste artigo.

Art. 66. Após a distribuição do pedido de recuperação judicial, o devedor não poderá alienar ou onerar bens ou direitos de seu ativo não circulante, inclusive para os fins previstos no art. 67 desta Lei, salvo mediante autorização do juiz, depois de ouvido o Comitê de Credores, se houver, com exceção daqueles previamente autorizados no plano de recuperação judicial. (Redação dada pela Lei 14.112/2020)

§ 1º Autorizada a alienação de que trata o *caput* deste artigo pelo juiz, observar-se-á o seguinte: (Acrescido pela Lei 14.112/2020)

I – nos 5 (cinco) dias subsequentes à data da publicação da decisão, credores que corresponderem a mais de 15% (quinze por cento) do valor total de créditos sujeitos à recuperação judicial, comprovada a prestação da caução equivalente ao valor total da alienação, poderão manifestar ao administrador judicial, fundamentadamente, o interesse na realização da assembleia-geral de credores para deliberar sobre a realização da venda;

II – nas 48 (quarenta e oito) horas posteriores ao final do prazo previsto no inciso I deste parágrafo, o administrador judicial apresentará ao juiz relatório das manifestações recebidas e, somente na hipótese de cumpridos os requisitos estabelecidos, requererá a convocação de assembleia-geral de credores, que será realizada da forma mais célere, eficiente e menos onerosa, preferencialmente por intermédio dos instrumentos referidos no § 4º do art. 39 desta Lei.

§ 2º As despesas com a convocação e a realização da assembleia-geral correrão por conta dos credores referidos no inciso I do § 1º deste artigo, proporcionalmente ao valor total de seus créditos. (Acrescido pela Lei 14.112/2020)

§ 3º Desde que a alienação seja realizada com observância do disposto no § 1º do art. 141 e no art. 142 desta Lei, o objeto da alienação estará livre de qualquer ônus e não haverá sucessão do adquirente nas obrigações do devedor, incluídas, mas não exclusivamente, as de natureza ambiental, regulatória, administrativa, penal, anticorrupção, tributária e trabalhista. (Parágrafo vetado na Lei 14.112/2020 pelo Presidente da República, mantido pelo Congresso Nacional e publicado na Edição Extra D do DOU de 26/3/2021)

§ 4º O disposto no *caput* deste artigo não afasta a incidência do inciso VI do *caput* e do § 2º do art. 73 desta Lei. (Acrescido pela Lei 14.112/2020)

Art. 66-A. A alienação de bens ou a garantia outorgada pelo devedor a adquirente ou a financiador de boa-fé, desde que realizada mediante autorização judicial expressa ou prevista em plano de recuperação judicial ou extrajudicial aprovado, não poderá ser anulada ou tornada ineficaz após a consumação do negócio jurídico com o recebimento dos recursos correspondentes pelo devedor. (Acrescido pela Lei 14.112/2020)

Art. 67. Os créditos decorrentes de obrigações contraídas pelo devedor durante a recuperação judicial, inclusive aqueles relativos a despesas com fornecedores de bens ou serviços e contratos de mútuo, serão considerados extraconcursais, em caso de decretação de falência, respeitada, no que couber, a ordem estabelecida no art. 83 desta Lei.

‣ Esta Lei: art. 54, V.

Parágrafo único. O plano de recuperação judicial poderá prever tratamento diferenciado aos créditos sujeitos à recuperação judicial pertencentes a fornecedores de bens ou serviços que continuarem a provê-los normalmente após o pedido de recuperação judicial, desde que tais bens ou serviços sejam necessários para a manutenção das atividades e que o tratamento diferenciado seja adequado e razoável no que concerne à relação comercial futura. (Redação dada pela Lei 14.112/2020)

Art. 68. As Fazendas Públicas e o Instituto Nacional do Seguro Social – INSS poderão deferir, nos termos da legislação específica, parcelamento de seus créditos, em sede de recuperação judicial, de acordo com os parâmetros estabelecidos na Lei nº 5.172, de 25 de outubro de 1966 – Código Tributário Nacional.

Parágrafo único. As microempresas e empresas de pequeno porte farão jus a prazos 20% (vinte por cento) superiores àqueles regularmente concedidos às demais empresas. (Incluído pela Lei Complementar nº 147, de 2014)

Art. 69. Em todos os atos, contratos e documentos firmados pelo devedor sujeito ao procedimento de recuperação judicial deverá ser acrescida, após o nome empresarial, a expressão "em Recuperação Judicial".

‣ Esta Lei: art. 52, II.

Parágrafo único. O juiz determinará ao Registro Público de Empresas e à Secretaria Especial da Receita Federal do Brasil a anotação da recuperação judicial nos registros correspondentes. (Redação dada pela Lei 14.112/2020)

SEÇÃO IV-A
DO FINANCIAMENTO DO DEVEDOR E DO GRUPO DEVEDOR DURANTE A RECUPERAÇÃO JUDICIAL

(Acrescida pela Lei 14.112/2020)

Art. 69-A. Durante a recuperação judicial, nos termos dos arts. 66 e 67 desta Lei, o juiz poderá, depois de ouvido o Comitê de Credores, autorizar a celebração de contratos de financiamento com o devedor, garantidos pela oneração ou pela alienação fiduciária de bens e direitos, seus ou de terceiros, pertencentes ao ativo não circulante, para financiar as suas atividades e as despesas de reestruturação ou de preservação do valor de ativos.

Art. 69-B. A modificação em grau de recurso da decisão autorizativa da contratação do financiamento não pode alterar sua natureza extraconcursal, nos termos do art. 84 desta Lei, nem as garantias outorgadas pelo devedor em favor do financiador de boa-fé, caso o desembolso dos recursos já tenha sido efetivado.

Art. 69-C. O juiz poderá autorizar a constituição de garantia subordinada sobre um ou mais ativos do devedor em favor do financiador de devedor em recuperação judicial, dispensando a anuência do detentor da garantia original.

§ 1º A garantia subordinada, em qualquer hipótese, ficará limitada ao eventual excesso resultante da alienação do ativo objeto da garantia original.

§ 2º O disposto no *caput* deste artigo não se aplica a qualquer modalidade de alienação fiduciária ou de cessão fiduciária.'

Art. 69-D. Caso a recuperação judicial seja convolada em falência antes da liberação integral dos valores de que trata esta Seção, o contrato de financiamento será considerado automaticamente rescindido.

Parágrafo único. As garantias constituídas e as preferências serão conservadas até o limite dos valores efetivamente entregues ao devedor antes da data da sentença que convolar a recuperação judicial em falência.'

Art. 69-E. O financiamento de que trata esta Seção poderá ser realizado por qualquer pessoa, inclusive credores, sujeitos ou não à recuperação judicial, familiares, sócios e integrantes do grupo do devedor.

Art. 69-F. Qualquer pessoa ou entidade pode garantir o financiamento de que trata esta Seção mediante a oneração ou a alienação fiduciária de bens e direitos, inclusive o próprio devedor e os demais integrantes do seu grupo, estejam ou não em recuperação judicial.

SEÇÃO IV-B
DA CONSOLIDAÇÃO PROCESSUAL E DA CONSOLIDAÇÃO SUBSTANCIAL

(Acrescida pela Lei 14.112/2020)

Art. 69-G. Os devedores que atendam aos requisitos previstos nesta Lei e que integrem grupo sob controle societário comum poderão requerer recuperação judicial sob consolidação processual.

§ 1º Cada devedor apresentará individualmente a documentação exigida no art. 51 desta Lei.

§ 2º O juízo do local do principal estabelecimento entre os dos devedores é competente para deferir a recuperação judicial sob consolidação processual, em observância ao disposto no art. 3º desta Lei.

§ 3º Exceto quando disciplinado de forma diversa, as demais disposições desta Lei aplicam-se aos casos de que trata esta Seção.

Art. 69-H. Na hipótese de a documentação de cada devedor ser considerada adequada, apenas um administrador judicial será nomeado, observado o disposto na Seção III do Capítulo II desta Lei.

Art. 69-I. A consolidação processual, prevista no art. 69-G desta Lei, acarreta a coordenação de atos processuais, garantida a independência dos devedores, dos seus ativos e dos seus passivos.

§ 1º Os devedores proporão meios de recuperação independentes e específicos para a composição de seus passivos, admitida a sua apresentação em plano único.

§ 2º Os credores de cada devedor deliberarão em assembleias-gerais de credores independentes.

§ 3º Os quóruns de instalação e de deliberação das assembleias-gerais de que trata o § 2º deste artigo serão verificados, exclusivamente, em referência aos credores de cada devedor, e serão elaboradas atas para cada um dos devedores.

§ 4º A consolidação processual não impede que alguns devedores obtenham a concessão da recuperação judicial e outros tenham a falência decretada.

§ 5º Na hipótese prevista no § 4º deste artigo, o processo será desmembrado em tantos processos quantos forem necessários.

Art. 69-J. O juiz poderá, de forma excepcional, independentemente da realização de assembleia-geral, autorizar a consolidação substancial de ativos e passivos dos devedores integrantes do mesmo grupo econômico que estejam em recuperação judicial sob consolidação processual, apenas quando constatar a interconexão e a confusão entre ativos ou passivos dos devedores, de modo que não seja possível identificar a sua titularidade sem excessivo dispêndio de tempo ou de recursos, cumulativamente com a ocorrência de, no mínimo, 2 (duas) das seguintes hipóteses:

I – existência de garantias cruzadas;

II – relação de controle ou de dependência;

III – identidade total ou parcial do quadro societário; e

IV - atuação conjunta no mercado entre os postulantes.

Art. 69-K. Em decorrência da consolidação substancial, ativos e passivos de devedores serão tratados como se pertencessem a um único devedor.

§ 1º A consolidação substancial acarretará a extinção imediata de garantias fidejussórias e de créditos detidos por um devedor em face de outro.

§ 2º A consolidação substancial não impactará a garantia real de nenhum credor, exceto mediante aprovação expressa do titular.

Art. 69-L. Admitida a consolidação substancial, os devedores apresentarão plano unitário, que discriminará os meios de recuperação a serem empregados e será submetido a uma assembleia-geral de credores para a qual serão convocados os credores dos devedores.

§ 1º As regras sobre deliberação e homologação previstas nesta Lei serão aplicadas à assembleia-geral de credores a que se refere o *caput* deste artigo.

§ 2º A rejeição do plano unitário de que trata o *caput* deste artigo implicará a convolação da recuperação judicial em falência dos devedores sob consolidação substancial.

SEÇÃO V. DO PLANO DE RECUPERAÇÃO JUDICIAL PARA MICROEMPRESAS E EMPRESAS DE PEQUENO PORTE

Art. 70. As pessoas de que trata o art. 1º desta Lei e que se incluam nos conceitos de microempresa ou empresa de pequeno porte, nos termos da legislação vigente, sujeitam-se às normas deste Capítulo.

‣ Esta Lei: art. 72.

§ 1º As microempresas e as empresas de pequeno porte, conforme definidas em lei, poderão apresentar plano especial de recuperação judicial, desde que afirmem sua intenção de fazê-lo na petição inicial de que trata o art. 51 desta Lei.

§ 2º Os credores não atingidos pelo plano especial não terão seus créditos habilitados na recuperação judicial.

Art. 70-A. O produtor rural de que trata o § 3º do art. 48 desta Lei poderá apresentar plano especial de recuperação judicial, nos termos desta Seção, desde que o valor da causa não exceda a R$ 4.800.000,00 (quatro milhões e oitocentos mil reais). (Acrescido pela Lei 14.112/2020)

Art. 71. O plano especial de recuperação judicial será apresentado no prazo previsto no art. 53 desta Lei e limitar-se á às seguintes condições:

I – abrangerá todos os créditos existentes na data do pedido, ainda que não vencidos, excetuados os decorrentes de repasse de recursos oficiais, os fiscais e os previstos nos §§ 3º e 4º do art. 49; (Redação dada pela Lei Complementar nº 147, de 2014)

II – preverá parcelamento em até 36 (trinta e seis) parcelas mensais, iguais e sucessivas, acrescidas de juros equivalentes à taxa Sistema Especial de Liquidação e de Custódia – SELIC, podendo conter ainda a proposta de abatimento do valor das dívidas; (Redação dada pela Lei Complementar nº 147, de 2014)

III – preverá o pagamento da 1ª (primeira) parcela no prazo máximo de 180 (cento e oitenta) dias, contado da distribuição do pedido de recuperação judicial;

IV – estabelecerá a necessidade de autorização do juiz, após ouvido o administrador judicial e o Comitê de Credores, para o devedor aumentar despesas ou contratar empregados.

Parágrafo único. O pedido de recuperação judicial com base em plano especial não acarreta a suspensão do curso da prescrição nem das ações e execuções por créditos não abrangidos pelo plano.

Art. 72. Caso o devedor de que trata o art. 70 desta Lei opte pelo pedido de recuperação judicial com base no plano especial disciplinado nesta Seção, não será convocada assembleia-geral de credores para deliberar sobre o plano, e o juiz concederá a recuperação judicial se atendidas as demais exigências desta Lei.

Parágrafo único. O juiz também julgará improcedente o pedido de recuperação judicial e decretará a falência do devedor se houver objeções, nos termos do art. 55, de credores titulares de mais da metade de qualquer uma das classes de créditos previstos no art. 83, computados na forma do art. 45, todos desta Lei. (Redação dada pela Lei Complementar nº 147, de 2014)

CAPÍTULO IV. DA CONVOLAÇÃO DA RECUPERAÇÃO JUDICIAL EM FALÊNCIA

Art. 73. O juiz decretará a falência durante o processo de recuperação judicial:

‣ Esta Lei: art. 61, § 1º.

I – por deliberação da assembleia-geral de credores, na forma do art. 42 desta Lei;

II – pela não apresentação, pelo devedor, do plano de recuperação no prazo do art. 53 desta Lei;

III – quando não aplicado o disposto nos §§ 4º, 5º e 6º do art. 56 desta Lei, ou rejeitado o plano de recuperação judicial proposto pelos credores, nos termos do § 7º do art. 56 e do art. 58-A desta Lei; (Redação dada pela Lei 14.112/2020)

IV – por descumprimento de qualquer obrigação assumida no plano de recuperação, na forma do § 1º do art. 61 desta Lei.

V – por descumprimento dos parcelamentos referidos no art. 68 desta Lei ou da transação prevista no art. 10-C da Lei nº 10.522, de 19 de julho de 2002; e (Acrescido pela Lei 14.112/2020)

VI – quando identificado o esvaziamento patrimonial da devedora que implique liquidação substancial da empresa, em prejuízo de credores não sujeitos à recuperação judicial, inclusive as Fazendas Públicas. (Acrescido pela Lei 14.112/2020)

§ 1º O disposto neste artigo não impede a decretação da falência por inadimplemento de obrigação não sujeita à recuperação judicial, nos termos dos incisos I ou II do *caput* do art. 94 desta Lei, ou por prática de ato previsto no inciso III do *caput* do art. 94 desta Lei. (Redação dada pela Lei 14.112/2020)

§ 2º A hipótese prevista no inciso VI do *caput* deste artigo não implicará a invalidade ou a ineficácia dos atos, e o juiz determinará o bloqueio do produto de eventuais alienações e a devolução ao devedor dos valores já distribuídos, os quais ficarão à disposição do juízo. (Acrescido pela Lei 14.112/2020)

§ 3º Considera-se substancial a liquidação quando não forem reservados bens, direitos ou projeção de fluxo de caixa futuro suficientes à manutenção da atividade econômica para fins de cumprimento de suas obrigações, facultada a realização de perícia específica para essa finalidade. (Acrescido pela Lei 14.112/2020)

Art. 74. Na convolação da recuperação em falência, os atos de administração, endividamento, oneração ou alienação praticados durante a recuperação judicial presumem-se válidos, desde que realizados na forma desta Lei.

CAPÍTULO V. DA FALÊNCIA

SEÇÃO I. DISPOSIÇÕES GERAIS

Art. 75. A falência, ao promover o afastamento do devedor de suas atividades, visa a: (Redação dada pela Lei 14.112/2020)

I – preservar e a otimizar a utilização produtiva dos bens, dos ativos e dos recursos produtivos, inclusive os intangíveis, da empresa;

II – permitir a liquidação célere das empresas inviáveis, com vistas à realocação eficiente de recursos na economia; e

III – fomentar o empreendedorismo, inclusive por meio da viabilização do retorno célere do empreendedor falido à atividade econômica.

§ 1º O processo de falência atenderá aos princípios da celeridade e da economia processual, sem prejuízo do contraditório, da ampla defesa e dos demais princípios previstos na Lei nº 13.105, de 16 de março de 2015 (Código de Processo Civil).

§ 2º A falência é mecanismo de preservação de benefícios econômicos e sociais decorrentes da atividade empresarial, por meio da liquidação imediata do devedor e da rápida realocação útil de ativos na economia.

Art. 76. O juízo da falência é indivisível e competente para conhecer todas as ações sobre bens, interesses e negócios do falido, ressalvadas as causas trabalhistas, fiscais e aquelas não reguladas nesta Lei em que o falido figurar como autor ou litisconsorte ativo.

Parágrafo único. Todas as ações, inclusive as excetuadas no *caput* deste artigo, terão prosseguimento com o administrador judicial, que deverá ser intimado para representar a massa falida, sob pena de nulidade do processo.

Art. 77. A decretação da falência determina o vencimento antecipado das dívidas do devedor e dos sócios ilimitada e solidariamente responsáveis, com o abatimento proporcional dos juros, e converte todos os créditos em moeda estrangeira para a moeda do País, pelo câmbio do dia da decisão judicial, para todos os efeitos desta Lei.

Art. 78. Os pedidos de falência estão sujeitos a distribuição obrigatória, respeitada a ordem de apresentação.

Parágrafo único. As ações que devam ser propostas no juízo da falência estão sujeitas a distribuição por dependência.

Art. 79. Os processos de falência e os seus incidentes preferem a todos os outros na ordem dos feitos, em qualquer instância.

Art. 80. Considerar-se-ão habilitados os créditos remanescentes da recuperação judicial, quando definitivamente incluídos no quadro-geral de credores, tendo prosseguimento as habilitações que estejam em curso.

Art. 81. A decisão que decreta a falência da sociedade com sócios ilimitadamente responsáveis também acarreta a falência destes, que ficam sujeitos aos mesmos efeitos jurídicos produzidos em relação à sociedade falida e, por isso, deverão ser citados para apresentar contestação, se assim o desejarem.

§ 1º O disposto no *caput* deste artigo aplica-se ao sócio que tenha se retirado voluntariamente ou que tenha sido excluído da sociedade, há menos de 2 (dois) anos, quanto às dívidas existentes na data do arquivamento da alteração do contrato, no caso de não terem sido solvidas até a data da decretação da falência.

§ 2º As sociedades falidas serão representadas na falência por seus administradores ou liquidantes, os quais terão os mesmos direitos e, sob as mesmas penas, ficarão sujeitos às obrigações que cabem ao falido.

Art. 82. A responsabilidade pessoal dos sócios de responsabilidade limitada, dos controladores e dos administradores da sociedade falida, estabelecida nas respectivas leis, será apurada no próprio juízo da falência, independentemente da realização do ativo e da prova da sua insuficiência para cobrir o passivo, observado o procedimento ordinário previsto no Código de Processo Civil.

§ 1º Prescreverá em 2 (dois) anos, contados do trânsito em julgado da sentença de encerramento da falência, a ação de responsabilização prevista no *caput* deste artigo.

§ 2º O juiz poderá, de ofício ou mediante requerimento das partes interessadas, ordenar a indisponibilidade de bens particulares dos réus, em quantidade compatível com o dano provocado, até o julgamento da ação de responsabilização.

Art. 82-A. É vedada a extensão da falência ou de seus efeitos, no todo ou em parte, aos sócios de responsabilidade limitada, aos controladores e aos administradores da sociedade falida, admitida, contudo, a desconsideração da personalidade jurídica. (Acrescido pela Lei 14.112/2020)

Parágrafo único. A desconsideração da personalidade jurídica da sociedade falida, para fins de responsabilização de terceiros, grupo, sócio ou administrador por obrigação desta, somente pode ser decretada pelo juízo falimentar com a observância do art. 50 da Lei nº 10.406, de 10 de janeiro de 2002 (Código Civil) e dos arts. 133, 134, 135, 136 e 137 da Lei nº 13.105, de 16 de março de 2015 (Código de Processo Civil), não aplicada a suspensão de que trata o § 3º do art. 134 da Lei nº 13.105, de 16 de março de 2015 (Código de Processo Civil).

SEÇÃO II. DA CLASSIFICAÇÃO DOS CRÉDITOS

Art. 83. A classificação dos créditos na falência obedece à seguinte ordem:

‣ Esta Lei: arts. 67 e 149.

I – os créditos derivados da legislação trabalhista, limitados a 150 (cento e cinquenta) salários-mínimos por credor, e aqueles decorrentes de acidentes de trabalho; (Redação dada pela Lei 14.112/2020)

II – os créditos gravados com direito real de garantia até o limite do valor do bem gravado; (Redação dada pela Lei 14.112/2020)

‣ Esta Lei: art. 163, § 1º.

III – os créditos tributários, independentemente da sua natureza e do tempo de constituição, exceto os créditos extraconcursais e as multas tributárias; (Redação dada pela Lei 14.112/2020)

‣ Súm. nº 192 do STF.

IV e V – (Revogados pela Lei 14.112/2020)

VI – os créditos quirografários, a saber: (Redação dada pela Lei 14.112/2020)

‣ Esta Lei: art. 163, § 1º.

a) aqueles não previstos nos demais incisos deste artigo;

b) os saldos dos créditos não cobertos pelo produto da alienação dos bens vinculados ao seu pagamento; e (Redação dada pela Lei 14.112/2020)

c) os saldos dos créditos derivados da legislação trabalhista que excederem o limite estabelecido no inciso I do *caput* deste artigo; (Redação dada pela Lei 14.112/2020)

VII - as multas contratuais e as penas pecuniárias por infração das leis penais ou administrativas, incluídas as multas tributárias; (Redação dada pela Lei 14.112/2020)

VIII – os créditos subordinados, a saber: (Redação dada pela Lei 14.112/2020)

‣ Esta Lei: art. 163, § 1º.

a) os previstos em lei ou em contrato; e (Redação dada pela Lei 14.112/2020)

b) os créditos dos sócios e dos administradores sem vínculo empregatício cuja contratação não tenha observado as condições estritamente comutativas e as práticas de mercado; e (Redação dada pela Lei 14.112/2020)

IX – os juros vencidos após a decretação da falência, conforme previsto no art. 124 desta Lei. (Redação dada pela Lei 14.112/2020)

§ 1º Para os fins do inciso II do *caput* deste artigo, será considerado como valor do bem objeto de garantia real a importância efetivamente arrecadada com sua venda, ou, no caso de alienação em bloco, o valor de avaliação do bem individualmente considerado.

‣ Esta Lei: art. 108, § 5º.

§ 2º Não são oponíveis à massa os valores decorrentes de direito de sócio ao recebimento de sua parcela do capital social na liquidação da sociedade.

§ 3º As cláusulas penais dos contratos unilaterais não serão atendidas se as obrigações neles estipuladas se vencerem em virtude da falência.

§ 4º (Revogado pela Lei 14.112/2020)

§ 5º Para os fins do disposto nesta Lei, os créditos cedidos a qualquer título manterão sua natureza e classificação. (Acrescido pela Lei 14.112/2020)

§ 6º Para os fins do disposto nesta Lei, os créditos que disponham de privilégio especial ou geral em outras normas integrarão a classe dos créditos quirografários. (Acrescido pela Lei 14.112/2020)

Art. 84. Serão considerados créditos extraconcursais e serão pagos com precedência sobre os mencionados no art. 83 desta Lei, na ordem a seguir, aqueles relativos: (Redação dada pela Lei 14.112/2020)

‣ Esta Lei: art. 149.

I – (Revogado pela Lei 14.112/2020)

‣ Súm. nº 219 do STJ.

I-A – às quantias referidas nos arts. 150 e 151 desta Lei; (Acrescido pela Lei 14.112/2020)

I-B – ao valor efetivamente entregue ao devedor em recuperação judicial pelo financiador, em conformidade com o disposto na Seção IV-A do Capítulo III desta Lei; (Acrescido pela Lei 14.112/2020)

I-C – aos créditos em dinheiro objeto de restituição, conforme previsto no art. 86 desta Lei; (Acrescido pela Lei 14.112/2020)

I-D – às remunerações devidas ao administrador judicial e aos seus auxiliares, aos reembolsos devidos a membros do Comitê de Credores, e aos créditos derivados da legislação trabalhista ou decorrentes de acidentes de trabalho relativos a serviços prestados após a decretação da falência; (Acrescido pela Lei 14.112/2020)

I-E – às obrigações resultantes de atos jurídicos válidos praticados durante a recuperação judicial, nos termos do art. 67 desta Lei, ou após a decretação da falência; (Acrescido pela Lei 14.112/2020)

II – às quantias fornecidas à massa falida pelos credores; (Redação dada pela Lei 14.112/2020)

III – às despesas com arrecadação, administração, realização do ativo, distribuição do seu produto e custas do processo de falência; (Redação dada pela Lei 14.112/2020)

IV – às custas judiciais relativas às ações e às execuções em que a massa falida tenha sido vencida; (Redação dada pela Lei 14.112/2020)

V – aos tributos relativos a fatos geradores ocorridos após a decretação da falência, respeitada a ordem estabelecida no art. 83 desta Lei. (Redação dada pela Lei 14.112/2020)

§ 1º As despesas referidas no inciso I-A do *caput* deste artigo serão pagas pelo administrador judicial com os recursos disponíveis em caixa. (Acrescido pela Lei 14.112/2020)

§ 2º O disposto neste artigo não afasta a hipótese prevista no art. 122 desta Lei. (Acrescido pela Lei 14.112/2020)

SEÇÃO III. DO PEDIDO DE RESTITUIÇÃO

Art. 85. O proprietário de bem arrecadado no processo de falência ou que se encontre em poder do devedor na data da decretação da falência poderá pedir sua restituição.

‣ Súm. nº 417 do STF.

Parágrafo único. Também pode ser pedida a restituição de coisa vendida a crédito e entregue ao devedor nos 15 (quinze) dias anteriores ao requerimento de sua falência, se ainda não alienada.

Art. 86. Proceder-se-á à restituição em dinheiro:

I – se a coisa não mais existir ao tempo do pedido de restituição, hipótese em que o requerente receberá o valor da avaliação do bem, ou, no caso de ter ocorrido sua venda, o respectivo preço, em ambos os casos no valor atualizado;

II – da importância entregue ao devedor, em moeda corrente nacional, decorrente de adiantamento a contrato de câmbio para exportação, na forma do art. 75, §§ 3º e 4º, da Lei nº 4.728, de 14 de julho de 1965, desde que o prazo total da operação, inclusive eventuais prorrogações, não exceda o previsto nas normas específicas da autoridade competente;

‣ Súmulas nº 36 e 133 do STJ.

‣ Esta Lei: arts. 49, § 4º; e 161, § 1º.

III – dos valores entregues ao devedor pelo contratante de boa-fé na hipótese de revogação ou ineficácia do contrato, conforme disposto no art. 136 desta Lei.

IV – às Fazendas Públicas, relativamente a tributos passíveis de retenção na fonte, de descontos de terceiros ou de sub-rogação e a valores recebidos pelos agentes arrecadadores e não recolhidos aos cofres públicos. (Acrescido pela Lei 14.112/2020)

Parágrafo único. (Revogado pela Lei 14.112/2020)

Art. 87. O pedido de restituição deverá ser fundamentado e descreverá a coisa reclamada.

§ 1º. O juiz mandará autuar em separado o requerimento com os documentos que o instruírem e determinará a intimação do falido, do Comitê, dos credores e do administrador judicial para que, no prazo sucessivo de 5 (cinco) dias, se manifestem, valendo como contestação a manifestação contrária à restituição.

§ 2º. Contestado o pedido e deferidas as provas porventura requeridas, o juiz designará audiência de instrução e julgamento, se necessária.

§ 3º. Não havendo provas a realizar, os autos serão conclusos para sentença.

Art. 88. A sentença que reconhecer o direito do requerente determinará a entrega da coisa no prazo de 48 (quarenta e oito) horas.

Parágrafo único. Caso não haja contestação, a massa não será condenada ao pagamento de honorários advocatícios.

Art. 89. A sentença que negar a restituição, quando for o caso, incluirá o requerente no quadro-geral de credores, na classificação que lhe couber, na forma desta Lei.

Art. 90. Da sentença que julgar o pedido de restituição caberá apelação sem efeito suspensivo.

Parágrafo único. O autor do pedido de restituição que pretender receber o bem ou a quantia reclamada antes do trânsito em julgado da sentença prestará caução.

Art. 91. O pedido de restituição suspende a disponibilidade da coisa até o trânsito em julgado.

Parágrafo único. Quando diversos requerentes houverem de ser satisfeitos em dinheiro e não existir saldo suficiente para o pagamento integral, far-se-á rateio proporcional entre eles.

Art. 92. O requerente que tiver obtido êxito no seu pedido ressarcirá a massa falida ou a quem tiver suportado as despesas de conservação da coisa reclamada.

Art. 93. Nos casos em que não couber pedido de restituição, fica resguardado o direito dos credores de propor embargos de terceiros, observada a legislação processual civil.

SEÇÃO IV. DO PROCEDIMENTO PARA A DECRETAÇÃO DA FALÊNCIA

Art. 94. Será decretada a falência do devedor que:

- Esta Lei: arts. 62 e 73, parágrafo único.

I – sem relevante razão de direito, não paga, no vencimento, obrigação líquida materializada em título ou títulos executivos protestados cuja soma ultrapasse o equivalente a 40 (quarenta) salários-mínimos na data do pedido de falência;

- Súm. nº 361 do STJ.
- Esta Lei: arts. 96 e 98, parágrafo único.

II – executado por qualquer quantia líquida, não paga, não deposita e não nomeia à penhora bens suficientes dentro do prazo legal;

- Esta Lei: art. 98, parágrafo único.

III – pratica qualquer dos seguintes atos, exceto se fizer parte de plano de recuperação judicial:

- Esta Lei: art. 164, § 3º, II.

a) procede à liquidação precipitada de seus ativos ou lança mão de meio ruinoso ou fraudulento para realizar pagamentos;

b) realiza ou, por atos inequívocos, tenta realizar, com o objetivo de retardar pagamentos ou fraudar credores, negócio simulado ou alienação de parte ou da totalidade de seu ativo a terceiro, credor ou não;

c) transfere estabelecimento a terceiro, credor ou não, sem o consentimento de todos os credores e sem ficar com bens suficientes para solver seu passivo;

d) simula a transferência de seu principal estabelecimento com o objetivo de burlar a legislação ou a fiscalização ou para prejudicar credor;

e) dá ou reforça garantia a credor por dívida contraída anteriormente sem ficar com bens livres e desembaraçados suficientes para saldar seu passivo;

f) ausenta-se sem deixar representante habilitado e com recursos suficientes para pagar os credores, abandona estabelecimento ou tenta ocultar-se de seu domicílio, do local de sua sede ou de seu principal estabelecimento;

g) deixa de cumprir, no prazo estabelecido, obrigação assumida no plano de recuperação judicial.

§ 1º. Credores podem reunir-se em litisconsórcio a fim de perfazer o limite mínimo para o pedido de falência com base no inciso I do *caput* deste artigo.

§ 2º. Ainda que líquidos, não legitimam o pedido de falência os créditos que nela não se possam reclamar.

§ 3º. Na hipótese do inciso I do *caput* deste artigo, o pedido de falência será instruído com os títulos executivos na forma do parágrafo único do art. 9º desta Lei, acompanhados, em qualquer caso, dos respectivos instrumentos de protesto para fim falimentar nos termos da legislação específica.

- Súm. nº 361 do STJ.
- Lei nº 9.492, de 10-09-1997, art. 23, parágrafo único, Lei do Protesto de Títulos.

§ 4º. Na hipótese do inciso II do *caput* deste artigo, o pedido de falência será instruído com certidão expedida pelo juízo em que se processa a execução.

§ 5º. Na hipótese do inciso III do *caput* deste artigo, o pedido de falência descreverá os fatos que a caracterizam, juntando-se as provas que houver e especificando-se as que serão produzidas.

Art. 95. Dentro do prazo de contestação, o devedor poderá pleitear sua recuperação judicial.

Art. 96. A falência requerida com base no art. 94, inciso I do *caput*, desta Lei, não será decretada se o requerido provar:

I – falsidade de título;

II – prescrição;

III – nulidade de obrigação ou de título;

IV – pagamento da dívida;

V – qualquer outro fato que extinga ou suspenda obrigação ou não legitime a cobrança de título;

VI – vício em protesto ou em seu instrumento;

VII – apresentação de pedido de recuperação judicial no prazo da contestação, observados os requisitos do art. 51 desta Lei;

VIII – cessação das atividades empresariais mais de 2 (dois) anos antes do pedido de falência, comprovada por documento hábil do Registro Público de Empresas, o qual não prevalecerá contra prova de exercício posterior ao ato registrado.

§ 1º. Não será decretada a falência de sociedade anônima após liquidado e partilhado seu ativo nem do espólio após 1 (um) ano da morte do devedor.

§ 2º. As defesas previstas nos incisos I a VI do *caput* deste artigo não obstam a decretação de falência se, ao final, restarem obrigações não atingidas pelas defesas em montante que supere o limite previsto naquele dispositivo.

Art. 97. Podem requerer a falência do devedor:

I – o próprio devedor, na forma do disposto nos arts. 105 a 107 desta Lei;

II – o cônjuge sobrevivente, qualquer herdeiro do devedor ou o inventariante;

- Esta Lei: art. 107, parágrafo único.

III – o cotista ou o acionista do devedor na forma da lei ou do ato constitutivo da sociedade;

- Esta Lei: art. 107, parágrafo único.

IV – qualquer credor.

- Esta Lei: art. 107, parágrafo único.

§ 1º. O credor empresário apresentará certidão do Registro Público de Empresas que comprove a regularidade de suas atividades.

§ 2º. O credor que não tiver domicílio no Brasil deverá prestar caução relativa às custas e ao pagamento da indenização de que trata o art. 101 desta Lei.

Art. 98. Citado, o devedor poderá apresentar contestação no prazo de 10 (dez) dias.

Parágrafo único. Nos pedidos baseados nos incisos I e II do *caput* do art. 94 desta Lei, o devedor poderá, no prazo da contestação, depositar o valor correspondente ao total do crédito, acrescido de correção monetária, juros e honorários advocatícios, hipótese em que a falência não será decretada e, caso julgado procedente o pedido de falência, o juiz ordenará o levantamento do valor pelo autor.

Art. 99. A sentença que decretar a falência do devedor, dentre outras determinações:

- Esta Lei: arts. 107 e 192, § 4º.

I – conterá a síntese do pedido, a identificação do falido e os nomes dos que forem a esse tempo seus administradores;

II – fixará o termo legal da falência, sem poder retrotraí-lo por mais de 90 (noventa) dias contados do pedido de falência, do pedido de recuperação judicial ou do 1º (primeiro) protesto por falta de pagamento, excluindo-se, para esta finalidade, os protestos que tenham sido cancelados;

III – ordenará ao falido que apresente, no prazo máximo de 5 (cinco) dias, relação nominal dos credores, indicando endereço, importância, natureza e classificação dos respectivos créditos, se esta já não se encontrar nos autos, sob pena de desobediência;

- Esta Lei: arts. 22, I e 39.

IV – explicitará o prazo para as habilitações de crédito, observado o disposto no § 1º do art. 7º desta Lei;

V – ordenará a suspensão de todas as ações ou execuções contra o falido, ressalvadas as hipóteses previstas nos §§ 1º e 2º do art. 6º desta Lei;

VI – proibirá a prática de qualquer ato de disposição ou oneração de bens do falido, submetendo-os preliminarmente à autorização judicial e do Comitê, se houver, ressalvados os bens cuja venda faça parte das atividades normais do devedor se autorizada a continuação provisória nos termos do inciso XI do *caput* deste artigo;

VII – determinará as diligências necessárias para salvaguardar os interesses das partes envolvidas, podendo ordenar a prisão preventiva do falido ou de seus administradores quando requerida com fundamento em provas da prática de crime definido nesta Lei;

VIII – ordenará ao Registro Público de Empresas e à Secretaria Especial da Receita Federal do Brasil que procedam à anotação da falência no registro do devedor, para que dele constem a expressão "falido", a data da decretação da falência e a inabilitação de que trata o art. 102 desta Lei; (Redação dada pela Lei 14.112/2020)

IX – nomeará o administrador judicial, que desempenhará suas funções na forma do inciso III do *caput* do art. 22 desta Lei sem prejuízo do disposto na alínea a do inciso II do *caput* do art. 35 desta Lei;

X – determinará a expedição de ofícios aos órgãos e repartições públicas e outras entidades para que informem a existência de bens e direitos do falido;

XI – pronunciar-se-á a respeito da continuação provisória das atividades do falido com o administrador judicial ou da lacração dos estabelecimentos, observado o disposto no art. 109 desta Lei;

- Esta Lei: art. 150.

XII – determinará, quando entender conveniente, a convocação da assembleia-geral de credores para a constituição de Comitê de Credores, podendo ainda autorizar a manutenção do Comitê eventualmente em funcionamento na recuperação judicial quando da decretação da falência;

XIII – ordenará a intimação eletrônica, nos termos da legislação vigente e respeitadas as prerrogativas funcionais, respectivamente, do Ministério Público e das Fazendas Públicas federal e de todos os Estados, Distrito Federal e Municípios em que o devedor tiver estabelecimento, para que tomem conhecimento da falência. (Redação dada pela Lei 14.112/2020)

- Esta Lei: art. 7º, § 1º.

§ 1º O juiz ordenará a publicação de edital eletrônico com a íntegra da decisão que decreta a falência e a relação de credores apresentada pelo falido. (Acrescido pela Lei 14.112/2020)

§ 2º A intimação eletrônica das pessoas jurídicas de direito público integrantes da administração pública indireta dos entes federativos referidos no inciso XIII do *caput* deste artigo será direcionada: (Acrescido pela Lei 14.112/2020)

I – no âmbito federal, à Procuradoria-Geral Federal e à Procuradoria-Geral do Banco Central do Brasil;

II – no âmbito dos Estados e do Distrito Federal, à respectiva Procuradoria-Geral, à qual competirá dar ciência a eventual órgão de representação judicial específico das entidades interessadas; e

III – no âmbito dos Municípios, à respectiva Procuradoria-Geral ou, se inexistir, ao gabinete do Prefeito, à qual competirá dar ciência a eventual órgão de representação judicial específico das entidades interessadas.

§ 3º Após decretada a quebra ou convolada a recuperação judicial em falência, o administrador deverá, no prazo de até 60 (sessenta) dias, contado do termo de nomeação, apresentar, para apreciação do juiz, plano detalhado de realização dos ativos, inclusive com a estimativa de tempo não superior a 180 (cento e oitenta) dias a partir da juntada de cada auto de arrecadação, na forma do inciso III do *caput* do art. 22 desta Lei. (Acrescido pela Lei 14.112/2020)

Art. 100. Da decisão que decreta a falência cabe agravo, e da sentença que julga a improcedência do pedido cabe apelação.

▸ Súm. nº 25 do STJ.

Art. 101. Quem por dolo requerer a falência de outrem será condenado, na sentença que julgar improcedente o pedido, a indenizar o devedor, apurando-se as perdas e danos em liquidação de sentença.

▸ Esta Lei: art. 97, § 2º.

§ 1º. Havendo mais de 1 (um) autor do pedido de falência, serão solidariamente responsáveis aqueles que se conduziram na forma prevista no *caput* deste artigo.

§ 2º. Por ação própria, o terceiro prejudicado também pode reclamar indenização dos responsáveis.

**SEÇÃO V.
DA INABILITAÇÃO EMPRESARIAL, DOS DIREITOS E DEVERES DO FALIDO**

Art. 102. O falido fica inabilitado para exercer qualquer atividade empresarial a partir da decretação da falência e até a sentença que extingue suas obrigações, respeitado o disposto no § 1º do art. 181 desta Lei.

▸ Esta Lei: art. 99, VIII.

Parágrafo único. Findo o período de inabilitação, o falido poderá requerer ao juiz da falência que proceda à respectiva anotação em seu registro.

Art. 103. Desde a decretação da falência ou do sequestro, o devedor perde o direito de administrar os seus bens ou deles dispor.

Parágrafo único. O falido poderá, contudo, fiscalizar a administração da falência, requerer as providências necessárias para a conservação de seus direitos ou dos bens arrecadados e intervir nos processos em que a massa falida seja parte ou interessada, requerendo o que for de direito e interpondo os recursos cabíveis.

Art. 104. A decretação da falência impõe aos representantes legais do falido os seguintes deveres: (Redação dada pela Lei 14.112/2020)

I - assinar nos autos, desde que intimado da decisão, termo de comparecimento, com a indicação do nome, da nacionalidade, do estado civil e do endereço completo do domicílio, e declarar, para constar do referido termo, diretamente ao administrador judicial, em dia, local e hora por ele designados, por prazo não superior a 15 (quinze) dias após a decretação da falência, o seguinte: (Redação dada pela Lei 14.112/2020)

a) as causas determinantes da sua falência, quando requerida pelos credores;

b) tratando-se de sociedade, os nomes e endereços de todos os sócios, acionistas controladores, diretores ou administradores, apresentando o contrato ou estatuto social e a prova do respectivo registro, bem como suas alterações;

c) o nome do contador encarregado da escrituração dos livros obrigatórios;

d) os mandatos que porventura tenha outorgado, indicando seu objeto, nome e endereço do mandatário;

e) seus bens imóveis e os móveis que não se encontram no estabelecimento;

f) se faz parte de outras sociedades, exibindo respectivo contrato;

g) suas contas bancárias, aplicações, títulos em cobrança e processos em andamento em que for autor ou réu;

II – entregar ao administrador judicial os seus livros obrigatórios e os demais instrumentos de escrituração pertinentes, que os encerrará por termo; (Redação dada pela Lei 14.112/2020)

III – não se ausentar do lugar onde se processa a falência sem motivo justo e comunicação expressa ao juiz, e sem deixar procurador bastante, sob as penas cominadas na lei;

IV – comparecer a todos os atos da falência, podendo ser representado por procurador, quando não for indispensável sua presença;

V – entregar ao administrador judicial, para arrecadação, todos os bens, papéis, documentos e senhas de acesso a sistemas contábeis, financeiros e bancários, bem como indicar aqueles que porventura estejam em poder de terceiros; (Redação dada pela Lei 14.112/2020)

VI – prestar as informações reclamadas pelo juiz, administrador judicial, credor ou Ministério Público sobre circunstâncias e fatos que interessem à falência;

VII – auxiliar o administrador judicial com zelo e presteza;

VIII – examinar as habilitações de crédito apresentadas;

IX – assistir ao levantamento, à verificação do balanço e ao exame dos livros;

X – manifestar-se sempre que for determinado pelo juiz;

XI – apresentar ao administrador judicial a relação de seus credores, em arquivo eletrônico, no dia em que prestar as declarações referidas no inciso I do *caput* deste artigo; (Redação dada pela Lei 14.112/2020)

XII – examinar e dar parecer sobre as contas do administrador judicial.

Parágrafo único. Faltando ao cumprimento de quaisquer dos deveres que esta Lei lhe impõe, após intimado pelo juiz a fazê-lo, responderá o falido por crime de desobediência.

**SEÇÃO VI.
DA FALÊNCIA REQUERIDA PELO PRÓPRIO DEVEDOR**

Art. 105. O devedor em crise econômico-financeira que julgue não atender aos requisitos para pleitear sua recuperação judicial deverá requerer ao juízo sua falência, expondo as razões da impossibilidade de prosseguimento da atividade empresarial, acompanhadas dos seguintes documentos:

▸ Esta Lei: art. 97, I.

I – demonstrações contábeis referentes aos 3 (três) últimos exercícios sociais e as levantadas especialmente para instruir o pedido, confeccionadas com estrita observância da legislação societária aplicável e compostas obrigatoriamente de:

a) balanço patrimonial;

b) demonstração de resultados acumulados;

c) demonstração do resultado desde o último exercício social;

d) relatório do fluxo de caixa;

II – relação nominal dos credores, indicando endereço, importância, natureza e classificação dos respectivos créditos;

▸ Esta Lei: arts. 22, I e 39.

III – relação dos bens e direitos que compõem o ativo, com a respectiva estimativa de valor e documentos comprobatórios de propriedade;

IV – prova da condição de empresário, contrato social ou estatuto em vigor ou, se não houver, a indicação de todos os sócios, seus endereços e a relação de seus bens pessoais;

V – os livros obrigatórios e documentos contábeis que lhe forem exigidos por lei;

VI – relação de seus administradores nos últimos 5 (cinco) anos, com os respectivos endereços, suas funções e participação societária.

Art. 106. Não estando o pedido regularmente instruído, o juiz determinará que seja emendado.

▸ Esta Lei: art. 97, I.

Art. 107. A sentença que decretar a falência do devedor observará a forma do art. 99 desta Lei.

▸ Esta Lei: art. 97, I.

Parágrafo único. Decretada a falência, aplicam-se integralmente os dispositivos relativos à falência requerida pelas pessoas referidas nos incisos II a IV do *caput* do art. 97 desta Lei.

▸ Súm. nº 25 do STJ.

**SEÇÃO VII.
DA ARRECADAÇÃO E DA CUSTÓDIA DOS BENS**

Art. 108. Ato contínuo à assinatura do termo de compromisso, o administrador judicial efetuará a arrecadação dos bens e documentos e a avaliação dos bens, separadamente ou em bloco, no local em que se encontrem, requerendo ao juiz, para esses fins, as medidas necessárias.

▸ Súm. nº 305 do STJ.

▸ Esta Lei: art. 22, III, f.

§ 1º. Os bens arrecadados ficarão sob a guarda do administrador judicial ou de pessoa por ele escolhida, sob responsabilidade daquele, podendo o falido ou qualquer de seus representantes ser nomeado depositário dos bens.

§ 2º. O falido poderá acompanhar a arrecadação e a avaliação.

§ 3º. O produto dos bens penhorados ou por outra forma apreendidos entrará para a massa, cumprindo ao juiz deprecar, a requerimento do administrador judicial, às autoridades competentes, determinando sua entrega.

§ 4º. Não serão arrecadados os bens absolutamente impenhoráveis.

§ 5º. Ainda que haja avaliação em bloco, o bem objeto de garantia real será também avaliado separadamente, para os fins do § 1º do art. 83 desta Lei.

Art. 109. O estabelecimento será lacrado sempre que houver risco para a execução da etapa de arrecadação ou para a preservação dos bens da massa falida ou dos interesses dos credores.

▸ Esta Lei: art. 99, XI.

Art. 110. O auto de arrecadação, composto pelo inventário e pelo respectivo laudo de avaliação dos bens, será assinado pelo administrador judicial, pelo falido ou seus representantes e por outras pessoas que auxiliarem ou presenciarem o ato.

▸ Esta Lei: art. 22, III, f.

§ 1º. Não sendo possível a avaliação dos bens no ato da arrecadação, o administrador judicial requererá ao juiz a concessão de prazo para apresentação do laudo de avaliação, que não poderá exceder 30 (trinta) dias, contados da apresentação do auto de arrecadação.

§ 2º. Serão referidos no inventário:

I – os livros obrigatórios e os auxiliares ou facultativos do devedor, designando-se o estado em que se acham, número e denominação de cada um, páginas escrituradas, data do início da escrituração e do último lançamento, e se os livros obrigatórios estão revestidos das formalidades legais;

II – dinheiro, papéis, títulos de crédito, documentos e outros bens da massa falida;

III – os bens da massa falida em poder de terceiro, a título de guarda, depósito, penhor ou retenção;

IV – os bens indicados como propriedade de terceiros ou reclamados por estes, mencionando-se essa circunstância.

§ 3º. Quando possível, os bens referidos no § 2º deste artigo serão individualizados.

§ 4º. Em relação aos bens imóveis, o administrador judicial, no prazo de 15 (quinze) dias após a sua arrecadação, exibirá as certidões de registro, extraídas posteriormente à decretação da falência, com todas as indicações que nele constarem.

Art. 111. O juiz poderá autorizar os credores, de forma individual ou coletiva, em razão dos custos e no interesse da massa falida, a adquirir ou adjudicar, de imediato, os bens arrecadados, pelo valor da avaliação, atendida a regra de classificação e preferência entre eles, ouvido o Comitê.

Art. 112. Os bens arrecadados poderão ser removidos, desde que haja necessidade de sua melhor guarda e conservação, hipótese em que permanecerão em depósito sob responsabilidade do administrador judicial, mediante compromisso.

Art. 113. Os bens perecíveis, deterioráveis, sujeitos à considerável desvalorização ou que sejam de conservação arriscada ou dispendiosa, poderão ser vendidos antecipadamente, após a arrecadação e a avaliação, mediante autorização judicial, ouvidos o Comitê e o falido no prazo de 48 (quarenta e oito) horas.

▸ Esta Lei: art. 22, III, j.

Art. 114. O administrador judicial poderá alugar ou celebrar outro contrato referente aos bens da massa falida, com o objetivo de produzir renda para a massa falida, mediante autorização do Comitê.

§ 1º. O contrato disposto no *caput* deste artigo não gera direito de preferência na compra e não pode importar disposição total ou parcial dos bens.

§ 2º. O bem objeto da contratação poderá ser alienado a qualquer tempo, independentemente do prazo contratado, rescindindo-se, sem direito a multa, o contrato realizado, salvo se houver anuência do adquirente.

Art. 114-A. Se não forem encontrados bens para serem arrecadados, ou se os arrecadados forem insuficientes para as despesas do processo, o administrador judicial informará imediatamente esse fato ao juiz, que, ouvido o representante do Ministério Público, fixará, por meio de edital, o prazo de 10 (dez) dias para os interessados se manifestarem. (Acrescido pela Lei 14.112/2020)

§ 1º Um ou mais credores poderão requerer o prosseguimento da falência, desde que paguem a quantia necessária às despesas e aos honorários do administrador judicial, que serão considerados despesas essenciais nos termos estabelecidos no inciso I-A do *caput* do art. 84 desta Lei.

§ 2º Decorrido o prazo previsto no *caput* sem manifestação dos interessados, o administrador judicial promoverá a venda dos bens arrecadados no prazo máximo de 30 (trinta) dias, para bens móveis, e de 60 (sessenta) dias, para bens imóveis, e apresentará o seu relatório, nos termos e para os efeitos dispostos neste artigo.

§ 3º Proferida a decisão, a falência será encerrada pelo juiz nos autos.

SEÇÃO VIII. DOS EFEITOS DA DECRETAÇÃO DA FALÊNCIA SOBRE AS OBRIGAÇÕES DO DEVEDOR

Art. 115. A decretação da falência sujeita todos os credores, que somente poderão exercer os seus direitos sobre os bens do falido e do sócio ilimitadamente responsável na forma que esta Lei prescrever.

Art. 116. A decretação da falência suspende:

I – o exercício do direito de retenção sobre os bens sujeitos à arrecadação, os quais deverão ser entregues ao administrador judicial;

II – o exercício do direito de retirada ou de recebimento do valor de suas quotas ou ações, por parte dos sócios da sociedade falida.

Art. 117. Os contratos bilaterais não se resolvem pela falência e podem ser cumpridos pelo administrador judicial se o cumprimento reduzir ou evitar o aumento do passivo da massa falida ou for necessário à manutenção e preservação de seus ativos, mediante autorização do Comitê.

§ 1º. O contratante pode interpelar o administrador judicial, no prazo de até 90 (noventa) dias, contado da assinatura do termo de sua nomeação, para que, dentro de 10 (dez) dias, declare se cumpre ou não o contrato.

§ 2º. A declaração negativa ou o silêncio do administrador judicial confere ao contraente o direito à indenização, cujo valor, apurado em processo ordinário, constituirá crédito quirografário.

Art. 118. O administrador judicial, mediante autorização do Comitê, poderá dar cumprimento a contrato unilateral se esse fato reduzir ou evitar o aumento do passivo da massa falida ou for necessário à manutenção e preservação de seus ativos, realizando o pagamento da prestação pela qual está obrigada.

Art. 119. Nas relações contratuais a seguir mencionadas prevalecerão as seguintes regras:

I – o vendedor não pode obstar a entrega das coisas expedidas ao devedor e ainda em trânsito, se o comprador, antes do requerimento da falência, as tiver revendido, sem fraude, à vista das faturas e conhecimentos de transporte, entregues ou remetidos pelo vendedor;

II – se o devedor vendeu coisas compostas e o administrador judicial resolver não continuar a execução do contrato, poderá o comprador pôr à disposição da massa falida as coisas já recebidas, pedindo perdas e danos;

III – não tendo o devedor entregue coisa móvel ou prestado serviço que vendera ou contratara a prestações, e resolvendo o administrador judicial não executar o contrato, o crédito relativo ao valor pago será habilitado na classe própria;

IV – o administrador judicial, ouvido o Comitê, restituirá a coisa móvel comprada pelo devedor com reserva de domínio do vendedor se resolver não continuar a execução do contrato, exigindo a devolução, nos termos do contrato, dos valores pagos;

V – tratando-se de coisas vendidas a termo, que tenham cotação em bolsa ou mercado, e não se executando o contrato pela efetiva entrega daquelas e pagamento do preço, prestar-se-á a diferença entre a cotação do dia do contrato e a da época da liquidação em bolsa ou mercado;

VI – na promessa de compra e venda de imóveis, aplicar-se-á a legislação respectiva;

VII – a falência do locador não resolve o contrato de locação e, na falência do locatário, o administrador judicial pode, a qualquer tempo, denunciar o contrato;

VIII – caso haja acordo para compensação e liquidação de obrigações no âmbito do sistema financeiro nacional, nos termos da legislação vigente, a parte não falida poderá considerar o contrato vencido antecipadamente, hipótese em que será liquidado na forma estabelecida em regulamento, admitindo-se a compensação de eventual crédito que venha a ser apurado em favor do falido com créditos detidos pelo contratante;

IX – os patrimônios de afetação, constituídos para cumprimento de destinação específica, obedecerão ao disposto na legislação respectiva, permanecendo seus bens, direitos e obrigações separados dos do falido até o advento do respectivo termo ou até o cumprimento de sua finalidade, ocasião em que o administrador judicial arrecadará o saldo a favor da massa falida ou inscreverá na classe própria o crédito que contra ela remanescer.

Art. 120. O mandato conferido pelo devedor, antes da falência, para a realização de negócios, cessará seus efeitos com a decretação da falência, cabendo ao mandatário prestar contas de sua gestão.

§ 1º. O mandato conferido para representação judicial do devedor continua em vigor até que seja expressamente revogado pelo administrador judicial.

§ 2º. Para o falido, cessa o mandato ou comissão que houver recebido antes da falência, salvo os que versem sobre matéria estranha à atividade empresarial.

Art. 121. As contas correntes com o devedor consideram-se encerradas no momento de decretação da falência, verificando-se o respectivo saldo.

Art. 122. Compensam-se, com preferência sobre todos os demais credores, as dívidas do devedor vencidas até o dia da decretação da falência, provenha o vencimento da sentença de falência ou não, obedecidos os requisitos da legislação civil.

Parágrafo único. Não se compensam:

I – os créditos transferidos após a decretação da falência, salvo em caso de sucessão por fusão, incorporação, cisão ou morte; ou

II – os créditos, ainda que vencidos anteriormente, transferidos quando já conhecido o estado de crise econômico-financeira do devedor ou cuja transferência se operou com fraude ou dolo.

Art. 123. Se o falido fizer parte de alguma sociedade como sócio comanditário ou cotista, para a massa falida entrarão somente os haveres que na sociedade ele possuir e forem apurados na forma estabelecida no contrato ou estatuto social.

§ 1º. Se o contrato ou o estatuto social nada disciplinar a respeito, a apuração far-se-á judicialmente, salvo se, por lei, pelo contrato ou estatuto, a sociedade tiver de liquidar-se, caso em que os haveres do falido, somente após o pagamento de todo o passivo da sociedade, entrarão para a massa falida.

§ 2º. Nos casos de condomínio indivisível de que participe o falido, o bem será vendido e deduzir-se-á do valor arrecadado o que for devido aos demais condôminos, facultada a estes a compra da quota-parte do falido nos termos da melhor proposta obtida.

Art. 124. Contra a massa falida não são exigíveis juros vencidos após a decretação da falência, previstos em lei ou em contrato, se o ativo apurado não bastar para o pagamento dos credores subordinados.

Parágrafo único. Excetuam-se desta disposição os juros das debêntures e dos créditos com garantia real, mas por eles responde, exclusivamente, o produto dos bens que constituem a garantia.

Art. 125. Na falência do espólio, ficará suspenso o processo de inventário, cabendo ao administrador judicial a realização de atos pendentes em relação aos direitos e obrigações da massa falida.

Art. 126. Nas relações patrimoniais não reguladas expressamente nesta Lei, o juiz decidirá o caso atendendo à unidade, à universalidade do concurso e à igualdade de tratamento dos credores, observado o disposto no art. 75 desta Lei.

Art. 127. O credor de coobrigados solidários cujas falências sejam decretadas tem o direito de concorrer, em cada uma delas, pela totalidade do seu crédito, até recebê-lo por inteiro, quando então comunicará ao juízo.

§ 1º. O disposto no *caput* deste artigo não se aplica ao falido cujas obrigações tenham sido extintas por sentença, na forma do art. 159 desta Lei.

§ 2º. Se o credor ficar integralmente pago por uma ou por diversas massas coobrigadas, as que pagaram terão direito regressivo contra as demais, em proporção à parte que pagaram e àquela que cada uma tinha a seu cargo.

§ 3º. Se a soma dos valores pagos ao credor em todas as massas coobrigadas exceder o total do crédito, o valor será devolvido às massas na proporção estabelecida no § 2º deste artigo.

§ 4º. Se os coobrigados eram garantes uns dos outros, o excesso de que trata o § 3º deste artigo pertencerá, conforme a ordem das obrigações, às massas dos coobrigados que tiverem o direito de ser garantidas.

Art. 128. Os coobrigados solventes e os garantes do devedor ou dos sócios ilimitadamente responsáveis podem habilitar o crédito correspondente às quantias pagas ou devidas, se o credor não se habilitar no prazo legal.

SEÇÃO IX.
DA INEFICÁCIA E DA REVOGAÇÃO DE ATOS PRATICADOS ANTES DA FALÊNCIA

Art. 129. São ineficazes em relação à massa falida, tenha ou não o contratante conhecimento do estado de crise econômico-financeira do devedor, seja ou não intenção deste fraudar credores:

I – o pagamento de dívidas não vencidas realizado pelo devedor dentro do termo legal, por qualquer meio extintivo do direito de crédito, ainda que pelo desconto do próprio título;

› Esta Lei: art. 131.

II – o pagamento de dívidas vencidas e exigíveis realizado dentro do termo legal, por qualquer forma que não seja a prevista pelo contrato;

› Esta Lei: art. 131.

III – a constituição de direito real de garantia, inclusive a retenção, dentro do termo legal, tratando-se de dívida contraída anteriormente; se os bens dados em hipoteca forem objeto de outras posteriores, a massa falida receberá a parte que devia caber ao credor da hipoteca revogada;

› Esta Lei: art. 131.

IV – a prática de atos a título gratuito, desde 2 (dois) anos antes da decretação da falência;
V – a renúncia à herança ou a legado, até 2 (dois) anos antes da decretação da falência;
VI – a venda ou transferência de estabelecimento feita sem o consentimento expresso ou o pagamento de todos os credores, a esse tempo existentes, não tendo restado ao devedor bens suficientes para solver o seu passivo, salvo se, no prazo de 30 (trinta) dias, não houver oposição dos credores, após serem devidamente notificados, judicialmente ou pelo oficial do registro de títulos e documentos;

› Esta Lei: art. 131.

VII – os registros de direitos reais e de transferência de propriedade entre vivos, por título oneroso ou gratuito, ou a averbação relativa a imóveis realizados após a decretação da falência, salvo se tiver havido prenotação anterior.

Parágrafo único. A ineficácia poderá ser declarada de ofício pelo juiz, alegada em defesa ou pleiteada mediante ação própria ou incidentalmente no curso do processo.

Art. 130. São revogáveis os atos praticados com a intenção de prejudicar credores, provando-se o conluio fraudulento entre o devedor e o terceiro que com ele contratar e o efetivo prejuízo sofrido pela massa falida.

› Esta Lei: arts. 132 e 164, § 3º, I e § 5º.

Art. 131. Nenhum dos atos referidos nos incisos I, II, III e VI do *caput* do art. 129 desta Lei que tenham sido previstos e realizados na forma definida no plano de recuperação judicial ou extrajudicial será declarado ineficaz ou revogado. (Redação dada pela Lei 14.112/2020)

› Esta Lei: art. 138.

Art. 132. A ação revocatória, de que trata o art. 130 desta Lei, deverá ser proposta pelo administrador judicial, por qualquer credor ou pelo Ministério Público no prazo de 3 (três) anos contado da decretação da falência.

Art. 133. A ação revocatória pode ser promovida:

I – contra todos os que figuraram no ato ou que por efeito dele foram pagos, garantidos ou beneficiados;
II – contra os terceiros adquirentes, se tiveram conhecimento, ao se criar o direito, da intenção do devedor de prejudicar os credores;
III – contra os herdeiros ou legatários das pessoas indicadas nos incisos I e II do *caput* deste artigo.

Art. 134. A ação revocatória correrá perante o juízo da falência e obedecerá ao procedimento ordinário previsto na Lei nº 5.869, de 11 de janeiro de 1973 – Código de Processo Civil.

Art. 135. A sentença que julgar procedente a ação revocatória determinará o retorno dos bens à massa falida em espécie, com todos os acessórios, ou o valor de mercado, acrescidos das perdas e danos.

Parágrafo único. Da sentença cabe apelação.

› Súm. nº 25 do STJ.

Art. 136. Reconhecida a ineficácia ou julgada procedente a ação revocatória, as partes retornarão ao estado anterior, e o contratante de boa-fé terá direito à restituição dos bens ou valores entregues ao devedor.

› Esta Lei: art. 86, III.

§ 1º. Na hipótese de securitização de créditos do devedor, não será declarada a ineficácia ou revogado o ato de cessão em prejuízo dos direitos dos portadores de valores mobiliários emitidos pelo securitizador.

§ 2º. É garantido ao terceiro de boa-fé, a qualquer tempo, propor ação por perdas e danos contra o devedor ou seus garantes.

Art. 137. O juiz poderá, a requerimento do autor da ação revocatória, ordenar, como medida preventiva, na forma da lei processual civil, o sequestro dos bens retirados do patrimônio do devedor que estejam em poder de terceiros.

Art. 138. O ato pode ser declarado ineficaz ou revogado, ainda que praticado com base em decisão judicial, observado o disposto no art. 131 desta Lei.

Parágrafo único. Revogado o ato ou declarada sua ineficácia, ficará rescindida a sentença que o motivou.

SEÇÃO X.
DA REALIZAÇÃO DO ATIVO

Art. 139. Logo após a arrecadação dos bens, com a juntada do respectivo auto ao processo de falência, será iniciada a realização do ativo.

Art. 140. A alienação dos bens será realizada de uma das seguintes formas, observada a seguinte ordem de preferência:

I – alienação da empresa, com a venda de seus estabelecimentos em bloco;
II – alienação da empresa, com a venda de suas filiais ou unidades produtivas isoladamente;
III – alienação em bloco dos bens que integram cada um dos estabelecimentos do devedor;
IV – alienação dos bens individualmente considerados.

§ 1º. Se convier à realização do ativo, ou em razão de oportunidade, podem ser adotadas mais de uma forma de alienação.

§ 2º. A realização do ativo terá início independentemente da formação do quadro-geral de credores.

§ 3º. A alienação da empresa terá por objeto o conjunto de determinados bens necessários à operação rentável da unidade de produção, que poderá compreender a transferência de contratos específicos.

§ 4º. Nas transmissões de bens alienados na forma deste artigo que dependam de registro público, a este servirá como título aquisitivo suficiente o mandado judicial respectivo.

Art. 141. Na alienação conjunta ou separada de ativos, inclusive da empresa ou de suas filiais, promovida sob qualquer das modalidades de que trata o art. 142: (Redação dada pela Lei 14.112/2020)

› Esta Lei: art. 145, § 1º.

I – todos os credores, observada a ordem de preferência definida no art. 83 desta Lei, sub-rogam-se no produto da realização do ativo;
II – o objeto da alienação estará livre de qualquer ônus e não haverá sucessão do arrematante nas obrigações do devedor, inclusive as de natureza tributária, as derivadas da legislação do trabalho e as decorrentes de acidentes de trabalho.

§ 1º. O disposto no inciso II do *caput* deste artigo não se aplica quando o arrematante for:

› Esta Lei: art. 60, parágrafo único.

I – sócio da sociedade falida, ou sociedade controlada pelo falido;
II – parente, em linha reta ou colateral até o 4º (quarto) grau, consanguíneo ou afim, do falido ou de sócio da sociedade falida; ou
III – identificado como agente do falido com o objetivo de fraudar a sucessão.

§ 2º. Empregados do devedor contratados pelo arrematante serão admitidos mediante novos contratos de trabalho e o arrematante não responde por obrigações decorrentes do contrato anterior.

§ 3º A alienação nas modalidades de que trata o art. 142 desta Lei poderá ser realizada com compartilhamento de custos operacionais por 2 (duas) ou mais empresas em situação falimentar. (Acrescido pela Lei 14.112/2020)

Art. 142. A alienação de bens dar-se-á por uma das seguintes modalidades: (Redação dada pela Lei 14.112/2020)

› Esta Lei: arts. 60; 144 e 166.

I – leilão eletrônico, presencial ou híbrido; (Redação dada pela Lei 14.112/2020)
II e III – (Revogados pela Lei 14.112/2020)
IV – processo competitivo organizado promovido por agente especializado e de reputação ilibada, cujo procedimento deverá ser detalhado em relatório anexo ao plano de realização do ativo ou ao plano de recuperação judicial, conforme o caso; (Acrescido pela Lei 14.112/2020)

V – qualquer outra modalidade, desde que aprovada nos termos desta Lei. (Acrescido pela Lei 14.112/2020)

§§ 1º e 2º. (Revogados pela Lei 14.112/2020).

§ 2º-A. A alienação de que trata o *caput* deste artigo: (Acrescido pela Lei 14.112/2020)

I – dar-se-á independentemente de a conjuntura do mercado no momento da venda ser favorável ou desfavorável, dado o caráter forçado da venda;

II – independerá da consolidação do quadro-geral de credores;

III – poderá contar com serviços de terceiros como consultores, corretores e leiloeiros;

IV – deverá ocorrer no prazo máximo de 180 (cento e oitenta) dias, contado da data da lavratura do auto de arrecadação, no caso de falência;

V – não estará sujeita à aplicação do conceito de preço vil.

§ 3º. Ao leilão eletrônico, presencial ou híbrido aplicam-se, no que couber, as regras da Lei nº 13.105, de 16 de março de 2015 (Código de Processo Civil). (Redação dada pela Lei 14.112/2020)

§ 3º-A. A alienação por leilão eletrônico, presencial ou híbrido dar-se-á:(Acrescido pela Lei 14.112/2020)

I - em primeira chamada, no mínimo pelo valor de avaliação do bem;

II - em segunda chamada, dentro de 15 (quinze) dias, contados da primeira chamada, por no mínimo 50% (cinquenta por cento) do valor de avaliação; e

III – em terceira chamada, dentro de 15 (quinze) dias, contados da segunda chamada, por qualquer preço.

§ 3º-B. A alienação prevista nos incisos IV e V do *caput* deste artigo, conforme disposições específicas desta Lei, observará o seguinte: (Acrescido pela Lei 14.112/2020)

I – será aprovada pela assembleia-geral de credores;

II – decorrerá de disposição de plano de recuperação judicial aprovado; ou

III – deverá ser aprovada pelo juiz, considerada a manifestação do administrador judicial e do Comitê de Credores, se existente.

§§ 4º a 6º. (Revogados pela Lei 14.112/2020)

§ 7º Em qualquer modalidade de alienação, o Ministério Público e as Fazendas Públicas serão intimados por meio eletrônico, nos termos da legislação vigente e respeitadas as respectivas prerrogativas funcionais, sob pena de nulidade. (Redação dada pela Lei 14.112/2020)

§ 8º Todas as formas de alienação de bens realizadas de acordo com esta Lei serão consideradas, para todos os fins e efeitos, alienações judiciais. (Acrescido pela Lei 14.112/2020)

Art. 143. Em qualquer das modalidades de alienação referidas no art. 142 desta Lei, poderão ser apresentadas impugnações por quaisquer credores, pelo devedor ou pelo Ministério Público, no prazo de 48 (quarenta e oito) horas da arrematação, hipótese em que os autos serão conclusos ao juiz, que, no prazo de 5 (cinco) dias, decidirá sobre as impugnações e, julgando-as improcedentes, ordenará a entrega dos bens ao arrematante, respeitadas as condições estabelecidas no edital.

- Súm. nº 25 do STJ.

§ 1º Impugnações baseadas no valor de venda do bem somente serão recebidas se acompanhadas de oferta firme do impugnante ou de terceiro para a aquisição do bem, respeitados os termos do edital, por valor presente superior ao valor de venda, e de depósito caucionário equivalente a 10% (dez por cento) do valor oferecido. (Acrescido pela Lei 14.112/2020)

§ 2º A oferta de que trata o § 1º deste artigo vincula o impugnante e o terceiro ofertante como se arrematantes fossem. (Acrescido pela Lei 14.112/2020)

§ 3º Se houver mais de uma impugnação baseada no valor de venda do bem, somente terá seguimento aquela que tiver o maior valor presente entre elas. (Acrescido pela Lei 14.112/2020)

§ 4º A suscitação infundada de vício na alienação pelo impugnante será considerada ato atentatório à dignidade da justiça e sujeitará o suscitante à reparação dos prejuízos causados e às penas previstas na Lei nº 13.105, de 16 de março de 2015 (Código de Processo Civil), para comportamentos análogos. (Acrescido pela Lei 14.112/2020)

Art. 144. Havendo motivos justificados, o juiz poderá autorizar, mediante requerimento fundamentado do administrador judicial ou do Comitê, modalidades de alienação judicial diversas das previstas no art. 142 desta Lei.

Art. 144-A. Frustrada a tentativa de venda dos bens da massa falida e não havendo proposta concreta dos credores para assumi-los, os bens poderão ser considerados sem valor de mercado e destinados à doação. (Acrescido pela Lei 14.112/2020)

Parágrafo único. Se não houver interessados na doação referida no *caput* deste artigo, os bens serão devolvidos ao falido.

Art. 145. Por deliberação tomada nos termos do art. 42 desta Lei, os credores poderão adjudicar os bens alienados na falência ou adquiri-los por meio de constituição de sociedade, de fundo ou de outro veículo de investimento, com a participação, se necessária, dos atuais sócios do devedor ou de terceiros, ou mediante conversão de dívida em capital. (Redação dada pela Lei 14.112/2020)

- Esta Lei: arts. 35, II, c; e 46.

§ 1º Aplica-se irrestritamente o disposto no art. 141 desta Lei à transferência dos bens à sociedade, ao fundo ou ao veículo de investimento mencionados no *caput* deste artigo. (Redação dada pela Lei 14.112/2020)

§§ 2º e 3º. (Revogados pela Lei 14.112/2020)

§ 4º Será considerada não escrita qualquer restrição convencional à venda ou à circulação das participações na sociedade, no fundo de investimento ou no veículo de investimento a que se refere o *caput* deste artigo. (Acrescido pela Lei 14.112/2020)

Art. 146. Em qualquer modalidade de realização do ativo adotada, fica a massa falida dispensada da apresentação de certidões negativas.

Art. 147. As quantias recebidas a qualquer título serão imediatamente depositadas em conta remunerada de instituição financeira, atendidos os requisitos da lei ou das normas de organização judiciária.

Art. 148. O administrador judicial fará constar do relatório de que trata a alínea p do inciso III do art. 22 os valores eventualmente recebidos no mês vencido, explicitando a forma de distribuição dos recursos entre os credores, observado o disposto no art. 149 desta Lei.

SEÇÃO XI.
DO PAGAMENTO AOS CREDORES

Art. 149. Realizadas as restituições, pagos os créditos extraconcursais, na forma do art. 84 desta Lei, e consolidado o quadro-geral de credores, as importâncias recebidas com a realização do ativo serão destinadas ao pagamento dos credores, atendendo à classificação prevista no art. 83 desta Lei, respeitados os demais dispositivos desta Lei e as decisões judiciais que determinam reserva de importâncias.

§ 1º. Havendo reserva de importâncias, os valores a ela relativos ficarão depositados até o julgamento definitivo do crédito e, no caso de não ser este finalmente reconhecido, no todo ou em parte, os recursos depositados serão objeto de rateio suplementar entre os credores remanescentes.

§ 2º. Os credores que não procederem, no prazo fixado pelo juiz, ao levantamento dos valores que lhes couberam em rateio serão intimados a fazê-lo no prazo de 60 (sessenta) dias, após o qual os recursos serão objeto de rateio suplementar entre os credores remanescentes.

Art. 150. As despesas cujo pagamento antecipado seja indispensável à administração da falência, inclusive na hipótese de continuação provisória das atividades previstas no inciso XI do *caput* do art. 99 desta Lei, serão pagas pelo administrador judicial com os recursos disponíveis em caixa.

Art. 151. Os créditos trabalhistas de natureza estritamente salarial vencidos nos 3 (três) meses anteriores à decretação da falência, até o limite de 5 (cinco) salários-mínimos por trabalhador, serão pagos tão logo haja disponibilidade em caixa.

- Esta Lei: art. 86, parágrafo único.

Art. 152. Os credores restituirão em dobro as quantias recebidas, acrescidas dos juros legais, se ficar evidenciado dolo ou má-fé na constituição do crédito ou da garantia.

Art. 153. Pagos todos os credores, o saldo, se houver, será entregue ao falido.

SEÇÃO XII.
DO ENCERRAMENTO DA FALÊNCIA E DA EXTINÇÃO DAS OBRIGAÇÕES DO FALIDO

Art. 154. Concluída a realização de todo o ativo, e distribuído o produto entre os credores, o administrador judicial apresentará suas contas ao juiz no prazo de 30 (trinta) dias.

- Esta Lei: art. 24, § 2º.

§ 1º. As contas, acompanhadas dos documentos comprobatórios, serão prestadas em autos apartados que, ao final, serão apensados aos autos da falência.

- Esta Lei: art. 31, § 2º.

§ 2º. O juiz ordenará a publicação de aviso de que as contas foram entregues e se encontram à disposição dos interessados, que poderão impugná-las no prazo de 10 (dez) dias.

- Esta Lei: art. 31, § 2º.

§ 3º. Decorrido o prazo do aviso e realizadas as diligências necessárias à apuração dos fatos, o juiz intimará o Ministério Público para manifestar-se no prazo de 5 (cinco) dias, findo o qual o administrador judicial será ouvido se houver impugnação ou parecer contrário do Ministério Público.

- Esta Lei: art. 31, § 2º.

§ 4º. Cumpridas as providências previstas nos §§ 2º e 3º deste artigo, o juiz julgará as contas por sentença.

- Esta Lei: art. 31, § 2º.

§ 5º. A sentença que rejeitar as contas do administrador judicial fixará suas responsabilidades, poderá determinar a indisponibilidade ou o sequestro de bens e servirá como título executivo para indenização da massa.

- Esta Lei: art. 31, § 2º.

§ 6º. Da sentença cabe apelação.

- Súm. nº 25 do STJ.
- Esta Lei: art. 31, § 2º.

Art. 155. Julgadas as contas do administrador judicial, ele apresentará o relatório final da falência no prazo de 10 (dez) dias, indicando o valor do ativo e o do produto de sua realização, o valor do passivo e o dos pagamentos feitos aos credores, e especificará justificadamente as responsabilidades com que continuará o falido.

› Esta Lei: art. 24, § 2º.

Art. 156. Apresentado o relatório final, o juiz encerrará a falência por sentença e ordenará a intimação eletrônica às Fazendas Públicas federal e de todos os Estados, Distrito Federal e Municípios em que o devedor tiver estabelecimento e determinará a baixa da falida no Cadastro Nacional da Pessoa Jurídica (CNPJ), expedido pela Secretaria Especial da Receita Federal do Brasil. (Redação dada pela Lei 14.112/2020)

Parágrafo único. A sentença de encerramento será publicada por edital e dela caberá apelação.

Art. 157. (Revogado pela Lei 14.112/2020).

Art. 158. Extingue as obrigações do falido:

I – o pagamento de todos os créditos;

II – o pagamento, após realizado todo o ativo, de mais de 25% (vinte e cinco por cento) dos créditos quirografários, facultado ao falido o depósito da quantia necessária para atingir a referida porcentagem se para isso não tiver sido suficiente a integral liquidação do ativo; (Redação dada pela Lei 14.112/2020)

III e IV – (Revogados pela Lei 14.112/2020)

V – o decurso do prazo de 3 (três) anos, contado da decretação da falência, ressalvada a utilização dos bens arrecadados anteriormente, que serão destinados à liquidação para a satisfação dos credores habilitados ou com pedido de reserva realizado; (Acrescido pela Lei 14.112/2020)

VI – O encerramento da falência nos termos dos arts. 114-A ou 156 desta Lei. (Acrescido pela Lei 14.112/2020)

Art. 159. Configurada qualquer das hipóteses do art. 158 desta Lei, o falido poderá requerer ao juízo da falência que suas obrigações sejam declaradas extintas por sentença.

› Esta Lei: art. 127, § 1º.

§ 1º A secretaria do juízo fará publicar imediatamente informação sobre a apresentação do requerimento a que se refere este artigo, e, no prazo comum de 5 (cinco) dias, qualquer credor, o administrador judicial e o Ministério Público poderão manifestar-se exclusivamente para apontar inconsistências formais e objetivas. (Redação dada pela Lei 14.112/2020)

§ 2º. (Revogado pela Lei 14.112/2020)

§ 3º Findo o prazo, o juiz, em 15 (quinze) dias, proferirá sentença que declare extintas todas as obrigações do falido, inclusive as de natureza trabalhista. (Redação dada pela Lei 14.112/2020)

§ 4º. A sentença que declarar extintas as obrigações será comunicada a todas as pessoas e entidades informadas da decretação da falência.

§ 5º. Da sentença cabe apelação.

§ 6º. Após o trânsito em julgado, os autos serão apensados aos da falência.

Art. 159-A. A sentença que declarar extintas as obrigações do falido, nos termos do art. 159 desta Lei, somente poderá ser rescindida por ação rescisória, na forma prevista na Lei nº 13.105, de 16 de março de 2015 (Código de Processo Civil), a pedido de qualquer credor, caso se verifique que o falido tenha sonegado bens, direitos ou rendimentos de qualquer espécie anteriores à data do requerimento a que se refere o art. 159 desta Lei. (Acrescido pela Lei 14.112/2020)

Parágrafo único. O direito à rescisão de que trata o *caput* deste artigo extinguir-se-á no prazo de 2 (dois) anos, contado da data do trânsito em julgado da sentença de que trata o art. 159 desta Lei.

Art. 160. Verificada a prescrição ou extintas as obrigações nos termos desta Lei, o sócio de responsabilidade ilimitada também poderá requerer que seja declarada por sentença a extinção de suas obrigações na falência.

CAPÍTULO VI. DA RECUPERAÇÃO EXTRAJUDICIAL

Art. 161. O devedor que preencher os requisitos do art. 48 desta Lei poderá propor e negociar com credores plano de recuperação extrajudicial.

› Súm. nº 480 do STJ.

§ 1º Estão sujeitos à recuperação extrajudicial todos os créditos existentes na data do pedido, exceto os créditos de natureza tributária e aqueles previstos no § 3º do art. 49 e no inciso II do *caput* do art. 86 desta Lei, e a sujeição dos créditos de natureza trabalhista e por acidentes de trabalho exige negociação coletiva com o sindicato da respectiva categoria profissional. (Redação dada pela Lei 14.112/2020)

§ 2º. O plano não poderá contemplar o pagamento antecipado de dívidas nem tratamento desfavorável aos credores que a ele não estejam sujeitos.

§ 3º. O devedor não poderá requerer a homologação de plano extrajudicial, se estiver pendente pedido de recuperação judicial ou se houver obtido recuperação judicial ou homologação de outro plano de recuperação extrajudicial há menos de 2 (dois) anos.

§ 4º. O pedido de homologação do plano de recuperação extrajudicial não acarretará suspensão de direitos, ações ou execuções, nem a impossibilidade do pedido de decretação de falência pelos credores não sujeitos ao plano de recuperação extrajudicial.

§ 5º. Após a distribuição do pedido de homologação, os credores não poderão desistir da adesão ao plano, salvo com a anuência expressa dos demais signatários.

§ 6º. A sentença de homologação do plano de recuperação extrajudicial constituirá título executivo judicial, nos termos do art. 584, inciso III do *caput*, da Lei nº 5.869, de 11 de janeiro de 1973 – Código de Processo Civil.

Art. 162. O devedor poderá requerer a homologação em juízo do plano de recuperação extrajudicial, juntando sua justificativa e o documento que contenha seus termos e condições, com as assinaturas dos credores que a ele aderiram.

› Esta Lei: arts. 163, § 6º, e 164.

Art. 163. O devedor poderá também requerer a homologação de plano de recuperação extrajudicial que obriga todos os credores por ele abrangidos, desde que assinado por credores que representem mais da metade dos créditos de cada espécie abrangidos pelo plano de recuperação extrajudicial. (Redação dada pela Lei 14.112/2020)

› Esta Lei: art. 164, § 3º, I; e 180.

§ 1º. O plano poderá abranger a totalidade de uma ou mais espécies de créditos previstos no art. 83, incisos II, IV, V, VI e VIII do *caput*, desta Lei, ou grupo de credores de mesma natureza e sujeito a semelhantes condições de pagamento, e, uma vez homologado, obriga a todos os credores das espécies por ele abrangidas, exclusivamente em relação aos créditos constituídos até a data do pedido de homologação.

§ 2º. Não serão considerados para fins de apuração do percentual previsto no *caput* deste artigo os créditos não incluídos no plano de recuperação extrajudicial, os quais não poderão ter seu valor ou condições originais de pagamento alteradas.

§ 3º. Para fins exclusivos de apuração do percentual previsto no *caput* deste artigo:

I – o crédito em moeda estrangeira será convertido para moeda nacional pelo câmbio da véspera da data de assinatura do plano; e

II – não serão computados os créditos detidos pelas pessoas relacionadas no art. 43 deste artigo.

§ 4º. Na alienação de bem objeto de garantia real, a supressão da garantia ou sua substituição somente serão admitidas mediante a aprovação expressa do credor titular da respectiva garantia.

§ 5º. Nos créditos em moeda estrangeira, a variação cambial só poderá ser afastada se o credor titular do respectivo crédito aprovar expressamente previsão diversa no plano de recuperação extrajudicial.

§ 6º. Para a homologação do plano de que trata este artigo, além dos documentos previstos no *caput* do art. 162 desta Lei, o devedor deverá juntar:

I – exposição da situação patrimonial do devedor;

II – as demonstrações contábeis relativas ao último exercício social e as levantadas especialmente para instruir o pedido, na forma do inciso II do *caput* do art. 51 desta Lei; e

III – os documentos que comprovem os poderes dos subscritores para novar ou transigir, relação nominal completa dos credores, com a indicação do endereço de cada um, a natureza, a classificação e o valor atualizado do crédito, discriminando sua origem, o regime dos respectivos vencimentos e a indicação dos registros contábeis de cada transação pendente.

§ 7º O pedido previsto no *caput* deste artigo poderá ser apresentado com comprovação da anuência de credores que representem pelo menos 1/3 (um terço) de todos os créditos de cada espécie por ele abrangidos e com o compromisso de, no prazo improrrogável de 90 (noventa) dias, contado da data do pedido, atingir o quórum previsto no *caput* deste artigo, por meio de adesão expressa, facultada a conversão do procedimento em recuperação judicial a pedido do devedor. (Acrescido pela Lei 14.112/2020)

§ 8º Aplica-se à recuperação extrajudicial, desde o respectivo pedido, a suspensão de que trata o art. 6º desta Lei, exclusivamente em relação às espécies de crédito por ele abrangidas, e somente deverá ser ratificada pelo juiz se comprovado o quórum inicial exigido pelo § 7º deste artigo. (Acrescido pela Lei 14.112/2020)

Art. 164. Recebido o pedido de homologação do plano de recuperação extrajudicial previsto nos arts. 162 e 163 desta Lei, o juiz ordenará a publicação de edital eletrônico com vistas a convocar os credores do devedor para apresentação de suas impugnações ao plano de recuperação extrajudicial, observado o disposto no § 3º deste artigo. (Redação dada pela Lei 14.112/2020)

§ 1º. No prazo do edital, deverá o devedor comprovar o envio de carta a todos os credores sujeitos ao plano, domiciliados ou sediados no país, informando a distribuição do pedido, as condições do plano e prazo para impugnação.

§ 2º. Os credores terão prazo de 30 (trinta) dias, contado da publicação do edital, para impugnarem o plano, juntando a prova de seu crédito.

§ 3º. Para opor-se, em sua manifestação, à homologação do plano, os credores somente poderão alegar:

I – não preenchimento do percentual mínimo previsto no *caput* do art. 163 desta Lei;

II – prática de qualquer dos atos previstos no inciso III do art. 94 ou do art. 130 desta Lei, ou descumprimento de requisito previsto nesta Lei;

III – descumprimento de qualquer outra exigência legal.

§ 4º. Sendo apresentada impugnação, será aberto prazo de 5 (cinco) dias para que o devedor sobre ela se manifeste.

§ 5º. Decorrido o prazo do § 4º deste artigo, os autos serão conclusos imediatamente ao juiz para apreciação de eventuais impugnações e decidirá, no prazo de 5 (cinco) dias, acerca do plano de recuperação extrajudicial, homologando-o por sentença se entender que não implica prática de atos previstos no art. 130 desta Lei e que não há outras irregularidades que recomendem sua rejeição.

§ 6º. Havendo prova de simulação de créditos ou vício de representação dos credores que subscreverem o plano, a sua homologação será indeferida.

§ 7º. Da sentença cabe apelação sem efeito suspensivo.

§ 8º. Na hipótese de não homologação do plano o devedor poderá, cumpridas as formalidades, apresentar novo pedido de homologação de plano de recuperação extrajudicial.

Art. 165. O plano de recuperação extrajudicial produz efeitos após sua homologação judicial.

§ 1º. É lícito, contudo, que o plano estabeleça a produção de efeitos anteriores à homologação, desde que exclusivamente em relação à modificação do valor ou da forma de pagamento dos credores signatários.

§ 2º. Na hipótese do § 1º deste artigo, caso o plano seja posteriormente rejeitado pelo juiz, devolve-se aos credores signatários o direito de exigir seus créditos nas condições originais, deduzidos os valores efetivamente pagos.

Art. 166. Se o plano de recuperação extrajudicial homologado envolver alienação judicial de filiais ou de unidades produtivas isoladas do devedor, o juiz ordenará a sua realização, observado, no que couber, o disposto no art. 142 desta Lei.

Art. 167. O disposto neste Capítulo não implica impossibilidade de realização de outras modalidades de acordo privado entre o devedor e seus credores.

CAPÍTULO VI-A
DA INSOLVÊNCIA TRANSNACIONAL

‣ (Acrescido pela Lei 14.112/2020)

SEÇÃO I
DISPOSIÇÕES GERAIS

Art. 167-A. Este Capítulo disciplina a insolvência transnacional, com o objetivo de proporcionar mecanismos efetivos para:

I - cooperação entre juízes e outras autoridades competentes do Brasil e de outros países em casos de insolvência transnacional;

II - o aumento da segurança jurídica para a atividade econômica e para o investimento;

III - a administração justa e eficiente de processos de insolvência transnacional, de modo a proteger os interesses de todos os credores e dos demais interessados, inclusive do devedor;

IV - a proteção e a maximização do valor dos ativos do devedor;

V - a promoção da recuperação de empresas em crise econômico-financeira, com a proteção de investimentos e a preservação de empregos; e

VI - a promoção da liquidação dos ativos da empresa em crise econômicofinanceira, com a preservação e a otimização da utilização produtiva dos bens, dos ativos e dos recursos produtivos da empresa, inclusive os intangíveis.

§ 1º Na interpretação das disposições deste Capítulo, deverão ser considerados o seu objetivo de cooperação internacional, a necessidade de uniformidade de sua aplicação e a observância da boa-fé.

§ 2º As medidas de assistência aos processos estrangeiros mencionadas neste Capítulo formam um rol meramente exemplificativo, de modo que outras medidas, ainda que previstas em leis distintas, solicitadas pelo representante estrangeiro, pela autoridade estrangeira ou pelo juízo brasileiro poderão ser deferidas pelo juiz competente ou promovidas diretamente pelo administrador judicial, com imediata comunicação nos autos.

§ 3º Em caso de conflito, as obrigações assumidas em tratados ou convenções internacionais em vigor no Brasil prevalecerão sobre as disposições deste Capítulo.

§ 4º O juiz somente poderá deixar de aplicar as disposições deste Capítulo se, no caso concreto, a sua aplicação configurar manifesta ofensa à ordem pública.

§ 5º O Ministério Público intervirá nos processos de que trata este Capítulo.

§ 6º Na aplicação das disposições deste Capítulo, será observada a competência do Superior Tribunal de Justiça prevista na alínea "i" do inciso I do *caput* do art. 105 da Constituição Federal, quando cabível.

Art. 167-B. Para os fins deste Capítulo, considera-se:

I - processo estrangeiro: qualquer processo judicial ou administrativo, de cunho coletivo, inclusive de natureza cautelar, aberto em outro país de acordo com disposições relativas à insolvência nele vigentes, em que os bens e as atividades de um devedor estejam sujeitos a uma autoridade estrangeira, para fins de reorganização ou liquidação;

II - processo estrangeiro principal: qualquer processo estrangeiro aberto no país em que o devedor tenha o centro de seus interesses principais;

III - processo estrangeiro não principal: qualquer processo estrangeiro que não seja um processo estrangeiro principal, aberto em um país em que o devedor tenha estabelecimento ou bens;

IV - representante estrangeiro: pessoa ou órgão, inclusive o nomeado em caráter transitório, que esteja autorizado, no processo estrangeiro, a administrar os bens ou as atividades do devedor, ou a atuar como representante do processo estrangeiro;

V - autoridade estrangeira: juiz ou autoridade administrativa que dirija ou supervisione um processo estrangeiro; e

VI – estabelecimento: qualquer local de operações em que o devedor desenvolva uma atividade de econômica não transitória com o emprego de recursos humanos e de bens ou serviços.

Art. 167-C. As disposições deste Capítulo aplicam-se aos casos em que:

I - autoridade estrangeira ou representante estrangeiro solicita assistência no Brasil para um processo estrangeiro;

II - assistência relacionada a um processo disciplinado por esta Lei é pleiteada em um país estrangeiro;

III - processo estrangeiro e processo disciplinado por esta Lei relativos ao mesmo devedor estão em curso simultaneamente; ou

IV - credores ou outras partes interessadas, de outro país, têm interesse em requerer a abertura de um processo disciplinado por esta Lei, ou dele participar.

Art. 167-D. O juízo do local do principal estabelecimento do devedor no Brasil é o competente para o reconhecimento de processo estrangeiro e para a cooperação com a autoridade estrangeira nos termos deste Capítulo.

§ 1º A distribuição do pedido de reconhecimento do processo estrangeiro previne a jurisdição para qualquer pedido de recuperação judicial, de recuperação extrajudicial ou de falência relativo ao devedor.

§ 2º A distribuição do pedido de recuperação judicial, de recuperação extrajudicial ou de falência previne a jurisdição para qualquer pedido de reconhecimento de processo estrangeiro relativo ao devedor.

Art. 167-E. São autorizados a atuar em outros países, independentemente de decisão judicial, na qualidade de representante do processo brasileiro, desde que essa providência seja permitida pela lei do país em que tramitem os processos estrangeiros:

I - o devedor, na recuperação judicial e na recuperação extrajudicial;

II - o administrador judicial, na falência.

§ 1º Na hipótese de que trata o inciso II do *caput* deste artigo, poderá o juiz, em caso de omissão do administrador judicial, autorizar terceiro para a atuação prevista no *caput* deste artigo.

§ 2º A pedido de qualquer dos autorizados, o juízo mandará certificar a condição de representante do processo brasileiro.

SEÇÃO II
DO ACESSO À JURISDIÇÃO BRASILEIRA

Art. 167-F. O representante estrangeiro está legitimado a postular diretamente ao juiz brasileiro, nos termos deste Capítulo.

§ 1º O pedido feito ao juiz brasileiro não sujeita o representante estrangeiro nem o devedor, seus bens e suas atividades à jurisdição brasileira, exceto no que diz respeito aos estritos limites do pedido.

§ 2º Reconhecido o processo estrangeiro, o representante estrangeiro está autorizado a:

I - ajuizar pedido de falência do devedor, desde que presentes os requisitos para isso, de acordo com esta Lei;

II - participar do processo de recuperação judicial, de recuperação extrajudicial ou de falência do mesmo devedor, em curso no Brasil;

III - intervir em qualquer processo em que o devedor seja parte, atendidas as exigências do direito brasileiro.

Art. 167-G. Os credores estrangeiros têm os mesmos direitos conferidos aos credores nacionais nos processos de recuperação judicial, de recuperação extrajudicial ou de falência.

§ 1º Os credores estrangeiros receberão o mesmo tratamento dos credores nacionais, respeitada a ordem de classificação dos créditos prevista nesta Lei, e não serão discriminados em razão de sua nacionalidade ou da localização de sua sede, estabelecimento, residência ou domicílio, respeitado o seguinte:

I - os créditos estrangeiros de natureza tributária e previdenciária, bem como as penas pecuniárias por infração de leis penais ou administrativas, inclusive as multas tributárias devidas a Estados estrangeiros, não serão considerados nos processos de recuperação judicial e serão classificados como créditos subordinados nos processos de falência, independentemente da sua classificação nos países em que foram constituídos;

II - o crédito do representante estrangeiro será equiparado ao do administrador judicial nos casos em que fizer jus a remuneração, exceto quando for o próprio devedor ou seu representante;

III - os créditos que não tiverem correspondência com a classificação prevista nesta Lei serão classificados como quirografários, independentemente da classificação atribuída pela lei do país em que foram constituídos.

§ 2º O juiz deve determinar as medidas apropriadas, no caso concreto, para que os credores que não tiverem domicílio ou estabelecimento no Brasil tenham acesso às notificações e às informações dos processos de recuperação judicial, de recuperação extrajudicial ou de falência.

§ 3º As notificações e as informações aos credores que não tiverem domicílio ou estabelecimento no Brasil serão realizadas por qualquer meio considerado adequado pelo juiz, dispensada a expedição de carta rogatória para essa finalidade.

§ 4º A comunicação do início de um processo de recuperação judicial ou de falência para credores estrangeiros deverá conter as informações sobre providências necessárias para que o credor possa fazer valer seu direito, inclusive quanto ao prazo para apresentação de habilitação ou de divergência e à necessidade de os credores garantidos habilitarem seus créditos.

§ 5º O juiz brasileiro deverá expedir os ofícios e os mandados necessários ao Banco Central do Brasil para permitir a remessa ao exterior dos valores recebidos por credores domiciliados no estrangeiro.

SEÇÃO III
DO RECONHECIMENTO DE PROCESSOS ESTRANGEIROS

Art. 167-H. O representante estrangeiro pode ajuizar, perante o juiz, pedido de reconhecimento do processo estrangeiro em que atua.

§ 1º O pedido de reconhecimento do processo estrangeiro deve ser acompanhado dos seguintes documentos:

I - cópia apostilada da decisão que determine a abertura do processo estrangeiro e nomeie o representante estrangeiro;

II - certidão apostilada expedida pela autoridade estrangeira que ateste a existência do processo estrangeiro e a nomeação do representante estrangeiro; ou

III - qualquer outro documento emitido por autoridade estrangeira que permita ao juiz atingir plena convicção da existência do processo estrangeiro e da identificação do representante estrangeiro.

§ 2º O pedido de reconhecimento do processo estrangeiro deve ser acompanhado por uma relação de todos os processos estrangeiros relativos ao devedor que sejam de conhecimento do representante estrangeiro.

§ 3º Os documentos redigidos em língua estrangeira devem estar acompanhados de tradução oficial para a língua portuguesa, salvo quando, sem prejuízo aos credores, for expressamente dispensada pelo juiz e substituída por tradução simples para a língua portuguesa, declarada fiel e autêntica pelo próprio advogado, sob sua responsabilidade pessoal.

Art. 167-I. Independentemente de outras medidas, o juiz poderá reconhecer:

I – a existência do processo estrangeiro e a identificação do representante estrangeiro, a partir da decisão ou da certidão referidas no § 1º do art. 167-H desta Lei que os indicarem como tal;

II – a autenticidade de todos ou de alguns documentos juntados com o pedido de reconhecimento do processo estrangeiro, mesmo que não tenham sido apostilados;

III - o país onde se localiza o domicílio do devedor, no caso dos empresários individuais, ou o país da sede estatutária do devedor, no caso das sociedades, como seu centro de interesses principais, salvo prova em contrário.

Art. 167-J. Ressalvado o disposto no § 4º do art. 167-A desta Lei, o juiz reconhecerá o processo estrangeiro quando:

I – o processo enquadrar-se na definição constante do inciso I do *caput* do art. 167-B desta Lei;

II – o representante que tiver requerido o reconhecimento do processo enquadrar-se na definição de representante estrangeiro constante do inciso IV do *caput* do art. 167-B desta Lei;

III – o pedido cumprir os requisitos estabelecidos no art. 167-H desta Lei; e

IV – o pedido tiver sido endereçado ao juiz, conforme o disposto no art. 167- D desta Lei.

§ 1º Satisfeitos os requisitos previstos no *caput* deste artigo, o processo estrangeiro deve ser reconhecido como:

I – processo estrangeiro principal, caso tenha sido aberto no local em que o devedor tenha o seu centro de interesses principais; ou

II – processo estrangeiro não principal, caso tenha sido aberto em local em que o devedor tenha bens ou estabelecimento, na forma definida no inciso VI do *caput* do art. 167-B desta Lei.

§ 2º Não obstante o previsto nos incisos I e II do § 1º deste artigo, o processo estrangeiro será reconhecido como processo estrangeiro não principal se o centro de interesses principais do devedor tiver sido transferido ou de outra forma manipulado com o objetivo de transferir para outro Estado a competência jurisdicional para abertura do processo.

§ 3º A decisão de reconhecimento do processo estrangeiro poderá ser modificada ou revogada, a qualquer momento, a pedido de qualquer parte interessada, se houver elementos que comprovem que os requisitos para o reconhecimento foram descumpridos, total ou parcialmente, ou deixaram de existir.

§ 4º Da decisão que acolher o pedido de reconhecimento caberá agravo, e da sentença que o julgar improcedente caberá apelação.

Art. 167-K. Após o pedido de reconhecimento do processo estrangeiro, o representante estrangeiro deverá imediatamente informar ao juiz:

I – qualquer modificação significativa no estado do processo estrangeiro reconhecido ou no estado de sua nomeação como representante estrangeiro;

II – qualquer outro processo estrangeiro relativo ao mesmo devedor de que venha a ter conhecimento.

Art. 167-L. Após o ajuizamento do pedido de reconhecimento do processo estrangeiro, e antes de sua decisão, o juiz poderá conceder liminarmente as medidas de tutela provisória, fundadas em urgência ou evidência, necessárias para o cumprimento desta Lei, para a proteção da massa falida ou para a eficiência da administração.

§ 1º Salvo no caso do disposto no inciso IV do *caput* do art. 167-N desta Lei, as medidas de natureza provisória encerram-se com a decisão sobre o pedido de reconhecimento.

§ 2º O juiz poderá recusar-se a conceder as medidas de assistência provisória que possam interferir na administração do processo estrangeiro principal.

Art. 167-M. Com o reconhecimento de processo estrangeiro principal, decorrem automaticamente:

I - a suspensão do curso de quaisquer processos de execução ou de quaisquer outras medidas individualmente tomadas por credores relativas ao patrimônio do devedor, respeitadas as demais disposições desta Lei;

II - a suspensão do curso da prescrição de quaisquer execuções judiciais contra o devedor, respeitadas as demais disposições desta Lei;

III - a ineficácia de transferência, de oneração ou de qualquer forma de disposição de bens do ativo não circulante do devedor realizadas sem prévia autorização judicial.

§ 1º A extensão, a modificação ou a cessação dos efeitos previstos nos incisos I, II e III do *caput* deste artigo subordinam-se ao disposto nesta Lei.

§ 2º Os credores conservam o direito de ajuizar quaisquer processos judiciais e arbitrais, e de neles prosseguir, que visem à condenação do devedor ou ao reconhecimento ou à liquidação de seus créditos, e, em qualquer caso, as medidas executórias deverão permanecer suspensas.

§ 3º As medidas previstas neste artigo não afetam os credores que não estejam sujeitos aos processos de recuperação judicial, de recuperação extrajudicial ou de falência, salvo nos limites permitidos por esta Lei.

Art. 167-N. Com a decisão de reconhecimento do processo estrangeiro, tanto principal como não principal, o juiz poderá determinar, a pedido do representante estrangeiro e desde que necessárias para a proteção dos bens do devedor e no interesse dos credores, entre outras, as seguintes medidas:

I - a ineficácia de transferência, de oneração ou de qualquer forma de disposição de bens do ativo não circulante do devedor realizadas sem prévia autorização judicial, caso não tenham decorrido automaticamente do reconhecimento previsto no art. 167-M desta Lei;

II - a oitiva de testemunhas, a colheita de provas ou o fornecimento de informações relativas a bens, a direitos, a obrigações, à responsabilidade e à atividade do devedor;

III - a autorização do representante estrangeiro ou de outra pessoa para administrar e/ou realizar o ativo do devedor, no todo ou em parte, localizado no Brasil;

IV - a conversão, em definitiva, de qualquer medida de assistência provisória concedida anteriormente;

V - a concessão de qualquer outra medida que seja necessária.

§ 1º Com o reconhecimento do processo estrangeiro, tanto principal como não principal, o juiz poderá, a requerimento do representante estrangeiro, autorizá-lo, ou outra pessoa nomeada por aquele, a promover a destinação do ativo do devedor, no todo ou em parte, localizado no Brasil, desde que os interesses dos credores domiciliados ou estabelecidos no Brasil estejam adequadamente protegidos.

§ 2º Ao conceder medida de assistência prevista neste artigo requerida pelo representante estrangeiro de um processo estrangeiro não principal, o juiz deverá certificar-se de que as medidas para efetivá-la se referem a bens que, de acordo com o direito brasileiro, devam ser submetidos à disciplina aplicável ao processo estrangeiro não principal, ou certificar-se de que elas digam respeito a informações nele exigidas.

Art. 167-O. Ao conceder ou denegar uma das medidas previstas nos arts. 167-L e 167-N desta Lei, bem como ao modificá-las ou revogá-las nos termos do § 2º deste artigo, o juiz deverá certificar-se de que o interesse dos credores, do devedor e de terceiros interessados será adequadamente protegido.

§ 1º O juiz poderá condicionar a concessão das medidas previstas nos arts. 167-L e 167-N desta Lei ao atendimento de condições que considerar apropriadas.

§ 2º A pedido de qualquer interessado, do representante estrangeiro ou de ofício, o juiz poderá modificar ou revogar, a qualquer momento, medidas concedidas com fundamento nos arts. 167-L e 167-N desta Lei.

§ 3º Com o reconhecimento do processo estrangeiro, tanto principal quanto não principal, o representante estrangeiro poderá ajuizar medidas com o objetivo de tornar ineficazes quaisquer atos realizados, nos termos dos arts. 129 e 130, observado ainda o disposto no art. 131, todos desta Lei.

§ 4º No caso de processo estrangeiro não principal, a ineficácia referida no § 3º deste artigo dependerá da verificação, pelo juiz, de que, de acordo com a lei brasileira, os bens devam ser submetidos à disciplina aplicável ao processo estrangeiro não principal.

SEÇÃO IV
DA COOPERAÇÃO COM AUTORIDADES E REPRESENTANTES ESTRANGEIROS

Art. 167-P. O juiz deverá cooperar diretamente ou por meio do administrador judicial, na máxima extensão possível, com a autoridade estrangeira ou com representantes estrangeiros, na persecução dos objetivos estabelecidos no art. 167-A desta Lei.

§ 1º O juiz poderá comunicar-se diretamente com autoridades estrangeiras ou com representantes estrangeiros, ou deles solicitar informação e assistência, sem a necessidade de expedição de cartas rogatórias, de procedimento de auxílio direto ou de outras formalidades semelhantes.

§ 2º O administrador judicial, no exercício de suas funções e sob a supervisão do juiz, deverá cooperar, na máxima extensão possível, com a autoridade estrangeira ou com representantes estrangeiros, na persecução dos objetivos estabelecidos no art. 167-A desta Lei.

§ 3º O administrador judicial, no exercício de suas funções, poderá comunicar-se com as autoridades estrangeiras ou com os representantes estrangeiros.

Art. 167-Q. A cooperação a que se refere o art. 167-P desta Lei poderá ser implementada por quaisquer meios, inclusive pela:

I - nomeação de uma pessoa, natural ou jurídica, para agir sob a supervisão do juiz;
II - comunicação de informações por quaisquer meios considerados apropriados pelo juiz;
III - coordenação da administração e da supervisão dos bens e das atividades do devedor;
IV - aprovação ou implementação, pelo juiz, de acordos ou de protocolos de cooperação para a coordenação dos processos judiciais; e;
V - coordenação de processos concorrentes relativos ao mesmo devedor.

SEÇÃO V
DOS PROCESSOS CONCORRENTES

Art. 167-R. Após o reconhecimento de um processo estrangeiro principal, somente se iniciará no Brasil um processo de recuperação judicial, de recuperação extrajudicial ou de falência se o devedor possuir bens ou estabelecimento no País.

Parágrafo único. Os efeitos do processo ajuizado no Brasil devem restringir-se aos bens e ao estabelecimento do devedor localizados no Brasil e podem estenderse a outros, desde que esta medida seja necessária para a cooperação e a coordenação com o processo estrangeiro principal.

Art. 167-S. Sempre que um processo estrangeiro e um processo de recuperação judicial, de recuperação extrajudicial ou de falência relativos ao mesmo devedor estiverem em curso simultaneamente, o juiz deverá buscar a cooperação e a coordenação entre eles, respeitadas as seguintes disposições:

I - se o processo no Brasil já estiver em curso quando o pedido de reconhecimento do processo estrangeiro tiver sido ajuizado, qualquer medida de assistência determinada pelo juiz nos termos dos arts. 167-L ou 167-N desta Lei deve ser compatível com o processo brasileiro, e o previsto no art. 167-M desta Lei não será aplicável se o processo estrangeiro for reconhecido como principal;
II - se o processo no Brasil for ajuizado após o reconhecimento do processo estrangeiro ou após o ajuizamento do pedido de seu reconhecimento, todas as medidas de assistência concedidas nos termos dos arts. 167-L ou 167-N desta Lei deverão ser revistas pelo juiz e modificadas ou revogadas se forem incompatíveis com o processo no Brasil e, quando o processo estrangeiro for reconhecido como principal, os efeitos referidos nos incisos I, II e III do *caput* do art. 167-M serão modificados ou cessados, nos termos do § 1º do art. 167-M desta Lei, se incompatíveis com os demais dispositivos desta Lei;
III - qualquer medida de assistência a um processo estrangeiro não principal deverá restringir-se a bens e a estabelecimento que, de acordo com o ordenamento jurídico brasileiro, devam ser submetidos à disciplina aplicável ao processo estrangeiro não principal, ou a informações nele exigidas.

Art. 167-T. Na hipótese de haver mais de um processo estrangeiro relativo ao mesmo devedor, o juiz deverá buscar a cooperação e a coordenação de acordo com as disposições dos arts. 167-P e 167-Q desta Lei, bem como observar o seguinte:

I - qualquer medida concedida ao representante de um processo estrangeiro não principal após o reconhecimento de um processo estrangeiro principal deve ser compatível com este último;
II - se um processo estrangeiro principal for reconhecido após o reconhecimento ou o pedido de reconhecimento de um processo estrangeiro não principal, qualquer medida concedida nos termos dos arts. 167-L ou 167-N desta Lei deverá ser revista pelo juiz, que a modificará ou a revogará se for incompatível com o processo estrangeiro principal;
III - se, após o reconhecimento de um processo estrangeiro não principal, outro processo estrangeiro não principal for reconhecido, o juiz poderá, com a finalidade de facilitar a coordenação dos processos, conceder, modificar ou revogar qualquer medida antes concedida.

Art. 167-U. Na ausência de prova em contrário, presume-se a insolvência do devedor cujo processo estrangeiro principal tenha sido reconhecido no Brasil.

Parágrafo único. O representante estrangeiro, o devedor ou os credores podem requerer a falência do devedor cujo processo estrangeiro principal tenha sido reconhecido no Brasil, atendidos os pressupostos previstos nesta Lei.

Art. 167-V. O juízo falimentar responsável por processo estrangeiro não principal deve prestar ao juízo principal as seguintes informações, entre outras:

I - valor dos bens arrecadados e do passivo;
II - valor dos créditos admitidos e sua classificação;
III - classificação, segundo a lei nacional, dos credores não domiciliados ou sediados nos países titulares de créditos sujeitos à lei estrangeira;
IV - relação de ações judiciais em curso de que seja parte o falido, como autor, réu ou interessado;
V - ocorrência do término da liquidação e o saldo, credor ou devedor, bem como eventual ativo remanescente.

Art. 167-W. No processo falimentar transnacional, principal ou não principal, nenhum ativo, bem ou recurso remanescente da liquidação será entregue ao falido se ainda houver passivo não satisfeito em qualquer outro processo falimentar transnacional.

Art. 167-X. O processo de falência transnacional principal somente poderá ser finalizado após o encerramento dos processos não principais ou após a constatação de que, nesses últimos, não haja ativo líquido remanescente.

Art. 167-Y. Sem prejuízo dos direitos sobre bens ou decorrentes de garantias reais, o credor que tiver recebido pagamento parcial de seu crédito em processo de insolvência no exterior não poderá ser pago pelo mesmo crédito em processo no Brasil referente ao mesmo devedor enquanto os pagamentos aos credores da mesma classe forem proporcionalmente inferiores ao valor já recebido no exterior.

CAPÍTULO VII.
DISPOSIÇÕES PENAIS

SEÇÃO I.
DOS CRIMES EM ESPÉCIE FRAUDE A CREDORES

Art. 168. Praticar, antes ou depois da sentença que decretar a falência, conceder a recuperação judicial ou homologar a recuperação extrajudicial, ato fraudulento de que resulte ou possa resultar prejuízo aos credores, com o fim de obter ou assegurar vantagem indevida para si ou para outrem.

Pena – reclusão, de 3 (três) a 6 (seis) anos, e multa.

AUMENTO DA PENA

§ 1º. A pena aumenta-se de 1/6 (um sexto) a 1/3 (um terço), se o agente:

I – elabora escrituração contábil ou balanço com dados inexatos;
II – omite, na escrituração contábil ou no balanço, lançamento que deles deveria constar, ou altera escrituração ou balanço verdadeiros;
III – destrói, apaga ou corrompe dados contábeis ou negociais armazenados em computador ou sistema informatizado;
IV – simula a composição do capital social;
V – destrói, oculta ou inutiliza, total ou parcialmente, os documentos de escrituração contábil obrigatórios.

CONTABILIDADE PARALELA E DISTRIBUIÇÃO DE LUCROS OU DIVIDENDOS A SÓCIOS E ACIONISTAS ATÉ A APROVAÇÃO DO PLANO DE RECUPERAÇÃO JUDICIAL

§ 2º A pena é aumentada de 1/3 (um terço) até metade se o devedor manteve ou movimentou recursos ou valores paralelamente à contabilidade exigida pela legislação, inclusive na hipótese de violação do disposto no art. 6º-A desta Lei. (Redação dada pela Lei 14.112/2020)

CONCURSO DE PESSOAS

§ 3º. Nas mesmas penas incidem os contadores, técnicos contábeis, auditores e outros profissionais que, de qualquer modo, concorrerem para as condutas criminosas descritas neste artigo, na medida de sua culpabilidade.

REDUÇÃO OU SUBSTITUIÇÃO DA PENA

§ 4º. Tratando-se de falência de microempresa ou de empresa de pequeno porte, e não se constatando prática habitual de condutas fraudulentas por parte do falido, poderá o juiz reduzir a pena de reclusão de 1/3 (um terço) a 2/3 (dois terços) ou substituí-la pelas penas restritivas de direitos, pelas de perda de bens e valores ou pelas de prestação de serviços à comunidade ou a entidades públicas.

VIOLAÇÃO DE SIGILO EMPRESARIAL

Art. 169. Violar, explorar ou divulgar, sem justa causa, sigilo empresarial ou dados confidenciais sobre operações ou serviços, contribuindo para a condução do devedor a estado de inviabilidade econômica ou financeira:

Pena – reclusão, de 2 (dois) a 4 (quatro) anos, e multa.

DIVULGAÇÃO DE INFORMAÇÕES FALSAS

Art. 170. Divulgar ou propalar, por qualquer meio, informação falsa sobre devedor em recuperação judicial, com o fim de levá-lo à falência ou de obter vantagem:

Pena – reclusão, de 2 (dois) a 4 (quatro) anos, e multa.

INDUÇÃO A ERRO

Art. 171. Sonegar ou omitir informações ou prestar informações falsas no processo de falência, de recuperação judicial ou de recuperação extrajudicial, com o fim de induzir a erro o juiz, o Ministério Público, os credores, a assembleia-geral de credores, o Comitê ou o administrador judicial:

Pena – reclusão, de 2 (dois) a 4 (quatro) anos, e multa.

FAVORECIMENTO DE CREDORES

Art. 172. Praticar, antes ou depois da sentença que decretar a falência, conceder a recuperação judicial ou homologar plano de recuperação extrajudicial, ato de disposição ou oneração patrimonial ou gerador de obrigação, destinado a favorecer um ou mais credores em prejuízo dos demais:

Pena – reclusão, de 2 (dois) a 5 (cinco) anos, e multa.

Parágrafo único. Nas mesmas penas incorre o credor que, em conluio, possa beneficiar-se de ato previsto no *caput* deste artigo.

DESVIO, OCULTAÇÃO OU APROPRIAÇÃO DE BENS

Art. 173. Apropriar-se, desviar ou ocultar bens pertencentes ao devedor sob recuperação judicial ou à massa falida, inclusive por meio da aquisição por interposta pessoa:

Pena – reclusão, de 2 (dois) a 4 (quatro) anos, e multa.

AQUISIÇÃO, RECEBIMENTO OU USO ILEGAL DE BENS

Art. 174. Adquirir, receber, usar, ilicitamente, bem que sabe pertencer à massa falida ou influir para que terceiro, de boa-fé, o adquira, receba ou use:

Pena – reclusão, de 2 (dois) a 4 (quatro) anos, e multa.

HABILITAÇÃO ILEGAL DE CRÉDITO

Art. 175. Apresentar, em falência, recuperação judicial ou recuperação extrajudicial, relação de créditos, habilitação de créditos ou reclamação falsas, ou juntar a elas título falso ou simulado:

Pena – reclusão, de 2 (dois) a 4 (quatro) anos, e multa.

EXERCÍCIO ILEGAL DE ATIVIDADE

Art. 176. Exercer atividade para a qual foi inabilitado ou incapacitado por decisão judicial, nos termos desta Lei:

Pena – reclusão, de 1 (um) a 4 (quatro) anos, e multa.

VIOLAÇÃO DE IMPEDIMENTO

Art. 177. Adquirir o juiz, o representante do Ministério Público, o administrador judicial, o gestor judicial, o perito, o avaliador, o escrivão, o oficial de justiça ou o leiloeiro, por si ou por interposta pessoa, bens de massa falida ou de devedor em recuperação judicial, ou, em relação a estes, entrar em alguma especulação de lucro, quando tenham atuado nos respectivos processos:

Pena – reclusão, de 2 (dois) a 4 (quatro) anos, e multa.

OMISSÃO DOS DOCUMENTOS CONTÁBEIS OBRIGATÓRIOS

Art. 178. Deixar de elaborar, escriturar ou autenticar, antes ou depois da sentença que decretar a falência, conceder a recuperação judicial ou homologar o plano de recuperação extrajudicial, os documentos de escrituração contábil obrigatórios:

Pena – detenção, de 1 (um) a 2 (dois) anos, e multa, se o fato não constitui crime mais grave.

SEÇÃO II.
DISPOSIÇÕES COMUNS

Art. 179. Na falência, na recuperação judicial e na recuperação extrajudicial de sociedades, os seus sócios, diretores, gerentes, administradores e conselheiros, de fato ou de direito, bem como o administrador judicial, equiparam-se ao devedor ou falido para todos os efeitos penais decorrentes desta Lei, na medida de sua culpabilidade.

Art. 180. A sentença que decreta a falência, concede a recuperação judicial ou concede a recuperação extrajudicial de que trata o art. 163 desta Lei é condição objetiva de punibilidade das infrações penais descritas nesta Lei.

Art. 181. São efeitos da condenação por crime previsto nesta Lei:

I – a inabilitação para o exercício de atividade empresarial;

II – o impedimento para o exercício de cargo ou função em conselho de administração, diretoria ou gerência das sociedades sujeitas a esta Lei;

III – a impossibilidade de gerir empresa por mandato ou por gestão de negócio.

§ 1º. Os efeitos de que trata este artigo não são automáticos, devendo ser motivadamente declarados na sentença, e perdurarão até 5 (cinco) anos após a extinção da punibilidade, podendo, contudo, cessar antes pela reabilitação penal.

- Esta Lei: art. 102.

§ 2º. Transitada em julgado a sentença penal condenatória, será notificado o Registro Público de Empresas para que tome as medidas necessárias para impedir novo registro em nome dos inabilitados.

Art. 182. A prescrição dos crimes previstos nesta Lei reger-se-á pelas disposições do Decreto-Lei nº 2.848, de 7 de dezembro de 1940 – Código Penal, começando a correr do dia da decretação da falência, da concessão da recuperação judicial ou da homologação do plano de recuperação extrajudicial.

Parágrafo único. A decretação da falência do devedor interrompe a prescrição cuja contagem tenha iniciado com a concessão da recuperação judicial ou com a homologação do plano de recuperação extrajudicial.

SEÇÃO III.
DO PROCEDIMENTO PENAL

Art. 183. Compete ao juiz criminal da jurisdição onde tenha sido decretada a falência, concedida a recuperação judicial ou homologado o plano de recuperação extrajudicial, conhecer da ação penal pelos crimes previstos nesta Lei.

Art. 184. Os crimes previstos nesta Lei são de ação penal pública incondicionada.

Parágrafo único. Decorrido o prazo a que se refere o art. 187, § 1º, sem que o representante do Ministério Público ofereça denúncia, qualquer credor habilitado ou o administrador judicial poderá oferecer ação penal privada subsidiária da pública, observado o prazo decadencial de 6 (seis) meses.

- CPP: art. 29.

Art. 185. Recebida a denúncia ou a queixa, observar-se-á o rito previsto nos arts. 531 a 540 do Decreto-Lei nº 3.689, de 3 de outubro de 1941 – Código de Processo Penal.

Art. 186. No relatório previsto na alínea e do inciso III do *caput* do art. 22 desta Lei, o administrador judicial apresentará ao juiz da falência exposição circunstanciada, considerando as causas da falência, o procedimento do devedor, antes e depois da sentença, e outras informações detalhadas a respeito da conduta do devedor e de outros responsáveis, se houver, por atos que possam constituir crime relacionado com a recuperação judicial ou com a falência, ou outro delito conexo a estes.

- Esta Lei: art. 22, III, e.

Parágrafo único. A exposição circunstanciada será instruída com laudo do contador encarregado do exame da escrituração do devedor.

Art. 187. Intimado da sentença que decreta a falência ou concede a recuperação judicial, o Ministério Público, verificando a ocorrência de qualquer crime previsto nesta Lei, promoverá imediatamente a competente ação penal ou, se entender necessário, requisitará a abertura de inquérito policial.

§ 1º. O prazo para oferecimento da denúncia regula-se pelo art. 46 do Decreto-Lei nº 3.689, de 3 de outubro de 1941 – Código de Processo Penal, salvo se o Ministério Público, estando o réu solto ou afiançado, decidir aguardar a apresentação da exposição circunstanciada de que trata o art. 186 desta Lei, devendo, em seguida, oferecer a denúncia em 15 (quinze) dias.

- Súmula nº 564 do STF.
- Esta Lei: art. 184, parágrafo único.

§ 2º. Em qualquer fase processual, surgindo indícios da prática dos crimes previstos nesta Lei, o juiz da falência ou da recuperação judicial ou da recuperação extrajudicial cientificará o Ministério Público.

Art. 188. Aplicam-se subsidiariamente as disposições do Código de Processo Penal, no que não forem incompatíveis com esta Lei.

CAPÍTULO VIII.
DISPOSIÇÕES FINAIS E TRANSITÓRIAS

Art. 189. Aplica-se, no que couber, aos procedimentos previstos nesta Lei, o disposto na Lei nº 13.105, de 16 de março de 2015 (Código de Processo Civil), desde que não seja incompatível com os princípios desta Lei. (Redação dada pela Lei 14.112/2020)

§ 1º Para os fins do disposto nesta Lei: (Acrescido pela Lei 14.112/2020)

I - todos os prazos nela previstos ou que dela decorram serão contados em dias corridos; e

II - as decisões proferidas nos processos a que se refere esta Lei serão passíveis de agravo de instrumento, exceto nas hipóteses em que esta Lei previr de forma diversa.

§ 2º Para os fins do disposto no art. 190 da Lei nº 13.105, de 16 de março de 2015 (Código de Processo Civil), a manifestação de vontade do devedor será expressa e a dos credores será obtida por maioria, na forma prevista no art. 42 desta Lei. (Acrescido pela Lei 14.112/2020)

Art. 189-A. Os processos disciplinados nesta Lei e os respectivos recursos, bem como os processos, os procedimentos e a execução dos atos e das diligências judiciais em que figure como parte empresário individual ou sociedade empresária em regime de recuperação judicial ou extrajudicial ou de falência terão prioridade sobre todos os atos judiciais, salvo o *habeas corpus* e as prioridades estabelecidas em leis especiais. (Acrescido pela Lei 14.112/2020)

Art. 190. Todas as vezes que esta Lei se referir a devedor ou falido, compreender-se-á que a disposição também se aplica aos sócios ilimitadamente responsáveis.

Art. 191. Ressalvadas as disposições específicas desta Lei, as publicações ordenadas serão feitas em sítio eletrônico próprio, na internet, dedicado à recuperação judicial e à falência, e as intimações serão realizadas por notificação direta por meio de dispositivos móveis previamente cadastrados e autorizados pelo interessado. (Redação dada pela Lei 14.112/2020)

Parágrafo único. As publicações ordenadas nesta Lei conterão a epígrafe "recuperação judicial de", "recuperação extrajudicial de" ou "falência de".

Art. 192. Esta Lei não se aplica aos processos de falência ou de concordata ajuizados anteriormente ao início de sua vigência, que serão concluídos nos termos do Decreto-Lei nº 7.661, de 21 de junho de 1945.

§ 1º. Fica vedada a concessão de concordata suspensiva nos processos de falência em curso, podendo ser promovida a alienação dos bens da massa falida assim que concluída sua arrecadação, independentemente da formação do quadro-geral de credores e da conclusão do inquérito judicial.

§ 2º. A existência de pedido de concordata anterior à vigência desta Lei não obsta o pedido de recuperação judicial pelo devedor que não houver descumprido obrigação no âmbito da concordata, vedado, contudo, o pedido baseado no plano especial de recuperação judicial para microempresas e empresas de pequeno porte a que se refere a Seção V do Capítulo III desta Lei.

§ 3º. No caso do § 2º deste artigo, se deferido o processamento da recuperação judicial, o processo de concordata será extinto e os créditos submetidos à concordata serão inscritos por seu valor original na recuperação judicial, deduzidas as parcelas pagas pelo concordatário.

§ 4º. Esta Lei aplica-se às falências decretadas em sua vigência resultantes de convolação de concordatas ou de pedidos de falência anteriores, às quais se aplica, até a decretação, o Decreto-Lei nº 7.661, de 21 de junho de 1945, observado, na decisão que decretar a falência, o disposto no art. 99 desta Lei.

§ 5º. O juiz poderá autorizar a locação ou arrendamento de bens imóveis ou móveis a fim de evitar a sua deterioração, cujos resultados reverterão em favor da massa. (Incluído pela Lei nº 11.127, de 2005)

Art. 193. O disposto nesta Lei não afeta as obrigações assumidas no âmbito das câmaras ou prestadoras de serviços de compensação e de liquidação financeira, que serão ultimadas e liquidadas pela câmara ou prestador de serviços, na forma de seus regulamentos.

Art. 193-A. O pedido de recuperação judicial, o deferimento de seu processamento ou a homologação do plano de recuperação judicial não afetarão ou suspenderão, nos termos da legislação aplicável, o exercício dos direitos de vencimento antecipado e de compensação no âmbito de operações compromissadas e de derivativos, de modo que essas operações poderão ser vencidas antecipadamente, desde que assim previsto nos contratos celebrados entre as partes ou em regulamento, proibidas, no entanto, medidas que impliquem a redução, sob qualquer forma, das garantias ou de sua condição de excussão, a restrição do exercício de direitos, inclusive de vencimento antecipado por inexecução, e a compensação previstas contratualmente ou em regulamento. (Acrescido pela Lei 14.112/2020)

§ 1º Em decorrência do vencimento antecipado das operações compromissadas e de derivativos conforme previsto no *caput* deste artigo, os créditos e débitos delas decorrentes serão compensados e extinguirão as obrigações até onde se compensarem.

§ 2º Se houver saldo remanescente contra o devedor, será este considerado crédito sujeito à recuperação judicial, ressalvada a existência de garantia de alienação ou de cessão fiduciária.

Art. 194. O produto da realização das garantias prestadas pelo participante das câmaras ou prestadores de serviços de compensação e de liquidação financeira submetidos aos regimes de que trata esta Lei, assim como os títulos, valores mobiliários e quaisquer outros de seus ativos objetos de compensação ou liquidação serão destinados à liquidação das obrigações assumidas no âmbito das câmaras ou prestadoras de serviços.

Art. 195. A decretação da falência das concessionárias de serviços públicos implica extinção da concessão, na forma da lei.

Art. 196. Os Registros Públicos de Empresas, em cooperação com os Tribunais de Justiça, manterão banco de dados público e gratuito, disponível na internet, com a relação de todos os devedores falidos ou em recuperação judicial. (Redação dada pela Lei 14.112/2020)

Parágrafo único. Os Registros Públicos de Empresas, em cooperação com o Conselho Nacional de Justiça, deverão promover a integração de seus bancos de dados em âmbito nacional. (Redação dada pela Lei 14.112/2020)

Art. 197. Enquanto não forem aprovadas as respectivas leis específicas, esta Lei aplica-se subsidiariamente, no que couber, aos regimes previstos no Decreto-Lei nº 73, de 21 de novembro de 1966, na Lei nº 6.024, de 13 de março de 1974, no Decreto-Lei nº 2.321, de 25 de fevereiro de 1987, e na Lei nº 9.514, de 20 de novembro de 1997.

Art. 198. Os devedores proibidos de requerer concordata nos termos da legislação específica em vigor na data da publicação desta Lei ficam proibidos de requerer recuperação judicial ou extrajudicial nos termos desta Lei.

Art. 199. Não se aplica o disposto no art. 198 desta Lei às sociedades a que se refere o art. 187 da Lei nº 7.565, de 19 de dezembro de 1986.

Parágrafo único. Na recuperação judicial e na falência das sociedades de que trata o *caput* deste artigo, em nenhuma hipótese ficará suspenso o exercício de direitos derivados de contratos de arrendamento mercantil de aeronaves ou de suas partes.

§ 1º. Na recuperação judicial e na falência das sociedades de que trata o *caput* deste artigo, em nenhuma hipótese ficará suspenso o exercício de direitos derivados de contratos de locação, arrendamento mercantil ou de qualquer outra modalidade de arrendamento de aeronaves ou de suas partes. (Renumerado do parágrafo único com nova redação pela Lei nº 11.196, de 2005)

§ 2º. Os créditos decorrentes dos contratos mencionados no § 1º deste artigo não se submeterão aos efeitos da recuperação judicial ou extrajudicial, prevalecendo os direitos de propriedade sobre a coisa e as condições contratuais, não se lhes aplicando a ressalva contida na parte final do § 3º do art. 49 desta Lei. (Incluído pela Lei nº 11.196, de 2005)

§ 3º. Na hipótese de falência das sociedades de que trata o *caput* deste artigo, prevalecerão os direitos de propriedade sobre a coisa relativos a contratos de locação, de arrendamento mercantil ou de qualquer outra modalidade de arrendamento de aeronaves ou de suas partes. (Incluído pela Lei nº 11.196, de 2005)

Art. 200. Ressalvado o disposto no art. 192 desta Lei, ficam revogados o Decreto-Lei nº 7.661, de 21 de junho de 1945, e os arts. 503 a 512 do Decreto-Lei nº 3.689, de 3 de outubro de 1941 – Código de Processo Penal.

Art. 201. Esta Lei entra em vigor 120 (cento e vinte) dias após sua publicação.

Brasília, 9 de fevereiro de 2005,
184º da Independência e 117º da República.
LUIZ INÁCIO LULA DA SILVA
Publicado no DOU de 09.02.2005

LEI Nº 11.105, DE 24 DE MARÇO DE 2005

Regulamenta os incisos II, IV e V do § 1º do art. 225 da Constituição Federal, estabelece normas de segurança e mecanismos de fiscalização de atividades que envolvam organismos geneticamente modificados – OGM e seus derivados, cria o Conselho Nacional de Biossegurança – CNBS, reestrutura a Comissão Técnica Nacional de Biossegurança – CTNBio, dispõe sobre a Política Nacional de Biossegurança – PNB, revoga a Lei nº 8.974, de 5 de janeiro de 1995, e a Medida Provisória nº 2.191-9, de 23 de agosto de 2001, e os arts. 5º, 6º, 7º, 8º, 9º, 10 e 16 da Lei nº 10.814, de 15 de dezembro de 2003, e dá outras providências.

- *Biossegurança*

O PRESIDENTE DA REPÚBLICA Faço saber que o Congresso Nacional decreta e eu sanciono a seguinte Lei:

- Lei 13.123/2015: art. 6º.
- Lei 9.985/2000 – Regulamenta o art. 225, § 1º, incisos I, II, III e VII da CF, institui o Sistema Nacional de Unidades de Conservação da Natureza.
- Decreto 5.591/2005 – Regulamenta dispositivos da Lei 11.105/2005.
- Resolução Normativa CTNBIO 24/2020 (Dispõe sobre normas para liberação comercial e monitoramento de Organismos Geneticamente Modificados - OGMs e seus derivados).

CAPÍTULO I. DISPOSIÇÕES PRELIMINARES E GERAIS

Art. 1º. Esta Lei estabelece normas de segurança e mecanismos de fiscalização sobre a construção, o cultivo, a produção, a manipulação, o transporte, a transferência, a importação, a exportação, o armazenamento, a pesquisa, a comercialização, o consumo, a liberação no meio ambiente e o descarte de organismos geneticamente modificados – OGM e seus derivados, tendo como diretrizes o estímulo ao avanço científico na área de biossegurança e biotecnologia, a proteção à vida e à saúde humana, animal e vegetal, e a observância do princípio da precaução para a proteção do meio ambiente.

§ 1º. Para os fins desta Lei, considera-se atividade de pesquisa a realizada em laboratório, regime de contenção ou campo, como parte do processo de obtenção de OGM e seus derivados ou de avaliação da biossegurança de OGM e seus derivados, o que engloba, no âmbito experimental, a construção, o cultivo, a manipulação, o transporte, a transferência, a importação, a exportação, o armazenamento, a liberação no meio ambiente e o descarte de OGM e seus derivados.

§ 2º. Para os fins desta Lei, considera-se atividade de uso comercial de OGM e seus derivados a que não se enquadra como atividade de pesquisa, e que trata do cultivo, da produção, da manipulação, do transporte, da transferência, da comercialização, da importação, da exportação, do armazenamento, do consumo, da liberação e do descarte de OGM e seus derivados para fins comerciais.

Art. 2º. As atividades e projetos que envolvam OGM e seus derivados, relacionados ao ensino com manipulação de organismos vivos, à pesquisa científica, ao desenvolvimento tecnológico e à produção industrial ficam restritos ao âmbito de entidades de direito público ou privado, que serão responsáveis pela obediência aos preceitos desta Lei e de sua regulamentação, bem como pelas eventuais consequências ou efeitos advindos de seu descumprimento.

§ 1º. Para os fins desta Lei, consideram-se atividades e projetos no âmbito de entidade os conduzidos em instalações próprias ou sob a responsabilidade administrativa, técnica ou científica da entidade.

§ 2º. As atividades e projetos de que trata este artigo são vedados a pessoas físicas em atuação autônoma e independente, ainda que mantenham vínculo empregatício ou qualquer outro com pessoas jurídicas.

§ 3º. Os interessados em realizar atividade prevista nesta Lei deverão requerer autorização à Comissão Técnica Nacional de Biossegurança – CTNBio, que se manifestará no prazo fixado em regulamento.

§ 4º. As organizações públicas e privadas, nacionais, estrangeiras ou internacionais, financiadoras ou patrocinadoras de atividades ou de projetos referidos no *caput* deste artigo devem exigir a apresentação de Certificado de Qualidade em Biossegurança, emitido pela CTNBio, sob pena de se tornarem corresponsáveis pelos eventuais efeitos decorrentes do descumprimento desta Lei ou de sua regulamentação.

Art. 3º. Para os efeitos desta Lei, considera-se:

I – organismo: toda entidade biológica capaz de reproduzir ou transferir material genético, inclusive vírus e outras classes que venham a ser conhecidas;
II – ácido desoxirribonucleico – ADN, ácido ribonucleico – ARN: material genético que contém informações determinantes dos caracteres hereditários transmissíveis à descendência;
III – moléculas de ADN/ARN recombinante: as moléculas manipuladas fora das células vivas mediante a modificação de segmentos de ADN/ARN natural ou sintético e que possam multiplicar-se em uma célula viva, ou ainda as moléculas de ADN/ARN resultantes dessa multiplicação; consideram-se também os segmentos de ADN/ARN sintéticos equivalentes aos de ADN/ARN natural;
IV – engenharia genética: atividade de produção e manipulação de moléculas de ADN/ARN recombinante;
V – organismo geneticamente modificado – OGM: organismo cujo material genético – ADN/ARN tenha sido modificado por qualquer técnica de engenharia genética;
VI – derivado de OGM: produto obtido de OGM e que não possua capacidade autônoma de replicação ou que não contenha forma viável de OGM;
VII – célula germinal humana: célula-mãe responsável pela formação de gametas presentes nas glândulas sexuais femininas e masculinas e suas descendentes diretas em qualquer grau de ploidia;
VIII – clonagem: processo de reprodução assexuada, produzida artificialmente, baseada em um único patrimônio genético, com ou sem utilização de técnicas de engenharia genética;
IX – clonagem para fins reprodutivos: clonagem com a finalidade de obtenção de um indivíduo;
X – clonagem terapêutica: clonagem com a finalidade de produção de células-tronco embrionárias para utilização terapêutica;
XI – células-tronco embrionárias: células de embrião que apresentam a capacidade de se transformar em células de qualquer tecido de um organismo.

§ 1º. Não se inclui na categoria de OGM o resultante de técnicas que impliquem a introdução direta, num organismo, de material hereditário, desde que não envolvam a utilização de moléculas de ADN/ARN recombinante ou OGM, inclusive fecundação *in vitro*, conjugação, transdução, transformação, indução poliploide e qualquer outro processo natural.

§ 2º. Não se inclui na categoria de derivado de OGM a substância pura, quimicamente definida, obtida por meio de processos biológicos e que não contenha OGM, proteína heteróloga ou ADN recombinante.

Art. 4º. Esta Lei não se aplica quando a modificação genética for obtida por meio das seguintes técnicas, desde que não impliquem a utilização de OGM como receptor ou doador:

I – mutagênese;
II – formação e utilização de células somáticas de hibridoma animal;
III – fusão celular, inclusive a de protoplasma, de células vegetais, que possa ser produzida mediante métodos tradicionais de cultivo;
IV – autoclonagem de organismos não patogênicos que se processe de maneira natural.

Art. 5º. É permitida, para fins de pesquisa e terapia, a utilização de células-tronco embrionárias obtidas de embriões humanos produzidos por fertilização *in vitro* e não utilizados no respectivo procedimento, atendidas as seguintes condições:

I – sejam embriões inviáveis; ou
II – sejam embriões congelados há 3 (três) anos ou mais, na data da publicação desta Lei, ou que, já congelados na data da publicação desta Lei, depois de completarem 3 (três) anos, contados a partir da data de congelamento.

§ 1º. Em qualquer caso, é necessário o consentimento dos genitores.

§ 2º. Instituições de pesquisa e serviços de saúde que realizem pesquisa ou terapia com células-tronco embrionárias humanas deverão submeter seus projetos à apreciação e aprovação dos respectivos comitês de ética em pesquisa.

§ 3º. É vedada a comercialização do material biológico a que se refere este artigo e sua prática implica o crime tipificado no art. 15 da Lei nº 9.434, de 4 de fevereiro de 1997.

Art. 6º. Fica proibido:

I – implementação de projeto relativo a OGM sem a manutenção de registro de seu acompanhamento individual;
II – engenharia genética em organismo vivo ou o manejo *in vitro* de ADN/ARN natural ou recombinante, realizado em desacordo com as normas previstas nesta Lei;
III – engenharia genética em célula germinal humana, zigoto humano e embrião humano;
IV – clonagem humana;
V – destruição ou descarte no meio ambiente de OGM e seus derivados em desacordo com as normas estabelecidas pela CTNBio, pelos órgãos e entidades de registro e fiscalização, referidos no art. 16 desta Lei, e as constantes desta Lei e de sua regulamentação;
VI – liberação no meio ambiente de OGM ou seus derivados, no âmbito de atividades de pesquisa, sem a decisão técnica favorável da CTNBio e, nos casos de liberação comercial, sem o parecer técnico favorável da CTNBio, ou sem o licenciamento do órgão ou entidade ambiental responsável, quando a CTNBio considerar a atividade como potencialmente causadora de degradação ambiental, ou sem a aprovação do Conselho Nacional de Biossegurança – CNBS, quando o processo tenha sido por ele avocado, na forma desta Lei e de sua regulamentação;
VII – a utilização, a comercialização, o registro, o patenteamento e o licenciamento de tecnologias genéticas de restrição do uso.

Parágrafo único. Para os efeitos desta Lei, entende-se por tecnologias genéticas de restrição do uso qualquer processo de intervenção humana para geração ou multiplicação de plantas geneticamente modificadas para produzir estruturas reprodutivas estéreis, bem como qualquer forma de manipulação genética que vise à ativação ou desativação de genes relacionados à fertilidade das plantas por indutores químicos externos.

Art. 7º. São obrigatórias:

I – a investigação de acidentes ocorridos no curso de pesquisas e projetos na área de engenharia genética e o envio de relatório respectivo à autoridade competente no prazo máximo de 5 (cinco) dias a contar da data do evento;
II – a notificação imediata à CTNBio e às autoridades da saúde pública, da defesa agropecuária e do meio ambiente sobre acidente que possa provocar a disseminação de OGM e seus derivados;
III – a adoção de meios necessários para plenamente informar à CTNBio, às autoridades da saúde pública, do meio ambiente, da defesa agropecuária, à coletividade e aos demais empregados da instituição ou empresa sobre os riscos a que possam estar submetidos, bem como os procedimentos a serem tomados no caso de acidentes com OGM.

CAPÍTULO II. DO CONSELHO NACIONAL DE BIOSSEGURANÇA – CNBS

Art. 8º. Fica criado o Conselho Nacional de Biossegurança – CNBS, vinculado à Presidência da República, órgão de assessoramento superior do Presidente da República para a formulação e implementação da Política Nacional de Biossegurança – PNB.

§ 1º. Compete ao CNBS:

I – fixar princípios e diretrizes para a ação administrativa dos órgãos e entidades federais com competências sobre a matéria;
II – analisar, a pedido da CTNBio, quanto aos aspectos da conveniência e oportunidade socioeconômicas e do interesse nacional, os pedidos de liberação para uso comercial de OGM e seus derivados;
III – avocar e decidir, em última e definitiva instância, com base em manifestação da CTNBio e, quando julgar necessário, dos órgãos e entidades referidos no art. 16 desta Lei, no âmbito de suas competências, sobre os processos relativos a atividades que envolvam o uso comercial de OGM e seus derivados;
IV – *(VETADO).*

§ 2º. *(VETADO).*

§ 3º. Sempre que o CNBS deliberar favoravelmente à realização da atividade analisada, encaminhará sua manifestação aos órgãos e entidades de registro e fiscalização referidos no art. 16 desta Lei.

§ 4º. Sempre que o CNBS deliberar contrariamente à atividade analisada, encaminhará sua manifestação à CTNBio para informação ao requerente.

Art. 9º. O CNBS é composto pelos seguintes membros:

I – Ministro de Estado Chefe da Casa Civil da Presidência da República, que o presidirá;
II – Ministro de Estado da Ciência e Tecnologia;
III – Ministro de Estado do Desenvolvimento Agrário;
IV – Ministro de Estado da Agricultura, Pecuária e Abastecimento;
V – Ministro de Estado da Justiça;
VI – Ministro de Estado da Saúde;
VII – Ministro de Estado do Meio Ambiente;
VIII – Ministro de Estado do Desenvolvimento, Indústria e Comércio Exterior;
IX – Ministro de Estado das Relações Exteriores;
X – Ministro de Estado da Defesa;
XI – Secretário Especial de Aquicultura e Pesca da Presidência da República.

§ 1º. O CNBS reunir-se-á sempre que convocado pelo Ministro de Estado Chefe da Casa Civil da Presidência da República, ou mediante provocação da maioria de seus membros.

§ 2º. *(VETADO).*

§ 3º. Poderão ser convidados a participar das reuniões, em caráter excepcional, representantes do setor público e de entidades da sociedade civil.

§ 4º. O CNBS contará com uma Secretaria-Executiva, vinculada à Casa Civil da Presidência da República.

§ 5º. A reunião do CNBS poderá ser instalada com a presença de 6 (seis) de seus membros e as decisões serão tomadas com votos favoráveis da maioria absoluta.

CAPÍTULO III. DA COMISSÃO TÉCNICA NACIONAL DE BIOSSEGURANÇA – CTNBIO

Art. 10. A CTNBio, integrante do Ministério da Ciência e Tecnologia, é instância colegiada multidisciplinar de caráter consultivo e deliberativo, para prestar apoio técnico e de assessoramento ao Governo Federal na formulação, atualização e implementação da PNB de OGM e seus derivados, bem como no estabelecimento de normas técnicas de segurança e de pareceres técnicos referentes à autorização para atividades que envolvam pesquisa e uso comercial de OGM e seus derivados, com base na avaliação de seu risco zoofitossanitário, à saúde humana e ao meio ambiente.

Parágrafo único. A CTNBio deverá acompanhar o desenvolvimento e o progresso técnico e científico nas áreas de biossegurança, biotecnologia, bioética e afins, com o objetivo de aumentar sua capacitação para a proteção da saúde humana, dos animais e das plantas e do meio ambiente.

Art. 11. A CTNBio, composta de membros titulares e suplentes, designados pelo Ministro de Estado da Ciência e Tecnologia, será constituída por 27 (vinte e sete) cidadãos brasileiros de reconhecida competência técnica, de notória atuação e saber científicos, com grau acadêmico de doutor e com destacada atividade profissional nas áreas de biossegurança, biotecnologia, biologia, saúde humana e animal ou meio ambiente, sendo:

I – 12 (doze) especialistas de notório saber científico e técnico, em efetivo exercício profissional, sendo:

a) 3 (três) da área de saúde humana;

b) 3 (três) da área animal;

c) 3 (três) da área vegetal;

d) 3 (três) da área de meio ambiente;

II – um representante de cada um dos seguintes órgãos, indicados pelos respectivos titulares:

a) Ministério da Ciência e Tecnologia;

b) Ministério da Agricultura, Pecuária e Abastecimento;

c) Ministério da Saúde;

d) Ministério do Meio Ambiente;

e) Ministério do Desenvolvimento Agrário;

- Lei 13.341/2016: art. 1º, V.

f) Ministério do Desenvolvimento, Indústria e Comércio Exterior;

- Lei 13.341/2016: art. 2º, I (transformou o Ministério do Desenvolvimento, Indústria e Comércio Exterior em Ministério da Indústria, Comércio Exterior e Serviços).

g) Ministério da Defesa;

h) Secretaria Especial de Aquicultura e Pesca da Presidência da República;

i) Ministério das Relações Exteriores;

III – um especialista em defesa do consumidor, indicado pelo Ministro da Justiça;

IV – um especialista na área de saúde, indicado pelo Ministro da Saúde;

V – um especialista em meio ambiente, indicado pelo Ministro do Meio Ambiente;

VI – um especialista em biotecnologia, indicado pelo Ministro da Agricultura, Pecuária e Abastecimento;

VII – um especialista em agricultura familiar, indicado pelo Ministro do Desenvolvimento Agrário;

VIII – um especialista em saúde do trabalhador, indicado pelo Ministro do Trabalho e Emprego.

§ 1º. Os especialistas de que trata o inciso I do *caput* deste artigo serão escolhidos a partir de lista tríplice, elaborada com a participação das sociedades científicas, conforme disposto em regulamento.

§ 2º. Os especialistas de que tratam os incisos III a VIII do *caput* deste artigo serão escolhidos a partir de lista tríplice, elaborada pelas organizações da sociedade civil, conforme disposto em regulamento.

§ 3º. Cada membro efetivo terá um suplente, que participará dos trabalhos na ausência do titular.

§ 4º. Os membros da CTNBio terão mandato de 2 (dois) anos, renovável por até mais 2 (dois) períodos consecutivos.

§ 5º. O presidente da CTNBio será designado, entre seus membros, pelo Ministro da Ciência e Tecnologia para um mandato de 2 (dois) anos, renovável por igual período.

§ 6º. Os membros da CTNBio devem pautar a sua atuação pela observância estrita dos conceitos ético-profissionais, sendo vedado participar do julgamento de questões com as quais tenham algum envolvimento de ordem profissional ou pessoal, sob pena de perda de mandato, na forma do regulamento.

§ 7º. A reunião da CTNBio poderá ser instalada com a presença de 14 (catorze) de seus membros, incluído pelo menos um representante de cada uma das áreas referidas no inciso I do *caput* deste artigo.

§ 8º. *(VETADO).*

§ 8º-A. As decisões da CTNBio serão tomadas com votos favoráveis da maioria absoluta de seus membros. (Incluído pela Lei nº 11.460, de 2007)

§ 9º. Órgãos e entidades integrantes da administração pública federal poderão solicitar participação nas reuniões da CTNBio para tratar de assuntos de seu especial interesse, sem direito a voto.

§ 10. Poderão ser convidados a participar das reuniões, em caráter excepcional, representantes da comunidade científica e do setor público e entidades da sociedade civil, sem direito a voto.

Art. 12. O funcionamento da CTNBio será definido pelo regulamento desta Lei.

§ 1º. A CTNBio contará com uma Secretaria-Executiva e cabe ao Ministério da Ciência e Tecnologia prestar-lhe o apoio técnico e administrativo.

§ 2º. *(VETADO).*

Art. 13. A CTNBio constituirá subcomissões setoriais permanentes na área de saúde humana, na área animal, na área vegetal e na área ambiental, e poderá constituir subcomissões extraordinárias, para análise prévia dos temas a serem submetidos ao plenário da Comissão.

§ 1º. Tanto os membros titulares quanto os suplentes participarão das subcomissões setoriais e caberá a todos a distribuição dos processos para análise.

§ 2º. O funcionamento e a coordenação dos trabalhos nas subcomissões setoriais e extraordinárias serão definidos no regimento interno da CTNBio.

Art. 14. Compete à CTNBio:

I – estabelecer normas para as pesquisas com OGM e derivados de OGM;

II – estabelecer normas relativamente às atividades e aos projetos relacionados a OGM e seus derivados;

III – estabelecer, no âmbito de suas competências, critérios de avaliação e monitoramento de risco de OGM e seus derivados;

IV – proceder à análise da avaliação de risco, caso a caso, relativamente a atividades e projetos que envolvam OGM e seus derivados;

V – estabelecer os mecanismos de funcionamento das Comissões Internas de Biossegurança – CIBio, no âmbito de cada instituição que se dedique ao ensino, à pesquisa científica, ao desenvolvimento tecnológico e à produção industrial que envolvam OGM ou seus derivados;

VI – estabelecer requisitos relativos à biossegurança para autorização de funcionamento de laboratório, instituição ou empresa que desenvolverá atividades relacionadas a OGM e seus derivados;

VII – relacionar-se com instituições voltadas para a biossegurança de OGM e seus derivados, em âmbito nacional e internacional;

VIII – autorizar, cadastrar e acompanhar as atividades de pesquisa com OGM ou derivado de OGM, nos termos da legislação em vigor;

IX – autorizar a importação de OGM e seus derivados para atividade de pesquisa;

X – prestar apoio técnico consultivo e de assessoramento ao CNBS na formulação da PNB de OGM e seus derivados;

XI – emitir Certificado de Qualidade em Biossegurança – CQB para o desenvolvimento de atividades com OGM e seus derivados em laboratório, instituição ou empresa e enviar cópia do processo aos órgãos de registro e fiscalização referidos no art. 16 desta Lei;

XII – emitir decisão técnica, caso a caso, sobre a biossegurança de OGM e seus derivados no âmbito das atividades de pesquisa e de uso comercial de OGM e seus derivados, inclusive a classificação quanto ao grau de risco e nível de biossegurança exigido, bem como medidas de segurança exigidas e restrições ao uso;

XIII – definir o nível de biossegurança a ser aplicado ao OGM e seus usos, e os respectivos procedimentos e medidas de segurança quanto ao seu uso, conforme as normas estabelecidas na regulamentação desta Lei, bem como quanto aos seus derivados;

XIV – classificar os OGM segundo a classe de risco, observados os critérios estabelecidos no regulamento desta Lei;

XV – acompanhar o desenvolvimento e o progresso técnico-científico na biossegurança de OGM e seus derivados;

XVI – emitir resoluções, de natureza normativa, sobre as matérias de sua competência;

XVII – apoiar tecnicamente os órgãos competentes no processo de prevenção e investigação de acidentes e de enfermidades, verificados no curso dos projetos e das atividades com técnicas de ADN/ARN recombinante;

XVIII – apoiar tecnicamente os órgãos e entidades de registro e fiscalização, referidos no art. 16 desta Lei, no exercício de suas atividades relacionadas a OGM e seus derivados;

XIX – divulgar no Diário Oficial da União, previamente à análise, os extratos dos pleitos e, posteriormente, dos pareceres dos processos que lhe forem submetidos, bem como dar ampla publicidade no Sistema de Informações em Biossegurança – SIB a sua agenda, processos em trâmite, relatórios anuais, atas das reuniões e demais informações sobre suas atividades, excluídas as informações sigilosas, de interesse comercial, apontadas pelo proponente e assim consideradas pela CTNBio;

XX – identificar atividades e produtos decorrentes do uso de OGM e seus derivados potencialmente causadores de degradação do meio ambiente ou que possam causar riscos à saúde humana;

XXI – reavaliar suas decisões técnicas por solicitação de seus membros ou por recurso dos órgãos e entidades de registro e fiscalização, fundamentado em fatos ou conhecimentos científicos novos, que sejam relevantes quanto à biossegurança do OGM ou derivado, na forma desta Lei e seu regulamento;

XXII – propor a realização de pesquisas e estudos científicos no campo da biossegurança de OGM e seus derivados;

XXIII – apresentar proposta de regimento interno ao Ministro da Ciência e Tecnologia.

§ 1º. Quanto aos aspectos de biossegurança do OGM e seus derivados, a decisão técnica da CTNBio vincula os demais órgãos e entidades da administração.

§ 2º. Nos casos de uso comercial, dentre outros aspectos técnicos de sua análise, os órgãos de registro e fiscalização, no exercício de suas atribuições em caso de solicitação pela CTNBio, observarão, quanto aos aspectos de biossegurança do OGM e seus derivados, a decisão técnica da CTNBio.

§ 3º. Em caso de decisão técnica favorável sobre a biossegurança no âmbito da atividade de pesquisa, a CTNBio remeterá o processo respectivo aos órgãos e entidades referidos no art. 16 desta Lei, para o exercício de suas atribuições.

§ 4º. A decisão técnica da CTNBio deverá conter resumo de sua fundamentação técnica, explicitar as medidas de segurança e restrições ao uso do OGM e seus derivados e considerar as particularidades das diferentes regiões do País, com o objetivo de orientar e subsidiar os órgãos e entidades de registro e fiscalização, referidos no art. 16 desta Lei, no exercício de suas atribuições.

§ 5º. Não se submeterá a análise e emissão de parecer técnico da CTNBio o derivado cujo OGM já tenha sido por ela aprovado.

§ 6º. As pessoas físicas ou jurídicas envolvidas em qualquer das fases do processo de produção agrícola, comercialização ou transporte de produto geneticamente modificado que tenham obtido a liberação para uso comercial estão dispensadas de apresentação do CQB e constituição de CIBio, salvo decisão em contrário da CTNBio.

Art. 15. A CTNBio poderá realizar audiências públicas, garantida participação da sociedade civil, na forma do regulamento.

Parágrafo único. Em casos de liberação comercial, audiência pública poderá ser requerida por partes interessadas, incluindo-se entre estas organizações da sociedade civil que comprovem interesse relacionado à matéria, na forma do regulamento.

CAPÍTULO IV. DOS ÓRGÃOS E ENTIDADES DE REGISTRO E FISCALIZAÇÃO

Art. 16. Caberá aos órgãos e entidades de registro e fiscalização do Ministério da Saúde, do Ministério da Agricultura, Pecuária e Abastecimento e do Ministério do Meio Ambiente, e da Secretaria Especial de Aquicultura e Pesca da Presidência da República entre outras atribuições, no campo de suas competências, observadas a decisão técnica da CTNBio, as deliberações do CNBS e os mecanismos estabelecidos nesta Lei e na sua regulamentação:

I – fiscalizar as atividades de pesquisa de OGM e seus derivados;

II – registrar e fiscalizar a liberação comercial de OGM e seus derivados;

III – emitir autorização para a importação de OGM e seus derivados para uso comercial;

IV – manter atualizado no SIB o cadastro das instituições e responsáveis técnicos que realizam atividades e projetos relacionados a OGM e seus derivados;

V – tornar públicos, inclusive no SIB, os registros e autorizações concedidas;

VI – aplicar as penalidades de que trata esta Lei;

VII – subsidiar a CTNBio na definição de quesitos de avaliação de biossegurança de OGM e seus derivados.

§ 1º. Após manifestação favorável da CTNBio, ou do CNBS, em caso de avocação ou recurso, caberá, em decorrência de análise específica e decisão pertinente:

I – ao Ministério da Agricultura, Pecuária e Abastecimento emitir as autorizações e registros e fiscalizar produtos e atividades que utilizem OGM e seus derivados destinados a uso animal, na agricultura, pecuária, agroindústria e áreas afins, de acordo com a legislação em vigor e segundo o regulamento desta Lei;

II – ao órgão competente do Ministério da Saúde emitir as autorizações e registros e fiscalizar produtos e atividades com OGM e seus derivados destinados a uso humano, farmacológico, domissanitário e áreas afins, de acordo com a legislação em vigor e segundo o regulamento desta Lei;

III – ao órgão competente do Ministério do Meio Ambiente emitir as autorizações e registros e fiscalizar produtos e atividades que envolvam OGM e seus derivados a serem liberados nos ecossistemas naturais, de acordo com a legislação em vigor e segundo o regulamento desta Lei, bem como o licenciamento, nos casos em que a CTNBio deliberar, na forma desta Lei, que o OGM é potencialmente causador de significativa degradação do meio ambiente;

IV – à Secretaria Especial de Aquicultura e Pesca da Presidência da República emitir as autorizações e registros de produtos e atividades com OGM e seus derivados destinados ao uso na pesca e aquicultura, de acordo com a legislação em vigor e segundo esta Lei e seu regulamento.

§ 2º. Somente se aplicam as disposições dos incisos I e II do art. 8º e do *caput* do art. 10 da Lei nº 6.938, de 31 de agosto de 1981, nos casos em que a CTNBio deliberar que o OGM é potencialmente causador de significativa degradação do meio ambiente.

§ 3º. A CTNBio delibera, em última e definitiva instância, sobre os casos em que a atividade é potencial ou efetivamente causadora de degradação ambiental, bem como sobre a necessidade do licenciamento ambiental.

§ 4º. A emissão dos registros, das autorizações e do licenciamento ambiental referidos nesta Lei deverá ocorrer no prazo máximo de 120 (cento e vinte) dias.

§ 5º. A contagem do prazo previsto no § 4º deste artigo será suspensa, por até 180 (cento e oitenta) dias, durante a elaboração, pelo requerente, dos estudos ou esclarecimentos necessários.

§ 6º. As autorizações e registros de que trata este artigo estarão vinculados à decisão técnica da CTNBio correspondente, sendo vedadas exigências técnicas que extrapolem as condições estabelecidas naquela decisão, nos aspectos relacionados à biossegurança.

§ 7º. Em caso de divergência quanto à decisão técnica da CTNBio sobre a liberação comercial de OGM e derivados, os órgãos e entidades de registro e fiscalização, no âmbito de suas competências, poderão apresentar recurso ao CNBS, no prazo de até 30 (trinta) dias, a contar da data de publicação da decisão técnica da CTNBio.

CAPÍTULO V. DA COMISSÃO INTERNA DE BIOSSEGURANÇA – CIBIO

Art. 17. Toda instituição que utilizar técnicas e métodos de engenharia genética ou realizar pesquisas com OGM e seus derivados deverá criar uma Comissão Interna de Biossegurança – CIBio, além de indicar um técnico principal responsável para cada projeto específico.

Art. 18. Compete à CIBio, no âmbito da instituição onde constituída:

I – manter informados os trabalhadores e demais membros da coletividade, quando suscetíveis de serem afetados pela atividade, sobre as questões relacionadas com a saúde e a segurança, bem como sobre os procedimentos em caso de acidentes;

II – estabelecer programas preventivos e de inspeção para garantir o funcionamento das instalações sob sua responsabilidade, dentro dos padrões e normas de biossegurança, definidos pela CTNBio na regulamentação desta Lei;

III – encaminhar à CTNBio os documentos cuja relação será estabelecida na regulamentação desta Lei, para efeito de análise, registro ou autorização do órgão competente, quando couber;

IV – manter registro do acompanhamento individual de cada atividade ou projeto em desenvolvimento que envolvam OGM ou seus derivados;

V – notificar à CTNBio, aos órgãos e entidades de registro e fiscalização, referidos no art. 16 desta Lei, e às entidades de trabalhadores o resultado de avaliações de risco a que estão submetidas as pessoas expostas, bem como qualquer acidente ou incidente que possa provocar a disseminação de agente biológico;

VI – investigar a ocorrência de acidentes e as enfermidades possivelmente relacionados a OGM e seus derivados e notificar suas conclusões e providências à CTNBio.

CAPÍTULO VI. DO SISTEMA DE INFORMAÇÕES EM BIOSSEGURANÇA – SIB

Art. 19. Fica criado, no âmbito do Ministério da Ciência e Tecnologia, o Sistema de Informações em Biossegurança – SIB, destinado à gestão das informações decorrentes das atividades de análise, autorização, registro, monitoramento e acompanhamento das atividades que envolvam OGM e seus derivados.

§ 1º. As disposições dos atos legais, regulamentares e administrativos que alterem, complementem ou produzam efeitos sobre a legislação de biossegurança de OGM e seus derivados deverão ser divulgadas no SIB concomitantemente com a entrada em vigor desses atos.

§ 2º. Os órgãos e entidades de registro e fiscalização, referidos no art. 16 desta Lei, deverão alimentar o SIB com as informações relativas às atividades de que trata esta Lei, processadas no âmbito de sua competência.

CAPÍTULO VII. DA RESPONSABILIDADE CIVIL E ADMINISTRATIVA

Art. 20. Sem prejuízo da aplicação das penas previstas nesta Lei, os responsáveis pelos danos ao meio ambiente e a terceiros responderão, solidariamente, por sua indenização ou reparação integral, independentemente da existência de culpa.

Art. 21. Considera-se infração administrativa toda ação ou omissão que viole as normas previstas nesta Lei e demais disposições legais pertinentes.

Parágrafo único. As infrações administrativas serão punidas na forma estabelecida no regulamento desta Lei, independentemente das medidas cautelares de apreensão de produtos, suspensão de venda de produto e embargos de atividades, com as seguintes sanções:

I – advertência;

II – multa;

III – apreensão de OGM e seus derivados;

IV – suspensão da venda de OGM e seus derivados;

V – embargo da atividade;

VI – interdição parcial ou total do estabelecimento, atividade ou empreendimento;

VII – suspensão de registro, licença ou autorização;

VIII – cancelamento de registro, licença ou autorização;

IX – perda ou restrição de incentivo e benefício fiscal concedidos pelo governo;

X – perda ou suspensão da participação em linha de financiamento em estabelecimento oficial de crédito;

XI – intervenção no estabelecimento;

XII – proibição de contratar com a administração pública, por período de até 5 (cinco) anos.

Art. 22. Compete aos órgãos e entidades de registro e fiscalização, referidos no art. 16 desta Lei, definir critérios, valores e aplicar multas de R$ 2.000,00 (dois mil reais) a R$ 1.500.000,00 (um milhão e quinhentos mil reais), proporcionalmente à gravidade da infração.

§ 1º. As multas poderão ser aplicadas cumulativamente com as demais sanções previstas neste artigo.

§ 2º. No caso de reincidência, a multa será aplicada em dobro.

§ 3º. No caso de infração continuada, caracterizada pela permanência da ação ou omissão inicialmente punida, será a respectiva penalidade aplicada diariamente até cessar sua causa, sem prejuízo da paralisação imediata da atividade ou da interdição do laboratório ou da instituição ou empresa responsável.

Art. 23. As multas previstas nesta Lei serão aplicadas pelos órgãos e entidades de registro e fiscalização dos Ministérios da Agricultura, Pecuária e Abastecimento, da Saúde, do Meio Ambiente e da Secretaria Especial de Aquicultura e Pesca da Presidência da República, referidos no art. 16 desta Lei, de acordo com suas respectivas competências.

§ 1º. Os recursos arrecadados com a aplicação de multas serão destinados aos órgãos e entidades de registro e fiscalização, referidos no art. 16 desta Lei, que aplicarem a multa.

§ 2º. Os órgãos e entidades fiscalizadores da administração pública federal poderão celebrar convênios com os Estados, Distrito Federal e Municípios, para a execução de serviços relacionados à atividade de fiscalização prevista nesta Lei e poderão repassar-lhes parcela da receita obtida com a aplicação de multas.

§ 3º. A autoridade fiscalizadora encaminhará cópia do auto de infração à CTNBio.

§ 4º. Quando a infração constituir crime ou contravenção, ou lesão à Fazenda Pública ou ao consumidor, a autoridade fiscalizadora representará junto ao órgão competente para apuração das responsabilidades administrativa e penal.

CAPÍTULO VIII. DOS CRIMES E DAS PENAS

Art. 24. Utilizar embrião humano em desacordo com o que dispõe o art. 5º desta Lei:

Pena – detenção, de 1 (um) a 3 (três) anos, e multa.

Art. 25. Praticar engenharia genética em célula germinal humana, zigoto humano ou embrião humano:

Pena – reclusão, de 1 (um) a 4 (quatro) anos, e multa.

Art. 26. Realizar clonagem humana:

Pena – reclusão, de 2 (dois) a 5 (cinco) anos, e multa.

Art. 27. Liberar ou descartar OGM no meio ambiente, em desacordo com as normas estabelecidas pela CTNBio e pelos órgãos e entidades de registro e fiscalização:

Pena – reclusão, de 1 (um) a 4 (quatro) anos, e multa.

§ 1º. *(VETADO).*

§ 2º. Agrava-se a pena:

I – de 1/6 (um sexto) a 1/3 (um terço), se resultar dano à propriedade alheia;

II – de 1/3 (um terço) até a 1/2 (metade), se resultar dano ao meio ambiente;

III – da 1/2 (metade) até 2/3 (dois terços), se resultar lesão corporal de natureza grave em outrem;

IV – de 2/3 (dois terços) até o dobro, se resultar a morte de outrem.

Art. 28. Utilizar, comercializar, registrar, patentear e licenciar tecnologias genéticas de restrição do uso:

Pena – reclusão, de 2 (dois) a 5 (cinco) anos, e multa.

Art. 29. Produzir, armazenar, transportar, comercializar, importar ou exportar OGM ou seus derivados, sem autorização ou em desacordo com as normas estabelecidas pela CTNBio e pelos órgãos e entidades de registro e fiscalização:

Pena – reclusão, de 1 (um) a 2 (dois) anos, e multa.

CAPÍTULO IX. DISPOSIÇÕES FINAIS E TRANSITÓRIAS

Art. 30. Os OGM que tenham obtido decisão técnica da CTNBio favorável a sua liberação comercial até a entrada em vigor desta Lei poderão ser registrados e comercializados, salvo manifestação contrária do CNBS, no prazo de 60 (sessenta) dias, a contar da data da publicação desta Lei.

Art. 31. A CTNBio e os órgãos e entidades de registro e fiscalização, referidos no art. 16 desta Lei, deverão rever suas deliberações de caráter normativo, no prazo de 120 (cento e vinte) dias, a fim de promover sua adequação às disposições desta Lei.

Art. 32. Permanecem em vigor os Certificados de Qualidade em Biossegurança, comunicados e decisões técnicas já emitidos pela CTNBio, bem como, no que não contrariarem o disposto nesta Lei, os atos normativos emitidos ao amparo da Lei nº 8.974, de 5 de janeiro de 1995.

Art. 33. As instituições que desenvolverem atividades reguladas por esta Lei na data de sua publicação deverão adequar-se as suas disposições no prazo de 120 (cento e vinte) dias, contado da publicação do decreto que a regulamentar.

Art. 34. Ficam convalidados e tornam-se permanentes os registros provisórios concedidos sob a égide da Lei nº 10.814, de 15 de dezembro de 2003.

Art. 35. Ficam autorizadas a produção e a comercialização de sementes de cultivares de soja geneticamente modificadas tolerantes a glifosato registradas no Registro Nacional de Cultivares – RNC do Ministério da Agricultura, Pecuária e Abastecimento.

Art. 36. Fica autorizado o plantio de grãos de soja geneticamente modificada tolerante a glifosato, reservados pelos produtores rurais para uso próprio, na safra 2004/2005, sendo vedada a comercialização da produção como semente.

- Decreto 5.534/2005: art. 1º.

Parágrafo único. O Poder Executivo poderá prorrogar a autorização de que trata o *caput* deste artigo.

Art. 37. A descrição do Código 20 do Anexo VIII da Lei nº 6.938, de 31 de agosto de 1981, acrescido pela Lei nº 10.165, de 27 de dezembro de 2000, passa a vigorar com a seguinte redação:

"ANEXO VIII

Código	Categoria	Descrição	Pp/gu
....	....	....	....
20	Uso de Recursos Naturais	Silvicultura; exploração econômica da madeira ou lenha e subprodutos florestais; importação ou exportação da fauna e flora nativas brasileiras; atividade de criação e exploração econômica de fauna exótica e de fauna silvestre; utilização do patrimônio genético natural; exploração de recursos aquáticos vivos; introdução de espécies exóticas, exceto para melhoramento genético vegetal e uso na agricultura; introdução de espécies geneticamente modificadas previamente identificadas pela CTNBio como potencialmente causadoras de significativa degradação do meio ambiente; uso da diversidade biológica pela biotecnologia em atividades previamente identificadas pela CTNBio como potencialmente causadoras de significativa degradação do meio ambiente.	Médio
....	....	....	..........."

Art. 38. *(VETADO).*

Art. 39. Não se aplica aos OGM e seus derivados o disposto na Lei nº 7.802, de 11 de julho de 1989, e suas alterações, exceto para os casos em que eles sejam desenvolvidos para servir de matéria-prima para a produção de agrotóxicos.

Art. 40. Os alimentos e ingredientes alimentares destinados ao consumo humano ou animal que contenham ou sejam produzidos a partir de OGM ou derivados deverão conter informação nesse sentido em seus rótulos, conforme regulamento.

Art. 41. Esta Lei entra em vigor na data de sua publicação.

Art. 42. Revogam-se a Lei nº 8.974, de 5 de janeiro de 1995, a Medida Provisória nº 2.191-9, de 23 de agosto de 2001, e os arts. 5º, 6º, 7º, 8º, 9º, 10 e 16 da Lei nº 10.814, de 15 de dezembro de 2003.

Brasília, 24 de março de 2005; 184º da Independência e 117º da República.

LUIZ INÁCIO LULA DA SILVA

Publicado no D.O.U. 28.3.2005

LEI Nº 11.107, DE 6 DE ABRIL DE 2005

Dispõe sobre normas gerais de contratação de consórcios públicos e dá outras providências.

- *Consórcios públicos*

O PRESIDENTE DA REPÚBLICA Faço saber que o Congresso Nacional decreta e eu sanciono a seguinte Lei:

Art. 1º. Esta Lei dispõe sobre normas gerais para a União, os Estados, o Distrito Federal e os Municípios contratarem consórcios públicos para a realização de objetivos de interesse comum e dá outras providências.

- CF/88: art. 241.
- Decreto 6.017/2007 – Regulamenta a Lei 11.107/2005.

§ 1º. O consórcio público constituirá associação pública ou pessoa jurídica de direito privado.

§ 2º. A União somente participará de consórcios públicos em que também façam parte todos os Estados em cujos territórios estejam situados os Municípios consorciados.

§ 3º. Os consórcios públicos, na área de saúde, deverão obedecer aos princípios, diretrizes e normas que regulam o Sistema Único de Saúde – SUS.

- Lei 8.080/1990: art. 10, *caput* e § 1º, e 18, VII.

§ 4º Aplicam-se aos convênios de cooperação, no que couber, as disposições desta Lei relativas aos consórcios públicos. (Acrescido pela Lei 14.026/2020)

Art. 2º. Os objetivos dos consórcios públicos serão determinados pelos entes da Federação que se consorciarem, observados os limites constitucionais.

§ 1º. Para o cumprimento de seus objetivos, o consórcio público poderá:

I – firmar convênios, contratos, acordos de qualquer natureza, receber auxílios, contribuições e subvenções sociais ou econômicas de outras entidades e órgãos do governo;

II – nos termos do contrato de consórcio de direito público, promover desapropriações e instituir servidões nos termos de declaração de utilidade ou necessidade pública, ou interesse social, realizada pelo Poder Público; e

- Decreto-lei 3.365/1941 – Dispõe sobre desapropriações por utilidade pública.

III – ser contratado pela administração direta ou indireta dos entes da Federação consorciados, dispensada a licitação.

§ 2º. Os consórcios públicos poderão emitir documentos de cobrança e exercer atividades de arrecadação de tarifas e outros preços públicos pela prestação de serviços ou pelo uso ou outorga de uso de bens públicos por eles administrados ou, mediante autorização específica, pelo ente da Federação consorciado.

§ 3º. Os consórcios públicos poderão outorgar concessão, permissão ou autorização de obras ou serviços públicos mediante autorização prevista no contrato de consórcio público, que deverá indicar de forma específica o objeto da concessão, permissão ou autorização e as condições a que deverá atender, observada a legislação de normas gerais em vigor.

Art. 3º. O consórcio público será constituído por contrato cuja celebração dependerá da prévia subscrição de protocolo de intenções.

Art. 4º. São cláusulas necessárias do protocolo de intenções as que estabeleçam:

I – a denominação, a finalidade, o prazo de duração e a sede do consórcio;

II – a identificação dos entes da Federação consorciados;

III – a indicação da área de atuação do consórcio;

IV – a previsão de que o consórcio público é associação pública ou pessoa jurídica de direito privado sem fins econômicos;

V – os critérios para, em assuntos de interesse comum, autorizar o consórcio público a representar os entes da Federação consorciados perante outras esferas de governo;

VI – as normas de convocação e funcionamento da assembleia geral, inclusive para a elaboração, aprovação e modificação dos estatutos do consórcio público;

VII – a previsão de que a assembleia geral é a instância máxima do consórcio público e o número de votos para as suas deliberações;

VIII – a forma de eleição e a duração do mandato do representante legal do consórcio público que, obrigatoriamente, deverá ser Chefe do Poder Executivo de ente da Federação consorciado;

IX – o número, as formas de provimento e a remuneração dos empregados públicos, bem como os casos de contratação por tempo determinado para atender a necessidade temporária de excepcional interesse público;

X – as condições para que o consórcio público celebre contrato de gestão ou termo de parceria;

XI – a autorização para a gestão associada de serviços públicos, explicitando:

a) as competências cujo exercício se transferiu ao consórcio público;

b) os serviços públicos objeto da gestão associada e a área em que serão prestados;

c) a autorização para licitar ou outorgar concessão, permissão ou autorização da prestação dos serviços;

d) as condições a que deve obedecer o contrato de programa, no caso de a gestão associada envolver também a prestação de serviços por órgão ou entidade de um dos entes da Federação consorciados;

e) os critérios técnicos para cálculo do valor das tarifas e de outros preços públicos, bem como para seu reajuste ou revisão; e

XII – o direito de qualquer dos contratantes, quando adimplente com suas obrigações, de exigir o pleno cumprimento das cláusulas do contrato de consórcio público.

§ 1º. Para os fins do inciso III do *caput* deste artigo, considera-se como área de atuação do consórcio público, independentemente de figurar a União como consorciada, a que corresponde à soma dos territórios:

I – dos Municípios, quando o consórcio público for constituído somente por Municípios ou por um Estado e Municípios com territórios nele contidos;

II – dos Estados ou dos Estados e do Distrito Federal, quando o consórcio público for, respectivamente, constituído por mais de 1 (um) Estado ou por 1 (um) ou mais Estados e o Distrito Federal;

III – *(VETADO).*

IV – dos Municípios e do Distrito Federal, quando o consórcio for constituído pelo Distrito Federal e os Municípios; e

V – *(VETADO).*

§ 2º. O protocolo de intenções deve definir o número de votos que cada ente da Federação consorciado possui na assembleia geral, sendo assegurado 1 (um) voto a cada ente consorciado.

§ 3º. É nula a cláusula do contrato de consórcio que preveja determinadas contribuições financeiras ou econômicas de ente da Federação ao consórcio público, salvo a doação, destinação ou cessão do uso de bens móveis ou imóveis e as transferências ou cessões de direitos operadas por força de gestão associada de serviços públicos.

§ 4º. Os entes da Federação consorciados, ou os com eles conveniados, poderão ceder-lhe servidores, na forma e condições da legislação de cada um.

§ 5º. O protocolo de intenções deverá ser publicado na imprensa oficial.

Art. 5º. O contrato de consórcio público será celebrado com a ratificação, mediante lei, do protocolo de intenções.

§ 1º. O contrato de consórcio público, caso assim preveja cláusula, pode ser celebrado por apenas 1 (uma) parcela dos entes da Federação que subscreveram o protocolo de intenções.

§ 2º. A ratificação pode ser realizada com reserva que, aceita pelos demais entes subscritores, implicará consorciamento parcial ou condicional.

§ 3º. A ratificação realizada após 2 (dois) anos da subscrição do protocolo de intenções dependerá de homologação da assembleia geral do consórcio público.

§ 4º. É dispensado da ratificação prevista no *caput* deste artigo o ente da Federação que, antes de subscrever o protocolo de intenções, disciplinar por lei a sua participação no consórcio público.

Art. 6º. O consórcio público adquirirá personalidade jurídica:

I – de direito público, no caso de constituir associação pública, mediante a vigência das leis de ratificação do protocolo de intenções;

II – de direito privado, mediante o atendimento dos requisitos da legislação civil.

§ 1º. O consórcio público com personalidade jurídica de direito público integra a administração indireta de todos os entes da Federação consorciados.

§ 2º. O consórcio público, com personalidade jurídica de direito público ou privado, observará as normas de direito público no que concerne à realização de licitação, à celebração de contratos, à prestação de contas e à admissão de pessoal, que será regido pela Consolidação das Leis do Trabalho (CLT), aprovada pelo Decreto-Lei nº 5.452, de 1º de maio de 1943. (Redação dada pela Lei 13.822/2019)

Art. 7º. Os estatutos disporão sobre a organização e o funcionamento de cada um dos órgãos constitutivos do consórcio público.

Art. 8º. Os entes consorciados somente entregarão recursos ao consórcio público mediante contrato de rateio.

§ 1º O contrato de rateio será formalizado em cada exercício financeiro, e seu prazo de vigência não será superior ao das dotações que o suportam, com exceção dos contratos que tenham por objeto exclusivamente projetos consistentes em programas e ações contemplados em plano plurianual. (Redação dada pela Lei 14.026/2020)

§ 2º. É vedada a aplicação dos recursos entregues por meio de contrato de rateio para o atendimento de despesas genéricas, inclusive transferências ou operações de crédito.

§ 3º. Os entes consorciados, isolados ou em conjunto, bem como o consórcio público, são partes legítimas para exigir o cumprimento das obrigações previstas no contrato de rateio.

§ 4º. Com o objetivo de permitir o atendimento dos dispositivos da Lei Complementar 101, de 4 de maio de 2000, o consórcio público deve fornecer as informações necessárias para que sejam consolidadas, nas contas dos entes consorciados, todas as despesas realizadas com os recursos entregues em virtude de contrato de rateio, de forma que possam ser contabilizadas nas contas de cada ente da Federação na conformidade dos elementos econômicos e das atividades ou projetos atendidos.

§ 5º. Poderá ser excluído do consórcio público, após prévia suspensão, o ente consorciado que não consignar, em sua lei orçamentária ou em créditos adicionais, as dotações suficientes para suportar as despesas assumidas por meio de contrato de rateio.

Art. 9º. A execução das receitas e despesas do consórcio público deverá obedecer às normas de direito financeiro aplicáveis às entidades públicas.

Parágrafo único. O consórcio público está sujeito à fiscalização contábil, operacional e patrimonial pelo Tribunal de Contas competente para apreciar as contas do Chefe do Poder Executivo representante legal do consórcio, inclusive quanto à legalidade, legitimidade e economicidade das despesas, atos, contratos e renúncia de receitas, sem prejuízo do controle externo a ser exercido em razão de cada um dos contratos de rateio.

Art. 10. *(VETADO).*

Parágrafo único. Os agentes públicos incumbidos da gestão de consórcio não responderão pessoalmente pelas obrigações contraídas pelo consórcio público, mas responderão pelos atos praticados em desconformidade com a lei ou com as disposições dos respectivos estatutos.

Art. 11. A retirada do ente da Federação do consórcio público dependerá de ato formal de seu representante na assembleia geral, na forma previamente disciplinada por lei.

§ 1º. Os bens destinados ao consórcio público pelo consorciado que se retira somente serão revertidos ou retrocedidos no caso de expressa previsão no contrato de consórcio público ou no instrumento de transferência ou de alienação.

§ 2º A retirada ou a extinção de consórcio público ou convênio de cooperação não prejudicará as obrigações já constituídas, inclusive os contratos, cuja extinção dependerá do pagamento das indenizações eventualmente devidas. (Redação dada pela Lei 14.026/2020)

Art. 12. A alteração ou a extinção de contrato de consórcio público dependerá de instrumento aprovado pela assembleia geral, ratificado mediante lei por todos os entes consorciados.

§ 1º. (Revogado pela Lei 14.026/2020)

§ 2º. Até que haja decisão que indique os responsáveis por cada obrigação, os entes consorciados responderão solidariamente pelas obrigações remanescentes, garantindo o direito de regresso em face dos entes beneficiados ou dos que deram causa à obrigação.

Art. 13. Deverão ser constituídas e reguladas por contrato de programa, como condição de sua validade, as obrigações que um ente da Federação constituir para com outro ente da Federação ou para com consórcio público no âmbito de gestão associada em que haja a prestação de serviços públicos ou a transferência total ou parcial de encargos, serviços, pessoal ou de bens necessários à continuidade dos serviços transferidos.

§ 1º. O contrato de programa deverá:

I – atender à legislação de concessões e permissões de serviços públicos e, especialmente no que se refere ao cálculo de tarifas e de outros preços públicos, à de regulação dos serviços a serem prestados; e

II – prever procedimentos que garantam a transparência da gestão econômica e financeira de cada serviço em relação a cada um de seus titulares.

§ 2º. No caso de a gestão associada originar a transferência total ou parcial de encargos, serviços, pessoal e bens essenciais à continuidade dos serviços transferidos, o contrato de programa, sob pena de nulidade, deverá conter cláusulas que estabeleçam:

I – os encargos transferidos e a responsabilidade subsidiária da entidade que os transferiu;

II – as penalidades no caso de inadimplência em relação aos encargos transferidos;

III – o momento de transferência dos serviços e os deveres relativos a sua continuidade;

IV – a indicação de quem arcará com o ônus e os passivos do pessoal transferido;

V – a identificação dos bens que terão apenas a sua gestão e administração transferidas e o preço dos que sejam efetivamente alienados ao contratado;

VI – o procedimento para o levantamento, cadastro e avaliação dos bens reversíveis que vierem a ser amortizados mediante receitas de tarifas ou outras emergentes da prestação dos serviços.

§ 3º. É nula a cláusula de contrato de programa que atribuir ao contratado o exercício dos poderes de planejamento, regulação e fiscalização dos serviços por ele próprio prestados.

§ 4º. O contrato de programa continuará vigente mesmo quando extinto o consórcio público ou o convênio de cooperação que autorizou a gestão associada de serviços públicos.

§ 5º. Mediante previsão do contrato de consórcio público, ou de convênio de cooperação, o contrato de programa poderá ser celebrado por entidades de direito público ou privado que integrem a administração indireta de qualquer dos entes da Federação consorciados ou conveniados.

§ 6º. (Revogado pela Lei 14.026/2020)

§ 7º. Excluem-se do previsto no *caput* deste artigo as obrigações cujo descumprimento não acarrete qualquer ônus, inclusive financeiro, a ente da Federação ou a consórcio público.

§ 8º Os contratos de prestação de serviços públicos de saneamento básico deverão observar o art. 175 da Constituição Federal, vedada a formalização de novos contratos de programa para esse fim. (Acrescido pela Lei 14.026/2020)

Art. 14. A União poderá celebrar convênios com os consórcios públicos, com o objetivo de viabilizar a descentralização e a prestação de políticas públicas em escalas adequadas.

Parágrafo único. Para a celebração dos convênios de que trata o *caput* deste artigo, as exigências legais de regularidade aplicar-se-ão ao próprio consórcio público envolvido, e não aos entes federativos nele consorciados. (Incluído pela Lei 13.821/2019)

Art. 15. No que não contrariar esta Lei, a organização e funcionamento dos consórcios públicos serão disciplinados pela legislação que rege as associações civis.

Art. 16. O inciso IV do art. 41 da Lei nº 10.406, de 10 de janeiro de 2002 – Código Civil, passa a vigorar com a seguinte redação:

‣ Alteração incorporada ao texto da referida lei.

Art. 17. Os arts. 23, 24, 26 e 112 da Lei nº 8.666, de 21 de junho de 1993, passam a vigorar com a seguinte redação:

‣ Alterações incorporadas ao texto da referida lei.

Art. 18. O art. 10 da Lei 8.429, de 2 de junho de 1992, passa a vigorar acrescido dos seguintes incisos:

‣ Alterações incorporadas ao texto da referida lei.

Art. 19. O disposto nesta Lei não se aplica aos convênios de cooperação, contratos de programa para gestão associada de serviços públicos ou instrumentos congêneres, que tenham sido celebrados anteriormente a sua vigência.

Art. 20. O Poder Executivo da União regulamentará o disposto nesta Lei, inclusive as normas gerais de contabilidade pública que serão observadas pelos consórcios públicos para que sua gestão financeira e orçamentária se realize na conformidade dos pressupostos da responsabilidade fiscal.

Art. 21. Esta Lei entra em vigor na data de sua publicação.

Brasília, 6 de abril de 2005; 184º da Independência e 117º da República.
LUIZ INÁCIO LULA DA SILVA
Publicado no D.O.U. de 7.4.2005

LEI Nº 11.182, DE 27 DE SETEMBRO DE 2005*

Cria a Agência Nacional de Aviação Civil – ANAC, e dá outras providências.

‣ *Lei da ANAC*

CAPÍTULO I. DA AGÊNCIA NACIONAL DE AVIAÇÃO CIVIL – ANAC

Art. 1º. Fica criada a Agência Nacional de Aviação Civil – ANAC, entidade integrante da Administração Pública Federal indireta, submetida a regime autárquico especial, vinculada ao Ministério da Defesa, com prazo de duração indeterminado.

Parágrafo único. A ANAC terá sede e foro no Distrito Federal, podendo instalar unidades administrativas regionais.

Art. 2º. Compete à União, por intermédio da ANAC e nos termos das políticas estabelecidas pelos Poderes Executivo e Legislativo, regular e fiscalizar as atividades de aviação civil e de infraestrutura aeronáutica e aeroportuária.

Art. 3º. A ANAC, no exercício de suas competências, deverá observar e implementar as orientações, diretrizes e políticas estabelecidas pelo governo federal, especialmente no que se refere a: (Redação dada pela Lei nº 12.462, de 2011)

I – a representação do Brasil em convenções, acordos, tratados e atos de transporte aéreo internacional com outros países ou organizações internacionais de aviação civil;

II – o estabelecimento do modelo de concessão de infraestrutura aeroportuária, a ser submetido ao Presidente da República;

III – a outorga de serviços aéreos;

IV – a suplementação de recursos para aeroportos de interesse estratégico, econômico ou turístico; e

V – a aplicabilidade do instituto da concessão ou da permissão na exploração comercial de serviços aéreos.

Art. 4º. A natureza de autarquia especial conferida à ANAC é caracterizada por independência administrativa, autonomia financeira, ausência de subordinação hierárquica e mandato fixo de seus dirigentes.

Art. 5º. A ANAC atuará como autoridade de aviação civil, assegurando-se-lhe, nos termos desta Lei, as prerrogativas necessárias ao exercício adequado de sua competência.

Art. 6º. Com o objetivo de harmonizar suas ações institucionais na área da defesa e promoção da concorrência, a ANAC celebrará convênios com os órgãos e entidades do Governo Federal, competentes sobre a matéria.

Parágrafo único. Quando, no exercício de suas atribuições, a ANAC tomar conhecimento de fato que configure ou possa configurar infração contra a ordem econômica, ou que comprometa a defesa e a promoção da concorrência, deverá comunicá-lo aos órgãos e entidades referidos no *caput* deste artigo, para que adotem as providências cabíveis.

Art. 7º. O Poder Executivo instalará a ANAC, mediante a aprovação de seu regulamento e estrutura organizacional, por decreto, no prazo de até 180 (cento e oitenta) dias a partir da publicação desta Lei.

Parágrafo único. A edição do regulamento investirá a ANAC no exercício de suas atribuições.

Art. 8º. Cabe à ANAC adotar as medidas necessárias para o atendimento do interesse público e para o desenvolvimento e fomento da aviação civil, da infraestrutura aeronáutica e aeroportuária do País, atuando com independência, legalidade, impessoalidade e publicidade, competindo-lhe:

I – implementar, em sua esfera de atuação, a política de aviação civil;

II – representar o País junto aos organismos internacionais de aviação civil, exceto nos assuntos relativos ao sistema de controle do espaço aéreo e ao sistema de investigação e prevenção de acidentes aeronáuticos;

III – elaborar relatórios e emitir pareceres sobre acordos, tratados, convenções e outros atos relativos ao transporte aéreo internacional, celebrados ou a ser celebrados com outros países ou organizações internacionais;

IV – realizar estudos, estabelecer normas, promover a implementação das normas e recomendações internacionais de aviação civil, observados os acordos, tratados e convenções internacionais de que seja parte a República Federativa do Brasil;

V – negociar o estabelecimento de acordos e tratados sobre transporte aéreo internacional, observadas as diretrizes do CONAC;

VI – negociar, realizar intercâmbio e articular-se com autoridades aeronáuticas estrangeiras, para validação recíproca de atividades relativas ao sistema de segurança de voo, inclusive quando envolvam certificação de produtos aeronáuticos, de empresas prestadoras de serviços e fabricantes de produtos aeronáuticos, para a aviação civil;

VII – regular e fiscalizar a operação de serviços aéreos prestados, no País, por empresas estrangeiras, observados os acordos, tratados e convenções internacionais de que seja parte a República Federativa do Brasil;

VIII – promover, junto aos órgãos competentes, o cumprimento dos atos internacionais sobre aviação civil ratificados pela República Federativa do Brasil;

IX – regular as condições e a designação de empresa aérea brasileira para operar no exterior;

X – regular e fiscalizar os serviços aéreos, os produtos e processos aeronáuticos, a formação e o treinamento de pessoal especializado, os serviços auxiliares, a segurança da aviação civil, a facilitação do transporte aéreo, a habilitação de tripulantes, as emissões de poluentes e o ruído aeronáutico, os sistemas de reservas, a movimentação de passageiros e carga e as demais atividades de aviação civil;

XI – expedir regras sobre segurança em área aeroportuária e a bordo de aeronaves civis, porte e transporte de cargas perigosas, inclusive o porte ou transporte de armamento, explosivos, material bélico ou de quaisquer outros produtos, substâncias ou objetos que possam pôr em risco os tripulantes ou passageiros, ou a própria aeronave ou, ainda, que sejam nocivos à saúde;

XII – regular e fiscalizar as medidas a serem adotadas pelas empresas prestadoras de serviços aéreos, e exploradoras de infra-estrutura aeroportuária, para prevenção quanto ao uso por seus tripulantes ou pessoal técnico de manutenção e operação que tenha acesso às aeronaves, de substâncias entorpecentes ou psicotrópicas, que possam determinar dependência física ou psíquica, permanente ou transitória;

XIII – regular e fiscalizar a outorga de serviços aéreos;

XIV – conceder, permitir ou autorizar a exploração de serviços aéreos;

XV – promover a apreensão de bens e produtos aeronáuticos de uso civil, que estejam em desacordo com as especificações;

XVI – fiscalizar as aeronaves civis, seus componentes, equipamentos e serviços de manutenção, com o objetivo de assegurar o cumprimento das normas de segurança de voo;

XVII – proceder à homologação e emitir certificados, atestados, aprovações e autorizações, relativos às atividades de competência do sistema de segurança de voo da aviação civil, bem como licenças de tripulantes e certificados de habilitação técnica e de capacidade física e mental, observados os padrões e normas por ela estabelecidos;

XVIII – administrar o Registro Aeronáutico Brasileiro;

XIX – regular as autorizações de horários de pouso e decolagem de aeronaves civis, observadas as condicionantes do sistema de controle do espaço aéreo e da infraestrutura aeroportuária disponível;

XX – compor, administrativamente, conflitos de interesses entre prestadoras de serviços aéreos e de infraestrutura aeronáutica e aeroportuária;

XXI – regular e fiscalizar a infraestrutura aeronáutica e aeroportuária, com exceção das atividades e procedimentos relacionados com o sistema de controle do espaço aéreo e com o sistema de investigação e prevenção de acidentes aeronáuticos;

XXII – aprovar os planos diretores dos aeroportos; (Redação dada pela Lei nº 12.462, de 2011)

XXIII – Revogado. (Redação dada pela Lei nº 12.462, de 2011)

XXIV – conceder ou autorizar a exploração da infraestrutura aeroportuária, no todo ou em parte;

XXV – estabelecer o regime tarifário da exploração da infraestrutura aeroportuária, no todo ou em parte;

XXVI – homologar, registrar e cadastrar os aeródromos;

XXVII – Revogado. (Redação dada pela Lei nº 12.462, de 2011)

XXVIII – fiscalizar a observância dos requisitos técnicos na construção, reforma e ampliação de aeródromos e aprovar sua abertura ao tráfego; (Redação dada pela Lei nº 12.462, de 2011)

XXIX – expedir normas e padrões que assegurem a compatibilidade, a operação integrada e a interconexão de informações entre aeródromos;

XXX – expedir normas e estabelecer padrões mínimos de segurança de voo, de desempenho e eficiência, a serem cumpridos pelas prestadoras de serviços aéreos e de infraestrutura aeronáutica e aeroportuária, inclusive quanto a equipamentos, materiais, produtos e processos que utilizarem e serviços que prestarem;

XXXI – expedir certificados de aero navegabilidade;

XXXII – regular, fiscalizar e autorizar os serviços aéreos prestados por aeroclubes, escolas e cursos de aviação civil;

XXXIII – expedir, homologar ou reconhecer a certificação de produtos e processos aeronáuticos de uso civil, observados os padrões e normas por ela estabelecidos;

XXXIV – integrar o Sistema de Investigação e Prevenção de Acidentes Aeronáuticos – SIPAER;

XXXV – reprimir infrações à legislação, inclusive quanto aos direitos dos usuários, e aplicar as sanções cabíveis;

XXXVI – arrecadar, administrar e aplicar suas receitas;

XXXVII – contratar pessoal por prazo determinado, de acordo com a legislação aplicável;

XXXVIII – adquirir, administrar e alienar seus bens;

XXXIX – apresentar ao Ministro de Estado Chefe da Secretaria de Aviação Civil da Presidência da República proposta de orçamento; (Redação dada pela Lei nº 12.462, de 2011).

XL – elaborar e enviar o relatório anual de suas atividades à Secretaria de Aviação Civil da Presidência da República e, por intermédio da Presidência da República, ao Congresso Nacional; (Redação dada pela Lei nº 12.462, de 2011).

XLI – aprovar o seu regimento interno;

XLII – administrar os cargos efetivos, os cargos comissionados e as gratificações de que trata esta Lei; (Redação dada pela Lei nº 11.292, de 2006).

XLIII – decidir, em último grau, sobre as matérias de sua competência;

XLIV – deliberar, na esfera administrativa, quanto à interpretação da legislação, sobre serviços aéreos e de infraestrutura aeronáutica e aeroportuária, inclusive casos omissos, quando não houver orientação normativa da Advocacia-Geral da União;

XLV – deliberar, na esfera técnica, quanto à interpretação das normas e recomendações internacionais relativas ao sistema de segurança de voo da aviação civil, inclusive os casos omissos;

XLVI – editar e dar publicidade às instruções e aos regulamentos necessários à aplicação desta Lei;

XLVII – Revogado. (Redação dada pela Lei nº 12.462, de 2011).

XLVIII – firmar convênios de cooperação técnica e administrativa com órgãos e entidades governamentais, nacionais ou estrangeiros, tendo em vista a descentralização e fiscalização eficiente dos setores de aviação civil e infraestrutura aeronáutica e aeroportuária; e

XLIX – contribuir para a preservação do patrimônio histórico e da memória da aviação civil e da infraestrutura aeronáutica e aeroportuária, em cooperação com as instituições dedicadas à cultura nacional, orientando e incentivando a participação das empresas do setor.

§ 1º. A ANAC poderá credenciar, nos termos estabelecidos em norma específica, pessoas físicas ou jurídicas, públicas ou privadas, de notória especialização, de acordo com padrões internacionalmente aceitos para a aviação civil, para expedição de laudos, pareceres ou relatórios que demonstrem o cumprimento dos requisitos necessários à emissão de certificados ou atestados relativos às atividades de sua competência.

§ 2º. A ANAC observará as prerrogativas específicas da Autoridade Aeronáutica, atribuídas ao Comandante da Aeronáutica, devendo ser previamente consultada sobre a edição de normas e procedimentos de controle do espaço aéreo que tenham repercussão econômica ou operacional na prestação de serviços aéreos e de infraestrutura aeronáutica e aeroportuária.

§ 3º. Quando se tratar de aeródromo compartilhado, de aeródromo de interesse militar ou de aeródromo administrado pelo Comando da Aeronáutica, o exercício das competências previstas nos incisos XXII, XXIII, XXIV, XXVI, XXVIII e XXIX do *caput* deste artigo, dar-se-á em conjunto com o Comando da Aeronáutica.

§ 4º. Sem prejuízo do disposto no inciso X do *caput* deste artigo, a execução dos serviços aéreos de aerolevantamento dependerá de autorização emitida pelo Ministério da Defesa.

§ 5º. Sem prejuízo do disposto no inciso XI do *caput* deste artigo, a autorização para o transporte de explosivo e material bélico em aeronaves civis que partam ou se destinem a aeródromo brasileiro ou com sobrevoo do território nacional é de competência do Comando da Aeronáutica.

§ 6º. Para os efeitos previstos nesta Lei, o Sistema de Controle do Espaço Aéreo Brasileiro será explorado diretamente pela União, por intermédio do Comando da Aeronáutica, ou por entidade a quem ele delegar.

§ 7º. As expressões infraestrutura aeronáutica e infraestrutura aeroportuária, mencionadas nesta Lei, referem-se às infraestruturas civis, não se aplicando o disposto nela às infraestruturas militares.

§ 8º. O exercício das atribuições da ANAC, na esfera internacional, dar-se-á em coordenação com o Ministério das Relações Exteriores.

CAPÍTULO II. DA ESTRUTURA ORGANIZACIONAL DA ANAC

SEÇÃO I. DA ESTRUTURA BÁSICA

Art. 9º A Anac terá como órgão de deliberação máxima a Diretoria Colegiada e terá em sua estrutura uma Procuradoria, uma Corregedoria, um Conselho Consultivo e uma Ouvidoria, além das unidades especializadas. (Redação dada pela Lei nº 13.848, de 2019)

Art. 10. A Diretoria Colegiada será composta de 1 (um) Diretor-Presidente e 4 (quatro) Diretores, que decidirão por maioria absoluta, cabendo ao Diretor-Presidente, além do voto ordinário, o voto de qualidade. (Redação dada pela Lei nº 13.848, de 2019)

§ 1º A Diretoria Colegiada reunir-se-á com a maioria de seus membros. (Redação dada pela Lei nº 13.848, de 2019)

§ 2º. Revogado pela Lei nº 12.462, de 2011.

§ 3º As decisões da Diretoria Colegiada serão fundamentadas. (Redação dada pela Lei nº 13.848, de 2019)

§ 4º As sessões deliberativas da Diretoria Colegiada que se destinem a resolver pendências entre agentes econômicos, ou entre esses e usuários da aviação civil, serão públicas. (Redação dada pela Lei nº 13.848, de 2019)

Art. 11. Compete à Diretoria:

I – propor, por intermédio do Ministro de Estado Chefe da Secretaria de Aviação Civil da Presidência da República, ao Presidente da República, alterações do regulamento da ANAC; (Redação dada pela Lei nº 12.462, de 2011).

II – aprovar procedimentos administrativos de licitação;

III – conceder, permitir ou autorizar a prestação de serviços aéreos;

IV – conceder ou autorizar a exploração da infraestrutura aeronáutica e aeroportuária;

V – exercer o poder normativo da Agência;

VI – aprovar minutas de editais de licitação, homologar adjudicações, transferência e extinção de contratos de concessão e permissão, na forma do regimento interno;

VII – aprovar o regimento interno da ANAC;

VIII – apreciar, em grau de recurso, as penalidades impostas pela ANAC; e

IX – aprovar as normas relativas aos procedimentos administrativos internos da Agência.

Parágrafo único. É vedado à Diretoria delegar a qualquer órgão ou autoridade as competências previstas neste artigo.

Art. 12. Os membros da Diretoria Colegiada serão nomeados pelo Presidente da República, após aprovação pelo Senado Federal, nos termos da alínea "f" do inciso III do art. 52 da Constituição Federal, observado o disposto na Lei nº 9.986, de 18 de julho de 2000. (Redação dada pela Lei nº 13.848, de 2019)

Art. 13. O mandato dos membros da Diretoria Colegiada será de 5 (cinco) anos, vedada a recondução, nos termos da Lei nº 9.986, de 18 de julho de 2000. (Redação dada pela Lei nº 13.848, de 2019)

§ 1º. Os mandatos dos 1ºs (primeiros) membros da Diretoria serão, respectivamente, 1 (um) diretor por 3 (três) anos, 2 (dois) diretores por 4 (quatro) anos e 2 (dois) diretores por 5 (cinco) anos, a serem estabelecidos no decreto de nomeação.

§ 2º. Em caso de vacância no curso do mandato, este será completado por sucessor investido na forma prevista no art. 12 desta Lei.

Art. 14. Os diretores somente perderão o mandato em virtude de renúncia, de condenação judicial transitada em julgado, ou de pena demissória decorrente de processo administrativo disciplinar.

§ 1º. Vetado.

§ 2º. Cabe ao Ministro de Estado Chefe da Secretaria de Aviação Civil da Presidência da República instaurar o processo administrativo disciplinar, que será conduzido por comissão especial constituída por servidores públicos federais estáveis, competindo ao Presidente da República determinar o afastamento preventivo, quando for o caso, e proferir julgamento. (Redação dada pela Lei nº 12.462, de 2011)

Art. 15. O regulamento disciplinará a substituição dos diretores em seus impedimentos.

Art. 16. Cabe ao Diretor-Presidente a representação da Anac, o comando hierárquico sobre pessoal e serviços, o exercício das competências administrativas correspondentes e a presidência das reuniões da Diretoria Colegiada. (Redação dada pela Lei nº 13.848, de 2019)

Art. 17. A representação judicial da ANAC, com prerrogativas processuais de Fazenda Pública, será exercida pela Procuradoria.

Art. 18. (Revogado pela Lei nº 13.848, de 25/6/2019, publicada no DOU de 26/6/2019, em vigor 90 dias após a publicação)

Art. 19. A Corregedoria fiscalizará a legalidade e a efetividade das atividades funcionais dos servidores e das unidades da ANAC, sugerindo as medidas corretivas necessárias, conforme disposto em regulamento.

Art. 20. O Conselho Consultivo da ANAC, órgão de participação institucional da comunidade de aviação civil na Agência, é órgão de assessoramento da diretoria, tendo sua organização, composição e funcionamento estabelecidos em regulamento.

SEÇÃO II. DOS CARGOS EFETIVOS E COMISSIONADOS E DAS GRATIFICAÇÕES

Art. 21. Ficam criados, para exercício exclusivo na ANAC, os Cargos Comissionados de Direção – CD, de Gerência Executiva – CGE, de Assessoria – CA e de Assistência – CAS, e os Cargos Comissionados Técnicos – CCT, nos quantitativos constantes da Tabela B do Anexo I desta Lei. (Redação dada pela Lei nº 11.292, de 2006)

Art. 22. Ficam criadas as Gratificações de Exercício em Cargo de Confiança e de Representação pelo Exercício de Função, privativas dos militares da Aeronáutica a que se refere o art. 46 desta Lei, nos quantitativos e valores previstos no Anexo II desta Lei. (Redação dada pela Lei nº 11.292, de 2006)

Parágrafo único. As gratificações a que se refere o *caput* deste artigo serão pagas àqueles militares designados pela Diretoria da ANAC para o exercício das atribuições dos cargos de Gerência Executiva, de Assessoria, de Assistência e Cargos Comissionados Técnicos da estrutura da ANAC e extinguir-se-ão gradualmente na forma do § 1º do art. 46 desta Lei. (Incluído pela Lei nº 11.292, de 2006).

Art. 23. Vetado.

Art. 24. Na estrutura dos cargos da ANAC, o provimento por um servidor civil, de Cargo Comissionado de Gerência Executiva, de Assessoria, de Assistência e de Técnico, implicará o bloqueio, para um militar, da concessão de uma correspondente Gratificação de Exercício em Cargo de Confiança e de Gratificação de Representação pelo Exercício de Função, e vice-versa.

Art. 25. Os Cargos Comissionados Técnicos são de ocupação privativa de servidores e empregados do Quadro de Pessoal Efetivo, do Quadro de Pessoal Específico e de requisitados de outros órgãos e entidades da Administração Pública.

Parágrafo único. Ao ocupante de Cargo Comissionado Técnico será pago um valor acrescido ao salário ou vencimento, conforme tabela constante do Anexo I desta Lei.

CAPÍTULO III. DO PROCESSO DECISÓRIO

Art. 26. O processo decisório da ANAC obedecerá aos princípios da legalidade, impessoalidade, eficiência, moralidade e publicidade, assegurado o direito ao contraditório e à ampla defesa.

Art. 27. As iniciativas ou alterações de atos normativos que afetem direitos de agentes econômicos, inclusive de trabalhadores do setor ou de usuários de serviços aéreos, serão precedidas de audiência pública convocada e dirigida pela ANAC.

Art. 28. Ressalvados os documentos e autos cuja divulgação possa violar a segurança do País, o segredo protegido ou a intimidade de alguém, todos os demais permanecerão abertos à consulta pública.

CAPÍTULO IV. DA REMUNERAÇÃO POR SERVIÇOS PRESTADOS E PELA OUTORGA DE EXPLORAÇÃO DE INFRAESTRUTURA AEROPORTUÁRIA

Art. 29. Fica instituída a Taxa de Fiscalização da Aviação Civil – TFAC. (Redação dada pela Lei nº 11.292, de 2006)

§ 1º. O fato gerador da TFAC é o exercício do poder de polícia decorrente das atividades de fiscalização, homologação e registros, nos termos do previsto na Lei nº 7.565, de 19 de dezembro de 1986 – Código Brasileiro de Aeronáutica. (Redação dada pela Lei nº 11.292, de 2006)

§ 2º. São sujeitos passivos da TFAC as empresas concessionárias, permissionárias e autorizatárias de prestação de serviços aéreos comerciais, os operadores de serviços aéreos privados, as exploradoras de infraestrutura aeroportuária, as agências de carga aérea, pessoas jurídicas que explorem atividades de fabricação, manutenção, reparo ou revisão de produtos aeronáuticos e demais pessoas físicas e jurídicas que realizem atividades fiscalizadas pela ANAC. (Redação dada pela Lei nº 11.292, de 2006)

§ 3º. Os valores da TFAC são os fixados no Anexo III desta Lei. (Incluído pela Lei nº 11.292, de 2006)

Art. 29-A. A TFAC não recolhida no prazo e na forma estabelecida em regulamento será cobrada com os seguintes acréscimos: (Incluído pela Lei nº 11.292, de 2006).

I – juros de mora calculados na forma da legislação aplicável aos tributos federais;

II – multa de mora de 20% (vinte por cento), reduzida a 10% (dez por cento) caso o pagamento seja efetuado até o último dia do mês subsequente ao do seu vencimento; e

III – encargo de 20% (vinte por cento), substitutivo da condenação do devedor em honorários advocatícios, calculado sobre o total do débito inscrito em Dívida Ativa, que será reduzido para 10% (dez por cento) caso o pagamento seja efetuado antes do ajuizamento da execução.

Parágrafo único. Os débitos de TFAC poderão ser parcelados na forma da legislação aplicável aos tributos federais.

Art. 30. Vetado.

CAPÍTULO V. DAS RECEITAS

Art. 31. Constituem receitas da ANAC:

I – dotações, créditos adicionais e especiais e repasses que lhe forem consignados no Orçamento Geral da União;
II – recursos provenientes de convênios, acordos ou contratos celebrados com órgãos ou entidades federais, estaduais e municipais, empresas públicas ou privadas, nacionais ou estrangeiras, e organismos internacionais;
III – recursos do Fundo Aeroviário;
IV – recursos provenientes de pagamentos de taxas;
V – recursos provenientes da prestação de serviços de natureza contratual, inclusive pelo fornecimento de publicações, material técnico, dados e informações, ainda que para fins de licitação;
VI – valores apurados no aluguel ou alienação de bens móveis ou imóveis;
VII – produto das operações de crédito que contratar, no País e no exterior, e rendimentos de operações financeiras que realizar;
VIII – doações, legados e subvenções;
IX – rendas eventuais; e
X – outros recursos que lhe forem destinados.

CAPÍTULO VI. DISPOSIÇÕES FINAIS E TRANSITÓRIAS

Art. 32. São transferidos à ANAC o patrimônio, o acervo técnico, as obrigações e os direitos de organizações do Comando da Aeronáutica, correspondentes às atividades a ela atribuídas por esta Lei.

Art. 33. O Fundo Aeroviário, fundo de natureza contábil e de interesse da defesa nacional, criado pelo Decreto-Lei nº 270, de 28 de fevereiro de 1967, alterado pela Lei nº 5.989, de 17 de dezembro de 1973, incluídos seu saldo financeiro e seu patrimônio existentes nesta data, passa a ser administrado pela Agência Nacional de Aviação Civil.

Parágrafo único. O Diretor-Presidente da ANAC passa a ser o gestor do Fundo Aeroviário.

Art. 33-A. Até a instalação da Agência Nacional de Aviação Civil, o Diretor do Departamento de Aviação Civil será o gestor do Fundo Aeroviário. (Incluído pela Lei nº 11.204, de 2005)

Art. 34. A alínea a do parágrafo único do art. 2º, o inciso I do art. 5º e o art. 11 da Lei nº 6.009, de 26 de dezembro de 1973, passam a vigorar com a seguinte redação:

[...]

Art. 35. O Poder Executivo regulamentará a distribuição dos recursos referidos no inciso I do art. 1º da Lei nº 8.399, de 7 de janeiro de 1992, entre os órgãos e entidades integrantes do Sistema de Aviação Civil na proporção dos custos correspondentes às atividades realizadas.

Art. 36. Fica criado o Quadro de Pessoal Específico, integrado por servidores regidos pela Lei nº 8.112, de 11 de dezembro de 1990.

§ 1º. O Quadro de que trata o *caput* deste artigo tem caráter temporário, ficando extintos os cargos nele alocados, à medida que ocorrerem vacâncias.

§ 2º. O ingresso no quadro de que trata este artigo será feito mediante redistribuição, sendo restrito aos servidores que, em 31 de dezembro de 2004, se encontravam em exercício nas unidades do Ministério da Defesa cujas competências foram transferidas para a ANAC. (Redação dada pela Lei nº 11.292, de 2006)

§ 3º. Vetado.

§ 4º. Aos servidores das Carreiras da Área de Ciência e Tecnologia redistribuídos na forma do § 2º deste artigo será devida a Gratificação de Desempenho de Atividade de Ciência e Tecnologia – GDACT, prevista na Medida Provisória nº 2.229-43, de 6 de setembro de 2001, como se em exercício estivessem nos órgãos ou entidades a que se refere o § 1º do art. 1º da Lei nº 8.691, de 28 de julho de 1993. (Incluído pela Lei nº 11.292, de 2006)

Art. 37. A ANAC poderá requisitar, com ônus, servidores e empregados de órgãos e entidades integrantes da Administração Pública.

§ 1º. Durante os primeiros 24 (vinte e quatro) meses subsequentes a sua instalação, a ANAC poderá complementar a remuneração do servidor ou empregado público requisitado até o limite da remuneração do cargo efetivo ou emprego permanente ocupado no órgão ou na entidade de origem, quando a requisição implicar redução dessa remuneração. (Parágrafo único renumerado pela Lei nº 11.292, de 2006)

§ 2º. Os empregados das entidades integrantes da administração pública que na data da publicação desta Lei estejam em exercício nas unidades do Ministério da Defesa cujas competências foram transferidas para a ANAC poderão permanecer nessa condição, inclusive no exercício de funções comissionadas, salvo devolução do empregado à entidade de origem ou por motivo de rescisão ou extinção do contrato de trabalho. (Incluído pela Lei nº 11.292, de 2006)

§ 3º. Os empregados e servidores de órgãos e entidades integrantes da administração pública requisitados até o término do prazo de que trata o § 1º deste artigo poderão exercer funções comissionadas e cargos comissionados técnicos, salvo devolução do empregado à entidade de origem ou por motivo de rescisão ou extinção do contrato de trabalho. (Incluído pela Lei nº 11.292, de 2006)

Art. 38. Vetado.

Art. 38-A. O quantitativo de servidores ocupantes dos cargos do Quadro de Pessoal Específico, acrescido dos servidores ou empregados requisitados, não poderá exceder o número de cargos efetivos. (Incluído pela Lei nº 11.292, de 2006)

Art. 39. Nos termos do inciso IX do art. 37 da Constituição Federal, fica a ANAC autorizada a efetuar a contratação temporária do pessoal imprescindível à implantação de suas atividades, por prazo não excedente a 36 (trinta e seis) meses, a contar de sua instalação.

§ 1º. Vetado.

§ 2º. As contratações temporárias serão feitas por tempo determinado, observado o prazo máximo de 12 (doze) meses, podendo ser prorrogadas, desde que sua duração não ultrapasse o termo final da autorização de que trata o *caput* deste artigo.

Art. 40. Aplica-se à ANAC o disposto no art. 22 da Lei nº 9.986, de 18 de julho de 2000. (Redação dada pela Lei nº 11.314 de 2006)

Art. 41. Ficam criados 50 (cinquenta) cargos de Procurador Federal na ANAC, observado o disposto na legislação específica.

Art. 42. Instalada a ANAC, fica o Poder Executivo autorizado a extinguir o Departamento de Aviação Civil – DAC e demais organizações do Comando da Aeronáutica que tenham tido a totalidade de suas atribuições transferidas para a ANAC, devendo remanejar para o Ministério do Planejamento, Orçamento e Gestão todos os cargos comissionados e gratificações, alocados aos órgãos extintos e atividades absorvidas pela Agência.

Art. 43. Aprovado seu regulamento, a ANAC passará a ter o controle sobre todas as atividades, contratos de concessão e permissão, e autorizações de serviços aéreos, celebrados por órgãos ou entidades da Administração direta ou indireta da União.

Art. 44. Vetado.

Art. 44-A. Fica o Poder Executivo autorizado a remanejar, transpor, transferir e utilizar para a ANAC as dotações orçamentárias aprovadas em favor das unidades orçamentárias do Ministério da Defesa, na lei orçamentária vigente no exercício financeiro da instalação da ANAC, relativas às funções por ela absorvidas, desde que mantida a mesma classificação orçamentária, expressa por categoria de programação em seu menor nível, conforme definido na lei de diretrizes orçamentárias, inclusive os títulos, descritores, metas e objetivos, assim como o respectivo detalhamento por esfera orçamentária, grupos de despesas, fontes de recursos, modalidades de aplicação e identificadores de uso. (Incluído pela Lei nº 11.292, de 2006)

Art. 45. O Comando da Aeronáutica prestará os serviços de que a ANAC necessitar, com ônus limitado, durante 180 (cento e oitenta dias) após sua instalação, devendo ser celebrados convênios para a prestação dos serviços após este prazo.

Art. 46. Os militares da Aeronáutica da ativa em exercício nos órgãos do Comando da Aeronáutica correspondentes às atividades atribuídas à ANAC passam a ter exercício na ANAC, na data de sua instalação, sendo considerados como em serviço de natureza militar. (Redação dada pela Lei nº 11.292, de 2006)

§ 1º. Os militares da Aeronáutica a que se refere o *caput* deste artigo deverão retornar àquela Força, no prazo máximo de 60 (sessenta) meses, a contar daquela data, à razão mínima de 20% (vinte por cento) a cada 12 (doze) meses.

§ 2º. O Comando da Aeronáutica poderá substituir, a seu critério, os militares em exercício na ANAC.

§ 3º. Os militares de que trata este artigo somente poderão ser movimentados no interesse da ANAC, a expensas da Agência e com autorização do Comandante da Aeronáutica.

Art. 47. Na aplicação desta Lei, serão observadas as seguintes disposições:

I – os regulamentos, normas e demais regras em vigor serão gradativamente substituídos por regulamentação a ser editada pela ANAC, sendo que as concessões, permissões e autorizações pertinentes a prestação de serviços aéreos e a exploração de áreas e instalações aeroportuárias continuarão regidas pelos atuais regulamentos, normas e regras, enquanto não for editada nova regulamentação;
II – os contratos de concessão ou convênios de delegação, relativos à administração e exploração de aeródromos, celebrados pela União com órgãos ou entidades da Administração Federal, direta ou indireta, dos Estados, do Distrito Federal e dos Municípios, devem ser adaptados no prazo de 180 (cento e oitenta) dias contados da data de instalação da ANAC às disposições desta Lei; e
III – as atividades de administração e exploração de aeródromos exercidas pela Empresa Brasileira de Infraestrutura Aeroportuária – INFRAERO passarão a ser reguladas por atos da ANAC.

Art. 48. Vetado.

§ 1º. Fica assegurada às empresas concessionárias de serviços aéreos domésticos a exploração de quaisquer linhas aéreas, mediante prévio registro na ANAC, observada exclusivamente a capacidade operacional de cada aeroporto e as normas regulamentares de prestação de serviço adequado expedidas pela ANAC.

§ 2º. Vetado.

Art. 49. Na prestação de serviços aéreos regulares, prevalecerá o regime de liberdade tarifária.

§ 1º. No regime de liberdade tarifária, as concessionárias ou permissionárias poderão determinar suas próprias tarifas, devendo comunicá-las à ANAC, em prazo por esta definido.

§ 2º. Vetado.

§ 3º. A ANAC estabelecerá os mecanismos para assegurar a fiscalização e a publicidade das tarifas.

Art. 50. As despesas decorrentes da aplicação desta Lei correrão à conta do Orçamento da ANAC.

Art. 51. Esta Lei entra em vigor na data de sua publicação.

Brasília, 27 de setembro de 2005.
184º da Independência e
117º da República.
LUIZ INÁCIO LULA DA SILVA
Publicado no DOU de 28.9.2005.

▸ Optamos por não publicar os anexos desta lei.

LEI Nº 11.254, DE 27 DE DEZEMBRO DE 2005

Estabelece as sanções administrativas e penais em caso de realização de atividades proibidas pela Convenção Internacional sobre a Proibição do Desenvolvimento, Produção, Estocagem e Uso das Armas Químicas e sobre a Destruição das Armas Químicas existentes no mundo (CPAQ).

▸ *Armas químicas*

O PRESIDENTE DA REPÚBLICA Faço saber que o Congresso Nacional decreta e eu sanciono a seguinte Lei:

Art. 1º Sob pena de sofrer sanções penais ou administrativas, previstas nesta Lei, e sem prejuízo das demais sanções cabíveis, nenhuma pessoa física ou jurídica:

I – realizará, no Brasil, atividade vedada pela Convenção Internacional sobre Proibição do Desenvolvimento, Produção e Uso das Armas Químicas e sobre a Destruição das Armas Químicas existentes no mundo (CPAQ);

II – contribuirá para a realização, no Brasil ou no exterior, de atividade vedada pela CPAQ;

III – omitirá informação ou prestará informação incorreta à Comissão Interministerial para Assuntos relativos à Convenção sobre a Proibição das Armas Químicas e sua aplicação no Brasil, criada pelo Decreto nº 2.074, de 14 de novembro de 1996, doravante referida como Comissão Interministerial, ou se recusará a colaborar com essa Comissão Interministerial no exercício de suas funções legais.

Art. 2º A Comissão Interministerial arbitrará sobre a pertinência, por um lado, da aplicação de sanções administrativas e, por outro lado, da tomada de providências necessárias à iniciativa do processo criminal, caso julgue serem imputáveis sanções penais.

Art. 3º Omissões ou imprecisões de informação, bem como a não colaboração com a Comissão Interministerial no exercício de suas funções legais, constituem infração administrativa, ficando o infrator sujeito às seguintes penalidades:

I – advertência;

II – multa;

III – perda do bem envolvido na infração;

IV – suspensão do direito de comercializar, pelo prazo de 6 (seis) meses a 5 (cinco) anos;

V – cassação da habilitação para atuação no comércio, no caso de reincidência.

§ 1º A advertência será aplicada, por escrito, no caso de infrações de menor relevância.

§ 2º A multa será aplicada, conforme a infração, no valor de R$ 5.000,00 (cinco mil reais) a R$ 50.000,00 (cinquenta mil reais).

§ 3º As penalidades previstas nos incisos II, III, IV e V podem ser aplicadas cumulativamente, levando-se em consideração a gravidade da infração e os antecedentes do infrator.

§ 4º As penalidades administrativas serão aplicadas pela Comissão Interministerial, depois de apurada a infração em processo administrativo, no qual se assegurará ao infrator amplo direito de defesa.

Art. 4º Constitui crime:

I – fazer uso de armas químicas ou realizar, no Brasil, atividade que envolva a pesquisa, produção, estocagem, aquisição, transferência, importação ou exportação de armas químicas ou de substâncias químicas abrangidas pela CPAQ com a finalidade de produção de tais armas;

II – contribuir, direta ou indiretamente, por ação ou omissão, para o uso de armas químicas ou para a realização, no Brasil ou no exterior, das atividades arroladas no inciso I:

Pena – reclusão, de 1 (um) a 10 (dez) anos.

Art. 5º Esta Lei entra em vigor na data de sua publicação.

Brasília, 27 de dezembro de 2005; 184º da Independência e 117º da República.
LUIZ INÁCIO LULA DA SILVA
D.O.U. de 28.12.2005

LEI Nº 11.284, DE 2 DE MARÇO DE 2006

Dispõe sobre a gestão de florestas públicas para a produção sustentável; institui, na estrutura do Ministério do Meio Ambiente, o Serviço Florestal Brasileiro - SFB; cria o Fundo Nacional de Desenvolvimento Florestal - FNDF; altera as Leis nºs 10.683, de 28 de maio de 2003, 5.868, de 12 de dezembro de 1972, 9.605, de 12 de fevereiro de 1998, 4.771, de 15 de setembro de 1965, 6.938, de 31 de agosto de 1981, e 6.015, de 31 de dezembro de 1973; e dá outras providências.

▸ *Gestão de floresta pública*

O PRESIDENTE DA REPÚBLICA Faço saber que o Congresso Nacional decreta e eu sanciono a seguinte Lei:

TÍTULO I
DISPOSIÇÕES PRELIMINARES

CAPÍTULO ÚNICO
DOS PRINCÍPIOS E DEFINIÇÕES

Art. 1º Esta Lei dispõe sobre a gestão de florestas públicas para produção sustentável, institui o Serviço Florestal Brasileiro - SFB, na estrutura do Ministério do Meio Ambiente, e cria o Fundo Nacional de Desenvolvimento Florestal - FNDF.

Art. 2º Constituem princípios da gestão de florestas públicas:

I - a proteção dos ecossistemas, do solo, da água, da biodiversidade e valores culturais associados, bem como do patrimônio público;

II - o estabelecimento de atividades que promovam o uso eficiente e racional das florestas e que contribuam para o cumprimento das metas do desenvolvimento sustentável local, regional e de todo o País;

III - o respeito ao direito da população, em especial das comunidades locais, de acesso às florestas públicas e aos benefícios decorrentes de seu uso e conservação;

IV - a promoção do processamento local e o incentivo ao incremento da agregação de valor aos produtos e serviços da floresta, bem como à diversificação industrial, ao desenvolvimento tecnológico, à utilização e à capacitação de empreendedores locais e da mão-de-obra regional;

V - o acesso livre de qualquer indivíduo às informações referentes à gestão de florestas públicas, nos termos da Lei nº 10.650, de 16 de abril de 2003;

VI - a promoção e difusão da pesquisa florestal, faunística e edáfica, relacionada à conservação, à recuperação e ao uso sustentável das florestas;

VII - o fomento ao conhecimento e a promoção da conscientização da população sobre a importância da conservação, da recuperação e do manejo sustentável dos recursos florestais;

VIII - a garantia de condições estáveis e seguras que estimulem investimentos de longo prazo no manejo, na conservação e na recuperação das florestas.

§ 1º Os Estados, o Distrito Federal e os Municípios promoverão as adaptações necessárias de sua legislação às prescrições desta Lei, buscando atender às peculiaridades das diversas modalidades de gestão de florestas públicas.

§ 2º Os Estados, o Distrito Federal e os Municípios, na esfera de sua competência e em relação às florestas públicas sob sua jurisdição, poderão elaborar normas supletivas e complementares e estabelecer padrões relacionados à gestão florestal.

Art. 3º Para os fins do disposto nesta Lei, consideram-se:

I - florestas públicas: florestas, naturais ou plantadas, localizadas nos diversos biomas brasileiros, em bens sob o domínio da União, dos Estados, dos Municípios, do Distrito Federal ou das entidades da administração indireta;

II - recursos florestais: elementos ou características de determinada floresta, potencial ou efetivamente geradores de produtos ou serviços florestais;

III - produtos florestais: produtos madeireiros e não madeireiros gerados pelo manejo florestal sustentável;

IV - serviços florestais: turismo e outras ações ou benefícios decorrentes do manejo e conservação da floresta, não caracterizados como produtos florestais;

V - ciclo: período decorrido entre 2 (dois) momentos de colheita de produtos florestais numa mesma área;

VI - manejo florestal sustentável: administração da floresta para a obtenção de benefícios econômicos, sociais e ambientais, respeitando-se os mecanismos de sustentação do ecossistema objeto do manejo e considerando-se, cumulativa ou alternativamente, a utilização de múltiplas espécies madeireiras, de múltiplos produtos e subprodutos não madeireiros, bem como a utilização de outros bens e serviços de natureza florestal;

VII - concessão florestal: delegação onerosa, feita pelo poder concedente, do direito de praticar manejo florestal sustentável para exploração de produtos e serviços numa unidade de manejo, mediante licitação, à pessoa jurídica, em consórcio ou não, que atenda às exigências do respectivo edital de licitação e demonstre capacidade para seu desempenho, por sua conta e risco e por prazo determinado;

VIII - unidade de manejo: perímetro definido a partir de critérios técnicos, socioculturais, econômicos e ambientais, localizado em florestas públicas, objeto de um Plano de Manejo Florestal Sustentável - PMFS, podendo conter áreas degradadas para fins de recuperação por meio de plantios florestais;

IX - lote de concessão florestal: conjunto de unidades de manejo a serem licitadas;

X - comunidades locais: populações tradicionais e outros grupos humanos, organizados por gerações sucessivas, com estilo de vida relevante à conservação e à utilização sustentável da diversidade biológica;

XI - auditoria florestal: ato de avaliação independente e qualificada de atividades florestais e obrigações econômicas, sociais e ambientais assumidas de acordo com o PMFS e o contrato de concessão florestal, executada por entidade reconhecida pelo órgão gestor, mediante procedimento administrativo específico;

XII - inventário amostral: levantamento de informações qualitativas e quantitativas sobre determinada floresta, utilizando-se processo de amostragem;

XIII - órgão gestor: órgão ou entidade do poder concedente com a competência de disciplinar e conduzir o processo de outorga da concessão florestal;

XIV - órgão consultivo: órgão com representação do Poder Público e da sociedade civil, com a finalidade de assessorar, avaliar e propor diretrizes para a gestão de florestas públicas;

XV - poder concedente: União, Estado, Distrito Federal ou Município.

TÍTULO II
DA GESTÃO DE FLORESTAS PÚBLICAS PARA PRODUÇÃO SUSTENTÁVEL

CAPÍTULO I
DISPOSIÇÕES GERAIS

Art. 4º A gestão de florestas públicas para produção sustentável compreende:

I - a criação de florestas nacionais, estaduais e municipais, nos termos do art. 17 da Lei nº 9.985, de 18 de julho de 2000, e sua gestão direta;

II - a destinação de florestas públicas às comunidades locais, nos termos do art. 6º desta Lei;

III - a concessão florestal, incluindo florestas naturais ou plantadas e as unidades de manejo das áreas protegidas referidas no inciso I do *caput* deste artigo.

CAPÍTULO II
DA GESTÃO DIRETA

Art. 5º O Poder Público poderá exercer diretamente a gestão de florestas nacionais, estaduais e municipais criadas nos termos do art. 17 da Lei nº 9.985, de 18 de julho de 2000, sendo-lhe facultado, para execução de atividades subsidiárias, firmar convênios, termos de parceria, contratos ou instrumentos similares com terceiros, observados os procedimentos licitatórios e demais exigências legais pertinentes.

§ 1º A duração dos contratos e instrumentos similares a que se refere o *caput* deste artigo fica limitada a 120 (cento e vinte) meses.

§ 2º Nas licitações para as contratações de que trata este artigo, além do preço, poderá ser considerado o critério da melhor técnica previsto no inciso II do *caput* do art. 26 desta Lei.

CAPÍTULO III
DA DESTINAÇÃO ÀS COMUNIDADES LOCAIS

Art. 6º Antes da realização das concessões florestais, as florestas públicas ocupadas ou utilizadas por comunidades locais serão identificadas para a destinação, pelos órgãos competentes, por meio de:

I - criação de reservas extrativistas e reservas de desenvolvimento sustentável, observados os requisitos previstos da Lei nº 9.985, de 18 de julho de 2000;

II - concessão de uso, por meio de projetos de assentamento florestal, de desenvolvimento sustentável, agroextrativistas ou outros similares, nos termos do art. 189 da Constituição Federal e das diretrizes do Programa Nacional de Reforma Agrária;

III - outras formas previstas em lei.

§ 1º A destinação de que trata o *caput* deste artigo será feita de forma não onerosa para o beneficiário e efetuada em ato administrativo próprio, conforme previsto em legislação específica.

§ 2º Sem prejuízo das formas de destinação previstas no *caput* deste artigo, as comunidades locais poderão participar das licitações previstas no CAPÍTULO IV deste Título, por meio de associações comunitárias, cooperativas ou outras pessoas jurídicas admitidas em lei.

§ 3º O Poder Público poderá, com base em condicionantes socioambientais definidas em regulamento, regularizar posses de comunidades locais sobre as áreas por elas tradicionalmente ocupadas ou utilizadas, que sejam imprescindíveis à conservação dos recursos ambientais essenciais para sua reprodução física e cultural, por meio de concessão de direito real de uso ou outra forma admitida em lei, dispensada licitação.

CAPÍTULO IV
DAS CONCESSÕES FLORESTAIS

SEÇÃO I
DISPOSIÇÕES GERAIS

Art. 7º A concessão florestal será autorizada em ato do poder concedente e formalizada mediante contrato, que deverá observar os termos desta Lei, das normas pertinentes e do edital de licitação.

Parágrafo único. Os relatórios ambientais preliminares, licenças ambientais, relatórios de impacto ambiental, contratos, relatórios de fiscalização e de auditorias e outros documentos relevantes do processo de concessão florestal serão disponibilizados por meio da Rede Mundial de Computadores, sem prejuízo do disposto no art. 25 desta Lei.

Art. 8º A publicação do edital de licitação de cada lote de concessão florestal deverá ser precedida de audiência pública, por região, realizada pelo órgão gestor, nos termos do regulamento, sem prejuízo de outras formas de consulta pública.

Art. 9º São elegíveis para fins de concessão as unidades de manejo previstas no Plano Anual de Outorga Florestal.

SEÇÃO II
DO PLANO ANUAL DE OUTORGA FLORESTAL

Art. 10. O Plano Anual de Outorga Florestal - PAOF, proposto pelo órgão gestor e definido pelo poder concedente, conterá a descrição de todas as florestas públicas a serem submetidas a processos de concessão no ano em que vigorar.

§ 1º O Paof será submetido pelo órgão gestor à manifestação do órgão consultivo da respectiva esfera de governo.

§ 2º A inclusão de áreas de florestas públicas sob o domínio da União no Paof requer manifestação prévia da Secretaria de Patrimônio da União do Ministério do Planejamento, Orçamento e Gestão.

§ 3º O Paof deverá ser previamente apreciado pelo Conselho de Defesa Nacional quando estiverem incluídas áreas situadas na faixa de fronteira definida no § 2º do art. 20 da Constituição Federal.

§ 4º (VETADO)

Art. 11. O Paof para concessão florestal considerará:

I - as políticas e o planejamento para o setor florestal, a reforma agrária, a regularização fundiária, a agricultura, o meio ambiente, os recursos hídricos, o ordenamento territorial e o desenvolvimento regional;

II - o Zoneamento Ecológico-Econômico - ZEE nacional e estadual e demais instrumentos que disciplinam o uso, a ocupação e a exploração dos recursos ambientais;

III - a exclusão das unidades de conservação de proteção integral, das reservas de desenvolvimento sustentável, das reservas extrativistas, das reservas de fauna e das áreas de relevante interesse ecológico, salvo quanto a atividades expressamente admitidas no plano de manejo da unidade de conservação;

IV - a exclusão das terras indígenas, das áreas ocupadas por comunidades locais e das áreas de interesse para a criação de unidades de conservação de proteção integral;

V - as áreas de convergência com as concessões de outros setores, conforme regulamento;

VI - as normas e as diretrizes governamentais relativas à faixa de fronteira e outras áreas consideradas indispensáveis para a defesa do território nacional;

VII - as políticas públicas dos Estados, dos Municípios e do Distrito Federal.

§ 1º Além do disposto no *caput* deste artigo, o Paof da União considerará os Paofs dos Estados, dos Municípios e do Distrito Federal.

§ 2º O Paof deverá prever zonas de uso restrito destinadas às comunidades locais.

§ 3º O Paof deve conter disposições relativas ao planejamento do monitoramento e fiscalização ambiental a cargo dos órgãos do Sistema Nacional do Meio Ambiente - SISNAMA, incluindo a estimativa dos recursos humanos e financeiros necessários para essas atividades.

SEÇÃO III
DO PROCESSO DE OUTORGA

Art. 12. O poder concedente publicará, previamente ao edital de licitação, ato justificando a conveniência da concessão florestal, caracterizando seu objeto e a unidade de manejo.

Art. 13. As licitações para concessão florestal observarão os termos desta Lei e, supletivamente, da legislação própria, respeitados os princípios da legalidade, moralidade, publicidade, igualdade, do julgamento por critérios objetivos e da vinculação ao instrumento convocatório.

§ 1º As licitações para concessão florestal serão realizadas na modalidade concorrência e outorgadas a TÍTULO oneroso.

§ 2º Nas licitações para concessão florestal, é vedada a declaração de inexigibilidade prevista no art. 25 da Lei nº 8.666, de 21 de junho de 1993.

▸ Lei 14.133/2021 (Nova Lei de Licitações)

SEÇÃO IV
DO OBJETO DA CONCESSÃO

Art. 14. A concessão florestal terá como objeto a exploração de produtos e serviços florestais, contratualmente especificados, em unidade de manejo de floresta pública, com perímetro georreferenciado, registrada no respectivo cadastro de florestas públicas e incluída no lote de concessão florestal.

Parágrafo único. Fica instituído o Cadastro Nacional de Florestas Públicas, interligado ao Sistema Nacional de Cadastro Rural e integrado:

I - pelo Cadastro-Geral de Florestas Públicas da União;

II - pelos cadastros de florestas públicas dos Estados, do Distrito Federal e dos Municípios.

Art. 15. O objeto de cada concessão será fixado no edital, que definirá os produtos florestais e serviços cuja exploração será autorizada.

Art. 16. A concessão florestal confere ao concessionário somente os direitos expressamente previstos no contrato de concessão.

§ 1º É vedada a outorga de qualquer dos seguintes direitos no âmbito da concessão florestal:

I - titularidade imobiliária ou preferência em sua aquisição;

II - acesso ao patrimônio genético para fins de pesquisa e desenvolvimento, bioprospecção ou constituição de coleções;

III - uso dos recursos hídricos acima do especificado como insignificante, nos termos da Lei nº 9.433, de 8 de janeiro de 1997;

IV - exploração dos recursos minerais;

V - exploração de recursos pesqueiros ou da fauna silvestre;

VI - comercialização de créditos decorrentes da emissão evitada de carbono em florestas naturais.

§ 2º No caso de reflorestamento de áreas degradadas ou convertidas para uso alternativo do solo, o direito de comercializar créditos de carbono poderá ser incluído no objeto da concessão, nos termos de regulamento.

§ 3º O manejo da fauna silvestre pelas comunidades locais observará a legislação específica.

Art. 17. Os produtos de uso tradicional e de subsistência para as comunidades locais serão excluídos do objeto da concessão e explicitados no edital, juntamente com a definição das restrições e da responsabilidade pelo manejo das espécies das quais derivam esses produtos, bem como por eventuais prejuízos ao meio ambiente e ao poder concedente.

SEÇÃO V
DO LICENCIAMENTO AMBIENTAL

Art. 18. A licença prévia para uso sustentável da unidade de manejo será requerida pelo órgão gestor, mediante a apresentação de relatório ambiental preliminar ao órgão ambiental competente integrante do Sistema Nacional do Meio Ambiente - SISNAMA.

§ 1º Nos casos potencialmente causadores de significativa degradação do meio ambiente, assim considerados, entre outros aspectos, em função da escala e da intensidade do manejo florestal e da peculiaridade dos recursos ambientais, será exigido estudo prévio de impacto ambiental - EIA para a concessão da licença prévia.

§ 2º O órgão ambiental licenciador poderá optar pela realização de relatório ambiental preliminar e EIA que abranjam diferentes unidades de manejo integrantes de um mesmo lote de concessão florestal, desde que as unidades se situem no mesmo ecossistema e no mesmo Estado.

§ 3º Os custos do relatório ambiental preliminar e do EIA serão ressarcidos pelo concessionário ganhador da licitação, na forma do art. 24 desta Lei.

§ 4º A licença prévia autoriza a elaboração do PMFS e, no caso de unidade de manejo inserida no Paof, a licitação para a concessão florestal.

§ 5º O início das atividades florestais na unidade de manejo somente poderá ser efetivado com a aprovação do respectivo PMFS pelo órgão competente do Sisnama e a conseqüente obtenção da licença de operação pelo concessionário.

§ 6º O processo de licenciamento ambiental para uso sustentável da unidade de manejo compreende a licença prévia e a licença de operação, não se lhe aplicando a exigência de licença de instalação.

§ 7º Os conteúdos mínimos do relatório ambiental preliminar e do EIA relativos ao manejo florestal serão definidos em ato normativo específico.

§ 8º A aprovação do plano de manejo da unidade de conservação referida no inciso I do art. 4º desta Lei, nos termos da Lei nº 9.985, de 18 de julho de 2000, substitui a licença prévia prevista no *caput* deste artigo, sem prejuízo da elaboração de EIA nos casos previstos no § 1º deste artigo e da observância de outros requisitos do licenciamento ambiental.

SEÇÃO VI
DA HABILITAÇÃO

Art. 19. Além de outros requisitos previstos na Lei nº 8.666, de 21 de junho de 1993, exige-se para habilitação nas licitações de concessão florestal a comprovação de ausência de:

‣ Lei 14.133/2021 (Nova Lei de Licitações)

I - débitos inscritos na dívida ativa relativos a infração ambiental nos órgãos competentes integrantes do Sisnama;

II - decisões condenatórias, com trânsito em julgado, em ações penais relativas a crime contra o meio ambiente ou a ordem tributária ou a crime previdenciário, observada a reabilitação de que trata o art. 93 do Decreto-Lei nº 2.848, de 7 de dezembro de 1940 - Código Penal.

§ 1º Somente poderão ser habilitadas nas licitações para concessão florestal empresas ou outras pessoas jurídicas constituídas sob as leis brasileiras e que tenham sede e administração no País.

§ 2º Os órgãos do Sisnama organizarão sistema de informações unificado, tendo em vista assegurar a emissão do comprovante requerido no inciso I do *caput* deste artigo.

SEÇÃO VII
DO EDITAL DE LICITAÇÃO

Art. 20. O edital de licitação será elaborado pelo poder concedente, observados os critérios e as normas gerais da Lei nº 8.666, de 21 de junho de 1993, e conterá, especialmente:

‣ Lei 14.133/2021 (Nova Lei de Licitações)

I - o objeto, com a descrição dos produtos e dos serviços a serem explorados;

II - a delimitação da unidade de manejo, com localização e topografia, além de mapas e imagens de satélite e das informações públicas disponíveis sobre a unidade;

III - os resultados do inventário amostral;

IV - o prazo da concessão e as condições de prorrogação;

V - a descrição da infra-estrutura disponível;

VI - as condições e datas para a realização de visitas de reconhecimento das unidades de manejo e levantamento de dados adicionais;

VII - a descrição das condições necessárias à exploração sustentável dos produtos e serviços florestais;

VIII - os prazos para recebimento das propostas, julgamento da licitação e assinatura do contrato;

IX - o período, com data de abertura e encerramento, o local e o horário em que serão fornecidos aos interessados os dados, estudos e projetos necessários à elaboração dos orçamentos e apresentação das propostas;

X - os critérios e a relação dos documentos exigidos para a aferição da capacidade técnica, da idoneidade financeira e da regularidade jurídica e fiscal;

XI - os critérios, os indicadores, as fórmulas e parâmetros a serem utilizados no julgamento da proposta;

XII - o preço mínimo da concessão e os critérios de reajuste e revisão;

XIII - a descrição das garantias financeiras e dos seguros exigidos;

XIV - as características dos bens reversíveis, incluindo as condições em que se encontram aqueles já existentes;

XV - as condições de liderança da empresa ou pessoa jurídica responsável, na hipótese em que for permitida a participação de consórcio;

XVI - a minuta do respectivo contrato, que conterá as cláusulas essenciais referidas no art. 30 desta Lei;

XVII - as condições de extinção do contrato de concessão.

§ 1º As exigências previstas nos incisos II e III do *caput* deste artigo serão adaptadas à escala da unidade de manejo florestal, caso não se justifique a exigência do detalhamento.

§ 2º O edital será submetido a audiência pública previamente ao seu lançamento, nos termos do art. 8º desta Lei.

Art. 21. As garantias previstas no inciso XIII do art. 20 desta Lei:

I - incluirão a cobertura de eventuais danos causados ao meio ambiente, ao erário e a terceiros;

II - poderão incluir, nos termos de regulamento, a cobertura do desempenho do concessionário em termos de produção florestal.

§ 1º O poder concedente exigirá garantias suficientes e compatíveis com os ônus e riscos envolvidos nos contratos de concessão florestal.

§ 2º São modalidades de garantia:

I - caução em dinheiro;

II - títulos da dívida pública emitidos sob a forma escritural, mediante registro em sistema centralizado de liquidação e de custódia autorizado pelo Banco Central do Brasil, e avaliados pelos seus valores econômicos, conforme definido pelo Ministério da Fazenda;

III - seguro-garantia;

IV - fiança bancária;

V - outras admitidas em lei.

§ 3º Para concessão florestal a pessoa jurídica de pequeno porte, microempresas e associações de comunidades locais, serão previstas em regulamento formas alternativas de fixação de garantias e preços florestais.

Art. 22. Quando permitida na licitação a participação de pessoa jurídica em consórcio, observar-se-ão, adicionalmente aos requisitos referidos no art. 19 desta Lei, os seguintes requisitos:

I - comprovação de compromisso, público ou particular, de constituição de consórcio, subscrito pelas consorciadas;

II - indicação da empresa-líder, que deverá atender às condições de liderança estipuladas no edital e será a representante das consorciadas perante o poder concedente;

III - apresentação dos documentos de que trata o inciso X do *caput* do art. 20 desta Lei, por parte de cada consorciada;

IV - comprovação de cumprimento da exigência constante do inciso XV do *caput* do art. 20 desta Lei;

V - impedimento de participação de empresas consorciadas na mesma licitação, por intermédio de mais de 1 (um) consórcio ou isoladamente.

§ 1º O licitante vencedor ficará obrigado a promover, antes da celebração do contrato, a constituição e registro do consórcio, nos termos do compromisso referido no inciso I do *caput* deste artigo.

§ 2º A pessoa jurídica líder do consórcio é responsável pelo cumprimento do contrato de concessão perante o poder concedente, sem prejuízo da responsabilidade solidária das demais consorciadas.

§ 3º As alterações na constituição dos consórcios deverão ser submetidas previamente ao poder concedente para a verificação da manutenção das condições de habilitação, sob pena de rescisão do contrato de concessão.

Art. 23. É facultado ao poder concedente, desde que previsto no edital, determinar que o licitante vencedor, no caso de consórcio, constitua-se em empresa antes da celebração do contrato.

Art. 24. Os estudos, levantamentos, projetos, obras, despesas ou investimentos já efetuados na unidade de manejo e vinculados ao processo de licitação para concessão, realizados pelo poder concedente ou com a sua autorização, estarão à disposição dos interessados.

§ 1º O edital de licitação indicará os itens, entre os especificados no *caput* deste artigo, e seus respectivos valores, que serão ressarcidos pelo vencedor da licitação.

§ 2º As empresas de pequeno porte, microempresas e associações de comunidades locais ficarão dispensadas do ressarcimento previsto no § 1º deste artigo.

Art. 25. É assegurado a qualquer pessoa o acesso aos contratos, decisões ou pareceres relativos à licitação ou às próprias concessões.

SEÇÃO VIII
DOS CRITÉRIOS DE SELEÇÃO

Art. 26. No julgamento da licitação, a melhor proposta será considerada em razão da combinação dos seguintes critérios:

I - o maior preço ofertado como pagamento ao poder concedente pela outorga da concessão florestal;

II - a melhor técnica, considerando:

a) o menor impacto ambiental;

b) os maiores benefícios sociais diretos;

c) a maior eficiência;

d) a maior agregação de valor ao produto ou serviço florestal na região da concessão.

§ 1º A aplicação dos critérios descritos nos incisos I e II do *caput* deste artigo será previamente estabelecida no edital de licitação, com regras e fórmulas precisas para avaliação ambiental, econômica, social e financeira.

§ 2º Para fins de aplicação do disposto no inciso II do *caput* deste artigo, o edital de licitação conterá parâmetros e exigências para formulação de propostas técnicas.

§ 3º O poder concedente recusará propostas manifestamente inexeqüíveis ou financeiramente incompatíveis com os objetivos da licitação.

SEÇÃO IX
DO CONTRATO DE CONCESSÃO

Art. 27. Para cada unidade de manejo licitada, será assinado um contrato de concessão exclusivo com um único concessionário, que será responsável por todas as obrigações nele previstas, além de responder pelos prejuízos causados ao poder concedente, ao meio ambiente ou a terceiros, sem que a fiscalização exercida pelos órgãos competentes exclua ou atenue essa responsabilidade.

§ 1º Sem prejuízo da responsabilidade a que se refere o *caput* deste artigo, o concessionário poderá contratar terceiros para o desenvolvimento de atividades inerentes ou subsidiárias ao manejo florestal sustentável dos produtos e à exploração dos serviços florestais concedidos.

§ 2º As contratações, inclusive de mão-de-obra, feitas pelo concessionário serão regidas pelo direito privado, não se estabelecendo qualquer relação jurídica entre os terceiros contratados pelo concessionário e o poder concedente.

§ 3º A execução das atividades contratadas com terceiros pressupõe o cumprimento das normas regulamentares relacionadas a essas atividades.

§ 4º É vedada a subconcessão na concessão florestal.

Art. 28. A transferência do controle societário do concessionário sem prévia anuência do poder concedente implicará a rescisão do contrato e a aplicação das sanções contratuais, sem prejuízo da execução das garantias oferecidas.

Parágrafo único. Para fins de obtenção da anuência referida no *caput* deste artigo, o pretendente deverá:

I - atender às exigências da habilitação estabelecidas para o concessionário;

II - comprometer-se a cumprir todas as cláusulas do contrato em vigor.

Art. 29. Nos contratos de financiamento, os concessionários poderão oferecer em garantia os direitos emergentes da concessão, até o limite que não comprometa a operacionalização e a continuidade da execução, pelo concessionário, do PMFS ou das demais atividades florestais.

Parágrafo único. O limite previsto no *caput* deste artigo será definido pelo órgão gestor.

Art. 30. São cláusulas essenciais do contrato de concessão as relativas:

I - ao objeto, com a descrição dos produtos e dos serviços a serem explorados e da unidade de manejo;

II - ao prazo da concessão;

III - ao prazo máximo para o concessionário iniciar a execução do PMFS;

IV - ao modo, à forma, às condições e aos prazos da realização das auditorias florestais;

V - ao modo, à forma e às condições de exploração de serviços e prática do manejo florestal;

VI - aos critérios, aos indicadores, às fórmulas e aos parâmetros definidores da qualidade do meio ambiente;

VII - aos critérios máximos e mínimos de aproveitamento dos recursos florestais;

VIII - às ações de melhoria e recuperação ambiental na área da concessão e seu entorno assumidas pelo concessionário;

IX - às ações voltadas ao benefício da comunidade local assumidas pelo concessionário;

X - aos preços e aos critérios e procedimentos para reajuste e revisão;

XI - aos direitos e às obrigações do poder concedente e do concessionário, inclusive os relacionados a necessidades de alterações futuras e modernização, aperfeiçoamento e ampliação dos equipamentos, infra-estrutura e instalações;

XII - às garantias oferecidas pelo concessionário;

XIII - à forma de monitoramento e avaliação das instalações, dos equipamentos, dos métodos e práticas de execução do manejo florestal sustentável e exploração de serviços;

XIV - às penalidades contratuais e administrativas a que se sujeita o concessionário e sua forma de aplicação;

XV - aos casos de extinção do contrato de concessão;

XVI - aos bens reversíveis;

XVII - às condições para revisão e prorrogação;

XVIII - à obrigatoriedade, à forma e à periodicidade da prestação de contas do concessionário ao poder concedente;

XIX - aos critérios de bonificação para o concessionário que atingir melhores índices de desempenho socioambiental que os previstos no contrato, conforme regulamento;

XX - ao foro e ao modo amigável de solução das divergências contratuais.

§ 1º No exercício da fiscalização, o órgão gestor terá acesso aos dados relativos à administração, contabilidade, recursos técnicos, econômicos e financeiros do concessionário, respeitando-se os limites do sigilo legal ou constitucionalmente previsto.

§ 2º Sem prejuízo das atribuições dos órgãos do Sisnama responsáveis pelo controle e fiscalização ambiental, o órgão gestor poderá suspender a execução de atividades desenvolvidas em desacordo com o contrato de concessão, devendo, nessa hipótese, determinar a imediata correção das irregularidades identificadas.

§ 3º A suspensão de que trata o § 2º deste artigo não isenta o concessionário do cumprimento das demais obrigações contratuais.

§ 4º As obrigações previstas nos incisos V a IX do *caput* deste artigo são de relevante interesse ambiental, para os efeitos do art. 68 da Lei nº 9.605, de 12 de fevereiro de 1998.

Art. 31. Incumbe ao concessionário:

I - elaborar e executar o PMFS, conforme previsto nas normas técnicas aplicáveis e especificações do contrato;

II - evitar ações ou omissões passíveis de gerar danos ao ecossistema ou a qualquer de seus elementos;

III - informar imediatamente a autoridade competente no caso de ações ou omissões próprias ou de terceiros ou fatos que acarretem danos ao ecossistema, a qualquer de seus elementos ou às comunidades locais;

IV - recuperar as áreas degradadas, quando identificado o nexo de causalidade entre suas ações ou omissões e os danos ocorridos, independentemente de culpa ou dolo, sem prejuízo das responsabilidades contratuais, administrativas, civis ou penais;

V - cumprir e fazer cumprir as normas de manejo florestal, as regras de exploração de serviços e as cláusulas contratuais da concessão;

VI - garantir a execução do ciclo contínuo, iniciada dentro do prazo máximo fixado no edital;

VII - buscar o uso múltiplo da floresta, nos limites contratualmente definidos e observadas as restrições aplicáveis às áreas de preservação permanente e as demais exigências da legislação ambiental;

VIII - realizar as benfeitorias necessárias na unidade de manejo;

IX - executar as atividades necessárias à manutenção da unidade de manejo e da infra-estrutura;

X - comercializar o produto florestal auferido do manejo;

XI - executar medidas de prevenção e controle de incêndios;

XII - monitorar a execução do PMFS;

XIII - zelar pela integridade dos bens e benfeitorias vinculados à unidade de manejo concedida;

XIV - manter atualizado o inventário e o registro dos bens vinculados à concessão;

XV - elaborar e disponibilizar o relatório anual sobre a gestão dos recursos florestais ao órgão gestor, nos termos definidos no contrato;

XVI - permitir amplo e irrestrito acesso aos encarregados da fiscalização e auditoria, a qualquer momento, às obras, aos equipamentos e às instalações da unidade de manejo, bem como à documentação necessária para o exercício da fiscalização;

XVII - realizar os investimentos ambientais e sociais definidos no contrato de concessão.

§ 1º As benfeitorias permanentes reverterão sem ônus ao titular da área ao final do contrato de concessão, ressalvados os casos previstos no edital de licitação e no contrato de concessão.

§ 2º Como requisito indispensável para o início das operações de exploração de produtos e serviços florestais, o concessionário deverá contar com o PMFS aprovado pelo órgão competente do Sisnama.

§ 3º Findo o contrato de concessão, o concessionário fica obrigado a devolver a unidade de manejo ao poder concedente nas condições previstas no contrato de concessão, sob pena de aplicação das devidas sanções contratuais e administrativas, bem como da responsabilização nas esferas penal e civil, inclusive a decorrente da Lei nº 6.938, de 31 de agosto de 1981.

Art. 32. O PMFS deverá apresentar área geograficamente delimitada destinada à reserva absoluta, representativa dos ecossistemas florestais manejados, equivalente a, no mínimo, 5% (cinco por cento) do total da área concedida, para conservação da biodiversidade e avaliação e monitoramento dos impactos do manejo florestal.

§ 1º Para efeito do cálculo do percentual previsto no *caput* deste artigo, não serão computadas as áreas de preservação permanente.

§ 2º A área de reserva absoluta não poderá ser objeto de qualquer tipo de exploração econômica.

§ 3º A área de reserva absoluta poderá ser definida pelo órgão gestor previamente à elaboração do PMFS.

Art. 33. Para fins de garantir o direito de acesso às concessões florestais por pessoas jurídicas de pequeno porte, micro e médias empresas, serão definidos no Paof, nos termos de regulamento, lotes de concessão, contendo várias unidades de manejo de tamanhos diversos, estabelecidos com base em critérios técnicos, que deverão considerar as condições e as necessidades do setor florestal, as peculiaridades regionais, a estrutura das cadeias produtivas, as infra-estruturas locais e o acesso aos mercados.

Art. 34. Sem prejuízo da legislação pertinente à proteção da concorrência e de outros requisitos estabelecidos em regulamento, deverão ser observadas as seguintes salvaguardas para evitar a concentração econômica:

I - em cada lote de concessão florestal, não poderão ser outorgados a cada concessionário, individualmente ou em consórcio, mais de 2 (dois) contratos;

II - cada concessionário, individualmente ou em consórcio, terá um limite percentual máximo de área de concessão florestal, definido no Paof.

Parágrafo único. O limite previsto no inciso II do *caput* deste artigo será aplicado sobre o total da área destinada à concessão florestal pelo Paof e pelos planos anuais de outorga em execução aprovados nos anos anteriores.

Art. 35. O prazo dos contratos de concessão florestal será estabelecido de acordo com o ciclo de colheita ou exploração, considerando o produto ou grupo de produtos com ciclo mais longo incluído no objeto da concessão, podendo ser fixado prazo equivalente a, no mínimo, um ciclo e, no máximo, 40 (quarenta) anos.

Parágrafo único. O prazo dos contratos de concessão exclusivos para exploração de serviços florestais será de, no mínimo, 5 (cinco) e, no máximo, 20 (vinte) anos.

SEÇÃO X
DOS PREÇOS FLORESTAIS

Art. 36. O regime econômico e financeiro da concessão florestal, conforme estabelecido no respectivo contrato, compreende:

I - o pagamento de preço calculado sobre os custos de realização do edital de licitação da concessão florestal da unidade de manejo;

II - o pagamento de preço, não inferior ao mínimo definido no edital de licitação, calculado em função da quantidade de produto ou serviço auferido do objeto da concessão ou do faturamento líquido ou bruto;

III - a responsabilidade do concessionário de realizar outros investimentos previstos no edital e no contrato;

IV - a indisponibilidade, pelo concessionário, salvo disposição contratual, dos bens considerados reversíveis.

§ 1º O preço referido no inciso I do *caput* deste artigo será definido no edital de licitação e poderá ser parcelado em até 1 (um) ano, com base em critérios técnicos e levando-se em consideração as peculiaridades locais.

§ 2º A definição do preço mínimo no edital deverá considerar:

I - o estímulo à competição e à concorrência;

II - a garantia de condições de competição do manejo em terras privadas;

III - a cobertura dos custos do sistema de outorga;

IV - a geração de benefícios para a sociedade, aferidos inclusive pela renda gerada;

V - o estímulo ao uso múltiplo da floresta;

VI - a manutenção e a ampliação da competitividade da atividade de base florestal;

VII - as referências internacionais aplicáveis.

§ 3º Será fixado, nos termos de regulamento, valor mínimo a ser exigido anualmente do concessionário, independentemente da produção ou dos valores por ele auferidos com a exploração do objeto da concessão.

§ 4º O valor mínimo previsto no § 3º deste artigo integrará os pagamentos anuais devidos pelo concessionário para efeito do pagamento do preço referido no inciso II do *caput* deste artigo.

§ 5º A soma dos valores pagos com base no § 3º deste artigo não poderá ser superior a 30% (trinta por cento) do preço referido no inciso II do *caput* deste artigo.

Art. 37. O preço referido no inciso II do *caput* do art. 36 desta Lei compreende:

I - o valor estabelecido no contrato de concessão;

II - os valores resultantes da aplicação dos critérios de revisão ou de reajuste, nas condições do respectivo contrato, definidos em ato específico do órgão gestor.

Parágrafo único. A divulgação do ato a que se refere o inciso II do *caput* deste artigo deverá preceder a data de pagamento do preço em, no mínimo, 30 (trinta) dias.

Art. 38. O contrato de concessão referido no art. 27 desta Lei poderá prever o compromisso de investimento mínimo anual do concessionário, destinado à modernização da execução dos PMFS, com vistas na sua sustentabilidade.

Art. 39. Os recursos financeiros oriundos dos preços da concessão florestal de unidades localizadas em áreas de domínio da União serão distribuídos da seguinte forma:

I - o valor referido no § 3º do art. 36 desta Lei será destinado:

a) 70% (setenta por cento) ao órgão gestor para a execução de suas atividades;

b) 30% (trinta por cento) ao Instituto Brasileiro do Meio Ambiente e dos Recursos Naturais Renováveis - IBAMA, para utilização restrita em atividades de controle e fiscalização ambiental de atividades florestais, de unidades de conservação e do desmatamento;

II - o preço pago, excluído o valor mencionado no inciso I do *caput* deste artigo, terá a seguinte destinação:

a) Estados: 30% (trinta por cento), destinados proporcionalmente à distribuição da floresta pública outorgada em suas respectivas jurisdições, para o apoio e promoção da utilização sustentável dos recursos florestais, sempre que o ente beneficiário cumprir com a finalidade deste aporte;

b) Municípios: 30% (trinta por cento), destinados proporcionalmente à distribuição da floresta pública outorgada em suas respectivas jurisdições, para o apoio e promoção da utilização sustentável dos recursos florestais, sempre que o ente beneficiário cumprir com a finalidade deste aporte;

c) Fundo Nacional de Desenvolvimento Florestal - FNDF: 40% (quarenta por cento).

§ 1º Quando os recursos financeiros forem oriundos dos preços da concessão florestal de unidades localizadas em florestas nacionais criadas pela União nos termos do art. 17 da Lei nº 9.985, de 18 de julho de 2000, serão distribuídos da seguinte forma:

I - o valor referido no § 3º do art. 36 desta Lei será destinado ao órgão gestor para a execução de suas atividades;

II - o preço pago, excluído o valor mencionado no inciso I do *caput* deste artigo, terá a seguinte destinação:

a) Instituto Chico Mendes: 40% (quarenta por cento), para utilização restrita na gestão das unidades de conservação de uso sustentável; (Redação dada pela Lei nº 11.516, 2007)

b) Estados: 20% (vinte por cento), destinados proporcionalmente à distribuição da floresta pública outorgada em suas respectivas jurisdições, para o apoio e promoção da utilização sustentável dos recursos florestais, sempre que o ente beneficiário cumprir com a finalidade deste aporte;

c) Municípios: 20% (vinte por cento), destinados proporcionalmente à distribuição da floresta pública outorgada em suas respectivas jurisdições, para o apoio e promoção da utilização sustentável dos recursos florestais, sempre que o ente beneficiário cumprir com a finalidade deste aporte;

d) FNDF: 20% (vinte por cento).

§ 2º (VETADO)

§ 3º O repasse dos recursos a Estados e Municípios previsto neste artigo será condicionado à instituição de conselho de meio ambiente pelo respectivo ente federativo, com participação social, e à aprovação, por este conselho:

I - do cumprimento das metas relativas à aplicação desses recursos referentes ao ano anterior;

II - da programação da aplicação dos recursos do ano em curso.

Art. 40. Os recursos financeiros oriundos dos preços de cada concessão florestal da União serão depositados e movimentados exclusivamente por intermédio dos mecanismos da conta única do Tesouro Nacional, na forma do regulamento.

§ 1º O Tesouro Nacional, trimestralmente, repassará aos Estados e Municípios os recursos recebidos de acordo com o previsto nas alíneas *a* e *b* do inciso II do *caput* e nas alíneas *b* e *c* do inciso II do § 1º, ambos do art. 39 desta Lei.

§ 2º O Órgão Central de Contabilidade da União editará as normas gerais relativas à consolidação das contas públicas aplicáveis aos recursos financeiros oriundos da concessão florestal e à sua distribuição.

SEÇÃO XI
DO FUNDO NACIONAL DE DESENVOLVIMENTO FLORESTAL

Art. 41. Fica criado o Fundo Nacional de Desenvolvimento Florestal - FNDF, de natureza contábil, gerido pelo órgão gestor federal, destinado a fomentar o desenvolvimento de atividades sustentáveis de base florestal no Brasil e a promover a inovação tecnológica do setor.

§ 1º Os recursos do FNDF serão aplicados prioritariamente em projetos nas seguintes áreas:

I - pesquisa e desenvolvimento tecnológico em manejo florestal;

II - assistência técnica e extensão florestal;

III - recuperação de áreas degradadas com espécies nativas;

IV - aproveitamento econômico racional e sustentável dos recursos florestais;

V - controle e monitoramento das atividades florestais e desmatamentos;

VI - capacitação em manejo florestal e formação de agentes multiplicadores em atividades florestais;

VII - educação ambiental;

VIII - proteção ao meio ambiente e conservação dos recursos naturais.

§ 2º O FNDF contará com um conselho consultivo, com participação dos entes federativos e da sociedade civil, com a função de opinar sobre a distribuição dos seus recursos e a avaliação de sua aplicação.

§ 3º Aplicam-se aos membros do conselho de que trata o § 2º deste artigo as restrições previstas no art. 59 desta Lei.

§ 4º Adicionalmente aos recursos previstos na alínea *c* do inciso II do *caput* e na alínea *d* do inciso II do § 1º, ambos do art. 39 desta Lei, constituem recursos do FNDF a reversão dos saldos anuais não aplicados, doações realizadas por entidades nacionais ou internacionais, públicas ou privadas, e outras fontes de recursos que lhe forem especificamente destinadas, inclusive orçamentos compartilhados com outros entes da Federação.

§ 5º É vedada ao FNDF a prestação de garantias.

§ 6º Será elaborado plano anual de aplicação regionalizada dos recursos do FNDF, devendo o relatório de sua execução integrar o relatório anual de que trata o § 2º do art. 53 desta Lei, no âmbito da União.

§ 7º Os recursos do FNDF somente poderão ser destinados a projetos de órgãos e entidades públicas, ou de entidades privadas sem fins lucrativos.

§ 8º A aplicação dos recursos do FNDF nos projetos de que trata o inciso I do § 1º deste artigo será feita prioritariamente em entidades públicas de pesquisa.

§ 9º A aplicação dos recursos do FNDF nos projetos de que trata o § 1º deste artigo poderá abranger comunidades indígenas, sem prejuízo do atendimento de comunidades locais e outros beneficiários e observado o disposto no § 7º deste artigo.

SEÇÃO XII
DAS AUDITORIAS FLORESTAIS

Art. 42. Sem prejuízo das ações de fiscalização ordinárias, as concessões serão submetidas a auditorias florestais, de caráter independente, em prazos não superiores a 3 (três) anos, cujos custos serão de responsabilidade do concessionário.

§ 1º Em casos excepcionais, previstos no edital de licitação, nos quais a escala da atividade florestal torne inviável o pagamento dos custos das auditorias florestais pelo concessionário, o órgão gestor adotará formas alternativas de realização das auditorias, conforme regulamento.

§ 2º As auditorias apresentarão suas conclusões em um dos seguintes termos:

I - constatação de regular cumprimento do contrato de concessão, a ser devidamente validada pelo órgão gestor;

II - constatação de deficiências sanáveis, que condiciona a manutenção contratual ao saneamento de todos os vícios e irregularidades verificados, no prazo máximo de 6 (seis) meses;

III - constatação de descumprimento, que, devidamente validada, implica a aplicação de sanções segundo sua gravidade, incluindo a rescisão contratual, conforme esta Lei.

§ 3º As entidades que poderão realizar auditorias florestais serão reconhecidas em ato administrativo do órgão gestor.

Art. 43. Qualquer pessoa física ou jurídica, de forma justificada e devidamente assistida por profissionais habilitados, poderá fazer visitas de comprovação às operações florestais de campo, sem obstar o regular desenvolvimento das atividades, observados os seguintes requisitos:

I - prévia obtenção de licença de visita no órgão gestor;

II - programação prévia com o concessionário.

SEÇÃO XIII
DA EXTINÇÃO DA CONCESSÃO

Art. 44. Extingue-se a concessão florestal por qualquer das seguintes causas:

I - esgotamento do prazo contratual;

II - rescisão;

III - anulação;

IV - falência ou extinção do concessionário e falecimento ou incapacidade do titular, no caso de empresa individual;

V - desistência e devolução, por opção do concessionário, do objeto da concessão.

§ 1º Extinta a concessão, retornam ao titular da floresta pública todos os bens reversíveis, direitos e privilégios transferidos ao concessionário, conforme previsto no edital e estabelecido em contrato.

§ 2º A extinção da concessão autoriza, independentemente de notificação prévia, a ocupação das instalações e a utilização, pelo titular da floresta pública, de todos os bens reversíveis.

§ 3º A extinção da concessão pelas causas previstas nos incisos II, IV e V do *caput* deste artigo autoriza o poder concedente a executar as garantias contratuais, sem prejuízo da responsabilidade civil por danos ambientais prevista na Lei nº 6.938, de 31 de agosto de 1981.

§ 4º A devolução de áreas não implicará ônus para o poder concedente, nem conferirá ao concessionário qualquer direito de indenização pelos bens reversíveis, os quais passarão à propriedade do poder concedente.

§ 5º Em qualquer caso de extinção da concessão, o concessionário fará, por sua conta exclusiva, a remoção dos equipamentos e bens que não sejam objetos de reversão, ficando obrigado a reparar ou indenizar os danos decorrentes de suas atividades e praticar os atos de recuperação ambiental determinados pelos órgãos competentes.

Art. 45. A inexecução total ou parcial do contrato acarretará, a critério do poder concedente, a rescisão da concessão, a aplicação das sanções contratuais e a execução das garantias, sem prejuízo da responsabilidade civil por danos ambientais prevista na Lei nº 6.938, de 31 de agosto de 1981, e das devidas sanções nas esferas administrativa e penal.

§ 1º A rescisão da concessão poderá ser efetuada unilateralmente pelo poder concedente, quando:

I - o concessionário descumprir cláusulas contratuais ou disposições legais e regulamentares concernentes à concessão;

II - o concessionário descumprir o PMFS, de forma que afete elementos essenciais de proteção do meio ambiente e a sustentabilidade da atividade;

III - o concessionário paralisar a execução do PMFS por prazo maior que o previsto em contrato, ressalvadas as hipóteses decorrentes de caso fortuito ou força maior, ou as que, com anuência do órgão gestor, visem à proteção ambiental;

IV - descumprimento, total ou parcial, da obrigação de pagamento dos preços florestais;

V - o concessionário perder as condições econômicas, técnicas ou operacionais para manter a regular execução do PMFS;

VI - o concessionário não cumprir as penalidades impostas por infrações, nos devidos prazos;

VII - o concessionário não atender a notificação do órgão gestor no sentido de regularizar o exercício de suas atividades;

VIII - o concessionário for condenado em sentença transitada em julgado por crime contra o meio ambiente ou a ordem tributária, ou por crime previdenciário;

IX - ocorrer fato superveniente de relevante interesse público que justifique a rescisão, mediante lei autorizativa específica, com indenização das parcelas de investimento ainda não amortizadas vinculadas aos bens reversíveis que tenham sido realizados;

X - o concessionário submeter trabalhadores a condições degradantes de trabalho ou análogas à de escravo ou explorar o trabalho de crianças e adolescentes.

§ 2º A rescisão do contrato de concessão deverá ser precedida da verificação de processo administrativo, assegurado o direito de ampla defesa.

§ 3º Não será instaurado processo administrativo de inadimplência antes da notificação do concessionário e a fixação de prazo para correção das falhas e transgressões apontadas.

§ 4º Instaurado o processo administrativo e comprovada a inadimplência, a rescisão será efetuada por ato do poder concedente, sem prejuízo da responsabilização administrativa, civil e penal.

§ 5º Rescindido o contrato de concessão, não resultará para o órgão gestor qualquer espécie de responsabilidade em relação aos encargos, ônus, obrigações ou compromissos com terceiros ou com empregados do concessionário.

§ 6º O Poder Público poderá instituir seguro para cobertura da indenização prevista no inciso IX do § 1º deste artigo.

Art. 46. Desistência é o ato formal, irrevogável e irretratável pelo qual o concessionário manifesta seu desinteresse pela continuidade da concessão.

§ 1º A desistência é condicionada à aceitação expressa do poder concedente, e dependerá de avaliação prévia do órgão competente para determinar o cumprimento ou não do PMFS, devendo assumir o desistente o custo dessa avaliação e, conforme o caso, as obrigações emergentes.

§ 2º A desistência não desonerará o concessionário de suas obrigações com terceiros.

Art. 47. O contrato de concessão poderá ser rescindido por iniciativa do concessionário, no caso de descumprimento das normas contratuais pelo poder concedente, mediante ação judicial especialmente intentada para esse fim.

SEÇÃO XIV
DAS FLORESTAS NACIONAIS, ESTADUAIS E MUNICIPAIS

Art. 48. As concessões em florestas nacionais, estaduais e municipais devem observar o disposto nesta Lei, na Lei nº 9.985, de 18 de julho de 2000, e no plano de manejo da unidade de conservação.

§ 1º A inserção de unidades de manejo das florestas nacionais, estaduais e municipais no Paof requer prévia autorização do órgão gestor da unidade de conservação.

§ 2º Os recursos florestais das unidades de manejo de florestas nacionais, estaduais e municipais somente serão objeto de concessão após aprovação do plano de manejo da unidade de conservação, nos termos da Lei nº 9.985, de 18 de julho de 2000.

§ 3º Para a elaboração do edital e do contrato de concessão florestal das unidades de manejo em florestas nacionais, estaduais e municipais, ouvir-se-á o respectivo conselho consultivo, constituído nos termos do art. 17, § 5º, da Lei nº 9.985, de 18 de julho de 2000, o qual acompanhará todas as etapas do processo de outorga.

TÍTULO III
DOS ÓRGÃOS RESPONSÁVEIS PELA GESTÃO E FISCALIZAÇÃO

CAPÍTULO I
DO PODER CONCEDENTE

Art. 49. Cabe ao poder concedente, no âmbito de sua competência, formular as estratégias, políticas, planos e programas para a gestão de florestas públicas e, especialmente:

▸ Art. 2º, Dec. 10.437/2020.

I - definir o Paof;
II - ouvir o órgão consultivo sobre a adoção de ações de gestão de florestas públicas, bem como sobre o Paof;
III - definir as áreas a serem submetidas à concessão florestal;
IV - estabelecer os termos de licitação e os critérios de seleção;
V - publicar editais, julgar licitações, promover os demais procedimentos licitatórios, definir os critérios para formalização dos contratos para o manejo florestal sustentável e celebrar os contratos de concessão florestal;
VI - planejar ações voltadas à disciplina do mercado no setor florestal, quando couber.

§ 1º No exercício da competência referida nos incisos IV e V do *caput* deste artigo, o poder concedente poderá delegar ao órgão gestor a operacionalização dos procedimentos licitatórios e a celebração de contratos, nos termos do regulamento.

§ 2º No âmbito federal, o Ministério do Meio Ambiente exercerá as competências definidas neste artigo.

CAPÍTULO II
DOS ÓRGÃOS DO SISNAMA RESPONSÁVEIS PELO CONTROLE E FISCALIZAÇÃO AMBIENTAL

Art. 50. Caberá aos órgãos do Sisnama responsáveis pelo controle e fiscalização ambiental das atividades florestais em suas respectivas jurisdições:

I - fiscalizar e garantir a proteção das florestas públicas;
II - efetuar em qualquer momento, de ofício, por solicitação da parte ou por denúncia de terceiros, fiscalização da unidade de manejo, independentemente de prévia notificação;
III - aplicar as devidas sanções administrativas em caso de infração ambiental;
IV - expedir a licença prévia para uso sustentável da unidade de manejo das respectivas florestas públicas e outras licenças de sua competência;
V - aprovar e monitorar o PMFS da unidade de manejo das respectivas florestas públicas.

§ 1º Em âmbito federal, o Ibama exercerá as atribuições previstas neste artigo.

§ 2º O Ibama deve estruturar formas de atuação conjunta com os órgãos seccionais e locais do Sisnama para a fiscalização e proteção das florestas públicas, podendo firmar convênios ou acordos de cooperação.

§ 3º Os órgãos seccionais e locais podem delegar ao IBAMA, mediante convênio ou acordo de cooperação, a aprovação e o monitoramento do PMFS das unidades de manejo das florestas públicas estaduais ou municipais e outras atribuições.

CAPÍTULO III
DO ÓRGÃO CONSULTIVO

Art. 51. Sem prejuízo das atribuições do Conselho Nacional do Meio Ambiente - CONAMA, fica instituída a Comissão de Gestão de Florestas Públicas, no âmbito do Ministério do Meio Ambiente, de natureza consultiva, com as funções de exercer, na esfera federal, as atribuições de órgão consultivo previstas por esta Lei e, especialmente:

I - assessorar, avaliar e propor diretrizes para gestão de florestas públicas da União;
II - manifestar-se sobre o Paof da União;
III - exercer as atribuições de órgão consultivo do SFB.

Parágrafo único. Os Estados, o Distrito Federal e os Municípios disporão sobre o órgão competente para exercer as atribuições de que trata este Capítulo nas respectivas esferas de atuação.

Art. 52. A Comissão de Gestão de Florestas Públicas será composta por representantes do Poder Público, dos empresários, dos trabalhadores, da comunidade científica, dos movimentos sociais e das organizações não governamentais, e terá sua composição e seu funcionamento definidos em regulamento.

Parágrafo único. Os membros da Comissão de Gestão de Florestas Públicas exercem função não remunerada de interesse público relevante, com precedência, na esfera federal, sobre quaisquer cargos públicos de que sejam titulares e, quando convocados, farão jus a transporte e diárias.

CAPÍTULO IV
DO ÓRGÃO GESTOR

Art. 53. Caberá aos órgãos gestores federal, estaduais e municipais, no âmbito de suas competências:

▸ Art. 21, § 3º da Lei 13.844/2019: Cabe ao Ministério da Agricultura, Pecuária e Abastecimento exercer, por meio do Serviço Florestal Brasileiro, a função de órgão gestor prevista no art. 53 da Lei nº 11.284, de 2 de março de 2006, em âmbito federal.

I - elaborar proposta de Paof, a ser submetida ao poder concedente;
II - disciplinar a operacionalização da concessão florestal;
III - solicitar ao órgão ambiental competente a licença prévia prevista no art. 18 desta Lei;
IV - elaborar inventário amostral, relatório ambiental preliminar e outros estudos;
V - publicar editais, julgar licitações, promover os demais procedimentos licitatórios, inclusive audiência e consulta pública, definir os critérios para formalização dos contratos e celebrá-los com concessionários de manejo florestal sustentável, quando delegado pelo poder concedente;
VI - gerir e fiscalizar os contratos de concessão florestal;
VII - dirimir, no âmbito administrativo, as divergências entre concessionários, produtores independentes e comunidades locais;
VIII - controlar e cobrar o cumprimento das metas fixadas no contrato de concessão;
IX - fixar os critérios para cálculo dos preços de que trata o art. 36 desta Lei e proceder à sua revisão e reajuste na forma desta Lei, das normas pertinentes e do contrato;
X - cobrar e verificar o pagamento dos preços florestais e distribuí-los de acordo com esta Lei;
XI - acompanhar e intervir na execução do PMFS, nos casos e condições previstos nesta Lei;
XII - fixar e aplicar as penalidades administrativas e contratuais impostas aos concessionários, sem prejuízo das atribuições dos órgãos do Sisnama responsáveis pelo controle e fiscalização ambiental;
XIII - indicar ao poder concedente a necessidade de extinção da concessão, nos casos previstos nesta Lei e no contrato;
XIV - estimular o aumento da qualidade, produtividade, rendimento e conservação do meio ambiente nas áreas sob concessão florestal;
XV - dispor sobre a realização de auditorias florestais independentes, conhecer seus resultados e adotar as medidas cabíveis, conforme o resultado;
XVI - disciplinar o acesso às unidades de manejo;
XVII - atuar em estreita cooperação com os órgãos de defesa da concorrência, com vistas em impedir a concentração econômica nos serviços e produtos florestais e na promoção da concorrência;
XVIII - incentivar a competitividade e zelar pelo cumprimento da legislação de defesa da concorrência, monitorando e acompanhando as práticas de mercado dos agentes do setor florestal;
XIX - efetuar o controle prévio e a posteriori de atos e negócios jurídicos a serem celebrados entre concessionários, impondo-lhes restrições à mútua constituição de direitos e obrigações, especialmente comerciais, incluindo a abstenção do próprio ato ou contrato ilegal;
XX - conhecer e julgar recursos em procedimentos administrativos;
XXI - promover ações para a disciplina dos mercados de produtos florestais e seus derivados, em especial para controlar a competição de produtos florestais de origem não sustentável;
XXII - reconhecer em ato administrativo as entidades que poderão realizar auditorias florestais;
XXIII - estimular a agregação de valor ao produto florestal na região em que for explorado.

§ 1º Compete ao órgão gestor a guarda das florestas públicas durante o período de pousio entre uma concessão e outra ou, quando por qualquer motivo, houver extinção do contrato de concessão.

§ 2º O órgão gestor deverá encaminhar ao poder concedente, ao Poder Legislativo e ao conselho de meio ambiente, nas respectivas esferas de governo, relatório anual sobre as concessões outorgadas, o valor dos preços florestais, a situação de adimplemento dos concessionários, os PMFS e seu estado de execução, as vistorias e auditorias florestais realizadas e os respectivos resultados, assim como as demais informações relevantes sobre o efetivo cumprimento dos objetivos da gestão de florestas públicas.

§ 3º O relatório previsto no § 2º deste artigo relativo às concessões florestais da União deverá ser encaminhado ao Conama e ao Congresso Nacional até 31 de março de cada ano.

§ 4º Caberá ao Conama, considerando as informações contidas no relatório referido no § 3º deste artigo, manifestar-se sobre a adequação do sistema de concessões florestais e de seu monitoramento e sugerir os aperfeiçoamentos necessários.

§ 5º Os Estados, o Distrito Federal e os Municípios disporão sobre o órgão competente para exercer as atribuições de que trata este CAPÍTULO nas respectivas esferas de atuação.

TÍTULO IV
DO SERVIÇO FLORESTAL BRASILEIRO

CAPÍTULO I
DA CRIAÇÃO DO SERVIÇO FLORESTAL BRASILEIRO

Art. 54. Fica criado, na estrutura básica do Ministério do Meio Ambiente, o Serviço Florestal Brasileiro - SFB.

Art. 55. O SFB atua exclusivamente na gestão das florestas públicas e tem por competência:

I - exercer a função de órgão gestor prevista no art. 53 desta Lei, no âmbito federal, bem como de órgão gestor do FNDF;

II - apoiar a criação e gestão de programas de treinamento, capacitação, pesquisa e assistência técnica para a implementação de atividades florestais, incluindo manejo florestal, processamento de produtos florestais e exploração de serviços florestais;

III - estimular e fomentar a prática de atividades florestais sustentáveis madeireira, não madeireira e de serviços;

IV - promover estudos de mercado para produtos e serviços gerados pelas florestas;

V - propor planos de produção florestal sustentável de forma compatível com as demandas da sociedade;

VI - criar e manter o Sistema Nacional de Informações Florestais integrado ao Sistema Nacional de Informações sobre o Meio Ambiente;

VII - gerenciar o Cadastro Nacional de Florestas Públicas, exercendo as seguintes funções:

a) organizar e manter atualizado o Cadastro-Geral de Florestas Públicas da União;

b) adotar as providências necessárias para interligar os cadastros estaduais e municipais ao Cadastro Nacional;

VIII - apoiar e atuar em parceria com os seus congêneres estaduais e municipais.

§ 1º No exercício de suas atribuições, o SFB promoverá a articulação com os Estados, o Distrito Federal e os Municípios, para a execução de suas atividades de forma compatível com as diretrizes nacionais de planejamento para o setor florestal e com a Política Nacional do Meio Ambiente.

§ 2º Para a concessão das florestas públicas sob a titularidade dos outros entes da Federação, de órgãos e empresas públicas e de associações de comunidades locais, poderão ser firmados convênios com o Ministério do Meio Ambiente, representado pelo SFB.

§ 3º As atribuições previstas nos incisos II a V do *caput* deste artigo serão exercidas sem prejuízo de atividades desenvolvidas por outros órgãos e entidades da Administração Pública federal que atuem no setor.

CAPÍTULO II
DA ESTRUTURA ORGANIZACIONAL E GESTÃO DO SERVIÇO FLORESTAL BRASILEIRO

SEÇÃO I
DO CONSELHO DIRETOR

Art. 56. O Poder Executivo disporá sobre a estrutura organizacional e funcionamento do SFB, observado o disposto neste artigo.

§ 1º O SFB será dirigido por um Conselho Diretor, composto por um Diretor-Geral e 4 (quatro) diretores, em regime de colegiado, ao qual caberá:

I - exercer a administração do SFB;

II - examinar, decidir e executar ações necessárias ao cumprimento das competências do SFB;

III - editar normas sobre matérias de competência do SFB;

IV - aprovar o regimento interno do SFB, a organização, a estrutura e o âmbito decisório de cada diretoria;

V - elaborar e divulgar relatórios sobre as atividades do SFB;

VI - conhecer e julgar pedidos de reconsideração de decisões de componentes das diretorias do SFB.

§ 2º As decisões relativas às atribuições do SFB são tomadas pelo Conselho Diretor, por maioria absoluta de votos.

Art. 57. O SFB terá, em sua estrutura, unidade de assessoramento jurídico, observada a legislação pertinente.

Art. 58. O Diretor-Geral e os demais membros do Conselho Diretor do SFB serão brasileiros, de reputação ilibada, experiência comprovada e elevado conceito no campo de especialidade dos cargos para os quais serão nomeados.

§ 1º (VETADO)

§ 2º O regulamento do SFB disciplinará a substituição do Diretor-Geral e os demais membros do Conselho Diretor em seus impedimentos ou afastamentos regulamentares e ainda no período de vacância que anteceder à nomeação de novo diretor.

Art. 59. Está impedido de exercer cargo de direção no SFB quem mantiver, ou tiver mantido nos 24 (vinte e quatro) meses anteriores à nomeação, os seguintes vínculos com qualquer pessoa jurídica concessionária ou com produtor florestal independente:

I - acionista ou sócio com participação individual direta superior a 1% (um por cento) no capital social ou superior a 2% (dois por cento) no capital social de empresa controladora;

II - membro do conselho de administração, fiscal ou de diretoria executiva;

III - empregado, mesmo com o contrato de trabalho suspenso, inclusive das empresas controladoras ou das fundações de previdência de que sejam patrocinadoras.

Parágrafo único. Também está impedido de exercer cargo de direção no SFB membro do conselho ou diretoria de associação ou sindicato, regional ou nacional, representativo de interesses dos agentes mencionados no *caput* deste artigo, ou de categoria profissional de empregados desses agentes.

Art. 60. O ex-dirigente do SFB, durante os 12 (doze) meses seguintes ao seu desligamento do cargo, estará impedido de prestar, direta ou indiretamente, independentemente da forma ou natureza do contrato, qualquer tipo de serviço às pessoas jurídicas concessionárias, sob regulamentação ou fiscalização do SFB, inclusive controladas, coligadas ou subsidiárias.

Parágrafo único. Incorre na prática de advocacia administrativa, sujeitando-se o infrator às penas previstas no art. 321 do Decreto-Lei nº 2.848, de 7 de dezembro de 1940 - Código Penal, o ex-dirigente do SFB que descumprir o disposto no *caput* deste artigo.

Art. 61. Os cargos em comissão e funções gratificadas do SFB deverão ser exercidos, preferencialmente, por servidores do seu quadro efetivo, aplicando-se-lhes as restrições do art. 59 desta Lei.

SEÇÃO II
DA OUVIDORIA

Art. 62. O SFB contará com uma Ouvidoria, à qual competirá:

I - receber pedidos de informação e esclarecimento, acompanhar o processo interno de apuração das denúncias e reclamações afetas ao SFB e responder diretamente aos interessados, que serão cientificados, em até 30 (trinta) dias, das providências tomadas;

II - zelar pela qualidade dos serviços prestados pelo SFB e acompanhar o processo interno de apuração das denúncias e reclamações dos usuários, seja contra a atuação do SFB, seja contra a atuação dos concessionários;

III - produzir, semestralmente e quando julgar oportuno:

a) relatório circunstanciado de suas atividades e encaminhá-lo à Diretoria-Geral do SFB e ao Ministro de Estado do Meio Ambiente;

b) apreciações sobre a atuação do SFB, encaminhando-as ao Conselho Diretor, à Comissão de Gestão de Florestas Públicas, aos Ministros de Estado do Meio Ambiente, da Fazenda, do Planejamento, Orçamento e Gestão e Chefe da Casa Civil da Presidência da República, bem como às comissões de fiscalização e controle da Câmara dos Deputados e do Senado Federal, publicando-as para conhecimento geral.

§ 1º O Ouvidor atuará junto ao Conselho Diretor do SFB, sem subordinação hierárquica, e exercerá as suas atribuições sem acumulação com outras funções.

§ 2º O Ouvidor será nomeado pelo Presidente da República para mandato de 3 (três) anos, sem direito a recondução.

§ 3º O Ouvidor somente poderá perder o mandato em caso de renúncia, condenação judicial transitada em julgado ou condenação em processo administrativo disciplinar.

§ 4º O processo administrativo contra o Ouvidor somente poderá ser instaurado pelo Ministro de Estado do Meio Ambiente.

§ 5º O Ouvidor terá acesso a todos os assuntos e contará com o apoio administrativo de que necessitar.

§ 6º Aplica-se ao ex-Ouvidor o disposto no art. 60 desta Lei.

SEÇÃO III
DO CONSELHO GESTOR

Art. 63. (VETADO)

SEÇÃO IV
DOS SERVIDORES DO SFB

Art. 64. O SFB constituirá quadro de pessoal, por meio da realização de concurso público de provas, ou de provas e títulos, ou da redistribuição de servidores de órgãos e entidades da administração federal direta, autárquica ou fundacional.

Art. 65. O SFB poderá requisitar, independentemente da designação para cargo em comissão ou função de confiança, e sem prejuízo dos vencimentos e vantagens a que façam jus no órgão de origem, servidores de órgãos e entidades integrantes da administração pública federal direta, autárquica e fundacional, observado o quantitativo máximo estabelecido em ato conjunto dos Ministros de Estado do Planejamento, Orçamento e Gestão e do Meio Ambiente.

Parágrafo único. No caso de requisição ao Ibama, ela deverá ser precedida de autorização do órgão.

Art. 66. Ficam criados 49 (quarenta e nove) cargos do Grupo Direção e Assessoramento Superiores - DAS, no âmbito do Poder Executivo Federal, para reestruturação do Ministério do Meio Ambiente, com a finalidade de integrar a estrutura do SFB, assim distribuídos:

I - 1 (um) DAS-6;
II - 4 (quatro) DAS-5;
III - 17 (dezessete) DAS-4;
IV - 10 (dez) DAS-3;
V - 9 (nove) DAS-2;
VI - 8 (oito) DAS-1.

SEÇÃO V
DA AUTONOMIA ADMINISTRATIVA DO SFB

Art. 67. O Poder Executivo poderá assegurar ao SFB autonomia administrativa e financeira, no grau conveniente ao exercício de suas atribuições, mediante a celebração de contrato de gestão e de desempenho, nos termos do § 8º do art. 37 da Constituição Federal, negociado e firmado entre o Ministério do Meio Ambiente e o Conselho Diretor.

§ 1º O contrato de gestão e de desempenho será o instrumento de controle da atuação administrativa do SFB e da avaliação do seu desempenho, bem como elemento integrante da sua prestação de contas, bem como do Ministério do Meio Ambiente, aplicado o disposto no art. 9º da Lei nº 8.443, de 16 de julho de 1992, sendo sua inexistência considerada falta de natureza formal, conforme disposto no inciso II do art. 16 da mesma Lei.

§ 2º O contrato de gestão e de desempenho deve estabelecer, nos programas anuais de trabalho, indicadores que permitam quantificar, de forma objetiva, a avaliação do SFB.

§ 3º O contrato de gestão e de desempenho será avaliado periodicamente e, se necessário, revisado por ocasião da renovação parcial da diretoria do SFB.

SEÇÃO VI
DA RECEITA E DO ACERVO DO SERVIÇO FLORESTAL BRASILEIRO

Art. 68. Constituem receitas do SFB:

I - recursos oriundos da cobrança dos preços de concessão florestal, conforme destinação prevista na alínea *a* do inciso I do *caput* e no inciso I do § 1º, ambos do art. 39 desta Lei, além de outros referentes ao contrato de concessão, incluindo os relativos aos custos do edital de licitação e os recursos advindos de aplicação de penalidades contratuais;

II - recursos ordinários do Tesouro Nacional, consignados no Orçamento Fiscal da União e em seus créditos adicionais, transferências e repasses que lhe forem conferidos;

III - produto da venda de publicações, material técnico, dados e informações, inclusive para fins de licitação pública, e de emolumentos administrativos;

IV - recursos provenientes de convênios ou acordos celebrados com entidades, organismos ou empresas públicas, ou contratos celebrados com empresas privadas;

V - doações, legados, subvenções e outros recursos que lhe forem destinados.

TÍTULO V
DISPOSIÇÕES TRANSITÓRIAS E FINAIS

Art. 69. Sem prejuízo do disposto nos incisos VI e VII do art. 23 da Constituição Federal, a execução das atividades relacionadas às concessões florestais poderá ser delegada pelos Estados, Distrito Federal e Municípios à União, bem como pela União aos demais entes federados, mediante convênio firmado com o órgão gestor competente.

Parágrafo único. É vedado ao órgão gestor conveniado exigir do concessionário sob sua ação complementar de regulação, controle e fiscalização obrigação não prevista previamente em contrato.

Art. 70. As unidades de manejo em florestas públicas com PMFS aprovados e em execução até a data de publicação desta Lei serão vistoriadas:

I - pelo órgão competente do Sisnama, para averiguar o andamento do manejo florestal;

II - pelo órgão fundiário competente, para averiguar a situação da ocupação, de acordo com os parâmetros estabelecidos na legislação específica.

§ 1º As vistorias realizadas pelo órgão fundiário competente serão acompanhadas por representante do Poder Público local.

§ 2º Nas unidades de manejo onde não for verificado o correto andamento do manejo florestal, os detentores do PMFS serão notificados para apresentar correções, no prazo estabelecido pelo órgão competente do Sisnama.

§ 3º Caso não sejam atendidas as exigências da notificação mencionada no § 2º deste artigo, o PMFS será cancelado e a área correspondente deverá ser desocupada sem ônus para o Poder Público e sem prejuízo das demais penalidades previstas em lei.

§ 4º As unidades de manejo onde o correto andamento do manejo florestal for verificado ou saneado nos termos do § 2º deste artigo serão submetidas a processo licitatório, no prazo de até 24 (vinte e quatro) meses a partir da data da manifestação dos órgãos a respeito da vistoria prevista no *caput* deste artigo, desde que não seja constatado conflito com comunidades locais pela ocupação do território e uso dos recursos florestais.

§ 5º Será dada a destinação prevista no art. 6º desta Lei às unidades de manejo onde o correto andamento do manejo florestal for verificado e os detentores dos PMFS forem comunidades locais.

§ 6º Até que sejam submetidas ao processo licitatório, as unidades de manejo mencionadas no § 4º deste artigo permanecerão sob a responsabilidade do detentor do PMFS, que poderá dar continuidade às atividades de manejo mediante assinatura de contrato com o poder concedente.

§ 7º O contrato previsto no § 6º deste artigo terá vigência limitada à assinatura do contrato de concessão resultante do processo licitatório.

§ 8º Findo o processo licitatório, o detentor do PMFS que der continuidade à sua execução, nos termos deste artigo, pagará ao órgão gestor competente valor proporcional ao preço da concessão florestal definido na licitação, calculado com base no período decorrido desde a verificação pelo órgão competente do Sisnama até a adjudicação do vencedor na licitação.

Art. 71. A licitação para a concessão florestal das unidades de manejo mencionadas no § 4º do art. 70 desta Lei, além de observar os termos desta Lei, deverá seguir as seguintes determinações:

I - o vencedor da licitação, após firmar o contrato de concessão, deverá seguir o PMFS em execução, podendo revisá-lo nas condições previstas em regulamento;

II - o edital de licitação deverá conter os valores de ressarcimento das benfeitorias e investimentos já realizados na área a serem pagos ao detentor do PMFS pelo vencedor do processo de licitação, descontado o valor da produção auferida previamente à licitação nos termos do § 8º do art. 70 desta Lei.

Art. 72. As florestas públicas não destinadas a manejo florestal ou unidades de conservação ficam impossibilitadas de conversão para uso alternativo do solo, até que sua classificação de acordo com o ZEE esteja oficializada e a conversão seja plenamente justificada.

Art. 73. As áreas públicas já ocupadas e convertidas para uso alternativo do solo na data de publicação desta Lei estarão excluídas das concessões florestais, desde que confirmada a sua vocação para o uso atual por meio do ZEE aprovado de acordo com a legislação pertinente.

§ 1º Nos remanescentes das áreas previstas no *caput* deste artigo, o Poder Público poderá autorizar novos Planos de Manejo Florestal Sustentável, observada a legislação vigente.

§ 2º Fica garantido o direito de continuidade das atividades econômicas realizadas, em conformidade com a lei, pelos atuais ocupantes em áreas de até 2.500ha (dois mil e quinhentos hectares), pelo prazo de 5 (cinco) anos a partir da data de publicação desta Lei.

Art. 74. Os parâmetros para definição dos tamanhos das unidades de manejo a serem concedidas às pessoas jurídicas de pequeno porte, micro e médias empresas, na forma do art. 33 desta Lei, serão definidos em regulamento, previamente à aprovação do primeiro Paof.

Art. 75. Após 5 (cinco) anos da implantação do primeiro Paof, será feita avaliação sobre os aspectos técnicos, econômicos, sociais e ambientais da aplicação desta Lei, a que se dará publicidade.

Art. 76. Em 10 (dez) anos contados da data de publicação desta Lei, a área total com concessões florestais da União não poderá ultrapassar 20% (vinte por cento) do total de área de suas florestas públicas disponíveis para a concessão, com exceção das unidades de manejo localizadas em florestas nacionais criadas nos termos do art. 17 da Lei nº 9.985, de 18 de julho de 2000.

Art. 77. Ao final dos 10 (dez) primeiros anos contados da data de publicação desta Lei, cada concessionário, individualmente ou em consórcio, não poderá concentrar mais de 10% (dez por cento) do total da área das florestas públicas disponíveis para a concessão em cada esfera de governo.

Art. 78. Até a aprovação do primeiro Paof, fica o poder concedente autorizado a realizar concessões florestais em:

I - unidades de manejo em áreas públicas que, somadas, não ultrapassem 750.000ha (setecentos e cinqüenta mil hectares), localizadas numa faixa de até 100Km (cem quilômetros) ao longo da rodovia BR-163;

II - florestas nacionais ou estaduais criadas nos termos do art. 17 da Lei nº 9.985, de 18 de julho de 2000, observados os seguintes requisitos:

a) autorização prévia do órgão gestor da unidade de conservação;

b) aprovação prévia do plano de manejo da unidade de conservação nos termos da Lei nº 9.985, de 18 de julho de 2000;

c) oitiva do conselho consultivo da unidade de conservação, nos termos do § 3º do art. 48 desta Lei;

d) previsão de zonas de uso restrito destinadas às comunidades locais.

Parágrafo único. As concessões de que tratam os incisos I e II do *caput* deste artigo devem ser objeto de licitação e obedecer às normas previstas nos arts. 8º e 12 a 47 desta Lei.

Art. 79. As associações civis que venham a participar, de qualquer forma, das concessões florestais ou da gestão direta das florestas públicas deverão ser constituídas sob as leis brasileiras e ter sede e administração no País.

Art. 80. O inciso XV do art. 29 da Lei nº 10.683, de 28 de maio de 2003, passa a vigorar com a seguinte redação:

"Art. 29. [...]

[...]

XV - do Ministério do Meio Ambiente o Conselho Nacional do Meio Ambiente, o Conselho Nacional da Amazônia Legal, o Conselho Nacional de Recursos Hídricos, o Conselho de Gestão do Patrimônio Genético, o Conselho Deliberativo do Fundo Nacional do Meio Ambiente, o Serviço Florestal Brasileiro, a Comissão de Gestão de Florestas Públicas e até 5 (cinco) Secretarias;

[...]" (NR)

Art. 81. O art. 1º da Lei nº 5.868, de 12 de dezembro de 1972, passa a vigorar acrescido do seguinte inciso V:

"Art. 1º [...]

[...]

V - Cadastro Nacional de Florestas Públicas.

[...]" (NR)

Art. 82. A Lei nº 9.605, de 12 de fevereiro de 1998, passa a vigorar acrescida dos seguintes arts. 50-A e 69-A:

"Art. 50-A. Desmatar, explorar economicamente ou degradar floresta, plantada ou nativa, em terras de domínio público ou devolutas, sem autorização do órgão competente:

Pena - reclusão de 2 (dois) a 4 (quatro) anos e multa.

§ 1º Não é crime a conduta praticada quando necessária à subsistência imediata pessoal do agente ou de sua família.

§ 2º Se a área explorada for superior a 1.000 ha (mil hectares), a pena será aumentada de 1 (um) ano por milhar de hectare."

"Art. 69-A. Elaborar ou apresentar, no licenciamento, concessão florestal ou qualquer outro procedimento administrativo, estudo, laudo ou relatório ambiental total ou parcialmente falso ou enganoso, inclusive por omissão:

Pena - reclusão, de 3 (três) a 6 (seis) anos, e multa.

§ 1º Se o crime é culposo:

Pena - detenção, de 1 (um) a 3 (três) anos.

§ 2º A pena é aumentada de 1/3 (um terço) a 2/3 (dois terços), se há dano significativo ao meio ambiente, em decorrência do uso da informação falsa, incompleta ou enganosa."

Art. 83. O art. 19 da Lei nº 4.771, de 15 de setembro de 1965, passa a vigorar com a seguinte redação:"

"Art. 19. A exploração de florestas e formações sucessoras, tanto de domínio público como de domínio privado, dependerá de prévia aprovação pelo órgão estadual competente do Sistema Nacional do Meio Ambiente - SISNAMA, bem como da adoção de técnicas de condução, exploração, reposição florestal e manejo compatíveis com os variados ecossistemas que a cobertura arbórea forme.

§ 1º Compete ao Ibama a aprovação de que trata o *caput* deste artigo:

I - nas florestas públicas de domínio da União;

II - nas unidades de conservação criadas pela União;

III - nos empreendimentos potencialmente causadores de impacto ambiental nacional ou regional, definidos em resolução do Conselho Nacional do Meio Ambiente - CONAMA.

§ 2º Compete ao órgão ambiental municipal a aprovação de que trata o *caput* deste artigo:

I - nas florestas públicas de domínio do Município;

II - nas unidades de conservação criadas pelo Município;

III - nos casos que lhe forem delegados por convênio ou outro instrumento admissível, ouvidos, quando couber, os órgãos competentes da União, dos Estados e do Distrito Federal.

§ 3º No caso de reposição florestal, deverão ser priorizados projetos que contemplem a utilização de espécies nativas." (NR)

Art. 84. A Lei no 6.938, de 31 de agosto de 1981, passa a vigorar com as seguintes alterações:

"Art. 9º [...]

[...]

XIII - instrumentos econômicos, como concessão florestal, servidão ambiental, seguro ambiental e outros." (NR)

"Art. 9º-A. Mediante anuência do órgão ambiental competente, o proprietário rural pode instituir servidão ambiental, pela qual voluntariamente renuncia, em caráter permanente ou temporário, total ou parcialmente, a direito de uso, exploração ou supressão de recursos naturais existentes na propriedade.

§ 1º A servidão ambiental não se aplica às áreas de preservação permanente e de reserva legal.

§ 2º A limitação ao uso ou exploração da vegetação da área sob servidão instituída em relação aos recursos florestais deve ser, no mínimo, a mesma estabelecida para a reserva legal.

§ 3º A servidão ambiental deve ser averbada no registro de imóveis competente.

§ 4º Na hipótese de compensação de reserva legal, a servidão deve ser averbada na matrícula de todos os imóveis envolvidos.

§ 5º É vedada, durante o prazo de vigência da servidão ambiental, a alteração da destinação da área, nos casos de transmissão do imóvel a qualquer título, de desmembramento ou de retificação dos limites da propriedade.»

"Art. 14. [...]

[...]

§ 5º A execução das garantias exigidas do poluidor não impede a aplicação das obrigações de indenização e reparação de danos previstas no § 1º deste artigo.» (NR)

"Art. 17-G. [...]

[...]

§ 2º Os recursos arrecadados com a TCFA terão utilização restrita em atividades de controle e fiscalização ambiental."

Art. 85. O inciso II do *caput* do art. 167 da Lei nº 6.015, de 31 de dezembro de 1973, passa a vigorar acrescido dos seguintes itens 22 e 23:

"Art. 167. [...]

[...]

II - [...]

[...]

22. da reserva legal;

23. da servidão ambiental." (NR)

Art. 86. Esta Lei entra em vigor na data de sua publicação.

Brasília, 2 de março de 2006; 185º da Independência e 118º da República.

LUIZ INÁCIO LULA DA SILVA

DOU de 3.3.2006

LEI Nº 11.343, DE 23 DE AGOSTO DE 2006

Institui o Sistema Nacional de Políticas Públicas sobre Drogas – Sisnad; prescreve medidas para prevenção do uso indevido, atenção e reinserção social de usuários e dependentes de drogas; estabelece normas para repressão à produção não autorizada e ao tráfico ilícito de drogas; define crimes e dá outras providências.

- *Drogas*

O PRESIDENTE DA REPÚBLICA Faço saber que o Congresso Nacional decreta e eu sanciono a seguinte Lei:

TÍTULO I. DISPOSIÇÕES PRELIMINARES

- Súm. 501 do STJ.
- Decreto 5.912/2006 – Regulamenta a Lei 11.343/2006.

Art. 1º. Esta Lei institui o Sistema Nacional de Políticas Públicas sobre Drogas – Sisnad; prescreve medidas para prevenção do uso indevido, atenção e reinserção social de usuários e dependentes de drogas; estabelece normas para repressão à produção não autorizada e ao tráfico ilícito de drogas e define crimes.

- Decreto 5.912/2006: art. 1º.

Parágrafo único. Para fins desta Lei, consideram-se como drogas as substâncias ou os produtos capazes de causar dependência, assim especificados em lei ou relacionados em listas atualizadas periodicamente pelo Poder Executivo da União.

- Lei 11.343/2006: art. 66.
- Portaria 344/1998 do SVS/MS – Aprova o Regulamento Técnico sobre substâncias e medicamentos sujeitos a controle especial.

Art. 2º. Ficam proibidas, em todo o território nacional, as drogas, bem como o plantio, a cultura, a colheita e a exploração de vegetais e substratos dos quais possam ser extraídas ou produzidas drogas, ressalvada a hipótese de autorização legal ou regulamentar, bem como o que estabelece a Convenção de Viena, das Nações Unidas, sobre Substâncias Psicotrópicas, de 1971, a respeito de plantas de uso estritamente ritualístico-religioso.

- CF/88: art. 243.
- Lei 8.257/1991 – Expropriação das glebas nas quais se localizem culturas ilegais de plantas psicotrópicas.

Parágrafo único. Pode a União autorizar o plantio, a cultura e a colheita dos vegetais referidos no *caput* deste artigo, exclusivamente para fins medicinais ou científicos, em local e prazo predeterminados, mediante fiscalização, respeitadas as ressalvas supramencionadas.

TÍTULO II. DO SISTEMA NACIONAL DE POLÍTICAS PÚBLICAS SOBRE DROGAS

Art. 3º. O Sisnad tem a finalidade de articular, integrar, organizar e coordenar as atividades relacionadas com:

I – a prevenção do uso indevido, a atenção e a reinserção social de usuários e dependentes de drogas;

II – a repressão da produção não autorizada e do tráfico ilícito de drogas.

§ 1º Entende-se por Sisnad o conjunto ordenado de princípios, regras, critérios e recursos materiais e humanos que envolvem as políticas, planos, programas, ações e projetos sobre drogas, incluindo-se nele, por adesão, os Sistemas de Políticas Públicas sobre Drogas dos Estados, Distrito Federal e Municípios. (Incluído pela Lei 13.840/2019)

§ 2º O Sisnad atuará em articulação com o Sistema Único de Saúde - SUS, e com o Sistema Único de Assistência Social - SUAS. (Incluído pela Lei 13.840/2019)

CAPÍTULO I. DOS PRINCÍPIOS E DOS OBJETIVOS DO SISTEMA NACIONAL DE POLÍTICAS PÚBLICAS SOBRE DROGAS

Art. 4º. São princípios do Sisnad:

I – o respeito aos direitos fundamentais da pessoa humana, especialmente quanto à sua autonomia e à sua liberdade;

II – o respeito à diversidade e às especificidades populacionais existentes;

III – a promoção dos valores éticos, culturais e de cidadania do povo brasileiro, reconhecendo-os como fatores de proteção para o uso indevido de drogas e outros comportamentos correlacionados;

IV – a promoção de consensos nacionais, de ampla participação social, para o estabelecimento dos fundamentos e estratégias do Sisnad;

V – a promoção da responsabilidade compartilhada entre Estado e Sociedade, reconhecendo a importância da participação social nas atividades do Sisnad;

VI – o reconhecimento da intersetorialidade dos fatores correlacionados com o uso indevido de drogas, com a sua produção não autorizada e o seu tráfico ilícito;

VII – a integração das estratégias nacionais e internacionais de prevenção do uso indevido, atenção e reinserção social de usuários e dependentes de drogas e de repressão à sua produção não autorizada e ao seu tráfico ilícito;

VIII – a articulação com os órgãos do Ministério Público e dos Poderes Legislativo e Judiciário visando à cooperação mútua nas atividades do Sisnad;

IX – a adoção de abordagem multidisciplinar que reconheça a interdependência e a natureza complementar das atividades de prevenção do uso indevido, atenção e reinserção social de usuários e dependentes de drogas, repressão da produção não autorizada e do tráfico ilícito de drogas;

X – a observância do equilíbrio entre as atividades de prevenção do uso indevido, atenção e reinserção social de usuários e dependentes de drogas e de repressão à sua produção não autorizada e ao seu tráfico ilícito, visando a garantir a estabilidade e o bem-estar social;

XI – a observância às orientações e normas emanadas do Conselho Nacional Antidrogas – Conad.

Art. 5º. O Sisnad tem os seguintes objetivos:

I – contribuir para a inclusão social do cidadão, visando a torná-lo menos vulnerável a assumir comportamentos de risco para o uso indevido de drogas, seu tráfico ilícito e outros comportamentos correlacionados;

II – promover a construção e a socialização do conhecimento sobre drogas no país;

III – promover a integração entre as políticas de prevenção do uso indevido, atenção e reinserção social de usuários e dependentes de drogas e de repressão à sua produção não autorizada e ao tráfico ilícito e as políticas públicas setoriais dos órgãos do Poder Executivo da União, Distrito Federal, Estados e Municípios;

IV – assegurar as condições para a coordenação, a integração e a articulação das atividades de que trata o art. 3º desta Lei.

CAPÍTULO II.
DO SISTEMA NACIONAL DE POLÍTICAS PÚBLICAS SOBRE DROGAS
(Redação dada pela Lei 13.840/2019)

SEÇÃO I
DA COMPOSIÇÃO DO SISTEMA NACIONAL DE POLÍTICAS PÚBLICAS SOBRE DROGAS
(Incluída pela Lei 13.840/2019)

Art. 6º. *(VETADO).*

Art. 7º. A organização do Sisnad assegura a orientação central e a execução descentralizada das atividades realizadas em seu âmbito, nas esferas federal, distrital, estadual e municipal e se constitui matéria definida no regulamento desta Lei.

Art. 7º-A. (Vetado na Lei 13.840/2019)

Art. 8º. *(VETADO).*

SEÇÃO II
DAS COMPETÊNCIAS
(INCLUÍDA PELA LEI 13.840/2019)

Art. 8º-A. Compete à União: (Incluído pela Lei 13.840/2019)

I - formular e coordenar a execução da Política Nacional sobre Drogas;

II - elaborar o Plano Nacional de Políticas sobre Drogas, em parceria com Estados, Distrito Federal, Municípios e a sociedade;

III - coordenar o Sisnad;

IV - estabelecer diretrizes sobre a organização e funcionamento do Sisnad e suas normas de referência;

V - elaborar objetivos, ações estratégicas, metas, prioridades, indicadores e definir formas de financiamento e gestão das políticas sobre drogas;

VI - (Vetado na Lei 13.840/2019)

VII - (Vetado na Lei 13.840/2019)

VIII - promover a integração das políticas sobre drogas com os Estados, o Distrito Federal e os Municípios;

IX - financiar, com Estados, Distrito Federal e Municípios, a execução das políticas sobre drogas, observadas as obrigações dos integrantes do Sisnad;

X - estabelecer formas de colaboração com Estados, Distrito Federal e Municípios para a execução das políticas sobre drogas;

XI - garantir publicidade de dados e informações sobre repasses de recursos para financiamento das políticas sobre drogas;

XII - sistematizar e divulgar os dados estatísticos nacionais de prevenção, tratamento, acolhimento, reinserção social e econômica e repressão ao tráfico ilícito de drogas;

XIII - adotar medidas de enfretamento aos crimes transfronteiriços; e

XIV - estabelecer uma política nacional de controle de fronteiras, visando a coibir o ingresso de drogas no País.

Art. 8º-B. (Vetado na Lei 13.840/2019)

Art. 8º-C. (Vetado na Lei 13.840/2019)

CAPÍTULO II-A
DA FORMULAÇÃO DAS POLÍTICAS SOBRE DROGAS
(Incluído pela Lei 13.840/2019)

SEÇÃO I
DO PLANO NACIONAL DE POLÍTICAS SOBRE DROGAS
(Incluída pela Lei 13.840/2019)

Art. 8º-D. São objetivos do Plano Nacional de Políticas sobre Drogas, dentre outros: (Incluído pela Lei 13.840/2019)

I - promover a interdisciplinaridade e integração dos programas, ações, atividades e projetos dos órgãos e entidades públicas e privadas nas áreas de saúde, educação, trabalho, assistência social, previdência social, habitação, cultura, desporto e lazer, visando à prevenção do uso de drogas, atenção e reinserção social dos usuários ou dependentes de drogas;

II - viabilizar a ampla participação social na formulação, implementação e avaliação das políticas sobre drogas;

III - priorizar programas, ações, atividades e projetos articulados com os estabelecimentos de ensino, com a sociedade e com a família para a prevenção do uso de drogas;

IV - ampliar as alternativas de inserção social e econômica do usuário ou dependente de drogas, promovendo programas que priorizem a melhoria de sua escolarização e a qualificação profissional;

V - promover o acesso do usuário ou dependente de drogas a todos os serviços públicos;

VI - estabelecer diretrizes para garantir a efetividade dos programas, ações e projetos das políticas sobre drogas;

VII - fomentar a criação de serviço de atendimento telefônico com orientações e informações para apoio aos usuários ou dependentes de drogas;

VIII - articular programas, ações e projetos de incentivo ao emprego, renda e capacitação para o trabalho, com objetivo de promover a inserção profissional da pessoa que haja cumprido o plano individual de atendimento nas fases de tratamento ou acolhimento;

IX - promover formas coletivas de organização para o trabalho, redes de economia solidária e o cooperativismo, como forma de promover autonomia ao usuário ou dependente de drogas egresso de tratamento ou acolhimento, observando-se as especificidades regionais;

X - propor a formulação de políticas públicas que conduzam à efetivação das diretrizes e princípios previstos no art. 22;

XI - articular as instâncias de saúde, assistência social e de justiça no enfrentamento ao abuso de drogas; e

XII - promover estudos e avaliação dos resultados das políticas sobre drogas.

§ 1º O plano de que trata o *caput* terá duração de 5 (cinco) anos a contar de sua aprovação.

§ 2º O poder público deverá dar a mais ampla divulgação ao conteúdo do Plano Nacional de Políticas sobre Drogas.

SEÇÃO II
DOS CONSELHOS DE POLÍTICAS SOBRE DROGAS
(Incluída pela Lei 13.840/2019)

Art. 8º-E. Os conselhos de políticas sobre drogas, constituídos por Estados, Distrito Federal e Municípios, terão os seguintes objetivos: (Incluído pela Lei 13.840/2019)

I - auxiliar na elaboração de políticas sobre drogas;

II - colaborar com os órgãos governamentais no planejamento e na execução das políticas sobre drogas, visando à efetividade das políticas sobre drogas;

III - propor a celebração de instrumentos de cooperação, visando à elaboração de programas, ações, atividades e projetos voltados à prevenção, tratamento, acolhimento, reinserção social e econômica e repressão ao tráfico ilícito de drogas;

IV - promover a realização de estudos, com o objetivo de subsidiar o planejamento das políticas sobre drogas;

V - propor políticas públicas que permitam a integração e a participação do usuário ou dependente de drogas no processo social, econômico, político e cultural no respectivo ente federado; e

VI - desenvolver outras atividades relacionadas às políticas sobre drogas em consonância com o Sisnad e com os respectivos planos.

SEÇÃO III
DOS MEMBROS DOS CONSELHOS DE POLÍTICAS SOBRE DROGAS
(Incluída pela Lei 13.840/2019)

Art. 8º-F. (Vetado na Lei 13.840/2019)

CAPÍTULO III.
(VETADO).

Arts. 9º a 14. *(VETADOS).*

CAPÍTULO IV.
DO ACOMPANHAMENTO E DA AVALIAÇÃO DAS POLÍTICAS SOBRE DROGAS
(Redação dada pela Lei 13.840/2019)

Art. 15. *(VETADO).*

Art. 16. As instituições com atuação nas áreas da atenção à saúde e da assistência social que atendam usuários ou dependentes de drogas devem comunicar ao órgão competente do respectivo sistema municipal de saúde os casos atendidos e os óbitos ocorridos, preservando a identidade das pessoas, conforme orientações emanadas da União.

Art. 17. Os dados estatísticos nacionais de repressão ao tráfico ilícito de drogas integrarão sistema de informações do Poder Executivo.

▸ CPP: art. 809.

TÍTULO III.
DAS ATIVIDADES DE PREVENÇÃO DO USO INDEVIDO, ATENÇÃO E

REINSERÇÃO SOCIAL DE USUÁRIOS E DEPENDENTES DE DROGAS

CAPÍTULO I. DA PREVENÇÃO

SEÇÃO I DAS DIRETRIZES (Incluída pela Lei 13.840/2019)

Art. 18. Constituem atividades de prevenção do uso indevido de drogas, para efeito desta Lei, aquelas direcionadas para a redução dos fatores de vulnerabilidade e risco e para a promoção e o fortalecimento dos fatores de proteção.

Art. 19. As atividades de prevenção do uso indevido de drogas devem observar os seguintes princípios e diretrizes:

I – o reconhecimento do uso indevido de drogas como fator de interferência na qualidade de vida do indivíduo e na sua relação com a comunidade à qual pertence;

II – a adoção de conceitos objetivos e de fundamentação científica como forma de orientar as ações dos serviços públicos comunitários e privados e de evitar preconceitos e estigmatização das pessoas e dos serviços que as atendam;

III – o fortalecimento da autonomia e da responsabilidade individual em relação ao uso indevido de drogas;

IV – o compartilhamento de responsabilidades e a colaboração mútua com as instituições do setor privado e com os diversos segmentos sociais, incluindo usuários e dependentes de drogas e respectivos familiares, por meio do estabelecimento de parcerias;

V – a adoção de estratégias preventivas diferenciadas e adequadas às especificidades socioculturais das diversas populações, bem como das diferentes drogas utilizadas;

VI – o reconhecimento do "não uso", do "retardamento do uso" e da redução de riscos como resultados desejáveis das atividades de natureza preventiva, quando da definição dos objetivos a serem alcançados;

VII – o tratamento especial dirigido às parcelas mais vulneráveis da população, levando em consideração as suas necessidades específicas;

VIII – a articulação entre os serviços e organizações que atuam em atividades de prevenção do uso indevido de drogas e a rede de atenção a usuários e dependentes de drogas e respectivos familiares;

IX – o investimento em alternativas esportivas, culturais, artísticas, profissionais, entre outras, como forma de inclusão social e de melhoria da qualidade de vida;

X – o estabelecimento de políticas de formação continuada na área da prevenção do uso indevido de drogas para profissionais de educação nos 3 (três) níveis de ensino;

XI – a implantação de projetos pedagógicos de prevenção do uso indevido de drogas, nas instituições de ensino público e privado, alinhados às Diretrizes Curriculares Nacionais e aos conhecimentos relacionados a drogas;

XII – a observância das orientações e normas emanadas do Conad;

XIII – o alinhamento às diretrizes dos órgãos de controle social de políticas setoriais específicas.

Parágrafo único. As atividades de prevenção do uso indevido de drogas dirigidas à criança e ao adolescente deverão estar em consonância com as diretrizes emanadas pelo Conselho Nacional dos Direitos da Criança e do Adolescente – Conanda.

SEÇÃO II DA SEMANA NACIONAL DE POLÍTICAS SOBRE DROGAS (Incluída pela Lei 13.840/2019)

Art. 19-A. Fica instituída a Semana Nacional de Políticas sobre Drogas, comemorada anualmente, na quarta semana de junho. (Incluído pela Lei 13.840/2019)

§ 1º No período de que trata o *caput*, serão intensificadas as ações de:

I - difusão de informações sobre os problemas decorrentes do uso de drogas;

II - promoção de eventos para o debate público sobre as políticas sobre drogas;

III - difusão de boas práticas de prevenção, tratamento, acolhimento e reinserção social e econômica de usuários de drogas;

IV - divulgação de iniciativas, ações e campanhas de prevenção do uso indevido de drogas;

V - mobilização da comunidade para a participação nas ações de prevenção e enfrentamento às drogas;

VI - mobilização dos sistemas de ensino previstos na Lei nº 9.394, de 20 de dezembro de 1996 - Lei de Diretrizes e Bases da Educação Nacional, na realização de atividades de prevenção ao uso de drogas.

CAPÍTULO II. DAS ATIVIDADES DE PREVENÇÃO, TRATAMENTO, ACOLHIMENTO E DE REINSERÇÃO SOCIAL E ECONÔMICA DE USUÁRIOS OU DEPENDENTES DE DROGAS (Redação dada pela Lei 13.840/2019)

SEÇÃO I DISPOSIÇÕES GERAIS (Incluída pela Lei 13.840/2019)

Art. 20. Constituem atividades de atenção ao usuário e dependente de drogas e respectivos familiares, para efeito desta Lei, aquelas que visem à melhoria da qualidade de vida e à redução dos riscos e dos danos associados ao uso de drogas.

Art. 21. Constituem atividades de reinserção social do usuário ou do dependente de drogas e respectivos familiares, para efeito desta Lei, aquelas direcionadas para sua integração ou reintegração em redes sociais.

Art. 22. As atividades de atenção e as de reinserção social do usuário e do dependente de drogas e respectivos familiares devem observar os seguintes princípios e diretrizes:

I – respeito ao usuário e ao dependente de drogas, independentemente de quaisquer condições, observados os direitos fundamentais da pessoa humana, os princípios e diretrizes do Sistema Único de Saúde e da Política Nacional de Assistência Social;

II – a adoção de estratégias diferenciadas de atenção e reinserção social do usuário e do dependente de drogas e respectivos familiares que considerem as suas peculiaridades socioculturais;

III – definição de projeto terapêutico individualizado, orientado para a inclusão social e para a redução de riscos e de danos sociais e à saúde;

IV – atenção ao usuário ou dependente de drogas e aos respectivos familiares, sempre que possível, de forma multidisciplinar e por equipes multiprofissionais;

V – observância das orientações e normas emanadas do Conad;

VI – o alinhamento às diretrizes dos órgãos de controle social de políticas setoriais específicas.

VII - estímulo à capacitação técnica e profissional; (Incluído pela Lei 13.840/2019)

VIII - efetivação de políticas de reinserção social voltadas à educação continuada e ao trabalho; (Incluído pela Lei 13.840/2019)

IX - observância do plano individual de atendimento na forma do art. 23-B desta Lei; (Incluído pela Lei 13.840/2019)

X - orientação adequada ao usuário ou dependente de drogas quanto às consequências lesivas do uso de drogas, ainda que ocasional. (Incluído pela Lei 13.840/2019)

SEÇÃO II DA EDUCAÇÃO NA REINSERÇÃO SOCIAL E ECONÔMICA (Incluída pela Lei 13.840/2019)

Art. 22-A. As pessoas atendidas por órgãos integrantes do Sisnad terão atendimento nos programas de educação profissional e tecnológica, educação de jovens e adultos e alfabetização. (Incluído pela Lei 13.840/2019)

SEÇÃO III DO TRABALHO NA REINSERÇÃO SOCIAL E ECONÔMICA (Incluída pela Lei 13.840/2019)

Art. 22-B. (Vetado na Lei 13.840/2019)

SEÇÃO IV DO TRATAMENTO DO USUÁRIO OU DEPENDENTE DE DROGAS (Incluída pela Lei 13.840/2019)

Art. 23. As redes dos serviços de saúde da União, dos Estados, do Distrito Federal, dos Municípios desenvolverão programas de atenção ao usuário e ao dependente de drogas, respeitadas as diretrizes do Ministério da Saúde e os princípios explicitados no art. 22 desta Lei, obrigatória a previsão orçamentária adequada.

Art. 23-A. O tratamento do usuário ou dependente de drogas deverá ser ordenado em uma rede de atenção à saúde, com prioridade para as modalidades de tratamento ambulatorial, incluindo excepcionalmente formas de internação em unidades de saúde e hospitais gerais nos termos de normas dispostas pela União e articuladas com os serviços de assistência social e em etapas que permitam: (Incluído pela Lei 13.840/2019)

I - articular a atenção com ações preventivas que atinjam toda a população;

II - orientar-se por protocolos técnicos predefinidos, baseados em evidências científicas, oferecendo atendimento individualizado ao usuário ou dependente de drogas com abordagem preventiva e, sempre que indicado, ambulatorial;

III - preparar para a reinserção social e econômica, respeitando as habilidades e projetos individuais por meio de programas que articulem educação, capacitação para o trabalho, esporte, cultura e acompanhamento individualizado; e

IV - acompanhar os resultados pelo SUS, Suas e Sisnad, de forma articulada.

§ 1º Caberá à União dispor sobre os protocolos técnicos de tratamento, em âmbito nacional.

§ 2º A internação de dependentes de drogas somente será realizada em unidades de saúde ou hospitais gerais, dotados de equipes multidisciplinares e deverá ser obrigatoriamente autorizada por médico devidamente registrado no Conselho Regional de Medicina - CRM do Estado onde se localize o estabelecimento no qual se dará a internação.

§ 3º São considerados 2 (dois) tipos de internação:

I - internação voluntária: aquela que se dá com o consentimento do dependente de drogas;

II - internação involuntária: aquela que se dá, sem o consentimento do dependente, a pedido de familiar ou do responsável legal ou, na absoluta falta deste, de servidor público da área de saúde, da assistência social ou dos órgãos públicos integrantes do Sisnad, com exceção de servidores da área de segurança pública, que constate a existência de motivos que justifiquem a medida.

§ 4º A internação voluntária:

I - deverá ser precedida de declaração escrita da pessoa solicitante de que optou por este regime de tratamento;

II - seu término dar-se-á por determinação do médico responsável ou por solicitação escrita da pessoa que deseja interromper o tratamento.

§ 5º A internação involuntária:

I - deve ser realizada após a formalização da decisão por médico responsável;

II - será indicada depois da avaliação sobre o tipo de droga utilizada, o padrão de uso e na hipótese comprovada da impossibilidade de utilização de outras alternativas terapêuticas previstas na rede de atenção à saúde;

III - perdurará apenas pelo tempo necessário à desintoxicação, no prazo máximo de 90 (noventa) dias, tendo seu término determinado pelo médico responsável;

IV - a família ou o representante legal poderá, a qualquer tempo, requerer ao médico a interrupção do tratamento.

§ 6º A internação, em qualquer de suas modalidades, só será indicada quando os recursos extra-hospitalares se mostrarem insuficientes.

§ 7º Todas as internações e altas de que trata esta Lei deverão ser informadas, em, no máximo, de 72 (setenta e duas) horas, ao Ministério Público, à Defensoria Pública e a outros órgãos de fiscalização, por meio de sistema informatizado único, na forma do regulamento desta Lei.

§ 8º É garantido o sigilo das informações disponíveis no sistema referido no § 7º e o acesso será permitido apenas às pessoas autorizadas a conhecê-las, sob pena de responsabilidade.

§ 9º É vedada a realização de qualquer modalidade de internação nas comunidades terapêuticas acolhedoras.

§ 10. O planejamento e a execução do projeto terapêutico individual deverão observar, no que couber, o previsto na Lei nº 10.216, de 6 de abril de 2001, que dispõe sobre a proteção e os direitos das pessoas portadoras de transtornos mentais e redireciona o modelo assistencial em saúde mental.

SEÇÃO V
DO PLANO INDIVIDUAL DE ATENDIMENTO
(Incluída pela Lei 13.840/2019)

Art. 23-B. O atendimento ao usuário ou dependente de drogas na rede de atenção à saúde dependerá de: (Incluído pela Lei 13.840/2019)

I - avaliação prévia por equipe técnica multidisciplinar e multissetorial; e

II - elaboração de um Plano Individual de Atendimento - PIA.

§ 1º A avaliação prévia da equipe técnica subsidiará a elaboração e execução do projeto terapêutico individual a ser adotado, levantando no mínimo:

I - o tipo de droga e o padrão de seu uso; e

II - o risco à saúde física e mental do usuário ou dependente de drogas ou das pessoas com as quais convive.

§ 2º (Vetado)

§ 3º O PIA deverá contemplar a participação dos familiares ou responsáveis, os quais têm o dever de contribuir com o processo, sendo esses, no caso de crianças e adolescentes, passíveis de responsabilização civil, administrativa e criminal, nos termos da Lei nº 8.069, de 13 de julho de 1990 - Estatuto da Criança e do Adolescente.

§ 4º O PIA será inicialmente elaborado sob a responsabilidade da equipe técnica do primeiro projeto terapêutico que atender o usuário ou dependente de drogas e será atualizado ao longo das diversas fases do atendimento.

§ 5º Constarão do plano individual, no mínimo:

I - os resultados da avaliação multidisciplinar;

II - os objetivos declarados pelo atendido;

III - a previsão de suas atividades de integração social ou capacitação profissional;

IV - atividades de integração e apoio à família;

V - formas de participação da família para efetivo cumprimento do plano individual;

VI - designação do projeto terapêutico mais adequado para o cumprimento do previsto no plano; e

VII - as medidas específicas de atenção à saúde do atendido.

§ 6º O PIA será elaborado no prazo de até 30 (trinta) dias da data do ingresso no atendimento.

§ 7º As informações produzidas na avaliação e as registradas no plano individual de atendimento são consideradas sigilosas.

Art. 24. A União, os Estados, o Distrito Federal e os Municípios poderão conceder benefícios às instituições privadas que desenvolverem programas de reinserção no mercado de trabalho, do usuário e do dependente de drogas encaminhados por órgão oficial.

Art. 25. As instituições da sociedade civil, sem fins lucrativos, com atuação nas áreas da atenção à saúde e da assistência social, que atendam usuários ou dependentes de drogas poderão receber recursos do Funad, condicionados à sua disponibilidade orçamentária e financeira.

Art. 26. O usuário e o dependente de drogas que, em razão da prática de infração penal, estiverem cumprindo pena privativa de liberdade ou submetidos a medida de segurança, têm garantidos os serviços de atenção à sua saúde, definidos pelo respectivo sistema penitenciário.

SEÇÃO VI
DO ACOLHIMENTO EM COMUNIDADE TERAPÊUTICA ACOLHEDORA
(Incluída pela Lei 13.840/2019)

Art. 26-A. O acolhimento do usuário ou dependente de drogas na comunidade terapêutica acolhedora caracteriza-se por: (Incluído pela Lei 13.840/2019)

I - oferta de projetos terapêuticos ao usuário ou dependente de drogas que visam à abstinência;

II - adesão e permanência voluntária, formalizadas por escrito, entendida como uma etapa transitória para a reinserção social e econômica do usuário ou dependente de drogas;

III - ambiente residencial, propício à formação de vínculos, com a convivência entre os pares, atividades práticas de valor educativo e a promoção do desenvolvimento pessoal, vocacionada para acolhimento ao usuário ou dependente de drogas em vulnerabilidade social;

IV - avaliação médica prévia;

V - elaboração de plano individual de atendimento na forma do art. 23-B desta Lei; e

VI - vedação de isolamento físico do usuário ou dependente de drogas.

§ 1º Não são elegíveis para o acolhimento as pessoas com comprometimentos biológicos e psicológicos de natureza grave que mereçam atenção médico-hospitalar contínua ou de emergência, caso em que deverão ser encaminhadas à rede de saúde.

§§ 2º a 5º (Vetados)

CAPÍTULO III.
DOS CRIMES E DAS PENAS

Art. 27. As penas previstas neste CAPÍTULO poderão ser aplicadas isolada ou cumulativamente, bem como substituídas a qualquer tempo, ouvidos o Ministério Público e o defensor.

Art. 28. Quem adquirir, guardar, tiver em depósito, transportar ou trouxer consigo, para consumo pessoal, drogas sem autorização ou em desacordo com determinação legal ou regulamentar será submetido às seguintes penas:

- Lei 11.343/2006: art. 48.
- Lei 8.257/1991: art. 1º.
- Decreto 511/1992: art. 1º.

I – advertência sobre os efeitos das drogas;

II – prestação de serviços à comunidade;

- CP: art. 46.

III – medida educativa de comparecimento a programa ou curso educativo.

§ 1º. Às mesmas medidas submete-se quem, para seu consumo pessoal, semeia, cultiva ou colhe plantas destinadas à preparação de pequena quantidade de substância ou produto capaz de causar dependência física ou psíquica.

§ 2º. Para determinar se a droga destinava-se a consumo pessoal, o juiz atenderá à natureza e à quantidade da substância apreendida, ao local e às condições em que se desenvolveu a ação, às circunstâncias sociais e pessoais, bem como à conduta e aos antecedentes do agente.

§ 3º. As penas previstas nos incisos II e III do *caput* deste artigo serão aplicadas pelo prazo máximo de 5 (cinco) meses.

§ 4º. Em caso de reincidência, as penas previstas nos incisos II e III do *caput* deste artigo serão aplicadas pelo prazo máximo de 10 (dez) meses.

- CP: arts. 63 e 64.

§ 5º. A prestação de serviços à comunidade será cumprida em programas comunitários, entidades educacionais ou assistenciais, hospitais, estabelecimentos congêneres, públicos ou privados sem fins lucrativos, que se ocupem, preferencialmente, da prevenção do consumo ou da recuperação de usuários e dependentes de drogas.

§ 6º. Para garantia do cumprimento das medidas educativas a que se refere o *caput*, nos incisos I, II e III, a que injustificadamente se recuse o agente, poderá o juiz submetê-lo, sucessivamente a:

- I – admoestação verbal;
- II – multa.

§ 7º. O juiz determinará ao Poder Público que coloque à disposição do infrator, gratuitamente, estabelecimento de saúde, preferencialmente ambulatorial, para tratamento especializado.

Art. 29. Na imposição da medida educativa a que se refere o inciso II do § 6º do art. 28, o juiz, atendendo à reprovabilidade da conduta, fixará o número de dias-multa, em quantidade nunca inferior a 40 (quarenta) nem superior a 100 (cem), atribuindo depois a cada um, segundo a capacidade econômica do agente, o valor de 1/30 (um trinta avos) até 3 (três) vezes o valor do maior salário mínimo.

Parágrafo único. Os valores decorrentes da imposição da multa a que se refere o § 6º do art. 28 serão creditados à conta do Fundo Nacional Antidrogas.

Art. 30. Prescrevem em 2 (dois) anos a imposição e a execução das penas, observado, no tocante à interrupção do prazo, o disposto nos arts. 107 e seguintes do Código Penal.

- CP: art. 117.

TÍTULO IV.
DA REPRESSÃO À PRODUÇÃO NÃO AUTORIZADA E AO TRÁFICO ILÍCITO DE DROGAS

CAPÍTULO I.
DISPOSIÇÕES GERAIS

Art. 31. É indispensável a licença prévia da autoridade competente para produzir, extrair, fabricar, transformar, preparar, possuir, manter em depósito, importar, exportar, reexportar, remeter, transportar, expor, oferecer, vender, comprar, trocar, ceder ou adquirir, para qualquer fim, drogas ou matéria-prima destinada à sua preparação, observadas as demais exigências legais.

Art. 32. As plantações ilícitas serão imediatamente destruídas pelo delegado de polícia na forma do art. 50-A, que recolherá quantidade suficiente para exame pericial, de tudo lavrando auto de levantamento das condições encontradas, com a delimitação do local, asseguradas as medidas necessárias para a preservação da prova. (Redação dada pela Lei nº 12.961, de 2014)

§ 1º. (*Revogado pela Lei nº 12.961, de 2014*)

§ 2º. (*Revogado pela Lei nº 12.961, de 2014*)

§ 3º. Em caso de ser utilizada a queimada para destruir a plantação, observar-se-á, além das cautelas necessárias à proteção ao meio ambiente, o disposto no Decreto nº 2.661, de 8 de julho de 1998, no que couber, dispensada a autorização prévia do órgão próprio do Sistema Nacional do Meio Ambiente – Sisnama.

- Lei 12.651/2012 revogou o Decreto 2.661/1998 que regulamentava o art. 27, par. único, da Lei 4.771/1965.
- Lei 12.651/2012: arts. 38 a 40.

§ 4º. As glebas cultivadas com plantações ilícitas serão expropriadas, conforme o disposto no art. 243 da Constituição Federal, de acordo com a legislação em vigor.

- Lei 8.257/1991: art. 1º.
- Decreto 511/1992: art. 1º.

CAPÍTULO II. DOS CRIMES

Art. 33. Importar, exportar, remeter, preparar, produzir, fabricar, adquirir, vender, expor à venda, oferecer, ter em depósito, transportar, trazer consigo, guardar, prescrever, ministrar, entregar a consumo ou fornecer drogas, ainda que gratuitamente, sem autorização ou em desacordo com determinação legal ou regulamentar:

- Súm. 528 do STJ.
- CF/.88: art. 144, § 1º, II.

Pena – reclusão de 5 (cinco) a 15 (quinze) anos e pagamento de 500 (quinhentos) a 1.500 (mil e quinhentos) dias-multa.

§ 1º. Nas mesmas penas incorre quem:

I – importa, exporta, remete, produz, fabrica, adquire, vende, expõe à venda, oferece, fornece, tem em depósito, transporta, traz consigo ou guarda, ainda que gratuitamente, sem autorização ou em desacordo com determinação legal ou regulamentar, matéria-prima, insumo ou produto químico destinado à preparação de drogas;

- Lei 10.357/2001: art. 1º.

II – semeia, cultiva ou faz a colheita, sem autorização ou em desacordo com determinação legal ou regulamentar, de plantas que se constituam em matéria-prima para a preparação de drogas;

III – utiliza local ou bem de qualquer natureza de que tem a propriedade, posse, administração, guarda ou vigilância, ou consente que outrem dele se utilize, ainda que gratuitamente, sem autorização ou em desacordo com determinação legal ou regulamentar, para o tráfico ilícito de drogas.

IV - vende ou entrega drogas ou matéria-prima, insumo ou produto químico destinado à preparação de drogas, sem autorização ou em desacordo com a determinação legal ou regulamentar, a agente policial disfarçado, quando presentes elementos probatórios razoáveis de conduta criminal preexistente. (Incluído pela Lei 13.964/2019)

§ 2º. Induzir, instigar ou auxiliar alguém ao uso indevido de droga:

- ADIn 4274: O STF, por unanimidade, "julgou procedente a ação direta para dar ao § 2º do art. 33 da Lei 11.343/2006 interpretação conforme à Constituição, para dele excluir qualquer significado que enseje a proibição de manifestações e debates públicos acerca da descriminalização ou legalização do uso de drogas ou de qualquer substância que leve o ser humano ao entorpecimento episódico, ou então viciado, das suas faculdades psico-físicas". (D.O.U. 2.12.2011)

Pena – detenção, de 1 (um) a 3 (três) anos, e multa de 100 (cem) a 300 (trezentos) dias-multa.

§ 3º. Oferecer droga, eventualmente e sem objetivo de lucro, a pessoa de seu relacionamento, para juntos a consumirem:

Pena – detenção, de 6 (seis) meses a 1 (um) ano, e pagamento de 700 (setecentos) a 1.500 (mil e quinhentos) dias-multa, sem prejuízo das penas previstas no art. 28.

§ 4º. Nos delitos definidos no *caput* e no § 1º deste artigo, as penas poderão ser reduzidas de 1/6 (um sexto) a 2/3 (dois terços), vedada a conversão em penas restritivas de direitos, desde que o agente seja primário, de bons antecedentes, não se dedique às atividades criminosas nem integre organização criminosa.

- Resolução 5/2012 do Senado Federal, que suspende a execução da expressão "vedada a conversão em penas restritivas de direitos".

§§ 5º e 6º (Vetados na Lei 13.840/2019)

Art. 34. Fabricar, adquirir, utilizar, transportar, oferecer, vender, distribuir, entregar a qualquer título, possuir, guardar ou fornecer, ainda que gratuitamente, maquinário, aparelho, instrumento ou qualquer objeto destinado à fabricação, preparação, produção ou transformação de drogas, sem autorização ou em desacordo com determinação legal ou regulamentar:

Pena – reclusão, de 3 (três) a 10 (dez) anos, e pagamento de 1.200 (mil e duzentos) a 2.000 (dois mil) dias-multa.

Art. 35. Associarem-se duas ou mais pessoas para o fim de praticar, reiteradamente ou não, qualquer dos crimes previstos nos arts. 33, *caput* e § 1º, e 34 desta Lei:

- CP: art. 288.
- Lei 12.850/2013 – Define organização criminosa e dispõe sobre a investigação criminal, os meios de obtenção da prova, infrações penais correlatas e o procedimento criminal.
- Lei 8.072/1990: art. 8º.

Pena – reclusão, de 3 (três) a 10 (dez) anos, e pagamento de 700 (setecentos) a 1.200 (mil e duzentos) dias-multa.

Parágrafo único. Nas mesmas penas do *caput* deste artigo incorre quem se associa para a prática reiterada do crime definido no art. 36 desta Lei.

Art. 36. Financiar ou custear a prática de qualquer dos crimes previstos nos arts. 33, *caput* e § 1º, e 34 desta Lei:

- Lei 12.850/2013: art. 2º.

Pena – reclusão, de 8 (oito) a 20 (vinte) anos, e pagamento de 1.500 (mil e quinhentos) a 4.000 (quatro mil) dias-multa.

Art. 37. Colaborar, como informante, com grupo, organização ou associação destinados à prática de qualquer dos crimes previstos nos arts. 33, *caput* e § 1º, e 34 desta Lei:

Pena – reclusão, de 2 (dois) a 6 (seis) anos, e pagamento de 300 (trezentos) a 700 (setecentos) dias-multa.

Art. 38. Prescrever ou ministrar, culposamente, drogas, sem que delas necessite o paciente, ou fazê-lo em doses excessivas ou em desacordo com determinação legal ou regulamentar:

Pena – detenção, de 6 (seis) meses a 2 (dois) anos, e pagamento de 50 (cinquenta) a 200 (duzentos) dias-multa.

Parágrafo único. O juiz comunicará a condenação ao Conselho Federal da categoria profissional a que pertença o agente.

Art. 39. Conduzir embarcação ou aeronave após o consumo de drogas, expondo a dano potencial a incolumidade de outrem:

- Lei 9.503/1997: art. 306.

Pena – detenção, de 6 (seis) meses a 3 (três) anos, além da apreensão do veículo, cassação da habilitação respectiva ou proibição de obtê-la, pelo mesmo prazo da pena privativa de liberdade aplicada, e pagamento de 200 (duzentos) a 400 (quatrocentos) dias-multa.

Parágrafo único. As penas de prisão e multa, aplicadas cumulativamente com as demais, serão de 4 (quatro) a 6 (seis) anos e de 400 (quatrocentos) a 600 (seiscentos) dias-multa, se o veículo referido no *caput* deste artigo for de transporte coletivo de passageiros.

Art. 40. As penas previstas nos arts. 33 a 37 desta Lei são aumentadas de 1/6 (um sexto) a 2/3 (dois terços), se:

I – a natureza, a procedência da substância ou do produto apreendido e as circunstâncias do fato evidenciarem a transnacionalidade do delito;

- Súm. 528 do STJ.

II – o agente praticar o crime prevalecendo-se de função pública ou no desempenho de missão de educação, poder familiar, guarda ou vigilância;

III – a infração tiver sido cometida nas dependências ou imediações de estabelecimentos prisionais, de ensino ou hospitalares, de sedes de entidades estudantis, sociais, culturais, recreativas, esportivas, ou beneficentes, de locais de trabalho coletivo, de recintos onde se realizem espetáculos ou diversões de qualquer natureza, de serviços de tratamento de dependentes de drogas ou de reinserção social, de unidades militares ou policiais ou em transportes públicos;

IV – o crime tiver sido praticado com violência, grave ameaça, emprego de arma de fogo, ou qualquer processo de intimidação difusa ou coletiva;

V – caracterizado o tráfico entre Estados da Federação ou entre estes e o Distrito Federal;

- CF/88: art. 144, § 1º, II.
- Lei 10.446/2002: art. 1º, par. único.
- Súm. 587 do STJ.

VI – sua prática envolver ou visar a atingir criança ou adolescente ou a quem tenha, por qualquer motivo, diminuída ou suprimida a capacidade de entendimento e determinação;

- Lei 8.069/1990: arts. 243 e 244-B.

VII – o agente financiar ou custear a prática do crime.

Art. 41. O indiciado ou acusado que colaborar voluntariamente com a investigação policial e o processo criminal na identificação dos demais coautores ou partícipes do crime e na recuperação total ou parcial do produto do crime, no caso de condenação, terá pena reduzida de 1/3 (um terço) a 2/3 (dois terços).

- CP: art. 65, III, b.

Art. 42. O juiz, na fixação das penas, considerará, com preponderância sobre o previsto no art. 59 do Código Penal, a natureza e a quantidade da substância ou do produto, a personalidade e a conduta social do agente.

Art. 43. Na fixação da multa a que se referem os arts. 33 a 39 desta Lei, o juiz, atendendo ao que dispõe o art. 42 desta Lei, determinará o número de dias-multa, atribuindo a cada um, segundo as condições econômicas dos acusados, valor não inferior a 1/30 (um trinta avos) nem superior a cinco vezes o maior salário mínimo.

Parágrafo único. As multas, que em caso de concurso de crimes serão impostas sempre cumulativamente, podem ser aumentadas até o décuplo se, em virtude da situação econômica do acusado, considerá-las o juiz ineficazes, ainda que aplicadas no máximo.

Art. 44. Os crimes previstos nos arts. 33, *caput* e § 1º, e 34 a 37 desta Lei são inafiançáveis e insuscetíveis de *sursis*, graça, indulto, anistia e liberdade provisória, vedada a conversão de suas penas em restritivas de direitos.

- CF/88: art. 5º, XLII.
- Lei 8.072/1990: art. 2º.

Parágrafo único. Nos crimes previstos no *caput* deste artigo, dar-se-á o livramento condicional após o cumprimento de 2/3 (dois terços) da pena, vedada sua concessão ao reincidente específico.

- CP: art. 83, V.

Art. 45. É isento de pena o agente que, em razão da dependência, ou sob o efeito, proveniente de caso fortuito ou força maior, de droga, era, ao tempo da ação ou da omissão, qualquer que tenha sido a infração penal praticada, inteiramente incapaz de entender o caráter ilícito do fato ou de determinar-se de acordo com esse entendimento.

- CP: arts. 26 a 28.

Parágrafo único. Quando absolver o agente, reconhecendo, por força pericial, que este apresentava, à época do fato previsto neste artigo, as condições referidas no *caput* deste artigo, poderá determinar o juiz, na sentença, o seu encaminhamento para tratamento médico adequado.

Art. 46. As penas podem ser reduzidas de 1/3 (um terço) a 2/3 (dois terços) se, por força das circunstâncias previstas no art. 45 desta Lei, o agente não possuía, ao tempo da ação ou da omissão, a plena capacidade de entender o caráter ilícito do fato ou de determinar-se de acordo com esse entendimento.

- CP: art. 28, § 2º.

Art. 47. Na sentença condenatória, o juiz, com base em avaliação que ateste a necessidade de encaminhamento do agente para tratamento, realizada por profissional de saúde com competência específica na forma da lei, determinará que a tal se proceda, observado o disposto no art. 26 desta Lei.

CAPÍTULO III. DO PROCEDIMENTO PENAL

Art. 48. O procedimento relativo aos processos por crimes definidos neste TÍTULO rege-se pelo disposto neste Capítulo, aplicando-se, subsidiariamente, as disposições do Código de Processo Penal e da Lei de Execução Penal.

§ 1º. O agente de qualquer das condutas previstas no art. 28 desta Lei, salvo se houver concurso com os crimes previstos nos arts. 33 a 37 desta Lei, será processado e julgado na forma dos arts. 60 e seguintes da Lei nº 9.099, de 26 de setembro de 1995, que dispõe sobre os Juizados Especiais Criminais.

§ 2º. Tratando-se da conduta prevista no art. 28 desta Lei, não se imporá prisão em flagrante, devendo o autor do fato ser imediatamente encaminhado ao juízo competente ou, na falta deste, assumir o compromisso de a ele comparecer, lavrando-se termo circunstanciado e providenciando-se as requisições dos exames e perícias necessários.

§ 3º. Se ausente a autoridade judicial, as providências previstas no § 2º deste artigo serão tomadas de imediato pela autoridade policial, no local em que se encontrar, vedada a detenção do agente.

§ 4º. Concluídos os procedimentos de que trata o § 2º deste artigo, o agente será submetido a exame de corpo de delito, se o requerer ou se a autoridade de polícia judiciária entender conveniente, e em seguida liberado.

§ 5º. Para os fins do disposto no art. 76 da Lei nº 9.099, de 1995, que dispõe sobre os Juizados Especiais Criminais, o Ministério Público poderá propor a aplicação imediata de pena prevista no art. 28 desta Lei, a ser especificada na proposta.

Art. 49. Tratando-se de condutas tipificadas nos arts. 33, *caput* e § 1º, e 34 a 37 desta Lei, o juiz, sempre que as circunstâncias o recomendem, empregará os instrumentos protetivos de colaboradores e testemunhas previstos na Lei nº 9.807, de 13 de julho de 1999.

SEÇÃO I. DA INVESTIGAÇÃO

Art. 50. Ocorrendo prisão em flagrante, a autoridade de polícia judiciária fará, imediatamente, comunicação ao juiz competente, remetendo-lhe cópia do auto lavrado, do qual será dada vista ao órgão do Ministério Público, em 24 (vinte e quatro) horas.

- CF/88: art. 5º, LXI.
- CPP: arts. 4º, 302 e 306, § 2º.

§ 1º. Para efeito da lavratura do auto de prisão em flagrante e estabelecimento da materialidade do delito, é suficiente o laudo de constatação da natureza e quantidade da droga, firmado por perito oficial ou, na falta deste, por pessoa idônea.

- CPP: art. 158.

§ 2º. O perito que subscrever o laudo a que se refere o § 1º deste artigo não ficará impedido de participar da elaboração do laudo definitivo.

- CPP: art. 159.

§ 3º. Recebida cópia do auto de prisão em flagrante, o juiz, no prazo de 10 (dez) dias, certificará a regularidade formal do laudo de constatação e determinará a destruição das drogas apreendidas, guardando-se amostra necessária à realização do laudo definitivo. (Incluído pela Lei nº 12.961, de 2014)

§ 4º. A destruição das drogas será executada pelo delegado de polícia competente no prazo de 15 (quinze) dias na presença do Ministério Público e da autoridade sanitária. (Incluído pela Lei nº 12.961, de 2014)

§ 5º. O local será vistoriado antes e depois de efetivada a destruição das drogas referida no § 3º, sendo lavrado auto circunstanciado pelo delegado de polícia, certificando-se neste a destruição total delas. (Incluído pela Lei nº 12.961, de 2014)

Art. 50-A. A destruição das drogas apreendidas sem a ocorrência de prisão em flagrante será feita por incineração, no prazo máximo de 30 (trinta) dias contados da data da apreensão, guardando-se amostra necessária à realização do laudo definitivo. (Redação dada pela Lei 13.840/2019)

Art. 51. O inquérito policial será concluído no prazo de 30 (trinta) dias, se o indiciado estiver preso, e de 90 (noventa) dias, quando solto.

Parágrafo único. Os prazos a que se refere este artigo podem ser duplicados pelo juiz, ouvido o Ministério Público, mediante pedido justificado da autoridade de polícia judiciária.

Art. 52. Findos os prazos a que se refere o art. 51 desta Lei, a autoridade de polícia judiciária, remetendo os autos do inquérito ao juízo:

I – relatará sumariamente as circunstâncias do fato, justificando as razões que a levaram à classificação do delito, indicando a quantidade e natureza da substância ou do produto apreendido, o local e as condições em que se desenvolveu a ação criminosa, as circunstâncias da prisão, a conduta, a qualificação e os antecedentes do agente; ou

II – requererá sua devolução para a realização de diligências necessárias.

Parágrafo único. A remessa dos autos far-se-á sem prejuízo de diligências complementares:

I – necessárias ou úteis à plena elucidação do fato, cujo resultado deverá ser encaminhado ao juízo competente até 3 (três) dias antes da audiência de instrução e julgamento;

II – necessárias ou úteis à indicação dos bens, direitos e valores de que seja titular o agente, ou que figurem em seu nome, cujo resultado deverá ser encaminhado ao juízo competente até 3 (três) dias antes da audiência de instrução e julgamento.

Art. 53. Em qualquer fase da persecução criminal relativa aos crimes previstos nesta Lei, são permitidos, além dos previstos em lei, mediante autorização judicial e ouvido o Ministério Público, os seguintes procedimentos investigatórios:

I – a infiltração por agentes de polícia, em tarefas de investigação, constituída pelos órgãos especializados pertinentes;

II – a não atuação policial sobre os portadores de drogas, seus precursores químicos ou outros produtos utilizados em sua produção, que se encontrem no território brasileiro, com a finalidade de identificar e responsabilizar maior número de integrantes de operações de tráfico e distribuição, sem prejuízo da ação penal cabível.

Parágrafo único. Na hipótese do inciso II deste artigo, a autorização será concedida desde que sejam conhecidos o itinerário provável e a identificação dos agentes do delito ou de colaboradores.

SEÇÃO II. DA INSTRUÇÃO CRIMINAL

Art. 54. Recebidos em juízo os autos do inquérito policial, de Comissão Parlamentar de Inquérito ou peças de informação, dar-se-á vista ao Ministério Público para, no prazo de 10 (dez) dias, adotar uma das seguintes providências:

I – requerer o arquivamento;

- CPP: art. 28.

II – requisitar as diligências que entender necessárias;

III – oferecer denúncia, arrolar até 5 (cinco) testemunhas e requerer as demais provas que entender pertinentes.

Art. 55. Oferecida a denúncia, o juiz ordenará a notificação do acusado para oferecer defesa prévia, por escrito, no prazo de 10 (dez) dias.

§ 1º. Na resposta, consistente em defesa preliminar e exceções, o acusado poderá arguir preliminares e invocar todas as razões de defesa, oferecer documentos e justificações, especificar as provas que pretende produzir e, até o número de 5 (cinco), arrolar testemunhas.

§ 2º. As exceções serão processadas em apartado, nos termos dos arts. 95 a 113 do Decreto-Lei nº 3.689, de 3 de outubro de 1941 – Código de Processo Penal.

§ 3º. Se a resposta não for apresentada no prazo, o juiz nomeará defensor para oferecê-la em 10 (dez) dias, concedendo-lhe vista dos autos no ato de nomeação.

§ 4º. Apresentada a defesa, o juiz decidirá em 5 (cinco) dias.

§ 5º. Se entender imprescindível, o juiz, no prazo máximo de 10 (dez) dias, determinará a apresentação do preso, realização de diligências, exames e perícias.

Art. 56. Recebida a denúncia, o juiz designará dia e hora para a audiência de instrução e julgamento, ordenará a citação pessoal do acusado, a intimação do Ministério Público, do assistente, se for o caso, e requisitará os laudos periciais.

§ 1º. Tratando-se de condutas tipificadas como infração do disposto nos arts. 33, *caput* e § 1º, e 34 a 37 desta Lei, o juiz, ao receber a denúncia, poderá decretar o afastamento cautelar do denunciado de suas atividades, se for funcionário público, comunicando ao órgão respectivo.

§ 2º. A audiência a que se refere o *caput* deste artigo será realizada dentro dos 30 (trinta) dias seguintes ao recebimento da denúncia, salvo se determinada a realização de avaliação para atestar dependência de drogas, quando se realizará em 90 (noventa) dias.

Art. 57. Na audiência de instrução e julgamento, após o interrogatório do acusado e a inquirição das testemunhas, será dada a palavra, sucessivamente, ao representante do Ministério Público e ao defensor do acusado, para sustentação oral, pelo prazo de 20 (vinte) minutos para cada um, prorrogável por mais 10 (dez), a critério do juiz.

Parágrafo único. Após proceder ao interrogatório, o juiz indagará das partes se restou algum fato para ser esclarecido, formulando as perguntas correspondentes se o entender pertinente e relevante.

- CPP: art. 188.

Art. 58. Encerrados os debates, proferirá o juiz sentença de imediato, ou o fará em 10 (dez) dias, ordenando que os autos para isso lhe sejam conclusos.

§ 1º. *(Revogado pela Lei nº 12.961, de 2014)*

§ 2º. *(Revogado pela Lei nº 12.961, de 2014)*

Art. 59. Nos crimes previstos nos arts. 33, *caput* e § 1º, e 34 a 37 desta Lei, o réu não poderá apelar sem recolher-se à prisão, salvo se for primário e de bons antecedentes, assim reconhecido na sentença condenatória.

CAPÍTULO IV. DA APREENSÃO, ARRECADAÇÃO E DESTINAÇÃO DE BENS DO ACUSADO

Art. 60. O juiz, a requerimento do Ministério Público ou do assistente de acusação, ou mediante representação da autoridade de polícia judiciária, poderá decretar, no curso do inquérito ou da ação penal, a apreensão e outras medidas assecuratórias nos casos em que haja suspeita de que os bens, direitos ou valores sejam produto do crime ou constituam proveito dos crimes previstos nesta Lei, procedendo-se na forma dos arts. 125 e seguintes do Decreto-Lei nº 3.689, de 3 de outubro de 1941 - Código de Processo Penal. (Redação dada pela Lei 13.840/2019)

- Lei 8.257/1991: art. 1º.
- Decreto 511/1992: art. 1º.

§§ 1º e 2º (Revogados pela Lei 13.840/2019)

§ 3º Na hipótese do art. 366 do Decreto-Lei nº 3.689, de 3 de outubro de 1941 - Código de Processo Penal, o juiz poderá determinar a prática de atos necessários à conservação dos bens, direitos ou valores. (Redação dada pela Lei 13.840/2019)

§ 4º A ordem de apreensão ou sequestro de bens, direitos ou valores poderá ser suspensa pelo juiz, ouvido o Ministério Público, quando a sua execução imediata puder comprometer as investigações. (Redação dada pela Lei 13.840/2019)

Art. 60-A. Se as medidas assecuratórias de que trata o art. 60 desta Lei recaírem sobre moeda estrangeira, títulos, valores mobiliários ou cheques emitidos como ordem de pagamento, será determinada, imediatamente, a sua conversão em moeda nacional. (Redação dada pela Lei nº 13.886, de 17/10/2019)

§ 1º A moeda estrangeira apreendida em espécie deve ser encaminhada a instituição financeira, ou equiparada, para alienação na forma prevista pelo Conselho Monetário Nacional.

§ 2º Na hipótese de impossibilidade da alienação a que se refere o § 1º deste artigo, a moeda estrangeira será custodiada pela instituição financeira até decisão sobre o seu destino.

§ 3º Após a decisão sobre o destino da moeda estrangeira a que se refere o § 2º deste artigo, caso seja verificada a inexistência de valor de mercado, seus espécimes poderão ser destruídos ou doados à representação diplomática do país de origem.

§ 4º Os valores relativos às apreensões feitas antes da data de entrada em vigor da Medida Provisória nº 885, de 17 de junho de 2019, e que estejam custodiados nas dependências do Banco Central do Brasil devem ser transferidos à Caixa Econômica Federal, no prazo de 360 (trezentos e sessenta) dias, para que se proceda à alienação ou custódia, de acordo com o previsto nesta Lei.

Art. 61. A apreensão de veículos, embarcações, aeronaves e quaisquer outros meios de transporte e dos maquinários, utensílios, instrumentos e objetos de qualquer natureza utilizados para a prática dos crimes definidos nesta Lei será imediatamente comunicada pela autoridade de polícia judiciária responsável pela investigação ao juízo competente. (Redação dada pela Lei 13.840/2019)

§ 1º O juiz, no prazo de 30 (trinta) dias contado da comunicação de que trata o *caput*, determinará a alienação dos bens apreendidos, excetuadas as armas, que serão recolhidas na forma da legislação específica. (Redação dada pela Lei 13.840/2019)

§ 2º A alienação será realizada em autos apartados, dos quais constará a exposição sucinta do nexo de instrumentalidade entre o delito e os bens apreendidos, a descrição e especificação dos objetos, as informações sobre quem os tiver sob custódia e o local em que se encontrem. (Incluído pela Lei 13.840/2019)

§ 3º O juiz determinará a avaliação dos bens apreendidos, que será realizada por oficial de justiça, no prazo de 5 (cinco) dias a contar da autuação, ou, caso sejam necessários conhecimentos especializados, por avaliador nomeado pelo juiz, em prazo não superior a 10 (dez) dias. (Incluído pela Lei 13.840/2019)

§ 4º Feita a avaliação, o juiz intimará o órgão gestor do Funad, o Ministério Público e o interessado para se manifestarem no prazo de 5 (cinco) dias e, dirimidas eventuais divergências, homologará o valor atribuído aos bens. (Incluído pela Lei 13.840/2019)

§ 5º (Vetado na Lei 13.840/2019)

§§ 6º a 8º (Revogados pela Lei 13.886/2019)

§ 9º O Ministério Público deve fiscalizar o cumprimento da regra estipulada no § 1º deste artigo. (Acrescido pela Lei 13.886/2019)

§ 10. Aplica-se a todos os tipos de bens confiscados a regra estabelecida no § 1º deste artigo. (Acrescido pela Lei 13.886/2019)

§ 11. Os bens móveis e imóveis devem ser vendidos por meio de hasta pública, preferencialmente por meio eletrônico, assegurada a venda pelo maior lance, por preço não inferior a 50% (cinquenta por cento) do valor da avaliação judicial. (Acrescido pela Lei 13.886/2019)

§ 12. O juiz ordenará às secretarias de fazenda e aos órgãos de registro e controle que efetuem as averbações necessárias, tão logo tenha conhecimento da apreensão. (Acrescido pela Lei 13.886/2019)

§ 13. Na alienação de veículos, embarcações ou aeronaves, a autoridade de trânsito ou o órgão congênere competente para o registro, bem como as secretarias de fazenda, devem proceder à regularização dos bens no prazo de 30 (trinta) dias, ficando o arrematante isento do pagamento de multas, encargos e tributos anteriores, sem prejuízo de execução fiscal em relação ao antigo proprietário. (Acrescido pela Lei 13.886/2019)

§ 14. Eventuais multas, encargos ou tributos pendentes de pagamento não podem ser cobrados do arrematante ou do órgão público alienante como condição para regularização dos bens. (Acrescido pela Lei 13.886/2019)

§ 15. Na hipótese de que trata o § 13 deste artigo, a autoridade de trânsito ou o órgão congênere competente para o registro poderá emitir novos identificadores dos bens. (Acrescido pela Lei 13.886/2019)

Art. 62. Comprovado o interesse público na utilização de quaisquer dos bens de que trata o art. 61, os órgãos de polícia judiciária, militar e rodoviária poderão deles fazer uso, sob sua responsabilidade e com o objetivo de sua conservação, mediante autorização judicial, ouvido o Ministério Público e garantida a prévia avaliação dos respectivos bens. (Redação dada pela Lei 13.840/2019)

§ 1º (Revogado pela Lei 13.886/2019)

§ 1º-A. O juízo deve cientificar o órgão gestor do Funad para que, em 10 (dez) dias, avalie a existência do interesse público mencionado no *caput* deste artigo e indique o órgão que deve receber o bem. (Acrescido pela Lei 13.886/2019)

§ 1º-B. Têm prioridade, para os fins do § 1º-A deste artigo, os órgãos de segurança pública que participaram das ações de investigação ou repressão ao crime que deu causa à medida. (Acrescido pela Lei 13.886/2019)

§ 2º A autorização judicial de uso de bens deverá conter a descrição do bem e a respectiva avaliação e indicar o órgão responsável por sua utilização. (Redação dada pela Lei 13.840/2019)

§ 3º O órgão responsável pela utilização do bem deverá enviar ao juiz periodicamente, ou a qualquer momento quando por este solicitado, informações sobre seu estado de conservação. (Redação dada pela Lei 13.840/2019)

§ 4º Quando a autorização judicial recair sobre veículos, embarcações ou aeronaves, o juiz ordenará à autoridade ou ao órgão de registro e controle a expedição de certificado provisório de registro e licenciamento em favor do órgão ao qual tenha deferido o uso ou custódia, ficando este livre do pagamento de multas, encargos e tributos anteriores à decisão de utilização do bem até o trânsito em julgado da decisão que decretar o seu perdimento em favor da União. (Redação dada pela Lei 13.840/2019)

§ 5º Na hipótese de levantamento, se houver indicação de que os bens utilizados na forma deste artigo sofreram depreciação superior àquela esperada em razão do transcurso do tempo e do uso, poderá o interessado requerer nova avaliação judicial. (Redação dada pela Lei 13.840/2019)

§ 6º Constatada a depreciação de que trata o § 5º, o ente federado ou a entidade que utilizou o bem indenizará o detentor ou proprietário dos bens. (Redação dada pela Lei 13.840/2019)

§§ 7º a 11. (Revogados pela Lei 13.840/2019)

Art. 62-A. O depósito, em dinheiro, de valores referentes ao produto da alienação ou a numerários apreendidos ou que tenham sido convertidos deve ser efetuado na Caixa Econômica Federal, por meio de documento de arrecadação destinado a essa finalidade. (Redação dada pela Lei 13.886/2019)

§ 1º Os depósitos a que se refere o *caput* deste artigo devem ser transferidos, pela Caixa Econômica Federal, para a conta única do Tesouro Nacional, independentemente de qualquer formalidade, no prazo de 24 (vinte e quatro) horas, contado do momento da realização do depósito, onde ficarão à disposição do Funad.

§ 2º Na hipótese de absolvição do acusado em decisão judicial, o valor do depósito será devolvido a ele pela Caixa Econômica Federal no prazo de até 3 (três) dias úteis, acrescido de juros, na forma estabelecida pelo § 4º do art. 39 da Lei nº 9.250, de 26 de dezembro de 1995.

§ 3º Na hipótese de decretação do seu perdimento em favor da União, o valor do depósito será transformado em pagamento definitivo, respeitados os direitos de eventuais lesados e de terceiros de boa-fé.

§ 4º Os valores devolvidos pela Caixa Econômica Federal, por decisão judicial, devem ser efetuados como anulação de receita do Funad no exercício em que ocorrer a devolução.

§ 5º A Caixa Econômica Federal deve manter o controle dos valores depositados ou devolvidos.

Art. 63. Ao proferir a sentença, o juiz decidirá sobre: (Redação dada pela Lei 13.840/2019)

I - o perdimento do produto, bem, direito ou valor apreendido ou objeto de medidas assecuratórias; e (Incluído pela Lei 13.840/2019)

II - o levantamento dos valores depositados em conta remunerada e a liberação dos bens utilizados nos termos do art. 62. (Incluído pela Lei 13.840/2019)

§ 1º Os bens, direitos ou valores apreendidos em decorrência dos crimes tipificados nesta Lei ou objeto de medidas assecuratórias, após decretado seu perdimento em favor da União, serão revertidos diretamente ao Funad. (Redação dada pela Lei 13.840/2019)

§ 2º O juiz remeterá ao órgão gestor do Funad relação dos bens, direitos e valores declarados perdidos, indicando o local em que se encontram e a entidade ou o órgão em cujo poder estejam, para os fins de sua destinação nos termos da legislação vigente. (Redação dada pela Lei 13.840/2019)

§ 3º (Revogado pela Lei 13.886/2019)

§ 4º Transitada em julgado a sentença condenatória, o juiz do processo, de ofício ou a requerimento do Ministério Público, remeterá à Senad relação dos bens, direitos e valores declarados perdidos em favor da União, indicando, quanto aos bens, o local em que se encontram e a entidade ou o órgão em cujo poder estejam, para os fins de sua destinação nos termos da legislação vigente.

- A alteração do § 4º proposta pela Lei 13.964/2019, foi vetada pelo Presidente da República.

§ 4º-A. Antes de encaminhar os bens ao órgão gestor do Funad, o juiz deve: (Acrescido pela Lei 13.886/2019)

I - ordenar às secretarias de fazenda e aos órgãos de registro e controle que efetuem as averbações necessárias, caso não tenham sido realizadas quando da apreensão; e

II - determinar, no caso de imóveis, o registro de propriedade em favor da União no cartório de registro de imóveis competente, nos termos do *caput* e do parágrafo único do art. 243 da Constituição Federal, afastada a responsabilidade de terceiros prevista no inciso VI do *caput* do art. 134 da Lei nº 5.172, de 25 de outubro de 1966 (Código Tributário Nacional), bem como determinar à Secretaria de Coordenação e Governança do Patrimônio da União a incorporação e entrega do imóvel, tornando-o livre e desembaraçado de quaisquer ônus para sua destinação.

§ 5º (Vetado na Lei 13.840/2019)

§ 6º Na hipótese do inciso II do *caput*, decorridos 360 (trezentos e sessenta) dias do trânsito em julgado e do conhecimento da sentença pelo interessado, os bens apreendidos, os que tenham sido objeto de medidas assecuratórias ou os valores depositados que não forem reclamados serão revertidos ao Funad. (Incluído pela Lei 13.840/2019)

Art. 63-A. Nenhum pedido de restituição será conhecido sem o comparecimento pessoal do acusado, podendo o juiz determinar a prática de atos necessários à conservação de bens, direitos ou valores. (Incluído pela Lei 13.840/2019)

Art. 63-B. O juiz determinará a liberação total ou parcial dos bens, direitos e objeto de medidas assecuratórias quando comprovada a licitude de sua origem, mantendo-se a constrição dos bens, direitos e valores necessários e suficientes à reparação dos danos e ao pagamento de prestações pecuniárias, multas e custas decorrentes da infração penal. (Incluído pela Lei 13.840/2019)

Art. 63-C. Compete à Senad, do Ministério da Justiça e Segurança Pública, proceder à destinação dos bens apreendidos e não leiloados em caráter cautelar, cujo perdimento seja decretado em favor da União, por meio das seguintes modalidades: (Acrescido pela Lei 13.886/2019)

I - alienação, mediante:

a) licitação;

b) doação com encargo a entidades ou órgãos públicos, bem como a comunidades terapêuticas acolhedoras que contribuam para o alcance das finalidades do Funad; ou

c) venda direta, observado o disposto no inciso II do *caput* do art. 24 da Lei nº 8.666, de 21 de junho de 1993;

- Lei 14.133/2021 (Nova Lei de Licitações)

II - incorporação ao patrimônio de órgão da administração pública, observadas as finalidades do Funad;

III - destruição; ou

IV - inutilização.

§ 1º A alienação por meio de licitação deve ser realizada na modalidade leilão, para bens móveis e imóveis, independentemente do valor de avaliação, isolado ou global, de bem ou de lotes, assegurada a venda pelo maior lance, por preço não inferior a 50% (cinquenta por cento) do valor da avaliação.

§ 2º O edital do leilão a que se refere o § 1º deste artigo será amplamente divulgado em jornais de grande circulação e em sítios eletrônicos oficiais, principalmente no Município em que será realizado, dispensada a publicação em diário oficial.

§ 3º Nas alienações realizadas por meio de sistema eletrônico da administração pública, a publicidade dada pelo sistema substituirá a publicação em diário oficial e em jornais de grande circulação.

§ 4º Na alienação de imóveis, o arrematante fica livre do pagamento de encargos e tributos anteriores, sem prejuízo de execução fiscal em relação ao antigo proprietário.

§ 5º Na alienação de veículos, embarcações ou aeronaves deverão ser observadas as disposições dos §§ 13 e 15 do art. 61 desta Lei.

§ 6º Aplica-se às alienações de que trata este artigo a proibição relativa à cobrança de multas, encargos ou tributos prevista no § 14 do art. 61 desta Lei.

§ 7º A Senad, do Ministério da Justiça e Segurança Pública, pode celebrar convênios ou instrumentos congêneres com órgãos e entidades da União, dos Estados, do Distrito Federal ou dos Municípios, bem como com comunidades terapêuticas acolhedoras, a fim de dar imediato cumprimento ao estabelecido neste artigo.

§ 8º Observados os procedimentos licitatórios previstos em lei, fica autorizada a contratação da iniciativa privada para a execução das ações de avaliação, de administração e de alienação dos bens a que se refere esta Lei.

Art. 63-D. Compete ao Ministério da Justiça e Segurança Pública regulamentar os procedimentos relativos à administração, à preservação e à destinação dos recursos provenientes de delitos e atos ilícitos e estabelecer os valores abaixo dos quais se deve proceder à sua destruição ou inutilização. (Acrescido pela Lei 13.886/2019)

- Portaria Senad 1/2020 (Regulamenta o art. 63-D da Lei nº 11.343, de 23 de agosto de 2006, dispondo sobre a incorporação e a doação de bens do Fundo Nacional Antidrogas, e dispõe sobre a indicação para uso provisório no curso de processo judicial e sobre os casos de destruição e de inutilização de bens objetos de apreensão e perdimento em favor da União).

Art. 63-E. O produto da alienação dos bens apreendidos ou confiscados será revertido integralmente ao Funad, nos termos do parágrafo único do art. 243 da Constituição Federal, vedada a sub-rogação sobre o valor da arrematação para saldar eventuais multas, encargos ou tributos pendentes de pagamento. (Acrescido pela Lei 13.886/2019)

Parágrafo único. O disposto no *caput* deste artigo não prejudica o ajuizamento de execução fiscal em relação aos antigos devedores.

Art. 63-F. Na hipótese de condenação por infrações às quais esta Lei comine pena máxima superior a 6 (seis) anos de reclusão, poderá ser decretada a perda, como produto ou proveito do crime, dos bens correspondentes à diferença entre o valor do patrimônio do condenado e aquele compatível com o seu rendimento lícito. (Acrescido pela Lei 13.886/2019)

§ 1º A decretação da perda prevista no *caput* deste artigo fica condicionada à existência de elementos probatórios que indiquem conduta criminosa habitual, reiterada ou profissional do condenado ou sua vinculação a organização criminosa.

§ 2º Para efeito da perda prevista no *caput* deste artigo, entende-se por patrimônio do condenado todos os bens:

I - de sua titularidade, ou sobre os quais tenha domínio e benefício direto ou indireto, na data da infração penal, ou recebidos posteriormente; e

II - transferidos a terceiros a título gratuito ou mediante contraprestação irrisória, a partir do início da atividade criminal.

§ 3º O condenado poderá demonstrar a inexistência da incompatibilidade ou a procedência lícita do patrimônio.

Art. 64. A União, por intermédio da Senad, poderá firmar convênio com os Estados, com o Distrito Federal e com organismos orientados para a prevenção do uso indevido de drogas, a atenção e a reinserção social de usuários ou dependentes e a atuação na repressão à produção não autorizada e ao tráfico ilícito de drogas, com vistas na liberação de equipamentos e de recursos por ela arrecadados, para a implantação e execução de programas relacionados à questão das drogas.

TÍTULO V. DA COOPERAÇÃO INTERNACIONAL

Art. 65. De conformidade com os princípios da não intervenção em assuntos internos, da igualdade jurídica e do respeito à integridade territorial dos Estados e às leis e aos regulamentos nacionais em vigor, e observado o espírito das Convenções das Nações Unidas e outros instrumentos jurídicos internacionais relacionados à questão das drogas, de que o Brasil é parte, o governo brasileiro prestará, quando solicitado, cooperação a outros países e organismos internacionais e, quando necessário, deles solicitará a colaboração, nas áreas de:

I – intercâmbio de informações sobre legislações, experiências, projetos e programas voltados para atividades de prevenção do uso indevido, de atenção e de reinserção social de usuários e dependentes de drogas;

II – intercâmbio de inteligência policial sobre produção e tráfico de drogas e delitos conexos, em especial o tráfico de armas, a lavagem de dinheiro e o desvio de precursores químicos;

III – intercâmbio de informações policiais e judiciais sobre produtores e traficantes de drogas e seus precursores químicos.

TÍTULO V-A
DO FINANCIAMENTO DAS POLÍTICAS SOBRE DROGAS
(Incluído pela Lei 13.840/2019)

Art. 65-A. (Vetado na Lei 13.840/2019)

TÍTULO VI.
DISPOSIÇÕES FINAIS E TRANSITÓRIAS

Art. 66. Para fins do disposto no parágrafo único do art. 1º desta Lei, até que seja atualizada a terminologia da lista mencionada no preceito, denominam-se drogas substâncias entorpecentes, psicotrópicas, precursoras e outras sob controle especial, da Portaria SVS/MS 344, de 12 de maio de 1998.

Art. 67. A liberação dos recursos previstos na Lei 7.560, de 19 de dezembro de 1986, em favor de Estados e do Distrito Federal, dependerá de sua adesão e respeito às diretrizes básicas contidas nos convênios firmados e do fornecimento de dados necessários à atualização do sistema previsto no art. 17 desta Lei, pelas respectivas polícias judiciárias.

Art. 67-A. Os gestores e entidades que recebam recursos públicos para execução das políticas sobre drogas deverão garantir o acesso às suas instalações, à documentação e a todos os elementos necessários à efetiva fiscalização pelos órgãos competentes. (Incluído pela Lei 13.840/2019)

Art. 68. A União, os Estados, o Distrito Federal e os Municípios poderão criar estímulos fiscais e outros, destinados às pessoas físicas e jurídicas que colaborem na prevenção do uso indevido de drogas, atenção e reinserção social de usuários e dependentes e na repressão da produção não autorizada e do tráfico ilícito de drogas.

Art. 69. No caso de falência ou liquidação extrajudicial de empresas ou estabelecimentos hospitalares, de pesquisa, de ensino, ou congêneres, assim como nos serviços de saúde que produzirem, venderem, adquirirem, consumirem, prescreverem ou fornecerem drogas ou de qualquer outro em que existam essas substâncias ou produtos, incumbe ao juízo perante o qual tramite o feito:

I – determinar, imediatamente à ciência da falência ou liquidação, sejam lacradas suas instalações;

II – ordenar à autoridade sanitária competente a urgente adoção das medidas necessárias ao recebimento e guarda, em depósito, das drogas arrecadadas;

III – dar ciência ao órgão do Ministério Público, para acompanhar o feito.

§ 1º. Da licitação para alienação de substâncias ou produtos não proscritos referidos no inciso II do *caput* deste artigo, só podem participar pessoas jurídicas regularmente habilitadas na área de saúde ou de pesquisa científica que comprovem a destinação lícita a ser dada ao produto a ser arrematado.

§ 2º. Ressalvada a hipótese de que trata o § 3º deste artigo, o produto não arrematado será, ato contínuo à hasta pública, destruído pela autoridade sanitária, na presença dos Conselhos Estaduais sobre Drogas e do Ministério Público.

§ 3º. Figurando entre o praceado e não arrematadas especialidades farmacêuticas em condições de emprego terapêutico, ficarão elas depositadas sob a guarda do Ministério da Saúde, que as destinará à rede pública de saúde.

Art. 70. O processo e o julgamento dos crimes previstos nos arts. 33 a 37 desta Lei, se caracterizado ilícito transnacional, são da competência da Justiça Federal.

Parágrafo único. Os crimes praticados nos Municípios que não sejam sede de vara federal serão processados e julgados na vara federal da circunscrição respectiva.

Art. 71. *(VETADO).*

Art. 72. Encerrado o processo criminal ou arquivado o inquérito policial, o juiz, de ofício, mediante representação da autoridade de polícia judiciária, ou a requerimento do Ministério Público, determinará a destruição das amostras guardadas para contraprova, certificando nos autos. (Redação dada pela Lei 13.840/2019)

Art. 73. A União poderá estabelecer convênios com os Estados e o com o Distrito Federal, visando à prevenção e repressão do tráfico ilícito e do uso indevido de drogas, e com os Municípios, com o objetivo de prevenir o uso indevido delas e de possibilitar a atenção e reinserção social de usuários e dependentes de drogas. (Redação dada pela Lei nº 12.219, de 2010)

Art. 74. Esta Lei entra em vigor 45 (quarenta e cinco) dias após a sua publicação.

Art. 75. Revogam-se a Lei nº 6.368, de 21 de outubro de 1976, e a Lei 10.409, de 11 de janeiro de 2002.

Brasília, 23 de agosto de 2006; 185º da Independência e 118º da República.

LUIZ INÁCIO LULA DA SILVA

Publicado no D.O.U. 24.8.2006

DECRETO Nº 5.912, DE 27 DE SETEMBRO DE 2006

Regulamenta a Lei nº 11.343, de 23 de agosto de 2006, que trata das políticas públicas sobre drogas e da instituição do Sistema Nacional de Políticas Públicas sobre Drogas – SISNAD, e dá outras providências.

‣ *Drogas-regulamento*

O PRESIDENTE DA REPÚBLICA, no uso das atribuições que lhe confere o art. 84, incisos IV e VI, alínea *a*, da Constituição, e tendo em vista o disposto na Lei nº 11.343, de 23 de agosto de 2006, decreta:

CAPÍTULO I.
DA FINALIDADE E DA ORGANIZAÇÃO DO SISNAD

Art. 1º. O Sistema Nacional de Políticas Públicas sobre Drogas – SISNAD, instituído pela Lei nº 11.343, de 23 de agosto de 2006, tem por finalidade articular, integrar, organizar e coordenar as atividades relacionadas com:

I – a prevenção do uso indevido, atenção e reinserção social de usuários e dependentes de drogas; e

II – a repressão da produção não autorizada e do tráfico ilícito de drogas.

Art. 2º. Integram o SISNAD:

I – o Conselho Nacional Antidrogas – CONAD, órgão normativo e de deliberação coletiva do sistema, vinculado ao Ministério da Justiça; (Redação dada pelo Decreto nº 7.426, de 2010)

‣ Resolução 3/2005 do CONAD – Aprova a Política Nacional Sobre Drogas.

II – a Secretaria Nacional Antidrogas – SENAD, na qualidade de secretaria-executiva do colegiado;

III – o conjunto de órgãos e entidades públicos que exerçam atividades de que tratam os incisos I e II do art. 1º:

a) do Poder Executivo federal;

b) dos Estados, dos Municípios e do Distrito Federal, mediante ajustes específicos; e

IV – as organizações, instituições ou entidades da sociedade civil que atuam nas áreas da atenção à saúde e da assistência social e atendam usuários ou dependentes de drogas e respectivos familiares, mediante ajustes específicos.

‣ Resolução 1/2015 do CONAD – Regulamenta, no âmbito do Sisnad, as entidades que realizam o acolhimento de pessoas, em caráter voluntário, com problemas associados ao uso nocivo ou dependência de substância psicoativa, caracterizadas como comunidades terapêuticas.

Art. 3º. A organização do SISNAD assegura a orientação central e a execução descentralizada das atividades realizadas em seu âmbito, nas esferas federal e, mediante ajustes específicos, estadual, municipal e do Distrito Federal, dispondo para tanto do Observatório Brasileiro de Informações sobre Drogas, unidade administrativa da Estrutura Regimental aprovada pelo Decreto nº 5.772, de 8 de maio de 2006.

CAPÍTULO II.
DA COMPETÊNCIA E DA COMPOSIÇÃO DO CONAD

Arts. 4º a 12. (Revogados pelo Decreto 9.926/2019)

CAPÍTULO III.
DAS ATRIBUIÇÕES DO PRESIDENTE DO CONAD

Art. 13. (Revogado pelo Decreto 9.926/2019)

CAPÍTULO IV.
DAS COMPETÊNCIAS ESPECÍFICAS DOS ÓRGÃOS E ENTIDADES QUE COMPÕEM O SISNAD

Art. 14. Para o cumprimento do disposto neste Decreto, são competências específicas dos órgãos e entidades que compõem o SISNAD:

I – do Ministério da Saúde:

a) publicar listas atualizadas periodicamente das substâncias ou produtos capazes de causar dependência;

b) baixar instruções de caráter geral ou específico sobre limitação, fiscalização e controle da produção, do comércio e do uso das drogas;

c) autorizar o plantio, a cultura e a colheita dos vegetais dos quais possam ser extraídas ou produzidas drogas, exclusivamente para fins medicinais ou científicos, em local e prazo predeterminados, mediante fiscalização, ressalvadas as hipóteses de autorização legal ou regulamentar;

d) assegurar a emissão da indispensável licença prévia, pela autoridade sanitária competente, para produzir, extrair, fabricar, transformar, preparar, possuir, manter em depósito, importar, exportar, reexportar, remeter, transportar, expor, oferecer, vender, comprar, trocar, ceder ou adquirir, para qualquer fim, drogas ou matéria-prima destinada à sua preparação, observadas as demais exigências legais;

e) disciplinar a política de atenção aos usuários e dependentes de drogas, bem como aos seus familiares, junto à rede do Sistema Único de Saúde – SUS;

f) disciplinar as atividades que visem à redução de danos e riscos sociais e à saúde;

g) disciplinar serviços públicos e privados que desenvolvam ações de atenção às pessoas que façam uso ou sejam dependentes de drogas e seus familiares;

h) gerir, em articulação com a SENAD, o banco de dados das instituições de atenção à saúde e de assistência social que atendam usuários ou dependentes de drogas;

II – do Ministério da Educação:

a) propor e implementar, em articulação com o Ministério da Saúde, a Secretaria Especial dos Direitos Humanos da Presidência da República e a SENAD, políticas de formação continuada para os profissionais de educação nos três níveis de ensino que abordem a prevenção ao uso indevido de drogas;

b) apoiar os dirigentes das instituições de ensino público e privado na elaboração de projetos pedagógicos alinhados às Diretrizes Curriculares Nacionais e aos princípios de prevenção do uso indevido de drogas, de atenção e reinserção social de usuários e dependentes, bem como seus familiares;

III – do Ministério da Justiça: (Redação dada pelo Decreto nº 7.426, de 2010)

a) articular e coordenar as atividades de repressão da produção não autorizada e do tráfico ilícito de drogas; (Redação dada pelo Decreto nº 7.426, de 2010)

b) propor a atualização da política nacional sobre drogas na esfera de sua competência; (Redação dada pelo Decreto nº 7.426, de 2010)

c) instituir e gerenciar o sistema nacional de dados estatísticos de repressão ao tráfico ilícito de drogas; (Redação dada pelo Decreto nº 7.426, de 2010)

d) (Revogada pelo Decreto nº 7.434, de 2011).

e) articular e coordenar as atividades de prevenção do uso indevido, a atenção e a reinserção social de usuários e dependentes de drogas; (Incluída pelo Decreto nº 7.426, de 2010)

f) (Revogada pelo Decreto nº 7.434, de 2011).

g) gerir o FUNAD e o Observatório Brasileiro de Informações sobre Drogas; e (Incluída pelo Decreto nº 7.426, de 2010)

IV – (Revogado pelo Decreto nº 7.426, de 2010).

V – dos órgãos formuladores de políticas sociais, identificar e regulamentar rede nacional das instituições da sociedade civil, sem fins lucrativos, que atendam usuários ou dependentes de drogas e respectivos familiares.

Parágrafo único. As competências específicas dos Ministérios e órgãos de que trata este artigo se estendem, quando for o caso, aos órgãos e entidades que lhes sejam vinculados.

Art. 15. No âmbito de suas respectivas competências, os órgãos e entidades de que trata o art. 2º atentarão para:

I – o alinhamento das suas respectivas políticas públicas setoriais ao disposto nos princípios e objetivos do SISNAD, de que tratam os arts. 4º e 5º da Lei nº 11.343, de 2006;

II – as orientações e normas emanadas do CONAD; e

III – a colaboração nas atividades de prevenção do uso indevido, atenção e reinserção social de usuários e dependentes de drogas.

CAPÍTULO V. DA GESTÃO DAS INFORMAÇÕES

Art. 16. O Observatório Brasileiro de Informações sobre Drogas reunirá e centralizará informações e conhecimentos atualizados sobre drogas, incluindo dados de estudos, pesquisas e levantamentos nacionais, produzindo e divulgando informações, fundamentadas cientificamente, que contribuam para o desenvolvimento de novos conhecimentos aplicados às atividades de prevenção do uso indevido, de atenção e de reinserção social de usuários e dependentes de drogas e para a criação de modelos de intervenção baseados nas necessidades específicas das diferentes populações-alvo, respeitadas suas características socioculturais.

§ 1º. Respeitado o caráter sigiloso das informações, fará parte do banco de dados central de que trata este artigo base de dados atualizada das instituições de atenção à saúde ou de assistência social que atendam usuários ou dependentes de drogas, bem como das de ensino e pesquisa que participem de tais atividades.

§ 2º. Os órgãos e entidades da administração pública federal prestarão as informações de que necessitar o Observatório Brasileiro de Informações sobre Drogas, obrigando-se a atender tempestivamente às requisições da SENAD.

Art. 17. Será estabelecido mecanismo de intercâmbio de informações com os Estados, os Municípios e o Distrito Federal, com o objetivo de se evitar duplicidade de ações no apoio às atividades de que trata este Decreto, executadas nas respectivas unidades federadas.

Art. 18. As instituições com atuação nas áreas da atenção à saúde e da assistência social que atendam usuários ou dependentes de drogas devem comunicar ao órgão competente do respectivo sistema municipal de saúde os casos atendidos e os óbitos ocorridos, preservando a identidade das pessoas, conforme orientações emanadas do CONAD.

CAPÍTULO VI. DAS DISPOSIÇÕES FINAIS

Art. 19. (Revogado pelo Decreto 9.926/2019)

Art. 20. As despesas com viagem de conselheiros poderão correr à conta do FUNAD, em conformidade com o disposto no art. 5º da Lei nº 7.560, de 19 de dezembro de 1986, sem prejuízo da assunção de tais despesas pelos respectivos órgãos e entidades que representem.

Art. 21. Este Decreto entra em vigor em 8 de outubro de 2006, data de início da vigência da Lei nº 11.343, de 2006.

Art. 22. Ficam revogados os Decretos nºs 3.696, de 21 de dezembro de 2000, e 4.513, de 13 de dezembro de 2002.

Brasília, 27 de setembro de 2006; 185º da Independência e 118º da República.

LUIZ INÁCIO LULA DA SILVA

JORGE ARMANDO FELIX

Publicado D.O.U. 28.9.2006

LEI Nº 11.417, DE 19 DE DEZEMBRO DE 2006

Regulamenta o art. 103-A da Constituição Federal e altera a Lei nº 9.784, de 29 de janeiro de 1999, disciplinando a edição, a revisão e o cancelamento de enunciado de súmula vinculante pelo Supremo Tribunal Federal, e dá outras providências.

‣ *Súmula vinculante*

O PRESIDENTE DA REPÚBLICA Faço saber que o Congresso Nacional decreta e eu sanciono a seguinte Lei:

‣ Resolução 388/2008 do STF – Disciplina o processamento de proposta de edição, revisão e cancelamento de súmulas.

‣ Resolução 381/2008 do STF – Estabelece procedimentos para a edição, a revisão e o cancelamento de súmulas vinculantes.

Art. 1º. Esta Lei disciplina a edição, a revisão e o cancelamento de enunciado de súmula vinculante pelo Supremo Tribunal Federal e dá outras providências.

Art. 2º. O Supremo Tribunal Federal poderá, de ofício ou por provocação, após reiteradas decisões sobre matéria constitucional, editar enunciado de súmula que, a partir de sua publicação na imprensa oficial, terá efeito vinculante em relação aos demais órgãos do Poder Judiciário e à administração pública direta e indireta, nas esferas federal, estadual e municipal, bem como proceder à sua revisão ou cancelamento, na forma prevista nesta Lei.

‣ CF/88: art. 103-A.

§ 1º. O enunciado da súmula terá por objeto a validade, a interpretação e a eficácia de normas determinadas, acerca das quais haja, entre órgãos judiciários ou entre esses e a administração pública, controvérsia atual que acarrete grave insegurança jurídica e relevante multiplicação de processos sobre idêntica questão.

‣ CF/88: art. 103-A, § 1º.

§ 2º. O Procurador-Geral da República, nas propostas que não houver formulado, manifestar-se-á previamente à edição, revisão ou cancelamento de enunciado de súmula vinculante.

§ 3º. A edição, a revisão e o cancelamento de enunciado de súmula com efeito vinculante dependerão de decisão tomada por 2/3 (dois terços) dos membros do Supremo Tribunal Federal, em sessão plenária.

§ 4º. No prazo de 10 (dez) dias após a sessão em que editar, rever ou cancelar enunciado de súmula com efeito vinculante, o Supremo Tribunal Federal fará publicar, em seção especial do *Diário da Justiça* e do *Diário Oficial da União*, o enunciado respectivo.

Art. 3º. São legitimados a propor a edição, a revisão ou o cancelamento de enunciado de súmula vinculante:

I – o Presidente da República;

II – a Mesa do Senado Federal;

III – a Mesa da Câmara dos Deputados;

IV – o Procurador-Geral da República;

V – o Conselho Federal da Ordem dos Advogados do Brasil;

VI – o Defensor Público-Geral da União;

VII – partido político com representação no Congresso Nacional;

VIII – confederação sindical ou entidade de classe de âmbito nacional;

IX – a Mesa de Assembleia Legislativa ou da Câmara Legislativa do Distrito Federal;

X – o Governador de Estado ou do Distrito Federal;

XI – os Tribunais Superiores, os Tribunais de Justiça de Estados ou do Distrito Federal e Territórios, os Tribunais Regionais Federais, os Tribunais Regionais do Trabalho, os Tribunais Regionais Eleitorais e os Tribunais Militares.

§ 1º O Município poderá propor, incidentalmente ao curso de processo em que seja parte, a edição, a revisão ou o cancelamento de enunciado de súmula vinculante, o que não autoriza a suspensão do processo.

§ 2º. No procedimento de edição, revisão ou cancelamento de enunciado da súmula vinculante, o relator poderá admitir, por decisão irrecorrível, a manifestação de terceiros na questão, nos termos do Regimento Interno do Supremo Tribunal Federal.

Art. 4º. A súmula com efeito vinculante tem eficácia imediata, mas o Supremo Tribunal Federal, por decisão de 2/3 (dois terços) dos seus membros, poderá restringir os efeitos vinculantes ou decidir que só tenha eficácia a partir de outro momento, tendo em vista razões de segurança jurídica ou de excepcional interesse público.

Art. 5º. Revogada ou modificada a lei em que se fundou a edição de enunciado de súmula vinculante, o Supremo Tribunal Federal, de ofício ou por provocação, procederá à sua revisão ou cancelamento, conforme o caso.

Art. 6º. A proposta de edição, revisão ou cancelamento de enunciado de súmula vinculante não autoriza a suspensão dos processos em que se discuta a mesma questão.

Art. 7º. Da decisão judicial ou do ato administrativo que contrariar enunciado de súmula vinculante, negar-lhe vigência ou aplicá-lo indevidamente caberá reclamação ao Supremo Tribunal Federal, sem prejuízo dos recursos ou outros meios admissíveis de impugnação.

§ 1º. Contra omissão ou ato da administração pública, o uso da reclamação só será admitido após esgotamento das vias administrativas.

§ 2º. Ao julgar procedente a reclamação, o Supremo Tribunal Federal anulará o ato administrativo ou cassará a decisão judicial impugnada, determinando que outra seja proferida com ou sem aplicação da súmula, conforme o caso.

Art. 8º. O art. 56 da Lei nº 9.784, de 29 de janeiro de 1999, passa a vigorar acrescido do seguinte § 3º:

- Alteração incorporada ao texto da referida lei.

Art. 9º. A Lei nº 9.784, de 29 de janeiro de 1999, passa a vigorar acrescida dos seguintes arts. 64-A e 64-B:

- Alterações incorporadas ao texto da referida lei.

Art. 10. O procedimento de edição, revisão ou cancelamento de enunciado de súmula com efeito vinculante obedecerá, subsidiariamente, ao disposto no Regimento Interno do Supremo Tribunal Federal.

Art. 11. Esta Lei entra em vigor 3 (três) meses após a sua publicação.

Brasília, 19 de dezembro de 2006; 185º da Independência e 118º da República.

Luiz Inácio Lula da Silva

Publicado no D.O.U. de 20.12.2006

LEI Nº 11.419, DE 19 DE DEZEMBRO DE 2006

Dispõe sobre a informatização do processo judicial; altera a Lei nº 5.869, de 11 de janeiro de 1973 – Código de Processo Civil; e dá outras providências.

- *Informatização do processo judicial*

O PRESIDENTE DA REPÚBLICA Faço saber que o Congresso Nacional decreta e eu sanciono a seguinte Lei:

CAPÍTULO I. DA INFORMATIZAÇÃO DO PROCESSO JUDICIAL

Art. 1º. O uso de meio eletrônico na tramitação de processos judiciais, comunicação de atos e transmissão de peças processuais será admitido nos termos desta Lei.

- Resolução 587/2016 do STF – Dispõe sobre o julgamento em ambiente eletrônico de agravos internos e embargos de declaração no STF.
- Resolução 10/2015 do STJ/GP – Regulamenta o processo judicial eletrônico no STJ.
- Resolução 14/2013 do STJ – Regulamenta o processo judicial eletrônico no STJ.
- Resolução 427/2010 do STF – Regulamenta o processo eletrônico no âmbito do STF.
- Resolução 121/2010 do CNJ – Dispõe sobre a divulgação de dados processuais eletrônicos na rede mundial de computadores, expedição de certidões judiciais.

§ 1º. Aplica-se o disposto nesta Lei, indistintamente, aos processos civil, penal e trabalhista, bem como aos juizados especiais, em qualquer grau de jurisdição.

- IN 30/2007 do TST – Regulamenta, no âmbito da Justiça do Trabalho, a Lei 11.419/2006.
- Ato 342/2010 do TST – Regulamenta o processo judicial eletrônico no âmbito do TST.

§ 2º. Para o disposto nesta Lei, considera-se:

I – meio eletrônico qualquer forma de armazenamento ou tráfego de documentos e arquivos digitais;

II – transmissão eletrônica toda forma de comunicação a distância com a utilização de redes de comunicação, preferencialmente a rede mundial de computadores;

III – assinatura eletrônica as seguintes formas de identificação inequívoca do signatário:

a) assinatura digital baseada em certificado digital emitido por Autoridade Certificadora credenciada, na forma de lei específica;

b) mediante cadastro de usuário no Poder Judiciário, conforme disciplinado pelos órgãos respectivos.

Art. 2º. O envio de petições, de recursos e a prática de atos processuais em geral por meio eletrônico serão admitidos mediante uso de assinatura eletrônica, na forma do art. 1º desta Lei, sendo obrigatório o credenciamento prévio no Poder Judiciário, conforme disciplinado pelos órgãos respectivos.

§ 1º. O credenciamento no Poder Judiciário será realizado mediante procedimento no qual esteja assegurada a adequada identificação presencial do interessado.

§ 2º. Ao credenciado será atribuído registro e meio de acesso ao sistema, de modo a preservar o sigilo, a identificação e a autenticidade de suas comunicações.

§ 3º. Os órgãos do Poder Judiciário poderão criar um cadastro único para o credenciamento previsto neste artigo.

Art. 3º. Consideram-se realizados os atos processuais por meio eletrônico no dia e hora do seu envio ao sistema do Poder Judiciário, do que deverá ser fornecido protocolo eletrônico.

Parágrafo único. Quando a petição eletrônica for enviada para atender prazo processual, serão consideradas tempestivas as transmitidas até as 24 (vinte e quatro) horas do seu último dia.

CAPÍTULO II. DA COMUNICAÇÃO ELETRÔNICA DOS ATOS PROCESSUAIS

Art. 4º. Os tribunais poderão criar *Diário da Justiça* eletrônico, disponibilizado em sítio da rede mundial de computadores, para publicação de atos judiciais e administrativos próprios e dos órgãos a eles subordinados, bem como comunicações em geral.

- Resolução 234/2016 do CNJ – Institui o Diário de Justiça Eletrônico Nacional (DJEN).
- Resolução 341/2007 do STF – Institui o Diário da Justiça Eletrônico do STF.
- Resolução 8/2007 do STJ – Institui o Diário da Justiça Eletrônico do STJ – DJ on-line.

§ 1º. O sítio e o conteúdo das publicações de que trata este artigo deverão ser assinados digitalmente com base em certificado emitido por Autoridade Certificadora credenciada na forma da lei específica.

§ 2º. A publicação eletrônica na forma deste artigo substitui qualquer outro meio e publicação oficial, para quaisquer efeitos legais, à exceção dos casos que, por lei, exigem intimação ou vista pessoal.

§ 3º. Considera-se como data da publicação o primeiro dia útil seguinte ao da disponibilização da informação no *Diário da Justiça* eletrônico.

§ 4º. Os prazos processuais terão início no primeiro dia útil que seguir ao considerado como data da publicação.

§ 5º. A criação do *Diário da Justiça* eletrônico deverá ser acompanhada de ampla divulgação, e o ato administrativo correspondente será publicado durante 30 (trinta) dias no diário oficial em uso.

Art. 5º. As intimações serão feitas por meio eletrônico em portal próprio aos que se cadastrarem na forma do art. 2º desta Lei, dispensando-se a publicação no órgão oficial, inclusive eletrônico.

§ 1º. Considerar-se-á realizada a intimação no dia em que o intimando efetivar a consulta eletrônica ao teor da intimação, certificando-se nos autos a sua realização.

§ 2º. Na hipótese do § 1º deste artigo, nos casos em que a consulta se dê em dia não útil, a intimação será considerada como realizada no primeiro dia útil seguinte.

§ 3º. A consulta referida nos §§ 1º e 2º deste artigo deverá ser feita em até 10 (dez) dias corridos contados da data do envio da intimação, sob pena de considerar-se a intimação automaticamente realizada na data do término desse prazo.

§ 4º. Em caráter informativo, poderá ser efetivada remessa de correspondência eletrônica, comunicando o envio da intimação e a abertura automática do prazo processual nos termos do § 3º deste artigo, aos que manifestarem interesse por esse serviço.

§ 5º. Nos casos urgentes em que a intimação feita na forma deste artigo possa causar prejuízo a quaisquer das partes ou nos casos em que for evidenciada qualquer tentativa de burla ao sistema, o ato processual deverá ser realizado por outro meio que atinja a sua finalidade, conforme determinado pelo juiz.

§ 6º. As intimações feitas na forma deste artigo, inclusive da Fazenda Pública, serão consideradas pessoais para todos os efeitos legais.

Art. 6º. Observadas as formas e as cautelas do art. 5º desta Lei, as citações, inclusive da Fazenda Pública, excetuadas as dos Direitos Processuais Criminal e Infracional, poderão ser feitas por meio eletrônico, desde que a íntegra dos autos seja acessível ao citando.

Art. 7º. As cartas precatórias, rogatórias, de ordem e, de um modo geral, todas as comunicações oficiais que transitem entre órgãos do Poder Judiciário, bem como entre os deste e os dos demais Poderes, serão feitas preferentemente por meio eletrônico.

CAPÍTULO III. DO PROCESSO ELETRÔNICO

Art. 8º. Os órgãos do Poder Judiciário poderão desenvolver sistemas eletrônicos de processamento de ações judiciais por meio de autos total ou parcialmente digitais, utilizando, preferencialmente, a rede mundial de computadores e acesso por meio de redes internas e externas.

Parágrafo único. Todos os atos processuais do processo eletrônico serão assinados eletronicamente na forma estabelecida nesta Lei.

Art. 9º. No processo eletrônico, todas as citações, intimações e notificações, inclusive da Fazenda Pública, serão feitas por meio eletrônico, na forma desta Lei.

§ 1º. As citações, intimações, notificações e remessas que viabilizem o acesso à íntegra do processo correspondente serão consideradas vista pessoal do interessado para todos os efeitos legais.

§ 2º. Quando, por motivo técnico, for inviável o uso do meio eletrônico para a realização de citação, intimação ou notificação, esses atos processuais poderão ser praticados segundo as regras ordinárias, digitalizando-se o documento físico, que deverá ser posteriormente destruído.

Art. 10. A distribuição da petição inicial e a juntada da contestação, dos recursos e das petições em geral, todos em formato digital, nos autos de processo eletrônico, podem ser feitas diretamente pelos advogados públicos e privados, sem necessidade da intervenção do cartório ou secretaria judicial, situação em que a autuação deverá se dar de forma automática, fornecendo-se recibo eletrônico de protocolo.

§ 1º. Quando o ato processual tiver que ser praticado em determinado prazo, por meio de petição eletrônica, serão considerados tempestivos os efetivados até as 24 (vinte e quatro) horas do último dia.

§ 2º. No caso do § 1º deste artigo, se o Sistema do Poder Judiciário se tornar indisponível por motivo técnico, o prazo fica automaticamente prorrogado para o primeiro dia útil seguinte à resolução do problema.

§ 3º. Os órgãos do Poder Judiciário deverão manter equipamentos de digitalização e de acesso à rede mundial de computadores à disposição dos interessados para distribuição de peças processuais.

Art. 11. Os documentos produzidos eletronicamente e juntados aos processos eletrônicos com garantia da origem e de seu signatário, na forma estabelecida nesta Lei, serão considerados originais para todos os efeitos legais.

§ 1º. Os extratos digitais e os documentos digitalizados e juntados aos autos pelos órgãos da Justiça e seus auxiliares, pelo Ministério Público e seus auxiliares, pelas procuradorias, pelas autoridades policiais, pelas repartições públicas em geral e por advogados públicos e privados têm a mesma força probante dos originais, ressalvada a alegação motivada e fundamentada de adulteração antes ou durante o processo de digitalização.

§ 2º. A arguição de falsidade do documento original será processada eletronicamente na forma da lei processual em vigor.

§ 3º. Os originais dos documentos digitalizados, mencionados no § 2º deste artigo, deverão ser preservados pelo seu detentor até o trânsito em julgado da sentença ou, quando admitida, até o final do prazo para interposição de ação rescisória.

§ 4º. *(VETADO).*

§ 5º. Os documentos cuja digitalização seja tecnicamente inviável devido ao grande volume ou por motivo de ilegibilidade deverão ser apresentados ao cartório ou secretaria no prazo de 10 (dez) dias contados do envio de petição eletrônica comunicando o fato, os quais serão devolvidos à parte após o trânsito em julgado.

§ 6º Os documentos digitalizados juntados em processo eletrônico estarão disponíveis para acesso por meio da rede externa pelas respectivas partes processuais, pelos advogados, independentemente de procuração nos autos, pelos membros do Ministério Público e pelos magistrados, sem prejuízo da possibilidade de visualização nas secretarias dos órgãos julgadores, à exceção daqueles que tramitarem em segredo de justiça. *(Redação dada pela Lei 13.793/2019)*

§ 7º Os sistemas de informações pertinentes a processos eletrônicos devem possibilitar que advogados, procuradores e membros do Ministério Público cadastrados, mas não vinculados a processo previamente identificado, acessem automaticamente todos os atos e documentos processuais armazenados em meio eletrônico, desde que demonstrado interesse para fins apenas de registro, salvo nos casos de processos em segredo de justiça. *(Inserido pela Lei 13.793/2019)*

Art. 12. A conservação dos autos do processo poderá ser efetuada total ou parcialmente por meio eletrônico.

§ 1º. Os autos dos processos eletrônicos deverão ser protegidos por meio de sistemas de segurança de acesso e armazenados em meio que garanta a preservação e integridade dos dados, sendo dispensada a formação de autos suplementares.

§ 2º. Os autos de processos eletrônicos que tiverem de ser remetidos a outro juízo ou instância superior que não disponham de sistema compatível deverão ser impressos em papel, autuados na forma dos arts. 166 a 168 da Lei 5.869, de 11 de janeiro de 1973 – Código de Processo Civil, ainda que de natureza criminal ou trabalhista, ou pertinentes a juizado especial.

- Lei 13.105/15: arts. 206 a 208.

§ 3º. No caso do § 2º deste artigo, o escrivão ou o chefe de secretaria certificará os autores ou a origem dos documentos produzidos nos autos, acrescentando, ressalvada a hipótese de existir segredo de justiça, a forma pela qual o banco de dados poderá ser acessado para aferir a autenticidade das peças e das respectivas assinaturas digitais.

§ 4º. Feita a autuação na forma estabelecida no § 2º deste artigo, o processo seguirá a tramitação legalmente estabelecida para os processos físicos.

§ 5º. A digitalização de autos em mídia não digital, em tramitação ou já arquivados, será precedida de publicação de editais de intimações ou da intimação pessoal das partes e de seus procuradores, para que, no prazo preclusivo de 30 (trinta) dias, se manifestem sobre o desejo de manterem pessoalmente a guarda de algum dos documentos originais.

Art. 13. O magistrado poderá determinar que sejam realizados por meio eletrônico a exibição e o envio de dados e de documentos necessários à instrução do processo.

§ 1º. Consideram-se cadastros públicos, para os efeitos deste artigo, dentre outros existentes ou que venham a ser criados, ainda que mantidos por concessionárias de serviço público ou empresas privadas, os que contenham informações indispensáveis ao exercício da função judicante.

§ 2º. O acesso de que trata este artigo dar-se-á por qualquer meio tecnológico disponível, preferentemente o de menor custo, considerada sua eficiência.

§ 3º. *(VETADO).*

CAPÍTULO IV. DISPOSIÇÕES GERAIS E FINAIS

Art. 14. Os sistemas a serem desenvolvidos pelos órgãos do Poder Judiciário deverão usar, preferencialmente, programas com código aberto, acessíveis ininterruptamente por meio da rede mundial de computadores, priorizando-se a sua padronização.

Parágrafo único. Os sistemas devem buscar identificar os casos de ocorrência de prevenção, litispendência e coisa julgada.

Art. 15. Salvo impossibilidade que comprometa o acesso à justiça, a parte deverá informar, ao distribuir a petição inicial de qualquer ação judicial, o número no cadastro de pessoas físicas ou jurídicas, conforme o caso, perante a Secretaria da Receita Federal.

Parágrafo único. Da mesma forma, as peças de acusação criminais deverão ser instruídas pelos membros do Ministério Público ou pelas autoridades policiais com os números de registros dos acusados no Instituto Nacional de Identificação do Ministério da Justiça, se houver.

Art. 16. Os livros cartorários e demais repositórios dos órgãos do Poder Judiciário poderão ser gerados e armazenados em meio totalmente eletrônico.

Art. 17. *(Vetado).*

Art. 18. Os órgãos do Poder Judiciário regulamentarão esta Lei, no que couber, no âmbito de suas respectivas competências.

Art. 19. Ficam convalidados os atos processuais praticados por meio eletrônico até a data de publicação desta Lei, desde que tenham atingido sua finalidade e não tenha havido prejuízo para as partes.

Art. 20. A Lei nº 5.869, de 11 de janeiro de 1973 – Código de Processo Civil, passa a vigorar com as seguintes alterações:

- Lei 13.105/2015 revogou a Lei 5.869/1973.
- CPC/15: art. 105, § 1º, 193, 205, § 2º, 209, § 1º, 232, 246, V, 263, 264, 270, 272, § 3º, e 439 a 441.

(...)

Art. 21. *(VETADO).*

Art. 22. Esta Lei entra em vigor 90 (noventa) dias depois de sua publicação.

Brasília, 19 de dezembro de 2006; 185º da Independência e 118º da República.

LUIZ INÁCIO LULA DA SILVA

Publicado no D.O.U. 20.12.2006

LEI Nº 11.428, DE 22 DE DEZEMBRO DE 2006

Dispõe sobre a utilização e proteção da vegetação nativa do Bioma Mata Atlântica, e dá outras providências.

- *Mata Atlântica*

O PRESIDENTE DA REPÚBLICA Faço saber que o Congresso Nacional decreta e eu sanciono a seguinte Lei:

TÍTULO I. DAS DEFINIÇÕES, OBJETIVOS E PRINCÍPIOS DO REGIME JURÍDICO DO BIOMA MATA ATLÂNTICA

Art. 1º. A conservação, a proteção, a regeneração e a utilização do Bioma Mata Atlântica, patrimônio nacional, observarão o que estabelece esta Lei, bem como a legislação ambiental vigente, em especial a Lei nº 4.771, de 15 de setembro de 1965.

- Lei 12.651/2012 revogou a Lei 4.771/1965.
- Decreto 6.660/2008 – Regulamenta dispositivos da Lei 11.428/2006.
- Decreto 6.321/2007 – Dispõe sobre ações relativas à prevenção, monitoramento e controle de desmatamento no Bioma Amazônia, bem como altera e acresce dispositivos ao Decreto 3.179/1999, que dispõe sobre a especificação das sanções aplicáveis às condutas e atividades lesivas ao meio ambiente.

CAPÍTULO I. DAS DEFINIÇÕES

Art. 2º. Para os efeitos desta Lei, consideram-se integrantes do Bioma Mata Atlântica as seguintes formações florestais nativas e ecossistemas associados, com as respectivas delimitações estabelecidas em mapa do Instituto Brasileiro de Geografia e Estatística – IBGE, conforme regulamento: Floresta Ombrófila Densa; Floresta Ombrófila Mista, também denominada de Mata de Araucárias; Floresta Ombrófila Aberta; Floresta Estacional Semidecidual; e Floresta Estacional Decidual, bem como os manguezais, as vegetações de restingas, campos de altitude, brejos interioranos e encraves florestais do Nordeste.

- Decreto 6.660/2008 – Regulamenta dispositivos da Lei 11.428/2006.

Parágrafo único. Somente os remanescentes de vegetação nativa no estágio primário e nos estágios secundário inicial, médio e avançado de regeneração na área de abrangência definida no *caput* deste artigo terão seu uso e conservação regulados por esta Lei.

Art. 3º. Consideram-se para os efeitos desta Lei:

I – pequeno produtor rural: aquele que, residindo na zona rural, detenha a posse de gleba rural não superior a 50 (cinquenta) hectares, explorando-a mediante o trabalho pessoal e de sua família, admitida a ajuda eventual de terceiros, bem como as posses coletivas de terra considerando-se a fração individual não superior a 50 (cinquenta) hectares, cuja renda bruta seja proveniente de atividades ou usos agrícolas, pecuários ou silviculturais ou do extrativismo rural em 80% (oitenta por cento) no mínimo;
II – população tradicional: população vivendo em estreita relação com o ambiente natural, dependendo de seus recursos naturais para a sua reprodução sociocultural, por meio de atividades de baixo impacto ambiental;
III – pousio: prática que prevê a interrupção de atividades ou usos agrícolas, pecuários ou silviculturais do solo por até 10 (dez) anos para possibilitar a recuperação de sua fertilidade;

‣ Art. 3º, XXIV, da Lei 12.651/2012.

IV – prática preservacionista: atividade técnica e cientificamente fundamentada, imprescindível à proteção da integridade da vegetação nativa, tal como controle de fogo, erosão, espécies exóticas e invasoras;
V – exploração sustentável: exploração do ambiente de maneira a garantir a perenidade dos recursos ambientais renováveis e dos processos ecológicos, mantendo a biodiversidade e os demais atributos ecológicos, de forma socialmente justa e economicamente viável;
VI – enriquecimento ecológico: atividade técnica e cientificamente fundamentada que vise à recuperação da diversidade biológica em áreas de vegetação nativa, por meio da reintrodução de espécies nativas;
VII – utilidade pública:

a) atividades de segurança nacional e proteção sanitária;

b) as obras essenciais de infraestrutura de interesse nacional destinadas aos serviços públicos de transporte, saneamento e energia, declaradas pelo poder público federal ou dos Estados;

VIII – interesse social:

a) as atividades imprescindíveis à proteção da integridade da vegetação nativa, tais como: prevenção, combate e controle do fogo, controle da erosão, erradicação de invasoras e proteção de plantios com espécies nativas, conforme resolução do Conselho Nacional do Meio Ambiente – CONAMA;

b) as atividades de manejo agroflorestal sustentável praticadas na pequena propriedade ou posse rural familiar que não descaracterizem a cobertura vegetal e não prejudiquem a função ambiental da área;

c) demais obras, planos, atividades ou projetos definidos em resolução do Conselho Nacional do Meio Ambiente.

Art. 4º. A definição de vegetação primária e de vegetação secundária nos estágios avançado, médio e inicial de regeneração do Bioma Mata Atlântica, nas hipóteses de vegetação nativa localizada, será de iniciativa do Conselho Nacional do Meio Ambiente.

§ 1º. O Conselho Nacional do Meio Ambiente terá prazo de 180 (cento e oitenta) dias para estabelecer o que dispõe o *caput* deste artigo, sendo que qualquer intervenção na vegetação primária ou secundária nos estágios avançado e médio de regeneração somente poderá ocorrer após atendido o disposto neste artigo.

§ 2º. Na definição referida no *caput* deste artigo, serão observados os seguintes parâmetros básicos:

I – fisionomia;
II – estratos predominantes;
III – distribuição diamétrica e altura;
IV – existência, diversidade e quantidade de epífitas;
V – existência, diversidade e quantidade de trepadeiras;
VI – presença, ausência e características da serapilheira;
VII – sub-bosque;
VIII – diversidade e dominância de espécies;
IX – espécies vegetais indicadoras.

Art. 5º. A vegetação primária ou a vegetação secundária em qualquer estágio de regeneração do Bioma Mata Atlântica não perderão esta classificação nos casos de incêndio, desmatamento ou qualquer outro tipo de intervenção não autorizada ou não licenciada.

CAPÍTULO II. DOS OBJETIVOS E PRINCÍPIOS DO REGIME JURÍDICO DO BIOMA MATA ATLÂNTICA

Art. 6º. A proteção e a utilização do Bioma Mata Atlântica têm por objetivo geral o desenvolvimento sustentável e, por objetivos específicos, a salvaguarda da biodiversidade, da saúde humana, dos valores paisagísticos, estéticos e turísticos, do regime hídrico e da estabilidade social.

Parágrafo único. Na proteção e na utilização do Bioma Mata Atlântica, serão observados os princípios da função socioambiental da propriedade, da equidade Inter geracional, da prevenção, da precaução, do usuário-pagador, da transparência das informações e atos, da gestão democrática, da celeridade procedimental, da gratuidade dos serviços administrativos prestados ao pequeno produtor rural e às populações tradicionais e do respeito ao direito de propriedade.

Art. 7º. A proteção e a utilização do Bioma Mata Atlântica far-se-ão dentro de condições que assegurem:

I – a manutenção e a recuperação da biodiversidade, vegetação, fauna e regime hídrico do Bioma Mata Atlântica para as presentes e futuras gerações;
II – o estímulo à pesquisa, à difusão de tecnologias de manejo sustentável da vegetação e à formação de uma consciência pública sobre a necessidade de recuperação e manutenção dos ecossistemas;
III – o fomento de atividades públicas e privadas compatíveis com a manutenção do equilíbrio ecológico;
IV – o disciplinamento da ocupação rural e urbana, de forma a harmonizar o crescimento econômico com a manutenção do equilíbrio ecológico.

TÍTULO II. DO REGIME JURÍDICO GERAL DO BIOMA MATA ATLÂNTICA

Art. 8º. O corte, a supressão e a exploração da vegetação do Bioma Mata Atlântica far-se-ão de maneira diferenciada, conforme se trate de vegetação primária ou secundária, nesta última levando-se em conta o estágio de regeneração.

Art. 9º. A exploração eventual, sem propósito comercial direto ou indireto, de espécies da flora nativa, para consumo nas propriedades ou posses das populações tradicionais ou de pequenos produtores rurais, independe de autorização dos órgãos competentes, conforme regulamento.

Parágrafo único. Os órgãos competentes, sem prejuízo do disposto no *caput* deste artigo, deverão assistir as populações tradicionais e os pequenos produtores no manejo e exploração sustentáveis das espécies da flora nativa.

Art. 10. O poder público fomentará o enriquecimento ecológico da vegetação do Bioma Mata Atlântica, bem como o plantio e o reflorestamento com espécies nativas, em especial as iniciativas voluntárias de proprietários rurais.

§ 1º. Nos casos em que o enriquecimento ecológico exigir a supressão de espécies nativas que gerem produtos ou subprodutos comercializáveis, será exigida a autorização do órgão estadual ou federal competente, mediante procedimento simplificado.

§ 2º. Visando a controlar o efeito de borda nas áreas de entorno de fragmentos de vegetação nativa, o poder público fomentará o plantio de espécies florestais, nativas ou exóticas.

Art. 11. O corte e a supressão de vegetação primária ou nos estágios avançado e médio de regeneração do Bioma Mata Atlântica ficam vedados quando:

I – a vegetação:

a) abrigar espécies da flora e da fauna silvestres ameaçadas de extinção, em território nacional ou em âmbito estadual, assim declaradas pela União ou pelos Estados, e a intervenção ou o parcelamento puserem em risco a sobrevivência dessas espécies;

b) exercer a função de proteção de mananciais ou de prevenção e controle de erosão;

c) formar corredores entre remanescentes de vegetação primária ou secundária em estágio avançado de regeneração;

d) proteger o entorno das unidades de conservação; ou

e) possuir excepcional valor paisagístico, reconhecido pelos órgãos executivos competentes do Sistema Nacional do Meio Ambiente – SISNAMA;

II – o proprietário ou posseiro não cumprir os dispositivos da legislação ambiental, em especial as exigências da Lei nº 4.771, de 15 de setembro de 1965, no que respeita às Áreas de Preservação Permanente e à Reserva Legal.

‣ Lei 12.651/2012 revogou a Lei 4.771/1965.

Parágrafo único. Verificada a ocorrência do previsto na alínea *a* do inciso I deste artigo, os órgãos competentes do Poder Executivo adotarão as medidas necessárias para proteger as espécies da flora e da fauna silvestres ameaçadas de extinção caso existam fatores que o exijam, ou fomentarão e apoiarão as ações e os proprietários de áreas que estejam mantendo ou sustentando a sobrevivência dessas espécies.

Art. 12. Os novos empreendimentos que impliquem o corte ou a supressão de vegetação do Bioma Mata Atlântica deverão ser implantados preferencialmente em áreas já substancialmente alteradas ou degradadas.

Art. 13. Os órgãos competentes do Poder Executivo adotarão normas e procedimentos especiais para assegurar ao pequeno produtor e às populações tradicionais, nos pedidos de autorização de que trata esta Lei:

I – acesso fácil à autoridade administrativa, em local próximo ao seu lugar de moradia;
II – procedimentos gratuitos, céleres e simplificados, compatíveis com o seu nível de instrução;
III – análise e julgamento prioritários dos pedidos.

Art. 14. A supressão de vegetação primária e secundária no estágio avançado de regeneração somente poderá ser autorizada em caso de utilidade pública, sendo que a vegetação secundária em estágio médio de regeneração poderá ser suprimida nos casos de utilidade pública e interesse social, em todos os casos devidamente caracterizados e motivados em procedimento administrativo próprio, quando inexistir alternativa técnica e locacional ao empreendimento proposto, ressalvado o disposto no inciso I do art. 30 e nos §§ 1º e 2º do art. 31 desta Lei.

§ 1º. A supressão de que trata o *caput* deste artigo dependerá de autorização do órgão ambiental estadual competente, com anuência prévia, quando couber, do órgão federal ou municipal de meio ambiente, ressalvado o disposto no § 2º deste artigo.

§ 2º. A supressão de vegetação no estágio médio de regeneração situada em área urbana dependerá de autorização do órgão ambiental municipal competente, desde que o município possua conselho de meio ambiente, com caráter deliberativo e plano diretor, mediante anuência prévia do órgão ambiental estadual competente fundamentada em parecer técnico.

§ 3º. Na proposta de declaração de utilidade pública disposta na alínea *b* do inciso VII do art. 3º desta Lei, caberá ao proponente indicar de forma detalhada a alta relevância e o interesse nacional.

Art. 15. Na hipótese de obra ou atividade potencialmente causadora de significativa degradação do meio ambiente, o órgão competente exigirá a elaboração de Estudo Prévio de Impacto Ambiental, ao qual se dará publicidade, assegurada a participação pública.

Art. 16. Na regulamentação desta Lei, deverão ser adotadas normas e procedimentos especiais, simplificados e céleres, para os casos de reutilização das áreas agrícolas submetidas ao pousio.

Art. 17. O corte ou a supressão de vegetação primária ou secundária nos estágios médio ou avançado de regeneração do Bioma Mata Atlântica, autorizados por esta Lei, ficam condicionados à compensação ambiental, na forma da destinação de área equivalente à extensão da área desmatada, com as mesmas características ecológicas, na mesma bacia hidrográfica, sempre que possível na mesma microbacia hidrográfica, e, nos casos previstos nos arts. 30 e 31, ambos desta Lei, em áreas localizadas no mesmo Município ou região metropolitana.

§ 1º. Verificada pelo órgão ambiental a impossibilidade da compensação ambiental prevista no *caput* deste artigo, será exigida a reposição florestal, com espécies nativas, em área equivalente à desmatada, na mesma bacia hidrográfica, sempre que possível na mesma microbacia hidrográfica.

§ 2º. A compensação ambiental a que se refere este artigo não se aplica aos casos previstos no inciso III do art. 23 desta Lei ou de corte ou supressão ilegais.

Art. 18. No Bioma Mata Atlântica, é livre a coleta de subprodutos florestais tais como frutos, folhas ou sementes, bem como as atividades de uso indireto, desde que não coloquem em risco as espécies da fauna e flora, observando-se as limitações legais específicas e em particular as relativas ao acesso ao patrimônio genético, à proteção e ao acesso ao conhecimento tradicional associado e de biossegurança.

Art. 19. O corte eventual de vegetação primária ou secundária nos estágios médio e avançado de regeneração do Bioma Mata Atlântica, para fins de práticas preservacionistas e de pesquisa científica, será devidamente regulamentado pelo Conselho Nacional do Meio Ambiente e autorizado pelo órgão competente do SISNAMA.

TÍTULO III. DO REGIME JURÍDICO ESPECIAL DO BIOMA MATA ATLÂNTICA

CAPÍTULO I. DA PROTEÇÃO DA VEGETAÇÃO PRIMÁRIA

Art. 20. O corte e a supressão da vegetação primária do Bioma Mata Atlântica somente serão autorizados em caráter excepcional, quando necessários à realização de obras, projetos ou atividades de utilidade pública, pesquisas científicas e práticas preservacionistas.

Parágrafo único. O corte e a supressão de vegetação, no caso de utilidade pública, obedecerão ao disposto no art. 14 desta Lei, além da realização de Estudo Prévio de Impacto Ambiental/Relatório de Impacto Ambiental – EIA/RIMA.

CAPÍTULO II. DA PROTEÇÃO DA VEGETAÇÃO SECUNDÁRIA EM ESTÁGIO AVANÇADO DE REGENERAÇÃO

Art. 21. O corte, a supressão e a exploração da vegetação secundária em estágio avançado de regeneração do Bioma Mata Atlântica somente serão autorizados:

I – em caráter excepcional, quando necessários à execução de obras, atividades ou projetos de utilidade pública, pesquisa científica e práticas preservacionistas;

II – *(VETADO)*.

III – nos casos previstos no inciso I do art. 30 desta Lei.

Art. 22. O corte e a supressão previstos no inciso I do art. 21 desta Lei no caso de utilidade pública serão realizados na forma do art. 14 desta Lei, além da realização de Estudo Prévio de Impacto Ambiental, bem como na forma do art. 19 desta Lei para os casos de práticas preservacionistas e pesquisas científicas.

CAPÍTULO III. DA PROTEÇÃO DA VEGETAÇÃO SECUNDÁRIA EM ESTÁGIO MÉDIO DE REGENERAÇÃO

Art. 23. O corte, a supressão e a exploração da vegetação secundária em estágio médio de regeneração do Bioma Mata Atlântica somente serão autorizados:

I – em caráter excepcional, quando necessários à execução de obras, atividades ou projetos de utilidade pública ou de interesse social, pesquisa científica e práticas preservacionistas;

II – *(VETADO)*.

III – quando necessários ao pequeno produtor rural e populações tradicionais para o exercício de atividades ou usos agrícolas, pecuários ou silviculturais imprescindíveis à sua subsistência e de sua família, ressalvadas as áreas de preservação permanente e, quando for o caso, após averbação da reserva legal, nos termos da Lei nº 4.771, de 15 de setembro de 1965;

- Lei 12.651/2012 revogou a Lei 4.771/1965.

IV – nos casos previstos nos §§ 1º e 2º do art. 31 desta Lei.

Art. 24. O corte e a supressão da vegetação em estágio médio de regeneração, de que trata o inciso I do art. 23 desta Lei, nos casos de utilidade pública ou interesse social, obedecerão ao disposto no art. 14 desta Lei.

Parágrafo único. Na hipótese do inciso III do art. 23 desta Lei, a autorização é de competência do órgão estadual competente, informando-se ao Ibama, na forma da regulamentação desta Lei.

CAPÍTULO IV. DA PROTEÇÃO DA VEGETAÇÃO SECUNDÁRIA EM ESTÁGIO INICIAL DE REGENERAÇÃO

Art. 25. O corte, a supressão e a exploração da vegetação secundária em estágio inicial de regeneração do Bioma Mata Atlântica serão autorizados pelo órgão estadual competente.

Parágrafo único. O corte, a supressão e a exploração da vegetação de que trata este artigo, nos Estados em que a vegetação primária e secundária remanescente do Bioma Mata Atlântica for inferior a 5% (cinco por cento) da área original, submeter-se-ão ao regime jurídico aplicável à vegetação secundária em estágio médio de regeneração, ressalvadas as áreas urbanas e regiões metropolitanas.

Art. 26. Será admitida a prática agrícola do pousio nos Estados da Federação onde tal procedimento é utilizado tradicionalmente.

CAPÍTULO V. DA EXPLORAÇÃO SELETIVA DE VEGETAÇÃO SECUNDÁRIA EM ESTÁGIOS AVANÇADO, MÉDIO E INICIAL DE REGENERAÇÃO

Art. 27. *(Vetado)*.

Art. 28. O corte, a supressão e o manejo de espécies arbóreas pioneiras nativas em fragmentos florestais em estágio médio de regeneração, em que sua presença for superior a 60% (sessenta por cento) em relação às demais espécies, poderão ser autorizados pelo órgão estadual competente, observado o disposto na Lei nº 4.771, de 15 de setembro de 1965.

- Lei 12.651/2012 revogou a Lei 4.771/1965.

Art. 29. *(VETADO)*.

CAPÍTULO VI. DA PROTEÇÃO DO BIOMA MATA ATLÂNTICA NAS ÁREAS URBANAS E REGIÕES METROPOLITANAS

Art. 30. É vedada a supressão de vegetação primária do Bioma Mata Atlântica, para fins de loteamento ou edificação, nas regiões metropolitanas e áreas urbanas consideradas como tal em lei específica, aplicando-se à supressão da vegetação secundária em estágio avançado de regeneração as seguintes restrições:

I – nos perímetros urbanos aprovados até a data de início de vigência desta Lei, a supressão de vegetação secundária em estágio avançado de regeneração dependerá de prévia autorização do órgão estadual competente e somente será admitida, para fins de loteamento ou edificação, no caso de empreendimentos que garantam a preservação de vegetação nativa em estágio avançado de regeneração em no mínimo 50% (cinquenta por cento) da área total coberta por esta vegetação, ressalvado o disposto nos arts. 11 12 e 17 desta Lei e atendido o disposto no Plano Diretor do Município e demais normas urbanísticas e ambientais aplicáveis;

II – nos perímetros urbanos aprovados após a data de início de vigência desta Lei, é vedada a supressão de vegetação secundária em estágio avançado de regeneração do Bioma Mata Atlântica para fins de loteamento ou edificação.

Art. 31. Nas regiões metropolitanas e áreas urbanas, assim consideradas em lei, o parcelamento do solo para fins de loteamento ou qualquer edificação em área de vegetação secundária, em estágio médio de regeneração, do Bioma Mata Atlântica, devem obedecer ao disposto no Plano Diretor do Município e demais normas aplicáveis, e dependerão de prévia autorização do órgão estadual competente, ressalvado o disposto nos arts. 11, 12 e 17 desta Lei.

§ 1º. Nos perímetros urbanos aprovados até a data de início de vigência desta Lei, a supressão de vegetação secundária em estágio médio de regeneração somente será admitida, para fins de loteamento ou edificação, no caso de empreendimentos que garantam a preservação de vegetação nativa em estágio médio de regeneração em no mínimo 30% (trinta por cento) da área total coberta por esta vegetação.

§ 2º. Nos perímetros urbanos delimitados após a data de início de vigência desta Lei, a supressão de vegetação secundária em estágio médio de regeneração fica condicionada à manutenção de vegetação em estágio médio de regeneração em no mínimo 50% (cinquenta por cento) da área total coberta por esta vegetação.

CAPÍTULO VII. DAS ATIVIDADES MINERÁRIAS EM ÁREAS DE VEGETAÇÃO SECUNDÁRIA EM ESTÁGIO AVANÇADO E MÉDIO DE REGENERAÇÃO

Art. 32. A supressão de vegetação secundária em estágio avançado e médio de regeneração para fins de atividades minerárias somente será admitida mediante:

I – licenciamento ambiental, condicionado à apresentação de Estudo Prévio de Impacto Ambiental/Relatório de Impacto Ambiental – EIA/RIMA, pelo empreendedor, e desde que demonstrada a inexistência de alternativa técnica e locacional ao empreendimento proposto;

II – adoção de medida compensatória que inclua a recuperação de área equivalente à área do empreendimento, com as mesmas características ecológicas, na mesma bacia hidrográfica e sempre que possível na mesma microbacia hidrográfica, independentemente do disposto no art. 36 da Lei nº 9.985, de 18 de julho de 2000.

TÍTULO IV. DOS INCENTIVOS ECONÔMICOS

Art. 33. O poder público, sem prejuízo das obrigações dos proprietários e posseiros estabelecidas na legislação ambiental, estimulará, com incentivos econômicos, a proteção e o uso sustentável do Bioma Mata Atlântica.

§ 1º. Na regulamentação dos incentivos econômicos ambientais, serão observadas as seguintes características da área beneficiada:

I – a importância e representatividade ambientais do ecossistema e da gleba;

II – a existência de espécies da fauna e flora ameaçadas de extinção;

III – a relevância dos recursos hídricos;

IV – o valor paisagístico, estético e turístico;

V – o respeito às obrigações impostas pela legislação ambiental;

VI – a capacidade de uso real e sua produtividade atual.

§ 2º. Os incentivos de que trata este TÍTULO não excluem ou restringem outros benefícios, abatimentos e deduções em vigor, em especial as doações a entidades de utilidade pública efetuadas por pessoas físicas ou jurídicas.

Art. 34. As infrações dos dispositivos que regem os benefícios econômicos ambientais, sem prejuízo das sanções penais e administrativas cabíveis, sujeitarão os responsáveis a multa civil de 3 (três) vezes o valor atualizado recebido, ou do imposto devido em relação a cada exercício financeiro, além das penalidades e demais acréscimos previstos na legislação fiscal.

§ 1º. Para os efeitos deste artigo, considera-se solidariamente responsável por inadimplência ou irregularidade a pessoa física ou jurídica doadora ou propositora de projeto ou proposta de benefício.

§ 2º. A existência de pendências ou irregularidades na execução de projetos de proponentes no órgão competente do SISNAMA suspenderá a análise ou concessão de novos incentivos, até a efetiva regularização.

Art. 35. A conservação, em imóvel rural ou urbano, da vegetação primária ou da vegetação secundária em qualquer estágio de regeneração do Bioma Mata Atlântica cumpre função social e é de interesse público, podendo, a critério do proprietário, as áreas sujeitas à restrição de que trata esta Lei ser computadas para efeito da Reserva Legal e seu excedente utilizado para fins de compensação ambiental ou instituição de Cota de Reserva Ambiental – CRA. (Redação dada pela Lei nº 12.651, de 2012)

Parágrafo único. Ressalvadas as hipóteses previstas em lei, as áreas de preservação permanente não integrarão a reserva legal.

CAPÍTULO I. DO FUNDO DE RESTAURAÇÃO DO BIOMA MATA ATLÂNTICA

Art. 36. Fica instituído o Fundo de Restauração do Bioma Mata Atlântica destinado ao financiamento de projetos de restauração ambiental e de pesquisa científica.

§ 1º. *(VETADO).*

§ 2º. *(VETADO).*

§ 3º. *(VETADO).*

Art. 37. Constituirão recursos do Fundo de que trata o art. 36 desta Lei:

I – dotações orçamentárias da União;

II – recursos resultantes de doações, contribuições em dinheiro, valores, bens móveis e imóveis, que venha a receber de pessoas físicas e jurídicas, nacionais ou internacionais;

III – rendimentos de qualquer natureza, que venha a auferir como remuneração decorrente de aplicações do seu patrimônio;

IV – outros, destinados em lei.

Art. 38. Serão beneficiados com recursos do Fundo de Restauração do Bioma Mata Atlântica os projetos que envolvam conservação de remanescentes de vegetação nativa, pesquisa científica ou áreas a serem restauradas, implementados em Municípios que possuam plano municipal de conservação e recuperação da Mata Atlântica, devidamente aprovado pelo Conselho Municipal de Meio Ambiente.

§ 1º. Terão prioridade de apoio os projetos destinados à conservação e recuperação das áreas de preservação permanente, reservas legais, reservas particulares do patrimônio natural e áreas do entorno de unidades de conservação.

§ 2º. Os projetos poderão beneficiar áreas públicas e privadas e serão executados por órgãos públicos, instituições acadêmicas públicas e organizações da sociedade civil de interesse público que atuem na conservação, restauração ou pesquisa científica no Bioma Mata Atlântica.

CAPÍTULO II. DA SERVIDÃO AMBIENTAL

Art. 39. *(VETADO).*

Art. 40. *(VETADO).*

CAPÍTULO III. DOS INCENTIVOS CREDITÍCIOS

Art. 41. O proprietário ou posseiro que tenha vegetação primária ou secundária em estágios avançado e médio de regeneração do Bioma Mata Atlântica receberá das instituições financeiras benefícios creditícios, entre os quais:

I – prioridade na concessão de crédito agrícola, para os pequenos produtores rurais e populações tradicionais;

II – *(VETADO).*

III – *(VETADO).*

Parágrafo único. Os critérios, condições e mecanismos de controle dos benefícios referidos neste artigo serão definidos, anualmente, sob pena de responsabilidade, pelo órgão competente do Poder Executivo, após anuência do órgão competente do Ministério da Fazenda.

TÍTULO V. DAS PENALIDADES

Art. 42. A ação ou omissão das pessoas físicas ou jurídicas que importem inobservância aos preceitos desta Lei e a seus regulamentos ou resultem em dano à flora, à fauna e aos demais atributos naturais sujeitam os infratores às sanções previstas em lei, em especial as dispostas na Lei nº 9.605, de 12 de fevereiro de 1998, e seus decretos regulamentadores.

Art. 43. A Lei nº 9.605, de 12 de fevereiro de 1998, passa a vigorar acrescida do seguinte art. 38-A:

▸ Alteração incorporada ao texto da referida lei.

Art. 44. *(VETADO).*

TÍTULO VI. DISPOSIÇÕES FINAIS

Art. 45. *(VETADO).*

Art. 46. Os órgãos competentes adotarão as providências necessárias para o rigoroso e fiel cumprimento desta Lei, e estimularão estudos técnicos e científicos visando à conservação e ao manejo racional do Bioma Mata Atlântica e de sua biodiversidade.

Art. 47. Para os efeitos do inciso I do *caput* do art. 3º desta Lei, somente serão consideradas as propriedades rurais com área de até 50 (cinquenta) hectares, registradas em cartório até a data de início de vigência desta Lei, ressalvados os casos de fracionamento por transmissão *causa mortis*.

Art. 48. O art. 10 da Lei nº 9.393, de 19 de dezembro de 1996, passa a vigorar com a seguinte redação:

▸ Alterações já incorporadas ao texto da referida lei.

Art. 50. *(VETADO).*

Art. 51. Esta Lei entra em vigor na data de sua publicação.

Brasília, 22 de dezembro de 2006; 185º da Independência e 118º da República.

LUIZ INÁCIO LULA DA SILVA

Publicado no D.O.U. 26.12.2006; ret. 9.1.2007

DECRETO Nº 6.017, DE 17 DE JANEIRO DE 2007

Regulamenta a Lei nº 11.107, de 6 de abril de 2005, que dispõe sobre normas gerais de contratação de consórcios públicos.

▸ *Consórcios públicos – Regulamento*

CAPÍTULO I. DO OBJETO E DAS DEFINIÇÕES

Art. 1º. Este Decreto estabelece normas para a execução da Lei nº 11.107, de 6 de abril de 2005.

Art. 2º. Para os fins deste Decreto, consideram-se:

I – consórcio público: pessoa jurídica formada exclusivamente por entes da Federação, na forma da Lei nº 11.107, de 2005, para estabelecer relações de cooperação federativa, inclusive a realização de objetivos de interesse comum, constituída como associação pública, com personalidade jurídica de direito público e natureza autárquica, ou como pessoa jurídica de direito privado sem fins econômicos;

II – área de atuação do consórcio público: área correspondente à soma dos seguintes territórios, independentemente de figurar a União como consorciada:

a) dos Municípios, quando o consórcio público for constituído somente por Municípios ou por um Estado e Municípios com territórios nele contidos;

b) dos Estados ou dos Estados e do Distrito Federal, quando o consórcio público for, respectivamente, constituído por mais de um Estado ou por um ou mais Estados e o Distrito Federal; e

c) dos Municípios e do Distrito Federal, quando o consórcio for constituído pelo Distrito Federal e Municípios.

III – protocolo de intenções: contrato preliminar que, ratificado pelos entes da Federação interessados, converte-se em contrato de consórcio público;

IV – ratificação: aprovação pelo ente da Federação, mediante lei, do protocolo de intenções ou do ato de retirada do consórcio público;

V – reserva: ato pelo qual ente da Federação não ratifica, ou condiciona a ratificação, de determinado dispositivo de protocolo de intenções;

VI – retirada: saída de ente da Federação de consórcio público, por ato formal de sua vontade;

VII – contrato de rateio: contrato por meio do qual os entes consorciados comprometem-se a fornecer recursos financeiros para a realização das despesas do consórcio público;

VIII – convênio de cooperação entre entes federados: pacto firmado exclusivamente por entes da Federação, com o objetivo de autorizar a gestão associada de serviços públicos, desde que ratificado ou previamente disciplinado por lei editada por cada um deles;

IX – gestão associada de serviços públicos: exercício das atividades de planejamento, regulação ou fiscalização de serviços públicos por meio de consórcio público ou de convênio de cooperação entre entes federados, acompanhadas ou não da prestação de serviços públicos ou da transferência total ou parcial de encargos, serviços, pessoal e bens essenciais à continuidade dos serviços transferidos;

X – planejamento: as atividades atinentes à identificação, qualificação, quantificação, organização e orientação de todas as ações, públicas e privadas, por meio das quais um serviço público deve ser prestado ou colocado à disposição de forma adequada;

XI – regulação: todo e qualquer ato, normativo ou não, que discipline ou organize um determinado serviço público, incluindo suas características, padrões de qualidade, impacto sócio-ambiental, direitos e obrigações dos usuários e dos responsáveis por sua oferta ou prestação e fixação e revisão do valor de tarifas e outros preços públicos;

XII – fiscalização: atividades de acompanhamento, monitoramento, controle ou avaliação, no sentido de garantir a utilização, efetiva ou potencial, do serviço público;

XIII – prestação de serviço público em regime de gestão associada: execução, por meio de cooperação federativa, de toda e qualquer atividade ou obra com o objetivo de permitir aos usuários o acesso a um serviço público com características e padrões de qualidade determinados pela regulação ou pelo contrato de programa, inclusive quando operada por transferência total ou parcial de encargos, serviços, pessoal e bens essenciais à continuidade dos serviços transferidos;

XIV – serviço público: atividade ou comodidade material fruível diretamente pelo usuário, que possa ser remunerado por meio de taxa ou preço público, inclusive tarifa;

XV – titular de serviço público: ente da Federação a quem compete prover o serviço público, especialmente por meio de planejamento, regulação, fiscalização e prestação direta ou indireta;

XVI – contrato de programa: instrumento pelo qual devem ser constituídas e reguladas as obrigações que um ente da Federação, inclusive sua administração indireta, tenha para com outro ente da Federação, ou para com consórcio público, no âmbito da prestação de serviços públicos por meio de cooperação federativa;

XVII – termo de parceria: instrumento passível de ser firmado entre consórcio público e entidades qualificadas como Organizações da Sociedade Civil de Interesse Público, destinado à formação de vínculo de cooperação entre as partes para o fomento e a execução de atividades de interesse público previstas no art. 3º da Lei nº 9.790, de 23 de março de 1999; e

XVIII – contrato de gestão: instrumento firmado entre a administração pública e autarquia ou fundação qualificada como Agência Executiva, na forma do art. 51 da Lei nº 9.649, de 27 de maio de 1998, por meio do qual se estabelecem objetivos, metas e respectivos indicadores de desempenho da entidade, bem como os recursos necessários e os critérios e instrumentos para a avaliação do seu cumprimento.

Parágrafo único. A área de atuação do consórcio público mencionada no inciso II do *caput* deste artigo refere-se exclusivamente aos territórios dos entes da Federação que tenham ratificado por lei o protocolo de intenções.

CAPÍTULO II. DA CONSTITUIÇÃO DOS CONSÓRCIOS PÚBLICOS

SEÇÃO I. DOS OBJETIVOS

Art. 3º. Observados os limites constitucionais e legais, os objetivos dos consórcios públicos serão determinados pelos entes que se consorciarem, admitindo-se, entre outros, os seguintes:

I – a gestão associada de serviços públicos;

II – a prestação de serviços, inclusive de assistência técnica, a execução de obras e o fornecimento de bens à administração direta ou indireta dos entes consorciados;

III – o compartilhamento ou o uso em comum de instrumentos e equipamentos, inclusive de gestão, de manutenção, de informática, de pessoal técnico e de procedimentos de licitação e de admissão de pessoal;

IV – a produção de informações ou de estudos técnicos;

V – a instituição e o funcionamento de escolas de governo ou de estabelecimentos congêneres;

VI – a promoção do uso racional dos recursos naturais e a proteção do meio-ambiente;

VII – o exercício de funções no sistema de gerenciamento de recursos hídricos que lhe tenham sido delegadas ou autorizadas;

VIII – o apoio e o fomento do intercâmbio de experiências e de informações entre os entes consorciados;

IX – a gestão e a proteção de patrimônio urbanístico, paisagístico ou turístico comum;

X – o planejamento, a gestão e a administração dos serviços e recursos da previdência social dos servidores de qualquer dos entes da Federação que integram o consórcio, vedado que os recursos arrecadados em um ente federativo sejam utilizados no pagamento de benefícios de segurados de outro ente, de forma a atender o disposto no art. 1º, inciso V, da Lei nº 9.717, de 1998;

- Lei nº 9717, de 27-11-1998, que dispõe sobre regras gerais para a organização e o funcionamento dos regimes próprios de previdência social dos servidores públicos da União. Dos Estados, do Distrito Federal e dos Municípios, dos militares dos Estados e do Distrito Federal.

XI – o fornecimento de assistência técnica, extensão, treinamento, pesquisa e desenvolvimento urbano, rural e agrário;

XII – as ações e políticas de desenvolvimento urbano, socioeconômico local e regional; e

XIII – o exercício de competências pertencentes aos entes da Federação nos termos de autorização ou delegação.

§ 1º. Os consórcios públicos poderão ter um ou mais objetivos e os entes consorciados poderão se consorciar em relação a todos ou apenas a parcela deles.

§ 2º. Os consórcios públicos, ou entidade a ele vinculada, poderão desenvolver as ações e os serviços de saúde, obedecidos os princípios, diretrizes e normas que regulam o Sistema Único de Saúde – SUS.

SEÇÃO II. DO PROTOCOLO DE INTENÇÕES

Art. 4º. A constituição de consórcio público dependerá da prévia celebração de protocolo de intenções subscrito pelos representantes legais dos entes da Federação interessados.

Art. 5º. O protocolo de intenções, sob pena de nulidade, deverá conter, no mínimo, cláusulas que estabeleçam:

I – a denominação, as finalidades, o prazo de duração e a sede do consórcio público, admitindo-se a fixação de prazo indeterminado e a previsão de alteração da sede mediante decisão da Assembleia Geral;

II – a identificação de cada um dos entes da Federação que podem vir a integrar o consórcio público, podendo indicar prazo para que subscrevam o protocolo de intenções;

III – a indicação da área de atuação do consórcio público;

IV – a previsão de que o consórcio público é associação pública, com personalidade jurídica de direito público e natureza autárquica, ou pessoa jurídica de direito privado;

V – os critérios para, em assuntos de interesse comum, autorizar o consórcio público a representar os entes da Federação consorciados perante outras esferas de governo;

VI – as normas de convocação e funcionamento da assembleia geral, inclusive para a elaboração, aprovação e modificação dos estatutos do consórcio público;

VII – a previsão de que a assembleia geral é a instância máxima do consórcio público e o número de votos para as suas deliberações;

VIII – a forma de eleição e a duração do mandato do representante legal do consórcio público que, obrigatoriamente, deverá ser Chefe do Poder Executivo de ente da Federação consorciado;

IX – o número, as formas de provimento e a remuneração dos empregados do consórcio público;

X – os casos de contratação por tempo determinado para atender a necessidade temporária de excepcional interesse público;

XI – as condições para que o consórcio público celebre contrato de gestão, nos termos da Lei nº 9.649, de 1998, ou termo de parceria, na forma da Lei nº 9.790, de 1999;

XII – a autorização para a gestão associada de serviço público, explicitando:

a) competências cuja execução será transferida ao consórcio público;

b) os serviços públicos objeto da gestão associada e a área em que serão prestados;

c) a autorização para licitar e contratar concessão, permissão ou autorizar a prestação dos serviços;

d) as condições a que deve obedecer o contrato de programa, no caso de nele figurar como contratante o consórcio público; e

e) os critérios técnicos de cálculo do valor das tarifas e de outros preços públicos, bem como os critérios gerais a serem observados em seu reajuste ou revisão;

XIII – o direito de qualquer dos contratantes, quando adimplentes com as suas obrigações, de exigir o pleno cumprimento das cláusulas do contrato de consórcio público.

§ 1º. O protocolo de intenções deve definir o número de votos que cada ente da Federação consorciado possui na assembleia geral, sendo assegurado a cada um ao menos um voto.

§ 2º. Admitir-se-á, à exceção da assembleia geral:

I – a participação de representantes da sociedade civil nos órgãos colegiados do consórcio público;

II – que órgãos colegiados do consórcio público sejam compostos por representantes da sociedade civil ou por representantes apenas dos entes consorciados diretamente interessados nas matérias de competência de tais órgãos.

§ 3º. Os consórcios públicos deverão obedecer ao princípio da publicidade, tornando públicas as decisões que digam respeito a terceiros e as de natureza orçamentária, financeira ou contratual, inclusive as que digam respeito à admissão de pessoal, bem como permitindo que qualquer do povo tenha acesso a suas reuniões e aos documentos que produzir, salvo, nos termos da lei, os considerados sigilosos por prévia e motivada decisão.

§ 4º. O mandato do representante legal do consórcio público será fixado em um ou mais exercícios financeiros e cessará automaticamente no caso de o eleito não mais ocupar a Chefia do Poder Executivo do ente da Federação que representa na assembleia geral, hipótese em que será sucedido por quem preencha essa condição.

§ 5º. Salvo previsão em contrário dos estatutos, o representante legal do consórcio público, nos seus impedimentos ou na vacância, será substituído ou sucedido por aquele que, nas mesmas hipóteses, o substituir ou o suceder na Chefia do Poder Executivo.

§ 6º. É nula a cláusula do protocolo de intenções que preveja determinadas contribuições financeiras ou econômicas de ente da Federação ao consórcio público, salvo a doação, destinação ou cessão do uso de bens móveis ou imóveis e as transferências ou cessões de direitos operadas por força de gestão associada de serviços públicos.

§ 7º. O protocolo de intenções deverá ser publicado na imprensa oficial.

§ 8º. A publicação do protocolo de intenções poderá dar-se de forma resumida, desde que a publicação indique o local e o sítio da rede mundial de computadores – internet em que se poderá obter seu texto integral.

SEÇÃO III. DA CONTRATAÇÃO

Art. 6º. O contrato de consórcio público será celebrado com a ratificação, mediante lei, do protocolo de intenções.

§ 1º. A recusa ou demora na ratificação não poderá ser penalizada.

§ 2º. A ratificação pode ser realizada com reserva que deverá ser clara e objetiva, preferencialmente vinculada à vigência de cláusula, parágrafo, inciso ou alínea do protocolo de intenções, ou que imponha condições para a vigência de qualquer desses dispositivos.

§ 3º. Caso a lei mencionada no *caput* deste artigo preveja reservas, a admissão do ente no consórcio público dependerá da aprovação de cada uma das reservas pelos demais subscritores do protocolo de intenções ou, caso já constituído o consórcio público, pela assembleia geral.

§ 4º. O contrato de consórcio público, caso assim esteja previsto no protocolo de intenções, poderá ser celebrado por apenas uma parcela dos seus signatários, sem prejuízo de que os demais venham a integrá-lo posteriormente.

§ 5º. No caso previsto no § 4º deste artigo, a ratificação realizada após dois anos da primeira subscrição do protocolo de intenções dependerá da homologação dos demais subscritores ou, caso já constituído o consórcio, de decisão da assembleia geral.

§ 6º. Dependerá de alteração do contrato de consórcio público o ingresso de ente da Federação não mencionado no protocolo de intenções como possível integrante do consórcio público.

§ 7º. É dispensável a ratificação prevista no *caput* deste artigo para o ente da Federação que, antes de subscrever o protocolo de intenções, disciplinar por lei a sua participação no consórcio público, de forma a poder assumir todas as obrigações previstas no protocolo de intenções.

SEÇÃO IV. DA PERSONALIDADE JURÍDICA

Art. 7º. O consórcio público adquirirá personalidade jurídica:

I – de direito público, mediante a vigência das leis de ratificação do protocolo de intenções; e

II – de direito privado, mediante o atendimento do previsto no inciso I e, ainda, dos requisitos previstos na legislação civil.

§ 1º. Os consórcios públicos, ainda que revestidos de personalidade jurídica de direito privado, observarão as normas de direito público no que concerne à realização de licitação, celebração de contratos, admissão de pessoal e à prestação de contas.

§ 2º. Caso todos os subscritores do protocolo de intenções encontrem-se na situação prevista no § 7º do art. 6º deste Decreto, o aperfeiçoamento do contrato de consórcio público e a aquisição da personalidade jurídica pela associação pública dependerão apenas da publicação do protocolo de intenções.

§ 3º. Nas hipóteses de criação, fusão, incorporação ou desmembramento que atinjam entes consorciados ou subscritores de protocolo de intenções, os novos entes da Federação, salvo disposição em contrário do protocolo de intenções, serão automaticamente tidos como consorciados ou subscritores.

SEÇÃO V. DOS ESTATUTOS

Art. 8º. O consórcio público será organizado por estatutos cujas disposições, sob pena de nulidade, deverão atender a todas as cláusulas do seu contrato constitutivo.

§ 1º. Os estatutos serão aprovados pela assembleia geral.

§ 2º. Com relação aos empregados públicos do consórcio público, os estatutos poderão dispor sobre o exercício do poder disciplinar e regulamentar, as atribuições administrativas, hierarquia, avaliação de eficiência, lotação, jornada de trabalho e denominação dos cargos.

§ 3º. Os estatutos do consórcio público de direito público produzirão seus efeitos mediante publicação na imprensa oficial no âmbito de cada ente consorciado.

§ 4º. A publicação dos estatutos poderá dar-se de forma resumida, desde que a publicação indique o local e o sítio da rede mundial de computadores – internet em que se poderá obter seu texto integral.

CAPÍTULO III. DA GESTÃO DOS CONSÓRCIOS PÚBLICOS

SEÇÃO I. DISPOSIÇÕES GERAIS

Art. 9º. Os entes da Federação consorciados respondem subsidiariamente pelas obrigações do consórcio público.

Parágrafo único. Os dirigentes do consórcio público responderão pessoalmente pelas obrigações por ele contraídas caso pratiquem atos em desconformidade com a lei, os estatutos ou decisão da assembleia geral.

Art. 10. Para cumprimento de suas finalidades, o consórcio público poderá:

I – firmar convênios, contratos, acordos de qualquer natureza, receber auxílios, contribuições e subvenções sociais ou econômicas;

II – ser contratado pela administração direta ou indireta dos entes da Federação consorciados, dispensada a licitação; e

III – caso constituído sob a forma de associação pública, ou mediante previsão em contrato de programa, promover desapropriações ou instituir servidões nos termos de declaração de utilidade ou necessidade pública, ou de interesse social.

Parágrafo único. A contratação de operação de crédito por parte do consórcio público se sujeita aos limites e condições próprios estabelecidos pelo Senado Federal, de acordo com o disposto no art. 52, inciso VII, da Constituição.

SEÇÃO II. DO REGIME CONTÁBIL E FINANCEIRO

Art. 11. A execução das receitas e das despesas do consórcio público deverá obedecer às normas de direito financeiro aplicáveis às entidades públicas.

Art. 12. O consórcio público está sujeito à fiscalização contábil, operacional e patrimonial pelo Tribunal de Contas competente para apreciar as contas do seu representante legal, inclusive quanto à legalidade, legitimidade e economicidade das despesas, atos, contratos e renúncia de receitas, sem prejuízo do controle externo a ser exercido em razão de cada um dos contratos que os entes da Federação consorciados vierem a celebrar com o consórcio público.

SEÇÃO III. DO CONTRATO DE RATEIO

Art. 13. Os entes consorciados somente entregarão recursos financeiros ao consórcio público mediante contrato de rateio.

§ 1º. O contrato de rateio será formalizado em cada exercício financeiro, com observância da legislação orçamentária e financeira do ente consorciado contratante e depende da previsão de recursos orçamentários que suportem o pagamento das obrigações contratadas.

§ 2º. Constitui ato de improbidade administrativa, nos termos do disposto no art. 10, inciso XV, da Lei nº 8.429, de 2 de junho de 1992, celebrar contrato de rateio sem suficiente e prévia dotação orçamentária, ou sem observar as formalidades previstas em Lei.

§ 3º. As cláusulas do contrato de rateio não poderão conter disposição tendente a afastar, ou dificultar a fiscalização exercida pelos órgãos de controle interno e externo ou pela sociedade civil de qualquer dos entes da Federação consorciados.

§ 4º. Os entes consorciados, isolados ou em conjunto, bem como o consórcio público, são partes legítimas para exigir o cumprimento das obrigações previstas no contrato de rateio.

Art. 14. Havendo restrição na realização de despesas, de empenhos ou de movimentação financeira, ou qualquer outra derivada das normas de direito financeiro, o ente consorciado, mediante notificação escrita, deverá informá-la ao consórcio público, apontando as medidas que tomou para regularizar a situação, de modo a garantir a contribuição prevista no contrato de rateio.

Parágrafo único. A eventual impossibilidade de o ente consorciado cumprir obrigação orçamentária e financeira estabelecida em contrato de rateio obriga o consórcio público a adotar medidas para adaptar a execução orçamentária e financeira aos novos limites.

Art. 15. É vedada a aplicação dos recursos entregues por meio de contrato de rateio, inclusive os oriundos de transferências ou operações de crédito, para o atendimento de despesas classificadas como genéricas.

§ 1º. Entende-se por despesa genérica aquela em que a execução orçamentária se faz com modalidade de aplicação indefinida.

§ 2º. Não se considera como genérica as despesas de administração e planejamento, desde que previamente classificadas por meio de aplicação das normas de contabilidade pública.

Art. 16. O prazo de vigência do contrato de rateio não será superior ao de vigência das dotações que o suportam, com exceção dos que tenham por objeto exclusivamente projetos consistentes em programas e ações contemplados em plano plurianual.

Art. 17. Com o objetivo de permitir o atendimento dos dispositivos da Lei Complementar nº 101, de 4 de maio de 2000, o consórcio público deve fornecer as informações financeiras necessárias para que sejam consolidadas, nas contas dos entes consorciados, todas as receitas e despesas realizadas, de forma a que possam ser contabilizadas nas contas de cada ente da Federação na conformidade dos elementos econômicos e das atividades ou projetos atendidos.

SEÇÃO IV. DA CONTRATAÇÃO DO CONSÓRCIO POR ENTE CONSORCIADO

Art. 18. O consórcio público poderá ser contratado por ente consorciado, ou por entidade que integra a administração indireta deste último, sendo dispensada a licitação nos termos do art. 2º, inciso III, da Lei nº 11.107, de 2005.

Parágrafo único. O contrato previsto no *caput*, preferencialmente, deverá ser celebrado sempre quando o consórcio fornecer bens ou prestar serviços para um determinado ente consorciado, de forma a impedir que sejam eles custeados pelos demais.

SEÇÃO V. DAS LICITAÇÕES COMPARTILHADAS

Art. 19. Os consórcios públicos, se constituídos para tal fim, podem realizar licitação cujo edital preveja contratos a serem celebrados pela administração direta ou indireta dos entes da Federação consorciados, nos termos do § 1º do art. 112 da Lei nº 8.666, de 21 de junho de 1993.

SEÇÃO VI. DA CONCESSÃO, PERMISSÃO OU AUTORIZAÇÃO DE SERVIÇOS PÚBLICOS OU DE USO DE BENS PÚBLICOS

Art. 20. Os consórcios públicos somente poderão outorgar concessão, permissão, autorização e contratar a prestação por meio de gestão associada de obras ou de serviços públicos mediante:

I – obediência à legislação de normas gerais em vigor; e

II – autorização prevista no contrato de consórcio público.

§ 1º. A autorização mencionada no inciso II do *caput* deverá indicar o objeto da concessão, permissão ou autorização e as condições a que deverá atender, inclusive metas de desempenho e os critérios para a fixação de tarifas ou de outros preços públicos.

§ 2º. Os consórcios públicos poderão emitir documentos de cobrança e exercer atividades de arrecadação de tarifas e outros preços públicos pela prestação de serviços ou pelo uso ou outorga de uso de bens públicos ou, no caso de específica autorização, serviços ou bens de ente da Federação consorciado.

Art. 21. O consórcio público somente mediante licitação contratará concessão, permissão ou autorizará a prestação de serviços públicos.

§ 1º. O disposto neste artigo aplica-se a todos os ajustes de natureza contratual, independentemente de serem denominados como convênios, acordos ou termos de cooperação ou de parceria.

§ 2º. O disposto neste artigo não se aplica ao contrato de programa, que poderá ser contratado com dispensa de licitação conforme o art. 24, inciso XXVI, da Lei nº 8.666, de 21 de junho de 1993.

SEÇÃO VII. DOS SERVIDORES

Art. 22. A criação de empregos públicos depende de previsão do contrato de consórcio público que lhe fixe a forma e os requisitos de provimento e a sua respectiva remuneração, inclusive quanto aos adicionais, gratificações, e quaisquer outras parcelas remuneratórias ou de caráter indenizatório.

Art. 23. Os entes da Federação consorciados, ou os com eles conveniados, poderão ceder-lhe servidores, na forma e condições da legislação de cada um.

§ 1º. Os servidores cedidos permanecerão no seu regime originário, somente lhe sendo concedidos adicionais ou gratificações nos termos e valores previstos no contrato de consórcio público.

§ 2º. O pagamento de adicionais ou gratificações na forma prevista no § 1º deste artigo não configura vínculo novo do servidor cedido, inclusive para a apuração de responsabilidade trabalhista ou previdenciária.

§ 3º. Na hipótese de o ente da Federação consorciado assumir o ônus da cessão do servidor, tais pagamentos poderão ser contabilizados como créditos hábeis para operar compensação com obrigações previstas no contrato de rateio.

CAPÍTULO IV. DA RETIRADA E DA EXCLUSÃO DE ENTE CONSORCIADO

SEÇÃO I. DISPOSIÇÃO GERAL

Art. 24. Nenhum ente da Federação poderá ser obrigado a se consorciar ou a permanecer consorciado.

SEÇÃO II. DO RECESSO

Art. 25. A retirada do ente da Federação do consórcio público dependerá de ato formal de seu representante na assembleia geral, na forma previamente disciplinada por lei.

§ 1º. Os bens destinados ao consórcio público pelo consorciado que se retira somente serão revertidos ou retrocedidos no caso de expressa previsão do contrato de consórcio público ou do instrumento de transferência ou de alienação.

§ 2º. A retirada não prejudicará as obrigações já constituídas entre o consorciado que se retira e o consórcio público.

§ 3º. A retirada de um ente da Federação do consórcio público constituído por apenas dois entes implicará a extinção do consórcio.

SEÇÃO III. DA EXCLUSÃO

Art. 26. A exclusão de ente consorciado só é admissível havendo justa causa.

§ 1º. Além das que sejam reconhecidas em procedimento específico, é justa causa a não inclusão, pelo ente consorciado, em sua lei orçamentária ou em créditos adicionais, de dotações suficientes para suportar as despesas que, nos termos do orçamento do consórcio público, prevê-se devam ser assumidas por meio de contrato de rateio.

§ 2º. A exclusão prevista no § 1º deste artigo somente ocorrerá após prévia suspensão, período em que o ente consorciado poderá se reabilitar.

Art. 27. A exclusão de consorciado exige processo administrativo onde lhe seja assegurado o direito à ampla defesa e ao contraditório.

Art. 28. Mediante previsão do contrato de consórcio público, poderá ser dele excluído o ente que, sem autorização dos demais consorciados, subscrever protocolo de intenções para constituição de outro consórcio com finalidades, a juízo da maioria da assembleia geral, iguais, assemelhadas ou incompatíveis.

CAPÍTULO V. DA ALTERAÇÃO E DA EXTINÇÃO DOS CONTRATOS DE CONSÓRCIO PÚBLICO

Art. 29. A alteração ou a extinção do contrato de consórcio público dependerá de instrumento aprovado pela assembleia geral, ratificado mediante lei por todos os entes consorciados.

§ 1º. Em caso de extinção:

I – os bens, direitos, encargos e obrigações decorrentes da gestão associada de serviços públicos custeados por tarifas ou outra espécie de preço público serão atribuídos aos titulares dos respectivos serviços;

II – até que haja decisão que indique os responsáveis por cada obrigação, os entes consorciados responderão solidariamente pelas obrigações remanescentes, garantido o direito de regresso em face dos entes beneficiados ou dos que deram causa à obrigação.

§ 2º. Com a extinção, o pessoal cedido ao consórcio público retornará aos seus órgãos de origem, e os empregados públicos terão automaticamente rescindidos os seus contratos de trabalho com o consórcio.

CAPÍTULO VI. DO CONTRATO DE PROGRAMA

SEÇÃO I. DAS DISPOSIÇÕES PRELIMINARES

Art. 30. Deverão ser constituídas e reguladas por contrato de programa, como condição de sua validade, as obrigações contraídas por ente da Federação, inclusive entidades de sua administração indireta, que tenham por objeto a prestação de serviços por meio de gestão associada ou a transferência total ou parcial de encargos, serviços, pessoal ou de bens necessários à continuidade dos serviços transferidos.

§ 1º. Para os fins deste artigo, considera-se prestação de serviço público por meio de gestão associada aquela em que um ente da Federação, ou entidade de sua administração indireta, coopere com outro ente da Federação ou com consórcio público, independentemente da denominação que venha a adotar, exceto quando a prestação se der por meio de contrato de concessão de serviços públicos celebrado após regular licitação.

§ 2º. Constitui ato de improbidade administrativa, a partir de 7 de abril de 2005, celebrar contrato ou outro instrumento que tenha por objeto a prestação de serviços públicos por meio de cooperação federativa sem a celebração de contrato de programa, ou sem que sejam observadas outras formalidades previstas em lei, nos termos do disposto no art. 10, inciso XIV, da Lei nº 8.429, de 1992.

§ 3º. Excluem-se do previsto neste artigo as obrigações cujo descumprimento não acarrete qualquer ônus, inclusive financeiro, a ente da Federação ou a consórcio público.

Art. 31. Caso previsto no contrato de consórcio público ou em convênio de cooperação entre entes federados, admitir-se-á a celebração de contrato de programa de ente da Federação ou de consórcio público com autarquia, empresa pública ou sociedade de economia mista.

§ 1º. Para fins do *caput*, a autarquia, empresa pública ou sociedade de economia mista deverá integrar a administração indireta de ente da Federação que, por meio de consórcio público ou de convênio de cooperação, autorizou a gestão associada de serviço público.

§ 2º. O contrato celebrado na forma prevista no *caput* deste artigo será automaticamente extinto no caso de o contratado não mais integrar a administração indireta do ente da Federação que autorizou a gestão associada de serviços públicos por meio de consórcio público ou de convênio de cooperação.

§ 3º. É lícito ao contratante, em caso de contrato de programa celebrado com sociedade de economia mista ou com empresa pública, receber participação societária com o poder especial de impedir a alienação da empresa, a fim de evitar que o contrato de programa seja extinto na conformidade do previsto no § 2º deste artigo.

§ 4º. O convênio de cooperação não produzirá efeitos entre os entes da Federação cooperantes que não o tenham disciplinado por lei.

SEÇÃO II.
DA DISPENSA DE LICITAÇÃO

Art. 32. O contrato de programa poderá ser celebrado por dispensa de licitação nos termos do art. 24, inciso XXVI, da Lei nº 8.666, de 1993.

Parágrafo único. O termo de dispensa de licitação e a minuta de contrato de programa deverão ser previamente examinados e aprovados por assessoria jurídica da Administração.

SEÇÃO III.
DAS CLÁUSULAS NECESSÁRIAS

Art. 33. Os contratos de programa deverão, no que couber, atender à legislação de concessões e permissões de serviços públicos e conter cláusulas que estabeleçam:

I – o objeto, a área e o prazo da gestão associada de serviços públicos, inclusive a operada por meio de transferência total ou parcial de encargos, serviços, pessoal e bens essenciais à continuidade dos serviços;
II – o modo, forma e condições de prestação dos serviços;
III – os critérios, indicadores, fórmulas e parâmetros definidores da qualidade dos serviços;
IV – o atendimento à legislação de regulação dos serviços objeto da gestão associada, especialmente no que se refere à fixação, revisão e reajuste das tarifas ou de outros preços públicos e, se necessário, as normas complementares a essa regulação;
V – procedimentos que garantam transparência da gestão econômica e financeira de cada serviço em relação a cada um de seus titulares, especialmente de apuração de quanto foi arrecadado e investido nos territórios de cada um deles, em relação a cada serviço sob regime de gestão associada de serviço público;
VI – os direitos, garantias e obrigações do titular e do prestador, inclusive os relacionados às previsíveis necessidades de futura alteração e expansão dos serviços e consequente modernização, aperfeiçoamento e ampliação dos equipamentos e instalações;
VII – os direitos e deveres dos usuários para obtenção e utilização dos serviços;
VIII – a forma de fiscalização das instalações, dos equipamentos, dos métodos e práticas de execução dos serviços, bem como a indicação dos órgãos competentes para exercê-las;
IX – as penalidades contratuais e administrativas a que se sujeita o prestador dos serviços, inclusive quando consórcio público, e sua forma de aplicação;
X – os casos de extinção;
XI – os bens reversíveis;
XII – os critérios para o cálculo e a forma de pagamento das indenizações devidas ao prestador dos serviços, inclusive quando consórcio público, especialmente do valor dos bens reversíveis que não foram amortizados por tarifas e outras receitas emergentes da prestação dos serviços;
XIII – a obrigatoriedade, forma e periodicidade da prestação de contas do consórcio público ou outro prestador dos serviços, no que se refere à prestação dos serviços por gestão associada de serviço público;
XIV – a periodicidade em que os serviços serão fiscalizados por comissão composta por representantes do titular do serviço, do contratado e dos usuários, de forma a cumprir o disposto no art. 30, parágrafo único, da Lei nº 8.987, de 13 de fevereiro de 1995;
XV – a exigência de publicação periódica das demonstrações financeiras relativas à gestão associada, a qual deverá ser específica e segregada das demais demonstrações do consórcio público ou do prestador de serviços; e
XVI – o foro e o modo amigável de solução das controvérsias contratuais.

§ 1º. No caso de transferência total ou parcial de encargos, serviços, pessoal e bens essenciais à continuidade dos serviços transferidos, o contrato de programa deverá conter também cláusulas que prevejam:

I – os encargos transferidos e a responsabilidade subsidiária do ente que os transferiu;
II – as penalidades no caso de inadimplência em relação aos encargos transferidos;
III – o momento de transferência dos serviços e os deveres relativos à sua continuidade;
IV – a indicação de quem arcará com o ônus e os passivos do pessoal transferido;
V – a identificação dos bens que terão apenas a sua gestão e administração transferidas e o preço dos que sejam efetivamente alienados ao prestador dos serviços ou ao consórcio público; e
VI – o procedimento para o levantamento, cadastro e avaliação dos bens reversíveis que vierem a ser amortizados mediante receitas de tarifas ou outras emergentes da prestação dos serviços.

§ 2º. O não pagamento da indenização prevista no inciso XII do *caput*, inclusive quando houver controvérsia de seu valor, não impede o titular de retomar os serviços ou adotar outras medidas para garantir a continuidade da prestação adequada do serviço público.

§ 3º. É nula a cláusula de contrato de programa que atribuir ao contratado o exercício dos poderes de planejamento, regulação e fiscalização dos serviços por ele próprio prestados.

SEÇÃO IV.
DA VIGÊNCIA E DA EXTINÇÃO

Art. 34. O contrato de programa continuará vigente mesmo quando extinto o contrato de consórcio público ou o convênio de cooperação que autorizou a gestão associada de serviços públicos.

Art. 35. A extinção do contrato de programa não prejudicará as obrigações já constituídas e dependerá do prévio pagamento das indenizações eventualmente devidas.

CAPÍTULO VII.
DAS NORMAS APLICÁVEIS À UNIÃO

Art. 36. A União somente participará de consórcio público em que também façam parte todos os Estados em cujos territórios estejam situados os Municípios consorciados.

Art. 37. Os órgãos e entidades federais concedentes darão preferência às transferências voluntárias para Estados, Distrito Federal e Municípios cujas ações sejam desenvolvidas por intermédio de consórcios públicos.

Art. 38. Quando necessário para que sejam obtidas as escalas adequadas, a execução de programas federais de caráter local poderá ser delegada, no todo ou em parte, mediante convênio, aos consórcios públicos.

Parágrafo único. Os Estados e Municípios poderão executar, por meio de consórcio público, ações ou programas a que sejam beneficiados por meio de transferências voluntárias da União.

Art. 39. A partir de 1º de janeiro de 2008 a União somente celebrará convênios com consórcios públicos constituídos sob a forma de associação pública ou que para essa forma tenham se convertido.

§ 1º A celebração dos convênios de que trata o caput está condicionada à comprovação do cumprimento das exigências legais pelo consórcio público, conforme o disposto no parágrafo único do art. 14 da Lei nº 11.107, de 2005. (Redação dada pelo Decreto 10.243/2020)

§ 2º A comprovação do cumprimento das exigências legais para a celebração de convênios poderá ser feita por meio de extrato emitido no Serviço Auxiliar de Informações para Transferências Voluntárias – CAUC ou por outro meio que venha a ser estabelecido por ato do Secretário do Tesouro Nacional da Secretaria Especial de Fazenda do Ministério da Economia. (Redação dada pelo Decreto 10.243/2020)

CAPÍTULO VIII.
DAS DISPOSIÇÕES FINAIS E TRANSITÓRIAS

Art. 40. Para que a gestão financeira e orçamentária dos consórcios públicos se realize na conformidade dos pressupostos da responsabilidade fiscal, a Secretaria do Tesouro Nacional do Ministério da Fazenda:

I – disciplinará a realização de transferências voluntárias ou a celebração de convênios de natureza financeira ou similar entre a União e os demais Entes da Federação que envolvam ações desenvolvidas por consórcios públicos;
II – editará normas gerais de consolidação das contas dos consórcios públicos, incluindo:

a) critérios para que seu respectivo passivo seja distribuído aos entes consorciados;

b) regras de regularidade fiscal a serem observadas pelos consórcios públicos.

Art. 41. Os consórcios constituídos em desacordo com a Lei nº 11.107, de 2005, poderão ser transformados em consórcios públicos de direito público ou de direito privado, desde que atendidos os requisitos de celebração de protocolo de intenções e de sua ratificação por lei de cada ente da Federação consorciado.

Parágrafo único. Caso a transformação seja para consórcio público de direito público, a eficácia da alteração estatutária não dependerá de sua inscrição no registro civil das pessoas jurídicas.

Art. 42. Este Decreto entra em vigor na data de sua publicação.

Brasília, 17 de janeiro de 2007; 186º da Independência e 119º da República.
LUIZ INÁCIO LULA DA SILVA
Publicado no DOU de 18-01-2007.

LEI Nº 11.457, DE 16 DE MARÇO DE 2007

Dispõe sobre a Administração Tributária Federal; altera as Leis nºs 10.593, de 6 de dezembro de 2002, 10.683, de 28 de maio de 2003, 8.212, de 24 de julho de 1991, 10.910, de 15 de julho de 2004, o Decreto-Lei nº 5.452, de 1º de maio de 1943, e o Decreto nº 70.235, de 6 de março de 1972; revoga dispositivos das Leis nºs 8.212, de 24 de julho de 1991, 10.593, de 6 de dezembro de 2002, 10.910, de 15 de julho de 2004, 11.098, de 13 de janeiro de 2005, e 9.317, de 5 de dezembro de 1996; e dá outras providências.

- *Super-Receita*

O PRESIDENTE DA REPÚBLICA Faço saber que o Congresso Nacional decreta e eu sanciono a seguinte Lei:

CAPÍTULO I. DA SECRETARIA DA RECEITA FEDERAL DO BRASIL

Art. 1º. A Secretaria da Receita Federal passa a denominar-se Secretaria da Receita Federal do Brasil, órgão essencial ao funcionamento do Estado, de caráter permanente, estruturado de forma hierárquica e diretamente subordinado ao Ministro de Estado da Fazenda e que tem por finalidade a administração tributária e aduaneira da União. (Redação dada pela Lei nº 13.464, de 2017)

Parágrafo único. São essenciais e indelegáveis as atividades da administração tributária e aduaneira da União exercidas pelos servidores dos quadros funcionais da Secretaria da Receita Federal do Brasil. (Incluído pela Lei nº 13.464, de 2017)

Art. 2º. Além das competências atribuídas pela legislação vigente à Secretaria da Receita Federal, cabe à Secretaria da Receita Federal do Brasil planejar, executar, acompanhar e avaliar as atividades relativas a tributação, fiscalização, arrecadação, cobrança e recolhimento das contribuições sociais previstas nas alíneas *a*, *b* e *c* do parágrafo único do art. 11 da Lei nº. 8.212, de 24 de julho de 1991, e das contribuições instituídas a TÍTULO de substituição.

- Decreto 6.103/2007 – Antecipa para 2/05/2007 a aplicação do Decreto 70.235/1972, relativamente aos prazos processuais e à competência para julgamento em 1ª instância, de processos administrativo-fiscais relativos às contribuições de que tratam os arts. 2º e 3º da Lei 11.457/2007.

§ 1º. O produto da arrecadação das contribuições especificadas no *caput* deste artigo e acréscimos legais incidentes serão destinados, em caráter exclusivo, ao pagamento de benefícios do Regime Geral de Previdência Social e creditados diretamente ao Fundo do Regime Geral de Previdência Social, de que trata o art. 68 da Lei Complementar 101, de 4 de maio de 2000.

§ 2º. Nos termos do art. 58 da Lei Complementar nº 101, de 4 de maio de 2000, a Secretaria da Receita Federal do Brasil prestará contas anualmente ao Conselho Nacional de Previdência Social dos resultados da arrecadação das contribuições sociais destinadas ao financiamento do Regime Geral de Previdência Social e das compensações a elas referentes.

§ 3º. As obrigações previstas na Lei nº 8.212, de 24 de julho de 1991, relativas às contribuições sociais de que trata o *caput* deste artigo serão cumpridas perante a Secretaria da Receita Federal do Brasil.

§ 4º. Fica extinta a Secretaria da Receita Previdenciária do Ministério da Previdência Social.

Art. 3º. As atribuições de que trata o art. 2º desta Lei se estendem às contribuições devidas a terceiros, assim entendidas outras entidades e fundos, na forma da legislação em vigor, aplicando-se em relação a essas contribuições, no que couber, as disposições desta Lei.

- Decreto 6.103/2007 – Antecipa para 2.05.2007 a aplicação do Decreto 70.235/1972, relativamente aos prazos processuais e à competência para julgamento em 1ª instância, de processos administrativo-fiscais relativos às contribuições de que tratam os arts. 2º e 3º da Lei 11.457/2007.

§ 1º. A retribuição pelos serviços referidos no *caput* deste artigo será de 3,5% (três inteiros e cinco décimos por cento) do montante arrecadado, salvo percentual diverso estabelecido em lei específica.

§ 2º. O disposto no *caput* deste artigo abrangerá exclusivamente contribuições cuja base de cálculo seja a mesma das que incidem sobre a remuneração paga, devida ou creditada a segurados do Regime Geral de Previdência Social ou instituídas sobre outras bases a TÍTULO de substituição.

§ 3º. As contribuições de que trata o *caput* deste artigo sujeitam-se aos mesmos prazos, condições, sanções e privilégios daquelas referidas no art. 2º desta Lei, inclusive no que diz respeito à cobrança judicial.

§ 4º. A remuneração de que trata o § 1º deste artigo será creditada ao Fundo Especial de Desenvolvimento e Aperfeiçoamento das Atividades de Fiscalização – FUNDAF, instituído pelo Decreto-Lei nº 1.437, de 17 de dezembro de 1975.

§ 5º. Durante a vigência da isenção pelo atendimento cumulativo aos requisitos constantes dos incisos I a V do *caput* do art. 55 da Lei nº 8.212, de 24 de julho de 1991,deferida pelo Instituto Nacional do Seguro Social – INSS, pela Secretaria da Receita Previdenciária ou pela Secretaria da Receita Federal do Brasil, não são devidas pela entidade beneficente de assistência social as contribuições sociais previstas em lei a outras entidades ou fundos.

§ 6º. Equiparam-se a contribuições de terceiros, para fins desta Lei, as destinadas ao Fundo Aeroviário – FA, à Diretoria de Portos e Costas do Comando da Marinha – DPC e ao Instituto Nacional de Colonização e Reforma Agrária – INCRA e a do salário-educação.

Art. 4º. São transferidos para a Secretaria da Receita Federal do Brasil os processos administrativo-fiscais, inclusive os relativos aos créditos já constituídos ou em fase de constituição, e as guias e declarações apresentadas ao Ministério da Previdência Social ou ao Instituto Nacional do Seguro Social – INSS, referentes às contribuições deque tratam os arts. 2º e 3º desta Lei.

Art. 5º. Além das demais competências estabelecidas na legislação que lhe é aplicável, cabe ao INSS:

I – emitir certidão relativa a tempo de contribuição;

II – gerir o Fundo do Regime Geral de Previdência Social;

III – calcular o montante das contribuições referidas no art. 2º desta Lei e emitir o correspondente documento de arrecadação, com vistas no atendimento conclusivo para concessão ou revisão de benefício requerido.

Art. 6º. Ato conjunto da Secretaria da Receita Federal do Brasil e do INSS definirá a forma de transferência recíproca de informações relacionadas com as contribuições sociais a que se referem os arts. 2º e 3º desta Lei.

Parágrafo único. Com relação às informações de que trata o *caput* deste artigo, a Secretaria da Receita Federal do Brasil e o INSS são responsáveis pela preservação do sigilo fiscal previsto no art. 198 da Lei nº 5.172, de 25 de outubro de 1966.

Art. 7º. Fica criado o cargo de Natureza Especial de Secretário da Receita Federal do Brasil, com a remuneração prevista no parágrafo único do art. 39 da Lei nº 10.683, de 28 de maio de 2003.

Parágrafo único. O Secretário da Receita Federal do Brasil será escolhido entre brasileiros de reputação ilibada e ampla experiência na área tributária, sendo nomeado pelo Presidente da República.

Art. 7º-A. As atribuições e competências anteriormente conferidas ao Secretário da Receita Federal ou ao Secretário da Receita Previdenciária, relativas ao exercício dos respectivos cargos, transferem-se para o Secretário da Receita Federal do Brasil. (Incluído pela Lei nº 11.490, de 2007)

Art. 8º. Ficam redistribuídos, na forma do § 1º do art. 37 da Lei nº 8.112, de 11 de dezembro de 1990, dos Quadros de Pessoal do Ministério da Previdência Social e do INSS para a Secretaria da Receita Federal do Brasil os cargos ocupados e vagos da Carreira Auditoria-Fiscal da Previdência Social, de que trata o art. 7º da Lei nº 10.593, de 6 de dezembro de 2002.

Art. 9º. A Lei nº 10.593, de 6 de dezembro de 2002, passa a vigorar com a seguinte redação:

"Art. 3º. O ingresso nos cargos das Carreiras disciplinadas nesta Lei far-se-á no primeiro padrão da classe inicial da respectiva tabela de vencimentos, mediante concurso público de provas ou de provas e títulos, exigindo-se curso superior em nível de graduação concluído ou habilitação legal equivalente.

(...)

§ 3º. Sem prejuízo dos requisitos estabelecidos neste artigo, o ingresso nos cargos de que trata o *caput* deste artigo depende da inexistência de:

I – registro de antecedentes criminais decorrentes de decisão condenatória transitada em julgado de crime cuja descrição envolva a prática de ato de improbidade administrativa ou incompatível com a idoneidade exigida para o exercício do cargo;

II – punição em processo disciplinar por ato de improbidade administrativa mediante decisão de que não caiba recurso hierárquico."

"Art. 4º. (...)

(...)

§ 3º. O servidor em estágio probatório será objeto de avaliação específica, sem prejuízo da progressão funcional durante o período, observados o interstício mínimo de 12 (doze) e máximo de 18 (dezoito) meses em cada padrão e o resultado de avaliação de desempenho efetuada para esta finalidade, na forma do regulamento."

"Carreira de Auditoria da Receita Federal do Brasil"

"Art. 5º. Fica criada a Carreira de Auditoria da Receita Federal do Brasil, composta pelos cargos de nível superior de Auditor-Fiscal da Receita Federal do Brasil e de Analista-Tributário da Receita Federal do Brasil.

Parágrafo único. (Revogado)."

"Art. 6º. São atribuições dos ocupantes do cargo de Auditor-Fiscal da Receita Federal do Brasil:

I – no exercício da competência da Secretaria da Receita Federal do Brasil e em caráter privativo:

a) constituir, mediante lançamento, o crédito tributário e de contribuições;

b) elaborar e proferir decisões ou delas participar em processo administrativo-fiscal, bem como em processos de consulta, restituição ou compensação de tributos e contribuições e de reconhecimento de benefícios fiscais;

c) executar procedimentos de fiscalização, praticando os atos definidos na legislação específica, inclusive os relacionados com o controle aduaneiro, apreensão de mercadorias, livros, documentos, materiais, equipamentos e assemelhados;

d) examinar a contabilidade de sociedades empresariais, empresários, órgãos, entidades, fundos e demais contribuintes, não se lhes aplicando as restrições previstas nos arts. 1.190 a 1.192 do Código Civil e observado o disposto no art. 1.193 do mesmo diploma legal;

e) proceder à orientação do sujeito passivo no tocante à interpretação da legislação tributária;

f) supervisionar as demais atividades de orientação ao contribuinte;

II – em caráter geral, exercer as demais atividades inerentes à competência da Secretaria da Receita Federal do Brasil.

§ 1º. O Poder Executivo poderá cometer o exercício de atividades abrangidas pelo inciso II do *caput* deste artigo em caráter privativo ao Auditor-Fiscal da Receita Federal do Brasil.

§ 2º. Incumbe ao Analista-Tributário da Receita Federal do Brasil, resguardadas as atribuições privativas referidas no inciso I do *caput* e no § 1º. deste artigo:

I – exercer atividades de natureza técnica, acessórias ou preparatórias ao exercício das atribuições privativas dos Auditores-Fiscais da Receita Federal do Brasil;

II – atuar no exame de matérias e processos administrativos, ressalvado o disposto na alínea *b* do inciso I do *caput* deste artigo;

III – exercer, em caráter geral e concorrente, as demais atividades inerentes às competências da Secretaria da Receita Federal do Brasil.

§ 3º. Observado o disposto neste artigo, o Poder Executivo regulamentará as atribuições dos cargos de Auditor-Fiscal da Receita Federal do Brasil e Analista-Tributário da Receita Federal do Brasil.

§ 4º. (*Vetado*)."

"Art. 20-A. O Poder Executivo regulamentará a forma de transferência de informações entre a Secretaria da Receita Federal do Brasil e a Secretaria de Inspeção do Trabalho para o desenvolvimento coordenado das atribuições a que se referem os arts. 6º. e 11 desta Lei."

Art. 10. Ficam transformados:

I – em cargos de Auditor-Fiscal da Receita Federal do Brasil, de que trata o art. 5º da Lei nº 10.593, de 6 de dezembro de 2002, com a redação conferida pelo art. 9º desta Lei, os cargos efetivos, ocupados e vagos de Auditor-Fiscal da Receita Federal da Carreira Auditoria da Receita Federal prevista na redação original do art. 5º da Lei nº 10.593, de 6 de dezembro de 2002, e de Auditor-Fiscal da Previdência Social da Carreira Auditoria-Fiscal da Previdência Social, de que trata o art. 7º da Lei nº 10.593, de 6 de dezembro de 2002;

II – em cargos de Analista-Tributário da Receita Federal do Brasil, de que trata o art. 5º da Lei nº 10.593, de 6 de dezembro de 2002, com a redação conferida pelo art. 9º desta Lei, os cargos efetivos, ocupados e vagos, de Técnico da Receita Federal da Carreira Auditoria da Receita Federal prevista na redação original do art. 5º da Lei nº 10.593, de 6 de dezembro de 2002, e os cargos efetivos, ocupados e vagos, dos servidores de que trata o art. 12 desta Lei redistribuídos para a Secretaria da Receita Federal do Brasil até a data da publicação da Medida Provisória nº 440, de 29 de agosto de 2008. (Redação dada pela Lei 11.907/2009, vetado pelo Presidente da República, mantido pelo Congresso Nacional e publicado no DOU de 30/4/2021)

§ 1º. Aos servidores titulares dos cargos transformados nos termos deste artigo fica assegurado o posicionamento na classe e padrão de vencimento em que estiverem enquadrados, sem prejuízo da remuneração e das demais vantagens a que façam jus na data de início da vigência desta Lei, observando-se, para todos os fins, o tempo no cargo anterior, inclusive o prestado a partir da publicação desta Lei.

§ 2º. O disposto neste artigo aplica-se aos servidores aposentados, bem como aos pensionistas.

§ 3º. A nomeação dos aprovados em concursos públicos para os cargos transformados na forma do *caput* deste artigo cujo edital tenha sido publicado antes do início da vigência desta Lei far-se-á nos cargos vagos alcançados pela respectiva transformação.

§ 4º. Ficam transportados para a folha de pessoal inativo do Ministério da Fazenda os proventos e as pensões decorrentes do exercício dos cargos de Auditor-Fiscal da Previdência Social transformados nos termos deste artigo.

§ 5º. Os atuais ocupantes dos cargos a que se refere o § 4º deste artigo e os servidores inativos que se aposentaram em seu exercício, bem como os respectivos pensionistas, poderão optar por permanecer filiados ao plano de saúde a que se vinculavam na origem, hipótese em que a contribuição será custeada pelo servidor e pelo Ministério da Fazenda.

§ 6º. Ficam extintas a Carreira Auditoria da Receita Federal, mencionada na redação original do art. 5º da Lei nº 10.593, de 6 de dezembro de 2002, e a Carreira Auditoria-Fiscal da Previdência Social, de que trata o art. 7º daquela Lei.

Art. 11. Os Auditores-Fiscais da Receita Federal do Brasil cedidos a outros órgãos que não satisfaçam as condições previstas nos incisos I e II do § 8º do art. 4º da Lei nº 10.910, de 15 de julho de 2004, deverão entrar em exercício na Secretaria da Receita Federal do Brasil no prazo de 180 (cento e oitenta) dias da vigência desta Lei.

§ 1º. Excluem-se do disposto no *caput* deste artigo cessões para o exercício dos cargos de Secretário de Estado, do Distrito Federal, de prefeitura de capital ou de dirigente máximo de autarquia no mesmo âmbito.

§ 2º. O Poder Executivo poderá fixar o exercício de até 385 (trezentos e oitenta e cinco) Auditores-Fiscais da Receita Federal do Brasil no Ministério da Previdência Social ou na Superintendência Nacional de Previdência Complementar – PREVIC, garantidos os direitos e vantagens inerentes ao cargo, lotação de origem, remuneração e gratificações, ainda que na condição de ocupante de cargo em comissão ou função de confiança. (Redação dada pela Lei nº 12.154, de 2009)

§ 3º. Os Auditores-Fiscais da Receita Federal do Brasil a que se refere o § 2º executarão, em caráter privativo, os procedimentos de fiscalização das atividades e operações das entidades fechadas de previdência complementar, de competência da Previc, assim como das entidades e fundos dos regimes próprios de previdência social. (Redação dada pela Lei nº 12.154, de 2009)

§ 4º. No exercício da competência prevista no § 3º deste artigo, os Auditores-Fiscais da Receita Federal do Brasil poderão, relativamente ao objeto da fiscalização:

I – praticar os atos definidos na legislação específica, inclusive os relacionados com a apreensão e guarda de livros, documentos, materiais, equipamentos e assemelhados;

II – examinar registros contábeis, não se lhes aplicando as restrições previstas nos arts. 1.190 a 1.192 do Código Civil e observado o disposto no art. 1.193 do mesmo diploma legal;

III – lavrar ou propor a lavratura de auto de infração; (Incluído pela Lei nº 12.154, de 2009)

IV – aplicar ou propor a aplicação de penalidade administrativa ao responsável por infração objeto de processo administrativo decorrente de ação fiscal, representação, denúncia ou outras situações previstas em lei. (Incluído pela Lei nº 12.154, de 2009)

§ 5º. Na execução dos procedimentos de fiscalização referidos no § 3º, ao Auditor-Fiscal da Receita Federal do Brasil é assegurado o livre acesso às dependências e às informações dos entes objeto da ação fiscal, de acordo com as respectivas áreas de competência, caracterizando-se embaraço à fiscalização, punível nos termos da lei, qualquer dificuldade oposta à consecução desse objetivo. (Incluído pela Lei nº 12.154, de 2009)

§ 6º. É facultado ao Auditor-Fiscal da Receita Federal do Brasil a que se refere o § 2º exercer, em caráter geral e concorrente, outras atividades inerentes às competências do Ministério da Previdência Social e da Previc. (Incluído pela Lei nº 12.154, de 2009)

§ 7º. Caberá aos Auditores-Fiscais da Receita Federal do Brasil em exercício na Previc constituir em nome desta, mediante lançamento, os créditos pelo não recolhimento da Taxa de Fiscalização e Controle da Previdência Complementar – TAFIC e promover a sua cobrança administrativa. (Incluído pela Lei nº 12.154, de 2009)

Art. 12. Sem prejuízo do disposto no art. 49 desta Lei, são redistribuídos, na forma do disposto no art. 37 da Lei nº 8.112, de 11 de dezembro de 1990, para a Secretariada Receita Federal do Brasil, os cargos dos servidores que, na data da publicação desta Lei, se encontravam em efetivo exercício na Secretaria de Receita Previdenciária ou nas unidades técnicas e administrativas a ela vinculadas e sejam titulares de cargos integrantes:

I – do Plano de Classificação de Cargos, instituído pela Lei nº 5.645, de 10 de dezembro de 1970, ou do Plano Geral de Cargos do Poder Executivo de que trata a Lei nº 11.357, de 19 de outubro de 2006;

II – das Carreiras:

a) Previdenciária, instituída pela Lei nº 10.355, de 26 de dezembro de 2001;

b) da Seguridade Social e do Trabalho, instituída pela Lei nº 10.483, de 3 de julho de 2002;

c) do Seguro Social, instituída pela Lei nº 10.855, de 1º de abril de 2004;

d) da Previdência, da Saúde e do Trabalho, instituída pela Lei nº 11.355, de 19 de outubro de 2006.

§ 1º. (*VETADO*).

§ 2º. (*VETADO*).

§ 3º. (*VETADO*).

§ 4º. Os servidores referidos neste artigo poderão, no prazo de 180 (cento e oitenta) dias contado da data referida no inciso II do *caput* do art. 51 desta Lei, optar por sua permanência no órgão de origem. (Incluído pela Lei nº 11.501, de 2007)

› Decreto 6.248/2007 – Regulamenta o art. 12, § 4º, da Lei 11.457/2007.

§ 5º. Os servidores a que se refere este artigo perceberão seus respectivos vencimentos e vantagens como se em exercício estivessem no órgão de origem, até a vigência da Lei que disporá sobre suas carreiras, cargos, remuneração, lotação e exercício. (Incluído pela Lei nº 11.501, de 2007)

- Decreto 6.248/2007: art. 3º.

Art. 13. Ficam transferidos os cargos em comissão e funções gratificadas da estrutura da extinta Secretaria da Receita Previdenciária do Ministério da Previdência Social para a Secretaria da Receita Federal do Brasil.

Art. 14. Fica o Poder Executivo federal autorizado a proceder à transformação, sem aumento de despesa, dos cargos em comissão e das funções de confiança existentes na Secretaria Especial da Receita Federal do Brasil do Ministério da Economia. (Redação dada pela Lei 13.844/2019)

Parágrafo único. Sem prejuízo das situações em curso, os cargos em comissão e as funções de confiança a que se refere o *caput* deste artigo, com exceção daqueles destinados ao assessoramento direto e ao gabinete do Secretário Especial da Receita Federal do Brasil, são privativos de servidores: (Redação dada pela Lei 13.844/2019)

I - ocupantes de cargos efetivos da Secretaria Especial da Receita Federal do Brasil do Ministério da Economia ou de servidores que tenham obtido aposentadoria nessa condição, hipótese esta restrita à ocupação de cargo em comissão; e (Redação dada pela Lei 13.844/2019)

II – alcançados pelo disposto no art. 12 desta Lei.

Art. 15. Os incisos XII e XVIII do *caput* do art. 29 da Lei nº 10.683, de 28 de maio de 2003, passam a vigorar com a seguinte redação:

- Alterações já incorporadas ao texto da referida lei.

CAPÍTULO II. DA PROCURADORIA-GERAL DA FAZENDA NACIONAL

Art. 16. A partir do 1º (primeiro) dia do 2º (segundo) mês subsequente ao da publicação desta Lei, o débito original e seus acréscimos legais, além de outras multas previstas em lei, relativos às contribuições de que tratam os arts. 2º e 3º desta Lei, constituem dívida ativa da União.

§ 1º. A partir do 1º (primeiro) dia do 13º (décimo terceiro) mês subsequente ao da publicação desta Lei, o disposto no *caput* deste artigo se estende à dívida ativa do Instituto Nacional do Seguro Social – INSS e do Fundo Nacional de Desenvolvimento da Educação – FNDE decorrente das contribuições a que se referem os arts. 2º e 3º desta Lei.

§ 2º. Aplica-se à arrecadação da dívida ativa decorrente das contribuições de que trata o art. 2º desta Lei o disposto no § 1º daquele artigo.

§ 3º. Compete à Procuradoria-Geral Federal representar judicial e extrajudicialmente:

I – o INSS e o FNDE, em processos que tenham por objeto a cobrança de contribuições previdenciárias, inclusive nos que pretendam a contestação do crédito tributário, até a data prevista no § 1º deste artigo;

II – a União, nos processos da Justiça do Trabalho relacionados com a cobrança de contribuições previdenciárias, de imposto de renda retido na fonte e de multas impostas aos empregadores pelos órgãos de fiscalização das relações do trabalho, mediante delegação da Procuradoria-Geral da Fazenda Nacional.

§ 4º. A delegação referida no inciso II do § 3º deste artigo será comunicada aos órgãos judiciários e não alcançará a competência prevista no inciso II do art. 12 da Lei Complementar nº 73, de 10 de fevereiro de 1993.

§ 5º. Recebida a comunicação aludida no § 4º deste artigo, serão destinadas à Procuradoria-Geral Federal as citações, intimações e notificações efetuadas em processos abrangidos pelo objeto da delegação.

§ 6º. Antes de efetivar a transferência de atribuições decorrente do disposto no § 1º deste artigo, a Procuradoria-Geral Federal concluirá os atos que se encontrarem pendentes.

§ 7º. A inscrição na dívida ativa da União das contribuições de que trata o art. 3º desta Lei, na forma do *caput* e do § 1º deste artigo, não altera a destinação final do produto da respectiva arrecadação.

Art. 17. O art. 39 da Lei nº 8.212, de 24 de julho de 1991, passa a vigorar com a seguinte redação:

- Alteração incorporada ao texto da referida lei.

Art. 18. Ficam criados na Carreira de Procurador da Fazenda Nacional 1.200 (mil e duzentos) cargos efetivos de Procurador da Fazenda Nacional.

Parágrafo único. Os cargos referidos no *caput* deste artigo serão providos na medida das necessidades do serviço e das disponibilidades de recursos orçamentários, nos termos do § 1º do art. 169 da Constituição Federal.

Art. 18-A. Compete ao Advogado-Geral da União e ao Ministro de Estado da Fazenda, mediante ato conjunto, distribuir os cargos de Procurador da Fazenda Nacional pelas 3 (três) categorias da Carreira. (Redação dada pela Lei nº 11.518, de 2007)

Art. 19. Ficam criadas, na Procuradoria-Geral da Fazenda Nacional, 120 (cento e vinte) Procuradorias Seccionais da Fazenda Nacional, a serem instaladas por ato do Ministro de Estado da Fazenda em cidades-sede de Varas da Justiça Federal ou do Trabalho.

Parágrafo único. Para estruturação das Procuradorias Seccionais a que se refere o *caput* deste artigo, ficam criados 60 (sessenta) cargos em comissão do Grupo-Direção e Assessoramento Superiores DAS-2 e 60 (sessenta) DAS-1, a serem providos na medida das necessidades do serviço e das disponibilidades de recursos orçamentários, nos termos do § 1º do art. 169 da Constituição Federal.

Art. 20. (*VETADO*).

Art. 21. Sem prejuízo do disposto no art. 49 desta Lei e da percepção da remuneração do respectivo cargo, será fixado o exercício na Procuradoria-Geral da Fazenda Nacional, a partir da data fixada no § 1º do art. 16 desta Lei, dos servidores que se encontrarem em efetivo exercício nas unidades vinculadas ao contencioso fiscal e à cobrança da dívida ativa na Coordenação Geral de Matéria Tributária da Procuradoria-Geral Federal, na Procuradoria Federal Especializada junto ao INSS, nos respectivos órgãos descentralizados ou nas unidades locais, e forem titulares de cargos integrantes:

I – do Plano de Classificação de Cargos instituído pela Lei nº 5.645, de 10 dezembro de 1970, ou do Plano Geral de Cargos do Poder Executivo de que trata a Lei nº 11.357, de 19 de outubro de 2006; (Redação dada pela Lei nº 11.518, de 2007)

II – das Carreiras:

a) Previdenciária, instituída pela Lei nº 10.355, de 26 de dezembro de 2001;

b) da Seguridade Social e do Trabalho, instituída pela Lei nº 10.483, de 3 de julho de 2002;

c) do Seguro Social, instituída pela Lei nº 10.855, de 1º de abril de 2004;

d) da Previdência, da Saúde e do Trabalho, instituída pela Lei nº 11.355, de 19 de outubro de 2006.

Parágrafo único. Fica o Poder Executivo autorizado, de acordo com as necessidades do serviço, a fixar o exercício dos servidores a que se refere o *caput* deste artigo no órgão ou entidade ao qual estiverem vinculados.

Art. 22. As autarquias e fundações públicas federais darão apoio técnico, logístico e financeiro, pelo prazo de 24 (vinte e quatro) meses a partir da publicação desta Lei, para que a Procuradoria-Geral Federal assuma, de forma centralizada, nos termos dos §§ 11 e 12 do art. 10 da Lei nº 10.480, de 2 de julho de 2002, a execução de sua dívida ativa.

Art. 23. Compete à Procuradoria-Geral da Fazenda Nacional a representação judicial na cobrança de créditos de qualquer natureza inscritos em Dívida Ativa da União.

Art. 24. É obrigatório que seja proferida decisão administrativa no prazo máximo de 360 (trezentos e sessenta) dias a contar do protocolo de petições, defesas ou recursos administrativos do contribuinte.

§ 1º. (*VETADO*).

§ 2º. (*VETADO*).

CAPÍTULO III. DO PROCESSO ADMINISTRATIVO FISCAL

Art. 25. Passam a ser regidos pelo Decreto nº 70.235, de 6 de março de 1972:

I – a partir da data fixada no § 1º do art. 16 desta Lei, os procedimentos fiscais e os processos administrativo-fiscais de determinação e exigência de créditos tributários referentes às contribuições de que tratam os arts. 2º e 3º desta Lei;

II – a partir da data fixada no *caput* do art. 16 desta Lei, os processos administrativos de consulta relativos às contribuições sociais mencionadas no art. 2º desta Lei.

§ 1º. O Poder Executivo poderá antecipar ou postergar a data a que se refere o inciso I do *caput* deste artigo, relativamente a:

I – procedimentos fiscais, instrumentos de formalização do crédito tributário e prazos processuais;

II – competência para julgamento em 1ª (primeira) instância pelos órgãos de deliberação interna e natureza colegiada.

§ 2º. (Revogado pela Lei nº 13.670, de 2018)

§ 3º. Aplicam-se, ainda, aos processos a que se refere o inciso II do *caput* deste artigo os arts. 48 e 49 da Lei nº 9.430, de 27 de dezembro de 1996.

Art. 26. O valor correspondente à compensação de débitos relativos às contribuições de que trata o art. 2º desta Lei será repassado ao Fundo do Regime Geral de Previdência Social no prazo máximo de 30 (trinta) dias úteis, contado da data em que ela for promovida de ofício ou em que for apresentada a declaração de compensação. (Redação dada pelo Lei nº 13.670, de 2018)

Parágrafo único. (Revogado). (Redação dada pelo Lei nº 13.670, de 2018)

Art. 26-A. O disposto no art. 74 da Lei nº 9.430, de 27 de dezembro de 1996: (Incluído pelo Lei nº 13.670, de 2018)

I - aplica-se à compensação das contribuições a que se referem os arts. 2º e 3º desta Lei efetuada pelo sujeito passivo que utilizar o Sistema de Escrituração Digital das Obrigações Fiscais, Previdenciárias e Trabalhistas (eSocial), para apuração das referidas contribuições, observado o disposto no § 1º deste artigo; (Incluído pelo Lei nº 13.670, de 2018)

II - não se aplica à compensação das contribuições a que se referem os arts. 2º e 3º desta Lei efetuada pelos demais sujeitos passivos; e (Incluído pelo Lei nº 13.670, de 2018)

III - não se aplica ao regime unificado de pagamento de tributos, de contribuições e dos demais encargos do empregador doméstico (Simples Doméstico). (Incluído pelo Lei nº 13.670, de 2018)

§ 1º Não poderão ser objeto da compensação de que trata o inciso I do *caput* deste artigo: (Incluído pelo Lei nº 13.670, de 2018)

I - o débito das contribuições a que se referem os arts. 2º e 3º desta Lei: (Incluído pelo Lei nº 13.670, de 2018)

a) relativo a período de apuração anterior à utilização do eSocial para a apuração das referidas contribuições; e (Incluído pelo Lei nº 13.670, de 2018)

b) relativo a período de apuração posterior à utilização do eSocial com crédito dos demais tributos administrados pela Secretaria da Receita Federal do Brasil concernente a período de apuração anterior à utilização do eSocial para apuração das referidas contribuições; e (Incluído pelo Lei nº 13.670, de 2018)

II - o débito dos demais tributos administrados pela Secretaria da Receita Federal do Brasil: (Incluído pelo Lei nº 13.670, de 2018)

a) relativo a período de apuração anterior à utilização do eSocial para apuração de tributos com crédito concernente às contribuições a que se referem os arts. 2º e 3º desta Lei; e (Incluído pelo Lei nº 13.670, de 2018)

b) com crédito das contribuições a que se referem os arts. 2º e 3º desta Lei relativo a período de apuração anterior à utilização do eSocial para apuração das referidas contribuições. (Incluído pelo Lei nº 13.670, de 2018)

§ 2º A Secretaria da Receita Federal do Brasil disciplinará o disposto neste artigo. (Incluído pelo Lei nº 13.670, de 2018)

Art. 27. Observado o disposto no art. 25 desta Lei, os procedimentos fiscais e os processos administrativo-fiscais referentes às contribuições sociais de que tratam os arts. 2º e 3º desta Lei permanecem regidos pela legislação precedente.

Art. 28. Ficam criadas, na Secretaria da Receita Federal do Brasil, 5 (cinco) Delegacias de Julgamento e 60 (sessenta) Turmas de Julgamento com competência para julgar, em 1ª (primeira) instância, os processos de exigência de tributos e contribuições arrecadados pela Secretaria da Receita Federal do Brasil, a serem instaladas mediante ato do Ministro de Estado da Fazenda.

Parágrafo único. Para estruturação dos órgãos de que trata o *caput* deste artigo, ficam criados 5 (cinco) cargos em comissão do Grupo-Direção e Assessoramento Superiores DAS-3 e 55 (cinquenta e cinco) DAS-2, a serem providos na medida das necessidades do serviço e das disponibilidades de recursos orçamentários, nos termos do § 1º do art. 169 da Constituição Federal.

Art. 29. Fica transferida do Conselho de Recursos da Previdência Social para o 2º Conselho de Contribuintes do Ministério da Fazenda a competência para julgamento de recursos referentes às contribuições de que tratam os arts. 2º e 3º desta Lei.

§ 1º. Para o exercício da competência a que se refere o *caput* deste artigo, serão instaladas no 2º. Conselho de Contribuintes, na forma da regulamentação pertinente, Câmaras especializadas, observada a composição prevista na parte final do inciso VII do *caput* do art. 194 da Constituição Federal.

§ 2º. Fica autorizado o funcionamento das Câmaras dos Conselhos de Contribuintes nas sedes das Regiões Fiscais da Secretaria da Receita Federal do Brasil.

Art. 30. No prazo de 30 (trinta) dias da publicação do ato de instalação das Câmaras previstas no § 1º do art. 29 desta Lei, os processos administrativo-fiscais referentes às contribuições de que tratam os arts. 2º e 3º desta Lei que se encontrarem no Conselho de Recursos da Previdência Social serão encaminhados para o 2º Conselho de Contribuintes.

Parágrafo único. Fica prorrogada a competência do Conselho de Recursos da Previdência Social durante o prazo a que se refere o *caput* deste artigo.

Art. 31. São transferidos, na data da publicação do ato a que se refere o *caput* do art. 30 desta Lei, 2 (dois) cargos em comissão do Grupo-Direção e Assessoramento Superiores DAS-101.2 e 2 (dois) DAS-101.1 do Conselho de Recursos da Previdência Social para o 2º Conselho de Contribuintes.

CAPÍTULO IV. DO PARCELAMENTO DOS DÉBITOS PREVIDENCIÁRIOS DOS ESTADOS E DO DISTRITO FEDERAL

Art. 32. Os débitos de responsabilidade dos Estados e do Distrito Federal, de suas autarquias e fundações, relativos às contribuições sociais de que tratam as alíneas *a* e *c* do parágrafo único do art. 11 da Lei nº 8.212, de 24 de julho de 1991, com vencimento até o mês anterior ao da entrada em vigor desta Lei, poderão ser parcelados em até 240 (duzentas e quarenta) prestações mensais e consecutivas.

§ 1º. Os débitos referidos no *caput* deste artigo são aqueles originários de contribuições sociais e obrigações acessórias, constituídos ou não, inscritos ou não em dívida ativa, incluídos os que estiverem em fase de execução fiscal ajuizada, e os que tenham sido objeto de parcelamento anterior não integralmente quitado ou cancelado por falta de pagamento.

§ 2º. Os débitos ainda não constituídos deverão ser confessados de forma irretratável e irrevogável.

§ 3º. Poderão ser parcelados em até 60 (sessenta) prestações mensais e consecutivas os débitos de que tratam o *caput* e os §§ 1º e 2º deste artigo com vencimento até o mês anterior ao da entrada em vigor desta Lei, relativos a contribuições não recolhidas:

I – descontadas dos segurados empregado, trabalhador avulso e contribuinte individual;

II – retidas na forma do art. 31 da Lei nº 8.212, de 24 de julho de 1991;

III – decorrentes de sub-rogação.

§ 4º. Caso a prestação mensal não seja paga na data do vencimento, serão retidos e repassados à Secretaria da Receita Federal do Brasil recursos do Fundo de Participação dos Estados e do Distrito Federal suficientes para sua quitação, acrescidos de juros equivalentes à taxa referencial do Sistema Especial de Liquidação e de Custódia – Selic para títulos federais, acumulada mensalmente a partir do primeiro dia do mês subsequente ao da consolidação do débito até o mês anterior ao do pagamento, acrescido de 1% (um por cento) no mês do pagamento da prestação.

Art. 33. Até 90 (noventa) dias após a entrada em vigor desta Lei, a opção pelo parcelamento será formalizada na Secretaria da Receita Federal do Brasil, que se responsabilizará pela cobrança das prestações e controle dos créditos originários dos parcelamentos concedidos.

- Lei 11.531/2007, art. 3º: Prorrogou o referido prazo de até 90 (noventa) dias para 31/12/2007.

Art. 34. A concessão do parcelamento objeto deste CAPÍTULO está condicionada:

I – à apresentação pelo Estado ou Distrito Federal, na data da formalização do pedido, do demonstrativo referente à apuração da Receita Corrente Líquida Estadual, na forma do disposto na Lei Complementar nº 101, de 4 de maio de 2000, referente ao ano-calendário imediatamente anterior ao da entrada em vigor desta Lei;

II – ao adimplemento das obrigações vencidas a partir do primeiro dia do mês da entrada em vigor desta Lei.

Art. 35. Os débitos serão consolidados por Estado e Distrito Federal na data do pedido do parcelamento, reduzindo-se os valores referentes a juros de mora em 50% (cinquenta por cento).

Art. 36. Os débitos de que trata este CAPÍTULO serão parcelados em prestações mensais equivalentes a, no mínimo, 1,5% (um inteiro e cinco décimos por cento) da média da Receita Corrente Líquida do Estado e do Distrito Federal prevista na Lei Complementar 101, de 4 de maio de 2000.

§ 1º. A média de que trata o *caput* deste artigo corresponderá a 1/12 (um doze avos) da Receita Corrente Líquida do ano anterior ao do vencimento da prestação.

§ 2º. Para fins deste artigo, os Estados e o Distrito Federal se obrigam a encaminhar à Secretaria da Receita Federal do Brasil o demonstrativo de apuração da Receita Corrente Líquida de que trata o inciso I do art. 53 da Lei Complementar 101, de 4 de maio de 2000, até o último dia útil do mês de fevereiro de cada ano.

§ 3º. A falta de apresentação das informações a que se refere o § 2º deste artigo implicará, para fins de apuração e cobrança da prestação mensal, a aplicação da variação do Índice Geral de Preços, Disponibilidade Interna – IGP-DI, acrescida de juros de 0,5% (cinco décimos por cento) ao mês, sobre a última Receita Corrente Líquida publicada nos termos da legislação.

§ 4º. Às prestações vencíveis em janeiro, fevereiro e março aplicar-se-á o valor mínimo do ano anterior.

Art. 37. As prestações serão exigíveis no último dia útil de cada mês, a contar do mês subsequente ao da formalização do pedido de parcelamento.

§ 1º. No período compreendido entre a formalização do pedido e o mês da consolidação, o ente beneficiário do parcelamento deverá recolher mensalmente prestações correspondentes a 1,5% (um inteiro e cinco décimos por cento) da média da Receita Corrente Líquida do Estado e do Distrito Federal prevista na Lei Complementar nº 101, de 4 de maio de 2000, sob pena de indeferimento do pleito, que só se confirma com o pagamento da prestação inicial.

§ 2º. A partir do mês seguinte à consolidação, o valor da prestação será obtido mediante a divisão do montante do débito parcelado, deduzidos os valores das prestações recolhidas nos termos do § 1º deste artigo, pelo número de prestações restantes, observado o valor mínimo de 1,5% (um inteiro e cinco décimos por cento) da média da Receita Corrente Líquida do Estado e do Distrito Federal prevista na Lei Complementar nº 101, de 4 de maio de 2000.

Art. 38. O parcelamento será rescindido na hipótese do inadimplemento:

I – de 3 (três) meses consecutivos ou 6 (seis) meses alternados, prevalecendo o que primeiro ocorrer;

II – das obrigações correntes referentes às contribuições sociais de que trata este Capítulo;

III – da parcela da prestação que exceder à retenção dos recursos do Fundo de Participação dos Estados e do Distrito Federal promovida na forma deste Capítulo.

Art. 39. O Poder Executivo disciplinará, em regulamento, os atos necessários à execução do disposto neste Capítulo.

Parágrafo único. Os débitos referidos no *caput* deste artigo serão consolidados no âmbito da Secretaria da Receita Federal do Brasil.

CAPÍTULO V. DISPOSIÇÕES GERAIS

Art. 40. Sem prejuízo do disposto nas Leis nºs 4.516, de 1º de dezembro de 1964, e 5.615, de 13 de outubro de 1970, a Empresa de Tecnologia e Informações da Previdência Social – DATAPREV fica autorizada a prestar serviços de tecnologia da informação ao Ministério da Fazenda, necessários ao desempenho das atribuições abrangidas por esta Lei, observado o disposto no inciso VIII do art. 24 da Lei nº 8.666, de 21 de junho de 1993, nas condições estabelecidas em ato do Poder Executivo.

▸ Lei 14.133/2021 (Nova Lei de Licitações)

Art. 41. Fica autorizada a transferência para o patrimônio da União dos imóveis que compõem o Fundo do Regime Geral de Previdência Social identificados pelo Poder Executivo como necessários ao funcionamento da Secretaria da Receita Federal do Brasil e da Procuradoria-Geral da Fazenda Nacional.

Parágrafo único. No prazo de 3 (três) anos, de acordo com o resultado de avaliação realizada nos termos da legislação aplicável, a União compensará financeiramente o Fundo do Regime Geral de Previdência Social pelos imóveis transferidos na forma do *caput* deste artigo.

Art. 42. A Consolidação das Leis do Trabalho – CLT, aprovada pelo Decreto-Lei nº 5.452, de 1º de maio de 1943, passa a vigorar com a seguinte redação:

▸ Alteração incorporada ao texto do Decreto-Lei.

Art. 43. A Lei nº 10.910, de 15 de julho de 2004, passa a vigorar com a redação seguinte, dando-se aos seus Anexos a forma dos Anexos I e II desta Lei:

"Art. 1º. As Carreiras de Auditoria da Receita Federal do Brasil e Auditoria-Fiscal do Trabalho compõem-se de cargos efetivos agrupados nas classes A, B e Especial, compreendendo a 1ª (primeira) 5 (cinco) padrões, e as 2 (duas) últimas, 4 (quatro) padrões, na forma do Anexo I desta Lei."

"Art. 3º. A Gratificação de Desempenho de Atividade Tributária – GDAT de que trata o art. 15 da Lei 10.593, de 6 de dezembro de 2002, devida aos integrantes das Carreiras de Auditoria da Receita Federal do Brasil e Auditoria-Fiscal do Trabalho, é transformada em Gratificação de Atividade Tributária – GAT, em valor equivalente a 75% (setenta e cinco por cento) do vencimento básico do servidor.

I – (*Revogado pela Lei nº 11.356, de 2006*);

II – (*Revogado pela Lei nº 11.356, de 2006*).

(...)"

"Art. 4º. Fica criada a Gratificação de Incremento da Fiscalização e da Arrecadação – GIFA, devida aos ocupantes dos cargos efetivos das Carreiras de Auditoria da Receita Federal do Brasil e Auditoria-Fiscal do Trabalho, de que trata a Lei 10.593, de 6 de dezembro de 2002, no percentual de até 95% (noventa e cinco por cento), incidente sobre o maior vencimento básico de cada cargo das Carreiras.

§ 1º. A Gifa será paga aos Auditores-Fiscais da Receita Federal do Brasil e aos Analistas-Tributários da Receita Federal do Brasil de acordo com os seguintes parâmetros:

(...)"

II – 2/3 (dois terços), no mínimo, em decorrência da avaliação do resultado institucional do conjunto de unidades da Secretaria da Receita Federal do Brasil no cumprimento de metas de arrecadação, computadas em âmbito nacional e de forma individualizada para cada órgão.

§ 8º. (...)

(...)"

II – ocupantes dos cargos efetivos da Carreira de Auditoria da Receita Federal do Brasil, em exercício nos seguintes órgãos do Ministério da Fazenda:

(...)"

III – ocupantes dos cargos de Auditor-Fiscal da Receita Federal do Brasil da Carreira de Auditoria da Receita Federal do Brasil, em exercício no Ministério da Previdência Social e órgãos vinculados;

IV – ocupantes dos cargos efetivos da Carreira Auditoria-Fiscal do Trabalho, em exercício no Ministério do Trabalho e Emprego, exclusivamente nas unidades não integrantes do Sistema Federal de Inspeção do Trabalho definidas em regulamento."

"Art. 6º. (*Vetado*)"

Art. 44. O art. 23 do Decreto nº 70.235, de 6 de março de 1972, passa a vigorar acrescido dos §§ 7º, 8º e 9º, com a seguinte redação:

▸ Alteração incorporada ao texto do referido Decreto.

Art. 45. As repartições da Secretaria da Receita Federal do Brasil deverão, durante seu horário regular de funcionamento, dar vista dos autos de processo administrativo, permitindo a obtenção de cópias reprográficas, assim como receber requerimentos e petições.

Parágrafo único. A Secretaria da Receita Federal do Brasil adotará medidas para disponibilizar o atendimento a que se refere o *caput* deste artigo por intermédio da rede mundial de computadores e o recebimento de petições e requerimentos digitalizados.

CAPÍTULO VI. DISPOSIÇÕES TRANSITÓRIAS E FINAIS

Art. 46. A Fazenda Nacional poderá celebrar convênios com entidades públicas e privadas para a divulgação de informações previstas nos incisos II e III do § 3º do art. 198 da Lei nº 5.172, de 25 de outubro de 1966 – Código Tributário Nacional – CTN.

Art. 47. Fica o Poder Executivo autorizado a:

I – transferir, depois de realizado inventário, do INSS, do Ministério da Previdência Social e da Procuradoria-Geral Federal para a Secretaria da Receita Federal do Brasil e para a Procuradoria-Geral da Fazenda Nacional acervos técnicos e patrimoniais, inclusive bens imóveis, obrigações, direitos, contratos, convênios, processos administrativos e demais instrumentos relacionados com as atividades transferidas em decorrência desta Lei;

II – remanejar e transferir para a Secretaria da Receita Federal do Brasil dotações em favor do Ministério da Previdência Social e do INSS aprovadas na Lei Orçamentária em vigor, mantida a classificação funcional-programática, subprojetos, subatividades e grupos de despesas.

§ 1º. Até que sejam implementados os ajustes necessários, o Ministério da Previdência Social e o INSS continuarão a executar as despesas de pessoal e de manutenção relativas às atividades transferidas, inclusive as decorrentes do disposto no § 5º do art. 10 desta Lei.

§ 2º. Enquanto não ocorrerem as transferências previstas no *caput* deste artigo, o Ministério da Previdência Social, o INSS e a Procuradoria-Geral Federal prestarão à Secretaria da Receita Federal do Brasil e à Procuradoria-Geral da Fazenda Nacional o necessário apoio técnico, financeiro e administrativo.

§ 3º. Inclui-se no apoio de que trata o § 2º deste artigo a manutenção dos espaços físicos atualmente ocupados.

Art. 48. Fica mantida, enquanto não modificados pela Secretaria da Receita Federal do Brasil, a vigência dos convênios celebrados e dos atos normativos e administrativos editados:

I – pela Secretaria da Receita Previdenciária;

II – pelo Ministério da Previdência Social e pelo INSS relativos à administração das contribuições a que se referem os arts. 2º e 3º desta Lei;

III – pelo Ministério da Fazenda relativos à administração dos tributos e contribuições de competência da Secretaria da Receita Federal do Brasil;

IV – pela Secretaria da Receita Federal.

Art. 49. (*VETADO*).

Art. 50. No prazo de 1 (um) ano da data de publicação desta Lei, o Poder Executivo encaminhará ao Congresso Nacional projeto de lei orgânica das Auditorias Federais, dispondo sobre direitos, deveres, garantias e prerrogativas dos servidores integrantes das Carreiras de que trata a Lei nº 10.593, de 6 de dezembro de 2002.

Art. 51. Esta Lei entra em vigor:

I – na data de sua publicação, para o disposto nos arts. 40, 41, 47, 48, 49 e 50 desta Lei;

II – no primeiro dia útil do segundo mês subsequente à data de sua publicação, em relação aos demais dispositivos desta Lei.

Art. 52. Ficam revogados:

I – (*VETADO*).

II – a partir da data da publicação desta Lei, o parágrafo único do art. 5º da Lei nº 10.593, de 6 dezembro de 2002.

Brasília, 16 de março de 2007; 186º da Independência e 119º da República.

LUIZ INÁCIO LULA DA SILVA

Publicado no D.O.U. 19.3.2007

▸ Não publicamos os Anexos I (Estrutura de Cargos) e II (Tabelas de Vencimento Básico) da referida lei.

LEI Nº 11.482, DE 31 DE MAIO DE 2007

Efetua alterações na tabela do imposto de renda da pessoa física; dispõe sobre a redução a 0 (zero) da alíquota da CPMF nas hipóteses que menciona; altera as Leis nºs 7.713, de 22 de dezembro de 1988, 9.250, de 26 de dezembro de 1995, 11.128, de 28 de junho de 2005, 9.311, de 24 de outubro de 1996, 10.260, de 12 de julho de 2001, 6.194, de 19 de dezembro de 1974, 8.387, de 30 de dezembro de 1991, 9.432, de 8 de janeiro de 1997, 5.917, de 10 de setembro de 1973, 8.402, de 8 de janeiro de 1992, 6.094, de 30 de agosto de 1974, 8.884, de 11 de junho de 1994, 10.865, de 30 de abril de 2004, 8.706, de 14 de setembro de 1993; revoga dispositivos das Leis nºs 11.119, de 25 de maio de 2005, 11.311, de 13 de junho de 2006, 11.196, de 21 de novembro de 2005, e do Decreto-Lei nº 2.433, de 19 de maio de 1988; e dá outras providências.

▸ *Imposto de Renda*

O PRESIDENTE DA REPÚBLICA Faço saber que o Congresso Nacional decreta e eu sanciono a seguinte Lei:

Art. 1º. O imposto de renda incidente sobre os rendimentos de pessoas físicas será calculado de acordo com as seguintes tabelas progressivas mensais, em reais:

I – para o ano-calendário de 2007:

Tabela Progressiva Mensal

Base de Cálculo (R$)	Alíquota (%)	Parcela a Deduzir do IR (R$)
Até 1.313,69	–	–
De 1.313,70 até 2.625,12	15	197,05

Base de Cálculo (R$)	Alíquota (%)	Parcela a Deduzir do IR (R$)
Acima de 2.625,13	27,5	525,19

II – para o ano-calendário de 2008:

Tabela Progressiva Mensal

Base de Cálculo (R$)	Alíquota (%)	Parcela a Deduzir do IR (R$)
a Até 1.372,81	–	–
De 1.372,82 até 2.743,25	15	205,92
a Acima de 2.743,25	27,5	548,82

III – para o ano-calendário de 2009: (Redação dada pela Lei nº 11.945, de 2009)

Tabela Progressiva Mensal

Base de Cálculo (R$)	Alíquota (%)	Parcela a Deduzir do IR (R$)
Até 1.434,59	–	–
De 1.434,60 até 2.150,00	7,5	107,59
De 2.150,01 até 2.866,70	15	268,84
De 2.866,71 até 3.582,00	22,5	483,84
Acima de 3.582,00	27,5	662,94

IV – para o ano-calendário de 2010: (Redação dada pela Lei nº 12.469, de 2011)

Tabela Progressiva Mensal

Base de Cálculo (R$)	Alíquota (%)	Parcela a Deduzir do IR (R$)
Até 1.499,15	–	–
De 1.499,16 até 2.246,75	7,5	112,43
De 2.246,76 até 2.995,70	15	280,94
De 2.995,71 até 3.743,19	22,5	505,62
Acima de 3.743,19	27,5	692,78

V – para o ano-calendário de 2011: (Incluído pela Lei nº 12.469, de 2011)

Tabela Progressiva Mensal

Base de Cálculo (R$)	Alíquota (%)	Parcela a Deduzir do IR (R$)
Até 1.566,61	–	–
De 1.566,62 até 2.347,85	7,5	117,49
De 2.347,86 até 3.130,51	15	293,58
De 3.130,52 até 3.911,63	22,5	528,37
Acima de 3.911,63	27,5	723,95

VI – para o ano-calendário de 2012: (Incluído pela Lei nº 12.469, de 2011)

Tabela Progressiva Mensal

Base de Cálculo (R$)	Alíquota (%)	Parcela a Deduzir do IR (R$)
Até 1.637,11	–	–
De 1.637,12 até 2.453,50	7,5	122,78
De 2.453,51 até 3.271,38	15	306,80
De 3.271,39 até 4.087,65	22,5	552,15
Acima de 4.087,65	27,5	756,53

VII – para o ano-calendário de 2013: (Incluído pela Lei nº 12.469, de 2011)

Tabela Progressiva Mensal

Base de Cálculo (R$)	Alíquota (%)	Parcela a Deduzir do IR (R$)
Até 1.710,78	–	–
De 1.710,79 até 2.563,91	7,5	128,31
De 2.563,92 até 3.418,59	15	320,60
De 3.418,60 até 4.271,59	22,5	577,00
Acima de 4.271,59	27,5	790,58

VIII – para o ano-calendário de 2014 e nos meses de janeiro a março do ano-calendário de 2015: (Redação dada pela Lei nº 13.149, de 2015)

Tabela Progressiva Mensal

Base de Cálculo (R$)	Alíquota (%)	Parcela a Deduzir do IR (R$)
Até 1.787,77	–	–
De 1.903,99 até 2.826,65	7,5	134,08
De 2.679,30 até 3.572,43	15	335,03
De 3.572,44 até 4.463,81	22,5	602,96
Acima de 4.463,81	27,5	826,15

IX – a partir do mês de abril do ano-calendário de 2015: (Incluído pela Lei nº 13.149, de 2015)

Tabela Progressiva Mensal (Incluído pela Lei nº 13.149, de 2015)

Base de Cálculo (R$)	Alíquota (%)	Parcela a Deduzir do IR (R$)
Até 1.903,98	–	–
De 1.903,99 até 2.826,65	7,5	142,80
De 2.826,66 até 3.751,05	15	354,80
De 3.751,06 até 4.664,68	22,5	636,13
Acima de 4.664,68	27,5	869,36

Parágrafo único. O imposto de renda anual devido incidente sobre os rendimentos de que trata o *caput* deste artigo será calculado de acordo com tabela progressiva anual correspondente à soma das tabelas progressivas mensais vigentes nos meses de cada ano-calendário.

Art. 2º. O inciso XV do *caput* do art. 6º da Lei nº 7.713, de 22 de dezembro de 1988, passa a vigorar com a seguinte redação:

"Art. 6º (...)

XV – os rendimentos provenientes de aposentadoria e pensão, de transferência para a reserva remunerada ou de reforma pagos pela Previdência Social da União, dos Estados, do Distrito Federal e dos Municípios, por qualquer pessoa jurídica de direito público interno ou por entidade de previdência privada, a partir do mês em que o contribuinte completar 65 (sessenta e cinco) anos de idade, sem prejuízo da parcela isenta prevista na tabela de incidência mensal do imposto, até o valor de:

a) R$ 1.313,69 (mil, trezentos e treze reais e sessenta e nove centavos), por mês, para o ano-calendário de 2007;

b) R$ 1.372,81 (mil, trezentos e setenta e dois reais e oitenta e um centavos), por mês, para o ano-calendário de 2008;

c) R$ 1.434,59 (mil, quatrocentos e trinta e quatro reais e cinquenta e nove centavos), por mês, para o ano-calendário de 2009;

d) R$ 1.499,15 (mil, quatrocentos e noventa e nove reais e quinze centavos), por mês, a partir do ano-calendário de 2010;

(...)".

Art. 3º. Os arts. 4º, 8º e 10 da Lei nº 9.250, de 26 de dezembro de 1995, passam a vigorar com a seguinte redação:

"Art. 4º (...)

III – a quantia, por dependente, de:

a) R$ 132,05 (cento e trinta e dois reais e cinco centavos), para o ano-calendário de 2007;

b) R$ 137,99 (cento e trinta e sete reais e noventa e nove centavos), para o ano-calendário de 2008;

c) R$ 144,20 (cento e quarenta e quatro reais e vinte centavos), para o ano-calendário de 2009;

d) R$ 150,69 (cento e cinquenta reais e sessenta e nove centavos), a partir do ano-calendário de 2010;

(...)

VI – a quantia, correspondente à parcela isenta dos rendimentos provenientes de aposentadoria e pensão, transferência para a reserva remunerada ou reforma, pagos pela Previdência Social da União, dos Estados, do Distrito Federal e dos Municípios, por qualquer pessoa jurídica de direito público interno ou por entidade de previdência privada, a partir do mês em que o contribuinte completar 65 (sessenta e cinco) anos de idade, de:

a) R$ 1.313,69 (mil, trezentos e treze reais e sessenta e nove centavos), por mês, para o ano-calendário de 2007;

b) R$ 1.372,81 (mil, trezentos e setenta e dois reais e oitenta e um centavos), por mês, para o ano-calendário de 2008;

c) R$ 1.434,59 (mil, quatrocentos e trinta e quatro reais e cinquenta e nove centavos), por mês, para o ano-calendário de 2009;

d) R$ 1.499,15 (mil, quatrocentos e noventa e nove reais e quinze centavos), por mês, a partir do ano-calendário de 2010.

(...)".

"Art. 8º (...)

II – (...)

b) a pagamentos de despesas com instrução do contribuinte e de seus dependentes, efetuados a estabelecimentos de ensino, relativamente à educação infantil, compreendendo as creches e as pré-escolas; ao ensino fundamental; ao ensino médio; à educação superior, compreendendo os cursos de graduação e de pós-graduação (mestrado, doutorado e especialização); e à educação profissional, compreendendo o ensino técnico e o tecnológico, até o limite anual individual de:

1. R$ 2.480,66 (dois mil, quatrocentos e oitenta reais e sessenta e seis centavos) para o ano-calendário de 2007;

2. R$ 2.592,29 (dois mil, quinhentos e noventa e dois reais e vinte e nove centavos) para o ano-calendário de 2008;

3. R$ 2.708,94 (dois mil, setecentos e oito reais e noventa e quatro centavos) para o ano-calendário de 2009;

4. R$ 2.830,84 (dois mil, oitocentos e trinta reais e oitenta e quatro centavos) a partir do ano-calendário de 2010;

5. (*revogado*);

c) à quantia, por dependente, de:

1. R$ 1.584,60 (mil, quinhentos e oitenta e quatro reais e sessenta centavos) para o ano-calendário de 2007;

2. R$ 1.655,88 (mil, seiscentos e cinquenta e cinco reais e oitenta e oito centavos) para o ano-calendário de 2008;

3. R$ 1.730,40 (mil, setecentos e trinta reais e quarenta centavos) para o ano-calendário de 2009;

4. R$ 1.808,28 (mil, oitocentos e oito reais e vinte e oito centavos) a partir do ano-calendário de 2010;

(...)".

"Art. 10. O contribuinte poderá optar por desconto simplificado, que substituirá todas as deduções admitidas na legislação, correspondente à dedução de 20% (vinte por cento) do valor dos rendimentos tributáveis na Declaração de Ajuste Anual, independentemente do montante desses rendimentos, dispensadas a comprovação da despesa e a indicação de sua espécie, limitada a:

I – R$ 11.669,72 (onze mil, seiscentos e sessenta e nove reais e setenta e dois centavos) para o ano-calendário de 2007;

II – R$ 12.194,86 (doze mil, cento e noventa e quatro reais e oitenta e seis centavos) para o ano-calendário de 2008;

III – R$ 12.743,63 (doze mil, setecentos e quarenta e três reais e sessenta e três centavos) para o ano-calendário de 2009;

IV – R$ 13.317,09 (treze mil, trezentos e dezessete reais e nove centavos) a partir do ano-calendário de 2010.

Parágrafo único. O valor deduzido não poderá ser utilizado para comprovação de acréscimo patrimonial, sendo considerado rendimento consumido."

Art. 4º. O parágrafo único do art. 1º da Lei nº 11.128, de 28 de junho de 2005, passa a vigorar com a seguinte redação:

"Art. 1º (...)

Parágrafo único. O atendimento ao disposto no art. 60 da Lei 9.069, de 29 de junho de 1995, para as instituições que aderirem ao Programa até 31 de dezembro de 2006 poderá ser efetuado, excepcionalmente, até 31 de dezembro de 2008."

Art. 5º. Os arts. 8º e 16 da Lei nº 9.311, de 24 de outubro de 1996, passam a vigorar com as seguintes alterações:

"Art. 8º (...)

XI – na liquidação antecipada por instituição financeira, por conta e ordem do mutuário, de contrato de concessão de crédito que o mesmo mutuário tenha contratado em outra instituição financeira, desde que a referida liquidação esteja vinculada à abertura de nova linha de crédito, em valor idêntico ao do saldo devedor liquidado antecipadamente pela instituição que proceder à liquidação da operação, na forma regulamentada pelo Conselho Monetário Nacional;

XII – nos lançamentos a débito em conta corrente de depósito de titularidade de entidade fechada de previdência complementar para pagamento de benefícios do Regime Geral de Previdência Social, relativos a aposentadoria e pensão, no âmbito de convênio firmado entre a entidade e o Instituto Nacional de Seguro Social – INSS;

XIII – nos lançamentos a débito em conta especial destinada ao registro e controle do fluxo de recursos, aberta exclusivamente para pagamento de salários, proventos, soldos, vencimentos, aposentadorias, pensões e similares, decorrente de transferência para conta corrente de depósito de titularidade do mesmo beneficiário, conjunta ou não, na forma regulamentada pelo Conselho Monetário Nacional.

§ 1º O Banco Central do Brasil, no exercício de sua competência, expedirá normas para assegurar o cumprimento do disposto nos incisos I, II, VI, VII, X, XI, XII e XIII do *caput* deste artigo, objetivando, inclusive por meio de documentação específica, a identificação dos lançamentos previstos nos referidos incisos.

(...)".

"Art. 16. (...)

§ 6º O disposto no inciso II do *caput* deste artigo não se aplica na hipótese de liquidação antecipada de contrato de concessão de crédito, por instituição financeira, prevista no inciso XI do art. 8º desta Lei."

Art. 6º. O § 3º do art. 2º da Lei nº 10.260, de 12 de julho de 2001, passa a vigorar com a seguinte redação:

"Art. 2º (...)

§ 3º (...)

III – até 1,5% (um vírgula cinco por cento) ao ano aos agentes financeiros, calculado sobre o saldo devedor dos financiamentos concedidos até 30 de junho de 2006, pela administração dos créditos e absorção do risco de crédito efetivamente caracterizado, no percentual estabelecido no inciso V do *caput* do art. 5º desta Lei;

IV – percentual a ser estabelecido semestralmente em Portaria Interministerial dos Ministros de Estado da Fazenda e da Educação, incidente sobre o saldo devedor dos financiamentos concedidos a partir de 1º de julho de 2006 pela administração dos créditos e absorção do risco de crédito efetivamente caracterizado, no percentual estabelecido no inciso V do *caput* do art. 5º desta Lei.

(...)".

Art. 7º. A Lei nº 10.260, de 12 de julho de 2001, passa a vigorar acrescida do seguinte art. 6º-A:

"Art. 6º-A Em caso de falecimento ou invalidez permanente, devidamente comprovada na forma da legislação pertinente, do estudante tomador do financiamento, o débito será absorvido pelo agente financeiro e pela instituição de ensino, observada a proporção estabelecida no inciso V do *caput* do art. 5º desta Lei."

Art. 8º. Os arts. 3º, 4º, 5º e 11 da Lei nº 6.194, de 19 de dezembro de 1974, passam a vigorar com as seguintes alterações:

▸ Alteração incorporada ao texto da referida lei.

Art. 9º. As pessoas jurídicas com débitos vencidos relativos à Taxa de Fiscalização instituída pela Lei nº 7.940, de 20 de dezembro de 1989, poderão efetuar o pagamento dos seus débitos com redução de 30% (trinta por cento) nas multas e nos juros legalmente exigíveis, bem como mediante parcelamento em até 120 (cento e vinte) prestações mensais e sucessivas, desde que formulado requerimento com este sentido à Comissão de Valores Mobiliários – CVM no prazo de 120 (cento e vinte) dias após a publicação da Medida Provisória nº 340, de 29 de dezembro de 2006.

§ 1º. Apresentado requerimento de parcelamento nos termos previstos no *caput* deste artigo, a CVM promoverá a consolidação dos débitos respectivos e adotará as demais providências administrativas cabíveis.

§ 2º. A parcela mínima para fins do parcelamento de que trata o *caput* deste artigo não poderá ser inferior ao valor de R$ 200,00 (duzentos reais).

§ 3º. Além do disposto neste artigo, o parcelamento previsto no *caput* deste artigo deverá observar a regulamentação da CVM aplicável ao assunto.

Art. 10. O § 13 do art. 2º da Lei nº 8.387, de 30 de dezembro de 1991, passa a vigorar com a seguinte redação:

"Art. 2º (...)

§ 13. Para as empresas beneficiárias, fabricantes de microcomputadores portáteis e de unidades de processamento digitais de pequena capacidade baseadas em microprocessadores, de valor até R$ 11.000,00 (onze mil reais), bem como de unidades de discos magnéticos e ópticos, circuitos impressos com componentes elétricos e eletrônicos montados, gabinetes e fontes de alimentação, reconhecíveis como exclusiva ou principalmente destinados a tais equipamentos, e exclusivamente sobre o faturamento bruto decorrente da comercialização desses produtos no mercado interno, os percentuais para investimentos estabelecidos neste artigo serão reduzidos em 50% (cinquenta por cento) até 31 de dezembro de 2009.

(...)".

Art. 11. O prazo previsto no art. 17 da Lei nº 9.432, de 8 de janeiro de 1997, fica prorrogado até 8 de janeiro de 2022, nas navegações de cabotagem, interior fluvial e lacustre. (Redação dada pela Lei nº 13.458, de 2017)

Art. 12. O item 2.2.2 - Relação Descritiva das Rodovias do Sistema Rodoviário Nacional, constante do Anexo da Lei nº 5.917, de 10 de setembro de 1973, passa a vigorar acrescido da ligação rodoviária a seguir descrita:

"2.2.2. (...)

BR	Pontos de Passagem	Unidades da Federação	Extensão (KM)	Superposição BR/KM
440	Entroncamento BR-040/MG- Entroncamento BR-267/MG	MG	9,0	–

(...)."

Art. 13. O traçado definitivo e o número da ligação rodoviária de que trata o art. 12 desta Lei serão definidos pelo órgão competente.

Art. 14. (*VETADO*).

Art. 15. (*VETADO*).

Art. 16. O art. 53 da Lei nº 8.884, de 11 de junho de 1994, passa a vigorar com a seguinte redação:

▸ O art. 127 da Lei 12.529/2011 revogou este dispositivo.

"Art. 53. Em qualquer das espécies de processo administrativo, o CADE poderá tomar do representado compromisso de cessação da prática sob investigação ou dos seus efeitos lesivos, sempre que, em juízo de conveniência e oportunidade, entender que atende aos interesses protegidos por lei.

§ 1º Do termo de compromisso deverão constar os seguintes elementos:

I – a especificação das obrigações do representado para fazer cessar a prática investigada ou seus efeitos lesivos, bem como obrigações que julgar cabíveis;

II – a fixação do valor da multa para o caso de descumprimento, total ou parcial, das obrigações compromissadas;

III – a fixação do valor da contribuição pecuniária ao Fundo de Defesa de Direitos Difusos quando cabível.

§ 2º Tratando-se da investigação da prática de infração relacionada ou decorrente das condutas previstas nos incisos I, II, III ou VIII do *caput* do art. 21 desta Lei, entre as obrigações a que se refere o inciso I do § 1º deste artigo figurará, necessariamente, a obrigação de recolher ao Fundo de Defesa de Direitos Difusos um valor pecuniário que não poderá ser inferior ao mínimo previsto no art. 23 desta Lei.

§ 3º A celebração do termo de compromisso poderá ser proposta até o início da sessão de julgamento do processo administrativo relativo à prática investigada.

§ 4º O termo de compromisso constitui TÍTULO exclusivo extrajudicial.

§ 5º O processo administrativo ficará suspenso enquanto estiver sendo cumprido o compromisso e será arquivado ao término do prazo fixado se atendidas todas as condições estabelecidas no termo.

§ 6º A suspensão do processo administrativo a que se refere o § 5º deste artigo dar-se-á somente em relação ao representado que firmou o compromisso, seguindo o processo seu curso regular para os demais representados.

§ 7º Declarado o descumprimento do compromisso, o CADE aplicará as sanções nele previstas e determinará o prosseguimento do processo administrativo e as demais medidas administrativas e judiciais cabíveis para sua execução.

§ 8º As condições do termo de compromisso poderão ser alteradas pelo CADE se comprovar sua excessiva onerosidade para o representado, desde que a alteração não acarrete prejuízo para terceiros ou para a coletividade.

§ 9º O CADE definirá, em resolução, normas complementares sobre cabimento, tempo e modo da celebração do termo de compromisso de cessação."

Art. 17. O art. 40 da Lei nº 10.865, de 30 de abril de 2004, passa a vigorar acrescido do seguinte § 6º:

"Art. 40. (...)

§ 6º As disposições deste artigo aplicam-se à Contribuição para o PIS/Pasep-Importação e à Cofins-Importação incidentes sobre os produtos de que trata o *caput* deste artigo."

Arts. 18 a 23. (*VETADOS*).

Art. 24. Esta Lei entra em vigor na data de sua publicação, produzindo efeitos em relação:

I – aos arts. 1º a 3º, a partir de 1º de janeiro de 2007;

II – aos arts. 20 a 22, após decorridos 90 (noventa) dias da publicação desta Lei;

III – aos demais artigos, a partir da data de publicação desta Lei.

Art. 25. Ficam revogados:

I – a partir de 1º de janeiro de 2007:

a) a Lei nº 11.119, de 25 de maio de 2005; e

b) os arts. 1º e 2º da Lei nº 11.311, de 13 de junho de 2006;

II – a partir da data de publicação desta Lei:

a) (*VETADO*).

b) o art. 131 da Lei nº 11.196, de 21 de novembro de 2005; e

c) o § 2º do art. 17 do Decreto-Lei nº 2.433, de 19 de maio de 1988.

Brasília, 31 de maio de 2007; 186º da Independência e 119º da República.

LUIZ INÁCIO LULA DA SILVA

Publicado no D.O.U. 31.5.2007

DECRETO Nº 6.170, DE 25 DE JULHO DE 2007

Dispõe sobre as normas relativas às transferências de recursos da União mediante convênios e contratos de repasse, e dá outras providências.

▸ *Transferências de recursos da União mediante convênios*

CAPÍTULO I. DAS DISPOSIÇÕES GERAIS

Art. 1º Este Decreto regulamenta os convênios e os contratos de repasse celebrados pelos órgãos e entidades da administração pública federal com órgãos ou entidades públicas ou privadas sem fins lucrativos, para a execução de programas, projetos e atividades que envolvam a transferência de recursos oriundos dos Orçamentos Fiscal e da Seguridade Social da União. (Redação dada pelo Decreto nº 10.426, de 2020)

▸ Esta Lei: art. 19, II.

§ 1º. Para os efeitos deste Decreto, considera-se:

I – convênio – acordo, ajuste ou qualquer outro instrumento que discipline a transferência de recursos financeiros de dotações consignadas nos Orçamentos Fiscal e da Seguridade Social da União e tenha como partícipe, de um lado, órgão ou entidade da administração pública federal, direta ou indireta, e, de outro lado, órgão ou entidade da administração pública estadual, distrital ou municipal, direta ou indireta, ou ainda, entidades privadas sem fins lucrativos, visando a execução de programa de governo, envolvendo a realização de projeto, atividade, serviço, aquisição de bens ou evento de interesse recíproco, em regime de mútua cooperação;

II – contrato de repasse – instrumento administrativo, de interesse recíproco, por meio do qual a transferência dos recursos financeiros se processa por intermédio de instituição ou agente financeiro público federal, que atua como mandatário da União. (Redação dada pelo Decreto nº 8.180, de 2013)

III – (Revogado pelo Decreto nº 10.426, de 2020)

IV – concedente – órgão ou entidade da administração pública federal direta ou indireta, responsável pela transferência dos recursos financeiros destinados à execução do objeto do convênio. (Redação dada pelo Decreto nº 8.943, de 2016)

V – contratante – órgão ou entidade da administração pública direta e indireta da União que pactua a execução de programa, projeto, atividade ou evento, por intermédio de instituição financeira federal (mandatária) mediante a celebração de contrato de repasse; (Redação dada pelo Decreto nº 6.428, de 2008)

VI – convenente – órgão ou entidade da administração pública direta e indireta, de qualquer esfera de governo, bem como entidade privada sem fins lucrativos, com o qual a administração federal pactua a execução de programa, projeto/atividade ou evento mediante a celebração de convênio;

VII – contratado – órgão ou entidade da administração pública direta e indireta, de qualquer esfera de governo, bem como entidade privada sem fins lucrativos, com a qual a administração federal pactua a execução de contrato de repasse; (Redação dada pelo Decreto nº 6.619, de 2008)

VIII – interveniente – órgão da administração pública direta e indireta de qualquer esfera de governo, ou entidade privada que participa do convênio para manifestar consentimento ou assumir obrigações em nome próprio;

IX – termo aditivo – instrumento que tenha por objetivo a modificação do convênio já celebrado, vedada a alteração do objeto aprovado;

X – objeto – o produto do convênio ou contrato de repasse, observados o programa de trabalho e as suas finalidades; e

XI – padronização – estabelecimento de critérios a serem seguidos nos convênios ou contratos de repasse com o mesmo objeto, definidos pelo concedente ou contratante, especialmente quanto às características do objeto e ao seu custo. (Redação dada pelo Decreto nº 6.428, de 2008)

XII – prestação de contas – procedimento de acompanhamento sistemático que conterá elementos que permitam verificar, sob os aspectos técnicos e financeiros, a execução integral do objeto dos convênios e dos contratos de repasse e o alcance dos resultados previstos. (Redação dada pelo Decreto nº 8.244, de 2014)

XIII – unidade descentralizadora – órgão da administração pública federal direta, autarquia, fundação pública ou empresa estatal dependente detentora e descentralizadora da dotação orçamentária e dos recursos financeiros; e (Incluindo pelo Decreto nº 8.943, de 2016)

XIV – unidade descentralizada – órgão da administração pública federal direta, autarquia, fundação pública ou empresa estatal dependente recebedora da dotação orçamentária e recursos financeiros. (Incluindo pelo Decreto nº 8.943, de 2016)

§ 2º. A entidade contratante ou interveniente, bem como os seus agentes que fizerem parte do ciclo de transferência de recursos, são responsáveis, para todos os efeitos, pelos atos de acompanhamento que efetuar.

§ 3º. Excepcionalmente, os órgãos e entidades federais poderão executar programas estaduais ou municipais, e os órgãos da administração direta, programas a cargo de entidade da administração indireta, sob regime de mútua cooperação mediante convênio.

§ 4º. O disposto neste Decreto não se aplica aos termos de fomento e de colaboração e aos acordos de cooperação previstos na Lei nº 13.019, de 31 de julho de 2014. (Incluído pelo Decreto nº 8.726, de 2016)

§ 5º. As parcerias com organizações da sociedade civil celebradas por Estado, Distrito Federal ou Município com recursos decorrentes de convênio celebrado com a União serão regidas pela Lei nº 13.019, de 2014, e pelas normas estaduais ou municipais. (Incluído pelo Decreto nº 8.726, de 2016)

CAPÍTULO II. DAS NORMAS DE CELEBRAÇÃO, ACOMPANHAMENTO E PRESTAÇÃO DE CONTAS

Art. 2º. É vedada a celebração de convênios e contratos de repasse:

▸ Esta Lei: art. 19, II.

I – com órgãos e entidades da administração pública direta e indireta dos Estados, do Distrito Federal e dos Municípios cujos valores sejam inferiores aos definidos no ato conjunto previsto no art. 18; (Redação dada pelo Decreto nº 8.943, de 2016)

II – com entidades privadas sem fins lucrativos que tenham como dirigente agente político de Poder ou do Ministério Público, dirigente de órgão ou entidade da administração pública de qualquer esfera governamental, ou respectivo cônjuge ou companheiro, bem como parente em linha reta, colateral ou por afinidade, até o segundo grau; e (Redação dada pelo Decreto nº 6.619, de 2008)

III – entre órgãos e entidades da administração pública federal, caso em que deverá ser observado o art. 1º, § 1º, inciso III; (Redação dada pelo Decreto nº 7.568, de 2011)

IV – com entidades privadas sem fins lucrativos que não comprovem ter desenvolvido, durante os últimos três anos, atividades referentes à matéria objeto do convênio ou contrato de repasse; e (Incluído pelo Decreto nº 7.568, de 2011)

V – com entidades privadas sem fins lucrativos que tenham, em suas relações anteriores com a União, incorrido em pelo menos uma das seguintes condutas: (Incluído pelo Decreto nº 7.568, de 2011)

a) omissão no dever de prestar contas; (Incluído pelo Decreto nº 7.568, de 2011)

b) descumprimento injustificado do objeto de convênios, contratos de repasse ou termos de parceria; (Incluído pelo Decreto nº 7.568, de 2011)

c) desvio de finalidade na aplicação dos recursos transferidos; (Incluído pelo Decreto nº 7.568, de 2011)

d) ocorrência de dano ao Erário; ou (Incluído pelo Decreto nº 7.568, de 2011)

e) prática de outros atos ilícitos na execução de convênios, contratos de repasse ou termos de parceria. (Incluído pelo Decreto nº 7.568, de 2011)

VI – cuja vigência se encerre no último ou no primeiro trimestre de mandato dos Chefes do Poder Executivo dos entes federativos. (Incluído pelo Decreto nº 8.943, de 2016)

Parágrafo único. Para fins de alcance do limite estabelecido no inciso I do *caput*, é permitido: (Redação dada pelo Decreto nº 7.568, de 2011)

I – consorciamento entre os órgãos e entidades da administração pública direta e indireta dos Estados, Distrito Federal e Municípios; e

II – celebração de convênios ou contratos de repasse com objeto que englobe vários programas e ações federais a serem executados de forma descentralizada, devendo o objeto conter a descrição pormenorizada e objetiva de todas as atividades a serem realizadas com os recursos federais.

Art. 3º. As entidades privadas sem fins lucrativos que pretendam celebrar convênio ou contrato de repasse com órgãos ou entidades da administração pública federal deverão realizar cadastro no Sistema de Gestão de Convênios e Contratos de Repasse – SICONV, conforme normas do órgão central do sistema. (Redação dada pelo Decreto nº 8.943, de 2016)

‣ Esta Lei: art. 19, II.

§ 1º. O cadastramento de que trata o *caput* poderá ser realizado em qualquer terminal de acesso à internet e permitirá o acesso ao SICONV. (Redação dada pelo Decreto nº 8.943, de 2016)

§ 2º. No cadastramento serão exigidos, pelo menos:

I – cópia do estatuto social atualizado da entidade;

II – relação nominal atualizada dos dirigentes da entidade, com Cadastro de Pessoas Físicas – CPF;

III a VIII – (Revogados pelo Decreto nº 8.943, de 2016)

Art. 3º-A. (Revogado pelo Decreto nº 8.943, de 2016)

Art. 4º. A celebração de convênio ou contrato de repasse com entidades privadas sem fins lucrativos será precedida de chamamento público a ser realizado pelo órgão ou entidade concedente, visando à seleção de projetos ou entidades que tornem mais eficaz o objeto do ajuste. (Redação dada pelo Decreto nº 7.568, de 2011)

§ 1º. Deverá ser dada publicidade ao chamamento público, inclusive ao seu resultado, especialmente por intermédio da divulgação na primeira página do sítio oficial do órgão ou entidade concedente, bem como no Portal dos Convênios. (Incluído pelo Decreto nº 7.568, de 2011)

§ 2º. O Ministro de Estado ou o dirigente máximo da entidade da administração pública federal poderá, mediante decisão fundamentada, excepcionar a exigência prevista no *caput* nas seguintes situações: (Incluído pelo Decreto nº 7.568, de 2011)

I – nos casos de emergência ou calamidade pública, quando caracterizada situação que demande a realização ou manutenção de convênio ou contrato de repasse pelo prazo máximo de cento e oitenta dias consecutivos e ininterruptos, contados da ocorrência da emergência ou calamidade, vedada a prorrogação da vigência do instrumento; (Incluído pelo Decreto nº 7.568, de 2011)

II – para a realização de programas de proteção a pessoas ameaçadas ou em situação que possa comprometer sua segurança; ou (Incluído pelo Decreto nº 7.568, de 2011)

III – nos casos em que o projeto, atividade ou serviço objeto do convênio ou contrato de repasse já seja realizado adequadamente mediante parceria com a mesma entidade há pelo menos cinco anos e cujas respectivas prestações de contas tenham sido devidamente aprovadas. (Incluído pelo Decreto nº 7.568, de 2011)

Art. 5º. O chamamento público deverá estabelecer critérios objetivos visando à aferição da qualificação técnica e capacidade operacional do convenente para a gestão do convênio.

‣ Esta Lei: art. 19, II.

Art. 6º. Constitui cláusula necessária em qualquer convênio ou contrato de repasse celebrado pela União e suas entidades: (Redação dada pelo Decreto nº 8.244, de 2014)

I – a indicação da forma pela qual a execução do objeto será acompanhada pelo concedente; e (Incluído pelo Decreto nº 8.244, de 2014)

II – a vedação para o convenente de estabelecer contrato ou convênio com entidades impedidas de receber recursos federais. (Incluído pelo Decreto nº 8.244, de 2014)

Parágrafo único. A forma de acompanhamento prevista no inciso I do *caput* deverá ser suficiente para garantir a plena execução física do objeto. (Redação dada pelo Decreto nº 8.244, de 2014)

Art. 6º-A. Os convênios ou contratos de repasse com entidades privadas sem fins lucrativos deverão ser assinados pelo Ministro de Estado ou pelo dirigente máximo da entidade da administração pública federal concedente. (Incluído pelo Decreto nº 7.568, de 2011)

§ 1º. O Ministro de Estado e o dirigente máximo da entidade da administração pública federal não poderão delegar a competência prevista no *caput*. (Incluído pelo Decreto nº 8.244, de 2014)

§ 2º. As autoridades de que trata o *caput* são responsáveis por: (Incluído pelo Decreto nº 8.244, de 2014)

I – decidir sobre a aprovação da prestação de contas; e (Incluído pelo Decreto nº 8.244, de 2014)

II – suspender ou cancelar o registro de inadimplência nos sistemas da administração pública federal. (Incluído pelo Decreto nº 8.244, de 2014)

§ 3º. A competência prevista no § 2º poderá ser delegada a autoridades diretamente subordinadas àquelas a que se refere o § 1º, vedada a subdelegação. (Incluído pelo Decreto nº 8.244, de 2014)

Art. 6º-B. Para a celebração de convênio ou de contrato de repasse, as entidades privadas sem fins lucrativos deverão apresentar: (Incluído pelo Decreto nº 8.943, de 2016)

I – declaração do dirigente da entidade: (Incluído pelo Decreto nº 8.943, de 2016)

a) acerca da não existência de dívida com o Poder Público e quanto à sua inscrição nos bancos de dados públicos e privados de proteção ao crédito; e (Incluído pelo Decreto nº 8.943, de 2016)

b) acerca do não enquadramento dos dirigentes relacionados no inciso II do § 2º do art. 3º na vedação prevista no inciso II do *caput* do art. 2º. (Incluído pelo Decreto nº 8.943, de 2016)

II – prova de inscrição da entidade no Cadastro Nacional de Pessoas Jurídicas – CNPJ; (Incluído pelo Decreto nº 8.943, de 2016)

III – prova de regularidade com as Fazendas Federal, Estadual, Distrital e Municipal e com o Fundo de Garantia do Tempo de Serviço – FGTS, na forma da lei; (Incluído pelo Decreto nº 8.943, de 2016)

IV – comprovante do exercício, nos últimos três anos, pela entidade privada sem fins lucrativos, de atividades referentes à matéria objeto do convênio ou do contrato de repasse que pretenda celebrar com órgãos e entidades da administração pública federal; (Incluído pelo Decreto nº 8.943, de 2016)

V – declaração de que a entidade não consta de cadastros impeditivos de receber recursos públicos; e (Incluído pelo Decreto nº 8.943, de 2016)

VI – declaração de que a entidade não se enquadra como clube recreativo, associação de servidores ou congênere. (Incluído pelo Decreto nº 8.943, de 2016)

§ 1º. Verificada falsidade ou incorreção de informação em qualquer documento apresentado, o convênio ou o contrato de repasse deverá ser imediatamente denunciado pelo concedente ou contratado. (Incluído pelo Decreto nº 8.943, de 2016)

§ 2º. A análise e a aprovação do requisito constante do inciso IV do *caput* deverá ser realizada pelo órgão ou pela entidade da administração pública federal concedente ou contratante. (Incluído pelo Decreto nº 8.943, de 2016)

Art. 7º. A contrapartida será calculada sobre o valor total do objeto e poderá ser atendida da seguinte forma: (Redação dada pelo Decreto nº 8.943, de 2016)

I – por meio de recursos financeiros, pelos órgãos ou entidades públicas, observados os limites e percentuais estabelecidos pela Lei de Diretrizes Orçamentárias vigente; e (Incluído pelo Decreto nº 8.943, de 2016)

II – por meio de recursos financeiros e de bens ou serviços, se economicamente mensuráveis, pelas entidades privadas sem fins lucrativos. (Incluído pelo Decreto nº 8.943, de 2016)

‣ Esta Lei: art. 19, II.

§ 1º. Quando financeira, a contrapartida deverá ser depositada na conta bancária específica do convênio em conformidade com os prazos estabelecidos no cronograma de desembolso, ou depositada nos cofres da União, na hipótese de o convênio ser executado por meio do Sistema Integrado de Administração Financeira – SIAFI.

§ 2º. Quando atendida por meio de bens e serviços, constará do convênio cláusula que indique a forma de aferição da contrapartida.

Art. 8º. A execução de programa de trabalho que objetive a realização de obra será feita por meio de contrato de repasse, salvo quando o concedente dispuser de estrutura para acompanhar a execução do convênio.

‣ Esta lei: art. 19, II.

Parágrafo único. Caso a instituição ou agente financeiro público federal não detenha capacidade técnica necessária ao regular acompanhamento da aplicação dos recursos transferidos, figurará, no contrato de repasse, na qualidade de interveniente, outra instituição pública ou privada a quem caberá o mencionado acompanhamento.

Art. 9º. No ato de celebração do convênio ou contrato de repasse, o concedente deverá empenhar o valor total a ser transferido no exercício e efetuar, no caso de convênio ou contrato de repasse com vigência plurianual, o registro no SIAFI, em conta contábil específica, dos valores programados para cada exercício subsequente.

Parágrafo único. O registro a que se refere o *caput* acarretará a obrigatoriedade de ser consignado crédito nos orçamentos seguintes para garantir a execução do convênio.

Art. 10. As transferências financeiras para órgãos públicos e entidades públicas e privadas decorrentes da celebração de convênios serão feitas exclusivamente por intermédio de instituição financeira oficial, federal ou estadual, e, no caso de contratos de repasse, exclusivamente por instituição financeira federal. (Redação dada pelo Decreto nº 8.943, de 2016)

- Esta lei: art. 19, II.

§ 1º. Os pagamentos à conta de recursos recebidos da União, previsto no *caput*, estão sujeitos à identificação do beneficiário final e à obrigatoriedade de depósito em sua conta bancária.

§ 2º. Excepcionalmente, mediante mecanismo que permita a identificação, pelo banco, do beneficiário do pagamento, poderão ser realizados pagamentos a beneficiários finais pessoas físicas que não possuam conta bancária, observados os limites fixados na forma do art. 18.

§ 3º. Toda movimentação de recursos de que trata este artigo, por parte dos convenentes, executores e instituições financeiras autorizadas, será realizada observando-se os seguintes preceitos:

I – movimentação mediante conta bancária específica para cada instrumento de transferência (convênio ou contrato de repasse);

II – pagamentos realizados mediante crédito na conta bancária de titularidade dos fornecedores e prestadores de serviços, facultada a dispensa deste procedimento, por ato da autoridade máxima do concedente ou contratante, devendo o convenente ou contratado identificar o destinatário da despesa, por meio do registro dos dados no SICONV; e (Redação dada pelo Decreto nº 6.619, de 2008)

III – transferência das informações mencionadas no inciso I ao SIAFI e ao Portal de Convênios, em meio magnético, conforme normas expedidas na forma do art. 18.

§ 4º. Os recursos de convênio, enquanto não utilizados, serão aplicados conforme disposto no art. 116, § 4º, da Lei nº 8.666, de 21 de junho de 1993. (Redação dada pelo Decreto nº 8.943, de 2016)

§ 5º. As receitas financeiras auferidas na forma do § 4º serão obrigatoriamente computadas a crédito do convênio e aplicadas, exclusivamente, no objeto de sua finalidade, observado o parágrafo único do art. 12.

§ 6º. A prestação de contas no âmbito dos convênios e contratos de repasse observará regras específicas de acordo com o montante de recursos públicos envolvidos, nos termos das disposições e procedimentos estabelecidos no ato conjunto de que trata o *caput* do art. 18. (Redação dada pelo Decreto nº 8.244, de 2014)

- O § 6º se aplica aos convênios celebrados após a publicação do Decreto nº 8.244, publicado em 23.05.2014.

§ 7º. A prestação de contas inicia-se concomitantemente com a liberação da primeira parcela dos recursos financeiros que deverá ser registrada pelo concedente no SICONV. (Redação dada pelo Decreto nº 8.244, de 2014)

- O § 7º se aplica aos convênios celebrados após a publicação do Decreto nº 8.244, publicado em 23.05.2014.

§ 8º. O prazo para análise da prestação de contas e a manifestação conclusiva pelo concedente será de um ano, prorrogável no máximo por igual período, desde que devidamente justificado. (Redação dada pelo Decreto nº 8.244, de 2014)

- O § 8º se aplica aos convênios celebrados após a publicação do Decreto nº 8.244, publicado em 23.05.2014.

§ 9º. Constatada irregularidade ou inadimplência na apresentação da prestação de contas e na comprovação de resultados, a administração pública federal poderá, a seu critério, conceder prazo de até quarenta e cinco dias para o convenente sanar a irregularidade ou cumprir a obrigação. (Redação dada pelo Decreto nº 8.943, de 2016)

- O § 9º se aplica aos convênios celebrados após a publicação do Decreto nº 8.244, publicado em 23.05.2014.

§ 10. A análise da prestação de contas pelo concedente poderá resultar em: (Incluído pelo Decreto nº 8.244, de 2014)

- O § 10º se aplica aos convênios celebrados após a publicação do Decreto nº 8.244, publicado em 23.05.2014.

I – aprovação; (Incluído pelo Decreto nº 8.244, de 2014)

- O § 3º se aplica aos convênios celebrados após a publicação do Decreto nº 8.244, publicado em 23.05.2014.

II – aprovação com ressalvas, quando evidenciada impropriedade ou outra falta de natureza formal de que não resulte dano ao Erário; ou (Incluído pelo Decreto nº 8.244, de 2014)

- O § 3º se aplica aos convênios celebrados após a publicação do Decreto nº 8.244, publicado em 23.05.2014.

III – rejeição com a determinação da imediata instauração de tomada de contas especial. (Incluído pelo Decreto nº 8.244, de 2014)

- O § 3º se aplica aos convênios celebrados após a publicação do Decreto nº 8.244, publicado em 23.05.2014.

§ 11. A contagem do prazo de que trata o § 8º inicia-se no dia da apresentação da prestação de contas. (Incluído pelo Decreto nº 8.244, de 2014)

- O § 11º se aplica aos convênios celebrados após a publicação do Decreto nº 8.244, publicado em 23.05.2014.

§ 12. Findo o prazo de que trata o § 8º, considerado o período de suspensão referido no § 9º, a ausência de decisão sobre a aprovação da prestação de contas pelo concedente poderá resultar no registro de restrição contábil do órgão ou entidade pública referente ao exercício em que ocorreu o fato. (Incluído pelo Decreto nº 8.244, de 2014)

- O § 12º se aplica aos convênios celebrados após a publicação do Decreto nº 8.244, publicado em 23.05.2014.

§ 13. Nos casos de contratos de repasse, a instituição financeira oficial federal poderá atuar como mandatária da União para execução e fiscalização desses contratos.(Incluído pelo Decreto nº 8.943, de 2016)

Art. 11. Para efeito do disposto no art. 116 da Lei nº 8.666, de 21 de junho de 1993, a aquisição de produtos e a contratação de serviços com recursos da União transferidos a entidades privadas sem fins lucrativos deverão observar os princípios da impessoalidade, moralidade e economicidade, sendo necessária, no mínimo, a realização de cotação prévia de preços no mercado antes da celebração do contrato.

Art. 11-A. Nos convênios e contratos de repasse firmados com entidades privadas sem fins lucrativos, poderão ser realizadas despesas administrativas, com recursos transferidos pela União, até o limite fixado pelo órgão público, desde que: (Incluído pelo Decreto nº 8.244, de 2014)

- O art. 11-A se aplica aos convênios celebrados após a publicação do Decreto nº 8.244, publicado em 23.05.2014.

I – estejam previstas no programa de trabalho; (Incluído pelo Decreto nº 8.244, de 2014)

- O inciso I se aplica aos convênios celebrados após a publicação do Decreto nº 8.244, publicado em 23.05.2014.

II – não ultrapassem quinze por cento do valor do objeto; e (Incluído pelo Decreto nº 8.244, de 2014)

- O inciso II se aplica aos convênios celebrados após a publicação do Decreto nº 8.244, publicado em 23.05.2014.

III – sejam necessárias e proporcionais ao cumprimento do objeto. (Incluído pelo Decreto nº 8.244, de 2014)

- O inciso III se aplica aos convênios celebrados após a publicação do Decreto nº 8.244, publicado em 23.05.2014.

§ 1º. Consideram-se despesas administrativas as despesas com internet, transporte, aluguel, telefone, luz, água e outras similares. (Incluído pelo Decreto nº 8.244, de 2014)

- O § 1º se aplica aos convênios celebrados após a publicação do Decreto nº 8.244, publicado em 23.05.2014.

§ 2º. Quando a despesa administrativa for paga com recursos do convênio ou do contrato de repasse e de outras fontes, a entidade privada sem fins lucrativos deverá apresentar a memória de cálculo do rateio da despesa, vedada a duplicidade ou a sobreposição de fontes de recursos no custeio de uma mesma parcela da despesa. (Incluído pelo Decreto nº 8.244, de 2014)

- O § 2º se aplica aos convênios celebrados após a publicação do Decreto nº 8.244, publicado em 23.05.2014.

Art. 11-B. Nos convênios e contratos de repasse firmados com entidades privadas sem fins lucrativos, é permitida a remuneração da equipe dimensionada no programa de trabalho, inclusive de pessoal próprio da entidade, podendo contemplar despesas com pagamentos de tributos, FGTS, férias e décimo terceiro salário proporcionais, verbas rescisórias e demais encargos sociais, desde que tais valores: (Incluído pelo Decreto nº 8.244, de 2014)

- O art. 11-B se aplica aos convênios celebrados após a publicação do Decreto nº 8.244, publicado em 23.05.2014.

I – correspondam às atividades previstas e aprovadas no programa de trabalho; (Incluído pelo Decreto nº 8.244, de 2014)

- O inciso I se aplica aos convênios celebrados após a publicação do Decreto nº 8.244, publicado em 23.05.2014.

II – correspondam à qualificação técnica para a execução da função a ser desempenhada; (Incluído pelo Decreto nº 8.244, de 2014)

- O inciso II se aplica aos convênios celebrados após a publicação do Decreto nº 8.244, publicado em 23.05.2014.

III – sejam compatíveis com o valor de mercado da região onde atua a entidade privada sem fins lucrativos; (Incluído pelo Decreto nº 8.244, de 2014)

- O inciso III se aplica aos convênios celebrados após a publicação do Decreto nº 8.244, publicado em 23.05.2014.

IV – observem, em seu valor bruto e individual, setenta por cento do limite estabelecido para a remuneração de servidores do Poder Executivo federal; e (Incluído pelo Decreto nº 8.244, de 2014)

- O inciso IV se aplica aos convênios celebrados após a publicação do Decreto nº 8.244, publicado em 23.05.2014.

V – sejam proporcionais ao tempo de trabalho efetivamente dedicado ao convênio ou contrato de repasse. (Incluído pelo Decreto nº 8.244, de 2014)

‣ O inciso V se aplica aos convênios celebrados após a publicação do Decreto nº 8.244, publicado em 23.05.2014.

§ 1º. A seleção e contratação, pela entidade privada sem fins lucrativos, de equipe envolvida na execução do convênio ou contrato de repasse observará a realização de processo seletivo prévio, observadas a publicidade e a impessoalidade. (Incluído pelo Decreto nº 8.244, de 2014)

‣ O § 1º se aplica aos convênios celebrados após a publicação do Decreto nº 8.244, publicado em 23.05.2014.

§ 2º. A despesa com a equipe observará os limites percentuais máximos a serem estabelecidos no edital de chamamento público. (Incluído pelo Decreto nº 8.244, de 2014)

‣ O § 2º se aplica aos convênios celebrados após a publicação do Decreto nº 8.244, publicado em 23.05.2014.

§ 3º. A entidade privada sem fins lucrativos deverá dar ampla transparência aos valores pagos, de maneira individualizada, a título de remuneração de sua equipe de trabalho vinculada à execução do objeto do convênio ou contrato de repasse. (Incluído pelo Decreto nº 8.244, de 2014)

‣ O § 3º se aplica aos convênios celebrados após a publicação do Decreto nº 8.244, publicado em 23.05.2014.

§ 4º. Não poderão ser contratadas com recursos do convênio ou contrato de repasse as pessoas naturais que tenham sido condenadas por crime: (Incluído pelo Decreto nº 8.244, de 2014)

‣ O § 4º se aplica aos convênios celebrados após a publicação do Decreto nº 8.244, publicado em 23.05.2014.

I – contra a administração pública ou o patrimônio público; (Incluído pelo Decreto nº 8.244, de 2014)

‣ O inciso I se aplica aos convênios celebrados após a publicação do Decreto nº 8.244, publicado em 23.05.2014.

II – eleitorais, para os quais a lei comine pena privativa de liberdade; ou (Incluído pelo Decreto nº 8.244, de 2014)

‣ O inciso II se aplica aos convênios celebrados após a publicação do Decreto nº 8.244, publicado em 23.05.2014.

III – de lavagem ou ocultação de bens, direitos e valores. (Incluído pelo Decreto nº 8.244, de 2014)

‣ O inciso III se aplica aos convênios celebrados após a publicação do Decreto nº 8.244, publicado em 23.05.2014.

§ 5º. A inadimplência da entidade privada sem fins lucrativos em relação aos encargos trabalhistas, fiscais e comerciais não transfere à administração pública a responsabilidade por seu pagamento, nem poderá onerar o objeto do convênio ou contrato de repasse. (Incluído pelo Decreto nº 8.244, de 2014)

‣ O § 5º se aplica aos convênios celebrados após a publicação do Decreto nº 8.244, publicado em 23.05.2014.

§ 6º. Quando a despesa com a remuneração da equipe for paga proporcionalmente com recursos do convênio ou contrato de repasse, a entidade privada sem fins lucrativos deverá apresentar a memória de cálculo do rateio da despesa, vedada a duplicidade ou a sobreposição de fontes de recursos no custeio de uma mesma parcela da despesa. (Incluído pelo Decreto nº 8.244, de 2014)

‣ O § 6º se aplica aos convênios celebrados após a publicação do Decreto nº 8.244, publicado em 23.05.2014.

Art. 12. O convênio poderá ser denunciado a qualquer tempo, ficando os partícipes responsáveis somente pelas obrigações e auferindo as vantagens do tempo em que participaram voluntariamente do acordo, não sendo admissível cláusula obrigatória de permanência ou sancionadora dos denunciantes.

‣ Esta lei: art. 19, II.

Parágrafo único. Quando da conclusão, denúncia, rescisão ou extinção do convênio, os saldos financeiros remanescentes, inclusive os provenientes das receitas obtidas das aplicações financeiras realizadas, serão devolvidos à entidade ou órgão repassador dos recursos, no prazo improrrogável de trinta dias do evento, sob pena da imediata instauração de tomada de contas especial do responsável, providenciada pela autoridade competente do órgão ou entidade titular dos recursos.

Arts. 12-A e 12-B. (Revogados pelo Decreto nº 10.426, de 2020)

CAPÍTULO III. DO SISTEMA DE GESTÃO DE CONVÊNIOS E CONTRATOS DE REPASSE – SICONV E DO PORTAL DOS CONVÊNIOS

Art. 13. A celebração, a liberação de recursos, o acompanhamento da execução e a prestação de contas de convênios, contratos de repasse e termos de parceria serão registrados no SICONV, que será aberto ao público, via rede mundial de computadores – Internet, por meio de página específica denominada Portal dos Convênios. (Redação dada pelo Decreto nº 6.619, de 2008)

§§ 1º e 2º (Revogados pelo Decreto nº 10.179, de 2019)

§ 3º O Ministério da Transparência e Controladoria-Geral da União, o Poder Legislativo, por meio das mesas da Câmara dos Deputados e do Senado Federal, o Ministério Público, o Tribunal de Contas da União, e demais órgãos que demonstrem necessidade, a critério do órgão central do sistema, terão acesso ao SICONV, sendo permitida a inclusão de informações que tiverem conhecimento a respeito da execução dos convênios publicados no Sistema. (Redação dada pelo Decreto nº 9.420, de 2018)

‣ Esta lei: art. 19, III.

§ 4º. Ao órgão central do SICONV compete exclusivamente: (Incluído pelo Decreto nº 6.428, de 2008)

‣ Esta lei: art. 19, III.

I – estabelecer as diretrizes e normas a serem seguidas pelos órgãos setoriais e demais usuários do sistema, observado o art. 18 deste Decreto; (Incluído pelo Decreto nº 6.428, de 2008)

II – sugerir alterações no ato a que se refere o art. 18 deste Decreto; e (Incluído pelo Decreto nº 6.428, de 2008)

III – auxiliar os órgãos setoriais na execução das normas estabelecidas neste Decreto e no ato a que se refere o art. 18 deste Decreto. (Incluído pelo Decreto nº 6.428, de 2008)

§ 5º (Revogado pelo Decreto nº 10.179, de 2019)

Art. 13-A. O SICONV deverá apresentar relação das entidades privadas sem fins lucrativos que possuam convênios ou contratos de repasse vigentes com a União ou cujas contas ainda estejam pendentes de aprovação. (Redação dada pelo Decreto nº 8.943, de 2016)

Parágrafo único. Deverá ser dada publicidade à relação de que trata o *caput* por intermédio da sua divulgação na primeira página do Portal dos Convênios. (Redação dada pelo Decreto nº 8.943, de 2016)

CAPÍTULO IV. DA PADRONIZAÇÃO DOS OBJETOS

‣ Esta lei: art. 19, II.

Art. 14. Os órgãos concedentes são responsáveis pela seleção e padronização dos objetos mais frequentes nos convênios.

Art. 15. Nos convênios em que o objeto consista na aquisição de bens que possam ser padronizados, os próprios órgãos e entidades da administração pública federal poderão adquiri-los e distribuí-los aos convenentes.

CAPÍTULO V. DAS DISPOSIÇÕES FINAIS E TRANSITÓRIAS

Art. 16. Os órgãos e entidades concedentes deverão publicar, até cento e vinte dias após a publicação deste Decreto, no Diário Oficial da União, a relação dos objetos de convênios que são passíveis de padronização.

‣ Esta lei: art. 19, I.

Parágrafo único. A relação mencionada no *caput* deverá ser revista e republicada anualmente.

Art. 16-A. A vedação prevista no inciso IV do *caput* do art. 2º e as exigências previstas no inciso VI do § 2º do art. 3º e no art. 4º não se aplicam às transferências do Ministério da Saúde destinadas a serviços de saúde integrantes do Sistema Único de Saúde – SUS. (Incluído pelo Decreto nº 7.568, de 2011)

Art. 17. Observados os princípios da economicidade e da publicidade, ato conjunto dos Ministros de Estado da Fazenda, Planejamento, Orçamento e Gestão e da Controladoria-Geral da União disciplinará a possibilidade de arquivamento de convênios com prazo de vigência encerrado há mais de cinco anos e que tenham valor registrado de até R$ 100.000,00 (cem mil reais).

‣ Esta lei: art. 19, I.

Art. 18. Os Ministros de Estado da Fazenda, do Planejamento, Desenvolvimento e Gestão e da Transparência e Controladoria-Geral da União editarão ato conjunto para dispor sobre a execução do disposto neste Decreto. (Redação dada pelo Decreto nº 9.420, de 2018)

‣ O inciso VII se aplica aos convênios celebrados após a publicação do Decreto nº 8.244, publicado em 23.05.2014.

‣ Esta lei: art. 19, II.

Parágrafo único. O ato conjunto previsto no *caput* poderá dispor sobre regime de procedimento específico de celebração, acompanhamento, fiscalização e prestação de contas para os convênios e os contratos de repasse, de acordo com faixas de valores predeterminadas. (Redação dada pelo Decreto nº 8.943, de 2016)

Art. 18-A. Os convênios e contratos de repasse celebrados entre 30 de maio de 2008 e a data mencionada no inciso III do art. 19 deverão ser registrados no SICONV até 31 de dezembro de 2008. (Incluído pelo Decreto nº 6.497, de 2008)

Parágrafo único. Os Ministros de Estado da Fazenda, do Planejamento, Desenvolvimento e Gestão e da Transparência e Controladoria-Geral da União regulamentarão, em ato conjunto, o registro previsto no *caput*. (Redação dada pelo Decreto nº 9.420, de 2018)

Art. 18-B. A partir de 16 de janeiro de 2012, todos os órgãos e entidades que realizem transferências de recursos oriundos dos Orçamentos Fiscal e da Seguridade Social da União por meio de convênios, contratos de repasse ou termos de parceria, ainda não interligadas ao SICONV, deverão utilizar esse sistema. (Incluído pelo Decreto nº 76.41, de 2011)

Parágrafo único. Os órgãos e entidades que possuam sistema próprio de gestão de convênios, contratos de repasse ou termos de parceria deverão promover a integração eletrônica dos dados relativos às suas transferências ao SICONV, passando a realizar diretamente nesse sistema os procedimentos de liberação de recursos, acompanhamento e fiscalização, execução e prestação de contas. (Incluído pelo Decreto nº 76.41, de 2011)

Art. 19. Este Decreto entra em vigor em 1º de julho 2008, exceto: (Redação dada pelo Decreto nº 6.428, de 2008)

I – os arts. 16 e 17, que terão vigência a partir da data de sua publicação; e (Incluído pelo Decreto nº 6.428, de 2008)

II – os arts. 1º a 8º, 10, 12, 14 e 15 e 18 a 20, que terão vigência a partir de 15 de abril de 2008. (Incluído pelo Decreto nº 6.428, de 2008)

III – o art. 13, que terá vigência a partir de 1º de setembro de 2008. (Incluído pelo Decreto nº 6.497, de 2008)

Art. 20. Ficam revogados os arts. 48 a 57 do Decreto nº 93.872, de 23 de dezembro de 1986, e o Decreto nº 97.916, de 6 de julho de 1989.

‣ Esta Lei: art. 19, II.

Brasília, 25 de julho de 2007;
186º da Independência e
119º da República.
LUIZ INÁCIO LULA DA SILVA
Publicado no DOU de 26-07-2007 e retificado no DOU de 14-09-2007.

RESOLUÇÃO CNMP Nº 23, DE 17 DE SETEMBRO DE 2007

Regulamenta os artigos 6º, inciso VII, e 7º, inciso I, da Lei Complementar nº 75/1993 e os artigos 25, inciso IV, e 26, inciso I, da Lei nº 8.625/9193, disciplinando, no âmbito do Ministério Público, a instauração e tramitação do inquérito civil.

‣ *Inquérito Civil*

O Conselho Nacional do Ministério Público, no exercício das atribuições que lhe são conferidas pelo artigo 130-A, § 2º, inciso I, da Constituição Federal e com fulcro no artigo 64-A, de seu Regimento Interno;

Considerando o disposto no artigo 129, inciso III e inciso VI, da Constituição Federal;

Considerando o que dispõem os artigos 6º, inciso VII, e 7º, inciso I, da Lei Complementar nº 75/1993; os artigos 25, inciso IV, e 26, inciso I, da Lei nº 8.625/1993 e a Lei nº 7.347/1985;

Considerando a necessidade de uniformizar o procedimento do inquérito civil, em vista dos princípios que regem a Administração Pública e dos direitos e garantias individuais; resolve:

CAPÍTULO I. DOS REQUISITOS PARA INSTAURAÇÃO

Art. 1º. O inquérito civil, de natureza unilateral e facultativa, será instaurado para apurar fato que possa autorizar a tutela dos interesses ou direitos a cargo do Ministério Público nos termos da legislação aplicável, servindo como preparação para o exercício das atribuições inerentes às suas funções institucionais.

Parágrafo único. O inquérito civil não é condição de procedibilidade para o ajuizamento das ações a cargo do Ministério Público, nem para a realização das demais medidas de sua atribuição própria.

Art. 2º. O inquérito civil poderá ser instaurado:

I – de ofício;

II – em face de requerimento ou representação formulada por qualquer pessoa ou comunicação de outro órgão do Ministério Público, ou qualquer autoridade, desde que forneça, por qualquer meio legalmente permitido, informações sobre o fato e seu provável autor, bem como a qualificação mínima que permita sua identificação e localização;

III – por designação do Procurador-Geral de Justiça, do Conselho Superior do Ministério Público, Câmaras de Coordenação e Revisão e demais órgãos superiores da Instituição, nos casos cabíveis.

§ 1º. O Ministério Público atuará, independentemente de provocação, em caso de conhecimento, por qualquer forma, de fatos que, em tese, constituam lesão aos interesses ou direitos mencionados no artigo 1º desta Resolução, devendo cientificar o membro do Ministério Público que possua atribuição para tomar as providências respectivas, no caso de não a possuir.

§ 2º. No caso do inciso II, em sendo as informações verbais, o Ministério Público reduzirá a termo as declarações. Da mesma forma, a falta de formalidade não implica indeferimento do pedido de instauração de inquérito civil, salvo se, desde logo, mostrar-se improcedente a notícia, atendendo-se, na hipótese, o disposto no artigo 5º desta Resolução.

§ 3º. O conhecimento por manifestação anônima, justificada, não implicará ausência de providências, desde que obedecidos os mesmos requisitos para as representações em geral, constantes no artigo 2º, inciso II, desta Resolução.

§ 4º. O Ministério Público, de posse de informações previstas nos artigos 6º e 7º da Lei nº 7.347/1985 que possam autorizar a tutela dos interesses ou direitos mencionados no artigo 1º desta Resolução, poderá complementá-las antes de instaurar o inquérito civil, visando apurar elementos para identificação dos investigados ou do objeto, instaurando procedimento preparatório.

§ 5º. O procedimento preparatório deverá ser autuado com numeração sequencial à do inquérito civil e registrado em sistema próprio, mantendo-se a numeração quando de eventual conversão.

§ 6º. O procedimento preparatório deverá ser concluído no prazo de 90 (noventa) dias, prorrogável por igual prazo, uma única vez, em caso de motivo justificável.

§ 7º. Vencido este prazo, o membro do Ministério Público promoverá seu arquivamento, ajuizará a respectiva ação civil pública ou o converterá em inquérito civil.

Art. 3º. Caberá ao membro do Ministério Público investido da atribuição para propositura da ação civil pública a responsabilidade pela instauração de inquérito civil.

Parágrafo único. Eventual conflito negativo ou positivo de atribuição será suscitado, fundamentadamente, nos próprios autos ou em petição dirigida ao órgão com atribuição no respectivo ramo, que decidirá a questão no prazo de 30 (trinta) dias.

CAPÍTULO II. DA INSTAURAÇÃO DO INQUÉRITO CIVIL

Art. 4º. O inquérito civil será instaurado por portaria, numerada em ordem crescente, renovada anualmente, devidamente registrada em livro próprio e autuada, contendo:

I – o fundamento legal que autoriza a ação do Ministério Público e a descrição do fato objeto do inquérito civil;

II – o nome e a qualificação possível da pessoa jurídica e/ou física a quem o fato é atribuído;

III – o nome e a qualificação possível do autor da representação, se for o caso;

IV – a data e o local da instauração e a determinação de diligências iniciais;

V – a designação do secretário, mediante termo de compromisso, quando couber;

VI - a determinação de afixação da portaria no local de costume, bem como a de remessa de cópia para publicação.

Parágrafo único. Se, no curso do inquérito civil, novos fatos indicarem necessidade de investigação de objeto diverso do que estiver sendo investigado, o membro do Ministério Público poderá aditar a portaria inicial ou determinar a extração de peças para instauração de outro inquérito civil, respeitadas as normas incidentes quanto à divisão de atribuições.

CAPÍTULO III. DO INDEFERIMENTO DE REQUERIMENTO DE INSTAURAÇÃO DO INQUÉRITO CIVIL

Art. 5º. Em caso de evidência de que os fatos narrados na representação não configurem lesão aos interesses ou direitos mencionados no artigo 1º desta Resolução ou se o fato já tiver sido objeto de investigação ou de ação civil pública ou se os fatos apresentados já se encontrarem solucionados, o membro do Ministério Público, no prazo máximo de 30 (trinta) dias, indeferirá o pedido de instauração de inquérito civil, em decisão fundamentada, da qual se dará ciência pessoal ao representante e ao representado.

§ 1º. Do indeferimento caberá recurso administrativo, com as respectivas razões, no prazo de 10 (dez) dias.

§ 2º. As razões de recurso serão protocoladas junto ao órgão que indeferiu o pedido, devendo ser remetidas, caso não haja reconsideração, no prazo de 3 (três) dias, juntamente com a representação e com a decisão impugnada, ao Conselho Superior do Ministério Público ou à Câmara de Coordenação e Revisão respectiva para apreciação.

§ 3º. Do recurso serão notificados os interessados para, querendo, oferecer contrarrazões.

§ 4º. Expirado o prazo do artigo 5º, § 1º, desta Resolução, os autos serão arquivados na própria origem, registrando-se no sistema respectivo, mesmo sem manifestação do representante.

§ 5º. Na hipótese de atribuição originária do Procurador-Geral, caberá pedido de reconsideração no prazo e na forma do parágrafo primeiro.

CAPÍTULO IV DA INSTRUÇÃO

Art. 6º. A instrução do inquérito civil será presidida por membro do Ministério Público a quem for conferida essa atribuição, nos termos da lei.

§ 1º. O membro do Ministério Público poderá designar servidor do Ministério Público para secretariar o inquérito civil.

§ 2º. Para o esclarecimento do fato objeto de investigação, deverão ser colhidas todas as provas permitidas pelo ordenamento jurídico, com a juntada das peças em ordem cronológica de apresentação, devidamente numeradas em ordem crescente.

§ 3º. Todas as diligências serão documentadas mediante termo ou auto circunstanciado.

§ 4º. As declarações e os depoimentos sob compromisso serão tomados por termo pelo membro do Ministério Público, assinado pelos presentes ou, em caso de recusa, na a posição da assinatura por duas testemunhas.

§ 5º. Qualquer pessoa poderá, durante a tramitação do inquérito civil, apresentar ao Ministério Público documentos ou subsídios para melhor apuração dos fatos.

§ 6º. Os órgãos da Procuradoria-Geral, em suas respectivas atribuições, prestarão apoio administrativo e operacional para a realização dos atos do inquérito civil.

§ 7º. O Ministério Público poderá deprecar diretamente a qualquer órgão de execução a realização de diligências necessárias para a investigação.

§ 8°. As notificações, requisições, intimações ou outras correspondências expedidas por órgãos do Ministério Público da União ou pelos órgãos do Ministério Público dos Estados, destinadas a instruir inquérito civil ou procedimento preparatório observarão o disposto no artigo 8°, § 4°, da Lei Complementar nº 75/1993, no artigo 26, § 1°, da Lei nº 8.625/1993 e, no que couber, no disposto na legislação estadual, devendo serem encaminhadas no prazo de dez (10) dias pelo respectivo Procurador-Geral, não cabendo a este a valoração do contido no expediente, podendo deixar de encaminhar aqueles que não contenham os requisitos legais ou que não empreguem o tratamento protocolar devido ao destinatário. (Redação dada pela Resolução CNMP nº 59, de 2010)

§ 9º. Aplica-se o disposto no parágrafo anterior em relação aos atos dirigidos aos Conselheiros do Conselho Nacional de Justiça e do Conselho Nacional do Ministério Público. (Incluído pela Resolução CNMP nº 35, de 2009)

§ 10. Todos os ofícios requisitórios de informações ao inquérito civil e ao procedimento preparatório deverão ser fundamentados e acompanhados de cópia da portaria que instaurou o procedimento ou da indicação precisa do endereço eletrônico oficial em que tal peça esteja disponibilizada. (Redação dada pela Resolução CNMP nº 59, de 2010)

§ 11. O defensor constituído nos autos poderá assistir o investigado durante a apuração de infrações, sob pena de nulidade absoluta do seu depoimento e, subsequentemente, de todos os elementos investigatórios e probatórios dele decorrentes ou derivados, direta ou indiretamente, podendo, inclusive, no curso da respectiva apuração, apresentar razões e quesitos. (Incluído pela Resolução nº 161, de 2017)

Art. 7º. Aplica-se ao inquérito civil o princípio da publicidade dos atos, com exceção dos casos em que haja sigilo legal ou em que a publicidade possa acarretar prejuízo às investigações, casos em que a decretação do sigilo legal deverá ser motivada.

§ 1º. Nos requerimentos que objetivam a obtenção de certidões ou extração de cópia de documentos constantes nos autos sobre o inquérito civil, os interessados deverão fazer constar esclarecimentos relativos aos fins e razões do pedido, nos termos da Lei nº 9.051/1995.

§ 2º. A publicidade consistirá:

I – na divulgação oficial, com o exclusivo fim de conhecimento público mediante publicação de extratos na imprensa oficial;

II – na divulgação em meios cibernéticos ou eletrônicos, dela devendo constar as portarias de instauração e extratos dos atos de conclusão;

III – na expedição de certidão e na extração de cópias sobre os fatos investigados, mediante requerimento fundamentado e por deferimento do presidente do inquérito civil;

IV – na prestação de informações ao público em geral, a critério do presidente do inquérito civil;

V – (Suprimido pela Resolução nº 107, de 5 de maio de 2014)

§ 3º. As despesas decorrentes da extração de cópias correrão por conta de quem as requereu.

§ 4º. A restrição à publicidade deverá ser decretada em decisão motivada, para fins do interesse público, e poderá ser, conforme o caso, limitada a determinadas pessoas, provas, informações, dados, períodos ou fases, cessando quando extinta a causa que a motivou.

§ 5º. Os documentos resguardados por sigilo legal deverão ser autuados em apenso.

§ 6º O defensor poderá, mesmo sem procuração, examinar autos de investigações findas ou em andamento, ainda que conclusos à autoridade, podendo copiar peças e tomar apontamentos, em meio físico ou digital. (Incluído pela Resolução nº 161, de 21 de fevereiro de 2017)

§ 7º Nos autos sujeitos a sigilo, deve o advogado apresentar procuração para o exercício dos direitos de que trata o § 6º. (Incluído pela Resolução nº 161, de 21 de fevereiro de 2017)

§ 8º O presidente do inquérito civil poderá delimitar, de modo fundamentado, o acesso do defensor à identificação do(s) representante(s) e aos elementos de prova relacionados a diligências em andamento e ainda não documentados nos autos, quando houver risco de comprometimento da eficiência, da eficácia ou da finalidade das diligências. (Incluído pela Resolução nº 161, de 21 de fevereiro de 2017)

Art. 8º. Em cumprimento ao princípio da publicidade das investigações, o membro do Ministério Público poderá prestar informações, inclusive aos meios de comunicação social, a respeito das providências adotadas para apuração de fatos em tese ilícitos, abstendo-se, contudo de externar ou antecipar juízos de valor a respeito de apurações ainda não concluídas.

Art. 9º. O inquérito civil deverá ser concluído no prazo de 1 (um) ano, prorrogável pelo mesmo prazo e quantas vezes forem necessárias, por decisão fundamentada de seu presidente, à vista da imprescindibilidade da realização ou conclusão de diligências, dando-se ciência ao Conselho Superior do Ministério Público, à Câmara de Coordenação e Revisão ou à Procuradoria Federal dos Direitos do Cidadão.

Parágrafo único. Cada Ministério Público, no âmbito de sua competência administrativa, poderá estabelecer prazo inferior, bem como limitar a prorrogação mediante ato administrativo do Órgão da Administração Superior competente.

Art. 9º-A. Após a instauração do inquérito civil ou do procedimento preparatório, quando o membro que o preside concluir ser atribuição de outro Ministério Público, este deverá submeter sua decisão ao referendo do órgão de revisão competente, no prazo de 3 (três) dias. (Incluído pela Resolução nº 126, de 29 de julho de 2015)

CAPÍTULO V. DO ARQUIVAMENTO

Art. 10. Esgotadas todas as possibilidades de diligências, o membro do Ministério Público, caso se convença da inexistência de fundamento para a propositura de ação civil pública, promoverá, fundamentadamente, o arquivamento do inquérito civil ou do procedimento preparatório.

§ 1º. Os autos do inquérito civil ou do procedimento preparatório, juntamente com a promoção de arquivamento, deverão ser remetidos ao órgão de revisão competente, no prazo de 3 (três) dias, contado da comprovação da efetiva cientificação pessoal dos interessados, através de publicação na imprensa oficial ou da lavratura de termo de afixação de aviso no órgão do Ministério Público, quando não localizados os que devem ser cientificados.

§ 2º. A promoção de arquivamento será submetida a exame e deliberação do órgão de revisão competente, na forma do seu Regimento Interno.

§ 3º. Até a sessão do Conselho Superior do Ministério Público ou da Câmara de Coordenação e Revisão respectiva, para que seja homologada ou rejeitada a promoção de arquivamento, poderão as pessoas colegitimadas apresentar razões escritas ou documentos, que serão juntados aos autos do inquérito ou do procedimento preparatório.

§ 4º. Deixando o órgão de revisão competente de homologar a promoção de arquivamento, tomará uma das seguintes providências:

I – converterá o julgamento em diligência para a realização de atos imprescindíveis à sua decisão, especificando-os e remetendo os autos ao membro do Ministério Público que determinou seu arquivamento, e, no caso de recusa fundamentada, ao órgão competente para designar o membro que irá atuar; (Redação dada pela Resolução nº 143, de 14 de junho de 2016)

II – deliberará pelo prosseguimento do inquérito civil ou do procedimento preparatório, indicando os fundamentos de fato e de direito de sua decisão, adotando as providências relativas à designação, em qualquer hipótese, de outro membro do Ministério Público para atuação.

§ 5º. Será pública a sessão do órgão revisor, salvo no caso de haver sido decretado o sigilo.

Art. 11. Não oficiará nos autos do inquérito civil, do procedimento preparatório ou da ação civil pública o órgão responsável pela promoção de arquivamento não homologada pelo Conselho Superior do Ministério Público ou pela Câmara de Coordenação e Revisão, ressalvada a hipótese do art. 10, § 4º, I, desta Resolução. (Redação dada pela Resolução nº 143, de 14 de junho de 2016)

Art. 12. O desarquivamento do inquérito civil, diante de novas provas ou para investigar fato novo relevante, poderá ocorrer no prazo máximo de 6 (seis) meses após o arquivamento. Transcorrido esse lapso, será instaurado novo inquérito civil, sem prejuízo das provas já colhidas.

Parágrafo único. O desarquivamento de inquérito civil para a investigação de fato novo, não sendo caso de ajuizamento de ação civil pública, implicará novo arquivamento e remessa ao órgão competente, na forma do art. 10, desta Resolução.

Art. 13. O disposto acerca de arquivamento de inquérito civil ou procedimento preparatório também se aplica à hipótese em que estiver sendo investigado mais de um fato lesivo e a ação civil pública proposta somente se relacionar a um ou a algum deles.

CAPÍTULO VI. DO COMPROMISSO DE AJUSTAMENTO DE CONDUTA

Art. 14. O Ministério Público poderá firmar compromisso de ajustamento de conduta, nos casos previstos em lei, com o responsável pela ameaça ou lesão aos interesses ou direitos mencionados no artigo 1º desta Resolução, visando à reparação do dano, à adequação da conduta às exigências legais ou normativas e, ainda, à compensação e/ou à indenização pelos danos que não possam ser recuperados.

CAPÍTULO VII. DAS RECOMENDAÇÕES

Art. 15. (Revogado pela Resolução nº 164, de 28 de março de 2017)

Parágrafo único. (Revogado pela Resolução nº 164, de 28 de março de 2017)

CAPÍTULO VIII. DAS DISPOSIÇÕES FINAIS

Art. 16. Cada Ministério Público deverá adequar seus atos normativos referentes a inquérito civil e a procedimento preparatório de investigação cível aos termos da presente Resolução, no prazo de 90 (noventa) dias, a contar de sua entrada em vigor.

Art. 17. Esta Resolução entrará em vigor na data de sua publicação.

Brasília, 17 de setembro de 2007.

ANTONIO FERNANDO BARROS E SILVA DE SOUZA

Presidente do Conselho Nacional do Ministério Público

D.J. de 7.11.2007

DECRETO Nº 6.214, DE 26 DE SETEMBRO DE 2007

Regulamenta o benefício de prestação continuada da assistência social devido à pessoa com deficiência e ao idoso de que trata a Lei nº 8.742, de 7 de dezembro de 1993, e a Lei nº 10.741, de 1º de outubro de 2003, acresce parágrafo ao art. 162 do Decreto nº 3.048, de 6 de maio de 1999, e dá outras providências.

▸ *Regulamenta o BPC*

O Presidente da República, no uso da atribuição que lhe confere o art. 84, inciso IV, da Constituição, e tendo em vista o disposto no art. 20 da Lei nº 8.742, de 7 de dezembro de 1993, e no art. 34 da Lei nº 10.741, de 1º de outubro de 2003,

DECRETA:

Art. 1º Fica aprovado, na forma do Anexo deste Decreto, o Regulamento do Benefício de Prestação Continuada instituído pelo art. 20 da Lei nº 8.742, de 7 de dezembro de 1993.

Art. 2º (Revogado pelo Decreto nº 10.554, de 2020)

Art. 3º Este Decreto entra em vigor na data de sua publicação.

Art. 4º Ficam revogados os Decretos nºs 1.744, de 8 de dezembro de 1995, e 4.712, de 29 de maio de 2003.

Brasília, 26 de setembro de 2007; 186º da Independência e 189º da República.

LUIZ INÁCIO LULA DA SILVA

ANEXO
REGULAMENTO DO BENEFÍCIO DE PRESTAÇÃO CONTINUADA

CAPÍTULO I.
DO BENEFÍCIO DE PRESTAÇÃO CONTINUADA E DO BENEFICIÁRIO

Art. 1º O Benefício de Prestação Continuada previsto no art. 20 da Lei nº 8.742, de 7 de dezembro de 1993, é a garantia de um salário mínimo mensal à pessoa com deficiência e ao idoso, com idade de sessenta e cinco anos ou mais, que comprovem não possuir meios para prover a própria manutenção e nem de tê-la provida por sua família.

§ 1º O Benefício de Prestação Continuada integra a proteção social básica no âmbito do Sistema Único de Assistência Social – SUAS, instituído pelo Ministério do Desenvolvimento Social e Agrário, em consonância com o estabelecido pela Política Nacional de Assistência Social – PNAS. (Redação dada pelo Decreto nº 8.805, de 2016)

§ 2º O Benefício de Prestação Continuada é constitutivo da PNAS e integrado às demais políticas setoriais, e visa ao enfrentamento da pobreza, à garantia da proteção social, ao provimento de condições para atender contingências sociais e à universalização dos direitos sociais, nos moldes definidos no parágrafo único do art. 2º da Lei nº 8.742, de 1993.

§ 3º A plena atenção à pessoa com deficiência e ao idoso beneficiário do Benefício de Prestação Continuada exige que os gestores da assistência social mantenham ação integrada às demais ações das políticas setoriais nacional, estaduais, municipais e do Distrito Federal, principalmente no campo da saúde, segurança alimentar, habitação e educação.

Art. 2º Compete ao Ministério do Desenvolvimento Social e Agrário a implementação, a coordenação-geral, a regulação, o financiamento, o monitoramento e a avaliação da prestação do benefício, sem prejuízo das iniciativas compartilhadas com Estados, Distrito Federal e Municípios, em consonância com as diretrizes do SUAS e da descentralização político-administrativa, prevista no inciso I do *caput* do art. 204 da Constituição e no inciso I do *caput* do art. 5º da Lei nº 8.742, de 1993. (Redação dada pelo Decreto nº 8.805, de 2016)

Art. 3º O Instituto Nacional do Seguro Social – INSS é o responsável pela operacionalização do Benefício de Prestação Continuada, nos termos deste Regulamento.

Art. 4º Para os fins do reconhecimento do direito ao benefício, considera-se:

I – idoso: aquele com idade de sessenta e cinco anos ou mais;

II – pessoa com deficiência: aquela que tem impedimentos de longo prazo de natureza física, mental, intelectual ou sensorial, os quais, em interação com diversas barreiras, podem obstruir sua participação plena e efetiva na sociedade em igualdade de condições com as demais pessoas; (Redação dada pelo Decreto nº 7.617, de 2011)

III – incapacidade: fenômeno multidimensional que abrange limitação do desempenho de atividade e restrição da participação, com redução efetiva e acentuada da capacidade de inclusão social, em correspondência à interação entre a pessoa com deficiência e seu ambiente físico e social;

IV – família incapaz de prover a manutenção da pessoa com deficiência ou do idoso: aquela cuja renda mensal bruta familiar dividida pelo número de seus integrantes seja inferior a um quarto do salário mínimo;

V – família para cálculo da renda *per capita*: conjunto de pessoas composto pelo requerente, o cônjuge, o companheiro, a companheira, os pais e, na ausência de um deles, a madrasta ou o padrasto, os irmãos solteiros, os filhos e enteados solteiros e os menores tutelados, desde que vivam sob o mesmo teto; e (Redação dada pelo Decreto nº 7.617, de 2011)

VI – renda mensal bruta familiar: a soma dos rendimentos brutos auferidos mensalmente pelos membros da família composta por salários, proventos, pensões, pensões alimentícias, benefícios de previdência pública ou privada, seguro-desemprego, comissões, *pro-labore*, outros rendimentos do trabalho não assalariado, rendimentos do mercado informal ou autônomo, rendimentos auferidos do patrimônio, Renda Mensal Vitalícia e Benefício de Prestação Continuada, ressalvado o disposto no parágrafo único do art. 19. (Redação dada pelo Decreto nº 7.617, de 2011)

§ 1º Para fins de reconhecimento do direito ao Benefício de Prestação Continuada às crianças e adolescentes menores de dezesseis anos de idade, deve ser avaliada a existência da deficiência e o seu impacto na limitação do desempenho de atividade e restrição da participação social, compatível com a idade. (Redação dada pelo Decreto nº 7.617, de 2011)

§ 2º Para fins do disposto no inciso VI do *caput*, não serão computados como renda mensal bruta familiar: (Redação dada pelo Decreto nº 7.617, de 2011)

I – benefícios e auxílios assistenciais de natureza eventual e temporária; (Incluído pelo Decreto nº 7.617, de 2011)

II – valores oriundos de programas sociais de transferência de renda; (Incluído pelo Decreto nº 7.617, de 2011)

III - bolsas de estágio supervisionado; (Redação dada pelo Decreto nº 8.805, de 2016)

IV – pensão especial de natureza indenizatória e benefícios de assistência médica, conforme disposto no art. 5º; (Incluído pelo Decreto nº 7.617, de 2011)

V – rendas de natureza eventual ou sazonal, a serem regulamentadas em ato conjunto do Ministério do Desenvolvimento Social e Combate à Fome e do INSS; e (Incluído pelo Decreto nº 7.617, de 2011)

VI – rendimentos decorrentes de contrato de aprendizagem. (Redação dada pelo Decreto nº 8.805, de 2016)

§ 3º Considera-se impedimento de longo prazo aquele que produza efeitos pelo prazo mínimo de dois anos. (Redação dada pelo Decreto nº 7.617, de 2011)

Art. 5º O beneficiário não pode acumular o Benefício de Prestação Continuada com outro benefício no âmbito da Seguridade Social ou de outro regime, inclusive o seguro-desemprego, ressalvados o de assistência médica e a pensão especial de natureza indenizatória. (Redação dada pelo Decreto nº 8.805, de 2016)

Parágrafo único. A acumulação do benefício com a remuneração advinda do contrato de aprendizagem pela pessoa com deficiência é limitada ao prazo máximo de dois anos. (Redação dada pelo Decreto nº 8.805, de 2016)

Art. 6º A condição de acolhimento em instituições de longa permanência, como abrigo, hospital ou instituição congênere não prejudica o direito do idoso ou da pessoa com deficiência ao Benefício de Prestação Continuada. (Redação dada pelo Decreto nº 7.617, de 2011)

Art. 7º O Benefício de Prestação Continuada é devido ao brasileiro, nato ou naturalizado, e às pessoas de nacionalidade portuguesa, em consonância com o disposto no Decreto nº 7.999, de 8 de maio de 2013, desde que comprovem, em qualquer dos casos, residência no Brasil e atendam a todos os demais critérios estabelecidos neste Regulamento. (Redação dada pelo Decreto nº 8.805, de 2016)

CAPÍTULO II.
DA HABILITAÇÃO, DA CONCESSÃO, DA MANUTENÇÃO, DA REPRESENTAÇÃO E DO INDEFERIMENTO

SEÇÃO I.
DA HABILITAÇÃO E DA CONCESSÃO

Art. 8º Para fazer jus ao Benefício de Prestação Continuada, o idoso deverá comprovar:

I – contar com sessenta e cinco anos de idade ou mais;

II – renda mensal bruta familiar, dividida pelo número de seus integrantes, inferior a um quarto do salário mínimo; e

III – não possuir outro benefício no âmbito da Seguridade Social ou de outro regime, inclusive o seguro-desemprego, salvo o de assistência médica e a pensão especial de natureza indenizatória, observado o disposto no inciso VI do *caput* e no § 2º do art. 4º. (Redação dada pelo Decreto nº 7.617, de 2011)

Parágrafo único. A comprovação da condição prevista no inciso III poderá ser feita mediante declaração do idoso ou, no caso de sua incapacidade para os atos da vida civil, do seu curador.

Art. 9º Para fazer jus ao Benefício de Prestação Continuada, a pessoa com deficiência deverá comprovar:

I – a existência de impedimentos de longo prazo de natureza física, mental, intelectual ou sensorial, os quais, em interação com diversas barreiras, obstruam sua participação plena e efetiva na sociedade em igualdade de condições com as demais pessoas, na forma prevista neste Regulamento; (Redação dada pelo Decreto nº 7.617, de 2011)

II – renda mensal bruta familiar do requerente, dividida pelo número de seus integrantes, inferior a um quarto do salário mínimo; e

III – por meio de declaração, que não recebe outro benefício no âmbito da Seguridade Social ou de outro regime, inclusive o seguro-desemprego, exceto o de assistência médica e a pensão especial de natureza indenizatória. (Redação dada pelo Decreto nº 8.805, de 2016)

Parágrafo único. A comprovação da condição prevista no inciso III poderá ser feita mediante declaração da pessoa com deficiência ou, no caso de sua incapacidade para os atos da vida civil, do seu curador ou tutor.

Art. 10. A pessoa com deficiência e o idoso deverão informar o número de inscrição no Cadastro de Pessoas Físicas - CPF e apresentar documento com foto reconhecido por lei como prova de identidade do requerente. (Redação dada pelo Decreto nº 9.462, de 2018)

I a V – (Revogados pelo Decreto nº 9.462, de 2018)

Parágrafo único. As crianças e os adolescentes menores de dezesseis anos poderão apresentar apenas a certidão de nascimento para fins da identificação de que trata o *caput*. (Acrescido pelo Decreto nº 9.462, de 2018)

Art. 11. Para fins de identificação da pessoa com deficiência e do idoso e de comprovação da idade do idoso, no caso de brasileiro naturalizado, deverão ser apresentados os seguintes documentos:

I – título declaratório de nacionalidade brasileira; e

II – carteira de identidade ou carteira de trabalho e previdência social.

Art. 12. São requisitos para a concessão, a manutenção e a revisão do benefício as inscrições no Cadastro de Pessoas Físicas – CPF e no Cadastro Único para Programas Sociais do Governo Federal – CadÚnico. (Redação dada pelo Decreto nº 8.805, de 2016)

§ 1º O beneficiário que não realizar a inscrição ou atualização no CadÚnico terá seu benefício suspenso após encerrado o prazo estabelecido na legislação. (Redação dada pelo Decreto nº 9.462, de 2018)

§ 2º O benefício será concedido ou mantido apenas quando o CadÚnico estiver atualizado e válido, de acordo com o disposto no Decreto nº 6.135, de 26 de junho de 2007. (Redação dada pelo Decreto nº 9.462, de 2018)

Art. 13. As informações para o cálculo da renda familiar mensal *per capita* serão declaradas no momento da inscrição da família do requerente no CadÚnico, ficando o declarante sujeito às penas previstas em lei no caso de omissão de informação ou de declaração falsa. (Redação dada pelo Decreto nº 8.805, de 2016)

§ 1º As informações de que trata o *caput* serão declaradas em conformidade com o disposto no Decreto nº 6.135, de 26 de junho de 2007. (Redação dada pelo Decreto nº 8.805, de 2016)

§ 2º Por ocasião do requerimento do benefício, conforme disposto no § 1º do art. 15, o requerente ratificará as informações declaradas no CadÚnico, ficando sujeito às penas previstas em lei no caso de omissão de informação ou de declaração falsa. (Redação dada pelo Decreto nº 8.805, de 2016)

§ 3º Na análise do requerimento do benefício, o INSS confrontará as informações do CadÚnico, referentes à renda, com outros cadastros ou bases de dados de órgãos da administração pública disponíveis, prevalecendo as informações que indiquem maior renda se comparadas àquelas declaradas no CadÚnico. (Redação dada pelo Decreto nº 8.805, de 2016)

§ 4º Compete ao INSS e aos órgãos autorizados pelo Ministério do Desenvolvimento Social e Agrário, quando necessário, verificar junto a outras instituições, inclusive de previdência, a existência de benefício ou de renda em nome do requerente ou beneficiário e dos integrantes da família. (Redação dada pelo Decreto nº 8.805, de 2016)

§ 5º Na hipótese de as informações do CadÚnico serem insuficientes para a análise conclusiva do benefício, o INSS: (Redação dada pelo Decreto nº 8.805, de 2016)

I – comunicará o interessado, o qual deverá atualizar seu cadastro junto ao órgão local responsável pelo CadÚnico no prazo de trinta dias; (Incluído pelo Decreto nº 8.805, de 2016)

II – concluirá a análise após decorrido o prazo de que trata o inciso I; e (Incluído pelo Decreto nº 8.805, de 2016)

III – no caso de o cadastro não ser atualizado no prazo de que trata o inciso I, indeferirá a solicitação para receber o benefício. (Incluído pelo Decreto nº 8.805, de 2016)

§ 6º Quando o requerente for pessoa em situação de rua deve ser adotado, como referência, o endereço do serviço da rede sócioassistencial pelo qual esteja sendo acompanhado, ou, na falta deste, de pessoas com as quais mantém relação de proximidade.

§ 7º Será considerado família do requerente em situação de rua as pessoas elencadas no inciso V do art. 4º, desde que convivam com o requerente na mesma situação, devendo, neste caso, ser relacionadas na Declaração da Composição e Renda Familiar.

§ 8º Entende-se por relação de proximidade, para fins do disposto no § 6º, aquela que se estabelece entre o requerente em situação de rua e as pessoas indicadas pelo próprio requerente como pertencentes ao seu ciclo de convívio que podem facilmente localizá-lo. (Incluído pelo Decreto nº 6.564, de 2008)

Art. 14. O Benefício de Prestação Continuada poderá ser requerido por meio dos canais de atendimento do INSS ou nos órgãos autorizados para este fim. (Redação dada pelo Decreto nº 9.462, de 2018)

§ 1º Os formulários utilizados para o requerimento do benefício serão disponibilizados, por meio dos sítios eletrônicos: (Incluído pelo Decreto nº 8.805, de 2016)

I – do Ministério do Desenvolvimento Social e Agrário; (Incluído pelo Decreto nº 8.805, de 2016)

II – do INSS; ou (Incluído pelo Decreto nº 8.805, de 2016)

III – dos órgãos autorizados pelo Ministério do Desenvolvimento Social e Agrário ou pelo INSS. (Incluído pelo Decreto nº 8.805, de 2016)

§ 2º Os formulários a que se refere o § 1º deverão ser disponibilizados de forma acessível, nos termos estabelecidos pelo Decreto nº 5.296, de 2 de dezembro de 2004. (Incluído pelo Decreto nº 8.805, de 2016)

Art. 15. A concessão do benefício dependerá da prévia inscrição do interessado no CPF e no CadÚnico, este último atualizado e válido, de acordo com os prazos estabelecidos no Decreto nº 6.135, de 2007. (Redação dada pelo Decreto nº 9.462, de 2018)

§ 1º O requerimento do benefício deverá ser realizado por meio dos canais de atendimento da Previdência Social ou de outros canais definidos em ato do Ministro de Estado do Desenvolvimento Social. (Redação dada pelo Decreto nº 9.462, de 2018)

§ 2º Na hipótese de não ser o requerente alfabetizado ou de estar impossibilitado para assinar o pedido, será admitida a aposição da impressão digital na presença de funcionário do órgão recebedor do requerimento.

§ 3º A existência de formulário próprio não impedirá que seja aceito qualquer requerimento pleiteando o benefício, desde que nele constem os dados imprescindíveis ao seu processamento.

§ 4º A apresentação de documentação incompleta não constitui motivo de recusa liminar do requerimento do benefício.

§ 5º Na hipótese de ser verificado que a renda familiar mensal *per capita* não atende aos requisitos de concessão do benefício, o pedido deverá ser indeferido pelo INSS, sendo desnecessária a avaliação da deficiência. (Incluído pelo Decreto nº 8.805, de 2016)

Art. 16. A concessão do benefício à pessoa com deficiência ficará sujeita à avaliação da deficiência e do grau de impedimento, com base nos princípios da Classificação Internacional de Funcionalidades, Incapacidade e Saúde – CIF, estabelecida pela Resolução da Organização Mundial da Saúde nº 54.21, aprovada pela 54ª Assembleia Mundial da Saúde, em 22 de maio de 2001. (Redação dada pelo Decreto nº 7.617, de 2011)

§ 1º A avaliação da deficiência e do grau de impedimento será realizada por meio de avaliação social e avaliação médica. (Redação dada pelo Decreto nº 7.617, de 2011)

§ 2º A avaliação social considerará os fatores ambientais, sociais e pessoais, a avaliação médica considerará as deficiências nas funções e nas estruturas do corpo, e ambas considerarão a limitação do desempenho de atividades e a restrição da participação social, segundo suas especificidades. (Redação dada pelo Decreto nº 7.617, de 2011)

§ 3º As avaliações de que trata o § 1º serão realizadas, respectivamente, pelo serviço social e pela perícia médica do INSS, por meio de instrumentos desenvolvidos especificamente para este fim, instituídos por ato conjunto do Ministro de Estado do Desenvolvimento Social e Agrário e do Presidente do INSS. (Redação dada pelo Decreto nº 8.805, de 2016)

§ 4º O Ministério do Desenvolvimento Social e Agrário e o INSS garantirão as condições necessárias para a realização da avaliação social e da avaliação médica necessárias ao Benefício de Prestação Continuada. (Redação dada pelo Decreto nº 8.805, de 2016)

§ 5º A avaliação da deficiência e do grau de impedimento tem por objetivo: (Incluído pelo Decreto nº 7.617, de 2011)

I – comprovar a existência de impedimentos de longo prazo de natureza física, mental, intelectual ou sensorial; e (Incluído pelo Decreto nº 7.617, de 2011)

II – aferir o grau de restrição para a participação plena e efetiva da pessoa com deficiência na sociedade, decorrente da interação dos impedimentos a que se refere o inciso I com barreiras diversas. (Incluído pelo Decreto nº 7.617, de 2011)

§ 6º Na hipótese de não ser possível prever a duração dos impedimentos a que se refere o inciso I do § 5º, mas existir a possibilidade de que se estendam por longo prazo, o benefício poderá ser concedido, conforme o disposto em ato do Ministro de Estado do Desenvolvimento Social. (Redação dada pelo Decreto nº 9.462, de 2018)

§ 7º Na hipótese do benefício concedido nos termos do disposto no § 6º, os beneficiários deverão ser prioritariamente submetidos a novas avaliações da deficiência, observado o intervalo máximo de dois anos. (Redação dada pelo Decreto nº 9.462, de 2018)

§ 8º A avaliação da deficiência e do grau de impedimento observará os instrumentos de que trata o § 2º do art. 2º da Lei nº 13.146, de 6 de julho de 2015, a partir de sua criação, permitindo inclusive que outras políticas para pessoas com deficiência se beneficiem das informações. (Incluído pelo Decreto nº 8.805, de 2016)

§ 9º Sem prejuízo do compartilhamento das informações de que trata o § 8º, o acesso à avaliação da deficiência e do grau de impedimento, com a finalidade de permitir que outras políticas para pessoas com deficiência dela se beneficiem, dependerá de prévio consentimento do titular da informação. (Incluído pelo Decreto nº 8.805, de 2016)

§ 10. O consentimento de acesso à avaliação poderá ser manifestado no momento da prestação das referidas informações ou quando do requerimento de acesso à política pública. (Incluído pelo Decreto nº 8.805, de 2016)

§ 11. Ato do Ministro de Estado do Desenvolvimento Social estabelecerá diretrizes para o escalonamento, a priorização e os casos que serão dispensados das reavaliações em razão da deficiência constatada. (Acrescido pelo Decreto nº 9.462, de 2018)

Art. 17. Na hipótese de não existirem serviços pertinentes para avaliação da deficiência e do grau de impedimento no município de residência do requerente ou beneficiário, fica assegurado o seu encaminhamento ao município mais próximo que contar com tal estrutura, devendo o INSS realizar o pagamento das despesas de transporte e diárias com recursos oriundos do Fundo Nacional de Assistência Social. (Redação dada pelo Decreto nº 7.617, de 2011)

§ 1º Caso o requerente ou beneficiário necessite de acompanhante, a viagem deste deverá ser autorizada pelo INSS, aplicando-se o disposto no *caput*.

§ 2º O valor da diária paga ao requerente ou beneficiário e seu acompanhante será igual ao valor da diária concedida aos beneficiários do Regime Geral de Previdência Social.

§ 3º Caso o requerente ou beneficiário esteja impossibilitado de se apresentar no local de realização da avaliação da deficiência e do grau de impedimento a que se refere o *caput*, os profissionais deverão deslocar-se até o interessado. (Redação dada pelo Decreto nº 7.617, de 2011)

Art. 18. A concessão do Benefício de Prestação Continuada independe da interdição judicial do idoso ou da pessoa com deficiência.

Art. 19. O Benefício de Prestação Continuada será devido a mais de um membro da mesma família enquanto atendidos os requisitos exigidos neste Regulamento.

Parágrafo único. O valor do Benefício de Prestação Continuada concedido a idoso não será computado no cálculo da renda mensal bruta familiar a que se refere o inciso VI do art. 4º, para fins de concessão do Benefício de Prestação Continuada a outro idoso da mesma família.

Art. 20. O Benefício de Prestação Continuada será devido com o cumprimento de todos os requisitos legais e regulamentares exigidos para a sua concessão, devendo o seu pagamento ser efetuado em até quarenta e cinco dias após cumpridas as exigências.

Parágrafo único. Para fins de atualização dos valores pagos em atraso, serão aplicados os mesmos critérios adotados pela legislação previdenciária. (Redação dada pelo Decreto nº 7.617, de 2011)

Art. 21. Fica o INSS obrigado a emitir e enviar ao requerente o aviso de concessão ou de indeferimento do benefício, e, neste caso, com indicação do motivo.

SEÇÃO II. DA MANUTENÇÃO E DA REPRESENTAÇÃO

Art. 22. O Benefício de Prestação Continuada não está sujeito a desconto de qualquer contribuição e não gera direito ao pagamento de abono anual.

Art. 23. O Benefício de Prestação Continuada é intransferível, não gerando direito à pensão por morte aos herdeiros ou sucessores.

Parágrafo único. O valor do resíduo não recebido em vida pelo beneficiário será pago aos seus herdeiros ou sucessores, na forma da lei civil.

Art. 24. O desenvolvimento das capacidades cognitivas, motoras ou educacionais e a realização de atividades não remuneradas de habilitação e reabilitação, dentre outras, não constituem motivo de suspensão ou cessação do benefício da pessoa com deficiência.

Art. 25. A cessação do Benefício de Prestação Continuada concedido à pessoa com deficiência, inclusive em razão do seu ingresso no mercado de trabalho, não impede nova concessão do benefício desde que atendidos os requisitos exigidos neste Decreto.

Art. 26. O benefício será pago pela rede bancária autorizada e, nas localidades onde não houver estabelecimento bancário, o pagamento será efetuado por órgãos autorizados pelo INSS.

Art. 27. O pagamento do Benefício de Prestação Continuada poderá ser antecipado excepcionalmente, na hipótese prevista no § 1º do art. 169 do Decreto nº 3.048, de 6 de maio de 1999. (Redação dada pelo Decreto nº 7.617, de 2011)

Art. 28. O benefício será pago diretamente ao beneficiário ou ao procurador, tutor ou curador.

§ 1º O instrumento de procuração poderá ser outorgado em formulário próprio do INSS, mediante comprovação do motivo da ausência do beneficiário, e sua validade deverá ser renovada a cada doze meses.

§ 2º O procurador, o tutor ou o curador do beneficiário deverá firmar, perante o INSS ou outros órgãos autorizados pelo Ministério do Desenvolvimento Social e Agrário, termo de responsabilidade mediante o qual se comprometa a comunicar qualquer evento que possa anular a procuração, a tutela ou a curatela, principalmente o óbito do outorgante, sob pena de incorrer nas sanções criminais e civis cabíveis. (Redação dada pelo Decreto nº 8.805, de 2016)

Art. 29. Na hipótese de haver indícios de inidoneidade acerca do instrumento de procuração apresentado para o recebimento do Benefício de Prestação Continuada ou do procurador, tanto o INSS quanto qualquer um dos órgãos autorizados pelo Ministério do Desenvolvimento Social e Agrário poderão recusá-los, sem prejuízo das providências que se fizerem necessárias para a apuração da responsabilidade e para a aplicação das sanções criminais e civis cabíveis. (Redação dada pelo Decreto nº 8.805, de 2016)

Art. 30. Para fins de recebimento do Benefício de Prestação Continuada, é aceita a constituição de procurador com mais de um instrumento de procuração, nos casos de beneficiários representados por parentes de primeiro grau e nos casos de beneficiários representados por dirigentes de instituições nas quais se encontrem acolhidos, sendo admitido também, neste último caso, o instrumento de procuração coletiva. (Redação dada pelo Decreto nº 7.617, de 2011)

Art. 31. Não poderão ser procuradores:

I – o servidor público civil e o militar em atividade, salvo se parentes do beneficiário até o segundo grau; e

II – o incapaz para os atos da vida civil, ressalvado o disposto no art. 666 do Código Civil.

Parágrafo único. Nas demais disposições relativas à procuração observar-se-á, subsidiariamente, o Código Civil.

Art. 32. No caso de transferência do beneficiário de uma localidade para outra, o procurador fica obrigado a apresentar novo instrumento de mandato na localidade de destino.

Art. 33. A procuração perderá a validade ou eficácia nos seguintes casos:

I – quando o outorgante passar a receber pessoalmente o benefício, declarando, por escrito que cancela a procuração existente;

II – quando for constituído novo procurador;

III – pela expiração do prazo fixado ou pelo cumprimento ou extinção da finalidade outorgada;

IV – por morte do outorgante ou do procurador;

V – por interdição de uma das partes; ou

VI – por renúncia do procurador, desde que por escrito.

Art. 34. Não podem outorgar procuração o menor de dezoito anos, exceto se assistido ou emancipado após os dezesseis anos, e o incapaz para os atos da vida civil que deverá ser representado por seu representante legal, tutor ou curador.

Art. 35. O benefício devido ao beneficiário incapaz será pago ao cônjuge, pai, mãe, tutor ou curador, admitindo-se, na sua falta, e por período não superior a seis meses, o pagamento a herdeiro necessário, mediante termo de compromisso firmado no ato do recebimento.

§ 1º O período a que se refere o *caput* poderá ser prorrogado por iguais períodos, desde que comprovado o andamento do processo legal de tutela ou curatela.

§ 2º O tutor ou curador poderá outorgar procuração a terceiro com poderes para receber o benefício e, nesta hipótese, obrigatoriamente, a procuração será outorgada mediante instrumento público.

§ 3º A procuração não isenta o tutor ou curador da condição original de mandatário titular da tutela ou curatela.

Art. 35-A. O beneficiário, ou seu representante legal, deve informar ao INSS alterações dos dados cadastrais correspondentes à mudança de nome, endereço e estado civil, a fruição de qualquer benefício no âmbito da Seguridade Social ou de outro regime, a sua admissão em emprego ou a percepção de renda de qualquer natureza elencada no inciso VI do *caput* do art. 4º. (Incluído pelo Decreto nº 7.617, de 2011)

Parágrafo único. O INSS deverá ser informado pelo representante legal ou pelo procurador sobre a propositura de ação judicial relativa à ausência ou à morte presumida do beneficiário. (Acrescido pelo Decreto nº 9.462, de 2018)

SEÇÃO III. DO INDEFERIMENTO

Art. 36. O não atendimento das exigências contidas neste Regulamento pelo requerente ensejará o indeferimento do benefício.

§ 1º Do indeferimento do benefício caberá recurso à Junta de Recursos do Conselho de Recursos da Previdência Social, no prazo de trinta dias, a contar do recebimento da comunicação.

§ 2º A situação prevista no art. 24 também não constitui motivo para o indeferimento do benefício.

CAPÍTULO III. DA GESTÃO

Art. 37. Constituem garantias do SUAS o acompanhamento do beneficiário e de sua família, e a inserção destes à rede de serviços socioassistenciais e de outras políticas setoriais.

§ 1º O acompanhamento do beneficiário e de sua família visa a favorecer-lhes a obtenção de aquisições materiais, sociais, socieducativas, socioculturais para suprir as necessidades de subsistência, desenvolver capacidades e talentos para a convivência familiar e comunitária, o protagonismo e a autonomia.

§ 2º Para fins de cumprimento do disposto no *caput*, o acompanhamento deverá abranger as pessoas que vivem sob o mesmo teto com o beneficiário e que com este mantém vínculo parental, conjugal, genético ou de afinidade.

§ 3º Para o cumprimento do disposto no *caput* e para subsidiar os processos de concessão e de revisão bienal do benefício, os beneficiários e suas famílias deverão ser cadastrados no CadÚnico, observada a legislação aplicável. (Redação dada pelo Decreto nº 8.805, de 2016)

Art. 38. Compete ao Ministério do Desenvolvimento Social e Agrário, sem prejuízo do previsto no art. 2º: (Redação dada pelo Decreto nº 8.805, de 2016)

I – acompanhar os beneficiários do Benefício de Prestação Continuada no âmbito do SUAS, em articulação com o Distrito Federal, Municípios e, no que couber, com os Estados, visando a inseri-los nos programas e serviços da assistência social e demais políticas, em conformidade com o art. 11 da Lei nº 8.742, de 1993;

II – considerar a participação dos órgãos gestores de assistência social nas ações de monitoramento e avaliação do Benefício de Prestação Continuada, bem como de acompanhamento de seus beneficiários, como critério de habilitação dos municípios e Distrito Federal a um nível de gestão mais elevado no âmbito do SUAS;

III – manter e coordenar o Programa Nacional de Monitoramento e Avaliação do Benefício de Prestação Continuada, instituído na forma do art. 41, com produção de dados e análise de resultados do impacto do Benefício de Prestação Continuada na vida dos beneficiários, em conformidade com o disposto no art. 24 da Lei nº 8.742, de 1993;

IV – destinar recursos do Fundo Nacional de Assistência Social para pagamento, operacionalização, gestão, informatização, pesquisa, monitoramento e avaliação do Benefício de Prestação Continuada;

V – descentralizar recursos do orçamento do Fundo Nacional de Assistência Social ao INSS para as despesas de pagamento, operacionalização, sistemas de informação, monitoramento e avaliação do Benefício de Prestação Continuada;

VI – fornecer subsídios para a formação de profissionais envolvidos nos processos de concessão, manutenção e revisão dos benefícios, e no acompanhamento de seus beneficiários, visando à facilidade de acesso e bem-estar dos usuários desses serviços.

VII – articular políticas intersetoriais, intergovernamentais e interinstitucionais que afiancem a completude de atenção às pessoas com deficiência e aos idosos, atendendo ao disposto no § 2º do art. 24 da Lei nº 8.742, de 1993; (Redação dada pelo Decreto nº 8.805, de 2016)

VIII – atuar junto a outros órgãos, nas três esferas de governo, com vistas ao aperfeiçoamento da gestão do Benefício de Prestação Continuada; e (Redação dada pelo Decreto nº 8.805, de 2016)

IX – garantir as condições necessárias para inclusão e atualização dos dados do requerente e do beneficiário no CadÚnico. (Incluído pelo Decreto nº 8.805, de 2016)

Art. 39. Compete ao INSS, na operacionalização do Benefício de Prestação Continuada:

I – receber os requerimentos, conceder, manter, revisar, suspender ou fazer cessar o benefício, atuar nas contestações, desenvolver ações necessárias ao ressarcimento do benefício e participar de seu monitoramento e avaliação;

II – realizar, periodicamente, cruzamentos de informações, utilizando o registro de informações do CadÚnico e de outros cadastros, de benefícios previdenciários e de emprego e renda em nome do requerente ou beneficiário e dos integrantes do grupo familiar; (Redação dada pelo Decreto nº 9.462, de 2018)

III – realizar a avaliação médica e social da pessoa com deficiência, de acordo com as normas a serem disciplinadas em atos específicos;

IV – realizar o pagamento de transporte e diária do requerente ou beneficiários e seu acompanhante, com recursos oriundos do FNAS, nos casos previstos no art. 17.

V – enviar comunicações aos beneficiários, aos seus representantes legais ou aos seus procuradores; (Redação dada pelo Decreto nº 9.462, de 2018)

VI – analisar defesas, receber recursos pelo indeferimento e suspensão do benefício, instruir e encaminhar os processos à Junta de Recursos;

VII – efetuar o repasse de recursos para pagamento do benefício junto à rede bancária autorizada ou entidade conveniada;

VIII- participar, em conjunto com o Ministério do Desenvolvimento Social e Agrário, da instituição de sistema de informação e de alimentação de bancos de dados sobre a concessão, o indeferimento, a manutenção, a suspensão, a cessação, o ressarcimento e a revisão do Benefício de Prestação Continuada, além de gerar relatórios gerenciais e subsidiar a atuação dos demais órgãos no acompanhamento do beneficiário e na defesa de seus direitos; (Redação dada pelo Decreto nº 8.805, de 2016)

IX – submeter à apreciação prévia do Ministério do Desenvolvimento Social e Agrário atos que disponham sobre matéria de regulação e de procedimentos técnicos e administrativos que repercutam no reconhecimento do direito ao acesso, à manutenção e ao pagamento do Benefício de Prestação Continuada; (Redação dada pelo Decreto nº 8.805, de 2016)

X – instituir, em conjunto com o Ministério do Desenvolvimento Social e Agrário, formulários e documentos necessários à operacionalização do Benefício de Prestação Continuada; e (Redação dada pelo Decreto nº 8.805, de 2016)

XI – apresentar ao Ministério do Desenvolvimento Social e Agrário relatórios periódicos das atividades desenvolvidas na operacionalização do Benefício de Prestação Continuada e na execução orçamentária e financeira dos recursos descentralizados. (Redação dada pelo Decreto nº 8.805, de 2016)

Parágrafo único. A análise das defesas a que se refere o inciso VI do *caput* deve observar o disposto no Capítulo XI da Lei nº 9.784, de 29 de janeiro de 1999. (Acrescido pelo Decreto nº 9.462, de 2018)

Art. 40. Compete aos órgãos gestores da assistência social dos Estados, do Distrito Federal e dos Municípios, de acordo com o disposto no § 2º do art. 24 da Lei nº 8.742, de 1993, promover ações que assegurem a articulação do Benefício de Prestação Continuada com os programas voltados ao idoso e à inclusão da pessoa com deficiência.

CAPÍTULO IV. DO MONITORAMENTO E DA AVALIAÇÃO

Art. 41. Fica instituído o Programa Nacional de Monitoramento e Avaliação do Benefício de Prestação Continuada da Assistência Social, que será mantido e coordenado pelo Ministério do Desenvolvimento Social e Agrário, em parceria com o INSS, os Estados, o Distrito Federal e os Municípios, como parte da dinâmica do SUAS. (Redação dada pelo Decreto nº 8.805, de 2016)

§ 1º O Programa Nacional de Monitoramento e Avaliação do Benefício de Prestação Continuada, baseado em um conjunto de indicadores e de seus respectivos índices, compreende:

I – o monitoramento da incidência dos beneficiários e dos requerentes por município brasileiro e no Distrito Federal;

II – o tratamento do conjunto dos beneficiários como uma população com graus de risco e vulnerabilidade social variados, estratificada a partir das características do ciclo de vida do requerente, sua família e da região onde vive;

III – o desenvolvimento de estudos intersetoriais que caracterizem comportamentos da população beneficiária por análises geo-demográficas, índices de mortalidade, morbidade, entre outros, nos quais se inclui a tipologia das famílias dos beneficiários e das instituições em que eventualmente viva ou conviva;

IV – a instituição e manutenção de banco de dados sobre os processos desenvolvidos pelos gestores dos estados, do Distrito Federal e dos municípios para inclusão do beneficiário ao SUAS e demais políticas setoriais;

V – a promoção de estudos e pesquisas sobre os critérios de acesso, implementação do Benefício de Prestação Continuada e impacto do benefício na redução da pobreza e das desigualdades sociais;

VI – a organização e manutenção de um sistema de informações sobre o Benefício de Prestação Continuada, com vistas ao planejamento, desenvolvimento e avaliação das ações; e

VII – a realização de estudos longitudinais dos beneficiários do Benefício de Prestação Continuada.

§ 2º As despesas decorrentes da implementação do Programa a que se refere o *caput* correrão com as dotações orçamentárias consignadas ao Ministério do Desenvolvimento Social e Agrário. (Redação dada pelo Decreto nº 8.805, de 2016)

§ 3º O Ministério do Desenvolvimento Social e Agrário e o INSS deverão integrar suas bases de dados quanto às informações que compõem a base de dados do CadÚnico e compartilhá-las com o Cadastro-Inclusão, instituído pelo art. 92 da Lei nº 13.146, de 6 de julho de 2015, quando se tratar de informação referente a pessoa com deficiência. (Incluído pelo Decreto nº 8.805, de 2016)

§ 4º Até que esteja concluída a integração das bases de dados de que trata o § 3º, o Ministério do Desenvolvimento Social e Agrário deverá fornecer ao INSS, mensalmente, as informações do CadÚnico necessárias à concessão e à manutenção do Benefício de Prestação Continuada, em especial aquelas relativas à composição do grupo familiar, à renda de todos os integrantes. (Incluído pelo Decreto nº 8.805, de 2016)

Art. 42. O Benefício de Prestação Continuada deverá ser revisto a cada dois anos, para avaliação da continuidade das condições que lhe deram origem, conforme dispõe o art. 21 da Lei nº 8.742, de 1993, passando o processo de reavaliação a integrar o Programa Nacional de Monitoramento e Avaliação do Benefício de Prestação Continuada.

§ 1º A revisão de que trata o *caput* será realizada pelo INSS por meio da utilização de cruzamento de informações do beneficiário e de seus familiares existentes em registros e bases de dados oficiais, na forma estabelecida em ato do Ministro de Estado do Desenvolvimento Social, e observará: (Redação dada pelo Decreto nº 9.462, de 2018)

I – o cadastramento ou a atualização cadastral no CadÚnico, conforme o disposto no Decreto nº 6.135, de 2007; (Redação dada pelo Decreto nº 9.462, de 2018)

II – a confrontação de informações de cadastros de benefícios, emprego e renda ou outras bases de dados de órgãos da administração pública disponíveis, referentes à renda do titular e de sua família; (Redação dada pelo Decreto nº 9.462, de 2018)

III – o cruzamento de dados para fins de verificação de acúmulo do benefício com outra renda no âmbito da Seguridade Social ou de outro regime, conforme vedação a que se refere o § 4º do art. 20 da Lei nº 8.742, de 1993; e (Incluído pelo Decreto nº 8.805, de 2016)

IV – as reavaliações da deficiência constatada anteriormente, quando o beneficiário não tenha superado os requisitos de renda familiar mensal per capita. (Redação dada pelo Decreto nº 9.462, de 2018)

§ 2º Identificada a superação de condição para manutenção do benefício, após a atualização das informações junto ao CadÚnico, o INSS deverá suspender ou cessar o benefício, conforme o caso, observado o disposto no art. 47. (Incluído pelo Decreto nº 8.805, de 2016)

§ 3º A revisão de que trata o *caput* poderá ser realizada para os benefícios concedidos ou reativados judicialmente, observados os critérios definidos na decisão judicial. (Redação dada pelo Decreto nº 9.462, de 2018)

§ 4º O Ministério do Desenvolvimento Social e o Ministério do Planejamento, Desenvolvimento e Gestão compartilharão as bases de dados nos termos do Decreto nº 8.789, de 29 de junho de 2016. (Acrescido pelo Decreto nº 9.462, de 2018)

§ 5º Os benefícios concedidos administrativamente que utilizem critérios definidos em ações civis públicas poderão ser revisados de acordo com os mesmos critérios de sua concessão. (Acrescido pelo Decreto nº 9.462, de 2018)

§ 6º A reavaliação médica e social da deficiência fica condicionada à conclusão da análise relativa à renda, decorrente do procedimento disposto no inciso II do § 1º. (Acrescido pelo Decreto nº 9.462, de 2018)

§ 7º A reavaliação médica e social da deficiência poderá ser priorizada ou dispensada por ato do Ministro de Estado do Desenvolvimento Social, considerados o tipo e a gravidade do impedimento, a idade do beneficiário e a duração do benefício. (Acrescido pelo Decreto nº 9.462, de 2018)

§ 8º O Ministro de Estado do Desenvolvimento Social editará ato complementar ao disposto neste artigo. (Acrescido pelo Decreto nº 9.462, de 2018)

CAPÍTULO V. DA DEFESA DOS DIREITOS E DO CONTROLE SOCIAL

Art. 43. O Ministério do Desenvolvimento Social e Agrário deverá articular-se com os Conselhos de Assistência Social, do Idoso, da Pessoa com Deficiência, da Criança e do Adolescente e da Saúde para desenvolver ações de controle e defesa dos direitos dos beneficiários do Benefício de Prestação Continuada. (Redação dada pelo Decreto nº 8.805, de 2016)

Art. 44. Qualquer pessoa física ou jurídica de direito público ou privado, especialmente os Conselhos de Direitos, os Conselhos de Assistência Social e as organizações representativas de pessoas com deficiência e de idosos, é parte legítima para provocar a iniciativa das autoridades do Ministério do Desenvolvimento Social e Agrário, do INSS, do Ministério Público e dos órgãos de controle social, e para lhes fornecer informações sobre irregularidades na aplicação deste Regulamento, quando for o caso. (Redação dada pelo Decreto nº 8.805, de 2016)

Art. 45. Qualquer cidadão que observar irregularidade ou falha na prestação de serviço referente ao Benefício de Prestação Continuada poderá comunicá-la às Ouvidorias do Ministério do Desenvolvimento Social e Agrário, observadas as atribuições de cada órgão e em conformidade com as disposições específicas de cada Pasta. (Redação dada pelo Decreto nº 8.805, de 2016)

Art. 45-A. As informações referentes às despesas com Benefício de Prestação Continuado deverão ser incluídas, de forma individualizada, no Portal da Transparência do Poder Executivo Federal, de que trata o Decreto nº 5.482, de 30 de junho de 2005, observado o disposto no art. 31 da Lei nº 12.527, de 18 de novembro de 2011. (Incluído pelo Decreto nº 8.805, de 2016)

Art. 46. Constatada a prática de infração penal decorrente da concessão ou da manutenção do Benefício de Prestação Continuada, o INSS aplicará os procedimentos cabíveis, independentemente de outras penalidades legais.

CAPÍTULO VI. DA SUSPENSÃO E DA CESSAÇÃO

Art. 47. O Benefício de Prestação Continuada será suspenso nas seguintes hipóteses: (Redação dada pelo Decreto nº 9.462, de 2018)

I – superação das condições que deram origem ao benefício, previstas nos art. 8º e art. 9º; (Acrescido pelo Decreto nº 9.462, de 2018)

II – identificação de irregularidade na concessão ou manutenção do benefício; (Acrescido pelo Decreto nº 9.462, de 2018)

III – não inscrição no CadÚnico após o fim do prazo estabelecido em ato do Ministro de Estado do Desenvolvimento Social; (Acrescido pelo Decreto nº 9.462, de 2018)

IV – não agendamento da reavaliação da deficiência até a data limite estabelecida em convocação; (Acrescido pelo Decreto nº 9.462, de 2018)

V – identificação de inconsistências ou insuficiências cadastrais que afetem a avaliação da elegibilidade do beneficiário para fins de manutenção do benefício, conforme o disposto em ato do Ministro de Estado do Desenvolvimento Social; ou (Acrescido pelo Decreto nº 9.462, de 2018)

VI – identificação de outras irregularidades. (Acrescido pelo Decreto nº 9.462, de 2018)

§ 1º A suspensão do benefício deve ser precedida de notificação do beneficiário, de seu representante legal ou de seu procurador, preferencialmente pela rede bancária, sobre a irregularidade identificada e da concessão do prazo de dez dias para a apresentação de defesa. (Redação dada pelo Decreto nº 9.462, de 2018)

§ 2º Se não for possível realizar a notificação de que trata o § 1º pela rede bancária ou pelo correio, o valor do benefício será bloqueado. (Redação dada pelo Decreto nº 9.462, de 2018)

§ 3º O bloqueio do valor do benefício consiste no comando bancário que impossibilita temporariamente a movimentação do valor referente ao benefício, observadas as seguintes regras: (Redação dada pelo Decreto nº 9.462, de 2018)

I – o bloqueio terá duração máxima de um mês; (Acrescido pelo Decreto nº 9.462, de 2018)

II – o valor do benefício será desbloqueado após contato do beneficiário, do seu representante legal ou do seu procurador, por meio dos canais de atendimento do INSS, presenciais ou remotos, ou de outros canais definidos para esse fim; e (Acrescido pelo Decreto nº 9.462, de 2018)

III – no momento da solicitação do desbloqueio, o INSS ou outros canais definidos para esse fim deverão notificar o beneficiário, o seu representante legal ou o seu procurador sobre a situação de irregularidade e sobre a concessão do prazo para apresentação de defesa, devendo o interessado confirmar ciência. (Acrescido pelo Decreto nº 9.462, de 2018)

§ 4º Após a notificação e o desbloqueio, o beneficiário, o seu representante legal ou o seu procurador terá o prazo de dez dias para apresentar a defesa junto aos canais de atendimento do INSS ou a outros canais autorizados para esse fim. (Redação dada pelo Decreto nº 9.462, de 2018)

§ 5º O INSS terá o prazo de trinta dias, prorrogável por igual período, para analisar a defesa interposta. (Redação dada pelo Decreto nº 9.462, de 2018)

§ 6º O benefício será mantido caso a defesa apresentada seja acatada. (Acrescido pelo Decreto nº 9.462, de 2018)

§ 7º A suspensão do pagamento do benefício consiste na interrupção do envio do pagamento à rede bancária e observará as seguintes regras: (Acrescido pelo Decreto nº 9.462, de 2018)

I – o benefício será suspenso:

a) quando o beneficiário, o seu representante legal ou o procurador for notificado e não apresentar defesa no prazo de dez dias;

b) quando os elementos apresentados na defesa forem insuficientes;

c) quando o beneficiário não entrar em contato com os canais de atendimento do INSS ou outros canais autorizados para esse fim no prazo de trinta dias, contado do bloqueio de que trata o § 3º; ou

d) quando informada a ausência do beneficiário pelo representante legal ou pelo procurador, na forma da lei;

II – o beneficiário, o seu representante legal ou o seu procurador deverá ser comunicado sobre os motivos da suspensão do benefício e sobre o prazo de trinta dias para a interposição de recurso junto aos canais de atendimento do INSS ou a outros canais autorizados para esse fim; e

III – o recurso interposto será analisado pelo Conselho de Recursos do Seguro Social - CRSS.

§ 8º A interposição de recurso não gera efeito suspensivo. (Acrescido pelo Decreto nº 9.462, de 2018)

§ 9º O benefício será restabelecido caso o recurso interposto ao CRSS seja provido, sendo devidos os valores desde a suspensão do benefício, respeitado o teor da decisão. (Acrescido pelo Decreto nº 9.462, de 2018)

Art. 47-A. O Benefício de Prestação Continuada será suspenso em caráter especial quando a pessoa com deficiência exercer atividade remunerada, inclusive na condição de microempreendedor individual, mediante comprovação da relação trabalhista ou da atividade empreendedora. (Incluído pelo Decreto nº 7.617, de 2011)

§ 1º O pagamento do benefício suspenso na forma do *caput* será restabelecido mediante requerimento do interessado que comprove a extinção da relação trabalhista ou da atividade empreendedora, e, quando for o caso, o encerramento do prazo de pagamento do seguro-desemprego, sem que tenha o beneficiário adquirido direito a qualquer benefício no âmbito da Previdência Social. (Incluído pelo Decreto nº 7.617, de 2011)

§ 2º O benefício será restabelecido: (Incluído pelo Decreto nº 7.617, de 2011)

I – a partir do dia imediatamente posterior, conforme o caso, da cessação do contrato de trabalho, do encerramento da atividade empresarial, da última competência de contribuição previdenciária recolhida como contribuinte individual ou do encerramento do prazo de pagamento do seguro desemprego; ou (Redação dada pelo Decreto nº 9.462, de 2018)

II – a partir da data do protocolo do requerimento, quando requerido após noventa dias, conforme o caso, da cessação do contrato de trabalho, da última competência de contribuição previdenciária recolhida como contribuinte individual ou do encerramento do prazo de pagamento do seguro-desemprego. (Incluído pelo Decreto nº 7.617, de 2011)

§ 3º Na hipótese prevista no *caput*, o prazo para a reavaliação bienal do benefício prevista no art. 42 será suspenso, voltando a correr, se for o caso, a partir do restabelecimento do pagamento do benefício. (Incluído pelo Decreto nº 7.617, de 2011)

§ 4º O restabelecimento do pagamento do benefício prescinde de nova avaliação da deficiência e do grau de impedimento, respeitado o prazo para a reavaliação bienal. (Incluído pelo Decreto nº 7.617, de 2011)

§ 5º A pessoa com deficiência contratada na condição de aprendiz terá seu benefício suspenso somente após o período de dois anos de recebimento concomitante da remuneração e do benefício, nos termos do § 2º do art. 21-A da Lei nº 8.742, de 7 de dezembro de 1993. (Incluído pelo Decreto nº 7.617, de 2011)

Art. 48. O benefício será cessado: (Redação dada pelo Decreto nº 9.462, de 2018)

I – nas hipóteses de óbito, de morte presumida ou de ausência do beneficiário, na forma da lei; (Redação dada pelo Decreto nº 9.462, de 2018)

II – quando o beneficiário, o seu representante legal ou o seu procurador não interpuser recurso ao CRSS no prazo de trinta dias, contado da suspensão do benefício; ou (Redação dada pelo Decreto nº 9.462, de 2018)

III – quando o recurso ao CRSS não for provido. (Redação dada pelo Decreto nº 9.462, de 2018)

§ 1º O representante legal ou o procurador são obrigados a informar ao INSS a ocorrência das situações a que se refere o inciso I do *caput*. (Parágrafo único transformado em § 1º, com redação dada pelo Decreto nº 9.462, de 2018)

§ 2º O INSS comunicará o beneficiário, seu representante legal ou o seu procurador, por meio dos canais de atendimento do INSS ou de outros canais autorizados para esse fim, sobre os motivos que levaram à cessação do benefício. (Acrescido pelo Decreto nº 9.462, de 2018)

Art. 48-A. Ato conjunto do Ministério do Desenvolvimento Social e Combate à Fome e do INSS disporá sobre a operacionalização da suspensão e cessação do Benefício de Prestação Continuada. (Incluído pelo Decreto nº 7.617, de 2011)

Art. 48-B. Fica vedada a reativação de benefício cessado quando esgotadas todas as instâncias administrativas de recurso. (Acrescido pelo Decreto nº 9.462, de 2018)

Art. 49. Cabe ao INSS, sem prejuízo da aplicação de outras medidas legais, adotar as providências necessárias à restituição do valor do benefício pago indevidamente, ressalvados os casos de recebimento de boa-fé. (Redação dada pelo Decreto nº 9.462, de 2018)

§ 1º O montante indevidamente pago será corrigido pelo mesmo índice utilizado para a atualização mensal dos salários de contribuição utilizados para apuração dos benefícios do Regime Geral de Previdência Social, e deverá ser restituído, sob pena de inscrição em Dívida Ativa e cobrança judicial. (Redação dada pelo Decreto nº 7.617, de 2011)

§ 2º Na hipótese de o beneficiário permanecer com direito ao recebimento do Benefício de Prestação Continuada ou estar em usufruto de outro benefício previdenciário regularmente concedido pelo INSS, poderá devolver o valor indevido de forma parcelada, atualizado nos moldes do § 1º, em tantas parcelas quantas forem necessárias à liquidação do débito de valor equivalente a trinta por cento do valor do benefício em manutenção.

§ 3º A restituição do valor devido deverá ser feita em única parcela, no prazo de sessenta dias contados da data da notificação, ou mediante acordo de parcelamento, em até sessenta meses, na forma do art. 244 do Regulamento da Previdência Social, aprovado pelo Decreto nº 3.048, de 1999, ressalvado o pagamento em consignação previsto no § 2º. (Redação dada pelo Decreto nº 7.617, de 2011)

§ 4º (Revogado pelo Decreto nº 9.462, de 2018)

§ 5º O valor ressarcido será repassado pelo INSS ao Fundo Nacional de Assistência Social.

§ 6º Em nenhuma hipótese serão consignados débitos originários de benefícios previdenciários em Benefícios de Prestação Continuada. (Incluído pelo Decreto nº 7.617, de 2011)

CAPÍTULO VII. DAS DISPOSIÇÕES GERAIS E TRANSITÓRIAS

Art. 50. O Ministério do Desenvolvimento Social e Combate à Fome e o INSS terão prazo até 31 de maio de 2009 para implementar a avaliação da deficiência e do grau de incapacidade prevista no art. 16. (Redação dada pelo Decreto nº 6.564, de 2008)

Parágrafo único. A avaliação da deficiência e da incapacidade, até que se cumpra o disposto no § 4º do art. 16, ficará restrita ao exame médico pericial e laudo realizados pelos serviços de perícia médica do INS (Redação dada pelo Decreto nº 6.564, de 2008)

LEI Nº 11.649, DE 4 DE ABRIL DE 2008

Dispõe sobre procedimento na operação de arrendamento mercantil de veículo automotivo (leasing), e dá outras providências.

- *Leasing*

O PRESIDENTE DA REPÚBLICA Faço saber que o Congresso Nacional decreta e eu sanciono a seguinte Lei:

- Lei 6.099/1974 – Dispõe sobre o tratamento tributário das operações de arrendamento mercantil.

Art. 1º. Nos contratos de arrendamento mercantil de veículos automotivos, após a quitação de todas as parcelas vencidas e vincendas, das obrigações pecuniárias previstas em contrato, e do envio ao arrendador de comprovante de pagamento dos IPVAs e dos DPVATs, bem como das multas pagas nas esferas Federal, Estaduais e Municipais, documentos esses acompanhados de carta na qual a arrendatária manifesta formalmente sua opção pela compra do bem, exigida pela Lei nº 6.099, de 12 de setembro de 1974, a sociedade de arrendamento mercantil, na qualidade de arrendadora, deverá, no prazo de até trinta dias úteis, após recebimento destes documentos, remeter ao arrendatário:

I – o documento único de transferência (DUT) do veículo devidamente assinado pela arrendadora, a fim de possibilitar que o arrendatário providencie a respectiva transferência de propriedade do veículo junto ao departamento de trânsito do Estado;

II – a nota promissória vinculada ao contrato e emitida pelo arrendatário, se houver, com o devido carimbo de "liquidada" ou "sem efeito", bem como o termo de quitação do respectivo contrato de arrendamento mercantil (*leasing*).

Parágrafo único. Considerar-se-á como nula de pleno direito qualquer cláusula contratual relativa à operação de arrendamento mercantil de veículo automotivo que disponha de modo contrário ao disposto neste artigo.

Art. 2º. O descumprimento do disposto no art. 1º sujeitará a parte infratora, sociedade de arrendamento mercantil ou arrendatário, ao pagamento de multa equivalente a dois por cento do valor da venda do bem, podendo a parte credora cobrá-la por meio de processo de execução.

Art. 3º. Esta Lei entra em vigor na data de sua publicação, produzindo efeitos após decorridos sessenta dias.

Brasília, 4 de abril de 2008; 187º da Independência e 120º da República.

LUIZ INÁCIO LULA DA SILVA

Publicado no D.O.U. de 7.4.2008

LEI Nº 11.671, DE 8 DE MAIO DE 2008

Dispõe sobre a transferência e inclusão de presos em estabelecimentos penais federais de segurança máxima e dá outras providências.

- *Transferência e inclusão de presos*

O PRESIDENTE DA REPÚBLICA Faço saber que o Congresso Nacional decreta e eu sanciono a seguinte Lei:

- Decreto 6.877/2009 – Regulamenta a Lei 11.671/2008.

Art. 1º. A inclusão de presos em estabelecimentos penais federais de segurança máxima e a transferência de presos de outros estabelecimentos para aqueles obedecerão ao disposto nesta Lei.

Art. 2º. A atividade jurisdicional de execução penal nos estabelecimentos penais federais será desenvolvida pelo juízo federal da seção ou subseção judiciária em que estiver localizado o estabelecimento penal federal de segurança máxima ao qual for recolhido o preso.

- Lei 7.210/1984: art. 65.

Parágrafo único. O juízo federal de execução penal será competente para as ações de natureza penal que tenham por objeto fatos ou incidentes relacionados à execução da pena ou infrações penais ocorridas no estabelecimento penal federal. (Incluído pela Lei 13.964/2019)

Art. 3º Serão incluídos em estabelecimentos penais federais de segurança máxima aqueles para quem a medida se justifique no interesse da segurança pública ou do próprio preso, condenado ou provisório. (Redação dada pela Lei 13.964/2019)

§ 1º A inclusão em estabelecimento penal federal de segurança máxima, no atendimento do interesse da segurança pública, será em regime fechado de segurança máxima, com as seguintes características: (Incluído pela Lei 13.964/2019)

I - recolhimento em cela individual;

II - visita do cônjuge, do companheiro, de parentes e de amigos somente em dias determinados, por meio virtual ou no parlatório, com o máximo de 2 (duas) pessoas por vez, além de eventuais crianças, separados por vidro e comunicação por meio de interfone, com filmagem e gravações;

III - banho de sol de até 2 (duas) horas diárias; e

IV - monitoramento de todos os meios de comunicação, inclusive de correspondência escrita.

§ 2º Os estabelecimentos penais federais de segurança máxima deverão dispor de monitoramento de áudio e vídeo no parlatório e nas áreas comuns, para fins de preservação da ordem interna e da segurança pública, vedado seu uso nas celas e no atendimento advocatício, salvo expressa autorização judicial em contrário. (Incluído pela Lei 13.964/2019)

§ 3º As gravações das visitas não poderão ser utilizadas como meio de prova de infrações penais pretéritas ao ingresso do preso no estabelecimento. (Incluído pela Lei 13.964/2019)

§ 4º Os diretores dos estabelecimentos penais federais de segurança máxima ou o Diretor do Sistema Penitenciário Federal poderão suspender e restringir o direito de visitas previsto no inciso II do § 1º deste artigo por meio de ato fundamentado. (Incluído pela Lei 13.964/2019)

§ 5º Configura o crime do art. 325 do Decreto-Lei nº 2.848, de 7 de dezembro de 1940 (Código Penal), a violação ao disposto no § 2º deste artigo. (Incluído pela Lei 13.964/2019)

Art. 4º. A admissão do preso, condenado ou provisório, dependerá de decisão prévia e fundamentada do juízo federal competente, após receber os autos de transferência enviados pelo juízo responsável pela execução penal ou pela prisão provisória.

§ 1º. A execução penal da pena privativa de liberdade, no período em que durar a transferência, ficará a cargo do juízo federal competente.

§ 2º. Apenas a fiscalização da prisão provisória será deprecada, mediante carta precatória, pelo juízo de origem ao juízo federal competente, mantendo aquele juízo a competência para o processo e para os respectivos incidentes.

Art. 5º. São legitimados para requerer o processo de transferência, cujo início se dá com a admissibilidade pelo juiz da origem da necessidade da transferência do preso para estabelecimento penal federal de segurança máxima, a autoridade administrativa, o Ministério Público e o próprio preso.

§ 1º. Caberá à Defensoria Pública da União a assistência jurídica ao preso que estiver nos estabelecimentos penais federais de segurança máxima.

§ 2º. Instruídos os autos do processo de transferência, serão ouvidos, no prazo de 5 (cinco) dias cada, quando não requerentes, a autoridade administrativa, o Ministério Público e a defesa, bem como o Departamento Penitenciário Nacional – DEPEN, a quem é facultado indicar o estabelecimento penal federal mais adequado.

§ 3º. A instrução dos autos do processo de transferência será disciplinada no regulamento para fiel execução desta Lei.

§ 4º. Na hipótese de imprescindibilidade de diligências complementares, o juiz federal ouvirá, no prazo de 5 (cinco) dias, o Ministério Público Federal e a defesa e, em seguida, decidirá acerca da transferência no mesmo prazo.

§ 5º. A decisão que admitir o preso no estabelecimento penal federal de segurança máxima indicará o período de permanência.

§ 6º. Havendo extrema necessidade, o juiz federal poderá autorizar a imediata transferência do preso e, após a instrução dos autos, na forma do § 2º deste artigo, decidir pela manutenção ou revogação da medida adotada.

§ 7º. A autoridade policial será comunicada sobre a transferência do preso provisório quando a autorização da transferência ocorrer antes da conclusão do inquérito policial que presidir.

Art. 6º. Admitida a transferência do preso condenado, o juízo de origem deverá encaminhar ao juízo federal os autos da execução penal.

Art. 7º. Admitida a transferência do preso provisório, será suficiente a carta precatória remetida pelo juízo de origem, devidamente instruída, para que o juízo federal competente dê início à fiscalização da prisão no estabelecimento penal federal de segurança máxima.

Art. 8º. As visitas feitas pelo juiz responsável ou por membro do Ministério Público, às quais se referem os arts. 66 e 68 da Lei nº 7.210, de 11 de julho de 1984, serão registradas em livro próprio, mantido no respectivo estabelecimento.

Art. 9º. Rejeitada a transferência, o juízo de origem poderá suscitar o conflito de competência perante o tribunal competente, que o apreciará em caráter prioritário.

Art. 10. A inclusão de preso em estabelecimento penal federal de segurança máxima será excepcional e por prazo determinado.

§ 1º O período de permanência será de até 3 (três) anos, renovável por iguais períodos, quando solicitado motivadamente pelo juízo de origem, observados os requisitos da transferência, e se persistirem os motivos que a determinaram. (Redação dada pela Lei 13.964/2019)

§ 2º. Decorrido o prazo, sem que seja feito, imediatamente após seu decurso, pedido de renovação da permanência do preso em estabelecimento penal federal de segurança máxima, ficará o juízo de origem obrigado a receber o preso no estabelecimento penal sob sua jurisdição.

§ 3º. Tendo havido pedido de renovação, o preso, recolhido no estabelecimento federal em que estiver, aguardará que o juízo federal profira decisão.

§ 4º. Aceita a renovação, o preso permanecerá no estabelecimento federal de segurança máxima em que estiver, retroagindo o termo inicial do prazo ao dia seguinte ao término do prazo anterior.

§ 5º. Rejeitada a renovação, o juízo de origem poderá suscitar o conflito de competência, que o tribunal apreciará em caráter prioritário.

§ 6º. Enquanto não decidido o conflito de competência em caso de renovação, o preso permanecerá no estabelecimento penal federal.

Art. 11. A lotação máxima do estabelecimento penal federal de segurança máxima não será ultrapassada.

§ 1º. O número de presos, sempre que possível, será mantido aquém do limite de vagas, para que delas o juízo federal competente possa dispor em casos emergenciais.

§ 2º. No julgamento dos conflitos de competência, o tribunal competente observará a vedação estabelecida no *caput* deste artigo.

Art. 11-A. As decisões relativas à transferência ou à prorrogação da permanência do preso em estabelecimento penal federal de segurança máxima, à concessão ou à denegação de benefícios prisionais ou à imposição de sanções ao preso federal poderão ser tomadas por órgão colegiado de juízes, na forma das normas de organização interna dos tribunais. (Incluído pela Lei 13.964/2019)

Art. 11-B. Os Estados e o Distrito Federal poderão construir estabelecimentos penais de segurança máxima, ou adaptar os já existentes, aos quais será aplicável, no que couber, o disposto nesta Lei. (Incluído pela Lei 13.964/2019)

Art. 12. Esta Lei entra em vigor na data de sua publicação.

Brasília, 8 de maio de 2008; 187º da Independência e 120º da República.

LUIZ INÁCIO LULA DA SILVA

Publicado no D.O.U. de 9.5.2008

DECRETO Nº 6.514, DE 22 DE JULHO DE 2008

Dispõe sobre as infrações e sanções administrativas ao meio ambiente, estabelece o processo administrativo federal para apuração destas infrações, e dá outras providências.

› *Meio ambiente*

O PRESIDENTE DA REPÚBLICA, no uso das atribuições que lhe confere o art. 84, incisos IV e VI, alínea *a*, da Constituição, e tendo em vista o disposto no CAPÍTULO VI da Lei nº 9.605, de 12 de fevereiro de 1998, e nas Leis nºs 9.784, de 29 de janeiro de 1999, 8.005, de 22 de março de 1990, 9.873, de 23 de novembro de 1999, e 6.938, de 31 de agosto de 1981, decreta:

CAPÍTULO I. DAS INFRAÇÕES E SANÇÕES ADMINISTRATIVAS AO MEIO AMBIENTE

SEÇÃO I. DAS DISPOSIÇÕES GERAIS

› Lei 9.605/1998 – Dispõe sobre as sanções penais e administrativas derivadas de condutas e atividades lesivas ao meio ambiente.

› Instrução Normativa Conjunta MMA e IBAMA e ICMBIO 1/2020 (Regulamenta os procedimentos de conversão de multas ambientais nos moldes do inciso I do artigo 142-A do Decreto nº 6.514, de 22 de julho de 2008, e dá outras providências).

› Instrução Normativa Conjunta MMA e IBAMA e ICMBIO 3/2019 (Regulamenta os procedimentos de conversão de multas ambientais nos moldes do inciso II do art. 142-A do Decreto nº 6.514, de 22 de julho de 2008, e dá outras providências).

Art. 1º. Este CAPÍTULO dispõe sobre as condutas infracionais ao meio ambiente e suas respectivas sanções administrativas.

Art. 2º. Considera-se infração administrativa ambiental, toda ação ou omissão que viole as regras jurídicas de uso, gozo, promoção, proteção e recuperação do meio ambiente, conforme o disposto na Seção III deste Capítulo.

› Lei 9.605/1998: art. 70.

Parágrafo único. O elenco constante da Seção III deste CAPÍTULO não exclui a previsão de outras infrações previstas na legislação.

Art. 3º. As infrações administrativas são punidas com as seguintes sanções:

› Lei 9.605/1998: art. 72.

I – advertência;
II – multa simples;
III – multa diária;
IV – apreensão dos animais, produtos e subprodutos da fauna e flora e demais produtos e subprodutos objeto da infração, instrumentos, petrechos, equipamentos ou veículos de qualquer natureza utilizados na infração; (Redação dada pelo Decreto nº 6.686, de 2008)
V – destruição ou inutilização do produto;
VI – suspensão de venda e fabricação do produto;
VII – embargo de obra ou atividade e suas respectivas áreas;
VIII – demolição de obra;
IX – suspensão parcial ou total das atividades; e
X – restritiva de direitos.

§ 1º. Os valores estabelecidos na Seção III deste Capítulo, quando não disposto de forma diferente, referem-se à multa simples e não impedem a aplicação cumulativa das demais sanções previstas neste Decreto.

§ 2º. A caracterização de negligência ou dolo será exigível nas hipóteses previstas nos incisos I e II do § 3º do art. 72 da Lei nº 9.605, de 12 de fevereiro de 1998.

Art. 4º. O agente autuante, ao lavrar o auto de infração, indicará as sanções estabelecidas neste Decreto, observando: (Redação dada pelo Decreto nº 6.686, de 2008).

I – gravidade dos fatos, tendo em vista os motivos da infração e suas consequências para a saúde pública e para o meio ambiente;
II – antecedentes do infrator, quanto ao cumprimento da legislação de interesse ambiental; e
III – situação econômica do infrator.

§ 1º. Para a aplicação do disposto no inciso I, o órgão ou entidade ambiental estabelecerá de forma objetiva critérios complementares para o agravamento e atenuação das sanções administrativas. (Incluído pelo Decreto nº 6.686, de 2008)

§ 2º. As sanções aplicadas pelo agente autuante estarão sujeitas à confirmação pela autoridade julgadora. (Incluído pelo Decreto nº 6.686, de 2008)

SUBSEÇÃO I. DA ADVERTÊNCIA

Art. 5º. A sanção de advertência poderá ser aplicada, mediante a lavratura de auto de infração, para as infrações administrativas de menor lesividade ao meio ambiente, garantidos a ampla defesa e o contraditório.

§ 1º. Consideram-se infrações administrativas de menor lesividade ao meio ambiente aquelas em que a multa máxima cominada não ultrapasse o valor de R$ 1.000,00 (mil reais), ou que, no caso de multa por unidade de medida, a multa aplicável não exceda o valor referido.

§ 2º. Sem prejuízo do disposto no *caput*, caso o agente autuante constate a existência de irregularidades a serem sanadas, lavrará o auto de infração com a indicação da respectiva sanção de advertência, ocasião em que estabelecerá prazo para que o infrator sane tais irregularidades.

§ 3º. Sanadas as irregularidades no prazo concedido, o agente autuante certificará o ocorrido nos autos e dará seguimento ao processo estabelecido no CAPÍTULO II.

§ 4º. Caso o autuado, por negligência ou dolo, deixe de sanar as irregularidades, o agente autuante certificará o ocorrido e aplicará a sanção de multa relativa à infração praticada, independentemente da advertência.

Art. 6º. A sanção de advertência não excluirá a aplicação de outras sanções.

Art. 7º. Fica vedada a aplicação de nova sanção de advertência no período de 3 (três) anos contados do julgamento da defesa da última advertência ou de outra penalidade aplicada.

SUBSEÇÃO II.
DAS MULTAS

Art. 8º. A multa terá por base a unidade, hectare, metro cúbico, quilograma, metro de carvão-mdc, estéreo, metro quadrado, dúzia, estipe, cento, milheiros ou outra medida pertinente, de acordo com o objeto jurídico lesado.

Parágrafo único. O órgão ou entidade ambiental poderá especificar a unidade de medida aplicável para cada espécie de recurso ambiental objeto da infração.

Art. 9º. O valor da multa de que trata este Decreto será corrigido, periodicamente, com base nos índices estabelecidos na legislação pertinente, sendo o mínimo de R$ 50,00 (cinquenta reais) e o máximo de R$ 50.000.000,00 (cinquenta milhões de reais).

Art. 10. A multa diária será aplicada sempre que o cometimento da infração se prolongar no tempo.

§ 1º. Constatada a situação prevista no *caput*, o agente autuante lavrará auto de infração, indicando, além dos requisitos constantes do art. 97, o valor da multa dia.

§ 2º. O valor da multa dia deverá ser fixado de acordo com os critérios estabelecidos neste Decreto, não podendo ser inferior ao mínimo estabelecido no art. 9º nem superior a 10% (dez por cento) do valor da multa simples máxima cominada para a infração.

§ 3º. Lavrado o auto de infração, será aberto prazo de defesa nos termos estabelecidos no CAPÍTULO II deste Decreto.

§ 4º. A multa diária deixará de ser aplicada a partir da data em que o autuado apresentar ao órgão ambiental documentos que comprovem a regularização da situação que deu causa à lavratura do auto de infração. (Redação dada pelo Decreto nº 6.686, de 2008)

§ 5º. Caso o agente autuante ou a autoridade competente verifique que a situação que deu causa à lavratura do auto de infração não foi regularizada, a multa diária voltará a ser imposta desde a data em que deixou de ser aplicada, sendo notificado o autuado, sem prejuízo da adoção de outras sanções previstas neste Decreto. (Redação dada pelo Decreto nº 6.686, de 2008)

§ 6º. Por ocasião do julgamento do auto de infração, a autoridade ambiental deverá, em caso de procedência da autuação, confirmar ou modificar o valor da multa dia, decidir o período de sua aplicação e consolidar o montante devido pelo autuado para posterior execução. (Redação dada pelo Decreto nº 6.686, de 2008)

§ 7º. O valor da multa será consolidado e executado periodicamente após o julgamento final, nos casos em que a infração não tenha cessado. (Renumerado pelo Decreto nº 6.686, de 2008)

§ 8º. A celebração de termo de compromisso de reparação ou cessação dos danos encerrará a contagem da multa diária. (Incluído pelo Decreto nº 6.686, de 2008)

Art. 11. O cometimento de nova infração ambiental pelo mesmo infrator, no período de 5 (cinco) anos, contados da lavratura de auto de infração anterior devidamente confirmado no julgamento de que trata o art. 124, implica:

I – aplicação da multa em triplo, no caso de cometimento da mesma infração; ou

II – aplicação da multa em dobro, no caso de cometimento de infração distinta.

§ 1º. O agravamento será apurado no procedimento da nova infração, do qual se fará constar, por cópia, o auto de infração anterior e o julgamento que o confirmou.

§ 2º. Antes do julgamento da nova infração, a autoridade ambiental deverá verificar a existência de auto de infração anterior confirmado em julgamento, para fins de aplicação do agravamento da nova penalidade.

§ 3º. Após o julgamento da nova infração, não será efetuado o agravamento da penalidade.

§ 4º. Constatada a existência de auto de infração anteriormente confirmado em julgamento, a autoridade ambiental deverá:

I – agravar a pena conforme disposto no *caput*;

II – notificar o autuado para que se manifeste sobre o agravamento da penalidade no prazo de 10 (dez) dias; e

III – julgar a nova infração considerando o agravamento da penalidade.

§ 5º. O disposto no § 3º não se aplica para fins de majoração do valor da multa, conforme previsão contida nos arts. 123 e 129. (Redação dada pelo Decreto nº 6.686, de 2008)

Art. 12. O pagamento de multa por infração ambiental imposta pelos Estados, Municípios, Distrito Federal ou Territórios substitui a aplicação de penalidade pecuniária pelo órgão federal, em decorrência do mesmo fato, respeitados os limites estabelecidos neste Decreto.

Parágrafo único. Somente o efetivo pagamento da multa será considerado para efeito da substituição de que trata o *caput*, não sendo admitida para esta finalidade a celebração de termo de compromisso de ajustamento de conduta ou outra forma de compromisso de regularização da infração ou composição de dano, salvo se deste também participar o órgão ambiental federal. (Redação dada pelo Decreto nº 6.686, de 2008)

Art. 13. Reverterão ao Fundo Nacional do Meio Ambiente – FNMA 20% (vinte por cento) dos valores arrecadados em pagamento de multas aplicadas pela União, podendo o referido percentual ser alterado, a critério dos órgãos arrecadadores. (Redação dada pelo Decreto nº 6.686, de 2008)

- Lei 7.797/1989 – Cria o Fundo Nacional de Meio Ambiente.

SUBSEÇÃO III.
DAS DEMAIS SANÇÕES ADMINISTRATIVAS

Art. 14. A sanção de apreensão de animais, produtos e subprodutos da fauna e flora, produtos e subprodutos objeto da infração, instrumentos, petrechos, equipamentos ou veículos e embarcações de qualquer natureza utilizados na infração reger-se-á pelo disposto nas Seções II, IV e VI do CAPÍTULO II deste Decreto. (Redação dada pelo Decreto nº 6.686, de 2008)

Art. 15. As sanções indicadas nos incisos V a IX do art. 3º serão aplicadas quando o produto, a obra, a atividade ou o estabelecimento não estiverem obedecendo às determinações legais ou regulamentares.

Art. 15-A. O embargo de obra ou atividade restringe-se aos locais onde efetivamente caracterizou-se a infração ambiental, não alcançando as demais atividades realizadas em áreas não embargadas da propriedade ou posse ou não correlacionadas com a infração. (Incluído pelo Decreto nº 6.686, de 2008)

Art. 15-B. A cessação das penalidades de suspensão e embargo dependerá de decisão da autoridade ambiental após a apresentação, por parte do autuado, de documentação que regularize a obra ou atividade. (Incluído pelo Decreto nº 6.686, de 2008)

Art. 16. No caso de áreas irregularmente desmatadas ou queimadas, o agente autuante embargará quaisquer obras ou atividades nelas localizadas ou desenvolvidas, excetuando as atividades de subsistência. (Redação dada pelo Decreto nº 6.686, de 2008)

§ 1º. O agente autuante deverá colher todas as provas possíveis de autoria e materialidade, bem como da extensão do dano, apoiando-se em documentos, fotos e dados de localização, incluindo as coordenadas geográficas da área embargada, que deverão constar do respectivo auto de infração para posterior georreferenciamento. (Incluído pelo Decreto 6.686, de 2008)

§ 2º. Não se aplicará a penalidade de embargo de obra ou atividade, ou de área, nos casos em que a infração de que trata o *caput* se der fora da área de preservação permanente ou reserva legal, salvo quando se tratar de desmatamento não autorizado de mata nativa. (Incluído pelo Decreto nº 6.686, 2008)

Art. 17. O embargo de área irregularmente explorada e objeto do Plano de Manejo Florestal Sustentável – PMFS não exonera seu detentor da execução de atividades de manutenção ou recuperação da floresta, na forma e prazos fixados no PMFS e no termo de responsabilidade de manutenção da floresta. (Redação dada pelo Decreto nº 6.686, de 2008)

- Decreto 5.975/2006: arts. 2º a 9º.

Art. 18. O descumprimento total ou parcial de embargo, sem prejuízo do disposto no art. 79, ensejará a aplicação cumulativa das seguintes sanções:

I – suspensão da atividade que originou a infração e da venda de produtos ou subprodutos criados ou produzidos na área ou local objeto do embargo infringido; e

II – cancelamento de registros, licenças ou autorizações de funcionamento da atividade econômica junto aos órgãos ambientais e de fiscalização. (Redação dada pelo Decreto nº 6.686, de 2008)

§ 1º. O órgão ou entidade ambiental promoverá a divulgação dos dados do imóvel rural, da área ou local embargado e do respectivo titular em lista oficial, resguardados os dados protegidos por legislação específica para efeitos do disposto no inciso III do art. 4º da Lei nº 10.650, de 16 de abril de 2003, especificando o exato local da área embargada e informando que o auto de infração encontra-se julgado ou pendente de julgamento. (Incluído pelo Decreto nº 6.686, de 2008)

§ 2º. A pedido do interessado, o órgão ambiental autuante emitirá certidão em que conste a atividade, a obra e a parte da área do imóvel que são objetos do embargo, conforme o caso. (Incluído pelo Decreto nº 6.686, de 2008)

Art. 19. A sanção de demolição de obra poderá ser aplicada pela autoridade ambiental, após o contraditório e ampla defesa, quando: (Redação dada pelo Decreto nº 6.686, de 2008)

I – verificada a construção de obra em área ambientalmente protegida em desacordo com a legislação ambiental; ou

II – quando a obra ou construção realizada não atenda às condicionantes da legislação ambiental e não seja passível de regularização.

§ 1º. A demolição poderá ser feita pela administração ou pelo infrator, em prazo assinalado, após o julgamento do auto de infração, sem prejuízo do disposto no art. 112.

§ 2º. As despesas para a realização da demolição correrão às custas do infrator, que será notificado para realizá-la ou para reembolsar aos cofres públicos os gastos que tenham sido efetuados pela administração.

§ 3º. Não será aplicada a penalidade de demolição quando, mediante laudo técnico, for comprovado que o desfazimento poderá trazer piores impactos ambientais que sua manutenção, caso em que a autoridade ambiental, mediante decisão fundamentada, deverá, sem prejuízo das demais sanções cabíveis, impor as medidas necessárias à cessação e mitigação do dano ambiental, observada a legislação em vigor. (Incluído pelo Decreto nº 6.686, de 2008)

Art. 20. As sanções restritivas de direito aplicáveis às pessoas físicas ou jurídicas são:

- CF/88: art. 225, § 3º.
- Lei 9.605/1998: art. 3º.

I – suspensão de registro, licença ou autorização; (Redação dada pelo Decreto nº 6.686, de 2008)

II – cancelamento de registro, licença ou autorização; (Redação dada pelo Decreto nº 6.686, de 2008)

III – perda ou restrição de incentivos e benefícios fiscais;

IV – perda ou suspensão da participação em linhas de financiamento em estabelecimentos oficiais de crédito; e

V – proibição de contratar com a administração pública;

§ 1º. A autoridade ambiental fixará o período de vigência das sanções previstas neste artigo, observando os seguintes prazos: (Incluído pelo Decreto nº 6.686, de 2008)

I – até 3 (três) anos para a sanção prevista no inciso V; (Incluído pelo Decreto nº 6.686, de 2008)

II – até 1 (um) ano para as demais sanções. (Incluído pelo Decreto nº 6.686, de 2008)

§ 2º. Em qualquer caso, a extinção da sanção fica condicionada à regularização da conduta que deu origem ao auto de infração. (Incluído pelo Decreto nº 6.686, de 2008)

SEÇÃO II. DOS PRAZOS PRESCRICIONAIS

- Súm. 467 do STJ.

Art. 21. Prescreve em 5 (cinco) anos a ação da administração objetivando apurar a prática de infrações contra o meio ambiente, contada da data da prática do ato, ou, no caso de infração permanente ou continuada, do dia em que esta tiver cessado.

§ 1º. Considera-se iniciada a ação de apuração de infração ambiental pela administração com a lavratura do auto de infração.

§ 2º. Incide a prescrição no procedimento de apuração do auto de infração paralisado por mais de 3 (três) anos, pendente de julgamento ou despacho, cujos autos serão arquivados de ofício ou mediante requerimento da parte interessada, sem prejuízo da apuração da responsabilidade funcional decorrente da paralisação. (Redação dada pelo Decreto nº 6.686, de 2008)

§ 3º. Quando o fato objeto da infração também constituir crime, a prescrição de que trata o *caput* reger-se-á pelo prazo previsto na lei penal.

- CP: arts. 109 e 110.

§ 4º. A prescrição da pretensão punitiva da administração não elide a obrigação de reparar o dano ambiental. (Incluído pelo Decreto nº 6.686, de 2008)

Art. 22. Interrompe-se a prescrição:

I – pelo recebimento do auto de infração ou pela cientificação do infrator por qualquer outro meio, inclusive por edital;

II – por qualquer ato inequívoco da administração que importe apuração do fato; e

III – pela decisão condenatória recorrível.

Parágrafo único. Considera-se ato inequívoco da administração, para o efeito do que dispõe o inciso II, aqueles que impliquem instrução do processo.

Art. 23. O disposto neste CAPÍTULO não se aplica aos procedimentos relativos a Taxa de Controle e Fiscalização Ambiental de que trata o art. 17-B da Lei nº 6.938, de 31 de agosto de 1981.

SEÇÃO III. DAS INFRAÇÕES ADMINISTRATIVAS COMETIDAS CONTRA O MEIO AMBIENTE

SUBSEÇÃO I. DAS INFRAÇÕES CONTRA A FAUNA

Art. 24. Matar, perseguir, caçar, apanhar, coletar, utilizar espécimes da fauna silvestre, nativos ou em rota migratória, sem a devida permissão, licença ou autorização da autoridade competente, ou em desacordo com a obtida:

Multa de:

I – R$ 500,00 (quinhentos reais) por indivíduo de espécie não constante de listas oficiais de risco ou ameaça de extinção;

II – R$ 5.000,00 (cinco mil reais), por indivíduo de espécie constante de listas oficiais de fauna brasileira ameaçada de extinção, inclusive da Convenção de Comércio Internacional das Espécies da Flora e Fauna Selvagens em Perigo de Extinção – CITES. (Redação dada pelo Decreto nº 6.686, de 2008)

§ 1º. As multas serão aplicadas em dobro se a infração for praticada com finalidade de obter vantagem pecuniária.

§ 2º. Na impossibilidade de aplicação do critério de unidade por espécime para a fixação da multa, aplicar-se-á o valor de R$ 500,00 (quinhentos reais) por quilograma ou fração.

§ 3º. Incorre nas mesmas multas:

I – quem impede a procriação da fauna, sem licença, autorização ou em desacordo com a obtida;

II – quem modifica, danifica ou destrói ninho, abrigo ou criadouro natural; ou

III – quem vende, expõe à venda, exporta ou adquire, guarda, tem em cativeiro ou depósito, utiliza ou transporta ovos, larvas ou espécimes da fauna silvestre, nativa ou em rota migratória, bem como produtos e objetos dela oriundos, provenientes de criadouros não autorizados, sem a devida permissão, licença ou autorização da autoridade ambiental competente ou em desacordo com a obtida.

§ 4º. No caso de guarda doméstica de espécime silvestre não considerada ameaçada de extinção, pode a autoridade competente, considerando as circunstâncias, deixar de aplicar a multa, em analogia ao disposto no § 2º do art. 29 da Lei nº 9.605, de 1998.

§ 5º. No caso de guarda de espécime silvestre, deve a autoridade competente deixar de aplicar as sanções previstas neste Decreto, quando o agente espontaneamente entregar os animais ao órgão ambiental competente.

§ 6º. Caso a quantidade ou espécie constatada no ato fiscalizatório esteja em desacordo com o autorizado pela autoridade ambiental competente, o agente autuante promoverá a autuação considerando a totalidade do objeto da fiscalização.

§ 7º. São espécimes da fauna silvestre, para os efeitos deste Decreto, todos os organismos incluídos no reino animal, pertencentes às espécies nativas, migratórias e quaisquer outras não exóticas, aquáticas ou terrestres, que tenham todo ou parte de seu ciclo original de vida ocorrendo dentro dos limites do território brasileiro ou em águas jurisdicionais brasileiras. (Redação dada pelo Decreto nº 6.686, de 2008)

§ 8º. A coleta de material destinado a fins científicos somente é considerada infração, nos termos deste artigo, quando se caracterizar, pelo seu resultado, como danosa ao meio ambiente. (Incluído pelo Decreto nº 6.686, de 2008)

§ 9º. A autoridade julgadora poderá, considerando a natureza dos animais, em razão de seu pequeno porte, aplicar multa de R$ 500,00 (quinhentos reais) a R$ 100.000,00 (cem mil reais) quando a contagem individual for de difícil execução ou quando, nesta situação, ocorrendo a contagem individual, a multa final restar desproporcional em relação à gravidade da infração e a capacidade econômica do infrator. (Incluído pelo Decreto nº 6.686, de 2008)

Art. 25. Introduzir espécime animal silvestre, nativo ou exótico, no País ou fora de sua área de distribuição natural, sem parecer técnico oficial favorável e licença expedida pela autoridade ambiental competente, quando exigível: (Redação dada pelo Decreto nº 6.686, de 2008)

Multa de R$ 2.000,00 (dois mil reais), com acréscimo por exemplar excedente de:

I – R$ 200,00 (duzentos reais), por indivíduo de espécie não constante em listas oficiais de espécies em risco ou ameaçadas de extinção;

II – R$ 5.000,00 (cinco mil reais), por indivíduo de espécie constante de listas oficiais de fauna brasileira ameaçada de extinção, inclusive da CITES. (Redação dada pelo Decreto nº 6.686, de 2008)

§ 1º. Entende-se por introdução de espécime animal no País, além do ato de ingresso nas fronteiras nacionais, a guarda e manutenção continuada a qualquer tempo.

§ 2º. Incorre nas mesmas penas quem reintroduz na natureza espécime da fauna silvestre sem parecer técnico oficial favorável e licença expedida pela autoridade ambiental competente, quando exigível. (Redação dada pelo Decreto nº 6.686, de 2008)

Art. 26. Exportar peles e couros de anfíbios e répteis em bruto, sem autorização da autoridade competente:

Multa de R$ 2.000,00 (dois mil reais), com acréscimo de:

I – R$ 200,00 (duzentos reais), por unidade não constante em listas oficiais de espécies em risco ou ameaçadas de extinção; ou

II – R$ 5.000,00 (cinco mil reais), por unidade constante de listas oficiais de fauna brasileira ameaçada de extinção, inclusive da CITES. (Redação dada pelo Decreto nº 6.686, de 2008)

Parágrafo único. Caso a quantidade ou espécie constatada no ato fiscalizatório esteja em desacordo com o autorizado pela autoridade ambiental competente, o agente autuante promoverá a autuação considerando a totalidade do objeto da fiscalização.

Art. 27. Praticar caça profissional no País:

Multa de R$ 5.000,00 (cinco mil reais), com acréscimo de:

I – R$ 500,00 (quinhentos reais), por indivíduo capturado; ou (Redação dada pelo Decreto nº 6.686, de 2008)

II – R$ 10.000,00 (dez mil reais), por indivíduo de espécie constante de listas oficiais de fauna brasileira ameaçada de extinção, inclusive da CITES. (Redação dada pelo Decreto nº 6.686, de 2008)

Art. 28. Comercializar produtos, instrumentos e objetos que impliquem a caça, perseguição, destruição ou apanha de espécimes da fauna silvestre:

Multa de R$ 1.000,00 (mil reais), com acréscimo de R$ 200,00 (duzentos reais), por unidade excedente.

Art. 29. Praticar ato de abuso, maus-tratos, ferir ou mutilar animais silvestres, domésticos ou domesticados, nativos ou exóticos:

Multa de R$ 500,00 (quinhentos reais) a R$ 3.000,00 (três mil reais) por indivíduo.

Art. 30. Molestar de forma intencional qualquer espécie de cetáceo, pinípede ou sirênio em águas jurisdicionais brasileiras:

Multa de R$ 2.500,00 (dois mil e quinhentos reais).

Art. 31. Deixar, o jardim zoológico e os criadouros autorizados, de ter o livro de registro do acervo faunístico ou mantê-lo de forma irregular:

Multa de R$ 500,00 (quinhentos reais) a R$ 5.000,00 (mil reais).

Parágrafo único. Incorre na mesma multa quem deixa de manter registro de acervo faunístico e movimentação de plantel em sistemas informatizados de controle de fauna ou fornece dados inconsistentes ou fraudados.

Art. 32. Deixar, o comerciante, de apresentar declaração de estoque e valores oriundos de comércio de animais silvestres:

Multa de R$ 200,00 (duzentos reais) a R$ 10.000,00 (dez mil reais).

Art. 33. Explorar ou fazer uso comercial de imagem de animal silvestre mantido irregularmente em cativeiro ou em situação de abuso ou maus-tratos:

Multa de R$ 5.000,00 (cinco mil reais) a R$ 500.000,00 (quinhentos mil reais).

Parágrafo único. O disposto no *caput* não se aplica ao uso de imagem para fins jornalísticos, informativos, acadêmicos, de pesquisas científicas e educacionais.

Art. 34. Causar degradação em viveiros, açudes ou estação de aquicultura de domínio público:

Multa de R$ 5.000,00 (cinco mil reais) a R$ 500.000,00 (quinhentos mil reais).

Art. 35. Pescar em período ou local no qual a pesca seja proibida:

Multa de R$ 700,00 (setecentos reais) a R$ 100.000,00 (cem mil reais), com acréscimo de R$ 20,00 (vinte reais), por quilo ou fração do produto da pescaria, ou por espécime quando se tratar de produto de pesca para uso ornamental.

Parágrafo único. Incorre nas mesmas multas quem:

I – pesca espécies que devam ser preservadas ou espécimes com tamanhos inferiores aos permitidos;

II – pesca quantidades superiores às permitidas ou mediante a utilização de aparelhos, petrechos, técnicas e métodos não permitidos;

III – transporta, comercializa, beneficia ou industrializa espécimes provenientes da coleta, apanha e pesca proibida;

IV – transporta, conserva, beneficia, descaracteriza, industrializa ou comercializa pescados ou produtos originados da pesca, sem comprovante de origem ou autorização do órgão competente;

V – captura, extrai, coleta, transporta, comercializa ou exporta espécimes de espécies ornamentais oriundos da pesca, sem autorização do órgão competente ou em desacordo com a obtida; e

VI – deixa de apresentar declaração de estoque.

Art. 36. Pescar mediante a utilização de explosivos ou substâncias que, em contato com a água, produzam efeitos semelhantes, ou substâncias tóxicas, ou ainda, por outro meio proibido pela autoridade competente:

Multa de R$ 700,00 (setecentos reais) a R$ 100.000,00 (cem mil reais), com acréscimo de R$ 20,00 (vinte reais), por quilo ou fração do produto da pescaria.

Art. 37. Exercer a pesca sem prévio cadastro, inscrição, autorização, licença, permissão ou registro do órgão competente, ou em desacordo com o obtido:

Multa de R$ 300,00 (trezentos reais) a R$ 10.000,00 (dez mil reais), com acréscimo de R$ 20,00 (vinte reais) por quilo ou fração do produto da pesca, ou por espécime quando se tratar de produto de pesca para ornamentação.

Parágrafo único. Caso a quantidade ou espécie constatada no ato fiscalizatório esteja em desacordo com o autorizado pela autoridade ambiental competente, o agente autuante promoverá a autuação considerando a totalidade do objeto da fiscalização.

Art. 38. Importar ou exportar quaisquer espécies aquáticas, em qualquer estágio de desenvolvimento, bem como introduzir espécies nativas, exóticas ou não autóctones em águas jurisdicionais brasileiras, sem autorização ou licença do órgão competente, ou em desacordo com a obtida:

Multa de R$ 3.000,00 (três mil reais) a R$ 50.000,00 (cinquenta mil reais), com acréscimo de R$ 20,00 (vinte reais) por quilo ou fração do produto da pescaria, ou por espécime quando se tratar de espécies aquáticas, oriundas de produto de pesca para ornamentação.

§ 1º. Incorre na mesma multa quem introduzir espécies nativas ou exóticas em águas jurisdicionais brasileiras, sem autorização do órgão competente, ou em desacordo com a obtida.

§ 2º. A multa de que trata o *caput* será aplicada em dobro se houver dano ou destruição de recife de coral.

Art. 39. Explorar campos naturais de invertebrados aquáticos e algas, bem como recifes de coral sem autorização do órgão ambiental competente ou em desacordo com a obtida:

Multa de R$ 500,00 (quinhentos reais) a R$ 50.000,00 (cinquenta mil reais), com acréscimo de R$ 20,00 (vinte reais) por quilo ou espécime do produto.

Parágrafo único. Incorre nas mesmas multas quem:

I – utiliza, comercializa ou armazena invertebrados aquáticos, algas, ou recifes de coral ou subprodutos destes sem autorização do órgão competente ou em desacordo com a obtida; e

II – fundeia embarcações ou lança detritos de qualquer natureza sobre bancos de moluscos ou corais, devidamente demarcados em carta náutica.

Art. 40. A comercialização do produto da pesca de que trata esta Subseção agravará a penalidade da respectiva infração quando esta incidir sobre espécies sobreexplotadas ou ameaçadas de sobreexplotação, conforme regulamento do órgão ambiental competente, com o acréscimo de:

I – R$ 40,00 (quarenta reais) por quilo ou fração do produto da pesca de espécie constante das listas oficiais brasileiras de espécies ameaçadas de sobreexplotação; ou

II – R$ 60,00 (sessenta reais) por quilo ou fração do produto da pesca de espécie constante das listas oficiais brasileiras de espécies sobreexplotadas.

Art. 41. Deixar, os comandantes de embarcações destinadas à pesca, de preencher e entregar, ao fim de cada viagem ou semanalmente, os mapas fornecidos pelo órgão competente:

Multa: R$ 1.000,00 (mil reais).

Art. 42. Para os efeitos deste Decreto, considera-se pesca todo ato tendente a extrair, retirar, coletar, apanhar, apreender ou capturar espécimes dos grupos dos peixes, crustáceos, moluscos aquáticos e vegetais hidróbios suscetíveis ou não de aproveitamento econômico, ressalvadas as espécies ameaçadas de extinção, constantes nas listas oficiais da fauna e da flora.

Parágrafo único. Entende-se por ato tendente à pesca aquele em que o infrator esteja munido, equipado ou armado com petrechos de pesca, na área de pesca ou dirigindo-se a ela.

SUBSEÇÃO II. DAS INFRAÇÕES CONTRA A FLORA

Art. 43. Destruir ou danificar florestas ou demais formas de vegetação natural ou utilizá-las com infringência das normas de proteção em área considerada de preservação permanente, sem autorização do órgão competente, quando exigível, ou em desacordo com a obtida: (Redação dada pelo Decreto nº 6.686, de 2008)

Multa de R$ 5.000,00 (cinco mil reais) a R$ 50.000,00 (cinquenta mil reais), por hectare ou fração.

Art. 44. Cortar árvores em área considerada de preservação permanente ou cuja espécie seja especialmente protegida, sem permissão da autoridade competente:

Multa de R$ 5.000,00 (cinco mil reais) a R$ 20.000,00 (vinte mil reais) por hectare ou fração, ou R$ 500,00 (quinhentos reais) por árvore, metro cúbico ou fração.

Art. 45. Extrair de florestas de domínio público ou áreas de preservação permanente, sem prévia autorização, pedra, areia, cal ou qualquer espécie de minerais:

Multa simples de R$ 5.000,00 (cinco mil reais) a R$ 50.000,00 (cinquenta mil reais) por hectare ou fração.

Art. 46. Transformar madeira oriunda de floresta ou demais formas de vegetação nativa em carvão, para fins industriais, energéticos ou para qualquer outra exploração, econômica ou não, sem licença ou em desacordo com as determinações legais:

Multa de R$ 500,00 (quinhentos reais), por metro cúbico de carvão-mdc.

Art. 47. Receber ou adquirir, para fins comerciais ou industriais, madeira serrada ou em tora, lenha, carvão ou outros produtos de origem vegetal, sem exigir a exibição de licença do vendedor, outorgada pela autoridade competente, e sem munir-se da via que deverá acompanhar o produto até final beneficiamento:

Multa de R$ 300,00 (trezentos reais) por unidade, estéreo, quilo, mdc ou metro cúbico aferido pelo método geométrico.

§ 1º. Incorre nas mesmas multas quem vende, expõe à venda, tem em depósito, transporta ou guarda madeira, lenha, carvão ou outros produtos de origem vegetal, sem licença válida para todo o tempo da viagem ou do armazenamento, outorgada pela autoridade competente ou em desacordo com a obtida.

§ 2º. Considera-se licença válida para todo o tempo da viagem ou do armazenamento aquela cuja autenticidade seja confirmada pelos sistemas de controle eletrônico oficiais, inclusive no que diz respeito à quantidade e espécie autorizada para transporte e armazenamento.

§ 3º. Nas infrações de transporte, caso a quantidade ou espécie constatada no ato fiscalizatório esteja em desacordo com o autorizado pela autoridade ambiental competente, o agente autuante promoverá a autuação considerando a totalidade do objeto da fiscalização. (Redação dada pelo Decreto nº 6.686, de 2008)

§ 4º. Para as demais infrações previstas neste artigo, o agente autuante promoverá a autuação considerando o volume integral de madeira, lenha, carvão ou outros produtos de origem vegetal que não guarde correspondência com aquele autorizado pela autoridade ambiental competente, em razão da quantidade ou espécie. (Incluído pelo Decreto nº 6.686, de 2008)

Art. 48. Impedir ou dificultar a regeneração natural de florestas ou demais formas de vegetação nativa em unidades de conservação ou outras áreas especialmente protegidas, quando couber, área de preservação permanente, reserva legal ou demais locais cuja regeneração tenha sido indicada pela autoridade ambiental competente: (Redação dada pelo Decreto nº 6.686, de 2008)

Multa de R$ 5.000,00 (cinco mil reais), por hectare ou fração. (Redação dada pelo Decreto nº 6.686, de 2008)

Parágrafo único. O disposto no *caput* não se aplica para o uso permitido das áreas de preservação permanente. (Redação dada pelo Decreto nº 6.686, de 2008)

Art. 49. Destruir ou danificar florestas ou qualquer tipo de vegetação nativa, objeto de especial preservação, não passíveis de autorização para exploração ou supressão: (Redação dada pelo Decreto nº 6.686, de 2008)

Multa de R$ 6.000,00 (seis mil reis) por hectare ou fração.

Parágrafo único. A multa será acrescida de R$ 1.000,00 (mil reais) por hectare ou fração quando a situação prevista no *caput* se der em detrimento de vegetação primária ou secundária no estágio avançado ou médio de regeneração do bioma Mata Atlântica.

Art. 50. Destruir ou danificar florestas ou qualquer tipo de vegetação nativa ou de espécies nativas plantadas, objeto de especial preservação, sem autorização ou licença da autoridade ambiental competente:

Multa de R$ 5.000,00 (cinco mil reais) por hectare ou fração

§ 1º. A multa será acrescida de R$ 500,00 (quinhentos reais) por hectare ou fração quando a situação prevista no *caput* se der em detrimento de vegetação secundária no estágio inicial de regeneração do bioma Mata Atlântica.

§ 2º. Para os fins dispostos no art. 49 e no *caput* deste artigo, são consideradas de especial preservação as florestas e demais formas de vegetação nativa que tenham regime jurídico próprio e especial de conservação ou preservação definido pela legislação.

Art. 51. Destruir, desmatar, danificar ou explorar floresta ou qualquer tipo de vegetação nativa ou de espécies nativas plantadas, em área de reserva legal ou servidão florestal, de domínio público ou privado, sem autorização prévia do órgão ambiental competente ou em desacordo com a concedida: (Redação dada pelo Decreto nº 6.686, de 2008)

Multa de R$ 5.000,00 (cinco mil reais) por hectare ou fração.

Art. 51-A. Executar manejo florestal sem autorização prévia do órgão ambiental competente, sem observar os requisitos técnicos estabelecidos em PMFS ou em desacordo com a autorização concedida: (Incluído pelo Decreto nº 6.686, de 2008)

Multa de R$ 1.000,00 (mil reais) por hectare ou fração. (Incluído pelo Decreto nº 6.686, de 2008)

Art. 52. Desmatar, a corte raso, florestas ou demais formações nativas, fora da reserva legal, sem autorização da autoridade competente:

Multa de R$ 1.000,00 (mil reais) por hectare ou fração. (Redação dada pelo Decreto nº 6.686, de 2008)

Art. 53. Explorar ou danificar floresta ou qualquer tipo de vegetação nativa ou de espécies nativas plantadas, localizada fora de área de reserva legal averbada, de domínio público ou privado, sem aprovação prévia do órgão ambiental competente ou em desacordo com a concedida:

Multa de R$ 300,00 (trezentos reais), por hectare ou fração, ou por unidade, estéreo, quilo, mdc ou metro cúbico.

Parágrafo único. Incide nas mesmas penas quem deixa de cumprir a reposição florestal obrigatória.

Art. 54. Adquirir, intermediar, transportar ou comercializar produto ou subproduto de origem animal ou vegetal produzido sobre área objeto de embargo:

Multa de R$ R$ 500,00 (quinhentos reais) por quilograma ou unidade.

Parágrafo único. A aplicação do disposto neste artigo dependerá de prévia divulgação dos dados do imóvel rural, da área ou local embargado e do respectivo titular de que trata o § 1º do art. 18 e estará limitada à área onde efetivamente ocorreu o ilícito. (Redação dada pelo Decreto nº 6.686, de 2008)

Art. 55. Deixar de averbar a reserva legal:

Penalidade de advertência e multa diária de R$ 50,00 (cinquenta reais) a R$ 500,00 (quinhentos reais) por hectare ou fração da área de reserva legal. (Redação dada pelo Decreto nº 6.686, de 2008)

§ 1º. O autuado será advertido para que, no prazo de 180 (cento e oitenta) dias, apresente termo de compromisso de regularização da reserva legal na forma das alternativas previstas na Lei nº 4.771, de 15 de setembro de 1965. (Redação dada pelo Decreto nº 7.029, de 2009)

- v. Lei 12.651/2012 que revogou a Lei 4.771/1965.
- v. Decreto 7.830/2012 que revogou o Decreto 7.029/2009.

§ 2º. Durante o período previsto no § 1º, a multa diária será suspensa. (Redação dada pelo Decreto nº 6.686, de 2008)

§ 3º. Caso o autuado não apresente o termo de compromisso previsto no § 1º nos 120 (cento e vinte) dias assinalados, deverá a autoridade ambiental cobrar a multa diária desde o dia da lavratura do auto de infração, na forma estipulada neste Decreto. (Incluído pelo Decreto nº 6.686, de 2008)

§ 4º. As sanções previstas neste artigo não serão aplicadas quando o prazo previsto não for cumprido por culpa imputável exclusivamente ao órgão ambiental. (Incluído pelo Decreto nº 6.686, de 2008)

§ 5º. O proprietário ou possuidor terá prazo de 120 (cento e vinte) dias para averbar a localização, compensação ou desoneração da reserva legal, contados da emissão dos documentos por parte do órgão ambiental competente ou instituição habilitada. (Incluído pelo Decreto nº 7.029, de 2009)

- v. Decreto 7.830/2012 que revogou o Decreto 7.029/2009.

§ 6º. No prazo a que se refere o § 5º, as sanções previstas neste artigo não serão aplicadas. (Incluído pelo Decreto nº 7.029, de 2009)

- v. Decreto 7.830/2012 que revogou o Decreto 7.029/2009.

Art. 56. Destruir, danificar, lesar ou maltratar, por qualquer modo ou meio, plantas de ornamentação de logradouros públicos ou em propriedade privada alheia:

Multa de R$ 100,00 (cem reais) a R$ 1.000,00 (mil reais) por unidade ou metro quadrado.

Art. 57. Comercializar, portar ou utilizar em floresta ou demais formas de vegetação, motosserra sem licença ou registro da autoridade ambiental competente:

Multa de R$ 1.000,00 (mil reais), por unidade.

Art. 58. Fazer uso de fogo em áreas agropastoris sem autorização do órgão competente ou em desacordo com a obtida:

Multa de R$ 1.000,00 (mil reais), por hectare ou fração.

Art. 59. Fabricar, vender, transportar ou soltar balões que possam provocar incêndios nas florestas e demais formas de vegetação, em áreas urbanas ou qualquer tipo de assentamento humano:

Multa de R$ 1.000,00 (mil reais) a R$ 10.000,00 (dez mil reais), por unidade.

Art. 60. As sanções administrativas previstas nesta Subseção serão aumentadas pela metade quando:

I – ressalvados os casos previstos nos arts. 46 e 58, a infração for consumada mediante uso de fogo ou provocação de incêndio; e

II – a vegetação destruída, danificada, utilizada ou explorada contiver espécies ameaçadas de extinção, constantes de lista oficial.

Art. 60-A. Nas hipóteses previstas nos arts. 50, 51, 52 e 53, em se tratando de espécies nativas plantadas, a autorização de corte poderá ser substituída pelo protocolo do pedido junto ao órgão ambiental competente, caso em que este será instado pelo agente de fiscalização a fazer as necessárias verificações quanto à real origem do material. (Incluído pelo Decreto nº 6.686, de 2008)

SUBSEÇÃO III. DAS INFRAÇÕES RELATIVAS À POLUIÇÃO E OUTRAS INFRAÇÕES AMBIENTAIS

Art. 61. Causar poluição de qualquer natureza em níveis tais que resultem ou possam resultar em danos à saúde humana, ou que provoquem a mortandade de animais ou a destruição significativa da biodiversidade:

Multa de R$ 5.000,00 (cinco mil reais) a R$ 50.000.000,00 (cinquenta milhões de reais).

Parágrafo único. As multas e demais penalidades de que trata o *caput* serão aplicadas após laudo técnico elaborado pelo órgão ambiental competente, identificando a dimensão do dano decorrente da infração e em conformidade com a gradação do impacto.

Art. 62. Incorre nas mesmas multas do art. 61 quem:

I – tornar uma área, urbana ou rural, imprópria para ocupação humana;

II – causar poluição atmosférica que provoque a retirada, ainda que momentânea, dos habitantes das áreas afetadas ou que provoque, de forma recorrente, significativo desconforto respiratório ou olfativo devidamente atestado pelo agente autuante; (Redação dada pelo Decreto nº 6.686, de 2008)

III – causar poluição hídrica que torne necessária a interrupção do abastecimento público de água de uma comunidade;

IV – dificultar ou impedir o uso público das praias pelo lançamento de substâncias, efluentes, carreamento de materiais ou uso indevido dos recursos naturais;

V – lançar resíduos sólidos, líquidos ou gasosos ou detritos, óleos ou substâncias oleosas em desacordo com as exigências estabelecidas em leis ou atos normativos;

VI – deixar, aquele que tem obrigação, de dar destinação ambientalmente adequada a produtos, subprodutos, embalagens, resíduos ou substâncias quando assim determinar a lei ou ato normativo;

VII – deixar de adotar, quando assim o exigir a autoridade competente, medidas de precaução ou contenção em caso de risco ou de dano ambiental grave ou irreversível;

VIII – provocar pela emissão de efluentes ou carreamento de materiais o perecimento de espécimes da biodiversidade;

IX – lançar resíduos sólidos ou rejeitos em praias, no mar ou quaisquer recursos hídricos; (Incluído pelo Decreto nº 7.404, de 2010)

X – lançar resíduos sólidos ou rejeitos *in natura* a céu aberto, excetuados os resíduos de mineração; (Incluído pelo Decreto nº 7.404, de 2010)

XI – queimar resíduos sólidos ou rejeitos a céu aberto ou em recipientes, instalações e equipamentos não licenciados para a atividade; (Incluído pelo Decreto nº 7.404, de 2010)

XII – descumprir obrigação prevista no sistema de logística reversa implantado nos termos da Lei 12.305, de 2010, consoante as responsabilidades específicas estabelecidas para o referido sistema; (Incluído pelo Decreto nº 7.404, de 2010)

XIII – deixar de segregar resíduos sólidos na forma estabelecida para a coleta seletiva, quando a referida coleta for instituída pelo titular do serviço público de limpeza urbana e manejo de resíduos sólidos; (Incluído pelo Decreto nº 7.404, de 2010)

XIV – destinar resíduos sólidos urbanos à recuperação energética em desconformidade com o § 1º do art. 9º da Lei 12.305, de 2010, e respectivo regulamento; (Incluído pelo Decreto nº 7.404, de 2010)

XV – deixar de manter atualizadas e disponíveis ao órgão municipal competente e a outras autoridades informações completas sobre a realização das ações do sistema de logística reversa sobre sua responsabilidade; (Incluído pelo Decreto nº 7.404, de 2010)

XVI – não manter atualizadas e disponíveis ao órgão municipal competente, ao órgão licenciador do SISNAMA e a outras autoridades, informações completas sobre a implementação e a operacionalização do plano de gerenciamento de resíduos sólidos sob sua responsabilidade; e (Incluído pelo Decreto nº 7.404, de 2010)

XVII – deixar de atender às regras sobre registro, gerenciamento e informação previstos no § 2º do art. 39 da Lei nº 12.305, de 2010. (Incluído pelo Decreto nº 7.404, de 2010)

§ 1º. As multas de que tratam os incisos I a XI deste artigo serão aplicadas após laudo de constatação. (Incluído pelo Decreto nº 7.404, de 2010)

§ 2º. Os consumidores que descumprirem as respectivas obrigações previstas nos sistemas de logística reversa e de coleta seletiva estarão sujeitos à penalidade de advertência. (Incluído pelo Decreto nº 7.404, de 2010)

§ 3º. No caso de reincidência no cometimento da infração prevista no § 2º, poderá ser aplicada a penalidade de multa, no valor de R$ 50,00 (cinquenta reais) a R$ 500,00 (quinhentos reais). (Incluído pelo Decreto nº 7.404, de 2010)

§ 4º. A multa simples a que se refere o § 3º pode ser convertida em serviços de preservação, melhoria e recuperação da qualidade do meio ambiente. (Incluído pelo Decreto nº 7.404, de 2010)

§ 5º. Não estão compreendidas na infração do inciso IX as atividades de deslocamento de material do leito de corpos d'água por meio de dragagem, devidamente licenciado ou aprovado. (Incluído pelo Decreto nº 7.404, de 2010)

§ 6º. As bacias de decantação de resíduos ou rejeitos industriais ou de mineração, devidamente licenciadas pelo órgão competente do SISNAMA, não são consideradas corpos hídricos para efeitos do disposto no inciso IX. (Incluído pelo Decreto nº 7.404, de 2010)

Art. 63. Executar pesquisa, lavra ou extração de minerais sem a competente autorização, permissão, concessão ou licença da autoridade ambiental competente ou em desacordo com a obtida:

Multa de R$ 1.500,00 (mil e quinhentos reais) a R$3.000,00 (três mil reais), por hectare ou fração.

Parágrafo único. Incorre nas mesmas multas quem deixa de recuperar a área pesquisada ou explorada, nos termos da autorização, permissão, licença, concessão ou determinação do órgão ambiental competente.

Art. 64. Produzir, processar, embalar, importar, exportar, comercializar, fornecer, transportar, armazenar, guardar, ter em depósito ou usar produto ou substância tóxica, perigosa ou nociva à saúde humana ou ao meio ambiente, em desacordo com as exigências estabelecidas em leis ou em seus regulamentos:

Multa de R$ 500,00 (quinhentos reais) a R$ 2.000.000,00 (dois milhões de reais).

§ 1º. Incorre nas mesmas penas quem abandona os produtos ou substâncias referidas no *caput*, descarta de forma irregular ou os utiliza em desacordo com as normas de segurança.

§ 2º. Se o produto ou a substância for nuclear ou radioativa, a multa é aumentada ao quíntuplo.

Art. 65. Deixar, o fabricante de veículos ou motores, de cumprir os requisitos de garantia ao atendimento dos limites vigentes de emissão de poluentes atmosféricos e de ruído, durante os prazos e quilometragens previstos na legislação:

Multa de R$ 100.000,00 (cem mil reais) a R$ 1.000.000,00 (um milhão de reais).

Art. 66. Construir, reformar, ampliar, instalar ou fazer funcionar estabelecimentos, atividades, obras ou serviços utilizadores de recursos ambientais, considerados efetiva ou potencialmente poluidores, sem licença ou autorização dos órgãos ambientais competentes, em desacordo com a licença obtida ou contrariando as normas legais e regulamentos pertinentes: (Redação dada pelo Decreto nº 6.686, de 2008)

Multa de R$ 500,00 (quinhentos reais) a R$ 10.000.000,00 (dez milhões de reais).

Parágrafo único. Incorre nas mesmas multas quem:

I – constrói, reforma, amplia, instala ou faz funcionar estabelecimento, obra ou serviço sujeito a licenciamento ambiental localizado em unidade de conservação ou em sua zona de amortecimento, ou em áreas de proteção de mananciais legalmente estabelecidas, sem anuência do respectivo órgão gestor; e (Redação dada pelo Decreto nº 6.686, de 2008)

II – deixa de atender a condicionantes estabelecidas na licença ambiental.

Art. 67. Disseminar doença ou praga ou espécies que possam causar dano à fauna, à flora ou aos ecossistemas: (Redação dada pelo Decreto nº 6.686, de 2008)

Multa de R$ 5.000,00 (cinco mil reais) a R$ 5.000.000,00 (cinco milhões de reais).

Art. 68. Conduzir, permitir ou autorizar a condução de veículo automotor em desacordo com os limites e exigências ambientais previstos na legislação:

Multa de R$ 1.000,00 (mil reais) a R$ 10.000,00 (dez mil reais).

Art. 69. Importar ou comercializar veículo automotor sem Licença para Uso da Configuração de Veículos ou Motor – LCVM expedida pela autoridade competente:

Multa de R$ 1.000,00 (mil reais) a R$ 10.000.000,00 (dez milhões de reais) e correção de todas as unidades de veículo ou motor que sofrerem alterações.

Art. 70. Importar pneu usado ou reformado em desacordo com a legislação:

Multa de R$ 400,00 (quatrocentos reais), por unidade.

§ 1º. Incorre na mesma multa quem comercializa, transporta, armazena, guarda ou mantém em depósito pneu usado ou reformado, importado nessas condições.

§ 2º. Ficam isentas do pagamento da multa a que se refere este artigo as importações de pneumáticos reformados classificados nas NCM 4012.1100, 4012.1200, 4012.1300 e 4012.1900, procedentes dos Estados Partes do MERCOSUL, ao amparo do Acordo de Complementação Econômica 18.

Art. 71. Alterar ou promover a conversão de qualquer item em veículos ou motores novos ou usados que provoque alterações nos limites e exigências ambientais previstas na legislação:

Multa de R$ 500,00 (quinhentos reais) a R$ 10.000,00 (dez mil reais), por veículo, e correção da irregularidade.

Art. 71-A. Importar resíduos sólidos perigosos e rejeitos, bem como os resíduos sólidos cujas características causem dano ao meio ambiente, à saúde pública e animal e à sanidade vegetal, ainda que para tratamento, reforma, reuso, reutilização ou recuperação: (Incluído pelo Decreto nº 7.404, de 2010)

Multa de R$ 500,00 (quinhentos reais) a R$ 10.000.000,00 (dez milhões de reais). (Incluído pelo Decreto nº 7.404, de 2010)

SUBSEÇÃO IV. DAS INFRAÇÕES CONTRA O ORDENAMENTO URBANO E O PATRIMÔNIO CULTURAL

Art. 72. Destruir, inutilizar ou deteriorar:

I – bem especialmente protegido por lei, ato administrativo ou decisão judicial; ou

II – arquivo, registro, museu, biblioteca, pinacoteca, instalação científica ou similar protegido por lei, ato administrativo ou decisão judicial:

Multa de R$ 10.000,00 (dez mil reais) a R$ 500.000,00 (quinhentos mil reais).

Art. 73. Alterar o aspecto ou estrutura de edificação ou local especialmente protegido por lei, ato administrativo ou decisão judicial, em razão de seu valor paisagístico, ecológico, turístico, artístico, histórico, cultural, religioso, arqueológico, etnográfico ou monumental, sem autorização da autoridade competente ou em desacordo com a concedida:

Multa de R$ 10.000,00 (dez mil reais) a R$ 200.000,00 (duzentos mil reais).

Art. 74. Promover construção em solo não edificável, ou no seu entorno, assim considerado em razão de seu valor paisagístico, ecológico, artístico, turístico, histórico, cultural, religioso, arqueológico, etnográfico ou monumental, sem autorização da autoridade competente ou em desacordo com a concedida:

Multa de R$ 10.000,00 (dez mil reais) a R$ 100.000,00 (cem mil reais).

Art. 75. Pichar, grafitar ou por outro meio conspurcar edificação alheia ou monumento urbano:

Multa de R$ 1.000,00 (mil reais) a R$ 50.000,00 (cinquenta mil reais).

Parágrafo único. Se o ato for realizado em monumento ou coisa tombada, a multa é aplicada em dobro.

SUBSEÇÃO V.
DAS INFRAÇÕES ADMINISTRATIVAS CONTRA A ADMINISTRAÇÃO AMBIENTAL

Art. 76. Deixar de inscrever-se no Cadastro Técnico Federal de que trata o art. 17 da Lei 6.938, de 1981:

Multa de:

I – R$ 50,00 (cinquenta reais), se pessoa física;
II – R$ 150,00 (cento e cinquenta reais), se microempresa;
III – R$ 900,00 (novecentos reais), se empresa de pequeno porte;
IV – R$ 1.800,00 (mil e oitocentos reais), se empresa de médio porte; e
V – R$ 9.000,00 (nove mil reais), se empresa de grande porte.

Art. 77. Obstar ou dificultar a ação do Poder Público no exercício de atividades de fiscalização ambiental:

Multa de R$ 500,00 (quinhentos reais) a R$ 100.000,00 (cem mil reais).

Art. 78. Obstar ou dificultar a ação do órgão ambiental, ou de terceiro por ele encarregado, na coleta de dados para a execução de georreferenciamento de imóveis rurais para fins de fiscalização: (Redação dada pelo Decreto nº 6.686, de 2008)

Multa de R$ 100,00 (cem reais) a R$ 300,00 (trezentos reais) por hectare do imóvel.

Art. 79. Descumprir embargo de obra ou atividade e suas respectivas áreas:

Multa de R$ 10.000,00 (dez mil reais) a R$ 1.000.000,00 (um milhão de reais).

Art. 80. Deixar de atender a exigências legais ou regulamentares quando devidamente notificado pela autoridade ambiental competente no prazo concedido, visando à regularização, correção ou adoção de medidas de controle para cessar a degradação ambiental: (Redação dada pelo Decreto nº 6.686, de 2008)

Multa de R$ 1.000,00 (mil reais) a R$ 1.000.000,00 (um milhão de reais).

Art. 81. Deixar de apresentar relatórios ou informações ambientais nos prazos exigidos pela legislação ou, quando aplicável, naquele determinado pela autoridade ambiental:

Multa de R$ 1.000,00 (mil reais) a R$ 100.000,00 (cem mil reais).

Art. 82. Elaborar ou apresentar informação, estudo, laudo ou relatório ambiental total ou parcialmente falso, enganoso ou omisso, seja nos sistemas oficiais de controle, seja no licenciamento, na concessão florestal ou em qualquer outro procedimento administrativo ambiental:

Multa de R$ 1.500,00 (mil e quinhentos reais) a R$ 1.000.000,00 (um milhão de reais).

Art. 83. Deixar de cumprir compensação ambiental determinada por lei, na forma e no prazo exigidos pela autoridade ambiental:

Multa de R$ 10.000,00 (dez mil reais) a R$ 1.000.000,00 (um milhão de reais).

SUBSEÇÃO VI.
DAS INFRAÇÕES COMETIDAS EXCLUSIVAMENTE EM UNIDADES DE CONSERVAÇÃO

Art. 84. Introduzir em unidade de conservação espécies alóctones:

Multa de R$ 2.000,00 (dois mil reais) a R$ 100.000,00 (cem mil reais).

§ 1º. Excetuam-se do disposto neste artigo as áreas de proteção ambiental, as florestas nacionais, as reservas extrativistas e as reservas de desenvolvimento sustentável, bem como os animais e plantas necessários à administração e às atividades das demais categorias de unidades de conservação, de acordo com o que se dispuser em regulamento e no plano de manejo da unidade.

§ 2º. Nas áreas particulares localizadas em refúgios de vida silvestre, monumentos naturais e reservas particulares do patrimônio natural podem ser criados animais domésticos e cultivadas plantas considerados compatíveis com as finalidades da unidade, de acordo com o que dispuser o seu plano de manejo.

Art. 85. Violar as limitações administrativas provisórias impostas às atividades efetiva ou potencialmente causadoras de degradação ambiental nas áreas delimitadas para realização de estudos com vistas à criação de unidade de conservação:

Multa de R$ 1.500,00 (mil e quinhentos reais) a R$ 1.000.000,00 (um milhão de reais).

Parágrafo único. Incorre nas mesmas multas quem explora a corte raso a floresta ou outras formas de vegetação nativa nas áreas definidas no *caput*.

Art. 86. Realizar pesquisa científica, envolvendo ou não coleta de material biológico, em unidade de conservação sem a devida autorização, quando esta for exigível:

Multa de R$ 500,00 (quinhentos reais) a R$ 10.000,00 (dez mil reais).

§ 1º. A multa será aplicada em dobro caso as atividades de pesquisa coloquem em risco demográfico as espécies integrantes dos ecossistemas protegidos.

§ 2º. Excetuam-se do disposto neste artigo as áreas de proteção ambiental e reservas particulares do patrimônio natural, quando as atividades de pesquisa científica não envolverem a coleta de material biológico.

Art. 87. Explorar comercialmente produtos ou subprodutos não madeireiros, ou ainda serviços obtidos ou desenvolvidos a partir de recursos naturais, biológicos, cênicos ou culturais em unidade de conservação sem autorização ou permissão do órgão gestor da unidade ou em desacordo com a obtida, quando esta for exigível: (Redação dada pelo Decreto nº 6.686, de 2008)

Multa de R$ 1.500,00 (mil e quinhentos reais) a R$ 100.000,00 (cem mil reais).

Parágrafo único. Excetuam-se do disposto neste artigo as áreas de proteção ambiental e reservas particulares do patrimônio natural.

Art. 88. Explorar ou fazer uso comercial de imagem de unidade de conservação sem autorização do órgão gestor da unidade ou em desacordo com a recebida:

Multa de R$ 5.000,00 (cinco mil reais) a R$ 2.000.000,00 (dois milhões de reais).

Parágrafo único. Excetuam-se do disposto neste artigo as áreas de proteção ambiental e reservas particulares do patrimônio natural.

Art. 89. Realizar liberação planejada ou cultivo de organismos geneticamente modificados em áreas de proteção ambiental, ou zonas de amortecimento das demais categorias de unidades de conservação, em desacordo com o estabelecido em seus respectivos planos de manejo, regulamentos ou recomendações da Comissão Técnica Nacional de Biossegurança – CTNBio:

Multa de R$ 1.500,00 (mil e quinhentos reais) a R$ 1.000.000,00 (um milhão de reais).

§ 1º. A multa será aumentada ao triplo se o ato ocorrer no interior de unidade de conservação de proteção integral.

§ 2º. A multa será aumentado ao quádruplo se o organismo geneticamente modificado, liberado ou cultivado irregularmente em unidade de conservação, possuir na área ancestral direto ou parente silvestre ou se representar risco à biodiversidade.

§ 3º. O Poder Executivo estabelecerá os limites para o plantio de organismos geneticamente modificados nas áreas que circundam as unidades de conservação até que seja fixada sua zona de amortecimento e aprovado o seu respectivo plano de manejo.

Art. 90. Realizar quaisquer atividades ou adotar conduta em desacordo com os objetivos da unidade de conservação, o seu plano de manejo e regulamentos:

Multa de R$ 500,00 (quinhentos reais) a R$ 10.000,00 (dez mil reais).

Art. 91. Causar dano à unidade de conservação: (Redação dada pelo Decreto nº 6.686, de 2008)

Multa de R$ 200,00 (duzentos reais) a R$ 100.000,00 (cem mil reais).

Art. 92. Penetrar em unidade de conservação conduzindo substâncias ou instrumentos próprios para caça, pesca ou para exploração de produtos ou subprodutos florestais e minerais, sem licença da autoridade competente, quando esta for exigível:

Multa de R$ 1.000,00 (mil reais) a R$ 10.000,00 (dez mil reais).

Parágrafo único. Incorre nas mesmas multas quem penetrar em unidade de conservação cuja visitação pública ou permanência sejam vedadas pelas normas aplicáveis ou ocorram em desacordo com a licença da autoridade competente.

Art. 93. As infrações previstas neste Decreto, exceto as dispostas nesta Subseção, quando forem cometidas ou afetarem unidade de conservação ou sua zona de amortecimento, terão os valores de suas respectivas multas aplicadas em dobro, ressalvados os casos em que a determinação de aumento do valor da multa seja superior a este.

CAPÍTULO II.
DO PROCESSO ADMINISTRATIVO PARA APURAÇÃO DE INFRAÇÕES AMBIENTAIS

SEÇÃO I.
DAS DISPOSIÇÕES PRELIMINARES

Art. 94. Este CAPÍTULO regula o processo administrativo federal para a apuração de infrações administrativas por condutas e atividades lesivas ao meio ambiente.

Parágrafo único. O objetivo deste CAPÍTULO é dar unidade às normas legais esparsas que versam sobre procedimentos administrativos em matéria ambiental, bem como, nos termos do que dispõe o art. 84, inciso VI, alínea *a*, da Constituição, disciplinar as regras de funcionamento pelas quais a administração pública federal, de caráter ambiental, deverá pautar-se na condução do processo.

Art. 95. O processo será orientado pelos princípios da legalidade, finalidade, motivação, razoabilidade, proporcionalidade, moralidade, ampla defesa, contraditório, segurança jurídica, interesse público e eficiência, bem como pelos critérios mencionados no parágrafo único do art. 2º da Lei nº 9.784, de 29 de janeiro de 1999.

Art. 95-A. A conciliação deve ser estimulada pela administração pública federal ambiental, de acordo com o rito estabelecido neste Decreto, com vistas a encerrar os processos administrativos federais relativos à apuração de infrações administrativas por condutas e atividades lesivas ao meio ambiente. (Incluído pelo Dec. 9.760/2019)

SEÇÃO II. DA AUTUAÇÃO

Art. 96. Constatada a ocorrência de infração administrativa ambiental, será lavrado auto de infração, do qual deverá ser dado ciência ao autuado, assegurando-se o contraditório e a ampla defesa.

§ 1º. O autuado será intimado da lavratura do auto de infração pelas seguintes formas: (Redação dada pelo Decreto nº 6.686, de 2008)

I – pessoalmente; (Incluído pelo Decreto nº 6.686, de 2008)

II – por seu representante legal; (Incluído pelo Decreto nº 6.686, de 2008)

III – por carta registrada com aviso de recebimento; (Incluído pelo Decreto nº 6.686, de 2008)

IV – por edital, se estiver o infrator autuado em lugar incerto, não sabido ou se não for localizado no endereço. (Incluído pelo Decreto nº 6.686, de 2008)

§ 2º. Caso o autuado se recuse a dar ciência do auto de infração, o agente autuante certificará o ocorrido na presença de duas testemunhas e o entregará ao autuado. (Redação dada pelo Decreto nº 6.686, de 2008)

§ 3º. Nos casos de evasão ou ausência do responsável pela infração administrativa, e inexistindo preposto identificado, o agente autuante aplicará o disposto no § 1º, encaminhando o auto de infração por via postal com aviso de recebimento ou outro meio válido que assegure a sua ciência. (Incluído pelo Decreto nº 6.686, de 2008)

§ 4º A intimação pessoal ou por via postal com aviso de recebimento deverá ser substituída por intimação eletrônica quando houver concordância expressa do autuado e tecnologia disponível que confirme o seu recebimento. (Incluído pelo Dec. 9.760/2019)

Art. 97. O auto de infração deverá ser lavrado em impresso próprio, com a identificação do autuado, a descrição clara e objetiva das infrações administrativas constatadas e a indicação dos respectivos dispositivos legais e regulamentares infringidos, não devendo conter emendas ou rasuras que comprometam sua validade.

Art. 97-A. Por ocasião da lavratura do auto de infração, o autuado será notificado para, querendo, comparecer ao órgão ou à entidade da administração pública federal ambiental em data e horário agendados, a fim de participar de audiência de conciliação ambiental. (Incluído pelo Dec. 9.760/2019)

§ 1º A fluência do prazo a que se refere o art. 113 fica sobrestada pelo agendamento da audiência de conciliação ambiental e o seu curso se iniciará a contar da data de sua realização.

§ 2º O sobrestamento de que trata o § 1º não prejudica a eficácia das medidas administrativas eventualmente aplicadas.

Art. 98. O auto de infração, os eventuais termos de aplicação de medidas administrativas, o relatório de fiscalização e a notificação de que trata o art. 97-A serão encaminhados ao Núcleo de Conciliação Ambiental. (Redação dada pelo Dec. 9.760/2019)

Parágrafo único. O relatório de fiscalização será elaborado pelo agente autuante e conterá: (Incluído pelo Dec. 9.760/2019)

I - a descrição das circunstâncias que levaram à constatação da infração ambiental e à identificação da autoria;

II - o registro da situação por fotografias, vídeos, mapas, termos de declaração ou outros meios de prova;

III - os critérios utilizados para fixação da multa acima do limite mínimo, quando for o caso; e

IV - quaisquer outras informações consideradas relevantes.

Art. 98-A. O Núcleo de Conciliação Ambiental será composto por, no mínimo, dois servidores efetivos, sendo ao menos um deles integrante do órgão ou da entidade da administração pública federal ambiental responsável pela lavratura do auto de infração. (Artigo incluído pelo Dec. 9.760/2019)

§ 1º Compete ao Núcleo de Conciliação Ambiental:

I - realizar a análise preliminar da autuação para:

a) convalidar de ofício o auto de infração que apresentar vício sanável, por meio de despacho saneador, após o pronunciamento do órgão da Procuradoria-Geral Federal que atue perante a unidade administrativa da entidade responsável pela autuação;

b) declarar nulo o auto de infração que apresentar vício insanável, por meio de despacho fundamentado, após o pronunciamento do órgão da Procuradoria-Geral Federal que atue perante a unidade administrativa da entidade responsável pela autuação; e

c) decidir sobre a manutenção da aplicação das medidas administrativas de que trata o art. 101 e sobre a aplicação das demais sanções de que trata o art. 3º; e

II realizar a audiência de conciliação ambiental para:

a) explanar ao autuado as razões de fato e de direito que ensejaram a lavratura do auto de infração;

b) apresentar as soluções legais possíveis para encerrar o processo, tais como o desconto para pagamento, o parcelamento e a conversão da multa em serviços de preservação, melhoria e recuperação da qualidade do meio ambiente;

c) decidir sobre questões de ordem pública; e

d) homologar a opção do autuado por uma das soluções de que trata a alínea "b".

§ 2º Os integrantes do Núcleo de Conciliação Ambiental serão designados por portaria conjunta do Ministro de Estado do Meio Ambiente e do dirigente máximo do órgão ou da entidade da administração pública federal ambiental.

§ 3º Os trabalhos desenvolvidos no âmbito do Núcleo de Conciliação Ambiental não poderão ser presididos por servidor integrante do órgão ou da entidade da administração pública federal ambiental responsável pela lavratura do auto de infração.

§ 4º O Núcleo de Conciliação Ambiental integra a estrutura do órgão ou da entidade da administração pública federal ambiental responsável pela lavratura do auto de infração.

Art. 98-B. A conciliação ambiental ocorrerá em audiência única, na qual serão praticados os atos previstos no inciso II do § 1º do art. 98-A, com vistas a encerrar o processo administrativo de apuração da infração administrativa ambiental. (Artigo incluído pelo Dec. 9.760/2019)

§ 1º O não comparecimento do autuado à audiência de conciliação ambiental será interpretado como ausência de interesse em conciliar e dará início ao prazo para apresentação da defesa contra o auto de infração, nos termos do art. 113.

§ 2º O autuado poderá apresentar justificativa para o seu não comparecimento à audiência de conciliação ambiental, acompanhada da respectiva prova, no prazo de dois dias, contado da data agendada para a audiência.

§ 3º Fica a critério exclusivo do Núcleo de Conciliação Ambiental reconhecer como válida a justificativa de que trata o § 2º e agendar uma nova data para a audiência de conciliação ambiental, com devolução do prazo para oferecimento de defesa.

§ 4º Não cabe recurso contra o indeferimento da justificativa de que trata o § 2º.

§ 5º Desde que haja concordância do autuado, a audiência de conciliação ambiental poderá ser realizada por meio eletrônico, conforme as diretrizes e os critérios estabelecidos em portaria conjunta do Ministro de Estado do Meio Ambiente e dos dirigentes máximos dos órgãos ou das entidades da administração pública federal ambiental.

§ 6º Excepcionalmente, poderá ser dispensada a realização da audiência de conciliação ambiental ou designada audiência complementar, conforme situações previstas em portaria conjunta do Ministro de Estado do Meio Ambiente e dos dirigentes máximos dos órgãos ou das entidades da administração pública federal ambiental.

Art. 98-C. A audiência de conciliação ambiental será reduzida a termo e conterá: (Artigo incluído pelo Dec. 9.760/2019)

I - a qualificação do autuado e, quando for o caso, de seu advogado ou procurador legalmente constituído, e dos servidores públicos integrantes do Núcleo de Conciliação Ambiental, com as respectivas assinaturas;

II - a certificação de que foi realizada a análise preliminar da autuação;

III - a certificação de que foram explanadas ao autuado as razões de fato e de direito que ensejaram a lavratura do auto de infração, e que foram apresentadas as soluções possíveis para encerrar o processo;

IV - a manifestação do autuado:

a) de interesse na conciliação, que conterá:

1. a indicação da solução legal por ele escolhida para encerrar o processo e os compromissos assumidos para o seu cumprimento;

2. a declaração de desistência de impugnar judicial e administrativamente a autuação e de renúncia a quaisquer alegações de direito sobre as quais se fundamentariam as referidas impugnações; e

3. a assunção da obrigação de protocolar pedido de extinção do processo com resolução do mérito em eventuais ações judiciais propostas, no prazo de quinze dias, contado da data de realização da audiência de conciliação ambiental; ou

b) de ausência de interesse na conciliação, que conterá, obrigatoriamente, a declaração de ciência de início do prazo para apresentação de defesa contra o auto de infração de que trata o art. 113;

V - decisão fundamentada acerca do disposto nas alíneas "c" e "d" do inciso II do §1º do art. 98-A; e

VI - as providências a serem adotadas, conforme a manifestação do autuado.

§ 1º O termo de conciliação ambiental será publicado no sítio eletrônico do órgão ou da entidade da administração pública federal ambiental, no prazo de dez dias, contado da data de sua realização.

§ 2º A realização de conciliação ambiental não exclui a obrigação de reparar o dano ambiental.

Art. 98-D. Na hipótese de insucesso da audiência de conciliação ambiental por não comparecimento ou por ausência de interesse em conciliar, o autuado pode optar eletronicamente por uma das soluções legais a que se refere a alínea "b" do inciso II do § 1º do art. 98-A, observados os percentuais de desconto aplicáveis de acordo com a fase em que se encontrar o processo. (Artigo incluído pelo Dec. 9.760/2019)

Parágrafo único. O disposto no *caput* igualmente se aplica ao autuado que não houver pleiteado a conversão da multa com fundamento no disposto no Decreto nº 9.179, de 23 de outubro de 2017, cujo processo administrativo ainda esteja pendente de julgamento definitivo em 8 de outubro de 2019.

Art. 99. O auto de infração que apresentar vício sanável poderá, a qualquer tempo, ser convalidado de ofício pela autoridade julgadora, mediante despacho saneador, após o pronunciamento do órgão da Procuradoria-Geral Federal que atua junto à respectiva unidade administrativa da entidade responsável pela autuação.

Parágrafo único. Constatado o vício sanável, sob alegação do autuado, o procedimento será anulado a partir da fase processual em que o vício foi produzido, reabrindo-se novo prazo para defesa, aproveitando-se os atos regularmente produzidos.

Art. 100. O auto de infração que apresentar vício insanável deverá ser declarado nulo pela autoridade julgadora competente, que determinará o arquivamento do processo, após o pronunciamento do órgão da Procuradoria-Geral Federal que atua junto à respectiva unidade administrativa da entidade responsável pela autuação.

§ 1º. Para os efeitos do *caput*, considera-se vício insanável aquele em que a correção da autuação implica modificação do fato descrito no auto de infração.

§ 2º. Nos casos em que o auto de infração for declarado nulo e estiver caracterizada a conduta ou atividade lesiva ao meio ambiente, deverá ser lavrado novo auto, observadas as regras relativas à prescrição.

§ 3º. O erro no enquadramento legal da infração não implica vício insanável, podendo ser alterado pela autoridade julgadora mediante decisão fundamentada que retifique o auto de infração. (Incluído pelo Decreto nº 6.686, de 2008)

Art. 101. Constatada a infração ambiental, o agente autuante, no uso do seu poder de polícia, poderá adotar as seguintes medidas administrativas:

I – apreensão;

II – embargo de obra ou atividade e suas respectivas áreas;

III – suspensão de venda ou fabricação de produto;

IV – suspensão parcial ou total de atividades;

V – destruição ou inutilização dos produtos, subprodutos e instrumentos da infração; e

VI – demolição.

§ 1º. As medidas de que trata este artigo têm como objetivo prevenir a ocorrência de novas infrações, resguardar a recuperação ambiental e garantir o resultado prático do processo administrativo.

§ 2º. A aplicação de tais medidas será lavrada em formulário próprio, sem emendas ou rasuras que comprometam sua validade, e deverá conter, além da indicação dos respectivos dispositivos legais e regulamentares infringidos, os motivos que ensejaram o agente autuante a assim proceder.

§ 3º. A administração ambiental estabelecerá os formulários específicos a que se refere o § 2º.

§ 4º. O embargo de obra ou atividade restringe-se aos locais onde efetivamente caracterizou-se a infração ambiental, não alcançando as demais atividades realizadas em áreas não embargadas da propriedade ou posse ou não correlacionadas com a infração. (Incluído pelo Decreto nº 6.686, de 2008)

Art. 102. Os animais, produtos, subprodutos, instrumentos, petrechos, veículos de qualquer natureza referidos no inciso IV do art. 72 da Lei nº 9.605, de 1998, serão objeto da apreensão de que trata o inciso I do art. 101, salvo impossibilidade justificada.

Parágrafo único. A apreensão de produtos, subprodutos, instrumentos, petrechos e veículos de qualquer natureza de que trata o *caput* independe de sua fabricação ou utilização exclusiva para a prática de atividades ilícitas. (Incluído pelo Dec. 9.760/2019)

Art. 103. Os animais domésticos e exóticos serão apreendidos quando:

I – forem encontrados no interior de unidade de conservação de proteção integral; ou

II – forem encontrados em área de preservação permanente ou quando impedirem a regeneração natural de vegetação em área cujo corte não tenha sido autorizado, desde que, em todos os casos, tenha havido prévio embargo.

§ 1º. Na hipótese prevista no inciso II, os proprietários deverão ser previamente notificados para que promovam a remoção dos animais do local no prazo assinalado pela autoridade competente.

§ 2º. Não será adotado o procedimento previsto no § 1º quando não for possível identificar o proprietário dos animais apreendidos, seu preposto ou representante.

§ 3º. O disposto no *caput* não será aplicado quando a atividade tenha sido caracterizada como de baixo impacto e previamente autorizada, quando couber, nos termos da legislação em vigor. (Incluído pelo Decreto nº 6.686, de 2008)

Art. 104. A autoridade ambiental, mediante decisão fundamentada em que se demonstre a existência de interesse público relevante, poderá autorizar o uso do bem apreendido nas hipóteses em que não haja outro meio disponível para a consecução da respectiva ação fiscalizatória.

Parágrafo único. Os veículos de qualquer natureza que forem apreendidos poderão ser utilizados pela administração ambiental para fazer o deslocamento do material apreendido até local adequado ou para promover a recomposição do dano ambiental.

Art. 105. Os bens apreendidos deverão ficar sob a guarda do órgão ou entidade responsável pela fiscalização, podendo, excepcionalmente, ser confiados a fiel depositário, até o julgamento do processo administrativo.

Parágrafo único. Nos casos de anulação, cancelamento ou revogação da apreensão, o órgão ou a entidade ambiental responsável pela apreensão restituirá o bem no estado em que se encontra ou, na impossibilidade de fazê-lo, indenizará o proprietário pelo valor de avaliação consignado no termo de apreensão.

Art. 106. A critério da administração, o depósito de que trata o art. 105 poderá ser confiado:

I – a órgãos e entidades de caráter ambiental, beneficente, científico, cultural, educacional, hospitalar, penal e militar; ou

II – ao próprio autuado, desde que a posse dos bens ou animais não traga risco de utilização em novas infrações.

§ 1º. Os órgãos e entidades públicas que se encontrarem sob a condição de depositário serão preferencialmente contemplados no caso da destinação final do bem ser a doação.

§ 2º. Os bens confiados em depósito não poderão ser utilizados pelos depositários, salvo o uso lícito de veículos e embarcações pelo próprio autuado.

§ 3º. A entidade fiscalizadora poderá celebrar convênios ou acordos com os órgãos e entidades públicas para garantir, após a destinação final, o repasse de verbas de ressarcimento relativas aos custos do depósito.

Art. 107. Após a apreensão, a autoridade competente, levando-se em conta a natureza dos bens e animais apreendidos e considerando o risco de perecimento, procederá da seguinte forma:

I – os animais da fauna silvestre serão libertados em seu hábitat ou entregues a jardins zoológicos, fundações, entidades de caráter científico, centros de triagem, criadouros regulares ou entidades assemelhadas, desde que fiquem sob a responsabilidade de técnicos habilitados, podendo ainda, respeitados os regulamentos vigentes, serem entregues em guarda doméstica provisória; (Redação dada pelo Decreto nº 6.686, de 2008)

II – os animais domésticos ou exóticos mencionados no art. 103 poderão ser vendidos;

III – os produtos perecíveis e as madeiras sob risco iminente de perecimento serão avaliados e doados.

§ 1º. Os animais de que trata o inciso II, após avaliados, poderão ser doados, mediante decisão motivada da autoridade ambiental, sempre que sua guarda ou venda forem inviáveis econômica ou operacionalmente.

§ 2º. A doação a que se refere o § 1º será feita às instituições mencionadas no art. 135.

§ 3º. O órgão ou entidade ambiental deverá estabelecer mecanismos que assegurem a indenização ao proprietário dos animais vendidos ou doados, pelo valor de avaliação consignado no termo de apreensão, caso esta não seja confirmada na decisão do processo administrativo.

§ 4º. Serão consideradas sob risco iminente de perecimento as madeiras que estejam acondicionadas a céu aberto ou que não puderem ser guardadas ou depositadas em locais próprios, sob vigilância, ou ainda quando inviável o transporte e guarda, atestados pelo agente autuante no documento de apreensão.

§ 5º. A libertação dos animais da fauna silvestre em seu hábitat natural deverá observar os critérios técnicos previamente estabelecidos pelo órgão ou entidade ambiental competente. (Incluído pelo Decreto nº 6.686, de 2008)

Art. 108. O embargo de obra ou atividade e suas respectivas áreas tem por objetivo impedir a continuidade do dano ambiental, propiciar a regeneração do meio ambiente e dar viabilidade à recuperação da área degradada, devendo restringir-se exclusivamente ao local onde verificou-se a prática do ilícito. (Redação dada pelo Decreto nº 6.686, de 2008)

§ 1º. No caso de descumprimento ou violação do embargo, a autoridade competente, além de adotar as medidas previstas nos arts. 18 e 79, deverá comunicar ao Ministério Público, no prazo máximo de 72 (setenta e duas) horas, para que seja apurado o cometimento de infração penal. (Redação dada pelo Decreto nº 6.686, de 2008)

§ 2º. Nos casos em que o responsável pela infração administrativa ou o detentor do imóvel onde foi praticada a infração for indeterminado, desconhecido ou de domicílio indefinido, será realizada notificação da lavratura do termo de embargo mediante a publicação de seu extrato no *Diário Oficial da União*.

Art. 109. A suspensão de venda ou fabricação de produto constitui medida que visa a evitar a colocação no mercado de produtos e subprodutos oriundos de infração administrativa ao meio ambiente ou que tenha como objetivo interromper o uso contínuo de matéria-prima e subprodutos de origem ilegal.

Art. 110. A suspensão parcial ou total de atividades constitui medida que visa a impedir a continuidade de processos produtivos em desacordo com a legislação ambiental.

Art. 111. Os produtos, inclusive madeiras, subprodutos e instrumentos utilizados na prática da infração poderão ser destruídos ou inutilizados quando:

I – a medida for necessária para evitar o seu uso e aproveitamento indevidos nas situações em que o transporte e a guarda forem inviáveis em face das circunstâncias; ou

II – possam expor o meio ambiente a riscos significativos ou comprometer a segurança da população e dos agentes públicos envolvidos na fiscalização.

Parágrafo único. O termo de destruição ou inutilização deverá ser instruído com elementos que identifiquem as condições anteriores e posteriores à ação, bem como a avaliação dos bens destruídos.

Art. 112. A demolição de obra, edificação ou construção não habitada e utilizada diretamente para a infração ambiental dar-se-á excepcionalmente no ato da fiscalização nos casos em que se constatar que a ausência da demolição importa em iminente risco de agravamento do dano ambiental ou de graves riscos à saúde. (Redação dada pelo Decreto nº 6.686, de 2008)

§ 1º. A demolição poderá ser feita pelo agente autuante, por quem este autorizar ou pelo próprio infrator e deverá ser devidamente descrita e documentada, inclusive com fotografias. (Redação dada pelo Decreto nº 6.686, de 2008)

§ 2º. As despesas para a realização da demolição correrão às custas do infrator.

§ 3º. A demolição de que trata o *caput* não será realizada em edificações residenciais.

SEÇÃO III. DA DEFESA

Art. 113. O autuado poderá, no prazo de vinte dias, contado da data da ciência da autuação, apresentar defesa contra o auto de infração, cuja fluência fica sobrestada até a data de realização da audiência de conciliação ambiental. (Redação dada pelo Dec. 9.760/2019)

§ 1º Na hipótese de insucesso da audiência de conciliação ambiental, por não comparecimento do autuado ou por ausência de interesse em conciliar, inicia-se a fluência do prazo para apresentação de defesa de que trata o *caput*. (Redação dada pelo Dec. 9.760/2019)

§ 2º O desconto de trinta por cento de que tratam o § 2º do art. 3º e o art. 4º da Lei nº 8.005, de 22 de março de 1990, será aplicado sempre que o autuado optar por efetuar o pagamento da multa, permitido o parcelamento. (Redação dada pelo Dec. 9.760/2019)

Art. 114. A defesa poderá ser protocolizada em qualquer unidade administrativa do órgão ambiental que promoveu a autuação, que o encaminhará imediatamente à unidade responsável.

Art. 115. A defesa será formulada por escrito e deverá conter os fatos e fundamentos jurídicos que contrariem o disposto no auto de infração e termos que o acompanham, bem como a especificação das provas que o autuado pretende produzir a seu favor, devidamente justificadas.

Parágrafo único. Requerimentos formulados fora do prazo de defesa não serão conhecidos, podendo ser desentranhados dos autos conforme decisão da autoridade ambiental competente.

Art. 116. O autuado poderá ser representado por advogado ou procurador legalmente constituído, devendo, para tanto, anexar à defesa o respectivo instrumento de procuração.

Parágrafo único. O autuado poderá requerer prazo de até 10 (dez) dias para a juntada do instrumento a que se refere o *caput*.

Art. 117. A defesa não será conhecida quando apresentada:

I – fora do prazo;

II – por quem não seja legitimado; ou

III – perante órgão ou entidade ambiental incompetente.

SEÇÃO IV. DA INSTRUÇÃO E JULGAMENTO

Art. 118. Ao autuado caberá a prova dos fatos que tenha alegado, sem prejuízo do dever atribuído à autoridade julgadora para instrução do processo.

Art. 119. A autoridade julgadora poderá requisitar a produção de provas necessárias à sua convicção, bem como parecer técnico ou contradita do agente autuante, especificando o objeto a ser esclarecido.

§ 1º. O parecer técnico deverá ser elaborado no prazo máximo de 10 (dez) dias, ressalvadas as situações devidamente justificadas.

§ 2º. A contradita deverá ser elaborada pelo agente autuante no prazo de 5 (cinco) dias, contados a partir do recebimento do processo.

§ 3º. Entende-se por contradita, para efeito deste Decreto, as informações e esclarecimentos prestados pelo agente autuante necessários à elucidação dos fatos que originaram o auto de infração, ou das razões alegadas pelo autuado, facultado ao agente, nesta fase, opinar pelo acolhimento parcial ou total da defesa.

Art. 120. As provas propostas pelo autuado, quando impertinentes, desnecessárias ou protelatórias, poderão ser recusadas, mediante decisão fundamentada da autoridade julgadora competente.

Art. 121. O órgão da Procuradoria-Geral Federal, quando houver controvérsia jurídica, emitirá parecer fundamentado para a motivação da decisão da autoridade julgadora. (Redação dada pelo Decreto nº 6.686, de 2008)

Art. 122. Encerrada a instrução, o autuado terá o direito de manifestar-se em alegações finais, no prazo máximo de 10 (dez) dias.

Parágrafo único. A autoridade julgadora notificará o autuado por via postal com aviso de recebimento ou por outro meio válido que assegure a certeza de sua ciência, para fins de apresentação de alegações finais. (Redação dada pelo Dec. 9.760/2019)

Art. 123. A decisão da autoridade julgadora não se vincula às sanções aplicadas pelo agente autuante, ou ao valor da multa, podendo, em decisão motivada, de ofício ou a requerimento do interessado, minorar, manter ou majorar o seu valor, respeitados os limites estabelecidos na legislação ambiental vigente. (Redação dada pelo Decreto nº 6.686, de 2008)

Parágrafo único. A autoridade julgadora notificará o autuado para se manifestar no prazo das alegações finais, por via postal com aviso de recebimento ou por outro meio válido que assegure a certeza de sua ciência, nos casos em que a instrução processual indicar o agravamento da penalidade de que trata o art. 11. (Redação dada pelo Dec. 9.760/2019)

Art. 124. Oferecida ou não a defesa, a autoridade julgadora, no prazo de 30 (trinta) dias, julgará o auto de infração, decidindo sobre a aplicação das penalidades.

§ 1º. Nos termos do que dispõe o art. 101, as medidas administrativas que forem aplicadas no momento da autuação deverão ser apreciadas no ato decisório, sob pena de ineficácia.

§ 2º. A inobservância do prazo para julgamento não torna nula a decisão da autoridade julgadora e o processo.

§ 3º. O órgão ou entidade ambiental competente indicará, em ato próprio, a autoridade administrativa responsável pelo julgamento da defesa, observando-se o disposto no art. 17 da Lei nº 9.784, de 1999.

Art. 125. A decisão deverá ser motivada, com a indicação dos fatos e fundamentos jurídicos em que se baseia.

Parágrafo único. A motivação deve ser explícita, clara e congruente, podendo consistir em declaração de concordância com fundamentos de anteriores pareceres, informações ou decisões, que, neste caso, serão parte integrante do ato decisório.

Art. 126. Julgado o auto de infração, o autuado será notificado por via postal com aviso de recebimento ou outro meio válido que assegure a certeza de sua ciência para pagar a multa no prazo de 5 (cinco) dias, a partir do recebimento da notificação, ou para apresentar recurso.

Parágrafo único. O pagamento realizado no prazo disposto no *caput* contará com o desconto de 30% (trinta por cento) do valor corrigido da penalidade, nos termos do art. 4º da Lei 8.005, de 1990.

SEÇÃO V. DOS RECURSOS

Art. 127. Da decisão proferida pela autoridade julgadora caberá recurso no prazo de 20 (vinte) dias. (Redação dada pelo Decreto nº 6.686, de 2008)

§ 1º. O recurso hierárquico de que trata este artigo será dirigido à autoridade administrativa julgadora que proferiu a decisão na defesa, a qual, se não a reconsiderar no prazo de 5 (cinco) dias, o encaminhará à autoridade superior. (Incluído pelo Decreto nº 6.686, de 2008)

§ 2º. O órgão ou entidade ambiental competente indicará, em ato próprio, a autoridade superior que será responsável pelo julgamento do recurso mencionado no *caput*. (Incluído pelo Decreto nº 6.686, de 2008)

Art. 127-A. A autoridade que proferiu a decisão na defesa recorrerá de ofício à autoridade superior nas hipóteses a serem definidas pelo órgão ou entidade ambiental. (Incluído pelo Decreto nº 6.686, de 2008)

Parágrafo único. O recurso de ofício será interposto mediante declaração na própria decisão. (Incluído pelo Decreto nº 6.686, de 2008)

Art. 128. O recurso interposto na forma prevista no art. 127 não terá efeito suspensivo.

§ 1º. Na hipótese de justo receio de prejuízo de difícil ou incerta reparação, a autoridade recorrida ou a imediatamente superior poderá, de ofício ou a pedido do recorrente, conceder efeito suspensivo ao recurso.

§ 2º. Quando se tratar de penalidade de multa, o recurso de que trata o art. 127 terá efeito suspensivo quanto a esta penalidade.

Art. 129. A autoridade superior responsável pelo julgamento do recurso poderá confirmar, modificar, anular ou revogar, total ou parcialmente, a decisão recorrida. (Redação dada pelo Decreto nº 6.686, de 2008)

Art. 130. Da decisão proferida pela autoridade superior caberá recurso ao CONAMA, no prazo de 20 (vinte) dias. (Redação dada pelo Decreto nº 6.686, de 2008)

§ 1º. O recurso de que trata este artigo será dirigido à autoridade superior que proferiu a decisão no recurso, a qual, se não a reconsiderar no prazo de 5 (cinco) dias, e após exame prévio de admissibilidade, o encaminhará ao Presidente do CONAMA. (Incluído pelo Decreto nº 6.868, de 2008)

§ 2º. A autoridade julgadora junto ao CONAMA não poderá modificar a penalidade aplicada para agravar a situação do recorrente. (Incluído pelo Decreto nº 6.686, de 2008)

§ 3º. O recurso interposto na forma prevista neste artigo não terá efeito suspensivo, salvo quanto à penalidade de multa. (Incluído pelo Decreto nº 6.686, de 2008)

§ 4º. Na hipótese de justo receio de prejuízo de difícil ou incerta reparação, a autoridade recorrida ou a imediatamente superior poderá, de ofício ou a pedido do recorrente, dar efeito suspensivo ao recurso. (Incluído pelo Decreto nº 6.686, de 2008)

§ 5º. O órgão ou entidade ambiental disciplinará os requisitos e procedimentos para o processamento do recurso previsto no *caput* deste artigo. (Incluído pelo Decreto nº 6.686, de 2008)

Art. 131. O recurso não será conhecido quando interposto:

I – fora do prazo;
II – perante órgão ambiental incompetente; ou
III – por quem não seja legitimado.

Art. 132. Após o julgamento, o CONAMA restituirá os processos ao órgão ambiental de origem, para que efetue a notificação do interessado, dando ciência da decisão proferida.

Art. 133. Havendo decisão confirmatória do auto de infração por parte do CONAMA, o interessado será notificado nos termos do art. 126.

Parágrafo único. As multas estarão sujeitas à atualização monetária desde a lavratura do auto de infração até o seu efetivo pagamento, sem prejuízo da aplicação de juros de mora e demais encargos conforme previsto em lei.

SEÇÃO VI.
DO PROCEDIMENTO RELATIVO À DESTINAÇÃO DOS BENS E ANIMAIS APREENDIDOS

Art. 134. Após decisão que confirme o auto de infração, os bens e animais apreendidos que ainda não tenham sido objeto da destinação prevista no art. 107, não mais retornarão ao infrator, devendo ser destinados da seguinte forma:

I – os produtos perecíveis serão doados;
II – as madeiras poderão ser doadas a órgãos ou entidades públicas, vendidas ou utilizadas pela administração quando houver necessidade, conforme decisão motivada da autoridade competente; (Redação dada pelo Decreto nº 6.686, de 2008)
III – os produtos e subprodutos da fauna não perecíveis serão destruídos ou doados a instituições científicas, culturais ou educacionais;
IV – os instrumentos utilizados na prática da infração poderão ser destruídos, utilizados pela administração quando houver necessidade, doados ou vendidos, garantida a sua descaracterização, neste último caso, por meio da reciclagem quando o instrumento puder ser utilizado na prática de novas infrações;
V – os demais petrechos, equipamentos, veículos e embarcações descritos no inciso IV do art. 72 da Lei nº 9.605, de 1998, poderão ser utilizados pela administração quando houver necessidade, ou ainda vendidos, doados ou destruídos, conforme decisão motivada da autoridade ambiental;
VI – os animais domésticos e exóticos serão vendidos ou doados;
VII – os animais da fauna silvestre serão libertados em seu hábitat ou entregues a jardins zoológicos, fundações, centros de triagem, criadouros regulares ou entidades assemelhadas, desde que fiquem sob a responsabilidade de técnicos habilitados. (Incluído pelo Decreto nº 6.686, de 2008)

Art. 135. Os bens apreendidos poderão ser doados pela autoridade competente para órgãos e entidades públicas de caráter científico, cultural, educacional, hospitalar, penal, militar e social, bem como para outras entidades sem fins lucrativos de caráter beneficente. (Redação dada pelo Decreto nº 6.686, de 2008)

Parágrafo único. Os produtos da fauna não perecíveis serão destruídos ou doados a instituições científicas, culturais ou educacionais.

Art. 136. Tratando-se de apreensão de substâncias ou produtos tóxicos, perigosos ou nocivos à saúde humana ou ao meio ambiente, as medidas a serem adotadas, inclusive a destruição, serão determinadas pelo órgão competente e correrão a expensas do infrator.

Art. 137. O termo de doação de bens apreendidos vedará a transferência a terceiros, a qualquer título, dos animais, produtos, subprodutos, instrumentos, petrechos, equipamentos, veículos e embarcações doados.

Parágrafo único. A autoridade ambiental poderá autorizar a transferência dos bens doados quando tal medida for considerada mais adequada à execução dos fins institucionais dos beneficiários.

Art. 138. Os bens sujeitos à venda serão submetidos a leilão, nos termos do § 5º do art. 22 da Lei nº 8.666, de 21 de junho de 1993.

‣ Lei 14.133/2021 (Nova Lei de Licitações)

Parágrafo único. Os custos operacionais de depósito, remoção, transporte, beneficiamento e demais encargos legais correrão à conta do adquirente.

SEÇÃO VII.
DO PROCEDIMENTO DE CONVERSÃO DE MULTA SIMPLES EM SERVIÇOS DE PRESERVAÇÃO, MELHORIA E RECUPERAÇÃO DA QUALIDADE DO MEIO AMBIENTE

Art. 139. Fica instituído o Programa de Conversão de Multas Ambientais emitidas por órgãos e entidades da União integrantes do Sistema Nacional do Meio Ambiente - Sisnama. (Redação dada pelo Decreto nº 9.179, de 2017)

Parágrafo único. A multa simples pode ser convertida em serviços de preservação, melhoria e recuperação da qualidade do meio ambiente, excetuadas as multas decorrentes de infrações ambientais que tenham provocado mortes humanas. (Redação dada pelo Dec. 9.760/2019)

Art. 140. São considerados serviços de preservação, melhoria e recuperação da qualidade do meio ambiente, as ações, as atividades e as obras incluídas em projetos com, no mínimo, um dos seguintes objetivos: (Redação dada pelo Decreto nº 9.179, de 2017)

I – recuperação: (Redação dada pelo Decreto nº 9.179, de 2017)

a) de áreas degradadas para conservação da biodiversidade e conservação e melhoria da qualidade do meio ambiente; (Incluída pelo Decreto nº 9.179, de 2017)

b) de processos ecológicos essenciais; (Incluída pelo Decreto nº 9.179, de 2017)

c) de vegetação nativa para proteção; e (Incluída pelo Decreto nº 9.179, de 2017)

d) de áreas de recarga de aquíferos; (Incluída pelo Decreto nº 9.179, de 2017)

II – proteção e manejo de espécies da flora nativa e da fauna silvestre; (Redação dada pelo Decreto nº 9.179, de 2017)
III – monitoramento da qualidade do meio ambiente e desenvolvimento de indicadores ambientais; (Redação dada pelo Decreto nº 9.179, de 2017)
IV – mitigação ou adaptação às mudanças do clima; (Redação dada pelo Decreto nº 9.179, de 2017)
V – manutenção de espaços públicos que tenham como objetivo a conservação, a proteção e a recuperação de espécies da flora nativa ou da fauna silvestre e de áreas verdes urbanas destinadas à proteção dos recursos hídricos; (Incluída pelo Decreto nº 9.179, de 2017)
VI - educação ambiental; (Redação dada pelo Dec. 9.760/2019)
VII - promoção da regularização fundiária de unidades de conservação; (Redação dada pelo Dec. 9.760/2019)
VIII - saneamento básico; (Incluído pelo Dec. 9.760/2019)
IX - garantia da sobrevivência de espécies da flora nativa e da fauna silvestre mantidos pelo órgão ou pela entidade federal emissora da multa; ou (Incluído pelo Dec. 9.760/2019)
X - implantação, gestão, monitoramento e proteção de unidades de conservação. (Incluído pelo Dec. 9.760/2019)

§ 1º. Na hipótese de os serviços a serem executados demandarem recuperação da vegetação nativa em imóvel rural, as áreas beneficiadas com a prestação de serviço objeto da conversão deverão estar inscritas no Cadastro Ambiental Rural - CAR. (Incluída pelo Decreto nº 9.179, de 2017)

§ 2º. O disposto no § 1º não se aplica aos assentamentos de reforma agrária, aos territórios indígenas e quilombolas e às unidades de conservação, ressalvadas as Áreas de Proteção Ambiental. (Incluída pelo Decreto nº 9.179, de 2017)

Art. 140-A. Os órgãos ou as entidades da administração pública federal ambiental de que trata esta Seção poderão realizar procedimentos administrativos de competição para selecionar projetos apresentados por órgãos e por entidades públicas ou privadas, para execução dos serviços de que trata o art. 140, em áreas públicas ou privadas. (Redação dada pelo Dec. 9.760/2019)

Parágrafo único. (Revogado pelo Dec. 9.760/2019)

Art. 141. Não caberá conversão de multa para reparação de danos decorrentes das próprias infrações. (Redação dada pelo Decreto nº 9.179, de 2017)

I e II - (Revogados pelo Decreto 9.1792017)

Parágrafo único. (Revogado pelo Decreto 9.1792017)

Art. 142. O autuado poderá requerer a conversão de multa de que trata esta Seção: (Redação dada pelo Dec. 9.760/2019)

I - ao Núcleo de Conciliação Ambiental, por ocasião da audiência de conciliação ambiental; (Incluído pelo Dec. 9.760/2019)
II - à autoridade julgadora, até a decisão de primeira instância; ou (Incluído pelo Dec. 9.760/2019)
III - à autoridade superior, até a decisão de segunda instância. (Incluído pelo Dec. 9.760/2019)

Art. 142-A. A conversão da multa se dará por meio de uma das seguintes modalidades, a ser indicada em cada caso pela administração pública federal ambiental: (Redação dada pelo Dec. 9.760/2019)

I - pela implementação, pelo próprio autuado, de projeto de serviço de preservação, melhoria e recuperação da qualidade do meio ambiente, no âmbito de, no mínimo, um dos objetivos de que tratam os incisos I ao X do *caput* do art. 140; ou (Redação dada pelo Dec. 9.760/2019)
II - pela adesão do autuado a projeto previamente selecionado na forma de que trata o art. 140-A, observados os objetivos de que tratam os incisos I ao X do *caput* do art. 140. (Redação dada pelo Dec. 9.760/2019)

§ 1º A administração pública federal ambiental indicará o projeto ou a cota-parte de projeto de serviço a ser implementado. (Redação dada pelo Dec. 9.760/2019)

§ 2º A hipótese de que trata o inciso II do *caput* fica condicionada à regulação dos procedimentos necessários a sua operacionalização. (Redação dada pelo Dec. 9.760/2019)

§ 3º Os projetos a que se refere o § 1º deverão ser executados prioritariamente no Estado em que ocorreu a infração. (Incluído pelo Dec. 9.760/2019)

Art. 143. O valor dos custos dos serviços de preservação, conservação, melhoria e recuperação da qualidade do meio ambiente será igual ou superior ao valor da multa convertida. (Redação dada pelo Decreto nº 9.179, de 2017)

§ 1º. Independentemente do valor da multa aplicada, o autuado fica obrigado a reparar integralmente o dano que tenha causado. (Redação dada pelo Decreto nº 9.179, de 2017)

§ 2º O Núcleo de Conciliação Ambiental, a autoridade julgadora ou a autoridade superior, ao deferirem o pedido de conversão, aplicarão sobre o valor da multa consolidada o desconto de: (Redação dada pelo Dec. 9.760/2019)

I - sessenta por cento, quando o requerimento for apresentado por ocasião da audiência de conciliação ambiental; (Redação dada pelo Dec. 9.760/2019)

II - cinquenta por cento, quando o requerimento for apresentado até a decisão de primeira instância; e (Redação dada pelo Dec. 9.760/2019)

III - quarenta por cento, quando o requerimento for apresentado até a decisão de segunda instância. (Incluído pelo Dec. 9.760/2019)

§§ 3º a 6º (Revogados pelo Dec. 9.760/2019)

§ 7º. O valor resultante do desconto não poderá ser inferior ao valor mínimo legal aplicável à infração. (Incluído pelo Decreto nº 9.179, de 2017)

Art. 144. (Revogado pelo Dec. 9.760/2019)

Art. 145. Compete ao Núcleo de Conciliação Ambiental, à autoridade julgadora ou à autoridade superior decidir sobre o pedido de conversão da multa, a depender do momento de sua apresentação, nos termos do disposto no art. 142. (Redação dada pelo Dec. 9.760/2019)

§ 1º O Núcleo de Conciliação Ambiental, a autoridade julgadora ou a autoridade superior considerarão as peculiaridades do caso concreto, os antecedentes do infrator e o efeito dissuasório da multa ambiental, e poderão, em decisão motivada, deferir ou não o pedido de conversão formulado pelo autuado, observado o disposto no art. 141 e as diretrizes estabelecidas em portaria conjunta do Ministro de Estado do Meio Ambiente e dos dirigentes máximos dos órgãos e das entidades da administração pública federal ambiental. (Redação dada pelo Dec. 9.760/2019)

§ 2º Na hipótese de deferimento do pedido de conversão, o autuado será instado a assinar o termo de compromisso de que trata o art. 146: (Redação dada pelo Dec. 9.760/2019)

a) pelo Núcleo de Conciliação Ambiental, durante a audiência de conciliação; ou (Incluído pelo Dec. 9.760/2019)

b) pela autoridade julgadora ou pela autoridade superior, mediante notificação para comparecimento à unidade administrativa indicada pelo órgão ou pela entidade da administração pública federal emissora da multa. (Incluído pelo Dec. 9.760/2019)

§ 3º Caberá recurso, no prazo de vinte dias, da decisão do Núcleo de Conciliação Ambiental que indeferir o pedido de conversão da multa aplicada. (Redação dada pelo Dec. 9.760/2019)

§ 4º O Núcleo de Conciliação Ambiental, se não reconsiderar o recurso de que trata o § 3º, o encaminhará à autoridade julgadora, no prazo de cinco dias. (Redação dada pelo Dec. 9.760/2019)

§ 5º Caberá recurso hierárquico da decisão da autoridade julgadora que indeferir o pedido de conversão da multa aplicada, na forma do disposto no art. 127. (Incluído pelo Dec. 9.760/2019)

§ 6º Não caberá recurso da decisão da autoridade superior que indeferir o pedido de conversão da multa aplicada (Incluído pelo Dec. 9.760/2019)

Art. 146. Na hipótese de decisão favorável ao pedido, as partes celebrarão termo de compromisso, que estabelecerá os termos da vinculação do autuado ao objeto da conversão de multa pelo prazo de execução do projeto aprovado ou de sua cota-parte no projeto escolhido pelo órgão federal emissor da multa. (Redação dada pelo Decreto nº 9.179, de 2017)

§ 1º. O termo de compromisso conterá as seguintes cláusulas obrigatórias: (Redação dada pelo Decreto nº 9.179, de 2017)

I – nome, qualificação e endereço das partes compromissadas e de seus representantes legais; (Incluído pelo Decreto nº 9.179, de 2017)

II – serviço ambiental objeto da conversão; (Incluído pelo Decreto nº 9.179, de 2017)

III – prazo de vigência do compromisso, que será vinculado ao tempo necessário à conclusão do objeto da conversão que, em função de sua complexidade e das obrigações pactuadas, poderá variar entre o mínimo de noventa dias e o máximo de dez anos, admitida a prorrogação, desde que justificada; (Incluído pelo Decreto nº 9.179, de 2017)

IV – multa a ser aplicada em decorrência do não cumprimento das obrigações pactuadas; (Incluído pelo Decreto nº 9.179, de 2017)

V – efeitos do descumprimento parcial ou total do objeto pactuado; (Incluído pelo Decreto nº 9.179, de 2017)

VI – reparação dos danos decorrentes da infração ambiental, caso existentes; e (Incluído pelo Decreto nº 9.179, de 2017)

VII – foro competente para dirimir litígios entre as partes. (Incluído pelo Decreto nº 9.179, de 2017)

§ 2º. Na hipótese da conversão prevista no inciso I do *caput* do art. 142-A, o termo de compromisso conterá: (Redação dada pelo Decreto nº 9.179, de 2017)

I – a descrição detalhada do objeto; (Incluído pelo Decreto nº 9.179, de 2017)

II – o valor do investimento previsto para sua execução; (Incluído pelo Decreto nº 9.179, de 2017)

III – as metas a serem atingidas; e (Incluído pelo Decreto nº 9.179, de 2017)

IV – o anexo com plano de trabalho, do qual constarão os cronogramas físico e financeiro de implementação do projeto aprovado. (Incluído pelo Decreto nº 9.179, de 2017)

§ 3º. (Revogado pelo Dec. 9.760/2019)

§ 4º. A assinatura do termo de compromisso suspende a exigibilidade da multa aplicada e implica renúncia ao direito de recorrer administrativamente. (Redação dada pelo Decreto nº 9.179, de 2017)

§ 5º. A celebração do termo de compromisso não põe fim ao processo administrativo e o órgão ambiental monitorará e avaliará, a qualquer tempo, o cumprimento das obrigações pactuadas. (Redação dada pelo Decreto nº 9.179, de 2017)

§ 6º. A efetiva conversão da multa se concretizará somente após a conclusão do objeto, parte integrante do projeto, a sua comprovação pelo executor e a aprovação pelo órgão federal emissor da multa. (Redação dada pelo Decreto nº 9.179, de 2017)

§ 7º. O termo de compromisso terá efeito nas esferas civil e administrativa. (Incluído pelo Decreto nº 9.179, de 2017)

§ 8º. O inadimplemento do termo de compromisso implica: (Incluído pelo Decreto nº 9.179, de 2017)

I – na esfera administrativa, a inscrição imediata do débito em dívida ativa para cobrança da multa resultante do auto de infração em seu valor integral, acrescido dos consectários legais incidentes; e (Incluído pelo Decreto nº 9.179, de 2017)

II – na esfera civil, a execução judicial imediata das obrigações pactuadas, tendo em vista seu caráter de título executivo extrajudicial. (Incluído pelo Decreto nº 9.179, de 2017)

§ 9º (Revogado pelo Dec. 9.760/2019)

Art. 147. Os extratos dos termos de compromisso celebrados serão publicados no Diário Oficial da União. (Redação dada pelo Decreto nº 9.179, de 2017)

Art. 148. O autuado que houver pleiteado a conversão de multa sob a égide do Decreto nº 9.179, de 2017, em qualquer de suas modalidades, poderá, no prazo de duzentos e setenta dias, contado de 8 de outubro de 2019: *(Redação dada pelo Decreto 10.198/2020)*

I - solicitar a readequação do pedido de conversão de multa para execução nos moldes do art. 142-A, garantido o desconto de sessenta por cento sobre o valor da multa consolidada; ou (Redação dada pelo Dec. 9.760/2019)

II - desistir do pedido de conversão de multa, garantida a faculdade de optar por uma das demais soluções legais possíveis para encerrar o processo, tais como o desconto para pagamento e o parcelamento da multa. (Redação dada pelo Dec. 9.760/2019)

Parágrafo único. O decurso do prazo de que trata o *caput* sem qualquer manifestação do autuado implica desistência tácita do pedido de conversão de multa, hipótese em que o órgão da administração pública federal ambiental emissor da multa deverá notificá-lo acerca do prosseguimento do processo administrativo. (Incluído pelo Dec. 9.760/2019)

§§ 1º a 5º (Revogado pelo Dec. 9.760/2019)

CAPÍTULO III.
DAS DISPOSIÇÕES FINAIS

Art. 149. Os órgãos ambientais integrantes do Sistema Nacional do Meio Ambiente – SISNAMA ficam obrigados a dar, trimestralmente, publicidade das sanções administrativas aplicadas com fundamento neste Decreto: (Redação dada pelo Decreto nº 6.686, de 2008)

I – no Sistema Nacional de Informações Ambientais – SISNIMA, de que trata o art. 9º, inciso VII, da Lei nº 6.938, de 1981; e

II – em seu sítio na rede mundial de computadores.

Parágrafo único. Quando da publicação das listas, nos termos do *caput*, o órgão ambiental deverá, obrigatoriamente, informar se os processos estão julgados em definitivo ou encontram-se pendentes de julgamento ou recurso. (Incluído pelo Decreto nº 6.686, de 2008)

Art. 150. Nos termos do que dispõe o § 1º do art. 70 da Lei nº 9.605, de 1998, este Decreto se aplica, no que couber, à Capitania dos Portos do Comando da Marinha.

Art. 150-A. Os prazos de que trata este Decreto contam-se na forma do disposto no *caput* do art. 66 da Lei nº 9.784, de 1999. (Incluído pelo Dec. 9.760/2019)

Art. 151. Os órgãos e entidades ambientais federais competentes estabelecerão, por meio de instrução normativa, os procedimentos administrativos complementares relativos à execução deste Decreto.

Art. 152. O disposto no art. 55 entrará em vigor em 11 de abril de 2012. (Redação dada pelo Decreto nº 7.719, de 2012)

Art. 152-A. Os embargos impostos em decorrência da ocupação irregular de áreas de reserva legal não averbadas e cuja vegetação nativa tenha sido suprimida até 21 de dezembro de 2007, serão suspensos até 11 de dezembro de

2009, mediante o protocolo pelo interessado de pedido de regularização da reserva legal junto ao órgão ambiental competente. (Redação dada pelo Decreto nº 6.695, de 2008)

Parágrafo único. O disposto no *caput* não se aplica a desmatamentos irregulares ocorridos no Bioma Amazônia. (Incluído pelo Decreto nº 6.695, de 2008)

Art. 153. Ficam revogados os Decretos nºs 3.179, de 21 de setembro de 1999, 3.919, de 14 de setembro de 2001, 4.592, de 11 de fevereiro de 2003, 5.523, de 25 de agosto de 2005, os arts. 26 e 27 do Decreto 5.975, de 30 de novembro de 2006, e os arts. 12 e 13 do Decreto 6.321, de 21 de dezembro de 2007.

Art. 154. Este Decreto entra em vigor na data de sua publicação.

Brasília, 22 de julho de 2008; 187º da Independência e 120º da República.

LUIZ INÁCIO LULA DA SILVA

Publicado D.O.U. 23.7.2008

LEI Nº 11.770, DE 9 DE SETEMBRO DE 2008

Cria o Programa Empresa Cidadã, destinado à prorrogação da licença-maternidade mediante concessão de incentivo fiscal, e altera a Lei nº 8.212, de 24 de julho de 1991.

- *Licença-maternidade*

O PRESIDENTE DA REPÚBLICA Faço saber que o Congresso Nacional decreta e eu sanciono a seguinte Lei:

- CF/88: art. 7º, XVIII.
- CLT: arts. 392 a 396.
- Lei 13.257/2016 – Art. 39: "O Poder Executivo, com vistas ao cumprimento do disposto no inciso II do *caput* do art. 5º e nos arts. 12 e 14 da Lei Complementar nº 101, de 4 de maio de 2000, estimará o montante da renúncia fiscal decorrente do disposto no art. 38 desta Lei e o incluirá no demonstrativo a que se refere o § 6º do art. 165 da Constituição Federal, que acompanhará o projeto de lei orçamentária cuja apresentação se der após decorridos 60 (sessenta) dias da publicação desta Lei."
- Decreto 7.052/2009 – Regulamenta a Lei 11.770/2008.
- Decreto 6.690/2008 – Institui o Programa de Prorrogação da Licença à Gestante e à Adotante, estabelece os critérios de adesão ao Programa.

Art. 1º. É instituído o Programa Empresa Cidadã, destinado a prorrogar: (Redação dada pela Lei nº 13.257, de 2016, em vigor na data de sua publicação, com produção de efeitos a partir do primeiro dia do exercício subsequente àquele em que for implementado o disposto no art. 39 da Lei 13.257, de 2016)

I – por 60 (sessenta) dias a duração da licença-maternidade prevista no inciso XVIII do *caput* do art. 7º da Constituição Federal; (Redação dada pela Lei nº 13.257, de 2016, em vigor na data de sua publicação, com produção de efeitos a partir do primeiro dia do exercício subsequente àquele em que for implementado o disposto no art. 39 da Lei 13.257, de 2016)

II – por 15 (quinze) dias a duração da licença-paternidade, nos termos desta Lei, além dos 5 (cinco) dias estabelecidos no § 1º do art. 10 do Ato das Disposições Constitucionais Transitórias. (Redação dada pela Lei nº 13.257, de 2016, em vigor na data de sua publicação, com produção de efeitos a partir do primeiro dia do exercício subsequente àquele em que for implementado o disposto no art. 39 da Lei 13.257, de 2016)

§ 1º. A prorrogação de que trata este artigo: (Redação dada pela Lei nº 13.257, de 2016, em vigor na data de sua publicação, com produção de efeitos a partir do primeiro dia do exercício subsequente àquele em que for implementado o disposto no art. 39 da Lei 13.257, de 2016)

I – será garantida à empregada da pessoa jurídica que aderir ao Programa, desde que a empregada a requeira até o final do primeiro mês após o parto, e será concedida imediatamente após a fruição da licença-maternidade de que trata o inciso XVIII do *caput* do art. 7º da Constituição Federal; (Redação dada pela Lei nº 13.257, de 2016, em vigor na data de sua publicação, com produção de efeitos a partir do primeiro dia do exercício subsequente àquele em que for implementado o disposto no art. 39 da Lei 13.257, de 2016)

II – será garantida ao empregado da pessoa jurídica que aderir ao Programa, desde que o empregado a requeira no prazo de 2 (dois) dias úteis após o parto e comprove participação em programa ou atividade de orientação sobre paternidade responsável. (Redação dada pela Lei nº 13.257, de 2016, em vigor na data de sua publicação, com produção de efeitos a partir do primeiro dia do exercício subsequente àquele em que for implementado o disposto no art. 39 da Lei 13.257, de 2016)

§ 2º. A prorrogação será garantida, na mesma proporção, à empregada e ao empregado que adotar ou obtiver guarda judicial para fins de adoção de criança. (Redação dada pela Lei nº 13.257, de 2016, em vigor na data de sua publicação, com produção de efeitos a partir do primeiro dia do exercício subsequente àquele em que for implementado o disposto no art. 39 da Lei 13.257, de 2016)

Art. 2º. É a administração pública, direta, indireta e fundacional, autorizada a instituir programa que garanta prorrogação da licença-maternidade para suas servidoras, nos termos do que prevê o art. 1º desta Lei.

Art. 3º. Durante o período de prorrogação da licença-maternidade e da licença-paternidade: (Redação dada pela Lei nº 13.257, de 2016, em vigor na data de sua publicação, com produção de efeitos a partir do primeiro dia do exercício subsequente àquele em que for implementado o disposto no art. 39 da Lei nº 13.257, de 2016)

I – a empregada terá direito à remuneração integral, nos mesmos moldes devidos no período de percepção do salário-maternidade pago pelo Regime Geral de Previdência Social (RGPS); (Redação dada pela Lei nº 13.257, de 2016, em vigor na data de sua publicação, com produção de efeitos a partir do primeiro dia do exercício subsequente àquele em que for implementado o disposto no art. 39 da Lei 13.257, de 2016)

II – o empregado terá direito à remuneração integral. (Redação dada pela Lei nº 13.257, de 2016, em vigor na data de sua publicação, com produção de efeitos a partir do primeiro dia do exercício subsequente àquele em que for implementado o disposto no art. 39 da Lei 13.257, de 2016)

Art. 4º. No período de prorrogação da licença-maternidade e da licença-paternidade de que trata esta Lei, a empregada e o empregado não poderão exercer nenhuma atividade remunerada, e a criança deverá ser mantida sob seus cuidados. (Redação dada pela Lei nº 13.257, de 2016, em vigor na data de sua publicação, com produção de efeitos a partir do primeiro dia do exercício subsequente àquele em que for implementado o disposto no art. 39 da Lei 13.257, de 2016)

Parágrafo único. Em caso de descumprimento do disposto no *caput* deste artigo, a empregada e o empregado perderão o direito à prorrogação. (Redação dada pela Lei nº 13.257, de 2016, em vigor na data de sua publicação, com produção de efeitos a partir do primeiro dia do exercício subsequente àquele em que for implementado o disposto no art. 39 da Lei 13.257, de 2016)

Art. 5º. A pessoa jurídica tributada com base no lucro real poderá deduzir do imposto devido, em cada período de apuração, o total da remuneração integral da empregada e do empregado pago nos dias de prorrogação de sua licença-maternidade e de sua licença-paternidade, vedada a dedução como despesa operacional. (Redação alterada pela Lei nº 13.257, de 2016, em vigor na data de sua publicação, com produção de efeitos a partir do primeiro dia do exercício subsequente àquele em que for implementado o disposto no art. 39 da Lei 13.257, de 2016)

Parágrafo único. (*VETADO*). (Redação dada pela Lei nº 13.257, de 2016, em vigor na data de sua publicação, com produção de efeitos a partir do primeiro dia do exercício subsequente àquele em que for implementado o disposto no art. 39 da Lei 13.257, de 2016)

Art. 6º. (*VETADO*).

Art. 7º. O Poder Executivo, com vistas no cumprimento do disposto no inciso II do *caput* do art. 5º e nos arts. 12 e 14 da Lei Complementar nº 101, de 4 de maio de 2000, estimará o montante da renúncia fiscal decorrente do disposto nesta Lei e o incluirá no demonstrativo a que se refere o § 6º do art. 165 da Constituição Federal, que acompanhará o projeto de lei orçamentária cuja apresentação se der após decorridos 60 (sessenta) dias da publicação desta Lei.

Art. 8º. Esta Lei entra em vigor na data de sua publicação, produzindo efeitos a partir do primeiro dia do exercício subsequente àquele em que for implementado o disposto no seu art. 7º.

Brasília, 9 de setembro de 2008; 187º da Independência e 120º da República.

LUIZ INÁCIO LULA DA SILVA

Publicado no D.O.U. 10.9.2008

RESOLUÇÃO CNJ Nº 60, DE 19 DE SETEMBRO DE 2008

Institui o Código de Ética da Magistratura Nacional.

- *Código de Ética da Magistratura Nacional*

- CF/1988: arts. 93, 102, I, n, 103-B, §§ 4º e 5º, e 111-A, II.
- EC 45/2004 – Altera diversos dispositivos da CF/1988.

O PRESIDENTE DO CONSELHO NACIONAL DE JUSTIÇA, no uso da atribuição que lhe é conferida pelo Regimento Interno e considerando o decidido na 68ª Sessão Ordinária, do dia 2 de agosto de 2008, resolve:

Art. 1º. Fica instituído o Código de Ética da Magistratura Nacional, na forma do anexo desta Resolução;

Art. 2º. Esta Resolução entra em vigor na data de sua Publicação.

Ministro GILMAR MENDES

Presidente

Brasília, 26 de agosto de 2008

Publicado no DJ de 18.9.2008

CÓDIGO DE ÉTICA DA MAGISTRATURA NACIONAL

O Conselho Nacional de Justiça, no exercício da competência que lhe atribuíram a Constituição Federal (art. 103-B, § 4º, I e II), a Lei Orgânica da Magistratura Nacional (art. 60 da LC 35/1979) e seu Regimento Interno (art. 19, incisos I e II);

Considerando que a adoção de Código de Ética da Magistratura é instrumento essencial para os juízes incrementarem a confiança da sociedade em sua autoridade moral;

Considerando que o Código de Ética da Magistratura traduz compromisso institucional com a excelência na prestação do serviço público de distribuir Justiça e, assim, mecanismo para fortalecer a legitimidade do Poder Judiciário;

Considerando que é fundamental para a magistratura brasileira cultivar princípios éticos, pois lhe cabe também função educativa e exemplar de cidadania em face dos demais grupos sociais;

Considerando que a Lei veda ao magistrado «procedimento incompatível com a dignidade, a honra e o decoro de suas funções» e comete-lhe o dever de «manter conduta irrepreensível na vida pública e particular» (LC 35/1979, arts. 35, inciso VIII, e 56, inciso II); e

Considerando a necessidade de minudenciar os princípios erigidos nas aludidas normas jurídicas; resolve aprovar e editar o presente Código de Ética da Magistratura Nacional, exortando todos os juízes brasileiros à sua fiel observância.

CAPÍTULO I. DISPOSIÇÕES GERAIS

Art. 1º. O exercício da magistratura exige conduta compatível com os preceitos deste Código e do Estatuto da Magistratura, norteando-se pelos princípios da independência, da imparcialidade, do conhecimento e capacitação, da cortesia, da transparência, do segredo profissional, da prudência, da diligência, da integridade profissional e pessoal, da dignidade, da honra e do decoro.

Art. 2º. Ao magistrado impõe-se primar pelo respeito à Constituição da República e às leis do País, buscando o fortalecimento das instituições e a plena realização dos valores democráticos.

Art. 3º. A atividade judicial deve desenvolver-se de modo a garantir e fomentar a dignidade da pessoa humana, objetivando assegurar e promover a solidariedade e a justiça na relação entre as pessoas.

CAPÍTULO II. INDEPENDÊNCIA

Art. 4º. Exige-se do magistrado que seja eticamente independente e que não interfira, de qualquer modo, na atuação jurisdicional de outro colega, exceto em respeito às normas legais.

Art. 5º. Impõe-se ao magistrado pautar-se no desempenho de suas atividades sem receber indevidas influências externas e estranhas à justa convicção que deve formar para a solução dos casos que lhe sejam submetidos.

Art. 6º. É dever do magistrado denunciar qualquer interferência que vise a limitar sua independência.

Art. 7º. A independência judicial implica que ao magistrado é vedado participar de atividade político-partidária.

CAPÍTULO III. IMPARCIALIDADE

Art. 8º. O magistrado imparcial é aquele que busca nas provas a verdade dos fatos, com objetividade e fundamento, mantendo ao longo de todo o processo uma distância equivalente das partes, e evita todo o tipo de comportamento que possa refletir favoritismo, predisposição ou preconceito.

Art. 9º. Ao magistrado, no desempenho de sua atividade, cumpre dispensar às partes igualdade de tratamento, vedada qualquer espécie de injustificada discriminação.

Parágrafo único. Não se considera tratamento discriminatório injustificado:

I – a audiência concedida a apenas uma das partes ou seu advogado, contanto que se assegure igual direito à parte contrária, caso seja solicitado;

II – o tratamento diferenciado resultante de lei.

CAPÍTULO IV. TRANSPARÊNCIA

Art. 10. A atuação do magistrado deve ser transparente, documentando-se seus atos, sempre que possível, mesmo quando não legalmente previsto, de modo a favorecer sua publicidade, exceto nos casos de sigilo contemplado em lei.

Art. 11. O magistrado, obedecido o segredo de justiça, tem o dever de informar ou mandar informar aos interessados acerca dos processos sob sua responsabilidade, de forma útil, compreensível e clara.

Art. 12. Cumpre ao magistrado, na sua relação com os meios de comunicação social, comportar-se de forma prudente e equitativa, e cuidar especialmente:

I – para que não sejam prejudicados direitos e interesses legítimos de partes e seus procuradores;

II – de abster-se de emitir opinião sobre processo pendente de julgamento, seu ou de outrem, ou juízo depreciativo sobre despachos, votos, sentenças ou acórdãos, de órgãos judiciais, ressalvada a crítica nos autos, doutrinária ou no exercício do magistério.

Art. 13. O magistrado deve evitar comportamentos que impliquem a busca injustificada e desmesurada por reconhecimento social, mormente a autopromoção em publicação de qualquer natureza.

Art. 14. Cumpre ao magistrado ostentar conduta positiva e de colaboração para com os órgãos de controle e de aferição de seu desempenho profissional.

CAPÍTULO V. INTEGRIDADE PESSOAL E PROFISSIONAL

Art. 15. A integridade de conduta do magistrado fora do âmbito estrito da atividade jurisdicional contribui para uma fundada confiança dos cidadãos na judicatura.

Art. 16. O magistrado deve comportar-se na vida privada de modo a dignificar a função, cônscio de que o exercício da atividade jurisdicional impõe restrições e exigências pessoais distintas das acometidas aos cidadãos em geral.

Art. 17. É dever do magistrado recusar benefícios ou vantagens de ente público, de empresa privada ou de pessoa física que possam comprometer sua independência funcional.

Art. 18. Ao magistrado é vedado usar para fins privados, sem autorização, os bens públicos ou os meios disponibilizados para o exercício de suas funções.

Art. 19. Cumpre ao magistrado adotar as medidas necessárias para evitar que possa surgir qualquer dúvida razoável sobre a legitimidade de suas receitas e de sua situação econômico-patrimonial.

CAPÍTULO VI. DILIGÊNCIA E DEDICAÇÃO

Art. 20. Cumpre ao magistrado velar para que os atos processuais se celebrem com a máxima pontualidade e para que os processos a seu cargo sejam solucionados em um prazo razoável, reprimindo toda e qualquer iniciativa dilatória ou atentatória à boa-fé processual.

Art. 21. O magistrado não deve assumir encargos ou contrair obrigações que perturbem ou impeçam o cumprimento apropriado de suas funções específicas, ressalvadas as acumulações permitidas constitucionalmente.

§ 1º. O magistrado que acumular, de conformidade com a Constituição Federal, o exercício da judicatura com o magistério deve sempre priorizar a atividade judicial, dispensando-lhe efetiva disponibilidade e dedicação.

§ 2º. O magistrado, no exercício do magistério, deve observar conduta adequada à sua condição de juiz, tendo em vista que, aos olhos de alunos e da sociedade, o magistério e a magistratura são indissociáveis, e faltas éticas na área do ensino refletirão necessariamente no respeito à função judicial.

CAPÍTULO VII. CORTESIA

Art. 22. O magistrado tem o dever de cortesia para com os colegas, os membros do Ministério Público, os advogados, os servidores, as partes, as testemunhas e todos quantos se relacionem com a administração da Justiça.

Parágrafo único. Impõe-se ao magistrado a utilização de linguagem escorreita, polida, respeitosa e compreensível.

Art. 23. A atividade disciplinar, de correição e de fiscalização serão exercidas sem infringência ao devido respeito e consideração pelos correicionados.

CAPÍTULO VIII. PRUDÊNCIA

Art. 24. O magistrado prudente é o que busca adotar comportamentos e decisões que sejam o resultado de juízo justificado racionalmente, após haver meditado e valorado os argumentos e contra-argumentos disponíveis, à luz do Direito aplicável.

Art. 25. Especialmente ao proferir decisões, incumbe ao magistrado atuar de forma cautelosa, atento às consequências que pode provocar.

Art. 26. O magistrado deve manter atitude aberta e paciente para receber argumentos ou críticas lançados de forma cortês e respeitosa, podendo confirmar ou retificar posições anteriormente assumidas nos processos em que atua.

CAPÍTULO IX. SIGILO PROFISSIONAL

Art. 27. O magistrado tem o dever de guardar absoluta reserva, na vida pública e privada, sobre dados ou fatos pessoais de que haja tomado conhecimento no exercício de sua atividade.

Art. 28. Aos juízes integrantes de órgãos colegiados impõe-se preservar o sigilo de votos que ainda não hajam sido proferidos e daqueles de cujo teor tomem conhecimento, eventualmente, antes do julgamento.

CAPÍTULO X. CONHECIMENTO E CAPACITAÇÃO

Art. 29. A exigência de conhecimento e de capacitação permanente dos magistrados tem como fundamento o direito dos jurisdicionados e da sociedade em geral à obtenção de um serviço de qualidade na administração de Justiça.

Art. 30. O magistrado bem formado é o que conhece o Direito vigente e desenvolveu as capacidades técnicas e as atitudes éticas adequadas para aplicá-lo corretamente.

Art. 31. A obrigação de formação contínua dos magistrados estende-se tanto às matérias especificamente jurídicas quanto no que se refere aos conhecimentos e técnicas que possam favorecer o melhor cumprimento das funções judiciais.

Art. 32. O conhecimento e a capacitação dos magistrados adquirem uma intensidade especial no que se relaciona com as matérias, as técnicas e as atitudes que levem à máxima proteção dos direitos humanos e ao desenvolvimento dos valores constitucionais.

Art. 33. O magistrado deve facilitar e promover, na medida do possível, a formação dos outros membros do órgão judicial.

Art. 34. O magistrado deve manter uma atitude de colaboração ativa em todas as atividades que conduzem à formação judicial.

Art. 35. O magistrado deve esforçar-se para contribuir com os seus conhecimentos teóricos e práticos ao melhor desenvolvimento do Direito e à administração da Justiça.

Art. 36. É dever do magistrado atuar no sentido de que a instituição de que faz parte ofereça os meios para que sua formação seja permanente.

CAPÍTULO XI. DIGNIDADE, HONRA E DECORO

Art. 37. Ao magistrado é vedado procedimento incompatível com a dignidade, a honra e o decoro de suas funções.

Art. 38. O magistrado não deve exercer atividade empresarial, exceto na condição de acionista ou cotista e desde que não exerça o controle ou gerência.

Art. 39. É atentatório à dignidade do cargo qualquer ato ou comportamento do magistrado, no exercício profissional, que implique discriminação injusta ou arbitrária de qualquer pessoa ou instituição.

CAPÍTULO XII. DISPOSIÇÕES FINAIS

Art. 40. Os preceitos do presente Código complementam os deveres funcionais dos juízes que emanam da Constituição Federal, do Estatuto da Magistratura e das demais disposições legais.

Art. 41. Os Tribunais brasileiros, por ocasião da posse de todo Juiz, entregar-lhe-ão um exemplar do Código de Ética da Magistratura Nacional, para fiel observância durante todo o tempo de exercício da judicatura.

Art. 42. Este Código entra em vigor, em todo o território nacional, na data de sua publicação, cabendo ao Conselho Nacional de Justiça promover-lhe ampla divulgação

LEI Nº 11.788, DE 25 DE SETEMBRO DE 2008

Dispõe sobre o estágio de estudantes; altera a redação do art. 428 da Consolidação das Leis do Trabalho – CLT, aprovada pelo Decreto-lei nº 5.452, de 1º de maio de 1943, e a Lei nº 9.394, de 20 de dezembro de 1996; revoga as Leis nºs 6.494, de 7 de dezembro de 1977, e 8.859, de 23 de março de 1994, o parágrafo único do art. 82 da Lei nº 9.394, de 20 de dezembro de 1996, e o art. 6º da Medida Provisória nº 2.164-41, de 24 de agosto de 2001; e dá outras providências.

› *Estágio*

O PRESIDENTE DA REPÚBLICA Faço saber que o Congresso Nacional decreta e eu sanciono a seguinte Lei:

CAPÍTULO I. DA DEFINIÇÃO, CLASSIFICAÇÃO E RELAÇÕES DE ESTÁGIO

Art. 1º. Estágio é ato educativo escolar supervisionado, desenvolvido no ambiente de trabalho, que visa à preparação para o trabalho produtivo de educandos que estejam frequentando o ensino regular em instituições de educação superior, de educação profissional, de ensino médio, da educação especial e dos anos finais do ensino fundamental, na modalidade profissional da educação de jovens e adultos.

§ 1º. O estágio faz parte do projeto pedagógico do curso, além de integrar o itinerário formativo do educando.

§ 2º. O estágio visa ao aprendizado de competências próprias da atividade profissional e à contextualização curricular, objetivando o desenvolvimento do educando para a vida cidadã e para o trabalho.

Art. 2º. O estágio poderá ser obrigatório ou não obrigatório, conforme determinação das diretrizes curriculares da etapa, modalidade e área de ensino e do projeto pedagógico do curso.

§ 1º. Estágio obrigatório é aquele definido como tal no projeto do curso, cuja carga horária é requisito para aprovação e obtenção de diploma.

§ 2º. Estágio não obrigatório é aquele desenvolvido como atividade opcional, acrescida à carga horária regular e obrigatória.

§ 3º. As atividades de extensão, de monitorias e de iniciação científica na educação superior, desenvolvidas pelo estudante, somente poderão ser equiparadas ao estágio em caso de previsão no projeto pedagógico do curso.

Art. 3º. O estágio, tanto na hipótese do § 1º do art. 2º desta Lei quanto na prevista no § 2º do mesmo dispositivo, não cria vínculo empregatício de qualquer natureza, observados os seguintes requisitos:

I – matrícula e frequência regular do educando em curso de educação superior, de educação profissional, de ensino médio, da educação especial e nos anos finais do ensino fundamental, na modalidade profissional da educação de jovens e adultos e atestados pela instituição de ensino;

II – celebração de termo de compromisso entre o educando, a parte concedente do estágio e a instituição de ensino;

III – compatibilidade entre as atividades desenvolvidas no estágio e aquelas previstas no termo de compromisso.

§ 1º. O estágio, como ato educativo escolar supervisionado, deverá ter acompanhamento efetivo pelo professor orientador da instituição de ensino e por supervisor da parte concedente, comprovado por vistos nos relatórios referidos no inciso IV do *caput* do art. 7º desta Lei e por menção de aprovação final.

§ 2º. O descumprimento de qualquer dos incisos deste artigo ou de qualquer obrigação contida no termo de compromisso caracteriza vínculo de emprego do educando com a parte concedente do estágio para todos os fins da legislação trabalhista e previdenciária.

Art. 4º. A realização de estágios, nos termos desta Lei, aplica-se aos estudantes estrangeiros regularmente matriculados em cursos superiores no País, autorizados ou reconhecidos, observado o prazo do visto temporário de estudante, na forma da legislação aplicável.

Art. 5º. As instituições de ensino e as partes cedentes de estágio podem, a seu critério, recorrer a serviços de agentes de integração públicos e privados, mediante condições acordadas em instrumento jurídico apropriado, devendo ser observada, no caso de contratação com recursos públicos, a legislação que estabelece as normas gerais de licitação.

§ 1º. Cabe aos agentes de integração, como auxiliares no processo de aperfeiçoamento do instituto do estágio:

I – identificar oportunidades de estágio;

II – ajustar suas condições de realização;

III – fazer o acompanhamento administrativo;

IV – encaminhar negociação de seguros contra acidentes pessoais;

V – cadastrar os estudantes.

§ 2º. É vedada a cobrança de qualquer valor dos estudantes, a TÍTULO de remuneração pelos serviços referidos nos incisos deste artigo.

§ 3º. Os agentes de integração serão responsabilizados civilmente se indicarem estagiários para a realização de atividades não compatíveis com a programação curricular estabelecida para cada curso, assim como estagiários matriculados em cursos ou instituições para as quais não há previsão de estágio curricular.

Art. 6º. O local de estágio pode ser selecionado a partir de cadastro de partes cedentes, organizado pelas instituições de ensino ou pelos agentes de integração.

CAPÍTULO II. DA INSTITUIÇÃO DE ENSINO

Art. 7º. São obrigações das instituições de ensino, em relação aos estágios de seus educandos:

I – celebrar termo de compromisso com o educando ou com seu representante ou assistente legal, quando ele for absoluta ou relativamente incapaz, e com a parte concedente, indicando as condições de adequação do estágio à proposta pedagógica do curso, à etapa e modalidade da formação escolar do estudante e ao horário e calendário escolar;

II – avaliar as instalações da parte concedente do estágio e sua adequação à formação cultural e profissional do educando;

III – indicar professor orientador, da área a ser desenvolvida no estágio, como responsável pelo acompanhamento e avaliação das atividades do estagiário;

IV – exigir do educando a apresentação periódica, em prazo não superior a 6 (seis) meses, de relatório das atividades;

V – zelar pelo cumprimento do termo de compromisso, reorientando o estagiário para outro local em caso de descumprimento de suas normas;

VI – elaborar normas complementares e instrumentos de avaliação dos estágios de seus educandos;

VII – comunicar à parte concedente do estágio, no início do período letivo, as datas de realização de avaliações escolares ou acadêmicas.

Parágrafo único. O plano de atividades do estagiário, elaborado em acordo das 3 (três) partes a que se refere o inciso II do *caput* do art. 3º desta Lei, será incorporado ao termo de compromisso por meio de aditivos à medida que for avaliado, progressivamente, o desempenho do estudante.

Art. 8º. É facultado às instituições de ensino celebrar com entes públicos e privados convênio de concessão de estágio, nos quais se explicitem o processo educativo compreendido nas atividades programadas para seus educandos e as condições de que tratam os arts. 6º a 14 desta Lei.

Parágrafo único. A celebração de convênio de concessão de estágio entre a instituição de ensino e a parte concedente não dispensa a celebração do termo de compromisso de que trata o inciso II do *caput* do art. 3º desta Lei.

CAPÍTULO III. DA PARTE CONCEDENTE

Art. 9º. As pessoas jurídicas de direito privado e os órgãos da administração pública direta, autárquica e fundacional de qualquer dos Poderes da União, dos Estados, do Distrito Federal e dos Municípios, bem como profissionais liberais de nível superior devidamente registrados em seus respectivos conselhos de fiscalização profissional, podem oferecer estágio, observadas as seguintes obrigações:

I – celebrar termo de compromisso com a instituição de ensino e o educando, zelando por seu cumprimento;
II – ofertar instalações que tenham condições de proporcionar ao educando atividades de aprendizagem social, profissional e cultural;
III – indicar funcionário de seu quadro de pessoal, com formação ou experiência profissional na área de conhecimento desenvolvida no curso do estagiário, para orientar e supervisionar até 10 (dez) estagiários simultaneamente;
IV – contratar em favor do estagiário seguro contra acidentes pessoais, cuja apólice seja compatível com valores de mercado, conforme fique estabelecido no termo de compromisso;
V – por ocasião do desligamento do estagiário, entregar termo de realização do estágio com indicação resumida das atividades desenvolvidas, dos períodos e da avaliação de desempenho;
VI – manter à disposição da fiscalização documentos que comprovem a relação de estágio;
VII – enviar à instituição de ensino, com periodicidade mínima de 6 (seis) meses, relatório de atividades, com vista obrigatória ao estagiário.

Parágrafo único. No caso de estágio obrigatório, a responsabilidade pela contratação do seguro de que trata o inciso IV do *caput* deste artigo poderá, alternativamente, ser assumida pela instituição de ensino.

CAPÍTULO IV. DO ESTAGIÁRIO

Art. 10. A jornada de atividade em estágio será definida de comum acordo entre a instituição de ensino, a parte concedente e o aluno estagiário ou seu representante legal, devendo constar do termo de compromisso ser compatível com as atividades escolares e não ultrapassar:

I – 4 (quatro) horas diárias e 20 (vinte) horas semanais, no caso de estudantes de educação especial e dos anos finais do ensino fundamental, na modalidade profissional de educação de jovens e adultos;
II – 6 (seis) horas diárias e 30 (trinta) horas semanais, no caso de estudantes do ensino superior, da educação profissional de nível médio e do ensino médio regular.

§ 1º. O estágio relativo a cursos que alternam teoria e prática, nos períodos em que não estão programadas aulas presenciais, poderá ter jornada de até 40 (quarenta) horas semanais, desde que isso esteja previsto no projeto pedagógico do curso e da instituição de ensino.

§ 2º. Se a instituição de ensino adotar verificações de aprendizagem periódicas ou finais, nos períodos de avaliação, a carga horária do estágio será reduzida pelo menos à metade, segundo estipulado no termo de compromisso, para garantir o bom desempenho do estudante.

Art. 11. A duração do estágio, na mesma parte concedente, não poderá exceder 2 (dois) anos, exceto quando se tratar de estagiário portador de deficiência.

Art. 12. O estagiário poderá receber bolsa ou outra forma de contraprestação que venha a ser acordada, sendo compulsória a sua concessão, bem como a do auxílio-transporte, na hipótese de estágio não obrigatório.

§ 1º. A eventual concessão de benefícios relacionados a transporte, alimentação e saúde, entre outros, não caracteriza vínculo empregatício.

§ 2º. Poderá o educando inscrever-se e contribuir como segurado facultativo do Regime Geral de Previdência Social.

Art. 13. É assegurado ao estagiário, sempre que o estágio tenha duração igual ou superior a 1 (um) ano, período de recesso de 30 (trinta) dias, a ser gozado preferencialmente durante suas férias escolares.

§ 1º. O recesso de que trata este artigo deverá ser remunerado quando o estagiário receber bolsa ou outra forma de contraprestação.

§ 2º. Os dias de recesso previstos neste artigo serão concedidos de maneira proporcional, nos casos de o estágio ter duração inferior a 1 (um) ano.

Art. 14. Aplica-se ao estagiário a legislação relacionada à saúde e segurança no trabalho, sendo sua implementação de responsabilidade da parte concedente do estágio.

CAPÍTULO V. DA FISCALIZAÇÃO

Art. 15. A manutenção de estagiários em desconformidade com esta Lei caracteriza vínculo de emprego do educando com a parte concedente do estágio para todos os fins da legislação trabalhista e previdenciária.

§ 1º. A instituição privada ou pública que reincidir na irregularidade de que trata este artigo ficará impedida de receber estagiários por 2 (dois) anos, contados da data da decisão definitiva do processo administrativo correspondente.

§ 2º. A penalidade de que trata o § 1º deste artigo limita-se à filial ou agência em que for cometida a irregularidade.

CAPÍTULO VI. DAS DISPOSIÇÕES GERAIS

Art. 16. O termo de compromisso deverá ser firmado pelo estagiário ou com seu representante ou assistente legal e pelos representantes legais da parte concedente e da instituição de ensino, vedada a atuação dos agentes de integração a que se refere o art. 5º desta Lei como representante de qualquer das partes.

Art. 17. O número máximo de estagiários em relação ao quadro de pessoal das entidades concedentes de estágio deverá atender às seguintes proporções:

I – de 1 (um) a 5 (cinco) empregados: 1 (um) estagiário;
II – de 6 (seis) a 10 (dez) empregados: até 2 (dois) estagiários;
III – de 11 (onze) a 25 (vinte e cinco) empregados: até 5 (cinco) estagiários;
IV – acima de 25 (vinte e cinco) empregados: até 20% (vinte por cento) de estagiários.

§ 1º. Para efeito desta Lei, considera-se quadro de pessoal o conjunto de trabalhadores empregados existentes no estabelecimento do estágio.

§ 2º. Na hipótese de a parte concedente contar com várias filiais ou estabelecimentos, os quantitativos previstos nos incisos deste artigo serão aplicados a cada um deles.

§ 3º. Quando o cálculo do percentual disposto no inciso IV do *caput* deste artigo resultar em fração, poderá ser arredondado para o número inteiro imediatamente superior.

§ 4º. Não se aplica o disposto no *caput* deste artigo aos estágios de nível superior e de nível médio profissional.

§ 5º. Fica assegurado às pessoas portadoras de deficiência o percentual de 10% (dez por cento) das vagas oferecidas pela parte concedente do estágio.

Art. 18. A prorrogação dos estágios contratados antes do início da vigência desta Lei apenas poderá ocorrer se ajustada às suas disposições.

Art. 19. O art. 428 da Consolidação das Leis do Trabalho – CLT, aprovada pelo Decreto-Lei nº 5.452, de 1º de maio de 1943, passa a vigorar com as seguintes alterações:

‣ Alteração incorporada ao texto do Decreto-lei.

Art. 20. O art. 82 da Lei nº 9.394, de 20 de dezembro de 1996, passa a vigorar com a seguinte redação:

"Art. 82. Os sistemas de ensino estabelecerão as normas de realização de estágio em sua jurisdição, observada a lei federal sobre a matéria.
Parágrafo único. (*Revogado*)."

Art. 21. Esta Lei entra em vigor na data de sua publicação.

Art. 22. Revogam-se as Leis nºs 6.494, de 7 de dezembro de 1977, e 8.859, de 23 de março de 1994, o parágrafo único do art. 82 da Lei nº 9.394, de 20 de dezembro de 1996, e o art. 6º da Medida Provisória nº 2.164-41, de 24 de agosto de 2001.

Brasília, 25 de setembro de 2008; 187º da Independência e 120º da República.
LUIZ INÁCIO LULA DA SILVA
Publicado no D.O.U. de 26.9.2008

LEI Nº 11.794, DE 8 DE OUTUBRO DE 2008

Regulamenta o inciso VII do § 1º do art. 225 da Constituição Federal, estabelecendo procedimentos para o uso científico de animais; revoga a Lei nº 6.638, de 8 de maio de 1979; e dá outras providências.

‣ *Uso científico de animais*

O PRESIDENTE DA REPÚBLICA Faço saber que o Congresso Nacional decreta e eu sanciono a seguinte Lei:

CAPÍTULO I. DAS DISPOSIÇÕES PRELIMINARES

Art. 1º. A criação e a utilização de animais em atividades de ensino e pesquisa científica, em todo o território nacional, obedece aos critérios estabelecidos nesta Lei.

‣ Lei 5.197/1967: art. 14.

§ 1º. A utilização de animais em atividades educacionais fica restrita a:

I – estabelecimentos de ensino superior;
II – estabelecimentos de educação profissional técnica de nível médio da área biomédica.

§ 2º. São consideradas como atividades de pesquisa científica todas aquelas relacionadas com ciência básica, ciência aplicada, desenvolvimento tecnológico, produção e controle da qualidade de drogas, medicamentos, alimentos, imunobiológicos, instrumentos, ou quaisquer outros testados em animais, conforme definido em regulamento próprio.

§ 3º. Não são consideradas como atividades de pesquisa as práticas zootécnicas relacionadas à agropecuária.

Art. 2º. O disposto nesta Lei aplica-se aos animais das espécies classificadas como filo *Chordata*, subfilo *Vertebrata*, observada a legislação ambiental.

Art. 3º. Para as finalidades desta Lei entende-se por:

I – filo *Chordata*: animais que possuem, como características exclusivas, ao menos na fase embrionária, a presença de notocorda, fendas branquiais na faringe e tubo nervoso dorsal único;
II – subfilo *Vertebrata*: animais cordados que têm, como características exclusivas, um encéfalo grande encerrado numa caixa craniana e uma coluna vertebral;
III – experimentos: procedimentos efetuados em animais vivos, visando à elucidação de fenônemos fisiológicos ou patológicos, mediante técnicas específicas e preestabelecidas;
IV – morte por meios humanitários: a morte de um animal em condições que envolvam, segundo as espécies, um mínimo de sofrimento físico ou mental.

Parágrafo único. Não se considera experimento:

I – a profilaxia e o tratamento veterinário do animal que deles necessite;
II – o anilhamento, a tatuagem, a marcação ou a aplicação de outro método com finalidade de identificação do animal, desde que cause apenas dor ou aflição momentânea ou dano passageiro;
III – as intervenções não experimentais relacionadas às práticas agropecuárias.

CAPÍTULO II. DO CONSELHO NACIONAL DE CONTROLE DE EXPERIMENTAÇÃO ANIMAL – CONCEA

Art. 4º. Fica criado o Conselho Nacional de Controle de Experimentação Animal – CONCEA.

Art. 5º. Compete ao CONCEA:

I – formular e zelar pelo cumprimento das normas relativas à utilização humanitária de animais com finalidade de ensino e pesquisa científica;
II – credenciar instituições para criação ou utilização de animais em ensino e pesquisa científica;
III – monitorar e avaliar a introdução de técnicas alternativas que substituam a utilização de animais em ensino e pesquisa;
IV – estabelecer e rever, periodicamente, as normas para uso e cuidados com animais para ensino e pesquisa, em consonância com as convenções internacionais das quais o Brasil seja signatário;
V – estabelecer e rever, periodicamente, normas técnicas para instalação e funcionamento de centros de criação, de biotérios e de laboratórios de experimentação animal, bem como sobre as condições de trabalho em tais instalações;
VI – estabelecer e rever, periodicamente, normas para credenciamento de instituições que criem ou utilizem animais para ensino e pesquisa;
VII – manter cadastro atualizado dos procedimentos de ensino e pesquisa realizados ou em andamento no País, assim como dos pesquisadores, a partir de informações remetidas pelas Comissões de Ética no Uso de Animais - CEUAs, de que trata o art. 8º desta Lei;
VIII – apreciar e decidir recursos interpostos contra decisões das CEUAs;
IX – elaborar e submeter ao Ministro de Estado da Ciência e Tecnologia, para aprovação, o seu regimento interno;
X – assessorar o Poder Executivo a respeito das atividades de ensino e pesquisa tratadas nesta Lei.

Art. 6º. O CONCEA é constituído por:

I – Plenário;
II – Câmaras Permanentes e Temporárias;
III – Secretaria-Executiva.

§ 1º. As Câmaras Permanentes e Temporárias do CONCEA serão definidas no regimento interno.

§ 2º. A Secretaria-Executiva é responsável pelo expediente do CONCEA e terá o apoio administrativo do Ministério da Ciência e Tecnologia.

§ 3º. O CONCEA poderá valer-se de consultores *ad hoc* de reconhecida competência técnica e científica, para instruir quaisquer processos de sua pauta de trabalhos.

Art. 7º. O CONCEA será presidido pelo Ministro de Estado da Ciência e Tecnologia e integrado por:

I – 1 (um) representante de cada órgão e entidade a seguir indicados:

a) Ministério da Ciência e Tecnologia;
b) Conselho Nacional de Desenvolvimento Científico e Tecnológico – CNPq;
c) Ministério da Educação;
d) Ministério do Meio Ambiente;
e) Ministério da Saúde;
f) Ministério da Agricultura, Pecuária e Abastecimento;
g) Conselho de Reitores das Universidades do Brasil – CRUB;
h) Academia Brasileira de Ciências;
i) Sociedade Brasileira para o Progresso da Ciência;
j) Federação das Sociedades de Biologia Experimental;
l) Colégio Brasileiro de Experimentação Animal;
m) Federação Nacional da Indústria Farmacêutica;

II – 2 (dois) representantes das sociedades protetoras de animais legalmente estabelecidas no País.

§ 1º. Nos seus impedimentos, o Ministro de Estado da Ciência e Tecnologia será substituído, na Presidência do CONCEA, pelo Secretário-Executivo do respectivo Ministério.

§ 2º. O Presidente do CONCEA terá o voto de qualidade.

§ 3º. Os membros do CONCEA não serão remunerados, sendo os serviços por eles prestados considerados, para todos os efeitos, de relevante serviço público.

CAPÍTULO III. DAS COMISSÕES DE ÉTICA NO USO DE ANIMAIS – CEUAS

Art. 8º. É condição indispensável para o credenciamento das instituições com atividades de ensino ou pesquisa com animais a constituição prévia de Comissões de Ética no Uso de Animais – CEUAs.

Art. 9º. As CEUAs são integradas por:

I – médicos veterinários e biólogos;
II – docentes e pesquisadores na área específica;
III – 1 (um) representante de sociedades protetoras de animais legalmente estabelecidas no País, na forma do Regulamento.

Art. 10. Compete às CEUAs:

I – cumprir e fazer cumprir, no âmbito de suas atribuições, o disposto nesta Lei e nas demais normas aplicáveis à utilização de animais para ensino e pesquisa, especialmente nas resoluções do CONCEA;
II – examinar previamente os procedimentos de ensino e pesquisa a serem realizados na instituição à qual esteja vinculada, para determinar sua compatibilidade com a legislação aplicável;
III – manter cadastro atualizado dos procedimentos de ensino e pesquisa realizados, ou em andamento, na instituição, enviando cópia ao CONCEA;
IV – manter cadastro dos pesquisadores que realizem procedimentos de ensino e pesquisa, enviando cópia ao CONCEA;
V – expedir, no âmbito de suas atribuições, certificados que se fizerem necessários perante órgãos de financiamento de pesquisa, periódicos científicos ou outros;
VI – notificar imediatamente ao CONCEA e às autoridades sanitárias a ocorrência de qualquer acidente com os animais nas instituições credenciadas, fornecendo informações que permitam ações saneadoras.

§ 1º. Constatado qualquer procedimento em descumprimento às disposições desta Lei na execução de atividade de ensino e pesquisa, a respectiva CEUA determinará a paralisação de sua execução, até que a irregularidade seja sanada, sem prejuízo da aplicação de outras sanções cabíveis.

§ 2º. Quando se configurar a hipótese prevista no § 1º deste artigo, a omissão da CEUA acarretará sanções à instituição, nos termos dos arts. 17 e 20 desta Lei.

§ 3º. Das decisões proferidas pelas CEUAs cabe recurso, sem efeito suspensivo, ao CONCEA.

§ 4º. Os membros das CEUAs responderão pelos prejuízos que, por dolo, causarem às pesquisas em andamento.

§ 5º. Os membros das CEUAs estão obrigados a resguardar o segredo industrial, sob pena de responsabilidade.

CAPÍTULO IV. DAS CONDIÇÕES DE CRIAÇÃO E USO DE ANIMAIS PARA ENSINO E PESQUISA CIENTÍFICA

Art. 11. Compete ao Ministério da Ciência e Tecnologia licenciar as atividades destinadas à criação de animais, ao ensino e à pesquisa científica de que trata esta Lei.

§ 1º. (VETADO).

§ 2º. (VETADO).

§ 3º (VETADO).

Art. 12. A criação ou a utilização de animais para pesquisa ficam restritas, exclusivamente, às instituições credenciadas no CONCEA.

Art. 13. Qualquer instituição legalmente estabelecida em território nacional que crie ou utilize animais para ensino e pesquisa deverá requerer credenciamento no CONCEA, para uso de animais, desde que, previamente, crie a CEUA.

§ 1º. A critério da instituição e mediante autorização do CONCEA, é admitida a criação de mais de uma CEUA por instituição.

§ 2º. Na hipótese prevista no § 1º deste artigo, cada CEUA definirá os laboratórios de experimentação animal, biotérios e centros de criação sob seu controle.

Art. 14. O animal só poderá ser submetido às intervenções recomendadas nos protocolos dos experimentos que constituem a pesquisa ou programa de aprendizado quando, antes, durante e após o experimento, receber cuidados especiais, conforme estabelecido pelo CONCEA.

§ 1º. O animal será submetido a eutanásia, sob estrita obediência às prescrições pertinentes a cada espécie, conforme as diretrizes do Ministério da Ciência e Tecnologia, sempre que, encerrado o experimento ou em qualquer de suas fases, for tecnicamente recomendado aquele procedimento ou quando ocorrer intenso sofrimento.

§ 2º. Excepcionalmente, quando os animais utilizados em experiências ou demonstrações não forem submetidos a eutanásia, poderão sair do biotério após a intervenção, ouvida a respectiva CEUA quanto aos critérios vigentes de segurança, desde que destinados a pessoas idôneas ou entidades protetoras de animais devidamente legalizadas, que por eles queiram responsabilizar-se.

§ 3º. Sempre que possível, as práticas de ensino deverão ser fotografadas, filmadas ou gravadas, de forma a permitir sua reprodução para ilustração de práticas futuras, evitando-se a repetição desnecessária de procedimentos didáticos com animais.

§ 4º. O número de animais a serem utilizados para a execução de um projeto e o tempo de duração de cada experimento será o mínimo indispensável para produzir o resultado conclusivo, poupando-se, ao máximo, o animal de sofrimento.

§ 5º. Experimentos que possam causar dor ou angústia desenvolver-se-ão sob sedação, analgesia ou anestesia adequadas.

§ 6º. Experimentos cujo objetivo seja o estudo dos processos relacionados à dor e à angústia exigem autorização específica da CEUA, em obediência a normas estabelecidas pelo CONCEA.

§ 7º. É vedado o uso de bloqueadores neuromusculares ou de relaxantes musculares em substituição a substâncias sedativas, analgésicas ou anestésicas.

§ 8º. É vedada a reutilização do mesmo animal depois de alcançado o objetivo principal do projeto de pesquisa.

§ 9º. Em programa de ensino, sempre que forem empregados procedimentos traumáticos, vários procedimentos poderão ser realizados num mesmo animal, desde que todos sejam executados durante a vigência de um único anestésico e que o animal seja sacrificado antes de recobrar a consciência.

§ 10. Para a realização de trabalhos de criação e experimentação de animais em sistemas fechados, serão consideradas as condições e normas de segurança recomendadas pelos organismos internacionais aos quais o Brasil se vincula.

Art. 15. O CONCEA, levando em conta a relação entre o nível de sofrimento para o animal e os resultados práticos que se esperam obter, poderá restringir ou proibir experimentos que importem em elevado grau de agressão.

Art. 16. Todo projeto de pesquisa científica ou atividade de ensino será supervisionado por profissional de nível superior, graduado ou pós-graduado na área biomédica, vinculado a entidade de ensino ou pesquisa credenciada pelo CONCEA.

CAPÍTULO V. DAS PENALIDADES

Art. 17. As instituições que executem atividades reguladas por esta Lei estão sujeitas, em caso de transgressão às suas disposições e ao seu regulamento, às penalidades administrativas de:

I – advertência;

II – multa de R$ 5.000,00 (cinco mil reais) a R$ 20.000,00 (vinte mil reais);

III – interdição temporária;

IV – suspensão de financiamentos provenientes de fontes oficiais de crédito e fomento científico;

V – interdição definitiva.

Parágrafo único. A interdição por prazo superior a 30 (trinta) dias somente poderá ser determinada em ato do Ministro de Estado da Ciência e Tecnologia, ouvido o CONCEA.

Art. 18. Qualquer pessoa que execute de forma indevida atividades reguladas por esta Lei ou participe de procedimentos não autorizados pelo CONCEA será passível das seguintes penalidades administrativas:

I – advertência;

II – multa de R$ 1.000,00 (mil reais) a R$ 5.000,00 (cinco mil reais);

III – suspensão temporária;

IV – interdição definitiva para o exercício da atividade regulada nesta Lei.

Art. 19. As penalidades previstas nos arts. 17 e 18 desta Lei serão aplicadas de acordo com a gravidade da infração, os danos que dela provierem, as circunstâncias agravantes ou atenuantes e os antecedentes do infrator.

Art. 20. As sanções previstas nos arts. 17 e 18 desta Lei serão aplicadas pelo CONCEA, sem prejuízo de correspondente responsabilidade penal.

Art. 21. A fiscalização das atividades reguladas por esta Lei fica a cargo dos órgãos dos Ministérios da Agricultura, Pecuária e Abastecimento, da Saúde, da Educação, da Ciência e Tecnologia e do Meio Ambiente, nas respectivas áreas de competência.

CAPÍTULO VI. DISPOSIÇÕES GERAIS E TRANSITÓRIAS

Art. 22. As instituições que criem ou utilizem animais para ensino ou pesquisa existentes no País antes da data de vigência desta Lei deverão:

I – criar a CEUA, no prazo máximo de 90 (noventa) dias, após a regulamentação referida no art. 25 desta Lei;

II – compatibilizar suas instalações físicas, no prazo máximo de 5 (cinco) anos, a partir da entrada em vigor das normas estabelecidas pelo CONCEA, com base no inciso V do *caput* do art. 5º desta Lei.

Art. 23. O CONCEA, mediante resolução, recomendará às agências de amparo e fomento à pesquisa científica o indeferimento de projetos por qualquer dos seguintes motivos:

I – que estejam sendo realizados sem a aprovação da CEUA;

II – cuja realização tenha sido suspensa pela CEUA.

Art. 24. Os recursos orçamentários necessários ao funcionamento do CONCEA serão previstos nas dotações do Ministério da Ciência e Tecnologia.

Art. 25. Esta Lei será regulamentada no prazo de 180 (cento e oitenta) dias.

Art. 26. Esta Lei entra em vigor na data de sua publicação.

Art. 27. Revoga-se a Lei nº 6.638, de 8 de maio de 1979.

Brasília, 8 de outubro de 2008; 187o da Independência e 120o da República.

LUIZ INÁCIO LULA DA SILVA

Publicado no D.O.U. de 9.10.2008

LEI Nº 11.795, DE 8 DE OUTUBRO DE 2008

Dispõe sobre o Sistema de Consórcio.

‣ *Consórcio*

O PRESIDENTE DA REPÚBLICA Faço saber que o Congresso Nacional decreta e eu sanciono a seguinte Lei:

CAPÍTULO I. DO SISTEMA DE CONSÓRCIOS

SEÇÃO I. DOS CONCEITOS FUNDAMENTAIS

Art. 1º. O Sistema de Consórcios, instrumento de progresso social que se destina a propiciar o acesso ao consumo de bens e serviços, constituído por administradoras de consórcio e grupos de consórcio, será regulado por esta Lei.

‣ CF/88: art. 22, XX.

Art. 2º. Consórcio é a reunião de pessoas naturais e jurídicas em grupo, com prazo de duração e número de cotas previamente determinados, promovida por administradora de consórcio, com a finalidade de propiciar a seus integrantes, de forma isonômica, a aquisição de bens ou serviços, por meio de autofinanciamento.

Art. 3º. Grupo de consórcio é uma sociedade não personificada constituída por consorciados para os fins estabelecidos no art. 2º.

§ 1º. O grupo de consórcio será representado por sua administradora, em caráter irrevogável e irretratável, ativa ou passivamente, em juízo ou fora dele, na defesa dos direitos e interesses coletivamente considerados e para a execução do contrato de participação em grupo de consórcio, por adesão.

§ 2º. O interesse do grupo de consórcio prevalece sobre o interesse individual do consorciado.

§ 3º. O grupo de consórcio é autônomo em relação aos demais e possui patrimônio próprio, que não se confunde com o de outro grupo, nem com o da própria administradora.

§ 4º. Os recursos dos grupos geridos pela administradora de consórcio serão contabilizados separadamente.

Art. 4º. Consorciado é a pessoa natural ou jurídica que integra o grupo e assume a obrigação de contribuir para o cumprimento integral de seus objetivos, observado o disposto no art. 2º.

SEÇÃO II. DA ADMINISTRAÇÃO DE CONSÓRCIOS

Art. 5º. A administradora de consórcios é a pessoa jurídica prestadora de serviços com objeto social principal voltado à administração de grupos de consórcio, constituída sob a forma de sociedade limitada ou sociedade anônima, nos termos do art. 7º, inciso I.

§ 1º. A administradora de consórcio deve figurar no contrato de participação em grupo de consórcio, por adesão, na qualidade de gestora dos negócios dos grupos e de mandatária de seus interesses e direitos.

§ 2º. Os diretores, gerentes, prepostos e sócios com função de gestão na administradora de consórcio são depositários, para todos os efeitos, das quantias que a administradora receber dos consorciados na sua gestão, até o cumprimento da obrigação assumida no contrato de participação em grupo de consórcio, por adesão, respondendo pessoal e solidariamente, independentemente da verificação de culpa, pelas obrigações perante os consorciados.

§ 3º. A administradora de consórcio tem direito à taxa de administração, a TÍTULO de remuneração pela formação, organização e administração do grupo de consórcio até o encerramento deste, conforme o art. 32, bem como o recebimento de outros valores, expressamente previstos no contrato de participação em grupo de consórcio, por adesão, observados ainda os arts. 28 e 35.

§ 4º. (VETADO).

§ 5º. Os bens e direitos adquiridos pela administradora em nome do grupo de consórcio, inclusive os decorrentes de garantia, bem como seus frutos e rendimentos, não se comunicam com o seu patrimônio, observado que:

I – não integram o ativo da administradora;

II – não respondem direta ou indiretamente por qualquer obrigação da administradora;

III – não compõem o elenco de bens e direitos da administradora, para efeito de liquidação judicial ou extrajudicial;

IV – não podem ser dados em garantia de débito da administradora.

§ 6º. A administradora estará desobrigada de apresentar certidão negativa de débitos, expedida pelo Instituto Nacional da Seguridade Social, e Certidão Negativa de Tributos e Contribuições, expedida pela Secretaria da Receita Federal, relativamente à própria empresa, quando alienar imóvel integrante do patrimônio do grupo de consórcio.

§ 7º. No caso de o bem recebido ser um imóvel, as restrições enumeradas nos incisos II a IV do § 5º deste artigo deverão ser averbadas no registro de imóveis competente.

SEÇÃO III. DO ÓRGÃO REGULADOR E FISCALIZADOR

Art. 6º. A normatização, coordenação, supervisão, fiscalização e controle das atividades do sistema de consórcios serão realizados pelo Banco Central do Brasil.

Art. 7º. Compete ao Banco Central do Brasil:

I – conceder autorização para funcionamento, transferência do controle societário e reorganização da sociedade e cancelar a autorização para funcionar das administradoras de consórcio, segundo abrangência e condições que fixar;

II – aprovar atos administrativos ou societários das administradoras de consórcio, segundo abrangência e condições que fixar;

III – baixar normas disciplinando as operações de consórcio, inclusive no que refere à supervisão prudencial, à contabilização, ao oferecimento de garantias, à aplicação financeira dos recursos dos grupos de consórcio, às condições mínimas que devem constar do contrato de participação em grupo de consórcio, por adesão, à prestação de contas e ao encerramento do grupo de consórcio;

IV – (*Revogado pela Lei nº 13.506, de 2017*)

V – fiscalizar as operações de consórcio, as administradoras de consórcio e os atos dos respectivos administradores e aplicar as sanções;

VI – estabelecer os procedimentos relativos ao processo administrativo e o julgamento das infrações a esta Lei, às normas infralegais e aos termos dos contratos de participação em grupo de consórcio, por adesão, formalizados;

VII – intervir nas administradoras de consórcio e decretar sua liquidação extrajudicial na forma e condições previstas na legislação especial aplicável às instituições financeiras.

Art. 8º. No exercício da fiscalização prevista no art. 7º, o Banco Central do Brasil poderá exigir das administradoras de consórcio, bem como de seus administradores, a exibição a funcionários seus, expressamente credenciados, de documentos, papéis, livros de escrituração e acesso aos dados armazenados nos sistemas eletrônicos, considerando-se a negativa de atendimento como embaraço à fiscalização, sujeita às penalidades previstas nesta Lei, sem prejuízo de outras medidas e sanções cabíveis.

Art. 9º. (VETADO).

CAPÍTULO II. DO CONTRATO DE CONSÓRCIO

Art. 10. O contrato de participação em grupo de consórcio, por adesão, é o instrumento plurilateral de natureza associativa cujo escopo é a constituição de fundo pecuniário para as finalidades previstas no art. 2º.

§ 1º. O contrato de participação em grupo de consórcio, por adesão, criará vínculos obrigacionais entre os consorciados, e destes com a administradora, para proporcionar a todos igual condição de acesso ao mercado de consumo de bens ou serviços.

§ 2º. (VETADO).

§ 3º. A proposta de participação é o instrumento pelo qual o interessado formaliza seu pedido de participação no grupo de consórcio, que se converterá no contrato, observada a disposição constante do § 4º, se aprovada pela administradora.

§ 4º. O contrato de participação em grupo de consórcio aperfeiçoar-se-á na data de constituição do grupo, observado o art. 16.

§ 5º. É facultada a estipulação de multa pecuniária em virtude de descumprimento de obrigação contratual, que a parte que lhe der causa pagará à outra.

§ 6º. O contrato de participação em grupo de consórcio, por adesão, de consorciado contemplado é TÍTULO executivo extrajudicial.

Art. 11. O contrato de participação em grupo de consórcio, por adesão, implicará atribuição de uma cota de participação no grupo, numericamente identificada, nela caracterizada o bem ou serviço.

Art. 12. O contrato de participação em grupo de consórcio, por adesão, poderá ter como referência bem móvel, imóvel ou serviço de qualquer natureza.

Parágrafo único. O contrato de grupo para a aquisição de bem imóvel poderá estabelecer a aquisição de imóvel em empreendimento imobiliário.

Art. 13. Os direitos e obrigações decorrentes do contrato de participação em grupo de consórcio, por adesão, poderão ser transferidos a terceiros, mediante prévia anuência da administradora.

Art. 14. No contrato de participação em grupo de consórcio, por adesão, devem estar previstas, de forma clara, as garantias que serão exigidas do consorciado para utilizar o crédito.

§ 1º. As garantias iniciais em favor do grupo devem recair sobre o bem adquirido por meio do consórcio.

§ 2º. No caso de consórcio de bem imóvel, é facultado à administradora aceitar em garantia outro imóvel de valor suficiente para assegurar o cumprimento das obrigações pecuniárias do contemplado em face do grupo.

§ 3º. Admitem-se garantias reais ou pessoais, sem vinculação ao bem referenciado, no caso de consórcio de serviço de qualquer natureza, ou quando, na data de utilização do crédito, o bem estiver sob produção, incorporação ou situação análoga definida pelo Banco Central do Brasil.

§ 4º. A administradora pode exigir garantias complementares proporcionais ao valor das prestações vincendas.

§ 5º. A administradora deve indenizar o grupo na ocorrência de eventuais prejuízos decorrentes:

I – de aprovação de garantias insuficientes, inclusive no caso de substituição de garantias dadas na forma dos §§ 1º, 2º e 3º;

II – de liberação de garantias enquanto o consorciado não tiver quitado sua participação no grupo.

§ 6º. Para os fins do disposto neste artigo, o oferecedor de garantia por meio de alienação fiduciária de imóvel ficará responsável pelo pagamento integral das obrigações pecuniárias estabelecidas no contrato de participação em grupo de consórcio, por adesão, inclusive da parte que remanescer após a execução dessa garantia.

§ 7º. A anotação da alienação fiduciária de veículo automotor ofertado em garantia ao grupo de consórcio no certificado de registro a que se refere o Código de Trânsito Brasileiro, Lei nº 9.503, de 23 de setembro de 1997, produz efeitos probatórios contra terceiros, dispensado qualquer outro registro público.

Art. 15. A participação de um mesmo consorciado em um grupo de consórcio, para os grupos constituídos a partir da edição desta Lei, fica limitada ao percentual de cotas, a ser fixado pelo Banco Central do Brasil.

§ 1º. A administradora de consórcio pode adquirir cotas de grupo de consórcio, inclusive sob sua administração.

§ 2º. A administradora de consórcio, em qualquer hipótese, somente poderá concorrer a sorteio ou lance após a contemplação de todos os demais consorciados.

§ 3º. O disposto nos §§ 1º e 2º aplica-se, inclusive:

I – aos administradores e pessoas com função de gestão na administradora;

II – aos administradores e pessoas com função de gestão em empresas coligadas, controladas ou controladoras da administradora;

III – às empresas coligadas, controladas ou controladoras da administradora.

§ 4º. O percentual referido no *caput* aplica-se cumulativamente às pessoas relacionadas nos §§ 1º a 3º.

CAPÍTULO III. DO FUNCIONAMENTO DO GRUPO

SEÇÃO I. DA CONSTITUIÇÃO

Art. 16. Considera-se constituído o grupo de consórcio com a realização da primeira assembleia, que será designada pela administradora de consórcio quando houver adesões em número e condições suficientes para assegurar a viabilidade econômico-financeira do empreendimento.

Art. 17. O grupo deve escolher, na primeira assembleia geral ordinária, até 3 (três) consorciados, que o representarão perante a administradora com a finalidade de acompanhar a regularidade de sua gestão, com mandato igual à duração do grupo, facultada a substituição por decisão da maioria dos consorciados em assembleia geral.

Parágrafo único. No exercício de sua função, os representantes terão, a qualquer tempo, acesso a todos os documentos e demonstrativos pertinentes às operações do grupo, podendo solicitar informações e representar contra a administradora na defesa dos interesses do grupo, perante o órgão regulador e fiscalizador.

SEÇÃO II. DAS ASSEMBLEIAS

Art. 18. A assembleia geral ordinária será realizada na periodicidade prevista no contrato de participação em grupo de consórcio, por adesão, e destina-se a apreciação de contas prestadas pela administradora e a realização de contemplações.

Art. 19. A assembleia geral extraordinária será convocada pela administradora, por iniciativa própria ou por solicitação de 30% (trinta por cento) dos consorciados ativos do grupo, para deliberar sobre quaisquer outros assuntos que não os afetos à assembleia geral ordinária.

Art. 20. A cada cota de consorciado ativo corresponderá um voto nas deliberações das assembleias gerais ordinárias e extraordinárias, que serão tomadas por maioria simples.

§ 1º. A representação do ausente pela administradora na assembleia geral ordinária dar-se-á com a outorga de poderes, desde que prevista no contrato de participação em grupo de consórcio, por adesão.

§ 2º. A representação de ausentes nas assembleias gerais extraordinárias dar-se-á com a outorga de poderes específicos, inclusive à administradora, constando obrigatoriamente informações relativas ao dia, hora e local e assuntos a serem deliberados.

§ 3º. Somente o consorciado ativo não contemplado participará da tomada de decisões em assembleia geral extraordinária convocada para deliberar sobre:

I – suspensão ou retirada de produção do bem ou extinção do serviço objeto do contrato;

II – extinção do índice de atualização do valor do crédito e das parcelas, indicado no contrato;

III – encerramento antecipado do grupo;

IV – assuntos de seus interesses exclusivos.

Art. 21. Para os fins do disposto nos arts. 19 e 20, é consorciado ativo aquele que mantém vínculo obrigacional com o grupo, excetuado o participante inadimplente não contemplado e o excluído, conforme definição do art. 29.

SEÇÃO III. DAS CONTEMPLAÇÕES

Art. 22. A contemplação é a atribuição ao consorciado do crédito para a aquisição de bem ou serviço, bem como para a restituição das parcelas pagas, no caso dos consorciados excluídos, nos termos do art. 30.

§ 1º. A contemplação ocorre por meio de sorteio ou de lance, na forma prevista no contrato de participação em grupo de consórcio, por adesão.

§ 2º. Somente concorrerá à contemplação o consorciado ativo, de que trata o art. 21, e os excluídos, para efeito de restituição dos valores pagos, na forma do art. 30.

§ 3º. O contemplado poderá destinar o crédito para a quitação total de financiamento de sua titularidade, sujeita à prévia anuência da administradora e ao atendimento de condições estabelecidas no contrato de consórcio de participação em grupo.

Art. 23. A contemplação está condicionada à existência de recursos suficientes no grupo para a aquisição do bem, conjunto de bens ou serviços em que o grupo esteja referenciado e para a restituição aos excluídos.

Art. 24. O crédito a que faz jus o consorciado contemplado será o valor equivalente ao do bem ou serviço indicado no contrato, vigente na data da assembleia geral ordinária de contemplação.

§ 1º. O crédito de que trata este artigo será acrescido dos rendimentos líquidos financeiros proporcionais ao período que ficar aplicado, compreendido entre a data em que colocado à disposição até a sua utilização pelo consorciado contemplado.

§ 2º. Nos casos em que o objeto do contrato não possa ser perfeitamente identificado, o valor do crédito e a sua atualização deverão estar previstos no contrato, sem prejuízo do acréscimo dos rendimentos líquidos de que trata o § 1º.

§ 3º. A restituição ao consorciado excluído, calculada nos termos do art. 30, será considerada crédito parcial.

SEÇÃO IV.
DOS RECURSOS DO GRUPO E DAS OBRIGAÇÕES FINANCEIRAS DO CONSORCIADO

Art. 25. Considera-se fundo comum, para os fins desta Lei, os recursos do grupo destinados à atribuição de crédito aos consorciados contemplados para aquisição do bem ou serviço e à restituição aos consorciados excluídos dos respectivos grupos, bem como para outros pagamentos previstos no contrato de participação em grupo de consórcio, por adesão.

Parágrafo único. O fundo comum é constituído pelo montante de recursos representados por prestações pagas pelos consorciados para esse fim e por valores correspondentes a multas e juros moratórios destinados ao grupo de consórcio, bem como pelos rendimentos provenientes de sua aplicação financeira.

Art. 26. Os recursos dos grupos de consórcio, coletados pela administradora, a qualquer tempo, serão depositados em instituição financeira e devem ser aplicados na forma estabelecida pelo Banco Central do Brasil, desde a sua disponibilidade e enquanto não utilizados para as finalidades previstas no contrato de participação em grupo de consórcio, por adesão.

Art. 27. O consorciado obriga-se a pagar prestação cujo valor corresponde à soma das importâncias referentes à parcela destinada ao fundo comum do grupo, à taxa de administração e às demais obrigações pecuniárias que forem estabelecidas expressamente no contrato de participação em grupo de consórcio, por adesão.

§ 1º. As obrigações e os direitos do consorciado que tiverem expressão pecuniária são identificados em percentual do preço do bem ou serviço referenciado no contrato de participação em grupo de consórcio, por adesão.

§ 2º. O fundo de reserva, se estabelecido no grupo de consórcio, somente poderá ser utilizado para as finalidades previstas no contrato de participação, inclusive para restituição a consorciado excluído.

§ 3º. É facultado estipular no contrato de participação em grupo de consórcio, por adesão, a cobrança de valor a TÍTULO de antecipação de taxa de administração, destinado ao pagamento de despesas imediatas vinculadas à venda de cotas de grupo de consórcio e remuneração de representantes e corretores, devendo ser:

I – destacado do valor da taxa de administração que compõe a prestação, sendo exigível apenas no ato da assinatura do contrato de participação em grupo de consórcio, por adesão;
II – deduzido do valor total da taxa de administração durante o prazo de duração do grupo.

Art. 28. O valor da multa e de juros moratórios a cargo do consorciado, se previstos no contrato de participação em grupo de consórcio, por adesão, será destinado ao grupo e à administradora, não podendo o contrato estipular para o grupo percentual inferior a 50% (cinquenta por cento).

SEÇÃO V.
DA EXCLUSÃO DO GRUPO

Art. 29. (VETADO).

Art. 30. O consorciado excluído não contemplado terá direito à restituição da importância paga ao fundo comum do grupo, cujo valor deve ser calculado com base no percentual amortizado do valor do bem ou serviço vigente na data da assembleia de contemplação, acrescido dos rendimentos da aplicação financeira a que estão sujeitos os recursos dos consorciados enquanto não utilizados pelo participante, na forma do art. 24, § 1º.

§ 1º. (VETADO).

§ 2º. (VETADO).

§ 3º. (VETADO).

CAPÍTULO IV.
DO ENCERRAMENTO DO GRUPO

Art. 31. Dentro de 60 (sessenta) dias, contados da data da realização da última assembleia de contemplação do grupo de consórcio, a administradora deverá comunicar:

I – aos consorciados que não tenham utilizado os respectivos créditos, que os mesmos estão à disposição para recebimento em espécie;
II – (VETADO).
III – (VETADO).

Art. 32. O encerramento do grupo deve ocorrer no prazo máximo de 120 (cento e vinte) dias, contado da data da realização da última assembleia de contemplação do grupo de consórcio e desde que decorridos, no mínimo, 30 (trinta) dias da comunicação de que trata o art. 31, ocasião em que se deve proceder à definitiva prestação de contas do grupo, discriminando-se:

I – as disponibilidades remanescentes dos respectivos consorciados e participantes excluídos;
II – os valores pendentes de recebimento, objeto de cobrança judicial.

§ 1º. Os valores pendentes de recebimento, uma vez recuperados, devem ser rateados proporcionalmente entre os beneficiários, devendo a administradora, até 120 (cento e vinte) dias após o seu recebimento, comunicar-lhes que os respectivos saldos estão à disposição para devolução em espécie.

§ 2º. Prescreverá em 5 (cinco) anos a pretensão do consorciado ou do excluído contra o grupo ou a administradora, e destes contra aqueles, a contar da data referida no *caput*.

CAPÍTULO V.
DOS RECURSOS NÃO PROCURADOS

Art. 33. As disponibilidades financeiras remanescentes na data do encerramento do grupo são consideradas recursos não procurados pelos respectivos consorciados e participantes excluídos.

Art. 34. A administradora de consórcio assumirá a condição de gestora dos recursos não procurados, os quais devem ser aplicados e remunerados em conformidade com os recursos de grupos de consórcio em andamento, nos termos estabelecidos no art. 26.

Art. 35. É facultada a cobrança de taxa de permanência sobre o saldo de recursos não procurados pelos respectivos consorciados e participantes excluídos, apresentado ao final de cada mês, oriundos de contratos firmados a partir da vigência desta Lei, nos termos do contrato de participação em grupo de consórcio, por adesão.

Art. 36. As administradoras de consórcio deverão providenciar o pagamento no prazo máximo de 30 (trinta) dias corridos a contar do comparecimento do consorciado com direito a recursos não procurados.

Art. 37. (VETADO).

Art. 38. Os recursos não procurados, independentemente de sua origem, devem ter tratamento contábil específico, de maneira independente dos registros contábeis da administradora de consórcio.

CAPÍTULO VI.
DA ADMINISTRAÇÃO ESPECIAL E LIQUIDAÇÃO EXTRAJUDICIAL

Art. 39. A administração especial e a liquidação extrajudicial de administradora de consórcio são regidas pela Lei nº 6.024, de 13 de março de 1974, pelo Decreto-lei nº 2.321, de 25 de fevereiro de 1987, pela Lei nº 9.447, de 14 de março de 1997, e por legislação superveniente aplicável às instituições financeiras, observado o disposto nesta Lei.

Art. 40. A decretação da administração especial temporária ou da liquidação extrajudicial da administradora de consórcio não prejudicará a continuidade das operações dos grupos por ela administrados, devendo o conselho diretor ou o liquidante dar prioridade ao funcionamento regular dos grupos.

§ 1º. No caso de administração especial, o conselho diretor poderá convocar assembleia geral extraordinária para propor ao grupo as medidas que atendam a seus interesses, inclusive a de transferir sua administração.

§ 2º. No caso de liquidação extrajudicial, o liquidante, de posse do relatório da situação financeira de cada grupo, publicará edital, em que constarão os requisitos necessários à habilitação de administradoras de consórcio interessadas na administração dos grupos.

§ 3º. Expirado o prazo para a habilitação, o liquidante convocará assembleia geral extraordinária do grupo, a fim de deliberar sobre as propostas recebidas.

§ 4º. Os recursos pertencentes aos grupos de consórcio, administrados por empresa submetida aos regimes especial temporário ou de liquidação extrajudicial, serão obrigatória e exclusivamente destinados ao atendimento dos objetivos dos contratos de participação em grupo de consórcio, por adesão.

CAPÍTULO VII.
DAS PENALIDADES

- Lei 7.492/1986 – Define os crimes contra o sistema financeiro nacional.

Art. 41. (VETADO).

Art. 42. Às infrações aos dispositivos desta Lei e às normas regulamentares aplica-se a ação punitiva do Banco Central do Brasil, nos termos definidos pela legislação em vigor. (Redação dada pela Lei nº 13.506, de 2017)

I a VIII – (Revogados); (Redação dada pela Lei nº 13.506, de 2017)

Parágrafo único. (Revogado). (Redação dada pela Lei nº 13.506, de 2017)

Arts. 43 e 44. (*Revogados pela Lei nº 13.506, de 2017*)

CAPÍTULO VIII.
DAS DISPOSIÇÕES FINAIS

Art. 45. O registro e a averbação referentes à aquisição de imóvel por meio do Sistema de Consórcios serão considerados, para efeito de cálculo de taxas, emolumentos e custas, como um único ato.

Parágrafo único. O contrato de compra e venda de imóvel por meio do Sistema de Consórcios poderá ser celebrado por instrumento particular.

- CC: arts. 481 a 512.

Art. 46. Ficam convalidadas as autorizações para administrar grupos de consórcio concedidas até a data da publicação desta Lei às administradoras e às associações e entidades sem fins lucrativos.

Art. 47. (VETADO).

Art. 48. Revogam-se os incisos I e V do art. 7º da Lei nº 5.768, de 20 de dezembro de 1971, os incisos I e V do art. 31 do Decreto nº 70.951, de 9 de agosto de 1972, o Decreto nº 97.384, de 22 de dezembro de 1988, o art. 10 da Lei nº 7.691, de 15 de dezembro de 1988, e o art. 33 da Lei nº 8.177, de 1º de março de 1991.

Art. 49. Esta Lei entra em vigor após decorridos 120 (cento e vinte) dias de sua publicação.

Brasília, 8 de outubro de 2008; 187º da Independência e 120º da República.

LUIZ INÁCIO LULA DA SILVA
Publicado no D.O.U. 9.10.2008

LEI Nº 11.798, DE 29 DE OUTUBRO DE 2008

Dispõe sobre a composição e a competência do Conselho da Justiça Federal, revoga a Lei nº 8.472, de 14 de outubro de 1992, e dá outras providências

- *Composição e competência do CJF*

O PRESIDENTE DA REPÚBLICA Faço saber que o Congresso Nacional decreta e eu sanciono a seguinte Lei:

CAPÍTULO I
DISPOSIÇÕES PRELIMINARES

Art. 1º. Esta Lei dispõe sobre o Conselho da Justiça Federal, que funcionará no Superior Tribunal de Justiça, com atuação em todo o território nacional, a quem cabe a supervisão orçamentária e administrativa da Justiça Federal de primeiro e segundo graus, como órgão central do sistema, conforme estabelecido no inciso II do parágrafo único do art. 105 da Constituição Federal.

CAPÍTULO II
DA COMPOSIÇÃO E DO FUNCIONAMENTO

Art. 2º O Conselho da Justiça Federal será integrado:

I – pelo Presidente e pelo Vice-Presidente do Superior Tribunal de Justiça;

II – por 3 (três) Ministros, eleitos entre os integrantes do Superior Tribunal de Justiça, juntamente com seus suplentes;

III – pelos Presidentes dos Tribunais Regionais Federais, que serão substituídos em suas faltas ou impedimentos pelos respectivos Vice-Presidentes.

§ 1º Terão direito a assento no Conselho da Justiça Federal, sem direito a voto, os Presidentes do Conselho Federal da Ordem dos Advogados do Brasil e da Associação dos Juízes Federais do Brasil – AJUFE, que indicarão os seus suplentes.

§ 2º A Presidência do Conselho da Justiça Federal será exercida pelo Presidente do Superior Tribunal de Justiça, que será substituído, em suas faltas ou impedimentos, pelo Vice-Presidente do Superior Tribunal de Justiça.

§ 3º Os Conselheiros terão mandato de 2 (dois) anos, vedada a investidura daqueles que, por mandamento constitucional, legal ou regimental, permanecerão por menos de 6 (seis) meses na função.

§ 4º Não se aplica a regra do § 3º deste artigo aos Presidentes do Superior Tribunal de Justiça e dos Tribunais Regionais Federais.

§ 5º É vedada a recondução de Conselheiros.

§ 6º A Corregedoria-Geral da Justiça Federal será dirigida pelo Ministro do Superior Tribunal de Justiça eleito Corregedor-Geral conforme o Regimento Interno do Superior Tribunal de Justiça. (Redação dada pela Lei nº 13.788, de 2018)

§ 7º O Corregedor-Geral será substituído pelo Ministro do Superior Tribunal de Justiça eleito Vice-Corregedor-Geral nas faltas e impedimentos daquele, ou, ainda, por delegação, conforme o Regimento Interno do Superior Tribunal de Justiça. (Redação dada pela Lei nº 13.788, de 2018)

§ 8º O Conselho da Justiça Federal reunir-se-á ordinariamente 1 (uma) vez por mês, durante o ano judiciário, e, extraordinariamente, sempre que for necessário, por convocação de seu Presidente, exigida, em ambos os casos, a presença mínima de 7 (sete) Conselheiros.

§ 9º As decisões do Conselho da Justiça Federal serão tomadas pelo voto da maioria entre os presentes, prevalecendo, em caso de empate, o voto proferido pelo Presidente.

Art. 3º As atividades de administração judiciária, relativas a recursos humanos, gestão documental e de informação, administração orçamentária e financeira, controle interno e informática, além de outras que necessitem coordenação central e padronização, no âmbito da Justiça Federal de primeiro e segundo graus, serão organizadas em forma de sistema, cujo órgão central será o Conselho da Justiça Federal.

Parágrafo único. Considerar-se-ão integrados ao sistema de que trata o *caput* deste artigo os serviços atualmente responsáveis pelas atividades ali descritas, pelo que se sujeitarão à orientação normativa, à supervisão técnica e à fiscalização específica do órgão central do sistema.

Art. 4º Integrarão a estrutura institucional do Conselho da Justiça Federal a Corregedoria-Geral da Justiça Federal, o Centro de Estudos Judiciários e a Turma Nacional de Uniformização dos Juizados Especiais Federais.

CAPÍTULO III
DAS COMPETÊNCIAS

Art. 5º Ao Conselho da Justiça Federal compete:

I – examinar e encaminhar ao Superior Tribunal de Justiça:

a) proposta de criação ou extinção de cargos e fixação de vencimentos e vantagens dos juízes e servidores da Justiça Federal de primeiro e segundo graus;

b) proposta de criação ou extinção de Tribunais Regionais Federais e de alteração do número de seus membros;

II – aprovar sugestões de alteração da legislação relativa às matérias de competência da Justiça Federal;

III – expedir normas relacionadas ao sistema de administração judiciária da Justiça Federal de primeiro e segundo graus, constante do art. 3º desta Lei;

IV – apreciar, de ofício, ou a requerimento de magistrado federal, as decisões administrativas dos Tribunais Regionais Federais que contrariarem a legislação vigente e as normas editadas com base no inciso II do *caput* deste artigo;

V – homologar, na forma regimental, como condição de eficácia, as decisões dos Tribunais Regionais Federais que implicarem aumento de despesas;

VI – aprovar as propostas orçamentárias e os pedidos de créditos adicionais do Conselho da Justiça Federal, dos Tribunais Regionais Federais e da Justiça Federal de primeiro grau;

VII – prover, por concurso público, os cargos necessários à sua administração, ressalvados os cargos em comissão, declarados em lei de livre nomeação e exoneração;

VIII – avocar processos administrativos em curso;

IX – julgar processos administrativos disciplinares relativos a membros dos Tribunais Regionais Federais, imputando, quando for o caso, as penalidades cabíveis, assegurados a ampla defesa e o contraditório;

X – representar ao Ministério Público para a promoção das ações judiciais cabíveis contra magistrados, inclusive com vistas na propositura de ação civil para a decretação de perda de cargo ou de cassação de aposentadoria;

XI – decidir, em grau de recurso, as matérias relacionadas aos direitos e deveres dos servidores de sua Secretaria e dos juízes, quando a esses for aplicada sanção em processo disciplinar decidido pelo Tribunal Regional Federal;

XII – zelar pelo cumprimento das decisões do Conselho Nacional de Justiça, no âmbito da Justiça Federal.

Parágrafo único. O Conselho da Justiça Federal possui poder correicional e as suas decisões terão caráter vinculante, no âmbito da Justiça Federal de primeiro e segundo graus.

Art. 6º À Corregedoria-Geral da Justiça Federal, órgão de fiscalização, controle e orientação normativa da Justiça Federal de primeiro e segundo graus, compete:

I – exercer a supervisão técnica e o controle da execução das deliberações do Conselho da Justiça Federal;

II – encaminhar ao conhecimento dos Presidentes dos Tribunais Regionais Federais propostas de ações relativas aos sistemas que integram a Justiça Federal e submetê-las à aprovação do Conselho da Justiça Federal;

III – realizar inspeção e correição permanentes ou periódicas, ordinárias ou extraordinárias, gerais ou parciais, sobre os Tribunais Regionais Federais, conforme o Regimento Interno do Conselho da Justiça Federal;

IV – promover sindicâncias, inspeções e correições para apurar reclamações, representações e denúncias fundamentadas de qualquer interessado, relativas aos magistrados de segundo grau, submetendo ao Plenário para deliberação;

V – submeter ao Conselho da Justiça Federal provimentos destinados a disciplinar condutas a serem adotadas pelos órgãos judiciários da Justiça Federal de primeiro e segundo graus.

Parágrafo único. A Corregedoria-Geral da Justiça Federal deverá valer-se do apoio das unidades administrativas do Conselho da Justiça Federal.

Art. 7º Ao Corregedor-Geral da Justiça Federal compete:

I – apresentar ao Conselho da Justiça Federal relatório circunstanciado das atividades da Corregedoria-Geral durante o ano judiciário;

II – presidir o Fórum Permanente de Corregedores da Justiça Federal;

III – presidir a Turma Nacional de Uniformização dos Juizados Especiais Federais;

IV – coordenar a Comissão Permanente dos Coordenadores dos Juizados Especiais Federais;

V – dirigir o Centro de Estudos Judiciários;

VI – expedir instruções e outros atos normativos para o funcionamento dos serviços da Corregedoria-Geral da Justiça Federal;

VII – indicar ao Presidente do Conselho da Justiça Federal, para fins de designação, nomeação ou exoneração, os ocupantes de função comissionada ou cargo em comissão, no âmbito da Corregedoria-Geral da Justiça Federal;

VIII – relativamente às matérias de sua competência:

a) executar e fazer executar as deliberações do Conselho da Justiça Federal;

b) dirigir-se às autoridades judiciárias e administrativas, assinando as respectivas correspondências.

§ 1º As sindicâncias, inspeções e correições serão realizadas sem prejuízo da atuação disciplinar e correicional do Conselho Nacional da Justiça.

§ 2º O Corregedor-Geral da Justiça Federal poderá requisitar até 2 (dois) magistrados, observada a quinta parte mais antiga, bem como servidores, para atuarem em auxílio de sua atividade pelo período máximo de 2 (dois) anos, prorrogável uma única vez pelo mesmo período, sem prejuízo de direitos e vantagens inerentes ao exercício de seus cargos e empregos de origem.

Art. 8º Ao Centro de Estudos Judiciários compete:

I – realizar e fomentar estudos, pesquisas, serviços editoriais e de informação, com vistas na modernização da Justiça Federal;

II – planejar, coordenar e executar atividades de formação e aperfeiçoamento de magistrados e servidores, em articulação com as escolas de magistratura dos Tribunais Regionais Federais, segundo normas a serem editadas pela Escola Nacional de Formação e Aperfeiçoamento de Magistrados;

III – elaborar e encaminhar à Escola Nacional de Formação e Aperfeiçoamento de Magistrados o Plano Nacional de Aperfeiçoamento e Pesquisa para os Juízes Federais.

§ 1º É vedada a realização de qualquer atividade pelo Centro de Estudos Judiciários relativa a tema estranho à competência da Justiça Federal, conforme o art. 109 da Constituição Federal.

§ 2º É obrigatória a realização de pelo menos uma atividade anual do Centro de Estudos Judiciários nas sedes dos Tribunais Regionais Federais.

§ 3º Os gastos anuais com as atividades-fim do Centro de Estudos Judiciários serão vinculados à área de pesquisa em, no mínimo, 40% (quarenta por cento), conforme prioridades constantes de Plano Plurianual a ser aprovado pelo Conselho da Justiça Federal.

§ 4º Integrará a estrutura administrativa do Centro de Estudos Judiciários o Conselho das Escolas da Magistratura Federal, presidido pelo ministro diretor do Centro e composto pelos diretores das Escolas da Magistratura dos Tribunais Regionais Federais e pelo Presidente da Associação dos Juízes Federais do Brasil.

Art. 9º À Turma Nacional de Uniformização dos Juizados Especiais Federais compete apreciar os incidentes de uniformização de interpretação de lei federal, previstos na Lei nº 10.259, de 12 de julho de 2001.

§ 1º Compõem a Turma Nacional de Uniformização:

I – o Corregedor-Geral da Justiça Federal;

II – 2 (dois) juízes federais por região, escolhidos pelo respectivo Tribunal Regional Federal dentre os titulares em exercício em Juizados Especiais Federais.

§ 2º O funcionamento da Turma Nacional de Uniformização dos Juizados Especiais Federais será disciplinado por regimento próprio, aprovado pelo Conselho da Justiça Federal.

CAPÍTULO IV
DISPOSIÇÕES FINAIS

Art. 10. Esta Lei entra em vigor na data de sua publicação.

Art. 11. É revogada a Lei nº 8.472, de 14 de outubro de 1992.

Brasília, 29 de outubro de 2008; 187º da Independência e 120º da República.

LUIZ INÁCIO LULA DA SILVA

DOU de 30.10.2008

RESOLUÇÃO CNMP Nº 36, DE 6 DE ABRIL DE 2009

Dispõe sobre o pedido e a utilização das interceptações telefônicas, no âmbito do Ministério Público, nos termos da Lei nº 9.296, de 24 de julho de 1996.

- *Interceptações telefônicas*
- CF/1988: arts. 5ª, XII, e 136, § 1º, I, c.
- Lei 12.965/2014 – Lei do marco civil da internet.

O CONSELHO NACIONAL DO MINISTÉRIO PÚBLICO, no exercício da competência fixada no artigo 130-A, parágrafo 2°, inciso II, da Constituição Federal e com arrimo no artigo 19 do Regimento Interno, em conformidade com a decisão plenária de 6 de abril de 2009;

Considerando o que dispõe o inciso XII do artigo 5º da Constituição Federal, que afirma ser inviolável o sigilo da correspondência e das comunicações telegráficas, de dados e das comunicações telefônicas, salvo se houver ordem judicial, nas hipóteses e na forma que a lei estabelecer para fins de investigação criminal ou instrução processual;

Considerando o que dispõe a Lei nº 9.296, de 24 de julho de 1996, que regulamenta o artigo 5°, inciso XII, parte final, da Constituição Federal;

Considerando a necessidade de estabelecer a uniformização, a padronização e requisitos rígidos na utilização dos dados referentes às autorizações de interceptações telefônicas em todo o Ministério Público;

Considerando a imposição do segredo de justiça e da preservação do sigilo das investigações realizadas e das informações disponibilizadas pelas autorizações, para a efetividade da prova e da instrução processual;

Considerando que o Conselho Nacional de Justiça, através da Resolução 59, de 9 de agosto de 2008, disciplinou a matéria aos órgãos jurisdicionais do Poder Judiciário, sendo necessária a adequação do Ministério Público às disposições da Constituição Federal e da Lei nº 9.296/1996, resolve:

Art. 1º. O membro do Ministério Público, ao requerer ao juiz competente da ação principal, na investigação criminal ou na instrução processual penal, medida cautelar, de caráter sigiloso em matéria criminal, que tenha por objeto a interceptação de comunicação telefônica, de telemática ou de informática e, ao acompanhar o procedimento de interceptação feito pela autoridade policial, nos termos do artigo 6°, da Lei nº 9.296/1996, deverá observar o que dispõe esta Resolução.

Art. 2º. Os requerimentos de interceptação telefônica, telemática ou de informática, formulados por membro do Ministério Público em investigação criminal ou durante a instrução processual penal, deverão ser encaminhados ao Setor de Distribuição da respectiva Comarca ou Subseção Judiciária, em envelope lacrado, que deverá conter o pedido e os documentos necessários.

§ 1º. Na parte exterior do envelope lacrado, deverá ser colada folha de rosto que identifique o Ministério Público como requerente, a Comarca ou Subseção Judiciária de origem e a informação de que se trata de medida cautelar sigilosa.

§ 2º. Na parte exterior do envelope lacrado, é vedada a indicação do nome do requerido, da natureza da medida cautelar ou qualquer outra anotação que possa quebrar o necessário sigilo.

Art. 3º. O membro do Ministério Público deverá anexar ao envelope descrito no artigo 2°, outro envelope menor, também lacrado, contendo em seu interior apenas o número e o ano do procedimento investigatório.

Art. 4º. O pedido feito ao juízo competente da ação principal, por membro do Ministério Público em procedimento de investigação criminal ou na instrução do processo penal, deverá conter, no mínimo:

I – a fundamentação do pedido e a documentação necessária;

II – a indicação dos números dos telefones a serem interceptados, e/ou o nome do usuário, a identificação do e-mail, se possível, no caso de quebra de sigilo de informática e de telemática, ou, ainda, outro elemento identificador no caso de interceptação de dados;

III – o prazo necessário da interceptação requerida;

IV – a indicação dos titulares dos referidos números;

V – os nomes dos membros do Ministério Público, também responsáveis pela investigação criminal, e dos servidores que terão acesso às informações.

§ 1º. O membro do Ministério Público poderá, excepcionalmente, formular o pedido de interceptação verbalmente, desde que presentes os requisitos acima, que deverá ser reduzido a termo.

§ 2º. O membro do Ministério Público responsável pela investigação criminal, pelo pedido durante a instrução processual penal ou pelo acompanhamento do procedimento requerido pela autoridade policial, poderá requisitar os serviços e os técnicos especializados às concessionárias de serviço público, nos termos do artigo 129, incisos VI, VIII e IX, da Constituição Federal.

§ 3º. Em situações excepcionais, quando houver risco imediato à investigação, o cumprimento do disposto no inciso IV poderá se dar tão logo seja possível a obtenção da informação. (Incluído pela Resolução CNMP nº 51, de 2010)

Art. 5º. O membro do Ministério Público, ao formular, em razão do procedimento de investigação criminal ou na instrução do processo penal, pedido de prorrogação do prazo, deverá apresentar ao Juiz competente ou ao servidor que for indicado os áudios (CD/DVD) com o inteiro teor das comunicações interceptadas, indicando neles os trechos das conversas relevantes à apreciação do pedido de prorrogação e o relatório circunstanciado das investigações que está a proceder, com o seu resultado. (Redação dada pela Resolução CNMP nº 51, de 2010)

Art. 6º. O membro do Ministério Público deverá acompanhar o procedimento de interceptação telefônica feito em inquérito policial, quando, necessariamente, deverá ser cientificado, nos termos do artigo 6° da Lei nº 9.296/1996, devendo manifestar-se, expressamente, sobre a legalidade do pedido. (Redação dada pela Resolução CNMP nº 51, de 2010)

Parágrafo único. Nos inquéritos policiais, em que houver quebra de sigilo de comunicações, deferida na forma da lei, necessariamente, o membro do Ministério Público deverá manter o controle sobre o prazo para sua conclusão, devendo, esgotado o prazo legal do inquérito policial, requisitar da autoridade policial responsável a remessa imediata dos autos ao juízo competente.

Art. 7º. O membro do Ministério Público ou o servidor que indicar poderá retirar os autos em carga, mediante recibo, desde que acondicionados, pelo Cartório ou Secretaria do Poder Judiciário, em envelopes duplos, onde, no envelope externo não constará nenhuma indicação do caráter sigiloso ou do teor do documento e, no envelope interno, constará a indicação do nome do destinatário, a indicação de sigilo ou segredo de justiça.

Parágrafo único. Os autos acima referidos serão devolvidos, pessoalmente, pelo membro do Ministério Público responsável pela investigação ou pelo acompanhamento da medida deferida, ou pelo servidor por ele indicado, expressamente autorizado, ao Juiz competente ou ao servidor por esta autoridade indicado, adotando-se as cautelas referidas no *caput* deste artigo.

Art. 8º. No recebimento, movimentação, guarda dos autos e documentos sigilosos, quando recebidos em carga, mediante recibo, o membro do Ministério Público deverá tomar as medidas cabíveis para que o acesso aos dados atenda às cautelas necessárias à segurança das informações e ao sigilo legal.

§ 1º. Havendo violação do sigilo, requisitará o Ministério Público as medidas destinadas à sua apuração, e, caso o fato tenha ocorrido no âmbito do Ministério Público, comunicará à respectiva Corregedoria-Geral e ao Procurador-Geral." (Redação dada pela Resolução CNMP nº 51, de 2010)

§ 2º. É defeso ao membro do Ministério Público ou a qualquer servidor fornecer, direta ou indiretamente, a terceiros ou a órgãos de comunicação social, elementos contidos em processos ou investigações criminais, tais como gravações, transcrições e respectivas diligências, que tenham o caráter sigiloso, sob pena de responsabilização nos termos da legislação pertinente.

§ 3º. É defeso ao membro do Ministério Público ou a qualquer servidor da Instituição realizar interceptações de comunicações telefônicas, de informática ou telemática, ou quebrar o segredo da Justiça, sem autorização judicial ou com objetivos não autorizados em lei, sob pena de responsabilidade criminal, nos termos da legislação vigente.

Art. 9º. Cumprida a medida solicitada, no prazo assinalado ou prorrogado, o membro do Ministério Público, nos procedimentos de investigação criminal que está promovendo, encaminhará ao Juiz competente para a causa o resultado da interceptação, acompanhado de relatório circunstanciado, que deverá conter o resumo das diligências e procedimentos adotados, com as medidas judiciais consequentes a este meio de prova.

§ 1º. O membro do Ministério Público, nos pedidos feitos nos procedimentos de investigação criminal, durante a instrução processual penal e no acompanhamento do inquérito policial, deverá requerer ao Juiz competente a inutilização da gravação que não interessar à prova.

§ 2º. O membro do Ministério Público acompanhará a instauração do incidente de inutilização da gravação que não interessar à prova.

Art. 10. O membro do Ministério Público responsável pela investigação criminal ou instrução penal comunicará, mensalmente, à Corregedoria-Geral, preferencialmente, pela via eletrônica, em caráter sigiloso, a quantidade de interceptações sem andamento, bem como aquelas iniciadas e findas no período, além do número de linhas telefônicas interceptadas e de investigados que tiveram seus sigilos telefônico, telemático ou informático quebrados. (Redação dada pela Resolução CNMP nº 51, de 2010)

Art. 11. O membro do Ministério Público que, nos termos do artigo 6°, da Lei nº 9.296/1996, for cientificado do deferimento de quebra de sigilo telefônico, telemático ou informático em sede de inquérito policial, deverá exercer o controle externo da legalidade do procedimento, nos termos do artigo 129, inciso VII, da Constituição Federal, e do artigo 4°, inciso VIII, da Resolução CNMP 20.

§ 1º. No exercício do controle externo da legalidade do procedimento, o membro do Ministério Público poderá fazer uso do poder requisitório previsto na Constituição Federal. (Renumerado pela Resolução CNMP nº 51, de 2010)

§ 2º. O membro do Ministério Público responsável pela investigação criminal ou instrução penal deverá, no exercício do controle externo da atividade policial, adotar as providências necessárias quando constatar a omissão da autoridade policial em efetuar a comunicação de que dispõe o artigo 6º da Lei nº 9.296/1996. (Incluído pela Resolução CNMP nº 51, de 2010)

Art. 12. As Corregedorias-Gerais dos Ministérios Públicos comunicarão à Corregedoria Nacional do Ministério Público, até o dia 25 do mês seguinte de referência, os dados enviados pelos membros do Ministério Público. (Redação dada pela Resolução CNMP nº 51, de 2010)

Parágrafo único. A Corregedoria Nacional manterá cadastro nacional, comas cautelas determinadas pelo sigilo, do número de interceptações telefônicas, telemáticas e de informática requeridas ou acompanhadas pelo Ministério Público, nos termos do que dispõe o artigo 6º da Lei nº 9.296/1996.

Art. 13. A Corregedoria Nacional do Ministério Público exercerá o acompanhamento administrativo do cumprimento da presente Resolução, podendo desenvolver estudos, programas e convênios, conjuntamente, com a Corregedoria Nacional de Justiça, visando estabelecer rotinas e procedimentos inteiramente informatizados que permitam o efetivo controle da matéria.

Parágrafo único. A Corregedoria Nacional do Ministério Público, no prazo de 120 (cento e vinte) dias, avaliará a eficácia das medidas adotadas pela presente Resolução, sugerindo ao Plenário a adoção de providências para o seu aperfeiçoamento e cumprimento.

Art. 14. Esta Resolução entra em vigor na data de sua publicação, revogando-se as disposições que a contrariam.

Brasília, 6 de abril de 2009.

ANTONIO FERNANDO BARROS E SILVA DE SOUZA

Presidente do Conselho Nacional do Ministério Público

D.O.U. de 11.5.2009

LEI Nº 12.016, DE 7 DE AGOSTO DE 2009

Disciplina o mandado de segurança individual e coletivo e dá outras providências.

› *Mandado de segurança*

O PRESIDENTE DA REPÚBLICA Faço saber que o Congresso Nacional decreta e eu sanciono a seguinte Lei:

- Súm. 101, 248, 266 a 272, 294, 299, 304, 319, 330, 405, 429, 430, 433, 474, 506, 510, 512, 597, 622, 630, 632, e 701 do STF.
- Súm. 41, 105, 169, 177, 213, 217, 333, 376 e 460 do STJ.
- CF/88: arts. 5º, LXIX, LXX, 102, I, d, II, a, 121, § 3º e § 4º, V..
- Lei 13.300/2016 – Disciplina o processo e o julgamento dos mandados de injunção individual e coletivo.

Art. 1º. Conceder-se-á mandado de segurança para proteger direito líquido e certo, não amparado por *habeas corpus* ou *habeas data*, sempre que, ilegalmente ou com abuso de poder, qualquer pessoa física ou jurídica sofrer violação ou houver justo receio de sofrê-la por parte de autoridade, seja de que categoria for e sejam quais forem as funções que exerça.

- Lei 12.153/2009: art. 2º, § 1º, I.
- Lei 10.259/2001: art. 3º, § 1º, I.
- Lei 8.069/1990: art. 212, § 2º.

§ 1º. Equiparam-se às autoridades, para os efeitos desta Lei, os representantes ou órgãos de partidos políticos e os administradores de entidades autárquicas, bem como os dirigentes de pessoas jurídicas ou as pessoas naturais no exercício de atribuições do poder público, somente no que disser respeito a essas atribuições.

- CC: art. 44, V.

§ 2º. Não cabe mandado de segurança contra os atos de gestão comercial praticados pelos administradores de empresas públicas, de sociedade de economia mista e de concessionárias de serviço público.

§ 3º. Quando o direito ameaçado ou violado couber a várias pessoas, qualquer delas poderá requerer o mandado de segurança.

Art. 2º. Considerar-se-á federal a autoridade coatora se as consequências de ordem patrimonial do ato contra o qual se requer o mandado houverem de ser suportadas pela União ou entidade por ela controlada.

- CF/88: art. 109, I.
- Súm. 510, 511, 624, e 627 do STF.
- Súm. 41 do STJ.

Art. 3º. O titular de direito líquido e certo decorrente de direito, em condições idênticas, de terceiro poderá impetrar mandado de segurança a favor do direito originário, se o seu titular não o fizer, no prazo de 30 (trinta) dias, quando notificado judicialmente.

Parágrafo único. O exercício do direito previsto no *caput* deste artigo submete-se ao prazo fixado no art. 23 desta Lei, contado da notificação.

Art. 4º. Em caso de urgência, é permitido, observados os requisitos legais, impetrar mandado de segurança por telegrama, radiograma, fax ou outro meio eletrônico de autenticidade comprovada.

- Lei 9.800/1999 – Permite às partes a utilização de sistema de transmissão de dados para a prática de atos processuais.

§ 1º. Poderá o juiz, em caso de urgência, notificar a autoridade por telegrama, radiograma ou outro meio que assegure a autenticidade do documento e a imediata ciência pela autoridade.

§ 2º. O texto original da petição deverá ser apresentado nos 5 (cinco) dias úteis seguintes.

- Lei 11.419/2006: arts. 1º a 3º, e 8º a 13..
- Lei 9.800/1999 art. 2º, par. único.

§ 3º. Para os fins deste artigo, em se tratando de documento eletrônico, serão observadas as regras da Infraestrutura de Chaves Públicas Brasileira – ICP-Brasil.

- CPC/15: art. 195.
- Medida Provisória 2.200-2/2001 – Institui a Infra-Estrutura de Chaves Públicas Brasileira – ICP-Brasil, transforma o Instituto Nacional de Tecnologia da Informação em autarquia.

Art. 5º. Não se concederá mandado de segurança quando se tratar:

- Súm. 266 e 267 do STF.

I – de ato do qual caiba recurso administrativo com efeito suspensivo, independentemente de caução;

II – de decisão judicial da qual caiba recurso com efeito suspensivo;

III – de decisão judicial transitada em julgado.

- Súm. 268 do STF.

Parágrafo único. (*VETADO*).

Art. 6º. A petição inicial, que deverá preencher os requisitos estabelecidos pela lei processual, será apresentada em 2 (duas) vias com os documentos que instruírem a primeira reproduzidos na segunda e indicará, além da autoridade coatora, a pessoa jurídica que esta integra, à qual se acha vinculada ou da qual exerce atribuições.

- CPC/15: arts. 319 a 321.

§ 1º. No caso em que o documento necessário à prova do alegado se ache em repartição ou estabelecimento público ou em poder de autoridade que se recuse a fornecê-lo por certidão ou de terceiro, o juiz ordenará, preliminarmente, por ofício, a exibição desse documento em original ou em cópia autêntica e marcará, para o cumprimento da ordem, o prazo de 10 (dez) dias. O escrivão extrairá cópias do documento para juntá-las à segunda via da petição.

§ 2º. Se a autoridade que tiver procedido dessa maneira for a própria coatora, a ordem far-se-á no próprio instrumento da notificação.

§ 3º. Considera-se autoridade coatora aquela que tenha praticado o ato impugnado ou da qual emane a ordem para a sua prática.

- Súm. 628, STJ.

§ 4º. (*VETADO*).

§ 5º. Denega-se o mandado de segurança nos casos previstos pelo art. 267 da Lei nº 5.869, de 11 de janeiro de 1973 – Código de Processo Civil.

- Refere-se a dispositivo do CPC/1973.
- CPC/15: arts. 485 e 486.

§ 6º. O pedido de mandado de segurança poderá ser renovado dentro do prazo decadencial, se a decisão denegatória não lhe houver apreciado o mérito.

- Súm. 632 do STF.

Art. 7º. Ao despachar a inicial, o juiz ordenará:

I – que se notifique o coator do conteúdo da petição inicial, enviando-lhe a segunda via apresentada com as cópias dos documentos, a fim de que, no prazo de 10 (dez) dias, preste as informações;

II – que se dê ciência do feito ao órgão de representação judicial da pessoa jurídica interessada, enviando-lhe cópia da inicial sem documentos, para que, querendo, ingresse no feito;

III – que se suspenda o ato que deu motivo ao pedido, quando houver fundamento relevante e do ato impugnado puder resultar a ineficácia da medida, caso seja finalmente deferida, sendo facultado exigir do impetrante caução, fiança ou depósito, com o objetivo de assegurar o ressarcimento à pessoa jurídica.

§ 1º. Da decisão do juiz de primeiro grau que conceder ou denegar a liminar caberá agravo de instrumento, observado o disposto na Lei nº 5.869, de 11 de janeiro de 1973 – Código de Processo Civil.

- Refere-se ao CPC/1973.
- CPC/15: arts. 1.015 a 1.020.

§ 2º. Não será concedida medida liminar que tenha por objeto a compensação de créditos tributários, a entrega de mercadorias e bens provenientes do exterior, a reclassificação ou equiparação de servidores públicos e a concessão de aumento ou a extensão de vantagens ou pagamento de qualquer natureza.

- O STF, por maioria, julgou parcialmente procedente o pedido na ADI 4296 para "declarar a inconstitucionalidade do art. 7º, § 2º". Julgado em 09.06.2021.

§ 3º. Os efeitos da medida liminar, salvo se revogada ou cassada, persistirão até a prolação da sentença.

- Súm. 626 do STF.

§ 4º. Deferida a medida liminar, o processo terá prioridade para julgamento.

§ 5º. As vedações relacionadas com a concessão de liminares previstas neste artigo se estendem à tutela antecipada a que se referem os arts. 273 e 461 da Lei nº 5.869, de 11 janeiro de 1973 – Código de Processo Civil.

- Refere-se a dispositivos do CPC/1973.
- CPC/15: arts. 294 a 304.

Art. 8º. Será decretada a perempção ou caducidade da medida liminar *ex officio* ou a requerimento do Ministério Público quando, concedida a medida, o impetrante criar obstáculo ao normal andamento do processo ou deixar de promover, por mais de 3 (três) dias úteis, os atos e as diligências que lhe cumprirem.

Art. 9º. As autoridades administrativas, no prazo de 48 (quarenta e oito) horas da notificação da medida liminar, remeterão ao Ministério ou órgão a que se acham subordinadas e ao Advogado-Geral da União ou a quem tiver a representação judicial da União, do Estado, do Município ou da entidade apontada como coatora cópia autenticada do mandado notificatório, assim como indicações e elementos outros necessários às providências a serem tomadas para a eventual suspensão da medida e defesa do ato apontado como ilegal ou abusivo de poder.

Art. 10. A inicial será desde logo indeferida, por decisão motivada, quando não for o caso de mandado de segurança ou lhe faltar algum dos requisitos legais ou quando decorrido o prazo legal para a impetração.

- CPC/15: art. 321, par. único.

§ 1º. Do indeferimento da inicial pelo juiz de primeiro grau caberá apelação e, quando a competência para o julgamento do mandado de segurança couber originariamente a um dos tribunais, do ato do relator caberá agravo para o órgão competente do tribunal que integre.

- CPC/15: arts. 331.

§ 2º. O ingresso de litisconsorte ativo não será admitido após o despacho da petição inicial.

Art. 11. Feitas as notificações, o serventuário em cujo cartório corra o feito juntará aos autos cópia autêntica dos ofícios endereçados ao coator e ao órgão de representação judicial da pessoa jurídica interessada, bem como a prova da entrega a estes ou da sua recusa em aceitá-los ou dar recibo e, no caso do art. 4º desta Lei, a comprovação da remessa.

Art. 12. Findo o prazo a que se refere o inciso I do *caput* do art. 7º desta Lei, o juiz ouvirá o representante do Ministério Público, que opinará, dentro do prazo improrrogável de 10 (dez) dias.

Parágrafo único. Com ou sem o parecer do Ministério Público, os autos serão conclusos ao juiz, para a decisão, a qual deverá ser necessariamente proferida em 30 (trinta) dias.

Art. 13. Concedido o mandado, o juiz transmitirá em ofício, por intermédio do oficial do juízo, ou pelo correio, mediante correspondência com aviso de recebimento, o inteiro teor da sentença à autoridade coatora e à pessoa jurídica interessada.

Parágrafo único. Em caso de urgência, poderá o juiz observar o disposto no art. 4º desta Lei.

Art. 14. Da sentença, denegando ou concedendo o mandado, cabe apelação.

- CPC/15: arts. 1.007 a 1.014.

§ 1º. Concedida a segurança, a sentença estará sujeita obrigatoriamente ao duplo grau de jurisdição.

- CPC/15: art. 496.

§ 2º. Estende-se à autoridade coatora o direito de recorrer.

- CPC/15: art. 996.

§ 3º. A sentença que conceder o mandado de segurança pode ser executada provisoriamente, salvo nos casos em que for vedada a concessão da medida liminar.

- CPC/15: arts. 520 e 521.

§ 4º. O pagamento de vencimentos e vantagens pecuniárias assegurados em sentença concessiva de mandado de segurança a servidor público da administração direta ou autárquica federal, estadual e municipal somente será efetuado relativamente às prestações que se vencerem a contar da data do ajuizamento da inicial.

Art. 15. Quando, a requerimento de pessoa jurídica de direito público interessada ou do Ministério Público e para evitar grave lesão à ordem, à saúde, à segurança e à economia públicas, o presidente do tribunal ao qual couber o conhecimento do respectivo recurso suspender, em decisão fundamentada, a execução da liminar e da sentença, dessa decisão caberá agravo, sem efeito suspensivo, no prazo de 5 (cinco) dias, que será levado a julgamento na sessão seguinte à sua interposição.

- Lei 7.347/1985: art. 12, § 1º.
- Lei 8.437/1992: art. 4º.

§ 1º. Indeferido o pedido de suspensão ou provido o agravo a que se refere o *caput* deste artigo, caberá novo pedido de suspensão ao presidente do tribunal competente para conhecer de eventual recurso especial ou extraordinário.

§ 2º. É cabível também o pedido de suspensão a que se refere o § 1º deste artigo, quando negado provimento a agravo de instrumento interposto contra a liminar a que se refere este artigo.

§ 3º. A interposição de agravo de instrumento contra liminar concedida nas ações movidas contra o poder público e seus agentes não prejudica nem condiciona o julgamento do pedido de suspensão a que se refere este artigo.

§ 4º. O presidente do tribunal poderá conferir ao pedido efeito suspensivo liminar se constatar, em juízo prévio, a plausibilidade do direito invocado e a urgência na concessão da medida.

§ 5º. As liminares cujo objeto seja idêntico poderão ser suspensas em uma única decisão, podendo o presidente do tribunal estender os efeitos da suspensão a liminares supervenientes, mediante simples aditamento do pedido original.

- Súm. 626 do STF.

Art. 16. Nos casos de competência originária dos tribunais, caberá ao relator a instrução do processo, sendo assegurada a defesa oral na sessão do julgamento do mérito ou do pedido liminar. (Redação dada pela Lei nº 13.676, de 2018)

Parágrafo único. Da decisão do relator que conceder ou denegar a medida liminar caberá agravo ao órgão competente do tribunal que integre.

Art. 17. Nas decisões proferidas em mandado de segurança e nos respectivos recursos, quando não publicado, no prazo de 30 (trinta) dias, contado da data do julgamento, o acórdão será substituído pelas respectivas notas taquigráficas, independentemente de revisão.

Art. 18. Das decisões em mandado de segurança proferidas em única instância pelos tribunais cabe recurso especial e extraordinário, nos casos legalmente previstos, e recurso ordinário, quando a ordem for denegada.

- CF/88: arts. 102, II, a, III, e 105, II, b, III.

Art. 19. A sentença ou o acórdão que denegar mandado de segurança, sem decidir o mérito, não impedirá que o requerente, por ação própria, pleiteie os seus direitos e os respectivos efeitos patrimoniais.

- CPC/15: art. 485.

Art. 20. Os processos de mandado de segurança e os respectivos recursos terão prioridade sobre todos os atos judiciais, salvo *habeas corpus*.

§ 1º. Na instância superior, deverão ser levados a julgamento na primeira sessão que se seguir à data em que forem conclusos ao relator.

§ 2º. O prazo para a conclusão dos autos não poderá exceder de 5 (cinco) dias.

Art. 21. O mandado de segurança coletivo pode ser impetrado por partido político com representação no Congresso Nacional, na defesa de seus interesses legítimos relativos a seus integrantes ou à finalidade partidária, ou por organização sindical, entidade de classe ou associação legalmente constituída e em funcionamento há, pelo menos, 1 (um) ano, em defesa de direitos líquidos e certos da totalidade, ou de parte, dos seus membros ou associados, na forma dos seus estatutos e desde que pertinentes às suas finalidades, dispensada, para tanto, autorização especial.

- Súm. 629 e 630 do STF.
- CF/88: art. 5º, LXX.

Parágrafo único. Os direitos protegidos pelo mandado de segurança coletivo podem ser:

I – coletivos, assim entendidos, para efeito desta Lei, os transindividuais, de natureza indivisível, de que seja titular grupo ou categoria de pessoas ligadas entre si ou com a parte contrária por uma relação jurídica básica;

II – individuais homogêneos, assim entendidos, para efeito desta Lei, os decorrentes de origem comum e da atividade ou situação específica da totalidade ou de parte dos associados ou membros do impetrante.

Art. 22. No mandado de segurança coletivo, a sentença fará coisa julgada limitadamente aos membros do grupo ou categoria substituídos pelo impetrante.

- Lei 8.078/1990: arts. 81, 82, e 103.

§ 1º. O mandado de segurança coletivo não induz litispendência para as ações individuais, mas os efeitos da coisa julgada não beneficiarão o impetrante a título individual se não requerer a desistência de seu mandado de segurança no prazo de 30 (trinta) dias a contar da ciência comprovada da impetração da segurança coletiva.

- Lei 8.078/1990: art. 104.

§ 2º. No mandado de segurança coletivo, a liminar só poderá ser concedida após a audiência do representante judicial da pessoa jurídica de direito público, que deverá se pronunciar no prazo de 72 (setenta e duas) horas.

- O STF, por maioria, julgou parcialmente procedente o pedido na ADI 4296 para "declarar a inconstitucionalidade do art. 22, § 2º". Julgado em 09.06.2021.

Art. 23. O direito de requerer mandado de segurança extinguir-se-á decorridos 120 (cento e vinte) dias, contados da ciência, pelo interessado, do ato impugnado.

- Súm. 632 do STF.

Art. 24. Aplicam-se ao mandado de segurança os arts. 46 a 49 da Lei nº 5.869, de 11 de janeiro de 1973 – Código de Processo Civil.

- Refere-se a dispositivos do CPC/1973.
- CPC/15: arts. 113 a 118.

Art. 25. Não cabem, no processo de mandado de segurança, a interposição de embargos infringentes e a condenação ao pagamento dos honorários advocatícios, sem prejuízo da aplicação de sanções no caso de litigância de má-fé.

- Súm. 512 e 597 do STF.
- Súm. 105 e 169 do STJ.
- CPC/15: art. 80.

Art. 26. Constitui crime de desobediência, nos termos do art. 330 do Decreto-lei nº 2.848, de 7 de dezembro de 1940, o não cumprimento das decisões proferidas em mandado de segurança, sem prejuízo das sanções administrativas e da aplicação da Lei nº 1.079, de 10 de abril de 1950, quando cabíveis.

Art. 27. Os regimentos dos tribunais e, no que couber, as leis de organização judiciária deverão ser adaptados às disposições desta Lei no prazo de 180 (cento e oitenta) dias, contado da sua publicação.

Art. 28. Esta Lei entra em vigor na data de sua publicação.

Art. 29. Revogam-se as Leis nºs 1.533, de 31 de dezembro de 1951, 4.166, de 4 de dezembro de 1962, 4.348, de 26 de junho de 1964, 5.021, de 9 de junho de 1966; o art. 3º da Lei nº 6.014, de 27 de dezembro de 1973, o art. 1º da Lei nº 6.071, de 3 de julho de 1974, o art. 12 da Lei nº 6.978, de 19 de janeiro de 1982, e o art. 2º da Lei nº 9.259, de 9 de janeiro de 1996.

Brasília, 7 de agosto de 2009; 188º da Independência e 121º da República.

LUIZ INÁCIO LULA DA SILVA

Publicado no D.O.U. 10.8.2009

LEI Nº 12.037, DE 1º DE OUTUBRO DE 2009

Dispõe sobre a identificação criminal do civilmente identificado, regulamentando o art. 5º, inciso LVIII, da Constituição Federal.

- *Identificação Criminal*

O VICE-PRESIDENTE DA REPÚBLICA, no exercício do cargo de Presidente da República:

Faço saber que o Congresso Nacional decreta e eu sanciono a seguinte Lei:

Art. 1º. O civilmente identificado não será submetido a identificação criminal, salvo nos casos previstos nesta Lei.

- CF/88: art. 5º, LVIII.
- CPP: art. 6º, VIII.

Art. 2º. A identificação civil é atestada por qualquer dos seguintes documentos:

I – carteira de identidade;
II – carteira de trabalho;
III – carteira profissional;
IV – passaporte;
V – carteira de identificação funcional;
VI – outro documento público que permita a identificação do indiciado.

Parágrafo único. Para as finalidades desta Lei, equiparam-se aos documentos de identificação civis os documentos de identificação militares.

Art. 3º. Embora apresentado documento de identificação, poderá ocorrer identificação criminal quando:

I – o documento apresentar rasura ou tiver indício de falsificação;

- CP: art. 307.

II – o documento apresentado for insuficiente para identificar cabalmente o indiciado;

III – o indiciado portar documentos de identidade distintos, com informações conflitantes entre si;

IV – a identificação criminal for essencial às investigações policiais, segundo despacho da autoridade judiciária competente, que decidirá de ofício ou mediante representação da autoridade policial, do Ministério Público ou da defesa;

V – constar de registros policiais o uso de outros nomes ou diferentes qualificações;

VI – o estado de conservação ou a distância temporal ou da localidade da expedição do documento apresentado impossibilite a completa identificação dos caracteres essenciais.

Parágrafo único. As cópias dos documentos apresentados deverão ser juntadas aos autos do inquérito, ou outra forma de investigação, ainda que consideradas insuficientes para identificar o indiciado.

Art. 4º. Quando houver necessidade de identificação criminal, a autoridade encarregada tomará as providências necessárias para evitar o constrangimento do identificado.

Art. 5º. A identificação criminal incluirá o processo datiloscópico e o fotográfico, que serão juntados aos autos da comunicação da prisão em flagrante, ou do inquérito policial ou outra forma de investigação.

- CPP: art. 6º, VIII.

Parágrafo único. Na hipótese do inciso IV do art. 3º, a identificação criminal poderá incluir a coleta de material biológico para a obtenção do perfil genético. (Incluído pela Lei nº 12.654, de 2012)

Art. 5º-A. Os dados relacionados à coleta do perfil genético deverão ser armazenados em bancos de dados de perfis genéticos, gerenciado por unidade oficial de perícia criminal. (Incluído pela Lei nº 12.654, de 2012)

- Lei 12.654/2012 – Altera as Leis 12.037/2009, e 7.210/1984 (LEP), para prever a coleta de perfil genético como forma de identificação criminal.
- Decreto 7.950/2013 – Institui o Banco Nacional de Perfis Genéticos e a Rede Integrada de Bancos de Perfis Genéticos.

§ 1º. As informações genéticas contidas nos bancos de dados, de perfis genéticos não poderão revelar traços somáticos ou comportamentais das pessoas, exceto determinação genética de gênero, consoante as normas constitucionais e internacionais sobre os direitos humanos, genoma humano e dados genéticos. (Incluído pela Lei nº 12.654, de 2012)

§ 2º. Os dados constantes dos bancos de dados de perfis genéticos terão caráter sigiloso, respondendo civil, penal e administrativamente aquele que permitir ou promover sua utilização para fins diversos dos previstos nesta Lei ou em decisão judicial. (Incluído pela Lei nº 12.654, de 2012)

§ 3º. As informações obtidas a partir da coincidência de perfis genéticos deverão ser consignadas em laudo pericial firmado por perito oficial devidamente habilitado. (Incluído pela Lei nº 12.654, de 2012)

Art. 6º. É vedado mencionar a identificação criminal do indiciado em atestados de antecedentes ou em informações não destinadas ao juízo criminal, antes do trânsito em julgado da sentença condenatória.

Art. 7º. No caso de não oferecimento da denúncia, ou sua rejeição, ou absolvição, é facultado ao indiciado ou ao réu, após o arquivamento definitivo do inquérito, ou trânsito em julgado da sentença, requerer a retirada da identificação fotográfica do inquérito ou processo, desde que apresente provas de sua identificação civil.

Art. 7º-A. A exclusão dos perfis genéticos dos bancos de dados ocorrerá: (Redação dada pela Lei 13.964/2019)

I - no caso de absolvição do acusado; ou (Incluído pela Lei 13.964/2019)

II - no caso de condenação do acusado, mediante requerimento, após decorridos 20 (vinte) anos do cumprimento da pena. (Incluído pela Lei 13.964/2019)

Art. 7º-B. A identificação do perfil genético será armazenada em banco de dados sigiloso, conforme regulamento a ser expedido pelo Poder Executivo. (Incluído pela Lei nº 12.654, de 2012)

Art. 7º-C. Fica autorizada a criação, no Ministério da Justiça e Segurança Pública, do Banco Nacional Multibiométrico e de Impressões Digitais. (Incluído pela Lei 13.964/2019)

§ 1º A formação, a gestão e o acesso ao Banco Nacional Multibiométrico e de Impressões Digitais serão regulamentados em ato do Poder Executivo federal.

§ 2º O Banco Nacional Multibiométrico e de Impressões Digitais tem como objetivo armazenar dados de registros biométricos, de impressões digitais e, quando possível, de íris, face e voz, para subsidiar investigações criminais federais, estaduais ou distritais.

§ 3º O Banco Nacional Multibiométrico e de Impressões Digitais será integrado pelos registros biométricos, de impressões digitais, de íris, face e voz colhidos em investigações criminais ou por ocasião da identificação criminal.

§ 4º Poderão ser colhidos os registros biométricos, de impressões digitais, de íris, face e voz dos presos provisórios ou definitivos quando não tiverem sido extraídos por ocasião da identificação criminal.

§ 5º Poderão integrar o Banco Nacional Multibiométrico e de Impressões Digitais, ou com ele interoperar, os dados de registros constantes em quaisquer bancos de dados geridos por órgãos dos Poderes Executivo, Legislativo e Judiciário das esferas federal, estadual e distrital, inclusive pelo Tribunal Superior Eleitoral e pelos Institutos de Identificação Civil.

§ 6º No caso de bancos de dados de identificação de natureza civil, administrativa ou eleitoral, a integração ou o compartilhamento dos registros do Banco Nacional Multibiométrico e de Impressões Digitais será limitado às impressões digitais e às informações necessárias para identificação do seu titular.

§ 7º A integração ou a interoperação dos dados de registros multibiométricos constantes de outros bancos de dados com o Banco Nacional Multibiométrico e de Impressões Digitais ocorrerá por meio de acordo ou convênio com a unidade gestora.

§ 8º Os dados constantes do Banco Nacional Multibiométrico e de Impressões Digitais terão caráter sigiloso, e aquele que permitir ou promover sua utilização para fins diversos dos previstos nesta Lei ou em decisão judicial responderá civil, penal e administrativamente.

§ 9º As informações obtidas a partir da coincidência de registros biométricos relacionados a crimes deverão ser consignadas em laudo pericial firmado por perito oficial habilitado.

§ 10. É vedada a comercialização, total ou parcial, da base de dados do Banco Nacional Multibiométrico e de Impressões Digitais.

§ 11. A autoridade policial e o Ministério Público poderão requerer ao juiz competente, no caso de inquérito ou ação penal instaurados, o acesso ao Banco Nacional Multibiométrico e de Impressões Digitais.

Art. 8º. Esta Lei entra em vigor na data de sua publicação.

Art. 9º. Revoga-se a Lei nº 10.054, de 7 de dezembro de 2000.

Brasília, 1º de outubro de 2009; 188º da Independência e 121º da República.

JOSÉ ALENCAR GOMES DA SILVA

Publicado no D.O.U. de 2.10.2009

LEI Nº 12.101, DE 27 DE NOVEMBRO DE 2009

Dispõe sobre a certificação das entidades beneficentes de assistência social; regula os procedimentos de isenção de contribuições para a seguridade social; altera a Lei nº 8.742, de 7 de dezembro de 1993; revoga dispositivos das Leis nºs 8.212, de 24 de julho de 1991, 9.429, de 26 de dezembro de 1996, 9.732, de 11 de dezembro de 1998, 10.684, de 30 de maio de 2003, e da Medida Provisória nº 2.187-13, de 24 de agosto de 2001; e dá outras providências.

- *Certificação das entidades beneficentes de assistência social*

CAPÍTULO I. DISPOSIÇÕES PRELIMINARES

Art. 1º. A certificação das entidades beneficentes de assistência social e a isenção de contribuições para a seguridade social serão concedidas às pessoas jurídicas de direito privado, sem fins lucrativos, reconhecidas como entidades beneficentes de assistência social com a finalidade de prestação de serviços nas áreas de assistência social, saúde ou educação, e que atendam ao disposto nesta Lei.

Parágrafo único. (Vetado).

Art. 2º. As entidades de que trata o art. 1º deverão obedecer ao princípio da universalidade do atendimento, sendo vedado dirigir suas atividades exclusivamente a seus associados ou a categoria profissional.

CAPÍTULO II. DA CERTIFICAÇÃO

Art. 3º. A certificação ou sua renovação será concedida à entidade beneficente que demonstre, no exercício fiscal anterior ao do requerimento, observado o período mínimo de 12 (doze) meses de constituição da entidade, o cumprimento do disposto nas Seções I, II, III e IV deste Capítulo, de acordo com as respectivas áreas de atuação, e cumpra, cumulativamente, os seguintes requisitos:

I – seja constituída como pessoa jurídica nos termos do *caput* do art. 1º; e

II – preveja, em seus atos constitutivos, em caso de dissolução ou extinção, a destinação do eventual patrimônio remanescente a entidade sem fins lucrativos congêneres ou a entidades públicas.

Parágrafo único. O período mínimo de cumprimento dos requisitos de que trata este artigo poderá ser reduzido se a entidade for prestadora de serviços por meio de contrato, convênio ou instrumento congênere com o Sistema Único de Saúde (SUS) ou com o Sistema Único de Assistência Social (Suas), em caso de necessidade local atestada pelo gestor do respectivo sistema. (Redação dada pela Lei nº 12.868, de 2013)

SEÇÃO I. DA SAÚDE

Art. 4º. Para ser considerada beneficente e fazer jus à certificação, a entidade de saúde deverá, nos termos do regulamento:

I – celebrar contrato, convênio ou instrumento congênere com o gestor do SUS; (Redação dada pela Lei nº 12.868, de 2013)

II – ofertar a prestação de seus serviços ao SUS no percentual mínimo de 60% (sessenta por cento);

III – comprovar, anualmente, da forma regulamentada pelo Ministério da Saúde, a prestação dos serviços de que trata o inciso II, com base nas internações e nos atendimentos ambulatoriais realizados. (Redação dada pela Lei nº 12.453, de 2011)

§ 1º. O atendimento do percentual mínimo de que trata o *caput* pode ser individualizado por estabelecimento ou pelo conjunto de estabelecimentos de saúde da pessoa jurídica, desde que não abranja outra entidade com personalidade jurídica própria que seja por ela mantida.

§ 2º. Para fins do disposto no § 1º, no conjunto de estabelecimentos de saúde da pessoa jurídica, poderá ser incorporado aquele vinculado por força de contrato de gestão, na forma do regulamento.

§ 3º. Para fins do disposto no inciso III do *caput*, a entidade de saúde que aderir a programas e estratégias prioritárias definidas pelo Ministério da Saúde fará jus a índice percentual que será adicionado ao total de prestação de seus serviços ofertados ao SUS, observado o limite máximo de 10% (dez por cento), conforme estabelecido em ato do Ministro de Estado da Saúde. (Incluído pela Lei nº 12.868, de 2013)

§ 4º Na hipótese de comprovada prestação de serviços pela entidade de saúde, sem a observância do disposto no inciso I do *caput* deste artigo, que dê causa ao indeferimento ou cancelamento da certificação, o Ministério da Saúde deverá informar aos órgãos de controle os indícios da irregularidade praticada pelo gestor do SUS. (Acrescido pela Lei nº 13.650, de 2018)

Art. 5º. A entidade de saúde deverá ainda informar, obrigatoriamente, ao Ministério da Saúde, na forma por ele estabelecida:

I – a totalidade das internações e atendimentos ambulatoriais realizados para os pacientes não usuários do SUS;

II – a totalidade das internações e atendimentos ambulatoriais realizados para os pacientes usuários do SUS; e

III – as alterações referentes aos registros no Cadastro Nacional de Estabelecimentos de Saúde – CNES.

Parágrafo único. A entidade deverá manter o Cadastro Nacional de Estabelecimentos de Saúde – CNES atualizado, de acordo com a forma e o prazo determinado pelo Ministério da Saúde. (Incluído pela Lei nº 12.453, de 2011)

Art. 6º. A entidade de saúde que presta serviços exclusivamente na área ambulatorial deverá observar o disposto nos incisos I e II do art. 4º, comprovando, anualmente, a prestação dos serviços no percentual mínimo de 60% (sessenta por cento). (Redação dada pela Lei nº 12.453, de 2011)

Art. 6º-A. Para os requerimentos de renovação de certificado, caso a entidade de saúde não cumpra o disposto no inciso III do *caput* do art. 4º no exercício fiscal anterior ao exercício do requerimento, o Ministério da Saúde avaliará o cumprimento do requisito com base na média do total de prestação de serviços ao SUS de que trata o inciso III do *caput* do art. 4º pela entidade durante todo o período de certificação em curso, que deverá ser de, no mínimo, 60% (sessenta por cento). (Incluído pela Lei nº 12.868, de 2013)

- v. Art. 7º da Lei nº 12.868, de 2013.

§ 1º. Para fins do disposto no *caput*, apenas será admitida a avaliação pelo Ministério da Saúde caso a entidade tenha cumprido, no mínimo, 50% (cinquenta por cento) da prestação de seus serviços ao SUS de que trata o inciso III do *caput* do art. 4º em cada um dos anos do período de certificação. (Incluído pela Lei nº 12.868, de 2013)

§ 2º. A comprovação da prestação dos serviços, conforme regulamento do Ministério da Saúde, será feita com base nas internações, nos atendimentos ambulatoriais e nas ações prioritárias realizadas. (Incluído pela Lei nº 12.868, de 2013)

Art. 7º. Quando a disponibilidade de cobertura assistencial da população pela rede pública de determinada área for insuficiente, os gestores do SUS deverão observar, para a contratação de serviços privados, a preferência de participação das entidades beneficentes de saúde e das sem fins lucrativos.

Art. 7º-A. As instituições reconhecidas nos termos da legislação como serviços de atenção em regime residencial e transitório, incluídas as comunidades terapêuticas que prestem ao SUS serviços de atendimento e acolhimento, a pessoas com transtornos decorrentes do uso, abuso ou dependência de substância psicoativa poderão ser certificadas, desde que: (Incluído pela Lei nº 12.868, de 2013)

I – sejam qualificadas como entidades de saúde; e (Incluído pela Lei nº 12.868, de 2013)

II – comprovem a prestação de serviços de que trata o *caput*. (Incluído pela Lei nº 12.868, de 2013)

§ 1º. O cumprimento dos requisitos estabelecidos nos incisos I e II do *caput* deverá observar os critérios definidos pelo Ministério da Saúde. (Incluído pela Lei nº 12.868, de 2013)

§ 2º. A prestação dos serviços prevista no *caput* será pactuada com o gestor local do SUS por meio de contrato, convênio ou instrumento congênere. (Incluído pela Lei nº 12.868, de 2013)

§ 3º. O atendimento dos requisitos previstos neste artigo dispensa a observância das exigências previstas no art. 4º. (Incluído pela Lei nº 12.868, de 2013)

Art. 8º. Não havendo interesse do gestor local do SUS na contratação dos serviços de saúde ofertados pela entidade de saúde ou de contratação abaixo do percentual mínimo a que se refere o inciso II do art. 4º, a entidade deverá comprovar a aplicação de percentual da sua receita em gratuidade na área da saúde, da seguinte forma: (Redação dada pela Lei nº 12.868, de 2013)

I – 20% (vinte por cento), quando não houver interesse de contratação pelo gestor local do SUS ou se o percentual de prestação de serviços ao SUS for inferior a 30% (trinta por cento); (Redação dada pela Lei nº 12.868, de 2013)

II – 10% (dez por cento), se o percentual de prestação de serviços ao SUS for igual ou superior a 30% (trinta por cento) e inferior a 50% (cinquenta por cento); ou (Redação dada pela Lei nº 12.868, de 2013)

III – 5% (cinco por cento), se o percentual de prestação de serviços ao SUS for igual ou superior a 50% (cinquenta por cento). (Redação dada pela Lei nº 12.868, de 2013)

Parágrafo único. (Vetado).

‣ Parágrafo único conforme publicação oficial.

§ 2º. A receita prevista no *caput* será a efetivamente recebida da prestação de serviços de saúde. (Incluído pela Lei nº 12.453, de 2011)

Art. 8º-A. Excepcionalmente, será admitida a certificação de entidades que atuem exclusivamente na promoção da saúde sem exigência de contraprestação do usuário pelas ações e serviços de saúde realizados, nos termos do regulamento. (Incluído pela Lei nº 12.868, de 2013)

§ 1º. A oferta da totalidade de ações e serviços sem contraprestação do usuário dispensa a observância das exigências previstas no art. 4º. (Incluído pela Lei nº 12.868, de 2013)

§ 2º. A execução de ações e serviços de gratuidade em promoção da saúde será previamente pactuada por meio de contrato, convênio ou instrumento congênere com o gestor local do SUS. (Incluído pela Lei nº 12.868, de 2013)

§ 3º. Para efeito do disposto no *caput*, são consideradas ações e serviços de promoção da saúde as atividades voltadas para redução de risco à saúde, desenvolvidas em áreas como: (Incluído pela Lei nº 12.868, de 2013)

I – nutrição e alimentação saudável; (Incluído pela Lei nº 12.868, de 2013)

II – prática corporal ou atividade física; (Incluído pela Lei nº 12.868, de 2013)

III – prevenção e controle do tabagismo; (Incluído pela Lei nº 12.868, de 2013)

IV – prevenção ao câncer, ao vírus da imunodeficiência humana (HIV), às hepatites virais, à tuberculose, à hanseníase, à malária e à dengue; (Incluído pela Lei nº 12.868, de 2013)

V – redução da morbimortalidade em decorrência do uso abusivo de álcool e outras drogas; (Incluído pela Lei nº 12.868, de 2013)

VI – redução da morbimortalidade por acidentes de trânsito; (Incluído pela Lei nº 12.868, de 2013)

VII – prevenção da violência; e (Incluído pela Lei nº 12.868, de 2013)

VIII – redução da morbimortalidade nos diversos ciclos de vida. (Incluído pela Lei nº 12.868, de 2013)

Art. 8º-B. Excepcionalmente, será admitida a certificação de entidades que prestam serviços de atenção em regime residencial e transitório, incluídas as comunidades terapêuticas, que executem exclusivamente ações de promoção da saúde voltadas para pessoas com transtornos decorrentes do uso, abuso ou dependência de drogas, desde que comprovem a aplicação de, no mínimo, 20% (vinte por cento) de sua receita bruta em ações de gratuidade. (Incluído pela Lei nº 12.868, de 2013)

§ 1º. Para fins do cálculo de que trata o *caput*, as receitas provenientes de subvenção pública e as despesas decorrentes não devem incorporar a receita bruta e o percentual aplicado em ações de gratuidade. (Incluído pela Lei nº 12.868, de 2013)

§ 2º. A execução das ações de gratuidade em promoção da saúde será previamente pactuada com o gestor local do SUS, por meio de contrato, convênio ou instrumento congênere. (Incluído pela Lei nº 12.868, de 2013)

§ 3º. O atendimento dos requisitos previstos neste artigo dispensa a observância das exigências previstas no art. 4º. (Incluído pela Lei nº 12.868, de 2013)

Art. 9º. (Vetado).

Art. 10. Em hipótese alguma será admitida como aplicação em gratuidade a eventual diferença entre os valores pagos pelo SUS e os preços praticados pela entidade ou pelo mercado.

Art. 11. A entidade de saúde de reconhecida excelência poderá, alternativamente, para dar cumprimento ao requisito previsto no art. 4º, realizar projetos de apoio ao desenvolvimento institucional do SUS, celebrando ajuste com a União, por intermédio do Ministério da Saúde, nas seguintes áreas de atuação:

I – estudos de avaliação e incorporação de tecnologias;

II – capacitação de recursos humanos;

III – pesquisas de interesse público em saúde; ou

IV – desenvolvimento de técnicas e operação de gestão em serviços de saúde.

§ 1º. O Ministério da Saúde definirá os requisitos técnicos essenciais para o reconhecimento de excelência referente a cada uma das áreas de atuação previstas neste artigo.

§ 2º. O recurso despendido pela entidade de saúde no projeto de apoio não poderá ser inferior ao valor da isenção das contribuições sociais usufruída.

§ 3º. O projeto de apoio será aprovado pelo Ministério da Saúde, ouvidas as instâncias do SUS, segundo procedimento definido em ato do Ministro de Estado.

§ 4º. As entidades de saúde que venham a se beneficiar da condição prevista neste artigo poderão complementar as atividades relativas aos projetos de apoio com a prestação de serviços ambulatoriais e hospitalares ao SUS não remunerados, mediante pacto com o gestor local do SUS, observadas as seguintes condições:

I – a complementação não poderá ultrapassar 30% (trinta por cento) do valor usufruído com a isenção das contribuições sociais;

II – a entidade de saúde deverá apresentar ao gestor local do SUS plano de trabalho com previsão de atendimento e detalhamento de custos, os quais não poderão exceder o valor por ela efetivamente despendido;

III – a comprovação dos custos a que se refere o inciso II poderá ser exigida a qualquer tempo, mediante apresentação dos documentos necessários; e

IV – as entidades conveniadas deverão informar a produção na forma estabelecida pelo Ministério da Saúde, com observação de não geração de créditos.

§ 5º. A participação das entidades de saúde ou de educação em projetos de apoio previstos neste artigo não poderá ocorrer em prejuízo das atividades beneficentes prestadas ao SUS.

§ 6º. O conteúdo e o valor das atividades desenvolvidas em cada projeto de apoio ao desenvolvimento institucional e de prestação de serviços ao SUS deverão ser objeto de relatórios anuais, encaminhados ao Ministério da Saúde para acompanhamento e fiscalização, sem prejuízo das atribuições dos órgãos de fiscalização tributária.

SEÇÃO II.
DA EDUCAÇÃO

Art. 12. A certificação ou sua renovação será concedida à entidade de educação que atenda ao disposto nesta Seção e na legislação aplicável.

Parágrafo único. As entidades de educação certificadas na forma desta Lei deverão prestar informações ao Censo da Educação Básica e ao Censo da Educação Superior, conforme definido pelo Ministério da Educação. (Incluído pela Lei nº 12.868, de 2013)

Art. 12-A. As bolsas de estudo concedidas no âmbito do processo de certificação de entidades beneficentes de assistência social de que trata esta Lei constituem-se em instrumentos de promoção da política pública de acesso à educação do Ministério da Educação. (Incluído pela Lei nº 13.530, de 2017)

Art. 13. Para fins de concessão ou renovação da certificação, a entidade de educação que atua nas diferentes etapas e modalidades da educação básica, regular e presencial, deverá: (Redação dada pela Lei nº 12.868, de 2013)

I – demonstrar sua adequação às diretrizes e metas estabelecidas no Plano Nacional de Educação (PNE), na forma do art. 214 da Constituição Federal; (Incluído pela Lei nº 12.868, de 2013)

II – atender a padrões mínimos de qualidade, aferidos pelos processos de avaliação conduzidos pelo Ministério da Educação; e (Incluído pela Lei nº 12.868, de 2013)

III – conceder anualmente bolsas de estudo na proporção de 1 (uma) bolsa de estudo integral para cada 5 (cinco) alunos pagantes. (Incluído pela Lei nº 12.868, de 2013)

‣ ADI nº 4.480: declarado inconstitucional, em controle concentrado, pelo Supremo Tribunal Federal, publicado no DOU de 3/4/2020.

§ 1º. Para o cumprimento da proporção descrita no inciso III do *caput*, a entidade poderá oferecer bolsas de estudo parciais, observadas as seguintes condições: (Redação dada pela Lei nº 12.868, de 2013)

▸ ADI nº 4.480: declarado inconstitucional, em controle concentrado, pelo Supremo Tribunal Federal, publicado no DOU de 3/4/2020.

I – no mínimo, 1 (uma) bolsa de estudo integral para cada 9 (nove) alunos pagantes; e (Redação dada pela Lei nº 12.868, de 2013)

▸ ADI nº 4.480: declarado inconstitucional, em controle concentrado, pelo Supremo Tribunal Federal, publicado no DOU de 3/4/2020.

II – bolsas de estudo parciais de 50% (cinquenta por cento), quando necessário para o alcance do número mínimo exigido, conforme definido em regulamento; (Redação dada pela Lei nº 12.868, de 2013)

▸ ADI nº 4.480: declarado inconstitucional, em controle concentrado, pelo Supremo Tribunal Federal, publicado no DOU de 3/4/2020.

III – (Revogado pela Lei nº 12.868, de 2013);

§ 2º. Será facultado à entidade substituir até 25% (vinte e cinco por cento) da quantidade das bolsas de estudo definidas no inciso III do *caput* e no § 1º por benefícios concedidos a beneficiários cuja renda familiar mensal per capita não exceda o valor de um salário mínimo e meio, tais como transporte, uniforme, material didático, moradia, alimentação e outros benefícios, ações e serviços definidos em ato do Ministro de Estado da Educação. (Redação dada pela Lei nº 13.043, de 2014)

§ 3º. Admite-se o cumprimento do percentual disposto no § 2º com projetos e atividades para a garantia da educação em tempo integral para alunos matriculados na educação básica em escolas públicas, desde que em articulação com as respectivas instituições públicas de ensino, na forma definida pelo Ministério da Educação. (Redação dada pela Lei nº 12.868, de 2013)

▸ ADI nº 4.480: declarado inconstitucional, em controle concentrado, pelo Supremo Tribunal Federal, publicado no DOU de 3/4/2020.

§ 4º. Para fins do cumprimento da proporção de que trata o inciso III do *caput*: (Redação dada pela Lei nº 12.868, de 2013)

▸ ADI nº 4.480: declarado inconstitucional, em controle concentrado, pelo Supremo Tribunal Federal, publicado no DOU de 3/4/2020.

I – cada bolsa de estudo integral concedida a aluno com deficiência, assim declarado ao Censo da Educação Básica, equivalerá a 1,2 (um inteiro e dois décimos) do valor da bolsa de estudo integral; e (Redação dada pela Lei nº 12.868, de 2013)

▸ ADI nº 4.480: declarado inconstitucional, em controle concentrado, pelo Supremo Tribunal Federal, publicado no DOU de 3/4/2020.

II – cada bolsa de estudo integral concedida a aluno matriculado na educação básica em tempo integral equivalerá a 1,4 (um inteiro e quatro décimos) do valor da bolsa de estudo integral; (Redação dada pela Lei nº 12.868, de 2013)

▸ ADI nº 4.480: declarado inconstitucional, em controle concentrado, pelo Supremo Tribunal Federal, publicado no DOU de 3/4/2020.

III – (revogado pela Lei nº 12.868, de 2013).

§ 5º. As equivalências previstas nos incisos I e II do § 4º não poderão ser cumulativas. (Redação dada pela Lei nº 12.868, de 2013)

▸ ADI nº 4.480: declarado inconstitucional, em controle concentrado, pelo Supremo Tribunal Federal, publicado no DOU de 3/4/2020.

§ 6º. Considera-se, para fins do disposto nos §§ 3º e 4º, educação básica em tempo integral a jornada escolar com duração igual ou superior a 7 (sete) horas diárias, durante todo o período letivo, e compreende tanto o tempo em que o aluno permanece na escola como aquele em que exerce atividades escolares em outros espaços educacionais, conforme definido pelo Ministério da Educação. (Redação dada pela Lei nº 12.868, de 2013).

▸ ADI nº 4.480: declarado inconstitucional, em controle concentrado, pelo Supremo Tribunal Federal, publicado no DOU de 3/4/2020.

§ 7º. As entidades de educação que prestam serviços integralmente gratuitos deverão garantir a observância da proporção de, no mínimo, 1 (um) aluno cuja renda familiar mensal per capita não exceda o valor de um salário-mínimo e meio para cada 5 (cinco) alunos matriculados. (Incluído pela Lei nº 12.868, de 2013)

▸ ADI nº 4.480: declarado inconstitucional, em controle concentrado, pelo Supremo Tribunal Federal, publicado no DOU de 3/4/2020.

Art. 13-A. Para fins de concessão e de renovação da certificação, as entidades que atuam na educação superior e que aderiram ao Programa Universidade para Todos (Prouni), na forma do *caput* do art. 11 da Lei 11.096, de 13 de janeiro de 2005, deverão atender às condições previstas nos incisos do *caput* e nos §§ 1º, 2º e 7º do art. 13 desta Lei. (Incluído pela Lei nº 12.868, de 2013)

§ 1º. As entidades que atuam concomitantemente no nível de educação superior e que tenham aderido ao Prouni e no de educação básica estão obrigadas a cumprir os requisitos exigidos no art. 13, para cada nível de educação, inclusive quanto à complementação eventual da gratuidade por meio da concessão de bolsas de estudo parciais de 50% (cinquenta por cento) e de benefícios, conforme previsto nos §§ 1º e 2º do art. 13. (Redação dada pela Lei nº 13.043, de 2014)

§ 2º. Somente serão aceitas no âmbito da educação superior bolsas de estudo vinculadas ao Prouni, salvo as bolsas integrais ou parciais de 50% (cinquenta por cento) para pós-graduação stricto sensu. (Incluído pela Lei nº 12.868, de 2013)

§ 3º. Excepcionalmente, serão aceitas como gratuidade, no âmbito da educação superior, as bolsas de estudo integrais ou parciais de 50% (cinquenta por cento) oferecidas fora do Prouni aos alunos enquadrados nos arts. 14 e 15, desde que a entidade tenha cumprido a proporção de uma bolsa de estudo integral para cada 9 (nove) alunos pagantes no Prouni e que tenha ofertado bolsas no âmbito do Prouni que não tenham sido preenchidas. (Incluído pela Lei nº 12.868, de 2013)

§ 4º. Para os fins do disposto neste artigo, somente serão computadas as bolsas concedidas em cursos de graduação ou sequencial de formação específica regulares, além das bolsas para pós-graduação stricto sensu previstas no § 2º. (Incluído pela Lei nº 12.868, de 2013)

Art. 13-B. Para os fins da concessão da certificação, as entidades que atuam na educação superior e que não tenham aderido ao Prouni na forma do art. 10 da Lei 11.096, de 13 de janeiro de 2005, deverão: (Incluído pela Lei nº 12.868, de 2013)

I – atender ao disposto nos incisos I e II do *caput* do art. 13; e (Incluído pela Lei nº 12.868, de 2013)

II – conceder anualmente bolsas de estudo na proporção de 1 (uma) bolsa de estudo integral para cada 4 (quatro) alunos pagantes. (Incluído pela Lei nº 12.868, de 2013)

§ 1º. Para o cumprimento da proporção descrita no inciso II do *caput*, a entidade poderá oferecer bolsas de estudo parciais, desde que conceda: (Incluído pela Lei nº 12.868, de 2013)

I – no mínimo, 1 (uma) bolsa de estudo integral para cada 9 (nove) alunos pagantes; e (Incluído pela Lei nº 12.868, de 2013)

II – bolsas de estudo parciais de 50% (cinquenta por cento), quando necessário para o alcance do número mínimo exigido, conforme definido em regulamento. (Incluído pela Lei nº 12.868, de 2013)

§ 2º. Será facultado à entidade substituir até 25% (vinte e cinco por cento) da quantidade das bolsas de estudo definidas no inciso II do *caput* e no § 1º por benefícios concedidos a beneficiários cuja renda familiar mensal per capita não exceda o valor de um salário mínimo e meio, tais como transporte, uniforme, material didático, moradia, alimentação e outros benefícios, ações e serviços definidos em ato do Ministro de Estado da Educação. (Redação dada pela Lei nº 13.043, de 2014)

§ 3º. Sem prejuízo da proporção definida no inciso II do *caput*, a entidade de educação deverá ofertar, em cada uma de suas instituições de ensino superior, no mínimo, 1 (uma) bolsa integral para cada 25 (vinte e cinco) alunos pagantes.

§ 4º. A entidade deverá ofertar bolsa integral em todos os cursos de todas as instituições de ensino superior por ela mantidos. (Incluído pela Lei nº 12.868, de 2013)

§ 5º. As entidades que atuam concomitantemente na educação superior e na educação básica são obrigadas a cumprir os requisitos exigidos no art. 13 e neste artigo de maneira segregada, por nível de educação, inclusive quanto à eventual complementação da gratuidade por meio da concessão de bolsas de estudo parciais de 50% (cinquenta por cento) e de benefícios. (Redação dada pela Lei nº 13.043, de 2014).

§ 6º. Para os fins do disposto neste artigo, somente serão computadas as bolsas concedidas em cursos de graduação ou sequencial de formação específica regulares. (Incluído pela Lei nº 12.868, de 2013).

Art. 13-C. Consideram-se alunos pagantes, para fins de aplicação das proporções previstas nos arts. 13, 13-A e 13-B, o total de alunos que não possuem bolsas de estudo integrais. (Incluído pela Lei nº 12.868, de 2013)

§ 1º. Na aplicação das proporções previstas nos arts. 13-A e 13-B, serão considerados os alunos pagantes matriculados em cursos de graduação ou sequencial de formação específica regulares. (Incluído pela Lei nº 12.868, de 2013)

§ 2º. Não se consideram alunos pagantes os inadimplentes por período superior a 90 (noventa) dias, cujas matrículas tenham sido recusadas no período letivo imediatamente subsequente ao inadimplemento, conforme definido em regulamento. (Incluído pela Lei nº 12.868, de 2013)

Art. 14. Para os efeitos desta Lei, a bolsa de estudo refere-se às semestralidades ou anuidades escolares fixadas na forma da lei, vedada a cobrança de taxa de matrícula e de custeio de material didático.

§ 1º. A bolsa de estudo integral será concedida a aluno cuja renda familiar mensal per capita não exceda o valor de 1 1/2 (um e meio) salário mínimo.

▸ ADI nº 4.480: declarado inconstitucional, em controle concentrado, pelo Supremo Tribunal Federal, publicado no DOU de 3/4/2020.

§ 2º. A bolsa de estudo parcial será concedida a aluno cuja renda familiar mensal per capita não exceda o valor de 3 (três) salários mínimos.

▸ ADI nº 4.480: declarado inconstitucional, em controle concentrado, pelo Supremo Tribunal Federal, publicado no DOU de 3/4/2020.

Art. 15. Para fins da certificação a que se refere esta Lei, o aluno a ser beneficiado será pré-selecionado pelo perfil socioeconômico e, cumulativamente, por outros critérios definidos pelo Ministério da Educação.

§ 1º. Os alunos beneficiários das bolsas de estudo de que trata esta Lei, ou seus pais ou responsáveis, quando for o caso, respondem legalmente pela veracidade e autenticidade das informações por eles prestadas. (Redação dada pela Lei nº 13.530, de 2017)

§ 2º. Compete à entidade de educação confirmar o atendimento, pelo candidato, ao perfil socioeconômico e aos demais critérios estabelecidos pelo Ministério da Educação. (Redação dada pela Lei nº 13.530, de 2017)

§ 3º. As bolsas de estudo poderão ser canceladas a qualquer tempo, em caso de constatação de falsidade da informação prestada pelo bolsista ou seu responsável, ou de inidoneidade de documento apresentado, sem prejuízo das demais sanções cíveis e penais cabíveis.

§ 4º. Os estudantes a serem beneficiados pelas bolsas de estudo para os cursos de graduação poderão ser pré-selecionados pelos resultados do Exame Nacional do Ensino Médio (Enem). (Incluído pela Lei nº 13.530, de 2017)

§ 5º. É vedado ao estudante acumular bolsas de estudo em entidades de educação certificadas na forma desta Lei. (Incluído pela Lei nº 13.530, de 2017)

§ 6º. O Ministério da Educação disporá sobre os procedimentos para seleção de bolsistas, especialmente quanto à sua operacionalização por meio de sistema específico. (Incluído pela Lei nº 13.530, de 2017)

Art. 16. É vedado qualquer discriminação ou diferença de tratamento entre alunos bolsistas e pagantes.

Art. 17. No ato de concessão ou de renovação da certificação, as entidades de educação que não tenham concedido o número mínimo de bolsas previsto nos arts. 13, 13-A e 13-B poderão compensar o número de bolsas devido nos 3 (três) exercícios subsequentes com acréscimo de 20% (vinte por cento) sobre o percentual não atingido ou o número de bolsas não concedido, mediante a assinatura de Termo de Ajuste de Gratuidade, nas condições estabelecidas pelo Ministério da Educação. (Redação dada pela Lei nº 12.868, de 2013)

‣ v. Art. 13 da Lei 12.868, de 2013.

§ 1º. Após a publicação da decisão relativa ao julgamento do requerimento de concessão ou de renovação da certificação na primeira instância administrativa, as entidades de educação a que se refere o *caput* disporão do prazo improrrogável de 30 (trinta) dias para requerer a assinatura do Termo de Ajuste de Gratuidade. (Redação dada pela Lei nº 12.868, de 2013)§ 2º Na hipótese de descumprimento do Termo de Ajuste de Gratuidade, a certificação da entidade será cancelada relativamente a todo o seu período de validade. (Redação dada pela Lei nº 12.868, de 2013)

§ 3º. O Termo de Ajuste de Gratuidade poderá ser celebrado somente uma vez com a mesma entidade a cada período de 10 (dez) anos, a contar da data da assinatura do último termo e desde que este tenha sido devidamente cumprido. (Redação dada pela Lei nº 13.043, de 2014)

§ 4º. As bolsas de pós-graduação stricto sensu poderão integrar o percentual de acréscimo de compensação de 20% (vinte por cento), desde que se refiram a áreas de formação definidas pelo Ministério da Educação. (Incluído pela Lei nº 12.868, de 2013)

SEÇÃO III.
DA ASSISTÊNCIA SOCIAL

Art. 18. A certificação ou sua renovação será concedida à entidade de assistência social que presta serviços ou realiza ações socioassistenciais, de forma gratuita, continuada e planejada, para os usuários e para quem deles necessitar, sem discriminação, observada a Lei nº 8.742, de 7 de dezembro de 1993. (Redação dada pela Lei nº 12.868, de 2013)

‣ ADI nº 4.480: declarado inconstitucional, em controle concentrado, pelo Supremo Tribunal Federal, publicado no DOU de 3/4/2020.

§ 1º. Consideram-se entidades de assistência social aquelas que prestam, sem fins lucrativos, atendimento e assessoramento aos beneficiários abrangidos pela Lei nº 8.742, de 7 de dezembro de 1993, e as que atuam na defesa e garantia de seus direitos. (Redação dada pela Lei nº 12.868, de 2013)

§ 2º. Observado o disposto no *caput* e no § 1º, também são consideradas entidades de assistência social: (Redação dada pela Lei nº 12.868, de 2013)

I – as que prestam serviços ou ações socioassistenciais, sem qualquer exigência de contraprestação dos usuários, com o objetivo de habilitação e reabilitação da pessoa com deficiência e de promoção da sua inclusão à vida comunitária, no enfrentamento dos limites existentes para as pessoas com deficiência, de forma articulada ou não com ações educacionais ou de saúde; (Redação dada pela Lei nº 12.868, de 2013)

II – as de que trata o inciso II do art. 430 da Consolidação das Leis do Trabalho (CLT), aprovada pelo Decreto-Lei nº 5.452, de 1º de maio de 1943, desde que os programas de aprendizagem de adolescentes, de jovens ou de pessoas com deficiência sejam prestados com a finalidade de promover a integração ao mercado de trabalho, nos termos da Lei nº 8.742, de 7 de dezembro de 1993, observadas as ações protetivas previstas na Lei nº 8.069, de 13 de julho de 1990; e (Redação dada pela Lei nº 12.868, de 2013)

III – as que realizam serviço de acolhimento institucional provisório de pessoas e de seus acompanhantes, que estejam em trânsito e sem condições de autossustento, durante o tratamento de doenças graves fora da localidade de residência, observada a Lei nº 8.742, de 7 de dezembro de 1993. (Redação dada pela Lei nº 12.868, de 2013)

§ 3º. Desde que observado o disposto no *caput* e no § 1º deste artigo e no art. 19, exceto a exigência de gratuidade, as entidades referidas no art. 35 da Lei nº 10.741, de 1º de outubro de 2003, poderão ser certificadas, com a condição de que eventual cobrança de participação do idoso no custeio da entidade se dê nos termos e limites do § 2º do art. 35 da Lei nº 10.741, de 1º de outubro de 2003. (Redação dada pela Lei nº 12.868, de 2013)

§ 4º. As entidades certificadas como de assistência social terão prioridade na celebração de convênios, contratos ou instrumentos congêneres com o poder público para a execução de programas, projetos e ações de assistência social. (Redação dada pela Lei nº 12.868, de 2013)

Art. 19. Constituem ainda requisitos para a certificação de uma entidade de assistência social:

I – estar inscrita no respectivo Conselho Municipal de Assistência Social ou no Conselho de Assistência Social do Distrito Federal, conforme o caso, nos termos do art. 9º da Lei 8.742, de 7 de dezembro de 1993; e

II – integrar o cadastro nacional de entidades e organizações de assistência social de que trata o inciso XI do art. 19 da Lei 8.742, de 7 de dezembro de 1993.

§ 1º. Quando a entidade de assistência social atuar em mais de um Município ou Estado ou em quaisquer destes e no Distrito Federal, deverá inscrever suas atividades no Conselho de Assistência Social do respectivo Município de atuação ou do Distrito Federal, mediante a apresentação de seu plano ou relatório de atividades e do comprovante de inscrição no Conselho de sua sede ou de onde desenvolva suas principais atividades.

§ 2º. Quando não houver Conselho de Assistência Social no Município, as entidades de assistência social dever-se-ão inscrever nos respectivos Conselhos Estaduais.

Art. 20. A comprovação do vínculo da entidade de assistência social à rede socioassistencial privada no âmbito do SUAS é condição suficiente para a concessão da certificação, no prazo e na forma a serem definidos em regulamento.

SEÇÃO IV.
DA CONCESSÃO E DO CANCELAMENTO

Art. 21. A análise e decisão dos requerimentos de concessão ou de renovação dos certificados das entidades beneficentes de assistência social serão apreciadas no âmbito dos seguintes Ministérios:

I – da Saúde, quanto às entidades da área de saúde;

II – da Educação, quanto às entidades educacionais; e

III – do Desenvolvimento Social e Combate à Fome, quanto às entidades de assistência social.

§ 1º. A entidade interessada na certificação deverá apresentar, juntamente com o requerimento, todos os documentos necessários à comprovação dos requisitos de que trata esta Lei, na forma do regulamento.

§ 2º. A tramitação e a apreciação do requerimento deverão obedecer à ordem cronológica de sua apresentação, salvo em caso de diligência pendente, devidamente justificada, ou no caso de entidade ou instituição sem fins lucrativos e organização da sociedade civil que celebrem parceria para executar projeto, atividade ou serviço em conformidade com acordo de cooperação internacional do qual a República Federativa do Brasil seja parte. (Redação dada pela Lei nº 13.204, de 2015)

§ 3º. O requerimento será apreciado no prazo a ser estabelecido em regulamento, observadas as peculiaridades do Ministério responsável pela área de atuação da entidade.

§ 4º. O prazo de validade da certificação será de 1 (um) a 5 (cinco) anos, conforme critérios definidos em regulamento. (Redação dada pela Lei nº 12.868, de 2013)

§ 5º. O processo administrativo de certificação deverá, em cada Ministério envolvido, contar com plena publicidade de sua tramitação, devendo permitir à sociedade o acompanhamento pela Internet de todo o processo.

§ 6º. Os Ministérios responsáveis pela certificação deverão manter, nos respectivos sítios na Internet, lista atualizada com os dados relativos aos certificados emitidos, seu período de vigência e sobre as entidades certificadas, incluindo os serviços prestados por essas dentro do âmbito certificado e recursos financeiros a elas destinados.

Art. 22. A entidade que atue em mais de uma das áreas especificadas no art. 1º deverá requerer a certificação e sua renovação no Ministério responsável pela área de atuação preponderante da entidade.

Parágrafo único. Considera-se área de atuação preponderante aquela definida como atividade econômica principal no Cadastro Nacional da Pessoa Jurídica do Ministério da Fazenda.

Art. 23. (Vetado).

Art. 23-A. As entidades de que trata o inciso I do § 2º do art. 18 serão certificadas exclusivamente pelo Ministério do Desenvolvimento Social e Combate à Fome, ainda que exerçam suas atividades em articulação com ações educacionais ou de saúde, dispensadas a manifestação do Ministério da Saúde e do Ministério da Educação e a análise do critério da atividade preponderante previsto no art. 22. (Incluído pela Lei nº 12.868, de 2013)

Parágrafo único. Para a certificação das entidades de que trata o inciso I do § 2º do art. 18, cabe ao Ministério do Desenvolvimento Social e Combate à Fome verificar, além dos requisitos do art. 19, o atendimento ao disposto: (Incluído pela Lei nº 12.868, de 2013)

I – no parágrafo único do art. 5º, pelas entidades que exerçam suas atividades em articulação com ações de saúde; e (Incluído pela Lei nº 12.868, de 2013)

II – no parágrafo único do art. 12, pelas entidades que exerçam suas atividades em articulação com ações educacionais. (Incluído pela Lei nº 12.868, de 2013)

Art. 24. Os Ministérios referidos no art. 21 deverão zelar pelo cumprimento das condições que ensejaram a certificação da entidade como beneficente de assistência social, cabendo-lhes confirmar que tais exigências estão sendo atendidas por ocasião da apreciação do pedido de renovação da certificação.

§ 1º. Será considerado tempestivo o requerimento de renovação da certificação protocolado no decorrer dos 360 (trezentos e sessenta) dias que antecedem o termo final de validade do certificado. (Redação dada pela Lei nº 12.868, de 2013).

§ 2º. A certificação da entidade permanecerá válida até a data da decisão sobre o requerimento de renovação tempestivamente apresentado.

§ 3º. Os requerimentos protocolados antes de 360 (trezentos e sessenta) dias do termo final de validade do certificado não serão conhecidos. (Incluído pela Lei nº 12.868, de 2013)

▸ v. Art. 8º da Lei nº 12.868, de 2013.

Art. 25. Constatada, a qualquer tempo, a inobservância de exigência estabelecida neste Capítulo, será cancelada a certificação, nos termos de regulamento, assegurado o contraditório e a ampla defesa.

CAPÍTULO III.
DOS RECURSOS E DA REPRESENTAÇÃO

Art. 26. Da decisão que indeferir o requerimento para concessão ou renovação de certificação e da decisão que cancelar a certificação caberá recurso por parte da entidade interessada, assegurados o contraditório, a ampla defesa e a participação da sociedade civil, na forma definida em regulamento, no prazo de 30 (trinta) dias, contado da publicação da decisão.

§ 1º. O disposto no *caput* não impede o lançamento de ofício do crédito tributário correspondente. (Incluído pela Lei nº 12.868, de 2013)

§ 2º. Se o lançamento de ofício a que se refere o § 1º for impugnado no tocante aos requisitos de certificação, a autoridade julgadora da impugnação aguardará o julgamento da decisão que julgar o recurso de que trata o *caput*. (Incluído pela Lei nº 12.868, de 2013)

§ 3º. O sobrestamento do julgamento de que trata o § 2º não impede o trâmite processual de eventual processo administrativo fiscal relativo ao mesmo ou outro lançamento de ofício, efetuado por descumprimento aos requisitos de que trata o art. 29. (Incluído pela Lei nº 12.868, de 2013)

§ 4º. Se a decisão final for pela procedência do recurso, o lançamento fundado nos requisitos de certificação, efetuado nos termos do § 1º, será objeto de comunicação, pelo ministério certificador, à Secretaria da Receita Federal do Brasil, que o cancelará de ofício. (Incluído pela Lei nº 12.868, de 2013)

Art. 27. Verificado prática de irregularidade na entidade certificada, são competentes para representar, motivadamente, ao Ministério responsável pela sua área de atuação, sem prejuízo das atribuições do Ministério Público:

I – o gestor municipal ou estadual do SUS ou do SUAS, de acordo com a sua condição de gestão, bem como o gestor da educação municipal, distrital ou estadual;

II – a Secretaria da Receita Federal do Brasil;

III – os conselhos de acompanhamento e controle social previstos na Lei 11.494, de 20 de junho de 2007, e os Conselhos de Assistência Social e de Saúde; e

IV – o Tribunal de Contas da União.

Parágrafo único. A representação será dirigida ao Ministério que concedeu a certificação e conterá a qualificação do representante, a descrição dos fatos a serem apurados e, sempre que possível, a documentação pertinente e demais informações relevantes para o esclarecimento do seu objeto.

Art. 28. Caberá ao Ministério competente:

I – dar ciência da representação à entidade, que terá o prazo de 30 (trinta) dias para apresentação de defesa; e

II – decidir sobre a representação, no prazo de 30 (trinta) dias a contar da apresentação da defesa.

§ 1º. Se improcedente a representação de que trata o inciso II, o processo será arquivado.

§ 2º. Se procedente a representação de que trata o inciso II, após decisão final ou transcorrido o prazo para interposição de recurso, a autoridade responsável deverá cancelar a certificação e dar ciência do fato à Secretaria da Receita Federal do Brasil.

§ 3º. O representante será cientificado das decisões de que tratam os §§ 1º e 2º.

CAPÍTULO IV.
DA ISENÇÃO

SEÇÃO I.
DOS REQUISITOS

Art. 29. A entidade beneficente certificada na forma do Capítulo II fará jus à isenção do pagamento das contribuições de que tratam os arts. 22 e 23 da Lei 8.212, de 24 de julho de 1991, desde que atenda, cumulativamente, aos seguintes requisitos:

I – não percebam seus diretores, conselheiros, sócios, instituidores ou benfeitores remuneração, vantagens ou benefícios, direta ou indiretamente, por qualquer forma ou título, em razão das competências, funções ou atividades que lhes sejam atribuídas pelos respectivos atos constitutivos, exceto no caso de associações assistenciais ou fundações, sem fins lucrativos, cujos dirigentes poderão ser remunerados, desde que atuem efetivamente na gestão executiva, respeitados como limites máximos os valores praticados pelo mercado na região correspondente à sua área de atuação, devendo seu valor ser fixado pelo órgão de deliberação superior da entidade, registrado em ata, com comunicação ao Ministério Público, no caso das fundações; (Redação dada pela Lei nº 13.151, de 2015)

II – aplique suas rendas, seus recursos e eventual superávit integralmente no território nacional, na manutenção e desenvolvimento de seus objetivos institucionais;

III – apresente certidão negativa ou certidão positiva com efeito de negativa de débitos relativos aos tributos administrados pela Secretaria da Receita Federal do Brasil e certificado de regularidade do Fundo de Garantia do Tempo de Serviço – FGTS;

IV – mantenha escrituração contábil regular que registre as receitas e despesas, bem como a aplicação em gratuidade de forma segregada, em consonância com as normas emanadas do Conselho Federal de Contabilidade;

V – não distribua resultados, dividendos, bonificações, participações ou parcelas do seu patrimônio, sob qualquer forma ou pretexto;

VI – conserve em boa ordem, pelo prazo de 10 (dez) anos, contado da data da emissão, os documentos que comprovem a origem e a aplicação de seus recursos e os relativos a atos ou operações realizados que impliquem modificação da situação patrimonial;

▸ ADI nº 4.480: declarado inconstitucional, em controle concentrado, pelo Supremo Tribunal Federal, publicado no DOU de 3/4/2020 e no DOU de 12/2/2021.

VII – cumpra as obrigações acessórias estabelecidas na legislação tributária;

VIII – apresente as demonstrações contábeis e financeiras devidamente auditadas por auditor independente legalmente habilitado nos Conselhos Regionais de Contabilidade quando a receita bruta anual auferida for superior ao limite fixado pela Lei Complementar 123, de 14 de dezembro de 2006.

§ 1º. A exigência a que se refere o inciso I do *caput* não impede: (Incluído pela Lei nº 12.868, de 2013)

I – a remuneração aos diretores não estatutários que tenham vínculo empregatício; (Incluído pela Lei nº 12.868, de 2013)

II – a remuneração aos dirigentes estatutários, desde que recebam remuneração inferior, em seu valor bruto, a 70% (setenta por cento) do limite estabelecido para a remuneração de servidores do Poder Executivo federal. (Incluído pela Lei nº 12.868, de 2013)

§ 2º. A remuneração dos dirigentes estatutários referidos no inciso II do § 1º deverá obedecer às seguintes condições: (Incluído pela Lei nº 12.868, de 2013)

I – nenhum dirigente remunerado poderá ser cônjuge ou parente até 3º (terceiro) grau, inclusive afim, de instituidores, sócios, diretores, conselheiros, benfeitores ou equivalentes da instituição de que trata o *caput* deste artigo; e (Incluído pela Lei nº 12.868, de 2013)

II – o total pago a título de remuneração para dirigentes, pelo exercício das atribuições estatutárias, deve ser inferior a 5 (cinco) vezes o valor correspondente ao limite individual estabelecido neste parágrafo. (Incluído pela Lei nº 12.868, de 2013)

§ 3º. O disposto nos §§ 1º e 2º não impede a remuneração da pessoa do dirigente estatutário ou diretor que, cumulativamente, tenha vínculo estatutário e empregatício, exceto se houver incompatibilidade de jornadas de trabalho. (Incluído pela Lei nº 12.868, de 2013)

Art. 30. A isenção de que trata esta Lei não se estende a entidade com personalidade jurídica própria constituída e mantida pela entidade à qual a isenção foi concedida.

SEÇÃO II.
DO RECONHECIMENTO E DA SUSPENSÃO DO DIREITO À ISENÇÃO

Art. 31. O direito à isenção das contribuições sociais poderá ser exercido pela entidade a contar da data da publicação da concessão de sua certificação, desde que atendido o disposto na Seção I deste Capítulo.

▸ ADI nº 4.480: declarado inconstitucional, em controle concentrado, pelo Supremo Tribunal Federal, publicado no DOU de 3/4/2020.

Art. 32. Constatado o descumprimento pela entidade dos requisitos indicados na Seção I deste Capítulo, a fiscalização da Secretaria da Receita Federal do Brasil lavrará o auto de infração relativo ao período correspondente e relatará os fatos que demonstram o não atendimento de tais requisitos para o gozo da isenção.

§ 1º. Considerar-se-á automaticamente suspenso o direito à isenção das contribuições referidas no art. 31 durante o período em que se constatar o descumprimento de requisito na forma deste artigo, devendo o lançamento correspondente ter como termo inicial a data da ocorrência da infração que lhe deu causa.

- ADI nº 4.480: declarado inconstitucional, em controle concentrado, pelo Supremo Tribunal Federal, publicado no DOU de 3/4/2020.

§ 2º. O disposto neste artigo obedecerá ao rito do processo administrativo fiscal vigente.

CAPÍTULO V. DISPOSIÇÕES GERAIS E TRANSITÓRIAS

Art. 33. A entidade que atue em mais de uma das áreas a que se refere o art. 1º deverá, na forma de regulamento, manter escrituração contábil segregada por área, de modo a evidenciar o patrimônio, as receitas, os custos e as despesas de cada atividade desempenhada.

Art. 34. Os pedidos de concessão originária de Certificado de Entidade Beneficente de Assistência Social que não tenham sido objeto de julgamento até a data de publicação desta Lei serão remetidos, de acordo com a área de atuação da entidade, ao Ministério responsável, que os julgará nos termos da legislação em vigor à época da protocolização do requerimento.

§ 1º. Caso a entidade requerente atue em mais de uma das áreas abrangidas por esta Lei, o pedido será remetido ao Ministério responsável pela área de atuação preponderante da entidade.

§ 2º. Das decisões proferidas nos termos do *caput* que sejam favoráveis às entidades não caberá recurso.

§ 3º. Das decisões de indeferimento proferidas com base no *caput* caberá recurso no prazo de 30 (trinta) dias, dirigido ao Ministro de Estado responsável pela área de atuação da entidade.

§ 4º. É a entidade obrigada a oferecer todas as informações necessárias à análise do pedido, nos termos do art. 60 da Lei 9.784, de 29 de janeiro de 1999.

Art. 35. Os pedidos de renovação de Certificado de Entidade Beneficente de Assistência Social protocolados e ainda não julgados até a data de publicação desta Lei serão julgados pelo Ministério da área no prazo máximo de 180 (cento e oitenta) dias a contar da referida data.

- v. Arts. 9º a 11 da Lei 12.868, de 2013.

§ 1º As representações em curso no CNAS, em face da renovação do certificado referida no *caput*, serão julgadas no prazo máximo de 180 (cento e oitenta) dias após a publicação desta Lei.

§ 2º. Das decisões de indeferimento proferidas com base no *caput* caberá recurso no prazo de 30 (trinta) dias, com efeito suspensivo, dirigido ao Ministro de Estado responsável pela área de atuação da entidade.

Art. 36. Constatada a qualquer tempo alguma irregularidade, considerar-se-á cancelada a certificação da entidade desde a data de lavratura da ocorrência da infração, sem prejuízo da exigibilidade do crédito tributário e das demais sanções previstas em lei.

Art. 37. (Vetado).

Art. 38. As entidades certificadas até o dia imediatamente anterior ao da publicação desta Lei poderão requerer a renovação do certificado até a data de sua validade.

Art. 38-A. As certificações concedidas ou que vierem a ser concedidas com base nesta Lei para requerimentos de renovação protocolados entre 30 de novembro de 2009 e 31 de dezembro de 2011 terão prazo de validade de 5 (cinco) anos. (Incluído pela Lei nº 12.868, de 2013)

Parágrafo único. As certificações concedidas ou que vierem a ser concedidas para requerimentos de renovação protocolados entre 10 de novembro de 2008 e 31 de dezembro de 2011 terão prazo de validade de 5 (cinco) anos, no caso de entidades que atuam exclusivamente na área de assistência social ou se enquadrem nos incisos I ou II do § 2º do art. 18 desta Lei e que, a partir da publicação desta Lei, sejam certificadas pelo Ministério do Desenvolvimento Social e Combate à Fome. (Incluído pela Lei nº 12.868, de 2013)

Art. 38-B. As entidades de educação previstas no art. 13 que tenham protocolado requerimentos de concessão ou de renovação no período compreendido entre 30 de novembro de 2009 e 31 de dezembro de 2010 poderão ser certificadas sem a exigência de uma bolsa de estudo integral para cada 9 (nove) alunos pagantes, desde que cumpridos os demais requisitos legais. (Incluído pela Lei nº 12.868, de 2013)

CAPÍTULO VI. DISPOSIÇÕES FINAIS

Art. 39. (Vetado).

Art. 40. Os Ministérios da Saúde, da Educação e do Desenvolvimento Social e Combate à Fome informarão à Secretaria da Receita Federal do Brasil, na forma e prazo por esta determinados, os pedidos de certificação originária e de renovação deferidos, bem como os definitivamente indeferidos, nos termos da Seção IV do Capítulo II.

Parágrafo único. Os Ministérios da Saúde, da Educação e do Desenvolvimento Social e Combate à Fome procederão ao recadastramento de todas as entidades sem fins lucrativos, beneficentes ou não, atuantes em suas respectivas áreas em até 180 (cento e oitenta) dias após a data de publicação desta Lei, e tornarão os respectivos cadastros disponíveis para consulta pública.

Art. 41. As entidades isentas na forma desta Lei deverão manter, em local visível ao público, placa indicativa contendo informações sobre a sua condição de beneficente e sobre sua área de atuação, conforme o disposto no art. 1º.

Parágrafo único. As entidades referidas no *caput* deverão dar publicidade e manter de fácil acesso ao público todos os demonstrativos contábeis e financeiros e o relatório de atividades. (Incluído pela Lei nº 12.868, de 2013)

Art. 42. Os incisos III e IV do art. 18 da Lei 8.742, de 7 de dezembro de 1993, passam a vigorar com a seguinte redação:

"Art. 18. [...]

[...]

III – acompanhar e fiscalizar o processo de certificação das entidades e organizações de assistência social no Ministério do Desenvolvimento Social e Combate à Fome;

IV – apreciar relatório anual que conterá a relação de entidades e organizações de assistência social certificadas como beneficentes e encaminhá-lo para conhecimento dos Conselhos de Assistência Social dos Estados, Municípios e do Distrito Federal;

[...]"

Art. 43. Serão objeto de auditoria operacional os atos dos gestores públicos previstos no parágrafo único do art. 3º, no art. 8º e no § 4º do art. 11.

Art. 44. Revogam-se:

I – o art. 55 da Lei nº 8.212, de 24 de julho de 1991;

II – o § 3º do art. 9º e o parágrafo único do art. 18 da Lei nº 8.742, de 7 de dezembro de 1993;

III – o art. 5º da Lei nº 9.429, de 26 de dezembro de 1996, na parte que altera o art. 55 da Lei nº 8.212, de 24 de julho de 1991;

IV – o art. 1º da Lei nº 9.732, de 11 de dezembro de 1998, na parte que altera o art. 55 da Lei nº 8.212, de 24 de julho de 1991;

V – o art. 21 da Lei nº 10.684, de 30 de maio de 2003;

VI – o art. 3º da Medida Provisória nº 2.187-13, de 24 de agosto de 2001, na parte que altera o art. 55 da Lei nº 8.212, de 24 de julho de 1991; e

VII – o art. 5º da Medida Provisória nº 2.187-13, de 24 de agosto de 2001, na parte que altera os arts. 9º e 18 da Lei nº 8.742, de 7 de dezembro de 1993.

VIII – os §§ 1º e 2º do art. 10 da Lei nº 11.096, de 13 de janeiro de 2005; e (Incluído pela Lei nº 12.868, de 2013)

IX – os incisos I e II do *caput* do art. 11 da Lei nº 11.096, de 13 de janeiro de 2005. (Incluído pela Lei nº 12.868, de 2013)

Art. 45. Esta Lei entra em vigor na data de sua publicação.

Brasília, 27 de novembro 2009; 188º da Independência e 121º da República.

Luiz Inácio Lula da Silva

(Publicação no D.O.U. de 30.11.2009)

LEI Nº 12.153, DE 22 DE DEZEMBRO DE 2009

Dispõe sobre os Juizados Especiais da Fazenda Pública no âmbito dos Estados, do Distrito Federal, dos Territórios e dos Municípios.

- *Juizados Especiais da Fazenda Pública*

O PRESIDENTE DA REPÚBLICA Faço saber que o Congresso Nacional decreta e eu sanciono a seguinte Lei:

- Lei 10.259/2001 – Dispõe sobre a instituição dos Juizados Especiais Cíveis e Criminais no âmbito da Justiça Federal.
- Lei 9.099/1995 – Juizados Especiais Cíveis e Criminais dos Estados, Territórios e Distrito Federal.

Art. 1º. Os Juizados Especiais da Fazenda Pública, órgãos da justiça comum e integrantes do Sistema dos Juizados Especiais, serão criados pela União, no Distrito Federal e nos Territórios, e pelos Estados, para conciliação, processo, julgamento e execução, nas causas de sua competência.

Parágrafo único. O sistema dos Juizados Especiais dos Estados e do Distrito Federal é formado pelos Juizados Especiais Cíveis, Juizados Especiais Criminais e Juizados Especiais da Fazenda Pública.

Art. 2º. É de competência dos Juizados Especiais da Fazenda Pública processar, conciliar e julgar causas cíveis de interesse dos Estados, do Distrito Federal, dos Territórios e dos Municípios, até o valor de 60 (sessenta) salários mínimos.

§ 1º. Não se incluem na competência do Juizado Especial da Fazenda Pública:

I – as ações de mandado de segurança, de desapropriação, de divisão e demarcação, populares, por improbidade administrativa, execuções fiscais e as demandas sobre direitos ou interesses difusos e coletivos;

- Lei 12.016/2009 – Disciplina o mandado de segurança individual e coletivo.
- Decreto-Lei 3.365/1941 – Dispõe sobre desapropriações por utilidade pública.
- Lei 8.429/1992 – Lei de improbidade administrativa;
- Lei 6.830/1980 – Lei de execução fiscal.

II – as causas sobre bens imóveis dos Estados, Distrito Federal, Territórios e Municípios, autarquias e fundações públicas a eles vinculadas;

III – as causas que tenham como objeto a impugnação da pena de demissão imposta a servidores públicos civis ou sanções disciplinares aplicadas a militares.

§ 2º. Quando a pretensão versar sobre obrigações vincendas, para fins de competência do Juizado Especial, a soma de 12 (doze) parcelas vincendas e de eventuais parcelas vencidas não poderá exceder o valor referido no *caput* deste artigo.

§ 3º. *(VETADO).*

§ 4º. No foro onde estiver instalado Juizado Especial da Fazenda Pública, a sua competência é absoluta.

Art. 3º. O juiz poderá, de ofício ou a requerimento das partes, deferir quaisquer providências cautelares e antecipatórias no curso do processo, para evitar dano de difícil ou de incerta reparação.

‣ CPC/15: art..311.

Art. 4º. Exceto nos casos do art. 3º, somente será admitido recurso contra a sentença.

Art. 5º. Podem ser partes no Juizado Especial da Fazenda Pública:

I – como autores, as pessoas físicas e as microempresas e empresas de pequeno porte, assim definidas na Lei Complementar nº 123, de 14 de dezembro de 2006;

II – como réus, os Estados, o Distrito Federal, os Territórios e os Municípios, bem como autarquias, fundações e empresas públicas a eles vinculadas.

Art. 6º. Quanto às citações e intimações, aplicam-se as disposições contidas na Lei nº 5.869, de 11 de janeiro de 1973 – Código de Processo Civil.

‣ Lei 13.105/2015 revogou a Lei 5.869/1973.

‣ CPC/15: arts. 230 a 232.

Art. 7º. Não haverá prazo diferenciado para a prática de qualquer ato processual pelas pessoas jurídicas de direito público, inclusive a interposição de recursos, devendo a citação para a audiência de conciliação ser efetuada com antecedência mínima de 30 (trinta) dias.

Art. 8º. Os representantes judiciais dos réus presentes à audiência poderão conciliar, transigir ou desistir nos processos da competência dos Juizados Especiais, nos termos e nas hipóteses previstas na lei do respectivo ente da Federação.

Art. 9º. A entidade ré deverá fornecer ao Juizado a documentação de que disponha para o esclarecimento da causa, apresentando-a até a instalação da audiência de conciliação.

Art. 10. Para efetuar o exame técnico necessário à conciliação ou ao julgamento da causa, o juiz nomeará pessoa habilitada, que apresentará o laudo até 5 (cinco) dias antes da audiência.

Art. 11. Nas causas de que trata esta Lei, não haverá reexame necessário.

Art. 12. O cumprimento do acordo ou da sentença, com trânsito em julgado, que imponham obrigação de fazer, não fazer ou entrega de coisa certa, será efetuado mediante ofício do juiz à autoridade citada para a causa, com cópia da sentença ou do acordo.

‣ CC/15: arts. 516, e 536 a 538.

Art. 13. Tratando-se de obrigação de pagar quantia certa, após o trânsito em julgado da decisão, o pagamento será efetuado:

‣ CC/15: arts. 520 a 522.

I – no prazo máximo de 60 (sessenta) dias, contado da entrega da requisição do juiz à autoridade citada para a causa, independentemente de precatório, na hipótese do § 3º do art. 100 da Constituição Federal; ou

II – mediante precatório, caso o montante da condenação exceda o valor definido como obrigação de pequeno valor.

§ 1º. Desatendida a requisição judicial, o juiz, imediatamente, determinará o sequestro do numerário suficiente ao cumprimento da decisão, dispensada a audiência da Fazenda Pública.

§ 2º. As obrigações definidas como de pequeno valor a serem pagas independentemente de precatório terão como limite o que for estabelecido na lei do respectivo ente da Federação.

§ 3º. Até que se dê a publicação das leis de que trata o § 2º, os valores serão:

I – 40 (quarenta) salários mínimos, quanto aos Estados e ao Distrito Federal;

II – 30 (trinta) salários mínimos, quanto aos Municípios.

§ 4º. São vedados o fracionamento, a repartição ou a quebra do valor da execução, de modo que o pagamento se faça, em parte, na forma estabelecida no inciso I do *caput* e, em parte, mediante expedição de precatório, bem como a expedição de precatório complementar ou suplementar do valor pago.

§ 5º. Se o valor da execução ultrapassar o estabelecido para pagamento independentemente do precatório, o pagamento far-se-á, sempre, por meio do precatório, sendo facultada à parte exequente a renúncia ao crédito do valor excedente, para que possa optar pelo pagamento do saldo sem o precatório.

§ 6º. O saque do valor depositado poderá ser feito pela parte autora, pessoalmente, em qualquer agência do banco depositário, independentemente de alvará.

§ 7º. O saque por meio de procurador somente poderá ser feito na agência destinatária do depósito, mediante procuração específica, com firma reconhecida, da qual constem o valor originalmente depositado e sua procedência.

Art. 14. Os Juizados Especiais da Fazenda Pública serão instalados pelos Tribunais de Justiça dos Estados e do Distrito Federal.

Parágrafo único. Poderão ser instalados Juizados Especiais Adjuntos, cabendo ao Tribunal designar a Vara onde funcionará.

Art. 15. Serão designados, na forma da legislação dos Estados e do Distrito Federal, conciliadores e juízes leigos dos Juizados Especiais da Fazenda Pública, observadas as atribuições previstas nos arts. 22, 37 e 40 da Lei nº 9.099, de 26 de setembro de 1995.

§ 1º. Os conciliadores e juízes leigos são auxiliares da Justiça, recrutados, os primeiros, preferentemente, entre os bacharéis em Direito, e os segundos, entre advogados com mais de 2 (dois) anos de experiência.

§ 2º. Os juízes leigos ficarão impedidos de exercer a advocacia perante todos os Juizados Especiais da Fazenda Pública instalados em território nacional, enquanto no desempenho de suas funções.

Art. 16. Cabe ao conciliador, sob a supervisão do juiz, conduzir a audiência de conciliação.

§ 1º. Poderá o conciliador, para fins de encaminhamento da composição amigável, ouvir as partes e testemunhas sobre os contornos fáticos da controvérsia.

§ 2º. Não obtida a conciliação, caberá ao juiz presidir a instrução do processo, podendo dispensar novos depoimentos, se entender suficientes para o julgamento da causa os esclarecimentos já constantes dos autos, e não houver impugnação das partes.

Art. 17. As Turmas Recursais do Sistema dos Juizados Especiais são compostas por juízes em exercício no primeiro grau de jurisdição, na forma da legislação dos Estados e do Distrito Federal, com mandato de 2 (dois) anos, e integradas, preferencialmente, por juízes do Sistema dos Juizados Especiais.

§ 1º. A designação dos juízes das Turmas Recursais obedecerá aos critérios de antiguidade e merecimento.

§ 2º. Não será permitida a recondução, salvo quando não houver outro juiz na sede da Turma Recursal.

Art. 18. Caberá pedido de uniformização de interpretação de lei quando houver divergência entre decisões proferidas por Turmas Recursais sobre questões de direito material.

§ 1º. O pedido fundado em divergência entre Turmas do mesmo Estado será julgado em reunião conjunta das Turmas em conflito, sob a presidência de desembargador indicado pelo Tribunal de Justiça.

§ 2º. No caso do § 1º, a reunião de juízes domiciliados em cidades diversas poderá ser feita por meio eletrônico.

§ 3º. Quando as Turmas de diferentes Estados derem a lei federal interpretações divergentes, ou quando a decisão proferida estiver em contrariedade com súmula do Superior Tribunal de Justiça, o pedido será por este julgado.

Art. 19. Quando a orientação acolhida pelas Turmas de Uniformização de que trata o § 1º do art. 18 contrariar súmula do Superior Tribunal de Justiça, a parte interessada poderá provocar a manifestação deste, que dirimirá a divergência.

§ 1º. Eventuais pedidos de uniformização fundados em questões idênticas e recebidos subsequentemente em quaisquer das Turmas Recursais ficarão retidos nos autos, aguardando pronunciamento do Superior Tribunal de Justiça.

§ 2º. Nos casos do *caput* deste artigo e do § 3º do art. 18, presente a plausibilidade do direito invocado e havendo fundado receio de dano de difícil reparação, poderá o relator conceder, de ofício ou a requerimento do interessado, medida liminar determinando a suspensão dos processos nos quais a controvérsia esteja estabelecida.

§ 3º. Se necessário, o relator pedirá informações ao Presidente da Turma Recursal ou Presidente da Turma de Uniformização e, nos casos previstos em lei, ouvirá o Ministério Público, no prazo de 5 (cinco) dias.

§ 4º. *(VETADO).*

§ 5º. Decorridos os prazos referidos nos §§ 3º e 4º, o relator incluirá o pedido em pauta na sessão, com preferência sobre todos os demais feitos, ressalvados os processos com réus presos, os *habeas corpus* e os mandados de segurança.

§ 6º. Publicado o acórdão respectivo, os pedidos retidos referidos no § 1º serão apreciados pelas Turmas Recursais, que poderão exercer juízo de retratação ou os declararão prejudicados, se veicularem tese não acolhida pelo Superior Tribunal de Justiça.

Art. 20. Os Tribunais de Justiça, o Superior Tribunal de Justiça e o Supremo Tribunal Federal, no âmbito de suas competências, expedirão normas regulamentando os procedimentos a serem adotados para o processamento e o julgamento do pedido de uniformização e do recurso extraordinário.

Art. 21. O recurso extraordinário, para os efeitos desta Lei, será processado e julgado segundo o estabelecido no art. 19, além da observância das normas do Regimento.

‣ CPC/15: arts. 1.029 a 1.041.

Art. 22. Os Juizados Especiais da Fazenda Pública serão instalados no prazo de até 2 (dois) anos da vigência desta Lei, podendo haver o aproveitamento total ou parcial das estruturas das atuais Varas da Fazenda Pública.

Art. 23. Os Tribunais de Justiça poderão limitar, por até 5 (cinco) anos, a partir da entrada em vigor desta Lei, a competência dos Juizados Especiais da Fazenda Pública, atendendo à necessidade da organização dos serviços judiciários e administrativos.

Art. 24. Não serão remetidas aos Juizados Especiais da Fazenda Pública as demandas ajuizadas até a data de sua instalação, assim como as ajuizadas fora do Juizado Especial por força do disposto no art. 23.

Art. 25. Competirá aos Tribunais de Justiça prestar o suporte administrativo necessário ao funcionamento dos Juizados Especiais.

Art. 26. O disposto no art. 16 aplica-se aos Juizados Especiais Federais instituídos pela Lei nº 10.259, de 12 de julho de 2001.

Art. 27. Aplica-se subsidiariamente o disposto nas Leis nºs 5.869, de 11 de janeiro de 1973 – Código de Processo Civil, 9.099, de 26 de setembro de 1995, e 10.259, de 12 de julho de 2001.

- Lei 13.105/2015 revogou a Lei 5.869/1973.

Art. 28. Esta Lei entra em vigor após decorridos 6 (seis) meses de sua publicação oficial.

Brasília, 22 de dezembro de 2009; 188º da Independência e 121º da República.

LUIZ INÁCIO LULA DA SILVA

Publicado no D.O.U. 23.12.2009

LEI Nº 12.187, DE 29 DE DEZEMBRO DE 2009

Institui a Política Nacional sobre Mudança do Clima – PNMC e dá outras providências.

- *Política Nacional sobre Mudança do Clima – PNMC*

O PRESIDENTE DA REPÚBLICA Faço saber que o Congresso Nacional decreta e eu sanciono a seguinte Lei:

Art. 1º Esta Lei institui a Política Nacional sobre Mudança do Clima – PNMC e estabelece seus princípios, objetivos, diretrizes e instrumentos.

Art 2º Para os fins previstos nesta Lei, entende-se por:

I – adaptação: iniciativas e medidas para reduzir a vulnerabilidade dos sistemas naturais e humanos frente aos efeitos atuais e esperados da mudança do clima;

II – efeitos adversos da mudança do clima: mudanças no meio físico ou biota resultantes da mudança do clima que tenham efeitos deletérios significativos sobre a composição, resiliência ou produtividade de ecossistemas naturais e manejados, sobre o funcionamento de sistemas socioeconômicos ou sobre a saúde e o bem-estar humanos;

III – emissões: liberação de gases de efeito estufa ou seus precursores na atmosfera numa área específica e num período determinado;

IV – fonte: processo ou atividade que libere na atmosfera gás de efeito estufa, aerossol ou precursor de gás de efeito estufa;

V – gases de efeito estufa: constituintes gasosos, naturais ou antrópicos, que, na atmosfera, absorvem e reemitem radiação infravermelha;

VI – impacto: os efeitos da mudança do clima nos sistemas humanos e naturais;

VII – mitigação: mudanças e substituições tecnológicas que reduzam o uso de recursos e as emissões por unidade de produção, bem como a implementação de medidas que reduzam as emissões de gases de efeito estufa e aumentem os sumidouros;

VIII – mudança do clima: mudança de clima que possa ser direta ou indiretamente atribuída à atividade humana que altere a composição da atmosfera mundial e que se some àquela provocada pela variabilidade climática natural observada ao longo de períodos comparáveis;

IX – sumidouro: processo, atividade ou mecanismo que remova da atmosfera gás de efeito estufa, aerossol ou precursor de gás de efeito estufa; e

X – vulnerabilidade: grau de suscetibilidade e incapacidade de um sistema, em função de sua sensibilidade, capacidade de adaptação, e do caráter, magnitude e taxa de mudança e variação do clima a que está exposto, de lidar com os efeitos adversos da mudança do clima, entre os quais a variabilidade climática e os eventos extremos.

Art. 3º A PNMC e as ações dela decorrentes, executadas sob a responsabilidade dos entes políticos e dos órgãos da administração pública, observarão os princípios da precaução, da prevenção, da participação cidadã, do desenvolvimento sustentável e o das responsabilidades comuns, porém diferenciadas, este último no âmbito internacional, e, quanto às medidas a serem adotadas na sua execução, será considerado o seguinte:

I – todos têm o dever de atuar, em benefício das presentes e futuras gerações, para a redução dos impactos decorrentes das interferências antrópicas sobre o sistema climático;

II – serão tomadas medidas para prever, evitar ou minimizar as causas identificadas da mudança climática com origem antrópica no território nacional, sobre as quais haja razoável consenso por parte dos meios científicos e técnicos ocupados no estudo dos fenômenos envolvidos;

III – as medidas tomadas devem levar em consideração os diferentes contextos socioeconomicos de sua aplicação, distribuir os ônus e encargos decorrentes entre os setores econômicos e as populações e comunidades interessadas de modo equitativo e equilibrado e sopesar as responsabilidades individuais quanto à origem das fontes emissoras e dos efeitos ocasionados sobre o clima;

IV – o desenvolvimento sustentável é a condição para enfrentar as alterações climáticas e conciliar o atendimento às necessidades comuns e particulares das populações e comunidades que vivem no território nacional;

V – as ações de âmbito nacional para o enfrentamento das alterações climáticas, atuais, presentes e futuras, devem considerar e integrar as ações promovidas no âmbito estadual e municipal por entidades públicas e privadas;

VI – (VETADO)

Art. 4º A Política Nacional sobre Mudança do Clima – PNMC visará:

I – à compatibilização do desenvolvimento econômico-social com a proteção do sistema climático;

II – à redução das emissões antrópicas de gases de efeito estufa em relação às suas diferentes fontes;

III – (VETADO);

IV – ao fortalecimento das remoções antrópicas por sumidouros de gases de efeito estufa no território nacional;

V – à implementação de medidas para promover a adaptação à mudança do clima pelas 3 (três) esferas da Federação, com a participação e a colaboração dos agentes econômicos e sociais interessados ou beneficiários, em particular aqueles especialmente vulneráveis aos seus efeitos adversos;

VI – à preservação, à conservação e à recuperação dos recursos ambientais, com particular atenção aos grandes biomas naturais tidos como Patrimônio Nacional;

VII – à consolidação e à expansão das áreas legalmente protegidas e ao incentivo aos reflorestamentos e à recomposição da cobertura vegetal em áreas degradadas;

VIII – ao estímulo ao desenvolvimento do Mercado Brasileiro de Redução de Emissões – MBRE.

Parágrafo único. Os objetivos da Política Nacional sobre Mudança do Clima deverão estar em consonância com o desenvolvimento sustentável a fim de buscar o crescimento econômico, a erradicação da pobreza e a redução das desigualdades sociais.

Art. 5º São diretrizes da Política Nacional sobre Mudança do Clima:

I – os compromissos assumidos pelo Brasil na Convenção-Quadro das Nações Unidas sobre Mudança do Clima, no Protocolo de Quioto e nos demais documentos sobre mudança do clima dos quais vier a ser signatário;

II – as ações de mitigação da mudança do clima em consonância com o desenvolvimento sustentável, que sejam, sempre que possível, mensuráveis para sua adequada quantificação e verificação a posteriori;

III – as medidas de adaptação para reduzir os efeitos adversos da mudança do clima e a vulnerabilidade dos sistemas ambiental, social e econômico;

IV – as estratégias integradas de mitigação e adaptação à mudança do clima nos âmbitos local, regional e nacional;

V – o estímulo e o apoio à participação dos governos federal, estadual, distrital e municipal, assim como do setor produtivo, do meio acadêmico e da sociedade civil organizada, no desenvolvimento e na execução de políticas, planos, programas e ações relacionados à mudança do clima;

VI – a promoção e o desenvolvimento de pesquisas científico-tecnológicas, e a difusão de tecnologias, processos e práticas orientados a:

a) mitigar a mudança do clima por meio da redução de emissões antrópicas por fontes e do fortalecimento das remoções antrópicas por sumidouros de gases de efeito estufa;

b) reduzir as incertezas nas projeções nacionais e regionais futuras da mudança do clima;

c) identificar vulnerabilidades e adotar medidas de adaptação adequadas;

VII – a utilização de instrumentos financeiros e econômicos para promover ações de mitigação e adaptação à mudança do clima, observado o disposto no art. 6º;

VIII – a identificação, e sua articulação com a Política prevista nesta Lei, de instrumentos de ação governamental já estabelecidos aptos a contribuir para proteger o sistema climático;

IX – o apoio e o fomento às atividades que efetivamente reduzam as emissões ou promovam as remoções por sumidouros de gases de efeito estufa;

X – a promoção da cooperação internacional no âmbito bilateral, regional e multilateral para o financiamento, a capacitação, o desenvolvimento, a transferência e a difusão de tecnologias e processos para a implementação de ações de mitigação e adaptação, incluindo a pesquisa científica, a observação sistemática e o intercâmbio de informações;

XI – o aperfeiçoamento da observação sistemática e precisa do clima e suas manifestações no território nacional e nas áreas oceânicas contíguas;

XII – a promoção da disseminação de informações, a educação, a capacitação e a conscientização pública sobre mudança do clima;

XIII – o estímulo e o apoio à manutenção e à promoção:

a) de práticas, atividades e tecnologias de baixas emissões de gases de efeito estufa;

b) de padrões sustentáveis de produção e consumo.

Art. 6º São instrumentos da Política Nacional sobre Mudança do Clima:

I – o Plano Nacional sobre Mudança do Clima;

II – o Fundo Nacional sobre Mudança do Clima;

III – os Planos de Ação para a Prevenção e Controle do Desmatamento nos biomas;

IV – a Comunicação Nacional do Brasil à Convenção-Quadro das Nações Unidas sobre Mudança do Clima, de acordo com os critérios estabelecidos por essa Convenção e por suas Conferências das Partes;

V – as resoluções da Comissão Interministerial de Mudança Global do Clima;

VI – as medidas fiscais e tributárias destinadas a estimular a redução das emissões e remoção de gases de efeito estufa, incluindo alíquotas diferenciadas, isenções, compensações e incentivos, a serem estabelecidos em lei específica;

VII – as linhas de crédito e financiamento específicas de agentes financeiros públicos e privados;

VIII – o desenvolvimento de linhas de pesquisa por agências de fomento;

IX – as dotações específicas para ações em mudança do clima no orçamento da União;

X – os mecanismos financeiros e econômicos referentes à mitigação da mudança do clima e à adaptação aos efeitos da mudança do clima que existam no âmbito da Convenção-Quadro das Nações Unidas sobre Mudança do Clima e do Protocolo de Quioto;

XI – os mecanismos financeiros e econômicos, no âmbito nacional, referentes à mitigação e à adaptação à mudança do clima;

XII – as medidas existentes, ou a serem criadas, que estimulem o desenvolvimento de processos e tecnologias, que contribuam para a redução de emissões e remoções de gases de efeito estufa, bem como para a adaptação, dentre as quais o estabelecimento de critérios de preferência nas licitações e concorrências públicas, compreendidas aí as parcerias público-privadas e a autorização, permissão, outorga e concessão para exploração de serviços públicos e recursos naturais, para as propostas que propiciem maior economia de energia, água e outros recursos naturais e redução da emissão de gases de efeito estufa e de resíduos;

XIII – os registros, inventários, estimativas, avaliações e quaisquer outros estudos de emissões de gases de efeito estufa e de suas fontes, elaborados com base em informações e dados fornecidos por entidades públicas e privadas;

XIV – as medidas de divulgação, educação e conscientização;

XV – o monitoramento climático nacional;

XVI – os indicadores de sustentabilidade;

XVII – o estabelecimento de padrões ambientais e de metas, quantificáveis e verificáveis, para a redução de emissões antrópicas por fontes e para as remoções antrópicas por sumidouros de gases de efeito estufa;

XVIII – a avaliação de impactos ambientais sobre o microclima e o macroclima.

Art. 7º Os instrumentos institucionais para a atuação da Política Nacional de Mudança do Clima incluem:

I – o Comitê Interministerial sobre Mudança do Clima;

II – a Comissão Interministerial de Mudança Global do Clima;

III – o Fórum Brasileiro de Mudança do Clima;

IV – a Rede Brasileira de Pesquisas sobre Mudanças Climáticas Globais – Rede Clima;

V – a Comissão de Coordenação das Atividades de Meteorologia, Climatologia e Hidrologia.

Art. 8º As instituições financeiras oficiais disponibilizarão linhas de crédito e financiamento específicas para desenvolver ações e atividades que atendam aos objetivos desta Lei e voltadas para induzir a conduta dos agentes privados à observância e execução da PNMC, no âmbito de suas ações e responsabilidades sociais.

Art. 9º O Mercado Brasileiro de Redução de Emissões – MBRE será operacionalizado em bolsas de mercadorias e futuros, bolsas de valores e entidades de balcão organizado, autorizadas pela Comissão de Valores Mobiliários – CVM, onde se dará a negociação de títulos mobiliários representativos de emissões de gases de efeito estufa evitadas certificadas.

Art. 10. (VETADO)

Art. 11. Os princípios, objetivos, diretrizes e instrumentos das políticas públicas e programas governamentais deverão compatibilizar-se com os princípios, objetivos, diretrizes e instrumentos desta Política Nacional sobre Mudança do Clima.

Parágrafo único. Decreto do Poder Executivo estabelecerá, em consonância com a Política Nacional sobre Mudança do Clima, os Planos setoriais de mitigação e de adaptação às mudanças climáticas visando à consolidação de uma economia de baixo consumo de carbono, na geração e distribuição de energia elétrica, no transporte público urbano e nos sistemas modais de transporte interestadual de cargas e passageiros, na indústria de transformação e na de bens de consumo duráveis, nas indústrias químicas fina e de base, na indústria de papel e celulose, na mineração, na indústria da construção civil, nos serviços de saúde e na agropecuária, com vistas em atender metas gradativas de redução de emissões antrópicas quantificáveis e verificáveis, considerando as especificidades de cada setor, inclusive por meio do Mecanismo de Desenvolvimento Limpo – MDL e das Ações de Mitigação Nacionalmente Apropriadas – NAMAs.

Art. 12. Para alcançar os objetivos da PNMC, o País adotará, como compromisso nacional voluntário, ações de mitigação das emissões de gases de efeito estufa, com vistas em reduzir entre 36,1% (trinta e seis inteiros e um décimo por cento) e 38,9% (trinta e oito inteiros e nove décimos por cento) suas emissões projetadas até 2020.

Parágrafo único. A projeção das emissões para 2020 assim como o detalhamento das ações para alcançar o objetivo expresso no *caput* serão dispostos por decreto, tendo por base o segundo Inventário Brasileiro de Emissões e Remoções Antrópicas de Gases de Efeito Estufa não Controlados pelo Protocolo de Montreal, a ser concluído em 2010.

Art. 13. Esta Lei entra em vigor na data de sua publicação.

Brasília, 29 de dezembro de 2009; 188º da Independência e 121º da República.

LUIZ INÁCIO LULA DA SILVA

DOU de 30.12.2009 – Edição extra

LEI Nº 12.232, DE 29 DE ABRIL DE 2010

Dispõe sobre as normas gerais para licitação e contratação pela administração pública de serviços de publicidade prestados por intermédio de agências de propaganda e dá outras providências.

▸ *Licitação em serviços de publicidade e propaganda*

O PRESIDENTE DA REPÚBLICA Faço saber que o Congresso Nacional decreta e eu sanciono a seguinte Lei:

CAPÍTULO I. DISPOSIÇÕES GERAIS

Art. 1º. Esta Lei estabelece normas gerais sobre licitações e contratações pela administração pública de serviços de publicidade prestados necessariamente por intermédio de agências de propaganda, no âmbito da União, dos Estados, do Distrito Federal e dos Municípios.

§ 1º. Subordinam-se ao disposto nesta Lei os órgãos do Poder Executivo, Legislativo e Judiciário, as pessoas da administração indireta e todas as entidades controladas direta ou indiretamente pelos entes referidos no *caput* deste artigo.

§ 2º. As Leis nºs 4.680, de 18 de junho de 1965, e 8.666, de 21 de junho de 1993, serão aplicadas aos procedimentos licitatórios e aos contratos regidos por esta Lei, de forma complementar.

▸ Lei 14.133/2021 (Nova Lei de Licitações)

Art. 2º. Para fins desta Lei, considera-se serviços de publicidade o conjunto de atividades realizadas integradamente que tenham por objetivo o estudo, o planejamento, a conceituação, a concepção, a criação, a execução interna, a intermediação e a supervisão da execução externa e a distribuição de publicidade aos veículos e demais meios de divulgação, com o objetivo de promover a venda de bens ou serviços de qualquer natureza, difundir ideias ou informar o público em geral.

§ 1º. Nas contratações de serviços de publicidade, poderão ser incluídos como atividades complementares os serviços especializados pertinentes:

I – ao planejamento e à execução de pesquisas e de outros instrumentos de avaliação e de geração de conhecimento sobre o mercado, o público-alvo, os meios de divulgação nos quais serão difundidas as peças e ações publicitárias ou sobre os resultados das campanhas realizadas, respeitado o disposto no art. 3o desta Lei;

II – à produção e à execução técnica das peças e projetos publicitários criados;

III – à criação e ao desenvolvimento de formas inovadoras de comunicação publicitária, em consonância com novas tecnologias, visando à expansão dos efeitos das mensagens e das ações publicitárias.

§ 2º. Os contratos de serviços de publicidade terão por objeto somente as atividades previstas no *caput* e no § 1o deste artigo, vedada a inclusão de quaisquer outras atividades, em especial as de assessoria de imprensa, comunicação e relações públicas ou as que tenham por finalidade a realização de eventos festivos de qualquer natureza, as quais serão contratadas por meio de procedimentos licitatórios próprios, respeitado o disposto na legislação em vigor.

§ 3º. Na contratação dos serviços de publicidade, faculta-se a adjudicação do objeto da licitação a mais de uma agência de propaganda, sem a segregação em itens ou contas publicitárias, mediante justificativa no processo de licitação.

§ 4º. Para a execução das ações de comunicação publicitária realizadas no âmbito dos contratos decorrentes das licitações previstas no § 3o deste artigo, o órgão ou a entidade deverá, obrigatoriamente, instituir procedimento de seleção interna entre as contratadas, cuja metodologia será aprovada pela administração e publicada na imprensa oficial.

Art. 3º. As pesquisas e avaliações previstas no inciso I do § 1o do art. 2o desta Lei terão a finalidade específica de aferir o desenvolvimento estratégico, a criação e a veiculação e de possibilitar a mensuração dos resultados das campanhas publicitárias realizadas em decorrência da execução do contrato.

Parágrafo único. É vedada a inclusão nas pesquisas e avaliações de matéria estranha ou que não guarde pertinência temática com a ação publicitária ou com o objeto do contrato de prestação de serviços de publicidade.

Art. 4º. Os serviços de publicidade previstos nesta Lei serão contratados em agências de propaganda cujas atividades sejam disciplinadas pela Lei 4.680, de 18 de junho de 1965, e que tenham obtido certificado de qualificação técnica de funcionamento.

§ 1º. O certificado de qualificação técnica de funcionamento previsto no *caput* deste artigo poderá ser obtido perante o Conselho Executivo das Normas-Padrão - CENP, entidade sem fins lucrativos, integrado e gerido por entidades nacionais que representam veículos, anunciantes e agências, ou por entidade equivalente, legalmente reconhecida como fiscalizadora e certificadora das condições técnicas de agências de propaganda.

§ 2º. A agência contratada nos termos desta Lei só poderá reservar e comprar espaço ou tempo publicitário de veículos de divulgação, por conta e por ordem dos seus clientes, se previamente os identificar e tiver sido por eles expressamente autorizada.

CAPÍTULO II. DOS PROCEDIMENTOS LICITATÓRIOS

Art. 5º. As licitações previstas nesta Lei serão processadas pelos órgãos e entidades responsáveis pela contratação, respeitadas as modalidades definidas no art. 22 da Lei nº 8.666, de 21 de junho de 1993, adotando-se como obrigatórios os tipos "melhor técnica" ou "técnica e preço".

‣ Lei 14.133/2021 (Nova Lei de Licitações)

Art. 6º. A elaboração do instrumento convocatório das licitações previstas nesta Lei obedecerá às exigências do art. 40 da Lei nº 8.666, de 21 de junho de 1993, com exceção das previstas nos incisos I e II do seu § 2º, e às seguintes:

‣ Lei 14.133/2021 (Nova Lei de Licitações)

I – os documentos de habilitação serão apresentados apenas pelos licitantes classificados no julgamento final das propostas, nos termos do inciso XI do art. 11 desta Lei;

II – as informações suficientes para que os interessados elaborem propostas serão estabelecidas em um briefing, de forma precisa, clara e objetiva;

III – a proposta técnica será composta de um plano de comunicação publicitária, pertinente às informações expressas no briefing, e de um conjunto de informações referentes ao proponente;

IV – o plano de comunicação publicitária previsto no inciso III deste artigo será apresentado em 2 (duas) vias, uma sem a identificação de sua autoria e outra com a identificação;

V – a proposta de preço conterá quesitos representativos das formas de remuneração vigentes no mercado publicitário;

VI – o julgamento das propostas técnicas e de preços e o julgamento final do certame serão realizados exclusivamente com base nos critérios especificados no instrumento convocatório;

VII – a subcomissão técnica prevista no § 1º do art. 10 desta Lei reavaliará a pontuação atribuída a um quesito sempre que a diferença entre a maior e a menor pontuação for superior a 20% (vinte por cento) da pontuação máxima do quesito, com o fim de restabelecer o equilíbrio das pontuações atribuídas, de conformidade com os critérios objetivos postos no instrumento convocatório;

VIII – serão fixados critérios objetivos e automáticos de identificação da proposta mais vantajosa para a administração, no caso de empate na soma de pontos das propostas técnicas, nas licitações do tipo "melhor técnica";

IX – o formato para apresentação pelos proponentes do plano de comunicação publicitária será padronizado quanto a seu tamanho, a fontes tipográficas, a espaçamento de parágrafos, a quantidades e formas dos exemplos de peças e a outros aspectos pertinentes, observada a exceção prevista no inciso XI deste artigo;

X – para apresentação pelos proponentes do conjunto de informações de que trata o art. 8o desta Lei, poderão ser fixados o número máximo de páginas de texto, o número de peças e trabalhos elaborados para seus clientes e as datas a partir das quais devam ter sido elaborados os trabalhos, e veiculadas, distribuídas, exibidas ou expostas as peças;

XI – na elaboração das tabelas, planilhas e gráficos integrantes do plano de mídia e não mídia, os proponentes poderão utilizar as fontes tipográficas que julgarem mais adequadas para sua apresentação;

XII – será vedada a aposição, a qualquer parte da via não identificada do plano de comunicação publicitária, de marca, sinal ou palavra que possibilite a identificação do seu proponente antes da abertura do invólucro de que trata o § 2º do art. 9º desta Lei;

XIII – será vedada a aposição ao invólucro destinado às informações de que trata o art. 8o desta Lei, assim como dos documentos nele contidos, de informação, marca, sinal, etiqueta ou qualquer outro elemento que identifique a autoria do plano de comunicação publicitária, em qualquer momento anterior à abertura dos invólucros de que trata o § 2º do art. 9º desta Lei;

XIV – será desclassificado o licitante que descumprir o disposto nos incisos XII e XIII deste artigo e demais disposições do instrumento convocatório.

§ 1º. No caso do inciso VII deste artigo, persistindo a diferença de pontuação prevista após a reavaliação do quesito, os membros da subcomissão técnica, autores das pontuações consideradas destoantes, deverão registrar em ata as razões que os levaram a manter a pontuação atribuída ao quesito reavaliado, que será assinada por todos os membros da subcomissão e passará a compor o processo da licitação.

§ 2º. Se houver desclassificação de alguma proposta técnica por descumprimento de disposições do instrumento convocatório, ainda assim será atribuída pontuação a seus quesitos, a ser lançada em planilhas que ficarão acondicionadas em invólucro fechado e rubricado no fecho pelos membros da subcomissão técnica prevista no § 1º do art. 10 desta Lei, até que expirem os prazos para interposição de recursos relativos a essa fase da licitação, exceto nos casos em que o descumprimento resulte na identificação do proponente antes da abertura do invólucro de que trata o § 2º do art. 9º desta Lei.

Art. 7º. O plano de comunicação publicitária de que trata o inciso III do art. 6º desta Lei será composto dos seguintes quesitos:

I – raciocínio básico, sob a forma de texto, que apresentará um diagnóstico das necessidades de comunicação publicitária do órgão ou entidade responsável pela licitação, a compreensão do proponente sobre o objeto da licitação e os desafios de comunicação a serem enfrentados;

II – estratégia de comunicação publicitária, sob a forma de texto, que indicará e defenderá as linhas gerais da proposta para suprir o desafio e alcançar os resultados e metas de comunicação desejadas pelo órgão ou entidade responsável pela licitação;

III – ideia criativa, sob a forma de exemplos de peças publicitárias, que corresponderão à resposta criativa do proponente aos desafios e metas por ele explicitados na estratégia de comunicação publicitária;

IV – estratégia de mídia e não mídia, em que o proponente explicitará e justificará a estratégia e as táticas recomendadas, em consonância com a estratégia de comunicação publicitária por ela sugerida e em função da verba disponível indicada no instrumento convocatório, apresentada sob a forma de textos, tabelas, gráficos, planilhas e por quadro resumo que identificará as peças a serem veiculadas ou distribuídas e suas respectivas quantidades, inserções e custos nominais de produção e de veiculação.

Art. 8º. O conjunto de informações a que se refere o inciso III do art. 6º desta Lei será composto de quesitos destinados a avaliar a capacidade de atendimento do proponente e o nível dos trabalhos por ele realizados para seus clientes.

Art. 9º. As propostas de preços serão apresentadas em 1 (um) invólucro e as propostas técnicas em 3 (três) invólucros distintos, destinados um para a via não identificada do plano de comunicação publicitária, um para a via identificada do plano de comunicação publicitária e outro para as demais informações integrantes da proposta técnica.

§ 1º. O invólucro destinado à apresentação da via não identificada do plano de comunicação publicitária será padronizado e fornecido previamente pelo órgão ou entidade responsável pela licitação, sem nenhum tipo de identificação.

§ 2º. A via identificada do plano de comunicação publicitária terá o mesmo teor da via não identificada, sem os exemplos de peças referentes à ideia criativa.

Art. 10. As licitações previstas nesta Lei serão processadas e julgadas por comissão permanente ou especial, com exceção da análise e julgamento das propostas técnicas.

§ 1º. As propostas técnicas serão analisadas e julgadas por subcomissão técnica, constituída por, pelo menos, 3 (três) membros que sejam formados em comunicação, publicidade ou marketing ou que atuem em uma dessas áreas, sendo que, pelo menos, 1/3 (um terço) deles não poderão manter nenhum vínculo funcional ou contratual, direto ou indireto, com o órgão ou a entidade responsável pela licitação.

§ 2º. A escolha dos membros da subcomissão técnica dar-se-á por sorteio, em sessão pública, entre os nomes de uma relação que terá, no mínimo, o triplo do número de integrantes da subcomissão, previamente cadastrados, e será composta por, pelo menos, 1/3 (um terço) de profissionais que não mantenham nenhum vínculo funcional ou contratual, direto ou indireto, com o órgão ou entidade responsável pela licitação.

§ 3º Nas contratações de valor estimado em até 10 (dez) vezes o limite previsto na alínea a do inciso II do art. 23 da Lei nº 8.666, de 21 de junho de 1993, a relação prevista no § 2º deste artigo terá, no mínimo, o dobro do número de integrantes da subcomissão técnica e será composta por, pelo menos, 1/3 (um terço) de profissionais que não mantenham nenhum vínculo funcional ou contratual, direto ou indireto, com o órgão ou entidade responsável pela licitação.

‣ Lei 14.133/2021 (Nova Lei de Licitações)

§ 4º. A relação dos nomes referidos nos §§ 2º e 3º deste artigo será publicada na imprensa oficial, em prazo não inferior a 10 (dez) dias da data em que será realizada a sessão pública marcada para o sorteio.

§ 5º. Para os fins do cumprimento do disposto nesta Lei, até 48 (quarenta e oito) horas antes da sessão pública destinada ao sorteio, qualquer interessado poderá impugnar pessoa integrante da relação a que se referem os §§ 2º, 3º e 4º deste artigo, mediante fundamentos jurídicos plausíveis.

§ 6º. Admitida a impugnação, o impugnado terá o direito de abster-se de atuar na subcomissão técnica, declarando-se impedido ou suspeito, antes da decisão da autoridade competente.

§ 7º. A abstenção do impugnado ou o acolhimento da impugnação, mediante decisão fundamentada da autoridade competente, implicará, se necessário, a elaboração e a publicação de nova lista, sem o nome impugnado, respeitado o disposto neste artigo.

§ 8º. A sessão pública será realizada após a decisão motivada da impugnação, em data previamente designada, garantidos o cumprimento do prazo mínimo previsto no § 4º deste artigo e a possibilidade de fiscalização do sorteio por qualquer interessado.

§ 9º. O sorteio será processado de modo a garantir o preenchimento das vagas da subcomissão técnica, de acordo com a proporcionalidade do número de membros que mantenham ou não vínculo com o órgão ou entidade responsável pela licitação, nos termos dos §§ 1º, 2º e 3º deste artigo.

§ 10. Nas licitações previstas nesta Lei, quando processadas sob a modalidade de convite, a subcomissão técnica, excepcionalmente, nas pequenas unidades administrativas e sempre que for comprovadamente impossível o cumprimento do disposto neste artigo, será substituída pela comissão permanente de licitação ou, inexistindo esta, por servidor formalmente designado pela autoridade competente, que deverá possuir conhecimentos na área de comunicação, publicidade ou *marketing*.

Art. 11. Os invólucros com as propostas técnicas e de preços serão entregues à comissão permanente ou especial na data, local e horário determinados no instrumento convocatório.

§ 1º. Os integrantes da subcomissão técnica não poderão participar da sessão de recebimento e abertura dos invólucros com as propostas técnicas e de preços.

§ 2º. Os invólucros padronizados com a via não identificada do plano de comunicação publicitária só serão recebidos pela comissão permanente ou especial se não apresentarem marca, sinal, etiqueta ou qualquer outro elemento capaz de identificar a licitante.

§ 3º. A comissão permanente ou especial não lançará nenhum código, sinal ou marca nos invólucros padronizados nem nos documentos que compõem a via não identificada do plano de comunicação publicitária.

§ 4º. O processamento e o julgamento da licitação obedecerão ao seguinte procedimento:

I – abertura dos 2 (dois) invólucros com a via não identificada do plano de comunicação e com as informações de que trata o art. 8o desta Lei, em sessão pública, pela comissão permanente ou especial;

II – encaminhamento das propostas técnicas à subcomissão técnica para análise e julgamento;

III – análise individualizada e julgamento do plano de comunicação publicitária, desclassificando-se as que desatenderem as exigências legais ou estabelecidas no instrumento convocatório, observado o disposto no inciso XIV do art. 6º desta Lei;

IV – elaboração de ata de julgamento do plano de comunicação publicitária e encaminhamento à comissão permanente ou especial, juntamente com as propostas, as planilhas com as pontuações e a justificativa escrita das razões que as fundamentaram em cada caso;

V – análise individualizada e julgamento dos quesitos referentes às informações de que trata o art. 8o desta Lei, desclassificando-se as que desatenderem quaisquer das exigências legais ou estabelecidas no instrumento convocatório;

VI – elaboração de ata de julgamento dos quesitos mencionados no inciso V deste artigo e encaminhamento à comissão permanente ou especial, juntamente com as propostas, as planilhas com as pontuações e a justificativa escrita das razões que as fundamentaram em cada caso;

VII – realização de sessão pública para apuração do resultado geral das propostas técnicas, com os seguintes procedimentos:

a) abertura dos invólucros com a via identificada do plano de comunicação publicitária;

b) cotejo entre as vias identificadas e não identificadas do plano de comunicação publicitária, para identificação de sua autoria;

c) elaboração de planilha geral com as pontuações atribuídas a cada um dos quesitos de cada proposta técnica;

d) proclamação do resultado do julgamento geral da proposta técnica, registrando-se em ata as propostas desclassificadas e a ordem de classificação;

VIII – publicação do resultado do julgamento da proposta técnica, com a indicação dos proponentes desclassificados e da ordem de classificação organizada pelo nome dos licitantes, abrindo-se prazo para interposição de recurso, conforme disposto na alínea b do inciso I do art. 109 da Lei nº 8.666, de 21 de junho de 1993;

▸ Lei 14.133/2021 (Nova Lei de Licitações)

IX – abertura dos invólucros com as propostas de preços, em sessão pública, obedecendo-se ao previsto nos incisos II, III e IV do § 1º do art. 46 da Lei nº 8.666, de 21 de junho de 1993, nas licitações do tipo "melhor técnica", e ao disposto no § 2º do art. 46 da mesma Lei, nas licitações do tipo "técnica e preço";

▸ Lei 14.133/2021 (Nova Lei de Licitações)

X – publicação do resultado do julgamento final das propostas, abrindo-se prazo para interposição de recurso, conforme disposto na alínea b do inciso I do art. 109 da Lei nº 8.666, de 21 de junho de 1993;

▸ Lei 14.133/2021 (Nova Lei de Licitações)

XI – convocação dos licitantes classificados no julgamento final das propostas para apresentação dos documentos de habilitação;

XII – recebimento e abertura do invólucro com os documentos de habilitação dos licitantes previstos no inciso XI deste artigo, em sessão pública, para análise da sua conformidade com as condições estabelecidas na legislação em vigor e no instrumento convocatório;

XIII – decisão quanto à habilitação ou inabilitação dos licitantes previstos no inciso XI deste artigo e abertura do prazo para interposição de recurso, nos termos da alínea a do inciso I do art. 109 da Lei nº 8.666, de 21 de junho de 1993;

▸ Lei 14.133/2021 (Nova Lei de Licitações)

XIV – reconhecida a habilitação dos licitantes, na forma dos incisos XI, XII e XIII deste artigo, será homologado o procedimento e adjudicado o objeto licitado, observado o disposto no § 3º do art. 2º desta Lei.

Art. 12. O descumprimento, por parte de agente do órgão ou entidade responsável pela licitação, dos dispositivos desta Lei destinados a garantir o julgamento do plano de comunicação publicitária sem o conhecimento de sua autoria, até a abertura dos invólucros de que trata a alínea a do inciso VII do § 4º do art. 11 desta Lei, implicará a anulação do certame, sem prejuízo da apuração de eventual responsabilidade administrativa, civil ou criminal dos envolvidos na irregularidade.

CAPÍTULO III.
DOS CONTRATOS DE SERVIÇOS DE PUBLICIDADE E DA SUA EXECUÇÃO

Art. 13. A definição do objeto do contrato de serviços previstos nesta Lei e das cláusulas que o integram dar-se-á em estrita vinculação ao estabelecido no instrumento convocatório da licitação e aos termos da legislação em vigor.

Parágrafo único. A execução do contrato dar-se-á em total conformidade com os termos e condições estabelecidas na licitação e no respectivo instrumento contratual.

Art. 14. Somente pessoas físicas ou jurídicas previamente cadastradas pelo contratante poderão fornecer ao contratado bens ou serviços especializados relacionados com as atividades complementares da execução do objeto do contrato, nos termos do § 1º do art. 2º desta Lei.

§ 1º. O fornecimento de bens ou serviços especializados na conformidade do previsto no *caput* deste artigo exigirá sempre a apresentação pelo contratado ao contratante de 3 (três) orçamentos obtidos entre pessoas que atuem no mercado do ramo do fornecimento pretendido.

§ 2º. No caso do § 1º deste artigo, o contratado procederá à coleta de orçamentos de fornecedores em envelopes fechados, que serão abertos em sessão pública, convocada e realizada sob fiscalização do contratante, sempre que o fornecimento de bens ou serviços tiver valor superior a 0,5% (cinco décimos por cento) do valor global do contrato.

§ 3º. O fornecimento de bens ou serviços de valor igual ou inferior a 20% (vinte por cento) do limite previsto na alínea a do inciso II do art. 23 da Lei nº 8.666, de 21 de junho de 1993, está dispensado do procedimento previsto no § 2º deste artigo.

▸ Lei 14.133/2021 (Nova Lei de Licitações)

Art. 15. Os custos e as despesas de veiculação apresentados ao contratante para pagamento deverão ser acompanhados da demonstração do valor devido ao veículo, de sua tabela de preços, da descrição dos descontos negociados e dos pedidos de inserção correspondentes, bem como de relatório de checagem de veiculação, a cargo de empresa independente, sempre que possível.

Parágrafo único. Pertencem ao contratante as vantagens obtidas em negociação de compra de mídia diretamente ou por intermédio de agência de propaganda, incluídos os eventuais descontos e as bonificações na forma de tempo, espaço ou reaplicações que tenham sido concedidos pelo veículo de divulgação.

Art. 16. As informações sobre a execução do contrato, com os nomes dos fornecedores de serviços especializados e veículos, serão divulgadas em sítio próprio aberto para o contrato na rede mundial de computadores, garantido o livre acesso às informações por quaisquer interessados.

Parágrafo único. As informações sobre valores pagos serão divulgadas pelos totais de cada tipo de serviço de fornecedores e de cada meio de divulgação.

Art. 17. As agências contratadas deverão, durante o período de, no mínimo, 5 (cinco) anos após a extinção do contrato, manter acervo comprobatório da totalidade dos serviços prestados e das peças publicitárias produzidas.

CAPÍTULO IV.
DISPOSIÇÕES FINAIS E TRANSITÓRIAS

Art. 18. É facultativa a concessão de planos de incentivo por veículo de divulgação e sua aceitação por agência de propaganda, e os frutos deles resultantes constituem, para todos os fins de direito, receita própria da agência e não estão compreendidos na obrigação estabelecida no parágrafo único do art. 15 desta Lei.

§ 1º. A equação econômico-financeira definida na licitação e no contrato não se altera em razão da vigência ou não de planos de incentivo referidos no *caput* deste artigo, cujos frutos estão expressamente excluídos dela.

§ 2º. As agências de propaganda não poderão, em nenhum caso, sobrepor os planos de incentivo aos interesses dos contratantes, preterindo veículos de divulgação que não os concedam ou priorizando os que os ofereçam, devendo sempre conduzir-se na orientação da escolha desses veículos de acordo com pesquisas e dados técnicos comprovados.

§ 3º. O desrespeito ao disposto no § 2º deste artigo constituirá grave violação aos deveres contratuais por parte da agência contratada e a submeterá a processo administrativo em que, uma vez comprovado o comportamento injustificado, implicará a aplicação das sanções previstas no *caput* do art. 87 da Lei nº 8.666, de 21 de junho de 1993.

▸ Lei 14.133/2021 (Nova Lei de Licitações)

Art. 19. Para fins de interpretação da legislação de regência, valores correspondentes ao desconto-padrão de agência pela concepção, execução e distribuição de propaganda, por ordem e conta de clientes anunciantes, constituem receita da agência de publicidade e, em consequência, o veículo de divulgação não pode, para quaisquer fins, faturar e contabilizar tais valores como receita própria, inclusive quando o repasse do desconto-padrão à agência de publicidade for efetivado por meio de veículo de divulgação.

Parágrafo único. (VETADO).

Art. 20. O disposto nesta Lei será aplicado subsidiariamente às empresas que possuem regulamento próprio de contratação, às licitações já abertas, aos contratos em fase de execução e aos efeitos pendentes dos contratos já encerrados na data de sua publicação.

Art. 21. Serão discriminadas em categorias de programação específicas no projeto e na lei orçamentária anual as dotações orçamentárias destinadas às despesas com publicidade institucional e com publicidade de utilidade pública, inclusive quando for produzida ou veiculada por órgão ou entidade integrante da administração pública.

Art. 22. Esta Lei entra em vigor na data da sua publicação.

Brasília, 29 de abril de 2010; 189º da Independência e 122º da República.

LUIZ INÁCIO LULA DA SILVA

Publicado no D.O.U. 30.4.2010

DECRETO Nº 7.203, DE 4 DE JUNHO DE 2010

Dispõe sobre a vedação do nepotismo no âmbito da administração pública federal.

▸ *Vedação do nepotismo*

O PRESIDENTE DA REPÚBLICA, no uso da atribuição que lhe confere o art. 84, inciso VI, alínea a, da Constituição, decreta:

Art. 1º. A vedação do nepotismo no âmbito dos órgãos e entidades da administração pública federal direta e indireta observará o disposto neste Decreto.

▸ Súm. Vinculante 13 do STF.

▸ Lei 8.112/1990: art. 117, VIII.

▸ Resolução 37/2009 do CNMP: arts. 1º e 2º.

▸ Resolução 7/2005 do CNJ: art. 1º

Art. 2º. Para os fins deste Decreto considera-se:

I – órgão:

a) a Presidência da República, compreendendo a Vice-Presidência, a Casa Civil, o Gabinete Pessoal e a Assessoria Especial;

b) os órgãos da Presidência da República comandados por Ministro de Estado ou autoridade equiparada; e

c) os Ministérios;

II – entidade: autarquia, fundação, empresa pública e sociedade de economia mista; e

III – familiar: o cônjuge, o companheiro ou o parente em linha reta ou colateral, por consanguinidade ou afinidade, até o terceiro grau.

Parágrafo único. Para fins das vedações previstas neste Decreto, serão consideradas como incluídas no âmbito de cada órgão as autarquias e fundações a ele vinculadas.

Art. 3º. No âmbito de cada órgão e de cada entidade, são vedadas as nomeações, contratações ou designações de familiar de Ministro de Estado, familiar da máxima autoridade administrativa correspondente ou, ainda, familiar de ocupante de cargo em comissão ou função de confiança de direção, chefia ou assessoramento, para:

I – cargo em comissão ou função de confiança;

II – atendimento a necessidade temporária de excepcional interesse público, salvo quando a contratação tiver sido precedida de regular processo seletivo; e

III – estágio, salvo se a contratação for precedida de processo seletivo que assegure o princípio da isonomia entre os concorrentes.

§ 1º. Aplicam-se as vedações deste Decreto também quando existirem circunstâncias caracterizadoras de ajuste para burlar as restrições ao nepotismo, especialmente mediante nomeações ou designações recíprocas, envolvendo órgão ou entidade da administração pública federal.

§ 2º. As vedações deste artigo estendem-se aos familiares do Presidente e do Vice-Presidente da República e, nesta hipótese, abrangem todo o Poder Executivo Federal.

§ 3º. É vedada também a contratação direta, sem licitação, por órgão ou entidade da administração pública federal de pessoa jurídica na qual haja administrador ou sócio com poder de direção, familiar de detentor de cargo em comissão ou função de confiança que atue na área responsável pela demanda ou contratação ou de autoridade a ele hierarquicamente superior no âmbito de cada órgão e de cada entidade.

Art. 4º. Não se incluem nas vedações deste Decreto as nomeações, designações ou contratações:

I – de servidores federais ocupantes de cargo de provimento efetivo, bem como de empregados federais permanentes, inclusive aposentados, observada a compatibilidade do grau de escolaridade do cargo ou emprego de origem, ou a compatibilidade da atividade que lhe seja afeta e a complexidade inerente ao cargo em comissão ou função comissionada a ocupar, além da qualificação profissional do servidor ou empregado;

II – de pessoa, ainda que sem vinculação funcional com a administração pública, para a ocupação de cargo em comissão de nível hierárquico mais alto que o do agente público referido no art. 3º;

III – realizadas anteriormente ao início do vínculo familiar entre o agente público e o nomeado, designado ou contratado, desde que não se caracterize ajuste prévio para burlar a vedação do nepotismo; ou

IV – de pessoa já em exercício no mesmo órgão ou entidade antes do início do vínculo familiar com o agente público, para cargo, função ou emprego de nível hierárquico igual ou mais baixo que o anteriormente ocupado.

Parágrafo único. Em qualquer caso, é vedada a manutenção de familiar ocupante de cargo em comissão ou função de confiança sob subordinação direta do agente público.

Art. 5º. Cabe aos titulares dos órgãos e entidades da administração pública federal exonerar ou dispensar agente público em situação de nepotismo, de que tenham conhecimento, ou requerer igual providência à autoridade encarregada de nomear, designar ou contratar, sob pena de responsabilidade.

Parágrafo único. Cabe à Controladoria-Geral da União notificar os casos de nepotismo de que tomar conhecimento às autoridades competentes, sem prejuízo da responsabilidade permanente delas de zelar pelo cumprimento deste Decreto, assim como de apurar situações irregulares, de que tenham conhecimento, nos órgãos e entidades correspondentes.

Art. 6º. Serão objeto de apuração específica os casos em que haja indícios de influência dos agentes públicos referidos no art. 3º:

I – na nomeação, designação ou contratação de familiares em hipóteses não previstas neste Decreto;

II – na contratação de familiares por empresa prestadora de serviço terceirizado ou entidade que desenvolva projeto no âmbito de órgão ou entidade da administração pública federal.

Art. 7º. Os editais de licitação para a contratação de empresa prestadora de serviço terceirizado, assim como os convênios e instrumentos equivalentes para contratação de entidade que desenvolva projeto no âmbito de órgão ou entidade da administração pública federal, deverão estabelecer vedação de que familiar de agente público preste serviços no órgão ou entidade em que este exerça cargo em comissão ou função de confiança.

Art. 8º. Os casos omissos ou que suscitem dúvidas serão disciplinados e dirimidos pela Controladoria-Geral da União.

Art. 9º. Este Decreto entra em vigor na data de sua publicação.

Brasília, 4 de junho de 2010; 189º da Independência e 122º da República.

LUIZ INÁCIO LULA DA SILVA

Publicado D.O.U. 7.6.2010

LEI Nº 12.288, DE 20 DE JULHO DE 2010

Institui o Estatuto da Igualdade Racial; altera as Leis nº 7.716, de 5 de janeiro de 1989, 9.029, de 13 de abril de 1995, 7.347, de 24 de julho de 1985, e 10.778, de 24 de novembro de 2003.

▸ *Estatuto da Igualdade Racial*

▸ DOU 21.7.2010.

O PRESIDENTE DA REPÚBLICA

Faço saber que o Congresso Nacional decreta e eu sanciono a seguinte Lei:

TÍTULO I DISPOSIÇÕES PRELIMINARES

Art. 1º Esta Lei institui o Estatuto da Igualdade Racial, destinado a garantir à população negra a efetivação da igualdade de oportunidades, a defesa dos direitos étnicos individuais, coletivos e difusos e o combate à discriminação e às demais formas de intolerância étnica.

▸ arts. 3º, IV; 4º, VIII; 5º, XLI, XLII, CF.

Parágrafo único. Para efeito deste Estatuto, considera-se:

I - discriminação racial ou étnico-racial: toda distinção, exclusão, restrição ou preferência baseada em raça, cor, descendência ou origem nacional ou étnica que tenha por objeto anular ou restringir o reconhecimento, gozo ou exercício, em igualdade de condições, de direitos humanos e liberdades fundamentais nos campos político, econômico, social, cultural ou em qualquer outro campo da vida pública ou privada;

- Lei nº 7.716, de 5-1-1989, dispõe sobre os crimes resultantes de preconceitos de raça ou de cor.

II - desigualdade racial: toda situação injustificada de diferenciação de acesso e fruição de bens, serviços e oportunidades, nas esferas pública e privada, em virtude de raça, cor, descendência ou origem nacional ou étnica;

III - desigualdade de gênero e raça: assimetria existente no âmbito da sociedade que acentua a distância social entre mulheres negras e os demais segmentos sociais;

IV - população negra: o conjunto de pessoas que se autodeclaram pretas e pardas, conforme o quesito cor ou raça usado pela Fundação Instituto Brasileiro de Geografia e Estatística (IBGE), ou que adotam autodefinição análoga;

V - políticas públicas: as ações, iniciativas e programas adotados pelo Estado no cumprimento de suas atribuições institucionais;

VI - ações afirmativas: os programas e medidas especiais adotados pelo Estado e pela iniciativa privada para a correção das desigualdades raciais e para a promoção da igualdade de oportunidades.

Art. 2º É dever do Estado e da sociedade garantir a igualdade de oportunidades, reconhecendo a todo cidadão brasileiro, independentemente da etnia ou da cor da pele, o direito à participação na comunidade, especialmente nas atividades políticas, econômicas, empresariais, educacionais, culturais e esportivas, defendendo sua dignidade e seus valores religiosos e culturais.

Art. 3º Além das normas constitucionais relativas aos princípios fundamentais, aos direitos e garantias fundamentais e aos direitos sociais, econômicos e culturais, o Estatuto da Igualdade Racial adota como diretriz político-jurídica a inclusão das vítimas de desigualdade étnico-racial, a valorização da igualdade étnica e o fortalecimento da identidade nacional brasileira.

Art. 4º A participação da população negra, em condição de igualdade de oportunidade, na vida econômica, social, política e cultural do País será promovida, prioritariamente, por meio de:

I - inclusão nas políticas públicas de desenvolvimento econômico e social;

II - adoção de medidas, programas e políticas de ação afirmativa;

III - modificação das estruturas institucionais do Estado para o adequado enfrentamento e a superação das desigualdades étnicas decorrentes do preconceito e da discriminação étnica;

IV - promoção de ajustes normativos para aperfeiçoar o combate à discriminação étnica e às desigualdades étnicas em todas as suas manifestações individuais, institucionais e estruturais;

V - eliminação dos obstáculos históricos, socioculturais e institucionais que impedem a representação da diversidade étnica nas esferas pública e privada;

VI - estímulo, apoio e fortalecimento de iniciativas oriundas da sociedade civil direcionadas à promoção da igualdade de oportunidades e ao combate às desigualdades étnicas, inclusive mediante a implementação de incentivos e critérios de condicionamento e prioridade no acesso aos recursos públicos;

VII - implementação de programas de ação afirmativa destinados ao enfrentamento das desigualdades étnicas no tocante à educação, cultura, esporte e lazer, saúde, segurança, trabalho, moradia, meios de comunicação de massa, financiamentos públicos, acesso à terra, à Justiça, e outros.

- art. 56 desta lei.

Parágrafo único. Os programas de ação afirmativa constituir-se-ão em políticas públicas destinadas a reparar as distorções e desigualdades sociais e demais práticas discriminatórias adotadas, nas esferas pública e privada, durante o processo de formação social do País.

Art. 5º Para a consecução dos objetivos desta Lei, é instituído o Sistema Nacional de Promoção da Igualdade Racial (SINAPIR), conforme estabelecido no Título III.

TÍTULO II
DOS DIREITOS FUNDAMENTAIS

CAPÍTULO I
DO DIREITO À SAÚDE

Art. 6º O direito à saúde da população negra será garantido pelo poder público mediante políticas universais, sociais e econômicas destinadas à redução do risco de doenças e de outros agravos.

§ 1º O acesso universal e igualitário ao Sistema Único de Saúde (SUS) para promoção, proteção e recuperação da saúde da população negra será de responsabilidade dos órgãos e instituições públicas federais, estaduais, distritais e municipais, da administração direta e indireta.

§ 2º O poder público garantirá que o segmento da população negra vinculado aos seguros privados de saúde seja tratado sem discriminação.

Art. 7º O conjunto de ações de saúde voltadas à população negra constitui a Política Nacional de Saúde Integral da População Negra, organizada de acordo com as diretrizes abaixo especificadas:

I - ampliação e fortalecimento da participação de lideranças dos movimentos sociais em defesa da saúde da população negra nas instâncias de participação e controle social do SUS;

II - produção de conhecimento científico e tecnológico em saúde da população negra;

III - desenvolvimento de processos de informação, comunicação e educação para contribuir com a redução das vulnerabilidades da população negra.

Art. 8º Constituem objetivos da Política Nacional de Saúde Integral da População Negra:

I - a promoção da saúde integral da população negra, priorizando a redução das desigualdades étnicas e o combate à discriminação nas instituições e serviços do SUS;

II - a melhoria da qualidade dos sistemas de informação do SUS no que tange à coleta, ao processamento e à análise dos dados desagregados por cor, etnia e gênero;

III - o fomento à realização de estudos e pesquisas sobre racismo e saúde da população negra;

IV - a inclusão do conteúdo da saúde da população negra nos processos de formação e educação permanente dos trabalhadores da saúde;

V - a inclusão da temática saúde da população negra nos processos de formação política das lideranças de movimentos sociais para o exercício da participação e controle social no SUS.

Parágrafo único. Os moradores das comunidades de remanescentes de quilombos serão beneficiários de incentivos específicos para a garantia do direito à saúde, incluindo melhorias nas condições ambientais, no saneamento básico, na segurança alimentar e nutricional e na atenção integral à saúde.

CAPÍTULO II
DO DIREITO À EDUCAÇÃO, À CULTURA, AO ESPORTE E AO LAZER

SEÇÃO I
DISPOSIÇÕES GERAIS

Art. 9º A população negra tem direito a participar de atividades educacionais, culturais, esportivas e de lazer adequadas a seus interesses e condições, de modo a contribuir para o patrimônio cultural de sua comunidade e da sociedade brasileira.

Art. 10. Para o cumprimento do disposto no art. 9º, os governos federal, estaduais, distrital e municipais adotarão as seguintes providências:

I - promoção de ações para viabilizar e ampliar o acesso da população negra ao ensino gratuito e às atividades esportivas e de lazer;

II - apoio à iniciativa de entidades que mantenham espaço para promoção social e cultural da população negra;

III - desenvolvimento de campanhas educativas, inclusive nas escolas, para que a solidariedade aos membros da população negra faça parte da cultura de toda a sociedade;

IV - implementação de políticas públicas para o fortalecimento da juventude negra brasileira.

SEÇÃO II
DA EDUCAÇÃO

Art. 11. Nos estabelecimentos de ensino fundamental e de ensino médio, públicos e privados, é obrigatório o estudo da história geral da África e da história da população negra no Brasil, observado o disposto na Lei nº 9.394, de 20 de dezembro de 1996.

- Lei 9.394/1996 (Lei de Diretrizes e Bases da Educação Nacional).

§ 1º Os conteúdos referentes à história da população negra no Brasil serão ministrados no âmbito de todo o currículo escolar, resgatando sua contribuição decisiva para o desenvolvimento social, econômico, político e cultural do País.

§ 2º O órgão competente do Poder Executivo fomentará a formação inicial e continuada de professores e a elaboração de material didático específico para o cumprimento do disposto no *caput* deste artigo.

§ 3º Nas datas comemorativas de caráter cívico, os órgãos responsáveis pela educação incentivarão a participação de intelectuais e representantes do movimento negro para debater com os estudantes suas vivências relativas ao tema em comemoração.

Art. 12. Os órgãos federais, distritais e estaduais de fomento à pesquisa e à pós-graduação poderão criar incentivos a pesquisas e a programas de estudo voltados para temas referentes às relações étnicas, aos quilombos e às questões pertinentes à população negra.

Art. 13. O Poder Executivo federal, por meio dos órgãos competentes, incentivará as instituições de ensino superior públicas e privadas, sem prejuízo da legislação em vigor, a:

I - resguardar os princípios da ética em pesquisa e apoiar grupos, núcleos e centros de pesquisa, nos diversos programas de pós-graduação que desenvolvam temáticas de interesse da população negra;

II - incorporar nas matrizes curriculares dos cursos de formação de professores temas que incluam valores concernentes à pluralidade étnica e cultural da sociedade brasileira;

III - desenvolver programas de extensão universitária destinados a aproximar jovens negros de tecnologias avançadas, assegurado o princípio da proporcionalidade de gênero entre os beneficiários;

IV - estabelecer programas de cooperação técnica, nos estabelecimentos de ensino públicos, privados e comunitários, com as escolas de educação infantil, ensino fundamental, ensino médio e ensino técnico, para a formação docente baseada em princípios de equidade, de tolerância e de respeito às diferenças étnicas.

Art. 14. O poder público estimulará e apoiará ações socioeducacionais realizadas por entidades do movimento negro que desenvolvam atividades voltadas para a inclusão social, mediante cooperação técnica, intercâmbios, convênios e incentivos, entre outros mecanismos.

Art. 15. O poder público adotará programas de ação afirmativa.

Art. 16. O Poder Executivo federal, por meio dos órgãos responsáveis pelas políticas de promoção da igualdade e de educação, acompanhará e avaliará os programas de que trata esta seção.

SEÇÃO III
DA CULTURA

Art. 17. O poder público garantirá o reconhecimento das sociedades negras, clubes e outras formas de manifestação coletiva da população negra, com trajetória histórica comprovada, como patrimônio histórico e cultural, nos termos dos arts. 215 e 216 da Constituição Federal.

Art. 18. É assegurado aos remanescentes das comunidades dos quilombos o direito à preservação de seus usos, costumes, tradições e manifestos religiosos, sob a proteção do Estado.

- art. 5º, VI, CF.

Parágrafo único. A preservação dos documentos e dos sítios detentores de reminiscências históricas dos antigos quilombos, tombados nos termos do § 5º do art. 216 da Constituição Federal, receberá especial atenção do poder público.

Art. 19. O poder público incentivará a celebração das personalidades e das datas comemorativas relacionadas à trajetória do samba e de outras manifestações culturais de matriz africana, bem como sua comemoração nas instituições de ensino públicas e privadas.

Art. 20. O poder público garantirá o registro e a proteção da capoeira, em todas as suas modalidades, como bem de natureza imaterial e de formação da identidade cultural brasileira, nos termos do art. 216 da Constituição Federal.

Parágrafo único. O poder público buscará garantir, por meio dos atos normativos necessários, a preservação dos elementos formadores tradicionais da capoeira nas suas relações internacionais.

SEÇÃO IV
DO ESPORTE E LAZER

Art. 21. O poder público fomentará o pleno acesso da população negra às práticas desportivas, consolidando o esporte e o lazer como direitos sociais.

Art. 22. A capoeira é reconhecida como desporto de criação nacional, nos termos do art. 217 da Constituição Federal.

§ 1º A atividade de capoeirista será reconhecida em todas as modalidades em que a capoeira se manifesta, seja como esporte, luta, dança ou música, sendo livre o exercício em todo o território nacional.

§ 2º É facultado o ensino da capoeira nas instituições públicas e privadas pelos capoeiristas e mestres tradicionais, pública e formalmente reconhecidos.

CAPÍTULO III
DO DIREITO À LIBERDADE DE CONSCIÊNCIA E DE CRENÇA E AO LIVRE EXERCÍCIO DOS CULTOS RELIGIOSOS

- art. 5º, VI a VIII, CF.

Art. 23. É inviolável a liberdade de consciência e de crença, sendo assegurado o livre exercício dos cultos religiosos e garantida, na forma da lei, a proteção aos locais de culto e a suas liturgias.

Art. 24. O direito à liberdade de consciência e de crença e ao livre exercício dos cultos religiosos de matriz africana compreende:

I - a prática de cultos, a celebração de reuniões relacionadas à religiosidade e a fundação e manutenção, por iniciativa privada, de lugares reservados para tais fins;

II - a celebração de festividades e cerimônias de acordo com preceitos das respectivas religiões;

III - a fundação e a manutenção, por iniciativa privada, de instituições beneficentes ligadas às respectivas convicções religiosas;

IV - a produção, a comercialização, a aquisição e o uso de artigos e materiais religiosos adequados aos costumes e às práticas fundadas na respectiva religiosidade, ressalvadas as condutas vedadas por legislação específica;

- Lei 9.605/1998 (dispõe sobre as sanções penais e administrativas derivadas de condutas e atividades lesivas ao meio ambiente).

V - a produção e a divulgação de publicações relacionadas ao exercício e à difusão das religiões de matriz africana;

VI - a coleta de contribuições financeiras de pessoas naturais e jurídicas de natureza privada para a manutenção das atividades religiosas e sociais das respectivas religiões;

VII - o acesso aos órgãos e aos meios de comunicação para divulgação das respectivas religiões;

VIII - a comunicação ao Ministério Público para abertura de ação penal em face de atitudes e práticas de intolerância religiosa nos meios de comunicação e em quaisquer outros locais.

Art. 25. É assegurada a assistência religiosa aos praticantes de religiões de matrizes africanas internados em hospitais ou em outras instituições de internação coletiva, inclusive àqueles submetidos a pena privativa de liberdade.

- art. 5º, VII, CF.
- Lei 9.982/2000 (Dispõe sobre a prestação de assistência religiosa nas entidades hospitalares públicas e privadas, bem como nos estabelecimentos prisionais civis e militares).

Art. 26. O poder público adotará as medidas necessárias para o combate à intolerância com as religiões de matrizes africanas e à discriminação de seus seguidores, especialmente com o objetivo de:

I - coibir a utilização dos meios de comunicação social para a difusão de proposições, imagens ou abordagens que exponham pessoa ou grupo ao ódio ou ao desprezo por motivos fundados na religiosidade de matrizes africanas;

II - inventariar, restaurar e proteger os documentos, obras e outros bens de valor artístico e cultural, os monumentos, mananciais, flora e sítios arqueológicos vinculados às religiões de matrizes africanas;

- art. 216, CF.

III - assegurar a participação proporcional de representantes das religiões de matrizes africanas, ao lado da representação das demais religiões, em comissões, conselhos, órgãos e outras instâncias de deliberação vinculadas ao poder público.

CAPÍTULO IV
DO ACESSO À TERRA E À MORADIA ADEQUADA

- art. 6º, CF.

SEÇÃO I
DO ACESSO À TERRA

Art. 27. O poder público elaborará e implementará políticas públicas capazes de promover o acesso da população negra à terra e às atividades produtivas no campo.

Art. 28. Para incentivar o desenvolvimento das atividades produtivas da população negra no campo, o poder público promoverá ações para viabilizar e ampliar o seu acesso ao financiamento agrícola.

Art. 29. Serão assegurados à população negra a assistência técnica rural, a simplificação do acesso ao crédito agrícola e o fortalecimento da infraestrutura de logística para a comercialização da produção.

Art. 30. O poder público promoverá a educação e a orientação profissional agrícola para os trabalhadores negros e as comunidades negras rurais.

Art. 31. Aos remanescentes das comunidades dos quilombos que estejam ocupando suas terras é reconhecida a propriedade definitiva, devendo o Estado emitir-lhes os títulos respectivos.

- art. 68, ADCT.

Art. 32. O Poder Executivo federal elaborará e desenvolverá políticas públicas especiais voltadas para o desenvolvimento sustentável dos remanescentes das comunidades dos quilombos, respeitando as tradições de proteção ambiental das comunidades.

- art. 28, § 6º, Lei 8.069/1990 (ECA).

Art. 33. Para fins de política agrícola, os remanescentes das comunidades dos quilombos receberão dos órgãos competentes tratamento especial diferenciado, assistência técnica e linhas especiais de financiamento público, destinados à realização de suas atividades produtivas e de infraestrutura.

Art. 34. Os remanescentes das comunidades dos quilombos se beneficiarão de todas as iniciativas previstas nesta e em outras leis para a promoção da igualdade étnica.

SEÇÃO II
DA MORADIA

Art. 35. O poder público garantirá a implementação de políticas públicas para assegurar o direito à moradia adequada da população negra que vive em favelas, cortiços, áreas urbanas subutilizadas, degradadas ou em processo de degradação, a fim de reintegrá-las à dinâmica urbana e promover melhorias no ambiente e na qualidade de vida.

Parágrafo único. O direito à moradia adequada, para os efeitos desta Lei, inclui não apenas o provimento habitacional, mas também a garantia da infraestrutura urbana e dos equipamentos comunitários associados à função habitacional, bem como a assistência técnica e jurídica para a construção, a reforma ou a regularização fundiária da habitação em área urbana.

Art. 36. Os programas, projetos e outras ações governamentais realizadas no âmbito do Sistema Nacional de Habitação de Interesse Social (SNHIS), regulado pela Lei nº 11.124, de 16 de junho de 2005, devem considerar as peculiaridades sociais, econômicas e culturais da população negra.

Parágrafo único. Os Estados, o Distrito Federal e os Municípios estimularão e facilitarão a participação de organizações e movimentos representativos da população negra na composição dos conselhos constituídos para fins de aplicação do Fundo Nacional de Habitação de Interesse Social (FNHIS).

Art. 37. Os agentes financeiros, públicos ou privados, promoverão ações para viabilizar o acesso da população negra aos financiamentos habitacionais.

CAPÍTULO V
DO TRABALHO

- Lei 12.990/2014 (Reserva aos negros 20%, vinte por cento, das vagas oferecidas nos concursos públicos para provimento de cargos efetivos e empregos públicos no âmbito da administração pública federal, das autarquias, das fundações públicas, das empresas públicas e das sociedades de economia mista controladas pela União).

Art. 38. A implementação de políticas voltadas para a inclusão da população negra no mercado de trabalho será de responsabilidade do poder público, observando-se:

I - o instituído neste Estatuto;

II - os compromissos assumidos pelo Brasil ao ratificar a Convenção Internacional sobre a Eliminação de Todas as Formas de Discriminação Racial, de 1965;

- Dec. 4.738/2003 (Promulga a Declaração Facultativa prevista no art. 14 da Convenção Internacional sobre a Eliminação de Todas as Formas de Discriminação Racial, reconhecendo a competência do Comitê Internacional para a Eliminação da Discriminação Racial para receber e analisar denúncias de violação dos direitos humanos cobertos na mencionada Convenção).

III - os compromissos assumidos pelo Brasil ao ratificar a Convenção nº 111, de 1958, da Organização Internacional do Trabalho (OIT), que trata da discriminação no emprego e na profissão;

IV - os demais compromissos formalmente assumidos pelo Brasil perante a comunidade internacional.

Art. 39. O poder público promoverá ações que assegurem a igualdade de oportunidades no mercado de trabalho para a população negra, inclusive mediante a implementação de medidas visando à promoção da igualdade nas contratações do setor público e o incentivo à adoção de medidas similares nas empresas e organizações privadas.

- Dec. 9.427/2018 (reserva aos negros 30% das vagas oferecidas nas seleções para estágio no âmbito da administração pública federal indireta, autárquica e fundacional).

§ 1º A igualdade de oportunidades será lograda mediante a adoção de políticas e programas de formação profissional, de emprego e de geração de renda voltados para a população negra.

§ 2º As ações visando a promover a igualdade de oportunidades na esfera da administração pública far-se-ão por meio de normas estabelecidas ou a serem estabelecidas em legislação específica e em seus regulamentos.

§ 3º O poder público estimulará, por meio de incentivos, a adoção de iguais medidas pelo setor privado.

§ 4º As ações de que trata o *caput* deste artigo assegurarão o princípio da proporcionalidade de gênero entre os beneficiários.

§ 5º Será assegurado o acesso ao crédito para a pequena produção, nos meios rural e urbano, com ações afirmativas para mulheres negras.

§ 6º O poder público promoverá campanhas de sensibilização contra a marginalização da mulher negra no trabalho artístico e cultural.

§ 7º O poder público promoverá ações com o objetivo de elevar a escolaridade e a qualificação profissional nos setores da economia que contem com alto índice de ocupação por trabalhadores negros de baixa escolarização.

Art. 40. O Conselho Deliberativo do Fundo de Amparo ao Trabalhador (Codefat) formulará políticas, programas e projetos voltados para a inclusão da população negra no mercado de trabalho e orientará a destinação de recursos para seu financiamento.

Art. 41. As ações de emprego e renda, promovidas por meio de financiamento para constituição e ampliação de pequenas e médias empresas e de programas de geração de renda, contemplarão o estímulo à promoção de empresários negros.

Parágrafo único. O poder público estimulará as atividades voltadas ao turismo étnico com enfoque nos locais, monumentos e cidades que retratem a cultura, os usos e os costumes da população negra.

Art. 42. O Poder Executivo federal poderá implementar critérios para provimento de cargos em comissão e funções de confiança destinados a ampliar a participação de negros, buscando reproduzir a estrutura da distribuição étnica nacional ou, quando for o caso, estadual, observados os dados demográficos oficiais.

CAPÍTULO VI
DOS MEIOS DE COMUNICAÇÃO

Art. 43. A produção veiculada pelos órgãos de comunicação valorizará a herança cultural e a participação da população negra na história do País.

Art. 44. Na produção de filmes e programas destinados à veiculação pelas emissoras de televisão e em salas cinematográficas, deverá ser adotada a prática de conferir oportunidades de emprego para atores, figurantes e técnicos negros, sendo vedada toda e qualquer discriminação de natureza política, ideológica, étnica ou artística.

Parágrafo único. A exigência disposta no *caput* não se aplica aos filmes e programas que abordem especificidades de grupos étnicos determinados.

Art. 45. Aplica-se à produção de peças publicitárias destinadas à veiculação pelas emissoras de televisão e em salas cinematográficas o disposto no art. 44.

Art. 46. Os órgãos e entidades da administração pública federal direta, autárquica ou fundacional, as empresas públicas e as sociedades de economia mista federais deverão incluir cláusulas de participação de artistas negros nos contratos de realização de filmes, programas ou quaisquer outras peças de caráter publicitário.

§ 1º Os órgãos e entidades de que trata este artigo incluirão, nas especificações para contratação de serviços de consultoria, conceituação, produção e realização de filmes, programas ou peças publicitárias, a obrigatoriedade da prática de iguais oportunidades de emprego para as pessoas relacionadas com o projeto ou serviço contratado.

§ 2º Entende-se por prática de iguais oportunidades de emprego o conjunto de medidas sistemáticas executadas com a finalidade de garantir a diversidade étnica, de sexo e de idade na equipe vinculada ao projeto ou serviço contratado.

§ 3º A autoridade contratante poderá, se considerar necessário para garantir a prática de iguais oportunidades de emprego, requerer auditoria por órgão do poder público federal.

§ 4º A exigência disposta no *caput* não se aplica às produções publicitárias quando abordarem especificidades de grupos étnicos determinados.

TÍTULO III
DO SISTEMA NACIONAL DE PROMOÇÃO DA IGUALDADE RACIAL (SINAPIR)

CAPÍTULO I
DISPOSIÇÃO PRELIMINAR

- Dec. 8.136/2013 (Aprova o regulamento do Sistema Nacional de Promoção da Igualdade Racial – Sinapir).

Art. 47. É instituído o Sistema Nacional de Promoção da Igualdade Racial (SINAPIR) como forma de organização e de articulação voltadas à implementação do conjunto de políticas e serviços destinados a superar as desigualdades étnicas existentes no País, prestados pelo poder público federal.

§ 1º Os Estados, o Distrito Federal e os Municípios poderão participar do SINAPIR mediante adesão.

§ 2º O poder público federal incentivará a sociedade e a iniciativa privada a participar do SINAPIR.

CAPÍTULO II
DOS OBJETIVOS

Art. 48. São objetivos do SINAPIR:

I - promover a igualdade étnica e o combate às desigualdades sociais resultantes do racismo, inclusive mediante adoção de ações afirmativas;

II - formular políticas destinadas a combater os fatores de marginalização e a promover a integração social da população negra;

III - descentralizar a implementação de ações afirmativas pelos governos estaduais, distrital e municipais;

IV - articular planos, ações e mecanismos voltados à promoção da igualdade étnica;

V - garantir a eficácia dos meios e dos instrumentos criados para a implementação das ações afirmativas e o cumprimento das metas a serem estabelecidas.

CAPÍTULO III
DA ORGANIZAÇÃO E COMPETÊNCIA

Art. 49. O Poder Executivo federal elaborará plano nacional de promoção da igualdade racial contendo as metas, princípios e diretrizes para a implementação da Política Nacional de Promoção da Igualdade Racial (PNPIR).

§ 1º A elaboração, implementação, coordenação, avaliação e acompanhamento da PNPIR, bem como a organização, articulação e coordenação do SINAPIR, serão efetivados pelo órgão responsável pela política de promoção da igualdade étnica em âmbito nacional.

§ 2º É o Poder Executivo federal autorizado a instituir fórum intergovernamental de promoção da igualdade étnica, a ser coordenado pelo órgão responsável pelas políticas de promoção da igualdade étnica, com o objetivo de implementar estratégias que visem à incorporação da política nacional de promoção da igualdade étnica nas ações governamentais de Estados e Municípios.

§ 3º As diretrizes das políticas nacional e regional de promoção da igualdade étnica serão elaboradas por órgão colegiado que assegure a participação da sociedade civil.

Art. 50. Os Poderes Executivos estaduais, distrital e municipais, no âmbito das respectivas esferas de competência, poderão instituir conselhos de promoção da igualdade étnica, de caráter permanente e consultivo, compostos por igual número de representantes de órgãos e entidades públicas e de organizações da sociedade civil representativas da população negra.

Parágrafo único. O Poder Executivo priorizará o repasse dos recursos referentes aos programas e atividades previstos nesta Lei aos Estados, Distrito Federal e Municípios que tenham criado conselhos de promoção da igualdade étnica.

CAPÍTULO V
DAS OUVIDORIAS PERMANENTES E DO ACESSO À JUSTIÇA E À SEGURANÇA

Art. 51. O poder público federal instituirá, na forma da lei e no âmbito dos Poderes Legislativo e Executivo, Ouvidorias Permanentes em Defesa da Igualdade Racial, para receber e encaminhar denúncias de preconceito e discriminação com base em etnia ou cor e acompanhar a implementação de medidas para a promoção da igualdade.

Art. 52. É assegurado às vítimas de discriminação étnica o acesso aos órgãos de Ouvidoria Permanente, à Defensoria Pública, ao Ministério Público e ao Poder Judiciário, em todas as suas instâncias, para a garantia do cumprimento de seus direitos.

Parágrafo único. O Estado assegurará atenção às mulheres negras em situação de violência, garantida a assistência física, psíquica, social e jurídica.

▸ Lei 11.340/2006 (Lei Maria da Penha).

Art. 53. O Estado adotará medidas especiais para coibir a violência policial incidente sobre a população negra.

Parágrafo único. O Estado implementará ações de ressocialização e proteção da juventude negra em conflito com a lei e exposta a experiências de exclusão social.

▸ Lei 8.069/1990 (ECA).

Art. 54. O Estado adotará medidas para coibir atos de discriminação e preconceito praticados por servidores públicos em detrimento da população negra, observado, no que couber, o disposto na Lei nº 7.716, de 5 de janeiro de 1989.

Art. 55. Para a apreciação judicial das lesões e das ameaças de lesão aos interesses da população negra decorrentes de situações de desigualdade étnica, recorrer-se-á, entre outros instrumentos, à ação civil pública, disciplinada na Lei nº 7.347, de 24 de julho de 1985.

CAPÍTULO V
DO FINANCIAMENTO DAS INICIATIVAS DE PROMOÇÃO DA IGUALDADE RACIAL

Art. 56. Na implementação dos programas e das ações constantes dos planos plurianuais e dos orçamentos anuais da União, deverão ser observadas as políticas de ação afirmativa a que se refere o inciso VII do art. 4º desta Lei e outras políticas públicas que tenham como objetivo promover a igualdade de oportunidades e a inclusão social da população negra, especialmente no que tange a:

I - promoção da igualdade de oportunidades em educação, emprego e moradia;

II - financiamento de pesquisas, nas áreas de educação, saúde e emprego, voltadas para a melhoria da qualidade de vida da população negra;

III - incentivo à criação de programas e veículos de comunicação destinados à divulgação de matérias relacionadas aos interesses da população negra;

IV - incentivo à criação e à manutenção de microempresas administradas por pessoas autodeclaradas negras;

V - iniciativas que incrementem o acesso e a permanência das pessoas negras na educação fundamental, média, técnica e superior;

VI - apoio a programas e projetos dos governos estaduais, distrital e municipais e de entidades da sociedade civil voltados para a promoção da igualdade de oportunidades para a população negra;

VII - apoio a iniciativas em defesa da cultura, da memória e das tradições africanas e brasileiras.

§ 1º O Poder Executivo federal é autorizado a adotar medidas que garantam, em cada exercício, a transparência na alocação e na execução dos recursos necessários ao financiamento das ações previstas neste Estatuto, explicitando, entre outros, a proporção dos recursos orçamentários destinados aos programas de promoção da igualdade, especialmente nas áreas de educação, saúde, emprego e renda, desenvolvimento agrário, habitação popular, desenvolvimento regional, cultura, esporte e lazer.

§ 2º Durante os 5 (cinco) primeiros anos, a contar do exercício subsequente à publicação deste Estatuto, os órgãos do Poder Executivo federal que desenvolvem políticas e programas nas áreas referidas no § 1º deste artigo discriminarão em seus orçamentos anuais a participação nos programas de ação afirmativa referidos no inciso VII do art. 4º desta Lei.

§ 3º O Poder Executivo é autorizado a adotar as medidas necessárias para a adequada implementação do disposto neste artigo, podendo estabelecer patamares de participação crescente dos programas de ação afirmativa nos orçamentos anuais a que se refere o § 2º deste artigo.

§ 4º O órgão colegiado do Poder Executivo federal responsável pela promoção da igualdade racial acompanhará e avaliará a programação das ações referidas neste artigo nas propostas orçamentárias da União.

Art. 57. Sem prejuízo da destinação de recursos ordinários, poderão ser consignados nos orçamentos fiscal e da seguridade social para financiamento das ações de que trata o art. 56:

I - transferências voluntárias dos Estados, do Distrito Federal e dos Municípios;

II - doações voluntárias de particulares;

III - doações de empresas privadas e organizações não governamentais, nacionais ou internacionais;

IV - doações voluntárias de fundos nacionais ou internacionais;

V - doações de Estados estrangeiros, por meio de convênios, tratados e acordos internacionais.

TÍTULO IV
DISPOSIÇÕES FINAIS

Art. 58. As medidas instituídas nesta Lei não excluem outras em prol da população negra que tenham sido ou venham a ser adotadas no âmbito da União, dos Estados, do Distrito Federal ou dos Municípios.

Art. 59. O Poder Executivo federal criará instrumentos para aferir a eficácia social das medidas previstas nesta Lei e efetuará seu monitoramento constante, com a emissão e a divulgação de relatórios periódicos, inclusive pela rede mundial de computadores.

Art. 60. Os arts. 3º e 4º da Lei nº 7.716, de 1989, passam a vigorar com a seguinte redação:

▸ Alterações incorporadas no texto da referida lei.

Art. 61. Os arts. 3º e 4º da Lei nº 9.029, de 13 de abril de 1995, passam a vigorar com a seguinte redação:

▸ Alterações incorporadas no texto da referida lei.

Art. 62. O art. 13 da Lei nº 7.347, de 1985, passa a vigorar acrescido do seguinte § 2º, renumerando-se o atual parágrafo único como § 1º:

▸ Alterações incorporadas no texto da referida lei.

Art. 63. O § 1º do art. 1º da Lei nº 10.778, de 24 de novembro de 2003, passa a vigorar com a seguinte redação:

"Art. 1º [...]

§ 1º Para os efeitos desta Lei, entende-se por violência contra a mulher qualquer ação ou conduta, baseada no gênero, inclusive decorrente de discriminação ou desigualdade étnica, que cause morte, dano ou sofrimento físico, sexual ou psicológico à mulher, tanto no âmbito público quanto no privado.

[...]" (NR)

Art. 64. O § 3º do art. 20 da Lei nº 7.716, de 1989, passa a vigorar acrescido do seguinte inciso III:

▸ Alterações incorporadas no texto da referida lei.

Art. 65. Esta Lei entra em vigor 90 (noventa) dias após a data de sua publicação.

Brasília, 20 de julho de 2010;
189º da Independência e
122º da República.

Luiz Inácio Lula da Silva

LEI Nº 12.305, DE 2 DE AGOSTO DE 2010(*)

Institui a Política Nacional de Resíduos Sólidos; altera a Lei nº 9.605, de 12 de fevereiro de 1998; e dá outras providências.

▸ *Política Nacional de Resíduos Sólidos*

O PRESIDENTE DA REPÚBLICA

Faço saber que o Congresso Nacional decreta e eu sanciono a seguinte Lei:

TÍTULO I
DISPOSIÇÕES GERAIS

CAPÍTULO I
DO OBJETO E DO CAMPO DE APLICAÇÃO

▸ Decreto 10.240/2020 (Regulamenta o inciso VI do *caput* do art. 33 e o art. 56 da Lei nº 12.305, de 2 de agosto de 2010, e complementa o Decreto nº 9.177, de 23 de outubro de 2017, quanto à implementação de sistema de logística reversa de produtos eletroeletrônicos e seus componentes de uso doméstico.

▸ Decreto 10.388/2020 (Regulamenta o § 1º do *caput* do art. 33 da Lei nº 12.305/2010)

Art. 1º. Esta Lei institui a Política Nacional de Resíduos Sólidos, dispondo sobre seus princípios, objetivos e instrumentos, bem como sobre as diretrizes relativas à gestão integrada e ao gerenciamento de resíduos sólidos, incluídos os perigosos, às responsabilidades dos geradores e do poder público e aos instrumentos econômicos aplicáveis.

§ 1º. Estão sujeitas à observância desta Lei as pessoas físicas ou jurídicas, de direito público ou privado, responsáveis, direta ou indiretamente, pela geração de resíduos sólidos e as que desenvolvam ações relacionadas à gestão integrada ou ao gerenciamento de resíduos sólidos.

§ 2º. Esta Lei não se aplica aos rejeitos radioativos, que são regulados por legislação específica.

Art. 2º. Aplicam-se aos resíduos sólidos, além do disposto nesta Lei, nas Leis nºs 11.445, de 5 de janeiro de 2007, 9.974, de 6 de junho de 2000, e 9.966, de 28 de abril de 2000, as normas estabelecidas pelos órgãos do Sistema Nacional do Meio Ambiente (Sisnama), do Sistema Nacional de Vigilância Sanitária (SNVS), do Sistema Unificado de Atenção à Sanidade Agropecuária (Suasa) e do Sistema Nacional de Metrologia, Normalização e Qualidade Industrial (Sinmetro).

CAPÍTULO II
DEFINIÇÕES

Art. 3º. Para os efeitos desta Lei, entende-se por:

I – acordo setorial: ato de natureza contratual firmado entre o poder público e fabricantes, importadores, distribuidores ou comerciantes, tendo em vista a implantação da responsabilidade compartilhada pelo ciclo de vida do produto;

II – área contaminada: local onde há contaminação causada pela disposição, regular ou irregular, de quaisquer substâncias ou resíduos;

III – área órfã contaminada: área contaminada cujos responsáveis pela disposição não sejam identificáveis ou individualizáveis;

IV – ciclo de vida do produto: série de etapas que envolvem o desenvolvimento do produto, a obtenção de matérias-primas e insumos, o processo produtivo, o consumo e a disposição final;

V – coleta seletiva: coleta de resíduos sólidos previamente segregados conforme sua constituição ou composição;

VI – controle social: conjunto de mecanismos e procedimentos que garantam à sociedade informações e participação nos processos de formulação, implementação e avaliação das políticas públicas relacionadas aos resíduos sólidos;

VII – destinação final ambientalmente adequada: destinação de resíduos que inclui a reutilização, a reciclagem, a compostagem, a recuperação e o aproveitamento energético ou outras destinações admitidas pelos órgãos competentes do Sisnama, do SNVS e do Suasa, entre elas a disposição final, observando normas operacionais es pecíficas de modo a evitar danos ou riscos à saúde pública e à segurança e a minimizar os impactos ambientais adversos;

VIII – disposição final ambientalmente adequada: distribuição ordenada de rejeitos em aterros, observando normas operacionais específicas de modo a evitar danos ou riscos à saúde pública e à segurança e a minimizar os impactos ambientais adversos;

IX – geradores de resíduos sólidos: pessoas físicas ou jurídicas, de direito público ou privado, que geram resíduos sólidos por meio de suas atividades, nelas incluído o consumo;

X – gerenciamento de resíduos sólidos: conjunto de ações exercidas, direta ou indiretamente, nas etapas de coleta, transporte, transbordo, tratamento e destinação final ambientalmente adequada dos resíduos sólidos e disposição final ambientalmente adequada dos rejeitos, de acordo com plano municipal de gestão integrada de resíduos sólidos ou com plano de gerenciamento de resíduos sólidos, exigidos na forma desta Lei;

XI – gestão integrada de resíduos sólidos: conjunto de ações voltadas para a busca de soluções para os resíduos sólidos, de forma a considerar as dimensões política, econômica, ambiental, cultural e social, com controle social e sob a premissa do desenvolvimento sustentável;

XII – logística reversa: instrumento de desenvolvimento econômico e social caracterizado por um conjunto de ações, procedimentos e meios destinados a viabilizar a coleta e a restituição dos resíduos sólidos ao setor empresarial, para reaproveitamento, em seu ciclo ou em outros ciclos produtivos, ou outra destinação final ambientalmente adequada;

XIII – padrões sustentáveis de produção e consumo: produção e consumo de bens e serviços de forma a atender as necessidades das atuais gerações e permitir melhores condições de vida, sem comprometer a qualidade ambiental e o atendimento das necessidades das gerações futuras;

XIV – reciclagem: processo de transformação dos resíduos sólidos que envolve a alteração de suas propriedades físicas, físico-químicas ou biológicas, com vistas à transformação em insumos ou novos produtos, observadas as condições e os padrões estabelecidos pelos órgãos competentes do Sisnama e, se couber, do SNVS e do Suasa;

XV – rejeitos: resíduos sólidos que, depois de esgotadas todas as possibilidades de tratamento e recuperação por processos tecnológicos disponíveis e economicamente viáveis, não apresentem outra possibilidade que não a disposição final ambientalmente adequada;

XVI – resíduos sólidos: material, substância, objeto ou bem descartado resultante de atividades humanas em sociedade, a cuja destinação final se procede, se propõe proceder ou se está obrigado a proceder, nos estados sólido ou semissólido, bem como gases contidos em recipientes e líquidos cujas particularidades tornem inviável o seu lançamento na rede pública de esgotos ou em corpos d'água, ou exijam para isso soluções técnica ou economicamente inviáveis em face da melhor tecnologia disponível;

XVII – responsabilidade compartilhada pelo ciclo de vida dos produtos: conjunto de atribuições individualizadas e encadeadas dos fabricantes, importadores, distribuidores e comerciantes, dos consumidores e dos titulares dos serviços públicos de limpeza urbana e de manejo dos resíduos sólidos, para minimizar o volume de resíduos sólidos e rejeitos gerados, bem como para reduzir os impactos causados à saúde humana e à qualidade ambiental decorrentes do ciclo de vida dos produtos, nos termos desta Lei;

XVIII – reutilização: processo de aproveitamento dos resíduos sólidos sem sua transformação biológica, física ou físico-química, observadas as condições e os padrões estabelecidos pelos órgãos competentes do Sisnama e, se couber, do SNVS e do Suasa;

XIX – serviço público de limpeza urbana e de manejo de resíduos sólidos: conjunto de atividades previstas no art. 7º da Lei nº 11.445, de 2007.

TÍTULO II
DA POLÍTICA NACIONAL DE RESÍDUOS SÓLIDOS

CAPÍTULO I
DISPOSIÇÕES GERAIS

Art. 4º. A Política Nacional de Resíduos Sólidos reúne o conjunto de princípios, objetivos, instrumentos, diretrizes, metas e ações adotados pelo Governo Federal, isoladamente ou em regime de cooperação com Estados, Distrito Federal, Municípios ou particulares, com vistas à gestão integrada e ao gerenciamento ambientalmente adequado dos resíduos sólidos.

Art. 5º. A Política Nacional de Resíduos Sólidos integra a Política Nacional do Meio Ambiente e articula-se com a Política Nacional de Educação Ambiental, regulada pela Lei nº 9.795, de 27 de abril de 1999, com a Política Federal de Saneamento Básico, regulada pela Lei nº 11.445, de 2007, e com a Lei nº 11.107, de 6 de abril de 2005.

CAPÍTULO II
DOS PRINCÍPIOS E OBJETIVOS

Art. 6º. São princípios da Política Nacional de Resíduos Sólidos:

I – a prevenção e a precaução;

II – o poluidor-pagador e o protetor-recebedor;

III – a visão sistêmica, na gestão dos resíduos sólidos, que considere as variáveis ambiental, social, cultural, econômica, tecnológica e de saúde pública;

IV – o desenvolvimento sustentável;

V – a ecoeficiência, mediante a compatibilização entre o fornecimento, a preços competitivos, de bens e serviços qualificados que satisfaçam as necessidades humanas e tragam qualidade de vida e a redução do impacto ambiental e do consumo de recursos naturais a um nível, no mínimo, equivalente à capacidade de sustentação estimada do planeta;

VI – a cooperação entre as diferentes esferas do poder público, o setor empresarial e demais segmentos da sociedade;

VII – a responsabilidade compartilhada pelo ciclo de vida dos produtos;

VIII – o reconhecimento do resíduo sólido reutilizável e reciclável como um bem econômico e de valor social, gerador de trabalho e renda e promotor de cidadania;

IX – o respeito às diversidades locais e regionais;

X – o direito da sociedade à informação e ao controle social;

XI – a razoabilidade e a proporcionalidade.

Art. 7º. São objetivos da Política Nacional de Resíduos Sólidos:

I – proteção da saúde pública e da qualidade ambiental;

II – não geração, redução, reutilização, reciclagem e tratamento dos resíduos sólidos, bem como disposição final ambientalmente adequada dos rejeitos;

III – estímulo à adoção de padrões sustentáveis de produção e consumo de bens e serviços;

IV – adoção, desenvolvimento e aprimoramento de tecnologias limpas como forma de minimizar impactos ambientais;

V – redução do volume e da periculosidade dos resíduos perigosos;

VI – incentivo à indústria da reciclagem, tendo em vista fomentar o uso de matérias-primas e insumos derivados de materiais recicláveis e reciclados;

VII – gestão integrada de resíduos sólidos;

VIII – articulação entre as diferentes esferas do poder público, e destas com o setor empresarial, com vistas à cooperação técnica e financeira para a gestão integrada de resíduos sólidos;

IX – capacitação técnica continuada na área de resíduos sólidos;

X – regularidade, continuidade, funcionalidade e universalização da prestação dos serviços públicos de limpeza urbana e de manejo de resíduos sólidos, com adoção de mecanismos gerenciais e econômicos que assegurem a recuperação dos custos dos serviços prestados, como forma de garantir sua sustentabilidade operacional e financeira, observada a Lei nº 11.445, de 2007;

XI – prioridade, nas aquisições e contratações governamentais, para:

a) produtos reciclados e recicláveis;

b) bens, serviços e obras que considerem critérios compatíveis com padrões de consumo social e ambientalmente sustentáveis;

XII – integração dos catadores de materiais reutilizáveis e recicláveis nas ações que envolvam a responsabilidade compartilhada pelo ciclo de vida dos produtos;

XIII – estímulo à implementação da avaliação do ciclo de vida do produto;

XIV – incentivo ao desenvolvimento de sistemas de gestão ambiental e empresarial voltados para a melhoria dos processos produtivos e ao reaproveitamento dos resíduos sólidos, incluídos a recuperação e o aproveitamento energético;

XV – estímulo à rotulagem ambiental e ao consumo sustentável.

CAPÍTULO III
DOS INSTRUMENTOS

Art. 8º. São instrumentos da Política Nacional de Resíduos Sólidos, entre outros:

I – os planos de resíduos sólidos;

II – os inventários e o sistema declaratório anual de resíduos sólidos;

III – a coleta seletiva, os sistemas de logística reversa e outras ferramentas relacionadas à implementação da responsabilidade compartilhada pelo ciclo de vida dos produtos;

IV – o incentivo à criação e ao desenvolvimento de cooperativas ou de outras formas de associação de catadores de materiais reutilizáveis e recicláveis;

V – o monitoramento e a fiscalização ambiental, sanitária e agropecuária;

VI – a cooperação técnica e financeira entre os setores público e privado para o desenvolvimento de pesquisas de novos produtos, métodos, processos e tecnologias de gestão, reciclagem, reutilização, tratamento de resíduos e disposição final ambientalmente adequada de rejeitos;

VII – a pesquisa científica e tecnológica;

VIII – a educação ambiental;

IX – os incentivos fiscais, financeiros e creditícios;

X – o Fundo Nacional do Meio Ambiente e o Fundo Nacional de Desenvolvimento Científico e Tecnológico;
XI – o Sistema Nacional de Informações sobre a Gestão dos Resíduos Sólidos (Sinir);
XII – o Sistema Nacional de Informações em Saneamento Básico (Sinisa);
XIII – os conselhos de meio ambiente e, no que couber, os de saúde;
XIV – os órgãos colegiados municipais destinados ao controle social dos serviços de resíduos sólidos urbanos;
XV – o Cadastro Nacional de Operadores de Resíduos Perigosos;
XVI – os acordos setoriais;
XVII – no que couber, os instrumentos da Política Nacional de Meio Ambiente, entre eles:
a) os padrões de qualidade ambiental;
b) o Cadastro Técnico Federal de Atividades Potencialmente Poluidoras ou Utilizadoras de Recursos Ambientais;
c) o Cadastro Técnico Federal de Atividades e Instrumentos de Defesa Ambiental;
d) a avaliação de impactos ambientais;
e) o Sistema Nacional de Informação sobre Meio Ambiente (Sinima);
f) o licenciamento e a revisão de atividades efetiva ou potencialmente poluidoras;
XVIII – os termos de compromisso e os termos de ajustamento de conduta;
XIX – o incentivo à adoção de consórcios ou de outras formas de cooperação entre os entes federados, com vistas à elevação das escalas de aproveitamento e à redução dos custos envolvidos.

TÍTULO III
DAS DIRETRIZES APLICÁVEIS AOS RESÍDUOS SÓLIDOS

CAPÍTULO I
DISPOSIÇÕES PRELIMINARES

Art. 9º. Na gestão e gerenciamento de resíduos sólidos, deve ser observada a seguinte ordem de prioridade: não geração, redução, reutilização, reciclagem, tratamento dos resíduos sólidos e disposição final ambientalmente adequada dos rejeitos.

§ 1º. Poderão ser utilizadas tecnologias visando à recuperação energética dos resíduos sólidos urbanos, desde que tenha sido comprovada sua viabilidade técnica e ambiental e com a implantação de programa de monitoramento de emissão de gases tóxicos aprovado pelo órgão ambiental.

§ 2º. A Política Nacional de Resíduos Sólidos e as Políticas de Resíduos Sólidos dos Estados, do Distrito Federal e dos Municípios serão compatíveis com o disposto no *caput* e no § 1º deste artigo e com as demais diretrizes estabelecidas nesta Lei.

Art. 10. Incumbe ao Distrito Federal e aos Municípios a gestão integrada dos resíduos sólidos gerados nos respectivos territórios, sem prejuízo das competências de controle e fiscalização dos órgãos federais e estaduais do Sisnama, do SNVS e do Suasa, bem como da responsabilidade do gerador pelo gerenciamento de resíduos, consoante o estabelecido nesta Lei.

Art. 11. Observadas as diretrizes e demais determinações estabelecidas nesta Lei e em seu regulamento, incumbe aos Estados:

I – promover a integração da organização, do planejamento e da execução das funções públicas de interesse comum relacionadas à gestão dos resíduos sólidos nas regiões metropolitanas, aglomerações urbanas e microrregiões, nos termos da lei complementar estadual prevista no § 3º do art. 25 da Constituição Federal;
II – controlar e fiscalizar as atividades dos geradores sujeitas a licenciamento ambiental pelo órgão estadual do Sisnama.

Parágrafo único. A atuação do Estado na forma do *caput* deve apoiar e priorizar as iniciativas do Município de soluções consorciadas ou compartilhadas entre 2 (dois) ou mais Municípios.

Art. 12. A União, os Estados, o Distrito Federal e os Municípios organizarão e manterão, de forma conjunta, o Sistema Nacional de Informações sobre a Gestão dos Resíduos Sólidos (Sinir), articulado com o Sinisa e o Sinima.

Parágrafo único. Incumbe aos Estados, ao Distrito Federal e aos Municípios fornecer ao órgão federal responsável pela coordenação do Sinir todas as informações necessárias sobre os resíduos sob sua esfera de competência, na forma e na periodicidade estabelecidas em regulamento.

Art. 13. Para os efeitos desta Lei, os resíduos sólidos têm a seguinte classificação:

I – quanto à origem:

a) resíduos domiciliares: os originários de atividades domésticas em residências urbanas;

b) resíduos de limpeza urbana: os originários da varrição, limpeza de logradouros e vias públicas e outros serviços de limpeza urbana;

c) resíduos sólidos urbanos: os englobados nas alíneas "a" e "b";

d) resíduos de estabelecimentos comerciais e prestadores de serviços: os gerados nessas atividades, excetuados os referidos nas alíneas "b", "e", "g", "h" e "j";

e) resíduos dos serviços públicos de saneamento básico: os gerados nessas atividades, excetuados os referidos na alínea "c";

f) resíduos industriais: os gerados nos processos produtivos e instalações industriais;

g) resíduos de serviços de saúde: os gerados nos serviços de saúde, conforme definido em regulamento ou em normas estabelecidas pelos órgãos do Sisnama e do SNVS;

h) resíduos da construção civil: os gerados nas construções, reformas, reparos e demolições de obras de construção civil, incluídos os resultantes da preparação e escavação de terrenos para obras civis;

i) resíduos agrossilvopastoris: os gerados nas atividades agropecuárias e silviculturais, incluídos os relacionados a insumos utilizados nessas atividades;

j) resíduos de serviços de transportes: os originários de portos, aeroportos, terminais alfandegários, rodoviários e ferroviários e passagens de fronteira;

k) resíduos de mineração: os gerados na atividade de pesquisa, extração ou beneficiamento de minérios;

II – quanto à periculosidade:

a) resíduos perigosos: aqueles que, em razão de suas características de inflamabilidade, corrosividade, reatividade, toxicidade, patogenicidade, carcinogenicidade, teratogenicidade e mutagenicidade, apresentam significativo risco à saúde pública ou à qualidade ambiental, de acordo com lei, regulamento ou norma técnica;

b) resíduos não perigosos: aqueles não enquadrados na alínea "I".

Parágrafo único. Respeitado o disposto no art. 20, os resíduos referidos na alínea "I" do inciso I do *caput*, se caracterizados como não perigosos, podem, em razão de sua natureza, composição ou volume, ser equiparados aos resíduos domiciliares pelo poder público municipal.

CAPÍTULO II
DOS PLANOS DE RESÍDUOS SÓLIDOS

SEÇÃO I
DISPOSIÇÕES GERAIS

Art. 14. São planos de resíduos sólidos:
I – o Plano Nacional de Resíduos Sólidos;
II – os planos estaduais de resíduos sólidos;
III – os planos microrregionais de resíduos sólidos e os planos de resíduos sólidos de regiões metropolitanas ou aglomerações urbanas;
IV – os planos intermunicipais de resíduos sólidos;
V – os planos municipais de gestão integrada de resíduos sólidos;
VI – os planos de gerenciamento de resíduos sólidos.

Parágrafo único. É assegurada ampla publicidade ao conteúdo dos planos de resíduos sólidos, bem como controle social em sua formulação, implementação e operacionalização, observado o disposto na Lei nº 10.650, de 16 de abril de 2003, e no art. 47 da Lei nº 11.445, de 2007.

SEÇÃO II
DO PLANO NACIONAL DE RESÍDUOS SÓLIDOS

Art. 15. A União elaborará, sob a coordenação do Ministério do Meio Ambiente, o Plano Nacional de Resíduos Sólidos, com vigência por prazo indeterminado e horizonte de 20 (vinte) anos, a ser atualizado a cada 4 (quatro) anos, tendo como conteúdo mínimo:

I – diagnóstico da situação atual dos resíduos sólidos;
II – proposição de cenários, incluindo tendências internacionais e macroeconômicas;
III – metas de redução, reutilização, reciclagem, entre outras, com vistas a reduzir a quantidade de resíduos e rejeitos encaminhados para disposição final ambientalmente adequada;
IV – metas para o aproveitamento energético dos gases gerados nas unidades de disposição final de resíduos sólidos;
V – metas para a eliminação e recuperação de lixões, associadas à inclusão social e à emancipação econômica de catadores de materiais reutilizáveis e recicláveis;
VI – programas, projetos e ações para o atendimento das metas previstas;
VII – normas e condicionantes técnicas para o acesso a recursos da União, para a obtenção de seu aval ou para o acesso a recursos administrados, direta ou indiretamente, por entidade federal, quando destinados a ações e programas de interesse dos resíduos sólidos;
VIII – medidas para incentivar e viabilizar a gestão regionalizada dos resíduos sólidos;
IX – diretrizes para o planejamento e demais atividades de gestão de resíduos sólidos das regiões integradas de desenvolvimento instituídas por lei complementar, bem como para as áreas de especial interesse turístico;
X – normas e diretrizes para a disposição final de rejeitos e, quando couber, de resíduos;
XI – meios a serem utilizados para o controle e a fiscalização, no âmbito nacional, de sua implementação e operacionalização, assegurado o controle social.

Parágrafo único. O Plano Nacional de Resíduos Sólidos será elaborado mediante processo de mobilização e participação social, incluindo a realização de audiências e consultas públicas.

SEÇÃO III
DOS PLANOS ESTADUAIS DE RESÍDUOS SÓLIDOS

Art. 16. A elaboração de plano estadual de resíduos sólidos, nos termos previstos por esta Lei, é condição para os Estados terem acesso a recursos da União, ou por ela controlados, destinados a empreendimentos e serviços relacionados à gestão de resíduos sólidos, ou para serem beneficiados por incentivos ou financiamentos de entidades federais de crédito ou fomento para tal finalidade.

§ 1º. Serão priorizados no acesso aos recursos da União referidos no *caput* os Estados que instituírem microrregiões, consoante o § 3º do art. 25 da Constituição Federal, para integrar a organização, o planejamento e a execução das ações a cargo de Municípios limítrofes na gestão dos resíduos sólidos.

§ 2º. Serão estabelecidas em regulamento normas complementares sobre o acesso aos recursos da União na forma deste artigo.

§ 3º. Respeitada a responsabilidade dos geradores nos termos desta Lei, as microrregiões instituídas conforme previsto no § 1º abrangem atividades de coleta seletiva, recuperação e reciclagem, tratamento e destinação final dos resíduos sólidos urbanos, a gestão de resíduos de construção civil, de serviços de transporte, de serviços de saúde, agrossilvopastoris ou outros resíduos, de acordo com as peculiaridades microrregionais.

Art. 17. O plano estadual de resíduos sólidos será elaborado para vigência por prazo indeterminado, abrangendo todo o território do Estado, com horizonte de atuação de 20 (vinte) anos e revisões a cada 4 (quatro) anos, e tendo como conteúdo mínimo:

I – diagnóstico, incluída a identificação dos principais fluxos de resíduos no Estado e seus impactos socioeconômicos e ambientais;

II – proposição de cenários;

III – metas de redução, reutilização, reciclagem, entre outras, com vistas a reduzir a quantidade de resíduos e rejeitos encaminhados para disposição final ambientalmente adequada;

IV – metas para o aproveitamento energético dos gases gerados nas unidades de disposição final de resíduos sólidos;

V – metas para a eliminação e recuperação de lixões, associadas à inclusão social e à emancipação econômica de catadores de materiais reutilizáveis e recicláveis;

VI – programas, projetos e ações para o atendimento das metas previstas;

VII – normas e condicionantes técnicas para o acesso a recursos do Estado, para a obtenção de seu aval ou para o acesso de recursos administrados, direta ou indiretamente, por entidade estadual, quando destinados às ações e programas de interesse dos resíduos sólidos;

VIII – medidas para incentivar e viabilizar a gestão consorciada ou compartilhada dos resíduos sólidos;

IX – diretrizes para o planejamento e demais atividades de gestão de resíduos sólidos de regiões metropolitanas, aglomerações urbanas e microrregiões;

X – normas e diretrizes para a disposição final de rejeitos e, quando couber, de resíduos, respeitadas as disposições estabelecidas em âmbito nacional;

XI – previsão, em conformidade com os demais instrumentos de planejamento territorial, especialmente o zoneamento ecológicoeconômico e o zoneamento costeiro, de:

a) zonas favoráveis para a localização de unidades de tratamento de resíduos sólidos ou de disposição final de rejeitos;

b) áreas degradadas em razão de disposição inadequada de resíduos sólidos ou rejeitos a serem objeto de recuperação ambiental;

XII – meios a serem utilizados para o controle e a fiscalização, no âmbito estadual, de sua implementação e operacionalização, assegurado o controle social.

§ 1º. Além do plano estadual de resíduos sólidos, os Estados poderão elaborar planos microrregionais de resíduos sólidos, bem como planos específicos direcionados às regiões metropolitanas ou às aglomerações urbanas.

§ 2º. A elaboração e a implementação pelos Estados de planos microrregionais de resíduos sólidos, ou de planos de regiões metropolitanas ou aglomerações urbanas, em consonância com o previsto no § 1º, dar-se-ão obrigatoriamente com a participação dos Municípios envolvidos e não excluem nem substituem qualquer das prerrogativas a cargo dos Municípios previstas por esta Lei.

§ 3º. Respeitada a responsabilidade dos geradores nos termos desta Lei, o plano microrregional de resíduos sólidos deve atender ao previsto para o plano estadual e estabelecer soluções integradas para a coleta seletiva, a recuperação e a reciclagem, o tratamento e a destinação final dos resíduos sólidos urbanos e, consideradas as peculiaridades microrregionais, outros tipos de resíduos.

SEÇÃO IV
DOS PLANOS MUNICIPAIS DE GESTÃO INTEGRADA DE RESÍDUOS SÓLIDOS

Art. 18. A elaboração de plano municipal de gestão integrada de resíduos sólidos, nos termos previstos por esta Lei, é condição para o Distrito Federal e os Municípios terem acesso a recursos da União, ou por ela controlados, destinados a empreendimentos e serviços relacionados à limpeza urbana e ao manejo de resíduos sólidos, ou para serem beneficiados por incentivos ou financiamentos de entidades federais de crédito ou fomento para tal finalidade.

§ 1º. Serão priorizados no acesso aos recursos da União referidos no *caput* os Municípios que:

I – optarem por soluções consorciadas intermunicipais para a gestão dos resíduos sólidos, incluída a elaboração e implementação de plano intermunicipal, ou que se inserirem de forma voluntária nos planos microrregionais de resíduos sólidos referidos no § 1º do art. 16;

II – implantarem a coleta seletiva com a participação de cooperativas ou outras formas de associação de catadores de materiais reutilizáveis e recicláveis formadas por pessoas físicas de baixa renda.

§ 2º. Serão estabelecidas em regulamento normas complementares sobre o acesso aos recursos da União na forma deste artigo.

Art. 19. O plano municipal de gestão integrada de resíduos sólidos tem o seguinte conteúdo mínimo:

I – diagnóstico da situação dos resíduos sólidos gerados no respectivo território, contendo a origem, o volume, a caracterização dos resíduos e as formas de destinação e disposição final adotadas;

II – identificação de áreas favoráveis para disposição final ambientalmente adequada de rejeitos, observado o plano diretor de que trata o § 1º do art. 182 da Constituição Federal e o zoneamento ambiental, se houver;

III – identificação das possibilidades de implantação de soluções consorciadas ou compartilhadas com outros Municípios, considerando, nos critérios de economia de escala, a proximidade dos locais estabelecidos e as formas de prevenção dos riscos ambientais;

IV – identificação dos resíduos sólidos e dos geradores sujeitos a plano de gerenciamento específico nos termos do art. 20 ou a sistema de logística reversa na forma do art. 33, observadas as disposições desta Lei e de seu regulamento, bem como as normas estabelecidas pelos órgãos do Sisnama e do SNVS;

V – procedimentos operacionais e especificações mínimas a serem adotados nos serviços públicos de limpeza urbana e de manejo de resíduos sólidos, incluída a disposição final ambientalmente adequada dos rejeitos e observada a Lei nº 11.445, de 2007;

VI – indicadores de desempenho operacional e ambiental dos serviços públicos de limpeza urbana e de manejo de resíduos sólidos;

VII – regras para o transporte e outras etapas do gerenciamento de resíduos sólidos de que trata o art. 20, observadas as normas estabelecidas pelos órgãos do Sisnama e do SNVS e demais disposições pertinentes da legislação federal e estadual;

VIII – definição das responsabilidades quanto à sua implementação e operacionalização, incluídas as etapas do plano de gerenciamento de resíduos sólidos a que se refere o art. 20 a cargo do poder público;

IX – programas e ações de capacitação técnica voltados para sua implementação e operacionalização;

X – programas e ações de educação ambiental que promovam a não geração, a redução, a reutilização e a reciclagem de resíduos sólidos;

XI – programas e ações para a participação dos grupos interessados, em especial das cooperativas ou outras formas de associação de catadores de materiais reutilizáveis e recicláveis formadas por pessoas físicas de baixa renda, se houver;

XII – mecanismos para a criação de fontes de negócios, emprego e renda, mediante a valorização dos resíduos sólidos;

XIII – sistema de cálculo dos custos da prestação dos serviços públicos de limpeza urbana e de manejo de resíduos sólidos, bem como a forma de cobrança desses serviços, observada a Lei nº 11.445, de 2007;

XIV – metas de redução, reutilização, coleta seletiva e reciclagem, entre outras, com vistas a reduzir a quantidade de rejeitos encaminhados para disposição final ambientalmente adequada;

XV – descrição das formas e dos limites da participação do poder público local na coleta seletiva e na logística reversa, respeitado o disposto no art. 33, e de outras ações relativas à responsabilidade compartilhada pelo ciclo de vida dos produtos;

XVI – meios a serem utilizados para o controle e a fiscalização, no âmbito local, da implementação e operacionalização dos planos de gerenciamento de resíduos sólidos de que trata o art. 20 e dos sistemas de logística reversa previstos no art. 33;

XVII – ações preventivas e corretivas a serem praticadas, incluindo programa de monitoramento;

XVIII – identificação dos passivos ambientais relacionados aos resíduos sólidos, incluindo áreas contaminadas, e respectivas medidas saneadoras;

XIX – periodicidade de sua revisão, observado o período máximo de 10 (dez) anos. (Redação dada pela Lei 14.026/2020)

§ 1º. O plano municipal de gestão integrada de resíduos sólidos pode estar inserido no plano de saneamento básico previsto no art. 19 da Lei nº 11.445, de 2007, respeitado o conteúdo mínimo previsto nos incisos do *caput* e observado o disposto no § 2º, todos deste artigo.

§ 2º. Para Municípios com menos de 20.000 (vinte mil) habitantes, o plano municipal de gestão integrada de resíduos sólidos terá conteúdo simplificado, na forma do regulamento.

§ 3º. O disposto no § 2º não se aplica a Municípios:

I – integrantes de áreas de especial interesse turístico;

II – inseridos na área de influência de empreendimentos ou atividades com significativo impacto ambiental de âmbito regional ou nacional;
III – cujo território abranja, total ou parcialmente, Unidades de Conservação.

§ 4º. A existência de plano municipal de gestão integrada de resíduos sólidos não exime o Município ou o Distrito Federal do licenciamento ambiental de aterros sanitários e de outras infraestruturas e instalações operacionais integrantes do serviço público de limpeza urbana e de manejo de resíduos sólidos pelo órgão competente do Sisnama.

§ 5º. Na definição de responsabilidades na forma do inciso VIII do *caput* deste artigo, é vedado atribuir ao serviço público de limpeza urbana e de manejo de resíduos sólidos a realização de etapas do gerenciamento dos resíduos a que se refere o art. 20 em desacordo com a respectiva licença ambiental ou com normas estabelecidas pelos órgãos do Sisnama e, se couber, do SNVS.

§ 6º. Além do disposto nos incisos I a XIX do *caput* deste artigo, o plano municipal de gestão integrada de resíduos sólidos contemplará ações específicas a serem desenvolvidas no âmbito dos órgãos da administração pública, com vistas à utilização racional dos recursos ambientais, ao combate a todas as formas de desperdício e à minimização da geração de resíduos sólidos.

§ 7º. O conteúdo do plano municipal de gestão integrada de resíduos sólidos será disponibilizado para o Sinir, na forma do regulamento.

§ 8º. A inexistência do plano municipal de gestão integrada de resíduos sólidos não pode ser utilizada para impedir a instalação ou a operação de empreendimentos ou atividades devidamente licenciados pelos órgãos competentes.

§ 9º. Nos termos do regulamento, o Município que optar por soluções consorciadas intermunicipais para a gestão dos resíduos sólidos, assegurado que o plano intermunicipal preencha os requisitos estabelecidos nos incisos I a XIX do *caput* deste artigo, pode ser dispensado da elaboração de plano municipal de gestão integrada de resíduos sólidos.

SEÇÃO V
DO PLANO DE GERENCIAMENTO DE RESÍDUOS SÓLIDOS

Art. 20. Estão sujeitos à elaboração de plano de gerenciamento de resíduos sólidos:

I – os geradores de resíduos sólidos previstos nas alíneas "e", "f", "g" e "k" do inciso I do art. 13;
II – os estabelecimentos comerciais e de prestação de serviços que:

a) gerem resíduos perigosos;

b) gerem resíduos que, mesmo caracterizados como não perigosos, por sua natureza, composição ou volume, não sejam equiparados aos resíduos domiciliares pelo poder público municipal;

III – as empresas de construção civil, nos termos do regulamento ou de normas estabelecidas pelos órgãos do Sisnama;
IV – os responsáveis pelos terminais e outras instalações referidas na alínea "j" do inciso I do art. 13 e, nos termos do regulamento ou de normas estabelecidas pelos órgãos do Sisnama e, se couber, do SNVS, as empresas de transporte;
V – os responsáveis por atividades agrossilvopastoris, se exigido pelo órgão competente do Sisnama, do SNVS ou do Suasa.

Parágrafo único. Observado o disposto no Capítulo IV deste Título, serão estabelecidas por regulamento exigências específicas relativas ao plano de gerenciamento de resíduos perigosos.

Art. 21. O plano de gerenciamento de resíduos sólidos tem o seguinte conteúdo mínimo:

I – descrição do empreendimento ou atividade;
II – diagnóstico dos resíduos sólidos gerados ou administrados, contendo a origem, o volume e a caracterização dos resíduos, incluindo os passivos ambientais a eles relacionados;
III – observadas as normas estabelecidas pelos órgãos do Sisnama, do SNVS e do Suasa e, se houver, o plano municipal de gestão integrada de resíduos sólidos:

a) explicitação dos responsáveis por cada etapa do gerenciamento de resíduos sólidos;

b) definição dos procedimentos operacionais relativos às etapas do gerenciamento de resíduos sólidos sob responsabilidade do gerador;

IV – identificação das soluções consorciadas ou compartilhadas com outros geradores;
V – ações preventivas e corretivas a serem executadas em situações de gerenciamento incorreto ou acidentes;
VI – metas e procedimentos relacionados à minimização da geração de resíduos sólidos e, observadas as normas estabelecidas pelos órgãos do Sisnama, do SNVS e do Suasa, à reutilização e reciclagem;
VII – se couber, ações relativas à responsabilidade compartilhada pelo ciclo de vida dos produtos, na forma do art. 31;
VIII – medidas saneadoras dos passivos ambientais relacionados aos resíduos sólidos;
IX – periodicidade de sua revisão, observado, se couber, o prazo de vigência da respectiva licença de operação a cargo dos órgãos do Sisnama.

§ 1º. O plano de gerenciamento de resíduos sólidos atenderá ao disposto no plano municipal de gestão integrada de resíduos sólidos do respectivo Município, sem prejuízo das normas estabelecidas pelos órgãos do Sisnama, do SNVS e do Suasa.

§ 2º. A inexistência do plano municipal de gestão integrada de resíduos sólidos não obsta a elaboração, a implementação ou a operacionalização do plano de gerenciamento de resíduos sólidos.

§ 3º. Serão estabelecidos em regulamento:

I – normas sobre a exigibilidade e o conteúdo do plano de gerenciamento de resíduos sólidos relativo à atuação de cooperativas ou de outras formas de associação de catadores de materiais reutilizáveis e recicláveis;
II – critérios e procedimentos simplificados para apresentação dos planos de gerenciamento de resíduos sólidos para microempresas e empresas de pequeno porte, assim consideradas as definidas nos incisos I e II do art. 3º da Lei Complementar nº 123, de 14 de dezembro de 2006, desde que as atividades por elas desenvolvidas não gerem resíduos perigosos.

Art. 22. Para a elaboração, implementação, operacionalização e monitoramento de todas as etapas do plano de gerenciamento de resíduos sólidos, nelas incluído o controle da disposição final ambientalmente adequada dos rejeitos, será designado responsável técnico devidamente habilitado.

Art. 23. Os responsáveis por plano de gerenciamento de resíduos sólidos manterão atualizadas e disponíveis ao órgão municipal competente, ao órgão licenciador do Sisnama e a outras autoridades, informações completas sobre a implementação e a operacionalização do plano sob sua responsabilidade.

§ 1º. Para a consecução do disposto no *caput*, sem prejuízo de outras exigências cabíveis por parte das autoridades, será implementado sistema declaratório com periodicidade, no mínimo, anual, na forma do regulamento.

§ 2º. As informações referidas no *caput* serão repassadas pelos órgãos públicos ao Sinir, na forma do regulamento.

Art. 24. O plano de gerenciamento de resíduos sólidos é parte integrante do processo de licenciamento ambiental do empreendimento ou atividade pelo órgão competente do Sisnama.

§ 1º. Nos empreendimentos e atividades não sujeitos a licenciamento ambiental, a aprovação do plano de gerenciamento de resíduos sólidos cabe à autoridade municipal competente.

§ 2º. No processo de licenciamento ambiental referido no § 1º a cargo de órgão federal ou estadual do Sisnama, será assegurada oitiva do órgão municipal competente, em especial quanto à disposição final ambientalmente adequada de rejeitos.

CAPÍTULO III
DAS RESPONSABILIDADES DOS GERADORES E DO PODER PÚBLICO

SEÇÃO I
DISPOSIÇÕES GERAIS

Art. 25. O poder público, o setor empresarial e a coletividade são responsáveis pela efetividade das ações voltadas para assegurar a observância da Política Nacional de Resíduos Sólidos e das diretrizes e demais determinações estabelecidas nesta Lei e em seu regulamento.

Art. 26. O titular dos serviços públicos de limpeza urbana e de manejo de resíduos sólidos é responsável pela organização e prestação direta ou indireta desses serviços, observados o respectivo plano municipal de gestão integrada de resíduos sólidos, a Lei nº 11.445, de 2007, e as disposições desta Lei e seu regulamento.

Art. 27. As pessoas físicas ou jurídicas referidas no art. 20 são responsáveis pela implementação e operacionalização integral do plano de gerenciamento de resíduos sólidos aprovado pelo órgão competente na forma do art. 24.

§ 1º. A contratação de serviços de coleta, armazenamento, transporte, transbordo, tratamento ou destinação final de resíduos sólidos, ou de disposição final de rejeitos, não isenta as pessoas físicas ou jurídicas referidas no art. 20 da responsabilidade por danos que vierem a ser provocados pelo gerenciamento inadequado dos respectivos resíduos ou rejeitos.

§ 2º. Nos casos abrangidos pelo art. 20, as etapas sob responsabilidade do gerador que forem realizadas pelo poder público serão devidamente remuneradas pelas pessoas físicas ou jurídicas responsáveis, observado o disposto no § 5º do art. 19.

Art. 28. O gerador de resíduos sólidos domiciliares tem cessada sua responsabilidade pelos resíduos com a disponibilização adequada para a coleta ou, nos casos abrangidos pelo art. 33, com a devolução.

Art. 29. Cabe ao poder público atuar, subsidiariamente, com vistas a minimizar ou cessar o dano, logo que tome conhecimento de evento lesivo ao meio ambiente ou à saúde pública relacionado ao gerenciamento de resíduos sólidos.

Parágrafo único. Os responsáveis pelo dano ressarcirão integralmente o poder público pelos gastos decorrentes das ações empreendidas na forma do *caput*.

SEÇÃO II
DA RESPONSABILIDADE COMPARTILHADA

Art. 30. É instituída a responsabilidade compartilhada pelo ciclo de vida dos produtos, a ser implementada de forma individualizada e encadeada, abrangendo os fabricantes, importadores, distribuidores e comerciantes, os consumidores e os titulares dos serviços públicos de limpeza urbana e de manejo de resíduos sólidos, consoante as atribuições e procedimentos previstos nesta Seção.

Parágrafo único. A responsabilidade compartilhada pelo ciclo de vida dos produtos tem por objetivo:

I – compatibilizar interesses entre os agentes econômicos e sociais e os processos de gestão empresarial e mercadológica com os de gestão ambiental, desenvolvendo estratégias sustentáveis;

II – promover o aproveitamento de resíduos sólidos, direcionando- os para a sua cadeia produtiva ou para outras cadeias produtivas;

III – reduzir a geração de resíduos sólidos, o desperdício de materiais, a poluição e os danos ambientais;

IV – incentivar a utilização de insumos de menor agressividade ao meio ambiente e de maior sustentabilidade;

V – estimular o desenvolvimento de mercado, a produção e o consumo de produtos derivados de materiais reciclados e recicláveis;

VI – propiciar que as atividades produtivas alcancem eficiência e sustentabilidade;

VII – incentivar as boas práticas de responsabilidade socioambiental.

Art. 31. Sem prejuízo das obrigações estabelecidas no plano de gerenciamento de resíduos sólidos e com vistas a fortalecer a responsabilidade compartilhada e seus objetivos, os fabricantes, importadores, distribuidores e comerciantes têm responsabilidade que abrange:

I – investimento no desenvolvimento, na fabricação e na colocação no mercado de produtos:

a) que sejam aptos, após o uso pelo consumidor, à reutilização, à reciclagem ou a outra forma de destinação ambientalmente adequada;

b) cuja fabricação e uso gerem a menor quantidade de resíduos sólidos possível;

II – divulgação de informações relativas às formas de evitar, reciclar e eliminar os resíduos sólidos associados a seus respectivos produtos;

III – recolhimento dos produtos e dos resíduos remanescentes após o uso, assim como sua subsequente destinação final ambientalmente adequada, no caso de produtos objeto de sistema de logística reversa na forma do art. 33;

IV – compromisso de, quando firmados acordos ou termos de compromisso com o Município, participar das ações previstas no plano municipal de gestão integrada de resíduos sólidos, no caso de produtos ainda não inclusos no sistema de logística reversa.

Art. 32. As embalagens devem ser fabricadas com materiais que propiciem a reutilização ou a reciclagem.

§ 1º. Cabe aos respectivos responsáveis assegurar que as embalagens sejam:

I – restritas em volume e peso às dimensões requeridas à proteção do conteúdo e à comercialização do produto;

II – projetadas de forma a serem reutilizadas de maneira tecnicamente viável e compatível com as exigências aplicáveis ao produto que contêm;

III – recicladas, se a reutilização não for possível.

§ 2º. O regulamento disporá sobre os casos em que, por razões de ordem técnica ou econômica, não seja viável a aplicação do disposto no *caput*.

§ 3º. É responsável pelo atendimento do disposto neste artigo todo aquele que:

I – manufatura embalagens ou fornece materiais para a fabricação de embalagens;

II – coloca em circulação embalagens, materiais para a fabricação de embalagens ou produtos embalados, em qualquer fase da cadeia de comércio.

Art. 33. São obrigados a estruturar e implementar sistemas de logística reversa, mediante retorno dos produtos após o uso pelo consumidor, de forma independente do serviço público de limpeza urbana e de manejo dos resíduos sólidos, os fabricantes, importadores, distribuidores e comerciantes de:

I – agrotóxicos, seus resíduos e embalagens, assim como outros produtos cuja embalagem, após o uso, constitua resíduo perigoso, observadas as regras de gerenciamento de resíduos perigosos previstas em lei ou regulamento, em normas estabelecidas pelos órgãos do Sisnama, do SNVS e do Suasa, ou em normas técnicas;

II – pilhas e baterias;

III – pneus;

IV – óleos lubrificantes, seus resíduos e embalagens;

V – lâmpadas fluorescentes, de vapor de sódio e mercúrio e de luz mista;

VI – produtos eletroeletrônicos e seus componentes.

§ 1º. Na forma do disposto em regulamento ou em acordos setoriais e termos de compromisso firmados entre o poder público e o setor empresarial, os sistemas previstos no *caput* serão estendidos a produtos comercializados em embalagens plásticas, metálicas ou de vidro, e aos demais produtos e embalagens, considerando, prioritariamente, o grau e a extensão do impacto à saúde pública e ao meio ambiente dos resíduos gerados.

§ 2º. A definição dos produtos e embalagens a que se refere o § 1º considerará a viabilidade técnica e econômica da logística reversa, bem como o grau e a extensão do impacto à saúde pública e ao meio ambiente dos resíduos gerados.

§ 3º. Sem prejuízo de exigências específicas fixadas em lei ou regulamento, em normas estabelecidas pelos órgãos do Sisnama e do SNVS, ou em acordos setoriais e termos de compromisso firmados entre o poder público e o setor empresarial, cabe aos fabricantes, importadores, distribuidores e comerciantes dos produtos a que se referem os incisos II, III, V e VI ou dos produtos e embalagens a que se referem os incisos I e IV do *caput* e o § 1º tomar todas as medidas necessárias para assegurar a implementação e operacionalização do sistema de logística reversa sob seu encargo, consoante o estabelecido neste artigo, podendo, entre outras medidas:

I – implantar procedimentos de compra de produtos ou embalagens usados;

II – disponibilizar postos de entrega de resíduos reutilizáveis e recicláveis;

III – atuar em parceria com cooperativas ou outras formas de associação de catadores de materiais reutilizáveis e recicláveis, nos casos de que trata o § 1º.

§ 4º. Os consumidores deverão efetuar a devolução após o uso, aos comerciantes ou distribuidores, dos produtos e das embalagens a que se referem os incisos I a VI do *caput*, e de outros produtos ou embalagens objeto de logística reversa, na forma do § 1º.

§ 5º. Os comerciantes e distribuidores deverão efetuar a devolução aos fabricantes ou aos importadores dos produtos e embalagens reunidos ou devolvidos na forma dos §§ 3º e 4º.

§ 6º. Os fabricantes e os importadores darão destinação ambientalmente adequada aos produtos e às embalagens reunidos ou devolvidos, sendo o rejeito encaminhado para a disposição final ambientalmente adequada, na forma estabelecida pelo órgão competente do Sisnama e, se houver, pelo plano municipal de gestão integrada de resíduos sólidos.

§ 7º. Se o titular do serviço público de limpeza urbana e de manejo de resíduos sólidos, por acordo setorial ou termo de compromisso firmado com o setor empresarial, encarregar-se de atividades de responsabilidade dos fabricantes, importadores, distribuidores e comerciantes nos sistemas de logística reversa dos produtos e embalagens a que se refere este artigo, as ações do poder público serão devidamente remuneradas, na forma previamente acordada entre as partes.

§ 8º. Com exceção dos consumidores, todos os participantes dos sistemas de logística reversa manterão atualizadas e disponíveis ao órgão municipal competente e a outras autoridades informações completas sobre a realização das ações sob sua responsabilidade.

Art. 34. Os acordos setoriais ou termos de compromisso referidos no inciso IV do *caput* do art. 31 e no § 1º do art. 33 podem ter abrangência nacional, regional, estadual ou municipal.

§ 1º. Os acordos setoriais e termos de compromisso firmados em âmbito nacional têm prevalência sobre os firmados em âmbito regional ou estadual, e estes sobre os firmados em âmbito municipal.

§ 2º. Na aplicação de regras concorrentes consoante o § 1º, os acordos firmados com menor abrangência geográfica podem ampliar, mas não abrandar, as medidas de proteção ambiental constantes nos acordos setoriais e termos de compromisso firmados com maior abrangência geográfica.

Art. 35. Sempre que estabelecido sistema de coleta seletiva pelo plano municipal de gestão integrada de resíduos sólidos e na aplicação do art. 33, os consumidores são obrigados a:

I – acondicionar adequadamente e de forma diferenciada os resíduos sólidos gerados;

II – disponibilizar adequadamente os resíduos sólidos reutilizáveis e recicláveis para coleta ou devolução.

Parágrafo único. O poder público municipal pode instituir incentivos econômicos aos consumidores que participam do sistema de coleta seletiva referido no *caput*, na forma de lei municipal.

Art. 36. No âmbito da responsabilidade compartilhada pelo ciclo de vida dos produtos, cabe ao titular dos serviços públicos de limpeza urbana e de manejo de resíduos sólidos, observado, se houver, o plano municipal de gestão integrada de resíduos sólidos:

I – adotar procedimentos para reaproveitar os resíduos sólidos reutilizáveis e recicláveis oriundos dos serviços públicos de limpeza urbana e de manejo de resíduos sólidos;

II – estabelecer sistema de coleta seletiva;

III – articular com os agentes econômicos e sociais medidas para viabilizar o retorno ao ciclo produtivo dos resíduos sólidos reutilizáveis e recicláveis oriundos dos serviços de limpeza urbana e de manejo de resíduos sólidos;

IV – realizar as atividades definidas por acordo setorial ou termo de compromisso na forma do § 7º do art. 33, mediante a devida remuneração pelo setor empresarial;

V – implantar sistema de compostagem para resíduos sólidos orgânicos e articular com os agentes econômicos e sociais formas de utilização do composto produzido;

VI – dar disposição final ambientalmente adequada aos resíduos e rejeitos oriundos dos serviços públicos de limpeza urbana e de manejo de resíduos sólidos.

§ 1º. Para o cumprimento do disposto nos incisos I a IV do *caput*, o titular dos serviços públicos de limpeza urbana e de manejo de resíduos sólidos priorizará a organização e o funcionamento de cooperativas ou de outras formas de associação de catadores de materiais reutilizáveis e recicláveis formadas por pessoas físicas de baixa renda, bem como sua contratação.

§ 2º. A contratação prevista no § 1º é dispensável de licitação, nos termos do inciso XXVII do art. 24 da Lei nº 8.666, de 21 de junho de 1993.

‣ Lei 14.133/2021 (Nova Lei de Licitações)

CAPÍTULO IV
DOS RESÍDUOS PERIGOSOS

Art. 37. A instalação e o funcionamento de empreendimento ou atividade que gere ou opere com resíduos perigosos somente podem ser autorizados ou licenciados pelas autoridades competentes se o responsável comprovar, no mínimo, capacidade técnica e econômica, além de condições para prover os cuidados necessários ao gerenciamento desses resíduos.

Art. 38. As pessoas jurídicas que operam com resíduos perigosos, em qualquer fase do seu gerenciamento, são obrigadas a se cadastrar no Cadastro Nacional de Operadores de Resíduos Perigosos.

§ 1º. O cadastro previsto no *caput* será coordenado pelo órgão federal competente do Sisnama e implantado de forma conjunta pelas autoridades federais, estaduais e municipais.

§ 2º. Para o cadastramento, as pessoas jurídicas referidas no *caput* necessitam contar com responsável técnico pelo gerenciamento dos resíduos perigosos, de seu próprio quadro de funcionários ou contratado, devidamente habilitado, cujos dados serão mantidos atualizados no cadastro.

§ 3º. O cadastro a que se refere o *caput* é parte integrante do Cadastro Técnico Federal de Atividades Potencialmente Poluidoras ou Utilizadoras de Recursos Ambientais e do Sistema de Informações previsto no art. 12.

Art. 39. As pessoas jurídicas referidas no art. 38 são obrigadas a elaborar plano de gerenciamento de resíduos perigosos e submetê-lo ao órgão competente do Sisnama e, se couber, do SNVS, observado o conteúdo mínimo estabelecido no art. 21 e demais exigências previstas em regulamento ou em normas técnicas.

§ 1º. O plano de gerenciamento de resíduos perigosos a que se refere o *caput* poderá estar inserido no plano de gerenciamento de resíduos a que se refere o art. 20.

§ 2º. Cabe às pessoas jurídicas referidas no art. 38:

I – manter registro atualizado e facilmente acessível de todos os procedimentos relacionados à implementação e à operacionalização do plano previsto no *caput*;
II – informar anualmente ao órgão competente do Sisnama e, se couber, do SNVS, sobre a quantidade, a natureza e a destinação temporária ou final dos resíduos sob sua responsabilidade;
III – adotar medidas destinadas a reduzir o volume e a periculosidade dos resíduos sob sua responsabilidade, bem como a aperfeiçoar seu gerenciamento;
IV – informar imediatamente aos órgãos competentes sobre a ocorrência de acidentes ou outros sinistros relacionados aos resíduos perigosos.

§ 3º. Sempre que solicitado pelos órgãos competentes do Sisnama e do SNVS, será assegurado acesso para inspeção das instalações e dos procedimentos relacionados à implementação e à operacionalização do plano de gerenciamento de resíduos perigosos.

§ 4º. No caso de controle a cargo de órgão federal ou estadual do Sisnama e do SNVS, as informações sobre o conteúdo, a implementação e a operacionalização do plano previsto no *caput* serão repassadas ao poder público municipal, na forma do regulamento.

Art. 40. No licenciamento ambiental de empreendimentos ou atividades que operem com resíduos perigosos, o órgão licenciador do Sisnama pode exigir a contratação de seguro de responsabilidade civil por danos causados ao meio ambiente ou à saúde pública, observadas as regras sobre cobertura e os limites máximos de contratação fixados em regulamento.

Parágrafo único. O disposto no *caput* considerará o porte da empresa, conforme regulamento.

Art. 41. Sem prejuízo das iniciativas de outras esferas governamentais, o Governo Federal deve estruturar e manter instrumentos e atividades voltados para promover a descontaminação de áreas órfãs.

Parágrafo único. Se, após descontaminação de sítio órfão realizada com recursos do Governo Federal ou de outro ente da Federação, forem identificados os responsáveis pela contaminação, estes ressarcirão integralmente o valor empregado ao poder público.

CAPÍTULO V
DOS INSTRUMENTOS ECONÔMICOS

Art. 42. O poder público poderá instituir medidas indutoras e linhas de financiamento para atender, prioritariamente, às iniciativas de:

I – prevenção e redução da geração de resíduos sólidos no processo produtivo;
II – desenvolvimento de produtos com menores impactos à saúde humana e à qualidade ambiental em seu ciclo de vida;
III – implantação de infraestrutura física e aquisição de equipamentos para cooperativas ou outras formas de associação de catadores de materiais reutilizáveis e recicláveis formadas por pessoas físicas de baixa renda;
IV – desenvolvimento de projetos de gestão dos resíduos sólidos de caráter intermunicipal ou, nos termos do inciso I do *caput* do art. 11, regional;
V – estruturação de sistemas de coleta seletiva e de logística reversa;
VI – descontaminação de áreas contaminadas, incluindo as áreas órfãs;
VII – desenvolvimento de pesquisas voltadas para tecnologias limpas aplicáveis aos resíduos sólidos;
VIII – desenvolvimento de sistemas de gestão ambiental e empresarial voltados para a melhoria dos processos produtivos e ao reaproveitamento dos resíduos.

Art. 43. No fomento ou na concessão de incentivos creditícios destinados a atender diretrizes desta Lei, as instituições oficiais de crédito podem estabelecer critérios diferenciados de acesso dos beneficiários aos créditos do Sistema Financeiro Nacional para investimentos produtivos.

Art. 44. A União, os Estados, o Distrito Federal e os Municípios, no âmbito de suas competências, poderão instituir normas com o objetivo de conceder incentivos fiscais, financeiros ou creditícios, respeitadas as limitações da Lei Complementar nº 101, de 4 de maio de 2000 (Lei de Responsabilidade Fiscal), a:

I – indústrias e entidades dedicadas à reutilização, ao tratamento e à reciclagem de resíduos sólidos produzidos no território nacional;
II – projetos relacionados à responsabilidade pelo ciclo de vida dos produtos, prioritariamente em parceria com cooperativas ou outras formas de associação de catadores de materiais reutilizáveis e recicláveis formadas por pessoas físicas de baixa renda;
III – empresas dedicadas à limpeza urbana e a atividades a ela relacionadas.

Art. 45. Os consórcios públicos constituídos, nos termos da Lei nº 11.107, de 2005, com o objetivo de viabilizar a descentralização e a prestação de serviços públicos que envolvam resíduos sólidos, têm prioridade na obtenção dos incentivos instituídos pelo Governo Federal.

Art. 46. O atendimento ao disposto neste Capítulo será efetivado em consonância com a Lei Complementar nº 101, de 2000 (Lei de Responsabilidade Fiscal), bem como com as diretrizes e objetivos do respectivo plano plurianual, as metas e as prioridades fixadas pelas leis de diretrizes orçamentárias e no limite das disponibilidades propiciadas pelas leis orçamentárias anuais.

CAPÍTULO VI
DAS PROIBIÇÕES

Art. 47. São proibidas as seguintes formas de destinação ou disposição final de resíduos sólidos ou rejeitos:

I – lançamento em praias, no mar ou em quaisquer corpos hídricos;
II – lançamento in natura a céu aberto, excetuados os resíduos de mineração;
III – queima a céu aberto ou em recipientes, instalações e equipamentos não licenciados para essa finalidade;
IV – outras formas vedadas pelo poder público.

§ 1º. Quando decretada emergência sanitária, a queima de resíduos a céu aberto pode ser realizada, desde que autorizada e acompanhada pelos órgãos competentes do Sisnama, do SNVS e, quando couber, do Suasa.

§ 2º. Assegurada a devida impermeabilização, as bacias de decantação de resíduos ou rejeitos industriais ou de mineração, devidamente licenciadas pelo órgão competente do Sisnama, não são consideradas corpos hídricos para efeitos do disposto no inciso I do *caput*.

Art. 48. São proibidas, nas áreas de disposição final de resíduos ou rejeitos, as seguintes atividades:

I – utilização dos rejeitos dispostos como alimentação;
II – catação, observado o disposto no inciso V do art. 17;
III – criação de animais domésticos;
IV – fixação de habitações temporárias ou permanentes;
V – outras atividades vedadas pelo poder público.

Art. 49. É proibida a importação de resíduos sólidos perigosos e rejeitos, bem como de resíduos sólidos cujas características causem dano ao meio ambiente, à saúde pública e animal e à sanidade vegetal, ainda que para tratamento, reforma, reúso, reutilização ou recuperação.

TÍTULO IV
DISPOSIÇÕES TRANSITÓRIAS E FINAIS

Art. 50. A inexistência do regulamento previsto no § 3º do art. 21 não obsta a atuação, nos termos desta Lei, das cooperativas ou outras formas de associação de catadores de materiais reutilizáveis e recicláveis.

Art. 51. Sem prejuízo da obrigação de, independentemente da existência de culpa, reparar os danos causados, a ação ou omissão das pessoas físicas ou jurídicas que importe inobservância aos preceitos desta Lei ou de seu regulamento sujeita os infratores às sanções previstas em lei, em especial às fixadas na Lei nº 9.605, de 12 de fevereiro de 1998, que "dispõe sobre as sanções penais e administrativas derivadas de condutas e atividades lesivas ao meio ambiente, e dá outras providências", e em seu regulamento.

Art. 52. A observância do disposto no *caput* do art. 23 e no § 2º do art. 39 desta Lei é considerada obrigação de relevante interesse ambiental para efeitos do art. 68 da Lei nº 9.605, de 1998, sem prejuízo da aplicação de outras sanções cabíveis nas esferas penal e administrativa.

(...)

Art. 54. A disposição final ambientalmente adequada dos rejeitos deverá ser implantada até 31 de dezembro de 2020, exceto para os Municípios que até essa data tenham elaborado plano intermunicipal de resíduos sólidos ou plano municipal de gestão integrada de resíduos sólidos e que disponham de mecanismos de cobrança que garantam sua sustentabilidade econômico-financeira, nos termos do art. 29 da Lei nº 11.445, de 5 de janeiro de 2007, para os quais ficam definidos os seguintes prazos: (Redação dada pela Lei 14.026/2020)

I - até 2 de agosto de 2021, para capitais de Estados e Municípios integrantes de Região Metropolitana (RM) ou de Região Integrada de Desenvolvimento (Ride) de capitais; (Acrescido pela Lei 14.026/2020)

II - até 2 de agosto de 2022, para Municípios com população superior a 100.000 (cem mil) habitantes no Censo 2010, bem como para Municípios cuja mancha urbana da sede municipal esteja situada a menos de 20 (vinte) quilômetros da fronteira com países limítrofes; (Acrescido pela Lei 14.026/2020)

III - até 2 de agosto de 2023, para Municípios com população entre 50.000 (cinquenta mil) e 100.000 (cem mil) habitantes no Censo 2010; e (Acrescido pela Lei 14.026/2020)

IV - até 2 de agosto de 2024, para Municípios com população inferior a 50.000 (cinquenta mil) habitantes no Censo 2010. (Acrescido pela Lei 14.026/2020)

§ 1º (VETADO na Lei 14.026/2020)

§ 2º Nos casos em que a disposição de rejeitos em aterros sanitários for economicamente inviável, poderão ser adotadas outras soluções, observadas normas técnicas e operacionais estabelecidas pelo órgão competente, de modo a evitar danos ou riscos à saúde pública e à segurança e a minimizar os impactos ambientais. (Acrescido pela Lei 14.026/2020)

Art. 55. O disposto nos arts. 16 e 18 entra em vigor 2 (dois) anos após a data de publicação desta Lei.

Art. 56. A logística reversa relativa aos produtos de que tratam os incisos V e VI do *caput* do art. 33 será implementada progressivamente segundo cronograma estabelecido em regulamento.

Art. 57. Esta Lei entra em vigor na data de sua publicação.

Brasília, 2 de agosto de 2010; 189º da Independência e 122º da República.

LUIZ INÁCIO LULA DA SILVA

Rafael Thomaz Favetti

RESOLUÇÃO N° 428, DE 17 DE DEZEMBRO DE 2010

Dispõe, no âmbito do licenciamento ambiental sobre a autorização do órgão responsável pela administração da Unidade de Conservação (UC), de que trata o § 3º do artigo 36 da Lei nº 9.985 de 18 de julho de 2000, bem como sobre a ciência do órgão responsável pela administração da UC no caso de licenciamento ambiental de empreendimentos não sujeitos a EIA-RIMA e dá outras providências.

▸ *Licenciamento Ambiental*

O CONSELHO NACIONAL DO MEIO AMBIENTE-CONAMA, no uso das atribuições e competências que lhe são conferidas pelo art. 8º da Lei nº 6.938, de 31 de agosto de 1981, regulamentado pelo Decreto nº 99.274, de 06 de julho de 1990 e tendo em vista o disposto em seu Regimento Interno, Anexo à Portaria MMA nº 168, de 13 de junho de 2005, e:

Considerando a necessidade de regulamentar os procedimentos de licenciamento ambiental de empreendimentos de significativo impacto ambiental que afetem as Unidades de Conservação específicas ou suas zonas de amortecimento, resolve:

Art. 1º O licenciamento de empreendimentos de significativo impacto ambiental que possam afetar Unidade de Conservação (UC) específica ou sua Zona de Amortecimento (ZA), assim considerados pelo órgão ambiental licenciador, com fundamento em Estudo de Impacto Ambiental e respectivo Relatório de Impacto Ambiental (EIA/RIMA), só poderá ser concedido após autorização do órgão responsável pela administração da UC ou, no caso das Reservas Particulares de Patrimônio Natural (RPPN), pelo órgão responsável pela sua criação.

§1º Para efeitos desta Resolução, entende-se por órgão responsável pela administração da UC, os órgãos executores do Sistema Nacional de Unidade de Conservação (SNUC), conforme definido no inciso III, art. 6º da Lei nº 9.985 de 18 de julho de 2000. §2º Durante o prazo de 5 anos, contados a partir da publicação da Resolução nº 473, de 11 de dezembro de 2015, o licenciamento de empreendimento de significativo impacto ambiental, localizados numa faixa de 3 mil metros a partir do limite da UC, cuja ZA não esteja estabelecida, sujeitar-se-á ao procedimento previsto no *caput*, com exceção de RPPNs, Áreas de Proteção Ambiental (APAs) e Áreas Urbanas Consolidadas. (Redação dada pela Resolução nº 473/2015).

Art. 2° A autorização de que trata esta Resolução deverá ser solicitada pelo órgão ambiental licenciador, antes da emissão da primeira licença prevista, ao órgão responsável pela administração da UC que se manifestará conclusivamente após avaliação dos estudos ambientais exigidos dentro do procedimento de licenciamento ambiental, no prazo de até 60 dias, a partir do recebimento da solicitação.

§1º A autorização deverá ser solicitada pelo órgão ambiental licenciador, no prazo máximo de 15 dias, contados a partir do aceite do EIA/RIMA.

§2º O órgão ambiental licenciador deverá, antes de emitir os termos de referência do EIA/RIMA, consultar formalmente o órgão responsável pela administração da UC quanto à necessidade e ao conteúdo exigido de estudos específicos relativos a impactos do empreendimento na UC e na respectiva ZA, o qual se manifestará no prazo máximo de 15 dias úteis, contados do recebimento da consulta.

§3º Os estudos específicos a serem solicitados deverão ser restritos à avaliação dos impactos do empreendimento na UC ou sua ZA e aos objetivos de sua criação.

§ 4º O órgão responsável pela administração da UC facilitará o acesso às informações pelo interessado.

§ 5º Na existência de Plano de Manejo da UC, devidamente publicado, este deverá ser observado para orientar a avaliação dos impactos na UC específica ou sua ZA.

§ 6º Na hipótese de inobservância do prazo previsto no *caput*, o órgão responsável pela administração da UC deverá encaminhar, ao órgão licenciador e ao órgão central do SNUC, a justificativa para o descumprimento.

Art. 3º O órgão responsável pela administração da UC decidirá, de forma motivada:

I – pela emissão da autorização;

II – pela exigência de estudos complementares, desde que previstos no termo de referência;

III – pela incompatibilidade da alternativa apresentada para o empreendimento com a UC;

IV – pelo indeferimento da solicitação.

§ 1º A autorização integra o processo de licenciamento ambiental e especificará, caso necessário, as condições técnicas que deverão ser consideradas nas licenças.

§ 2º Os estudos complementares deverão ter todo seu escopo definido uma única vez, sendo vedada, após essa oportunidade, a solicitação de novas demandas, salvo quando decorrerem das complementações solicitadas.

§ 3º A não apresentação dos estudos complementares específicos, no prazo acordado com o empreendedor para resposta, desde que não justificada, ensejará o arquivamento da solicitação de autorização.

§ 4º A contagem do prazo para manifestação do órgão responsável pela administração da UC será interrompida durante a elaboração dos estudos complementares específicos ou preparação de esclarecimentos, sendo retomada, acrescido de mais 30 dias, em relação ao prazo original, se necessário.

§ 5º Em caso de indeferimento da autorização, o empreendedor será comunicado pelo órgão ambiental licenciador e poderá requerer a revisão da decisão.

§ 6º Na hipótese do inciso III poderão ser apresentadas, pelo empreendedor, alternativas ao projeto em análise que busquem compatibilizar o empreendimento com a UC e sua ZA.

Art. 4º Caso o empreendimento de significativo impacto ambiental afete duas ou mais UCs de domínios distintos, caberá ao órgão licenciador consolidar as manifestações dos órgãos responsáveis pela administração das respectivas UCs.

Art. 5º Nos processos de licenciamento ambiental de empreendimentos não sujeitos a EIA/RIMA o órgão ambiental licenciador deverá dar ciência ao órgão responsável pela administração da UC, quando o empreendimento:

I – puder causar impacto direto em UC;

II – estiver localizado na sua ZA;

III – estiver localizado no limite de até 2 mil metros da UC, cuja ZA não tenha sido estabelecida no prazo de até 5 anos a partir da data da publicação desta Resolução.

III – estiver localizado no limite de até 2 mil metros da UC, cuja ZA não tenha sido estabelecida no prazo de até 5 anos a partir da data da publicação da Resolução nº 473, de 11 de dezembro de 2015. (Redação dada pela Resolução nº 473/2015).

§ 1º Os órgãos licenciadores deverão disponibilizar na rede mundial de computadores as informações sobre os processos de licenciamento em curso.

§ 2º Nos casos das Áreas Urbanas Consolidadas, das APAs e RPPNs, não se aplicará o disposto no inciso III.

§ 3º Nos casos de RPPN, o órgão licenciador deverá dar ciência ao órgão responsável pela sua criação e ao proprietário.

Art. 6º Os órgãos ambientais licenciadores estaduais e municipais poderão adotar normas complementares, observadas as regras gerais desta Resolução.

Art. 7º Esta Resolução se aplica às UCs criadas até a data de requerimento da licença ambiental.

Art. 8º Ficam revogadas as Resoluções Conama nº 10, de 14 de dezembro de 1988, Conama nº 11, de 3 de dezembro de 1987, Conama nº 12, de 14 de dezembro de 1988, Conama nº 13, de 6 de dezembro de 1990; bem como o inciso II, do art. 2º e §1º do art. 4º da Resolução Conama nº 347, de 10 de setembro de 2004, e o parágrafo único do art. 3º da Resolução Conama nº 378, de 19 de outubro de 2006.

Art. 9º Esta Resolução entra em vigor na data de sua publicação.

IZABELLA TEIXEIRA
Presidente do Conselho
DOU 20/12/2010

LEI Nº 12.414, DE 9 DE JUNHO DE 2011

Disciplina a formação e consulta a bancos de dados com informações de adimplemento, de pessoas naturais ou de pessoas jurídicas, para formação de histórico de crédito.

- *Cadastro positivo*

A PRESIDENTA DA REPÚBLICA Faço saber que o Congresso Nacional decreta e eu sanciono a seguinte Lei:

Art. 1º. Esta Lei disciplina a formação e consulta a bancos de dados com informações de adimplemento, de pessoas naturais ou de pessoas jurídicas, para formação de histórico de crédito, sem prejuízo do disposto na Lei nº 8.078, de 11 de setembro de 1990 – Código de Proteção e Defesa do Consumidor.

- Lei 8.078/1990: arts. 43, 44 e 72.
- Decreto 7.829/2012 – Regulamenta a Lei 12.414/2011, que disciplina a formação e consulta a bancos de dados com informações de adimplemento, de pessoas naturais ou de pessoas jurídicas, para formação de histórico de crédito.

Parágrafo único. Os bancos de dados instituídos ou mantidos por pessoas jurídicas de direito público interno serão regidos por legislação específica.

Art. 2º. Para os efeitos desta Lei, considera-se:

I – banco de dados: conjunto de dados relativo a pessoa natural ou jurídica armazenados com a finalidade de subsidiar a concessão de crédito, a realização de venda a prazo ou de outras transações comerciais e empresariais que impliquem risco financeiro;

II - gestor: pessoa jurídica que atenda aos requisitos mínimos de funcionamento previstos nesta Lei e em regulamentação complementar, responsável pela administração de banco de dados, bem como pela coleta, pelo armazenamento, pela análise e pelo acesso de terceiros aos dados armazenados; (Redação dada pela LC nº 166/2019)

III - cadastrado: pessoa natural ou jurídica cujas informações tenham sido incluídas em banco de dados; (Redação dada pela LC nº 166/2019)

IV - fonte: pessoa natural ou jurídica que conceda crédito, administre operações de autofinanciamento ou realize venda a prazo ou outras transações comerciais e empresariais que lhe impliquem risco financeiro, inclusive as instituições autorizadas a funcionar pelo Banco Central do Brasil e os prestadores de serviços continuados de água, esgoto, eletricidade, gás, telecomunicações e assemelhados; (Redação dada pela LC nº 166/2019)

V – consulente: pessoa natural ou jurídica que acesse informações em bancos de dados para qualquer finalidade permitida por esta Lei;

VI – anotação: ação ou efeito de anotar, assinalar, averbar, incluir, inscrever ou registrar informação relativa ao histórico de crédito em banco de dados; e

VII - histórico de crédito: conjunto de dados financeiros e de pagamentos, relativos às operações de crédito e obrigações de pagamento adimplidas ou em andamento por pessoa natural ou jurídica. (Redação dada pela LC nº 166/2019)

Art. 3º. Os bancos de dados poderão conter informações de adimplemento do cadastrado, para a formação do histórico de crédito, nas condições estabelecidas nesta Lei.

§ 1º. Para a formação do banco de dados, somente poderão ser armazenadas informações objetivas, claras, verdadeiras e de fácil compreensão, que sejam necessárias para avaliar a situação econômica do cadastrado.

§ 2º. Para os fins do disposto no § 1º, consideram-se informações:

I – objetivas: aquelas descritivas dos fatos e que não envolvam juízo de valor;

II – claras: aquelas que possibilitem o imediato entendimento do cadastrado independentemente de remissão a anexos, fórmulas, siglas, símbolos, termos técnicos ou nomenclatura específica;

III – verdadeiras: aquelas exatas, completas e sujeitas à comprovação nos termos desta Lei; e

IV – de fácil compreensão: aquelas em sentido comum que assegurem ao cadastrado o pleno conhecimento do conteúdo, do sentido e do alcance dos dados sobre ele anotados.

§ 3º. Ficam proibidas as anotações de:

I – informações excessivas, assim consideradas aquelas que não estiverem vinculadas à análise de risco de crédito ao consumidor; e

II – informações sensíveis, assim consideradas aquelas pertinentes à origem social e étnica, à saúde, à informação genética, à orientação sexual e às convicções políticas, religiosas e filosóficas.

Art. 4º O gestor está autorizado, nas condições estabelecidas nesta Lei, a: (Redação dada pela LC nº 166/2019)

I - abrir cadastro em banco de dados com informações de adimplemento de pessoas naturais e jurídicas; (Incluído pela LC nº 166/2019)

II - fazer anotações no cadastro de que trata o inciso I do *caput* deste artigo; (Incluído pela LC nº 166/2019)

III - compartilhar as informações cadastrais e de adimplemento armazenadas com outros bancos de dados; e (Incluído pela LC nº 166/2019)

IV - disponibilizar a consulentes: (Incluído pela LC nº 166/2019)

a) a nota ou pontuação de crédito elaborada com base nas informações de adimplemento armazenadas; e (Incluído pela LC nº 166/2019)

b) o histórico de crédito, mediante prévia autorização específica do cadastrado. (Incluído pela LC nº 166/2019)

§ 1º. (Revogado pela LC nº 166/2019)

§ 2º. (Revogado pela LC nº 166/2019)

§ 3º. (VETADO).

§ 4º. A comunicação ao cadastrado deve: (Incluído pela LC nº 166/2019)

I - ocorrer em até 30 (trinta) dias após a abertura do cadastro no banco de dados, sem custo para o cadastrado; (Incluído pela LC nº 166/2019)

II - ser realizada pelo gestor, diretamente ou por intermédio de fontes; e (Incluído pela LC nº 166/2019)

III - informar de maneira clara e objetiva os canais disponíveis para o cancelamento do cadastro no banco de dados. (Incluído pela LC nº 166/2019)

§ 5º Fica dispensada a comunicação de que trata o § 4º deste artigo caso o cadastrado já tenha cadastro aberto em outro banco de dados. (Incluído pela LC nº 166/2019)

§ 6º Para o envio da comunicação de que trata o § 4º deste artigo, devem ser utilizados os dados pessoais, como endereço residencial, comercial, eletrônico, fornecidos pelo cadastrado à fonte.(Incluído pela LC nº 166/2019)

§ 7º As informações do cadastrado somente poderão ser disponibilizadas a consulentes 60 (sessenta) dias após a abertura do cadastro, observado o disposto no § 8º deste artigo e no art. 15 desta Lei. (Incluído pela LC nº 166/2019)

§ 8º É obrigação do gestor manter procedimentos adequados para comprovar a autenticidade e a validade da autorização de que trata a alínea b do inciso IV do *caput* deste artigo. (Incluído pela LC nº 166/2019)

Art. 5º. São direitos do cadastrado:

I - obter o cancelamento ou a reabertura do cadastro, quando solicitado; (Redação dada pela LC nº 166/2019)

II - acessar gratuitamente, independentemente de justificativa, as informações sobre ele existentes no banco de dados, inclusive seu histórico e sua nota ou pontuação de crédito, cabendo ao gestor manter sistemas seguros, por telefone ou por meio eletrônico, de consulta às informações pelo cadastrado; (Redação dada pela LC nº 166/2019)

III - solicitar a impugnação de qualquer informação sobre ele erroneamente anotada em banco de dados e ter, em até 10 (dez) dias, sua correção ou seu cancelamento em todos os bancos de dados que compartilharam a informação; (Redação dada pela LC nº 166/2019)

IV – conhecer os principais elementos e critérios considerados para a análise de risco, resguardado o segredo empresarial;

V - ser informado previamente sobre a identidade do gestor e sobre o armazenamento e o objetivo do tratamento dos dados pessoais; (Redação dada pela LC nº 166/2019)

VI – solicitar ao consulente a revisão de decisão realizada exclusivamente por meios automatizados; e

VII – ter os seus dados pessoais utilizados somente de acordo com a finalidade para a qual eles foram coletados.

§ 1º. (VETADO).

§ 2º. (VETADO).

§ 3º O prazo para disponibilização das informações de que tratam os incisos II e IV do *caput* deste artigo será de 10 (dez) dias. (Incluído pela LC nº 166/2019)

§ 4º O cancelamento e a reabertura de cadastro somente serão processados mediante solicitação gratuita do cadastrado ao gestor. (Incluído pela LC nº 166/2019)

§ 5º O cadastrado poderá realizar a solicitação de que trata o § 4º deste artigo a qualquer gestor de banco de dados, por meio telefônico, físico e eletrônico. (Incluído pela LC nº 166/2019)

§ 6º O gestor que receber a solicitação de que trata o § 4º deste artigo é obrigado a, no prazo de até 2 (dois) dias úteis: (Incluído pela LC nº 166/2019)

I - encerrar ou reabrir o cadastro, conforme solicitado; e (Incluído pela LC nº 166/2019)

II - transmitir a solicitação aos demais gestores, que devem também atender, no mesmo prazo, à solicitação do cadastrado. (Incluído pela LC nº 166/2019)

§ 7º O gestor deve proceder automaticamente ao cancelamento de pessoa natural ou jurídica que tenha manifestado previamente, por meio telefônico, físico ou eletrônico, a vontade de não ter aberto seu cadastro. (Incluído pela LC nº 166/2019)

§ 8º O cancelamento de cadastro implica a impossibilidade de uso das informações do histórico de crédito pelos gestores, para os fins previstos nesta Lei, inclusive para a composição de nota ou pontuação de crédito de terceiros cadastrados, na forma do art. 7º-A desta Lei. (Incluído pela LC nº 166/2019)

Art. 6º. Ficam os gestores de bancos de dados obrigados, quando solicitados, a fornecer ao cadastrado:

I – todas as informações sobre ele constantes de seus arquivos, no momento da solicitação;

II – indicação das fontes relativas às informações de que trata o inciso I, incluindo endereço e telefone para contato;

III – indicação dos gestores de bancos de dados com os quais as informações foram compartilhadas;

IV - indicação de todos os consulentes que tiveram acesso a qualquer informação sobre ele nos 6 (seis) meses anteriores à solicitação; (Redação dada pela LC nº 166/2019)

V - cópia de texto com o sumário dos seus direitos, definidos em lei ou em normas infralegais pertinentes à sua relação com gestores, bem como a lista dos órgãos governamentais aos quais poderá ele recorrer, caso considere que esses direitos foram infringidos; e (Redação dada pela LC nº 166/2019)

VI - confirmação de cancelamento do cadastro. (Incluído pela LC nº 166/2019)

§ 1º. É vedado aos gestores de bancos de dados estabelecerem políticas ou realizarem operações que impeçam, limitem ou dificultem o acesso do cadastrado previsto no inciso II do art. 5º.

§ 2º O prazo para atendimento das informações de que tratam os incisos II, III, IV e V do *caput* deste artigo será de 10 (dez) dias. (Redação dada pela LC nº 166/2019)

Art. 7º. As informações disponibilizadas nos bancos de dados somente poderão ser utilizadas para:

I – realização de análise de risco de crédito do cadastrado; ou

II – subsidiar a concessão ou extensão de crédito e a realização de venda a prazo ou outras transações comerciais e empresariais que impliquem risco financeiro ao consulente.

Parágrafo único. Cabe ao gestor manter sistemas seguros, por telefone ou por meio eletrônico, de consulta para informar aos consulentes as informações de adimplemento do cadastrado.

Art. 7º-A Nos elementos e critérios considerados para composição da nota ou pontuação de crédito de pessoa cadastrada em banco de dados de que trata esta Lei, não podem ser utilizadas informações: (Incluído pela LC nº 166/2019)

I - que não estiverem vinculadas à análise de risco de crédito e aquelas relacionadas à origem social e étnica, à saúde, à informação genética, ao sexo e às convicções políticas, religiosas e filosóficas;

II - de pessoas que não tenham com o cadastrado relação de parentesco de primeiro grau ou de dependência econômica; e

III - relacionadas ao exercício regular de direito pelo cadastrado, previsto no inciso II do *caput* do art. 5º desta Lei.

§ 1º O gestor de banco de dados deve disponibilizar em seu sítio eletrônico, de forma clara, acessível e de fácil compreensão, a sua política de coleta e utilização de dados pessoais para fins de elaboração de análise de risco de crédito.

§ 2º A transparência da política de coleta e utilização de dados pessoais de que trata o § 1º deste artigo deve ser objeto de verificação, na forma de regulamentação a ser expedida pelo Poder Executivo.

Art. 8º. São obrigações das fontes:

I e II – (Revogados pela LC nº 166/2019)

III – verificar e confirmar, ou corrigir, em prazo não superior a 2 (dois) dias úteis, informação impugnada, sempre que solicitado por gestor de banco de dados ou diretamente pelo cadastrado;

IV - atualizar e corrigir informações enviadas aos gestores, em prazo não superior a 10 (dez) dias; (Redação dada pela LC nº 166/2019)

V – manter os registros adequados para verificar informações enviadas aos gestores de bancos de dados; e

VI – fornecer informações sobre o cadastrado, em bases não discriminatórias, a todos os gestores de bancos de dados que as solicitarem, no mesmo formato e contendo as mesmas informações fornecidas a outros bancos de dados.

Parágrafo único. É vedado às fontes estabelecer políticas ou realizar operações que impeçam, limitem ou dificultem a transmissão a banco de dados de informações de cadastrados. (Redação dada pela LC nº 166/2019)

Art. 9º O compartilhamento de informações de adimplemento entre gestores é permitido na forma do inciso III do *caput* do art. 4º desta Lei. (Redação dada pela LC nº 166/2019)

§ 1º O gestor que receber informação por meio de compartilhamento equipara-se, para todos os efeitos desta Lei, ao gestor que anotou originariamente a informação, inclusive quanto à responsabilidade por eventuais prejuízos a que der causa e ao dever de receber e processar impugnações ou cancelamentos e realizar retificações. (Redação dada pela LC nº 166/2019)

§ 2º O gestor originário é responsável por manter atualizadas as informações cadastrais nos demais bancos de dados com os quais compartilhou informações, sem nenhum ônus para o cadastrado. (Redação dada pela LC nº 166/2019)

§ 3º (Revogado pela LC nº 166/2019).

§ 4º. O gestor deverá assegurar, sob pena de responsabilidade, a identificação da pessoa que promover qualquer inscrição ou atualização de dados relacionados com o cadastrado, registrando a data desta ocorrência, bem como a identificação exata da fonte, do nome do agente que a efetuou e do equipamento ou terminal a partir do qual foi processada tal ocorrência.

Art. 10. É proibido ao gestor exigir exclusividade das fontes de informações.

Art. 11. (Revogado pela LC 166/2019, em vigor decorridos 91 (noventa e um dia) de sua publicação original - DOU 09.04.2019)

Art. 12. As instituições autorizadas a funcionar pelo Banco Central do Brasil fornecerão as informações relativas a suas operações de crédito, de arrendamento mercantil e de autofinanciamento realizadas por meio de grupos de consórcio e a outras operações com características de concessão de crédito somente aos gestores registrados no Banco Central do Brasil. (Redação dada pela LC nº 166/2019)

§ 1º (Revogado pela LC nº 166/2019).

§ 2º (Revogado pela LC nº 166/2019).

§ 3º. O Conselho Monetário Nacional adotará as medidas e normas complementares necessárias para a aplicação do disposto neste artigo.

§ 4º O compartilhamento de que trata o inciso III do *caput* do art. 4º desta Lei, quando referente a informações provenientes de instituições autorizadas a funcionar pelo Banco Central do Brasil, deverá ocorrer apenas entre gestores registrados na forma deste artigo. (Incluído pela LC nº 166/2019)

§ 5º As infrações à regulamentação de que trata o § 3º deste artigo sujeitam o gestor ao cancelamento do seu registro no Banco Central do Brasil, assegurado o devido processo legal, na forma da Lei nº 9.784, de 29 de janeiro de 1999. (Incluído pela LC nº 166/2019)

§ 6º O órgão administrativo competente poderá requerer aos gestores, na forma e no prazo que estabelecer, as informações necessárias para o desempenho das atribuições de que trata este artigo. (Incluído pela LC nº 166/2019)

§ 7º Os gestores não se sujeitam à legislação aplicável às instituições financeiras e às demais instituições autorizadas a funcionar pelo Banco Central do Brasil, inclusive quanto às disposições sobre processo administrativo sancionador, regime de administração especial temporária, intervenção e liquidação extrajudicial. (Incluído pela LC nº 166/2019)

§ 8º O disposto neste artigo não afasta a aplicação pelos órgãos integrantes do Sistema Nacional de Defesa do Consumidor (SNDC), na forma do art. 17 desta Lei, das penalidades cabíveis por violação das normas de proteção do consumidor. (Incluído pela LC nº 166/2019)

Art. 13. O Poder Executivo regulamentará o disposto nesta Lei, em especial quanto: (Redação dadapela LC nº 166/2019)

I - ao uso, à guarda, ao escopo e ao compartilhamento das informações recebidas por bancos de dados; (Incluído pela LC nº 166/2019)

II - aos procedimentos aplicáveis aos gestores de banco de dados na hipótese de vazamento de informações dos cadastrados, inclusive com relação à comunicação aos órgãos responsáveis pela sua fiscalização, nos termos do § 1º do art. 17 desta Lei; e (Incluído pela LC nº 166/2019)

III - ao disposto nos arts. 5º e 7º-A desta Lei. (Incluído pela LC nº 166/2019)

Art. 14. As informações de adimplemento não poderão constar de bancos de dados por período superior a 15 (quinze) anos.

Art. 15. As informações sobre o cadastrado constantes dos bancos de dados somente poderão ser acessadas por consulentes que com ele mantiverem ou pretenderem manter relação comercial ou creditícia.

Art. 16. O banco de dados, a fonte e o consulente são responsáveis, objetiva e solidariamente, pelos danos materiais e morais que causarem ao cadastrado, nos termos da Lei nº 8.078, de 11 de setembro de 1990 (Código de Proteção e Defesa do Consumidor). (Redação dada pela LC nº 166/2019)

Art. 17. Nas situações em que o cadastrado for consumidor, caracterizado conforme a Lei nº 8.078, de 11 de setembro de 1990 – Código de Proteção e Defesa do Consumidor, aplicam-se as sanções e penas nela previstas e o disposto no § 2º.

§ 1º. Nos casos previstos no *caput*, a fiscalização e a aplicação das sanções serão exercidas concorrentemente pelos órgãos de proteção e defesa do consumidor da União, dos Estados, do Distrito Federal e dos Municípios, nas respectivas áreas de atuação administrativa.

§ 2º Sem prejuízo do disposto no *caput* e no § 1º deste artigo, os órgãos de proteção e defesa do consumidor poderão aplicar medidas corretivas e estabelecer aos bancos de dados que descumprirem o previsto nesta Lei a obrigação de excluir do cadastro informações incorretas, no prazo de 10 (dez) dias, bem como de cancelar os cadastros de pessoas que solicitaram o cancelamento, conforme disposto no inciso I do *caput* do art. 5º desta Lei. (Redação dada pela LC nº 166/2019)

Art. 17-A. A quebra do sigilo previsto na Lei Complementar nº 105, de 10 de janeiro de 2001, sujeita os responsáveis às penalidades previstas no art. 10 da referida Lei, sem prejuízo do disposto na Lei nº 8.078, de 11 de setembro de 1990 (Código de Proteção e Defesa do Consumidor). (Incluído pela LC nº 166/2019)

Art. 18. Esta Lei entra em vigor na data de sua publicação.

Brasília, 9 de junho de 2011; 190º da Independência e 123º da República.

DILMA ROUSSEFF

Publicado D.O.U. de 10.6.2011

LEI Nº 12.462, DE 4 DE AGOSTO DE 2011

Institui o Regime Diferenciado de Contratações Públicas – RDC; altera a Lei nº 10.683, de 28 de maio de 2003, que dispõe sobre a organização da Presidência da República e dos Ministérios, a legislação da Agência Nacional de Aviação Civil (Anac) e a legislação da Empresa Brasileira de Infraestrutura Aeroportuária (Infraero); cria a Secretaria de Aviação Civil, cargos de Ministro de Estado, cargos em comissão e cargos de Controlador de Tráfego Aéreo; autoriza a contratação de controladores de tráfego aéreo temporários; altera as Leis nºs 11.182, de 27 de setembro de 2005, 5.862, de 12 de dezembro de 1972, 8.399, de 7 de janeiro de 1992, 11.526, de 4 de outubro de 2007, 11.458, de 19 de março de 2007, e 12.350, de 20 de dezembro de 2010, e a Medida Provisória nº 2.185-35, de 24 de agosto de 2001; e revoga dispositivos da Lei nº 9.649, de 27 de maio de 1998.

- *Regime diferenciado de contratações públicas*

- Os arts. 1º a 47-A desta Lei estarão revogados a partir de 2 anos da data da publicação da Lei 14.133/2021 (Nova Lei de Licitações). DOU 1º.4.2021.

A PRESIDENTA DA REPÚBLICA Faço saber que o Congresso Nacional decreta e eu sanciono a seguinte Lei:

- Lei 12.846/2013 – Responsabilização administrativa e civil de pessoas jurídicas.
- Decreto 7.581/2011 – Regulamenta o Regime Diferenciado de Contratações Públicas – RDC, de que trata a Lei 12.462/2011. (Redação dada pelo Decreto 8.251/2014)

CAPÍTULO I. DO REGIME DIFERENCIADO DE CONTRATAÇÕES PÚBLICAS – RDC

SEÇÃO I. ASPECTOS GERAIS

Art. 1º. É instituído o Regime Diferenciado de Contratações Públicas (RDC), aplicável exclusivamente às licitações e contratos necessários à realização:

I – dos Jogos Olímpicos e Paraolímpicos de 2016, constantes da Carteira de Projetos Olímpicos a ser definida pela Autoridade Pública Olímpica (APO); e

II – da Copa das Confederações da Federação Internacional de Futebol Associação – Fifa 2013 e da Copa do Mundo Fifa 2014, definidos pelo Grupo Executivo – Gecopa 2014 do Comitê Gestor instituído para definir, aprovar e supervisionar as ações previstas no Plano Estratégico das Ações do Governo Brasileiro para a realização da Copa do Mundo Fifa 2014 – CGCOPA 2014, restringindo-se, no caso de obras públicas, às constantes da matriz de responsabilidades celebrada entre a União, Estados, Distrito Federal e Municípios;

III – de obras de infraestrutura e de contratação de serviços para os aeroportos das capitais dos Estados da Federação distantes até 350 km (trezentos e cinquenta quilômetros) das cidades sedes dos mundiais referidos nos incisos I e II.

IV – das ações integrantes do Programa de Aceleração do Crescimento (PAC) (Incluído pela Lei nº 12.688, de 2012)

V – das obras e serviços de engenharia no âmbito do Sistema Único de Saúde – SUS. (Incluído pela Lei nº 12.745, de 2012)

VI – das obras e serviços de engenharia para construção, ampliação e reforma e administração de estabelecimentos penais e de unidades de atendimento socioeducativo; (Redação dada pela Lei nº 13.190, de 2015)

VII – das ações no âmbito da segurança pública; (Incluído pela Lei nº 13.190, de 2015)

VIII – das obras e serviços de engenharia, relacionadas a melhorias na mobilidade urbana ou ampliação de infraestrutura logística; e (Incluído pela Lei nº 13.190, de 2015)

IX – dos contratos a que se refere o art. 47-A. (Incluído pela Lei nº 13.190, de 2015)

X – das ações em órgãos e entidades dedicados à ciência, à tecnologia e à inovação. (Incluído pela Lei nº 13.243, de 2016)

§ 1º. O RDC tem por objetivos:

I – ampliar a eficiência nas contratações públicas e a competitividade entre os licitantes;

II – promover a troca de experiências e tecnologias em busca da melhor relação entre custos e benefícios para o setor público;

III – incentivar a inovação tecnológica; e

IV – assegurar tratamento isonômico entre os licitantes e a seleção da proposta mais vantajosa para a administração pública.

§ 2º. A opção pelo RDC deverá constar de forma expressa do instrumento convocatório e resultará no afastamento das normas contidas na Lei nº 8.666, de 21 de junho de 1993, exceto nos casos expressamente previstos nesta Lei.

- Lei 14.133/2021 (Nova Lei de Licitações)

§ 3º. Além das hipóteses previstas no *caput*, o RDC também é aplicável às licitações e aos contratos necessários à realização de obras e serviços de engenharia no âmbito dos sistemas públicos de ensino e de pesquisa, ciência e tecnologia. (Redação dada pela Lei nº 13.190, de 2015)

Art. 2º. Na aplicação do RDC, deverão ser observadas as seguintes definições:

I – empreitada integral: quando se contrata um empreendimento em sua integralidade, compreendendo a totalidade das etapas de obras, serviços e instalações necessárias, sob inteira responsabilidade da contratada até a sua entrega ao contratante em condições de entrada em operação, atendidos os requisitos técnicos e legais para sua utilização em condições de segurança estrutural e operacional e com as características adequadas às finalidades para a qual foi contratada;

II – empreitada por preço global: quando se contrata a execução da obra ou do serviço por preço certo e total;

III – empreitada por preço unitário: quando se contrata a execução da obra ou do serviço por preço certo de unidades determinadas;

IV – projeto básico: conjunto de elementos necessários e suficientes, com nível de precisão adequado, para, observado o disposto no parágrafo único deste artigo:

a) caracterizar a obra ou serviço de engenharia, ou complexo de obras ou serviços objeto da licitação, com base nas indicações dos estudos técnicos preliminares;

b) assegurar a viabilidade técnica e o adequado tratamento do impacto ambiental do empreendimento; e

c) possibilitar a avaliação do custo da obra ou serviço e a definição dos métodos e do prazo de execução;

V – projeto executivo: conjunto dos elementos necessários e suficientes à execução completa da obra, de acordo com as normas técnicas pertinentes; e

VI – tarefa: quando se ajusta mão de obra para pequenos trabalhos por preço certo, com ou sem fornecimento de materiais.

Parágrafo único. O projeto básico referido no inciso IV do *caput* deste artigo deverá conter, no mínimo, sem frustrar o caráter competitivo do procedimento licitatório, os seguintes elementos:

I – desenvolvimento da solução escolhida de forma a fornecer visão global da obra e identificar seus elementos constitutivos com clareza;

II – soluções técnicas globais e localizadas, suficientemente detalhadas, de forma a restringir a necessidade de reformulação ou de variantes durante as fases de elaboração do projeto executivo e de realização das obras e montagem a situações devidamente comprovadas em ato motivado da administração pública;

III – identificação dos tipos de serviços a executar e de materiais e equipamentos a incorporar à obra, bem como especificações que assegurem os melhores resultados para o empreendimento;

IV – informações que possibilitem o estudo e a dedução de métodos construtivos, instalações provisórias e condições organizacionais para a obra;

V – subsídios para montagem do plano de licitação e gestão da obra, compreendendo a sua programação, a estratégia de suprimentos, as normas de fiscalização e outros dados necessários em cada caso, exceto, em relação à respectiva licitação, na hipótese de contratação integrada;

VI – orçamento detalhado do custo global da obra, fundamentado em quantitativos de serviços e fornecimentos propriamente avaliados.

Art. 3º. As licitações e contratações realizadas em conformidade com o RDC deverão observar os princípios da legalidade, da impessoalidade, da moralidade, da igualdade, da publicidade, da eficiência, da probidade administrativa, da economicidade, do desenvolvimento nacional sustentável, da vinculação ao instrumento convocatório e do julgamento objetivo.

Art. 4º. Nas licitações e contratos de que trata esta Lei serão observadas as seguintes diretrizes:

I – padronização do objeto da contratação relativamente às especificações técnicas e de desempenho e, quando for o caso, às condições de manutenção, assistência técnica e de garantia oferecidas;

II – padronização de instrumentos convocatórios e minutas de contratos, previamente aprovados pelo órgão jurídico competente;

III – busca da maior vantagem para a administração pública, considerando custos e benefícios, diretos e indiretos, de natureza econômica, social ou ambiental, inclusive os relativos à manutenção, ao desfazimento de bens e resíduos, ao índice de depreciação econômica e a outros fatores de igual relevância;

IV – condições de aquisição, de seguros, de garantias e de pagamento compatíveis com as condições do setor privado, inclusive mediante pagamento de remuneração variável conforme desempenho, na forma do art. 10; (Redação dada pela Lei nº 12.980, de 2014)

V – utilização, sempre que possível, nas planilhas de custos constantes das propostas oferecidas pelos licitantes, de mão de obra, materiais, tecnologias e matérias-primas existentes no local da execução, conservação e operação do bem, serviço ou obra, desde que não se produzam prejuízos à eficiência na execução do respectivo objeto e que seja respeitado o limite do orçamento estimado para a contratação; e

VI – parcelamento do objeto, visando à ampla participação de licitantes, sem perda de economia de escala.

VII – ampla publicidade, em sítio eletrônico, de todas as fases e procedimentos do processo de licitação, assim como dos contratos, respeitado o art. 6º desta Lei. (Incluído pela Lei nº 13.173, de 2015)

§ 1º. As contratações realizadas com base no RDC devem respeitar, especialmente, as normas relativas à:

I – disposição final ambientalmente adequada dos resíduos sólidos gerados pelas obras contratadas;

II – mitigação por condicionantes e compensação ambiental, que serão definidas no procedimento de licenciamento ambiental;

III – utilização de produtos, equipamentos e serviços que, comprovadamente, reduzam o consumo de energia e recursos naturais;

IV – avaliação de impactos de vizinhança, na forma da legislação urbanística;

V – proteção do patrimônio cultural, histórico, arqueológico e imaterial, inclusive por meio da avaliação do impacto direto ou indireto causado pelas obras contratadas; e

VI – acessibilidade para o uso por pessoas com deficiência ou com mobilidade reduzida.

§ 2º. O impacto negativo sobre os bens do patrimônio cultural, histórico, arqueológico e imaterial tombados deverá ser compensado por meio de medidas determinadas pela autoridade responsável, na forma da legislação aplicável.

SEÇÃO II.
DAS REGRAS APLICÁVEIS ÀS LICITAÇÕES NO ÂMBITO DO RDC

SUBSEÇÃO I.
DO OBJETO DA LICITAÇÃO

Art. 5º. O objeto da licitação deverá ser definido de forma clara e precisa no instrumento convocatório, vedadas especificações excessivas, irrelevantes ou desnecessárias.

Art. 6º. Observado o disposto no § 3º, o orçamento previamente estimado para a contratação será tornado público apenas e imediatamente após o encerramento da licitação, sem prejuízo da divulgação do detalhamento dos quantitativos e das demais informações necessárias para a elaboração das propostas.

§ 1º. Nas hipóteses em que for adotado o critério de julgamento por maior desconto, a informação de que trata o *caput* deste artigo constará do instrumento convocatório.

§ 2º. No caso de julgamento por melhor técnica, o valor do prêmio ou da remuneração será incluído no instrumento convocatório.

§ 3º. Se não constar do instrumento convocatório, a informação referida no *caput* deste artigo possuirá caráter sigiloso e será disponibilizada estrita e permanentemente aos órgãos de controle externo e interno.

Art. 7º. No caso de licitação para aquisição de bens, a administração pública poderá:

I – indicar marca ou modelo, desde que formalmente justificado, nas seguintes hipóteses:

a) em decorrência da necessidade de padronização do objeto;

b) quando determinada marca ou modelo comercializado por mais de um fornecedor for a única capaz de atender às necessidades da entidade contratante; ou

c) quando a descrição do objeto a ser licitado puder ser melhor compreendida pela identificação de determinada marca ou modelo aptos a servir como referência, situação em que será obrigatório o acréscimo da expressão "ou similar ou de melhor qualidade";

II – exigir amostra do bem no procedimento de pré-qualificação, na fase de julgamento das propostas ou de lances, desde que justificada a necessidade da sua apresentação;

III – solicitar a certificação da qualidade do produto ou do processo de fabricação, inclusive sob o aspecto ambiental, por qualquer instituição oficial competente ou por entidade de credenciada; e

IV – solicitar, motivadamente, carta de solidariedade emitida pelo fabricante, que assegure a execução do contrato, no caso de licitante revendedor ou distribuidor.

Art. 8º. Na execução indireta de obras e serviços de engenharia, são admitidos os seguintes regimes:

I – empreitada por preço unitário;

II – empreitada por preço global;

III – contratação por tarefa;

IV – empreitada integral; ou

V – contratação integrada.

§ 1º. Nas licitações e contratações de obras e serviços de engenharia serão adotados, preferencialmente, os regimes discriminados nos incisos II, IV e V do *caput* deste artigo.

§ 2º. No caso de inviabilidade da aplicação do disposto no § 1º deste artigo, poderá ser adotado outro regime previsto no *caput* deste artigo, hipótese em que serão inseridos nos autos do procedimento os motivos que justificaram a exceção.

§ 3º. O custo global de obras e serviços de engenharia deverá ser obtido a partir de custos unitários de insumos ou serviços menores ou iguais à mediana de seus correspondentes ao Sistema Nacional de Pesquisa de Custos e Índices da Construção Civil (Sinapi), no caso de construção civil em geral, ou na tabela do Sistema de Custos de Obras Rodoviárias (Sicro), no caso de obras e serviços rodoviários.

§ 4º. No caso de inviabilidade da definição dos custos consoante o disposto no § 3º deste artigo, a estimativa de custo global poderá ser apurada por meio da utilização de dados contidos em tabela de referência formalmente aprovada por órgãos ou entidades da administração pública federal, em publicações técnicas especializadas, em sistema específico instituído para o setor ou em pesquisa de mercado.

§ 5º. Nas licitações para a contratação de obras e serviços, com exceção daquelas onde for adotado o regime previsto no inciso V do *caput* deste artigo, deverá haver projeto básico aprovado pela autoridade competente, disponível para exame dos interessados em participar do processo licitatório.

§ 6º. No caso de contratações realizadas pelos governos municipais, estaduais e do Distrito Federal, desde que não envolvam recursos da União, o custo global de obras e serviços de engenharia a que se refere o § 3º deste artigo poderá também ser obtido a partir de outros sistemas de custos já adotados pelos respectivos entes e aceitos pelos respectivos tribunais de contas.

§ 7º. É vedada a realização, sem projeto executivo, de obras e serviços de engenharia para cuja concretização tenha sido utilizado o RDC, qualquer que seja o regime adotado.

Art. 9º. Nas licitações de obras e serviços de engenharia, no âmbito do RDC, poderá ser utilizada a contratação integrada, desde que técnica e economicamente justificada e cujo objeto envolva, pelo menos, uma das seguintes condições: (Redação dada pela Lei nº 12.980, de 2014)

I – inovação tecnológica ou técnica; (Incluído pela Lei nº 12.980, de 2014)

II – possibilidade de execução com diferentes metodologias; ou (Incluído pela Lei nº 12.980, de 2014)

III – possibilidade de execução com tecnologias de domínio restrito no mercado. (Incluído pela Lei nº 12.980, de 2014)

§ 1º. A contratação integrada compreende a elaboração e o desenvolvimento dos projetos básico e executivo, a execução de obras e serviços de engenharia, a montagem, a realização de testes, a pré-operação e todas as demais operações necessárias e suficientes para a entrega final do objeto.

§ 2º. No caso de contratação integrada:

I – o instrumento convocatório deverá conter anteprojeto de engenharia que contemple os documentos técnicos destinados a possibilitar a caracterização da obra ou serviço, incluindo:

a) a demonstração e a justificativa do programa de necessidades, a visão global dos investimentos e as definições quanto ao nível de serviço desejado;

b) as condições de solidez, segurança, durabilidade e prazo de entrega, observado o disposto no *caput* e no § 1º do art. 6º desta Lei;

c) a estética do projeto arquitetônico; e

d) os parâmetros de adequação ao interesse público, à economia na utilização, à facilidade na execução, aos impactos ambientais e à acessibilidade;

II – o valor estimado da contratação será calculado com base nos valores praticados pelo mercado, nos valores pagos pela administração pública em serviços e obras similares ou na avaliação do custo global da obra, aferida mediante orçamento sintético ou metodologia expedita ou paramétrica; (Redação dada pela Lei nº 12.980, de 2014)

III – (Revogado pela Lei nº 12.980, de 2014).

§ 3º. Caso seja permitida no anteprojeto de engenharia a apresentação de projetos com metodologias diferenciadas de execução, o instrumento convocatório estabelecerá critérios objetivos para avaliação e julgamento das propostas.

§ 4º. Nas hipóteses em que for adotada a contratação integrada, é vedada a celebração de termos aditivos aos contratos firmados, exceto nos seguintes casos:

I – para recomposição do equilíbrio econômico-financeiro decorrente de caso fortuito ou força maior; e

II – por necessidade de alteração do projeto ou das especificações para melhor adequação técnica aos objetivos da contratação, a pedido da administração pública, desde que não decorrentes de erros ou omissões por parte do contratado, observados os limites previstos no § 1º do art. 65 da Lei nº 8.666, de 21 de junho de 1993.

▸ Lei 14.133/2021 (Nova Lei de Licitações)

§ 5º. Se o anteprojeto contemplar matriz de alocação de riscos entre a administração pública e o contratado, o valor estimado da contratação poderá considerar taxa de risco compatível com o objeto da licitação e as contingências atribuídas ao contratado, de acordo com metodologia predefinida pela entidade contratante. (Incluído pela Lei nº 13.190, de 2015)

Art. 10. Na contratação das obras e serviços, inclusive de engenharia, poderá ser estabelecida remuneração variável vinculada ao desempenho da contratada, com base em metas, padrões de qualidade, critérios de sustentabilidade ambiental e prazo de entrega definidos no instrumento convocatório e no contrato.

Parágrafo único. A utilização da remuneração variável será motivada e respeitará o limite orçamentário fixado pela administração pública para a contratação.

Art. 11. A administração pública poderá, mediante justificativa expressa, contratar mais de uma empresa ou instituição para executar o mesmo serviço, desde que não implique perda de economia de escala, quando:

I – o objeto da contratação puder ser executado de forma concorrente e simultânea por mais de um contratado; ou

II – a múltipla execução for conveniente para atender à administração pública.

§ 1º. Nas hipóteses previstas no *caput* deste artigo, a administração pública deverá manter o controle individualizado da execução do objeto contratual relativamente a cada uma das contratadas.

§ 2º. O disposto no *caput* deste artigo não se aplica aos serviços de engenharia.

SUBSEÇÃO II.
DO PROCEDIMENTO LICITATÓRIO

Art. 12. O procedimento de licitação de que trata esta Lei observará as seguintes fases, nesta ordem:

I – preparatória;
II – publicação do instrumento convocatório;
III – apresentação de propostas ou lances;
IV – julgamento;
V – habilitação;
VI – recursal; e
VII – encerramento.

Parágrafo único. A fase de que trata o inciso V do *caput* deste artigo poderá, mediante ato motivado, anteceder as referidas nos incisos III e IV do *caput* deste artigo, desde que expressamente previsto no instrumento convocatório.

Art. 13. As licitações deverão ser realizadas preferencialmente sob a forma eletrônica, admitida a presencial.

Parágrafo único. Nos procedimentos realizados por meio eletrônico, a administração pública poderá determinar, como condição de validade e eficácia, que os licitantes pratiquem seus atos em formato eletrônico.

Art. 14. Na fase de habilitação das licitações realizadas em conformidade com esta Lei, aplicar-se-á, no que couber, o disposto nos arts. 27 a 33 da Lei nº 8.666, de 21 de junho de 1993, observado o seguinte:

▸ Lei 14.133/2021 (Nova Lei de Licitações)

I – poderá ser exigida dos licitantes a declaração de que atendem aos requisitos de habilitação;
II – será exigida a apresentação dos documentos de habilitação apenas pelo licitante vencedor, exceto no caso de inversão de fases;
III – no caso de inversão de fases, só serão recebidas as propostas dos licitantes previamente habilitados; e
IV – em qualquer caso, os documentos relativos à regularidade fiscal poderão ser exigidos em momento posterior ao julgamento das propostas, apenas em relação ao licitante mais bem classificado.

Parágrafo único. Nas licitações disciplinadas pelo RDC:

I – será admitida a participação de licitantes sob a forma de consórcio, conforme estabelecido em regulamento; e
II – poderão ser exigidos requisitos de sustentabilidade ambiental, na forma da legislação aplicável.

Art. 15. Será dada ampla publicidade aos procedimentos licitatórios e de pré-qualificação disciplinados por esta Lei, ressalvadas as hipóteses de informações cujo sigilo seja imprescindível à segurança da sociedade e do Estado, devendo ser adotados os seguintes prazos mínimos para apresentação de propostas, contados a partir da data de publicação do instrumento convocatório:

I – para aquisição de bens:

a) 5 (cinco) dias úteis, quando adotados os critérios de julgamento pelo menor preço ou pelo maior desconto; e

b) 10 (dez) dias úteis, nas hipóteses não abrangidas pela alínea a deste inciso;

II – para a contratação de serviços e obras:

a) 15 (quinze) dias úteis, quando adotados os critérios de julgamento pelo menor preço ou pelo maior desconto; e

b) 30 (trinta) dias úteis, nas hipóteses não abrangidas pela alínea a deste inciso;

III – para licitações em que se adote o critério de julgamento pela maior oferta: 10 (dez) dias úteis; e

IV – para licitações em que se adote o critério de julgamento pela melhor combinação de técnica e preço, pela melhor técnica ou em razão do conteúdo artístico: 30 (trinta) dias úteis.

§ 1º. A publicidade a que se refere o *caput* deste artigo, sem prejuízo da faculdade de divulgação direta aos fornecedores, cadastrados ou não, será realizada mediante:

I – publicação de extrato do edital no Diário Oficial da União, do Estado, do Distrito Federal ou do Município, ou, no caso de consórcio público, do ente de maior nível entre eles, sem prejuízo da possibilidade de publicação de extrato em jornal diário de grande circulação; e
II – divulgação em sítio eletrônico oficial centralizado de divulgação de licitações ou mantido pelo ente encarregado do procedimento licitatório na rede mundial de computadores.

§ 2º. No caso de licitações cujo valor não ultrapasse R$ 150.000,00 (cento e cinquenta mil reais) para obras ou R$ 80.000,00 (oitenta mil reais) para bens e serviços, inclusive de engenharia, é dispensada a publicação prevista no inciso I do § 1º deste artigo.

§ 3º. No caso de parcelamento do objeto, deverá ser considerado, para fins da aplicação do disposto no § 2º deste artigo, o valor total da contratação.

§ 4º. As eventuais modificações no instrumento convocatório serão divulgadas nos mesmos prazos dos atos e procedimentos originais, exceto quando a alteração não comprometer a formulação das propostas.

Art. 16. Nas licitações, poderão ser adotados os modos de disputa aberto e fechado, que poderão ser combinados na forma do regulamento.

Art. 17. O regulamento disporá sobre as regras e procedimentos de apresentação de propostas ou lances, observado o seguinte:

I – no modo de disputa aberto, os licitantes apresentarão suas ofertas por meio de lances públicos e sucessivos, crescentes ou decrescentes, conforme o critério de julgamento adotado;
II – no modo de disputa fechado, as propostas apresentadas pelos licitantes serão sigilosas até a data e hora designadas para que sejam divulgadas; e
III – nas licitações de obras ou serviços de engenharia, após o julgamento das propostas, o licitante vencedor deverá reelaborar e apresentar à administração pública, por meio eletrônico, as planilhas com indicação dos quantitativos e dos custos unitários, bem como do detalhamento das Bonificações e Despesas Indiretas (BDI) e dos Encargos Sociais (ES), com os respectivos valores adequados ao lance vencedor.

§ 1º. Poderão ser admitidos, nas condições estabelecidas em regulamento:

I – a apresentação de lances intermediários, durante a disputa aberta; e
II – o reinício da disputa aberta, após a definição da melhor proposta e para a definição das demais colocações, sempre que existir uma diferença de pelo menos 10% (dez por cento) entre o melhor lance e o do licitante subsequente.

§ 2º. Consideram-se intermediários os lances:

I – iguais ou inferiores ao maior já ofertado, quando adotado o julgamento pelo critério da maior oferta; ou
II – iguais ou superiores ao menor já ofertado, quando adotados os demais critérios de julgamento.

Art. 18. Poderão ser utilizados os seguintes critérios de julgamento:

I – menor preço ou maior desconto;
II – técnica e preço;
III – melhor técnica ou conteúdo artístico;
IV – maior oferta de preço; ou
V – maior retorno econômico.

§ 1º. O critério de julgamento será identificado no instrumento convocatório, observado o disposto nesta Lei.

§ 2º. O julgamento das propostas será efetivado pelo emprego de parâmetros objetivos definidos no instrumento convocatório.

§ 3º. Não serão consideradas vantagens não previstas no instrumento convocatório, inclusive financiamentos subsidiados ou a fundo perdido.

Art. 19. O julgamento pelo menor preço ou maior desconto considerará o menor dispêndio para a administração pública, atendidos os parâmetros mínimos de qualidade definidos no instrumento convocatório.

§ 1º. Os custos indiretos, relacionados com as despesas de manutenção, utilização, reposição, depreciação e impacto ambiental, entre outros fatores, poderão ser considerados para a definição do menor dispêndio, sempre que objetivamente mensuráveis, conforme dispuser o regulamento.

§ 2º. O julgamento por maior desconto terá como referência o preço global fixado no instrumento convocatório, sendo o desconto estendido aos eventuais termos aditivos.

§ 3º. No caso de obras ou serviços de engenharia, o percentual de desconto apresentado pelos licitantes deverá incidir linearmente sobre os preços de todos os itens do orçamento estimado constante do instrumento convocatório.

Art. 20. No julgamento pela melhor combinação de técnica e preço, deverão ser avaliadas e ponderadas as propostas técnicas e de preço apresentadas pelos licitantes, mediante a utilização de parâmetros objetivos obrigatoriamente inseridos no instrumento convocatório.

§ 1º. O critério de julgamento a que se refere o *caput* deste artigo será utilizado quando a avaliação e a ponderação da qualidade técnica das propostas que superarem os requisitos mínimos estabelecidos no instrumento convocatório forem relevantes aos fins pretendidos pela administração pública, e destinar-se-á exclusivamente a objetos:

I – de natureza predominantemente intelectual e de inovação tecnológica ou técnica; ou
II – que possam ser executados com diferentes metodologias ou tecnologias de domínio restrito no mercado, pontuando-se as vantagens e qualidades que eventualmente forem oferecidas para cada produto ou solução.

§ 2º. É permitida a atribuição de fatores de ponderação distintos para valorar as propostas técnicas e de preço, sendo o percentual de ponderação mais relevante limitado a 70% (setenta por cento).

Art. 21. O julgamento pela melhor técnica ou pelo melhor conteúdo artístico considerará exclusivamente as propostas técnicas ou artísticas apresentadas pelos licitantes com base em critérios objetivos previamente estabelecidos no instrumento convocatório, no qual será definido o prêmio ou a remuneração que será atribuída aos vencedores.

Parágrafo único. O critério de julgamento referido no *caput* deste artigo poderá ser utilizado para a contratação de projetos, inclusive arquitetônicos, e trabalhos de natureza técnica, científica ou artística, excluindo-se os projetos de engenharia.

Art. 22. O julgamento pela maior oferta de preço será utilizado no caso de contratos que resultem em receita para a administração pública.

§ 1º. Quando utilizado o critério de julgamento pela maior oferta de preço, os requisitos de qualificação técnica e econômico-financeira poderão ser dispensados, conforme dispuser o regulamento.

§ 2º. No julgamento pela maior oferta de preço, poderá ser exigida a comprovação do recolhimento de quantia a TÍTULO de garantia, como requisito de habilitação, limitada a 5% (cinco por cento) do valor ofertado.

§ 3º. Na hipótese do § 2º deste artigo, o licitante vencedor perderá o valor da entrada em favor da administração pública caso não efetive o pagamento devido no prazo estipulado.

Art. 23. No julgamento pelo maior retorno econômico, utilizado exclusivamente para a celebração de contratos de eficiência, as propostas serão consideradas de forma a selecionar a que proporcionará a maior economia para a administração pública decorrente da execução do contrato.

§ 1º. O contrato de eficiência terá por objeto a prestação de serviços, que pode incluir a realização de obras e o fornecimento de bens, com o objetivo de proporcionar economia ao contratante, na forma de redução de despesas correntes, sendo o contratado remunerado com base em percentual da economia gerada.

§ 2º. Na hipótese prevista no *caput* deste artigo, os licitantes apresentarão propostas de trabalho e de preço, conforme dispuser o regulamento.

§ 3º. Nos casos em que não for gerada a economia prevista no contrato de eficiência:

I – a diferença entre a economia contratada e a efetivamente obtida será descontada da remuneração da contratada;

II – se a diferença entre a economia contratada e a efetivamente obtida for superior à remuneração da contratada, será aplicada multa por inexecução contratual no valor da diferença; e

III – a contratada sujeitar-se-á, ainda, a outras sanções cabíveis caso a diferença entre a economia contratada e a efetivamente obtida seja superior ao limite máximo estabelecido no contrato.

Art. 24. Serão desclassificadas as propostas que:

I – contenham vícios insanáveis;

II – não obedeçam às especificações técnicas pormenorizadas no instrumento convocatório;

III – apresentem preços manifestamente inexequíveis ou permaneçam acima do orçamento estimado para a contratação, inclusive nas hipóteses previstas no art. 6º desta Lei;

IV – não tenham sua exequibilidade demonstrada, quando exigido pela administração pública; ou

V – apresentem desconformidade com quaisquer outras exigências do instrumento convocatório, desde que insanáveis.

§ 1º. A verificação da conformidade das propostas poderá ser feita exclusivamente em relação à proposta mais bem classificada.

§ 2º. A administração pública poderá realizar diligências para aferir a exequibilidade das propostas ou exigir dos licitantes que ela seja demonstrada, na forma do inciso IV do *caput* deste artigo.

§ 3º. No caso de obras e serviços de engenharia, para efeito de avaliação da exequibilidade e de sobrepreço, serão considerados o preço global, os quantitativos e os preços unitários considerados relevantes, conforme dispuser o regulamento.

Art. 25. Em caso de empate entre 2 (duas) ou mais propostas, serão utilizados os seguintes critérios de desempate, nesta ordem:

I – disputa final, em que os licitantes empatados poderão apresentar nova proposta fechada em ato contínuo à classificação;

II – a avaliação do desempenho contratual prévio dos licitantes, desde que exista sistema objetivo de avaliação instituído;

III – os critérios estabelecidos no art. 3º da Lei nº 8.248, de 23 de outubro de 1991, e no § 2º do art. 3º da Lei nº 8.666, de 21 de junho de 1993; e

‣ Lei 14.133/2021 (Nova Lei de Licitações)

IV – sorteio.

Parágrafo único. As regras previstas no *caput* deste artigo não prejudicam a aplicação do disposto no art. 44 da Lei Complementar nº 123, de 14 de dezembro de 2006.

Art. 26. Definido o resultado do julgamento, a administração pública poderá negociar condições mais vantajosas com o primeiro colocado.

Parágrafo único. A negociação poderá ser feita com os demais licitantes, segundo a ordem de classificação inicialmente estabelecida, quando o preço do primeiro colocado, mesmo após a negociação, for desclassificado por sua proposta permanecer acima do orçamento estimado.

Art. 27. Salvo no caso de inversão de fases, o procedimento licitatório terá uma fase recursal única, que se seguirá à habilitação do vencedor.

Parágrafo único. Na fase recursal, serão analisados os recursos referentes ao julgamento das propostas ou lances e à habilitação do vencedor.

Art. 28. Exauridos os recursos administrativos, o procedimento licitatório será encerrado e encaminhado à autoridade superior, que poderá:

I – determinar o retorno dos autos para saneamento de irregularidades que forem supríveis;

II – anular o procedimento, no todo ou em parte, por vício insanável;

III – revogar o procedimento por motivo de conveniência e oportunidade; ou

IV – adjudicar o objeto e homologar a licitação.

SUBSEÇÃO III. DOS PROCEDIMENTOS AUXILIARES DAS LICITAÇÕES NO ÂMBITO DO RDC

Art. 29. São procedimentos auxiliares das licitações regidas pelo disposto nesta Lei:

I – pré-qualificação permanente;

II – cadastramento;

III – sistema de registro de preços; e

IV – catálogo eletrônico de padronização.

Parágrafo único. Os procedimentos de que trata o *caput* deste artigo obedecerão a critérios claros e objetivos definidos em regulamento.

Art. 30. Considera-se pré-qualificação permanente o procedimento anterior à licitação destinado a identificar:

I – fornecedores que reúnam condições de habilitação exigidas para o fornecimento de bem ou a execução de serviço ou obra nos prazos, locais e condições previamente estabelecidos; e

II – bens que atendam às exigências técnicas e de qualidade da administração pública.

§ 1º. O procedimento de pré-qualificação ficará permanentemente aberto para a inscrição dos eventuais interessados.

§ 2º. A administração pública poderá realizar licitação restrita aos pré-qualificados, nas condições estabelecidas em regulamento.

§ 3º. A pré-qualificação poderá ser efetuada nos grupos ou segmentos, segundo as especialidades dos fornecedores.

§ 4º. A pré-qualificação poderá ser parcial ou total, contendo alguns ou todos os requisitos de habilitação ou técnicos necessários à contratação, assegurada, em qualquer hipótese, a igualdade de condições entre os concorrentes.

§ 5º. A pré-qualificação terá validade de 1 (um) ano, no máximo, podendo ser atualizada a qualquer tempo.

Art. 31. Os registros cadastrais poderão ser mantidos para efeito de habilitação dos inscritos em procedimentos licitatórios e serão válidos por 1 (um) ano, no máximo, podendo ser atualizados a qualquer tempo.

§ 1º. Os registros cadastrais serão amplamente divulgados e ficarão permanentemente abertos para a inscrição de interessados.

§ 2º. Os inscritos serão admitidos segundo requisitos previstos em regulamento.

§ 3º. A atuação do licitante no cumprimento de obrigações assumidas será anotada no respectivo registro cadastral.

§ 4º. A qualquer tempo poderá ser alterado, suspenso ou cancelado o registro do inscrito que deixar de satisfazer as exigências de habilitação ou as estabelecidas para admissão cadastral.

Art. 32. O Sistema de Registro de Preços, especificamente destinado às licitações de que trata esta Lei, reger-se-á pelo disposto em regulamento.

§ 1º. Poderá aderir ao sistema referido no *caput* deste artigo qualquer órgão ou entidade responsável pela execução das atividades contempladas no art. 1º desta Lei.

§ 2º. O registro de preços observará, entre outras, as seguintes condições:

I – efetivação prévia de ampla pesquisa de mercado;

II – seleção de acordo com os procedimentos previstos em regulamento;

III – desenvolvimento obrigatório de rotina de controle e atualização periódicos dos preços registrados;

IV – definição da validade do registro; e

V – inclusão, na respectiva ata, do registro dos licitantes que aceitarem cotar os bens ou serviços com preços iguais ao do licitante vencedor na sequência da classificação do certame, assim como dos licitantes que mantiverem suas propostas originais.

§ 3º. A existência de preços registrados não obriga a administração pública a firmar os contratos que deles poderão advir, sendo facultada a realização de licitação específica, assegurada ao licitante registrado preferência em igualdade de condições.

Art. 33. O catálogo eletrônico de padronização de compras, serviços e obras consiste em sistema informatizado, de gerenciamento centralizado, destinado a permitir a padronização dos itens a serem adquiridos pela administração pública que estarão disponíveis para a realização de licitação.

Parágrafo único. O catálogo referido no *caput* deste artigo poderá ser utilizado em licitações cujo critério de julgamento seja a oferta de menor preço ou de maior desconto e conterá toda a documentação e procedimentos da fase interna da licitação, assim como as especificações dos respectivos objetos, conforme disposto em regulamento.

SUBSEÇÃO IV. DA COMISSÃO DE LICITAÇÃO

Art. 34. As licitações promovidas consoante o RDC serão processadas e julgadas por comissão permanente ou especial de licitações, composta majoritariamente por servidores ou empregados públicos pertencentes aos quadros permanentes dos órgãos ou entidades da administração pública responsáveis pela licitação.

§ 1º. As regras relativas ao funcionamento das comissões de licitação e da comissão de cadastramento de que trata esta Lei serão estabelecidas em regulamento.

§ 2º. Os membros da comissão de licitação responderão solidariamente por todos os atos praticados pela comissão, salvo se posição individual divergente estiver registrada na ata da reunião em que houver sido adotada a respectiva decisão.

SUBSEÇÃO V.
DA DISPENSA E INEXIGIBILIDADE DE LICITAÇÃO

Art. 35. As hipóteses de dispensa e inexigibilidade de licitação estabelecidas nos arts. 24 e 25 da Lei nº 8.666, de 21 de junho de 1993, aplicam-se, no que couber, às contratações realizadas com base no RDC.

‣ Lei 14.133/2021 (Nova Lei de Licitações)

Parágrafo único. O processo de contratação por dispensa ou inexigibilidade de licitação deverá seguir o procedimento previsto no art. 26 da Lei nº 8.666, de 21 de junho de 1993.

SUBSEÇÃO VI.
DAS CONDIÇÕES ESPECÍFICAS PARA A PARTICIPAÇÃO NAS LICITAÇÕES E PARA A CONTRATAÇÃO NO RDC

Art. 36. É vedada a participação direta ou indireta nas licitações de que trata esta Lei:

I – da pessoa física ou jurídica que elaborar o projeto básico ou executivo correspondente;
II – da pessoa jurídica que participar de consórcio responsável pela elaboração do projeto básico ou executivo correspondente;
III – da pessoa jurídica da qual o autor do projeto básico ou executivo seja administrador, sócio com mais de 5% (cinco por cento) do capital votante, controlador, gerente, responsável técnico ou subcontratado; ou
IV – do servidor, empregado ou ocupante de cargo em comissão do órgão ou entidade contratante ou responsável pela licitação.

§ 1º. Não se aplica o disposto nos incisos I, II e III do *caput* deste artigo no caso das contratações integradas.

§ 2º. O disposto no *caput* deste artigo não impede, nas licitações para a contratação de obras ou serviços, a previsão de que a elaboração de projeto executivo constitua encargo do contratado, consoante preço previamente fixado pela administração pública.

§ 3º. É permitida a participação das pessoas físicas ou jurídicas de que tratam os incisos II e III do *caput* deste artigo em licitação ou na execução do contrato, como consultor ou técnico, nas funções de fiscalização, supervisão ou gerenciamento, exclusivamente a serviço do órgão ou entidade pública interessados.

§ 4º. Para fins do disposto neste artigo, considera-se participação indireta a existência de qualquer vínculo de natureza técnica, comercial, econômica, financeira ou trabalhista entre o autor do projeto, pessoa física ou jurídica, e o licitante ou responsável pelos serviços, fornecimentos e obras, incluindo-se os fornecimentos de bens e serviços a estes necessários.

§ 5º. O disposto no § 4º deste artigo aplica-se aos membros da comissão de licitação.

Art. 37. É vedada a contratação direta, sem licitação, de pessoa jurídica na qual haja administrador ou sócio com poder de direção que mantenha relação de parentesco, inclusive por afinidade, até o terceiro grau civil com:

I – detentor de cargo em comissão ou função de confiança que atue na área responsável pela demanda ou contratação; e
II – autoridade hierarquicamente superior no âmbito de cada órgão ou entidade da administração pública.

Art. 38. Nos processos de contratação abrangidos por esta Lei, aplicam-se as preferências para fornecedores ou tipos de bens, serviços e obras previstos na legislação, em especial as referidas:

I – no art. 3º da Lei nº 8.248, de 23 de outubro de 1991;
II – no art. 3º da Lei nº 8.666, de 21 de junho de 1993; e

‣ Lei 14.133/2021 (Nova Lei de Licitações)

III – nos arts. 42 a 49 da Lei Complementar nº 123, de 14 de dezembro de 2006.

SEÇÃO III.
DAS REGRAS ESPECÍFICAS APLICÁVEIS AOS CONTRATOS CELEBRADOS NO ÂMBITO DO RDC

Art. 39. Os contratos administrativos celebrados com base no RDC reger-se-ão pelas normas da Lei nº 8.666, de 21 de junho de 1993, com exceção das regras específicas previstas nesta Lei.

‣ Lei 14.133/2021 (Nova Lei de Licitações)

Art. 40. É facultado à administração pública, quando o convocado não assinar o termo de contrato ou não aceitar ou retirar o instrumento equivalente no prazo e condições estabelecidos:

I – revogar a licitação, sem prejuízo da aplicação das cominações previstas na Lei nº 8.666, de 21 de junho de 1993, e nesta Lei; ou

‣ Lei 14.133/2021 (Nova Lei de Licitações)

II – convocar os licitantes remanescentes, na ordem de classificação, para a celebração do contrato nas condições ofertadas pelo licitante vencedor.

Parágrafo único. Na hipótese de nenhum dos licitantes aceitar a contratação nos termos do inciso II do *caput* deste artigo, a administração pública poderá convocar os licitantes remanescentes, na ordem de classificação, para a celebração do contrato nas condições ofertadas por estes, desde que o respectivo valor seja igual ou inferior ao orçamento estimado para a contratação, inclusive quanto aos preços atualizados nos termos do instrumento convocatório.

Art. 41. Na hipótese do inciso XI do art. 24 da Lei nº 8.666, de 21 de junho de 1993, a contratação de remanescente de obra, serviço ou fornecimento de bens em consequência de rescisão contratual observará a ordem de classificação dos licitantes remanescentes e as condições por estes ofertadas, desde que não seja ultrapassado o orçamento estimado para a contratação.

‣ Lei 14.133/2021 (Nova Lei de Licitações)

Art. 42. Os contratos para a execução das obras previstas no plano plurianual poderão ser firmados pelo período nele compreendido, observado o disposto no *caput* do art. 57 da Lei nº 8.666, de 21 de junho de 1993.

‣ Lei 14.133/2021 (Nova Lei de Licitações)

Art. 43. Na hipótese do inciso II do art. 57 da Lei nº 8.666, de 21 de junho de 1993, os contratos celebrados pelos entes públicos responsáveis pelas atividades descritas nos incisos I a III do art. 1º desta Lei poderão ter sua vigência estabelecida até a data da extinção da APO. (Redação dada pela Lei nº 12.688, de 2012)

‣ Lei 14.133/2021 (Nova Lei de Licitações)

Art. 44. As normas referentes à anulação e revogação das licitações previstas no art. 49 da Lei nº 8.666, de 21 de junho de 1993, aplicar-se-ão às contratações realizadas com base no disposto nesta Lei.

‣ Lei 14.133/2021 (Nova Lei de Licitações)

Art. 44-A. Nos contratos regidos por esta Lei, poderá ser admitido o emprego dos mecanismos privados de resolução de disputas, inclusive a arbitragem, a ser realizada no Brasil e em língua portuguesa, nos termos da Lei nº 9.307, de 23 de setembro de 1996, e a mediação, para dirimir conflitos decorrentes da sua execução ou a ela relacionados. (Incluído pela Lei nº 13.190, de 2015)

SEÇÃO IV.
DOS PEDIDOS DE ESCLARECIMENTO, IMPUGNAÇÕES E RECURSOS

Art. 45. Dos atos da administração pública decorrentes da aplicação do RDC caberão:

I – pedidos de esclarecimento e impugnações ao instrumento convocatório no prazo mínimo de:

a) até 2 (dois) dias úteis antes da data de abertura das propostas, no caso de licitação para aquisição ou alienação de bens; ou

b) até 5 (cinco) dias úteis antes da data de abertura das propostas, no caso de licitação para contratação de obras ou serviços;

II – recursos, no prazo de 5 (cinco) dias úteis contados a partir da data da intimação ou da lavratura da ata, em face:

a) do ato que defira ou indefira pedido de pré-qualificação de interessados;

b) do ato de habilitação ou inabilitação de licitante;

c) do julgamento das propostas;

d) da anulação ou revogação da licitação;

e) do indeferimento do pedido de inscrição em registro cadastral, sua alteração ou cancelamento;

f) da rescisão do contrato, nas hipóteses previstas no inciso I do art. 79 da Lei nº 8.666, de 21 de junho de 1993;

‣ Lei 14.133/2021 (Nova Lei de Licitações)

g) da aplicação das penas de advertência, multa, declaração de inidoneidade, suspensão temporária de participação em licitação e impedimento de contratar com a administração pública; e

III – representações, no prazo de 5 (cinco) dias úteis contados a partir da data da intimação, relativamente a atos de que não caiba recurso hierárquico.

§ 1º. Os licitantes que desejarem apresentar os recursos de que tratam as alíneas a, b e c do inciso II do *caput* deste artigo deverão manifestar imediatamente a sua intenção de recorrer, sob pena de preclusão.

§ 2º. O prazo para apresentação de contrarrazões será o mesmo do recurso e começará imediatamente após o encerramento do prazo recursal.

§ 3º. É assegurado aos licitantes vista dos elementos indispensáveis à defesa de seus interesses.

§ 4º. Na contagem dos prazos estabelecidos nesta Lei, excluir-se-á o dia do início e incluir-se-á o do vencimento.

§ 5º. Os prazos previstos nesta Lei iniciam e expiram exclusivamente em dia de expediente no âmbito do órgão ou entidade.

§ 6º. O recurso será dirigido à autoridade superior, por intermédio da autoridade que praticou o ato recorrido, cabendo a esta reconsiderar sua decisão no prazo de 5 (cinco) dias úteis ou, nesse mesmo prazo, fazê-lo subir, devidamente informado, devendo, neste caso, a decisão do recurso ser proferida dentro do prazo de 5 (cinco) dias úteis, contados do seu recebimento, sob pena de apuração de responsabilidade.

Art. 46. Aplica-se ao RDC o disposto no art. 113 da Lei nº 8.666, de 21 de junho de 1993.

‣ Lei 14.133/2021 (Nova Lei de Licitações)

SEÇÃO V.
DAS SANÇÕES ADMINISTRATIVAS

Art. 47. Ficará impedido de licitar e contratar com a União, Estados, Distrito Federal ou Municípios, pelo prazo de até 5 (cinco) anos, sem prejuízo das multas previstas no instrumento convocatório e no contrato, bem como das demais cominações legais, o licitante que:

I – convocado dentro do prazo de validade da sua proposta não celebrar o contrato, inclusive nas hipóteses previstas no parágrafo único do art. 40 e no art. 41 desta Lei;

II – deixar de entregar a documentação exigida para o certame ou apresentar documento falso;

III – ensejar o retardamento da execução ou da entrega do objeto da licitação sem motivo justificado;

IV – não mantiver a proposta, salvo se em decorrência de fato superveniente, devidamente justificado;

V – fraudar a licitação ou praticar atos fraudulentos na execução do contrato;

VI – comportar-se de modo inidôneo ou cometer fraude fiscal; ou

VII – der causa à inexecução total ou parcial do contrato.

§ 1º. A aplicação da sanção de que trata o *caput* deste artigo implicará ainda o descredenciamento do licitante, pelo prazo estabelecido no *caput* deste artigo, dos sistemas de cadastramento dos entes federativos que compõem a Autoridade Pública Olímpica.

§ 2º. As sanções administrativas, criminais e demais regras previstas no CAPÍTULO IV da Lei nº 8.666, de 21 de junho de 1993, aplicam-se às licitações e aos contratos regidos por esta Lei.

- Lei 14.133/2021 (Nova Lei de Licitações)

SEÇÃO VI.
DAS DISPOSIÇÕES ESPECIAIS

(Incluído pela Lei nº 13.190, de 2015)

Art. 47-A. A administração pública poderá firmar contratos de locação de bens móveis e imóveis, nos quais o locador realiza prévia aquisição, construção ou reforma substancial, com ou sem aparelhamento de bens, por si mesmo ou por terceiros, do bem especificado pela administração. (Incluído pela Lei nº 13.190, de 2015)

§ 1º. A contratação referida no *caput* sujeita-se à mesma disciplina de dispensa e inexigibilidade de licitação aplicável às locações comuns. (Incluído pela Lei nº 13.190, de 2015)

§ 2º. A contratação referida no *caput* poderá prever a reversão dos bens à administração pública ao final da locação, desde que estabelecida no contrato. (Incluído pela Lei nº 13.190, de 2015)

§ 3º. O valor da locação a que se refere o *caput* não poderá exceder, ao mês, 1% (um por cento) do valor do bem locado. (Incluído pela Lei nº 13.190, de 2015)

CAPÍTULO II.
OUTRAS DISPOSIÇÕES

SEÇÃO I.
ALTERAÇÕES DA ORGANIZAÇÃO DA PRESIDÊNCIA DA REPÚBLICA E DOS MINISTÉRIOS

Art. 48. A Lei nº 10.683, de 28 de maio de 2003, passa a vigorar com as seguintes alterações:

- Alterações já incorporadas ao texto da referida lei.

Art. 49. São transferidas as competências referentes à aviação civil do Ministério da Defesa para a Secretaria de Aviação Civil.

Art. 50. O acervo patrimonial dos órgãos transferidos, incorporados ou desmembrados por esta Lei será transferido para os Ministérios, órgãos e entidades que tiverem absorvido as correspondentes competências.

Parágrafo único. O quadro de servidores efetivos dos órgãos de que trata este artigo será transferido para os Ministérios e órgãos que tiverem absorvido as correspondentes competências.

Art. 51. O Ministério da Defesa e o Ministério do Planejamento, Orçamento e Gestão adotarão, até 1º de junho de 2011, as providências necessárias para a efetivação das transferências de que trata esta Lei, inclusive quanto à movimentação das dotações orçamentárias destinadas aos órgãos transferidos.

Parágrafo único. No prazo de que trata o *caput*, o Ministério da Defesa prestará o apoio administrativo e jurídico necessário para garantir a continuidade das atividades da Secretaria de Aviação Civil.

Art. 52. Os servidores e militares requisitados pela Presidência da República em exercício, em 31 de dezembro de 2010, no Centro Gestor e Operacional do Sistema de Proteção da Amazônia, no Arquivo Nacional e na Secretaria Nacional de Políticas sobre Drogas, poderão permanecer à disposição, respectivamente, do Ministério da Defesa e do Ministério da Justiça, para exercício naquelas unidades, bem como ser novamente requisitados caso tenham retornado aos órgãos ou entidades de origem antes de 18 de março de 2011.

§ 1º. Os servidores e militares de que trata o *caput* poderão ser designados para o exercício de Gratificações de Representação da Presidência da República ou de Gratificação de Exercício em Cargo de Confiança nos órgãos da Presidência da República devida aos militares enquanto permanecerem nos órgãos para os quais foram requisitados.

§ 2º. (Revogado pela Lei nº 12.702, de 2012).

§ 3º. Aplica-se o disposto no parágrafo único do art. 2º da Lei nº 9.007, de 17 de março de 1995, aos servidores referidos neste artigo.

SEÇÃO II.
DAS ADAPTAÇÕES DA LEGISLAÇÃO DA ANAC

Art. 53. A Lei nº 11.182, de 27 de setembro de 2005, passa a vigorar com as seguintes alterações:

- Alterações já incorporadas ao texto da referida lei.

SEÇÃO III.
DA ADAPTAÇÃO DA LEGISLAÇÃO DA INFRAERO

Art. 54. O art. 2º da Lei nº 5.862, de 12 de dezembro de 1972, passa a vigorar com a seguinte redação:

- Alterações já incorporadas ao texto da referida lei.

SEÇÃO IV.
DA ADAPTAÇÃO DO PROGRAMA FEDERAL DE AUXÍLIO A AEROPORTOS

Art. 55. O art. 1º da Lei nº 8.399, de 7 de janeiro de 1992, passa a vigorar com as seguintes alterações:

- Alterações já incorporadas ao texto da referida lei.

SEÇÃO V.
DOS CARGOS DECORRENTES DA REESTRUTURAÇÃO DA SECRETARIA DE AVIAÇÃO CIVIL

- Lei 13.341/2016: art. 1º, II e 4º, II (extinguiu o cargo de Ministro de Estado Chefe e a Secretaria de Aviação Civil da Presidência da República).

Art. 56. É criado o cargo de Ministro de Estado Chefe da Secretaria de Aviação Civil da Presidência da República.

Art. 57. É criado o cargo em comissão, de Natureza Especial, de Secretário-Executivo da Secretaria de Aviação Civil da Presidência da República.

Art. 58. São criados, no âmbito da administração pública federal, os seguintes cargos em comissão do Grupo-Direção e Assessoramento Superiores destinados à Secretaria de Aviação Civil:

I – 2 (dois) DAS-6;

II – 9 (nove) DAS-5;

III – 23 (vinte e três) DAS-4;

IV – 39 (trinta e nove) DAS-3;

V – 35 (trinta e cinco) DAS-2;

VI – 19 (dezenove) DAS-1.

Art. 59. É transformado o cargo, de Natureza Especial, de Secretário Nacional de Políticas sobre Drogas no cargo, de Natureza Especial, de Assessor Chefe da Assessoria Especial do Presidente da República.

Art. 60. A Tabela a do Anexo I da Lei nº 11.526, de 4 de outubro de 2007, passa a vigorar acrescida da seguinte linha:

Assessor Chefe da Assessoria Especial do Presidente da República	11.179,36

SEÇÃO VI.
DO PESSOAL DESTINADO AO CONTROLE DE TRÁFEGO AÉREO

Art. 61. O art. 2º da Lei nº 11.458, de 19 de março de 2007, passa a vigorar com a seguinte redação:

"Art. 2º A contratação de que trata esta Lei será de, no máximo, 160 (cento e sessenta) pessoas, com validade de até 2 (dois) anos, podendo ser prorrogada por sucessivos períodos até 18 de março de 2013.

§ 1º Prorrogações para períodos posteriores à data prevista no *caput* deste artigo poderão ser autorizadas, por ato conjunto dos Ministros de Estado da Defesa e do Planejamento, Orçamento e Gestão, mediante justificativa dos motivos que impossibilitaram a total substituição dos servidores temporários por servidores efetivos admitidos nos termos do inciso II do art. 37 da Constituição Federal.

§ 2º Na hipótese do § 1º deste artigo, regulamento estabelecerá critérios de substituição gradativa dos servidores temporários.

§ 3º Nenhum contrato de que trata esta Lei poderá superar a data limite de 1º de dezembro de 2016."

Art. 62. São criados, no Quadro de Pessoal do Comando da Aeronáutica, 100 (cem) cargos efetivos de Controlador de Tráfego Aéreo, de nível intermediário, integrantes do Grupo-Defesa Aérea e Controle de Tráfego Aéreo, código Dacta-1303.

SEÇÃO VII.
DA CRIAÇÃO DO FUNDO NACIONAL DE AVIAÇÃO CIVIL (FNAC)

- Lei 13.341/2016: art. 1º, II e 4º, II (extinguiu o cargo de Ministro de Estado Chefe e a Secretaria de Aviação Civil da Presidência da República).

Art. 63. É instituído o Fundo Nacional de Aviação Civil – FNAC, de natureza contábil e financeira, vinculado à Secretaria de Aviação Civil da Presidência da República, para destinação dos recursos do sistema de aviação civil. (Redação dada pela Lei nº 12.833, de 2013)

§ 1º. São recursos do FNAC: (Redação dada pela Lei nº 12.648, de 2012)

I – os referentes ao adicional tarifário previsto no art. 1º da Lei 7.920, de 12 de dezembro de 1989; (Incluído pela Lei nº 12.648, de 2012)

- Inciso revogado pelo art. 7º, II, c, da Lei 13.319/2016.

II – (Revogado pela Lei 14.034/2020)

III – os valores devidos como contrapartida à União em razão das outorgas de infraestrutura aeroportuária; (Incluído pela Lei nº 12.648, de 2012)

IV – os rendimentos de suas aplicações financeiras; (Incluído pela Lei nº 12.883, de 2013)
V – os que lhe forem atribuídos para os fins de que trata o art. 63-A; e (Redação dada pela Lei nº 12.883, de 2013)
VI – outros que lhe forem atribuídos. (Incluído pela Lei nº 12.883, de 2013)

§ 2º Os recursos do FNAC serão aplicados exclusivamente: *(Redação dada pela Lei 14.002/2020)*

I – no desenvolvimento e no fomento do setor de aviação civil e das infraestruturas aeroportuária e aeronáutica civil; *(Acrescido pela Lei 14.002/2020)*
II – no incremento do turismo. *(Acrescido pela Lei 14.002/2020)*

§ 3º. As despesas do FNAC correrão à conta de dotações orçamentárias específicas alocadas no orçamento geral da União, observados os limites anuais de movimentação e empenho e de pagamento.

§ 4º. Deverão ser disponibilizadas, anualmente, pela Secretaria de Aviação Civil da Presidência da República, em seu sítio eletrônico, informações contábeis e financeiras, além de descrição dos resultados econômicos e sociais obtidos pelo FNAC.

§ 5º Os recursos do FNAC também poderão ser aplicados: (Redação dada pela Lei 14.034/2020, com produção de efeitos em 1º de janeiro de 2021)

I - no desenvolvimento, na ampliação e na reestruturação de aeroportos concedidos, desde que tais ações não constituam obrigação do concessionário, conforme estabelecido no contrato de concessão, nos termos das normas expedidas pela Agência Nacional de Aviação Civil (Anac) e pela Secretaria de Aviação Civil (SAC) da Presidência da República, observadas as respectivas competências;
II - no custeio de eventuais despesas decorrentes de responsabilidade civil perante terceiros, na hipótese de ocorrência de danos a bens e a pessoas, passageiros ou não, provocados por atentados terroristas, por atos de guerra ou por eventos correlatos contra aeronaves de matrícula brasileira operadas por empresas brasileiras de transporte aéreo público, excluídas as empresas de táxi aéreo.

§ 6º. Os recursos do FNAC, enquanto não destinados às finalidades previstas no art. 63-A, ficarão depositados na Conta Única do Tesouro Nacional. (Incluído pela Lei nº 12.883, de 2013)

§ 7º Os recursos do FNAC poderão ser objeto e garantia de empréstimo, a ser celebrado até 31 de dezembro de 2020, aos detentores de concessão aeroportuária ou de concessão para a prestação de serviço regular de transporte aéreo e aos prestadores de serviço auxiliar ao transporte aéreo, desde que comprovem ter sofrido prejuízo decorrente da pandemia da Covid-19. (Acrescido pela Lei 14.034/2020)

§ 8º Os limites de taxa de juros, de carência, de prazo de pagamento e das demais condições contratuais serão estabelecidos em regulamento, observados os seguintes parâmetros: (Acrescido pela Lei 14.034/2020)

I - taxa de juros não inferior à Taxa de Longo Prazo (TLP), de que trata a Lei nº 13.483, de 21 de setembro de 2017;
II - carência não superior a 30 (trinta) meses;
III - quitação da dívida até 31 de dezembro de 2031;
IV - garantia de empréstimo limitada a R$ 3.000.000.000,00 (três bilhões de reais); e
V - garantia de empréstimo executável a partir de 1º de janeiro de 2021.

Art. 63-A. Os recursos do FNAC serão geridos e administrados pela Secretaria de Aviação Civil da Presidência da República ou, a seu critério, por instituição financeira pública federal, quando destinados à modernização, construção, ampliação ou reforma de aeródromos públicos. (Incluído pela Lei nº 12.883, de 2013)

§ 1º. Para a consecução dos objetivos previstos no *caput*, a Secretaria de Aviação Civil da Presidência da República, diretamente ou, a seu critério, por intermédio de instituição financeira pública federal, realizará procedimento licitatório, podendo, em nome próprio ou de terceiros, adquirir bens, contratar obras e serviços de engenharia e de técnicos especializados e utilizar-se do Regime Diferenciado de Contratações Públicas – RDC. (Incluído pela Lei nº 12.883, de 2013)

§ 2º. Ato conjunto dos Ministros da Fazenda e da Secretaria de Aviação Civil da Presidência da República fixará a remuneração de instituição financeira que prestar serviços, na forma deste artigo. (Incluído pela Lei nº 12.883, de 2013)

CAPÍTULO III. DISPOSIÇÕES FINAIS

Art. 64. O Poder Executivo federal regulamentará o disposto no CAPÍTULO I desta Lei.

Art. 65. Até que a Autoridade Pública Olímpica defina a Carteira de Projetos Olímpicos, aplica-se, excepcionalmente, o disposto nesta Lei às contratações decorrentes do inciso I do art. 1º desta Lei, desde que sejam imprescindíveis para o cumprimento das obrigações assumidas perante o Comitê Olímpico Internacional e o Comitê Paraolímpico Internacional, e sua necessidade seja fundamentada pelo contratante da obra ou serviço.

Art. 66. Para os projetos de que tratam os incisos I a III do art. 1º desta Lei, o prazo estabelecido no inciso II do § 1º do art. 8º da Medida Provisória nº 2.185-35, de 24 de agosto de 2001, passa a ser o de 31 de dezembro de 2013.

Art. 67. A Lei nº 12.350, de 20 de dezembro de 2010, passa a vigorar acrescida do seguinte art. 62-A:

- Alterações já incorporadas ao texto da referida lei.

Art. 68. O inciso II do § 1º do art. 8º da Medida Provisória nº 2.185-35, de 24 de agosto de 2001, passa a vigorar com a seguinte redação:

- Alterações já incorporadas ao texto da referida lei.

CAPÍTULO IV. DAS REVOGAÇÕES

Art. 69. Revogam-se:

I – os §§ 1º e 2º do art. 6º, o item 6 da alínea i do inciso XII do art. 27 e o § 3º do art. 29, todos da Lei nº 10.683, de 28 de maio de 2003;
II – os §§ 4º e 5º do art. 16 da Lei nº 9.649, de 27 de maio de 1998; e
III – os incisos XXIII, XXVII e XLVII do art. 8º e o § 2º do art. 10 da Lei nº 11.182, de 27 de setembro de 2005.

Art. 70. Esta Lei entra em vigor na data de sua publicação, produzindo efeitos financeiros, no tocante ao art. 52 desta Lei, a contar da transferência dos órgãos ali referidos.

Brasília, 4 de agosto de 2011; 190º da Independência e 123º da República.

DILMA ROUSSEFF

Publicado no D.O.U. 5.8.2011, retificado 10.8.2011

LEI Nº 12.527, DE 18 DE NOVEMBRO DE 2011

Regula o acesso a informações previsto no inciso XXXIII do art. 5º, no inciso II do § 3º do art. 37 e no § 2º do art. 216 da Constituição Federal; altera a Lei nº 8.112, de 11 de dezembro de 1990; revoga a Lei nº 11.111, de 5 de maio de 2005, e dispositivos da Lei nº 8.159, de 8 de janeiro de 1991; e dá outras providências.

- *Lei de Acesso à Informação*

A PRESIDENTA DA REPÚBLICA Faço saber que o Congresso Nacional decreta e eu sanciono a seguinte Lei:

CAPÍTULO I. DISPOSIÇÕES GERAIS

- Decreto 7.724/2012 – Regulamenta a Lei 12.527/2011.
- Portaria FUNAI 67/2020 (Institui o Serviço de Informação ao Cidadão, designa a autoridade de que trata o art. 40 da Lei nº 12.527, de 18 de novembro de 2011, e apresenta outras providências, nos termos da Portaria nº 681/MJ, de 05 de dezembro de 2019).

Art. 1º. Esta Lei dispõe sobre os procedimentos a serem observados pela União, Estados, Distrito Federal e Municípios, com o fim de garantir o acesso a informações previsto no inciso XXXIII do art. 5º, no inciso II do § 3º do art. 37 e no § 2º do art. 216 da Constituição Federal.

Parágrafo único. Subordinam-se ao regime desta Lei:

I – os órgãos públicos integrantes da administração direta dos Poderes Executivo, Legislativo, incluindo as Cortes de Contas, e Judiciário e do Ministério Público;
II – as autarquias, as fundações públicas, as empresas públicas, as sociedades de economia mista e demais entidades controladas direta ou indiretamente pela União, Estados, Distrito Federal e Municípios.

Art. 2º. Aplicam-se as disposições desta Lei, no que couber, às entidades privadas sem fins lucrativos que recebam, para realização de ações de interesse público, recursos públicos diretamente do orçamento ou mediante subvenções sociais, contrato de gestão, termo de parceria, convênios, acordo, ajustes ou outros instrumentos congêneres.

Parágrafo único. A publicidade a que estão submetidas as entidades citadas no *caput* refere-se à parcela dos recursos públicos recebidos e à sua destinação, sem prejuízo das prestações de contas a que estejam legalmente obrigadas.

Art. 3º. Os procedimentos previstos nesta Lei destinam-se a assegurar o direito fundamental de acesso à informação e devem ser executados em conformidade com os princípios básicos da administração pública e com as seguintes diretrizes:

I – observância da publicidade como preceito geral e do sigilo como exceção;
II – divulgação de informações de interesse público, independentemente de solicitações;
III – utilização de meios de comunicação viabilizados pela tecnologia da informação;
IV – fomento ao desenvolvimento da cultura de transparência na administração pública;
V – desenvolvimento do controle social da administração pública.

Art. 4º. Para os efeitos desta Lei, considera-se:

I – informação: dados, processados ou não, que podem ser utilizados para produção e transmissão de conhecimento, contidos em qualquer meio, suporte ou formato;
II – documento: unidade de registro de informações, qualquer que seja o suporte ou formato;
III – informação sigilosa: aquela submetida temporariamente à restrição de acesso público em razão de sua imprescindibilidade para a segurança da sociedade e do Estado;
IV – informação pessoal: aquela relacionada à pessoa natural identificada ou identificável;
V – tratamento da informação: conjunto de ações referentes à produção, recepção, classi-

ficação, utilização, acesso, reprodução, transporte, transmissão, distribuição, arquivamento, armazenamento, eliminação, avaliação, destinação ou controle da informação;

VI – disponibilidade: qualidade da informação que pode ser conhecida e utilizada por indivíduos, equipamentos ou sistemas autorizados;

VII – autenticidade: qualidade da informação que tenha sido produzida, expedida, recebida ou modificada por determinado indivíduo, equipamento ou sistema;

VIII – integridade: qualidade da informação não modificada, inclusive quanto à origem, trânsito e destino;

IX – primariedade: qualidade da informação coletada na fonte, com o máximo de detalhamento possível, sem modificações.

Art. 5º. É dever do Estado garantir o direito de acesso à informação, que será franqueada, mediante procedimentos objetivos e ágeis, de forma transparente, clara e em linguagem de fácil compreensão.

CAPÍTULO II. DO ACESSO A INFORMAÇÕES E DA SUA DIVULGAÇÃO

Art. 6º. Cabe aos órgãos e entidades do poder público, observadas as normas e procedimentos específicos aplicáveis, assegurar a:

I – gestão transparente da informação, propiciando amplo acesso a ela e sua divulgação;

II – proteção da informação, garantindo-se sua disponibilidade, autenticidade e integridade; e

III – proteção da informação sigilosa e da informação pessoal, observada a sua disponibilidade, autenticidade, integridade e eventual restrição de acesso.

Art. 7º. O acesso à informação de que trata esta Lei compreende, entre outros, os direitos de obter:

I – orientação sobre os procedimentos para a consecução de acesso, bem como sobre o local onde poderá ser encontrada ou obtida a informação almejada;

II – informação contida em registros ou documentos, produzidos ou acumulados por seus órgãos ou entidades, recolhidos ou não a arquivos públicos;

III – informação produzida ou custodiada por pessoa física ou entidade privada decorrente de qualquer vínculo com seus órgãos ou entidades, mesmo que esse vínculo já tenha cessado;

IV – informação primária, íntegra, autêntica e atualizada;

V – informação sobre atividades exercidas pelos órgãos e entidades, inclusive as relativas à sua política, organização e serviços;

VI – informação pertinente à administração do patrimônio público, utilização de recursos públicos, licitação, contratos administrativos; e

VII – informação relativa:

a) à implementação, acompanhamento e resultados dos programas, projetos e ações dos órgãos e entidades públicas, bem como metas e indicadores propostos;

b) ao resultado de inspeções, auditorias, prestações e tomadas de contas realizadas pelos órgãos de controle interno e externo, incluindo prestações de contas relativas a exercícios anteriores.

§ 1º. O acesso à informação previsto no *caput* não compreende as informações referentes a projetos de pesquisa e desenvolvimento científicos ou tecnológicos cujo sigilo seja imprescindível à segurança da sociedade e do Estado.

§ 2º. Quando não for autorizado acesso integral à informação por ser ela parcialmente sigilosa, é assegurado o acesso à parte não sigilosa por meio de certidão, extrato ou cópia com ocultação da parte sob sigilo.

§ 3º. O direito de acesso aos documentos ou às informações neles contidas utilizados como fundamento da tomada de decisão e do ato administrativo será assegurado com a edição do ato decisório respectivo.

§ 4º. A negativa de acesso às informações objeto de pedido formulado aos órgãos e entidades referidas no art. 1º, quando não fundamentada, sujeitará o responsável a medidas disciplinares, nos termos do art. 32 desta Lei.

§ 5º. Informado do extravio da informação solicitada, poderá o interessado requerer à autoridade competente a imediata abertura de sindicância para apurar o desaparecimento da respectiva documentação.

§ 6º. Verificada a hipótese prevista no § 5º deste artigo, o responsável pela guarda da informação extraviada deverá, no prazo de 10 (dez) dias, justificar o fato e indicar testemunhas que comprovem sua alegação.

Art. 8º. É dever dos órgãos e entidades públicas promover, independentemente de requerimentos, a divulgação em local de fácil acesso, no âmbito de suas competências, de informações de interesse coletivo ou geral por eles produzidas ou custodiadas.

§ 1º. Na divulgação das informações a que se refere o *caput*, deverão constar, no mínimo:

I – registro das competências e estrutura organizacional, endereços e telefones das respectivas unidades e horários de atendimento ao público;

II – registros de quaisquer repasses ou transferências de recursos financeiros;

III – registros das despesas;

IV – informações concernentes a procedimentos licitatórios, inclusive os respectivos editais e resultados, bem como a todos os contratos celebrados;

V – dados gerais para o acompanhamento de programas, ações, projetos e obras de órgãos e entidades; e

VI – respostas a perguntas mais frequentes da sociedade.

§ 2º. Para cumprimento do disposto no *caput*, os órgãos e entidades públicas deverão utilizar todos os meios e instrumentos legítimos de que dispuserem, sendo obrigatória a divulgação em sítios oficiais da rede mundial de computadores (internet).

§ 3º. Os sítios de que trata o § 2º deverão, na forma de regulamento, atender, entre outros, aos seguintes requisitos:

I – conter ferramenta de pesquisa de conteúdo que permita o acesso à informação de forma objetiva, transparente, clara e em linguagem de fácil compreensão;

II – possibilitar a gravação de relatórios em diversos formatos eletrônicos, inclusive abertos e não proprietários, tais como planilhas e texto, de modo a facilitar a análise das informações;

III – possibilitar o acesso automatizado por sistemas externos em formatos abertos, estruturados e legíveis por máquina;

IV – divulgar em detalhes os formatos utilizados para estruturação da informação;

V – garantir a autenticidade e a integridade das informações disponíveis para acesso;

VI – manter atualizadas as informações disponíveis para acesso;

VII – indicar local e instruções que permitam ao interessado comunicar-se, por via eletrônica ou telefônica, com o órgão ou entidade detentora do sítio; e

VIII – adotar as medidas necessárias para garantir a acessibilidade de conteúdo para pessoas com deficiência, nos termos do art. 17 da Lei nº 10.098, de 19 de dezembro de 2000, e do art. 9º da Convenção sobre os Direitos das Pessoas com Deficiência, aprovada pelo Decreto Legislativo nº 186, de 9 de julho de 2008.

§ 4º. Os Municípios com população de até 10.000 (dez mil) habitantes ficam dispensados da divulgação obrigatória na internet a que se refere o § 2º, mantida a obrigatoriedade de divulgação, em tempo real, de informações relativas à execução orçamentária e financeira, nos critérios e prazos previstos no art. 73-B da Lei Complementar nº 101, de 4 de maio de 2000 (Lei de Responsabilidade Fiscal).

Art. 9º. O acesso a informações públicas será assegurado mediante:

I – criação de serviço de informações ao cidadão, nos órgãos e entidades do poder público, em local com condições apropriadas para:

a) atender e orientar o público quanto ao acesso a informações;

b) informar sobre a tramitação de documentos nas suas respectivas unidades;

c) protocolizar documentos e requerimentos de acesso a informações; e

II – realização de audiências ou consultas públicas, incentivo à participação popular ou a outras formas de divulgação.

CAPÍTULO III. DO PROCEDIMENTO DE ACESSO À INFORMAÇÃO

SEÇÃO I. DO PEDIDO DE ACESSO

Art. 10. Qualquer interessado poderá apresentar pedido de acesso a informações aos órgãos e entidades referidos no art. 1º desta Lei, por qualquer meio legítimo, devendo o pedido conter a identificação do requerente e a especificação da informação requerida.

§ 1º. Para o acesso a informações de interesse público, a identificação do requerente não pode conter exigências que inviabilizem a solicitação.

§ 2º. Os órgãos e entidades do poder público devem viabilizar alternativa de encaminhamento de pedidos de acesso por meio de seus sítios oficiais na internet.

§ 3º. São vedadas quaisquer exigências relativas aos motivos determinantes da solicitação de informações de interesse público.

Art. 11. O órgão ou entidade pública deverá autorizar ou conceder o acesso imediato à informação disponível.

§ 1º. Não sendo possível conceder o acesso imediato, na forma disposta no *caput*, o órgão ou entidade que receber o pedido deverá, em prazo não superior a 20 (vinte) dias:

I – comunicar a data, local e modo para se realizar a consulta, efetuar a reprodução ou obter a certidão;

II – indicar as razões de fato ou de direito da recusa, total ou parcial, do acesso pretendido; ou

III – comunicar que não possui a informação, indicar, se for do seu conhecimento, o órgão ou a entidade que a detém, ou, ainda, remeter o requerimento a esse órgão ou entidade, cientificando o interessado da remessa de seu pedido de informação.

§ 2º. O prazo referido no § 1º poderá ser prorrogado por mais 10 (dez) dias, mediante justificativa expressa, da qual será cientificado o requerente.

§ 3º. Sem prejuízo da segurança e da proteção das informações e do cumprimento da legislação aplicável, o órgão ou entidade poderá oferecer meios para que o próprio requerente possa pesquisar a informação de que necessitar.

§ 4º. Quando não for autorizado o acesso por se tratar de informação total ou parcialmente sigilosa, o requerente deverá ser informado sobre a possibilidade de recurso, prazos e condições para sua interposição, devendo, ainda, ser-lhe indicada a autoridade competente para sua apreciação.

§ 5º A informação armazenada em formato digital será fornecida nesse formato, caso haja anuência do requerente.

§ 6º. Caso a informação solicitada esteja disponível ao público em formato impresso, eletrônico ou em qualquer outro meio de acesso universal, serão informados ao requerente, por escrito, o lugar e a forma pela qual se poderá consultar, obter ou reproduzir a referida informação, procedimento esse que desonerará o órgão ou entidade pública da obrigação de seu fornecimento direto, salvo se o requerente declarar não dispor de meios para realizar por si mesmo tais procedimentos.

Art. 12. O serviço de busca e fornecimento da informação é gratuito, salvo nas hipóteses de reprodução de documentos pelo órgão ou entidade pública consultada, situação em que poderá ser cobrado exclusivamente o valor necessário ao ressarcimento do custo dos serviços e dos materiais utilizados.

Parágrafo único. Estará isento de ressarcir os custos previstos no *caput* todo aquele cuja situação econômica não lhe permita fazê-lo sem prejuízo do sustento próprio ou da família, declarada nos termos da Lei nº 7.115, de 29 de agosto de 1983.

> **Atualização**: Art. 12. O serviço de busca e de fornecimento de informação é gratuito. (Redação dada pela Lei 14.129/2021, em vigor 90 dias de sua publicação oficial, para a União; 120 dias de sua publicação oficial, para os Estados e o Distrito Federal; 180 dias de sua publicação oficial, para os Municípios- DOU 30.03.2021)
>
> § 1º O órgão ou a entidade poderá cobrar exclusivamente o valor necessário ao ressarcimento dos custos dos serviços e dos materiais utilizados, quando o serviço de busca e de fornecimento da informação exigir reprodução de documentos pelo órgão ou pela entidade pública consultada. (Redação dada pela Lei 14.129/2021, em vigor 90 dias de sua publicação oficial, para a União; 120 dias de sua publicação oficial, para os Estados e o Distrito Federal; 180 dias de sua publicação oficial, para os Municípios- DOU 30.03.2021)
>
> § 2º Estará isento de ressarcir os custos previstos no § 1º deste artigo aquele cuja situação econômica não lhe permita fazê-lo sem prejuízo do sustento próprio ou da família, declarada nos termos da Lei nº 7.115, de 29 de agosto de 1983. (Acrescido pela Lei 14.129/2021, em vigor 90 dias de sua publicação oficial, para a União; 120 dias de sua publicação oficial, para os Estados e o Distrito Federal; 180 dias de sua publicação oficial, para os Municípios – DOU 30.03.2021)

Art. 13. Quando se tratar de acesso à informação contida em documento cuja manipulação possa prejudicar sua integridade, deverá ser oferecida a consulta de cópia, com certificação de que esta confere com o original.

Parágrafo único. Na impossibilidade de obtenção de cópias, o interessado poderá solicitar que, a suas expensas e sob supervisão de servidor público, a reprodução seja feita por outro meio que não ponha em risco a conservação do documento original.

Art. 14. É direito do requerente obter o inteiro teor de decisão de negativa de acesso, por certidão ou cópia.

SEÇÃO II.
DOS RECURSOS

Art. 15. No caso de indeferimento de acesso a informações ou às razões da negativa do acesso, poderá o interessado interpor recurso contra a decisão no prazo de 10 (dez) dias a contar da sua ciência.

Parágrafo único. O recurso será dirigido à autoridade hierarquicamente superior à que exarou a decisão impugnada, que deverá se manifestar no prazo de 5 (cinco) dias.

Art. 16. Negado o acesso a informação pelos órgãos ou entidades do Poder Executivo Federal, o requerente poderá recorrer à Controladoria-Geral da União, que deliberará no prazo de 5 (cinco) dias se:

I – o acesso à informação não classificada como sigilosa for negado;

II – a decisão de negativa de acesso à informação total ou parcialmente classificada como sigilosa não indicar a autoridade classificadora ou a hierarquicamente superior a quem possa ser dirigido pedido de acesso ou desclassificação;

III – os procedimentos de classificação de informação sigilosa estabelecidos nesta Lei não tiverem sido observados; e

IV – estiverem sendo descumpridos prazos ou outros procedimentos previstos nesta Lei.

§ 1º. O recurso previsto neste artigo somente poderá ser dirigido à Controladoria-Geral da União depois de submetido à apreciação de pelo menos uma autoridade hierarquicamente superior àquela que exarou a decisão impugnada, que deliberará no prazo de 5 (cinco) dias.

§ 2º. Verificada a procedência das razões do recurso, a Controladoria-Geral da União determinará ao órgão ou entidade que adote as providências necessárias para dar cumprimento ao disposto nesta Lei.

§ 3º. Negado o acesso à informação pela Controladoria-Geral da União, poderá ser interposto recurso à Comissão Mista de Reavaliação de Informações, a que se refere o art. 35.

Art. 17. No caso de indeferimento de pedido de desclassificação de informação protocolado em órgão da administração pública federal, poderá o requerente recorrer ao Ministro de Estado da área, sem prejuízo das competências da Comissão Mista de Reavaliação de Informações, previstas no art. 35, e do disposto no art. 16.

§ 1º. O recurso previsto neste artigo somente poderá ser dirigido às autoridades mencionadas depois de submetido à apreciação de pelo menos uma autoridade hierarquicamente superior à autoridade que exarou a decisão impugnada e, no caso das Forças Armadas, ao respectivo Comando.

§ 2º. Indeferido o recurso previsto no *caput* que tenha como objeto a desclassificação de informação secreta ou ultrassecreta, caberá recurso à Comissão Mista de Reavaliação de Informações prevista no art. 35.

Art. 18. Os procedimentos de revisão de decisões denegatórias proferidas no recurso previsto no art. 15 e de revisão de classificação de documentos sigilosos serão objeto de regulamentação própria dos Poderes Legislativo e Judiciário e do Ministério Público, em seus respectivos âmbitos, assegurado ao solicitante, em qualquer caso, o direito de ser informado sobre o andamento de seu pedido.

Art. 19. (VETADO).

§ 1º. (VETADO).

§ 2º. Os órgãos do Poder Judiciário e do Ministério Público informarão ao Conselho Nacional de Justiça e ao Conselho Nacional do Ministério Público, respectivamente, as decisões que, em grau de recurso, negarem acesso a informações de interesse público.

Art. 20. Aplica-se subsidiariamente, no que couber, a Lei nº 9.784, de 29 de janeiro de 1999, ao procedimento de que trata este Capítulo.

CAPÍTULO IV.
DAS RESTRIÇÕES DE ACESSO À INFORMAÇÃO

SEÇÃO I.
DISPOSIÇÕES GERAIS

Art. 21. Não poderá ser negado acesso à informação necessária à tutela judicial ou administrativa de direitos fundamentais.

Parágrafo único. As informações ou documentos que versem sobre condutas que impliquem violação dos direitos humanos praticada por agentes públicos ou a mando de autoridades públicas não poderão ser objeto de restrição de acesso.

Art. 22. O disposto nesta Lei não exclui as demais hipóteses legais de sigilo e de segredo de justiça nem as hipóteses de segredo industrial decorrentes da exploração direta de atividade econômica pelo Estado ou por pessoa física ou entidade privada que tenha qualquer vínculo com o poder público.

SEÇÃO II.
DA CLASSIFICAÇÃO DA INFORMAÇÃO QUANTO AO GRAU E PRAZOS DE SIGILO

Art. 23. São consideradas imprescindíveis à segurança da sociedade ou do Estado e, portanto, passíveis de classificação as informações cuja divulgação ou acesso irrestrito possam:

I – pôr em risco a defesa e a soberania nacionais ou a integridade do território nacional;

II – prejudicar ou pôr em risco a condução de negociações ou as relações internacionais do País, ou as que tenham sido fornecidas em caráter sigiloso por outros Estados e organismos internacionais;

III – pôr em risco a vida, a segurança ou a saúde da população;

IV – oferecer elevado risco à estabilidade financeira, econômica ou monetária do País;

V – prejudicar ou causar risco a planos ou operações estratégicos das Forças Armadas;

VI – prejudicar ou causar risco a projetos de pesquisa e desenvolvimento científico ou tecnológico, assim como a sistemas, bens, instalações ou áreas de interesse estratégico nacional;

VII – pôr em risco a segurança de instituições ou de altas autoridades nacionais ou estrangeiras e seus familiares; ou

VIII – comprometer atividades de inteligência, bem como de investigação ou fiscalização em andamento, relacionadas com a prevenção ou repressão de infrações.

Art. 24. A informação em poder dos órgãos e entidades públicas, observado o seu teor e em razão de sua imprescindibilidade à segurança da sociedade ou do Estado, poderá ser classificada como ultrassecreta, secreta ou reservada.

§ 1º. Os prazos máximos de restrição de acesso à informação, conforme a classificação prevista no *caput*, vigoram a partir da data de sua produção e são os seguintes:

I – ultrassecreta: 25 (vinte e cinco) anos;

II – secreta: 15 (quinze) anos; e

III – reservada: 5 (cinco) anos.

§ 2º. As informações que puderem colocar em risco a segurança do Presidente e Vice-Presidente da República e respectivos cônjuges e filhos(as) serão classificadas como reservadas e ficarão sob sigilo até o término do mandato em exercício ou do último mandato, em caso de reeleição.

§ 3º. Alternativamente aos prazos previstos no § 1º, poderá ser estabelecida como termo final de restrição de acesso a ocorrência de determinado evento, desde que este ocorra antes do transcurso do prazo máximo de classificação.

§ 4º. Transcorrido o prazo de classificação ou consumado o evento que defina o seu termo final, a informação tornar-se-á, automaticamente, de acesso público.

§ 5º. Para a classificação da informação em determinado grau de sigilo, deverá ser observado o interesse público da informação e utilizado o critério menos restritivo possível, considerados:

I – a gravidade do risco ou dano à segurança da sociedade e do Estado; e

II – o prazo máximo de restrição de acesso ou o evento que defina seu termo final.

SEÇÃO III.
DA PROTEÇÃO E DO CONTROLE DE INFORMAÇÕES SIGILOSAS

- Decreto 7.845/2012 – Regulamenta procedimentos para credenciamento de segurança e tratamento de informação classificada em qualquer grau de sigilo, e dispõe sobre o Núcleo de Segurança e Credenciamento.

Art. 25. É dever do Estado controlar o acesso e a divulgação de informações sigilosas produzidas por seus órgãos e entidades, assegurando a sua proteção.

§ 1º. O acesso, a divulgação e o tratamento de informação classificada como sigilosa ficarão restritos a pessoas que tenham necessidade de conhecê-la e que sejam devidamente credenciadas na forma do regulamento, sem prejuízo das atribuições dos agentes públicos autorizados por lei.

§ 2º. O acesso à informação classificada como sigilosa cria a obrigação para aquele que a obteve de resguardar o sigilo.

§ 3º. Regulamento disporá sobre procedimentos e medidas a serem adotados para o tratamento de informação sigilosa, de modo a protegê-la contra perda, alteração indevida, acesso, transmissão e divulgação não autorizados.

Art. 26. As autoridades públicas adotarão as providências necessárias para que o pessoal a elas subordinado hierarquicamente conheça as normas e observe as medidas e procedimentos de segurança para tratamento de informações sigilosas.

Parágrafo único. A pessoa física ou entidade privada que, em razão de qualquer vínculo com o poder público, executar atividades de tratamento de informações sigilosas adotará as providências necessárias para que seus empregados, prepostos ou representantes observem as medidas e procedimentos de segurança das informações resultantes da aplicação desta Lei.

SEÇÃO IV.
DOS PROCEDIMENTOS DE CLASSIFICAÇÃO, RECLASSIFICAÇÃO E DESCLASSIFICAÇÃO

- Decreto 7.845/2012 – Regulamenta procedimentos para credenciamento de segurança e tratamento de informação classificada em qualquer grau de sigilo, e dispõe sobre o Núcleo de Segurança e Credenciamento.

Art. 27. A classificação do sigilo de informações no âmbito da administração pública federal é de competência:

I – no grau de ultrassecreto, das seguintes autoridades:

a) Presidente da República;

b) Vice-Presidente da República;

c) Ministros de Estado e autoridades com as mesmas prerrogativas;

d) Comandantes da Marinha, do Exército e da Aeronáutica; e

e) Chefes de Missões Diplomáticas e Consulares permanentes no exterior;

II – no grau de secreto, das autoridades referidas no inciso I, dos titulares de autarquias, fundações ou empresas públicas e sociedades de economia mista; e

III – no grau de reservado, das autoridades referidas nos incisos I e II e das que exerçam funções de direção, comando ou chefia, nível DAS 101.5, ou superior, do Grupo-Direção e Assessoramento Superiores, ou de hierarquia equivalente, de acordo com regulamentação específica de cada órgão ou entidade, observado o disposto nesta Lei.

§ 1º. A competência prevista nos incisos I e II, no que se refere à classificação como ultrassecreta e secreta, poderá ser delegada pela autoridade responsável a agente público, inclusive em missão no exterior, vedada a subdelegação.

§ 2º. A classificação de informação no grau de sigilo ultrassecreto pelas autoridades previstas nas alíneas d e e do inciso I deverá ser ratificada pelos respectivos Ministros de Estado, no prazo previsto em regulamento.

§ 3º. A autoridade ou outro agente público que classificar informação como ultrassecreta deverá encaminhar a decisão de que trata o art. 28 à Comissão Mista de Reavaliação de Informações, a que se refere o art. 35, no prazo previsto em regulamento.

Art. 28. A classificação de informação em qualquer grau de sigilo deverá ser formalizada em decisão que conterá, no mínimo, os seguintes elementos:

I – assunto sobre o qual versa a informação;

II – fundamento da classificação, observados os critérios estabelecidos no art. 24;

III – indicação do prazo de sigilo, contado em anos, meses ou dias, ou do evento que defina o seu termo final, conforme limites previstos no art. 24; e

IV – identificação da autoridade que a classificou.

Parágrafo único. A decisão referida no *caput* será mantida no mesmo grau de sigilo da informação classificada.

Art. 29. A classificação das informações será reavaliada pela autoridade classificadora ou por autoridade hierarquicamente superior, mediante provocação ou de ofício, nos termos e prazos previstos em regulamento, com vistas à sua desclassificação ou à redução do prazo de sigilo, observado o disposto no art. 24.

§ 1º. O regulamento a que se refere o *caput* deverá considerar as peculiaridades das informações produzidas no exterior por autoridades ou agentes públicos.

§ 2º. Na reavaliação a que se refere o *caput*, deverão ser examinadas a permanência dos motivos do sigilo e a possibilidade de danos decorrentes do acesso ou da divulgação da informação.

§ 3º. Na hipótese de redução do prazo de sigilo da informação, o novo prazo de restrição manterá como termo inicial a data da sua produção.

Art. 30. A autoridade máxima de cada órgão ou entidade publicará, anualmente, em sítio à disposição na internet e destinado à veiculação de dados e informações administrativas, nos termos de regulamento:

I – rol das informações que tenham sido desclassificadas nos últimos 12 (doze) meses;

II – rol de documentos classificados em cada grau de sigilo, com identificação para referência futura;

III – relatório estatístico contendo a quantidade de pedidos de informação recebidos, atendidos e indeferidos, bem como informações genéricas sobre os solicitantes.

§ 1º. Os órgãos e entidades deverão manter exemplar da publicação prevista no *caput* para consulta pública em suas sedes.

§ 2º. Os órgãos e entidades manterão extrato com a lista de informações classificadas, acompanhadas da data, do grau de sigilo e dos fundamentos da classificação.

SEÇÃO V.
DAS INFORMAÇÕES PESSOAIS

Art. 31. O tratamento das informações pessoais deve ser feito de forma transparente e com respeito à intimidade, vida privada, honra e imagem das pessoas, bem como às liberdades e garantias individuais.

§ 1º. As informações pessoais, a que se refere este artigo, relativas à intimidade, vida privada, honra e imagem:

I – terão seu acesso restrito, independentemente de classificação de sigilo e pelo prazo máximo de 100 (cem) anos a contar da sua data de produção, a agentes públicos legalmente autorizados e à pessoa a que elas se referirem; e

II – poderão ter autorizada sua divulgação ou acesso por terceiros diante de previsão legal ou consentimento expresso da pessoa a que elas se referirem.

§ 2º. Aquele que obtiver acesso às informações de que trata este artigo será responsabilizado por seu uso indevido.

§ 3º. O consentimento referido no inciso II do § 1º não será exigido quando as informações forem necessárias:

I – à prevenção e diagnóstico médico, quando a pessoa estiver física ou legalmente incapaz, e para utilização única e exclusivamente para o tratamento médico;

II – à realização de estatísticas e pesquisas científicas de evidente interesse público ou geral, previstos em lei, sendo vedada a identificação da pessoa a que as informações se referirem;

III – ao cumprimento de ordem judicial;

IV – à defesa de direitos humanos; ou

V – à proteção do interesse público e geral preponderante.

§ 4º. A restrição de acesso à informação relativa à vida privada, honra e imagem de pessoa não poderá ser invocada com o intuito de prejudicar processo de apuração de irregularidades em que o titular das informações estiver envolvido, bem como em ações voltadas para a recuperação de fatos históricos de maior relevância.

§ 5º. Regulamento disporá sobre os procedimentos para tratamento de informação pessoal.

CAPÍTULO V.
DAS RESPONSABILIDADES

Art. 32. Constituem condutas ilícitas que ensejam responsabilidade do agente público ou militar:

I – recusar-se a fornecer informação requerida nos termos desta Lei, retardar deliberadamente o seu fornecimento ou fornecê-la intencionalmente de forma incorreta, incompleta ou imprecisa;

II – utilizar indevidamente, bem como subtrair, destruir, inutilizar, desfigurar, alterar ou ocultar, total ou parcialmente, informação que se encontre sob sua guarda ou a que tenha acesso ou conhecimento em razão do exercício das atribuições de cargo, emprego ou função pública;

III – agir com dolo ou má-fé na análise das solicitações de acesso à informação;

IV – divulgar ou permitir a divulgação ou acessar ou permitir acesso indevido à informação sigilosa ou informação pessoal;

V – impor sigilo à informação para obter proveito pessoal ou de terceiro, ou para fins de ocultação de ato ilegal cometido por si ou por outrem;

VI – ocultar da revisão de autoridade superior competente informação sigilosa para beneficiar a si ou a outrem, ou em prejuízo de terceiros; e

VII – destruir ou subtrair, por qualquer meio, documentos concernentes a possíveis violações de direitos humanos por parte de agentes do Estado.

§ 1º. Atendido o princípio do contraditório, da ampla defesa e do devido processo legal, as condutas descritas no *caput* serão consideradas:

I – para fins dos regulamentos disciplinares das Forças Armadas, transgressões militares médias ou graves, segundo os critérios neles estabelecidos, desde que não tipificadas em lei como crime ou contravenção penal; ou

II – para fins do disposto na Lei nº 8.112, de 11 de dezembro de 1990, e suas alterações, infrações administrativas, que deverão ser apenadas, no mínimo, com suspensão, segundo os critérios nela estabelecidos.

§ 2º. Pelas condutas descritas no *caput*, poderá o militar ou agente público responder, também, por improbidade administrativa, conforme o disposto nas Leis nºs 1.079, de 10 de abril de 1950, e 8.429, de 2 de junho de 1992.

Art. 33. A pessoa física ou entidade privada que detiver informações em virtude de vínculo de qualquer natureza com o poder público e deixar de observar o disposto nesta Lei estará sujeita às seguintes sanções:

I – advertência;

II – multa;

III – rescisão do vínculo com o poder público;

IV – suspensão temporária de participar em licitação e impedimento de contratar com a administração pública por prazo não superior a 2 (dois) anos; e

V – declaração de inidoneidade para licitar ou contratar com a administração pública, até que seja promovida a reabilitação perante a própria autoridade que aplicou a penalidade.

§ 1º. As sanções previstas nos incisos I, III e IV poderão ser aplicadas juntamente com a do inciso II, assegurado o direito de defesa do interessado, no respectivo processo, no prazo de 10 (dez) dias.

§ 2º. A reabilitação referida no inciso V será autorizada somente quando o interessado efetivar o ressarcimento ao órgão ou entidade dos prejuízos resultantes e após decorrido o prazo da sanção aplicada com base no inciso IV.

§ 3º. A aplicação da sanção prevista no inciso V é de competência exclusiva da autoridade máxima do órgão ou entidade pública, facultada a defesa do interessado, no respectivo processo, no prazo de 10 (dez) dias da abertura de vista.

Art. 34. Os órgãos e entidades públicas respondem diretamente pelos danos causados em decorrência da divulgação não autorizada ou utilização indevida de informações sigilosas ou informações pessoais, cabendo a apuração de responsabilidade funcional nos casos de dolo ou culpa, assegurado o respectivo direito de regresso.

Parágrafo único. O disposto neste artigo aplica-se à pessoa física ou entidade privada que, em virtude de vínculo de qualquer natureza com órgãos ou entidades, tenha acesso a informação sigilosa ou pessoal e a submeta a tratamento indevido.

CAPÍTULO VI. DISPOSIÇÕES FINAIS E TRANSITÓRIAS

- Decreto 7.845/2012 – Regulamenta procedimentos para credenciamento de segurança e tratamento de informação classificada em qualquer grau de sigilo, e dispõe sobre o Núcleo de Segurança e Credenciamento.

Art. 35. (VETADO).

§ 1º. É instituída a Comissão Mista de Reavaliação de Informações, que decidirá, no âmbito da administração pública federal, sobre o tratamento e a classificação de informações sigilosas e terá competência para:

I – requisitar da autoridade que classificar informação como ultrassecreta e secreta esclarecimento ou conteúdo, parcial ou integral da informação;

II – rever a classificação de informações ultrassecretas ou secretas, de ofício ou mediante provocação de pessoa interessada, observado o disposto no art. 7º e demais dispositivos desta Lei; e

III - prorrogar o prazo de sigilo de informação classificada como ultrassecreta, sempre por prazo determinado, enquanto o seu acesso ou divulgação puder ocasionar ameaça externa à soberania nacional ou à integridade do território nacional ou grave risco às relações internacionais do País, observado o prazo previsto no § 1º do art. 24.

§ 2º. O prazo referido no inciso III é limitado a uma única renovação.

§ 3º. A revisão de ofício a que se refere o inciso II do § 1º deverá ocorrer, no máximo, a cada 4 (quatro) anos, após a reavaliação prevista no art. 39, quando se tratar de documentos ultrassecretos ou secretos.

§ 4º. A não deliberação sobre a revisão pela Comissão Mista de Reavaliação de Informações nos prazos previstos no § 3º implicará a desclassificação automática das informações.

§ 5º. Regulamento disporá sobre a composição, organização e funcionamento da Comissão Mista de Reavaliação de Informações, observado o mandato de 2 (dois) anos para seus integrantes e demais disposições desta Lei.

Art. 36. O tratamento de informação sigilosa resultante de tratados, acordos ou atos internacionais atenderá às normas e recomendações constantes desses instrumentos.

Art. 37. É instituído, no âmbito do Gabinete de Segurança Institucional da Presidência da República, o Núcleo de Segurança e Credenciamento (NSC), que tem por objetivos:

I – promover e propor a regulamentação do credenciamento de segurança de pessoas físicas, empresas, órgãos e entidades para tratamento de informações sigilosas; e

II – garantir a segurança de informações sigilosas, inclusive aquelas provenientes de países ou organizações internacionais com os quais a República Federativa do Brasil tenha firmado tratado, acordo, contrato ou qualquer outro ato internacional, sem prejuízo das atribuições do Ministério das Relações Exteriores e dos demais órgãos competentes.

Parágrafo único. Regulamento disporá sobre a composição, organização e funcionamento do NSC.

Art. 38. Aplica-se, no que couber, a Lei nº 9.507, de 12 de novembro de 1997, em relação à informação de pessoa, física ou jurídica, constante de registro ou banco de dados de entidades governamentais ou de caráter público.

Art. 39. Os órgãos e entidades públicas deverão proceder à reavaliação das informações classificadas como ultrassecretas e secretas no prazo máximo de 2 (dois) anos, contado do termo inicial de vigência desta Lei.

§ 1º. A restrição de acesso a informações, em razão da reavaliação prevista no *caput*, deverá observar os prazos e condições previstos nesta Lei.

§ 2º. No âmbito da administração pública federal, a reavaliação prevista no *caput* poderá ser revista, a qualquer tempo, pela Comissão Mista de Reavaliação de Informações, observados os termos desta Lei.

§ 3º. Enquanto não transcorrido o prazo de reavaliação previsto no *caput*, será mantida a classificação da informação nos termos da legislação precedente.

§ 4º. As informações classificadas como secretas e ultrassecretas não reavaliadas no prazo previsto no *caput* serão consideradas, automaticamente, de acesso público.

Art. 40. No prazo de 60 (sessenta) dias, a contar da vigência desta Lei, o dirigente máximo de cada órgão ou entidade da administração pública federal direta e indireta designará autoridade que lhe seja diretamente subordinada para, no âmbito do respectivo órgão ou entidade, exercer as seguintes atribuições:

I – assegurar o cumprimento das normas relativas ao acesso a informação, de forma eficiente e adequada aos objetivos desta Lei;

II – monitorar a implementação do disposto nesta Lei e apresentar relatórios periódicos sobre o seu cumprimento;

III – recomendar as medidas indispensáveis à implementação e ao aperfeiçoamento das normas e procedimentos necessários ao correto cumprimento do disposto nesta Lei; e

IV – orientar as respectivas unidades no que se refere ao cumprimento do disposto nesta Lei e seus regulamentos.

Art. 41. O Poder Executivo Federal designará órgão da administração pública federal responsável:

I – pela promoção de campanha de abrangência nacional de fomento à cultura da transparência na administração pública e conscientização do direito fundamental de acesso à informação;

II – pelo treinamento de agentes públicos no que se refere ao desenvolvimento de práticas relacionadas à transparência na administração pública;

III – pelo monitoramento da aplicação da lei no âmbito da administração pública federal, concentrando e consolidando a publicação de informações estatísticas relacionadas no art. 30;

IV – pelo encaminhamento ao Congresso Nacional de relatório anual com informações atinentes à implementação desta Lei.

Art. 42. O Poder Executivo regulamentará o disposto nesta Lei no prazo de 180 (cento e oitenta) dias a contar da data de sua publicação.

Art. 43. O inciso VI do art. 116 da Lei nº 8.112, de 11 de dezembro de 1990, passa a vigorar com a seguinte redação:

- Alteração incorporada ao texto da referida lei.

Art. 44. O CAPÍTULO IV do TÍTULO IV da Lei nº 8.112, de 1990, passa a vigorar acrescido do seguinte art. 126-A:

- Alteração incorporada ao texto da referida lei.

Art. 45. Cabe aos Estados, ao Distrito Federal e aos Municípios, em legislação própria, obedecidas as normas gerais estabelecidas nesta Lei, definir regras específicas, especialmente quanto ao disposto no art. 9º e na Seção II do CAPÍTULO III.

Art. 46. Revogam-se:

I – a Lei nº 11.111, de 5 de maio de 2005; e

II – os arts. 22 a 24 da Lei nº 8.159, de 8 de janeiro de 1991.

Art. 47. Esta Lei entra em vigor 180 (cento e oitenta) dias após a data de sua publicação.

Brasília, 18 de novembro de 2011; 190º da Independência e 123º da República.

DILMA ROUSSEFF

Publicado no D.O.U. 18.11.2011, Ed. Extra

LEI Nº 12.528, DE 18 DE NOVEMBRO DE 2011

Cria a Comissão Nacional da Verdade no âmbito da Casa Civil da Presidência da República.

- *Comissão Nacional da Verdade*

A PRESIDENTA DA REPÚBLICA

Faço saber que o Congresso Nacional decreta e eu sanciono a seguinte Lei:

Art. 1º É criada, no âmbito da Casa Civil da Presidência da República, a Comissão Nacional da Verdade, com a finalidade de examinar e esclarecer as graves violações de direitos humanos praticadas no período fixado no art. 8º do Ato das Disposições Constitucionais Transitórias, a fim de efetivar o direito à memória e à verdade histórica e promover a reconciliação nacional.

Art. 2º A Comissão Nacional da Verdade, composta de forma pluralista, será integrada por 7 (sete) membros, designados pelo Presidente da República, dentre brasileiros, de reconhecida idoneidade e conduta ética, identificados com a defesa da democracia e da institucionalidade constitucional, bem como com o respeito aos direitos humanos.

§ 1º Não poderão participar da Comissão Nacional da Verdade aqueles que:

I – exerçam cargos executivos em agremiação partidária, com exceção daqueles de natureza honorária;

II – não tenham condições de atuar com imparcialidade no exercício das competências da Comissão;

III – estejam no exercício de cargo em comissão ou função de confiança em quaisquer esferas do poder público.

§ 2º Os membros serão designados para mandato com duração até o término dos trabalhos da Comissão Nacional da Verdade, a qual será considerada extinta após a publicação do relatório mencionado no art. 11.

§ 3º A participação na Comissão Nacional da Verdade será considerada serviço público relevante.

Art. 3º São objetivos da Comissão Nacional da Verdade:

I – esclarecer os fatos e as circunstâncias dos casos de graves violações de direitos humanos mencionados no *caput* do art. 1º;

II – promover o esclarecimento circunstanciado dos casos de torturas, mortes, desaparecimentos forçados, ocultação de cadáveres e sua autoria, ainda que ocorridos no exterior;

III – identificar e tornar públicos as estruturas, os locais, as instituições e as circunstâncias relacionados à prática de violações de direitos humanos mencionadas no *caput* do art. 1º e suas eventuais ramificações nos diversos aparelhos estatais e na sociedade;

IV – encaminhar aos órgãos públicos competentes toda e qualquer informação obtida que possa auxiliar na localização e identificação de corpos e restos mortais de desaparecidos políticos, nos termos do art. 1º da Lei nº 9.140, de 4 de dezembro de 1995;

V – colaborar com todas as instâncias do poder público para apuração de violação de direitos humanos;

VI – recomendar a adoção de medidas e políticas públicas para prevenir violação de direitos humanos, assegurar sua não repetição e promover a efetiva reconciliação nacional; e

VII – promover, com base nos informes obtidos, a reconstrução da história dos casos de graves violações de direitos humanos, bem como colaborar para que seja prestada assistência às vítimas de tais violações.

Art. 4º Para execução dos objetivos previstos no art. 3º, a Comissão Nacional da Verdade poderá:

I – receber testemunhos, informações, dados e documentos que lhe forem encaminhados voluntariamente, assegurada a não identificação do detentor ou depoente, quando solicitada;

II – requisitar informações, dados e documentos de órgãos e entidades do poder público, ainda que classificados em qualquer grau de sigilo;

III – convocar, para entrevistas ou testemunho, pessoas que possam guardar qualquer relação com os fatos e circunstâncias examinados;

IV – determinar a realização de perícias e diligências para coleta ou recuperação de informações, documentos e dados;

V – promover audiências públicas;

VI – requisitar proteção aos órgãos públicos para qualquer pessoa que se encontre em situação de ameaça em razão de sua colaboração com a Comissão Nacional da Verdade;

VII – promover parcerias com órgãos e entidades, públicos ou privados, nacionais ou internacionais, para o intercâmbio de informações, dados e documentos; e

VIII – requisitar o auxílio de entidades e órgãos públicos.

§ 1º As requisições previstas nos incisos II, VI e VIII serão realizadas diretamente aos órgãos e entidades do poder público.

§ 2º Os dados, documentos e informações sigilosos fornecidos à Comissão Nacional da Verdade não poderão ser divulgados ou disponibilizados a terceiros, cabendo a seus membros resguardar seu sigilo.

§ 3º É dever dos servidores públicos e dos militares colaborar com a Comissão Nacional da Verdade.

§ 4º As atividades da Comissão Nacional da Verdade não terão caráter jurisdicional ou persecutório.

§ 5º A Comissão Nacional da Verdade poderá requerer ao Poder Judiciário acesso a informações, dados e documentos públicos ou privados necessários para o desempenho de suas atividades.

§ 6º Qualquer cidadão que demonstre interesse em esclarecer situação de fato revelada ou declarada pela Comissão terá a prerrogativa de solicitar ou prestar informações para fins de estabelecimento da verdade.

Art. 5º As atividades desenvolvidas pela Comissão Nacional da Verdade serão públicas, exceto nos casos em que, a seu critério, a manutenção de sigilo seja relevante para o alcance de seus objetivos ou para resguardar a intimidade, a vida privada, a honra ou a imagem de pessoas.

Art. 6º Observadas as disposições da Lei nº 6.683, de 28 de agosto de 1979, a Comissão Nacional da Verdade poderá atuar de forma articulada e integrada com os demais órgãos públicos, especialmente com o Arquivo Nacional, a Comissão de Anistia, criada pela Lei nº 10.559, de 13 de novembro de 2002, e a Comissão Especial sobre mortos e desaparecidos políticos, criada pela Lei nº 9.140, de 4 de dezembro de 1995.

Art. 7º Os membros da Comissão Nacional da Verdade perceberão o valor mensal de R$ 11.179,36 (onze mil, cento e setenta e nove reais e trinta e seis centavos) pelos serviços prestados.

§ 1º O servidor ocupante de cargo efetivo, o militar ou o empregado permanente de qualquer dos Poderes da União, dos Estados, dos Municípios ou do Distrito Federal, designados como membros da Comissão, manterão a remuneração que percebem no órgão ou entidade de origem acrescida da diferença entre esta, se de menor valor, e o montante previsto no *caput*.

§ 2º A designação de servidor público federal da administração direta ou indireta ou de militar das Forças Armadas implicará a dispensa das suas atribuições do cargo.

§ 3º Além da remuneração prevista neste artigo, os membros da Comissão receberão passagens e diárias para atender aos deslocamentos, em razão do serviço, que exijam viagem para fora do local de domicílio.

Art. 8º A Comissão Nacional da Verdade poderá firmar parcerias com instituições de ensino superior ou organismos internacionais para o desenvolvimento de suas atividades.

Art. 9º São criados, a partir de 1º de janeiro de 2011, no âmbito da administração pública federal, para exercício na Comissão Nacional da Verdade, os seguintes cargos em comissão do Grupo- Direção e Assessoramento Superiores:

I – 1 (um) DAS-5;

II – 10 (dez) DAS-4; e

III – 3 (três) DAS-3.

Parágrafo único. Os cargos previstos neste artigo serão automaticamente extintos após o término do prazo dos trabalhos da Comissão Nacional da Verdade, e os seus ocupantes, exonerados.

Art. 10. A Casa Civil da Presidência da República dará o suporte técnico, administrativo e financeiro necessário ao desenvolvimento das atividades da Comissão Nacional da Verdade.

Art. 11. A Comissão Nacional da Verdade terá prazo até 16 de dezembro de 2014, para a conclusão dos trabalhos, e deverá apresentar, ao final, relatório circunstanciado contendo as atividades realizadas, os fatos examinados, as conclusões e as recomendações. *("Caput" do artigo com redação dada pela Lei 12.998/2014)*

Parágrafo único. Todo o acervo documental e de multimídia resultante da conclusão dos trabalhos da Comissão Nacional da Verdade deverá ser encaminhado ao Arquivo Nacional para integrar o Projeto Memórias Reveladas.

Art. 12. O Poder Executivo regulamentará o disposto nesta Lei.

Art. 13. Esta Lei entra em vigor na data de sua publicação.

Brasília, 18 de novembro de 2011; 190º da Independência e 123º da República.

DILMA ROUSSEFF
Jose Eduardo Cardozo
Celso Luiz Nunes Amorim
Miriam Belchior
Maria do Rosário Nunes

LEI Nº 12.529, DE 30 DE NOVEMBRO DE 2011

Estrutura o Sistema Brasileiro de Defesa da Concorrência; dispõe sobre a prevenção e repressão às infrações contra a ordem econômica; altera a Lei nº 8.137, de 27 de dezembro de 1990, o Decreto-Lei nº 3.689, de 3 de outubro de 1941 – Código de Processo Penal, e a Lei nº 7.347, de 24 de julho de 1985; revoga dispositivos da Lei nº 8.884, de 11 de junho de 1994, e a Lei nº 9.781, de 19 de janeiro de 1999; e dá outras providências.

▸ *Defesa da concorrência*

A PRESIDENTA DA REPÚBLICA Faço saber que o Congresso Nacional decreta e eu sanciono a seguinte Lei:

TÍTULO I. DISPOSIÇÕES GERAIS

CAPÍTULO I. DA FINALIDADE

Art. 1º. Esta Lei estrutura o Sistema Brasileiro de Defesa da Concorrência – SBDC e dispõe sobre a prevenção e a repressão às infrações contra a ordem econômica, orientada pelos ditames constitucionais de liberdade de iniciativa, livre concorrência, função social da propriedade, defesa dos consumidores e repressão ao abuso do poder econômico.

› Lei 8.137/1990 – Define crimes contra a ordem tributária, econômica e contra as relações de consumo.

Parágrafo único. A coletividade é a titular dos bens jurídicos protegidos por esta Lei.

CAPÍTULO II. DA TERRITORIALIDADE

Art. 2º. Aplica-se esta Lei, sem prejuízo de convenções e tratados de que seja signatário o Brasil, às práticas cometidas no todo ou em parte no território nacional ou que nele produzam ou possam produzir efeitos.

§ 1º. Reputa-se domiciliada no território nacional a empresa estrangeira que opere ou tenha no Brasil filial, agência, sucursal, escritório, estabelecimento, agente ou representante.

§ 2º. A empresa estrangeira será notificada e intimada de todos os atos processuais previstos nesta Lei, independentemente de procuração ou de disposição contratual ou estatutária, na pessoa do agente ou representante ou pessoa responsável por sua filial, agência, sucursal, estabelecimento ou escritório instalado no Brasil.

TÍTULO II. DO SISTEMA BRASILEIRO DE DEFESA DA CONCORRÊNCIA

CAPÍTULO I. DA COMPOSIÇÃO

Art. 3º. O SBDC é formado pelo Conselho Administrativo de Defesa Econômica – Cade e pela Secretaria de Acompanhamento Econômico do Ministério da Fazenda, com as atribuições previstas nesta Lei.

CAPÍTULO II. DO CONSELHO ADMINISTRATIVO DE DEFESA ECONÔMICA – CADE

Art. 4º. O Cade é entidade judicante com jurisdição em todo o território nacional, que se constitui em autarquia federal, vinculada ao Ministério da Justiça, com sede e foro no Distrito Federal, e competências previstas nesta Lei.

SEÇÃO I. DA ESTRUTURA ORGANIZACIONAL DO CADE

Art. 5º. O Cade é constituído pelos seguintes órgãos:

I – Tribunal Administrativo de Defesa Econômica;
II – Superintendência-Geral; e
III – Departamento de Estudos Econômicos.

SEÇÃO II. DO TRIBUNAL ADMINISTRATIVO DE DEFESA ECONÔMICA

Art. 6º. O Tribunal Administrativo, órgão judicante, tem como membros um Presidente e seis Conselheiros escolhidos dentre cidadãos com mais de 30 (trinta) anos de idade, de notório saber jurídico ou econômico e reputação ilibada, nomeados pelo Presidente da República, depois de aprovados pelo Senado Federal.

§ 1º. O mandato do Presidente e dos Conselheiros é de 4 (quatro) anos, não coincidentes, vedada a recondução.

§ 2º. Os cargos de Presidente e de Conselheiro são de dedicação exclusiva, não se admitindo qualquer acumulação, salvo as constitucionalmente permitidas.

§ 3º. No caso de renúncia, morte, impedimento, falta ou perda de mandato do Presidente do Tribunal, assumirá o Conselheiro mais antigo no cargo ou o mais idoso, nessa ordem, até nova nomeação, sem prejuízo de suas atribuições.

§ 4º. No caso de renúncia, morte ou perda de mandato de Conselheiro, proceder-se-á a nova nomeação, para completar o mandato do substituído.

§ 5º. Se, nas hipóteses previstas no § 4º deste artigo, ou no caso de encerramento de mandato dos Conselheiros, a composição do Tribunal ficar reduzida a número inferior ao estabelecido no § 1º do art. 9º desta Lei, considerar-se-ão automaticamente suspensos os prazos previstos nesta Lei, e suspensa a tramitação de processos, continuando-se a contagem imediatamente após a recomposição do quorum.

Art. 7º. A perda de mandato do Presidente ou dos Conselheiros do Cade só poderá ocorrer em virtude de decisão do Senado Federal, por provocação do Presidente da República, ou em razão de condenação penal irrecorrível por crime doloso, ou de processo disciplinar de conformidade com o que prevê a Lei nº 8.112, de 11 de dezembro de 1990 e a Lei nº 8.429, de 2 de junho de 1992, e por infringência de quaisquer das vedações previstas no art. 8º desta Lei.

Parágrafo único. Também perderá o mandato, automaticamente, o membro do Tribunal que faltar a 3 (três) reuniões ordinárias consecutivas, ou 20 (vinte) intercaladas, ressalvados os afastamentos temporários autorizados pelo Plenário.

Art. 8º. Ao Presidente e aos Conselheiros é vedado:

I – receber, a qualquer título, e sob qualquer pretexto, honorários, percentagens ou custas;
II – exercer profissão liberal;
III – participar, na forma de controlador, diretor, administrador, gerente, preposto ou mandatário, de sociedade civil, comercial ou empresas de qualquer espécie;
IV – emitir parecer sobre matéria de sua especialização, ainda que em tese, ou funcionar como consultor de qualquer tipo de empresa;
V – manifestar, por qualquer meio de comunicação, opinião sobre processo pendente de julgamento, ou juízo depreciativo sobre despachos, votos ou sentenças de órgãos judiciais, ressalvada a crítica nos autos, em obras técnicas ou no exercício do magistério; e
VI – exercer atividade político-partidária.

§ 1º. É vedado ao Presidente e aos Conselheiros, por um período de 120 (cento e vinte) dias, contado da data em que deixar o cargo, representar qualquer pessoa, física ou jurídica, ou interesse perante o SBDC, ressalvada a defesa de direito próprio.

§ 2º. Durante o período mencionado no § 1º deste artigo, o Presidente e os Conselheiros receberão a mesma remuneração do cargo que ocupavam.

§ 3º. Incorre na prática de advocacia administrativa, sujeitando-se à pena prevista no art. 321 do Decreto-Lei nº 2.848, de 7 de dezembro de 1940 – Código Penal, o ex-presidente ou ex-conselheiro que violar o impedimento previsto no § 1º deste artigo.

§ 4º. É vedado, a qualquer tempo, ao Presidente e aos Conselheiros utilizar informações privilegiadas obtidas em decorrência do cargo exercido.

SUBSEÇÃO I. DA COMPETÊNCIA DO PLENÁRIO DO TRIBUNAL

Art. 9º. Compete ao Plenário do Tribunal, dentre outras atribuições previstas nesta Lei:

I – zelar pela observância desta Lei e seu regulamento e do regimento interno;
II – decidir sobre a existência de infração à ordem econômica e aplicar as penalidades previstas em lei;
III – decidir os processos administrativos para imposição de sanções administrativas por infrações à ordem econômica instaurados pela Superintendência-Geral;
IV – ordenar providências que conduzam à cessação de infração à ordem econômica, dentro do prazo que determinar;
V – aprovar os termos do compromisso de cessação de prática e do acordo em controle de concentrações, bem como determinar à Superintendência-Geral que fiscalize seu cumprimento;
VI – apreciar, em grau de recurso, as medidas preventivas adotadas pelo Conselheiro-Relator ou pela Superintendência-Geral;
VII – intimar os interessados de suas decisões;
VIII – requisitar dos órgãos e entidades da administração pública federal e requerer às autoridades dos Estados, Municípios, do Distrito Federal e dos Territórios as medidas necessárias ao cumprimento desta Lei;
IX – contratar a realização de exames, vistorias e estudos, aprovando, em cada caso, os respectivos honorários profissionais e demais despesas de processo, que deverão ser pagas pela empresa, se vier a ser punida nos termos desta Lei;
X – apreciar processos administrativos de atos de concentração econômica, na forma desta Lei, fixando, quando entender conveniente e oportuno, acordos em controle de atos de concentração;
XI – determinar à Superintendência-Geral que adote as medidas administrativas necessárias à execução e fiel cumprimento de suas decisões;
XII – requisitar serviços e pessoal de quaisquer órgãos e entidades do Poder Público Federal;
XIII – requerer à Procuradoria Federal junto ao Cade a adoção de providências administrativas e judiciais;
XIV – instruir o público sobre as formas de infração da ordem econômica;
XV – elaborar e aprovar regimento interno do Cade, dispondo sobre seu funcionamento, forma das deliberações, normas de procedimento e organização de seus serviços internos;
XVI – propor a estrutura do quadro de pessoal do Cade, observado o disposto no inciso II do *caput* do art. 37 da Constituição Federal;
XVII – elaborar proposta orçamentária nos termos desta Lei;
XVIII – requisitar informações de quaisquer pessoas, órgãos, autoridades e entidades públicas ou privadas, respeitando e mantendo o sigilo legal quando for o caso, bem como determinar as diligências que se fizerem necessárias ao exercício das suas funções; e
XIX – decidir pelo cumprimento das decisões, compromissos e acordos.

§ 1º. As decisões do Tribunal serão tomadas por maioria, com a presença mínima de 4 (quatro) membros, sendo o quorum de deliberação mínimo de 3 (três) membros.

§ 2º. As decisões do Tribunal não comportam revisão no âmbito do Poder Executivo, promovendo-se, de imediato, sua execução e comunicando-se, em seguida, ao Ministério Público, para as demais medidas legais cabíveis no âmbito de suas atribuições.

§ 3º. As autoridades federais, os diretores de autarquia, fundação, empresa pública e sociedade de economia mista federais e agências reguladoras são obrigados a prestar, sob pena de responsabilidade, toda a assistência e colaboração que lhes for solicitada pelo Cade, inclusive elaborando pareceres técnicos sobre as matérias de sua competência.

§ 4º. O Tribunal poderá responder consultas sobre condutas em andamento, mediante pagamento de taxa e acompanhadas dos respectivos documentos.

§ 5º. O Cade definirá, em resolução, normas complementares sobre o procedimento de consultas previsto no § 4º deste artigo.

SUBSEÇÃO II. DA COMPETÊNCIA DO PRESIDENTE DO TRIBUNAL

Art. 10. Compete ao Presidente do Tribunal:

I – representar legalmente o Cade no Brasil ou no exterior, em juízo ou fora dele;

II – presidir, com direito a voto, inclusive o de qualidade, as reuniões do Plenário;

III – distribuir, por sorteio, os processos aos Conselheiros;

IV – convocar as sessões e determinar a organização da respectiva pauta;

V – solicitar, a seu critério, que a Superintendência-Geral auxilie o Tribunal na tomada de providências extrajudiciais para o cumprimento das decisões do Tribunal;

VI – fiscalizar a Superintendência-Geral na tomada de providências para execução das decisões e julgados do Tribunal;

VII – assinar os compromissos e acordos aprovados pelo Plenário;

VIII – submeter à aprovação do Plenário a proposta orçamentária e a lotação ideal do pessoal que prestará serviço ao Cade;

IX – orientar, coordenar e supervisionar as atividades administrativas do Cade;

X – ordenar as despesas atinentes ao Cade, ressalvadas as despesas da unidade gestora da Superintendência-Geral;

XI – firmar contratos e convênios com órgãos ou entidades nacionais e submeter, previamente, ao Ministro de Estado da Justiça os que devam ser celebrados com organismos estrangeiros ou internacionais; e

XII – determinar à Procuradoria Federal junto ao Cade as providências judiciais determinadas pelo Tribunal.

SUBSEÇÃO III. DA COMPETÊNCIA DOS CONSELHEIROS DO TRIBUNAL

Art. 11. Compete aos Conselheiros do Tribunal:

I – emitir voto nos processos e questões submetidas ao Tribunal;

II – proferir despachos e lavrar as decisões nos processos em que forem relatores;

III – requisitar informações e documentos de quaisquer pessoas, órgãos, autoridades e entidades públicas ou privadas, a serem mantidos sob sigilo legal, quando for o caso, bem como determinar as diligências que se fizerem necessárias;

IV – adotar medidas preventivas, fixando o valor da multa diária pelo seu descumprimento;

V – solicitar, a seu critério, que a Superintendência-Geral realize as diligências e a produção das provas que entenderem pertinentes nos autos do processo administrativo, na forma desta Lei;

VI – requerer à Procuradoria Federal junto ao Cade emissão de parecer jurídico nos processos em que forem relatores, quando entenderem necessário e em despacho fundamentado, na forma prevista no inciso VII do art. 15 desta Lei;

VII – determinar ao Economista-Chefe, quando necessário, a elaboração de pareceres nos processos em que forem relatores, sem prejuízo da tramitação normal do processo e sem que tal determinação implique a suspensão do prazo de análise ou prejuízo à tramitação normal do processo;

VIII – desincumbir-se das demais tarefas que lhes forem cometidas pelo regimento;

IX – propor termo de compromisso de cessação e acordos para aprovação do Tribunal;

X – prestar ao Poder Judiciário, sempre que solicitado, todas as informações sobre andamento dos processos, podendo, inclusive, fornecer cópias dos autos para instruir ações judiciais.

SEÇÃO III. DA SUPERINTENDÊNCIA-GERAL

Art. 12. O Cade terá em sua estrutura uma Superintendência-Geral, com 1 (um) Superintendente-Geral e 2 (dois) Superintendentes-Adjuntos, cujas atribuições específicas serão definidas em Resolução.

§ 1º. O Superintendente-Geral será escolhido dentre cidadãos com mais de 30 (trinta) anos de idade, notório saber jurídico ou econômico e reputação ilibada, nomeado pelo Presidente da República, depois de aprovado pelo Senado Federal.

§ 2º. O Superintendente-Geral terá mandato de 2 (dois) anos, permitida a recondução para um único período subsequente.

§ 3º. Aplicam-se ao Superintendente-Geral as mesmas normas de impedimentos, perda de mandato, substituição e as vedações do art. 8º desta Lei, incluindo o disposto no § 2º do art. 8º desta Lei, aplicáveis ao Presidente e aos Conselheiros do Tribunal.

§ 4º. Os cargos de Superintendente-Geral e de Superintendentes-Adjuntos são de dedicação exclusiva, não se admitindo qualquer acumulação, salvo as constitucionalmente permitidas.

§ 5º. Durante o período de vacância que anteceder à nomeação de novo Superintendente-Geral, assumirá interinamente o cargo um dos superintendentes adjuntos, indicado pelo Presidente do Tribunal, o qual permanecerá no cargo até a posse do novo Superintendente-Geral, escolhido na forma do § 1º deste artigo.

§ 6º. Se, no caso da vacância prevista no § 5º deste artigo, não houver nenhum Superintendente Adjunto nomeado na Superintendência do Cade, o Presidente do Tribunal indicará servidor em exercício no Cade, com conhecimento jurídico ou econômico na área de defesa da concorrência e reputação ilibada, para assumir interinamente o cargo, permanecendo neste até a posse do novo Superintendente-Geral, escolhido na forma do § 1º deste artigo.

§ 7º. Os Superintendentes-Adjuntos serão indicados pelo Superintendente-Geral.

Art. 13. Compete à Superintendência-Geral:

I – zelar pelo cumprimento desta Lei, monitorando e acompanhando as práticas de mercado;

II – acompanhar, permanentemente, as atividades e práticas comerciais de pessoas físicas ou jurídicas que detiverem posição dominante em mercado relevante de bens ou serviços, para prevenir infrações da ordem econômica, podendo, para tanto, requisitar as informações e documentos necessários, mantendo o sigilo legal, quando for o caso;

III – promover, em face de indícios de infração da ordem econômica, procedimento preparatório de inquérito administrativo e inquérito administrativo para apuração de infrações à ordem econômica;

IV – decidir pela insubsistência dos indícios, arquivando os autos do inquérito administrativo ou de seu procedimento preparatório;

V – instaurar e instruir processo administrativo para imposição de sanções administrativas por infrações à ordem econômica, procedimento para apuração de ato de concentração, processo administrativo para análise de ato de concentração econômica e processo administrativo para imposição de sanções processuais incidentais instaurados para prevenção, apuração ou repressão de infrações à ordem econômica;

VI – no interesse da instrução dos tipos processuais referidos nesta Lei:

a) requisitar informações e documentos de quaisquer pessoas, físicas ou jurídicas, órgãos, autoridades e entidades, públicas ou privadas, mantendo o sigilo legal, quando for o caso, bem como determinar as diligências que se fizerem necessárias ao exercício de suas funções;

b) requisitar esclarecimentos orais de quaisquer pessoas, físicas ou jurídicas, órgãos, autoridades e entidades, públicas ou privadas, na forma desta Lei;

c) realizar inspeção na sede social, estabelecimento, escritório, filial ou sucursal de empresa investigada, de estoques, objetos, papéis de qualquer natureza, assim como livros comerciais, computadores e arquivos eletrônicos, podendo-se extrair ou requisitar cópias de quaisquer documentos ou dados eletrônicos;

d) requerer ao Poder Judiciário, por meio da Procuradoria Federal junto ao Cade, mandado de busca e apreensão de objetos, papéis de qualquer natureza, assim como de livros comerciais, computadores e arquivos magnéticos de empresa ou pessoa física, no interesse de inquérito administrativo ou de processo administrativo para imposição de sanções administrativas por infrações à ordem econômica, aplicando-se, no que couber, o disposto no art. 839 e seguintes da Lei nº 5.869, de 11 de janeiro de 1973 - Código de Processo Civil, sendo inexigível a propositura de ação principal;

- Lei 13.105/2015 revogou a Lei 5.869/1973.
- CPC/15: art. 301.

e) requisitar vista e cópia de documentos e objetos constantes de inquéritos e processos administrativos instaurados por órgãos ou entidades da administração pública federal;

f) requerer vista e cópia de inquéritos policiais, ações judiciais de quaisquer natureza, bem como de inquéritos e processos administrativos instaurados por outros entes da federação, devendo o Conselho observar as mesmas restrições de sigilo eventualmente estabelecidas nos procedimentos de origem;

VII – recorrer de ofício ao Tribunal quando decidir pelo arquivamento de processo administrativo para imposição de sanções administrativas por infrações à ordem econômica;

VIII – remeter ao Tribunal, para julgamento, os processos administrativos que instaurar, quando entender configurada infração da ordem econômica;

IX – propor termo de compromisso de cessação de prática por infração à ordem econômica, submetendo-o à aprovação do Tribunal, e fiscalizar o seu cumprimento;

X – sugerir ao Tribunal condições para a celebração de acordo em controle de concentrações e fiscalizar o seu cumprimento;

XI – adotar medidas preventivas que conduzam à cessação de prática que constitua infração da ordem econômica, fixando prazo para seu cumprimento e o valor da multa diária a ser aplicada, no caso de descumprimento;

XII – receber, instruir e aprovar ou impugnar perante o Tribunal os processos administrativos para análise de ato de concentração econômica;

XIII – orientar os órgãos e entidades da administração pública quanto à adoção de medidas necessárias ao cumprimento desta Lei;

XIV – desenvolver estudos e pesquisas objetivando orientar a política de prevenção de infrações da ordem econômica;

XV – instruir o público sobre as diversas formas de infração da ordem econômica e os modos de sua prevenção e repressão;

XVI – exercer outras atribuições previstas em lei;

XVII – prestar ao Poder Judiciário, sempre que solicitado, todas as informações sobre andamento das investigações, podendo, inclusive, fornecer cópias dos autos para instruir ações judiciais; e

XVIII – adotar as medidas administrativas necessárias à execução e ao cumprimento das decisões do Plenário.

Art. 14. São atribuições do Superintendente-Geral:

I – participar, quando entender necessário, sem direito a voto, das reuniões do Tribunal e proferir sustentação oral, na forma do regimento interno;
II – cumprir e fazer cumprir as decisões do Tribunal na forma determinada pelo seu Presidente;
III – requerer à Procuradoria Federal junto ao Cade as providências judiciais relativas ao exercício das competências da Superintendência-Geral;
IV – determinar ao Economista-Chefe a elaboração de estudos e pareceres;
V – ordenar despesas referentes à unidade gestora da Superintendência-Geral; e
VI – exercer outras atribuições previstas em lei.

SEÇÃO IV. DA PROCURADORIA FEDERAL JUNTO AO CADE

Art. 15. Funcionará junto ao Cade Procuradoria Federal Especializada, competindo-lhe:

I – prestar consultoria e assessoramento jurídico ao Cade;
II – representar o Cade judicial e extrajudicialmente;
III – promover a execução judicial das decisões e julgados do Cade;
IV – proceder à apuração da liquidez dos créditos do Cade, inscrevendo-os em dívida ativa para fins de cobrança administrativa ou judicial;
V – tomar as medidas judiciais solicitadas pelo Tribunal ou pela Superintendência-Geral, necessárias à cessação de infrações da ordem econômica ou à obtenção de documentos para a instrução de processos administrativos de qualquer natureza;
VI – promover acordos judiciais nos processos relativos a infrações contra a ordem econômica, mediante autorização do Tribunal;
VII – emitir, sempre que solicitado expressamente por Conselheiro ou pelo Superintendente-Geral, parecer nos processos de competência do Cade, sem que tal determinação implique a suspensão do prazo de análise ou prejuízo à tramitação normal do processo;
VIII – zelar pelo cumprimento desta Lei; e
IX – desincumbir-se das demais tarefas que lhe sejam atribuídas pelo regimento interno.

Parágrafo único. Compete à Procuradoria Federal junto ao Cade, ao dar execução judicial às decisões da Superintendência-Geral e do Tribunal, manter o Presidente do Tribunal, os Conselheiros e o Superintendente-Geral informados sobre o andamento das ações e medidas judiciais.

Art. 16. O Procurador-Chefe será nomeado pelo Presidente da República, depois de aprovado pelo Senado Federal, dentre cidadãos brasileiros com mais de 30 (trinta) anos de idade, de notório conhecimento jurídico e reputação ilibada.

§ 1º. O Procurador-Chefe terá mandato de 2 (dois) anos, permitida sua recondução para um único período.

§ 2º. O Procurador-Chefe poderá participar, sem direito a voto, das reuniões do Tribunal, prestando assistência e esclarecimentos, quando requisitado pelos Conselheiros, na forma do Regimento Interno do Tribunal.

§ 3º. Aplicam-se ao Procurador-Chefe as mesmas normas de impedimento aplicáveis aos Conselheiros do Tribunal, exceto quanto ao comparecimento às sessões.

§ 4º. Nos casos de faltas, afastamento temporário ou impedimento do Procurador-Chefe, o Plenário indicará e o Presidente do Tribunal designará o substituto eventual dentre os integrantes da Procuradoria Federal Especializada.

SEÇÃO V. DO DEPARTAMENTO DE ESTUDOS ECONÔMICOS

Art. 17. O Cade terá um Departamento de Estudos Econômicos, dirigido por um Economista-Chefe, a quem incumbirá elaborar estudos e pareceres econômicos, de ofício ou por solicitação do Plenário, do Presidente, do Conselheiro-Relator ou do Superintendente-Geral, zelando pelo rigor e atualização técnica e científica das decisões do órgão.

Art. 18. O Economista-Chefe será nomeado, conjuntamente, pelo Superintendente-Geral e pelo Presidente do Tribunal, dentre brasileiros de ilibada reputação e notório conhecimento econômico.

§ 1º. O Economista-Chefe poderá participar das reuniões do Tribunal, sem direito a voto.

§ 2º. Aplicam-se ao Economista-Chefe as mesmas normas de impedimento aplicáveis aos Conselheiros do Tribunal, exceto quanto ao comparecimento às sessões.

CAPÍTULO III. DA SECRETARIA DE ACOMPANHAMENTO ECONÔMICO

Art. 19. Compete à Secretaria de Acompanhamento Econômico promover a concorrência em órgãos de governo e perante a sociedade cabendo-lhe, especialmente, o seguinte:

I – opinar, nos aspectos referentes à promoção da concorrência, sobre propostas de alterações de atos normativos de interesse geral dos agentes econômicos, de consumidores ou usuários dos serviços prestados submetidos a consulta pública pelas agências reguladoras e, quando entender pertinente, sobre os pedidos de revisão de tarifas e as minutas;
II – opinar, quando considerar pertinente, sobre minutas de atos normativos elaborados por qualquer entidade pública ou privada submetidos à consulta pública, nos aspectos referentes à promoção da concorrência;
III – opinar, quando considerar pertinente, sobre proposições legislativas em tramitação no Congresso Nacional, nos aspectos referentes à promoção da concorrência;
IV – elaborar estudos avaliando a situação concorrencial de setores específicos da atividade econômica nacional, de ofício ou quando solicitada pelo Cade, pela Câmara de Comércio Exterior ou pelo Departamento de Proteção e Defesa do Consumidor do Ministério da Justiça ou órgão que vier a sucedê-lo;
V – elaborar estudos setoriais que sirvam de insumo para a participação do Ministério da Fazenda na formulação de políticas públicas setoriais nos fóruns em que este Ministério tem assento;
VI – propor a revisão de leis, regulamentos e outros atos normativos da administração pública federal, estadual, municipal e do Distrito Federal que afetem ou possam afetar a concorrência nos diversos setores econômicos do País;
VII – manifestar-se, de ofício ou quando solicitada, a respeito do impacto concorrencial de medidas em discussão no âmbito de fóruns negociadores relativos às atividades de alteração tarifária, ao acesso a mercados e à defesa comercial, ressalvadas as competências dos órgãos envolvidos;
VIII – encaminhar ao órgão competente representação para que este, a seu critério, adote as medidas legais cabíveis, sempre que for identificado ato normativo que tenha caráter anticompetitivo.

§ 1º. Para o cumprimento de suas atribuições, a Secretaria de Acompanhamento Econômico poderá:

I – requisitar informações e documentos de quaisquer pessoas, órgãos, autoridades e entidades, públicas ou privadas, mantendo o sigilo legal quando for o caso;
II – celebrar acordos e convênios com órgãos ou entidades públicas ou privadas, federais, estaduais, municipais, do Distrito Federal e dos Territórios para avaliar e/ou sugerir medidas relacionadas à promoção da concorrência.

§ 2º. A Secretaria de Acompanhamento Econômico divulgará anualmente relatório de suas ações voltadas para a promoção da concorrência.

TÍTULO III. DO MINISTÉRIO PÚBLICO FEDERAL PERANTE O CADE

Art. 20. O Procurador-Geral da República, ouvido o Conselho Superior, designará membro do Ministério Público Federal para, nesta qualidade, emitir parecer, nos processos administrativos para imposição de sanções administrativas por infrações à ordem econômica, de ofício ou a requerimento do Conselheiro-Relator.

TÍTULO IV. DO PATRIMÔNIO, DAS RECEITAS E DA GESTÃO ADMINISTRATIVA, ORÇAMENTÁRIA E FINANCEIRA

Art. 21. Compete ao Presidente do Tribunal orientar, coordenar e supervisionar as atividades administrativas do Cade, respeitadas as atribuições dos dirigentes dos demais órgãos previstos no art. 5º desta Lei.

§ 1º. A Superintendência-Geral constituirá unidade gestora, para fins administrativos e financeiros, competindo ao seu Superintendente-Geral ordenar as despesas pertinentes às respectivas ações orçamentárias.

§ 2º. Para fins administrativos e financeiros, o Departamento de Estudos Econômicos estará ligado ao Tribunal.

Art. 22. Anualmente, o Presidente do Tribunal, ouvido o Superintendente-Geral, encaminhará ao Poder Executivo a proposta de orçamento do Cade e a lotação ideal do pessoal que prestará serviço àquela autarquia.

Art. 23. Instituem-se taxas processuais sobre os processos de competência do Cade, no valor de R$ 85.000,00 (oitenta e cinco mil reais), para os processos que têm como fato gerador a apresentação dos atos previstos no art. 88 desta Lei, e no valor de R$ 15.000,00 (quinze mil reais), para os processos que têm como fato gerador a apresentação das consultas referidas no § 4º do art. 9º desta Lei. (Redação dada pela Lei nº 13.196, de 2015)

Parágrafo único. A taxa processual de que trata o *caput* deste artigo poderá ser atualizada por ato do Poder Executivo, após autorização do Congresso Nacional.

- A Lei 13.196/2015 no seu art. 2º não fez menção sobre o parágrafo único deste artigo.

Art. 24. São contribuintes da taxa processual que tem como fato gerador a apresentação dos atos previstos no art. 88 desta Lei qualquer das requerentes.

Art. 25. O recolhimento da taxa processual que tem como fato gerador a apresentação dos atos previstos no art. 88 desta Lei deverá ser comprovado no momento da protocolização do ato.

§ 1º. A taxa processual não recolhida no momento fixado no *caput* deste artigo será cobrada com os seguintes acréscimos:

I – juros de mora, contados do mês seguinte ao do vencimento, à razão de 1% (um por cento), calculados na forma da legislação aplicável aos tributos federais;
II – multa de mora de 20% (vinte por cento).

§ 2º. Os juros de mora não incidem sobre o valor da multa de mora.

Art. 26. (VETADO).

Art. 27. As taxas de que tratam os arts. 23 e 26 desta Lei serão recolhidas ao Tesouro Nacional na forma regulamentada pelo Poder Executivo.

Art. 28. Constituem receitas próprias do Cade:

I – o produto resultante da arrecadação das taxas previstas nos arts. 23 e 26 desta Lei;

II – a retribuição por serviços de qualquer natureza prestados a terceiros;

III – as dotações consignadas no Orçamento Geral da União, créditos especiais, créditos adicionais, transferências e repasses que lhe forem conferidos;

IV – os recursos provenientes de convênios, acordos ou contratos celebrados com entidades ou organismos nacionais e internacionais;

V – as doações, legados, subvenções e outros recursos que lhe forem destinados;

VI – os valores apurados na venda ou aluguel de bens móveis e imóveis de sua propriedade;

VII – o produto da venda de publicações, material técnico, dados e informações;

VIII – os valores apurados em aplicações no mercado financeiro das receitas previstas neste artigo, na forma definida pelo Poder Executivo; e

IX – quaisquer outras receitas, afetas às suas atividades, não especificadas nos incisos I a VIII do *caput* deste artigo.

§ 1º. (VETADO).

§ 2º. (VETADO).

§ 3º. O produto da arrecadação das multas aplicadas pelo Cade, inscritas ou não em dívida ativa, será destinado ao Fundo de Defesa de Direitos Difusos de que trata o art. 13 da Lei nº 7.347, de 24 de julho de 1985, e a Lei nº 9.008, de 21 de março de 1995.

§ 4º. As multas arrecadadas na forma desta Lei serão recolhidas ao Tesouro Nacional na forma regulamentada pelo Poder Executivo.

Art. 29. O Cade submeterá anualmente ao Ministério da Justiça a sua proposta de orçamento, que será encaminhada ao Ministério do Planejamento, Orçamento e Gestão para inclusão na lei orçamentária anual, a que se refere o § 5º do art. 165 da Constituição Federal.

§ 1º. O Cade fará acompanhar as propostas orçamentárias de quadro demonstrativo do planejamento plurianual das receitas e despesas, visando ao seu equilíbrio orçamentário e financeiro nos 5 (cinco) exercícios subsequentes.

§ 2º. A lei orçamentária anual consignará as dotações para as despesas de custeio e capital do Cade, relativas ao exercício a que ela se referir.

Art. 30. Somam-se ao atual patrimônio do Cade os bens e direitos pertencentes ao Ministério da Justiça atualmente afetados às atividades do Departamento de Proteção e Defesa Econômica da Secretaria de Direito Econômico.

TÍTULO V. DAS INFRAÇÕES DA ORDEM ECONÔMICA

CAPÍTULO I. DISPOSIÇÕES GERAIS

Art. 31. Esta Lei aplica-se às pessoas físicas ou jurídicas de direito público ou privado, bem como a quaisquer associações de entidades ou pessoas, constituídas de fato ou de direito, ainda que temporariamente, com ou sem personalidade jurídica, mesmo que exerçam atividade sob regime de monopólio legal.

Art. 32. As diversas formas de infração da ordem econômica implicam a responsabilidade da empresa e a responsabilidade individual de seus dirigentes ou administradores, solidariamente.

Art. 33. Serão solidariamente responsáveis as empresas ou entidades integrantes de grupo econômico, de fato ou de direito, quando pelo menos uma delas praticar infração à ordem econômica.

Art. 34. A personalidade jurídica do responsável por infração da ordem econômica poderá ser desconsiderada quando houver da parte deste abuso de direito, excesso de poder, infração da lei, fato ou ato ilícito ou violação dos estatutos ou contrato social.

Parágrafo único. A desconsideração também será efetivada quando houver falência, estado de insolvência, encerramento ou inatividade da pessoa jurídica provocados por má administração.

Art. 35. A repressão das infrações da ordem econômica não exclui a punição de outros ilícitos previstos em lei.

CAPÍTULO II DAS INFRAÇÕES

Art. 36. Constituem infração da ordem econômica, independentemente de culpa, os atos sob qualquer forma manifestados, que tenham por objeto ou possam produzir os seguintes efeitos, ainda que não sejam alcançados:

I – limitar, falsear ou de qualquer forma prejudicar a livre concorrência ou a livre iniciativa;

II – dominar mercado relevante de bens ou serviços;

III – aumentar arbitrariamente os lucros; e

IV – exercer de forma abusiva posição dominante.

§ 1º. A conquista de mercado resultante de processo natural fundado na maior eficiência de agente econômico em relação a seus competidores não caracteriza o ilícito previsto no inciso II do *caput* deste artigo.

§ 2º. Presume-se posição dominante sempre que uma empresa ou grupo de empresas for capaz de alterar unilateral ou coordenadamente as condições de mercado ou quando controlar 20% (vinte por cento) ou mais do mercado relevante, podendo este percentual ser alterado pelo Cade para setores específicos da economia.

§ 3º. As seguintes condutas, além de outras, na medida em que configurem hipótese prevista no *caput* deste artigo e seus incisos, caracterizam infração da ordem econômica:

I – acordar, combinar, manipular ou ajustar com concorrente, sob qualquer forma:

a) os preços de bens ou serviços ofertados individualmente;

b) a produção ou a comercialização de uma quantidade restrita ou limitada de bens ou a prestação de um número, volume ou frequência restrita ou limitada de serviços;

c) a divisão de partes ou segmentos de um mercado atual ou potencial de bens ou serviços, mediante, dentre outros, a distribuição de clientes, fornecedores, regiões ou períodos;

d) preços, condições, vantagens ou abstenção em licitação pública;

II – promover, obter ou influenciar a adoção de conduta comercial uniforme ou concertada entre concorrentes;

III – limitar ou impedir o acesso de novas empresas ao mercado;

IV – criar dificuldades à constituição, ao funcionamento ou ao desenvolvimento de empresa concorrente ou de fornecedor, adquirente ou financiador de bens ou serviços;

V – impedir o acesso de concorrente às fontes de insumo, matérias-primas, equipamentos ou tecnologia, bem como aos canais de distribuição;

VI – exigir ou conceder exclusividade para divulgação de publicidade nos meios de comunicação de massa;

VII – utilizar meios enganosos para provocar a oscilação de preços de terceiros;

VIII – regular mercados de bens ou serviços, estabelecendo acordos para limitar ou controlar a pesquisa e o desenvolvimento tecnológico, a produção de bens ou prestação de serviços, ou para dificultar investimentos destinados à produção de bens ou serviços ou à sua distribuição;

IX – impor, no comércio de bens ou serviços, a distribuidores, varejistas e representantes preços de revenda, descontos, condições de pagamento, quantidades mínimas ou máximas, margem de lucro ou quaisquer outras condições de comercialização relativos a negócios destes com terceiros;

X – discriminar adquirentes ou fornecedores de bens ou serviços por meio da fixação diferenciada de preços, ou de condições operacionais de venda ou prestação de serviços;

XI – recusar a venda de bens ou a prestação de serviços, dentro das condições de pagamento normais aos usos e costumes comerciais;

XII – dificultar ou romper a continuidade ou desenvolvimento de relações comerciais de prazo indeterminado em razão de recusa da outra parte em submeter-se a cláusulas e condições comerciais injustificáveis ou anticoncorrenciais;

XIII – destruir, inutilizar ou açambarcar matérias-primas, produtos intermediários ou acabados, assim como destruir, inutilizar ou dificultar a operação de equipamentos destinados a produzi-los, distribuí-los ou transportá-los;

XIV – açambarcar ou impedir a exploração de direitos de propriedade industrial ou intelectual ou de tecnologia;

XV – vender mercadoria ou prestar serviços injustificadamente abaixo do preço de custo;

- **Atualização:** Lei 14.010/2020, Art. 14. Ficam sem eficácia os incisos XV e XVII do § 3º do art. 36 e o inciso IV do art. 90 da Lei nº 12.529, de 30 de novembro de 2011, em relação a todos os atos praticados e com vigência de 20 de março de 2020 até 30 de outubro de 2020 ou enquanto durar o estado de calamidade pública reconhecido pelo Decreto Legislativo nº 6, de 20 de março de 2020. § 1º Na apreciação, pelo órgão competente, das demais infrações previstas no art. 36 da Lei nº 12.529, de 30 de novembro de 2011, caso praticadas a partir de 20 de março de 2020, e enquanto durar o estado de calamidade pública reconhecido pelo Decreto Legislativo nº 6, de 20 de março de 2020, deverão ser consideradas as circunstâncias extraordinárias decorrentes da pandemia do coronavírus (Covid-19). § 2º A suspensão da aplicação do inciso IV do art. 90 da Lei nº 12.529, de 30 de novembro de 2011, referida no *caput*, não afasta a possibilidade de análise posterior do ato de concentração ou de apuração de infração à ordem econômica, na forma do art. 36 da Lei nº 12.529, de 2011, dos acordos que não forem necessários ao combate ou à mitigação das consequências decorrentes da pandemia do coronavírus (Covid-19).

XVI – reter bens de produção ou de consumo, exceto para garantir a cobertura dos custos de produção;

XVII – cessar parcial ou totalmente as atividades da empresa sem justa causa comprovada;

- **Atualização:** Lei 14.010/2020, Art. 14. Ficam sem eficácia os incisos XV e XVII do § 3º do art. 36 e o inciso IV do art. 90 da Lei nº 12.529, de 30 de novembro de 2011, em relação a todos os atos praticados e com vigência de 20 de março de 2020 até 30 de outubro de 2020 ou enquanto durar o estado de calamidade pública reconhecido pelo Decreto Legislativo nº 6, de 20 de março de 2020. § 1º Na apreciação, pelo órgão competente, das demais infrações previstas no art. 36 da Lei nº 12.529, de 30 de novembro de 2011, caso praticadas a partir de 20 de março de 2020, e enquanto durar o estado de calamidade pública reconhecido pelo Decreto Legislativo nº 6, de 20 de março de 2020, deverão ser consideradas as circunstâncias extraordinárias decorrentes da pandemia do coronavírus (Covid-19). § 2º A suspensão da aplicação do inciso IV do art. 90 da Lei nº 12.529, de 30 de novembro de 2011, referida no *caput*, não afasta a possibilidade de análise posterior do ato de concentração ou de apuração de infração à ordem econômica, na forma do art. 36 da Lei nº 12.529, de 2011, dos acordos que não forem necessários ao combate ou à mitigação das consequências decorrentes da pandemia do coronavírus (Covid-19).

XVIII – subordinar a venda de um bem à aquisição de outro ou à utilização de um serviço, ou subordinar a prestação de um serviço à utilização de outro ou à aquisição de um bem; e

XIX – exercer ou explorar abusivamente direitos de propriedade industrial, intelectual, tecnologia ou marca.

CAPÍTULO III. DAS PENAS

Art. 37. A prática de infração da ordem econômica sujeita os responsáveis às seguintes penas:

I – no caso de empresa, multa de 0,1% (um décimo por cento) a 20% (vinte por cento) do valor do faturamento bruto da empresa, grupo ou conglomerado obtido, no último exercício anterior à instauração do processo administrativo, no ramo de atividade empresarial em que ocorreu a infração, a qual nunca será inferior à vantagem auferida, quando for possível sua estimação;

II – no caso das demais pessoas físicas ou jurídicas de direito público ou privado, bem como quaisquer associações de entidades ou pessoas constituídas de fato ou de direito, ainda que temporariamente, com ou sem personalidade jurídica, que não exerçam atividade empresarial, não sendo possível utilizar-se o critério do valor do faturamento bruto, a multa será entre R$ 50.000,00 (cinquenta mil reais) e R$ 2.000.000.000,00 (dois bilhões de reais);

III – no caso de administrador, direta ou indiretamente responsável pela infração cometida, quando comprovada a sua culpa ou dolo, multa de 1% (um por cento) a 20% (vinte por cento) daquela aplicada à empresa, no caso previsto no inciso I do *caput* deste artigo, ou às pessoas jurídicas ou entidades, nos casos previstos no inciso II do *caput* deste artigo.

§ 1º. Em caso de reincidência, as multas cominadas serão aplicadas em dobro.

§ 2º. No cálculo do valor da multa de que trata o inciso I do *caput* deste artigo, o Cade poderá considerar o faturamento total da empresa ou grupo de empresas, quando não dispuser do valor do faturamento no ramo de atividade empresarial em que ocorreu a infração, definido pelo Cade, ou quando este for apresentado de forma incompleta e/ou não demonstrado de forma inequívoca e idônea.

Art. 38. Sem prejuízo das penas cominadas no art. 37 desta Lei, quando assim exigir a gravidade dos fatos ou o interesse público geral, poderão ser impostas as seguintes penas, isolada ou cumulativamente:

I – a publicação, em meia página e a expensas do infrator, em jornal indicado na decisão, de extrato da decisão condenatória, por 2 (dois) dias seguidos, de 1 (uma) a 3 (três) semanas consecutivas;

II – a proibição de contratar com instituições financeiras oficiais e participar de licitação tendo por objeto aquisições, alienações, realização de obras e serviços, concessão de serviços públicos, na administração pública federal, estadual, municipal e do Distrito Federal, bem como em entidades da administração indireta, por prazo não inferior a 5 (cinco) anos;

III – a inscrição do infrator no Cadastro Nacional de Defesa do Consumidor;

IV – a recomendação aos órgãos públicos competentes para que:

a) seja concedida licença compulsória de direito de propriedade intelectual de titularidade do infrator, quando a infração estiver relacionada ao uso desse direito;

b) não seja concedido ao infrator parcelamento de tributos federais por ele devidos ou para que sejam cancelados, no todo ou em parte, incentivos fiscais ou subsídios públicos;

V – a cisão de sociedade, transferência de controle societário, venda de ativos ou cessação parcial de atividade;

VI – a proibição de exercer o comércio em nome próprio ou como representante de pessoa jurídica, pelo prazo de até 5 (cinco) anos; e

VII – qualquer outro ato ou providência necessários para a eliminação dos efeitos nocivos à ordem econômica.

Art. 39. Pela continuidade de atos ou situações que configurem infração da ordem econômica, após decisão do Tribunal determinando sua cessação, bem como pelo não cumprimento de obrigações de fazer ou não fazer impostas, ou pelo descumprimento de medida preventiva ou termo de compromisso de cessação previstos nesta Lei, o responsável fica sujeito a multa diária fixada em valor de R$ 5.000,00 (cinco mil reais), podendo ser aumentada em até 50 (cinquenta) vezes, se assim recomendar a situação econômica do infrator e a gravidade da infração.

Art. 40. A recusa, omissão ou retardamento injustificado de informação ou documentos solicitados pelo Cade ou pela Secretaria de Acompanhamento Econômico constitui infração punível com multa diária de R$ 5.000,00 (cinco mil reais), podendo ser aumentada em até 20 (vinte) vezes, se necessário para garantir sua eficácia, em razão da situação econômica do infrator.

§ 1º. O montante fixado para a multa diária de que trata o *caput* deste artigo constará do documento que contiver a requisição da autoridade competente.

§ 2º. Compete à autoridade requisitante a aplicação da multa prevista no *caput* deste artigo.

§ 3º. Tratando-se de empresa estrangeira, responde solidariamente pelo pagamento da multa de que trata o *caput* sua filial, sucursal, escritório ou estabelecimento situado no País.

Art. 41. A falta injustificada do representado ou de terceiros, quando intimados para prestar esclarecimentos, no curso de inquérito ou processo administrativo, sujeitará o faltante à multa de R$ 500,00 (quinhentos reais) a R$ 15.000,00 (quinze mil reais) para cada falta, aplicada conforme sua situação econômica.

Parágrafo único. A multa a que se refere o *caput* deste artigo será aplicada mediante auto de infração pela autoridade competente.

Art. 42. Impedir, obstruir ou de qualquer outra forma dificultar a realização de inspeção autorizada pelo Plenário do Tribunal, pelo Conselheiro-Relator ou pela Superintendência-Geral no curso de procedimento preparatório, inquérito administrativo, processo administrativo ou qualquer outro procedimento sujeitará o inspecionado ao pagamento de multa de R$ 20.000,00 (vinte mil reais) a R$ 400.000,00 (quatrocentos mil reais), conforme a situação econômica do infrator, mediante a lavratura de auto de infração pelo órgão competente.

Art. 43. A enganosidade ou a falsidade de informações, de documentos ou de declarações prestadas por qualquer pessoa ao Cade ou à Secretaria de Acompanhamento Econômico será punível com multa pecuniária no valor de R$ 5.000,00 (cinco mil reais) a R$ 5.000.000,00 (cinco milhões de reais), de acordo com a gravidade dos fatos e a situação econômica do infrator, sem prejuízo das demais cominações legais cabíveis.

Art. 44. Aquele que prestar serviços ao Cade ou a Seae, a qualquer título, e que der causa, mesmo que por mera culpa, à disseminação indevida de informação acerca de empresa, coberta por sigilo, será punível com multa pecuniária de R$ 1.000,00 (mil reais) a R$ 20.000,00 (vinte mil reais), sem prejuízo de abertura de outros procedimentos cabíveis.

§ 1º. Se o autor da disseminação indevida estiver servindo o Cade em virtude de mandato, ou na qualidade de Procurador Federal ou Economista-Chefe, a multa será em dobro.

§ 2º. O Regulamento definirá o procedimento para que uma informação seja tida como sigilosa, no âmbito do Cade e da Seae.

Art. 45. Na aplicação das penas estabelecidas nesta Lei, levar-se-á em consideração:

I – a gravidade da infração;

II – a boa-fé do infrator;

III – a vantagem auferida ou pretendida pelo infrator;

IV – a consumação ou não da infração;

V – o grau de lesão, ou perigo de lesão, à livre concorrência, à economia nacional, aos consumidores, ou a terceiros;

VI – os efeitos econômicos negativos produzidos no mercado;

VII – a situação econômica do infrator; e

VIII – a reincidência.

CAPÍTULO IV. DA PRESCRIÇÃO

Art. 46. Prescrevem em 5 (cinco) anos as ações punitivas da administração pública federal, direta e indireta, objetivando apurar infrações da ordem econômica, contados da data da prática do ilícito ou, no caso de infração permanente ou continuada, do dia em que tiver cessada a prática do ilícito.

§ 1º. Interrompe a prescrição qualquer ato administrativo ou judicial que tenha por objeto a apuração da infração contra a ordem econômica mencionada no *caput* deste artigo, bem como a notificação ou a intimação da investigada.

§ 2º. Suspende-se a prescrição durante a vigência do compromisso de cessação ou do acordo em controle de concentrações.

§ 3º. Incide a prescrição no procedimento administrativo paralisado por mais de 3 (três) anos, pendente de julgamento ou despacho, cujos autos serão arquivados de ofício ou mediante requerimento da parte interessada, sem prejuízo da apuração da responsabilidade funcional decorrente da paralisação, se for o caso.

§ 4º. Quando o fato objeto da ação punitiva da administração também constituir crime, a prescrição reger-se-á pelo prazo previsto na lei penal.

CAPÍTULO V. DO DIREITO DE AÇÃO

Art. 47. Os prejudicados, por si ou pelos legitimados referidos no art. 82 da Lei nº 8.078, de 11 de setembro de 1990, poderão ingressar em juízo para, em defesa de seus interesses individuais ou individuais homogêneos, obter a cessação de práticas que constituam infração da ordem econômica, bem como o recebimento de indenização por perdas e danos sofridos, independentemente do inquérito ou processo administrativo, que não será suspenso em virtude do ajuizamento de ação.

TÍTULO VI. DAS DIVERSAS ESPÉCIES DE PROCESSO ADMINISTRATIVO

CAPÍTULO I. DISPOSIÇÕES GERAIS

Art. 48. Esta Lei regula os seguintes procedimentos administrativos instaurados para prevenção, apuração e repressão de infrações à ordem econômica:

I – procedimento preparatório de inquérito administrativo para apuração de infrações à ordem econômica;

II – inquérito administrativo para apuração de infrações à ordem econômica;

III – processo administrativo para imposição de sanções administrativas por infrações à ordem econômica;

IV – processo administrativo para análise de ato de concentração econômica;

V – procedimento administrativo para apuração de ato de concentração econômica; e

VI – processo administrativo para imposição de sanções processuais incidentais.

Art. 49. O Tribunal e a Superintendência-Geral assegurarão nos procedimentos previstos nos incisos II, III, IV e VI do *caput* do art. 48 desta Lei o tratamento sigiloso de documentos, informações e atos processuais necessários à elucidação dos fatos ou exigidos pelo interesse da sociedade.

Parágrafo único. As partes poderão requerer tratamento sigiloso de documentos ou informações, no tempo e modo definidos no regimento interno.

Art. 50. A Superintendência-Geral ou o Conselheiro-Relator poderá admitir a intervenção no processo administrativo de:

I – terceiros titulares de direitos ou interesses que possam ser afetados pela decisão a ser adotada; ou

II – legitimados à propositura de ação civil pública pelos incisos III e IV do art. 82 da Lei nº 8.078, de 11 de setembro de 1990.

Art. 51. Na tramitação dos processos no Cade, serão observadas as seguintes disposições, além daquelas previstas no regimento interno:

I – os atos de concentração terão prioridade sobre o julgamento de outras matérias;

II – a sessão de julgamento do Tribunal é pública, salvo nos casos em que for determinado tratamento sigiloso ao processo, ocasião em que as sessões serão reservadas;

III – nas sessões de julgamento do Tribunal, poderão o Superintendente-Geral, o Economista-Chefe, o Procurador-Chefe e as partes do processo requerer a palavra, que lhes será concedida, nessa ordem, nas condições e no prazo definido pelo regimento interno, a fim de sustentarem oralmente suas razões perante o Tribunal;

IV – a pauta das sessões de julgamento será definida pelo Presidente, que determinará sua publicação, com pelo menos 120 (cento e vinte) horas de antecedência; e

V – os atos e termos a serem praticados nos autos dos procedimentos enumerados no art. 48 desta Lei poderão ser encaminhados de forma eletrônica ou apresentados em meio magnético ou equivalente, nos termos das normas do Cade.

Art. 52. O cumprimento das decisões do Tribunal e de compromissos e acordos firmados nos termos desta Lei poderá, a critério do Tribunal, ser fiscalizado pela Superintendência-Geral, com o respectivo encaminhamento dos autos, após a decisão final do Tribunal.

§ 1º. Na fase de fiscalização da execução das decisões do Tribunal, bem como do cumprimento de compromissos e acordos firmados nos termos desta Lei, poderá a Superintendência-Geral valer-se de todos os poderes instrutórios que lhe são assegurados nesta Lei.

§ 2º. Cumprida integralmente a decisão do Tribunal ou os acordos em controle de concentrações e compromissos de cessação, a Superintendência-Geral, de ofício ou por provocação do interessado, manifestar-se-á sobre seu cumprimento.

CAPÍTULO II. DO PROCESSO ADMINISTRATIVO NO CONTROLE DE ATOS DE CONCENTRAÇÃO ECONÔMICA

SEÇÃO I. DO PROCESSO ADMINISTRATIVO NA SUPERINTENDÊNCIA-GERAL

Art. 53. O pedido de aprovação dos atos de concentração econômica a que se refere o art. 88 desta Lei deverá ser endereçado ao Cade e instruído com as informações e documentos indispensáveis à instauração do processo administrativo, definidos em resolução do Cade, além do comprovante de recolhimento da taxa respectiva.

§ 1º. Ao verificar que a petição não preenche os requisitos exigidos no *caput* deste artigo ou apresenta defeitos e irregularidades capazes de dificultar o julgamento de mérito, a Superintendência-Geral determinará, uma única vez, que os requerentes a emendem, sob pena de arquivamento.

§ 2º. Após o protocolo da apresentação do ato de concentração, ou de sua emenda, a Superintendência-Geral fará publicar edital, indicando o nome dos requerentes, a natureza da operação e os setores econômicos envolvidos.

Art. 54. Após cumpridas as providências indicadas no art. 53, a Superintendência-Geral:

I – conhecerá diretamente do pedido, proferindo decisão terminativa, quando o processo dispensar novas diligências ou nos casos de menor potencial ofensivo à concorrência, assim definidos em resolução do Cade; ou

II – determinará a realização da instrução complementar, especificando as diligências a serem produzidas.

Art. 55. Concluída a instrução complementar determinada na forma do inciso II do *caput* do art. 54 desta Lei, a Superintendência-Geral deverá manifestar-se sobre seu satisfatório cumprimento, recebendo-a como adequada ao exame de mérito ou determinando que seja refeita, por estar incompleta.

Art. 56. A Superintendência-Geral poderá, por meio de decisão fundamentada, declarar a operação como complexa e determinar a realização de nova instrução complementar, especificando as diligências a serem produzidas.

Parágrafo único. Declarada a operação como complexa, poderá a Superintendência-Geral requerer ao Tribunal a prorrogação do prazo de que trata o § 2º do art. 88 desta Lei.

Art. 57. Concluídas as instruções complementares de que tratam o inciso II do art. 54 e o art. 56 desta Lei, a Superintendência-Geral:

I – proferirá decisão aprovando o ato sem restrições;

II – oferecerá impugnação perante o Tribunal, caso entenda que o ato deva ser rejeitado, aprovado com restrições ou que não existam elementos conclusivos quanto aos seus efeitos no mercado.

Parágrafo único. Na impugnação do ato perante o Tribunal, deverão ser demonstrados, de forma circunstanciada, o potencial lesivo do ato à concorrência e as razões pelas quais não deve ser aprovado integralmente ou rejeitado.

SEÇÃO II. DO PROCESSO ADMINISTRATIVO NO TRIBUNAL

Art. 58. O requerente poderá oferecer, no prazo de 30 (trinta) dias da data de impugnação da Superintendência-Geral, em petição escrita, dirigida ao Presidente do Tribunal, manifestação expondo as razões de fato e de direito com que se opõe à impugnação do ato de concentração da Superintendência-Geral e juntando todas as provas, estudos e pareceres que corroboram seu pedido.

Parágrafo único. Em até 48 (quarenta e oito) horas da decisão de que trata a impugnação pela Superintendência-Geral, disposta no inciso II do *caput* do art. 57 desta Lei e na hipótese do inciso I do art. 65 desta Lei, o processo será distribuído, por sorteio, a um Conselheiro-Relator.

Art. 59. Após a manifestação do requerente, o Conselheiro-Relator:

I – proferirá decisão determinando a inclusão do processo em pauta para julgamento, caso entenda que se encontre suficientemente instruído;

II – determinará a realização de instrução complementar, se necessário, podendo, a seu critério, solicitar que a Superintendência-Geral a realize, declarando os pontos controversos e especificando as diligências a serem produzidas.

§ 1º. O Conselheiro-Relator poderá autorizar, conforme o caso, precária e liminarmente, a realização do ato de concentração econômica, impondo as condições que visem à preservação da reversibilidade da operação, quando assim recomendarem as condições do caso concreto.

§ 2º. O Conselheiro-Relator poderá acompanhar a realização das diligências referidas no inciso II do *caput* deste artigo.

Art. 60. Após a conclusão da instrução, o Conselheiro-Relator determinará a inclusão do processo em pauta para julgamento.

Art. 61. No julgamento do pedido de aprovação do ato de concentração econômica, o Tribunal poderá aprová-lo integralmente, rejeitá-lo ou aprová-lo parcialmente, caso em que determinará as restrições que deverão ser observadas como condição para a validade e eficácia do ato.

§ 1º. O Tribunal determinará as restrições cabíveis no sentido de mitigar os eventuais efeitos nocivos do ato de concentração sobre os mercados relevantes afetados.

§ 2º. As restrições mencionadas no § 1º deste artigo incluem:

I – a venda de ativos ou de um conjunto de ativos que constitua uma atividade empresarial;

II – a cisão de sociedade;

III – a alienação de controle societário;

IV – a separação contábil ou jurídica de atividades;

V – o licenciamento compulsório de direitos de propriedade intelectual; e

VI – qualquer outro ato ou providência necessários para a eliminação dos efeitos nocivos à ordem econômica.

§ 3º. Julgado o processo no mérito, o ato não poderá ser novamente apresentado nem revisto no âmbito do Poder Executivo.

Art. 62. Em caso de recusa, omissão, enganosidade, falsidade ou retardamento injustificado, por parte dos requerentes, de informações ou documentos cuja apresentação for determinada pelo Cade, sem prejuízo das demais sanções cabíveis, poderá o pedido de aprovação do ato de concentração ser rejeitado por falta de provas, caso em que o requerente somente poderá realizar o ato mediante apresentação de novo pedido, nos termos do art. 53 desta Lei.

Art. 63. Os prazos previstos neste CAPÍTULO não se suspendem ou interrompem por qualquer motivo, ressalvado o disposto no § 5º do art. 6º desta Lei, quando for o caso.

Art. 64. (VETADO).

SEÇÃO III.
DO RECURSO CONTRA DECISÃO DE APROVAÇÃO DO ATO PELA SUPERINTENDÊNCIA-GERAL

Art. 65. No prazo de 15 (quinze) dias contado a partir da publicação da decisão da Superintendência-Geral que aprovar o ato de concentração, na forma do inciso I do *caput* do art. 54 e do inciso I do *caput* do art. 57 desta Lei:

I – caberá recurso da decisão ao Tribunal, que poderá ser interposto por terceiros interessados ou, em se tratando de mercado regulado, pela respectiva agência reguladora;

II – o Tribunal poderá, mediante provocação de um de seus Conselheiros e em decisão fundamentada, avocar o processo para julgamento ficando prevento o Conselheiro que encaminhou a provocação.

§ 1º. Em até 5 (cinco) dias úteis a partir do recebimento do recurso, o Conselheiro-Relator:

I – conhecerá do recurso e determinará a sua inclusão em pauta para julgamento;

II – conhecerá do recurso e determinará a realização de instrução complementar, podendo, a seu critério, solicitar que a Superintendência-Geral a realize, declarando os pontos controversos e especificando as diligências a serem produzidas; ou

III – não conhecerá do recurso, determinando o seu arquivamento.

§ 2º. As requerentes poderão manifestar-se acerca do recurso interposto, em até 5 (cinco) dias úteis do conhecimento do recurso no Tribunal ou da data do recebimento do relatório com a conclusão da instrução complementar elaborada pela Superintendência-Geral, o que ocorrer por último.

§ 3º. O litigante de má-fé arcará com multa, em favor do Fundo de Defesa de Direitos Difusos, a ser arbitrada pelo Tribunal entre R$ 5.000,00 (cinco mil reais) e R$ 5.000.000,00 (cinco milhões de reais), levando-se em consideração sua condição econômica, sua atuação no processo e o retardamento injustificado causado à aprovação do ato.

§ 4º. A interposição do recurso a que se refere o *caput* deste artigo ou a decisão de avocar suspende a execução do ato de concentração econômica até decisão final do Tribunal.

§ 5º. O Conselheiro-Relator poderá acompanhar a realização das diligências referidas no inciso II do § 1º deste artigo.

CAPÍTULO III.
DO INQUÉRITO ADMINISTRATIVO PARA APURAÇÃO DE INFRAÇÕES À ORDEM ECONÔMICA E DO PROCEDIMENTO PREPARATÓRIO

Art. 66. O inquérito administrativo, procedimento investigatório de natureza inquisitorial, será instaurado pela Superintendência-Geral para apuração de infrações à ordem econômica.

§ 1º. O inquérito administrativo será instaurado de ofício ou em face de representação fundamentada de qualquer interessado, ou em decorrência de peças de informação, quando os indícios de infração à ordem econômica não forem suficientes para a instauração de processo administrativo.

§ 2º. A Superintendência-Geral poderá instaurar procedimento preparatório de inquérito administrativo para apuração de infrações à ordem econômica para apurar se a conduta sob análise trata de matéria de competência do Sistema Brasileiro de Defesa da Concorrência, nos termos desta Lei.

§ 3º. As diligências tomadas no âmbito do procedimento preparatório de inquérito administrativo para apuração de infrações à ordem econômica deverão ser realizadas no prazo máximo de 30 (trinta) dias.

§ 4º. Do despacho que ordenar o arquivamento de procedimento preparatório, indeferir o requerimento de abertura de inquérito administrativo, ou seu arquivamento, caberá recurso de qualquer interessado ao Superintendente-Geral, na forma determinada em regulamento, que decidirá em última instância.

§ 5º. (VETADO).

§ 6º. A representação de Comissão do Congresso Nacional, ou de qualquer de suas Casas, bem como da Secretaria de Acompanhamento Econômico, das agências reguladoras e da Procuradoria Federal junto ao Cade, independe de procedimento preparatório, instaurando-se desde logo o inquérito administrativo ou processo administrativo.

§ 7º. O representante e o indiciado poderão requerer qualquer diligência, que será realizada ou não, a juízo da Superintendência-Geral.

§ 8º. A Superintendência-Geral poderá solicitar o concurso da autoridade policial ou do Ministério Público nas investigações.

§ 9º. O inquérito administrativo deverá ser encerrado no prazo de 180 (cento e oitenta) dias, contado da data de sua instauração, prorrogáveis por até 60 (sessenta) dias, por meio de despacho fundamentado e quando o fato for de difícil elucidação e o justificarem as circunstâncias do caso concreto.

§ 10. Ao procedimento preparatório, assim como ao inquérito administrativo, poderá ser dado tratamento sigiloso, no interesse das investigações, a critério da Superintendência-Geral.

Art. 67. Até 10 (dez) dias úteis a partir da data de encerramento do inquérito administrativo, a Superintendência-Geral decidirá pela instauração do processo administrativo ou pelo seu arquivamento.

§ 1º. O Tribunal poderá, mediante provocação de um Conselheiro e em decisão fundamentada, avocar o inquérito administrativo ou procedimento preparatório de inquérito administrativo arquivado pela Superintendência-Geral, ficando prevento o Conselheiro que encaminhou a provocação.

§ 2º. Avocado o inquérito administrativo, o Conselheiro-Relator terá o prazo de 30 (trinta) dias úteis para:

I – confirmar a decisão de arquivamento da Superintendência-Geral, podendo, se entender necessário, fundamentar sua decisão;

II – transformar o inquérito administrativo em processo administrativo, determinando a realização de instrução complementar, podendo, a seu critério, solicitar que a Superintendência-Geral a realize, declarando os pontos controversos e especificando as diligências a serem produzidas.

§ 3º. Ao inquérito administrativo poderá ser dado tratamento sigiloso, no interesse das investigações, a critério do Plenário do Tribunal.

Art. 68. O descumprimento dos prazos fixados neste CAPÍTULO pela Superintendência-Geral, assim como por seus servidores, sem justificativa devidamente comprovada nos autos, poderá resultar na apuração da respectiva responsabilidade administrativa, civil e criminal.

CAPÍTULO IV.
DO PROCESSO ADMINISTRATIVO PARA IMPOSIÇÃO DE SANÇÕES ADMINISTRATIVAS POR INFRAÇÕES À ORDEM ECONÔMICA

Art. 69. O processo administrativo, procedimento em contraditório, visa a garantir ao acusado a ampla defesa a respeito das conclusões do inquérito administrativo, cuja nota técnica final, aprovada nos termos das normas do Cade, constituirá peça inaugural.

Art. 70. Na decisão que instaurar o processo administrativo, será determinada a notificação do representado para, no prazo de 30 (trinta) dias, apresentar defesa e especificar as provas que pretende sejam produzidas, declinando a qualificação completa de até 3 (três) testemunhas.

§ 1º. A notificação inicial conterá o inteiro teor da decisão de instauração do processo administrativo e da representação, se for o caso.

§ 2º. A notificação inicial do representado será feita pelo correio, com aviso de recebimento em nome próprio, ou outro meio que assegure a certeza da ciência do interessado ou, não tendo êxito a notificação postal, por edital publicado no Diário Oficial da União e em jornal de grande circulação no Estado em que resida ou tenha sede, contando-se os prazos da juntada do aviso de recebimento, ou da publicação, conforme o caso.

§ 3º. A intimação dos demais atos processuais será feita mediante publicação no Diário Oficial da União, da qual deverá constar o nome do representado e de seu procurador, se houver.

§ 4º. O representado poderá acompanhar o processo administrativo por seu titular e seus diretores ou gerentes, ou por seu procurador, assegurando-se-lhes amplo acesso aos autos no Tribunal.

§ 5º. O prazo de 30 (trinta) dias mencionado no *caput* deste artigo poderá ser dilatado por até 10 (dez) dias, improrrogáveis, mediante requisição do representado.

Art. 71. Considerar-se-á revel o representado que, notificado, não apresentar defesa no prazo legal, incorrendo em confissão quanto à matéria de fato, contra ele correndo os demais prazos, independentemente de notificação.

Parágrafo único. Qualquer que seja a fase do processo, nele poderá intervir o revel, sem direito à repetição de qualquer ato já praticado.

Art. 72. Em até 30 (trinta) dias úteis após o decurso do prazo previsto no art. 70 desta Lei, a Superintendência-Geral, em despacho fundamentado, determinará a produção de provas que julgar pertinentes, sendo-lhe facultado exercer os poderes de instrução previstos nesta Lei, mantendo-se o sigilo legal, quando for o caso.

Art. 73. Em até 5 (cinco) dias úteis da data de conclusão da instrução processual determinada na forma do art. 72 desta Lei, a Superintendência-Geral notificará o representado para apresentar novas alegações, no prazo de 5 (cinco) dias úteis.

Art. 74. Em até 15 (quinze) dias úteis contados do decurso do prazo previsto no art. 73 desta Lei, a Superintendência-Geral remeterá os autos do processo ao Presidente do Tribunal, opinando, em relatório circunstanciado, pelo seu arquivamento ou pela configuração da infração.

Art. 75. Recebido o processo, o Presidente do Tribunal o distribuirá, por sorteio, ao Conselheiro-Relator, que poderá, caso entenda necessário, solicitar à Procuradoria Federal junto ao Cade que se manifeste no prazo de 20 (vinte) dias.

Art. 76. O Conselheiro-Relator poderá determinar diligências, em despacho fundamentado, podendo, a seu critério, solicitar que a Superintendência-Geral as realize, no prazo assinado.

Parágrafo único. Após a conclusão das diligências determinadas na forma deste artigo, o

Conselheiro-Relator notificará o representado para, no prazo de 15 (quinze) dias úteis, apresentar alegações finais.

Art. 77. No prazo de 15 (quinze) dias úteis contado da data de recebimento das alegações finais, o Conselheiro-Relator solicitará a inclusão do processo em pauta para julgamento.

Art. 78. A convite do Presidente, por indicação do Conselheiro-Relator, qualquer pessoa poderá apresentar esclarecimentos ao Tribunal, a propósito de assuntos que estejam em pauta.

Art. 79. A decisão do Tribunal, que em qualquer hipótese será fundamentada, quando for pela existência de infração da ordem econômica, conterá:

I – especificação dos fatos que constituam a infração apurada e a indicação das providências a serem tomadas pelos responsáveis para fazê-la cessar;

II – prazo dentro do qual devam ser iniciadas e concluídas as providências referidas no inciso I do *caput* deste artigo;

III – multa estipulada;

IV – multa diária em caso de continuidade da infração; e

V – multa em caso de descumprimento das providências estipuladas.

Parágrafo único. A decisão do Tribunal será publicada dentro de 5 (cinco) dias úteis no Diário Oficial da União.

Art. 80. Aplicam-se às decisões do Tribunal o disposto na Lei nº 8.437, de 30 de junho de 1992.

Art. 81. Descumprida a decisão, no todo ou em parte, será o fato comunicado ao Presidente do Tribunal, que determinará à Procuradoria Federal junto ao Cade que providencie sua execução judicial.

Art. 82. O descumprimento dos prazos fixados neste CAPÍTULO pelos membros do Cade, assim como por seus servidores, sem justificativa devidamente comprovada nos autos, poderá resultar na apuração da respectiva responsabilidade administrativa, civil e criminal.

Art. 83. O Cade disporá de forma complementar sobre o inquérito e o processo administrativo.

CAPÍTULO V. DA MEDIDA PREVENTIVA

Art. 84. Em qualquer fase do inquérito administrativo para apuração de infrações ou do processo administrativo para imposição de sanções por infrações à ordem econômica, poderá o Conselheiro-Relator ou o Superintendente-Geral, por iniciativa própria ou mediante provocação do Procurador-Chefe do Cade, adotar medida preventiva, quando houver indício ou fundado receio de que o representado, direta ou indiretamente, cause ou possa causar ao mercado lesão irreparável ou de difícil reparação, ou torne ineficaz o resultado final do processo.

§ 1º. Na medida preventiva, determinar-se-á a imediata cessação da prática e será ordenada, quando materialmente possível, a reversão à situação anterior, fixando multa diária nos termos do art. 39 desta Lei.

§ 2º. Da decisão que adotar medida preventiva caberá recurso voluntário ao Plenário do Tribunal, em 5 (cinco) dias, sem efeito suspensivo.

CAPÍTULO VI. DO COMPROMISSO DE CESSAÇÃO

Art. 85. Nos procedimentos administrativos mencionados nos incisos I, II e III do art. 48 desta Lei, o Cade poderá tomar do representado compromisso de cessação da prática sob investigação ou dos seus efeitos lesivos, sempre que, em juízo de conveniência e oportunidade, devidamente fundamentado, entender que atende aos interesses protegidos por lei.

§ 1º. Do termo de compromisso deverão constar os seguintes elementos:

I – a especificação das obrigações do representado no sentido de não praticar a conduta investigada ou seus efeitos lesivos, bem como obrigações que julgar cabíveis;

II – a fixação do valor da multa para o caso de descumprimento, total ou parcial, das obrigações compromissadas;

III – a fixação do valor da contribuição pecuniária ao Fundo de Defesa de Direitos Difusos quando cabível.

§ 2º. Tratando-se da investigação da prática de infração relacionada ou decorrente das condutas previstas nos incisos I e II do § 3º do art. 36 desta Lei, entre as obrigações a que se refere o inciso I do § 1º deste artigo figurará, necessariamente, a obrigação de recolher ao Fundo de Defesa de Direitos Difusos um valor pecuniário que não poderá ser inferior ao mínimo previsto no art. 37 desta Lei.

§ 3º. (VETADO).

§ 4º. A proposta de termo de compromisso de cessação de prática somente poderá ser apresentada uma única vez.

§ 5º. A proposta de termo de compromisso de cessação de prática poderá ter caráter confidencial.

§ 6º. A apresentação de proposta de termo de compromisso de cessação de prática não suspende o andamento do processo administrativo.

§ 7º. O termo de compromisso de cessação de prática terá caráter público, devendo o acordo ser publicado no sítio do Cade em 5 (cinco) dias após a sua celebração.

§ 8º. O termo de compromisso de cessação de prática constitui TÍTULO executivo extrajudicial.

§ 9º. O processo administrativo ficará suspenso enquanto estiver sendo cumprido o compromisso e será arquivado ao término do prazo fixado, se atendidas todas as condições estabelecidas no termo.

§ 10. A suspensão do processo administrativo a que se refere o § 9º deste artigo dar-se-á somente em relação ao representado que firmou o compromisso, seguindo o processo seu curso regular para os demais representados.

§ 11. Declarado o descumprimento do compromisso, o Cade aplicará as sanções nele previstas e determinará o prosseguimento do processo administrativo e as demais medidas administrativas e judiciais cabíveis para sua execução.

§ 12. As condições do termo de compromisso poderão ser alteradas pelo Cade se se comprovar sua excessiva onerosidade para o representado, desde que a alteração não acarrete prejuízo para terceiros ou para a coletividade.

§ 13. A proposta de celebração do compromisso de cessação de prática será indeferida quando a autoridade não chegar a um acordo com os representados quanto aos seus termos.

§ 14. O Cade definirá, em resolução, normas complementares sobre o termo de compromisso de cessação.

§ 15. Aplica-se o disposto no art. 50 desta Lei ao Compromisso de Cessação da Prática.

CAPÍTULO VII. DO PROGRAMA DE LENIÊNCIA

Art. 86. O Cade, por intermédio da Superintendência-Geral, poderá celebrar acordo de leniência, com a extinção da ação punitiva da administração pública ou a redução de 1 (um) a 2/3 (dois terços) da penalidade aplicável, nos termos deste artigo, com pessoas físicas e jurídicas que forem autoras de infração à ordem econômica, desde que colaborem efetivamente com as investigações e o processo administrativo e que dessa colaboração resulte:

I – a identificação dos demais envolvidos na infração; e

II – a obtenção de informações e documentos que comprovem a infração noticiada ou sob investigação.

§ 1º. O acordo de que trata o *caput* deste artigo somente poderá ser celebrado se preenchidos, cumulativamente, os seguintes requisitos:

I – a empresa seja a primeira a se qualificar com respeito à infração noticiada ou sob investigação;

II – a empresa cesse completamente seu envolvimento na infração noticiada ou sob investigação a partir da data de propositura do acordo;

III – a Superintendência-Geral não disponha de provas suficientes para assegurar a condenação da empresa ou pessoa física por ocasião da propositura do acordo; e

IV – a empresa confesse sua participação no ilícito e coopere plena e permanentemente com as investigações e o processo administrativo, comparecendo, sob suas expensas, sempre que solicitada, a todos os atos processuais, até seu encerramento.

§ 2º. Com relação às pessoas físicas, elas poderão celebrar acordos de leniência desde que cumpridos os requisitos II, III e IV do § 1º deste artigo.

§ 3º. O acordo de leniência firmado com o Cade, por intermédio da Superintendência-Geral, estipulará as condições necessárias para assegurar a efetividade da colaboração e o resultado útil do processo.

§ 4º. Compete ao Tribunal, por ocasião do julgamento do processo administrativo, verificado o cumprimento do acordo:

I – decretar a extinção da ação punitiva da administração pública em favor do infrator, nas hipóteses em que a proposta de acordo tiver sido apresentada à Superintendência-Geral sem que essa tivesse conhecimento prévio da infração noticiada; ou

II – nas demais hipóteses, reduzir de 1 (um) a 2/3 (dois terços) as penas aplicáveis, observado o disposto no art. 45 desta Lei, devendo ainda considerar na gradação da pena a efetividade da colaboração prestada e a boa-fé do infrator no cumprimento do acordo de leniência.

§ 5º. Na hipótese do inciso II do § 4º deste artigo, a pena sobre a qual incidirá o fator redutor não será superior à menor das penas aplicadas aos demais coautores da infração, relativamente aos percentuais fixados para a aplicação das multas de que trata o inciso I do art. 37 desta Lei.

§ 6º. Serão estendidos às empresas do mesmo grupo, de fato ou de direito, e aos seus dirigentes, administradores e empregados envolvidos na infração os efeitos do acordo de leniência, desde que o firmem em conjunto, respeitadas as condições impostas.

§ 7º. A empresa ou pessoa física que não obtiver, no curso de inquérito ou processo administrativo, habilitação para a celebração do acordo de que trata este artigo, poderá celebrar com a Superintendência-Geral, até a remessa do processo para julgamento, acordo de leniência relacionado a uma outra infração, da qual o Cade não tenha qualquer conhecimento prévio.

§ 8º. Na hipótese do § 7º deste artigo, o infrator se beneficiará da redução de 1/3 (um terço) da pena que lhe for aplicável naquele processo, sem prejuízo da obtenção dos benefícios de que trata o inciso I do § 4º deste artigo em relação à nova infração denunciada.

§ 9º. Considera-se sigilosa a proposta de acordo de que trata este artigo, salvo no interesse das investigações e do processo administrativo.

§ 10. Não importará em confissão quanto à matéria de fato, nem reconhecimento de ilicitude da conduta analisada, a proposta de acordo de leniência rejeitada, da qual não se fará qualquer divulgação.

§ 11. A aplicação do disposto neste artigo observará as normas a serem editadas pelo Tribunal.

§ 12. Em caso de descumprimento do acordo de leniência, o beneficiário ficará impedido de celebrar novo acordo de leniência pelo prazo de 3 (três) anos, contado da data de seu julgamento.

Art. 87. Nos crimes contra a ordem econômica, tipificados na Lei nº 8.137, de 27 de dezembro de 1990, e nos demais crimes diretamente relacionados à prática de cartel, tais como os tipificados na Lei nº 8.666, de 21 de junho de 1993, e os tipificados no art. 288 do Decreto-Lei nº 2.848, de 7 de dezembro de 1940 - Código Penal, a celebração de acordo de leniência, nos termos desta Lei, determina a suspensão do curso do prazo prescricional e impede o oferecimento da denúncia com relação ao agente beneficiário da leniência.

- Arts. 337-E a 337-P do CP.
- Lei 14.133/2021 (Nova Lei de Licitações)

Parágrafo único. Cumprido o acordo de leniência pelo agente, extingue-se automaticamente a punibilidade dos crimes a que se refere o *caput* deste artigo.

TÍTULO VII. DO CONTROLE DE CONCENTRAÇÕES

CAPÍTULO I. DOS ATOS DE CONCENTRAÇÃO

Art. 88. Serão submetidos ao Cade pelas partes envolvidas na operação os atos de concentração econômica em que, cumulativamente:

I – pelo menos um dos grupos envolvidos na operação tenha registrado, no último balanço, faturamento bruto anual ou volume de negócios total no País, no ano anterior à operação, equivalente ou superior a R$ 400.000.000,00 (quatrocentos milhões de reais); e

II – pelo menos um outro grupo envolvido na operação tenha registrado, no último balanço, faturamento bruto anual ou volume de negócios total no País, no ano anterior à operação, equivalente ou superior a R$ 30.000.000,00 (trinta milhões de reais).

§ 1º. Os valores mencionados nos incisos I e II do *caput* deste artigo poderão ser adequados, simultânea ou independentemente, por indicação do Plenário do Cade, por portaria interministerial dos Ministros de Estado da Fazenda e da Justiça.

§ 2º. O controle dos atos de concentração de que trata o *caput* deste artigo será prévio e realizado em, no máximo, 240 (duzentos e quarenta) dias, a contar do protocolo de petição ou de sua emenda.

§ 3º. Os atos que se subsumirem ao disposto no *caput* deste artigo não podem ser consumados antes de apreciados, nos termos deste artigo e do procedimento previsto no CAPÍTULO II do TÍTULO VI desta Lei, sob pena de nulidade, sendo ainda imposta multa pecuniária, de valor não inferior a R$ 60.000,00 (sessenta mil reais) nem superior a R$ 60.000.000,00 (sessenta milhões de reais), a ser aplicada nos termos da regulamentação, sem prejuízo da abertura de processo administrativo, nos termos do art. 69 desta Lei.

- Resolução CADE nº 24/2019 – Disciplina os procedimentos previstos nos §§ 3º e 7º do art. 88 da Lei nº 12.529, de 30 de novembro de 2011 (APAC).

§ 4º. Até a decisão final sobre a operação, deverão ser preservadas as condições de concorrência entre as empresas envolvidas, sob pena de aplicação das sanções previstas no § 3º deste artigo.

§ 5º. Serão proibidos os atos de concentração que impliquem eliminação da concorrência em parte substancial de mercado relevante, que possam criar ou reforçar uma posição dominante ou que possam resultar na dominação de mercado relevante de bens ou serviços, ressalvado o disposto no § 6º deste artigo.

§ 6º. Os atos a que se refere o § 5º deste artigo poderão ser autorizados, desde que sejam observados os limites estritamente necessários para atingir os seguintes objetivos:

I – cumulada ou alternativamente:

a) aumentar a produtividade ou a competitividade;

b) melhorar a qualidade de bens ou serviços; ou

c) propiciar a eficiência e o desenvolvimento tecnológico ou econômico; e

II – sejam repassados aos consumidores parte relevante dos benefícios decorrentes.

§ 7º. É facultado ao Cade, no prazo de 1 (um) ano a contar da respectiva data de consumação, requerer a submissão dos atos de concentração que não se enquadrem no disposto neste artigo.

- Resolução CADE nº 24/2019 – Disciplina os procedimentos previstos nos §§ 3º e 7º do art. 88 da Lei nº 12.529, de 30 de novembro de 2011 (APAC).

§ 8º. As mudanças de controle acionário de companhias abertas e os registros de fusão, sem prejuízo da obrigação das partes envolvidas, devem ser comunicados ao Cade pela Comissão de Valores Mobiliários - CVM e pelo Departamento Nacional do Registro do Comércio do Ministério do Desenvolvimento, Indústria e Comércio Exterior, respectivamente, no prazo de 5 (cinco) dias úteis para, se for o caso, ser examinados.

- Lei 13.341/2016: art. 2º, I (transforma o Ministério do Desenvolvimento, Indústria e Comércio Exterior em Ministério da Indústria, Comércio Exterior e Serviços).

§ 9º. O prazo mencionado no § 2º deste artigo somente poderá ser dilatado:

I – por até 60 (sessenta) dias, improrrogáveis, mediante requisição das partes envolvidas na operação; ou

II – por até 90 (noventa) dias, mediante decisão fundamentada do Tribunal, em que sejam especificados as razões para a extensão, o prazo da prorrogação, que será não renovável, e as providências cuja realização seja necessária para o julgamento do processo.

Art. 89. Para fins de análise do ato de concentração apresentado, serão obedecidos os procedimentos estabelecidos no CAPÍTULO II do TÍTULO VI desta Lei.

Parágrafo único. O Cade regulamentará, por meio de Resolução, a análise prévia de atos de concentração realizados com o propósito específico de participação em leilões, licitações e operações de aquisição de ações por meio de oferta pública.

Art. 90. Para os efeitos do art. 88 desta Lei, realiza-se um ato de concentração quando:

I – 2 (duas) ou mais empresas anteriormente independentes se fundem;

II – 1 (uma) ou mais empresas adquirem, direta ou indiretamente, por compra ou permuta de ações, quotas, títulos ou valores mobiliários conversíveis em ações, ou ativos, tangíveis ou intangíveis, por via contratual ou por qualquer outro meio ou forma, o controle ou partes de uma ou outras empresas;

III – 1 (uma) ou mais empresas incorporam outra ou outras empresas; ou

IV – 2 (duas) ou mais empresas celebram contrato associativo, consórcio ou joint venture.

- **Atualização:** Lei 14.010/2020, Art. 14. Ficam sem eficácia os incisos XV e XVII do § 3º do art. 36 e o inciso IV do art. 90 da Lei nº 12.529, de 30 de novembro de 2011, em relação a todos os atos praticados e com vigência de 20 de março de 2020 até 30 de outubro de 2020 ou enquanto durar o estado de calamidade pública reconhecido pelo Decreto Legislativo nº 6, de 20 de março de 2020. § 1º Na apreciação, pelo órgão competente, das demais infrações previstas no art. 36 da Lei nº 12.529, de 30 de novembro de 2011, caso praticadas a partir de 20 de março de 2020, e enquanto durar o estado de calamidade pública reconhecido pelo Decreto Legislativo nº 6, de 20 de março de 2020, deverão ser consideradas as circunstâncias extraordinárias decorrentes da pandemia do coronavírus (Covid-19). § 2º A suspensão da aplicação do inciso IV do art. 90 da Lei nº 12.529, de 30 de novembro de 2011, referida no *caput*, não afasta a possibilidade de análise posterior do ato de concentração ou de apuração de infração à ordem econômica, na forma do art. 36 da Lei nº 12.529, de 2011, dos acordos que não forem necessários ao combate ou à mitigação das consequências decorrentes da pandemia do coronavírus (Covid-19).

Parágrafo único. Não serão considerados atos de concentração, para os efeitos do disposto no art. 88 desta Lei, os descritos no inciso IV do *caput*, quando destinados às licitações promovidas pela administração pública direta e indireta e aos contratos delas decorrentes.

Art. 91. A aprovação de que trata o art. 88 desta Lei poderá ser revista pelo Tribunal, de ofício ou mediante provocação da Superintendência-Geral, se a decisão for baseada em informações falsas ou enganosas prestadas pelo interessado, se ocorrer o descumprimento de quaisquer das obrigações assumidas ou não forem alcançados os benefícios visados.

Parágrafo único. Na hipótese referida no *caput* deste artigo, a falsidade ou enganosidade será punida com multa pecuniária, de valor não inferior a R$ 60.000,00 (sessenta mil reais) nem superior a R$ 6.000.000,00 (seis milhões de reais), a ser aplicada na forma das normas do Cade, sem prejuízo da abertura de processo administrativo, nos termos do art. 67 desta Lei, e da adoção das demais medidas cabíveis.

CAPÍTULO II. DO ACORDO EM CONTROLE DE CONCENTRAÇÕES

Art. 92. (VETADO).

TÍTULO VIII. DA EXECUÇÃO JUDICIAL DAS DECISÕES DO CADE

CAPÍTULO I. DO PROCESSO

Art. 93. A decisão do Plenário do Tribunal, cominando multa ou impondo obrigação de fazer ou não fazer, constitui TÍTULO executivo extrajudicial.

Art. 94. A execução que tenha por objeto exclusivamente a cobrança de multa pecuniária será feita de acordo com o disposto na Lei nº 6.830, de 22 de setembro de 1980.

Art. 95. Na execução que tenha por objeto, além da cobrança de multa, o cumprimento de obrigação de fazer ou não fazer, o Juiz concederá a tutela específica da obrigação, ou determinará providências que assegurem o resultado prático equivalente ao do adimplemento.

§ 1º. A conversão da obrigação de fazer ou não fazer em perdas e danos somente será admissível se impossível a tutela específica ou a obtenção do resultado prático correspondente.

§ 2º. A indenização por perdas e danos far-se-á sem prejuízo das multas.

Art. 96. A execução será feita por todos os meios, inclusive mediante intervenção na empresa, quando necessária.

Art. 97. A execução das decisões do Cade será promovida na Justiça Federal do Distrito Federal ou da sede ou domicílio do executado, à escolha do Cade.

Art. 98. O oferecimento de embargos ou o ajuizamento de qualquer outra ação que vise à desconstituição do TÍTULO executivo não suspenderá a execução, se não for garantido o juízo no valor das multas aplicadas, para que se garanta o cumprimento da decisão final proferida nos autos, inclusive no que tange a multas diárias.

§ 1º. Para garantir o cumprimento das obrigações de fazer, deverá o juiz fixar caução idônea.

§ 2º. Revogada a liminar, o depósito do valor da multa converter-se-á em renda do Fundo de Defesa de Direitos Difusos.

§ 3º. O depósito em dinheiro não suspenderá a incidência de juros de mora e atualização monetária, podendo o Cade, na hipótese do § 2º deste artigo, promover a execução para cobrança da diferença entre o valor revertido ao Fundo de Defesa de Direitos Difusos e o valor da multa atualizado, com os acréscimos legais, como se sua exigibilidade do crédito jamais tivesse sido suspensa.

§ 4º. (Revogado pela Lei nº 13.105, de 2015).

Art. 99. Em razão da gravidade da infração da ordem econômica, e havendo fundado receio de dano irreparável ou de difícil reparação, ainda que tenha havido o depósito das multas e prestação de caução, poderá o Juiz determinar a adoção imediata, no todo ou em parte, das providências contidas no TÍTULO executivo.

Art. 100. No cálculo do valor da multa diária pela continuidade da infração, tomar-se-á como termo inicial a data final fixada pelo Cade para a adoção voluntária das providências contidas em sua decisão, e como termo final o dia do seu efetivo cumprimento.

Art. 101. O processo de execução em juízo das decisões do Cade terá preferência sobre as demais espécies de ação, exceto habeas corpus e mandado de segurança.

CAPÍTULO II. DA INTERVENÇÃO JUDICIAL

Art. 102. O Juiz decretará a intervenção na empresa quando necessária para permitir a execução específica, nomeando o interventor.

Parágrafo único. A decisão que determinar a intervenção deverá ser fundamentada e indicará, clara e precisamente, as providências a serem tomadas pelo interventor nomeado.

Art. 103. Se, dentro de 48 (quarenta e oito) horas, o executado impugnar o interventor por motivo de inaptidão ou inidoneidade, feita a prova da alegação em 3 (três) dias, o juiz decidirá em igual prazo.

Art. 104. Sendo a impugnação julgada procedente, o juiz nomeará novo interventor no prazo de 5 (cinco) dias.

Art. 105. A intervenção poderá ser revogada antes do prazo estabelecido, desde que comprovado o cumprimento integral da obrigação que a determinou.

Art. 106. A intervenção judicial deverá restringir-se aos atos necessários ao cumprimento da decisão judicial que a determinar e terá duração máxima de 180 (cento e oitenta) dias, ficando o interventor responsável por suas ações e omissões, especialmente em caso de abuso de poder e desvio de finalidade.

§ 1º. Aplica-se ao interventor, no que couber, o disposto nos arts. 153 a 159 da Lei 6.404, de 15 de dezembro de 1976.

§ 2º. A remuneração do interventor será arbitrada pelo Juiz, que poderá substituí-lo a qualquer tempo, sendo obrigatória a substituição quando incorrer em insolvência civil, quando for sujeito passivo ou ativo de qualquer forma de corrupção ou prevaricação, ou infringir quaisquer de seus deveres.

Art. 107. O juiz poderá afastar de suas funções os responsáveis pela administração da empresa que, comprovadamente, obstarem o cumprimento de atos de competência do interventor, devendo eventual substituição dar-se na forma estabelecida no contrato social da empresa.

§ 1º. Se, apesar das providências previstas no *caput* deste artigo, um ou mais responsáveis pela administração da empresa persistirem em obstar a ação do interventor, o juiz procederá na forma do disposto no § 2º deste artigo.

§ 2º. Se a maioria dos responsáveis pela administração da empresa recusar colaboração ao interventor, o juiz determinará que este assuma a administração total da empresa.

Art. 108. Compete ao interventor:

I – praticar ou ordenar que sejam praticados os atos necessários à execução;

II – denunciar ao Juiz quaisquer irregularidades praticadas pelos responsáveis pela empresa e das quais venha a ter conhecimento; e

III – apresentar ao Juiz relatório mensal de suas atividades.

Art. 109. As despesas resultantes da intervenção correrão por conta do executado contra quem ela tiver sido decretada.

Art. 110. Decorrido o prazo da intervenção, o interventor apresentará ao juiz relatório circunstanciado de sua gestão, propondo a extinção e o arquivamento do processo ou pedindo a prorrogação do prazo na hipótese de não ter sido possível cumprir integralmente a decisão exequenda.

Art. 111. Todo aquele que se opuser ou obstaculizar a intervenção ou, cessada esta, praticar quaisquer atos que direta ou indiretamente anulem seus efeitos, no todo ou em parte, ou desobedecer a ordens legais do interventor será, conforme o caso, responsabilizado criminalmente por resistência, desobediência ou coação no curso do processo, na forma dos arts. 329, 330 e 344 do Decreto-Lei nº 2.848, de 7 de dezembro de 1940 - Código Penal.

TÍTULO IX. DISPOSIÇÕES FINAIS E TRANSITÓRIAS

Art. 112. (VETADO).

Art. 113. Visando a implementar a transição para o sistema de mandatos não coincidentes, as nomeações dos Conselheiros observarão os seguintes critérios de duração dos mandatos, nessa ordem:

I – 2 (dois) anos para os primeiros 2 (dois) mandatos vagos; e

II – 3 (três) anos para o terceiro e o quarto mandatos vagos.

§ 1º. Os mandatos dos membros do Cade e do Procurador-Chefe em vigor na data de promulgação desta Lei serão mantidos e exercidos até o seu término original, devendo as nomeações subsequentes à extinção desses mandatos observar o disposto neste artigo.

§ 2º. Na hipótese do § 1º deste artigo, o Conselheiro que estiver exercendo o seu primeiro mandato no Cade, após o término de seu mandato original, poderá ser novamente nomeado no mesmo cargo, observado o disposto nos incisos I e II do *caput* deste artigo.

§ 3º. O Conselheiro que estiver exercendo o seu segundo mandato no Cade, após o término de seu mandato original, não poderá ser novamente nomeado para o período subsequente.

§ 4º. Não haverá recondução para o Procurador-Chefe que estiver exercendo mandato no Cade, após o término de seu mandato original, podendo ele ser indicado para permanecer no cargo na forma do art. 16 desta Lei.

Art. 114. (VETADO).

Art. 115. Aplicam-se subsidiariamente aos processos administrativo e judicial previstos nesta Lei as disposições das Leis nºs 5.869, de 11 de janeiro de 1973 - Código de Processo Civil, 7.347, de 24 de julho de 1985, 8.078, de 11 de setembro de 1990, e 9.784, de 29 de janeiro de 1999.

- Lei 13.105/2015 revogou a Lei 5.869/1973.

Art. 116. O art. 4º da Lei nº 8.137, de 27 de dezembro de 1990, passa a vigorar com a seguinte redação:

- Alteração incorporada ao texto da referida lei.

Art. 117. O *caput* e o inciso V do art. 1º da Lei nº 7.347, de 24 de julho de 1985, passam a vigorar com a seguinte redação:

- Alteração incorporada ao texto da referida lei.

Art. 118. Nos processos judiciais em que se discuta a aplicação desta Lei, o Cade deverá ser intimado para, querendo, intervir no feito na qualidade de assistente.

Art. 119. O disposto nesta Lei não se aplica aos casos de dumping e subsídios de que tratam os Acordos Relativos à Implementação do Artigo VI do Acordo Geral sobre Tarifas Aduaneiras e Comércio, promulgados pelos Decretos nºs 93.941 e 93.962, de 16 e 22 de janeiro de 1987, respectivamente.

Art. 120. (VETADO).

Art. 121. Ficam criados, para exercício na Secretaria de Acompanhamento Econômico e, prioritariamente, no Cade, observadas as diretrizes e quantitativos estabelecidos pelo Órgão Supervisor da Carreira, 200 (duzentos) cargos de Especialistas em Políticas Públicas e Gestão Governamental, integrantes da Carreira de Especialista em Políticas Públicas e Gestão Governamental, para o exercício das atribuições referidas no art. 1º da Lei nº 7.834, de 6 de outubro de 1989, a serem providos gradualmente, observados os limites e a autorização específica da lei de diretrizes orçamentárias, nos termos do inciso II do § 1º do art. 169 da Constituição Federal.

Parágrafo único. Ficam transferidos para o Cade os cargos pertencentes ao Ministério da Justiça atualmente alocados no Departamento de Proteção e Defesa Econômica da Secretaria de Direito Econômico, bem como o DAS-6 do Secretário de Direito Econômico.

Art. 122. Os órgãos do SBDC poderão requisitar servidores da administração pública federal direta, autárquica ou fundacional para neles ter exercício, independentemente do exercício de cargo em comissão ou função de confiança.

Parágrafo único. Ao servidor requisitado na forma deste artigo são assegurados todos os direitos e vantagens a que façam jus no órgão ou entidade de origem, considerando-se o período de requisição para todos os efeitos da vida funcional, como efetivo exercício no cargo que ocupe no órgão ou entidade de origem.

Art. 123. Ato do Ministro de Estado do Planejamento, Orçamento e Gestão fixará o quantitativo ideal de cargos efetivos, ocupados, a serem mantidos, mediante lotação, requisição ou exercício, no âmbito do Cade e da Secretaria de Acompanhamento Econômico, bem como fixará cronograma para que sejam atingidos os seus quantitativos, observadas as dotações consignadas nos Orçamentos da União.

Art. 124. Ficam criados, no âmbito do Poder Executivo Federal, para alocação ao Cade, os seguintes cargos em comissão do Grupo-Direção e Assessoramento Superiores - DAS: 2 (dois) cargos de natureza especial NES de Presidente do Cade e Superintendente-Geral do Cade, 7 (sete) DAS-6, 16 (dezesseis) DAS-4, 8 (oito) DAS-3, 11 (onze) DAS-2 e 21 (vinte e um) DAS-1.

Art. 125. O Poder Executivo disporá sobre a estrutura regimental do Cade, sobre as competências e atribuições, denominação das unidades e especificações dos cargos, promovendo a alocação, nas unidades internas da autarquia, dos cargos em comissão e das funções gratificadas.

Art. 126. Ficam extintos, no âmbito do Poder Executivo Federal, os seguintes cargos em comissão do Grupo-Direção e Assessoramento Superiores - DAS e Funções Gratificadas - FG: 3 (três) DAS-5, 2 (duas) FG-1 e 16 (dezesseis) FG-3.

Art. 127. Ficam revogados a Lei nº 9.781, de 19 de janeiro de 1999, os arts. 5º e 6º da Lei nº 8.137, de 27 de dezembro de 1990, e os arts. 1º a 85 e 88 a 93 da Lei nº 8.884, de 11 de junho de 1994.

Art. 128. Esta Lei entra em vigor após decorridos 180 (cento e oitenta) dias de sua publicação oficial.

Brasília, 30 de novembro de 2011; 190º da Independência e 123º da República.

DILMA ROUSSEFF

Publicado no D.O.U. 1.11.2011 e ret. 2.12.2011

LEI COMPLEMENTAR Nº 140, DE 8 DE DEZEMBRO DE 2011

Fixa normas, nos termos dos incisos III, VI e VII do caput e do parágrafo único do art. 23 da Constituição Federal, para a cooperação entre a União, os Estados, o Distrito Federal e os Municípios nas ações administrativas decorrentes do exercício da competência comum relativas à proteção das paisagens naturais notáveis, à proteção do meio ambiente, ao combate à poluição em qualquer de suas formas e à preservação das florestas, da fauna e da flora; e altera a Lei nº 6.938, de 31 de agosto de 1981.

- *Proteção às paisagens naturais notáveis*

A PRESIDENTA DA REPÚBLICA Faço saber que o Congresso Nacional decreta e eu sanciono a seguinte Lei Complementar:

CAPÍTULO I. DISPOSIÇÕES GERAIS

Art. 1º. Esta Lei Complementar fixa normas, nos termos dos incisos III, VI e VII do *caput* e do parágrafo único do art. 23 da Constituição Federal, para a cooperação entre a União, os Estados, o Distrito Federal e os Municípios nas ações administrativas decorrentes do exercício da competência comum relativas à proteção das paisagens naturais notáveis, à proteção do meio ambiente, ao combate à poluição em qualquer de suas formas e à preservação das florestas, da fauna e da flora.

Art. 2º. Para os fins desta Lei Complementar, consideram-se:

I – licenciamento ambiental: o procedimento administrativo destinado a licenciar atividades ou empreendimentos utilizadores de recursos ambientais, efetiva ou potencialmente poluidores ou capazes, sob qualquer forma, de causar degradação ambiental;

II – atuação supletiva: ação do ente da Federação que se substitui ao ente federativo originariamente detentor das atribuições, nas hipóteses definidas nesta Lei Complementar;

III – atuação subsidiária: ação do ente da Federação que visa a auxiliar no desempenho das atribuições decorrentes das competências comuns, quando solicitado pelo ente federativo originariamente detentor das atribuições definidas nesta Lei Complementar.

Art. 3º. Constituem objetivos fundamentais da União, dos Estados, do Distrito Federal e dos Municípios, no exercício da competência comum a que se refere esta Lei Complementar:

I – proteger, defender e conservar o meio ambiente ecologicamente equilibrado, promovendo gestão descentralizada, democrática e eficiente;

II – garantir o equilíbrio do desenvolvimento socioeconômico com a proteção do meio ambiente, observando a dignidade da pessoa humana, a erradicação da pobreza e a redução das desigualdades sociais e regionais;

III – harmonizar as políticas e ações administrativas para evitar a sobreposição de atuação entre os entes federativos, de forma a evitar conflitos de atribuições e garantir uma atuação administrativa eficiente;

IV – garantir a uniformidade da política ambiental para todo o País, respeitadas as peculiaridades regionais e locais.

CAPÍTULO II. DOS INSTRUMENTOS DE COOPERAÇÃO

Art. 4º. Os entes federativos podem valer-se, entre outros, dos seguintes instrumentos de cooperação institucional:

I – consórcios públicos, nos termos da legislação em vigor;

II – convênios, acordos de cooperação técnica e outros instrumentos similares com órgãos e entidades do Poder Público, respeitado o art. 241 da Constituição Federal;

III – Comissão Tripartite Nacional, Comissões Tripartites Estaduais e Comissão Bipartite do Distrito Federal;

IV – fundos públicos e privados e outros instrumentos econômicos;

V – delegação de atribuições de um ente federativo a outro, respeitados os requisitos previstos nesta Lei Complementar;

VI – delegação da execução de ações administrativas de um ente federativo a outro, respeitados os requisitos previstos nesta Lei Complementar.

§ 1º. Os instrumentos mencionados no inciso II do *caput* podem ser firmados com prazo indeterminado.

§ 2º. A Comissão Tripartite Nacional será formada, paritariamente, por representantes dos Poderes Executivos da União, dos Estados, do Distrito Federal e dos Municípios, com o objetivo de fomentar a gestão ambiental compartilhada e descentralizada entre os entes federativos.

§ 3º. As Comissões Tripartites Estaduais serão formadas, paritariamente, por representantes dos Poderes Executivos da União, dos Estados e dos Municípios, com o objetivo de fomentar a gestão ambiental compartilhada e descentralizada entre os entes federativos.

§ 4º. A Comissão Bipartite do Distrito Federal será formada, paritariamente, por representantes dos Poderes Executivos da União e do Distrito Federal, com o objetivo de fomentar a gestão ambiental compartilhada e descentralizada entre esses entes federativos.

§ 5º. As Comissões Tripartites e a Comissão Bipartite do Distrito Federal terão sua organização e funcionamento regidos pelos respectivos regimentos internos.

Art. 5º. O ente federativo poderá delegar, mediante convênio, a execução de ações administrativas a ele atribuídas nesta Lei Complementar, desde que o ente destinatário da delegação disponha de órgão ambiental capacitado a executar as ações administrativas a serem delegadas e de conselho de meio ambiente.

Parágrafo único. Considera-se órgão ambiental capacitado, para os efeitos do disposto no *caput*, aquele que possui técnicos próprios ou em consórcio, devidamente habilitados e em número compatível com a demanda das ações administrativas a serem delegadas.

CAPÍTULO III. DAS AÇÕES DE COOPERAÇÃO

Art. 6º. As ações de cooperação entre a União, os Estados, o Distrito Federal e os Municípios deverão ser desenvolvidas de modo a atingir os objetivos previstos no art. 3º e a garantir o desenvolvimento sustentável, harmonizando e integrando todas as políticas governamentais.

Art. 7º. São ações administrativas da União:

I – formular, executar e fazer cumprir, em âmbito nacional, a Política Nacional do Meio Ambiente;

II – exercer a gestão dos recursos ambientais no âmbito de suas atribuições;

III – promover ações relacionadas à Política Nacional do Meio Ambiente nos âmbitos nacional e internacional;

IV – promover a integração de programas e ações de órgãos e entidades da administração pública da União, dos Estados, do Distrito Federal e dos Municípios, relacionados à proteção e à gestão ambiental;

V – articular a cooperação técnica, científica e financeira, em apoio à Política Nacional do Meio Ambiente;

VI – promover o desenvolvimento de estudos e pesquisas direcionados à proteção e à gestão ambiental, divulgando os resultados obtidos;

VII – promover a articulação da Política Nacional do Meio Ambiente com as de Recursos Hídricos, Desenvolvimento Regional, Ordenamento Territorial e outras;

VIII – organizar e manter, com a colaboração dos órgãos e entidades da administração pública dos Estados, do Distrito Federal e dos Municípios, o Sistema Nacional de Informação sobre Meio Ambiente (Sinima);

IX – elaborar o zoneamento ambiental de âmbito nacional e regional;

X – definir espaços territoriais e seus componentes a serem especialmente protegidos;

XI – promover e orientar a educação ambiental em todos os níveis de ensino e a conscientização pública para a proteção do meio ambiente;

XII – controlar a produção, a comercialização e o emprego de técnicas, métodos e substâncias que comportem risco para a vida, a qualidade de vida e o meio ambiente, na forma da lei;

XIII – exercer o controle e fiscalizar as atividades e empreendimentos cuja atribuição para licenciar ou autorizar, ambientalmente, for cometida à União;

XIV – promover o licenciamento ambiental de empreendimentos e atividades:

a) localizados ou desenvolvidos conjuntamente no Brasil e em país limítrofe;

b) localizados ou desenvolvidos no mar territorial, na plataforma continental ou na zona econômica exclusiva;

c) localizados ou desenvolvidos em terras indígenas;

d) localizados ou desenvolvidos em unidades de conservação instituídas pela União, exceto em Áreas de Proteção Ambiental (APAs);

e) localizados ou desenvolvidos em 2 (dois) ou mais Estados;

f) de caráter militar, excetuando-se do licenciamento ambiental, nos termos de ato do Poder Executivo, aqueles previstos no preparo e emprego das Forças Armadas, conforme disposto na Lei Complementar 97, de 9 de junho de 1999;

g) destinados a pesquisar, lavrar, produzir, beneficiar, transportar, armazenar e dispor material radioativo, em qualquer estágio, ou que utilizem energia nuclear em qualquer de suas formas e aplicações, mediante parecer da Comissão Nacional de Energia Nuclear (CNEN); ou

h) que atendam tipologia estabelecida por ato do Poder Executivo, a partir de proposição da Comissão Tripartite Nacional, assegurada a participação de um membro do Conselho Nacional do Meio Ambiente (Conama), e considerados os critérios de porte, potencial poluidor e natureza da atividade ou empreendimento;

XV – aprovar o manejo e a supressão de vegetação, de florestas e formações sucessoras em:

a) florestas públicas federais, terras devolutas federais ou unidades de conservação instituídas pela União, exceto em APAs; e

b) atividades ou empreendimentos licenciados ou autorizados, ambientalmente, pela União;

XVI – elaborar a relação de espécies da fauna e da flora ameaçadas de extinção e de espécies sobre-explotadas no território nacional, mediante laudos e estudos técnico-científicos, fomentando as atividades que conservem essas espécies in situ;

XVII – controlar a introdução no País de espécies exóticas potencialmente invasoras que possam ameaçar os ecossistemas, habitats e espécies nativas;

XVIII – aprovar a liberação de exemplares de espécie exótica da fauna e da flora em ecossistemas naturais frágeis ou protegidos;

XIX – controlar a exportação de componentes da biodiversidade brasileira na forma de espécimes silvestres da flora, micro-organismos e da fauna, partes ou produtos deles derivados;

XX – controlar a apanha de espécimes da fauna silvestre, ovos e larvas;

XXI – proteger a fauna migratória e as espécies inseridas na relação prevista no inciso XVI;

XXII – exercer o controle ambiental da pesca em âmbito nacional ou regional;

XXIII – gerir o patrimônio genético e o acesso ao conhecimento tradicional associado, respeitadas as atribuições setoriais;

XXIV – exercer o controle ambiental sobre o transporte marítimo de produtos perigosos; e

XXV – exercer o controle ambiental sobre o transporte interestadual, fluvial ou terrestre, de produtos perigosos.

Parágrafo único. O licenciamento dos empreendimentos cuja localização compreenda concomitantemente áreas das faixas terrestre e marítima da zona costeira será de atribuição da União exclusivamente nos casos previstos em tipologia estabelecida por ato do Poder Executivo, a partir de proposição da Comissão Tripartite Nacional, assegurada a participação de um membro do Conselho Nacional do Meio Ambiente (Conama) e considerados os critérios de porte, potencial poluidor e natureza da atividade ou empreendimento.

Art. 8º. São ações administrativas dos Estados:

I – executar e fazer cumprir, em âmbito estadual, a Política Nacional do Meio Ambiente e demais políticas nacionais relacionadas à proteção ambiental;

II – exercer a gestão dos recursos ambientais no âmbito de suas atribuições;

III – formular, executar e fazer cumprir, em âmbito estadual, a Política Estadual de Meio Ambiente;

IV – promover, no âmbito estadual, a integração de programas e ações de órgãos e entidades da administração pública da União, dos Estados, do Distrito Federal e dos Municípios, relacionados à proteção e à gestão ambiental;

V – articular a cooperação técnica, científica e financeira, em apoio às Políticas Nacional e Estadual de Meio Ambiente;

VI – promover o desenvolvimento de estudos e pesquisas direcionados à proteção e à gestão ambiental, divulgando os resultados obtidos;

VII – organizar e manter, com a colaboração dos órgãos municipais competentes, o Sistema Estadual de Informações sobre Meio Ambiente;

VIII – prestar informações à União para a formação e atualização do Sinima;

IX – elaborar o zoneamento ambiental de âmbito estadual, em conformidade com os zoneamentos de âmbito nacional e regional;

X – definir espaços territoriais e seus componentes a serem especialmente protegidos;

XI – promover e orientar a educação ambiental em todos os níveis de ensino e a conscientização pública para a proteção do meio ambiente;

XII – controlar a produção, a comercialização e o emprego de técnicas, métodos e substâncias que comportem risco para a vida, a qualidade de vida e o meio ambiente, na forma da lei;

XIII – exercer o controle e fiscalizar as atividades e empreendimentos cuja atribuição para licenciar ou autorizar, ambientalmente, for cometida aos Estados;

XIV – promover o licenciamento ambiental de atividades ou empreendimentos utilizadores de recursos ambientais, efetiva ou potencialmente poluidores ou capazes, sob qualquer forma, de causar degradação ambiental, ressalvado o disposto nos arts. 7º e 9º;

XV – promover o licenciamento ambiental de atividades ou empreendimentos localizados ou desenvolvidos em unidades de conservação instituídas pelo Estado, exceto em Áreas de Proteção Ambiental (APAs);

XVI – aprovar o manejo e a supressão de vegetação, de florestas e formações sucessoras em:

a) florestas públicas estaduais ou unidades de conservação do Estado, exceto em Áreas de Proteção Ambiental (APAs);

b) imóveis rurais, observadas as atribuições previstas no inciso XV do art. 7º; e

c) atividades ou empreendimentos licenciados ou autorizados, ambientalmente, pelo Estado;

XVII – elaborar a relação de espécies da fauna e da flora ameaçadas de extinção no respectivo território, mediante laudos e estudos técnico-científicos, fomentando as atividades que conservem essas espécies *in situ*;

XVIII – controlar a apanha de espécimes da fauna silvestre, ovos e larvas destinadas à implantação de criadouros e à pesquisa científica, ressalvado o disposto no inciso XX do art. 7º;

XIX – aprovar o funcionamento de criadouros da fauna silvestre;

XX – exercer o controle ambiental da pesca em âmbito estadual; e

XXI – exercer o controle ambiental do transporte fluvial e terrestre de produtos perigosos, ressalvado o disposto no inciso XXV do art. 7º.

Art. 9º. São ações administrativas dos Municípios:

I – executar e fazer cumprir, em âmbito municipal, as Políticas Nacional e Estadual de Meio Ambiente e demais políticas nacionais e estaduais relacionadas à proteção do meio ambiente;

II – exercer a gestão dos recursos ambientais no âmbito de suas atribuições;

III – formular, executar e fazer cumprir a Política Municipal de Meio Ambiente;

IV – promover, no Município, a integração de programas e ações de órgãos e entidades da administração pública federal, estadual e municipal, relacionados à proteção e à gestão ambiental;

V – articular a cooperação técnica, científica e financeira, em apoio às Políticas Nacional, Estadual e Municipal de Meio Ambiente;

VI – promover o desenvolvimento de estudos e pesquisas direcionados à proteção e à gestão ambiental, divulgando os resultados obtidos;

VII – organizar e manter o Sistema Municipal de Informações sobre Meio Ambiente;

VIII – prestar informações aos Estados e à União para a formação e atualização dos Sistemas Estadual e Nacional de Informações sobre Meio Ambiente;

IX – elaborar o Plano Diretor, observando os zoneamentos ambientais;

X – definir espaços territoriais e seus componentes a serem especialmente protegidos;

XI – promover e orientar a educação ambiental em todos os níveis de ensino e a conscientização pública para a proteção do meio ambiente;

XII – controlar a produção, a comercialização e o emprego de técnicas, métodos e substâncias que comportem risco para a vida, a qualidade de vida e o meio ambiente, na forma da lei;

XIII – exercer o controle e fiscalizar as atividades e empreendimentos cuja atribuição para licenciar ou autorizar, ambientalmente, for cometida ao Município;

XIV – observadas as atribuições dos demais entes federativos previstas nesta Lei Complementar, promover o licenciamento ambiental das atividades ou empreendimentos:

a) que causem ou possam causar impacto ambiental de âmbito local, conforme tipologia definida pelos respectivos Conselhos Estaduais de Meio Ambiente, considerados os critérios de porte, potencial poluidor e natureza da atividade; ou

b) localizados em unidades de conservação instituídas pelo Município, exceto em Áreas de Proteção Ambiental (APAs);

XV – observadas as atribuições dos demais entes federativos previstas nesta Lei Complementar, aprovar:

a) a supressão e o manejo de vegetação, de florestas e formações sucessoras em florestas públicas municipais e unidades de conservação instituídas pelo Município, exceto em Áreas de Proteção Ambiental (APAs); e

b) a supressão e o manejo de vegetação, de florestas e formações sucessoras em empreendimentos licenciados ou autorizados, ambientalmente, pelo Município.

Art. 10. São ações administrativas do Distrito Federal as previstas nos arts. 8º e 9º.

Art. 11. A lei poderá estabelecer regras próprias para atribuições relativas à autorização de manejo e supressão de vegetação, considerada a sua caracterização como vegetação primária ou secundária em diferentes estágios de regeneração, assim como a existência de espécies da flora ou da fauna ameaçadas de extinção.

Art. 12. Para fins de licenciamento ambiental de atividades ou empreendimentos utilizadores de recursos ambientais, efetiva ou potencialmente poluidores ou capazes, sob qualquer forma, de causar degradação ambiental, e para autorização de supressão e manejo de vegetação, o critério do ente federativo instituidor da unidade de conservação não será aplicado às Áreas de Proteção Ambiental (APAs).

Parágrafo único. A definição do ente federativo responsável pelo licenciamento e autorização a que se refere o *caput*, no caso das APAs, seguirá os critérios previstos nas alíneas a, b, e, f e h do inciso XIV do art. 7º, no inciso XIV do art. 8º e na alínea a do inciso XIV do art. 9º.

Art. 13. Os empreendimentos e atividades são licenciados ou autorizados, ambientalmente, por um único ente federativo, em conformidade com as atribuições estabelecidas nos termos desta Lei Complementar.

§ 1º. Os demais entes federativos interessados podem manifestar-se ao órgão responsável pela licença ou autorização, de maneira não vinculante, respeitados os prazos e procedimentos do licenciamento ambiental.

§ 2º. A supressão de vegetação decorrente de licenciamentos ambientais é autorizada pelo ente federativo licenciador.

§ 3º. Os valores alusivos às taxas de licenciamento ambiental e outros serviços afins devem guardar relação de proporcionalidade com o custo e a complexidade do serviço prestado pelo ente federativo.

Art. 14. Os órgãos licenciadores devem observar os prazos estabelecidos para tramitação dos processos de licenciamento.

§ 1º. As exigências de complementação oriundas da análise do empreendimento ou atividade devem ser comunicadas pela autoridade licenciadora de uma única vez ao empreendedor, ressalvadas aquelas decorrentes de fatos novos.

§ 2º. As exigências de complementação de informações, documentos ou estudos feitas pela autoridade licenciadora suspendem o prazo de aprovação, que continua a fluir após o seu atendimento integral pelo empreendedor.

§ 3º. O decurso dos prazos de licenciamento, sem a emissão da licença ambiental, não implica emissão tácita nem autoriza a prática de ato que dela dependa ou decorra, mas instaura a competência supletiva referida no art. 15.

§ 4º. A renovação de licenças ambientais deve ser requerida com antecedência mínima de 120 (cento e vinte) dias da expiração de seu prazo de validade, fixado na respectiva licença, ficando este automaticamente prorrogado até a manifestação definitiva do órgão ambiental competente.

Art. 15. Os entes federativos devem atuar em caráter supletivo nas ações administrativas de licenciamento e na autorização ambiental, nas seguintes hipóteses:

I – inexistindo órgão ambiental capacitado ou conselho de meio ambiente no Estado ou no Distrito Federal, a União deve desempenhar as ações administrativas estaduais ou distritais até a sua criação;

II – inexistindo órgão ambiental capacitado ou conselho de meio ambiente no Município, o Estado deve desempenhar as ações administrativas municipais até a sua criação; e

III – inexistindo órgão ambiental capacitado ou conselho de meio ambiente no Estado e no Município, a União deve desempenhar as ações administrativas até a sua criação em um daqueles entes federativos.

Art. 16. A ação administrativa subsidiária dos entes federativos dar-se-á por meio de apoio técnico, científico, administrativo ou financeiro, sem prejuízo de outras formas de cooperação.

Parágrafo único. A ação subsidiária deve ser solicitada pelo ente originariamente detentor da atribuição nos termos desta Lei Complementar.

Art. 17. Compete ao órgão responsável pelo licenciamento ou autorização, conforme o caso, de um empreendimento ou atividade, lavrar auto de infração ambiental e instaurar processo administrativo para a apuração de infrações à legislação ambiental cometidas pelo empreendimento ou atividade licenciada ou autorizada.

§ 1º. Qualquer pessoa legalmente identificada, ao constatar infração ambiental decorrente de empreendimento ou atividade utilizadores de recursos ambientais, efetiva ou potencialmente poluidores, pode dirigir representação ao órgão a que se refere o *caput*, para efeito do exercício de seu poder de polícia.

§ 2º. Nos casos de iminência ou ocorrência de degradação da qualidade ambiental, o ente federativo que tiver conhecimento do fato deverá determinar medidas para evitá-la, fazer cessá-la ou mitigá-la, comunicando imediatamente ao órgão competente para as providências cabíveis.

§ 3º. O disposto no *caput* deste artigo não impede o exercício pelos entes federativos da atribuição comum de fiscalização da conformidade de empreendimentos e atividades efetiva ou potencialmente poluidores ou utilizadores de recursos naturais com a legislação ambiental em vigor, prevalecendo o auto de infração ambiental lavrado por órgão que detenha a atribuição de licenciamento ou autorização a que se refere o *caput*.

CAPÍTULO IV. DISPOSIÇÕES FINAIS E TRANSITÓRIAS

Art. 18. Esta Lei Complementar aplica-se apenas aos processos de licenciamento e autorização ambiental iniciados a partir de sua vigência.

§ 1º. Na hipótese de que trata a alínea h do inciso XIV do art. 7º, a aplicação desta Lei Complementar dar-se-á a partir da entrada em vigor do ato previsto no referido dispositivo.

§ 2º. Na hipótese de que trata a alínea a do inciso XIV do art. 9º, a aplicação desta Lei Complementar dar-se-á a partir da edição da decisão do respectivo Conselho Estadual.

§ 3º. Enquanto não forem estabelecidas as tipologias de que tratam os §§ 1º e 2º deste artigo, os processos de licenciamento e autorização ambiental serão conduzidos conforme a legislação em vigor.

Art. 19. O manejo e a supressão de vegetação em situações ou áreas não previstas nesta Lei Complementar dar-se-ão nos termos da legislação em vigor.

Art. 20. O art. 10 da Lei nº 6.938, de 31 de agosto de 1981, passa a vigorar com a seguinte redação:

› Alteração incorporada ao texto da referida lei.

Art. 21. Revogam-se os §§ 2º, 3º e 4º do art. 10 e o § 1º do art. 11 da Lei nº 6.938, de 31 de agosto de 1981.

Art. 22. Esta Lei Complementar entra em vigor na data de sua publicação.

Brasília, 8 de dezembro de 2011; 190º da Independência e 123º da República.

DILMA ROUSSEFF

Publicado no D.O.U. de 9.12.2011; retificação: 12.12.2011

LEI Nº 12.562, DE 23 DE DEZEMBRO DE 2011

Regulamenta o inciso III do art. 36 da Constituição Federal, para dispor sobre o processo e julgamento da representação interventiva perante o Supremo Tribunal Federal.

› *Representação interventiva*

A PRESIDENTA DA REPÚBLICA Faço saber que o Congresso Nacional decreta e eu sanciono a seguinte Lei:

Art. 1º. Esta Lei dispõe sobre o processo e julgamento da representação interventiva prevista no inciso III do art. 36 da Constituição Federal.

Art. 2º. A representação será proposta pelo Procurador-Geral da República, em caso de violação aos princípios referidos no inciso VII do art. 34 da Constituição Federal, ou de recusa, por parte de Estado-Membro, à execução de lei federal.

Art. 3º. A petição inicial deverá conter:

I – a indicação do princípio constitucional que se considera violado ou, se for o caso de recusa à aplicação de lei federal, das disposições questionadas;

II – a indicação do ato normativo, do ato administrativo, do ato concreto ou da omissão questionados;

III – a prova da violação do princípio constitucional ou da recusa de execução de lei federal;

IV – o pedido, com suas especificações.

Parágrafo único. A petição inicial será apresentada em 2 (duas) vias, devendo conter, se for o caso, cópia do ato questionado e dos documentos necessários para comprovar a impugnação.

Art. 4º. A petição inicial será indeferida liminarmente pelo relator, quando não for o caso de representação interventiva, faltar algum dos requisitos estabelecidos nesta Lei ou for inepta.

Parágrafo único. Da decisão de indeferimento da petição inicial caberá agravo, no prazo de 5 (cinco) dias.

Art. 5º. O Supremo Tribunal Federal, por decisão da maioria absoluta de seus membros, poderá deferir pedido de medida liminar na representação interventiva.

§ 1º. O relator poderá ouvir os órgãos ou autoridades responsáveis pelo ato questionado, bem como o Advogado-Geral da União ou o Procurador-Geral da República, no prazo comum de 5 (cinco) dias.

§ 2º. A liminar poderá consistir na determinação de que se suspenda o andamento de processo ou os efeitos de decisões judiciais ou administrativas ou de qualquer outra medida que apresente relação com a matéria objeto da representação interventiva.

Art. 6º. Apreciado o pedido de liminar ou, logo após recebida a petição inicial, se não houver pedido de liminar, o relator solicitará as informações às autoridades responsáveis pela prática do ato questionado, que as prestarão em até 10 (dez) dias.

§ 1º. Decorrido o prazo para prestação das informações, serão ouvidos, sucessivamente, o Advogado-Geral da União e o Procurador-Geral da República, que deverão manifestar-se, cada qual, no prazo de 10 (dez) dias.

§ 2º. Recebida a inicial, o relator deverá tentar dirimir o conflito que dá causa ao pedido, utilizando-se dos meios que julgar necessários, na forma do regimento interno.

Art. 7º. Se entender necessário, poderá o relator requisitar informações adicionais, designar perito ou comissão de peritos para que elabore laudo sobre a questão ou, ainda, fixar data para declarações, em audiência pública, de pessoas com experiência e autoridade na matéria.

Parágrafo único. Poderão ser autorizadas, a critério do relator, a manifestação e a juntada de documentos por parte de interessados no processo.

Art. 8º. Vencidos os prazos previstos no art. 6º ou, se for o caso, realizadas as diligências de que trata o art. 7º, o relator lançará o relatório, com cópia para todos os Ministros, e pedirá dia para julgamento.

Art. 9º. A decisão sobre a representação interventiva somente será tomada se presentes na sessão pelo menos 8 (oito) Ministros.

Art. 10. Realizado o julgamento, proclamar-se-á a procedência ou improcedência do pedido formulado na representação interventiva se num ou noutro sentido se tiverem manifestado pelo menos 6 (seis) Ministros.

Parágrafo único. Estando ausentes Ministros em número que possa influir na decisão sobre a representação interventiva, o julgamento será suspenso, a fim de se aguardar o comparecimento dos Ministros ausentes, até que se atinja o número necessário para a prolação da decisão.

Art. 11. Julgada a ação, far-se-á a comunicação às autoridades ou aos órgãos responsáveis pela prática dos atos questionados, e, se a decisão final for pela procedência do pedido formulado na representação interventiva, o Presidente do Supremo Tribunal Federal, publicado o acórdão, levá-lo-á ao conhecimento do Presidente da República para, no prazo improrrogável de até 15 (quinze) dias, dar cumprimento aos §§ 1º e 3º do art. 36 da Constituição Federal.

Parágrafo único. Dentro do prazo de 10 (dez) dias, contado a partir do trânsito em julgado da decisão, a parte dispositiva será publicada em seção especial do Diário da Justiça e do Diário Oficial da União.

Art. 12. A decisão que julgar procedente ou improcedente o pedido da representação interventiva é irrecorrível, sendo insuscetível de impugnação por ação rescisória.

Art. 13. Esta Lei entra em vigor na data de sua publicação.

Brasília, 23 de dezembro de 2011; 190º da Independência e 123º da República.

DILMA ROUSSEFF

Publicado no D.O.U. de 26.12.2011; ret. D.O.U. 27.12.2011

LEI Nº 12.618, DE 30 DE ABRIL DE 2012

Institui o regime de previdência complementar para os servidores públicos federais titulares de cargo efetivo, inclusive os membros dos órgãos que menciona; fixa o limite máximo para a concessão de aposentadorias e pensões pelo regime de previdência de que trata o art. 40 da Constituição Federal; autoriza a criação de 3 (três) entidades fechadas de previdência complementar, denominadas Fundação de Previdência Complementar do Servidor Público Federal do Poder Executivo (Funpresp-Exe), Fundação de Previdência Complementar do Servidor Público Federal do Poder Legislativo (Funpresp-Leg) e Fundação de Previdência Complementar do Servidor Público Federal do Poder Judiciário (Funpresp-Jud); altera dispositivos da Lei nº 10.887, de 18 de junho de 2004; e dá outras providências.

‣ *Previdência complementar*

CAPÍTULO I. DO REGIME DE PREVIDÊNCIA COMPLEMENTAR

Art. 1º. É instituído, nos termos desta Lei, o regime de previdência complementar a que se referem os §§ 14, 15 e 16 do art. 40 da Constituição Federal para os servidores públicos titulares de cargo efetivo da União, suas autarquias e fundações, inclusive para os membros do Poder Judiciário, do Ministério Público da União e do Tribunal de Contas da União.

§ 1º. Os servidores e os membros referidos no *caput* deste artigo que tenham ingressado no serviço público até a data anterior ao início da vigência do regime de previdência complementar poderão, mediante prévia e expressa opção, aderir ao regime de que trata este artigo, observado o disposto no art. 3º desta Lei. (Parágrafo renumerado pelo advento da Lei nº 13.183, de 2015)

§ 2º. Os servidores e os membros referidos no *caput* deste artigo com remuneração superior ao limite máximo estabelecido para os benefícios do Regime Geral de Previdência Social, que venham a ingressar no serviço público a partir do início da vigência do regime de previdência complementar de que trata esta Lei, serão automaticamente inscritos no respectivo plano de previdência complementar desde a data de entrada em exercício. (Incluído pela Lei nº 13.183, de 2015)

§ 3º. Fica assegurado ao participante o direito de requerer, a qualquer tempo, o cancelamento de sua inscrição, nos termos do regulamento do plano de benefícios. (Incluído pela Lei nº 13.183, de 2015)

§ 4º. Na hipótese do cancelamento ser requerido no prazo de até noventa dias da data da inscrição, fica assegurado o direito à restituição integral das contribuições vertidas, a ser paga em até sessenta dias do pedido de cancelamento, corrigidas monetariamente. (Incluído pela Lei nº 13.183, de 2015)

§ 5º. O cancelamento da inscrição previsto no § 4º não constitui resgate. (Incluído pela Lei nº 13.183, de 2015)

§ 6º. A contribuição aportada pelo patrocinador será devolvida à respectiva fonte pagadora no mesmo prazo da devolução da contribuição aportada pelo participante. (Incluído pela Lei nº 13.183, de 2015)

Art. 2º. Para os efeitos desta Lei, entende-se por:

I – patrocinador: a União, suas autarquias e fundações, em decorrência da aplicação desta Lei;

II – participante: o servidor público titular de cargo efetivo da União, inclusive o membro do Poder Judiciário, do Ministério Público e do Tribunal de Contas da União, que aderir aos planos de benefícios administrados pelas entidades a que se refere o art. 4º desta Lei;

III – assistido: o participante ou o seu beneficiário em gozo de benefício de prestação continuada.

Art. 3º. Aplica-se o limite máximo estabelecido para os benefícios do regime geral de previdência social às aposentadorias e pensões a serem concedidas pelo regime de previdência da União de que trata o art. 40 da Constituição Federal, observado o disposto na Lei nº 10.887, de 18 de junho de 2004, aos servidores e membros referidos no *caput* do art. 1º desta Lei que tiverem ingressado no serviço público:

I – a partir do início da vigência do regime de previdência complementar de que trata o art. 1º desta Lei, independentemente de sua adesão ao plano de benefícios; e

II – até a data anterior ao início da vigência do regime de previdência complementar de que trata o art. 1º desta Lei, e nele tenham permanecido sem perda do vínculo efetivo, e que exerçam a opção prevista no § 16 do art. 40 da Constituição Federal.

§ 1º. É assegurado aos servidores e membros referidos no inciso II do *caput* deste artigo o direito a um benefício especial calculado com base nas contribuições recolhidas ao regime de previdência da União, dos Estados, do Distrito Federal ou dos Municípios de que trata o art. 40 da Constituição Federal, observada a sistemática estabelecida nos §§ 2º a 3º deste artigo e o direito à compensação financeira de que trata o § 9º do art. 201 da Constituição Federal, nos termos da lei.

§ 2º. O benefício especial será equivalente à diferença entre a média aritmética simples das maiores remunerações anteriores à data de mudança do regime, utilizadas como base para as contribuições do servidor ao regime de previdência da União, dos Estados, do Distrito Federal ou dos Municípios, atualizadas pelo Índice Nacional de Preços ao Consumidor Amplo (IPCA), divulgado pela Fundação Instituto Brasileiro de Geografia e Estatística (IBGE), ou outro índice que venha a substituí-lo, correspondentes a 80% (oitenta por cento) de todo o período contributivo desde a competência julho de 1994 ou desde a do início da contribuição, se posterior àquela competência, e o limite máximo a que se refere o *caput* deste artigo, na forma regulamentada pelo Poder Executivo, multiplicada pelo fator de conversão.

§ 3º. O fator de conversão de que trata o § 2º deste artigo, cujo resultado é limitado ao máximo de 1 (um), será calculado mediante a aplicação da seguinte fórmula:

FC = Tc/Tt

Onde:

FC = fator de conversão;

Tc = quantidade de contribuições mensais efetuadas para o regime de previdência da União de que trata o art. 40 da Constituição Federal, efetivamente pagas pelo servidor titular de cargo efetivo da União ou por membro do Poder Judiciário, do Tribunal de Contas e do Ministério Público da União até a data da opção;

Tt = 455, quando servidor titular de cargo efetivo da União ou membro do Poder Judiciário, do Tribunal de Contas e do Ministério Público da União, se homem, nos termos da alínea "a" do inciso III do art. 40 da Constituição Federal;

Tt = 390, quando servidor titular de cargo efetivo da União ou membro do Poder Judiciário, do Tribunal de Contas e do Ministério Público da União, se mulher, ou professor de educação infantil e do ensino fundamental, nos termos do § 5º do art. 40 da Constituição Federal, se homem;

Tt = 325, quando servidor titular de cargo efetivo da União de professor de educação infantil e do ensino fundamental, nos termos do § 5º do art. 40 da Constituição Federal, se mulher.

§ 4º. O fator de conversão será ajustado pelo órgão competente para a concessão do benefício quando, nos termos das respectivas leis complementares, o tempo de contribuição exigido para concessão da aposentadoria de servidor com deficiência, ou que exerça atividade de risco, ou cujas atividades sejam exercidas sob condições especiais que prejudiquem a saúde ou a integridade física, for inferior ao Tt de que trata o § 3º.

§ 5º. O benefício especial será pago pelo órgão competente da União, por ocasião da concessão de aposentadoria, inclusive por invalidez, ou pensão por morte pelo regime próprio de previdência da União, de que trata o art. 40 da Constituição Federal, enquanto perdurar o benefício pago por esse regime, inclusive junto com a gratificação natalina.

§ 6º. O benefício especial calculado será atualizado pelo mesmo índice aplicável ao benefício de aposentadoria ou pensão mantido pelo regime geral de previdência social.

§ 7º O prazo para a opção de que trata o inciso II do *caput* deste artigo será de 24 (vinte e quatro) meses, contados a partir do início da vigência do regime de previdência complementar instituído no *caput* do art. 1º desta Lei. (Prazo reaberto até 29/3/2019 pela Lei nº 13.809, de 2019)

§ 8º. O exercício da opção a que se refere o inciso II do *caput* é irrevogável e irretratável, não sendo devida pela União e suas autarquias e fundações públicas qualquer contrapartida referente ao valor dos descontos já efetuados sobre a base de contribuição acima do limite previsto no *caput* deste artigo.

CAPÍTULO II. DAS ENTIDADES FECHADAS DE PREVIDÊNCIA COMPLEMENTAR

SEÇÃO I. DA CRIAÇÃO DAS ENTIDADES

Art. 4º. É a União autorizada a criar, observado o disposto no art. 26 e no art. 31, as seguintes entidades fechadas de previdência complementar, com a finalidade de administrar e executar planos de benefícios de caráter previdenciário nos termos das Leis Complementares nº 108 e 109, de 29 de maio de 2001:

I – a Fundação de Previdência Complementar do Servidor Público Federal do Poder Executivo (Funpresp-Exe), para os servidores públicos titulares de cargo efetivo do Poder Executivo, por meio de ato do Presidente da República;

II – a Fundação de Previdência Complementar do Servidor Público Federal do Poder Legislativo (Funpresp-Leg), para os servidores públicos titulares de cargo efetivo do Poder Legislativo e do Tribunal de Contas da União e para os membros deste Tribunal, por meio de ato conjunto dos Presidentes da Câmara dos Deputados e do Senado Federal; e

III – a Fundação de Previdência Complementar do Servidor Público Federal do Poder Judiciário (Funpresp-Jud), para os servidores públicos titulares de cargo efetivo e para os membros do Poder Judiciário, por meio de ato do Presidente do Supremo Tribunal Federal.

§ 1º. A Funpresp-Exe, a Funpresp-Leg e a Funpresp-Jud serão estruturadas na forma de fundação, de natureza pública, com personalidade jurídica de direito privado, gozarão de autonomia administrativa, financeira e gerencial e terão sede e foro no Distrito Federal.

§ 2º. Por ato conjunto das autoridades competentes para a criação das fundações previstas nos incisos I a III, poderá ser criada fundação que contemple os servidores públicos de 2 (dois) ou dos 3 (três) Poderes.

§ 3º. Consideram-se membros do Tribunal de Contas da União, para os efeitos desta Lei, os Ministros, os Auditores de que trata o § 4º do art. 73 da Constituição Federal e os Subprocuradores-Gerais e Procuradores do Ministério Público junto ao Tribunal de Contas da União.

SEÇÃO II.
DA ORGANIZAÇÃO DAS ENTIDADES

Art. 5º. A estrutura organizacional das entidades de que trata esta Lei será constituída de conselho deliberativo, conselho fiscal e diretoria executiva, observadas as disposições da Lei Complementar nº 108, de 29 de maio de 2001.

§ 1º. Os Conselhos Deliberativos terão composição paritária e cada um será integrado por 6 (seis) membros.

§ 2º. Os Conselhos Fiscais terão composição paritária e cada um deles será integrado por 4 (quatro) membros.

§ 3º. Os membros dos conselhos deliberativos e dos conselhos fiscais das entidades fechadas serão designados pelos Presidentes da República e do Supremo Tribunal Federal e por ato conjunto dos Presidentes da Câmara dos Deputados e do Senado Federal, respectivamente.

§ 4º. A presidência dos conselhos deliberativos será exercida pelos membros indicados pelos patrocinadores, na forma prevista no estatuto das entidades fechadas de previdência complementar.

§ 5º. A presidência dos conselhos fiscais será exercida pelos membros indicados pelos participantes e assistidos, na forma prevista no estatuto das entidades fechadas de previdência complementar.

§ 6º. As diretorias executivas serão compostas, no máximo, por 4 (quatro) membros, nomeados pelos conselhos deliberativos das entidades fechadas de previdência complementar.

§ 7º. Vetado.

§ 8º. A remuneração e as vantagens de qualquer natureza dos membros das diretorias executivas das entidades fechadas de previdência complementar serão fixadas pelos seus conselhos deliberativos em valores compatíveis com os níveis prevalecentes no mercado de trabalho para profissionais de graus equivalentes de formação profissional e de especialização, observado o disposto no inciso XI do art. 37 da Constituição Federal.

§ 9º. A remuneração dos membros dos conselhos deliberativo e fiscal é limitada a 10% (dez por cento) do valor da remuneração dos membros da diretoria executiva.

§ 10. Os requisitos previstos nos incisos I a IV do art. 20 da Lei Complementar nº 108, de 29 de maio de 2001, estendem-se aos membros dos conselhos deliberativos e fiscais das entidades fechadas de previdência complementar.

§ 11. As entidades fechadas de previdência complementar poderão criar, observado o disposto no estatuto e regimento interno, comitês de assessoramento técnico, de caráter consultivo, para cada plano de benefícios por elas administrado, com representação paritária entre os patrocinadores e os participantes e assistidos, sendo estes eleitos pelos seus pares, com as atribuições de apresentar propostas e sugestões quanto à gestão da entidade e sua política de investimentos e à situação financeira e atuarial dos respectivos planos de benefícios e de formular recomendações prudenciais a elas relacionadas.

§ 12. VETADO.

SEÇÃO III.
DISPOSIÇÕES GERAIS

Art. 6º. É exigida a instituição de código de ética e de conduta, inclusive com regras para prevenir conflito de interesses e proibir operações dos dirigentes com partes relacionadas, que terá ampla divulgação, especialmente entre os participantes e assistidos e as partes relacionadas, cabendo aos conselhos fiscais das entidades fechadas de previdência complementar assegurar o seu cumprimento.

Parágrafo único. Compete ao órgão fiscalizador das entidades fechadas de previdência complementar definir o universo das partes relacionadas a que se refere o *caput* deste artigo.

Art. 7º. O regime jurídico de pessoal das entidades fechadas de previdência complementar referidas no art. 4º desta Lei será o previsto na legislação trabalhista.

Art. 8º. Além da sujeição às normas de direito público que decorram de sua instituição pela União como fundação de direito privado, integrante da sua administração indireta, a natureza pública das entidades fechadas a que se refere o § 15 do art. 40 da Constituição Federal consistirá na:

I – submissão à legislação federal sobre licitação e contratos administrativos;

II – realização de concurso público para a contratação de pessoal, no caso de empregos permanentes, ou de processo seletivo, em se tratando de contrato temporário, conforme a Lei nº 8.745, de 9 de dezembro de 1993;

III – publicação anual, na imprensa oficial ou em sítio oficial da administração pública certificado digitalmente por autoridade para esse fim credenciada no âmbito da Infraestrutura de Chaves Públicas Brasileira (ICP Brasil), de seus demonstrativos contábeis, atuariais, financeiros e de benefícios, sem prejuízo do fornecimento de informações aos participantes e assistidos dos planos de benefícios e ao órgão fiscalizador das entidades fechadas de previdência complementar, na forma das Leis Complementares nºs 108 e 109, de 29 de maio de 2001.

Art. 9º. A administração das entidades fechadas de previdência complementar referidas no art. 4º desta Lei observará os princípios que regem a administração pública, especialmente os da eficiência e da economicidade, devendo adotar mecanismos de gestão operacional que maximizem a utilização de recursos, de forma a otimizar o atendimento aos participantes e assistidos e diminuir as despesas administrativas.

§ 1º. As despesas administrativas referidas no *caput* deste artigo serão custeadas na forma dos regulamentos dos planos de benefícios, observado o disposto no *caput* do art. 7º da Lei Complementar nº 108, de 29 de maio de 2001, e ficarão limitadas aos valores estritamente necessários à sustentabilidade do funcionamento das entidades fechadas de previdência complementar.

§ 2º. O montante de recursos destinados à cobertura das despesas administrativas será revisto ao final de cada ano, com vistas ao atendimento do disposto neste artigo.

Art. 10. As entidades fechadas de previdência complementar referidas no art. 4º desta Lei serão mantidas integralmente por suas receitas, oriundas das contribuições de patrocinadores, participantes e assistidos, dos resultados financeiros de suas aplicações e de doações e legados de qualquer natureza, observado o disposto no § 3º do art. 202 da Constituição Federal.

Art. 11. A União, suas autarquias e fundações são responsáveis, na qualidade de patrocinadores, pelo aporte de contribuições e pelas transferências às entidades fechadas de previdência complementar das contribuições descontadas dos seus servidores, observado o disposto nesta Lei e nos estatutos respectivos das entidades.

§ 1º. As contribuições devidas pelos patrocinadores deverão ser pagas de forma centralizada pelos respectivos Poderes da União, pelo Ministério Público da União e pelo Tribunal de Contas da União.

§ 2º. O pagamento ou a transferência das contribuições após o dia 10 (dez) do mês seguinte ao da competência:

I – enseja a aplicação dos acréscimos de mora previstos para os tributos federais; e

II – sujeita o responsável às sanções penais e administrativas cabíveis.

CAPÍTULO III.
DOS PLANOS DE BENEFÍCIOS

SEÇÃO I.
DAS LINHAS GERAIS DOS PLANOS DE BENEFÍCIOS

Art. 12. Os planos de benefícios da Funpresp-Exe, da Funpresp-Leg e da Funpresp-Jud serão estruturados na modalidade de contribuição definida, nos termos da regulamentação estabelecida pelo órgão regulador das entidades fechadas de previdência complementar, e financiados de acordo com os planos de custeio definidos nos termos do art. 18 da Lei Complementar nº 109, de 29 de maio de 2001, observadas as demais disposições da Lei Complementar nº 108, de 29 de maio de 2001.

§ 1º. A distribuição das contribuições nos planos de benefícios e nos planos de custeio será revista sempre que necessário, para manter o equilíbrio permanente dos planos de benefícios.

§ 2º. Sem prejuízo do disposto no § 3º do art. 18 da Lei Complementar nº 109, de 29 de maio de 2001, o valor do benefício programado será calculado de acordo com o montante do saldo da conta acumulado pelo participante, devendo o valor do benefício estar permanentemente ajustado ao referido saldo.

§ 3º. Os benefícios não programados serão definidos nos regulamentos dos planos, observado o seguinte:

I – devem ser assegurados, pelo menos, os benefícios decorrentes dos eventos invalidez e morte e, se for o caso, a cobertura de outros riscos atuariais; e

II – terão custeio específico para sua cobertura.

§ 4º. Na gestão dos benefícios de que trata o § 3º deste artigo, as entidades fechadas de previdência complementar referidas no art. 4º desta Lei poderão contratá-los externamente ou administrá-los em seus próprios planos de benefícios.

§ 5º. A concessão dos benefícios de que trata o § 3º aos participantes ou assistidos pela entidade fechada de previdência social é condicionada à concessão do benefício pelo regime próprio de previdência social.

Art. 13. Os requisitos para aquisição, manutenção e perda da qualidade de participante, assim como os requisitos de elegibilidade e a forma de concessão, cálculo e pagamento dos benefícios, deverão constar dos regulamentos dos planos de benefícios, observadas as disposições das Leis Complementares nºs 108 e 109, de 29 de maio de 2001, e a regulamentação do órgão regulador das entidades fechadas de previdência complementar.

Parágrafo único. O servidor com remuneração inferior ao limite máximo estabelecido para os benefícios do regime geral de previdência social poderá aderir aos planos de benefícios administrados pelas entidades fechadas de previdência complementar de que trata esta Lei, sem contrapartida do patrocinador, cuja base de cálculo será definida nos regulamentos.

Art. 14. Poderá permanecer filiado aos respectivos planos de benefícios o participante:

I – cedido a outro órgão ou entidade da administração pública direta ou indireta da União, Estados, Distrito Federal e Municípios, inclusive suas empresas públicas e sociedades de economia mista;

II – afastado ou licenciado do cargo efetivo temporariamente, com ou sem recebimento de remuneração;

III – que optar pelo benefício proporcional diferido ou auto patrocínio, na forma do regulamento do plano de benefícios.

§ 1º. Os regulamentos dos planos de benefícios disciplinarão as regras para a manutenção do custeio do plano de benefícios, observada a legislação aplicável.

§ 2º. Os patrocinadores arcarão com as suas contribuições somente quando a cessão, o afastamento ou a licença do cargo efetivo implicar ônus para a União, suas autarquias e fundações.

§ 3º. Havendo cessão com ônus para o cessionário, este deverá recolher às entidades fechadas de previdência complementar referidas no art. 4º desta Lei a contribuição aos planos de benefícios, nos mesmos níveis e condições que seria devida pelos patrocinadores, na forma definida nos regulamentos dos planos.

SEÇÃO II. DOS RECURSOS GARANTIDORES

Art. 15. A aplicação dos recursos garantidores correspondentes às reservas, às provisões e aos fundos dos planos de benefícios da Funpresp-Exe, da Funpresp-Leg e da Funpresp-Jud obedecerá às diretrizes e aos limites prudenciais estabelecidos pelo Conselho Monetário Nacional (CMN).

§ 1º. A gestão dos recursos garantidores dos planos de benefícios administrados pelas entidades referidas no *caput* poderá ser realizada por meio de carteira própria, carteira administrada ou fundos de investimento.

§ 2º. As entidades referidas no *caput* contratarão, para a gestão dos recursos garantidores prevista neste artigo, somente instituições, administradores de carteiras ou fundos de investimento que estejam autorizados e registrados na Comissão de Valores Mobiliários (CVM).

§ 3º. A contratação das instituições a que se refere o § 2º deste artigo será feita mediante licitação, cujos contratos terão prazo total máximo de execução de 5 (cinco) anos.

§ 4º. O edital da licitação prevista no § 3º estabelecerá, entre outras, disposições relativas aos limites de taxa de administração e de custos que poderão ser imputados aos fundos, bem como, no que concerne aos administradores, a solidez, o porte e a experiência em gestão de recursos.

§ 5º. Cada instituição contratada na forma deste artigo poderá administrar, no máximo, 20% (vinte por cento) dos recursos garantidores correspondentes às reservas técnicas, aos fundos e às provisões.

§ 6º. As instituições referidas no § 5º deste artigo não poderão ter qualquer ligação societária com outra instituição que esteja concorrendo na mesma licitação ou que já administre reservas, provisões e fundos da mesma entidade fechada de previdência complementar.

SEÇÃO III. DAS CONTRIBUIÇÕES

Art. 16. As contribuições do patrocinador e do participante incidirão sobre a parcela da base de contribuição que exceder o limite máximo a que se refere o art. 3º desta Lei, observado o disposto no inciso XI do art. 37 da Constituição Federal.

§ 1º. Para efeitos desta Lei, considera-se base de contribuição aquela definida pelo § 1º do art. 4º da Lei nº 10.887, de 18 de junho de 2004, podendo o participante optar pela inclusão de parcelas remuneratórias percebidas em decorrência do local de trabalho e do exercício de cargo em comissão ou função de confiança.

§ 2º. A alíquota da contribuição do participante será por ele definida anualmente, observado o disposto no regulamento do plano de benefícios.

§ 3º. A alíquota da contribuição do patrocinador será igual à do participante, observado o disposto no regulamento do plano de benefícios, e não poderá exceder o percentual de 8,5% (oito inteiros e cinco décimos por cento).

§ 4º. Além da contribuição normal, o participante poderá contribuir facultativamente, sem contrapartida do patrocinador, na forma do regulamento do plano.

§ 5º. A remuneração do servidor, quando devida durante afastamentos considerados por lei como de efetivo exercício, será integralmente coberta pelo ente público, continuando a incidir a contribuição para o regime instituído por esta Lei.

SEÇÃO IV. DISPOSIÇÕES ESPECIAIS

Art. 17. O plano de custeio previsto no art. 18 da Lei Complementar nº 109, de 29 de maio de 2001, discriminará o percentual da contribuição do participante e do patrocinador, conforme o caso, para cada um dos benefícios previstos no plano de benefícios, observado o disposto no art. 6º da Lei Complementar nº 108, de 29 de maio de 2001.

§ 1º. O plano de custeio referido no *caput* deverá prever parcela da contribuição do participante e do patrocinador com o objetivo de compor o Fundo de Cobertura de Benefícios Extraordinários (FCBE), do qual serão vertidos montantes, a título de contribuições extraordinárias, à conta mantida em favor do participante, nas hipóteses e na forma prevista nesta Lei.

§ 2º. As contribuições extraordinárias a que se refere o § 1º serão vertidas nas seguintes hipóteses:

I – morte do participante;

II – invalidez do participante;

III – aposentadoria nas hipóteses dos §§ 4º e 5º do art. 40 da Constituição Federal;

IV – aposentadoria das mulheres, na hipótese da alínea "a" do inciso III do § 1º do art. 40 da Constituição Federal; e

V – sobrevivência do assistido.

§ 3º. O montante do aporte extraordinário de que tratam os incisos III e IV do § 2º será equivalente à diferença entre a reserva acumulada pelo participante e o produto desta mesma reserva multiplicado pela razão entre 35 (trinta e cinco) e o número de anos de contribuição exigido para a concessão do benefício pelo regime próprio de previdência social de que trata o art. 40 da Constituição Federal.

Art. 18. As entidades fechadas de previdência complementar referidas no art. 4º desta Lei manterão controles das reservas constituídas em nome do participante, registrando contabilmente as contribuições deste e as dos patrocinadores.

CAPÍTULO IV. DO CONTROLE E DA FISCALIZAÇÃO

Art. 19. A constituição, o funcionamento e a extinção da Funpresp-Exe, da Funpresp-Leg e da Funpresp-Jud, a aplicação de seus estatutos, regulamentos dos planos de benefícios, convênios de adesão e suas respectivas alterações, assim como as retiradas de patrocínios, dependerão de prévia e expressa autorização do órgão fiscalizador das entidades fechadas de previdência complementar.

§ 1º. Serão submetidas ao órgão fiscalizador das entidades fechadas de previdência complementar:

I – as propostas de aprovação do estatuto e de instituição de planos de benefícios da entidade fechada de previdência complementar, bem como suas alterações; e

II – a proposta de adesão de novos patrocinadores a planos de benefícios em operação na entidade fechada de previdência complementar.

§ 2º. No caso da Funpresp-Exe, as propostas de aprovação do estatuto, de adesão de novos patrocinadores e de instituição de planos devem estar acompanhadas de manifestação favorável do Ministério do Planejamento, Orçamento e Gestão e do Ministério da Fazenda.

§ 3º. No caso da Funpresp-Leg, as propostas de aprovação do estatuto, de adesão de novos patrocinadores e de instituição de planos devem estar acompanhadas de manifestação favorável das Mesas Diretoras da Câmara dos Deputados e do Senado Federal.

§ 4º. No caso da Funpresp-Jud, as propostas de aprovação do estatuto, de adesão de novos patrocinadores e de instituição de planos devem estar acompanhadas de manifestação favorável:

I – do Supremo Tribunal Federal;

II – Vetado.

Art. 20. A supervisão e a fiscalização da Funpresp-Exe, da Funpresp-Leg e da Funpresp-Jud e dos seus planos de benefícios competem ao órgão fiscalizador das entidades fechadas de previdência complementar.

§ 1º. A competência exercida pelo órgão referido no *caput* deste artigo não exime os patrocinadores da responsabilidade pela supervisão e fiscalização sistemática das atividades das entidades fechadas de previdência complementar.

§ 2º. Os resultados da supervisão e da fiscalização exercidas pelos patrocinadores serão encaminhados ao órgão mencionado no *caput* deste artigo.

Art. 21. Aplica-se, no âmbito da Funpresp-Exe, da Funpresp-Leg e da Funpresp-Jud, o regime disciplinar previsto no Capítulo VII da Lei Complementar nº 109, de 29 de maio de 2001.

CAPÍTULO V.
DISPOSIÇÕES FINAIS E TRANSITÓRIAS

Art. 22. Aplica-se o benefício especial de que tratam os §§ 1º a 8º do art. 3º ao servidor público titular de cargo efetivo da União, inclusive ao membro do Poder Judiciário, do Ministério Público e do Tribunal de Contas da União, oriundo, sem quebra de continuidade, de cargo público estatutário de outro ente da federação que não tenha instituído o respectivo regime de previdência complementar e que ingresse em cargo público efetivo federal a partir da instituição do regime de previdência complementar de que trata esta Lei, considerando-se, para esse fim, o tempo de contribuição estadual, distrital ou municipal, assegurada a compensação financeira de que trata o § 9º do art. 201 da Constituição Federal.

Art. 23. Após a autorização de funcionamento da Funpresp-Exe, da Funpresp-Jud e da Funpresp-Leg, nos termos desta Lei, os servidores que deverão compor provisoriamente os conselhos deliberativos e os conselhos fiscais, dispensados da exigência da condição de participante ou assistido dos planos de benefícios das entidades fechadas de previdência complementar, serão nomeados, respectivamente, pelo Presidente da República, pelo Presidente do Supremo Tribunal Federal e por ato conjunto dos Presidentes da Câmara dos Deputados e do Senado Federal.

Parágrafo único. O mandato dos conselheiros de que trata o *caput* deste artigo será de 2 (dois) anos, durante os quais será realizada eleição direta para que os participantes e assistidos escolham os seus representantes, e os patrocinadores indicarão os seus representantes.

Art. 24. Para fins de implantação, ficam a Funpresp-Exe, a Funpresp-Leg e a Funpresp-Jud equiparadas às pessoas jurídicas a que se refere o art. 1º da Lei nº 8.745, de 9 de dezembro de 1993, com vistas à contratação de pessoal técnico e administrativo por tempo determinado.

§ 1º. Considera-se como necessidade temporária de excepcional interesse público, para os efeitos da Lei nº 8.745, de 9 de dezembro de 1993, a contratação de pessoal técnico e administrativo, por tempo determinado, imprescindível ao funcionamento inicial da Funpresp-Exe, da Funpresp-Leg e da Funpresp-Jud.

§ 2º. As contratações observarão o disposto no *caput* do art. 3º, no art. 6º, no inciso II do art. 7º e nos arts. 9º e 12 da Lei nº 8.745, de 9 de dezembro de 1993, e não poderão exceder o prazo de 24 (vinte e quatro) meses.

Art. 25. É a União autorizada, em caráter excepcional, no ato de criação das entidades fechadas de previdência complementar referidas no art. 4º, a promover aporte a título de adiantamento de contribuições futuras, necessário ao regular funcionamento inicial, no valor de:

I – Funpresp-Exe: até R$ 50.000.000,00 (cinquenta milhões de reais);

II – Funpresp-Leg: até R$ 25.000.000,00 (vinte e cinco milhões de reais); e

III – Funpresp-Jud: até R$ 25.000.000,00 (vinte e cinco milhões de reais).

Art. 26. A Funpresp-Exe, a Funpresp-Leg e a Funpresp-Jud deverão entrar em funcionamento em até 240 (duzentos e quarenta) dias após a publicação da autorização de funcionamento concedida pelo órgão fiscalizador das entidades fechadas de previdência complementar.

Art. 27. Aplicam-se ao regime de previdência complementar a que se referem os §§ 14, 15 e 16 do art. 40 da Constituição Federal as disposições das Leis Complementares nº 108 e 109, de 29 de maio de 2001.

Art. 28. Até que seja promovida a contratação na forma prevista no § 3º do art. 15 desta Lei, a totalidade dos recursos garantidores correspondentes às reservas técnicas, aos fundos e às provisões dos planos de benefícios da Funpresp-Exe, da Funpresp-Leg e da Funpresp-Jud será administrada por instituição financeira federal, mediante taxa de administração praticada a preço de mercado, vedada a cobrança de taxas de performance.

Art. 29. O *caput* do art. 4º da Lei nº 10.887, de 18 de junho de 2004, passa a vigorar com a seguinte redação:

"Art. 4º A contribuição social do servidor público ativo de qualquer dos Poderes da União, incluídas suas autarquias e fundações, para a manutenção do respectivo regime próprio de previdência social, será de 11% (onze por cento), incidentes sobre:

I – a totalidade da base de contribuição, em se tratando de servidor que tiver ingressado no serviço público até a data da publicação do ato de instituição do regime de previdência complementar para os servidores públicos federais titulares de cargo efetivo e não tiver optado por aderir a ele;

II – a parcela da base de contribuição que não exceder ao limite máximo estabelecido para os benefícios do regime geral de previdência social, em se tratando de servidor:

a) que tiver ingressado no serviço público até a data a que se refere o inciso I e tenha optado por aderir ao regime de previdência complementar ali referido; ou

b) que tiver ingressado no serviço público a partir da data a que se refere o inciso I, independentemente de adesão ao regime de previdência complementar ali referido.

[...]"

Art. 30. Para os fins do exercício do direito de opção de que trata o parágrafo único do art. 1º, considera-se instituído o regime de previdência complementar de que trata esta Lei a partir da data da publicação pelo órgão fiscalizador da autorização de aplicação dos regulamentos dos planos de benefícios de qualquer das entidades de que trata o art. 4º desta Lei.

Art. 31. A Funpresp-Exe, a Funpresp-Leg e a Funpresp-Jud deverão ser criadas pela União no prazo de 180 (cento e oitenta) dias, contado da publicação desta Lei, e iniciar o seu funcionamento nos termos do art. 26.

§ 1º. Ultrapassados os prazos de que trata o *caput*, considera-se vigente, para todos os fins, o regime de previdência complementar de que trata esta Lei.

§ 2º. Ultrapassados os prazos de que trata o *caput* sem o início do funcionamento de alguma das entidades referidas no art. 4º, os servidores e membros do respectivo Poder poderão aderir ao plano de benefícios da entidade que primeiro entrou em funcionamento até a regularização da situação.

Art. 32. Considera-se ato de improbidade, nos termos do art. 10 da Lei nº 8.429, de 2 de junho de 1992, o descumprimento injustificado dos prazos de que trata o art. 31.

Art. 33. Esta Lei entra em vigor:

I – quanto ao disposto no Capítulo I, na data em que forem criadas quaisquer das entidades de que trata o art. 4º, observado o disposto no art. 31; e

II – quanto aos demais dispositivos, na data de sua publicação.

Brasília, 30 de abril de 2012;
191º da Independência e
124º da República.
DILMA ROUSSEFF
Publicado no DOU de 2.5.2012

DECRETO Nº 7.724, DE 16 DE MAIO DE 2012

Regulamenta a Lei nº 12.527, de 18 de novembro de 2011, que dispõe sobre o acesso a informações previsto no inciso XXXIII do caput do art. 5º, no inciso II do § 3º do art. 37 e no § 2º do art. 216 da Constituição.

▸ *Acesso a informações – regulamento*

A PRESIDENTA DA REPÚBLICA, no uso das atribuições que lhe confere o art. 84, *caput*, incisos IV e VI, alínea a, da Constituição, e tendo em vista o disposto na Lei nº 12.527, de 18 de novembro de 2011, decreta:

CAPÍTULO I.
DISPOSIÇÕES GERAIS

Art. 1º. Este Decreto regulamenta, no âmbito do Poder Executivo federal, os procedimentos para a garantia do acesso à informação e para a classificação de informações sob restrição de acesso, observados grau e prazo de sigilo, conforme o disposto na Lei nº 12.527, de 18 de novembro de 2011, que dispõe sobre o acesso a informações previsto no inciso XXXIII do *caput* do art. 5º, no inciso II do § 3º do art. 37 e no § 2º do art. 216 da Constituição.

Art. 2º. Os órgãos e as entidades do Poder Executivo federal assegurarão, às pessoas naturais e jurídicas, o direito de acesso à informação, que será proporcionado mediante procedimentos objetivos e ágeis, de forma transparente, clara e em linguagem de fácil compreensão, observados os princípios da administração pública e as diretrizes previstas na Lei nº 12.527, de 2011.

Art. 3º. Para os efeitos deste Decreto, considera-se:

I – informação – dados, processados ou não, que podem ser utilizados para produção e transmissão de conhecimento, contidos em qualquer meio, suporte ou formato;

II – dados processados – dados submetidos a qualquer operação ou tratamento por meio de processamento eletrônico ou por meio automatizado com o emprego de tecnologia da informação;

III – documento – unidade de registro de informações, qualquer que seja o suporte ou formato;

IV – informação sigilosa - informação submetida temporariamente à restrição de acesso público em razão de sua imprescindibilidade para a segurança da sociedade e do Estado, e aquelas abrangidas pelas demais hipóteses legais de sigilo;

V – informação pessoal – informação relacionada à pessoa natural identificada ou identificável, relativa à intimidade, vida privada, honra e imagem;

VI – tratamento da informação – conjunto de ações referentes à produção, recepção, classificação, utilização, acesso, reprodução, transporte, transmissão, distribuição, arquivamento, armazenamento, eliminação, avaliação, destinação ou controle da informação;

VII – disponibilidade – qualidade da informação que pode ser conhecida e utilizada por indivíduos, equipamentos ou sistemas autorizados;

VIII – autenticidade – qualidade da informação que tenha sido produzida, expedida, recebida ou modificada por determinado indivíduo, equipamento ou sistema;

IX – integridade – qualidade da informação não modificada, inclusive quanto à origem, trânsito e destino;

X – primariedade – qualidade da informação coletada na fonte, com o máximo de detalhamento possível, sem modificações;

XI – informação atualizada – informação que reúne os dados mais recentes sobre o tema, de acordo com sua natureza, com os prazos previstos em normas específicas ou conforme a periodicidade estabelecida nos sistemas informatizados que a organizam; e

XII – documento preparatório – documento formal utilizado como fundamento da tomada de decisão ou de ato administrativo, a exemplo de pareceres e notas técnicas.

Art. 4º. A busca e o fornecimento da informação são gratuitos, ressalvada a cobrança do valor referente ao custo dos serviços e dos materiais utilizados, tais como reprodução de documentos, mídias digitais e postagem.

Parágrafo único. Está isento de ressarcir os custos dos serviços e dos materiais utilizados aquele cuja situação econômica não lhe permita fazê-lo sem prejuízo do sustento próprio ou da família, declarada nos termos da Lei nº 7.115, de 29 de agosto de 1983.

CAPÍTULO II. DA ABRANGÊNCIA

Art. 5º. Sujeitam-se ao disposto neste Decreto os órgãos da administração direta, as autarquias, as fundações públicas, as empresas públicas, as sociedades de economia mista e as demais entidades controladas direta ou indiretamente pela União.

§ 1º. A divulgação de informações de empresas públicas, sociedade de economia mista e demais entidades controladas pela União que atuem em regime de concorrência, sujeitas ao disposto no art. 173 da Constituição, estará submetida às normas pertinentes da Comissão de Valores Mobiliários, a fim de assegurar sua competitividade, governança corporativa e, quando houver, os interesses de acionistas minoritários.

§ 2º. Não se sujeitam ao disposto neste Decreto as informações relativas à atividade empresarial de pessoas físicas ou jurídicas de direito privado obtidas pelo Banco Central do Brasil, pelas agências reguladoras ou por outros órgãos ou entidades no exercício de atividade de controle, regulação e supervisão da atividade econômica cuja divulgação possa representar vantagem competitiva a outros agentes econômicos.

Art. 6º. O acesso à informação disciplinado neste Decreto não se aplica:

I – às hipóteses de sigilo previstas na legislação, como fiscal, bancário, de operações e serviços no mercado de capitais, comercial, profissional, industrial e segredo de justiça; e

II – às informações referentes a projetos de pesquisa e desenvolvimento científicos ou tecnológicos cujo sigilo seja imprescindível à segurança da sociedade e do Estado, na forma do § 1º do art. 7º da Lei nº 12.527, de 2011.

CAPÍTULO III. DA TRANSPARÊNCIA ATIVA

Art. 7º. É dever dos órgãos e entidades promover, independente de requerimento, a divulgação em seus sítios na Internet de informações de interesse coletivo ou geral por eles produzidas ou custodiadas, observado o disposto nos arts. 7º e 8º da Lei nº 12.527, de 2011.

§ 1º. Os órgãos e entidades deverão implementar em seus sítios na Internet seção específica para a divulgação das informações de que trata o *caput*.

§ 2º. Serão disponibilizados nos sítios na Internet dos órgãos e entidades, conforme padrão estabelecido pela Secretaria de Comunicação Social da Presidência da República:

I – banner na página inicial, que dará acesso à seção específica de que trata o § 1º; e

II – barra de identidade do Governo federal, contendo ferramenta de redirecionamento de página para o Portal Brasil e para o sítio principal sobre a Lei nº 12.527, de 2011.

§ 3º. Deverão ser divulgadas, na seção específica de que trata o § 1º, informações sobre:

I – estrutura organizacional, competências, legislação aplicável, principais cargos e seus ocupantes, endereço e telefones das unidades, horários de atendimento ao público;

II – programas, projetos, ações, obras e atividades, com indicação da unidade responsável, principais metas e resultados e, quando existentes, indicadores de resultado e impacto;

III – repasses ou transferências de recursos financeiros;

IV – execução orçamentária e financeira detalhada;

V – licitações realizadas e em andamento, com editais, anexos e resultados, além dos contratos firmados e notas de empenho emitidas;

VI – remuneração e subsídio recebidos por ocupante de cargo, posto, graduação, função e emprego público, incluídos os auxílios, as ajudas de custo, os jetons e outras vantagens pecuniárias, além dos proventos de aposentadoria e das pensões daqueles servidores e empregados públicos que estiverem na ativa, de maneira individualizada, conforme estabelecido em ato do Ministro de Estado da Economia; *(Redação dada pelo Decreto 9.690/2019)*

VII – respostas a perguntas mais frequentes da sociedade; (Redação dada pelo Decreto nº 8.408, de 2015)

VIII – contato da autoridade de monitoramento, designada nos termos do art. 40 da Lei nº 12.527, de 2011, e telefone e correio eletrônico do Serviço de Informações ao Cidadão – SIC; e (Redação dada pelo Decreto nº 8.408, de 2015)

IX – programas financiados pelo Fundo de Amparo ao Trabalhador – FAT. (Incluído pelo Decreto nº 8.408, de 2015)

§ 4º. As informações poderão ser disponibilizadas por meio de ferramenta de redirecionamento de página na Internet, quando estiverem disponíveis em outros sítios governamentais.

§ 5º. No caso das empresas públicas, sociedades de economia mista e demais entidades controladas pela União que atuem em regime de concorrência, sujeitas ao disposto no art. 173 da Constituição, aplica-se o disposto no § 1º do art. 5º

§ 6º. O Banco Central do Brasil divulgará periodicamente informações relativas às operações de crédito praticadas pelas instituições financeiras, inclusive as taxas de juros mínima, máxima e média e as respectivas tarifas bancárias.

§ 7º. A divulgação das informações previstas no § 3º não exclui outras hipóteses de publicação e divulgação de informações previstas na legislação.

§ 8º Ato conjunto dos Ministros de Estado da Controladoria-Geral da União e da Economia disporá sobre a divulgação dos programas de que trata o inciso IX do § 3º, que será feita, observado o disposto no Capítulo VII: *(Redação dada pelo Decreto 9.690/2019)*

I – de maneira individualizada; (Incluído pelo Decreto nº 8.408, de 2015)

II – por meio de informações consolidadas disponibilizadas no sítio eletrônico do Ministério da Economia; e *(Redação dada pelo Decreto 9.690/2019)*

III – por meio de disponibilização de variáveis das bases de dados para execução de cruzamentos, para fins de estudos e pesquisas, observado o disposto no art. 13. (Incluído pelo Decreto nº 8.408, de 2015)

Art. 8º Os sítios eletrônicos dos órgãos e das entidades, em cumprimento às normas estabelecidas pelo Ministério da Economia, atenderão aos seguintes requisitos, entre outros: *(Redação dada pelo Decreto 9.690/2019)*

I – conter formulário para pedido de acesso à informação;

II – conter ferramenta de pesquisa de conteúdo que permita o acesso à informação de forma objetiva, transparente, clara e em linguagem de fácil compreensão;

III – possibilitar gravação de relatórios em diversos formatos eletrônicos, inclusive abertos e não proprietários, tais como planilhas e texto, de modo a facilitar a análise das informações;

IV – possibilitar acesso automatizado por sistemas externos em formatos abertos, estruturados e legíveis por máquina;

V – divulgar em detalhes os formatos utilizados para estruturação da informação;

VI – garantir autenticidade e integridade das informações disponíveis para acesso;

VII – indicar instruções que permitam ao requerente comunicar-se, por via eletrônica ou telefônica, com o órgão ou entidade; e

VIII – garantir a acessibilidade de conteúdo para pessoas com deficiência.

CAPÍTULO IV. DA TRANSPARÊNCIA PASSIVA

SEÇÃO I. DO SERVIÇO DE INFORMAÇÃO AO CIDADÃO

Art. 9º. Os órgãos e entidades deverão criar Serviço de Informações ao Cidadão – SIC, com o objetivo de:

I – atender e orientar o público quanto ao acesso à informação;

II – informar sobre a tramitação de documentos nas unidades; e

III – receber e registrar pedidos de acesso à informação.

Parágrafo único. Compete ao SIC:

I – o recebimento do pedido de acesso e, sempre que possível, o fornecimento imediato da informação;

II – o registro do pedido de acesso em sistema eletrônico específico e a entrega de número do protocolo, que conterá a data de apresentação do pedido; e

III – o encaminhamento do pedido recebido e registrado à unidade responsável pelo fornecimento da informação, quando couber.

Art. 10. O SIC será instalado em unidade física identificada, de fácil acesso e aberta ao público.

§ 1º. Nas unidades descentralizadas em que não houver SIC será oferecido serviço de recebimento e registro dos pedidos de acesso à informação.

§ 2º. Se a unidade descentralizada não detiver a informação, o pedido será encaminhado ao SIC do órgão ou entidade central, que comunicará ao requerente o número do protocolo e a data de recebimento do pedido, a partir da qual se inicia o prazo de resposta.

SEÇÃO II. DO PEDIDO DE ACESSO À INFORMAÇÃO

Art. 11. Qualquer pessoa, natural ou jurídica, poderá formular pedido de acesso à informação.

§ 1º. O pedido será apresentado em formulário padrão, disponibilizado em meio eletrônico e físico, no sítio na Internet e no SIC dos órgãos e entidades.

§ 2º. O prazo de resposta será contado a partir da data de apresentação do pedido ao SIC.

§ 3º. É facultado aos órgãos e entidades o recebimento de pedidos de acesso à informação por qualquer outro meio legítimo, como contato telefônico, correspondência eletrônica ou física, desde que atendidos os requisitos do art. 12.

§ 4º. Na hipótese do § 3º, será enviada ao requerente comunicação com o número de protocolo e a data do recebimento do pedido pelo SIC, a partir da qual se inicia o prazo de resposta.

Art. 12. O pedido de acesso à informação deverá conter:

I – nome do requerente;
II – número de documento de identificação válido;
III – especificação, de forma clara e precisa, da informação requerida; e
IV – endereço físico ou eletrônico do requerente, para recebimento de comunicações ou da informação requerida.

Art. 13. Não serão atendidos pedidos de acesso à informação:

I – genéricos;
II – desproporcionais ou desarrazoados; ou
III – que exijam trabalhos adicionais de análise, interpretação ou consolidação de dados e informações, ou serviço de produção ou tratamento de dados que não seja de competência do órgão ou entidade.

Parágrafo único. Na hipótese do inciso III do *caput*, o órgão ou entidade deverá, caso tenha conhecimento, indicar o local onde se encontram as informações a partir das quais o requerente poderá realizar a interpretação, consolidação ou tratamento de dados.

Art. 14. São vedadas exigências relativas aos motivos do pedido de acesso à informação.

SEÇÃO III.
DO PROCEDIMENTO DE ACESSO À INFORMAÇÃO

Art. 15. Recebido o pedido e estando a informação disponível, o acesso será imediato.

§ 1º. Caso não seja possível o acesso imediato, o órgão ou entidade deverá, no prazo de até vinte dias:

I – enviar a informação ao endereço físico ou eletrônico informado;
II – comunicar data, local e modo para realizar consulta à informação, efetuar reprodução ou obter certidão relativa à informação;
III – comunicar que não possui a informação ou que não tem conhecimento de sua existência;
IV – indicar, caso tenha conhecimento, o órgão ou entidade responsável pela informação ou que a detenha; ou
V – indicar as razões da negativa, total ou parcial, do acesso.

§ 2º. Nas hipóteses em que o pedido de acesso demandar manuseio de grande volume de documentos, ou a movimentação do documento puder comprometer sua regular tramitação, será adotada a medida prevista no inciso II do § 1º.

§ 3º. Quando a manipulação puder prejudicar a integridade da informação ou do documento, o órgão ou entidade deverá indicar data, local e modo para consulta, ou disponibilizar cópia, com certificação de que confere com o original.

§ 4º. Na impossibilidade de obtenção de cópia de que trata o § 3º, o requerente poderá solicitar que, às suas expensas e sob supervisão de servidor público, a reprodução seja feita por outro meio que não ponha em risco a integridade do documento original.

Art. 16. O prazo para resposta do pedido poderá ser prorrogado por dez dias, mediante justificativa encaminhada ao requerente antes do término do prazo inicial de vinte dias.

Art. 17. Caso a informação esteja disponível ao público em formato impresso, eletrônico ou em outro meio de acesso universal, o órgão ou entidade deverá orientar o requerente quanto ao local e modo para consultar, obter ou reproduzir a informação.

Parágrafo único. Na hipótese do *caput* o órgão ou entidade desobriga-se do fornecimento direto da informação, salvo se o requerente declarar não dispor de meios para consultar, obter ou reproduzir a informação.

Art. 18. Quando o fornecimento da informação implicar reprodução de documentos, o órgão ou entidade, observado o prazo de resposta ao pedido, disponibilizará ao requerente Guia de Recolhimento da União – GRU ou documento equivalente, para pagamento dos custos dos serviços e dos materiais utilizados.

Parágrafo único. A reprodução de documentos ocorrerá no prazo de dez dias, contado da comprovação do pagamento pelo requerente ou da entrega de declaração de pobreza por ele firmada, nos termos da Lei nº 7.115, de 1983, ressalvadas hipóteses justificadas em que, devido ao volume ou ao estado dos documentos, a reprodução demande prazo superior.

Art. 19. Negado o pedido de acesso à informação, será enviada ao requerente, no prazo de resposta, comunicação com:

I – razões da negativa de acesso e seu fundamento legal;
II – possibilidade e prazo de recurso, com indicação da autoridade que o apreciará; e
III – possibilidade de apresentação de pedido de desclassificação da informação, quando for o caso, com indicação da autoridade classificadora que o apreciará.

§ 1º. As razões de negativa de acesso a informação classificada indicarão o fundamento legal da classificação, a autoridade que a classificou e o código de indexação do documento classificado.

§ 2º. Os órgãos e entidades disponibilizarão formulário padrão para apresentação de recurso e de pedido de desclassificação.

Art. 20. O acesso a documento preparatório ou informação nele contida, utilizados como fundamento de tomada de decisão ou de ato administrativo, será assegurado a partir da edição do ato ou decisão.

Parágrafo único. O Ministério da Fazenda e o Banco Central do Brasil classificarão os documentos que embasarem decisões de política econômica, tais como fiscal, tributária, monetária e regulatória.

SEÇÃO IV.
DOS RECURSOS

Art. 21. No caso de negativa de acesso à informação ou de não fornecimento das razões da negativa do acesso, poderá o requerente apresentar recurso no prazo de dez dias, contado da ciência da decisão, à autoridade hierarquicamente superior à que adotou a decisão, que deverá apreciá-lo no prazo de cinco dias, contado da sua apresentação.

Parágrafo único. Desprovido o recurso de que trata o *caput*, poderá o requerente apresentar recurso no prazo de dez dias, contado da ciência da decisão, à autoridade máxima do órgão ou entidade, que deverá se manifestar em cinco dias contados do recebimento do recurso.

Art. 22. No caso de omissão de resposta ao pedido de acesso à informação, o requerente poderá apresentar reclamação no prazo de dez dias à autoridade de monitoramento de que trata o art. 40 da Lei nº 12.527, de 2011, que deverá se manifestar no prazo de cinco dias, contado do recebimento da reclamação.

§ 1º. O prazo para apresentar reclamação começará trinta dias após a apresentação do pedido.

§ 2º. A autoridade máxima do órgão ou entidade poderá designar outra autoridade que lhe seja diretamente subordinada como responsável pelo recebimento e apreciação da reclamação.

Art. 23. Desprovido o recurso de que trata o parágrafo único do art. 21 ou infrutífera a reclamação de que trata o art. 22, poderá o requerente apresentar recurso no prazo de dez dias, contado da ciência da decisão, à Controladoria-Geral da União, que deverá se manifestar no prazo de cinco dias, contado do recebimento do recurso.

§ 1º. A Controladoria-Geral da União poderá determinar que o órgão ou entidade preste esclarecimentos.

§ 2º. Provido o recurso, a Controladoria-Geral da União fixará prazo para o cumprimento da decisão pelo órgão ou entidade.

Art. 24. No caso de negativa de acesso à informação, ou às razões da negativa do acesso de que trata o *caput* do art. 21, desprovido o recurso pela Controladoria-Geral da União, o requerente poderá apresentar, no prazo de dez dias, contado da ciência da decisão, recurso à Comissão Mista de Reavaliação de Informações, observados os procedimentos previstos no CAPÍTULO VI.

CAPÍTULO V.
DAS INFORMAÇÕES CLASSIFICADAS EM GRAU DE SIGILO

SEÇÃO I.
DA CLASSIFICAÇÃO DE INFORMAÇÕES QUANTO AO GRAU E PRAZOS DE SIGILO

Art. 25. São passíveis de classificação as informações consideradas imprescindíveis à segurança da sociedade ou do Estado, cuja divulgação ou acesso irrestrito possam:

I – pôr em risco a defesa e a soberania nacionais ou a integridade do território nacional;
II – prejudicar ou pôr em risco a condução de negociações ou as relações internacionais do País;
III – prejudicar ou pôr em risco informações fornecidas em caráter sigiloso por outros Estados e organismos internacionais;
IV – pôr em risco a vida, a segurança ou a saúde da população;
V – oferecer elevado risco à estabilidade financeira, econômica ou monetária do País;
VI – prejudicar ou causar risco a planos ou operações estratégicos das Forças Armadas;
VII – prejudicar ou causar risco a projetos de pesquisa e desenvolvimento científico ou tecnológico, assim como a sistemas, bens, instalações ou áreas de interesse estratégico nacional, observado o disposto no inciso II do *caput* do art. 6º;
VIII – pôr em risco a segurança de instituições ou de altas autoridades nacionais ou estrangeiras e seus familiares; ou
IX – comprometer atividades de inteligência, de investigação ou de fiscalização em andamento, relacionadas com prevenção ou repressão de infrações.

Art. 26. A informação em poder dos órgãos e entidades, observado o seu teor e em razão de sua imprescindibilidade à segurança da sociedade ou do Estado, poderá ser classificada no grau ultrassecreto, secreto ou reservado.

Art. 27. Para a classificação da informação em grau de sigilo, deverá ser observado o interesse público da informação e utilizado o critério menos restritivo possível, considerados:

I – a gravidade do risco ou dano à segurança da sociedade e do Estado; e
II – o prazo máximo de classificação em grau de sigilo ou o evento que defina seu termo final.

Art. 28. Os prazos máximos de classificação são os seguintes:

I – grau ultrassecreto: vinte e cinco anos;
II – grau secreto: quinze anos; e
III – grau reservado: cinco anos.

Parágrafo único. Poderá ser estabelecida como termo final de restrição de acesso a ocorrência de determinado evento, observados os prazos máximos de classificação.

Art. 29. As informações que puderem colocar em risco a segurança do Presidente da República, Vice-Presidente e seus cônjuges e filhos serão classificadas no grau reservado e ficarão sob sigilo até o término do mandato em exercício ou do último mandato, em caso de reeleição.

Art. 30. A classificação de informação é de competência:

I – no grau ultrassecreto, das seguintes autoridades:

a) Presidente da República;

b) Vice-Presidente da República;

c) Ministros de Estado e autoridades com as mesmas prerrogativas;

d) Comandantes da Marinha, do Exército, da Aeronáutica; e

e) Chefes de Missões Diplomáticas e Consulares permanentes no exterior;

II – no grau secreto, das autoridades referidas no inciso I do *caput*, dos titulares de autarquias, fundações, empresas públicas e sociedades de economia mista; e

III – no grau reservado, das autoridades referidas nos incisos I e II do *caput* e das que exerçam funções de direção, comando ou chefia do Grupo-Direção e Assessoramento Superiores – DAS, nível DAS 101.5 ou superior, e seus equivalentes.

§ 1º É vedada a delegação da competência de classificação nos graus de sigilo ultrassecreto ou secreto. (Parágrafo com redação repristinada pelo Dec. 9.716, de 26.02.2019, anteriormente às alterações promovidas pelo Dec. 9.690, de 23.01.2019)

§ 2º O dirigente máximo do órgão ou entidade poderá delegar a competência para classificação no grau reservado a agente público que exerça função de direção, comando ou chefia. (Parágrafo com redação repristinada pelo Dec. 9.716, de 26.02.2019, anteriormente às alterações promovidas pelo Dec. 9.690, de 23.01.2019)

§ 3º É vedada a subdelegação da competência de que trata o § 2º. (Parágrafo com redação repristinada pelo Dec. 9.716, de 26.02.2019, anteriormente às alterações promovidas pelo Dec. 9.690, de 23.01.2019)

§ 4º Os agentes públicos referidos no § 2º deverão dar ciência do ato de classificação à autoridade delegante, no prazo de noventa dias. (Parágrafo com redação repristinada pelo Dec. 9.716, de 26.02.2019, anteriormente às alterações promovidas pelo Dec. 9.690, de 23.01.2019)

§ 5º. A classificação de informação no grau ultrassecreto pelas autoridades previstas nas alíneas d e e do inciso I do *caput* deverá ser ratificada pelo Ministro de Estado, no prazo de trinta dias.

§ 6º. Enquanto não ratificada, a classificação de que trata o § 5º considera-se válida, para todos os efeitos legais.

SEÇÃO II.
DOS PROCEDIMENTOS PARA CLASSIFICAÇÃO DE INFORMAÇÃO

Art. 31. A decisão que classificar a informação em qualquer grau de sigilo deverá ser formalizada no Termo de Classificação de Informação – TCI, conforme modelo contido no Anexo, e conterá o seguinte:

I – código de indexação de documento;
II – grau de sigilo;
III – categoria na qual se enquadra a informação;
IV – tipo de documento;
V – data da produção do documento;
VI – indicação de dispositivo legal que fundamenta a classificação;
VII – razões da classificação, observados os critérios estabelecidos no art. 27;
VIII – indicação do prazo de sigilo, contado em anos, meses ou dias, ou do evento que defina o seu termo final, observados os limites previstos no art. 28;
IX – data da classificação; e
X – identificação da autoridade que classificou a informação.

§ 1º. O TCI seguirá anexo à informação.

§ 2º. As informações previstas no inciso VII do *caput* deverão ser mantidas no mesmo grau de sigilo que a informação classificada.

§ 3º. A ratificação da classificação de que trata o § 5º do art. 30 deverá ser registrada no TCI.

Art. 32. A autoridade ou outro agente público que classificar informação no grau ultrassecreto ou secreto deverá encaminhar cópia do TCI à Comissão Mista de Reavaliação de Informações no prazo de trinta dias, contado da decisão de classificação ou de ratificação.

Art. 33. Na hipótese de documento que contenha informações classificadas em diferentes graus de sigilo, será atribuído ao documento tratamento do grau de sigilo mais elevado, ficando assegurado o acesso às partes não classificadas por meio de certidão, extrato ou cópia, com ocultação da parte sob sigilo.

Art. 34. Os órgãos e entidades poderão constituir Comissão Permanente de Avaliação de Documentos Sigilosos – CPADS, com as seguintes atribuições:

I – opinar sobre a informação produzida no âmbito de sua atuação para fins de classificação em qualquer grau de sigilo;

II – assessorar a autoridade classificadora ou a autoridade hierarquicamente superior quanto à desclassificação, reclassificação ou reavaliação de informação classificada em qualquer grau de sigilo;

III – propor o destino final das informações desclassificadas, indicando os documentos para guarda permanente, observado o disposto na Lei nº 8.159, de 8 de janeiro de 1991; e

IV – subsidiar a elaboração do rol anual de informações desclassificadas e documentos classificados em cada grau de sigilo, a ser disponibilizado na Internet.

SEÇÃO III.
DA DESCLASSIFICAÇÃO E REAVALIAÇÃO DA INFORMAÇÃO CLASSIFICADA EM GRAU DE SIGILO

Art. 35. A classificação das informações será reavaliada pela autoridade classificadora ou por autoridade hierarquicamente superior, mediante provocação ou de ofício, para desclassificação ou redução do prazo de sigilo.

Parágrafo único. Para o cumprimento do disposto no *caput*, além do disposto no art. 27, deverá ser observado:

I – o prazo máximo de restrição de acesso à informação, previsto no art. 28;

II – o prazo máximo de quatro anos para revisão de ofício das informações classificadas no grau ultrassecreto ou secreto, previsto no inciso I do *caput* do art. 47;

III – a permanência das razões da classificação;

IV – a possibilidade de danos ou riscos decorrentes da divulgação ou acesso irrestrito da informação; e

V – a peculiaridade das informações produzidas no exterior por autoridades ou agentes públicos.

Art. 36. O pedido de desclassificação ou de reavaliação da classificação poderá ser apresentado aos órgãos e entidades independente de existir prévio pedido de acesso à informação.

Parágrafo único. O pedido de que trata o *caput* será endereçado à autoridade classificadora, que decidirá no prazo de trinta dias.

Art. 37. Negado o pedido de desclassificação ou de reavaliação pela autoridade classificadora, o requerente poderá apresentar recurso no prazo de dez dias, contado da ciência da negativa, ao Ministro de Estado ou à autoridade com as mesmas prerrogativas, que decidirá no prazo de trinta dias.

§ 1º. Nos casos em que a autoridade classificadora esteja vinculada a autarquia, fundação, empresa pública ou sociedade de economia mista, o recurso será apresentado ao dirigente máximo da entidade.

§ 2º. No caso das Forças Armadas, o recurso será apresentado primeiramente perante o respectivo Comandante, e, em caso de negativa, ao Ministro de Estado da Defesa.

§ 3º. No caso de informações produzidas por autoridades ou agentes públicos no exterior, o requerimento de desclassificação e reavaliação será apreciado pela autoridade hierarquicamente superior que estiver em território brasileiro.

§ 4º. Desprovido o recurso de que tratam o *caput* e os §§ 1º a 3º, poderá o requerente apresentar recurso à Comissão Mista de Reavaliação de Informações, no prazo de dez dias, contado da ciência da decisão.

Art. 38. A decisão da desclassificação, reclassificação ou redução do prazo de sigilo de informações classificadas deverá constar das capas dos processos, se houver, e de campo apropriado no TCI.

SEÇÃO IV.
DISPOSIÇÕES GERAIS

Art. 39. As informações classificadas no grau ultrassecreto ou secreto serão definitivamente preservadas, nos termos da Lei nº 8.159, de 1991, observados os procedimentos de restrição de acesso enquanto vigorar o prazo da classificação.

Art. 40. As informações classificadas como documentos de guarda permanente que forem objeto de desclassificação serão encaminhadas ao Arquivo Nacional, ao arquivo permanente do órgão público, da entidade pública ou da instituição de caráter público, para fins de organização, preservação e acesso.

Art. 41. As informações sobre condutas que impliquem violação dos direitos humanos praticada por agentes públicos ou a mando de autoridades públicas não poderão ser objeto de classificação em qualquer grau de sigilo nem ter seu acesso negado.

Art. 42. Não poderá ser negado acesso às informações necessárias à tutela judicial ou administrativa de direitos fundamentais.

Parágrafo único. O requerente deverá apresentar razões que demonstrem a existência de nexo entre as informações requeridas e o direito que se pretende proteger.

Art. 43. O acesso, a divulgação e o tratamento de informação classificada em qualquer grau de sigilo ficarão restritos a pessoas que tenham necessidade de conhecê-la e que sejam credenciadas segundo as normas fixadas pelo Núcleo de Segurança e Credenciamento, instituído no âmbito do Gabinete de Segurança Institucional da Presidência da República, sem prejuízo das atribuições de agentes públicos autorizados por lei.

Art. 44. As autoridades do Poder Executivo federal adotarão as providências necessárias para que o pessoal a elas subordinado conheça as normas e observe as medidas e procedimentos de segurança para tratamento de informações classificadas em qualquer grau de sigilo.

Parágrafo único. A pessoa natural ou entidade privada que, em razão de qualquer vínculo com o Poder Público, executar atividades de tratamento de informações classificadas, adotará as providências necessárias para que seus empregados, prepostos ou representantes observem as medidas e procedimentos de segurança das informações.

Art. 45. A autoridade máxima de cada órgão ou entidade publicará anualmente, até o dia 1º de junho, em sítio na Internet:

I – rol das informações desclassificadas nos últimos doze meses;

II – rol das informações classificadas em cada grau de sigilo, que deverá conter:

a) código de indexação de documento;

b) categoria na qual se enquadra a informação;

c) indicação de dispositivo legal que fundamenta a classificação; e

d) data da produção, data da classificação e prazo da classificação;

III – relatório estatístico com a quantidade de pedidos de acesso à informação recebidos, atendidos e indeferidos; e

IV – informações estatísticas agregadas dos requerentes.

Parágrafo único. Os órgãos e entidades deverão manter em meio físico as informações previstas no *caput*, para consulta pública em suas sedes.

CAPÍTULO VI. DA COMISSÃO MISTA DE REAVALIAÇÃO DE INFORMAÇÕES CLASSIFICADAS

Art. 46. A Comissão Mista de Reavaliação de Informações, instituída nos termos do § 1º do art. 35 da Lei nº 12.527, de 2011, será integrada pelos titulares dos seguintes órgãos:

I – Casa Civil da Presidência da República, que a presidirá;

II - Ministério da Justiça e Segurança Pública; *(Redação dada pelo Decreto 9.690/2019)*

‣ Lei 13.341/2016: art. 2º, IV (transformou o Ministério da Justiça em Ministério da Justiça e Cidadania).

III – Ministério das Relações Exteriores;

IV – Ministério da Defesa;

V - Ministério da Economia; *(Redação dada pelo Decreto 9.690/2019)*

VI - Ministério da Mulher, da Família e dos Direitos Humanos; *(Redação dada pelo Decreto 9.690/2019)*

VII - Gabinete de Segurança Institucional da Presidência da República; *(Primitivo inciso VIII renumerado pelo Decreto 9.690/2019)*

VIII - Advocacia-Geral da União; e *(Primitivo inciso IX renumerado pelo Decreto 9.690/2019)*

‣ Lei 13.341/2016: art. 3º, II.

IX - Controladoria-Geral da União. *(Primitivo inciso X renumerado pelo Decreto 9.690/2019)*

X - *(Revogado pelo Decreto 9.690/2019)*

Parágrafo único. Cada integrante indicará suplente a ser designado por ato do Presidente da Comissão.

Art. 47. Compete à Comissão Mista de Reavaliação de Informações:

I – rever, de ofício ou mediante provocação, a classificação de informação no grau ultrassecreto ou secreto ou sua reavaliação, no máximo a cada quatro anos;

II – requisitar da autoridade que classificar informação no grau ultrassecreto ou secreto esclarecimento ou conteúdo, parcial ou integral, da informação, quando as informações constantes do TCI não forem suficientes para a revisão da classificação;

III – decidir recursos apresentados contra decisão proferida:

a) pela Controladoria-Geral da União, em grau recursal, a pedido de acesso à informação ou de abertura de base de dados, ou às razões da negativa de acesso à informação ou de abertura de base de dados; ou *(Redação dada pelo Decreto 9.690/2019)*

b) pelo Ministro de Estado ou autoridade com a mesma prerrogativa, em grau recursal, a pedido de desclassificação ou reavaliação de informação classificada;

IV – prorrogar por uma única vez, e por período determinado não superior a vinte e cinco anos, o prazo de sigilo de informação classificada no grau ultrassecreto, enquanto seu acesso ou divulgação puder ocasionar ameaça externa à soberania nacional, à integridade do território nacional ou grave risco às relações internacionais do País, limitado ao máximo de cinquenta anos o prazo total da classificação; e

V – estabelecer orientações normativas de caráter geral a fim de suprir eventuais lacunas na aplicação da Lei nº 12.527, de 2011.

Parágrafo único. A não deliberação sobre a revisão de ofício no prazo previsto no inciso I do *caput* implicará a desclassificação automática das informações.

Art. 48. A Comissão Mista de Reavaliação de Informações se reunirá, ordinariamente, uma vez por mês, e, extraordinariamente, sempre que convocada por seu Presidente.

Parágrafo único. As reuniões serão realizadas com a presença de no mínimo seis integrantes.

Art. 49. Os requerimentos de prorrogação do prazo de classificação de informação no grau ultrassecreto, a que se refere o inciso IV do *caput* do art. 47, deverão ser encaminhados à Comissão Mista de Reavaliação de Informações em até um ano antes do vencimento do termo final de restrição de acesso.

Parágrafo único. O requerimento de prorrogação do prazo de sigilo de informação classificada no grau ultrassecreto deverá ser apreciado, impreterivelmente, em até três sessões subsequentes à data de sua autuação, ficando sobrestadas, até que se ultime a votação, todas as demais deliberações da Comissão.

Art. 50. A Comissão Mista de Reavaliação de Informações deverá apreciar os recursos previstos no inciso III do *caput* do art. 47, impreterivelmente, até a terceira reunião ordinária subsequente à data de sua autuação.

Art. 51. A revisão de ofício da informação classificada no grau ultrassecreto ou secreto será apreciada em até três sessões anteriores à data de sua desclassificação automática.

Art. 52. As deliberações da Comissão Mista de Reavaliação de Informações serão tomadas:

I – por maioria absoluta, quando envolverem as competências previstas nos incisos I e IV do *caput* do art.47; e

II – por maioria simples dos votos, nos demais casos.

Parágrafo único. A Casa Civil da Presidência da República poderá exercer, além do voto ordinário, o voto de qualidade para desempate.

Art. 53. A Casa Civil da Presidência da República exercerá as funções de Secretaria-Executiva da Comissão Mista de Reavaliação de Informações, cujas competências serão definidas em regimento interno.

Art. 54. A Comissão Mista de Reavaliação de Informações aprovará, por maioria absoluta, regimento interno que disporá sobre sua organização e funcionamento.

Parágrafo único. O regimento interno deverá ser publicado no Diário Oficial da União no prazo de noventa dias após a instalação da Comissão.

CAPÍTULO VII. DAS INFORMAÇÕES PESSOAIS

Art. 55. As informações pessoais relativas à intimidade, vida privada, honra e imagem detidas pelos órgãos e entidades:

I – terão acesso restrito a agentes públicos legalmente autorizados e a pessoa a que se referirem, independentemente de classificação de sigilo, pelo prazo máximo de cem anos a contar da data de sua produção; e

II – poderão ter sua divulgação ou acesso por terceiros autorizados por previsão legal ou consentimento expresso da pessoa a que se referirem.

Parágrafo único. Caso o titular das informações pessoais esteja morto ou ausente, os direitos de que trata este artigo assistem ao cônjuge ou companheiro, aos descendentes ou ascendentes, conforme o disposto no parágrafo único do art. 20 da Lei nº 10.406, de 10 de janeiro de 2002, e na Lei nº 9.278, de 10 de maio de 1996.

Art. 56. O tratamento das informações pessoais deve ser feito de forma transparente e com respeito à intimidade, vida privada, honra e imagem das pessoas, bem como às liberdades e garantias individuais.

Art. 57. O consentimento referido no inciso II do *caput* do art. 55 não será exigido quando o acesso à informação pessoal for necessário:

I – à prevenção e diagnóstico médico, quando a pessoa estiver física ou legalmente incapaz, e para utilização exclusivamente para o tratamento médico;

II – à realização de estatísticas e pesquisas científicas de evidente interesse público ou geral, previstos em lei, vedada a identificação da pessoa a que a informação se referir;

III – ao cumprimento de decisão judicial;

IV – à defesa de direitos humanos de terceiros; ou

V – à proteção do interesse público geral e preponderante.

Art. 58. A restrição de acesso a informações pessoais de que trata o art. 55 não poderá ser invocada:

I – com o intuito de prejudicar processo de apuração de irregularidades, conduzido pelo Poder Público, em que o titular das informações for parte ou interessado; ou

II – quando as informações pessoais não classificadas estiverem contidas em conjuntos de documentos necessários à recuperação de fatos históricos de maior relevância.

Art. 59. O dirigente máximo do órgão ou entidade poderá, de ofício ou mediante provocação, reconhecer a incidência da hipótese do inciso II do *caput* do art. 58, de forma fundamentada, sobre documentos que tenha produzido ou acumulado, e que estejam sob sua guarda.

§ 1º. Para subsidiar a decisão de reconhecimento de que trata o *caput*, o órgão ou entidade poderá solicitar a universidades, instituições de pesquisa ou outras entidades com notória experiência em pesquisa historiográfica a emissão de parecer sobre a questão.

§ 2º. A decisão de reconhecimento de que trata o *caput* será precedida de publicação de extrato da informação, com descrição resumida do assunto, origem e período do conjunto de documentos a serem considerados de acesso irrestrito, com antecedência de no mínimo trinta dias.

§ 3º. Após a decisão de reconhecimento de que trata o § 2º, os documentos serão considerados de acesso irrestrito ao público.

§ 4º. Na hipótese de documentos de elevado valor histórico destinados à guarda permanente, caberá ao dirigente máximo do Arquivo Nacional, ou à autoridade responsável pelo arquivo do órgão ou entidade pública que os receber, decidir, após seu recolhimento, sobre o reconhecimento, observado o procedimento previsto neste artigo.

Art. 60. O pedido de acesso a informações pessoais observará os procedimentos previstos no CAPÍTULO IV e estará condicionado à comprovação da identidade do requerente.

Parágrafo único. O pedido de acesso a informações pessoais por terceiros deverá ainda estar acompanhado de:

I – comprovação do consentimento expresso de que trata o inciso II do *caput* do art. 55, por meio de procuração;

II – comprovação das hipóteses previstas no art. 58;

III – demonstração do interesse pela recuperação de fatos históricos de maior relevância, observados os procedimentos previstos no art. 59; ou

IV – demonstração da necessidade do acesso à informação requerida para a defesa dos direitos humanos ou para a proteção do interesse público e geral preponderante.

Art. 61. O acesso à informação pessoal por terceiros será condicionado à assinatura de um termo de responsabilidade, que disporá sobre a finalidade e a destinação que fundamentaram sua autorização, sobre as obrigações a que se submeterá o requerente.

§ 1º. A utilização de informação pessoal por terceiros vincula-se à finalidade e à destinação que fundamentaram a autorização do acesso, vedada sua utilização de maneira diversa.

§ 2º. Aquele que obtiver acesso às informações pessoais de terceiros será responsabilizado por seu uso indevido, na forma da lei.

Art. 62. Aplica-se, no que couber, a Lei nº 9.507, de 12 de novembro de 1997, em relação à informação de pessoa, natural ou jurídica, constante de registro ou banco de dados de órgãos ou entidades governamentais ou de caráter público.

CAPÍTULO VIII. DAS ENTIDADES PRIVADAS SEM FINS LUCRATIVOS

Art. 63. As entidades privadas sem fins lucrativos que receberem recursos públicos para realização de ações de interesse público deverão dar publicidade às seguintes informações:

I – cópia do estatuto social atualizado da entidade;

II – relação nominal atualizada dos dirigentes da entidade; e

III – cópia integral dos convênios, contratos, termos de parcerias, acordos, ajustes ou instrumentos congêneres realizados com o Poder Executivo federal, respectivos aditivos, e relatórios finais de prestação de contas, na forma da legislação aplicável.

§ 1º. As informações de que trata o *caput* serão divulgadas em sítio na Internet da entidade privada e em quadro de avisos de amplo acesso público em sua sede.

§ 2º. A divulgação em sítio na Internet referida no § 1º poderá ser dispensada, por decisão do órgão ou entidade pública, e mediante expressa justificação da entidade, nos casos de entidades privadas sem fins lucrativos que não disponham de meios para realizá-la.

§ 3º. As informações de que trata o *caput* deverão ser publicadas a partir da celebração do convênio, contrato, termo de parceria, acordo, ajuste ou instrumento congênere, serão atualizadas periodicamente e ficarão disponíveis até cento e oitenta dias após a entrega da prestação de contas final.

Art. 64. Os pedidos de informação referentes aos convênios, contratos, termos de parcerias, acordos, ajustes ou instrumentos congêneres previstos no art. 63 deverão ser apresentados diretamente aos órgãos e entidades responsáveis pelo repasse de recursos.

Parágrafo único. As entidades com personalidade jurídica de direito privado constituídas sob a forma de serviço social autônomo, destinatárias de contribuições, são diretamente responsáveis por fornecer as informações referentes à parcela dos recursos provenientes das contribuições e dos demais recursos públicos recebidos. (Incluído pelo Dec. nº 9.781, de 2019)

Art. 64-A. As entidades com personalidade jurídica de direito privado constituídas sob a forma de serviço social autônomo, destinatárias de contribuições, divulgarão, independentemente de requerimento, as informações de interesse coletivo ou geral por elas produzidas ou custodiadas, inclusive aquelas a que se referem os incisos I ao VIII do § 3º do art. 7º, em local de fácil visualização em sítios oficiais na internet. (Incluído pelo Dec. nº 9.781, de 2019)

§ 1º A publicidade a que estão submetidas as entidades citadas no *caput* refere-se à parcela dos recursos provenientes das contribuições e dos demais recursos públicos recebidos e à sua destinação, sem prejuízo das prestações de contas a que estejam legalmente obrigadas.

§ 2º A divulgação das informações previstas no *caput* não exclui outras hipóteses de publicação e divulgação de informações previstas na legislação, inclusive na Lei de Diretrizes Orçamentárias.

§ 3º A divulgação de informações atenderá ao disposto no § 1º do art. 7º e no art. 8º.

Art. 64-B. As entidades com personalidade jurídica de direito privado constituídas sob a forma de serviço social autônomo, destinatárias de contribuições, também deverão criar SIC, observado o disposto nos arts. 9º ao art. 24. (Incluído pelo Dec. nº 9.781, de 2019)

Parágrafo único. A reclamação de que trata o art. 22 será encaminhada à autoridade máxima da entidade solicitada.

Art. 64-C. As entidades com personalidade jurídica de direito privado constituídas sob a forma de serviço social autônomo, destinatárias de contribuições, estarão sujeitas às sanções e aos procedimentos de que trata o art. 66, hipótese em que a aplicação da sanção de declaração de inidoneidade é de competência exclusiva da autoridade máxima do órgão ou da entidade da administração pública responsável por sua supervisão. (Incluído pelo Dec. nº 9.781, de 2019)

CAPÍTULO IX. DAS RESPONSABILIDADES

Art. 65. Constituem condutas ilícitas que ensejam responsabilidade do agente público ou militar:

I – recusar-se a fornecer informação requerida nos termos deste Decreto, retardar deliberadamente o seu fornecimento ou fornecê-la intencionalmente de forma incorreta, incompleta ou imprecisa;

II – utilizar indevidamente, subtrair, destruir, inutilizar, desfigurar, alterar ou ocultar, total ou parcialmente, informação que se encontre sob sua guarda, a que tenha acesso ou sobre que tenha conhecimento em razão do exercício das atribuições de cargo, emprego ou função pública;

III – agir com dolo ou má-fé na análise dos pedidos de acesso à informação;

IV – divulgar, permitir a divulgação, acessar ou permitir acesso indevido a informação classificada em grau de sigilo ou a informação pessoal;

V – impor sigilo à informação para obter proveito pessoal ou de terceiro, ou para fins de ocultação de ato ilegal cometido por si ou por outrem;

VI – ocultar da revisão de autoridade superior competente informação classificada em grau de sigilo para beneficiar a si ou a outrem, ou em prejuízo de terceiros; e

VII – destruir ou subtrair, por qualquer meio, documentos concernentes a possíveis violações de direitos humanos por parte de agentes do Estado.

§ 1º. Atendido o princípio do contraditório, da ampla defesa e do devido processo legal, as condutas descritas no *caput* serão consideradas:

I – para fins dos regulamentos disciplinares das Forças Armadas, transgressões militares médias ou graves, segundo os critérios neles estabelecidos, desde que não tipificadas em lei como crime ou contravenção penal; ou

II – para fins do disposto na Lei nº 8.112, de 11 de dezembro de 1990, infrações administrativas, que deverão ser apenadas, no mínimo, com suspensão, segundo os critérios estabelecidos na referida lei.

§ 2º. Pelas condutas descritas no *caput*, poderá o militar ou agente público responder, também, por improbidade administrativa, conforme o disposto nas Leis nºs 1.079, de 10 de abril de 1950, e 8.429, de 2 de junho de 1992.

Art. 66. A pessoa natural ou entidade privada que detiver informações em virtude de vínculo de qualquer natureza com o Poder Público e praticar conduta prevista no art. 65, estará sujeita às seguintes sanções:

I – advertência;

II – multa;

III – rescisão do vínculo com o Poder Público;

IV – suspensão temporária de participar em licitação e impedimento de contratar com a administração pública por prazo não superior a dois anos; e

V – declaração de inidoneidade para licitar ou contratar com a administração pública, até que seja promovida a reabilitação perante a autoridade que aplicou a penalidade.

§ 1º. A sanção de multa poderá ser aplicada juntamente com as sanções previstas nos incisos I, III e IV do *caput*.

§ 2º. A multa prevista no inciso II do *caput* será aplicada sem prejuízo da reparação pelos danos e não poderá ser:

I – inferior a R$ 1.000,00 (mil reais) nem superior a R$ 200.000,00 (duzentos mil reais), no caso de pessoa natural; ou

II – inferior a R$ 5.000,00 (cinco mil reais) nem superior a R$ 600.000,00 (seiscentos mil reais), no caso de entidade privada.

§ 3º. A reabilitação referida no inciso V do *caput* será autorizada somente quando a pessoa natural ou entidade privada efetivar o ressarcimento ao órgão ou entidade dos prejuízos resultantes e depois de decorrido o prazo da sanção aplicada com base no inciso IV do *caput*.

§ 4º. A aplicação da sanção prevista no inciso V do *caput* é de competência exclusiva da autoridade máxima do órgão ou entidade pública.

§ 5º. O prazo para apresentação de defesa nas hipóteses previstas neste artigo é de dez dias, contado da ciência do ato.

CAPÍTULO X. DO MONITORAMENTO DA APLICAÇÃO DA LEI

SEÇÃO I. DA AUTORIDADE DE MONITORAMENTO

Art. 67. O dirigente máximo de cada órgão ou entidade designará autoridade que lhe seja diretamente subordinada para exercer as seguintes atribuições:

I – assegurar o cumprimento das normas relativas ao acesso à informação, de forma eficiente e adequada aos objetivos da Lei nº 12.527, de 2011;

II – avaliar e monitorar a implementação do disposto neste Decreto e apresentar ao dirigente máximo de cada órgão ou entidade relatório anual sobre o seu cumprimento, encaminhando-o à Controladoria-Geral da União;

III – recomendar medidas para aperfeiçoar as normas e procedimentos necessários à implementação deste Decreto;

IV – orientar as unidades no que se refere ao cumprimento deste Decreto; e

V – manifestar-se sobre reclamação apresentada contra omissão de autoridade competente, observado o disposto no art. 22.

SEÇÃO II. DAS COMPETÊNCIAS RELATIVAS AO MONITORAMENTO

Art. 68. Compete à Controladoria-Geral da União, observadas as competências dos demais órgãos e entidades e as previsões específicas neste Decreto:

I – definir o formulário padrão, disponibilizado em meio físico e eletrônico, que estará à disposição no sítio na Internet e no SIC dos órgãos e entidades, de acordo com o § 1º do art. 11;

II – promover campanha de abrangência nacional de fomento à cultura da transparência na administração pública e conscientização sobre o direito fundamental de acesso à informação;

III – promover o treinamento dos agentes públicos e, no que couber, a capacitação das entidades privadas sem fins lucrativos, no que se refere ao desenvolvimento de práticas relacionadas à transparência na administração pública;

IV – monitorar a implementação da Lei nº 12.527, de 2011, concentrando e consolidando a publicação de informações estatísticas relacionadas no art. 45;

V – preparar relatório anual com informações referentes à implementação da Lei nº 12.527, de 2011, a ser encaminhado ao Congresso Nacional;

VI – monitorar a aplicação deste Decreto, especialmente o cumprimento dos prazos e procedimentos; e

VII – definir, em conjunto com a Casa Civil da Presidência da República, diretrizes e procedimentos complementares necessários à implementação da Lei nº 12.527, de 2011.

Art. 69. Compete à Controladoria-Geral da União e ao Ministério da Economia, observadas as competências dos demais órgãos e entidades e as previsões específicas deste Decreto, por meio de ato conjunto: *(Redação dada pelo Decreto 9.690/2019)*

I – estabelecer procedimentos, regras e padrões de divulgação de informações ao público, fixando prazo máximo para atualização; e

II – detalhar os procedimentos necessários à busca, estruturação e prestação de informações no âmbito do SIC.

Art. 70. Compete ao Gabinete de Segurança Institucional da Presidência da República, observadas as competências dos demais órgãos e entidades e as previsões específicas neste Decreto:

I – estabelecer regras de indexação relacionadas à classificação de informação;

II – expedir atos complementares e estabelecer procedimentos relativos ao credenciamento de segurança de pessoas, órgãos e entidades públicos ou privados, para o tratamento de informações classificadas; e

III – promover, por meio do Núcleo de Credenciamento de Segurança, o credenciamento de segurança de pessoas, órgãos e entidades públicos ou privados, para o tratamento de informações classificadas.

CAPÍTULO XI. DISPOSIÇÕES TRANSITÓRIAS E FINAIS

Art. 71. Os órgãos e entidades adequarão suas políticas de gestão da informação, promovendo os ajustes necessários aos processos de registro, processamento, trâmite e arquivamento de documentos e informações.

Art. 72. Os órgãos e entidades deverão reavaliar as informações classificadas no grau ultrassecreto e secreto no prazo máximo de dois anos, contado do termo inicial de vigência da Lei nº 12.527, de 2011.

§ 1º. A restrição de acesso a informações, em razão da reavaliação prevista no *caput*, deverá observar os prazos e condições previstos neste Decreto.

§ 2º. Enquanto não transcorrido o prazo de reavaliação previsto no *caput*, será mantida a classificação da informação, observados os prazos e disposições da legislação precedente.

§ 3º. As informações classificadas no grau ultrassecreto e secreto não reavaliadas no prazo previsto no *caput* serão consideradas, automaticamente, desclassificadas.

Art. 73. A publicação anual de que trata o art. 45 terá início em junho de 2013.

Art. 74. O tratamento de informação classificada resultante de tratados, acordos ou atos internacionais atenderá às normas e recomendações desses instrumentos.

Art. 75. Aplica-se subsidiariamente a Lei nº 9.784, de 29 de janeiro de 1999, aos procedimentos previstos neste Decreto.

Art. 76. Este Decreto entra em vigor em 16 de maio de 2012.

Brasília, 16 de maio de 2012; 191º da Independência e 124º da República.

DILMA ROUSSEFF

Publicado D.O.U. 16.5.2012, ret. 18.5.2012

ANEXO
GRAU DE SIGILO:
(idêntico ao grau de sigilo do documento)

<table>
<tr><td colspan="3">TERMO DE CLASSIFICAÇÃO DE INFORMAÇÃO</td></tr>
<tr><td colspan="3">ÓRGÃO/ENTIDADE:</td></tr>
<tr><td colspan="3">CÓDIGO DE INDEXAÇÃO:</td></tr>
<tr><td colspan="3">GRAU DE SIGILO:</td></tr>
<tr><td colspan="3">CATEGORIA:</td></tr>
<tr><td colspan="3">TIPO DE DOCUMENTO:</td></tr>
<tr><td colspan="3">DATA DE PRODUÇÃO:</td></tr>
<tr><td colspan="3">FUNDAMENTO LEGAL PARA CLASSIFICAÇÃO:</td></tr>
<tr><td colspan="3">RAZÕES PARA A CLASSIFICAÇÃO:
(idêntico ao grau de sigilo do documento)</td></tr>
<tr><td colspan="3">PRAZO DA RESTRIÇÃO DE ACESSO:</td></tr>
<tr><td colspan="3">DATA DE CLASSIFICAÇÃO:</td></tr>
<tr><td colspan="2">AUTORIDADE CLASSIFICADORA
Cargo:</td><td>Nome:</td></tr>
<tr><td colspan="2">AUTORIDADE RATIFICADORA
(quando aplicável)
Cargo:,</td><td>Nome:</td></tr>
<tr><td rowspan="2"></td><td>DESCLASSIFICAÇÃO em ____/____/________
(quando aplicável)</td><td>Nome:
Cargo:</td></tr>
<tr><td>RECLASSIFICAÇÃO em ____/____/________
(quando aplicável)</td><td>Nome:
Cargo:</td></tr>
</table>

TERMO DE CLASSIFICAÇÃO DE INFORMAÇÃO		
	REDUÇÃO DE PRAZO em ___/___/_____ (quando aplicável)	Nome: Cargo:
	PRORROGAÇÃO DE PRAZO em ___/____/_____ (quando aplicável)	Nome: Cargo:
____ ASSINATURA DA AUTORIDADE CLASSIFICADORA		
____ ASSINATURA DA AUTORIDADE RATIFICADORA (quando aplicável)		
____ ASSINATURA DA AUTORIDADE responsável por DESCLASSIFICAÇÃO (quando aplicável)		
____ ASSINATURA DA AUTORIDADE responsável por RECLASSIFICAÇÃO (quando aplicável)		
____ ASSINATURA DA AUTORIDADE responsável por REDUÇÃO DE PRAZO (quando aplicável)		
____ ASSINATURA DA AUTORIDADE responsável por PRORROGAÇÃO DE PRAZO (quando aplicável)		

LEI Nº 12.694, DE 24 DE JULHO DE 2012

Dispõe sobre o processo e o julgamento colegiado em primeiro grau de jurisdição de crimes praticados por organizações criminosas; altera o Decreto-Lei nº 2.848, de 7 de dezembro de 1940 – Código Penal, o Decreto-Lei nº 3.689, de 3 de outubro de 1941 – Código de Processo Penal, e as Leis nºs 9.503, de 23 de setembro de 1997 – Código de Trânsito Brasileiro, e 10.826, de 22 de dezembro de 2003; e dá outras providências

▸ *Organização criminosa*

A PRESIDENTA DA REPÚBLICA Faço saber que o Congresso Nacional decreta e eu sanciono a seguinte Lei:

▸ Lei 12.850/2013 – Define organização criminosa e dispõe sobre a investigação criminal, os meios de obtenção da prova, infrações penais correlatas e o procedimento criminal.

Art. 1º. Em processos ou procedimentos que tenham por objeto crimes praticados por organizações criminosas, o juiz poderá decidir pela formação de colegiado para a prática de qualquer ato processual, especialmente:

I – decretação de prisão ou de medidas assecuratórias;

II – concessão de liberdade provisória ou revogação de prisão;

III – sentença;

IV – progressão ou regressão de regime de cumprimento de pena;

V – concessão de liberdade condicional;

VI – transferência de preso para estabelecimento prisional de segurança máxima; e

VII – inclusão do preso no regime disciplinar diferenciado.

§ 1º. O juiz poderá instaurar o colegiado, indicando os motivos e as circunstâncias que acarretam risco à sua integridade física em decisão fundamentada, da qual será dado conhecimento ao órgão correicional.

§ 2º. O colegiado será formado pelo juiz do processo e por 2 (dois) outros juízes escolhidos por sorteio eletrônico dentre aqueles de competência criminal em exercício no primeiro grau de jurisdição.

§ 3º. A competência do colegiado limita-se ao ato para o qual foi convocado.

§ 4º. As reuniões poderão ser sigilosas sempre que houver risco de que a publicidade resulte em prejuízo à eficácia da decisão judicial.

§ 5º. A reunião do colegiado composto por juízes domiciliados em cidades diversas poderá ser feita pela via eletrônica.

§ 6º. As decisões do colegiado, devidamente fundamentadas e firmadas, sem exceção, por todos os seus integrantes, serão publicadas sem qualquer referência a voto divergente de qualquer membro.

§ 7º. Os tribunais, no âmbito de suas competências, expedirão normas regulamentando a composição do colegiado e os procedimentos a serem adotados para o seu funcionamento.

Art. 1º-A. Os Tribunais de Justiça e os Tribunais Regionais Federais poderão instalar, nas comarcas sedes de Circunscrição ou Seção Judiciária, mediante resolução, Varas Criminais Colegiadas com competência para o processo e julgamento: (Incluído pela Lei 13.964/2019)

I - de crimes de pertinência a organizações criminosas armadas ou que tenham armas à disposição;

II - do crime do art. 288-A do Decreto-Lei nº 2.848, de 7 de dezembro de 1940 (Código Penal); e

III - das infrações penais conexas aos crimes a que se referem os incisos I e II do *caput* deste artigo.

§ 1º As Varas Criminais Colegiadas terão competência para todos os atos jurisdicionais no decorrer da investigação, da ação penal e da execução da pena, inclusive a transferência do preso para estabelecimento prisional de segurança máxima ou para regime disciplinar diferenciado.

§ 2º Ao receber, segundo as regras normais de distribuição, processos ou procedimentos que tenham por objeto os crimes mencionados no *caput* deste artigo, o juiz deverá declinar da competência e remeter os autos, em qualquer fase em que se encontrem, à Vara Criminal Colegiada de sua Circunscrição ou Seção Judiciária.

§ 3º Feita a remessa mencionada no § 2º deste artigo, a Vara Criminal Colegiada terá competência para todos os atos processuais posteriores, incluindo os da fase de execução.

Art. 2º. Para os efeitos desta Lei, considera-se organização criminosa a associação, de 3 (três) ou mais pessoas, estruturalmente ordenada e caracterizada pela divisão de tarefas, ainda que informalmente, com objetivo de obter, direta ou indiretamente, vantagem de qualquer natureza, mediante a prática de crimes cuja pena máxima seja igual ou superior a 4 (quatro) anos ou que sejam de caráter transnacional.

Art. 3º. Os tribunais, no âmbito de suas competências, são autorizados a tomar medidas para reforçar a segurança dos prédios da Justiça, especialmente:

I – controle de acesso, com identificação, aos seus prédios, especialmente aqueles com varas criminais, ou às áreas dos prédios com varas criminais;

II – instalação de câmeras de vigilância nos seus prédios, especialmente nas varas criminais e áreas adjacentes;

III – instalação de aparelhos detectores de metais, aos quais se devem submeter todos que queiram ter acesso aos seus prédios, especialmente às varas criminais ou às respectivas salas de audiência, ainda que exerçam qualquer cargo ou função pública, ressalvados os integrantes de missão policial, a escolta de presos e os agentes ou inspetores de segurança próprios.

Art. 4º. O art. 91 do Decreto-Lei nº 2.848, de 7 de dezembro de 1940 – Código Penal, passa a vigorar acrescido dos seguintes §§ 1º e 2º:

▸ Alteração incorporada ao texto do Decreto-lei.

Art. 5º. O Decreto-Lei nº 3.689, de 3 de outubro de 1941 – Código de Processo Penal, passa a vigorar acrescido do seguinte art. 144-A:

▸ Alteração incorporada ao texto do Decreto-lei.

Art. 6º. O art. 115 da Lei nº 9.503, de 23 de setembro de 1997 – Código de Trânsito Brasileiro, passa a vigorar acrescido do seguinte § 7º:

▸ Alteração incorporada ao texto da Lei.

Art. 7º. O art. 6º da Lei nº 10.826, de 22 de dezembro de 2003, passa a vigorar acrescido do seguinte inciso XI:

▸ Alteração incorporada ao texto da Lei.

Art. 8º. A Lei nº 10.826, de 22 de dezembro de 2003, passa a vigorar acrescida do seguinte art. 7º-A:

▸ Alteração incorporada ao texto da Lei.

Art. 9º. Diante de situação de risco, decorrente do exercício da função, das autoridades judiciais ou membros do Ministério Público e de seus familiares, o fato será comunicado à polícia judiciária, que avaliará a necessidade, o alcance e os parâmetros da proteção pessoal.

§ 1º. A proteção pessoal será prestada de acordo com a avaliação realizada pela polícia judiciária e após a comunicação à autoridade judicial ou ao membro do Ministério Público, conforme o caso:

I – pela própria polícia judiciária;

II – pelos órgãos de segurança institucional;

III – por outras forças policiais;

IV – de forma conjunta pelos citados nos incisos I, II e III.

§ 2º. Será prestada proteção pessoal imediata nos casos urgentes, sem prejuízo da adequação da medida, segundo a avaliação a que se referem o *caput* e o § 1º deste artigo.

§ 3º. A prestação de proteção pessoal será comunicada ao Conselho Nacional de Justiça ou ao Conselho Nacional do Ministério Público, conforme o caso.

§ 4º. Verificado o descumprimento dos procedimentos de segurança definidos pela polícia judiciária, esta encaminhará relatório ao Conselho Nacional de Justiça – CNJ ou ao Conselho Nacional do Ministério Público – CNMP.

Art. 10. Esta Lei entra em vigor após decorridos 90 (noventa) dias de sua publicação oficial.

Brasília, 24 de julho de 2012; 191º da Independência e 124º da República.

DILMA ROUSSEFF

Publicado no D.O.U. de 25.7.2012

LEI COMPLEMENTAR Nº 142, DE 8 DE MAIO DE 2013

Regulamenta o § 1º do art. 201 da Constituição Federal, no tocante à aposentadoria da pessoa com deficiência segurada do Regime Geral de Previdência Social – RGPS.

- *Aposentadoria da pessoa com deficiência*
- Lei 13.146/2015 – Estatuto da Pessoa com Deficiência.

A PRESIDENTA DA REPÚBLICA Faço saber que o Congresso Nacional decreta e eu sanciono a seguinte Lei Complementar:

Art. 1º. Esta Lei Complementar regulamenta a concessão de aposentadoria da pessoa com deficiência segurada do Regime Geral de Previdência Social – RGPS de que trata o § 1º do art. 201 da Constituição Federal.

Art. 2º. Para o reconhecimento do direito à aposentadoria de que trata esta Lei Complementar, considera-se pessoa com deficiência aquela que tem impedimentos de longo prazo de natureza física, mental, intelectual ou sensorial, os quais, em interação com diversas barreiras, podem obstruir sua participação plena e efetiva na sociedade em igualdade de condições com as demais pessoas.

Art. 3º. É assegurada a concessão de aposentadoria pelo RGPS ao segurado com deficiência, observadas as seguintes condições:

I – aos 25 (vinte e cinco) anos de tempo de contribuição, se homem, e 20 (vinte) anos, se mulher, no caso de segurado com deficiência grave;

II – aos 29 (vinte e nove) anos de tempo de contribuição, se homem, e 24 (vinte e quatro) anos, se mulher, no caso de segurado com deficiência moderada;

III – aos 33 (trinta e três) anos de tempo de contribuição, se homem, e 28 (vinte e oito) anos, se mulher, no caso de segurado com deficiência leve; ou

IV – aos 60 (sessenta) anos de idade, se homem, e 55 (cinquenta e cinco) anos de idade, se mulher, independentemente do grau de deficiência, desde que cumprido tempo mínimo de contribuição de 15 (quinze) anos e comprovada a existência de deficiência durante igual período.

Parágrafo único. Regulamento do Poder Executivo definirá as deficiências grave, moderada e leve para os fins desta Lei Complementar.

Art. 4º. A avaliação da deficiência será médica e funcional, nos termos do Regulamento.

Art. 5º. O grau de deficiência será atestado por perícia própria do Instituto Nacional do Seguro Social – INSS, por meio de instrumentos desenvolvidos para esse fim.

Art. 6º. A contagem de tempo de contribuição na condição de segurado com deficiência será objeto de comprovação, exclusivamente, na forma desta Lei Complementar.

§ 1º. A existência de deficiência anterior à data da vigência desta Lei Complementar deverá ser certificada, inclusive quanto ao seu grau, por ocasião da primeira avaliação, sendo obrigatória a fixação da data provável do início da deficiência.

§ 2º. A comprovação de tempo de contribuição na condição de segurado com deficiência em período anterior à entrada em vigor desta Lei Complementar não será admitida por meio de prova exclusivamente testemunhal.

Art. 7º. Se o segurado, após a filiação ao RGPS, tornar-se pessoa com deficiência, ou tiver seu grau de deficiência alterado, os parâmetros mencionados no art. 3º serão proporcionalmente ajustados, considerando-se o número de anos em que o segurado exerceu atividade laboral sem deficiência e com deficiência, observado o grau de deficiência correspondente, nos termos do regulamento a que se refere o parágrafo único do art. 3º desta Lei Complementar.

Art. 8º. A renda mensal da aposentadoria devida ao segurado com deficiência será calculada aplicando-se sobre o salário de benefício, apurado em conformidade com o disposto no art. 29 da Lei nº 8.213, de 24 de julho de 1991, os seguintes percentuais:

I – 100% (cem por cento), no caso da aposentadoria de que tratam os incisos I, II e III do art. 3º; ou

II – 70% (setenta por cento) mais 1% (um por cento) do salário de benefício por grupo de 12 (doze) contribuições mensais até o máximo de 30% (trinta por cento), no caso de aposentadoria por idade.

Art. 9º. Aplicam-se à pessoa com deficiência de que trata esta Lei Complementar:

I – o fator previdenciário nas aposentadorias, se resultar em renda mensal de valor mais elevado;

II – a contagem recíproca do tempo de contribuição na condição de segurado com deficiência relativa à filiação ao RGPS, ao regime próprio de previdência do servidor público ou a regime de previdência militar, devendo os regimes compensar-se financeiramente;

III – as regras de pagamento e de recolhimento das contribuições previdenciárias contidas na Lei nº 8.212, de 24 de julho de 1991;

IV – as demais normas relativas aos benefícios do RGPS;

V – a percepção de qualquer outra espécie de aposentadoria estabelecida na Lei nº 8.213, de 24 de julho de 1991, que lhe seja mais vantajosa do que as opções apresentadas nesta Lei Complementar.

Art. 10. A redução do tempo de contribuição prevista nesta Lei Complementar não poderá ser acumulada, no tocante ao mesmo período contributivo, com a redução assegurada aos casos de atividades exercidas sob condições especiais que prejudiquem a saúde ou a integridade física.

Art. 11. Esta Lei Complementar entra em vigor após decorridos 6 (seis) meses de sua publicação oficial.

Brasília, 8 de maio de 2013; 192º da Independência e 125º da República.

DILMA ROUSSEFF

Publicado no D.O.U. 9.5.2013

LEI Nº 12.815, DE 5 DE JUNHO DE 2013

Dispõe sobre a exploração direta e indireta pela União de portos e instalações portuárias e sobre as atividades desempenhadas pelos operadores portuários; altera as Leis nºs 5.025, de 10 de junho de 1966, 10.233, de 5 de junho de 2001, 10.683, de 28 de maio de 2003, 9.719, de 27 de novembro de 1998, e 8.213, de 24 de julho de 1991; revoga as Leis nºs 8.630, de 25 de fevereiro de 1993, e 11.610, de 12 de dezembro de 2007, e dispositivos das Leis nºs 11.314, de 3 de julho de 2006, e 11.518, de 5 de setembro de 2007; e dá outras providências.

- *Trabalho portuário*

A Presidenta da República Faço saber que o Congresso Nacional decreta e eu sanciono a seguinte Lei:

CAPÍTULO I
DEFINIÇÕES E OBJETIVOS

Art. 1º Esta Lei regula a exploração pela União, direta ou indiretamente, dos portos e instalações portuárias e as atividades desempenhadas pelos operadores portuários.

§ 1º A exploração indireta do porto organizado e das instalações portuárias nele localizadas ocorrerá mediante concessão e arrendamento de bem público.

§ 2º A exploração indireta das instalações portuárias localizadas fora da área do porto organizado ocorrerá mediante autorização, nos termos desta Lei.

§ 3º As concessões, os arrendamentos e as autorizações de que trata esta Lei serão outorgados a pessoa jurídica que demonstre capacidade para seu desempenho, por sua conta e risco.

Art. 2º Para os fins desta Lei, consideram-se:

I – porto organizado: bem público construído e aparelhado para atender a necessidades de navegação, de movimentação de passageiros ou de movimentação e armazenagem de mercadorias, e cujo tráfego e operações portuárias estejam sob jurisdição de autoridade portuária;

II – área do porto organizado: área delimitada por ato do Poder Executivo que compreende as instalações portuárias e a infraestrutura de proteção e de acesso ao porto organizado;

III – instalação portuária: instalação localizada dentro ou fora da área do porto organizado e utilizada em movimentação de passageiros, em movimentação ou armazenagem de mercadorias, destinadas ou provenientes de transporte aquaviário;

IV – terminal de uso privado: instalação portuária explorada mediante autorização e localizada fora da área do porto organizado;

V – estação de transbordo de cargas: instalação portuária explorada mediante autorização, localizada fora da área do porto organizado e utilizada exclusivamente para operação de transbordo de mercadorias em embarcações de navegação interior ou cabotagem;

VI – instalação portuária pública de pequeno porte: instalação portuária explorada mediante autorização, localizada fora do porto organizado e utilizada em movimentação de passageiros ou mercadorias em embarcações de navegação interior;

VII – instalação portuária de turismo: instalação portuária explorada mediante arrendamento ou autorização e utilizada em embarque, desembarque e trânsito de passageiros, tripulantes e bagagens, e de insumos para o provimento e abastecimento de embarcações de turismo;

VIII – (VETADO):

a) a c) (VETADOS)

IX – concessão: cessão onerosa do porto organizado, com vistas à administração e à exploração de sua infraestrutura por prazo determinado;

X – delegação: transferência, mediante convênio, da administração e da exploração do porto organizado para Municípios ou Estados, ou a consórcio público, nos termos da Lei nº 9.277, de 10 de maio de 1996;

XI – arrendamento: cessão onerosa de área e infraestrutura públicas localizadas dentro do porto organizado, para exploração por prazo determinado;

XII – autorização: outorga de direito à exploração de instalação portuária localizada fora da área do porto organizado e formalizada mediante contrato de adesão; e

XIII – operador portuário: pessoa jurídica pré-qualificada para exercer as atividades de movimentação de passageiros ou movimentação e armazenagem de mercadorias, destinadas ou provenientes de transporte aquaviário, dentro da área do porto organizado.

Art. 3º A exploração dos portos organizados e instalações portuárias, com o objetivo de aumentar a competitividade e o desenvolvimento do País, deve seguir as seguintes diretrizes:

I – expansão, modernização e otimização da infraestrutura e da superestrutura que integram os portos organizados e instalações portuárias;

II – garantia da modicidade e da publicidade das tarifas e preços praticados no setor, da qualidade da atividade prestada e da efetividade dos direitos dos usuários;

III – estímulo à modernização e ao aprimoramento da gestão dos portos organizados e instalações portuárias, à valorização e à qualificação da mão de obra portuária e à eficiência das atividades prestadas;

IV – promoção da segurança da navegação na entrada e na saída das embarcações dos portos; (Redação dada pela Lei 14.047/2020)

V – estímulo à concorrência, por meio do incentivo à participação do setor privado e da garantia de amplo acesso aos portos organizados, às instalações e às atividades portuárias; e (Redação dada pela Lei 14.047/2020)

VI – liberdade de preços nas operações portuárias, reprimidos qualquer prática prejudicial à competição e o abuso do poder econômico. (Acrescido pela Lei 14.047/2020)

CAPÍTULO II
DA CONCESSÃO DE PORTO ORGANIZADO, DO ARRENDAMENTO E DO USO TEMPORÁRIO DE INSTALAÇÃO PORTUÁRIA

▸ (Denominação do capítulo com redação dada pela Lei 14.047/2020)

SEÇÃO I
DA CONCESSÃO DE PORTO ORGANIZADO E DO ARRENDAMENTO DE INSTALAÇÃO PORTUÁRIA

SUBSEÇÃO I
DA CONCESSÃO DE PORTO ORGANIZADO

▸ (Subseção acrescida pela Lei nº 14.047/2020)

Art. 4º A concessão de bem público destinado à exploração do porto organizado será realizada mediante a celebração de contrato, sempre precedida de licitação, em conformidade com o disposto nesta Lei e no seu regulamento. (Redação dada pela Lei 14.047/2020)

Art. 5º São essenciais aos contratos de concessão as cláusulas relativas: (Redação dada pela Lei 14.047/2020)

I – ao objeto, à área e ao prazo;

II – ao modo, forma e condições da exploração do porto organizado ou instalação portuária;

III – aos critérios, indicadores, fórmulas e parâmetros definidores da qualidade da atividade prestada, assim como às metas e prazos para o alcance de determinados níveis de serviço;

IV – ao valor do contrato, às tarifas praticadas e aos critérios e procedimentos de revisão e reajuste;

V – aos investimentos de responsabilidade do contratado;

VI – aos direitos e deveres dos usuários, com as obrigações correlatas do contratado e as sanções respectivas;

VII – às responsabilidades das partes;

VIII – à reversão de bens;

IX – aos direitos, garantias e obrigações do contratante e do contratado, inclusive os relacionados a necessidades futuras de suplementação, alteração e expansão da atividade e consequente modernização, aperfeiçoamento e ampliação das instalações;

X – à forma de fiscalização das instalações, dos equipamentos e dos métodos e práticas de execução das atividades, bem como à indicação dos órgãos ou entidades competentes para exercê-las;

XI – às garantias para adequada execução do contrato;

XII – à responsabilidade do titular da instalação portuária pela inexecução ou deficiente execução das atividades;

XIII – às hipóteses de extinção do contrato;

XIV – à obrigatoriedade da prestação de informações de interesse do poder concedente, da Agência Nacional de Transportes Aquaviários – ANTAQ e das demais autoridades que atuam no setor portuário, inclusive as de interesse específico da Defesa Nacional, para efeitos de mobilização;

XV – à adoção e ao cumprimento das medidas de fiscalização aduaneira de mercadorias, veículos e pessoas;

XVI – ao acesso ao porto organizado ou à instalação portuária pelo poder concedente, pela Antaq e pelas demais autoridades que atuam no setor portuário;

XVII – às penalidades e sua forma de aplicação; e

XVIII – ao foro.

§ 1º (VETADO).

§ 2º Findo o prazo dos contratos, os bens vinculados à concessão ou ao arrendamento reverterão ao patrimônio da União, na forma prevista no contrato.

Art. 5º-A. Os contratos celebrados entre a concessionária e terceiros, inclusive os que tenham por objeto a exploração das instalações portuárias, serão regidos pelas normas de direito privado, não se estabelecendo qualquer relação jurídica entre os terceiros e o poder concedente, sem prejuízo das atividades regulatória e fiscalizatória da Antaq. (Artigo acrescido pela Lei nº 14.047/2020)

SUBSEÇÃO II
DO ARRENDAMENTO DE INSTALAÇÃO PORTUÁRIA

▸ (Subseção acrescida pela Lei 14.047/2020)

Art. 5º-B. O arrendamento de bem público destinado à atividade portuária será realizado mediante a celebração de contrato, precedida de licitação, em conformidade com o disposto nesta Lei e no seu regulamento. (Acrescido pela Lei 14.047/2020)

Parágrafo único. Poderá ser dispensada a realização da licitação de área no porto organizado, nos termos do regulamento, quando for comprovada a existência de um único interessado em sua exploração e estiverem presentes os seguintes requisitos:

I - realização de chamamento público pela autoridade portuária com vistas a identificar interessados na exploração econômica da área; e

II - conformidade com o plano de desenvolvimento e zoneamento do porto.

Art. 5º-C. São essenciais aos contratos de arrendamento as cláusulas relativas: (Acrescido pela Lei 14.047/2020)

I - ao objeto, à área e ao prazo;

II - ao modo, à forma e às condições da exploração da instalação portuária;

III - ao valor do contrato e aos critérios e procedimentos de revisão e reajuste;

IV - aos investimentos de responsabilidade do contratado;

V - às responsabilidades das partes;

VI - aos direitos, às garantias e às obrigações do contratante e do contratado;

VII - à responsabilidade do titular da instalação portuária pela inexecução ou deficiente execução das atividades;

VIII - às hipóteses de extinção do contrato;

IX - à obrigatoriedade da prestação de informações de interesse do poder concedente, da Antaq e das demais autoridades que atuam no setor portuário, inclusive as de interesse específico da defesa nacional, para efeitos de mobilização;

X - ao acesso à instalação portuária pelo poder concedente, pela Antaq e pelas demais autoridades que atuam no setor portuário;

XI - às penalidades e sua forma de aplicação; e

XII - ao foro.

SUBSEÇÃO III
DO USO TEMPORÁRIO E DAS LICITAÇÕES

▸ (Subseção acrescida pela Lei 14.047/2020)

Art. 5º-D. A administração do porto organizado poderá pactuar com o interessado na movimentação de cargas com mercado não consolidado o uso temporário de áreas e instalações portuárias localizadas na poligonal do porto organizado, dispensada a realização de licitação. (Acrescido pela Lei 14.047/2020)

§ 1º O contrato de uso temporário terá o prazo improrrogável de até 48 (quarenta e oito) meses.

§ 2º Na hipótese de haver mais de um interessado na utilização de áreas e instalações portuárias e inexistir disponibilidade física para alocar todos os interessados concomitantemente, a administração do porto organizado promoverá processo seletivo simplificado para a escolha do projeto que melhor atenda ao interesse público e do porto, assegurados os princípios da isonomia e da impessoalidade na realização do certame.

§ 3º Os investimentos vinculados ao contrato de uso temporário ocorrerão exclusivamente a expensas do interessado, sem direito a indenização de qualquer natureza.

§ 4º Após 24 (vinte e quatro) meses de eficácia do uso temporário da área e da instalação portuária, ou, em prazo inferior, por solicitação do contratado, e verificada a viabilidade do uso da área e da instalação, a administração do porto organizado adotará as medidas necessárias ao encaminhamento de proposta de licitação da área e das instalações existentes.

§ 5º Decreto regulamentador disporá sobre os termos, os procedimentos e as condições para o uso temporário de áreas e instalações portuárias localizadas na poligonal do porto organizado.

Art. 6º Nas licitações dos contratos de concessão e arrendamento, serão considerados como critérios para julgamento, de forma isolada ou combinada, a maior capacidade de movimentação, a menor tarifa ou o menor tempo de movimentação de carga, e outros estabelecidos no edital, na forma do regulamento.

§ 1º As licitações de que trata este artigo poderão ser realizadas na modalidade leilão, conforme regulamento.

§ 2º Compete à Antaq, com base nas diretrizes do poder concedente, realizar os procedimentos licitatórios de que trata este artigo.

§ 3º Os editais das licitações de que trata este artigo serão elaborados pela Antaq, observadas as diretrizes do poder concedente.

§ 4º (VETADO).

§ 5º Sem prejuízo das diretrizes previstas no art. 3º, o poder concedente poderá determinar a transferência das competências de elaboração do edital e a realização dos procedimentos licitatórios de que trata este artigo à Administração do Porto, delegado ou não.

§ 6º O poder concedente poderá autorizar, mediante requerimento do arrendatário, na forma do regulamento, expansão da área arrendada para área contígua dentro da poligonal do porto organizado, sempre que a medida trouxer comprovadamente eficiência na operação portuária.

Art. 7º A Antaq poderá disciplinar a utilização em caráter excepcional, por qualquer interessado, de instalações portuárias arrendadas ou exploradas pela concessionária, assegurada a remuneração adequada ao titular do contrato.

SEÇÃO II
DA AUTORIZAÇÃO DE INSTALAÇÕES PORTUÁRIAS

Art. 8º Serão exploradas mediante autorização, precedida de chamada ou anúncio públicos e, quando for o caso, processo seletivo público, as instalações portuárias localizadas fora da área do porto organizado, compreendendo as seguintes modalidades:

I – terminal de uso privado;

II – estação de transbordo de carga;

III – instalação portuária pública de pequeno porte;

IV – instalação portuária de turismo;

V – (VETADO).

§ 1º A autorização será formalizada por meio de contrato de adesão, que conterá as cláusulas essenciais previstas no *caput* do art. 5º-C desta Lei, com exceção da cláusula prevista em seu inciso III. (Redação dada pela Lei 14.047/2020)

§ 2º A autorização de instalação portuária terá prazo de até 25 (vinte e cinco) anos, prorrogável por períodos sucessivos, desde que:

I – a atividade portuária seja mantida; e

II – o autorizatário promova os investimentos necessários para a expansão e modernização das instalações portuárias, na forma do regulamento.

§ 3º A Antaq adotará as medidas para assegurar o cumprimento dos cronogramas de investimento previstos nas autorizações e poderá exigir garantias ou aplicar sanções, inclusive a cassação da autorização.

§ 4º (VETADO).

Art. 9º Os interessados em obter a autorização de instalação portuária poderão requerê-la à Antaq a qualquer tempo, na forma do regulamento.

§ 1º Recebido o requerimento de autorização de instalação portuária, a Antaq deverá:

I – publicar o extrato do requerimento, inclusive na internet; e

II – promover a abertura de processo de anúncio público, com prazo de 30 (trinta) dias, para identificar a existência de outros interessados na obtenção de autorização de instalação portuária na mesma região e com características semelhantes.

§ 2º (VETADO).

§ 3º (VETADO).

Art. 10. O poder concedente poderá determinar à Antaq, a qualquer momento e em consonância com as diretrizes do planejamento e das políticas do setor portuário, a abertura de processo de chamada pública para identificar a existência de interessados na obtenção de autorização de instalação portuária, na forma do regulamento e observado o prazo previsto no inciso II do § 1º do art. 9º.

Art. 11. O instrumento da abertura de chamada ou anúncio público indicará obrigatoriamente os seguintes parâmetros:

I – a região geográfica na qual será implantada a instalação portuária;

II – o perfil das cargas a serem movimentadas; e

III – a estimativa do volume de cargas ou de passageiros a ser movimentado nas instalações portuárias.

Parágrafo único. O interessado em autorização de instalação portuária deverá apresentar título de propriedade, inscrição de ocupação, certidão de aforamento, cessão de direito real ou outro instrumento jurídico que assegure o direito de uso e fruição do respectivo terreno, além de outros documentos previstos no instrumento de abertura.

Art. 12. Encerrado o processo de chamada ou anúncio público, o poder concedente deverá analisar a viabilidade locacional das propostas e sua adequação às diretrizes do planejamento e das políticas do setor portuário.

§ 1º Observado o disposto no regulamento, poderão ser expedidas diretamente as autorizações de instalação portuária quando:

I – o processo de chamada ou anúncio público seja concluído com a participação de um único interessado; ou

II – havendo mais de uma proposta, não haja impedimento locacional à implantação de todas elas de maneira concomitante.

§ 2º Havendo mais de uma proposta e impedimento locacional que inviabilize sua implantação de maneira concomitante, a Antaq deverá promover processo seletivo público, observados os princípios da legalidade, impessoalidade, moralidade, publicidade e eficiência.

§ 3º O processo seletivo público de que trata o § 2º atenderá ao disposto no regulamento e considerará como critério de julgamento, de forma isolada ou combinada, a maior capacidade de movimentação, a menor tarifa ou o menor tempo de movimentação de carga, e outros estabelecidos no edital.

§ 4º Em qualquer caso, somente poderão ser autorizadas as instalações portuárias compatíveis com as diretrizes do planejamento e das políticas do setor portuário, na forma do *caput*.

Art. 13. A Antaq poderá disciplinar as condições de acesso, por qualquer interessado, em caráter excepcional, às instalações portuárias autorizadas, assegurada remuneração adequada ao titular da autorização.

SEÇÃO III
DOS REQUISITOS PARA A INSTALAÇÃO DOS PORTOS E INSTALAÇÕES PORTUÁRIAS

Art. 14. A celebração do contrato de concessão ou arrendamento e a expedição de autorização serão precedidas de:

I – consulta à autoridade aduaneira;

II – consulta ao respectivo poder público municipal; e

III – emissão, pelo órgão licenciador, do termo de referência para os estudos ambientais com vistas ao licenciamento.

SEÇÃO IV
DA DEFINIÇÃO DA ÁREA DE PORTO ORGANIZADO

Art. 15. Ato do Presidente da República disporá sobre a definição da área dos portos organizados, a partir de proposta da Secretaria de Portos da Presidência da República.

Parágrafo único. A delimitação da área deverá considerar a adequação dos acessos marítimos e terrestres, os ganhos de eficiência e competitividade decorrente da escala das operações e as instalações portuárias já existentes.

CAPÍTULO III
DO PODER CONCEDENTE

Art. 16. Ao poder concedente compete:

I – elaborar o planejamento setorial em conformidade com as políticas e diretrizes de logística integrada;

II – definir as diretrizes para a realização dos procedimentos licitatórios, das chamadas públicas e dos processos seletivos de que trata esta Lei, inclusive para os respectivos editais e instrumentos convocatórios;

III – celebrar os contratos de concessão e arrendamento e expedir as autorizações de instalação portuária, devendo a Antaq fiscalizá-los em conformidade com o disposto na Lei nº 10.233, de 5 de junho de 2001; e

IV – estabelecer as normas, os critérios e os procedimentos para a pré-qualificação dos operadores portuários.

§ 1º Para os fins do disposto nesta Lei, o poder concedente poderá celebrar convênios ou instrumentos congêneres de cooperação técnica e administrativa com órgãos e entidades da administração pública federal, dos Estados, do Distrito Federal e dos Municípios, inclusive com repasse de recursos.

§ 2º No exercício da competência prevista no inciso II do *caput*, o poder concedente deverá ouvir previamente a Agência Nacional do Petróleo, Gás Natural e Biocombustíveis sempre que a licitação, a chamada pública ou o processo seletivo envolver instalações portuárias voltadas à movimentação de petróleo, gás natural, seus derivados e biocombustíveis.

CAPÍTULO IV
DA ADMINISTRAÇÃO DO PORTO ORGANIZADO

SEÇÃO I
DAS COMPETÊNCIAS

Art. 17. A administração do porto é exercida diretamente pela União, pela delegatária ou pela entidade concessionária do porto organizado.

§ 1º Compete à administração do porto organizado, denominada autoridade portuária:

I – cumprir e fazer cumprir as leis, os regulamentos e os contratos de concessão;

II – assegurar o gozo das vantagens decorrentes do melhoramento e aparelhamento do porto ao comércio e à navegação;

III – pré-qualificar os operadores portuários, de acordo com as normas estabelecidas pelo poder concedente;

IV – arrecadar os valores das tarifas relativas às suas atividades;

V – fiscalizar ou executar as obras de construção, reforma, ampliação, melhoramento e conservação das instalações portuárias;

VI – fiscalizar a operação portuária, zelando pela realização das atividades com regularidade, eficiência, segurança e respeito ao meio ambiente;

VII – promover a remoção de embarcações ou cascos de embarcações que possam prejudicar o acesso ao porto;

VIII – autorizar a entrada e saída, inclusive atracação e desatracação, o fundeio e o tráfego de embarcação na área do porto, ouvidas as demais autoridades do porto;

IX – autorizar a movimentação de carga das embarcações, ressalvada a competência da autoridade marítima em situações de assistência e salvamento de embarcação, ouvidas as demais autoridades do porto;

X – suspender operações portuárias que prejudiquem o funcionamento do porto, ressalvados os aspectos de interesse da autoridade marítima responsável pela segurança do tráfego aquaviário;

XI – reportar infrações e representar perante a Antaq, visando à instauração de processo administrativo e aplicação das penalidades previstas em lei, em regulamento e nos contratos;

XII – adotar as medidas solicitadas pelas demais autoridades no porto;

XIII – prestar apoio técnico e administrativo ao conselho de autoridade portuária e ao órgão de gestão de mão de obra;

XIV – estabelecer o horário de funcionamento do porto, observadas as diretrizes da Secretaria de Portos da Presidência da República, e as jornadas de trabalho no cais de uso público; e

XV – organizar a guarda portuária, em conformidade com a regulamentação expedida pelo poder concedente.

- Vide Portaria 350/2014 do SEPPR (Regulamenta o art. 17, § 1º, XV, da Lei 12.815/2013).

§ 2º A autoridade portuária elaborará e submeterá à aprovação da Secretaria de Portos da Presidência da República o respectivo Plano de Desenvolvimento e Zoneamento do Porto.

§ 3º O disposto nos incisos IX e X do § 1º não se aplica à embarcação militar que não esteja praticando comércio.

§ 4º A autoridade marítima responsável pela segurança do tráfego pode intervir para assegurar aos navios da Marinha do Brasil a prioridade para atracação no porto.

§ 5º (VETADO).

Art. 18. Dentro dos limites da área do porto organizado, compete à administração do porto:

I – sob coordenação da autoridade marítima:

a) estabelecer, manter e operar o balizamento do canal de acesso e da bacia de evolução do porto;

b) delimitar as áreas de fundeadouro, de fundeio para carga e descarga, de inspeção sanitária e de polícia marítima;

c) delimitar as áreas destinadas a navios de guerra e submarinos, plataformas e demais embarcações especiais, navios em reparo ou aguardando atracação e navios com cargas inflamáveis ou explosivas;

d) estabelecer e divulgar o calado máximo de operação dos navios, em função dos levantamentos batimétricos efetuados sob sua responsabilidade; e

e) estabelecer e divulgar o porte bruto máximo e as dimensões máximas dos navios que trafegarão, em função das limitações e características físicas do cais do porto;

II – sob coordenação da autoridade aduaneira:

a) delimitar a área de alfandegamento; e

b) organizar e sinalizar os fluxos de mercadorias, veículos, unidades de cargas e de pessoas.

Art. 19. A administração do porto poderá, a critério do poder concedente, explorar direta ou indiretamente áreas não afetas às operações portuárias, observado o disposto no respectivo Plano de Desenvolvimento e Zoneamento do Porto.

Parágrafo único. O disposto no *caput* não afasta a aplicação das normas de licitação e contratação pública quando a administração do porto for exercida por órgão ou entidade sob controle estatal.

Art. 20. Será instituído em cada porto organizado um conselho de autoridade portuária, órgão consultivo da administração do porto.

§ 1º O regulamento disporá sobre as atribuições, o funcionamento e a composição dos conselhos de autoridade portuária, assegurada a participação de representantes da classe empresarial, dos trabalhadores portuários e do poder público.

§ 2º A representação da classe empresarial e dos trabalhadores no conselho a que alude o *caput* será paritária.

§ 3º A distribuição das vagas no conselho a que alude o *caput* observará a seguinte proporção:

I – 50% (cinquenta por cento) de representantes do poder público;

II – 25% (vinte e cinco por cento) de representantes da classe empresarial; e

III – 25% (vinte e cinco por cento) de representantes da classe trabalhadora.

Art. 21. Fica assegurada a participação de um representante da classe empresarial e outro da classe trabalhadora no conselho de administração ou órgão equivalente da administração do porto, quando se tratar de entidade sob controle estatal, na forma do regulamento.

Parágrafo único. A indicação dos representantes das classes empresarial e trabalhadora a que alude o *caput* será feita pelos respectivos representantes no conselho de autoridade portuária.

Art. 22. A Secretaria de Portos da Presidência da República coordenará a atuação integrada dos órgãos e entidades públicos nos portos organizados e instalações portuárias, com a finalidade de garantir a eficiência e a qualidade de suas atividades, nos termos do regulamento.

SEÇÃO II
DA ADMINISTRAÇÃO ADUANEIRA NOS PORTOS ORGANIZADOS E NAS INSTALAÇÕES PORTUÁRIAS ALFANDEGADAS

Art. 23. A entrada ou a saída de mercadorias procedentes do exterior ou a ele destinadas somente poderá efetuar-se em portos ou instalações portuárias alfandegados.

Parágrafo único. O alfandegamento de portos organizados e instalações portuárias destinados à movimentação e armazenagem de mercadorias importadas ou à exportação será efetuado após cumpridos os requisitos previstos na legislação específica.

Art. 24. Compete ao Ministério da Fazenda, por intermédio das repartições aduaneiras:

I – cumprir e fazer cumprir a legislação que regula a entrada, a permanência e a saída de quaisquer bens ou mercadorias do País;

II – fiscalizar a entrada, a permanência, a movimentação e a saída de pessoas, veículos, unidades de carga e mercadorias, sem prejuízo das atribuições das outras autoridades no porto;

III – exercer a vigilância aduaneira e reprimir o contrabando e o descaminho, sem prejuízo das atribuições de outros órgãos;

IV – arrecadar os tributos incidentes sobre o comércio exterior;

V – proceder ao despacho aduaneiro na importação e na exportação;

VI – proceder à apreensão de mercadoria em situação irregular, nos termos da legislação fiscal;

VII – autorizar a remoção de mercadorias da área portuária para outros locais, alfandegados ou não, nos casos e na forma prevista na legislação aduaneira;

VIII – administrar a aplicação de regimes suspensivos, exonerativos ou devolutivos de tributos às mercadorias importadas ou a exportar;

IX – assegurar o cumprimento de tratados, acordos ou convenções internacionais no plano aduaneiro; e

X – zelar pela observância da legislação aduaneira e pela defesa dos interesses fazendários nacionais.

§ 1º No exercício de suas atribuições, a autoridade aduaneira terá livre acesso a quaisquer dependências do porto ou instalação portuária, às embarcações atracadas ou não e aos locais onde se encontrem mercadorias procedentes do exterior ou a ele destinadas.

§ 2º No exercício de suas atribuições, a autoridade aduaneira poderá, sempre que julgar necessário, requisitar documentos e informações e o apoio de força pública federal, estadual ou municipal.

CAPÍTULO V
DA OPERAÇÃO PORTUÁRIA

Art. 25. A pré-qualificação do operador portuário será efetuada perante a administração do porto, conforme normas estabelecidas pelo poder concedente.

§ 1º As normas de pré-qualificação devem obedecer aos princípios da legalidade, impessoalidade, moralidade, publicidade e eficiência.

§ 2º A administração do porto terá prazo de 30 (trinta) dias, contado do pedido do interessado, para decidir sobre a pré-qualificação.

§ 3º Em caso de indeferimento do pedido mencionado no § 2º, caberá recurso, no prazo de 15 (quinze) dias, dirigido à Secretaria de Portos da Presidência da República, que deverá apreciá-lo no prazo de 30 (trinta) dias, nos termos do regulamento.

§ 4º Considera-se pré-qualificada como operador portuário a administração do porto.

Art. 26. O operador portuário responderá perante:

I – a administração do porto pelos danos culposamente causados à infraestrutura, às instalações e ao equipamento de que a administração do porto seja titular, que se encontre a seu serviço ou sob sua guarda;

II – o proprietário ou consignatário da mercadoria pelas perdas e danos que ocorrerem durante as operações que realizar ou em decorrência delas;

III – o armador pelas avarias ocorridas na embarcação ou na mercadoria dada a transporte;

IV – o trabalhador portuário pela remuneração dos serviços prestados e respectivos encargos;

V – o órgão local de gestão de mão de obra do trabalho avulso pelas contribuições não recolhidas;

VI – os órgãos competentes pelo recolhimento dos tributos incidentes sobre o trabalho portuário avulso; e

VII – a autoridade aduaneira pelas mercadorias sujeitas a controle aduaneiro, no período em que lhe estejam confiadas ou quando tenha controle ou uso exclusivo de área onde se encontrem depositadas ou devam transitar.

Parágrafo único. Compete à administração do porto responder pelas mercadorias a que se referem os incisos II e VII do *caput* quando estiverem em área por ela controlada e após o seu recebimento, conforme definido pelo regulamento de exploração do porto.

Art. 27. As atividades do operador portuário estão sujeitas às normas estabelecidas pela Antaq.

§ 1º O operador portuário é titular e responsável pela coordenação das operações portuárias que efetuar.

§ 2º A atividade de movimentação de carga a bordo da embarcação deve ser executada de acordo com a instrução de seu comandante ou de seus prepostos, responsáveis pela segurança da embarcação nas atividades de arrumação ou retirada da carga, quanto à segurança da embarcação.

Art. 28. É dispensável a intervenção de operadores portuários em operações:

I – que, por seus métodos de manipulação, suas características de automação ou mecanização, não requeiram a utilização de mão de obra ou possam ser executadas exclusivamente pela tripulação das embarcações;

II – de embarcações empregadas:

a) em obras de serviços públicos nas vias aquáticas do País, executadas direta ou indiretamente pelo poder público;

b) no transporte de gêneros de pequena lavoura e da pesca, para abastecer mercados de âmbito municipal;

c) na navegação interior e auxiliar;

d) no transporte de mercadorias líquidas a granel; e

e) no transporte de mercadorias sólidas a granel, quando a carga ou descarga for feita por aparelhos mecânicos automáticos, salvo quanto às atividades de rechego;

III – relativas à movimentação de:

a) cargas em área sob controle militar, quando realizadas por pessoal militar ou vinculado a organização militar;

b) materiais por estaleiros de construção e reparação naval; e

c) peças sobressalentes, material de bordo, mantimentos e abastecimento de embarcações; e

IV – relativas ao abastecimento de aguada, combustíveis e lubrificantes para a navegação.

Parágrafo único. (VETADO).

Art. 29. As cooperativas formadas por trabalhadores portuários avulsos, registrados de acordo com esta Lei, poderão estabelecer-se como operadores portuários.

Art. 30. A operação portuária em instalações localizadas fora da área do porto organizado será disciplinada pelo titular da respectiva autorização, observadas as normas estabelecidas pelas autoridades marítima, aduaneira, sanitária, de saúde e de polícia marítima.

Art. 31. O disposto nesta Lei não prejudica a aplicação das demais normas referentes ao transporte marítimo, inclusive as decorrentes de convenções internacionais ratificadas, enquanto vincularem internacionalmente o País.

CAPÍTULO VI
DO TRABALHO PORTUÁRIO

Art. 32. Os operadores portuários devem constituir em cada porto organizado um órgão de gestão de mão de obra do trabalho portuário, destinado a:

I – administrar o fornecimento da mão de obra do trabalhador portuário e do trabalhador portuário avulso;

II – manter, com exclusividade, o cadastro do trabalhador portuário e o registro do trabalhador portuário avulso;

III – treinar e habilitar profissionalmente o trabalhador portuário, inscrevendo-o no cadastro;

IV – selecionar e registrar o trabalhador portuário avulso;

V – estabelecer o número de vagas, a forma e a periodicidade para acesso ao registro do trabalhador portuário avulso;

VI – expedir os documentos de identificação do trabalhador portuário; e

VII – arrecadar e repassar aos beneficiários os valores devidos pelos operadores portuários relativos à remuneração do trabalhador portuário avulso e aos correspondentes encargos fiscais, sociais e previdenciários.

Parágrafo único. Caso celebrado contrato, acordo ou convenção coletiva de trabalho entre trabalhadores e tomadores de serviços, o disposto no instrumento precederá o órgão gestor e dispensará sua intervenção nas relações entre capital e trabalho no porto.

Art. 33. Compete ao órgão de gestão de mão de obra do trabalho portuário avulso:

I – aplicar, quando couber, normas disciplinares previstas em lei, contrato, convenção ou acordo coletivo de trabalho, no caso de transgressão disciplinar, as seguintes penalidades:

a) repreensão verbal ou por escrito;

b) suspensão do registro pelo período de 10 (dez) a 30 (trinta) dias; ou

c) cancelamento do registro;

II – promover:

a) a formação profissional do trabalhador portuário e do trabalhador portuário avulso, adequando-a aos modernos processos de movimentação de carga e de operação de aparelhos e equipamentos portuários;

b) o treinamento multifuncional do trabalhador portuário e do trabalhador portuário avulso; e

c) a criação de programas de realocação e de cancelamento do registro, sem ônus para o trabalhador;

III – arrecadar e repassar aos beneficiários contribuições destinadas a incentivar o cancelamento do registro e a aposentadoria voluntária;

IV – arrecadar as contribuições destinadas ao custeio do órgão;

V – zelar pelas normas de saúde, higiene e segurança no trabalho portuário avulso; e

VI – submeter à administração do porto propostas para aprimoramento da operação portuária e valorização econômica do porto.

§ 1º O órgão não responde por prejuízos causados pelos trabalhadores portuários avulsos aos tomadores dos seus serviços ou a terceiros.

§ 2º O órgão responde, solidariamente com os operadores portuários, pela remuneração devida ao trabalhador portuário avulso e pelas indenizações decorrentes de acidente de trabalho.

§ 3º O órgão pode exigir dos operadores portuários garantia prévia dos respectivos pagamentos, para atender a requisição de trabalhadores portuários avulsos.

§ 4º As matérias constantes nas alíneas *a* e *b* do inciso II deste artigo serão discutidas em fórum permanente, composto, em caráter paritário, por representantes do governo e da sociedade civil.

§ 5º A representação da sociedade civil no fórum previsto no § 4º será paritária entre trabalhadores e empresários.

Art. 34. O exercício das atribuições previstas nos arts. 32 e 33 pelo órgão de gestão de mão de obra do trabalho portuário avulso não implica vínculo empregatício com trabalhador portuário avulso.

Art. 35. O órgão de gestão de mão de obra pode ceder trabalhador portuário avulso, em caráter permanente, ao operador portuário.

Art. 36. A gestão da mão de obra do trabalho portuário avulso deve observar as normas do contrato, convenção ou acordo coletivo de trabalho.

Art. 37. Deve ser constituída, no âmbito do órgão de gestão de mão de obra, comissão paritária para solucionar litígios decorrentes da aplicação do disposto nos arts. 32, 33 e 35.

§ 1º Em caso de impasse, as partes devem recorrer à arbitragem de ofertas finais.

§ 2º Firmado o compromisso arbitral, não será admitida a desistência de qualquer das partes.

§ 3º Os árbitros devem ser escolhidos de comum acordo entre as partes, e o laudo arbitral proferido para solução da pendência constitui título executivo extrajudicial.

§ 4º As ações relativas aos créditos decorrentes da relação de trabalho avulso prescrevem em 5 (cinco) anos até o limite de 2 (dois) anos após o cancelamento do registro ou do cadastro no órgão gestor de mão de obra.

Art. 38. O órgão de gestão de mão de obra terá obrigatoriamente 1 (um) conselho de supervisão e 1 (uma) diretoria executiva.

§ 1º O conselho de supervisão será composto por 3 (três) membros titulares e seus suplentes, indicados na forma do regulamento, e terá como competência:

I – deliberar sobre a matéria contida no inciso V do *caput* do art. 32;

II – editar as normas a que se refere o art. 42; e

III – fiscalizar a gestão dos diretores, examinar, a qualquer tempo, os livros e papéis do órgão e solicitar informações sobre quaisquer atos praticados pelos diretores ou seus prepostos.

§ 2º A diretoria executiva será composta por 1 (um) ou mais diretores, designados e destituíveis na forma do regulamento, cujo prazo de gestão será de 3 (três) anos, permitida a redesignação.

§ 3º Até 1/3 (um terço) dos membros do conselho de supervisão poderá ser designado para cargos de diretores.

§ 4º No silêncio do estatuto ou contrato social, competirá a qualquer diretor a representação do órgão e a prática dos atos necessários ao seu funcionamento regular.

Art. 39. O órgão de gestão de mão de obra é reputado de utilidade pública, sendo-lhe vedado ter fins lucrativos, prestar serviços a terceiros ou exercer qualquer atividade não vinculada à gestão de mão de obra.

Art. 40. O trabalho portuário de capatazia, estiva, conferência de carga, conserto de carga, bloco e vigilância de embarcações, nos portos organizados, será realizado por trabalhadores portuários com vínculo empregatício por prazo indeterminado e por trabalhadores portuários avulsos.

§ 1º Para os fins desta Lei, consideram-se:

I – capatazia: atividade de movimentação de mercadorias nas instalações dentro do porto, compreendendo o recebimento, conferência, transporte interno, abertura de volumes para a conferência aduaneira, manipulação, arrumação e entrega, bem como o carregamento e descarga de embarcações, quando efetuados por aparelhamento portuário;

II – estiva: atividade de movimentação de mercadorias nos conveses ou nos porões das embarcações principais ou auxiliares, incluindo o transbordo, arrumação, peação e despeação, bem como o carregamento e a descarga, quando realizados com equipamentos de bordo;

III – conferência de carga: contagem de volumes, anotação de suas características, procedência ou destino, verificação do estado das mercadorias, assistência à pesagem, conferência do manifesto e demais serviços correlatos, nas operações de carregamento e descarga de embarcações;

IV – conserto de carga: reparo e restauração das embalagens de mercadorias, nas operações de carregamento e descarga de embarcações, reembalagem, marcação, remarcação, carimbagem, etiquetagem, abertura de volumes para vistoria e posterior recomposição;

V – vigilância de embarcações: atividade de fiscalização da entrada e saída de pessoas a bordo das embarcações atracadas ou fundeadas ao largo, bem como da movimentação de mercadorias nos portalós, rampas, porões, conveses, plataformas e em outros locais da embarcação; e

VI – bloco: atividade de limpeza e conservação de embarcações mercantes e de seus tanques, incluindo batimento de ferrugem, pintura, reparos de pequena monta e serviços correlatos.

§ 2º A contratação de trabalhadores portuários de capatazia, bloco, estiva, conferência de carga, conserto de carga e vigilância de embarcações com vínculo empregatício por prazo indeterminado será feita exclusivamente dentre trabalhadores portuários avulsos registrados.

§ 3º O operador portuário, nas atividades a que alude o *caput*, não poderá locar ou tomar mão de obra sob o regime de trabalho temporário de que trata a Lei nº 6.019, de 3 de janeiro de 1974.

§ 4º As categorias previstas no *caput* constituem categorias profissionais diferenciadas.

§ 5º Desde que possuam a qualificação necessária, os trabalhadores portuários avulsos registrados e cadastrados poderão desempenhar quaisquer das atividades de que trata o § 1º deste artigo, vedada a exigência de novo registro ou cadastro específico, independentemente de acordo ou convenção coletiva. (Acrescido pela Lei 14.047/2020)

Art. 41. O órgão de gestão de mão de obra:

I – organizará e manterá cadastro de trabalhadores portuários habilitados ao desempenho das atividades referidas no § 1º do art. 40; e

II – organizará e manterá o registro dos trabalhadores portuários avulsos.

§ 1º A inscrição no cadastro do trabalhador portuário dependerá exclusivamente de prévia habilitação profissional do trabalhador interessado, mediante treinamento realizado em entidade indicada pelo órgão de gestão de mão de obra.

§ 2º O ingresso no registro do trabalhador portuário avulso depende de prévia seleção e inscrição no cadastro de que trata o inciso I do ca-

put, obedecidas a disponibilidade de vagas e a ordem cronológica de inscrição no cadastro.

§ 3º A inscrição no cadastro e o registro do trabalhador portuário extinguem-se por morte ou cancelamento.

Art. 42. A seleção e o registro do trabalhador portuário avulso serão feitos pelo órgão de gestão de mão de obra avulsa, de acordo com as normas estabelecidas em contrato, convenção ou acordo coletivo de trabalho.

Art. 43. A remuneração, a definição das funções, a composição dos ternos, a multifuncionalidade e as demais condições do trabalho avulso serão objeto de negociação entre as entidades representativas dos trabalhadores portuários avulsos e dos operadores portuários.

Parágrafo único. A negociação prevista no *caput* contemplará a garantia de renda mínima inserida no item 2 do Artigo 2 da Convenção nº 137 da Organização Internacional do Trabalho – OIT.

Art. 44. É facultada aos titulares de instalações portuárias sujeitas a regime de autorização a contratação de trabalhadores a prazo indeterminado, observado o disposto no contrato, convenção ou acordo coletivo de trabalho.

Art. 45. (VETADO).

CAPÍTULO VII
DAS INFRAÇÕES E PENALIDADES

Art. 46. Constitui infração toda ação ou omissão, voluntária ou involuntária, que importe em:

I – realização de operações portuárias com infringência ao disposto nesta Lei ou com inobservância dos regulamentos do porto;

II – recusa injustificada, por parte do órgão de gestão de mão de obra, da distribuição de trabalhadores a qualquer operador portuário; ou

III – utilização de terrenos, área, equipamentos e instalações portuárias, dentro ou fora do porto organizado, com desvio de finalidade ou com desrespeito à lei ou aos regulamentos.

Parágrafo único. Responde pela infração, conjunta ou isoladamente, qualquer pessoa física ou jurídica que, intervindo na operação portuária, concorra para sua prática ou dela se beneficie.

Art. 47. As infrações estão sujeitas às seguintes penas, aplicáveis separada ou cumulativamente, de acordo com a gravidade da falta:

I – advertência;

II – multa;

III – proibição de ingresso na área do porto por período de 30 (trinta) a 180 (cento e oitenta) dias;

IV – suspensão da atividade de operador portuário, pelo período de 30 (trinta) a 180 (cento e oitenta) dias; ou

V – cancelamento do credenciamento do operador portuário.

Parágrafo único. Sem prejuízo do disposto nesta Lei, aplicam-se subsidiariamente às infrações previstas no art. 46 as penalidades estabelecidas na Lei nº 10.233, de 5 de junho de 2001, separada ou cumulativamente, de acordo com a gravidade da falta.

Art. 48. Apurada, no mesmo processo, a prática de 2 (duas) ou mais infrações pela mesma pessoa física ou jurídica, aplicam-se cumulativamente as penas a elas cominadas, se as infrações não forem idênticas.

§ 1º Serão reunidos em um único processo os diversos autos ou representações de infração continuada, para aplicação da pena.

§ 2º Serão consideradas continuadas as infrações quando se tratar de repetição de falta ainda não apurada ou objeto do processo, de cuja instauração o infrator não tenha conhecimento, por meio de intimação.

Art. 49. Na falta de pagamento de multa no prazo de 30 (trinta) dias, contado da ciência pelo infrator da decisão final que impuser a penalidade, será realizado processo de execução.

Art. 50. As importâncias pecuniárias resultantes da aplicação das multas previstas nesta Lei reverterão para a Antaq, na forma do inciso V do *caput* do art. 77 da Lei nº 10.233, de 5 de junho de 2001.

Art. 51. O descumprimento do disposto nos arts. 36, 39 e 42 desta Lei sujeitará o infrator à multa prevista no inciso I do art. 10 da Lei nº 9.719, de 27 de novembro de 1998, sem prejuízo das demais sanções cabíveis.

Art. 52. O descumprimento do disposto no *caput* e no § 3º do art. 40 desta Lei sujeitará o infrator à multa prevista no inciso III do art. 10 da Lei nº 9.719, de 27 de novembro de 1998, sem prejuízo das demais sanções cabíveis.

CAPÍTULO VIII –
DO PROGRAMA NACIONAL DE DRAGAGEM PORTUÁRIA E HIDROVIÁRIA II

Art. 53. Fica instituído o Programa Nacional de Dragagem Portuária e Hidroviária II, a ser implantado pela Secretaria de Portos da Presidência da República e pelo Ministério dos Transportes, nas respectivas áreas de atuação.

§ 1º O Programa de que trata o *caput* abrange, dentre outras atividades:

I – as obras e serviços de engenharia de dragagem para manutenção ou ampliação de áreas portuárias e de hidrovias, inclusive canais de navegação, bacias de evolução e de fundeio, e berços de atracação, compreendendo a remoção do material submerso e a escavação ou derrocamento do leito;

II – o serviço de sinalização e balizamento, incluindo a aquisição, instalação, reposição, manutenção e modernização de sinais náuticos e equipamentos necessários às hidrovias e ao acesso aos portos e terminais portuários;

III – o monitoramento ambiental; e

IV – o gerenciamento da execução dos serviços e obras.

§ 2º Para fins do Programa de que trata o *caput*, consideram-se:

I – dragagem: obra ou serviço de engenharia que consiste na limpeza, desobstrução, remoção, derrocamento ou escavação de material do fundo de rios, lagos, mares, baías e canais;

II – draga: equipamento especializado acoplado à embarcação ou à plataforma fixa, móvel ou flutuante, utilizado para execução de obras ou serviços de dragagem;

III – material dragado: material retirado ou deslocado do leito dos corpos d'água decorrente da atividade de dragagem e transferido para local de despejo autorizado pelo órgão competente;

IV – empresa de dragagem: pessoa jurídica que tenha por objeto a realização de obra ou serviço de dragagem com a utilização ou não de embarcação; e

V – sinalização e balizamento: sinais náuticos para o auxílio à navegação e à transmissão de informações ao navegante, de forma a possibilitar posicionamento seguro de acesso e tráfego.

Art. 54. A dragagem por resultado compreende a contratação de obras de engenharia destinadas ao aprofundamento, alargamento ou expansão de áreas portuárias e de hidrovias, inclusive canais de navegação, bacias de evolução e de fundeio e berços de atracação, bem como os serviços de sinalização, balizamento, monitoramento ambiental e outros com o objetivo de manter as condições de profundidade e segurança estabelecidas no projeto implantado.

§ 1º As obras ou serviços de dragagem por resultado poderão contemplar mais de um porto, num mesmo contrato, quando essa medida for mais vantajosa para a administração pública.

§ 2º Na contratação de dragagem por resultado, é obrigatória a prestação de garantia pelo contratado.

§ 3º A duração dos contratos de que trata este artigo será de até 10 (dez) anos, improrrogável.

§ 4º As contratações das obras e serviços no âmbito do Programa Nacional de Dragagem Portuária e Hidroviária II poderão ser feitas por meio de licitações internacionais e utilizar o Regime Diferenciado de Contratações Públicas, de que trata a Lei nº 12.462, de 4 de agosto de 2011.

› Lei 14.133/2021 (Nova Lei de Licitações)

§ 5º A administração pública poderá contratar empresa para gerenciar e auditar os serviços e obras contratados na forma do *caput*.

Art. 55. As embarcações destinadas à dragagem sujeitam-se às normas específicas de segurança da navegação estabelecidas pela autoridade marítima e não se submetem ao disposto na Lei nº 9.432, de 8 de janeiro de 1997.

CAPÍTULO IX
DISPOSIÇÕES FINAIS E TRANSITÓRIAS

Art. 56. (VETADO).

Parágrafo único. (VETADO).

Art. 57. Os contratos de arrendamento em vigor firmados sob a Lei nº 8.630, de 25 de fevereiro de 1993, que possuam previsão expressa de prorrogação ainda não realizada, poderão ter sua prorrogação antecipada, a critério do poder concedente.

› Vide Portaria SEPPR 349/2014 (Regulamenta o art. 57 da Lei 12.815/2013).

§ 1º A prorrogação antecipada de que trata o *caput* dependerá da aceitação expressa de obrigação de realizar investimentos, segundo plano elaborado pelo arrendatário e aprovado pelo poder concedente em até 60 (sessenta) dias.

§ 2º (VETADO).

§ 3º Caso, a critério do poder concedente, a antecipação das prorrogações de que trata o *caput* não seja efetivada, tal decisão não implica obrigatoriamente na recusa da prorrogação contratual prevista originalmente.

§ 4º (VETADO).

§ 5º O Poder Executivo deverá encaminhar ao Congresso Nacional, até o último dia útil do mês de março de cada ano, relatório detalhado sobre a implementação das iniciativas tomadas com base nesta Lei, incluindo, pelo menos, as seguintes informações:

I – relação dos contratos de arrendamento e concessão em vigor até 31 de dezembro do ano anterior, por porto organizado, indicando data dos contratos, empresa detentora, objeto detalhado, área, prazo de vigência e situação de adimplemento com relação às cláusulas contratuais;

II – relação das instalações portuárias exploradas mediante autorizações em vigor até 31 de dezembro do ano anterior, segundo a localização, se dentro ou fora do porto organizado, indicando data da autorização, empresa detentora, objeto detalhado, área, prazo de vigência e situação de adimplemento com relação às cláusulas dos termos de adesão e autorização;

III – relação dos contratos licitados no ano anterior com base no disposto no art. 56 desta Lei, por porto organizado, indicando data do contrato, modalidade da licitação, empresa detentora, objeto, área, prazo de vigência e valor dos investimentos realizados e previstos nos contratos de concessão ou arrendamento;

IV – relação dos termos de autorização e os contratos de adesão adaptados no ano anterior, com base no disposto nos arts. 58 e 59 desta Lei, indicando data do contrato de autorização, empresa detentora, objeto, área, prazo de vigência e valor dos investimentos realizados e previstos nos termos de adesão e autorização;

V – relação das instalações portuárias operadas no ano anterior com base no previsto no art. 7º desta Lei, indicando empresa concessionária, empresa que utiliza efetivamente a instalação portuária, motivo e justificativa da utilização por interessado não detentor do arrendamento ou concessão e prazo de utilização.

Art. 58. Os termos de autorização e os contratos de adesão em vigor deverão ser adaptados ao disposto nesta Lei, em especial ao previsto nos §§ 1º a 4º do art. 8º, independentemente de chamada pública ou processo seletivo.

Parágrafo único. A Antaq deverá promover a adaptação de que trata o *caput* no prazo de 1 (um) ano, contado da data de publicação desta Lei.

Art. 59. As instalações portuárias enumeradas nos incisos I a IV do *caput* do art. 8º, localizadas dentro da área do porto organizado, terão assegurada a continuidade das suas atividades, desde que realizada a adaptação nos termos do art. 58.

Parágrafo único. Os pedidos de autorização para exploração de instalações portuárias enumeradas nos incisos I a IV do art. 8º, localizadas dentro da área do porto organizado, protocolados na Antaq até dezembro de 2012, poderão ser deferidos pelo poder concedente, desde que tenha sido comprovado até a referida data o domínio útil da área.

Art. 60. Os procedimentos licitatórios para contratação de dragagem homologados e os contratos de dragagem em vigor na data da publicação desta Lei permanecem regidos pelo disposto na Lei nº 11.610, de 12 de dezembro de 2007.

Art. 61. Até a publicação do regulamento previsto nesta Lei, ficam mantidas as regras para composição dos conselhos da autoridade portuária e dos conselhos de supervisão e diretorias executivas dos órgãos de gestão de mão de obra.

Art. 62. O inadimplemento, pelas concessionárias, arrendatárias, autorizatárias e operadoras portuárias no recolhimento de tarifas portuárias e outras obrigações financeiras perante a administração do porto e a Antaq, assim declarado em decisão final, impossibilita a inadimplente de celebrar ou prorrogar contratos de concessão e arrendamento, bem como obter novas autorizações.

§ 1º Para dirimir litígios relativos aos débitos a que se refere o *caput*, poderá ser utilizada a arbitragem, nos termos da Lei nº 9.307, de 23 de setembro de 1996.

§ 2º O impedimento previsto no *caput* também se aplica às pessoas jurídicas, direta ou indiretamente, controladoras, controladas, coligadas, ou de controlador comum com a inadimplente.

Art. 63. As Companhias Docas observarão regulamento simplificado para contratação de serviços e aquisição de bens, observados os princípios constitucionais da publicidade, impessoalidade, moralidade, economicidade e eficiência.

Art. 64. As Companhias Docas firmarão com a Secretaria de Portos da Presidência da República compromissos de metas e desempenho empresarial que estabelecerão, nos termos do regulamento:

I – objetivos, metas e resultados a serem atingidos, e prazos para sua consecução;

II – indicadores e critérios de avaliação de desempenho;

III – retribuição adicional em virtude do seu cumprimento; e

IV – critérios para a profissionalização da gestão das Docas.

Art. 65. Ficam transferidas à Secretaria de Portos da Presidência da República as competências atribuídas ao Ministério dos Transportes e ao Departamento Nacional de Infraestrutura de Transportes – DNIT em leis gerais e específicas relativas a portos fluviais e lacustres, exceto as competências relativas a instalações portuárias públicas de pequeno porte.

Art. 66. Aplica-se subsidiariamente às licitações de concessão de porto organizado e de arrendamento de instalação portuária o disposto nas Leis nºs 12.462, de 4 de agosto de 2011, 8.987, de 13 de fevereiro de 1995, e 8.666, de 21 de junho de 1993.

- Lei 14.133/2021 (Nova Lei de Licitações)

Art. 67. Aplica-se subsidiariamente a esta Lei o disposto na Lei nº 10.233, de 5 de junho de 2001, em especial no que se refere às competências e atribuições da Antaq.

Art. 68. As poligonais de áreas de portos organizados que não atendam ao disposto no art. 15 deverão ser adaptadas no prazo de 1 (um) ano.

Art. 69. (VETADO).

Art. 70. O art. 29 da Lei nº 5.025, de 10 de junho de 1966, passa a vigorar com a seguinte redação:

- Alterações incorporadas no texto da referida Lei.

Art. 71. A Lei nº 10.233, de 5 de junho de 2001, passa a vigorar com as seguintes alterações:

- Alterações incorporadas no texto da referida Lei.

Art. 72. A Lei nº 10.683, de 28 de maio de 2003, passa a vigorar com as seguintes alterações:

- Alterações incorporadas no texto da referida Lei.

Art. 73. A Lei nº 9.719, de 27 de novembro de 1998, passa a vigorar acrescida do seguinte art. 10-A:

- Alterações incorporadas no texto da referida Lei.

Art. 74. (VETADO).

Art. 75. Esta Lei entra em vigor na data de sua publicação.

Art. 76. Ficam revogados:

I – a Lei nº 8.630, de 25 de fevereiro de 1993;

II – a Lei nº 11.610, de 12 de dezembro de 2007;

III – o art. 21 da Lei nº 11.314, de 3 de julho de 2006;

IV – o art. 14 da Lei nº 11.518, de 5 de setembro de 2007;

V – os seguintes dispositivos da Lei nº 10.233, de 5 de junho de 2001:

a) as alíneas g e h do inciso III do *caput* do art. 14;

b) as alíneas a e b do inciso III do *caput* do art. 27;

c) o inciso XXVII do *caput* do art. 27;

d) os §§ 3º e 4º do art. 27; e

e) o inciso IV do *caput* do art. 81; e

VI – o art. 11 da Lei nº 9.719, de 27 de novembro de 1998.

Brasília, 5 de junho de 2013; 192º da Independência e 125º da República.

Dilma Rousseff

LEI Nº 12.830, DE 20 DE JUNHO DE 2013

Dispõe sobre a investigação criminal conduzida pelo delegado de polícia.

- *Investigação criminal conduzida pelo delegado de polícia*

A PRESIDENTA DA REPÚBLICA Faço saber que o Congresso Nacional decreta e eu sanciono a seguinte Lei:

- CF/88: art. 144, IV, e § §4º e 6º.
- Lei 13.441/2017 – Altera a Lei 8.069/1990 (Estatuto da Criança e do Adolescente), para prever a infiltração de agentes de polícia na internet com o fim de investigar crimes contra a dignidade sexual de criança e de adolescente.

Art. 1º. Esta Lei dispõe sobre a investigação criminal conduzida pelo delegado de polícia.

- CPP: arts. 4º a 23.

Art. 2º. As funções de polícia judiciária e a apuração de infrações penais exercidas pelo delegado de polícia são de natureza jurídica, essenciais e exclusivas de Estado.

§ 1º. Ao delegado de polícia, na qualidade de autoridade policial, cabe a condução da investigação criminal por meio de inquérito policial ou outro procedimento previsto em lei, que tem como objetivo a apuração das circunstâncias, da materialidade e da autoria das infrações penais.

§ 2º. Durante a investigação criminal, cabe ao delegado de polícia a requisição de perícia, informações, documentos e dados que interessem à apuração dos fatos.

§ 3º. (VETADO).

§ 4º. O inquérito policial ou outro procedimento previsto em lei em curso somente poderá ser avocado ou redistribuído por superior hierárquico, mediante despacho fundamentado, por motivo de interesse público ou nas hipóteses de inobservância dos procedimentos previstos em regulamento da corporação que prejudique a eficácia da investigação.

§ 5º. A remoção do delegado de polícia dar-se-á somente por ato fundamentado.

§ 6º. O indiciamento, privativo do delegado de polícia, dar-se-á por ato fundamentado, mediante análise técnico-jurídica do fato, que deverá indicar a autoria, materialidade e suas circunstâncias.

Art. 3º. O cargo de delegado de polícia é privativo de bacharel em Direito, devendo-lhe ser dispensado o mesmo tratamento protocolar que recebem os magistrados, os membros da Defensoria Pública e do Ministério Público e os advogados.

Art. 4º. Esta Lei entra em vigor na data de sua publicação.

Brasília, 20 de junho de 2013; 192º da Independência e 125º da República.

DILMA ROUSSEFF

Publicado no D.O.U. 21.6.2013

LEI Nº 12.846, DE 1º DE AGOSTO DE 2013

Dispõe sobre a responsabilização administrativa e civil de pessoas jurídicas pela prática de atos contra a administração pública, nacional ou estrangeira, e dá outras providências.

- *Lei Anticorrupção*

A PRESIDENTA DA REPÚBLICA Faço saber que o Congresso Nacional decreta e eu sanciono a seguinte Lei:

CAPÍTULO I. DISPOSIÇÕES GERAIS

- Decreto 8.420/2015 – Regulamenta a Lei 12.846/2013.

Art. 1º. Esta Lei dispõe sobre a responsabilização objetiva administrativa e civil de pessoas jurídicas pela prática de atos contra a administração pública, nacional ou estrangeira.

- CF/88: art. 37, § 6º.
- CC: arts. 927 a 954.

Parágrafo único. Aplica-se o disposto nesta Lei às sociedades empresárias e às sociedades simples, personificadas ou não, independentemente da forma de organização ou modelo societário adotado, bem como a quaisquer fundações, associações de entidades ou pessoas, ou sociedades estrangeiras, que tenham sede, filial ou representação no território brasileiro, constituídas de fato ou de direito, ainda que temporariamente.

Art. 2º. As pessoas jurídicas serão responsabilizadas objetivamente, nos âmbitos administrativo e civil, pelos atos lesivos previstos nesta Lei praticados em seu interesse ou benefício, exclusivo ou não.

- CF/88: art. 37, § 6º.

Art. 3º. A responsabilização da pessoa jurídica não exclui a responsabilidade individual de seus dirigentes ou administradores ou de qualquer pessoa natural, autora, coautora ou partícipe do ato ilícito.

§ 1º. A pessoa jurídica será responsabilizada independentemente da responsabilização individual das pessoas naturais referidas no *caput*.

§ 2º. Os dirigentes ou administradores somente serão responsabilizados por atos ilícitos na medida da sua culpabilidade.

Art. 4º. Subsiste a responsabilidade da pessoa jurídica na hipótese de alteração contratual, transformação, incorporação, fusão ou cisão societária.

§ 1º. Nas hipóteses de fusão e incorporação, a responsabilidade da sucessora será restrita à obrigação de pagamento de multa e reparação integral do dano causado, até o limite do patrimônio transferido, não lhe sendo aplicáveis as demais sanções previstas nesta Lei decorrentes de atos e fatos ocorridos antes da data da fusão ou incorporação, exceto no caso de simulação ou evidente intuito de fraude, devidamente comprovados.

§ 2º. As sociedades controladoras, controladas, coligadas ou, no âmbito do respectivo contrato, as consorciadas serão solidariamente responsáveis pela prática dos atos previstos nesta Lei, restringindo-se tal responsabilidade à obrigação de pagamento de multa e reparação integral do dano causado.

CAPÍTULO II. DOS ATOS LESIVOS À ADMINISTRAÇÃO PÚBLICA NACIONAL OU ESTRANGEIRA

Art. 5º. Constituem atos lesivos à administração pública, nacional ou estrangeira, para os fins desta Lei, todos aqueles praticados pelas pessoas jurídicas mencionadas no parágrafo único do art. 1º, que atentem contra o patrimônio público nacional ou estrangeiro, contra princípios da administração pública ou contra os compromissos internacionais assumidos pelo Brasil, assim definidos:

I – prometer, oferecer ou dar, direta ou indiretamente, vantagem indevida a agente público, ou a terceira pessoa a ele relacionada;

II – comprovadamente, financiar, custear, patrocinar ou de qualquer modo subvencionar a prática dos atos ilícitos previstos nesta Lei;

III – comprovadamente, utilizar-se de interposta pessoa física ou jurídica para ocultar ou dissimular seus reais interesses ou a identidade dos beneficiários dos atos praticados;

IV – no tocante a licitações e contratos:

a) frustrar ou fraudar, mediante ajuste, combinação ou qualquer outro expediente, o caráter competitivo de procedimento licitatório público;

b) impedir, perturbar ou fraudar a realização de qualquer ato de procedimento licitatório público;

c) afastar ou procurar afastar licitante, por meio de fraude ou oferecimento de vantagem de qualquer tipo;

d) fraudar licitação pública ou contrato dela decorrente;

e) criar, de modo fraudulento ou irregular, pessoa jurídica para participar de licitação pública ou celebrar contrato administrativo;

f) obter vantagem ou benefício indevido, de modo fraudulento, de modificações ou prorrogações de contratos celebrados com a administração pública, sem autorização em lei, no ato convocatório da licitação pública ou nos respectivos instrumentos contratuais; ou

g) manipular ou fraudar o equilíbrio econômico-financeiro dos contratos celebrados com a administração pública;

V – dificultar atividade de investigação ou fiscalização de órgãos, entidades ou agentes públicos, ou intervir em sua atuação, inclusive no âmbito das agências reguladoras e dos órgãos de fiscalização do sistema financeiro nacional.

§ 1º. Considera-se administração pública estrangeira os órgãos e entidades estatais ou representações diplomáticas de país estrangeiro, de qualquer nível ou esfera de governo, bem como as pessoas jurídicas controladas, direta ou indiretamente, pelo poder público de país estrangeiro.

§ 2º. Para os efeitos desta Lei, equiparam-se à administração pública estrangeira as organizações públicas internacionais.

§ 3º. Considera-se agente público estrangeiro, para os fins desta Lei, quem, ainda que transitoriamente ou sem remuneração, exerça cargo, emprego ou função pública em órgãos, entidades estatais ou em representações diplomáticas de país estrangeiro, assim como em pessoas jurídicas controladas, direta ou indiretamente, pelo poder público de país estrangeiro ou em organizações públicas internacionais.

CAPÍTULO III. DA RESPONSABILIZAÇÃO ADMINISTRATIVA

Art. 6º. Na esfera administrativa, serão aplicadas às pessoas jurídicas consideradas responsáveis pelos atos lesivos previstos nesta Lei as seguintes sanções:

I – multa, no valor de 0,1% (um décimo por cento) a 20% (vinte por cento) do faturamento bruto do último exercício anterior ao da instauração do processo administrativo, excluídos os tributos, a qual nunca será inferior à vantagem auferida, quando for possível sua estimação; e

II – publicação extraordinária da decisão condenatória.

§ 1º. As sanções serão aplicadas fundamentadamente, isolada ou cumulativamente, de acordo com as peculiaridades do caso concreto e com a gravidade e natureza das infrações.

§ 2º. A aplicação das sanções previstas neste artigo será precedida da manifestação jurídica elaborada pela Advocacia Pública ou pelo órgão de assistência jurídica, ou equivalente, do ente público.

§ 3º. A aplicação das sanções previstas neste artigo não exclui, em qualquer hipótese, a obrigação da reparação integral do dano causado.

§ 4º. Na hipótese do inciso I do *caput*, caso não seja possível utilizar o critério do valor do faturamento bruto da pessoa jurídica, a multa será de R$ 6.000,00 (seis mil reais) a R$ 60.000.000,00 (sessenta milhões de reais).

§ 5º. A publicação extraordinária da decisão condenatória ocorrerá na forma de extrato de sentença, a expensas da pessoa jurídica, em meios de comunicação de grande circulação na área da prática da infração e de atuação da pessoa jurídica ou, na sua falta, em publicação de circulação nacional, bem como por meio de afixação de edital, pelo prazo mínimo de 30 (trinta) dias, no próprio estabelecimento ou no local de exercício da atividade, de modo visível ao público, e no sítio eletrônico na rede mundial de computadores.

§ 6º. (VETADO).

Art. 7º. Serão levados em consideração na aplicação das sanções:

I – a gravidade da infração;

II – a vantagem auferida ou pretendida pelo infrator;

III – a consumação ou não da infração;

IV – o grau de lesão ou perigo de lesão;

V – o efeito negativo produzido pela infração;

VI – a situação econômica do infrator;

VII – a cooperação da pessoa jurídica para a apuração das infrações;

VIII – a existência de mecanismos e procedimentos internos de integridade, auditoria e incentivo à denúncia de irregularidades e a aplicação efetiva de códigos de ética e de conduta no âmbito da pessoa jurídica;

IX – o valor dos contratos mantidos pela pessoa jurídica com o órgão ou entidade pública lesados; e

X – (VETADO).

Parágrafo único. Os parâmetros de avaliação de mecanismos e procedimentos previstos no inciso VIII do *caput* serão estabelecidos em regulamento do Poder Executivo federal.

CAPÍTULO IV. DO PROCESSO ADMINISTRATIVO DE RESPONSABILIZAÇÃO

Art. 8º. A instauração e o julgamento de processo administrativo para apuração da responsabilidade de pessoa jurídica cabem à autoridade máxima de cada órgão ou entidade dos Poderes Executivo, Legislativo e Judiciário, que agirá de ofício ou mediante provocação, observados o contraditório e a ampla defesa.

§ 1º. A competência para a instauração e o julgamento do processo administrativo de apuração de responsabilidade da pessoa jurídica poderá ser delegada, vedada a subdelegação.

§ 2º. No âmbito do Poder Executivo federal, a Controladoria-Geral da União – CGU terá competência concorrente para instaurar processos administrativos de responsabilização de pessoas jurídicas ou para avocar os processos instaurados com fundamento nesta Lei, para exame de sua regularidade ou para corrigir-lhes o andamento.

- Lei 13.341/2016: art. 1º, III (extinguiu a Controladoria-Geral da União).

Art. 9º. Competem à Controladoria-Geral da União – CGU a apuração, o processo e o julgamento dos atos ilícitos previstos nesta Lei, praticados contra a administração pública estrangeira, observado o disposto no Artigo 4 da Convenção sobre o Combate da Corrupção de Funcionários Públicos Estrangeiros em Transações Comerciais Internacionais, promulgada pelo Decreto nº 3.678, de 30 de novembro de 2000.

- Lei 13.341/2016: art. 1º, III (extinguiu a Controladoria-Geral da União).

Art. 10. O processo administrativo para apuração da responsabilidade de pessoa jurídica será conduzido por comissão designada pela autoridade instauradora e composta por 2 (dois) ou mais servidores estáveis.

§ 1º. O ente público, por meio do seu órgão de representação judicial, ou equivalente, a pedido da comissão a que se refere o *caput*, poderá requerer as medidas judiciais necessárias para a investigação e o processamento das infrações, inclusive de busca e apreensão.

§ 2º. A comissão poderá, cautelarmente, propor à autoridade instauradora que suspenda os efeitos do ato ou processo objeto da investigação.

§ 3º. A comissão deverá concluir o processo no prazo de 180 (cento e oitenta) dias contados da data da publicação do ato que a instituir e, ao final, apresentar relatórios sobre os fatos apurados e eventual responsabilidade da pessoa jurídica, sugerindo de forma motivada as sanções a serem aplicadas.

§ 4º. O prazo previsto no § 3º poderá ser prorrogado, mediante ato fundamentado da autoridade instauradora.

Art. 11. No processo administrativo para apuração de responsabilidade, será concedido à pessoa jurídica prazo de 30 (trinta) dias para defesa, contados a partir da intimação.

Art. 12. O processo administrativo, com o relatório da comissão, será remetido à autoridade instauradora, na forma do art. 10, para julgamento.

Art. 13. A instauração de processo administrativo específico de reparação integral do dano não prejudica a aplicação imediata das sanções estabelecidas nesta Lei.

Parágrafo único. Concluído o processo e não havendo pagamento, o crédito apurado será inscrito em dívida ativa da fazenda pública.

Art. 14. A personalidade jurídica poderá ser desconsiderada sempre que utilizada com abuso do direito para facilitar, encobrir ou dissimular a prática dos atos ilícitos previstos nesta Lei ou para provocar confusão patrimonial, sendo estendidos todos os efeitos das sanções aplicadas à pessoa jurídica aos seus administradores e sócios com poderes de administração, observados o contraditório e a ampla defesa.

Art. 15. A comissão designada para apuração da responsabilidade de pessoa jurídica, após a conclusão do procedimento administrativo, dará conhecimento ao Ministério Público de sua existência, para apuração de eventuais delitos.

CAPÍTULO V. DO ACORDO DE LENIÊNCIA

- Lei 12.850/2013 – Define organização criminosa e dispõe sobre a investigação criminal, os meios de obtenção da prova, infrações penais correlatas e o procedimento criminal.
- Lei 12.529/2011: arts. 86 e 87.

Art. 16. A autoridade máxima de cada órgão ou entidade pública poderá celebrar acordo de leniência com as pessoas jurídicas responsáveis pela prática dos atos previstos nesta Lei que colaborem efetivamente com as investigações e o processo administrativo, sendo que dessa colaboração resulte:

I – a identificação dos demais envolvidos na infração, quando couber; e

II – a obtenção célere de informações e documentos que comprovem o ilícito sob apuração.

§ 1º. O acordo de que trata o *caput* somente poderá ser celebrado se preenchidos, cumulativamente, os seguintes requisitos:

I – a pessoa jurídica seja a primeira a se manifestar sobre seu interesse em cooperar para a apuração do ato ilícito;

II – a pessoa jurídica cesse completamente seu envolvimento na infração investigada a partir da data de propositura do acordo;

III – a pessoa jurídica admita sua participação no ilícito e coopere plena e permanentemente com as investigações e o processo administrativo, comparecendo, sob suas expensas, sempre que solicitada, a todos os atos processuais, até seu encerramento.

§ 2º. A celebração do acordo de leniência isentará a pessoa jurídica das sanções previstas no inciso II do art. 6º e no inciso IV do art. 19 e reduzirá em até 2/3 (dois terços) o valor da multa aplicável.

§ 3º. O acordo de leniência não exime a pessoa jurídica da obrigação de reparar integralmente o dano causado.

§ 4º. O acordo de leniência estipulará as condições necessárias para assegurar a efetividade da colaboração e o resultado útil do processo.

§ 5º. Os efeitos do acordo de leniência serão estendidos às pessoas jurídicas que integram o mesmo grupo econômico, de fato e de direito, desde que firmem o acordo em conjunto, respeitadas as condições nele estabelecidas.

§ 6º. A proposta de acordo de leniência somente se tornará pública após a efetivação do respectivo acordo, salvo no interesse das investigações e do processo administrativo.

§ 7º. Não importará em reconhecimento da prática do ato ilícito investigado a proposta de acordo de leniência rejeitada.

§ 8º. Em caso de descumprimento do acordo de leniência, a pessoa jurídica ficará impedida de celebrar novo acordo pelo prazo de 3 (três) anos contados do conhecimento pela administração pública do referido descumprimento.

§ 9º. A celebração do acordo de leniência interrompe o prazo prescricional dos atos ilícitos previstos nesta Lei.

§ 10. A Controladoria-Geral da União – CGU é o órgão competente para celebrar os acordos de leniência no âmbito do Poder Executivo federal, bem como no caso de atos lesivos praticados contra a administração pública estrangeira.

- Lei 13.341/2016: art. 1º, III (extinguiu a Controladoria-Geral da União).

Art. 17. A administração pública poderá também celebrar acordo de leniência com a pessoa jurídica responsável pela prática de ilícitos previstos na Lei nº 8.666, de 21 de junho de 1993, com vistas à isenção ou atenuação das sanções administrativas estabelecidas em seus arts. 86 a 88.

- Arts. 337-E a 337-P do CP.
- Lei 14.133/2021 (Nova Lei de Licitações)

CAPÍTULO VI. DA RESPONSABILIZAÇÃO JUDICIAL

Art. 18. Na esfera administrativa, a responsabilidade da pessoa jurídica não afasta a possibilidade de sua responsabilização na esfera judicial.

Art. 19. Em razão da prática de atos previstos no art. 5º desta Lei, a União, os Estados, o Distrito Federal e os Municípios, por meio das respectivas Advocacias Públicas ou órgãos de representação judicial, ou equivalentes, e o Ministério Público, poderão ajuizar ação com vistas à aplicação das seguintes sanções às pessoas jurídicas infratoras:

I – perdimento dos bens, direitos ou valores que representem vantagem ou proveito direta ou indiretamente obtidos da infração, ressalvado o direito do lesado ou de terceiro de boa-fé;

II – suspensão ou interdição parcial de suas atividades;

III – dissolução compulsória da pessoa jurídica;

IV – proibição de receber incentivos, subsídios, subvenções, doações ou empréstimos de órgãos ou entidades públicas e de instituições financeiras públicas ou controladas pelo poder público, pelo prazo mínimo de 1 (um) e máximo de 5 (cinco) anos.

§ 1º. A dissolução compulsória da pessoa jurídica será determinada quando comprovado:

I – ter sido a personalidade jurídica utilizada de forma habitual para facilitar ou promover a prática de atos ilícitos; ou

II – ter sido constituída para ocultar ou dissimular interesses ilícitos ou a identidade dos beneficiários dos atos praticados.

§ 2º. (VETADO).

§ 3º. As sanções poderão ser aplicadas de forma isolada ou cumulativa.

§ 4º. O Ministério Público ou a Advocacia Pública ou órgão de representação judicial, ou equivalente, do ente público poderá requerer a indisponibilidade de bens, direitos ou valores necessários à garantia do pagamento da multa ou da reparação integral do dano causado, conforme previsto no art. 7º, ressalvado o direito do terceiro de boa-fé.

Art. 20. Nas ações ajuizadas pelo Ministério Público, poderão ser aplicadas as sanções previstas no art. 6º, sem prejuízo daquelas previstas neste Capítulo, desde que constatada a omissão das autoridades competentes para promover a responsabilização administrativa.

Art. 21. Nas ações de responsabilização judicial, será adotado o rito previsto na Lei nº 7.347, de 24 de julho de 1985.

Parágrafo único. A condenação torna certa a obrigação de reparar, integralmente, o dano causado pelo ilícito, cujo valor será apurado em posterior liquidação, se não constar expressamente da sentença.

CAPÍTULO VII. DISPOSIÇÕES FINAIS

Art. 22. Fica criado no âmbito do Poder Executivo federal o Cadastro Nacional de Empresas Punidas - CNEP, que reunirá e dará publicidade às sanções aplicadas pelos órgãos ou entidades dos Poderes Executivo, Legislativo e Judiciário de todas as esferas de governo com base nesta Lei.

§ 1º. Os órgãos e entidades referidos no *caput* deverão informar e manter atualizados, no Cnep, os dados relativos às sanções por eles aplicadas.

§ 2º. O Cnep conterá, entre outras, as seguintes informações acerca das sanções aplicadas:

I – razão social e número de inscrição da pessoa jurídica ou entidade no Cadastro Nacional da Pessoa Jurídica – CNPJ;

II – tipo de sanção; e

III – data de aplicação e data final da vigência do efeito limitador ou impeditivo da sanção, quando for o caso.

§ 3º. As autoridades competentes, para celebrarem acordos de leniência previstos nesta Lei, também deverão prestar e manter atualizadas no Cnep, após a efetivação do respectivo acordo, as informações acerca do acordo de leniência celebrado, salvo se esse procedimento vier a causar prejuízo às investigações e ao processo administrativo.

§ 4º. Caso a pessoa jurídica não cumpra os termos do acordo de leniência, além das informações previstas no § 3º, deverá ser incluída no Cnep referência ao respectivo descumprimento.

§ 5º. Os registros das sanções e acordos de leniência serão excluídos depois de decorrido o prazo previamente estabelecido no ato sancionador ou do cumprimento integral do acordo de leniência e da reparação do eventual dano causado, mediante solicitação do órgão ou entidade sancionadora.

Art. 23. Os órgãos ou entidades dos Poderes Executivo, Legislativo e Judiciário de todas as esferas de governo deverão informar e manter atualizados, para fins de publicidade, no Cadastro Nacional de Empresas Inidôneas e Suspensas – CEIS, de caráter público, instituído no âmbito do Poder Executivo federal, os dados relativos às sanções por eles aplicadas, nos termos do disposto nos arts. 87 e 88 da Lei nº 8.666, de 21 de junho de 1993.

- Lei 14.133/2021 (Nova Lei de Licitações)

Art. 24. A multa e o perdimento de bens, direitos ou valores aplicados com fundamento nesta Lei serão destinados preferencialmente aos órgãos ou entidades públicas lesadas.

Art. 25. Prescrevem em 5 (cinco) anos as infrações previstas nesta Lei, contados da data da ciência da infração ou, no caso de infração permanente ou continuada, do dia em que tiver cessado.

Parágrafo único. Na esfera administrativa ou judicial, a prescrição será interrompida com a instauração de processo que tenha por objeto a apuração da infração.

Art. 26. A pessoa jurídica será representada no processo administrativo na forma do seu estatuto ou contrato social.

§ 1º. As sociedades sem personalidade jurídica serão representadas pela pessoa a quem couber a administração de seus bens.

§ 2º. A pessoa jurídica estrangeira será representada pelo gerente, representante ou administrador de sua filial, agência ou sucursal aberta ou instalada no Brasil.

Art. 27. A autoridade competente que, tendo conhecimento das infrações previstas nesta Lei, não adotar providências para a apuração dos fatos será responsabilizada penal, civil e administrativamente nos termos da legislação específica aplicável.

Art. 28. Esta Lei aplica-se aos atos lesivos praticados por pessoa jurídica brasileira contra a administração pública estrangeira, ainda que cometidos no exterior.

Art. 29. O disposto nesta Lei não exclui as competências do Conselho Administrativo de Defesa Econômica, do Ministério da Justiça e do Ministério da Fazenda para processar e julgar fato que constitua infração à ordem econômica.

Art. 30. A aplicação das sanções previstas nesta Lei não afeta os processos de responsabilização e aplicação de penalidades decorrentes de:

I – ato de improbidade administrativa nos termos da Lei nº 8.429, de 2 de junho de 1992; e

II – atos ilícitos alcançados pela Lei nº 8.666, de 21 de junho de 1993, ou outras normas de licitações e contratos da administração pública, inclusive no tocante ao Regime Diferenciado de Contratações Públicas – RDC instituído pela Lei nº 12.462, de 4 de agosto de 2011.

- Arts. 337-E a 337-P do CP.
- Lei 14.133/2021 (Nova Lei de Licitações)

Art. 31. Esta Lei entra em vigor 180 (cento e oitenta) dias após a data de sua publicação.

Brasília, 1º de agosto de 2013; 192º da Independência e 125º da República.

DILMA ROUSSEFF

Publicado no D.O.U. 2.8.2013

LEI Nº 12.850, DE 2 DE AGOSTO DE 2013

Define organização criminosa e dispõe sobre a investigação criminal, os meios de obtenção da prova, infrações penais correlatas e o procedimento criminal; altera o Decreto-Lei nº 2.848, de 7 de dezembro de 1940 (Código Penal); revoga a Lei nº 9.034, de 3 de maio de 1995; e dá outras providências.

- *Organização Criminosa*

A PRESIDENTA DA REPÚBLICA Faço saber que o Congresso Nacional decreta e eu sanciono a seguinte Lei:

CAPÍTULO I. DA ORGANIZAÇÃO CRIMINOSA

- Lei 13.344/2016 – Dispõe sobre prevenção e repressão ao tráfico interno e internacional de pessoas e sobre medidas de atenção às vítimas.
- Lei 13.260/2016 – Regulamenta o disposto no inciso XLIII do art. 5º da CF, disciplinando o terrorismo, tratando de disposições investigatórias e processuais e reformulando o conceito de organização terrorista. (Lei Antiterrorismo)
- Lei 12.694/2012 – Dispõe sobre o processo e o julgamento colegiado em 1º grau de jurisdição de crimes praticados por organizações criminosas.

Art. 1º. Esta Lei define organização criminosa e dispõe sobre a investigação criminal, os meios de obtenção da prova, infrações penais correlatas e o procedimento criminal a ser aplicado.

§ 1º. Considera-se organização criminosa a associação de 4 (quatro) ou mais pessoas estruturalmente ordenada e caracterizada pela divisão de tarefas, ainda que informalmente, com objetivo de obter, direta ou indiretamente, vantagem de qualquer natureza, mediante a prática de infrações penais cujas penas máximas sejam superiores a 4 (quatro) anos, ou que sejam de caráter transnacional.

§ 2º. Esta Lei se aplica também:

I – às infrações penais previstas em tratado ou convenção internacional quando, iniciada a execução no País, o resultado tenha ou devesse ter ocorrido no estrangeiro, ou reciprocamente;

II – às organizações terroristas, entendidas como aquelas voltadas para a prática dos atos de terrorismo legalmente definidos. (Redação dada pela lei nº 13.260, de 2016)

Art. 2º. Promover, constituir, financiar ou integrar, pessoalmente ou por interposta pessoa, organização criminosa:

Pena – reclusão, de 3 (três) a 8 (oito) anos, e multa, sem prejuízo das penas correspondentes às demais infrações penais praticadas.

§ 1º. Nas mesmas penas incorre quem impede ou, de qualquer forma, embaraça a investigação de infração penal que envolva organização criminosa.

§ 2º. As penas aumentam-se até a metade se na atuação da organização criminosa houver emprego de arma de fogo.

§ 3º. A pena é agravada para quem exerce o comando, individual ou coletivo, da organização criminosa, ainda que não pratique pessoalmente atos de execução.

§ 4º. A pena é aumentada de 1/6 (um sexto) a 2/3 (dois terços):

I – se há participação de criança ou adolescente;

II – se há concurso de funcionário público, valendo-se a organização criminosa dessa condição para a prática de infração penal;

III – se o produto ou proveito da infração penal destinar-se, no todo ou em parte, ao exterior;

IV – se a organização criminosa mantém conexão com outras organizações criminosas independentes;

V – se as circunstâncias do fato evidenciarem a transnacionalidade da organização.

§ 5º. Se houver indícios suficientes de que o funcionário público integra organização criminosa, poderá o juiz determinar seu afastamento cautelar do cargo, emprego ou função, sem prejuízo da remuneração, quando a medida se fizer necessária à investigação ou instrução processual.

§ 6º. A condenação com trânsito em julgado acarretará ao funcionário público a perda do cargo, função, emprego ou mandato eletivo e a interdição para o exercício de função ou cargo público pelo prazo de 8 (oito) anos subsequentes ao cumprimento da pena.

§ 7º. Se houver indícios de participação de policial nos crimes de que trata esta Lei, a Corregedoria de Polícia instaurará inquérito policial e comunicará ao Ministério Público, que designará membro para acompanhar o feito até a sua conclusão.

§ 8º As lideranças de organizações criminosas armadas ou que tenham armas à disposição deverão iniciar o cumprimento da pena em estabelecimentos penais de segurança máxima. (Acrescido pela Lei 13.964/2019)

§ 9º O condenado expressamente em sentença por integrar organização criminosa ou por crime praticado por meio de organização criminosa não poderá progredir de regime de cumprimento de pena ou obter livramento condicional ou outros benefícios prisionais se houver elementos probatórios que indiquem a manutenção do vínculo associativo. (Acrescido pela Lei 13.964/2019)

CAPÍTULO II. DA INVESTIGAÇÃO E DOS MEIOS DE OBTENÇÃO DA PROVA

Art. 3º. Em qualquer fase da persecução penal, serão permitidos, sem prejuízo de outros já previstos em lei, os seguintes meios de obtenção da prova:

I – colaboração premiada;

II – captação ambiental de sinais eletromagnéticos, ópticos ou acústicos;

III – ação controlada;

IV – acesso a registros de ligações telefônicas e telemáticas, a dados cadastrais constantes de bancos de dados públicos ou privados e a informações eleitorais ou comerciais;

V – interceptação de comunicações telefônicas e telemáticas, nos termos da legislação específica;

- Lei 9.296/1996 – Regulamenta o inciso XII, parte final, do art. 5° da CF. (Lei de Interceptações Telefônicas)

VI – afastamento dos sigilos financeiro, bancário e fiscal, nos termos da legislação específica;

VII – infiltração, por policiais, em atividade de investigação, na forma do art. 11;

VIII – cooperação entre instituições e órgãos federais, distritais, estaduais e municipais na busca de provas e informações de interesse da investigação ou da instrução criminal.

§ 1º. Havendo necessidade justificada de manter sigilo sobre a capacidade investigatória, poderá ser dispensada licitação para contratação de serviços técnicos especializados, aquisição ou locação de equipamentos destinados à polícia judiciária para o rastreamento e obtenção de provas previstas nos incisos II e V. (Incluído pela Lei nº 13.097, de 2015)

§ 2º. No caso do § 1º, fica dispensada a publicação de que trata o parágrafo único do art. 61 da Lei nº 8.666, de 21 de junho de 1993, devendo ser comunicado o órgão de controle interno da realização da contratação. (Incluído pela Lei nº 13.097, de 2015)

- Lei 14.133/2021 (Nova Lei de Licitações)

SEÇÃO I. DA COLABORAÇÃO PREMIADA

Art. 3º-A. O acordo de colaboração premiada é negócio jurídico processual e meio de obtenção de prova, que pressupõe utilidade e interesse públicos. (Acrescido pela Lei 13.964/2019)

Art. 3º-B. O recebimento da proposta para formalização de acordo de colaboração demarca o início das negociações e constitui também marco de confidencialidade, configurando violação de sigilo e quebra da confiança e da boa-fé a divulgação de tais tratativas iniciais ou de documento que as formalize, até o levantamento de sigilo por decisão judicial. (Acrescido pela Lei 13.964/2019)

§ 1º A proposta de acordo de colaboração premiada poderá ser sumariamente indeferida, com a devida justificativa, cientificando-se o interessado.

§ 2º Caso não haja indeferimento sumário, as partes deverão firmar Termo de Confidencialidade para prosseguimento das tratativas, o que vinculará os órgãos envolvidos na negociação e impedirá o indeferimento posterior sem justa causa.

§ 3º O recebimento de proposta de colaboração para análise ou o Termo de Confidencialidade não implica, por si só, a suspensão da investigação, ressalvado acordo em contrário quanto à propositura de medidas processuais penais cautelares e assecuratórias, bem como medidas processuais cíveis admitidas pela legislação processual civil em vigor.

§ 4º O acordo de colaboração premiada poderá ser precedido de instrução, quando houver necessidade de identificação ou complementação de seu objeto, dos fatos narrados, sua definição jurídica, relevância, utilidade e interesse público.

§ 5º Os termos de recebimento de proposta de colaboração e de confidencialidade serão elaborados pelo celebrante e assinados por ele, pelo colaborador e pelo advogado ou defensor público com poderes específicos.

§ 6º Na hipótese de não ser celebrado o acordo por iniciativa do celebrante, esse não poderá se valer de nenhuma das informações ou provas apresentadas pelo colaborador, de boa-fé, para qualquer outra finalidade.

Art. 3º-C. A proposta de colaboração premiada deve estar instruída com procuração do interessado com poderes específicos para iniciar o procedimento de colaboração e suas tratativas, ou firmada pessoalmente pela parte que pretende a colaboração e seu advogado ou defensor público. (Acrescido pela Lei 13.964/2019)

§ 1º Nenhuma tratativa sobre colaboração premiada deve ser realizada sem a presença de advogado constituído ou defensor público.

§ 2º Em caso de eventual conflito de interesses, ou de colaborador hipossuficiente, o celebrante deverá solicitar a presença de outro advogado ou a participação de defensor público.

§ 3º No acordo de colaboração premiada, o colaborador deve narrar todos os fatos ilícitos para os quais concorreu e que tenham relação direta com os fatos investigados.

§ 4º Incumbe à defesa instruir a proposta de colaboração e os anexos com os fatos adequadamente descritos, com todas as suas circunstâncias, indicando as provas e os elementos de corroboração.

Art. 4º. O juiz poderá, a requerimento das partes, conceder o perdão judicial, reduzir em até 2/3 (dois terços) a pena privativa de liberdade ou substituí-la por restritiva de direitos daquele que tenha colaborado efetiva e voluntariamente com a investigação e com o processo criminal, desde que dessa colaboração advenha um ou mais dos seguintes resultados:

I – a identificação dos demais coautores e partícipes da organização criminosa e das infrações penais por eles praticadas;
II – a revelação da estrutura hierárquica e da divisão de tarefas da organização criminosa;
III – a prevenção de infrações penais decorrentes das atividades da organização criminosa;
IV – a recuperação total ou parcial do produto ou do proveito das infrações penais praticadas pela organização criminosa;
V – a localização de eventual vítima com a sua integridade física preservada.

§ 1º. Em qualquer caso, a concessão do benefício levará em conta a personalidade do colaborador, a natureza, as circunstâncias, a gravidade e a repercussão social do fato criminoso e a eficácia da colaboração.

§ 2º. Considerando a relevância da colaboração prestada, o Ministério Público, a qualquer tempo, e o delegado de polícia, nos autos do inquérito policial, com a manifestação do Ministério Público, poderão requerer ou representar ao juiz pela concessão de perdão judicial ao colaborador, ainda que esse benefício não tenha sido previsto na proposta inicial, aplicando-se, no que couber, o art. 28 do Decreto-Lei nº 3.689, de 3 de outubro de 1941 (Código de Processo Penal).

§ 3º. O prazo para oferecimento de denúncia ou o processo, relativos ao colaborador, poderá ser suspenso por até 6 (seis) meses, prorrogáveis por igual período, até que sejam cumpridas as medidas de colaboração, suspendendo-se o respectivo prazo prescricional.

§ 4º Nas mesmas hipóteses do *caput* deste artigo, o Ministério Público poderá deixar de oferecer denúncia se a proposta de acordo de colaboração referir-se a infração de cuja existência não tenha prévio conhecimento e o colaborador: (Redação dada pela Lei 13.964/2019)

I – não for o líder da organização criminosa;
II – for o primeiro a prestar efetiva colaboração nos termos deste artigo.

§ 4º-A. Considera-se existente o conhecimento prévio da infração quando o Ministério Público ou a autoridade policial competente tenha instaurado inquérito ou procedimento investigatório para apuração dos fatos apresentados pelo colaborador. (Acrescido pela Lei 13.964/2019)

§ 5º. Se a colaboração for posterior à sentença, a pena poderá ser reduzida até a metade ou será admitida a progressão de regime ainda que ausentes os requisitos objetivos.

§ 6º. O juiz não participará das negociações realizadas entre as partes para a formalização do acordo de colaboração, que ocorrerá entre o delegado de polícia, o investigado e o defensor, com a manifestação do Ministério Público, ou, conforme o caso, entre o Ministério Público e o investigado ou acusado e seu defensor.

§ 7º Realizado o acordo na forma do § 6º deste artigo, serão remetidos ao juiz, para análise, o respectivo termo, as declarações do colaborador e cópia da investigação, devendo o juiz ouvir sigilosamente o colaborador, acompanhado de seu defensor, oportunidade em que analisará os seguintes aspectos na homologação: (Redação dada pela Lei 13.964/2019)

I - regularidade e legalidade;
II - adequação dos benefícios pactuados àqueles previstos no *caput* e nos §§ 4º e 5º deste artigo, sendo nulas as cláusulas que violem o critério de definição do regime inicial de cumprimento de pena do art. 33 do Decreto-Lei nº 2.848, de 7 de dezembro de 1940 (Código Penal), as regras de cada um dos regimes previstos no Código Penal e na Lei nº 7.210, de 11 de julho de 1984 (Lei de Execução Penal) e os requisitos de progressão de regime não abrangidos pelo § 5º deste artigo;
III - adequação dos resultados da colaboração aos resultados mínimos exigidos nos incisos I, II, III, IV e V do *caput* deste artigo;
IV - voluntariedade da manifestação de vontade, especialmente nos casos em que o colaborador está ou esteve sob efeito de medidas cautelares.

§ 7º-A. O juiz ou o tribunal deve proceder à análise fundamentada do mérito da denúncia, do perdão judicial e das primeiras etapas de aplicação da pena, nos termos do Decreto-Lei nº 2.848, de 7 de dezembro de 1940 (Código Penal) e do Decreto-Lei nº 3.689, de 3 de outubro de 1941 (Código de Processo Penal), antes de conceder os benefícios pactuados, exceto quando o acordo prever o não oferecimento da denúncia na forma dos §§ 4º e 4º-A deste artigo ou já tiver sido proferida sentença. (Acrescido pela Lei 13.964/2019)

§ 7º-B. São nulas de pleno direito as previsões de renúncia ao direito de impugnar a decisão homologatória. (Acrescido pela Lei 13.964/2019)

§ 8º O juiz poderá recusar a homologação da proposta que não atender aos requisitos legais, devolvendo-a às partes para as adequações necessárias. (Redação dada pela Lei 13.964/2019)

§ 9º. Depois de homologado o acordo, o colaborador poderá, sempre acompanhado pelo seu defensor, ser ouvido pelo membro do Ministério Público ou pelo delegado de polícia responsável pelas investigações.

§ 10. As partes podem retratar-se da proposta, caso em que as provas autoincriminatórias produzidas pelo colaborador não poderão ser utilizadas exclusivamente em seu desfavor.

§ 10-A. Em todas as fases do processo, deve-se garantir ao réu delatado a oportunidade de manifestar-se após o decurso do prazo concedido ao réu que o delatou. (Acrescido pela Lei 13.964/2019)

§ 11. A sentença apreciará os termos do acordo homologado e sua eficácia.

§ 12. Ainda que beneficiado por perdão judicial ou não denunciado, o colaborador poderá ser ouvido em juízo a requerimento das partes ou por iniciativa da autoridade judicial.

§ 13. O registro das tratativas e dos atos de colaboração deverá ser feito pelos meios ou recursos de gravação magnética, estenotipia, digital ou técnica similar, inclusive audiovisual, destinados a obter maior fidelidade das informações, garantindo-se a disponibilização de cópia do material ao colaborador. (Redação dada pela Lei 13.964/2019)

§ 14. Nos depoimentos que prestar, o colaborador renunciará, na presença de seu defensor, ao direito ao silêncio e estará sujeito ao compromisso legal de dizer a verdade.

§ 15. Em todos os atos de negociação, confirmação e execução da colaboração, o colaborador deverá estar assistido por defensor.

§ 16. Nenhuma das seguintes medidas será decretada ou proferida com fundamento apenas nas declarações do colaborador: (Redação dada pela Lei 13.964/2019)

I - medidas cautelares reais ou pessoais;
II - recebimento de denúncia ou queixa-crime;
III - sentença condenatória.

§ 17. O acordo homologado poderá ser rescindido em caso de omissão dolosa sobre os fatos objeto da colaboração. (Acrescido pela Lei 13.964/2019)

§ 18. O acordo de colaboração premiada pressupõe que o colaborador cesse o envolvimento em conduta ilícita relacionada ao objeto da colaboração, sob pena de rescisão. (Acrescido pela Lei 13.964/2019)

Art. 5º. São direitos do colaborador:

I – usufruir das medidas de proteção previstas na legislação específica;
II – ter nome, qualificação, imagem e demais informações pessoais preservados;
III – ser conduzido, em juízo, separadamente dos demais coautores e partícipes;
IV – participar das audiências sem contato visual com os outros acusados;
V – não ter sua identidade revelada pelos meios de comunicação, nem ser fotografado ou filmado, sem sua prévia autorização por escrito;
VI - cumprir pena ou prisão cautelar em estabelecimento penal diverso dos demais corréus ou condenados. (Redação dada pela Lei 13.964/2019)

Art. 6º. O termo de acordo da colaboração premiada deverá ser feito por escrito e conter:

I – o relato da colaboração e seus possíveis resultados;
II – as condições da proposta do Ministério Público ou do delegado de polícia;
III – a declaração de aceitação do colaborador e de seu defensor;
IV – as assinaturas do representante do Ministério Público ou do delegado de polícia, do colaborador e de seu defensor;
V – a especificação das medidas de proteção ao colaborador e à sua família, quando necessário.

Art. 7º. O pedido de homologação do acordo será sigilosamente distribuído, contendo apenas informações que não possam identificar o colaborador e o seu objeto.

§ 1º. As informações pormenorizadas da colaboração serão dirigidas diretamente ao juiz a que recair a distribuição, que decidirá no prazo de 48 (quarenta e oito) horas.

§ 2º. O acesso aos autos será restrito ao juiz, ao Ministério Público e ao delegado de polícia, como forma de garantir o êxito das investigações, assegurando-se ao defensor, no interesse do representado, amplo acesso aos elementos de prova que digam respeito ao exercício do direito de defesa, devidamente precedido de autorização judicial, ressalvados os referentes às diligências em andamento.

§ 3º O acordo de colaboração premiada e os depoimentos do colaborador serão mantidos em sigilo até o recebimento da denúncia ou da queixa-crime, sendo vedado ao magistrado decidir por sua publicidade em qualquer hipótese. (Redação dada pela Lei 13.964/2019)

SEÇÃO II. DA AÇÃO CONTROLADA

Art. 8º. Consiste a ação controlada em retardar a intervenção policial ou administrativa relativa à ação praticada por organização criminosa ou a ela vinculada, desde que mantida sob observação e acompanhamento para que a medida legal se concretize no momento mais eficaz à formação de provas e obtenção de informações.

§ 1º. O retardamento da intervenção policial ou administrativa será previamente comunicado ao juiz competente que, se for o caso, estabelecerá os seus limites e comunicará ao Ministério Público.

§ 2º. A comunicação será sigilosamente distribuída de forma a não conter informações que possam indicar a operação a ser efetuada.

§ 3º. Até o encerramento da diligência, o acesso aos autos será restrito ao juiz, ao Ministério Público e ao delegado de polícia, como forma de garantir o êxito das investigações.

§ 4º. Ao término da diligência, elaborar-se-á auto circunstanciado acerca da ação controlada.

Art. 9º. Se a ação controlada envolver transposição de fronteiras, o retardamento da intervenção policial ou administrativa somente poderá ocorrer com a cooperação das autoridades dos países que figurem como provável itinerário ou destino do investigado, de modo a reduzir os riscos de fuga e extravio do produto, objeto, instrumento ou proveito do crime.

SEÇÃO III. DA INFILTRAÇÃO DE AGENTES

- Lei 13.441/2017 – Altera a Lei 8.069/1990 (ECA), para prever a infiltração de agentes de polícia na internet com o fim de investigar crimes contra a dignidade sexual de criança e de adolescente.

Art. 10. A infiltração de agentes de polícia em tarefas de investigação, representada pelo delegado de polícia ou requerida pelo Ministério Público, após manifestação técnica do delegado de polícia quando solicitada no curso de inquérito policial, será precedida de circunstanciada, motivada e sigilosa autorização judicial, que estabelecerá seus limites.

§ 1º. Na hipótese de representação do delegado de polícia, o juiz competente, antes de decidir, ouvirá o Ministério Público.

§ 2º. Será admitida a infiltração se houver indícios de infração penal de que trata o art. 1º e se a prova não puder ser produzida por outros meios disponíveis.

§ 3º. A infiltração será autorizada pelo prazo de até 6 (seis) meses, sem prejuízo de eventuais renovações, desde que comprovada sua necessidade.

§ 4º. Findo o prazo previsto no § 3º, o relatório circunstanciado será apresentado ao juiz competente, que imediatamente cientificará o Ministério Público.

§ 5º. No curso do inquérito policial, o delegado de polícia poderá determinar aos seus agentes, e o Ministério Público poderá requisitar, a qualquer tempo, relatório da atividade de infiltração.

Art. 10-A. Será admitida a ação de agentes de polícia infiltrados virtuais, obedecidos os requisitos do *caput* do art. 10, na internet, com o fim de investigar os crimes previstos nesta Lei e a eles conexos, praticados por organizações criminosas, desde que demonstrada sua necessidade e indicados o alcance das tarefas dos policiais, os nomes ou apelidos das pessoas investigadas e, quando possível, os dados de conexão ou cadastrais que permitam a identificação dessas pessoas. (Acrescido pela Lei 13.964/2019)

§ 1º Para efeitos do disposto nesta Lei, consideram-se:

I - dados de conexão: informações referentes a hora, data, início, término, duração, endereço de Protocolo de Internet (IP) utilizado e terminal de origem da conexão;

II - dados cadastrais: informações referentes a nome e endereço de assinante ou de usuário registrado ou autenticado para a conexão a quem endereço de IP, identificação de usuário ou código de acesso tenha sido atribuído no momento da conexão.

§ 2º Na hipótese de representação do delegado de polícia, o juiz competente, antes de decidir, ouvirá o Ministério Público.

§ 3º Será admitida a infiltração se houver indícios de infração penal de que trata o art. 1º desta Lei e se as provas não puderem ser produzidas por outros meios disponíveis.

§ 4º A infiltração será autorizada pelo prazo de até 6 (seis) meses, sem prejuízo de eventuais renovações, mediante ordem judicial fundamentada e desde que o total não exceda a 720 (setecentos e vinte) dias e seja comprovada sua necessidade.

§ 5º Findo o prazo previsto no § 4º deste artigo, o relatório circunstanciado, juntamente com todos os atos eletrônicos praticados durante a operação, deverão ser registrados, gravados, armazenados e apresentados ao juiz competente, que imediatamente cientificará o Ministério Público.

§ 6º No curso do inquérito policial, o delegado de polícia poderá determinar aos seus agentes, e o Ministério Público e o juiz competente poderão requisitar, a qualquer tempo, relatório da atividade de infiltração.

§ 7º É nula a prova obtida sem a observância do disposto neste artigo.

Art. 10-B. As informações da operação de infiltração serão encaminhadas diretamente ao juiz responsável pela autorização da medida, que zelará por seu sigilo. (Acrescido pela Lei 13.964/2019)

Parágrafo único. Antes da conclusão da operação, o acesso aos autos será reservado ao juiz, ao Ministério Público e ao delegado de polícia responsável pela operação, com o objetivo de garantir o sigilo das investigações.

Art. 10-C. Não comete crime o policial que oculta a sua identidade para, por meio da internet, colher indícios de autoria e materialidade dos crimes previstos no art. 1º desta Lei. (Acrescido pela Lei 13.964/2019)

Parágrafo único. O agente policial infiltrado que deixar de observar a estrita finalidade da investigação responderá pelos excessos praticados.

Art. 10-D. Concluída a investigação, todos os atos eletrônicos praticados durante a operação deverão ser registrados, gravados, armazenados e encaminhados ao juiz e ao Ministério Público, juntamente com relatório circunstanciado. (Acrescido pela Lei 13.964/2019)

Parágrafo único. Os atos eletrônicos registrados citados no *caput* deste artigo serão reunidos em autos apartados e apensados ao processo criminal juntamente com o inquérito policial, assegurando-se a preservação da identidade do agente policial infiltrado e a intimidade dos envolvidos.

Art. 11. O requerimento do Ministério Público ou a representação do delegado de polícia para a infiltração de agentes conterão a demonstração da necessidade da medida, o alcance das tarefas dos agentes e, quando possível, os nomes ou apelidos das pessoas investigadas e o local da infiltração.

Parágrafo único. Os órgãos de registro e cadastro público poderão incluir nos bancos de dados próprios, mediante procedimento sigiloso e requisição da autoridade judicial, as informações necessárias à efetividade da identidade fictícia criada, nos casos de infiltração de agentes na internet. (Acrescido pela Lei 13.964/2019)

Art. 12. O pedido de infiltração será sigilosamente distribuído, de forma a não conter informações que possam indicar a operação a ser efetivada ou identificar o agente que será infiltrado.

§ 1º. As informações quanto à necessidade da operação de infiltração serão dirigidas diretamente ao juiz competente, que decidirá no prazo de 24 (vinte e quatro) horas, após manifestação do Ministério Público na hipótese de representação do delegado de polícia, devendo-se adotar as medidas necessárias para o êxito das investigações e a segurança do agente infiltrado.

§ 2º. Os autos contendo as informações da operação de infiltração acompanharão a denúncia do Ministério Público, quando serão disponibilizados à defesa, assegurando-se a preservação da identidade do agente.

§ 3º. Havendo indícios seguros de que o agente infiltrado sofre risco iminente, a operação será sustada mediante requisição do Ministério Público ou pelo delegado de polícia, dando-se imediata ciência ao Ministério Público e à autoridade judicial.

Art. 13. O agente que não guardar, em sua atuação, a devida proporcionalidade com a finalidade da investigação, responderá pelos excessos praticados.

Parágrafo único. Não é punível, no âmbito da infiltração, a prática de crime pelo agente infiltrado no curso da investigação, quando inexigível conduta diversa.

Art. 14. São direitos do agente:

I – recusar ou fazer cessar a atuação infiltrada;

II – ter sua identidade alterada, aplicando-se, no que couber, o disposto no art. 9º da Lei nº 9.807, de 13 de julho de 1999, bem como usufruir das medidas de proteção a testemunhas;

III – ter seu nome, sua qualificação, sua imagem, sua voz e demais informações pessoais preservadas durante a investigação e o processo criminal, salvo se houver decisão judicial em contrário;

IV – não ter sua identidade revelada, nem ser fotografado ou filmado pelos meios de comunicação, sem sua prévia autorização por escrito.

SEÇÃO IV. DO ACESSO A REGISTROS, DADOS CADASTRAIS, DOCUMENTOS E INFORMAÇÕES

Art. 15. O delegado de polícia e o Ministério Público terão acesso, independentemente de autorização judicial, apenas aos dados cadastrais do investigado que informem exclusivamente a qualificação pessoal, a filiação e o endereço mantidos pela Justiça Eleitoral, empresas telefônicas, instituições financeiras, provedores de internet e administradoras de cartão de crédito.

Art. 16. As empresas de transporte possibilitarão, pelo prazo de 5 (cinco) anos, acesso direto e permanente do juiz, do Ministério Público ou do delegado de polícia aos bancos de dados de reservas e registro de viagens.

Art. 17. As concessionárias de telefonia fixa ou móvel manterão, pelo prazo de 5 (cinco) anos, à disposição das autoridades mencionadas no art. 15, registros de identificação dos números dos terminais de origem e de destino das ligações telefônicas internacionais, interurbanas e locais.

SEÇÃO V. DOS CRIMES OCORRIDOS NA INVESTIGAÇÃO E NA OBTENÇÃO DA PROVA

Art. 18. Revelar a identidade, fotografar ou filmar o colaborador, sem sua prévia autorização por escrito:

Pena – reclusão, de 1 (um) a 3 (três) anos, e multa.

Art. 19. Imputar falsamente, sob pretexto de colaboração com a Justiça, a prática de infração penal a pessoa que sabe ser inocente, ou revelar informações sobre a estrutura de organização criminosa que sabe inverídicas:

Pena – reclusão, de 1 (um) a 4 (quatro) anos, e multa.

Art. 20. Descumprir determinação de sigilo das investigações que envolvam a ação controlada e a infiltração de agentes:

Pena – reclusão, de 1 (um) a 4 (quatro) anos, e multa.

Art. 21. Recusar ou omitir dados cadastrais, registros, documentos e informações requisitadas pelo juiz, Ministério Público ou delegado de polícia, no curso de investigação ou do processo:

Pena – reclusão, de 6 (seis) meses a 2 (dois) anos, e multa.

Parágrafo único. Na mesma pena incorre quem, de forma indevida, se apossa, propala, divulga ou faz uso dos dados cadastrais de que trata esta Lei.

CAPÍTULO III. DISPOSIÇÕES FINAIS

Art. 22. Os crimes previstos nesta Lei e as infrações penais conexas serão apurados mediante procedimento ordinário previsto no Decreto-Lei nº 3.689, de 3 de outubro de 1941 (Código de Processo Penal), observado o disposto no parágrafo único deste artigo.

Parágrafo único. A instrução criminal deverá ser encerrada em prazo razoável, o qual não poderá exceder a 120 (cento e vinte) dias quando o réu estiver preso, prorrogáveis em até igual período, por decisão fundamentada, devidamente motivada pela complexidade da causa ou por fato procrastinatório atribuível ao réu.

Art. 23. O sigilo da investigação poderá ser decretado pela autoridade judicial competente, para garantia da celeridade e da eficácia das diligências investigatórias, assegurando-se ao defensor, no interesse do representado, amplo acesso aos elementos de prova que digam respeito ao exercício do direito de defesa, devidamente precedido de autorização judicial, ressalvados os referentes às diligências em andamento.

Parágrafo único. Determinado o depoimento do investigado, seu defensor terá assegurada a prévia vista dos autos, ainda que classificados como sigilosos, no prazo mínimo de 3 (três) dias que antecedem ao ato, podendo ser ampliado, a critério da autoridade responsável pela investigação.

Art. 24. O art. 288 do Decreto-Lei nº 2.848, de 7 de dezembro de 1940 (Código Penal), passa a vigorar com a seguinte redação:

- Alteração incorporada ao texto do referido Decreto-lei.

Art. 25. O art. 342 do Decreto-Lei nº 2.848, de 7 de dezembro de 1940 (Código Penal), passa a vigorar com a seguinte redação:

- Alteração incorporada ao texto do referido Decreto-lei.

Art. 26. Revoga-se a Lei nº 9.034, de 3 de maio de 1995.

Art. 27. Esta Lei entra em vigor após decorridos 45 (quarenta e cinco) dias de sua publicação oficial.

Brasília, 2 de agosto de 2013; 192º da Independência e 125º da República.

DILMA ROUSSEFF
Publicado no D.O.U. 5.8.2013

LEI Nº 12.965, DE 23 DE ABRIL DE 2014

Estabelece princípios, garantias, direitos e deveres para o uso da Internet no Brasil.

- *Marco Civil da Internet*

A PRESIDENTA DA REPÚBLICA Faço saber que o Congresso Nacional decreta e eu sanciono a seguinte Lei:

CAPÍTULO I. DISPOSIÇÕES PRELIMINARES

- Decreto 8.771/2016 – Regulamenta a Lei 12.965/2014, para tratar das hipóteses admitidas de discriminação de pacotes de dados na internet e de degradação de tráfego, indicar procedimentos para guarda e proteção de dados por provedores de conexão e de aplicações, apontar medidas de transparência na requisição de dados cadastrais pela administração pública e estabelecer parâmetros para fiscalização e apuração de infrações.

Art. 1º. Esta Lei estabelece princípios, garantias, direitos e deveres para o uso da internet no Brasil e determina as diretrizes para atuação da União, dos Estados, do Distrito Federal e dos Municípios em relação à matéria.

Art. 2º. A disciplina do uso da internet no Brasil tem como fundamento o respeito à liberdade de expressão, bem como:

I – o reconhecimento da escala mundial da rede;
II – os direitos humanos, o desenvolvimento da personalidade e o exercício da cidadania em meios digitais;
III – a pluralidade e a diversidade;
IV – a abertura e a colaboração;
V – a livre iniciativa, a livre concorrência e a defesa do consumidor; e
VI – a finalidade social da rede.

Art. 3º. A disciplina do uso da internet no Brasil tem os seguintes princípios:

I – garantia da liberdade de expressão, comunicação e manifestação de pensamento, nos termos da Constituição Federal;
II – proteção da privacidade;
III – proteção dos dados pessoais, na forma da lei;
IV – preservação e garantia da neutralidade de rede;
V – preservação da estabilidade, segurança e funcionalidade da rede, por meio de medidas técnicas compatíveis com os padrões internacionais e pelo estímulo ao uso de boas práticas;
VI – responsabilização dos agentes de acordo com suas atividades, nos termos da lei;
VII – preservação da natureza participativa da rede;
VIII – liberdade dos modelos de negócios promovidos na internet, desde que não conflitem com os demais princípios estabelecidos nesta Lei.

Parágrafo único. Os princípios expressos nesta Lei não excluem outros previstos no ordenamento jurídico pátrio relacionados à matéria ou nos tratados internacionais em que a República Federativa do Brasil seja parte.

Art. 4º. A disciplina do uso da internet no Brasil tem por objetivo a promoção:

I – do direito de acesso à internet a todos;
II – do acesso à informação, ao conhecimento e à participação na vida cultural e na condução dos assuntos públicos;
III – da inovação e do fomento à ampla difusão de novas tecnologias e modelos de uso e acesso; e
IV – da adesão a padrões tecnológicos abertos que permitam a comunicação, a acessibilidade e a interoperabilidade entre aplicações e bases de dados.

Art. 5º. Para os efeitos desta Lei, considera-se:

I – internet: o sistema constituído do conjunto de protocolos lógicos, estruturado em escala mundial para uso público e irrestrito, com a finalidade de possibilitar a comunicação de dados entre terminais por meio de diferentes redes;
II – terminal: o computador ou qualquer dispositivo que se conecte à internet;
III – endereço de protocolo de internet (endereço IP): o código atribuído a um terminal de uma rede para permitir sua identificação, definido segundo parâmetros internacionais;
IV – administrador de sistema autônomo: a pessoa física ou jurídica que administra blocos de endereço IP específicos e o respectivo sistema autônomo de roteamento, devidamente cadastrada no ente nacional responsável pelo registro e distribuição de endereços IP geograficamente referentes ao País;
V – conexão à internet: a habilitação de um terminal para envio e recebimento de pacotes de dados pela internet, mediante a atribuição ou autenticação de um endereço IP;
VI – registro de conexão: o conjunto de informações referentes à data e hora de início e término de uma conexão à internet, sua duração e o endereço IP utilizado pelo terminal para o envio e recebimento de pacotes de dados;
VII – aplicações de internet: o conjunto de funcionalidades que podem ser acessadas por meio de um terminal conectado à internet; e
VIII – registros de acesso a aplicações de internet: o conjunto de informações referentes à data e hora de uso de uma determinada aplicação de internet a partir de um determinado endereço IP.

Art. 6º. Na interpretação desta Lei serão levados em conta, além dos fundamentos, princípios e objetivos previstos, a natureza da internet, seus usos e costumes particulares e sua importância para a promoção do desenvolvimento humano, econômico, social e cultural.

CAPÍTULO II. DOS DIREITOS E GARANTIAS DOS USUÁRIOS

Art. 7º. O acesso à internet é essencial ao exercício da cidadania, e ao usuário são assegurados os seguintes direitos:

I – inviolabilidade da intimidade e da vida privada, sua proteção e indenização pelo dano material ou moral decorrente de sua violação;

II – inviolabilidade e sigilo do fluxo de suas comunicações pela internet, salvo por ordem judicial, na forma da lei;

III – inviolabilidade e sigilo de suas comunicações privadas armazenadas, salvo por ordem judicial;

IV – não suspensão da conexão à internet, salvo por débito diretamente decorrente de sua utilização;

V – manutenção da qualidade contratada da conexão à internet;

VI – informações claras e completas constantes dos contratos de prestação de serviços, com detalhamento sobre o regime de proteção aos registros de conexão e aos registros de acesso a aplicações de internet, bem como sobre práticas de gerenciamento da rede que possam afetar sua qualidade;

VII – não fornecimento a terceiros de seus dados pessoais, inclusive registros de conexão, e de acesso a aplicações de internet, salvo mediante consentimento livre, expresso e informado ou nas hipóteses previstas em lei;

VIII – informações claras e completas sobre coleta, uso, armazenamento, tratamento e proteção de seus dados pessoais, que somente poderão ser utilizados para finalidades que:

a) justifiquem sua coleta;

b) não sejam vedadas pela legislação; e

c) estejam especificadas nos contratos de prestação de serviços ou em termos de uso de aplicações de internet;

IX – consentimento expresso sobre coleta, uso, armazenamento e tratamento de dados pessoais, que deverá ocorrer de forma destacada das demais cláusulas contratuais;

X – exclusão definitiva dos dados pessoais que tiver fornecido a determinada aplicação de internet, a seu requerimento, ao término da relação entre as partes, ressalvadas as hipóteses de guarda obrigatória de registros previstas nesta Lei e na que dispõe sobre a proteção de dados pessoais; *(Redação dada pela Lei 13.709/2018, em vigor 24 (vinte e quatro) meses após a data de sua publicação)*

XI – publicidade e clareza de eventuais políticas de uso dos provedores de conexão à internet e de aplicações de internet;

XII – acessibilidade, consideradas as características físico-motoras, perceptivas, sensoriais, intelectuais e mentais do usuário, nos termos da lei; e

XIII – aplicação das normas de proteção e defesa do consumidor nas relações de consumo realizadas na internet.

Art. 8º. A garantia do direito à privacidade e à liberdade de expressão nas comunicações é condição para o pleno exercício do direito de acesso à internet.

Parágrafo único. São nulas de pleno direito as cláusulas contratuais que violem o disposto no *caput*, tais como aquelas que:

I – impliquem ofensa à inviolabilidade e ao sigilo das comunicações privadas, pela internet; ou

II – em contrato de adesão, não ofereçam como alternativa ao contratante a adoção do foro brasileiro para solução de controvérsias decorrentes de serviços prestados no Brasil.

CAPÍTULO III.
DA PROVISÃO DE CONEXÃO E DE APLICAÇÕES DE INTERNET

SEÇÃO I.
DA NEUTRALIDADE DE REDE

Art. 9º. O responsável pela transmissão, comutação ou roteamento tem o dever de tratar de forma isonômica quaisquer pacotes de dados, sem distinção por conteúdo, origem e destino, serviço, terminal ou aplicação.

§ 1º. A discriminação ou degradação do tráfego será regulamentada nos termos das atribuições privativas do Presidente da República previstas no inciso IV do art. 84 da Constituição Federal, para a fiel execução desta Lei, ouvidos o Comitê Gestor da Internet e a Agência Nacional de Telecomunicações, e somente poderá decorrer de:

I – requisitos técnicos indispensáveis à prestação adequada dos serviços e aplicações; e

II – priorização de serviços de emergência.

§ 2º. Na hipótese de discriminação ou degradação do tráfego prevista no § 1º, o responsável mencionado no *caput* deve:

I – abster-se de causar dano aos usuários, na forma do art. 927 da Lei 10.406, de 10 de janeiro de 2002 – Código Civil;

II – agir com proporcionalidade, transparência e isonomia;

III – informar previamente de modo transparente, claro e suficientemente descritivo aos seus usuários sobre as práticas de gerenciamento e mitigação de tráfego adotadas, inclusive as relacionadas à segurança da rede; e

IV – oferecer serviços em condições comerciais não discriminatórias e abster-se de praticar condutas anticoncorrenciais.

§ 3º. Na provisão de conexão à internet, onerosa ou gratuita, bem como na transmissão, comutação ou roteamento, é vedado bloquear, monitorar, filtrar ou analisar o conteúdo dos pacotes de dados, respeitado o disposto neste artigo.

SEÇÃO II.
DA PROTEÇÃO AOS REGISTROS, AOS DADOS PESSOAIS E ÀS COMUNICAÇÕES PRIVADAS

Art. 10. A guarda e a disponibilização dos registros de conexão e de acesso a aplicações de internet de que trata esta Lei, bem como de dados pessoais e do conteúdo de comunicações privadas, devem atender à preservação da intimidade, da vida privada, da honra e da imagem das partes direta ou indiretamente envolvidas.

§ 1º. O provedor responsável pela guarda somente será obrigado a disponibilizar os registros mencionados no *caput*, de forma autônoma ou associados a dados pessoais ou a outras informações que possam contribuir para a identificação do usuário ou do terminal, mediante ordem judicial, na forma do disposto na Seção IV deste Capítulo, respeitado o disposto no art. 7º.

§ 2º. O conteúdo das comunicações privadas somente poderá ser disponibilizado mediante ordem judicial, nas hipóteses e na forma que a lei estabelecer, respeitado o disposto nos incisos II e III do art. 7º.

§ 3º. O disposto no *caput* não impede o acesso aos dados cadastrais que informem qualificação pessoal, filiação e endereço, na forma da lei, pelas autoridades administrativas que detenham competência legal para a sua requisição.

§ 4º. As medidas e os procedimentos de segurança e de sigilo devem ser informados pelo responsável pela provisão de serviços de forma clara e atender a padrões definidos em regulamento, respeitado seu direito de confidencialidade quanto a segredos empresariais.

Art. 11. Em qualquer operação de coleta, armazenamento, guarda e tratamento de registros, de dados pessoais ou de comunicações por provedores de conexão e de aplicações de internet em que pelo menos um desses atos ocorra em território nacional, deverão ser obrigatoriamente respeitados a legislação brasileira e os direitos à privacidade, à proteção dos dados pessoais e ao sigilo das comunicações privadas e dos registros.

§ 1º. O disposto no *caput* aplica-se aos dados coletados em território nacional e ao conteúdo das comunicações, desde que pelo menos um dos terminais esteja localizado no Brasil.

§ 2º. O disposto no *caput* aplica-se mesmo que as atividades sejam realizadas por pessoa jurídica sediada no exterior, desde que oferte serviço ao público brasileiro ou pelo menos uma integrante do mesmo grupo econômico possua estabelecimento no Brasil.

§ 3º. Os provedores de conexão e de aplicações de internet deverão prestar, na forma da regulamentação, informações que permitam a verificação quanto ao cumprimento da legislação brasileira referente à coleta, à guarda, ao armazenamento ou ao tratamento de dados, bem como quanto ao respeito à privacidade e ao sigilo de comunicações.

§ 4º. Decreto regulamentará o procedimento para apuração de infrações ao disposto neste artigo.

Art. 12. Sem prejuízo das demais sanções cíveis, criminais ou administrativas, as infrações às normas previstas nos arts. 10 e 11 ficam sujeitas, conforme o caso, às seguintes sanções, aplicadas de forma isolada ou cumulativa:

I – advertência, com indicação de prazo para adoção de medidas corretivas;

II – multa de até 10% (dez por cento) do faturamento do grupo econômico no Brasil no seu último exercício, excluídos os tributos, considerados a condição econômica do infrator e o princípio da proporcionalidade entre a gravidade da falta e a intensidade da sanção;

III – suspensão temporária das atividades que envolvam os atos previstos no art. 11; ou

IV – proibição de exercício das atividades que envolvam os atos previstos no art. 11.

Parágrafo único. Tratando-se de empresa estrangeira, responde solidariamente pelo pagamento da multa de que trata o *caput* sua filial, sucursal, escritório ou estabelecimento situado no País.

SUBSEÇÃO I.
DA GUARDA DE REGISTROS DE CONEXÃO

Art. 13. Na provisão de conexão à internet, cabe ao administrador de sistema autônomo respectivo o dever de manter os registros de conexão, sob sigilo, em ambiente controlado e de segurança, pelo prazo de 1 (um) ano, nos termos do regulamento.

§ 1º. A responsabilidade pela manutenção dos registros de conexão não poderá ser transferida a terceiros.

§ 2º. A autoridade policial ou administrativa ou o Ministério Público poderá requerer cautelarmente que os registros de conexão sejam guardados por prazo superior ao previsto no *caput*.

§ 3º. Na hipótese do § 2º, a autoridade requerente terá o prazo de 60 (sessenta) dias, contados a partir do requerimento, para ingressar com o pedido de autorização judicial de acesso aos registros previstos no *caput*.

§ 4º. O provedor responsável pela guarda dos registros deverá manter sigilo em relação ao requerimento previsto no § 2º, que perderá sua eficácia caso o pedido de autorização judicial seja indeferido ou não tenha sido protocolado no prazo previsto no § 3º.

§ 5º. Em qualquer hipótese, a disponibilização ao requerente dos registros de que trata este artigo deverá ser precedida de autorização judicial, conforme disposto na Seção IV deste Capítulo.

§ 6º. Na aplicação de sanções pelo descumprimento ao disposto neste artigo, serão considerados a natureza e a gravidade da infração, os danos dela resultantes, eventual vantagem auferida pelo infrator, as circunstâncias agravantes, os antecedentes do infrator e a reincidência.

SUBSEÇÃO II.
DA GUARDA DE REGISTROS DE ACESSO A APLICAÇÕES DE INTERNET NA PROVISÃO DE CONEXÃO

Art. 14. Na provisão de conexão, onerosa ou gratuita, é vedado guardar os registros de acesso a aplicações de internet.

SUBSEÇÃO III.
DA GUARDA DE REGISTROS DE ACESSO A APLICAÇÕES DE INTERNET NA PROVISÃO DE APLICAÇÕES

Art. 15. O provedor de aplicações de internet constituído na forma de pessoa jurídica e que exerça essa atividade de forma organizada, profissionalmente e com fins econômicos deverá manter os respectivos registros de acesso a aplicações de internet, sob sigilo, em ambiente controlado e de segurança, pelo prazo de 6 (seis) meses, nos termos do regulamento.

§ 1º. Ordem judicial poderá obrigar, por tempo certo, os provedores de aplicações de internet que não estão sujeitos ao disposto no *caput* a guardarem registros de acesso a aplicações de internet, desde que se trate de registros relativos a fatos específicos em período determinado.

§ 2º. A autoridade policial ou administrativa ou o Ministério Público poderão requerer cautelarmente a qualquer provedor de aplicações de internet que os registros de acesso a aplicações de internet sejam guardados, inclusive por prazo superior ao previsto no *caput*, observado o disposto nos §§ 3º e 4º do art. 13.

§ 3º. Em qualquer hipótese, a disponibilização ao requerente dos registros de que trata este artigo deverá ser precedida de autorização judicial, conforme disposto na Seção IV deste Capítulo.

§ 4º. Na aplicação de sanções pelo descumprimento ao disposto neste artigo, serão considerados a natureza e a gravidade da infração, os danos dela resultantes, eventual vantagem auferida pelo infrator, as circunstâncias agravantes, os antecedentes do infrator e a reincidência.

Art. 16. Na provisão de aplicações de internet, onerosa ou gratuita, é vedada a guarda:

I – dos registros de acesso a outras aplicações de internet sem que o titular dos dados tenha consentido previamente, respeitado o disposto no art. 7º; ou

II – de dados pessoais que sejam excessivos em relação à finalidade para a qual foi dado consentimento pelo seu titular, exceto nas hipóteses previstas na Lei que dispõe sobre a proteção de dados pessoais. *(Redação dada pela Lei 13.709/2018, em vigor 24 (vinte e quatro) meses após a data de sua publicação)*

Art. 17. Ressalvadas as hipóteses previstas nesta Lei, a opção por não guardar os registros de acesso a aplicações de internet não implica responsabilidade sobre danos decorrentes do uso desses serviços por terceiros.

SEÇÃO III.
DA RESPONSABILIDADE POR DANOS DECORRENTES DE CONTEÚDO GERADO POR TERCEIROS

Art. 18. O provedor de conexão à internet não será responsabilizado civilmente por danos decorrentes de conteúdo gerado por terceiros.

Art. 19. Com o intuito de assegurar a liberdade de expressão e impedir a censura, o provedor de aplicações de internet somente poderá ser responsabilizado civilmente por danos decorrentes de conteúdo gerado por terceiros se, após ordem judicial específica, não tomar as providências para, no âmbito e nos limites técnicos do seu serviço e dentro do prazo assinalado, tornar indisponível o conteúdo apontado como infringente, ressalvadas as disposições legais em contrário.

§ 1º. A ordem judicial de que trata o *caput* deverá conter, sob pena de nulidade, identificação clara e específica do conteúdo apontado como infringente, que permita a localização inequívoca do material.

§ 2º. A aplicação do disposto neste artigo para infrações a direitos de autor ou a direitos conexos depende de previsão legal específica, que deverá respeitar a liberdade de expressão e demais garantias previstas no art. 5º da Constituição Federal.

§ 3º. As causas que versem sobre ressarcimento por danos decorrentes de conteúdos disponibilizados na internet relacionados à honra, à reputação ou a direitos de personalidade, bem como sobre a indisponibilização desses conteúdos por provedores de aplicações de internet, poderão ser apresentadas perante os juizados especiais.

§ 4º. O juiz, inclusive no procedimento previsto no § 3º, poderá antecipar, total ou parcialmente, os efeitos da tutela pretendida no pedido inicial, existindo prova inequívoca do fato e considerado o interesse da coletividade na disponibilização do conteúdo na internet, desde que presentes os requisitos de verossimilhança da alegação do autor e de fundado receio de dano irreparável ou de difícil reparação.

Art. 20. Sempre que tiver informações de contato do usuário diretamente responsável pelo conteúdo a que se refere o art. 19, caberá ao provedor de aplicações de internet comunicar-lhe os motivos e informações relativos à indisponibilização de conteúdo, com informações que permitam o contraditório e a ampla defesa em juízo, salvo expressa previsão legal ou expressa determinação judicial fundamentada em contrário.

Parágrafo único. Quando solicitado pelo usuário que disponibilizou o conteúdo tornado indisponível, o provedor de aplicações de internet que exerce essa atividade de forma organizada, profissionalmente e com fins econômicos substituirá o conteúdo tornado indisponível pela motivação ou pela ordem judicial que deu fundamento à indisponibilização.

Art. 21. O provedor de aplicações de internet que disponibilize conteúdo gerado por terceiros será responsabilizado subsidiariamente pela violação da intimidade decorrente da divulgação, sem autorização de seus participantes, de imagens, de vídeos ou de outros materiais contendo cenas de nudez ou de atos sexuais de caráter privado quando, após o recebimento de notificação pelo participante ou seu representante legal, deixar de promover, de forma diligente, no âmbito e nos limites técnicos do seu serviço, a indisponibilização desse conteúdo.

Parágrafo único. A notificação prevista no *caput* deverá conter, sob pena de nulidade, elementos que permitam a identificação específica do material apontado como violador da intimidade do participante e a verificação da legitimidade para apresentação do pedido.

SEÇÃO IV.
DA REQUISIÇÃO JUDICIAL DE REGISTROS

Art. 22. A parte interessada poderá, com o propósito de formar conjunto probatório em processo judicial cível ou penal, em caráter incidental ou autônomo, requerer ao juiz que ordene ao responsável pela guarda o fornecimento de registros de conexão ou de registros de acesso a aplicações de internet.

Parágrafo único. Sem prejuízo dos demais requisitos legais, o requerimento deverá conter, sob pena de inadmissibilidade:

I – fundados indícios da ocorrência do ilícito;

II – justificativa motivada da utilidade dos registros solicitados para fins de investigação ou instrução probatória; e

III – período ao qual se referem os registros.

Art. 23. Cabe ao juiz tomar as providências necessárias à garantia do sigilo das informações recebidas e à preservação da intimidade, da vida privada, da honra e da imagem do usuário, podendo determinar segredo de justiça, inclusive quanto aos pedidos de guarda de registro.

CAPÍTULO IV.
DA ATUAÇÃO DO PODER PÚBLICO

Art. 24. Constituem diretrizes para a atuação da União, dos Estados, do Distrito Federal e dos Municípios no desenvolvimento da internet no Brasil:

I – estabelecimento de mecanismos de governança multiparticipativa, transparente, colaborativa e democrática, com a participação do governo, do setor empresarial, da sociedade civil e da comunidade acadêmica;

II – promoção da racionalização da gestão, expansão e uso da internet, com participação do Comitê Gestor da internet no Brasil;

III – promoção da racionalização e da interoperabilidade tecnológica dos serviços de governo eletrônico, entre os diferentes Poderes e âmbitos da Federação, para permitir o intercâmbio de informações e a celeridade de procedimentos;

IV – promoção da interoperabilidade entre sistemas e terminais diversos, inclusive entre os diferentes âmbitos federativos e diversos setores da sociedade;

V – adoção preferencial de tecnologias, padrões e formatos abertos e livres;

VI – publicidade e disseminação de dados e informações públicos, de forma aberta e estruturada;

VII – otimização da infraestrutura das redes e estímulo à implantação de centros de armazenamento, gerenciamento e disseminação de dados no País, promovendo a qualidade técnica, a inovação e a difusão das aplicações de internet, sem prejuízo à abertura, à neutralidade e à natureza participativa;

VIII – desenvolvimento de ações e programas de capacitação para uso da internet;

IX – promoção da cultura e da cidadania; e

X – prestação de serviços públicos de atendimento ao cidadão de forma integrada, eficiente, simplificada e por múltiplos canais de acesso, inclusive remotos.

Art. 25. As aplicações de internet de entes do poder público devem buscar:

I – compatibilidade dos serviços de governo eletrônico com diversos terminais, sistemas operacionais e aplicativos para seu acesso;

II – acessibilidade a todos os interessados, independentemente de suas capacidades físico-motoras, perceptivas, sensoriais, intelectuais, mentais, culturais e sociais, resguardados os aspectos de sigilo e restrições administrativas e legais;

III – compatibilidade tanto com a leitura humana quanto com o tratamento automatizado das informações;

IV – facilidade de uso dos serviços de governo eletrônico; e

V – fortalecimento da participação social nas políticas públicas.

Art. 26. O cumprimento do dever constitucional do Estado na prestação da educação, em todos os níveis de ensino, inclui a capacitação, integrada a outras práticas educacionais, para o uso seguro, consciente e responsável da internet como ferramenta para o exercício da cidadania, a promoção da cultura e o desenvolvimento tecnológico.

Art. 27. As iniciativas públicas de fomento à cultura digital e de promoção da internet como ferramenta social devem:

I – promover a inclusão digital;

II – buscar reduzir as desigualdades, sobretudo entre as diferentes regiões do País, no acesso às tecnologias da informação e comunicação e no seu uso; e

III – fomentar a produção e circulação de conteúdo nacional.

Art. 28. O Estado deve, periodicamente, formular e fomentar estudos, bem como fixar metas, estratégias, planos e cronogramas, referentes ao uso e desenvolvimento da internet no País.

CAPÍTULO V.
DISPOSIÇÕES FINAIS

Art. 29. O usuário terá a opção de livre escolha na utilização de programa de computador em seu terminal para exercício do controle parental de conteúdo entendido por ele como impróprio a seus filhos menores, desde que respeitados os princípios desta Lei e da Lei nº 8.069, de 13 de julho de 1990 – Estatuto da Criança e do Adolescente.

Parágrafo único. Cabe ao poder público, em conjunto com os provedores de conexão e de aplicações de internet e a sociedade civil, promover a educação e fornecer informações sobre o uso dos programas de computador previstos no *caput*, bem como para a definição de boas práticas para a inclusão digital de crianças e adolescentes.

Art. 30. A defesa dos interesses e dos direitos estabelecidos nesta Lei poderá ser exercida em juízo, individual ou coletivamente, na forma da Lei.

Art. 31. Até a entrada em vigor da lei específica prevista no § 2º do art. 19, a responsabilidade do provedor de aplicações de internet por danos decorrentes de conteúdo gerado por terceiros, quando se tratar de infração a direitos de autor ou a direitos conexos, continuará a ser disciplinada pela legislação autoral vigente aplicável na data da entrada em vigor desta Lei.

Art. 32. Esta Lei entra em vigor após decorridos 60 (sessenta) dias de sua publicação oficial.

Brasília, 23 de abril de 2014; 193º da Independência e 126º da República.
DILMA ROUSSEFF
Publicado no D.O.U. 24.4.2014

LEI Nº 12.984, DE 2 DE JUNHO DE 2014

Define o crime de discriminação dos portadores do vírus da imunodeficiência humana (HIV) e doentes de AIDS.

› *Discriminação dos portadores de HIV*

A PRESIDENTA DA REPÚBLICA Faço saber que o Congresso Nacional decreta e eu sanciono a seguinte Lei:

› CF/88: art. 3º, IV.

Art. 1º. Constitui crime punível com reclusão, de 1 (um) a 4 (quatro) anos, e multa, as seguintes condutas discriminatórias contra o portador do HIV e o doente de aids, em razão da sua condição de portador ou de doente:

I – recusar, procrastinar, cancelar ou segregar a inscrição ou impedir que permaneça como aluno em creche ou estabelecimento de ensino de qualquer curso ou grau, público ou privado;

II – negar emprego ou trabalho;

III – exonerar ou demitir de seu cargo ou emprego;

IV – segregar no ambiente de trabalho ou escolar;

V – divulgar a condição do portador do HIV ou de doente de aids, com intuito de ofender-lhe a dignidade;

VI – recusar ou retardar atendimento de saúde.

› Art. 2º. Esta Lei entra em vigor na data de sua publicação.

Brasília, 2 de junho de 2014; 193º da Independência e 126º da República.
DILMA ROUSSEFF
Publicado no D.O.U. de 3.6.2014

LEI Nº 12.990, DE 9 DE JUNHO DE 2014

Reserva aos negros 20% (vinte por cento) das vagas oferecidas nos concursos públicos para provimento de cargos efetivos e empregos públicos no âmbito da administração pública federal, das autarquias, das fundações públicas, das empresas públicas e das sociedades de economia mista controladas pela União.

› *Reserva de vagas em concursos públicos*

› Resolução 548/2015 do STF (Institui a reserva aos negros de 20% (vinte por cento) das vagas nos concursos públicos para provimento de cargos efetivos no âmbito do Supremo Tribunal Federal).

› Instrução Normativa 63/2015 do CNJ (*Institui a reserva aos negros de 20% (vinte por cento) das vagas nos concursos públicos para provimento de cargos efetivos no âmbito do Conselho Nacional de Justiça).*

A PRESIDENTA DA REPÚBLICA Faço saber que o Congresso Nacional decreta e eu sanciono a seguinte Lei:

Art. 1º Ficam reservadas aos negros 20% (vinte por cento) das vagas oferecidas nos concursos públicos para provimento de cargos efetivos e empregos públicos no âmbito da administração pública federal, das autarquias, das fundações públicas, das empresas públicas e das sociedades de economia mista controladas pela União, na forma desta Lei.

§ 1º A reserva de vagas será aplicada sempre que o número de vagas oferecidas no concurso público for igual ou superior a 3 (três).

§ 2º Na hipótese de quantitativo fracionado para o número de vagas reservadas a candidatos negros, esse será aumentado para o primeiro número inteiro subsequente, em caso de fração igual ou maior que 0,5 (cinco décimos), ou diminuído para número inteiro imediatamente inferior, em caso de fração menor que 0,5 (cinco décimos).

§ 3º A reserva de vagas a candidatos negros constará expressamente dos editais dos concursos públicos, que deverão especificar o total de vagas correspondentes à reserva para cada cargo ou emprego público oferecido.

Art. 2º Poderão com correr às vagas reservadas a candidatos negros aqueles que se autodeclararem pretos ou pardos no ato da inscrição no concurso público, conforme o quesito cor ou raça utilizado pela Fundação Instituto Brasileiro de Geografia e Estatística – IBGE.

Parágrafo único. Na hipótese de constatação de declaração falsa, o candidato será eliminado do concurso e, se houver sido nomeado, ficará sujeito à anulação da sua admissão ao serviço ou emprego público, após procedimento administrativo em que lhe sejam assegurados o contraditório e a ampla defesa, sem prejuízo de outras sanções cabíveis.

Art. 3º Os candidatos negros concorrerão concomitantemente às vagas reservadas e às vagas destinadas à ampla concorrência, de acordo com a sua classificação no concurso.

§ 1º Os candidatos negros aprovados dentro do número de vagas oferecido para ampla concorrência não serão computados para efeito do preenchimento das vagas reservadas.

§ 2º Em caso de desistência de candidato negro aprovado em vaga reservada, a vaga será preenchida pelo candidato negro posteriormente classificado.

§ 3º Na hipótese de não haver número de candidatos negros aprovados suficiente para ocupar as vagas reservadas, as vagas remanescentes serão revertidas para a ampla concorrência e serão preenchidas pelos demais candidatos aprovados, observada a ordem de classificação.

Art. 4º A nomeação dos candidatos aprovados respeitará os critérios de alternância e proporcionalidade, que consideram a relação entre o número de vagas total e o número de vagas reservadas a candidatos com deficiência e a candidatos negros.

Art. 5º O órgão responsável pela política de promoção da igualdade étnica de que trata o § 1º do art. 49 da Lei 12.288/20 de julho de 2010, será responsável pelo acompanhamento e avaliação anual do disposto nesta Lei, nos moldes previstos no art. 59 da Lei 12.288/20 de julho de 2010.

Art. 6º Esta Lei entra em vigor na data de sua publicação e terá vigência pelo prazo de 10 (dez) anos.

Parágrafo único. Esta Lei não se aplicará aos concursos cujos editais já tiverem sido publicados antes de sua entrada em vigor.

Brasília, 9 de junho de 2014; 193º da Independência e 126º da República.
Dilma Rousseff

LEI Nº 13.019, DE 31 DE JULHO DE 2014

Estabelece o regime jurídico das parcerias entre a administração pública e as organizações da sociedade civil, em regime de mútua cooperação, para a consecução de finalidades de interesse público e recíproco, mediante a execução de atividades ou de projetos previamente estabelecidos em planos de trabalho inseridos em termos de colaboração, em termos de fomento ou em acordos de cooperação; define diretrizes para a política de fomento, de colaboração e de cooperação com organizações da sociedade civil; e altera as Leis nºs 8.429, de 2 de junho de 1992, e 9.790, de 23 de março de 1999. (Redação dada pela Lei nº 13.204, de 2015)

› *Regime Jurídico das parcerias voluntárias*

A PRESIDENTA DA REPÚBLICA Faço saber que o Congresso Nacional decreta e eu sanciono a seguinte Lei:

› Lei 9.790/1999 – Dispõe sobre a qualificação de pessoas jurídicas de direito privado, sem fins lucrativos, como Organizações da Sociedade Civil de Interesse Público, institui e disciplina o Termo de Parceria.

› Decreto 8.726/2016 – Regulamenta a Lei 13.019/2014, para dispor sobre regras e procedimentos do regime jurídico das parcerias celebradas entre a administração pública federal e as organizações da sociedade civil.

Art. 1º. Esta Lei institui normas gerais para as parcerias entre a administração pública e organizações da sociedade civil, em regime de mútua cooperação, para a consecução de finalidades de interesse público e recíproco, mediante a execução de atividades ou de projetos previamente estabelecidos em planos de trabalho inseridos em termos de colaboração, em termos de fomento ou em acordos de cooperação. (Redação dada pela Lei nº 13.204, de 2015)

CAPÍTULO I.
DISPOSIÇÕES PRELIMINARES

Art. 2º. Para os fins desta Lei, considera-se:

I – organização da sociedade civil: (Redação dada pela Lei nº 13.204, de 2015) *a)* entidade privada sem fins lucrativos que não distribua entre os seus sócios ou associados, conselheiros, diretores, empregados, doadores ou terceiros eventuais resultados, sobras, excedentes operacionais, brutos ou líquidos, dividendos, isenções de qualquer natureza, participações ou parcelas do seu patrimônio, auferidos mediante o exercício de suas atividades, e que os aplique integralmente na consecução do respectivo objeto social, de forma imediata ou por meio da constituição de fundo patrimonial ou fundo de reserva; (Incluído pela Lei nº 13.204, de 2015)

▸ Lei 9.790/1999: art. 1º.

b) as sociedades cooperativas previstas na Lei 9.867, de 10 de novembro de 1999; as integradas por pessoas em situação de risco ou vulnerabilidade pessoal ou social; as alcançadas por programas e ações de combate à pobreza e de geração de trabalho e renda; as voltadas para fomento, educação e capacitação de trabalhadores rurais ou capacitação de agentes de assistência técnica e extensão rural; e as capacitadas para execução de atividades ou de projetos de interesse público e de cunho social. (Incluído pela Lei nº 13.204, de 2015)

c) as organizações religiosas que se dediquem a atividades ou a projetos de interesse público e de cunho social distintas das destinadas a fins exclusivamente religiosos; (Incluído pela Lei nº 13.204, de 2015)

▸ CC: art. 44, IV e § 1º.

II - administração pública: União, Estados, Distrito Federal, Municípios e respectivas autarquias, fundações, empresas públicas e sociedades de economia mista prestadoras de serviço público, e suas subsidiárias, alcançadas pelo disposto no § 9º do art. 37 da Constituição Federal; (Redação dada pela Lei nº 13.204, de 2015)

III - parceria: conjunto de direitos, responsabilidades e obrigações decorrentes de relação jurídica estabelecida formalmente entre a administração pública e organizações da sociedade civil, em regime de mútua cooperação, para a consecução de finalidades de interesse público e recíproco, mediante a execução de atividade ou de projeto expressos em termos de colaboração, em termos de fomento ou em acordos de cooperação; (Redação dada pela Lei nº 13.204, de 2015)

▸ Lei 9.790/1999: arts. 9º a 15-B.

III-A – atividade: conjunto de operações que se realizam de modo contínuo ou permanente, das quais resulta um produto ou serviço necessário à satisfação de interesses compartilhados pela administração pública e pela organização da sociedade civil; (Incluído pela Lei nº 13.204, de 2015)

III-B – projeto: conjunto de operações, limitadas no tempo, das quais resulta um produto destinado à satisfação de interesses compartilhados pela administração pública e pela organização da sociedade civil; (Incluído pela Lei nº 13.204, de 2015)

IV – dirigente: pessoa que detenha poderes de administração, gestão ou controle da organização da sociedade civil, habilitada a assinar termo de colaboração, termo de fomento ou acordo de cooperação com a administração pública para a consecução de finalidades de interesse público e recíproco, ainda que delegue essa competência a terceiros; (Redação dada pela Lei nº 13.204, de 2015)

V – administrador público: agente público revestido de competência para assinar termo de colaboração, termo de fomento ou acordo de cooperação com organização da sociedade civil para a consecução de finalidades de interesse público e recíproco, ainda que delegue essa competência a terceiros; (Redação dada pela Lei nº 13.204, de 2015)

VI – gestor: agente público responsável pela gestão de parceria celebrada por meio de termo de colaboração ou termo de fomento, designado por ato publicado em meio oficial de comunicação, com poderes de controle e fiscalização; (Redação dada pela Lei nº 13.204, de 2015)

VII – termo de colaboração: instrumento por meio do qual são formalizadas as parcerias estabelecidas pela administração pública com organizações da sociedade civil para a consecução de finalidades de interesse público e recíproco propostas pela administração pública que envolvam a transferência de recursos financeiros; (Redação dada pela Lei nº 13.204, de 2015)

VIII – termo de fomento: instrumento por meio do qual são formalizadas as parcerias estabelecidas pela administração pública com organizações da sociedade civil para a consecução de finalidades de interesse público e recíproco propostas pelas organizações da sociedade civil, que envolvam a transferência de recursos financeiros; (Redação dada pela Lei nº 13.204, de 2015)

VIII-A – acordo de cooperação: instrumento por meio do qual são formalizadas as parcerias estabelecidas pela administração pública com organizações da sociedade civil para a consecução de finalidades de interesse público e recíproco que não envolvam a transferência de recursos financeiros; (Incluído pela Lei nº 13.204, de 2015)

IX – conselho de política pública: órgão criado pelo poder público para atuar como instância consultiva, na respectiva área de atuação, na formulação, implementação, acompanhamento, monitoramento e avaliação de políticas públicas;

X – comissão de seleção: órgão colegiado destinado a processar e julgar chamamentos públicos, constituído por ato publicado em meio oficial de comunicação, assegurada a participação de pelo menos um servidor ocupante de cargo efetivo ou emprego permanente do quadro de pessoal da administração pública; (Redação dada pela Lei nº 13.204, de 2015)

XI – comissão de monitoramento e avaliação: órgão colegiado destinado a monitorar e avaliar as parcerias celebradas com organizações da sociedade civil mediante termo de colaboração ou termo de fomento, constituído por ato publicado em meio oficial de comunicação, assegurada a participação de pelo menos um servidor ocupante de cargo efetivo ou emprego permanente do quadro de pessoal da administração pública; (Redação dada pela Lei nº 13.204, de 2015)

XII – chamamento público: procedimento destinado a selecionar organização da sociedade civil para firmar parceria por meio de termo de colaboração ou de fomento, no qual se garanta a observância dos princípios da isonomia, da legalidade, da impessoalidade, da moralidade, da igualdade, da publicidade, da probidade administrativa, da vinculação ao instrumento convocatório, do julgamento objetivo e dos que lhes são correlatos;

XIII – bens remanescentes: os de natureza permanente adquiridos com recursos financeiros envolvidos na parceria, necessários à consecução do objeto, mas que a ele não se incorporam; (Redação dada pela Lei nº 13.204, de 2015)

XIV – prestação de contas: procedimento em que se analisa e se avalia a execução da parceria, pelo qual seja possível verificar o cumprimento do objeto da parceria e o alcance das metas e dos resultados previstos, compreendendo duas fases: (Redação dada pela Lei nº 13.204, de 2015)

a) apresentação das contas, de responsabilidade da organização da sociedade civil;

b) análise e manifestação conclusiva das contas, de responsabilidade da administração pública, sem prejuízo da atuação dos órgãos de controle;

XV – (Revogado pela Lei nº 13.204, de 2015).

Art. 2º-A. As parcerias disciplinadas nesta Lei respeitarão, em todos os seus aspectos, as normas específicas das políticas públicas setoriais relativas ao objeto da parceria e as respectivas instâncias de pactuação e deliberação. (Incluído pela Lei nº 13.204, de 2015)

Art. 3º. Não se aplicam as exigências desta Lei:

I – às transferências de recursos homologadas pelo Congresso Nacional ou autorizadas pelo Senado Federal naquilo em que as disposições específicas dos tratados, acordos e convenções internacionais conflitarem com esta Lei; (Redação dada pela Lei nº 13.204, de 2015)

II – (Revogado pela Lei nº 13.204, de 2015);

III – aos contratos de gestão celebrados com organizações sociais, desde que cumpridos os requisitos previstos na Lei nº 9.637, de 15 de maio de 1998; (Redação dada pela Lei nº 13.204, de 2015)

IV – aos convênios e contratos celebrados com entidades filantrópicas e sem fins lucrativos nos termos do § 1º do art. 199 da Constituição Federal; (Incluído pela Lei nº 13.204, de 2015)

V – aos termos de compromisso cultural referidos no § 1º do art. 9º da Lei 13.018, de 22 de julho de 2014; (Incluído pela Lei nº 13.204, de 2015)

VI – aos termos de parceria celebrados com organizações da sociedade civil de interesse público, desde que cumpridos os requisitos previstos na Lei nº 9.790, de 23 de março de 1999; (Incluído pela Lei nº 13.204, de 2015)

VII – às transferências referidas no art. 2º da Lei nº 10.845, de 5 de março de 2004, e nos arts. 5º e 22 da Lei nº 11.947, de 16 de junho de 2009; (Incluído pela Lei nº 13.204, de 2015)

VIII – (VETADO); (Incluído pela Lei nº 13.204, de 2015)

IX – aos pagamentos realizados a TÍTULO de anuidades, contribuições ou taxas associativas em favor de organismos internacionais ou entidades que sejam obrigatoriamente constituídas por: (Incluído pela Lei nº 13.204, de 2015)

a) membros de Poder ou do Ministério Público; (Incluído pela Lei nº 13.204, de 2015)

b) dirigentes de órgão ou de entidade da administração pública; (Incluído pela Lei nº 13.204, de 2015)

c) pessoas jurídicas de direito público interno; (Incluído pela Lei nº 13.204, de 2015)

d) pessoas jurídicas integrantes da administração pública; (Incluído pela Lei nº 13.204, de 2015)

X – às parcerias entre a administração pública e os serviços sociais autônomos. (Incluído pela Lei nº 13.204, de 2015)

Art. 4º. (Revogado pela Lei nº 3.204, de 2015).

CAPÍTULO II. DA CELEBRAÇÃO DO TERMO DE COLABORAÇÃO OU DE FOMENTO

SEÇÃO I. NORMAS GERAIS

Art. 5º. O regime jurídico de que trata esta Lei tem como fundamentos a gestão pública democrática, a participação social, o fortalecimento da sociedade civil, a transparência na aplicação dos recursos públicos, os princípios da legalidade, da legitimidade, da impessoalidade, da moralidade, da publicidade, da economicidade, da eficiência e da eficácia, destinando-se a assegurar: (Redação dada pela Lei nº 13.204, de 2015)

I – o reconhecimento da participação social como direito do cidadão;

II – a solidariedade, a cooperação e o respeito à diversidade para a construção de valores de cidadania e de inclusão social e produtiva;
III – a promoção do desenvolvimento local, regional e nacional, inclusivo e sustentável;
IV – o direito à informação, à transparência e ao controle social das ações públicas;
V – a integração e a transversalidade dos procedimentos, mecanismos e instâncias de participação social;
VI – a valorização da diversidade cultural e da educação para a cidadania ativa;
VII – a promoção e a defesa dos direitos humanos;
VIII – a preservação, a conservação e a proteção dos recursos hídricos e do meio ambiente;
IX – a valorização dos direitos dos povos indígenas e das comunidades tradicionais;
X – a preservação e a valorização do patrimônio cultural brasileiro, em suas dimensões material e imaterial.

Art. 6º. São diretrizes fundamentais do regime jurídico de parceria: (Redação dada pela Lei nº 13.204, de 2015)

I – a promoção, o fortalecimento institucional, a capacitação e o incentivo à organização da sociedade civil para a cooperação com o poder público;
II – a priorização do controle de resultados;
III – o incentivo ao uso de recursos atualizados de tecnologias de informação e comunicação;
IV – o fortalecimento das ações de cooperação institucional entre os entes federados nas relações com as organizações da sociedade civil;
V – o estabelecimento de mecanismos que ampliem a gestão de informação, transparência e publicidade;
VI – a ação integrada, complementar e descentralizada, de recursos e ações, entre os entes da Federação, evitando sobreposição de iniciativas e fragmentação de recursos;
VII – a sensibilização, a capacitação, o aprofundamento e o aperfeiçoamento do trabalho de gestores públicos, na implementação de atividades e projetos de interesse público e relevância social com organizações da sociedade civil;
VIII – a adoção de práticas de gestão administrativa necessárias e suficientes para coibir a obtenção, individual ou coletiva, de benefícios ou vantagens indevidos; (Redação dada pela Lei nº 13.204, de 2015)
IX – a promoção de soluções derivadas da aplicação de conhecimentos, da ciência e tecnologia e da inovação para atender necessidades e demandas de maior qualidade de vida da população em situação de desigualdade social.

SEÇÃO II. DA CAPACITAÇÃO DE GESTORES, CONSELHEIROS E SOCIEDADE CIVIL ORGANIZADA

Art. 7º. A União poderá instituir, em coordenação com os Estados, o Distrito Federal, os Municípios e organizações da sociedade civil, programas de capacitação voltados a: (Redação dada pela Lei nº 13.204, de 2015)

I – administradores públicos, dirigentes e gestores; (Incluído pela Lei nº 13.204, de 2015)
II – representantes de organizações da sociedade civil; (Incluído pela Lei nº 13.204, de 2015)
III – membros de conselhos de políticas públicas; (Incluído pela Lei nº 13.204, de 2015)
IV – membros de comissões de seleção; (Incluído pela Lei nº 13.204, de 2015)
V – membros de comissões de monitoramento e avaliação; (Incluído pela Lei nº 13.204, de 2015)
VI – demais agentes públicos e privados envolvidos na celebração e execução das parcerias disciplinadas nesta Lei. (Incluído pela Lei nº 13.204, de 2015)

Parágrafo único. A participação nos programas previstos no *caput* não constituirá condição para o exercício de função envolvida na materialização das parcerias disciplinadas nesta Lei. (Incluído pela Lei nº 13.204, de 2015)

Art. 8º. Ao decidir sobre a celebração de parcerias previstas nesta Lei, o administrador público: (Redação dada pela Lei nº 13.204, de 2015)

I – considerará, obrigatoriamente, a capacidade operacional da administração pública para celebrar a parceria, cumprir as obrigações dela decorrentes e assumir as respectivas responsabilidades; (Incluído pela Lei nº 13.204, de 2015)
II – avaliará as propostas de parceria com o rigor técnico necessário; (Incluído pela Lei nº 13.204, de 2015)
III – designará gestores habilitados a controlar e fiscalizar a execução em tempo hábil e de modo eficaz; (Incluído pela Lei nº 13.204, de 2015)
IV – apreciará as prestações de contas na forma e nos prazos determinados nesta Lei e na legislação específica. (Incluído pela Lei nº 13.204, de 2015)

Parágrafo único. A administração pública adotará as medidas necessárias, tanto na capacitação de pessoal, quanto no provimento dos recursos materiais e tecnológicos necessários, para assegurar a capacidade técnica e operacional de que trata o *caput* deste artigo.

SEÇÃO III. DA TRANSPARÊNCIA E DO CONTROLE

Art. 9º. (Revogado pela Lei nº 3.204, de 2015).

Art. 10. A administração pública deverá manter, em seu sítio oficial na internet, a relação das parcerias celebradas e dos respectivos planos de trabalho, até cento e oitenta dias após o respectivo encerramento. (Redação dada pela Lei nº 13.204, de 2015)

Art. 11. A organização da sociedade civil deverá divulgar na internet e em locais visíveis de suas sedes sociais e dos estabelecimentos em que exerça suas ações todas as parcerias celebradas com a administração pública. (Redação dada pela Lei nº 13.204, de 2015)

Parágrafo único. As informações de que tratam este artigo e o art. 10 deverão incluir, no mínimo:

I – data de assinatura e identificação do instrumento de parceria e do órgão da administração pública responsável;
II – nome da organização da sociedade civil e seu número de inscrição no Cadastro Nacional da Pessoa Jurídica – CNPJ da Secretaria da Receita Federal do Brasil – RFB;
III – descrição do objeto da parceria;
IV – valor total da parceria e valores liberados, quando for o caso; (Redação dada pela Lei nº 13.204, de 2015)
V – situação da prestação de contas da parceria, que deverá informar a data prevista para a sua apresentação, a data em que foi apresentada, o prazo para a sua análise e o resultado conclusivo.
VI – quando vinculados à execução do objeto e pagos com recursos da parceria, o valor total da remuneração da equipe de trabalho, as funções que seus integrantes desempenham e a remuneração prevista para o respectivo exercício. (Incluído pela Lei nº 13.204, de 2015)

Art. 12. A administração pública deverá divulgar pela internet os meios de representação sobre a aplicação irregular dos recursos envolvidos na parceria. (Redação dada pela Lei nº 13.204, de 2015)

SEÇÃO IV. DO FORTALECIMENTO DA PARTICIPAÇÃO SOCIAL E DA DIVULGAÇÃO DAS AÇÕES

Art. 13. (Vetado).

Art. 14. A administração pública divulgará, na forma de regulamento, nos meios públicos de comunicação por radiodifusão de sons e de sons e imagens, campanhas publicitárias e programações desenvolvidas por organizações da sociedade civil, no âmbito das parcerias previstas nesta Lei, mediante o emprego de recursos tecnológicos e de linguagem adequados à garantia de acessibilidade por pessoas com deficiência. (Redação dada pela Lei nº 13.204, de 2015)

Art. 15. Poderá ser criado, no âmbito do Poder Executivo federal, o Conselho Nacional de Fomento e Colaboração, de composição paritária entre representantes governamentais e organizações da sociedade civil, com a finalidade de divulgar boas práticas e de propor e apoiar políticas e ações voltadas ao fortalecimento das relações de fomento e de colaboração previstas nesta Lei.

§ 1º. A composição e o funcionamento do Conselho Nacional de Fomento e Colaboração serão disciplinados em regulamento.

§ 2º. Os demais entes federados também poderão criar instância participativa, nos termos deste artigo.

§ 3º. Os conselhos setoriais de políticas públicas e a administração pública serão consultados quanto às políticas e ações voltadas ao fortalecimento das relações de fomento e de colaboração propostas pelo Conselho de que trata o *caput* deste artigo. (Incluído pela Lei nº 13.204, de 2015)

SEÇÃO V. DOS TERMOS DE COLABORAÇÃO E DE FOMENTO

Art. 16. O termo de colaboração deve ser adotado pela administração pública para consecução de planos de trabalho de sua iniciativa, para celebração de parcerias com organizações da sociedade civil que envolvam a transferência de recursos financeiros. (Redação dada pela Lei nº 13.204, de 2015)

Parágrafo único. Os conselhos de políticas públicas poderão apresentar propostas à administração pública para celebração de termo de colaboração com organizações da sociedade civil.

Art. 17. O termo de fomento deve ser adotado pela administração pública para consecução de planos de trabalho propostos por organizações da sociedade civil que envolvam a transferência de recursos financeiros. (Redação dada pela Lei nº 13.204, de 2015)

SEÇÃO VI. DO PROCEDIMENTO DE MANIFESTAÇÃO DE INTERESSE SOCIAL

Art. 18. É instituído o Procedimento de Manifestação de Interesse Social como instrumento por meio do qual as organizações da sociedade civil, movimentos sociais e cidadãos poderão apresentar propostas ao poder público para que este avalie a possibilidade de realização de um chamamento público objetivando a celebração de parceria.

Art. 19. A proposta a ser encaminhada à administração pública deverá atender aos seguintes requisitos:

I – identificação do subscritor da proposta;
II – indicação do interesse público envolvido;
III – diagnóstico da realidade que se quer modificar, aprimorar ou desenvolver e, quando possível, indicação da viabilidade, dos custos, dos benefícios e dos prazos de execução da ação pretendida.

Art. 20. Preenchidos os requisitos do art. 19, a administração pública deverá tornar pública a proposta em seu sítio eletrônico e, verificada a conveniência e oportunidade para realização do Procedimento de Manifestação de Interesse Social, o instaurará para oitiva da sociedade sobre o tema.

Parágrafo único. Os prazos e regras do procedimento de que trata esta Seção observarão regulamento próprio de cada ente federado, a ser aprovado após a publicação desta Lei.

Art. 21. A realização do Procedimento de Manifestação de Interesse Social não implicará necessariamente na execução do chamamento público, que acontecerá de acordo com os interesses da administração.

§ 1º. A realização do Procedimento de Manifestação de Interesse Social não dispensa a convocação por meio de chamamento público para a celebração de parceria.

§ 2º. A proposição ou a participação no Procedimento de Manifestação de Interesse Social não impede a organização da sociedade civil de participar no eventual chamamento público subsequente.

§ 3º. É vedado condicionar a realização de chamamento público ou a celebração de parceria à prévia realização de Procedimento de Manifestação de Interesse Social. (Incluído pela Lei nº 13.204, de 2015)

SEÇÃO VII.
DO PLANO DE TRABALHO

Art. 22. Deverá constar do plano de trabalho de parcerias celebradas mediante termo de colaboração ou de fomento: (Redação dada pela Lei nº 13.204, de 2015)

I – descrição da realidade que será objeto da parceria, devendo ser demonstrado o nexo entre essa realidade e as atividades ou projetos e metas a serem atingidas; (Redação dada pela Lei nº 13.204, de 2015)
II – descrição de metas a serem atingidas e de atividades ou projetos a serem executados; (Redação dada pela Lei nº 13.204, de 2015)
II-A – previsão de receitas e de despesas a serem realizadas na execução das atividades ou dos projetos abrangidos pela parceria; (Incluído pela Lei nº 13.204, de 2015)
III – forma de execução das atividades ou dos projetos e de cumprimento das metas a eles atreladas; (Redação dada pela Lei nº 13.204, de 2015)
IV – definição dos parâmetros a serem utilizados para a aferição do cumprimento das metas. (Redação dada pela Lei nº 13.204, de 2015)
V a **X** – (Revogados pela Lei nº 13.204, de 2015).

Parágrafo único. (Revogado pela Lei nº 13.204, de 2015).

SEÇÃO VIII.
DO CHAMAMENTO PÚBLICO

Art. 23. A administração pública deverá adotar procedimentos claros, objetivos e simplificados que orientem os interessados e facilitem o acesso direto aos seus órgãos e instâncias decisórias, independentemente da modalidade de parceria prevista nesta Lei. (Redação dada pela Lei nº 13.204, de 2015)

Parágrafo único. Sempre que possível, a administração pública estabelecerá critérios a serem seguidos, especialmente quanto às seguintes características: (Redação dada pela Lei nº 13.204, de 2015)

I – objetos;
II – metas;
III – (Revogado pela Lei nº 13.204, de 2015);
IV – custos;
V – (Revogado pela Lei nº 13.204, de 2015);
VI – indicadores, quantitativos ou qualitativos, de avaliação de resultados. (Redação dada pela Lei nº 13.204, de 2015)

Art. 24. Exceto nas hipóteses previstas nesta Lei, a celebração de termo de colaboração ou de fomento será precedida de chamamento público voltado a selecionar organizações da sociedade civil que tornem mais eficaz a execução do objeto. (Redação dada pela Lei nº 13.204, de 2015)

§ 1º. O edital do chamamento público especificará, no mínimo:

I – a programação orçamentária que autoriza e viabiliza a celebração da parceria; (Redação dada pela Lei nº 13.204, de 2015)
II – (Revogado pela Lei nº 13.204, de 2015);
III – o objeto da parceria;
IV – as datas, os prazos, as condições, o local e a forma de apresentação das propostas;
V – as datas e os critérios de seleção e julgamento das propostas, inclusive no que se refere à metodologia de pontuação e ao peso atribuído a cada um dos critérios estabelecidos, se for o caso; (Redação dada pela Lei nº 13.204, de 2015)
VI – o valor previsto para a realização do objeto;
VII – (Revogado pela Lei nº 13.204, de 2015);
VIII – as condições para interposição de recurso administrativo; (Incluído pela Lei nº 13.204, de 2015)
IX – a minuta do instrumento por meio do qual será celebrada a parceria; (Redação dada pela Lei nº 13.204, de 2015)
X – de acordo com as características do objeto da parceria, medidas de acessibilidade para pessoas com deficiência ou mobilidade reduzida e idosos. (Redação dada pela Lei nº 13.204, de 2015)

§ 2º. É vedado admitir, prever, incluir ou tolerar, nos atos de convocação, cláusulas ou condições que comprometam, restrinjam ou frustrem o seu caráter competitivo em decorrência de qualquer circunstância impertinente ou irrelevante para o específico objeto da parceria, admitidos: (Redação dada pela Lei nº 13.204, de 2015)

I – a seleção de propostas apresentadas exclusivamente por concorrentes sediados ou com representação atuante e reconhecida na unidade da Federação onde será executado o objeto da parceria; (Incluído pela Lei nº 13.204, de 2015)
II – o estabelecimento de cláusula que delimite o território ou a abrangência da prestação de atividades ou da execução de projetos, conforme estabelecido nas políticas setoriais. (Incluído pela Lei nº 13.204, de 2015)

Art. 25. (Revogado pela Lei nº 13.204, de 2015);

Art. 26. O edital deverá ser amplamente divulgado em página do sítio oficial da administração pública na internet, com antecedência mínima de trinta dias. (Redação dada pela Lei nº 13.204, de 2015)

Parágrafo único. (Revogado pela Lei nº 13.204, de 2015).

Art. 27. O grau de adequação da proposta aos objetivos específicos do programa ou da ação em que se insere o objeto da parceria e, quando for o caso, ao valor de referência constante do chamamento constitui critério obrigatório de julgamento. (Redação dada pela Lei nº 13.204, de 2015)

§ 1º. As propostas serão julgadas por uma comissão de seleção previamente designada, nos termos desta Lei, ou constituída pelo respectivo conselho gestor, se o projeto for financiado com recursos de fundos específicos. (Redação dada pela Lei nº 13.204, de 2015)

§ 2º. Será impedida de participar da comissão de seleção pessoa que, nos últimos cinco anos, tenha mantido relação jurídica com, ao menos, uma das entidades participantes do chamamento público. (Redação dada pela Lei nº 13.204, de 2015)

§ 3º. Configurado o impedimento previsto no § 2º, deverá ser designado membro substituto que possua qualificação equivalente à do substituído.

§ 4º. A administração pública homologará e divulgará o resultado do julgamento em página do sítio previsto no art. 26. (Redação dada pela Lei nº 13.204, de 2015)

§ 5º. Será obrigatoriamente justificada a seleção de proposta que não for a mais adequada ao valor de referência constante do chamamento público. (Incluído pela Lei nº 13.204, de 2015)

§ 6º. A homologação não gera direito para a organização da sociedade civil à celebração da parceria. (Incluído pela Lei nº 13.204, de 2015)

Art. 28. Somente depois de encerrada a etapa competitiva e ordenadas as propostas, a administração pública procederá à verificação dos documentos que comprovem o atendimento pela organização da sociedade civil selecionada dos requisitos previstos nos arts. 33 e 34. (Redação dada pela Lei nº 13.204, de 2015)

§ 1º. Na hipótese de a organização da sociedade civil selecionada não atender aos requisitos exigidos nos arts. 33 e 34, aquela imediatamente mais bem classificada poderá ser convidada a aceitar a celebração de parceria nos termos da proposta por ela apresentada. (Redação dada pela Lei nº 13.204, de 2015)

§ 2º. Caso a organização da sociedade civil convidada nos termos do § 1º aceite celebrar a parceria, proceder-se-á à verificação dos documentos que comprovem o atendimento aos requisitos previstos nos arts. 33 e 34. (Redação dada pela Lei nº 13.204, de 2015)

§ 3º. (Revogado pela Lei nº 13.204, de 2015)

Art. 29. Os termos de colaboração ou de fomento que envolvam recursos decorrentes de emendas parlamentares às leis orçamentárias anuais e os acordos de cooperação serão celebrados sem chamamento público, exceto, em relação aos acordos de cooperação, quando o objeto envolver a celebração de comodato, doação de bens ou outra forma de compartilhamento de recurso patrimonial, hipótese em que o respectivo chamamento público observará o disposto nesta Lei. (Redação dada pela Lei nº 13.204, de 2015)

Art. 30. A administração pública poderá dispensar a realização do chamamento público:

I – no caso de urgência decorrente de paralisação ou iminência de paralisação de atividades de relevante interesse público, pelo prazo de até cento e oitenta dias; (Redação dada pela Lei nº 13.204, de 2015)
II – nos casos de guerra, calamidade pública, grave perturbação da ordem pública ou ameaça à paz social; (Redação dada pela Lei nº 13.204, de 2015)
III – quando se tratar da realização de programa de proteção a pessoas ameaçadas ou em situação que possa comprometer a sua segurança;
IV – (VETADO).
V – (VETADO); (Incluído pela Lei nº 13.204, de 2015)
VI – no caso de atividades voltadas ou vinculadas a serviços de educação, saúde e assistência social, desde que executadas por organizações da sociedade civil previamente credenciadas pelo órgão gestor da respectiva política. (Incluído pela Lei nº 13.204, de 2015)

Art. 31. Será considerado inexigível o chamamento público na hipótese de inviabilidade de competição entre as organizações da sociedade civil, em razão da natureza singular do objeto da parceria ou se as metas somente puderem ser atingidas por uma entidade específica, especialmente quando: (Redação dada pela Lei nº 13.204, de 2015)

I – o objeto da parceria constituir incumbência prevista em acordo, ato ou compromisso internacional, no qual sejam indicadas as instituições que utilizarão os recursos; (Incluído pela Lei nº 13.204, de 2015)

II – a parceria decorrer de transferência para organização da sociedade civil que esteja autorizada em lei na qual seja identificada expressamente a entidade beneficiária, inclusive quando se tratar da subvenção prevista no inciso I do § 3º do art. 12 da Lei nº 4.320, de 17 de março de 1964, observado o disposto no art. 26 da Lei Complementar 101, de 4 de maio de 2000. (Incluído pela Lei nº 13.204, de 2015)

Art. 32. Nas hipóteses dos arts. 30 e 31 desta Lei, a ausência de realização de chamamento público será justificada pelo administrador público. (Redação dada pela Lei nº 13.204, de 2015)

§ 1º. Sob pena de nulidade do ato de formalização de parceria prevista nesta Lei, o extrato da justificativa previsto no *caput* deverá ser publicado, na mesma data em que for efetivado, no sítio oficial da administração pública na internet e, eventualmente, a critério do administrador público, também no meio oficial de publicidade da administração pública. (Redação dada pela Lei nº 13.204, de 2015)

§ 2º. Admite-se a impugnação à justificativa, apresentada no prazo de cinco dias a contar de sua publicação, cujo teor deve ser analisado pelo administrador público responsável em até cinco dias da data do respectivo protocolo. (Redação dada pela Lei nº 13.204, de 2015)

§ 3º. Havendo fundamento na impugnação, será revogado o ato que declarou a dispensa ou considerou inexigível o chamamento público, e será imediatamente iniciado o procedimento para a realização do chamamento público, conforme o caso.

§ 4º. A dispensa e a inexigibilidade de chamamento público, bem como o disposto no art. 29, não afastam a aplicação dos demais dispositivos desta Lei. (Incluído pela Lei nº 13.204, de 2015)

SEÇÃO IX. DOS REQUISITOS PARA CELEBRAÇÃO DE PARCERIAS

▸ Rubrica da Seção IX com redação alterada pela Lei 13.204/2015.

Art. 33. Para celebrar as parcerias previstas nesta Lei, as organizações da sociedade civil deverão ser regidas por normas de organização interna que prevejam, expressamente: (Redação dada pela Lei nº 13.204, de2015)

I – objetivos voltados à promoção de atividades e finalidades de relevância pública e social;
II – (Revogado pela Lei nº 13.204, de 2015);
III – que, em caso de dissolução da entidade, o respectivo patrimônio líquido seja transferido a outra pessoa jurídica de igual natureza que preencha os requisitos desta Lei e cujo objeto social seja, preferencialmente, o mesmo da entidade extinta; (Redação dada pela Lei nº 13.204, de2015)
IV – escrituração de acordo com os princípios fundamentais de contabilidade e com as Normas Brasileiras de Contabilidade; (Redação dada pela Lei nº 13.204, de2015)

a) (Revogada pela Lei nº 13.204, de 2015);

b) (Revogada pela Lei nº 13.204, de 2015).

V – possuir: (Incluído pela Lei nº 13.204, de 2015)

a) no mínimo, um, dois ou três anos de existência, com cadastro ativo, comprovados por meio de documentação emitida pela Secretaria da Receita Federal do Brasil, com base no Cadastro Nacional da Pessoa Jurídica - CNPJ, conforme, respectivamente, a parceria seja celebrada no âmbito dos Municípios, do Distrito Federal ou dos Estados e da União, admitida a redução desses prazos por ato específico de cada ente na hipótese de nenhuma organização atingi-los; (Incluído pela Lei nº 13.204, de 2015)

b) experiência prévia na realização, com efetividade, do objeto da parceria ou de natureza semelhante; (Incluído pela Lei nº 13.204, de 2015)

c) instalações, condições materiais e capacidade técnica e operacional para o desenvolvimento das atividades ou projetos previstos na parceria e o cumprimento das metas estabelecidas. (Incluído pela Lei nº 13.204, de 2015)

§ 1º. Na celebração de acordos de cooperação, somente será exigido o requisito previsto no inciso I. (Incluído pela Lei nº 13.204, de 2015)

§ 2º. Serão dispensadas do atendimento ao disposto nos incisos I e III as organizações religiosas. (Incluído pela Lei nº 13.204, de 2015)

§ 3º. As sociedades cooperativas deverão atender às exigências previstas na legislação específica e ao disposto no inciso IV, estando dispensadas do atendimento aos requisitos previstos nos incisos I e III. (Incluído pela Lei nº 13.204, de 2015)

§ 4º. (VETADO). (Incluído pela Lei nº 13.204, de 2015)

§ 5º. Para fins de atendimento do previsto na alínea c do inciso V, não será necessária a demonstração de capacidade instalada prévia. (Incluído pela Lei nº 13.204, de 2015)

Art. 34. Para celebração das parcerias previstas nesta Lei, as organizações da sociedade civil deverão apresentar:

I – (Revogado pela Lei nº 13.204, de 2015).
II – certidões de regularidade fiscal, previdenciária, tributária, de contribuições e de dívida ativa, de acordo com a legislação aplicável de cada ente federado;
III – certidão de existência jurídica expedida pelo cartório de registro civil ou cópia do estatuto registrado e de eventuais alterações ou, tratando-se de sociedade cooperativa, certidão simplificada emitida por junta comercial; (Redação dada pela Lei nº 13.204, de 2015)
IV – (Revogado pela Lei nº 13.204, de 2015);
V – cópia da ata de eleição do quadro dirigente atual;
VI – relação nominal atualizada dos dirigentes da entidade, com endereço, número e órgão expedidor da carteira de identidade e número de registro no Cadastro de Pessoas Físicas – CPF da Secretaria da Receita Federal do Brasil – RFB de cada um deles;
VII – comprovação de que a organização da sociedade civil funciona no endereço por ela declarado; (Redação dada pela Lei nº 13.204, de 2015)
VIII – (Revogado pela Lei nº 13.204, de 2015).

Parágrafo único. (VETADO):

I – (VETADO);
II – (VETADO);
III – (VETADO).

Art. 35. A celebração e a formalização do termo de colaboração e do termo de fomento dependerão da adoção das seguintes providências pela administração pública:

I – realização de chamamento público, ressalvadas as hipóteses previstas nesta Lei;
II – indicação expressa da existência de prévia dotação orçamentária para execução da parceria;
III – demonstração de que os objetivos e finalidades institucionais e a capacidade técnica e operacional da organização da sociedade civil foram avaliados e são compatíveis com o objeto;
IV – aprovação do plano de trabalho, a ser apresentado nos termos desta Lei;
V – emissão de parecer de órgão técnico da administração pública, que deverá pronunciar-se, de forma expressa, a respeito:

a) do mérito da proposta, em conformidade com a modalidade de parceria adotada;

b) da identidade e da reciprocidade de interesse das partes na realização, em mútua cooperação, da parceria prevista nesta Lei;

c) da viabilidade de sua execução; (Redação dada pela Lei nº 13.204, de 2015)

d) da verificação do cronograma de desembolso; (Redação dada pela Lei nº 13.204, de 2015)

e) da descrição de quais serão os meios disponíveis a serem utilizados para a fiscalização da execução da parceria, assim como dos procedimentos que deverão ser adotados para avaliação da execução física e financeira, no cumprimento das metas e objetivos;

f) (Revogada pela Lei nº 13.204, de 2015);

g) da designação do gestor da parceria;

h) da designação da comissão de monitoramento e avaliação da parceria;

i) (Revogada pela Lei nº 13.204, de 2015);

VI – emissão de parecer jurídico do órgão de assessoria ou consultoria jurídica da administração pública acerca da possibilidade de celebração da parceria. (Redação dada pela Lei nº 13.204, de 2015)

§ 1º. Não será exigida contrapartida financeira como requisito para celebração de parceria, facultada a exigência de contrapartida em bens e serviços cuja expressão monetária será obrigatoriamente identificada no termo de colaboração ou de fomento. (Redação dada pela Lei nº 13.204, de 2015)

§ 2º. Caso o parecer técnico ou o parecer jurídico de que tratam, respectivamente, os incisos V e VI concluam pela possibilidade de celebração da parceria com ressalvas, deverá o administrador público sanar os aspectos ressalvados ou, mediante ato formal, justificar a preservação desses aspectos ou sua exclusão. (Redação dada pela Lei nº 13.204, de 2015)

§ 3º. Na hipótese de o gestor da parceria deixar de ser agente público ou ser lotado em outro órgão ou entidade, o administrador público deverá designar novo gestor, assumindo, enquanto isso não ocorrer, todas as obrigações do gestor, com as respectivas responsabilidades.

§ 4º. (Revogado pela Lei nº 13.204, de 2015);

§ 5º. Caso a organização da sociedade civil adquira equipamentos e materiais permanentes com recursos provenientes da celebração da parceria, o bem será gravado com cláusula de inalienabilidade, e ela deverá formalizar promessa de transferência da propriedade à administração pública, na hipótese de sua extinção.

§ 6º. Será impedida de participar como gestor da parceria ou como membro da comissão de monitoramento e avaliação pessoa que, nos últimos 5 (cinco) anos, tenha mantido relação jurídica com, ao menos, 1 (uma) das organizações da sociedade civil partícipes.

§ 7º. Configurado o impedimento do § 6º, deverá ser designado gestor ou membro substituto que possua qualificação técnica equivalente à do substituído.

Art. 35-A. É permitida a atuação em rede, por duas ou mais organizações da sociedade civil, mantida a integral responsabilidade da organização celebrante do termo de fomento ou de colaboração, desde que a organização da sociedade civil signatária do termo de fomento ou de colaboração possua: (Incluído pela Lei nº 13.204, de 2015)

I – mais de cinco anos de inscrição no CNPJ; (Incluído pela Lei nº 13.204, de 2015)

II – capacidade técnica e operacional para supervisionar e orientar diretamente a atuação da organização que com ela estiver atuando em rede. (Incluído pela Lei nº 13.204, de 2015)

Parágrafo único. A organização da sociedade civil que assinar o termo de colaboração ou de fomento deverá celebrar termo de atuação em rede para repasse de recursos às não celebrantes, ficando obrigada a, no ato da respectiva formalização: (Incluído pela Lei nº 13.204, de 2015)

I – verificar, nos termos do regulamento, a regularidade jurídica e fiscal da organização executante e não celebrante do termo de colaboração ou do termo de fomento, devendo comprovar tal verificação na prestação de contas; (Incluído pela Lei nº 13.204, de 2015)

II – comunicar à administração pública em até sessenta dias a assinatura do termo de atuação em rede. (Incluído pela Lei nº 13.204, de 2015)

Art. 36. Será obrigatória a estipulação do destino a ser dado aos bens remanescentes da parceria.

Parágrafo único. Os bens remanescentes adquiridos com recursos transferidos poderão, a critério do administrador público, ser doados quando, após a consecução do objeto, não forem necessários para assegurar a continuidade do objeto pactuado, observado o disposto no respectivo termo e na legislação vigente.

Art. 37. (Revogado pela Lei nº 13.204, de 2015).

Art. 38. O termo de fomento, o termo de colaboração e o acordo de cooperação somente produzirão efeitos jurídicos após a publicação dos respectivos extratos no meio oficial de publicidade da administração pública. (Redação dada pela Lei nº 13.204, de 2015)

SEÇÃO X. DAS VEDAÇÕES

Art. 39. Ficará impedida de celebrar qualquer modalidade de parceria prevista nesta Lei a organização da sociedade civil que:

I – não esteja regularmente constituída ou, se estrangeira, não esteja autorizada a funcionar no território nacional;

II – esteja omissa no dever de prestar contas de parceria anteriormente celebrada;

III – tenha como dirigente membro de Poder ou do Ministério Público, ou dirigente de órgão ou entidade da administração pública da mesma esfera governamental na qual será celebrado o termo de colaboração ou de fomento, estendendo-se a vedação aos respectivos cônjuges ou companheiros, bem como parentes em linha reta, colateral ou por afinidade, até o segundo grau; (Redação dada pela Lei nº 13.204, de 2015)

IV – tenha tido as contas rejeitadas pela administração pública nos últimos cinco anos, exceto se: (Redação dada pela Lei nº 13.204, de 2015)

a) for sanada a irregularidade que motivou a rejeição e quitados os débitos eventualmente imputados; (Incluído pela Lei nº 13.204, de 2015)

b) for reconsiderada ou revista a decisão pela rejeição; (Incluído pela Lei nº 13.204, de 2015)

c) a apreciação das contas estiver pendente de decisão sobre recurso com efeito suspensivo; (Incluído pela Lei nº 13.204, de 2015)

V – tenha sido punida com uma das seguintes sanções, pelo período que durar a penalidade:

a) suspensão de participação em licitação e impedimento de contratar com a administração;

b) declaração de inidoneidade para licitar ou contratar com a administração pública;

c) a prevista no inciso II do art. 73 desta Lei;

d) a prevista no inciso III do art. 73 desta Lei;

VI – tenha tido contas de parceria julgadas irregulares ou rejeitadas por Tribunal ou Conselho de Contas de qualquer esfera da Federação, em decisão irrecorrível, nos últimos 8 (oito) anos;

VII – tenha entre seus dirigentes pessoa:

a) cujas contas relativas a parcerias tenham sido julgadas irregulares ou rejeitadas por Tribunal ou Conselho de Contas de qualquer esfera da Federação, em decisão irrecorrível, nos últimos 8 (oito) anos;

b) julgada responsável por falta grave e inabilitada para o exercício de cargo em comissão ou função de confiança, enquanto durar a inabilitação;

c) considerada responsável por ato de improbidade, enquanto durarem os prazos estabelecidos nos incisos I, II e III do art. 12 da Lei 8.429, de 2 de junho de 1992.

§ 1º. Nas hipóteses deste artigo, é igualmente vedada a transferência de novos recursos no âmbito de parcerias em execução, excetuando-se os casos de serviços essenciais que não podem ser adiados sob pena de prejuízo ao erário ou à população, desde que precedida de expressa e fundamentada autorização do dirigente máximo do órgão ou entidade da administração pública, sob pena de responsabilidade solidária.

§ 2º. Em qualquer das hipóteses previstas no *caput*, persiste o impedimento para celebrar parceria enquanto não houver o ressarcimento do dano ao erário, pelo qual seja responsável a organização da sociedade civil ou seu dirigente.

§ 3º. (Revogado pela Lei nº 13.204, de 2015).

§ 4º. Para os fins do disposto na alínea a do inciso IV e no § 2º, não serão considerados débitos que decorram de atrasos na liberação de repasses pela administração pública ou que tenham sido objeto de parcelamento, se a organização da sociedade civil estiver em situação regular no parcelamento. (Incluído pela Lei nº 13.204, de 2015)

§ 5º. A vedação prevista no inciso III não se aplica à celebração de parcerias com entidades que, pela sua própria natureza, sejam constituídas pelas autoridades referidas naquele inciso, sendo vedado que a mesma pessoa figure no termo de colaboração, no termo de fomento ou no acordo de cooperação simultaneamente como dirigente e administrador público. (Incluído pela Lei nº 13.204, de 2015)

§ 6º. Não são considerados membros de Poder os integrantes de conselhos de direitos e de políticas públicas. (Incluído pela Lei nº 13.204, de 2015)

Art. 40. É vedada a celebração de parcerias previstas nesta Lei que tenham por objeto, envolvam ou incluam, direta ou indiretamente, delegação das funções de regulação, de fiscalização, de exercício do poder de polícia ou de outras atividades exclusivas de Estado. (Redação dada pela Lei nº 13.204, de 2015)

I – (Revogado pela Lei nº 13.204, de 2015);

II – (Revogado pela Lei nº 13.204, de 2015).

Parágrafo único. (Revogado pela Lei nº 13.204, de 2015).

Art. 41. Ressalvado o disposto no art. 3º e no parágrafo único do art. 84, serão celebradas nos termos desta Lei as parcerias entre a administração pública e as entidades referidas no inciso I do art. 2º. (Redação dada pela Lei nº 13.204, de 2015)

Parágrafo único. (Revogado pela Lei nº 13.204, de 2015).

CAPÍTULO III. DA FORMALIZAÇÃO E DA EXECUÇÃO

SEÇÃO I. DISPOSIÇÕES PRELIMINARES

Art. 42. As parcerias serão formalizadas mediante a celebração de termo de colaboração, de termo de fomento ou de acordo de cooperação, conforme o caso, que terá como cláusulas essenciais: (Redação dada pela Lei nº 13.204, de 2015)

I – a descrição do objeto pactuado;

II – as obrigações das partes;

III – quando for o caso, o valor total e o cronograma de desembolso; (Redação dada pela Lei nº 13.204, de 2015)

IV – (Revogado pela Lei nº 13.204, de 2015);

V – a contrapartida, quando for o caso, observado o disposto no § 1º do art. 35; (Redação dada pela Lei nº 13.204, de 2015)

VI – a vigência e as hipóteses de prorrogação;

VII – a obrigação de prestar contas com definição de forma, metodologia e prazos; (Redação dada pela Lei nº 13.204, de 2015)

VIII – a forma de monitoramento e avaliação, com a indicação dos recursos humanos e tecnológicos que serão empregados na atividade ou, se for o caso, a indicação da participação de apoio técnico nos termos previstos no § 1º do art. 58 desta Lei;

IX – a obrigatoriedade de restituição de recursos, nos casos previstos nesta Lei;

X – a definição, se for o caso, da titularidade dos bens e direitos remanescentes na data da conclusão ou extinção da parceria e que, em razão de sua execução, tenham sido adquiridos, produzidos ou transformados com recursos repassados pela administração pública; (Redação dada pela Lei nº 13.204, de 2015)

XI – (Revogado pela Lei nº 13.204, de 2015);

XII – a prerrogativa atribuída à administração pública para assumir ou transferir a responsabilidade pela execução do objeto, no caso de paralisação, de modo a evitar sua descontinuidade; (Redação dada pela Lei nº 13.204, de 2015)

XIII – (Revogado pela Lei nº 13.204, de 2015);

XIV – quando for o caso, a obrigação de a organização da sociedade civil manter e movimentar os recursos em conta bancária específica, observado o disposto no art. 51; (Redação dada pela Lei nº 13.204, de 2015)

XV – o livre acesso dos agentes da administração pública, do controle interno e do Tribunal de Contas correspondente aos processos, aos documentos e às informações relacionadas a termos de colaboração ou a termos de fomento, bem como aos locais de execução do respectivo objeto; (Redação dada pela Lei nº 13.204, de 2015)

XVI – a faculdade dos partícipes rescindirem o instrumento, a qualquer tempo, com as respectivas condições, sanções e delimitações claras de responsabilidades, além da estipulação de prazo mínimo de antecedência para a publicidade dessa intenção, que não poderá ser inferior a 60 (sessenta) dias;

XVII – a indicação do foro para dirimir as dúvidas decorrentes da execução da parceria, estabelecendo a obrigatoriedade da prévia tentativa de solução administrativa, com a participação de órgão encarregado de assessoramento jurídico integrante da estrutura da administração pública; (Redação dada pela Lei nº 13.204, de 2015)

XVIII – (Revogado pela Lei nº 13.204, de 2015);

XIX – a responsabilidade exclusiva da organização da sociedade civil pelo gerenciamento administrativo e financeiro dos recursos recebidos, inclusive no que diz respeito às despesas de custeio, de investimento e de pessoal;

XX – a responsabilidade exclusiva da organização da sociedade civil pelo pagamento dos encargos trabalhistas, previdenciários, fiscais e comerciais relacionados à execução do objeto previsto no termo de colaboração ou de fomento, não implicando responsabilidade solidária ou subsidiária da administração pública a inadimplência da organização da sociedade civil em relação ao referido pagamento, os ônus incidentes sobre o objeto da parceria ou os danos decorrentes de restrição à sua execução. (Redação dada pela Lei nº 13.204, de 2015)

Parágrafo único. Constará como anexo do termo de colaboração, do termo de fomento ou do acordo de cooperação o plano de trabalho, que deles será parte integrante e indissociável. (Redação dada pela Lei nº 13.204, de 2015)

I – (Revogado pela Lei nº 13.204, de 2015);

II – (Revogado pela Lei nº 13.204, de 2015).

SEÇÃO II. DAS CONTRATAÇÕES REALIZADAS PELAS ORGANIZAÇÕES DA SOCIEDADE CIVIL

Art. 43. (Revogado pela Lei nº 13.204, de 2015);

Art. 44. (Revogado pela Lei nº 13.204, de 2015);

SEÇÃO III. DAS DESPESAS

Art. 45. As despesas relacionadas à execução da parceria serão executadas nos termos dos incisos XIX e XX do art. 42, sendo vedado: (Redação dada pela Lei nº 13.204, de 2015)

I – utilizar recursos para finalidade alheia ao objeto da parceria; (Redação dada pela Lei nº 13.204, de 2015)

II – pagar, a qualquer título, servidor ou empregado público com recursos vinculados à parceria, salvo nas hipóteses previstas em lei específica e na lei de diretrizes orçamentárias;

III – (Revogado pela Lei nº 13.204, de 2015);

IV – (VETADO);

V a IX – (Revogados pela Lei nº 13.204, de 2015);

Art. 46. Poderão ser pagas, entre outras despesas, com recursos vinculados à parceria: (Redação dada pela Lei nº 13.204, de 2015)

I – remuneração da equipe encarregada da execução do plano de trabalho, inclusive de pessoal próprio da organização da sociedade civil, durante a vigência da parceria, compreendendo as despesas com pagamentos de impostos, contribuições sociais, Fundo de Garantia do Tempo de Serviço – FGTS, férias, décimo terceiro salário, salários proporcionais, verbas rescisórias e demais encargos sociais e trabalhistas; (Redação dada pela Lei nº 13.204, de 2015)

a) (Revogada pela Lei nº 13.204, de 2015);

b) (Revogada pela Lei nº 13.204, de 2015);

c) (Revogada pela Lei nº 13.204, de 2015);

II – diárias referentes a deslocamento, hospedagem e alimentação nos casos em que a execução do objeto da parceria assim o exija; (Redação dada pela Lei nº 13.204, de 2015)

III – custos indiretos necessários à execução do objeto, seja qual for a proporção em relação ao valor total da parceria; (Redação dada pela Lei nº 13.204, de 2015)

IV – aquisição de equipamentos e materiais permanentes essenciais à consecução do objeto e serviços de adequação de espaço físico, desde que necessários à instalação dos referidos equipamentos e materiais.

§ 1º. A inadimplência da administração pública não transfere à organização da sociedade civil a responsabilidade pelo pagamento de obrigações vinculadas à parceria com recursos próprios. (Redação dada pela Lei nº 13.204, de 2015)

§ 2º. A inadimplência da organização da sociedade civil em decorrência de atrasos na liberação de repasses relacionados à parceria não poderá acarretar restrições à liberação de parcelas subsequentes. (Redação dada pela Lei nº 13.204, de 2015)

§ 3º. O pagamento de remuneração da equipe contratada pela organização da sociedade civil com recursos da parceria não gera vínculo trabalhista com o poder público. (Redação dada pela Lei nº 13.204, de 2015)

§ 4º. (Revogado pela Lei nº 13.204, de 2015).

§ 5º. (VETADO).

Art. 47. (Revogado pela Lei nº 13.204, de 2015);

SEÇÃO IV. DA LIBERAÇÃO DOS RECURSOS

Art. 48. As parcelas dos recursos transferidos no âmbito da parceria serão liberadas em estrita conformidade com o respectivo cronograma de desembolso, exceto nos casos a seguir, nos quais ficarão retidas até o saneamento das impropriedades: (Redação dada pela Lei nº 13.204, de 2015)

I – quando houver evidências de irregularidade na aplicação de parcela anteriormente recebida; (Redação dada pela Lei nº 13.204, de 2015)

II – quando constatado desvio de finalidade na aplicação dos recursos ou o inadimplemento da organização da sociedade civil em relação a obrigações estabelecidas no termo de colaboração ou de fomento; (Redação dada pela Lei nº 13.204, de 2015)

III – quando a organização da sociedade civil deixar de adotar sem justificativa suficiente as medidas saneadoras apontadas pela administração pública ou pelos órgãos de controle interno ou externo. (Redação dada pela Lei nº 13.204, de 2015)

Art. 49. Nas parcerias cuja duração exceda um ano, é obrigatória a prestação de contas ao término de cada exercício. (Redação dada pela Lei nº 13.204, de 2015)

I – (Revogado pela Lei nº 13.204, de 2015).

II – (Revogado pela Lei nº 13.204, de 2015).

III – (Revogado pela Lei nº 13.204, de 2015).

Art. 50. A administração pública deverá viabilizar o acompanhamento pela internet dos processos de liberação de recursos referentes às parcerias celebradas nos termos desta Lei.

SEÇÃO V. DA MOVIMENTAÇÃO E APLICAÇÃO FINANCEIRA DOS RECURSOS

Art. 51. Os recursos recebidos em decorrência da parceria serão depositados em conta corrente específica isenta de tarifa bancária na instituição financeira pública determinada pela administração pública. (Redação dada pela Lei nº 13.204, de 2015)

Parágrafo único. Os rendimentos de ativos financeiros serão aplicados no objeto da parceria, estando sujeitos às mesmas condições de prestação de contas exigidas para os recursos transferidos. (Redação dada pela Lei nº 13.204, de 2015)

Art. 52. Por ocasião da conclusão, denúncia, rescisão ou extinção da parceria, os saldos financeiros remanescentes, inclusive os provenientes das receitas obtidas das aplicações financeiras realizadas, serão devolvidos à administração pública no prazo improrrogável de trinta dias, sob pena de imediata instauração de tomada de contas especial do responsável, providenciada pela autoridade competente da administração pública. (Redação dada pela Lei nº 13.204, de 2015)

Art. 53. Toda a movimentação de recursos no âmbito da parceria será realizada mediante transferência eletrônica sujeita à identificação do beneficiário final e à obrigatoriedade de depósito em sua conta bancária.

§ 1º. Os pagamentos deverão ser realizados mediante crédito na conta bancária de titularidade dos fornecedores e prestadores de serviços. (Redação dada pela Lei nº 13.204, de 2015)

§ 2º. Demonstrada a impossibilidade física de pagamento mediante transferência eletrônica, o termo de colaboração ou de fomento poderá admitir a realização de pagamentos em espécie. (Incluído pela Lei nº 13.204, de 2015)

Art. 54. (Revogado pela Lei nº 13.204, de 2015);

SEÇÃO VI. DAS ALTERAÇÕES

Art. 55. A vigência da parceria poderá ser alterada mediante solicitação da organização da sociedade civil, devidamente formalizada e justificada, a ser apresentada à administração pública em, no mínimo, trinta dias antes do termo inicialmente previsto. (Redação dada pela Lei nº 13.204, de 2015)

Parágrafo único. A prorrogação de ofício da vigência do termo de colaboração ou de fomento deve ser feita pela administração pública quando ela der causa a atraso na liberação de recursos financeiros, limitada ao exato período do atraso verificado. (Redação dada pela Lei nº 13.204, de 2015)

Art. 56. (Revogado pela Lei nº 13.204, de 2015);

Art. 57. O plano de trabalho da parceria poderá ser revisto para alteração de valores ou de metas, mediante termo aditivo ou por apostila ao plano de trabalho original. (Redação dada pela Lei nº 13.204, de 2015)

Parágrafo único. (Revogado pela Lei nº 13.204, de 2015).

SEÇÃO VII. DO MONITORAMENTO E AVALIAÇÃO

Art. 58. A administração pública promoverá o monitoramento e a avaliação do cumprimento do objeto da parceria. (Redação dada pela Lei nº 13.204, de 2015)

§ 1º. Para a implementação do disposto no *caput*, a administração pública poderá valer-se do apoio técnico de terceiros, delegar competência ou firmar parcerias com órgãos ou entidades que se situem próximos ao local de aplicação dos recursos. (Redação dada pela Lei nº 13.204, de 2015)

§ 2º. Nas parcerias com vigência superior a 1 (um) ano, a administração pública realizará, sempre que possível, pesquisa de satisfação com os beneficiários do plano de trabalho e utilizará os resultados como subsídio na avaliação da parceria celebrada e do cumprimento dos objetivos pactuados, bem como na reorientação e no ajuste das metas e atividades definidas.

§ 3º. Para a implementação do disposto no § 2º, a administração pública poderá valer-se do apoio técnico de terceiros, delegar competência ou firmar parcerias com órgãos ou entidades que se situem próximos ao local de aplicação dos recursos.

Art. 59. A administração pública emitirá relatório técnico de monitoramento e avaliação de parceria celebrada mediante termo de colaboração ou termo de fomento e o submeterá à comissão de monitoramento e avaliação designada, que o homologará, independentemente da obrigatoriedade de apresentação da prestação de contas devida pela organização da sociedade civil. (Redação dada pela Lei nº 13.204, de 2015)

§ 1º. O relatório técnico de monitoramento e avaliação da parceria, sem prejuízo de outros elementos, deverá conter: (Redação dada pela Lei nº 13.204, de 2015)

I – descrição sumária das atividades e metas estabelecidas;

II – análise das atividades realizadas, do cumprimento das metas e do impacto do benefício social obtido em razão da execução do objeto até o período, com base nos indicadores estabelecidos e aprovados no plano de trabalho;
III – valores efetivamente transferidos pela administração pública; (Redação dada pela Lei nº 13.204, de 2015)
IV – (Revogado pela Lei nº 13.204, de 2015);
V – análise dos documentos comprobatórios das despesas apresentados pela organização da sociedade civil na prestação de contas, quando não for comprovado o alcance das metas e resultados estabelecidos no respectivo termo de colaboração ou de fomento; (Redação dada pela Lei nº 13.204, de 2015)
VI – análise de eventuais auditorias realizadas pelos controles interno e externo, no âmbito da fiscalização preventiva, bem como de suas conclusões e das medidas que tomaram em decorrência dessas auditorias. (Redação dada pela Lei nº 13.204, de 2015)

§ 2º. No caso de parcerias financiadas com recursos de fundos específicos, o monitoramento e a avaliação serão realizados pelos respectivos conselhos gestores, respeitadas as exigências desta Lei. (Incluído pela Lei nº 13.204, de 2015)

Art. 60. Sem prejuízo da fiscalização pela administração pública e pelos órgãos de controle, a execução da parceria será acompanhada e fiscalizada pelos conselhos de políticas públicas das áreas correspondentes de atuação existentes em cada esfera de governo. (Redação dada pela Lei nº 13.204, de 2015)

Parágrafo único. As parcerias de que trata esta Lei estarão também sujeitas aos mecanismos de controle social previstos na legislação.

SEÇÃO VIII.
DAS OBRIGAÇÕES DO GESTOR

Art. 61. São obrigações do gestor:

I – acompanhar e fiscalizar a execução da parceria;
II – informar ao seu superior hierárquico a existência de fatos que comprometam ou possam comprometer as atividades ou metas da parceria e de indícios de irregularidades na gestão dos recursos, bem como as providências adotadas ou que serão adotadas para sanar os problemas detectados;
III – (VETADO);
IV – emitir parecer técnico conclusivo de análise da prestação de contas final, levando em consideração o conteúdo do relatório técnico de monitoramento e avaliação de que trata o art. 59; (Redação dada pela Lei nº 13.204, de 2015)
V – disponibilizar materiais e equipamentos tecnológicos necessários às atividades de monitoramento e avaliação.

Art. 62. Na hipótese de inexecução por culpa exclusiva da organização da sociedade civil, a administração pública poderá, exclusivamente para assegurar o atendimento de serviços essenciais à população, por ato próprio e independentemente de autorização judicial, a fim de realizar ou manter a execução das metas ou atividades pactuadas: (Redação dada pela Lei nº 13.204, de 2015)

I – retomar os bens públicos em poder da organização da sociedade civil parceira, qualquer que tenha sido a modalidade ou TÍTULO que concedeu direitos de uso de tais bens;
II – assumir a responsabilidade pela execução do restante do objeto previsto no plano de trabalho, no caso de paralisação, de modo a evitar sua descontinuidade, devendo ser considerado na prestação de contas o que foi executado pela organização da sociedade civil até o momento em que a administração assumiu essas responsabilidades. (Redação dada pela Lei nº 13.204, de 2015)

Parágrafo único. As situações previstas no *caput* devem ser comunicadas pelo gestor ao administrador público.

CAPÍTULO IV.
DA PRESTAÇÃO DE CONTAS

SEÇÃO I.
NORMAS GERAIS

Art. 63. A prestação de contas deverá ser feita observando-se as regras previstas nesta Lei, além de prazos e normas de elaboração constantes do instrumento de parceria e do plano de trabalho.

§ 1º. A administração pública fornecerá manuais específicos às organizações da sociedade civil por ocasião da celebração das parcerias, tendo como premissas a simplificação e a racionalização dos procedimentos. (Redação dada pela Lei nº 13.204, de 2015)

§ 2º. Eventuais alterações no conteúdo dos manuais referidos no § 1º deste artigo devem ser previamente informadas à organização da sociedade civil e publicadas em meios oficiais de comunicação.

§ 3º. O regulamento estabelecerá procedimentos simplificados para prestação de contas. (Redação dada pela Lei nº 13.204, de 2015)

Art. 64. A prestação de contas apresentada pela organização da sociedade civil deverá conter elementos que permitam ao gestor da parceria avaliar o andamento ou concluir que o seu objeto foi executado conforme pactuado, com a descrição pormenorizada das atividades realizadas e a comprovação do alcance das metas e dos resultados esperados, até o período de que trata a prestação de contas.

§ 1º. Serão glosados valores relacionados a metas e resultados descumpridos sem justificativa suficiente. (Redação dada pela Lei nº 13.204, de 2015)

§ 2º. Os dados financeiros serão analisados com o intuito de estabelecer o nexo de causalidade entre a receita e a despesa realizada, a sua conformidade e o cumprimento das normas pertinentes.

§ 3º. A análise da prestação de contas deverá considerar a verdade real e os resultados alcançados.

§ 4º. A prestação de contas da parceria observará regras específicas de acordo com o montante de recursos públicos envolvidos, nos termos das disposições e procedimentos estabelecidos conforme previsto no plano de trabalho e no termo de colaboração ou de fomento

Art. 65. A prestação de contas e todos os atos que dela decorram dar-se-ão em plataforma eletrônica, permitindo a visualização por qualquer interessado. (Redação dada pela Lei nº 13.204, de 2015)

Art. 66. A prestação de contas relativa à execução do termo de colaboração ou de fomento dar-se-á mediante a análise dos documentos previstos no plano de trabalho, nos termos do inciso IX do art. 22, além dos seguintes relatórios:

I – relatório de execução do objeto, elaborado pela organização da sociedade civil, contendo as atividades ou projetos desenvolvidos para o cumprimento do objeto e o comparativo de metas propostas com os resultados alcançados; (Redação dada pela Lei nº 13.204, de 2015)
II – relatório de execução financeira do termo de colaboração ou do termo de fomento, com a descrição das despesas e receitas efetivamente realizadas e sua vinculação com a execução do objeto, na hipótese de descumprimento de metas e resultados estabelecidos no plano de trabalho. (Redação dada pela Lei nº 13.204, de 2015)

Parágrafo único. A administração pública deverá considerar ainda em sua análise os seguintes relatórios elaborados internamente, quando houver: (Redação dada pela Lei nº 13.204, de 2015)

I – relatório de visita técnica in loco eventualmente realizada durante a execução da parceria; (Redação dada pela Lei nº 13.204, de 2015)
II – relatório técnico de monitoramento e avaliação, homologado pela comissão de monitoramento e avaliação designada, sobre a conformidade do cumprimento do objeto e os resultados alcançados durante a execução do termo de colaboração ou de fomento.

Art. 67. O gestor emitirá parecer técnico de análise de prestação de contas da parceria celebrada.

§ 1º. No caso de prestação de contas única, o gestor emitirá parecer técnico conclusivo para fins de avaliação do cumprimento do objeto. (Redação dada pela Lei nº 13.204, de 2015)

§ 2º. Se a duração da parceria exceder um ano, a organização da sociedade civil deverá apresentar prestação de contas ao fim de cada exercício, para fins de monitoramento do cumprimento das metas do objeto. (Redação dada pela Lei nº 13.204, de 2015)

§ 3º. (Revogado pela Lei nº 13.204, de 2015).

§ 4º. Para fins de avaliação quanto à eficácia e efetividade das ações em execução ou que já foram realizadas, os pareceres técnicos de que trata este artigo deverão, obrigatoriamente, mencionar: (Redação dada pela Lei nº 13.204, de 2015)

I – os resultados já alcançados e seus benefícios;
II – os impactos econômicos ou sociais;
III – o grau de satisfação do público-alvo;
IV – a possibilidade de sustentabilidade das ações após a conclusão do objeto pactuado.

Art. 68. Os documentos incluídos pela entidade na plataforma eletrônica prevista no art. 65, desde que possuam garantia da origem e de seu signatário por certificação digital, serão considerados originais para os efeitos de prestação de contas.

Parágrafo único. Durante o prazo de 10 (dez) anos, contado do dia útil subsequente ao da prestação de contas, a entidade deve manter em seu arquivo os documentos originais que compõem a prestação de contas.

SEÇÃO II.
DOS PRAZOS

Art. 69. A organização da sociedade civil prestará contas da boa e regular aplicação dos recursos recebidos no prazo de até noventa dias a partir do término da vigência da parceria ou no final de cada exercício, se a duração da parceria exceder um ano. (Redação dada pela Lei nº 13.204, de 2015)

§ 1º. O prazo para a prestação final de contas será estabelecido de acordo com a complexidade do objeto da parceria. (Redação dada pela Lei nº 13.204, de 2015)

§ 2º. O disposto no *caput* não impede que a administração pública promova a instauração de tomada de contas especial antes do término da parceria, ante evidências de irregularidades na execução do objeto. (Redação dada pela Lei nº 13.204, de 2015)

§ 3º. Na hipótese do § 2º, o dever de prestar contas surge no momento da liberação de recurso envolvido na parceria. (Redação dada pela Lei nº 13.204, de 2015)

§ 4º. O prazo referido no *caput* poderá ser prorrogado por até 30 (trinta) dias, desde que devidamente justificado.

§ 5º. A manifestação conclusiva sobre a prestação de contas pela administração pública observará os prazos previstos nesta Lei, devendo concluir, alternativamente, pela: (Redação dada pela Lei nº 13.204, de 2015)

I – aprovação da prestação de contas;

II – aprovação da prestação de contas com ressalvas; ou (Redação dada pela Lei nº 13.204, de 2015)

III – rejeição da prestação de contas e determinação de imediata instauração de tomada de contas especial. (Redação dada pela Lei nº 13.204, de 2015)

§ 6º. As impropriedades que deram causa à rejeição da prestação de contas serão registradas em plataforma eletrônica de acesso público, devendo ser levadas em consideração por ocasião da assinatura de futuras parcerias com a administração pública, conforme definido em regulamento. (Redação dada pela Lei nº 13.204, de 2015)

Art. 70. Constatada irregularidade ou omissão na prestação de contas, será concedido prazo para a organização da sociedade civil sanar a irregularidade ou cumprir a obrigação.

§ 1º. O prazo referido no *caput* é limitado a 45 (quarenta e cinco) dias por notificação, prorrogável, no máximo, por igual período, dentro do prazo que a administração pública possui para analisar e decidir sobre a prestação de contas e comprovação de resultados.

§ 2º. Transcorrido o prazo para saneamento da irregularidade ou da omissão, não havendo o saneamento, a autoridade administrativa competente, sob pena de responsabilidade solidária, deve adotar as providências para apuração dos fatos, identificação dos responsáveis, quantificação do dano e obtenção do ressarcimento, nos termos da legislação vigente.

Art. 71. A administração pública apreciará a prestação final de contas apresentada, no prazo de até cento e cinquenta dias, contado da data de seu recebimento ou do cumprimento de diligência por ela determinada, prorrogável justificadamente por igual período. (Redação dada pela Lei nº 13.204, de 2015)

§§ 1º a 3º (Revogados pela Lei nº 13.204, de 2015).

§ 4º. O transcurso do prazo definido nos termos do *caput* sem que as contas tenham sido apreciadas: (Redação dada pela Lei nº 13.204, de 2015)

I – não significa impossibilidade de apreciação em data posterior ou vedação a que se adotem medidas saneadoras, punitivas ou destinadas a ressarcir danos que possam ter sido causados aos cofres públicos;

II – nos casos em que não for constatado dolo da organização da sociedade civil ou de seus prepostos, sem prejuízo da atualização monetária, impede a incidência de juros de mora sobre débitos eventualmente apurados, no período entre o final do prazo referido neste parágrafo e a data em que foi ultimada a apreciação pela administração pública. (Redação dada pela Lei nº 13.204, de 2015)

Art. 72. As prestações de contas serão avaliadas:

I – regulares, quando expressarem, de forma clara e objetiva, o cumprimento dos objetivos e metas estabelecidos no plano de trabalho; (Redação dada pela Lei nº 13.204, de 2015)

II – regulares com ressalva, quando evidenciarem impropriedade ou qualquer outra falta de natureza formal que não resulte em dano ao erário; (Redação dada pela Lei nº 13.204, de 2015)

III – irregulares, quando comprovada qualquer das seguintes circunstâncias: (Redação dada pela Lei nº 13.204, de 2015)

a) omissão no dever de prestar contas;

b) descumprimento injustificado dos objetivos e metas estabelecidos no plano de trabalho; (Redação dada pela Lei nº 13.204, de 2015)

c) dano ao erário decorrente de ato de gestão ilegítimo ou antieconômico;

d) desfalque ou desvio de dinheiro, bens ou valores públicos.

§ 1º. O administrador público responde pela decisão sobre a aprovação da prestação de contas ou por omissão em relação à análise de seu conteúdo, levando em consideração, no primeiro caso, os pareceres técnico, financeiro e jurídico, sendo permitida delegação a autoridades diretamente subordinadas, vedada a subdelegação. (Incluído pela Lei nº 13.204, de 2015)

§ 2º. Quando a prestação de contas for avaliada como irregular, após exaurida a fase recursal, se mantida a decisão, a organização da sociedade civil poderá solicitar autorização para que o ressarcimento ao erário seja promovido por meio de ações compensatórias de interesse público, mediante a apresentação de novo plano de trabalho, conforme o objeto descrito no termo de colaboração ou de fomento e a área de atuação da organização, cuja mensuração econômica será feita a partir do plano de trabalho original, desde que não tenha havido dolo ou fraude e não seja o caso de restituição integral dos recursos. (Incluído pela Lei nº 13.204, de 2015)

CAPÍTULO V. DA RESPONSABILIDADE E DAS SANÇÕES

SEÇÃO I. DAS SANÇÕES ADMINISTRATIVAS À ENTIDADE

Art. 73. Pela execução da parceria em desacordo com o plano de trabalho e com as normas desta Lei e da legislação específica, a administração pública poderá, garantida a prévia defesa, aplicar à organização da sociedade civil as seguintes sanções: (Redação dada pela Lei nº 13.204, de 2015)

I – advertência;

II – suspensão temporária da participação em chamamento público e impedimento de celebrar parceria ou contrato com órgãos e entidades da esfera de governo da administração pública sancionadora, por prazo não superior a dois anos; (Redação dada pela Lei nº 13.204, de 2015)

III – declaração de inidoneidade para participar de chamamento público ou celebrar parceria ou contrato com órgãos e entidades de todas as esferas de governo, enquanto perdurarem os motivos determinantes da punição ou até que seja promovida a reabilitação perante a própria autoridade que aplicou a penalidade, que será concedida sempre que a organização da sociedade civil ressarcir a administração pública pelos prejuízos resultantes e após decorrido o prazo da sanção aplicada com base no inciso II. (Redação dada pela Lei nº 13.204, de 2015)

§ 1º. As sanções estabelecidas nos incisos II e III são de competência exclusiva de Ministro de Estado ou de Secretário Estadual, Distrital ou Municipal, conforme o caso, facultada a defesa do interessado no respectivo processo, no prazo de dez dias da abertura de vista, podendo a reabilitação ser requerida após dois anos de aplicação da penalidade. (Redação dada pela Lei nº 13.204, de 2015)

§ 2º. Prescreve em cinco anos, contados a partir da data da apresentação da prestação de contas, a aplicação de penalidade decorrente de infração relacionada à execução da parceria. (Incluído pela Lei nº 13.204, de 2015)

§ 3º. A prescrição será interrompida com a edição de ato administrativo voltado à apuração da infração. (Incluído pela Lei nº 13.204, de 2015)

SEÇÃO II. DA RESPONSABILIDADE PELA EXECUÇÃO E PELA EMISSÃO DE PARECERES TÉCNICOS

Art. 74. (VETADO).

Art. 75. (Revogado pela Lei nº 13.204, de 2015);

Art. 76. (Revogado pela Lei nº 13.204, de 2015);

SEÇÃO III. DOS ATOS DE IMPROBIDADE ADMINISTRATIVA

Art. 77. O art. 10 da Lei nº 8.429, de 2 de junho de 1992, passa a vigorar com as seguintes alterações:

▸ Alteração incorporada ao texto da referida lei.

Art. 78. O art. 11 da Lei nº 8.429, de 2 de junho de 1992, passa a vigorar acrescido do seguinte inciso VIII:

▸ Alteração incorporada ao texto da referida lei.

Art. 78-A. O art. 23 da Lei nº 8.429, de 2 de junho de 1992, passa a vigorar acrescido do seguinte inciso III: (Incluído pela Lei nº 13.204, de 2015)

▸ Alteração incorporada ao texto da referida lei.

CAPÍTULO VI. DISPOSIÇÕES FINAIS

Art. 79. (VETADO).

Art. 80. O processamento das compras e contratações que envolvam recursos financeiros provenientes de parceria poderá ser efetuado por meio de sistema eletrônico disponibilizado pela administração pública às organizações da sociedade civil, aberto ao público via internet, que permita aos interessados formular propostas. (Redação dada pela Lei nº 13.204, de 2015)

Parágrafo único. O Sistema de Cadastramento Unificado de Fornecedores - SICAF, mantido pela União, fica disponibilizado aos demais entes federados, para fins do disposto no *caput*, sem prejuízo do uso de seus próprios sistemas. (Incluído pela Lei nº 13.204, de 2015)

Art. 81. Mediante autorização da União, os Estados, os Municípios e o Distrito Federal poderão aderir ao Sistema de Gestão de Convênios e Contratos de Repasse – SICONV para utilizar suas funcionalidades no cumprimento desta Lei.

Art. 81-A. Até que seja viabilizada a adaptação do sistema de que trata o art. 81 ou de seus correspondentes nas demais unidades da federação: (Incluído pela Lei nº 13.204, de 2015)

I – serão utilizadas as rotinas previstas antes da entrada em vigor desta Lei para repasse de recursos a organizações da sociedade civil decorrentes de parcerias celebradas nos termos desta Lei; (Incluído pela Lei nº 13.204, de 2015)

II – os Municípios de até cem mil habitantes serão autorizados a efetivar a prestação de contas e os atos dela decorrentes sem utilização da plataforma eletrônica prevista no art. 65. (Incluído pela Lei nº 13.204, de 2015)

Art. 82. (VETADO).

Art. 83. As parcerias existentes no momento da entrada em vigor desta Lei permanecerão regidas pela legislação vigente ao tempo de sua celebração, sem prejuízo da aplicação subsidiária desta Lei, naquilo em que for cabível, desde que em benefício do alcance do objeto da parceria.

§ 1º. As parcerias de que trata o *caput* poderão ser prorrogadas de ofício, no caso de atraso na liberação de recursos por parte da administração pública, por período equivalente ao atraso. (Redação dada pela Lei nº 13.204, de 2015)

§ 2º. As parcerias firmadas por prazo indeterminado antes da data de entrada em vigor desta Lei, ou prorrogáveis por período superior ao inicialmente estabelecido, no prazo de até um ano após a data da entrada em vigor desta Lei, serão, alternativamente: (Redação dada pela Lei nº 13.204, de 2015)

I – substituídas pelos instrumentos previstos nos arts. 16 ou 17, conforme o caso; (Incluído pela Lei nº 13.204, de 2015)

II – objeto de rescisão unilateral pela administração pública. (Incluído pela Lei nº 13.204, de 2015)

Art. 83-A. (VETADO). (Incluído pela Lei nº 13.204, de 2015)

Art. 84. Não se aplica às parcerias regidas por esta Lei o disposto na Lei nº 8.666, de 21 de junho de 1993. (Redação dada pela Lei nº 13.204, de 2015)

Parágrafo único. São regidos pelo art. 116 da Lei 8.666, de 21 de junho de 1993, convênios: (Redação dada pela Lei nº 13.204, de 2015)

▸ Lei 14.133/2021 (Nova Lei de Licitações)

I – entre entes federados ou pessoas jurídicas a eles vinculadas; (Incluído pela Lei nº 13.204, de 2015)

II – decorrentes da aplicação do disposto no inciso IV do art. 3º. (Incluído pela Lei nº 13.204, de 2015)

Art. 84-A. A partir da vigência desta Lei, somente serão celebrados convênios nas hipóteses do parágrafo único do art. 84. (Incluído pela Lei nº 13.204, de 2015)

Art. 84-B. As organizações da sociedade civil farão jus aos seguintes benefícios, independentemente de certificação: (Incluído pela Lei nº 13.204, de 2015)

I – receber doações de empresas, até o limite de 2% (dois por cento) de sua receita bruta; (Incluído pela Lei nº 13.204, de 2015)

II – receber bens móveis considerados irrecuperáveis, apreendidos, abandonados ou disponíveis, administrados pela Secretaria da Receita Federal do Brasil; (Incluído pela Lei nº 13.204, de 2015)

III – *(Revogado pela Lei 14.027/2020)*

Art. 84-C. Os benefícios previstos no art. 84-B serão conferidos às organizações da sociedade civil que apresentem entre seus objetivos sociais pelo menos uma das seguintes finalidades: (Incluído pela Lei nº 13.204, de 2015)

I – promoção da assistência social; (Incluído pela Lei nº 13.204, de 2015)

II – promoção da cultura, defesa e conservação do patrimônio histórico e artístico; (Incluído pela Lei nº 13.204, de 2015)

III – promoção da educação; (Incluído pela Lei nº 13.204, de 2015)

IV – promoção da saúde; (Incluído pela Lei nº 13.204, de 2015)

V – promoção da segurança alimentar e nutricional; (Incluído pela Lei nº 13.204, de 2015)

VI – defesa, preservação e conservação do meio ambiente e promoção do desenvolvimento sustentável; (Incluído pela Lei nº 13.204, de 2015)

VII – promoção do voluntariado; (Incluído pela Lei nº 13.204, de 2015)

VIII – promoção do desenvolvimento econômico e social e combate à pobreza; (Incluído pela Lei nº 13.204, de 2015)

IX – experimentação, não lucrativa, de novos modelos socioprodutivos e de sistemas alternativos de produção, comércio, emprego e crédito; (Incluído pela Lei nº 13.204, de 2015)

X – promoção de direitos estabelecidos, construção de novos direitos e assessoria jurídica gratuita de interesse suplementar; (Incluído pela Lei nº 13.204, de 2015)

XI – promoção da ética, da paz, da cidadania, dos direitos humanos, da democracia e de outros valores universais; (Incluído pela Lei nº 13.204, de 2015)

XII – organizações religiosas que se dediquem a atividades de interesse público e de cunho social distintas das destinadas a fins exclusivamente religiosos; (Incluído pela Lei nº 13.204, de 2015)

XIII – estudos e pesquisas, desenvolvimento de tecnologias alternativas, produção e divulgação de informações e conhecimentos técnicos e científicos que digam respeito às atividades mencionadas neste artigo. (Incluído pela Lei nº 13.204, de 2015)

Parágrafo único. É vedada às entidades beneficiadas na forma do art. 84-B a participação em campanhas de interesse político-partidário ou eleitorais, sob quaisquer meios ou formas. (Incluído pela Lei nº 13.204, de 2015)

Art. 85. O art. 1º da Lei nº 9.790, de 23 de março de 1999, passa a vigorar com a seguinte redação:

▸ Alteração incorporada ao texto da referida lei.

Art. 85-A. O art. 3º da Lei nº 9.790, de 23 de março de 1999, passa a vigorar acrescido do seguinte inciso XIII: (Incluído pela Lei nº 13.204, de 2015)

▸ Alteração incorporada ao texto da referida lei.

Art. 85-B. O parágrafo único do art. 4º da Lei nº 9.790, de 23 de março de 1999, passa a vigorar com a seguinte redação: (Incluído pela Lei nº 13.204, de 2015)

▸ Alteração incorporada ao texto da referida lei.

Art. 86. A Lei nº 9.790, de 23 de março de 1999, passa a vigorar acrescida dos seguintes arts. 15-A e 15-B:

▸ Alteração incorporada ao texto da referida lei.

Art. 87. As exigências de transparência e publicidade previstas em todas as etapas que envolvam a parceria, desde a fase preparatória até o fim da prestação de contas, naquilo que for necessário, serão excepcionadas quando se tratar de programa de proteção a pessoas ameaçadas ou em situação que possa comprometer a sua segurança, na forma do regulamento. (Redação dada pela Lei nº 13.204, de 2015)

Art. 88. Esta Lei entra em vigor após decorridos quinhentos e quarenta dias de sua publicação oficial, observado o disposto nos §§ 1º e 2º deste artigo. (Redação dada pela Lei nº 13.204, de 2015)

§ 1º. Para os Municípios, esta Lei entra em vigor a partir de 1º de janeiro de 2017. (Incluído pela Lei nº 13.204, de 2015)

§2º. Por ato administrativo local, o disposto nesta Lei poderá ser implantado nos Municípios a partir da data decorrente do disposto no *caput*. (Incluído pela Lei nº 13.204, de 2015)

Brasília, 31 de julho de 2014; 193º da Independência e 126º da República.

DILMA ROUSSEFF

Publicado no D.O.U. 1.8.2014

LEI COMPLEMENTAR Nº 148, DE 25 DE NOVEMBRO DE 2014

Altera a Lei Complementar nº 101, de 4 de maio de 2000, que estabelece normas de finanças públicas voltadas para a responsabilidade na gestão fiscal; dispõe sobre critérios de indexação dos contratos de refinanciamento da dívida celebrados entre a União, Estados, o Distrito Federal e Municípios; e dá outras providências.

▸ *Normas de finanças públicas*

▸ LC 151/2015 – Altera a LC 148/2014; revoga as Leis 10.819/2003, e 11.429/2006.

A PRESIDENTA DA REPÚBLICA Faço saber que o Congresso Nacional decreta e eu sanciono a seguinte Lei Complementar:

Art. 1º. (VETADO).

Art. 2º. A União adotará, nos contratos de refinanciamento de dívidas celebradas entre a União, os Estados, o Distrito Federal e os Municípios, com base, respectivamente, na Lei nº 9.496, de 11 de setembro de 1997, e na Medida Provisória nº 2.185-35, de 24 de agosto de 2001, e nos contratos de empréstimos firmados com os Estados e o Distrito Federal ao amparo da Medida Provisória nº 2.192-70, de 24 de agosto de 2001, as seguintes condições, aplicadas a partir de 1º de janeiro de 2013: (Redação dada pela Lei Complementar nº 151, de 2015)

I – juros calculados e debitados mensalmente, à taxa nominal de 4% a.a. (quatro por cento ao ano) sobre o saldo devedor previamente atualizado; e

II – atualização monetária calculada mensalmente com base na variação do Índice Nacional de Preços ao Consumidor Amplo (IPCA), apurado pela Fundação Instituto Brasileiro de Geografia e Estatística (IBGE), ou outro índice que venha a substituí-lo.

§ 1º. Os encargos de que trata o *caput* ficarão limitados à taxa referencial do Sistema Especial de Liquidação e de Custódia (Selic) para os títulos federais.

§ 2º. Para fins de aplicação da limitação referida no § 1º, será comparada mensalmente a variação acumulada do IPCA + 4% a.a. (quatro por cento ao ano) com a variação acumulada da taxa Selic.

§ 3º. O IPCA e a taxa Selic estarão referenciados ao segundo mês anterior ao de sua aplicação.

§ 4º. (VETADO).

Art. 3º. A União concederá descontos sobre os saldos devedores dos contratos referidos no art. 2º, em valor correspondente à diferença entre o montante do saldo devedor existente em 1º de janeiro de 2013 e aquele apurado utilizando-se a variação acumulada da taxa Selic desde a assinatura dos respectivos contratos, observadas todas as ocorrências que impactaram o saldo devedor no período. (Redação dada pela Lei Complementar nº 151, de 2015)

Art. 4º. Os efeitos financeiros decorrentes das condições previstas nos arts. 2º e 3º serão aplicados ao saldo devedor, mediante aditamento contratual.

Parágrafo único: A União terá até 31 de janeiro de 2016 para promover os aditivos contratuais, independentemente de regulamentação, após o que o devedor poderá recolher, a TÍTULO de pagamento à União, o montante devido, com a aplicação da Lei, ficando a União obrigada a ressarcir ao devedor os valores eventualmente pagos a maior. (Incluído pela Lei Complementar nº 151, de 2015)

Art. 5º *(Revogado pela LC 178/2021)*

Art. 5º-A. *(Revogado pela LC 178/2021)*

Art. 6º *(Revogado pela LC 178/2021)*

Art. 7º. É a União autorizada a formalizar aditivo aos contratos de refinanciamento de dívidas dos Municípios das capitais efetuados no âmbito da Medida Provisória nº 2.185-35, de 24 de agosto de 2001, para incluir a regra de que trata o inciso VI do § 1º do art. 8º da Medida Provisória nº 2.185-35, de 24 de agosto de 2001.

Art. 8º. O § 5º do art. 3º da Lei nº 9.496, de 11 de setembro de 1997, passa a vigorar com a seguinte redação:

"Art. 3º (...)

(...)

§ 5º Enquanto for exigível o Programa de Reestruturação e de Ajuste Fiscal, o contrato de refinanciamento deverá prever que a unidade da Federação:

(...)

b) somente poderá contrair novas dívidas desde que incluídas no Programa de Reestruturação e de Ajuste Fiscal;

(...)"

Art. 9º. É a União autorizada a formalizar aditivo aos contratos de refinanciamento de dívidas dos Estados e do Distrito Federal efetuados no âmbito da Lei nº 9.496, de 11 de setembro de 1997, para alterar a regra de que trata o § 5º do art. 3º da Lei nº 9.496, de 11 de setembro de 1997.

Art. 10. O Ministério da Fazenda, mediante ato normativo, estabelecerá critérios para a verificação prevista no art. 32 da Lei Complementar nº 101, de 4 de maio de 2000, diretamente pelas instituições financeiras de que trata o art. 33 da citada Lei Complementar, levando em consideração o valor da operação de crédito e a situação econômico-financeira do ente da Federação, de maneira a atender aos princípios da eficiência e da economicidade.

Parágrafo único. Na hipótese da verificação prevista no *caput*, deverá o Poder Executivo do ente da Federação formalizar o pleito à instituição financeira, acompanhado de demonstração da existência de margens da operação de crédito nos limites de endividamento e de certidão do Tribunal de Contas de sua jurisdição sobre o cumprimento das condições nos termos definidos pelo Senado Federal.

Art. 11. É vedada aos Estados, ao Distrito Federal e aos Municípios a emissão de títulos da dívida pública mobiliária.

Art. 12. Esta Lei Complementar entra em vigor na data de sua publicação.

Brasília, 25 de novembro de 2014; 193º da Independência e 126º da República.

DILMA ROUSSEFF

D.O.U. de 26.11.2014

LEI Nº 13.060, DE 22 DE DEZEMBRO DE 2014

Disciplina o uso dos instrumentos de menor potencial ofensivo pelos agentes de segurança pública, em todo o território nacional.

- *Instrumento de menor potencial ofensivo*

A PRESIDENTA DA REPÚBLICA Faço saber que o Congresso Nacional decreta e eu sanciono a seguinte Lei:

- v. CF/88: art. 98, I.
- v. CPP: arts. 394, § 1º,III, 492,§ 1º, e 538.
- v. Lei 10.259/2001 – Dispõe sobre a instituição dos Juizados Especiais Cíveis e Criminais no âmbito da Justiça Federal.
- v. Lei 9.099/1995 – Dispõe sobre os Juizados Especiais Cíveis e Criminais.

Art. 1º. Esta Lei disciplina o uso dos instrumentos de menor potencial ofensivo pelos agentes de segurança pública em todo o território nacional.

Art. 2º. Os órgãos de segurança pública deverão priorizar a utilização dos instrumentos de menor potencial ofensivo, desde que o seu uso não coloque em risco a integridade física ou psíquica dos policiais, e deverão obedecer aos seguintes princípios:

I – legalidade;

II – necessidade;

III – razoabilidade e proporcionalidade.

Parágrafo único. Não é legítimo o uso de arma de fogo:

I – contra pessoa em fuga que esteja desarmada ou que não represente risco imediato de morte ou de lesão aos agentes de segurança pública ou a terceiros; e

II – contra veículo que desrespeite bloqueio policial em via pública, exceto quando o ato represente risco de morte ou lesão aos agentes de segurança pública ou a terceiros.

Art. 3º. Os cursos de formação e capacitação dos agentes de segurança pública deverão incluir conteúdo programático que os habilite ao uso dos instrumentos não letais.

Art. 4º. Para os efeitos desta Lei, consideram-se instrumentos de menor potencial ofensivo aqueles projetados especificamente para, com baixa probabilidade de causar mortes ou lesões permanentes, conter, debilitar ou incapacitar temporariamente pessoas.

Art. 5º. O poder público tem o dever de fornecer a todo agente de segurança pública instrumentos de menor potencial ofensivo para o uso racional da força.

Art. 6º. Sempre que do uso da força praticada pelos agentes de segurança pública decorrerem ferimentos em pessoas, deverá ser assegurada a imediata prestação de assistência e socorro médico aos feridos, bem como a comunicação do ocorrido à família ou à pessoa por eles indicada.

Art. 7º. O Poder Executivo editará regulamento classificando e disciplinando a utilização dos instrumentos não letais.

Art. 8º. Esta Lei entra em vigor na data de sua publicação.

Brasília, 22 de dezembro de 2014; 193º da Independência e 126º da República.

DILMA ROUSSEFF

Publicado no D.O.U. de 23.12.2014

DECRETO Nº 8.420, DE 18 DE MARÇO DE 2015

Regulamenta a Lei nº 12.846, de 1º de agosto de 2013, que dispõe sobre a responsabilização administrativa de pessoas jurídicas pela prática de atos contra a administração pública, nacional ou estrangeira e dá outras providências.

- *Lei Anticorrupção- regulamento*

A PRESIDENTA DA REPÚBLICA, no uso da atribuição que lhe confere o art. 84, *caput*, inciso IV, da Constituição, e tendo em vista o disposto na Lei nº 12.846, de 1º de agosto de 2013, Decreta:

Art. 1º. Este Decreto regulamenta a responsabilização objetiva administrativa de pessoas jurídicas pela prática de atos contra a administração pública, nacional ou estrangeira, de que trata a Lei nº 12.846, de 1º de agosto de 2013.

CAPÍTULO I. DA RESPONSABILIZAÇÃO ADMINISTRATIVA

Art. 2º. A apuração da responsabilidade administrativa de pessoa jurídica que possa resultar na aplicação das sanções previstas no art. 6º da Lei nº 12.846, de 2013, será efetuada por meio de Processo Administrativo de Responsabilização – PAR.

Art. 3º. A competência para a instauração e para o julgamento do PAR é da autoridade máxima da entidade em face da qual foi praticado o ato lesivo, ou, em caso de órgão da administração direta, do seu Ministro de Estado.

Parágrafo único. A competência de que trata o *caput* será exercida de ofício ou mediante provocação e poderá ser delegada, sendo vedada a subdelegação.

Art. 4º. A autoridade competente para instauração do PAR, ao tomar ciência da possível ocorrência de ato lesivo à administração pública federal, em sede de juízo de admissibilidade e mediante despacho fundamentado, decidirá:

I – pela abertura de investigação preliminar;

II – pela instauração de PAR; ou

III – pelo arquivamento da matéria.

§ 1º. A investigação de que trata o inciso I do *caput* terá caráter sigiloso e não punitivo e será destinada à apuração de indícios de autoria e materialidade de atos lesivos à administração pública federal.

§ 2º. A investigação preliminar será conduzida por comissão composta por dois ou mais servidores efetivos.

§ 3º. Em entidades da administração pública federal cujos quadros funcionais não sejam formados por servidores estatutários, a comissão a que se refere o § 2º será composta por dois ou mais empregados públicos.

§ 4º. O prazo para conclusão da investigação preliminar não excederá sessenta dias e poderá ser prorrogado por igual período, mediante solicitação justificada do presidente da comissão à autoridade instauradora.

§ 5º. Ao final da investigação preliminar, serão enviadas à autoridade competente as peças de informação obtidas, acompanhadas de relatório conclusivo acerca da existência de indícios de autoria e materialidade de atos lesivos à administração pública federal, para decisão sobre a instauração do PAR.

Art. 5º. No ato de instauração do PAR, a autoridade designará comissão, composta por dois ou mais servidores estáveis, que avaliará fatos e circunstâncias conhecidos e intimará a pessoa jurídica para, no prazo de trinta dias, apresentar defesa escrita e especificar eventuais provas que pretende produzir.

§ 1º. Em entidades da administração pública federal cujos quadros funcionais não sejam formados por servidores estatutários, a comissão a que se refere o *caput* será composta por dois ou mais empregados públicos, preferencialmente com no mínimo três anos de tempo de serviço na entidade.

§ 2º. Na hipótese de deferimento de pedido de produção de novas provas ou de juntada de provas julgadas indispensáveis pela comissão, a pessoa jurídica poderá apresentar alegações finais no prazo de dez dias, contado da data do deferimento ou da intimação de juntada das provas pela comissão.

§ 3º. Serão recusadas, mediante decisão fundamentada, provas propostas pela pessoa jurídica que sejam ilícitas, impertinentes, desnecessárias, protelatórias ou intempestivas.

§ 4º. Caso a pessoa jurídica apresente em sua defesa informações e documentos referentes à existência e ao funcionamento de programa de integridade, a comissão processante deverá examiná-lo segundo os parâmetros indicados no CAPÍTULO IV, para a dosimetria das sanções a serem aplicadas.

Art. 6º. A comissão a que se refere o art. 5º exercerá suas atividades com independência e imparcialidade, assegurado o sigilo, sempre que necessário à elucidação do fato e à preservação da imagem dos envolvidos, ou quando exigido pelo interesse da administração pública, garantido o direito à ampla defesa e ao contraditório.

Art. 7º. As intimações serão feitas por meio eletrônico, via postal ou por qualquer outro meio que assegure a certeza de ciência da pessoa jurídica acusada, cujo prazo para apresentação de defesa será contado a partir da data da cientificação oficial, observado o disposto no CAPÍTULO XVI da Lei nº 9.784, de 29 de janeiro de 1999.

§ 1º. Caso não tenha êxito a intimação de que trata o *caput*, será feita nova intimação por meio de edital publicado na imprensa oficial, em jornal de grande circulação no Estado da federação em que a pessoa jurídica tenha sede, e no sítio eletrônico do órgão ou entidade pública responsável pela apuração do PAR, contando-se o prazo para apresentação da defesa a partir da última data de publicação do edital.

§ 2º. Em se tratando de pessoa jurídica que não possua sede, filial ou representação no País e sendo desconhecida sua representação no exterior, frustrada a intimação nos termos do *caput*, será feita nova intimação por meio de edital publicado na imprensa oficial e no sítio eletrônico do órgão ou entidade público responsável pela apuração do PAR, contando-se o prazo para apresentação da defesa a partir da última data de publicação do edital.

Art. 8º. A pessoa jurídica poderá acompanhar o PAR por meio de seus representantes legais ou procuradores, sendo-lhes assegurado amplo acesso aos autos.

Parágrafo único. É vedada a retirada dos autos da repartição pública, sendo autorizada a obtenção de cópias mediante requerimento.

Art. 9º. O prazo para a conclusão do PAR não excederá cento e oitenta dias, admitida prorrogação por meio de solicitação do presidente da comissão à autoridade instauradora, que decidirá de forma fundamentada.

§ 1º. O prazo previsto no *caput* será contado da data de publicação do ato de instauração do PAR.

§ 2º. A comissão, para o devido e regular exercício de suas funções, poderá:

I – propor à autoridade instauradora a suspensão cautelar dos efeitos do ato ou do processo objeto da investigação;
II – solicitar a atuação de especialistas com notório conhecimento, de órgãos e entidades públicos ou de outras organizações, para auxiliar na análise da matéria sob exame; e
III – solicitar ao órgão de representação judicial ou equivalente dos órgãos ou entidades lesados que requeira as medidas necessárias para a investigação e o processamento das infrações, inclusive de busca e apreensão, no País ou no exterior.

§ 3º. Concluídos os trabalhos de apuração e análise, a comissão elaborará relatório a respeito dos fatos apurados e da eventual responsabilidade administrativa da pessoa jurídica, no qual sugerirá, de forma motivada, as sanções a serem aplicadas, a dosimetria da multa ou o arquivamento do processo.

§ 4º. O relatório final do PAR será encaminhado à autoridade competente para julgamento, o qual será precedido de manifestação jurídica, elaborada pelo órgão de assistência jurídica competente.

§ 5º. Caso seja verificada a ocorrência de eventuais ilícitos a serem apurados em outras instâncias, o relatório da comissão será encaminhado, pela autoridade julgadora:

I – ao Ministério Público;
II – à Advocacia-Geral da União e seus órgãos vinculados, no caso de órgãos da administração pública direta, autarquias e fundações públicas federais; ou
III – ao órgão de representação judicial ou equivalente no caso de órgãos ou entidades da administração pública não abrangidos pelo inciso II.

§ 6º. Na hipótese de decisão contrária ao relatório da comissão, esta deverá ser fundamentada com base nas provas produzidas no PAR.

Art. 10. A decisão administrativa proferida pela autoridade julgadora ao final do PAR será publicada no Diário Oficial da União e no sítio eletrônico do órgão ou entidade público responsável pela instauração do PAR.

Art. 11. Da decisão administrativa sancionadora cabe pedido de reconsideração com efeito suspensivo, no prazo de dez dias, contado da data de publicação da decisão.

§ 1º. A pessoa jurídica contra a qual foram impostas sanções no PAR e que não apresentar pedido de reconsideração deverá cumpri-las no prazo de trinta dias, contado do fim do prazo para interposição do pedido de reconsideração.

§ 2º. A autoridade julgadora terá o prazo de trinta dias para decidir sobre a matéria alegada no pedido de reconsideração e publicar nova decisão.

§ 3º. Mantida a decisão administrativa sancionadora, será concedido à pessoa jurídica novo prazo de trinta dias para cumprimento das sanções que lhe foram impostas, contado da data de publicação da nova decisão.

Art. 12. Os atos previstos como infrações administrativas à Lei nº 8.666, de 21 de junho de 1993, ou a outras normas de licitações e contratos da administração pública que também sejam tipificados como atos lesivos na Lei nº 12.846, de 2013, serão apurados e julgados conjuntamente, nos mesmos autos, aplicando-se o rito procedimental previsto neste Capítulo.

- Arts. 337-E a 337-P do CP.
- Lei 14.133/2021 (Nova Lei de Licitações)

§ 1º. Concluída a apuração de que trata o *caput* e havendo autoridades distintas competentes para julgamento, o processo será encaminhado primeiramente àquela de nível mais elevado, para que julgue no âmbito de sua competência, tendo precedência o julgamento pelo Ministro de Estado competente.

§ 2º. Para fins do disposto no *caput*, o chefe da unidade responsável no órgão ou entidade pela gestão de licitações e contratos deve comunicar à autoridade prevista no art. 3º sobre eventuais fatos que configurem atos lesivos previstos no art. 5º da Lei nº 12.846, de 2013.

Art. 13. A Controladoria-Geral da União possui, no âmbito do Poder Executivo federal, competência:

I – concorrente para instaurar e julgar PAR; e
II – exclusiva para avocar os processos instaurados para exame de sua regularidade ou para corrigir-lhes o andamento, inclusive promovendo a aplicação da penalidade administrativa cabível

§ 1º. A Controladoria-Geral da União poderá exercer, a qualquer tempo, a competência prevista no *caput*, se presentes quaisquer das seguintes circunstâncias:

I – caracterização de omissão da autoridade originariamente competente;
II – inexistência de condições objetivas para sua realização no órgão ou entidade de origem;
III – complexidade, repercussão e relevância da matéria;
IV – valor dos contratos mantidos pela pessoa jurídica com o órgão ou entidade atingida; ou
V – apuração que envolva atos e fatos relacionados a mais de um órgão ou entidade da administração pública federal.

§ 2º. Ficam os órgãos e entidades da administração pública obrigados a encaminhar à Controladoria-Geral da União todos os documentos e informações que lhes forem solicitados, incluídos os autos originais dos processos que eventualmente estejam em curso.

Art. 14. Compete à Controladoria-Geral da União instaurar, apurar e julgar PAR pela prática de atos lesivos à administração pública estrangeira, o qual seguirá, no que couber, o rito procedimental previsto neste Capítulo.

CAPÍTULO II. DAS SANÇÕES ADMINISTRATIVAS E DOS ENCAMINHAMENTOS JUDICIAIS

SEÇÃO I. DISPOSIÇÕES GERAIS

Art. 15. As pessoas jurídicas estão sujeitas às seguintes sanções administrativas, nos termos do art. 6º da Lei nº 12.846, de 2013:

I – multa; e
II – publicação extraordinária da decisão administrativa sancionadora.

Art. 16. Caso os atos lesivos apurados envolvam infrações administrativas à Lei nº 8.666, de 1993, ou a outras normas de licitações e contratos da administração pública e tenha ocorrido a apuração conjunta prevista no art. 12, a pessoa jurídica também estará sujeita a sanções administrativas que tenham como efeito restrição ao direito de participar em licitações ou de celebrar contratos com a administração pública, a serem aplicadas no PAR.

- Arts. 337-E a 337-P do CP.
- Lei 14.133/2021 (Nova Lei de Licitações)

SEÇÃO II. DA MULTA

Art. 17. O cálculo da multa se inicia com a soma dos valores correspondentes aos seguintes percentuais do faturamento bruto da pessoa jurídica do último exercício anterior ao da instauração do PAR, excluídos os tributos:

I – um por cento a dois e meio por cento havendo continuidade dos atos lesivos no tempo;
II – um por cento a dois e meio por cento para tolerância ou ciência de pessoas do corpo diretivo ou gerencial da pessoa jurídica;
III – um por cento a quatro por cento no caso de interrupção no fornecimento de serviço público ou na execução de obra contratada;
IV – um por cento para a situação econômica do infrator com base na apresentação de índice de Solvência Geral – SG e de Liquidez Geral – LG superiores a um e de lucro líquido no último exercício anterior ao da ocorrência do ato lesivo;
V – cinco por cento no caso de reincidência, assim definida a ocorrência de nova infração, idêntica ou não à anterior, tipificada como ato lesivo pelo art. 5º da Lei 12.846, de 2013, em menos de cinco anos, contados da publicação do julgamento da infração anterior; e
VI – no caso de os contratos mantidos ou pretendidos com o órgão ou entidade lesado, serão considerados, na data da prática do ato lesivo, os seguintes percentuais:

a) um por cento em contratos acima de R$ 1.500.000,00 (um milhão e quinhentos mil reais);

b) dois por cento em contratos acima de R$ 10.000.000,00 (dez milhões de reais);

c) três por cento em contratos acima de R$ 50.000.000,00 (cinquenta milhões de reais);

d) quatro por cento em contratos acima de R$ 250.000.000,00 (duzentos e cinquenta milhões de reais); e

e) cinco por cento em contratos acima de R$ 1.000.000.000,00 (um bilhão de reais).

Art. 18. Do resultado da soma dos fatores do art. 17 serão subtraídos os valores correspondentes aos seguintes percentuais do faturamento bruto da pessoa jurídica do último exercício anterior ao da instauração do PAR, excluídos os tributos:

I – um por cento no caso de não consumação da infração;

II – um e meio por cento no caso de comprovação de ressarcimento pela pessoa jurídica dos danos a que tenha dado causa;

III – um por cento a um e meio por cento para o grau de colaboração da pessoa jurídica com a investigação ou a apuração do ato lesivo, independentemente do acordo de leniência;

IV – dois por cento no caso de comunicação espontânea pela pessoa jurídica antes da instauração do PAR acerca da ocorrência do ato lesivo; e

V – um por cento a quatro por cento para comprovação de a pessoa jurídica possuir e aplicar um programa de integridade, conforme os parâmetros estabelecidos no CAPÍTULO IV.

Art. 19. Na ausência de todos os fatores previstos nos art. 17 e art. 18 ou de resultado das operações de soma e subtração ser igual ou menor a zero, o valor da multa corresponderá, conforme o caso, a:

I – um décimo por cento do faturamento bruto do último exercício anterior ao da instauração do PAR, excluídos os tributos; ou

II – R$ 6.000,00 (seis mil reais), na hipótese do art. 22.

Art. 20. A existência e quantificação dos fatores previstos nos art. 17 e art. 18, deverá ser apurada no PAR e evidenciada no relatório final da comissão, o qual também conterá a estimativa, sempre que possível, dos valores da vantagem auferida e da pretendida.

§ 1º. Em qualquer hipótese, o valor final da multa terá como limite:

I – mínimo, o maior valor entre o da vantagem auferida e o previsto no art. 19; e

II – máximo, o menor valor entre:

a) vinte por cento do faturamento bruto do último exercício anterior ao da instauração do PAR, excluídos os tributos; ou

b) três vezes o valor da vantagem pretendida ou auferida.

§ 2º. O valor da vantagem auferida ou pretendida equivale aos ganhos obtidos ou pretendidos pela pessoa jurídica que não ocorreriam sem a prática do ato lesivo, somado, quando for o caso, ao valor correspondente a qualquer vantagem indevida prometida ou dada a agente público ou a terceiros a ele relacionados.

§ 3º. Para fins do cálculo do valor de que trata o § 2º, serão deduzidos custos e despesas legítimos comprovadamente executados ou que seriam devidos ou despendidos caso o ato lesivo não tivesse ocorrido.

Art. 21. Ato do Ministro de Estado Chefe da Controladoria-Geral da União fixará metodologia para a apuração do faturamento bruto e dos tributos a serem excluídos para fins de cálculo da multa a que se refere o art. 6º da Lei nº 12.846, de 2013.

Parágrafo único. Os valores de que trata o *caput* poderão ser apurados, entre outras formas, por meio de:

I – compartilhamento de informações tributárias, na forma do inciso II do § 1º do art. 198 da Lei nº 5.172, de 25 de outubro de 1966; e

II – registros contábeis produzidos ou publicados pela pessoa jurídica acusada, no país ou no estrangeiro.

Art. 22. Caso não seja possível utilizar o critério do valor do faturamento bruto da pessoa jurídica no ano anterior ao da instauração ao PAR, os percentuais dos fatores indicados nos art. 17 e art. 18 incidirão:

I – sobre o valor do faturamento bruto da pessoa jurídica, excluídos os tributos, no ano em que ocorreu o ato lesivo, no caso de a pessoa jurídica não ter tido faturamento no ano anterior ao da instauração ao PAR;

II – sobre o montante total de recursos recebidos pela pessoa jurídica sem fins lucrativos no ano em que ocorreu o ato lesivo; ou

III – nas demais hipóteses, sobre o faturamento anual estimável da pessoa jurídica, levando em consideração quaisquer informações sobre a sua situação econômica ou o estado de seus negócios, tais como patrimônio, capital social, número de empregados, contratos, dentre outras.

Parágrafo único. Nas hipóteses previstas no *caput*, o valor da multa será limitado entre R$ 6.000,00 (seis mil reais) e R$ 60.000.000,00 (sessenta milhões de reais).

Art. 23. Com a assinatura do acordo de leniência, a multa aplicável será reduzida conforme a fração nele pactuada, observado o limite previsto no § 2º do art. 16 da Lei nº 12.846, de 2013.

§ 1º. O valor da multa previsto no *caput* poderá ser inferior ao limite mínimo previsto no art. 6º da Lei nº 12.846, de 2013.

§ 2º. No caso de a autoridade signatária declarar o descumprimento do acordo de leniência por falta imputável à pessoa jurídica colaboradora, o valor integral encontrado antes da redução de que trata o *caput* será cobrado na forma da Seção IV, descontando-se as frações da multa eventualmente já pagas.

SEÇÃO III. DA PUBLICAÇÃO EXTRAORDINÁRIA DA DECISÃO ADMINISTRATIVA SANCIONADORA

Art. 24. A pessoa jurídica sancionada administrativamente pela prática de atos lesivos contra a administração pública, nos termos da Lei nº 12.846, de 2013, publicará a decisão administrativa sancionadora na forma de extrato de sentença, cumulativamente:

I – em meio de comunicação de grande circulação na área da prática da infração e de atuação da pessoa jurídica ou, na sua falta, em publicação de circulação nacional;

II – em edital afixado no próprio estabelecimento ou no local de exercício da atividade, em localidade que permita a visibilidade pelo público, pelo prazo mínimo de trinta dias; e

III – em seu sítio eletrônico, pelo prazo de trinta dias e em destaque na página principal do referido sítio.

Parágrafo único. A publicação a que se refere o *caput* será feita a expensas da pessoa jurídica sancionada.

SEÇÃO IV. DA COBRANÇA DA MULTA APLICADA

Art. 25. A multa aplicada ao final do PAR será integralmente recolhida pela pessoa jurídica sancionada no prazo de trinta dias, observado o disposto nos §§ 1º e 3º do art. 11.

§ 1º. Feito o recolhimento, a pessoa jurídica sancionada apresentará ao órgão ou entidade que aplicou a sanção documento que ateste o pagamento integral do valor da multa imposta.

§ 2º. Decorrido o prazo previsto no *caput* sem que a multa tenha sido recolhida ou não tendo ocorrido a comprovação de seu pagamento integral, o órgão ou entidade que a aplicou encaminhará o débito para inscrição em Dívida Ativa da União ou das autarquias e fundações públicas federais.

§ 3º. Caso a entidade que aplicou a multa não possua Dívida Ativa, o valor será cobrado independentemente de prévia inscrição.

SEÇÃO V. DOS ENCAMINHAMENTOS JUDICIAIS

Art. 26. As medidas judiciais, no País ou no exterior, como a cobrança da multa administrativa aplicada no PAR, a promoção da publicação extraordinária, a persecução das sanções referidas nos incisos I a IV do *caput* do art. 19 da Lei nº 12.846, de 2013, a reparação integral dos danos e prejuízos, além de eventual atuação judicial para a finalidade de instrução ou garantia do processo judicial ou preservação do acordo de leniência, serão solicitadas ao órgão de representação judicial ou equivalente dos órgãos ou entidades lesados.

Art. 27. No âmbito da administração pública federal direta, a atuação judicial será exercida pela Procuradoria-Geral da União, com exceção da cobrança da multa administrativa aplicada no PAR, que será promovida pela Procuradoria-Geral da Fazenda Nacional.

Parágrafo único. No âmbito das autarquias e fundações públicas federais, a atuação judicial será exercida pela Procuradoria-Geral Federal, inclusive no que se refere à cobrança da multa administrativa aplicada no PAR, respeitadas as competências específicas da Procuradoria-Geral do Banco Central.

CAPÍTULO III. DO ACORDO DE LENIÊNCIA

Art. 28. O acordo de leniência será celebrado com as pessoas jurídicas responsáveis pela prática dos atos lesivos previstos na Lei nº 12.846, de 2013, e dos ilícitos administrativos previstos na Lei nº 8.666, de 1993, e em outras normas de licitações e contratos, com vistas à isenção ou à atenuação das respectivas sanções, desde que colaborem efetivamente com as investigações e o processo administrativo, devendo resultar dessa colaboração:

- Arts. 337-E a 337-P do CP.
- Lei 14.133/2021 (Nova Lei de Licitações)

I – a identificação dos demais envolvidos na infração administrativa, quando couber; e

II – a obtenção célere de informações e documentos que comprovem a infração sob apuração.

Art. 29. Compete à Controladoria-Geral da União celebrar acordos de leniência no âmbito do Poder Executivo federal e nos casos de atos lesivos contra a administração pública estrangeira.

Art. 30. A pessoa jurídica que pretenda celebrar acordo de leniência deverá:

I – ser a primeira a manifestar interesse em cooperar para a apuração de ato lesivo específico, quando tal circunstância for relevante;

II – ter cessado completamente seu envolvimento no ato lesivo a partir da data da propositura do acordo;

III – admitir sua participação na infração administrativa

IV – cooperar plena e permanentemente com as investigações e o processo administrativo e comparecer, sob suas expensas e sempre que solicitada, aos atos processuais, até o seu encerramento; e

V – fornecer informações, documentos e elementos que comprovem a infração administrativa.

§ 1º. O acordo de leniência de que trata o *caput* será proposto pela pessoa jurídica, por seus representantes, na forma de seu estatuto ou contrato social, ou por meio de procurador com poderes específicos para tal ato, observado o disposto no art. 26 da Lei nº 12.846, de 2013.

§ 2º. A proposta do acordo de leniência poderá ser feita até a conclusão do relatório a ser elaborado no PAR.

Art. 31. A proposta de celebração de acordo de leniência poderá ser feita de forma oral ou escrita, oportunidade em que a pessoa jurídica proponente declarará expressamente que foi orientada a respeito de seus direitos, garantias e deveres legais e de que o não atendimento às determinações e solicitações da Controladoria-Geral da União durante a etapa de negociação importará a desistência da proposta.

§ 1º. A proposta apresentada receberá tratamento sigiloso e o acesso ao seu conteúdo será restrito aos servidores especificamente designados pela Controladoria-Geral da União para participar da negociação do acordo de leniência, ressalvada a possibilidade de a proponente autorizar a divulgação ou compartilhamento da existência da proposta ou de seu conteúdo, desde que haja anuência da Controladoria-Geral da União.

§ 2º. Poderá ser firmado memorando de entendimentos entre a pessoa jurídica proponente e a Controladoria-Geral da União para formalizar a proposta e definir os parâmetros do acordo de leniência.

§ 3º. Uma vez proposto o acordo de leniência, a Controladoria-Geral da União poderá requisitar os autos de processos administrativos em curso em outros órgãos ou entidades da administração pública federal relacionados aos fatos objeto do acordo.

Art. 32. A negociação a respeito da proposta do acordo de leniência deverá ser concluída no prazo de cento e oitenta dias, contado da data de apresentação da proposta.

Parágrafo único. A critério da Controladoria-Geral da União, poderá ser prorrogado o prazo estabelecido no *caput*, caso presentes circunstâncias que o exijam.

Art. 33. Não importará em reconhecimento da prática do ato lesivo investigado a proposta de acordo de leniência rejeitada, da qual não se fará qualquer divulgação, ressalvado o disposto no § 1º do art. 31.

Art. 34. A pessoa jurídica proponente poderá desistir da proposta de acordo de leniência a qualquer momento que anteceda a assinatura do referido acordo.

Art. 35. Caso o acordo não venha a ser celebrado, os documentos apresentados durante a negociação serão devolvidos, sem retenção de cópias, à pessoa jurídica proponente e será vedado seu uso para fins de responsabilização, exceto quando a administração pública federal tiver conhecimento deles independentemente da apresentação da proposta do acordo de leniência.

Art. 36. O acordo de leniência estipulará as condições para assegurar a efetividade da colaboração e o resultado útil do processo, do qual constarão cláusulas e obrigações que, diante das circunstâncias do caso concreto, reputem-se necessárias.

Art. 37. O acordo de leniência conterá, entre outras disposições, cláusulas que versem sobre:

I – o compromisso de cumprimento dos requisitos previstos nos incisos II a V do *caput* do art. 30;

II – a perda dos benefícios pactuados, em caso de descumprimento do acordo;

III – a natureza de TÍTULO executivo extrajudicial do instrumento do acordo, nos termos do inciso II do *caput* do art. 585 da Lei nº 5.869, de 11 de janeiro de 1973; e

IV – a adoção, aplicação ou aperfeiçoamento de programa de integridade, conforme os parâmetros estabelecidos no CAPÍTULO IV.

Art. 38. A Controladoria-Geral da União poderá conduzir e julgar os processos administrativos que apurem infrações administrativas previstas na Lei nº 12.846, de 2013, na Lei nº 8.666, de 1993, e em outras normas de licitações e contratos, cujos fatos tenham sido noticiados por meio do acordo de leniência.

› Arts. 337-E a 337-P do CP.

› Lei 14.133/2021 (Nova Lei de Licitações)

Art. 39. Até a celebração do acordo de leniência pelo Ministro de Estado Chefe da Controladoria-Geral da União, a identidade da pessoa jurídica signatária do acordo não será divulgada ao público, ressalvado o disposto no § 1º do art. 31.

Parágrafo único. A Controladoria-Geral da União manterá restrito o acesso aos documentos e informações comercialmente sensíveis da pessoa jurídica signatária do acordo de leniência.

Art. 40. Uma vez cumprido o acordo de leniência pela pessoa jurídica colaboradora, serão declarados em favor da pessoa jurídica signatária, nos termos previamente firmados no acordo, um ou mais dos seguintes efeitos:

I – isenção da publicação extraordinária da decisão administrativa sancionadora;

II – isenção da proibição de receber incentivos, subsídios, subvenções, doações ou empréstimos de órgãos ou entidades públicos e de instituições financeiras públicas ou controladas pelo Poder Público;

III – redução do valor final da multa aplicável, observado o disposto no art. 23; ou

IV – isenção ou atenuação das sanções administrativas previstas nos art. 86 a art. 88 da Lei nº 8.666, de 1993, ou de outras normas de licitações e contratos.

› Lei 14.133/2021 (Nova Lei de Licitações)

Parágrafo único. Os efeitos do acordo de leniência serão estendidos às pessoas jurídicas que integrarem o mesmo grupo econômico, de fato e de direito, desde que tenham firmado o acordo em conjunto, respeitadas as condições nele estabelecidas.

CAPÍTULO IV. DO PROGRAMA DE INTEGRIDADE

Art. 41. Para fins do disposto neste Decreto, programa de integridade consiste, no âmbito de uma pessoa jurídica, no conjunto de mecanismos e procedimentos internos de integridade, auditoria e incentivo à denúncia de irregularidades e na aplicação efetiva de códigos de ética e de conduta, políticas e diretrizes com objetivo de detectar e sanar desvios, fraudes, irregularidades e atos ilícitos praticados contra a administração pública, nacional ou estrangeira.

Parágrafo único. O programa de integridade deve ser estruturado, aplicado e atualizado de acordo com as características e riscos atuais das atividades de cada pessoa jurídica, a qual por sua vez deve garantir o constante aprimoramento e adaptação do referido programa, visando garantir sua efetividade.

Art. 42. Para fins do disposto no § 4º do art. 5º, o programa de integridade será avaliado, quanto a sua existência e aplicação, de acordo com os seguintes parâmetros:

I – comprometimento da alta direção da pessoa jurídica, incluídos os conselhos, evidenciado pelo apoio visível e inequívoco ao programa;

II – padrões de conduta, código de ética, políticas e procedimentos de integridade, aplicáveis a todos os empregados e administradores, independentemente de cargo ou função exercidos;

III – padrões de conduta, código de ética e políticas de integridade estendidas, quando necessário, a terceiros, tais como, fornecedores, prestadores de serviço, agentes intermediários e associados;

IV – treinamentos periódicos sobre o programa de integridade;

V – análise periódica de riscos para realizar adaptações necessárias ao programa de integridade;

VI – registros contábeis que reflitam de forma completa e precisa as transações da pessoa jurídica;

VII – controles internos que assegurem a pronta elaboração e confiabilidade de relatórios e demonstrações financeiros da pessoa jurídica;

VIII – procedimentos específicos para prevenir fraudes e ilícitos no âmbito de processos licitatórios, na execução de contratos administrativos ou em qualquer interação com o setor público, ainda que intermediada por terceiros, tal como pagamento de tributos, sujeição a fiscalizações, ou obtenção de autorizações, licenças, permissões e certidões;

IX – independência, estrutura e autoridade da instância interna responsável pela aplicação do programa de integridade e fiscalização de seu cumprimento;

X – canais de denúncia de irregularidades, abertos e amplamente divulgados a funcionários e terceiros, e de mecanismos destinados à proteção de denunciantes de boa-fé;

XI – medidas disciplinares em caso de violação do programa de integridade;

XII – procedimentos que assegurem a pronta interrupção de irregularidades ou infrações detectadas e a tempestiva remediação dos danos gerados;

XIII – diligências apropriadas para contratação e, conforme o caso, supervisão, de terceiros, tais como, fornecedores, prestadores de serviço, agentes intermediários e associados;

XIV – verificação, durante os processos de fusões, aquisições e reestruturações societárias, do cometimento de irregularidades ou ilícitos ou da existência de vulnerabilidades nas pessoas jurídicas envolvidas;

XV – monitoramento contínuo do programa de integridade visando seu aperfeiçoamento na prevenção, detecção e combate à ocorrência dos atos lesivos previstos no art. 5º da Lei nº 12.846, de 2013; e

XVI – transparência da pessoa jurídica quanto a doações para candidatos e partidos políticos.

§ 1º. Na avaliação dos parâmetros de que trata este artigo, serão considerados o porte e especificidades da pessoa jurídica, tais como:

I – a quantidade de funcionários, empregados e colaboradores;

II – a complexidade da hierarquia interna e a quantidade de departamentos, diretorias ou setores;

III – a utilização de agentes intermediários como consultores ou representantes comerciais;

IV – o setor do mercado em que atua;

V – os países em que atua, direta ou indiretamente;

VI – o grau de interação com o setor público e a importância de autorizações, licenças e permissões governamentais em suas operações;

VII – a quantidade e a localização das pessoas jurídicas que integram o grupo econômico; e

VIII – o fato de ser qualificada como microempresa ou empresa de pequeno porte.

§ 2º. A efetividade do programa de integridade em relação ao ato lesivo objeto de apuração será considerada para fins da avaliação de que trata o *caput*.

§ 3º. Na avaliação de microempresas e empresas de pequeno porte, serão reduzidas as formalidades dos parâmetros previstos neste artigo, não se exigindo, especificamente, os incisos III, V, IX, X, XIII, XIV e XV do *caput*.

§ 4º. Caberá ao Ministro de Estado Chefe da Controladoria-Geral da União expedir orientações, normas e procedimentos complementares referentes à avaliação do programa de integridade de que trata este Capítulo.

§ 5º. A redução dos parâmetros de avaliação para as microempresas e empresas de pequeno porte de que trata o § 3º poderá ser objeto de regulamentação por ato conjunto do Ministro de Estado Chefe da Secretaria da Micro e Pequena Empresa e do Ministro de Estado Chefe da Controladoria-Geral da União.

CAPÍTULO V. DO CADASTRO NACIONAL DE EMPRESAS INIDÔNEAS E SUSPENSAS E DO CADASTRO NACIONAL DE EMPRESAS PUNIDAS

Art. 43. O Cadastro Nacional de Empresas Inidôneas e Suspensas – CEIS conterá informações referentes às sanções administrativas impostas a pessoas físicas ou jurídicas que impliquem restrição ao direito de participar de licitações ou de celebrar contratos com a administração pública de qualquer esfera federativa, entre as quais:

‣ Lei 14.133/2021 (Nova Lei de Licitações)

I – suspensão temporária de participação em licitação e impedimento de contratar com a administração pública, conforme disposto no inciso III do *caput* do art. 87 da Lei nº 8.666, de 1993;
II – declaração de inidoneidade para licitar ou contratar com a administração pública, conforme disposto no inciso IV do *caput* do art. 87 da Lei nº 8.666, de 1993;
III – impedimento de licitar e contratar com União, Estados, Distrito Federal ou Municípios, conforme disposto no art. 7º da Lei nº 10.520, de 17 de julho de 2002;

‣ Lei 14.133/2021 (Nova Lei de Licitações)

IV – impedimento de licitar e contratar com a União, Estados, Distrito Federal ou Municípios, conforme disposto no art. 47 da Lei nº 12.462, de 4 de agosto de 2011;
V – suspensão temporária de participação em licitação e impedimento de contratar com a administração pública, conforme disposto no inciso IV do *caput* do art. 33 da Lei nº 12.527, de 18 de novembro de 2011; e
VI – declaração de inidoneidade para licitar ou contratar com a administração pública, conforme disposto no inciso V do *caput* do art. 33 da Lei nº 12.527, de 2011.

Art. 44. Poderão ser registradas no CEIS outras sanções que impliquem restrição ao direito de participar em licitações ou de celebrar contratos com a administração pública, ainda que não sejam de natureza administrativa.

Art. 45. O Cadastro Nacional de Empresas Punidas – CNEP conterá informações referentes:
I – às sanções impostas com fundamento na Lei nº 12.846, de 2013; e
II – ao descumprimento de acordo de leniência celebrado com fundamento na Lei nº 12.846, de 2013.

Parágrafo único. As informações sobre os acordos de leniência celebrados com fundamento na Lei nº 12.846, de 2013, serão registradas no CNEP após a celebração do acordo, exceto se causar prejuízo às investigações ou ao processo administrativo.

Art. 46. Constarão do CEIS e do CNEP, sem prejuízo de outros a serem estabelecidos pela Controladoria-Geral da União, dados e informações referentes a:
I – nome ou razão social da pessoa física ou jurídica sancionada;
II – número de inscrição da pessoa jurídica no Cadastro Nacional da Pessoa Jurídica – CNPJ ou da pessoa física no Cadastro de Pessoas Físicas – CPF;
III – tipo de sanção;
IV – fundamentação legal da sanção;
V – número do processo no qual foi fundamentada a sanção;
VI – data de início de vigência do efeito limitador ou impeditivo da sanção ou data de aplicação da sanção;
VII – data final do efeito limitador ou impeditivo da sanção, quando couber;
VIII – nome do órgão ou entidade sancionador; e
IX – valor da multa, quando couber.

Art. 47. A exclusão dos dados e informações constantes do CEIS ou do CNEP se dará:
I – com fim do prazo do efeito limitador ou impeditivo da sanção; ou
II – mediante requerimento da pessoa jurídica interessada, após cumpridos os seguintes requisitos, quando aplicáveis:
a) publicação da decisão de reabilitação da pessoa jurídica sancionada, nas hipóteses dos incisos II e VI do *caput* do art. 43;
b) cumprimento integral do acordo de leniência;
c) reparação do dano causado; ou
d) quitação da multa aplicada.

Art. 48. O fornecimento dos dados e informações de que tratam os art. 43 a art. 46, pelos órgãos e entidades dos Poderes Executivo, Legislativo e Judiciário de cada uma das esferas de governo, será disciplinado pela Controladoria-Geral da União.

CAPÍTULO VI. DISPOSIÇÕES FINAIS

Art. 49. As informações referentes ao PAR instaurado no âmbito dos órgãos e entidades do Poder Executivo federal serão registradas no sistema de gerenciamento eletrônico de processos administrativos sancionadores mantido pela Controladoria-Geral da União, conforme ato do Ministro de Estado Chefe da Controladoria-Geral da União.

Art. 50. Os órgãos e as entidades da administração pública, no exercício de suas competências regulatórias, disporão sobre os efeitos da Lei nº 12.846, de 2013, no âmbito das atividades reguladas, inclusive no caso de proposta e celebração de acordo de leniência.

Art. 51. O processamento do PAR não interfere no seguimento regular dos processos administrativos específicos para apuração da ocorrência de danos e prejuízos à administração pública federal resultantes de ato lesivo cometido por pessoa jurídica, com ou sem a participação de agente público.

Art. 52. Caberá ao Ministro de Estado Chefe da Controladoria-Geral da União expedir orientações e procedimentos complementares para a execução deste Decreto.

Art. 53. Este Decreto entra em vigor na data de sua publicação.

Brasília, 18 de março de 2015; 194º da Independência e 127º da República.

DILMA ROUSSEFF

Publicado D.O.U. 19.3.2015

LEI Nº 13.123, DE 20 DE MAIO DE 2015

Regulamenta o inciso II do § 1º e o § 4º do art. 225 da Constituição Federal, o Artigo 1, a alínea j do Artigo 8, a alínea c do Artigo 10, o Artigo 15 e os §§ 3º e 4º do Artigo 16 da Convenção sobre Diversidade Biológica, promulgada pelo Decreto no 2.519, de 16 de março de 1998; dispõe sobre o acesso ao patrimônio genético, sobre a proteção e o acesso ao conhecimento tradicional associado e sobre a repartição de benefícios para conservação e uso sustentável da biodiversidade; revoga a Medida Provisória no 2.186-16, de 23 de agosto de 2001; e dá outras providências.

‣ *Marco da Biodiversidade*

A PRESIDENTA DA REPÚBLICA Faço saber que o Congresso Nacional decreta e eu sanciono a seguinte Lei:

CAPÍTULO I DISPOSIÇÕES GERAIS

Art. 1º Esta Lei dispõe sobre bens, direitos e obrigações relativos:
I – ao acesso ao patrimônio genético do País, bem de uso comum do povo encontrado em condições in situ, inclusive as espécies domesticadas e populações espontâneas, ou mantido em condições ex situ, desde que encontrado em condições in situ no território nacional, na plataforma continental, no mar territorial e na zona econômica exclusiva;
II – ao conhecimento tradicional associado ao patrimônio genético, relevante à conservação da diversidade biológica, à integridade do patrimônio genético do País e à utilização de seus componentes;
III – ao acesso à tecnologia e à transferência de tecnologia para a conservação e a utilização da diversidade biológica;
IV – à exploração econômica de produto acabado ou material reprodutivo oriundo de acesso ao patrimônio genético ou ao conhecimento tradicional associado;
V – à repartição justa e equitativa dos benefícios derivados da exploração econômica de produto acabado ou material reprodutivo oriundo de acesso ao patrimônio genético ou ao conhecimento tradicional associado, para conservação e uso sustentável da biodiversidade;
VI – à remessa para o exterior de parte ou do todo de organismos, vivos ou mortos, de espécies animais, vegetais, microbianas ou de outra natureza, que se destine ao acesso ao patrimônio genético; e
VII – à implementação de tratados internacionais sobre o patrimônio genético ou o conhecimento tradicional associado aprovados pelo Congresso Nacional e promulgados.

§ 1º O acesso ao patrimônio genético ou ao conhecimento tradicional associado será efetuado sem prejuízo dos direitos de propriedade material ou imaterial que incidam sobre o patrimônio genético ou sobre o conhecimento tradicional associado acessado ou sobre o local de sua ocorrência.

§ 2º O acesso ao patrimônio genético existente na plataforma continental observará o disposto na Lei nº 8.617, de 4 de janeiro de 1993.

Art. 2º Além dos conceitos e das definições constantes da Convenção sobre Diversidade Biológica – CDB, promulgada pelo Decreto nº 2.519, de 16 de março de 1998, consideram-se para os fins desta Lei:
I – patrimônio genético – informação de origem genética de espécies vegetais, animais, microbianas ou espécies de outra natureza, incluindo substâncias oriundas do metabolismo destes seres vivos;
II – conhecimento tradicional associado – informação ou prática de população indígena, comunidade tradicional ou agricultor tradicional sobre as propriedades ou usos diretos ou indiretos associada ao patrimônio genético;
III – conhecimento tradicional associado de origem não identificável – conhecimento tradicional associado em que não há a possibilidade de vincular a sua origem a, pelo menos, uma população indígena, comunidade tradicional ou agricultor tradicional;
IV – comunidade tradicional – grupo culturalmente diferenciado que se reconhece como tal, possui forma própria de organização social e ocupa e usa territórios e recursos naturais como condição para a sua reprodução cultural, social, religiosa, ancestral e econômica, utilizando conhecimentos, inovações e práticas geradas e transmitidas pela tradição;
V – provedor de conhecimento tradicional associado – população indígena, comunidade tra-

dicional ou agricultor tradicional que detém e fornece a informação sobre conhecimento tradicional associado para o acesso;

VI – consentimento prévio informado – consentimento formal, previamente concedido por população indígena ou comunidade tradicional segundo os seus usos, costumes e tradições ou protocolos comunitários;

VII – protocolo comunitário – norma procedimental das populações indígenas, comunidades tradicionais ou agricultores tradicionais que estabelece, segundo seus usos, costumes e tradições, os mecanismos para o acesso ao conhecimento tradicional associado e a repartição de benefícios de que trata esta Lei;

VIII – acesso ao patrimônio genético – pesquisa ou desenvolvimento tecnológico realizado sobre amostra de patrimônio genético;

IX – acesso ao conhecimento tradicional associado – pesquisa ou desenvolvimento tecnológico realizado sobre conhecimento tradicional associado ao patrimônio genético que possibilite ou facilite o acesso ao patrimônio genético, ainda que obtido de fontes secundárias tais como feiras, publicações, inventários, filmes, artigos científicos, cadastros e outras formas de sistematização e registro de conhecimentos tradicionais associados;

X – pesquisa – atividade, experimental ou teórica, realizada sobre o patrimônio genético ou conhecimento tradicional associado, com o objetivo de produzir novos conhecimentos, por meio de um processo sistemático de construção do conhecimento que gera e testa hipóteses e teorias, descreve e interpreta os fundamentos de fenômenos e fatos observáveis;

XI – desenvolvimento tecnológico – trabalho sistemático sobre o patrimônio genético ou sobre o conhecimento tradicional associado, baseado nos procedimentos existentes, obtidos pela pesquisa ou pela experiência prática, realizado com o objetivo de desenvolver novos materiais, produtos ou dispositivos, aperfeiçoar ou desenvolver novos processos para exploração econômica;

XII – cadastro de acesso ou remessa de patrimônio genético ou de conhecimento tradicional associado – instrumento declaratório obrigatório das atividades de acesso ou remessa de patrimônio genético ou de conhecimento tradicional associado;

XIII – remessa – transferência de amostra de patrimônio genético para instituição localizada fora do País com a finalidade de acesso, na qual a responsabilidade sobre a amostra é transferida para a destinatária;

XIV – autorização de acesso ou remessa – ato administrativo que permite, sob condições específicas, o acesso ao patrimônio genético ou ao conhecimento tradicional associado e a remessa de patrimônio genético;

XV – usuário – pessoa natural ou jurídica que realiza acesso a patrimônio genético ou conhecimento tradicional associado ou explora economicamente produto acabado ou material reprodutivo oriundo de acesso ao patrimônio genético ou ao conhecimento tradicional associado;

XVI – produto acabado – produto cuja natureza não requer nenhum tipo de processo produtivo adicional, oriundo de acesso ao patrimônio genético ou ao conhecimento tradicional associado, no qual o componente do patrimônio genético ou do conhecimento tradicional associado seja um dos elementos principais de agregação de valor ao produto, estando apto à utilização pelo consumidor final, seja este pessoa natural ou jurídica;

XVII – produto intermediário – produto cuja natureza é a utilização em cadeia produtiva, que o agregará em seu processo produtivo, na condição de insumo, excipiente e matéria-prima, para o desenvolvimento de outro produto intermediário ou de produto acabado;

XVIII – elementos principais de agregação de valor ao produto – elementos cuja presença no produto acabado é determinante para a existência das características funcionais ou para a formação do apelo mercadológico;

XIX – notificação de produto – instrumento declaratório que antecede o início da atividade de exploração econômica de produto acabado ou material reprodutivo oriundo de acesso ao patrimônio genético ou ao conhecimento tradicional associado, no qual o usuário declara o cumprimento dos requisitos desta Lei e indica a modalidade de repartição de benefícios, quando aplicável, a ser estabelecida no acordo de repartição de benefícios;

XX – acordo de repartição de benefícios – instrumento jurídico que qualifica as partes, o objeto e as condições para repartição de benefícios;

XXI – acordo setorial – ato de natureza contratual firmado entre o poder público e usuários, tendo em vista a repartição justa e equitativa dos benefícios decorrentes da exploração econômica oriunda de acesso ao patrimônio genético ou ao conhecimento tradicional associado de origem não identificável;

XXII – atestado de regularidade de acesso – ato administrativo pelo qual o órgão competente declara que o acesso ao patrimônio genético ou ao conhecimento tradicional associado cumpriu os requisitos desta Lei;

XXIII – termo de transferência de material – instrumento firmado entre remetente e destinatário para remessa ao exterior de uma ou mais amostras contendo patrimônio genético acessado ou disponível para acesso, que indica, quando for o caso, se houve acesso a conhecimento tradicional associado e que estabelece o compromisso de repartição de benefícios de acordo com as regras previstas nesta Lei;

XXIV – atividades agrícolas – atividades de produção, processamento e comercialização de alimentos, bebidas, fibras, energia e florestas plantadas;

XXV – condições in situ – condições em que o patrimônio genético existe em ecossistemas e habitats naturais e, no caso de espécies domesticadas ou cultivadas, nos meios onde naturalmente tenham desenvolvido suas características distintivas próprias, incluindo as que formem populações espontâneas;

XXVI – espécie domesticada ou cultivada – espécie em cujo processo de evolução influiu o ser humano para atender suas necessidades;

XXVII – condições ex situ – condições em que o patrimônio genético é mantido fora de seu habitat natural;

XXVIII – população espontânea – população de espécies introduzidas no território nacional, ainda que domesticadas, capazes de se autoperpetuarem naturalmente nos ecossistemas e habitats brasileiros;

XXIX – material reprodutivo – material de propagação vegetal ou de reprodução animal de qualquer gênero, espécie ou cultivo proveniente de reprodução sexuada ou assexuada;

XXX – envio de amostra – envio de amostra que contenha patrimônio genético para a prestação de serviços no exterior como parte de pesquisa ou desenvolvimento tecnológico na qual a responsabilidade sobre a amostra é de quem realiza o acesso no Brasil;

XXXI – agricultor tradicional – pessoa natural que utiliza variedades tradicionais locais ou crioulas ou raças localmente adaptadas ou crioulas e mantém e conserva a diversidade genética, incluído o agricultor familiar;

XXXII – variedade tradicional local ou crioula – variedade proveniente de espécie que ocorre em condição in situ ou mantida em condição *ex situ*, composta por grupo de plantas dentro de um táxon no nível mais baixo conhecido, com diversidade genética desenvolvida ou adaptada por população indígena, comunidade tradicional ou agricultor tradicional, incluindo seleção natural combinada com seleção humana no ambiente local, que não seja substancialmente semelhante a cultivares comerciais; e

XXXIII – raça localmente adaptada ou crioula – raça proveniente de espécie que ocorre em condição in situ ou mantida em condição ex situ, representada por grupo de animais com diversidade genética desenvolvida ou adaptada a um determinado nicho ecológico e formada a partir de seleção natural ou seleção realizada adaptada por população indígena, comunidade tradicional ou agricultor tradicional.

Parágrafo único. Considera-se parte do patrimônio genético existente no território nacional, para os efeitos desta Lei, o microrganismo que tenha sido isolado a partir de substratos do território nacional, do mar territorial, da zona econômica exclusiva ou da plataforma continental.

Art. 3° O acesso ao patrimônio genético existente no País ou ao conhecimento tradicional associado para fins de pesquisa ou desenvolvimento tecnológico e a exploração econômica de produto acabado ou material reprodutivo oriundo desse acesso somente serão realizados mediante cadastro, autorização ou notificação, e serão submetidos a fiscalização, restrições e repartição de benefícios nos termos e nas condições estabelecidos nesta Lei e no seu regulamento.

Parágrafo único. São de competência da União a gestão, o controle e a fiscalização das atividades descritas no *caput*, nos termos do disposto no inciso XXIII do *caput* do art. 7° da Lei Complementar n° 140, de 8 de dezembro de 2011.

Art. 4° Esta Lei não se aplica ao patrimônio genético humano.

Art. 5° É vedado o acesso ao patrimônio genético e ao conhecimento tradicional associado para práticas nocivas ao meio ambiente, à reprodução cultural e à saúde humana e para o desenvolvimento de armas biológicas e químicas.

CAPÍTULO II
DAS COMPETÊNCIAS E ATRIBUIÇÕES INSTITUCIONAIS

Art. 6° Fica criado no âmbito do Ministério do Meio Ambiente o Conselho de Gestão do Patrimônio Genético – CGen, órgão colegiado de caráter deliberativo, normativo, consultivo e recursal, responsável por coordenar a elaboração e a implementação de políticas para a gestão do acesso ao patrimônio genético e ao conhecimento tradicional associado e da repartição de benefícios, formado por representação de órgãos e entidades da administração pública federal que detêm competência sobre as diversas ações de que trata esta Lei com participação máxima de 60% (sessenta por cento) e a representação da sociedade civil em no mínimo 40% (quarenta por cento) dos membros, assegurada a paridade entre:

I – setor empresarial;

II – setor acadêmico; e

III – populações indígenas, comunidades tradicionais e agricultores tradicionais.

§ 1° Compete também ao CGen:

I – estabelecer:

a) normas técnicas;

b) diretrizes e critérios para elaboração e cumprimento do acordo de repartição de benefícios;

c) critérios para a criação de banco de dados para o registro de informação sobre patrimônio genético e conhecimento tradicional associado;

II – acompanhar, em articulação com órgãos federais, ou mediante convênio com outras instituições, as atividades de:

a) acesso e remessa de amostra que contenha o patrimônio genético; e

b) acesso a conhecimento tradicional associado;

III – deliberar sobre:

a) as autorizações de que trata o inciso II do § 3° do art. 13;

b) o credenciamento de instituição nacional que mantém coleção ex situ de amostras que contenham o patrimônio genético; e

c) o credenciamento de instituição nacional para ser responsável pela criação e manutenção da base de dados de que trata o inciso IX;

IV – atestar a regularidade do acesso ao patrimônio genético ou ao conhecimento tradicional associado de que trata o Capítulo IV desta Lei;

V – registrar o recebimento da notificação do produto acabado ou material reprodutivo e a apresentação do acordo de repartição de benefícios, nos termos do art. 16;

VI – promover debates e consultas públicas sobre os temas de que trata esta Lei;

VII – funcionar como instância superior de recurso em relação à decisão de instituição credenciada e aos atos decorrentes da aplicação desta Lei, na forma do regulamento;

VIII – estabelecer diretrizes para aplicação dos recursos destinados ao Fundo Nacional para a Repartição de Benefícios – FNRB, previsto no art. 30, a título de repartição de benefícios;

IX – criar e manter base de dados relativos:

a) aos cadastros de acesso ao patrimônio genético ou ao conhecimento tradicional associado e de remessa;

b) às autorizações de acesso ao patrimônio genético ou ao conhecimento tradicional associado e de remessa;

c) aos instrumentos e termos de transferência de material;

d) às coleções ex situ das instituições credenciadas que contenham amostras de patrimônio genético;

e) às notificações de produto acabado ou material reprodutivo;

f) aos acordos de repartição de benefícios;

g) aos atestados de regularidade de acesso;

X – cientificar órgãos federais de proteção dos direitos de populações indígenas e comunidades tradicionais sobre o registro em cadastro de acesso a conhecimentos tradicionais associados;

XI – (VETADO); e

XII – aprovar seu regimento interno.

§ 2° Regulamento disporá sobre a composição e o funcionamento do CGen.

§ 3° O CGen criará Câmaras Temáticas e Setoriais, com a participação paritária do Governo e da sociedade civil, sendo esta representada pelos setores empresarial, acadêmico e representantes das populações indígenas, comunidades tradicionais e agricultores tradicionais, para subsidiar as decisões do plenário.

Art. 7° A administração pública federal disponibilizará ao CGen, na forma do regulamento, as informações necessárias para a rastreabilidade das atividades decorrentes de acesso ao patrimônio genético ou ao conhecimento tradicional associado, inclusive as relativas à exploração econômica oriunda desse acesso.

CAPÍTULO III. DO CONHECIMENTO TRADICIONAL ASSOCIADO

Art. 8° Ficam protegidos por esta Lei os conhecimentos tradicionais associados ao patrimônio genético de populações indígenas, de comunidade tradicional ou de agricultor tradicional contra a utilização e exploração ilícita.

§ 1° O Estado reconhece o direito de populações indígenas, de comunidades tradicionais e de agricultores tradicionais de participar da tomada de decisões, no âmbito nacional, sobre assuntos relacionados à conservação e ao uso sustentável de seus conhecimentos tradicionais associados ao patrimônio genético do País, nos termos desta Lei e do seu regulamento.

§ 2° O conhecimento tradicional associado ao patrimônio genético de que trata esta Lei integra o patrimônio cultural brasileiro e poderá ser depositado em banco de dados, conforme dispuser o CGen ou legislação específica.

§ 3° São formas de reconhecimento dos conhecimentos tradicionais associados, entre outras:

I – publicações científicas;

II – registros em cadastros ou bancos de dados; ou

III – inventários culturais.

§ 4° O intercâmbio e a difusão de patrimônio genético e de conhecimento tradicional associado praticados entre si por populações indígenas, comunidade tradicional ou agricultor tradicional para seu próprio benefício e baseados em seus usos, costumes e tradições são isentos das obrigações desta Lei.

Art. 9° O acesso ao conhecimento tradicional associado de origem identificável está condicionado à obtenção do consentimento prévio informado.

§ 1° A comprovação do consentimento prévio informado poderá ocorrer, a critério da população indígena, da comunidade tradicional ou do agricultor tradicional, pelos seguintes instrumentos, na forma do regulamento:

I – assinatura de termo de consentimento prévio;

II – registro audiovisual do consentimento;

III – parecer do órgão oficial competente; ou

IV – adesão na forma prevista em protocolo comunitário.

§ 2° O acesso a conhecimento tradicional associado de origem não identificável independe de consentimento prévio informado.

§ 3° O acesso ao patrimônio genético de variedade tradicional local ou crioula ou à raça localmente adaptada ou crioula para atividades agrícolas compreende o acesso ao conhecimento tradicional associado não identificável que deu origem à variedade ou à raça e não depende do consentimento prévio da população indígena, da comunidade tradicional ou do agricultor tradicional que cria, desenvolve, detém ou conserva a variedade ou a raça.

Art. 10. Às populações indígenas, às comunidades tradicionais e aos agricultores tradicionais que criam, desenvolvem, detêm ou conservam conhecimento tradicional associado são garantidos os direitos de:

I – ter reconhecida sua contribuição para o desenvolvimento e conservação de patrimônio genético, em qualquer forma de publicação, utilização, exploração e divulgação;

II – ter indicada a origem do acesso ao conhecimento tradicional associado em todas as publicações, utilizações, explorações e divulgações;

III – perceber benefícios pela exploração econômica por terceiros, direta ou indiretamente, de conhecimento tradicional associado, nos termos desta Lei;

IV – participar do processo de tomada de decisão sobre assuntos relacionados ao acesso a conhecimento tradicional associado e à repartição de benefícios decorrente desse acesso, na forma do regulamento;

V – usar ou vender livremente produtos que contenham patrimônio genético ou conhecimento tradicional associado, observados os dispositivos das Leis 9.456, de 25 de abril de 1997, e 10.711, de 5 de agosto de 2003; e

VI – conservar, manejar, guardar, produzir, trocar, desenvolver, melhorar material reprodutivo que contenha patrimônio genético ou conhecimento tradicional associado.

§ 1° Para os fins desta Lei, qualquer conhecimento tradicional associado ao patrimônio genético será considerado de natureza coletiva, ainda que apenas um indivíduo de população indígena ou de comunidade tradicional o detenha.

§ 2° O patrimônio genético mantido em coleções ex situ em instituições nacionais geridas com recursos públicos e as informações a ele associadas poderão ser acessados pelas populações indígenas, pelas comunidades tradicionais e pelos agricultores tradicionais, na forma do regulamento.

CAPÍTULO IV. DO ACESSO, DA REMESSA E DA EXPLORAÇÃO ECONÔMICA

Art. 11. Ficam sujeitas às exigências desta Lei as seguintes atividades:

I – acesso ao patrimônio genético ou ao conhecimento tradicional associado;

II – remessa para o exterior de amostras de patrimônio genético; e

III – exploração econômica de produto acabado ou material reprodutivo oriundo de acesso ao patrimônio genético ou ao conhecimento tradicional associado realizado após a vigência desta Lei.

§ 1° É vedado o acesso ao patrimônio genético ou ao conhecimento tradicional associado por pessoa natural estrangeira.

§ 2° A remessa para o exterior de amostra de patrimônio genético depende de assinatura do termo de transferência de material, na forma prevista pelo CGen.

Art. 12. Deverão ser cadastradas as seguintes atividades:

I – acesso ao patrimônio genético ou ao conhecimento tradicional associado dentro do País realizado por pessoa natural ou jurídica nacional, pública ou privada;

II – acesso ao patrimônio genético ou conhecimento tradicional associado por pessoa jurídica sediada no exterior associada a instituição nacional de pesquisa científica e tecnológica, pública ou privada;

III – acesso ao patrimônio genético ou ao conhecimento tradicional associado realizado no exterior por pessoa natural ou jurídica nacional, pública ou privada;

IV – remessa de amostra de patrimônio genético para o exterior com a finalidade de acesso, nas hipóteses dos incisos II e III deste *caput*; e

V – envio de amostra que contenha patrimônio genético por pessoa jurídica nacional, pública ou privada, para prestação de serviços no exterior como parte de pesquisa ou desenvolvimento tecnológico.

§ 1° O cadastro de que trata este artigo terá seu funcionamento definido em regulamento.

§ 2° O cadastramento deverá ser realizado previamente à remessa, ou ao requerimento de qualquer direito de propriedade intelectual, ou à comercialização do produto intermediário, ou à divulgação dos resultados, finais ou parciais, em meios científicos ou de comunicação, ou à notificação de produto acabado ou material reprodutivo desenvolvido em decorrência do acesso.

§ 3° São públicas as informações constantes do banco de dados de que trata o inciso IX do § 1° do art. 6°, ressalvadas aquelas que possam prejudicar as atividades de pesquisa ou desenvolvimento científico ou tecnológico ou as atividades comerciais de terceiros, podendo ser estas informações disponibilizadas mediante autorização do usuário.

Art. 13. As seguintes atividades poderão, a critério da União, ser realizadas mediante autorização prévia, na forma do regulamento:

I – acesso ao patrimônio genético ou ao conhecimento tradicional associado em área indispensável à segurança nacional, que se dará após anuência do Conselho de Defesa Nacional;

II – acesso ao patrimônio genético ou ao conhecimento tradicional associado em águas jurisdicionais brasileiras, na plataforma continental e na zona econômica exclusiva, que se dará após anuência da autoridade marítima.

§ 1° As autorizações de acesso e de remessa podem ser requeridas em conjunto ou isoladamente.

§ 2° A autorização de remessa de amostra de patrimônio genético para o exterior transfere a responsabilidade da amostra ou do material remetido para a destinatária.

§ 3° (VETADO).

§ 4° (VETADO).

Art. 14. A conservação ex situ de amostra do patrimônio genético encontrado na condição in situ deverá ser preferencialmente realizada no território nacional.

Art. 15. A autorização ou o cadastro para remessa de amostra do patrimônio genético para o exterior depende da informação do uso pretendido, observados os requisitos do regulamento.

Art. 16. Para a exploração econômica de produto acabado ou material reprodutivo oriundo de acesso ao patrimônio genético ou ao conhecimento tradicional associado serão exigidas:

I – a notificação do produto acabado ou do material reprodutivo ao CGen; e

II – a apresentação do acordo de repartição de benefícios, ressalvado o disposto no § 5° do art. 17 e no § 4° do art. 25.

§ 1° A modalidade de repartição de benefícios, monetária ou não monetária, deverá ser indicada no momento da notificação do produto acabado ou material reprodutivo oriundo do acesso ao patrimônio genético ou ao conhecimento tradicional associado.

§ 2° O acordo de repartição de benefícios deve ser apresentado em até 365 (trezentos e sessenta e cinco) dias a partir do momento da notificação do produto acabado ou do material reprodutivo, na forma prevista no Capítulo V desta Lei, ressalvados os casos que envolverem conhecimentos tradicionais associados de origem identificável.

CAPÍTULO V. DA REPARTIÇÃO DE BENEFÍCIOS

Art. 17. Os benefícios resultantes da exploração econômica de produto acabado ou de material reprodutivo oriundo de acesso ao patrimônio genético de espécies encontradas em condições in situ ou ao conhecimento tradicional associado, ainda que produzido fora do País, serão repartidos, de forma justa e equitativa, sendo que no caso do produto acabado o componente do patrimônio genético ou do conhecimento tradicional associado deve ser um dos elementos principais de agregação de valor, em conformidade ao que estabelece esta Lei.

§ 1° Estará sujeito à repartição de benefícios exclusivamente o fabricante do produto acabado ou o produtor do material reprodutivo, independentemente de quem tenha realizado o acesso anteriormente.

§ 2° Os fabricantes de produtos intermediários e desenvolvedores de processos oriundos de acesso ao patrimônio genético ou ao conhecimento tradicional associado ao longo da cadeia produtiva estarão isentos da obrigação de repartição de benefícios.

§ 3° Quando um único produto acabado ou material reprodutivo for o resultado de acessos distintos, estes não serão considerados cumulativamente para o cálculo da repartição de benefícios.

§ 4° As operações de licenciamento, transferência ou permissão de utilização de qualquer forma de direito de propriedade intelectual sobre produto acabado, processo ou material reprodutivo oriundo do acesso ao patrimônio genético ou ao conhecimento tradicional associado por terceiros são caracterizadas como exploração econômica isenta da obrigação de repartição de benefícios.

§ 5° Ficam isentos da obrigação de repartição de benefícios, nos termos do regulamento:

I – as microempresas, as empresas de pequeno porte, os microempreendedores individuais, conforme disposto na Lei Complementar n° 123, de 14 de dezembro de 2006; e

II – os agricultores tradicionais e suas cooperativas, com receita bruta anual igual ou inferior ao limite máximo estabelecido no inciso II do art. 3º da Lei Complementar nº 123, de 14 de dezembro de 2006.

§ 6° No caso de acesso ao conhecimento tradicional associado pelas pessoas previstas no § 5°, os detentores desse conhecimento serão beneficiados nos termos do art. 33.

§ 7° Caso o produto acabado ou o material reprodutivo não tenha sido produzido no Brasil, o importador, subsidiária, controlada, coligada, vinculada ou representante comercial do produtor estrangeiro em território nacional ou em território de países com os quais o Brasil mantiver acordo com este fim responde solidariamente com o fabricante do produto acabado ou do material reprodutivo pela repartição de benefícios.

§ 8° Na ausência de acesso a informações essenciais à determinação da base de cálculo de repartição de benefícios em tempo adequado, nos casos a que se refere o § 7°, a União arbitrará o valor da base de cálculo de acordo com a melhor informação disponível, considerando o percentual previsto nesta Lei ou em acordo setorial, garantido o contraditório.

§ 9° A União estabelecerá por decreto a Lista de Classificação de Repartição de Benefícios, com base na Nomenclatura Comum do Mercosul – NCM.

§ 10. (VETADO).

Art. 18. Os benefícios resultantes da exploração econômica de produto oriundo de acesso ao patrimônio genético ou ao conhecimento tradicional associado para atividades agrícolas serão repartidos sobre a comercialização do material reprodutivo, ainda que o acesso ou a exploração econômica dê-se por meio de pessoa física ou jurídica subsidiária, controlada, coligada, contratada, terceirizada ou vinculada, respeitado o disposto no § 7° do art. 17.

§ 1° A repartição de benefícios, prevista no *caput*, deverá ser aplicada ao último elo da cadeia produtiva de material reprodutivo, ficando isentos os demais elos.

§ 2° No caso de exploração econômica de material reprodutivo oriundo de acesso a patrimônio genético ou a conhecimento tradicional associado para fins de atividades agrícolas e destinado exclusivamente à geração de produtos acabados nas cadeias produtivas que não envolvam atividade agrícola, a repartição de benefícios ocorrerá somente sobre a exploração econômica do produto acabado.

§ 3° Fica isenta da repartição de benefícios a exploração econômica de produto acabado ou de material reprodutivo oriundo do acesso ao patrimônio genético de espécies introduzidas no território nacional pela ação humana, ainda que domesticadas, exceto:

I – as que formem populações espontâneas que tenham adquirido características distintivas próprias no País; e

II – variedade tradicional local ou crioula ou a raça localmente adaptada ou crioula.

Art. 19. A repartição de benefícios decorrente da exploração econômica de produto acabado ou material reprodutivo oriundo de acesso ao patrimônio genético ou ao conhecimento tradicional associado poderá constituir-se nas seguintes modalidades:

I – monetária; ou

II – não monetária, incluindo, entre outras:

a) projetos para conservação ou uso sustentável de biodiversidade ou para proteção e manutenção de conhecimentos, inovações ou práticas de populações indígenas, de comunidades tradicionais ou de agricultores tradicionais, preferencialmente no local de ocorrência da espécie em condição in situ ou de obtenção da amostra quando não se puder especificar o local original;

b) transferência de tecnologias;

c) disponibilização em domínio público de produto, sem proteção por direito de propriedade intelectual ou restrição tecnológica;

d) licenciamento de produtos livre de ônus;

e) capacitação de recursos humanos em temas relacionados à conservação e uso sustentável do patrimônio genético ou do conhecimento tradicional associado; e

f) distribuição gratuita de produtos em programas de interesse social.

§ 1° No caso de acesso a patrimônio genético fica a critério do usuário a opção por uma das modalidades de repartição de benefícios previstas no *caput*.

§ 2° Ato do Poder Executivo disciplinará a forma de repartição de benefícios da modalidade não monetária nos casos de acesso a patrimônio genético.

§ 3° A repartição de benefícios não monetária correspondente a transferência de tecnologia poderá realizar-se, dentre outras formas, mediante:

I – participação na pesquisa e desenvolvimento tecnológico;

II – intercâmbio de informações;

III – intercâmbio de recursos humanos, materiais ou tecnologia entre instituição nacional de pesquisa científica e tecnológica, pública ou privada, e instituição de pesquisa sediada no exterior;

IV – consolidação de infraestrutura de pesquisa e de desenvolvimento tecnológico; e

V – estabelecimento de empreendimento conjunto de base tecnológica.

§ 4° (VETADO).

Art. 20. Quando a modalidade escolhida for a repartição de benefícios monetária decorrente da exploração econômica de produto acabado ou de material reprodutivo oriundo de acesso ao patrimônio genético, será devida uma parcela de 1% (um por cento) da receita líquida anual obtida com a exploração econômica, ressalvada a hipótese de redução para até 0,1 (um décimo) por acordo setorial previsto no art. 21.

Art. 21. Com o fim de garantir a competitividade do setor contemplado, a União poderá, a pedido do interessado, conforme o regulamento, celebrar acordo setorial que permita reduzir o valor da repartição de benefícios monetária para até 0,1% (um décimo por cento) da receita líquida anual obtida com a exploração econômica do produto acabado ou do material reprodutivo oriundo de acesso ao patrimônio genético ou ao conhecimento tradicional associado de origem não identificável.

Parágrafo único. Para subsidiar a celebração de acordo setorial, os órgãos oficiais de defesa dos direitos de populações indígenas e de comunidades tradicionais poderão ser ouvidos, nos termos do regulamento.

Art. 22. Nas modalidades de repartição de benefícios não monetárias correspondentes às alíneas a, e e f do inciso II do *caput* do art. 19, a repartição de benefícios deverá ser equivalente a 75% (setenta e cinco por cento) do previsto para a modalidade monetária, conforme os critérios definidos pelo CGen.

Parágrafo único. O CGen poderá delimitar critérios ou parâmetros de resultado ou efetividade que os usuários deverão atender, em substituição ao parâmetro de custo previsto no *caput* para a repartição de benefícios não monetária.

Art. 23. Quando o produto acabado ou o material reprodutivo for oriundo de acesso ao conhecimento tradicional associado de origem não identificável, a repartição decorrente do uso desse conhecimento deverá ser feita na modalidade prevista no inciso I do *caput* do art. 19 e em montante correspondente ao estabelecido nos arts. 20 e 21 desta Lei.

Art. 24. Quando o produto acabado ou o material reprodutivo for oriundo de acesso ao conhecimento tradicional associado que seja de origem identificável, o provedor de conhecimento tradicional associado terá direito de receber benefícios mediante acordo de repartição de benefícios.

§ 1º A repartição entre usuário e provedor será negociada de forma justa e equitativa entre as partes, atendendo a parâmetros de clareza, lealdade e transparência nas cláusulas pactuadas, que deverão indicar condições, obrigações, tipos e duração dos benefícios de curto, médio e longo prazo.

§ 2º A repartição com os demais detentores do mesmo conhecimento tradicional associado dar-se-á na modalidade monetária, realizada por meio do Fundo Nacional para a Repartição de Benefícios – FNRB.

§ 3º A parcela devida pelo usuário para a repartição de benefícios prevista no § 2º, a ser depositada no Fundo Nacional para a Repartição de Benefícios – FNRB, corresponderá à metade daquela prevista no art. 20 desta Lei ou definida em acordo setorial.

§ 4º A repartição de benefícios de que trata o § 3º independe da quantidade de demais detentores do conhecimento tradicional associado acessado.

§ 5º Em qualquer caso, presume-se, de modo absoluto, a existência de demais detentores do mesmo conhecimento tradicional associado.

Art. 25. O acordo de repartição de benefícios deverá indicar e qualificar com clareza as partes, que serão:

I – no caso de exploração econômica de produto acabado ou de material reprodutivo oriundo de acesso a patrimônio genético ou conhecimento tradicional associado de origem não identificável:

a) a União, representada pelo Ministério do Meio Ambiente; e

b) aquele que explora economicamente produto acabado ou material reprodutivo oriundo de acesso ao patrimônio genético ou ao conhecimento tradicional associado de origem não identificável; e

II – no caso de exploração econômica de produto acabado ou de material reprodutivo oriundo de acesso a conhecimento tradicional associado de origem identificável:

a) o provedor de conhecimento tradicional associado; e

b) aquele que explora economicamente produto acabado ou material reprodutivo oriundo de acesso ao conhecimento tradicional associado.

§ 1º Adicionalmente ao Acordo de Repartição de Benefícios, o usuário deverá depositar o valor estipulado no § 3º do art. 24 no Fundo Nacional para a Repartição de Benefícios – FNRB quando explorar economicamente produto acabado ou material reprodutivo oriundo de acesso a conhecimento tradicional associado de origem identificável.

§ 2º No caso de exploração econômica de produto acabado ou de material reprodutivo oriundo de acesso ao patrimônio genético ou ao conhecimento tradicional associado de origem não identificável, poderão ser assinados acordos setoriais com a União com objetivo de repartição de benefícios, conforme regulamento.

§ 3º A repartição de benefícios decorrente da exploração econômica de produto acabado ou de material reprodutivo oriundo de acesso ao conhecimento tradicional associado dispensa o usuário de repartir benefícios referentes ao patrimônio genético.

§ 4º A repartição de benefícios monetária de que trata o inciso I do *caput* poderá, a critério do usuário, ser depositada diretamente no Fundo Nacional para a Repartição de Benefícios – FNRB, sem necessidade de celebração de acordo de repartição de benefícios, na forma do regulamento.

Art. 26. São cláusulas essenciais do acordo de repartição de benefícios, sem prejuízo de outras que venham a ser estabelecidas em regulamento, as que dispõem sobre:

I – produtos objeto de exploração econômica;
II – prazo de duração;
III – modalidade de repartição de benefícios;
IV – direitos e responsabilidades das partes;
V – direito de propriedade intelectual;
VI – rescisão;
VII – penalidades; e
VIII – foro no Brasil.

CAPÍTULO VI. DAS SANÇÕES ADMINISTRATIVAS

Art. 27. Considera-se infração administrativa contra o patrimônio genético ou contra o conhecimento tradicional associado toda ação ou omissão que viole as normas desta Lei, na forma do regulamento.

§ 1º Sem prejuízo das sanções penais e cíveis cabíveis, as infrações administrativas serão punidas com as seguintes sanções:

I – advertência;
II – multa;
III – apreensão:

a) das amostras que contêm o patrimônio genético acessado;

b) dos instrumentos utilizados na obtenção ou no processamento do patrimônio genético ou do conhecimento tradicional associado acessado;

c) dos produtos derivados de acesso ao patrimônio genético ou ao conhecimento tradicional associado; ou

d) dos produtos obtidos a partir de informação sobre conhecimento tradicional associado;

IV – suspensão temporária da fabricação e venda do produto acabado ou do material reprodutivo derivado de acesso ao patrimônio genético ou ao conhecimento tradicional associado até a regularização;

V – embargo da atividade específica relacionada à infração;

VI – interdição parcial ou total do estabelecimento, atividade ou empreendimento;

VII – suspensão de atestado ou autorização de que trata esta Lei; ou

VIII – cancelamento de atestado ou autorização de que trata esta Lei.

§ 2º Para imposição e gradação das sanções administrativas, a autoridade competente observará:

I – a gravidade do fato;

II – os antecedentes do infrator, quanto ao cumprimento da legislação referente ao patrimônio genético e ao conhecimento tradicional associado;

III – a reincidência; e

IV – a situação econômica do infrator, no caso de multa.

§ 3º As sanções previstas no § 1º poderão ser aplicadas cumulativamente.

§ 4º As amostras, os produtos e os instrumentos de que trata o inciso III do § 1º terão sua destinação definida pelo CGen.

§ 5º A multa de que trata o inciso II do § 1º será arbitrada pela autoridade competente, por infração, e pode variar:

I – de R$ 1.000,00 (mil reais) a R$ 100.000,00 (cem mil reais), quando a infração for cometida por pessoa natural; ou

II – de R$ 10.000,00 (dez mil reais) a R$ 10.000.000,00 (dez milhões de reais), quando a infração for cometida por pessoa jurídica, ou com seu concurso.

§ 6º Verifica-se a reincidência quando o agente comete nova infração no prazo de até 5 (cinco) anos contados do trânsito em julgado da decisão administrativa que o tenha condenado por infração anterior.

§ 7º O regulamento disporá sobre o processo administrativo próprio para aplicação das sanções de que trata esta Lei, assegurado o direito a ampla defesa e a contraditório.

Art. 28. Os órgãos federais competentes exercerão a fiscalização, a interceptação e a apreensão de amostras que contêm o patrimônio genético acessado, de produtos ou de material reprodutivo oriundos de acesso ao patrimônio genético ou ao conhecimento tradicional associado, quando o acesso ou a exploração econômica tiver sido em desacordo com as disposições desta Lei e seu regulamento.

Art. 29. (VETADO).

CAPÍTULO VII. DO FUNDO NACIONAL PARA A REPARTIÇÃO DE BENEFÍCIOS E DO PROGRAMA NACIONAL DE REPARTIÇÃO DE BENEFÍCIOS

Art. 30. Fica instituído o Fundo Nacional para a Repartição de Benefícios – FNRB, de natureza financeira, vinculado ao Ministério do Meio Ambiente, com o objetivo de valorizar o patrimônio genético e os conhecimentos tradicionais associados e promover o seu uso de forma sustentável.

Art. 31. O Poder Executivo disporá em regulamento sobre a composição, organização e funcionamento do Comitê Gestor do FNRB.

Parágrafo único. A gestão de recursos monetários depositados no FNRB destinados a populações indígenas, a comunidades tradicionais e a agricultores tradicionais dar-se-á com a sua participação, na forma do regulamento.

Art. 32. Constituem receitas do FNRB:

I – dotações consignadas na lei orçamentária anual e seus créditos adicionais;

II – doações;

III – valores arrecadados com o pagamento de multas administrativas aplicadas em virtude do descumprimento desta Lei;

IV – recursos financeiros de origem externa decorrentes de contratos, acordos ou convênios, especialmente reservados para as finalidades do Fundo;

V – contribuições feitas por usuários de patrimônio genético ou de conhecimento tradicional associado para o Programa Nacional de Repartição de Benefícios;

VI – valores provenientes da repartição de benefícios; e

VII – outras receitas que lhe vierem a ser destinadas.

§ 1º Os recursos monetários depositados no FNRB decorrentes da exploração econômica de produto acabado ou de material reprodutivo oriundo de acesso a conhecimento tradicional associado serão destinados exclusivamente em benefício dos detentores de conhecimentos tradicionais associados.

§ 2º Os recursos monetários depositados no FNRB decorrentes da exploração econômica de produto acabado ou de material reprodutivo oriundo de acesso a patrimônio genético proveniente de coleções ex situ serão parcialmente destinados em benefício dessas coleções, na forma do regulamento.

§ 3º O FNRB poderá estabelecer instrumentos de cooperação, inclusive com Estados, Municípios e o Distrito Federal.

Art. 33. Fica instituído o Programa Nacional de Repartição de Benefícios – PNRB, com a finalidade de promover:

I – conservação da diversidade biológica;

II – recuperação, criação e manutenção de coleções ex situ de amostra do patrimônio genético;

III – prospecção e capacitação de recursos humanos associados ao uso e à conservação do patrimônio genético ou do conhecimento tradicional associado;

IV – proteção, promoção do uso e valorização dos conhecimentos tradicionais associados;

V – implantação e desenvolvimento de atividades relacionadas ao uso sustentável da diversidade biológica, sua conservação e repartição de benefícios;

VI – fomento a pesquisa e desenvolvimento tecnológico associado ao patrimônio genético e ao conhecimento tradicional associado;

VII – levantamento e inventário do patrimônio genético, considerando a situação e o grau de variação das populações existentes, incluindo aquelas de uso potencial e, quando viável, avaliando qualquer ameaça a elas;

VIII – apoio aos esforços das populações indígenas, das comunidades tradicionais e dos agricultores tradicionais no manejo sustentável e na conservação de patrimônio genético;

IX – conservação das plantas silvestres;

X – desenvolvimento de um sistema eficiente e sustentável de conservação ex situ e in situ e desenvolvimento e transferência de tecnologias apropriadas para essa finalidade com vistas a melhorar o uso sustentável do patrimônio genético;

XI – monitoramento e manutenção da viabilidade, do grau de variação e da integridade genética das coleções de patrimônio genético;

XII – adoção de medidas para minimizar ou, se possível, eliminar as ameaças ao patrimônio genético;

XIII – desenvolvimento e manutenção dos diversos sistemas de cultivo que favoreçam o uso sustentável do patrimônio genético;

XIV – elaboração e execução dos Planos de Desenvolvimento Sustentável de Populações ou Comunidades Tradicionais; e

XV – outras ações relacionadas ao acesso ao patrimônio genético e aos conhecimentos tradicionais associados, conforme o regulamento.

Art. 34. O PNRB será implementado por meio do FNRB.

CAPÍTULO VIII. DAS DISPOSIÇÕES TRANSITÓRIAS SOBRE A ADEQUAÇÃO E A REGULARIZAÇÃO DE ATIVIDADES

Art. 35. O pedido de autorização ou regularização de acesso e de remessa de patrimônio genético ou de conhecimento tradicional associado ainda em tramitação na data de entrada em vigor desta Lei deverá ser reformulado pelo usuário como pedido de cadastro ou de autorização de acesso ou remessa, conforme o caso.

Art. 36. O prazo para o usuário reformular o pedido de autorização ou regularização de que trata o art. 35 será de 1 (um) ano, contado da data da disponibilização do cadastro pelo CGen.

Art. 37. Deverá adequar-se aos termos desta Lei, no prazo de 1 (um) ano, contado da data da disponibilização do cadastro pelo CGen, o usuário que realizou, a partir de 30 de junho de 2000, as seguintes atividades de acordo com a Medida Provisória nº 2.186-16, de 23 de agosto de 2001:

I – acesso a patrimônio genético ou conhecimento tradicional associado;

II – exploração econômica de produto acabado ou de material reprodutivo oriundo de acesso a patrimônio genético ou ao conhecimento tradicional associado.

Parágrafo único. Para fins do disposto no *caput*, o usuário, observado o art. 44, deverá adotar uma ou mais das seguintes providências, conforme o caso:

I – cadastrar o acesso ao patrimônio genético ou ao conhecimento tradicional associado;

II – notificar o produto acabado ou o material reprodutivo objeto da exploração econômica, nos termos desta Lei; e

III – repartir os benefícios referentes à exploração econômica realizada a partir da data de entrada em vigor desta Lei, nos termos do Capítulo V, exceto quando o tenha feito na forma da Medida Provisória nº 2.186-16, de 23 de agosto de 2001.

Art. 38. Deverá regularizar-se nos termos desta Lei, no prazo de 1 (um) ano, contado da data da disponibilização do Cadastro pelo CGen, o usuário que, entre 30 de junho de 2000 e a data de entrada em vigor desta Lei, realizou as seguintes atividades em desacordo com a legislação em vigor à época:

I – acesso a patrimônio genético ou a conhecimento tradicional associado;

II – acesso e exploração econômica de produto ou processo oriundo do acesso a patrimônio genético ou a conhecimento tradicional associado, de que trata a Medida Provisória nº 2.186-16, de 23 de agosto de 2001;

III – remessa ao exterior de amostra de patrimônio genético; ou

IV – divulgação, transmissão ou retransmissão de dados ou informações que integram ou constituem conhecimento tradicional associado.

§ 1º A regularização de que trata o *caput* está condicionada a assinatura de Termo de Compromisso.

§ 2º Na hipótese de acesso ao patrimônio genético ou ao conhecimento tradicional associado unicamente para fins de pesquisa científica, o usuário estará dispensado de firmar o Termo de Compromisso, regularizando-se por meio de cadastro ou autorização da atividade, conforme o caso.

§ 3º O cadastro e a autorização de que trata o § 2º extinguem a exigibilidade das sanções administrativas previstas na Medida Provisória nº 2.186-16, de 23 de agosto de 2001, e especificadas nos arts. 15 e 20 do Decreto nº 5.459, de 7 de junho de 2005, desde que a infração tenha sido cometida até o dia anterior à data de entrada em vigor desta Lei.

§ 4º Para fins de regularização no Instituto Nacional de Propriedade Industrial – INPI dos pedidos de patentes depositados durante a vigência da Medida Provisória nº 2.186-16, de 23 de agosto de 2001, o requerente deverá apresentar o comprovante de cadastro ou de autorização de que trata este artigo.

Art. 39. O Termo de Compromisso será firmado entre o usuário e a União, representada pelo Ministro de Estado do Meio Ambiente.

Parágrafo único. O Ministro de Estado do Meio Ambiente poderá delegar a competência prevista no *caput*.

Art. 40. O Termo de Compromisso deverá prever, conforme o caso:

I – o cadastro ou a autorização de acesso ou remessa de patrimônio genético ou de conhecimento tradicional associado;

II – a notificação de produto ou processo oriundo do acesso a patrimônio genético ou a conhecimento tradicional associado, de que trata a Medida Provisória nº 2.186-16, de 23 de agosto de 2001; e

III – a repartição de benefícios obtidos, na forma do Capítulo V desta Lei, referente ao tempo em que o produto desenvolvido após 30 de junho de 2000 oriundo de acesso a patrimônio genético ou a conhecimento tradicional associado tiver sido disponibilizado no mercado, no limite de até 5 (cinco) anos anteriores à celebração do Termo de Compromisso, subtraído o tempo de sobrestamento do processo em tramitação no CGen.

Art. 41. A assinatura do Termo de Compromisso suspenderá, em todos os casos:

I – a aplicação das sanções administrativas previstas na Medida Provisória nº 2.186-16, de 23 de agosto de 2001, e especificadas nos arts. 16 a 19 e 21 a 24 do Decreto nº 5.459, de 7 de junho de 2005, desde que a infração tenha sido cometida até o dia anterior à data da entrada em vigor desta Lei; e

II – a exigibilidade das sanções aplicadas com base na Medida Provisória nº 2.186-16, de 23 de agosto de 2001, e nos arts. 16 a 19 e 21 a 24 do Decreto nº 5.459, de 7 de junho de 2005.

§ 1º O Termo de Compromisso de que trata este artigo constitui título executivo extrajudicial.

§ 2º Suspende-se a prescrição durante o período de vigência do Termo de Compromisso.

§ 3º Cumpridas integralmente as obrigações assumidas no Termo de Compromisso, desde que comprovado em parecer técnico emitido pelo Ministério do Meio Ambiente:

I – não se aplicarão as sanções administrativas de que tratam os arts. 16, 17, 18, 21, 22, 23 e 24 do Decreto nº 5.459, de 7 de junho de 2005;

II – as sanções administrativas aplicadas com base nos arts. 16 a 18 do Decreto nº 5.459, de 7 de junho de 2005, terão sua exigibilidade extinta; e

III – os valores das multas aplicadas com base nos arts. 19, 21, 22, 23 e 24 do Decreto nº 5.459, de 7 de junho de 2005, atualizadas monetariamente, serão reduzidos em 90% (noventa por cento) do seu valor.

§ 4º O usuário que tiver iniciado o processo de regularização antes da data de entrada em vigor desta Lei poderá, a seu critério, repartir os benefícios de acordo com os termos da Medida Provisória nº 2.186-16, de 23 de agosto de 2001.

§ 5° O saldo remanescente dos valores de que trata o inciso III do § 3° será convertido, a pedido do usuário, pela autoridade fiscalizadora, em obrigação de executar uma das modalidades de repartição de benefícios não monetária, previstas no inciso II do *caput* do art. 19 desta Lei.

§ 6° As sanções previstas no *caput* terão exigibilidade imediata nas hipóteses de:

I – descumprimento das obrigações previstas no Termo de Compromisso por fato do infrator; ou

II – prática de nova infração administrativa prevista nesta Lei durante o prazo de vigência do Termo de Compromisso.

§ 7° A extinção da exigibilidade da multa não descaracteriza a infração já cometida para fins de reincidência.

Art. 42. Havendo interesse das partes, com o intuito de findar questões controversas e eventuais litígios administrativos ou judiciais, poderão ser aplicadas as regras de regularização ou adequação, conforme a hipótese observada, ainda que para casos anteriores à Medida Provisória n° 2.052, de 29 de junho de 2000.

Parágrafo único. No caso de litígio judicial, respeitadas as regras de regularização ou adequação previstas nesta Lei, a União fica autorizada a:

I – firmar acordo ou transação judicial; ou

II – desistir da ação.

Art. 43. Permanecem válidos os atos e decisões do CGen referentes a atividades de acesso ou de remessa de patrimônio genético ou de conhecimento tradicional associado que geraram produtos ou processos em comercialização no mercado e que já foram objeto de regularização antes da entrada em vigor desta Lei.

§ 1° Caberá ao CGen cadastrar no sistema as autorizações já emitidas.

§ 2° Os acordos de repartição de benefícios celebrados antes da entrada em vigor desta Lei serão válidos pelo prazo neles previstos.

Art. 44. Ficam remitidas as indenizações civis relacionadas a patrimônio genético ou a conhecimento tradicional associado das quais a União seja credora.

Art. 45. O pedido de regularização previsto neste Capítulo autoriza a continuidade da análise de requerimento de direito de propriedade industrial em andamento no órgão competente.

CAPÍTULO IX
DISPOSIÇÕES FINAIS

Art. 46. As atividades realizadas sobre patrimônio genético ou sobre conhecimento tradicional associado que constarem em acordos internacionais aprovados pelo Congresso Nacional e promulgados, quando utilizadas para os fins dos referidos acordos internacionais, deverão ser efetuadas em conformidade com as condições neles definidas, mantidas as exigências deles constantes.

Parágrafo único. A repartição de benefícios prevista no Protocolo de Nagoia não se aplica à exploração econômica, para fins de atividade agrícola, de material reprodutivo de espécies introduzidas no País pela ação humana até a entrada em vigor desse Tratado.

Art. 47. A concessão de direito de propriedade intelectual pelo órgão competente sobre produto acabado ou sobre material reprodutivo obtido a partir de acesso a patrimônio genético ou a conhecimento tradicional associado fica condicionada ao cadastramento ou autorização, nos termos desta Lei.

Art. 48. Ficam extintas, no âmbito do Poder Executivo, Funções Comissionadas Técnicas, criadas pelo art. 58 da Medida Provisória n° 2.229-43, de 6 de setembro de 2001, nos seguintes quantitativos por nível:

I – 33 (trinta e três) FCT-12; e

II – 53 (cinquenta e três) FCT-11.

Parágrafo único. Ficam criados os seguintes cargos em comissão Grupo-Direção e Assessoramento Superiores – DAS, destinados à unidade que exercerá a função de Secretaria Executiva do CGen:

I – 1 (um) DAS-5;

II – 3 (três) DAS-4; e

III – 6 (seis) DAS-3.

Art. 49. Esta Lei entra em vigor após decorridos 180 (cento e oitenta) dias da data de sua publicação oficial.

Art. 50. Fica revogada a Medida Provisória n° 2.186-16, de 23 de agosto de 2001.

Brasília, 20 de maio de 2015; 194° da Independência e 127° da República.

DILMA ROUSSEFF

DOU de 14.5.2015

LEI Nº 13.140, DE 26 DE JUNHO DE 2015

Dispõe sobre a mediação entre particulares como meio de solução de controvérsias e sobre a autocomposição de conflitos no âmbito da administração pública; altera a Lei nº 9.469, de 10 de julho de 1997, e o Decreto nº 70.235, de 6 de março de 1972; e revoga o § 2º do art. 6º da Lei nº 9.469, de 10 de julho de 1997.

▸ *Mediação e autocomposição*

A PRESIDENTA DA REPÚBLICA Faço saber que o Congresso Nacional decreta e eu sanciono a seguinte Lei:

Art. 1º. Esta Lei dispõe sobre a mediação como meio de solução de controvérsias entre particulares e sobre a autocomposição de conflitos no âmbito da administração pública.

Parágrafo único. Considera-se mediação a atividade técnica exercida por terceiro imparcial sem poder decisório, que, escolhido ou aceito pelas partes, as auxilia e estimula a identificar ou desenvolver soluções consensuais para a controvérsia.

CAPÍTULO I.
DA MEDIAÇÃO

SEÇÃO I.
DISPOSIÇÕES GERAIS

▸ v. CPC/15: arts, 3º, § 3º, 165 a 175, 250, IV, 303, § 1º, II, 308, § 3º, 319, VII, 334, 335, I e II, 340, §§ 3ºe 4º, 359, 565, *caput* e § 1º, 694, 695, e 696.

Art. 2º. A mediação será orientada pelos seguintes princípios:

I – imparcialidade do mediador;

II – isonomia entre as partes;

III – oralidade;

IV – informalidade;

V – autonomia da vontade das partes;

VI – busca do consenso;

VII – confidencialidade;

VIII – boa-fé.

§ 1º. Na hipótese de existir previsão contratual de cláusula de mediação, as partes deverão comparecer à primeira reunião de mediação.

§ 2º. Ninguém será obrigado a permanecer em procedimento de mediação.

Art. 3º. Pode ser objeto de mediação o conflito que verse sobre direitos disponíveis ou sobre direitos indisponíveis que admitam transação.

§ 1º. A mediação pode versar sobre todo o conflito ou parte dele.

§ 2º. O consenso das partes envolvendo direitos indisponíveis, mas transigíveis, deve ser homologado em juízo, exigida a oitiva do Ministério Público.

SEÇÃO II.
DOS MEDIADORES

SUBSEÇÃO I.
DISPOSIÇÕES COMUNS

Art. 4º. O mediador será designado pelo tribunal ou escolhido pelas partes.

§ 1º. O mediador conduzirá o procedimento de comunicação entre as partes, buscando o entendimento e o consenso e facilitando a resolução do conflito.

§ 2º. Aos necessitados será assegurada a gratuidade da mediação.

Art. 5º. Aplicam-se ao mediador as mesmas hipóteses legais de impedimento e suspeição do juiz.

Parágrafo único. A pessoa designada para atuar como mediador tem o dever de revelar às partes, antes da aceitação da função, qualquer fato ou circunstância que possa suscitar dúvida justificada em relação à sua imparcialidade para mediar o conflito, oportunidade em que poderá ser recusado por qualquer delas.

Art. 6º. O mediador fica impedido, pelo prazo de um ano, contado do término da última audiência em que atuou, de assessorar, representar ou patrocinar qualquer das partes.

Art. 7º. O mediador não poderá atuar como árbitro nem funcionar como testemunha em processos judiciais ou arbitrais pertinentes a conflito em que tenha atuado como mediador.

Art. 8º. O mediador e todos aqueles que o assessoram no procedimento de mediação, quando no exercício de suas funções ou em razão delas, são equiparados a servidor público, para os efeitos da legislação penal.

SUBSEÇÃO II.
DOS MEDIADORES EXTRAJUDICIAIS

Art. 9º. Poderá funcionar como mediador extrajudicial qualquer pessoa capaz que tenha a confiança das partes e seja capacitada para fazer mediação, independentemente de integrar qualquer tipo de conselho, entidade de classe ou associação, ou nele inscrever-se.

Art. 10. As partes poderão ser assistidas por advogados ou defensores públicos.

Parágrafo único. Comparecendo uma das partes acompanhada de advogado ou defensor público, o mediador suspenderá o procedimento, até que todas estejam devidamente assistidas.

SUBSEÇÃO III.
DOS MEDIADORES JUDICIAIS

Art. 11. Poderá atuar como mediador judicial a pessoa capaz, graduada há pelo menos dois anos em curso de ensino superior de instituição reconhecida pelo Ministério da Educação e que tenha obtido capacitação em escola ou instituição de formação de mediadores, reconhecida pela Escola Nacional de Formação e Aperfeiçoamento de Magistrados – ENFAM ou pelos tribunais, observados os requisitos mínimos estabelecidos pelo Conselho Nacional de Justiça em conjunto com o Ministério da Justiça.

Art. 12. Os tribunais criarão e manterão cadastros atualizados dos mediadores habilitados e autorizados a atuar em mediação judicial.

§ 1º. A inscrição no cadastro de mediadores judiciais será requerida pelo interessado ao tribunal com jurisdição na área em que pretenda exercer a mediação.

§ 2º. Os tribunais regulamentarão o processo de inscrição e desligamento de seus mediadores.

Art. 13. A remuneração devida aos mediadores judiciais será fixada pelos tribunais e custeada pelas partes, observado o disposto no § 2º do art. 4º desta Lei.

SEÇÃO III.
DO PROCEDIMENTO DE MEDIAÇÃO

SUBSEÇÃO I.
DISPOSIÇÕES COMUNS

Art. 14. No início da primeira reunião de mediação, e sempre que julgar necessário, o mediador deverá alertar as partes acerca das regras de confidencialidade aplicáveis ao procedimento.

Art. 15. A requerimento das partes ou do mediador, e com anuência daquelas, poderão ser admitidos outros mediadores para funcionarem no mesmo procedimento, quando isso for recomendável em razão da natureza e da complexidade do conflito.

Art. 16. Ainda que haja processo arbitral ou judicial em curso, as partes poderão submeter-se à mediação, hipótese em que requererão ao juiz ou árbitro a suspensão do processo por prazo suficiente para a solução consensual do litígio.

§ 1º. É irrecorrível a decisão que suspende o processo nos termos requeridos de comum acordo pelas partes.

§ 2º. A suspensão do processo não obsta a concessão de medidas de urgência pelo juiz ou pelo árbitro.

Art. 17. Considera-se instituída a mediação na data para a qual for marcada a primeira reunião de mediação.

Parágrafo único. Enquanto transcorrer o procedimento de mediação, ficará suspenso o prazo prescricional.

Art. 18. Iniciada a mediação, as reuniões posteriores com a presença das partes somente poderão ser marcadas com a sua anuência.

Art. 19. No desempenho de sua função, o mediador poderá reunir-se com as partes, em conjunto ou separadamente, bem como solicitar das partes as informações que entender necessárias para facilitar o entendimento entre aquelas.

Art. 20. O procedimento de mediação será encerrado com a lavratura do seu termo final, quando for celebrado acordo ou quando não se justificarem novos esforços para a obtenção de consenso, seja por declaração do mediador nesse sentido ou por manifestação de qualquer das partes.

Parágrafo único. O termo final de mediação, na hipótese de celebração de acordo, constitui TÍTULO executivo extrajudicial e, quando homologado judicialmente, TÍTULO executivo judicial.

SUBSEÇÃO II.
DA MEDIAÇÃO EXTRAJUDICIAL

Art. 21. O convite para iniciar o procedimento de mediação extrajudicial poderá ser feito por qualquer meio de comunicação e deverá estipular o escopo proposto para a negociação, a data e o local da primeira reunião.

Parágrafo único. O convite formulado por uma parte à outra considerar-se-á rejeitado se não for respondido em até trinta dias da data de seu recebimento.

Art. 22. A previsão contratual de mediação deverá conter, no mínimo:

I – prazo mínimo e máximo para a realização da primeira reunião de mediação, contado a partir da data de recebimento do convite;
II – local da primeira reunião de mediação;
III – critérios de escolha do mediador ou equipe de mediação;
IV – penalidade em caso de não comparecimento da parte convidada à primeira reunião de mediação.

§ 1º. A previsão contratual pode substituir a especificação dos itens acima enumerados pela indicação de regulamento, publicado por instituição idônea prestadora de serviços de mediação, no qual constem critérios claros para a escolha do mediador e realização da primeira reunião de mediação.

§ 2º. Não havendo previsão contratual completa, deverão ser observados os seguintes critérios para a realização da primeira reunião de mediação:

I – prazo mínimo de dez dias úteis e prazo máximo de três meses, contados a partir do recebimento do convite;
II – local adequado a uma reunião que possa envolver informações confidenciais;
III – lista de cinco nomes, informações de contato e referências profissionais de mediadores capacitados; a parte convidada poderá escolher, expressamente, qualquer um dos cinco mediadores e, caso a parte convidada não se manifeste, considerar-se-á aceito o primeiro nome da lista;
IV – o não comparecimento da parte convidada à primeira reunião de mediação acarretará a assunção por parte desta de cinquenta por cento das custas e honorários sucumbenciais caso venha a ser vencedora em procedimento arbitral ou judicial posterior, que envolva o escopo da mediação para a qual foi convidada.

§ 3º. Nos litígios decorrentes de contratos comerciais ou societários que não contenham cláusula de mediação, o mediador extrajudicial somente cobrará por seus serviços caso as partes decidam assinar o termo inicial de mediação e permanecer, voluntariamente, no procedimento de mediação.

Art. 23. Se, em previsão contratual de cláusula de mediação, as partes se comprometerem a não iniciar procedimento arbitral ou processo judicial durante certo prazo ou até o implemento de determinada condição, o árbitro ou o juiz suspenderá o curso da arbitragem ou da ação pelo prazo previamente acordado ou até o implemento dessa condição.

Parágrafo único. O disposto no *caput* não se aplica às medidas de urgência em que o acesso ao Poder Judiciário seja necessário para evitar o perecimento de direito.

SUBSEÇÃO III.
DA MEDIAÇÃO JUDICIAL

Art. 24. Os tribunais criarão centros judiciários de solução consensual de conflitos, responsáveis pela realização de sessões e audiências de conciliação e mediação, pré-processuais e processuais, e pelo desenvolvimento de programas destinados a auxiliar, orientar e estimular a autocomposição.

Parágrafo único. A composição e a organização do centro serão definidas pelo respectivo tribunal, observadas as normas do Conselho Nacional de Justiça.

Art. 25. Na mediação judicial, os mediadores não estarão sujeitos à prévia aceitação das partes, observado o disposto no art. 5º desta Lei.

Art. 26. As partes deverão ser assistidas por advogados ou defensores públicos, ressalvadas as hipóteses previstas nas Leis nºs 9.099, de 26 de setembro de 1995, e 10.259, de 12 de julho de 2001.

Parágrafo único. Aos que comprovarem insuficiência de recursos será assegurada assistência pela Defensoria Pública.

Art. 27. Se a petição inicial preencher os requisitos essenciais e não for o caso de improcedência liminar do pedido, o juiz designará audiência de mediação.

Art. 28. O procedimento de mediação judicial deverá ser concluído em até sessenta dias, contados da primeira sessão, salvo quando as partes, de comum acordo, requererem sua prorrogação.

Parágrafo único. Se houver acordo, os autos serão encaminhados ao juiz, que determinará o arquivamento do processo e, desde que requerido pelas partes, homologará o acordo, por sentença, e o termo final da mediação e determinará o arquivamento do processo.

Art. 29. Solucionado o conflito pela mediação antes da citação do réu, não serão devidas custas judiciais finais.

SEÇÃO IV.
DA CONFIDENCIALIDADE E SUAS EXCEÇÕES

Art. 30. Toda e qualquer informação relativa ao procedimento de mediação será confidencial em relação a terceiros, não podendo ser revelada sequer em processo arbitral ou judicial salvo se as partes expressamente decidirem de forma diversa ou quando sua divulgação for exigida por lei ou necessária para cumprimento de acordo obtido pela mediação.

§ 1º. O dever de confidencialidade aplica-se ao mediador, às partes, a seus prepostos, advogados, assessores técnicos e a outras pessoas de sua confiança que tenham, direta ou indiretamente, participado do procedimento de mediação, alcançando:

I – declaração, opinião, sugestão, promessa ou proposta formulada por uma parte à outra na busca de entendimento para o conflito;
II – reconhecimento de fato por qualquer das partes no curso do procedimento de mediação;
III – manifestação de aceitação de proposta de acordo apresentada pelo mediador;
IV – documento preparado unicamente para os fins do procedimento de mediação.

§ 2º. A prova apresentada em desacordo com o disposto neste artigo não será admitida em processo arbitral ou judicial.

§ 3º. Não está abrigada pela regra de confidencialidade a informação relativa à ocorrência de crime de ação pública.

§ 4º. A regra da confidencialidade não afasta o dever de as pessoas discriminadas no *caput* prestarem informações à administração tributária após o termo final da mediação, aplicando-se aos seus servidores a obrigação de manterem sigilo das informações compartilhadas nos termos do art. 198 da Lei nº 5.172, de 25 de outubro de 1966 – Código Tributário Nacional.

Art. 31. Será confidencial a informação prestada por uma parte em sessão privada, não podendo o mediador revelá-la às demais, exceto se expressamente autorizado.

CAPÍTULO II.
DA AUTOCOMPOSIÇÃO DE CONFLITOS EM QUE FOR PARTE PESSOA JURÍDICA DE DIREITO PÚBLICO

SEÇÃO I.
DISPOSIÇÕES COMUNS

Art. 32. A União, os Estados, o Distrito Federal e os Municípios poderão criar câmaras de prevenção e resolução administrativa de conflitos, no âmbito dos respectivos órgãos da Advocacia Pública, onde houver, com competência para:

I – dirimir conflitos entre órgãos e entidades da administração pública;
II – avaliar a admissibilidade dos pedidos de resolução de conflitos, por meio de composição, no caso de controvérsia entre particular e pessoa jurídica de direito público;

III – promover, quando couber, a celebração de termo de ajustamento de conduta.

§ 1º. O modo de composição e funcionamento das câmaras de que trata o *caput* será estabelecido em regulamento de cada ente federado.

§ 2º. A submissão do conflito às câmaras de que trata o *caput* é facultativa e será cabível apenas nos casos previstos no regulamento do respectivo ente federado.

§ 3º. Se houver consenso entre as partes, o acordo será reduzido a termo e constituirá TÍTULO executivo extrajudicial.

§ 4º. Não se incluem na competência dos órgãos mencionados no *caput* deste artigo as controvérsias que somente possam ser resolvidas por atos ou concessão de direitos sujeitos a autorização do Poder Legislativo.

§ 5º. Compreendem-se na competência das câmaras de que trata o *caput* a prevenção e a resolução de conflitos que envolvam equilíbrio econômico-financeiro de contratos celebrados pela administração com particulares.

Art. 33. Enquanto não forem criadas as câmaras de mediação, os conflitos poderão ser dirimidos nos termos do procedimento de mediação previsto na Subseção I da Seção III do CAPÍTULO I desta Lei.

Parágrafo único. A Advocacia Pública da União, dos Estados, do Distrito Federal e dos Municípios, onde houver, poderá instaurar, de ofício ou mediante provocação, procedimento de mediação coletiva de conflitos relacionados à prestação de serviços públicos.

Art. 34. A instauração de procedimento administrativo para a resolução consensual de conflito no âmbito da administração pública suspende a prescrição.

§ 1º. Considera-se instaurado o procedimento quando o órgão ou entidade pública emitir juízo de admissibilidade, retroagindo a suspensão da prescrição à data de formalização do pedido de resolução consensual do conflito.

§ 2º. Em se tratando de matéria tributária, a suspensão da prescrição deverá observar o disposto na Lei nº 5.172, de 25 de outubro de 1966 – Código Tributário Nacional.

SEÇÃO II.
DOS CONFLITOS ENVOLVENDO A ADMINISTRAÇÃO PÚBLICA FEDERAL DIRETA, SUAS AUTARQUIAS E FUNDAÇÕES

Art. 35. As controvérsias jurídicas que envolvam a administração pública federal direta, suas autarquias e fundações poderão ser objeto de transação por adesão, com fundamento em:

I – autorização do Advogado-Geral da União, com base na jurisprudência pacífica do Supremo Tribunal Federal ou de tribunais superiores; ou

II – parecer do Advogado-Geral da União, aprovado pelo Presidente da República.

§ 1º. Os requisitos e as condições da transação por adesão serão definidos em resolução administrativa própria.

§ 2º. Ao fazer o pedido de adesão, o interessado deverá juntar prova de atendimento aos requisitos e às condições estabelecidos na resolução administrativa.

§ 3º. A resolução administrativa terá efeitos gerais e será aplicada aos casos idênticos, tempestivamente habilitados mediante pedido de adesão, ainda que solucione apenas parte da controvérsia.

§ 4º. A adesão implicará renúncia do interessado ao direito sobre o qual se fundamenta a ação ou o recurso, eventualmente pendentes, de natureza administrativa ou judicial, no que tange aos pontos compreendidos pelo objeto da resolução administrativa.

§ 5º. Se o interessado for parte em processo judicial inaugurado por ação coletiva, a renúncia ao direito sobre o qual se fundamenta a ação deverá ser expressa, mediante petição dirigida ao juiz da causa.

§ 6º. A formalização de resolução administrativa destinada à transação por adesão não implica a renúncia tácita à prescrição nem sua interrupção ou suspensão.

Art. 36. No caso de conflitos que envolvam controvérsia jurídica entre órgãos ou entidades de direito público que integram a administração pública federal, a Advocacia-Geral da União deverá realizar composição extrajudicial do conflito, observados os procedimentos previstos em ato do Advogado-Geral da União.

§ 1º. Na hipótese do *caput*, se não houver acordo quanto à controvérsia jurídica, caberá ao Advogado-Geral da União dirimi-la, com fundamento na legislação afeta.

§ 2º. Nos casos em que a resolução da controvérsia implicar o reconhecimento da existência de créditos da União, de suas autarquias e fundações em face de pessoas jurídicas de direito público federais, a Advocacia-Geral da União poderá solicitar ao Ministério do Planejamento, Orçamento e Gestão a adequação orçamentária para quitação das dívidas reconhecidas como legítimas.

§ 3º. A composição extrajudicial do conflito não afasta a apuração de responsabilidade do agente público que deu causa à dívida, sempre que se verificar que sua ação ou omissão constitui, em tese, infração disciplinar.

§ 4º. Nas hipóteses em que a matéria objeto do litígio esteja sendo discutida em ação de improbidade administrativa ou sobre ela haja decisão do Tribunal de Contas da União, a conciliação de que trata o *caput* dependerá da anuência expressa do juiz da causa ou do Ministro Relator.

Art. 37. É facultado aos Estados, ao Distrito Federal e aos Municípios, suas autarquias e fundações públicas, bem como às empresas públicas e sociedades de economia mista federais, submeter seus litígios com órgãos ou entidades da administração pública federal à Advocacia-Geral da União, para fins de composição extrajudicial do conflito.

Art. 38. Nos casos em que a controvérsia jurídica seja relativa a tributos administrados pela Secretaria da Receita Federal do Brasil ou a créditos inscritos em dívida ativa da União:

I – não se aplicam as disposições dos incisos II e III do *caput* do art. 32;

II – as empresas públicas, sociedades de economia mista e suas subsidiárias que explorem atividade econômica de produção ou comercialização de bens ou de prestação de serviços em regime de concorrência não poderão exercer a faculdade prevista no art. 37;

III – quando forem partes as pessoas a que alude o *caput* do art. 36:

a) a submissão do conflito à composição extrajudicial pela Advocacia-Geral da União implica renúncia do direito de recorrer ao Conselho Administrativo de Recursos Fiscais;

b) a redução ou o cancelamento do crédito dependerá de manifestação conjunta do Advogado-Geral da União e do Ministro de Estado da Fazenda.

Parágrafo único. O disposto neste artigo não afasta a competência do Advogado-Geral da União prevista nos incisos VI, X e XI do art. 4º da Lei Complementar nº 73, de 10 de fevereiro de 1993, e na Lei nº 9.469, de 10 de julho de 1997. (Redação dada pela Lei nº 13.327, de 2016)

Art. 39. A propositura de ação judicial em que figurem concomitantemente nos polos ativo e passivo órgãos ou entidades de direito público que integrem a administração pública federal deverá ser previamente autorizada pelo Advogado-Geral da União.

Art. 40. Os servidores e empregados públicos que participarem do processo de composição extrajudicial do conflito, somente poderão ser responsabilizados civil, administrativa ou criminalmente quando, mediante dolo ou fraude, receberem qualquer vantagem patrimonial indevida, permitirem ou facilitarem sua recepção por terceiro, ou para tal concorrerem.

CAPÍTULO III.
DISPOSIÇÕES FINAIS

Art. 41. A Escola Nacional de Mediação e Conciliação, no âmbito do Ministério da Justiça, poderá criar banco de dados sobre boas práticas em mediação, bem como manter relação de mediadores e de instituições de mediação.

Art. 42. Aplica-se esta Lei, no que couber, às outras formas consensuais de resolução de conflitos, tais como mediações comunitárias e escolares, e àquelas levadas a efeito nas serventias extrajudiciais, desde que no âmbito de suas competências.

Parágrafo único. A mediação nas relações de trabalho será regulada por lei própria.

Art. 43. Os órgãos e entidades da administração pública poderão criar câmaras para a resolução de conflitos entre particulares, que versem sobre atividades por eles reguladas ou supervisionadas.

Art. 44. Os arts. 1º e 2º da Lei nº 9.469, de 10 de julho de1997, passam a vigorar com a seguinte redação:

- Alteração incorporada ao texto da referida lei.

Art. 45. O Decreto nº 70.235, de 6 de março de 1972, passa a vigorar acrescido do seguinte art. 14-A:

- Alteração incorporada ao texto do referido Decreto.

Art. 46. A mediação poderá ser feita pela internet ou por outro meio de comunicação que permita a transação à distância, desde que as partes estejam de acordo.

Parágrafo único. É facultado à parte domiciliada no exterior submeter-se à mediação segundo as regras estabelecidas nesta Lei.

Art. 47. Esta Lei entra em vigor após decorridos cento e oitenta dias de sua publicação oficial.

Art. 48. Revoga-se o § 2º do art. 6º da Lei nº 9.469, de 10de julho de 1997.

Brasília, 26 de junho de 2015; 194º da Independência e 127º da República.

DILMA ROUSSEFF

Publicado no D.O.U. de 29.6.2015

LEI Nº 13.188, DE 11 DE NOVEMBRO DE 2015

Dispõe sobre o direito de resposta ou retificação do ofendido em matéria divulgada, publicada ou transmitida por veículo de comunicação social.

- *Direito de resposta*
- v. CF/1988: art. 5º, V.
- v. Lei 12.965/2014 – Estabelece princípios, garantias, direitos e deveres para o uso da Internet no Brasil (Lei do Marco Civil na internet).
- v. Lei 9.504/1997 – Estabelece normas para as eleições.

A PRESIDENTA DA REPÚBLICA Faço saber que o Congresso Nacional decreta e eu sanciono a seguinte Lei:

Art. 1º. Esta Lei disciplina o exercício do direito de resposta ou retificação do ofendido em matéria divulgada, publicada ou transmitida por veículo de comunicação social.

‣ v. Lei 9.504/1997: art. 58

Art. 2º. Ao ofendido em matéria divulgada, publicada ou transmitida por veículo de comunicação social é assegurado o direito de resposta ou retificação, gratuito e proporcional ao agravo.

§ 1º. Para os efeitos desta Lei, considera-se matéria qualquer reportagem, nota ou notícia divulgada por veículo de comunicação social, independentemente do meio ou da plataforma de distribuição, publicação ou transmissão que utilize, cujo conteúdo atente, ainda que por equívoco de informação, contra a honra, a intimidade, a reputação, o conceito, o nome, a marca ou a imagem de pessoa física ou jurídica identificada ou passível de identificação.

§ 2º. São excluídos da definição de matéria estabelecida no § 1º deste artigo os comentários realizados por usuários da internet nas páginas eletrônicas dos veículos de comunicação social.

§ 3º. A retratação ou retificação espontânea, ainda que a elas sejam conferidos os mesmos destaque, publicidade, periodicidade e dimensão do agravo, não impedem o exercício do direito de resposta pelo ofendido nem prejudicam a ação de reparação por dano moral.

Art. 3º. O direito de resposta ou retificação deve ser exercido no prazo decadencial de 60 (sessenta) dias, contado da data de cada divulgação, publicação ou transmissão da matéria ofensiva, mediante correspondência com aviso de recebimento encaminhada diretamente ao veículo de comunicação social ou, inexistindo pessoa jurídica constituída, a quem por ele responda, independentemente de quem seja o responsável intelectual pelo agravo.

§ 1º. O direito de resposta ou retificação poderá ser exercido, de forma individualizada, em face de todos os veículos de comunicação social que tenham divulgado, publicado, republicado, transmitido ou retransmitido o agravo original.

§ 2º. O direito de resposta ou retificação poderá ser exercido, também, conforme o caso:

I – pelo representante legal do ofendido incapaz ou da pessoa jurídica;

II – pelo cônjuge, descendente, ascendente ou irmão do ofendido que esteja ausente do País ou tenha falecido depois do agravo, mas antes de decorrido o prazo de decadência do direito de resposta ou retificação.

§ 3º. No caso de divulgação, publicação ou transmissão continuada e ininterrupta da mesma matéria ofensiva, o prazo será contado da data em que se iniciou o agravo.

Art. 4º. A resposta ou retificação atenderá, quanto à forma e à duração, ao seguinte:

I – praticado o agravo em mídia escrita ou na internet, terá a resposta ou retificação o destaque, a publicidade, a periodicidade e a dimensão da matéria que a ensejou;

II – praticado o agravo em mídia televisiva, terá a resposta ou retificação o destaque, a publicidade, a periodicidade e a duração da matéria que a ensejou;

III – praticado o agravo em mídia radiofônica, terá a resposta ou retificação o destaque, a publicidade, a periodicidade e a duração da matéria que a ensejou.

§ 1º. Se o agravo tiver sido divulgado, publicado, republicado, transmitido ou retransmitido em mídia escrita ou em cadeia de rádio ou televisão para mais de um Município ou Estado, será conferido proporcional alcance à divulgação da resposta ou retificação.

§ 2º. O ofendido poderá requerer que a resposta ou retificação seja divulgada, publicada ou transmitida nos mesmos espaço, dia da semana e horário do agravo.

§ 3º. A resposta ou retificação cuja divulgação, publicação ou transmissão não obedeça ao disposto nesta Lei é considerada inexistente.

§ 4º. Na delimitação do agravo, deverá ser considerado o contexto da informação ou matéria que gerou a ofensa.

Art. 5º. Se o veículo de comunicação social ou quem por ele responda não divulgar, publicar ou transmitir a resposta ou retificação no prazo de 7 (sete) dias, contado do recebimento do respectivo pedido, na forma do art. 3º, restará caracterizado o interesse jurídico para a propositura de ação judicial.

§ 1º. É competente para conhecer do feito o juízo do domicílio do ofendido ou, se este assim o preferir, aquele do lugar onde o agravo tenha apresentado maior repercussão.

‣ v. CC: arts. 70 e segs.

§ 2º. A ação de rito especial de que trata esta Lei será instruída com as provas do agravo e do pedido de resposta ou retificação não atendido, bem como com o texto da resposta ou retificação a ser divulgado, publicado ou transmitido, sob pena de inépcia da inicial, e processada no prazo máximo de 30 (trinta) dias, vedados:

I – a cumulação de pedidos;

‣ v. NCPC: art. 327.

II – a reconvenção;

‣ v. NCPC: arts. 343 e segs.

III – o litisconsórcio, a assistência e a intervenção de terceiros.

‣ v. NCPC: arts. 113 e segs., e 119 e segs.

§ 3º. (VETADO).

Art. 6º. Recebido o pedido de resposta ou retificação, o juiz, dentro de 24 (vinte e quatro) horas, mandará citar o responsável pelo veículo de comunicação social para que:

I – em igual prazo, apresente as razões pelas quais não o divulgou, publicou ou transmitiu;

II – no prazo de 3 (três) dias, ofereça contestação.

Parágrafo único. O agravo consistente em injúria não admitirá a prova da verdade.

Art. 7º. O juiz, nas 24 (vinte e quatro) horas seguintes à citação, tenha ou não se manifestado o responsável pelo veículo de comunicação, conhecerá do pedido e, havendo prova capaz de convencer sobre a verossimilhança da alegação ou justificado receio de ineficácia do provimento final, fixará desde logo as condições e a data para a veiculação, em prazo não superior a 10 (dez) dias, da resposta ou retificação.

§ 1º. Se o agravo tiver sido divulgado ou publicado por veículo de mídia impressa cuja circulação seja periódica, a resposta ou retificação será divulgada na edição seguinte à da ofensa ou, ainda, excepcionalmente, em edição extraordinária, apenas nos casos em que o prazo entre a ofensa e a próxima edição indique desproporcionalidade entre a ofensa e a resposta ou retificação.

§ 2º. A medida antecipatória a que se refere o *caput* deste artigo poderá ser reconsiderada ou modificada a qualquer momento, em decisão fundamentada.

§ 3º. O juiz poderá, a qualquer tempo, impor multa diária ao réu, independentemente de pedido do autor, bem como modificar-lhe o valor ou a periodicidade, caso verifique que se tornou insuficiente ou excessiva.

§ 4º. Para a efetivação da tutela específica de que trata esta Lei, poderá o juiz, de ofício ou mediante requerimento, adotar as medidas cabíveis para o cumprimento da decisão.

Art. 8º. Não será admitida a divulgação, publicação ou transmissão de resposta ou retificação que não tenha relação com as informações contidas na matéria a que pretende responder nem se enquadre no § 1º do art. 2º desta Lei.

Art. 9º. O juiz prolatará a sentença no prazo máximo de 30 (trinta) dias, contado do ajuizamento da ação, salvo na hipótese de conversão do pedido em reparação por perdas e danos.

Parágrafo único. As ações judiciais destinadas a garantir a efetividade do direito de resposta ou retificação previsto nesta Lei processam-se durante as férias forenses e não se suspendem pela superveniência delas.

Art. 10. Das decisões proferidas nos processos submetidos ao rito especial estabelecido nesta Lei, poderá ser concedido efeito suspensivo pelo tribunal competente, desde que constatadas, em juízo colegiado prévio, a plausibilidade do direito invocado e a urgência na concessão da medida.

Art. 11. A gratuidade da resposta ou retificação divulgada pelo veículo de comunicação, em caso de ação temerária, não abrange as custas processuais nem exime o autor do ônus da sucumbência.

Parágrafo único. Incluem-se entre os ônus da sucumbência os custos com a divulgação, publicação ou transmissão da resposta ou retificação, caso a decisão judicial favorável ao autor seja reformada em definitivo.

Art. 12. Os pedidos de reparação ou indenização por danos morais, materiais ou à imagem serão deduzidos em ação própria, salvo se o autor, desistindo expressamente da tutela específica de que trata esta Lei, os requerer, caso em que o processo seguirá pelo rito ordinário.

§ 1º. O ajuizamento de ação cível ou penal contra o veículo de comunicação ou seu responsável com fundamento na divulgação, publicação ou transmissão ofensiva não prejudica o exercício administrativo ou judicial do direito de resposta ou retificação previsto nesta Lei.

§ 2º. A reparação ou indenização dar-se-á sem prejuízo da multa a que se refere o § 3º do art. 7º.

Art. 13. O art. 143 do Decreto-Lei nº 2.848, de 7 de dezembro de 1940 (Código Penal), passa a vigorar acrescido do seguinte parágrafo único:

‣ Alteração incorporada ao texto do referido Decreto-Lei.

Art. 14. Esta Lei entra em vigor na data de sua publicação.

Brasília, 11 de novembro de 2015; 194º da Independência e 127º da República.

DILMA ROUSSEFF

Publicado no D.O.U. de 12.11.2015

LEI COMPLEMENTAR Nº 152, DE 3 DE DEZEMBRO DE 2015

Dispõe sobre a aposentadoria compulsória por idade, com proventos proporcionais, nos termos do inciso II do § 1º do art. 40 da Constituição Federal.

‣ *Aposentadoria compulsória por idade*

A PRESIDENTA DA REPÚBLICA Faço saber que o Congresso Nacional decreta e eu promulgo, nos termos do parágrafo 5º do art. 66 da Constituição, a seguinte Lei Complementar:

Art. 1º. Esta Lei Complementar dispõe sobre a aposentadoria compulsória por idade, com proventos proporcionais, no âmbito da União, dos Estados, do Distrito Federal e dos Municípios, dos agentes públicos aos quais se aplica o inciso II do § 1º do art. 40 da Constituição Federal.

Art. 2º. Serão aposentados compulsoriamente, com proventos proporcionais ao tempo de contribuição, aos 75 (setenta e cinco) anos de idade:

I – os servidores titulares de cargos efetivos da União, dos Estados, do Distrito Federal e dos Municípios, incluídas suas autarquias e fundações;

II – os membros do Poder Judiciário;
III – os membros do Ministério Público;
IV – os membros das Defensorias Públicas;
V – os membros dos Tribunais e dos Conselhos de Contas.

Parágrafo único. Aos servidores do Serviço Exterior Brasileiro, regidos pela Lei nº 11.440, de 29 de dezembro de 2006, o disposto neste artigo será aplicado progressivamente à razão de 1 (um) ano adicional de limite para aposentadoria compulsória ao fim de cada 2 (dois) anos, a partir da vigência desta Lei Complementar, até o limite de 75 (setenta e cinco) anos previsto no *caput*.

Art. 3º. Revoga-se o inciso I do art. 1º da Lei Complementar nº 51, de 20 de dezembro de 1985.

Art. 4º. Esta Lei Complementar entra em vigor na data de sua publicação.

Brasília, 3 de dezembro de 2015; 194º da Independência e 127º da República.

DILMA ROUSSEFF

D.O.U. de 4.12.2015

RESOLUÇÃO DO CNJ 213, DE 15 DE DEZEMBRO DE 2015

Dispõe sobre a apresentação de toda pessoa presa à autoridade judicial no prazo de 24 horas.

▸ *Audiência de Apresentação/Custódia*

O Presidente do Conselho Nacional de Justiça (CNJ), no uso de suas atribuições legais e regimentais;

Considerando o art. 9º, item 3, do Pacto Internacional de Direitos Civis e Políticos das Nações Unidas, bem como o art. 7º, item 5, da Convenção Americana sobre Direitos Humanos (Pacto de São José da Costa Rica);

Considerando a decisão nos autos da Arguição de Descumprimento de Preceito Fundamental 347 do Supremo Tribunal Federal, consignando a obrigatoriedade da apresentação da pessoa presa à autoridade judicial competente;

Considerando o que dispõe a letra "a" do inciso I do art. 96 da Constituição Federal, que defere aos tribunais a possibilidade de tratarem da competência e do funcionamento dos seus serviços e órgãos jurisdicionais e administrativos;

Considerando a decisão prolatada na Ação Direta de Inconstitucionalidade 5240 do Supremo Tribunal Federal, declarando a constitucionalidade da disciplina pelos Tribunais da apresentação da pessoa presa à autoridade judicial competente;

Considerando o relatório produzido pelo Subcomitê de Prevenção à Tortura da ONU (CAT/OP/BRA/R.1, 2011), pelo Grupo de Trabalho sobre Detenção Arbitrária da ONU (A/HRC/27/48/Add.3, 2014) e o relatório sobre o uso da prisão provisória nas Américas da Organização dos Estados Americanos;

Considerando o diagnóstico de pessoas presas apresentado pelo CNJ e o INFOPEN do Departamento Penitenciário Nacional do Ministério da Justiça (DEPEN/MJ), publicados, respectivamente, nos anos de 2014 e 2015, revelando o contingente desproporcional de pessoas presas provisoriamente;

Considerando que a prisão, conforme previsão constitucional (CF, art. 5º, LXV, LXVI), é medida extrema que se aplica somente nos casos expressos em lei e quando a hipótese não comportar nenhuma das medidas cautelares alternativas;

Considerando que as inovações introduzidas no Código de Processo Penal pela Lei 12.403, de 4 de maio de 2011, impuseram ao juiz a obrigação de converter em prisão preventiva a prisão em flagrante delito, somente quando apurada a impossibilidade de relaxamento ou concessão de liberdade provisória, com ou sem medida cautelar diversa da prisão;

Considerando que a condução imediata da pessoa presa à autoridade judicial é o meio mais eficaz para prevenir e reprimir a prática de tortura no momento da prisão, assegurando, portanto, o direito à integridade física e psicológica das pessoas submetidas à custódia estatal, previsto no art. 5.2 da Convenção Americana de Direitos Humanos e no art. 2.1 da Convenção Contra a Tortura e Outros Tratamentos ou Penas Cruéis, Desumanos ou Degradantes;

Considerando o disposto na Recomendação CNJ 49 de 1º de abril de 2014;

Considerando a decisão plenária tomada no julgamento do Ato Normativo 0005913-65.2015.2.00.0000, na 223ª Sessão Ordinária, realizada em 15 de dezembro de 2015;

RESOLVE:

Art. 1º Determinar que toda pessoa presa em flagrante delito, independentemente da motivação ou natureza do ato, seja obrigatoriamente apresentada, em até 24 horas da comunicação do flagrante, à autoridade judicial competente, e ouvida sobre as circunstâncias em que se realizou sua prisão ou apreensão.

§ 1º A comunicação da prisão em flagrante à autoridade judicial, que se dará por meio do encaminhamento do auto de prisão em flagrante, de acordo com as rotinas previstas em cada Estado da Federação, não supre a apresentação pessoal determinada no *caput*.

§ 2º Entende-se por autoridade judicial competente aquela assim disposta pelas leis de organização judiciária locais, ou, salvo omissão, definida por ato normativo do Tribunal de Justiça, Tribunal de Justiça Militar, Tribunal Regional Federal, Tribunal Regional Eleitoral ou do Superior Tribunal Militar que instituir as audiências de apresentação, incluído o juiz plantonista. (Redação dada pela Resolução CNJ nº 268, de 2018)

§ 3º No caso de prisão em flagrante delito da competência originária de Tribunal, a apresentação do preso poderá ser feita ao juiz que o Presidente do Tribunal ou Relator designar para esse fim.

§ 4º Estando a pessoa presa acometida de grave enfermidade, ou havendo circunstância comprovadamente excepcional que a impossibilite de ser apresentada ao juiz no prazo do *caput*, deverá ser assegurada a realização da audiência no local em que ela se encontre e, nos casos em que o deslocamento se mostre inviável, deverá ser providenciada a condução para a audiência de custódia imediatamente após restabelecida sua condição de saúde ou de apresentação.

§ 5º O CNJ, ouvidos os órgãos jurisdicionais locais, editará ato complementar a esta Resolução, regulamentando, em caráter excepcional, os prazos para apresentação à autoridade judicial da pessoa presa em Municípios ou sedes regionais a serem especificados, em que o juiz competente ou plantonista esteja impossibilitado de cumprir o prazo estabelecido no *caput*.

Art. 2º O deslocamento da pessoa presa em flagrante delito ao local da audiência e desse, eventualmente, para alguma unidade prisional específica, no caso de aplicação da prisão preventiva, será de responsabilidade da Secretaria de Administração Penitenciária ou da Secretaria de Segurança Pública, conforme os regramentos locais.

Parágrafo único. Os tribunais poderão celebrar convênios de modo a viabilizar a realização da audiência de custódia fora da unidade judiciária correspondente.

Art. 3º Se, por qualquer motivo, não houver juiz na comarca até o final do prazo do art. 1º, a pessoa presa será levada imediatamente ao substituto legal, observado, no que couber, o §5º do art. 1º.

Art. 4º A audiência de custódia será realizada na presença do Ministério Público e da Defensoria Pública, caso a pessoa detida não possua defensor constituído no momento da lavratura do flagrante.

Parágrafo único. É vedada a presença dos agentes policiais responsáveis pela prisão ou pela investigação durante a audiência de custódia.

Art. 5º Se a pessoa presa em flagrante delito constituir advogado até o término da lavratura do auto de prisão em flagrante, o Delegado de polícia deverá notificá-lo, pelos meios mais comuns, tais como correio eletrônico, telefone ou mensagem de texto, para que compareça à audiência de custódia, consignando nos autos.

Parágrafo único. Não havendo defensor constituído, a pessoa presa será atendida pela Defensoria Pública.

Art. 6º Antes da apresentação da pessoa presa ao juiz, será assegurado seu atendimento prévio e reservado por advogado por ela constituído ou defensor público, sem a presença de agentes policiais, sendo esclarecidos por funcionário credenciado os motivos, fundamentos e ritos que versam a audiência de custódia. Parágrafo único. Será reservado local apropriado visando a garantia da confidencialidade do atendimento prévio com advogado ou defensor público.

Art. 7º A apresentação da pessoa presa em flagrante delito à autoridade judicial competente será obrigatoriamente precedida de cadastro no Sistema de Audiência de Custódia (SISTAC).

§ 1º O SISTAC, sistema eletrônico de amplitude nacional, disponibilizado pelo CNJ, gratuitamente, para todas as unidades judiciais responsáveis pela realização da audiência de custódia, é destinado a facilitar a coleta dos dados produzidos na audiência e que decorram da apresentação de pessoa presa em flagrante delito a um juiz e tem por objetivos:

I - registrar formalmente o fluxo das audiências de custódia nos tribunais;

II - sistematizar os dados coletados durante a audiência de custódia, de forma a viabilizar o controle das informações produzidas, relativas às prisões em flagrante, às decisões judiciais e ao ingresso no sistema prisional;

III - produzir estatísticas sobre o número de pessoas presas em flagrante delito, de pessoas a quem foi concedida liberdade provisória, de medidas cautelares aplicadas com a indicação da respectiva modalidade, de denúncias relativas a tortura e maus tratos, entre outras;

IV - elaborar ata padronizada da audiência de custódia;

V - facilitar a consulta a assentamentos anteriores, com o objetivo de permitir a atualização do perfil das pessoas presas em flagrante delito a qualquer momento e a vinculação do cadastro de seus dados pessoais a novos atos processuais;

VI - permitir o registro de denúncias de torturas e maus tratos, para posterior encaminhamento para investigação;

VII - manter o registro dos encaminhamentos sociais, de caráter voluntário, recomendados pelo juiz ou indicados pela equipe técnica, bem como os de exame de corpo de delito, solicitados pelo juiz;

VIII - analisar os efeitos, impactos e resultados da implementação da audiência de custódia.

§ 2º A apresentação da pessoa presa em flagrante delito em juízo acontecerá após o protocolo e distribuição do auto de prisão em flagrante e respectiva nota de culpa perante a unidade judiciária correspondente, dela constando o motivo da prisão, o nome do condutor e das testemunhas do flagrante, perante a unidade responsável para operacionalizar o ato, de acordo com regramentos locais.

§ 3° O auto de prisão em flagrante subsidiará as informações a serem registradas no SISTAC, conjuntamente com aquelas obtidas a partir do relato do próprio autuado.

§ 4° Os dados extraídos dos relatórios mencionados no inciso III do § 1° serão disponibilizados no sítio eletrônico do CNJ, razão pela qual as autoridades judiciárias responsáveis devem assegurar a correta e contínua alimentação do SISTAC.

Art. 8° Na audiência de custódia, a autoridade judicial entrevistará a pessoa presa em flagrante, devendo:

I - esclarecer o que é a audiência de custódia, ressaltando as questões a serem analisadas pela autoridade judicial;

II - assegurar que a pessoa presa não esteja algemada, salvo em casos de resistência e de fundado receio de fuga ou de perigo à integridade física própria ou alheia, devendo a excepcionalidade ser justificada por escrito;

III - dar ciência sobre seu direito de permanecer em silêncio;

IV - questionar se lhe foi dada ciência e efetiva oportunidade de exercício dos direitos constitucionais inerentes à sua condição, particularmente o direito de consultar-se com advogado ou defensor público, o de ser atendido por médico e o de comunicar-se com seus familiares;

V - indagar sobre as circunstâncias de sua prisão ou apreensão;

VI - perguntar sobre o tratamento recebido em todos os locais por onde passou antes da apresentação à audiência, questionando sobre a ocorrência de tortura e maus tratos e adotando as providências cabíveis;

VII - verificar se houve a realização de exame de corpo de delito, determinando sua realização nos casos em que:

a) não tiver sido realizado;

b) os registros se mostrarem insuficientes;

c) a alegação de tortura e maus tratos referir-se a momento posterior ao exame realizado;

d) o exame tiver sido realizado na presença de agente policial, observando-se a Recomendação CNJ 49/2014 quanto à formulação de quesitos ao perito;

VIII - abster-se de formular perguntas com finalidade de produzir prova para a investigação ou ação penal relativas aos fatos objeto do auto de prisão em flagrante;

IX - adotar as providências a seu cargo para sanar possíveis irregularidades;

X - averiguar, por perguntas e visualmente, hipóteses de gravidez, existência de filhos ou dependentes sob cuidados da pessoa presa em flagrante delito, histórico de doença grave, incluídos os transtornos mentais e a dependência química, para analisar o cabimento de encaminhamento assistencial e da concessão da liberdade provisória, sem ou com a imposição de medida cautelar.

§ 1° Após a oitiva da pessoa presa em flagrante delito, o juiz deferirá ao Ministério Público e à defesa técnica, nesta ordem, reperguntas compatíveis com a natureza do ato, devendo indeferir as perguntas relativas ao mérito dos fatos que possam constituir eventual imputação, permitindo-lhes, em seguida, requerer:

I - o relaxamento da prisão em flagrante;

II - a concessão da liberdade provisória sem ou com aplicação de medida cautelar diversa da prisão; III - a decretação de prisão preventiva;

IV - a adoção de outras medidas necessárias à preservação de direitos da pessoa presa.

§ 2° A oitiva da pessoa presa será registrada, preferencialmente, em mídia, dispensando-se a formalização de termo de manifestação da pessoa presa ou do conteúdo das postulações das partes, e ficará arquivada na unidade responsável pela audiência de custódia.

§ 3° A ata da audiência conterá, apenas e resumidamente, a deliberação fundamentada do magistrado quanto à legalidade e manutenção da prisão, cabimento de liberdade provisória sem ou com a imposição de medidas cautelares diversas da prisão, considerando-se o pedido de cada parte, como também as providências tomadas, em caso da constatação de indícios de tortura e maus tratos.

§ 4° Concluída a audiência de custódia, cópia da sua ata será entregue à pessoa presa em flagrante delito, ao Defensor e ao Ministério Público, tomando-se a ciência de todos, e apenas o auto de prisão em flagrante, com antecedentes e cópia da ata, seguirá para livre distribuição.

§ 5° Proferida a decisão que resultar no relaxamento da prisão em flagrante, na concessão da liberdade provisória sem ou com a imposição de medida cautelar alternativa à prisão, ou quando determinado o imediato arquivamento do inquérito, a pessoa presa em flagrante delito será prontamente colocada em liberdade, mediante a expedição de alvará de soltura, e será informada sobre seus direitos e obrigações, salvo se por outro motivo tenha que continuar presa.

§ 6° Na hipótese do § 5º, a autoridade policial será cientificada e se a vítima de violência doméstica e familiar contra a mulher não estiver presente na audiência, deverá, antes da expedição do alvará de soltura, ser notificada da decisão, sem prejuízo da intimação do seu advogado ou do seu defensor público. (Acrescido pela Resolução CNJ nº 254, de 2018)

Art. 9° A aplicação de medidas cautelares diversas da prisão previstas no art. 319 do CPP deverá compreender a avaliação da real adequação e necessidade das medidas, com estipulação de prazos para seu cumprimento e para a reavaliação de sua manutenção, observando-se o Protocolo I desta Resolução.

§ 1° O acompanhamento das medidas cautelares diversas da prisão determinadas judicialmente ficará a cargo dos serviços de acompanhamento de alternativas penais, denominados Centrais Integradas de Alternativas Penais, estruturados preferencialmente no âmbito do Poder Executivo estadual, contando com equipes multidisciplinares, responsáveis, ainda, pela realização dos encaminhamentos necessários à Rede de Atenção à Saúde do Sistema Único de Saúde (SUS) e à rede de assistência social do Sistema Único de Assistência Social (SUAS), bem como a outras políticas e programas ofertados pelo Poder Público, sendo os resultados do atendimento e do acompanhamento comunicados regularmente ao juízo ao qual for distribuído o auto de prisão em flagrante após a realização da audiência de custódia.

§ 2° Identificadas demandas abrangidas por políticas de proteção ou de inclusão social implementadas pelo Poder Público, caberá ao juiz encaminhar a pessoa presa em flagrante delito ao serviço de acompanhamento de alternativas penais, ao qual cabe a articulação com a rede de proteção social e a identificação das políticas e dos programas adequados a cada caso ou, nas Comarcas em que inexistirem serviços de acompanhamento de alternativas penais, indicar o encaminhamento direto às políticas de proteção ou inclusão social existentes, sensibilizando a pessoa presa em flagrante delito para o comparecimento de forma não obrigatória.

§ 3° O juiz deve buscar garantir às pessoas presas em flagrante delito o direito à atenção médica e psicossocial eventualmente necessária, resguardada a natureza voluntária desses serviços, a partir do encaminhamento ao serviço de acompanhamento de alternativas penais, não sendo cabível a aplicação de medidas cautelares para tratamento ou internação compulsória de pessoas autuadas em flagrante que apresentem quadro de transtorno mental ou de dependência química, em desconformidade com o previsto no art. 4º da Lei 10.216, de 6 de abril de 2001, e no art. 319, inciso VII, do CPP.

Art. 10. A aplicação da medida cautelar diversa da prisão prevista no art. 319, inciso IX, do Código de Processo Penal, será excepcional e determinada apenas quando demonstrada a impossibilidade de concessão da liberdade provisória sem cautelar ou de aplicação de outra medida cautelar menos gravosa, sujeitando-se à reavaliação periódica quanto à necessidade e adequação de sua manutenção, sendo destinada exclusivamente a pessoas presas em flagrante delito por crimes dolosos puníveis com pena privativa de liberdade máxima superior a 4 (quatro) anos ou condenadas por outro crime doloso, em sentença transitada em julgado, ressalvado o disposto no inciso I do *caput* do art. 64 do Código Penal, bem como pessoas em cumprimento de medidas protetivas de urgência acusadas por crimes que envolvam violência doméstica e familiar contra a mulher, criança, adolescente, idoso, enfermo ou pessoa com deficiência, quando não couber outra medida menos gravosa.

Parágrafo único. Por abranger dados que pressupõem sigilo, a utilização de informações coletadas durante a monitoração eletrônica de pessoas dependerá de autorização judicial, em atenção ao art. 5º, XII, da Constituição Federal.

Art. 11. Havendo declaração da pessoa presa em flagrante delito de que foi vítima de tortura e maus tratos ou entendimento da autoridade judicial de que há indícios da prática de tortura, será determinado o registro das informações, adotadas as providências cabíveis para a investigação da denúncia e preservação da segurança física e psicológica da vítima, que será encaminhada para atendimento médico e psicossocial especializado.

§ 1° Com o objetivo de assegurar o efetivo combate à tortura e maus tratos, a autoridade jurídica e funcionários deverão observar o Protocolo II desta Resolução com vistas a garantir condições adequadas para a oitiva e coleta idônea de depoimento das pessoas presas em flagrante delito na audiência de custódia, a adoção de procedimentos durante o depoimento que permitam a apuração de indícios de práticas de tortura e de providências cabíveis em caso de identificação de práticas de tortura.

§ 2° O funcionário responsável pela coleta de dados da pessoa presa em flagrante delito deve cuidar para que sejam coletadas as seguintes informações, respeitando a vontade da vítima:

I - identificação dos agressores, indicando sua instituição e sua unidade de atuação;

II - locais, datas e horários aproximados dos fatos;

III - descrição dos fatos, inclusive dos métodos adotados pelo agressor e a indicação das lesões sofridas;

IV - identificação de testemunhas que possam colaborar para a averiguação dos fatos;

V - verificação de registros das lesões sofridas pela vítima;

VI - existência de registro que indique prática de tortura ou maus tratos no laudo elaborado pelos peritos do Instituto Médico Legal;

VII - registro dos encaminhamentos dados pela autoridade judicial para requisitar investigação dos relatos;

VIII - registro da aplicação de medida protetiva ao autuado pela autoridade judicial, caso a natureza ou gravidade dos fatos relatados coloque em risco a vida ou a segurança da pessoa presa em flagrante delito, de seus familiares ou de testemunhas.

§ 3° Os registros das lesões poderão ser feitos em modo fotográfico ou audiovisual, respeitando a intimidade e consignando o consentimento da vítima.

§ 4° Averiguada pela autoridade judicial a necessidade da imposição de alguma medida de proteção à pessoa presa em flagrante delito, em razão da comunicação ou denúncia da prática de tortura e maus tratos, será assegurada, primordialmente, a integridade pessoal do denunciante, das testemunhas, do funcionário que constatou a ocorrência da prática abusiva e de seus familiares, e, se pertinente, o sigilo das informações.

§ 5° Os encaminhamentos dados pela autoridade judicial e as informações deles resultantes deverão ser comunicadas ao juiz responsável pela instrução do processo.

Art. 12. O termo da audiência de custódia será apensado ao inquérito ou à ação penal.

Art. 13. A apresentação à autoridade judicial no prazo de 24 horas também será assegurada às pessoas presas em decorrência de cumprimento de mandados de prisão cautelar ou definitiva, aplicando-se, no que couber, os procedimentos previstos nesta Resolução.

Parágrafo único. Todos os mandados de prisão deverão conter, expressamente, a determinação para que, no momento de seu cumprimento, a pessoa presa seja imediatamente apresentada à autoridade judicial que determinou a expedição da ordem de custódia ou, nos casos em que forem cumpridos fora da jurisdição do juiz processante, à autoridade judicial competente, conforme lei de organização judiciária local.

Art. 14. Os tribunais expedirão os atos necessários e auxiliarão os juízes no cumprimento desta Resolução, em consideração à realidade local, podendo realizar os convênios e gestões necessárias ao seu pleno cumprimento.

Art. 15. Os Tribunais de Justiça e os Tribunais Regionais Federais terão o prazo de 90 dias, contados a partir da entrada em vigor desta Resolução, para implantar a audiência de custódia no âmbito de suas respectivas jurisdições.

Parágrafo único. No mesmo prazo será assegurado, às pessoas presas em flagrante antes da implantação da audiência de custódia que não tenham sido apresentadas em outra audiência no curso do processo de conhecimento, a apresentação à autoridade judicial, nos termos desta Resolução.

Art. 16. O acompanhamento do cumprimento da presente Resolução contará com o apoio técnico do Departamento de Monitoramento e Fiscalização do Sistema Carcerário e Execução das Medidas Socioeducativas.

Art. 17. Esta Resolução entra em vigor a partir de 1° de fevereiro de 2016.

Ministro Ricardo Lewandowski

DECRETO Nº 8.616, DE 29 DE DEZEMBRO DE 2015

Regulamenta o disposto na Lei Complementar nº 148, de 25 de novembro de 2014, e no art. 2º da Lei nº 9.496, de 11 de setembro de 1997, e dá outras providências.

‣ Refinanciamento de dívidas

A PRESIDENTA DA REPÚBLICA, no uso da atribuição que lhe confere o art. 84, *caput*, inciso IV, da Constituição, e tendo em vista o disposto na Lei Complementar nº 148, de 25 de novembro de 2014, e no art. 2º da Lei nº 9.496, de 11 de setembro de 1997, decreta:

Art. 1º. Este Decreto regulamenta a Lei Complementar nº 148, de 25 de novembro de 2014, e o art. 2º da Lei nº 9.496, de 11 de setembro de 1997, para dispor sobre:

I – critérios de indexação dos contratos de financiamento e de refinanciamento de dívidas celebrados entre a União e os Estados, o Distrito Federal ou os Municípios;

II – procedimentos para a formalização dos termos aditivos a que se refere a Lei Complementar nº 148, de 2014;

III – Programas de Acompanhamento Fiscal celebrados entre a União e os Municípios das capitais ou os Estados; e

IV – Programas de Reestruturação e de Ajuste Fiscal celebrados entre a União e os Estados ou o Distrito Federal.

CAPÍTULO I. DOS TERMOS ADITIVOS AOS CONTRATOS DE FINANCIAMENTO E DE REFINANCIAMENTO DE DÍVIDAS

Art. 2º. A adoção das condições previstas no art. 2º da Lei Complementar nº 148, de 2014, e a concessão do desconto de que trata o art. 3º da referida Lei serão efetivadas pela União mediante a celebração de termos aditivos aos contratos firmados entre a União e os Estados, o Distrito Federal ou os Municípios.

§ 1º. A celebração dos termos aditivos de que trata o *caput* deverá observar previamente as seguintes condições, além de outras previstas em lei:

I – (Revogado pelo Decreto nº 8.665, de 2016).

II – (Revogado pelo Decreto nº 8.665, de 2016).

III – celebração, com o agente financeiro da União responsável pelos contratos de que trata este Capítulo, de Termo de Convalidação de Valores, por meio do qual deverão ser declarados a certeza, a liquidez e o montante do saldo devedor remanescente do contrato a ser aditado; e

IV – (Revogado pelo Decreto nº 8.665, de 2016).

§ 2º. A observância da condição prevista no inciso IV do § 1º será dispensada nos casos em que se verificar, por ocasião da assinatura do Termo de Convalidação de Valores, a inexistência de saldo devedor, resultante da aplicação do disposto nos arts. 2º a 4º da Lei Complementar nº 148, de 2014.

§ 3º. À celebração dos termos aditivos de que trata este CAPÍTULO não se aplica a vedação contida no art. 35 da Lei Complementar nº 101, de 2000, tendo em vista o disposto na Lei Complementar nº 148, de 2014.

§ 4º. Os termos aditivos de que trata o art. 4º da Lei Complementar nº 148, de 2014, produzirão efeitos:

I – a partir de 1º de janeiro de 2016, quando celebrados até 31 de dezembro de 2015, inclusive; ou

II – no primeiro dia do mês subsequente ao de sua celebração, quando celebrados após 31 de dezembro de 2015.

Art. 3º. Para fins da aplicação das condições previstas no art. 2º da Lei Complementar nº 148, de 2014, a partir de 1º de janeiro de 2013, deverão ser observados os seguintes parâmetros:

I – o desconto de que trata o art. 3º da Lei Complementar nº 148, de 2014, quando aplicável, será apurado conforme a metodologia descrita no Anexo I a este Decreto;

II – o saldo devedor em 1º de janeiro de 2013 será abatido do desconto apurado nos termos do inciso I, quando aplicável;

III – a taxa referencial do Sistema Especial de Liquidação e de Custódia – Selic efetiva mensal para títulos públicos federais será a divulgada pelo Banco Central do Brasil;

IV – o Índice Nacional de Preços ao Consumidor Amplo – IPCA do Instituto Brasileiro de Geografia e Estatística – IBGE e a taxa Selic estarão referenciados ao segundo mês anterior ao de sua aplicação;

V – a data-base será no dia primeiro de cada mês, e serão mantidos os sistemas de amortização e de cálculo das prestações, seja a Tabela Price ou o Sistema de Amortização Constante – SAC, vigentes nos contratos a serem aditados, considerados os prazos remanescentes de cada operação, conforme metodologia descrita no Anexo II a este Decreto; e

VI – para fins da limitação de que trata o § 1º do art. 2º da Lei Complementar nº 148, de 2014, será comparada mensalmente a variação acumulada do IPCA, acrescida de juros nominais de 4% (quatro por cento) ao ano, com a variação acumulada da taxa Selic, conforme metodologia descrita no Anexo III a este Decreto.

§ 1º. Para fins da aplicação das condições a que se refere o *caput*, quando se tratar de contratos de refinanciamento amparados pela Lei nº 9.496, de 1997, serão consolidadas as obrigações relacionadas a seguir, conforme o caso:

I – financiamentos ou refinanciamentos de que trata a Medida Provisória nº 2.192-70, de 24 de agosto de 2001, quando houver previsão contratual de integração de saldos devedores, na forma do § 1º do art. 5º da referida Medida Provisória;

II – amortizações extraordinárias de que tratam os arts. 7º-A e 7º-B da Lei nº 9.496, de 1997, denominadas de "Conta Gráfica"; e

III – refinanciamentos da dívida pública mobiliária emitida para pagamento de precatórios judiciais, nos termos do parágrafo único do art. 33 do Ato das Disposições Constitucionais Transitórias.

§ 2º. Para efeito de acompanhamento, controle e cobrança posteriores à celebração dos termos aditivos a que se refere o *caput* do art. 2º, excluem-se da consolidação prevista no § 1º os financiamentos ou refinanciamentos abrangidos pelos §§ 2º e 3º do art. 5º da Medida Provisória nº 2.192-70, de 2001.

§ 3º. Os efeitos financeiros decorrentes do disposto nos arts. 2º e 3º da Lei Complementar nº 148, de 2014, serão aplicados conforme previsto no *caput* do art. 4º da referida Lei, de acordo com a metodologia descrita no Anexo IV a este Decreto, obedecida a seguinte ordem de preferência:

I – montante referente a pendência financeira, acaso existente, acumulada em decorrência de decisão judicial com impacto sobre o contrato a ser aditado;

II – resíduo acumulado, quando houver, em decorrência do limite referido no art. 5º da Lei nº 9.496, de 1997, no inciso V do *caput* do art. 2º da Medida Provisória nº 2.185-35, de 24 de agosto de 2001, e no § 1º do art. 5º da Medida Provisória nº 2.192-70, de 2001;

III – resíduo acumulado, quando houver, em decorrência da aplicação do disposto no art. 6º da Medida Provisória nº 2.185-35, de 2001; e

IV – saldo devedor vincendo remanescente.

§ 4º. A apuração do saldo devedor resultante da aplicação do disposto neste artigo integrará o Termo de Convalidação de Valores previsto no art. 2º.

§ 5º. Para efeito de apuração do saldo devedor na data do início da produção de efeitos do termo aditivo, será aplicado o disposto nos arts. 2º a 4º da Lei Complementar nº 148, de 2014, segundo a metodologia de cálculo prevista neste Decreto, sobre:

I – o saldo devedor constante do Termo de Convalidação de Valores; e

II – cada um dos valores relativos a eventos ocorridos entre a data de celebração do Termo de Convalidação de Valores e a data do início da produção de efeitos do termo aditivo que impactaram o saldo devedor vigente no referido período.

Art. 4º. Quando se verificar, na data de celebração do Termo de Convalidação de Valores, que os efeitos financeiros decorrentes da aplicação do disposto nos arts. 2º a 4º da Lei Complementar nº 148, de 2014, são superiores ao somatório dos saldos devedores previstos nos incisos I a IV do § 3º do art. 3º deste Decreto, os pagamentos eventualmente efetuados a maior a partir de 1º de janeiro de 2013 serão compensados na forma prevista no art. 6º da Lei nº 9.711, de 20 de novembro de 1998.

§ 1º. Nos casos em que não se aplicar o art. 6º da Lei nº 9.711, de 1998, ou em que, após sua aplicação, ainda remanescer saldo favorável ao ente devedor, a devolução dos recursos envolvidos ocorrerá com recursos do orçamento da União para o exercício de 2016.

§ 2º. A critério do Ministério da Fazenda, a devolução referida no § 1º poderá ocorrer mediante a emissão de títulos da dívida pública mobiliária federal, cujas características serão definidas em ato do Ministro de Estado da Fazenda, sob a forma de colocação direta, observado o valor econômico dos créditos e a devida autorização legal.

§ 3º. A aplicação do disposto neste artigo está condicionada à celebração do Termo de Convalidação de Valores previsto no art. 2º.

Art. 5º. A partir de 1º de fevereiro de 2016, nas situações em que não tenha sido celebrado o termo aditivo a que se refere o art. 4º da Lei Complementar nº 148, de 2014, por atraso imputável exclusivamente à União, ficará o Estado, o Distrito Federal ou o Município contratante, desde que tenha cumprido todos os requisitos para o aditamento, autorizado a pagar os valores preliminarmente apurados e informados pelo agente financeiro nos termos dos arts. 2º a 4º da referida Lei Complementar.

§ 1º. Eventuais diferenças, a maior ou a menor, entre os valores das parcelas pagas em conformidade com o disposto no *caput* pelo Estado, Distrito Federal ou Município contratante a partir de 1º de fevereiro de 2016 e os valores das parcelas efetivamente apuradas de acordo com o Termo de Convalidação de Valores serão ressarcidas:

I – pela União ao ente contratante, na forma prevista no art. 4º; ou

II – pelo ente contratante à União, juntamente com a prestação do mês subsequente ao da celebração do termo aditivo.

§ 2º. Sobre as diferenças a serem ressarcidas na forma do § 1º incidirão os acréscimos correspondentes aos encargos contratuais estabelecidos pela Lei Complementar nº 148, de 2014.

Art. 6º. Enquanto não celebrado o aditivo contratual exigido no *caput* do art. 4º da Lei Complementar nº 148, de 2014, o Estado, o Distrito Federal ou o Município contratante continuará a pagar suas obrigações à União nas condições contratuais vigentes na data de publicação deste Decreto, ressalvado o disposto no art. 5º.

Art. 7º. Compete à Secretaria do Tesouro Nacional do Ministério da Fazenda, a partir da data de publicação deste Decreto, divulgar mensalmente o valor do coeficiente de atualização monetária apurado em conformidade com a metodologia descrita no Anexo III.

Parágrafo único. A divulgação mensal de que trata o *caput*:

I – contemplará a relação dos valores do coeficiente de atualização monetária adotados a partir de 1º de janeiro de 2013; e

II – ocorrerá até o último dia útil do mês anterior ao de cobrança das prestações dos contratos aditados.

CAPÍTULO II. DO PROGRAMA DE ACOMPANHAMENTO FISCAL

Art. 8º. A celebração dos Programas de Acompanhamento Fiscal de que trata o art. 5º da Lei Complementar nº 148, de 2014, será realizada por intermédio da Secretaria do Tesouro Nacional e observará o disposto neste Capítulo.

Art. 9º. Os Municípios das capitais que tiverem contrato vigente de refinanciamento de dívidas firmado com a União ao amparo da Medida Provisória nº 2.185-35, de 2001, e que desejarem firmar o Programa de Acompanhamento Fiscal de que trata o art. 5º da Lei Complementar nº 148, de 2014, para aderir à regra de que trata o inciso VI do § 1º do art. 8º da Medida Provisória nº 2.185-35, de 2001, deverão celebrar termo aditivo ao contrato.

§ 1º. O termo aditivo conterá as regras e os procedimentos do Programa de Acompanhamento Fiscal, que passará a ser parte integrante do contrato.

§ 2º. O Programa de Acompanhamento Fiscal deverá ser mantido enquanto houver obrigação financeira decorrente do contrato.

§ 3º. O Município deverá obter autorização legislativa específica para a celebração do termo aditivo.

Art. 10. Os Municípios das capitais que não tenham contrato vigente de refinanciamento de dívidas firmado com a União ao amparo da Medida Provisória nº 2.185-35, de 2001, e os Estados que não estejam obrigados a manter Programa de Reestruturação e de Ajuste Fiscal, nos termos do § 3º do art. 1º da Lei nº 9.496, de 1997, poderão aderir ao Programa de Acompanhamento Fiscal, nos termos do art. 5º da Lei Complementar nº 148, de 2014.

§ 1º. O Programa de Acompanhamento Fiscal deverá, nos casos previstos no *caput*, ser mantido por, pelo menos, cinco exercícios financeiros a partir daquele em que houver contratação de operação de crédito ao seu amparo.

§ 2º. O Município ou o Estado deverá obter autorização legislativa específica para aderir ao Programa de Acompanhamento Fiscal.

Art. 11. Os Estados e os Municípios das capitais que firmarem Programa de Acompanhamento Fiscal nos termos do art. 5º da Lei Complementar nº 148, de 2014, estabelecerão metas ou compromissos anuais para o exercício financeiro de referência e estimativas para os dois exercícios financeiros subsequentes. (Redação dada pelo Dec. 9.511/2018).

§ 1º O Programa de Acompanhamento Fiscal, além dos objetivos específicos para cada unidade federativa, conterá metas ou compromissos quanto a: (Redação dada pelo Decreto nº 9.056, de 2017)

I – dívida consolidada; (Incluído pelo Decreto nº 9.056, de 2017)

II – resultado primário; (Incluído pelo Decreto nº 9.056, de 2017)

III – despesa com pessoal; (Incluído pelo Decreto nº 9.056, de 2017)

IV – receitas de arrecadação própria; (Incluído pelo Decreto nº 9.056, de 2017)

V – gestão pública; e (Incluído pelo Decreto nº 9.056, de 2017)

VI – disponibilidade de caixa. (Incluído pelo Decreto nº 9.056, de 2017)

§ 2º O Programa de Acompanhamento Fiscal será revisto a cada exercício. (Redação dada pelo Decreto nº 9.056, de 2017)

§ 3º O ente federativo apresentará proposta preliminar de metas ou de compromissos para o exercício financeiro de referência e projeções para os dois exercícios financeiros subsequentes na forma e no prazo definidos pela Secretaria do Tesouro Nacional do Ministério da Fazenda. (Redação dada pelo Dec. 9.511/2018)

§ 4º A revisão do Programa de Acompanhamento Fiscal a que se refere o *caput* ocorrerá até 31 de outubro de cada exercício financeiro. (Redação dada pelo Dec. 9.511/2018.)

§ 5º Para o exercício de 2017, o prazo de que trata o § 4º será até 30 de dezembro. (Incluído pelo Decreto nº 9.056, de 2017)

§ 6º A não revisão do Programa de Acompanhamento Fiscal implicará o descumprimento da totalidade das metas ou dos compromissos, o que resultará nas penalidades previstas no parágrafo único do art. 26 da Medida Provisória nº 2.192-70, de 24 de agosto de 2001. (Incluído pelo Decreto nº 9.056, de 2017)

§ 7º (Revogado pelo Dec. 9.511/2018)

Art. 12. A Secretaria do Tesouro Nacional avaliará anualmente as metas ou compromissos firmados pelos Estados e pelos Municípios das capitais no âmbito do Programa de Acompanhamento Fiscal.

§ 1º. Os Estados e os Municípios das capitais deverão encaminhar à Secretaria do Tesouro Nacional, até o dia 31 de maio de cada ano, relatório sobre a execução do Programa de Acompanhamento Fiscal relativo ao exercício anterior e sobre as perspectivas para o triênio seguinte.

§ 2º. O relatório de que trata o § 1º deverá conter análise detalhada do cumprimento ou descumprimento de cada meta ou compromisso e a descrição das ações executadas pelo Estado ou Município.

§ 3º. Os Estados e os Municípios das capitais deverão encaminhar documentação complementar necessária para avaliação da execução do Programa de Acompanhamento Fiscal, nos termos e prazos definidos pela Secretaria do Tesouro Nacional.

§ 4º. A adimplência em relação às metas ou compromissos será atestada pela Secretaria do Tesouro Nacional após a avaliação preliminar ou definitiva concluir pelo cumprimento das metas ou compromissos, com base no conjunto de informações encaminhadas pelo Estado ou Município.

§ 5º. A Secretaria do Tesouro Nacional avaliará preliminarmente, até 30 de junho do exercício subsequente ao exercício avaliado, se estão sendo cumpridas as metas ou compromissos no âmbito do Programa de Acompanhamento Fiscal.

§ 6º. Na hipótese de a avaliação preliminar indicar que houve descumprimento das metas mencionadas nos incisos I e II do § 1º do art. 5º da Lei Complementar nº 148, de 2014, o Estado ou Município não terá a adimplência em relação às metas ou compromissos atestada pela Secretaria do Tesouro Nacional enquanto persistirem os efeitos dessa avaliação.

§ 7º. A avaliação preliminar que conclua pelo descumprimento das metas e compromissos, nos termos do § 6º, poderá ser revista pelo Ministro de Estado da Fazenda, para todos os efeitos, após apresentação de justificativa fundamentada pelo Estado ou Município interessado.

§ 8º Após sessenta dias da comunicação ao Estado ou ao Município de capital acerca da avaliação preliminar do cumprimento das metas ou dos compromissos do Programa de Acompanhamento Fiscal, e desde que não tenham ocorrido fatos supervenientes contrários àqueles anteriormente considerados na avaliação preliminar, a avaliação será considerada definitiva. (Redação dada pelo Decreto nº 9.056, de 2017)

§ 9º As operações de crédito a contratar previstas no Programa de Acompanhamento Fiscal somente poderão ser contratadas se o Estado ou o Município de capital estiver adimplente com o Programa de Acompanhamento Fiscal. (Incluído pelo Decreto nº 9.056, de 2017)

§ 10. Os contratos dos Municípios de capitais que tiverem aderido ao Programa de Acompanhamento Fiscal, por meio de termo aditivo ao contrato vigente do refinanciamento de dívidas firmado com a União nos termos da Medida Provisória nº 2.185-35, de 24 de agosto de 2001, deverão prever que: (Incluído pelo Decreto nº 9.056, de 2017)

a) o descumprimento das metas ou dos compromissos definidos no Programa de Acompanhamento Fiscal implicará a imputação, a título de amortização extraordinária exigida juntamente com a prestação devida, de valor correspondente a vinte centésimos por cento de um doze avos da receita corrente líquida definida no art. 2º da Lei Complementar nº 101, de 4 de maio de 2000 – Lei de Responsabilidade Fiscal, correspondente ao exercício imediatamente anterior ao de referência, por meta não cumprida; e (Incluída pelo Decreto nº 9.056, de 2017)

b) a penalidade prevista na alínea "a" será cobrada pelo período de seis meses, contados da data de notificação, pela União, do descumprimento, e sem prejuízo das demais penalidades previstas nos contratos de refinanciamento. (Incluída pelo Decreto nº 9.056, de 2017)

Art. 12-A. Os Programas de Acompanhamento Fiscal adotarão os conceitos e as definições da Lei de Responsabilidade Fiscal. (Incluído pelo Decreto nº 9.056, de 2017)

§ 1º As projeções de natureza orçamentária, financeira ou patrimonial que servirão de base para a definição das metas e dos compromissos do Programa de Ajuste Fiscal serão de responsabilidade dos Estados pactuantes. (Incluído pelo Decreto nº 9.056, de 2017)

§ 2º As projeções de que trata o § 1º serão acompanhadas de notas metodológicas que integrarão o Programa de Acompanhamento Fiscal e elaboradas segundo as diretrizes estabelecidas pela Secretaria do Tesouro Nacional. (Incluído pelo Decreto nº 9.056, de 2017)

§ 3º Para fins de tratamento e de aplicação do disposto no *caput*, os Estados, o Distrito Federal e os Municípios de capital observarão, integralmente, os padrões estabelecidos pelo Manual de Demonstrativos Fiscais e pelo Manual de Contabilidade Aplicada ao Setor Público, editados pela Secretaria do Tesouro Nacional, além de disponibilizar suas informações e seus dados contábeis, orçamentários e fiscais conforme periodicidade, formato e sistema estabelecidos pelo órgão central de contabilidade da União, os quais deverão ser divulgados em meio eletrônico de amplo acesso público. (Incluído pelo Decreto nº 9.056, de 2017)

§ 4º (Revogado pelo Dec. 9.511/2018)

§ 5º O Programa de Acompanhamento Fiscal detalhará, de forma complementar, os critérios, as definições e as metodologias de apuração, a projeção e a avaliação que será proposta pela Secretaria do Tesouro Nacional, em conjunto com o Estado, o Distrito Federal ou o Município de capital, e observará o critério estabelecido no § 3º do art. 1º e no inciso III do *caput* do art. 2º da Lei de Responsabilidade Fiscal. (Incluído pelo Decreto nº 9.056, de 2017)

§ 6º As metas ou os compromissos serão estabelecidos de acordo com os objetivos específicos para cada ente federativo e com a regulamentação da Secretaria do Tesouro Nacional. (Incluído pelo Decreto nº 9.056, de 2017)

§ 7º As metas poderão ser constituídas somente por compromissos. (Incluído pelo Decreto nº 9.056, de 2017)

§ 8º As metas ou os compromissos não serão passíveis de qualquer ajuste, exceto em decorrência de erro material. (Incluído pelo Decreto nº 9.056, de 2017)

CAPÍTULO III. DO PROGRAMA DE REESTRUTURAÇÃO E DE AJUSTE FISCAL

Art. 13. A celebração dos Programas de Reestruturação e de Ajuste Fiscal de que trata o art. 2º da Lei nº 9.496, de 1997, será realizada por intermédio da Secretaria do Tesouro Nacional e observará o disposto neste Capítulo.

Art. 14. Os Estados e o Distrito Federal que tiverem contrato vigente de refinanciamento de dívidas firmado com a União ao amparo da Lei nº 9.496, de 1997, e que desejarem aderir à regra de que trata o § 5º do art. 3º da referida Lei, no âmbito do Programa de Reestruturação e de Ajuste Fiscal, deverão celebrar termo aditivo ao contrato.

§ 1º. O termo aditivo conterá as regras e procedimentos do Programa de Reestruturação e de Ajuste Fiscal, que passará a ser parte integrante do contrato.

§ 2º. O Estado ou o Distrito Federal deverá obter autorização legislativa específica para a celebração do termo aditivo.

Art. 15. Os Estados e o Distrito Federal que tenham firmado Programa de Reestruturação e de Ajuste Fiscal nos termos do § 3º do art. 1º da Lei nº 9.496, de 1997, estabelecerão metas ou compromissos anuais para o exercício financeiro de referência e estimativas para os dois exercícios financeiros subsequentes. (Redação dada pelo Dec. 9.511/2018).

§ 1º O Programa de Reestruturação e de Ajuste Fiscal, além dos objetivos específicos para cada unidade federativa, conterá metas ou compromissos quanto a: (Redação dada pelo Decreto nº 9.056, de 2017)

I – dívida consolidada; (Incluído pelo Decreto nº 9.056, de 2017)

II – resultado primário; (Incluído pelo Decreto nº 9.056, de 2017)

III – despesa com pessoal; (Incluído pelo Decreto nº 9.056, de 2017)

IV – receitas de arrecadação própria; (Incluído pelo Decreto nº 9.056, de 2017)

V – gestão pública; e (Incluído pelo Decreto nº 9.056, de 2017)

VI – disponibilidade de caixa. (Incluído pelo Decreto nº 9.056, de 2017)

§ 2º O Programa de Reestruturação e de Ajuste Fiscal será revisto a cada exercício. (Redação dada pelo Decreto nº 9.056, de 2017)

§ 3º O ente federativo apresentará proposta preliminar de metas ou de compromissos para o exercício financeiro de referência e projeções para os dois exercícios financeiros subsequentes na forma e no prazo definidos pela Secretaria do Tesouro Nacional do Ministério da Fazenda. (Redação dada pelo Dec. 9.511/2018)

§ 4º A revisão do Programa de Reestruturação e de Ajuste Fiscal a que se refere o *caput* ocorrerá até 31 de outubro de cada exercício financeiro. (Redação dada pelo Dec. 9.511/2018)

§ 5º Para o exercício de 2017, o prazo de que trata o § 4º será 30 de dezembro. (Incluído pelo Decreto nº 9.056, de 2017)

§ 6º A ausência de metas ou compromissos para qualquer exercício financeiro, em decorrência da não revisão do Programa de Reestruturação e de Ajuste Fiscal, implica o descumprimento da totalidade das metas ou dos compromissos, e resultará nas penalidades previstas no parágrafo único do art. 26 da Medida Provisória nº 2.192-70, de 2001. (Incluído pelo Decreto nº 9.056, de 2017)

§ 7º (Revogado pelo Dec. 9.511/2018).

Art. 16. A Secretaria do Tesouro Nacional avaliará anualmente as metas ou compromissos firmados pelos Estados e pelo Distrito Federal no âmbito do Programa de Reestruturação e de Ajuste Fiscal.

§ 1º. Os Estados e o Distrito Federal deverão encaminhar à Secretaria do Tesouro Nacional, até o dia 31 de maio de cada ano, relatório sobre a execução do Programa de Reestruturação e de Ajuste Fiscal relativo ao exercício anterior e sobre as perspectivas para o triênio seguinte.

§ 2º. O relatório de que trata o § 1º deverá conter análise detalhada do cumprimento ou descumprimento de cada meta ou compromisso e a descrição das ações executadas pelo Estado ou Distrito Federal.

§ 3º. Os Estados e o Distrito Federal deverão encaminhar documentação complementar necessária para avaliação da execução do Programa de Reestruturação e de Ajuste Fiscal, nos termos e prazos definidos pela Secretaria do Tesouro Nacional.

§ 4º. A adimplência em relação às metas ou compromissos será atestada pela Secretaria do Tesouro Nacional após a avaliação preliminar ou definitiva concluir pelo cumprimento das metas ou compromissos, com base no conjunto de informações encaminhadas pelo Estado ou Distrito Federal.

§ 5º. A Secretaria do Tesouro Nacional do Ministério da Fazenda avaliará preliminarmente, até 31 de julho do exercício financeiro subsequente ao exercício avaliado, a execução das metas ou dos compromissos no âmbito do Programa de Reestruturação e de Ajuste Fiscal. (Redação dada pelo Dec. 9.511/2018).

§ 6º. Na hipótese de a avaliação preliminar indicar que houve descumprimento das metas mencionadas nos incisos I e II do art. 2º da Lei nº 9.496, de 1997, o Estado ou o Distrito Federal não terá a adimplência em relação às metas ou compromissos atestada pela Secretaria do Tesouro Nacional enquanto persistirem os efeitos desta avaliação.

§ 7º. A avaliação preliminar que conclua pelo descumprimento das metas e compromissos, nos termos do § 6º, poderá ser revista pelo Ministro de Estado da Fazenda, para todos os efeitos, após apresentação de justificativa fundamentada pelo Estado ou Distrito Federal interessado.

§ 8º Após sessenta dias da comunicação ao Estado ou ao Distrito Federal acerca da avaliação preliminar do cumprimento das metas ou dos compromissos do Programa de Reestruturação e de Ajuste Fiscal, e desde que não tenham ocorrido fatos supervenientes contrários àqueles anteriormente considerados na avaliação preliminar, a avaliação será considerada definitiva. (Redação dada pelo Decreto nº 9.056, de 2017)

Art. 17. No âmbito do Programa de Reestruturação e de Ajuste Fiscal, devem ser observadas as seguintes condições estabelecidas no parágrafo único do art. 26 da Medida Provisória nº 2.192-70, de 2001:

I – o descumprimento das metas ou dos compromissos definidos nos Programas de Reestruturação e de Ajuste Fiscal implicará a imputação, sem prejuízo das demais penalidades pactuadas nos contratos de refinanciamento, a TÍTULO de amortização extraordinária exigida juntamente com a prestação devida, de valor correspondente a vinte centésimos por cento de um doze avos da receita corrente líquida definida no art. 2º da Lei de Responsabilidade Fiscal, correspondente ao exercício imediatamente anterior ao de referência, por meta não cumprida; (Redação dada pelo Decreto nº 9.056, de 2017)

II – a penalidade prevista no inciso I será cobrada pelo período de seis meses, contados a partir da notificação, pela União, do descumprimento, e sem prejuízo das demais cominações pactuadas nos contratos de refinanciamento; e

III – no caso de cumprimento integral das metas mencionadas nos incisos I e II do art. 2º da Lei nº 9.496, de 1997, não se aplica a penalidade prevista neste artigo, e o Estado ou Distrito Federal será considerado adimplente para todos os demais efeitos.

Art. 17-A. Os Programas de Reestruturação e de Ajuste Fiscal adotarão os conceitos e as definições da Lei de Responsabilidade Fiscal. (Incluído pelo Decreto nº 9.056, de 2017)

§ 1º As projeções de natureza orçamentária, financeira ou patrimonial que servirão de base para a definição das metas e dos compromissos dos Programas de Reestruturação e de Ajuste Fiscal serão de responsabilidade dos Estados pactuantes. (Incluído pelo Decreto nº 9.056, de 2017)

§ 2º As projeções de que trata o § 1º serão acompanhadas de notas metodológicas que integrarão o Programa de Reestruturação e de Ajuste Fiscal e elaboradas segundo as diretrizes estabelecidas pela Secretaria do Tesouro Nacional. (Incluído pelo Decreto nº 9.056, de 2017)

§ 3º Para fins de tratamento e de aplicação do disposto no *caput*, os Estados e o Distrito Federal observarão, integralmente, os padrões estabelecidos pelo Manual de Demonstrativos Fiscais e pelo Manual de Contabilidade Aplicada ao Setor Público, editados pela Secretaria do Tesouro Nacional, além de disponibilizar suas informações e seus dados contábeis, orçamentários e fiscais conforme periodicidade, formato e sistema estabelecidos pelo órgão central de contabilidade da União, os quais deverão ser divulgados em meio eletrônico de amplo acesso público. (Incluído pelo Decreto nº 9.056, de 2017)

§ 4º (Revogado pelo Dec. 9.511/2018)

§ 5º O Programa de Reestruturação e Ajuste Fiscal detalhará, de forma complementar, os critérios, as definições e as metodologias de apuração, a projeção e a avaliação e será proposto pela Secretaria do Tesouro Nacional, em conjunto com o Estado ou com o Distrito Federal, e observará o critério estabelecido no § 3º do art. 1º e no inciso III do *caput* do art. 2º da Lei de Responsabilidade Fiscal. (Incluído pelo Decreto nº 9.056, de 2017)

§ 6º As metas ou os compromissos serão estabelecidos de acordo com os objetivos específicos para cada ente federativo e com a regulamentação da Secretaria do Tesouro Nacional. (Incluído pelo Decreto nº 9.056, de 2017)

§ 7º As metas poderão ser constituídas somente por compromissos. (Incluído pelo Decreto nº 9.056, de 2017)

§ 8º As metas ou os compromissos não serão passíveis de qualquer ajuste, exceto em decorrência de erro material. (Incluído pelo Decreto nº 9.056, de 2017)

CAPÍTULO IV. DISPOSIÇÕES FINAIS

Art. 18. Os Estados, o Distrito Federal e os Municípios das capitais deverão divulgar, inclusive em meios eletrônicos de acesso público, os dados e informações relativos ao Programa de Acompanhamento Fiscal e ao Programa de Reestruturação e de Ajuste Fiscal, consoante o que dispõe o § 1º do art. 1º da Lei Complementar nº 101, de 2000.

Art. 18-A. A Secretaria do Tesouro Nacional regulamentará os procedimentos relativos aos Programas de Reestruturação e de Ajuste Fiscal e ao Programa de Acompanhamento Fiscal, de que tratam o art. 2º da Lei nº 9.496, de 1997, e o art. 5º da Lei Complementar nº 148, de 2014, e observará: (Incluído pelo Decreto nº 9.056, de 2017)

I – os critérios a serem utilizados para o estabelecimento de metas ou compromissos, além dos objetivos específicos, para fins de celebração e revisão dos Programas; (Incluído pelo Decreto nº 9.056, de 2017)

II – os critérios a serem utilizados para fins de avaliação do cumprimento de metas ou compromissos dos Programas; (Incluído pelo Decreto nº 9.056, de 2017)

III – os critérios de inclusão de novas operações de crédito a contratar nos Programas, nos termos da alínea "b" do § 5º do art. 3º da Lei nº 9.496, de 1997, e do inciso III do *caput* do art. 5º-A da Lei Complementar nº 148, de 2014; e (Incluído pelo Decreto nº 9.056, de 2017)

IV – a metodologia de cálculo das projeções de que tratam o § 1º do art. 12-A e o § 1º do art. 17-A. (Incluído pelo Decreto nº 9.056, de 2017)

Art. 18-B. O Ministério da Fazenda regulamentará os procedimentos relativos aos critérios de análise das justificativas apresentadas pelo Estado, pelo Distrito Federal ou pelo Município de capital para fins da revisão da avaliação que concluiu pelo descumprimento das metas ou dos compromissos de que tratam o inciso IV do parágrafo único do art. 26 da Medida Provisória nº 2.192-70, de 2001, e o inciso II do *caput* do art. 5º-A da Lei Complementar nº 148, de 2014. (Incluído pelo Decreto nº 9.056, de 2017)

Art. 19. A Secretaria do Tesouro Nacional divulgará modelos das leis autorizativas a que se referem:

I – o § 3º do art. 9º;
II – o § 2º do art. 10; e
III – o § 2º do art. 14.

Art. 20. Este Decreto entra em vigor na data de sua publicação.

Brasília, 29 de dezembro de 2015; 194º da Independência e 127º da República.

DILMA ROUSSEFF
Publicado D.O.U. 29.12.2015

› Deixamos de publicar os Anexos deste Decreto.

LEI Nº 13.240, DE 30 DE DEZEMBRO DE 2015

Dispõe sobre a administração, a alienação, a transferência de gestão de imóveis da União e seu uso para a constituição de fundos; altera a Lei nº 9.636, de 15 de maio de 1998, e os Decretos-Lei nºs 3.438, de 17 de julho de 1941, 9.760, de 5 de setembro de 1946, 271, de 28 de fevereiro de 1967, e 2.398, de 21 de dezembro de 1987; e revoga dispositivo da Lei nº 13.139, de 26 de junho de 2015.

› *Bens imóveis da União*

A PRESIDENTA DA REPÚBLICA Faço saber que o Congresso Nacional decreta e eu sanciono a seguinte Lei:

Art. 1º. Esta Lei dispõe sobre a administração, a alienação, a transferência de gestão de imóveis da União e seu uso para a constituição de fundos.

› v. CF/1988: arts. 20 e 81, § 2º.

§ 1º. O disposto nesta Lei aplica-se também aos imóveis das autarquias e das fundações públicas federais no caso de adesão expressa do dirigente máximo.

§ 2º. Não se aplica o disposto nesta Lei aos imóveis da União:

I – administrados pelo Ministério das Relações Exteriores, pelo Ministério da Defesa ou pelos Comandos da Marinha, do Exército ou da Aeronáutica;

II – situados na Faixa de Fronteira de que trata a Lei nº 6.634, de 2 de maio de 1979, ou na faixa de segurança de que trata o § 3º do art. 49 do Ato das Disposições Constitucionais Transitórias.

§ 3º. Para os fins desta Lei, considera-se faixa de segurança a extensão de trinta metros a partir do final da praia, nos termos do § 3º do art. 10 da Lei nº 7.661, de 16 de maio de 1988.

§ 4º Para os casos em que a União seja a proprietária do terreno e das edificações de imóveis enquadrados no regime de ocupação onerosa e para as permissões de uso de imóveis funcionais, será exigido do usuário, pessoa física ou jurídica, seguro patrimonial do imóvel, na forma a ser regulamentada pela Secretaria do Patrimônio da União (SPU). (Incluído pela Lei nº 13.465, de 2017)

Art. 2º. (Revogado pela Lei nº 13.465, de 2017)

Art. 3º. (Revogado pela Lei nº 13.465, de 2017)

Art. 4º. Os imóveis inscritos em ocupação poderão ser alienados pelo valor de mercado do imóvel, segundo os critérios de avaliação previstos no art. 11-C da Lei nº 9.636, de 15 de maio de 1998, excluídas as benfeitorias realizadas pelo ocupante. (Redação dada pela Lei nº 13.465, de 2017)

§ 1º. A alienação a que se refere este artigo poderá ser efetuada à vista ou de forma parcelada, permitida a utilização dos recursos do FGTS para pagamento total, parcial ou em amortização de parcelas e liquidação do saldo devedor, observadas as demais regras e condições estabelecidas para uso do FGTS. (Incluído pela Lei nº 13.465, de 2017)

§ 2º. As demais condições para a alienação dos imóveis inscritos em ocupação a que se refere este artigo serão estabelecidas em ato da Secretaria do Patrimônio da União (SPU). (Incluído pela Lei nº 13.465, de 2017)

§ 3º. A Secretaria do Patrimônio da União (SPU) verificará a regularidade cadastral dos imóveis a serem alienados e procederá aos ajustes eventualmente necessários durante o processo de alienação. (Incluído pela Lei nº 13.465, de 2017)

§ 4º. O prazo de validade da avaliação de que trata o *caput* deste artigo será de, no máximo, doze meses. (Incluído pela Lei nº 13.465, de 2017)

§ 5º Os templos religiosos poderão, nos termos do *caput* deste artigo, ser alienados aos seus ocupantes com desconto de 25% (vinte e cinco por cento), nos termos do art. 11 desta Lei. *(Incluído pela Lei nº 14.011/2020)*

Art. 5º. O ocupante que não optar pela aquisição dos imóveis a que se refere o art. 4º continuará submetido ao regime de ocupação, na forma da legislação vigente. (Redação dada pela Lei nº 13.465, de 2017)

Art. 5º-A. Fica o Poder Executivo federal autorizado, por intermédio da Secretaria do Patrimônio da União (SPU), a contratar a Caixa Econômica Federal, independentemente de processo licitatório, para a prestação de serviços relacionados à administração dos contratos, arrecadação e cobrança administrativa decorrentes da alienação dos imóveis a que se refere o art. 4º desta Lei. (Incluído pela Lei nº 13.465, de 2017)

Parágrafo único. A Caixa Econômica Federal representará a União na celebração dos contratos de que trata o *caput* deste artigo. (Incluído pela Lei nº 13.465, de 2017)

Art. 6º. A Secretaria do Patrimônio da União verificará a regularidade cadastral dos imóveis a serem alienados e procederá aos ajustes eventualmente necessários durante o processo de alienação.

Art. 7º. (Revogado pela Lei nº 13.465, de 2017)

Art. 8º. O Ministro de Estado do Planejamento, Desenvolvimento e Gestão, permitida a delegação, editará portaria com a lista de áreas ou imóveis sujeitos à alienação nos termos desta Lei. (Redação dada pela Lei nº 13.465, de 2017)

§ 1º. Os terrenos de marinha e acrescidos alienados na forma desta Lei:

I – não incluirão:

a) áreas de preservação permanente, na forma do inciso II do *caput* do art. 3º da Lei nº 12.651, de 25 de maio de 2012; ou

b) áreas em que seja vedado o parcelamento do solo, na forma do art. 3º e do inciso I do *caput* do art. 13 da Lei nº 6.766, de 19 de dezembro de 1979;

II – deverão estar situados em área urbana consolidada. (Redação dada pela Lei nº 13.465, de 2017)

§ 2º. Para os fins desta Lei, considera-se área urbana consolidada aquela:

I – incluída no perímetro urbano ou em zona urbana pelo plano diretor ou por lei municipal específica;

II – com sistema viário implantado e vias de circulação pavimentadas;

III – organizada em quadras e lotes predominantemente edificados;

IV – de uso predominantemente urbano, caracterizado pela existência de edificações residenciais, comerciais, industriais, institucionais, mistas ou voltadas à prestação de serviços; e

V – com a presença de, no mínimo, três dos seguintes equipamentos de infraestrutura urbana implantados:

a) drenagem de águas pluviais;

b) esgotamento sanitário;

c) abastecimento de água potável;

d) distribuição de energia elétrica; e

e) limpeza urbana, coleta e manejo de resíduos sólidos.

§ 3º. A alienação dos imóveis de que trata o § 1º não implica supressão das restrições administrativas de uso ou edificação que possam prejudicar a segurança da navegação, conforme estabelecido em ato do Ministro de Estado da Defesa.

§ 4º. Não há necessidade de autorização legislativa específica para alienação dos imóveis arrolados na portaria a que se refere o *caput*.

Art. 8º-A. Fica a Secretaria do Patrimônio da União (SPU) autorizada a receber Proposta de Manifestação de Aquisição por ocupante de imóvel da União que esteja regularmente inscrito e adimplente com suas obrigações com aquela Secretaria. (Incluído pela Lei nº 13.465, de 2017)

§ 1º. O ocupante deverá apresentar à SPU carta formalizando o interesse na aquisição juntamente com a identificação do imóvel e do ocupante, comprovação do período de ocupação e de estar em dia com as respectivas taxas, avaliação do imóvel e das benfeitorias, proposta de pagamento e, para imóveis rurais, georreferenciamento e CAR individualizado. (Incluído pela Lei nº 13.465, de 2017)

§ 2º. Para a análise da Proposta de Manifestação de Aquisição de que trata este artigo deverão ser cumpridos todos os requisitos e condicionantes estabelecidos na legislação que normatiza a alienação de imóveis da União, mediante a edição da portaria do Ministério do Planejamento, Desenvolvimento e Gestão, de que trata o art. 8º desta Lei, bem como os critérios de avaliação previstos no art. 11-C da Lei nº 9.636, de 15 de maio de 1998. (Incluído pela Lei nº 13.465, de 2017)

§ 3º. O protocolo da Proposta de Manifestação de Aquisição de imóvel da União pela Secretaria do Patrimônio da União (SPU) não constituirá nenhum direito ao ocupante perante a União. (Incluído pela Lei nº 13.465, de 2017)

§ 4º. A Secretaria do Patrimônio da União (SPU) fica autorizada a regulamentar a Proposta de Manifestação de Aquisição de que trata este artigo, mediante edição de portaria específica. (Incluído pela Lei nº 13.465, de 2017)

Art. 9º. Poderá ser alienado ao ocupante que o tenha como único imóvel residencial no Município ou no Distrito Federal, dispensada a licitação, o imóvel da União situado em área:

I – urbana consolidada, nos termos do § 2º do art. 8º desta Lei, desde que não esteja situado em área de preservação permanente, na forma do inciso II do *caput* do art. 3º da Lei nº 12.651, de 25 de maio de 2012, nem em área na qual seja vedado o parcelamento do solo, na forma do art. 3º e do inciso I do *caput* do art. 13 da Lei nº 6.766, de 19 de dezembro de 1979;

II – rural, desde que o imóvel tenha área igual ou superior à dimensão do módulo de propriedade rural estabelecida pela Lei nº 4.504, de 30 de novembro de 1964, e não superior ao dobro daquela dimensão e não esteja sendo utilizado para fins urbanos.

Art. 10. É assegurado ao ocupante de boa-fé o direito de preferência para a aquisição do respectivo imóvel sujeito a alienação nos termos desta Lei.

Art. 11. O adquirente receberá desconto de 25% (vinte e cinco por cento) na aquisição à vista, com fundamento no art. 4º desta Lei, desde que atendidas as seguintes condições, cumulativamente: (Redação dada pela Lei 13.813/2019)

I - tenha sido apresentada manifestação de interesse para a aquisição à vista com o desconto de que trata o *caput* deste artigo no prazo de 30 (trinta) dias, contado a partir da data do recebimento da notificação da inclusão do imóvel na portaria de que trata o art. 8º desta Lei; e (Incluído pela Lei 13.813/2019)

II - tenha sido efetuado o pagamento à vista do valor da alienação no prazo de 60 (sessenta) dias, contado a partir da data da manifestação de interesse do adquirente. (Incluído pela Lei 13.813/2019)

Parágrafo único. Para as alienações efetuadas de forma parcelada, não será concedido desconto. (Incluído pela Lei nº 13.465, de 2017)

Art. 12. O pagamento das alienações realizadas nos termos desta Lei observará critérios fixados em regulamento e poderá ser realizado:

I – à vista; (Redação dada pela Lei nº 13.465, de 2017)

II – (VETADO).

III – a prazo, mediante as condições de parcelamento estabelecidas em ato da Secretaria do Patrimônio da União (SPU). (Redação dada pela Lei nº 13.465, de 2017)

Art. 13. (Revogado pela Lei nº 13.465, de 2017)

Art. 14. É a União autorizada a transferir aos Municípios a gestão das orlas e praias marítimas, estuarinas, lacustres e fluviais federais, inclusive as áreas de bens de uso comum com exploração econômica, tais como calçadões, praças e parques públicos, excetuados: (Redação dada pela Lei 13.813/2019)

I – os corpos d'água;

II – as áreas consideradas essenciais para a estratégia de defesa nacional;

III – as áreas reservadas à utilização de órgãos e entidades federais;

IV – as áreas destinadas à exploração de serviço público de competência da União;

V – as áreas situadas em unidades de conservação federais.

§ 1º. A transferência prevista neste artigo ocorrerá mediante assinatura de termo de adesão com a União.

§ 2º. O termo de adesão será disponibilizado no sítio eletrônico do Ministério do Planejamento, Orçamento e Gestão para preenchimento eletrônico e preverá, entre outras cláusulas:

I – a sujeição do Município às orientações normativas e à fiscalização pela Secretaria do Patrimônio da União;

II – o direito dos Municípios sobre a totalidade das receitas auferidas com as utilizações autorizadas;

III – a possibilidade de a União retomar a gestão, a qualquer tempo, devido a descumprimento de normas da Secretaria do Patrimônio da União ou por razões de interesse público superveniente;

IV – a reversão automática da área à Secretaria do Patrimônio da União no caso de cancelamento do termo de adesão;

V – a responsabilidade integral do Município, no período de gestão municipal, pelas ações ocorridas, pelas omissões praticadas e pelas multas e indenizações decorrentes.

§ 3º. (VETADO).

Art. 15. Ficam transferidos aos Municípios e ao Distrito Federal os logradouros públicos, pertencentes a parcelamentos do solo para fins urbanos aprovados ou regularizados pelo poder local e registrados nos cartórios de registro de imóveis, localizados em terrenos de domínio da União.

Art. 16. A Secretaria do Patrimônio da União poderá reconhecer a utilização de terrenos da União por terceiros em áreas de preservação ambiental ou necessárias à preservação dos ecossistemas naturais, inclusive em Área de Preservação Permanente – APP, inscrevendo-os em regime de ocupação, observados os prazos da Lei nº 9.636, de 15 de maio de 1998, devendo ser comprovado perante o órgão ambiental competente que a utilização não concorre nem tenha concorrido para comprometimento da integridade dessas áreas.

§ 1º. O ocupante responsabiliza-se pela preservação do meio ambiente na área inscrita em ocupação e pela obtenção das licenças urbanísticas e ambientais eventualmente necessárias, sob pena de cancelamento da inscrição de ocupação.

§ 2º. O reconhecimento de que trata este artigo não se aplica às áreas de uso comum.

Art. 17. A União repassará 20% (vinte por cento) da receita patrimonial decorrente da alienação dos imóveis a que se refere o art. 4º aos Municípios e ao Distrito Federal onde estão localizados. (Redação dada pela Lei nº 13.465, de 2017)

Art. 18. As receitas patrimoniais da União decorrentes da venda de imóveis de que tratam o art. 8º desta Lei e os arts. 12 a 15 e 16-C da Lei nº 9.636, de 15 de maio de 1998, e dos direitos reais a eles associados, bem como as obtidas com as alienações e outras operações dos fundos imobiliários, descontados os custos operacionais, comporão o Fundo instituído pelo Decreto-Lei nº 1.437, de 17 de dezembro de 1975, e integrarão a subconta especial destinada a atender às despesas com o Programa de Administração Patrimonial Imobiliária da União (Proap), instituído pelo art. 37 da Lei nº 9.636, de 15 de maio de 1998, ressalvadas aquelas com outra destinação prevista em lei. (Redação dada pela Lei nº 13.465, de 2017)

Parágrafo único. (Revogado pela Lei nº 13.465, de 2017)

Art. 18-A. O percentual de 2,5% (dois inteiros e cinco décimos por cento) das receitas patrimoniais da União arrecadadas anualmente por meio da cobrança de taxa de ocupação, foro e laudêmio, recuperação de dívida ativa, arrendamentos, aluguéis, cessão e permissão de uso, multas e outras taxas patrimoniais integrará a subconta especial destinada a atender às despesas previstas no Programa de Administração Patrimonial Imobiliária da União (PROAP), instituído pelo art. 37 da Lei nº 9.636, de 15 de maio de 1998, ressalvadas aquelas com outra destinação prevista em lei. (Incluído pela Lei nº 13.465, de 2017)

Parágrafo único. Os recursos referidos no *caput* deste artigo serão alocados para as finalidades previstas nos incisos II a VIII do *caput* do art. 37 da Lei 9.636, de 15 de maio de 1998, e poderão ser utilizados a qualquer momento pela Secretaria do Patrimônio da União (SPU). (Incluído pela Lei nº 13.465, de 2017)

Art. 19. A Lei nº 9.636, de 15 de maio de 1998, passa a vigorar com as seguintes alterações:

▸ Alterações incorporadas no texto da referida lei.

Art. 20. Os imóveis de propriedade da União arrolados na portaria de que trata o art. 8º e os direitos reais a eles associados poderão ser destinados à integralização de cotas em fundos de investimento. (Redação dada pela Lei nº 13.465, de 2017)

§ 1º. O Ministro de Estado do Planejamento, Orçamento e Gestão editará nova portaria para definir os imóveis abrangidos pelo *caput* e a destinação a ser dada a eles.

§ 2º. O fundo de investimento deverá ter em seu estatuto, entre outras disposições:

I – o objetivo de administrar os bens e direitos sob sua responsabilidade, podendo, para tanto, alienar, reformar, edificar, adquirir ou alugar os bens e direitos sob sua responsabilidade;

II – a permissão para adquirir ou integralizar cotas, inclusive com imóveis e com direitos reais a eles associados, em outros fundos de investimento;

III – a permissão para aceitar como ativos, inclusive com periodicidade superior a sessenta meses, contratos de locação com o poder público;

IV – a delimitação da responsabilidade dos cotistas por suas obrigações até o limite de sua participação no patrimônio do fundo;

V – a vedação à realização de operações que possam implicar perda superior ao valor do patrimônio do fundo;

VI – a possibilidade de o fundo poder ter suas cotas negociadas em ambiente de negociação centralizada e eletrônica, inclusive em bolsa de valores e de mercadorias ou em mercado de balcão organizado.

§ 3º A União poderá contratar, por meio de processo licitatório, prestação de serviços de constituição, de estruturação, de administração e de gestão de fundo de investimento, para os fins de que trata o *caput* deste artigo, dispensada a licitação para a contratação de instituições financeiras oficiais federais. *(Redação dada pela Lei 13.813/2019)*

§ 4º Os fundos referidos no *caput* deste artigo poderão ter por objeto a realização de programas de regularização fundiária, rural ou urbana, de que tratam as Leis nos 9.636, de 15 de maio de 1998, e 13.465, de 11 de julho de 2017, com o encargo de que as áreas inseridas nas poligonais dos programas sejam regularizadas e alienadas aos seus ocupantes, sempre que possível, e, além das matérias referidas no § 2º deste artigo, devem estar previstas em seus regulamentos as seguintes disposições: *(Incluído pela Lei 14.011/2020)*

I – previsão de ressarcimento aos fundos dos encargos de aprovação de projetos de parcelamento e registro dos imóveis situados na poligonal;

II – obrigação de alienar, ou conceder gratuitamente, os imóveis regularizados aos seus ocupantes;

III – permissão para amortizar os custos da regularização por meio de imóveis disponíveis, não ocupados ou alienados, situados na poligonal do projeto de regularização;

IV – previsão de que os imóveis regularizados e não ocupados disponíveis dentro da poligonal deverão, preferencialmente, ser alienados, podendo, no entanto, ser retidos no fundo até a integralização do custo do programa de regularização;

V – previsão de que poderão ser livremente alienados os imóveis desocupados e fora da poligonal da regularização fundiária.

§ 5º Em caso de imóveis em que recaia interesse público ou de imóveis de uso especial, bem como no caso de necessidade de realização de obras de infraestrutura, os fundos de regularização de que trata o § 6º deste artigo poderão utilizar as receitas de alienação de outros imóveis situados na poligonal para ressarcimento dos custos efetivamente incorridos. *(Incluído pela Lei 14.011/2020)*

§ 6º Ficam os fundos com o objeto descrito no § 4º deste artigo sujeitos ao regime de que trata a Lei nº 8.668, de 25 de junho de 1993. *(Incluído pela Lei 14.011/2020)*

§ 7º As quotas dos fundos com o objeto descrito no § 4º deste artigo constituem valores mobiliários sujeitos ao regime da Lei nº 6.385, de 7 de dezembro de 1976. *(Incluído pela Lei 14.011/2020)*

§ 8º A integralização de bens e direitos imobiliários da União nos fundos de que trata este artigo poderá ser feita com base em laudo de avaliação homologado pela Secretaria de Coordenação e Governança do Patrimônio da União e aprovado pela assembleia de cotistas, exceto quando se tratar da primeira oferta pública de distribuição de quotas do fundo. *(Incluído pela Lei 14.011/2020)*

Art. 20-A. Para os fins do disposto no art. 20 desta Lei, a União é autorizada a prever no instrumento convocatório a hipótese de realização das despesas iniciais de estruturação do fundo de investimento, observada a disponibilidade financeira e orçamentária. *(Incluído pela Lei 13.813/2019)*

Parágrafo único. As despesas de que trata o *caput* deste artigo serão amortizadas por meio do recebimento de cotas equivalentes aos valores despendidos.

Art. 21. Fica o Poder Executivo autorizado a, por intermédio da Secretaria do Patrimônio da União, celebrar contratos ou convênios com órgãos e entidades da União, de Estados, do Distrito Federal ou de Municípios, notadamente a Caixa Econômica Federal e a Agência de Desenvolvimento do Distrito Federal – TERRACAP, para a execução de ações de cadastramento, regularização, avaliação e outras medidas necessárias ao processo de alienação dos bens imóveis a que se refere esta Lei e representá-la na celebração de contratos ou em outros ajustes.

§ 1º. Observados os procedimentos licitatórios previstos em lei, fica autorizada a contratação da iniciativa privada para a execução das ações de demarcação, avaliação e alienação dos bens imóveis a que se refere esta Lei.

§ 2º. Na contratação da Caixa Econômica Federal:

I – será dispensada a homologação pelo ente público das avaliações realizadas;

II – a validade das avaliações será de um ano; e

III – (VETADO).

§ 3º. O Ministro de Estado do Planejamento, Orçamento e Gestão, permitida a delegação, editará portaria para arrolar as áreas ou os imóveis alcançados pelos contratos e convênios previstos neste artigo.

Art. 22. Os imóveis não operacionais que constituem o patrimônio imobiliário do Fundo do Regime Geral de Previdência Social serão geridos pela Secretaria de Coordenação e Governança do Patrimônio da União da Secretaria Especial de Desestatização, Desinvestimento e Mercados do Ministério da Economia, observado o disposto na legislação relativa ao patrimônio imobiliário da União. *(Redação dada pela Lei 14.011/2020)*

§§ 1º e 2º *(Revogados pela Lei 14.011/2020)*

§ 3º Para fins do disposto neste artigo, o Instituto Nacional do Seguro Social (INSS) publicará a listagem dos imóveis operacionais e não operacionais que constituem o patrimônio imobiliário do Fundo do Regime Geral de Previdência Social e transferirá a gestão dos imóveis não operacionais para a Secretaria de Coordenação e Governança do Patrimônio da União. *(Incluído pela Lei 14.011/2020)*

§ 4º Sempre que possível, a Secretaria de Coordenação e Governança do Patrimônio da União providenciará a conversão do patrimônio imobiliário de que trata o *caput* deste artigo em recursos financeiros, por meio dos mecanismos de alienação e de utilização onerosa. *(Incluído pela Lei 14.011/2020)*

§ 5º Os recursos financeiros resultantes da alienação ou da utilização onerosa dos imóveis de que trata o § 4º deste artigo serão destinados ao Fundo do Regime Geral de Previdência Social. *(Incluído pela Lei 14.011/2020)*

§ 6º A Secretaria de Coordenação e Governança do Patrimônio da União, em conjunto com o INSS, nos termos de regulamento, identificará os imóveis que não tenham aproveitamento econômico ou não apresentem potencial imediato de alienação ou de utilização onerosa e que poderão ser objeto de outras formas de destinação, inclusive no âmbito de programas habitacionais e de regularização fundiária destinados à população de baixa renda. *(Incluído pela Lei 14.011/2020)*

§ 7º Na hipótese de a Secretaria de Coordenação e Governança do Patrimônio da União dar destinação não econômica aos imóveis de que trata este artigo, nos termos do § 6º, a União recomporá o Fundo do Regime Geral de Previdência Social por meio de permuta de imóveis com valor equivalente, conforme avaliação de valor de mercado realizada nos 12 (doze) meses anteriores, prorrogáveis por igual período. *(Incluído pela Lei 14.011/2020)*

§ 8º A destinação não econômica de imóveis para atendimento de interesse dos Estados, do Distrito Federal ou dos Municípios poderá ocorrer somente após a permuta de que trata o

LEGISLAÇÃO COMPLEMENTAR

§ 7º deste artigo, cabendo ao ente federativo interessado a recomposição patrimonial à União, exceto quando a recomposição for dispensada por lei. *(Incluído pela Lei 14.011/2020)*

§ 9º Quando se tratar dos imóveis não operacionais sob a gestão da Secretaria de Coordenação e Governança do Patrimônio da União, a União representará o Fundo do Regime Geral de Previdência Social nos direitos, nos créditos, nos deveres e nas obrigações e exercerá as atribuições e competências estabelecidas na Lei nº 9.702, de 17 de novembro de 1998. *(Incluído pela Lei 14.011/2020)*

§ 10. Caberá ao Fundo do Regime Geral de Previdência Social arcar com as despesas decorrentes da conservação, da avaliação e da administração dos imóveis que constituam o seu patrimônio imobiliário, nos termos de regulamento. *(Incluído pela Lei 14.011/2020)*

§ 11. Aplica-se o disposto no *caput* deste artigo aos imóveis funcionais ocupados ou não que constituam o patrimônio imobiliário do Fundo do Regime Geral de Previdência Social. *(Incluído pela Lei 14.011/2020)*

§ 12. As medidas necessárias para a operacionalização do disposto neste artigo serão objeto de ato conjunto da Secretaria de Coordenação e Governança do Patrimônio da União, da Secretaria Especial de Previdência e Trabalho do Ministério da Economia e do INSS. *(Incluído pela Lei 14.011/2020)*

Art. 22-A. Os imóveis operacionais destinados à prestação de serviços aos segurados e beneficiários do Regime Geral de Previdência Social, ainda que parcialmente, permanecem afetados às suas finalidades. *(Incluído pela Lei 14.011/2020)*

§ 1º A Secretaria de Coordenação e Governança do Patrimônio da União reverterá imóveis não operacionais do Fundo do Regime Geral de Previdência Social para utilização pelos órgãos responsáveis pelos serviços de que trata o *caput* deste artigo.

§ 2º Na hipótese de os imóveis de que trata o *caput* deste artigo perderem seu caráter operacional, os imóveis serão preferencialmente afetados ou cedidos ao serviço de assistência social da União, dos Estados, do Distrito Federal ou dos Municípios, nos termos de regulamento.

§ 3º A utilização dos imóveis para os fins de que trata este artigo não será onerosa.

Art. 22-B. Ficam revertidos aos respectivos Estados, ao Distrito Federal e aos Municípios os imóveis doados ao Fundo do Regime Geral de Previdência Social cujas obras não tenham sido iniciadas até 1º de dezembro de 2019. *(Incluído pela Lei 14.011/2020)*

Art. 23. Os imóveis do Instituto Nacional de Colonização e Reforma Agrária – INCRA desprovidos de vocação agrícola poderão ser doados a Estado, ao Distrito Federal ou a Município, para o fim específico de regularização fundiária de assentamento urbano, nos termos da Lei nº 11.977, de 7 de julho de 2009.

Art. 24. O *caput* do art. 4º do Decreto-Lei nº 3.438, de 17 de julho de 1941, passa a vigorar com a seguinte redação:

"Art. 4º. Ficam sujeitos ao regime enfitêutico os terrenos de marinha e os seus acrescidos, exceto aqueles necessários aos logradouros e aos serviços públicos ou quando houver disposição legal em sentido diverso.

(...)"

Art. 25. O Decreto-Lei nº 9.760, de 5 de setembro de 1946, passa a vigorar com as seguintes alterações:

"Art. 100. (...)

(...)

§ 7º. Quando se tratar de imóvel situado em áreas urbanas consolidadas e fora da faixa de segurança de que trata o § 3º do art. 49 do Ato das Disposições Constitucionais Transitórias, serão dispensadas as audiências previstas neste artigo e o procedimento será estabelecido em norma da Secretaria do Patrimônio da União."

"Art. 123. A remição do aforamento será feita pela importância correspondente a 17% (dezessete por cento) do valor do domínio pleno do terreno, excluídas as benfeitorias."

Art. 26. (VETADO).

Art. 27. O Decreto-Lei nº 2.398, de 21 de dezembro de 1987, passa a vigorar com as seguintes alterações:

"Art. 1º. A taxa de ocupação de terrenos da União será de 2% (dois por cento) do valor do domínio pleno do terreno, excluídas as benfeitorias, anualmente atualizado pela Secretaria do Patrimônio da União.

I – (revogado);

II – (revogado).

(...)"

"Art. 3º. A transferência onerosa, entre vivos, do domínio útil e da inscrição de ocupação de terreno da União ou cessão de direito a eles relativos dependerá do prévio recolhimento do laudêmio, em quantia correspondente a 5% (cinco por cento) do valor atualizado do domínio pleno do terreno, excluídas as benfeitorias.

(...)

§ 5º. A não observância do prazo estipulado no § 4º sujeitará o adquirente à multa de 0,05% (cinco centésimos por cento), por mês ou fração, sobre o valor do terreno, excluídas as benfeitorias.

(...)"

"Art. 6º-A. São dispensados de lançamento e cobrança as taxas de ocupação, os foros e os laudêmios referentes aos terrenos de marinha e seus acrescidos inscritos em regime de ocupação, quando localizados em ilhas oceânicas ou costeiras que contenham sede de Município, desde a data da publicação da Emenda Constitucional nº 46, de 5 de maio de 2005, até a conclusão do processo de demarcação, sem cobrança retroativa por ocasião da conclusão dos procedimentos de demarcação."

"Art. 6º-B. A União repassará 20% (vinte por cento) dos recursos arrecadados por meio da cobrança de taxa de ocupação, foro e laudêmio aos Municípios e ao Distrito Federal onde estão localizados os imóveis que deram origem à cobrança.

Parágrafo único. Os repasses de que trata o *caput* serão realizados até o dia 1º de fevereiro do ano subsequente ao recebimento dos recursos."

Art. 28. Esta Lei entra em vigor na data de sua publicação.

Art. 29. Ficam revogados:

I – o inciso III do *caput* do art. 24 e o inciso II do *caput* do art. 27 da Lei nº 9.636, de 15 de maio de 1998;

II – o art. 1º da Lei nº 13.139, de 26 de junho de 2015, na parte em que altera a redação do art. 100 do Decreto-Lei nº 9.760, de 5 de setembro de 1946.

Brasília, 30 de dezembro de 2015; 194º da Independência e 127º da República.

DILMA ROUSSEFF

DOU de 31.12.2015 – Edição extra

LEI Nº 13.254, DE 13 DE JANEIRO DE 2016

Dispõe sobre o Regime Especial de Regularização Cambial e Tributária (RERCT) de recursos, bens ou direitos de origem lícita, não declarados ou declarados incorretamente, remetidos, mantidos no exterior ou repatriados por residentes ou domiciliados no País.

‣ *RERCT*

A PRESIDENTA DA REPÚBLICA Faço saber que o Congresso Nacional decreta e eu sanciono a seguinte Lei:

‣ v. Lei 5.172/1966 – Dispõe sobre o Sistema Tributário Nacional e institui normas gerais de direito tributário aplicáveis à União, Estados e Municípios.

‣ v. Instrução Normativa RFB 1627/2016 – Dispõe sobre o Regime Especial de Regularização Cambial e Tributária. (D.O.U. de 15.03.2016)

Art. 1º. É instituído o Regime Especial de Regularização Cambial e Tributária (RERCT), para declaração voluntária de recursos, bens ou direitos de origem lícita, não declarados ou declarados com omissão ou incorreção em relação a dados essenciais, remetidos ou mantidos no exterior, ou repatriados por residentes ou domiciliados no País, conforme a legislação cambial ou tributária, nos termos e condições desta Lei.

§ 1º. O RERCT aplica-se aos residentes ou domiciliados no País em 31 de dezembro de 2014 que tenham sido ou ainda sejam proprietários ou titulares de ativos, bens ou direitos em períodos anteriores a 31 de dezembro de 2014, ainda que, nessa data, não possuam saldo de recursos ou TÍTULO de propriedade de bens e direitos.

§ 2º. Os efeitos desta Lei serão aplicados aos titulares de direito ou de fato que, voluntariamente, declararem ou retificarem a declaração incorreta referente a recursos, bens ou direitos, acompanhados de documentos e informações sobre sua identificação, titularidade ou destinação.

§ 3º. O RERCT aplica-se também aos não residentes no momento da publicação desta Lei, desde que residentes ou domiciliados no País conforme a legislação tributária em 31 de dezembro de 2014.

§ 4º. Os efeitos desta Lei serão aplicados também ao espólio cuja sucessão esteja aberta em 31 de dezembro de 2014.

§ 4º-A. O RERCT aplica-se também ao espólio cuja sucessão tenha sido aberta até a data de adesão ao RERCT. (Incluído pela Lei nº 13.428, de 2017)

§ 5º. Esta Lei não se aplica aos sujeitos que tiverem sido condenados em ação penal:

I – (VETADO); e

II – cujo objeto seja um dos crimes listados no § 1º do art. 5º, ainda que se refira aos recursos, bens ou direitos a serem regularizados pelo RERCT.

Art. 2º. Consideram-se, para os fins desta Lei:

I – recursos ou patrimônio não declarados ou declarados com omissão ou incorreção em relação a dados essenciais: os valores, os bens materiais ou imateriais, os capitais e os direitos, independentemente da natureza, origem ou moeda que sejam ou tenham sido, anteriormente a 31 de dezembro de 2014, de propriedade de pessoas físicas ou jurídicas residentes, domiciliadas ou com sede no País;

II – recursos ou patrimônio de origem lícita: os bens e os direitos adquiridos com recursos oriundos de atividades permitidas ou não proibidas pela lei, bem como o objeto, o produto ou o proveito dos crimes previstos no § 1º do art. 5º;

III – recursos ou patrimônio repatriados objeto do RERCT: todos os recursos ou patrimônio, em qualquer moeda ou forma, de propriedade de residentes ou de domiciliados no País, ainda que sob a titularidade de não residentes, da qual participe, seja sócio, proprietário ou beneficiário, que foram adquiridos, transferidos ou empregados no Brasil, com ou sem registro no Banco Central do Brasil, e não se encontrem devidamente declarados;

IV – recursos ou patrimônio remetidos ou mantidos no exterior: os valores, os bens materiais ou imateriais, os capitais e os direitos não declarados ou declarados com omissão ou incorreção em relação a dados essenciais e remetidos ou mantidos fora do território nacional;

V – titular: proprietário dos recursos ou patrimônio não declarados, remetidos ou mantidos no exterior ou repatriados indevidamente.

Art. 3º. O RERCT aplica-se a todos os recursos, bens ou direitos de origem lícita de residentes ou domiciliados no País até 31 de dezembro de 2014, incluindo movimentações anteriormente existentes, remetidos ou mantidos no exterior, bem como aos que tenham sido transferidos para o País, em qualquer caso, e que não tenham sido declarados ou tenham sido declarados com omissão ou incorreção em relação a dados essenciais, como:

I – depósitos bancários, certificados de depósitos, cotas de fundos de investimento, instrumentos financeiros, apólices de seguro, certificados de investimento ou operações de capitalização, depósitos em cartões de crédito, fundos de aposentadoria ou pensão;

II – operação de empréstimo com pessoa física ou jurídica;

III – recursos, bens ou direitos de qualquer natureza, decorrentes de operações de câmbio ilegítimas ou não autorizadas;

IV – recursos, bens ou direitos de qualquer natureza, integralizados em empresas estrangeiras sob a forma de ações, integralização de capital, contribuição de capital ou qualquer outra forma de participação societária ou direito de participação no capital de pessoas jurídicas com ou sem personalidade jurídica;

V – ativos intangíveis disponíveis no exterior de qualquer natureza, como marcas, copyright, software, know-how, patentes e todo e qualquer direito submetido ao regime de royalties;

VI – bens imóveis em geral ou ativos que representem direitos sobre bens imóveis;

VII – veículos, aeronaves, embarcações e demais bens móveis sujeitos a registro em geral, ainda que em alienação fiduciária;

VIII – (VETADO); e

IX – (VETADO).

Art. 4º. Para adesão ao RERCT, a pessoa física ou jurídica deverá apresentar à Secretaria da Receita Federal do Brasil (RFB) e, em cópia para fins de registro, ao Banco Central do Brasil declaração única de regularização específica contendo a descrição pormenorizada dos recursos, bens e direitos de qualquer natureza de que seja titular em 31 de dezembro de 2014 a serem regularizados, com o respectivo valor em real, ou, no caso de inexistência de saldo ou TÍTULO de propriedade em 31 de dezembro de 2014, a descrição das condutas praticadas pelo declarante que se enquadrem nos crimes previstos no § 1º do art. 5º desta Lei e dos respectivos bens e recursos que possuiu.

§ 1º. A declaração única de regularização a que se refere o *caput* deverá conter:

I – a identificação do declarante;

II – as informações fornecidas pelo contribuinte necessárias à identificação dos recursos, bens ou direitos a serem regularizados, bem como de sua titularidade e origem;

III – o valor, em real, dos recursos, bens ou direitos de qualquer natureza declarados;

IV – declaração do contribuinte de que os bens ou direitos de qualquer natureza declarados têm origem em atividade econômica lícita;

V – na hipótese de inexistência de saldo dos recursos, ou de titularidade de propriedade de bens ou direitos referidos no *caput*, em 31 de dezembro de 2014, a descrição das condutas praticadas pelo declarante que se enquadrem nos crimes previstos no § 1º do art. 5º desta Lei e dos respectivos recursos, bens ou direitos de qualquer natureza não declarados, remetidos ou mantidos no exterior ou repatriados, ainda que posteriormente repassados à titularidade ou responsabilidade, direta ou indireta, de trust de quaisquer espécies, fundações, sociedades despersonalizadas, fideicomissos, ou dispostos mediante a entrega a pessoa física ou jurídica, personalizada ou não, para guarda, depósito, investimento, posse ou propriedade de que sejam beneficiários efetivos o interessado, seu representante ou pessoa por ele designada; e

VI – (VETADO).

§ 2º. Os recursos, bens e direitos de qualquer natureza constantes da declaração única para adesão ao RERCT deverão também ser informados na:

I – declaração retificadora de ajuste anual do imposto de renda relativa ao ano-calendário de 2014 e posteriores, no caso de pessoa física;

II – declaração retificadora da declaração de bens e capitais no exterior relativa ao ano-calendário de 2014 e posteriores, no caso de pessoa física e jurídica, se a ela estiver obrigada; e

III – escrituração contábil societária relativa ao ano-calendário da adesão e posteriores, no caso de pessoa jurídica.

§ 3º. A declaração das condutas e bens referidos no inciso V do § 1º não implicará a apresentação das declarações previstas nos incisos I, II e III do § 2º.

§ 4º. Após a adesão ao RERCT e consequente regularização nos termos do *caput*, a opção de repatriação pelo declarante de ativos financeiros no exterior deverá ocorrer por intermédio de instituição financeira autorizada a funcionar no País e a operar no mercado de câmbio, mediante apresentação do protocolo de entrega da declaração de que trata o *caput* deste artigo.

§ 5º. A regularização de ativos mantidos em nome de interposta pessoa estenderá a ela a extinção de punibilidade prevista no § 1º do art. 5º, nas condições previstas no referido artigo.

§ 6º. É a pessoa física ou jurídica que aderir ao RERCT obrigada a manter em boa guarda e ordem e em sua posse, pelo prazo de 5 (cinco) anos, cópia dos documentos referidos no § 8º que ampararam a declaração de adesão ao RERCT e a apresentá-los se e quando exigidos pela RFB.

§ 7º. Os rendimentos, frutos e acessórios decorrentes do aproveitamento, no exterior ou no País, dos recursos, bens ou direitos de qualquer natureza regularizados por meio da declaração única a que se refere o *caput* deste artigo, obtidos no ano-calendário de 2015, deverão ser incluídos nas declarações previstas no § 2º referentes ao ano-calendário da adesão e posteriores, aplicando-se o disposto no art. 138 da Lei nº 5.172, de 25 de outubro de 1966 (Código Tributário Nacional), se as retificações necessárias forem feitas até o último dia do prazo para adesão ao RERCT.

§ 8º. Para fins da declaração prevista no *caput*, o valor dos ativos a serem declarados deve corresponder aos valores de mercado, presumindo-se como tal:

I – para os ativos referidos nos incisos I e III do art. 3º, o saldo existente em 31 de dezembro de 2014, conforme documento disponibilizado pela instituição financeira custodiante;

II – para os ativos referidos no inciso II do art. 3º, o saldo credor remanescente em 31 de dezembro de 2014, conforme contrato entre as partes;

III – para os ativos referidos no inciso IV do art. 3º, o valor de patrimônio líquido apurado em 31 de dezembro de 2014, conforme balanço patrimonial levantado nessa data;

IV – para os ativos referidos nos incisos V, VI, VII e IX do art. 3º, o valor de mercado apurado conforme avaliação feita por entidade especializada;

V – (VETADO); e

VI – para os ativos não mais existentes ou que não sejam de propriedade do declarante em 31 de dezembro de 2014, o valor apontado por documento idôneo que retrate o bem ou a operação a ele referente.

§ 9º. Para fins de apuração do valor do ativo em real, o valor expresso em moeda estrangeira deve ser convertido:

I – em dólar norte-americano pela cotação do dólar fixada, para venda, pelo Banco Central do Brasil, para o último dia útil do mês de dezembro de 2014; e

II – em moeda nacional pela cotação do dólar fixada, para venda, pelo Banco Central do Brasil, para o último dia útil do mês de dezembro de 2014.

§ 10. Para os recursos já repatriados, a declaração deverá ser feita tendo como base o valor do ativo em real em 31 de dezembro de 2014.

§ 11. Estão isentos da multa de que trata o art. 8º os valores disponíveis em contas no exterior no limite de até R$ 10.000,00 (dez mil reais) por pessoa, convertidos em dólar norte-americano em 31 de dezembro de 2014.

§ 12. A declaração de regularização de que trata o *caput* não poderá ser, por qualquer modo, utilizada:

I – como único indício ou elemento para efeitos de expediente investigatório ou procedimento criminal;

II – para fundamentar, direta ou indiretamente, qualquer procedimento administrativo de natureza tributária ou cambial em relação aos recursos dela constantes.

§ 13. Sempre que o montante de ativos financeiros for superior a USD 100.000,00 (cem mil dólares norte-americanos), sem prejuízo do previsto no § 4º, o declarante deverá solicitar e autorizar a instituição financeira no exterior a enviar informação sobre o saldo desses ativos em 31 de dezembro de 2014 para instituição financeira autorizada a funcionar no País, que prestará tal informação à RFB, não cabendo à instituição financeira autorizada a funcionar no País responsabilidade alguma quanto à averiguação das informações prestadas pela instituição financeira estrangeira.

Art. 5º. A adesão ao programa dar-se-á mediante entrega da declaração dos recursos, bens e direitos sujeitos à regularização prevista no *caput* do art. 4º e pagamento integral do imposto previsto no art. 6º e da multa prevista no art. 8º desta Lei.

§ 1º. O cumprimento das condições previstas no *caput* antes de decisão criminal extinguirá, em relação a recursos, bens e direitos a serem regularizados nos termos desta Lei, a punibilidade dos crimes a seguir previstos, praticados até a data de adesão ao RERCT: (Redação dada pela Lei nº 13.428, de 2017)

I – no art. 1º e nos incisos I, II e V do art. 2º da Lei nº 8.137, de 27 de dezembro de 1990;

II – na Lei nº 4.729, de 14 de julho de 1965;

III – no art. 337-A do Decreto-Lei nº 2.848, de 7 de dezembro de 1940 (Código Penal);

IV – nos seguintes arts. do Decreto-Lei nº 2.848, de 7 de dezembro de 1940 (Código Penal), quando exaurida sua potencialidade lesiva com a prática dos crimes previstos nos incisos I a III:

a) 297;

b) 298;

c) 299;

d) 304;

V – (VETADO);

VI – no *caput* e no parágrafo único do art. 22 da Lei nº 7.492, de 16 de junho de 1986;

VII – no art. 1º da Lei nº 9.613, de 3 de março de 1998, quando o objeto do crime for bem, direito ou valor proveniente, direta ou indiretamente, dos crimes previstos nos incisos I a VI;

VIII – (VETADO).

§ 2º. A extinção da punibilidade a que se refere o § 1º:

I – (VETADO);

II – somente ocorrerá se o cumprimento das condições se der antes do trânsito em julgado da decisão criminal condenatória;

III – produzirá, em relação à administração pública, a extinção de todas as obrigações de natureza cambial ou financeira, principais ou acessórias, inclusive as meramente formais, que pudessem ser exigíveis em relação aos bens e direitos declarados, ressalvadas as previstas nesta Lei.

§ 3º. (VETADO).

§ 4º. (VETADO).

§ 5º. Na hipótese dos incisos V e VI do § 1º, a extinção da punibilidade será restrita aos casos em que os recursos utilizados na operação de câmbio não autorizada, as divisas ou moedas saídas do País sem autorização legal ou os depósitos mantidos no exterior e não declarados à repartição federal competente possuírem origem lícita ou forem provenientes, direta ou indiretamente, de quaisquer dos crimes previstos nos incisos I, II, III, VII ou VIII do § 1º.

Art. 6º. Para fins do disposto nesta Lei, o montante dos ativos objeto de regularização será considerado acréscimo patrimonial adquirido em 31 de dezembro de 2014, ainda que nessa data não exista saldo ou TÍTULO de propriedade, na forma do inciso II do *caput* e do § 1º do art. 43 da Lei nº 5.172, de 25 de outubro de 1966 (Código Tributário Nacional), sujeitando-se a pessoa, física ou jurídica, ao pagamento do imposto de renda sobre ele, a TÍTULO de ganho de capital, à alíquota de 15% (quinze por cento), vigente em 31 de dezembro de 2014.

§ 1º. A arrecadação referida no *caput* será compartilhada com Estados e Municípios na forma estabelecida pela Constituição Federal, especialmente nos termos do que dispõe o inciso I de seu art. 159.

§ 2º. Na apuração da base de cálculo dos tributos de que trata este artigo, correspondente ao valor do ativo em real, não serão admitidas deduções de espécie alguma ou descontos de custo de aquisição.

§ 3º. Para fins de apuração do valor do ativo em real, o valor expresso em moeda estrangeira deve ser convertido:

I – em dólar norte-americano pela cotação do dólar fixada, para venda, pelo Banco Central do Brasil, para o último dia útil do mês de dezembro de 2014; e

II – em moeda nacional pela cotação do dólar fixada, para venda, pelo Banco Central do Brasil, para o último dia útil do mês de dezembro de 2014.

§ 4º. A regularização dos bens e direitos e o pagamento dos tributos na forma deste artigo e da multa de que trata o art. 8º implicarão a remissão dos créditos tributários decorrentes do descumprimento de obrigações tributárias e a redução de 100% (cem por cento) das multas de mora, de ofício ou isoladas e dos encargos legais diretamente relacionados a esses bens e direitos em relação a fatos geradores ocorridos até 31 de dezembro de 2014 e excluirão a multa pela não entrega completa e tempestiva da declaração de capitais brasileiros no exterior, na forma definida pelo Banco Central do Brasil, as penalidades aplicadas pela Comissão de Valores Mobiliários ou outras entidades regulatórias e as penalidades previstas na Lei nº 4.131, de 3 de setembro de 1962, na Lei nº 9.069, de 29 de junho de 1995, e na Medida Provisória nº 2.224, de 4 de setembro de 2001.

§ 5º. A remissão e a redução das multas previstas no § 4º não alcançam os tributos retidos por sujeito passivo, na condição de responsável, e não recolhidos aos cofres públicos no prazo legal.

§ 6º. A opção pelo RERCT dispensa o pagamento de acréscimos moratórios incidentes sobre o imposto de que trata o *caput*.

§ 7º. O imposto pago na forma deste artigo será considerado como tributação definitiva e não permitirá a restituição de valores anteriormente pagos.

§ 8º. A opção pelo RERCT e o pagamento do imposto na forma do *caput* importam confissão irrevogável e irretratável dos débitos em nome do sujeito passivo na condição de contribuinte ou responsável, configuram confissão extrajudicial nos termos dos arts. 348, 353 e 354 da Lei nº 5.869, de 11 de janeiro de 1973 (Código de Processo Civil), e condicionam o sujeito passivo à aceitação plena e irretratável de todas as condições estabelecidas nesta Lei.

Art. 7º. A adesão ao RERCT poderá ser feita no prazo de 210 (duzentos e dez) dias, contado a partir da data de entrada em vigor do ato da RFB de que trata o art. 10, com declaração da situação patrimonial em 31 de dezembro de 2014 e o consequente pagamento do tributo e da multa.

§ 1º. A divulgação ou a publicidade das informações presentes no RERCT implicarão efeito equivalente à quebra do sigilo fiscal, sujeitando o responsável às penas previstas na Lei Complementar 105, de 10 de janeiro de 2001, e no art. 325 do Decreto-Lei nº 2.848, de 7 de dezembro de 1940 (Código Penal), e, no caso de funcionário público, à pena de demissão.

§ 2º. Sem prejuízo do disposto no § 6º do art. 4º, é vedada à RFB, ao Conselho Monetário Nacional (CMN), ao Banco Central do Brasil e aos demais órgãos públicos intervenientes do RERCT a divulgação ou o compartilhamento das informações prestadas pelos declarantes que tiverem aderido ao RERCT com os Estados, o Distrito Federal e os Municípios, inclusive para fins de constituição de crédito tributário.

Art. 8º. Sobre o valor do imposto apurado na forma do art. 6º incidirá multa de 100% (cem por cento).

§ 1º. (VETADO).

§ 2º. Compete à RFB a administração das atividades relativas à operacionalização, à cobrança, à arrecadação, à restituição e à fiscalização da multa de que trata o *caput*.

Art. 9º. Será excluído do RERCT o contribuinte que apresentar declarações ou documentos falsos relativos à titularidade e à condição jurídica dos recursos, bens ou direitos declarados nos termos do art. 1º desta Lei ou aos documentos previstos no § 8º do art. 4º.

§ 1º. Em caso de exclusão do RERCT, serão cobrados os valores equivalentes aos tributos, multas e juros incidentes, deduzindo-se o que houver sido anteriormente pago, sem prejuízo da aplicação das penalidades cíveis, penais e administrativas cabíveis.

§ 2º. Na hipótese de exclusão do contribuinte do RERCT, a instauração ou a continuidade de procedimentos investigatórios quanto à origem dos ativos objeto de regularização somente poderá ocorrer se houver evidências documentais não relacionadas à declaração do contribuinte.

§ 3º. A declaração com incorreção em relação ao valor dos ativos não ensejará a exclusão do RERCT, resguardado o direito da Fazenda Pública de exigir o pagamento dos tributos e acréscimos legais incidentes sobre os valores declarados incorretamente, nos termos da legislação do imposto sobre a renda. (Incluído pela Lei nº 13.428, de 2017)

§ 4º. Somente o pagamento integral dos tributos e acréscimos de que trata o § 3º no prazo de 30 (trinta) dias da ciência do auto de infração extinguirá a punibilidade dos crimes praticados pelo declarante previstos no § 1º do art. 5º relacionados aos ativos declarados incorretamente. (Incluído pela Lei nº 13.428, de 2017)

Art. 10. O disposto nesta Lei será regulamentado:

I – pela RFB, no âmbito de suas competências; e

II – (VETADO).

Art. 11. Os efeitos desta Lei não serão aplicados aos detentores de cargos, empregos e funções públicas de direção ou eletivas, nem ao respectivo cônjuge e aos parentes consanguíneos ou afins, até o segundo grau ou por adoção, na data de publicação desta Lei.

Art. 12. Esta Lei entra em vigor na data de sua publicação.

Brasília, 13 de janeiro de 2016; 195º da Independência e 128º da República.

DILMA ROUSSEFF

Publicado no D.O.U. de 14.1.2016

LEI Nº 13.259, DE 16 DE MARÇO DE 2016

Altera as Leis nºs 8.981, de 20 de janeiro de 1995, para dispor acerca da incidência de imposto sobre a renda na hipótese de ganho de capital em decorrência da alienação de bens e direitos de qualquer natureza, e 12.973, de 13 de maio de 2014, para possibilitar opção de tributação de empresas coligadas no exterior na forma de empresas controladas; e regulamenta o inciso XI do art. 156 da Lei nº 5.172, de 25 de outubro de 1966 – Código Tributário Nacional.

▸ *Regulamenta artigo do CTN*

A Presidenta da República

Faço saber que o Congresso Nacional decreta e eu sanciono a seguinte Lei:

Art. 1º O art. 21 da Lei nº 8.981, de 20 de janeiro de 1995, passa a vigorar com as seguintes alterações:

"Art. 21. O ganho de capital percebido por pessoa física em decorrência da alienação de bens e direitos de qualquer natureza sujeita-se à incidência do imposto sobre a renda, com as seguintes alíquotas:

I – 15% (quinze por cento) sobre a parcela dos ganhos que não ultrapassar R$ 5.000.000,00 (cinco milhões de reais);

II – 17,5% (dezessete inteiros e cinco décimos por cento) sobre a parcela dos ganhos que exceder R$ 5.000.000,00 (cinco milhões de reais) e não ultrapassar R$ 10.000.000,00 (dez milhões de reais);

III – 20% (vinte por cento) sobre a parcela dos ganhos que exceder R$ 10.000.000,00 (dez milhões de reais) e não ultrapassar R$ 30.000.000,00 (trinta milhões de reais); e

IV – 22,5% (vinte e dois inteiros e cinco décimos por cento) sobre a parcela dos ganhos que ultrapassar R$ 30.000.000,00 (trinta milhões de reais).

....

§ 3º Na hipótese de alienação em partes do mesmo bem ou direito, a partir da segunda operação, desde que realizada até o final do ano-

-calendário seguinte ao da primeira operação, o ganho de capital deve ser somado aos ganhos auferidos nas operações anteriores, para fins da apuração do imposto na forma do *caput*, deduzindo-se o montante do imposto pago nas operações anteriores.

§ 4º Para fins do disposto neste artigo, considera-se integrante do mesmo bem ou direito o conjunto de ações ou quotas de uma mesma pessoa jurídica.

§ 5º (VETADO)."

Art. 2º O ganho de capital percebido por pessoa jurídica em decorrência da alienação de bens e direitos do ativo não circulante sujeita-se à incidência do imposto sobre a renda, com a aplicação das alíquotas previstas no *caput* do art. 21 da Lei nº 8.981, de 20 de janeiro de 1995, e do disposto nos §§ 1º, 3º e 4º do referido artigo, exceto para as pessoas jurídicas tributadas com base no lucro real, presumido ou arbitrado.

Art. 3º A Lei nº 12.973, de 13 de maio de 2014, passa a vigorar acrescida do seguinte art. 82-A:

"Art. 82-A. Opcionalmente, a pessoa jurídica domiciliada no Brasil poderá oferecer à tributação os lucros auferidos por intermédio de suas coligadas no exterior na forma prevista no art. 82, independentemente do descumprimento das condições previstas no *caput* do art. 81.

§ 1º O disposto neste artigo não se aplica às hipóteses em que a pessoa jurídica coligada domiciliada no Brasil é equiparada à controladora, nos termos do art. 83.

§ 2º A Secretaria da Receita Federal do Brasil estabelecerá a forma e as condições para a opção de que trata o *caput*."

Art. 4º O crédito tributário inscrito em dívida ativa da União poderá ser extinto, nos termos do inciso XI do *caput* do art. 156 da Lei nº 5.172, de 25 de outubro de 1966 – Código Tributário Nacional, mediante dação em pagamento de bens imóveis, a critério do credor, na forma desta Lei, desde que atendidas as seguintes condições: (Redação dada pela Lei nº 13.313, de 2016)

I – a dação seja precedida de avaliação do bem ou dos bens ofertados, que devem estar livres e desembaraçados de quaisquer ônus, nos termos de ato do Ministério da Fazenda; e (Redação dada pela Lei nº 13.313, de 2016)

II – a dação abranja a totalidade do crédito ou créditos que se pretende liquidar com atualização, juros, multa e encargos legais, sem desconto de qualquer natureza, assegurando-se ao devedor a possibilidade de complementação em dinheiro de eventual diferença entre os valores da totalidade da dívida e o valor do bem ou dos bens ofertados em dação. (Redação dada pela Lei nº 13.313, de 2016)

§ 1º O disposto no *caput* não se aplica aos créditos tributários referentes ao Regime Especial Unificado de Arrecadação de Tributos e Contribuições devidos pelas Microempresas e Empresas de Pequeno Porte – Simples Nacional. (Redação dada pela Lei nº 13.313, de 2016)

§ 2º Caso o crédito que se pretenda extinguir seja objeto de discussão judicial, a dação em pagamento somente produzirá efeitos após a desistência da referida ação pelo devedor ou corresponsável e a renúncia do direito sobre o qual se funda a ação, devendo o devedor ou o corresponsável arcar com o pagamento das custas judiciais e honorários advocatícios. (Redação dada pela Lei nº 13.313, de 2016)

§ 3º A União observará a destinação específica dos créditos extintos por dação em pagamento, nos termos de ato do Ministério da Fazenda. (Redação dada pela Lei nº 13.313, de 2016)

§ 4º Os registros contábeis decorrentes da dação em pagamento de que trata o *caput* deste artigo observarão as normas gerais de consolidação das contas públicas de que trata o § 2º do art. 50 da Lei Complementar nº 101, de 4 de maio de 2000. (Acrescido pela Lei nº 14.011, de 2020)

Art. 4º-A. Sem prejuízo dos requisitos e das condições estabelecidos no art. 4º desta Lei, na hipótese de estado de calamidade pública reconhecido em ato do Poder Executivo federal, o crédito inscrito em dívida ativa da União poderá ser extinto mediante dação em pagamento de bens imóveis que possuam valor histórico, cultural, artístico, turístico ou paisagístico, desde que estejam localizados nas áreas descritas nas informações de desastre natural ou tecnológico e as atividades empresariais do devedor legítimo proprietário do bem imóvel decorram das áreas afetadas pelo desastre. (Acrescido pela Lei nº 14.011, de 2020)

§ 1º Para fins da avaliação de que trata o inciso I do *caput* do art. 4º desta Lei, caberão ao Instituto do Patrimônio Histórico e Artístico Nacional (Iphan) a autenticação prévia e a definição do valor histórico, cultural, artístico, turístico ou paisagístico, observado, no que couber, o disposto no art. 28 do Decreto-Lei nº 25, de 30 de novembro de 1937.

§ 2º O contribuinte que se encontrar na situação de que trata o *caput* deste artigo cujo crédito que se pretenda extinguir não esteja inscrito em dívida ativa poderá solicitar sua inscrição imediata à Secretaria Especial da Receita Federal do Brasil do Ministério da Economia, desde que renuncie expressamente ao direito sobre o qual se fundamente eventual discussão judicial ou administrativa, observado, no que couber, o disposto no § 2º do art. 4º desta Lei.

§ 3º Na hipótese de desastre tecnológico, consumada a dação em pagamento para a extinção dos débitos tributários, a União sub-rogar-se-á nos direitos inerentes à indenização devida pelo causador do dano e, na hipótese de inadimplemento, promoverá a inscrição em dívida ativa dos valores apurados em procedimento administrativo próprio, observado o disposto na Lei nº 9.784, de 29 de janeiro de 1999.

§ 4º Não serão aceitos imóveis de difícil alienação, inservíveis ou que não atendam aos critérios de necessidade, de utilidade e de conveniência, a serem aferidos pela administração pública federal, condicionada a aceitação pela Procuradoria-Geral da Fazenda Nacional e pelo Iphan ao interesse público e à observância das normas e dos procedimentos específicos para a avaliação do bem.

§ 5º Efetivada a dação em pagamento, os bens imóveis recebidos serão administrados pelo Iphan, diretamente ou por meio de terceiros, mediante procedimento licitatório.

§ 6º Ato do Ministro de Estado da Economia disporá sobre a necessidade e a forma de comprovação da disponibilidade orçamentária e financeira para a aceitação da dação em pagamento de que trata este artigo.

§ 7º O disposto neste artigo não se aplica às hipóteses de declaração de estado de calamidade pública financeira.

Art. 5º Esta Lei entra em vigor na data de sua publicação, produzindo efeitos a partir de 1º de janeiro de 2016.

§ 1º (VETADO).

§ 2º (VETADO).

Brasília, 16 de março de 2016; 195º da Independência e 128º da República.

DILMA ROUSSEFF

DOU de 17.3.2016 – Edição extra.

LEI Nº 13.260, DE 16 DE MARÇO DE 2016

Regulamenta o disposto no inciso XLIII do art. 5º da Constituição Federal, disciplinando o terrorismo, tratando de disposições investigatórias e processuais e reformulando o conceito de organização terrorista; e altera as Leis nºs 7.960, de 21 de dezembro de 1989, e 12.850, de 2 de agosto de 2013.

- *Lei Antiterrorismo*

A PRESIDENTA DA REPÚBLICA Faço saber que o Congresso Nacional decreta e eu sanciono a seguinte Lei:

- v. Lei 10.744/2003 – Dispõe sobre a assunção, pela União, de responsabilidades civis perante terceiros no caso de atentados terroristas, atos de guerra ou eventos correlatos, contra aeronaves de matrícula brasileira operadas por empresas brasileiras de transporte aéreo público, excluídas as empresas de táxi aéreo.
- v. Decreto 7.037/2009 – Aprova o Programa Nacional de Direitos Humanos (PNDH-3).
- v. Decreto 5.035/2004 – Regulamenta a Lei 10.744/2003, que dispõe sobre a assunção, pela União, de responsabilidades civis perante terceiros no caso de atentados terroristas, atos de Decreto-Lei 4.812/1942 – Dispõe sobre a requisição de bens imóveis e móveis, necessários às forças armadas e à defesa passiva da população.
- v. Decreto 678/1992 – Promulga a Convenção Americana sobre Direitos Humanos (Pacto de São José da Costa Rica), de 22 de novembro de 1969.
- v. Decreto 592/ 1992 – Atos Internacionais. Pacto Internacional sobre Direitos Civis e Políticos. Promulgação.

Art. 1º. Esta Lei regulamenta o disposto no inciso XLIII do art. 5º da Constituição Federal, disciplinando o terrorismo, tratando de disposições investigatórias e processuais e reformulando o conceito de organização terrorista.

Art. 2º. O terrorismo consiste na prática por um ou mais indivíduos dos atos previstos neste artigo, por razões de xenofobia, discriminação ou preconceito de raça, cor, etnia e religião, quando cometidos com a finalidade de provocar terror social ou generalizado, expondo a perigo pessoa, patrimônio, a paz pública ou a incolumidade pública.

§ 1º. São atos de terrorismo:

I – usar ou ameaçar usar, transportar, guardar, portar ou trazer consigo explosivos, gases tóxicos, venenos, conteúdos biológicos, químicos, nucleares ou outros meios capazes de causar danos ou promover destruição em massa;

II – (VETADO);

III (VETADO);

IV – sabotar o funcionamento ou apoderar-se, com violência, grave ameaça a pessoa ou servindo-se de mecanismos cibernéticos, do controle total ou parcial, ainda que de modo temporário, de meio de comunicação ou de transporte, de portos, aeroportos, estações ferroviárias ou rodoviárias, hospitais, casas de saúde, escolas, estádios esportivos, instalações públicas ou locais onde funcionem serviços públicos essenciais, instalações de geração ou transmissão de energia, instalações militares, instalações de exploração, refino e processamento de petróleo e gás e instituições bancárias e sua rede de atendimento;

V – atentar contra a vida ou a integridade física de pessoa:

Pena – reclusão, de doze a trinta anos, além das sanções correspondentes à ameaça ou à violência.

§ 2º. O disposto neste artigo não se aplica à conduta individual ou coletiva de pessoas em manifestações políticas, movimentos sociais, sindicais, religiosos, de classe ou de categoria profissional, direcionados por propósitos sociais ou reivindicatórios, visando a contestar, criticar, protestar ou apoiar, com o objetivo de defender direitos, garantias e liberdades constitucionais, sem prejuízo da tipificação penal contida em lei.

Art. 3º. Promover, constituir, integrar ou prestar auxílio, pessoalmente ou por interposta pessoa, a organização terrorista:

Pena – reclusão, de cinco a oito anos, e multa.

§ 1º. (VETADO).

§ 2º. (VETADO).

Art. 4º. (VETADO).

Art. 5º. Realizar atos preparatórios de terrorismo com o propósito inequívoco de consumar tal delito:

Pena – a correspondente ao delito consumado, diminuída de um quarto até a metade.

§ 1º. Incorre nas mesmas penas o agente que, com o propósito de praticar atos de terrorismo:

I – recrutar, organizar, transportar ou municiar indivíduos que viajem para país distinto daquele de sua residência ou nacionalidade; ou

II – fornecer ou receber treinamento em país distinto daquele de sua residência ou nacionalidade.

§ 2º. Nas hipóteses do § 1º, quando a conduta não envolver treinamento ou viagem para país distinto daquele de sua residência ou nacionalidade, a pena será a correspondente ao delito consumado, diminuída de metade a dois terços.

Art. 6º. Receber, prover, oferecer, obter, guardar, manter em depósito, solicitar, investir, de qualquer modo, direta ou indiretamente, recursos, ativos, bens, direitos, valores ou serviços de qualquer natureza, para o planejamento, a preparação ou a execução dos crimes previstos nesta Lei:

Pena – reclusão, de quinze a trinta anos.

Parágrafo único. Incorre na mesma pena quem oferecer ou receber, obtiver, guardar, mantiver em depósito, solicitar, investir ou de qualquer modo contribuir para a obtenção de ativo, bem ou recurso financeiro, com a finalidade de financiar, total ou parcialmente, pessoa, grupo de pessoas, associação, entidade, organização criminosa que tenha como atividade principal ou secundária, mesmo em caráter eventual, a prática dos crimes previstos nesta Lei.

Art. 7º. Salvo quando for elementar da prática de qualquer crime previsto nesta Lei, se de algum deles resultar lesão corporal grave, aumenta-se a pena de um terço, se resultar morte, aumenta-se a pena da metade.

Art. 8º. (VETADO).

Art. 9º. (VETADO).

Art. 10. Mesmo antes de iniciada a execução do crime de terrorismo, na hipótese do art. 5º desta Lei, aplicam-se as disposições do art. 15 do Decreto-Lei nº 2.848, de 7 de dezembro de 1940 – Código Penal.

Art. 11. Para todos os efeitos legais, considera-se que os crimes previstos nesta Lei são praticados contra o interesse da União, cabendo à Polícia Federal a investigação criminal, em sede de inquérito policial, e à Justiça Federal o seu processamento e julgamento, nos termos do inciso IV do art. 109 da Constituição Federal.

Parágrafo único. (VETADO).

Art. 12. O juiz, de ofício, a requerimento do Ministério Público ou mediante representação do delegado de polícia, ouvido o Ministério Público em vinte e quatro horas, havendo indícios suficientes de crime previsto nesta Lei, poderá decretar, no curso da investigação ou da ação penal, medidas assecuratórias de bens, direitos ou valores do investigado ou acusado, ou existentes em nome de interpostas pessoas, que sejam instrumento, produto ou proveito dos crimes previstos nesta Lei.

§ 1º. Proceder-se-á à alienação antecipada para preservação do valor dos bens sempre que estiverem sujeitos a qualquer grau de deterioração ou depreciação, ou quando houver dificuldade para sua manutenção.

§ 2º. O juiz determinará a liberação, total ou parcial, dos bens, direitos e valores quando comprovada a licitude de sua origem e destinação, mantendo-se a constrição dos bens, direitos e valores necessários e suficientes à reparação dos danos e ao pagamento de prestações pecuniárias, multas e custas decorrentes da infração penal.

§ 3º. Nenhum pedido de liberação será conhecido sem o comparecimento pessoal do acusado ou de interposta pessoa a que se refere o *caput* deste artigo, podendo o juiz determinar a prática de atos necessários à conservação de bens, direitos ou valores, sem prejuízo do disposto no § 1º.

§ 4º. Poderão ser decretadas medidas assecuratórias sobre bens, direitos ou valores para reparação do dano decorrente da infração penal antecedente ou da prevista nesta Lei ou para pagamento de prestação pecuniária, multa e custas.

Art. 13. Quando as circunstâncias o aconselharem, o juiz, ouvido o Ministério Público, nomeará pessoa física ou jurídica qualificada para a administração dos bens, direitos ou valores sujeitos a medidas assecuratórias, mediante termo de compromisso.

Art. 14. A pessoa responsável pela administração dos bens:

I – fará jus a uma remuneração, fixada pelo juiz, que será satisfeita preferencialmente com o produto dos bens objeto da administração;

II – prestará, por determinação judicial, informações periódicas da situação dos bens sob sua administração, bem como explicações e detalhamentos sobre investimentos e reinvestimentos realizados.

Parágrafo único. Os atos relativos à administração dos bens serão levados ao conhecimento do Ministério Público, que requererá o que entender cabível.

Art. 15. O juiz determinará, na hipótese de existência de tratado ou convenção internacional e por solicitação de autoridade estrangeira competente, medidas assecuratórias sobre bens, direitos ou valores oriundos de crimes descritos nesta Lei praticados no estrangeiro.

§ 1º. Aplica-se o disposto neste artigo, independentemente de tratado ou convenção internacional, quando houver reciprocidade do governo do país da autoridade solicitante.

§ 2º. Na falta de tratado ou convenção, os bens, direitos ou valores sujeitos a medidas assecuratórias por solicitação de autoridade estrangeira competente ou os recursos provenientes da sua alienação serão repartidos entre o Estado requerente e o Brasil, na proporção de metade, ressalvado o direito do lesado ou de terceiro de boa-fé.

Art. 16. Aplicam-se as disposições da Lei nº 12.850, de 2 agosto de 2013, para a investigação, processo e julgamento dos crimes previstos nesta Lei.

Art. 17. Aplicam-se as disposições da Lei nº 8.072, de 25 de julho de 1990, aos crimes previstos nesta Lei.

Art. 18. O inciso III do art. 1º da Lei nº 7.960, de 21 de dezembro de 1989, passa a vigorar acrescido da seguinte alínea p:

▸ Alteração incorporada ao texto da referida lei.

Art. 19. O art. 1º da Lei nº 12.850, de 2 de agosto de 2013, passa a vigorar com a seguinte alteração:

▸ Alteração incorporada ao texto da referida lei.

Art. 20. Esta Lei entra em vigor na data de sua publicação.

Brasília, 16 de março de 2016; 195º da Independência e 128º da República.

DILMA ROUSSEFF

Publicado no D.O.U. de 17.3.2016

DECRETO Nº 8.726, DE 27 DE ABRIL DE 2016

Regulamenta a Lei nº 13.019, de 31 de julho de 2014, para dispor sobre regras e procedimentos do regime jurídico das parcerias celebradas entre a administração pública federal e as organizações da sociedade civil.

▸ *Parcerias com a Adm. Pública Federal*

A PRESIDENTA DA REPÚBLICA, no uso das atribuições que lhe confere o art. 84, *caput*, incisos IV e VI, alínea a, da Constituição, e tendo em vista o disposto na Lei nº 13.019, de 31 de julho de 2014, decreta:

CAPÍTULO I. DISPOSIÇÕES GERAIS

SEÇÃO I. DISPOSIÇÕES PRELIMINARES

Art. 1º. Este Decreto dispõe sobre regras e procedimentos do regime jurídico das parcerias celebradas entre a administração pública federal e as organizações da sociedade civil de que trata a Lei nº 13.019, de 31 de julho de 2014.

Art. 2º. As parcerias entre a administração pública federal e as organizações da sociedade civil terão por objeto a execução de atividade ou projeto e deverão ser formalizadas por meio de:

I – termo de fomento ou termo de colaboração, quando envolver transferência de recurso financeiro; ou

II – acordo de cooperação, quando não envolver transferência de recurso financeiro.

§ 1º. O termo de fomento será adotado para a consecução de planos de trabalhos cuja concepção seja das organizações da sociedade civil, com o objetivo de incentivar projetos desenvolvidos ou criados por essas organizações.

§ 2º. O termo de colaboração será adotado para a consecução de planos de trabalho cuja concepção seja da administração pública federal, com o objetivo de executar projetos ou atividades parametrizadas pela administração pública federal.

Art. 3º. O processamento das parcerias que envolvam transferência de recursos financeiros será realizado por meio da plataforma eletrônica do Sistema de Gestão de Convênios e Contratos de Repasse – Siconv ou de outra plataforma eletrônica única que venha a substituí-lo.

§ 1º. Excepcionalmente, plataforma eletrônica própria de órgão ou entidade da administração pública federal já em uso no momento da publicação deste Decreto poderá ser utilizada para processamento da parceria, conforme disposto em ato do Ministro de Estado do Planejamento, Orçamento e Gestão, que disporá sobre sua integração com a plataforma única de que trata o *caput*.

§ 2º. As parcerias celebradas por empresas públicas e sociedades de economia mista prestadoras de serviço público poderão ser processadas em plataforma eletrônica própria.

§ 3º. O processamento das parcerias realizadas no âmbito de programas de proteção a pessoas ameaçadas está dispensado da aplicação do disposto neste artigo.

Art. 4º. A administração pública federal adotará procedimentos para orientar e facilitar a realização de parcerias e estabelecerá, sempre que possível, critérios para definir objetos, metas, custos e indicadores de avaliação de resultados.

§ 1º. A Secretaria de Governo da Presidência da República publicará manuais que contemplem os procedimentos a serem observados em todas as fases da parceria, para orientar os gestores públicos e as organizações da sociedade civil, nos termos do § 1º do art. 63 da Lei nº 13.019, de 2014.

§ 2º. A atualização dos manuais de que trata o § 1º caberá ao Ministério do Planejamento, Orçamento e Gestão e será previamente submetida a consulta pública e divulgada na plataforma eletrônica, com a disponibilização de link pelos demais órgãos ou entidades públicas federais que realizam parcerias.

§ 3º. Os órgãos e as entidades da administração pública federal poderão editar orientações complementares, de acordo com as especificidades dos programas e das políticas públicas setoriais.

§ 4º. As ações de comunicação afetas à operação da plataforma eletrônica serão coordenadas pelo Ministério do Planejamento, Orçamento e Gestão.

SEÇÃO II.
DO ACORDO DE COOPERAÇÃO

Art. 5º. O acordo de cooperação é instrumento por meio do qual são formalizadas as parcerias entre a administração pública federal e as organizações da sociedade civil para a consecução de finalidades de interesse público e recíproco que não envolvam a transferência de recursos financeiros.

§ 1º. O acordo de cooperação poderá ser proposto pela administração pública federal ou pela organização da sociedade civil.

§ 2º. O acordo de cooperação será firmado pelo Ministro de Estado ou pelo dirigente máximo da entidade da administração pública federal, permitida a delegação.

§ 3º. O acordo de cooperação poderá ser prorrogado de acordo com o interesse público, hipótese que prescinde de prévia análise jurídica.

Art. 6º. São aplicáveis ao acordo de cooperação as regras e os procedimentos dispostos no CAPÍTULO I, Seção I – Disposições preliminares, e, no que couber, o disposto nos seguintes Capítulos:

I – CAPÍTULO II – Do chamamento público;

II – CAPÍTULO III – Da celebração do instrumento de parceria, exceto quanto ao disposto no:

a) art. 24;

b) art. 25, *caput*, incisos V a VII, e § 1º; e

c) art. 32;

III – CAPÍTULO VIII – Das sanções;

IV – CAPÍTULO IX – Do procedimento de manifestação de interesse social;

V – CAPÍTULO X – Da transparência e divulgação das ações;

VI – CAPÍTULO XI – Do Conselho Nacional de Fomento e Colaboração; e

VII – CAPÍTULO XII – Disposições finais.

§ 1º. As regras e os procedimentos dispostos nos demais Capítulos são aplicáveis somente a acordo de cooperação que envolva comodato, doação de bens ou outras formas de compartilhamento patrimonial e poderão ser afastadas quando a exigência for desproporcional à complexidade da parceria ou ao interesse público envolvido, mediante justificativa prévia.

§ 2º. O órgão ou a entidade pública federal, para celebração de acordo de cooperação que não envolva comodato, doação de bens ou outras formas de compartilhamento patrimonial, poderá, mediante justificativa prévia e considerando a complexidade da parceria e o interesse público:

I – afastar as exigências previstas nos Capítulos II e III, especialmente aquelas dispostas nos art. 8º, art. 23 e art. 26 a art. 29; e

II – estabelecer procedimento de prestação de contas previsto no art. 63, § 3º, da Lei nº 13.019, de 2014, ou sua dispensa.

SEÇÃO III.
DA CAPACITAÇÃO

Art. 7º. Os programas de capacitação de que trata o art. 7º da Lei nº 13.019, de 2014, priorizarão a formação conjunta dos agentes de que tratam os incisos I a VI do *caput* do referido art. 7º e poderão ser desenvolvidos por órgãos e entidades públicas federais, instituições de ensino, escolas de governo e organizações da sociedade civil.

§ 1º. Os temas relativos à aplicação da Lei nº 13.019, de 2014, poderão ser incorporados aos planos de capacitação dos órgãos e das entidades públicas federais elaborados em conformidade com o disposto no Decreto nº 5.707, de 23 de fevereiro de 2006.

§ 2º. As ações de capacitação afetas à operação da plataforma eletrônica serão coordenadas pelo Ministério do Planejamento, Orçamento e Gestão.

§ 3º. Os programas de capacitação deverão garantir acessibilidade às pessoas com deficiência, independentemente da modalidade, do tempo de duração e do material utilizado.

CAPÍTULO II.
DO CHAMAMENTO PÚBLICO

SEÇÃO I.
DISPOSIÇÕES GERAIS

Art. 8º. A seleção da organização da sociedade civil para celebrar parceria deverá ser realizada pela administração pública federal por meio de chamamento público, nos termos do art. 24 da Lei nº 13.019, de 2014.

§ 1º. O chamamento público poderá selecionar mais de uma proposta, se houver previsão no edital.

§ 2º. O chamamento público para celebração de parcerias executadas com recursos de fundos específicos, como o da criança e do adolescente, do idoso e de defesa de direitos difusos, entre outros, poderá ser realizado pelos respectivos conselhos gestores, conforme legislação específica, respeitadas as exigências da Lei nº 13.019, de 2014, e deste Decreto.

§ 3º. Os termos de fomento ou de colaboração que envolvam recursos decorrentes de emendas parlamentares às leis orçamentárias anuais serão celebrados sem chamamento público, nos termos do art. 29 da Lei nº 13.019, de 2014.

§ 4º. Os procedimentos e prazos para verificação de impedimentos técnicos nas emendas parlamentares de que trata o § 3º serão definidos em ato do Ministro de Estado do Planejamento, Orçamento e Gestão.

§ 5º. O chamamento público poderá ser dispensado ou será considerado inexigível nas hipóteses previstas nos art. 30 e art. 31 da Lei nº 13.019, de 2014, mediante decisão fundamentada do administrador público federal, nos termos do art. 32 da referida Lei.

Art. 9º. O edital de chamamento público especificará, no mínimo:

I – a programação orçamentária;

II – o objeto da parceria com indicação da política, do plano, do programa ou da ação correspondente;

III – a data, o prazo, as condições, o local e a forma de apresentação das propostas;

IV – as condições para interposição de recurso administrativo no âmbito do processo de seleção;

V – o valor de referência para a realização do objeto, no termo de colaboração, ou o teto, no termo de fomento;

VI – a previsão de contrapartida em bens e serviços, se for o caso, observado o disposto no art. 12;

VII – a minuta do instrumento de parceria;

VIII – as medidas de acessibilidade para pessoas com deficiência ou mobilidade reduzida e idosos, de acordo com as características do objeto da parceria; e

IX – as datas e os critérios de seleção e julgamento das propostas, inclusive no que se refere à metodologia de pontuação e ao peso atribuído a cada um dos critérios estabelecidos, se for o caso.

§ 1º. Nos casos das parcerias com vigência plurianual ou firmadas em exercício financeiro seguinte ao da seleção, o órgão ou a entidade pública federal indicará a previsão dos créditos necessários para garantir a execução das parcerias nos orçamentos dos exercícios seguintes.

§ 2º. Os critérios de julgamento de que trata o inciso IX do *caput* deverão abranger, no mínimo, o grau de adequação da proposta:

I – aos objetivos da política, do plano, do programa ou da ação em que se insere a parceria; e

II – ao valor de referência ou teto constante do edital.

§ 3º. Os critérios de julgamento não poderão se restringir ao valor apresentado para a proposta, observado o disposto no § 5º do art. 27 da Lei nº 13.019, de 2014.

§ 4º. Para celebração de parcerias, poderão ser privilegiados critérios de julgamento como inovação e criatividade, conforme previsão no edital.

§ 5º. O edital não exigirá, como condição para a celebração da parceria, que as organizações da sociedade civil possuam certificação ou titulação concedida pelo Estado, exceto quando a exigência decorrer de previsão na legislação específica da política setorial.

§ 6º. O edital poderá incluir cláusulas e condições específicas da execução da política, do plano, do programa ou da ação em que se insere a parceria e poderá estabelecer execução por público determinado, delimitação territorial, pontuação diferenciada, cotas, entre outros, visando, especialmente, aos seguintes objetivos:

I – redução nas desigualdades sociais e regionais;

II – promoção da igualdade de gênero, racial, de direitos de Lésbicas, Gays, Bissexuais, Travestis e Transexuais – LGBT ou de direitos das pessoas com deficiência;

III – promoção de direitos de indígenas, de quilombolas e de povos e comunidades tradicionais; ou

IV – promoção de direitos de quaisquer populações em situação de vulnerabilidade social.

§ 7º. O edital de chamamento público deverá conter dados e informações sobre a política, o plano, o programa ou a ação em que se insira a parceria para orientar a elaboração das metas e indicadores da proposta pela organização da sociedade civil.

§ 8º. O órgão ou a entidade da administração pública federal deverá assegurar que o valor de referência ou o teto indicado no edital seja compatível com o objeto da parceria, o que pode ser realizado por qualquer meio que comprove a estimativa do valor especificado.

§ 9º. A parceria poderá se efetivar por meio da atuação em rede de que trata o CAPÍTULO V, desde que haja disposição expressa no edital.

Art. 10. O chamamento público será amplamente divulgado no sítio eletrônico oficial do órgão ou da entidade pública federal e na plataforma eletrônica.

Parágrafo único. A administração pública federal disponibilizará, sempre que possível, meios adicionais de divulgação dos editais de chamamento público, especialmente nos casos de parcerias que envolvam indígenas, quilombolas, povos e comunidades tradicionais e outros grupos sociais sujeitos a restrições de acesso à informação pelos meios tradicionais de comunicação.

Art. 11. O prazo para a apresentação de propostas será de, no mínimo, trinta dias, contado da data de publicação do edital.

Art. 12. É facultada a exigência justificada de contrapartida em bens e serviços, cuja expressão monetária será identificada no termo de fomento ou de colaboração, não podendo ser exigido o depósito do valor correspondente.

Parágrafo único. Não será exigida contrapartida quando o valor global da parceria for igual ou inferior a R$ 600.000,00 (seiscentos mil reais).

SEÇÃO II.
DA COMISSÃO DE SELEÇÃO

Art. 13. O órgão ou a entidade pública federal designará, em ato específico, os integrantes que comporão a comissão de seleção, a ser composta por pelo menos um servidor ocupante de cargo efetivo ou emprego permanente do quadro de pessoal da administração pública federal.

§ 1º. Para subsidiar seus trabalhos, a comissão de seleção poderá solicitar assessoramento técnico de especialista que não seja membro desse colegiado.

§ 2º. O órgão ou a entidade pública federal poderá estabelecer uma ou mais comissões de seleção, observado o princípio da eficiência.

§ 3º. A seleção de parceria executada com recursos de fundo específico poderá ser realizada por comissão de seleção a ser constituída pelo respectivo conselho gestor, conforme legislação específica, respeitadas as exigências da Lei nº 13.019, de 2014, e deste Decreto.

Art. 14. O membro da comissão de seleção deverá se declarar impedido de participar do processo de seleção quando verificar que:

I – tenha participado, nos últimos cinco anos, como associado, cooperado, dirigente, conselheiro ou empregado de qualquer organização da sociedade civil participante do chamamento público; ou

II – sua atuação no processo de seleção configurar conflito de interesse, nos termos da Lei nº 12.813, de 16 de maio de 2013.

§ 1º. A declaração de impedimento de membro da comissão de seleção não obsta a continuidade do processo de seleção e a celebração de parceria entre a organização da sociedade civil e o órgão ou a entidade pública federal.

§ 2º. Na hipótese do § 1º, o membro impedido deverá ser imediatamente substituído, a fim de viabilizar a realização ou continuidade do processo de seleção.

SEÇÃO III.
DO PROCESSO DE SELEÇÃO

Art. 15. O processo de seleção abrangerá a avaliação das propostas, a divulgação e a homologação dos resultados.

Art. 16. A avaliação das propostas terá caráter eliminatório e classificatório.

§ 1º. As propostas serão classificadas de acordo com os critérios de julgamento estabelecidos no edital.

§ 2º. Será eliminada a organização da sociedade civil cuja proposta esteja em desacordo com os termos do edital ou que não contenha as seguintes informações:

I – a descrição da realidade objeto da parceria e o nexo com a atividade ou o projeto proposto;

II – as ações a serem executadas, as metas a serem atingidas e os indicadores que aferirão o cumprimento das metas;

III – os prazos para a execução das ações e para o cumprimento das metas; e

IV – o valor global.

SEÇÃO IV.
DA DIVULGAÇÃO E DA HOMOLOGAÇÃO DE RESULTADOS

Art. 17. O órgão ou a entidade pública federal divulgará o resultado preliminar do processo de seleção no seu sítio eletrônico oficial e na plataforma eletrônica.

Art. 18. As organizações da sociedade civil poderão apresentar recurso contra o resultado preliminar, no prazo de cinco dias, contado da publicação da decisão, ao colegiado que a proferiu.

§ 1º. Os recursos que não forem reconsiderados pelo colegiado no prazo de cinco dias, contados do recebimento, deverão ser encaminhados à autoridade competente para decisão final.

§ 2º. Os recursos serão apresentados por meio da plataforma eletrônica.

§ 3º. No caso de seleção realizada por conselho gestor de fundo, a competência para decisão final do recurso poderá observar regulamento próprio do conselho.

§ 4º. Não caberá novo recurso da decisão do recurso previsto neste artigo.

Art. 19. Após o julgamento dos recursos ou o transcurso do prazo para interposição de recurso, o órgão ou a entidade pública federal deverá homologar e divulgar, no seu sítio eletrônico oficial e na plataforma eletrônica, as decisões recursais proferidas e o resultado definitivo do processo de seleção.

CAPÍTULO III.
DA CELEBRAÇÃO DO INSTRUMENTO DE PARCERIA

SEÇÃO I.
DO INSTRUMENTO DE PARCERIA

Art. 20. O termo de fomento ou de colaboração ou o acordo de cooperação deverá conter as cláusulas essenciais previstas no art. 42 da Lei nº 13.019, de 2014.

Art. 21. A cláusula de vigência de que trata o inciso VI do *caput* do art. 42 da Lei nº 13.019, de 2014, deverá estabelecer prazo correspondente ao tempo necessário para a execução integral do objeto da parceria, passível de prorrogação, desde que o período total de vigência não exceda cinco anos.

Parágrafo único. Nos casos de celebração de termo de colaboração para execução de atividade, o prazo de que trata o *caput*, desde que tecnicamente justificado, poderá ser de até dez anos.

Art. 22. Quando a execução da parceria resultar na produção de bem submetido ao regime jurídico relativo à propriedade intelectual, o termo ou acordo disporá, em cláusula específica, sobre sua titularidade e seu direito de uso, observado o interesse público e o disposto na Lei nº 9.610, de 19 de fevereiro de 1998, e na Lei nº 9.279, de 14 de maio de 1996.

Parágrafo único. A cláusula de que trata este artigo deverá dispor sobre o tempo e o prazo da licença, as modalidades de utilização e a indicação quanto ao alcance da licença, se unicamente para o território nacional ou também para outros territórios.

Art. 23. A cláusula de definição da titularidade dos bens remanescentes adquiridos, produzidos ou transformados com recursos repassados pela administração pública federal após o fim da parceria, prevista no inciso X do *caput* do art. 42 da Lei nº 13.019, de 2014, poderá determinar a titularidade dos bens remanescentes:

I – para o órgão ou a entidade pública federal, quando necessários para assegurar a continuidade do objeto pactuado, seja por meio da celebração de nova parceria, seja pela execução direta do objeto pela administração pública federal; ou

II – para a organização da sociedade civil, quando os bens forem úteis à continuidade da execução de ações de interesse social pela organização.

§ 1º. Na hipótese do inciso I do *caput*, a organização da sociedade civil deverá, a partir da data da apresentação da prestação de contas final, disponibilizar os bens para a administração pública federal, que deverá retirá-los, no prazo de até noventa dias, após o qual a organização da sociedade civil não mais será responsável pelos bens.

§ 2º. A cláusula de determinação da titularidade dos bens remanescentes para o órgão ou a entidade pública federal formaliza a promessa de transferência da propriedade de que trata o art. 35, § 5º, da Lei nº 13.019, de 2014.

§ 3º. Na hipótese do inciso II do *caput*, a cláusula de definição da titularidade dos bens remanescentes poderá prever que a organização da sociedade civil possa realizar doação a terceiros, inclusive beneficiários da política pública objeto da parceria, desde que demonstrada sua utilidade para realização ou continuidade de ações de interesse social.

§ 4º. Na hipótese do inciso II do *caput*, caso a prestação de contas final seja rejeitada, a titularidade dos bens remanescentes permanecerá com a organização da sociedade civil, observados os seguintes procedimentos:

I – não será exigido ressarcimento do valor relativo ao bem adquirido quando a motivação da rejeição não estiver relacionada ao seu uso ou aquisição; ou

II – o valor pelo qual o bem remanescente foi adquirido deverá ser computado no cálculo do dano ao erário a ser ressarcido, quando a motivação da rejeição estiver relacionada ao seu uso ou aquisição.

§ 5º. Na hipótese de dissolução da organização da sociedade civil durante a vigência da parceria:

I – os bens remanescentes deverão ser retirados pela administração pública federal, no prazo de até noventa dias, contado da data de notificação da dissolução, quando a cláusula de que trata o *caput* determinar a titularidade disposta no inciso I do *caput*; ou

II – o valor pelo qual os bens remanescentes foi adquirido deverá ser computado no cálculo do valor a ser ressarcido, quando a cláusula de que trata o *caput* determinar a titularidade disposta no inciso II do *caput*.

SEÇÃO II.
DA CELEBRAÇÃO

Art. 24. A celebração do termo de fomento ou do termo de colaboração depende da indicação expressa de prévia dotação orçamentária para execução da parceria.

Parágrafo único. A indicação dos créditos orçamentários e empenhos necessários à cobertura de cada parcela da despesa a ser transferida em exercício futuro deverá ser efetivada por meio de certidão de apostilamento do instrumento da parceria no exercício em que a despesa estiver consignada, nos termos do disposto no inciso II do § 1º do art. 43.

Art. 25. Para a celebração da parceria, a administração pública federal convocará a organização da sociedade civil selecionada para, no prazo de quinze dias, apresentar o seu plano de trabalho, que deverá conter, no mínimo, os seguintes elementos:

I – a descrição da realidade objeto da parceria, devendo ser demonstrado o nexo com a atividade ou o projeto e com as metas a serem atingidas;
II – a forma de execução das ações, indicando, quando cabível, as que demandarão atuação em rede;
III – a descrição de metas quantitativas e mensuráveis a serem atingidas;
IV – a definição dos indicadores, documentos e outros meios a serem utilizados para a aferição do cumprimento das metas;
V – a previsão de receitas e a estimativa de despesas a serem realizadas na execução das ações, incluindo os encargos sociais e trabalhistas e a discriminação dos custos indiretos necessários à execução do objeto;
VI – os valores a serem repassados mediante cronograma de desembolso; e
VII – as ações que demandarão pagamento em espécie, quando for o caso, na forma do art. 38.

§ 1º. A previsão de receitas e despesas de que trata o inciso V do *caput* deverá incluir os elementos indicativos da mensuração da compatibilidade dos custos apresentados com os preços praticados no mercado ou com outras parcerias da mesma natureza, tais como cotações, tabelas de preços de associações profissionais, publicações especializadas ou quaisquer outras fontes de informação disponíveis ao público.

§ 2º. Somente será aprovado o plano de trabalho que estiver de acordo com as informações já apresentadas na proposta, observados os termos e as condições constantes no edital.

§ 3º. Para fins do disposto no § 2º, a administração pública federal poderá solicitar a realização de ajustes no plano de trabalho, observados os termos e as condições da proposta e do edital.

§ 4º. O prazo para realização de ajustes no plano de trabalho será de quinze dias, contado da data de recebimento da solicitação apresentada à organização da sociedade civil na forma do § 3º.

§ 5º. A aprovação do plano de trabalho não gerará direito à celebração da parceria.

Art. 26. Além da apresentação do plano de trabalho, a organização da sociedade civil selecionada, no prazo de que trata o *caput* do art. 25, deverá comprovar o cumprimento dos requisitos previstos no inciso I do *caput* do art. 2º, nos incisos I a V do *caput* do art. 33 e nos incisos II a VII do *caput* do art. 34 da Lei nº 13.019, de 2014, e a não ocorrência de hipóteses que incorram nas vedações de que trata o art. 39 da referida Lei, que serão verificados por meio da apresentação dos seguintes documentos:

I – cópia do estatuto registrado e suas alterações, em conformidade com as exigências previstas no art. 33 da Lei nº 13.019, de 2014;
II – comprovante de inscrição no Cadastro Nacional da Pessoa Jurídica – CNPJ, emitido no sítio eletrônico oficial da Secretaria da Receita Federal do Brasil, para demonstrar que a organização da sociedade civil existe há, no mínimo, três anos com cadastro ativo;
III – comprovantes de experiência prévia na realização do objeto da parceria ou de objeto de natureza semelhante de, no mínimo, um ano de capacidade técnica e operacional, podendo ser admitidos, sem prejuízo de outros:

a) instrumentos de parceria firmados com órgãos e entidades da administração pública, organismos internacionais, empresas ou outras organizações da sociedade civil;

b) relatórios de atividades com comprovação das ações desenvolvidas;

c) publicações, pesquisas e outras formas de produção de conhecimento realizadas pela organização da sociedade civil ou a respeito dela;

d) currículos profissionais de integrantes da organização da sociedade civil, sejam dirigentes, conselheiros, associados, cooperados, empregados, entre outros;

e) declarações de experiência prévia e de capacidade técnica no desenvolvimento de atividades ou projetos relacionados ao objeto da parceria ou de natureza semelhante, emitidas por órgãos públicos, instituições de ensino, redes, organizações da sociedade civil, movimentos sociais, empresas públicas ou privadas, conselhos, comissões ou comitês de políticas públicas; ou

f) prêmios de relevância recebidos no País ou no exterior pela organização da sociedade civil;

IV – Certidão de Débitos Relativos a Créditos Tributários Federais e à Dívida Ativa da União;
V – Certificado de Regularidade do Fundo de Garantia do Tempo de Serviço – CRF/FGTS;
VI – Certidão Negativa de Débitos Trabalhistas – CNDT;
VII – relação nominal atualizada dos dirigentes da organização da sociedade civil, conforme o estatuto, com endereço, telefone, endereço de correio eletrônico, número e órgão expedidor da carteira de identidade e número de registro no Cadastro de Pessoas Físicas – CPF de cada um deles;
VIII – cópia de documento que comprove que a organização da sociedade civil funciona no endereço por ela declarado, como conta de consumo ou contrato de locação;
IX – declaração do representante legal da organização da sociedade civil com informação de que a organização e seus dirigentes não incorrem em quaisquer das vedações previstas no art. 39 da Lei nº 13.019, de 2014, as quais deverão estar descritas no documento; e
X – declaração do representante legal da organização da sociedade civil sobre a existência de instalações e outras condições materiais da organização ou sobre a previsão de contratar ou adquirir com recursos da parceria.

§ 1º. A capacidade técnica e operacional da organização da sociedade civil independe da capacidade já instalada, admitida a contratação de profissionais, a aquisição de bens e equipamentos ou a realização de serviços de adequação de espaço físico para o cumprimento do objeto da parceria.

§ 2º. Serão consideradas regulares, para fins de cumprimento do disposto dos incisos IV a VI do *caput*, as certidões positivas com efeito de negativas.

§ 3º. A critério da organização da sociedade civil, os documentos previstos nos incisos IV e V do *caput* poderão ser substituídos pelo extrato emitido pelo Serviço Auxiliar de Informações para Transferências Voluntárias – Cauc, quando disponibilizados pela Secretaria do Tesouro Nacional do Ministério da Fazenda.

§ 4º. As organizações da sociedade civil ficarão dispensadas de reapresentar as certidões de que tratam os incisos IV a VI do *caput* que estiverem vencidas no momento da análise, desde que estejam disponíveis eletronicamente.

§ 5º. A organização da sociedade civil deverá comunicar alterações em seus atos societários e em seu quadro de dirigentes, quando houver.

Art. 27. Além dos documentos relacionados no art. 26, a organização da sociedade civil, por meio de seu representante legal, deverá apresentar, no prazo de que trata o *caput* do art. 25, declaração de que:

I – não há, em seu quadro de dirigentes:

a) membro de Poder ou do Ministério Público ou dirigente de órgão ou entidade da administração pública federal; e

b) cônjuge, companheiro ou parente em linha reta, colateral ou por afinidade, até o segundo grau, das pessoas mencionadas na alínea a deste inciso;

II – não contratará, para prestação de serviços, servidor ou empregado público, inclusive aquele que exerça cargo em comissão ou função de confiança, de órgão ou entidade da administração pública federal celebrante, ou seu cônjuge, companheiro ou parente em linha reta, colateral ou por afinidade, até o segundo grau, ressalvadas as hipóteses previstas em lei específica e na lei de diretrizes orçamentárias; e
III – não serão remunerados, a qualquer título, com os recursos repassados:

a) membro de Poder ou do Ministério Público ou dirigente de órgão ou entidade da administração pública federal;

b) servidor ou empregado público, inclusive aquele que exerça cargo em comissão ou função de confiança, de órgão ou entidade da administração pública federal celebrante, ou seu cônjuge, companheiro ou parente em linha reta, colateral ou por afinidade, até o segundo grau, ressalvadas as hipóteses previstas em lei específica e na lei de diretrizes orçamentárias; e

c) pessoas naturais condenadas pela prática de crimes contra a administração pública ou contra o patrimônio público, de crimes eleitorais para os quais a lei comine pena privativa de liberdade, e de crimes de lavagem ou ocultação de bens, direitos e valores.

§ 1º. Para fins deste Decreto, entende-se por membro de Poder o titular de cargo estrutural à organização política do País que exerça atividade típica de governo, de forma remunerada, como Presidente da República, Governadores, Prefeitos, e seus respectivos vices, Ministros de Estado, Secretários Estaduais e Municipais, Senadores, Deputados Federais, Deputados Estaduais, Vereadores, membros do Poder Judiciário e membros do Ministério Público.

§ 2º. Para fins deste Decreto, não são considerados membros de Poder os integrantes de conselhos de direitos e de políticas públicas.

Art. 28. Caso se verifique irregularidade formal nos documentos apresentados nos termos dos art. 26 e art. 27 ou quando as certidões referidas nos incisos IV a VI do *caput* do art. 26 estiverem com prazo de vigência expirado e novas certidões não estiverem disponíveis eletronicamente, a organização da sociedade civil será notificada para, no prazo de quinze dias, regularizar a documentação, sob pena de não celebração da parceria.

Art. 29. No momento da verificação do cumprimento dos requisitos para a celebração de parcerias, a administração pública federal deverá consultar o Cadastro de Entidades Privadas Sem Fins Lucrativos Impedidas – Cepim, o Siconv, o Sistema Integrado de Administração Financeira do Governo Federal – Siafi, Sistema de Cadastramento Unificado de Fornecedores – Sicaf e o Cadastro Informativo de Créditos não Quitados do Setor Público Federal – Cadin para verificar se há informação sobre ocorrência impeditiva à referida celebração.

§ 1º. Para fins de apuração do constante no inciso IV do *caput* do art. 39 da Lei nº 13.019, de 2014, o gestor da parceria verificará a existência de contas rejeitadas em âmbito federal, estadual, distrital ou municipal que constem da plataforma eletrônica de que trata o art. 3º, cujas informações preponderarão sobre aquelas constantes no documento a que se refere o inciso IX do *caput* do art. 26, se houver.

§ 2º. A plataforma eletrônica disponibilizará funcionalidade para que os Estados, os Municípios e o Distrito Federal, inclusive seus Tribunais de Contas, informem acerca da rejeição de contas de parcerias por eles firmadas com organizações da sociedade civil.

Art. 30. O parecer de órgão técnico deverá se pronunciar a respeito dos itens enumerados no inciso V do *caput* do art. 35 da Lei nº 13.019, de 2014.

Parágrafo único. Para fins do disposto na alínea c do inciso V do *caput* do art. 35 da Lei nº 13.019, de 2014, o parecer analisará a compatibilidade entre os valores apresentados no plano de trabalho, conforme disposto no § 1º do art. 25, e o valor de referência ou teto indicado no edital, conforme disposto no § 8º do art. 9º.

Art. 31. O parecer jurídico será emitido pela Advocacia-Geral da União, pelos órgãos a ela vinculados ou pelo órgão jurídico da entidade da administração pública federal.

§ 1º. O parecer de que trata o *caput* abrangerá:

I – análise da juridicidade das parcerias; e

II – consulta sobre dúvida específica apresentada pelo gestor da parceria ou por outra autoridade que se manifestar no processo.

§ 2º. A manifestação não abrangerá a análise de conteúdo técnico de documentos do processo.

§ 3º. A manifestação individual em cada processo será dispensada quando já houver parecer sobre minuta-padrão e em outras hipóteses definidas no ato de que trata o § 4º.

§ 4º. Ato do Advogado-Geral da União disciplinará, no âmbito da União e de suas autarquias e fundações públicas, o disposto neste artigo.

Art. 32. Os termos de fomento e de colaboração serão firmados pelo Ministro de Estado ou pelo dirigente máximo da entidade da administração pública federal, permitida a delegação, vedada a subdelegação.

CAPÍTULO IV.
DA EXECUÇÃO DA PARCERIA

SEÇÃO I.
DA LIBERAÇÃO E DA CONTABILIZAÇÃO DOS RECURSOS

Art. 33. A liberação de recursos obedecerá ao cronograma de desembolso que guardará consonância com as metas da parceria.

§ 1º. Os recursos serão depositados em conta corrente específica, isenta de tarifa bancária, em instituição financeira pública, que poderá atuar como mandatária do órgão ou da entidade pública na execução e no monitoramento dos termos de fomento ou de colaboração.

§ 2º. Os recursos serão automaticamente aplicados em cadernetas de poupança, fundo de aplicação financeira de curto prazo ou operação de mercado aberto lastreada em títulos da dívida pública, enquanto não empregados na sua finalidade.

Art. 34. As liberações de parcelas serão retidas nas hipóteses previstas no art. 48 da Lei nº 13.019, de 2014.

§ 1º. A verificação das hipóteses de retenção previstas no art. 48 da Lei nº 13.019, de 2014, ocorrerá por meio de ações de monitoramento e avaliação, incluindo:

I – a verificação da existência de denúncias aceitas;

II – a análise das prestações de contas anuais, nos termos da alínea b do inciso I do § 4º do art. 61;

III – as medidas adotadas para atender a eventuais recomendações existentes dos órgãos de controle interno e externo; e

IV – a consulta aos cadastros e sistemas federais que permitam aferir a regularidade da parceria.

§ 2º. O atraso injustificado no cumprimento de metas pactuadas no plano de trabalho configura inadimplemento de obrigação estabelecida no termo de fomento ou de colaboração, conforme disposto no inciso II do *caput* do art. 48 da Lei nº 13.019, de 2014.

§ 3º. As parcerias com recursos depositados em conta corrente específica e não utilizados no prazo de trezentos e sessenta e cinco dias deverão ser rescindidas conforme previsto no inciso II do § 4º do art. 61.

§ 4º. O disposto no § 3º poderá ser excepcionado quando houver execução parcial do objeto, desde que previamente justificado pelo gestor da parceria e autorizado pelo Ministro de Estado ou pelo dirigente máximo da entidade da administração pública federal.

Art. 35. Os recursos da parceria geridos pelas organizações da sociedade civil, inclusive pelas executantes não celebrantes na atuação em rede, estão vinculados ao plano de trabalho e não caracterizam receita própria e nem pagamento por prestação de serviços e devem ser alocados nos seus registros contábeis conforme as Normas Brasileiras de Contabilidade.

SEÇÃO II.
DAS COMPRAS E CONTRATAÇÕES E DA REALIZAÇÃO DE DESPESAS E PAGAMENTOS

Art. 36. As compras e contratações de bens e serviços pela organização da sociedade civil com recursos transferidos pela administração pública federal adotarão métodos usualmente utilizados pelo setor privado.

§ 1º. A execução das despesas relacionadas à parceria observará, nos termos de que trata o art. 45 da Lei nº 13.019, de 2014:

I – a responsabilidade exclusiva da organização da sociedade civil pelo gerenciamento administrativo e financeiro dos recursos recebidos, inclusive no que disser respeito às despesas de custeio, de investimento e de pessoal; e

II – a responsabilidade exclusiva da organização da sociedade civil pelo pagamento dos encargos trabalhistas, previdenciários, fiscais e comerciais relacionados à execução do objeto previsto no termo de fomento ou de colaboração, o que não implica responsabilidade solidária ou subsidiária da administração pública federal quanto à inadimplência da organização da sociedade civil em relação ao referido pagamento, aos ônus incidentes sobre o objeto da parceria ou aos danos decorrentes de restrição à sua execução.

§ 2º. A organização da sociedade civil deverá verificar a compatibilidade entre o valor previsto para realização da despesa, aprovado no plano de trabalho, e o valor efetivo da compra ou contratação.

§ 3º. Se o valor efetivo da compra ou contratação for superior ao previsto no plano de trabalho, a organização da sociedade civil deverá assegurar a compatibilidade do valor efetivo com os novos preços praticados no mercado, inclusive para fins de elaboração de relatório de que trata o art. 56, quando for o caso.

§ 4º. Será facultada às organizações da sociedade civil a utilização do portal de compras disponibilizado pela administração pública federal.

Art. 37. As organizações da sociedade civil deverão obter de seus fornecedores e prestadores de serviços notas, comprovantes fiscais ou recibos, com data, valor, nome e número de inscrição no CNPJ da organização da sociedade civil e do CNPJ ou CPF do fornecedor ou prestador de serviço, para fins de comprovação das despesas.

§ 1º. A organização da sociedade civil deverá registrar os dados referentes às despesas realizadas na plataforma eletrônica, sendo dispensada a inserção de notas, comprovantes fiscais ou recibos referentes às despesas.

§ 2º. As organizações da sociedade civil deverão manter a guarda dos documentos originais referidos no *caput*, conforme o disposto no art. 58.

Art. 38. Os pagamentos deverão ser realizados mediante transferência eletrônica sujeita à identificação do beneficiário final na plataforma eletrônica.

§ 1º. O termo de fomento ou de colaboração poderá admitir a dispensa da exigência do *caput* e possibilitar a realização de pagamentos em espécie, após saque à conta bancária específica da parceria, na hipótese de impossibilidade de pagamento mediante transferência eletrônica, devidamente justificada pela organização da sociedade civil no plano de trabalho, que poderá estar relacionada, dentre outros motivos, com:

I – o objeto da parceria;

II – a região onde se desenvolverão as ações da parceria; ou

III – a natureza dos serviços a serem prestados na execução da parceria.

§ 2º. Os pagamentos em espécie estarão restritos ao limite individual de R$ 1.800,00 (mil e oitocentos reais) por beneficiário, levando-se em conta toda a duração da parceria, ressalvada disposição específica nos termos do § 3º.

§ 3º. Ato do Ministro de Estado ou do dirigente máximo da entidade da administração pública federal disporá sobre os critérios e limites para a autorização do pagamento em espécie.

§ 4º. Os pagamentos realizados na forma do § 1º não dispensam o registro do beneficiário final da despesa na plataforma eletrônica.

Art. 39. Os custos indiretos necessários à execução do objeto, de que trata o inciso III do *caput* do art. 46 da Lei nº 13.019, de 2014, poderão incluir, entre outras despesas, aquelas com internet, transporte, aluguel, telefone, consumo de água e luz e remuneração de serviços contábeis e de assessoria jurídica.

Art. 40. A organização da sociedade civil somente poderá pagar despesa em data posterior ao término da execução do termo de fomento ou de colaboração quando o fato gerador da despesa tiver ocorrido durante sua vigência.

Art. 41. Para os fins deste Decreto, considera-se equipe de trabalho o pessoal necessário à execução do objeto da parceria, que poderá incluir pessoas pertencentes ao quadro da organização da sociedade civil ou que vierem a ser contratadas, inclusive os dirigentes, desde que exerçam ação prevista no plano de trabalho aprovado, nos termos da legislação cível e trabalhista.

Parágrafo único. É vedado à administração pública federal praticar atos de ingerência na seleção e na contratação de pessoal pela organização da sociedade civil ou que direcionem o recrutamento de pessoas para trabalhar ou prestar serviços na referida organização.

Art. 42. Poderão ser pagas com recursos vinculados à parceria as despesas com remuneração da equipe de trabalho, inclusive de pessoal próprio da organização da sociedade civil, durante a vigência da parceria, podendo contemplar as despesas com pagamentos de impostos, contribuições sociais, Fundo de Garantia do Tempo de Serviço – FGTS, férias, décimo-terceiro salário, salários proporcionais, verbas rescisórias e demais encargos sociais e trabalhistas, desde que tais valores:

I – estejam previstos no plano de trabalho e sejam proporcionais ao tempo efetivamente dedicado à parceria; e

II – sejam compatíveis com o valor de mercado e observem os acordos e as convenções coletivas de trabalho e, em seu valor bruto e individual, o teto da remuneração do Poder Executivo federal.

§ 1º. Nos casos em que a remuneração for paga proporcionalmente com recursos da parceria, a organização da sociedade civil deverá inserir na plataforma eletrônica a memória de cálculo do rateio da despesa para fins de prestação de contas, nos termos do parágrafo único do art. 56, vedada a duplicidade ou a sobreposição de fontes de recursos no custeio de uma mesma parcela da despesa.

§ 2º. Poderão ser pagas diárias referentes a deslocamento, hospedagem e alimentação, nos casos em que a execução do objeto da parceria assim o exigir, para a equipe de trabalho e para os prestadores de serviço voluntário, nos termos da Lei nº 9.608, de 18 de fevereiro de 1998.

§ 3º. O pagamento das verbas rescisórias de que trata o *caput*, ainda que após o término da execução da parceria, será proporcional ao período de atuação do profissional na execução das metas previstas no plano de trabalho.

§ 4º. A organização da sociedade civil deverá dar ampla transparência, inclusive na plataforma eletrônica, aos valores pagos, de maneira individualizada, a TÍTULO de remuneração de sua equipe de trabalho vinculada à execução do objeto e com recursos da parceria, juntamente à divulgação dos cargos e valores, na forma do art. 80.

SEÇÃO III.
DAS ALTERAÇÕES NA PARCERIA

Art. 43. O órgão ou a entidade da administração pública federal poderá autorizar ou propor a alteração do termo de fomento ou de colaboração ou do plano de trabalho, após, respectivamente, solicitação fundamentada da organização da sociedade civil ou sua anuência, desde que não haja alteração de seu objeto, da seguinte forma:

I – por termo aditivo à parceria para:

a) ampliação de até trinta por cento do valor global;

b) redução do valor global, sem limitação de montante;

c) prorrogação da vigência, observados os limites do art. 21; ou

d) alteração da destinação dos bens remanescentes; ou

II – por certidão de apostilamento, nas demais hipóteses de alteração, tais como:

a) utilização de rendimentos de aplicações financeiras ou de saldos porventura existentes antes do término da execução da parceria;

b) ajustes da execução do objeto da parceria no plano de trabalho; ou

c) remanejamento de recursos sem a alteração do valor global.

§ 1º. Sem prejuízo das alterações previstas no *caput*, a parceria deverá ser alterada por certidão de apostilamento, independentemente de anuência da organização da sociedade civil, para:

I – prorrogação da vigência, antes de seu término, quando o órgão ou a entidade da administração pública federal tiver dado causa ao atraso na liberação de recursos financeiros, ficando a prorrogação limitada ao exato período do atraso verificado; ou

II – indicação dos créditos orçamentários de exercícios futuros.

§ 2º. O órgão ou a entidade pública deverá se manifestar sobre a solicitação de que trata o *caput* no prazo de trinta dias, contado da data de sua apresentação, ficando o prazo suspenso quando forem solicitados esclarecimentos à organização da sociedade civil.

§ 3º. No caso de término da execução da parceria antes da manifestação sobre a solicitação de alteração da destinação dos bens remanescentes, a custódia dos bens permanecerá sob a responsabilidade da organização da sociedade civil até a decisão do pedido.

Art. 44. A manifestação jurídica da Advocacia-Geral da União, de seus órgãos vinculados ou do órgão jurídico da entidade da administração pública federal é dispensada nas hipóteses de que tratam a alínea c do inciso I e o inciso II do *caput* do art. 43 e os incisos I e II do § 1º do art. 43, sem prejuízo de consulta sobre dúvida jurídica específica apresentada pelo gestor da parceria ou por outra autoridade que se manifeste no processo.

CAPÍTULO V.
DA ATUAÇÃO EM REDE

Art. 45. A execução das parcerias pode se dar por atuação em rede de duas ou mais organizações da sociedade civil, a ser formalizada mediante assinatura de termo de atuação em rede.

§ 1º. A atuação em rede pode se efetivar pela realização de ações coincidentes, quando há identidade de intervenções, ou de ações diferentes e complementares à execução do objeto da parceria.

§ 2º. A rede deve ser composta por:

I – uma organização da sociedade civil celebrante da parceria com a administração pública federal, que ficará responsável pela rede e atuará como sua supervisora, mobilizadora e orientadora, podendo participar diretamente ou não da execução do objeto; e

II – uma ou mais organizações da sociedade civil executantes e não celebrantes da parceria com a administração pública federal, que deverão executar ações relacionadas ao objeto da parceria definidas em comum acordo com a organização da sociedade civil celebrante.

§ 3º. A atuação em rede não caracteriza subcontratação de serviços e nem descaracteriza a capacidade técnica e operacional da organização da sociedade civil celebrante.

Art. 46. A atuação em rede será formalizada entre a organização da sociedade civil celebrante e cada uma das organizações da sociedade civil executantes e não celebrantes por meio de termo de atuação em rede.

§ 1º. O termo de atuação em rede especificará direitos e obrigações recíprocas, e estabelecerá, no mínimo, as ações, as metas e os prazos que serão desenvolvidos pela organização da sociedade civil executante e não celebrante e o valor a ser repassado pela organização da sociedade civil celebrante.

§ 2º. A organização da sociedade civil celebrante deverá comunicar à administração pública federal a assinatura do termo de atuação em rede no prazo de até sessenta dias, contado da data de sua assinatura.

§ 3º. Na hipótese de o termo de atuação em rede ser rescindido, a organização da sociedade civil celebrante deverá comunicar o fato à administração pública federal no prazo de quinze dias, contado da data da rescisão.

§ 4º. A organização da sociedade civil celebrante deverá assegurar, no momento da celebração do termo de atuação em rede, a regularidade jurídica e fiscal da organização da sociedade civil executante e não celebrante, que será verificada por meio da apresentação dos seguintes documentos:

I – comprovante de inscrição no CNPJ, emitido no sítio eletrônico oficial da Secretaria da Receita Federal do Brasil;

II – cópia do estatuto e eventuais alterações registradas;

III – certidões previstas nos incisos IV, V e VI do *caput* do art. 26; e

IV – declaração do representante legal da organização da sociedade civil executante e não celebrante de que não possui impedimento no Cepim, no Siconv, no Siafi, no Sicaf e no Cadin.

§ 5º. Fica vedada a participação em rede de organização da sociedade civil executante e não celebrante que tenha mantido relação jurídica com, no mínimo, um dos integrantes da comissão de seleção responsável pelo chamamento público que resultou na celebração da parceria.

Art. 47. A organização da sociedade civil celebrante deverá comprovar à administração pública federal o cumprimento dos requisitos previstos no art. 35-A da Lei nº 13.019, de 2014, a serem verificados por meio da apresentação dos seguintes documentos:

I – comprovante de inscrição no CNPJ, emitido no sítio eletrônico oficial da Secretaria da Receita Federal do Brasil, para demonstrar que a organização da sociedade civil celebrante existe há, no mínimo, cinco anos com cadastro ativo; e

II – comprovantes de capacidade técnica e operacional para supervisionar e orientar a rede, sendo admitidos:

a) declarações de organizações da sociedade civil que componham a rede de que a celebrante participe ou tenha participado;

b) cartas de princípios, registros de reuniões ou eventos e outros documentos públicos de redes de que a celebrante participe ou tenha participado; ou

c) relatórios de atividades com comprovação das ações desenvolvidas em rede de que a celebrante participe ou tenha participado.

Parágrafo único. A administração pública federal verificará se a organização da sociedade civil celebrante cumpre os requisitos previstos no *caput* no momento da celebração da parceria.

Art. 48. A organização da sociedade civil celebrante da parceria é responsável pelos atos realizados pela rede.

§ 1º. Para fins do disposto no *caput*, os direitos e as obrigações da organização da sociedade civil celebrante perante a administração pública federal não poderão ser sub-rogados à organização da sociedade civil executante e não celebrante.

§ 2º. Na hipótese de irregularidade ou desvio de finalidade na aplicação dos recursos da parceria, as organizações da sociedade civil executantes e não celebrantes responderão subsidiariamente até o limite do valor dos recursos recebidos ou pelo valor devido em razão de dano ao erário.

§ 3º. A administração pública federal avaliará e monitorará a organização da sociedade civil celebrante, que prestará informações sobre prazos, metas e ações executadas pelas organizações da sociedade civil executantes e não celebrantes.

§ 4º. As organizações da sociedade civil executantes e não celebrantes deverão apresentar informações sobre a execução das ações, dos prazos e das metas e documentos e comprovantes de despesas, inclusive com o pessoal contratado, necessários à prestação de contas pela organização da sociedade civil celebrante da parceria, conforme descrito no termo de atuação em rede e no inciso I do parágrafo único do art. 35-A da Lei 13.019, de 2014.

§ 5º. O ressarcimento ao erário realizado pela organização da sociedade civil celebrante não afasta o seu direito de regresso contra as organizações da sociedade civil executantes e não celebrantes.

CAPÍTULO VI. DO MONITORAMENTO E DA AVALIAÇÃO

SEÇÃO I. DA COMISSÃO DE MONITORAMENTO E AVALIAÇÃO

Art. 49. A comissão de monitoramento e avaliação é a instância administrativa colegiada responsável pelo monitoramento do conjunto de parcerias, pela proposta de aprimoramento dos procedimentos, pela padronização de objetos, custos e indicadores e pela produção de entendimentos voltados à priorização do controle de resultados, sendo de sua competência a avaliação e a homologação dos relatórios técnicos de monitoramento e avaliação.

§ 1º. O órgão ou a entidade pública federal designará, em ato específico, os integrantes da comissão de monitoramento e avaliação, a ser constituída por pelo menos um servidor ocupante de cargo efetivo ou emprego permanente do quadro de pessoal da administração pública federal.

§ 2º. A comissão de monitoramento e avaliação poderá solicitar assessoramento técnico de especialista que não seja membro desse colegiado para subsidiar seus trabalhos.

§ 3º. O órgão ou a entidade pública federal poderá estabelecer uma ou mais comissões de monitoramento e avaliação, observado o princípio da eficiência.

§ 4º. A comissão de monitoramento e avaliação se reunirá periodicamente a fim de avaliar a execução das parcerias por meio da análise das ações previstas na Seção II deste Capítulo.

§ 5º. O monitoramento e a avaliação da parceria executada com recursos de fundo específico poderão ser realizados por comissão de monitoramento e avaliação a ser constituída pelo respectivo conselho gestor, conforme legislação específica, respeitadas as exigências da Lei nº 13.019, de 2014, e deste Decreto.

Art. 50. O membro da comissão de monitoramento e avaliação deverá se declarar impedido de participar do monitoramento e da avaliação da parceria quando verificar que:

I – tenha participado, nos últimos cinco anos, como associado, cooperado, dirigente, conselheiro ou empregado da organização da sociedade civil;

II – sua atuação no monitoramento e na avaliação configure conflito de interesse, nos termos da Lei nº 12.813, de 2013; ou

III – tenha participado da comissão de seleção da parceria.

SEÇÃO II. DAS AÇÕES E DOS PROCEDIMENTOS

Art. 51. As ações de monitoramento e avaliação terão caráter preventivo e saneador, objetivando a gestão adequada e regular das parcerias, e devem ser registradas na plataforma eletrônica.

§ 1º. As ações de que trata o *caput* contemplarão a análise das informações acerca do processamento da parceria constantes da plataforma eletrônica, incluída a possibilidade de consulta às movimentações da conta bancária específica da parceria, além da verificação, análise e manifestação sobre eventuais denúncias existentes relacionadas à parceria.

§ 2º. O termo de fomento ou de colaboração deverá prever procedimentos de monitoramento e avaliação da execução de seu objeto a serem realizados pelo órgão ou pela entidade da administração pública federal.

§ 3º. As ações de monitoramento e avaliação poderão utilizar ferramentas tecnológicas de verificação do alcance de resultados, incluídas as redes sociais na internet, aplicativos e outros mecanismos de tecnologia da informação.

§ 4º. O relatório técnico de monitoramento e avaliação de que trata o art. 59 da Lei nº 13.019, de 2014, será produzido na forma estabelecida pelo art. 60.

Art. 52. O órgão ou a entidade da administração pública federal deverá realizar visita técnica in loco para subsidiar o monitoramento da parceria, nas hipóteses em que esta for essencial para verificação do cumprimento do objeto da parceria e do alcance das metas.

§ 1º. O órgão ou a entidade pública federal deverá notificar previamente a organização da sociedade civil, no prazo mínimo de três dias úteis anteriores à realização da visita técnica in loco.

§ 2º. Sempre que houver visita técnica in loco, o resultado será circunstanciado em relatório de visita técnica in loco, que será registrado na plataforma eletrônica e enviado à organização da sociedade civil para conhecimento, esclarecimentos e providências e poderá ensejar a revisão do relatório, a critério do órgão ou da entidade da administração pública federal.

§ 3º. A visita técnica in loco não se confunde com as ações de fiscalização e auditoria realizadas pelo órgão ou pela entidade da administração pública federal, pelos órgãos de controle interno e pelo Tribunal de Contas da União.

Art. 53. Nas parcerias com vigência superior a um ano, o órgão ou a entidade pública federal realizará, sempre que possível, pesquisa de satisfação.

§ 1º. A pesquisa de satisfação terá por base critérios objetivos de apuração da satisfação dos beneficiários e de apuração da possibilidade de melhorias das ações desenvolvidas pela organização da sociedade civil, visando a contribuir com o cumprimento dos objetivos pactuados e com a reorientação e o ajuste das metas e das ações definidas.

§ 2º. A pesquisa de satisfação poderá ser realizada diretamente pela administração pública federal, com metodologia presencial ou à distância, com apoio de terceiros, por delegação de competência ou por meio de parcerias com órgãos ou entidades aptas a auxiliar na realização da pesquisa.

§ 3º. Na hipótese de realização da pesquisa de satisfação, a organização da sociedade civil poderá opinar sobre o conteúdo do questionário que será aplicado.

§ 4º. Sempre que houver pesquisa de satisfação, a sistematização será circunstanciada em documento que será enviado à organização da sociedade civil para conhecimento, esclarecimentos e eventuais providências.

CAPÍTULO VII. DA PRESTAÇÃO DE CONTAS

SEÇÃO I. DISPOSIÇÕES GERAIS

Art. 54. A prestação de contas terá o objetivo de demonstrar e verificar resultados e deverá conter elementos que permitam avaliar a execução do objeto e o alcance das metas.

Parágrafo único. Na hipótese de atuação em rede, caberá à organização da sociedade civil celebrante apresentar a prestação de contas, inclusive no que se refere às ações executadas pelas organizações da sociedade civil executantes e não celebrantes.

Art. 55. Para fins de prestação de contas anual e final, a organização da sociedade civil deverá apresentar relatório de execução do objeto, na plataforma eletrônica, que conterá:

I – a demonstração do alcance das metas referentes ao período de que trata a prestação de contas;

II – a descrição das ações desenvolvidas para o cumprimento do objeto;

III – os documentos de comprovação do cumprimento do objeto, como listas de presença, fotos, vídeos, entre outros; e

IV – os documentos de comprovação do cumprimento da contrapartida, quando houver.

§ 1º. O relatório de que trata o *caput* deverá, ainda, fornecer elementos para avaliação:

I – dos impactos econômicos ou sociais das ações desenvolvidas;

II – do grau de satisfação do público-alvo, que poderá ser indicado por meio de pesquisa de satisfação, declaração de entidade pública ou privada local e declaração do conselho de política pública setorial, entre outros; e

III – da possibilidade de sustentabilidade das ações após a conclusão do objeto.

§ 2º. As informações de que trata o § 1º serão fornecidas por meio da apresentação de documentos e por outros meios previstos no plano de trabalho, conforme definido no inciso IV do *caput* do art. 25.

§ 3º. O órgão ou a entidade da administração pública federal poderá dispensar a observância do § 1º deste artigo e da alínea b do inciso II do *caput* do art. 61 quando a exigência for desproporcional à complexidade da parceria ou ao interesse público, mediante justificativa prévia.

§ 4º. A organização da sociedade civil deverá apresentar justificativa na hipótese de não cumprimento do alcance das metas.

Art. 56. Quando a organização da sociedade civil não comprovar o alcance das metas ou quando houver evidência de existência de ato irregular, a administração pública federal exigirá a apresentação de relatório de execução financeira, que deverá conter:

I – a relação das receitas e despesas realizadas, inclusive rendimentos financeiros, que possibilitem a comprovação da observância do plano de trabalho;

II – o comprovante da devolução do saldo remanescente da conta bancária específica, quando houver;

III – o extrato da conta bancária específica;

IV – a memória de cálculo do rateio das despesas, quando for o caso;

V – a relação de bens adquiridos, produzidos ou transformados, quando houver; e

VI – cópia simples das notas e dos comprovantes fiscais ou recibos, inclusive holerites, com data do documento, valor, dados da organização da sociedade civil e do fornecedor e indicação do produto ou serviço.

Parágrafo único. A memória de cálculo referida no inciso IV do *caput*, a ser apresentada pela organização da sociedade civil, deverá conter a indicação do valor integral da despesa e o detalhamento da divisão de custos, especificando a fonte de custeio de cada fração, com identificação do número e do órgão ou entidade da parceria, vedada a duplicidade ou a sobreposição de fontes de recursos no custeio de uma mesma parcela da despesa.

Art. 57. A análise do relatório de execução financeira de que trata o art. 56 será feita pela administração pública federal e contemplará:

I – o exame da conformidade das despesas, realizado pela verificação das despesas previstas e das despesas efetivamente realizadas, por item ou agrupamento de itens, conforme aprovado no plano de trabalho, observado o disposto no § 3º do art. 36; e

II – a verificação da conciliação bancária, por meio da aferição da correlação entre as despesas constantes na relação de pagamentos e os débitos efetuados na conta corrente específica da parceria.

Art. 58. As organizações da sociedade civil deverão manter a guarda dos documentos originais relativos à execução das parcerias pelo prazo de dez anos, contado do dia útil subsequente ao da apresentação da prestação de contas ou do decurso do prazo para a apresentação da prestação de contas.

SEÇÃO II. PRESTAÇÃO DE CONTAS ANUAL

Art. 59. Nas parcerias com vigência superior a um ano, a organização da sociedade civil deverá apresentar prestação de contas anual para fins de monitoramento do cumprimento das metas previstas no plano de trabalho.

§ 1º. A prestação de contas anual deverá ser apresentada no prazo de até trinta dias após o fim de cada exercício, conforme estabelecido no instrumento da parceria.

§ 2º. Para fins do disposto no § 1º, considera-se exercício cada período de doze meses de duração da parceria, contado da primeira liberação de recursos para sua execução.

§ 3º. A prestação de contas anual consistirá na apresentação do Relatório Parcial de Execução do Objeto na plataforma eletrônica, que deverá observar o disposto no art. 55.

§ 4º. Na hipótese de omissão no dever de prestação de contas anual, o gestor da parceria notificará a organização da sociedade civil para, no prazo de quinze dias, apresentar a prestação de contas.

§ 5º. Se persistir a omissão de que trata o § 4º, aplica-se o disposto no § 2º do art. 70 da Lei nº 13.019, de 2014.

Art. 60. A análise da prestação de contas anual será realizada por meio da produção de relatório técnico de monitoramento e avaliação quando a parceria for selecionada por amostragem, conforme ato do Ministro de Estado ou do dirigente máximo da entidade da administração pública federal, considerados os parâmetros a serem definidos pela Controladoria-Geral da União.

§ 1º. A análise prevista no *caput* também será realizada quando:

I – for identificado o descumprimento injustificado do alcance das metas da parceria no curso das ações de monitoramento e avaliação de que trata o art. 51; ou

II – for aceita denúncia de irregularidade na execução parcial do objeto, mediante juízo de admissibilidade realizado pelo gestor.

§ 2º. A prestação de contas anual será considerada regular quando, da análise do Relatório Parcial de Execução do Objeto, for constatado o alcance das metas da parceria.

§ 3º. Na hipótese de não comprovação do alcance das metas ou quando houver evidência de existência de ato irregular, a administração pública federal notificará a organização da sociedade civil para apresentar, no prazo de até trinta dias, Relatório Parcial de Execução Financeira, que deverá observar o disposto no art. 56 e subsidiará a elaboração do relatório técnico de monitoramento e avaliação.

Art. 61. O relatório técnico de monitoramento e avaliação referido no art. 60 conterá:

I – os elementos dispostos no § 1º do art. 59 da Lei nº 13.019, de 2014; e

II – o parecer técnico de análise da prestação de contas anual, que deverá:

a) avaliar as metas já alcançadas e seus benefícios; e

b) descrever os efeitos da parceria na realidade local referentes:

1. aos impactos econômicos ou sociais;

2. ao grau de satisfação do público-alvo; e

3. à possibilidade de sustentabilidade das ações após a conclusão do objeto.

§ 1º. Na hipótese de o relatório técnico de monitoramento e avaliação evidenciar irregularidade ou inexecução parcial do objeto, o gestor da parceria notificará a organização da sociedade civil para, no prazo de trinta dias:

I – sanar a irregularidade;

II – cumprir a obrigação; ou

III – apresentar justificativa para impossibilidade de saneamento da irregularidade ou cumprimento da obrigação.

§ 2º. O gestor avaliará o cumprimento do disposto no § 1º e atualizará o relatório técnico de monitoramento e avaliação, conforme o caso.

§ 3º. Serão glosados valores relacionados a metas descumpridas sem justificativa suficiente.

§ 4º. Na hipótese do § 2º, se persistir irregularidade ou inexecução parcial do objeto, o relatório técnico de monitoramento e avaliação:

I – caso conclua pela continuidade da parceria, deverá determinar:

a) a devolução dos recursos financeiros relacionados à irregularidade ou inexecução apurada ou à prestação de contas não apresentada; e

b) a retenção das parcelas dos recursos, nos termos do art. 34; ou

II – caso conclua pela rescisão unilateral da parceria, deverá determinar:

a) a devolução dos valores repassados relacionados à irregularidade ou inexecução apurada ou à prestação de contas não apresentada; e

b) a instauração de tomada de contas especial, se não houver a devolução de que trata a alínea a no prazo determinado.

§ 5º. O relatório técnico de monitoramento e avaliação será submetido à comissão de monitoramento e avaliação designada, na forma do art. 49, que o homologará, no prazo de até quarenta e cinco dias, contado de seu recebimento.

§ 6º. O gestor da parceria deverá adotar as providências constantes do relatório técnico de monitoramento e avaliação homologado pela comissão de monitoramento e avaliação.

§ 7º. As sanções previstas no CAPÍTULO VIII poderão ser aplicadas independentemente das providências adotadas de acordo com o § 6º.

SEÇÃO III. DA PRESTAÇÃO DE CONTAS FINAL

Art. 62. As organizações da sociedade civil deverão apresentar a prestação de contas final por meio de Relatório Final de Execução do Objeto, que deverá conter os elementos previstos no art. 55, o comprovante de devolução de eventual saldo remanescente de que trata o art. 52 da Lei nº 13.019, de 2014, e a previsão de reserva de recursos para pagamento das verbas rescisórias de que trata o § 3º do art.42.

Parágrafo único. Fica dispensada a apresentação dos documentos de que tratam os incisos III e IV do *caput* do art. 55 quando já constarem da plataforma eletrônica.

Art. 63. A análise da prestação de contas final pela administração pública federal será formalizada por meio de parecer técnico conclusivo, a ser inserido na plataforma eletrônica, que deverá verificar o cumprimento do objeto e o alcance das metas previstas no plano de trabalho e considerará:

I – o Relatório Final de Execução do Objeto;

II – os Relatórios Parciais de Execução do Objeto, para parcerias com duração superior a um ano;

III – relatório de visita técnica in loco, quando houver; e

IV – relatório técnico de monitoramento e avaliação, quando houver.

Parágrafo único. Além da análise do cumprimento do objeto e do alcance das metas previstas no plano de trabalho, o gestor da parceria, em seu parecer técnico, avaliará os efeitos da parceria, devendo mencionar os elementos de que trata o § 1º do art. 55.

Art. 64. Na hipótese de a análise de que trata o art. 63 concluir que houve descumprimento de metas estabelecidas no plano de trabalho ou evidência de irregularidade, o gestor da parceria, antes da emissão do parecer técnico conclusivo, notificará a organização da sociedade civil para que apresente Relatório Final de Execução Financeira, que deverá observar o disposto no art. 56.

§ 1º. Fica dispensada a apresentação dos documentos de que tratam os incisos I a IV do *caput* do art. 56 quando já constarem da plataforma eletrônica.

§ 2º. A análise do relatório de que trata o *caput* deverá observar o disposto no art. 57.

Art. 65. Para fins do disposto no art. 69 da Lei nº 13.019, de 2014, a organização da sociedade civil deverá apresentar:

I – o Relatório Final de Execução do Objeto, no prazo de até trinta dias, contado do término da execução da parceria, conforme estabelecido no instrumento de parceria, prorrogável por até quinze dias, mediante justificativa e solicitação prévia da organização da sociedade civil; e

II – o Relatório Final de Execução Financeira, no prazo de até sessenta dias, contado de sua notificação, conforme estabelecido no instrumento de parceria, prorrogável por até quinze dias, mediante justificativa e solicitação prévia da organização da sociedade civil.

Art. 66. O parecer técnico conclusivo da prestação de contas final embasará a decisão da autoridade competente e deverá concluir pela:

I – aprovação das contas;

II – aprovação das contas com ressalvas; ou

III – rejeição das contas.

§ 1º. A aprovação das contas ocorrerá quando constatado o cumprimento do objeto e das metas da parceria, conforme disposto neste Decreto.

§ 2º. A aprovação das contas com ressalvas ocorrerá quando, apesar de cumpridos o objeto e as metas da parceria, for constatada impropriedade ou qualquer outra falta de natureza formal que não resulte em dano ao erário.

§ 3º. A rejeição das contas ocorrerá nas seguintes hipóteses:

I – omissão no dever de prestar contas;

II – descumprimento injustificado do objeto e das metas estabelecidos no plano de trabalho;

III – dano ao erário decorrente de ato de gestão ilegítimo ou antieconômico; ou

IV – desfalque ou desvio de dinheiro, bens ou valores públicos.

§ 4º. A rejeição das contas não poderá ser fundamentada unicamente na avaliação de que trata o parágrafo único do art. 63.

Art. 67. A decisão sobre a prestação de contas final caberá à autoridade responsável por celebrar a parceria ou ao agente a ela diretamente subordinado, vedada a subdelegação.

Parágrafo único. A organização da sociedade civil será notificada da decisão de que trata o *caput* e poderá:

I – apresentar recurso, no prazo de trinta dias, à autoridade que a proferiu, a qual, se não reconsiderar a decisão no prazo de trinta dias, encaminhará o recurso ao Ministro de Estado ou ao dirigente máximo da entidade da administração pública federal, para decisão final no prazo de trinta dias; ou

II – sanar a irregularidade ou cumprir a obrigação, no prazo de quarenta e cinco dias, prorrogável, no máximo, por igual período.

Art. 68. Exaurida a fase recursal, o órgão ou a entidade da administração pública federal deverá:

I – no caso de aprovação com ressalvas da prestação de contas, registrar na plataforma eletrônica as causas das ressalvas; e

II – no caso de rejeição da prestação de contas, notificar a organização da sociedade civil para que, no prazo de trinta dias:

a) devolva os recursos financeiros relacionados com a irregularidade ou inexecução do objeto apurada ou com a prestação de contas não apresentada; ou

b) solicite o ressarcimento ao erário por meio de ações compensatórias de interesse público, mediante a apresentação de novo plano de trabalho, nos termos do § 2º do art. 72 da Lei nº 13.019, de 2014.

§ 1º. O registro da aprovação com ressalvas da prestação de contas possui caráter preventivo e será considerado na eventual aplicação das sanções de que trata o CAPÍTULO VIII.

§ 2º. A administração pública federal deverá se pronunciar sobre a solicitação de que trata a alínea b do inciso II do *caput* no prazo de trinta dias.

§ 3º. A realização das ações compensatórias de interesse público não deverá ultrapassar a metade do prazo previsto para a execução da parceria.

§ 4º. Compete exclusivamente ao Ministro de Estado ou ao dirigente máximo da entidade da administração pública federal autorizar o ressarcimento de que trata a alínea b do inciso II do *caput*.

§ 5º. Os demais parâmetros para concessão do ressarcimento de que trata a alínea b do inciso II do *caput* serão definidos em ato do Ministro de Estado ou do dirigente máximo da entidade da administração pública federal, observados os objetivos da política, do plano, do programa ou da ação em que a parceria esteja inserida.

§ 6º. Na hipótese do inciso II do *caput*, o não ressarcimento ao erário ensejará:

I – a instauração da tomada de contas especial, nos termos da legislação vigente; e

II – o registro da rejeição da prestação de contas e de suas causas na plataforma eletrônica e no Siafi, enquanto perdurarem os motivos determinantes da rejeição.

Art. 69. O prazo de análise da prestação de contas final pela administração pública federal deverá ser fixado no instrumento da parceria e será de até cento e cinquenta dias, contado da data de recebimento do Relatório Final de Execução do Objeto.

§ 1º. O prazo de que trata o *caput* poderá ser prorrogado, justificadamente, por igual período, não podendo exceder o limite de trezentos dias.

§ 2º. O transcurso do prazo definido no *caput*, e de sua eventual prorrogação, nos termos do § 1º, sem que as contas tenham sido apreciadas:

I – não impede que a organização da sociedade civil participe de outros chamamentos públicos e celebre novas parcerias; e

II – não implica impossibilidade de sua apreciação em data posterior ou vedação a que se adotem medidas saneadoras, punitivas ou destinadas a ressarcir danos que possam ter sido causados aos cofres públicos.

§ 3º. Se o transcurso do prazo definido no *caput*, e de sua eventual prorrogação, nos termos do § 1º, se der por culpa exclusiva da administração pública federal, sem que se constate dolo da organização da sociedade civil ou de seus prepostos, não incidirão juros de mora sobre os débitos apurados no período entre o final do prazo e a data em que foi emitida a manifestação conclusiva pela administração pública federal, sem prejuízo da atualização monetária, que observará a variação anual do Índice Nacional de Preços ao Consumidor Amplo – IPCA, calculado pela Fundação Instituto Brasileiro de Geografia e Estatística – IBGE.

Art. 70. Os débitos a serem restituídos pela organização da sociedade civil serão apurados mediante atualização monetária, acrescido de juros calculados da seguinte forma:

I – nos casos em que for constatado dolo da organização da sociedade civil ou de seus prepostos, os juros serão calculados a partir das datas de liberação dos recursos, sem subtração de eventual período de inércia da administração pública federal quanto ao prazo de que trata o § 3º do art. 69; e

II – nos demais casos, os juros serão calculados a partir:

a) do decurso do prazo estabelecido no ato de notificação da organização da sociedade civil ou de seus prepostos para restituição dos valores ocorrida no curso da execução da parceria; ou

b) do término da execução da parceria, caso não tenha havido a notificação de que trata a alínea a deste inciso, com subtração de eventual período de inércia da administração pública federal quanto ao prazo de que trata o § 3º do art. 69.

Parágrafo único. Os débitos de que trata o *caput* observarão juros equivalentes à taxa referencial do Sistema Especial de Liquidação e de Custódia – Selic para títulos federais, acumulada mensalmente, até o último dia do mês anterior ao do pagamento, e de um por cento no mês de pagamento.

CAPÍTULO VIII. DAS SANÇÕES

Art. 71. Quando a execução da parceria estiver em desacordo com o plano de trabalho e com as normas da Lei nº 13.019, de 2014, e da legislação específica, a administração pública federal poderá aplicar à organização da sociedade civil as seguintes sanções:

I – advertência;

II – suspensão temporária; e

III – declaração de inidoneidade.

§ 1º. É facultada a defesa do interessado no prazo de dez dias, contado da data de abertura de vista dos autos processuais.

§ 2º. A sanção de advertência tem caráter preventivo e será aplicada quando verificadas impropriedades praticadas pela organização da sociedade civil no âmbito da parceria que não justifiquem a aplicação de penalidade mais grave.

§ 3º. A sanção de suspensão temporária será aplicada nos casos em que forem verificadas irregularidades na celebração, execução ou prestação de contas da parceria e não se justificar a imposição da penalidade mais grave, considerando-se a natureza e a gravidade da infração cometida, as peculiaridades do caso concreto, as circunstâncias agravantes ou atenuantes e os danos que dela provieram para a administração pública federal.

§ 4º. A sanção de suspensão temporária impede a organização da sociedade civil de participar de chamamento público e celebrar parcerias ou contratos com órgãos e entidades da administração pública federal por prazo não superior a dois anos.

§ 5º. A sanção de declaração de inidoneidade impede a organização da sociedade civil de participar de chamamento público e celebrar parcerias ou contratos com órgãos e entidades de todas as esferas de governo, enquanto perdurarem os motivos determinantes da punição ou até que seja promovida a reabilitação perante a autoridade que aplicou a penalidade, que ocorrerá quando a organização da sociedade civil ressarcir a administração pública federal pelos prejuízos resultantes, e após decorrido o prazo de dois anos da aplicação da sanção de declaração de inidoneidade.

§ 6º. A aplicação das sanções de suspensão temporária e de declaração de inidoneidade é de competência exclusiva de Ministro de Estado.

Art. 72. Da decisão administrativa que aplicar as sanções previstas nos incisos I a III do *caput* do art. 71 caberá recurso administrativo, no prazo de dez dias, contado da data de ciência da decisão.

Parágrafo único. No caso da competência exclusiva do Ministro de Estado prevista no § 6º do art. 71, o recurso cabível é o pedido de reconsideração.

Art. 73. Na hipótese de aplicação de sanção de suspensão temporária ou de declaração de inidoneidade, a organização da sociedade civil deverá ser inscrita, cumulativamente, como inadimplente no Siafi e no Siconv, enquanto perdurarem os efeitos da punição ou até que seja promovida a reabilitação.

Art. 74. Prescrevem no prazo de cinco anos as ações punitivas da administração pública federal destinadas a aplicar as sanções previstas neste Decreto, contado da data de apresentação da prestação de contas ou do fim do prazo de noventa dias a partir do término da vigência da parceria, no caso de omissão no dever de prestar contas.

Parágrafo único. A prescrição será interrompida com a edição de ato administrativo destinado à apuração da infração.

CAPÍTULO IX. DO PROCEDIMENTO DE MANIFESTAÇÃO DE INTERESSE SOCIAL

Art. 75. As organizações da sociedade civil, os movimentos sociais e os cidadãos poderão apresentar proposta de abertura de Procedimento de Manifestação de Interesse Social – Pmis aos órgãos ou às entidades da administração pública federal para que seja avaliada a possibilidade de realização de chamamento público com objetivo de celebração de parceria.

§ 1º. O Pmis tem por objetivo permitir a oitiva da sociedade sobre ações de interesse público e recíproco que não coincidam com projetos ou atividades que sejam objeto de chamamento público ou parceria em curso no âmbito do órgão ou da entidade da administração pública federal responsável pela política pública.

§ 2º. A realização de chamamento público ou a celebração de parceria não depende da realização do Pmis.

Art. 76. A administração pública federal disponibilizará modelo de formulário para que as organizações da sociedade civil, os movimentos sociais e os cidadãos possam apresentar proposta de abertura de Pmis, que deverá atender aos seguintes requisitos:

I – identificação do subscritor da proposta;
II – indicação do interesse público envolvido; e
III – diagnóstico da realidade a ser modificada, aprimorada ou desenvolvida e, quando possível, indicação da viabilidade, dos custos, dos benefícios e dos prazos de execução da ação pretendida.

§ 1º. A proposta de que trata o *caput* será encaminhada ao órgão ou à entidade da administração pública federal responsável pela política pública a que se referir.

§ 2º. Os órgãos e as entidades da administração pública federal estabelecerão período para o recebimento de propostas que visem à instauração de Pmis, observado o mínimo de sessenta dias por ano.

Art. 77. A avaliação da proposta de instauração de Pmis observará, no mínimo, as seguintes etapas:

I – análise de admissibilidade da proposta, com base nos requisitos previstos no art. 76;
II – decisão sobre a instauração ou não do Pmis, após verificada a conveniência e a oportunidade pelo órgão ou pela entidade da administração pública federal responsável;
III – se instaurado o Pmis, oitiva da sociedade sobre o tema; e
IV – manifestação do órgão ou da entidade da administração pública federal responsável sobre a realização ou não do chamamento público proposto no Pmis.

§ 1º. A partir do recebimento da proposta de abertura do Pmis, apresentada de acordo com o art. 76, a administração pública federal terá o prazo de até seis meses para cumprir as etapas previstas no *caput*.

§ 2º. As propostas de instauração de Pmis serão divulgadas no sítio eletrônico oficial do órgão ou da entidade da administração pública federal responsável e em portal eletrônico único com esta finalidade.

CAPÍTULO X. DA TRANSPARÊNCIA E DIVULGAÇÃO DAS AÇÕES

Art. 78. A administração pública federal e as organizações da sociedade civil deverão dar publicidade e promover a transparência das informações referentes à seleção e à execução das parcerias.

Parágrafo único. São dispensadas do cumprimento do disposto no *caput* as parcerias realizadas no âmbito de programas de proteção a pessoas ameaçadas.

Art. 79. O órgão ou a entidade da administração pública federal divulgará informações referentes às parcerias celebradas com organizações da sociedade civil em dados abertos e acessíveis e deverá manter, no seu sítio eletrônico oficial e na plataforma eletrônica, a relação dos instrumentos de parcerias celebrados com seus planos de trabalho.

Art. 80. As organizações da sociedade civil divulgarão nos seus sítios eletrônicos oficiais e em locais visíveis de suas sedes sociais e dos estabelecimentos em que exerçam suas ações, desde a celebração das parcerias até cento e oitenta dias após a apresentação da prestação de contas final, as informações de que tratam o art. 11 da Lei nº 13.019, de 2014, e o art. 63 do Decreto nº 7.724, de 16 de maio de 2012.

Parágrafo único. No caso de atuação em rede, caberá à organização da sociedade civil celebrante divulgar as informações de que trata o *caput*, inclusive quanto às organizações da sociedade civil não celebrantes e executantes em rede.

Art. 81. O Mapa das Organizações da Sociedade Civil tem por finalidade dar transparência, reunir e publicizar informações sobre as organizações da sociedade civil e as parcerias celebradas com a administração pública federal a partir de bases de dados públicos.

§ 1º. O Instituto de Pesquisa Econômica Aplicada – Ipea será responsável pela gestão do Mapa das Organizações da Sociedade Civil.

§ 2º. Compete aos órgãos e às entidades da administração pública federal enviar os dados necessários para a consecução dos objetivos do Mapa das Organizações da Sociedade Civil.

§ 3º. O Mapa das Organizações da Sociedade Civil disponibilizará funcionalidades para reunir e publicizar informações sobre parcerias firmadas por Estados, Municípios e o Distrito Federal e informações complementares prestadas pelas organizações da sociedade civil.

§ 4º. O Portal da Transparência, de que trata o Decreto nº 5.482, de 30 de junho de 2005, e o Mapa das Organizações da Sociedade Civil deverão conter atalhos recíprocos para os respectivos sítios eletrônicos oficiais.

Art. 82. A divulgação de campanhas publicitárias e programações desenvolvidas por organizações da sociedade civil nos termos do art. 14 da Lei nº 13.019, de 2014, observará as diretrizes e os objetivos dispostos no Decreto nº 6.555, de 8 de setembro de 2008, e as políticas, orientações e normas estabelecidas pela Secretaria de Comunicação Social da Presidência da República e por planos anuais elaborados pelos integrantes do Sistema de Comunicação do Poder Executivo Federal – Sicom.

§ 1º. Os meios de comunicação pública federal de radiodifusão de sons e imagens e de sons poderão reservar em suas grades de programação espaço para veiculação de campanhas informativas e programações que promovam o acesso à informação das ações desenvolvidas pelas organizações da sociedade civil no âmbito das parcerias.

§ 2º. Os recursos tecnológicos e a linguagem utilizados na divulgação das campanhas e programas deverão garantir acessibilidade às pessoas com deficiência.

CAPÍTULO XI. DO CONSELHO NACIONAL DE FOMENTO E COLABORAÇÃO

Art. 83. Fica criado o Conselho Nacional de Fomento e Colaboração – Confoco, órgão colegiado paritário de natureza consultiva, integrante da estrutura do Ministério do Planejamento, Orçamento e Gestão, com a finalidade de divulgar boas práticas e de propor e apoiar políticas e ações voltadas ao fortalecimento das relações de parceria das organizações da sociedade civil com a administração pública federal.

Parágrafo único. Ao Confoco compete:

I – monitorar e avaliar a implementação da Lei nº 13.019, de 2014, e propor diretrizes e ações para sua efetivação;
II – identificar, sistematizar e divulgar boas práticas de fomento, de colaboração e de cooperação entre a administração pública federal e as organizações da sociedade civil;
III – propor, opinar e manter diálogo com organizações da sociedade civil sobre atos normativos;
IV – propor e apoiar a realização de processos formativos para qualificar as relações de parceria;
V – estimular a participação social nas políticas de fomento, de colaboração e de cooperação; e
VI – aprovar seu regimento interno e eventuais alterações.

Art. 84. O Confoco terá a seguinte composição:

I – um representante titular e um representante suplente de cada um dos seguintes órgãos da administração pública federal:

a) Ministério do Planejamento, Orçamento e Gestão, que o coordenará;
b) Ministério da Justiça;
c) Ministério da Fazenda;
d) Ministério da Educação;
e) Ministério da Cultura;
f) Ministério do Desenvolvimento Social e Combate à Fome;
g) Ministério da Saúde;
h) Ministério do Desenvolvimento Agrário;
i) Ministério das Mulheres, da Igualdade Racial, da Juventude e dos Direitos Humanos;
j) Secretaria de Governo da Presidência da República; e
k) Controladoria-Geral da União; e

II – onze representantes titulares e onze representantes suplentes de organizações da sociedade civil, redes e movimentos sociais de abrangência nacional.

§ 1º. Os representantes de que trata o inciso I do *caput* serão indicados pelo titular dos órgãos a que estiverem vinculados.

§ 2º. As organizações da sociedade civil, redes e movimentos sociais de que trata o inciso II do *caput* serão escolhidos conforme procedimento estabelecido no regimento interno do Confoco, assegurada a publicidade na seleção.

§ 3º. A primeira seleção de que trata o § 2º será definida em ato do Ministro de Estado do Planejamento, Orçamento e Gestão, a ser editado no prazo de sessenta dias, contado da data de publicação deste Decreto.

§ 4º. Os membros do Confoco serão designados em ato do Ministro de Estado do Planejamento, Orçamento e Gestão.

§ 5º. O Confoco poderá convidar, para participar de suas reuniões e atividades, especialistas e representantes de órgãos e entidades públicas e privadas, além de representantes de outros conselhos de políticas públicas.

§ 6º. A participação no Confoco é considerada prestação de serviço público relevante, não remunerado.

Art. 85. Caberá ao Ministério do Planejamento, Orçamento e Gestão prover o apoio administrativo e os meios necessários à execução dos trabalhos do Confoco.

Parágrafo único. Para cumprimento de suas funções, o Confoco contará com recursos orçamentários e financeiros consignados no orçamento do Ministério do Planejamento, Orçamento e Gestão.

CAPÍTULO XII. DISPOSIÇÕES FINAIS

Art. 86. Aplica-se subsidiariamente o disposto na Lei nº 9.784, de 29 de janeiro de 1999, aos processos administrativos relativos às parcerias de que trata este Decreto.

Parágrafo único. A juízo da autoridade competente e a pedido da organização da sociedade civil, poderá ser realizada audiência para esclarecimento necessário à instrução do processo.

Art. 87. Não constituem parceria, para fins do disposto neste Decreto, os patrocínios realizados para apoio financeiro concedido a projetos de iniciativa de terceiros com o objetivo de divulgar atuação, agregar valor à marca, gerar reconhecimento ou ampliar relacionamento do patrocinador com seus públicos de interesse.

Art. 88. No âmbito da União e de suas autarquias e fundações públicas, a prévia tentativa de conciliação e solução administrativa de dúvidas de natureza eminentemente jurídica relacionada à execução da parceria, prevista no inciso XVII do *caput* do art. 42 da Lei nº 13.019, de 2014, caberá aos órgãos de consultoria e assessoramento jurídico, sob a coordenação e supervisão da Câmara de Conciliação e Arbitragem da Administração Federal – Ccaf, órgão da Advocacia-Geral da União.

§ 1º. Antes de promover a tentativa de conciliação e solução administrativa, o órgão jurídico deverá consultar a Controladoria-Geral da União quanto à existência de processo de apuração de irregularidade concernente ao objeto da parceria.

§ 2º. É assegurada a prerrogativa de a organização da sociedade civil se fazer representar por advogado perante a administração pública federal, especialmente em procedimento voltado à conciliação e à solução administrativa de dúvidas decorrentes da execução da parceria.

§ 3º. Ato do Advogado-Geral da União disciplinará o disposto neste artigo.

Art. 89. O acesso ao Sicaf pelos demais entes federados, conforme previsto no parágrafo único do art. 80 da Lei nº 13.019, de 2014, se dará mediante a celebração de termo de adesão junto ao Ministério do Planejamento, Orçamento e Gestão.

Art. 90. O Ministério de Estado do Planejamento, Orçamento e Gestão definirá, em sessenta dias contados da data de publicação deste Decreto, o prazo de adaptação do Siconv ou de plataforma única que o substitua às regras dispostas neste Decreto.

Art. 91. Os convênios e instrumentos congêneres existentes na data de entrada em vigor da Lei nº 13.019, de 2014, permanecerão regidos pela legislação em vigor ao tempo de sua celebração, sem prejuízo da aplicação subsidiária da Lei nº 13.019, de 2014, e deste Decreto, naquilo em que for cabível, desde que em benefício do alcance do objeto da parceria.

§ 1º. Os convênios e instrumentos congêneres de que trata o *caput* poderão ser prorrogados de ofício em caso de atraso na liberação dos recursos por parte da administração pública federal, hipótese em que a prorrogação corresponderá ao período equivalente ao atraso e será regida pela legislação em vigor ao tempo da celebração da parceria.

§ 2º. Nos termos do § 2º do art. 83 da Lei nº 13.019, de 2014, os convênios e instrumentos congêneres com prazo indeterminado ou prorrogáveis por período superior ao inicialmente estabelecido serão, no prazo de um ano, contado da data de entrada em vigor da referida Lei, alternativamente:

I – substituídos por termo de fomento, de colaboração ou por acordo de cooperação, para adaptação ao disposto na referida Lei e neste Decreto, no caso de decisão do gestor pela continuidade da parceria; ou

II – rescindidos, justificada e unilateralmente, pela administração pública federal, com notificação à organização da sociedade civil parceria para as providências necessárias.

§ 3º. A administração pública federal poderá firmar termos aditivos de convênios e instrumentos congêneres prorrogáveis por período igual ou inferior ao inicialmente estabelecido, observada a legislação vigente ao tempo da sua celebração original e a aplicação subsidiária da Lei nº 13.019, de 2014.

§ 4º. Para a substituição de que trata o inciso I do § 2º, a organização da sociedade civil deverá apresentar os documentos previstos nos art. 26 e art. 27 deste Decreto, para fins de cumprimento dos art. 33, art. 34 e art. 39 da Lei nº 13.019, de 2014.

§ 5º. A prestação de contas das parcerias substituídas na forma do inciso I do § 2º observará o disposto na Lei nº 13.019, de 2014, e neste Decreto.

§ 6º. Excepcionalmente, a administração pública federal poderá firmar termo aditivo da parceria de que trata o § 2º, a ser regida pela legislação em vigor ao tempo de sua celebração, desde que seja limitada sua vigência até 23 de janeiro de 2017.

§ 7º. Para atender ao disposto no *caput*, poderá haver aplicação da Seção III do CAPÍTULO VII deste Decreto para os convênios e instrumentos congêneres existentes na data da entrada em vigor da Lei nº 13.019, de 2014, que estejam em fase de execução de seu objeto ou que estejam em fase de análise de prestação de contas.

Art. 92. O Decreto nº 6.170, de 25 de julho de 2007, passa a vigorar com as seguintes alterações:

"Art. 1º (...)

(...)

§ 4º O disposto neste Decreto não se aplica aos termos de fomento e de colaboração e aos acordos de cooperação previstos na Lei nº 13.019, de 31 de julho de 2014.

§ 5º As parcerias com organizações da sociedade civil celebradas por Estado, Distrito Federal ou Município com recursos decorrentes de convênio celebrado com a União serão regidas pela Lei nº 13.019, de 2014, e pelas normas estaduais ou municipais."

Art. 93. O Decreto nº 3.100, de 30 de junho de 1999, passa a vigorar com as seguintes alterações: "Art. 1º (...)

(...)

IV – declaração de isenção do imposto de renda;

V – inscrição no Cadastro Geral de Contribuintes/Cadastro Nacional da Pessoa Jurídica – CGC/CNPJ; e

VI – declaração de estar em regular funcionamento há, no mínimo, três anos, de acordo com as finalidades estatutárias."

"Art. 9º (...)

I – a validade do certificado de qualificação expedida pelo Ministério da Justiça, na forma do regulamento;

(...)"

"Art. 12. (...)

I – relatório anual de execução de atividades, contendo especificamente relatório sobre a execução do objeto do Termo de Parceria e comparativo entre as metas propostas e os resultados alcançados;

(...)

III – extrato da execução física e financeira;

IV – demonstração de resultados do exercício;

V – balanço patrimonial;

VI – demonstração das origens e das aplicações de recursos;

VII – demonstração das mutações do patrimônio social;

VIII – notas explicativas das demonstrações contábeis, caso necessário; e

IX – parecer e relatório de auditoria, na hipótese do art. 19."

Art. 94. Este Decreto entra em vigor na data de sua publicação.

Art. 95. Ficam revogados:

I – o Decreto nº 50.517, de 2 de maio de 1961;

II – o Decreto nº 60.931, de 4 de julho de 1967; e

III – o Decreto nº 3.415, de 19 de abril de 2000.

Brasília, 27 de abril de 2016; 195º da Independência e 128º da República.

DILMA ROUSSEFF

Publicado D.O.U. 28.4.2016

DECRETO Nº 8.727, DE 28 DE ABRIL DE 2016

Dispõe sobre o uso do nome social e o reconhecimento da identidade de gênero de pessoas travestis e transexuais no âmbito da administração pública federal direta, autárquica e fundacional.

▸ *Reconhecimento da identidade de gêneros*

A PRESIDENTA DA REPÚBLICA, no uso da atribuição que lhe confere o art. 84, *caput*, inciso VI, alínea a, da Constituição, e tendo em vista o disposto no art. 1º, *caput*, inciso III, no art. 3º, *caput*, inciso IV; e no art. 5º, *caput*, da Constituição, decreta:

▸ Lei 13.444/2017 – Dispõe sobre a Identificação Civil Nacional (ICN).

▸ Lei 12.037/2009 – Dispõe sobre a identificação criminal do civilmente identificado, regulamentando o art. 5º, inciso LVIII, da CF.

▸ Lei 9.454/1997 – Institui o número único de Registro de Identidade Civil.

Art. 1º. Este Decreto dispõe sobre o uso do nome social e o reconhecimento da identidade de gênero de pessoas travestis ou transexuais no âmbito da administração pública federal direta, autárquica e fundacional.

Parágrafo único. Para os fins deste Decreto, considera-se:

I – nome social – designação pela qual a pessoa travesti ou transexual se identifica e é socialmente reconhecida; e

II – identidade de gênero – dimensão da identidade de uma pessoa que diz respeito à forma como se relaciona com as representações de masculinidade e feminilidade e como isso se traduz em sua prática social, sem guardar relação necessária com o sexo atribuído no nascimento.

Art. 2º. Os órgãos e as entidades da administração pública federal direta, autárquica e fundacional, em seus atos e procedimentos, deverão adotar o nome social da pessoa travesti ou transexual, de acordo com seu requerimento e com o disposto neste Decreto.

Parágrafo único. É vedado o uso de expressões pejorativas e discriminatórias para referir-se a pessoas travestis ou transexuais.

Art. 3º. Os registros dos sistemas de informação, de cadastros, de programas, de serviços, de fichas, de formulários, de prontuários e congêneres dos órgãos e das entidades da administração pública federal direta, autárquica e fundacional deverão conter o campo "nome social" em destaque, acompanhado do nome civil, que será utilizado apenas para fins administrativos internos.

Art. 4º. Constará nos documentos oficiais o nome social da pessoa travesti ou transexual, se requerido expressamente pelo interessado, acompanhado do nome civil.

Art. 5º. O órgão ou a entidade da administração pública federal direta, autárquica e fundacional poderá empregar o nome civil da pessoa travesti ou transexual, acompanhado do nome social, apenas quando estritamente necessário ao atendimento do interesse público e à salvaguarda de direitos de terceiros.

Art. 6º. A pessoa travesti ou transexual poderá requerer, a qualquer tempo, a inclusão de seu nome social em documentos oficiais e nos registros dos sistemas de informação, de cadastros, de programas, de serviços, de fichas, de formulários, de prontuários e congêneres dos órgãos e das entidades da administração pública federal direta, autárquica e fundacional.

Art. 7º. Este Decreto entra em vigor:

I – um ano após a data de sua publicação, quanto ao art. 3º; e

II – na data de sua publicação, quanto aos demais dispositivos.

Brasília, 28 de abril de 2016; 195º da Independência e 128º da República.

DILMA ROUSSEFF

Publicado D.O.U. 29.4.2016

LEI Nº 13.300, DE 23 DE JUNHO DE 2016

Disciplina o processo e o julgamento dos mandados de injunção individual e coletivo e dá outras providências.

› *Mandado de injunção*

O VICE-PRESIDENTE DA REPÚBLICA, no exercício do cargo de PRESIDENTE DA REPÚBLICA: Faço saber que o Congresso Nacional decreta e eu sanciono a seguinte Lei:

Art. 1º. Esta Lei disciplina o processo e o julgamento dos mandados de injunção individual e coletivo, nos termos do inciso LXXI do art. 5º da Constituição Federal.

› CPC/15: art. 1.027.

Art. 2º. Conceder-se-á mandado de injunção sempre que a falta total ou parcial de norma regulamentadora torne inviável o exercício dos direitos e liberdades constitucionais e das prerrogativas inerentes à nacionalidade, à soberania e à cidadania.

Parágrafo único. Considera-se parcial a regulamentação quando forem insuficientes as normas editadas pelo órgão legislador competente.

Art. 3º. São legitimados para o mandado de injunção, como impetrantes, as pessoas naturais ou jurídicas que se afirmam titulares dos direitos, das liberdades ou das prerrogativas referidos no art. 2º e, como impetrado, o Poder, o órgão ou a autoridade com atribuição para editar a norma regulamentadora.

Art. 4º. A petição inicial deverá preencher os requisitos estabelecidos pela lei processual e indicará, além do órgão impetrado, a pessoa jurídica que ele integra ou aquela a que está vinculado.

› CPC/15: art. 319 e ss.

§ 1º. Quando não for transmitida por meio eletrônico, a petição inicial e os documentos que a instruem serão acompanhados de tantas vias quantos forem os impetrados.

§ 2º. Quando o documento necessário à prova do alegado encontrar-se em repartição ou estabelecimento público, em poder de autoridade ou de terceiro, havendo recusa em fornecê-lo por certidão, no original, ou em cópia autêntica, será ordenada, a pedido do impetrante, a exibição do documento no prazo de 10 (dez) dias, devendo, nesse caso, ser juntada cópia à segunda via da petição.

§ 3º. Se a recusa em fornecer o documento for do impetrado, a ordem será feita no próprio instrumento da notificação.

Art. 5º. Recebida a petição inicial, será ordenada:

I – a notificação do impetrado sobre o conteúdo da petição inicial, devendo-lhe ser enviada a segunda via apresentada com as cópias dos documentos, a fim de que, no prazo de 10 (dez) dias, preste informações;

II – a ciência do ajuizamento da ação ao órgão de representação judicial da pessoa jurídica interessada, devendo-lhe ser enviada cópia da petição inicial, para que, querendo, ingresse no feito.

Art. 6º. A petição inicial será desde logo indeferida quando a impetração for manifestamente incabível ou manifestamente improcedente.

› CPC/15: art. 330.

Parágrafo único. Da decisão de relator que indeferir a petição inicial, caberá agravo, em 5 (cinco) dias, para o órgão colegiado competente para o julgamento da impetração.

Art. 7º. Findo o prazo para apresentação das informações, será ouvido o Ministério Público, que opinará em 10 (dez) dias, após o que, com ou sem parecer, os autos serão conclusos para decisão.

Art. 8º. Reconhecido o estado de mora legislativa, será deferida a injunção para:

I – determinar prazo razoável para que o impetrado promova a edição da norma regulamentadora;

II – estabelecer as condições em que se dará o exercício dos direitos, das liberdades ou das prerrogativas reclamados ou, se for o caso, as condições em que poderá o interessado promover ação própria visando a exercê-los, caso não seja suprida a mora legislativa no prazo determinado.

Parágrafo único. Será dispensada a determinação a que se refere o inciso I do *caput* quando comprovado que o impetrado deixou de atender, em mandado de injunção anterior, ao prazo estabelecido para a edição da norma.

Art. 9º. A decisão terá eficácia subjetiva limitada às partes e produzirá efeitos até o advento da norma regulamentadora.

§ 1º. Poderá ser conferida eficácia ultra partes ou erga omnes à decisão, quando isso for inerente ou indispensável ao exercício do direito, da liberdade ou da prerrogativa objeto da impetração.

§ 2º. Transitada em julgado a decisão, seus efeitos poderão ser estendidos aos casos análogos por decisão monocrática do relator.

§ 3º. O indeferimento do pedido por insuficiência de prova não impede a renovação da impetração fundada em outros elementos probatórios.

Art. 10. Sem prejuízo dos efeitos já produzidos, a decisão poderá ser revista, a pedido de qualquer interessado, quando sobrevierem relevantes modificações das circunstâncias de fato ou de direito.

Parágrafo único. A ação de revisão observará, no que couber, o procedimento estabelecido nesta Lei.

Art. 11. A norma regulamentadora superveniente produzirá efeitos ex nunc em relação aos beneficiados por decisão transitada em julgado, salvo se a aplicação da norma editada lhes for mais favorável.

Parágrafo único. Estará prejudicada a impetração se a norma regulamentadora for editada antes da decisão, caso em que o processo será extinto sem resolução de mérito.

Art. 12. O mandado de injunção coletivo pode ser promovido:

I – pelo Ministério Público, quando a tutela requerida for especialmente relevante para a defesa da ordem jurídica, do regime democrático ou dos interesses sociais ou individuais indisponíveis;

II – por partido político com representação no Congresso Nacional, para assegurar o exercício de direitos, liberdades e prerrogativas de seus integrantes ou relacionados com a finalidade partidária;

III – por organização sindical, entidade de classe ou associação legalmente constituída e em funcionamento há pelo menos 1 (um) ano, para assegurar o exercício de direitos, liberdades e prerrogativas em favor da totalidade ou de parte de seus membros ou associados, na forma de seus estatutos e desde que pertinentes a suas finalidades, dispensada, para tanto, autorização especial;

IV – pela Defensoria Pública, quando a tutela requerida for especialmente relevante para a promoção dos direitos humanos e a defesa dos direitos individuais e coletivos dos necessitados, na forma do inciso LXXIV do art. 5º da Constituição Federal.

Parágrafo único. Os direitos, as liberdades e as prerrogativas protegidos por mandado de injunção coletivo são os pertencentes, indistintamente, a uma coletividade indeterminada de pessoas ou determinada por grupo, classe ou categoria.

Art. 13. No mandado de injunção coletivo, a sentença fará coisa julgada limitadamente às pessoas integrantes da coletividade, do grupo, da classe ou da categoria substituídos pelo impetrante, sem prejuízo do disposto nos §§ 1º e 2º do art. 9º.

Parágrafo único. O mandado de injunção coletivo não induz litispendência em relação aos individuais, mas os efeitos da coisa julgada não beneficiarão o impetrante que não requerer a desistência da demanda individual no prazo de 30 (trinta) dias a contar da ciência comprovada da impetração coletiva.

Art. 14. Aplicam-se subsidiariamente ao mandado de injunção as normas do mandado de segurança, disciplinado pela Lei nº 12.016, de 7 de agosto de 2009, e do Código de Processo Civil, instituído pela Lei nº 5.869, de 11 de janeiro de 1973, e pela Lei nº 13.105, de 16 de março de 2015, observado o disposto em seus arts. 1.045 e 1.046.

Art. 15. Esta Lei entra em vigor na data de sua publicação.

Brasília, 23 de junho de 2016; 195º da Independência e 128º da República.

MICHEL TEMER

Publicado no D.O.U. de 24.6.2016

LEI Nº 13.334, DE 13 DE SETEMBRO DE 2016

Cria o Programa de Parcerias de Investimentos – PPI; altera a Lei nº 10.683, de 28 de maio de 2003, e dá outras providências.

› *PPI*

O PRESIDENTE DA REPÚBLICA Faço saber que o Congresso Nacional decreta e eu sanciono a seguinte Lei:

CAPÍTULO I. DO PROGRAMA DE PARCERIAS DE INVESTIMENTOS

Art. 1º. Fica criado, no âmbito da Presidência da República, o Programa de Parcerias de Investimentos – PPI, destinado à ampliação e fortalecimento da interação entre o Estado e a iniciativa privada por meio da celebração de contratos de parceria para a execução de empreendimentos públicos de infraestrutura e de outras medidas de desestatização.

§ 1º. Podem integrar o PPI:

I – os empreendimentos públicos de infraestrutura em execução ou a serem executados por meio de contratos de parceria celebrados pela administração pública direta e indireta da União;

II – os empreendimentos públicos de infraestrutura que, por delegação ou com o fomento da União, sejam executados por meio de contratos de parceria celebrados pela administração pública direta ou indireta dos Estados, do Distrito Federal ou dos Municípios; e

III – as demais medidas do Programa Nacional de Desestatização a que se refere a Lei nº 9.491, de 9 de setembro de 1997; e (Redação dada pela Lei 13.901/2019)

IV – as obras e os serviços de engenharia de interesse estratégico. (Acrescido pela Lei 13.901/2019)

§ 2º. Para os fins desta Lei, consideram-se contratos de parceria a concessão comum, a concessão patrocinada, a concessão administrativa, a concessão regida por legislação setorial, a permissão de serviço público, o arrendamento de bem público, a concessão de direito real e os outros negócios público-privados que, em função de seu caráter estratégico e de sua complexidade, especificidade, volume de investimentos, longo prazo, riscos ou incertezas envolvidos, adotem estrutura jurídica semelhante.

Art. 2º. São objetivos do PPI:

I – ampliar as oportunidades de investimento e emprego e estimular o desenvolvimento tecnológico e industrial, em harmonia com as metas de desenvolvimento social e econômico do País;

II – garantir a expansão com qualidade da infraestrutura pública, com tarifas adequadas;

III – promover ampla e justa competição na celebração das parcerias e na prestação dos serviços;

IV – assegurar a estabilidade e a segurança jurídica, com a garantia da mínima intervenção nos negócios e investimentos; (Redação dada pela Lei 13.901/2019)

V – fortalecer o papel regulador do Estado e a autonomia das entidades estatais de regulação; e (Redação dada pela Lei 13.901/2019).

VI – fortalecer políticas nacionais de integração dos diferentes modais de transporte de pessoas e bens, em conformidade com as políticas de desenvolvimento nacional, regional e urbano, de defesa nacional, de meio ambiente e de segurança das populações, formuladas pelas diversas esferas de governo. (Acrescido pela Lei 13.901/2019)

Art. 3º. Na implementação do PPI serão observados os seguintes princípios:

I – estabilidade das políticas públicas de infraestrutura;

II – legalidade, qualidade, eficiência e transparência da atuação estatal; e

III – garantia de segurança jurídica aos agentes públicos, às entidades estatais e aos particulares envolvidos.

Art. 4º. O PPI será regulamentado por meio de decretos que, nos termos e limites das leis setoriais e da legislação geral aplicável, definirão:

I – as políticas federais de longo prazo para o investimento por meio de parcerias em empreendimentos públicos federais de infraestrutura e para a desestatização;

II – os empreendimentos públicos federais de infraestrutura qualificados para a implantação por parceria; (Redação dada pela Lei 13.901/2019)

▸ Dec. 10.392/2020.

III – as políticas federais de fomento às parcerias em empreendimentos públicos de infraestrutura dos Estados, do Distrito Federal ou dos Municípios; e (Redação dada pela Lei 13.901/2019)

IV – as obras e os serviços de engenharia de interesse estratégico. (Acrescido pela Lei 13.901/2019)

Art. 5º Os projetos qualificados no PPI serão tratados como empreendimentos de interesse estratégico e terão prioridade nacional perante todos os agentes públicos nas esferas administrativa e controladora da União, dos Estados, do Distrito Federal e dos Municípios. (Redação dada pela Lei 13.901/2019)

Art. 6º. Os órgãos, entidades e autoridades da administração pública da União com competências relacionadas aos empreendimentos do PPI formularão programas próprios visando à adoção, na regulação administrativa, independentemente de exigência legal, das práticas avançadas recomendadas pelas melhores experiências nacionais e internacionais, inclusive:

I – edição de planos, regulamentos e atos que formalizem e tornem estáveis as políticas de Estado fixadas pelo Poder Executivo para cada setor regulado, de forma a tornar segura sua execução no âmbito da regulação administrativa, observadas as competências da legislação específica, e mediante consulta pública prévia;

II – eliminação de barreiras burocráticas à livre organização da atividade empresarial;

III – articulação com o Conselho Administrativo de Defesa Econômica – CADE, bem como com a Secretaria de Acompanhamento Econômico – SEAE do Ministério da Fazenda, para fins de compliance com a defesa da concorrência; e

IV – articulação com os órgãos e autoridades de controle, para aumento da transparência das ações administrativas e para a eficiência no recebimento e consideração das contribuições e recomendações.

CAPÍTULO II. DO CONSELHO DO PROGRAMA DE PARCERIAS DE INVESTIMENTOS DA PRESIDÊNCIA DA REPÚBLICA

Art. 7º Fica criado o Conselho do Programa de Parcerias de Investimentos da Presidência da República - CPPI, com as seguintes competências:

I – opinar, previamente à deliberação do Presidente da República, quanto às propostas dos órgãos ou entidades competentes, sobre as matérias previstas no art. 4º desta Lei;

II – acompanhar a execução do PPI;

III – formular propostas e representações fundamentadas aos Chefes do Poder Executivo dos Estados, do Distrito Federal e dos Municípios;

IV – formular recomendações e orientações normativas aos órgãos, entidades e autoridades da administração pública da União;

V – exercer as funções atribuídas:

a) ao órgão gestor de parcerias público-privadas federais pela Lei nº 11.079, de 30 de dezembro de 2004;

b) ao Conselho Nacional de Integração de Políticas de Transporte pela Lei nº 10.233, de 5 de junho de 2001; e

c) ao Conselho Nacional de Desestatização pela Lei nº 9.491, de 9 de setembro de 1997;

VI - editar o seu regimento interno; (Redação dada pela Lei 13.901/2019)

VII - propor medidas que propiciem a integração dos transportes aéreo, aquaviário e terrestre e a harmonização de suas políticas setoriais; (Acrescido pela Lei 13.901/2019)

VIII - definir os elementos de logística do transporte multimodal a serem implementados por órgãos ou entidades da administração pública; (Acrescido pela Lei 13.901/2019)

IX - harmonizar as políticas nacionais de transporte com as políticas de transporte dos Estados, do Distrito Federal e dos Municípios, com vistas à articulação dos órgãos encarregados do gerenciamento dos sistemas viários e da regulação dos transportes interestaduais, intermunicipais e urbanos; (Acrescido pela Lei 13.901/2019)

X - aprovar, em função das características regionais, as políticas de prestação de serviços de transporte às áreas mais remotas ou de difícil acesso do País e submeter ao Presidente da República as medidas específicas para esse fim; e (Acrescido pela Lei 13.901/2019)

XI - aprovar as revisões periódicas das redes de transporte que contemplam as diversas regiões do País e propor ao Presidente da República e ao Congresso Nacional as reformulações do Sistema Nacional de Viação, instituído pela Lei nº 12.379, de 6 de janeiro de 2011, que atendam ao interesse nacional. (Acrescido pela Lei 13.901/2019)

§ 1º. Serão membros do CPPI, com direito a voto: (Redação dada pela Lei nº 13.502, de 2017)

I - o Ministro de Estado Chefe da Casa Civil da Presidência da República, que o presidirá; (Redação dada pela Lei 13.901/2019)

II - o Ministro de Estado Chefe da Secretaria de Governo da Presidência da República; (Redação dada pela Lei 13.901/2019)

III - o Ministro de Estado da Economia; (Redação dada pela Lei 13.901/2019)

IV - o Ministro de Estado da Infraestrutura; (Redação dada pela Lei 13.901/2019)

V - o Ministro de Estado de Minas e Energia; (Acrescido pela Lei 13.502/2017)

VI - (Revogado pela Lei 13.844/2019)

VII - o Ministro de Estado do Meio Ambiente; (Acrescido pela Lei 13.502/2017)

VIII - o Presidente do Banco Nacional de Desenvolvimento Econômico e Social (BNDES); (Acrescido pela Lei 13.502/2017)

IX - o Presidente da Caixa Econômica Federal; e (Acrescido pela Lei 13.502/2017)

X - o Presidente do Banco do Brasil; (Redação dada pela Lei 13.901/2019)

XI - o Ministro de Estado do Desenvolvimento Regional. (Acrescido pela Lei 13.901/2019)

§ 2º. Serão convidados a participar das reuniões do Conselho, sem direito a voto, os ministros setoriais responsáveis pelas propostas ou matérias em exame e, quando for o caso, os dirigentes máximos das entidades reguladoras competentes.

§ 3º. A composição do Conselho do Programa de Parcerias de Investimento da Presidência da República observará, quando for o caso, o § 2º do art. 5º da Lei nº 9.491, de 9 de setembro de 1997.

§ 4º As reuniões do Conselho serão dirigidas pelo Presidente da República ou, em suas ausências ou seus impedimentos, pelo Ministro de Estado Chefe da Casa Civil da Presidência da República. (Redação dada pela Lei 13.901/2019)

§ 5º O Secretário Especial do Programa de Parcerias de Investimentos da Casa Civil da Presidência da República atuará como Secretário-Executivo do CPPI e participará de suas reuniões, sem direito a voto. (Redação dada pela Lei 13.901/2019)

Art. 7º-A. Caberá ao Ministro de Estado Chefe da Casa Civil da Presidência da República, em conjunto com o Ministro titular da pasta setorial correspondente, a prerrogativa de deliberar, nos casos de urgência e relevante interesse, *ad referendum* do CPPI. (Acrescido pela Lei 13.901/2019)

Parágrafo único. A decisão *ad referendum* a que se refere o *caput* deste artigo será submetida ao CPPI na primeira reunião após a deliberação.

CAPÍTULO III. DA SECRETARIA DO PROGRAMA DE PARCERIAS DE INVESTIMENTOS

Art. 8º. O PPI contará com a Secretaria Especial do Programa de Parcerias de Investimentos (SPPI), órgão subordinado à Casa Civil da Presidência da República, com a finalidade de coordenar, monitorar, avaliar e supervisionar as ações do PPI e de apoiar as ações setoriais necessárias à sua execução. (Redação dada pela Lei 13.901/2019)

I – (Revogado pela Lei 13.901/2019)

II - (Revogado pela Lei 13.502/2017)

III - (Revogado pela Lei 13.502/2017)
IV - (Revogado pela Lei 13.901/2019)
V - (Revogado pela Lei 13.502/2017)
VI - (Revogado pela Lei 13.901/2019)

Art. 8º-A. Compete à SPPI: (Acrescido pela Lei 13.901/2019)

I - coordenar, monitorar, avaliar e supervisionar as ações do PPI;

II - fomentar a integração das ações de planejamento dos órgãos setoriais de infraestrutura;

III - acompanhar e subsidiar, no exercício de suas competências, a atuação dos Ministérios, dos órgãos, das entidades setoriais e do Fundo de Apoio à Estruturação de Parcerias (Faep), sem prejuízo das competências legais dos Ministérios, dos órgãos e das entidades setoriais;

IV - apoiar, perante as instituições financeiras federais, as ações de estruturação de projetos que possam ser qualificados no PPI;

V - avaliar a consistência das propostas a serem submetidas para qualificação no PPI;

VI - buscar a qualidade e a consistência técnica dos projetos de parcerias qualificados no PPI;

VII - propor o aprimoramento regulatório nos setores e mercados que possuam empreendimentos qualificados no PPI;

VIII - apoiar o processo de licenciamento ambiental dos empreendimentos qualificados no PPI;

IX - divulgar os projetos do PPI, para permitir o acompanhamento público;

X - acompanhar os empreendimentos qualificados no PPI, para garantir a previsibilidade dos cronogramas divulgados;

XI - articular-se com os órgãos e as autoridades de controle, para garantir o aumento da transparência das ações do PPI;

XII - promover e ampliar o diálogo com agentes de mercado e da sociedade civil organizada, para divulgação de oportunidades de investimentos e aprimoramento regulatório;

XIII - promover a elaboração de estudos para resolução de entraves na implantação e no desenvolvimento de empreendimentos de infraestrutura;

XIV - promover as políticas públicas federais de fomento às parcerias em empreendimentos públicos de infraestrutura dos Estados, do Distrito Federal e dos Municípios;

XV - celebrar acordos, ajustes ou instrumentos congêneres com órgãos ou entidades da administração pública federal, estadual, distrital ou municipal, para a ação coordenada de projetos em regime de cooperação mútua;

XVI - exercer as atividades de Secretaria Executiva do Conselho de Participação no Fundo de Apoio à Estruturação e ao Desenvolvimento de Projetos de Concessão e Parcerias Público-Privadas da União, dos Estados, do Distrito Federal e dos Municípios; e

XVII - coordenar e secretariar o funcionamento do CPPI.

Art. 8º-B. Ao Secretário Especial do PPI compete: (Acrescido pela Lei 13.901/2019)

I – dirigir a SPPI, supervisionar e coordenar as suas atividades e orientar a sua atuação;

II – assessorar o Ministro de Estado Chefe da Casa Civil da Presidência da República nos assuntos relativos à atuação da SPPI, inclusive perante Ministérios, órgãos e entidades setoriais;

III – exercer a orientação normativa e a supervisão técnica quanto às matérias relativas às atribuições da SPPI;

IV – editar e praticar os atos normativos e os demais atos inerentes às suas atribuições;

V – atuar como Secretário-Executivo do CPPI.

Art. 9º. A SPPI deverá dar amplo acesso para o Congresso Nacional aos documentos e informações dos empreendimentos em execução do PPI, fornecendo, em até trinta dias, os dados solicitados.

§ 1º. Ao atender ao disposto no *caput*, a SPPI poderá exigir sigilo das informações fornecidas.

§ 2º. Cabe à SPPI enviar ao Congresso Nacional, até 30 de março do ano subsequente, relatório detalhado contendo dados sobre o andamento dos empreendimentos e demais ações no âmbito do PPI, ocorridos no ano anterior.

Art. 9º-A. A SPPI manterá mecanismos de diálogo com as confederações nacionais patronais setoriais, comissões temáticas e frentes parlamentares do Congresso Nacional do setor de infraestrutura, que poderão contribuir com estudos, pesquisas e análises temáticas para subsídio à tomada de decisões de caráter estratégico para a agenda de infraestrutura do País. (Acrescido pela Lei 13.901/2019, vetado pelo Presidente da República, mantido pelo Congresso Nacional e publicado no DOU de 11.12.2019)

Art. 10. (Revogado pela Lei nº 13.502, de 2017)

CAPÍTULO IV.
DA ESTRUTURAÇÃO DOS PROJETOS

Art. 11. Ao ministério setorial ou órgão com competência para formulação da política setorial cabe, com o apoio da SPPI, a adoção das providências necessárias à inclusão do empreendimento no âmbito do PPI.

Art. 12. Para a estruturação dos projetos que integrem ou que venham a integrar o PPI, o órgão ou entidade competente poderá, sem prejuízo de outros mecanismos previstos na legislação:

I – utilizar a estrutura interna da própria administração pública;

II – contratar serviços técnicos profissionais especializados;

III – abrir chamamento público;

IV – receber sugestões de projetos; (Redação dada pela Lei 13.901/2019)

V – (Revogado pela Lei 13.901/2019)

Art. 13. Observado o disposto no art. 3º da Lei nº 9.491, de 9 de setembro de 1997, e no § 3º do art. 10 da Lei nº 11.079, de 30 de dezembro de 2004, a licitação e celebração de parcerias dos empreendimentos públicos do PPI independem de lei autorizativa geral ou específica.

Art. 13-A. Os contratos de parceria a que se refere esta Lei que vierem a integrar a carteira de projetos do PPI não terão seus projetos licitados antes da submissão das minutas do edital e do contrato a consulta ou audiência pública. (Acrescido pela Lei 13.901/2019)

Parágrafo único. Caberá ao CPPI definir o local da audiência pública a que se refere o *caput* deste artigo.

CAPÍTULO V.
DO FUNDO DE APOIO À ESTRUTURAÇÃO DE PARCERIAS

Art. 14. Fica o BNDES autorizado a constituir e participar do Fundo de Apoio à Estruturação de Parcerias – FAEP, que terá por finalidade a prestação onerosa, por meio de contrato, de serviços técnicos profissionais especializados para a estruturação de parcerias de investimentos e de medidas de desestatização.

§ 1º O FAEP terá natureza privada e patrimônio próprio separado do patrimônio dos cotistas, será sujeito a direitos e obrigações próprios e terá capacidade de celebrar, em seu nome, contratos, acordos ou qualquer ajuste que estabeleça deveres e obrigações e que seja necessário à realização de suas finalidades.

§ 2º. O FAEP possuirá prazo inicial de dez anos, renovável por iguais períodos.

§ 3º. O administrador e os cotistas do FAEP não responderão por qualquer obrigação do Fundo, salvo pela integralização das cotas que subscreverem.

§ 4º. O FAEP será administrado, gerido e representado judicial e extrajudicialmente pelo BNDES.

§ 5º. O FAEP poderá se articular com os órgãos ou entidades da União, dos Estados, do Distrito Federal e dos Municípios cuja atuação funcional seja ligada à estruturação, liberação, licitação, contratação e financiamento de empreendimentos e atividades, para troca de informações e para acompanhamento e colaboração recíproca nos trabalhos.

§ 6º. Constituem recursos do FAEP:

I – os oriundos da integralização de cotas, em moeda corrente nacional, por pessoas jurídicas de direito público, organismos internacionais e pessoas naturais ou jurídicas de direito privado, estatais ou não estatais;

II – as remunerações recebidas por seus serviços;

III – os recebidos pela alienação de bens e direitos, ou de publicações, material técnico, dados e informações;

IV – os rendimentos de aplicações financeiras que realizar; e

V – os recursos provenientes de outras fontes definidas em seu estatuto.

§ 7º. O FAEP destinará parcela do preço recebido por seus serviços como remuneração ao BNDES pela administração, gestão e representação do Fundo, de acordo com o seu estatuto.

§ 8º. O FAEP não pagará rendimentos a seus cotistas, assegurado a qualquer deles o direito de requerer o resgate total ou parcial de suas cotas, fazendo-se a liquidação com base na situação patrimonial do Fundo, sendo vedado o resgate de cotas em valor superior ao montante de recursos financeiros disponíveis ainda não vinculados às estruturações integradas já contratadas, nos termos do estatuto.

§ 9º. O estatuto do FAEP deverá prever medidas que garantam a segurança da informação, de forma a contribuir para a ampla competição e evitar conflitos de interesses nas licitações das parcerias dos empreendimentos públicos.

Art. 15. O FAEP poderá ser contratado diretamente por órgãos e entidades da administração pública para prestar serviços técnicos profissionais especializados visando à estruturação de contratos de parceria e de medidas de desestatização.

Art. 16. Para a execução dos serviços técnicos para os quais houver sido contratado, o FAEP poderá contratar, na forma da legislação, o suporte técnico de pessoas naturais ou jurídicas especializadas, cabendo aos agentes públicos gestores do Fundo, com o apoio da SPPI, a coordenação geral dos trabalhos e a articulação com os demais órgãos e entidades envolvidos.

CAPÍTULO VI.
DA LIBERAÇÃO DE EMPREENDIMENTOS DO PPI

Art. 17. Os órgãos, entidades e autoridades estatais, inclusive as autônomas e independentes, da União, dos Estados, do Distrito Federal e dos Municípios, com competências de cujo exercício dependa a viabilização de empreendimento do PPI, têm o dever de atuar, em conjunto e com eficiência, para que sejam concluídos, de forma uniforme, econômica e em prazo compatível com o caráter prioritário nacional do empreendimento, todos os processos e atos administrativos necessários à sua estruturação, liberação e execução.

§ 1º. Entende-se por liberação a obtenção de quaisquer licenças, autorizações, registros, permissões, direitos de uso ou exploração, regimes especiais, e títulos equivalentes, de natureza regulatória, ambiental, indígena, urbanística, de trânsito, patrimonial pública, hídrica, de proteção do patrimônio cultural, aduaneira, minerária, tributária, e quaisquer outras, necessárias à implantação e à operação do empreendimento.

§ 2º. Os órgãos, entidades e autoridades da administração pública da União com competências setoriais relacionadas aos empreendimentos do PPI convocarão todos os órgãos, entidades e autoridades da União, dos Estados, do Distrito Federal ou dos Municípios, que tenham competência liberatória, para participar da estruturação e execução do projeto e consecução dos objetivos do PPI, inclusive para a definição conjunta do conteúdo dos termos de referência para o licenciamento ambiental.

CAPÍTULO VII.
DISPOSIÇÕES FINAIS

Art. 18. A Lei nº 10.683, de 28 de maio de 2003, passa a vigorar com as seguintes alterações:

"Art. 1º. (...)

(...)

XIV – pela Secretaria do Programa de Parcerias de Investimentos.

(...)

§ 3º Integram, ainda, a Presidência da República a Câmara de Comércio Exterior – CAMEX e o Conselho do Programa de Parcerias de Investimentos."

"Art. 24-F. Compete à Secretaria de Parcerias de Investimento da Presidência da República – SPPI:

I – coordenar, monitorar, avaliar e supervisionar as ações do Programa de Parcerias de Investimentos e o apoio às ações setoriais necessárias à sua execução, sem prejuízo das competências legais dos Ministérios, órgãos e entidades setoriais;

II – acompanhar e subsidiar, no exercício de suas funções de supervisão e apoio, a atuação dos Ministérios, órgãos e entidades setoriais, assim como do Fundo de Apoio à Estruturação de Parcerias – FAEP;

III – divulgar os projetos do PPI, de forma que permita o acompanhamento público;

IV – celebrar ajustes com o Conselho Administrativo de Defesa Econômica – CADE, bem como com a Secretaria de Acompanhamento Econômico – SEAE do Ministério da Fazenda, para o recebimento de contribuições técnicas visando à adoção das melhores práticas nacionais e internacionais de promoção da ampla e justa competição na celebração das parcerias e na prestação dos serviços; e

V – celebrar ajustes ou convênios com órgãos ou entidades da administração pública da União, dos Estados, do Distrito Federal ou dos Municípios, para a ação coordenada ou para o exercício de funções descentralizadas.

§ 1º. A SPPI terá as mesmas prerrogativas ministeriais quanto à utilização de sistemas, em especial, aqueles destinados à tramitação de documentos.

§ 2º. A SPPI tem como estrutura básica o Gabinete, a Secretaria Executiva e até três Secretarias."

Art. 19. Fica criado o Cargo de Natureza Especial – CNE de Secretário-Executivo da SPPI.

Art. 20. A Empresa de Planejamento e Logística – EPL passa a ser vinculada à SPPI, cabendo-lhe prestar apoio ao CPPI.

Art. 21. Aplicam-se as disposições desta Lei, no que couber, aos empreendimentos empresariais privados que, em regime de autorização administrativa, concorram ou convivam, em setor de titularidade estatal ou de serviço público, com empreendimentos públicos a cargo de entidades estatais ou de terceiros contratados por meio das parcerias de que trata esta Lei.

Art. 22. Esta Lei entra em vigor na data de sua publicação.

Brasília, 13 de setembro de 2016; 195º da Independência e 128º da República.

MICHEL TEMER

Publicado no DOU de 13.9.2016 – Edição extra e retificado em 15.9.2016

DECRETO Nº 8.858, DE 26 DE SETEMBRO DE 2016

Regulamenta o disposto no art. 199 da Lei nº 7.210, de 11 de julho de 1984 – Lei de Execução Penal.

- *Algemas*

O PRESIDENTE DA REPÚBLICA, no uso da atribuição que lhe confere o art. 84, *caput*, inciso IV, da Constituição, e tendo em vista o disposto no art. 199 da Lei nº 7.210, de 11 de julho de 1984 – Lei de Execução Penal, decreta:

Art. 1º. O emprego de algemas observará o disposto neste Decreto e terá como diretrizes:

I – o inciso III do *caput* do art. 1º e o inciso III do *caput* do art. 5º da Constituição, que dispõem sobre a proteção e a promoção da dignidade da pessoa humana e sobre a proibição de submissão ao tratamento desumano e degradante;

- CF/88: art. 5º, III.

II – a Resolução nº 2.010/2016, de 22 de julho de 2010, das Nações Unidas sobre o tratamento de mulheres presas e medidas não privativas de liberdade para mulheres infratoras (Regras de Bangkok); e

III – o Pacto de San José da Costa Rica, que determina o tratamento humanitário dos presos e, em especial, das mulheres em condição de vulnerabilidade.

- Decreto 678/1992: Artigo 4º, item 5.

Art. 2º. É permitido o emprego de algemas apenas em casos de resistência e de fundado receio de fuga ou de perigo à integridade física própria ou alheia, causado pelo preso ou por terceiros, justificada a sua excepcionalidade por escrito.

- CPP: art. 292, *caput.*

Art. 3º. É vedado emprego de algemas em mulheres presas em qualquer unidade do sistema penitenciário nacional durante o trabalho de parto, no trajeto da parturiente entre a unidade prisional e a unidade hospitalar e após o parto, durante o período em que se encontrar hospitalizada.

- CPP: art. 292, par. único.

Art. 4º. Este Decreto entra em vigor na data de sua publicação.

Brasília, 26 de setembro de 2016; 195º da Independência e 128º da República.

Michel Temer

Publicado D.O.U. 27.9.2016

LEI Nº 13.344, DE 6 DE OUTUBRO DE 2016

Dispõe sobre prevenção e repressão ao tráfico interno e internacional de pessoas e sobre medidas de atenção às vítimas; altera a Lei nº 6.815, de 19 de agosto de 1980, o Decreto-Lei nº 3.689, de 3 de outubro de 1941 (Código de Processo Penal), e o Decreto-Lei nº 2.848, de 7 de dezembro de 1940 (Código Penal); e revoga dispositivos do Decreto-Lei nº 2.848, de 7 de dezembro de 1940 (Código Penal).

- *Tráfico de pessoas*

O PRESIDENTE DA REPÚBLICA Faço saber que o Congresso Nacional decreta e eu sanciono a seguinte Lei:

- Decreto 7.901/2013 – Institui a Coordenação Tripartite da Política Nacional de Enfrentamento ao Tráfico de Pessoas e o Comitê Nacional de Enfrentamento ao Tráfico de Pessoas (CONATRAP).
- Decreto 5.948/2006 – Aprova a Política Nacional de Enfrentamento ao Tráfico de Pessoas e institui Grupo de Trabalho Interministerial com o objetivo de elaborar proposta do Plano Nacional de Enfrentamento ao Tráfico de Pessoas (PNETP).
- Decreto 5.017/2004 – Promulga o Protocolo Adicional à Convenção das Nações Unidas contra o Crime Organizado Transnacional Relativo à Prevenção, Repressão e Punição do Tráfico de Pessoas, em Especial Mulheres e Crianças. (Protocolo de Palermo)
- Decreto 5.016/2004 – Promulga o Protocolo Adicional à Convenção das Nações Unidas contra o Crime Organizado Transnacional, relativo ao Combate ao Tráfico de Migrantes por Via Terrestre, Marítima e Aérea.
- Decreto 5.015/2004 – Promulga a Convenção das Nações Unidas contra o Crime Organizado Transnacional.
- Decreto 46.981/1959 – Promulga, com o respectivo Protocolo Final, a Convenção para a repressão do tráfico de pessoas e do lenocínio, concluída em Lake Success Nova York, em 21 de março de 1950, e assinada pelo Brasil em 5 de outubro de 1951.
- Lei 13.445/2017 (Lei de Migração).

Art. 1º. Esta Lei dispõe sobre o tráfico de pessoas cometido no território nacional contra vítima brasileira ou estrangeira e no exterior contra vítima brasileira.

- CP: arts. 83, V e 149-A

Parágrafo único. O enfrentamento ao tráfico de pessoas compreende a prevenção e a repressão desse delito, bem como a atenção às suas vítimas.

CAPÍTULO I.
DOS PRINCÍPIOS E DAS DIRETRIZES

Art. 2º. O enfrentamento ao tráfico de pessoas atenderá aos seguintes princípios:

I – respeito à dignidade da pessoa humana;

II – promoção e garantia da cidadania e dos direitos humanos;

III – universalidade, indivisibilidade e interdependência;

IV – não discriminação por motivo de gênero, orientação sexual, origem étnica ou social, procedência, nacionalidade, atuação profissional, raça, religião, faixa etária, situação migratória ou outro status;

V – transversalidade das dimensões de gênero, orientação sexual, origem étnica ou social, procedência, raça e faixa etária nas políticas públicas;

VI – atenção integral às vítimas diretas e indiretas, independentemente de nacionalidade e de colaboração em investigações ou processos judiciais;

VII – proteção integral da criança e do adolescente.

Art. 3º. O enfrentamento ao tráfico de pessoas atenderá às seguintes diretrizes:

I – fortalecimento do pacto federativo, por meio da atuação conjunta e articulada das esferas de governo no âmbito das respectivas competências;

II – articulação com organizações governamentais e não governamentais nacionais e estrangeiras;

III – incentivo à participação da sociedade em instâncias de controle social e das entidades de classe ou profissionais na discussão das políticas sobre tráfico de pessoas;
IV – estruturação da rede de enfrentamento ao tráfico de pessoas, envolvendo todas as esferas de governo e organizações da sociedade civil;
V – fortalecimento da atuação em áreas ou regiões de maior incidência do delito, como as de fronteira, portos, aeroportos, rodovias e estações rodoviárias e ferroviárias;
VI – estímulo à cooperação internacional;
VII – incentivo à realização de estudos e pesquisas e ao seu compartilhamento;
VIII – preservação do sigilo dos procedimentos administrativos e judiciais, nos termos da lei;
IX – gestão integrada para coordenação da política e dos planos nacionais de enfrentamento ao tráfico de pessoas.

CAPÍTULO II. DA PREVENÇÃO AO TRÁFICO DE PESSOAS

Art. 4º. A prevenção ao tráfico de pessoas dar-se-á por meio:

I – da implementação de medidas intersetoriais e integradas nas áreas de saúde, educação, trabalho, segurança pública, justiça, turismo, assistência social, desenvolvimento rural, esportes, comunicação, cultura e direitos humanos;
II – de campanhas socioeducativas e de conscientização, considerando as diferentes realidades e linguagens;
III – de incentivo à mobilização e à participação da sociedade civil; e
IV – de incentivo a projetos de prevenção ao tráfico de pessoas.

CAPÍTULO III. DA REPRESSÃO AO TRÁFICO DE PESSOAS

Art. 5º. A repressão ao tráfico de pessoas dar-se-á por meio:

I – da cooperação entre órgãos do sistema de justiça e segurança, nacionais e estrangeiros;
II – da integração de políticas e ações de repressão aos crimes correlatos e da responsabilização dos seus autores;
III – da formação de equipes conjuntas de investigação.

CAPÍTULO IV. DA PROTEÇÃO E DA ASSISTÊNCIA ÀS VÍTIMAS

Art. 6º. A proteção e o atendimento à vítima direta ou indireta do tráfico de pessoas compreendem:

› Lei 9.807/1999 – Estabelece normas para a organização e a manutenção de programas especiais de proteção a vítimas e a testemunhas ameaçadas, institui o Programa Federal de Assistência a Vítimas e a Testemunhas Ameaçadas e dispõe sobre a proteção de acusados ou condenados que tenham voluntariamente prestado efetiva colaboração à investigação policial e ao processo criminal.

I – assistência jurídica, social, de trabalho e emprego e de saúde;
II – acolhimento e abrigo provisório;
III – atenção às suas necessidades específicas, especialmente em relação a questões de gênero, orientação sexual, origem étnica ou social, procedência, nacionalidade, raça, religião, faixa etária, situação migratória, atuação profissional, diversidade cultural, linguagem, laços sociais e familiares ou outro status;
IV – preservação da intimidade e da identidade;
V – prevenção à revitimização no atendimento e nos procedimentos investigatórios e judiciais;
VI – atendimento humanizado;
VII – informação sobre procedimentos administrativos e judiciais.

§ 1º A atenção às vítimas dar-se-á com a interrupção da situação de exploração ou violência, a sua reinserção social, a garantia de facilitação do acesso à educação, à cultura, à formação profissional e ao trabalho e, no caso de crianças e adolescentes, a busca de sua reinserção familiar e comunitária.

§ 2º No exterior, a assistência imediata a vítimas brasileiras estará a cargo da rede consular brasileira e será prestada independentemente de sua situação migratória, ocupação ou outro status.

§ 3º A assistência à saúde prevista no inciso I deste artigo deve compreender os aspectos de recuperação física e psicológica da vítima.

Art. 7º. A Lei nº 6.815, de 19 de agosto de 1980, passa a vigorar acrescida dos seguintes artigos:

› Alteração incorporada ao texto da referida lei.

CAPÍTULO V. DISPOSIÇÕES PROCESSUAIS

Art. 8º. O juiz, de ofício, a requerimento do Ministério Público ou mediante representação do delegado de polícia, ouvido o Ministério Público, havendo indícios suficientes de infração penal, poderá decretar medidas assecuratórias relacionadas a bens, direitos ou valores pertencentes ao investigado ou acusado, ou existentes em nome de interpostas pessoas, que sejam instrumento, produto ou proveito do crime de tráfico de pessoas, procedendo-se na forma dos arts. 125 a 144-A do Decreto-Lei nº 3.689, de 3 de outubro de 1941 (Código de Processo Penal).

§ 1º. Proceder-se-á à alienação antecipada para preservação do valor dos bens sempre que estiverem sujeitos a qualquer grau de deterioração ou depreciação, ou quando houver dificuldade para sua manutenção.

§ 2º. O juiz determinará a liberação total ou parcial dos bens, direitos e valores quando comprovada a licitude de sua origem, mantendo-se a constrição dos bens, direitos e valores necessários e suficientes à reparação dos danos e ao pagamento de prestações pecuniárias, multas e custas decorrentes da infração penal.

§ 3º. Nenhum pedido de liberação será conhecido sem o comparecimento pessoal do acusado ou investigado, ou de interposta pessoa a que se refere o *caput*, podendo o juiz determinar a prática de atos necessários à conservação de bens, direitos ou valores, sem prejuízo do disposto no § 1º.

§ 4º. Ao proferir a sentença de mérito, o juiz decidirá sobre o perdimento do produto, bem ou valor apreendido, sequestrado ou declarado indisponível.

Art. 9º. Aplica-se subsidiariamente, no que couber, o disposto na Lei nº 12.850, de 2 de agosto de 2013.

Art. 10. O Poder Público é autorizado a criar sistema de informações visando à coleta e à gestão de dados que orientem o enfrentamento ao tráfico de pessoas.

Art. 11. O Decreto-Lei nº 3.689, de 3 de outubro de 1941 (Código de Processo Penal), passa a vigorar acrescido dos seguintes arts. 13-A e 13-B:

› Alterações incorporadas ao texto do referido Decreto-Lei.

Art. 12. O inciso V do art. 83 do Decreto-Lei nº 2.848, de 7 de dezembro de 1940 (Código Penal), passa a vigorar com a seguinte redação:

› Alteração incorporada ao texto do referido Decreto-Lei.

Art. 13. O Decreto-Lei nº 2.848, de 7 de dezembro de 1940 (Código Penal), passa a vigorar acrescido do seguinte art. 149-A:

› Alteração incorporada ao texto do referido Decreto-Lei.

CAPÍTULO VI. DAS CAMPANHAS RELACIONADAS AO ENFRENTAMENTO AO TRÁFICO DE PESSOAS

Art. 14. É instituído o Dia Nacional de Enfrentamento ao Tráfico de Pessoas, a ser comemorado, anualmente, em 30 de julho.

Art. 15. Serão adotadas campanhas nacionais de enfrentamento ao tráfico de pessoas, a serem divulgadas em veículos de comunicação, visando à conscientização da sociedade sobre todas as modalidades de tráfico de pessoas.

CAPÍTULO VII. DISPOSIÇÕES FINAIS

Art. 16. Revogam-se os arts. 231 e 231-A do Decreto-Lei nº 2.848, de 7 de dezembro de 1940 (Código Penal).

Art. 17. Esta Lei entra em vigor após decorridos 45 (quarenta e cinco) dias de sua publicação oficial.

Brasília, 6 de outubro de 2016; 195º da Independência e 128º da República.

MICHEL TEMER

Publicado no DOU de 7.10.2016

DECRETO Nº 8.945, DE 27 DE DEZEMBRO DE 2016

Regulamenta, no âmbito da União, a Lei nº 13.303, de 30 de junho de 2016, que dispõe sobre o estatuto jurídico da empresa pública, da sociedade de economia mista e de suas subsidiárias, no âmbito da União, dos Estados, do Distrito Federal e dos Municípios.

› *Estatuto jurídico da empresa pública de economia mista*

O PRESIDENTE DA REPÚBLICA, no uso das atribuições que lhe confere o art. 84, *caput*, incisos IV e VI, alínea a, da Constituição, e tendo em vista o disposto na Lei nº 13.303, de 30 de junho de 2016, decreta:

CAPÍTULO I. DISPOSIÇÕES PRELIMINARES

SEÇÃO I. DO ÂMBITO DE APLICAÇÃO E DAS DEFINIÇÕES

Art. 1º. Este Decreto regulamenta, no âmbito da União, a Lei nº 13.303, de 30 de junho de 2016, que dispõe sobre o estatuto jurídico da empresa pública, da sociedade de economia mista e de suas subsidiárias.

Parágrafo único. As disposições deste Decreto se aplicam também às empresas estatais sediadas no exterior e às transnacionais, no que couber.

Art. 2º. Para os fins deste Decreto, considera-se:

I – empresa estatal - entidade dotada de personalidade jurídica de direito privado, cuja maioria do capital votante pertença direta ou indiretamente à União;
II – empresa pública - empresa estatal cuja maioria do capital votante pertença diretamente à União e cujo capital social seja constituído de recursos provenientes exclusivamente do setor público;
III – sociedade de economia mista – empresa estatal cuja maioria das ações com direito a voto pertença diretamente à União e cujo capital social admite a participação do setor privado;
IV – subsidiária – empresa estatal cuja maioria das ações com direito a voto pertença di-

reta ou indiretamente a empresa pública ou a sociedade de economia mista;

V – conglomerado estatal – conjunto de empresas estatais formado por uma empresa pública ou uma sociedade de economia mista e as suas respectivas subsidiárias;

VI – sociedade privada – entidade dotada de personalidade jurídica de direito privado, com patrimônio próprio e cuja maioria do capital votante não pertença direta ou indiretamente à União, a Estado, ao Distrito Federal ou a Município; e

VII – administradores – membros do Conselho de Administração e da Diretoria da empresa estatal.

Parágrafo único. Incluem-se no inciso IV do *caput* as subsidiárias integrais e as demais sociedades em que a empresa estatal detenha o controle acionário majoritário, inclusive as sociedades de propósito específico.

SEÇÃO II.
DA CONSTITUIÇÃO DA EMPRESA ESTATAL

Art. 3º. A exploração de atividade econômica pela União será exercida por meio de empresas estatais.

Art. 4º. A constituição de empresa pública ou de sociedade de economia mista, inclusive por meio de aquisição ou assunção de controle acionário majoritário, dependerá de prévia autorização legal que indique, de forma clara, relevante interesse coletivo ou imperativo de segurança nacional, nos termos do *caput* do art. 173 da Constituição.

Art. 5º. O estatuto social da empresa estatal indicará, de forma clara, o relevante interesse coletivo ou o imperativo de segurança nacional, nos termos do *caput* do art. 173 da Constituição.

Art. 6º. A constituição de subsidiária, inclusive sediada no exterior ou por meio de aquisição ou assunção de controle acionário majoritário, dependerá de prévia autorização legal, que poderá estar prevista apenas na lei de criação da empresa pública ou da sociedade de economia mista controladora.

Art. 7º. Na hipótese de a autorização legislativa para a constituição de subsidiária ser genérica, o Conselho de Administração da empresa estatal terá de autorizar, de forma individualizada, a constituição de cada subsidiária.

Parágrafo único. A subsidiária deverá ter objeto social vinculado ao da estatal controladora.

SEÇÃO III.
DAS PARTICIPAÇÕES MINORITÁRIAS

Art. 8º. A participação de empresa estatal em sociedade privada dependerá de:

I – prévia autorização legal, que poderá constar apenas da lei de criação da empresa pública ou da sociedade de economia mista investidora;

II – vinculação com o objeto social da empresa estatal investidora; e

III – na hipótese de a autorização legislativa ser genérica, autorização do Conselho de Administração para participar de cada empresa.

§ 1º. A necessidade de autorização legal para participação em empresa privada não se aplica a operações de tesouraria, adjudicação de ações em garantia e participações autorizadas pelo Conselho de Administração em linha com o plano de negócios da empresa estatal.

§ 2º. A empresa estatal que possuir autorização legislativa para criar subsidiária e também para participar de outras empresas poderá constituir subsidiária cujo objeto social seja participar de outras sociedades, inclusive minoritariamente, desde que o estatuto social autorize expressamente a constituição de subsidiária como empresa de participações e que cada investimento esteja vinculado ao plano de negócios.

§ 3º. O Conselho de Administração da empresa de participações de que trata o § 2º poderá delegar à Diretoria, observada a alçada a ser definida pelo próprio Conselho, a competência para conceder a autorização prevista no inciso III do *caput*.

§ 4º. Não se aplica o disposto no inciso III do *caput* nas hipóteses de exercício, por empresa de participações, de direito de preferência e de prioridade para a manutenção de sua participação na sociedade da qual participa.

Art. 9º. A empresa estatal que detiver participação equivalente a cinquenta por cento ou menos do capital votante em qualquer outra empresa, inclusive transnacional ou sediada no exterior, deverá elaborar política de participações societárias que contenha práticas de governança e controle proporcionais à relevância, à materialidade e aos riscos do negócio do qual participe.

§ 1º. A política referida no *caput* deverá ser aprovada pelo Conselho de Administração da empresa ou, se não houver, de sua controladora, e incluirá:

I – documentos e informações estratégicos do negócio e demais relatórios e informações produzidos por exigência legal ou em razão de acordo de acionistas que sejam considerados essenciais para a defesa de seus interesses na sociedade empresarial investida;

II – relatório de execução do orçamento de capital e de realização de investimentos programados pela sociedade empresarial investida, inclusive quanto ao alinhamento dos custos orçados e dos realizados com os custos de mercado;

III – informe sobre execução da política de transações com partes relacionadas da sociedade empresarial investida;

IV – análise das condições de alavancagem financeira da sociedade empresarial investida;

V – avaliação de inversões financeiras e de processos relevantes de alienação de bens móveis e imóveis da sociedade empresarial investida;

VI – relatório de risco das contratações para execução de obras, fornecimento de bens e prestação de serviços relevantes para os interesses da empresa estatal investidora;

VII – informe sobre execução de projetos relevantes para os interesses da empresa estatal investidora;

VIII – relatório de cumprimento, nos negócios da sociedade empresarial investida, de condicionantes socioambientais estabelecidas pelos órgãos ambientais;

IX – avaliação das necessidades de novos aportes na sociedade empresarial investida e dos possíveis riscos de redução da rentabilidade esperada do negócio; e

X – qualquer outro relatório, documento ou informação produzido pela sociedade empresarial investida, considerado relevante para o cumprimento do comando constante do *caput*.

CAPÍTULO II.
DO REGIME SOCIETÁRIO DAS EMPRESAS ESTATAIS

SEÇÃO I.
DAS NORMAS GERAIS

Art. 10. A sociedade de economia mista será constituída sob a forma de sociedade anônima e estará sujeita ao regime previsto na Lei nº 6.404, de 15 de dezembro de 1976, exceto no que se refere:

I – à quantidade mínima de membros do Conselho de Administração;

II – ao prazo de atuação dos membros do Conselho Fiscal; e

III – às pessoas aptas a propor ação de reparação por abuso do poder de controle e ao prazo prescricional para sua propositura.

§ 1º. O disposto no *caput* aplica-se às subsidiárias de sociedade de economia mista, exceto quanto à constituição facultativa do Conselho de Administração e à possibilidade de adoção da forma de sociedade limitada para subsidiárias em liquidação.

§ 2º. Além das normas previstas neste Decreto, a empresa estatal com registro na Comissão de Valores Mobiliários – CVM se sujeita ao disposto na Lei 6.385, de 7 de dezembro de 1976.

Art. 11. A empresa pública adotará, preferencialmente, a forma de sociedade anônima, que será obrigatória para as suas subsidiárias.

Parágrafo único. A empresa pública não poderá:

I – lançar debêntures ou outros títulos ou valores mobiliários, conversíveis em ações; e

II – emitir partes beneficiárias.

Art. 12. As empresas estatais deverão observar as regras de escrituração e elaboração de demonstrações financeiras contidas na Lei nº 6.404, de 1976, e nas normas da CVM, inclusive quanto à obrigatoriedade de auditoria independente por Auditor registrado naquela Autarquia.

Parágrafo único. As empresas estatais deverão elaborar demonstrações financeiras trimestrais nos termos do *caput* e divulgá-las em sítio eletrônico.

Art. 13. As empresas estatais deverão observar os seguintes requisitos mínimos de transparência:

I – elaboração de carta anual, subscrita pelos membros do Conselho de Administração, com a explicitação dos compromissos de consecução de objetivos de políticas públicas pela empresa estatal e por suas subsidiárias, em atendimento ao interesse coletivo ou ao imperativo de segurança nacional que justificou a autorização de sua criação, com a definição clara dos recursos a serem empregados para esse fim e dos impactos econômico-financeiros da consecução desses objetivos, mensuráveis por meio de indicadores objetivos;

II – adequação do objeto social, estabelecido no estatuto social, às atividades autorizadas na lei de criação;

III – divulgação tempestiva e atualizada de informações relevantes, em especial aquelas relativas a atividades desenvolvidas, estrutura de controle, fatores de risco, dados econômico-financeiros, comentários dos administradores sobre desempenho, políticas e práticas de governança corporativa e descrição da composição e da remuneração da administração;

IV – elaboração e divulgação de política de divulgação de informações, em conformidade com a legislação em vigor e com as melhores práticas;

V – elaboração de política de distribuição de dividendos, à luz do interesse público que justificou a criação da empresa estatal;

VI – divulgação, em notas explicativas às demonstrações financeiras, dos dados operacionais e financeiros das atividades relacionadas à consecução dos fins de interesse coletivo ou de imperativo de segurança nacional que justificou a criação da empresa estatal;

VII – elaboração e divulgação da política de transações com partes relacionadas, que abranja também as operações com a União e com as demais empresas estatais, em conformidade com os requisitos de competitividade, conformidade, transparência, equidade e comutatividade, que deverá ser revista, no mínimo, anualmente e aprovada pelo Conselho de Administração;

VIII – ampla divulgação, ao público em geral, de carta anual de governança corporativa, que consolide em um único documento escrito, em linguagem clara e direta, as informações de que trata o inciso III;

IX – divulgação anual de relatório integrado ou de sustentabilidade; e

X – divulgação, em local de fácil acesso ao público em geral, dos Relatórios Anuais de Atividades de Auditoria Interna – RAINT, assegurada a proteção das informações sigilosas e das informações pessoais, nos termos do art. 6º, *caput*, inciso III, da Lei nº 12.527, de 18 de novembro de 2011.

§ 1º. Para fins de cumprimento do disposto neste artigo, a empresa estatal deverá elaborar carta anual única para os fins dos incisos I e III do *caput*, conforme modelo disponibilizado no sítio eletrônico do Ministério do Planejamento, Desenvolvimento e Gestão.

§ 2º. O interesse público da empresa estatal, respeitadas as razões que motivaram a autorização legislativa, manifesta-se por meio do alinhamento entre seus objetivos e aqueles de políticas públicas, na forma explicitada na carta anual a que se refere o inciso I do *caput*.

§ 3º. As obrigações e responsabilidades que a empresa estatal assuma em condições distintas às do setor em que atua deverão:

I – estar claramente definidas em lei ou regulamento e estarem previstas em contrato, convênio ou ajuste celebrado com o ente público competente para estabelecê-las, observada a ampla publicidade desses instrumentos; e

II – ter seu custo e suas receitas discriminados e divulgados de forma transparente, inclusive no plano contábil.

§ 4º. Além das obrigações contidas neste artigo, as empresas estatais com registro na CVM sujeitam-se ao regime de informações e às regras de divulgação estabelecidos por essa Autarquia.

§ 5º. Os documentos resultantes do cumprimento dos requisitos de transparência constantes dos incisos I a X do *caput* deverão ser divulgados no sítio eletrônico da empresa de forma permanente e cumulativa.

Art. 14. As subsidiárias poderão cumprir as exigências estabelecidas por este Decreto por meio de compartilhamento de custos, estruturas, políticas e mecanismos de divulgação com sua controladora.

SEÇÃO II. GESTÃO DE RISCOS E CONTROLE INTERNO

Art. 15. A empresa estatal adotará regras de estruturas e práticas de gestão de riscos e controle interno que abranjam:

I – ação dos administradores e empregados, por meio da implementação cotidiana de práticas de controle interno;

II – área de integridade e de gestão de riscos; e

III – auditoria interna e Comitê de Auditoria Estatutário.

Art. 16. A área de integridade e gestão de riscos terá suas atribuições previstas no estatuto social, com mecanismos que assegurem atuação independente, e deverá ser vinculada diretamente ao Diretor-Presidente, podendo ser conduzida por ele próprio ou por outro Diretor estatutário.

§ 1º. O Diretor estatutário referido no *caput* poderá ter outras competências.

§ 2º. O estatuto social preverá, ainda, a possibilidade de a área de integridade se reportar diretamente ao Conselho de Administração da empresa ou, se não houver, ao Conselho de Administração da controladora, nas situações em que houver suspeita do envolvimento do Diretor-Presidente em irregularidades ou quando este deixar de adotar as medidas necessárias em relação à situação a ele relatada.

§ 3º. Serão enviados relatórios trimestrais ao Comitê de Auditoria Estatutário sobre as atividades desenvolvidas pela área de integridade.

Art. 17. A auditoria interna deverá:

I – auxiliar o Conselho de Administração da empresa ou, se não houver, de sua controladora, ao qual se reportará diretamente; e

II – ser responsável por aferir a adequação do controle interno, a efetividade do gerenciamento dos riscos e dos processos de governança e a confiabilidade do processo de coleta, mensuração, classificação, acumulação, registro e divulgação de eventos e transações, visando ao preparo de demonstrações financeiras.

Art. 18. Será elaborado e divulgado pela empresa estatal Código de Conduta e Integridade, que disporá sobre:

I – princípios, valores e missão da empresa estatal, além de orientações sobre a prevenção de conflito de interesses e vedação de atos de corrupção e fraude;

II – instâncias internas responsáveis pela atualização e aplicação do Código de Conduta e Integridade;

III – canal de denúncias que possibilite o recebimento de denúncias internas e externas relativas ao descumprimento do Código de Conduta e Integridade e das demais normas internas de ética e obrigacionais;

IV – mecanismos de proteção que impeçam qualquer espécie de retaliação à pessoa que utilize o canal de denúncias;

V – sanções aplicáveis em caso de violação às regras do Código de Conduta e Integridade; e

VI – previsão de treinamento periódico, no mínimo anual, sobre o Código de Conduta e Integridade, para empregados e administradores, e sobre a política de gestão de riscos, para administradores.

Art. 19. A empresa estatal deverá:

I – divulgar toda e qualquer forma de remuneração dos administradores e Conselheiros Fiscais, de forma detalhada e individual; e

II – adequar constantemente suas práticas ao Código de Conduta e Integridade e a outras regras de boa prática de governança corporativa, na forma estabelecida por este Decreto e pela Comissão Interministerial de Governança Corporativa e de Administração de Participações Societárias da União – CGPAR.

Art. 20. A empresa estatal poderá utilizar a arbitragem para solucionar as divergências entre acionistas e sociedade, ou entre acionistas controladores e acionistas minoritários, nos termos previstos em seu estatuto social.

SEÇÃO III. DO COMITÊ DE ELEGIBILIDADE

Art. 21. A empresa estatal criará comitê de elegibilidade estatutário com as seguintes competências:

I – opinar, de modo a auxiliar os acionistas na indicação de administradores e Conselheiros Fiscais sobre o preenchimento dos requisitos e a ausência de vedações para as respectivas eleições; e

II – verificar a conformidade do processo de avaliação dos administradores e dos Conselheiros Fiscais.

§ 1º. O comitê de elegibilidade estatutário deliberará por maioria de votos, com registro em ata.

§ 2º. A ata deverá ser lavrada na forma de sumário dos fatos ocorridos, inclusive das dissidências e dos protestos, e conter a transcrição apenas das deliberações tomadas.

§ 3º. O comitê de elegibilidade estatutário poderá ser constituído por membros de outros comitês, preferencialmente o de auditoria, por empregados ou Conselheiros de Administração, observado o disposto nos arts. 156 e 165 da Lei nº 6.404, de 1976, sem remuneração adicional.

Art. 22. O órgão ou a entidade da administração pública federal responsável pelas indicações de administradores e Conselheiros Fiscais encaminhará:

I – formulário padronizado para análise do comitê ou da comissão de elegibilidade da empresa estatal, acompanhado dos documentos comprobatórios e da sua análise prévia de compatibilidade; e

II – nome e dados da indicação à Casa Civil da Presidência da República, para fins de aprovação prévia.

§ 1º. O formulário padronizado será disponibilizado no sítio eletrônico do Ministério do Planejamento, Desenvolvimento e Gestão.

§ 2º. O comitê ou a comissão de elegibilidade deverá opinar, no prazo de oito dias úteis, contado da data de recebimento do formulário padronizado, sob pena de aprovação tácita e responsabilização dos seus membros caso se comprove o descumprimento de algum requisito.

§ 3º. Após a manifestação do comitê ou da comissão de elegibilidade, o órgão ou a entidade da administração pública responsável pela indicação do Conselheiro deverá encaminhar sua decisão final de compatibilidade para a Procuradoria-Geral da Fazenda Nacional, no caso de indicação da União para empresa pública ou sociedade de economia mista, ou para a empresa controladora, no caso de indicação para subsidiárias.

§ 4º. As indicações dos acionistas minoritários e dos empregados também deverão ser feitas por meio do formulário padronizado disponibilizado pelo Ministério do Planejamento, Desenvolvimento e Gestão e, caso não sejam submetidas previamente ao comitê ou à comissão de elegibilidade, serão verificadas pela secretaria da assembleia ou pelo Conselho de Administração no momento da eleição.

Art. 23. O órgão ou a entidade da administração pública federal responsável pela indicação de administradores ou Conselheiros Fiscais preservará a independência dos membros estatutários no exercício de suas funções.

SEÇÃO IV. DO ESTATUTO SOCIAL

Art. 24. O estatuto social da empresa estatal deverá conter as seguintes regras mínimas:

I – constituição do Conselho de Administração, com, no mínimo, sete e, no máximo, onze membros;

II – definição de, no mínimo, um requisito específico adicional para o cargo de Diretor, em relação ao cargo de Conselheiro de Administração, observado o quantitativo mínimo de três Diretores;

III – avaliação de desempenho, individual e coletiva, de periodicidade anual, dos membros estatutários, observados os seguintes quesitos mínimos para os administradores:

a) exposição dos atos de gestão praticados quanto à licitude e à eficácia da ação administrativa;

b) contribuição para o resultado do exercício; e

c) consecução dos objetivos estabelecidos no plano de negócios e atendimento à estratégia de longo prazo;

IV – constituição obrigatória do Conselho Fiscal e funcionamento de modo permanente;

V – constituição obrigatória do Comitê de Auditoria Estatutário e funcionamento de modo permanente, ficando autorizada a criação de comitê único pelas empresas que possuam subsidiária em sua estrutura;

VI – prazo de gestão unificado para os membros do Conselho de Administração, não superior a dois anos, sendo permitidas, no máximo, três reconduções consecutivas;

VII – prazo de gestão unificado para os membros da Diretoria, não superior a dois anos, permitidas, no máximo, três reconduções consecutivas;

VIII – segregação das funções de Presidente do Conselho de Administração e Presidente da empresa; e

IX – prazo de atuação dos membros do Conselho Fiscal não superior a dois anos, sendo permitidas, no máximo, duas reconduções consecutivas.

§ 1º. A constituição do Conselho de Administração é facultativa para as empresas subsidiárias de capital fechado, nos termos do art. 31.

§ 2º. No prazo a que se referem os incisos VI, VII e IX do *caput* serão considerados os períodos anteriores de gestão ou de atuação ocorridos há menos de dois anos e a transferência de Diretor para outra Diretoria da mesma empresa estatal.

§ 3º. Para fins do disposto no inciso VII do *caput*, no caso de instituição financeira pública federal ou de empresa estatal de capital aberto, não se considera recondução a eleição de Diretor para atuar em outra Diretoria da mesma empresa estatal.

§ 4º. Atingidos os prazos máximos a que se referem os incisos VI, VII e IX do *caput*, o retorno de membro estatutário para uma mesma empresa só poderá ocorrer após decorrido período equivalente a um prazo de gestão ou de atuação.

SEÇÃO V.
DO ACIONISTA CONTROLADOR

Art. 25. O acionista controlador da empresa estatal responderá pelos atos praticados com abuso de poder, nos termos da Lei nº 6.404, de 1976.

Art. 26. A pessoa jurídica que controla a empresa estatal tem os deveres e as responsabilidades do acionista controlador, estabelecidos na Lei nº 6.404, de 1976, e deverá exercer o poder de controle no interesse da empresa estatal, respeitado o interesse público que justificou a sua criação.

SEÇÃO VI.
DO ADMINISTRADOR E DA ASSEMBLEIA GERAL

Art. 27. Sem prejuízo do disposto na Lei nº 13.303, de 2016, e em outras leis específicas, o administrador de empresa estatal é submetido às normas previstas na Lei nº 6.404, de 1976, inclusive quanto às regras de eleição, destituição e remuneração.

§ 1º. A remuneração dos administradores será sempre fixada pela assembleia geral.

§ 2º. O voto da União na assembleia geral que fixar a remuneração dos administradores das empresas estatais federais observará a orientação da Secretaria de Coordenação e Governança das Empresas Estatais do Ministério do Planejamento, Desenvolvimento e Gestão.

§ 3º. Toda empresa estatal disporá de assembleia geral, que será regida pelo disposto na Lei nº 6.404, de 1976, inclusive quanto à sua competência para alterar o capital social e o estatuto social da empresa e para eleger e destituir seus Conselheiros a qualquer tempo.

SEÇÃO VII.
DOS REQUISITOS PARA SER ADMINISTRADOR DE EMPRESAS ESTATAIS

Art. 28. Os administradores das empresas estatais deverão atender os seguintes requisitos obrigatórios:

I – ser cidadão de reputação ilibada;

II – ter notório conhecimento compatível com o cargo para o qual foi indicado;

III – ter formação acadêmica compatível com o cargo para o qual foi indicado; e

IV – ter, no mínimo, uma das experiências profissionais abaixo:

a) dez anos, no setor público ou privado, na área de atuação da empresa estatal ou em área conexa àquela para a qual forem indicados em função de direção superior, ou dez anos na área de atuação da empresa estatal ou em área conexa ao cargo para o qual foi indicado;

b) quatro anos em cargo de Diretor, de Conselheiro de Administração, de membro de comitê de auditoria ou de chefia superior em empresa de porte ou objeto social semelhante ao da empresa estatal, entendendo-se como cargo de chefia superior aquele situado nos dois níveis hierárquicos não estatutários mais altos da empresa;

c) quatro anos em cargo em comissão ou função de confiança equivalente a nível 4, ou superior, do Grupo-Direção e Assessoramento Superiores – DAS, em pessoa jurídica de direito público interno;

d) quatro anos em cargo de docente ou de pesquisador, de nível superior na área de atuação da empresa estatal; ou

e) quatro anos como profissional liberal em atividade vinculada à área de atuação da empresa estatal.

§ 1º. A formação acadêmica deverá contemplar curso de graduação ou pós-graduação reconhecido ou credenciado pelo Ministério da Educação.

§ 2º. As experiências mencionadas em alíneas distintas do inciso IV do *caput* não poderão ser somadas para a apuração do tempo requerido.

§ 3º. As experiências mencionadas em uma mesma alínea do inciso IV do *caput* poderão ser somadas para a apuração do tempo requerido, desde que relativas a períodos distintos.

§ 4º. Somente pessoas naturais poderão ser eleitas para o cargo de administrador de empresas estatais.

§ 5º. Os Diretores deverão residir no País.

§ 6º. Aplica-se o disposto neste artigo aos administradores das empresas estatais, inclusive aos representantes dos empregados e dos acionistas minoritários, e também às indicações da União ou das empresas estatais para o cargo de administrador em suas participações minoritárias em empresas estatais de outros entes federativos.

SEÇÃO VIII.
DAS VEDAÇÕES PARA INDICAÇÃO PARA COMPOR O CONSELHO DE ADMINISTRAÇÃO

Art. 29. É vedada a indicação para o Conselho de Administração e para a Diretoria:

I – de representante do órgão regulador ao qual a empresa estatal está sujeita;

II – de Ministro de Estado, de Secretário Estadual e de Secretário Municipal;

III – de titular de cargo em comissão na administração pública federal, direta ou indireta, sem vínculo permanente com o serviço público;

IV – de dirigente estatutário de partido político e de titular de mandato no Poder Legislativo de qualquer ente federativo, ainda que licenciado;

V – de parentes consanguíneos ou afins até o terceiro grau das pessoas mencionadas nos incisos I a IV;

VI – de pessoa que atuou, nos últimos trinta e seis meses, como participante de estrutura decisória de partido político;

VII – de pessoa que atuou, nos últimos trinta e seis meses, em trabalho vinculado a organização, estruturação e realização de campanha eleitoral;

VIII – de pessoa que exerça cargo em organização sindical;

IX – de pessoa física que tenha firmado contrato ou parceria, como fornecedor ou comprador, demandante ou ofertante, de bens ou serviços de qualquer natureza, com a União, com a própria estatal ou com empresa estatal do seu conglomerado estatal, nos três anos anteriores à data de sua nomeação;

X – de pessoa que tenha ou possa ter qualquer forma de conflito de interesse com a pessoa político-administrativa controladora da empresa estatal ou com a própria estatal; e

XI – de pessoa que se enquadre em qualquer uma das hipóteses de inelegibilidade previstas nas alíneas do inciso I do *caput* do art. 1º da Lei Complementar 64, de 18 de maio de 1990.

§ 1º. Aplica-se a vedação do inciso III do *caput* ao servidor ou ao empregado público aposentado que seja titular de cargo em comissão da administração pública federal direta ou indireta.

§ 2º. Aplica-se o disposto neste artigo a todos os administradores das empresas estatais, inclusive aos representantes dos empregados e dos minoritários, e também às indicações da União ou das empresas estatais para o cargo de administrador em suas participações minoritárias em empresas estatais de outros entes federativos.

SEÇÃO IX.
DA VERIFICAÇÃO DOS REQUISITOS E DAS VEDAÇÕES PARA ADMINISTRADORES E CONSELHEIROS FISCAIS

Art. 30. Os requisitos e as vedações para administradores e Conselheiros Fiscais são de aplicação imediata e devem ser observados nas nomeações e nas eleições realizadas a partir da data de publicação deste Decreto, inclusive nos casos de recondução.

§ 1º. Os requisitos deverão ser comprovados documentalmente, na forma exigida pelo formulário padronizado, disponibilizado no sítio eletrônico do Ministério do Planejamento, Desenvolvimento e Gestão.

§ 2º. Será rejeitado o formulário que não estiver acompanhado dos documentos comprobatórios.

§ 3º. O indicado apresentará declaração de que não incorre em nenhuma das hipóteses de vedação, nos termos do formulário padronizado.

SEÇÃO X.
DO CONSELHO DE ADMINISTRAÇÃO

Art. 31. Todas as empresas estatais, ressalvadas as subsidiárias de capital fechado, deverão ter Conselho de Administração.

Art. 32. Sem prejuízo das competências previstas no art. 142 da Lei nº 6.404, de 1976, e das demais atribuições previstas na Lei nº 13.303, de 2016, compete ao Conselho de Administração:

I – discutir, aprovar e monitorar decisões que envolvam práticas de governança corporativa, relacionamento com partes interessadas, política de gestão de pessoas e código de conduta dos agentes;

II – implementar e supervisionar os sistemas de gestão de riscos e de controle interno estabelecidos para a prevenção e a mitigação dos principais riscos a que está exposta a empresa estatal, inclusive os riscos relacionados à integridade das informações contábeis e financeiras e aqueles relacionados à ocorrência de corrupção e fraude;

III – estabelecer política de divulgação de informações para mitigar o risco de contradição entre as diversas áreas e os executivos da empresa estatal; e

IV – avaliar os Diretores da empresa estatal, nos termos do inciso III do *caput* do art. 24, podendo contar com apoio metodológico e procedimental do comitê de elegibilidade estatutário referido no art. 21.

§ 1º. Na hipótese de não ter sido constituído Conselho de Administração, as competências previstas no *caput* serão exercidas pela Diretoria.

§ 2º. É vedada a existência de membro suplente no Conselho de Administração, inclusive para representante dos empregados.

Art. 33. No Conselho de Administração, é garantida a participação de:

I – um representante dos empregados, escolhido nos termos da Lei nº 12.353, de 28 de dezembro de 2010, inclusive quanto à eleição direta pelos empregados e à dispensa para empresas com menos de duzentos empregados; e

II – no mínimo, um representante dos acionistas minoritários, eleito nos termos da Lei nº 6.404, de 1976.

Art. 34. A remuneração mensal devida aos membros dos Conselhos de Administração da empresa estatal não excederá a dez por cento da remuneração mensal média dos Diretores da empresa, excluídos os valores relativos a adicional de férias e benefícios, sendo vedado o pagamento de participação, de qualquer espécie, nos lucros da empresa.

Art. 35. É vedada a participação remunerada de membros da administração pública federal, direta ou indireta, em mais de dois órgãos colegiados de empresa estatal, incluídos os Conselhos de Administração e Fiscal e os Comitês de Auditoria.

§ 1º. Incluem-se na vedação do *caput* os servidores ou os empregados públicos de quaisquer dos Poderes da União, concursados ou não, exceto se estiverem licenciados sem remuneração, e os Diretores das empresas estatais de qualquer ente federativo.

§ 2º. Incluem-se na vedação do *caput* os inativos ocupantes de cargo em comissão na administração pública federal direta ou indireta.

Art. 36. A composição do Conselho de Administração deve ter, no mínimo, vinte e cinco por cento de membros independentes.

§ 1º. O Conselheiro de Administração independente caracteriza-se por:

I – não ter vínculo com a empresa estatal ou com empresa de seu conglomerado estatal, exceto quanto à participação em Conselho de Administração da empresa controladora ou à participação em seu capital social;

II – não ser cônjuge ou parente consanguíneo ou afim ou por adoção, até o terceiro grau, de chefe do Poder Executivo, de Ministro de Estado, de Secretário de Estado, do Distrito Federal ou de Município ou de administrador da empresa estatal ou de empresa de seu conglomerado estatal;

III – não ter mantido, nos últimos três anos, vínculo de qualquer natureza com a empresa estatal ou com os seus controladores, que possa vir a comprometer a sua independência;

IV – não ser ou não ter sido, nos últimos três anos, empregado ou Diretor da empresa estatal, de empresa de seu conglomerado estatal ou de empresa coligada;

V – não ser fornecedor ou comprador, direto ou indireto, de serviços ou produtos da empresa estatal ou de empresa de seu conglomerado estatal;

VI – não ser empregado ou administrador de empresa ou entidade que ofereça ou demande serviços ou produtos à empresa estatal ou à empresa de seu conglomerado estatal; e

VII – não receber outra remuneração da empresa estatal ou de empresa de seu conglomerado estatal, além daquela relativa ao cargo de Conselheiro, exceto a remuneração decorrente de participação no capital da empresa.

§ 2º. Na hipótese de o cálculo do número de Conselheiros independentes não resultar em número inteiro, será feito o arredondamento:

I – para mais, quando a fração for igual ou superior a cinco décimos; e

II – para menos, quando a fração for inferior a cinco décimos.

§ 3º. Para os fins deste artigo, serão considerados independentes os Conselheiros eleitos por acionistas minoritários, mas não aqueles eleitos pelos empregados.

§ 4º. O Ministério supervisor ao qual a empresa estatal esteja vinculada, ou sua controladora, deverá indicar os membros independentes do Conselho de Administração de que trata o *caput*, caso os demais acionistas não o façam.

Art. 37. É condição para a investidura em cargo de Diretoria da empresa estatal a assunção de compromisso com metas e resultados específicos a serem alcançados, que deverá ser aprovado pelo Conselho de Administração, ao qual incumbe fiscalizar o seu cumprimento.

§ 1º. Sem prejuízo do disposto no *caput*, a Diretoria deverá apresentar, até a última reunião ordinária do Conselho de Administração do ano anterior, a quem compete sua aprovação:

I – o plano de negócios para o exercício anual seguinte; e

II – a estratégia de longo prazo atualizada com análise de riscos e oportunidades para, no mínimo, os cinco anos seguintes.

§ 2º. Na hipótese de não ter sido constituído Conselho de Administração, a Diretoria-Executiva aprovará o plano de negócios e a estratégia de longo prazo.

§ 3º. Compete ao Conselho de Administração da empresa, se houver, ou de sua controladora, sob pena de seus integrantes responderem por omissão, promover anualmente análise quanto ao atendimento das metas e dos resultados na execução do plano de negócios e da estratégia de longo prazo, devendo publicar suas conclusões e informá-las ao Congresso Nacional e ao Tribunal de Contas da União.

§ 4º. Excluem-se da obrigação de publicação a que se refere o § 3º as informações de natureza estratégica cuja divulgação possa ser comprovadamente prejudicial ao interesse da empresa estatal.

§ 5º. O atendimento das metas e dos resultados na execução do plano de negócios e da estratégia de longo prazo deverá gerar reflexo financeiro para os Diretores das empresas estatais, inclusive nas empresas dependentes ou deficitárias, sob a forma de remuneração variável, nos termos estabelecidos pela Secretaria de Coordenação e Governança das Empresas Estatais do Ministério do Planejamento, Desenvolvimento e Gestão.

SEÇÃO XI.
DO COMITÊ DE AUDITORIA ESTATUTÁRIO

Art. 38. A empresa estatal deverá possuir Comitê de Auditoria Estatutário como órgão auxiliar do Conselho de Administração da empresa, se houver, ou de sua controladora, ao qual se reportará diretamente, observado o disposto no art. 16.

§ 1º. Competirá ao Comitê de Auditoria Estatutário, sem prejuízo de outras competências previstas em lei:

I – opinar sobre a contratação e a destituição de auditor independente;

II – supervisionar as atividades dos auditores independentes e avaliar a sua independência, a qualidade dos serviços prestados e a adequação de tais serviços às necessidades da empresa estatal;

III – supervisionar as atividades desenvolvidas nas áreas de controle interno, de auditoria interna e de elaboração das demonstrações financeiras da empresa estatal;

IV – monitorar a qualidade e a integridade dos mecanismos de controle interno, das demonstrações financeiras e das informações e medições divulgadas pela empresa estatal;

V – avaliar e monitorar a exposição ao risco da empresa estatal e requerer, entre outras, informações detalhadas sobre políticas e procedimentos referentes a:

a) remuneração da administração;

b) utilização de ativos da empresa estatal; e

c) gastos incorridos em nome da empresa estatal;

VI – avaliar e monitorar, em conjunto com a administração da estatal e a área de auditoria interna, a adequação e a divulgação das transações com partes relacionadas;

VII – elaborar relatório anual com informações sobre as atividades, os resultados, as conclusões e as suas recomendações, e registrar, se houver, as divergências significativas entre administração, auditoria independente e o Comitê de Auditoria Estatutário em relação às demonstrações financeiras; e

VIII – avaliar a razoabilidade dos parâmetros em que se fundamentam os cálculos atuariais e o resultado atuarial dos planos de benefícios mantidos pelo fundo de pensão, quando a empresa estatal for patrocinadora de entidade fechada de previdência complementar .

§ 2º. O Comitê de Auditoria Estatutário deverá possuir meios para receber denúncias, inclusive de caráter sigiloso, internas e externas à empresa estatal, em matérias relacionadas às suas atividades.

§ 3º. O Comitê de Auditoria Estatutário deverá realizar, no mínimo, quatro reuniões mensais nas empresas de capital aberto e nas instituições financeiras, ou, no mínimo, duas reuniões nas demais empresas estatais.

§ 4º. A empresa estatal deverá divulgar as atas das reuniões do Comitê de Auditoria Estatutário.

§ 5º. Na hipótese de o Conselho de Administração considerar que a divulgação da ata possa pôr em risco interesse legítimo da empresa estatal, apenas o seu extrato será divulgado.

§ 6º. A restrição de que trata o § 5º não será oponível aos órgãos de controle, que terão total e irrestrito acesso ao conteúdo das atas do Comitê de Auditoria Estatutário, observada a transferência de sigilo.

§ 7º. O Comitê de Auditoria Estatutário deveria possuir autonomia operacional e dotação orçamentária, anual ou por projeto, nos limites aprovados pelo Conselho de Administração, para conduzir ou determinar a realização de consultas, avaliações e investigações relacionadas às suas atividades, inclusive com a contratação e a utilização de especialistas externos independentes.

§ 8º. A remuneração dos membros do Comitê de Auditoria Estatutário será fixada pela assembleia geral, em montante não inferior à remuneração dos Conselheiros Fiscais.

§ 9º. Os membros do Conselho de Administração poderão ocupar cargo no Comitê de Auditoria Estatutário da própria empresa, desde que optem pela remuneração de membro do referido Comitê.

Art. 39. O Comitê de Auditoria Estatutário, eleito e destituído pelo Conselho de Administração, será integrado por, no mínimo, três membros e, no máximo, cinco membros.

§ 1º. São condições mínimas para integrar o Comitê de Auditoria Estatutário:

I – não ser ou ter sido, nos doze meses anteriores à nomeação para o Comitê:

a) Diretor, empregado ou membro do Conselho Fiscal da empresa estatal ou de sua controladora, subsidiária, coligada ou sociedade em controle comum, direta ou indireta; e

b) responsável técnico, Diretor, gerente, supervisor ou qualquer outro integrante com função de gerência de equipe envolvida nos trabalhos de auditoria na empresa estatal;

II – não ser cônjuge ou parente consanguíneo ou afim ou por adoção, até o segundo grau, das pessoas referidas no inciso I;

III – não receber qualquer outro tipo de remuneração da empresa estatal ou de sua controladora, subsidiária, coligada ou sociedade em controle comum, direta ou indireta, que não seja aquela relativa à função de membro do Comitê de Auditoria Estatutário;

IV – não ser ou ter sido ocupante de cargo público efetivo, ainda que licenciado, ou de cargo em comissão na administração pública federal direta, nos doze meses anteriores à nomeação para o Comitê de Auditoria Estatutário; e

V – não se enquadrar nas vedações de que tratam os incisos I, IV, IX, X e XI do *caput* do art. 29.

§ 2º. O Comitê de Auditoria Estatutário será composto de modo que a maioria dos membros observe também as demais vedações de que trata o art. 29.

§ 3º. O disposto na alínea a do inciso I do § 1º não se aplica a empregado de empresa estatal não vinculada ao mesmo conglomerado estatal.

§ 4º. O disposto no inciso IV do § 1º se aplica a servidor de autarquia ou fundação que tenha atuação nos negócios da empresa estatal.

§ 5º. Os membros do Comitê de Auditoria Estatutário devem ter experiência profissional ou formação acadêmica compatível com o cargo, preferencialmente na área de contabilidade, auditoria ou no setor de atuação da empresa, devendo, no mínimo, um dos membro obrigatoriamente ter experiência profissional reconhecida em assuntos de contabilidade societária.

§ 6º. Na formação acadêmica, exige-se curso de graduação ou pós-graduação reconhecido ou credenciado pelo Ministério da Educação.

§ 7º. O atendimento às previsões deste artigo deve ser comprovado por meio de documentação mantida na sede da empresa estatal pelo prazo mínimo de cinco anos, contado do último dia de mandato do membro do Comitê de Auditoria Estatutário.

§ 8º. É vedada a existência de membro suplente no Comitê de Auditoria Estatutário.

§ 9º. O mandato dos membros do Comitê de Auditoria Estatutário será de dois ou três anos, não coincidente para cada membro, permitida uma reeleição.

§ 10. Os membros do Comitê de Auditoria Estatutário poderão ser destituídos pelo voto justificado da maioria absoluta do Conselho de Administração.

§ 11. O Conselho de Administração poderá convidar membros do Comitê de Auditoria Estatutário para assistir às suas reuniões, sem direito a voto.

SEÇÃO XII. DO CONSELHO FISCAL

Art. 40. Além das normas previstas neste Decreto, aplicam-se aos membros do Conselho Fiscal da empresa estatal o disposto na Lei 6.404, de 1976, inclusive quanto a seus poderes, deveres e responsabilidades, a requisitos e impedimentos para a investidura e a remuneração.

§ 1º. É vedado o pagamento de participação no lucro da empresa para os membros do Conselho Fiscal e o pagamento de remuneração a esses membros em montante superior ao pago para os Conselheiros de Administração.

§ 2º. O Conselho Fiscal contará com, no mínimo, um membro indicado pelo Ministério da Fazenda, como representante do Tesouro Nacional, que deverá ser servidor público com vínculo permanente com a administração pública federal.

Art. 41. Os Conselheiros Fiscais das empresas estatais deverão atender os seguintes critérios:

I – ser pessoa natural, residente no País e de reputação ilibada;

II – ter formação acadêmica compatível com o exercício da função;

III – ter experiência mínima de três anos em cargo de:

a) direção ou assessoramento na administração pública, direta ou indireta; ou

b) Conselheiro Fiscal ou administrador em empresa;

IV – não se enquadrar nas vedações de que tratam os incisos I, IV, IX, X e XI do *caput* do art. 29;

V – não se enquadrar nas vedações de que trata o art. 147 da Lei nº 6.404, de 1976; e

VI – não ser ou ter sido membro de órgão de administração nos últimos vinte e quatro meses e não ser empregado da empresa estatal ou de sua subsidiária, ou do mesmo grupo, ou ser cônjuge ou parente, até terceiro grau, de administrador da empresa estatal.

§ 1º. A formação acadêmica deverá contemplar curso de graduação ou pós-graduação reconhecido ou credenciado pelo Ministério da Educação.

§ 2º. As experiências mencionadas em alíneas distintas do inciso III do *caput* não poderão ser somadas para a apuração do tempo requerido.

§ 3º. As experiências mencionadas em uma mesma alínea do inciso III do *caput* poderão ser somadas para apuração do tempo requerido, desde que relativas a períodos distintos.

§ 4º. O disposto no inciso VI do *caput* não se aplica aos empregados da empresa estatal controladora, ainda que sejam integrantes de seus órgãos de administração, quando inexistir grupo de sociedades formalmente constituído.

§ 5º. Aplica-se o disposto neste artigo aos Conselheiros Fiscais das empresas estatais, inclusive aos representante dos minoritários, e às indicações da União ou das empresas estatais em suas participações minoritárias em empresas estatais de outros entes federativos.

SEÇÃO XIII. DO TREINAMENTO E DO SEGURO DE RESPONSABILIDADE

Art. 42. Os administradores e Conselheiros Fiscais das empresas estatais, inclusive os representantes de empregados e minoritários, devem participar, na posse e anualmente, de treinamentos específicos disponibilizados pela empresa estatal sobre:

I – legislação societária e de mercado de capitais;

II – divulgação de informações;

III – controle interno;

IV – código de conduta;

V – Lei nº 12.846, de 1º de agosto de 2013; e

VI – demais temas relacionados às atividades da empresa estatal.

Parágrafo único. É vedada a recondução do administrador ou do Conselheiro Fiscal que não participar de nenhum treinamento anual disponibilizado pela empresa nos últimos dois anos.

Art. 43. O estatuto da empresa estatal poderá dispor sobre a contratação de seguro de responsabilidade civil pelos administradores.

CAPÍTULO III. DA FUNÇÃO SOCIAL DA EMPRESA ESTATAL

Art. 44. A empresa estatal terá a função social de realização do interesse coletivo ou de atendimento a imperativo da segurança nacional expressa no instrumento de autorização legal para a sua criação.

§ 1º. A realização do interesse coletivo de que trata este artigo deverá ser orientada para o alcance do bem-estar econômico e para a alocação socialmente eficiente dos recursos geridos pela empresa estatal, e também para:

I – a ampliação economicamente sustentada do acesso de consumidores aos produtos e serviços da empresa estatal; ou

II – o desenvolvimento ou o emprego de tecnologia brasileira para produção e oferta de produtos e serviços da empresa estatal, sempre de maneira economicamente justificada.

§ 2º. A empresa estatal deverá, nos termos da lei, adotar práticas de sustentabilidade ambiental e de responsabilidade social corporativa compatíveis com o mercado em que atua.

§ 3º. A empresa estatal poderá celebrar instrumentos de convênio quando observados os seguintes parâmetros cumulativos:

I – a convergência de interesses entre as partes;

II – a execução em regime de mútua cooperação;

III – o alinhamento com a função social de realização do interesse coletivo;

IV – a análise prévia da conformidade do convênio com a política de transações com partes relacionadas;

V – a análise prévia do histórico de envolvimento com corrupção ou fraude, por parte da instituição beneficiada, e da existência de controles e políticas de integridade na instituição; e

VI – a vedação de celebrar convênio com dirigente de partido político, titular de mandato eletivo, empregado ou administrador da empresa estatal, ou com seus parentes consanguíneos ou afins até o terceiro grau, e também com pessoa jurídica cujo proprietário ou administrador seja uma dessas pessoas.

§ 4º. Além do disposto no § 3º, a celebração de convênio ou contrato de patrocínio deverá observar os seguintes parâmetros cumulativos adicionais:

I – a destinação para promoção de atividades culturais, sociais, esportivas, educacionais e de inovação tecnológica;

II – a vinculação ao fortalecimento da marca da empresa estatal; e

III – a aplicação, no que couber, da legislação de licitações e contratos.

CAPÍTULO IV. DA FISCALIZAÇÃO PELO ESTADO E PELA SOCIEDADE

Art. 45. Os órgãos de controle externo e interno da União fiscalizarão as empresas estatais, inclusive aquelas domiciliadas no exterior, quanto à legitimidade, à economicidade e à eficácia da aplicação de seus recursos, sob o ponto de vista contábil, financeiro, operacional e patrimonial.

§ 1º. Para a realização da atividade fiscalizatória de que trata o *caput*, os órgãos de controle deverão ter acesso irrestrito aos documentos e às informações necessários à realização dos trabalhos, inclusive aqueles classificados como sigilosos pela empresa estatal, nos termos da Lei nº 12.527, de 2011.

§ 2º. O grau de confidencialidade será atribuído pelas empresas estatais no ato de entrega dos documentos e das informações solicitados, tornando-se o órgão de controle com o qual foi compartilhada a informação sigilosa corresponsável pela manutenção do seu sigilo.

§ 3º. Os atos de fiscalização e de controle dispostos neste CAPÍTULO serão aplicados, também, às empresas estatais transnacionais no que se refere aos atos de gestão e de aplicação do capital nacional, independentemente de estarem incluídos ou não em seus atos e acordos constitutivos.

Art. 46. As informações das empresas estatais relativas a licitações e contratos, inclusive aqueles referentes a bases de preços, constarão de bancos de dados eletrônicos atualizados e com acesso em tempo real aos órgãos de controle externo e interno da União.

§ 1º. As demonstrações contábeis auditadas da empresa estatal serão disponibilizadas no sítio eletrônico da empresa na internet, inclusive em formato eletrônico editável.

§ 2º. As atas e os demais expedientes oriundos de reuniões, ordinárias ou extraordinárias, dos Conselhos de Administração ou Fiscal das empresas estatais, inclusive gravações e filmagens, quando houver, deverão ser disponibilizados para os órgãos de controle sempre que solicitados, no âmbito dos trabalhos de auditoria.

§ 3º. O acesso dos órgãos de controle às informações referidas neste CAPÍTULO será restrito e individualizado.

§ 4º. As informações que sejam revestidas de sigilo bancário, estratégico, comercial ou industrial serão assim identificadas, respondendo o servidor responsável pela atividade fiscalizatória administrativa, civil e penalmente pelos danos causados à empresa estatal e a seus acionistas em razão de eventual divulgação indevida.

§ 5º. Os critérios para a definição do que deve ser considerado sigilo estratégico, comercial ou industrial serão estabelecidos em Decreto específico.

Art. 47. O controle das despesas decorrentes dos contratos e dos demais instrumentos regidos pela Lei nº 13.303, de 2016, será feito pelos órgãos de controle externo e interno da União, na forma da legislação pertinente, ficando as empresas estatais responsáveis pela demonstração da legalidade e da regularidade da despesa e da execução, nos termos da Constituição.

§ 1º. Qualquer cidadão é parte legítima para impugnar edital de licitação por irregularidade quanto à aplicação do disposto na Lei nº 13.303, de 2016, devendo protocolar o pedido no prazo de cinco dias úteis anteriores à data fixada para a ocorrência do certame, devendo a entidade julgar e responder à impugnação no prazo de três dias úteis, sem prejuízo do disposto no § 2º.

§ 2º. Qualquer licitante, contratado ou pessoa física ou jurídica poderá representar aos órgãos de controle externo e interno da União contra irregularidades quanto à aplicação do disposto neste Decreto.

§ 3º. Os órgãos de controle externo e interno da União poderão solicitar para exame, a qualquer tempo, documentos de natureza contábil, financeira, orçamentária, patrimonial e operacional das empresas estatais sediadas no País e no exterior, obrigando-se os jurisdicionados à adoção das medidas corretivas pertinentes que, em função desse exame, lhes forem determinadas.

Art. 48. As empresas estatais deverão disponibilizar para conhecimento público, por meio eletrônico, informação completa, atualizada mensalmente, sobre a execução de seus contratos e de seu orçamento, admitindo-se retardo de até dois meses para a divulgação das informações.

§ 1º. A disponibilização de informações contratuais referentes a operações de perfil estratégico ou que tenham por objeto segredo industrial receberá proteção mínima necessária para lhes garantir a confidencialidade.

§ 2º. O disposto no § 1º não será oponível à fiscalização dos órgãos de controle externo e interno da União, sem prejuízo da responsabilização administrativa, civil e penal do servidor que der causa à eventual divulgação dessas informações.

Art. 49. O exercício da supervisão feita pelo Ministério ao qual a empresa estatal esteja vinculada não pode ensejar a redução ou a supressão da autonomia conferida pela lei específica que autorizou a criação da empresa estatal supervisionada ou da autonomia inerente a sua natureza, nem autoriza a ingerência do Ministério supervisor em sua administração e seu funcionamento, devendo a supervisão ser exercida nos limites da legislação aplicável, com foco na realização de políticas públicas transparentes e em harmonia com o objeto social da empresa estatal vinculada e com as diretrizes do Plano Plurianual.

Art. 50. As ações e deliberações do Tribunal de Contas da União, do Ministério da Transparência, Fiscalização e Controladoria-Geral da União – CGU e do Ministério supervisor ao qual a empresa estatal esteja vinculada não podem implicar interferência na gestão das empresas estatais nem ingerência no exercício de suas competências ou na definição da forma de execução das políticas públicas setoriais.

CAPÍTULO V.
DO TRATAMENTO DIFERENCIADO PARA EMPRESAS ESTATAIS DE MENOR PORTE

Art. 51. A empresa estatal de menor porte terá tratamento diferenciado apenas quanto aos itens previstos neste Capítulo.

§ 1º. Considera-se empresa de menor porte aquela que tiver apurado receita operacional bruta inferior a R$ 90.000.000,00 (noventa milhões de reais) com base na última demonstração contábil anual aprovada pela assembleia geral.

§ 2º. Para fins da definição como empresa estatal de menor porte, o valor da receita operacional bruta:

I – das subsidiárias será considerado para definição do enquadramento da controladora; e

II – da controladora e das demais subsidiárias não será considerado para definição da classificação de cada subsidiária.

§ 3º. A empresa estatal de menor porte que apurar, nos termos dos § 1º e § 2º, receita operacional bruta igual ou superior a R$ 90.000.000,00 (noventa milhões de reais) terá o tratamento diferenciado cancelado e deverá promover os ajustes necessários no prazo de até um ano, contado do primeiro dia útil do ano imediatamente posterior ao do exercício social em que houver excedido aquele limite.

Art. 52. O Conselho de Administração terá, no mínimo, três Conselheiros e poderá contar com um membro independente, desde que haja previsão estatutária.

Art. 53. A Diretoria-Executiva terá, no mínimo, dois Diretores.

Parágrafo único. Fica dispensada a exigência de requisito adicional para o exercício do cargo de Diretor a que se refere o inciso II do *caput* do art. 24.

Art. 54. Os administradores deverão atender obrigatoriamente os seguintes critérios:

I – os requisitos estabelecidos no art. 28, com metade do tempo de experiência previsto em seu inciso IV; e

II – as vedações de que tratam os incisos I, IV, IX, X e XI do *caput* do art. 29.

Art. 55. A representação dos acionistas minoritários no Conselho de Administração observará integralmente o disposto na Lei nº 6.404, de 1976.

Art. 56. Os Conselheiros Fiscais deverão atender os seguintes critérios obrigatórios:

I – ser pessoa natural, residente no País e de reputação ilibada;

II – ter graduação em curso superior reconhecido pelo Ministério da Educação;

III – ter experiência mínima de três anos, em pelo menos uma das seguintes funções:

a) direção ou assessoramento na administração pública federal, direta ou indireta;

b) Conselheiro Fiscal ou administrador em empresa;

c) membro de comitê de auditoria em empresa; e

d) cargo gerencial em empresa;

IV – não se enquadrar nas vedações de que tratam os incisos I, IV, IX, X e XI do *caput* do art. 29; e

V – não ser ter sido membro de órgãos de administração nos últimos vinte e quatro meses e não ser empregado da empresa estatal, de sociedade controlada ou do mesmo grupo, nem ser cônjuge ou parente, até terceiro grau, de administrador da empresa estatal.

§ 1º. As experiências mencionadas em alíneas distintas do inciso III do *caput* não poderão ser somadas para a apuração do tempo requerido.

§ 2º. As experiências mencionadas nas alíneas do inciso III do *caput* poderão ser somadas para apuração do tempo requerido, desde que relativas a períodos distintos.

§ 3º. O disposto no inciso V do *caput* não se aplica a empregado da empresa estatal controladora quando inexistir grupo econômico formalmente constituído.

Art. 57. São condições mínimas para integrar o Comitê de Auditoria Estatutário:

I – não ser ou ter sido, nos doze meses anteriores à nomeação para o Comitê:

a) Diretor ou membro do Conselho Fiscal da empresa estatal ou de sua controladora, subsidiária, coligada ou sociedade em controle comum, direta ou indireta; e

b) responsável técnico, Diretor, gerente, supervisor ou qualquer outro integrante com função de gerência de equipe envolvida nos trabalhos de auditoria na empresa estatal;

II – não ser cônjuge ou parente consanguíneo ou afim, até o segundo grau ou por adoção, das pessoas referidas no inciso I;

III – não se enquadrar nas vedações de que tratam os incisos I, IV, IX, X e XI do *caput* do art. 29; e

IV – ter experiência profissional e formação acadêmica, de que tratam os § 5º e § 6º do art. 39.

CAPÍTULO VI.
DISPOSIÇÕES FINAIS

Art. 58. O disposto nos arts. 54 e 56 aplica-se às indicações da União ou das empresas estatais em suas participações minoritárias em empresas privadas.

Parágrafo único. As empresas estatais poderão prever critérios adicionais para as suas indicações em suas participações minoritárias em empresas privadas.

Art. 59. O Ministério do Planejamento, Desenvolvimento e Gestão manterá banco de dados público e gratuito, disponível na internet, com a relação das empresas estatais federais.

Parágrafo único. As empresas estatais deverão manter seus dados integral e constantemente atualizados no Sistema de Informações das Empresas Estatais – SIEST.

Art. 60. As despesas com publicidade e patrocínio da empresa estatal não ultrapassarão, em cada exercício, o limite de cinco décimos por cento da receita operacional bruta do exercício anterior, com base nas demonstrações contábeis consolidadas do conglomerado estatal.

§ 1º. O limite disposto no *caput* poderá ser ampliado até o limite de dois por cento da receita bruta do exercício anterior, por proposta da Diretoria, justificada com base em parâmetros de mercado do setor específico de atuação da estatal, e aprovada pelo Conselho de Administração da empresa pública ou da sociedade de economia mista.

§ 2º. É vedado à empresa estatal realizar, em ano de eleições federais, despesas com publicidade e patrocínio que excedam a média dos gastos nos três últimos anos que antecedem o pleito ou no último ano imediatamente anterior à eleição.

Art. 61. Aplicam-se às empresas estatais as sanções estabelecidas na Lei nº 12.846, de 2013, exceto aquelas previstas nos incisos II, III e IV do *caput* do art. 19 da referida Lei.

Art. 62. A investidura em cargo estatutário observará os requisitos e as vedações vigentes na data da posse ou da eleição, no caso de Conselheiro Fiscal.

§ 1º. A recondução ou a troca de Diretoria enseja novo ato de posse ou nova eleição, devendo ser considerados os requisitos vigentes no momento da nova posse ou da nova eleição.

§ 2º. Para os fins deste Decreto, as indicações de administradores e de Conselheiros fiscais considerarão:

I – compatível a formação acadêmica preferencialmente em:

a) Administração ou Administração Pública;

b) Ciências Atuariais;

c) Ciências Econômicas;

d) Comércio Internacional;

e) Contabilidade ou Auditoria;

f) Direito;

g) Engenharia;

h) Estatística;

i) Finanças;

j) Matemática; e

k) curso aderente à área de atuação da empresa para a qual foi indicado;

II – incompatível a experiência em cargo eletivo equivalente a cargo em comissão equivalente nível 4 ou superior do Grupo DAS, ou conexo à área de atuação das empresas estatais; e

III – compatível a experiência em cargo de Ministro, Secretário Estadual, Secretário Distrital, Secretário Municipal, ou Chefe de Gabinete desses cargos, da Presidência da República e dos Chefes de outros Poderes equivalente a cargo em comissão do Grupo-DAS de nível 4 ou superior.

§ 3º. A formação acadêmica deverá contemplar curso de graduação ou pós-graduação reconhecido ou credenciado pelo Ministério da Educação.

CAPÍTULO VII.
DISPOSIÇÕES TRANSITÓRIAS

Art. 63. As adaptações requeridas neste Decreto prescindem de alteração da legislação específica sobre a empresa estatal, ainda que essa contenha dispositivo que conflite com o disposto na Lei nº 13.303, de 2016.

Art. 64. As empresas estatais deverão adequar os seus estatutos sociais ao disposto neste Decreto até 30 de junho de 2018, se não fixado prazo inferior pelo CGPAR.

§ 1º. Enquanto os estatutos sociais não forem alterados para constituir o comitê de elegibilidade de que trata o art. 21, as empresas estatais deverão instituir, no prazo de até quinze dias, contado da data de entrada em vigor deste Decreto, comissão interna, transitória e não estatutária, para exercer temporariamente as competências de que trata o inciso I do *caput* do art. 21.

§ 2º. Enquanto os estatutos sociais não forem alterados para constituir o Comitê de Auditoria Estatutário de que trata o art. 38, as empresas estatais poderão instituir colegiado equivalente, transitório e não estatutário, para exercer temporariamente as competências estabelecidas no art. 38, independentemente da observância ao disposto nos § 1º e § 2º do referido artigo.

Art. 65. O Conselho de Administração ou, se não houver, a assembleia geral, deverá estipular calendário para o cumprimento integral do disposto neste Decreto em relação aos itens que prescindem de alteração estatutária.

Art. 66. Os administradores e os Conselheiros Fiscais empossados até 30 de junho de 2016 poderão permanecer no exercício de seus mandatos ou manter os prazos de gestão atuais até o fim dos respectivos prazos, exceto se houver decisão em contrário da assembleia geral ou do Conselho de Administração da empresa estatal.

§ 1º. A adaptação ao prazo de gestão e de atuação fixado nos incisos VI, VII e IX do *caput* do art. 24 poderá ser efetivada ao final da gestão e da atuação dos membros eleitos ou até 30 de junho de 2018, o que ocorrer primeiro.

§ 2º. O limite de recondução a que se referem os incisos VI, VII e IX do *caput* do art. 24 somente será considerado para os prazos de gestão ou de atuação iniciados após 30 de junho de 2016.

Art. 67. A empresa estatal cujo Conselho de Administração tiver mais de onze membros deverá deixar os cargos excedentes vagos quando houver desligamento de Conselheiro indicado pelo acionista controlador.

Art. 68. A sociedade de economia mista de capital fechado poderá resgatar a totalidade das ações de seu capital que sejam detidas pelos demais acionistas, com base no valor de patrimônio líquido constante do último balanço aprovado pela assembleia geral, transformando-se em empresa pública.

Art. 69. O conglomerado estatal que tiver duas ou mais subsidiárias, com estruturas administrativas próprias e mesmos objetos sociais, deverá avaliar a necessidade de manutenção dessas estruturas, por meio de deliberação do Conselho de Administração da empresa estatal controladora.

Art. 70. O Código de Conduta da Alta Administração Federal deverá ser alterado até 30 de junho de 2018, por meio de proposta da Comissão de Ética Pública da Presidência da República, para:

I – vedar a divulgação, sem autorização do órgão competente da empresa estatal, de informação que possa causar impacto na cotação dos títulos da empresa estatal e em suas relações com o mercado ou com os consumidores e fornecedores; e

II – dispor sobre normas de conduta e integridade.

Art. 71. O regime de licitação e contratação da Lei nº 13.303, de 2016, é autoaplicável, exceto quanto a:

I – procedimentos auxiliares das licitações, de que tratam os art. 63 a art. 67 da Lei nº 13.303, de 2016;

II – procedimento de manifestação de interesse privado para o recebimento de propostas e projetos de empreendimentos, de que trata o § 4º do art. 31 da Lei nº 13.303, de 2016;

III – etapa de lances exclusivamente eletrônica, de que trata o § 4º da art. 32 da Lei nº 13.303, de 2016;

IV – preparação das licitações com matriz de riscos, de que trata o inciso X do *caput* do art. 42 da Lei nº 13.303, de 2016;

V – observância da política de transações com partes relacionadas, a ser elaborada, de que trata o inciso V do *caput* do art. 32 da Lei nº 13.303, de 2016; e

VI – disponibilização na internet do conteúdo informacional requerido nos art. 32, § 3º, art. 39, art. 40 e art. 48 da Lei nº 13.303, de 2016.

§ 1º. A empresa estatal deverá editar regulamento interno de licitações e contratos até o dia 30 de junho de 2018, que deverá dispor sobre o estabelecido nos incisos do *caput*, os níveis de alçada decisória e a tomada de decisão, preferencialmente de forma colegiada, e ser aprovado pelo Conselho de Administração da empresa, se houver, ou pela assembleia geral.

§ 2º. É permitida a utilização da legislação anterior para os procedimentos licitatórios e contratos iniciados ou celebrados até a edição do regulamento interno referido no § 1º ou até o dia 30 de junho de 2018, o que ocorrer primeiro.

Art. 72. Fica criada a Assembleia Geral:

I – no Banco Nacional de Desenvolvimento – BNDES;

II – na Caixa Econômica Federal;

III – na Casa da Moeda do Brasil;

IV – na Empresa de Tecnologia e Informações da Previdência Social – Dataprev;

V – na Empresa Brasileira de Pesquisa Agropecuária – Embrapa;

VI – na Empresa Gestora de Ativos – Emgea;

VII – na Empresa Gerencial de Projetos Navais – Emgepron;

VIII – na Financiadora de Estudos e Projetos – Finep;

IX – no Hospital de Clínicas de Porto Alegre;

X – na Indústria de Material Bélico do Brasil – Imbel;

XI – na Empresa de Pesquisa Energética – EPE; (Redação dada pela pelo Decreto nº 9.361, de 2018).

XII – no Serviço Federal de Processamento de Dados - Serpro; (Redação dada pelo Decreto nº 9.361, de 2018)

XIII – na Empresa Brasileira de Hemoderivados e Biotecnologia - Hemobrás; e (Incluído pelo Decreto nº 9.361, de 2018)

XIV – na Empresa Brasileira de Serviços Hospitalares - EBSERH. (Incluído pelo Decreto nº 9.361, de 2018)

Parágrafo único. As assembleias gerais criadas na forma do *caput* possuem as competências da Lei nº 6.404, de 1976, e poderão inclusive aprovar alterações no estatuto social da empresa estatal.

Art. 73. Fica a União dispensada de adquirir ações e de exercer o direito de preferência para a subscrição de ações em aumentos de capital de empresas em que possua participação acionária minoritária.

§ 1º. Para as participações acionárias minoritárias vinculadas a acordo de acionistas ou em coligadas, o disposto no *caput* dependerá de autorização do Ministro de Estado da Fazenda, ouvida a Secretaria do Tesouro Nacional.

§ 2º. Para as demais participações minoritárias da União, fica também dispensada a manifestação da União sobre os assuntos a serem deliberados pelas assembleias gerais de acionistas, exceto para exercer o direito de eleger membros de órgãos estatutários.

Art. 74. O Decreto nº 2.673, de 16 de julho de 1998, passa a vigorar com as seguintes alterações:

"Art. 2º (...)

Parágrafo único. O disposto no *caput* não se aplica aos recursos que vierem a ser transferidos pela União ou depositados por acionistas minoritários a partir de 1º de janeiro de 2017, para fins de aumento do capital de empresa ou de sociedade cujo capital social seja constituído de recursos provenientes exclusivamente do setor público, cujo montante efetivamente investido deverá ser capitalizado até a data limite da aprovação das contas do exercício em que ocorrer a transferência."

"Art. 3º Observado o limite mínimo referido no art. 1º, o Procurador da Fazenda Nacional, nas assembleias de acionistas das sociedades de economia mista e das demais entidades controladas diretamente pela União, somente se manifestará sobre a proposta de destinação do lucro líquido do exercício quando expressamente autorizado pelo Ministro de Estado da Fazenda, à vista do pronunciamento da Secretaria do Tesouro Nacional e da Secretaria de Coordenação e Controle das Empresas Estatais, ressalvado quanto à constituição de reservas obrigatórias por lei ou pelo estatuto social."

Art. 75. O Decreto nº 1.091, de 21 de março de 1994, passa a vigorar com as seguintes alterações:

"Art. 2º (...)

Parágrafo único. O disposto no *caput* não se aplica aos bancos de investimentos, às empresas de participações e às empresas sediadas no exterior."

Art. 76. O Decreto nº 2.594, de 15 de maio de 1998, passa a vigorar com as seguintes alterações:

"Art. 41. Os pagamentos para aquisição de bens e direitos no âmbito do PND serão realizados por meio de moeda corrente.

Parágrafo único. O Presidente da República, por recomendação do CND, poderá autorizar outros meios de pagamento, no âmbito do PND."

Art. 77. O Anexo I ao Decreto nº 8.818, de 21 de julho de 2016, passa a vigorar as seguintes alterações:

"Art. 40. (...)

(...)

VI – (...)

(...)

h) custeio de benefício de assistência à saúde;

i) remuneração dos administradores, liquidantes e Conselheiros e a participação dos dirigentes nos lucros ou nos resultados das empresas;

j) constituição de subsidiária sediada no exterior, inclusive por meio de aquisição ou assunção de controle acionário majoritário; e

k) celebração de acordo de acionistas que contenha cláusulas que permitam, de qualquer forma, a assunção da maioria do capital votante por empresas estatais;

(...)

XI – acompanhar patrocínio dos planos de benefícios previdenciários das empresas estatais;

XII – instruir o voto da União em assembleia geral sobre a fixação da remuneração dos Diretores das empresas estatais federais, inclusive honorários mensais, benefícios e remuneração variável, observado o disposto no art. 16 da Lei nº 13.303, de 30 de junho de 2016, e as diretrizes da CGPAR; e

XIII – solicitar a elaboração e acompanhar a execução de planos de ação para melhoria da gestão e da eficiência das empresas estatais."

Art. 78. Ficam revogados:

I – o art. 44 do Decreto nº 2.594, de 15 de maio de 1998;

II – art. 6º do Decreto nº 1.068, de 2 de março de 1994;

III – o Decreto nº 757, de 19 de fevereiro de 1993; e

IV – o parágrafo único do art. 40 do Anexo I ao Decreto nº 8.818, de 21 de julho de 2016.

Art. 79. Este Decreto entra em vigor na data de sua publicação.

Brasília, 27 de dezembro de 2016; 195º da Independência e 128º da República.

MICHEL TEMER

Publicado D.O.U. de 28.12.2016; rep. 04.01.2017.

LEI COMPLEMENTAR Nº 159, DE 19 DE MAIO DE 2017

Institui o Regime de Recuperação Fiscal dos Estados e do Distrito Federal e altera as Leis Complementares nº 101, de 4 de maio de 2000, e nº 156, de 28 de dezembro de 2016.

- *Regime de Recuperação Fiscal dos Estados e do DF*
- Regulamento: Dec. 9.109, de 27.07.2017.

O PRESIDENTE DA REPÚBLICA Faço saber que o Congresso Nacional decreta e eu sanciono a seguinte Lei:

CAPÍTULO I
DISPOSIÇÕES PRELIMINARES

Art. 1º É instituído o Regime de Recuperação Fiscal dos Estados e do Distrito Federal, nos termos do CAPÍTULO II do Título VI da Constituição Federal.

§ 1º O Regime de Recuperação Fiscal será orientado pelos princípios da sustentabilidade econômico-financeira, da equidade intergeracional, da transparência das contas públicas, da confiança nas demonstrações financeiras, da celeridade das decisões e da solidariedade entre os Poderes e os órgãos da administração pública.

§ 2º O Regime de Recuperação Fiscal envolve a ação planejada, coordenada e transparente de todos os Poderes, órgãos, entidades e fundos dos Estados e do Distrito Federal para corrigir os desvios que afetaram o equilíbrio das contas públicas, por meio da implementação das medidas emergenciais e das reformas institucionais determinadas no Plano de Recuperação elaborado previamente pelo ente federativo que desejar aderir a esse Regime.

§ 3º Para os efeitos desta Lei Complementar: *(Redação dada pela LC 178/2021)*

I – as referências aos Estados e ao Distrito Federal compreendem o Poder Executivo, o Poder Legislativo, o Poder Judiciário, os Tribunais de Contas, o Ministério Público e a Defensoria Pública e as respectivas administrações diretas, fundos, autarquias, fundações e empresas estatais dependentes; *(Acrescido pela LC 178/2021)*

II – as referências aos Estados compreendem também o Distrito Federal; e *(Acrescido pela LC 178/2021)*

III – observar-se-ão os conceitos e as definições da Lei Complementar nº 101, de 4 de maio de 2000, em particular o disposto em seus arts. 1º, 2º, 18 e 19. *(Acrescido pela LC 178/2021)*

§ 4º *(Revogado pela LC 178/2021)*

CAPÍTULO II
DO PLANO DE RECUPERAÇÃO

Art. 2º O Plano de Recuperação Fiscal será formado por leis ou atos normativos do Estado que desejar aderir ao Regime de Recuperação Fiscal, por diagnóstico em que se reconhece a situação de desequilíbrio financeiro, por metas e compromissos e pelo detalhamento das medidas de ajuste, com os impactos esperados e os prazos para a sua adoção. *(Redação dada pela LC 178/2021)*

§ 1º Das leis ou atos referidos no *caput* deverá decorrer, observados os termos do regulamento, a implementação das seguintes medidas: *(Redação dada pela LC 178/2021)*

I – a alienação total ou parcial de participação societária, com ou sem perda do controle, de empresas públicas ou sociedades de economia mista, ou a concessão de serviços e ativos, ou a liquidação ou extinção dessas empresas, para quitação de passivos com os recursos arrecadados, observado o disposto no art. 44 da Lei Complementar nº 101, de 4 de maio de 2000; *(Redação dada pela LC 178/2021)*

II – a adoção pelo Regime Próprio de Previdência Social, no que couber, das regras previdenciárias aplicáveis aos servidores públicos da União; *(Redação dada pela LC 178/2021)*

III – a redução de pelo menos 20% (vinte por cento) dos incentivos e benefícios fiscais ou financeiro-fiscais dos quais decorram renúncias de receitas, observado o § 3º deste artigo; *(Redação dada pela LC 178/2021)*

IV – a revisão dos regimes jurídicos de servidores da administração pública direta, autárquica e fundacional para reduzir benefícios ou vantagens não previstos no regime jurídico único dos servidores públicos da União; *(Redação dada pela LC 178/2021)*

V – a instituição de regras e mecanismos para limitar o crescimento anual das despesas primárias à variação do Índice Nacional de Preços ao Consumidor Amplo (IPCA); *(Redação dada pela LC 178/2021)*

VI – a realização de leilões de pagamento, nos quais será adotado o critério de julgamento por maior desconto, para fins de prioridade na quitação de obrigações inscritas em restos a pagar ou inadimplidas, e a autorização para o pagamento parcelado destas obrigações; *(Redação dada pela LC 178/2021)*

VII – a adoção de gestão financeira centralizada no âmbito do Poder Executivo do ente, cabendo a este estabelecer para a administração direta, indireta e fundacional e empresas estatais dependentes as condições para o recebimento e a movimentação dos recursos financeiros, inclusive a destinação dos saldos não utilizados quando do encerramento do exercício, observadas as restrições a essa centralização estabelecidas em regras e leis federais e em instrumentos contratuais preexistentes; *(Redação dada pela LC 178/2021)*

VIII – a instituição do regime de previdência complementar a que se referem os §§ 14, 15 e 16 do art. 40 da Constituição Federal. *(Acrescido pela LC 178/2021)*

§ 2º O atendimento do disposto no inciso I do § 1º não exige que as alienações, concessões, liquidações ou extinções abranjam todas as empresas públicas ou sociedades de economia mista do Estado. *(Redação dada pela LC 178/2021)*

§ 3º O disposto no inciso III do § 1º: *(Redação dada pela LC 178/2021)*

I - não se aplica aos incentivos e aos benefícios fiscais ou financeiro-fiscais de que trata o art. 178 da Lei nº 5.172, de 25 de outubro de 1966, nem aos instituídos na forma estabelecida pela alínea "g" do inciso XII do § 2º do art. 155 da Constituição Federal; e *(Acrescido pela LC 178/2021)*

II - será implementado nos 3 (três) primeiros anos do Regime de Recuperação Fiscal, à proporção de, no mínimo, 1/3 (um terço) ao ano. *(Acrescido pela LC 178/2021)*

§ 4º Não se incluem na base de cálculo e no limite de que trata o inciso V do § 1º: *(Redação dada pela LC 178/2021)*

I - as transferências constitucionais para os respectivos Municípios estabelecidas nos arts. 158 e 159, §§ 3º e 4º, e as destinações de que trata o art. 212-A, todos da Constituição Federal; *(Acrescido pela LC 178/2021)*

II - as despesas custeadas com as transferências de que trata o art. 166-A da Constituição Federal; *(Acrescido pela LC 178/2021)*

III - as despesas custeadas com doações e as transferências voluntárias definidas no art. 25 da Lei Complementar nº 101, de 4 de maio de 2000; *(Acrescido pela LC 178/2021)*

IV - as despesas em saúde e educação realizadas pelo ente em razão de eventual diferença positiva entre a variação anual das bases de cálculo das aplicações mínimas de que tratam o § 2º do art. 198 e o art. 212 da Constituição Federal e a variação do IPCA no mesmo período. *(Acrescido pela LC 178/2021)*

§ 5º O conjunto de dívidas a ser submetido aos leilões de pagamento de que trata o inciso VI do § 1º e a frequência dos leilões serão definidos no Plano de Recuperação Fiscal. *(Redação dada pela LC 178/2021)*

§ 6º O prazo de vigência do Regime de Recuperação Fiscal será de até 9 (nove) exercícios financeiros, observadas as hipóteses de encerramento do art. 12 e de extinção do art. 13, ambos desta Lei. *(Acrescido pela LC 178/2021)*

§ 7º O Ministério da Economia poderá autorizar a alteração, a pedido do Estado, das empresas públicas e das sociedades de economia mista e dos serviços e ativos de que trata o inciso I do § 1º, desde que assegurado ingresso de recursos equivalentes aos valores previstos na medida de ajuste original. *(Acrescido pela LC 178/2021)*

§ 8º Para fins de adesão ao Regime de Recuperação Fiscal, consideram-se implementadas as medidas referidas no § 1º caso o Estado demonstre, nos termos de regulamento, ser desnecessário editar legislação adicional para seu atendimento durante a vigência do Regime. *(Acrescido pela LC 178/2021)*

§ 9º Não se aplica o disposto no inciso VII aos fundos públicos previstos nas Constituições e Leis Orgânicas de cada ente federativo, inclusive no Ato das Disposições Constitucionais Transitórias, ou que tenham sido criados para operacionalizar vinculações de receitas estabelecidas nas Constituições e Leis Orgânicas de cada ente federativo. *(Acrescido pela LC 178/2021)*

CAPÍTULO III
DAS CONDIÇÕES DO REGIME DE RECUPERAÇÃO FISCAL

Art. 3º Considera-se habilitado para aderir ao Regime de Recuperação Fiscal o Estado que atender, cumulativamente, aos seguintes requisitos:

I – receita corrente líquida anual menor que a dívida consolidada ao final do exercício financeiro anterior ao do pedido de adesão ao Regime de Recuperação Fiscal, nos termos da Lei Complementar nº 101, de 4 de maio de 2000;

II – despesas: *(Redação dada pela LC 178/2021)*

a) correntes superiores a 95% (noventa e cinco por cento) da receita corrente líquida aferida no exercício financeiro anterior ao do pedido de adesão ao Regime de Recuperação Fiscal; ou *(Acrescida pela LC 178/2021)*

b) com pessoal, de acordo com os arts. 18 e 19 da Lei Complementar nº 101, de 4 de maio de 2000, que representem, no mínimo, 60% (sessenta por cento) da receita corrente líquida aferida no exercício financeiro anterior ao do pedido de adesão ao Regime de Recuperação Fiscal; e *(Acrescida pela LC 178/2021)*

III – valor total de obrigações contraídas maior que as disponibilidades de caixa e equivalentes de caixa de recursos sem vinculação, a ser apurado na forma do art. 42 da Lei Complementar nº 101, de 4 de maio de 2000.

§ 1º Ato do Ministro de Estado da Fazenda definirá a forma de verificação dos requisitos previstos neste artigo.

§ 2º Excepcionalmente, o Estado que não atender ao requisito do inciso I deste artigo poderá aderir ao Regime de Recuperação Fiscal sem as prerrogativas do art. 9º. *(Redação dada pela LC 178/2021)*

§ 3º Na verificação do atendimento dos requisitos do *caput* para Estados com Regime de Recuperação Fiscal vigente em 31 de agosto de 2020 que pedirem nova adesão, serão computadas as obrigações suspensas em função daquele Regime. *(Redação dada pela LC 178/2021)*

§ 4º O Estado que aderir ao Regime de Recuperação Fiscal deverá observar as normas de contabilidade editadas pelo órgão central de contabilidade da União. *(Redação dada pela LC 178/2021)*

Art. 4º O Estado protocolará o pedido de adesão ao Regime de Recuperação Fiscal no Ministério da Economia, que conterá, no mínimo: *(Redação dada pela LC 178/2021)*

I – a demonstração de que os requisitos previstos no art. 3º tenham sido atendidos; *(Acrescido pela LC 178/2021)*

II – a demonstração das medidas que o Estado considera implementadas, nos termos do art. 2º; *(Acrescido pela LC 178/2021)*

III – a relação de dívidas às quais se pretende aplicar o disposto no inciso II do art. 9º, se cabível; e *(Acrescido pela LC 178/2021)*

IV – a indicação de membro titular e membro suplente para compor o Conselho de Supervisão do Regime de Recuperação Fiscal. *(Acrescido pela LC 178/2021)*

§ 1º Protocolado o pedido referido no *caput*, o Ministério da Economia verificará em até 20 (vinte) dias o cumprimento dos requisitos do art. 3º e publicará o resultado em até 10 (dez) dias. *(Redação dada pela LC 178/2021)*

§§ 2º a 5º *(Revogados pela LC 178/2021)*

Art. 4º-A. Deferido o pedido de adesão ao Regime de Recuperação Fiscal: *(Acrescido pela LC 178/2021)*

I – o Estado, conforme regulamento do Poder Executivo Federal:

a) elaborará, com a supervisão do Ministério da Economia, o Plano de Recuperação Fiscal;

b) apresentará as proposições encaminhadas à Assembleia Legislativa e os atos normativos para atendimento do disposto no art. 2º desta Lei Complementar; e

c) cumprirá o disposto nos arts. 7º-D e 8º e fará jus às prerrogativas previstas no art. 10 e art. 10-A;

II – o Ministério da Economia:

a) aplicará o disposto no *caput* do art. 9º por até 12 (doze) meses, desde que assinado o contrato de refinanciamento de que trata o art. 9º-A;

b) criará o Conselho de Supervisão do Regime de Recuperação Fiscal e em até 30 (trinta) dias investirá seus membros; e

III – o Tribunal de Contas da União indicará, em até 15 (quinze) dias, membro titular e membro suplente para compor o Conselho de Supervisão do Regime de Recuperação Fiscal.

§ 1º O Poder Executivo estadual solicitará aos demais Poderes e órgãos autônomos as informações necessárias para a elaboração do Plano de Recuperação Fiscal segundo os prazos definidos pela Secretaria do Tesouro Nacional.

§ 2º Se o Poder ou órgão autônomo não encaminhar as informações solicitadas na forma do § 1º no prazo, ou se as encaminhar sem observar as condições estabelecidas nesta Lei Complementar, inclusive as relativas ao disposto no inciso IV do § 1º do art. 2º, o Poder Executivo estadual poderá suprir a ausência de informações, vedada a inclusão no Plano de Recuperação Fiscal de ressalvas previstas no art. 8º para aquele Poder ou órgão.

§ 3º Concluída a elaboração, o Chefe do Poder Executivo do Estado:

I – dará ciência aos demais Chefes dos Poderes e órgãos autônomos do Plano de Recuperação Fiscal;

II – protocolará o Plano no Ministério da Economia e entregará a comprovação de atendimento do disposto no art. 2º, nos termos do regulamento; e

III – publicará o Plano de Recuperação Fiscal no Diário Oficial e nos sítios eletrônicos oficiais do Estado.

§ 4º O Conselho de Supervisão do Regime de Recuperação Fiscal terá amplo acesso ao processo de elaboração do Plano de Recuperação Fiscal.

Art. 5º Após manifestação favorável do Ministro de Estado da Economia, ato do Presidente da República homologará o Plano e estabelecerá a vigência do Regime de Recuperação Fiscal. *(Redação dada pela LC 178/2021)*

§ 1º A manifestação de que trata o *caput* será acompanhada de pareceres: *(Parágrafo único transformado em § 1º e com redação dada pela LC 178/2021)*

I - da Secretaria do Tesouro Nacional, a respeito do reequilíbrio das contas estaduais durante a vigência do Regime; *(Redação dada pela LC 178/2021)*

II - da Procuradoria-Geral da Fazenda Nacional, sobre a adequação das leis apresentadas pelo Estado em atendimento ao disposto no art. 2º; e *(Redação dada pela LC 178/2021)*

III - do Conselho de Supervisão do Regime de Recuperação Fiscal, no tocante ao art. 7º-B. *(Acrescido pela LC 178/2021)*

§ 2º As alterações do Plano de Recuperação Fiscal serão homologadas pelo Ministro de Estado da Economia, mediante parecer prévio do Conselho de Supervisão de que trata o art. 6º, podendo a referida competência do Ministro ser delegada, nos termos do regulamento. *(Acrescido pela LC 178/2021)*

§ 3º O Ministério da Economia e o Poder Executivo do Estado publicarão o Plano de Recuperação Fiscal, e suas alterações, respectivamente, no Diário Oficial da União e no Diário Oficial do Estado, e em seus sítios eletrônicos. *(Acrescido pela LC 178/2021)*

CAPÍTULO IV
DA SUPERVISÃO DO REGIME DE RECUPERAÇÃO FISCAL

Art. 6º O Conselho de Supervisão, criado especificamente para o Regime de Recuperação Fiscal dos Estados e do Distrito Federal, será composto por 3 (três) membros titulares, e seus suplentes, com experiência profissional e conhecimento técnico nas áreas de gestão de finanças públicas, recuperação judicial de empresas, gestão financeira ou recuperação fiscal de entes públicos.

§ 1º O Conselho de Supervisão a que se refere o *caput* deste artigo terá seus membros indicados em até 15 (quinze) dias da data do deferimento do pedido de adesão de que trata o *caput* do art. 4º-A e terá a seguinte composição: *(Redação dada pela LC 178/2021)*

I – 1 (um) membro indicado pelo Ministro de Estado da Fazenda;

II – 1 (um) membro, entre auditores federais de controle externo, indicado pelo Tribunal de Contas da União;

III – 1 (um) membro indicado pelo Estado em Regime de Recuperação Fiscal.

§ 2º A eventual ausência de nomeação de membros suplentes para o Conselho de Supervisão não impossibilita o seu funcionamento pleno, desde que todos os membros titulares estejam no pleno exercício de suas funções.

§ 3º A estrutura, a organização e o funcionamento do Conselho de Supervisão serão estabelecidos em decreto do Poder Executivo federal.

§ 4º Os membros titulares do Conselho de Supervisão serão investidos no prazo de 30 (trinta) dias após a indicação em cargo em comissão do Grupo-Direção e Assessoramento Superiores (DAS) de nível 6, em regime de dedicação exclusiva. *(Redação dada pela LC 178/2021)*

§ 5º Os membros suplentes do Conselho de Supervisão serão remunerados apenas pelos períodos em que estiverem em efetivo exercício, em substituição aos membros titulares.

Art. 7º São atribuições do Conselho de Supervisão:

I – apresentar e dar publicidade a relatório bimestral de monitoramento, com classificação de desempenho, do Regime de Recuperação Fiscal do Estado. *(Redação dada pela LC 178/2021)*

II – recomendar ao Estado e ao Ministério da Economia providências, alterações e atualizações financeiras no Plano de Recuperação; *(Redação dada pela LC 178/2021)*

III – emitir parecer que aponte desvio de finalidade na utilização de recursos obtidos por meio das operações de crédito referidas no § 4º do art. 11;

IV – convocar audiências com especialistas e com interessados, sendo-lhe facultado requisitar informações de órgãos públicos, as quais deverão ser prestadas no prazo de 30 (trinta) dias; *(Redação dada pela LC 178/2021)*

V – acompanhar as contas do Estado, com acesso direto, por meio de senhas e demais instrumentos de acesso, aos sistemas de execução e controle fiscal;

VI – contratar consultoria técnica especializada, nos termos da Lei nº 8.666, de 21 de junho de 1993, custeada pela União, conforme a disponibilidade orçamentária e financeira e mediante autorização prévia do Ministério da Fazenda;

› Lei 14.133/2021 (Nova Lei de Licitações)

VII – recomendar ao Estado: *(Redação dada pela LC 178/2021)*

a) a suspensão cautelar de execução de contrato ou de obrigação do Estado quando estiverem em desconformidade com o Plano de Recuperação Fiscal; *(Acrescida pela LC 178/2021)*

b) a adoção de providências para o fiel cumprimento do disposto nesta Lei Complementar; *(Acrescida pela LC 178/2021)*

VIII – avaliar, periodicamente ou extraordinariamente, as propostas de alteração do Plano de Recuperação Fiscal; *(Redação dada pela LC 178/2021)*

IX – notificar as autoridades competentes nas hipóteses de indícios de irregularidades, violação de direito ou prejuízo aos interesses das partes afetadas pelo Plano de Recuperação;

X – apresentar relatório conclusivo no prazo de até 60 (sessenta) dias, contado da data do encerramento ou da extinção do Regime de Recuperação Fiscal.

XI – analisar e aprovar previamente a compensação prevista no inciso I do § 2º do art. 8º; *(Acrescido pela LC 178/2021)*

XII – avaliar a inadimplência com as obrigações do *caput* do art. 7º-B desta Lei Complementar; e *(Acrescido pela LC 178/2021)*

XIII – acompanhar a elaboração do Plano de Recuperação Fiscal e suas alterações e atualizações, bem como sobre elas emitir parecer. *(Acrescido pela LC 178/2021)*

§ 1º As despesas do Conselho de Supervisão serão custeadas pela União, ressalvado o disposto no § 2º deste artigo.

§ 2º O Estado proverá servidores, espaço físico no âmbito da secretaria de Estado responsável pela gestão fiscal, equipamentos e logística adequados ao exercício das funções do Conselho de Supervisão.

§ 3º Os indícios de irregularidades identificados pelo Conselho de Supervisão deverão ser encaminhados ao Ministro de Estado da Fazenda.

§ 4º O Conselho de Supervisão deliberará pela maioria simples de seus membros.

§ 5º As deliberações do Conselho de Supervisão, os relatórios de que trata este artigo e as demais informações consideradas relevantes pelo Conselho serão divulgados no sítio eletrônico do governo do Estado, em página específica dedicada ao Regime de Recuperação Fiscal.

§ 6º As competências do Conselho de Supervisão de que trata este artigo não afastam ou substituem as competências legais dos órgãos federais e estaduais de controle interno e externo.

Art. 7º-A. As atribuições do Conselho de Supervisão do Regime de Recuperação Fiscal previstas no art. 7º serão exercidas com o auxílio técnico da Secretaria do Tesouro Nacional quando relacionadas com o acompanhamento do cumprimento das metas e dos compromissos fiscais estipulados no Plano, com a avaliação da situação financeira estadual ou com a apreciação das propostas de atualização das projeções financeiras e dos impactos fiscais das medidas de ajuste do Plano de Recuperação Fiscal. *(Acrescido pela LC 178/2021)*

Art. 7º-B. Configura inadimplência com as obrigações do Plano: *(Acrescido pela LC 178/2021)*

I – o não envio das informações solicitadas pelo Conselho de Supervisão e pela Secretaria do Tesouro Nacional, no exercício de suas atribuições, nos prazos estabelecidos;

II – a não implementação das medidas de ajuste nos prazos e formas previstos no Plano em vigor;

III – o não cumprimento das metas e dos compromissos fiscais estipulados no Plano em vigor; e

IV – a não observância do art. 8º, inclusive a aprovação de leis locais em desacordo com o referido artigo.

§ 1º É assegurado ao ente federativo o direito ao contraditório e à ampla defesa no processo de verificação de descumprimento das obrigações estabelecidas no *caput* deste artigo.

§ 2º As avaliações que concluam pela inadimplência das obrigações dos incisos II a IV do *caput* deste artigo poderão ser revistas pelo Ministro de Estado da Economia, mediante justificativa fundamentada do Estado e parecer prévio da Procuradoria-Geral da Fazenda Nacional, até o final do exercício em que for verificada a inadimplência.

§ 3º O regulamento disciplinará as condições excepcionais em que o Ministro de Estado da Economia poderá empregar o disposto no § 2º deste artigo, tendo em conta a classificação de desempenho referida no inciso I do art. 7º.

§ 4º Não configurará descumprimento das obrigações dos incisos III ou IV do *caput* deste artigo, se o Conselho de Supervisão concluir que, nos termos do regulamento:

I – *(VETADO na LC 178/2021)*; ou

II – foram revogados leis ou atos vedados no art. 8º, ou foi suspensa a sua eficácia, no caso das inadimplências previstas no inciso IV.

§ 5º O não cumprimento do inciso I do *caput* deste artigo implicará inadimplência do ente até a entrega das informações pendentes.

Art. 7º-C. Enquanto perdurar a inadimplência com as obrigações previstas no art. 7º-B, fica vedada a: *(Acrescido pela LC 178/2021)*

I – contratação de operações de crédito;

II – inclusão, no Plano, de ressalvas às vedações do art. 8º, nos termos do inciso II do § 2º do referido artigo.

§ 1º Adicionalmente ao disposto no *caput*, os percentuais previstos nos §§ 1º e 2º do art. 9º elevar-se-ão permanentemente:

I – em 5 (cinco) pontos percentuais, ao fim de cada exercício em que for verificada a inadimplência do Estado com as obrigações previstas no inciso II do art. 7º-B;

II – em 10 (dez) pontos percentuais, ao fim de cada exercício em que for verificada a inadimplência do Estado com as obrigações previstas no inciso III do art. 7º-B; e

III – em 20 (vinte) pontos percentuais, ao fim de cada exercício em que for verificada a inadimplência do Estado com as obrigações previstas no inciso IV do art. 7º-B.

§ 2º Os percentuais de que trata o § 1º são adicionais em relação aos referidos nos §§ 1º e 2º do art. 9º, observado o limite máximo total de 30 (trinta) pontos percentuais adicionais para cada exercício.

§ 3º Em caso de inadimplência com as obrigações do art. 7º-B, o Poder ou órgão autônomo será multado pelo Conselho de Supervisão do Regime de Recuperação Fiscal e o valor correspondente será utilizado para amortização extraordinária do saldo devedor do Estado relativo ao contrato de que trata o art. 9º-A.

Art. 7º-D. Durante a vigência do Regime de Recuperação Fiscal, os titulares de Poderes e órgãos autônomos, das Secretarias de Estado e das entidades da administração indireta deverão encaminhar ao Conselho de Supervisão do Regime de Recuperação Fiscal relatórios mensais contendo, no mínimo, informações sobre: *(Acrescido pela LC 178/2021)*

I – as vantagens, aumentos, reajustes ou adequações remuneratórias concedidas;

II – os cargos, empregos ou funções criados;

III – os concursos públicos realizados;

IV – os servidores nomeados para cargos de provimento efetivo e vitalícios;

V – as revisões contratuais realizadas;

VI – as despesas obrigatórias e as despesas de caráter continuado criadas;

VII – os auxílios, vantagens, bônus, abonos, verbas de representação ou benefícios de qualquer natureza criados ou majorados;

VIII – os incentivos de natureza tributária concedidos, renovados ou ampliados;

IX – as alterações de alíquotas ou bases de cálculo de tributos;

X – os convênios, acordos, ajustes ou outros tipos de instrumentos que envolvam a transferência de recursos para outros entes federativos ou para organizações da sociedade civil; e

XI – as operações de crédito contratadas.

Parágrafo único. O Conselho de Supervisão do Regime de Recuperação Fiscal disciplinará o disposto neste artigo, podendo exigir informações periódicas adicionais e dispensar o envio de parte ou da totalidade das informações previstas no *caput*.

CAPÍTULO V
DAS VEDAÇÕES DURANTE O REGIME DE RECUPERAÇÃO FISCAL

Art. 8º São vedados ao Estado durante a vigência do Regime de Recuperação Fiscal:

I – a concessão, a qualquer título, de vantagem, aumento, reajuste ou adequação de remuneração de membros dos Poderes ou de órgãos, de servidores e empregados públicos e de militares, exceto aqueles provenientes de sentença judicial transitada em julgado, ressalvado o disposto no inciso X do *caput* do art. 37 da Constituição Federal;

II – a criação de cargo, emprego ou função que implique aumento de despesa;

III – a alteração de estrutura de carreira que implique aumento de despesa;

IV – a admissão ou a contratação de pessoal, a qualquer título, ressalvadas as reposições de: *(Redação dada pela LC 178/2021)*

a) cargos de chefia e de direção e assessoramento que não acarretem aumento de despesa; *(Acrescida pela LC 178/2021)*

b) contratação temporária; e *(Acrescida pela LC 178/2021)*

c) *(VETADO na LC 178/2021)*

V – a realização de concurso público, ressalvada a hipótese de reposição prevista na alínea 'c' do inciso IV; *(Redação dada pela LC 178/2021)*

VI – a criação, majoração, reajuste ou adequação de auxílios, vantagens, bônus, abonos, verbas de representação ou benefícios remuneratórios de qualquer natureza, inclusive indenizatória, em favor de membros dos Poderes, do Ministério Público ou da Defensoria Pública, de servidores e empregados públicos e de militares; *(Redação dada pela LC 178/2021)*

VII – a criação de despesa obrigatória de caráter continuado;

VIII – a adoção de medida que implique reajuste de despesa obrigatória; *(Redação dada pela LC 178/2021)*

IX – a concessão, a prorrogação, a renovação ou a ampliação de incentivo ou benefício de natureza tributária da qual decorra renúncia de receita, ressalvados os concedidos nos termos da alínea "g" do inciso XII do § 2º do art. 155 da Constituição Federal; *(Redação dada pela LC 178/2021)*

X – o empenho ou a contratação de despesas com publicidade e propaganda, exceto para as áreas de saúde, segurança, educação e outras de demonstrada utilidade pública; *(Redação dada pela LC 178/2021)*

XI – a celebração de convênio, acordo, ajuste ou outros tipos de instrumentos que envolvam a transferência de recursos para outros entes federativos ou para organizações da sociedade civil, ressalvados:

a) aqueles necessários para a efetiva recuperação fiscal;

b) as renovações de instrumentos já vigentes no momento da adesão ao Regime de Recuperação Fiscal;

c) aqueles decorrentes de parcerias com organizações sociais e que impliquem redução de despesa, comprovada pelo Conselho de Supervisão de que trata o art. 6º;

d) aqueles destinados a serviços essenciais, a situações emergenciais, a atividades de assistência social relativas a ações voltadas para pessoas com deficiência, idosos e mulheres jovens em situação de risco e, suplementarmente, ao cumprimento de limites constitucionais;

XII – a contratação de operações de crédito e o recebimento ou a concessão de garantia, ressalvadas aquelas autorizadas no âmbito do Regime de Recuperação Fiscal, na forma estabelecida pelo art. 11.

XIII – a alteração de alíquotas ou bases de cálculo de tributos que implique redução da arrecadação; *(Acrescido pela LC 178/2021)*

XIV – a criação ou majoração de vinculação de receitas públicas de qualquer natureza; *(Acrescido pela LC 178/2021)*

XV – a propositura de ação judicial para discutir a dívida ou o contrato citados nos incisos I e II do art. 9º; *(Acrescido pela LC 178/2021)*

XVI – a vinculação de receitas de impostos em áreas diversas das previstas na Constituição Federal. *(Acrescido pela LC 178/2021)*

§ 1º O Regime de Recuperação Fiscal impõe as restrições de que trata o *caput* deste artigo a todos os Poderes, aos órgãos, às entidades e aos fundos do Estado. *(Parágrafo único transformado em § 1º pela LC 178/2021)*

§ 2º As vedações previstas neste artigo poderão ser: (Redação dada pela LC nº 181/2021)

I – objeto de compensação; ou (Acrescido pela LC nº 178/2021)

II – afastadas, desde que previsto expressamente no Plano de Recuperação Fiscal em vigor. (Redação dada pela LC nº 181/2021)

§ 3º A compensação prevista no inciso I do § 2º deste artigo, previamente aprovada pelo Conselho de Supervisão do Regime de Recuperação Fiscal, se dará por ações: *(Acrescido pela LC 178/2021)*

I – com impactos financeiros iguais ou superiores ao da vedação descumprida; e

II – adotadas no mesmo Poder ou no Tribunal de Contas, no Ministério Público e na Defensoria Pública.

§ 4º É vedada a compensação de aumento de despesa primária obrigatória de caráter continuado com receitas não recorrentes ou extraordinárias. *(Acrescido pela LC 178/2021)*

§ 5º Considera-se aumento de despesa a prorrogação daquela criada por prazo determinado. *(Acrescido pela LC 178/2021)*

§ 6º Ressalva-se do disposto neste artigo a violação com impacto financeiro considerado irrelevante, nos termos em que dispuser o Plano de Recuperação Fiscal. *(Acrescido pela LC 178/2021)*

§ 7º Ato do Ministro de Estado da Economia disciplinará a aplicação do disposto nos §§ 2º e 3º. *(Acrescido pela LC 178/2021)*

CAPÍTULO VI
DAS PRERROGATIVAS DO ESTADO

Art. 9º Durante a vigência do Regime de Recuperação Fiscal, desde que assinado o contrato previsto no art. 9º-A, a União: *(Redação dada pela LC 178/2021)*

I – concederá redução extraordinária das prestações relativas aos contratos de dívidas administrados pela Secretaria do Tesouro Nacional do Ministério da Economia contratados em data anterior ao protocolo do pedido de adesão ao Regime de Recuperação Fiscal de que trata o art. 4º; *(Acrescido pela LC 178/2021)*

II – poderá pagar em nome do Estado, na data de seu vencimento, as prestações de operações de crédito com o sistema financeiro e instituições multilaterais, garantidas pela União, contempladas no pedido de adesão ao Regime de Recuperação Fiscal e contratadas em data anterior ao protocolo do referido pedido, sem executar as contragarantias correspondentes. *(Acrescido pela LC 178/2021)*

§ 1º O benefício previsto no inciso I será aplicado regressivamente no tempo, de tal forma que a relação entre os pagamentos do serviço das dívidas estaduais e os valores originalmente devidos das prestações dessas mesmas dívidas será zero no primeiro exercício e aumentará pelo menos 11,11 (onze inteiros e onze centésimos) pontos percentuais a cada exercício financeiro. *(Redação dada pela LC 178/2021)*

§ 2º O benefício previsto no inciso II será aplicado regressivamente no tempo, de tal forma que a União pagará integralmente as parcelas devidas durante a vigência do Regime, mas a relação entre os valores recuperados por ela dos Estados e os valores originalmente devidos das prestações daquelas dívidas será zero no primeiro exercício e aumentará pelo menos 11,11 (onze inteiros e onze centésimos) pontos percentuais a cada exercício financeiro. *(Redação dada pela LC 178/2021)*

§ 3º Para fins do disposto nos §§ 1º e 2º, entende-se como valores originalmente devidos aqueles apurados de acordo com as condições financeiras previstas nos contratos referidos nos incisos I e II do *caput*. *(Redação dada pela LC 178/2021)*

§ 4º O disposto nos §§ 1º e 2º do art. 7º-C será aplicado a partir do exercício financeiro subsequente ao da verificação de descumprimento das obrigações estabelecidas nos incisos II a IV do art. 7º-B. *(Redação dada pela LC 178/2021)*

§ 5º Ato do Ministro de Estado da Economia poderá estabelecer a metodologia de cálculo e demais detalhamentos necessários à aplicação do disposto neste artigo. *(Redação dada pela LC 178/2021)*

§ 6º A redução imediata das prestações de que trata este artigo não afasta a necessidade de celebração de termo aditivo para cada um dos contratos renegociados.

§§ 7º ao 9º *(Revogados pela LC 178/2021)*

§ 10. Não se aplica o disposto neste artigo às operações de crédito contratadas ao amparo do art. 11. *(Acrescido pela LC 178/2021)*

Art. 9º-A. É a União autorizada a celebrar com o Estado cujo pedido de adesão ao Regime de Recuperação Fiscal tenha sido aprovado, nos termos do art. 4º, contrato de refinanciamento dos valores não pagos em decorrência da aplicação do art. 9º e do disposto na alínea "a" do inciso II do art. 4º-A. *(Acrescido pela LC 178/2021)*

§ 1º O contrato de refinanciamento do Regime de Recuperação Fiscal previsto no *caput* deverá:

I – estabelecer como:

a) encargos de normalidade: os juros e a atualização monetária nas condições do art. 2º da Lei Complementar nº 148, de 25 de novembro de 2014, e sua regulamentação; e

b) encargos moratórios: os previstos no § 11 do art. 3º da Lei nº 9.496, de 11 de setembro de 1997;

II – prever que o Estado vinculará em garantia à União as receitas de que trata o art. 155 e os recursos de que tratam o art. 157 e a alínea "a" do inciso I e o inciso II do *caput* do art. 159, todos da Constituição Federal;

III – definir prazo no qual deverá ser apresentada comprovação do pedido de desistência pelo Estado das ações judiciais que discutam dívidas ou contratos de refinanciamento de dívidas pela União administrados pela Secretaria do Tesouro Nacional ou a execução de garantias e contragarantias pela União em face do respectivo ente federado.

§ 2º O refinanciamento de que trata o *caput* será pago em parcelas mensais e sucessivas apuradas pela Tabela Price, nas seguintes condições:

I – com o primeiro vencimento ocorrendo no primeiro dia do segundo mês subsequente ao da homologação do Regime e prazo de pagamento de 360 (trezentos e sessenta) meses, se o Regime tiver sido homologado; ou

II – com o primeiro vencimento ocorrendo na data prevista no contrato e prazo de pagamento de 24 (vinte e quatro) meses, em caso de não homologação do Regime no prazo previsto no contrato.

§ 3º Os valores não pagos em decorrência da aplicação do previsto na alínea "a" do inciso II do art. 4º-A e do art. 9º serão incorporados ao saldo devedor do contrato nas datas em que as obrigações originais vencerem ou forem pagas pela União.

§ 4º Em caso de não homologação do Regime no prazo previsto no contrato:

I – os valores não pagos em decorrência da aplicação do previsto na alínea "a" do inciso II do art. 4º-A serão capitalizados de acordo com os encargos moratórios previstos na alínea "b" do inciso I do § 1º deste artigo; e

II – a diferença entre o resultado da aplicação do inciso I deste parágrafo e do disposto no § 3º será incorporada ao saldo devedor do contrato de refinanciamento.

§ 5º Ato do Ministro de Estado da Economia estabelecerá a metodologia de cálculo e demais detalhamentos necessários à aplicação do disposto neste artigo.

Art. 10. Durante a vigência do Regime de Recuperação Fiscal, fica suspensa a aplicação dos seguintes dispositivos da Lei Complementar no 101, de 4 de maio de 2000:

I – art. 23; *(Redação dada pela LC 178/2021)*

II – alíneas "a" e "c" do inciso IV do § 1º do art. 25, ressalvada a observância ao disposto no § 3º do art. 195 da Constituição Federal;

III – art. 31.

Parágrafo único. Para os Estados que aderirem ao Regime de Recuperação Fiscal, o prazo previsto no *caput* do art. 23 da Lei Complementar nº 101, de 4 de maio de 2000, será o mesmo pactuado para o Plano de Recuperação.

Art. 10-A. Nos 3 (três) primeiros exercícios de vigência do Regime de Recuperação Fiscal, ficam dispensados todos os requisitos legais exigidos para a contratação com a União e a verificação dos requisitos exigidos pela Lei Complementar nº 101, de 4 de maio de 2000, para a realização de operações de crédito e equiparadas e para a assinatura de termos aditivos aos contratos de refinanciamento. *(Acrescido pela LC 178/2021)*

Art. 10-B. Durante a vigência do Regime de Recuperação Fiscal, o disposto no art. 4º da Lei Complementar nº 160, de 7 de agosto de 2017, não será aplicável aos incentivos e benefícios fiscais ou financeiro-fiscais concedidos com base nos §§ 7º e 8º do art. 3º da referida Lei Complementar. *(Acrescido pela LC 178/2021)*

CAPÍTULO VII
DOS FINANCIAMENTOS AUTORIZADOS

Art. 11. Enquanto vigorar o Regime de Recuperação Fiscal, poderão ser contratadas operações de crédito para as seguintes finalidades:

I – financiamento de programa de desligamento voluntário de pessoal;

II – financiamento de auditoria do sistema de processamento da folha de pagamento de ativos e inativos;

III – financiamento dos leilões de que trata o inciso VI do § 1º do art. 2º; *(Redação dada pela LC 178/2021)*

IV – reestruturação de dívidas ou pagamento de passivos, observado o disposto no inciso X do art. 167 da Constituição Federal; *(Redação dada pela LC 178/2021)*

V – modernização da administração fazendária e, no âmbito de programa proposto pelo Poder Executivo federal, da gestão fiscal, financeira e patrimonial; *(Redação dada pela LC 178/2021)*

VI – antecipação de receita da alienação total da participação societária em empresas públicas ou sociedades de economia mista de que trata o inciso I do § 1º do art. 2º. *(Redação dada pela LC 178/2021)*

VII – *(Revogado pela LC 178/2021)*

§ 1º A contratação das operações de crédito de que tratam os incisos I a VII do *caput* deste artigo contará com a garantia da União, devendo o Estado vincular em contragarantia as receitas de que trata o art. 155 e os recursos de que tratam o art. 157 e a alínea "a" do inciso I e o inciso II do *caput* do art. 159 da Constituição Federal.

§ 2º Nas operações de crédito de que trata o inciso VI do *caput* deste artigo, além da contragarantia de que trata o § 1º deste artigo, o Estado oferecerá, em benefício da União, penhor das ações da empresa a ser privatizada.

§ 3º Se for realizada a operação de crédito de que trata o inciso VI do *caput* deste artigo, o Estado compromete-se a promover alterações no corpo diretor da empresa a ser privatizada, com o objetivo de permitir que o credor indique representante, cujo papel será o de contribuir para o êxito da operação de alienação.

§ 4º Para fins do disposto neste artigo, estão dispensados os requisitos legais exigidos para a contratação de operações de crédito e para a concessão de garantia, inclusive aqueles dispostos na Lei Complementar no 101, de 4 de maio de 2000.

§ 5º A Secretaria do Tesouro Nacional do Ministério da Fazenda definirá o limite para a concessão de garantia aplicável à contratação das operações de crédito de que trata o § 1º deste artigo, respeitados os limites definidos pelo Senado Federal nos termos do inciso VIII do *caput* do art. 52 da Constituição Federal.

§ 6º Na hipótese de desvio de finalidade dos financiamentos de que trata este artigo, o acesso a novos financiamentos será suspenso até o fim do Regime de Recuperação Fiscal.

§ 7º Durante a vigência do Regime de Recuperação Fiscal, fica autorizado o aditamento de contratos de financiamento firmados com organismos internacionais multilaterais, desde que não haja aumento dos valores originais nem dos encargos dos contratos.

§ 8º É requisito para a realização de operação de crédito estar adimplente com o Plano de Recuperação Fiscal. *(Acrescido pela LC 178/2021)*

§ 9º Na hipótese de alienação total da participação societária em empresas públicas e sociedades de economia mista, nos termos do inciso I do § 1º do art. 2º, o limite de que trata o § 5º deste artigo será duplicado. *(Acrescido pela LC 178/2021)*

CAPÍTULO VIII
DO ENCERRAMENTO E DA EXTINÇÃO DO REGIME DE RECUPERAÇÃO FISCAL

Art. 12. O Regime de Recuperação Fiscal será encerrado, nos termos de regulamento, quando: *(Redação dada pela LC 178/2021)*

I – as condições estabelecidas no Plano de Recuperação Fiscal forem satisfeitas; *(Redação dada pela LC 178/2021)*

II – a vigência do Plano de Recuperação Fiscal terminar; ou *(Redação dada pela LC 178/2021)*

III – a pedido do Estado. *(Acrescido pela LC 178/2021)*

§ 1º O pedido de encerramento do Regime de Recuperação Fiscal dependerá de autorização em lei estadual e deverá ser encaminhado pelo Governador do Estado ao Ministério da Economia. *(Redação dada pela LC 178/2021)*

§ 2º Na hipótese do inciso III do *caput*, o Estado deverá definir a data para o encerramento da vigência do Regime. *(Redação dada pela LC 178/2021)*

§ 3º Após o recebimento do pedido de encerramento do Regime de Recuperação Fiscal, o Ministro de Estado da Economia o submeterá em até 30 (trinta) dias ao Presidente da República, que publicará ato formalizando o encerramento da vigência do Regime. *(Acrescido pela LC 178/2021)*

Art. 13. Regime de Recuperação Fiscal será extinto, nos termos de regulamento: *(Redação dada pela LC 178/2021)*

I – quando o Estado for considerado inadimplente por 2 (dois) exercícios; ou *(Redação dada pela LC 178/2021)*

II – em caso de propositura, pelo Estado, de ação judicial para discutir a dívida ou os contratos citados nos incisos I e II do art. 9º. *(Redação dada pela LC 178/2021)*

Parágrafo único. No caso de extinção do Regime, nos termos do *caput*, fica vedada a concessão de garantias pela União ao Estado por 5 (cinco) anos, ressalvada a hipótese do art. 65 da Lei Complementar nº 101, de 4 de maio de 2000. *(Acrescido pela LC 178/2021)*

CAPÍTULO IX
DISPOSIÇÕES FINAIS

Art. 14. O art. 32 da Lei Complementar nº 101, de 4 de maio de 2000, passa a vigorar acrescido do seguinte § 6º:

‣ Alteração incorporada no texto da referida LC.

Art. 15. A Lei Complementar nº 156, de 28 de dezembro de 2016, passa a vigorar acrescida do seguinte art. 12-A:

"Art. 12-A. A União poderá adotar nos contratos de refinanciamento de dívidas celebrados com os Estados e o Distrito Federal com base na Lei nº 8.727, de 5 de novembro de 1993, mediante celebração de termo aditivo, prazo adicional de até 240 (duzentos e quarenta) meses para o pagamento das dívidas refinanciadas cujos créditos sejam originalmente detidos pela União ou por ela adquiridos.

§ 1º As operações de que trata o *caput* deste artigo não abrangem aquelas para as quais foram mantidos os prazos, os encargos financeiros e as demais condições pactuadas nos contratos originais.

§ 2º O novo prazo para pagamento será de até 240 (duzentos e quarenta) meses, conforme efetivamente definido em cada um dos contratos vigentes, acrescido do prazo de que trata o *caput* deste artigo.

§ 3º As prestações mensais e consecutivas serão calculadas com base na Tabela Price, afastando-se as disposições contidas no art. 2º da Lei nº 8.727, de 5 de novembro de 1993.

§ 4º Para efeito de cálculo das prestações na forma do § 3º deste artigo, serão considerados o saldo devedor e o prazo remanescente existentes na data de celebração do termo aditivo, após a aplicação da extensão do prazo de que trata o *caput* deste artigo.

§ 5º Estão dispensados, para a assinatura do aditivo de que trata o *caput* deste artigo, todos os requisitos legais exigidos para a contratação com a União, inclusive os dispostos no art. 32 da Lei Complementar nº 101, de 4 de maio de 2000.

§ 6º O prazo para a assinatura do termo aditivo a que se refere o *caput* deste artigo é de 360 (trezentos e sessenta) dias, contado da data de publicação desta Lei Complementar.

§ 7º A concessão do prazo adicional de até 240 (duzentos e quarenta) meses de que trata o *caput* deste artigo depende da desistência de eventuais ações judiciais que tenham por objeto a dívida ou o contrato ora renegociados, sendo causa de rescisão do termo aditivo a manutenção do litígio ou o ajuizamento de novas ações."

Art. 16. Os arts. 12 e 13 da Lei Complementar nº 156, de 28 dezembro de 2016, passam a vigorar com as seguintes alterações:

"Art. 12. É a União autorizada a efetuar a quitação das obrigações assumidas com base na Lei nº 8.727, de 5 de novembro de 1993, que envolvam recursos oriundos do Fundo de Garantia do Tempo de Serviço (FGTS), perante a Caixa Econômica Federal, mediante cessão definitiva dos direitos creditórios derivados das operações firmadas ao amparo da referida Lei com os Estados, o Distrito Federal e os Municípios, ou com as respectivas entidades da administração indireta.

[...]" (NR)

"Art. 13. A cessão de que trata o art. 12 desta Lei Complementar só poderá ser realizada caso o Estado, o Distrito Federal e o Município, ou a respectiva entidade da administração indireta, celebre, concomitantemente, perante o agente operador do FGTS, repactuação da totalidade de suas dívidas decorrentes de financiamentos obtidos com recursos do FGTS, vencidas e vincendas, derivadas de operações de crédito contratadas até 1º de junho de 2001, abrangidas ou não pela Lei nº 8.727, de 5 de novembro de 1993, ainda que essas dívidas tenham sido objeto de renegociação anterior.

§ 1º É a União autorizada a conceder garantia à repactuação prevista no *caput* deste artigo, mediante concessão de contragarantias por parte dos Estados, do Distrito Federal e dos Municípios, representadas por suas receitas próprias e pelos recursos de que tratam os arts. 155, 156, 157, 158 e as alíneas "a" e "b" do inciso I e o inciso II do *caput* do art. 159 da Constituição Federal, conforme o caso.

[...]" (NR)

Art. 17. *(Revogado pela LC 178/2021)*

Art. 17-A. As infrações dos dispositivos desta Lei Complementar serão punidas segundo o Decreto-Lei nº 2.848, de 7 de dezembro de 1940 (Código Penal), a Lei nº 1.079, de 10 de abril de 1950, o Decreto-Lei nº 201, de 27 de fevereiro de 1967, a Lei nº 8.429, de 2 de junho de 1992, e demais normas da legislação pertinente. *(Acrescido pela LC 178/2021)*

Art. 17-B. *(VETADO na LC 178/2021)*

Art. 17-C. Para os efeitos desta Lei Complementar, considera-se regulamento o ato do Presidente da República editado no uso da competência prevista no art. 84, inciso IV, da Constituição Federal. *(Acrescido pela LC 178/2021)*

Art. 18. Esta Lei Complementar entra em vigor na data de sua publicação.

Brasília, 19 de maio de 2017; 196º da Independência e 129º da República.

MICHEL TEMER

DOU de 22.5.2017

LEI Nº 13.445, DE 24 DE MAIO DE 2017

Institui a Lei de Migração.

- *Lei de Migração*
- DOU: 25.5.2017.
- Vigência: 180 dias de sua publicação oficial (25.05.2017.)
- Regulamento: Decreto nº 9.199/2017.
- Vide Lei 13.684/2018.

O PRESIDENTE DA REPÚBLICA. Faço saber que o Congresso Nacional decreta e eu sanciono a seguinte Lei:

CAPÍTULO I
DISPOSIÇÕES PRELIMINARES

SEÇÃO I
DISPOSIÇÕES GERAIS

Art. 1º Esta Lei dispõe sobre os direitos e os deveres do migrante e do visitante, regula a sua entrada e estada no País e estabelece princípios e diretrizes para as políticas públicas para o emigrante.

§ 1º Para os fins desta Lei, considera-se:

I – (Vetado);

II – imigrante: pessoa nacional de outro país ou apátrida que trabalha ou reside e se estabelece temporária ou definitivamente no Brasil;

III – emigrante: brasileiro que se estabelece temporária ou definitivamente no exterior;

IV – residente fronteiriço: pessoa nacional de país limítrofe ou apátrida que conserva a sua residência habitual em município fronteiriço de país vizinho;

V – visitante: pessoa nacional de outro país ou apátrida que vem ao Brasil para estadas de curta duração, sem pretensão de se estabelecer temporária ou definitivamente no território nacional;

VI – apátrida: pessoa que não seja considerada como nacional por nenhum Estado, segundo a sua legislação, nos termos da Convenção sobre o Estatuto dos Apátridas, de 1954, promulgada pelo Decreto n. 4.246, de 22 de maio de 2002, ou assim reconhecida pelo Estado brasileiro.

§ 2º (Vetado).

Art. 2º Esta Lei não prejudica a aplicação de normas internas e internacionais específicas sobre refugiados, asilados, agentes e pessoal diplomático ou consular, funcionários de organização internacional e seus familiares.

SEÇÃO II
DOS PRINCÍPIOS E DAS GARANTIAS

Art. 3º A política migratória brasileira rege-se pelos seguintes princípios e diretrizes:

I – universalidade, indivisibilidade e interdependência dos direitos humanos;

II – repúdio e prevenção à xenofobia, ao racismo e a quaisquer formas de discriminação;

III – não criminalização da migração;

IV – não discriminação em razão dos critérios ou dos procedimentos pelos quais a pessoa foi admitida em território nacional;

V – promoção de entrada regular e de regularização documental;

VI – acolhida humanitária;

VII – desenvolvimento econômico, turístico, social, cultural, esportivo, científico e tecnológico do Brasil;

VIII – garantia do direito à reunião familiar;

IX – igualdade de tratamento e de oportunidade ao migrante e a seus familiares;

X – inclusão social, laboral e produtiva do migrante por meio de políticas públicas;

XI – acesso igualitário e livre do migrante a serviços, programas e benefícios sociais, bens públicos, educação, assistência jurídica integral pública, trabalho, moradia, serviço bancário e seguridade social;

XII – promoção e difusão de direitos, liberdades, garantias e obrigações do migrante;

XIII – diálogo social na formulação, na execução e na avaliação de políticas migratórias e promoção da participação cidadã do migrante;

XIV – fortalecimento da integração econômica, política, social e cultural dos povos da América Latina, mediante constituição de espaços de cidadania e de livre circulação de pessoas;

XV – cooperação internacional com Estados de origem, de trânsito e de destino de movimentos migratórios, a fim de garantir efetiva proteção aos direitos humanos do migrante;

XVI – integração e desenvolvimento das regiões de fronteira e articulação de políticas públicas regionais capazes de garantir efetividade aos direitos do residente fronteiriço;

XVII – proteção integral e atenção ao superior interesse da criança e do adolescente migrante;

XVIII – observância ao disposto em tratado;

XIX – proteção ao brasileiro no exterior;

XX – migração e desenvolvimento humano no local de origem, como direitos inalienáveis de todas as pessoas;

XXI – promoção do reconhecimento acadêmico e do exercício profissional no Brasil, nos termos da lei; e

XXII – repúdio a práticas de expulsão ou de deportação coletivas.

Art. 4º Ao migrante é garantida no território nacional, em condição de igualdade com os nacionais, a inviolabilidade do direito à vida, à liberdade, à igualdade, à segurança e à propriedade, bem como são assegurados:

I – direitos e liberdades civis, sociais, culturais e econômicos;

II – direito à liberdade de circulação em território nacional;

III – direito à reunião familiar do migrante com seu cônjuge ou companheiro e seus filhos, familiares e dependentes;

IV – medidas de proteção a vítimas e testemunhas de crimes e de violações de direitos;

V – direito de transferir recursos decorrentes de sua renda e economias pessoais a outro país, observada a legislação aplicável;

VI – direito de reunião para fins pacíficos;

VII – direito de associação, inclusive sindical, para fins lícitos;

VIII – acesso a serviços públicos de saúde e de assistência social e à previdência social, nos termos da lei, sem discriminação em razão da nacionalidade e da condição migratória;

IX – amplo acesso à justiça e à assistência jurídica integral gratuita aos que comprovarem insuficiência de recursos;

X – direito à educação pública, vedada a discriminação em razão da nacionalidade e da condição migratória;

XI – garantia de cumprimento de obrigações legais e contratuais trabalhistas e de aplicação das normas de proteção ao trabalhador, sem discriminação em razão da nacionalidade e da condição migratória;

XII – isenção das taxas de que trata esta Lei, mediante declaração de hipossuficiência econômica, na forma de regulamento;

XIII – direito de acesso à informação e garantia de confidencialidade quanto aos dados pessoais do migrante, nos termos da Lei n. 12.527, de 18 de novembro de 2011;

XIV – direito a abertura de conta bancária;

XV – direito de sair, de permanecer e de reingressar em território nacional, mesmo enquanto pendente pedido de autorização de residência, de prorrogação de estada ou de transformação de visto em autorização de residência; e

XVI – direito do imigrante de ser informado sobre as garantias que lhe são asseguradas para fins de regularização migratória.

§ 1º Os direitos e as garantias previstos nesta Lei serão exercidos em observância ao disposto na Constituição Federal, independentemente da situação migratória, observado o disposto no § 4º deste artigo, e não excluem outros decorrentes de tratado de que o Brasil seja parte.

§§ 2º a 4º (Vetados).

CAPÍTULO II
DA SITUAÇÃO DOCUMENTAL DO MIGRANTE E DO VISITANTE

SEÇÃO I
DOS DOCUMENTOS DE VIAGEM

Art. 5º São documentos de viagem:

I – passaporte;
II – *laissez-passer*;
III – autorização de retorno;
IV – salvo-conduto;
V – carteira de identidade de marítimo;
VI – carteira de matrícula consular;
VII – documento de identidade civil ou documento estrangeiro equivalente, quando admitidos em tratado;
VIII – certificado de membro de tripulação de transporte aéreo; e
IX – outros que vierem a ser reconhecidos pelo Estado brasileiro em regulamento.

§ 1º Os documentos previstos nos incisos I, II, III, IV, V, VI e IX, quando emitidos pelo Estado brasileiro, são de propriedade da União, cabendo a seu titular a posse direta e o uso regular.

§ 2º As condições para a concessão dos documentos de que trata o § 1º serão previstas em regulamento.

SEÇÃO II
DOS VISTOS

SUBSEÇÃO I
DISPOSIÇÕES GERAIS

Art. 6º O visto é o documento que dá a seu titular expectativa de ingresso em território nacional.

Parágrafo único. (Vetado).

Art. 7º O visto será concedido por embaixadas, consulados-gerais, consulados, vice-consulados e, quando habilitados pelo órgão competente do Poder Executivo, por escritórios comerciais e de representação do Brasil no exterior.

Parágrafo único. Excepcionalmente, os vistos diplomático, oficial e de cortesia poderão ser concedidos no Brasil.

Art. 8º Poderão ser cobrados taxas e emolumentos consulares pelo processamento do visto.

Art. 9º Regulamento disporá sobre:

I – requisitos de concessão de visto, bem como de sua simplificação, inclusive por reciprocidade;
II – prazo de validade do visto e sua forma de contagem;
III – prazo máximo para a primeira entrada e para a estada do imigrante e do visitante no País;
IV – hipóteses e condições de dispensa recíproca ou unilateral de visto e de taxas e emolumentos consulares por seu processamento; e
V – solicitação e emissão de visto por meio eletrônico.

Parágrafo único. A simplificação e a dispensa recíproca de visto ou de cobrança de taxas e emolumentos consulares por seu processamento poderão ser definidas por comunicação diplomática.

Art. 10. Não se concederá visto:

I – a quem não preencher os requisitos para o tipo de visto pleiteado;
II – a quem comprovadamente ocultar condição impeditiva de concessão de visto ou de ingresso no País; ou
III – a menor de 18 (dezoito) anos desacompanhado ou sem autorização de viagem por escrito dos responsáveis legais ou de autoridade competente.

Art. 11. Poderá ser denegado visto a quem se enquadrar em pelo menos um dos casos de impedimento definidos nos incisos I, II, III, IV e IX do art. 45.

Parágrafo único. A pessoa que tiver visto brasileiro denegado será impedida de ingressar no País enquanto permanecerem as condições que ensejaram a denegação.

SUBSEÇÃO II
DOS TIPOS DE VISTO

Art. 12. Ao solicitante que pretenda ingressar ou permanecer em território nacional poderá ser concedido visto:

I – de visita;
II – temporário;
III – diplomático;
IV – oficial;
V – de cortesia.

SUBSEÇÃO III
DO VISTO DE VISITA

Art. 13. O visto de visita poderá ser concedido ao visitante que venha ao Brasil para estada de curta duração, sem intenção de estabelecer residência, nos seguintes casos:

I – turismo;
II – negócios;
III – trânsito;
IV – atividades artísticas ou desportivas; e
V – outras hipóteses definidas em regulamento.

§ 1º É vedado ao beneficiário de visto de visita exercer atividade remunerada no Brasil.

§ 2º O beneficiário de visto de visita poderá receber pagamento do governo, de empregador brasileiro ou de entidade privada a título de diária, ajuda de custo, cachê, pró-labore ou outras despesas com a viagem, bem como concorrer a prêmios, inclusive em dinheiro, em competições desportivas ou em concursos artísticos ou culturais.

§ 3º O visto de visita não será exigido em caso de escala ou conexão em território nacional, desde que o visitante não deixe a área de trânsito internacional.

SUBSEÇÃO IV
DO VISTO TEMPORÁRIO

Art. 14. O visto temporário poderá ser concedido ao imigrante que venha ao Brasil com o intuito de estabelecer residência por tempo determinado e que se enquadre em pelo menos uma das seguintes hipóteses:

I – o visto temporário tenha como finalidade:

a) pesquisa, ensino ou extensão acadêmica;
b) tratamento de saúde;
c) acolhida humanitária;
d) estudo;
e) trabalho;
f) férias-trabalho;
g) prática de atividade religiosa ou serviço voluntário;
h) realização de investimento ou de atividade com relevância econômica, social, científica, tecnológica ou cultural;
i) reunião familiar;
j) atividades artísticas ou desportivas com contrato por prazo determinado;

II – o imigrante seja beneficiário de tratado em matéria de vistos;
III – outras hipóteses definidas em regulamento.

§ 1º O visto temporário para pesquisa, ensino ou extensão acadêmica poderá ser concedido ao imigrante com ou sem vínculo empregatício com a instituição de pesquisa ou de ensino brasileira, exigida, na hipótese de vínculo, a comprovação de formação superior compatível ou equivalente reconhecimento científico.

§ 2º O visto temporário para tratamento de saúde poderá ser concedido ao imigrante e a seu acompanhante, desde que o imigrante comprove possuir meios de subsistência suficientes.

§ 3º O visto temporário para acolhida humanitária poderá ser concedido ao apátrida ou ao nacional de qualquer país em situação de grave ou iminente instabilidade institucional, de conflito armado, de calamidade de grande proporção, de desastre ambiental ou de grave violação de direitos humanos ou de direito internacional humanitário, ou em outras hipóteses, na forma de regulamento.

§ 4º O visto temporário para estudo poderá ser concedido ao imigrante que pretenda vir ao Brasil para frequentar curso regular ou realizar estágio ou intercâmbio de estudo ou de pesquisa.

§ 5º Observadas as hipóteses previstas em regulamento, o visto temporário para trabalho poderá ser concedido ao imigrante que venha exercer atividade laboral, com ou sem vínculo empregatício no Brasil, desde que comprove oferta de trabalho formalizada por pessoa jurídica em atividade no País, dispensada esta exigência se o imigrante comprovar titulação em curso de ensino superior ou equivalente.

§ 6º O visto temporário para férias-trabalho poderá ser concedido ao imigrante maior de 16 (dezesseis) anos que seja nacional de país que conceda idêntico benefício ao nacional brasileiro, em termos definidos por comunicação diplomática.

§ 7º Não se exigirá do marítimo que ingressar no Brasil em viagem de longo curso ou em cruzeiros marítimos pela costa brasileira o visto temporário de que trata a alínea "e" do inciso I do *caput*, bastando a apresentação da carteira internacional de marítimo, nos termos de regulamento.

§ 8º É reconhecida ao imigrante a quem se tenha concedido visto temporário para trabalho a possibilidade de modificação do local de exercício de sua atividade laboral.

§ 9º O visto para realização de investimento poderá ser concedido ao imigrante que aporte recursos em projeto com potencial para geração de empregos ou de renda no País.

§ 10. (Vetado).

SUBSEÇÃO V
DOS VISTOS DIPLOMÁTICO, OFICIAL E DE CORTESIA

Art. 15. Os vistos diplomático, oficial e de cortesia serão concedidos, prorrogados ou dispensados na forma desta Lei e de regulamento.

Parágrafo único. Os vistos diplomático e oficial poderão ser transformados em autorização de residência, o que importará cessação de todas as prerrogativas, privilégios e imunidades decorrentes do respectivo visto.

Art. 16. Os vistos diplomático e oficial poderão ser concedidos a autoridades e funcionários estrangeiros que viajem ao Brasil em missão oficial de caráter transitório ou permanente, representando Estado estrangeiro ou organismo internacional reconhecido.

§ 1º Não se aplica ao titular dos vistos referidos no *caput* o disposto na legislação trabalhista brasileira.

§ 2º Os vistos diplomático e oficial poderão ser estendidos aos dependentes das autoridades referidas no *caput*.

Art. 17. O titular de visto diplomático ou oficial somente poderá ser remunerado por Estado estrangeiro ou organismo internacional, ressalvado o disposto em tratado que contenha cláusula específica sobre o assunto.

Parágrafo único. O dependente de titular de visto diplomático ou oficial poderá exercer atividade remunerada no Brasil, sob o amparo da legislação trabalhista brasileira, desde que seja nacional de país que assegure reciprocidade de tratamento ao nacional brasileiro, por comunicação diplomática.

Art. 18. O empregado particular titular de visto de cortesia somente poderá exercer atividade remunerada para o titular de visto diplomático, oficial ou de cortesia ao qual esteja vinculado, sob o amparo da legislação trabalhista brasileira.

Parágrafo único. O titular de visto diplomático, oficial ou de cortesia será responsável pela saída de seu empregado do território nacional.

SEÇÃO III
DO REGISTRO E DA IDENTIFICAÇÃO CIVIL DO IMIGRANTE E DOS DETENTORES DE VISTOS DIPLOMÁTICO, OFICIAL E DE CORTESIA

Art. 19. O registro consiste na identificação civil por dados biográficos e biométricos, e é obrigatório a todo imigrante detentor de visto temporário ou de autorização de residência.

§ 1º O registro gerará número único de identificação que garantirá o pleno exercício dos atos da vida civil.

§ 2º O documento de identidade do imigrante será expedido com base no número único de identificação.

§ 3º Enquanto não for expedida identificação civil, o documento comprobatório de que o imigrante a solicitou à autoridade competente garantirá ao titular o acesso aos direitos disciplinados nesta Lei.

Art. 20. A identificação civil de solicitante de refúgio, de asilo, de reconhecimento de apatridia e de acolhimento humanitário poderá ser realizada com a apresentação dos documentos de que o imigrante dispuser.

Art. 21. Os documentos de identidade emitidos até a data de publicação desta Lei continuarão válidos até sua total substituição.

Art. 22. A identificação civil, o documento de identidade e as formas de gestão da base cadastral dos detentores de vistos diplomático, oficial e de cortesia atenderão a disposições específicas previstas em regulamento.

CAPÍTULO III
DA CONDIÇÃO JURÍDICA DO MIGRANTE E DO VISITANTE

SEÇÃO I
DO RESIDENTE FRONTEIRIÇO

Art. 23. A fim de facilitar a sua livre circulação, poderá ser concedida ao residente fronteiriço, mediante requerimento, autorização para a realização de atos da vida civil.

Parágrafo único. Condições específicas poderão ser estabelecidas em regulamento ou tratado.

Art. 24. A autorização referida no *caput* do art. 23 indicará o Município fronteiriço no qual o residente estará autorizado a exercer os direitos a ele atribuídos por esta Lei.

§ 1º O residente fronteiriço detentor da autorização gozará das garantias e dos direitos assegurados pelo regime geral de migração desta Lei, conforme especificado em regulamento.

§ 2º O espaço geográfico de abrangência e de validade da autorização será especificado no documento de residente fronteiriço.

Art. 25. O documento de residente fronteiriço será cancelado, a qualquer tempo, se o titular:

I – tiver fraudado documento ou utilizado documento falso para obtê-lo;

II – obtiver outra condição migratória;

III – sofrer condenação penal; ou

IV – exercer direito fora dos limites previstos na autorização.

SEÇÃO II
DA PROTEÇÃO DO APÁTRIDA E DA REDUÇÃO DA APATRIDIA

Art. 26. Regulamento disporá sobre instituto protetivo especial do apátrida, consolidado em processo simplificado de naturalização.

§ 1º O processo de que trata o *caput* será iniciado tão logo seja reconhecida a situação de apatridia.

§ 2º Durante a tramitação do processo de reconhecimento da condição de apátrida, incidem todas as garantias e mecanismos protetivos e de facilitação da inclusão social relativos à Convenção sobre o Estatuto dos Apátridas de 1954, promulgada pelo Decreto n. 4.246, de 22 de maio de 2002, à Convenção relativa ao Estatuto dos Refugiados, promulgada pelo Decreto n. 50.215, de 28 de janeiro de 1961, e à Lei n. 9.474, de 22 de julho de 1997.

§ 3º Aplicam-se ao apátrida residente todos os direitos atribuídos ao migrante relacionados no art. 4º.

§ 4º O reconhecimento da condição de apátrida assegura os direitos e garantias previstos na Convenção sobre o Estatuto dos Apátridas, de 1954, promulgada pelo Decreto n. 4.246, de 22 de maio de 2002, bem como outros direitos e garantias reconhecidos pelo Brasil.

§ 5º O processo de reconhecimento da condição de apátrida tem como objetivo verificar se o solicitante é considerado nacional pela legislação de algum Estado e poderá considerar informações, documentos e declarações prestadas pelo próprio solicitante e por órgãos e organismos nacionais e internacionais.

§ 6º Reconhecida a condição de apátrida, nos termos do inciso VI do § 1º do art. 1º, o solicitante será consultado sobre o desejo de adquirir a nacionalidade brasileira.

§ 7º Caso o apátrida opte pela naturalização, a decisão sobre o reconhecimento será encaminhada ao órgão competente do Poder Executivo para publicação dos atos necessários à efetivação da naturalização no prazo de 30 (trinta) dias, observado o art. 65.

§ 8º O apátrida reconhecido que não opte pela naturalização imediata terá a autorização de residência outorgada em caráter definitivo.

§ 9º Caberá recurso contra decisão negativa de reconhecimento da condição de apátrida.

§ 10. Subsistindo a denegação do reconhecimento da condição de apátrida, é vedada a devolução do indivíduo para país onde sua vida, integridade pessoal ou liberdade estejam em risco.

§ 11. Será reconhecido o direito de reunião familiar a partir do reconhecimento da condição de apátrida.

§ 12. Implica perda da proteção conferida por esta Lei:

I – a renúncia;

II – a prova da falsidade dos fundamentos invocados para o reconhecimento da condição de apátrida; ou

III – a existência de fatos que, se fossem conhecidos por ocasião do reconhecimento, teriam ensejado decisão negativa.

SEÇÃO III
DO ASILADO

Art. 27. O asilo político, que constitui ato discricionário do Estado, poderá ser diplomático ou territorial e será outorgado como instrumento de proteção à pessoa.

Parágrafo único. Regulamento disporá sobre as condições para a concessão e a manutenção de asilo.

Art. 28. Não se concederá asilo a quem tenha cometido crime de genocídio, crime contra a humanidade, crime de guerra ou crime de agressão, nos termos do Estatuto de Roma do Tribunal Penal Internacional, de 1998, promulgado pelo Decreto n. 4.388, de 25 de setembro de 2002.

Art. 29. A saída do asilado do País sem prévia comunicação implica renúncia ao asilo.

SEÇÃO IV
DA AUTORIZAÇÃO DE RESIDÊNCIA

Art. 30. A residência poderá ser autorizada, mediante registro, ao imigrante, ao residente fronteiriço ou ao visitante que se enquadre em uma das seguintes hipóteses:

I – a residência tenha como finalidade:

a) pesquisa, ensino ou extensão acadêmica;

b) tratamento de saúde;

c) acolhida humanitária;

d) estudo;

e) trabalho;

f) férias-trabalho;

g) prática de atividade religiosa ou serviço voluntário;

h) realização de investimento ou de atividade com relevância econômica, social, científica, tecnológica ou cultural;

i) reunião familiar;

II – a pessoa:

a) seja beneficiária de tratado em matéria de residência e livre circulação;

b) seja detentora de oferta de trabalho;

c) já tenha possuído a nacionalidade brasileira e não deseje ou não reúna os requisitos para readquiri-la;

d) (Vetado);

e) seja beneficiária de refúgio, de asilo ou de proteção ao apátrida;

f) seja menor nacional de outro país ou apátrida, desacompanhado ou abandonado, que se encontre nas fronteiras brasileiras ou em território nacional;

g) tenha sido vítima de tráfico de pessoas, de trabalho escravo ou de violação de direito agravada por sua condição migratória;

h) esteja em liberdade provisória ou em cumprimento de pena no Brasil;

III – outras hipóteses definidas em regulamento.

§ 1º Não se concederá a autorização de residência a pessoa condenada criminalmente no Brasil ou no exterior por sentença transitada em julgado, desde que a conduta esteja tipificada na legislação penal brasileira, ressalvados os casos em que:

I – a conduta caracterize infração de menor potencial ofensivo;

II – (Vetado); ou

III – a pessoa se enquadre nas hipóteses previstas nas alíneas "b", "c" e "i" do inciso I e na alínea "a" do inciso II do *caput* deste artigo.

§ 2º O disposto no § 1º não obsta progressão de regime de cumprimento de pena, nos termos da Lei n. 7.210, de 11 de julho de 1984, ficando a pessoa autorizada a trabalhar quando assim exigido pelo novo regime de cumprimento de pena.

§ 3º Nos procedimentos conducentes ao cancelamento de autorização de residência e no recurso contra a negativa de concessão de autorização de residência devem ser respeitados o contraditório e a ampla defesa.

Art. 31. Os prazos e o procedimento da autorização de residência de que trata o art. 30 serão dispostos em regulamento, observado o disposto nesta Lei.

§ 1º Será facilitada a autorização de residência nas hipóteses das alíneas "a" e "e" do inciso I do art. 30 desta Lei, devendo a deliberação sobre a autorização ocorrer em prazo não superior a 60 (sessenta) dias, a contar de sua solicitação.

§ 2º Nova autorização de residência poderá ser concedida, nos termos do art. 30, mediante requerimento.

§ 3º O requerimento de nova autorização de residência após o vencimento do prazo da autorização anterior implicará aplicação da sanção prevista no inciso II do art. 109.

§ 4º O solicitante de refúgio, de asilo ou de proteção ao apátrida fará jus a autorização provisória de residência até a obtenção de resposta ao seu pedido.

§ 5º Poderá ser concedida autorização de residência independentemente da situação migratória.

Art. 32. Poderão ser cobradas taxas pela autorização de residência.

Art. 33. Regulamento disporá sobre a perda e o cancelamento da autorização de residência em razão de fraude ou de ocultação de condição impeditiva de concessão de visto, de ingresso ou de permanência no País, observado procedimento administrativo que garanta o contraditório e a ampla defesa.

Art. 34. Poderá ser negada autorização de residência com fundamento nas hipóteses previstas nos incisos I, II, III, IV e IX do art. 45.

Art. 35. A posse ou a propriedade de bem no Brasil não confere o direito de obter visto ou autorização de residência em território nacional, sem prejuízo do disposto sobre visto para realização de investimento.

Art. 36. O visto de visita ou de cortesia poderá ser transformado em autorização de residência, mediante requerimento e registro, desde que satisfeitos os requisitos previstos em regulamento.

SEÇÃO V
DA REUNIÃO FAMILIAR

Art. 37. O visto ou a autorização de residência para fins de reunião familiar será concedido ao imigrante:

I – cônjuge ou companheiro, sem discriminação alguma;

II – filho de imigrante beneficiário de autorização de residência, ou que tenha filho brasileiro ou imigrante beneficiário de autorização de residência;

III – ascendente, descendente até o segundo grau ou irmão de brasileiro ou de imigrante beneficiário de autorização de residência; ou

IV – que tenha brasileiro sob sua tutela ou guarda.

Parágrafo único. (Vetado).

CAPÍTULO IV
DA ENTRADA E DA SAÍDA DO TERRITÓRIO NACIONAL

SEÇÃO I
DA FISCALIZAÇÃO MARÍTIMA, AEROPORTUÁRIA E DE FRONTEIRA

Art. 38. As funções de polícia marítima, aeroportuária e de fronteira serão realizadas pela Polícia Federal nos pontos de entrada e de saída do território nacional.

Parágrafo único. É dispensável a fiscalização de passageiro, tripulante e estafe de navio em passagem inocente, exceto quando houver necessidade de descida de pessoa a terra ou de subida a bordo do navio.

Art. 39. O viajante deverá permanecer em área de fiscalização até que seu documento de viagem tenha sido verificado, salvo os casos previstos em lei.

Art. 40. Poderá ser autorizada a admissão excepcional no País de pessoa que se encontre em uma das seguintes condições, desde que esteja de posse de documento de viagem válido:

I – não possua visto;

II – seja titular de visto emitido com erro ou omissão;

III – tenha perdido a condição de residente por ter permanecido ausente do País na forma especificada em regulamento e detenha as condições objetivas para a concessão de nova autorização de residência;

IV – (Vetado); ou

V – seja criança ou adolescente desacompanhado de responsável legal e sem autorização expressa para viajar desacompanhado, independentemente do documento de viagem que portar, hipótese em que haverá imediato encaminhamento ao Conselho Tutelar ou, em caso de necessidade, a instituição indicada pela autoridade competente.

Parágrafo único. Regulamento poderá dispor sobre outras hipóteses excepcionais de admissão, observados os princípios e as diretrizes desta Lei.

Art. 41. A entrada condicional, em território nacional, de pessoa que não preencha os requisitos de admissão poderá ser autorizada mediante a assinatura, pelo transportador ou por seu agente, de termo de compromisso de custear as despesas com a permanência e com as providências para a repatriação do viajante.

Art. 42. O tripulante ou o passageiro que, por motivo de força maior, for obrigado a interromper a viagem em território nacional poderá ter seu desembarque permitido mediante termo de responsabilidade pelas despesas decorrentes do transbordo.

Art. 43. A autoridade responsável pela fiscalização contribuirá para a aplicação de medidas sanitárias em consonância com o Regulamento Sanitário Internacional e com outras disposições pertinentes

SEÇÃO II
DO IMPEDIMENTO DE INGRESSO

Art. 44. (Vetado).

Art. 45. Poderá ser impedida de ingressar no País, após entrevista individual e mediante ato fundamentado, a pessoa:

I – anteriormente expulsa do País, enquanto os efeitos da expulsão vigorarem;

II – condenada ou respondendo a processo por ato de terrorismo ou por crime de genocídio, crime contra a humanidade, crime de guerra ou crime de agressão, nos termos definidos pelo Estatuto de Roma do Tribunal Penal Internacional, de 1998, promulgado pelo Decreto n. 4.388, de 25 de setembro de 2002;

III – condenada ou respondendo a processo em outro país por crime doloso passível de extradição segundo a lei brasileira;

IV – que tenha o nome incluído em lista de restrições por ordem judicial ou por compromisso assumido pelo Brasil perante organismo internacional;

V – que apresente documento de viagem que:

a) não seja válido para o Brasil;

b) esteja com o prazo de validade vencido; ou

c) esteja com rasura ou indício de falsificação;

VI – que não apresente documento de viagem ou documento de identidade, quando admitido;

VII – cuja razão da viagem não seja condizente com o visto ou com o motivo alegado para a isenção de visto;

VIII – que tenha, comprovadamente, fraudado documentação ou prestado informação falsa por ocasião da solicitação de visto; ou

IX – que tenha praticado ato contrário aos princípios e objetivos dispostos na Constituição Federal.

Parágrafo único. Ninguém será impedido de ingressar no País por motivo de raça, religião, nacionalidade, pertinência a grupo social ou opinião política.

CAPÍTULO V
DAS MEDIDAS DE RETIRADA COMPULSÓRIA

SEÇÃO I
DISPOSIÇÕES GERAIS

Art. 46. A aplicação deste CAPÍTULO observará o disposto na Lei n. 9.474, de 22 de julho de 1997, e nas disposições legais, tratados, instrumentos e mecanismos que tratem da proteção aos apátridas ou de outras situações humanitárias.

Art. 47. A repatriação, a deportação e a expulsão serão feitas para o país de nacionalidade ou de procedência do migrante ou do visitante, ou para outro que o aceite, em observância aos tratados dos quais o Brasil seja parte.

Art. 48. Nos casos de deportação ou expulsão, o chefe da unidade da Polícia Federal poderá representar perante o juízo federal, respeitados, nos procedimentos judiciais, os direitos à ampla defesa e ao devido processo legal.

SEÇÃO II
DA REPATRIAÇÃO

Art. 49. A repatriação consiste em medida administrativa de devolução de pessoa em situação de impedimento ao país de procedência ou de nacionalidade.

§ 1º Será feita imediata comunicação do ato fundamentado de repatriação à empresa transportadora e à autoridade consular do país de procedência ou de nacionalidade do migrante ou do visitante, ou a quem o representa.

§ 2º A Defensoria Pública da União será notificada, preferencialmente por via eletrônica, no caso do § 4º deste artigo ou quando a repatriação imediata não seja possível.

§ 3º Condições específicas de repatriação podem ser definidas por regulamento ou tratado, observados os princípios e as garantias previstos nesta Lei.

§ 4º Não será aplicada medida de repatriação à pessoa em situação de refúgio ou de apatridia, de fato ou de direito, ao menor de 18 (dezoito) anos desacompanhado ou separado de sua família, exceto nos casos em que se demonstrar favorável para a garantia de seus direitos ou para a reintegração a sua família de origem, ou a quem necessite de acolhimento humanitário, nem, em qualquer caso, medida de devolução para país ou região que possa apresentar risco à vida, à integridade pessoal ou à liberdade da pessoa.

§ 5º (Vetado).

SEÇÃO III
DA DEPORTAÇÃO

Art. 50. A deportação é medida decorrente de procedimento administrativo que consiste na retirada compulsória de pessoa que se encontre em situação migratória irregular em território nacional.

§ 1º A deportação será precedida de notificação pessoal ao deportando, da qual constem, expressamente, as irregularidades verificadas e prazo para a regularização não inferior a 60 (sessenta) dias, podendo ser prorrogado, por igual período, por despacho fundamentado e mediante compromisso de a pessoa manter atualizadas suas informações domiciliares.

§ 2º A notificação prevista no § 1º não impede a livre circulação em território nacional, devendo o deportando informar seu domicílio e suas atividades.

§ 3º Vencido o prazo do § 1º sem que se regularize a situação migratória, a deportação poderá ser executada.

§ 4º A deportação não exclui eventuais direitos adquiridos em relações contratuais ou decorrentes da lei brasileira.

§ 5º A saída voluntária de pessoa notificada para deixar o País equivale ao cumprimento da notificação de deportação para todos os fins.

§ 6º O prazo previsto no § 1º poderá ser reduzido nos casos que se enquadrem no inciso IX do art. 45.

Art. 51. Os procedimentos conducentes à deportação devem respeitar o contraditório e a ampla defesa e a garantia de recurso com efeito suspensivo.

§ 1º A Defensoria Pública da União deverá ser notificada, preferencialmente por meio eletrônico, para prestação de assistência ao deportando em todos os procedimentos administrativos de deportação.

§ 2º A ausência de manifestação da Defensoria Pública da União, desde que prévia e devidamente notificada, não impedirá a efetivação da medida de deportação.

Art. 52. Em se tratando de apátrida, o procedimento de deportação dependerá de prévia autorização da autoridade competente.

Art. 53. Não se procederá à deportação se a medida configurar extradição não admitida pela legislação brasileira.

SEÇÃO IV
DA EXPULSÃO

Art. 54. A expulsão consiste em medida administrativa de retirada compulsória de migrante ou visitante do território nacional, conjugada com o impedimento de reingresso por prazo determinado.

§ 1º Poderá dar causa à expulsão a condenação com sentença transitada em julgado relativa à prática de:

I – crime de genocídio, crime contra a humanidade, crime de guerra ou crime de agressão, nos termos definidos pelo Estatuto de Roma do Tribunal Penal Internacional, de 1998, promulgado pelo Decreto n. 4.388, de 25 de setembro de 2002; ou

II – crime comum doloso passível de pena privativa de liberdade, consideradas a gravidade e as possibilidades de ressocialização em território nacional.

§ 2º Caberá à autoridade competente resolver sobre a expulsão, a duração do impedimento de reingresso e a suspensão ou a revogação dos efeitos da expulsão, observado o disposto nesta Lei.

§ 3º O processamento da expulsão em caso de crime comum não prejudicará a progressão de regime, o cumprimento da pena, a suspensão condicional do processo, a comutação da pena ou a concessão de pena alternativa, de indulto coletivo ou individual, de anistia ou de quaisquer benefícios concedidos em igualdade de condições ao nacional brasileiro.

§ 4º O prazo de vigência da medida de impedimento vinculada aos efeitos da expulsão será proporcional ao prazo total da pena aplicada e nunca será superior ao dobro de seu tempo.

Art. 55. Não se procederá à expulsão quando:

I – a medida configurar extradição inadmitida pela legislação brasileira;

II – o expulsando:

a) tiver filho brasileiro que esteja sob sua guarda ou dependência econômica ou socioafetiva ou tiver pessoa brasileira sob sua tutela;

b) tiver cônjuge ou companheiro residente no Brasil, sem discriminação alguma, reconhecido judicial ou legalmente;

c) tiver ingressado no Brasil até os 12 (doze) anos de idade, residindo desde então no País;

d) for pessoa com mais de 70 (setenta) anos que resida no País há mais de 10 (dez) anos, considerados a gravidade e o fundamento da expulsão; ou

e) (Vetado).

Art. 56. Regulamento definirá procedimentos para apresentação e processamento de pedidos de suspensão e de revogação dos efeitos das medidas de expulsão e de impedimento de ingresso e permanência em território nacional.

Art. 57. Regulamento disporá sobre condições especiais de autorização de residência para viabilizar medidas de ressocialização a migrante e a visitante em cumprimento de penas aplicadas ou executadas em território nacional.

Art. 58. No processo de expulsão serão garantidos o contraditório e a ampla defesa.

§ 1º A Defensoria Pública da União será notificada da instauração de processo de expulsão, se não houver defensor constituído.

§ 2º Caberá pedido de reconsideração da decisão sobre a expulsão no prazo de 10 (dez) dias, a contar da notificação pessoal do expulsando.

Art. 59. Será considerada regular a situação migratória do expulsando cujo processo esteja pendente de decisão, nas condições previstas no art. 55.

Art. 60. A existência de processo de expulsão não impede a saída voluntária do expulsando do País.

SEÇÃO V
DAS VEDAÇÕES

Art. 61. Não se procederá à repatriação, à deportação ou à expulsão coletivas.

Parágrafo único. Entende-se por repatriação, deportação ou expulsão coletiva aquela que não individualiza a situação migratória irregular de cada pessoa.

Art. 62. Não se procederá à repatriação, à deportação ou à expulsão de nenhum indivíduo quando subsistirem razões para acreditar que a medida poderá colocar em risco a vida ou a integridade pessoal.

CAPÍTULO VI
DA OPÇÃO DE NACIONALIDADE E DA NATURALIZAÇÃO

SEÇÃO I
DA OPÇÃO DE NACIONALIDADE

Art. 63. O filho de pai ou de mãe brasileiro nascido no exterior e que não tenha sido registrado em repartição consular poderá, a qualquer tempo, promover ação de opção de nacionalidade.

Parágrafo único. O órgão de registro deve informar periodicamente à autoridade competente os dados relativos à opção de nacionalidade, conforme regulamento.

SEÇÃO II
DAS CONDIÇÕES DA NATURALIZAÇÃO

Art. 64. A naturalização pode ser:

I – ordinária;

II – extraordinária;

III – especial; ou

IV – provisória.

Art. 65. Será concedida a naturalização ordinária àquele que preencher as seguintes condições:

I – ter capacidade civil, segundo a lei brasileira;

II – ter residência em território nacional, pelo prazo mínimo de 4 (quatro) anos;

III – comunicar-se em língua portuguesa, consideradas as condições do naturalizando; e

IV – não possuir condenação penal ou estiver reabilitado, nos termos da lei.

Art. 66. O prazo de residência fixado no inciso II do *caput* do art. 65 será reduzido para, no mínimo, 1 (um) ano se o naturalizando preencher quaisquer das seguintes condições:

I – (Vetado);

II – ter filho brasileiro;

III – ter cônjuge ou companheiro brasileiro e não estar dele separado legalmente ou de fato no momento de concessão da naturalização;

IV – (Vetado);

V – haver prestado ou poder prestar serviço relevante ao Brasil; ou

VI – recomendar-se por sua capacidade profissional, científica ou artística.

Parágrafo único. O preenchimento das condições previstas nos incisos V e VI do *caput* será avaliado na forma disposta em regulamento.

Art. 67. A naturalização extraordinária será concedida a pessoa de qualquer nacionalidade fixada no Brasil há mais de 15 (quinze) anos ininterruptos e sem condenação penal, desde que requeira a nacionalidade brasileira.

Art. 68. A naturalização especial poderá ser concedida ao estrangeiro que se encontre em uma das seguintes situações:

I – seja cônjuge ou companheiro, há mais de 5 (cinco) anos, de integrante do Serviço Exterior Brasileiro em atividade ou de pessoa a serviço do Estado brasileiro no exterior; ou

II – seja ou tenha sido empregado em missão diplomática ou em repartição consular do Brasil por mais de 10 (dez) anos ininterruptos.

Art. 69. São requisitos para a concessão da naturalização especial:

I – ter capacidade civil, segundo a lei brasileira;

II – comunicar-se em língua portuguesa, consideradas as condições do naturalizando; e

III – não possuir condenação penal ou estiver reabilitado, nos termos da lei.

Art. 70. A naturalização provisória poderá ser concedida ao migrante criança ou adolescente que tenha fixado residência em território nacional antes de completar 10 (dez) anos de idade e deverá ser requerida por intermédio de seu representante legal.

Parágrafo único. A naturalização prevista no *caput* será convertida em definitiva se o naturalizando expressamente assim o requerer no prazo de 2 (dois) anos após atingir a maioridade.

Art. 71. O pedido de naturalização será apresentado e processado na forma prevista pelo órgão competente do Poder Executivo, sendo cabível recurso em caso de denegação.

§ 1º No curso do processo de naturalização, o naturalizando poderá requerer a tradução ou a adaptação de seu nome à língua portuguesa.

§ 2º Será mantido cadastro com o nome traduzido ou adaptado associado ao nome anterior.

Art. 72. No prazo de até 1 (um) ano após a concessão da naturalização, deverá o naturalizado comparecer perante a Justiça Eleitoral para o devido cadastramento.

SEÇÃO III
DOS EFEITOS DA NATURALIZAÇÃO

Art. 73. A naturalização produz efeitos após a publicação no Diário Oficial do ato de naturalização.

Art. 74. (Vetado).

SEÇÃO IV
DA PERDA DA NACIONALIDADE

Art. 75. O naturalizado perderá a nacionalidade em razão de condenação transitada em julgado por atividade nociva ao interesse nacional, nos termos do inciso I do § 4º do art. 12 da Constituição Federal.

Parágrafo único. O risco de geração de situação de apatridia será levado em consideração antes da efetivação da perda da nacionalidade.

SEÇÃO V
DA REAQUISIÇÃO DA NACIONALIDADE

Art. 76. O brasileiro que, em razão do previsto no inciso II do § 4º do art. 12 da Constituição Federal, houver perdido a nacionalidade, uma vez cessada a causa, poderá readquiri-la ou ter o ato que declarou a perda revogado, na forma definida pelo órgão competente do Poder Executivo.

CAPÍTULO VII
DO EMIGRANTE

SEÇÃO I
DAS POLÍTICAS PÚBLICAS PARA OS EMIGRANTES

Art. 77. As políticas públicas para os emigrantes observarão os seguintes princípios e diretrizes:

I – proteção e prestação de assistência consular por meio das representações do Brasil no exterior;
II – promoção de condições de vida digna, por meio, entre outros, da facilitação do registro consular e da prestação de serviços consulares relativos às áreas de educação, saúde, trabalho, previdência social e cultura;
III – promoção de estudos e pesquisas sobre os emigrantes e as comunidades de brasileiros no exterior, a fim de subsidiar a formulação de políticas públicas;
IV – atuação diplomática, nos âmbitos bilateral, regional e multilateral, em defesa dos direitos do emigrante brasileiro, conforme o direito internacional
V – ação governamental integrada, com a participação de órgãos do governo com atuação nas áreas temáticas mencionadas nos incisos I, II, III e IV, visando a assistir as comunidades brasileiras no exterior; e
VI – esforço permanente de desburocratização, atualização e modernização do sistema de atendimento, com o objetivo de aprimorar a assistência ao emigrante.

SEÇÃO II
DOS DIREITOS DO EMIGRANTE

Art. 78. Todo emigrante que decida retornar ao Brasil com ânimo de residência poderá introduzir no País, com isenção de direitos de importação e de taxas aduaneiras, os bens novos ou usados que um viajante, em compatibilidade com as circunstâncias de sua viagem, puder destinar para seu uso ou consumo pessoal e profissional, sempre que, por sua quantidade, natureza ou variedade, não permitam presumir importação ou exportação com fins comerciais ou industriais.

Art. 79. Em caso de ameaça à paz social e à ordem pública por grave ou iminente instabilidade institucional ou de calamidade de grande proporção na natureza, deverá ser prestada especial assistência ao emigrante pelas representações brasileiras no exterior.

Art. 80. O tripulante brasileiro contratado por embarcação ou armadora estrangeira, de cabotagem ou a longo curso e com sede ou filial no Brasil, que explore economicamente o mar territorial e a costa brasileira terá direito a seguro a cargo do contratante, válido para todo o período da contratação, conforme o disposto no Registro de Embarcações Brasileiras (REB), contra acidente de trabalho, invalidez total ou parcial e morte, sem prejuízo de benefícios de apólice mais favorável vigente no exterior.

CAPÍTULO VIII
DAS MEDIDAS DE COOPERAÇÃO

SEÇÃO I
DA EXTRADIÇÃO

Art. 81. A extradição é a medida de cooperação internacional entre o Estado brasileiro e outro Estado pela qual se concede ou solicita a entrega de pessoa sobre quem recaia condenação criminal definitiva ou para fins de instrução de processo penal em curso.

§ 1º A extradição será requerida por via diplomática ou pelas autoridades centrais designadas para esse fim.

§ 2º A extradição e sua rotina de comunicação serão realizadas pelo órgão competente do Poder Executivo em coordenação com as autoridades judiciárias e policiais competentes.

Art. 82. Não se concederá a extradição quando:

I – o indivíduo cuja extradição é solicitada ao Brasil for brasileiro nato;
II – o fato que motivar o pedido não for considerado crime no Brasil ou no Estado requerente;
III – o Brasil for competente, segundo suas leis, para julgar o crime imputado ao extraditando;
IV – a lei brasileira impuser ao crime pena de prisão inferior a 2 (dois) anos;
V – o extraditando estiver respondendo a processo ou já houver sido condenado ou absolvido no Brasil pelo mesmo fato em que se fundar o pedido;
VI – a punibilidade estiver extinta pela prescrição, segundo a lei brasileira ou a do Estado requerente;
VII – o fato constituir crime político ou de opinião;
VIII – o extraditando tiver de responder, no Estado requerente, perante tribunal ou juízo de exceção; ou
IX – o extraditando for beneficiário de refúgio, nos termos da Lei n. 9.474, de 22 de julho de 1997, ou de asilo territorial.

§ 1º A previsão constante do inciso VII do *caput* não impedirá a extradição quando o fato constituir, principalmente, infração à lei penal comum ou quando o crime comum, conexo ao delito político, constituir o fato principal.

§ 2º Caberá à autoridade judiciária competente a apreciação do caráter da infração.

§ 3º Para determinação da incidência do disposto no inciso I, será observada, nos casos de aquisição de outra nacionalidade por naturalização, a anterioridade do fato gerador da extradição.

§ 4º O Supremo Tribunal Federal poderá deixar de considerar crime político o atentado contra chefe de Estado ou quaisquer autoridades, bem como crime contra a humanidade, crime de guerra, crime de genocídio e terrorismo.

§ 5º Admite-se a extradição de brasileiro naturalizado, nas hipóteses previstas na Constituição Federal.

Art. 83. São condições para concessão da extradição:

I – ter sido o crime cometido no território do Estado requerente ou serem aplicáveis ao extraditando as leis penais desse Estado; e
II – estar o extraditando respondendo a processo investigatório ou a processo penal ou ter sido condenado pelas autoridades judiciárias do Estado requerente a pena privativa de liberdade.

Art. 84. Em caso de urgência, o Estado interessado na extradição poderá, previamente ou conjuntamente com a formalização do pedido extradicional, requerer, por via diplomática ou por meio de autoridade central do Poder Executivo, prisão cautelar com o objetivo de assegurar a executoriedade da medida de extradição que, após exame da presença dos pressupostos formais de admissibilidade exigidos nesta Lei ou em tratado, deverá representar à autoridade judicial competente, ouvido previamente o Ministério Público Federal.

§ 1º O pedido de prisão cautelar deverá conter informação sobre o crime cometido e deverá ser fundamentado, podendo ser apresentado por correio, fax, mensagem eletrônica ou qualquer outro meio que assegure a comunicação por escrito.

§ 2º O pedido de prisão cautelar poderá ser transmitido à autoridade competente para extradição no Brasil por meio de canal estabelecido com o ponto focal da Organização Internacional de Polícia Criminal (Interpol) no País, devidamente instruído com a documentação comprobatória da existência de ordem de prisão proferida por Estado estrangeiro, e, em caso de ausência de tratado, com a promessa de reciprocidade recebida por via diplomática.

§ 3º Efetivada a prisão do extraditando, o pedido de extradição será encaminhado à autoridade judiciária competente.

§ 4º Na ausência de disposição específica em tratado, o Estado estrangeiro deverá formalizar o pedido de extradição no prazo de 60 (sessenta) dias, contado da data em que tiver sido cientificado da prisão do extraditando.

§ 5º Caso o pedido de extradição não seja apresentado no prazo previsto no § 4º, o extraditando deverá ser posto em liberdade, não se admitindo novo pedido de prisão cautelar pelo mesmo fato sem que a extradição tenha sido devidamente requerida.

§ 6º A prisão cautelar poderá ser prorrogada até o julgamento final da autoridade judiciária competente quanto à legalidade do pedido de extradição.

Art. 85. Quando mais de um Estado requerer a extradição da mesma pessoa, pelo mesmo fato, terá preferência o pedido daquele em cujo território a infração foi cometida.

§ 1º Em caso de crimes diversos, terá preferência, sucessivamente:

I – o Estado requerente em cujo território tenha sido cometido o crime mais grave, segundo a lei brasileira;
II – o Estado que em primeiro lugar tenha pedido a entrega do extraditando, se a gravidade dos crimes for idêntica;
III – o Estado de origem, ou, em sua falta, o domiciliar do extraditando, se os pedidos forem simultâneos.

§ 2º Nos casos não previstos nesta Lei, o órgão competente do Poder Executivo decidirá sobre a preferência do pedido, priorizando o Estado requerente que mantiver tratado de extradição com o Brasil.

§ 3º Havendo tratado com algum dos Estados requerentes, prevalecerão suas normas no que diz respeito à preferência de que trata este artigo.

Art. 86. O Supremo Tribunal Federal, ouvido o Ministério Público, poderá autorizar prisão albergue ou domiciliar ou determinar que o extraditando responda ao processo de extradição em liberdade, com retenção do documento de viagem ou outras medidas cautelares necessárias, até o julgamento da extradição ou a entrega do extraditando, se pertinente, considerando a situação administrativa migratória, os antecedentes do extraditando e as circunstâncias do caso.

Art. 87. O extraditando poderá entregar-se voluntariamente ao Estado requerente, desde que o declare expressamente, esteja assistido por advogado e seja advertido de que tem direito ao processo judicial de extradição e à proteção que tal direito encerra, caso em que o pedido será decidido pelo Supremo Tribunal Federal.

Art. 88. Todo pedido que possa originar processo de extradição em face de Estado estrangeiro deverá ser encaminhado ao órgão competente do Poder Executivo diretamente pelo órgão do Poder Judiciário responsável pela decisão ou pelo processo penal que a fundamenta.

§ 1º Compete a órgão do Poder Executivo o papel de orientação, de informação e de avaliação dos elementos formais de admissibilidade dos processos preparatórios para encaminhamento ao Estado requerido.

§ 2º Compete aos órgãos do sistema de Justiça vinculados ao processo penal gerador de pedido de extradição a apresentação de todos os documentos, manifestações e demais elementos necessários para o processamento do pedido, inclusive suas traduções oficiais.

§ 3º O pedido deverá ser instruído com cópia autêntica ou com o original da sentença condenatória ou da decisão penal proferida, conterá indicações precisas sobre o local, a data, a natureza e as circunstâncias do fato criminoso e a identidade do extraditando e será acompanhado de cópia dos textos legais sobre o crime, a competência, a pena e a prescrição.

§ 4º O encaminhamento do pedido de extradição ao órgão competente do Poder Executivo confere autenticidade aos documentos.

Art. 89. O pedido de extradição originado de Estado estrangeiro será recebido pelo órgão competente do Poder Executivo e, após exame da presença dos pressupostos formais de admissibilidade exigidos nesta Lei ou em tratado, encaminhado à autoridade judiciária competente.

Parágrafo único. Não preenchidos os pressupostos referidos no *caput*, o pedido será arquivado mediante decisão fundamentada, sem prejuízo da possibilidade de renovação do pedido, devidamente instruído, uma vez superado o óbice apontado.

Art. 90. Nenhuma extradição será concedida sem prévio pronunciamento do Supremo Tribunal Federal sobre sua legalidade e procedência, não cabendo recurso da decisão.

Art. 91. Ao receber o pedido, o relator designará dia e hora para o interrogatório do extraditando e, conforme o caso, nomear-lhe-á curador ou advogado, se não o tiver.

§ 1º A defesa, a ser apresentada no prazo de 10 (dez) dias contado da data do interrogatório, versará sobre a identidade da pessoa reclamada, defeito de forma de documento apresentado ou ilegalidade da extradição.

§ 2º Não estando o processo devidamente instruído, o Tribunal, a requerimento do órgão do Ministério Público Federal correspondente, poderá converter o julgamento em diligência para suprir a falta.

§ 3º Para suprir a falta referida no § 2º, o Ministério Público Federal terá prazo improrrogável de 60 (sessenta) dias, após o qual o pedido será julgado independentemente da diligência.

§ 4º O prazo referido no § 3º será contado da data de notificação à missão diplomática do Estado requerente.

Art. 92. Julgada procedente a extradição e autorizada a entrega pelo órgão competente do Poder Executivo, será o ato comunicado por via diplomática ao Estado requerente, que, no prazo de 60 (sessenta) dias da comunicação, deverá retirar o extraditando do território nacional.

Art. 93. Se o Estado requerente não retirar o extraditando do território nacional no prazo previsto no art. 92, será ele posto em liberdade, sem prejuízo de outras medidas aplicáveis.

Art. 94. Negada a extradição em fase judicial, não se admitirá novo pedido baseado no mesmo fato.

Art. 95. Quando o extraditando estiver sendo processado ou tiver sido condenado, no Brasil, por crime punível com pena privativa de liberdade, a extradição será executada somente depois da conclusão do processo ou do cumprimento da pena, ressalvadas as hipóteses de liberação antecipada pelo Poder Judiciário e de determinação da transferência da pessoa condenada.

§ 1º A entrega do extraditando será igualmente adiada se a efetivação da medida puser em risco sua vida em virtude de enfermidade grave comprovada por laudo médico oficial.

§ 2º Quando o extraditando estiver sendo processado ou tiver sido condenado, no Brasil, por infração de menor potencial ofensivo, a entrega poderá ser imediatamente efetivada.

Art. 96. Não será efetivada a entrega do extraditando sem que o Estado requerente assuma o compromisso de:

I – não submeter o extraditando a prisão ou processo por fato anterior ao pedido de extradição;

II – computar o tempo da prisão que, no Brasil, foi imposta por força da extradição;

III – comutar a pena corporal, perpétua ou de morte em pena privativa de liberdade, respeitado o limite máximo de cumprimento de 30 (trinta) anos;

IV – não entregar o extraditando, sem consentimento do Brasil, a outro Estado que o reclame;

V – não considerar qualquer motivo político para agravar a pena; e

VI – não submeter o extraditando a tortura ou a outros tratamentos ou penas cruéis, desumanos ou degradantes.

Art. 97. A entrega do extraditando, de acordo com as leis brasileiras e respeitado o direito de terceiro, será feita com os objetos e instrumentos do crime encontrados em seu poder.

Parágrafo único. Os objetos e instrumentos referidos neste artigo poderão ser entregues independentemente da entrega do extraditando.

Art. 98. O extraditando que, depois de entregue ao Estado requerente, escapar à ação da Justiça e homiziar-se no Brasil, ou por ele transitar, será detido mediante pedido feito diretamente por via diplomática ou pela Interpol e novamente entregue, sem outras formalidades.

Art. 99. Salvo motivo de ordem pública, poderá ser permitido, pelo órgão competente do Poder Executivo, o trânsito no território nacional de pessoa extraditada por Estado estrangeiro, bem como o da respectiva guarda, mediante apresentação de documento comprobatório de concessão da medida.

SEÇÃO II
DA TRANSFERÊNCIA DE EXECUÇÃO DA PENA

Art. 100. Nas hipóteses em que couber solicitação de extradição executória, a autoridade competente poderá solicitar ou autorizar a transferência de execução da pena, desde que observado o princípio do non bis in idem.

Parágrafo único. Sem prejuízo do disposto no Decreto-Lei n. 2.848, de 7 de dezembro de 1940 (Código Penal), a transferência de execução da pena será possível quando preenchidos os seguintes requisitos:

I – o condenado em território estrangeiro for nacional ou tiver residência habitual ou vínculo pessoal no Brasil;

II – a sentença tiver transitado em julgado;

III – a duração da condenação a cumprir ou que restar para cumprir for de, pelo menos, 1 (um) ano, na data de apresentação do pedido ao Estado da condenação;

IV – o fato que originou a condenação constituir infração penal perante a lei de ambas as partes; e

V – houver tratado ou promessa de reciprocidade.

Art. 101. O pedido de transferência de execução da pena de Estado estrangeiro será requerido por via diplomática ou por via de autoridades centrais.

§ 1º O pedido será recebido pelo órgão competente do Poder Executivo e, após exame da presença dos pressupostos formais de admissibilidade exigidos nesta Lei ou em tratado, encaminhado ao Superior Tribunal de Justiça para decisão quanto à homologação.

§ 2º Não preenchidos os pressupostos referidos no § 1º, o pedido será arquivado mediante decisão fundamentada, sem prejuízo da possibilidade de renovação do pedido, devidamente instruído, uma vez superado o óbice apontado.

Art. 102. A forma do pedido de transferência de execução da pena e seu processamento serão definidos em regulamento.

Parágrafo único. Nos casos previstos nesta Seção, a execução penal será de competência da Justiça Federal.

SEÇÃO III
DA TRANSFERÊNCIA DE PESSOA CONDENADA

Art. 103. A transferência de pessoa condenada poderá ser concedida quando o pedido se fundamentar em tratado ou houver promessa de reciprocidade.

§ 1º O condenado no território nacional poderá ser transferido para seu país de nacionalidade ou país em que tiver residência habitual ou vínculo pessoal, desde que expresse interesse nesse sentido, a fim de cumprir pena a ele imposta pelo Estado brasileiro por sentença transitada em julgado.

§ 2º A transferência de pessoa condenada no Brasil pode ser concedida juntamente com a aplicação de medida de impedimento de reingresso em território nacional, na forma de regulamento.

Art. 104. A transferência de pessoa condenada será possível quando preenchidos os seguintes requisitos:

I – o condenado no território de uma das partes for nacional ou tiver residência habitual ou vínculo pessoal no território da outra parte que justifique a transferência;

II – a sentença tiver transitado em julgado;

III – a duração da condenação a cumprir ou que restar para cumprir for de, pelo menos, 1 (um) ano, na data de apresentação do pedido ao Estado da condenação;

IV – o fato que originou a condenação constituir infração penal perante a lei de ambos os Estados;

V – houver manifestação de vontade do condenado ou, quando for o caso, de seu representante; e

VI – houver concordância de ambos os Estados.

Art. 105. A forma do pedido de transferência de pessoa condenada e seu processamento serão definidos em regulamento.

§ 1º Nos casos previstos nesta Seção, a execução penal será de competência da Justiça Federal.

§ 2º Não se procederá à transferência quando inadmitida a extradição.

§ 3º (Vetado).

CAPÍTULO IX
DAS INFRAÇÕES E DAS PENALIDADES ADMINISTRATIVAS

Art. 106. Regulamento disporá sobre o procedimento de apuração das infrações administrativas e seu processamento e sobre a fixação e a atualização das multas, em observância ao disposto nesta Lei.

Art. 107. As infrações administrativas previstas neste CAPÍTULO serão apuradas em processo administrativo próprio, assegurados o contraditório e a ampla defesa e observadas as disposições desta Lei.

§ 1º O cometimento simultâneo de duas ou mais infrações importará cumulação das sanções cabíveis, respeitados os limites estabelecidos nos incisos V e VI do art. 108.

§ 2º A multa atribuída por dia de atraso ou por excesso de permanência poderá ser convertida em redução equivalente do período de autorização de estada para o visto de visita, em caso de nova entrada no País.

Art. 108. O valor das multas tratadas neste capítulo considerará:

I – as hipóteses individualizadas nesta Lei;

II – a condição econômica do infrator, a reincidência e a gravidade da infração;

III – a atualização periódica conforme estabelecido em regulamento;

IV – o valor mínimo individualizável de R$ 100,00 (cem reais);

V – o valor mínimo de R$ 100,00 (cem reais) e o máximo de R$ 10.000,00 (dez mil reais) para infrações cometidas por pessoa física;

VI – o valor mínimo de R$ 1.000,00 (mil reais) e o máximo de R$ 1.000.000,00 (um milhão de reais) para infrações cometidas por pessoa jurídica, por ato infracional.

Art. 109. Constitui infração, sujeitando o infrator às seguintes sanções:

I – entrar em território nacional sem estar autorizado:

Sanção: deportação, caso não saia do País ou não regularize a situação migratória no prazo fixado;

II – permanecer em território nacional depois de esgotado o prazo legal da documentação migratória:

Sanção: multa por dia de excesso e deportação, caso não saia do País ou não regularize a situação migratória no prazo fixado;

III – deixar de se registrar, dentro do prazo de 90 (noventa) dias do ingresso no País, quando for obrigatória a identificação civil:

Sanção: multa;

IV – deixar o imigrante de se registrar, para efeito de autorização de residência, dentro do prazo de 30 (trinta) dias, quando orientado a fazê-lo pelo órgão competente:

Sanção: multa por dia de atraso;

V – transportar para o Brasil pessoa que esteja sem documentação migratória regular:

Sanção: multa por pessoa transportada;

VI – deixar a empresa transportadora de atender a compromisso de manutenção da estada ou de promoção da saída do território nacional de quem tenha sido autorizado a ingresso condicional no Brasil por não possuir a devida documentação migratória:

Sanção: multa;

VII – furtar-se ao controle migratório, na entrada ou saída do território nacional:

Sanção: multa.

Art. 110. As penalidades aplicadas serão objeto de pedido de reconsideração e de recurso, nos termos de regulamento.

Parágrafo único. Serão respeitados o contraditório, a ampla defesa e a garantia de recurso, assim como a situação de hipossuficiência do migrante ou do visitante.

CAPÍTULO X
DISPOSIÇÕES FINAIS E TRANSITÓRIAS

Art. 111. Esta Lei não prejudica direitos e obrigações estabelecidos por tratados vigentes no Brasil e que sejam mais benéficos ao migrante e ao visitante, em particular os tratados firmados no âmbito do Mercosul.

Art. 112. As autoridades brasileiras serão tolerantes quanto ao uso do idioma do residente fronteiriço e do imigrante quando eles se dirigirem a órgãos ou repartições públicas para reclamar ou reivindicar os direitos decorrentes desta Lei.

Art. 113. As taxas e emolumentos consulares são fixados em conformidade com a tabela anexa a esta Lei.

§ 1º Os valores das taxas e emolumentos consulares poderão ser ajustados pelo órgão competente da administração pública federal, de forma a preservar o interesse nacional ou a assegurar a reciprocidade de tratamento.

§ 2º Não serão cobrados emolumentos consulares pela concessão de:

I – vistos diplomáticos, oficiais e de cortesia; e

II – vistos em passaportes diplomáticos, oficiais ou de serviço, ou equivalentes, mediante reciprocidade de tratamento a titulares de documento de viagem similar brasileiro.

§ 3º Não serão cobrados taxas e emolumentos consulares pela concessão de vistos ou para a obtenção de documentos para regularização migratória aos integrantes de grupos vulneráveis e indivíduos em condição de hipossuficiência econômica.

§ 4º (Vetado).

Art. 114. Regulamento poderá estabelecer competência para órgãos do Poder Executivo disciplinarem aspectos específicos desta Lei.

Art. 115. O Decreto-Lei n. 2.848, de 7 de dezembro de 1940 (Código Penal), passa a vigorar acrescido do seguinte art. 232-A:

Promoção de migração ilegal

"Art. 232-A. Promover, por qualquer meio, com o fim de obter vantagem econômica, a entrada ilegal de estrangeiro em território nacional ou de brasileiro em país estrangeiro:

Pena – reclusão, de 2 (dois) a 5 (cinco) anos, e multa.

§ 1º Na mesma pena incorre quem promover, por qualquer meio, com o fim de obter vantagem econômica, a saída de estrangeiro do território nacional para ingressar ilegalmente em país estrangeiro.

§ 2º A pena é aumentada de 1/6 (um sexto) a 1/3 (um terço) se:

I – o crime é cometido com violência; ou

II – a vítima é submetida a condição desumana ou degradante.

§ 3º A pena prevista para o crime será aplicada sem prejuízo das correspondentes às infrações conexas."

Art. 116. (Vetado).

Art. 117. O documento conhecido por Registro Nacional de Estrangeiro passa a ser denominado Registro Nacional Migratório.

Art. 118. (Vetado).

Art. 119. O visto emitido até a data de entrada em vigor desta Lei poderá ser utilizado até a data prevista de expiração de sua validade, podendo ser transformado ou ter seu prazo de estada prorrogado, nos termos de regulamento.

Art. 120. A Política Nacional de Migrações, Refúgio e Apatridia terá a finalidade de coordenar e articular ações setoriais implementadas pelo Poder Executivo federal em regime de cooperação com os Estados, o Distrito Federal e os Municípios, com participação de organizações da sociedade civil, organismos internacionais e entidades privadas, conforme regulamento.

§ 1º Ato normativo do Poder Executivo federal poderá definir os objetivos, a organização e a estratégia de coordenação da Política Nacional de Migrações, Refúgio e Apatridia.

§ 2º Ato normativo do Poder Executivo federal poderá estabelecer planos nacionais e outros instrumentos para a efetivação dos objetivos desta Lei e a coordenação entre órgãos e colegiados setoriais.

§ 3º Com vistas à formulação de políticas públicas, deverá ser produzida informação quantitativa e qualitativa, de forma sistemática, sobre os migrantes, com a criação de banco de dados.

Art. 121. Na aplicação desta Lei, devem ser observadas as disposições da Lei n. 9.474, de 22 de julho de 1997, nas situações que envolvam refugiados e solicitantes de refúgio.

Art. 122. A aplicação desta Lei não impede o tratamento mais favorável assegurado por tratado em que a República Federativa do Brasil seja parte.

Art. 123. Ninguém será privado de sua liberdade por razões migratórias, exceto nos casos previstos nesta Lei.

Art. 124. Revogam-se:

I – a Lei n. 818, de 18 de setembro de 1949; e

II – a Lei n. 6.815, de 19 de agosto de 1980 (Estatuto do Estrangeiro).

Art. 125. Esta Lei entra em vigor após decorridos 180 (cento e oitenta) dias de sua publicação oficial.

Brasília, 24 de maio de 2017; 196º da Independência e 129º da República.

Michel Temer

Publicado no DOU de 25.5.2017

‣ Optamos, nesta edição, pela não publicação do Anexo.

LEI Nº 13.460, DE 26 DE JUNHO DE 2017

Dispõe sobre participação, proteção e defesa dos direitos do usuário dos serviços públicos da administração pública.

‣ *Direito do usuário dos serviços públicos*

‣ Vide Decreto 9.492/2018.

O PRESIDENTE DA REPÚBLICA Faço saber que o Congresso Nacional decreta e eu sanciono a seguinte Lei:

CAPÍTULO I
DISPOSIÇÕES PRELIMINARES

Art. 1º Esta Lei estabelece normas básicas para participação, proteção e defesa dos direitos do usuário dos serviços públicos prestados direta ou indiretamente pela administração pública.

§ 1º O disposto nesta Lei aplica-se à administração pública direta e indireta da União, dos Estados, do Distrito Federal e dos Municípios, nos termos do inciso I do § 3º do art. 37 da Constituição Federal.

§ 2º A aplicação desta Lei não afasta a necessidade de cumprimento do disposto:

I – em normas regulamentadoras específicas, quando se tratar de serviço ou atividade sujeitos a regulação ou supervisão; e

II – na Lei nº 8.078, de 11 de setembro de 1990, quando caracterizada relação de consumo.

§ 3º Aplica-se subsidiariamente o disposto nesta Lei aos serviços públicos prestados por particular.

Art. 2º Para os fins desta Lei, consideram-se:

I – usuário – pessoa física ou jurídica que se beneficia ou utiliza, efetiva ou potencialmente, de serviço público;

II – serviço público – atividade administrativa ou de prestação direta ou indireta de bens ou serviços à população, exercida por órgão ou entidade da administração pública;

III – administração pública – órgão ou entidade integrante da administração pública de qualquer dos Poderes da União, dos Estados, do Distrito Federal e dos Municípios, a Advocacia Pública e a Defensoria Pública;

IV – agente público – quem exerce cargo, emprego ou função pública, de natureza civil ou militar, ainda que transitoriamente ou sem remuneração; e

V – manifestações – reclamações, denúncias, sugestões, elogios e demais pronunciamentos de usuários que tenham como objeto a prestação de serviços públicos e a conduta de agentes públicos na prestação e fiscalização de tais serviços.

Parágrafo único. O acesso do usuário a informações será regido pelos termos da Lei nº 12.527, de 18 de novembro de 2011.

Art. 3º Com periodicidade mínima anual, cada Poder e esfera de Governo publicará quadro geral dos serviços públicos prestados, que especificará os órgãos ou entidades responsáveis por sua realização e a autoridade administrativa a quem estão subordinados ou vinculados.

Art. 4º Os serviços públicos e o atendimento do usuário serão realizados de forma adequada, observados os princípios da regularidade, continuidade, efetividade, segurança, atualidade, generalidade, transparência e cortesia.

CAPÍTULO II
DOS DIREITOS BÁSICOS E DEVERES DOS USUÁRIOS

Art. 5º O usuário de serviço público tem direito à adequada prestação dos serviços, devendo os agentes públicos e prestadores de serviços públicos observar as seguintes diretrizes:

I – urbanidade, respeito, acessibilidade e cortesia no atendimento aos usuários;

II – presunção de boa-fé do usuário;

III – atendimento por ordem de chegada, ressalvados casos de urgência e aqueles em que houver possibilidade de agendamento, asseguradas as prioridades legais às pessoas com deficiência, aos idosos, às gestantes, às lactantes e às pessoas acompanhadas por crianças de colo;

IV – adequação entre meios e fins, vedada a imposição de exigências, obrigações, restrições e sanções não previstas na legislação;

V – igualdade no tratamento aos usuários, vedado qualquer tipo de discriminação;

VI – cumprimento de prazos e normas procedimentais;

VII – definição, publicidade e observância de horários e normas compatíveis com o bom atendimento ao usuário;

VIII – adoção de medidas visando a proteção à saúde e a segurança dos usuários;

IX – autenticação de documentos pelo próprio agente público, à vista dos originais apresentados pelo usuário, vedada a exigência de reconhecimento de firma, salvo em caso de dúvida de autenticidade;

X – manutenção de instalações salubres, seguras, sinalizadas, acessíveis e adequadas ao serviço e ao atendimento;

XI – eliminação de formalidades e de exigências cujo custo econômico ou social seja superior ao risco envolvido;

XII – observância dos códigos de ética ou de conduta aplicáveis às várias categorias de agentes públicos;

XIII – aplicação de soluções tecnológicas que visem a simplificar processos e procedimentos de atendimento ao usuário e a propiciar melhores condições para o compartilhamento das informações;

XIV – utilização de linguagem simples e compreensível, evitando o uso de siglas, jargões e estrangeirismos; e

XV – vedação da exigência de nova prova sobre fato já comprovado em documentação válida apresentada.

XVI – comunicação prévia ao consumidor de que o serviço será desligado em virtude de inadimplemento, bem como do dia a partir do qual será realizado o desligamento, necessariamente durante horário comercial. *(Acrescido pela Lei 14.015/2020)*

Parágrafo único. A taxa de religação de serviços não será devida se houver descumprimento da exigência de notificação prévia ao consumidor prevista no inciso XVI do *caput* deste artigo, o que ensejará a aplicação de multa à concessionária, conforme regulamentação. *(Acrescido pela Lei 14.015/2020)*

Art. 6º São direitos básicos do usuário:

I – participação no acompanhamento da prestação e na avaliação dos serviços;

II – obtenção e utilização dos serviços com liberdade de escolha entre os meios oferecidos e sem discriminação;

III – acesso e obtenção de informações relativas à sua pessoa constantes de registros ou bancos de dados, observado o disposto no inciso X do *caput* do art. 5º da Constituição Federal e na Lei nº 12.527, de 18 de novembro de 2011;

IV – proteção de suas informações pessoais, nos termos da Lei nº 12.527, de 18 de novembro de 2011;

V – atuação integrada e sistêmica na expedição de atestados, certidões e documentos comprobatórios de regularidade; e

VI – obtenção de informações precisas e de fácil acesso nos locais de prestação do serviço, assim como sua disponibilização na internet, especialmente sobre:

a) horário de funcionamento das unidades administrativas;

b) serviços prestados pelo órgão ou entidade, sua localização exata e a indicação do setor responsável pelo atendimento ao público;

c) acesso ao agente público ou ao órgão encarregado de receber manifestações;

d) situação da tramitação dos processos administrativos em que figure como interessado; e

e) valor das taxas e tarifas cobradas pela prestação dos serviços, contendo informações para a compreensão exata da extensão do serviço prestado.

VII – comunicação prévia da suspensão da prestação de serviço. *(Acrescido pela Lei 14.015/2020)*

Parágrafo único. É vedada a suspensão da prestação de serviço em virtude de inadimplemento por parte do usuário que se inicie na sexta-feira, no sábado ou no domingo, bem como em feriado ou no dia anterior a feriado. *(Acrescido pela Lei 14.015/2020)*

Art. 7º Os órgãos e entidades abrangidos por esta Lei divulgarão Carta de Serviços ao Usuário.

§ 1º A Carta de Serviços ao Usuário tem por objetivo informar o usuário sobre os serviços prestados pelo órgão ou entidade, as formas de acesso a esses serviços e seus compromissos e padrões de qualidade de atendimento ao público.

§ 2º A Carta de Serviços ao Usuário deverá trazer informações claras e precisas em relação a cada um dos serviços prestados, apresentando, no mínimo, informações relacionadas a:

I – serviços oferecidos;

II – requisitos, documentos, formas e informações necessárias para acessar o serviço;

III – principais etapas para processamento do serviço;

IV – previsão do prazo máximo para a prestação do serviço;

V – forma de prestação do serviço; e

VI – locais e formas para o usuário apresentar eventual manifestação sobre a prestação do serviço.

§ 3º Além das informações descritas no § 2º, a Carta de Serviços ao Usuário deverá detalhar os compromissos e padrões de qualidade do atendimento relativos, no mínimo, aos seguintes aspectos:

I – prioridades de atendimento;

II – previsão de tempo de espera para atendimento;

III – mecanismos de comunicação com os usuários;

IV – procedimentos para receber e responder as manifestações dos usuários; e

V – mecanismos de consulta, por parte dos usuários, acerca do andamento do serviço solicitado e de eventual manifestação.

§ 4º A Carta de Serviços ao Usuário será objeto de atualização periódica e de permanente divulgação mediante publicação em sítio eletrônico do órgão ou entidade na internet.

§ 5º Regulamento específico de cada Poder e esfera de Governo disporá sobre a operacionalização da Carta de Serviços ao Usuário.

› **Atualização:** § 6º Compete a cada ente federado disponibilizar as informações dos serviços prestados, conforme disposto nas suas Cartas de Serviços ao Usuário, na Base Nacional de Serviços Públicos, mantida pelo Poder Executivo federal, em formato aberto e interoperável, nos termos do regulamento do Poder Executivo federal. (Acrescido pela Lei 14.129/2021, em vigor 90 dias de sua publicação oficial, para a União; 120 dias de sua publicação oficial, para os Estados e o Distrito Federal; 180 dias de sua publicação oficial, para os Municípios-DOU 30.03.2021)

Art. 8º São deveres do usuário:

I – utilizar adequadamente os serviços, procedendo com urbanidade e boa-fé;

II – prestar as informações pertinentes ao serviço prestado quando solicitadas;

III – colaborar para a adequada prestação do serviço; e

IV – preservar as condições dos bens públicos por meio dos quais lhe são prestados os serviços de que trata esta Lei.

CAPÍTULO III
DAS MANIFESTAÇÕES DOS USUÁRIOS DE SERVIÇOS PÚBLICOS

Art. 9º Para garantir seus direitos, o usuário poderá apresentar manifestações perante a administração pública acerca da prestação de serviços públicos.

Art. 10. A manifestação será dirigida à ouvidoria do órgão ou entidade responsável e conterá a identificação do requerente.

§ 1º A identificação do requerente não conterá exigências que inviabilizem sua manifestação.

§ 2º São vedadas quaisquer exigências relativas aos motivos determinantes da apresentação de manifestações perante a ouvidoria.

§ 3º Caso não haja ouvidoria, o usuário poderá apresentar manifestações diretamente ao órgão ou entidade responsável pela execução do serviço e ao órgão ou entidade a que se subordinem ou se vinculem.

§ 4º A manifestação poderá ser feita por meio eletrônico, ou correspondência convencional, ou verbalmente, hipótese em que deverá ser reduzida a termo.

§ 5º No caso de manifestação por meio eletrônico, prevista no § 4º, respeitada a legislação específica de sigilo e proteção de dados, poderá a administração pública ou sua ouvidoria requerer meio de certificação da identidade do usuário.

§ 6º Os órgãos e entidades públicos abrangidos por esta Lei deverão colocar à disposição do usuário formulários simplificados e de fácil compreensão para a apresentação do requerimento previsto no *caput*, facultada ao usuário sua utilização.

§ 7º A identificação do requerente é informação pessoal protegida com restrição de acesso nos termos da Lei nº 12.527, de 18 de novembro de 2011.

› **Atualização:** Art. 10-A. Para fins de acesso a informações e serviços, de exercício de direitos e obrigações ou de obtenção de benefícios perante os órgãos e as entidades federais, estaduais, distritais e municipais ou os serviços públicos delegados, a apresentação de documento de identificação com fé pública em que conste o número de inscrição no Cadastro de Pessoas Físicas (CPF) será suficiente para identificação do cidadão, dispensada a apresentação de qualquer outro documento. (Acrescido pela Lei 14.129/2021, em vigor 90 dias de sua publicação oficial, para a União; 120 dias de sua publicação oficial, para os Estados e o Distrito Federal; 180 dias de sua publicação oficial, para os Municípios- DOU 30.03.2021)

§ 1º Os cadastros, os formulários, os sistemas e outros instrumentos exigidos dos usuários para a prestação de serviço público deverão disponibilizar campo para registro do número de inscrição no CPF, de preenchimento obrigatório para cidadãos brasileiros e estrangeiros residentes no Brasil, que será suficiente para sua identificação, vedada a exigência de apresentação de qualquer outro número para esse fim.

§ 2º O número de inscrição no CPF poderá ser declarado pelo usuário do serviço público, desde que acompanhado de documento de identificação com fé pública, nos termos da lei.

§ 3º Ato de cada ente federativo ou Poder poderá dispor sobre casos excepcionais ao previsto no *caput* deste artigo.

Art. 11. Em nenhuma hipótese, será recusado o recebimento de manifestações formuladas nos termos desta Lei, sob pena de responsabilidade do agente público.

Art. 12. Os procedimentos administrativos relativos à análise das manifestações observarão os princípios da eficiência e da celeridade, visando a sua efetiva resolução.

Parágrafo único. A efetiva resolução das manifestações dos usuários compreende:

I – recepção da manifestação no canal de atendimento adequado;

II – emissão de comprovante de recebimento da manifestação;

III – análise e obtenção de informações, quando necessário;

IV – decisão administrativa final; e

V – ciência ao usuário.

CAPÍTULO IV
DAS OUVIDORIAS

Art. 13. As ouvidorias terão como atribuições precípuas, sem prejuízo de outras estabelecidas em regulamento específico:

I – promover a participação do usuário na administração pública, em cooperação com outras entidades de defesa do usuário;

II – acompanhar a prestação dos serviços, visando a garantir a sua efetividade;

III – propor aperfeiçoamentos na prestação dos serviços;

IV – auxiliar na prevenção e correção dos atos e procedimentos incompatíveis com os princípios estabelecidos nesta Lei;

V – propor a adoção de medidas para a defesa dos direitos do usuário, em observância às determinações desta Lei;

VI – receber, analisar e encaminhar às autoridades competentes as manifestações, acompanhando o tratamento e a efetiva conclusão das manifestações de usuário perante órgão ou entidade a que se vincula; e

VII – promover a adoção de mediação e conciliação entre o usuário e o órgão ou a entidade pública, sem prejuízo de outros órgãos competentes.

Art. 14. Com vistas à realização de seus objetivos, as ouvidorias deverão:

I – receber, analisar e responder, por meio de mecanismos proativos e reativos, as manifestações encaminhadas por usuários de serviços públicos; e

II – elaborar, anualmente, relatório de gestão, que deverá consolidar as informações mencionadas no inciso I, e, com base nelas, apontar falhas e sugerir melhorias na prestação de serviços públicos.

Art. 15. O relatório de gestão de que trata o inciso II do *caput* do art. 14 deverá indicar, ao menos:

I – o número de manifestações recebidas no ano anterior;

II – os motivos das manifestações;

III – a análise dos pontos recorrentes; e

IV – as providências adotadas pela administração pública nas soluções apresentadas.

Parágrafo único. O relatório de gestão será:

I – encaminhado à autoridade máxima do órgão a que pertence a unidade de ouvidoria; e

II – disponibilizado integralmente na internet.

Art. 16. A ouvidoria encaminhará a decisão administrativa final ao usuário, observado o prazo de trinta dias, prorrogável de forma justificada uma única vez, por igual período.

Parágrafo único. Observado o prazo previsto no *caput*, a ouvidoria poderá solicitar informações e esclarecimentos diretamente a agentes públicos do órgão ou entidade a que se vincula, e as solicitações devem ser respondidas no prazo de vinte dias, prorrogável de forma justificada uma única vez, por igual período.

Art. 17. Atos normativos específicos de cada Poder e esfera de Governo disporão sobre a organização e o funcionamento de suas ouvidorias.

CAPÍTULO V
DOS CONSELHOS DE USUÁRIOS

Art. 18. Sem prejuízo de outras formas previstas na legislação, a participação dos usuários no acompanhamento da prestação e na avaliação dos serviços públicos será feita por meio de conselhos de usuários.

Parágrafo único. Os conselhos de usuários são órgãos consultivos dotados das seguintes atribuições:

I – acompanhar a prestação dos serviços;

II – participar na avaliação dos serviços;

III – propor melhorias na prestação dos serviços;

IV – contribuir na definição de diretrizes para o adequado atendimento ao usuário; e

V – acompanhar e avaliar a atuação do ouvidor.

Art. 19. A composição dos conselhos deve observar os critérios de representatividade e pluralidade das partes interessadas, com vistas ao equilíbrio em sua representação.

Parágrafo único. A escolha dos representantes será feita em processo aberto ao público e diferenciado por tipo de usuário a ser representado.

Art. 20. O conselho de usuários poderá ser consultado quanto à indicação do ouvidor.

Art. 21. A participação do usuário no conselho será considerada serviço relevante e sem remuneração.

Art. 22. Regulamento específico de cada Poder e esfera de Governo disporá sobre a organização e funcionamento dos conselhos de usuários.

CAPÍTULO VI
DA AVALIAÇÃO CONTINUADA DOS SERVIÇOS PÚBLICOS

Art. 23. Os órgãos e entidades públicos abrangidos por esta Lei deverão avaliar os serviços prestados, nos seguintes aspectos:

I – satisfação do usuário com o serviço prestado;

II – qualidade do atendimento prestado ao usuário;

III – cumprimento dos compromissos e prazos definidos para a prestação dos serviços;

IV – quantidade de manifestações de usuários; e

V – medidas adotadas pela administração pública para melhoria e aperfeiçoamento da prestação do serviço.

§ 1º A avaliação será realizada por pesquisa de satisfação feita, no mínimo, a cada um ano, ou por qualquer outro meio que garanta significância estatística aos resultados.

§ 2º O resultado da avaliação deverá ser integralmente publicado no sítio do órgão ou entidade, incluindo o ranking das entidades com maior incidência de reclamação dos usuários na periodicidade a que se refere o § 1º, e servirá de subsídio para reorientar e ajustar os serviços prestados, em especial quanto ao cumprimento dos compromissos e dos padrões de qualidade de atendimento divulgados na Carta de Serviços ao Usuário.

Art. 24. Regulamento específico de cada Poder e esfera de Governo disporá sobre a avaliação da efetividade e dos níveis de satisfação dos usuários.

CAPÍTULO VII
DISPOSIÇÕES FINAIS E TRANSITÓRIAS

Art. 25. Esta Lei entra em vigor, a contar da sua publicação, em:

I – trezentos e sessenta dias para a União, os Estados, o Distrito Federal e os Municípios com mais de quinhentos mil habitantes;

II – quinhentos e quarenta dias para os Municípios entre cem mil e quinhentos mil habitantes; e

III – setecentos e vinte dias para os Municípios com menos de cem mil habitantes.

Brasília, 26 de junho de 2017; 196º da Independência e 129º da República.

MICHEL TEMER

DOU de 27.6.2017

LEI Nº 13.465, DE 11 DE JULHO DE 2017

Dispõe sobre a regularização fundiária rural e urbana, sobre a liquidação de créditos concedidos aos assentados da reforma agrária e sobre a regularização fundiária no âmbito da Amazônia Legal; institui mecanismos para aprimorar a eficiência dos procedimentos de alienação de imóveis da União; altera as Leis nºs 8.629, de 25 de fevereiro de 1993, 13.001, de 20 de junho de 2014, 11.952, de 25 de junho de 2009, 13.340, de 28 de setembro de 2016, 8.666, de 21 de junho de 1993, 6.015, de 31 de dezembro de 1973, 12.512, de 14 de outubro de 2011, 10.406, de 10 de janeiro de 2002 (Código Civil), 13.105, de 16 de março de 2015 (Código de Processo Civil), 11.977, de 7 de julho de 2009, 9.514, de 20 de novembro de 1997, 11.124, de 16 de junho de 2005, 6.766, de 19 de dezembro de 1979, 10.257, de 10 de julho de 2001, 12.651, de 25 de maio de 2012, 13.240, de 30 de dezembro de 2015, 9.636, de 15 de maio de 1998, 8.036, de 11 de maio de 1990, 13.139, de 26 de junho de 2015, 11.483, de 31 de maio de 2007, e a 12.712, de 30 de agosto de 2012, a Medida Provisória nº 2.220, de 4 de setembro de 2001, e os Decretos-leis nºs 2.398, de 21 de dezembro de 1987, 1.876, de 15 de julho de 1981, 9.760, de 5 de setembro de 1946, e 3.365, de 21 de junho de 1941; revoga dispositivos da Lei Complementar nº 76, de 6 de julho de 1993, e da Lei nº 13.347, de 10 de outubro de 2016; e dá outras providências.

› *Regularização fundiária rural e urbana*

O PRESIDENTE DA REPÚBLICA Faço saber que o Congresso Nacional decreta e eu sanciono a seguinte Lei:

Art. 1º Esta Lei dispõe sobre a regularização fundiária rural e urbana, sobre a liquidação de créditos concedidos aos assentados da reforma agrária e sobre a regularização fundiária no âmbito da Amazônia Legal; institui mecanismos para aprimorar a eficiência dos procedimentos de alienação de imóveis da União; e dá outras providências.

TÍTULO I
DA REGULARIZAÇÃO FUNDIÁRIA RURAL

Art. 2º A Lei nº 8.629, de 25 de fevereiro de 1993, passa a vigorar com as seguintes alterações:

› Alterações já incorporadas ao texto da referida lei.

Art. 3º A Lei nº 13.001, de 20 de junho de 2014, passa a vigorar com as seguintes alterações:

› Alterações já incorporadas ao texto da referida lei.

Art. 3º-A. (VETADO).

Art. 4º A Lei nº 11.952, de 25 de junho de 2009, passa a vigorar com as seguintes alterações:

› Alterações já incorporadas ao texto da referida lei.

Art. 5º A Lei nº 13.340, de 28 de setembro de 2016, passa a vigorar com as seguintes alterações:

› Alterações já incorporadas ao texto da referida lei.

Art. 6º A Lei nº 8.666, de 21 de junho de 1993, passa a vigorar com as seguintes alterações:

› Alterações já incorporadas ao texto da referida lei.

Art. 7º A Lei nº 6.015, de 31 de dezembro de 1973, passa a vigorar com as seguintes alterações:

› Alterações já incorporadas ao texto da referida lei.

Art. 8º A Lei nº 12.512, de 14 de outubro de 2011, passa a vigorar com as seguintes alterações:

› Alterações já incorporadas ao texto da referida lei.

TÍTULO II
DA REGULARIZAÇÃO FUNDIÁRIA URBANA

CAPÍTULO I
DISPOSIÇÕES GERAIS

SEÇÃO I
DA REGULARIZAÇÃO FUNDIÁRIA URBANA

Art. 9º Ficam instituídas no território nacional normas gerais e procedimentos aplicáveis à Regularização Fundiária Urbana (Reurb), a qual abrange medidas jurídicas, urbanísticas, ambientais e sociais destinadas à incorporação dos núcleos urbanos informais ao ordenamento territorial urbano e à titulação de seus ocupantes.

§ 1º Os poderes públicos formularão e desenvolverão no espaço urbano as políticas de suas competências de acordo com os princípios de sustentabilidade econômica, social e ambiental e ordenação territorial, buscando a ocupação do solo de maneira eficiente, combinando seu uso de forma funcional.

§ 2º A Reurb promovida mediante legitimação fundiária somente poderá ser aplicada para os núcleos urbanos informais comprovadamente existentes, na forma desta Lei, até 22 de dezembro de 2016.

Art. 10. Constituem objetivos da Reurb, a serem observados pela União, Estados, Distrito Federal e Municípios:

I – identificar os núcleos urbanos informais que devam ser regularizados, organizá-los e assegurar a prestação de serviços públicos aos seus ocupantes, de modo a melhorar as condições urbanísticas e ambientais em relação à situação de ocupação informal anterior;

II – criar unidades imobiliárias compatíveis com o ordenamento territorial urbano e constituir sobre elas direitos reais em favor dos seus ocupantes;

III – ampliar o acesso à terra urbanizada pela população de baixa renda, de modo a priorizar a permanência dos ocupantes nos próprios núcleos urbanos informais regularizados;

IV – promover a integração social e a geração de emprego e renda;

V – estimular a resolução extrajudicial de conflitos, em reforço à consensualidade e à cooperação entre Estado e sociedade;

VI – garantir o direito social à moradia digna e às condições de vida adequadas;

VII – garantir a efetivação da função social da propriedade;

VIII – ordenar o pleno desenvolvimento das funções sociais da cidade e garantir o bem-estar de seus habitantes;

IX – concretizar o princípio constitucional da eficiência na ocupação e no uso do solo;

X – prevenir e desestimular a formação de novos núcleos urbanos informais;

XI – conceder direitos reais, preferencialmente em nome da mulher;

XII – franquear participação dos interessados nas etapas do processo de regularização fundiária.

Art. 11. Para fins desta Lei, consideram-se:

I – núcleo urbano: assentamento humano, com uso e características urbanas, constituído por unidades imobiliárias de área inferior à fração mínima de parcelamento prevista na Lei nº 5.868, de 12 de dezembro de 1972, independentemente da propriedade do solo, ainda que situado em área qualificada ou inscrita como rural;

II – núcleo urbano informal: aquele clandestino, irregular ou no qual não foi possível realizar, por qualquer modo, a titulação de seus ocupantes, ainda que atendida a legislação vigente à época de sua implantação ou regularização;

III – núcleo urbano informal consolidado: aquele de difícil reversão, considerados o tempo da ocupação, a natureza das edificações, a localização das vias de circulação e a presença de equipamentos públicos, entre outras circunstâncias a serem avaliadas pelo Município;

IV – demarcação urbanística: procedimento destinado a identificar os imóveis públicos e privados abrangidos pelo núcleo urbano informal e a obter a anuência dos respectivos titulares de direitos inscritos na matrícula dos imóveis ocupados, culminando com averbação na matrícula destes imóveis da viabilidade da regularização fundiária, a ser promovida a critério do Município;

V – Certidão de Regularização Fundiária (CRF): documento expedido pelo Município ao final do procedimento da Reurb, constituído do projeto de regularização fundiária aprovado, do termo de compromisso relativo a sua execução e, no caso da legitimação fundiária e da legitimação de posse, da listagem dos ocupantes do núcleo urbano informal regularizado, da devida qualificação destes e dos direitos reais que lhes foram conferidos;

VI – legitimação de posse: ato do poder público destinado a conferir título, por meio do qual fica reconhecida a posse de imóvel objeto da Reurb, conversível em aquisição de direito real de propriedade na forma desta Lei, com a identificação de seus ocupantes, do tempo da ocupação e da natureza da posse;

VII – legitimação fundiária: mecanismo de reconhecimento da aquisição originária do direito real de propriedade sobre unidade imobiliária objeto da Reurb;

VIII – ocupante: aquele que mantém poder de fato sobre lote ou fração ideal de terras públicas ou privadas em núcleos urbanos informais.

§ 1º Para fins da Reurb, os Municípios poderão dispensar as exigências relativas ao percentual e às dimensões de áreas destinadas ao uso público ou ao tamanho dos lotes regularizados, assim como a outros parâmetros urbanísticos e edilícios.

§ 2º Constatada a existência de núcleo urbano informal situado, total ou parcialmente, em área de preservação permanente ou em área de unidade de conservação de uso sustentável ou de proteção de mananciais definidas pela União, Estados ou Municípios, a Reurb observará, também, o disposto nos arts. 64 e 65 da Lei nº 12.651, de 25 de maio de 2012, hipótese na qual se torna obrigatória a elaboração de estudos técnicos, no âmbito da Reurb, que justifiquem as melhorias ambientais em relação à situação de ocupação informal anterior, inclusive por meio de compensações ambientais, quando for o caso.

§ 3º No caso de a Reurb abranger área de unidade de conservação de uso sustentável que, nos termos da Lei nº 9.985, de 18 de julho de 2000, admita regularização, será exigida também a anuência do órgão gestor da unidade, desde que estudo técnico comprove que essas intervenções de regularização fundiária implicam a melhoria das condições ambientais em relação à situação de ocupação informal anterior.

§ 4º Na Reurb cuja ocupação tenha ocorrido às margens de reservatórios artificiais de água destinados à geração de energia ou ao abastecimento público, a faixa da área de preservação permanente consistirá na distância entre o nível máximo operativo normal e a cota máxima *maximorum*.

§ 5º Esta Lei não se aplica aos núcleos urbanos informais situados em áreas indispensáveis à segurança nacional ou de interesse da defesa, assim reconhecidas em decreto do Poder Executivo federal.

§ 6º Aplicam-se as disposições desta Lei aos imóveis localizados em área rural, desde que a unidade imobiliária tenha área inferior à fração mínima de parcelamento prevista na Lei nº 5.868, de 12 de dezembro de 1972.

Art. 12. A aprovação municipal da Reurb corresponde à aprovação urbanística do projeto de regularização fundiária e, na hipótese de o Município ter órgão ambiental capacitado, à aprovação ambiental. *(Redação dada pela Lei 14.118/2021)*

§ 1º Considera-se órgão ambiental capacitado o órgão municipal que possua em seus quadros ou à sua disposição profissionais com atribuição técnica para a análise e a aprovação dos estudos referidos no art. 11, independentemente da existência de convênio com os Estados ou a União.

§ 2º Os estudos referidos no art. 11 deverão ser elaborados por profissional legalmente habilitado, compatibilizar-se com o projeto de regularização fundiária e conter, conforme o caso, os elementos constantes dos arts. 64 ou 65 da Lei nº 12.651, de 25 de maio de 2012.

§ 3º Os estudos técnicos referidos no art. 11 aplicam-se somente às parcelas dos núcleos urbanos informais situados nas áreas de preservação permanente, nas unidades de conservação de uso sustentável ou nas áreas de proteção de mananciais e poderão ser feitos em fases ou etapas, sendo que a parte do núcleo urbano informal não afetada por esses estudos poderá ter seu projeto aprovado e levado a registro separadamente.

§ 4º A aprovação ambiental da Reurb prevista neste artigo poderá ser feita pelos Estados na hipótese de o Município não dispor de capacidade técnica para a aprovação dos estudos referidos no art. 11.

Art. 13. A Reurb compreende duas modalidades:

I – Reurb de Interesse Social (Reurb-S) – regularização fundiária aplicável aos núcleos urbanos informais ocupados predominantemente por população de baixa renda, assim declarados em ato do Poder Executivo municipal; e

‣ Lei 14.118/2021, art. 1º, § 2º.

II – Reurb de Interesse Específico (Reurb-E) – regularização fundiária aplicável aos núcleos urbanos informais ocupados por população não qualificada na hipótese de que trata o inciso I deste artigo.

§ 1º Serão isentos de custas e emolumentos, entre outros, os seguintes atos registrais relacionados à Reurb-S:

I – o primeiro registro da Reurb-S, o qual confere direitos reais aos seus beneficiários;
II – o registro da legitimação fundiária;
III – o registro do título de legitimação de posse e a sua conversão em título de propriedade;
IV – o registro da CRF e do projeto de regularização fundiária, com abertura de matrícula para cada unidade imobiliária urbana regularizada;
V – a primeira averbação de construção residencial, desde que respeitado o limite de até setenta metros quadrados;
VI – a aquisição do primeiro direito real sobre unidade imobiliária derivada da Reurb-S;
VII – o primeiro registro do direito real de laje no âmbito da Reurb-S; e
VIII – o fornecimento de certidões de registro para os atos previstos neste artigo.

§ 2º Os atos de que trata este artigo independem da comprovação do pagamento de tributos ou penalidades tributárias, sendo vedado ao oficial de registro de imóveis exigir sua comprovação.

§ 3º O disposto nos §§ 1º e 2º deste artigo aplica-se também à Reurb-S que tenha por objeto conjuntos habitacionais ou condomínios de interesse social construídos pelo poder público, diretamente ou por meio da administração pública indireta, que já se encontrem implantados em 22 de dezembro de 2016.

§ 4º Na Reurb, os Municípios e o Distrito Federal poderão admitir o uso misto de atividades como forma de promover a integração social e a geração de emprego e renda no núcleo urbano informal regularizado.

§ 5º A classificação do interesse visa exclusivamente à identificação dos responsáveis pela implantação ou adequação das obras de infraestrutura essencial e ao reconhecimento do direito à gratuidade das custas e emolumentos notariais e registrais em favor daqueles a quem for atribuído o domínio das unidades imobiliárias regularizadas.

§ 6º Os cartórios que não cumprirem o disposto neste artigo, que retardarem ou não efetuarem o registro de acordo com as normas previstas nesta Lei, por ato não justificado, ficarão sujeitos às sanções previstas no art. 44 da Lei nº 11.977, de 7 de julho de 2009, observado o disposto nos §§ 3º-A e 3º-B do art. 30 da Lei nº 6.015, de 31 de dezembro de 1973.

§ 7º A partir da disponibilidade de equipamentos e infraestrutura para prestação de serviço público de abastecimento de água, coleta de esgoto, distribuição de energia elétrica, ou outros serviços públicos, é obrigatório aos beneficiários da Reurb realizar a conexão da edificação à rede de água, de coleta de esgoto ou de distribuição de energia elétrica e adotar as demais providências necessárias à utilização do serviço, salvo disposição em contrário na legislação municipal.

SEÇÃO II
DOS LEGITIMADOS PARA REQUERER A REURB

Art. 14. Poderão requerer a Reurb:

I – a União, os Estados, o Distrito Federal e os Municípios, diretamente ou por meio de entidades da administração pública indireta;
II – os seus beneficiários, individual ou coletivamente, diretamente ou por meio de cooperativas habitacionais, associações de moradores, fundações, organizações sociais, organizações da sociedade civil de interesse público ou outras associações civis que tenham por finalidade atividades nas áreas de desenvolvimento urbano ou regularização fundiária urbana;
III – os proprietários de imóveis ou de terrenos, loteadores ou incorporadores;
IV – a Defensoria Pública, em nome dos beneficiários hipossuficientes; e
V – o Ministério Público.

§ 1º Os legitimados poderão promover todos os atos necessários à regularização fundiária, inclusive requerer os atos de registro.

§ 2º Nos casos de parcelamento do solo, de conjunto habitacional ou de condomínio informal, empreendidos por particular, a conclusão da Reurb confere direito de regresso àqueles que suportarem os seus custos e obrigações contra os responsáveis pela implantação dos núcleos urbanos informais.

§ 3º O requerimento de instauração da Reurb por proprietários de terreno, loteadores e incorporadores que tenham dado causa à formação de núcleos urbanos informais, ou os seus sucessores, não os eximirá de responsabilidades administrativa, civil ou criminal.

CAPÍTULO II
DOS INSTRUMENTOS DA REURB

SEÇÃO I
DISPOSIÇÕES GERAIS

Art. 15. Poderão ser empregados, no âmbito da Reurb, sem prejuízo de outros que se apresentem adequados, os seguintes institutos jurídicos:

I – a legitimação fundiária e a legitimação de posse, nos termos desta Lei;
II – a usucapião, nos termos dos arts. 1.238 a 1.244 da Lei nº 10.406, de 10 de janeiro de 2002 (Código Civil), dos arts. 9º a 14 da Lei nº 10.257, de 10 de julho de 2001, e do art. 216-A da Lei nº 6.015, de 31 de dezembro de 1973;
III – a desapropriação em favor dos possuidores, nos termos dos §§ 4º e 5º do art. 1.228 da Lei nº 10.406, de 10 de janeiro de 2002 (Código Civil);
IV – a arrecadação de bem vago, nos termos do art. 1.276 da Lei nº 10.406, de 10 de janeiro de 2002 (Código Civil);
V – o consórcio imobiliário, nos termos do art. 46 da Lei nº 10.257, de 10 de julho de 2001;
VI – a desapropriação por interesse social, nos termos do inciso IV do art. 2º da Lei nº 4.132, de 10 de setembro de 1962;
VII – o direito de preempção, nos termos do inciso I do art. 26 da Lei nº 10.257, de 10 de julho de 2001;
VIII – a transferência do direito de construir, nos termos do inciso III do art. 35 da Lei nº 10.257, de 10 de julho de 2001;
IX – a requisição, em caso de perigo público iminente, nos termos do § 3º do art. 1.228 da Lei nº 10.406, de 10 de janeiro de 2002 (Código Civil);
X – a intervenção do poder público em parcelamento clandestino ou irregular, nos termos do art. 40 da Lei nº 6.766, de 19 de dezembro de 1979;
XI – a alienação de imóvel pela administração pública diretamente para seu detentor, nos termos da alínea *f* do inciso I do art. 17 da Lei nº 8.666, de 21 de junho de 1993;

‣ Lei 14.133/2021 (Nova Lei de Licitações)

XII – a concessão de uso especial para fins de moradia;
XIII – a concessão de direito real de uso;
XIV – a doação; e
XV – a compra e venda.

Art. 16. Na Reurb-E, promovida sobre bem público, havendo solução consensual, a aquisição de direitos reais pelo particular ficará condicionada ao pagamento do justo valor da unidade imobiliária regularizada, a ser apurado na forma estabelecida em ato do Poder Executivo titular do domínio, sem considerar o valor das acessões e benfeitorias do ocupante e a valorização decorrente da implantação dessas acessões e benfeitorias.

Parágrafo único. As áreas de propriedade do poder público registradas no Registro de Imóveis, que sejam objeto de ação judicial versando sobre a sua titularidade, poderão ser objeto da Reurb, desde que celebrado acordo judicial ou extrajudicial, na forma desta Lei, homologado pelo juiz.

Art. 17. Na Reurb-S promovida sobre bem público, o registro do projeto de regularização fundiária e a constituição de direito real em nome dos beneficiários poderão ser feitos em ato único, a critério do ente público promovente.

Parágrafo único. Nos casos previstos no *caput* deste artigo, serão encaminhados ao cartório o instrumento indicativo do direito real constituído, a listagem dos ocupantes que serão beneficiados pela Reurb e respectivas qualificações, com indicação das respectivas unidades, ficando dispensadas a apresentação de título cartorial individualizado e as cópias da documentação referente à qualificação de cada beneficiário.

Art. 18. O Município e o Distrito Federal poderão instituir como instrumento de planejamento urbano Zonas Especiais de Interesse Social (ZEIS), no âmbito da política municipal de ordenamento de seu território.

§ 1º Para efeitos desta Lei, considera-se ZEIS a parcela de área urbana instituída pelo plano diretor ou definida por outra lei municipal, destinada preponderantemente à população de baixa renda e sujeita a regras específicas de parcelamento, uso e ocupação do solo.

§ 2º A Reurb não está condicionada à existência de ZEIS.

SEÇÃO II
DA DEMARCAÇÃO URBANÍSTICA

Art. 19. O poder público poderá utilizar o procedimento de demarcação urbanística, com base no levantamento da situação da área a ser regularizada e na caracterização do núcleo urbano informal a ser regularizado.

§ 1º O auto de demarcação urbanística deve ser instruído com os seguintes documentos:

I – planta e memorial descritivo da área a ser regularizada, nos quais constem suas medidas perimetrais, área total, confrontantes, coordenadas georreferenciadas dos vértices definidores de seus limites, números das matrículas ou transcrições atingidas, indicação dos proprietários identificados e ocorrência de situações de domínio privado com proprietários não identificados em razão de descrições imprecisas dos registros anteriores;

II – planta de sobreposição do imóvel demarcado com a situação da área constante do registro de imóveis.

§ 2º O auto de demarcação urbanística poderá abranger uma parte ou a totalidade de um ou mais imóveis inseridos em uma ou mais das seguintes situações:

I – domínio privado com proprietários não identificados, em razão de descrições imprecisas dos registros anteriores;

II – domínio privado objeto do devido registro no registro de imóveis competente, ainda que de proprietários distintos; ou

III – domínio público.

§ 3º Os procedimentos da demarcação urbanística não constituem condição para o processamento e a efetivação da Reurb.

Art. 20. O poder público notificará os titulares de domínio e os confrontantes da área demarcada, pessoalmente ou por via postal, com aviso de recebimento, no endereço que constar da matrícula ou da transcrição, para que estes, querendo, apresentem impugnação à demarcação urbanística, no prazo comum de trinta dias.

§ 1º Eventuais titulares de domínio ou confrontantes não identificados, ou não encontrados ou que recusarem o recebimento da notificação por via postal, serão notificados por edital, para que, querendo, apresentem impugnação à demarcação urbanística, no prazo comum de trinta dias.

§ 2º O edital de que trata o § 1º deste artigo conterá resumo do auto de demarcação urbanística, com a descrição que permita a identificação da área a ser demarcada e seu desenho simplificado.

§ 3º A ausência de manifestação dos indicados neste artigo será interpretada como concordância com a demarcação urbanística.

§ 4º Se houver impugnação apenas em relação à parcela da área objeto do auto de demarcação urbanística, é facultado ao poder público prosseguir com o procedimento em relação à parcela não impugnada.

§ 5º A critério do poder público municipal, as medidas de que trata este artigo poderão ser realizadas pelo registro de imóveis do local do núcleo urbano informal a ser regularizado.

§ 6º A notificação conterá a advertência de que a ausência de impugnação implicará a perda de eventual direito que o notificado titularize sobre o imóvel objeto da Reurb.

Art. 21. Na hipótese de apresentação de impugnação, poderá ser adotado procedimento extrajudicial de composição de conflitos.

§ 1º Caso exista demanda judicial de que o impugnante seja parte e que verse sobre direitos reais ou possessórios relativos ao imóvel abrangido pela demarcação urbanística, deverá informá-la ao poder público, que comunicará ao juízo a existência do procedimento de que trata o *caput* deste artigo.

§ 2º Para subsidiar o procedimento de que trata o *caput* deste artigo, será feito um levantamento de eventuais passivos tributários, ambientais e administrativos associados aos imóveis objeto de impugnação, assim como das posses existentes, com vistas à identificação de casos de prescrição aquisitiva da propriedade.

§ 3º A mediação observará o disposto na Lei nº 13.140, de 26 de junho de 2015, facultando-se ao poder público promover a alteração do auto de demarcação urbanística ou adotar qualquer outra medida que possa afastar a oposição do proprietário ou dos confrontantes à regularização da área ocupada.

§ 4º Caso não se obtenha acordo na etapa de mediação, fica facultado o emprego da arbitragem.

Art. 22. Decorrido o prazo sem impugnação ou caso superada a oposição ao procedimento, o auto de demarcação urbanística será encaminhado ao registro de imóveis e averbado nas matrículas por ele alcançadas.

§ 1º A averbação informará:

I – a área total e o perímetro correspondente ao núcleo urbano informal a ser regularizado;

II – as matrículas alcançadas pelo auto de demarcação urbanística e, quando possível, a área abrangida em cada uma delas; e

III – a existência de áreas cuja origem não tenha sido identificada em razão de imprecisões dos registros anteriores.

§ 2º Na hipótese de o auto de demarcação urbanística incidir sobre imóveis ainda não matriculados, previamente à averbação, será aberta matrícula, que deverá refletir a situação registrada do imóvel, dispensadas a retificação do memorial descritivo e a apuração de área remanescente.

§ 3º Nos casos de registro anterior efetuado em outra circunscrição, para abertura da matrícula de que trata o § 2º deste artigo, o oficial requererá, de ofício, certidões atualizadas daquele registro.

§ 4º Na hipótese de a demarcação urbanística abranger imóveis situados em mais de uma circunscrição imobiliária, o oficial do registro de imóveis responsável pelo procedimento comunicará as demais circunscrições imobiliárias envolvidas para averbação da demarcação urbanística nas respectivas matrículas alcançadas.

§ 5º A demarcação urbanística será averbada ainda que a área abrangida pelo auto de demarcação urbanística supere a área disponível nos registros anteriores.

§ 6º Não se exigirá, para a averbação da demarcação urbanística, a retificação da área não abrangida pelo auto de demarcação urbanística, ficando a apuração de remanescente sob a responsabilidade do proprietário do imóvel atingido.

SEÇÃO III
DA LEGITIMAÇÃO FUNDIÁRIA

Art. 23. A legitimação fundiária constitui forma originária de aquisição do direito real de propriedade conferido por ato do poder público, exclusivamente no âmbito da Reurb, àquele que detiver em área pública ou possuir em área privada, como sua, unidade imobiliária com destinação urbana, integrante de núcleo urbano informal consolidado existente em 22 de dezembro de 2016.

§ 1º Apenas na Reurb-S, a legitimação fundiária será concedida ao beneficiário, desde que atendidas as seguintes condições:

I – o beneficiário não seja concessionário, foreiro ou proprietário exclusivo de imóvel urbano ou rural; *(Redação dada pela Lei 14.118/2021)*

II – o beneficiário não tenha sido contemplado com legitimação de posse ou fundiária de imóvel urbano com a mesma finalidade, ainda que situado em núcleo urbano distinto; e

III – em caso de imóvel urbano com finalidade não residencial, seja reconhecido pelo poder público o interesse público de sua ocupação.

§ 2º Por meio da legitimação fundiária, em qualquer das modalidades da Reurb, o ocupante adquire a unidade imobiliária com destinação urbana livre e desembaraçada de quaisquer ônus, direitos reais, gravames ou inscrições, eventualmente existentes em sua matrícula de origem, exceto quando disserem respeito ao próprio legitimado.

§ 3º Deverão ser transportadas as inscrições, as indisponibilidades ou os gravames existentes no registro da área maior originária para as matrículas das unidades imobiliárias que não houverem sido adquiridas por legitimação fundiária.

§ 4º Na Reurb-S de imóveis públicos, a União, os Estados, o Distrito Federal e os Municípios, e as suas entidades vinculadas, quando titulares do domínio, ficam autorizados a reconhecer o direito de propriedade aos ocupantes do núcleo urbano informal regularizado por meio da legitimação fundiária.

§ 5º Nos casos previstos neste artigo, o poder público encaminhará a CRF para registro imediato da aquisição de propriedade, dispensados a apresentação de título individualizado e as cópias da documentação referente à qualificação do beneficiário, o projeto de regularização fundiária aprovado, a listagem dos ocupantes e sua devida qualificação e a identificação das áreas que ocupam.

§ 6º Poderá o poder público atribuir domínio adquirido por legitimação fundiária aos ocupantes que não tenham constado da listagem inicial, mediante cadastramento complementar, sem prejuízo dos direitos de quem haja constado na listagem inicial.

Art. 24. Nos casos de regularização fundiária urbana previstos na Lei nº 11.952, de 25 de junho de 2009, os Municípios poderão utilizar a legitimação fundiária e demais instrumentos previstos nesta Lei para conferir propriedade aos ocupantes.

SEÇÃO IV
DA LEGITIMAÇÃO DE POSSE

Art. 25. A legitimação de posse, instrumento de uso exclusivo para fins de regularização fundiária, constitui ato do poder público destinado a conferir título, por meio do qual fica reconhecida a posse de imóvel objeto da Reurb, com a identificação de seus ocupantes, do tempo da ocupação e da natureza da posse, o qual é conversível em direito real de propriedade, na forma desta Lei.

§ 1º A legitimação de posse poderá ser transferida por *causa mortis* ou por ato *inter vivos*.

§ 2º A legitimação de posse não se aplica aos imóveis urbanos situados em área de titularidade do poder público.

Art. 26. Sem prejuízo dos direitos decorrentes do exercício da posse mansa e pacífica no tempo, aquele em cujo favor for expedido título de legitimação de posse, decorrido o prazo de cinco anos de seu registro, terá a conversão automática dele em título de propriedade, desde que atendidos os termos e as condições do art. 183 da Constituição Federal, independentemente de prévia provocação ou prática de ato registral.

§ 1º Nos casos não contemplados pelo art. 183 da Constituição Federal, o título de legitimação de posse poderá ser convertido em título de propriedade, desde que satisfeitos os requisitos de usucapião estabelecidos na legislação em vigor, a requerimento do interessado, perante o registro de imóveis competente.

§ 2º A legitimação de posse, após convertida em propriedade, constitui forma originária de aquisição de direito real, de modo que a unidade imobiliária com destinação urbana regularizada restará livre e desembaraçada de quaisquer ônus, direitos reais, gravames ou inscrições, eventualmente existentes em sua matrícula de origem, exceto quando disserem respeito ao próprio beneficiário.

Art. 27. O título de legitimação de posse poderá ser cancelado pelo poder público emitente quando constatado que as condições estipuladas nesta Lei deixaram de ser satisfeitas, sem que seja devida qualquer indenização àquele que irregularmente se beneficiou do instrumento.

CAPÍTULO III
DO PROCEDIMENTO ADMINISTRATIVO

SEÇÃO I
DISPOSIÇÕES GERAIS

Art. 28. A Reurb obedecerá às seguintes fases:

I – requerimento dos legitimados;

II – processamento administrativo do requerimento, no qual será conferido prazo para manifestação dos titulares de direitos reais sobre o imóvel e dos confrontantes;

III – elaboração do projeto de regularização fundiária;

IV – saneamento do processo administrativo;

V – decisão da autoridade competente, mediante ato formal, ao qual se dará publicidade;

VI – expedição da CRF pelo Município; e

VII – registro da CRF e do projeto de regularização fundiária aprovado perante o oficial do cartório de registro de imóveis em que se situe a unidade imobiliária com destinação urbana regularizada.

Parágrafo único. Não impedirá a Reurb, na forma estabelecida nesta Lei, a inexistência de lei municipal específica que trate de medidas ou posturas de interesse local aplicáveis a projetos de regularização fundiária urbana.

Art. 29. A fim de fomentar a efetiva implantação das medidas da Reurb, os entes federativos poderão celebrar convênios ou outros instrumentos congêneres com o Ministério das Cidades, com vistas a cooperar para a fiel execução do disposto nesta Lei.

Art. 30. Compete aos Municípios nos quais estejam situados os núcleos urbanos informais a serem regularizados:

I – classificar, caso a caso, as modalidades da Reurb;

II – processar, analisar e aprovar os projetos de regularização fundiária; e

III – emitir a CRF.

§ 1º Na Reurb requerida pela União ou pelos Estados, a classificação prevista no inciso I do *caput* deste artigo será de responsabilidade do ente federativo instaurador.

§ 2º O Município deverá classificar e fixar, no prazo de até cento e oitenta dias, uma das modalidades da Reurb ou indeferir, fundamentadamente, o requerimento.

§ 3º A inércia do Município implica a automática fixação da modalidade de classificação da Reurb indicada pelo legitimado em seu requerimento, bem como o prosseguimento do procedimento administrativo da Reurb, sem prejuízo de futura revisão dessa classificação pelo Município, mediante estudo técnico que a justifique.

Art. 31. Instaurada a Reurb, o Município deverá proceder às buscas necessárias para determinar a titularidade do domínio dos imóveis onde está situado o núcleo urbano informal a ser regularizado.

§ 1º Tratando-se de imóveis públicos ou privados, caberá aos Municípios notificar os titulares de domínio, os responsáveis pela implantação do núcleo urbano informal, os confinantes e os terceiros eventualmente interessados, para, querendo, apresentar impugnação no prazo de trinta dias, contado da data de recebimento da notificação.

§ 2º Tratando-se de imóveis públicos municipais, o Município deverá notificar os confinantes e terceiros eventualmente interessados, para, querendo, apresentar impugnação no prazo de trinta dias, contado da data de recebimento da notificação.

§ 3º Na hipótese de apresentação de impugnação, será iniciado o procedimento extrajudicial de composição de conflitos de que trata esta Lei.

§ 4º A notificação do proprietário e dos confinantes será feita por via postal, com aviso de recebimento, no endereço que constar da matrícula ou da transcrição, considerando-se efetuada quando comprovada a entrega nesse endereço.

§ 5º A notificação da Reurb também será feita por meio de publicação de edital, com prazo de trinta dias, do qual deverá constar, de forma resumida, a descrição da área a ser regularizada, nos seguintes casos:

I – quando o proprietário e os confinantes não forem encontrados; e

II – quando houver recusa da notificação por qualquer motivo.

§ 6º A ausência de manifestação dos indicados referidos nos §§ 1º e 4º deste artigo será interpretada como concordância com a Reurb.

§ 7º Caso algum dos imóveis atingidos ou confinantes não esteja matriculado ou transcrito na serventia, o Distrito Federal ou os Municípios realizarão diligências perante as serventias anteriormente competentes, mediante apresentação da planta do perímetro regularizado, a fim de que a sua situação jurídica atual seja certificada, caso possível.

§ 8º O requerimento de instauração da Reurb ou, na forma de regulamento, a manifestação de interesse nesse sentido por parte de qualquer dos legitimados garantem perante o poder público aos ocupantes dos núcleos urbanos informais situados em áreas públicas a serem regularizados a permanência em suas respectivas unidades imobiliárias, preservando-se as situações de fato já existentes, até o eventual arquivamento definitivo do procedimento.

§ 9º Fica dispensado o disposto neste artigo, caso adotados os procedimentos da demarcação urbanística.

Art. 32. A Reurb será instaurada por decisão do Município, por meio de requerimento, por escrito, de um dos legitimados de que trata esta Lei.

Parágrafo único. Na hipótese de indeferimento do requerimento de instauração da Reurb, a decisão do Município deverá indicar as medidas a serem adotadas, com vistas à reformulação e à reavaliação do requerimento, quando for o caso.

Art. 33. Instaurada a Reurb, compete ao Município aprovar o projeto de regularização fundiária, do qual deverão constar as responsabilidades das partes envolvidas.

§ 1º A elaboração e o custeio do projeto de regularização fundiária e da implantação da infraestrutura essencial obedecerão aos seguintes procedimentos: *(Parágrafo único transformado em § 1º pela Lei 14.118/2021)*

I – na Reurb-S, caberão ao Município ou ao Distrito Federal a responsabilidade de elaborar e custear o projeto de regularização fundiária e a implantação da infraestrutura essencial, quando necessária; *(Redação dada pela Lei 14.118/2021)*

a) e b) *(Revogadas pela Lei 14.118/2021)*

II - na Reurb-E, a regularização fundiária será contratada e custeada por seus potenciais beneficiários ou requerentes privados; e

III - na Reurb-E sobre áreas públicas, se houver interesse público, o Município poderá proceder à elaboração e ao custeio do projeto de regularização fundiária e da implantação da infraestrutura essencial, com posterior cobrança aos seus beneficiários.)

§ 2º Na Reurb-S, fica facultado aos legitimados promover, a suas expensas, os projetos e os demais documentos técnicos necessários à regularização de seu imóvel, inclusive as obras de infraestrutura essencial nos termos do § 1º do art. 36 desta Lei. *(Redação dada pela Lei 14.118/2021)*

Art. 34. Os Municípios poderão criar câmaras de prevenção e resolução administrativa de conflitos, no âmbito da administração local, inclusive mediante celebração de ajustes com os Tribunais de Justiça estaduais, as quais deterão competência para dirimir conflitos relacionados à Reurb, mediante solução consensual.

§ 1º O modo de composição e funcionamento das câmaras de que trata o *caput* deste artigo será estabelecido em ato do Poder Executivo municipal e, na falta do ato, pelo disposto na Lei nº 13.140, de 26 de junho de 2015.

§ 2º Se houver consenso entre as partes, o acordo será reduzido a termo e constituirá condição para a conclusão da Reurb, com consequente expedição da CRF.

§ 3º Os Municípios poderão instaurar, de ofício ou mediante provocação, procedimento de mediação coletiva de conflitos relacionados à Reurb.

§ 4º A instauração de procedimento administrativo para a resolução consensual de conflitos no âmbito da Reurb suspende a prescrição.

§ 5º Os Municípios e o Distrito Federal poderão, mediante a celebração de convênio, utilizar os Centros Judiciários de Solução de Conflitos e Cidadania ou as câmaras de mediação credenciadas nos Tribunais de Justiça.

SEÇÃO II
DO PROJETO DE REGULARIZAÇÃO FUNDIÁRIA

Art. 35. O projeto de regularização fundiária conterá, no mínimo:

I – levantamento planialtimétrico e cadastral, com georreferenciamento, subscrito por profissional competente, acompanhado de Anotação de Responsabilidade Técnica (ART) ou Registro de Responsabilidade Técnica (RRT), que demonstrará as unidades, as construções, o sistema viário, as áreas públicas, os acidentes geográficos e os demais elementos caracterizadores do núcleo a ser regularizado;

II – planta do perímetro do núcleo urbano informal com demonstração das matrículas ou transcrições atingidas, quando for possível;

III – estudo preliminar das desconformidades e da situação jurídica, urbanística e ambiental;

IV – projeto urbanístico;

V – memoriais descritivos;

VI – proposta de soluções para questões ambientais, urbanísticas e de reassentamento dos ocupantes, quando for o caso;

VII – estudo técnico para situação de risco, quando for o caso;

VIII – estudo técnico ambiental, para os fins previstos nesta Lei, quando for o caso;

IX – cronograma físico de serviços e implantação de obras de infraestrutura essencial, compensações urbanísticas, ambientais e outras, quando houver, definidas por ocasião da aprovação do projeto de regularização fundiária; e

X – termo de compromisso a ser assinado pelos responsáveis, públicos ou privados, pelo cumprimento do cronograma físico definido no inciso IX deste artigo.

Parágrafo único. O projeto de regularização fundiária deverá considerar as características da ocupação e da área ocupada para definir parâmetros urbanísticos e ambientais específicos, além de identificar os lotes, as vias de circulação e as áreas destinadas a uso público, quando for o caso.

Art. 36. O projeto urbanístico de regularização fundiária deverá conter, no mínimo, indicação:

I – das áreas ocupadas, do sistema viário e das unidades imobiliárias, existentes ou projetadas;
II – das unidades imobiliárias a serem regularizadas, suas características, área, confrontações, localização, nome do logradouro e número de sua designação cadastral, se houver;
III – quando for o caso, das quadras e suas subdivisões em lotes ou as frações ideais vinculadas à unidade regularizada;
IV – dos logradouros, espaços livres, áreas destinadas a edifícios públicos e outros equipamentos urbanos, quando houver;
V – de eventuais áreas já usucapidas;
VI – das medidas de adequação para correção das desconformidades, quando necessárias;
VII – das medidas de adequação da mobilidade, acessibilidade, infraestrutura e relocação de edificações, quando necessárias;
VIII – das obras de infraestrutura essencial, quando necessárias;
IX – de outros requisitos que sejam definidos pelo Município.

§ 1º Para fins desta Lei, considera-se infraestrutura essencial os seguintes equipamentos:

I – sistema de abastecimento de água potável, coletivo ou individual;
II – sistema de coleta e tratamento do esgotamento sanitário, coletivo ou individual;
III – rede de energia elétrica domiciliar;
IV – soluções de drenagem, quando necessário; e
V – outros equipamentos a serem definidos pelos Municípios em função das necessidades locais e características regionais.

§ 2º A Reurb pode ser implementada por etapas, abrangendo o núcleo urbano informal de forma total ou parcial.

§ 3º As obras de implantação de infraestrutura essencial, de equipamentos comunitários e de melhoria habitacional, bem como sua manutenção, podem ser realizadas antes, durante ou após a conclusão da Reurb.

§ 4º O Município definirá os requisitos para elaboração do projeto de regularização, no que se refere aos desenhos, ao memorial descritivo e ao cronograma físico de obras e serviços a serem realizados, se for o caso.

§ 5º A planta e o memorial descritivo deverão ser assinados por profissional legalmente habilitado, dispensada a apresentação de Anotação de Responsabilidade Técnica (ART) no Conselho Regional de Engenharia e Agronomia (Crea) ou de Registro de Responsabilidade Técnica (RRT) no Conselho de Arquitetura e Urbanismo (CAU), quando o responsável técnico for servidor ou empregado público.

Art. 37. Na Reurb-S, caberá ao poder público competente, diretamente ou por meio da administração pública indireta, implementar a infraestrutura essencial, os equipamentos comunitários e as melhorias habitacionais previstos nos projetos de regularização, assim como arcar com os ônus de sua manutenção.

Art. 38. Na Reurb-E, o Distrito Federal ou os Municípios deverão definir, por ocasião da aprovação dos projetos de regularização fundiária, nos limites da legislação de regência, os responsáveis pela:

I – implantação dos sistemas viários;
II – implantação da infraestrutura essencial e dos equipamentos públicos ou comunitários, quando for o caso; e
III – implementação das medidas de mitigação e compensação urbanística e ambiental, e dos estudos técnicos, quando for o caso.

§ 1º As responsabilidades de que trata o *caput* deste artigo poderão ser atribuídas aos beneficiários da Reurb-E.

§ 2º Os responsáveis pela adoção de medidas de mitigação e compensação urbanística e ambiental deverão celebrar termo de compromisso com as autoridades competentes como condição de aprovação da Reurb-E.

Art. 39. Para que seja aprovada a Reurb de núcleos urbanos informais, ou de parcela deles, situados em áreas de riscos geotécnicos, de inundações ou de outros riscos especificados em lei, estudos técnicos deverão ser realizados, a fim de examinar a possibilidade de eliminação, de correção ou de administração de riscos na parcela por eles afetada.

§ 1º Na hipótese do *caput* deste artigo, é condição indispensável à aprovação da Reurb a implantação das medidas indicadas nos estudos técnicos realizados.

§ 2º Na Reurb-S que envolva áreas de riscos que não comportem eliminação, correção ou administração, os Municípios deverão proceder à realocação dos ocupantes do núcleo urbano informal a ser regularizado.

SEÇÃO III
DA CONCLUSÃO DA REURB

Art. 40. O pronunciamento da autoridade competente que decidir o processamento administrativo da Reurb deverá:

I – indicar as intervenções a serem executadas, se for o caso, conforme o projeto de regularização fundiária aprovado;
II – aprovar o projeto de regularização fundiária resultante do processo de regularização fundiária; e
III – identificar e declarar os ocupantes de cada unidade imobiliária com destinação urbana regularizada, e os respectivos direitos reais.

Art. 41. A Certidão de Regularização Fundiária (CRF) é o ato administrativo de aprovação da regularização que deverá acompanhar o projeto aprovado e deverá conter, no mínimo:

I – o nome do núcleo urbano regularizado;
II – a localização;
III – a modalidade da regularização;
IV – as responsabilidades das obras e serviços constantes do cronograma;
V – a indicação numérica de cada unidade regularizada, quando houver;
VI – a listagem com nomes dos ocupantes que houverem adquirido a respectiva unidade, por título de legitimação fundiária ou mediante ato único de registro, bem como o estado civil, a profissão, o número de inscrição no cadastro das pessoas físicas do Ministério da Fazenda e do registro geral da cédula de identidade e a filiação.

CAPÍTULO IV
DO REGISTRO DA REGULARIZAÇÃO FUNDIÁRIA

Art. 42. O registro da CRF e do projeto de regularização fundiária aprovado será requerido diretamente ao oficial do cartório de registro de imóveis da situação do imóvel e será efetivado independentemente de determinação judicial ou do Ministério Público.

Parágrafo único. Em caso de recusa do registro, o oficial do cartório do registro de imóveis expedirá nota devolutiva fundamentada, na qual indicará os motivos da recusa e formulará exigências nos termos desta Lei.

Art. 43. Na hipótese de a Reurb abranger imóveis situados em mais de uma circunscrição imobiliária, o procedimento será efetuado perante cada um dos oficiais dos cartórios de registro de imóveis.

Parágrafo único. Quando os imóveis regularizados estiverem situados na divisa das circunscrições imobiliárias, as novas matrículas das unidades imobiliárias serão de competência do oficial do cartório de registro de imóveis em cuja circunscrição estiver situada a maior porção da unidade imobiliária regularizada.

Art. 44. Recebida a CRF, cumprirá ao oficial do cartório de registro de imóveis prenotá-la, autuá-la, instaurar o procedimento registral e, no prazo de quinze dias, emitir a respectiva nota de exigência ou praticar os atos tendentes ao registro.

§ 1º O registro do projeto Reurb aprovado importa em:

I – abertura de nova matrícula, quando for o caso;
II – abertura de matrículas individualizadas para os lotes e áreas públicas resultantes do projeto de regularização aprovado; e
III – registro dos direitos reais indicados na CRF junto às matrículas dos respectivos lotes, dispensada a apresentação de título individualizado.

§ 2º Quando o núcleo urbano regularizado abranger mais de uma matrícula, o oficial do registro de imóveis abrirá nova matrícula para a área objeto de regularização, conforme previsto no inciso I do § 1º deste artigo, destacando a área abrangida na matrícula de origem, dispensada a apuração de remanescentes.

§ 3º O registro da CRF dispensa a comprovação do pagamento de tributos ou penalidades tributárias de responsabilidade dos legitimados.

§ 4º O registro da CRF aprovado independe de averbação prévia do cancelamento do cadastro de imóvel rural no Instituto Nacional de Colonização e Reforma Agrária (Incra).

§ 5º O procedimento registral deverá ser concluído no prazo de sessenta dias, prorrogável por até igual período, mediante justificativa fundamentada do oficial do cartório de registro de imóveis.

§ 6º O oficial de registro fica dispensado de providenciar a notificação dos titulares de domínio, dos confinantes e de terceiros eventualmente interessados, uma vez cumprido esse rito pelo Município, conforme o disposto no art. 31 desta Lei.

§ 7º O oficial do cartório de registro de imóveis, após o registro da CRF, notificará o Incra, o Ministério do Meio Ambiente e a Secretaria da Receita Federal do Brasil para que esses órgãos cancelem, parcial ou totalmente, os respectivos registros existentes no Cadastro Ambiental Rural (CAR) e nos demais cadastros relacionados a imóvel rural, relativamente às unidades imobiliárias regularizadas.

Art. 45. Quando se tratar de imóvel sujeito a regime de condomínio geral a ser dividido em lotes com indicação, na matrícula, da área deferida a cada condômino, o Município poderá indicar, de forma individual ou coletiva, as unidades imobiliárias correspondentes às frações ideais registradas, sob sua exclusiva responsabilidade, para a especialização das áreas registradas em comum.

Parágrafo único. Na hipótese de a informação prevista no *caput* deste artigo não constar do projeto de regularização fundiária aprovado pelo Município, as novas matrículas das unidades imobiliárias serão abertas mediante requerimento de especialização formulado pelos legitimados de que trata esta Lei, dispensada a outorga de escritura pública para indicação da quadra e do lote.

Art. 46. Para atendimento ao princípio da especialidade, o oficial do cartório de registro de imóveis adotará o memorial descritivo da gleba apresentado com o projeto de regularização fundiária e deverá averbá-lo na matrícula existente, anteriormente ao registro do projeto, independentemente de provocação, retificação, notificação, unificação ou apuração de disponibilidade ou remanescente.

§ 1º Se houver dúvida quanto à extensão da gleba matriculada, em razão da precariedade da descrição tabular, o oficial do cartório de registro de imóveis abrirá nova matrícula para a área destacada e averbará o referido destaque na matrícula matriz.

§ 2º As notificações serão emitidas de forma simplificada, indicando os dados de identificação do núcleo urbano a ser regularizado, sem a anexação de plantas, projetos, memoriais ou outros documentos, convidando o notificado a comparecer à sede da serventia para tomar conhecimento da CRF com a advertência de que o não comparecimento e a não apresentação de impugnação, no prazo legal, importará em anuência ao registro.

§ 3º Na hipótese de o projeto de regularização fundiária não envolver a integralidade do imóvel matriculado, o registro será feito com base na planta e no memorial descritivo referentes à área objeto de regularização e o destaque na matrícula da área total deverá ser averbado.

Art. 47. Os padrões dos memoriais descritivos, das plantas e das demais representações gráficas, inclusive as escalas adotadas e outros detalhes técnicos, seguirão as diretrizes estabelecidas pela autoridade municipal ou distrital competente, as quais serão consideradas atendidas com a emissão da CRF.

Parágrafo único. Não serão exigidos reconhecimentos de firma nos documentos que compõem a CRF ou o termo individual de legitimação fundiária quando apresentados pela União, Estados, Distrito Federal, Municípios ou entes da administração indireta.

Art. 48. O registro da CRF produzirá efeito de instituição e especificação de condomínio, quando for o caso, regido pelas disposições legais específicas, hipótese em que fica facultada aos condôminos a aprovação de convenção condominial.

Art. 49. O registro da CRF será feito em todas as matrículas atingidas pelo projeto de regularização fundiária aprovado, devendo ser informadas, quando possível, as parcelas correspondentes a cada matrícula.

Art. 50. Nas matrículas abertas para cada parcela, deverão constar dos campos referentes ao registro anterior e ao proprietário:

I – quando for possível, a identificação exata da origem da parcela matriculada, por meio de planta de sobreposição do parcelamento com os registros existentes, a matrícula anterior e o nome de seu proprietário;

II – quando não for possível identificar a exata origem da parcela matriculada, todas as matrículas anteriores atingidas pela Reurb e a expressão "proprietário não identificado", dispensando-se nesse caso os requisitos dos itens 4 e 5 do inciso II do art. 167 da Lei nº 6.015, de 31 de dezembro de 1973.

Art. 51. Qualificada a CRF e não havendo exigências nem impedimentos, o oficial do cartório de registro de imóveis efetuará o seu registro na matrícula dos imóveis cujas áreas tenham sido atingidas, total ou parcialmente.

Parágrafo único. Não identificadas as transcrições ou as matrículas da área regularizada, o oficial do cartório de registro abrirá matrícula com a descrição do perímetro do núcleo urbano informal que constar da CRF e nela efetuará o registro.

Art. 52. Registrada a CRF, será aberta matrícula para cada uma das unidades imobiliárias regularizadas.

Parágrafo único. Para os atuais ocupantes das unidades imobiliárias objeto da Reurb, os compromissos de compra e venda, as cessões e as promessas de cessão valerão como título hábil para a aquisição da propriedade, quando acompanhados da prova de quitação das obrigações do adquirente, e serão registrados nas matrículas das unidades imobiliárias correspondentes, resultantes da regularização fundiária.

Art. 53. Com o registro da CRF, serão incorporados automaticamente ao patrimônio público as vias públicas, as áreas destinadas ao uso comum do povo, os prédios públicos e os equipamentos urbanos, na forma indicada no projeto de regularização fundiária aprovado.

Parágrafo único. A requerimento do Município, o oficial de registro de imóveis abrirá matrícula para as áreas que tenham ingressado no domínio público.

Art. 54. As unidades desocupadas e não comercializadas alcançadas pela Reurb terão as suas matrículas abertas em nome do titular originário do domínio da área.

Parágrafo único. As unidades não edificadas que tenham sido comercializadas a qualquer título terão suas matrículas abertas em nome do adquirente, conforme procedimento previsto nos arts. 84 e 98 desta Lei. *(Redação dada pela Lei 14.118/2021)*

CAPÍTULO V
DO DIREITO REAL DE LAJE

Art. 55. A Lei nº 10.406, de 10 de janeiro de 2002 (Código Civil), passa a vigorar com as seguintes alterações:

‣ Alterações já incorporadas no referido Código.

Art. 56. A Lei nº 6.015, de 31 de dezembro de 1973, passa a vigorar com as seguintes alterações:

‣ Alterações já incorporadas na referida lei.

Art. 57. O *caput* do art. 799 da Lei nº 13.105, de 16 de março de 2015 (Código de Processo Civil), passa a vigorar acrescido dos seguintes incisos X e XI:

‣ Alterações já incorporadas no referido Código.

CAPÍTULO VI
DO CONDOMÍNIO DE LOTES

Art. 58. A Lei nº 10.406, de 10 de janeiro de 2002 (Código Civil), passa a vigorar acrescida da SEÇÃO IV no CAPÍTULO VII do Título III do Livro III da Parte Especial:

‣ Alterações já incorporadas no referido Código.

CAPÍTULO VII
DOS CONJUNTOS HABITACIONAIS

Art. 59. Serão regularizados como conjuntos habitacionais os núcleos urbanos informais que tenham sido constituídos para a alienação de unidades já edificadas pelo próprio empreendedor, público ou privado.

§ 1º Os conjuntos habitacionais podem ser constituídos de parcelamento do solo com unidades edificadas isoladas, parcelamento do solo com edificações em condomínio, condomínios horizontais ou verticais, ou ambas as modalidades de parcelamento e condomínio.

§ 2º As unidades resultantes da regularização de conjuntos habitacionais serão atribuídas aos ocupantes reconhecidos, salvo quando o ente público promotor do programa habitacional demonstrar que, durante o processo de regularização fundiária, há obrigações pendentes, caso em que as unidades imobiliárias regularizadas serão a ele atribuídas.

Art. 60. Para a aprovação e registro dos conjuntos habitacionais que compõem a Reurb ficam dispensadas a apresentação do habite-se e, no caso de Reurb-S, as respectivas certidões negativas de tributos e contribuições previdenciárias.

CAPÍTULO VIII
DO CONDOMÍNIO URBANO SIMPLES

Art. 61. Quando um mesmo imóvel contiver construções de casas ou cômodos, poderá ser instituído, inclusive para fins de Reurb, condomínio urbano simples, respeitados os parâmetros urbanísticos locais, e serão discriminadas, na matrícula, a parte do terreno ocupada pelas edificações, as partes de utilização exclusiva e as áreas que constituem passagem para as vias públicas ou para as unidades entre si.

Parágrafo único. O condomínio urbano simples será regido por esta Lei, aplicando-se, no que couber, o disposto na legislação civil, tal como os arts. 1.331 a 1.358 da Lei nº 10.406, de 10 de janeiro de 2002 (Código Civil).

Art. 62. A instituição do condomínio urbano simples será registrada na matrícula do respectivo imóvel, na qual deverão ser identificadas as partes comuns ao nível do solo, as partes comuns internas à edificação, se houver, e as respectivas unidades autônomas, dispensada a apresentação de convenção de condomínio.

§ 1º Após o registro da instituição do condomínio urbano simples, deverá ser aberta uma matrícula para cada unidade autônoma, à qual caberá, como parte inseparável, uma fração ideal do solo e das outras partes comuns, se houver, representada na forma de percentual.

§ 2º As unidades autônomas constituídas em matrícula própria poderão ser alienadas e gravadas livremente por seus titulares.

§ 3º Nenhuma unidade autônoma poderá ser privada de acesso ao logradouro público.

§ 4º A gestão das partes comuns será feita de comum acordo entre os condôminos, podendo ser formalizada por meio de instrumento particular.

Art. 63. No caso da Reurb-S, a averbação das edificações poderá ser efetivada a partir de mera notícia, a requerimento do interessado, da qual constem a área construída e o número da unidade imobiliária, dispensada a apresentação de habite-se e de certidões negativas de tributos e contribuições previdenciárias.

CAPÍTULO IX
DA ARRECADAÇÃO DE IMÓVEIS ABANDONADOS

Art. 64. Os imóveis urbanos privados abandonados cujos proprietários não possuam a intenção de conservá-los em seu patrimônio ficam sujeitos à arrecadação pelo Município ou pelo Distrito Federal na condição de bem vago.

§ 1º A intenção referida no *caput* deste artigo será presumida quando o proprietário, cessados os atos de posse sobre o imóvel, não adimplir os ônus fiscais instituídos sobre a propriedade predial e territorial urbana, por cinco anos.

§ 2º O procedimento de arrecadação de imóveis urbanos abandonados obedecerá ao disposto em ato do Poder Executivo municipal ou distrital e observará, no mínimo:

I – abertura de processo administrativo para tratar da arrecadação;

II – comprovação do tempo de abandono e de inadimplência fiscal;

III – notificação ao titular do domínio para, querendo, apresentar impugnação no prazo de trinta dias, contado da data de recebimento da notificação.

§ 3º A ausência de manifestação do titular do domínio será interpretada como concordância com a arrecadação.

§ 4º Respeitado o procedimento de arrecadação, o Município poderá realizar, diretamente ou por meio de terceiros, os investimentos necessários para que o imóvel urbano arrecadado atinja prontamente os objetivos sociais a que se destina.

§ 5º Na hipótese de o proprietário reivindicar a posse do imóvel declarado abandonado, no transcorrer do triênio a que alude o art. 1.276 da Lei nº 10.406, de 10 de janeiro de 2002 (Código Civil), fica assegurado ao Poder Executivo municipal ou distrital o direito ao ressarcimento prévio, e em valor atualizado, de todas as despesas em que eventualmente houver incorrido, inclusive tributárias, em razão do exercício da posse provisória.

Art. 65. Os imóveis arrecadados pelos Municípios ou pelo Distrito Federal poderão ser destinados aos programas habitacionais, à prestação de serviços públicos, ao fomento da Reurb-S ou serão objeto de concessão de direito real de uso a entidades civis que comprovadamente tenham fins filantrópicos, assistenciais, educativos, esportivos ou outros, no interesse do Município ou do Distrito Federal.

CAPÍTULO X
DA REGULARIZAÇÃO DA PROPRIEDADE FIDUCIÁRIA DO FUNDO DE ARRENDAMENTO RESIDENCIAL (FAR)

Art. 66. A Lei nº 11.977, de 7 de julho de 2009, passa a vigorar acrescida dos seguintes arts. 7º-A, 7º-B e 7º-C:

"Art. 7º-A. Os beneficiários de operações do PMCMV, com recursos advindos da integralização de cotas no FAR, obrigam-se a ocupar os imóveis adquiridos, em até trinta dias, a contar da assinatura do contrato de compra e venda com cláusula de alienação fiduciária em garantia, firmado com o FAR.

Parágrafo único. Descumprido o prazo de que trata o *caput* deste artigo, fica o FAR automaticamente autorizado a declarar o contrato resolvido e a alienar o imóvel a beneficiário diverso, a ser indicado conforme a Política Nacional de Habitação."

"Art. 7º-B. Acarretam o vencimento antecipado da dívida decorrente de contrato de compra e venda com cláusula de alienação fiduciária em garantia firmado, no âmbito do PMCMV, com o FAR:

I – a alienação ou cessão, por qualquer meio, dos imóveis objeto de operações realizadas com recursos advindos da integralização de cotas no FAR antes da quitação de que trata o inciso III do § 5º do art. 6º-A desta Lei;

II – a utilização dos imóveis objeto de operações realizadas com recursos advindos da integralização de cotas no FAR em finalidade diversa da moradia dos beneficiários da subvenção de que trata o inciso I do art. 2º desta Lei e das respectivas famílias; e

III – o atraso superior a noventa dias no pagamento das obrigações objeto de contrato firmado, no âmbito do PMCMV, com o FAR, incluindo os encargos contratuais e os encargos legais, inclusive os tributos e as contribuições condominiais que recaírem sobre o imóvel."

"Art. 7º-C. Vencida antecipadamente a dívida, o FAR, na condição de credor fiduciário, munido de certidão comprobatória de processo administrativo que ateste a ocorrência de uma das hipóteses previstas no art. 7º-B desta Lei, deverá requerer, ao oficial do registro de imóveis competente, que intime o beneficiário, ou seu representante legal ou procurador regularmente constituído, para satisfazer, no prazo previsto no § 1º do art. 26 da Lei nº 9.514, de 20 de novembro de 1997, a integralidade da dívida, compreendendo a devolução da subvenção devidamente corrigida nos termos do art. 7º desta Lei.

§ 1º Decorrido o prazo de que trata o *caput* deste artigo sem o pagamento da dívida antecipadamente vencida, o contrato será reputado automaticamente resolvido de pleno direito, e o oficial do registro de imóveis competente, certificando esse fato, promoverá a averbação, na matrícula do imóvel, da consolidação da propriedade fiduciária em nome do FAR, respeitada a Lei nº 9.514, de 20 de novembro de 1997.

§ 2º Uma vez consolidada a propriedade fiduciária em nome do FAR, proceder-se-á em conformidade com o disposto no § 9º do art. 6º-A desta Lei, e o imóvel deve ser-lhe imediatamente restituído, sob pena de esbulho possessório.

§ 3º O FAR, em regulamento próprio, disporá sobre o processo administrativo de que trata o *caput* deste artigo.

§ 4º A intimação de que trata o *caput* deste artigo poderá ser promovida, por solicitação do oficial do registro de imóveis, do oficial de registro de títulos e documentos da comarca da situação do imóvel ou do domicílio de quem deva recebê-la ou do serventuário por eles credenciado, ou pelo correio, com aviso de recebimento.

§ 5º Quando, por duas vezes, o oficial de registro de imóveis ou de registro de títulos e documentos ou o serventuário por eles credenciado houver procurado o intimando em seu domicílio ou residência sem o encontrar, deverá, havendo suspeita motivada de ocultação, intimar qualquer pessoa da família ou, em sua falta, qualquer vizinho de que, no dia útil imediato, retornará ao imóvel, a fim de efetuar a intimação, na hora que designar, aplicando-se subsidiariamente o disposto nos arts. 252, 253 e 254 da Lei nº 13.105, de 16 de março de 2015 (Código de Processo Civil).

§ 6º Nos condomínios edilícios ou outras espécies de conjuntos imobiliários com controle de acesso, a intimação de que trata este artigo poderá ser feita ao funcionário da portaria responsável pelo recebimento de correspondência.

§ 7º Caso não seja efetuada a intimação pessoal ou por hora certa, o oficial de registro de imóveis ou de registro de títulos e documentos ou o serventuário por eles credenciado promoverá a intimação do devedor fiduciante por edital, publicado por três dias, pelo menos, em um dos jornais de maior circulação ou em outro de comarca de fácil acesso, se no local não houver imprensa diária, contado o prazo para o pagamento antecipado da dívida da data da última publicação do edital."

Art. 67. A Lei nº 9.514, de 20 de novembro de 1997, passa a vigorar com as seguintes alterações:

▸ Alteração já incorporadas na referida lei.

CAPÍTULO XI
DISPOSIÇÕES FINAIS E TRANSITÓRIAS

Art. 68. Ao Distrito Federal são atribuídas as competências, os direitos e as responsabilidades reservadas aos Estados e aos Municípios, na forma desta Lei.

Art. 69. As glebas parceladas para fins urbanos anteriormente a 19 de dezembro de 1979, que não possuírem registro, poderão ter a sua situação jurídica regularizada mediante o registro do parcelamento, desde que esteja implantado e integrado à cidade, podendo, para tanto, utilizar-se dos instrumentos previstos nesta Lei.

§ 1º O interessado requererá ao oficial do cartório de registro de imóveis a efetivação do registro do parcelamento, munido dos seguintes documentos:

I – planta da área em regularização assinada pelo interessado responsável pela regularização e por profissional legalmente habilitado, acompanhada da Anotação de Responsabilidade Técnica (ART) no Conselho Regional de Engenharia e Agronomia (Crea) ou de Registro de Responsabilidade Técnica (RRT) no Conselho de Arquitetura e Urbanismo (CAU), contendo o perímetro da área a ser regularizada e as subdivisões das quadras, lotes e áreas públicas, com as dimensões e numeração dos lotes, logradouros, espaços livres e outras áreas com destinação específica, se for o caso, dispensada a ART ou o RRT quando o responsável técnico for servidor ou empregado público;

II – descrição técnica do perímetro da área a ser regularizada, dos lotes, das áreas públicas e de outras áreas com destinação específica, quando for o caso;

III – documento expedido pelo Município, atestando que o parcelamento foi implantado antes de 19 de dezembro de 1979 e que está integrado à cidade.

§ 2º A apresentação da documentação prevista no § 1º deste artigo dispensa a apresentação do projeto de regularização fundiária, de estudo técnico ambiental, de CRF ou de quaisquer outras manifestações, aprovações, licenças ou alvarás emitidos pelos órgãos públicos.

Art. 70. As disposições da Lei nº 6.766, de 19 de dezembro de 1979, não se aplicam à Reurb, exceto quanto ao disposto nos arts. 37, 38, 39, no *caput* e nos §§ 1º, 2º, 3º e 4º do art. 40 e nos arts. 41, 42, 44, 47, 48, 49, 50, 51 e 52 da referida Lei.

Art. 71. Para fins da Reurb, ficam dispensadas a desafetação e as exigências previstas no inciso I do *caput* do art. 17 da Lei nº 8.666, de 21 de junho de 1993.

▸ Lei 14.133/2021 (Nova Lei de Licitações)

Art. 72. O art. 11 da Lei nº 11.124, de 16 de junho de 2005, passa a vigorar acrescido do seguinte § 4º:

▸ Alterações já incorporadas ao texto da referida lei.

Art. 73. Devem os Estados criar e regulamentar fundos específicos destinados à compensação, total ou parcial, dos custos referentes aos atos registrais da Reurb-S previstos nesta Lei.

Parágrafo único. Para que os fundos estaduais acessem os recursos do Fundo Nacional de Habitação de Interesse Social (FNHIS), criado pela Lei nº 11.124, de 16 de junho de 2005, deverão firmar termo de adesão, na forma a ser regulamentada pelo Poder Executivo federal.

Art. 74. Serão regularizadas, na forma desta Lei, as ocupações que incidam sobre áreas objeto de demanda judicial que versem sobre direitos reais de garantia ou constrições judiciais, bloqueios e indisponibilidades, ressalvada a hipótese de decisão judicial específica que impeça a análise, aprovação e registro do projeto de regularização fundiária urbana.

Art. 75. As normas e os procedimentos estabelecidos nesta Lei poderão ser aplicados aos processos administrativos de regularização fundiária iniciados pelos entes públicos competentes até a data de publicação desta Lei, sendo regidos, a critério deles, pelos arts. 288-A a 288-G da Lei nº 6.015, de 31 de dezembro de 1973, e pelos arts. 46 a 71-A da Lei nº 11.977, de 7 de julho de 2009.

Art. 76. O Sistema de Registro Eletrônico de Imóveis (SREI) será implementado e operado, em âmbito nacional, pelo Operador Nacional do Sistema de Registro Eletrônico de Imóveis (ONR).

§ 1º O procedimento administrativo e os atos de registro decorrentes da Reurb serão feitos preferencialmente por meio eletrônico, na forma dos arts. 37 a 41 da Lei nº 11.977, de 7 de julho de 2009.

§ 2º O ONR será organizado como pessoa jurídica de direito privado, sem fins lucrativos.

§ 3º (VETADO).

§ 4º Caberá à Corregedoria Nacional de Justiça do Conselho Nacional de Justiça exercer a função de agente regulador do ONR e zelar pelo cumprimento de seu estatuto.

§ 5º As unidades do serviço de registro de imóveis dos Estados e do Distrito Federal integram o SREI e ficam vinculadas ao ONR.

§ 6º Os serviços eletrônicos serão disponibilizados, sem ônus, ao Poder Judiciário, ao Poder Executivo federal, ao Ministério Público, aos entes públicos previstos nos regimentos de custas e emolumentos dos Estados e do Distrito Federal, e aos órgãos encarregados de investigações criminais, fiscalização tributária e recuperação de ativos.

§ 7º A administração pública federal acessará as informações do SREI por meio do Sistema Nacional de Gestão de Informações Territoriais (Sinter), na forma de regulamento.

§ 8º (VETADO).

§ 9º Fica criado o fundo para a implementação e custeio do SREI, que será gerido pelo ONR e subvencionado pelas unidades do serviço de registro de imóveis dos Estados e do Distrito Federal referidas no § 5º deste artigo. *(Acrescido pela Lei 14.118/2021)*

§ 10. Caberá ao agente regulador do ONR disciplinar a instituição da receita do fundo para a implementação e o custeio do registro eletrônico de imóveis, estabelecer as cotas de participação das unidades de registro de imóveis do País, fiscalizar o recolhimento e supervisionar a aplicação dos recursos e as despesas do gestor, sem prejuízo da fiscalização ordinária e própria como for prevista nos estatutos. *(Acrescido pela Lei 14.118/2021)*

Art. 77. A Medida Provisória nº 2.220, de 4 de setembro de 2001, passa a vigorar com as seguintes alterações:

- Alterações já incorporadas ao texto da referida lei.

Art. 78. A Lei nº 6.766, de 19 de dezembro de 1979, passa a vigorar com as seguintes alterações:

- Alterações já incorporadas ao texto da referida lei.

Art. 79. A Lei nº 10.257, de 10 de julho de 2001, passa a vigorar com as seguintes alterações:

- Alterações já incorporadas ao texto da referida lei.

Art. 80. O art. 7º da Lei nº 11.977, de 7 de julho de 2009, passa a vigorar acrescido do seguinte parágrafo único:

- Alterações já incorporadas ao texto da referida lei.

Art. 81. A Lei nº 6.015, de 31 de dezembro de 1973, passa a vigorar com as seguintes alterações:

- Alterações já incorporadas ao texto da referida lei.

Art. 82. A Lei nº 12.651, de 25 de maio de 2012, passa a vigorar com as seguintes alterações:

- Alterações já incorporadas ao texto da referida lei.

TÍTULO III
DOS PROCEDIMENTOS DE AVALIAÇÃO E ALIENAÇÃO DE IMÓVEIS DA UNIÃO

Art. 83. Os procedimentos para a Reurb promovida em áreas de domínio da União serão regulamentados em ato específico da Secretaria do Patrimônio da União (SPU), sem prejuízo da eventual adoção de procedimentos e instrumentos previstos para a Reurb.

Art. 84. Os imóveis da União objeto da Reurb-E que forem objeto de processo de parcelamento reconhecido pela autoridade pública poderão ser, no todo ou em parte, vendidos diretamente aos seus ocupantes, dispensados os procedimentos exigidos pela Lei nº 8.666, de 21 de junho de 1993.

§ 1º A venda aplica-se unicamente aos imóveis ocupados até 22 de dezembro de 2016, exigindo-se que o usuário seja regularmente inscrito e esteja em dia com suas obrigações para com a Secretaria do Patrimônio da União (SPU).

§ 2º A venda direta de que trata este artigo somente poderá ser concedida para, no máximo, dois imóveis, um residencial e um não residencial, regularmente cadastrados em nome do beneficiário na Secretaria do Patrimônio da União (SPU).

§ 3º A venda direta de que trata este artigo deverá obedecer à Lei nº 9.514, de 20 de novembro de 1997, ficando a União com a propriedade fiduciária dos bens alienados até a quitação integral, na forma dos §§ 4º e 5º deste artigo.

§ 4º Para ocupantes com renda familiar situada entre cinco e dez salários mínimos, a aquisição poderá ser realizada à vista ou em até duzentas e quarenta parcelas mensais e consecutivas, mediante sinal de, no mínimo, 5% (cinco por cento) do valor da avaliação, e o valor da parcela mensal não poderá ser inferior ao valor equivalente ao devido pelo usuário a título de taxa de foro ou ocupação, quando requerido pelo interessado.

§ 5º Para ocupantes com renda familiar acima de dez salários mínimos, a aquisição poderá ser realizada à vista ou em até cento e vinte parcelas mensais e consecutivas, mediante um sinal de, no mínimo, 10% (dez por cento) do valor da avaliação, e o valor da parcela mensal não poderá ser inferior ao valor equivalente ao devido pelo usuário a título de taxa de foro ou ocupação, quando requerido pelo interessado.

§ 6º A regulamentação do disposto neste artigo será efetuada pela Secretaria do Patrimônio da União (SPU) no prazo de doze meses contado da data de publicação desta Lei.

Art. 85. O preço de venda será fixado com base no valor de mercado do imóvel, segundo os critérios de avaliação previstos no art. 11-C da Lei nº 9.636, de 15 de maio de 1998, excluídas as acessões e as benfeitorias realizadas pelo ocupante.

§ 1º O prazo de validade da avaliação a que se refere o *caput* deste artigo será de, no máximo, doze meses.

§ 2º Nos casos de condomínio edilício privado, as áreas comuns, excluídas suas benfeitorias, serão adicionadas na fração ideal da unidade privativa correspondente.

Art. 86. As pessoas físicas de baixa renda que, por qualquer título, utilizem regularmente imóvel da União, inclusive imóveis provenientes de entidades federais extintas, para fins de moradia até 22 de dezembro de 2016, e que sejam isentas do pagamento de qualquer valor pela utilização, na forma da legislação patrimonial e dos cadastros da Secretaria do Patrimônio da União (SPU), poderão requerer diretamente ao oficial de registro de imóveis, mediante apresentação da Certidão de Autorização de Transferência (CAT) expedida pela SPU, a transferência gratuita da propriedade do imóvel, desde que preencham os requisitos previstos no § 5º do art. 31 da Lei nº 9.636, de 15 de maio de 1998.

§ 1º A transferência gratuita de que trata este artigo somente poderá ser concedida uma vez por beneficiário.

§ 2º A avaliação prévia do imóvel e a prévia autorização legislativa específica não configuram condição para a transferência gratuita de que trata este artigo.

Art. 87. Para obter gratuitamente a concessão de direito real de uso ou o domínio pleno do imóvel, o interessado deverá requerer à Secretaria do Patrimônio da União (SPU) a Certidão de Autorização de Transferência para fins de Reurb-S (CAT-Reurb-S), a qual valerá como título hábil para a aquisição do direito mediante o registro no cartório de registro de imóveis competente.

Parágrafo único. Efetivado o registro da transferência da concessão de direito real de uso ou do domínio pleno do imóvel, o oficial do cartório de registro de imóveis, no prazo de trinta dias, notificará a Superintendência do Patrimônio da União no Estado ou no Distrito Federal, informando o número da matrícula do imóvel e o seu Registro Imobiliário Patrimonial (RIP), o qual deverá constar da CAT-Reurb-S.

Art. 88. Na hipótese de imóveis destinados à Reurb-S cuja propriedade da União ainda não se encontre regularizada no cartório de registro de imóveis competente, a abertura de matrícula poderá ser realizada por meio de requerimento da Secretaria do Patrimônio da União (SPU), dirigido ao oficial do referido cartório, acompanhado dos seguintes documentos:

I – planta e memorial descritivo do imóvel, assinados por profissional habilitado perante o Conselho Regional de Engenharia e Agronomia (Crea) ou o Conselho de Arquitetura e Urbanismo (CAU), condicionados à apresentação da Anotação de Responsabilidade Técnica (ART) ou do Registro de Responsabilidade Técnica (RRT), quando for o caso; e

II – ato de discriminação administrativa do imóvel da União para fins de Reurb-S, a ser expedido pela Secretaria do Patrimônio da União (SPU).

§ 1º O oficial do cartório de registro de imóveis deverá, no prazo de trinta dias, contado da data de protocolo do requerimento, fornecer à Superintendência do Patrimônio da União no Estado ou no Distrito Federal a certidão da matrícula aberta ou os motivos fundamentados para a negativa da abertura, hipótese para a qual deverá ser estabelecido prazo para que as pendências sejam supridas.

§ 2º O disposto no *caput* deste artigo não se aplica aos imóveis da União submetidos a procedimentos específicos de identificação e demarcação, os quais continuam submetidos às normas pertinentes.

Art. 89. Os procedimentos para a transferência gratuita do direito real de uso ou do domínio pleno de imóveis da União no âmbito da Reurb-S, inclusive aqueles relacionados à forma de comprovação dos requisitos pelos beneficiários, serão regulamentados em ato específico da Secretaria do Patrimônio da União (SPU).

Art. 90. Ficam a União, suas autarquias e fundações autorizadas a transferir aos Estados, aos Municípios e ao Distrito Federal as áreas públicas federais ocupadas por núcleos urbanos informais, para que promovam a Reurb nos termos desta Lei, observado o regulamento quando se tratar de imóveis de titularidade de fundos.

Art. 91. O Decreto-Lei nº 2.398, de 21 de dezembro de 1987, passa a vigorar com as seguintes alterações:

- Alterações já incorporadas ao texto da referida lei.

Art. 92. A Lei nº 13.240, de 30 de dezembro de 2015, passa a vigorar com as seguintes alterações:

› Alterações já incorporadas ao texto da referida lei.

Art. 93. A Lei nº 9.636, de 15 de maio de 1998, passa a vigorar com as seguintes alterações:

› Alterações já incorporadas ao texto da referida lei.

Art. 94. O *caput* do art. 20 da Lei nº 8.036, de 11 de maio de 1990, passa a vigorar acrescido do seguinte inciso XIX:

› Alterações já incorporadas ao texto da referida lei.

Art. 95. O Decreto-Lei nº 1.876, de 15 de julho de 1981, passa a vigorar com as seguintes alterações:

› Alterações já incorporadas ao texto da referida lei.

Art. 96. O Decreto-Lei nº 9.760, de 5 de setembro de 1946, passa a vigorar com as seguintes alterações:

› Alterações já incorporadas ao texto da referida lei.

TÍTULO IV
DISPOSIÇÕES FINAIS

Art. 98. Fica facultado aos Estados, aos Municípios e ao Distrito Federal utilizar a prerrogativa de venda direta aos ocupantes de suas áreas públicas objeto da Reurb-E, dispensados os procedimentos exigidos pela Lei nº 8.666, de 21 de junho de 1993, e desde que os imóveis se encontrem ocupados até 22 de dezembro de 2016, devendo regulamentar o processo em legislação própria nos moldes do disposto no art. 84 desta Lei.

Art. 99. O art. 28 da Lei nº 11.483, de 31 de maio de 2007, passa a vigorar com as seguintes alterações:

› Alterações já incorporadas ao texto da referida lei.

Art. 100. O art. 38 da Lei nº 12.712, de 30 de agosto de 2012, passa a vigorar com as seguintes alterações:

› Alterações já incorporadas ao texto da referida lei.

Art. 101. A Lei nº 6.015, de 31 de dezembro de 1973, passa a vigorar acrescida do seguinte art. 235-A:

› Alterações já incorporadas ao texto da referida lei.

Art. 102. Fica a União autorizada a doar ao Estado de Rondônia as glebas públicas arrecadadas e registradas em nome da União nele situadas.

§ 1º São excluídas da autorização de que trata o *caput* deste artigo:

I – as áreas relacionadas nos incisos II a XI do art. 20 da Constituição Federal;

II – as terras destinadas ou em processo de destinação pela União a projetos de assentamento;

III – as áreas de unidades de conservação já instituídas pela União e aquelas em processo de instituição, conforme regulamento;

IV – as áreas afetadas, de modo expresso ou tácito, a uso público, comum ou especial;

V – as áreas objeto de títulos expedidos pela União que não tenham sido extintos por descumprimento de cláusula resolutória;

VI – as áreas urbanas consolidadas, que serão objeto de doação diretamente da União ao Município, nos termos da Lei nº 11.952, de 25 de junho de 2009.

§ 2º As glebas objeto de doação ao Estado de Rondônia deverão ser preferencialmente utilizadas em atividades de conservação ambiental e desenvolvimento sustentável, de assentamento, de colonização e de regularização fundiária, podendo ser adotado o regime de concessão de uso previsto no Decreto-Lei nº 271, de 28 de fevereiro de 1967.

§ 3º As doações serão efetuadas de forma gradativa, à medida que reste comprovado que a gleba anteriormente transferida tenha sido destinada nos termos do § 2º deste artigo.

§ 4º A aquisição ou arrendamento de lotes por estrangeiros obedecerá aos limites, às condições e às restrições estabelecidos na legislação federal.

§ 5º A doação de glebas públicas federais aos Estados de Roraima e do Amapá será regida pela Lei nº 10.304, de 5 de novembro de 2001.

§ 6º O Poder Executivo da União editará ato para regulamentar este artigo, inclusive para fixar critérios de definição das glebas a serem alienadas.

Art. 103. Os interessados poderão, no prazo de cento e oitenta dias, requerer à Secretaria Especial de Agricultura Familiar e do Desenvolvimento Agrário, ao Incra e à Secretaria do Patrimônio da União (SPU) a revisão das decisões administrativas denegatórias, ainda que judicializadas, caso em que o pedido deverá ser objeto de análise final no prazo de um ano.

Parágrafo único. O disposto neste artigo não impede o interessado de pleitear direitos previstos nesta Lei, desde que preencha os pressupostos fáticos pertinentes.

Art. 104. O Decreto-Lei nº 3.365, de 21 de junho de 1941, passa a vigorar acrescido do seguinte art. 34-A:

"Art. 34-A. Se houver concordância, reduzida a termo, do expropriado, a decisão concessiva da imissão provisória na posse implicará a aquisição da propriedade pelo expropriante com o consequente registro da propriedade na matrícula do imóvel.

§ 1º A concordância escrita do expropriado não implica renúncia ao seu direito de questionar o preço ofertado em juízo.

§ 2º Na hipótese deste artigo, o expropriado poderá levantar 100% (cem por cento) do depósito de que trata o art. 33 deste Decreto-Lei.

§ 3º Do valor a ser levantado pelo expropriado devem ser deduzidos os valores dispostos nos §§ 1º e 2º do art. 32 deste Decreto-Lei, bem como, a critério do juiz, aqueles tidos como necessários para o custeio das despesas processuais."

Art. 105. Em caso de certificação de imóveis rurais em unidade de conservação situados em região de difícil acesso ou em que a implantação do marco físico implique supressão de cobertura vegetal, deverão ser utilizados vértices virtuais para fins de georreferenciamento.

Art. 106. O disposto nesta Lei aplica-se à ilha de Fernando de Noronha e às demais ilhas oceânicas e costeiras, em conformidade com a legislação patrimonial em vigor.

Art. 107. Decreto do Poder Executivo federal poderá regulamentar o disposto nesta Lei.

Art. 108. Esta Lei entra em vigor na data de sua publicação.

Art. 109. Ficam revogados:

I – os arts. 14 e 15 da Lei Complementar nº 76, de 6 de julho de 1993;

II – os arts. 27 e 28 da Lei nº 9.636, de 15 de maio de 1998;

III – os seguintes dispositivos da Lei nº 11.952, de 25 de junho de 2009:

a) o § 2º do art. 5º;

b) o parágrafo único do art. 18;

c) os incisos I, II, III e IV do *caput* e os §§ 1º e 2º, todos do art. 30; e

d) os §§ 4º e 5º do art. 15;

IV – o capítulo III da Lei no 11.977, de 7 de julho de 2009;

V – (VETADO);

VI – os arts. 288-B a 288-G da Lei nº 6.015, de 31 de dezembro de 1973;

VII – os arts. 2º, 3º, 7º e 13 da Lei nº 13.240, de 30 de dezembro de 2015;

VIII – o parágrafo único do art. 14, o § 5º do art. 24, o § 3º do art. 26 e os arts. 29, 34, 35 e 45 da Lei nº 9.636, de 15 de maio de 1998;

IX – o § 1º do art. 1º da Lei nº 13.347, de 10 de outubro de 2016.

Brasília, 11 de julho de 2017; 196º da Independência e 129º da República.

MICHEL TEMER

DOU de 12.7.2017, e retificado em 6.9.2017 e publicado texto consolidado no DOU de 8.9.2017

RESOLUÇÃO DO CJF Nº 458, DE 4 DE OUTUBRO DE 2017

Dispõe sobre a regulamentação, no âmbito da Justiça Federal de primeiro e segundo graus, dos procedimentos relativos à expedição de ofícios requisitórios, ao cumprimento da ordem cronológica dos pagamentos, às compensações, ao saque e ao levantamento dos depósitos.

› *Regularização fundiária, rural e urbana*

A PRESIDENTE DO CONSELHO DA JUSTIÇA FEDERAL, no uso das atribuições legais, e CONSIDERANDO a expressa determinação na decisão liminar proferida na Ação Cautelar STF n. 3.764/DF, em 24 de março de 2015, nos autos da ADI n. 4.357/DF, quanto aos efeitos da medida liminar deferida nas ADIs n. 2.356/DF e n. 2.362/DF, relativas à eficácia da Emenda Constitucional n. 30, de 13 de setembro de 2000, que inseriu o art. 78 no Ato das Disposições Constitucionais Transitórias.

CONSIDERANDO a decisão do Supremo Tribunal Federal, em 25 de março de 2015, relativa à Questão de Ordem na ADI n. 4.357/DF, com vistas à modulação temporal dos efeitos da decisão declaratória de inconstitucionalidade da Emenda Constitucional n. 62, de 9 de dezembro de 2009, especialmente o item 2 do correspondente acórdão, conferindo eficácia prospectiva à declaração de inconstitucionalidade, fixando como marco inicial a data de conclusão desse julgamento.

CONSIDERANDO a redação dada ao § 2º do art. 100 da Constituição Federal pelo art. 1º da Emenda Constitucional n. 94, de 15 de dezembro de 2016.

CONSIDERANDO a decisão do Supremo Tribunal Federal, em sede de repercussão geral, exarada no Recurso Extraordinário n. 579.431/RS, em 19 de abril de 2017, resultando na aprovação do Enunciado n. 96.

CONSIDERANDO a sistemática prevista na Lei n. 13.463, de 6 de julho de 2017, para recolhimento, ao Tesouro Nacional, dos saldos das contas de precatórios e requisições de pequeno valor sem movimentação há mais de dois anos.

CONSIDERANDO o decidido nos Processos n. CJF-PPN2017/00017 e CJF-PPN-2015/00043, na sessão realizada em 18 de setembro de 2017, resolve:

TÍTULO I
DAS DISPOSIÇÕES GERAIS

Art. 1º O pagamento de quantia certa decorrente de condenação da Fazenda Pública, nos processos judiciais de competência da Justiça Federal e no exercício da competência federal delegada, será feito nos termos da lei, da normatização da matéria pelo Conselho Nacional de Justiça (CNJ) e desta resolução.(Alterado pela Res. n. 670/2020).

Art. 2º Compete ao presidente do respectivo tribunal: (Alterado pela Res. n. 670/2020

I – receber e aferir a regularidade formal dos ofícios requisitórios apresentados pelos juízos vinculados à sua jurisdição; (Incluído pela Res. n. 670/2020)

II – assegurar a obediência à ordem cronológica e de preferência e autorizar o pagamento dos créditos, nos termos preconizados na Constituição Federal, na normatização da matéria pelo Conselho Nacional de Justiça (CNJ) e nesta resolução; (Incluído pela Res. n. 670/2020)

III – decidir sobre o pedido de sequestro. (Incluído pela Res. n. 670/2020)

Art. 3º Para os fins dos §§ 2º e 3º do art. 100 da Constituição Federal, considera-se Requisição de Pequeno Valor - RPV aquela relativa a crédito cujo valor atualizado, por beneficiário, seja igual ou inferior a: (Alterado pela Res. n. 670/2020)

I - sessenta salários mínimos, se a devedora for a Fazenda federal (art. 17, § 1º, da Lei n. 10.259, de 12 de julho de 2001);

II – quarenta salários mínimos ou o valor definido em lei, se a devedora for a Fazenda estadual ou a Fazenda distrital, não podendo ser inferior ao do maior benefício pago pela Previdência Social. (Alterado pela Res. n. 670/2020)

III – trinta salários mínimos ou o valor definido em lei, se a devedora for a Fazenda municipal, não podendo ser inferior ao do maior benefício pago pela Previdência Social. (Alterado pela Res. n. 670/2020)

§ 1º Tratando-se de obrigação de pagar quantia certa de pequeno valor após o trânsito em julgado da sentença ou do acórdão, quando a devedora for a União e suas autarquias e fundações, o juiz expedirá ofício requisitório ao presidente do tribunal correspondente, que tomará as providências estabelecidas no art. 6º desta resolução e, no que couber, na lei que disciplina a matéria.

§ 2º No caso de créditos de pequeno valor, cujo devedor não seja a União, suas autarquias, fundações federais e empresas estatais dependentes, as RPVs serão encaminhadas pelo juízo da execução ao próprio devedor, fixando-se o prazo de 60 (sessenta) dias para o respectivo depósito diretamente na vara de origem, respeitados os limites previstos nos incisos I, II e III deste artigo. (Alterado pela Res. n. 670/2020)

§ 3º Desatendido o prazo fixado no parágrafo anterior, o juiz da execução determinará de ofício o sequestro do numerário suficiente ao cumprimento da decisão, dispensada a audiência da entidade devedora. (Alterado pela Res. n. 670/2020)

§ 4º Os valores definidos nos termos dos incisos I, II e II deste artigo serão observados no momento da expedição da requisição judicial. (Incluído pela Res. n. 670/2020)

Art. 4º O pagamento de valores superiores aos limites previstos no artigo anterior será requisitado mediante precatório, exceto em caso de expressa renúncia ao valor excedente daqueles limites no juízo da execução.

Parágrafo único. (Revogado pela Res. n. 670/2020)

§ 1º Serão também requisitados por meio de precatório os pagamentos parciais, complementares ou suplementares de qualquer valor, quando a importância total do crédito executado, por beneficiário, for superior aos limites estabelecidos no artigo anterior. (Incluído pela Res. n. 670/2020)

§ 2º O pedido de renúncia será encaminhado ao juízo da execução, mesmo que expedido o ofício precatório. (Incluído pela Res. n. 670/2020)

§ 3º No caso de precatório expedido, deverá o juízo da execução solicitar o seu cancelamento para posterior emissão da RPV, vedada sua conversão no âmbito do Tribunal. (Incluído pela Res. n. 670/2020)

Art. 5º Em caso de litisconsórcio, para a definição da modalidade do requisitório, será considerado o valor devido a cada litisconsorte, expedindo-se, individualmente, conforme o caso, RPVs e requisições mediante precatório, excetuando-se a cessão parcial de créditos, que deverá ser somada ao valor devido ao beneficiário original.

Parágrafo único. Quando o beneficiário for titular de créditos de naturezas distintas comum e alimentar, mas originários de um só processo judicial, deverão ser emitidas duas requisições de pagamento, uma para o crédito comum e outra para o crédito de natureza alimentar.

Art. 6º Em se tratando de crédito de pequeno valor de responsabilidade da União e de suas autarquias ou fundações de direito público, o tribunal organizará mensalmente a relação das requisições em ordem cronológica, com os valores por beneficiário, encaminhando-a à Secretaria de Planejamento, Orçamento e Finanças do Conselho da Justiça Federal e ao representante legal da entidade devedora.

Art. 7º Para a atualização monetária dos precatórios e RPVs tributários e não tributários, serão utilizados, da data-base informada pelo juízo da execução até o efetivo depósito, os índices estabelecidos na lei de diretrizes orçamentárias, ressalvado o disposto nos arts. 50 e 55 desta resolução.

§ 1º Incidem os juros da mora nos precatórios e RPVs não tributários no período compreendido entre a data-base informada pelo juízo da execução e a da requisição ou do precatório, assim entendido o mês de autuação no tribunal para RPVs e 1º de julho para precatórios, excetuadas as reinclusões previstas no art. 3º da Lei nº 13.463, de 6 de julho de 2017. (Alterado pela Res. n. 670/2020)

§ 2º Não haverá incidência de juros de mora na forma prevista pelo § 12 do art. 100 da Constituição Federal quando o pagamento das requisições (precatórios) ocorrer até o final do exercício seguinte à expedição pelo tribunal em 1º de julho.

§ 3º Haverá incidência de juros de mora quando o pagamento ocorrer após o final do exercício seguinte à expedição no que se refere a precatórios e após o prazo previsto na Lei n. 10.259/2001 para RPVs.

§ 4º Será efetuada a atualização monetária, nos termos da Lei de Diretrizes Orçamentárias, ainda que o índice apurado no período seja negativo. (Incluído pela Res. n. 670/2020)

CAPÍTULO I
DO OFÍCIO REQUISITÓRIO

Art. 8º O juiz da execução informará, no ofício requisitório, os seguintes dados constantes do processo:

I - número do processo de execução e data do ajuizamento do processo de conhecimento;

II - natureza da obrigação (assunto) a que se refere o pagamento e, caso seja relativo à indenização por desapropriação de imóvel residencial, indicação de se tratar de imóvel único na época da imissão na posse;

III - nome das partes e do procurador da parte autora, bem como o respectivo número de inscrição no CPF ou no CNPJ;

IV - nome dos beneficiários e respectivos números de inscrição no CPF ou no CNPJ, inclusive quando forem advogados, peritos, incapazes, espólios, massas falidas, menores e outros;

V - natureza do crédito (comum ou alimentar) e espécie da requisição (RPV ou precatório);

VI - nas requisições não tributárias, valor do principal corrigido e dos juros, individualizado por beneficiário, valor total da requisição, bem como o percentual dos juros de mora estabelecido no título executivo;

VII - nas requisições tributárias, valor do principal, juntamente com as demais verbas tributárias, valor SELIC, individualizado por beneficiário, e valor total da requisição;

VIII - órgão a que estiver vinculado o servidor público civil ou militar da administração direta, quando se tratar de ação de natureza salarial, com a indicação da condição de ativo, inativo ou pensionista;

IX - valor da contribuição do Plano de Seguridade Social do Servidor Público Civil - PSS, quando couber;

X - data-base considerada para a atualização monetária dos valores;

XI - data do trânsito em julgado da sentença ou do acórdão no processo de conhecimento;

XII - data do trânsito em julgado dos embargos à execução ou da impugnação, se houver, ou data do decurso de prazo para sua oposição;

XIII - em se tratando de requisição de pagamento parcial, complementar, suplementar ou correspondente à cessão parcial de crédito, o valor total, por beneficiário, do crédito executado;

XIV - nas requisições destinadas ao pagamento de honorários contratuais, deverão ser informados o nome e o CPF ou o CNPJ do beneficiário principal e, na requisição do beneficiário principal, deverá constar a referência aos honorários contratuais;

XV - caso seja precatório de natureza alimentícia, a data de nascimento do beneficiário e a informação sobre eventual doença grave, bem assim a indicação de pessoa com deficiência, na forma da lei;

XVI - caso seja precatório cujos valores estejam submetidos à tributação na forma de rendimentos recebidos acumuladamente (RRA), prevista no art. 12-A da Lei n. 7.713, de 22 de dezembro de 1988:

a) número de meses (NM);

b) valor das deduções da base de cálculo (art. 27, § 3º, desta resolução).

XVII - em se tratando de requisição de pequeno valor (RPV) cujos valores estejam submetidos à tributação na forma de rendimentos recebidos acumuladamente (RRA), prevista no art. 12-A da Lei n. 7.713/1988:

a) número de meses (NM) do exercício corrente;

b) número de meses (NM) de exercícios anteriores;

c) valor das deduções da base de cálculo (art. 27, § 3º, desta resolução);

d) valor do exercício corrente;

e) valor de exercícios anteriores.

Parágrafo único. No caso de requisição reincluída, nos termos do art. 46, deverá também informar o número da requisição cancelada (precatório ou RPV).

Art. 9º Tratando-se de requisição de pagamento de juizado especial federal, o juiz, após o trânsito em julgado da sentença, expedirá o ofício requisitório, que indicará os seguintes dados:

I - número do processo e data do ajuizamento da ação;

II - natureza da obrigação (assunto) a que se refere o pagamento;

III - nome das partes e do procurador da parte autora, bem como números de inscrição no CPF ou no CNPJ;

IV - nome dos beneficiários e respectivos números de inscrição no CPF ou no CNPJ, inclusive quando forem advogados, peritos, incapazes, espólios, massas falidas, menores e outros;

V - natureza do crédito (comum ou alimentar) e espécie da requisição (RPV ou precatório);

VI - nas requisições não tributárias, valor do principal corrigido e dos juros, individualizado por beneficiário, e valor total da requisição, bem como o percentual dos juros de mora estabelecido no título executivo;

VII - nas requisições tributárias, valor do principal, juntamente com as demais verbas tributárias, valor SELIC, individualizado por beneficiário, e valor total da requisição;

VIII - órgão a que estiver vinculado o servidor público civil ou militar da administração direta, quando se tratar de ação de natureza salarial, com a indicação da condição de ativo, inativo ou pensionista;

IX - valor da contribuição do Plano de Seguridade Social do Servidor Público Civil - PSS, quando couber;

X - data-base considerada para efeito de atualização monetária dos valores;

XI - data do trânsito em julgado da sentença ou acórdão;

XII - caso seja precatório de natureza alimentícia, indicação da data de nascimento do beneficiário e informação sobre eventual doença grave, bem assim a indicação de pessoa com deficiência, na forma da lei;

XIII - em se tratando de requisição de pagamento parcial, complementar, suplementar ou correspondente a cessão parcial de crédito, o valor total, por beneficiário, do crédito executado;

XIV - nas requisições destinadas ao pagamento de honorários contratuais, deverão ser informados o nome e o CPF ou o CNPJ do beneficiário principal e na requisição do beneficiário principal deverá constar a referência aos honorários contratuais.

XV - caso seja precatório cujos valores estejam submetidos à tributação na forma de rendimentos recebidos acumuladamente (RRA), prevista no art. 12-A da Lei n. 7.713/1988:

a) número de meses (NM);

b) valor das deduções da base de cálculo (art. 27, § 3º, desta resolução).

XVI - caso seja requisição de pequeno valor (RPV) cujos valores estejam submetidos à tributação na forma de rendimentos recebidos acumuladamente (RRA), prevista no art. 12-A da Lei n. 7.713, de 22 de dezembro de 1988:

a) número de meses (NM) do exercício corrente;

b) número de meses (NM) de exercícios anteriores;

c) valor das deduções da base de cálculo (art. 27, § 3º, desta resolução);

d) valor do exercício corrente;

e) valor de exercícios anteriores.

Parágrafo único. No caso de requisição reincluída, nos termos do art. 46, deverá também informar o número da requisição cancelada (precatório ou RPV).

Art. 9º-A Fica dispensado o envio de peças, física ou digitalmente, para a formalização das requisições de pagamento. (Incluído pela Res. n. 670/2020)

Art. 10. Havendo, no cálculo judicial, verba tributária e não tributária, o juízo deverá expedir requisições de pagamento distintas, que serão somadas para definição da modalidade do requisitório (precatório ou RPV).

Art. 11. Tratando-se de precatórios ou RPVs, o juiz da execução, antes do encaminhamento ao tribunal, intimará as partes para manifestação acerca do inteiro teor do ofício requisitório.

Art. 12. Ausentes quaisquer dos dados especificados, o ofício requisitório não será considerado para efeito algum, cabendo ao tribunal restituí-lo à origem.

CAPÍTULO II
DAS PREFERÊNCIAS NO PAGAMENTO E DA PARCELA SUPERPREFERENCIAL

‣ (Alterado pela Res. n. 670/2020)

Art. 13. Os débitos de natureza alimentícia serão pagos com preferência sobre os demais, respeitando-se a prioridade devida aos portadores de doença grave, em seguida, às pessoas com deficiência e, posteriormente aos idosos com 60 anos completos na data do pagamento.

Parágrafo único. São considerados débitos de natureza alimentícia aqueles decorrentes de salários, vencimentos, proventos, pensões e suas complementações, benefícios previdenciários e indenizações por morte ou por invalidez fundadas em responsabilidade civil, em virtude de sentença judicial transitada em julgado.

Art. 14. Os créditos superpreferenciais, assim compreendidos os de natureza alimentícia cujos titulares, originários ou por sucessão hereditária, sejam idosos, portadores de doença grave ou pessoas com deficiência, assim definidos na forma da lei, serão pagos com preferência sobre todos os demais, até a monta equivalente ao triplo fixado em lei como obrigação de pequeno valor, que no caso da Fazenda Pública Federal importa em 180 (cento e oitenta) salários mínimos, admitido o fracionamento do valor da execução para essa finalidade. (Alterado pela Res. n. 670/2020)

‣ Suspensa a eficácia pela Res. n. 691/2021

§ 1º A solicitação será apresentada ao juízo da execução devidamente instruída com a prova da idade, da moléstia grave ou da deficiência do beneficiário. (Incluído pela Res. n. 670/2020)

§ 2º Sobre o pleito será ouvida a parte requerida ou executada, no prazo de 5 (cinco) dias. (Incluído pela Res. n. 670/2020)

§ 3º Deferido o pedido, o juízo da execução expedirá a Requisição de Pagamento Superpreferencial Orçamentária, assim entendida aquela em que o devedor é a União Federal, suas autarquias, fundações e estatais dependentes, no ofício requisitório, da espécie precatório, informando, em campo próprio, que há parcela superpreferencial deferida, para encaminhamento ao tribunal. (Incluído pela Res. n. 670/2020)

I – no momento da transmissão do ofício requisitório ao tribunal, o valor do crédito será atualizado e serão incluídos juros de mora, se for o caso. (Incluído pela Res. n. 670/2020)

II – verificado, após atualização e cômputo de juros, que o valor do crédito devido é inferior ao limite fixado no *caput*, a requisição será integralmente autuada como Requisição de Pagamento Superpreferencial. (Incluído pela Res. n. 670/2020)

III – caso o valor do crédito seja superior a este limite, a requisição será autuada em dois processos distintos no tribunal, uma Requisição de Pagamento Superpreferencial, limitada ao máximo fixado no *caput*, e um precatório alimentar, que conterá o valor restante, a ser pago na ordem cronológica de sua apresentação no regime de precatórios. (Incluído pela Res. n. 670/2020)

§ 4º A Requisição de Pagamento Superpreferencial será paga no prazo máximo de 60 (sessenta) dias, conforme disposto no art. 17 da Lei n. 10.259, de 12 de julho de 2011, no art. 13, inciso I, da Lei n. 12.153, de 22 de dezembro de 2009 e no art. 535, § 3º, inciso II, do Código de Processo Civil. (Incluído pela Res. n. 670/2020)

§ 5º É defeso novo pagamento da parcela superpreferencial, ainda que por fundamento diverso, mesmo que surgido posteriormente. (Incluído pela Res. n. 670/2020)

§ 6º Adquirindo o credor a condição de beneficiário superpreferencial depois de expedido o ofício requisitório, ou no caso de expedição sem o prévio deferimento na origem, o benefício da superpreferência será requerido ao juízo da execução, que observará o disposto nesta Seção, expedirá novo ofício requisitório contendo a parcela superpreferencial e, após, solicitará ao presidente do tribunal a retificação do valor do precatório anteriormente expedido, antes do seu depósito. (Incluído pela Res. n. 670/2020)

§ 7º Para retificar o precatório, o Tribunal atualizará o seu valor até a data de expedição da Requisição de Pagamento Superpreferencial e diminuirá o valor da superpreferência, atribuindo ao precatório um novo valor e uma nova data base. (Incluído pela Res. n. 670/2020)

§ 8º Em se tratando de Requisição de Pagamento Superpreferencial Extraorçamentária, assim entendida aquela cujo devedor não é a União Federal suas autarquias, fundações e estatais dependentes, o ofício requisitório deverá ser remetido diretamente pelo juízo da execução ao devedor para pagamento diretamente na instituição bancária informada pelo juízo no prazo de 60 (sessenta) dias. Se houver saldo a pagar além do limite do triplo fixado em lei como obrigação de pequeno valor para o ente específico, deverá ser expedido precatório extraorçamentário, contendo o valor excedente, ao tribunal respectivo. (Incluído pela Res. n. 670/2020)

Art. 15. Desatendida a requisição judicial de que trata este Capítulo, o juiz determinará de ofício o sequestro do numerário suficiente ao cumprimento da decisão, dispensada a audiência da entidade devedora. (Alterado pela Res. n. 670/2020)

Parágrafo único. Os demais sucessores terão direito à preferência quando, pessoalmente, preencherem os requisitos para sua obtenção, na forma prevista no art. 100, § 2º, da Constituição Federal.

Art. 16. Para os fins do disposto neste Capítulo, considera-se: (Alterado pela Res. n. 670/2020)

I – idoso, o exequente ou beneficiário que conte com sessenta anos de idade ou mais, antes ou após a expedição do ofício precatório requisitório; (Incluído pela Res. n. 670/2020)

II – portador de doença grave, o beneficiário acometido de moléstia indicada no inciso XIV do art. 6º da Lei n. 7.713, de 22 de dezembro de 1988, com a redação dada pela Lei n. 11.052, de 29 de dezembro de 2004, ou portador de doença considerada grave a partir de conclusão da medicina especializada, mesmo que a doença tenha sido contraída após o início do processo; e (Incluído pela Res. n. 670/2020)

III – pessoa com deficiência, o beneficiário assim definido pela Lei n. 13.146, de 6 de julho de 2015. (Incluído pela Res. n. 670/2020)

Art. 17. (Revogado pela Res. n. 670/2020)

CAPÍTULO III
DOS HONORÁRIOS ADVOCATÍCIOS

Art. 18. Ao advogado será atribuída a qualidade de beneficiário quando se tratar de honorários sucumbenciais e de honorários contratuais. (Alterado pela Res. n. 670/2020)

Parágrafo único. (Revogado pela Res. n. 670/2020)

§ 1º Os honorários sucumbenciais não devem ser considerados como parcela integrante do valor devido a cada credor para fins de classificação do requisitório como de pequeno valor, sendo expedida requisição própria. (Incluído pela Res. n. 670/2020)

§ 2º Os honorários contratuais devem ser considerados como parcela integrante do valor devido a cada credor para fins de classificação da espécie da requisição (precatório ou requisição de pequeno valor). (Incluído pela Res. n. 670/2020)

§ 3º Em se tratando de RPV em que houve renúncia, o valor devido ao beneficiário somado aos honorários contratuais não pode ultrapassar o valor máximo estipulado para tal espécie de requisição. (Incluído pela Res. n. 670/2020)

§ 4º Tratando-se de ação coletiva, os honorários de sucumbência serão considerados globalmente para efeito de definição da modalidade de requisição. (Incluído pela Res. n. 670/2020)

Art. 18-A. Caso o advogado pretenda destacar do montante da condenação o que lhe couber por força de honorários contratuais, na forma disciplinada pelo art. 22, § 4º, da Lei n. 8.906, de 4 de julho de 1994, deverá juntar aos autos o respectivo contrato, antes da elaboração da requisição de pagamento. (Incluído pela Res. n. 670/2020)

Art. 18-B. Havendo destaque de honorários contratuais, os valores do credor originário e do advogado deverão ser solicitados na mesma requisição, em campo próprio, ou por outro meio que permita a vinculação. (Incluído pela Res. n. 670/2020)

Art. 18-C. Os valores devidos pelo exequente a título de honorários sucumbenciais ao advogado público, a que alude o § 19 do art. 85 do Código de Processo Civil, serão destacados de seu crédito, desde que autorizados, na requisição de pagamento, em campo que permita a correta identificação da cessão de crédito. (Incluído pela Res. n. 670/2020)

CAPÍTULO IV
DA CESSÃO DE CRÉDITOS

Art. 19. O credor poderá ceder a terceiros, total ou parcialmente, seus créditos em requisições de pagamento, independentemente da concordância do devedor, não se aplicando ao cessionário o disposto nos §§ 2º e 3º do art. 100 da Constituição Federal.

§ 1º Caberá exclusivamente ao juízo da execução o processamento e a análise do pedido de registro de cessão de créditos nas requisições de pagamento. (Alterado pela Res. n. 670/2020)

§ 2º Deferida pelo juízo a cessão de crédito este cientificará a entidade devedora. (Alterado pela Res. n. 670/2020)

Art. 19-A. A cessão de créditos em requisição de pagamento somente alcança o valor disponível, entendido este como o valor líquido após incidência de contribuição para o PSS, penhora, destaque de honorários contratuais, destaque da parcela superpreferencial já paga, compensação deferida até 25 de março de 2015 ou cessão anterior, se houver. (Incluído pela Res. n. 670/2020)

§ 1º No caso de cessão total do valor líquido, o valor do PSS deverá ser requisitado em favor do beneficiário original. (Incluído pela Res. n. 670/2020)

§ 2º Havendo cessão do crédito superpreferencial, já requerido e não pago, esta deverá ser cancelada, expedindo-se precatório suplementar. (Incluído pela Res. n. 670/2020)

‣ Suspensa a eficácia pela Res. n.691/2021

Art. 20. Havendo cessão de crédito, a mudança de beneficiário na requisição somente ocorrerá se o cessionário juntar aos autos da execução o respectivo contrato antes da elaboração do requisitório pelo juízo da execução.

§ 1º Havendo cessão total ou parcial de crédito após a apresentação do ofício requisitório, o juiz da execução comunicará imediatamente o fato ao Tribunal para que, quando do depósito, coloque os valores integralmente requisitados à sua disposição, com o objetivo de liberar o crédito cedido diretamente ao cessionário mediante alvará ou meio equivalente. (Incluído pela Res. n. 670/2020)

§ 2º No caso de a cessão ser deferida pelo juízo após o Tribunal já haver depositado o valor da requisição, ou iniciado os procedimentos de depósito, conforme o regulamento de cada Tribunal, a comunicação de bloqueio deverá ser dirigida pelo juízo diretamente ao banco depositário. (Incluído pela Res. n. 670/2020)

Art. 21. (Revogado pela Res. n. 670/2020)

Art. 22. A cessão de crédito não altera a natureza do precatório de comum para alimentar ou de alimentar para comum nem altera a modalidade da requisição de precatório para requisição de pequeno valor. (Alterado pela Res. n. 670/2020)

Art. 23. Os valores do cedente e do cessionário, em caso de cessão parcial, deverão ser solicitados no mesmo ofício requisitório, em campo próprio ou por outro meio que permita a vinculação.

Art. 24. Quando se tratar de precatório com contribuição para o PSS, a cessão de crédito será sempre parcial e se limitará ao valor líquido da requisição, considerado como tal o valor bruto dela, descontada a contribuição para o PSS.

CAPÍTULO V
DO IMPOSTO DE RENDA

Art. 25. O imposto de renda incidente sobre os valores de requisição de pagamento devidos aos beneficiários será retido na fonte pela instituição financeira responsável pelo pagamento, por ocasião do saque efetuado pelo beneficiário, nos termos da lei.

Parágrafo único. No caso da cessão de crédito, a retenção na fonte do imposto de renda ocorrerá em nome do cessionário.

Art. 26. Observado o enquadramento das requisições nas situações previstas nos artigos seguintes, a retenção do imposto de renda de que trata o art. 27 da Lei n. 10.833, de 29 de dezembro de 2003, será efetuada à alíquota de 3% sobre o montante pago, sem nenhuma dedução, no momento do pagamento do requisitório ao beneficiário ou a seu representante legal.

§ 1º A retenção do imposto fica dispensada quando o beneficiário declarar, à instituição financeira responsável pelo pagamento, que os rendimentos recebidos são isentos ou não tributáveis, ou que, em se tratando de pessoa jurídica, está inscrito no RegimeEspecial Unificado de Arrecadação de Tributos e Contribuições devidos pelas Microempresas e Empresas de Pequeno Porte – Simples Nacional.

§ 2º O imposto retido na fonte de acordo com o *caput* será:

I - considerado antecipação do imposto apurado na declaração de ajuste anual das pessoas físicas; ou

II - deduzido do apurado no encerramento do período de apuração ou na data da extinção, no caso de beneficiário pessoa jurídica.

Art. 27. A retenção do imposto de renda sobre os rendimentos recebidos acumuladamente (RRA) relativos aos anos-calendário anteriores ao do momento do saque, de que trata o art. 12-A da Lei n. 7.713/1988, será efetuada quando do pagamento do requisitório ao beneficiário ou a seu representante legal.

§ 1º São considerados rendimentos recebidos acumuladamente (RRA) aqueles decorrentes de precatórios e RPVs referentes:

I - à aposentadoria, à pensão, à transferência para reserva remunerada ou à reforma pagos pela previdência social da União, dos estados, do Distrito Federal e dos municípios;

II - aos rendimentos do trabalho.

§ 2º Para a apuração do valor devido do imposto de renda sobre RRA, deverá ser utilizada, pela instituição financeira responsável pelo pagamento do requisitório, a tabela progressiva instituída pela Receita Federal do Brasil, resultante da multiplicação de seus valores pelo número correspondente à quantidade de meses (NM) a que se referem os respectivos rendimentos.

§ 3º Poderão ser excluídas da base de cálculo do imposto devido as despesas relativas ao montante dos rendimentos tributáveis, com ação judicial necessária ao seu recebimento, inclusive de advogados, se tiverem sido pagas pelo contribuinte, sem indenização, informadas no campo das deduções de RRA, bem como as importâncias pagas em dinheiro, comprovadamente, a título de pensão alimentícia decorrente das normas do Direito de Família, quando em cumprimento de decisão judicial, de acordo homologado judicialmente ou de separação ou divórcio consensual realizado por escritura pública.

§ 4º Será deduzida da base de cálculo do imposto devido, pela instituição financeira, a contribuição para a Previdência Social da União, informada pelo juízo em campo próprio (PSS), bem como as contribuições para a previdência social dos estados, do Distrito Federal e dos municípios.

§ 5º A retenção do imposto fica dispensada quando o beneficiário declarar, à instituição financeira responsável pelo pagamento, que os rendimentos recebidos são isentos ou não tributáveis.

Art. 28. Tratando-se de requisição de pequeno valor (RPV) relativa aos RRA, deverão ser adotados os seguintes procedimentos:

I - sobre os valores referentes ao ano-calendário da própria requisição, a retenção do imposto de renda deverá ser feita à alíquota de 3% (art. 27 da Lei n. 10.833/2003);

II - sobre os valores relativos aos anos-calendário anteriores ao da requisição, a retenção do imposto de renda deverá ser feita pela tabela progressiva da Receita Federal (art. 12-A da Lei n. 7.713/1988).

Parágrafo único. Sendo o saque efetuado posteriormente ao ano de competência da expedição da requisição, a apuração do imposto de renda pela instituição financeira responsável pelo pagamento deverá ser feita pela tabela progressiva da Receita Federal (art. 12-A da Lei n. 7.713/1988), somando-se os números de meses e valores das hipóteses dos incisos I e II.

Art. 29. As requisições expedidas em favor do advogado para pagamento dos honorários sucumbenciais e os destaques de honorários contratuais, bem como as cessões de crédito, estarão sujeitas à incidência do imposto de renda nos termos previstos na Lei n. 10.833/2003, ainda que o valor principal seja classificado como RRA.

CAPÍTULO VI
DA CONTRIBUIÇÃO DO PLANO DE SEGURIDADE SOCIAL DO SERVIDOR PÚBLICO CIVIL - CPSS

Art. 30. A contribuição do PSS incidente sobre os valores de requisições de pagamento devidos aos beneficiários servidores públicos civis da União e suas autarquias e fundações será retida na fonte pela instituição financeira pagadora por ocasião do saque efetuado pelo beneficiário, com base no valor informado pelo juízo da execução em campo próprio.

§ 1º O valor informado a título de contribuição do PSS no ofício requisitório não deverá ser deduzido do valor da requisição nem a ele acrescido.

§ 2º Não existindo crédito a ser sacado pelo beneficiário em decorrência de o valor ser idêntico ao do PSS, o recolhimento da referida contribuição pela instituição financeira ocorrerá no momento da disponibilização do depósito.

Art. 31. A contribuição patronal da União, de que trata o art. 8º da Lei n. 10.887, de 18 de junho de 2004, será calculada com base nas informações prestadas ao tribunal pela instituição financeira oficial, responsável pela retenção na fonte da parcela da contribuição do plano de seguridade social do servidor público civil ativo, devida em decorrência de saque dos valores relativos às RPVs e aos precatórios, ocorrido no mês anterior.

§ 1º As instituições financeiras responsáveis pela retenção deverão informar aos tribunais, até o segundo dia útil de cada mês, os valores recolhidos no mês anterior a título de contribuição do plano de seguridade social do servidor público civil.

§ 2º O tribunal recolherá a contribuição a que se refere o *caput* até o décimo dia útil do mês em que recebeu a informação de que trata o parágrafo anterior.

CAPÍTULO VII DA REVISÃO DOS CÁLCULOS, DAS RETIFICAÇÕES E DOS CANCELAMENTOS

Art. 32. Sem prejuízo da revisão de ofício pelo presidente do tribunal, o pedido de revisão dos cálculos da requisição de pagamento, após a expedição do ofício requisitório, conforme previsto no art. 1º-E da Lei n. 9.494, de 10 de setembro de 1997, será apresentado:

I - ao presidente do tribunal quando o questionamento se referir aos critérios de atualização monetária aplicados no tribunal;

II - ao juízo da execução quando o questionamento se referir a critério de cálculo judicial, devendo o pedido de revisão atender, cumulativamente, os seguintes requisitos:

a) o requerente deverá apontar e especificar claramente quais são as incorreções existentes nos cálculos, discriminando o montante que seria correto;

b) o defeito nos cálculos deverá estar ligado à incorreção material ou à utilização de critério em descompasso com a lei ou com o título executivo judicial;

c) o critério legal aplicável ao débito não deverá ter sido objeto de debate nem na fase de conhecimento nem na de execução.

Art. 33. A retificação de erro material ocorrido no tribunal dependerá de decisão do presidente, que adotará as providências necessárias para a regularização, condicionada à disponibilidade orçamentária.

Art. 34. Decidida definitivamente a revisão dos cálculos pelo juízo da execução e havendo aumento dos valores originalmente apresentados, poderá ser expedido ofício requisitório suplementar relativo às diferenças apuradas.

Art. 35. No caso de decisão definitiva do juízo da execução que importe a diminuição dos valores originalmente apresentados, o ofício requisitório deverá ser retificado, sem cancelamento, e mantido na ordem cronológica em que se encontrava.

Art. 36. No Tribunal, após sua expedição, a requisição não poderá sofrer alteração que implique aumento da despesa prevista no orçamento. (Alterado pela Res. n. 670/2020)

Parágrafo único. (Revogado pela Res. n. 670/2020)

§ 1º A decisão que retificar a natureza do crédito será cumprida sem cancelamento do precatório, mantendo-se inalterada a data da apresentação. (Incluído pela Res. n. 670/2020)

§ 2º Após a expedição da requisição, o cancelamento ou a retificação de valor para menor se fará por solicitação imediata do juízo da execução ao presidente do tribunal. (Incluído pela Res. n. 670/2020)

Art. 37. Realizado o depósito em instituição financeira oficial (Caixa Econômica Federal ou Banco do Brasil S.A.) e tendo sido a requisição cancelada ou retificada para menor, os recursos correspondentes serão devolvidos ao tribunal.

CAPÍTULO VIII DA SITUAÇÃO CADASTRAL DOS BENEFICIÁRIOS

‣ (Incluído pela Res. n. 670/2020)

Art. 37-A. Os ofícios requisitórios deverão ser expedidos somente quando verificadas as situações, regular do CPF ou ativa do CNPJ, conforme regulamentação dos órgãos competentes. (Incluído pela Res. n. 670/2020)

§ 1º Por decisão judicial específica, poderão ser expedidos ofícios requisitórios quando a situação cadastral do CPF não for regular ou do CNPJ não for ativa, conforme regulamentação própria, caso em que os valores serão requisitados com status bloqueado à disposição do juízo requisitante, a quem competirá, antes de autorizar o levantamento, verificar a regularidade do titular. (Incluído pela Res. n. 670/2020)

§ 2º No tribunal, antes da emissão das ordens bancárias, caso seja verificada irregularidade cadastral no caso do CPF ou inatividade no caso do CNPJ os depósitos serão realizados à disposição do juízo para levantamento por alvará ou meio equivalente. (Incluído pela Res. n. 670/2020)

TÍTULO II DA ORDEM DOS PAGAMENTOS

Art. 38. O pagamento das requisições obedecerá estritamente à ordem prevista no art. 100 da Constituição Federal.

Parágrafo único. (Revogado pela Res. n. 670/2020)

§ 1º Na hipótese da inexistência de créditos orçamentários descentralizados ao tribunal, obedecer-se-á à ordem cronológica por entidade, em cada tribunal. (Incluído pela Res. n. 670/2020)

§ 2º Considera-se como momento da expedição do precatório a data de 1º de julho, para os precatórios apresentados ao tribunal entre 2 de julho do ano anterior e 1º de julho do ano de elaboração da proposta orçamentária. (Incluído pela Res. n. 670/2020)

Art. 39. As requisições de natureza alimentar serão pagas em precedência às demais, ainda que existam requisições de natureza comum recebidas anteriormente nos tribunais.

Parágrafo único. A precedência prevista no *caput* deste artigo fica condicionada à existência dos créditos respectivos, observando-se as prioridades previstas no art. 100, § 2º, da Constituição Federal.

TÍTULO III DO SAQUE E LEVANTAMENTO DOS DEPÓSITOS

Art. 40. Os valores destinados aos pagamentos decorrentes de precatórios e de requisições de pequeno valor serão depositados pelos tribunais regionais federais em instituição financeira oficial, abrindo-se conta remunerada e individualizada para cada beneficiário.

§ 1º Os saques correspondentes a precatórios e a RPVs serão feitos independentemente de alvará e reger-se-ão pelas normas aplicáveis aos depósitos bancários, com o prazo de até 48 horas para a agência efetuar o pagamento, a contar da apresentação dos documentos de identificação ao gerente. (Alterado pela Res. n. 631/2020)

§ 1º-A. Nas hipóteses da liberação de grandes lotes de precatórios e RPVs para pagamento por uma mesma agência bancária, o prazo do parágrafo anterior poderá ser ampliado até seu dobro, desde que devidamente justificado pelo respectivo gerente. (Incluído pela Res. n. 631/2020)

§ 2º Poderão ser expedidas requisições, a critério do juízo, com indicação de levantamento mediante expedição de alvará ou meio equivalente.

§ 3º Os precatórios e os RPVs expedidos pelas varas estaduais com competência delegada serão levantados mediante expedição de alvará ou meio equivalente.

§ 4º Os valores sacados, com ou sem expedição de alvará, estarão sujeitos à retenção da contribuição para o PSS, se houver, bem como do imposto de renda, nos termos da lei.

§ 5º O saque por meio de procurador somente poderá ser feito mediante procuração específica, da qual conste o número da conta de depósito ou o número de registro da requisição de pagamento no tribunal e, em caso de dúvida de autenticidade, com firma reconhecida. (Incluído pela Res. n. 670/2020)

Art. 41. O tribunal comunicará a efetivação do depósito ao juízo da execução, e este cientificará as partes.

Art. 42. No caso de penhora, arresto, sequestro, cessão de crédito, ou falecimento do credor posterior à apresentação do ofício requisitório, os valores requisitados ou depositados serão convertidos em depósito judicial, indisponível, à ordem do juízo da execução, até ulterior deliberação deste sobre a destinação do crédito. (Alterado pela Res. n. 670/2020)

Art. 43. Qualquer fato anterior ao depósito que impeça o saque será imediatamente comunicado pelo juízo da execução ao presidente do tribunal, que determinará o bloqueio até decisão final.

Parágrafo único. Após o depósito, o bloqueio deverá ser determinado pelo juízo da execução ou pelo presidente do tribunal diretamente à instituição financeira, conforme dispuser regulamentação do tribunal.

Art. 44. No caso de requisições cujos valores estejam depositados há mais de um ano, o presidente do tribunal comunicará ao juízo da execução para que os credores sejam intimados.

Parágrafo único. A instituição financeira depositária deverá fornecer periodicamente, por solicitação do tribunal, as informações necessárias ao cumprimento do *caput*.

Art. 45. Com base nas informações fornecidas pelo tribunal, o juízo da execução adotará as providências que entender cabíveis para a ocorrência do saque, respeitada a modalidade de levantamento prevista para a respectiva conta.

CAPÍTULO ÚNICO DA PENHORA DE VALORES DO PRECATÓRIO

‣ (Incluído pela Res. n. 670/2020)

Art. 45-A. A penhora, o arresto ou o sequestro de créditos serão solicitados pelo juízo interessado diretamente ao juízo da execução, que estabelecerá a ordem de preferência em caso de concurso. (Incluído pela Res. n. 670/2020)

Art. 45-B. A penhora, o arresto ou o sequestro somente incidirá sobre o valor disponível do precatório ou RPV, considerado este como o valor líquido ainda não disponibilizado ao beneficiário, após incidência de imposto de renda, contribuição social, contribuição para o FGTS, honorários advocatícios contratuais, cessão registrada, compensação parcial e penhora anterior, se houver. (Incluído pela Res. n. 670/2020)

Art. 45-C. Para atendimento a estas solicitações, a requisição de pagamento deverá ser enviada ao Tribunal, em favor do credor original, com indicação de bloqueio, para que o depósito seja feito à ordem do juízo da execução, indisponível para saque pelo beneficiário. (Incluído pela Res. n. 670/2020)

§ 1º Havendo solicitação de penhora, arresto ou sequestro após a apresentação do ofício requisitório, o juiz da execução comunicará imediatamente o fato ao Tribunal para que, quando do depósito, coloque os valores integralmente requisitados à sua disposição, para atendimento à solicitação recebida. (Incluído pela Res. n. 670/2020)

§ 2º No caso de a solicitação ser deferida pelo juízo após o Tribunal já haver depositado o valor da requisição, ou iniciado os procedimentos de depósito, conforme o regulamento de cada Tribunal, a comunicação de bloqueio deverá ser dirigida pelo juízo diretamente ao banco depositário. (Incluído pela Res. n. 670/2020)

Art. 45-D. O atendimento pelo juízo da execução ao juízo solicitante da penhora, arresto ou sequestro será feito, após o depósito da requisição, por meio da transferência do valor objeto da solicitação para uma nova conta de depósito judicial, a ser aberta à disposição do juízo solicitante. (Incluído pela Res. n. 670/2020)

§ 1º Para a abertura da conta de depósito judicial em favor do juízo solicitante, o juízo da execução deverá, com base nos dados do depósito, encaminhar a devida determinação de transferência ao banco depositário, que informará acerca do atendimento da mesma. (Incluído pela Res. n. 670/2020)

§ 2º Com a informação da conta de depósito judicial aberta pelo banco, o juízo da execução deverá encaminhar ao juízo solicitante a devida comunicação para que este delibere acerca do valor penhorado, arrestado ou sequestrado. (Incluído pela Res. n. 670/2020)

Art. 45-E. Após ser atendida a penhora, o arresto ou o sequestro, o levantamento do saldo remanescente depositado em nome do beneficiário original, quando houver, se dará por meio de alvará judicial ou meio equivalente, a ser expedido pelo juízo da execução em favor do mesmo. (Incluído pela Res. n. 670/2020

TÍTULO IV
DAS REQUISIÇÕES DE PAGAMENTO CANCELADAS EM DECORRÊNCIA DA LEI N. 13.463/2017

Art. 46. Informado ao presidente do Tribunal, pela instituição financeira, o cancelamento da requisição de pagamento, por força da Lei 13.463/2017, e comunicado ao juízo da execução, este notificará o credor.

Parágrafo único. (Revogado pela Res. n. 670/2020)

§ 1º Havendo requerimento do credor, a ser apresentado ao juízo da execução, para a expedição de nova requisição de pagamento, serão observadas as seguintes regras: (Incluído pela Res. n. 670/2020)

I – para fins de definição da ordem cronológica será informado pelo juízo o número da requisição cancelada; (Incluído pela Res. n. 670/2020)

II – será considerado o valor efetivamente transferido pela instituição financeira para a Conta Única do Tesouro Nacional; (Incluído pela Res. n. 670/2020)

III – nas requisições tributárias serão discriminados o principal e os juros (valor SELIC), devendo ser considerado para o primeiro o valor principal constante da requisição originária; (Incluído pela Res. n. 670/2020)

IV – será considerada data base da requisição de pagamento a data da transferência dos valores para a Conta Única do Tesouro Nacional, conforme informado pela instituição financeira; (Incluído pela Res. n. 670/2020)

V – a requisição será atualizada pelo indexador previsto em legislação para esta modalidade de requisição de pagamento, desde a data base até o efetivo depósito; (Incluído pela Res. n. 670/2020)

VI – não haverá a incidência dos juros previstos no §1º do art. 7º desta resolução; (Incluído pela Res. n. 670/2020)

VII – os dados relativos ao PSS e RRA, se houver, deverão ser informados pelo juízo da execução. (Incluído pela Res. n. 670/2020)

§ 2º A ordem cronológica de que trata o art. 3º, parágrafo único, da Lei n. 13.463/2017, será operacionalizada mediante prioridade no pagamento, o que não se traduz em pagamento imediato do crédito, devendo a autuação no tribunal observar o disposto no §5º do art. 100 da CF. (Incluído pela Res. n. 670/2020)

Art. 46-A. Havendo decisão judicial para que o depósito não seja cancelado pela instituição bancária, o juízo da execução oficiará ao depositário para que os valores não sejam recolhidos à conta única do Tesouro Nacional, até ulterior deliberação. (Incluído pela Res. n. 670/2020)

TÍTULO V
DOS PRECATÓRIOS NÃO INTEGRANTES DO ORÇAMENTO FISCAL E DA SEGURIDADE SOCIAL DA UNIÃO

CAPÍTULO I
DAS DISPOSIÇÕES GERAIS ACERCA DO REGIME GERAL E ESPECIAL DE PAGAMENTO

‣ (Incluído pela Res. n. 670/2020)

Art. 47. Os estados, os municípios, suas autarquias e fundações, submetidos ao regime geral de pagamento, e as entidades federais não integrantes do orçamento fiscal e da seguridade social da União, deverão repassar os recursos devidos, na época própria, diretamente ao tribunal regional federal, por meio de Guia de Recolhimento da União – GRU. (Alterado pela Res. n. 670/2020)

Parágrafo único. Os Estados, o Distrito Federal e os Municípios que, em 25 de março de 2015, estavam em mora na quitação de precatórios, relativos às suas administrações direta e indireta, farão os pagamentos, conforme as normas fixadas no Título V da Resolução 303, de 18 de dezembro de 2019, do Conselho Nacional de Justiça, observadas as regras do regime especial presentes nos arts. 101 a 105 do ADCT. (Incluído pela Res. n. 670/2020)

Art. 47-A. Os entes e entidades submetidos ao regime geral e especial de precatórios, previstos nos arts. 100 da Constituição Federal, e 101 a 105 do Ato das Disposições Constitucionais Transitórias, deverão observar a ordem cronológica dos precatórios por meio da data de apresentação do ofício requisitório no tribunal, para fins de repasse dos valores devidos. (Incluído pela Res. n. 670/2020)

Art. 47-B. Os tribunais regionais federais deverão encaminhar a lista de precatórios devidos, apresentados em 1º de Julho, na forma prevista no § 5º do art. 100 da Constituição, até o dia 20 de julho, ao ente devedor e aos respectivos tribunais de justiça. (Incluído pela Res. n. 670/2020)

Art. 47-C. A lista de ordem cronológica dos devedores submetidos ao regime especial será elaborada pelos tribunais de Justiça, salvo se houver opção pela lista descentralizada, contendo todos os precatórios apresentados, os créditos inscritos e os respectivos credores e devedores. (Incluído pela Res. n. 670/2020)

Parágrafo único. É facultado aos tribunais regionais federais, por meio de seus representantes com atuação nos comitês gestores de contas especiais, de comum acordo com os tribunais integrantes, optarem pela manutenção das listas de pagamento em cada tribunal de origem dos precatórios. (Incluído pela Res. n. 670/2020)

Art. 47-D. Os tribunais regionais federais publicarão em seus portais, até 20 de julho de cada ano, a lista dos entes e entidades submetidas ao regime geral e especial, indicando os valores requisitados. (Incluído pela Res. n. 670/2020)

CAPÍTULO II
DOS REPRESENTANTES DOS COMITÊS DE CONTAS ESPECIAIS E REGIONAIS DE PRECATÓRIOS

‣ (Incluído pela Res. n. 670/2020)

Art. 48. Os presidentes dos tribunais regionais federais indicarão, em cada seção judiciária, dois juízes federais, um titular e um suplente, para integrarem os comitês gestores de contas especiais e de precatórios, com atuação junto aos tribunais de justiça. (Alterado pela Res. n. 670/2020)

§ 1º. Os juízes federais representantes dos comitês junto aos tribunais de justiça estadual deverão observar as orientações do Conselho da Justiça Federal e dos presidentes dos tribunais regionais federais, no que couber. (Alterado pela Res. n. 670/2020)

§ 2º. Os representantes dos tribunais regionais federais junto aos comitês gestores de contas especiais de precatórios serão assessorados pelos gestores de precatórios dos respectivos regionais, sempre que necessário. (Alterado pela Res. n. 670/2020)

§ 3º Após a manifestação do Ministério Público, ou transcurso do prazo sem manifestação, o presidente do tribunal proferirá a decisão.

§ 4º Das decisões do presidente do tribunal caberá recurso conforme previsto no Regimento Interno do Tribunal.

§ 5º Havendo necessidade de sequestro de recursos financeiros, este procedimento será realizado pelo presidente do tribunal, por meio do convênio "BacenJud".

§ 6º O processamento do sequestro poderá ser efetivado nos próprios autos do precatório.

CAPÍTULO III
DO REGIME ESPECIAL

‣ (Incluído pela Res. n. 670/2020)

SEÇÃO I
PAGAMENTO CONORME A ORDEM CRONOLÓGICA

‣ (Incluído pela Res. n. 670/2020)

Art. 49. Os valores repassados pelos tribunais de justiça, em decorrência dos aportes mensais, serão imediatamente depositados em contas judiciais à disposição do beneficiário ou do Juízo da Execução, quando houver restrição ao saque, ou para viabilizar a conversão em renda em favor da fazenda pública federal. (Alterado pela Res. n. 670/2020)

I - a ordem cronológica dos precatórios obedecerá à data de apresentação do ofício requisitório no tribunal;

II - o tribunal deverá informar, até 20 de julho, ao tribunal de justiça com jurisdição na sede da entidade devedora optante pelo regime especial de parcelamento, a relação dos precatórios requisitados em 1º de julho, que estão submetidos ao regime especial de parcelamento.

SEÇÃO II
ACORDO PARA PARCELAMENTO ADMINISTRATIVO PELO ENTE DEVEDOR JUNTO À FAZENDA PÚBLICA FEDERAL

‣ (Incluído pela Res. n. 670/2020)

Art. 49-A. Sendo homologado o parcelamento administrativo do débito inscrito em precatório, o Juízo da Execução, comunicará ao presidente do tribunal, que efetivará imediatamente o cancelamento do precatório. (Incluído pela Res. n. 670/2020)

Parágrafo único. No caso de quebra do parcelamento administrativo, de que trata o *caput*, a Vara de Origem poderá, a requerimento do credor, proceder à emissão de nova requisição para pagamento do débito. (Incluído pela Res. n. 670/2020)

SEÇÃO III
EXCLUSÃO DO ENTE DEVEDOR DO REGIME ESPECIAL

‣ (Incluído pela Res. n. 670/2020)

Art. 49-B. Comunicada a exclusão do regime especial pelo tribunal de justiça, o tribunal regional federal fará as anotações necessários no sistema de processamento de precatórios, de modo a permitir que nas novas cobranças sejam observadas as regras previstas no art. 100 da Constituição Federal. (Incluído pela Res. n. 670/2020)

Parágrafo único. Caberá ao tribunal de justiça que decidiu pela exclusão do ente devedor do regime especial pagamento proceder ao exame de eventual pedido para retorno ao regime. (Incluído pela Res. n. 670/2020)

CAPÍTULO IV
DA RETENÇÃO DE REPASSES CONSTITUCIONAIS

‣ (Incluído pela Res. n. 670/2020)

Art. 49-C. Vencido o prazo constitucional para pagamento de débito inscrito em precatório, tendo como devedor estados e municípios submetidos ao regime geral de pagamento, o tribunal regional federal comunicará, até 15 de fevereiro do ano subsequente, aos órgãos competentes, para que seja providenciada a retenção dos repasses previstos nos arts. 157 e 158 da Constituição Federal, até que haja o efetivo cumprimento da obrigação. (Incluído pela Res. n. 670/2020)

CAPÍTULO V
DO SEQUESTRO

‣ (Incluído pela Res. n. 670/2020)

Art. 49-D. Para efetivação do sequestro, na forma prevista no art. 100 da Constituição Federal, em relação aos entes/entidades submetidas ao regime geral, o presidente do tribunal intimará o devedor, na pessoa de seu representante legal, para, no prazo de 10 (dez) dias, proceder à regularização do pagamento. (Incluído pela Res. n. 670/2020)

§ 1º Decorrido o prazo sem manifestação ou realização do pagamento, intimará os beneficiários, para que, no prazo de 10 (dez) dias, requererem o que entenderem de direito. (Incluído pela Res. n. 670/2020)

§ 2º Sendo requerido o sequestro, os autos serão encaminhados ao Ministério Público para apresentar parecer em 5 (cinco) dias. (Incluído pela Res. n. 670/2020)

§ 3º Após a manifestação do Ministério Público, ou transcurso do prazo sem manifestação, o presidente do tribunal proferirá a decisão. (Incluído pela Res. n. 670/2020)

§ 4º Das decisões do presidente do tribunal caberá recurso conforme previsto no Regimento Interno do Tribunal. (Incluído pela Res. n. 670/2020)

§ 5º A interposição de eventual recurso contra a decisão que determinou sequestro não suspende a prática dos atos necessários ao efetivo pagamento ao credor, salvo se for atribuído efeito. (Incluído pela Res. n. 670/2020)

§ 6º Havendo necessidade de sequestro de recursos financeiros, este procedimento será realizado pelo presidente do tribunal, por meio do convênio "BacenJud". (Incluído pela Res. n. 670/2020)

§ 7º O processamento do sequestro poderá ser efetivado nos próprios autos do precatório. (Incluído pela Res. n. 670/2020)

Art. 50. Os valores requisitados em face dos entes devedores estaduais, distritais e municipais não integrantes do orçamento fiscal e da seguridade social da União serão atualizados monetariamente, desde a data-base, informada pelo juízo da execução, até a data do efetivo pagamento realizado pelo tribunal, com base nos seguintes índices:

a) ORTN - de 1964 a fevereiro de 1986;
b) OTN - de março de 1986 a janeiro de 1989;
c) IPC/IBGE de 42,72% - em janeiro de 1989;
d) IPC/IBGE de 10,14% - em fevereiro de 1989;
e) BTN - de março de 1989 a março de 1990;
f) IPC/IBGE - de março de 1990 a fevereiro de 1991;
g) INPC - de março de 1991 a novembro de 1991;
h) IPCA-E/IBGE - em dezembro de 1991;
i) UFIR - de janeiro de 1992 a dezembro de 2000;
j) IPCA-E/IBGE - de janeiro de 2001 a dezembro de 2009;
k) Taxa Referencial (TR) - de janeiro de 2010 a 25 de março de 2015;
l) IPCA-E/IBGE - de 26 de março de 2015 em diante.

§ 1º Na atualização dos precatórios tributários, no período posterior à data base, devem ser utilizados os mesmos índices e critérios de atualização dos créditos tributários adotados pela fazenda pública tributante.

§ 2º Dos valores repassados ao tribunal pelos tribunais de justiça, deverão ser consignados nos sistemas próprios aqueles referentes ao principal, à correção monetária e aos juros.

Art. 51. São devidos juros de mora quando o pagamento do precatório ocorrer após o final do exercício seguinte à expedição.

TÍTULO VI
DAS DISPOSIÇÕES FINAIS E TRANSITÓRIAS

Art. 52. Nos casos de deferimento da compensação até 25 de março de 2015, na forma prevista no art. 100, §§ 9º e 10, da Constituição Federal, os precatórios serão expedidos com determinação de levantamento à ordem do juízo da execução para que, no ato do depósito, seja efetuada a compensação pelo próprio juízo da execução.

Art. 53. O saque sem expedição de alvará (art. 40, § 1º) é permitido em relação às RPVs requisitadas pelas varas federais e juizados especiais federais a partir de 1º de janeiro de 2005, aos precatórios de natureza alimentícia autuados nos tribunais após 1º de julho de 2004, bem como aos precatórios de natureza comum inscritos a partir da proposta orçamentária de 2013, remetidos aos tribunais a partir de 2 de julho de 2011.

Art. 53-A. No caso de condenação contra a Fazenda Pública em pagar quantia certa, é possível a expedição de precatório e de RPV em relação à parcela incontroversa contida na decisão, observado o valor total da execução para fins de fixação do instrumento de pagamento do débito. (Incluído pela Res. n. 657/2020)

Art. 54. O parcelamento dos precatórios expedidos até o exercício de 2011 subsistirá, conforme estabelecido nas respectivas leis de diretrizes orçamentárias, até que o Supremo Tribunal Federal decida os embargos de declaração opostos pela União na Ação Direta de Inconstitucionalidade - ADI n. 2.356/DF, nos termos do Ofício n. 526/GP, encaminhado pelo Presidente do Conselho Nacional de Justiça, Ministro Cézar Peluso, ao Conselho da Justiça Federal.

Art. 55. Os precatórios parcelados continuarão a ser atualizados nos tribunais, acrescidos de juros legais, em prestações anuais e sucessivas, no prazo máximo de dez anos, nos termos do art. 78 do ADCT.

§ 1º Na atualização monetária dos precatórios parcelados, serão observados os seguintes critérios:

I - nos precatórios das propostas orçamentárias até 2010, será observada a variação do Índice Nacional de Preços ao Consumidor Amplo - Especial - IPCA-E, divulgado pelo IBGE;

II - nos precatórios da proposta orçamentária de 2011, incidirá, até dezembro de 2013, o índice oficial de remuneração básica da caderneta de poupança, divulgado pelo Banco Central do Brasil (TR - Taxa Referencial) e, a partir de janeiro de 2014, incidirá a variação do Índice Nacional de Preços ao Consumidor Amplo – Especial - IPCA-E, divulgado pelo IBGE.

§ 2º Os juros legais, à taxa de 6% a.a., serão acrescidos aos precatórios objeto de parcelamento a partir da segunda parcela, tendo como termo inicial o mês de janeiro do ano em que é devida a segunda parcela.

Art. 55-A. Os precatórios parcelados na forma do § 20 do Art. 100 da Constituição Federal serão atualizados segundo as regras estabelecidas na lei de diretrizes orçamentárias, acrescidos de juros legais, à taxa mensal prevista para as cadernetas de poupança, a partir da segunda parcela, tendo como termo inicial o mês de janeiro do ano em que é devida a segunda parcela. (Incluído pela Res. n. 670/2020)

Art. 56. A atualização prevista para precatórios e RPVs tributários aplica-se aos precatórios expedidos a partir de 2 de julho de 2015, bem como às RPVs autuadas a partir de janeiro de 2017.

Art. 57. Fica facultada a utilização de meio eletrônico para o pagamento de quantia certa decorrente de condenação da Fazenda Pública nos processos judiciais de competência da Justiça Federal.

Art. 58. O ofício requisitório, com a inclusão de juros entre a data base e a data da requisição ou do precatório, será adotado na via administrativa para as RPVs autuadas no segundo mês subsequente à publicação desta resolução e para os precatórios, a partir da proposta orçamentária de 2019.

Art. 59. Revogam-se a Resolução n. CJF-RES-2016/00405, de 9 de junho de 2016, e demais disposições em contrário.

Art. 60. Esta resolução entra em vigor na data de sua publicação.

Min. LAURITA VAZ

LEI Nº 13.575, DE 26 DE DEZEMBRO DE 2017

Cria a Agência Nacional de Mineração (ANM); extingue o Departamento Nacional de Produção Mineral (DNPM); altera as Leis nºs 11.046, de 27 de dezembro de 2004, e 10.826, de 22 de dezembro de 2003; e revoga a Lei nº 8.876, de 2 de maio de 1994, e dispositivos do Decreto-Lei nº 227, de 28 de fevereiro de 1967 (Código de Mineração).

› *Agência Nacional de Mineração*

O Presidente da República

Faço saber que o Congresso Nacional decreta e eu sanciono a seguinte Lei:

CAPÍTULO I
DA INSTITUIÇÃO E DAS COMPETÊNCIAS

Art. 1º Fica criada a Agência Nacional de Mineração (ANM), integrante da Administração Pública federal indireta, submetida ao regime autárquico especial e vinculada ao Ministério de Minas e Energia.

Parágrafo único. (VETADO).

Art. 2º A ANM, no exercício de suas competências, observará e implementará as orientações e diretrizes fixadas no Decreto-Lei nº 227, de 28 de fevereiro de 1967 (Código de Mineração), em legislação correlata e nas políticas estabelecidas pelo Ministério de Minas e Energia, e terá como finalidade promover a gestão dos recursos minerais da União, bem como a regulação e a fiscalização das atividades para o aproveitamento dos recursos minerais no País, competindo-lhe:

I – implementar a política nacional para as atividades de mineração;

II – estabelecer normas e padrões para o aproveitamento dos recursos minerais, observadas as políticas de planejamento setorial definidas pelo Ministério de Minas e Energia e as melhores práticas da indústria de mineração;

III – prestar apoio técnico ao Ministério de Minas e Energia;

IV – requisitar, guardar e administrar os dados e as informações sobre as atividades de pesquisa e lavra produzidos por titulares de direitos minerários;

V – gerir os direitos e os títulos minerários para fins de aproveitamento de recursos minerais;

VI – estabelecer os requisitos técnicos, jurídicos, financeiros e econômicos a serem atendidos pelos interessados na obtenção de títulos minerários;

VII – estabelecer os requisitos e os critérios de julgamento dos procedimentos de disponibilidade de área, conforme diretrizes fixadas em atos da ANM;

VIII – regulamentar os processos administrativos sob sua competência, notadamente os relacionados com a outorga de títulos minerários, com a fiscalização de atividades de mineração e aplicação de sanções;

IX – consolidar as informações do setor mineral fornecidas pelos titulares de direitos minerários, cabendo-lhe a sua divulgação periódica, em prazo não superior a um ano;

X – emitir o Certificado do Processo de Kimberley, de que trata a Lei nº 10.743, de 9 de outubro de 2003, ressalvada a competência prevista no § 2º do art. 6º da referida Lei;

XI – fiscalizar a atividade de mineração, podendo realizar vistorias, notificar, autuar infratores, adotar medidas acautelatórias como de interdição e paralisação, impor as sanções cabíveis, firmar termo de ajustamento de conduta, constituir e cobrar os créditos delas decorrentes, bem como comunicar aos órgãos competentes a eventual ocorrência de infração, quando for o caso;

XII – regular, fiscalizar, arrecadar, constituir e cobrar os créditos decorrentes:

a) da Compensação Financeira pela Exploração de Recursos Minerais (CFEM), de que trata a Lei nº 7.990, de 28 de dezembro de 1989;

b) da taxa anual, por hectare, a que se refere o inciso II do *caput* do art. 20 do Decreto-Lei nº 227, de 28 de fevereiro de 1967 (Código de Mineração); e

c) das multas aplicadas pela ANM;

XIII – normatizar, orientar e fiscalizar a extração e coleta de espécimes fósseis a que se refere o inciso III do *caput* do art. 10 do Decreto-Lei nº 227, de 28 de fevereiro de 1967 (Código de Mineração), e o Decreto-Lei nº 4.146, de 4 de março de 1942, e adotar medidas para promoção de sua preservação;

XIV – mediar, conciliar e decidir os conflitos entre os agentes da atividade de mineração;

XV – decidir sobre direitos minerários e outros requerimentos em procedimentos administrativos de outorga ou de fiscalização da atividade de mineração, observado o disposto no art. 3º desta Lei;

XVI – julgar o processo administrativo instaurado em função de suas decisões;

XVII – expedir os títulos minerários e os demais atos referentes à execução da legislação minerária, observado o disposto no art. 3º desta Lei;

XVIII – decidir requerimentos de lavra e outorgar concessões de lavra das substâncias minerais de que trata o art. 1º da Lei nº 6.567, de 24 de setembro de 1978;

XIX – declarar a caducidade dos direitos minerários, cuja outorga de concessões de lavra seja de sua competência;

XX – estabelecer as condições para o aproveitamento das substâncias minerais destinadas à realização de obras de responsabilidade do poder público;

XXI – aprovar a delimitação de áreas e declarar a utilidade pública para fins de desapropriação ou constituição de servidão mineral;

XXII – estabelecer normas e exercer fiscalização, em caráter complementar, sobre controle ambiental, higiene e segurança das atividades de mineração, atuando em articulação com os demais órgãos responsáveis pelo meio ambiente e pela higiene, segurança e saúde ocupacional dos trabalhadores;

XXIII – definir e disciplinar os conceitos técnicos aplicáveis ao setor de mineração;

XXIV – fomentar a concorrência entre os agentes econômicos, monitorar e acompanhar as práticas de mercado do setor de mineração brasileiro e cooperar com os órgãos de defesa da concorrência, observado o disposto na Lei nº 12.529, de 30 de novembro de 2011, e na legislação pertinente;

XXV – regular e autorizar a execução de serviços de geologia e geofísica aplicados à atividade de mineração, visando ao levantamento de dados técnicos destinados à comercialização, em bases não exclusivas;

XXVI – estabelecer os requisitos e procedimentos para a aprovação e decidir sobre o relatório final de pesquisa;

XXVII – apreender, destruir, doar a instituição pública substâncias minerais e equipamentos encontrados ou provenientes de atividades ilegais ou promover leilão deles, conforme dispuser resolução da ANM, com acompanhamento de força policial sempre que necessário, ficando autorizado o leilão antecipado de substâncias minerais e equipamentos, no caso de risco de depreciação, mantido o valor apurado em depósito até o término do procedimento administrativo de perdimento pertinente;

XXVIII – normatizar, fiscalizar e arrecadar os encargos financeiros do titular do direito minerário e os demais valores devidos ao poder público nos termos desta Lei, bem como constituir e cobrar os créditos deles decorrentes e efetuar as restituições devidas;

XXIX – normatizar e reprimir as infrações à legislação e aplicar as sanções cabíveis, observado o disposto nesta Lei;

XXX – instituir o contencioso administrativo para julgar os créditos devidos à ANM em 1ª instância administrativa e os recursos voluntários, assim como os pedidos de restituição do indébito, assegurados o contraditório e a ampla defesa;

XXXI – manter o registro mineral e as averbações referentes aos títulos e aos direitos minerários;

XXXII – expedir certidões e autorizações;

XXXIII – conceder anuência prévia aos atos de cessão ou transferência de concessão de lavra cuja outorga seja de sua competência, conforme estabelecido pelo § 3º do art. 176 da Constituição Federal;

XXXIV – regulamentar o compartilhamento de informações sobre a atividade de mineração entre órgãos e entidades da União, dos Estados, do Distrito Federal e dos Municípios;

XXXV – normatizar o sistema brasileiro de certificação de reservas e recursos minerais, no prazo de até um ano, contado da publicação desta Lei;

XXXVI – aprovar seu regimento interno;

XXXVII – regulamentar a aplicação de recursos de pesquisa, desenvolvimento tecnológico e inovação, do setor mineral.

§ 1º A ANM deverá, ao tomar conhecimento de fato que possa configurar indício de infração da ordem econômica, comunicá-lo imediatamente ao Conselho Administrativo de Defesa Econômica (Cade).

§ 2º Se a comunicação prevista no § 1º deste artigo decorrer de cessão de direitos minerários que não atenda aos critérios previstos na legislação de defesa da concorrência brasileira, a anuência da cessão estará vinculada à decisão terminativa proferida pelo Cade publicada em meio oficial.

§ 3º A ANM deverá, ao tomar conhecimento de fato que possa configurar indício de infração penal, comunicá-lo imediatamente à autoridade competente.

§ 4º As competências de fiscalização das atividades de mineração e da arrecadação da Compensação Financeira pela Exploração de Recursos Minerais (CFEM) poderão ser exercidas por meio de convênio com os Estados, o Distrito Federal e os Municípios, desde que os entes possuam serviços técnicos e administrativos organizados e aparelhados para execução das atividades, conforme condições estabelecidas em ato da ANM.

§ 5º (VETADO).

§ 6º Para o desempenho das competências previstas no *caput* deste artigo, os órgãos e entidades federais, estaduais, distritais e municipais deverão disponibilizar as informações necessárias ao exercício da competência da ANM.

Art. 3º Compete ao Ministro de Estado de Minas e Energia:

I – decidir requerimento de lavra e outorgar concessões de lavra, ressalvado o disposto no inciso XXXIII do *caput* do art. 2º desta Lei;

II – declarar a caducidade e a nulidade de concessões de lavra e manifestos de mina, ressalvado o disposto no inciso XIX do *caput* do art. 2º desta Lei; e

III – conceder anuência prévia aos atos de cessão ou transferência de concessões de lavra e manifestos de mina, conforme estabelecido no § 3º do art. 176 da Constituição Federal, ressalvado o disposto no inciso XXXIII do *caput* do art. 2º desta Lei.

Parágrafo único. Nos procedimentos definidos no *caput* deste artigo, a fim de agilizar o andamento processual, todas as análises técnicas necessárias deverão ser realizadas pela ANM, conforme dispõe o inciso III do *caput* do art. 2º desta Lei.

Art. 4º No exercício das competências de fiscalização da ANM, poderão ser requisitados e examinados livros, mercadorias, arquivos ou documentos que repercutam no objeto da fiscalização, e poderão ser realizadas vistorias ou inspeções nas instalações dos titulares de direitos minerários.

§ 1º A ANM disciplinará os prazos e as condições para apresentação de documentos requisitados, salvo na hipótese de vistoria e inspeção, quando a apresentação dos documentos deverá ser imediata.

§ 2º Os livros, os arquivos ou os documentos referidos no *caput* deste artigo deverão ser conservados até o termo final do prazo de prescrição dos créditos decorrentes das operações a que se refiram.

CAPÍTULO II
DA ESTRUTURA ORGANIZACIONAL E DO FUNCIONAMENTO

Art. 5º A ANM será dirigida por Diretoria Colegiada, composta por um Diretor-Geral e quatro Diretores.

§ 1º O Diretor-Geral da ANM exercerá a representação da ANM, a presidência da Diretoria Colegiada e o comando hierárquico sobre o pessoal e os serviços, e caber-lhe-á desempenhar as competências administrativas correspondentes e a presidência das sessões da Diretoria Colegiada, sem prejuízo das deliberações colegiadas para matérias definidas no regimento interno.

§ 2º A estrutura organizacional da ANM será definida em decreto e contará com Procuradoria, Ouvidoria, Corregedoria, Auditoria e unidades administrativas.

Art. 6º (VETADO).

Art. 7º Os membros da Diretoria exercerão mandatos de quatro anos, não coincidentes, permitida única recondução.

Art. 8º Os membros da Diretoria Colegiada ficam impedidos de exercer atividade ou de prestar qualquer serviço no setor regulado pela ANM, pelo período de seis meses, contado da data de exoneração ou do término de seus mandatos, assegurada a remuneração compensatória.

Art. 9º É vedada a indicação para a Diretoria Colegiada:

I – de Ministro de Estado, Secretário de Estado, Secretário Municipal, dirigente estatutário de partido político e titular de mandato no Poder Legislativo de qualquer ente federativo, ainda que licenciados dos cargos;

II – de pessoa que tenha atuado, nos últimos seis meses, como participante de estrutura decisória de partido político;

III – de pessoa que tenha participação, direta ou indireta, em empresa ou entidade que atue no setor sujeito à regulação exercida pela ANM;

IV – de pessoa que se enquadre nas hipóteses de inelegibilidade previstas no inciso I do *caput* do art. 1º da Lei Complementar nº 64, de 18 de maio de 1990; e

V – de membro de conselho ou de diretoria de associação, regional ou nacional, representativa de interesses patronais ou trabalhistas ligados às atividades reguladas pela ANM.

Parágrafo único. A vedação prevista no inciso I do *caput* deste artigo estende-se também aos parentes consanguíneos ou afins até o terceiro grau das pessoas nele mencionadas.

Art. 10. Ao membro da Diretoria Colegiada é vedado:

I – receber, a qualquer título e sob qualquer pretexto, honorários, percentagens ou custas;

II – exercer outra atividade profissional, ressalvado o exercício do magistério, se houver compatibilidade de horários;

III – participar de sociedade simples ou empresária ou de empresa de qualquer espécie, na forma de controlador, diretor, administrador, gerente, membro de conselho de administração ou conselho fiscal, preposto ou mandatário;

IV – emitir parecer sobre matéria de sua especialização, ainda que em tese, ou atuar como consultor de qualquer tipo de empresa;

V – exercer atividade sindical;

VI – exercer atividade político-partidária; e

VII – estar em situação de conflito de interesse, nos termos da Lei nº 12.813, de 16 de maio de 2013.

Art. 11. A organização e o funcionamento da Diretoria Colegiada serão estabelecidos na estrutura regimental da ANM.

§ 1º Compete à Diretoria Colegiada:

I – exercer a administração da ANM;

II – editar as normas sobre matérias de competência da ANM; e

III – decidir, em última instância, na esfera da ANM, sobre as matérias de sua competência, exceto nas hipóteses em que o regulamento ou resolução da ANM estabelecer o Diretor-Geral como última instância recursal.

§ 2º A Diretoria Colegiada deliberará por maioria absoluta de seus membros, e caberá ao Diretor-Geral, além do voto ordinário, o voto de qualidade.

§ 3º O regimento interno da ANM estabelecerá a competência da Diretoria Colegiada, do Diretor-Geral, dos Diretores e de outras autoridades da ANM para a prática dos atos atribuídos ao Departamento Nacional de Produção Mineral (DNPM) pelo Decreto-Lei nº 227, de 28 de fevereiro de 1967 (Código de Mineração), pelo Decreto-Lei nº 7.841, de 8 de agosto de 1945 (Código de Águas Minerais), por regulamentos e legislação minerária correlatos, inclusive quanto ao processamento e à decisão de recursos administrativos.

Art. 12. Os atos normativos da ANM que afetarem, de forma substancial e direta, direitos de agentes econômicos do setor de mineração deverão ser acompanhados da exposição formal dos motivos que os justifiquem e ser submetidos a consulta ou a audiência pública.

Art. 13. A ANM, por meio de resolução, disporá sobre os processos administrativos em seu âmbito de atuação, notadamente sobre:

I – requisitos e procedimentos de outorga de títulos minerários, de fiscalização da atividade de mineração e sobre outros requerimentos relacionados a direitos minerários;

II – regras e procedimentos de aplicação de medidas acautelatórias e sanções administrativas;

III – hipóteses e critérios para a apresentação de garantias financeiras ou a contratação de seguros para cobertura dos riscos de atividades minerárias;

IV – hipóteses e critérios para realização de consulta pública e audiência pública para os atos normativos da agência; e

V – apreensão e leilão de substâncias minerais e de equipamentos encontrados ou provenientes de lavra ilegal.

Parágrafo único. Resolução sobre a apreensão e o leilão a que se refere o inciso V do *caput* deste artigo incluirá, para hipóteses excepcionais devidamente justificadas:

I – as regras para designação de fiel depositário, para dispensa de realização de apreensão ou de leilão, para doação de bem mineral ou equipamento apreendido com o objetivo de atender a interesse público relevante; e

II – a possibilidade de celebração de termo de ajustamento de conduta com vistas a autorizar que o próprio infrator promova a venda do bem apreendido, situação em que o valor de venda deverá ser integralmente revertido à ANM.

Art. 14. As sessões deliberativas da Diretoria Colegiada afetas às atividades de mineração serão públicas e terão suas datas, pautas e atas divulgadas.

Parágrafo único. Nas sessões da Diretoria Colegiada de que trata o *caput* deste artigo, é assegurada a manifestação da Procuradoria da ANM, das partes envolvidas no processo e de terceiros interessados, na forma estabelecida no regulamento da ANM.

Art. 15. A adoção das propostas de alterações de atos normativos de interesse geral dos agentes econômicos será, nos termos do regulamento, precedida da realização de Análise de Impacto Regulatório (AIR), que conterá informações e dados sobre os possíveis efeitos do ato normativo.

§ 1º Regulamento disporá sobre o conteúdo e a metodologia da análise de impacto regulatório, os quesitos mínimos a serem objeto de exame, os casos em que será obrigatória sua realização e aqueles em que poderá ser dispensada.

§ 2º A Diretoria Colegiada da ANM manifestar-se-á, em relação ao relatório de análise de impacto regulatório, sobre a adequação da proposta de ato normativo aos objetivos pretendidos, e indicará se os impactos estimados recomendam a sua adoção e, quando for o caso, os complementos necessários.

§ 3º A manifestação de que trata o § 2º deste artigo integrará, juntamente ao relatório de análise de impacto regulatório, a documentação a ser disponibilizada aos interessados para a realização de consulta ou de audiência pública, quando a Diretoria Colegiada decidir pela continuidade do procedimento administrativo.

§ 4º O regimento interno da ANM disporá sobre a operacionalização da análise de impacto regulatório.

§ 5º Nos casos em que não for realizada a análise de impacto regulatório, deverá ser disponibilizada, no mínimo, nota técnica ou documento equivalente que fundamente a proposta de decisão.

Art. 16. (VETADO).

Art. 17. A ANM disporá sobre os procedimentos a serem adotados para a solução de conflitos entre agentes da atividade de mineração, com ênfase na conciliação e na mediação.

Art. 18. (VETADO).

CAPÍTULO III
DAS RECEITAS

Art. 19. Constituem receitas da ANM:

I – o produto de operações de crédito efetuadas no País e no exterior;

II – a venda de publicações, os recursos oriundos dos serviços de inspeção e fiscalização ou provenientes de palestras e cursos ministrados e as receitas diversas estabelecidas em lei, regulamento ou contrato;

III – o produto do pagamento da taxa anual por hectare a que se refere o inciso II do *caput* do art. 20 do Decreto-Lei nº 227, de 28 de fevereiro de 1967 (Código de Mineração), dos emolumentos devidos como condição necessária para o conhecimento e o processamento de requerimentos e pedidos formulados à ANM, e o das multas de sua competência;

IV – os recursos provenientes de convênios, acordos ou contratos celebrados com entidades, organismos ou empresas, públicos ou privados, nacionais ou internacionais;

V – as doações, os legados, as subvenções e outros recursos que lhe forem destinados, incluídas as doações de bens e equipamentos destinados à ANM, conforme previsto em acordos firmados pela União para fins de ressarcimento de danos causados por usurpação de recursos minerais por lavra ilegal;

VI – as dotações consignadas no orçamento geral da União, os créditos especiais, as transferências e os repasses que lhe forem conferidos;
VII – os valores apurados na venda ou na locação dos bens móveis e imóveis de sua propriedade;
VIII – o produto do leilão de bens e equipamentos encontrados ou apreendidos decorrentes de atividade de mineração ilegal;
IX – as receitas provenientes das áreas colocadas em disponibilidade, de qualquer natureza; e
X – o valor recolhido a título de CFEM, a ser repassado à ANM, por intermédio do Ministério de Minas e Energia, na forma estabelecida no inciso III do § 2º do art. 2º da Lei nº 8.001, de 13 de março de 1990.

§ 1º As receitas de que trata o *caput* deste artigo serão consignadas no orçamento geral da União.

§ 2º O regulamento estabelecerá as hipóteses e os valores dos emolumentos a que se refere o inciso III do *caput* deste artigo.

Art. 20. A ANM atuará como autoridade administrativa independente, a qual ficam asseguradas, nos termos desta Lei, as prerrogativas necessárias ao exercício adequado de sua competência.

CAPÍTULO IV
DISPOSIÇÕES FINAIS E TRANSITÓRIAS

(...)

Art. 38. Esta Lei entra em vigor:
I – (VETADO);
II – quanto aos demais dispositivos, na data de sua publicação.

Art. 39. Ficam revogados:
I – na data de publicação desta Lei:
a) a Lei nº 8.876, de 2 de maio de 1994; e
b) (VETADO);
II – (VETADO).

Brasília, 26 de dezembro de 2017; 196º da Independência e 129º da República.

MICHEL TEMER

DOU de 27.12.2017

LEI Nº 13.608, DE 10 DE JANEIRO DE 2018

Dispõe sobre o serviço telefônico de recebimento de denúncias e sobre recompensa por informações que auxiliem nas investigações policiais; e altera o art. 4º da Lei nº 10.201, de 14 de fevereiro de 2001, para prover recursos do Fundo Nacional de Segurança Pública para esses fins.

▸ *Disque-Denúncia*

O Presidente da República

Faço saber que o Congresso Nacional decreta e eu sanciono a seguinte Lei:

Art. 1º As empresas de transportes terrestres que operam sob concessão da União, dos Estados, do Distrito Federal ou dos Municípios são obrigadas a exibir em seus veículos, em formato de fácil leitura e visualização:

I – a expressão "Disque-Denúncia", relacionada a uma das modalidades existentes, com o respectivo número telefônico de acesso gratuito;
II – expressões de incentivo à colaboração da população e de garantia do anonimato, na forma do regulamento desta Lei.

Art. 2º Os Estados são autorizados a estabelecer serviço de recepção de denúncias por telefone, preferencialmente gratuito, que também poderá ser mantido por entidade privada sem fins lucrativos, por meio de convênio.

Art. 3º O informante que se identificar terá assegurado, pelo órgão que receber a denúncia, o sigilo dos seus dados.

Art. 4º A União, os Estados, o Distrito Federal e os Municípios, no âmbito de suas competências, poderão estabelecer formas de recompensa pelo oferecimento de informações que sejam úteis para a prevenção, a repressão ou a apuração de crimes ou ilícitos administrativos.

Parágrafo único. Entre as recompensas a serem estabelecidas, poderá ser instituído o pagamento de valores em espécie.

Art. 4º-A. A União, os Estados, o Distrito Federal e os Municípios e suas autarquias e fundações, empresas públicas e sociedades de economia mista manterão unidade de ouvidoria ou correição, para assegurar a qualquer pessoa o direito de relatar informações sobre crimes contra a administração pública, ilícitos administrativos ou quaisquer ações ou omissões lesivas ao interesse público. (Artigo acrescido pela Lei 13.964/2019)

Parágrafo único. Considerado razoável o relato pela unidade de ouvidoria ou correição e procedido o encaminhamento para apuração, ao informante serão asseguradas proteção integral contra retaliações e isenção de responsabilização civil ou penal em relação ao relato, exceto se o informante tiver apresentado, de modo consciente, informações ou provas falsas.

Art. 4º-B. O informante terá direito à preservação de sua identidade, a qual apenas será revelada em caso de relevante interesse público ou interesse concreto para a apuração dos fatos.

Parágrafo único. A revelação da identidade somente será efetivada mediante comunicação prévia ao informante e com sua concordância formal. (Artigo acrescido pela Lei 13.964/2019)

Art. 4º-C. Além das medidas de proteção previstas na Lei nº 9.807, de 13 de julho de 1999, será assegurada ao informante proteção contra ações ou omissões praticadas em retaliação ao exercício do direito de relatar, tais como demissão arbitrária, alteração injustificada de funções ou atribuições, imposição de sanções, de prejuízos remuneratórios ou materiais de qualquer espécie, retirada de benefícios, diretos ou indiretos, ou negativa de fornecimento de referências profissionais positivas. (Artigo acrescido pela Lei 13.964/2019)

§ 1º A prática de ações ou omissões de retaliação ao informante configurará falta disciplinar grave e sujeitará o agente à demissão a bem do serviço público.

§ 2º O informante será ressarcido em dobro por eventuais danos materiais causados por ações ou omissões praticadas em retaliação, sem prejuízo de danos morais.

§ 3º Quando as informações disponibilizadas resultarem em recuperação de produto de crime contra a administração pública, poderá ser fixada recompensa em favor do informante em até 5% (cinco por cento) do valor recuperado.

Art. 5º O *caput* do art. 4º da Lei nº 10.201, de 14 de fevereiro de 2001, passa a vigorar acrescido dos seguintes incisos VI e VII:

▸ Alterações já incorporadas ao texto da referida lei.

Art. 6º Esta Lei entra em vigor na data de sua publicação.

Brasília, 10 de janeiro de 2018; 197º da Independência e 130º da República.

MICHEL TEMER

DOU de 11.1.2018

DECRETO 9.292, DE 23 DE FEVEREIRO DE 2018

Estabelece as características dos títulos da Dívida Pública Mobiliária Federal e dá outras providências. O Presidente da República, no uso da atribuição que lhe confere o art. 84, caput, inciso IV, da Constituição, e tendo em vista o disposto na Lei nº 10.179, de 6 de fevereiro de 2001.

▸ *Características dos títulos da Dívida Pública*

DECRETA:

Art. 1º As Letras do Tesouro Nacional - LTN terão as seguintes características:
I - prazo: definido pelo Ministro de Estado da Fazenda, quando da emissão do título;
II - modalidade: nominativa;
III - valor nominal: múltiplo de R$ 1.000,00 (mil reais);
IV - rendimento: definido pelo deságio sobre o valor nominal; e
V - resgate: pelo valor nominal, na data de vencimento.

Art. 2º As Letras Financeiras do Tesouro - LFT terão as seguintes características:
I - prazo: definido pelo Ministro de Estado da Fazenda, quando da emissão do título;
II - modalidade: nominativa;
III - valor nominal na data-base: múltiplo de R$ 1.000,00 (mil reais);
IV - rendimento: taxa média ajustada dos financiamentos diários apurados no Sistema Especial de Liquidação e de Custódia - Selic para títulos públicos federais, divulgada pelo Banco Central do Brasil, calculada sobre o valor nominal; e
V - resgate: pelo valor nominal, acrescido do respectivo rendimento, desde a data-base do título.

Art. 3º As Notas do Tesouro Nacional - NTN poderão ser emitidas nas seguintes séries:
I - NTN Série B - NTN-B;
II - NTN Série C - NTN-C;
III - NTN Série D - NTN-D;
IV - NTN Série F - NTN-F; e
V - NTN Série I - NTN-I.

Art. 4º As NTN-B terão as seguintes características:
I - prazo: definido pelo Ministro de Estado da Fazenda, quando da emissão do título;
II - taxa de juros: definida pelo Ministro de Estado da Fazenda, quando da emissão, em porcentagem ao ano, calculada sobre o valor nominal atualizado;
III - modalidade: nominativa;
IV - valor nominal na data-base: múltiplo de R$ 1.000,00 (mil reais);
V - atualização do valor nominal: pela variação do Índice Nacional de Preços ao Consumidor Amplo - IPCA do mês anterior, divulgado pela Fundação Instituto Brasileiro de Geografia e Estatística - IBGE, desde a data-base do título;
VI - pagamento de juros: semestralmente, com ajuste do prazo no primeiro período de fluência, quando couber, e o primeiro cupom de juros a ser pago contemplará a taxa integral definida para seis meses, independentemente da data de emissão do título; e
VII - resgate do principal: em parcela única, na data do seu vencimento.

Art. 5º As NTN-C terão as seguintes características:
I - prazo: definido pelo Ministro de Estado da Fazenda, quando da emissão do título;
II - taxa de juros: definida pelo Ministro de Estado da Fazenda, quando da emissão, em porcentagem ao ano, calculada sobre o valor nominal atualizado;
III - modalidade: nominativa;
IV - valor nominal na data-base: múltiplo de R$ 1.000,00 (mil reais);
V - atualização do valor nominal: pela variação do Índice Geral de Preços - Mercado - IGP-M do mês anterior, divulgado pela Fundação Getúlio Vargas, desde a data-base do título;

VI - pagamento de juros: semestralmente, com ajuste do prazo no primeiro período de fluência, quando couber, e o primeiro cupom de juros a ser pago contemplará a taxa integral definida para seis meses, independentemente da data de emissão do título; e

VII - resgate do principal: em parcela única, na data do seu vencimento.

Art. 6º As NTN-D terão as seguintes características:

I - prazo: definido pelo Ministro de Estado da Fazenda, quando da emissão do título;

II - taxa de juros: definida pelo Ministro de Estado da Fazenda, quando da emissão, em porcentagem ao ano, calculada sobre o valor nominal atualizado;

III - modalidade: nominativa;

IV - valor nominal na data-base: múltiplo de R$ 1.000,00 (mil reais);

V - atualização do valor nominal: pela variação da cotação de venda do dólar dos Estados Unidos da América no mercado de câmbio de taxas livres, divulgada pelo Banco Central do Brasil, sendo consideradas as taxas médias do dia útil imediatamente anterior à data-base e à data do vencimento do título;

VI - pagamento de juros: semestralmente, com ajuste do prazo no primeiro período de fluência, quando couber, e o primeiro cupom de juros a ser pago contemplará a taxa integral definida para seis meses, independentemente da data de emissão do título; e

VII - resgate do principal: em parcela única, na data do seu vencimento.

Art. 7º As NTN-F terão as seguintes características:

I - prazo: definido pelo Ministro de Estado da Fazenda, quando da emissão do título;

II - taxa de juros: definida pelo Ministro de Estado da Fazenda, quando da emissão, em porcentagem ao ano, calculada sobre o valor nominal;

III - modalidade: nominativa;

IV - valor nominal: múltiplo de R$ 1.000,00 (mil reais);

V - rendimento: definido pelo deságio sobre o valor nominal;

VI - pagamento de juros: semestralmente, com ajuste do prazo no primeiro período de fluência, quando couber, e o primeiro cupom de juros a ser pago contemplará a taxa integral definida para seis meses, independentemente da data de emissão do título; e

VII - resgate: pelo valor nominal, na data do seu vencimento.

Art. 8º As NTN-I, a serem utilizadas exclusivamente para o pagamento de equalização das taxas de juros dos financiamentos à exportação de bens e serviços nacionais amparados pelo Programa de Financiamento às Exportações - Proex, de que trata a Lei nº 10.184, de 12 de fevereiro de 2001, quando previsto na Lei Orçamentária Anual, terão as seguintes características:

I - prazo: definido pelo Ministro de Estado da Fazenda, quando da emissão do título;

II - taxa de juros: definida pelo Ministro de Estado da Fazenda, quando da emissão, em porcentagem ao ano, calculada sobre o valor nominal;

III - modalidade: nominativa;

IV - valor nominal na data-base: múltiplo de R$ 1,00 (um real);

V - atualização do valor nominal: pela variação da cotação de venda do dólar dos Estados Unidos da América no mercado de câmbio de taxas livres, divulgada pelo Banco Central do Brasil, sendo consideradas as taxas médias do dia útil imediatamente anterior à data-base e à data do vencimento do título; e

VI - resgate do principal e pagamento dos juros: até a data de vencimento da correspondente parcela de juros do financiamento à exportação.

Art. 9º Os Certificados Financeiros do Tesouro - CFT, serão destinados a atender preferencialmente as operações com finalidades específicas definidas em lei, e poderão ser emitidos nas seguintes séries:

I - CFT Série A - CFT-A;

II - CFT Série B - CFT-B;

III - CFT Série C - CFT-C;

IV - CFT Série D - CFT-D;

V - CFT Série E - CFT-E;

VI - CFT Série F - CFT-F; e

VII - CFT Série G - CFT-G.

Art. 10. Os CFT terão as seguintes características:

I - forma de colocação: direta em favor de interessado específico;

II - modalidade: nominativa;

III - valor nominal na data-base: múltiplo de R$ 1.000,00 (mil reais);

IV - prazo: definido pelo Ministro de Estado da Fazenda, quando da emissão do certificado; e

V - taxa de juros: definida pelo Ministro de Estado da Fazenda, quando da emissão, em porcentagem ao ano, calculada sobre o valor nominal atualizado.

Art. 11. O CFT-A terá por característica específica a atualização mensal do valor nominal pela variação do Índice Geral de Preços - Disponibilidade Interna - IGP-DI do mês anterior, divulgado pela Fundação Getúlio Vargas, desde a data-base do certificado.

Art. 12. O CFT-B terá por característica específica a atualização mensal do valor nominal por índice calculado com base na Taxa Referencial - TR, divulgada pelo Banco Central do Brasil, a partir da data-base do certificado.

Art. 13. O CFT-C terá por característica específica o rendimento definido pela taxa média ajustada dos financiamentos diários apurados no Selic, divulgada pela Banco Central do Brasil, desde a data-base do certificado.

Art. 14. O CFT-D terá por característica específica a atualização do valor nominal pela variação da cotação de venda do dólar dos Estados Unidos da América no mercado de câmbio de taxas livres, divulgada pelo Banco Central do Brasil, sendo consideradas as taxas médias do último dia imediatamente anterior à data-base e à data do vencimento do certificado.

Art. 15. O CFT-E terá por característica específica a atualização mensal do valor nominal pela variação do IGP-M do mês anterior, divulgado pela Fundação Getúlio Vargas, a partir da data-base do certificado.

Parágrafo único. Os CFT-E emitidos em função do art. 7º da Lei nº 10.260, de 12 de julho de 2001, terão como valor nominal múltiplo de R$ 1,00 (um real) e serão inegociáveis.

Art. 16. O CFT-F terá por característica específica o rendimento definido pelo deságio sobre o valor nominal.

Art. 17. O CFT-G terá por característica específica a atualização do valor nominal pela variação do IPCA, divulgado pelo IBGE, a partir da data-base do certificado.

Art. 18. Os CFT poderão ser emitidos nas seguintes subséries:

I - CFT Subsérie 1 - CFT-1;

II - CFT Subsérie 2 - CFT-2;

III - CFT Subsérie 3 - CFT-3;

IV - CFT Subsérie 4 - CFT-4; e

V - CFT Subsérie 5 - CFT-5.

§ 1º O CFT-1 terá as seguintes características gerais:

I - pagamento de juros: na data de resgate do certificado; e

II - pagamento de principal: em parcela única, na data do seu vencimento.

§ 2º O CFT-2 terá as seguintes características gerais:

I - pagamento de juros: anualmente, com ajuste do prazo no primeiro período de fluência, quando couber, sendo que o primeiro cupom de juros, que será pago após período a ser definido em ato do Ministro de Estado da Fazenda, contemplará a taxa integral definida para doze meses, independentemente da data de emissão do título; e

II - pagamento de principal: em parcela única, na data do seu vencimento.

§ 3º O CFT-3 terá as seguintes características gerais:

I - pagamento de juros: semestralmente, com ajuste do prazo no primeiro período de fluência, quando couber, sendo que o primeiro cupom de juros, que será pago após período a ser definido em ato do Ministro de Estado da Fazenda, contemplará a taxa integral definida para seis meses, independentemente da data de emissão do título; e

II - pagamento de principal: em parcela única, na data do seu vencimento.

§ 4º O CFT-4 terá as seguintes características gerais:

I - pagamento de juros: mensalmente, com ajuste do prazo no primeiro período de fluência, quando couber, sendo que o primeiro cupom de juros, que será pago após período a ser definido em ato do Ministro de Estado da Fazenda, contemplará a taxa integral definida para um mês, independentemente da data de emissão do título; e

II - pagamento de principal: em parcela única, na data do seu vencimento.

§ 5º O CFT-5 terá as seguintes características gerais:

I - pagamento de juros: periodicamente, nas datas de aniversário do certificado, juntamente com os pagamentos de principal, a partir do primeiro pagamento; e

II - pagamento de principal: periodicamente, nas datas de aniversário do certificado, conforme sistema francês de amortização - Tabela Price.

Art. 19. Os Títulos da Dívida Agrária - TDA emitidos para desapropriação e para aquisição por compra e venda de imóveis rurais destinados à implementação de projetos integrantes do Programa Nacional de Reforma Agrária, nos termos do disposto na Lei nº 4.504, de 30 de novembro de 1964, na Lei nº 8.629, de 25 de fevereiro de 1993, e no Decreto nº 578, de 24 de junho de 1992, terão as seguintes características:

I - data de emissão: primeiro dia de cada mês;

II - prazo: cinco, dez, quinze, dezoito ou vinte anos, na forma prevista na Lei nº 8.629, de 1993;

III - forma de colocação: direta em favor do proprietário do imóvel rural;

IV - quantidade de séries:

a) os títulos serão emitidos em séries autônomas com datas de resgate anuais e sucessivas;

b) a quantidade de séries a serem emitidas corresponderá ao prazo subtraído um inteiro; e

c) cada série autônoma será composta pelo quociente inteiro da divisão da quantidade total pelo número de séries, com exceção da última série que será a diferença entre a quantidade total e a soma das quantidades das outras séries;

V - taxa de juros: um, dois, três e seis por cento ao ano, calculada sobre o valor nominal atualizado, na forma prevista na Lei nº 8.177, de 1º de março de 1991;

VI - atualização: no primeiro dia de cada mês, por índice calculado com base na TR referente ao mês anterior;

VII - modalidade: nominativa;

VIII - pagamento de juros: anualmente até o resgate do principal ou até o vencimento da última série; e

IX - resgate do principal: as séries autônomas terão datas de resgate anual, sendo que a primeira será resgatável a partir do segundo ano de sua emissão e assim sucessivamente, na forma prevista na Lei nº 8.177, de 1991.

Art. 20. Os títulos CVS utilizados para novação das dívidas do Fundo de Compensação de Variações Salariais - FCVS junto às instituições financiadoras, relativas a saldos devedores remanescentes da liquidação de contratos de financiamento habitacional, firmados com mutuários finais do Sistema Financeiro da Habitação - SFH com as condições previstas na Lei nº 10.150, de 21 de dezembro de 2000, terão as seguintes características:

I - prazo: trinta anos, contados a partir de 1º de janeiro de 1997;

II - atualização do valor nominal: pela TR ou ao índice que a suceder na atualização dos saldos dos depósitos de poupança;

III - taxa de juros:

a) juros à taxa efetiva de três inteiros e doze centésimos por cento ao ano para as operações realizadas com recursos oriundos do Fundo de Garantia do Tempo de Serviço - FGTS; e

b) juros de seis inteiros e dezessete centésimos por cento ao ano, correspondente à taxa efetiva de juros aplicada aos depósitos de poupança, para as demais operações;

IV - modalidade: nominativa;

V - valor nominal na data de emissão: múltiplo de R$ 1.000,00 (mil reais);

VI - pagamento de juros: capitalizado mês a mês e exigíveis mensalmente a partir de 1º de janeiro de 2005; e

VII - resgate do principal: carência de doze anos com a devida atualização, sendo que a amortização se dará de 1º de janeiro de 2009 a 1º de janeiro de 2027, com pagamentos no primeiro dia de cada mês.

Art. 21. As Notas do Tesouro Nacional - NTN - Série P - NTN - P, que foram emitidas em conformidade com a Lei nº 9.491, de 9 de setembro de 1997, poderão ser utilizadas, pelo valor ao par, mediante expressa anuência do credor, para:

I - pagamento de dívidas próprias vencidas ou vincendas para com a União ou as entidades da administração pública federal;

II - pagamento de dívidas de terceiros vencidas ou vincendas para com a União ou as entidades da administração pública federal, mediante autorização do Ministro de Estado da Fazenda e dos Ministros de Estado sob cuja supervisão se encontrem as entidades envolvidas; e

III - transferência, a qualquer título, para entidade da administração pública federal.

§ 1º Observados os privilégios legais, terão preferência, para efeito de pagamento, as dívidas vencidas com o Tesouro Nacional ou aquelas decorrentes de avais honrados pela União.

§ 2º O disposto no § 1º não se aplica às dívidas de origem tributária para com a Fazenda Nacional.

§ 3º Nas operações a que se refere este artigo, a NTN-P será recebida ao par, valorizada pro rata dias úteis.

§ 4º É vedada a utilização das NTN-P como meio de pagamento para aquisição de bens e direitos alienados no âmbito do Programa Nacional de Desestatização.

§ 5º A critério do Ministro da Fazenda, as NTN-P poderão ser resgatadas antecipadamente pelo valor de mercado ou permutadas por outros títulos, observando a equivalência econômica.

Art. 22. Os Certificados da Dívida Pública Mobiliária Federal - Instituto Nacional do Seguro Social - CDP/INSS, emitidos até fevereiro de 2002, em conformidade com a Lei nº 9.711, de 20 de novembro de 1998, poderão ser permutados por outro título da Dívida Pública de responsabilidade do Tesouro Nacional, a critério do Ministro de Estado da Fazenda, observada a equivalência econômica.

Art. 23. Os títulos da Dívida Pública Mobiliária interna serão registrados sob a forma escritural em sistema centralizado de liquidação e de custódia.

Art. 24. Os títulos a que se referem este Decreto poderão ser emitidos com data-base que servirá como data de referência para atualização do valor nominal dos referidos títulos.

Art. 25. O Ministro de Estado da Fazenda fica autorizado a:

I - disciplinar as formas de operacionalização para emissão e resgate dos títulos da dívida pública de responsabilidade da Secretaria do Tesouro Nacional do Ministério da Fazenda e de registro em sistema centralizado de liquidação e custódia; e

II - celebrar convênios, ajustes ou contratos para emissão, colocação e resgate dos títulos referidos neste Decreto.

Art. 26. O Ministro de Estado da Fazenda editará os atos necessários ao cumprimento deste Decreto.

Art. 27. Fica revogado o Decreto nº 3.859, de 4 de julho de 2001.

Art. 28. Este Decreto entra em vigor na data de sua publicação.

Brasília, 23 de fevereiro de 2018; 197º da Independência e 130º da República.

MICHEL TEMER

DOU de 26.2.2018

DECRETO Nº 9.847, DE 25 DE JUNHO DE 2019

Regulamenta a Lei nº 10.826, de 22 de dezembro de 2003, para dispor sobre a aquisição, o cadastro, o registro, o porte e a comercialização de armas de fogo e de munição e sobre o Sistema Nacional de Armas e o Sistema de Gerenciamento Militar de Armas.

› *Regulamento do Estatuto do Desarmamento*

O PRESIDENTE DA REPÚBLICA, no uso da atribuição que lhe confere o art. 84, *caput*, inciso IV, da Constituição, e tendo em vista o disposto na Lei nº 10.826, de 22 de dezembro de 2003,

DECRETA:

CAPÍTULO I DISPOSIÇÕES GERAIS

Art. 1º Este Decreto regulamenta a Lei nº 10.826, de 22 de dezembro de 2003, com o objetivo de estabelecer regras e procedimentos para a aquisição, o cadastro, o registro, o porte e a comercialização de armas de fogo e de munição e de dispor sobre a estruturação do Sistema Nacional de Armas - Sinarm e do Sistema de Gerenciamento Militar de Armas - Sigma.

Art. 2º Para fins do disposto neste Decreto, adotam-se as definições e classificações constantes do Anexo I ao Decreto nº 10.030, de 30 de setembro de 2019, e considera-se, ainda: (Redação dada pelo Decreto 10.630/2021)

I - registros precários - dados referentes ao estoque de armas de fogo, acessórios e munições das empresas autorizadas a comercializá-los; e (Redação dada pelo Decreto 10.63/2021)

II - registros próprios - aqueles realizados por órgãos, instituições e corporações em documentos oficiais de caráter permanente. (Redação dada pelo Decreto 10.630/2021)

III a XIV - (Revogado pelo Decreto 10.630/2021)

§ 1º Fica proibida a produção de réplicas e simulacros que possam ser confundidos com arma de fogo, nos termos do disposto no art. 26 da Lei nº 10.826, de 2003, que não sejam classificados como arma de pressão nem destinados à instrução, ao adestramento, ou à coleção de usuário autorizado.

§ 2º O Comando do Exército estabelecerá os parâmetros de aferição e a listagem dos calibres nominais que se enquadrem nos limites estabelecidos nos incisos I, II e IV do parágrafo único do art. 3º do Anexo I do Decreto nº 10.030, de 2019, no prazo de sessenta dias, contado da data de publicação deste Decreto. (Redação dada pelo Decreto 10.630/2021)

§ 3º Ato conjunto do Ministro de Estado da Defesa e do Ministro de Estado da Justiça e Segurança Pública estabelecerá as quantidades de munições passíveis de aquisição pelas pessoas físicas autorizadas a adquirir ou portar arma de fogo e pelos integrantes dos órgãos e das instituições a que se referem os incisos I a VII e X do *caput* do art. 6º da Lei nº 10.826, de 2003, observada a legislação, no prazo de sessenta dias, contado da data de publicação do Decreto nº 10.030, de 30 de setembro de 2019. (Acrescido pelo Decreto 10.030/2019, republicado na Edição Extra A do DOU de 1º/10/2019)

CAPÍTULO II DOS SISTEMAS DE CONTROLE DE ARMAS DE FOGO

SEÇÃO I DO SISTEMA NACIONAL DE ARMAS

Art. 3º O Sinarm, instituído no âmbito da Polícia Federal do Ministério da Justiça e Segurança Pública, manterá cadastro nacional, das armas de fogo importadas, produzidas e comercializadas no País.

§ 1º A Polícia Federal manterá o registro de armas de fogo de competência do Sinarm.

§ 2º Serão cadastrados no Sinarm:

I - os armeiros em atividade no País e as respectivas licenças para o exercício da atividade de profissional;

II - os produtores, os atacadistas, os varejistas, os exportadores e os importadores autorizados de armas de fogo, acessórios e munições;

III - os instrutores de armamento e de tiro credenciados para a aplicação de teste de capacidade técnica, ainda que digam respeito a arma de fogo de uso restrito; e

IV - os psicólogos credenciados para a aplicação do exame de aptidão psicológica a que se refere o inciso III do *caput* do art. 4º da Lei nº 10.826, de 2003.

§ 3º Serão cadastradas no Sinarm as armas de fogo:

I - importadas, produzidas e comercializadas no País, de uso permitido ou restrito, exceto aquelas pertencentes às Forças Armadas e Auxiliares, ao Gabinete de Segurança Institucional da Presidência da República e à Agência Brasileira de Inteligência;

II - apreendidas, ainda que não constem dos cadastros do Sinarm ou do Sigma, incluídas aquelas vinculadas a procedimentos policiais e judiciais;

III - institucionais, observado o disposto no inciso I, constantes de cadastros próprios:

a) da Polícia Federal;

b) da Polícia Rodoviária Federal;

c) da Força Nacional de Segurança Pública;

d) dos órgãos do sistema penitenciário federal, estadual ou distrital; (Redação dada pelo Decreto 10.630/2021)

e) das polícias civis dos Estados e do Distrito Federal;

f) dos órgãos policiais da Câmara dos Deputados e do Senado Federal, a que se referem, respectivamente, o inciso IV do *caput* do art. 51 e o inciso XIII do *caput* do art. 52 da Constituição;

g) das guardas municipais;

h) dos órgãos públicos aos quais sejam vinculados os agentes e os guardas prisionais e os integrantes das escoltas de presos dos Estados e das guardas portuárias;

i) dos órgãos do Poder Judiciário, para uso exclusivo de servidores de seus quadros pessoais que efetivamente estejam no exercício de funções de segurança, na forma do regulamento estabelecido pelo Conselho Nacional de Justiça;

j) dos órgãos dos Ministérios Públicos da União, dos Estados e do Distrito Federal e Territórios, para uso exclusivo de servidores de seus quadros pessoais que efetivamente estejam no exercício de funções de segurança, na forma do regulamento estabelecido pelo Conselho Nacional do Ministério Público;

k) da Secretaria Especial da Receita Federal do Brasil do Ministério da Economia, adquiridas para uso dos integrantes da Carreira de Auditoria da Receita Federal do Brasil, compostos pelos cargos de Auditor-Fiscal e Analista-Tributário;

l) do órgão ao qual se vincula a Carreira de Auditoria-Fiscal do Trabalho, adquiridas para uso de seus integrantes;

m) dos órgãos públicos cujos servidores tenham autorização, concedida por legislação específica, para portar arma de fogo em serviço e que não tenham sido mencionados nas alíneas "a" a "l"; e

n) do Poder Judiciário e do Ministério Público, adquiridas para uso de seus membros;

IV - dos integrantes:

a) da Polícia Federal;

b) da Polícia Rodoviária Federal;

c) dos órgãos do sistema penitenciário federal, estadual ou distrital; (Redação dada pelo Decreto 10.630/2021)

d) das polícias civis dos Estados e do Distrito Federal;

e) dos órgãos policiais da Câmara dos Deputados e do Senado Federal, a que se referem, respectivamente, o inciso IV do *caput* do art. 51 e o inciso XIII do *caput* do art. 52 da Constituição;

f) das guardas municipais;

g) dos quadros efetivos dos agentes e guardas prisionais, das escoltas de presos dos Estados e das guardas portuárias;

h) do quadro efetivo dos órgãos do Poder Judiciário que efetivamente estejam no exercício de funções de segurança, na forma do regulamento estabelecido pelo Conselho Nacional de Justiça;

i) do quadro efetivo dos órgãos dos Ministérios Públicos da União, dos Estados e do Distrito Federal e Territórios que efetivamente estejam no exercício de funções de segurança, na forma do regulamento estabelecido pelo Conselho Nacional do Ministério Público;

j) dos quadros efetivos da Carreira de Auditoria da Receita Federal do Brasil da Secretaria Especial da Receita Federal do Brasil do Ministério da Economia, composta pelos cargos de Auditor-Fiscal e Analista-Tributário, e da Carreira de Auditoria-Fiscal do Trabalho;

k) dos quadros efetivos dos órgãos públicos cujos servidores tenham autorização, concedida por legislação específica, para portar arma de fogo em serviço e que não tenham sido mencionados nas alíneas "a" a "j";

l) dos membros do Poder Judiciário e do Ministério Público; e

m) das empresas de segurança privada e de transporte de valores;

V - dos instrutores de armamento e tiro credenciados pela Polícia Federal, exceto aquelas que já estiverem, obrigatoriamente, cadastradas no Sigma; e (Redação dada pelo Decreto 10.630/2021)

VI - adquiridas por qualquer cidadão autorizado na forma do disposto no § 1º do art. 4º da Lei nº 10.826, de 2003.

§ 4º O disposto no inciso III ao inciso V do § 3º aplica-se às armas de fogo de uso restrito.

§ 5º O cadastramento de armas de fogo adulteradas, sem numeração ou com numeração raspada será feito no Sinarm com as características que permitam a sua identificação.

§ 6º Serão, ainda, cadastradas no Sinarm as ocorrências de extravio, furto, roubo, recuperação e apreensão de armas de fogo de uso permitido ou restrito.

§ 7º As ocorrências de extravio, furto, roubo, recuperação e apreensão de armas de fogo serão imediatamente comunicadas à Polícia Federal pela autoridade competente. (Redação dada pelo Decreto 10.030/2019, republicado na Edição Extra A do DOU de 1º/10/2019)

§ 8º A Polícia Federal deverá informar às secretarias de segurança pública dos Estados e do Distrito Federal os registros e as autorizações de porte de armas de fogo existentes nos respectivos territórios.

§ 9º A Polícia Federal poderá celebrar convênios com os órgãos de segurança pública dos Estados e do Distrito Federal para possibilitar a integração de seus sistemas correlatos ao Sinarm.

§ 10. As especificações e os procedimentos para o cadastro das armas de fogo de que trata este artigo serão estabelecidos em ato do Diretor-Geral da Polícia Federal.

§ 11. O registro e o cadastro das armas de fogo a que se refere o inciso II do § 3º serão feitos por meio de comunicação das autoridades competentes à Polícia Federal.

§ 12. Sem prejuízo do disposto neste artigo, as unidades de criminalística da União, dos Estados e do Distrito Federal responsáveis por realizar perícia em armas de fogo apreendidas deverão encaminhar, trimestralmente, arquivo eletrônico com a relação das armas de fogo periciadas para cadastro e eventuais correções no Sinarm, na forma estabelecida em ato do Diretor-Geral da Polícia Federal.

SEÇÃO II
DO SISTEMA DE GERENCIAMENTO MILITAR DE ARMAS

Art. 4º O Sigma, instituído no âmbito do Comando do Exército do Ministério da Defesa, manterá cadastro nacional das armas de fogo importadas, produzidas e comercializadas no País que não estejam previstas no art. 3º.

§ 1º O Comando do Exército manterá o registro de proprietários de armas de fogo de competência do Sigma.

§ 2º Serão cadastradas no Sigma as armas de fogo:

I - institucionais, constantes de registros próprios:

a) das Forças Armadas;

b) das polícias militares e dos corpos de bombeiros militares dos Estados e do Distrito Federal;

c) da Agência Brasileira de Inteligência; e

d) do Gabinete de Segurança Institucional da Presidência da República;

II - dos integrantes:

a) das Forças Armadas;

b) das polícias militares e dos corpos de bombeiros militares dos Estados e do Distrito Federal;

c) da Agência Brasileira de Inteligência; e

d) do Gabinete de Segurança Institucional da Presidência da República;

III - obsoletas;

IV - das representações diplomáticas; e

V - importadas ou adquiridas no País com a finalidade de servir como instrumento para a realização de testes e avaliações técnicas.

§ 3º O disposto no § 2º aplica-se às armas de fogo de uso permitido.

§ 4º Serão, ainda, cadastradas no Sigma as informações relativas às importações e às exportações de armas de fogo, munições e demais produtos controlados.

§ 5º Os processos de autorização para aquisição, registro e cadastro de armas de fogo no Sigma tramitarão de maneira descentralizada, na forma estabelecida em ato do Comandante do Exército.

SEÇÃO III
DO CADASTRO E DA GESTÃO DOS SISTEMAS

Art. 5º O Sinarm e o Sigma conterão, no mínimo, as seguintes informações, para fins de cadastro e de registro das armas de fogo, conforme o caso:

I - relativas à arma de fogo:

a) o número do cadastro no Sinarm ou no Sigma, conforme o caso;

b) a identificação do produtor e do vendedor;

c) o número e a data da nota fiscal de venda;

d) a espécie, a marca e o modelo;

e) o calibre e a capacidade dos cartuchos;

f) a forma de funcionamento;

g) a quantidade de canos e o comprimento;

h) o tipo de alma, lisa ou raiada;

i) a quantidade de raias e o sentido delas;

j) o número de série gravado no cano da arma de fogo; e

k) a identificação do cano da arma de fogo, as características das impressões de raiamento e de microestriamento do projétil disparado; e

II - relativas ao proprietário:

a) o nome, a filiação, a data e o local de nascimento;

b) o domicílio e o endereço residencial;

c) o endereço da empresa ou do órgão em que trabalhe;

d) a profissão;

e) o número da cédula de identidade, a data de expedição, o órgão e o ente federativo expedidor; e

f) o número de inscrição no Cadastro de Pessoas Físicas - CPF ou no Cadastro Nacional da Pessoa Jurídica - CNPJ.

§ 1º Os produtores e os importadores de armas de fogo informarão à Polícia Federal, no prazo de quarenta e oito horas, para fins de cadastro no Sinarm, quando da saída do estoque, relação das armas produzidas e importadas, com as informações a que se refere o inciso I do *caput* e os dados dos adquirentes.

§ 2º As empresas autorizadas pelo Comando do Exército a comercializar armas de fogo, munições e acessórios encaminharão as informações a que se referem os incisos I e II do *caput* à Polícia Federal ou ao Comando do Exército, para fins de cadastro e registro da arma de fogo, da munição ou do acessório no Sinarm ou no Sigma, conforme o caso, no prazo de quarenta e oito horas, contado da data de efetivação da venda.

§ 3º Os adquirentes informarão a aquisição de armas de fogo, munições ou acessórios à Polícia Federal ou ao Comando do Exército, para fins de registro da arma de fogo, da munição ou do acessório no Sinarm ou no Sigma, conforme o caso, no prazo de sete dias úteis, contado da data de sua aquisição, com as seguintes informações:

I - a identificação do produtor, do importador ou do comerciante de quem as armas de fogo, as munições e os acessórios tenham sido adquiridos; e

II - o endereço em que serão armazenadas as armas de fogo, as munições e os acessórios adquiridos.

§ 4º Na hipótese de estarem relacionados a integrantes da Agência Brasileira de Inteligência, o cadastro e o registro das armas de fogo, das munições e dos acessórios no Sigma estarão restritos ao número da matrícula funcional, no que se refere à qualificação pessoal, inclusive nas operações de compra e venda e nas ocorrências de extravio, furto, roubo ou recuperação de arma de fogo ou de seus documentos.

§ 5º Fica vedado o registro ou a renovação de registro de armas de fogo adulteradas, sem numeração ou com numeração raspada.

§ 6º Os dados necessários ao cadastro das informações a que se refere a alínea "k" do inciso I do *caput* serão enviados ao Sinarm ou ao Sigma, conforme o caso:

I - pelo produtor, conforme marcação e testes por ele realizados; ou

II - pelo importador, conforme marcação e testes realizados, de acordo com padrões internacionais, pelo produtor ou por instituição por ele contratada.

Art. 6º As regras referentes ao credenciamento e à fiscalização de psicólogos, instrutores de tiro e armeiros serão estabelecidas em ato do Diretor-Geral da Polícia Federal.

Art. 7º O Comando do Exército fornecerá à Polícia Federal as informações necessárias ao cadastramento dos produtores, atacadistas, varejistas, exportadores e importadores autorizados de arma de fogo, acessórios e munições do País.

Art. 8º Os dados do Sinarm e do Sigma serão compartilhados entre si e com o Sistema Nacional de Informações de Segurança Pública - Sinesp.

Parágrafo único. Ato conjunto do Diretor-Geral da Polícia Federal e do Comandante do Exército estabelecerá as regras para interoperabilidade e compartilhamento dos dados existentes no Sinarm e no Sigma, no prazo de um ano, contado da data de entrada em vigor deste Decreto.

Art. 9º Fica permitida a venda de armas de fogo de porte e portáteis, munições e acessórios por estabelecimento comercial credenciado pelo Comando do Exército.

Art. 10. Os estabelecimentos que comercializarem armas de fogo, munições e acessórios ficam obrigados a comunicar, mensalmente, à Polícia Federal ou ao Comando do Exército, conforme o caso, as vendas que efetuarem e a quantidade de mercadorias disponíveis em estoque.

§ 1º As mercadorias disponíveis em estoque são de responsabilidade do estabelecimento comercial e serão registradas, de forma precária, como de sua propriedade, enquanto não forem vendidas.

§ 2º Os estabelecimentos a que se refere o *caput* manterão à disposição da Polícia Federal e do Comando do Exército a relação dos estoques e das vendas efetuadas mensalmente nos últimos cinco anos.

§ 3º Os procedimentos e a forma pela qual será efetivada a comunicação a que se refere o *caput* serão disciplinados em ato do Comandante do Exército ou do Diretor-Geral da Polícia Federal, conforme o caso.

Art. 11. A comercialização de armas de fogo, de acessórios, de munições e de insumos para recarga só poderá ser efetuada em estabelecimento comercial credenciado pelo Comando do Exército.

Art. 12. Para fins de aquisição de arma de fogo de uso permitido e de emissão do Certificado de Registro de Arma de Fogo, o interessado deverá:

I - ter, no mínimo, vinte e cinco anos de idade;

II - apresentar original e cópia de documento de identificação pessoal;

III - comprovar a idoneidade moral e a inexistência de inquérito policial ou processo criminal, por meio de certidões de antecedentes criminais das Justiças Federal, Estadual, Militar e Eleitoral;

IV - apresentar documento comprobatório de ocupação lícita e de residência fixa;

V - comprovar, periodicamente, a capacidade técnica para o manuseio da arma de fogo; e

VI - comprovar a aptidão psicológica para o manuseio de arma de fogo, atestada em laudo conclusivo fornecido por psicólogo credenciado pela Polícia Federal.

§ 1º O indeferimento do pedido para aquisição a que se refere o *caput* será comunicado ao interessado em documento próprio e apenas poderá ter como fundamento:

I - a comprovação documental de que:

a) o interessado instruiu o pedido com declarações ou documentos falsos; ou

b) o interessado mantém vínculo com grupos criminosos ou age como pessoa interposta de quem não preenche os requisitos a que se referem os incisos I a VI do *caput*;

II - o interessado não ter a idade mínima exigida no inciso I do *caput*; ou

III - a não apresentação de um ou mais documentos a que se referem o inciso III ao inciso VI do *caput*.

§ 2º Serão exigidas as certidões de antecedentes a que se refere o inciso III do *caput* apenas do local de domicílio do requerente, que apresentará declaração de inexistência de inquéritos policiais ou processos criminais contra si em trâmite nos demais entes federativos.

§ 3º O comprovante de capacidade técnica de que trata o inciso V do *caput* deverá ser expedido por instrutor de armamento e de tiro credenciado pela Polícia Federal no Sinarm e deverá atestar, necessariamente:

I - conhecimento da conceituação e das normas de segurança relativas a arma de fogo;

II - conhecimento básico dos componentes e das partes da arma de fogo para a qual foi requerida a autorização de aquisição; e

III - habilidade no uso da arma de fogo demonstrada pelo interessado em estande de tiro credenciado pelo Comando do Exército ou pela Polícia Federal.

§ 3º-A. Os profissionais descritos nos incisos I, II, III, IV, V, VI, VII e X do *caput* do art. 6º da Lei nº 10.826, de 2003, e o atirador desportivo com certificado de registro válido, que possua armas apostiladas no acervo de atirador, que estejam credenciados junto à Polícia Federal como instrutores de armamento e tiro poderão utilizar suas armas registradas no Sigma para aplicar os testes de tiro para fornecimento do comprovante de capacidade técnica. (Acrescido pelo Decreto 10.630/2021)

§ 4º Cumpridos os requisitos a que se refere o *caput*, será expedida pelo Sinarm, no prazo de até trinta dias, contado da data do protocolo da solicitação, a autorização para a aquisição da arma de fogo em nome do interessado.

§ 5º É pessoal e intransferível a autorização para a aquisição da arma de fogo de que trata o § 4º.

§ 6º Fica dispensado da comprovação de cumprimento dos requisitos a que se referem os incisos V e VI do *caput* o interessado em adquirir arma de fogo que:

I - comprove estar autorizado a portar arma de fogo da mesma espécie daquela a ser adquirida, desde que o porte de arma de fogo esteja válido; e

II - tenha se submetido às avaliações técnica e psicológica no prazo estabelecido para obtenção ou manutenção do porte de arma de fogo.

§ 7º Para fins de aquisição de arma de fogo de uso restrito, o interessado deverá solicitar autorização prévia ao Comando do Exército.

§ 8º O disposto no § 7º se aplica às aquisições de munições e acessórios das armas de uso restrito adquiridas.

§ 9º O disposto no § 7º não se aplica aos Comandos Militares, nos termos do disposto no parágrafo único do art. 27 da Lei nº 10.826, de 2003.

§ 10. O certificado de registro concedido às pessoas jurídicas que comercializem ou produzam armas de fogo, munições e acessórios e aos clubes e às escolas de tiro, expedido pelo Comando do Exército, terá validade de dez anos.

§ 11. Os requisitos de que tratam os incisos IV, V e VI do *caput* serão comprovados, periodicamente, a cada dez anos, junto à Polícia Federal, para fins de renovação do Certificado de Registro. (Acrescido pelo Decreto 10.030/2019, republicado na Edição Extra A do DOU de 1º/10/2019)

§ 12. Os integrantes das Forças Armadas, das polícias federais, estaduais e do Distrito Federal e os militares dos Estados e do Distrito Federal, ao adquirirem arma de fogo de uso permitido ou restrito ou renovarem o Certificado de Registro, ficam dispensados do cumprimento dos requisitos de que tratam os incisos I, III, IV, V e VI do *caput*. (Acrescido pelo Decreto 10.030/2019, republicado na Edição Extra A do DOU de 1º/10/2019)

§ 13. Os integrantes das entidades de que tratam os incisos I, II, III, V, VI, VII e X do *caput* do art. 6º da Lei nº 10.826, de 2003, ficam dispensados do cumprimento do requisito de que trata o inciso I do *caput* deste artigo. (Acrescido pelo Decreto 10.030/2019, republicado na Edição Extra A do DOU de 1º/10/2019)

§ 14. O cumprimento dos requisitos legais e regulamentares necessários ao porte e à aquisição de armas de fogo dos servidores previstos nos incisos X e XI do *caput* do art. 6º da Lei nº 10.826, de 2003, dos membros da Magistratura e do Ministério Público poderá ser atestado por declaração da própria instituição, na forma estabelecida pela Secretaria da Receita Federal do Brasil do Ministério da Economia, pelo Conselho Nacional de Justiça e pelo Conselho Nacional do Ministério Público, respectivamente, adotados os parâmetros técnicos estabelecidos pela Polícia Federal. (Acrescido pelo Decreto 10.630/2021)

Art. 13. O proprietário de arma de fogo fica obrigado a comunicar, imediatamente após à ciência dos fatos, à polícia judiciária e ao Sinarm, o extravio, o furto, o roubo e a recuperação de arma de fogo ou do Certificado de Registro de Arma de Fogo. (Redação dada pelo Decreto 10.630/2021)

§ 1º A polícia judiciária remeterá, no prazo de quarenta e oito horas, contado da data de recebimento da comunicação, as informações coletadas à Polícia Federal ou ao Comando do Exército, para fins de cadastro no Sinarm.

§ 2º Na hipótese de arma de fogo de uso restrito, a Polícia Federal encaminhará as informações ao Comando do Exército, para fins de cadastro no Sigma.

§ 3º Sem prejuízo do disposto no *caput*, o proprietário deverá, ainda, comunicar o ocorrido à Polícia Federal ou ao Comando do Exército, conforme o caso, e encaminhar-lhe cópia do boletim de ocorrência.

Art. 14. Serão cassadas as autorizações de porte de arma de fogo do titular a que se referem o inciso VIII ao inciso XI do *caput* do art. 6º e o § 1º do art. 10 da Lei nº 10.826, de 2003, que esteja respondendo a inquérito ou a processo criminal por crime doloso.

§ 1º Nas hipóteses de que trata o *caput*, o proprietário entregará a arma de fogo à Polícia Federal ou ao Comando do Exército, conforme o caso, mediante indenização na forma prevista no art. 48, ou providenciará a sua transferência para terceiro, no prazo de sessenta dias, contado da data da ciência do indiciamento ou do recebimento da denúncia ou da queixa pelo juiz.

§ 2º A cassação a que se refere o *caput* será determinada a partir do indiciamento do investigado no inquérito policial ou do recebimento da denúncia ou queixa pelo juiz.

§ 3º A autorização de posse e de porte de arma de fogo não será cancelada na hipótese de o proprietário de arma de fogo estar respondendo a inquérito ou ação penal em razão da utilização da arma em estado de necessidade, legítima defesa, em estrito cumprimento do dever legal ou exercício regular de direito, exceto nas hipóteses em que o juiz, convencido da necessidade da medida, justificadamente determinar.

§ 4º Na hipótese a que se refere o § 3º, a arma será apreendida quando for necessário periciá-la e será restituída ao proprietário após a realização da perícia mediante assinatura de termo de compromisso e responsabilidade, por meio do qual se comprometerá a apresentar a arma de fogo perante a autoridade competente sempre que assim for determinado.

§ 5º O disposto neste artigo aplica-se a todas as armas de fogo de propriedade do indiciado ou acusado.

§ 6º A apreensão da arma de fogo é de responsabilidade da polícia judiciária competente para a investigação do crime que motivou a cassação.

Art. 15. O porte de arma de fogo de uso permitido, vinculado ao registro prévio da arma e ao cadastro no Sinarm, será expedido pela Polícia Federal, no território nacional, desde que atendidos os requisitos previstos nos incisos I, II e III do § 1º do art. 10 da Lei nº 10.826, de 2003. (Redação dada pelo Decreto 10.630/2021)

§ 1º Na análise da efetiva necessidade, de que trata o inciso I do § 1º do art. 10 da Lei nº 10.826, de 2003, devem ser consideradas as circunstâncias fáticas enfrentadas, as atividades exercidas e os critérios pessoais descritos pelo requerente, especialmente os que demonstrem os indícios de riscos potenciais à sua vida, incolumidade ou integridade física, permitida a utilização de todas as provas admitidas em direito para comprovar o alegado. (Acrescido pelo Decreto 10.630/2021)

§ 2º O indeferimento do requerimento de porte de arma de fogo que trata o *caput* deverá ser devidamente fundamentado pela autoridade concedente. (Acrescido pelo Decreto 10.630/2021)

§ 3º A taxa estipulada para o porte de arma de fogo somente será recolhida após a análise e a aprovação dos documentos apresentados. (Acrescido pelo Decreto 10.630/2021)

Art. 16. O porte de arma de fogo é documento obrigatório para a condução da arma e deverá conter os seguintes dados:

I - abrangência territorial;

II - eficácia temporal;

III - características das armas; (Redação dada pelo Decreto 10.630/2021)

IV - número dos cadastros de, ao menos, uma das armas no Sinarm ou Sigma; (Redação dada pelo Decreto 10.630/2021)

V - identificação do proprietário das armas; e (Redação dada pelo Decreto 10.630/2021)

VI - assinatura, cargo e função da autoridade concedente.

Art. 17. O porte de arma de fogo é pessoal, intransferível e revogável a qualquer tempo, e será válido em todo o território nacional para as armas de fogo de porte de uso permitido devidamente registradas no acervo do proprietário no Sinarm ou no Sigma. (Artigo com redação dada pelo Decreto 10.630/2021)

§ 1º O porte de arma de fogo autoriza a condução simultânea de até duas armas de fogo, respectivas munições e acessórios. (Acrescido pelo Decreto 10.630/2021)

§ 2º O documento de porte deverá ser apresentado em conjunto com o documento de identificação do portador e o Certificado de Registro da Arma de Fogo válido. (Acrescido pelo Decreto 10.630/2021)

§ 3º Os integrantes das entidades de que tratam os incisos I, II, V, VI, X e XI do *caput* do art. 6º da Lei nº 10.826, de 2003, e os membros da Magistratura e do Ministério Público poderão portar as armas apostiladas em seus certificados de registro, no acervo de atirador desportivo. (Acrescido pelo Decreto 10.630/2021)

Art. 18. (Revogado pelo Decreto 10.630/2021)

Art. 19. O titular do porte de arma de fogo deverá comunicar imediatamente:

I - a mudança de domicílio ao órgão expedidor do porte de arma de fogo; e

II - o extravio, o furto ou o roubo da arma de fogo, à unidade policial mais próxima e, posteriormente, à Polícia Federal.

Parágrafo único. A inobservância ao disposto neste artigo implicará na suspensão do porte de arma de fogo por prazo a ser estipulado pela autoridade concedente.

Art. 20. O titular de porte de arma de fogo para defesa pessoal concedido nos termos do disposto no art. 10 da Lei nº 10.826, de 2003, não poderá conduzi-la ostensivamente ou com ela adentrar ou permanecer em locais públicos, tais como igrejas, escolas, estádios desportivos, clubes, agências bancárias ou outros locais onde haja aglomeração de pessoas em decorrência de eventos de qualquer natureza.

§ 1º A inobservância ao disposto neste artigo implicará na cassação do porte de arma de fogo e na apreensão da arma, pela autoridade competente, que adotará as medidas legais pertinentes.

§ 2º Aplica-se o disposto no § 1º na hipótese de o titular do porte de arma de fogo portar o armamento em estado de embriaguez ou sob o efeito de drogas ou medicamentos que provoquem alteração do desempenho intelectual ou motor.

Art. 21. Será concedido pela Polícia Federal, nos termos do disposto no § 5º do art. 6º da Lei nº 10.826, de 2003, o porte de arma de fogo, na categoria caçador de subsistência, de uma arma portátil, de uso permitido, de tiro simples, com um ou dois canos, de alma lisa e de calibre igual ou inferior a dezesseis, desde que o interessado comprove a efetiva necessidade em requerimento ao qual deverão ser anexados os seguintes documentos:

I - documento comprobatório de residência em área rural ou certidão equivalente expedida por órgão municipal;

II - original e cópia, ou cópia autenticada, do documento de identificação pessoal; e

III - atestado de bons antecedentes.

Parágrafo único. Aplicam-se ao portador do porte de arma de fogo mencionado neste artigo as demais obrigações estabelecidas neste Decreto.

Art. 22. Observado o princípio da reciprocidade previsto em convenções internacionais de que a República Federativa do Brasil seja signatária, poderá ser autorizado o porte de arma de fogo pela Polícia Federal a diplomatas de missões diplomáticas e consulares acreditadas junto ao Governo brasileiro, e a agentes de segurança de dignitários estrangeiros durante a permanência no País, independentemente dos requisitos estabelecidos neste Decreto.

Art. 23. Caberá à Polícia Federal estabelecer os procedimentos relativos à concessão e à renovação do porte de arma de fogo.

Art. 24. O porte de arma de fogo é deferido aos militares das Forças Armadas, aos policiais federais, estaduais e distritais, civis e militares, aos corpos de bombeiros militares e aos policiais da Câmara dos Deputados e do Senado Federal em razão do desempenho de suas funções institucionais.

§ 1º O porte de arma de fogo é garantido às praças das Forças Armadas com estabilidade de que trata a alínea "a" do inciso IV do *caput* do art. 50 da Lei nº 6.880, de 9 de dezembro de 1980 - Estatuto dos Militares.

§ 2º A autorização do porte de arma de fogo para as praças sem estabilidade assegurada será regulamentada em ato do Comandante da Força correspondente.

§ 3º Ato do Comandante da Força correspondente disporá sobre as hipóteses excepcionais de suspensão, cassação e demais procedimentos relativos ao porte de arma de fogo de que trata este artigo.

§ 4º Atos dos comandantes-gerais das corporações disporão sobre o porte de arma de fogo dos policiais militares e dos bombeiros militares.

§ 5º (Revogado pelo Decreto 9.981/2019)

Art. 24-A. O porte de arma de fogo também será deferido aos integrantes das entidades de que tratam os incisos III, IV, V, X e XI do *caput* do art. 6º da Lei nº 10.826, de 2003, aos integrantes do quadro efetivo das polícias penais federal, estadual ou distrital e aos agentes e guardas prisionais, em razão do desempenho de suas funções institucionais. (Acrescido pelo Decreto 10.630/2021)

Art. 25. A autorização para o porte de arma de fogo previsto em legislação própria, na forma prevista no *caput* do art. 6º da Lei nº 10.826, de 2003, fica condicionada ao atendimento dos requisitos previstos no inciso III do *caput* do art. 4º da referida Lei.

Art. 26. Os órgãos, as instituições e as corporações a que se referem os incisos I, II, III, V, VI, VII e X do *caput* do art. 6º da Lei nº 10.826, de 2003, estabelecerão, em normas próprias, os procedimentos relativos às condições para a utilização das armas de fogo de sua propriedade, ainda que fora de serviço.

§ 1º As instituições a que se referem o inciso IV do *caput* do art. 6º da Lei nº 10.826, de 2003, estabelecerão, em normas próprias, os procedimentos relativos às condições para a utilização, em serviço, das armas de fogo de sua propriedade.

§ 2º As instituições, os órgãos e as corporações, ao definir os procedimentos a que se refere o *caput*, disciplinarão as normas gerais de uso de arma de fogo de sua propriedade, fora do serviço, quando se tratar de locais onde haja aglomeração de pessoas, em decorrência de evento de qualquer natureza, tais como no interior de igrejas, escolas, estádios desportivos e clubes, públicos e privados.

§ 3º Os órgãos e as instituições que tenham os portes de arma de seus agentes públicos ou políticos estabelecidos em lei própria, na forma prevista no *caput* do art. 6º da Lei nº 10.826, de 2003, deverão encaminhar à Polícia Federal a relação das pessoas autorizadas a portar arma de fogo, observado, no que couber, o disposto no art. 20.

§ 4º Não será concedida a autorização para o porte de arma de fogo de que trata o art. 15 a integrantes de órgãos, instituições e corporações não autorizados a portar arma de fogo fora de serviço, exceto se comprovarem o risco à sua integridade física, observado o disposto no art. 11 da Lei nº 10.826, de 2003.

§ 5º O porte de que tratam os incisos V, VI e X do *caput* do art. 6º da Lei nº 10.826, de 2003, e aquele previsto em lei própria, na forma prevista no *caput* do art. 6º da Lei nº 10.826, de 2003, serão concedidos, exclusivamente, para defesa pessoal, hipótese em que será vedado aos seus titulares o porte ostensivo da arma de fogo.

§ 6º A vedação prevista no § 5º não se aplica aos servidores designados para execução da atividade fiscalizatória do Instituto Brasileiro do Meio Ambiente e dos Recursos Naturais Renováveis - Ibama e do Instituto Chico Mendes de Conservação da Biodiversidade - Instituto Chico Mendes.

Art. 27. Poderá ser autorizado, em casos excepcionais, pelo órgão competente, o uso, em serviço, de arma de fogo de propriedade dos integrantes dos órgãos, das instituições ou das corporações a que se referem os incisos I, II, III, V, VI e VII do *caput* do art. 6º da Lei nº 10.826, de 2003. (Redação dada pelo Decreto 10.630/2021)

§ 1º A autorização de que trata o *caput* será regulamentada em ato próprio do órgão, da instituição ou da corporação competente.

§ 2º Na hipótese prevista neste artigo, a arma de fogo deverá ser sempre conduzida com o seu Certificado de Registro de Arma de Fogo.

§ 3º Para fins do disposto no *caput*, deverá ser observado o disposto no § 1º-B do art. 6º da Lei nº 10.826, de 2003, em relação aos integrantes do quadro efetivo das polícias penais federal, estadual ou distrital e aos agentes e guardas prisionais. (Acrescido pelo Decreto 10.630/2021)

Art. 28. As armas de fogo particulares de que trata o art. 27 e as institucionais não brasonadas deverão ser conduzidas com o seu Certificado de Registro de Arma de Fogo ou com o termo de cautela decorrente de autorização judicial para uso, sob pena de aplicação das sanções penais cabíveis.

Art. 29. A capacidade técnica e a aptidão psicológica para o manuseio de armas de fogo, para os integrantes das instituições a que se referem os incisos III, IV, V, VI, VII, X e XI do *caput* do art. 6º da Lei nº 10.826, de 2003, poderão ser atestadas por profissionais da própria instituição ou por instrutores de armamento e tiro credenciados, depois de cumpridos os requisitos técnicos e psicológicos estabelecidos pela Polícia Federal, nos termos do disposto neste Decreto. (Redação dada pelo Decreto 10.630/2021)

Parágrafo único. Caberá à Polícia Federal expedir o porte de arma de fogo para os guardas portuários.

Art. 29-A. A Polícia Federal, diretamente ou por meio de convênio com os órgãos de segurança pública dos Estados, do Distrito Federal e dos Municípios, nos termos do disposto no § 3º do art. 6º da Lei nº 10.826, de 2003, e observada a supervisão do Ministério da Justiça e Segurança Pública:

I - estabelecerá o currículo da disciplina de armamento e tiro dos cursos de formação das guardas municipais;

II - concederá porte de arma de fogo funcional aos integrantes das guardas municipais, com validade pelo prazo de dez anos, contado da data de emissão do porte, nos limites territoriais do Estado em que exerce a função; e

III - fiscalizará os cursos de formação para assegurar o cumprimento do currículo da disciplina a que se refere o inciso I.

Parágrafo único. Os guardas municipais autorizados a portar arma de fogo, nos termos do inciso II do *caput*, poderão portá-la nos deslocamentos para suas residências, mesmo quando localizadas em município situado em Estado limítrofe. (Acrescido pelo Decreto 10.030/2019, republicado na Edição Extra A do DOU de 1º/10/2019)

Art. 29-B. A formação de guardas municipais poderá ocorrer somente em:

I - estabelecimento de ensino de atividade policial;

II - órgão municipal para formação, treinamento e aperfeiçoamento de integrantes da guarda municipal;

III - órgão de formação criado e mantido por Municípios consorciados para treinamento e aperfeiçoamento dos integrantes da guarda municipal; ou

IV - órgão estadual centralizado e conveniado a seus Municípios, para formação e aperfeiçoamento de guardas municipais, no qual seja assegurada a participação dos municípios conveniados no conselho gestor. (Acrescido pelo Decreto 10.030/2019, republicado na Edição Extra A do DOU de 1º/10/2019)

Art. 29-C. O porte de arma de fogo aos integrantes das instituições de que tratam os incisos III e IV do *caput* do art. 6º da Lei nº 10.826, de 2003, será concedido somente mediante comprovação de treinamento técnico de, no mínimo: (Acrescido pelo Decreto 10.030/2019, republicado na Edição Extra A do DOU de 1º/10/2019)

I - sessenta horas, para armas de repetição, caso a instituição possua este tipo de armamento em sua dotação; (Redação dada pelo Decreto 10.630/2021)

II - cem horas, para arma de fogo semiautomática; e (Redação dada pelo Decreto 10.630/2021)

III - sessenta horas, para arma de fogo automática. (Acrescido pelo Decreto 10.630/2021)

§ 1º O treinamento de que trata o *caput* destinará, no mínimo, sessenta e cinco por cento de sua carga horária ao conteúdo prático. (Acrescido pelo Decreto 10.030/2019, republicado na Edição Extra A do DOU de 1º/10/2019)

§ 2º O curso de formação dos profissionais das guardas municipais de que trata o art. 29-A conterá técnicas de tiro defensivo e de defesa pessoal. (Acrescido pelo Decreto 10.030/2019, republicado na Edição Extra A do DOU de 1º/10/2019)

§ 3º Os profissionais das guardas municipais com porte de arma de fogo serão submetidos a estágio de qualificação profissional por, no mínimo, oitenta horas anuais. (Acrescido pelo Decreto 10.030/2019, republicado na Edição Extra A do DOU de 1º/10/2019)

Art. 29-D. A Polícia Federal poderá conceder porte de arma de fogo, nos termos do disposto no § 3º do art. 6º da Lei nº 10.826, de 2003, às guardas municipais dos Municípios que tenham instituído:

I - corregedoria própria e independente para a apuração de infrações disciplinares atribuídas aos servidores integrantes da guarda municipal; e

II - ouvidoria, como órgão permanente, autônomo e independente, com competência para fiscalizar, investigar, auditar e propor políticas de qualificação das atividades desenvolvidas pelos integrantes das guardas municipais. (Acrescido pelo Decreto 10.030/2019, republicado na Edição Extra A do DOU de 1º/10/2019)

Art. 30. Os integrantes das Forças Armadas e os servidores dos órgãos, instituições e corporações mencionados nos incisos II, V, VI e VII do *caput* do art. 6º da Lei nº 10.826, de 2003, transferidos para a reserva remunerada ou aposentados, para conservarem a autorização de porte de arma de fogo de sua propriedade deverão submeter-se, a cada dez anos, aos testes de avaliação psicológica a que faz menção o inciso III do *caput* do art. 4º da Lei nº 10.826, de 2003.

§ 1º O cumprimento dos requisitos a que se refere o *caput* será atestado pelos órgãos, instituições e corporações de vinculação.

§ 2º Não se aplicam aos integrantes da reserva não remunerada das Forças Armadas e Auxiliares as prerrogativas mencionadas no *caput*.

Art. 31. A entrada de arma de fogo e munição no País, como bagagem de atletas, destinadas ao uso em competições internacionais será autorizada pelo Comando do Exército.

§ 1º O porte de trânsito das armas a serem utilizadas por delegações estrangeiras em competição oficial de tiro no País será expedido pelo Comando do Exército.

§ 2º Os responsáveis pelas delegações estrangeiras e brasileiras em competição oficial de tiro no País e os seus integrantes transportarão as suas armas desmuniciadas.

Art. 32. As empresas de segurança privada e de transporte de valores solicitarão à Polícia Federal autorização para aquisição de armas de fogo.

§ 1º A autorização de que trata o *caput*:

I - será concedida se houver comprovação de que a empresa possui autorização de funcionamento válida e justificativa da necessidade de aquisição com base na atividade autorizada; e

II - será válida apenas para a utilização da arma de fogo em serviço.

§ 2º As empresas de que trata o *caput* encaminharão, trimestralmente, à Polícia Federal a relação nominal dos vigilantes que utilizem armas de fogo de sua propriedade.

§ 3º A transferência de armas de fogo entre estabelecimentos da mesma empresa ou para empresa diversa será autorizada pela Polícia Federal, desde que cumpridos os requisitos de que trata o § 1º.

§ 4º Durante o trâmite do processo de transferência de armas de fogo de que trata o § 3º, a Polícia Federal poderá autorizar a empresa adquirente a utilizar as armas de fogo em fase de aquisição, em seus postos de serviço, antes da expedição do novo Certificado de Registro de Arma de Fogo.

§ 5º É vedada a utilização em serviço de arma de fogo particular do empregado das empresas de que trata este artigo.

§ 6º É de responsabilidade das empresas de segurança privada a guarda e o armazenamento das armas, das munições e dos acessórios de sua propriedade, nos termos da legislação específica.

§ 7º A perda, o furto, o roubo ou outras formas de extravio de arma de fogo, de acessório e de munições que estejam sob a guarda das empresas de segurança privada e de transporte de valores deverão ser comunicadas à Polícia Federal, no prazo de vinte e quatro horas, contado da ocorrência do fato, sob pena de responsabilização do proprietário ou do responsável legal.

Art. 33. A classificação legal, técnica e geral, a definição das armas de fogo e a dos demais produtos controlados são aquelas constantes do Decreto nº 10.030, de 2019, e de sua legislação complementar. (Redação dada pelo Decreto 10.630/2021)

CAPÍTULO III
DA IMPORTAÇÃO E DA EXPORTAÇÃO

Art. 34. O Comando do Exército autorizará previamente a aquisição e a importação de armas de fogo de uso restrito, munições de uso restrito e demais produtos controlados de uso restrito, para os seguintes órgãos, instituições e corporações: (Artigo com redação dada pelo Decreto 10.030/2019, republicado na Edição Extra A do DOU de 1º/10/2019)

I - a Polícia Federal;
II - a Polícia Rodoviária Federal;
III - o Gabinete de Segurança Institucional da Presidência da República;
IV - a Agência Brasileira de Inteligência;
V - os órgãos do sistema penitenciário federal, estadual e distrital; (Redação dada pelo Decreto 10.630/2021)
VI - a Força Nacional de Segurança Pública, por meio da Secretaria Nacional de Segurança Pública;
VII - os órgãos policiais da Câmara dos Deputados e do Senado Federal a que se referem, respectivamente, o inciso IV do *caput* do art. 51 e o inciso XIII do *caput* do art. 52 da Constituição;
VIII - as polícias civis dos Estados e do Distrito Federal;
IX - as polícias militares dos Estados e do Distrito Federal;
X - os corpos de bombeiros militares dos Estados e do Distrito Federal; (Redação dada pelo Decreto nº 10.630/2021)
XI - as guardas municipais; (Redação dada pelo Decreto 10.630/2021)
XII - os tribunais e o Ministério Público; e (Acrescido pelo Decreto 10.630/2021)
XIII - a Secretaria da Receita Federal do Brasil do Ministério da Economia. (Acrescido pelo Decreto 10.630/2021)

§ 1º Ato do Comandante do Exército disporá sobre os procedimentos relativos à comunicação prévia a que se refere o *caput* e sobre as informações que dela devam constar.

§ 1º-A. Para a concessão da autorização a que se refere o *caput*, os órgãos, as instituições e as corporações comunicarão previamente ao Comando do Exército o quantitativo de armas e munições de uso restrito que pretendem adquirir. (Acrescido pelo Decreto 10.030/2019, republicado na Edição Extra A do DOU de 1º/10/2019)

§ 2º Serão, ainda, autorizadas a adquirir e importar armas de fogo, munições, acessórios e demais produtos controlados: (Redação dada pelo Decreto nº 10.030/2019, republicado na Edição Extra A do DOU de 1º/10/2019)

I - os integrantes das instituições a que se referem os incisos I a XIII do *caput*; (Redação dada pelo Decreto 10.630/2021)
II - pessoas naturais autorizadas a adquirir arma de fogo, munições ou acessórios, de uso permitido ou restrito, conforme o caso, nos termos do disposto no art. 12, nos limites da autorização obtida;
III - pessoas jurídicas credenciadas no Comando do Exército para comercializar armas de fogo, munições e produtos controlados; e
IV - os integrantes das Forças Armadas.

§ 3º Ato do Comandante do Exército disporá sobre as condições para a importação de armas de fogo, munições, acessórios e demais produtos controlados a que se refere o § 2º, no prazo de trinta dias, contado da data de publicação do Decreto nº 10.030, de 30 de setembro de 2019. (Redação dada pelo Decreto 10.030/2019, republicado na Edição Extra A do DOU de 1º/10/2019)

§ 4º O disposto nesse artigo não se aplica aos comandos militares.

§ 5º A autorização de que trata o *caput* poderá ser concedida pelo Comando do Exército após avaliação e aprovação de planejamento estratégico, com duração de, no máximo, quatro anos, para a aquisição de armas, munições e produtos controlados de uso restrito pelos órgãos, pelas instituições e pelas corporações de que trata o *caput*. (Redação dada pelo Decreto 10.630/2021)

§ 5º-A. A autorização de que trata o *caput* poderá, excepcionalmente, ser concedida antes da aprovação do planejamento estratégico de que trata o § 5º, em consideração aos argumentos apresentados pela instituição demandante. (Acrescido pelo Decreto 10.630/2021)

§ 5º-B. Na ausência de manifestação do Comando do Exército no prazo de sessenta dias úteis, contado da data do recebimento do processo, a autorização de que trata o *caput* será considerada tacitamente concedida. (Acrescido pelo Decreto 10.630/2021)

§ 5º-C. Na hipótese de serem verificadas irregularidades ou a falta de documentos nos planejamentos estratégicos, o prazo de que trata o § 5º-B ficará suspenso até a correção do processo. (Acrescido pelo Decreto 10.630/2021)

§ 6º A aquisição de armas de fogo e munições de uso permitido pelos órgãos, pelas instituições e pelas corporações a que se refere o *caput* será comunicada ao Comando do Exército. (Acrescido pelo Decreto 10.030/2019, republicado na Edição Extra A do DOU de 1º/10/2019)

Art. 35. Compete ao Comando do Exército:

I - autorizar e fiscalizar a produção, a exportação, a importação, o desembaraço alfandegário e o comércio de armas, munições e demais produtos controlados no território nacional;
II - manter banco de dados atualizado com as informações acerca das armas de fogo, acessórios e munições importados; e
III - editar normas:

a) para dispor sobre a forma de acondicionamento das munições em embalagens com sistema de rastreamento;
b) para dispor sobre a definição dos dispositivos de segurança e de identificação de que trata o § 3º do art. 23 da Lei nº 10.826, de 2003;
c) para que, na comercialização de munições para os órgãos referidos no art. 6º da Lei nº 10.826, de 2003, estas contenham gravação na base dos estojos que permita identificar o fabricante, o lote de venda e o adquirente; e
d) para o controle da produção, da importação, do comércio, da utilização de simulacros de armas de fogo, nos termos do disposto no parágrafo único do art. 26 da Lei nº 10.826, de 2003.

Parágrafo único. Para fins do disposto no inciso III do *caput*, o Comando do Exército ouvirá previamente o Ministério da Justiça e Segurança Pública.

Art. 36. Concedida a autorização a que se refere o art. 34, a importação de armas de fogo, munições e demais produtos controlados pelas instituições e pelos órgãos a que se referem o inciso I ao inciso XI do *caput* do art. 34 ficará sujeita ao regime de licenciamento automático da mercadoria.

Art. 37. A importação de armas de fogo, munições e demais produtos controlados pelas pessoas a que se refere o § 2º do art. 34 ficará sujeita ao regime de licenciamento não automático prévio ao embarque da mercadoria no exterior.

§ 1º O Comando do Exército expedirá o Certificado Internacional de Importação após a comunicação a que se refere o § 1º do art. 34.

§ 2º O Certificado Internacional de Importação a que se refere o § 1º terá validade até o término do processo de importação.

Art. 38. As instituições, os órgãos e as pessoas de que trata o art. 34, quando interessadas na importação de armas de fogo, munições e demais produtos controlados, deverão preencher a Licença de Importação no Sistema Integrado de Comércio Exterior - Siscomex.

§ 1º O desembaraço aduaneiro das mercadorias ocorrerá após o cumprimento do disposto no *caput*.

§ 2º A Licença de Importação a que se refere o *caput* terá validade até o término do processo de importação.

Art. 39. As importações realizadas pelas Forças Armadas serão comunicadas ao Ministério da Defesa.

Art. 40. A Secretaria Especial da Receita Federal do Brasil do Ministério da Economia e o Comando do Exército fornecerão à Polícia Federal as informações relativas às importações de que trata este Capítulo e que devam constar do Sinarm.

Art. 41. Fica autorizada a entrada temporária no País, por prazo determinado, de armas de fogo, munições e acessórios para fins de demonstração, exposição, conserto, mostruário ou testes, por meio de comunicação do interessado, de seus representantes legais ou das representações diplomáticas do país de origem ao Comando do Exército.

§ 1º A importação sob o regime de admissão temporária será autorizada por meio do Certificado Internacional de Importação.

§ 2º Terminado o evento que motivou a importação, o material deverá retornar ao seu país de origem e não poderá ser doado ou vendido no território nacional, exceto se a doação for destinada aos museus dos órgãos e das instituições a que se referem o inciso I ao inciso XI do *caput* do art. 34.

§ 3º A Secretaria Especial da Receita Federal do Brasil do Ministério da Economia fiscalizará a entrada e a saída do País dos produtos a que se refere este artigo.

Art. 42. Fica vedada a importação de armas de fogo completas e suas partes essenciais, armações, culatras, ferrolhos e canos, e de munições e seus insumos para recarga, do tipo pólvora ou outra carga propulsora e espoletas, por meio do serviço postal e similares. (Redação dada pelo Decreto 10.630/2021)

Art. 43. O Comando do Exército autorizará a exportação de armas, munições e demais produtos controlados, nos termos estabelecidos em legislação específica para exportação de produtos de defesa e no disposto no art. 24 da Lei nº 10.826, de 2003.

Art. 44. O desembaraço aduaneiro de armas de fogo, munições e demais produtos controlados será feito pela Secretaria Especial da Receita Federal do Brasil do Ministério da Economia, após autorização do Comando do Exército.

§ 1º O desembaraço aduaneiro de que trata o *caput* incluirá:

I - as operações de importação e de exportação, sob qualquer regime;
II - a internação de mercadoria em entrepostos aduaneiros;
III - a nacionalização de mercadoria entrepostada;
IV - a entrada e a saída do País de armas de fogo e de munição de atletas brasileiros e estrangeiros inscritos em competições nacionais ou internacionais;
V - a entrada e a saída do País de armas de fogo e de munição trazidas por agentes de segurança de dignitários estrangeiros em visita ao País;

VI - a entrada e a saída de armas de fogo e de munição de órgãos de segurança estrangeiros, para participação em operações, exercícios e instruções de natureza oficial; e

VII - as armas de fogo, as munições, as suas partes e as suas peças, trazidas como bagagem acompanhada ou desacompanhada.

§ 2º O desembaraço aduaneiro de armas de fogo e de munição ficará condicionado ao cumprimento das normas específicas sobre marcação estabelecidas pelo Comando do Exército.

CAPÍTULO IV
DISPOSIÇÕES FINAIS

Art. 45. As armas de fogo apreendidas, após a finalização dos procedimentos relativos à elaboração do laudo pericial e quando não mais interessarem à persecução penal, serão encaminhadas pelo juiz competente ao Comando do Exército, no prazo de quarenta e oito horas, para doação aos órgãos de segurança pública ou às Forças Armadas ou para destruição quando inservíveis. (Redação dada pelo Decreto 10.630/2021)

§ 1º O Comando do Exército indicará no relatório trimestral reservado de que trata o § 1º do art. 25 da Lei nº 10.826, de 2003, as armas, as munições e os acessórios passíveis de doação. (Redação dada pelo Decreto 10.630/2021)

§ 2º Os órgãos de segurança pública ou as Forças Armadas manifestarão interesse pelas armas de fogo apreendidas, ao Comando do Exército, no prazo de trinta dias, contado da data do recebimento do relatório reservado trimestral por aquelas instituições. (Redação dada pelo Decreto 10.630/2021)

§ 3º Os órgãos de segurança pública ou as Forças Armadas que efetivaram a apreensão terão preferência na doação das armas. (Redação dada pelo Decreto 10.630/2021)

§ 4º O Comando do Exército se manifestará favoravelmente à doação de que trata este artigo, no prazo de trinta dias, na hipótese de serem atendidos os critérios de priorização estabelecidos pelo Ministério da Justiça e Segurança Pública, nos termos do disposto no § 1º do art. 25 da Lei nº 10.826, de 2003, dentre os quais, destaque-se:

I - a comprovação da necessidade de destinação do armamento; e

II - a adequação das armas de fogo ao padrão de cada instituição. (Redação dada pelo Decreto 10.630/2021)

§ 5º Os critérios de priorização a que se refere o § 4º deverão ser atendidos inclusive pelos órgãos de segurança pública ou pelas Forças Armadas responsáveis pela apreensão. (Redação dada pelo Decreto 10.630/2021)

§ 6º Cumpridos os requisitos de que trata o § 4º e observada a regra de preferência do órgão apreensor, o Comando do Exército encaminhará, no prazo de trinta dias, a relação das armas de fogo a serem doadas ao juiz competente, que determinará o seu perdimento em favor do órgão ou da Força Armada beneficiária. (Redação dada pelo Decreto 10.630/2021)

§ 7º As armas de fogo de valor histórico ou obsoletas poderão ser objeto de doação a museus das Forças Armadas ou de instituições policiais indicados pelo Comando do Exército. (Redação dada pelo Decreto 10.630/2021)

§ 8º A decisão sobre o destino final das armas de fogo não doadas aos órgãos interessados nos termos do disposto neste Decreto caberá ao Comando do Exército, que deverá concluir pela sua destruição ou pela doação às Forças Armadas. (Redação dada pelo Decreto 10.630/2021)

§ 9º As munições e os acessórios apreendidos, concluídos os procedimentos relativos à elaboração do laudo pericial e quando não mais interessarem à persecução penal, serão encaminhados pelo juiz competente ao Comando do Exército, no prazo de quarenta e oito horas, para destruição ou doação aos órgãos de segurança pública ou às Forças Armadas, na forma estabelecida neste artigo. (Redação dada pelo Decreto 10.630/2021)

§ 10. O órgão de segurança pública ou as Forças Armadas responsáveis pela apreensão das munições serão o destinatário da doação, desde que manifestem interesse, no prazo de trinta dias, contado da data do recebimento do relatório trimestral reservado. (Redação dada pelo Decreto 10.630/2021)

§ 11. Na hipótese de não haver interesse por parte do órgão ou das Forças Armadas responsáveis pela apreensão, as munições serão destinadas ao primeiro órgão que manifestar interesse. (Redação dada pelo Decreto 10.630/2021)

§ 12. Compete ao órgão de segurança pública beneficiário da doação das munições periciá-las para atestar a sua validade e encaminhá-las ao Comando do Exército para destruição, na hipótese de ser constatado que são inservíveis. (Redação dada pelo Decreto 10.630/2021)

§ 13. As armas de fogo, as munições e os acessórios apreendidos que forem de propriedade das instituições a que se referem os incisos I a XIII do *caput* do art. 34 serão devolvidos à instituição após a realização de perícia, exceto se determinada sua retenção até o final do processo pelo juízo competente. (Redação dada pelo Decreto 10.630/2021)

§§ 14 e 15. (Revogados pelo Decreto 10.630/2021)

Art. 45-A. As armas de fogo e munições apreendidas em decorrência do tráfico de drogas ou de qualquer forma utilizadas em atividades ilícitas de produção ou comercialização de drogas, ou ainda, que tenham sido adquiridas com recursos provenientes do tráfico de drogas, perdidas em favor da União e encaminhadas para o Comando do Exército, serão destinadas à doação, após perícia ou vistoria que atestem seu bom estado, observado o seguinte critério de prioridade:

I - órgão de segurança pública responsável pela apreensão;

II - demais órgãos de segurança pública ou do sistema penitenciário do ente federativo responsável pela apreensão; e

III - órgãos de segurança pública ou do sistema penitenciário dos demais entes federativos.

§ 1º O pedido do ente federativo deverá ser feito no prazo de vinte dias, contado da data do recebimento do relatório trimestral reservado, observado o critério de prioridade de que trata o *caput*.

§ 2º O pedido de doação previsto neste artigo deverá atender aos critérios de priorização estabelecidos pelo Ministério da Justiça e Segurança Pública, nos termos do disposto no § 4º do art. 45. (Acrescido pelo Decreto 10.630/2021)

Art. 45-B. As armas de fogo apreendidas poderão ser devolvidas pela autoridade competente aos seus legítimos proprietários na hipótese de serem cumpridos os requisitos de que trata o art. 4º da Lei nº 10.826, de 2003. (Acrescido pelo Decreto 10.630/2021)

Art. 46. As solicitações dos órgãos de segurança pública sobre informações relativas ao cadastro de armas de fogo, munições e demais produtos controlados junto ao Sinarm e ao Sigma serão encaminhadas diretamente à Polícia Federal ou ao Comando do Exército, conforme o caso.

Art. 47. Na hipótese de falecimento ou interdição do proprietário de arma de fogo, o administrador da herança ou o curador, conforme o caso, providenciará a transferência da propriedade da arma, por meio de alvará judicial ou de autorização firmada por todos os herdeiros, desde que sejam maiores de idade e capazes, observado o disposto no art. 12.

§ 1º O administrador da herança ou o curador comunicará à Polícia Federal ou ao Comando do Exército, conforme o caso, a morte ou a interdição do proprietário da arma de fogo.

§ 2º Na hipótese de que trata o *caput*, a arma de fogo permanecerá sob a guarda e a responsabilidade do administrador da herança ou do curador, depositada em local seguro, até a expedição do Certificado de Registro de Arma de Fogo e a entrega ao novo proprietário.

§ 3º A inobservância ao disposto no § 2º implicará a apreensão da arma de fogo pela autoridade competente, sem prejuízo das sanções penais cabíveis.

Art. 48. O valor da indenização de que tratam os art. 31 e art. 32 da Lei nº 10.826, de 2003, e o procedimento para o respectivo pagamento serão fixados pelo Ministério da Justiça e Segurança Pública.

Art. 49. Os recursos financeiros necessários ao cumprimento do disposto nos art. 31 e art. 32 da Lei nº 10.826, de 2003, serão custeados por dotação orçamentária específica consignada ao Ministério da Justiça e Segurança Pública.

Art. 50. Será presumida a boa-fé dos possuidores e dos proprietários de armas de fogo que as entregar espontaneamente à Polícia Federal ou aos postos de recolhimento credenciados, nos termos do disposto no art. 32 da Lei nº 10.826, de 2003.

Art. 51. A entrega da arma de fogo de que tratam os art. 31 e art. 32 da Lei nº 10.826, de 2003, de seus acessórios ou de sua munição será feita na Polícia Federal ou em órgãos e entidades credenciados pelo Ministério da Justiça e Segurança Pública.

§ 1º Para o transporte da arma de fogo até o local de entrega, será exigida guia de trânsito, expedida pela Polícia Federal ou por órgão por ela credenciado, que conterá as especificações mínimas estabelecidas pelo Ministério da Justiça e Segurança Pública.

§ 2º A guia de trânsito de que trata o § 1º poderá ser expedida pela internet, na forma estabelecida em ato do Diretor-Geral da Polícia Federal.

§ 3º A guia de trânsito de que trata o § 1º autorizará tão-somente o transporte da arma, devidamente desmuniciada e acondicionada de maneira que seu uso não possa ser imediato, limitado para o percurso nela autorizado.

§ 4º O transporte da arma de fogo sem a guia de trânsito, ou o transporte realizado com a guia, mas sem a observância ao que nela estiver estipulado, sujeitará o infrator às sanções penais cabíveis.

Art. 52. As disposições sobre a entrega de armas de fogo de que tratam os art. 31 e art. 32 da Lei nº 10.826, de 2003, não se aplicam às empresas de segurança privada e de transporte de valores.

Art. 53. Será aplicada pelo órgão competente pela fiscalização multa de:

I - R$ 100.000,00 (cem mil reais):

a) à empresa de transporte aéreo, rodoviário, ferroviário, marítimo, fluvial ou lacustre que permita o transporte de arma de fogo, munição ou acessórios sem a devida autorização ou com inobservância às normas de segurança; e

b) à empresa de produção ou de comercialização de armas de fogo que realize publicidade para estimular a venda e o uso indiscriminado de armas de fogo, acessórios e munição, exceto nas publicações especializadas;

II - R$ 200.000,00 (duzentos mil reais), sem prejuízo das sanções penais cabíveis:

LEGISLAÇÃO COMPLEMENTAR

a) à empresa de transporte aéreo, rodoviário, ferroviário, marítimo, fluvial ou lacustre que deliberadamente, por qualquer meio, realize, promova ou facilite o transporte de arma de fogo ou de munição sem a devida autorização ou com inobservância às normas de segurança; e

b) à empresa de produção ou de comercialização de armas de fogo que reincidir na conduta de que trata a alínea "b" do inciso I do *caput*; e

III - R$ 300.000,00 (trezentos mil reais), sem prejuízo das sanções penais cabíveis, à empresa que reincidir na conduta de que tratam a alínea "a" do inciso I e as alíneas "a" e "b" do inciso II.

Art. 54. A empresa de segurança e de transporte de valores ficará sujeita às penalidades de que trata o art. 23 da Lei nº 7.102, de 20 de junho de 1983, na hipótese de não apresentar, nos termos do disposto nos § 2º e § 3º do art. 7º da Lei nº 10.826, de 2003:

I - a documentação comprobatória do cumprimento dos requisitos constantes do art. 4º da Lei nº 10.826, de 2003, quanto aos empregados que portarão arma de fogo; e

II - semestralmente, ao Sinarm, a listagem atualizada de seus empregados.

Art. 55. Os recursos arrecadados em razão das taxas e das sanções pecuniárias de caráter administrativo previstas neste Decreto serão aplicados nos termos do disposto no § 1º do art. 11 da Lei nº 10.826, de 2003.

Art. 56. As receitas destinadas ao Sinarm serão recolhidas ao Banco do Brasil S.A., na conta Fundo para Aparelhamento e Operacionalização das Atividades-Fim da Polícia Federal, e serão alocadas para o reaparelhamento, a manutenção e o custeio das atividades de controle e de fiscalização da circulação de armas de fogo e de repressão ao seu tráfico ilícito, de competência da Polícia Federal.

Art. 57. Os requerimentos formulados ao Comando do Exército, ao Sigma, à Polícia Federal e ao Sinarm referentes aos procedimentos previstos neste Decreto serão apreciados e julgados no prazo de sessenta dias.

§ 1º A apreciação e o julgamento a que se refere o *caput* ficarão condicionados à apresentação do requerimento devidamente instruído à autoridade competente.

§ 2º O prazo a que se refere o *caput* será contado da data:

I - da entrega do requerimento devidamente instruído; ou

II - da entrega da documentação completa de instrução do requerimento, na hipótese de as datas da entrega do requerimento e dos documentos que o instruem não coincidirem.

§ 3º Transcorrido o prazo a que se refere o *caput* sem a apreciação e o julgamento do requerimento, observado o disposto no § 1º, consideram-se aprovados tacitamente os pedidos nele formulados.

§ 4º A aprovação tácita não impede a continuidade da apreciação do requerimento, que poderá ser cassado, caso constatado o não cumprimento dos requisitos legais.

Art. 57-A. Os procedimentos previstos neste Decreto serão realizados prioritariamente de forma eletrônica, dispensado o comparecimento pessoal do requerente, exceto se houver necessidade especificamente motivada e comunicada de apresentação dos documentos originais. (Acrescido pelo Decreto 10.630/2021)

Art. 58. O Decreto nº 9.607, de 12 de dezembro de 2018, passa a vigorar com as seguintes alterações:

"Art. 34-B. A autorização para importação de Prode, conforme definido em ato do Ministro de Estado da Defesa, poderá ser concedida:

I - aos órgãos e às entidades da administração pública;

II - aos fabricantes de Prode em quantidade necessária à realização de pesquisa, estudos e testes, à composição de sistemas de Prode ou à fabricação de Prode;

III - aos representantes de empresas estrangeiras, em regime de admissão temporária, para fins de experiências, testes ou demonstração, junto às Forças Armadas do Brasil ou a órgãos ou entidades públicas, desde que comprovem exercer a representação comercial do fabricante estrangeiro no território nacional e apresentem documento comprobatório do interesse das instituições envolvidas;

IV - aos expositores, para participação em feiras, mostras, exposições e eventos, por período determinado;

V - aos agentes de segurança de dignitários estrangeiros em visita ao País, em caráter temporário;

VI - às representações diplomáticas;

VII - aos integrantes de Forças Armadas do Brasil ou de órgãos de segurança estrangeiros, em caráter temporário, para:

a) participação em exercícios combinados; ou

b) participação, na qualidade de instrutor, aluno ou competidor, em cursos e eventos profissionais das Forças Armadas do Brasil e de órgãos de segurança nacionais, desde que o Prode seja essencial para o curso ou o evento; e

VIII - aos colecionadores, aos atiradores desportivos, aos caçadores e às pessoas naturais cujas armas de fogo devam ser registradas pelo Comando do Exército, nas condições estabelecidas no Regulamento para a Fiscalização de Produtos Controlados.

§ 1º Nas hipóteses previstas nos incisos III, IV e VII do *caput*, a importação será limitada às amostras necessárias ao evento, vedada a importação do produto para outros fins, e os Prode deverão ser reexportados após o término do evento motivador da importação ou, a critério do importador e com autorização do Ministério da Defesa, doados.

§ 2º Na hipótese prevista no inciso III do *caput*, os Prode não serão entregues aos seus importadores e ficarão diretamente sob a guarda dos órgãos ou das instituições envolvidos." (NR)

Art. 59. O Decreto nº 9.845, de 25 de junho de 2019, passa a vigorar com as seguintes alterações:

"Art. 7º ....

....

§ 1º Nas hipóteses de que trata o *caput*, o proprietário entregará a arma de fogo à Polícia Federal ou ao Comando do Exército, conforme o caso, mediante indenização, na forma prevista no art. 48 do Decreto nº 9.847, de 25 de junho de 2019, ou providenciará a sua transferência para terceiro, no prazo de sessenta dias, contado da data da ciência do indiciamento ou do recebimento da denúncia ou da queixa pelo juiz.

....

...." (NR)

"Art. 8º Na hipótese de não cumprimento dos requisitos de que trata o art. 3º para a renovação do Certificado de Registro de Arma de Fogo, o proprietário entregará a arma de fogo à Polícia Federal, mediante indenização, na forma prevista no art. 48 do Decreto nº 9.847, de 2019, ou providenciará a sua transferência, no prazo de sessenta dias, para terceiro interessado na aquisição, observado o disposto no art. 5º.

....

...." (NR)

Art. 60. Ficam revogados:

I - os seguintes dispositivos do Anexo ao Decreto nº 3.665, de 20 de novembro de 2000:

a) o art. 183; e

b) o art. 190;

II - o art. 34-A do Decreto nº 9.607, de 2018;

III - o Decreto nº 9.785, de 7 de maio de 2019;

IV - o Decreto nº 9.797, de 21 de maio de 2019; e

V - o Decreto nº 9.844, de 25 de junho de 2019.

Art. 61. Este Decreto entra em vigor na data de sua publicação.

Brasília, 25 de junho de 2019; 198º da Independência e 131º da República.

JAIR MESSIAS BOLSONARO

Onyx Lorenzoni

LEI Nº 13.869, DE 5 DE SETEMBRO DE 2019

Dispõe sobre os crimes de abuso de autoridade; altera a Lei nº 7.960, de 21 de dezembro de 1989, a Lei nº 9.296, de 24 de julho de 1996, a Lei nº 8.069, de 13 de julho de 1990, e a Lei nº 8.906, de 4 de julho de 1994; e revoga a Lei nº 4.898, de 9 de dezembro de 1965, e dispositivos do Decreto-Lei nº 2.848, de 7 de dezembro de 1940 (Código Penal).

‣ *Abuso de autoridade*

O PRESIDENTE DA REPÚBLICA

Faço saber que o Congresso Nacional decreta e eu sanciono a seguinte Lei:

CAPÍTULO I
DISPOSIÇÕES GERAIS

Art. 1º Esta Lei define os crimes de abuso de autoridade, cometidos por agente público, servidor ou não, que, no exercício de suas funções ou a pretexto de exercê-las, abuse do poder que lhe tenha sido atribuído.

§ 1º As condutas descritas nesta Lei constituem crime de abuso de autoridade quando praticadas pelo agente com a finalidade específica de prejudicar outrem ou beneficiar a si mesmo ou a terceiro, ou, ainda, por mero capricho ou satisfação pessoal.

§ 2º A divergência na interpretação de lei ou na avaliação de fatos e provas não configura abuso de autoridade.

CAPÍTULO II
DOS SUJEITOS DO CRIME

Art. 2º É sujeito ativo do crime de abuso de autoridade qualquer agente público, servidor ou não, da administração direta, indireta ou fundacional de qualquer dos Poderes da União, dos Estados, do Distrito Federal, dos Municípios e de Território, compreendendo, mas não se limitando a:

I - servidores públicos e militares ou pessoas a eles equiparadas;

II - membros do Poder Legislativo;

III - membros do Poder Executivo;

IV - membros do Poder Judiciário;

V - membros do Ministério Público;

VI - membros dos tribunais ou conselhos de contas.

Parágrafo único. Reputa-se agente público, para os efeitos desta Lei, todo aquele que exerce, ainda que transitoriamente ou sem remuneração, por eleição, nomeação, designação, contratação ou qualquer outra forma de investidura ou vínculo, mandato, cargo, emprego ou função em órgão ou entidade abrangidos pelo *caput* deste artigo.

CAPÍTULO III
DA AÇÃO PENAL

Art. 3º Os crimes previstos nesta Lei são de ação penal pública incondicionada. (Artigo vetado pelo Presidente da República, mantido pelo Congresso Nacional e publicado no DOU de 30.09.2019)

§ 1º Será admitida ação privada se a ação penal pública não for intentada no prazo legal, cabendo ao Ministério Público aditar a queixa, repudiá-la e oferecer denúncia substitutiva, intervir em todos os termos do processo, fornecer elementos de prova, interpor recurso e, a todo tempo, no caso de negligência do querelante, retomar a ação como parte principal.

§ 2º A ação privada subsidiária será exercida no prazo de 6 (seis) meses, contado da data em que se esgotar o prazo para oferecimento da denúncia.

CAPÍTULO IV
DOS EFEITOS DA CONDENAÇÃO E DAS PENAS RESTRITIVAS DE DIREITOS

SEÇÃO I
DOS EFEITOS DA CONDENAÇÃO

Art. 4º São efeitos da condenação:

I - tornar certa a obrigação de indenizar o dano causado pelo crime, devendo o juiz, a requerimento do ofendido, fixar na sentença o valor mínimo para reparação dos danos causados pela infração, considerando os prejuízos por ele sofridos;
II - a inabilitação para o exercício de cargo, mandato ou função pública, pelo período de 1 (um) a 5 (cinco) anos;
III - a perda do cargo, do mandato ou da função pública.

Parágrafo único. Os efeitos previstos nos incisos II e III do *caput* deste artigo são condicionados à ocorrência de reincidência em crime de abuso de autoridade e não são automáticos, devendo ser declarados motivadamente na sentença.

SEÇÃO II
DAS PENAS RESTRITIVAS DE DIREITOS

Art. 5º As penas restritivas de direitos substitutivas das privativas de liberdade previstas nesta Lei são:

I - prestação de serviços à comunidade ou a entidades públicas;
II - suspensão do exercício do cargo, da função ou do mandato, pelo prazo de 1 (um) a 6 (seis) meses, com a perda dos vencimentos e das vantagens;
III - (VETADO).

Parágrafo único. As penas restritivas de direitos podem ser aplicadas autônoma ou cumulativamente.

CAPÍTULO V
DAS SANÇÕES DE NATUREZA CIVIL E ADMINISTRATIVA

Art. 6º As penas previstas nesta Lei serão aplicadas independentemente das sanções de natureza civil ou administrativa cabíveis.

Parágrafo único. As notícias de crimes previstos nesta Lei que descreverem falta funcional serão informadas à autoridade competente com vistas à apuração.

Art. 7º As responsabilidades civil e administrativa são independentes da criminal, não se podendo mais questionar sobre a existência ou a autoria do fato quando essas questões tenham sido decididas no juízo criminal.

Art. 8º Faz coisa julgada em âmbito cível, assim como no administrativo-disciplinar, a sentença penal que reconhecer ter sido o ato praticado em estado de necessidade, em legítima defesa, em estrito cumprimento de dever legal ou no exercício regular de direito.

CAPÍTULO VI
DOS CRIMES E DAS PENAS

Art. 9º Decretar medida de privação da liberdade em manifesta desconformidade com as hipóteses legais: (Artigo vetado pelo Presidente da República, mantido pelo Congresso Nacional e publicado no DOU de 30.09.2019)

Pena - detenção, de 1 (um) a 4 (quatro) anos, e multa.

Parágrafo único. Incorre na mesma pena a autoridade judiciária que, dentro de prazo razoável, deixar de:

I - relaxar a prisão manifestamente ilegal;
II - substituir a prisão preventiva por medida cautelar diversa ou de conceder liberdade provisória, quando manifestamente cabível;
III - deferir liminar ou ordem de habeas corpus, quando manifestamente cabível.

Art. 10. Decretar a condução coercitiva de testemunha ou investigado manifestamente descabida ou sem prévia intimação de comparecimento ao juízo:

Pena - detenção, de 1 (um) a 4 (quatro) anos, e multa.

Art. 11. (VETADO).

Art. 12. Deixar injustificadamente de comunicar prisão em flagrante à autoridade judiciária no prazo legal:

Pena - detenção, de 6 (seis) meses a 2 (dois) anos, e multa.

Parágrafo único. Incorre na mesma pena quem:

I - deixa de comunicar, imediatamente, a execução de prisão temporária ou preventiva à autoridade judiciária que a decretou;
II - deixa de comunicar, imediatamente, a prisão de qualquer pessoa e o local onde se encontra à sua família ou à pessoa por ela indicada;
III - deixa de entregar ao preso, no prazo de 24 (vinte e quatro) horas, a nota de culpa, assinada pela autoridade, com o motivo da prisão e os nomes do condutor e das testemunhas;
IV - prolonga a execução de pena privativa de liberdade, de prisão temporária, de prisão preventiva, de medida de segurança ou de internação, deixando, sem motivo justo e excepcionalíssimo, de executar o alvará de soltura imediatamente após recebido ou de promover a soltura do preso quando esgotado o prazo judicial ou legal.

Art. 13. Constranger o preso ou o detento, mediante violência, grave ameaça ou redução de sua capacidade de resistência, a:

I - exibir-se ou ter seu corpo ou parte dele exibido à curiosidade pública;
II - submeter-se a situação vexatória ou a constrangimento não autorizado em lei;
III - produzir prova contra si mesmo ou contra terceiro: (Inciso vetado pelo Presidente da República, mantido pelo Congresso Nacional e publicado no DOU de 30.09.2019)

Pena - detenção, de 1 (um) a 4 (quatro) anos, e multa, sem prejuízo da pena cominada à violência. (Artigo retificado no DOU de 18/9/2019)

Art. 14. (VETADO).

Art. 15. Constranger a depor, sob ameaça de prisão, pessoa que, em razão de função, ministério, ofício ou profissão, deva guardar segredo ou resguardar sigilo:

Pena - detenção, de 1 (um) a 4 (quatro) anos, e multa.

Parágrafo único. Incorre na mesma pena quem prossegue com o interrogatório: (Parágrafo único vetado pelo Presidente da República, mantido pelo Congresso Nacional e publicado no DOU de 30.09.2019)

I - de pessoa que tenha decidido exercer o direito ao silêncio; ou
II - de pessoa que tenha optado por ser assistida por advogado ou defensor público, sem a presença de seu patrono.

Art. 16. Deixar de identificar-se ou identificar-se falsamente ao preso por ocasião de sua captura ou quando deva fazê-lo durante sua detenção ou prisão: (Artigo vetado pelo Presidente da República, mantido pelo Congresso Nacional e publicado no DOU de 30.09.2019)

Pena - detenção, de 6 (seis) meses a 2 (dois) anos, e multa.

Parágrafo único. Incorre na mesma pena quem, como responsável por interrogatório em sede de procedimento investigatório de infração penal, deixa de identificar-se ao preso ou atribui a si mesmo falsa identidade, cargo ou função.

Art. 17. (VETADO).

Art. 18. Submeter o preso a interrogatório policial durante o período de repouso noturno, salvo se capturado em flagrante delito ou se ele, devidamente assistido, consentir em prestar declarações:

Pena - detenção, de 6 (seis) meses a 2 (dois) anos, e multa.

Art. 19. Impedir ou retardar, injustificadamente, o envio de pleito de preso à autoridade judiciária competente para a apreciação da legalidade de sua prisão ou das circunstâncias de sua custódia:

Pena - detenção, de 1 (um) a 4 (quatro) anos, e multa.

Parágrafo único. Incorre na mesma pena o magistrado que, ciente do impedimento ou da demora, deixa de tomar as providências tendentes a saná-lo ou, não sendo competente para decidir sobre a prisão, deixa de enviar o pedido à autoridade judiciária que o seja.

Art. 20. Impedir, sem justa causa, a entrevista pessoal e reservada do preso com seu advogado: (Artigo vetado pelo Presidente da República, mantido pelo Congresso Nacional e publicado no DOU de 30.09.2019)

Pena - detenção, de 6 (seis) meses a 2 (dois) anos, e multa.

Parágrafo único. Incorre na mesma pena quem impede o preso, o réu solto ou o investigado de entrevistar-se pessoal e reservadamente com seu advogado ou defensor, por prazo razoável, antes de audiência judicial, e de sentar-se ao seu lado e com ele comunicar-se durante a audiência, salvo no curso de interrogatório ou no caso de audiência realizada por videoconferência.

Art. 21. Manter presos de ambos os sexos na mesma cela ou espaço de confinamento:

Pena - detenção, de 1 (um) a 4 (quatro) anos, e multa.

Parágrafo único. Incorre na mesma pena quem mantém, na mesma cela, criança ou adolescente na companhia de maior de idade ou em ambiente inadequado, observado o disposto na Lei nº 8.069, de 13 de julho de 1990 (Estatuto da Criança e do Adolescente).

Art. 22. Invadir ou adentrar, clandestina ou astuciosamente, ou à revelia da vontade do ocupante, imóvel alheio ou suas dependências, ou nele permanecer nas mesmas condições, sem determinação judicial ou fora das condições estabelecidas em lei:

Pena - detenção, de 1 (um) a 4 (quatro) anos, e multa.

§ 1º Incorre na mesma pena, na forma prevista no *caput* deste artigo, quem:

I - coage alguém, mediante violência ou grave ameaça, a franquear-lhe o acesso a imóvel ou suas dependências;
II - (VETADO);

III - cumpre mandado de busca e apreensão domiciliar após as 21h (vinte e uma horas) ou antes das 5h (cinco horas).

§ 2º Não haverá crime se o ingresso for para prestar socorro, ou quando houver fundados indícios que indiquem a necessidade do ingresso em razão de situação de flagrante delito ou de desastre.

Art. 23. Inovar artificiosamente, no curso de diligência, de investigação ou de processo, o estado de lugar, de coisa ou de pessoa, com o fim de eximir-se de responsabilidade ou de responsabilizar criminalmente alguém ou agravar-lhe a responsabilidade:

Pena - detenção, de 1 (um) a 4 (quatro) anos, e multa.

Parágrafo único. Incorre na mesma pena quem pratica a conduta com o intuito de:

I - eximir-se de responsabilidade civil ou administrativa por excesso praticado no curso de diligência;

II - omitir dados ou informações ou divulgar dados ou informações incompletos para desviar o curso da investigação, da diligência ou do processo.

Art. 24. Constranger, sob violência ou grave ameaça, funcionário ou empregado de instituição hospitalar pública ou privada a admitir para tratamento pessoa cujo óbito já tenha ocorrido, com o fim de alterar local ou momento de crime, prejudicando sua apuração:

Pena - detenção, de 1 (um) a 4 (quatro) anos, e multa, além da pena correspondente à violência.

Art. 25. Proceder à obtenção de prova, em procedimento de investigação ou fiscalização, por meio manifestamente ilícito:

Pena - detenção, de 1 (um) a 4 (quatro) anos, e multa.

Parágrafo único. Incorre na mesma pena quem faz uso de prova, em desfavor do investigado ou fiscalizado, com prévio conhecimento de sua ilicitude.

Art. 26. (VETADO).

Art. 27. Requisitar instauração ou instaurar procedimento investigatório de infração penal ou administrativa, em desfavor de alguém, à falta de qualquer indício da prática de crime, de ilícito funcional ou de infração administrativa:

Pena - detenção, de 6 (seis) meses a 2 (dois) anos, e multa.

Parágrafo único. Não há crime quando se tratar de sindicância ou investigação preliminar sumária, devidamente justificada.

Art. 28. Divulgar gravação ou trecho de gravação sem relação com a prova que se pretenda produzir, expondo a intimidade ou a vida privada ou ferindo a honra ou a imagem do investigado ou acusado:

Pena - detenção, de 1 (um) a 4 (quatro) anos, e multa.

Art. 29. Prestar informação falsa sobre procedimento judicial, policial, fiscal ou administrativo com o fim de prejudicar interesse de investigado:

Pena - detenção, de 6 (seis) meses a 2 (dois) anos, e multa.

Parágrafo único. (VETADO).

Art. 30. Dar início ou proceder à persecução penal, civil ou administrativa sem justa causa fundamentada ou contra quem sabe inocente: (Artigo vetado pelo Presidente da República, mantido pelo Congresso Nacional e publicado no DOU de 30.09.2019)

Pena - detenção, de 1 (um) a 4 (quatro) anos, e multa.

Art. 31. Estender injustificadamente a investigação, procrastinando-a em prejuízo do investigado ou fiscalizado:

Pena - detenção, de 6 (seis) meses a 2 (dois) anos, e multa.

Parágrafo único. Incorre na mesma pena quem, inexistindo prazo para execução ou conclusão de procedimento, o estende de forma imotivada, procrastinando-o em prejuízo do investigado ou do fiscalizado.

Art. 32. Negar ao interessado, seu defensor ou advogado acesso aos autos de investigação preliminar, ao termo circunstanciado, ao inquérito ou a qualquer outro procedimento investigatório de infração penal, civil ou administrativa, assim como impedir a obtenção de cópias, ressalvado o acesso a peças relativas a diligências em curso, ou que indiquem a realização de diligências futuras, cujo sigilo seja imprescindível: (Artigo vetado pelo Presidente da República, mantido pelo Congresso Nacional e publicado no DOU de 30.09.2019)

Pena - detenção, de 6 (seis) meses a 2 (dois) anos, e multa.

Art. 33. Exigir informação ou cumprimento de obrigação, inclusive o dever de fazer ou de não fazer, sem expresso amparo legal:

Pena - detenção, de 6 (seis) meses a 2 (dois) anos, e multa.

Parágrafo único. Incorre na mesma pena quem se utiliza de cargo ou função pública ou invoca a condição de agente público para se eximir de obrigação legal ou para obter vantagem ou privilégio indevido.

Art. 34. (VETADO).

Art. 35. (VETADO).

Art. 36. Decretar, em processo judicial, a indisponibilidade de ativos financeiros em quantia que extrapole exacerbadamente o valor estimado para a satisfação da dívida da parte e, ante a demonstração, pela parte, da excessividade da medida, deixar de corrigi-la:

Pena - detenção, de 1 (um) a 4 (quatro) anos, e multa.

Art. 37. Demorar demasiada e injustificadamente no exame de processo de que tenha requerido vista em órgão colegiado, com o intuito de procrastinar seu andamento ou retardar o julgamento:

Pena - detenção, de 6 (seis) meses a 2 (dois) anos, e multa.

Art. 38. Antecipar o responsável pelas investigações, por meio de comunicação, inclusive rede social, atribuição de culpa, antes de concluídas as apurações e formalizada a acusação: (Artigo vetado pelo Presidente da República, mantido pelo Congresso Nacional e publicado no DOU de 30.09.2019)

Pena - detenção, de 6 (seis) meses a 2 (dois) anos, e multa.

CAPÍTULO VII
DO PROCEDIMENTO

Art. 39. Aplicam-se ao processo e ao julgamento dos delitos previstos nesta Lei, no que couber, as disposições do Decreto-Lei nº 3.689, de 3 de outubro de 1941 (Código de Processo Penal), e da Lei nº 9.099, de 26 de setembro de 1995.

CAPÍTULO VIII
DISPOSIÇÕES FINAIS

Art. 40. O art. 2º da Lei nº 7.960, de 21 de dezembro de 1989, passa a vigorar com a seguinte redação:

▸ Alterações já incorporadas ao texto da referida lei.

Art. 41. O art. 10 da Lei nº 9.296, de 24 de julho de 1996, passa a vigorar com a seguinte redação:

▸ Alterações já incorporadas ao texto da referida lei.

Art. 42. A Lei nº 8.069, de 13 de julho de 1990 (Estatuto da Criança e do Adolescente), passa a vigorar acrescida do seguinte art. 227-A:

▸ Alterações já incorporadas ao texto da referida lei.

Art. 43. A Lei nº 8.906, de 4 de julho de 1994, passa a vigorar acrescida do seguinte art. 7º-B: (Artigo vetado pelo Presidente da República, mantido pelo Congresso Nacional e publicado no DOU de 30.09.2019)

▸ Alterações já incorporadas ao texto da referida lei.

Art. 44. Revogam-se a Lei nº 4.898, de 9 de dezembro de 1965, e o § 2º do art. 150 e o art. 350, ambos do Decreto-Lei nº 2.848, de 7 de dezembro de 1940 (Código Penal).

Art. 45. Esta Lei entra em vigor após decorridos 120 (cento e vinte) dias de sua publicação oficial.

Brasília, 5 de setembro de 2019; 198º da Independência e 131º da República.

JAIR MESSIAS BOLSONARO
Sérgio Moro
Wagner de Campos Rosário
Jorge Antonio de Oliveira Francisco
André Luiz de Almeida Mendonça

LEI Nº 13.966, DE 26 DE DEZEMBRO DE 2019

Dispõe sobre o sistema de franquia empresarial e revoga a Lei nº 8.955, de 15 de dezembro de 1994 (Lei de Franquia).

▸ *Lei de Franquia*

O PRESIDENTE DA REPÚBLICA

Faço saber que o Congresso Nacional decreta e eu sanciono a seguinte Lei:

Art. 1º Esta Lei disciplina o sistema de franquia empresarial, pelo qual um franqueador autoriza por meio de contrato um franqueado a usar marcas e outros objetos de propriedade intelectual, sempre associados ao direito de produção ou distribuição exclusiva ou não exclusiva de produtos ou serviços e também ao direito de uso de métodos e sistemas de implantação e administração de negócio ou sistema operacional desenvolvido ou detido pelo franqueador, mediante remuneração direta ou indireta, sem caracterizar relação de consumo ou vínculo empregatício em relação ao franqueado ou a seus empregados, ainda que durante o período de treinamento.

§ 1º Para os fins da autorização referida no *caput*, o franqueador deve ser titular ou requerente de direitos sobre as marcas e outros objetos de propriedade intelectual negociados no âmbito do contrato de franquia, ou estar expressamente autorizado pelo titular.

§ 2º A franquia pode ser adotada por empresa privada, empresa estatal ou entidade sem fins lucrativos, independentemente do segmento em que desenvolva as atividades.

Art. 2º Para a implantação da franquia, o franqueador deverá fornecer ao interessado Circular de Oferta de Franquia, escrita em língua portuguesa, de forma objetiva e acessível, contendo obrigatoriamente:

I - histórico resumido do negócio franqueado;

II - qualificação completa do franqueador e das empresas a que esteja ligado, identificando-as com os respectivos números de inscrição no Cadastro Nacional da Pessoa Jurídica (CNPJ);

III - balanços e demonstrações financeiras da empresa franqueadora, relativos aos 2 (dois) últimos exercícios;

IV - indicação das ações judiciais relativas à franquia que questionem o sistema ou que possam comprometer a operação da franquia no País, nas quais sejam parte o franqueador, as empresas controladoras, o subfranqueador e os titulares de marcas e demais direitos de propriedade intelectual;

V - descrição detalhada da franquia e descrição geral do negócio e das atividades que serão desempenhadas pelo franqueado;

VI - perfil do franqueado ideal no que se refere a experiência anterior, escolaridade e outras características que deve ter, obrigatória ou preferencialmente;

VII - requisitos quanto ao envolvimento direto do franqueado na operação e na administração do negócio;

VIII - especificações quanto ao:

a) total estimado do investimento inicial necessário à aquisição, à implantação e à entrada em operação da franquia;

b) valor da taxa inicial de filiação ou taxa de franquia;

c) valor estimado das instalações, dos equipamentos e do estoque inicial e suas condições de pagamento;

IX - informações claras quanto a taxas periódicas e outros valores a serem pagos pelo franqueado ao franqueador ou a terceiros por este indicados, detalhando as respectivas bases de cálculo e o que elas remuneram ou o fim a que se destinam, indicando, especificamente, o seguinte:

a) remuneração periódica pelo uso do sistema, da marca, de outros objetos de propriedade intelectual do franqueador ou sobre os quais este detém direitos ou, ainda, pelos serviços prestados pelo franqueador ao franqueado;

b) aluguel de equipamentos ou ponto comercial;

c) taxa de publicidade ou semelhante;

d) seguro mínimo;

X - relação completa de todos os franqueados, subfranqueados ou subfranqueadores da rede e, também, dos que se desligaram nos últimos 24 (vinte quatro) meses, com os respectivos nomes, endereços e telefones;

XI - informações relativas à política de atuação territorial, devendo ser especificado:

a) se é garantida ao franqueado a exclusividade ou a preferência sobre determinado território de atuação e, neste caso, sob que condições;

b) se há possibilidade de o franqueado realizar vendas ou prestar serviços fora de seu território ou realizar exportações;

c) se há e quais são as regras de concorrência territorial entre unidades próprias e franqueadas;

XII - informações claras e detalhadas quanto à obrigação do franqueado de adquirir quaisquer bens, serviços ou insumos necessários à implantação, operação ou administração de sua franquia apenas de fornecedores indicados e aprovados pelo franqueador, incluindo relação completa desses fornecedores;

XIII - indicação do que é oferecido ao franqueado pelo franqueador e em quais condições, no que se refere a:

a) suporte;

b) supervisão de rede;

c) serviços;

d) incorporação de inovações tecnológicas às franquias;

e) treinamento do franqueado e de seus funcionários, especificando duração, conteúdo e custos;

f) manuais de franquia;

g) auxílio na análise e na escolha do ponto onde será instalada a franquia; e

h) leiaute e padrões arquitetônicos das instalações do franqueado, incluindo arranjo físico de equipamentos e instrumentos, memorial descritivo, composição e croqui;

XIV - informações sobre a situação da marca franqueada e outros direitos de propriedade intelectual relacionados à franquia, cujo uso será autorizado em contrato pelo franqueador, incluindo a caracterização completa, com o número do registro ou do pedido protocolizado, com a classe e subclasse, nos órgãos competentes, e, no caso de cultivares, informações sobre a situação perante o Serviço Nacional de Proteção de Cultivares (SNPC);

XV - situação do franqueado, após a expiração do contrato de franquia, em relação a:

a) know-how da tecnologia de produto, de processo ou de gestão, informações confidenciais e segredos de indústria, comércio, finanças e negócios a que venha a ter acesso em função da franquia;

b) implantação de atividade concorrente à da franquia;

XVI - modelo do contrato-padrão e, se for o caso, também do pré-contratopadrão de franquia adotado pelo franqueador, com texto completo, inclusive dos respectivos anexos, condições e prazos de validade;

XVII - indicação da existência ou não de regras de transferência ou sucessão e, caso positivo, quais são elas;

XVIII - indicação das situações em que são aplicadas penalidades, multas ou indenizações e dos respectivos valores, estabelecidos no contrato de franquia;

XIX - informações sobre a existência de cotas mínimas de compra pelo franqueado junto ao franqueador, ou a terceiros por este designados, e sobre a possibilidade e as condições para a recusa dos produtos ou serviços exigidos pelo franqueador;

XX - indicação de existência de conselho ou associação de franqueados, com as atribuições, os poderes e os mecanismos de representação perante o franqueador, e detalhamento das competências para gestão e fiscalização da aplicação dos recursos de fundos existentes;

XXI - indicação das regras de limitação à concorrência entre o franqueador e os franqueados, e entre os franqueados, durante a vigência do contrato de franquia, e detalhamento da abrangência territorial, do prazo de vigência da restrição e das penalidades em caso de descumprimento;

XXII - especificação precisa do prazo contratual e das condições de renovação, se houver;

XXIII - local, dia e hora para recebimento da documentação proposta, bem como para início da abertura dos envelopes, quando se tratar de órgão ou entidade pública.

§ 1º A Circular de Oferta de Franquia deverá ser entregue ao candidato a franqueado, no mínimo, 10 (dez) dias antes da assinatura do contrato ou pré-contrato de franquia ou, ainda, do pagamento de qualquer tipo de taxa pelo franqueado ao franqueador ou a empresa ou a pessoa ligada a este, salvo no caso de licitação ou préqualificação promovida por órgão ou entidade pública, caso em que a Circular de Oferta de Franquia será divulgada logo no início do processo de seleção.

§ 2º Na hipótese de não cumprimento do disposto no § 1º, o franqueado poderá arguir anulabilidade ou nulidade, conforme o caso, e exigir a devolução de todas e quaisquer quantias já pagas ao franqueador, ou a terceiros por este indicados, a título de filiação ou de royalties, corrigidas monetariamente.

Art. 3º Nos casos em que o franqueador subloque ao franqueado o ponto comercial onde se acha instalada a franquia, qualquer uma das partes terá legitimidade para propor a renovação do contrato de locação do imóvel, vedada a exclusão de qualquer uma delas do contrato de locação e de sublocação por ocasião da sua renovação ou prorrogação, salvo nos casos de inadimplência dos respectivos contratos ou do contrato de franquia.

Parágrafo único. O valor do aluguel a ser pago pelo franqueado ao franqueador, nas sublocações de que trata o *caput*, poderá ser superior ao valor que o franqueador paga ao proprietário do imóvel na locação originária do ponto comercial, desde que:

I - essa possibilidade esteja expressa e clara na Circular de Oferta de Franquia e no contrato; e

II - o valor pago a maior ao franqueador na sublocação não implique excessiva onerosidade ao franqueado, garantida a manutenção do equilíbrio econômico-financeiro da sublocação na vigência do contrato de franquia.

Art. 4º Aplica-se ao franqueador que omitir informações exigidas por lei ou veicular informações falsas na Circular de Oferta de Franquia a sanção prevista no § 2º do art. 2º desta Lei, sem prejuízo das sanções penais cabíveis.

Art. 5º Para os fins desta Lei, as disposições referentes ao franqueador ou ao franqueado aplicam-se, no que couber, ao subfranqueador e ao subfranqueado, respectivamente.

Art. 6º (VETADO).

Art. 7º Os contratos de franquia obedecerão às seguintes condições:

I - os que produzirem efeitos exclusivamente no território nacional serão escritos em língua portuguesa e regidos pela legislação brasileira;

II - os contratos de franquia internacional serão escritos originalmente em língua portuguesa ou terão tradução certificada para a língua portuguesa custeada pelo franqueador, e os contratantes poderão optar, no contrato, pelo foro de um de seus países de domicílio.

§ 1º As partes poderão eleger juízo arbitral para solução de controvérsias relacionadas ao contrato de franquia.

§ 2º Para os fins desta Lei, entende-se como contrato internacional de franquia aquele que, pelos atos concernentes à sua conclusão ou execução, à situação das partes quanto a nacionalidade ou domicílio, ou à localização de seu objeto, tem liames com mais de um sistema jurídico.

§ 3º Caso expresso o foro de opção no contrato internacional de franquia, as partes deverão constituir e manter representante legal ou procurador devidamente qualificado e domiciliado no país do foro definido, com poderes para representá-las administrativa e judicialmente, inclusive para receber citações.

Art. 8º A aplicação desta Lei observará o disposto na legislação de propriedade intelectual vigente no País.

Art. 9º Revoga-se a Lei nº 8.955, de 15 de dezembro de 1994 (Lei de Franquia).

Art. 10. Esta Lei entra em vigor após decorridos 90 (noventa) dias de sua publicação oficial.

Brasília, 26 de dezembro de 2019; 198º da Independência e 131º da República.

JAIR MESSIAS BOLSONARO
Paulo Guedes

LEI Nº 13.979, DE 6 DE FEVEREIRO DE 2020

Dispõe sobre as medidas para enfrentamento da emergência de saúde pública de importância internacional decorrente do coronavírus responsável pelo surto de 2019.

› *Medidas de enfrentamento à Covid-19*

O PRESIDENTE DA REPÚBLICA

Faço saber que o Congresso Nacional decreta e eu sanciono a seguinte Lei:

Art. 1º Esta Lei dispõe sobre as medidas que poderão ser adotadas para enfrentamento da emergência de saúde pública de importância internacional decorrente do coronavírus responsável pelo surto de 2019.

§ 1º As medidas estabelecidas nesta Lei objetivam a proteção da coletividade.

§ 2º Ato do Ministro de Estado da Saúde disporá sobre a duração da situação de emergência de saúde pública de que trata esta Lei.

§ 3º O prazo de que trata o § 2º deste artigo não poderá ser superior ao declarado pela Organização Mundial de Saúde.

Art. 2º Para fins do disposto nesta Lei, considera-se:

I - isolamento: separação de pessoas doentes ou contaminadas, ou de bagagens, meios de transporte, mercadorias ou encomendas postais afetadas, de outros, de maneira a evitar a contaminação ou a propagação do coronavírus; e

II - quarentena: restrição de atividades ou separação de pessoas suspeitas de contaminação das pessoas que não estejam doentes, ou de bagagens, contêineres, animais, meios de transporte ou mercadorias suspeitos de contaminação, de maneira a evitar a possível contaminação ou a propagação do coronavírus.

Parágrafo único. As definições estabelecidas pelo Artigo 1 do Regulamento Sanitário Internacional, constante do Anexo ao Decreto nº 10.212, de 30 de janeiro de 2020, aplicam-se ao disposto nesta Lei, no que couber.

Art. 3º Para enfrentamento da emergência de saúde pública de importância internacional de que trata esta Lei, as autoridades poderão adotar, no âmbito de suas competências, entre outras, as seguintes medidas: (Redação dada pela Lei 14.035/2020)

I - isolamento;

II - quarentena;

III - determinação de realização compulsória de:

a) exames médicos;

b) testes laboratoriais;

c) coleta de amostras clínicas;

d) vacinação e outras medidas profiláticas; ou

- O STF, por maioria, julgou parcialmente procedente a ADI 6586, para conferir interpretação conforme à CF ao art. 3º, III, d, da Lei nº 13.979/2020 para estabelecer que: "(I) A vacinação compulsória não significa vacinação forçada, porquanto facultada sempre a recusa do usuário, podendo, contudo, ser implementada por meio de medidas indiretas, as quais compreendem, dentre outras, a restrição ao exercício de certas atividades ou à frequência de determinados lugares, desde que previstas em lei, ou dela decorrentes, e (i) tenham como base evidências científicas e análises estratégicas pertinentes, (ii) venham acompanhadas de ampla informação sobre a eficácia, segurança e contraindicações dos imunizantes, (iii) respeitem a dignidade humana e os direitos fundamentais das pessoas, (iv) atendam aos critérios de razoabilidade e proporcionalidade e (v) sejam as vacinas distribuídas universal e gratuitamente; e (II) tais medidas, com as limitações acima expostas, podem ser implementadas tanto pela União como pelos Estados, Distrito Federal e Municípios, respeitadas as respectivas esferas de competência". DJe de 5/2/2021.

e) tratamentos médicos específicos;

III-A - uso obrigatório de máscaras de proteção individual; *(Incluído pela Lei 14.019/2020)*

IV - estudo ou investigação epidemiológica;

V - exumação, necropsia, cremação e manejo de cadáver;

VI - restrição excepcional e temporária, por rodovias, portos ou aeroportos, de: (Redação dada pela Lei 14.035/2020)

a) entrada e saída do País; e (Acrescida pela Lei 14.035/2020)

b) locomoção interestadual e intermunicipal; (Acrescida pela Lei 14.035/2020)

- Vide ADI nº 6.343/2020, publicada no DOU de 3/6/2020

VII - requisição de bens e serviços de pessoas naturais e jurídicas, hipótese em que será garantido o pagamento posterior de indenização justa; e

VIII - autorização excepcional e temporária para a importação e distribuição de quaisquer materiais, medicamentos, equipamentos e insumos da área de saúde sujeitos à vigilância sanitária sem registro na Anvisa considerados essenciais para auxiliar no combate à pandemia do coronavírus, desde que: (Inciso com redação dada pela Lei 14.006/2020)

a) registrados por pelo menos 1 (uma) das seguintes autoridades sanitárias estrangeiras e autorizados à distribuição comercial em seus respectivos países: *(Alínea com redação dada pela Lei 14.006/2020)*

1. Food and Drug Administration (FDA); *(Item acrescido pela Lei 14.006/2020)*

2. European Medicines Agency (EMA); *(Item acrescido pela Lei 14.006/2020)*

3. Pharmaceuticals and Medical Devices Agency (PMDA); *(Item acrescido pela Lei 14.006/2020)*

4. National Medical Products Administration (NMPA); *(Item acrescido pela Lei 14.006/2020)*

b) *(Revogada pela Lei 14.006/2020)*

§ 1º As medidas previstas neste artigo somente poderão ser determinadas com base em evidências científicas e em análises sobre as informações estratégicas em saúde e deverão ser limitadas no tempo e no espaço ao mínimo indispensável à promoção e à preservação da saúde pública.

§ 2º Ficam assegurados às pessoas afetadas pelas medidas previstas neste artigo:

I - o direito de serem informadas permanentemente sobre o seu estado de saúde e a assistência à família conforme regulamento;

II - o direito de receberem tratamento gratuito;

III - o pleno respeito à dignidade, aos direitos humanos e às liberdades fundamentais das pessoas, conforme preconiza o Artigo 3 do Regulamento Sanitário Internacional, constante do Anexo ao Decreto nº 10.212, de 30 de janeiro de 2020.

§ 3º Será considerado falta justificada ao serviço público ou à atividade laboral privada o período de ausência decorrente das medidas previstas neste artigo.

§ 4º As pessoas deverão sujeitar-se ao cumprimento das medidas previstas neste artigo, e o descumprimento delas acarretará responsabilização, nos termos previstos em lei.

§ 5º Ato do Ministro de Estado da Saúde:

I - disporá sobre as condições e os prazos aplicáveis às medidas previstas nos incisos I e II do *caput* deste artigo; e

II - *(Revogado pela Lei 14.006/2020)*

§ 6º Ato conjunto dos Ministros de Estado da Saúde, da Justiça e Segurança Pública e da Infraestrutura disporá sobre as medidas previstas no inciso VI do *caput* deste artigo, observado o disposto no inciso I do § 6º-B deste artigo. (Redação dada pela Lei 14.035/2020)

§ 6º-A. (Parágrafo acrescido pela Medida Provisória nº 927/2020, com prazo de vigência encerrado em 19/7/2020)

§ 6º-B. As medidas previstas no inciso VI do *caput* deste artigo deverão ser precedidas de recomendação técnica e fundamentada: (Acrescido pela Lei 4.035/2020)

I - da Agência Nacional de Vigilância Sanitária (Anvisa), em relação à entrada e saída do País e à locomoção interestadual; ou

II - do respectivo órgão estadual de vigilância sanitária, em relação à locomoção intermunicipal.

§§ 6º-C e 6º-D. (VETADOS na Lei nº 14.035/2020)

§ 7º As medidas previstas neste artigo poderão ser adotadas:

I - pelo Ministério da Saúde, exceto a constante do inciso VIII do *caput* deste artigo; *(Inciso com redação dada pela Lei 14.006/2020)*

II - pelos gestores locais de saúde, desde que autorizados pelo Ministério da Saúde, nas hipóteses dos incisos I, II, III-A, V e VI do *caput* deste artigo; (Redação dada pela Lei 14.035/2020)

- (Vide ADI nº 6.343/2020, publicada no DOU de 3/6/2020)

III - pelos gestores locais de saúde, nas hipóteses dos incisos III, IV e VII do *caput* deste artigo.

IV - pela Anvisa, na hipótese do inciso VIII do *caput* deste artigo. *(Inciso acrescido dada pela Lei 14.006/2020)*

§ 7º-A. A autorização de que trata o inciso VIII do *caput* deste artigo deverá ser concedida pela Anvisa em até 72 (setenta e duas) horas após a submissão do pedido à Agência, dispensada a autorização de qualquer outro órgão da administração pública direta ou indireta para os produtos que especifica, sendo concedida automaticamente caso esgotado o prazo sem manifestação. (Acrescido pela Lei nº 14.006/2020)

§ 7º-B. O médico que prescrever ou ministrar medicamento cuja importação ou distribuição tenha sido autorizada na forma do inciso VIII do *caput* deste artigo deverá informar ao paciente ou ao seu representante legal que o produto ainda não tem registro na Anvisa e foi liberado por ter sido registrado por autoridade sanitária estrangeira. *(Parágrafo acrescido pela Lei 14.006/2020)*

§ 7º-C. Os serviços públicos e atividades essenciais, cujo funcionamento deverá ser resguardado quando adotadas as medidas previstas neste artigo, incluem os relacionados ao atendimento a mulheres em situação de violência doméstica e familiar, nos termos da Lei nº 11.340, de 7 de agosto de 2006, a crianças, a adolescentes, a pessoas idosas e a pessoas com deficiência vítimas de crimes tipificados na Lei nº 8.069, de 13 de julho de 1990 (Estatuto da Criança e do Adolescente), na Lei nº 10.741, de 1º de outubro de 2003 (Estatuto do Idoso), na Lei nº 13.146, de 6 de julho de 2015 (Estatuto da Pessoa com Deficiência), e no Decreto-Lei nº 2.848, de 7 de dezembro de 1940 (Código Penal). *(Acrescido pela Lei 14.022/2020)*

§ 8º Na ausência da adoção de medidas de que trata o inciso II do § 7º deste artigo, ou até sua superveniência, prevalecerão as determinações: (Acrescido pela Lei 14.035/2020)

I - do Ministério da Saúde em relação aos incisos I, II, III, IV, V e VII do *caput* deste artigo; e (Acrescido pela Lei 14.035/2020)

II - do ato conjunto de que trata o § 6º em relação às medidas previstas no inciso VI do *caput* deste artigo. (Acrescido pela Lei 14.035/2020)

§ 9º A adoção das medidas previstas neste artigo deverá resguardar o abastecimento de produtos e o exercício e o funcionamento de serviços públicos e de atividades essenciais, assim definidos em decreto da respectiva autoridade federativa. (Acrescido pela Lei nº 14.035/2020)

§ 10. As medidas a que se referem os incisos I, II e VI do *caput*, observado o disposto nos incisos I e II do § 6º-B deste artigo, quando afetarem a execução de serviços públicos e de atividades essenciais, inclusive os regulados, concedidos ou autorizados, somente poderão ser adotadas em ato específico e desde que haja articulação prévia com o órgão regulador ou o poder concedente ou autorizador. (Acrescido pela Lei 14.035/2020)

§ 11. É vedada a restrição à ação de trabalhadores que possa afetar o funcionamento de serviços públicos e de atividades essenciais, definidos conforme previsto no § 9º deste artigo, e as cargas de qualquer espécie que possam acarretar desabastecimento de gêneros necessários à população. (Acrescido pela Lei 14.035/2020)

Art. 3º-A. É obrigatório manter boca e nariz cobertos por máscara de proteção individual, conforme a legislação sanitária e na forma de regulamentação estabelecida pelo Poder Executivo federal, para circulação em espaços públicos e privados acessíveis ao público, em vias públicas e em transportes públicos coletivos, bem como em: *(Incluído pela Lei 14.019/2020)*

I - veículos de transporte remunerado privado individual de passageiros por aplicativo ou por meio de táxis;
II - ônibus, aeronaves ou embarcações de uso coletivo fretados;
III - estabelecimentos comerciais e industriais, templos religiosos, estabelecimentos de ensino e demais locais fechados em que haja reunião de pessoas. (Acrescido pela Lei 14.019/2020)

§ 1º O descumprimento da obrigação prevista no *caput* deste artigo acarretará a imposição de multa definida e regulamentada pelo ente federado competente, devendo ser consideradas como circunstâncias agravantes na gradação da penalidade: (Acrescido pela Lei 14.019/2020)

I - ser o infrator reincidente;
II - ter a infração ocorrido em ambiente fechado.

§ 2º A definição e a regulamentação referidas no § 1º deste artigo serão efetuadas por decreto ou por ato administrativo do respectivo Poder Executivo, que estabelecerá as autoridades responsáveis pela fiscalização da obrigação prevista no *caput* e pelo recolhimento da multa prevista no § 1º deste artigo. (Acrescido pela Lei 14.019/2020)

§§ 3º a 5º. (Vetados).

§ 6º Em nenhuma hipótese será exigível a cobrança da multa pelo descumprimento da obrigação prevista no *caput* deste artigo às populações vulneráveis economicamente. (Acrescido pela Lei 14.019/2020)

§ 7º A obrigação prevista no *caput* deste artigo será dispensada no caso de pessoas com transtorno do espectro autista, com deficiência intelectual, com deficiências sensoriais ou com quaisquer outras deficiências que as impeçam de fazer o uso adequado de máscara de proteção facial, conforme declaração médica, que poderá ser obtida por meio digital, bem como no caso de crianças com menos de 3 (três) anos de idade. (Acrescido pela Lei 14.019/2020)

§ 8º As máscaras a que se refere o *caput* deste artigo podem ser artesanais ou industriais. (Acrescido pela Lei 14.019/2020)

Art. 3º-B. Os estabelecimentos em funcionamento durante a pandemia da Covid-19 são obrigados a fornecer gratuitamente a seus funcionários e colaboradores máscaras de proteção individual, ainda que de fabricação artesanal, sem prejuízo de outros equipamentos de proteção individual estabelecidos pelas normas de segurança e saúde do trabalho. (Acrescido pela Lei 14.019/2020)

§ 1º O descumprimento da obrigação prevista no *caput* deste artigo acarretará a imposição de multa definida e regulamentada pelos entes federados, observadas na gradação da penalidade: (Acrescido pela Lei 14.019/2020)

I - a reincidência do infrator;
II - a ocorrência da infração em ambiente fechado, hipótese que será considerada como circunstância agravante;
III - a capacidade econômica do infrator.

§ 2º O disposto no § 1º deste artigo será regulamentado por decreto ou por ato administrativo do respectivo Poder Executivo, que estabelecerá as autoridades responsáveis pela fiscalização da obrigação prevista no *caput* e pelo recolhimento da multa prevista no § 1º deste artigo. (Acrescido pela Lei 14.019/2020)

§§ 3º e 4º (VETADOS na Lei 14.019/2020)

§ 5º Os órgãos, entidades e estabelecimentos a que se refere este artigo deverão afixar cartazes informativos sobre a forma de uso correto de máscaras e o número máximo de pessoas permitidas ao mesmo tempo dentro do estabelecimento, nos termos de regulamento. (Parágrafo vetado na republicação da Lei 14.019/2020, veiculada no DOU de 6/7/2020, e restabelecido pelo STF nos termos das Decisões das ADPFs nºs 715 e 718, publicadas no DOU de 15/9/2020)

§ 6º (VETADO na Lei 14.019/2020)

Art. 3º-C. As multas previstas no § 1º do art. 3º-A e no § 1º do art. 3º-B desta Lei somente serão aplicadas na ausência de normas estaduais ou municipais que estabeleçam multa com hipótese de incidência igual ou semelhante. (Acrescido pela Lei 14.019/2020)

Art. 3º-D. Os valores recolhidos das multas previstas no § 1º do art. 3ºA e no § 1º do art. 3º-B desta Lei deverão ser utilizados obrigatoriamente em ações e serviços de saúde. (Acrescido pela Lei 14.019/2020)

Parágrafo único. Os valores recolhidos deverão ser informados em portais de transparência ou, na falta destes, em outro meio de publicidade, para fins de prestação de contas.

Art. 3º-E. É garantido o atendimento preferencial em estabelecimentos de saúde aos profissionais de saúde e aos profissionais da segurança pública, integrantes dos órgãos previstos no art. 144 da Constituição Federal, diagnosticados com a Covid-19, respeitados os protocolos nacionais de atendimento médico. *(Incluído pela Lei 14.019/2020)*

Art. 3º-F. É obrigatório o uso de máscaras de proteção individual nos estabelecimentos prisionais e nos estabelecimentos de cumprimento de medidas socioeducativas, observado o disposto no *caput* do art. 3º-B desta Lei. (Vetado na republicação da Lei 14.019,/2020, veiculada no DOU de 6/7/2020, e restabelecido pelo STF nos termos das Decisões das ADPFs nºs 715 e 718, publicadas no DOU de 15/9/2020)

Art. 3º-G. As concessionárias e empresas de transporte público deverão atuar em colaboração com o poder público na fiscalização do cumprimento das normas de utilização obrigatória de máscaras de proteção individual, podendo inclusive vedar, nos terminais e meios de transporte por elas operados, a entrada de passageiros em desacordo com as normas estabelecidas pelo respectivo poder concedente. *(Incluído pela Lei 14.019/2020)*

Parágrafo único. O poder público concedente regulamentará o disposto neste artigo, inclusive em relação ao estabelecimento de multas pelo seu descumprimento.

Art. 3º-H. Os órgãos e entidades públicos, por si, por suas empresas, concessionárias ou permissionárias ou por qualquer outra forma de empreendimento, bem como o setor privado de bens e serviços, deverão adotar medidas de prevenção à proliferação de doenças, como a assepsia de locais de circulação de pessoas e do interior de veículos de toda natureza usados em serviço e a disponibilização aos usuários de produtos higienizantes e saneantes. *(Incluído pela Lei 14.019/2020)*

Parágrafo único. Incorrerá em multa, a ser definida e regulamentada pelo Poder Executivo do ente federado competente, o estabelecimento autorizado a funcionar durante a pandemia da Covid-19 que deixar de disponibilizar álcool em gel a 70% (setenta por cento) em locais próximos a suas entradas, elevadores e escadas rolantes. (Acrescido pela Lei 14.019/2020)

Art. 3º-I. *(Vetado na Lei 14.019/2020)*

Art. 3º-J. Durante a emergência de saúde pública decorrente do coronavírus responsável pelo surto de 2019, o poder público e os empregadores ou contratantes adotarão, imediatamente, medidas para preservar a saúde e a vida de todos os profissionais considerados essenciais ao controle de doenças e à manutenção da ordem pública. *(Acrescido pela Lei 14.023/2020)*

§ 1º Para efeitos do disposto no *caput* deste artigo, são considerados profissionais essenciais ao controle de doenças e à manutenção da ordem pública:

I - médicos;
II - enfermeiros;
III - fisioterapeutas, terapeutas ocupacionais, fonoaudiólogos e profissionais envolvidos nos processos de habilitação e reabilitação;
IV - psicólogos;
V - assistentes sociais;
VI - policiais federais, civis, militares, penais, rodoviários e ferroviários e membros das Forças Armadas;
VII - agentes socioeducativos, agentes de segurança de trânsito e agentes de segurança privada;
VIII - brigadistas e bombeiros civis e militares;
IX - vigilantes que trabalham em unidades públicas e privadas de saúde;
X - assistentes administrativos que atuam no cadastro de pacientes em unidades de saúde;
XI - agentes de fiscalização;
XII - agentes comunitários de saúde;
XIII - agentes de combate às endemias;
XIV - técnicos e auxiliares de enfermagem;
XV - técnicos, tecnólogos e auxiliares em radiologia e operadores de aparelhos de tomografia computadorizada e de ressonância nuclear magnética;
XVI - maqueiros, maqueiros de ambulância e padioleiros;
XVII - cuidadores e atendentes de pessoas com deficiência, de pessoas idosas ou de pessoas com doenças raras;
XVIII - biólogos, biomédicos e técnicos em análises clínicas;
XIX - médicos-veterinários;
XX - coveiros, atendentes funerários, motoristas funerários, auxiliares funerários e demais trabalhadores de serviços funerários e de autópsias;
XXI - profissionais de limpeza;
XXII - profissionais que trabalham na cadeia de produção de alimentos e bebidas, incluídos os insumos;
XXIII - farmacêuticos, bioquímicos e técnicos em farmácia;
XXIV - cirurgiões-dentistas, técnicos em saúde bucal e auxiliares em saúde bucal;
XXV - aeronautas, aeroviários e controladores de voo;
XXVI - motoristas de ambulância;
XXVII - guardas municipais;
XXVIII - profissionais dos Centros de Referência de Assistência Social (Cras) e dos Centros de Referência Especializados de Assistência Social (Creas);
XXIX - servidores públicos que trabalham na área da saúde, inclusive em funções administrativas;
XXX - outros profissionais que trabalhem ou sejam convocados a trabalhar nas unidades

de saúde durante o período de isolamento social ou que tenham contato com pessoas ou com materiais que ofereçam risco de contaminação pelo novo coronavírus.

§ 2º O poder público e os empregadores ou contratantes fornecerão, gratuitamente, os equipamentos de proteção individual (EPIs) recomendados pela Anvisa aos profissionais relacionados no § 1º deste artigo que estiverem em atividade e em contato direto com portadores ou possíveis portadores do novo coronavírus, considerados os protocolos indicados para cada situação.

§ 3º Os profissionais essenciais ao controle de doenças e à manutenção da ordem pública que estiverem em contato direto com portadores ou possíveis portadores do novo coronavírus terão prioridade para fazer testes de diagnóstico da Covid-19 e serão tempestivamente tratados e orientados sobre sua condição de saúde e sobre sua aptidão para retornar ao trabalho.

Art. 4º É dispensável a licitação para aquisição ou contratação de bens, serviços, inclusive de engenharia, e insumos destinados ao enfrentamento da emergência de saúde pública de importância internacional de que trata esta Lei. (Redação dada pela Lei 14.035/2020)

§ 1º A dispensa de licitação a que se refere o *caput* deste artigo é temporária e aplica-se apenas enquanto perdurar a emergência de saúde pública de importância internacional decorrente do coronavírus.

§ 2º Todas as aquisições ou contratações realizadas com base nesta Lei serão disponibilizadas, no prazo máximo de 5 (cinco) dias úteis, contado da realização do ato, em site oficial específico na internet, observados, no que couber, os requisitos previstos no § 3º do art. 8º da Lei nº 12.527, de 18 de novembro de 2011, com o nome do contratado, o número de sua inscrição na Secretaria da Receita Federal do Brasil, o prazo contratual, o valor e o respectivo processo de aquisição ou contratação, além das seguintes informações: (Redação dada pela Lei 14.035/2020)

I - o ato que autoriza a contratação direta ou o extrato decorrente do contrato; (Acrescido pela Lei 14.035/2020)

II - a discriminação do bem adquirido ou do serviço contratado e o local de entrega ou de prestação; (Acrescido pela Lei 14.035/2020)

III - o valor global do contrato, as parcelas do objeto, os montantes pagos e o saldo disponível ou bloqueado, caso exista; (Acrescido pela Lei 14.035/2020)

IV - as informações sobre eventuais aditivos contratuais; (Acrescido pela Lei 14.035/2020)

V - a quantidade entregue em cada unidade da Federação durante a execução do contrato, nas contratações de bens e serviços. (Acrescido pela Lei 14.035/2020)

VI - as atas de registros de preços das quais a contratação se origine. ((Acrescido pela Lei 14.065/2020)

§ 3º Na situação excepcional de, comprovadamente, haver uma única fornecedora do bem ou prestadora do serviço, será possível a sua contratação, independentemente da existência de sanção de impedimento ou de suspensão de contratar com o poder público. (Acrescido pela Lei 14.035/2020)

§ 3º-A. No caso de que trata o § 3º deste artigo, é obrigatória a prestação de garantia nas modalidades previstas no art. 56 da Lei nº 8.666, de 21 de junho de 1993, que não poderá exceder a 10% (dez por cento) do valor do contrato. (Acrescido pela Lei 14.035/2020)

‣ Lei 14.133/2021 (Nova Lei de Licitações)

§ 4º Na hipótese de dispensa de licitação a que se refere o *caput* deste artigo, quando se tratar de compra ou de contratação por mais de um órgão ou entidade, poderá ser utilizado o sistema de registro de preços, previsto no inciso II do *caput* do art. 15 da Lei nº 8.666, de 21 de junho de 1993. (Acrescido pela Lei 14.065/2020)

‣ Lei 14.133/2021 (Nova Lei de Licitações)

§ 5º Nas situações abrangidas pelo § 4º deste artigo, o ente federativo poderá aplicar o regulamento federal sobre registro de preços se não houver regulamento que lhe seja especificamente aplicável. (Acrescido pela Lei 14.065/2020)

§ 6º O órgão ou entidade gerenciador da compra estabelecerá prazo entre 2 (dois) e 8 (oito) dias úteis, contado da data de divulgação da intenção de registro de preço, para que outros órgãos e entidades manifestem interesse em participar do sistema de registro de preços realizado nos termos dos §§ 4º e 5º deste artigo. (Acrescido pela Lei 14.065/2020)

§ 7º O disposto nos §§ 2º e 3º do art. 4º-E desta Lei não se aplica a sistema de registro de preços fundamentado nesta Lei. (Acrescido pela Lei 14.065/2020)

§ 8º Nas contratações celebradas após 30 (trinta) dias da assinatura da ata de registro de preços, a estimativa de preços será refeita, com o intuito de verificar se os preços registrados permanecem compatíveis com os praticados no âmbito dos órgãos e entidades da administração pública, nos termos do inciso VI do § 1º do art. 4º-E desta Lei. (Acrescido pela Lei 14.065/2020)

Art. 4º-A. A aquisição ou contratação de bens e serviços, inclusive de engenharia, a que se refere o *caput* do art. 4º desta Lei, não se restringe a equipamentos novos, desde que o fornecedor se responsabilize pelas plenas condições de uso e de funcionamento do objeto contratado. (Acrescido pela Lei 14.035/2020)

Art. 4º-B. Nas dispensas de licitação decorrentes do disposto nesta Lei, presumem-se comprovadas as condições de: (Acrescido pela Lei 14.035/2020)

I - ocorrência de situação de emergência;

II - necessidade de pronto atendimento da situação de emergência;

III - existência de risco à segurança de pessoas, de obras, de prestação de serviços, de equipamentos e de outros bens, públicos ou particulares; e

IV - limitação da contratação à parcela necessária ao atendimento da situação de emergência.

Art. 4º-C. Para a aquisição ou contratação de bens, serviços, inclusive de engenharia, e insumos necessários ao enfrentamento da emergência de saúde pública de que trata esta Lei, não será exigida a elaboração de estudos preliminares quando se tratar de bens e de serviços comuns. (Acrescido pela Lei 14.035/2020)

Art. 4º-D. O gerenciamento de riscos da contratação somente será exigível durante a gestão do contrato. (Acrescido pela Lei 14.035/2020)

Art. 4º-E. Nas aquisições ou contratações de bens, serviços e insumos necessários ao enfrentamento da emergência de saúde pública de importância internacional de que trata esta Lei, será admitida a apresentação de termo de referência simplificado ou de projeto básico simplificado. (Acrescido pela Lei 14.035/2020)

§ 1º O termo de referência simplificado ou o projeto básico simplificado referidos no *caput* deste artigo conterá: (Acrescido pela Lei 14.035/2020)

I - declaração do objeto;

II - fundamentação simplificada da contratação;

III - descrição resumida da solução apresentada;

IV - requisitos da contratação;

V - critérios de medição e de pagamento;

VI - estimativa de preços obtida por meio de, no mínimo, 1 (um) dos seguintes parâmetros:

a) Portal de Compras do Governo Federal;

b) pesquisa publicada em mídia especializada;

c) sites especializados ou de domínio amplo;

d) contratações similares de outros entes públicos; ou

e) pesquisa realizada com os potenciais fornecedores;

VII - adequação orçamentária.

§ 2º Excepcionalmente, mediante justificativa da autoridade competente, será dispensada a estimativa de preços de que trata o inciso VI do § 1º deste artigo. (Acrescido pela Lei 14.035/2020)

§ 3º Os preços obtidos a partir da estimativa de que trata o inciso VI do § 1º deste artigo não impedem a contratação pelo poder público por valores superiores decorrentes de oscilações ocasionadas pela variação de preços, desde que observadas as seguintes condições: (Acrescido pela Lei 14.035/2020)

I - negociação prévia com os demais fornecedores, segundo a ordem de classificação, para obtenção de condições mais vantajosas; e

II - efetiva fundamentação, nos autos da contratação correspondente, da variação de preços praticados no mercado por motivo superveniente.

Art. 4º-F. Na hipótese de haver restrição de fornecedores ou de prestadores de serviço, a autoridade competente, excepcionalmente e mediante justificativa, poderá dispensar a apresentação de documentação relativa à regularidade fiscal ou, ainda, o cumprimento de 1 (um) ou mais requisitos de habilitação, ressalvados a exigência de apresentação de prova de regularidade trabalhista e o cumprimento do disposto no inciso XXXIII do *caput* do art. 7º da Constituição Federal. (Acrescido pela Lei 14.035/2020)

Art. 4º-G. Nos casos de licitação na modalidade pregão, eletrônico ou presencial, cujo objeto seja a aquisição ou contratação de bens, serviços e insumos necessários ao enfrentamento da emergência de saúde pública de importância internacional de que trata esta Lei, os prazos dos procedimentos licitatórios serão reduzidos pela metade. (Acrescido pela Lei 14.035/2020)

§ 1º Quando o prazo original de que trata o *caput* deste artigo for número ímpar, este será arredondado para o número inteiro antecedente. (Acrescido pela Lei 14.035/2020)

§ 2º Os recursos dos procedimentos licitatórios somente terão efeito devolutivo. (Acrescido pela Lei 14.035/2020)

§ 3º Fica dispensada a realização de audiência pública a que se refere o art. 39 da Lei nº 8.666, de 21 de junho de 1993, para as licitações de que trata o *caput* deste artigo. (Acrescido pela Lei 14.035/2020)

‣ Lei 14.133/2021 (Nova Lei de Licitações)

§ 4º As licitações de que trata o *caput* deste artigo realizadas por meio de sistema de registro de preços serão consideradas compras nacionais e observarão o disposto em regulamento editado pelo Poder Executivo federal, observado o prazo estabelecido no § 6º do art. 4º desta Lei. (Acrescido pela Lei 14.065/2020)

Art. 4º-H. Os contratos regidos por esta Lei terão prazo de duração de até 6 (seis) meses e poderão ser prorrogados por períodos sucessivos, enquanto vigorar o Decreto Legislativo nº 6, de 20 de março de 2020, respeitados os prazos pactuados. (Acrescido pela Lei 14.035/2020)

Art. 4º-I. Para os contratos decorrentes dos procedimentos previstos nesta Lei, a administração pública poderá prever que os contratados fiquem obrigados a aceitar, nas mesmas condições contratuais, acréscimos ou supressões ao objeto contratado de até 50% (cinquenta por cento) do valor inicial atualizado do contrato. (Acrescido pela Lei 14.035/2020)

Art. 4º-J. Os órgãos e entidades da administração pública federal poderão aderir a ata de registro de preços gerenciada por órgão ou entidade estadual, distrital ou municipal em procedimentos realizados nos termos desta Lei, até o limite, por órgão ou entidade, de 50% (cinquenta por cento) dos quantitativos dos itens do instrumento convocatório e registrados na ata de registro de preços para o órgão gerenciador e para os órgãos participantes. (Acrescido pela Lei 14.065/2020)

Parágrafo único. As contratações decorrentes das adesões à ata de registro de preços de que trata o *caput* deste artigo não poderão exceder, na totalidade, ao dobro do quantitativo de cada item registrado na ata de registro de preços para o órgão gerenciador e para os órgãos participantes, independentemente do número de órgãos não participantes que aderirem.

Art. 4º-K. Os órgãos de controle interno e externo priorizarão a análise e a manifestação quanto à legalidade, à legitimidade e à economicidade das despesas decorrentes dos contratos ou das aquisições realizadas com fundamento nesta Lei. (Acrescido pela Lei 14.065/2020)

Parágrafo único. Os tribunais de contas devem atuar para aumentar a segurança jurídica na aplicação das normas desta Lei, inclusive por meio de respostas a consultas.

Art. 5º Toda pessoa colaborará com as autoridades sanitárias na comunicação imediata de:

I - possíveis contatos com agentes infecciosos do coronavírus;

II - circulação em áreas consideradas como regiões de contaminação pelo coronavírus.

Art. 5º-A. Enquanto perdurar o estado de emergência de saúde internacional decorrente do coronavírus responsável pelo surto de 2019: (Artigo acrescido pela Lei 14.022/2020)

I - os prazos processuais, a apreciação de matérias, o atendimento às partes e a concessão de medidas protetivas que tenham relação com atos de violência doméstica e familiar cometidos contra mulheres, crianças, adolescentes, pessoas idosas e pessoas com deficiência serão mantidos, sem suspensão;

II - o registro da ocorrência de violência doméstica e familiar contra a mulher e de crimes cometidos contra criança, adolescente, pessoa idosa ou pessoa com deficiência poderá ser realizado por meio eletrônico ou por meio de número de telefone de emergência designado para tal fim pelos órgãos de segurança pública;

Parágrafo único. Os processos de que trata o inciso I do *caput* deste artigo serão considerados de natureza urgente.

Art. 5º-B. O receituário médico ou odontológico de medicamentos sujeitos a prescrição e de uso contínuo será válido pelo menos enquanto perdurarem as medidas de isolamento para contenção do surto da Covid-19. (Acrescido pela Lei 14.028/2020)

§ 1º O disposto no *caput* não se aplica ao receituário de medicamentos sujeitos ao controle sanitário especial, que seguirá a regulamentação da Anvisa. (Acrescido pela Lei 14.028/2020)

§ 2º (VETADO na Lei 14.028/2020)

Art. 6º É obrigatório o compartilhamento entre órgãos e entidades da administração pública federal, estadual, distrital e municipal de dados essenciais à identificação de pessoas infectadas ou com suspeita de infecção pelo coronavírus, com a finalidade exclusiva de evitar a sua propagação.

§ 1º A obrigação a que se refere o *caput* deste artigo estende-se às pessoas jurídicas de direito privado quando os dados forem solicitados por autoridade sanitária.

§ 2º O Ministério da Saúde manterá dados públicos e atualizados sobre os casos confirmados, suspeitos e em investigação, relativos à situação de emergência pública sanitária, resguardando o direito ao sigilo das informações pessoais.

Art. 6º-A. Para a concessão de suprimento de fundos e por item de despesa, e para as aquisições e as contratações a que se refere o *caput* do art. 4º desta Lei, quando a movimentação for realizada por meio de Cartão de Pagamento do Governo, ficam estabelecidos os seguintes limites: (Acrescido pela Lei 14.035/2020)

I - na execução de serviços de engenharia, o valor estabelecido na alínea "a" do inciso I do *caput* do art. 23 da Lei nº 8.666, de 21 de junho de 1993; e

› Lei 14.133/2021 (Nova Lei de Licitações)

II - nas compras em geral e em outros serviços, o valor estabelecido na alínea "a" do inciso II do *caput* do art. 23 da Lei nº 8.666, de 21 de junho de 1993.

› Lei 14.133/2021 (Nova Lei de Licitações)

Art. 6º-B. (Acrescido pela MP 928/2020, com vigência encerrada em 20/7/2020)

Art. 6º-C. (Acrescido pela MP 928/2020, com vigência encerrada em 20/7/2020)

Art. 7º O Ministério da Saúde editará os atos necessários à regulamentação e operacionalização do disposto nesta Lei.

Art. 8º Esta Lei vigorará enquanto estiver vigente o Decreto Legislativo nº 6, de 20 de março de 2020, observado o disposto no art. 4º-H desta Lei. (Redação dada pela Lei 14.035/2020)

› O STF, por maioria, referendou a concessão parcial da medida cautelar pleiteada para "conferir interpretação conforme à Constituição ao art. 8º da Lei nº 13.979/2020, com a redação dada pela Lei 14.035/2020, a fim de excluir de seu âmbito de aplicação as medidas extraordinárias previstas nos arts. 3º, 3º-A, 3º-B, 3º-C, 3º-D, 3º-E, 3º-F, 3º-G, 3º-H e 3º-J, inclusive dos respectivos parágrafos, incisos e alíneas". DJe de 16/3/2021.

Art. 9º Esta Lei entra em vigor na data de sua publicação.

Brasília, 6 de fevereiro de 2020; 199º da Independência e 132º da República.

JAIR MESSIAS BOLSONARO

DOU 07.02.2020

LEI Nº 14.129, DE 29 DE MARÇO DE 2021

Dispõe sobre princípios, regras e instrumentos para o Governo Digital e para o aumento da eficiência pública e altera a Lei nº 7.116, de 29 de agosto de 1983, a Lei nº 12.527, de 18 de novembro de 2011 (Lei de Acesso à Informação), a Lei nº 12.682, de 9 de julho de 2012, e a Lei nº 13.460, de 26 de junho de 2017.

› *Lei do Governo Digital*

O PRESIDENTE DA REPÚBLICA

Faço saber que o Congresso Nacional decreta e eu sanciono a seguinte Lei:

CAPÍTULO I
DISPOSIÇÕES GERAIS

Art. 1º Esta Lei dispõe sobre princípios, regras e instrumentos para o aumento da eficiência da administração pública, especialmente por meio da desburocratização, da inovação, da transformação digital e da participação do cidadão.

Parágrafo único. Na aplicação desta Lei deverá ser observado o disposto nas Leis nºs 12.527, de 18 de novembro de 2011 (Lei de Acesso à Informação), 13.460, de 26 de junho de 2017, 13.709, de 14 de agosto de 2018 (Lei Geral de Proteção de Dados Pessoais), e 5.172, de 25 de outubro de 1966 (Código Tributário Nacional), e na Lei Complementar nº 105, de 10 de janeiro de 2001.

Art. 2º Esta Lei aplica-se:

I - aos órgãos da administração pública direta federal, abrangendo os Poderes Executivo, Judiciário e Legislativo, incluído o Tribunal de Contas da União, e o Ministério Público da União;

II - às entidades da administração pública indireta federal, incluídas as empresas públicas e sociedades de economia mista, suas subsidiárias e controladas, que prestem serviço público, autarquias e fundações públicas; e

III - às administrações diretas e indiretas dos demais entes federados, nos termos dos incisos I e II do *caput* deste artigo, desde que adotem os comandos desta Lei por meio de atos normativos próprios.

§ 1º Esta Lei não se aplica a empresas públicas e sociedades de economia mista, suas subsidiárias e controladas, que não prestem serviço público.

§ 2º As referências feitas nesta Lei, direta ou indiretamente, a Estados, Municípios e ao Distrito Federal são cabíveis somente na hipótese de ter sido cumprido o requisito previsto no inciso III do *caput* deste artigo.

Art. 3º São princípios e diretrizes do Governo Digital e da eficiência pública:

I - a desburocratização, a modernização, o fortalecimento e a simplificação da relação do poder público com a sociedade, mediante serviços digitais, acessíveis inclusive por dispositivos móveis;

II - a disponibilização em plataforma única do acesso às informações e aos serviços públicos, observadas as restrições legalmente previstas e sem prejuízo, quando indispensável, da prestação de caráter presencial;

III - a possibilidade aos cidadãos, às pessoas jurídicas e aos outros entes públicos de demandar e de acessar serviços públicos por meio digital, sem necessidade de solicitação presencial;

IV - a transparência na execução dos serviços públicos e o monitoramento da qualidade desses serviços;

V - o incentivo à participação social no controle e na fiscalização da administração pública;

VI - o dever do gestor público de prestar contas diretamente à população sobre a gestão dos recursos públicos;

VII - o uso de linguagem clara e compreensível a qualquer cidadão;

VIII - o uso da tecnologia para otimizar processos de trabalho da administração pública;

IX - a atuação integrada entre os órgãos e as entidades envolvidos na prestação e no controle dos serviços públicos, com o compartilhamento de dados pessoais em ambiente seguro quando for indispensável para a prestação do serviço, nos termos da Lei nº 13.709, de 14 de agosto de 2018 (Lei Geral de Proteção de Dados Pessoais), e, quando couber, com a transferência de sigilo, nos termos do art. 198 da Lei nº 5.172, de 25 de outubro de 1966 (Código Tributário Nacional), e da Lei Complementar nº 105, de 10 de janeiro de 2001;

X - a simplificação dos procedimentos de solicitação, oferta e acompanhamento dos serviços públicos, com foco na universalização do acesso e no autosserviço;

XI - a eliminação de formalidades e de exigências cujo custo econômico ou social seja superior ao risco envolvido;

XII - a imposição imediata e de uma única vez ao interessado das exigências necessárias à prestação dos serviços públicos, justificada exigência posterior apenas em caso de dúvida superveniente;

XIII - a vedação de exigência de prova de fato já comprovado pela apresentação de documento ou de informação válida;
XIV - a interoperabilidade de sistemas e a promoção de dados abertos;
XV - a presunção de boa-fé do usuário dos serviços públicos;
XVI - a permanência da possibilidade de atendimento presencial, de acordo com as características, a relevância e o público-alvo do serviço;
XVII - a proteção de dados pessoais, nos termos da Lei nº 13.709, de 14 de agosto de 2018 (Lei Geral de Proteção de Dados Pessoais);
XVIII - o cumprimento de compromissos e de padrões de qualidade divulgados na Carta de Serviços ao Usuário;
XIX - a acessibilidade da pessoa com deficiência ou com mobilidade reduzida, nos termos da Lei nº 13.146, de 6 de julho de 2015 (Estatuto da Pessoa com Deficiência);
XX - o estímulo a ações educativas para qualificação dos servidores públicos para o uso das tecnologias digitais e para a inclusão digital da população;
XXI - o apoio técnico aos entes federados para implantação e adoção de estratégias que visem à transformação digital da administração pública;
XXII - o estímulo ao uso das assinaturas eletrônicas nas interações e nas comunicações entre órgãos públicos e entre estes e os cidadãos;
XXIII - a implantação do governo como plataforma e a promoção do uso de dados, preferencialmente anonimizados, por pessoas físicas e jurídicas de diferentes setores da sociedade, resguardado o disposto nos arts. 7º e 11 da Lei nº 13.709, de 14 de agosto de 2018 (Lei Geral de Proteção de Dados Pessoais), com vistas, especialmente, à formulação de políticas públicas, de pesquisas científicas, de geração de negócios e de controle social;
XXIV - o tratamento adequado a idosos, nos termos da Lei nº 10.741, de 1º de outubro de 2003 (Estatuto do Idoso);
XXV - a adoção preferencial, no uso da internet e de suas aplicações, de tecnologias, de padrões e de formatos abertos e livres, conforme disposto no inciso V do *caput* do art. 24 e no art. 25 da Lei nº 12.965, de 23 de abril de 2014 (Marco Civil da Internet); e
XXVI - a promoção do desenvolvimento tecnológico e da inovação no setor público.

Art. 4º Para os fins desta Lei, considera-se:

I - (VETADO);
II - autosserviço: acesso pelo cidadão a serviço público prestado por meio digital, sem necessidade de mediação humana;
III - base nacional de serviços públicos: base de dados que contém as informações necessárias sobre a oferta de serviços públicos de todos os prestadores desses serviços;
IV - dados abertos: dados acessíveis ao público, representados em meio digital, estruturados em formato aberto, processáveis por máquina, referenciados na internet e disponibilizados sob licença aberta que permita sua livre utilização, consumo ou tratamento por qualquer pessoa, física ou jurídica;
V - dado acessível ao público: qualquer dado gerado ou acumulado pelos entes públicos que não esteja sob sigilo ou sob restrição de acesso nos termos da Lei nº 12.527, de 18 de novembro de 2011 (Lei de Acesso à Informação);
VI - formato aberto: formato de arquivo não proprietário, cuja especificação esteja documentada publicamente e seja de livre conhecimento e implementação, livre de patentes ou de qualquer outra restrição legal quanto à sua utilização;
VII - governo como plataforma: infraestrutura tecnológica que facilite o uso de dados de acesso público e promova a interação entre diversos agentes, de forma segura, eficiente e responsável, para estímulo à inovação, à exploração de atividade econômica e à prestação de serviços à população;
VIII - laboratório de inovação: espaço aberto à participação e à colaboração da sociedade para o desenvolvimento de ideias, de ferramentas e de métodos inovadores para a gestão pública, a prestação de serviços públicos e a participação do cidadão para o exercício do controle sobre a administração pública;
IX - plataformas de governo digital: ferramentas digitais e serviços comuns aos órgãos, normalmente ofertados de forma centralizada e compartilhada, necessárias para a oferta digital de serviços e de políticas públicas;
X - registros de referência: informação íntegra e precisa oriunda de uma ou mais fontes de dados, centralizadas ou descentralizadas, sobre elementos fundamentais para a prestação de serviços e para a gestão de políticas públicas; e
XI - transparência ativa: disponibilização de dados pela administração pública independentemente de solicitações.

Parágrafo único. Aplicam-se a esta Lei os conceitos da Lei nº 13.709, de 14 de agosto de 2018 (Lei Geral de Proteção de Dados Pessoais).

CAPÍTULO II
DA DIGITALIZAÇÃO DA ADMINISTRAÇÃO PÚBLICA E DA PRESTAÇÃO DIGITAL DE SERVIÇOS PÚBLICOS - GOVERNO DIGITAL

SEÇÃO I
DA DIGITALIZAÇÃO

Art. 5º A administração pública utilizará soluções digitais para a gestão de suas políticas finalísticas e administrativas e para o trâmite de processos administrativos eletrônicos.

Parágrafo único. Entes públicos que emitem atestados, certidões, diplomas ou outros documentos comprobatórios com validade legal poderão fazê-lo em meio digital, assinados eletronicamente na forma do art. 7º desta Lei e da Lei nº 14.063, de 23 de setembro de 2020.

Art. 6º Nos processos administrativos eletrônicos, os atos processuais deverão ser realizados em meio eletrônico, exceto se o usuário solicitar de forma diversa, nas situações em que esse procedimento for inviável, nos casos de indisponibilidade do meio eletrônico ou diante de risco de dano relevante à celeridade do processo.

Parágrafo único. No caso das exceções previstas no *caput* deste artigo, os atos processuais poderão ser praticados conforme as regras aplicáveis aos processos em papel, desde que posteriormente o documento-base correspondente seja digitalizado.

Art. 7º Os documentos e os atos processuais serão válidos em meio digital mediante o uso de assinatura eletrônica, desde que respeitados parâmetros de autenticidade, de integridade e de segurança adequados para os níveis de risco em relação à criticidade da decisão, da informação ou do serviço específico, nos termos da lei.

§ 1º Regulamento poderá dispor sobre o uso de assinatura avançada para os fins de que tratam os seguintes dispositivos:

I - art. 2º-A da Lei nº 12.682, de 9 de julho de 2012;
II - art. 289 da Lei nº 6.404, de 15 de dezembro de 1976;
III - art. 2º da Lei nº 13.787, de 27 de dezembro de 2018;
IV - art. 282-A da Lei nº 9.503, de 23 de setembro de 1997 (Código de Trânsito Brasileiro);
V - (VETADO);
VI - art. 8º da Lei nº 12.618, de 30 de abril de 2012;
VII - art. 38 da Lei nº 11.977, de 7 de julho de 2009.

§ 2º O disposto neste artigo não se aplica às hipóteses legais de anonimato.

Art. 8º Os atos processuais em meio eletrônico consideram-se realizados no dia e na hora do recebimento pelo sistema informatizado de gestão de processo administrativo eletrônico do órgão ou da entidade, o qual deverá fornecer recibo eletrônico de protocolo que os identifique.

§ 1º Quando o ato processual tiver que ser praticado em determinado prazo, por meio eletrônico, serão considerados tempestivos os efetivados, salvo disposição em contrário, até as 23h59 (vinte e três horas e cinquenta e nove minutos) do último dia do prazo, no horário de Brasília.

§ 2º A regulamentação deverá dispor sobre os casos e as condições de prorrogação de prazos em virtude da indisponibilidade de sistemas informatizados.

Art. 9º O acesso à íntegra do processo para vista pessoal do interessado poderá ocorrer por intermédio da disponibilização de sistema informatizado de gestão ou por acesso à cópia do documento, preferencialmente em meio eletrônico.

Art. 10. A classificação da informação quanto ao grau de sigilo e a possibilidade de limitação do acesso aos servidores autorizados e aos interessados no processo observarão os termos da Lei nº 12.527, de 18 de novembro de 2011 (Lei de Acesso à Informação), e das demais normas vigentes.

Art. 11. Os documentos nato-digitais assinados eletronicamente na forma do art. 7º desta Lei são considerados originais para todos os efeitos legais.

Art. 12. O formato e o armazenamento dos documentos digitais deverão garantir o acesso e a preservação das informações, nos termos da legislação arquivística nacional.

Art. 13. A guarda dos documentos digitais e dos processos administrativos eletrônicos considerados de valor permanente deverá estar de acordo com as normas previstas pela instituição arquivística pública responsável por sua custódia.

SEÇÃO II
DO GOVERNO DIGITAL

Art. 14. A prestação digital dos serviços públicos deverá ocorrer por meio de tecnologias de amplo acesso pela população, inclusive pela de baixa renda ou residente em áreas rurais e isoladas, sem prejuízo do direito do cidadão a atendimento presencial.

Parágrafo único. O acesso à prestação digital dos serviços públicos será realizado, preferencialmente, por meio do autosserviço.

Art. 15. A administração pública participará, de maneira integrada e cooperativa, da consolidação da Estratégia Nacional de Governo Digital, editada pelo Poder Executivo federal, que observará os princípios e as diretrizes de que trata o art. 3º desta Lei.

Art. 16. A administração pública de cada ente federado poderá editar estratégia de governo digital, no âmbito de sua competência, buscando a sua compatibilização com a estratégia federal e a de outros entes.

SEÇÃO III
DAS REDES DE CONHECIMENTO

Art. 17. O Poder Executivo federal poderá criar redes de conhecimento, com o objetivo de:

I - gerar, compartilhar e disseminar conhecimento e experiências;
II - formular propostas de padrões, políticas, guias e manuais;
III - discutir sobre os desafios enfrentados e as possibilidades de ação quanto ao Governo Digital e à eficiência pública;

IV - prospectar novas tecnologias para facilitar a prestação de serviços públicos disponibilizados em meio digital, o fornecimento de informações e a participação social por meios digitais.

§ 1º Poderão participar das redes de conhecimento todos os órgãos e as entidades referidos no art. 2º desta Lei, inclusive dos entes federados.

§ 2º Serão assegurados às instituições científicas, tecnológicas e de inovação o acesso às redes de conhecimento e o estabelecimento de canal de comunicação permanente com o órgão federal a quem couber a coordenação das atividades previstas neste artigo.

SEÇÃO IV
DOS COMPONENTES DO GOVERNO DIGITAL

SUBSEÇÃO I
DA DEFINIÇÃO

Art. 18. São componentes essenciais para a prestação digital dos serviços públicos na administração pública:

I - a Base Nacional de Serviços Públicos;
II - as Cartas de Serviços ao Usuário, de que trata a Lei nº 13.460, de 26 de junho de 2017; e
III - as Plataformas de Governo Digital.

SUBSEÇÃO II
DA BASE NACIONAL DE SERVIÇOS PÚBLICOS

Art. 19. Poderá o Poder Executivo federal estabelecer Base Nacional de Serviços Públicos, que reunirá informações necessárias sobre a oferta de serviços públicos em cada ente federado.

Parágrafo único. Cada ente federado poderá disponibilizar as informações sobre a prestação de serviços públicos, conforme disposto nas suas Cartas de Serviços ao Usuário, na Base Nacional de Serviços Públicos, em formato aberto e interoperável e em padrão comum a todos os entes.

SUBSEÇÃO III
DAS PLATAFORMAS DE GOVERNO DIGITAL

Art. 20. As Plataformas de Governo Digital, instrumentos necessários para a oferta e a prestação digital dos serviços públicos de cada ente federativo, deverão ter pelo menos as seguintes funcionalidades:

I - ferramenta digital de solicitação de atendimento e de acompanhamento da entrega dos serviços públicos; e
II - painel de monitoramento do desempenho dos serviços públicos.

§ 1º As Plataformas de Governo Digital deverão ser acessadas por meio de portal, de aplicativo ou de outro canal digital único e oficial, para a disponibilização de informações institucionais, notícias e prestação de serviços públicos.

§ 2º As funcionalidades de que trata o *caput* deste artigo deverão observar padrões de interoperabilidade e a necessidade de integração de dados como formas de simplificação e de eficiência nos processos e no atendimento aos usuários.

Art. 21. A ferramenta digital de atendimento e de acompanhamento da entrega dos serviços públicos de que trata o inciso I do *caput* do art. 20 desta Lei deve apresentar, no mínimo, as seguintes características e funcionalidades:

I - identificação do serviço público e de suas principais etapas;
II - solicitação digital do serviço;
III - agendamento digital, quando couber;
IV - acompanhamento das solicitações por etapas;
V - avaliação continuada da satisfação dos usuários em relação aos serviços públicos prestados;
VI - identificação, quando necessária, e gestão do perfil pelo usuário;
VII - notificação do usuário;
VIII - possibilidade de pagamento digital de serviços públicos e de outras cobranças, quando necessário;
IX - nível de segurança compatível com o grau de exigência, a natureza e a criticidade dos serviços públicos e dos dados utilizados;
X - funcionalidade para solicitar acesso a informações acerca do tratamento de dados pessoais, nos termos das Leis nºs 12.527, de 18 de novembro de 2011 (Lei de Acesso à Informação), e 13.709, de 14 de agosto de 2018 (Lei Geral de Proteção de Dados Pessoais); e
XI - implementação de sistema de ouvidoria, nos termos da Lei nº 13.460, de 26 de junho de 2017.

Art. 22. O painel de monitoramento do desempenho dos serviços públicos de que trata o inciso II do *caput* do art. 20 desta Lei deverá conter, no mínimo, as seguintes informações, para cada serviço público ofertado:

I - quantidade de solicitações em andamento e concluídas anualmente;
II - tempo médio de atendimento; e
III - grau de satisfação dos usuários.

Parágrafo único. Deverá ser assegurada interoperabilidade e padronização mínima do painel a que se refere o *caput* deste artigo, de modo a permitir a comparação entre as avaliações e os desempenhos dos serviços públicos prestados pelos diversos entes.

Art. 23. Poderá o Poder Executivo federal:

I - estabelecer padrões nacionais para as soluções previstas nesta Seção;
II - disponibilizar soluções para outros entes que atendam ao disposto nesta Seção.

SEÇÃO V
DA PRESTAÇÃO DIGITAL DOS SERVIÇOS PÚBLICOS

Art. 24. Os órgãos e as entidades responsáveis pela prestação digital de serviços públicos deverão, no âmbito de suas competências:

I - manter atualizadas:

a) as Cartas de Serviços ao Usuário, a Base Nacional de Serviços Públicos e as Plataformas de Governo Digital;

b) as informações institucionais e as comunicações de interesse público;

II - monitorar e implementar ações de melhoria dos serviços públicos prestados, com base nos resultados da avaliação de satisfação dos usuários dos serviços;
III - integrar os serviços públicos às ferramentas de notificação aos usuários, de assinatura eletrônica e de meios de pagamento digitais, quando aplicáveis;
IV - eliminar, inclusive por meio da interoperabilidade de dados, as exigências desnecessárias ao usuário quanto à apresentação de informações e de documentos comprobatórios prescindíveis;
V - eliminar a replicação de registros de dados, exceto por razões de desempenho ou de segurança;
VI - tornar os dados da prestação dos serviços públicos sob sua responsabilidade interoperáveis para composição dos indicadores do painel de monitoramento do desempenho dos serviços públicos;
VII - realizar a gestão das suas políticas públicas com base em dados e em evidências por meio da aplicação de inteligência de dados em plataforma digital; e
VIII - realizar testes e pesquisas com os usuários para subsidiar a oferta de serviços simples, intuitivos, acessíveis e personalizados.

Art. 25. As Plataformas de Governo Digital devem dispor de ferramentas de transparência e de controle do tratamento de dados pessoais que sejam claras e facilmente acessíveis e que permitam ao cidadão o exercício dos direitos previstos na Lei nº 13.709, de 14 de agosto de 2018 (Lei Geral de Proteção de Dados Pessoais).

§ 1º As ferramentas previstas no *caput* deste artigo devem:

I - disponibilizar, entre outras, as fontes dos dados pessoais, a finalidade específica do seu tratamento pelo respectivo órgão ou ente e a indicação de outros órgãos ou entes com os quais é realizado o uso compartilhado de dados pessoais, incluído o histórico de acesso ou uso compartilhado, ressalvados os casos previstos no inciso III do *caput* do art. 4º da Lei nº 13.709, de 14 de agosto de 2018 (Lei Geral de Proteção de Dados Pessoais);
II - permitir que o cidadão efetue requisições ao órgão ou à entidade controladora dos seus dados, especialmente aquelas previstas no art. 18 da Lei nº 13.709, de 14 de agosto de 2018 (Lei Geral de Proteção de Dados Pessoais).

§ 2º A Autoridade Nacional de Proteção de Dados (ANPD) poderá editar normas complementares para regulamentar o disposto neste artigo.

Art. 26. Presume-se a autenticidade de documentos apresentados por usuários dos serviços públicos ofertados por meios digitais, desde que o envio seja assinado eletronicamente.

SEÇÃO VI
DOS DIREITOS DOS USUÁRIOS DA PRESTAÇÃO DIGITAL DE SERVIÇOS PÚBLICOS

Art. 27. São garantidos os seguintes direitos aos usuários da prestação digital de serviços públicos, além daqueles constantes das Leis nºs 13.460, de 26 de junho de 2017, e 13.709, de 14 de agosto de 2018 (Lei Geral de Proteção de Dados Pessoais):

I - gratuidade no acesso às Plataformas de Governo Digital;
II - atendimento nos termos da respectiva Carta de Serviços ao Usuário;
III - padronização de procedimentos referentes à utilização de formulários, de guias e de outros documentos congêneres, incluídos os de formato digital;
IV - recebimento de protocolo, físico ou digital, das solicitações apresentadas; e
V - indicação de canal preferencial de comunicação com o prestador público para o recebimento de notificações, de mensagens, de avisos e de outras comunicações relativas à prestação de serviços públicos e a assuntos de interesse público.

CAPÍTULO III
DO NÚMERO SUFICIENTE PARA IDENTIFICAÇÃO

Art. 28. Fica estabelecido o número de inscrição no Cadastro de Pessoas Físicas (CPF) ou no Cadastro Nacional da Pessoa Jurídica (CNPJ) como número suficiente para identificação do cidadão ou da pessoa jurídica, conforme o caso, nos bancos de dados de serviços públicos, garantida a gratuidade da inscrição e das alterações nesses cadastros.

§ 1º O número de inscrição no CPF deverá constar dos cadastros e dos documentos de órgãos públicos, do registro civil de pessoas naturais, dos documentos de identificação de conselhos profissionais e, especialmente, dos seguintes cadastros e documentos:

I - certidão de nascimento;
II - certidão de casamento;
III - certidão de óbito;
IV - Documento Nacional de Identificação (DNI);

V - Número de Identificação do Trabalhador (NIT);
VI - registro no Programa de Integração Social (PIS) ou no Programa de Formação do Patrimônio do Servidor Público (Pasep);
VII - Cartão Nacional de Saúde;
VIII - título de eleitor;
IX - Carteira de Trabalho e Previdência Social (CTPS);
X - Carteira Nacional de Habilitação (CNH) ou Permissão para Dirigir;
XI - certificado militar;
XII - carteira profissional expedida pelos conselhos de fiscalização de profissão regulamentada;
XIII - passaporte;
XIV - carteiras de identidade de que trata a Lei nº 7.116, de 29 de agosto de 1983; e
XV - outros certificados de registro e números de inscrição existentes em bases de dados públicas federais, estaduais, distritais e municipais.

§ 2º A inclusão do número de inscrição no CPF nos cadastros e nos documentos de que trata o § 1º deste artigo ocorrerá sempre que a instituição responsável pelos cadastros e pelos documentos tiver acesso a documento comprobatório ou à base de dados administrada pela Secretaria Especial da Receita Federal do Brasil do Ministério da Economia.

§ 3º A incorporação do número de inscrição no CPF à carteira de identidade será precedida de consulta à base de dados administrada pela Secretaria Especial da Receita Federal do Brasil do Ministério da Economia e de validação de acordo com essa base de dados.

§ 4º Na hipótese de o requerente da carteira de identidade não estar inscrito no CPF, o órgão de identificação realizará a sua inscrição, caso tenha integração com a base de dados da Secretaria Especial da Receita Federal do Brasil do Ministério Economia.

§ 5º (VETADO).

CAPÍTULO IV
DO GOVERNO COMO PLATAFORMA

SEÇÃO I
DA ABERTURA DOS DADOS

Art. 29. Os dados disponibilizados pelos prestadores de serviços públicos, bem como qualquer informação de transparência ativa, são de livre utilização pela sociedade, observados os princípios dispostos no art. 6º da Lei nº 13.709, de 14 de agosto de 2018 (Lei Geral de Proteção de Dados Pessoais).

§ 1º Na promoção da transparência ativa de dados, o poder público deverá observar os seguintes requisitos:

I - observância da publicidade das bases de dados não pessoais como preceito geral e do sigilo como exceção;
II - garantia de acesso irrestrito aos dados, os quais devem ser legíveis por máquina e estar disponíveis em formato aberto, respeitadas as Leis nºs 12.527, de 18 de novembro de 2011 (Lei de Acesso à Informação), e 13.709, de 14 de agosto de 2018 (Lei Geral de Proteção de Dados Pessoais);
III - descrição das bases de dados com informação suficiente sobre estrutura e semântica dos dados, inclusive quanto à sua qualidade e à sua integridade;
IV - permissão irrestrita de uso de bases de dados publicadas em formato aberto;
V - completude de bases de dados, as quais devem ser disponibilizadas em sua forma primária, com o maior grau de granularidade possível, ou referenciar bases primárias, quando disponibilizadas de forma agregada;
VI - atualização periódica, mantido o histórico, de forma a garantir a perenidade de dados, a padronização de estruturas de informação e o valor dos dados à sociedade e a atender às necessidades de seus usuários;
VII - (VETADO);
VIII - respeito à privacidade dos dados pessoais e dos dados sensíveis, sem prejuízo dos demais requisitos elencados, conforme a Lei nº 13.709, de 14 de agosto de 2018 (Lei Geral de Proteção de Dados Pessoais);
IX - intercâmbio de dados entre órgãos e entidades dos diferentes Poderes e esferas da Federação, respeitado o disposto no art. 26 da Lei nº 13.709, de 14 de agosto de 2018 (Lei Geral de Proteção de Dados Pessoais); e
X - fomento ao desenvolvimento de novas tecnologias destinadas à construção de ambiente de gestão pública participativa e democrática e à melhor oferta de serviços públicos.

§ 2º Sem prejuízo da legislação em vigor, os órgãos e as entidades previstos no art. 2º desta Lei deverão divulgar na internet:

I - o orçamento anual de despesas e receitas públicas do Poder ou órgão independente;
II - a execução das despesas e receitas públicas, nos termos dos arts. 48 e 48-A da Lei Complementar nº 101, de 4 de maio de 2000;
III - os repasses de recursos federais aos Estados, aos Municípios e ao Distrito Federal;
IV - os convênios e as operações de descentralização de recursos orçamentários em favor de pessoas naturais e de organizações não governamentais de qualquer natureza;
V - as licitações e as contratações realizadas pelo Poder ou órgão independente;
VI - as notas fiscais eletrônicas relativas às compras públicas;
VII - as informações sobre os servidores e os empregados públicos federais, bem como sobre os militares da União, incluídos nome e detalhamento dos vínculos profissionais e de remuneração;
VIII - as viagens a serviço custeadas pelo Poder ou órgão independente;
IX - as sanções administrativas aplicadas a pessoas, a empresas, a organizações não governamentais e a servidores públicos;
X - os currículos dos ocupantes de cargos de chefia e direção;
XI - o inventário de bases de dados produzidos ou geridos no âmbito do órgão ou instituição, bem como catálogo de dados abertos disponíveis;
XII - as concessões de recursos financeiros ou as renúncias de receitas para pessoas físicas ou jurídicas, com vistas ao desenvolvimento político, econômico, social e cultural, incluída a divulgação dos valores recebidos, da contrapartida e dos objetivos a serem alcançados por meio da utilização desses recursos e, no caso das renúncias individualizadas, dos dados dos beneficiários.

§ 3º (VETADO).

Art. 30. Qualquer interessado poderá apresentar pedido de abertura de bases de dados da administração pública, que deverá conter os dados de contato do requerente e a especificação da base de dados requerida.

§ 1º O requerente poderá solicitar a preservação de sua identidade quando entender que sua identificação prejudicará o princípio da impessoalidade, caso em que o canal responsável deverá resguardar os dados sem repassá-los ao setor, ao órgão ou à entidade responsável pela resposta.

§ 2º Os procedimentos e os prazos previstos para o processamento de pedidos de acesso à informação, nos termos da Lei nº 12.527, de 18 de novembro de 2011 (Lei de Acesso à Informação), aplicam-se às solicitações de abertura de bases de dados da administração pública.

§ 3º Para a abertura de base de dados de interesse público, as informações para identificação do requerente não podem conter exigências que inviabilizem o exercício de seu direito.

§ 4º São vedadas quaisquer exigências relativas aos motivos determinantes da solicitação de abertura de base de dados públicos.

§ 5º Os pedidos de abertura de base de dados públicos, bem como as respectivas respostas, deverão compor base de dados aberta de livre consulta.

§ 6º Consideram-se automaticamente passíveis de abertura as bases de dados que não contenham informações protegidas por lei.

Art. 31. Compete a cada ente federado monitorar a aplicação, o cumprimento dos prazos e os procedimentos para abertura dos dados sob seu controle.

Art. 32. A existência de inconsistências na base de dados não poderá obstar o atendimento da solicitação de abertura. (Vetado pelo Presidente da República, mantido pelo Congresso Nacional e publicado no DOU de 11/6/2021)

Art. 33. A solicitação de abertura da base de dados será considerada atendida a partir da notificação ao requerente sobre a disponibilização e a catalogação da base de dados para acesso público no site oficial do órgão ou da entidade na internet.

Art. 34. É direito do requerente obter o inteiro teor da decisão negativa de abertura de base de dados.

Parágrafo único. Eventual decisão negativa à solicitação de abertura de base de dados ou decisão de prorrogação de prazo, em razão de custos desproporcionais ou não previstos pelo órgão ou pela entidade da administração pública, deverá ser acompanhada da devida análise técnica que conclua pela inviabilidade orçamentária da solicitação.

Art. 35. No caso de indeferimento de abertura de base de dados, poderá o interessado interpor recurso contra a decisão no prazo de 10 (dez) dias, contado de sua ciência. (Artigo vetado pelo Presidente da República, mantido pelo Congresso Nacional e publicado no DOU de 11/6/2021)

Parágrafo único. O recurso será dirigido à autoridade hierarquicamente superior à que exarou a decisão impugnada, que deverá manifestar-se no prazo de 5 (cinco) dias.

Art. 36. Os órgãos gestores de dados poderão disponibilizar em transparência ativa dados de pessoas físicas e jurídicas para fins de pesquisa acadêmica e de monitoramento e de avaliação de políticas públicas, desde que anonimizados antes de sua disponibilização os dados protegidos por sigilo ou com restrição de acesso prevista, nos termos da Lei nº 12.527, de 18 de novembro de 2011 (Lei de Acesso à Informação).

Art. 37. Aplica-se subsidiariamente, no que couber, as disposições da Lei nº 9.784, de 29 de janeiro de 1999, ao procedimento de que trata este Capítulo.

SEÇÃO II
DA INTEROPERABILIDADE DE DADOS ENTRE ÓRGÃOS PÚBLICOS

Art. 38. Os órgãos e as entidades responsáveis pela prestação digital de serviços públicos detentores ou gestores de bases de dados, inclusive os controladores de dados pessoais, conforme estabelecido pela Lei nº 13.709, de 14 de agosto de 2018 (Lei Geral de Proteção de Dados Pessoais), deverão gerir suas ferramentas digitais, considerando:

I - a interoperabilidade de informações e de dados sob gestão dos órgãos e das entidades referidos no art. 2º desta Lei, respeitados as

restrições legais, os requisitos de segurança da informação e das comunicações, as limitações tecnológicas e a relação custo-benefício da interoperabilidade;
II - a otimização dos custos de acesso a dados e o reaproveitamento, sempre que possível, de recursos de infraestrutura de acesso a dados por múltiplos órgãos e entidades;
III - a proteção de dados pessoais, observada a legislação vigente, especialmente a Lei nº 13.709, de 14 de agosto de 2018 (Lei Geral de Proteção de Dados Pessoais).

Art. 39. Será instituído mecanismo de interoperabilidade com a finalidade de:
I - aprimorar a gestão de políticas públicas;
II - aumentar a confiabilidade dos cadastros de cidadãos existentes na administração pública, por meio de mecanismos de manutenção da integridade e da segurança da informação no tratamento das bases de dados, tornando-as devidamente qualificadas e consistentes;
III - viabilizar a criação de meios unificados de identificação do cidadão para a prestação de serviços públicos;
IV - facilitar a interoperabilidade de dados entre os órgãos de governo;
V - realizar o tratamento de informações das bases de dados a partir do número de inscrição do cidadão no CPF, conforme previsto no art. 11 da Lei nº 13.444, de 11 de maio de 2017.
Parágrafo único. Aplicam-se aos dados pessoais tratados por meio de mecanismos de interoperabilidade as disposições da Lei nº 13.709, de 14 de agosto de 2018 (Lei Geral de Proteção de Dados Pessoais).

Art. 40. Os órgãos abrangidos por esta Lei serão responsáveis pela publicidade de seus registros de referência e pelos mecanismos de interoperabilidade de que trata esta Seção.
§ 1º As pessoas físicas e jurídicas poderão verificar a exatidão, a correção e a completude de qualquer um dos seus dados contidos nos registros de referência, bem como monitorar o acesso a esses dados.
§ 2º Nova base de dados somente poderá ser criada quando forem esgotadas as possibilidades de utilização dos registros de referência existentes.

Art. 41. É de responsabilidade dos órgãos e das entidades referidos no art. 2º desta Lei os custos de adaptação de seus sistemas e de suas bases de dados para a implementação da interoperabilidade.

CAPÍTULO V
DO DOMICÍLIO ELETRÔNICO

Art. 42. Os órgãos e as entidades referidos no art. 2º desta Lei, mediante opção do usuário, poderão realizar todas as comunicações, as notificações e as intimações por meio eletrônico.
§ 1º O disposto no *caput* deste artigo não gera direito subjetivo à opção pelo administrado caso os meios não estejam disponíveis.
§ 2º O administrado poderá, a qualquer momento e independentemente de fundamentação, optar pelo fim das comunicações, das notificações e das intimações por meio eletrônico.
§ 3º O ente público poderá realizar as comunicações, as notificações e as intimações por meio de ferramenta mantida por outro ente público.

Art. 43. As ferramentas usadas para os atos de que trata o art. 42 desta Lei:
I - disporão de meios que permitam comprovar a autoria das comunicações, das notificações e das intimações;
II - terão meios de comprovação de emissão e de recebimento, ainda que não de leitura, das comunicações, das notificações e das intimações;
III - poderão ser utilizadas mesmo que legislação especial preveja apenas as comunicações, as notificações e as intimações pessoais ou por via postal;
IV - serão passíveis de auditoria;
V - conservarão os dados de envio e de recebimento por, pelo menos, 5 (cinco) anos.

CAPÍTULO VI
DOS LABORATÓRIOS DE INOVAÇÃO

Art. 44. Os entes públicos poderão instituir laboratórios de inovação, abertos à participação e à colaboração da sociedade para o desenvolvimento e a experimentação de conceitos, de ferramentas e de métodos inovadores para a gestão pública, a prestação de serviços públicos, o tratamento de dados produzidos pelo poder público e a participação do cidadão no controle da administração pública.

Art. 45. Os laboratórios de inovação terão como diretrizes:
I - colaboração interinstitucional e com a sociedade;
II - promoção e experimentação de tecnologias abertas e livres;
III - uso de práticas de desenvolvimento e prototipação de softwares e de métodos ágeis para formulação e implementação de políticas públicas;
IV - foco na sociedade e no cidadão;
V - fomento à participação social e à transparência pública;
VI - incentivo à inovação;
VII - apoio ao empreendedorismo inovador e fomento a ecossistema de inovação tecnológica direcionado ao setor público;
VIII - apoio a políticas públicas orientadas por dados e com base em evidências, a fim de subsidiar a tomada de decisão e de melhorar a gestão pública;
IX - estímulo à participação de servidores, de estagiários e de colaboradores em suas atividades;
X - difusão de conhecimento no âmbito da administração pública.

Art. 46. (VETADO).

CAPÍTULO VII
DA GOVERNANÇA, DA GESTÃO DE RISCOS, DO CONTROLE E DA AUDITORIA

Art. 47. Caberá à autoridade competente dos órgãos e das entidades referidos no art. 2º desta Lei, observados as normas e os procedimentos específicos aplicáveis, implementar e manter mecanismos, instâncias e práticas de governança, em consonância com os princípios e as diretrizes estabelecidos nesta Lei.
Parágrafo único. Os mecanismos, as instâncias e as práticas de governança referidos no *caput* deste artigo incluirão, no mínimo:
I - formas de acompanhamento de resultados;
II - soluções para a melhoria do desempenho das organizações;
III - instrumentos de promoção do processo decisório fundamentado em evidências.

Art. 48. Os órgãos e as entidades a que se refere o art. 2º desta Lei deverão estabelecer, manter, monitorar e aprimorar sistema de gestão de riscos e de controle interno com vistas à identificação, à avaliação, ao tratamento, ao monitoramento e à análise crítica de riscos da prestação digital de serviços públicos que possam impactar a consecução dos objetivos da organização no cumprimento de sua missão institucional e na proteção dos usuários, observados os seguintes princípios:
I - integração da gestão de riscos ao processo de planejamento estratégico e aos seus desdobramentos, às atividades, aos processos de trabalho e aos projetos em todos os níveis da organização, relevantes para a execução da estratégia e o alcance dos objetivos institucionais;
II - estabelecimento de controles internos proporcionais aos riscos, de modo a considerar suas causas, fontes, consequências e impactos, observada a relação custo-benefício;
III - utilização dos resultados da gestão de riscos para apoio à melhoria contínua do desempenho e dos processos de governança, de gestão de riscos e de controle;
IV - proteção às liberdades civis e aos direitos fundamentais.

Art. 49. A auditoria interna governamental deverá adicionar valor e melhorar as operações das organizações para o alcance de seus objetivos, mediante a abordagem sistemática e disciplinada para avaliar e melhorar a eficácia dos processos de governança, de gestão de riscos e de controle, por meio da:
I - realização de trabalhos de avaliação e consultoria de forma independente, conforme os padrões de auditoria e de ética profissional reconhecidos internacionalmente;
II - adoção de abordagem baseada em risco para o planejamento de suas atividades e para a definição do escopo, da natureza, da época e da extensão dos procedimentos de auditoria;
III - promoção da prevenção, da detecção e da investigação de fraudes praticadas por agentes públicos ou privados na utilização de recursos públicos federais.

CAPÍTULO VIII
DISPOSIÇÕES FINAIS

Art. 50. O acesso e a conexão para o uso de serviços públicos poderão ser garantidos total ou parcialmente pelo governo, com o objetivo de promover o acesso universal à prestação digital dos serviços públicos e a redução de custos aos usuários, nos termos da lei.

Art. 51. O art. 3º da Lei nº 7.116, de 29 de agosto de 1983, passa a vigorar com a seguinte redação:
"Art. 3º ....
g) assinatura do dirigente do órgão expedidor;
h) número de inscrição no Cadastro de Pessoas Físicas (CPF).
§ 1º A inclusão do número de inscrição no CPF na Carteira de Identidade, conforme disposto na alínea "h" do *caput* deste artigo, ocorrerá sempre que o órgão de identificação tiver acesso a documento comprobatório ou à base de dados administrada pela Secretaria Especial da Receita Federal do Brasil.
§ 2º A incorporação do número de inscrição no CPF à Carteira de Identidade será precedida de consulta e de validação com a base de dados administrada pela Secretaria Especial da Receita Federal do Brasil.
§ 3º Na hipótese de o requerente da Carteira de Identidade não estar inscrito no CPF, o órgão de identificação realizará a sua inscrição, caso tenha autorização da Secretaria Especial da Receita Federal do Brasil." (NR)

Art. 52. O art. 12 da Lei nº 12.527, de 18 de novembro de 2011 (Lei de Acesso à Informação), passa vigorar com a seguinte redação:
▸ Alterações inseridas na referida lei.

Art. 53. O *caput* do art. 3º da Lei nº 12.682, de 9 de julho de 2012, passa a vigorar com a seguinte redação:
"Art. 3º O processo de digitalização deverá ser realizado de forma a manter a integridade, a autenticidade e, se necessário, a confidencialidade do documento digital, com o emprego de assinatura eletrônica.
...." (NR)

Art. 54. A Lei nº 13.460, de 26 de junho de 2017, passa a vigorar com as seguintes alterações:

▸ Alterações inseridas na referida lei.

Art. 55. Esta Lei entra em vigor após decorridos:

I - 90 (noventa) dias de sua publicação oficial, para a União;

II - 120 (cento e vinte) dias de sua publicação oficial, para os Estados e o Distrito Federal;

III - 180 (cento e oitenta) dias de sua publicação oficial, para os Municípios.

Brasília, 29 de março de 2021; 200º da Independência e 133º da República.

JAIR MESSIAS BOLSONARO

LEI Nº 14.133, DE 1º DE ABRIL DE 2021

Lei de Licitações e Contratos Administrativos

▸ *Nova Lei de Licitações e Contratos Administrativos.*

O PRESIDENTE DA REPÚBLICA Faço saber que o Congresso Nacional decreta e eu sanciono a seguinte Lei:

TÍTULO I
DISPOSIÇÕES PRELIMINARES

CAPÍTULO I
DO ÂMBITO DE APLICAÇÃO DESTA LEI

Art. 1º Esta Lei estabelece normas gerais de licitação e contratação para as Administrações Públicas diretas, autárquicas e fundacionais da União, dos Estados, do Distrito Federal e dos Municípios, e abrange:

I – os órgãos dos Poderes Legislativo e Judiciário da União, dos Estados e do Distrito Federal e os órgãos do Poder Legislativo dos Municípios, quando no desempenho de função administrativa;

II – os fundos especiais e as demais entidades controladas direta ou indiretamente pela Administração Pública.

§ 1º Não são abrangidas por esta Lei as empresas públicas, as sociedades de economia mista e as suas subsidiárias, regidas pela Lei nº 13.303, de 30 de junho de 2016, ressalvado o disposto no art. 178 desta Lei.

§ 2º As contratações realizadas no âmbito das repartições públicas sediadas no exterior obedecerão às peculiaridades locais e aos princípios básicos estabelecidos nesta Lei, na forma de regulamentação específica a ser editada por ministro de Estado.

§ 3º Nas licitações e contratações que envolvam recursos provenientes de empréstimo ou doação oriundos de agência oficial de cooperação estrangeira ou de organismo financeiro de que o Brasil seja parte, podem ser admitidas:

I – condições decorrentes de acordos internacionais aprovados pelo Congresso Nacional e ratificados pelo Presidente da República;

II – condições peculiares à seleção e à contratação constantes de normas e procedimentos das agências ou dos organismos, desde que:

a) sejam exigidas para a obtenção do empréstimo ou doação;

b) não conflitem com os princípios constitucionais em vigor;

c) sejam indicadas no respectivo contrato de empréstimo ou doação e tenham sido objeto de parecer favorável do órgão jurídico do contratante do financiamento previamente à celebração do referido contrato;

d) (VETADO).

§ 4º A documentação encaminhada ao Senado Federal para autorização do empréstimo de que trata o § 3º deste artigo deverá fazer referência às condições contratuais que incidam na hipótese do referido parágrafo.

§ 5º As contratações relativas à gestão, direta e indireta, das reservas internacionais do País, inclusive as de serviços conexos ou acessórios a essa atividade, serão disciplinadas em ato normativo próprio do Banco Central do Brasil, assegurada a observância dos princípios estabelecidos no *caput* do art. 37 da Constituição Federal.

Art. 2º Esta Lei aplica-se a:

I – alienação e concessão de direito real de uso de bens;

II – compra, inclusive por encomenda;

III – locação;

IV – concessão e permissão de uso de bens públicos;

V – prestação de serviços, inclusive os técnico-profissionais especializados;

VI – obras e serviços de arquitetura e engenharia;

VII – contratações de tecnologia da informação e de comunicação.

Art. 3º Não se subordinam ao regime desta Lei:

I – contratos que tenham por objeto operação de crédito, interno ou externo, e gestão de dívida pública, incluídas as contratações de agente financeiro e a concessão de garantia relacionadas a esses contratos;

II – contratações sujeitas a normas previstas em legislação própria.

Art. 4º Aplicam-se às licitações e contratos disciplinados por esta Lei as disposições constantes dos arts. 42 a 49 da Lei Complementar nº 123, de 14 de dezembro de 2006.

§ 1º As disposições a que se refere o *caput* deste artigo não são aplicadas:

I – no caso de licitação para aquisição de bens ou contratação de serviços em geral, ao item cujo valor estimado for superior à receita bruta máxima admitida para fins de enquadramento como empresa de pequeno porte;

II – no caso de contratação de obras e serviços de engenharia, às licitações cujo valor estimado for superior à receita bruta máxima admitida para fins de enquadramento como empresa de pequeno porte.

§ 2º A obtenção de benefícios a que se refere o *caput* deste artigo fica limitada às microempresas e às empresas de pequeno porte que, no ano-calendário de realização da licitação, ainda não tenham celebrado contratos com a Administração Pública cujos valores somados extrapolem a receita bruta máxima admitida para fins de enquadramento como empresa de pequeno porte, devendo o órgão ou entidade exigir do licitante declaração de observância desse limite na licitação.

§ 3º Nas contratações com prazo de vigência superior a 1 (um) ano, será considerado o valor anual do contrato na aplicação dos limites previstos nos §§ 1º e 2º deste artigo.

CAPÍTULO II
DOS PRINCÍPIOS

Art. 5º Na aplicação desta Lei, serão observados os princípios da legalidade, da impessoalidade, da moralidade, da publicidade, da eficiência, do interesse público, da probidade administrativa, da igualdade, do planejamento, da transparência, da eficácia, da segregação de funções, da motivação, da vinculação ao edital, do julgamento objetivo, da segurança jurídica, da razoabilidade, da competitividade, da proporcionalidade, da celeridade, da economicidade e do desenvolvimento nacional sustentável, assim como as disposições do Decreto-Lei nº 4.657, de 4 de setembro de 1942 (Lei de Introdução às Normas do Direito Brasileiro).

CAPÍTULO III
DAS DEFINIÇÕES

Art. 6º Para os fins desta Lei, consideram-se:

I – órgão: unidade de atuação integrante da estrutura da Administração Pública;

II – entidade: unidade de atuação dotada de personalidade jurídica;

III – Administração Pública: administração direta e indireta da União, dos Estados, do Distrito Federal e dos Municípios, inclusive as entidades com personalidade jurídica de direito privado sob controle do poder público e as fundações por ele instituídas ou mantidas;

IV – Administração: órgão ou entidade por meio do qual a Administração Pública atua;

V – agente público: indivíduo que, em virtude de eleição, nomeação, designação, contratação ou qualquer outra forma de investidura ou vínculo, exerce mandato, cargo, emprego ou função em pessoa jurídica integrante da Administração Pública;

VI – autoridade: agente público dotado de poder de decisão;

VII – contratante: pessoa jurídica integrante da Administração Pública responsável pela contratação;

VIII – contratado: pessoa física ou jurídica, ou consórcio de pessoas jurídicas, signatária de contrato com a Administração;

IX – licitante: pessoa física ou jurídica, ou consórcio de pessoas jurídicas, que participa ou manifesta a intenção de participar de processo licitatório, sendo-lhe equiparável, para os fins desta Lei, o fornecedor ou o prestador de serviço que, em atendimento à solicitação da Administração, oferece proposta;

X – compra: aquisição remunerada de bens para fornecimento de uma só vez ou parceladamente, considerada imediata aquela com prazo de entrega de até 30 (trinta) dias da ordem de fornecimento;

XI – serviço: atividade ou conjunto de atividades destinadas a obter determinada utilidade, intelectual ou material, de interesse da Administração;

XII – obra: toda atividade estabelecida, por força de lei, como privativa das profissões de arquiteto e engenheiro que implica intervenção no meio ambiente por meio de um conjunto harmônico de ações que, agregadas, formam um todo que inova o espaço físico da natureza ou acarreta alteração substancial das características originais de bem imóvel;

XIII – bens e serviços comuns: aqueles cujos padrões de desempenho e qualidade podem ser objetivamente definidos pelo edital, por meio de especificações usuais de mercado;

XIV – bens e serviços especiais: aqueles que, por sua alta heterogeneidade ou complexidade, não podem ser descritos na forma do inciso XIII do *caput* deste artigo, exigida justificativa prévia do contratante;

XV – serviços e fornecimentos contínuos: serviços contratados e compras realizadas pela Administração Pública para a manutenção da atividade administrativa, decorrentes de necessidades permanentes ou prolongadas;

XVI – serviços contínuos com regime de dedicação exclusiva de mão de obra: aqueles cujo modelo de execução contratual exige, entre outros requisitos, que:

a) os empregados do contratado fiquem à disposição nas dependências do contratante para a prestação dos serviços;

b) o contratado não compartilhe os recursos humanos e materiais disponíveis de uma contratação para execução simultânea de outros contratos;

c) o contratado possibilite a fiscalização pelo contratante quanto à distribuição, controle e supervisão dos recursos humanos alocados aos seus contratos;

XVII – serviços não contínuos ou contratados por escopo: aqueles que impõem ao contratado o dever de realizar a prestação de um serviço específico em período predeterminado, podendo ser prorrogado, desde que justificadamente, pelo prazo necessário à conclusão do objeto;

XVIII – serviços técnicos especializados de natureza predominantemente intelectual: aqueles realizados em trabalhos relativos a:

a) estudos técnicos, planejamentos, projetos básicos e projetos executivos;

b) pareceres, perícias e avaliações em geral;

c) assessorias e consultorias técnicas e auditorias financeiras e tributárias;

d) fiscalização, supervisão e gerenciamento de obras e serviços;

e) patrocínio ou defesa de causas judiciais e administrativas;

f) treinamento e aperfeiçoamento de pessoal;

g) restauração de obras de arte e de bens de valor histórico;

h) controles de qualidade e tecnológico, análises, testes e ensaios de campo e laboratoriais, instrumentação e monitoramento de parâmetros específicos de obras e do meio ambiente e demais serviços de engenharia que se enquadrem na definição deste inciso;

XIX – notória especialização: qualidade de profissional ou de empresa cujo conceito, no campo de sua especialidade, decorrente de desempenho anterior, estudos, experiência, publicações, organização, aparelhamento, equipe técnica ou outros requisitos relacionados com suas atividades, permite inferir que o seu trabalho é essencial e reconhecidamente adequado à plena satisfação do objeto do contrato;

XX – estudo técnico preliminar: documento constitutivo da primeira etapa do planejamento de uma contratação que caracteriza o interesse público envolvido e a sua melhor solução e dá base ao anteprojeto, ao termo de referência ou ao projeto básico a serem elaborados caso se conclua pela viabilidade da contratação;

XXI – serviço de engenharia: toda atividade ou conjunto de atividades destinadas a obter determinada utilidade, intelectual ou material, de interesse para a Administração e que, não enquadradas no conceito de obra a que se refere o inciso XII do *caput* deste artigo, são estabelecidas, por força de lei, como privativas das profissões de arquiteto e engenheiro ou de técnicos especializados, que compreendem:

a) serviço comum de engenharia: todo serviço de engenharia que tem por objeto ações, objetivamente padronizáveis em termos de desempenho e qualidade, de manutenção, de adequação e de adaptação de bens móveis e imóveis, com preservação das características originais dos bens;

b) serviço especial de engenharia: aquele que, por sua alta heterogeneidade ou complexidade, não pode se enquadrar na definição constante da alínea "a" deste inciso;

XXII – obras, serviços e fornecimentos de grande vulto: aqueles cujo valor estimado supera R$ 200.000.000,00 (duzentos milhões de reais);

XXIII – termo de referência: documento necessário para a contratação de bens e serviços, que deve conter os seguintes parâmetros e elementos descritivos:

a) definição do objeto, incluídos sua natureza, os quantitativos, o prazo do contrato e, se for o caso, a possibilidade de sua prorrogação;

b) fundamentação da contratação, que consiste na referência aos estudos técnicos preliminares correspondentes ou, quando não for possível divulgar esses estudos, no extrato das partes que não contiverem informações sigilosas;

c) descrição da solução como um todo, considerado todo o ciclo de vida do objeto;

d) requisitos da contratação;

e) modelo de execução do objeto, que consiste na definição de como o contrato deverá produzir os resultados pretendidos desde o seu início até o seu encerramento;

f) modelo de gestão do contrato, que descreve como a execução do objeto será acompanhada e fiscalizada pelo órgão ou entidade;

g) critérios de medição e de pagamento;

h) forma e critérios de seleção do fornecedor;

i) estimativas do valor da contratação, acompanhadas dos preços unitários referenciais, das memórias de cálculo e dos documentos que lhe dão suporte, com os parâmetros utilizados para a obtenção dos preços e para os respectivos cálculos, que devem constar de documento separado e classificado;

j) adequação orçamentária;

XXIV – anteprojeto: peça técnica com todos os subsídios necessários à elaboração do projeto básico, que deve conter, no mínimo, os seguintes elementos:

a) demonstração e justificativa do programa de necessidades, avaliação de demanda do público-alvo, motivação técnico-econômico-social do empreendimento, visão global dos investimentos e definições relacionadas ao nível de serviço desejado;

b) condições de solidez, de segurança e de durabilidade;

c) prazo de entrega;

d) estética do projeto arquitetônico, traçado geométrico e/ou projeto da área de influência, quando cabível;

e) parâmetros de adequação ao interesse público, de economia na utilização, de facilidade na execução, de impacto ambiental e de acessibilidade;

f) proposta de concepção da obra ou do serviço de engenharia;

g) projetos anteriores ou estudos preliminares que embasaram a concepção proposta;

h) levantamento topográfico e cadastral;

i) pareceres de sondagem;

j) memorial descritivo dos elementos da edificação, dos componentes construtivos e dos materiais de construção, de forma a estabelecer padrões mínimos para a contratação;

XXV – projeto básico: conjunto de elementos necessários e suficientes, com nível de precisão adequado para definir e dimensionar a obra ou o serviço, ou o complexo de obras ou de serviços objeto da licitação, elaborado com base nas indicações dos estudos técnicos preliminares, que assegure a viabilidade técnica e o adequado tratamento do impacto ambiental do empreendimento e que possibilite a avaliação do custo da obra e a definição dos métodos e do prazo de execução, devendo conter os seguintes elementos:

a) levantamentos topográficos e cadastrais, sondagens e ensaios geotécnicos, ensaios e análises laboratoriais, estudos socioambientais e demais dados e levantamentos necessários para execução da solução escolhida;

b) soluções técnicas globais e localizadas, suficientemente detalhadas, de forma a evitar, por ocasião da elaboração do projeto executivo e da realização das obras e montagem, a necessidade de reformulações ou variantes quanto à qualidade, ao preço e ao prazo inicialmente definidos;

c) identificação dos tipos de serviços a executar e dos materiais e equipamentos a incorporar à obra, bem como das suas especificações, de modo a assegurar os melhores resultados para o empreendimento e a segurança executiva na utilização do objeto, para os fins a que se destina, considerados os riscos e os perigos identificáveis, sem frustrar o caráter competitivo para a sua execução;

d) informações que possibilitem o estudo e a definição de métodos construtivos, de instalações provisórias e de condições organizacionais para a obra, sem frustrar o caráter competitivo para a sua execução;

e) subsídios para montagem do plano de licitação e gestão da obra, compreendidos a sua programação, a estratégia de suprimentos, as normas de fiscalização e outros dados necessários em cada caso;

f) orçamento detalhado do custo global da obra, fundamentado em quantitativos de serviços e fornecimentos propriamente avaliados, obrigatório exclusivamente para os regimes de execução previstos nos incisos I, II, III, IV e VII do *caput* do art. 46 desta Lei;

XXVI – projeto executivo: conjunto de elementos necessários e suficientes à execução completa da obra, com o detalhamento das soluções previstas no projeto básico, a identificação de serviços, de materiais e de equipamentos a serem incorporados à obra, bem como suas especificações técnicas, de acordo com as normas técnicas pertinentes;

XXVII – matriz de riscos: cláusula contratual definidora de riscos e de responsabilidades entre as partes e caracterizadora do equilíbrio econômico-financeiro inicial do contrato, em termos de ônus financeiro decorrente de eventos supervenientes à contratação, contendo, no mínimo, as seguintes informações:

a) listagem de possíveis eventos supervenientes à assinatura do contrato que possam causar impacto em seu equilíbrio econômico-financeiro e previsão de eventual necessidade de prolação de termo aditivo por ocasião de sua ocorrência;

b) no caso de obrigações de resultado, estabelecimento das frações do objeto com relação às quais haverá liberdade para os contratados inovarem em soluções metodológicas ou tecnológicas, em termos de modificação das soluções previamente delineadas no anteprojeto ou no projeto básico;

c) no caso de obrigações de meio, estabelecimento preciso das frações do objeto com relação às quais não haverá liberdade para os contratados inovarem em soluções metodológicas ou tecnológicas, devendo haver obrigação de aderência entre a execução e a solução predefinida no anteprojeto ou no projeto básico, consideradas as características do regime de execução no caso de obras e serviços de engenharia;

XXVIII – empreitada por preço unitário: contratação da execução da obra ou do serviço por preço certo de unidades determinadas;

XXIX – empreitada por preço global: contratação da execução da obra ou do serviço por preço certo e total;

XXX – empreitada integral: contratação de empreendimento em sua integralidade, compreendida a totalidade das etapas de obras, serviços e instalações necessárias, sob inteira responsabilidade do contratado até sua entrega ao contratante em condições de entrada em operação, com características adequadas às finalidades para as quais foi contratado e atendidos os requisitos técnicos e legais para sua utilização com segurança estrutural e operacional;

XXXI – contratação por tarefa: regime de contratação de mão de obra para pequenos trabalhos por preço certo, com ou sem fornecimento de materiais;

XXXII – contratação integrada: regime de contratação de obras e serviços de engenharia em que o contratado é responsável por elaborar e desenvolver os projetos básico e executivo, executar obras e serviços de engenharia, fornecer bens ou prestar serviços especiais e realizar montagem, teste, pré-operação e as demais operações necessárias e suficientes para a entrega final do objeto;

XXXIII – contratação semi-integrada: regime de contratação de obras e serviços de engenharia em que o contratado é responsável por elaborar e desenvolver o projeto executivo, executar obras e serviços de engenharia, fornecer bens ou prestar serviços especiais e realizar montagem, teste, pré-operação e as demais operações necessárias e suficientes para a entrega final do objeto;

XXXIV – fornecimento e prestação de serviço associado: regime de contratação em que, além do fornecimento do objeto, o contratado responsabiliza-se por sua operação, manutenção ou ambas, por tempo determinado;

XXXV – licitação internacional: licitação processada em território nacional na qual é admitida a participação de licitantes estrangeiros, com a possibilidade de cotação de preços em moeda estrangeira, ou licitação na qual o objeto contratual pode ou deve ser executado no todo ou em parte em território estrangeiro;

XXXVI – serviço nacional: serviço prestado em território nacional, nas condições estabelecidas pelo Poder Executivo federal;

XXXVII – produto manufaturado nacional: produto manufaturado produzido no território nacional de acordo com o processo produtivo básico ou com as regras de origem estabelecidas pelo Poder Executivo federal;

XXXVIII – concorrência: modalidade de licitação para contratação de bens e serviços especiais e de obras e serviços comuns e especiais de engenharia, cujo critério de julgamento poderá ser:

a) menor preço;

b) melhor técnica ou conteúdo artístico;

c) técnica e preço;

d) maior retorno econômico;

e) maior desconto;

XXXIX – concurso: modalidade de licitação para escolha de trabalho técnico, científico ou artístico, cujo critério de julgamento será o de melhor técnica ou conteúdo artístico, e para concessão de prêmio ou remuneração ao vencedor;

XL – leilão: modalidade de licitação para alienação de bens imóveis ou de bens móveis inservíveis ou legalmente apreendidos a quem oferecer o maior lance;

XLI – pregão: modalidade de licitação obrigatória para aquisição de bens e serviços comuns, cujo critério de julgamento poderá ser o de menor preço ou o de maior desconto;

XLII – diálogo competitivo: modalidade de licitação para contratação de obras, serviços e compras em que a Administração Pública realiza diálogos com licitantes previamente selecionados mediante critérios objetivos, com o intuito de desenvolver uma ou mais alternativas capazes de atender às suas necessidades, devendo os licitantes apresentar proposta final após o encerramento dos diálogos;

XLIII – credenciamento: processo administrativo de chamamento público em que a Administração Pública convoca interessados em prestar serviços ou fornecer bens para que, preenchidos os requisitos necessários, se credenciem no órgão ou na entidade para executar o objeto quando convocados;

XLIV – pré-qualificação: procedimento seletivo prévio à licitação, convocado por meio de edital, destinado à análise das condições de habilitação, total ou parcial, dos interessados ou do objeto;

XLV – sistema de registro de preços: conjunto de procedimentos para realização, mediante contratação direta ou licitação nas modalidades pregão ou concorrência, de registro formal de preços relativos a prestação de serviços, a obras e a aquisição e locação de bens para contratações futuras;

XLVI – ata de registro de preços: documento vinculativo e obrigacional, com característica de compromisso para futura contratação, no qual são registrados o objeto, os preços, os fornecedores, os órgãos participantes e as condições a serem praticadas, conforme as disposições contidas no edital da licitação, no aviso ou instrumento de contratação direta e nas propostas apresentadas;

XLVII – órgão ou entidade gerenciadora: órgão ou entidade da Administração Pública responsável pela condução do conjunto de procedimentos para registro de preços e pelo gerenciamento da ata de registro de preços dele decorrente;

XLVIII – órgão ou entidade participante: órgão ou entidade da Administração Pública que participa dos procedimentos iniciais da contratação para registro de preços e integra a ata de registro de preços;

XLIX – órgão ou entidade não participante: órgão ou entidade da Administração Pública que não participa dos procedimentos iniciais da licitação para registro de preços e não integra a ata de registro de preços;

L – comissão de contratação: conjunto de agentes públicos indicados pela Administração, em caráter permanente ou especial, com a função de receber, examinar e julgar documentos relativos às licitações e aos procedimentos auxiliares;

LI – catálogo eletrônico de padronização de compras, serviços e obras: sistema informatizado, de gerenciamento centralizado e com indicação de preços, destinado a permitir a padronização de itens a serem adquiridos pela Administração Pública e que estarão disponíveis para a licitação;

LII – sítio eletrônico oficial: sítio da internet, certificado digitalmente por autoridade certificadora, no qual o ente federativo divulga de forma centralizada as informações e os serviços de governo digital dos seus órgãos e entidades;

LIII – contrato de eficiência: contrato cujo objeto é a prestação de serviços, que pode incluir a realização de obras e o fornecimento de bens, com o objetivo de proporcionar economia ao contratante, na forma de redução de despesas correntes, remunerado o contratado com base em percentual da economia gerada;

LIV – seguro-garantia: seguro que garante o fiel cumprimento das obrigações assumidas pelo contratado;

LV – produtos para pesquisa e desenvolvimento: bens, insumos, serviços e obras necessários para atividade de pesquisa científica e tecnológica, desenvolvimento de tecnologia ou inovação tecnológica, discriminados em projeto de pesquisa;

LVI – sobrepreço: preço orçado para licitação ou contratado em valor expressivamente superior aos preços referenciais de mercado, seja de apenas 1 (um) item, se a licitação ou a contratação for por preços unitários de serviço, seja do valor global do objeto, se a licitação ou a contratação for por tarefa, empreitada por preço global ou empreitada integral, semi-integrada ou integrada;

LVII – superfaturamento: dano provocado ao patrimônio da Administração, caracterizado, entre outras situações, por:

a) medição de quantidades superiores às efetivamente executadas ou fornecidas;

b) deficiência na execução de obras e de serviços de engenharia que resulte em diminuição da sua qualidade, vida útil ou segurança;

c) alterações no orçamento de obras e de serviços de engenharia que causem desequilíbrio econômico-financeiro do contrato em favor do contratado;

d) outras alterações de cláusulas financeiras que gerem recebimentos contratuais antecipados, distorção do cronograma físico-financeiro, prorrogação injustificada do prazo contratual com custos adicionais para a Administração ou reajuste irregular de preços;

LVIII – reajustamento em sentido estrito: forma de manutenção do equilíbrio econômico-financeiro de contrato consistente na aplicação do índice de correção monetária previsto no contrato, que deve retratar a variação efetiva do custo de produção, admitida a adoção de índices específicos ou setoriais;

LIX – repactuação: forma de manutenção do equilíbrio econômico-financeiro de contrato utilizada para serviços contínuos com regime de dedicação exclusiva de mão de obra ou predominância de mão de obra, por meio da análise da variação dos custos contratuais, devendo estar prevista no edital com data vinculada à apresentação das propostas, para os custos decorrentes do mercado, e com data vinculada ao acordo, à convenção coletiva ou ao dissídio coletivo ao qual o orçamento esteja vinculado, para os custos decorrentes da mão de obra;

LX – agente de contratação: pessoa designada pela autoridade competente, entre servidores efetivos ou empregados públicos dos quadros permanentes da Administração Pública, para tomar decisões, acompanhar o trâmite da licitação, dar impulso ao procedimento licitatório e executar quaisquer outras atividades necessárias ao bom andamento do certame até a homologação.

CAPÍTULO IV
DOS AGENTES PÚBLICOS

Art. 7º Caberá à autoridade máxima do órgão ou da entidade, ou a quem as normas de organização administrativa indicarem, promover gestão por competências e designar agentes públicos para o desempenho das funções essenciais à execução desta Lei que preencham os seguintes requisitos:

I – sejam, preferencialmente, servidor efetivo ou empregado público dos quadros permanentes da Administração Pública;

II – tenham atribuições relacionadas a licitações e contratos ou possuam formação compatível ou qualificação atestada por certificação profissional emitida por escola de governo criada e mantida pelo poder público; e

III – não sejam cônjuge ou companheiro de licitantes ou contratados habituais da Administração nem tenham com eles vínculo de parentesco, colateral ou por afinidade, até o terceiro grau, ou de natureza técnica, comercial, econômica, financeira, trabalhista e civil.

§ 1º A autoridade referida no *caput* deste artigo deverá observar o princípio da segregação de funções, vedada a designação do mesmo agente público para atuação simultânea em funções mais suscetíveis a riscos, de modo a reduzir a possibilidade de ocultação de erros e de ocorrência de fraudes na respectiva contratação.

§ 2º O disposto no *caput* e no § 1º deste artigo, inclusive os requisitos estabelecidos, também se aplica aos órgãos de assessoramento jurídico e de controle interno da Administração.

Art. 8º A licitação será conduzida por agente de contratação, pessoa designada pela autoridade competente, entre servidores efetivos ou empregados públicos dos quadros permanentes da

Administração Pública, para tomar decisões, acompanhar o trâmite da licitação, dar impulso ao procedimento licitatório e executar quaisquer outras atividades necessárias ao bom andamento do certame até a homologação.

§ 1º O agente de contratação será auxiliado por equipe de apoio e responderá individualmente pelos atos que praticar, salvo quando induzido a erro pela atuação da equipe.

§ 2º Em licitação que envolva bens ou serviços especiais, desde que observados os requisitos estabelecidos no art. 7º desta Lei, o agente de contratação poderá ser substituído por comissão de contratação formada por, no mínimo, 3 (três) membros, que responderão solidariamente por todos os atos praticados pela comissão, ressalvado o membro que expressar posição individual divergente fundamentada e registrada em ata lavrada na reunião em que houver sido tomada a decisão.

§ 3º As regras relativas à atuação do agente de contratação e da equipe de apoio, ao funcionamento da comissão de contratação e à atuação de fiscais e gestores de contratos de que trata esta Lei serão estabelecidas em regulamento, e deverá ser prevista a possibilidade de eles contarem com o apoio dos órgãos de assessoramento jurídico e de controle interno para o desempenho das funções essenciais à execução do disposto nesta Lei.

§ 4º Em licitação que envolva bens ou serviços especiais cujo objeto não seja rotineiramente contratado pela Administração, poderá ser contratado, por prazo determinado, serviço de empresa ou de profissional especializado para assessorar os agentes públicos responsáveis pela condução da licitação.

§ 5º Em licitação na modalidade pregão, o agente responsável pela condução do certame será designado pregoeiro.

Art. 9º É vedado ao agente público designado para atuar na área de licitações e contratos, ressalvados os casos previstos em lei:

I – admitir, prever, incluir ou tolerar, nos atos que praticar, situações que:

a) comprometam, restrinjam ou frustrem o caráter competitivo do processo licitatório, inclusive nos casos de participação de sociedades cooperativas;

b) estabeleçam preferências ou distinções em razão da naturalidade, da sede ou do domicílio dos licitantes;

c) sejam impertinentes ou irrelevantes para o objeto específico do contrato;

II – estabelecer tratamento diferenciado de natureza comercial, legal, trabalhista, previdenciária ou qualquer outra entre empresas brasileiras e estrangeiras, inclusive no que se refere a moeda, modalidade e local de pagamento, mesmo quando envolvido financiamento de agência internacional;

III – opor resistência injustificada ao andamento dos processos e, indevidamente, retardar ou deixar de praticar ato de ofício, ou praticá-lo contra disposição expressa em lei.

§ 1º Não poderá participar, direta ou indiretamente, da licitação ou da execução do contrato agente público de órgão ou entidade licitante ou contratante, devendo ser observadas as situações que possam configurar conflito de interesses no exercício ou após o exercício do cargo ou emprego, nos termos da legislação que disciplina a matéria.

§ 2º As vedações de que trata este artigo estendem-se a terceiro que auxilie a condução da contratação na qualidade de integrante de equipe de apoio, profissional especializado ou funcionário ou representante de empresa que preste assessoria técnica.

Art. 10. Se as autoridades competentes e os servidores públicos que tiverem participado dos procedimentos relacionados às licitações e aos contratos de que trata esta Lei precisarem defender-se nas esferas administrativa, controladora ou judicial em razão de ato praticado com estrita observância de orientação constante em parecer jurídico elaborado na forma do § 1º do art. 53 desta Lei, a advocacia pública promoverá, a critério do agente público, sua representação judicial ou extrajudicial.

§ 1º Não se aplica o disposto no *caput* deste artigo quando:

I – (VETADO);

II – provas da prática de atos ilícitos dolosos constarem nos autos do processo administrativo ou judicial.

§ 2º Aplica-se o disposto no *caput* deste artigo inclusive na hipótese de o agente público não mais ocupar o cargo, emprego ou função em que foi praticado o ato questionado.

TÍTULO II
DAS LICITAÇÕES

CAPÍTULO I
DO PROCESSO LICITATÓRIO

Art. 11. O processo licitatório tem por objetivos:

I – assegurar a seleção da proposta apta a gerar o resultado de contratação mais vantajoso para a Administração Pública, inclusive no que se refere ao ciclo de vida do objeto;

II – assegurar tratamento isonômico entre os licitantes, bem como a justa competição;

III – evitar contratações com sobrepreço ou com preços manifestamente inexequíveis e superfaturamento na execução dos contratos;

IV – incentivar a inovação e o desenvolvimento nacional sustentável.

Parágrafo único. A alta administração do órgão ou entidade é responsável pela governança das contratações e deve implementar processos e estruturas, inclusive de gestão de riscos e controles internos, para avaliar, direcionar e monitorar os processos licitatórios e os respectivos contratos, com o intuito de alcançar os objetivos estabelecidos no *caput* deste artigo, promover um ambiente íntegro e confiável, assegurar o alinhamento das contratações ao planejamento estratégico e às leis orçamentárias e promover eficiência, efetividade e eficácia em suas contratações.

Art. 12. No processo licitatório, observar-se-á o seguinte:

I – os documentos serão produzidos por escrito, com data e local de sua realização e assinatura dos responsáveis;

II – os valores, os preços e os custos utilizados terão como expressão monetária a moeda corrente nacional, ressalvado o disposto no art. 52 desta Lei;

III – o desatendimento de exigências meramente formais que não comprometam a aferição da qualificação do licitante ou a compreensão do conteúdo de sua proposta não importará seu afastamento da licitação ou a invalidação do processo;

IV – a prova de autenticidade de cópia de documento público ou particular poderá ser feita perante agente da Administração, mediante apresentação de original ou de declaração de autenticidade por advogado, sob sua responsabilidade pessoal;

V – o reconhecimento de firma somente será exigido quando houver dúvida de autenticidade, salvo imposição legal;

VI – os atos serão preferencialmente digitais, de forma a permitir que sejam produzidos, comunicados, armazenados e validados por meio eletrônico;

VII – a partir de documentos de formalização de demandas, os órgãos responsáveis pelo planejamento de cada ente federativo poderão, na forma de regulamento, elaborar plano de contratações anual, com o objetivo de racionalizar as contratações dos órgãos e entidades sob sua competência, garantir o alinhamento com o seu planejamento estratégico e subsidiar a elaboração das respectivas leis orçamentárias.

§ 1º O plano de contratações anual de que trata o inciso VII do *caput* deste artigo deverá ser divulgado e mantido à disposição do público em sítio eletrônico oficial e será observado pelo ente federativo na realização de licitações e na execução dos contratos.

§ 2º É permitida a identificação e assinatura digital por pessoa física ou jurídica em meio eletrônico, mediante certificado digital emitido em âmbito da Infraestrutura de Chaves Públicas Brasileira (ICP-Brasil).

Art. 13. Os atos praticados no processo licitatório são públicos, ressalvadas as hipóteses de informações cujo sigilo seja imprescindível à segurança da sociedade e do Estado, na forma da lei.

Parágrafo único. A publicidade será diferida:

I – quanto ao conteúdo das propostas, até a respectiva abertura;

II – quanto ao orçamento da Administração, nos termos do art. 24 desta Lei.

Art. 14. Não poderão disputar licitação ou participar da execução de contrato, direta ou indiretamente:

I – autor do anteprojeto, do projeto básico ou do projeto executivo, pessoa física ou jurídica, quando a licitação versar sobre obra, serviços ou fornecimento de bens a ele relacionados;

II – empresa, isoladamente ou em consórcio, responsável pela elaboração do projeto básico ou do projeto executivo, ou empresa da qual o autor do projeto seja dirigente, gerente, controlador, acionista ou detentor de mais de 5% (cinco por cento) do capital com direito a voto, responsável técnico ou subcontratado, quando a licitação versar sobre obra, serviços ou fornecimento de bens a ela necessários;

III – pessoa física ou jurídica que se encontre, ao tempo da licitação, impossibilitada de participar da licitação em decorrência de sanção que lhe foi imposta;

IV – aquele que mantenha vínculo de natureza técnica, comercial, econômica, financeira, trabalhista ou civil com dirigente do órgão ou entidade contratante ou com agente público que desempenhe função na licitação ou atue na fiscalização ou na gestão do contrato, ou que deles seja cônjuge, companheiro ou parente em linha reta, colateral ou por afinidade, até o terceiro grau, devendo essa proibição constar expressamente do edital de licitação;

V – empresas controladoras, controladas ou coligadas, nos termos da Lei nº 6.404, de 15 de dezembro de 1976, concorrendo entre si;

VI – pessoa física ou jurídica que, nos 5 (cinco) anos anteriores à divulgação do edital, tenha sido condenada judicialmente, com trânsito em julgado, por exploração de trabalho infantil, por submissão de trabalhadores a condições análogas às de escravo ou por contratação de adolescentes nos casos vedados pela legislação trabalhista.

§ 1º O impedimento de que trata o inciso III do *caput* deste artigo será também aplicado ao licitante que atue em substituição a outra pessoa, física ou jurídica, com o intuito de burlar a efetividade da sanção a ela aplicada, inclusive a sua controladora, controlada ou coligada, desde que devidamente comprovado o ilícito ou a utilização fraudulenta da personalidade jurídica do licitante.

§ 2º A critério da Administração e exclusivamente a seu serviço, o autor dos projetos e a empresa a que se referem os incisos I e II do *caput* deste artigo poderão participar no apoio das atividades de planejamento da contratação, de execução da licitação ou de gestão do contrato, desde que sob supervisão exclusiva de agentes públicos do órgão ou entidade.

§ 3º Equiparam-se aos autores do projeto as empresas integrantes do mesmo grupo econômico.

§ 4º O disposto neste artigo não impede a licitação ou a contratação de obra ou serviço que inclua como encargo do contratado a elaboração do projeto básico e do projeto executivo, nas contratações integradas, e do projeto executivo, nos demais regimes de execução.

§ 5º Em licitações e contratações realizadas no âmbito de projetos e programas parcialmente financiados por agência oficial de cooperação estrangeira ou por organismo financeiro internacional com recursos do financiamento ou da contrapartida nacional, não poderá participar pessoa física ou jurídica que integre o rol de pessoas sancionadas por essas entidades ou que seja declarada inidônea nos termos desta Lei.

Art. 15. Salvo vedação devidamente justificada no processo licitatório, pessoa jurídica poderá participar de licitação em consórcio, observadas as seguintes normas:

I – comprovação de compromisso público ou particular de constituição de consórcio, subscrito pelos consorciados;

II – indicação da empresa líder do consórcio, que será responsável por sua representação perante a Administração;

III – admissão, para efeito de habilitação técnica, do somatório dos quantitativos de cada consorciado e, para efeito de habilitação econômico-financeira, do somatório dos valores de cada consorciado;

IV – impedimento de a empresa consorciada participar, na mesma licitação, de mais de um consórcio ou de forma isolada;

V – responsabilidade solidária dos integrantes pelos atos praticados em consórcio, tanto na fase de licitação quanto na de execução do contrato.

§ 1º O edital deverá estabelecer para o consórcio acréscimo de 10% (dez por cento) a 30% (trinta por cento) sobre o valor exigido de licitante individual para a habilitação econômico-financeira, salvo justificação.

§ 2º O acréscimo previsto no § 1º deste artigo não se aplica aos consórcios compostos, em sua totalidade, de microempresas e pequenas empresas, assim definidas em lei.

§ 3º O licitante vencedor é obrigado a promover, antes da celebração do contrato, a constituição e o registro do consórcio, nos termos do compromisso referido no inciso I do *caput* deste artigo.

§ 4º Desde que haja justificativa técnica aprovada pela autoridade competente, o edital de licitação poderá estabelecer limite máximo para o número de empresas consorciadas.

§ 5º A substituição de consorciado deverá ser expressamente autorizada pelo órgão ou entidade contratante e condicionada à comprovação de que a nova empresa do consórcio possui, no mínimo, os mesmos quantitativos para efeito de habilitação técnica e os mesmos valores para efeito de qualificação econômico-financeira apresentados pela empresa substituída para fins de habilitação do consórcio no processo licitatório que originou o contrato.

Art. 16. Os profissionais organizados sob a forma de cooperativa poderão participar de licitação quando:

I – a constituição e o funcionamento da cooperativa observarem as regras estabelecidas na legislação aplicável, em especial a Lei nº 5.764, de 16 de dezembro de 1971, a Lei nº 12.690, de 19 de julho de 2012, e a Lei Complementar nº 130, de 17 de abril de 2009;

II – a cooperativa apresentar demonstrativo de atuação em regime cooperado, com repartição de receitas e despesas entre os cooperados;

III – qualquer cooperado, com igual qualificação, for capaz de executar o objeto contratado, vedado à Administração indicar nominalmente pessoas;

IV – o objeto da licitação referir-se, em se tratando de cooperativas enquadradas na Lei nº 12.690, de 19 de julho de 2012, a serviços especializados constantes do objeto social da cooperativa, a serem executados de forma complementar à sua atuação.

Art. 17. O processo de licitação observará as seguintes fases, em sequência:

I – preparatória;

II – de divulgação do edital de licitação;

III – de apresentação de propostas e lances, quando for o caso;

IV – de julgamento;

V – de habilitação;

VI – recursal;

VII – de homologação.

§ 1º A fase referida no inciso V do *caput* deste artigo poderá, mediante ato motivado com explicitação dos benefícios decorrentes, anteceder as fases referidas nos incisos III e IV do *caput* deste artigo, desde que expressamente previsto no edital de licitação.

§ 2º As licitações serão realizadas preferencialmente sob a forma eletrônica, admitida a utilização da forma presencial, desde que motivada, devendo a sessão pública ser registrada em ata e gravada em áudio e vídeo.

§ 3º Desde que previsto no edital, na fase a que se refere o inciso IV do *caput* deste artigo, o órgão ou entidade licitante poderá, em relação ao licitante provisoriamente vencedor, realizar análise e avaliação da conformidade da proposta, mediante homologação de amostras, exame de conformidade e prova de conceito, entre outros testes de interesse da Administração, de modo a comprovar sua aderência às especificações definidas no termo de referência ou no projeto básico.

§ 4º Nos procedimentos realizados por meio eletrônico, a Administração poderá determinar, como condição de validade e eficácia, que os licitantes pratiquem seus atos em formato eletrônico.

§ 5º Na hipótese excepcional de licitação sob a forma presencial a que refere o § 2º deste artigo, a sessão pública de apresentação de propostas deverá ser gravada em áudio e vídeo, e a gravação será juntada aos autos do processo licitatório depois de seu encerramento.

§ 6º A Administração poderá exigir certificação por organização independente acreditada pelo Instituto Nacional de Metrologia, Qualidade e Tecnologia (Inmetro) como condição para aceitação de:

I – estudos, anteprojetos, projetos básicos e projetos executivos;

II – conclusão de fases ou de objetos de contratos;

III – material e corpo técnico apresentados por empresa para fins de habilitação.

CAPÍTULO II
DA FASE PREPARATÓRIA

SEÇÃO I
DA INSTRUÇÃO DO PROCESSO LICITATÓRIO

Art. 18. A fase preparatória do processo licitatório é caracterizada pelo planejamento e deve compatibilizar-se com o plano de contratações anual de que trata o inciso VII do *caput* do art. 12 desta Lei, sempre que elaborado, e com as leis orçamentárias, bem como abordar todas as considerações técnicas, mercadológicas e de gestão que podem interferir na contratação, compreendidos:

I – a descrição da necessidade da contratação fundamentada em estudo técnico preliminar que caracterize o interesse público envolvido;

II – a definição do objeto para o atendimento da necessidade, por meio de termo de referência, anteprojeto, projeto básico ou projeto executivo, conforme o caso;

III – a definição das condições de execução e pagamento, das garantias exigidas e ofertadas e das condições de recebimento;

IV – o orçamento estimado, com as composições dos preços utilizados para sua formação;

V – a elaboração do edital de licitação;

VI – a elaboração de minuta de contrato, quando necessária, que constará obrigatoriamente como anexo do edital de licitação;

VII – o regime de fornecimento de bens, de prestação de serviços ou de execução de obras e serviços de engenharia, observados os potenciais de economia de escala;

VIII – a modalidade de licitação, o critério de julgamento, o modo de disputa e a adequação e eficiência da forma de combinação desses parâmetros, para os fins de seleção da proposta apta a gerar o resultado de contratação mais vantajoso para a Administração Pública, considerado todo o ciclo de vida do objeto;

IX – a motivação circunstanciada das condições do edital, tais como justificativa de exigências de qualificação técnica, mediante indicação das parcelas de maior relevância técnica ou valor significativo do objeto, e de qualificação econômico-financeira, justificativa dos critérios de pontuação e julgamento das propostas técnicas, nas licitações com julgamento por melhor técnica ou técnica e preço, e justificativa das regras pertinentes à participação de empresas em consórcio;

X – a análise dos riscos que possam comprometer o sucesso da licitação e a boa execução contratual;

XI – a motivação sobre o momento da divulgação do orçamento da licitação, observado o art. 24 desta Lei.

§ 1º O estudo técnico preliminar a que se refere o inciso I do *caput* deste artigo deverá evidenciar o problema a ser resolvido e a sua melhor solução, de modo a permitir a avaliação da viabilidade técnica e econômica da contratação, e conterá os seguintes elementos:

I – descrição da necessidade da contratação, considerado o problema a ser resolvido sob a perspectiva do interesse público;

II – demonstração da previsão da contratação no plano de contratações anual, sempre que elaborado, de modo a indicar o seu alinhamento com o planejamento da Administração;

III – requisitos da contratação;

IV – estimativas das quantidades para a contratação, acompanhadas das memórias de cálculo e dos documentos que lhes dão suporte, que considerem interdependências com outras contratações, de modo a possibilitar economia de escala;

V – levantamento de mercado, que consiste na análise das alternativas possíveis, e justificativa técnica e econômica da escolha do tipo de solução a contratar;

VI – estimativa do valor da contratação, acompanhada dos preços unitários referenciais, das memórias de cálculo e dos documentos que lhe dão suporte, que poderão constar de anexo classificado, se a Administração optar por preservar o seu sigilo até a conclusão da licitação;

VII – descrição da solução como um todo, inclusive das exigências relacionadas à manutenção e à assistência técnica, quando for o caso;
VIII – justificativas para o parcelamento ou não da contratação;
IX – demonstrativo dos resultados pretendidos em termos de economicidade e de melhor aproveitamento dos recursos humanos, materiais e financeiros disponíveis;
X – providências a serem adotadas pela Administração previamente à celebração do contrato, inclusive quanto à capacitação de servidores ou de empregados para fiscalização e gestão contratual;
XI – contratações correlatas e/ou interdependentes;
XII – descrição de possíveis impactos ambientais e respectivas medidas mitigadoras, incluídos requisitos de baixo consumo de energia e de outros recursos, bem como logística reversa para desfazimento e reciclagem de bens e refugos, quando aplicável;
XIII – posicionamento conclusivo sobre a adequação da contratação para o atendimento da necessidade a que se destina.

§ 2º O estudo técnico preliminar deverá conter ao menos os elementos previstos nos incisos I, IV, VI, VIII e XIII do § 1º deste artigo e, quando não contemplar os demais elementos previstos no referido parágrafo, apresentar as devidas justificativas.

§ 3º Em se tratando de estudo técnico preliminar para contratação de obras e serviços comuns de engenharia, se demonstrada a inexistência de prejuízo para a aferição dos padrões de desempenho e qualidade almejados, a especificação do objeto poderá ser realizada apenas em termo de referência ou em projeto básico, dispensada a elaboração de projetos.

Art. 19. Os órgãos da Administração com competências regulamentares relativas às atividades de administração de materiais, de obras e serviços e de licitações e contratos deverão:

I – instituir instrumentos que permitam, preferencialmente, a centralização dos procedimentos de aquisição e contratação de bens e serviços;
II – criar catálogo eletrônico de padronização de compras, serviços e obras, admitida a adoção do catálogo do Poder Executivo federal por todos os entes federativos;
III – instituir sistema informatizado de acompanhamento de obras, inclusive com recursos de imagem e vídeo;
IV – instituir, com auxílio dos órgãos de assessoramento jurídico e de controle interno, modelos de minutas de editais, de termos de referência, de contratos padronizados e de outros documentos, admitida a adoção das minutas do Poder Executivo federal por todos os entes federativos;
V – promover a adoção gradativa de tecnologias e processos integrados que permitam a criação, a utilização e a atualização de modelos digitais de obras e serviços de engenharia.

§ 1º O catálogo referido no inciso II do *caput* deste artigo poderá ser utilizado em licitações cujo critério de julgamento seja o de menor preço ou o de maior desconto e conterá toda a documentação e os procedimentos próprios da fase interna de licitações, assim como as especificações dos respectivos objetos, conforme disposto em regulamento.

§ 2º A não utilização do catálogo eletrônico de padronização de que trata o inciso II do *caput* ou dos modelos de minutas de que trata o inciso IV do *caput* deste artigo deverá ser justificada por escrito e anexada ao respectivo processo licitatório.

§ 3º Nas licitações de obras e serviços de engenharia e arquitetura, sempre que adequada ao objeto da licitação, será preferencialmente adotada a Modelagem da Informação da Construção (Building Information Modelling – BIM) ou tecnologias e processos integrados similares ou mais avançados que venham a substituí-la.

Art. 20. Os itens de consumo adquiridos para suprir as demandas das estruturas da Administração Pública deverão ser de qualidade comum, não superior à necessária para cumprir as finalidades às quais se destinam, vedada a aquisição de artigos de luxo.

§ 1º Os Poderes Executivo, Legislativo e Judiciário definirão em regulamento os limites para o enquadramento dos bens de consumo nas categorias comum e luxo.

§ 2º A partir de 180 (cento e oitenta) dias contados da promulgação desta Lei, novas compras de bens de consumo só poderão ser efetivadas com a edição, pela autoridade competente, do regulamento a que se refere o § 1º deste artigo.

§ 3º (VETADO).

Art. 21. A Administração poderá convocar, com antecedência mínima de 8 (oito) dias úteis, audiência pública, presencial ou a distância, na forma eletrônica, sobre licitação que pretenda realizar, com disponibilização prévia de informações pertinentes, inclusive de estudo técnico preliminar e elementos do edital de licitação, e com possibilidade de manifestação de todos os interessados.

Parágrafo único. A Administração também poderá submeter a licitação a prévia consulta pública, mediante a disponibilização de seus elementos a todos os interessados, que poderão formular sugestões no prazo fixado.

Art. 22. O edital poderá contemplar matriz de alocação de riscos entre o contratante e o contratado, hipótese em que o cálculo do valor estimado da contratação poderá considerar taxa de risco compatível com o objeto da licitação e com os riscos atribuídos ao contratado, de acordo com metodologia predefinida pelo ente federativo.

§ 1º A matriz de que trata o *caput* deste artigo deverá promover a alocação eficiente dos riscos de cada contrato e estabelecer a responsabilidade que caiba a cada parte contratante, bem como os mecanismos que afastem a ocorrência do sinistro e mitiguem os seus efeitos, caso este ocorra durante a execução contratual.

§ 2º O contrato deverá refletir a alocação realizada pela matriz de riscos, especialmente quanto:

I – às hipóteses de alteração para o restabelecimento da equação econômico-financeira do contrato nos casos em que o sinistro seja considerado na matriz de riscos como causa de desequilíbrio não suportada pela parte que pretenda o restabelecimento;
II – à possibilidade de resolução quando o sinistro majorar excessivamente ou impedir a continuidade da execução contratual;
III – à contratação de seguros obrigatórios previamente definidos no contrato, integrado o custo de contratação ao preço ofertado.

§ 3º Quando a contratação se referir a obras e serviços de grande vulto ou forem adotados os regimes de contratação integrada e semi-integrada, o edital obrigatoriamente contemplará matriz de alocação de riscos entre o contratante e o contratado.

§ 4º Nas contratações integradas ou semi-integradas, os riscos decorrentes de fatos supervenientes à contratação associados à escolha da solução de projeto básico pelo contratado deverão ser alocados como de sua responsabilidade na matriz de riscos.

Art. 23. O valor previamente estimado da contratação deverá ser compatível com os valores praticados pelo mercado, considerados os preços constantes de bancos de dados públicos e as quantidades a serem contratadas, observadas a potencial economia de escala e as peculiaridades do local de execução do objeto.

§ 1º No processo licitatório para aquisição de bens e contratação de serviços em geral, conforme regulamento, o valor estimado será definido com base no melhor preço aferido por meio da utilização dos seguintes parâmetros, adotados de forma combinada ou não:

I – composição de custos unitários menores ou iguais à mediana do item correspondente no painel para consulta de preços ou no banco de preços em saúde disponíveis no Portal Nacional de Contratações Públicas (PNCP);
II – contratações similares feitas pela Administração Pública, em execução ou concluídas no período de 1 (um) ano anterior à data da pesquisa de preços, inclusive mediante sistema de registro de preços, observado o índice de atualização de preços correspondente;
III – utilização de dados de pesquisa publicada em mídia especializada, de tabela de referência formalmente aprovada pelo Poder Executivo federal e de sítios eletrônicos especializados ou de domínio amplo, desde que contenham a data e hora de acesso;
IV – pesquisa direta com no mínimo 3 (três) fornecedores, mediante solicitação formal de cotação, desde que seja apresentada justificativa da escolha desses fornecedores e que não tenham sido obtidos os orçamentos com mais de 6 (seis) meses de antecedência da data de divulgação do edital;
V – pesquisa na base nacional de notas fiscais eletrônicas, na forma de regulamento.

§ 2º No processo licitatório para contratação de obras e serviços de engenharia, conforme regulamento, o valor estimado, acrescido do percentual de Benefícios e Despesas Indiretas (BDI) de referência e dos Encargos Sociais (ES) cabíveis, será definido por meio da utilização de parâmetros na seguinte ordem:

I – composição de custos unitários menores ou iguais à mediana do item correspondente do Sistema de Custos Referenciais de Obras (Sicro), para serviços e obras de infraestrutura de transportes, ou do Sistema Nacional de Pesquisa de Custos e Índices de Construção Civil (Sinapi), para as demais obras e serviços de engenharia;
II – utilização de dados de pesquisa publicada em mídia especializada, de tabela de referência formalmente aprovada pelo Poder Executivo federal e de sítios eletrônicos especializados ou de domínio amplo, desde que contenham a data e a hora de acesso;
III – contratações similares feitas pela Administração Pública, em execução ou concluídas no período de 1 (um) ano anterior à data da pesquisa de preços, observado o índice de atualização de preços correspondente;
IV – pesquisa na base nacional de notas fiscais eletrônicas, na forma de regulamento.

§ 3º Nas contratações realizadas por Municípios, Estados e Distrito Federal, desde que não envolvam recursos da União, o valor previamente estimado da contratação, a que se refere o *caput* deste artigo, poderá ser definido por meio da utilização de outros sistemas de custos adotados pelo respectivo ente federativo.

§ 4º Nas contratações diretas por inexigibilidade ou por dispensa, quando não for possível estimar o valor do objeto na forma estabelecida nos §§ 1º, 2º e 3º deste artigo, o contratado deverá comprovar previamente que os preços estão em conformidade com os praticados em contratações semelhantes de objetos de mesma natureza, por meio da apresentação de notas fiscais emitidas para outros contratantes no período de até 1 (um) ano anterior à data da contratação pela Administração, ou por outro meio idôneo.

§ 5º No processo licitatório para contratação de obras e serviços de engenharia sob os regimes de contratação integrada ou semi-integrada, o valor estimado da contratação será calculado nos termos do § 2º deste artigo, acrescido ou não de parcela referente à remuneração do risco, e, sempre que necessário e o anteprojeto o permitir, a estimativa de preço será baseada em orçamento sintético, balizado em sistema de custo definido no inciso I do § 2º deste artigo, devendo a utilização de metodologia expedita ou paramétrica e de avaliação aproximada baseada em outras contratações similares ser reservada às frações do empreendimento não suficientemente detalhadas no anteprojeto.

§ 6º Na hipótese do § 5º deste artigo, será exigido dos licitantes ou contratados, no orçamento que compuser suas respectivas propostas, no mínimo, o mesmo nível de detalhamento do orçamento sintético referido no mencionado parágrafo.

Art. 24. Desde que justificado, o orçamento estimado da contratação poderá ter caráter sigiloso, sem prejuízo da divulgação do detalhamento dos quantitativos e das demais informações necessárias para a elaboração das propostas, e, nesse caso:

I – o sigilo não prevalecerá para os órgãos de controle interno e externo;
II – (VETADO).

Parágrafo único. Na hipótese de licitação em que for adotado o critério de julgamento por maior desconto, o preço estimado ou o máximo aceitável constará do edital da licitação.

Art. 25. O edital deverá conter o objeto da licitação e as regras relativas à convocação, ao julgamento, à habilitação, aos recursos e às penalidades da licitação, à fiscalização e à gestão do contrato, à entrega do objeto e às condições de pagamento.

§ 1º Sempre que o objeto permitir, a Administração adotará minutas padronizadas de edital e de contrato com cláusulas uniformes.

§ 2º Desde que, conforme demonstrado em estudo técnico preliminar, não sejam causados prejuízos à competitividade do processo licitatório e à eficiência do respectivo contrato, o edital poderá prever a utilização de mão de obra, materiais, tecnologias e matérias-primas existentes no local da execução, conservação e operação do bem, serviço ou obra.

§ 3º Todos os elementos do edital, incluídos minuta de contrato, termos de referência, anteprojeto, projetos e outros anexos, deverão ser divulgados em sítio eletrônico oficial na mesma data de divulgação do edital, sem necessidade de registro ou de identificação para acesso.

§ 4º Nas contratações de obras, serviços e fornecimentos de grande vulto, o edital deverá prever a obrigatoriedade de implantação de programa de integridade pelo licitante vencedor, no prazo de 6 (seis) meses, contado da celebração do contrato, conforme regulamento que disporá sobre as medidas a serem adotadas, a forma de comprovação e as penalidades pelo seu descumprimento.

§ 5º O edital poderá prever a responsabilidade do contratado pela:

I – obtenção do licenciamento ambiental;
II – realização da desapropriação autorizada pelo poder público.

§ 6º Os licenciamentos ambientais de obras e serviços de engenharia licitados e contratados nos termos desta Lei terão prioridade de tramitação nos órgãos e entidades integrantes do Sistema Nacional do Meio Ambiente (Sisnama) e deverão ser orientados pelos princípios da celeridade, da cooperação, da economicidade e da eficiência.

§ 7º Independentemente do prazo de duração do contrato, será obrigatória a previsão no edital de índice de reajustamento de preço, com data-base vinculada à data do orçamento estimado e com a possibilidade de ser estabelecido mais de um índice específico ou setorial, em conformidade com a realidade de mercado dos respectivos insumos.

§ 8º Nas licitações de serviços contínuos, observado o interregno mínimo de 1 (um) ano, o critério de reajustamento será por:

I – reajustamento em sentido estrito, quando não houver regime de dedicação exclusiva de mão de obra ou predominância de mão de obra, mediante previsão de índices específicos ou setoriais;
II – repactuação, quando houver regime de dedicação exclusiva de mão de obra ou predominância de mão de obra, mediante demonstração analítica da variação dos custos.

§ 9º O edital poderá, na forma disposta em regulamento, exigir que percentual mínimo da mão de obra responsável pela execução do objeto da contratação seja constituído por:

I – mulheres vítimas de violência doméstica;
II – oriundos ou egressos do sistema prisional.

Art. 26. No processo de licitação, poderá ser estabelecida margem de preferência para:

I – bens manufaturados e serviços nacionais que atendam a normas técnicas brasileiras;
II – bens reciclados, recicláveis ou biodegradáveis, conforme regulamento.

§ 1º A margem de preferência de que trata o *caput* deste artigo:

I – será definida em decisão fundamentada do Poder Executivo federal, no caso do inciso I do *caput* deste artigo;
II – poderá ser de até 10% (dez por cento) sobre o preço dos bens e serviços que não se enquadrem no disposto nos incisos I ou II do *caput* deste artigo;
III – poderá ser estendida a bens manufaturados e serviços originários de Estados Partes do Mercado Comum do Sul (Mercosul), desde que haja reciprocidade com o País prevista em acordo internacional aprovado pelo Congresso Nacional e ratificado pelo Presidente da República.

§ 2º Para os bens manufaturados nacionais e serviços nacionais resultantes de desenvolvimento e inovação tecnológica no País, definidos conforme regulamento do Poder Executivo federal, a margem de preferência a que se refere o *caput* deste artigo poderá ser de até 20% (vinte por cento).

§ 3º (VETADO).

§ 4º (VETADO).

§ 5º A margem de preferência não se aplica aos bens manufaturados nacionais e aos serviços nacionais se a capacidade de produção desses bens ou de prestação desses serviços no País for inferior:

I – à quantidade a ser adquirida ou contratada; ou
II – aos quantitativos fixados em razão do parcelamento do objeto, quando for o caso.

§ 6º Os editais de licitação para a contratação de bens, serviços e obras poderão, mediante prévia justificativa da autoridade competente, exigir que o contratado promova, em favor de órgão ou entidade integrante da Administração Pública ou daqueles por ela indicados a partir de processo isonômico, medidas de compensação comercial, industrial ou tecnológica ou acesso a condições vantajosas de financiamento, cumulativamente ou não, na forma estabelecida pelo Poder Executivo federal.

§ 7º Nas contratações destinadas à implantação, à manutenção e ao aperfeiçoamento dos sistemas de tecnologia de informação e comunicação considerados estratégicos em ato do Poder Executivo federal, a licitação poderá ser restrita a bens e serviços com tecnologia desenvolvida no País produzidos de acordo com o processo produtivo básico de que trata a Lei nº 10.176, de 11 de janeiro de 2001.

Art. 27. Será divulgada, em sítio eletrônico oficial, a cada exercício financeiro, a relação de empresas favorecidas em decorrência do disposto no art. 26 desta Lei, com indicação do volume de recursos destinados a cada uma delas.

SEÇÃO II
DAS MODALIDADES DE LICITAÇÃO

Art. 28. São modalidades de licitação:

I – pregão;
II – concorrência;
III – concurso;
IV – leilão;
V – diálogo competitivo.

§ 1º Além das modalidades referidas no *caput* deste artigo, a Administração pode servir-se dos procedimentos auxiliares previstos no art. 78 desta Lei.

§ 2º É vedada a criação de outras modalidades de licitação ou, ainda, a combinação daquelas referidas no *caput* deste artigo.

Art. 29. A concorrência e o pregão seguem o rito procedimental comum a que se refere o art. 17 desta Lei, adotando-se o pregão sempre que o objeto possuir padrões de desempenho e qualidade que possam ser objetivamente definidos pelo edital, por meio de especificações usuais de mercado.

Parágrafo único. O pregão não se aplica às contratações de serviços técnicos especializados de natureza predominantemente intelectual e de obras e serviços de engenharia, exceto os serviços de engenharia de que trata a alínea "a" do inciso XXI do *caput* do art. 6º desta Lei.

Art. 30. O concurso observará as regras e condições previstas em edital, que indicará:

I – a qualificação exigida dos participantes;
II – as diretrizes e formas de apresentação do trabalho;
III – as condições de realização e o prêmio ou remuneração a ser concedida ao vencedor.

Parágrafo único. Nos concursos destinados à elaboração de projeto, o vencedor deverá ceder à Administração Pública, nos termos do art. 93 desta Lei, todos os direitos patrimoniais relativos ao projeto e autorizar sua execução conforme juízo de conveniência e oportunidade das autoridades competentes.

Art. 31. O leilão poderá ser cometido a leiloeiro oficial ou a servidor designado pela autoridade competente da Administração, e regulamento deverá dispor sobre seus procedimentos operacionais.

§ 1º Se optar pela realização de leilão por intermédio de leiloeiro oficial, a Administração deverá selecioná-lo mediante credenciamento ou licitação na modalidade pregão e adotar o critério de julgamento de maior desconto para as comissões a serem cobradas, utilizados como parâmetro máximo os percentuais definidos na lei que regula a referida profissão e observados os valores dos bens a serem leiloados.

§ 2º O leilão será precedido da divulgação do edital em sítio eletrônico oficial, que conterá:

I – a descrição do bem, com suas características, e, no caso de imóvel, sua situação e suas divisas, com remissão à matrícula e aos registros;
II – o valor pelo qual o bem foi avaliado, o preço mínimo pelo qual poderá ser alienado, as

condições de pagamento e, se for o caso, a comissão do leiloeiro designado;

III – a indicação do lugar onde estiverem os móveis, os veículos e os semoventes;

IV – o sítio da internet e o período em que ocorrerá o leilão, salvo se excepcionalmente for realizado sob a forma presencial por comprovada inviabilidade técnica ou desvantagem para a Administração, hipótese em que serão indicados o local, o dia e a hora de sua realização;

V – a especificação de eventuais ônus, gravames ou pendências existentes sobre os bens a serem leiloados.

§ 3º Além da divulgação no sítio eletrônico oficial, o edital do leilão será afixado em local de ampla circulação de pessoas na sede da Administração e poderá, ainda, ser divulgado por outros meios necessários para ampliar a publicidade e a competitividade da licitação.

§ 4º O leilão não exigirá registro cadastral prévio, não terá fase de habilitação e deverá ser homologado assim que concluída a fase de lances, superada a fase recursal e efetivado o pagamento pelo licitante vencedor, na forma definida no edital.

Art. 32. A modalidade diálogo competitivo é restrita a contratações em que a Administração:

I – vise a contratar objeto que envolva as seguintes condições:

a) inovação tecnológica ou técnica;

b) impossibilidade de o órgão ou entidade ter sua necessidade satisfeita sem a adaptação de soluções disponíveis no mercado; e

c) impossibilidade de as especificações técnicas serem definidas com precisão suficiente pela Administração;

II – verifique a necessidade de definir e identificar os meios e as alternativas que possam satisfazer suas necessidades, com destaque para os seguintes aspectos:

a) a solução técnica mais adequada;

b) os requisitos técnicos aptos a concretizar a solução já definida;

c) a estrutura jurídica ou financeira do contrato;

III – (VETADO).

§ 1º Na modalidade diálogo competitivo, serão observadas as seguintes disposições:

I – a Administração apresentará, por ocasião da divulgação do edital em sítio eletrônico oficial, suas necessidades e as exigências já definidas e estabelecerá prazo mínimo de 25 (vinte e cinco) dias úteis para manifestação de interesse na participação da licitação;

II – os critérios empregados para pré-seleção dos licitantes deverão ser previstos em edital, e serão admitidos todos os interessados que preencherem os requisitos objetivos estabelecidos;

III – a divulgação de informações de modo discriminatório que possa implicar vantagem para algum licitante será vedada;

IV – a Administração não poderá revelar a outros licitantes as soluções propostas ou as informações sigilosas comunicadas por um licitante sem o seu consentimento;

V – a fase de diálogo poderá ser mantida até que a Administração, em decisão fundamentada, identifique a solução ou as soluções que atendam às suas necessidades;

VI – as reuniões com os licitantes pré-selecionados serão registradas em ata e gravadas mediante utilização de recursos tecnológicos de áudio e vídeo;

VII – o edital poderá prever a realização de fases sucessivas, caso em que cada fase poderá restringir as soluções ou as propostas a serem discutidas;

VIII – a Administração deverá, ao declarar que o diálogo foi concluído, juntar aos autos do processo licitatório os registros e as gravações da fase de diálogo, iniciar a fase competitiva com a divulgação de edital contendo a especificação da solução que atenda às suas necessidades e os critérios objetivos a serem utilizados para seleção da proposta mais vantajosa e abrir prazo, não inferior a 60 (sessenta) dias úteis, para todos os licitantes pré-selecionados na forma do inciso II deste parágrafo apresentarem suas propostas, que deverão conter os elementos necessários para a realização do projeto;

IX – a Administração poderá solicitar esclarecimentos ou ajustes às propostas apresentadas, desde que não impliquem discriminação nem distorçam a concorrência entre as propostas;

X – a Administração definirá a proposta vencedora de acordo com critérios divulgados no início da fase competitiva, assegurada a contratação mais vantajosa como resultado;

XI – o diálogo competitivo será conduzido por comissão de contratação composta de pelo menos 3 (três) servidores efetivos ou empregados públicos pertencentes aos quadros permanentes da Administração, admitida a contratação de profissionais para assessoramento técnico da comissão;

XII – (VETADO).

§ 2º Os profissionais contratados para os fins do inciso XI do § 1º deste artigo assinarão termo de confidencialidade e abster-se-ão de atividades que possam configurar conflito de interesses.

SEÇÃO III
DOS CRITÉRIOS DE JULGAMENTO

Art. 33. O julgamento das propostas será realizado de acordo com os seguintes critérios:

I – menor preço;

II – maior desconto;

III – melhor técnica ou conteúdo artístico;

IV – técnica e preço;

V – maior lance, no caso de leilão;

VI – maior retorno econômico.

Art. 34. O julgamento por menor preço ou maior desconto e, quando couber, por técnica e preço considerará o menor dispêndio para a Administração, atendidos os parâmetros mínimos de qualidade definidos no edital de licitação.

§ 1º Os custos indiretos, relacionados com as despesas de manutenção, utilização, reposição, depreciação e impacto ambiental do objeto licitado, entre outros fatores vinculados ao seu ciclo de vida, poderão ser considerados para a definição do menor dispêndio, sempre que objetivamente mensuráveis, conforme disposto em regulamento.

§ 2º O julgamento por maior desconto terá como referência o preço global fixado no edital de licitação, e o desconto será estendido aos eventuais termos aditivos.

Art. 35. O julgamento por melhor técnica ou conteúdo artístico considerará exclusivamente as propostas técnicas ou artísticas apresentadas pelos licitantes, e o edital deverá definir o prêmio ou a remuneração que será atribuída aos vencedores.

Parágrafo único. O critério de julgamento de que trata o *caput* deste artigo poderá ser utilizado para a contratação de projetos e trabalhos de natureza técnica, científica ou artística.

Art. 36. O julgamento por técnica e preço considerará a maior pontuação obtida a partir da ponderação, segundo fatores objetivos previstos no edital, das notas atribuídas aos aspectos de técnica e de preço da proposta.

§ 1º O critério de julgamento de que trata o *caput* deste artigo será escolhido quando estudo técnico preliminar demonstrar que a avaliação e a ponderação da qualidade técnica das propostas que superarem os requisitos mínimos estabelecidos no edital forem relevantes aos fins pretendidos pela Administração nas licitações para contratação de:

I – serviços técnicos especializados de natureza predominantemente intelectual, caso em que o critério de julgamento de técnica e preço deverá ser preferencialmente empregado;

II – serviços majoritariamente dependentes de tecnologia sofisticada e de domínio restrito, conforme atestado por autoridades técnicas de reconhecida qualificação;

III – bens e serviços especiais de tecnologia da informação e de comunicação;

IV – obras e serviços especiais de engenharia;

V – objetos que admitam soluções específicas e alternativas e variações de execução, com repercussões significativas e concretamente mensuráveis sobre sua qualidade, produtividade, rendimento e durabilidade, quando essas soluções e variações puderem ser adotadas à livre escolha dos licitantes, conforme critérios objetivamente definidos no edital de licitação.

§ 2º No julgamento por técnica e preço, deverão ser avaliadas e ponderadas as propostas técnicas e, em seguida, as propostas de preço apresentadas pelos licitantes, na proporção máxima de 70% (setenta por cento) de valoração para a proposta técnica.

§ 3º O desempenho pretérito na execução de contratos com a Administração Pública deverá ser considerado na pontuação técnica, observado o disposto nos §§ 3º e 4º do art. 88 desta Lei e em regulamento.

Art. 37. O julgamento por melhor técnica ou por técnica e preço deverá ser realizado por:

I – verificação da capacitação e da experiência do licitante, comprovadas por meio da apresentação de atestados de obras, produtos ou serviços previamente realizados;

II – atribuição de notas a quesitos de natureza qualitativa por banca designada para esse fim, de acordo com orientações e limites definidos em edital, considerados a demonstração de conhecimento do objeto, a metodologia e o programa de trabalho, a qualificação das equipes técnicas e a relação dos produtos que serão entregues;

III – atribuição de notas por desempenho do licitante em contratações anteriores aferida nos documentos comprobatórios de que trata o § 3º do art. 88 desta Lei e em registro cadastral unificado disponível no Portal Nacional de Contratações Públicas (PNCP).

§ 1º A banca referida no inciso II do *caput* deste artigo terá no mínimo 3 (três) membros e poderá ser composta de:

I – servidores efetivos ou empregados públicos pertencentes aos quadros permanentes da Administração Pública;

II – profissionais contratados por conhecimento técnico, experiência ou renome na avaliação dos quesitos especificados em edital, desde que seus trabalhos sejam supervisionados por profissionais designados conforme o disposto no art. 7º desta Lei.

§ 2º Ressalvados os casos de inexigibilidade de licitação, na licitação para contratação dos serviços técnicos especializados de natureza predominantemente intelectual previstos nas alíneas "a", "d" e "h" do inciso XVIII do *caput* do art. 6º desta Lei cujo valor estimado da contratação seja superior a R$ 300.000,00 (trezentos mil reais), o julgamento será por: (Parágrafo vetado pelo Presidente da República, mantido pelo Congresso Nacional e publicado no DOU de 11/6/2021)

I - melhor técnica; ou

II - técnica e preço, na proporção de 70% (setenta por cento) de valoração da proposta técnica.

Art. 38. No julgamento por melhor técnica ou por técnica e preço, a obtenção de pontuação devido à capacitação técnico-profissional exigirá que a execução do respectivo contrato tenha participação direta e pessoal do profissional correspondente.

Art. 39. O julgamento por maior retorno econômico, utilizado exclusivamente para a celebração de contrato de eficiência, considerará a maior economia para a Administração, e a remuneração deverá ser fixada em percentual que incidirá de forma proporcional à economia efetivamente obtida na execução do contrato.

§ 1º Nas licitações que adotarem o critério de julgamento de que trata o *caput* deste artigo, os licitantes apresentarão:

I – proposta de trabalho, que deverá contemplar:

a) as obras, os serviços ou os bens, com os respectivos prazos de realização ou fornecimento;

b) a economia que se estima gerar, expressa em unidade de medida associada à obra, ao bem ou ao serviço e em unidade monetária;

II – proposta de preço, que corresponderá a percentual sobre a economia que se estima gerar durante determinado período, expressa em unidade monetária.

§ 2º O edital de licitação deverá prever parâmetros objetivos de mensuração da economia gerada com a execução do contrato, que servirá de base de cálculo para a remuneração devida ao contratado.

§ 3º Para efeito de julgamento da proposta, o retorno econômico será o resultado da economia que se estima gerar com a execução da proposta de trabalho, deduzida a proposta de preço.

§ 4º Nos casos em que não for gerada a economia prevista no contrato de eficiência:

I – a diferença entre a economia contratada e a efetivamente obtida será descontada da remuneração do contratado;

II – se a diferença entre a economia contratada e a efetivamente obtida for superior ao limite máximo estabelecido no contrato, o contratado sujeitar-se-á, ainda, a outras sanções cabíveis.

SEÇÃO IV
DISPOSIÇÕES SETORIAIS

SUBSEÇÃO I
DAS COMPRAS

Art. 40. O planejamento de compras deverá considerar a expectativa de consumo anual e observar o seguinte:

I – condições de aquisição e pagamento semelhantes às do setor privado;

II – processamento por meio de sistema de registro de preços, quando pertinente;

III – determinação de unidades e quantidades a serem adquiridas em função de consumo e utilização prováveis, cuja estimativa será obtida, sempre que possível, mediante adequadas técnicas quantitativas, admitido o fornecimento contínuo;

IV – condições de guarda e armazenamento que não permitam a deterioração do material;

V – atendimento aos princípios:

a) da padronização, considerada a compatibilidade de especificações estéticas, técnicas ou de desempenho;

b) do parcelamento, quando for tecnicamente viável e economicamente vantajoso;

c) da responsabilidade fiscal, mediante a comparação da despesa estimada com a prevista no orçamento.

§ 1º O termo de referência deverá conter os elementos previstos no inciso XXIII do *caput* do art. 6º desta Lei, além das seguintes informações:

I – especificação do produto, preferencialmente conforme catálogo eletrônico de padronização, observados os requisitos de qualidade, rendimento, compatibilidade, durabilidade e segurança;

II – indicação dos locais de entrega dos produtos e das regras para recebimentos provisório e definitivo, quando for o caso;

III – especificação da garantia exigida e das condições de manutenção e assistência técnica, quando for o caso.

§ 2º Na aplicação do princípio do parcelamento, referente às compras, deverão ser considerados:

I – a viabilidade da divisão do objeto em lotes;

II – o aproveitamento das peculiaridades do mercado local, com vistas à economicidade, sempre que possível, desde que atendidos os parâmetros de qualidade; e

III – o dever de buscar a ampliação da competição e de evitar a concentração de mercado.

§ 3º O parcelamento não será adotado quando:

I – a economia de escala, a redução de custos de gestão de contratos ou a maior vantagem na contratação recomendar a compra do item do mesmo fornecedor;

II – o objeto a ser contratado configurar sistema único e integrado e houver a possibilidade de risco ao conjunto do objeto pretendido;

III – o processo de padronização ou de escolha de marca levar a fornecedor exclusivo.

§ 4º Em relação à informação de que trata o inciso III do § 1º deste artigo, desde que fundamentada em estudo técnico preliminar, a Administração poderá exigir que os serviços de manutenção e assistência técnica sejam prestados mediante deslocamento de técnico ou disponibilizados em unidade de prestação de serviços localizada em distância compatível com suas necessidades.

Art. 41. No caso de licitação que envolva o fornecimento de bens, a Administração poderá excepcionalmente:

I – indicar uma ou mais marcas ou modelos, desde que formalmente justificado, nas seguintes hipóteses:

a) em decorrência da necessidade de padronização do objeto;

b) em decorrência da necessidade de manter a compatibilidade com plataformas e padrões já adotados pela Administração;

c) quando determinada marca ou modelo comercializados por mais de um fornecedor forem os únicos capazes de atender às necessidades do contratante;

d) quando a descrição do objeto a ser licitado puder ser mais bem compreendida pela identificação de determinada marca ou determinado modelo aptos a servir apenas como referência;

II – exigir amostra ou prova de conceito do bem no procedimento de pré-qualificação permanente, na fase de julgamento das propostas ou de lances, ou no período de vigência do contrato ou da ata de registro de preços, desde que previsto no edital da licitação e justificada a necessidade de sua apresentação;

III – vedar a contratação de marca ou produto, quando, mediante processo administrativo, restar comprovado que produtos adquiridos e utilizados anteriormente pela Administração não atendem a requisitos indispensáveis ao pleno adimplemento da obrigação contratual;

IV – solicitar, motivadamente, carta de solidariedade emitida pelo fabricante, que assegure a execução do contrato, no caso de licitante revendedor ou distribuidor.

Parágrafo único. A exigência prevista no inciso II do *caput* deste artigo restringir-se-á ao licitante provisoriamente vencedor quando realizada na fase de julgamento das propostas ou de lances.

Art. 42. A prova de qualidade de produto apresentado pelos proponentes como similar ao das marcas eventualmente indicadas no edital será admitida por qualquer um dos seguintes meios:

I – comprovação de que o produto está de acordo com as normas técnicas determinadas pelos órgãos oficiais competentes, pela Associação Brasileira de Normas Técnicas (ABNT) ou por outra entidade credenciada pelo Inmetro;

II – declaração de atendimento satisfatório emitida por outro órgão ou entidade de nível federativo equivalente ou superior que tenha adquirido o produto;

III – certificação, certificado, laudo laboratorial ou documento similar que possibilite a aferição da qualidade e da conformidade do produto ou do processo de fabricação, inclusive sob o aspecto ambiental, emitido por instituição oficial competente ou por entidade credenciada.

§ 1º O edital poderá exigir, como condição de aceitabilidade da proposta, certificação de qualidade do produto por instituição credenciada pelo Conselho Nacional de Metrologia, Normalização e Qualidade Industrial (Conmetro).

§ 2º A Administração poderá, nos termos do edital de licitação, oferecer protótipo do objeto pretendido e exigir, na fase de julgamento das propostas, amostras do licitante provisoriamente vencedor, para atender a diligência ou, após o julgamento, como condição para firmar contrato.

§ 3º No interesse da Administração, as amostras a que se refere o § 2º deste artigo poderão ser examinadas por instituição com reputação ético-profissional na especialidade do objeto, previamente indicada no edital.

Art. 43. O processo de padronização deverá conter:

I – parecer técnico sobre o produto, considerados especificações técnicas e estéticas, desempenho, análise de contratações anteriores, custo e condições de manutenção e garantia;

II – despacho motivado da autoridade superior, com a adoção do padrão;

III – síntese da justificativa e descrição sucinta do padrão definido, divulgadas em sítio eletrônico oficial.

§ 1º É permitida a padronização com base em processo de outro órgão ou entidade de nível federativo igual ou superior ao do órgão adquirente, devendo o ato que decidir pela adesão a outra padronização ser devidamente motivado, com indicação da necessidade da Administração e dos riscos decorrentes dessa decisão, e divulgado em sítio eletrônico oficial.

§ 2º As contratações de soluções baseadas em software de uso disseminado serão disciplinadas em regulamento que defina processo de gestão estratégica das contratações desse tipo de solução.

Art. 44. Quando houver a possibilidade de compra ou de locação de bens, o estudo técnico preliminar deverá considerar os custos e os benefícios de cada opção, com indicação da alternativa mais vantajosa.

SUBSEÇÃO II
DAS OBRAS E SERVIÇOS DE ENGENHARIA

Art. 45. As licitações de obras e serviços de engenharia devem respeitar, especialmente, as normas relativas a:

I – disposição final ambientalmente adequada dos resíduos sólidos gerados pelas obras contratadas;

II – mitigação por condicionantes e compensação ambiental, que serão definidas no procedimento de licenciamento ambiental;

III – utilização de produtos, de equipamentos e de serviços que, comprovadamente, favoreçam a redução do consumo de energia e de recursos naturais;

IV – avaliação de impacto de vizinhança, na forma da legislação urbanística;

V – proteção do patrimônio histórico, cultural, arqueológico e imaterial, inclusive por meio da avaliação do impacto direto ou indireto causado pelas obras contratadas;

VI – acessibilidade para pessoas com deficiência ou com mobilidade reduzida.

Art. 46. Na execução indireta de obras e serviços de engenharia, são admitidos os seguintes regimes:

I – empreitada por preço unitário;

II – empreitada por preço global;

III – empreitada integral;

IV – contratação por tarefa;

V – contratação integrada;

VI – contratação semi-integrada;

VII – fornecimento e prestação de serviço associado.

§ 1º É vedada a realização de obras e serviços de engenharia sem projeto executivo, ressalvada a hipótese prevista no § 3º do art. 18 desta Lei.

§ 2º A Administração é dispensada da elaboração de projeto básico nos casos de contratação integrada, hipótese em que deverá ser elaborado anteprojeto de acordo com metodologia definida em ato do órgão competente, observados os requisitos estabelecidos no inciso XXIV do art. 6º desta Lei.

§ 3º Na contratação integrada, após a elaboração do projeto básico pelo contratado, o conjunto de desenhos, especificações, memoriais e cronograma físico-financeiro deverá ser submetido à aprovação da Administração, que avaliará sua adequação em relação aos parâmetros definidos no edital e conformidade com as normas técnicas, vedadas alterações que reduzam a qualidade ou a vida útil do empreendimento e mantida a responsabilidade integral do contratado pelos riscos associados ao projeto básico.

§ 4º Nos regimes de contratação integrada e semi-integrada, o edital e o contrato, sempre que for o caso, deverão prever as providências necessárias para a efetivação de desapropriação autorizada pelo poder público, bem como:

I – o responsável por cada fase do procedimento expropriatório;

II – a responsabilidade pelo pagamento das indenizações devidas;

III – a estimativa do valor a ser pago a título de indenização pelos bens expropriados, inclusive de custos correlatos;

IV – a distribuição objetiva de riscos entre as partes, incluído o risco pela diferença entre o custo da desapropriação e a estimativa de valor e pelos eventuais danos e prejuízos ocasionados por atraso na disponibilização dos bens expropriados;

V – em nome de quem devera ser promovido o registro de imissão provisória na posse e o registro de propriedade dos bens a serem desapropriados.

§ 5º Na contratação semi-integrada, mediante prévia autorização da Administração, o projeto básico poderá ser alterado, desde que demonstrada a superioridade das inovações propostas pelo contratado em termos de redução de custos, de aumento da qualidade, de redução do prazo de execução ou de facilidade de manutenção ou operação, assumindo o contratado a responsabilidade integral pelos riscos associados à alteração do projeto básico.

§ 6º A execução de cada etapa será obrigatoriamente precedida da conclusão e da aprovação, pela autoridade competente, dos trabalhos relativos às etapas anteriores.

§ 7º (VETADO).

§ 8º (VETADO).

§ 9º Os regimes de execução a que se referem os incisos II, III, IV, V e VI do *caput* deste artigo serão licitados por preço global e adotarão sistemática de medição e pagamento associada à execução de etapas do cronograma físico-financeiro vinculadas ao cumprimento de metas de resultado, vedada a adoção de sistemática de remuneração orientada por preços unitários ou referenciada pela execução de quantidades de itens unitários.

SUBSEÇÃO III
DOS SERVIÇOS EM GERAL

Art. 47. As licitações de serviços atenderão aos princípios:

I – da padronização, considerada a compatibilidade de especificações estéticas, técnicas ou de desempenho;

II – do parcelamento, quando for tecnicamente viável e economicamente vantajoso.

§ 1º Na aplicação do princípio do parcelamento deverão ser considerados:

I – a responsabilidade técnica;

II – o custo para a Administração de vários contratos frente às vantagens da redução de custos, com divisão do objeto em itens;

III – o dever de buscar a ampliação da competição e de evitar a concentração de mercado.

§ 2º Na licitação de serviços de manutenção e assistência técnica, o edital deverá definir o local de realização dos serviços, admitida a exigência de deslocamento de técnico ao local da repartição ou a exigência de que o contratado tenha unidade de prestação de serviços em distância compatível com as necessidades da Administração.

Art. 48. Poderão ser objeto de execução por terceiros as atividades materiais acessórias, instrumentais ou complementares aos assuntos que constituam área de competência legal do órgão ou da entidade, vedado à Administração ou a seus agentes, na contratação do serviço terceirizado:

I – indicar pessoas expressamente nominadas para executar direta ou indiretamente o objeto contratado;

II – fixar salário inferior ao definido em lei ou em ato normativo a ser pago pelo contratado;

III – estabelecer vínculo de subordinação com funcionário de empresa prestadora de serviço terceirizado;

IV – definir forma de pagamento mediante exclusivo reembolso dos salários pagos;

V – demandar a funcionário de empresa prestadora de serviço terceirizado a execução de tarefas fora do escopo do objeto da contratação;

VI – prever em edital exigências que constituam intervenção indevida da Administração na gestão interna do contratado.

Parágrafo único. Durante a vigência do contrato, é vedado ao contratado contratar cônjuge, companheiro ou parente em linha reta, colateral ou por afinidade, até o terceiro grau, de dirigente do órgão ou entidade contratante ou de agente público que desempenhe função na licitação ou atue na fiscalização ou na gestão do contrato, devendo essa proibição constar expressamente do edital de licitação.

Art. 49. A Administração poderá, mediante justificativa expressa, contratar mais de uma empresa ou instituição para executar o mesmo serviço, desde que essa contratação não implique perda de economia de escala, quando:

I – o objeto da contratação puder ser executado de forma concorrente e simultânea por mais de um contratado; e

II – a múltipla execução for conveniente para atender à Administração.

Parágrafo único. Na hipótese prevista no *caput* deste artigo, a Administração deverá manter o controle individualizado da execução do objeto contratual relativamente a cada um dos contratados.

Art. 50. Nas contratações de serviços com regime de dedicação exclusiva de mão de obra, o contratado deverá apresentar, quando solicitado pela Administração, sob pena de multa, comprovação do cumprimento das obrigações trabalhistas e com o Fundo de Garantia do Tempo de Serviço (FGTS) em relação aos empregados diretamente envolvidos na execução do contrato, em especial quanto ao:

I – registro de ponto;

II – recibo de pagamento de salários, adicionais, horas extras, repouso semanal remunerado e décimo terceiro salário;

III – comprovante de depósito do FGTS;

IV – recibo de concessão e pagamento de férias e do respectivo adicional;

V – recibo de quitação de obrigações trabalhistas e previdenciárias dos empregados dispensados até a data da extinção do contrato;

VI – recibo de pagamento de vale-transporte e vale-alimentação, na forma prevista em norma coletiva.

SUBSEÇÃO IV
DA LOCAÇÃO DE IMÓVEIS

Art. 51. Ressalvado o disposto no inciso V do *caput* do art. 74 desta Lei, a locação de imóveis deverá ser precedida de licitação e avaliação prévia do bem, do seu estado de conservação, dos custos de adaptações e do prazo de amortização dos investimentos necessários.

SUBSEÇÃO V
DAS LICITAÇÕES INTERNACIONAIS

Art. 52. Nas licitações de âmbito internacional, o edital deverá ajustar-se às diretrizes da política monetária e do comércio exterior e atender às exigências dos órgãos competentes.

§ 1º Quando for permitido ao licitante estrangeiro cotar preço em moeda estrangeira, o licitante brasileiro igualmente poderá fazê-lo.

§ 2º O pagamento feito ao licitante brasileiro eventualmente contratado em virtude de licitação nas condições de que trata o § 1º deste artigo será efetuado em moeda corrente nacional.

§ 3º As garantias de pagamento ao licitante brasileiro serão equivalentes àquelas oferecidas ao licitante estrangeiro.

§ 4º Os gravames incidentes sobre os preços constarão do edital e serão definidos a partir de estimativas ou médias dos tributos.

§ 5º As propostas de todos os licitantes estarão sujeitas às mesmas regras e condições, na forma estabelecida no edital.

§ 6º Observados os termos desta Lei, o edital não poderá prever condições de habilitação, classificação e julgamento que constituam barreiras de acesso ao licitante estrangeiro, admitida a previsão de margem de preferência para bens produzidos no País e serviços nacionais que atendam às normas técnicas brasileiras, na forma definida no art. 26 desta Lei.

CAPÍTULO III
DA DIVULGAÇÃO DO EDITAL
DE LICITAÇÃO

Art. 53. Ao final da fase preparatória, o processo licitatório seguirá para o órgão de assessoramento jurídico da Administração, que realizará controle prévio de legalidade mediante análise jurídica da contratação.

§ 1º Na elaboração do parecer jurídico, o órgão de assessoramento jurídico da Administração deverá:

I – apreciar o processo licitatório conforme critérios objetivos prévios de atribuição de prioridade;

II – redigir sua manifestação em linguagem simples e compreensível e de forma clara e objetiva, com apreciação de todos os elementos indispensáveis à contratação e com exposição dos pressupostos de fato e de direito levados em consideração na análise jurídica;

III – (VETADO).

§ 2º (VETADO).

§ 3º Encerrada a instrução do processo sob os aspectos técnico e jurídico, a autoridade determinará a divulgação do edital de licitação conforme disposto no art. 54.

§ 4º Na forma deste artigo, o órgão de assessoramento jurídico da Administração também realizará controle prévio de legalidade de contratações diretas, acordos, termos de cooperação, convênios, ajustes, adesões a atas de registro de preços, outros instrumentos congêneres e de seus termos aditivos.

§ 5º É dispensável a análise jurídica nas hipóteses previamente definidas em ato da autoridade jurídica máxima competente, que deverá considerar o baixo valor, a baixa complexidade da contratação, a entrega imediata do bem ou a utilização de minutas de editais e instrumentos de contrato, convênio ou outros ajustes previamente padronizados pelo órgão de assessoramento jurídico.

§ 6º (VETADO).

Art. 54. A publicidade do edital de licitação será realizada mediante divulgação e manutenção do inteiro teor do ato convocatório e de seus anexos no Portal Nacional de Contratações Públicas (PNCP).

§ 1º Sem prejuízo do disposto no *caput*, é obrigatória a publicação de extrato do edital no Diário Oficial da União, do Estado, do Distrito Federal ou do Município, ou, no caso de consórcio público, do ente de maior nível entre eles, bem como em jornal diário de grande circulação. (Vetado pelo Presidente da República, mantido pelo Congresso Nacional e publicado no DOU de 11/6/2021)

§ 2º É facultada a divulgação adicional e a manutenção do inteiro teor do edital e de seus anexos em sítio eletrônico oficial do ente federativo do órgão ou entidade responsável pela licitação ou, no caso de consórcio público, do ente de maior nível entre eles, admitida, ainda, a divulgação direta a interessados devidamente cadastrados para esse fim.

§ 3º Após a homologação do processo licitatório, serão disponibilizados no Portal Nacional de Contratações Públicas (PNCP) e, se o órgão ou entidade responsável pela licitação entender cabível, também no sítio referido no § 2º deste artigo, os documentos elaborados na fase preparatória que porventura não tenham integrado o edital e seus anexos.

CAPÍTULO IV
DA APRESENTAÇÃO DE PROPOSTAS E LANCES

Art. 55. Os prazos mínimos para apresentação de propostas e lances, contados a partir da data de divulgação do edital de licitação, são de:

I – para aquisição de bens:

a) 8 (oito) dias úteis, quando adotados os critérios de julgamento de menor preço ou de maior desconto;

b) 15 (quinze) dias úteis, nas hipóteses não abrangidas pela alínea "a" deste inciso;

II – no caso de serviços e obras:

a) 10 (dez) dias úteis, quando adotados os critérios de julgamento de menor preço ou de maior desconto, no caso de serviços comuns e de obras e serviços comuns de engenharia;

b) 25 (vinte e cinco) dias úteis, quando adotados os critérios de julgamento de menor preço ou de maior desconto, no caso de serviços especiais e de obras e serviços especiais de engenharia;

c) 60 (sessenta) dias úteis, quando o regime de execução for de contratação integrada;

d) 35 (trinta e cinco) dias úteis, quando o regime de execução for o de contratação semi-integrada ou nas hipóteses não abrangidas pelas alíneas "a", "b" e "c" deste inciso;

III – para licitação em que se adote o critério de julgamento de maior lance, 15 (quinze) dias úteis;

IV – para licitação em que se adote o critério de julgamento de técnica e preço ou de melhor técnica ou conteúdo artístico, 35 (trinta e cinco) dias úteis.

§ 1º Eventuais modificações no edital implicarão nova divulgação na mesma forma de sua divulgação inicial, além do cumprimento dos mesmos prazos dos atos e procedimentos originais, exceto quando a alteração não comprometer a formulação das propostas.

§ 2º Os prazos previstos neste artigo poderão, mediante decisão fundamentada, ser reduzidos até a metade nas licitações realizadas pelo Ministério da Saúde, no âmbito do Sistema Único de Saúde (SUS).

Art. 56. O modo de disputa poderá ser, isolada ou conjuntamente:

I – aberto, hipótese em que os licitantes apresentarão suas propostas por meio de lances públicos e sucessivos, crescentes ou decrescentes;

II – fechado, hipótese em que as propostas permanecerão em sigilo até a data e hora designadas para sua divulgação.

§ 1º A utilização isolada do modo de disputa fechado será vedada quando adotados os critérios de julgamento de menor preço ou de maior desconto.

§ 2º A utilização do modo de disputa aberto será vedada quando adotado o critério de julgamento de técnica e preço.

§ 3º Serão considerados intermediários os lances:

I – iguais ou inferiores ao maior já ofertado, quando adotado o critério de julgamento de maior lance;

II – iguais ou superiores ao menor já ofertado, quando adotados os demais critérios de julgamento.

§ 4º Após a definição da melhor proposta, se a diferença em relação à proposta classificada em segundo lugar for de pelo menos 5% (cinco por cento), a Administração poderá admitir o reinício da disputa aberta, nos termos estabelecidos no instrumento convocatório, para a definição das demais colocações.

§ 5º Nas licitações de obras ou serviços de engenharia, após o julgamento, o licitante vencedor deverá reelaborar e apresentar à Administração, por meio eletrônico, as planilhas com indicação dos quantitativos e dos custos unitários, bem como com detalhamento das Bonificações e Despesas Indiretas (BDI) e dos Encargos Sociais (ES), com os respectivos valores adequados ao valor final da proposta vencedora, admitida a utilização dos preços unitários, no caso de empreitada por preço global, empreitada integral, contratação semi-integrada e contratação integrada, exclusivamente para eventuais adequações indispensáveis no cronograma físico-financeiro e para balizar excepcional aditamento posterior do contrato.

Art. 57. O edital de licitação poderá estabelecer intervalo mínimo de diferença de valores entre os lances, que incidirá tanto em relação aos lances intermediários quanto em relação à proposta que cobrir a melhor oferta.

Art. 58. Poderá ser exigida, no momento da apresentação da proposta, a comprovação do recolhimento de quantia a título de garantia de proposta, como requisito de pré-habilitação.

§ 1º A garantia de proposta não poderá ser superior a 1% (um por cento) do valor estimado para a contratação.

§ 2º A garantia de proposta será devolvida aos licitantes no prazo de 10 (dez) dias úteis, contado da assinatura do contrato ou da data em que for declarada fracassada a licitação.

§ 3º Implicará execução do valor integral da garantia de proposta a recusa em assinar o contrato ou a não apresentação dos documentos para a contratação.

§ 4º A garantia de proposta poderá ser prestada nas modalidades de que trata o § 1º do art. 96 desta Lei.

CAPÍTULO V
DO JULGAMENTO

Art. 59. Serão desclassificadas as propostas que:

I – contiverem vícios insanáveis;

II – não obedecerem às especificações técnicas pormenorizadas no edital;

III – apresentarem preços inexequíveis ou permanecerem acima do orçamento estimado para a contratação;

IV – não tiverem sua exequibilidade demonstrada, quando exigido pela Administração;

V – apresentarem desconformidade com quaisquer outras exigências do edital, desde que insanável.

§ 1º A verificação da conformidade das propostas poderá ser feita exclusivamente em relação à proposta mais bem classificada.

§ 2º A Administração poderá realizar diligências para aferir a exequibilidade das propostas ou exigir dos licitantes que ela seja demonstrada, conforme disposto no inciso IV do *caput* deste artigo.

§ 3º No caso de obras e serviços de engenharia e arquitetura, para efeito de avaliação da exequibilidade e de sobrepreço, serão considerados o preço global, os quantitativos e os preços unitários tidos como relevantes, observado o critério de aceitabilidade de preços unitário e global a ser fixado no edital, conforme as especificidades do mercado correspondente.

§ 4º No caso de obras e serviços de engenharia, serão consideradas inexequíveis as propostas cujos valores forem inferiores a 75% (setenta e cinco por cento) do valor orçado pela Administração.

§ 5º Nas contratações de obras e serviços de engenharia, será exigida garantia adicional do licitante vencedor cuja proposta for inferior a 85% (oitenta e cinco por cento) do valor orçado pela Administração, equivalente à diferença entre este último e o valor da proposta, sem prejuízo das demais garantias exigíveis de acordo com esta Lei.

Art. 60. Em caso de empate entre duas ou mais propostas, serão utilizados os seguintes critérios de desempate, nesta ordem:

I – disputa final, hipótese em que os licitantes empatados poderão apresentar nova proposta em ato contínuo à classificação;

II – avaliação do desempenho contratual prévio dos licitantes, para a qual deverão preferencialmente ser utilizados registros cadastrais para efeito de atesto de cumprimento de obrigações previstos nesta Lei;

III – desenvolvimento pelo licitante de ações de equidade entre homens e mulheres no ambiente de trabalho, conforme regulamento;

IV – desenvolvimento pelo licitante de programa de integridade, conforme orientações dos órgãos de controle.

§ 1º Em igualdade de condições, se não houver desempate, será assegurada preferência, sucessivamente, aos bens e serviços produzidos ou prestados por:

I – empresas estabelecidas no território do Estado ou do Distrito Federal do órgão ou entidade da Administração Pública estadual ou distrital licitante ou, no caso de licitação realizada por órgão ou entidade de Município, no território do Estado em que este se localize;
II – empresas brasileiras;
III – empresas que invistam em pesquisa e no desenvolvimento de tecnologia no País;
IV – empresas que comprovem a prática de mitigação, nos termos da Lei nº 12.187, de 29 de dezembro de 2009.

§ 2º As regras previstas no *caput* deste artigo não prejudicarão a aplicação do disposto no art. 44 da Lei Complementar nº 123, de 14 de dezembro de 2006.

Art. 61. Definido o resultado do julgamento, a Administração poderá negociar condições mais vantajosas com o primeiro colocado.

§ 1º A negociação poderá ser feita com os demais licitantes, segundo a ordem de classificação inicialmente estabelecida, quando o primeiro colocado, mesmo após a negociação, for desclassificado em razão de sua proposta permanecer acima do preço máximo definido pela Administração.

§ 2º A negociação será conduzida por agente de contratação ou comissão de contratação, na forma de regulamento, e, depois de concluída, terá seu resultado divulgado a todos os licitantes e anexado aos autos do processo licitatório.

CAPÍTULO VI
DA HABILITAÇÃO

Art. 62. A habilitação é a fase da licitação em que se verifica o conjunto de informações e documentos necessários e suficientes para demonstrar a capacidade do licitante de realizar o objeto da licitação, dividindo-se em:

I – jurídica;
II – técnica;
III – fiscal, social e trabalhista;
IV – econômico-financeira.

Art. 63. Na fase de habilitação das licitações serão observadas as seguintes disposições:

I – poderá ser exigida dos licitantes a declaração de que atendem aos requisitos de habilitação, e o declarante responderá pela veracidade das informações prestadas, na forma da lei;
II – será exigida a apresentação dos documentos de habilitação apenas pelo licitante vencedor, exceto quando a fase de habilitação anteceder a de julgamento;
III – serão exigidos os documentos relativos à regularidade fiscal, em qualquer caso, somente em momento posterior ao julgamento das propostas, e apenas do licitante mais bem classificado;
IV – será exigida do licitante declaração de que cumpre as exigências de reserva de cargos para pessoa com deficiência e para reabilitado da Previdência Social, previstas em lei e em outras normas específicas.

§ 1º Constará do edital de licitação cláusula que exija dos licitantes, sob pena de desclassificação, declaração de que suas propostas econômicas compreendem a integralidade dos custos para atendimento dos direitos trabalhistas assegurados na Constituição Federal, nas leis trabalhistas, nas normas infralegais, nas convenções coletivas de trabalho e nos termos de ajustamento de conduta vigentes na data de entrega das propostas.

§ 2º Quando a avaliação prévia do local de execução for imprescindível para o conhecimento pleno das condições e peculiaridades do objeto a ser contratado, o edital de licitação poderá prever, sob pena de inabilitação, a necessidade de o licitante atestar que conhece o local e as condições de realização da obra ou serviço, assegurado a ele o direito de realização de vistoria prévia.

§ 3º Para os fins previstos no § 2º deste artigo, o edital de licitação sempre deverá prever a possibilidade de substituição da vistoria por declaração formal assinada pelo responsável técnico do licitante acerca do conhecimento pleno das condições e peculiaridades da contratação.

§ 4º Para os fins previstos no § 2º deste artigo, se os licitantes optarem por realizar vistoria prévia, a Administração deverá disponibilizar data e horário diferentes para os eventuais interessados.

Art. 64. Após a entrega dos documentos para habilitação, não será permitida a substituição ou a apresentação de novos documentos, salvo em sede de diligência, para:

I – complementação de informações acerca dos documentos já apresentados pelos licitantes e desde que necessária para apurar fatos existentes à época da abertura do certame;
II – atualização de documentos cuja validade tenha expirado após a data de recebimento das propostas.

§ 1º Na análise dos documentos de habilitação, a comissão de licitação poderá sanar erros ou falhas que não alterem a substância dos documentos e sua validade jurídica, mediante despacho fundamentado registrado e acessível a todos, atribuindo-lhes eficácia para fins de habilitação e classificação.

§ 2º Quando a fase de habilitação anteceder a de julgamento e já tiver sido encerrada, não caberá exclusão de licitante por motivo relacionado à habilitação, salvo em razão de fatos supervenientes ou só conhecidos após o julgamento.

Art. 65. As condições de habilitação serão definidas no edital.

§ 1º As empresas criadas no exercício financeiro da licitação deverão atender a todas as exigências da habilitação e ficarão autorizadas a substituir os demonstrativos contábeis pelo balanço de abertura.

§ 2º A habilitação poderá ser realizada por processo eletrônico de comunicação a distância, nos termos dispostos em regulamento.

Art. 66. A habilitação jurídica visa a demonstrar a capacidade de o licitante exercer direitos e assumir obrigações, e a documentação a ser apresentada por ele limita-se à comprovação de existência jurídica da pessoa e, quando cabível, de autorização para o exercício da atividade a ser contratada.

Art. 67. A documentação relativa à qualificação técnico-profissional e técnico-operacional será restrita a:

I – apresentação de profissional, devidamente registrado no conselho profissional competente, quando for o caso, detentor de atestado de responsabilidade técnica por execução de obra ou serviço de características semelhantes, para fins de contratação;
II – certidões ou atestados, regularmente emitidos pelo conselho profissional competente, quando for o caso, que demonstrem capacidade operacional na execução de serviços similares de complexidade tecnológica e operacional equivalente ou superior, bem como documentos comprobatórios emitidos na forma do § 3º do art. 88 desta Lei;
III – indicação do pessoal técnico, das instalações e do aparelhamento adequados e disponíveis para a realização do objeto da licitação, bem como da qualificação de cada membro da equipe técnica que se responsabilizará pelos trabalhos;
IV – prova do atendimento de requisitos previstos em lei especial, quando for o caso;
V – registro ou inscrição na entidade profissional competente, quando for o caso;
VI – declaração de que o licitante tomou conhecimento de todas as informações e das condições locais para o cumprimento das obrigações objeto da licitação.

§ 1º A exigência de atestados será restrita às parcelas de maior relevância ou valor significativo do objeto da licitação, assim consideradas as que tenham valor individual igual ou superior a 4% (quatro por cento) do valor total estimado da contratação.

§ 2º Observado o disposto no *caput* e no § 1º deste artigo, será admitida a exigência de atestados com quantidades mínimas de até 50% (cinquenta por cento) das parcelas de que trata o referido parágrafo, vedadas limitações de tempo e de locais específicos relativas aos atestados.

§ 3º Salvo na contratação de obras e serviços de engenharia, as exigências a que se referem os incisos I e II do *caput* deste artigo, a critério da Administração, poderão ser substituídas por outra prova de que o profissional ou a empresa possui conhecimento técnico e experiência prática na execução de serviço de características semelhantes, hipótese em que as provas alternativas aceitáveis deverão ser previstas em regulamento.

§ 4º Serão aceitos atestados ou outros documentos hábeis emitidos por entidades estrangeiras quando acompanhados de tradução para o português, salvo se comprovada a inidoneidade da entidade emissora.

§ 5º Em se tratando de serviços contínuos, o edital poderá exigir certidão ou atestado que demonstre que o licitante tenha executado serviços similares ao objeto da licitação, em períodos sucessivos ou não, por um prazo mínimo, que não poderá ser superior a 3 (três) anos.

§ 6º Os profissionais indicados pelo licitante na forma dos incisos I e III do *caput* deste artigo deverão participar da obra ou serviço objeto da licitação, e será admitida a sua substituição por profissionais de experiência equivalente ou superior, desde que aprovada pela Administração.

§ 7º Sociedades empresárias estrangeiras atenderão à exigência prevista no inciso V do *caput* deste artigo por meio da apresentação, no momento da assinatura do contrato, da solicitação de registro perante a entidade profissional competente no Brasil.

§ 8º Será admitida a exigência da relação dos compromissos assumidos pelo licitante que importem em diminuição da disponibilidade do pessoal técnico referido nos incisos I e III do *caput* deste artigo.

§ 9º O edital poderá prever, para aspectos técnicos específicos, que a qualificação técnica seja demonstrada por meio de atestados relativos a potencial subcontratado, limitado a 25% (vinte e cinco por cento) do objeto a ser licitado, hipótese em que mais de um licitante poderá apresentar atestado relativo ao mesmo potencial subcontratado.

§ 10. Em caso de apresentação por licitante de atestado de desempenho anterior emitido em favor de consórcio do qual tenha feito parte, se o atestado ou o contrato de constituição do consórcio não identificar a atividade desempenhada por cada consorciado individualmente, serão adotados os seguintes critérios na avaliação de sua qualificação técnica:

I – caso o atestado tenha sido emitido em favor de consórcio homogêneo, as experiências atestadas deverão ser reconhecidas para cada empresa consorciada na proporção quantitativa de sua participação no consórcio, salvo nas licitações para contratação de serviços técnicos especializados de natureza predominantemente intelectual, em que todas as experiências atestadas deverão ser reconhecidas para cada uma das empresas consorciadas;

II – caso o atestado tenha sido emitido em favor de consórcio heterogêneo, as experiências atestadas deverão ser reconhecidas para cada consorciado de acordo com os respectivos campos de atuação, inclusive nas licitações para contratação de serviços técnicos especializados de natureza predominantemente intelectual.

§ 11. Na hipótese do § 10 deste artigo, para fins de comprovação do percentual de participação do consorciado, caso este não conste expressamente do atestado ou da certidão, deverá ser juntada ao atestado ou à certidão cópia do instrumento de constituição do consórcio.

§ 12. Na documentação de que trata o inciso I do *caput* deste artigo, não serão admitidos atestados de responsabilidade técnica de profissionais que, na forma de regulamento, tenham dado causa à aplicação das sanções previstas nos incisos III e IV do *caput* do art. 156 desta Lei em decorrência de orientação proposta, de prescrição técnica ou de qualquer ato profissional de sua responsabilidade.

Art. 68. As habilitações fiscal, social e trabalhista serão aferidas mediante a verificação dos seguintes requisitos:

I – a inscrição no Cadastro de Pessoas Físicas (CPF) ou no Cadastro Nacional da Pessoa Jurídica (CNPJ);

II – a inscrição no cadastro de contribuintes estadual e/ou municipal, se houver, relativo ao domicílio ou sede do licitante, pertinente ao seu ramo de atividade e compatível com o objeto contratual;

III – a regularidade perante a Fazenda federal, estadual e/ou municipal do domicílio ou sede do licitante, ou outra equivalente, na forma da lei;

IV – a regularidade relativa à Seguridade Social e ao FGTS, que demonstre cumprimento dos encargos sociais instituídos por lei;

V – a regularidade perante a Justiça do Trabalho;

VI – o cumprimento do disposto no inciso XXXIII do art. 7º da Constituição Federal.

§ 1º Os documentos referidos nos incisos do *caput* deste artigo poderão ser substituídos ou supridos, no todo ou em parte, por outros meios hábeis a comprovar a regularidade do licitante, inclusive por meio eletrônico.

§ 2º A comprovação de atendimento do disposto nos incisos III, IV e V do *caput* deste artigo deverá ser feita na forma da legislação específica.

Art. 69. A habilitação econômico-financeira visa a demonstrar a aptidão econômica do licitante para cumprir as obrigações decorrentes do futuro contrato, devendo ser comprovada de forma objetiva, por coeficientes e índices econômicos previstos no edital, devidamente justificados no processo licitatório, e será restrita à apresentação da seguinte documentação:

I – balanço patrimonial, demonstração de resultado de exercício e demais demonstrações contábeis dos 2 (dois) últimos exercícios sociais;

II – certidão negativa de feitos sobre falência expedida pelo distribuidor da sede do licitante.

§ 1º A critério da Administração, poderá ser exigida declaração, assinada por profissional habilitado da área contábil, que ateste o atendimento pelo licitante dos índices econômicos previstos no edital.

§ 2º Para o atendimento do disposto no *caput* deste artigo, é vedada a exigência de valores mínimos de faturamento anterior e de índices de rentabilidade ou lucratividade.

§ 3º É admitida a exigência da relação dos compromissos assumidos pelo licitante que importem em diminuição de sua capacidade econômico-financeira, excluídas parcelas já executadas de contratos firmados.

§ 4º A Administração, nas compras para entrega futura e na execução de obras e serviços, poderá estabelecer no edital a exigência de capital mínimo ou de patrimônio líquido mínimo equivalente a até 10% (dez por cento) do valor estimado da contratação.

§ 5º É vedada a exigência de índices e valores não usualmente adotados para a avaliação de situação econômico-financeira suficiente para o cumprimento das obrigações decorrentes da licitação.

§ 6º Os documentos referidos no inciso I do *caput* deste artigo limitar-se-ão ao último exercício no caso de a pessoa jurídica ter sido constituída há menos de 2 (dois) anos.

Art. 70. A documentação referida neste Capítulo poderá ser:

I – apresentada em original, por cópia ou por qualquer outro meio expressamente admitido pela Administração;

II – substituída por registro cadastral emitido por órgão ou entidade pública, desde que previsto no edital e que o registro tenha sido feito em obediência ao disposto nesta Lei;

III – dispensada, total ou parcialmente, nas contratações para entrega imediata, nas contratações em valores inferiores a 1/4 (um quarto) do limite para dispensa de licitação para compras em geral e nas contratações de produto para pesquisa e desenvolvimento até o valor de R$ 300.000,00 (trezentos mil reais).

Parágrafo único. As empresas estrangeiras que não funcionem no País deverão apresentar documentos equivalentes, na forma de regulamento emitido pelo Poder Executivo federal.

CAPÍTULO VII
DO ENCERRAMENTO DA LICITAÇÃO

Art. 71. Encerradas as fases de julgamento e habilitação, e exauridos os recursos administrativos, o processo licitatório será encaminhado à autoridade superior, que poderá:

I – determinar o retorno dos autos para saneamento de irregularidades;

II – revogar a licitação por motivo de conveniência e oportunidade;

III – proceder à anulação da licitação, de ofício ou mediante provocação de terceiros, sempre que presente ilegalidade insanável;

IV – adjudicar o objeto e homologar a licitação.

§ 1º Ao pronunciar a nulidade, a autoridade indicará expressamente os atos com vícios insanáveis, tornando sem efeito todos os subsequentes que deles dependam, e dará ensejo à apuração de responsabilidade de quem lhes tenha dado causa.

§ 2º O motivo determinante para a revogação do processo licitatório deverá ser resultante de fato superveniente devidamente comprovado.

§ 3º Nos casos de anulação e revogação, deverá ser assegurada a prévia manifestação dos interessados.

§ 4º O disposto neste artigo será aplicado, no que couber, à contratação direta e aos procedimentos auxiliares da licitação.

CAPÍTULO VIII
DA CONTRATAÇÃO DIRETA

SEÇÃO I
DO PROCESSO DE CONTRATAÇÃO DIRETA

Art. 72. O processo de contratação direta, que compreende os casos de inexigibilidade e de dispensa de licitação, deverá ser instruído com os seguintes documentos:

I – documento de formalização de demanda e, se for o caso, estudo técnico preliminar, análise de riscos, termo de referência, projeto básico ou projeto executivo;

II – estimativa de despesa, que deverá ser calculada na forma estabelecida no art. 23 desta Lei;

III – parecer jurídico e pareceres técnicos, se for o caso, que demonstrem o atendimento dos requisitos exigidos;

IV – demonstração da compatibilidade da previsão de recursos orçamentários com o compromisso a ser assumido;

V – comprovação de que o contratado preenche os requisitos de habilitação e qualificação mínima necessária;

VI – razão da escolha do contratado;

VII – justificativa de preço;

VIII – autorização da autoridade competente.

Parágrafo único. O ato que autoriza a contratação direta ou o extrato decorrente do contrato deverá ser divulgado e mantido à disposição do público em sítio eletrônico oficial.

Art. 73. Na hipótese de contratação direta indevida ocorrida com dolo, fraude ou erro grosseiro, o contratado e o agente público responsável responderão solidariamente pelo dano causado ao erário, sem prejuízo de outras sanções legais cabíveis.

SEÇÃO II
DA INEXIGIBILIDADE DE LICITAÇÃO

Art. 74. É inexigível a licitação quando inviável a competição, em especial nos casos de:

I – aquisição de materiais, de equipamentos ou de gêneros ou contratação de serviços que só possam ser fornecidos por produtor, empresa ou representante comercial exclusivos;

II – contratação de profissional do setor artístico, diretamente ou por meio de empresário exclusivo, desde que consagrado pela crítica especializada ou pela opinião pública;

III – contratação dos seguintes serviços técnicos especializados de natureza predominantemente intelectual com profissionais ou empresas de notória especialização, vedada a inexigibilidade para serviços de publicidade e divulgação:

a) estudos técnicos, planejamentos, projetos básicos ou projetos executivos;

b) pareceres, perícias e avaliações em geral;

c) assessorias ou consultorias técnicas e auditorias financeiras ou tributárias;

d) fiscalização, supervisão ou gerenciamento de obras ou serviços;

e) patrocínio ou defesa de causas judiciais ou administrativas;

f) treinamento e aperfeiçoamento de pessoal;

g) restauração de obras de arte e de bens de valor histórico;

h) controles de qualidade e tecnológico, análises, testes e ensaios de campo e laboratoriais, instrumentação e monitoramento de parâmetros específicos de obras e do meio ambiente e demais serviços de engenharia que se enquadrem no disposto neste inciso;

IV – objetos que devam ou possam ser contratados por meio de credenciamento;

V – aquisição ou locação de imóvel cujas características de instalações e de localização tornem necessária sua escolha.

§ 1º Para fins do disposto no inciso I do *caput* deste artigo, a Administração deverá demonstrar a inviabilidade de competição mediante atestado de exclusividade, contrato de exclusividade, declaração do fabricante ou outro documento idôneo capaz de comprovar que o objeto é fornecido ou prestado por produtor, empresa ou representante comercial exclusivos, vedada a preferência por marca específica.

§ 2º Para fins do disposto no inciso II do *caput* deste artigo, considera-se empresário exclusivo a pessoa física ou jurídica que possua contrato, declaração, carta ou outro documento que ateste a exclusividade permanente e contínua de representação, no País ou em Estado específico, do profissional do setor artístico, afastada a possibilidade de contratação direta por inexigibilidade por meio de empresário com representação restrita a evento ou local específico.

§ 3º Para fins do disposto no inciso III do *caput* deste artigo, considera-se de notória especialização o profissional ou a empresa cujo conceito no campo de sua especialidade, decorrente de desempenho anterior, estudos, experiência, publicações, organização, aparelhamento, equipe técnica ou outros requisitos relacionados com suas atividades, permita inferir que o seu trabalho é essencial e reconhecidamente adequado à plena satisfação do objeto do contrato.

§ 4º Nas contratações com fundamento no inciso III do *caput* deste artigo, é vedada a subcontratação de empresas ou a atuação de profissionais distintos daqueles que tenham justificado a inexigibilidade.

§ 5º Nas contratações com fundamento no inciso V do *caput* deste artigo, devem ser observados os seguintes requisitos:

I – avaliação prévia do bem, do seu estado de conservação, dos custos de adaptações, quando imprescindíveis às necessidades de utilização, e do prazo de amortização dos investimentos;
II – certificação da inexistência de imóveis públicos vagos e disponíveis que atendam ao objeto;
III – justificativas que demonstrem a singularidade do imóvel a ser comprado ou locado pela Administração e que evidenciem vantagem para ela.

SEÇÃO III
DA DISPENSA DE LICITAÇÃO

Art. 75. É dispensável a licitação:

I – para contratação que envolva valores inferiores a R$ 100.000,00 (cem mil reais), no caso de obras e serviços de engenharia ou de serviços de manutenção de veículos automotores;
II – para contratação que envolva valores inferiores a R$ 50.000,00 (cinquenta mil reais), no caso de outros serviços e compras;
III – para contratação que mantenha todas as condições definidas em edital de licitação realizada há menos de 1 (um) ano, quando se verificar que naquela licitação:

a) não surgiram licitantes interessados ou não foram apresentadas propostas válidas;

b) as propostas apresentadas consignaram preços manifestamente superiores aos praticados no mercado ou incompatíveis com os fixados pelos órgãos oficiais competentes;

IV – para contratação que tenha por objeto:

a) bens, componentes ou peças de origem nacional ou estrangeira necessários à manutenção de equipamentos, a serem adquiridos do fornecedor original desses equipamentos durante o período de garantia técnica, quando essa condição de exclusividade for indispensável para a vigência da garantia;

b) bens, serviços, alienações ou obras, nos termos de acordo internacional específico aprovado pelo Congresso Nacional, quando as condições ofertadas forem manifestamente vantajosas para a Administração;

c) produtos para pesquisa e desenvolvimento, limitada a contratação, no caso de obras e serviços de engenharia, ao valor de R$ 300.000,00 (trezentos mil reais);

d) transferência de tecnologia ou licenciamento de direito de uso ou de exploração de criação protegida, nas contratações realizadas por instituição científica, tecnológica e de inovação (ICT) pública ou por agência de fomento, desde que demonstrada vantagem para a Administração;

e) hortifrutigranjeiros, pães e outros gêneros perecíveis, no período necessário para a realização dos processos licitatórios correspondentes, hipótese em que a contratação será realizada diretamente com base no preço do dia;

f) bens ou serviços produzidos ou prestados no País que envolvam, cumulativamente, alta complexidade tecnológica e defesa nacional;

g) materiais de uso das Forças Armadas, com exceção de materiais de uso pessoal e administrativo, quando houver necessidade de manter a padronização requerida pela estrutura de apoio logístico dos meios navais, aéreos e terrestres, mediante autorização por ato do comandante da força militar;

h) bens e serviços para atendimento dos contingentes militares das forças singulares brasileiras empregadas em operações de paz no exterior, hipótese em que a contratação deverá ser justificada quanto ao preço e à escolha do fornecedor ou executante e ratificada pelo comandante da força militar;

i) abastecimento ou suprimento de efetivos militares em estada eventual de curta duração em portos, aeroportos ou localidades diferentes de suas sedes, por motivo de movimentação operacional ou de adestramento;

j) coleta, processamento e comercialização de resíduos sólidos urbanos recicláveis ou reutilizáveis, em áreas com sistema de coleta seletiva de lixo, realizados por associações ou cooperativas formadas exclusivamente de pessoas físicas de baixa renda reconhecidas pelo poder público como catadores de materiais recicláveis, com o uso de equipamentos compatíveis com as normas técnicas, ambientais e de saúde pública;

k) aquisição ou restauração de obras de arte e objetos históricos, de autenticidade certificada, desde que inerente às finalidades do órgão ou com elas compatível;

l) serviços especializados ou aquisição ou locação de equipamentos destinados ao rastreamento e à obtenção de provas previstas nos incisos II e V do *caput* do art. 3º da Lei nº 12.850, de 2 de agosto de 2013, quando houver necessidade justificada de manutenção de sigilo sobre a investigação;

m) aquisição de medicamentos destinados exclusivamente ao tratamento de doenças raras definidas pelo Ministério da Saúde;

V – para contratação com vistas ao cumprimento do disposto nos arts. 3º, 3º-A, 4º, 5º e 20 da Lei nº 10.973, de 2 de dezembro de 2004, observados os princípios gerais de contratação constantes da referida Lei;
VI – para contratação que possa acarretar comprometimento da segurança nacional, nos casos estabelecidos pelo Ministro de Estado da Defesa, mediante demanda dos comandos das Forças Armadas ou dos demais ministérios;
VII – nos casos de guerra, estado de defesa, estado de sítio, intervenção federal ou de grave perturbação da ordem;
VIII – nos casos de emergência ou de calamidade pública, quando caracterizada urgência de atendimento de situação que possa ocasionar prejuízo ou comprometer a continuidade dos serviços públicos ou a segurança de pessoas, obras, serviços, equipamentos e outros bens, públicos ou particulares, e somente para aquisição dos bens necessários ao atendimento da situação emergencial ou calamitosa e para as parcelas de obras e serviços que possam ser concluídas no prazo máximo de 1 (um) ano, contado da data de ocorrência da emergência ou da calamidade, vedadas a prorrogação dos respectivos contratos e a recontratação de empresa já contratada com base no disposto neste inciso;
IX – para a aquisição, por pessoa jurídica de direito público interno, de bens produzidos ou serviços prestados por órgão ou entidade que integrem a Administração Pública e que tenham sido criados para esse fim específico, desde que o preço contratado seja compatível com o praticado no mercado;
X – quando a União tiver que intervir no domínio econômico para regular preços ou normalizar o abastecimento;
XI – para celebração de contrato de programa com ente federativo ou com entidade de sua Administração Pública indireta que envolva prestação de serviços públicos de forma associada nos termos autorizados em contrato de consórcio público ou em convênio de cooperação;
XII – para contratação em que houver transferência de tecnologia de produtos estratégicos para o Sistema Único de Saúde (SUS), conforme elencados em ato da direção nacional do SUS, inclusive por ocasião da aquisição desses produtos durante as etapas de absorção tecnológica, e em valores compatíveis com aqueles definidos no instrumento firmado para a transferência de tecnologia;
XIII – para contratação de profissionais para compor a comissão de avaliação de critérios de técnica, quando se tratar de profissional técnico de notória especialização;
XIV – para contratação de associação de pessoas com deficiência, sem fins lucrativos e de comprovada idoneidade, por órgão ou entidade da Administração Pública, para a prestação de serviços, desde que o preço contratado seja compatível com o praticado no mercado e os serviços contratados sejam prestados exclusivamente por pessoas com deficiência;
XV – para contratação de instituição brasileira que tenha por finalidade estatutária apoiar, captar e executar atividades de ensino, pesquisa, extensão, desenvolvimento institucional, científico e tecnológico e estímulo à inovação, inclusive para gerir administrativa e financeiramente essas atividades, ou para contratação de instituição dedicada à recuperação social da pessoa presa, desde que o contratado tenha inquestionável reputação ética e profissional e não tenha fins lucrativos;
XVI – para aquisição, por pessoa jurídica de direito público interno, de insumos estratégicos para a saúde produzidos por fundação que, regimental ou estatutariamente, tenha por finalidade apoiar órgão da Administração Pública direta, sua autarquia ou fundação em projetos de ensino, pesquisa, extensão, desenvolvimento institucional, científico e tecnológico e de estímulo à inovação, inclusive na gestão administrativa e financeira necessária à execução desses projetos, ou em parcerias que envolvam transferência de tecnologia de produtos estratégicos para o SUS, nos termos do inciso XII do *caput* deste artigo, e que tenha sido criada para esse fim específico em data anterior à entrada em vigor desta Lei, desde que o preço contratado seja compatível com o praticado no mercado.

§ 1º Para fins de aferição dos valores que atendam aos limites referidos nos incisos I e II do *caput* deste artigo, deverão ser observados:

I – o somatório do que for despendido no exercício financeiro pela respectiva unidade gestora;
II – o somatório da despesa realizada com objetos de mesma natureza, entendidos como tais aqueles relativos a contratações no mesmo ramo de atividade.

§ 2º Os valores referidos nos incisos I e II do *caput* deste artigo serão duplicados para compras, obras e serviços contratados por consórcio público ou por autarquia ou fundação qualificadas como agências executivas na forma da lei.

§ 3º As contratações de que tratam os incisos I e II do *caput* deste artigo serão preferencialmente precedidas de divulgação de aviso em sítio eletrônico oficial, pelo prazo mínimo de 3 (três) dias úteis, com a especificação do objeto pretendido e com a manifestação de interesse da Administração em obter propostas adicionais de eventuais interessados, devendo ser selecionada a proposta mais vantajosa.

§ 4º As contratações de que tratam os incisos I e II do *caput* deste artigo serão preferencialmente pagas por meio de cartão de pagamento, cujo extrato deverá ser divulgado e mantido à disposição do público no Portal Nacional de Contratações Públicas (PNCP).

§ 5º A dispensa prevista na alínea "c" do inciso IV do *caput* deste artigo, quando aplicada a obras e serviços de engenharia, seguirá procedimentos especiais instituídos em regulamentação específica.

§ 6º Para os fins do inciso VIII do *caput* deste artigo, considera-se emergencial a contratação por dispensa com objetivo de manter a continuidade do serviço público, e deverão ser observados os valores praticados pelo mercado na forma do art. 23 desta Lei e adotadas as providências necessárias para a conclusão do processo licitatório, sem prejuízo de apuração de responsabilidade dos agentes públicos que deram causa à situação emergencial.

§ 7º Não se aplica o disposto no § 1º deste artigo às contratações de até R$ 8.000,00 (oito mil reais) de serviços de manutenção de veículos automotores de propriedade do órgão ou entidade contratante, incluído o fornecimento de peças.

CAPÍTULO IX
DAS ALIENAÇÕES

Art. 76. A alienação de bens da Administração Pública, subordinada à existência de interesse público devidamente justificado, será precedida de avaliação e obedecerá às seguintes normas:

I – tratando-se de bens imóveis, inclusive os pertencentes às autarquias e às fundações, exigirá autorização legislativa e dependerá de licitação na modalidade leilão, dispensada a realização de licitação nos casos de:

a) doação em pagamento;

b) doação, permitida exclusivamente para outro órgão ou entidade da Administração Pública, de qualquer esfera de governo, ressalvado o disposto nas alíneas "f", "g" e "h" deste inciso;

c) permuta por outros imóveis que atendam aos requisitos relacionados às finalidades precípuas da Administração, desde que a diferença apurada não ultrapasse a metade do valor do imóvel que será ofertado pela União, segundo avaliação prévia, e ocorra a torna de valores, sempre que for o caso;

d) investidura;

e) venda a outro órgão ou entidade da Administração Pública de qualquer esfera de governo;

f) alienação gratuita ou onerosa, aforamento, concessão de direito real de uso, locação e permissão de uso de bens imóveis residenciais construídos, destinados ou efetivamente usados em programas de habitação ou de regularização fundiária de interesse social desenvolvidos por órgão ou entidade da Administração Pública;

g) alienação gratuita ou onerosa, aforamento, concessão de uso de direito real de uso, locação e permissão de uso de bens imóveis comerciais de âmbito local, com área de até 250 m² (duzentos e cinquenta metros quadrados) e destinados a programas de regularização fundiária de interesse social desenvolvidos por órgão ou entidade da Administração Pública;

h) alienação e concessão de direito real de uso, gratuita ou onerosa, de terras públicas rurais da União e do Instituto Nacional de Colonização e Reforma Agrária (Incra) onde incidam ocupações até o limite de que trata o § 1º do art. 6º da Lei nº 11.952, de 25 de junho de 2009, para fins de regularização fundiária, atendidos os requisitos legais;

i) legitimação de posse de que trata o art. 29 da Lei nº 6.383, de 7 de dezembro de 1976, mediante iniciativa e deliberação dos órgãos da Administração Pública competentes;

j) legitimação fundiária e legitimação de posse de que trata a Lei nº 13.465, de 11 de julho de 2017;

II – tratando-se de bens móveis, dependerá de licitação na modalidade leilão, dispensada a realização de licitação nos casos de:

a) doação, permitida exclusivamente para fins e uso de interesse social, após avaliação de oportunidade e conveniência socioeconômica em relação à escolha de outra forma de alienação;

b) permuta, permitida exclusivamente entre órgãos ou entidades da Administração Pública;

c) venda de ações, que poderão ser negociadas em bolsa, observada a legislação específica;

d) venda de títulos, observada a legislação pertinente;

e) venda de bens produzidos ou comercializados por entidades da Administração Pública, em virtude de suas finalidades;

f) venda de materiais e equipamentos sem utilização previsível por quem deles dispõe para outros órgãos ou entidades da Administração Pública.

§ 1º A alienação de bens imóveis da Administração Pública cuja aquisição tenha sido derivada de procedimentos judiciais ou de dação em pagamento dispensará autorização legislativa e exigirá apenas avaliação prévia e licitação na modalidade leilão.

§ 2º Os imóveis doados com base na alínea "b" do inciso I do *caput* deste artigo, cessadas as razões que justificaram sua doação, serão revertidos ao patrimônio da pessoa jurídica doadora, vedada sua alienação pelo beneficiário.

§ 3º A Administração poderá conceder título de propriedade ou de direito real de uso de imóvel, admitida a dispensa de licitação, quando o uso destinar-se a:

I – outro órgão ou entidade da Administração Pública, qualquer que seja a localização do imóvel;

II – pessoa natural que, nos termos de lei, regulamento ou ato normativo do órgão competente, haja implementado os requisitos mínimos de cultura, de ocupação mansa e pacífica e de exploração direta sobre área rural, observado o limite de que trata o § 1º do art. 6º da Lei nº 11.952, de 25 de junho de 2009.

§ 4º A aplicação do disposto no inciso II do § 3º deste artigo será dispensada de autorização legislativa e submeter-se-á aos seguintes condicionamentos:

I – aplicação exclusiva às áreas em que a detenção por particular seja comprovadamente anterior a 1º de dezembro de 2004;

II – submissão aos demais requisitos e impedimentos do regime legal e administrativo de destinação e de regularização fundiária de terras públicas;

III – vedação de concessão para exploração não contemplada na lei agrária, nas leis de destinação de terras públicas ou nas normas legais ou administrativas de zoneamento ecológico-econômico;

IV – previsão de extinção automática da concessão, dispensada notificação, em caso de declaração de utilidade pública, de necessidade pública ou de interesse social;

V – aplicação exclusiva a imóvel situado em zona rural e não sujeito a vedação, impedimento ou inconveniente à exploração mediante atividade agropecuária;

VI – limitação a áreas de que trata o § 1º do art. 6º da Lei nº 11.952, de 25 de junho de 2009, vedada a dispensa de licitação para áreas superiores;

VII – acúmulo com o quantitativo de área decorrente do caso previsto na alínea "i" do inciso I do *caput* deste artigo até o limite previsto no inciso VI deste parágrafo.

§ 5º Entende-se por investidura, para os fins desta Lei, a:

I – alienação, ao proprietário de imóvel lindeiro, de área remanescente ou resultante de obra pública que se tornar inaproveitável isoladamente, por preço que não seja inferior ao da avaliação nem superior a 50% (cinquenta por cento) do valor máximo permitido para dispensa de licitação de bens e serviços previsto nesta Lei;

II – alienação, ao legítimo possuidor direto ou, na falta dele, ao poder público, de imóvel para fins residenciais construído em núcleo urbano anexo a usina hidrelétrica, desde que considerado dispensável na fase de operação da usina e que não integre a categoria de bens reversíveis ao final da concessão.

§ 6º A doação com encargo será licitada e de seu instrumento constarão, obrigatoriamente, os encargos, o prazo de seu cumprimento e a cláusula de reversão, sob pena de nulidade do ato, dispensada a licitação em caso de interesse público devidamente justificado.

§ 7º Na hipótese do § 6º deste artigo, caso o donatário necessite oferecer o imóvel em garantia de financiamento, a cláusula de reversão e as demais obrigações serão garantidas por hipoteca em segundo grau em favor do doador.

Art. 77. Para a venda de bens imóveis, será concedido direito de preferência ao licitante que, submetendo-se a todas as regras do edital, comprove a ocupação do imóvel objeto da licitação.

CAPÍTULO X
DOS INSTRUMENTOS AUXILIARES

SEÇÃO I
DOS PROCEDIMENTOS AUXILIARES

Art. 78. São procedimentos auxiliares das licitações e das contratações regidas por esta Lei:

I – credenciamento;

II – pré-qualificação;

III – procedimento de manifestação de interesse;

IV – sistema de registro de preços;

V – registro cadastral.

§ 1º Os procedimentos auxiliares de que trata o *caput* deste artigo obedecerão a critérios claros e objetivos definidos em regulamento.

§ 2º O julgamento que decorrer dos procedimentos auxiliares das licitações previstos nos incisos II e III do *caput* deste artigo seguirá o mesmo procedimento das licitações.

SEÇÃO II
DO CREDENCIAMENTO

Art. 79. O credenciamento poderá ser usado nas seguintes hipóteses de contratação:

I – paralela e não excludente: caso em que é viável e vantajosa para a Administração a realização de contratações simultâneas em condições padronizadas;

II – com seleção a critério de terceiros: caso em que a seleção do contratado está a cargo do beneficiário direto da prestação;

III – em mercados fluidos: caso em que a flutuação constante do valor da prestação e das condições de contratação inviabiliza a seleção de agente por meio de processo de licitação.

Parágrafo único. Os procedimentos de credenciamento serão definidos em regulamento, observadas as seguintes regras:

I – a Administração deverá divulgar e manter à disposição do público, em sítio eletrônico oficial, edital de chamamento de interessados, de modo a permitir o cadastramento permanente de novos interessados;

II – na hipótese do inciso I do *caput* deste artigo, quando o objeto não permitir a contratação imediata e simultânea de todos os credenciados, deverão ser adotados critérios objetivos de distribuição da demanda;

III – o edital de chamamento de interessados deverá prever as condições padronizadas de contratação e, nas hipóteses dos incisos I e II do *caput* deste artigo, deverá definir o valor da contratação;

IV – na hipótese do inciso III do *caput* deste artigo, a Administração deverá registrar as cotações de mercado vigentes no momento da contratação;

V – não será permitido o cometimento a terceiros do objeto contratado sem autorização expressa da Administração;

VI – será admitida a denúncia por qualquer das partes nos prazos fixados no edital.

SEÇÃO III
DA PRÉ-QUALIFICAÇÃO

Art. 80. A pré-qualificação é o procedimento técnico-administrativo para selecionar previamente:

I – licitantes que reúnam condições de habilitação para participar de futura licitação ou de licitação vinculada a programas de obras ou de serviços objetivamente definidos;

II – bens que atendam às exigências técnicas ou de qualidade estabelecidas pela Administração.

§ 1º Na pré-qualificação observar-se-á o seguinte:

I – quando aberta a licitantes, poderão ser dispensados os documentos que já constarem do registro cadastral;

II – quando aberta a bens, poderá ser exigida a comprovação de qualidade.

§ 2º O procedimento de pré-qualificação ficará permanentemente aberto para a inscrição de interessados.

§ 3º Quanto ao procedimento de pré-qualificação, constarão do edital:

I – as informações mínimas necessárias para definição do objeto;

II – a modalidade, a forma da futura licitação e os critérios de julgamento.

§ 4º A apresentação de documentos far-se-á perante órgão ou comissão indicada pela Administração, que deverá examiná-los no prazo máximo de 10 (dez) dias úteis e determinar correção ou reapresentação de documentos, quando for o caso, com vistas à ampliação da competição.

§ 5º Os bens e os serviços pré-qualificados deverão integrar o catálogo de bens e serviços da Administração.

§ 6º A pré-qualificação poderá ser realizada em grupos ou segmentos, segundo as especialidades dos fornecedores.

§ 7º A pré-qualificação poderá ser parcial ou total, com alguns ou todos os requisitos técnicos ou de habilitação necessários à contratação, assegurada, em qualquer hipótese, a igualdade de condições entre os concorrentes.

§ 8º Quanto ao prazo, a pré-qualificação terá validade:

I – de 1 (um) ano, no máximo, e poderá ser atualizada a qualquer tempo;

II – não superior ao prazo de validade dos documentos apresentados pelos interessados.

§ 9º Os licitantes e os bens pré-qualificados serão obrigatoriamente divulgados e mantidos à disposição do público.

§ 10. A licitação que se seguir ao procedimento da pré-qualificação poderá ser restrita a licitantes ou bens pré-qualificados.

SEÇÃO IV
DO PROCEDIMENTO DE MANIFESTAÇÃO DE INTERESSE

Art. 81. A Administração poderá solicitar à iniciativa privada, mediante procedimento aberto de manifestação de interesse a ser iniciado com a publicação de edital de chamamento público, a propositura e a realização de estudos, investigações, levantamentos e projetos de soluções inovadoras que contribuam com questões de relevância pública, na forma de regulamento.

§ 1º Os estudos, as investigações, os levantamentos e os projetos vinculados à contratação e de utilidade para a licitação, realizados pela Administração ou com a sua autorização, estarão à disposição dos interessados, e o vencedor da licitação deverá ressarcir os dispêndios correspondentes, conforme especificado no edital.

§ 2º A realização, pela iniciativa privada, de estudos, investigações, levantamentos e projetos em decorrência do procedimento de manifestação de interesse previsto no *caput* deste artigo:

I – não atribuirá ao realizador direito de preferência no processo licitatório;

II – não obrigará o poder público a realizar licitação;

III – não implicará, por si só, direito a ressarcimento de valores envolvidos em sua elaboração;

IV – será remunerada somente pelo vencedor da licitação, vedada, em qualquer hipótese, a cobrança de valores do poder público.

§ 3º Para aceitação dos produtos e serviços de que trata o *caput* deste artigo, a Administração deverá elaborar parecer fundamentado com a demonstração de que o produto ou serviço entregue é adequado e suficiente à compreensão do objeto, de que as premissas adotadas são compatíveis com as reais necessidades do órgão e de que a metodologia proposta é a que propicia maior economia e vantagem entre as demais possíveis.

§ 4º O procedimento previsto no *caput* deste artigo poderá ser restrito a startups, assim considerados os microempreendedores individuais, as microempresas e as empresas de pequeno porte, de natureza emergente e com grande potencial, que se dediquem à pesquisa, ao desenvolvimento e à implementação de novos produtos ou serviços baseados em soluções tecnológicas inovadoras que possam causar alto impacto, exigida, na seleção definitiva da inovação, validação prévia fundamentada em métricas objetivas, de modo a demonstrar o atendimento das necessidades da Administração.

SEÇÃO V
DO SISTEMA DE REGISTRO DE PREÇOS

Art. 82. O edital de licitação para registro de preços observará as regras gerais desta Lei e deverá dispor sobre:

I – as especificidades da licitação e de seu objeto, inclusive a quantidade máxima de cada item que poderá ser adquirida;

II – a quantidade mínima a ser cotada de unidades de bens ou, no caso de serviços, de unidades de medida;

III – a possibilidade de prever preços diferentes:

a) quando o objeto for realizado ou entregue em locais diferentes;

b) em razão da forma e do local de acondicionamento;

c) quando admitida cotação variável em razão do tamanho do lote;

d) por outros motivos justificados no processo;

IV – a possibilidade de o licitante oferecer ou não proposta em quantitativo inferior ao máximo previsto no edital, obrigando-se nos limites dela;

V – o critério de julgamento da licitação, que será o de menor preço ou o de maior desconto sobre tabela de preços praticada no mercado;

VI – as condições para alteração de preços registrados;

VII – o registro de mais de um fornecedor ou prestador de serviço, desde que aceitem cotar o objeto em preço igual ao do licitante vencedor, assegurada a preferência de contratação de acordo com a ordem de classificação;

VIII – a vedação à participação do órgão ou entidade em mais de uma ata de registro de preços com o mesmo objeto no prazo de validade daquela de que já tiver participado, salvo na ocorrência de ata que tenha registrado quantitativo inferior ao máximo previsto no edital;

IX – as hipóteses de cancelamento da ata de registro de preços e suas consequências.

§ 1º O critério de julgamento de menor preço por grupo de itens somente poderá ser adotado quando for demonstrada a inviabilidade de se promover a adjudicação por item e for evidenciada a sua vantagem técnica e econômica, e o critério de aceitabilidade de preços unitários máximos deverá ser indicado no edital.

§ 2º Na hipótese de que trata o § 1º deste artigo, observados os parâmetros estabelecidos nos §§ 1º, 2º e 3º do art. 23 desta Lei, a contratação posterior de item específico constante de grupo de itens exigirá prévia pesquisa de mercado e demonstração de sua vantagem para o órgão ou entidade.

§ 3º É permitido registro de preços com indicação limitada a unidades de contratação, sem indicação do total a ser adquirido, apenas nas seguintes situações:

I – quando for a primeira licitação para o objeto e o órgão ou entidade não tiver registro de demandas anteriores;

II – no caso de alimento perecível;

III – no caso em que o serviço estiver integrado ao fornecimento de bens.

§ 4º Nas situações referidas no § 3º deste artigo, é obrigatória a indicação do valor máximo da despesa e é vedada a participação de outro órgão ou entidade na ata.

§ 5º O sistema de registro de preços poderá ser usado para a contratação de bens e serviços, inclusive de obras e serviços de engenharia, observadas as seguintes condições:

I – realização prévia de ampla pesquisa de mercado;

II – seleção de acordo com os procedimentos previstos em regulamento;

III – desenvolvimento obrigatório de rotina de controle;

IV – atualização periódica dos preços registrados;

V – definição do período de validade do registro de preços;

VI – inclusão, em ata de registro de preços, do licitante que aceitar cotar os bens ou serviços em preços iguais aos do licitante vencedor na sequência de classificação da licitação e inclusão do licitante que mantiver sua proposta original.

§ 6º O sistema de registro de preços poderá, na forma de regulamento, ser utilizado nas hipóteses de inexigibilidade e de dispensa de licitação para a aquisição de bens ou para a contratação de serviços por mais de um órgão ou entidade.

Art. 83. A existência de preços registrados implicará compromisso de fornecimento nas condições estabelecidas, mas não obrigará a Administração a contratar, facultada a realização de licitação específica para a aquisição pretendida, desde que devidamente motivada.

Art. 84. O prazo de vigência da ata de registro de preços será de 1 (um) ano e poderá ser prorrogado, por igual período, desde que comprovado o preço vantajoso.

Parágrafo único. O contrato decorrente da ata de registro de preços terá sua vigência estabelecida em conformidade com as disposições nela contidas.

Art. 85. A Administração poderá contratar a execução de obras e serviços de engenharia pelo sistema de registro de preços, desde que atendidos os seguintes requisitos:

I – existência de projeto padronizado, sem complexidade técnica e operacional;

II – necessidade permanente ou frequente de obra ou serviço a ser contratado.

Art. 86. O órgão ou entidade gerenciadora deverá, na fase preparatória do processo licitatório, para fins de registro de preços, realizar procedimento público de intenção de registro de preços para, nos termos de regulamento, possibilitar, pelo prazo mínimo de 8 (oito) dias úteis, a participação de outros órgãos ou entidades na respectiva ata e determinar a estimativa total de quantidades da contratação.

§ 1º O procedimento previsto no *caput* deste artigo será dispensável quando o órgão ou entidade gerenciadora for o único contratante.

§ 2º Se não participarem do procedimento previsto no *caput* deste artigo, os órgãos e entidades poderão aderir à ata de registro de preços na condição de não participantes, observados os seguintes requisitos:

I – apresentação de justificativa da vantagem da adesão, inclusive em situações de provável desabastecimento ou descontinuidade de serviço público;

II – demonstração de que os valores registrados estão compatíveis com os valores praticados pelo mercado na forma do art. 23 desta Lei;

III – prévias consulta e aceitação do órgão ou entidade gerenciadora e do fornecedor.

§ 3º A faculdade conferida pelo § 2º deste artigo estará limitada a órgãos e entidades da Administração Pública federal, estadual, distrital e municipal que, na condição de não participantes, desejarem aderir à ata de registro de preços de órgão ou entidade gerenciadora federal, estadual ou distrital.

§ 4º As aquisições ou as contratações adicionais a que se refere o § 2º deste artigo não poderão exceder, por órgão ou entidade, a 50% (cinquenta por cento) dos quantitativos dos itens do instrumento convocatório registrados na ata de registro de preços para o órgão gerenciador e para os órgãos participantes.

§ 5º O quantitativo decorrente das adesões à ata de registro de preços a que se refere o § 2º deste artigo não poderá exceder, na totalidade, ao dobro do quantitativo de cada item registrado na ata de registro de preços para o órgão gerenciador e órgãos participantes, independentemente do número de órgãos não participantes que aderirem.

§ 6º A adesão à ata de registro de preços de órgão ou entidade gerenciadora do Poder Executivo federal por órgãos e entidades da Administração Pública estadual, distrital e municipal poderá ser exigida para fins de transferências voluntárias, não ficando sujeita ao limite de que trata o § 5º deste artigo se destinada à execução descentralizada de programa ou projeto federal e comprovada a compatibilidade dos preços registrados com os valores praticados no mercado na forma do art. 23 desta Lei.

§ 7º Para aquisição emergencial de medicamentos e material de consumo médico-hospitalar por órgãos e entidades da Administração Pública federal, estadual, distrital e municipal, a adesão à ata de registro de preços gerenciada pelo Ministério da Saúde não estará sujeita ao limite de que trata o § 5º deste artigo.

§ 8º Será vedada aos órgãos e entidades da Administração Pública federal a adesão à ata de registro de preços gerenciada por órgão ou entidade estadual, distrital ou municipal.

SEÇÃO VI
DO REGISTRO CADASTRAL

Art. 87. Para os fins desta Lei, os órgãos e entidades da Administração Pública deverão utilizar o sistema de registro cadastral unificado disponível no Portal Nacional de Contratações Públicas (PNCP), para efeito de cadastro unificado de licitantes, na forma disposta em regulamento.

§ 1º O sistema de registro cadastral unificado será público e deverá ser amplamente divulgado e estar permanentemente aberto aos interessados, e será obrigatória a realização de chamamento público pela internet, no mínimo anualmente, para atualização dos registros existentes e para ingresso de novos interessados.

§ 2º É proibida a exigência, pelo órgão ou entidade licitante, de registro cadastral complementar para acesso a edital e anexos.

§ 3º A Administração poderá realizar licitação restrita a fornecedores cadastrados, atendidos os critérios, as condições e os limites estabelecidos em regulamento, bem como a ampla publicidade dos procedimentos para o cadastramento.

§ 4º Na hipótese a que se refere o § 3º deste artigo, será admitido fornecedor que realize seu cadastro dentro do prazo previsto no edital para apresentação de propostas.

Art. 88. Ao requerer, a qualquer tempo, inscrição no cadastro ou a sua atualização, o interessado fornecerá os elementos necessários exigidos para habilitação previstos nesta Lei.

§ 1º O inscrito, considerada sua área de atuação, será classificado por categorias, subdivididas em grupos, segundo a qualificação técnica e econômico-financeira avaliada, de acordo com regras objetivas divulgadas em sítio eletrônico oficial.

§ 2º Ao inscrito será fornecido certificado, renovável sempre que atualizar o registro.

§ 3º A atuação do contratado no cumprimento de obrigações assumidas será avaliada pelo contratante, que emitirá documento comprobatório da avaliação realizada, com menção ao seu desempenho na execução contratual, baseado em indicadores objetivamente definidos e aferidos, e a eventuais penalidades aplicadas, o que constará do registro cadastral em que a inscrição for realizada.

§ 4º A anotação do cumprimento de obrigações pelo contratado, de que trata o § 3º deste artigo, será condicionada à implantação e à regulamentação do cadastro de atesto de cumprimento de obrigações, apto à realização do registro de forma objetiva, em atendimento aos princípios da impessoalidade, da igualdade, da isonomia, da publicidade e da transparência, de modo a possibilitar a implementação de medidas de incentivo aos licitantes que possuírem ótimo desempenho anotado em seu registro cadastral.

§ 5º A qualquer tempo poderá ser alterado, suspenso ou cancelado o registro de inscrito que deixar de satisfazer exigências determinadas por esta Lei ou por regulamento.

§ 6º O interessado que requerer o cadastro na forma do *caput* deste artigo poderá participar de processo licitatório até a decisão da Administração, e a celebração do contrato ficará condicionada à emissão do certificado referido no § 2º deste artigo.

TÍTULO III
DOS CONTRATOS ADMINISTRATIVOS

CAPÍTULO I
DA FORMALIZAÇÃO DOS CONTRATOS

Art. 89. Os contratos de que trata esta Lei regular-se-ão pelas suas cláusulas e pelos preceitos de direito público, e a eles serão aplicados, supletivamente, os princípios da teoria geral dos contratos e as disposições de direito privado.

§ 1º Todo contrato deverá mencionar os nomes das partes e os de seus representantes, a finalidade, o ato que autorizou sua lavratura, o número do processo da licitação ou da contratação direta e a sujeição dos contratantes às normas desta Lei e às cláusulas contratuais.

§ 2º Os contratos deverão estabelecer com clareza e precisão as condições para sua execução, expressas em cláusulas que definam os direitos, as obrigações e as responsabilidades das partes, em conformidade com os termos do edital de licitação e os da proposta vencedora ou com os termos do ato que autorizou a contratação direta e os da respectiva proposta.

Art. 90. A Administração convocará regularmente o licitante vencedor para assinar o termo de contrato ou para aceitar ou retirar o instrumento equivalente, dentro do prazo e nas condições estabelecidas no edital de licitação, sob pena de decair o direito à contratação, sem prejuízo das sanções previstas nesta Lei.

§ 1º O prazo de convocação poderá ser prorrogado 1 (uma) vez, por igual período, mediante solicitação da parte durante seu transcurso, devidamente justificada, e desde que o motivo apresentado seja aceito pela Administração.

§ 2º Será facultado à Administração, quando o convocado não assinar o termo de contrato ou não aceitar ou não retirar o instrumento equivalente no prazo e nas condições estabelecidas, convocar os licitantes remanescentes, na ordem de classificação, para a celebração do contrato nas condições propostas pelo licitante vencedor.

§ 3º Decorrido o prazo de validade da proposta indicado no edital sem convocação para a contratação, ficarão os licitantes liberados dos compromissos assumidos.

§ 4º Na hipótese de nenhum dos licitantes aceitar a contratação nos termos do § 2º deste artigo, a Administração, observados o valor estimado e sua eventual atualização nos termos do edital, poderá:

I – convocar os licitantes remanescentes para negociação, na ordem de classificação, com vistas à obtenção de preço melhor, mesmo que acima do preço do adjudicatário;

II – adjudicar e celebrar o contrato nas condições ofertadas pelos licitantes remanescentes, atendida a ordem classificatória, quando frustrada a negociação de melhor condição.

§ 5º A recusa injustificada do adjudicatário em assinar o contrato ou em aceitar ou retirar o instrumento equivalente no prazo estabelecido pela Administração caracterizará o descumprimento total da obrigação assumida e o sujeitará às penalidades legalmente estabelecidas e à imediata perda da garantia de proposta em favor do órgão ou entidade licitante.

§ 6º A regra do § 5º não se aplicará aos licitantes remanescentes convocados na forma do inciso I do § 4º deste artigo.

§ 7º Será facultada à Administração a convocação dos demais licitantes classificados para a contratação de remanescente de obra, de serviço ou de fornecimento em consequência de rescisão contratual, observados os mesmos critérios estabelecidos nos §§ 2º e 4º deste artigo.

Art. 91. Os contratos e seus aditamentos terão forma escrita e serão juntados ao processo que tiver dado origem à contratação, divulgados e mantidos à disposição do público em sítio eletrônico oficial.

§ 1º Será admitida a manutenção em sigilo de contratos e de termos aditivos quando imprescindível à segurança da sociedade e do Estado, nos termos da legislação que regula o acesso à informação.

§ 2º Contratos relativos a direitos reais sobre imóveis serão formalizados por escritura pública lavrada em notas de tabelião, cujo teor deverá ser divulgado e mantido à disposição do público em sítio eletrônico oficial.

§ 3º Será admitida a forma eletrônica na celebração de contratos e de termos aditivos, atendidas as exigências previstas em regulamento.

§ 4º Antes de formalizar ou prorrogar o prazo de vigência do contrato, a Administração deverá verificar a regularidade fiscal do contratado, consultar o Cadastro Nacional de Empresas Inidôneas e Suspensas (Ceis) e o Cadastro Nacional de Empresas Punidas (Cnep), emitir as certidões negativas de inidoneidade, de impedimento e de débitos trabalhistas e juntá-las ao respectivo processo.

Art. 92. São necessárias em todo contrato cláusulas que estabeleçam:

I – o objeto e seus elementos característicos;
II – a vinculação ao edital de licitação e à proposta do licitante vencedor ou ao ato que tiver autorizado a contratação direta e à respectiva proposta;
III – a legislação aplicável à execução do contrato, inclusive quanto aos casos omissos;
IV – o regime de execução ou a forma de fornecimento;
V – o preço e as condições de pagamento, os critérios, a data-base e a periodicidade do reajustamento de preços e os critérios de atualização monetária entre a data do adimplemento das obrigações e a do efetivo pagamento;
VI – os critérios e a periodicidade da medição, quando for o caso, e o prazo para liquidação e para pagamento;
VII – os prazos de início das etapas de execução, conclusão, entrega, observação e recebimento definitivo, quando for o caso;
VIII – o crédito pelo qual correrá a despesa, com a indicação da classificação funcional programática e da categoria econômica;
IX – a matriz de risco, quando for o caso;
X – o prazo para resposta ao pedido de repactuação de preços, quando for o caso;
XI – o prazo para resposta ao pedido de restabelecimento do equilíbrio econômico-financeiro, quando for o caso;
XII – as garantias oferecidas para assegurar sua plena execução, quando exigidas, inclusive as que forem oferecidas pelo contratado no caso de antecipação de valores a título de pagamento;
XIII – o prazo de garantia mínima do objeto, observados os prazos mínimos estabelecidos nesta Lei e nas normas técnicas aplicáveis, e as condições de manutenção e assistência técnica, quando for o caso;
XIV – os direitos e as responsabilidades das partes, as penalidades cabíveis e os valores das multas e suas bases de cálculo;
XV – as condições de importação e a data e a taxa de câmbio para conversão, quando for o caso;
XVI – a obrigação do contratado de manter, durante toda a execução do contrato, em compatibilidade com as obrigações por ele assumidas, todas as condições exigidas para a habilitação na licitação, ou para a qualificação, na contratação direta;
XVII – a obrigação de o contratado cumprir as exigências de reserva de cargos prevista em lei, bem como em outras normas específicas, para pessoa com deficiência, para reabilitado da Previdência Social e para aprendiz;
XVIII – o modelo de gestão do contrato, observados os requisitos definidos em regulamento;
XIX – os casos de extinção.

§ 1º Os contratos celebrados pela Administração Pública com pessoas físicas ou jurídicas, inclusive as domiciliadas no exterior, deverão conter cláusula que declare competente o foro da sede da Administração para dirimir qualquer questão contratual, ressalvadas as seguintes hipóteses:

I – licitação internacional para a aquisição de bens e serviços cujo pagamento seja feito com o produto de financiamento concedido por organismo financeiro internacional de que o Brasil faça parte ou por agência estrangeira de cooperação;
II – contratação com empresa estrangeira para a compra de equipamentos fabricados e entregues no exterior precedida de autorização do Chefe do Poder Executivo;
III – aquisição de bens e serviços realizada por unidades administrativas com sede no exterior.

§ 2º De acordo com as peculiaridades de seu objeto e de seu regime de execução, o contrato conterá cláusula que preveja período antecedente à expedição da ordem de serviço para verificação de pendências, liberação de áreas ou adoção de outras providências cabíveis para a regularidade do início de sua execução.

§ 3º Independentemente do prazo de duração, o contrato deverá conter cláusula que estabeleça o índice de reajustamento de preço, com data-base vinculada à data do orçamento estimado, e poderá ser estabelecido mais de um índice específico ou setorial, em conformidade com a realidade de mercado dos respectivos insumos.

§ 4º Nos contratos de serviços contínuos, observado o interregno mínimo de 1 (um) ano, o critério de reajustamento de preços será por:

I – reajustamento em sentido estrito, quando não houver regime de dedicação exclusiva de mão de obra ou predominância de mão de obra, mediante previsão de índices específicos ou setoriais;
II – repactuação, quando houver regime de dedicação exclusiva de mão de obra ou predominância de mão de obra, mediante demonstração analítica da variação dos custos.

§ 5º Nos contratos de obras e serviços de engenharia, sempre que compatível com o regime de execução, a medição será mensal.

§ 6º Nos contratos para serviços contínuos com regime de dedicação exclusiva de mão de obra ou com predominância de mão de obra, o prazo para resposta ao pedido de repactuação de preços será preferencialmente de 1 (um) mês, contado da data do fornecimento da documentação prevista no § 6º do art. 135 desta Lei.

Art. 93. Nas contratações de projetos ou de serviços técnicos especializados, inclusive daqueles que contemplem o desenvolvimento de programas e aplicações de internet para computadores, máquinas, equipamentos e dispositivos de tratamento e de comunicação da informação (software) – e a respectiva documentação técnica associada -, o autor deverá ceder todos os direitos patrimoniais a eles relativos para a Administração Pública, hipótese em que poderão ser livremente utilizados e alterados por ela em outras ocasiões, sem necessidade de nova autorização de seu autor.

§ 1º Quando o projeto se referir a obra imaterial de caráter tecnológico, insuscetível de privilégio, a cessão dos direitos a que se refere o *caput* deste artigo incluirá o fornecimento de todos os dados, documentos e elementos de informação pertinentes à tecnologia de concepção, desenvolvimento, fixação em suporte físico de qualquer natureza e aplicação da obra.

§ 2º É facultado à Administração Pública deixar de exigir a cessão de direitos a que se refere o *caput* deste artigo quando o objeto da contratação envolver atividade de pesquisa e desenvolvimento de caráter científico, tecnológico ou de inovação, considerados os princípios e os mecanismos instituídos pela Lei nº 10.973, de 2 de dezembro de 2004.

§ 3º Na hipótese de posterior alteração do projeto pela Administração Pública, o autor deverá ser comunicado, e os registros serão promovidos nos órgãos ou entidades competentes.

Art. 94. A divulgação no Portal Nacional de Contratações Públicas (PNCP) é condição indispensável para a eficácia do contrato e de seus aditamentos e deverá ocorrer nos seguintes prazos, contados da data de sua assinatura:

I – 20 (vinte) dias úteis, no caso de licitação;
II – 10 (dez) dias úteis, no caso de contratação direta.

§ 1º Os contratos celebrados em caso de urgência terão eficácia a partir de sua assinatura e deverão ser publicados nos prazos previstos nos incisos I e II do *caput* deste artigo, sob pena de nulidade.

§ 2º A divulgação de que trata o *caput* deste artigo, quando referente à contratação de profissional do setor artístico por inexigibilidade, deverá identificar os custos do cachê do artista, dos músicos ou da banda, quando houver, do transporte, da hospedagem, da infraestrutura, da logística do evento e das demais despesas específicas.

§ 3º No caso de obras, a Administração divulgará em sítio eletrônico oficial, em até 25 (vinte e cinco) dias úteis após a assinatura do contrato, os quantitativos e os preços unitários e totais que contratar e, em até 45 (quarenta e cinco) dias úteis após a conclusão do contrato, os quantitativos executados e os preços praticados.

§ 4º (VETADO).

§ 5º (VETADO).

Art. 95. O instrumento de contrato é obrigatório, salvo nas seguintes hipóteses, em que a Administração poderá substituí-lo por outro instrumento hábil, como carta-contrato, nota de empenho de despesa, autorização de compra ou ordem de execução de serviço:

I – dispensa de licitação em razão de valor;
II – compras com entrega imediata e integral dos bens adquiridos e dos quais não resultem obrigações futuras, inclusive quanto a assistência técnica, independentemente de seu valor.

§ 1º Às hipóteses de substituição do instrumento de contrato, aplica-se, no que couber, o disposto no art. 92 desta Lei.

§ 2º É nulo e de nenhum efeito o contrato verbal com a Administração, salvo o de pequenas compras ou o de prestação de serviços de pronto pagamento, assim entendidos aqueles de valor não superior a R$ 10.000,00 (dez mil reais).

CAPÍTULO II
DAS GARANTIAS

Art. 96. A critério da autoridade competente, em cada caso, poderá ser exigida, mediante previsão no edital, prestação de garantia nas contratações de obras, serviços e fornecimentos.

§ 1º Caberá ao contratado optar por uma das seguintes modalidades de garantia:

I – caução em dinheiro ou em títulos da dívida pública emitidos sob a forma escritural, mediante registro em sistema centralizado de liquidação e de custódia autorizado pelo Banco Central do Brasil, e avaliados por seus valores econômicos, conforme definido pelo Ministério da Economia;

II – seguro-garantia;

III – fiança bancária emitida por banco ou instituição financeira devidamente autorizada a operar no País pelo Banco Central do Brasil.

§ 2º Na hipótese de suspensão do contrato por ordem ou inadimplemento da Administração, o contratado ficará desobrigado de renovar a garantia ou de endossar a apólice de seguro até a ordem de reinício da execução ou o adimplemento pela Administração.

§ 3º O edital fixará prazo mínimo de 1 (um) mês, contado da data de homologação da licitação e anterior à assinatura do contrato, para a prestação da garantia pelo contratado quando optar pela modalidade prevista no inciso II do § 1º deste artigo.

Art. 97. O seguro-garantia tem por objetivo garantir o fiel cumprimento das obrigações assumidas pelo contratado perante à Administração, inclusive as multas, os prejuízos e as indenizações decorrentes de inadimplemento, observadas as seguintes regras nas contratações regidas por esta Lei:

I – o prazo de vigência da apólice será igual ou superior ao prazo estabelecido no contrato principal e deverá acompanhar as modificações referentes à vigência deste mediante a emissão do respectivo endosso pela seguradora;

II – o seguro-garantia continuará em vigor mesmo se o contratado não tiver pago o prêmio nas datas convencionadas.

Parágrafo único. Nos contratos de execução continuada ou de fornecimento contínuo de bens e serviços, será permitida a substituição da apólice de seguro-garantia na data de renovação ou de aniversário, desde que mantidas as mesmas condições e coberturas da apólice vigente e desde que nenhum período fique descoberto, ressalvado o disposto no § 2º do art. 96 desta Lei.

Art. 98. Nas contratações de obras, serviços e fornecimentos, a garantia poderá ser de até 5% (cinco por cento) do valor inicial do contrato, autorizada a majoração desse percentual para até 10% (dez por cento), desde que justificada mediante análise da complexidade técnica e dos riscos envolvidos.

Parágrafo único. Nas contratações de serviços e fornecimentos contínuos com vigência superior a 1 (um) ano, assim como nas subsequentes prorrogações, será utilizado o valor anual do contrato para definição e aplicação dos percentuais previstos no *caput* deste artigo.

Art. 99. Nas contratações de obras e serviços de engenharia de grande vulto, poderá ser exigida a prestação de garantia, na modalidade seguro-garantia, com cláusula de retomada prevista no art. 102 desta Lei, em percentual equivalente a até 30% (trinta por cento) do valor inicial do contrato.

Art. 100. A garantia prestada pelo contratado será liberada ou restituída após a fiel execução do contrato ou após a sua extinção por culpa exclusiva da Administração e, quando em dinheiro, atualizada monetariamente.

Art. 101. Nos casos de contratos que impliquem a entrega de bens pela Administração, dos quais o contratado ficará depositário, o valor desses bens deverá ser acrescido ao valor da garantia.

Art. 102. Na contratação de obras e serviços de engenharia, o edital poderá exigir a prestação da garantia na modalidade seguro-garantia e prever a obrigação de a seguradora, em caso de inadimplemento pelo contratado, assumir a execução e concluir o objeto do contrato, hipótese em que:

I – a seguradora deverá firmar o contrato, inclusive os aditivos, como interveniente anuente e poderá:

a) ter livre acesso às instalações em que for executado o contrato principal;

b) acompanhar a execução do contrato principal;

c) ter acesso a auditoria técnica e contábil;

d) requerer esclarecimentos ao responsável técnico pela obra ou pelo fornecimento;

II – a emissão de empenho em nome da seguradora, ou a quem ela indicar para a conclusão do contrato, será autorizada desde que demonstrada sua regularidade fiscal;

III – a seguradora poderá subcontratar a conclusão do contrato, total ou parcialmente.

Parágrafo único. Na hipótese de inadimplemento do contratado, serão observadas as seguintes disposições:

I – caso a seguradora execute e conclua o objeto do contrato, estará isenta da obrigação de pagar a importância segurada indicada na apólice;

II – caso a seguradora não assuma a execução do contrato, pagará a integralidade da importância segurada indicada na apólice.

CAPÍTULO III
DA ALOCAÇÃO DE RISCOS

Art. 103. O contrato poderá identificar os riscos contratuais previstos e presumíveis e prever matriz de alocação de riscos, alocando-os entre contratante e contratado, mediante indicação daqueles a serem assumidos pelo setor público ou pelo setor privado ou daqueles a serem compartilhados.

§ 1º A alocação de riscos de que trata o *caput* deste artigo considerará, em compatibilidade com as obrigações e os encargos atribuídos às partes no contrato, a natureza do risco, o beneficiário das prestações a que se vincula e a capacidade de cada setor para melhor gerenciá-lo.

§ 2º Os riscos que tenham cobertura oferecida por seguradoras serão preferencialmente transferidos ao contratado.

§ 3º A alocação dos riscos contratuais será quantificada para fins de projeção dos reflexos de seus custos no valor estimado da contratação.

§ 4º A matriz de alocação de riscos definirá o equilíbrio econômico-financeiro inicial do contrato em relação a eventos supervenientes e deverá ser observada na solução de eventuais pleitos das partes.

§ 5º Sempre que atendidas as condições do contrato e da matriz de alocação de riscos, será considerado mantido o equilíbrio econômico-financeiro, renunciando as partes aos pedidos de restabelecimento do equilíbrio relacionados aos riscos assumidos, exceto no que se refere:

I – às alterações unilaterais determinadas pela Administração, nas hipóteses do inciso I do *caput* do art. 124 desta Lei;

II – ao aumento ou à redução, por legislação superveniente, dos tributos diretamente pagos pelo contratado em decorrência do contrato.

§ 6º Na alocação de que trata o *caput* deste artigo, poderão ser adotados métodos e padrões usualmente utilizados por entidades públicas e privadas, e os ministérios e secretarias supervisores dos órgãos e das entidades da Administração Pública poderão definir os parâmetros e o detalhamento dos procedimentos necessários a sua identificação, alocação e quantificação financeira.

CAPÍTULO IV
DAS PRERROGATIVAS DA ADMINISTRAÇÃO

Art. 104. O regime jurídico dos contratos instituído por esta Lei confere à Administração, em relação a eles, as prerrogativas de:

I – modificá-los, unilateralmente, para melhor adequação às finalidades de interesse público, respeitados os direitos do contratado;

II – extingui-los, unilateralmente, nos casos especificados nesta Lei;

III – fiscalizar sua execução;

IV – aplicar sanções motivadas pela inexecução total ou parcial do ajuste;

V – ocupar provisoriamente bens móveis e imóveis e utilizar pessoal e serviços vinculados ao objeto do contrato nas hipóteses de:

a) risco à prestação de serviços essenciais;

b) necessidade de acautelar apuração administrativa de faltas contratuais pelo contratado, inclusive após extinção do contrato.

§ 1º As cláusulas econômico-financeiras e monetárias dos contratos não poderão ser alteradas sem prévia concordância do contratado.

§ 2º Na hipótese prevista no inciso I do *caput* deste artigo, as cláusulas econômico-financeiras do contrato deverão ser revistas para que se mantenha o equilíbrio contratual.

CAPÍTULO V
DA DURAÇÃO DOS CONTRATOS

Art. 105. A duração dos contratos regidos por esta Lei será a prevista em edital, e deverão ser observadas, no momento da contratação e a cada exercício financeiro, a disponibilidade de créditos orçamentários, bem como a previsão no plano plurianual, quando ultrapassar 1 (um) exercício financeiro.

Art. 106. A Administração poderá celebrar contratos com prazo de até 5 (cinco) anos nas hipóteses de serviços e fornecimentos contínuos, observadas as seguintes diretrizes:

I – a autoridade competente do órgão ou entidade contratante deverá atestar a maior vantagem econômica vislumbrada em razão da contratação plurianual;

II – a Administração deverá atestar, no início da contratação e de cada exercício, a existência de créditos orçamentários vinculados à contratação e a vantagem em sua manutenção;

III – a Administração terá a opção de extinguir o contrato, sem ônus, quando não dispuser de créditos orçamentários para sua continuidade ou quando entender que o contrato não mais lhe oferece vantagem.

§ 1º A extinção mencionada no inciso III do *caput* deste artigo ocorrerá apenas na próxima data de aniversário do contrato e não poderá ocorrer em prazo inferior a 2 (dois) meses, contado da referida data.

§ 2º Aplica-se o disposto neste artigo ao aluguel de equipamentos e à utilização de programas de informática.

Art. 107. Os contratos de serviços e fornecimentos contínuos poderão ser prorrogados sucessivamente, respeitada a vigência máxima decenal, desde que haja previsão em edital e que a autoridade competente ateste que as condições e os preços permanecem vantajosos para a Administração, permitida a negociação com o contratado ou a extinção contratual sem ônus para qualquer das partes.

Art. 108. A Administração poderá celebrar contratos com prazo de até 10 (dez) anos nas hipóteses previstas nas alíneas "f" e "g" do inciso IV e nos incisos V, VI, XII e XVI do *caput* do art. 75 desta Lei.

Art. 109. A Administração poderá estabelecer a vigência por prazo indeterminado nos contratos em que seja usuária de serviço público oferecido em regime de monopólio, desde que comprovada, a cada exercício financeiro, a existência de créditos orçamentários vinculados à contratação.

Art. 110. Na contratação que gere receita e no contrato de eficiência que gere economia para a Administração, os prazos serão de:

I – até 10 (dez) anos, nos contratos sem investimento;

II – até 35 (trinta e cinco) anos, nos contratos com investimento, assim considerados aqueles que impliquem a elaboração de benfeitorias permanentes, realizadas exclusivamente a expensas do contratado, que serão revertidas ao patrimônio da Administração Pública ao término do contrato.

Art. 111. Na contratação que previr a conclusão de escopo predefinido, o prazo de vigência será automaticamente prorrogado quando seu objeto não for concluído no período firmado no contrato.

Parágrafo único. Quando a não conclusão decorrer de culpa do contratado:

I – o contratado será constituído em mora, aplicáveis a ele as respectivas sanções administrativas;

II – a Administração poderá optar pela extinção do contrato e, nesse caso, adotará as medidas admitidas em lei para a continuidade da execução contratual.

Art. 112. Os prazos contratuais previstos nesta Lei não excluem nem revogam os prazos contratuais previstos em lei especial.

Art. 113. O contrato firmado sob o regime de fornecimento e prestação de serviço associado terá sua vigência máxima definida pela soma do prazo relativo ao fornecimento inicial ou à entrega da obra com o prazo relativo ao serviço de operação e manutenção, este limitado a 5 (cinco) anos contados da data de recebimento do objeto inicial, autorizada a prorrogação na forma do art. 107 desta Lei.

Art. 114. O contrato que previr a operação continuada de sistemas estruturantes de tecnologia da informação poderá ter vigência máxima de 15 (quinze) anos

CAPÍTULO VI
DA EXECUÇÃO DOS CONTRATOS

Art. 115. O contrato deverá ser executado fielmente pelas partes, de acordo com as cláusulas avençadas e as normas desta Lei, e cada parte responderá pelas consequências de sua inexecução total ou parcial.

§ 1º É proibido à Administração retardar imotivadamente a execução de obra ou serviço, ou de suas parcelas, inclusive na hipótese de posse do respectivo chefe do Poder Executivo ou de novo titular no órgão ou entidade contratante.

§§ 2º e 3º (VETADOS).

§ 4º Nas contratações de obras e serviços de engenharia, sempre que a responsabilidade pelo licenciamento ambiental for da Administração, a manifestação prévia ou licença prévia, quando cabíveis, deverão ser obtidas antes da divulgação do edital. (Vetado pelo Presidente da República, mantido pelo Congresso Nacional e publicado no DOU de 11/6/2021)

§ 5º Em caso de impedimento, ordem de paralisação ou suspensão do contrato, o cronograma de execução será prorrogado automaticamente pelo tempo correspondente, anotadas tais circunstâncias mediante simples apostila.

§ 6º Nas contratações de obras, verificada a ocorrência do disposto no § 5º deste artigo por mais de 1 (um) mês, a Administração deverá divulgar, em sítio eletrônico oficial e em placa a ser afixada em local da obra de fácil visualização pelos cidadãos, aviso público de obra paralisada, com o motivo e o responsável pela inexecução temporária do objeto do contrato e a data prevista para o reinício da sua execução.

§ 7º Os textos com as informações de que trata o § 6º deste artigo deverão ser elaborados pela Administração.

Art. 116. Ao longo de toda a execução do contrato, o contratado deverá cumprir a reserva de cargos prevista em lei para pessoa com deficiência, para reabilitado da Previdência Social ou para aprendiz, bem como as reservas de cargos previstas em outras normas específicas.

Parágrafo único. Sempre que solicitado pela Administração, o contratado deverá comprovar o cumprimento da reserva de cargos a que se refere o *caput* deste artigo, com a indicação dos empregados que preencherem as referidas vagas.

Art. 117. A execução do contrato deverá ser acompanhada e fiscalizada por 1 (um) ou mais fiscais do contrato, representantes da Administração especialmente designados conforme requisitos estabelecidos no art. 7º desta Lei, ou pelos respectivos substitutos, permitida a contratação de terceiros para assisti-los e subsidiá-los com informações pertinentes a essa atribuição.

§ 1º O fiscal do contrato anotará em registro próprio todas as ocorrências relacionadas à execução do contrato, determinando o que for necessário para a regularização das faltas ou dos defeitos observados.

§ 2º O fiscal do contrato informará a seus superiores, em tempo hábil para a adoção das medidas convenientes, a situação que demandar decisão ou providência que ultrapasse sua competência.

§ 3º O fiscal do contrato será auxiliado pelos órgãos de assessoramento jurídico e de controle interno da Administração, que deverão dirimir dúvidas e subsidiá-lo com informações relevantes para prevenir riscos na execução contratual.

§ 4º Na hipótese da contratação de terceiros prevista no *caput* deste artigo, deverão ser observadas as seguintes regras:

I – a empresa ou o profissional contratado assumirá responsabilidade civil objetiva pela veracidade e pela precisão das informações prestadas, firmará termo de compromisso de confidencialidade e não poderá exercer atribuição própria e exclusiva de fiscal de contrato;

II – a contratação de terceiros não eximirá de responsabilidade o fiscal do contrato, nos limites das informações recebidas do terceiro contratado.

Art. 118. O contratado deverá manter preposto aceito pela Administração no local da obra ou do serviço para representá-lo na execução do contrato.

Art. 119. O contratado será obrigado a reparar, corrigir, remover, reconstruir ou substituir, a suas expensas, no total ou em parte, o objeto do contrato em que se verificarem vícios, defeitos ou incorreções resultantes de sua execução ou de materiais nela empregados.

Art. 120. O contratado será responsável pelos danos causados diretamente à Administração ou a terceiros em razão da execução do contrato, e não excluirá nem reduzirá essa responsabilidade a fiscalização ou o acompanhamento pelo contratante.

Art. 121. Somente o contratado será responsável pelos encargos trabalhistas, previdenciários, fiscais e comerciais resultantes da execução do contrato.

§ 1º A inadimplência do contratado em relação aos encargos trabalhistas, fiscais e comerciais não transferirá à Administração a responsabilidade pelo seu pagamento e não poderá onerar o objeto do contrato nem restringir a regularização e o uso das obras e das edificações, inclusive perante o registro de imóveis, ressalvada a hipótese prevista no § 2º deste artigo.

§ 2º Exclusivamente nas contratações de serviços contínuos com regime de dedicação exclusiva de mão de obra, a Administração responderá solidariamente pelos encargos previdenciários e subsidiariamente pelos encargos trabalhistas se comprovada falha na fiscalização do cumprimento das obrigações do contratado.

§ 3º Nas contratações de serviços contínuos com regime de dedicação exclusiva de mão de obra, para assegurar o cumprimento de obrigações trabalhistas pelo contratado, a Administração, mediante disposição em edital ou em contrato, poderá, entre outras medidas:

I – exigir caução, fiança bancária ou contratação de seguro-garantia com cobertura para verbas rescisórias inadimplidas;

II – condicionar o pagamento à comprovação de quitação das obrigações trabalhistas vencidas relativas ao contrato;

III – efetuar o depósito de valores em conta vinculada;

IV – em caso de inadimplemento, efetuar diretamente o pagamento das verbas trabalhistas, que serão deduzidas do pagamento devido ao contratado;

V – estabelecer que os valores destinados a férias, a décimo terceiro salário, a ausências legais e a verbas rescisórias dos empregados do contratado que participarem da execução dos serviços contratados serão pagos pelo contratante ao contratado somente na ocorrência do fato gerador.

§ 4º Os valores depositados na conta vinculada a que se refere o inciso III do § 3º deste artigo são absolutamente impenhoráveis.

§ 5º O recolhimento das contribuições previdenciárias observará o disposto no art. 31 da Lei nº 8.212, de 24 de julho de 1991.

Art. 122. Na execução do contrato e sem prejuízo das responsabilidades contratuais e legais, o contratado poderá subcontratar partes da obra, do serviço ou do fornecimento até o limite autorizado, em cada caso, pela Administração.

§ 1º O contratado apresentará à Administração documentação que comprove a capacidade técnica do subcontratado, que será avaliada e juntada aos autos do processo correspondente.

§ 2º Regulamento ou edital de licitação poderão vedar, restringir ou estabelecer condições para a subcontratação.

§ 3º Será vedada a subcontrataçao de pessoa física ou jurídica, se aquela ou os dirigentes desta mantiverem vínculo de natureza técnica, comercial, econômica, financeira, trabalhista ou civil com dirigente do órgão ou entidade contratante ou com agente público que desempenhe função na licitação ou atue na fiscalização ou na gestão do contrato, ou se deles forem cônjuge, companheiro ou parente em linha reta, colateral, ou por afinidade, até o terceiro grau, devendo essa proibição constar expressamente do edital de licitação.

Art. 123. A Administração terá o dever de explicitamente emitir decisão sobre todas as solicitações e reclamações relacionadas à execução dos contratos regidos por esta Lei, ressalvados os requerimentos manifestamente impertinentes, meramente protelatórios ou de nenhum interesse para a boa execução do contrato.

Parágrafo único. Salvo disposição legal ou cláusula contratual que estabeleça prazo específico, concluída a instrução do requerimento, a Administração terá o prazo de 1 (um) mês para decidir, admitida a prorrogação motivada por igual período.

CAPÍTULO VII
DA ALTERAÇÃO DOS CONTRATOS
E DOS PREÇOS

Art. 124. Os contratos regidos por esta Lei poderão ser alterados, com as devidas justificativas, nos seguintes casos:

I – unilateralmente pela Administração:

a) quando houver modificação do projeto ou das especificações, para melhor adequação técnica a seus objetivos;

b) quando for necessária a modificação do valor contratual em decorrência de acréscimo ou diminuição quantitativa de seu objeto, nos limites permitidos por esta Lei;

II – por acordo entre as partes:

a) quando conveniente a substituição da garantia de execução;

b) quando necessária a modificação do regime de execução da obra ou do serviço, bem como do modo de fornecimento, em face de verificação técnica da inaplicabilidade dos termos contratuais originários;

c) quando necessária a modificação da forma de pagamento por imposição de circunstâncias supervenientes, mantido o valor inicial atualizado e vedada a antecipação do pagamento em relação ao cronograma financeiro fixado sem a correspondente contraprestação de fornecimento de bens ou execução de obra ou serviço;

d) para restabelecer o equilíbrio econômico-financeiro inicial do contrato em caso de força maior, caso fortuito ou fato do príncipe ou em decorrência de fatos imprevisíveis ou previsíveis de consequências incalculáveis, que inviabilizem a execução do contrato tal como pactuado, respeitada, em qualquer caso, a repartição objetiva de risco estabelecida no contrato.

§ 1º Se forem decorrentes de falhas de projeto, as alterações de contratos de obras e serviços de engenharia ensejarão apuração de responsabilidade do responsável técnico e adoção das providências necessárias para o ressarcimento dos danos causados à Administração.

§ 2º Será aplicado o disposto na alínea "d" do inciso II do *caput* deste artigo às contratações de obras e serviços de engenharia, quando a execução for obstada pelo atraso na conclusão de procedimentos de desapropriação, desocupação, servidão administrativa ou licenciamento ambiental, por circunstâncias alheias ao contratado.

Art. 125. Nas alterações unilaterais a que se refere o inciso I do *caput* do art. 124 desta Lei, o contratado será obrigado a aceitar, nas mesmas condições contratuais, acréscimos ou supressões de até 25% (vinte e cinco por cento) do valor inicial atualizado do contrato que se fizerem nas obras, nos serviços ou nas compras, e, no caso de reforma de edifício ou de equipamento, o limite para os acréscimos será de 50% (cinquenta por cento).

Art. 126. As alterações unilaterais a que se refere o inciso I do *caput* do art. 124 desta Lei não poderão transfigurar o objeto da contratação.

Art. 127. Se o contrato não contemplar preços unitários para obras ou serviços cujo aditamento se fizer necessário, esses serão fixados por meio da aplicação da relação geral entre os valores da proposta e o do orçamento-base da Administração sobre os preços referenciais ou de mercado vigentes na data do aditamento, respeitados os limites estabelecidos no art. 125 desta Lei.

Art. 128. Nas contratações de obras e serviços de engenharia, a diferença percentual entre o valor global do contrato e o preço global de referência não poderá ser reduzida em favor do contratado em decorrência de aditamentos que modifiquem a planilha orçamentária.

Art. 129. Nas alterações contratuais para supressão de obras, bens ou serviços, se o contratado já houver adquirido os materiais e os colocado no local dos trabalhos, estes deverão ser pagos pela Administração pelos custos de aquisição regularmente comprovados e monetariamente reajustados, podendo caber indenização por outros danos eventualmente decorrentes da supressão, desde que regularmente comprovados.

Art. 130. Caso haja alteração unilateral do contrato que aumente ou diminua os encargos do contratado, a Administração deverá restabelecer, no mesmo termo aditivo, o equilíbrio econômico-financeiro inicial.

Art. 131. A extinção do contrato não configurará óbice para o reconhecimento do desequilíbrio econômico-financeiro, hipótese em que será concedida indenização por meio de termo indenizatório.

Parágrafo único. O pedido de restabelecimento do equilíbrio econômico-financeiro deverá ser formulado durante a vigência do contrato e antes de eventual prorrogação nos termos do art. 107 desta Lei.

Art. 132. A formalização do termo aditivo é condição para a execução, pelo contratado, das prestações determinadas pela Administração no curso da execução do contrato, salvo nos casos de justificada necessidade de antecipação de seus efeitos, hipótese em que a formalização deverá ocorrer no prazo máximo de 1 (um) mês.

Art. 133. Nas hipóteses em que for adotada a contratação integrada ou semi-integrada, é vedada a alteração dos valores contratuais, exceto nos seguintes casos:

I – para restabelecimento do equilíbrio econômico-financeiro decorrente de caso fortuito ou força maior;

II – por necessidade de alteração do projeto ou das especificações para melhor adequação técnica aos objetivos da contratação, a pedido da Administração, desde que não decorrente de erros ou omissões por parte do contratado, observados os limites estabelecidos no art. 125 desta Lei;

III – por necessidade de alteração do projeto nas contratações semi-integradas, nos termos do § 5º do art. 46 desta Lei;

IV – por ocorrência de evento superveniente alocado na matriz de riscos como de responsabilidade da Administração.

Art. 134. Os preços contratados serão alterados, para mais ou para menos, conforme o caso, se houver, após a data da apresentação da proposta, criação, alteração ou extinção de quaisquer tributos ou encargos legais ou a superveniência de disposições legais, com comprovada repercussão sobre os preços contratados.

Art. 135. Os preços dos contratos para serviços contínuos com regime de dedicação exclusiva de mão de obra ou com predominância de mão de obra serão repactuados para manutenção do equilíbrio econômico-financeiro, mediante demonstração analítica da variação dos custos contratuais, com data vinculada:

I – à da apresentação da proposta, para custos decorrentes do mercado;

II – ao acordo, à convenção coletiva ou ao dissídio coletivo ao qual a proposta esteja vinculada, para os custos de mão de obra.

§ 1º A Administração não se vinculará às disposições contidas em acordos, convenções ou dissídios coletivos de trabalho que tratem de matéria não trabalhista, de pagamento de participação dos trabalhadores nos lucros ou resultados do contratado, ou que estabeleçam direitos não previstos em lei, como valores ou índices obrigatórios de encargos sociais ou previdenciários, bem como de preços para os insumos relacionados ao exercício da atividade.

§ 2º É vedado a órgão ou entidade contratante vincular-se às disposições previstas nos acordos, convenções ou dissídios coletivos de trabalho que tratem de obrigações e direitos que somente se aplicam aos contratos com a Administração Pública.

§ 3º A repactuação deverá observar o interregno mínimo de 1 (um) ano, contado da data da apresentação da proposta ou da data da última repactuação.

§ 4º A repactuação poderá ser dividida em tantas parcelas quantas forem necessárias, observado o princípio da anualidade do reajuste de preços da contratação, podendo ser realizada em momentos distintos para discutir a variação de custos que tenham sua anualidade resultante em datas diferenciadas, como os decorrentes de mão de obra e os decorrentes dos insumos necessários à execução dos serviços.

§ 5º Quando a contratação envolver mais de uma categoria profissional, a repactuação a que se refere o inciso II do *caput* deste artigo poderá ser dividida em tantos quantos forem os acordos, convenções ou dissídios coletivos de trabalho das categorias envolvidas na contratação.

§ 6º A repactuação será precedida de solicitação do contratado, acompanhada de demonstração analítica da variação dos custos, por meio de apresentação da planilha de custos e formação de preços, ou do novo acordo, convenção ou sentença normativa que fundamenta a repactuação.

Art. 136. Registros que não caracterizam alteração do contrato podem ser realizados por simples apostila, dispensada a celebração de termo aditivo, como nas seguintes situações:

I – variação do valor contratual para fazer face ao reajuste ou à repactuação de preços previstos no próprio contrato;

II – atualizações, compensações ou penalizações financeiras decorrentes das condições de pagamento previstas no contrato;

III – alterações na razão ou na denominação social do contratado;

IV – empenho de dotações orçamentárias.

CAPÍTULO VIII
DAS HIPÓTESES DE EXTINÇÃO
DOS CONTRATOS

Art. 137. Constituirão motivos para extinção do contrato, a qual deverá ser formalmente motivada nos autos do processo, assegurados o contraditório e a ampla defesa, as seguintes situações:

I – não cumprimento ou cumprimento irregular de normas editalícias ou de cláusulas contratuais, de especificações, de projetos ou de prazos;

II – desatendimento das determinações regulares emitidas pela autoridade designada para acompanhar e fiscalizar sua execução ou por autoridade superior;

III – alteração social ou modificação da finalidade ou da estrutura da empresa que restrinja sua capacidade de concluir o contrato;

IV – decretação de falência ou de insolvência civil, dissolução da sociedade ou falecimento do contratado;

V – caso fortuito ou força maior, regularmente comprovados, impeditivos da execução do contrato;

VI – atraso na obtenção da licença ambiental, ou impossibilidade de obtê-la, ou alteração substancial do anteprojeto que dela resultar, ainda que obtida no prazo previsto;

VII – atraso na liberação das áreas sujeitas a desapropriação, a desocupação ou a servidão administrativa, ou impossibilidade de liberação dessas áreas;

VIII – razões de interesse público, justificadas pela autoridade máxima do órgão ou da entidade contratante;

IX – não cumprimento das obrigações relativas à reserva de cargos prevista em lei, bem como em outras normas específicas, para pessoa com deficiência, para reabilitado da Previdência Social ou para aprendiz.

§ 1º Regulamento poderá especificar procedimentos e critérios para verificação da ocorrência dos motivos previstos no *caput* deste artigo.

§ 2º O contratado terá direito à extinção do contrato nas seguintes hipóteses:

I – supressão, por parte da Administração, de obras, serviços ou compras que acarrete modificação do valor inicial do contrato além do limite permitido no art. 125 desta Lei;

II – suspensão de execução do contrato, por ordem escrita da Administração, por prazo superior a 3 (três) meses;

III – repetidas suspensões que totalizem 90 (noventa) dias úteis, independentemente do pagamento obrigatório de indenização pelas sucessivas e contratualmente imprevistas desmobilizações e mobilizações e outras previstas;

IV – atraso superior a 2 (dois) meses, contado da emissão da nota fiscal, dos pagamentos ou de parcelas de pagamentos devidos pela Administração por despesas de obras, serviços ou fornecimentos;

V – não liberação pela Administração, nos prazos contratuais, de área, local ou objeto, para execução de obra, serviço ou fornecimento, e de fontes de materiais naturais especificadas no projeto, inclusive devido a atraso ou descumprimento das obrigações atribuídas pelo contrato à Administração relacionadas a desapropriação, a desocupação de áreas públicas ou a licenciamento ambiental.

§ 3º As hipóteses de extinção a que se referem os incisos II, III e IV do § 2º deste artigo observarão as seguintes disposições:

I – não serão admitidas em caso de calamidade pública, de grave perturbação da ordem interna ou de guerra, bem como quando decorrerem de ato ou fato que o contratado tenha praticado, do qual tenha participado ou para o qual tenha contribuído;

II – assegurarão ao contratado o direito de optar pela suspensão do cumprimento das obrigações assumidas até a normalização da situação, admitido o restabelecimento do equilíbrio econômico-financeiro do contrato, na forma da alínea "d" do inciso II do *caput* do art. 124 desta Lei.

§ 4º Os emitentes das garantias previstas no art. 96 desta Lei deverão ser notificados pelo contratante quanto ao início de processo administrativo para apuração de descumprimento de cláusulas contratuais.

Art. 138. A extinção do contrato poderá ser:

I – determinada por ato unilateral e escrito da Administração, exceto no caso de descumprimento decorrente de sua própria conduta;

II – consensual, por acordo entre as partes, por conciliação, por mediação ou por comitê de resolução de disputas, desde que haja interesse da Administração;

III – determinada por decisão arbitral, em decorrência de cláusula compromissória ou compromisso arbitral, ou por decisão judicial.

§ 1º A extinção determinada por ato unilateral da Administração e a extinção consensual deverão ser precedidas de autorização escrita e fundamentada da autoridade competente e reduzidas a termo no respectivo processo.

§ 2º Quando a extinção decorrer de culpa exclusiva da Administração, o contratado será ressarcido pelos prejuízos regularmente comprovados que houver sofrido e terá direito a:

I – devolução da garantia;

II – pagamentos devidos pela execução do contrato até a data de extinção;

III – pagamento do custo da desmobilização.

Art. 139. A extinção determinada por ato unilateral da Administração poderá acarretar, sem prejuízo das sanções previstas nesta Lei, as seguintes consequências:

I – assunção imediata do objeto do contrato, no estado e local em que se encontrar, por ato próprio da Administração;

II – ocupação e utilização do local, das instalações, dos equipamentos, do material e do pessoal empregados na execução do contrato e necessários à sua continuidade;

III – execução da garantia contratual para:

a) ressarcimento da Administração Pública por prejuízos decorrentes da não execução;

b) pagamento de verbas trabalhistas, fundiárias e previdenciárias, quando cabível;

c) pagamento das multas devidas à Administração Pública;

d) exigência da assunção da execução e da conclusão do objeto do contrato pela seguradora, quando cabível;

IV – retenção dos créditos decorrentes do contrato até o limite dos prejuízos causados à Administração Pública e das multas aplicadas.

§ 1º A aplicação das medidas previstas nos incisos I e II do *caput* deste artigo ficará a critério da Administração, que poderá dar continuidade à obra ou ao serviço por execução direta ou indireta.

§ 2º Na hipótese do inciso II do *caput* deste artigo, o ato deverá ser precedido de autorização expressa do ministro de Estado, do secretário estadual ou do secretário municipal competente, conforme o caso.

CAPÍTULO IX
DO RECEBIMENTO DO OBJETO DO CONTRATO

Art. 140. O objeto do contrato será recebido:

I – em se tratando de obras e serviços:

a) provisoriamente, pelo responsável por seu acompanhamento e fiscalização, mediante termo detalhado, quando verificado o cumprimento das exigências de caráter técnico;

b) definitivamente, por servidor ou comissão designada pela autoridade competente, mediante termo detalhado que comprove o atendimento das exigências contratuais;

II – em se tratando de compras:

a) provisoriamente, de forma sumária, pelo responsável por seu acompanhamento e fiscalização, com verificação posterior da conformidade do material com as exigências contratuais;

b) definitivamente, por servidor ou comissão designada pela autoridade competente, mediante termo detalhado que comprove o atendimento das exigências contratuais.

§ 1º O objeto do contrato poderá ser rejeitado, no todo ou em parte, quando estiver em desacordo com o contrato.

§ 2º O recebimento provisório ou definitivo não excluirá a responsabilidade civil pela solidez e pela segurança da obra ou serviço nem a responsabilidade ético-profissional pela perfeita execução do contrato, nos limites estabelecidos pela lei ou pelo contrato.

§ 3º Os prazos e os métodos para a realização dos recebimentos provisório e definitivo serão definidos em regulamento ou no contrato.

§ 4º Salvo disposição em contrário constante do edital ou de ato normativo, os ensaios, os testes e as demais provas para aferição da boa execução do objeto do contrato exigidos por normas técnicas oficiais correrão por conta do contratado.

§ 5º Em se tratando de projeto de obra, o recebimento definitivo pela Administração não eximirá o projetista ou o consultor da responsabilidade objetiva por todos os danos causados por falha de projeto.

§ 6º Em se tratando de obra, o recebimento definitivo pela Administração não eximirá o contratado, pelo prazo mínimo de 5 (cinco) anos, admitida a previsão de prazo de garantia superior no edital e no contrato, da responsabilidade objetiva pela solidez e pela segurança dos materiais e dos serviços executados e pela funcionalidade da construção, da reforma, da recuperação ou da ampliação do bem imóvel, e, em caso de vício, defeito ou incorreção identificados, o contratado ficará responsável pela reparação, pela correção, pela reconstrução ou pela substituição necessárias.

CAPÍTULO X
DOS PAGAMENTOS

Art. 141. No dever de pagamento pela Administração, será observada a ordem cronológica para cada fonte diferenciada de recursos, subdividida nas seguintes categorias de contratos:

I – fornecimento de bens;

II – locações;

III – prestação de serviços;

IV – realização de obras.

§ 1º A ordem cronológica referida no *caput* deste artigo poderá ser alterada, mediante prévia justificativa da autoridade competente e posterior comunicação ao órgão de controle interno da Administração e ao tribunal de contas competente, exclusivamente nas seguintes situações:

I – grave perturbação da ordem, situação de emergência ou calamidade pública;

II – pagamento a microempresa, empresa de pequeno porte, agricultor familiar, produtor rural pessoa física, microempreendedor individual e sociedade cooperativa, desde que demonstrado o risco de descontinuidade do cumprimento do objeto do contrato;

III – pagamento de serviços necessários ao funcionamento dos sistemas estruturantes, desde que demonstrado o risco de descontinuidade do cumprimento do objeto do contrato;

IV – pagamento de direitos oriundos de contratos em caso de falência, recuperação judicial ou dissolução da empresa contratada;

V – pagamento de contrato cujo objeto seja imprescindível para assegurar a integridade do patrimônio público ou para manter o funcionamento das atividades finalísticas do órgão ou entidade, quando demonstrado o risco de descontinuidade da prestação de serviço público de relevância ou o cumprimento da missão institucional.

§ 2º A inobservância imotivada da ordem cronológica referida no *caput* deste artigo ensejará a apuração de responsabilidade do agente responsável, cabendo aos órgãos de controle a sua fiscalização.

§ 3º O órgão ou entidade deverá disponibilizar, mensalmente, em seção específica de acesso à informação em seu sítio na internet, a ordem cronológica de seus pagamentos, bem como as justificativas que fundamentarem a eventual alteração dessa ordem.

Art. 142. Disposição expressa no edital ou no contrato poderá prever pagamento em conta vinculada ou pagamento pela efetiva comprovação do fato gerador.

Parágrafo único. (VETADO).

Art. 143. No caso de controvérsia sobre a execução do objeto, quanto a dimensão, qualidade e quantidade, a parcela incontroversa deverá ser liberada no prazo previsto para pagamento.

Art. 144. Na contratação de obras, fornecimentos e serviços, inclusive de engenharia, poderá ser estabelecida remuneração variável vinculada ao desempenho do contratado, com base em metas, padrões de qualidade, critérios de sustentabilidade ambiental e prazos de entrega definidos no edital de licitação e no contrato.

§ 1º O pagamento poderá ser ajustado em base percentual sobre o valor economizado em determinada despesa, quando o objeto do contrato visar à implantação de processo de racionalização, hipótese em que as despesas correrão à conta dos mesmos créditos orçamentários, na forma de regulamentação específica.

§ 2º A utilização de remuneração variável será motivada e respeitará o limite orçamentário fixado pela Administração para a contratação.

Art. 145. Não será permitido pagamento antecipado, parcial ou total, relativo a parcelas contratuais vinculadas ao fornecimento de bens, à execução de obras ou à prestação de serviços.

§ 1º A antecipação de pagamento somente será permitida se propiciar sensível economia de recursos ou se representar condição indispensável para a obtenção do bem ou para a prestação do serviço, hipótese que deverá ser previamente justificada no processo licitatório e expressamente prevista no edital de licitação ou instrumento formal de contratação direta.

§ 2º A Administração poderá exigir a prestação de garantia adicional como condição para o pagamento antecipado.

§ 3º Caso o objeto não seja executado no prazo contratual, o valor antecipado deverá ser devolvido.

Art. 146. No ato de liquidação da despesa, os serviços de contabilidade comunicarão aos órgãos da administração tributária as características da despesa e os valores pagos, conforme o disposto no art. 63 da Lei nº 4.320, de 17 de março de 1964.

CAPÍTULO XI
DA NULIDADE DOS CONTRATOS

Art. 147. Constatada irregularidade no procedimento licitatório ou na execução contratual, caso não seja possível o saneamento, a decisão sobre a suspensão da execução ou sobre a declaração de nulidade do contrato somente será adotada na hipótese em que se revelar medida de interesse público, com avaliação, entre outros, dos seguintes aspectos:

I – impactos econômicos e financeiros decorrentes do atraso na fruição dos benefícios do objeto do contrato;
II – riscos sociais, ambientais e à segurança da população local decorrentes do atraso na fruição dos benefícios do objeto do contrato;
III – motivação social e ambiental do contrato;
IV – custo da deterioração ou da perda das parcelas executadas;
V – despesa necessária à preservação das instalações e dos serviços já executados;
VI – despesa inerente à desmobilização e ao posterior retorno às atividades;
VII – medidas efetivamente adotadas pelo titular do órgão ou entidade para o saneamento dos indícios de irregularidades apontados;
VIII – custo total e estágio de execução física e financeira dos contratos, dos convênios, das obras ou das parcelas envolvidas;
IX – fechamento de postos de trabalho diretos e indiretos em razão da paralisação;
X – custo para realização de nova licitação ou celebração de novo contrato;
XI – custo de oportunidade do capital durante o período de paralisação.

Parágrafo único. Caso a paralisação ou anulação não se revele medida de interesse público, o poder público deverá optar pela continuidade do contrato e pela solução da irregularidade por meio de indenização por perdas e danos, sem prejuízo da apuração de responsabilidade e da aplicação de penalidades cabíveis.

Art. 148. A declaração de nulidade do contrato administrativo requererá análise prévia do interesse público envolvido, na forma do art. 147 desta Lei, e operará retroativamente, impedindo os efeitos jurídicos que o contrato deveria produzir ordinariamente e desconstituindo os já produzidos.

§ 1º Caso não seja possível o retorno à situação fática anterior, a nulidade será resolvida pela indenização por perdas e danos, sem prejuízo da apuração de responsabilidade e aplicação das penalidades cabíveis.

§ 2º Ao declarar a nulidade do contrato, a autoridade, com vistas à continuidade da atividade administrativa, poderá decidir que ela só tenha eficácia em momento futuro, suficiente para efetuar nova contratação, por prazo de até 6 (seis) meses, prorrogável uma única vez.

Art. 149. A nulidade não exonerará a Administração do dever de indenizar o contratado pelo que houver executado até a data em que for declarada ou tornada eficaz, bem como por outros prejuízos regularmente comprovados, desde que não lhe seja imputável, e será promovida a responsabilização de quem lhe tenha dado causa.

Art. 150. Nenhuma contratação será feita sem a caracterização adequada de seu objeto e sem a indicação dos créditos orçamentários para pagamento das parcelas contratuais vincendas no exercício em que for realizada a contratação, sob pena de nulidade do ato e de responsabilização de quem lhe tiver dado causa.

CAPÍTULO XII
DOS MEIOS ALTERNATIVOS DE RESOLUÇÃO DE CONTROVÉRSIAS

Art. 151. Nas contratações regidas por esta Lei, poderão ser utilizados meios alternativos de prevenção e resolução de controvérsias, notadamente a conciliação, a mediação, o comitê de resolução de disputas e a arbitragem.

Parágrafo único. Será aplicado o disposto no *caput* deste artigo às controvérsias relacionadas a direitos patrimoniais disponíveis, como as questões relacionadas ao restabelecimento do equilíbrio econômico-financeiro do contrato, ao inadimplemento de obrigações contratuais por quaisquer das partes e ao cálculo de indenizações.

Art. 152. A arbitragem será sempre de direito e observará o princípio da publicidade.

Art. 153. Os contratos poderão ser aditados para permitir a adoção dos meios alternativos de resolução de controvérsias.

Art. 154. O processo de escolha dos árbitros, dos colegiados arbitrais e dos comitês de resolução de disputas observará critérios isonômicos, técnicos e transparentes.

TÍTULO IV
DAS IRREGULARIDADES

CAPÍTULO I
DAS INFRAÇÕES E SANÇÕES ADMINISTRATIVAS

Art. 155. O licitante ou o contratado será responsabilizado administrativamente pelas seguintes infrações:

I – dar causa à inexecução parcial do contrato;
II – dar causa à inexecução parcial do contrato que cause grave dano à Administração, ao funcionamento dos serviços públicos ou ao interesse coletivo;
III – dar causa à inexecução total do contrato;
IV – deixar de entregar a documentação exigida para o certame;
V – não manter a proposta, salvo em decorrência de fato superveniente devidamente justificado;
VI – não celebrar o contrato ou não entregar a documentação exigida para a contratação, quando convocado dentro do prazo de validade de sua proposta;
VII – ensejar o retardamento da execução ou da entrega do objeto da licitação sem motivo justificado;
VIII – apresentar declaração ou documentação falsa exigida para o certame ou prestar declaração falsa durante a licitação ou a execução do contrato;
IX – fraudar a licitação ou praticar ato fraudulento na execução do contrato;
X – comportar-se de modo inidôneo ou cometer fraude de qualquer natureza;
XI – praticar atos ilícitos com vistas a frustrar os objetivos da licitação;
XII – praticar ato lesivo previsto no art. 5º da Lei nº 12.846, de 1º de agosto de 2013.

Art. 156. Serão aplicadas ao responsável pelas infrações administrativas previstas nesta Lei as seguintes sanções:

I – advertência;
II – multa;
III – impedimento de licitar e contratar;
IV – declaração de inidoneidade para licitar ou contratar.

§ 1º Na aplicação das sanções serão considerados:

I – a natureza e a gravidade da infração cometida;
II – as peculiaridades do caso concreto;
III – as circunstâncias agravantes ou atenuantes;
IV – os danos que dela provierem para a Administração Pública;
V – a implantação ou o aperfeiçoamento de programa de integridade, conforme normas e orientações dos órgãos de controle.

§ 2º A sanção prevista no inciso I do *caput* deste artigo será aplicada exclusivamente pela infração administrativa prevista no inciso I do *caput* do art. 155 desta Lei, quando não se justificar a imposição de penalidade mais grave.

§ 3º A sanção prevista no inciso II do *caput* deste artigo, calculada na forma do edital ou do contrato, não poderá ser inferior a 0,5% (cinco décimos por cento) nem superior a 30% (trinta por cento) do valor do contrato licitado ou celebrado com contratação direta e será aplicada ao responsável por qualquer das infrações administrativas previstas no art. 155 desta Lei.

§ 4º A sanção prevista no inciso III do *caput* deste artigo será aplicada ao responsável pelas infrações administrativas previstas nos incisos II, III, IV, V, VI e VII do *caput* do art. 155 desta Lei, quando não se justificar a imposição de penalidade mais grave, e impedirá o responsável de licitar ou contratar no âmbito da Administração Pública direta e indireta do ente federativo que tiver aplicado a sanção, pelo prazo máximo de 3 (três) anos.

§ 5º A sanção prevista no inciso IV do *caput* deste artigo será aplicada ao responsável pelas infrações administrativas previstas nos incisos VIII, IX, X, XI e XII do *caput* do art. 155 desta Lei, bem como pelas infrações administrativas previstas nos incisos II, III, IV, V, VI e VII do *caput* do referido artigo que justifiquem a imposição de penalidade mais grave que a sanção referida no § 4º deste artigo, e impedirá o responsável de licitar ou contratar no âmbito da Administração Pública direta e indireta de todos os entes federativos, pelo prazo mínimo de 3 (três) anos e máximo de 6 (seis) anos.

§ 6º A sanção estabelecida no inciso IV do *caput* deste artigo será precedida de análise jurídica e observará as seguintes regras:

I – quando aplicada por órgão do Poder Executivo, será de competência exclusiva de ministro de Estado, de secretário estadual ou de secretário municipal e, quando aplicada por autarquia ou fundação, será de competência exclusiva da autoridade máxima da entidade;

II – quando aplicada por órgãos dos Poderes Legislativo e Judiciário, pelo Ministério Público e pela Defensoria Pública no desempenho da função administrativa, será de competência exclusiva de autoridade de nível hierárquico equivalente às autoridades referidas no inciso I deste parágrafo, na forma de regulamento.

§ 7º As sanções previstas nos incisos I, III e IV do *caput* deste artigo poderão ser aplicadas cumulativamente com a prevista no inciso II do *caput* deste artigo.

§ 8º Se a multa aplicada e as indenizações cabíveis forem superiores ao valor de pagamento eventualmente devido pela Administração ao contratado, além da perda desse valor, a diferença será descontada da garantia prestada ou será cobrada judicialmente.

§ 9º A aplicação das sanções previstas no *caput* deste artigo não exclui, em hipótese alguma, a obrigação de reparação integral do dano causado à Administração Pública.

Art. 157. Na aplicação da sanção prevista no inciso II do *caput* do art. 156 desta Lei, será facultada a defesa do interessado no prazo de 15 (quinze) dias úteis, contado da data de sua intimação.

Art. 158. A aplicação das sanções previstas nos incisos III e IV do *caput* do art. 156 desta Lei requererá a instauração de processo de responsabilização, a ser conduzido por comissão composta de 2 (dois) ou mais servidores estáveis, que avaliará fatos e circunstâncias conhecidos e intimará o licitante ou o contratado para, no prazo de 15 (quinze) dias úteis, contado da data de intimação, apresentar defesa escrita e especificar as provas que pretenda produzir.

§ 1º Em órgão ou entidade da Administração Pública cujo quadro funcional não seja formado de servidores estatutários, a comissão a que se refere o *caput* deste artigo será composta de 2 (dois) ou mais empregados públicos pertencentes aos seus quadros permanentes, preferencialmente com, no mínimo, 3 (três) anos de tempo de serviço no órgão ou entidade.

§ 2º Na hipótese de deferimento de pedido de produção de novas provas ou de juntada de provas julgadas indispensáveis pela comissão, o licitante ou o contratado poderá apresentar alegações finais no prazo de 15 (quinze) dias úteis, contado da data da intimação.

§ 3º Serão indeferidas pela comissão, mediante decisão fundamentada, provas ilícitas, impertinentes, desnecessárias, protelatórias ou intempestivas.

§ 4º A prescrição ocorrerá em 5 (cinco) anos, contados da ciência da infração pela Administração, e será:

I – interrompida pela instauração do processo de responsabilização a que se refere o *caput* deste artigo;

II – suspensa pela celebração de acordo de leniência previsto na Lei nº 12.846, de 1º de agosto de 2013;

III – suspensa por decisão judicial que inviabilize a conclusão da apuração administrativa.

Art. 159. Os atos previstos como infrações administrativas nesta Lei ou em outras leis de licitações e contratos da Administração Pública que também sejam tipificados como atos lesivos na Lei nº 12.846, de 1º de agosto de 2013, serão apurados e julgados conjuntamente, nos mesmos autos, observados o rito procedimental e a autoridade competente definidos na referida Lei.

Parágrafo único. (VETADO).

Art. 160. A personalidade jurídica poderá ser desconsiderada sempre que utilizada com abuso do direito para facilitar, encobrir ou dissimular a prática dos atos ilícitos previstos nesta Lei ou para provocar confusão patrimonial, e, nesse caso, todos os efeitos das sanções aplicadas à pessoa jurídica serão estendidos aos seus administradores e sócios com poderes de administração, a pessoa jurídica sucessora ou a empresa do mesmo ramo com relação de coligação ou controle, de fato ou de direito, com o sancionado, observados, em todos os casos, o contraditório, a ampla defesa e a obrigatoriedade de análise jurídica prévia.

Art. 161. Os órgãos e entidades dos Poderes Executivo, Legislativo e Judiciário de todos os entes federativos deverão, no prazo máximo 15 (quinze) dias úteis, contado da data de aplicação da sanção, informar e manter atualizados os dados relativos às sanções por eles aplicadas, para fins de publicidade no Cadastro Nacional de Empresas Inidôneas e Suspensas (Ceis) e no Cadastro Nacional de Empresas Punidas (Cnep), instituídos no âmbito do Poder Executivo federal.

Parágrafo único. Para fins de aplicação das sanções previstas nos incisos I, II, III e IV do *caput* do art. 156 desta Lei, o Poder Executivo regulamentará a forma de cômputo e as consequências da soma de diversas sanções aplicadas a uma mesma empresa e derivadas de contratos distintos.

Art. 162. O atraso injustificado na execução do contrato sujeitará o contratado a multa de mora, na forma prevista em edital ou em contrato.

Parágrafo único. A aplicação de multa de mora não impedirá que a Administração a converta em compensatória e promova a extinção unilateral do contrato com a aplicação cumulada de outras sanções previstas nesta Lei.

Art. 163. É admitida a reabilitação do licitante ou contratado perante a própria autoridade que aplicou a penalidade, exigidos, cumulativamente:

I – reparação integral do dano causado à Administração Pública;

II – pagamento da multa;

III – transcurso do prazo mínimo de 1 (um) ano da aplicação da penalidade, no caso de impedimento de licitar e contratar, ou de 3 (três) anos da aplicação da penalidade, no caso de declaração de inidoneidade;

IV – cumprimento das condições de reabilitação definidas no ato punitivo;

V – análise jurídica prévia, com posicionamento conclusivo quanto ao cumprimento dos requisitos definidos neste artigo.

Parágrafo único. A sanção pelas infrações previstas nos incisos VIII e XII do *caput* do art. 155 desta Lei exigirá, como condição de reabilitação do licitante ou contratado, a implantação ou aperfeiçoamento de programa de integridade pelo responsável.

CAPÍTULO II
DAS IMPUGNAÇÕES, DOS PEDIDOS DE ESCLARECIMENTO E DOS RECURSOS

Art. 164. Qualquer pessoa é parte legítima para impugnar edital de licitação por irregularidade na aplicação desta Lei ou para solicitar esclarecimento sobre os seus termos, devendo protocolar o pedido até 3 (três) dias úteis antes da data de abertura do certame.

Parágrafo único. A resposta à impugnação ou ao pedido de esclarecimento será divulgada em sítio eletrônico oficial no prazo de até 3 (três) dias úteis, limitado ao último dia útil anterior à data da abertura do certame.

Art. 165. Dos atos da Administração decorrentes da aplicação desta Lei cabem:

I – recurso, no prazo de 3 (três) dias úteis, contado da data de intimação ou de lavratura da ata, em face de:

a) ato que defira ou indefira pedido de pré-qualificação de interessado ou de inscrição em registro cadastral, sua alteração ou cancelamento;

b) julgamento das propostas;

c) ato de habilitação ou inabilitação de licitante;

d) anulação ou revogação da licitação;

e) extinção do contrato, quando determinada por ato unilateral e escrito da Administração;

II – pedido de reconsideração, no prazo de 3 (três) dias úteis, contado da data de intimação, relativamente a ato do qual não caiba recurso hierárquico.

§ 1º Quanto ao recurso apresentado em virtude do disposto nas alíneas "b" e "c" do inciso I do *caput* deste artigo, serão observadas as seguintes disposições:

I – a intenção de recorrer deverá ser manifestada imediatamente, sob pena de preclusão, e o prazo para apresentação das razões recursais previsto no inciso I do *caput* deste artigo será iniciado na data de intimação ou de lavratura da ata de habilitação ou inabilitação ou, na hipótese de adoção da inversão de fases prevista no § 1º do art. 17 desta Lei, da ata de julgamento;

II – a apreciação dar-se-á em fase única.

§ 2º O recurso de que trata o inciso I do *caput* deste artigo será dirigido à autoridade que tiver editado o ato ou proferido a decisão recorrida, que, se não reconsiderar o ato ou a decisão no prazo de 3 (três) dias úteis, encaminhará o recurso com a sua motivação à autoridade superior, a qual deverá proferir sua decisão no prazo máximo de 10 (dez) dias úteis, contado do recebimento dos autos.

§ 3º O acolhimento do recurso implicará invalidação apenas de ato insuscetível de aproveitamento.

§ 4º O prazo para apresentação de contrarrazões será o mesmo do recurso e terá início na data de intimação pessoal ou de divulgação da interposição do recurso.

§ 5º Será assegurado ao licitante vista dos elementos indispensáveis à defesa de seus interesses.

Art. 166. Da aplicação das sanções previstas nos incisos I, II e III do *caput* do art. 156 desta Lei caberá recurso no prazo de 15 (quinze) dias úteis, contado da data da intimação.

Parágrafo único. O recurso de que trata o *caput* deste artigo será dirigido à autoridade que tiver proferido a decisão recorrida, que, se não a reconsiderar no prazo de 5 (cinco) dias úteis, encaminhará o recurso com sua motivação à autoridade superior, a qual deverá proferir sua decisão no prazo máximo de 20 (vinte) dias úteis, contado do recebimento dos autos.

Art. 167. Da aplicação da sanção prevista no inciso IV do *caput* do art. 156 desta Lei caberá apenas pedido de reconsideração, que deverá ser apresentado no prazo de 15 (quinze) dias úteis, contado da data da intimação, e decidido no prazo máximo de 20 (vinte) dias úteis, contado do seu recebimento.

Art. 168. O recurso e o pedido de reconsideração terão efeito suspensivo do ato ou da decisão recorrida até que sobrevenha decisão final da autoridade competente.

Parágrafo único. Na elaboração de suas decisões, a autoridade competente será auxiliada pelo órgão de assessoramento jurídico, que deverá dirimir dúvidas e subsidiá-la com as informações necessárias.

CAPÍTULO III
DO CONTROLE DAS CONTRATAÇÕES

Art. 169. As contratações públicas deverão submeter-se a práticas contínuas e permanentes de gestão de riscos e de controle preventivo, inclusive mediante adoção de recursos de tecnologia da informação, e, além de estar subordinadas ao controle social, sujeitar-se-ão às seguintes linhas de defesa:

I – primeira linha de defesa, integrada por servidores e empregados públicos, agentes de licitação e autoridades que atuam na estrutura de governança do órgão ou entidade;
II – segunda linha de defesa, integrada pelas unidades de assessoramento jurídico e de controle interno do próprio órgão ou entidade;
III – terceira linha de defesa, integrada pelo órgão central de controle interno da Administração e pelo tribunal de contas.

§ 1º Na forma de regulamento, a implementação das práticas a que se refere o *caput* deste artigo será de responsabilidade da alta administração do órgão ou entidade e levará em consideração os custos e os benefícios decorrentes de sua implementação, optando-se pelas medidas que promovam relações íntegras e confiáveis, com segurança jurídica para todos os envolvidos, e que produzam o resultado mais vantajoso para a Administração, com eficiência, eficácia e efetividade nas contratações públicas.

§ 2º Para a realização de suas atividades, os órgãos de controle deverão ter acesso irrestrito aos documentos e às informações necessárias à realização dos trabalhos, inclusive aos documentos classificados pelo órgão ou entidade nos termos da Lei nº 12.527, de 18 de novembro de 2011, e o órgão de controle com o qual foi compartilhada eventual informação sigilosa tornar-se-á corresponsável pela manutenção do seu sigilo.

§ 3º Os integrantes das linhas de defesa a que se referem os incisos I, II e III do *caput* deste artigo observarão o seguinte:

I – quando constatarem simples impropriedade formal, adotarão medidas para o seu saneamento e para a mitigação de riscos de sua nova ocorrência, preferencialmente com o aperfeiçoamento dos controles preventivos e com a capacitação dos agentes públicos responsáveis;
II – quando constatarem irregularidade que configure dano à Administração, sem prejuízo das medidas previstas no inciso I deste § 3º, adotarão as providências necessárias para a apuração das infrações administrativas, observadas a segregação de funções e a necessidade de individualização das condutas, bem como remeterão ao Ministério Público competente cópias dos documentos cabíveis para a apuração dos ilícitos de sua competência.

Art. 170. Os órgãos de controle adotarão, na fiscalização dos atos previstos nesta Lei, critérios de oportunidade, materialidade, relevância e risco e considerarão as razões apresentadas pelos órgãos e entidades responsáveis e os resultados obtidos com a contratação, observado o disposto no § 3º do art. 169 desta Lei.

§ 1º As razões apresentadas pelos órgãos e entidades responsáveis deverão ser encaminhadas aos órgãos de controle até a conclusão da fase de instrução do processo e não poderão ser desentranhadas dos autos.

§ 2º A omissão na prestação das informações não impedirá as deliberações dos órgãos de controle nem retardará a aplicação de qualquer de seus prazos de tramitação e de deliberação.

§ 3º Os órgãos de controle desconsiderarão os documentos impertinentes, meramente protelatórios ou de nenhum interesse para o esclarecimento dos fatos.

§ 4º Qualquer licitante, contratado ou pessoa física ou jurídica poderá representar aos órgãos de controle interno ou ao tribunal de contas competente contra irregularidades na aplicação desta Lei.

Art. 171. Na fiscalização de controle será observado o seguinte:

I – viabilização de oportunidade de manifestação aos gestores sobre possíveis propostas de encaminhamento que terão impacto significativo nas rotinas de trabalho dos órgãos e entidades fiscalizados, a fim de que eles disponibilizem subsídios para avaliação prévia da relação entre custo e benefício dessas possíveis proposições;
II – adoção de procedimentos objetivos e imparciais e elaboração de relatórios tecnicamente fundamentados, baseados exclusivamente nas evidências obtidas e organizados de acordo com as normas de auditoria do respectivo órgão de controle, de modo a evitar que interesses pessoais e interpretações tendenciosas interfiram na apresentação e no tratamento dos fatos levantados;
III – definição de objetivos, nos regimes de empreitada por preço global, empreitada integral, contratação semi-integrada e contratação integrada, atendidos os requisitos técnicos, legais, orçamentários e financeiros, de acordo com as finalidades da contratação, devendo, ainda, ser perquirida a conformidade do preço global com os parâmetros de mercado para o objeto contratado, considerada inclusive a dimensão geográfica.

§ 1º Ao suspender cautelarmente o processo licitatório, o tribunal de contas deverá pronunciar-se definitivamente sobre o mérito da irregularidade que tenha dado causa à suspensão no prazo de 25 (vinte e cinco) dias úteis, contado da data do recebimento das informações a que se refere o § 2º deste artigo, prorrogável por igual período uma única vez, e definirá objetivamente:

I – as causas da ordem de suspensão;
II – o modo como será garantido o atendimento do interesse público obstado pela suspensão da licitação, no caso de objetos essenciais ou de contratação por emergência.

§ 2º Ao ser intimado da ordem de suspensão do processo licitatório, o órgão ou entidade deverá, no prazo de 10 (dez) dias úteis, admitida a prorrogação:

I – informar as medidas adotadas para cumprimento da decisão;
II – prestar todas as informações cabíveis;
III – proceder à apuração de responsabilidade, se for o caso.

§ 3º A decisão que examinar o mérito da medida cautelar a que se refere o § 1º deste artigo deverá definir as medidas necessárias e adequadas, em face das alternativas possíveis, para o saneamento do processo licitatório, ou determinar a sua anulação.

§ 4º O descumprimento do disposto no § 2º deste artigo ensejará a apuração de responsabilidade e a obrigação de reparação do prejuízo causado ao erário.

Art. 172. (VETADO).

Art. 173. Os tribunais de contas deverão, por meio de suas escolas de contas, promover eventos de capacitação para os servidores efetivos e empregados públicos designados para o desempenho das funções essenciais à execução desta Lei, incluídos cursos presenciais e a distância, redes de aprendizagem, seminários e congressos sobre contratações públicas.

TÍTULO V
DISPOSIÇÕES GERAIS

CAPÍTULO I
DO PORTAL NACIONAL DE CONTRATAÇÕES PÚBLICAS (PNCP)

Art. 174. É criado o Portal Nacional de Contratações Públicas (PNCP), sítio eletrônico oficial destinado à:

I – divulgação centralizada e obrigatória dos atos exigidos por esta Lei;
II – realização facultativa das contratações pelos órgãos e entidades dos Poderes Executivo, Legislativo e Judiciário de todos os entes federativos.

§ 1º O PNCP será gerido pelo Comitê Gestor da Rede Nacional de Contratações Públicas, a ser presidido por representante indicado pelo Presidente da República e composto de:

I – 3 (três) representantes da União indicados pelo Presidente da República;
II – 2 (dois) representantes dos Estados e do Distrito Federal indicados pelo Conselho Nacional de Secretários de Estado da Administração;
III – 2 (dois) representantes dos Municípios indicados pela Confederação Nacional de Municípios.

§ 2º O PNCP conterá, entre outras, as seguintes informações acerca das contratações:

I – planos de contratação anuais;
II – catálogos eletrônicos de padronização;
III – editais de credenciamento e de pré-qualificação, avisos de contratação direta e editais de licitação e respectivos anexos;
IV – atas de registro de preços;
V – contratos e termos aditivos;
VI – notas fiscais eletrônicas, quando for o caso.

§ 3º O PNCP deverá, entre outras funcionalidades, oferecer:

I – sistema de registro cadastral unificado;
II – painel para consulta de preços, banco de preços em saúde e acesso à base nacional de notas fiscais eletrônicas;
III – sistema de planejamento e gerenciamento de contratações, incluído o cadastro de atesto de cumprimento de obrigações previsto no § 4º do art. 88 desta Lei;
IV – sistema eletrônico para a realização de sessões públicas;
V – acesso ao Cadastro Nacional de Empresas Inidôneas e Suspensas (Ceis) e ao Cadastro Nacional de Empresas Punidas (Cnep);
VI – sistema de gestão compartilhada com a sociedade de informações referentes à execução do contrato, que possibilite:

a) envio, registro, armazenamento e divulgação de mensagens de texto ou imagens pelo interessado previamente identificado;
b) acesso ao sistema informatizado de acompanhamento de obras a que se refere o inciso III do *caput* do art. 19 desta Lei;

c) comunicação entre a população e representantes da Administração e do contratado designados para prestar as informações e esclarecimentos pertinentes, na forma de regulamento;

d) divulgação, na forma de regulamento, de relatório final com informações sobre a consecução dos objetivos que tenham justificado a contratação e eventuais condutas a serem adotadas para o aprimoramento das atividades da Administração.

§ 4º O PNCP adotará o formato de dados abertos e observará as exigências previstas na Lei nº 12.527, de 18 de novembro de 2011.

§ 5º (VETADO).

Art. 175. Sem prejuízo do disposto no art. 174 desta Lei, os entes federativos poderão instituir sítio eletrônico oficial para divulgação complementar e realização das respectivas contratações.

§ 1º Desde que mantida a integração com o PNCP, as contratações poderão ser realizadas por meio de sistema eletrônico fornecido por pessoa jurídica de direito privado, na forma de regulamento.

§ 2º Até 31 de dezembro de 2023, os Municípios deverão realizar divulgação complementar de suas contratações mediante publicação de extrato de edital de licitação em jornal diário de grande circulação local. (Vetado pelo Presidente da República, mantido pelo Congresso Nacional e publicado no DOU de 11/6/2021)

Art. 176. Os Municípios com até 20.000 (vinte mil) habitantes terão o prazo de 6 (seis) anos, contado da data de publicação desta Lei, para cumprimento:

I – dos requisitos estabelecidos no art. 7º e no *caput* do art. 8º desta Lei;

II – da obrigatoriedade de realização da licitação sob a forma eletrônica a que se refere o § 2º do art. 17 desta Lei;

III – das regras relativas à divulgação em sítio eletrônico oficial.

Parágrafo único. Enquanto não adotarem o PNCP, os Municípios a que se refere o *caput* deste artigo deverão:

I – publicar, em diário oficial, as informações que esta Lei exige que sejam divulgadas em sítio eletrônico oficial, admitida a publicação de extrato;

II – disponibilizar a versão física dos documentos em suas repartições, vedada a cobrança de qualquer valor, salvo o referente ao fornecimento de edital ou de cópia de documento, que não será superior ao custo de sua reprodução gráfica.

CAPÍTULO II
DAS ALTERAÇÕES LEGISLATIVAS

Art. 177. O *caput* do art. 1.048 da Lei nº 13.105, de 16 de março de 2015 (Código de Processo Civil), passa a vigorar acrescido do seguinte inciso IV:

› Alteração inserida no CPC.

Art. 178. O Título XI da Parte Especial do Decreto-Lei nº 2.848, de 7 de dezembro de 1940 (Código Penal), passa a vigorar acrescido do seguinte Capítulo II-B:

› Alterações inseridas no CP.

Art. 179. Os incisos II e III do *caput* do art. 2º da Lei nº 8.987, de 13 de fevereiro de 1995, passam a vigorar com a seguinte redação:

› Alterações inseridas na referida lei.

Art. 180. O *caput* do art. 10 da Lei nº 11.079, de 30 de dezembro de 2004, passa a vigorar com a seguinte redação:

› Alteração inserida na referida lei.

CAPÍTULO III
DISPOSIÇÕES TRANSITÓRIAS E FINAIS

Art. 181. Os entes federativos instituirão centrais de compras, com o objetivo de realizar compras em grande escala, para atender a diversos órgãos e entidades sob sua competência e atingir as finalidades desta Lei.

Parágrafo único. No caso dos Municípios com até 10.000 (dez mil) habitantes, serão preferencialmente constituídos consórcios públicos para a realização das atividades previstas no *caput* deste artigo, nos termos da Lei nº 11.107, de 6 de abril de 2005.

Art. 182. O Poder Executivo federal atualizará, a cada dia 1º de janeiro, pelo Índice Nacional de Preços ao Consumidor Amplo Especial (IPCA-E) ou por índice que venha a substituí-lo, os valores fixados por esta Lei, os quais serão divulgados no PNCP.

Art. 183. Os prazos previstos nesta Lei serão contados com exclusão do dia do começo e inclusão do dia do vencimento e observarão as seguintes disposições:

I – os prazos expressos em dias corridos serão computados de modo contínuo;

II – os prazos expressos em meses ou anos serão computados de data a data;

III – nos prazos expressos em dias úteis, serão computados somente os dias em que ocorrer expediente administrativo no órgão ou entidade competente.

§ 1º Salvo disposição em contrário, considera-se dia do começo do prazo:

I – o primeiro dia útil seguinte ao da disponibilização da informação na internet;

II – a data de juntada aos autos do aviso de recebimento, quando a notificação for pelos correios.

§ 2º Considera-se prorrogado o prazo até o primeiro dia útil seguinte se o vencimento cair em dia em que não houver expediente, se o expediente for encerrado antes da hora normal ou se houver indisponibilidade da comunicação eletrônica.

§ 3º Na hipótese do inciso II do *caput* deste artigo, se no mês do vencimento não houver o dia equivalente àquele do início do prazo, considera-se como termo o último dia do mês.

Art. 184. Aplicam-se as disposições desta Lei, no que couber e na ausência de norma específica, aos convênios, acordos, ajustes e outros instrumentos congêneres celebrados por órgãos e entidades da Administração Pública, na forma estabelecida em regulamento do Poder Executivo federal.

Art. 185. Aplicam-se às licitações e aos contratos regidos pela Lei nº 13.303, de 30 de junho de 2016, as disposições do Capítulo II-B do Título XI da Parte Especial do Decreto-Lei nº 2.848, de 7 de dezembro de 1940 (Código Penal).

Art. 186. Aplicam-se as disposições desta Lei subsidiariamente à Lei nº 8.987, de 13 de fevereiro de 1995, à Lei nº 11.079, de 30 de dezembro de 2004, e à Lei nº 12.232, de 29 de abril de 2010.

Art. 187. Os Estados, o Distrito Federal e os Municípios poderão aplicar os regulamentos editados pela União para execução desta Lei.

Art. 188. (VETADO).

Art. 189. Aplica-se esta Lei às hipóteses previstas na legislação que façam referência expressa à Lei nº 8.666, de 21 de junho de 1993, à Lei nº 10.520, de 17 de julho de 2002, e aos arts. 1º a 47-A da Lei nº 12.462, de 4 de agosto de 2011.

Art. 190. O contrato cujo instrumento tenha sido assinado antes da entrada em vigor desta Lei continuará a ser regido de acordo com as regras previstas na legislação revogada.

Art. 191. Até o decurso do prazo de que trata o inciso II do *caput* do art. 193, a Administração poderá optar por licitar ou contratar diretamente de acordo com esta Lei ou de acordo com as leis citadas no referido inciso, e a opção escolhida deverá ser indicada expressamente no edital ou no aviso ou instrumento de contratação direta, vedada a aplicação combinada desta Lei com as citadas no referido inciso.

Parágrafo único. Na hipótese do *caput* deste artigo, se a Administração optar por licitar de acordo com as leis citadas no inciso II do *caput* do art. 193 desta Lei, o contrato respectivo será regido pelas regras nelas previstas durante toda a sua vigência.

Art. 192. O contrato relativo a imóvel do patrimônio da União ou de suas autarquias e fundações continuará regido pela legislação pertinente, aplicada esta Lei subsidiariamente.

Art. 193. Revogam-se:

I – os arts. 89 a 108 da Lei nº 8.666, de 21 de junho de 1993, na data de publicação desta Lei;

II – a Lei nº 8.666, de 21 de junho de 1993, a Lei nº 10.520, de 17 de julho de 2002, e os arts. 1º a 47-A da Lei nº 12.462, de 4 de agosto de 2011, após decorridos 2 (dois) anos da publicação oficial desta Lei.

Art. 194. Esta Lei entra em vigor na data de sua publicação.

Brasília, 1º de abril de 2021; 200º da Independência e 133º da República.

JAIR MESSIAS BOLSONARO

Publicado no DOU de 1º.4.2021 – Edição extra-F.

RESOLUÇÃO Nº 401, DE 16 DE JUNHO DE 2021

Dispõe sobre o desenvolvimento de diretrizes de acessibilidade e inclusão de pessoas com deficiência nos órgãos do Poder Judiciário e de seus serviços auxiliares, e regulamenta o funcionamento de unidades de acessibilidade e inclusão.

› *Inclusão da Pessoa com deficiência no Poder Judiciário*

O PRESIDENTE DO CONSELHO NACIONAL DE JUSTIÇA (CNJ), no uso de suas atribuições legais e regimentais,

CONSIDERANDO o art. 3º da Constituição Federal de 1988 que tem como objetivo fundamental da República Federativa do Brasil a promoção do bem de todos, sem preconceitos de origem, raça, sexo, cor, idade e quaisquer outras formas de discriminação, o art. 5º, *caput*, no qual todos são iguais perante a lei, sem distinção de qualquer natureza, garantindo-se a inviolabilidade do direito à igualdade;

CONSIDERANDO o disposto no art. 37 que trata dos princípios da Administração Pública; e o disposto no art. 170, VI e VII, que cuida da ordem econômica, fundada na valorização do trabalho humano e na livre iniciativa, tendo por fim assegurar a todos existência digna, conforme os ditames da justiça social;

CONSIDERANDO que a acessibilidade foi reconhecida, na Convenção sobre os Direitos das Pessoas com Deficiência e seu Protocolo Facultativo, adotada em 13 de dezembro de 2006, por meio da Resolução nº 61/106, durante a 61ª Sessão da Assembleia Geral da Organização das Nações Unidas (ONU), como princípio e como direito, sendo também considerada garantia para o pleno e efetivo exercício de demais direitos;

CONSIDERANDO a ratificação pelo Estado Brasileiro da Convenção sobre os Direitos das Pessoas com Deficiência e de seu Protocolo Facultativo com equivalência de emenda constitucional, por meio do Decreto Legislativo nº

186/2008, com a devida promulgação pelo Decreto nº 6.949/2009;

CONSIDERANDO a Lei nº 13.146/2015, que institui a Lei Brasileira de Inclusão da Pessoa com Deficiência (Estatuto da Pessoa com Deficiência) e normativos correlatos;

CONSIDERANDO a Agenda 2030, que contempla os Objetivos do Desenvolvimento Sustentável (ODS), baseados nas dimensões do desenvolvimento sustentável – econômica, social, ambiental e institucional – de forma integrada, indivisível e transversal para o atingimento das metas associadas;

CONSIDERANDO que nos termos do novo tratado de direitos humanos a deficiência é um contexto em evolução que resulta da interação entre pessoas com deficiência e as barreiras relativas às atitudes e ao meio ambiente que impedem a sua plena e efetiva participação na sociedade em igualdade de oportunidades com as demais pessoas;

CONSIDERANDO que a efetiva prestação de serviços públicos e de interesse público depende, no caso das pessoas com deficiência, da implementação de medidas que assegurem a ampla e irrestrita acessibilidade física, arquitetônica, comunicacional e atitudinal;

CONSIDERANDO a Resolução CNJ nº 343/2020, que institui condições especiais de trabalho a magistrados(as) e servidores(as) com deficiência, necessidades especiais ou doença grave, ou que tenham dependentes legais nessas condições;

CONSIDERANDO os normativos que tratam de acessibilidade e inclusão arquitetônica, comunicacional, tecnológicas: ABNT NBR 9050; ABNT NBR 15290; ABNT NBR 15599; ABNT NBR 15610; ABNT NBR 16452; ABNT NBR 16537; ABNT NBR NM 313/2007; ABNT NBR 16042; ABNT NBR NM 207; ABNT NBR ISO 7176; ABNT NBR ISO/IEC/IEEE 29119-1; ABNT NBR ISO 9241-171; MAG 3.1; e WCAG 2.1, sem prejuízo a eventuais alterações e regulamentações supervenientes;

CONSIDERANDO as dimensões e parâmetros de acessibilidade consolidados na Cartilha "Como Construir um Ambiente Acessível nas Organizações Públicas", elaborada pela Rede de Acessibilidade formada entre órgãos da Administração Pública Federal;

CONSIDERANDO a Resolução CNJ no 332/2020, que viabilizou a implementação de mecanismos de inteligência artificial e de tecnologias análogas no âmbito judicial, a serem utilizados para a promoção de bem-estar e a prestação jurisdicional equitativa;

CONSIDERANDO a deliberação do Plenário do CNJ no Procedimento de Ato Normativo no 0003855-79.2021.2.00.0000, na 332ª Sessão Ordinária, realizada em 8 de junho de 2021;

RESOLVE:

CAPÍTULO I
DAS DISPOSIÇÕES GERAIS

Art. 1º O desenvolvimento de diretrizes voltadas à acessibilidade e à inclusão de pessoas com deficiência nos órgãos do Poder Judiciário e de seus serviços auxiliares e ao funcionamento das unidades de acessibilidade e inclusão observarão o disposto nesta Resolução.

Art. 2º A fim de promover a igualdade, deverão ser adotadas, com urgência, medidas apropriadas para eliminar e prevenir quaisquer barreiras urbanísticas ou arquitetônicas, de mobiliários, de acesso aos transportes, nas comunicações e na informação, atitudinais ou tecnológicas.

§ 1º Devem ser garantidas às pessoas com deficiência ou mobilidade reduzida quantas adaptações ou tecnologias assistivas sejam necessárias para assegurar acessibilidade plena a espaços, informações e serviços, coibindo qualquer forma de discriminação por motivo de deficiência.

§ 2º É obrigatório efetivar a acessibilidade nos portais e sítios eletrônicos dos órgãos do Poder Judiciário às pessoas com deficiência, garantindo-lhes o pleno acesso às informações disponíveis, conforme as melhores práticas e diretrizes de acessibilidade adotadas internacionalmente.

Art. 3º Para os fins desta Resolução, consideram-se:

I – acessibilidade: possibilidade e condição de alcance para utilização, com segurança, independência e autonomia, de espaços, mobiliários, equipamentos urbanos, edificações, transportes, informação e comunicação, inclusive seus sistemas e tecnologias, e de outros serviços e instalações abertos ao público, de uso público ou privado de uso coletivo, tanto na zona urbana como na rural, por pessoa com deficiência ou com mobilidade reduzida;

II – acompanhante: aquele(a) que acompanha a pessoa com deficiência, podendo ou não desempenhar as funções de atendente pessoal;

III – atendente pessoal: pessoa, membro ou não da família que, com ou sem remuneração, assiste ou presta cuidados básicos e essenciais à pessoa com deficiência no exercício de suas atividades diárias, excluídas as técnicas ou procedimentos identificados com profissões legalmente estabelecidas;

IV – barreiras: qualquer entrave, obstáculo, atitude ou comportamento que limite ou impeça a participação social da pessoa, bem como o gozo, a fruição e o exercício de seus direitos à acessibilidade, à liberdade de movimento e de expressão, à comunicação, ao acesso à informação, à compreensão, à circulação com segurança, entre outros, classificadas em:

a) barreiras urbanísticas: as existentes nas vias e nos espaços públicos e privados abertos ao público ou de uso coletivo;

b) barreiras arquitetônicas: as existentes nos edifícios públicos e privados;

c) barreiras nos transportes: as existentes nos sistemas e meios de transportes;

d) barreiras nas comunicações e na informação: qualquer entrave, obstáculo, atitude ou comportamento que dificulte ou impossibilite a expressão ou o recebimento de mensagens e de informações por intermédio de sistemas de comunicação e de tecnologia da informação;

e) barreiras atitudinais: atitudes ou comportamentos que impeçam ou prejudiquem a participação social da pessoa com deficiência em igualdade de condições e oportunidades com as demais pessoas; e

f) barreiras tecnológicas: as que dificultam ou impedem o acesso da pessoa com deficiência às tecnologias.

V – desenho universal: concepção de produtos, ambientes, programas e serviços a serem usados por todas as pessoas, sem necessidade de adaptação ou de projeto específico, incluindo os recursos de tecnologia assistiva;

VI – adaptação razoável: significa as modificações e os ajustes necessários e adequados que não acarretem ônus desproporcional ou indevido, quando requeridos em cada caso, a fim de assegurar que as pessoas com deficiência possam gozar ou exercer, em igualdade de oportunidades com as demais pessoas, todos os direitos humanos e liberdades fundamentais;

VII – comunicação: forma de interação que abrange, entre outras opções, as línguas, inclusive a Língua Brasileira de Sinais (Libras), a visualização de textos, legendagem ou estenotipia, o Braille, o sistema de sinalização ou de comunicação tátil, os caracteres ampliados, os dispositivos multimídia, assim como a linguagem simples, escrita e oral, os sistemas auditivos e os meios de voz digitalizados e os modos, meios e formatos aumentativos e alternativos de comunicação, incluindo as tecnologias da informação e das comunicações;

VIII – discriminação por motivo de deficiência: toda e qualquer diferenciação, exclusão ou restrição, por ação ou omissão, baseada em deficiência, com o propósito ou efeito de impedir ou impossibilitar o reconhecimento, o desfrute ou o exercício, em igualdade de oportunidades com as demais pessoas, de direitos humanos e liberdades fundamentais nos âmbitos político, econômico, social, cultural, civil ou qualquer outro, incluindo a recusa de adaptações necessárias e de fornecimento de tecnologias assistivas;

IX – órgãos do Poder Judiciário: conselhos e tribunais do Poder Judiciário;

X – pessoa com deficiência: aquela que tem impedimento de longo prazo de natureza física, mental, intelectual ou sensorial, o qual, em interação com uma ou mais barreiras, pode obstruir a sua participação plena e efetiva na sociedade em igualdade de condições com as demais pessoas;

XI – pessoa com mobilidade reduzida: aquela que tenha, por qualquer motivo, dificuldade de movimentação, permanente ou temporária, gerando redução efetiva da mobilidade, da flexibilidade, da coordenação motora ou da percepção, incluindo idoso(a), gestante, lactante, pessoa com criança de colo e obeso(a);

XII – PLS-Jud: sistema informatizado de sustentabilidade para recebimento de dados socioambientais e de acessibilidade e inclusão dos órgãos do Poder Judiciário;

XIII – quadro de pessoal: magistrados(as) e servidores(as) efetivos(as), requisitados(as), cedidos(as) e comissionados(as) sem vínculo;

XIV – quadro auxiliar: estagiários(as), terceirizados(as), juízes(as) leigos(as), trabalhadores(as) de serventias judiciais privatizadas, conciliadores(as), voluntários(as) e aprendizes;

XV – rota acessível: trajeto contínuo, desobstruído e sinalizado, que conecte os ambientes externos ou internos de espaços e edificações, e que possa ser utilizado de forma autônoma e segura por todas as pessoas, inclusive aquelas com deficiência ou mobilidade reduzida, podendo incorporar estacionamentos, calçadas rebaixadas, faixas de travessia de pedestres, pisos, corredores, escadas e rampas, entre outros; e

XVI – tecnologia assistiva ou ajuda técnica: equipamentos, dispositivos, recursos, metodologias, estratégias, práticas e serviços que objetivem promover a funcionalidade, relacionada à atividade e à participação da pessoa com deficiência ou com mobilidade reduzida, visando a sua autonomia, independência, qualidade de vida e inclusão social.

CAPÍTULO II
DAS DISPOSIÇÕES RELACIONADAS A TODAS AS PESSOAS COM DEFICIÊNCIA

Art. 4º Para promover a acessibilidade, o Poder Judiciário deverá, entre outras atividades, implementar:

I – o uso da Língua Brasileira de Sinais (Libras), do Braille, da audiodescrição, da subtitulação, da comunicação aumentativa e alternativa, e de todos os demais meios, modos e formatos acessíveis de comunicação;

II – a nomeação de tradutor(a) e intérprete de Libras, sempre que figurar no processo pessoa com deficiência auditiva, escolhido dentre aqueles devidamente habilitados e aprovados em curso oficial de tradução e interpretação de Libras ou detentores do certificado de proficiência em Libras;

III – a nomeação ou permissão de utilização de guia-intérprete, sempre que figurar no processo pessoa surdocega, o(a) qual deverá prestar compromisso;
IV – a oferta de atendimento ao público em Libras;
V – recursos de tecnologia assistiva disponíveis para possibilitar à pessoa com deficiência o acesso universal, inclusive, aos portais da internet e intranet, ambientes virtuais de aprendizagem, sistemas judiciários e administrativos, adotando-se os princípios e as diretrizes internacionais de acessibilidade aplicáveis à implementação de sistemas e conteúdos na web;
VI – recursos de acessibilidade nas comunicações televisionadas ou em vídeos no formato on-line;
VII – a adoção de todas as normas técnicas de acessibilidade na construção, na reforma, na locação, na ampliação ou na mudança de uso de edificações, primando-se pela adoção do desenho universal e garantindo-se as adaptações razoáveis;
VIII – adaptações arquitetônicas e urbanísticas, observados os limites de sua competência, que permitam a acessibilidade e a livre movimentação, com independência e segurança, da pessoa com deficiência, tais como rampas, elevadores, vagas de estacionamento próximas aos locais de atendimento e acesso facilitado para a circulação de transporte público nos locais dos postos de trabalho e atendimento ao público, tendo como referência as normas vigentes;
IX – a adaptação de mobiliário adequado que atenda aos princípios do desenho universal e às necessidades das pessoas com deficiência ou mobilidade reduzida;
X – a adequação dos sistemas informatizados de tramitação processual dos órgãos do Poder Judiciário, a fim de que seja assegurado o andamento prioritário, em todos os atos e diligências, nos processos judiciais e administrativos em que a pessoa com deficiência seja parte ou interessada;
XI – parcerias e cooperações com Tribunais e outras instituições, nacionais ou internacionais;
XII – medidas de facilitação ao acesso e à obtenção de informações e certidões que tenham como objetivo constituir documentação necessária para instruir procedimentos, judiciais ou extrajudiciais, que busquem garantir a defesa de direitos coletivos, difusos e individuais homogêneos de pessoas com deficiência;
XIII – a adequação de procedimentos judiciais que garantam a acessibilidade isonômica aos serviços da justiça e a prestação jurisdicional sem barreiras;

§ 1º A implementação de medidas que visem à promoção da acessibilidade e inclusão tem como premissas a adoção do desenho universal, como regra geral, e da adaptação razoável, quando justificável.

§ 2º Os serviços de tradutor(a) e intérprete ou guia-intérprete de que tratam os incisos II e III, em qualquer hipótese, serão custeados pela Administração dos órgãos, e poderão ser ofertados, inclusive, por meio de videoconferência, ou por outro recurso de tecnologia assistiva, de modo a garantir o pleno atendimento à pessoa com deficiência.

§ 3º É assegurado a pessoa acompanhada de cão de assistência o direito de ingressar e de permanecer com o animal em todas as dependências dos edifícios e extensões do Poder Judiciário, observadas as condições impostas pela Lei no 11.126/2005.

Art. 5º As aplicações, microsserviços e soluções de tecnologia a serem compartilhados na Plataforma Digital do Poder Judiciário Brasileiro – PDPJ-Br devem observar os conceitos e padrões internacionais de acessibilidade aplicáveis à implementação de sistemas e conteúdos na web, conforme previsão do inciso X, art. 4º, da Resolução CNJ nº 335/2020.

Art. 6º É obrigatória, em áreas de estacionamento aberto ao público, de uso público ou privado de uso coletivo, a reserva de vagas para veículos que transportem pessoas com deficiência e com comprometimento de mobilidade, equivalente a 2% (dois por cento) do total de vagas, garantida, no mínimo, 1 (uma) vaga, em áreas próximas aos acessos de circulação de pedestres, devidamente sinalizada e com as especificações de desenho e traçado de acordo com as normas técnicas vigentes.

§ 1º Os veículos estacionados nas vagas reservadas de que trata o caput deste artigo devem exibir, em local de ampla visibilidade, a credencial de beneficiário(a), a ser confeccionada e fornecida pelos órgãos de trânsito, que disciplinarão suas características e condições de uso.

§ 2º Os órgãos do Poder Judiciário adotarão medidas junto aos órgãos públicos locais competentes para disponibilização, em vias públicas onde estão localizadas as suas edificações, da reserva de vagas acessíveis que permitam a livre circulação e o acesso de pessoas com deficiência e mobilidade reduzida.

§ 3º Quando todas as vagas reservadas disponíveis estiverem ocupadas, a Administração deve agir, na medida do possível, para viabilizar o acesso do usuário com deficiência às suas dependências.

§ 4º Os órgãos do Poder Judiciário deverão promover todos os esforços possíveis para reservar, em localização mais próxima ao acesso à sua edificação, área de embarque e desembarque que permita a parada de veículo que transporte pessoa com deficiência e que possua mobilidade reduzida, por tempo estritamente necessário à prestação de auxílio ao deslocamento do passageiro com deficiência até o interior da edificação.

Art. 7º A formulação, a implementação e a manutenção das ações de acessibilidade e inclusão atenderão às seguintes premissas básicas:
I – eleição de prioridades e elaboração de cronograma para implementação de ações, com previsão orçamentária em conformidade com o Plano Anual de Compras e Contratações do órgão;
II – planejamento contínuo e articulado entre os setores envolvidos; e
III – monitoramento e avaliação das ações implementadas.

Art. 8º Em contratos que envolvam atendimento ao público, devem estar previstos no instrumento de contratação postos de trabalho a serem ocupados por pessoas aptas em comunicação em Libras.

Art. 9º Cada órgão do Poder Judiciário deverá dispor de, pelo menos, 5% (cinco por cento) de servidores(as) com capacitação básica em Libras, nos termos do Decreto nº 9.656/2018.

Art. 10. Os contratos de terceirização firmados no âmbito do Poder Judiciário devem conter cláusula que preveja a comprovação periódica do cumprimento da política de empregabilidade estabelecida no art. 93 da Lei nº 8.213/1991.

Art. 11. Os órgãos deverão firmar convênio, parceria ou contrato visando à oferta de profissionais para atuação e auxílio ao pleno atendimento da pessoa com deficiência.

Art. 12. A pessoa com deficiência tem direito a receber atendimento prioritário, sobretudo, com a finalidade de:
I – proteção e socorro em quaisquer circunstâncias;
II – disponibilização de recursos, tanto humanos quanto tecnológicos, que garantam atendimento em igualdade de condições com as demais pessoas;
III – acesso a informações e disponibilização de recursos de comunicação acessíveis; e
IV – tramitação processual e procedimentos judiciais e administrativos em que for parte ou interessada, em todos os atos e diligências.

Parágrafo único. Os direitos previstos neste artigo são extensivos a acompanhante da pessoa com deficiência ou a seu(sua) atendente pessoal, exceto quanto ao disposto no inciso IV deste artigo.

CAPÍTULO III
DA INCLUSÃO E DO ACOMPANHAMENTO PROFISSIONAL DA PESSOA COM DEFICIÊNCIA NOS ÓRGÃOS DO PODER JUDICIÁRIO E NOS SEUS SERVIÇOS AUXILIARES

Art. 13. A avaliação da deficiência de servidores(as) e magistrados(as), quando necessária, será biopsicossocial, realizada por equipe multiprofissional e interdisciplinar, e considerará:
I – os impedimentos nas funções e nas estruturas do corpo;
II – os fatores socioambientais, psicológicos e pessoais;
III – a limitação no desempenho de atividades e os riscos psicossociais no exercício do trabalho; e
IV – a restrição de participação em determinadas atividades.

§ 1º A avaliação da deficiência será realizada a cada cinco anos, ou a pedido do(a) interessado(a).

§ 2º Se a deficiência do(a) servidor(a) for de caráter permanente, a periodicidade da avaliação prevista no § 1º deste artigo poderá ser estendida, a critério da equipe multidisciplinar, podendo, inclusive, ser dispensada.

§ 3º A avaliação da deficiência do(a) servidor(a) poderá ser utilizada para fins de concessão de condições especiais de trabalho, nos termos do que dispõe a Resolução CNJ nº 343/2020.

§ 4º Os(as) integrantes da equipe multidisciplinar de que trata o caput deste artigo deverão possuir capacitação específica para prestar o atendimento biopsicossocial à pessoa com deficiência.

Art. 14. Cada órgão do Poder Judiciário deve manter cadastro dos profissionais com deficiência, integrantes dos respectivos quadros de pessoal e auxiliar.

§ 1º O cadastro tratado no caput deste artigo deve especificar a deficiência, as necessidades de adaptação e acessibilidade e as dificuldades particulares de cada pessoa com deficiência.

§ 2º A atualização do cadastro deve ser permanente, devendo ocorrer uma revisão detalhada, no mínimo, uma vez ao ano.

§ 3º Na revisão anual de que trata o § 2º deste artigo, cada pessoa com deficiência dos quadros de pessoal e auxiliar deve ser consultada sobre a existência de possíveis sugestões ou adaptações referentes à sua plena inclusão no ambiente de trabalho.

Art. 15. A unidade de gestão de pessoas, em parceria com as áreas de saúde e a unidade de acessibilidade e inclusão, na medida de suas respectivas atribuições, devem garantir acompanhamento funcional a servidores(as) com deficiência, com o objetivo de promover as avaliações e as adaptações necessárias ao exercício de suas atribuições de modo compatível com as suas deficiências.

Parágrafo único. As unidades de que tratam o caput deste artigo devem possuir servidores(as) com capacitação específica para o desenvolvimento do pleno atendimento à pessoa com deficiência.

Art. 16. O acompanhamento do desempenho da pessoa com deficiência do quadro de pessoal se dará, entre outros, por meio de entrevista para verificar características da localização e acesso ao trabalho, as condições de trabalho, organização da jornada, valorização, desenvolvimento e ascensão profissional.

§ 1º O gestor de unidade, quando necessário, prestará informações acerca da adequação funcional do servidor com deficiência às suas tarefas e posto de trabalho, bem como será notificado acerca de restrições e necessidades específicas, devendo adotar as providências cabíveis que são de sua responsabilidade.

§ 2º O acompanhamento funcional de pessoa com deficiência do quadro auxiliar será dado conforme previsão do instrumento contratual, cabendo ao órgão da administração pública promover as adaptações no ambiente de trabalho e fornecer os recursos de acessibilidade necessários ao pleno desempenho de suas atividades.

Art. 17. Os(as) magistrados(as) e servidores(as) do Poder Judiciário devem ser capacitados(as) nos temas relativos a acolhimento, direitos, atendimento e cotidiano de pessoas com deficiência.

§ 1º As atividades de ambientação de novos servidores(as) e, quando couber, de colaboradores(as) do quadro auxiliar, devem difundir ações de acessibilidade e inclusão, de modo a consolidar comportamentos positivos em relação ao tema.

§ 2º A capacitação de que trata o caput deste artigo deverá compor, em caráter obrigatório, o programa de desenvolvimento de líderes do órgão.

Art. 18. Deverão ser promovidas ações de sensibilização sobre os temas de que trata o *caput* do art. 17 desta Resolução, com o objetivo de fomentar maior conscientização e mudanças atitudinais que favoreçam a ampliação da acessibilidade e inclusão no Poder Judiciário.

Art. 19. Os órgãos do Poder Judiciário devem manter em seus quadros profissionais da área de engenharia, arquitetura, tecnologia da informação, cerimonial e eventos, e comunicação social capacitados(as) em normas e padrões de acessibilidade, e na aplicação de tecnologias assistivas, para oferecer pleno atendimento ao público de pessoas com deficiência e assessorar o planejamento, a implementação e o monitoramento de ações que visem ao cumprimento desta Resolução.

Art. 20. A administração deve reservar 2% (dois por cento) do total de vagas disponíveis em estacionamento interno a pessoas com deficiência que possuam comprometimento de mobilidade, em localidade mais próxima aos acessos à edificação, garantida, no mínimo, uma vaga devidamente sinalizada.

§ 1º Além da reserva de vaga prevista no caput deste artigo, salvo por absoluta limitação de espaço físico ou outra devidamente fundamentada, a administração deverá providenciar a reserva prioritária de vaga em estacionamento interno de caráter coletivo, em localidade mais próxima ao respectivo local de trabalho, a veículos, devidamente credenciados por órgão de trânsito, de todas as pessoas do quadro de pessoal e do quadro auxiliar do órgão que possuam deficiência com comprometimento de mobilidade.

§ 2º O caminho existente entre a vaga do estacionamento interno e o local de trabalho não deve conter qualquer tipo de barreira que impossibilite ou mesmo dificulte o seu acesso.

§ 3º Para auxílio no desembarque e no deslocamento até o local de trabalho, a vaga tratada no caput deste artigo também poderá ser utilizada pelo(a) acompanhante da pessoa com deficiência ou mobilidade reduzida integrante dos quadros de pessoal ou auxiliar do órgão.

§ 4º O(a) acompanhante de que trata o § 3º deste artigo deverá observar as normas de segurança do órgão do Poder Judiciário.

Art. 21. Os órgãos do Poder Judiciário devem garantir ambientes de trabalho acessíveis, inclusivos e seguros a todas as pessoas.

Parágrafo único. Devem ser garantidos às pessoas com deficiência recursos de segurança compatíveis com os padrões de acessibilidade e inclusão, e a localização mais adequada de forma a facilitar o livre acesso à área externa em caso de urgência.

CAPÍTULO IV
DA UNIDADE E DA COMISSÃO DE ACESSIBILIDADE E INCLUSÃO E SUAS COMPETÊNCIAS

SEÇÃO I
DAS UNIDADES DE ACESSIBILIDADE E INCLUSÃO

Art. 22. A unidade de acessibilidade e inclusão deve ter caráter permanente para assessorar o planejamento, a implementação e o monitoramento de ações que visem ao cumprimento desta Resolução.

§ 1º A unidade de acessibilidade e inclusão deve, preferencialmente, ser subordinada diretamente à Presidência, à Secretaria-Geral, ou à Diretoria-Geral do órgão do Poder Judiciário.

§ 2º A unidade de acessibilidade e inclusão deve contar com integrantes em número compatível com a necessidade de execução e acompanhamento tempestivo das ações pertinentes a sua área de atuação, vedada a composição por servidor(a) único(a).

§ 3º Os(as) servidores(as) incumbidos(as) pela unidade de acessibilidade e inclusão desempenharão as suas atribuições concomitantemente com as de seus respectivos cargos.

§ 4º Os(as) servidores(as) incumbidos(as) pela unidade de acessibilidade e inclusão deverão ser continuamente capacitados(as) com vista à obtenção de conhecimento técnico e habilidades necessárias ao desenvolvimento satisfatório do tema.

Art. 23. São competências da unidade de acessibilidade e inclusão:

I – propor, coordenar e, no que couber, implementar planos, programas, projetos e ações voltados à promoção de acessibilidade e inclusão, e à oferta de suporte biopsicossocial e institucional à pessoa com deficiência;
II – auxiliar no desenvolvimento de ações e no atendimento de demandas oriundas da Comissão de Acessibilidade e Inclusão;
III – propor ações de sensibilização e capacitação do quadro de pessoal e, no que couber, do quadro auxiliar, a fim de promover conscientização e promoção de direitos, e o atendimento adequado às pessoas com deficiência ou mobilidade reduzida;
IV – monitorar as ações das unidades responsáveis pelos indicadores constantes do Anexo desta Resolução;
V – participar do acompanhamento funcional dos servidores com deficiência;
VI – prestar as informações referentes aos indicadores constantes do Anexo desta Resolução; e
VII – elaborar relatório anual acerca das ações desenvolvidas para a promoção da acessibilidade e inclusão no órgão.

Art. 24. A unidade de acessibilidade e inclusão deve buscar, incentivar e promover parcerias eficazes com outros tribunais, conselhos, entidades sem fins lucrativos e com a sociedade civil, com foco na acessibilidade e na inclusão, a fim de compartilhar experiências e estratégias, possibilitando a atualização de assuntos relacionados ao tema.

SEÇÃO II
DA COMISSÃO DE ACESSIBILIDADE E INCLUSÃO

Art. 25. A Comissão de Acessibilidade e Inclusão, de caráter permanente e multidisciplinar, será presidida por magistrado(a) e composta, necessariamente, por servidores(as) das áreas de acessibilidade e inclusão, sustentabilidade, gestão estratégica, engenharia ou arquitetura, gestão de pessoas e tecnologia da informação.

Parágrafo único. A comissão prevista no *caput* deste artigo deverá ser composta por integrantes com e sem deficiência, garantindo, tanto quanto possível, a representação das múltiplas formas de deficiências existentes.

Art. 26. São competências da Comissão de Acessibilidade e Inclusão:

I – propor, orientar e acompanhar em nível estratégico as ações de acessibilidade e inclusão voltadas à eliminação de quaisquer formas de discriminação e à remoção de barreiras de qualquer natureza que dificultem o acesso autônomo e seguro às instalações e aos serviços do órgão por pessoas com deficiência ou mobilidade reduzida;
II – propor à Presidência do órgão a edição ou alteração de normas e orientações que disponham, parcial ou integralmente, sobre matéria da área de atuação da Comissão; e
III – aprovar relatório anual de atuação da Comissão, acerca da promoção da acessibilidade e inclusão no órgão.

CAPÍTULO V
DISPOSIÇÕES FINAIS

Art. 27. Os órgãos do Poder Judiciário poderão cadastrar ações de sucesso de acessibilidade e inclusão, que resultaram em impacto positivo quanto a aspectos ambientais, econômicos, sociais e culturais, no Portal CNJ de Boas Práticas do Poder Judiciário, conforme regulamento previsto na Portaria CNJ nº 140/2019.

Art. 28. O disposto nesta Resolução aplica-se, no que couber, aos órgãos seccionais da Justiça Federal.

Art. 29. Para fins de elaboração do Balanço da Sustentabilidade do Poder Judiciário, os órgãos do Poder Judiciário devem observar os indicadores de desempenho constantes do Anexo desta Resolução.

Art. 30. O CNJ disponibilizará aos órgãos do Poder Judiciário acesso ao PLS-Jud para prestarem as informações referentes aos indicadores constantes do Anexo desta Resolução, com o objetivo de padronizar o envio e o recebimento de dados e facilitar a análise dos indicadores que comporão o Balanço da Sustentabilidade do Poder Judiciário.

Art. 31. Aplicam-se a magistrados(as) e servidores(as) com deficiência as normas sobre condições especiais de trabalho estabelecidas na Resolução CNJ no 343/2020.

Art. 32. O Anexo desta Resolução poderá ser alterado por ato do Presidente do CNJ.

Art. 33. O Departamento de Pesquisas Judiciárias (DPJ) realizará pesquisa aprofundada para o estabelecimento de diagnóstico sobre o nível de acessibilidade e inclusão da pessoa com deficiência nos órgãos do Poder Judiciário, abrangendo, para além dos indicadores previstos no anexo desta Resolução, as seguintes dimensões:

I – gestão de acessibilidade e inclusão;
II – acessibilidade em serviços;
III – acessibilidade comunicacional;
IV – acessibilidade tecnológica; e
V – acessibilidade arquitetônica e urbanística.

Art. 34. Fica revogada a Resolução CNJ no 230/2016.

Art. 35. Esta Resolução entra em vigor na data de sua publicação.

Ministro LUIZ FUX

ÍNDICE ALFABÉTICO DE ASSUNTOS

ÍNDICE DE ASSUNTOS – CÓDIGOS E LEGISLAÇÃO COMPLEMENTAR

LEGISLAÇÃO INTERNACIONAL

DECRETO 18.871, DE 13 DE AGOSTO DE 1929

Promulga a Convenção de direito internacional privado, de Havana.

› *Convenção de Havana*

O Presidente da República dos Estados Unidos do Brasil:

Tendo sancionado, pelo Decreto 5.647, de 8 de janeiro de 1929, a resolução do Congresso Nacional que aprovou a Convenção de direito internacional privado, adotada pela Sexta Conferência Internacional Americana, reunida em Havana, e assinada a 20 de Fevereiro de 1928; e havendo-se efetuado o depósito do instrumento brasileiro de ratificação da dita Convenção, na Secretaria da União Pan-Americana, em Washington, a 3 de agosto corrente;

Decreta que a mesma Convenção, apensa, por cópia, ao presente Decreto, seja executada e cumprida tão inteiramente como nela se contém.

Rio de Janeiro, 13 de agosto de 1929; 108º da Independência e 41º da Republica.

Washington Luis P. de Sousa

(Publicação no D.O.U. de 22.10.1929)

Washington Luis Pereira de Sousa
Presidente da República dos Estados Unidos do Brasil

Faço saber, aos que a presente Carta de ratificação virem, que, na Sexta Conferência Internacional Americana, reunida na cidade de Havana, foi aprovada e assinada pelos Plenipotenciários dos Estados Unidos do Brasil, aos vinte dias do mês de fevereiro de mil novecentos e vinte e oito, uma Convenção de direito internacional privado, do teor seguinte:

E, tendo sido a mesma Convenção, cujo teor fica acima transcrito, aprovada pelo Congresso Nacional, a confirmo e ratifico e, pela presente, a dou por firme e valiosa para produzir os seus devidos efeitos, prometendo que ela será, cumprida inviolavelmente.

Em firmeza do que, mandei passar esta Carta, que assino e é selada com o selo das armas da República e subscrita pelo Ministro de Estado das Relações Exteriores.

Dada no Palácio da Presidência, no Rio de Janeiro, aos vinte e cinco de Junho de mil novecentos e vinte e nove, 108º da Independência e 41º da República.

(L. S.) Washington Luis P. de Sousa

CONVENÇÃO DE DIREITO INTERNACIONAL PRIVADO

Código Bustamante

Os Presidentes das Repúblicas do Peru, Uruguai, Panamá, Equador, México, Salvador, Guatemala, Nicarágua, Bolívia, Venezuela, Colômbia, Honduras, Costa Rica, Chile, Brasil, Argentina, Paraguai, Haiti, República Dominicana, Estados Unidos da América e Cuba,

Desejando que os respectivos Países se representassem na Sexta Conferência Internacional Americana, a ela enviaram, devidamente autorizados, para aprovar as recomendações, resoluções, convenções e tratados que julgassem úteis aos interesses da América, os seguintes senhores delegados:

(...)

Os quais, depois de se haverem comunicado os seus plenos poderes, achados em boa e devida forma, convieram no seguinte:

Art. 1º As Repúblicas, contratantes aceitam e põem em vigor o Código de Direito Internacional Privado, anexo à presente convenção.

Art. 2º As disposições desse Código não serão aplicáveis senão às Repúblicas contratantes e aos demais Estados que a ele aderirem, na forma que mais adiante se consigna.

Art. 3º Cada uma das Repúblicas contratantes, ao ratificar a presente convenção, poderá declarar que faz reserva quanto à aceitação de um ou vários artigos do Código anexo e que não a obrigarão as disposições a que a reserva se referir.

Art. 4º O Código entrará em vigor, para as Repúblicas que o ratifiquem, trinta dias depois do depósito da respectiva ratificação e desde que tenha sido ratificado, pelo menos, por dois países.

Art. 5º As ratificações serão depositadas na Secretaria da União Pan-Americana, que transmitirá cópia delas a cada uma das Repúblicas contratantes.

Art. 6º Os Estados ou pessoas jurídicas internacionais não contratantes, que desejam aderir a esta convenção e, no todo ou em parte, ao Código anexo, notificarão isso à Secretaria da União Pan-Americana, que, por sua vez, o comunicará a todos os Estados até então contratantes ou aderentes. Passados seis meses desde essa comunicação, o Estado ou pessoa jurídica internacional interessado poderá depositar, na Secretaria da União Pan-Americana, o instrumento de adesão e ficará ligado por esta convenção com caráter recíproco, trinta dias depois da adesão, em relação a todos os regidos pela mesma e que não tiverem feito reserva alguma total ou parcial quanto à adesão solicitada.

Art. 7º Qualquer República americana ligada a esta convenção e que desejar modificar, no todo ou em parte, o Código anexo, apresentará a proposta correspondente à Conferência Internacional Americana seguinte, para a resolução que for procedente.

Art. 8º Se alguma das pessoas jurídicas internacionais contratantes ou aderentes quiser denunciar a presente Convenção, notificará a denúncia, por escrito, à União Pan-Americana, a qual transmitirá imediatamente às demais uma cópia literal autentica da notificação, dando-lhes a conhecer a data em que a tiver recebido.

A denúncia não produzirá efeito senão no que respeita ao contratante que a tiver notificado e depois de um ano de recebida na Secretaria da União Pan-Americana.

Art. 9º A Secretaria da União Pan-Americana manterá um registro das datas de deposito das ratificações e recebimento de adesões e denúncias, e expedirá cópias autenticadas do dito registro a todo contratante que o solicitar.

Em fé do que, os plenipotenciários assinam a presente convenção e põem nela o selo da Sexta Conferência Internacional Americana.

Dado na cidade de Havana, no dia vinte de Fevereiro de mil novecentos e vinte e oito, em quatro exemplares, escritos respectivamente em espanhol, francês, inglês e português e que se depositarão na Secretaria da União Pan-Americana, com o fim de serem enviadas cópias autenticadas de todos a cada uma das Repúblicas signatárias.

CÓDIGO DE DIREITO INTERNACIONAL PRIVADO

TÍTULO PRELIMINAR REGRAS GERAIS

Art. 1º Os estrangeiros que pertençam a qualquer dos Estados contratantes gozam, no território dos demais, dos mesmos direitos civis que se concedam aos nacionais.

Cada Estado contratante pode, por motivo de ordem pública, recusar ou sujeitar a condições especiais o exercício de determinados direitos civis aos nacionais dos outros, e qualquer desses Estados pode, em casos idênticos, recusar ou sujeitar a condições especiais o mesmo exercício aos nacionais do primeiro.

Art. 2º Os estrangeiros que pertençam a qualquer dos Estados contratantes gozarão também, no território dos demais de garantias individuais idênticas às dos nacionais, salvo as restrições que em cada um estabeleçam a Constituição e as leis.

As garantias individuais idênticas não se estendem ao desempenho de funções públicas, ao direito de sufrágio e a outros direitos políticos, salvo disposição especial da legislação interna.

Art. 3º Para o exercício dos direitos civis e para o gozo das garantias individuais idênticas, as leis e regras vigentes em cada Estado contratante consideram-se divididas nas três categorias seguintes:

I – As que se aplicam às pessoas em virtude do seu domicílio ou da sua nacionalidade e as seguem, ainda que se mudem para outro país – denominadas pessoais ou de ordem pública interna;

II – As que obrigam por igual a todos os que residem no território, sejam ou não nacionais – denominadas territoriais, locais ou de ordem pública internacional;

III – As que se aplicam somente mediante a expressão, a interpretação ou a presunção da vontade das partes ou de alguma delas – denominadas voluntárias, supletórias ou de ordem privada.

Art. 4º Os preceitos constitucionais são de ordem pública internacional.

Art. 5º Todas as regras de proteção individual e coletiva, estabelecida pelo direito político e pelo administrativo, são também de ordem pública internacional, salvo o caso de que nelas expressamente se disponha o contrário.

Art. 6º Em todos os casos não previstos por este Código, cada um dos Estados contratantes aplicará a sua própria definição às instituições ou relações jurídicas que tiverem de corresponder aos grupos de leis mencionadas no art. 3º.

Art. 7º Cada Estado contratante aplicará como leis pessoais as do domicílio, as da nacionalidade ou as que tenha adotado ou adote no futuro a sua legislação interna.

Art. 8º Os direitos adquiridos segundo as regras deste Código têm plena eficácia extraterritorial nos Estados contratantes, salvo se se opuser a algum dos seus efeitos ou consequências uma regra de ordem pública internacional.

LIVRO PRIMEIRO
DIREITO CIVIL INTERNACIONAL

TÍTULO PRIMEIRO
DAS PESSOAS

CAPÍTULO I
DA NACIONALIDADE E NATURALIZAÇÃO

Art. 9º Cada Estado contratante aplicará o seu direito próprio à determinação da nacionalidade de origem de toda pessoa individual ou jurídica e à sua aquisição, perda ou recuperação posterior, realizadas dentro ou fora do seu território, quando uma das nacionalidades sujeitas à controvérsia seja a do dito Estado. Os demais casos serão regidos pelas disposições que se acham estabelecidas nos restantes artigos deste capítulo.

Art. 10. Às questões sobre nacionalidade de origem em que não esteja interessado o Estado em que elas se debatem, aplicar-se-á a lei daquela das nacionalidades discutidas em que tiver domicílio a pessoa de que se trate.

Art. 11. Na falta desse domicílio, aplicar-se-ão ao caso previsto no artigo anterior os princípios aceitos pela lei do julgador.

Art. 12. As questões sobre aquisição individual de uma nova nacionalidade serão resolvidas de acordo com a lei da nacionalidade que se supuser adquirida.

Art. 13. Às naturalizações coletivas, no caso de independência de um Estado, aplicar-se-á a lei do Estado novo, se tiver sido reconhecido pelo Estado julgador, e, na sua falta, a do antigo, tudo sem prejuízo das estipulações contratuais entre os dois Estados interessados, as quais terão sempre preferência.

Art. 14. À perda de nacionalidade deve aplicar-se a lei da nacionalidade perdida.

Art. 15. A recuperação da nacionalidade submete-se à lei da nacionalidade que se readquire.

Art. 16. A nacionalidade de origem das corporações e das fundações será determinada pela lei do Estado que as autorize ou as aprove.

Art. 17. A nacionalidade de origem das associações será a do país em que se constituam, e nele devem ser registradas ou inscritas, se a legislação local exigir esse requisito.

Art. 18. As sociedades civis, mercantis ou industriais, que não sejam anônimas, terão a nacionalidade estipulada na escritura social e, em sua falta, a do lugar onde tenha sede habitualmente a sua gerência ou direção principal.

Art. 19. A nacionalidade das sociedades anônimas será determinada pelo contrato social e, eventualmente, pela lei do lugar em que normalmente se reúne a junta geral de acionistas ou, em sua falta, pela do lugar onde funcione o seu principal Conselho administrativo ou Junta diretiva.

Art. 20. A mudança de nacionalidade das corporações, fundações, associações e sociedades, salvo casos de variação da soberania territorial, terá que se sujeitar às condições exigidas pela sua lei antiga e pela nova.

Se se mudar a soberania territorial, no caso de independência, aplicar-se-á a regra estabelecida no art. 13 para as naturalizações coletivas.

Art. 21. As disposições do art. 9º, no que se referem a pessoas jurídicas, e as dos arts. 16 a 20 não serão aplicadas nos Estados contratantes, que não atribuam nacionalidade às ditas pessoas jurídicas.

CAPÍTULO II
DO DOMICÍLIO

Art. 22. O conceito, aquisição, perda e reaquisição do domicílio geral e especial das pessoas naturais ou jurídicas reger-se-ão pela lei territorial.

Art. 23. O domicílio dos funcionários diplomáticos e o dos indivíduos que residam temporariamente no estrangeiro, por emprego ou comissão de seu governo ou para estudos científicos ou artísticos, será o último que hajam tido em território nacional.

Art. 24. O domicílio legal do chefe da família estende-se à mulher e aos filhos, não emancipados, e o do tutor ou curador, aos menores ou incapazes sob a sua guarda se não se achar disposto o contrário na legislação pessoal, daqueles a quem se atribui o domicílio de outrem.

Art. 25. As questões sobre a mudança de domicílio das pessoas naturais ou jurídicas serão resolvidas de acordo com a lei do tribunal, se este for um dos Estados interessados e, se não, pela do lugar em que se pretenda ter adquirido o último domicílio.

Art. 26. Para as pessoas que não tenham domicílio, entender-se-á como tal o lugar de sua residência, ou aquele em que se encontrem.

CAPÍTULO III
NASCIMENTO, EXTINÇÃO E CONSEQUÊNCIAS DA PERSONALIDADE CIVIL

SEÇÃO I
DAS PESSOAS INDIVIDUAIS

Art. 27. A capacidade das pessoas individuais rege-se pela sua lei pessoal, salvo as restrições fixadas para seu exercício, por este Código ou pelo direito local.

Art. 28. Aplicar-se-á a lei pessoal para decidir se o nascimento determina a personalidade e se o nascituro se tem por nascido, para tudo o que lhe seja favorável, assim como para a viabilidade e os efeitos da prioridade do nascimento, no caso de partos duplos ou múltiplos.

Art. 29. As presunções de sobrevivência ou de morte simultânea, na falta de prova, serão reguladas pela lei pessoal de cada um dos falecidos em relação à sua respectiva sucessão.

Art. 30. Cada Estado aplica a sua própria legislação, para declarar extinta a personalidade civil pela morte natural das pessoas individuais e o desaparecimento ou dissolução oficial das pessoas jurídicas, assim como para decidir se a menoridade, a demência ou imbecilidade, a surdo-mudez, a prodigalidade e a interdição civil são unicamente restrições da personalidade, que permitem direitos e também certas obrigações.

SEÇÃO II
DAS PESSOAS JURÍDICAS

Art. 31. Cada Estado contratante, no seu caráter de pessoa jurídica, tem capacidade para adquirir e exercer direitos civis e contrair obrigações da mesma natureza no território dos demais, sem outras restrições, senão as estabelecidas expressamente pelo direito local.

Art. 32. O conceito e reconhecimento das pessoas jurídicas serão regidos pela lei territorial.

Art. 33. Salvo as restrições estabelecidas nos dois artigos precedentes, a capacidade civil das corporações é regida pela lei que as tiver criado ou reconhecido; a das fundações, pelas regras da sua instituição, aprovadas pela autoridade correspondente, se o exigir o seu direito nacional; e a das associações, pelos seus estatutos, em iguais condições.

Art. 34. Com as mesmas restrições, a capacidade civil das sociedades civis, comerciais ou industriais é regida pelas disposições relativas ao contrato de sociedade.

Art. 35. A lei local aplicar-se-á aos bens das pessoas jurídicas que deixem de existir, a menos que o caso esteja previsto de outro modo, nos seus estatutos, nas suas cláusulas básicas ou no direito em vigor referente às sociedades.

CAPÍTULO IV
DO MATRIMÔNIO E DO DIVÓRCIO

SEÇÃO I
CONDIÇÕES JURÍDICAS QUE DEVEM PRECEDER A CELEBRAÇÃO DO MATRIMÔNIO

Art. 36. Os nubentes estarão sujeitos à sua lei pessoal, em tudo quanto se refira à capacidade para celebrar o matrimônio, ao consentimento ou conselhos paternos, aos impedimentos e à sua dispensa.

Art. 37. Os estrangeiros devem provar, antes de casar, que preencheram as condições exigidas pelas suas leis pessoais, no que se refere ao artigo precedente. Podem fazê-lo mediante certidão dos respectivos funcionários diplomáticos ou agentes consulares ou por outros meios julgados suficientes pela autoridade local, que terá em todo caso completa liberdade de apreciação.

Art. 38. A legislação local é aplicável aos estrangeiros, quanto aos impedimentos que, por sua parte, estabelecer e que não sejam dispensáveis, à forma do consentimento, à força obrigatória ou não dos esponsais, à oposição ao matrimônio ou obrigação de denunciar os impedimentos e às consequências civis da denúncia falsa, à forma das diligências preliminares e à autoridade competente para celebrá-lo.

Art. 39. Rege-se pela lei pessoal comum das partes e, na sua falta, pelo direito local, a obrigação, ou não, de indenização em consequência de promessa de casamento não executada ou de publicação de proclamas, em igual caso.

Art. 40. Os Estados contratantes não são obrigados a reconhecer o casamento celebrado em qualquer deles, pelos seus nacionais ou por estrangeiros, que infrinjam as suas disposições relativas à necessidade da dissolução de um casamento anterior, aos graus de consanguinidade ou afinidade em relação aos quais exista estorvo absoluto, à proibição de se casar estabelecida em relação aos culpados de adultério que tenha sido motivo de dissolução do casamento de um deles e à própria proibição, referente ao responsável de atentado contra a vida de um dos cônjuges, para se casar com o sobrevivente, ou a qualquer outra causa de nulidade que se não possa remediar.

SEÇÃO II
DA FORMA DO MATRIMÔNIO

Art. 41. Ter-se-á em toda parte como válido, quanto à forma, o matrimônio celebrado na que estabeleçam como eficaz as leis do país em que se efetue. Contudo, os Estados, cuja legislação exigir uma cerimônia religiosa, poderão negar validade aos matrimônios contraídos por seus nacionais no estrangeiro sem a observância dessa formalidade.

Art. 42. Nos países em que as leis o permitam, os casamentos contraídos ante os funcionários diplomáticos ou consulares dos dois contraentes ajustar-se-ão à sua lei pessoal, sem prejuízo de que lhes sejam aplicáveis as disposições do art. 40.

SEÇÃO III
DOS EFEITOS DO MATRIMÔNIO QUANTO ÀS PESSOAS DOS CÔNJUGES

Art. 43. Aplicar-se-á o direito pessoal de ambos os cônjuges, e, se for diverso, o do marido, no que toque aos deveres respectivos de proteção e de obediência, à obrigação ou não da mulher de seguir o marido quando mudar de residência, à disposição e administração dos bens comuns e aos demais efeitos especiais do matrimônio.

Art. 44. A lei pessoal da mulher regerá a disposição e administração de seus próprios bens e seu comparecimento em juízo.

Art. 45. Fica sujeita ao direito territorial a obrigação dos cônjuges de viver juntos, guardar fidelidade e socorrer-se mutuamente.

Art. 46. Também se aplica imperativamente o direito local que prive de efeitos civis o matrimônio do bígamo.

SEÇÃO IV
DA NULIDADE DO MATRIMÔNIO E SEUS EFEITOS

Art. 47. A nulidade do matrimônio deve regular-se pela mesma lei a que estiver submetida a condição intrínseca ou extrínseca que a tiver motivado.

Art. 48. A coação, o medo e o rapto, como causas de nulidade do matrimônio, são regulados pela lei do lugar da celebração.

Art. 49. Aplicar-se-á a lei pessoal de ambos os cônjuges, se for comum; na sua falta, a do cônjuge que tiver procedido de boa fé, e, na falta de ambas, a do varão, às regras sobre o cuidado dos filhos de matrimônios nulos, nos casos em que os pais não possam ou não queiram estipular nada sobre o assunto.

Art. 50. Essa mesma lei pessoal deve aplicar-se aos demais efeitos civis do matrimônio nulo, exceto os que se referem aos bens dos cônjuges, que seguirão a lei do regime econômico matrimonial.

Art. 51. São de ordem pública internacional as regras que estabelecem os efeitos judiciais do pedido de nulidade.

SEÇÃO V
DA SEPARAÇÃO DE CORPOS E DO DIVÓRCIO

Art. 52. O direito à separação de corpos e ao divórcio regula-se pela lei do domicílio conjugal, mas não se pode fundar em causas anteriores à aquisição do dito domicílio, se as não autorizar, com iguais efeitos, a lei pessoal de ambos os cônjuges.

Art. 53. Cada Estado contratante tem o direito de permitir ou reconhecer, ou não, o divórcio ou o novo casamento de pessoas divorciadas no estrangeiro, em casos, com efeitos ou por causas que não admita o seu direito pessoal.

Art. 54. As causas do divórcio e da separação de corpos submeter-se-ão à lei do lugar em que forem solicitados, desde que nele estejam domiciliados os cônjuges.

Art. 55. A lei do juiz perante quem se litiga determina as consequências judiciais da demanda e as disposições da sentença a respeito dos cônjuges e dos filhos.

Art. 56. A separação de corpos e o divórcio, obtidos conforme os artigos que precedem, produzem efeitos civis, de acordo com a legislação do tribunal que os outorga, nos demais Estados contratantes, salvo o disposto no art. 53.

CAPÍTULO V
DA PATERNIDADE E FILIAÇÃO

Art. 57. São regras de ordem pública interna, devendo aplicar-se a lei pessoal do filho, se for distinta da do pai, as referentes à presunção de legitimidade e suas condições, as que conferem o direito ao apelido e as que determinam as provas de filiação e regulam a sucessão do filho.

Art. 58. Têm o mesmo caráter, mas se lhes aplica a lei pessoal do pai, as regras que outorguem aos filhos legitimados direitos de sucessão.

Art. 59. É de ordem pública internacional a regra que dá ao filho o direito a alimentos.

Art. 60. A capacidade para legitimar rege-se pela lei pessoal do pai e a capacidade para ser legitimado pela lei pessoal do filho, requerendo a legitimação a concorrência das condições exigidas em ambas.

Art. 61. A proibição de legitimar filhos não simplesmente naturais é de ordem pública internacional.

Art. 62. As consequências da legitimação e a ação para a impugnar submetem-se à lei pessoal do filho.

Art. 63. A investigação da paternidade e da maternidade e a sua proibição regulam-se pelo direito territorial.

Art. 64. Dependem da lei pessoal do filho as regras que indicam as condições do reconhecimento, obrigam a fazê-lo em certos casos, estabelecem as ações para esse efeito, concedem ou negam o nome e indicam as causas de nulidade.

Art. 65. Subordinam-se à lei pessoal do pai os direitos de sucessão dos filhos ilegítimos e à pessoal do filho os dos pais ilegítimos.

Art. 66. A forma e circunstâncias do reconhecimento dos filhos ilegítimos subordinam-se ao direito territorial.

CAPÍTULO VI
DOS ALIMENTOS ENTRE PARENTES

Art. 67. Sujeitar-se-ão à lei pessoal do alimento o conceito legal dos alimentos, a ordem da sua prestação, a maneira de os subministrar e a extensão desse direito.

Art. 68. São de ordem pública internacional as disposições que estabelecem o dever de prestar alimentos, seu montante, redução e aumento, a oportunidade em que são devidos e a forma do seu pagamento, assim como as que proíbem renunciar e ceder esse direito.

CAPÍTULO VII
DO PÁTRIO PODER

Art. 69. Estão submetidas à lei pessoal do filho a existência e o alcance geral do pátrio poder a respeito da pessoa e bens, assim como as causas da sua extinção e recuperação, e a limitação, por motivo de novas núpcias, do direito de castigar.

Art. 70. A existência do direito de usufruto e as demais regras aplicáveis às diferentes classes de pecúlio submetam-se também à lei pessoal do filho, seja qual for a natureza dos bens e o lugar em que se encontrem.

Art. 71. O disposto no artigo anterior é aplicável em território estrangeiro, sem prejuízo dos direitos de terceiro que a lei local outorgue e das disposições locais sobre publicidade e especialização de garantias hipotecárias.

Art. 72. São de ordem pública internacional as disposições que determinem a natureza e os limites da faculdade do pai de corrigir e castigar e o seu recurso às autoridades, assim como os que o privam do pátrio poder por incapacidade, ausência ou sentença.

CAPÍTULO VIII
DA ADOÇÃO

Art. 73. A capacidade para adotar e ser adotado e as condições e limitações para adotar ficam sujeitas à lei pessoal de cada um dos interessados.

Art. 74. Pela lei pessoal do adotante, regulam-se seus efeitos, no que se refere à sucessão deste; e, pela lei pessoal do adotado, tudo quanto se refira ao nome, direitos e deveres que conserve em relação à sua família natural, assim como à sua sucessão com respeito ao adotante.

Art. 75. Cada um dos interessados poderá impugnar a adoção, de acordo com as prescrições da sua lei pessoal.

Art. 76. São de ordem pública internacional as disposições que, nesta matéria, regulam o direito a alimentos e as que estabelecem para a adoção formas solenes.

Art. 77. As disposições dos quatro artigos precedentes não se aplicarão aos Estados cujas legislações não reconheçam a adoção.

CAPÍTULO IX
DA AUSÊNCIA

Art. 78. As medidas provisórias em caso de ausência são de ordem pública internacional.

Art. 79. Não obstante o disposto no artigo anterior, designar-se-á a representação do presumido ausente de acordo com a sua lei pessoal.

Art. 80. A lei pessoal do ausente determina a quem compete o direito de pedir a declaração da ausência e rege a curadoria respectiva.

Art. 81. Compete ao direito local decidir quando se faz e surte efeito a declaração de ausência e quando e como deve cessar a administração dos bens do ausente, assim como a obrigação e forma de prestar contas.

Art. 82. Tudo o que se refira à presunção de morte do ausente e a seus direitos eventuais será regulado pela sua lei pessoal.

Art. 83. A declaração de ausência ou de sua presunção, assim como a sua terminação, e a de presunção da morte de ausente têm eficácia extraterritorial, inclusive no que se refere à nomeação e faculdades dos administradores.

CAPÍTULO X
DA TUTELA

Art. 84. Aplicar-se-á a lei pessoal do menor ou incapaz no que se refere ao objeto da tutela ou curatela, sua organização e suas espécies.

Art. 85. Deve observar-se a mesma lei quanto à instituição do protutor.

Art. 86. Às incapacidades e excusas para a tutela, curatela e protutela devem aplicar-se, simultaneamente, as leis pessoais do tutor ou curador e as do menor ou incapaz.

Art. 87. A fiança da tutela ou curatela e as regras para o seu exercício ficam submetidas à lei pessoal do menor ou incapaz. Se a fiança for hipotecária ou pignoratícia, deverá constituir-se na forma prevista pela lei local.

Art. 88. Regem-se também pela lei pessoal do menor ou incapaz as obrigações relativas às contas, salvo as responsabilidades de ordem penal, que são territoriais.

Art. 89. Quanto ao registro de tutelas, aplicar-se-ão simultaneamente a lei local e as pessoais do tutor ou curador e do menor ou incapaz.

Art. 90. São de ordem pública internacional os preceitos que obrigam o Ministério Público ou qualquer funcionário local a solicitar a declaração de incapacidade de dementes e surdos-mudos e os que fixam os trâmites dessa declaração.

Art. 91. São também de ordem pública internacional as regras que estabelecem as consequências da interdição.

Art. 92. A declaração de incapacidade e a interdição civil produzem efeitos extraterritoriais.

Art. 93. Aplicar-se-á a lei local à obrigação do tutor ou curador alimentar o menor ou incapaz e à faculdade de os corrigir só moderadamente.

Art. 94. A capacidade para ser membro de um conselho de família regula-se pela lei pessoal do interessado.

Art. 95. As incapacidades especiais e a organização, funcionamento, direitos e deveres do conselho de família submetem-se à lei pessoal do tutelado.

Art. 96. Em todo caso, as atas e deliberações do conselho de família deverão ajustar-se às formas e solenidades prescritas pela lei do lugar em que se reunir.

Art. 97. Os Estados contratantes que tenham por lei pessoal a do domicílio poderão exigir, no caso de mudança do domicílio dos incapazes de um país para outro, que se ratifique a tutela ou curatela ou se outorgue outra.

CAPÍTULO XI
DA PRODIGALIDADE

Art. 98. A declaração de prodigalidade e seus efeitos subordinam-se à lei pessoal do pródigo.

Art. 99. Apesar do disposto no artigo anterior, a lei do domicílio pessoal não terá aplicação à declaração de prodigalidade das pessoas cujo direito pessoal desconheça esta instituição.

Art. 100. A declaração de prodigalidade, feita num dos Estados contratantes, tem eficácia extraterritorial em relação aos demais, sempre que o permita o direito local.

CAPÍTULO XII
DA EMANCIPAÇÃO E MAIORIDADE

Art. 101. As regras aplicáveis à emancipação e à maioridade são as estabelecidas pela legislação pessoal do interessado.

Art. 102. Contudo, a legislação local pode ser declarada aplicável à maioridade como requisito para se optar pela nacionalidade da dita legislação.

CAPÍTULO XIII
DO REGISTRO CIVIL

Art. 103. As disposições relativas ao registro civil são territoriais, salvo no que se refere ao registro mantido pelos agentes consulares ou funcionários diplomáticos.

Essa prescrição não prejudica os direitos de outro Estado, quanto às relações jurídicas submetidas ao direito internacional público.

Art. 104. De toda inscrição relativa a um nacional de qualquer dos Estados contratantes, que se fizer no registro civil de outro, deve enviar-se, gratuitamente, por via diplomática, certidão literal e oficial, ao país do interessado.

TÍTULO SEGUNDO
DOS BENS

CAPÍTULO I
DA CLASSIFICAÇÃO DOS BENS

Art. 105. Os bens, seja qual for a sua classe, ficam submetidos à lei do lugar.

Art. 106. Para os efeitos do artigo anterior, ter-se-á em conta, quanto aos bens móveis corpóreos e títulos representativos de créditos de qualquer classe, o lugar da sua situação ordinária ou normal.

Art. 107. A situação dos créditos determina-se pelo lugar onde se devem tornar efetivos, e, no caso de não estar fixado, pelo domicílio do devedor.

Art. 108. A propriedade industrial e intelectual e os demais direitos análogos, de natureza econômica, que autorizam o exercício de certas atividades concedidas pela lei, consideram-se situados onde se tiverem registrado oficialmente.

Art. 109. As concessões reputam-se situadas onde houverem sido legalmente obtidas.

Art. 110. Em falta de toda e qualquer outra regra e, além disto, para os casos não previstos neste Código, entender-se-á que os bens móveis de toda classe estão situados no domicílio do seu proprietário, ou, na falta deste, no do possuidor.

Art. 111. Excetuam-se do disposto no artigo anterior as coisas dadas em penhor, que se consideram situadas no domicílio da pessoa em cuja posse tenham sido colocadas.

Art. 112. Aplicar-se-á sempre a lei territorial para se distinguir entre os bens móveis e imóveis, sem prejuízo dos direitos adquiridos por terceiros.

Art. 113. À mesma lei territorial, sujeitam-se as demais classificações e qualificações jurídicas dos bens.

CAPÍTULO II
DA PROPRIEDADE

Art. 114. O bem de família, inalienável e isento de gravames e embargos, regula-se pela lei da situação. Contudo, os nacionais de um Estado contratante em que se não admita ou regule essa espécie de propriedade, não a poderão ter ou constituir em outro, a não ser que, com isso, não prejudiquem seus herdeiros forçados.

Art. 115. A propriedade intelectual e a industrial regular-se-ão pelo estabelecido nos convênios internacionais especiais, ora existentes, ou que no futuro se venham a celebrar. Na falta deles, sua obtenção, registro e gozo ficarão submetidos ao direito local que as outorgue.

Art. 116. Cada Estado contratante tem a faculdade de submeter a regras especiais, em relação aos estrangeiros, a propriedade mineira, a dos navios de pesca e de cabotagem, as indústrias no mar territorial e na zona marítima e a obtenção e gozo de concessões e obras de utilidade pública e de serviço público.

Art. 117. As regras gerais sobre propriedade e o modo de a adquirir ou alienar entre vivos, inclusive as aplicáveis a tesouro oculto, assim como as que regem as águas do domínio público e privado e seu aproveitamento, são de ordem pública internacional.

CAPÍTULO III
DA COMUNHÃO DE BENS

Art. 118. A comunhão de bens rege-se, em geral, pelo acordo ou vontade das partes e, na sua falta, pela lei do lugar. Ter-se-á, este último como domicílio da comunhão, na falta do acordo em contrário.

Art. 119. Aplicar-se-á sempre a lei local, com caráter exclusivo, ao direito de pedir a divisão de objeto comum e às formas e condições do seu exercício.

Art. 120. São de ordem pública internacional as disposições sobre demarcação e balizamento, sobre o direito de fechar as propriedades rústicas e as relativas a edifícios em ruína e árvores que ameacem cair.

CAPÍTULO IV
DA POSSE

Art. 121. A posse e os seus efeitos regulam-se pela lei local.

Art. 122. Os modos de adquirir a posse regulam-se pela lei aplicável a cada um deles, segundo a sua natureza.

Art. 123. Determinam-se pela lei do tribunal os meios e os trâmites utilizáveis para se manter a posse do possuidor inquietado, perturbado ou despojado, em virtude de medidas ou decisões judiciais ou em consequência delas.

CAPÍTULO V
DO USUFRUTO, DO USO E DA HABITAÇÃO

Art. 124. Quando o usufruto se constituir por determinação da lei de um Estado contratante, a dita lei regulá-lo-á obrigatoriamente.

Art. 125. Se o usufruto se houver constituído pela vontade dos particulares, manifestada em atos *inter vivos* ou *mortis causa*, aplicar-se-á, respectivamente, a lei do ato ou a da sucessão.

Art. 126. Se o usufruto surgir por prescrição, sujeitar-se-á à lei local que a tiver estabelecido.

Art. 127. Depende da lei pessoal do filho o preceito que dispensa, ou não, da fiança o pai usufrutuário.

Art. 128. Subordinam-se à lei da sucessão a necessidade de prestar fiança o cônjuge sobrevivente, pelo usufruto hereditário, e a obrigação do usufrutuário de pagar certos legados ou dívidas hereditárias.

Art. 129. São de ordem pública internacional as regras que definem o usufruto e as formas da sua constituição, as que fixam as causas legais, pelas quais ele se extingue, e as que o limitam a certo número de anos para as comunidades, corporações ou sociedades.

Art. 130. O uso e a habitação regem-se pela vontade da parte ou das partes que os estabelecerem.

CAPÍTULO VI
DAS SERVIDÕES

Art. 131. Aplicar-se-á o direito local ao conceito e classificação das servidões, aos modos não convencionais de as adquirir e de se extinguirem e aos direitos e obrigações, neste caso, dos proprietários dos prédios dominante e serviente.

Art. 132. As servidões de origem contratual ou voluntária submetem-se à lei do ato ou relação jurídica que as origina.

Art. 133. Excetuam-se do que se dispõe no artigo anterior e estão sujeitos à lei territorial a comunidade de pastos em terrenos públicos e o resgate do aproveitamento de lenhas e demais produtos dos montes de propriedade particular.

Art. 134. São de ordem privada as regras aplicáveis às servidões legais que se impõem no interesse ou por utilidade particular.

Art. 135. Deve aplicar-se o direito territorial ao conceito e enumeração das servidões legais, bem como à regulamentação não convencional das águas, passagens, meações, luz e vista, escoamento de águas de edifícios e distâncias e obras intermédias para construções e plantações.

CAPÍTULO VII
DOS REGISTROS DA PROPRIEDADE

Art. 136. São de ordem pública internacional as disposições que estabelecem e regulam os registros da propriedade e impõem a sua necessidade em relação a terceiros.

Art. 137. Inscrever-se-ão nos registros de propriedade de cada um dos Estados contratantes os documentos ou títulos, suscetíveis de inscrição, outorgados em outro, que tenham força no primeiro, de acordo com este Código, e os julgamentos executórios a que, de acordo com o mesmo, se dê cumprimento no Estado a que o registro corresponda ou tenha nele força de coisa julgada.

Art. 138. As disposições sobre hipoteca legal, a favor do Estado, das províncias ou dos municípios, são de ordem pública internacional.

Art. 139. A hipoteca legal que algumas leis concedem em benefício de certas pessoas individuais somente será exigível quando a lei pessoal concorde com a lei do lugar em que estejam situados os bens atingidos por ela.

TÍTULO TERCEIRO
DE VÁRIOS MODOS DE ADQUIRIR

CAPÍTULO I
REGRA GERAL

Art. 140. Aplica-se o direito local aos modos de adquirir em relação aos quais não haja neste Código disposições em contrário.

CAPÍTULO II
DAS DOAÇÕES

Art. 141. As doações, quando forem de origem contratual, ficarão submetidas, para sua perfeição e efeitos, entre vivos, às regras gerais dos contratos.

Art. 142. Sujeitar-se-á às leis pessoais respectivas, do doador e do donatário, a capacidade de cada um deles.

Art. 143. As doações que devam produzir efeito por morte do doador participarão da natureza das disposições de última vontade e se regerão pelas regras internacionais estabelecidas, neste Código, para a sucessão testamentária.

CAPÍTULO III
DAS SUCESSÕES EM GERAL

Art. 144. As sucessões legítimas e as testamentárias, inclusive a ordem de sucessão, a quota dos direitos sucessórios e a validade intrínseca das disposições, reger-se-ão, salvo as exceções adiante estabelecidas, pela lei pessoal do de cujus, qualquer que seja a natureza dos bens e o lugar em que se encontrem.

Art. 145. É de ordem pública internacional o preceito em virtude do qual os direitos à sucessão de uma pessoa se transmitem no momento da sua morte.

CAPÍTULO IV
DOS TESTAMENTOS

Art. 146. A capacidade para dispor por testamento regula-se pela lei pessoal do testador.

Art. 147. Aplicar-se-á a lei territorial às regras estabelecidas por cada Estado para prova de que o testador demente está em intervalo lúcido.

Art. 148. São de ordem pública internacional as disposições que não admitem o testamento mancomunado, o ológrafo ou o verbal, e as que o declarem ato personalíssimo.

Art. 149. Também são de ordem pública internacional as regras sobre a forma de papéis privados relativos ao testamento e sobre nulidade do testamento outorgado com violência, dolo ou fraude.

Art. 150. Os preceitos sobre a forma dos testamentos são de ordem pública internacional, com exceção dos relativos ao testamento outorgado no estrangeiro e ao militar e ao marítimo, nos casos em que se outorguem fora do país.

Art. 151. Subordinam-se à lei pessoal do testador a procedência, condições e efeitos da revogação de um testamento, mas a presunção de o haver revogado é determinada pela lei local.

CAPÍTULO V
DA HERANÇA

Art. 152. A capacidade para suceder por testamento ou sem ele regula-se pela lei pessoal do herdeiro ou legatário.

Art. 153. Não obstante o disposto no artigo precedente, são de ordem pública internacional as incapacidades para suceder que os Estados contratantes considerem como tais.

Art. 154. A instituição e a substituição de herdeiros ajustar-se-ão à lei pessoal do testador.

Art. 155. Aplicar-se-á, todavia, o direito local à proibição ou substituições fideicomissárias que passem do segundo grau ou que se façam a favor de pessoas que não vivam por ocasião do falecimento do testador e as que envolvam proibição perpétua de alienar.

Art. 156. A nomeação e as faculdades dos testamenteiros ou executores testamentários dependem da lei pessoal do defunto e devem ser reconhecidas em cada um dos Estados contratantes, de acordo com essa lei.

Art. 157. Na sucessão intestada, quando a lei chamar o Estado a título de herdeiro, na falta de outros, aplicar-se-á a lei pessoal do de cujus, mas se o chamar como ocupante de *res nullius* aplicar-se-á o direito local.

Art. 158. As precauções que se devem adotar quando a viúva estiver grávida ajustar-se-ão ao disposto na legislação do lugar em que ela se encontrar.

Art. 159. As formalidades requeridas para aceitação da herança a benefício de inventário, ou para se fazer uso do direito de deliberar, são as estabelecidas na lei do lugar em que a sucessão for aberta, bastando isso para os seus efeitos extraterritoriais.

Art. 160. O preceito que se refira à proindivisão ilimitada da herança ou estabeleça a partilha provisória é de ordem pública internacional.

Art. 161. A capacidade para pedir e levar a cabo a divisão subordina-se à lei pessoal do herdeiro.

Art. 162. A nomeação e as faculdades do contador ou perito partidor dependem da lei pessoal do de cujus.

Art. 163. Subordina-se a essa mesma lei o pagamento das dívidas hereditárias. Contudo, os credores que tiverem garantia de caráter real poderão torná-la efetiva, de acordo com a lei que reja essa garantia.

TÍTULO QUARTO
DAS OBRIGAÇÕES E CONTRATOS

CAPÍTULO I
DAS OBRIGAÇÕES EM GERAL

Art. 164. O conceito e a classificação das obrigações subordinam-se à lei territorial.

Art. 165. As obrigações derivadas da lei regem-se pelo direito que as tiver estabelecido.

Art. 166. As obrigações que nascem dos contratos têm força da lei entre as partes contratantes e devem cumprir-se segundo o teor dos mesmos, salvo as limitações estabelecidas neste Código.

Art. 167. As obrigações originadas por delitos ou faltas estão sujeitas ao mesmo direito que o delito ou falta de que procedem.

Art. 168. As obrigações que derivem de atos ou omissões, em que intervenha culpa ou negligência não punida pela lei, reger-se-ão pelo direito do lugar em que tiver ocorrido a negligência ou culpa que as origine.

Art. 169. A natureza e os efeitos das diversas categorias de obrigações, assim como a sua extinção, regem-se pela lei da obrigação de que se trate.

Art. 170. Não obstante o disposto no artigo anterior, a lei local regula as condições do pagamento e a moeda em que se deve fazer.

Art. 171. Também se submete à lei do lugar a determinação de quem deve satisfazer às despesas judiciais que o pagamento originar, assim como a sua regulamentação.

Art. 172. A prova das obrigações subordina-se, quanto à sua admissão e eficácia, à lei que reger a mesma obrigação.

Art. 173. A impugnação da certeza do lugar da outorga de um documento particular, se influir na sua eficácia, poderá ser feita sempre pelo terceiro a quem prejudicar, e a prova ficará a cargo de quem a apresentar.

Art. 174. A presunção de coisa julgada por sentença estrangeira será admissível, sempre que a sentença reunir as condições necessárias para a sua execução no território, conforme o presente Código.

CAPÍTULO II
DOS CONTRATOS EM GERAL

Art. 175. São regras de ordem pública internacional as que vedam o estabelecimento de pactos, cláusulas e condições contrárias às leis, à moral e à ordem pública e as que proíbem o juramento e o consideram sem valor.

Art. 176. Dependem da lei pessoal de cada contratante as regras que determinam a capacidade ou a incapacidade para prestar o consentimento.

Art. 177. Aplicar-se-á a lei territorial ao erro, à violência, à intimidação e ao dolo, em relação ao consentimento.

Art. 178. É também territorial toda regra que proíbe sejam objeto de contrato serviços contrários às leis e aos bons costumes e coisas que estejam fora do comércio.

Art. 179. São de ordem pública internacional as disposições que se referem à causa ilícita nos contratos.

Art. 180. Aplicar-se-ão simultaneamente a lei do lugar do contrato e a da sua execução, à necessidade de outorgar escritura ou documento público para a eficácia de determinados convênios e a de os fazer constar por escrito.

Art. 181. A rescisão dos contratos, por incapacidade ou ausência, determina-se pela lei pessoal do ausente ou incapaz.

Art. 182. As demais causas de rescisão e sua forma e efeitos subordinam-se à lei territorial.

Art. 183. As disposições sobre nulidade dos contratos são submetidas à lei de que dependa a causa da nulidade.

Art. 184. A interpretação dos contratos deve efetuar-se, como regra geral, de acordo com a lei que os rege. Contudo, quando essa lei for discutida e deva resultar da vontade tácita das partes, aplicar-se-á, por presunção, a legislação que para esse caso se determina nos arts. 185 e 186, ainda que isso leve a aplicar ao contrato uma lei distinta, como resultado da interpretação da vontade.

Art. 185. Fora das regras já estabelecidas e das que no futuro se consignem para os casos especiais, nos contratos de adesão presume-se aceita, na falta de vontade expressa ou tácita, a lei de quem os oferece ou prepara.

Art. 186. Nos demais contratos, e para o caso previsto no artigo anterior, aplicar-se-á em primeiro lugar a lei pessoal comum aos contratantes e, na sua falta, a do lugar da celebração.

CAPÍTULO III
DOS CONTRATOS MATRIMONIAIS EM RELAÇÃOAOS BENS

Art. 187. Os contratos matrimoniais regem-se pela lei pessoal comum aos contratantes e, na sua falta, pela do primeiro domicílio matrimonial. Essas mesmas leis determinam, nessa ordem, o regime legal supletivo, na falta de estipulação.

Art. 188. É de ordem pública internacional o preceito que veda celebrar ou modificar contratos nupciais na constância do matrimônio, ou que se altere o regime de bens por mudanças de nacionalidade ou de domicílio posteriores ao mesmo.

Art. 189. Têm igual caráter os preceitos que se referem à rigorosa aplicação das leis e dos bons costumes, aos efeitos dos contratos nupciais em relação a terceiros e à sua forma solene.

Art. 190. A vontade das partes regula o direito aplicável às doações por motivo de matrimônio, exceto no que se refere à capacidade dos contratantes, à salvaguarda de direitos dos herdeiros legítimos e à sua nulidade, enquanto o matrimônio subsistir, subordinando-se tudo à lei geral que o regular e desde que a ordem pública internacional não seja atingida.

Art. 191. As disposições relativas ao dote e aos bens parafernais dependem da lei pessoal da mulher.

Art. 192. É de ordem pública internacional o preceito que repudia a inalienabilidade do dote.

Art. 193. É de ordem pública internacional a proibição de renunciar à comunhão de bens adquiridos durante o matrimônio.

CAPÍTULO IV
DA COMPRA E VENDA, CESSÃO DE CRÉDITO E PERMUTA

Art. 194. São de ordem pública internacional as disposições relativas à alienação forçada por utilidade pública.

Art. 195. O mesmo sucede com as disposições que fixam os efeitos da posse e do registro entre vários adquirentes e as referentes à remissão legal.

CAPÍTULO V
DO ARRENDAMENTO

Art. 196. No arrendamento de coisas, deve aplicar-se a lei territorial às medidas para salvaguarda do interesse de terceiros e aos direitos e deveres do comprador de imóvel arrendado.

Art. 197. É de ordem pública internacional, na locação de serviços, a regra que impede contratá-los por toda a vida ou por mais de certo tempo.

Art. 198. Também é territorial a legislação sobre acidentes do trabalho e proteção social do trabalhador.

Art. 199. São territoriais, quanto aos transportes por água, terra e ar, as leis e regulamentos locais e especiais.

CAPÍTULO VI
DOS FOROS

Art. 200. Aplica-se a lei territorial à determinação do conceito e categorias dos foros, seu caráter remissível, sua prescrição e à ação real que deles deriva.

Art. 201. Para o foro enfitêutico, são igualmente territoriais as disposições que fixam as duas condições e formalidades, que lhe impõem um reconhecimento ao fim de certo número de anos e que proíbem a subenfiteuse.

Art. 202. No foro consignativo, é de ordem pública internacional a regra que proíbe que o pagamento em frutos possa consistir em uma parte alíquota do que produza a propriedade aforada.

Art. 203. Tem o mesmo caráter, no foro reservativo, a exigência de que se valorize a propriedade aforada.

CAPÍTULO VII
DA SOCIEDADE

Art. 204. São leis territoriais as que exigem, na sociedade, um objeto lícito, formas solenes, e inventários, quando haja imóveis.

CAPÍTULO VIII
DO EMPRÉSTIMO

Art. 205. Aplica-se a lei local à necessidade do pacto expresso de juros e sua taxa.

CAPÍTULO IX
DO DEPÓSITO

Art. 206. São territoriais as disposições referentes ao depósito necessário e ao sequestro.

CAPÍTULO X
DOS CONTRATOS ALEATÓRIOS

Art. 207. Os efeitos das capacidades, em ações nascidas do contrato de jogo, determinam-se pela lei pessoal do interessado.

Art. 208. A lei local define os contratos dependentes de sorte e determina o jogo e a aposta permitidos ou proibidos.

Art. 209. É territorial a disposição que declara nula a renda vitalícia sobre a vida de uma pessoa, morta na data da outorga, ou dentro de certo prazo, se estiver padecendo de doença incurável.

CAPÍTULO XI
DAS TRANSAÇÕES E COMPROMISSOS

Art. 210. São territoriais as disposições que proíbem transigir ou sujeitar a compromissos determinadas matérias.

Art. 211. A extensão e efeitos do compromisso e a autoridade de coisa julgada da transação dependem também da lei territorial.

CAPÍTULO XII
DA FIANÇA

Art. 212. É de ordem pública internacional a regra que proíbe ao fiador obrigar-se por mais do que o devedor principal.

Art. 213. Correspondem à mesma categoria as disposições relativas à fiança legal ou judicial.

CAPÍTULO XIII
DO PENHOR, DA HIPOTECA E DA ANTICRESE

Art. 214. É territorial a disposição que proíbe ao credor apropriar-se das coisas recebidas como penhor ou hipoteca.

Art. 215. Também o são os preceitos que determinam os requisitos essenciais do contrato de penhor, e eles devem vigorar quando o objeto penhorado se transfira a outro lugar onde as regras sejam diferentes das exigidas ao celebrar-se o contrato.

Art. 216. São igualmente territoriais as prescrições em virtude das quais o penhor deva ficar em poder do credor ou de um terceiro, as que exijam, para valer contra terceiros, que conste, por instrumento público, a data certa e as que fixem o processo para a sua alienação.

Art. 217. Os regulamentos especiais de montes de socorro e estabelecimentos públicos análogos são obrigatórios territorialmente para todas as operações que com eles se realizem.

Art. 218. São territoriais as disposições que fixam o objeto, as condições, os requisitos, o alcance e a inscrição do contrato de hipoteca.

Art. 219. É igualmente territorial a proibição de que o credor adquira a propriedade do imóvel em anticrese, por falta do pagamento da dívida.

CAPÍTULO XIV
DOS QUASE CONTRATOS

Art. 220. A gestão de negócios alheios é regulada pela lei do lugar em que se efetuar.

Art. 221. A cobrança do indébito submete-se à lei pessoal comum das partes e, na sua falta, à do lugar em que se fizer o pagamento.

Art. 222. Os demais quase contratos subordinam-se à lei que regule a instituição jurídica que os origine.

CAPÍTULO XV
DO CONCURSO E PREFERÊNCIA DE CRÉDITOS

Art. 223. Se as obrigações concorrentes não têm caráter real e estão submetidas a uma lei comum, a dita lei regulará também a sua preferência.

Art. 224. Ás obrigações garantidas com ação real, aplicar-se-á a lei da situação da garantia.

Art. 225. Fora dos casos previstos nos artigos anteriores, deve aplicar-se à preferência de créditos a lei do tribunal que tiver que a decidir.

Art. 226. Se a questão for apresentada, simultaneamente em mais de um tribunal de Estados diversos, resolver-se-á de acordo com a lei daquele que tiver realmente sob a sua jurisdição os bens ou numerário em que se deva fazer efetiva a preferência.

CAPÍTULO XVI
DA PRESCRIÇÃO

Art. 227. A prescrição aquisitiva de bens móveis ou imóveis é regulada pela lei do lugar em que estiverem situados.

Art. 228. Se as coisas móveis mudarem de situação, estando a caminho de prescrever, será regulada a prescrição pela lei do lugar em que se encontrarem ao completar-se o tempo requerido.

Art. 229. A prescrição extintiva de ações pessoais é regulada pela lei a que estiver sujeita a obrigação que se vai extinguir.

Art. 230. A prescrição extintiva de ações reais é regulada pela lei do lugar em que esteja situada a coisa a que se refira.

Art. 231. Se, no caso previsto no artigo anterior, se tratar de coisas móveis que tiverem mudado de lugar durante o prazo da prescrição, aplicar-se-á a lei do lugar em que se encontrarem ao completar-se o período ali marcado para a prescrição.

LIVRO SEGUNDO
DIREITO COMERCIAL INTERNACIONAL

TÍTULO PRIMEIRO
DOS COMERCIANTES E DO COMÉRCIO EM GERAL

CAPÍTULO I
DOS COMERCIANTES

Art. 232. A capacidade para exercer o comércio e para intervir em atos e contratos comerciais é regulada pela lei pessoal de cada interessado.

Art. 233. A essa mesma lei pessoal se subordinam as incapacidades e a sua habilitação.

Art. 234. A lei do lugar em que o comércio se exerce deve aplicar-se às medidas de publicidade necessárias para que se possam dedicar a ele, por meio de seus representantes, os incapazes, ou, por si mesmas, as mulheres casadas.

Art. 235. A lei local deve aplicar-se à incompatibilidade para o exercício do comércio pelos empregados públicos e pelos agentes de comércio e corretores.

Art. 236. Toda incompatibilidade para o comércio, que resultar de leis ou disposições especiais em determinado território, será regida pelo direito desse território.

Art. 237. A dita incompatibilidade, quanto a funcionários diplomáticos e agentes consulares, será regulada pela lei do Estado que os nomear. O país onde residirem tem igualmente o direito de lhes proibir o exercício do comércio.

Art. 238. O contrato social ou a lei a que o mesmo fique sujeito aplica-se à proibição de que os sócios coletivos ou comanditários realizem, por conta própria ou alheia, operações mercantis ou determinada classe destas.

CAPÍTULO II
DA QUALIDADE DE COMERCIANTE E DOS ATOS DE COMÉRCIO

Art. 239. Para todos os efeitos de caráter público, a qualidade do comerciante é determinada pela lei do lugar em que se tenha realizado o ato ou exercido a indústria de que se trate.

Art. 240. A forma dos contratos e atos comerciais é subordinada à lei territorial.

CAPÍTULO III
DO REGISTRO MERCANTIL

Art. 241. São territoriais as disposições relativas à inscrição, no registro mercantil, dos comerciantes e sociedades estrangeiras.

Art. 242. Têm o mesmo caráter as regras que estabelecem o efeito da inscrição, no dito registro, de créditos ou direitos de terceiros.

CAPÍTULO IV
DOS LUGARES E CASAS DE BOLSA E COTAÇÃO OFICIAL DE TÍTULOS PÚBLICOS E DOCUMENTOS DE CRÉDITOAO PORTADOR

Art. 243. As disposições relativas aos lugares e casas de bolsa e cotação oficial de títulos públicos e documentos de crédito ao portador são de ordem pública internacional.

CAPÍTULO V
DISPOSIÇÕES GERAIS SOBRE OS CONTRATOS DE COMÉRCIO

Art. 244. Aplicar-se-ão aos contratos de comércio as regras gerais estabelecidas para os contratos civis no capítulo segundo, título quarto, livro primeiro deste Código.

Art. 245. Os contratos por correspondência só ficarão perfeitos mediante o cumprimento das condições que para esse efeito indicar a legislação de todos os contratantes.

Art. 246. São de ordem pública internacional as disposições relativas a contratos ilícitos e a prazos de graça, cortesia e outros análogos.

TÍTULO SEGUNDO
DOS CONTRATOS ESPECIAIS DE COMÉRCIO

CAPÍTULO I
DAS COMPANHIAS COMERCIAIS

Art. 247. O caráter comercial de uma sociedade coletiva ou comanditária determina-se pela lei a que estiver submetido o contrato social e, na sua falta, pela do lugar em que tiver o seu domicílio comercial.

Se essas leis não distinguirem entre sociedades comerciais e civis, aplicar-se-á o direito do país em que a questão for submetida a juízo.

Art. 248. O caráter mercantil de uma sociedade anônima depende da lei do contrato social, na falta deste, da do lugar em que se efetuem as assembleias gerais de acionistas, e em sua falta da do em que normalmente resida o seu Conselho ou Junta diretiva.

Se essas leis não distinguirem entre sociedades comerciais e civis, terá um ou outro caráter, conforme esteja ou não inscrita no registro comercial do país onde a questão deva ser julgada. Em falta de registro mercantil, aplicar-se-á o direito local deste último país.

Art. 249. Tudo quanto se relacione com a constituição e maneira de funcionar das sociedades mercantis e com a responsabilidade dos seus órgãos está sujeito ao contrato social, e, eventualmente, à lei que o reja.

Art. 250. A emissão de ações e obrigações em um Estado contratante, as formas e garantias de publicidade e a responsabilidade dos gerentes de agências e sucursais, a respeito de terceiros, submetem-se à lei territorial.

Art. 251. São também territoriais as leis que subordinam a sociedade a um regime especial, em vista das suas operações.

Art. 252. As sociedades mercantis, devidamente constituídas em um Estado contratante, gozarão da mesma personalidade jurídica nos demais, salvas as limitações do direito territorial.

Art. 253. São territoriais as disposições que se referem à criação, funcionamento e privilégios dos bancos de emissão e desconto, companhias de armazéns gerais de depósitos, e outras análogas.

CAPÍTULO II
DA COMISSÃO MERCANTIL

Art. 254. São de ordem pública internacional as prescrições relativas à forma da venda urgente pelo comissário, para salvar, na medida do possível, o valor das coisas em que a comissão consista.

Art. 255. As obrigações do preposto estão sujeitas à lei do domicílio mercantil do mandante.

CAPÍTULO III
DO DEPÓSITO E EMPRÉSTIMO MERCANTIS

Art. 256. As responsabilidades não civis do depositário, regem-se pela lei do lugar do depósito.

Art. 257. A taxa legal e a liberdade dos juros mercantis são de ordem pública internacional.

Art. 258. São territoriais as disposições referentes ao empréstimo com garantia de títulos cotizáveis, negociado em bolsa, com intervenção de agente competente ou funcionário oficial.

CAPÍTULO IV
DO TRANSPORTE TERRESTRE

Art. 259. Nos casos de transporte internacional, há somente um contrato, regido pela lei que lhe corresponda, segundo a sua natureza.

Art. 260. Os prazos e formalidades para o exercício de ações surgidas desse contrato, e não previstas no mesmo, regem-se pela lei do lugar em que se produzam os fatos que as originem.

CAPÍTULO V
DOS CONTRATOS DE SEGURO

Art. 261. O contrato de seguro contra incêndios rege-se pela lei do lugar onde, ao ser efetuado, se ache a coisa segurada.

Art. 262. Os demais contratos de seguros seguem a regra geral, regulando-se pela lei pessoal comum das partes ou, na sua falta, pela do lugar da celebração; mas, as formalidades externas para comprovação de fatos ou omissões, necessárias ao exercício ou conservação de ações ou direitos, ficam sujeitas à lei do lugar em que se produzir o fato ou omissão que as originar.

CAPÍTULO VI
DO CONTRATO E LETRA DE CÂMBIO E EFEITOS MERCANTIS ANÁLOGOS

Art. 263. A forma do saque, endosso, fiança, intervenção, aceite e protesto de uma letra de câmbio submete-se à lei do lugar em que cada um dos ditos atos se realizar.

Art. 264. Na falta de convênio expresso ou tácito, as relações jurídicas entre o sacador e o tomador serão reguladas pela lei do lugar em que a letra se saca.

Art. 265. Em igual caso, as obrigações e direitos entre o aceitante e o portador regulam-se pela lei do lugar em que se tiver efetuado o aceite.

Art. 266. Na mesma hipótese, os efeitos jurídicos que o endosso produz, entre o endossante e o endossado, dependem da lei do lugar em que a letra for endossada.

Art. 267. A maior ou menor extensão das obrigações de cada endossante não altera os direitos e deveres originários do sacador e do tomador.

Art. 268. O aval, nas mesmas condições, é regulado pela lei do lugar em que se presta.

Art. 269. Os efeitos jurídicos da aceitação por intervenção regulam-se, em falta de convenção, pela lei do lugar em que o terceiro intervier.

Art. 270. Os prazos e formalidades para o aceite, pagamento e protesto submetem-se à lei local.

Art. 271. As regras deste capítulo são aplicáveis às notas promissórias, vales e cheques.

CAPÍTULO VII
DA FALSIFICAÇÃO, ROUBO, FURTO OU EXTRAVIO DE DOCUMENTOS DE CRÉDITO E TÍTULOS AO PORTADOR

Art. 272. As disposições relativas à falsificação, roubo, furto ou extravio de documentos de crédito e títulos ao portador são de ordem pública internacional.

Art. 273. A adoção das medidas que estabeleça a lei do lugar em que o ato se produz não dispensa os interessados de tomar quaisquer outras determinadas pela lei do lugar em que esses documentos e efeitos tenham cotação e pela do lugar do seu pagamento.

TÍTULO TERCEIRO
DO COMÉRCIO MARÍTIMO E AÉREO

CAPÍTULO I
DOS NAVIOS E AERONAVES

Art. 274. A nacionalidade dos navios prova-se pela patente de navegação e a certidão do registro, e tem a bandeira como sinal distintivo aparente.

Art. 275. A lei do pavilhão regula as formas de publicidade requeridas para a transmissão da propriedade de um navio.

Art. 276. À lei da situação deve submeter-se a faculdade de embargar e vender judicialmente um navio, esteja ou não carregado e despachado.

Art. 277. Regulam-se pela lei do pavilhão os direitos dos credores, depois da venda do navio, e a extinção dos mesmos.

Art. 278. A hipoteca marítima e os privilégios e garantias de caráter real, constituídos de acordo com a lei do pavilhão, têm efeitos extraterritoriais, até nos países cuja legislação não conheça ou não regule essa hipoteca ou esses privilégios.

Art. 279. Sujeitam-se também à lei do pavilhão os poderes e obrigações do capitão e a responsabilidade dos proprietários e armadores pelos seus atos.

Art. 280. O reconhecimento do navio, o pedido de prático e a polícia sanitária dependem da lei territorial.

Art. 281. As obrigações dos oficiais e gente do mar e a ordem interna do navio subordinam-se à lei do pavilhão.

Art. 282. As precedentes disposições deste capítulo aplicam-se também às aeronaves.

Art. 283. São de ordem pública internacional as regras sobre a nacionalidade dos proprietários de navios e aeronaves e dos armadores, assim como dos oficiais e da tripulação.

Art. 284. Também são de ordem pública internacional as disposições sobre nacionalidade de navios e aeronaves para o comércio fluvial, lacustre e de cabotagem e entre determinados lugares do território dos Estados contratantes, assim como para a pesca e outras indústrias submarinas no mar territorial.

CAPÍTULO II
DOS CONTRATOS ESPECIAIS DE COMÉRCIO MARÍTIMO EAÉREO

Art. 285. O fretamento, caso não seja um contrato de adesão, reger-se-á pela lei do lugar de saída das mercadorias. Os atos de execução do contrato ajustar-se-ão à lei do lugar em que se efetuarem.

Art. 286. As faculdades do capitão para o empréstimo de risco marítimo determinam-se pela lei do pavilhão.

Art. 287. O contrato de empréstimo de risco marítimo, salvo convenção em contrário, subordina-se à lei do lugar em que o empréstimo se efetue.

Art. 288. Para determinar se a avaria é simples ou grossa e a proporção em que devem contribuir para suportar o navio e a carga, aplica-se a lei do pavilhão.

Art. 289. O abalroamento fortuito, em águas territoriais ou no espaço aéreo nacional, submete-se à lei do pavilhão, se este for comum.

Art. 290. No mesmo caso, se os pavilhões diferem, aplica-se a lei do lugar.

Art. 291. Aplica-se essa mesma lei local a todo caso de abalroamento culpável, em águas territoriais ou no espaço aéreo nacional.

Art. 292. A lei do pavilhão aplicar-se-á nos casos de abalroamento fortuito ou culpável, em alto mar ou no livre espaço, se os navios ou aeronaves tiverem o mesmo pavilhão.

Art. 293. Em caso contrário, regular-se-á pelo pavilhão do navio ou aeronave abalroado, se o abalroamento for culpável.

Art. 294. Nos casos de abalroamento fortuito, no alto mar ou no espaço aéreo livre, entre navios ou aeronaves de diferentes pavilhões, cada um suportará a metade da soma total do dano, dividido segundo a lei de um deles, e a metade restante dividida segundo a lei do outro.

TÍTULO QUARTO
DA PRESCRIÇÃO

Art. 295. A prescrição das ações originadas em contratos e atos comerciais ajustar-se-á às regras estabelecidas neste Código, a respeito das ações cíveis.

LIVRO TERCEIRO
DIREITO PENAL INTERNACIONAL

CAPÍTULO I
DAS LEIS PENAIS

Art. 296. As leis penais obrigam a todos os que residem no território, sem mais exceções do que as estabelecidas neste capítulo.

Art. 297. Estão isentos das leis penais de cada Estado contratante os chefes de outros Estados que se encontrem no seu território.

Art. 298. Gozam de igual isenção os representantes diplomáticos dos Estados contratantes, em cada um dos demais, assim como os seus empregados estrangeiros, e as pessoas da família dos primeiros, que vivam em sua companhia.

Art. 299. As leis penais de um Estado não são, tão pouco, aplicáveis aos delitos cometidos no perímetro das operações militares, quando esse Estado haja autorizado a passagem, pelo seu território, de um exército de outro Estado contratante, contanto que tais delitos não tenham relação legal com o dito exército.

Art. 300. Aplica-se a mesma isenção aos delitos cometidos em águas territoriais ou no espaço aéreo nacional, a bordo de navios ou aeronaves estrangeiros de guerra.

Art. 301. O mesmo sucede com os delitos cometidos em águas territoriais ou espaço aéreo nacional, em navios ou aeronaves mercantes estrangeiros, se não têm relação alguma com o país e seus habitantes, nem perturbam a sua tranquilidade.

Art. 302. Quando os atos de que se componha um delito se realizem em Estados contratantes diversos, cada Estado pode castigar o ato realizado em seu país, se ele constitui, por si só, um fato punível. Em caso contrário, dar-se-á preferência ao direito da soberania local em que o delito se tiver consumado.

Art. 303. Se se trata de delitos conexos em territórios de mais de um Estado contratante, só ficará subordinado à lei penal de cada um o que for cometido no seu território.

Art. 304. Nenhum Estado contratante aplicará em seu território as leis penais dos outros.

CAPÍTULO II
DOS DELITOS COMETIDOS EM UM ESTADO ESTRANGEIRO CONTRATANTE

Art. 305. Estão sujeitos, no estrangeiro, às leis penais de cada Estado contratante, os que cometerem um delito contra a segurança interna ou externa do mesmo Estado ou contra o seu crédito público, seja qual for a nacionalidade ou o domicílio do delinquente.

Art. 306. Todo nacional de um Estado contratante ou todo estrangeiro nele domiciliado, que cometa em país estrangeiro um delito contra a independência desse Estado, fica sujeito às suas leis penais.

Art. 307. Também estarão sujeitos às leis penais do Estado estrangeiro em que possam ser detidos e julgados aqueles que cometam fora do território um delito, como o tráfico de mulheres brancas, que esse Estado contratante se tenha obrigado a reprimir por acordo internacional.

CAPÍTULO III
DOS DELITOS COMETIDOS FORA DO TERRITÓRIO NACIONAL

Art. 308. A pirataria, o tráfico de negros e o comércio de escravos, o tráfico de mulheres brancas, a destruição ou deterioração de cabos submarinos e os demais delitos da mesma índole, contra o direito internacional, cometidos no alto-mar, no ar livre e em territórios não organizados ainda em Estado, serão punidos pelo captor, de acordo com as suas leis penais.

Art. 309. Nos casos de abalroamento culpável, no alto-mar ou no espaço aéreo, entre navios ou aeronaves de pavilhões diversos, aplicar-se-á a lei penal da vítima.

CAPÍTULO IV
QUESTÕES VÁRIAS

Art. 310. Para o conceito legal da reiteração ou da reincidência, será levada em conta a sentença pronunciada num Estado estrangeiro contratante, salvo os casos em que a isso se opuser a legislação local.

Art. 311. A pena de interdição civil terá efeito nos outros Estados, mediante o prévio cumprimento das formalidades de registro ou publicação que a legislação de cada um deles exija.

Art. 312. A prescrição do delito subordina-se à lei do Estado a que corresponda o seu conhecimento.

Art. 313. A prescrição da pena regula-se pela lei do Estado que a tenha imposto.

LIVRO QUARTO
DIREITO PROCESSUAL INTERNACIONAL

TÍTULO PRIMEIRO
PRINCÍPIOS GERAIS

Art. 314. A lei de cada Estado contratante determina a competência dos tribunais, assim como a sua organização, as formas de processo e a execução das sentenças e os recursos contra suas decisões.

Art. 315. Nenhum Estado contratante organizará ou manterá no seu território tribunais especiais para os membros dos demais Estados contratantes.

Art. 316. A competência *ratione loci* subordina-se, na ordem das relações internacionais, à lei do Estado contratante que a estabelece.

Art. 317. A competência *ratione materiae ratione personae*, na ordem das relações internacionais, não se deve basear, por parte dos Estados contratantes, na condição de nacionais ou estrangeiros das pessoas interessadas, em prejuízo destas.

TÍTULO SEGUNDO
DA COMPETÊNCIA

CAPÍTULO I
DAS REGRAS GERAIS DE COMPETÊNCIA NO CÍVEL E NO COMERCIAL

Art. 318. O juiz competente, em primeira instância, para conhecer dos pleitos a que dê origem o exercício das ações cíveis e mercantis de qualquer espécie, será aquele a quem os litigantes se submetam expressa ou tacitamente, sempre que um deles, pelo menos, seja nacional do Estado contratante a que o juiz pertença ou tenha nele o seu domicílio e salvo o direito local, em contrário. A submissão não será possível para as ações reais ou mistas sobre bens imóveis, se a proibir a lei da sua situação.

Art. 319. A submissão só se poderá fazer ao juiz que exerça jurisdição ordinária e que a tenha para conhecer de igual classe de negócios no mesmo grau.

Art. 320. Em caso algum poderão as partes recorrer, expressa ou tacitamente, para juiz ou tribunal diferente daquele ao qual, segundo as leis locais, estiver subordinado o que tiver conhecido do caso, na primeira instância.

Art. 321. Entender-se-á por submissão expressa a que for feita pelos interessados com renúncia clara e terminante do seu foro próprio e a designação precisa do juiz a quem se submetem.

Art. 322. Entender-se-á que existe a submissão tácita do autor quando este comparece em juízo para propor a demanda, e a do réu quando este pratica, depois de chamado a juízo, qualquer ato que não seja a apresentação formal de declinatório. Não se entenderá que há submissão tácita se o processo correr à revelia.

Art. 323. Fora dos casos de submissão expressa ou tácita, e salvo o direito local, em contrário, será juiz competente, para o exercício de ações pessoais, o do lugar do cumprimento da obrigação, e, na sua falta, o do domicílio dos réus ou, subsidiariamente, o da sua residência.

Art. 324. Para o exercício de ações reais sobre bens móveis, será competente o juiz da situação, e, se esta não for conhecida do autor, o do domicílio, e, na sua falta, o da residência do réu.

Art. 325. Para o exercício de ações reais sobre bens imóveis e para o das ações mistas de limites e divisão de bens comuns, será juiz competente o da situação dos bens.

Art. 326. Se, nos casos a que se referem os dois artigos anteriores, houver bens situados em mais de um Estado contratante, poderá recorrer-se aos juízes de qualquer deles, salvo se a lei da situação, no referente a imóveis, o proibir.

Art. 327. Nos juízos de testamentos ou *ab intestato*, será juiz competente o do lugar em que o finado tiver tido o seu último domicílio.

Art. 328. Nos concursos de credores e no de falência, quando for voluntária a confissão desse estado pelo devedor, será juiz competente o do seu domicílio.

Art. 329. Nas concordatas ou falências promovidas pelos credores, será juiz competente o de qualquer dos lugares que conheça da reclamação que as motiva, preferindo-se, caso esteja entre eles, o do domicílio do devedor, se este ou a maioria dos credores o reclamarem.

Art. 330. Para os atos de jurisdição voluntária, salvo também o caso de submissão e respeitado o direito local, será competente o juiz do lugar em que a pessoa que os motivar tenha ou haja tido o seu domicílio, ou, na falta deste, a residência.

Art. 331. Nos atos de jurisdição voluntária em matéria de comércio, fora do caso de submissão, e salvo o direito local, será competente o juiz do lugar em que a obrigação se deva cumprir ou, na sua falta, o do lugar do fato que os origine.

Art. 332. Dentro de cada Estado contratante, a competência preferente dos diversos juízes será regulada pelo seu direito nacional.

CAPÍTULO II
DAS EXCEÇÕES ÀS REGRAS GERAIS DE COMPETÊNCIA NO CÍVEL E NO COMERCIAL

Art. 333. Os juízes e tribunais de cada Estado contratante serão incompetentes para conhecer dos assuntos cíveis ou comerciais em que sejam parte demandada os demais Estados contratantes ou seus chefes, se se trata de uma ação pessoal, salvo o caso de submissão expressa ou de pedido de reconvenção.

Art. 334. Em caso idêntico e com a mesma exceção, eles serão incompetentes quando se exercitem ações reais, se o Estado contratante ou o seu chefe têm atuado no assunto como tais e no seu caráter público, devendo aplicar-se, nessa hipótese, o disposto na última alínea do art. 318.

Art. 335. Se o Estado estrangeiro contratante ou o seu chefe tiverem atuado como particulares ou como pessoas privadas, serão competentes os juízes ou tribunais para conhecer dos assuntos em que se exercitem ações reais ou mistas, se essa competência lhes corresponder em relação a indivíduos estrangeiros, de acordo com este Código.

Art. 336. A regra do artigo anterior será aplicável aos juízos universais, seja qual for o caráter com que neles atue o Estado estrangeiro contratante ou o seu chefe.

Art. 337. As disposições estabelecidas nos artigos anteriores aplicar-se-ão aos funcionários diplomáticos estrangeiros e aos comandantes de navios ou aeronaves de guerra.

Art. 338. Os cônsules estrangeiros não estarão isentos da competência dos juízes e tribunais civis do país em que funcionem, exceto quanto aos seus atos oficiais.

Art. 339. Em nenhum caso poderão os juízes ou tribunais ordenar medidas coercitivas ou de outra natureza que devam ser executadas no interior das legações ou consulados ou em seus arquivos, nem a respeito da correspondência diplomática ou consular, sem o consentimento dos respectivos funcionários diplomáticos ou consulares.

CAPÍTULO III
REGRAS GERAIS DE COMPETÊNCIA EM MATÉRIA PENAL

Art. 340. Para conhecer dos delitos e faltas e os julgar, são competentes os juízes e tribunais do Estado contratante em que tenham sido cometidos.

Art. 341. A competência estende-se a todos os demais delitos e faltas a que se deva aplicar a lei penal do Estado, conforme as disposições deste Código.

Art. 342. Compreende, além disso, os delitos ou faltas cometidos no estrangeiro por funcionários nacionais que gozem do benefício da imunidade.

CAPÍTULO IV
DAS EXCEÇÕES ÀS REGRAS GERAIS DE COMPETÊNCIA EM MATÉRIA PENAL

Art. 343. Não estão sujeitos, em matéria penal, à competência de juízes e tribunais dos Estados contratantes, as pessoas e os delitos ou infrações que não são atingidos pela lei penal do respectivo Estado.

TÍTULO TERCEIRO
DA EXTRADIÇÃO

Art. 344. Para se tornar efetiva a competência judicial internacional em matéria penal, cada um dos Estados contratantes acederá ao pedido de qualquer dos outros, para a entrega de indivíduos condenados ou processados por delitos que se ajustem às disposições deste título, sem prejuízo das disposições dos tratados ou convenções internacionais que contenham listas de infrações penais que autorizem a extradição.

Art. 345. Os Estados contratantes não estão obrigados a entregar os seus nacionais. A nação que se negue a entregar um de seus cidadãos fica obrigada a julgá-lo.

Art. 346. Quando, anteriormente ao recebimento do pedido, um indivíduo processado ou condenado tiver delinquido no país a que se pede a sua entrega, pode adiar-se essa entrega até que seja ele julgado e cumprida a pena.

Art. 347. Se vários Estados contratantes solicitam a extradição de um delinquente pelo mesmo delito, deve ser ele entregue àquele Estado em cujo território o delito se tenha cometido.

Art. 348. Caso a extradição se solicite por atos diversos, terá preferência o Estado contratante em cujo território se tenha cometido o delito mais grave segundo a legislação do Estado requerido.

Art. 349. Se todos os atos imputados tiverem igual gravidade será preferido o Estado contratante que primeiro houver apresentado o pedido de extradição. Sendo simultânea a apresentação, o Estado requerido decidirá, mas deve conceder preferência ao Estado de origem ou, na sua falta, ao do domicílio do delinquente, se for um dos solicitantes.

Art. 350. As regras anteriores sobre preferência não serão aplicáveis, se o Estado contratante estiver obrigado para com um terceiro, em virtude de tratados vigentes, anteriores a este Código, a estabelecê-la de modo diferente.

Art. 351. Para conceder a extradição, é necessário que o delito tenha sido cometido no território do Estado que a peça ou que lhe sejam aplicáveis suas leis penais, de acordo com o livro terceiro deste Código.

Art. 352. A extradição alcança os processados ou condenados como autores, cúmplices ou encobridores do delito.

Art. 353. Para que a extradição possa ser pedida, é necessário que o fato que a motive tenha caráter de delito, na legislação do Estado requerente e na do requerido.

Art. 354. Será igualmente exigido que a pena estabelecida para os fatos incriminados, conforme a sua qualificação provisória ou definitiva, pelo juiz ou tribunal competente do Estado que solicita a extradição, não seja menor de um ano de privação de liberdade e que esteja autorizada ou decidida a prisão ou detenção preventiva do acusado, se não houver ainda sentença final. Esta deve ser de privação de liberdade.

Art. 355. Estão excluídos da extradição os delitos políticos e os com eles relacionados, segundo a definição do Estado requerido.

Art. 356. A extradição também não será concedida, se se provar que a petição de entrega foi formulada, de fato, com o fim de se julgar e castigar o acusado por um delito de caráter político, segundo a mesma definição.

Art. 357. Não será reputado delito político, nem fato conexo, o homicídio ou assassínio do chefe de um Estado contratante, ou de qualquer pessoa que nele exerça autoridade.

Art. 358. Não será concedida a extradição, se a pessoa reclamada já tiver sido julgada e posta em liberdade ou cumprido a pena ou estiver submetida a processo no território do Estado requerido, pelo mesmo delito que motiva o pedido.

Art. 359. Não se deve, tão pouco, aceder ao pedido de extradição, se estiver prescrito o delito ou a pena, segundo as leis do Estado requerente ou as do requerido.

Art. 360. A legislação do Estado requerido posterior ao delito não poderá impedir a extradição.

Art. 361. Os cônsules-gerais, cônsules, vice-cônsules ou agentes consulares podem pedir que se prendam e entreguem, a bordo de um navio ou aeronave de seu país, oficiais, marinheiros ou tripulantes de seus navios ou aeronaves de guerra ou mercantes, que tiverem desertado de uns ou de outras.

Art. 362. Para os efeitos do artigo anterior, eles apresentarão à autoridade local correspondente, deixando-lhe, além disso, cópia autêntica, os registros do navio ou aeronave, rol da tripulação ou qualquer outro documento oficial em que o pedido se basear.

Art. 363. Nos países limítrofes, poderão estabelecer-se regras especiais para a extradição, nas regiões ou localidades da fronteira.

Art. 364. O pedido de extradição deve fazer-se por intermédio dos funcionários devidamente autorizados para esse fim, pelas leis do Estado requerente.

Art. 365. Com o pedido definitivo de extradição, devem apresentar-se:

1. Uma sentença condenatória ou um mandado ou auto de captura ou um documento de igual força, ou que obrigue o interessado a comparecer periodicamente ante a jurisdição repressiva, acompanhado das peças do processo que subministrem provas ou, pelo menos, indícios razoáveis da culpabilidade da pessoa de que se trate;
2. A filiação do indivíduo reclamado ou os sinais ou circunstâncias que possam servir para o identificar;
3. A cópia autêntica das disposições que estabeleçam a qualificação legal do fato que motiva o pedido de entrega, definam a participação nele atribuída ao culpado e precisem a pena aplicável.

Art. 366. A extradição pode solicitar-se telegraficamente e, nesse caso, os documentos mencionados no artigo anterior serão apresentados ao país requerido ou à sua legação ou consulado geral no país requerente, dentro nos dois meses seguintes à detenção do indigitado. Na sua falta, este será posto em liberdade.

Art. 367. Se o Estado requerente não dispõe da pessoa reclamada dentro dos três meses seguintes ao momento em que foi colocada à sua disposição, ela será posta, igualmente, em liberdade.

Art. 368. O detido poderá usar, no Estado ao qual se fizer o pedido de extradição, de todos os meios legais concedidos aos nacionais para recuperar a liberdade, baseando-se para isto nas disposições deste Código.

Art. 369. O detido poderá igualmente, depois disso, utilizar os recursos legais que procedam, no Estado que pedir a extradição, contra as qualificações e resoluções em que esta se funda.

Art. 370. A entrega deve ser feita com todos os objetos que se encontrarem em poder da pessoa reclamada, quer sejam produto do delito imputado, quer peças que possam servir para a prova do mesmo, tanto quanto for praticável, de acordo com as leis do Estado que a efetue e respeitando-se devidamente os direitos de terceiros.

Art. 371. A entrega dos objetos, a que se refere o artigo anterior, poderá ser feita, se a pedir o Estado requerente da extradição, ainda que o detido morra ou se evada antes de efetuada esta.

Art. 372. As despesas com a detenção ou entrega serão por conta do Estado requerente, mas este não terá que despender importância alguma com os serviços que prestarem os empregados públicos pagos pelo Governo ao qual se peça a extradição.

Art. 373. A importância dos serviços prestados por empregados públicos ou outros serventuários, que só recebam direitos ou emolumentos, não excederá àquela que habitualmente percebam por essas diligências ou serviços, segundo as leis do país em que residam.

Art. 374. A responsabilidade, que se possa originar do fato da detenção provisória, caberá ao Estado que a solicitar.

Art. 375. O trânsito da pessoa extraditada e de seus guardas pelo território dum terceiro Estado contratante será permitido mediante apresentação do exemplar original ou de uma cópia autêntica do documento que conceda a extradição.

Art. 376. O Estado que obtiver a extradição de um acusado que for logo absolvido ficará obrigado a comunicar ao que a concedeu uma cópia autêntica da sentença.

Art. 377. A pessoa entregue não poderá ser detida em prisão, nem julgada pelo Estado contratante a que seja entregue, por um delito diferente daquele que houver motivado a extradição e cometido antes desta, salvo se nisso consentir o Estado requerido, ou se o extraditado permanecer em liberdade no primeiro, três meses depois de ter sido julgado e absolvido pelo delito que foi origem da extradição, ou de haver cumprido a pena de privação de liberdade que lhe tenha sido imposta.

Art. 378. Em caso algum se imporá ou se executará a pena de morte, por delito que tiver sido causa da extradição.

Art. 379. Sempre que se deva levar em conta o tempo da prisão preventiva, contar-se-á como tal o tempo decorrido desde a detenção do extraditado, no Estado ao qual tenha sido pedida.

Art. 380. O detido será posto em liberdade, se o Estado requerente não apresentar o pedido de extradição em prazo razoável e no menor espaço de tempo possível, depois da prisão provisória, levando-se em conta a distância e as facilidades de comunicações postais entre os dois países.

Art. 381. Negada a extradição de uma pessoa, não se pode voltar a pedi-la pelo mesmo delito.

TÍTULO QUARTO
DO DIREITO DE COMPARECER EM JUÍZO E SUAS MODALIDADES

Art. 382. Os nacionais de cada Estado contratante gozarão, em cada um dos outros, do benefício de assistência judiciária, nas mesmas condições dos naturais.

Art. 383. Não se fará distinção entre nacionais e estrangeiros, nos Estados contratantes, quanto à prestação de fiança para o comparecimento em juízo.

Art. 384. Os estrangeiros pertencentes a um Estado contratante poderão solicitar, nos demais, a ação pública em matéria penal, nas mesmas condições que os nacionais.

Art. 385. Não se exigirá tão pouco a esses estrangeiros que prestem fiança para o exercício de ação privada, nos casos em que se não faça tal exigência aos nacionais.

Art. 386. Nenhum dos Estados contratantes imporá aos nacionais de outro a caução *judicio sisti* ou o *onus probandi*, nos casos em que não exija um ou outro aos próprios nacionais.

Art. 387. Não se autorizarão embargos preventivos, nem fianças, nem outras medidas processuais de índole análoga, a respeito de nacionais dos Estados contratantes, só pelo fato da sua condição de estrangeiros.

TÍTULO QUINTO
CARTAS ROGATÓRIAS E COMISSÕES ROGATÓRIAS

Art. 388. Toda diligência judicial que um Estado contratante necessite praticar em outro será efetuada mediante carta rogatória ou comissão rogatória, transmitida por via diplomática. Contudo, os Estados contratantes poderão convencionar ou aceitar entre si, em matéria cível ou comercial, qualquer outra forma de transmissão.

Art. 389. Cabe ao juiz deprecante decidir a respeito da sua competência e da legalidade e oportunidade do ato ou prova, sem prejuízo da jurisdição do juiz deprecado.

Art. 390. O juiz deprecado resolverá sobre a sua própria competência *ratione materix*, para o ato que lhe é cometido.

Art. 391. Aquele que recebe a carta ou comissão rogatória se deve sujeitar, quanto ao seu objeto, à lei do deprecante e, quanto à forma de a cumprir, à sua própria lei.

Art. 392. A rogatória será redigida na língua do Estado deprecante e acompanhada de uma tradução na língua do Estado deprecado, devidamente certificada por intérprete juramentado.

Art. 393. Os interessados no cumprimento das cartas rogatórias de natureza privada deverão constituir procuradores, correndo por sua conta as despesas que esses procuradores e as diligências ocasionem.

TÍTULO SEXTO
EXEÇÕES QUE TÊM CARÁTER INTERNACIONAL

Art. 394. A litispendência, por motivo de pleito em outro Estado contratante poderá ser alegada em matéria cível, quando a sentença, proferida em um deles, deva produzir no outro os efeitos de coisa julgada.

Art. 395. Em matéria penal, não se poderá alegar a exceção de litispendência por causa pendente em outro Estado contratante.

Art. 396. A exceção de coisa julgada, que se fundar em sentença de outro Estado contratante, só poderá ser alegada quando a sentença tiver sido pronunciada com o comparecimento das partes ou de seus representantes legítimos, sem que se haja suscitado questão de competência do tribunal estrangeiro baseada em disposições deste Código.

Art. 397. Em todos os casos de relações jurídicas submetidas a este Código, poderão suscitar-se questões de competência por declinatória fundada em seus preceitos.

TÍTULO SÉTIMO
DA PROVA

CAPÍTULO I
DISPOSIÇÕES GERAIS SOBRE A PROVA

Art. 398. A lei que rege o delito ou a relação de direito, objeto de ação cível ou comercial, determina a quem incumbe a prova.

Art. 399. Para decidir os meios de prova que se podem utilizar em cada caso, é competente a lei do lugar em que se realizar o ato ou fato que se trate de provar, excetuando-se os não autorizados pela lei do lugar em que corra a ação.

Art. 400. A forma por que se há de produzir qualquer prova regula-se pela lei vigente no lugar em que for feita.

Art. 401. A apreciação da prova depende da lei do julgador.

Art. 402. Os documentos lavrados em cada um dos Estados contratantes terão nos outros o mesmo valor em juízo que os lavrados neles próprios, se reunirem os requisitos seguintes:

1. Que o assunto ou matéria do ato ou contrato seja feito e permitido pelas leis do país onde foi lavrado e daquele em que o documento deve produzir efeitos;

2. Que os litigantes tenham aptidão e capacidade legal para se obrigar conforme sua lei pessoal;

3. Que ao se lavrar o documento se observem as formas e solenidades estabelecidas no país onde se tenham verificado os atos ou contratos;

4. Que o documento esteja legalizado e preencha os demais requisitos necessários para a sua autenticidade no lugar onde dele se faça uso.

Art. 403. A força executória de um documento subordina-se ao direito local.

Art. 404. A capacidade das testemunhas e a sua recusa dependem da lei a que se submeta a relação de direito, objeto da ação.

Art. 405. A forma de juramento ajustar-se-á à lei do juiz ou tribunal perante o qual se preste e a sua eficácia à que regula o fato sobre o qual se jura.

Art. 406. As presunções derivadas de um fato subordinam-se à lei do lugar em que se realiza o fato de que nascem.

Art. 407. A prova indiciária depende da lei do juiz ou tribunal.

CAPÍTULO II
REGRAS ESPECIAIS SOBREA A PROVA DE LEIS ESTRANGEIRAS

Art. 408. Os juízes e tribunais de cada Estado contratante aplicarão de ofício, quando for o caso, as leis dos demais, sem prejuízo dos meios probatórios a que este capítulo se refere.

Art. 409. A parte que invoque a aplicação do direito de qualquer Estado contratante em um dos outros, ou dela divirja, poderá justificar o texto legal, sua vigência e sentido mediante certidão, devidamente legalizada, de dois advogados em exercício no país de cuja legislação se trate.

Art. 410. Na falta de prova ou se, por qualquer motivo, o juiz ou o tribunal a julgar insuficiente, um ou outro poderá solicitar de ofício pela via diplomática, antes de decidir, que o Estado, de cuja legislação se trate, forneça um relatório sobre o texto, vigência e sentido do direito aplicável.

Art. 411. Cada Estado contratante se obriga a ministrar aos outros, no mais breve prazo possível, a informação a que o artigo anterior se refere e que deverá proceder de seu mais alto tribunal, ou de qualquer de suas câmaras ou seções, ou da procuradoria-geral ou da Secretaria ou Ministério da Justiça.

TÍTULO OITAVO
DO RECURSO DE CASSAÇÃO

Art. 412. Em todo Estado contratante onde existir o recurso de cassação, ou instituição correspondente, poderá ele interpor-se, por infração, interpretação errônea ou aplicação indevida de uma lei de outro Estado contratante, nas mesmas condições e casos em que o possa quanto ao direito nacional.

Art. 413. Serão aplicáveis ao recurso de cassação as regras estabelecidas no capítulo segundo do título anterior, ainda que o juiz ou tribunal inferior já tenha feito uso delas.

TÍTULO NONO
DA FALÊNCIA OU CONCORDATA

CAPÍTULO I
DA UNIDADE DA FALÊNCIA OU CONCORDATA

Art. 414. Se o devedor concordatário ou falido tem apenas um domicílio civil ou mercantil, não pode haver mais do que um juízo de processos preventivos, de concordata ou falência, ou uma suspensão de pagamentos, ou quitação e moratória para todos os seus bens e obrigações nos Estados contratantes.

Art. 415. Se uma mesma pessoa ou sociedade tiver em mais de um Estado contratante vários estabelecimentos mercantis, inteiramente separados economicamente, pode haver tantos juízos de processos preventivos e falência quantos estabelecimentos mercantis.

CAPÍTULO II
DA UNIVERSALIDADE DA FALÊNCIA OU CONCORDATA E DOS SEUS EFEITOS

Art. 416. A declaração de incapacidade do falido ou concordatário tem efeitos extraterritoriais nos Estados contratantes, mediante prévio cumprimento das formalidades de registro ou publicação, que a legislação de cada um deles exija.

Art. 417. A sentença declaratória da falência ou concordata, proferida em um dos Estados contratantes, executar-se-á nos outros Estados, nos casos e forma estabelecidos neste Código para as resoluções judiciais; mas, produzirá, desde que seja definitiva e para as pessoas a respeito das quais o seja, os efeitos de coisa julgada.

Art. 418. As faculdades e funções dos síndicos, nomeados em um dos Estados contratantes, de acordo com as disposições deste Código, terão efeito extraterritorial nos demais, sem necessidade de trâmite algum local.

Art. 419. O efeito retroativo da declaração de falência ou concordata e a anulação de certos atos, em consequência dessas decisões, determinar-se-ão pela lei dos mesmos e serão aplicáveis ao território dos demais Estados contratantes.

Art. 420. As ações reais e os direitos da mesma índole continuarão subordinados, não obstante a declaração de falência ou concordata, à lei da situação das coisas por eles atingidas e à competência dos juízes no lugar em que estas se encontrarem.

CAPÍTULO III
DA CONCORDATA E DA REABILITAÇÃO

Art. 421. A concordata entre os credores e o falido terá efeitos extraterritoriais nos demais Estados contratantes, salvo o direito dos credores por ação real que a não houverem aceitado.

Art. 422. A reabilitação do falido tem também eficácia extraterritorial nos demais Estados contratantes, desde que se torne definitiva a resolução judicial que a determina e de acordo com os seus termos.

TÍTULO DÉCIMO
DA EXECUÇÃO DE SENTENÇAS PROFERIDAS POR TRIBUNAIS ESTRANGEIROS

CAPÍTULO I
MATÉRIA CÍVEL

Art. 423. Toda sentença civil ou contencioso-administrativa, proferida em um dos Estados contratantes, terá força e poderá executar-se nos demais, se reunir as seguintes condições:

1. Que o juiz ou tribunal que a tiver pronunciado tenha competência para conhecer do assunto e julgá-lo, de acordo com as regras deste Código;

2. Que as partes tenham sido citadas pessoalmente ou por seu representante legal, para a ação;

3. Que a sentença não ofenda a ordem pública ou o direito público do país onde deva ser executada;

4. Que seja executória no Estado em que tiver sido proferida;

5. Que seja traduzida autorizadamente por um funcionário ou intérprete oficial do Estado em que se há de executar, se aí for diferente o idioma empregado;

6. Que o documento que a contém reúna os requisitos para ser considerado como autêntico no Estado de que proceda, e os exigidos, para que faça fé, pela legislação do Estado onde se pretende que a sentença seja cumprida.

Art. 424. A execução da sentença deverá ser solicitada ao juiz do tribunal competente para levar a efeito, depois de satisfeitas as formalidades requeridas pela legislação interna.

Art. 425. Contra a resolução judicial, no caso a que o artigo anterior se refere, serão admitidos todos os recursos que as leis do Estado concedam a respeito das sentenças definitivas proferidas em ação declaratória de maior quantia.

Art. 426. O juiz ou tribunal, ao qual se peça a execução, ouvirá, antes de a decretar ou denegar, e dentro no prazo de vinte dias, a parte contra quem ela seja solicitada e o procurador ou Ministério Público.

Art. 427. A citação da parte, que deve ser ouvida, será feita por meio de carta ou comissão rogatória, segundo o disposto neste Código, se tiver o seu domicílio no estrangeiro e não tiver, no país, procurador bastante, ou, na forma estabelecida pelo direito local, se tiver domicílio no Estado deprecado.

Art. 428. Passado o prazo que o juiz ou tribunal indicar para o comparecimento, prosseguirá o feito, haja ou não comparecido o citado.

Art. 429. Se o cumprimento é denegado, a carta de sentença será devolvida a quem a tiver apresentado.

Art. 430. Quando se acorde cumprir a sentença, a sua execução será submetida aos tramites determinados pela lei do juiz ou tribunal para as suas próprias sentenças.

Art. 431. As sentenças definitivas, proferidas por um Estado contratante, e cujas disposições não sejam exequíveis, produzirão, nos demais, os efeitos de coisa julgada, caso reúnam as condições que para esse fim determina este Código, salvo as relativas à sua execução.

Art. 432. O processo e os efeitos regulados nos artigos anteriores serão aplicados nos Estados contratantes às sentenças proferidas em qualquer deles por árbitros ou compositores amigáveis, sempre que o assunto que as motiva possa ser objeto de compromisso, nos termos da legislação do país em que a execução se solicite.

Art. 433. Aplicar-se-á também esse mesmo processo às sentenças cíveis, pronunciadas em qualquer dos Estados contratantes, por um tribunal internacional, e que se refiram a pessoas ou interesses privados.

CAPÍTULO II
DOS ATOS DE JURISDIÇÃO VOLUNTÁRIA

Art. 434. As disposições adotadas em ações de jurisdição voluntária, em matéria de comércio, por juízes ou tribunais de um Estado contratante, ou por seus agentes consulares, serão executadas nos demais Estados segundo os trâmites e na forma indicados no capítulo anterior.

Art. 435. As resoluções em atos de jurisdição voluntária, em matéria cível, procedentes de um Estado contratante, serão aceitas pelos demais, se reunirem as condições exigidas por este Código, para a eficácia dos documentos outorgados em país estrangeiro, e procederem de juiz ou tribunal competente, e terão por conseguinte eficácia extraterritorial.

CAPÍTULO III
MATÉRIA PENAL

Art. 436. Nenhum Estado contratante executará as sentenças proferidas em qualquer dos outros em matéria penal, relativamente às sanções dessa natureza que elas imponham.

Art. 437. Poderão, entretanto, executar-se as ditas sentenças, no que toca à responsabilidade civil e a seus efeitos sobre os bens do condenado, se forem proferidas pelo juiz ou tribunal competente, segundo este Código, e com audiência do interessado e se se cumprirem as demais condições formais e processuais que o capítulo primeiro deste título estabelece.

DECLARAÇÕES E RESERVAS

RESERVAS DA DELEGAÇÃO ARGENTINA

A Delegação Argentina faz constar as seguintes reservas, que formula ao Projeto de Convenção de Direito Internacional Privado, submetido ao estudo da Sexta Conferência Internacional Americana:

1. Entende que a codificação do Direito Internacional Privado deve ser "gradual e progressiva", especialmente no que se refere a instituições que, nos Estados americanos, apresentam identidade ou analogia de caracteres fundamentais.

2. Mantém em vigor os Tratados de Direito Civil Internacional, Direito Penal Internacional, Direito Comercial Internacional e Direito Processual Internacional, adotados em Montevidéu no ano de 1889, com os seus convênios e Protocolos respectivos.

3. Não aceita princípios que modifiquem o sistema da "lei do domicílio", especialmente em tudo o que se oponha ao texto e espírito da legislação civil Argentina.

4. Não aprova disposições que atinjam, direta ou indiretamente, o princípio sustentado pelas legislações civil e comercial da República Argentina, de que "as pessoas jurídicas devem exclusivamente a sua existência à lei do Estado que as autorize e por consequência não são nacionais nem estrangeiras; suas funções se determinam pela dita lei, de conformidade com os preceitos derivados do domicílio que ela lhes reconhece".

5. Não aceita princípios que admitam ou tendam a sancionar o divórcio *ad vinculum*.

6. Aceita o sistema da "unidade das sucessões", com a limitação derivada da *lex rei sitx*, em matéria de bens imóveis.

7. Admite todo princípio que tenda a reconhecer, em favor da mulher, os mesmos direitos civis conferidos ao homem de maior idade.

8. Não aprova os princípios que modifiquem o sistema do *jus soli*, como meio de adquirir a nacionalidade.

9. Não admite preceitos que resolvam conflitos relativos à "dupla nacionalidade" com prejuízo da aplicação exclusiva do *jus soli*.

10. Não aceita normas que permitam a intervenção de agentes diplomáticos e consulares, nos juízos e sucessão que interessem a estrangeiros, salvo os preceitos já estabelecidos na República Argentina e que regulam essa intervenção.

11. No regime da Letra de Câmbio e Cheques em geral, não admite disposições que modifiquem critérios aceitos nas conferências universais, como as da Haia de 1910 e 1912.

12. Faz reserva expressa da aplicação da "lei do pavilhão" nas questões relativas ao Direito Marítimo, especialmente no que se refere ao contrato de fretamento e suas consequências jurídicas, por considerar que se devem submeter à lei e jurisdição do país do porto de destino. Este princípio foi sustentado com êxito pela seção Argentina de International Law Association, na 31ª sessão desta e atualmente é uma das chamadas "regras de Buenos Aires".

13. Reafirma o conceito de que todos os delitos cometidos em aeronaves, dentro do espaço aéreo nacional ou em navios mercantes estrangeiros, se deverão julgar e punir pelas autoridades e leis do Estado em que se encontrem.

14. Ratifica a tese aprovada pelo Instituto Americano de Direito Internacional, na sua sessão de Montevidéu de 1927, cujo conteúdo é o seguinte: "A nacionalidade do réu não poderá ser invocada como causa para se denegar a sua extradição".

15. Não admite princípios que regulamentem as questões internacionais do trabalho e situação jurídica dos operários, pelas razões expostas, quando se discutiu o artigo 198 do Projeto de Convenção de Direito Civil Internacional, na Junta Internacional de Jurisconsultos do Rio de Janeiro, em 1927. A Delegação Argentina lembra que, como já o manifestou na ilustre Comissão número 3, ratifica, na Sexta Conferência Internacional Americana, os votos emitidos e a atitude assumida pela Delegação Argentina na reunião da Junta Internacional de Jurisconsultos, celebrada na cidade do Rio de Janeiro, nos meses de abril e maio de 1927.

DECLARAÇÃO DA DELEGAÇÃO DOS ESTADOS UNIDOS DA AMÉRICA

Sente muito não poder dar a sua aprovação, deste agora, ao Código Bustamante, por isto que, em face da Constituição dos Estados Unidos da América, das relações entre os Estados-membros da União Federal e das atribuições e poderes do Governo Federal, acha muito difícil fazê-lo. O Governo dos Estados Unidos da América mantém firme o propósito de não se desligar da América Latina, e, por isto, de acordo com o artigo 6º da Convenção, que permite a cada Governo a ela aderir mais tarde, fará uso do privilégio desse artigo 6º, afim de que, depois de examinar cuidadosamente o Código em todas as suas cláusulas, possa aderir pelo menos a uma grande parte do mesmo. Por estas razões, a Delegação dos Estados Unidos da América reserva o seu voto, na esperança de poder aderir, como disse, a uma parte ou a considerável número de disposições do Código.

DECLARAÇÃO DA DELEGAÇÃO DO URUGUAI

A Delegação do Uruguai faz reservas tendentes a que o critério dessa Delegação seja coerente com o que sustentou na Junta de Jurisconsultos do Rio de Janeiro o Dr. Pedro Varela, catedrático da Faculdade de Direito do seu país. Mantém tais reservas, declarando que o Uruguai dá a sua aprovação ao Código em geral.

RESERVAS DA DELEGAÇÃO DO PARAGUAI

1. Declara que o Paraguai mantém a sua adesão ao Tratados de Direito Civil Internacional, Direito Comercial Internacional, Direito Penal Internacional e Direito Processual Internacional, que foram adotados em Montevidéu, em 1888 e 1889, com os convênios e Protocolos que os acompanham.

2. Não está de acordo em que se modifique o sistema da "lei do domicílio", consagrado pela legislação civil da República.

3. Mantém a sua adesão ao princípio da sua legislação de que as pessoas jurídicas devem exclusivamente sua existência à lei do Estado que as autoriza e que, por consequência, não são nacionais, nem estrangeiras; as suas funções estão assinaladas pela lei especial, de acordo com os princípios derivados do domicílio.

4. Admite o sistema da unidade das sucessões, com a limitação derivada da *lex rei sitx*, em matéria de bens imóveis.

5. Está de acordo com todo princípio que tende a reconhecer em favor da mulher os mesmos direitos civis concedidos ao homem de maior idade.

6. Não aceita os princípios que modifiquem o sistema do *jus soli* como meio de adquirir a nacionalidade.

7. Não está de acordo com os preceitos que resolverem o problema da "dupla nacionalidade" com prejuízo da aplicação exclusiva do *jus soli*.

8. Adere ao critério aceito nas conferências universais sobre o regime da Letra de Câmbio e Cheque.

9. Faz reserva da aplicação da "lei do pavilhão", em questões relativas ao Direito Marítimo.

10. Está de acordo em que os delitos cometidos em aeronaves dentro do espaço aéreo nacional, ou em navios mercantes, estrangeiros, devem ser julgados pelos tribunais do Estado em que se encontrem.

RESERVA DA DELEGAÇÃO DO BRASIL

Impugnada a emenda substitutiva que propôs para o artigo 53, a Delegação do Brasil nega a sua aprovação ao artigo 52, que estabelece a competência da lei do domicílio conjugal para regular a separação de corpos e o divórcio, assim como também ao artigo 54.

DECLARAÇÕES QUE FAZEM AS DELEGAÇÕES DA COLÔMBIA E COSTA RICA

As Delegações da Colômbia e Costa Rica subscrevem o Código de Direito Internacional Privado em conjunto, com a reserva expressa de tudo quanto possa estar em contradição com a legislação colombiana e a costarriquense.

No tocante a pessoas jurídicas, a nossa opinião é que elas devem estar submetidas à lei local para tudo o que se refira ao "seu conceito e reconhecimento", como sabiamente dispõe o artigo 32 do Código, em contradição (pelo menos aparente) com as outras disposições do mesmo, como os artigos 16 e 21. Para as legislações das duas delegações, as pessoas jurídicas não podem ter nacionalidade, nem de acordo com os princípios científicos, nem em relação com as mais altas e permanentes conveniências da América. Teria sido preferível que, no Código, que vamos aprovar, se tivesse omitido tudo quanto possa servir pra afirmar que as pessoas jurídicas, particularmente as sociedades de capitais, têm nacionalidade.

As delegações abaixo-assinadas, ao aceitarem o compromisso consignado no artigo 7º entre as doutrinas europeias da personalidade do direito e genuinamente americana do domicílio para reger o estado civil e a capacidade das pessoas em direito internacional privado, declaram que aceitam esse compromisso para não retardar a aprovação do Código, que todas as nações da América esperam hoje, como uma das obras mais transcendentais desta Conferência, mas afirmam, enfaticamente, que esse compromisso deve ser transitório, porque a unidade jurídica do Continente se há de verificar em torno da lei do domicílio, única que salvaguarda eficazmente a soberania e independência dos povos da América. Povos imigração, como são ou deverão ser todas estas repúblicas, não podem eles ver, sem grande inquietação, que os imigrantes europeus tragam a pretensão de invocar na América as suas próprias leis de origem, afim de, com elas, determinarem, aqui o seu estado civil de capacidade para contratar. Admitir esta possibilidade (que consagra o princípio da lei nacional, reconhecido parcialmente pelo Código) é criar na América um Estado dentro de Estado e pôr-nos quase sob o regime das capitulações, que a Europa impôs durante séculos às nações da Ásia, por ela consideradas como inferiores nas suas relações internacionais.

As Delegações abaixo-assinadas fazem votos por que muito breve desapareçam de todas as legislações americanas todos os vestígios das teorias (mais políticas do que jurídicas) preconizadas pela Europa para conservar aqui a jurisdição sobre os seus nacionais estabelecidos nas terras livres da América e esperam que a legislação do Continente se unifique de acordo com os princípios que submetem o estrangeiro imigrante ao império, sem restrições, das leis locais. Com a esperança, pois, de que, em breve a lei do domicílio seja a que reja na América o estado civil e a capacidade das pessoas e na certeza de que ela será um dos aspectos mais característicos de pan-americanismo jurídico que todos aspiramos a criar, as delegações signatárias votam o Código de Direito Internacional Privado e aceitam o compromisso doutrinário em que o mesmo se inspira.

Referindo-se às disposições sobre o divórcio, a delegação colombiana formula a sua reserva absoluta, relativamente a ser o divórcio regulado pela lei do domicílio conjugal, porque considera que para tais efeitos, e dado o caráter excepcionalmente transcendental o sagrado do matrimônio (base da sociedade e até do Estado), a Colômbia não pode aceitar, dentro do seu território, a aplicação de legislações estranhas.

As Delegações desejam, além disso, manifestar a sua admiração entusiástica pela obra fecunda do Dr. Sánchez de Bustamante, consubstanciadas neste Código, nos seus 500 artigos formulados em cláusulas lapidares, que bem poderiam servir como exemplo para os legisladores de todos os povos. Doravante, o Dr. Sánchez de Bustamante será, não somente um dos filhos mais esclarecidos de Cuba, senão também um dos mais exímios cidadãos da grande pátria americana, que pode, com justiça, ufanar-se de produzir homens de ciência e estadistas tão egrégios, como o autor do Código do Direito Internacional Privado, que estudamos o que a Sexta Conferência Internacional Americana vai adotar em nome de toda a América.

RESERVAS DA DELEGAÇÃO DE SALVADOR

Reserva primeira: especialmente aplicável aos artigos 44, 146, 176, 232 e 233:

No que se refere às incapacidades que, segundo a sua lei pessoal, podem ter os estrangeiros, para testar, contratar, comparecer em juízo, exercer o comércio ou intervir em atos ou contratos mercantis, faz a reserva de que, no Salvador, tais incapacidades não serão reconhecidas nos casos em que os atos ou contratos tenham celebrados no Salvador, sem infração da lei salvadorense e para terem efeitos no seu território nacional.

Reserva segunda: aplicável ao artigo 187, parágrafo último:

No caso de comunidade de bens imposta aos casados como lei pessoal por um Estado estrangeiro, ela só será reconhecida no Salvador, se se confirmar por contrato entre as partes interessadas, cumprindo-se todos os requisitos que a lei salvadorense determina, ou venha a determinar no futuro, relativamente a bens situados no Salvador.

Reserva terceira: especialmente aplicável nos artigos 327, 328 e 329:

Faz-se a reserva de que não será admissível, relativamente ao Salvador, a jurisdição de juízes ou tribunais estrangeiros nos juízos ou diligências de sucessões e nas concordatas e falências, sempre que atinjam bens imóveis, situados no Salvador.

RESERVAS DA DELEGAÇÃO DA REPÚBLICA DOMINICANA

1. A Delegação da República Dominicana deseja manter o predomínio da lei nacional, nas questões que se referem ao estado e capacidade dos Dominicanos, onde quer que estes se encontrem. Por este motivo, não pode aceitar, senão com reservas, as disposições do Projeto de Codificação em que se dá preeminência à lei "do domicílio", ou à lei local; tudo isto, não obstante o princípio conciliador enunciado no artigo 7º do Projeto, do qual é uma aplicação o artigo 53 do mesmo.

2. No que se refere à nacionalidade, título 1º, livro 1º, artigo 9º e seguintes, estabelecemos uma reserva, relativamente, primeiro, à nacionalidade das sociedades, e segundo, muito especialmente, ao princípio geral da nossa Constituição política, pela qual a nenhum Dominicano se reconhecerá outra nacionalidade que não seja a dominicana, enquanto resida em território da República.

3. Quanto ao domicílio das sociedades estrangeiras, quaisquer que sejam os estatutos e o lugar no qual o tenham fixado, ou em que tenham o seu principal estabelecimento etc., reservamos este princípio de ordem pública na República Dominicana: qualquer pessoa que, física ou moralmente, exerça atos da vida jurídica no seu território, terá por domicílio o lugar onde possua um estabelecimento, uma agência ou um representante qualquer. Esse domicílio é atributivo de jurisdição para os tribunais nacionais nas relações jurídicas que se referem a atos ocorridos no país, qualquer que seja a natureza dos mesmos.

DECLARAÇÃO DA DELEGAÇÃO DO EQUADOR

A Delegação do Equador tem a honra de subscrever, na íntegra, a Convenção do Código de Direito Internacional Privado, em homenagem ao Dr. Bustamante. Não crê necessário particularizar reserva alguma, excetuando, somente, a faculdade geral contida na mesma Convenção, que deixa aos Governos a liberdade de a ratificar.

DECLARAÇÃO DA DELEGAÇÃO DE NICARÁGUA

Nicarágua, em assuntos que agora ou no futuro considere de algum modo sujeitos ao Direito Canônico, não poderá aplicar as disposições do Código de Direito Internacional Privado, que estejam em conflito com aquele direito.

Declara que, como manifestou verbalmente em vários casos, durante a discussão, algumas das disposições do Código aprovado estão em desacordo com disposições expressas da legislação de Nicarágua ou com princípios que são básicos nessa legislação; mas, como uma homenagem à obra insigne do ilustre autor daquele Código, prefere, em vez de discriminar reservas, fazer esta declaração e deixar que os poderes públicos de Nicarágua formulem tais reservas ou reformem, até onde seja possível, a legislação nacional, nos casos de incompatibilidade.

DECLARAÇÃO DA DELEGAÇÃO DO CHILE

A Delegação do Chile compraz-se em apresentar as suas mais calorosas felicitações ao eminente sábio jurisconsulto americano, Sr. Antonio Sánchez de Bustamante, pela magna obra que realizou, redigindo um projeto de Código de Direito Internacional Privado, destinado a reger as relações entre os Estados da América. Esse trabalho é uma contribuição poderosa para o desenvolvimento do pan-americanismo jurídico, que todos os países do Novo Mundo desejam ver fortalecido e desenvolvido. Ainda que esta grandiosa obra de codificação não se possa realizar em breve espaço de tempo, porque precisa da madureza e da reflexão dos Estados que na mesma devem participar, a Delegação de Chile não será um obstáculo para que esta Conferência Pan-americana aprove um Código de Direito Internacional Privado; mas ressalvará o seu voto nas matérias e nos pontos que julgue conveniente, em especial, nos pontos referentes à sua política tradicional ou à sua legislação nacional.

DECLARAÇÃO DA DELEGAÇÃO DO PANAMÁ

Ao emitir o seu voto a favor do projeto de Código de Direito Internacional Privado, na sessão celebrada por esta Comissão, no dia 27 de janeiro último, a Delegação da República do Panamá declarou que, oportunamente, apresentaria as reservas que julgasse necessárias, se esse fosse o caso. Essa atitude da Delegação do Panamá obedeceu a certas dúvidas que tinha sobre o alcance e extensão de algumas disposições contidas no Projeto, especialmente no que se refere à aplicação da lei nacional do estrangeiro residente no país, o que teria dado lugar a um verdadeiro conflito, visto que, na República do Panamá, impera o sistema da lei territorial, desde o momento preciso em que se constituiu como Estado independente. Apesar disto, a Delegação panamense crê que todas as dificuldades que se pudessem apresentar nesta delicada matéria foram previstas e ficaram sabiamente resolvidas por meio do artigo sétimo do Projeto, segundo o qual "cada Estado contratante aplicará como leis pessoais as do domicílio ou as da nacionalidade, segundo o sistema que tenha adotado ou no futuro adote a legislação interna". Como todos os outros Estados que subscrevam e ratifiquem a Convenção respectiva, o Panamá ficará, pois, com plena liberdade de aplicar a sua própria lei, que é a territorial.

Entendidas, assim, as coisas, à Delegação do Panamá é grão declarar, como realmente o faz, que à sua aprovação, sem a menor reserva, no Projeto de Código do Direito Internacional Privado, ou Código Bustamante, que é como se deveria chamar, em homenagem ao seu autor.

DECLARAÇÃO DA DELEGAÇÃO DE GUATEMALA

Guatemala adotou na sua legislação civil o sistema do domicílio, mas, ainda que assim não fosse, os artigos conciliatórios do Código fazem harmonizar perfeitamente qualquer conflito que se possa suscitar entre os diferentes Estados, segundo as escolas diversas a que tenham sido filiados.

Por consequência, a Delegação de Guatemala está de perfeito acordo com o método que, com tanta ilustração, prudência, genialidade e critério científico, se ostenta no Projeto de Código do Direito Internacional Privado e deseja deixar expressa a sua aceitação absoluta e sem reservas de espécie alguma.

(13 de fevereiro de 1928)

DECRETO 19.841, DE 22 DE OUTUBRO DE 1945

Promulga a Carta das Nações Unidas, da qual faz parte integrante o anexo Estatuto da Corte Internacional de Justiça, assinada em São Francisco, a 26 de junho de 1945, por ocasião da Conferência de Organização Internacional das Nações Unidas.

▸ *Carta das Nações Unidas*

O PRESIDENTE DA REPÚBLICA, tendo em vista que foi aprovada a 4 de setembro e ratifica a 12 de setembro de 1945. Pelo governo brasileiro a Carta das Nações Unidas, da qual faz parte integrante o anexo Estatuto da Corte Internacional de Justiça, assinada em São Francisco, a 26 de junho de 1945, por ocasião da Conferência de Organização Internacional da Nações Unidas; e

Havendo sido o referido instrumento de ratificação depositado nos arquivos do Governo do Estados Unidos da América a 21 de setembro de 1945 e usando da atribuição que lhe confere o atr. 74, letra a da Constituição, decreta:

Consta conforme publicação oficial.

Art. 1º Fica promulgada a Carta da Nações Unidas apensa por cópia ao presente Decreto, da qual faz parte integrante o anexo Estatuto da Corte Internacional de Justiça, assinada em São Francisco, a 26 de junho de 1945.

Art. 2º Este Decreto entrará em vigor na data de sua publicação.

Rio de Janeiro, 22 de outubro de 1945; 124º da Independência e 57º da República.

Getulio Vargas

Coleção de Leis do Brasil, 31.12.1945

Faço saber, aos que a presente carta de ratificação vierem, que, entre a República dos Estados Unidos e os países representados na Conferência das Nações Unidas sobre Organização Internacional, foi concluída e assinada, pelos respectivos Plenipotenciários, em São Francisco, a 26 de junho de 1945, a Carta das Nações Unidas, da qual faz parte integrante o anexo Estatuto da Corte Internacional de Justiça, tudo do teor seguinte:

Carta das Nações Unidas

Nós, os povos das Nações Unidas, Resolvidos a preservar as gerações vindouras do flagelo da guerra, que por duas vezes, no espaço da nossa vida, trouxe sofrimentos indizíveis à humanidade, e a reafirmar a fé nos direitos fundamentais do homem, da dignidade e no valor do ser humano, na igualdade de direito dos homens e das mulheres, assim como das nações grandes e pequenas, e a estabelecer condições sob as quais a justiça e o respeito às obrigações decorrentes de tratados e de outras fontes do direito internacional possam ser mantidos, e a promover o progresso social e melhores condições de vida dentro de uma liberdade mais ampla.

E para tais fins praticar a tolerância e viver em paz, uns com os outros, como bons vizinhos, e unir as nossas forças para manter a paz e a segurança internacionais, e a garantir, pela aceitação de princípios e a instituição dos métodos, que a força armada não será usada a não ser no interesse comum, a empregar um mecanismo internacional para promover o progresso econômico e social de todos os povos.

Resolvemos conjugar nossos esforços para a consecução desses objetivos.

Em vista disso, nossos respectivos Governos, por intermédio de representantes reunidos na cidade de São Francisco, depois de exibirem seus plenos poderes, que foram achados em boa e devida forma, concordaram com a presente Carta das Nações Unidas e estabelecem, por meio dela, uma organização internacional que será conhecida pelo nome de Nações Unidas.

CAPÍTULO I
PROPÓSITOS E PRINCÍPIOS

Artigo 1º

Os propósitos das Nações Unidas são:

1. Manter a paz e a segurança internacionais e, para esse fim: tomar coletivamente, medidas efetivas para evitar ameaças à paz e reprimir os atos de agressão ou outra qualquer ruptura da paz e chegar, por meios pacíficos e de conformidade com os princípios da justiça e do direito internacional, a um ajuste ou solução das controvérsias ou situações que possam levar a uma perturbação da paz;

2. Desenvolver relações amistosas entre as nações, baseadas no respeito ao princípio de igualdade de direito e de autodeterminação dos povos, e tomar outras medidas apropriadas ao fortalecimento da paz universal;

3. Conseguir uma cooperação internacional para resolver os problemas internacionais de caráter econômico, social, cultural ou humanitário, e para promover e estimular o respeito aos direitos humanos e às liberdades fundamentais para todos, sem distinção de raça, sexo, língua ou religião; e

4. Ser um centro destinado a harmonizar a ação das nações para a consecução desses objetivos comuns.

Artigo 2º

A Organização e seus membros, para a realização dos propósitos mencionados no artigo 1, agirão de acordo com os seguintes princípios:

1. A Organização é baseada no princípio da igualdade de todos os seus membros.

2. Todos os membros, a fim de assegurarem para todos em geral os direitos e vantagens resultantes de sua qualidade de membros, deverão cumprir de boa-fé as obrigações por eles assumidas de acordo com a presente Carta.

3. Todos os membros deverão resolver suas controvérsias internacionais por meios pacíficos, de modo que não sejam ameaçadas a paz, a segurança e a justiça internacionais.

4. Todos os membros deverão evitar em suas relações internacionais a ameaça ou o uso da força contra a integridade territorial ou a independência política de qualquer Estado, ou qualquer outra ação incompatível com os Propósitos das Nações Unidas.

5. Todos os membros darão às Nações Unidas toda assistência em qualquer ação a que elas recorrerem de acordo com a presente Carta e se absterão de dar auxílio a qual Estado contra o qual as Nações Unidas agirem de modo preventivo ou coercitivo.

6. A Organização fará com que os Estados que não são membros das Nações Unidas ajam de acordo com esses Princípios em tudo quanto for necessário à manutenção da paz e da segurança internacionais.

7. Nenhum dispositivo da presente Carta autorizará as Nações Unidas a intervirem em assuntos que dependam essencialmente da jurisdição de qualquer Estado ou obrigará os membros a submeterem tais assuntos a uma solução, nos termos da presente Carta; este princípio, porém, não prejudicará a aplicação das medidas coercitivas constantes do Capítulo VII.

CAPÍTULO II
DOS MEMBROS

Artigo 3º

Os membros originários das Nações Unidas serão os Estados que, tendo participado da Conferência das Nações Unidas sobre a Organização Internacional, realizada em São Francisco, ou, tendo assinado previamente a Declaração das Nações Unidas, de 1 de janeiro de 1942, assinarem a presente Carta, e a ratificarem, de acordo com o artigo 110.

Artigo 4º

1. A admissão como membro das Nações Unidas fica aberta a todos os Estados amantes da paz que aceitarem as obrigações contidas na presente Carta e que, a juízo da Organização, estiverem aptos e dispostos a cumprir tais obrigações.

2. A admissão de qualquer desses Estados como membros das Nações Unidas será efetuada por decisão da Assembleia Geral, mediante recomendação do Conselho de Segurança.

Artigo 5º

O membro das Nações Unidas, contra o qual for levada a efeito ação preventiva ou coercitiva por parte do Conselho de Segurança, poderá ser suspenso do exercício dos direitos e privilégios de membros pela Assembleia Geral, mediante recomendação do Conselho de Segurança. O exercício desses direitos e privilégios poderá ser restabelecido pelo Conselho de Segurança.

Artigo 6º

O membro das Nações Unidas que houver violado persistentemente os princípios contidos na presente Carta, poderá ser expulso da Organização pela Assembleia Geral mediante recomendação do Conselho de Segurança.

CAPÍTULO III
ÓRGÃOS

Artigo 7º

1. Ficam estabelecidos como órgãos especiais das Nações Unidas: uma Assembleia Geral, um Conselho de Segurança, um Conselho Econômico e Social, um Conselho de Tutela, uma Corte Internacional de Justiça e um Secretariado.

2. Serão estabelecidos, de acordo com a presente Carta, os órgãos subsidiários considerados de necessidade.

Artigo 8º

As Nações Unidas não farão restrições quanto à elegibilidade de homens e mulheres destinados a participar em qualquer caráter e em condições de igualdade em seus órgãos principais e subsidiários.

CAPÍTULO IV
ASSEMBLEIA GERAL

COMPOSIÇÃO

Artigo 9º

1. A Assembleia Geral será constituída por todos os membros das Nações Unidas.

2. Cada membro não deverá ter mais de cinco representantes na Assembleia Geral.

FUNÇÕES E ATRIBUIÇÕES

Artigo 10

A Assembleia Geral poderá discutir quaisquer questões ou assuntos que estiverem dentro das finalidades da presente Carta ou que se relacionarem com as atribuições e funções de qualquer dos órgãos nela previstos e, com exceção do estipulado no artigo 12, poderá fazer recomendações aos membros das Nações Unidas ou ao Conselho de Segurança, ou a este e àqueles, conjuntamente, com referência a quaisquer daquelas questões ou assuntos.

Artigo 11

1. A Assembleia Geral poderá considerar os princípios gerais de cooperação na manutenção da paz e da segurança internacionais, inclusive os princípios que disponham sobre o desarmamento e a regulamentação dos armamentos, e poderá fazer recomendações relativas a tais princípios aos membros ou ao Conselho de Segurança, ou a este e àqueles conjuntamente.

2. A Assembleia Geral poderá discutir quaisquer questões relativas à manutenção da paz e da segurança internacionais, que a ela forem submetidas por qualquer membro das Nações Unidas, ou pelo Conselho de Segurança, ou por um Estado que não seja membro das Nações Unidas, de acordo com o artigo 35, § 2, e, com exceção do que fica estipulado no artigo 12, poderá fazer recomendações relativas a quaisquer destas questões ao Estado ou Estados interessados, ou ao Conselho de Segurança ou a ambos. Qualquer destas questões para cuja solução for necessária uma ação, será submetida ao Conselho de Segurança pela Assembleia Geral, antes ou depois da discussão.

3. A Assembleia Geral poderá solicitar a atenção do Conselho de Segurança para situações que possam constituir ameaça à paz e à segurança internacionais.

4. As atribuições da Assembleia Geral enumeradas neste artigo não limitarão a finalidade geral do artigo 10.

Artigo 12

1. Enquanto o Conselho de Segurança estiver exercendo, em relação a qualquer controvérsia ou situação, as funções que lhe são atribuídas na presente Carta, a Assembleia Geral não fará nenhuma recomendação a respeito dessa controvérsia ou situação, a menos que o Conselho de Segurança a solicite.

2. O Secretário-Geral, com o consentimento do Conselho de Segurança, comunicará à Assembleia Geral, em cada sessão, quaisquer assuntos relativos à manutenção da paz e da segurança internacionais que estiverem sendo tratados pelo Conselho de Segurança, e da mesma maneira dará conhecimento de tais assuntos à Assembleia Geral, ou aos membros das Nações Unidas se a Assembleia Geral não estiver em sessão, logo que o Conselho de Segurança terminar o exame dos referidos assuntos.

Artigo 13

1. A Assembleia Geral iniciará estudos e fará recomendações, destinados a:

a) promover cooperação internacional no terreno político e incentivar o desenvolvimento progressivo do direito internacional e a sua codificação;

b) promover cooperação internacional nos terrenos econômico, social, cultural, educacional e sanitário e favorecer o pleno gozo dos direitos humanos e das liberdades fundamentais, por parte de todos os povos, sem distinção de raça, língua ou religião.

2. As demais responsabilidades, funções e atribuições da Assembleia Geral, em relação aos assuntos mencionados no § 1 (*b*) acima, estão enumeradas nos capítulos IX e X.

Artigo 14

A Assembleia Geral, sujeita aos dispositivos do artigo 12, poderá recomendar medidas para a solução pacífica de qualquer situação, qualquer que seja sua origem, que lhe pareça prejudicial ao bem-estar geral ou às relações amistosas entre as nações, inclusive em situações que resultem da violação dos dispositivos da presente Carta que estabelecem os propósitos e princípios das Nações Unidas.

Artigo 15

1. A Assembleia Geral receberá e examinará os relatórios anuais e especiais do Conselho de Segurança. Esses relatórios incluirão uma relação das medidas que o Conselho de Segurança tenha adotado ou aplicado a fim de manter a paz e a segurança internacionais.

2. A Assembleia Geral receberá e examinará os relatórios dos outros órgãos das Nações Unidas.

Artigo 16

A Assembleia Geral desempenhará, com relação ao sistema internacional de tutela, as funções a ela atribuídas nos capítulos XII e XIII, inclusive a aprovação de acordos de tutela referentes às zonas não designadas como estratégicas.

Artigo 17

1. A Assembleia Geral considerará e aprovará o orçamento da Organização.

2. As despesas da Organização serão custeadas pelos membros, segundo cotas fixadas pela Assembleia Geral.

3. A Assembleia Geral considerará e aprovará quaisquer ajustes financeiros e orçamentários com as entidades especializadas, a que se refere o artigo 57 e examinará os orçamentos administrativos de tais instituições especializadas com o fim de lhes fazer recomendações.

VOTAÇÃO

Artigo 18

1. Cada membro da Assembleia Geral terá um voto.

2. As decisões da Assembleia Geral, em questões importantes, serão tomadas por maioria de 2/3 (dois terços) dos membros presentes e votantes. Essas questões compreenderão: recomendações relativas à manutenção da paz e da segurança internacionais, à eleição dos membros não permanentes do Conselho de Segurança, à eleição dos membros do Conselho Econômico e Social, à eleição dos membros do Conselho de Tutela, de acordo com o § 1 (*c*) do artigo 86, à admissão de novos membros das Nações Unidas; à suspensão dos direitos e privilégios de membros; à expulsão dos membros; questões referentes ao funcionamento do sistema de tutela e questões orçamentárias.

3. As decisões sobre outras questões, inclusive a determinação de categorias adicionais de assuntos a serem debatidos por uma maioria dos membros presentes e que votem.

Artigo 19

O membro das Nações Unidas que estiver em atraso no pagamento de sua contribuição financeira à Organização não terá voto na Assembleia Geral, se o total de suas contribuições atrasadas igualar ou exceder a soma das contribuições correspondentes aos 2 (dois) anos anteriores completos. A Assembleia Geral poderá, entretanto, permitir que o referido membro vote, se ficar provado que a falta de pagamento é devida a condições independentes de sua vontade.

PROCESSO

Artigo 20

A Assembleia Geral reunir-se-á em sessões anuais regulares e em sessões especiais exigidas pelas circunstâncias. As sessões especiais serão convocadas pelo Secretário-Geral, a pedido do Conselho de Segurança ou da maioria dos membros das Nações Unidas.

Artigo 21

A Assembleia Geral adotará suas regras de processo e elegerá seu Presidente para cada sessão.

Artigo 22

A Assembleia Geral poderá estabelecer os órgãos subsidiários que julgar necessários ao desempenho de suas funções.

CAPÍTULO V
CONSELHO DE SEGURANÇA

COMPOSIÇÃO

Artigo 23

1. O Conselho de Segurança será composto de quinze membros das Nações Unidas. A República da China, a França, a União das Repúblicas Socialistas Soviéticas, o Reino Unido da Grã-Bretanha e Irlanda do Norte e os Estados Unidos da América serão membros permanentes do Conselho de Segurança. A Assembleia Geral elegerá dez outros membros das Nações Unidas para membros não permanentes do Conselho de Segurança, tendo especialmente em vista, em primeiro lugar, a contribuição dos membros das Nações Unidas para a manutenção da paz e da segurança internacionais e para os outros propósitos da Organização e também a distribuição geográfica equitativa.

2. Os membros não permanentes do Conselho de Segurança serão eleitos por um período de 2 (dois) anos. Na primeira eleição dos membros não permanentes do Conselho de Segurança, que se celebre depois de haver-se aumentado de onze para quinze o número de membros do Conselho de Segurança, dois dos quatro membros novos serão eleitos por um período de um ano. Nenhum membro que termine seu mandato poderá ser reeleito para o período imediato.

3. Cada membro do Conselho de Segurança terá um representante.

FUNÇÕES E ATRIBUIÇÕES

Artigo 24

1. A fim de assegurar pronta e eficaz ação por parte das Nações Unidas, seus membros conferem ao Conselho de Segurança a principal responsabilidade na manutenção da paz e da segurança internacionais e concordam em que no cumprimento dos deveres impostos por essa responsabilidade o Conselho de Segurança aja em nome deles.

2. No cumprimento desses deveres, o Conselho de Segurança agirá de acordo com os Propósitos e Princípios das Nações Unidas. As atribuições específicas do Conselho de Segurança para o cumprimento desses deveres estão enumeradas nos capítulos VI, VII, VIII e XII.

3. O Conselho de Segurança submeterá relatórios anuais e, quando necessário, especiais à Assembleia Geral para sua consideração.

Artigo 25

Os membros das Nações Unidas concordam em aceitar e executar as decisões do Conselho de Segurança, de acordo com a presente Carta.

Artigo 26

A fim de promover o estabelecimento e a manutenção da paz e da segurança internacionais, desviando para armamentos o menos possível dos recursos humanos e econômicos do mundo, o Conselho de Segurança terá o encargo de formular, com a assistência da Comissão de Estado-Maior, a que se refere o artigo 47, os planos a serem submetidos aos membros das Nações Unidas, para o estabelecimento de um sistema de regulamentação dos armamentos.

VOTAÇÃO

Artigo 27

1. Cada membro do Conselho de Segurança terá um voto.

2. As decisões do Conselho de Segurança, em questões processuais, serão tomadas pelo voto afirmativo de nove membros.

3. As decisões do Conselho de Segurança, em todos os outros assuntos, serão tomadas pelo voto afirmativo de nove membros, inclusive os votos afirmativos de todos os membros permanentes, ficando estabelecido que, nas decisões previstas no capítulo VI e no § 3 do artigo 52, aquele que for parte em uma controvérsia se absterá de votar.

Artigo 28

1. O Conselho de Segurança será organizado de maneira que possa funcionar continuamente. Cada membro do Conselho de Segurança será, para tal fim, em todos os momentos, representado na sede da Organização.

2. O Conselho de Segurança terá reuniões periódicas, nas quais cada um de seus membros poderá, se assim o desejar, ser representado por um membro do governo ou por outro representante especialmente designado.

3. O Conselho de Segurança poderá reunir-se em outros lugares, fora da sede da Organização, e que, a seu juízo, possam facilitar o seu trabalho.

Artigo 29

O Conselho de Segurança poderá estabelecer órgãos subsidiários que julgar necessários para o desempenho de suas funções.

Artigo 30

O Conselho de Segurança adotará seu próprio regulamento interno, que incluirá o método de escolha de seu Presidente.

Artigo 31

Qualquer membro das Nações Unidas, que não for Membro do Conselho de Segurança, poderá participar, sem direito a voto, na discussão de qualquer questão submetida ao Conselho de Segurança, sempre que este considere que os interesses do referido membro estão especialmente em jogo.

Artigo 32

Qualquer membro das Nações Unidas que não for membro do Conselho de Segurança, ou qualquer Estado que não for membro das Nações Unidas será convidado, desde que seja parte em uma controvérsia submetida ao Conselho de Segurança, a participar, sem voto, na discussão dessa controvérsia. O Conselho de Segurança determinará as condições que lhe parecerem justas para a participação de um Estado que não for membro das Nações Unidas.

CAPÍTULO VI
SOLUÇÃO PACÍFICA DE CONTROVÉRSIAS

Artigo 33

1. As partes em uma controvérsia, que possa vir a constituir uma ameaça à paz e à segurança internacionais, procurarão, antes de tudo, chegar a uma solução por negociação, inquérito, mediação, conciliação, arbitragem, solução judicial, recurso a entidades ou acordos regionais, ou a qualquer outro meio pacífico à sua escolha.

2. O Conselho de Segurança convidará, quando julgar necessário, as referidas partes a resolver, por tais meios, suas controvérsias.

Artigo 34

O Conselho de Segurança poderá investigar sobre qualquer controvérsia ou situação suscetível de provocar atritos entre as Nações ou dar origem a uma controvérsia, a fim de determinar se a continuação de tal controvérsia ou situação pode constituir ameaça à manutenção da paz e da segurança internacionais.

Artigo 35

1. Qualquer membro das Nações Unidas poderá solicitar a atenção do Conselho de Segurança ou da Assembleia Geral para qualquer controvérsia, ou qualquer situação, da natureza das que se acham previstas no artigo 34.

2. Um Estado que não for membro das Nações Unidas poderá solicitar a atenção do Conselho de Segurança ou da Assembleia Geral para qualquer controvérsia em que seja parte, uma vez que aceite, previamente, em relação a essa controvérsia, as obrigações de solução pacífica previstas na presente Carta.

3. Os atos da Assembleia Geral, a respeito dos assuntos submetidos à sua atenção, de acordo com este artigo, serão sujeitos aos dispositivos dos artigos 11 e 12.

Artigo 36

1. O Conselho de Segurança poderá, em qualquer fase de uma controvérsia da natureza a que se refere o artigo 33, ou de uma situação de natureza semelhante, recomendar procedimentos ou métodos de solução apropriados.

2. O Conselho de Segurança deverá tomar em consideração quaisquer procedimentos para a solução de uma controvérsia que já tenham sido adotados pelas partes.

3. Ao fazer recomendações, de acordo com este artigo, o Conselho de Segurança deverá tomar em consideração que as controvérsias de caráter jurídico devem, em regra geral, ser submetidas pelas partes à Corte Internacional de Justiça, de acordo com os dispositivos do Estatuto da Corte.

Artigo 37

1. No caso em que as partes em controvérsia da natureza a que se refere o artigo 33 não conseguirem resolvê-la pelos meios indicados no mesmo artigo, deverão submetê-la ao Conselho de Segurança.

2. O Conselho de Segurança, caso julgue que a continuação dessa controvérsia poderá realmente constituir uma ameaça à manutenção da paz e da segurança internacionais, decidirá sobre a conveniência de agir de acordo com o artigo 36 ou recomendar as condições que lhe parecerem apropriadas à sua solução.

Artigo 38

Sem prejuízo dos dispositivos dos artigos 33 a 37, o Conselho de Segurança poderá, se todas as partes em uma controvérsia assim o solicitarem, fazer recomendações às partes, tendo em vista uma solução pacífica da controvérsia.

CAPÍTULO VII
AÇÃO RELATIVA A AMEAÇAS À PAZ, RUPTURA DA PAZ E ATOS DE AGRESSÃO

Artigo 39

O Conselho de Segurança determinará a existência de qualquer ameaça à paz, ruptura da paz ou ato de agressão, e fará recomendações ou decidirá que medidas deverão ser tomadas de acordo com os artigos 41 e 42, a fim de manter ou restabelecer a paz e a segurança internacionais.

Artigo 40

A fim de evitar que a situação se agrave, o Conselho de Segurança poderá, antes de fazer as recomendações ou decidir a respeito das medidas previstas no artigo 39, convidar as partes interessadas a que aceitem as medidas provisórias que lhe pareçam necessárias ou aconselháveis. Tais medidas provisórias não prejudicarão os direitos ou pretensões, nem a situação das partes interessadas. O Conselho de Segurança tomará devida nota do não cumprimento dessas medidas.

Artigo 41

O Conselho de Segurança decidirá sobre as medidas que, sem envolver o emprego de forças armadas, deverão ser tomadas para tornar efetivas suas decisões e poderá convidar os membros das Nações Unidas a aplicarem tais medidas. Estas poderão incluir a interrupção completa ou parcial das relações econômicas, dos meios de comunicação ferroviários, marítimos, aéreos, postais, telegráficos, radiofônicos, ou de outra qualquer espécie e o rompimento das relações diplomáticas.

Artigo 42

No caso de o Conselho de Segurança considerar que as medidas previstas no artigo 41 seriam ou demonstraram que são inadequadas, poderá levar a efeito, por meio de forças aéreas, navais ou terrestres, a ação que julgar necessária para manter ou restabelecer a paz e a segurança internacionais. Tal ação poderá compreender demonstrações, bloqueios e outras operações, por parte das forças aéreas, navais ou terrestres dos membros das Nações Unidas.

Artigo 43

1. Todos os membros das Nações Unidas, a fim de contribuir para a manutenção da paz e da segurança internacionais, se comprometem a proporcionar ao Conselho de Segurança, a seu pedido e de conformidade com o acordo ou acordos especiais, forças armadas, assistência e facilidades, inclusive direitos de passagem, necessários à manutenção da paz e da segurança internacionais.

2. Tal acordo ou tais acordos determinarão o número e tipo das forças, seu grau de preparação e sua localização geral, bem como a natureza das facilidades e da assistência a serem proporcionadas.

3. O acordo ou acordos serão negociados o mais cedo possível, por iniciativa do Conselho de Segurança. Serão concluídos entre o Conselho de Segurança e membros da Organização ou entre o Conselho de Segurança e grupos de membros e submetidos à ratificação, pelos Estados signatários, de conformidade com seus respectivos processos constitucionais.

Artigo 44

Quando o Conselho de Segurança decidir o emprego de força, deverá, antes de solicitar a um membro nele não representado o fornecimento de forças armadas em cumprimento das obrigações assumidas em virtude do artigo 43, convidar o referido membro, se este assim o desejar, a participar das decisões do Conselho de Segurança relativas ao emprego de contingentes das forças armadas do dito membro.

Artigo 45

A fim de habilitar as Nações Unidas a tomarem medidas militares urgentes, os membros das Nações deverão manter, imediatamente utilizáveis, contingentes das forças aéreas nacionais para a execução combinada de uma ação coercitiva internacional. A potência e o grau de preparação desses contingentes, como os planos de ação combinada serão determinados pelo Conselho de Segurança com a assistência da Comissão de Estado-Maior, dentro dos limites estabelecidos no acordo ou acordos especiais a que se refere o artigo 43.

Artigo 46

O Conselho de Segurança, com a assistência da Comissão do Estado-Maior, fará planos para a aplicação das forças armadas.

Artigo 47

1. Será estabelecida uma Comissão de Estado-Maior destinada a orientar e assistir o Conselho de Segurança, em todas as questões relativas às exigências militares do mesmo Conselho, para a manutenção da paz e da segurança internacionais, utilização e comando das forças colocadas à sua disposição, regulamentação de armamentos e possível desarmamento.

2. A Comissão de Estado-Maior será composta dos Chefes de Estado-Maior dos Membros Permanentes do Conselho de Segurança ou de seus representantes. Todo Membro das Nações Unidas que não estiver permanentemente representado na Comissão será por esta convidado a tomar parte nos seus trabalhos, sempre que a sua participação for necessária ao eficiente cumprimento das responsabilidades da Comissão.

3. A Comissão de Estado-Maior será responsável, sob a autoridade do Conselho de Segurança, pela direção estratégica de todas as forças armadas postas à disposição do dito Conselho. As questões relativas ao comando dessas forças serão resolvidas ulteriormente.

4. A Comissão do Estado-Maior, com autorização do Conselho de Segurança e depois de consultar os organismos regionais adequados, poderá estabelecer subcomissões regionais.

Artigo 48

1. A ação necessária ao cumprimento das decisões do Conselho de Segurança para manutenção da paz e da segurança internacionais será levada a efeito por todos os membros das Nações Unidas ou por alguns deles, conforme seja determinado pelo Conselho de Segurança.

2. Essas decisões serão executadas pelos membros das Nações Unidas diretamente e, por seu intermédio, nos organismos internacionais apropriados de que façam parte.

Artigo 49

Os membros das Nações Unidas prestar-se-ão assistência mútua para a execução das medidas determinadas pelo Conselho de Segurança.

Artigo 50

No caso de serem tomadas medidas preventivas ou coercitivas contra um Estado pelo Conselho de Segurança, qualquer outro Estado, membro ou não das Nações Unidas, que se sinta em presença de problemas especiais de natureza econômica, resultantes da execução daquelas medidas, terá o direito de consultar o Conselho de Segurança a respeito da solução de tais problemas.

Artigo 51

Nada na presente Carta prejudicará o direito inerente de legítima defesa individual ou coletiva no caso de ocorrer um ataque armado contra um membro das Nações Unidas, até que o Conselho de Segurança tenha tomado as medidas necessárias para a manutenção da paz e da segurança internacionais. As medidas tomadas pelos Membros no exercício desse direito de legítima defesa serão comunicadas imediatamente ao Conselho de Segurança e não deverão, de modo algum, atingir a autoridade e a responsabilidade que a presente Carta atribui ao Conselho para levar a efeito, em qualquer tempo, a ação que julgar necessária à manutenção ou ao restabelecimento da paz e da segurança internacionais.

CAPÍTULO VIII
ACORDOS REGIONAIS

Artigo 52

1. Nada na presente Carta impede a existência de acordos ou de entidades regionais, destinadas a tratar dos assuntos relativos à manutenção da paz e da segurança internacionais que forem suscetíveis de uma ação regional, desde que tais acordos ou entidades regionais e suas atividades sejam compatíveis com os Propósitos e Princípios das Nações Unidas.

2. Os membros das Nações Unidas, que forem parte em tais acordos ou que constituírem tais entidades, empregarão todos os esforços para chegar a uma solução pacífica das controvérsias locais por meio desses acordos e entidades regionais, antes de as submeter ao Conselho de Segurança.

3. O Conselho de Segurança estimulará o desenvolvimento da solução pacífica de controvérsias locais mediante os referidos acordos ou entidades regionais, por iniciativa dos Estados interessados ou a instância do próprio Conselho de Segurança.

4. Este artigo não prejudica, de modo algum, a aplicação dos artigos 34 e 35.

Artigo 53

1. O Conselho de Segurança utilizará, quando for o caso, tais acordos e entidades regionais para uma ação coercitiva sob a sua própria autoridade. Nenhuma ação coercitiva será, no entanto, levada a efeito de conformidade com acordos ou entidades regionais sem autorização do Conselho de Segurança, com exceção das medidas contra um Estado inimigo como está definido no § 2 deste artigo, que forem determinadas em consequência do artigo 107 ou em acordos regionais destinados a impedir a renovação de uma política agressiva por parte de qualquer desses Estados, até o momento em que a Organização possa, a pedido dos Governos interessados, ser incumbida de impedir toda nova agressão por parte de tal Estado.

2. O termo Estado inimigo, usado no § 1 deste artigo, aplica-se a qualquer Estado que, durante a Segunda Guerra Mundial, foi inimigo de qualquer signatário da presente Carta.

Artigo 54

O Conselho de Segurança será sempre informado de toda ação compreendida ou projetada de conformidade com os acordos ou entidades regionais para manutenção da paz e da segurança internacionais.

CAPÍTULO IX
COOPERAÇÃO ECONÔMICA E SOCIAL INTERNACIONAL

Artigo 55

Com o fim de criar condições de estabilidade e bem-estar, necessárias às relações pacíficas e amistosas entre as Nações, baseadas no respeito ao princípio da igualdade de direitos e da autodeterminação dos povos, as Nações Unidas favorecerão:

a) níveis mais altos de vida, trabalho efetivo e condições de progresso e desenvolvimento econômico e social;

b) a solução dos problemas internacionais econômicos, sociais, sanitários e conexos; a cooperação internacional, de caráter cultural e educacional; e

c) o respeito universal e efetivo dos direitos humanos e das liberdades fundamentais para todos, sem distinção de raça, sexo, língua ou religião.

Artigo 56

Para a realização dos propósitos enumerados no artigo 55, todos os membros da Organização se comprometem a agir em cooperação com esta, em conjunto ou separadamente.

Artigo 57

1. As várias entidades especializadas, criadas por acordos intergovernamentais e com amplas responsabilidades internacionais, definidas em seus instrumentos básicos, nos campos econômico, social, cultural, educacional, sanitário e conexos, serão vinculadas às Nações Unidas, de conformidade com as disposições do artigo 63.

2. Tais entidades assim vinculadas às Nações Unidas serão designadas, daqui por diante, como entidades especializadas.

Artigo 58

A Organização fará recomendação para coordenação dos programas e atividades das entidades especializadas.

Artigo 59

A Organização, quando julgar conveniente, iniciará negociações entre os Estados interessados para criação de novas entidades especializadas que forem necessárias ao cumprimento dos propósitos enumerados no artigo 55.

Artigo 60

A Assembleia Geral e, sob a sua autoridade, o Conselho Econômico e Social, que dispõe, para esse efeito, da competência que lhe é atribuída no Capítulo X, são incumbidos de exercer as funções da Organização estipuladas no presente capítulo.

CAPÍTULO X
CONSELHO ECONÔMICO E SOCIAL

COMPOSIÇÃO

Artigo 61

1. O Conselho Econômico e Social será composto de cinquenta e quatro membros das Nações Unidas eleitos pela Assembleia Geral.

2. De acordo com os dispositivos do § 3, dezoito membros do Conselho Econômico e Social serão eleitos cada ano para um período de 3 (três) anos, podendo, ao terminar esse prazo, ser reeleitos para o período seguinte.

3. Na primeira eleição a realizar-se depois de elevado de vinte e sete para cinquenta e quatro o número de Membros do Conselho Econômico e Social, além dos Membros que forem eleitos para substituir os nove Membros, cujo mandato expira no fim desse ano, serão eleitos outros vinte e sete Membros. O mandato de nove destes vinte e sete Membros suplementares assim eleitos expirará no fim de um ano e o de nove outros no fim de dois anos, de acordo com o que for determinado pela Assembleia Geral.

4. Cada membro do Conselho Econômico e Social terá nele um representante.

FUNÇÕES E ATRIBUIÇÕES

Artigo 62

1. O Conselho Econômico e Social fará ou iniciará estudos e relatórios a respeito de assuntos internacionais de caráter econômico, social, cultural, educacional, sanitário e conexos e poderá fazer recomendações a respeito de tais assuntos à Assembleia Geral, aos membros das Nações Unidas e às entidades especializadas interessadas.

2. Poderá, igualmente, fazer recomendações destinadas a promover o respeito e a observância dos direitos humanos e das liberdades fundamentais para todos.

3. Poderá preparar projetos de convenções a serem submetidos à Assembleia Geral, sobre assuntos de sua competência.

4. Poderá convocar, de acordo com as regras estipuladas pelas Nações Unidas, conferências internacionais sobre assuntos de sua competência.

Artigo 63

1. O Conselho Econômico e Social poderá estabelecer acordos com qualquer das entidades a que se refere o artigo 57, a fim de determinar as condições em que a entidade interessada será vinculada às Nações Unidas. Tais acordos serão submetidos à aprovação da Assembleia Geral.

2. Poderá coordenar as atividades das entidades especializadas, por meio de consultas e recomendações às mesmas e de recomendações à Assembleia Geral e aos membros das Nações Unidas.

Artigo 64

1. O Conselho Econômico e Social poderá tomar as medidas adequadas a fim de obter relatórios regulares das entidades especializadas. Poderá entrar em entendimentos com os membros das Nações Unidas e com as entidades especializadas, a fim de obter relatórios sobre as medidas tomadas para cumprimento de suas próprias recomendações e das que forem feitas pela Assembleia Geral sobre assuntos da competência do Conselho.

2. Poderá comunicar à Assembleia Geral suas observações a respeito desses relatórios.

Artigo 65

O Conselho Econômico e Social poderá fornecer informações ao Conselho de Segurança e, a pedido deste, prestar-lhe assistência.

Artigo 66

1. O Conselho Econômico e Social desempenhará as funções que forem de sua competência em relação ao cumprimento das recomendações da Assembleia Geral.

2. Poderá mediante aprovação da Assembleia Geral, prestar os serviços que lhe forem solicitados pelos membros das Nações Unidas e pelas entidades especializadas.

3. Desempenhará as demais funções especificadas em outras partes da presente Carta ou as que lhe forem atribuídas pela Assembleia Geral.

VOTAÇÃO

Artigo 67

1. Cada membro do Conselho Econômico e Social terá um voto.

2. As decisões do Conselho Econômico e Social serão tomadas por maioria dos membros presentes e votantes.

PROCESSO

Artigo 68

O Conselho Econômico e Social criará comissões para os assuntos econômicos e sociais e a proteção dos direitos humanos assim como outras comissões que forem necessárias para o desempenho de suas funções.

Artigo 69

O Conselho Econômico e Social poderá convidar qualquer membro das Nações Unidas a tomar parte, sem voto, em suas deliberações sobre qualquer assunto que interesse particularmente a esse membro.

Artigo 70

O Conselho Econômico e Social poderá entrar em entendimentos para que representantes das entidades especializadas tomem parte, sem voto, em suas deliberações e nas das comissões por ele criadas, e para que os seus próprios representantes tomem parte nas deliberações das entidades especializadas.

Artigo 71

O Conselho Econômico e Social poderá entrar nos entendimentos convenientes para a consulta com organizações não governamentais, encarregadas de questões que estiverem dentro da sua própria competência. Tais entendimentos poderão ser feitos com organizações internacionais e, quando for o caso, como organizações nacionais, depois de efetuadas consultas com o membro das Nações Unidas no caso.

Artigo 72

1. O Conselho Econômico e Social adotará seu próprio regulamento, que incluirá o método de escolha de seu Presidente.

2. O Conselho Econômico e Social reunir-se-á quando for necessário, de acordo com o seu regulamento, o qual deverá incluir disposições referentes à convocação de reuniões a pedido da maioria dos membros.

CAPÍTULO XI
DECLARAÇÃO RELATIVA A TERRITÓRIOS SEM GOVERNO PRÓPRIO

Artigo 73

Os membros das Nações Unidas, que assumiram ou assumam responsabilidades pela administração de territórios cujos povos não tenham atingido a plena capacidade de se governarem a si mesmos, reconhecem o princípio de que os interesses dos habitantes desses territórios são da mais alta importância, e aceitam, como missão sagrada, a obrigação de promover no mais alto grau, dentro do sistema de paz e segurança internacionais estabelecido na presente Carta, o bem-estar dos habitantes desses territórios e, para tal fim, se obrigam a:

a) assegurar, com o devido respeito à cultura dos povos interessados, o seu progresso político, econômico, social e educacional, o seu tratamento equitativo e a sua proteção contra todo abuso;

b) desenvolver sua capacidade de governo próprio, tomar devida nota das aspirações políticas dos povos e auxiliá-los no desenvolvimento progressivo de suas instituições políticas livres, de acordo com as circunstâncias peculiares a cada território e seus habitantes e os diferentes graus de seu adiantamento;

c) consolidar a paz e a segurança internacionais;

d) promover medidas construtivas de desenvolvimento, estimular pesquisas, cooperar uns com os outros e, quando for o caso, com entidades internacionais especializadas, com vistas à realização prática dos propósitos de ordem social, econômica ou científica enumerados neste artigo; e

e) transmitir regularmente ao Secretário-Geral, para fins de informação, sujeitas às reservas impostas por considerações de segurança e de ordem constitucional, informações estatísticas ou de outro caráter técnico, relativas às condições econômicas, sociais e educacionais dos territórios pelos quais são respectivamente responsáveis e que não estejam compreendidos entre aqueles a que se referem os Capítulos XII e XIII da Carta.

Artigo 74

Os membros das Nações Unidas concordam também em que a sua política com relação aos territórios a que se aplica o presente capítulo deve ser baseada, do mesmo modo que a política seguida nos respectivos territórios metropolitanos, no princípio geral de boa vizinhança, tendo na devida conta os interesses e o bem-estar do resto do mundo no que se refere às questões sociais, econômicas e comerciais.

CAPÍTULO XII
SISTEMA INTERNACIONAL DE TUTELA

Artigo 75

As Nações Unidas estabelecerão sob sua autoridade um sistema internacional de tutela para a administração e fiscalização dos territórios que possam ser colocados sob tal sistema em consequência de futuros acordos individuais. Esses territórios serão, daqui em diante, mencionados como territórios tutelados.

Artigo 76

Os objetivos básicos do sistema de tutela, de acordo com os Propósitos das Nações Unidas enumerados no artigo 1 da presente Carta serão:

a) favorecer a paz e a segurança internacionais;

b) fomentar o progresso político, econômico, social e educacional dos habitantes dos territórios tutelados e o seu desenvolvimento progressivo para alcançar governo próprio ou independência, como mais convenha às circunstâncias particulares de cada território e de seus habitantes e aos desejos livremente expressos dos povos interessados, e como for previsto nos termos de cada acordo de tutela;

c) estimular o respeito aos direitos humanos e às liberdades fundamentais para todos, sem distinção de raça, sexo, língua ou religião e favorecer o reconhecimento da interdependência de todos os povos; e

d) assegurar igualdade de tratamento nos domínios social, econômico e comercial para todos os membros das Nações Unidas e seus nacionais e, para estes últimos, igual tratamento na administração da justiça, sem prejuízo dos objetivos acima expostos e sob reserva das disposições do artigo 80.

Artigo 77

1. O sistema de tutela será aplicado aos territórios das categorias seguintes, que venham a ser colocados sob tal sistema por meio de acordos de tutela:

a) territórios atualmente sob mandato;

b) territórios que possam ser separados de Estados inimigos em consequência da Segunda Guerra Mundial; e

c) territórios voluntariamente colocados sob tal sistema por Estados responsáveis pela sua administração.

2. Será objeto de acordo ulterior a determinação dos territórios das categorias acima mencionadas a serem colocados sob o sistema de tutela e das condições em que o serão.

Artigo 78

O sistema de tutela não será aplicado a territórios que se tenham tornado membros das Nações Unidas, cujas relações mútuas deverão basear-se no respeito ao princípio da igualdade soberana.

Artigo 79

As condições de tutela em que cada território será colocado sob este sistema, bem como qualquer alteração ou emenda, serão determinadas por acordo entre os Estados diretamente interessados, inclusive a potência mandatária no caso de território sob mandato de um membro das Nações Unidas e serão aprovadas de conformidade com as disposições dos artigos 83 e 85.

Artigo 80

1. Salvo o que for estabelecido em acordos individuais de tutela feitos de conformidade com os artigos 77, 79 e 81, pelos quais se coloque cada território sob este sistema, e até que tais acordos tenham sido concluídos, nada neste Capítulo será interpretado como alteração de qualquer espécie nos direitos de qualquer Estado ou povo ou nos termos dos atos internacionais vigentes em que os membros das Nações Unidas forem partes.

2. O § 1 deste artigo não será interpretado como motivo para demora ou adiamento da negociação e conclusão de acordos destinados a colocar territórios dentro do sistema de tutela, conforme as disposições do artigo 77.

Artigo 81

O acordo de tutela deverá, em cada caso, incluir as condições sob as quais o território tutelado será administrado e designar a autoridade que exercerá essa administração. Tal autoridade, daqui em diante chamada a autoridade administradora, poderá ser um ou mais Estados ou a própria Organização.

Artigo 82

Poderão designar-se, em qualquer acordo de tutela, uma ou várias zonas estratégicas, que compreendam parte ou a totalidade do território tutelado a que o mesmo se aplique, sem prejuízo de qualquer acordo ou acordos especiais feitos de conformidade com o artigo 43.

Artigo 83

1. Todas as funções atribuídas às Nações Unidas relativamente às zonas estratégicas, inclusive a aprovação das condições dos acordos de tutela, assim como de sua alteração ou emendas, serão exercidas pelo Conselho de Segurança.

2. Os objetivos básicos enumerados no artigo 76 serão aplicáveis aos habitantes de cada zona estratégica.

3. O Conselho de Segurança, ressalvadas as disposições dos acordos de tutela e sem prejuízo das exigências de segurança, poderá valer-se da assistência do Conselho de Tutela para desempenhar as funções que cabem às Nações Unidas pelo sistema de tutela, relativamente a matérias políticas, econômicas, sociais ou educacionais dentro das zonas estratégicas.

Artigo 84

A autoridade administradora terá o dever de assegurar que o território tutelado preste sua colaboração à manutenção da paz e da segurança internacionais. Para tal fim, a autoridade administradora poderá fazer uso de forças voluntárias, de facilidades e da ajuda do território tutelado para o desempenho das obrigações por ele assumidas a este respeito perante o Conselho de Segurança, assim como para a defesa local e para a manutenção da lei e da ordem dentro do território tutelado.

Artigo 85

1. As funções das Nações Unidas relativas a acordos de tutela para todas as zonas não designadas como estratégicas, inclusive a aprovação das condições dos acordos de tutela e de sua alteração ou emenda, serão exercidas pela Assembleia Geral.

2. O Conselho de Tutela, que funcionará sob a autoridade da Assembleia Geral, auxiliará esta no desempenho dessas atribuições.

CAPÍTULO XIII
O CONSELHO DE TUTELA

COMPOSIÇÃO

Artigo 86

1. O Conselho de Tutela será composto dos seguintes membros das Nações Unidas:

a) os membros que administrem territórios tutelados;

b) aqueles dentre os membros mencionados nominalmente no artigo 23, que não estiverem administrando territórios tutelados; e

c) quantos outros membros eleitos por um período de 3 (três) anos, pela Assembleia Geral, sejam necessários para assegurar que o número total de membros do Conselho de Tutela fique igualmente dividido entre os membros das Nações Unidas que administrem territórios tutelados e aqueles que o não fazem.

2. Cada membro do Conselho de Tutela designará uma pessoa especialmente qualificada para representá-lo perante o Conselho.

Artigo 87

A Assembleia Geral e, sob a sua autoridade, o Conselho de Tutela, no desempenho de suas funções, poderão:

a) examinar os relatórios que lhes tenham sido submetidos pela autoridade administradora;

b) aceitar petições e examiná-las, em consulta com a autoridade administradora;

c) providenciar sobre visitas periódicas aos territórios tutelados em épocas fixadas de acordo com a autoridade administradora; e

d) tomar estas e outras medidas de conformidade com os termos dos acordos de tutela.

Artigo 88.

O Conselho de Tutela formulará um questionário sobre o adiantamento político, econômico, social e educacional dos habitantes de cada território tutelado e a autoridade administradora de cada um destes territórios, dentro da competência da Assembleia Geral, fará um relatório anual à Assembleia, baseado no referido questionário.

VOTAÇÃO

Artigo 89

1. Cada membro do Conselho de Tutela terá um voto.

2. As decisões do Conselho de Tutela serão tomadas por uma maioria dos membros presentes e votantes.

PROCESSO

Artigo 90

1. O Conselho de Tutela adotará seu próprio regulamento que incluirá o método de escolha de seu Presidente.

2. O Conselho de Tutela reunir-se-á quando for necessário, de acordo com o seu regulamento, que incluirá uma disposição referente à convocação de reuniões a pedido da maioria dos seus membros.

Artigo 91

O Conselho de Tutela valer-se-á, quando for necessário, da colaboração do Conselho Econômico e Social e das entidades especializadas, a respeito das matérias em que estas e aquele sejam respectivamente interessados.

CAPÍTULO XIV
A CORTE INTERNACIONAL DE JUSTIÇA

Artigo 92

A Corte Internacional de Justiça será o principal órgão judiciário das Nações Unidas. Funcionará de acordo com o Estatuto anexo, que é baseado no Estatuto da Corte Permanente de Justiça Internacional e faz parte integrante da presente Carta.

Artigo 93

1. Todos os membros das Nações Unidas são *ipso facto* partes do Estatuto da Corte Internacional de Justiça.

2. Um Estado que não for membro das Nações Unidas poderá tornar-se parte no Estatuto da Corte Internacional de Justiça, em condições que serão determinadas, em cada caso, pela Assembleia Geral, mediante recomendação do Conselho de Segurança.

Artigo 94

1. Cada membro das Nações Unidas se compromete a conformar-se com a decisão da Corte Internacional de Justiça em qualquer caso em que for parte.

2. Se uma das partes num caso deixar de cumprir as obrigações que lhe incumbem em virtude de sentença proferida pela Corte, a outra terá direito de recorrer ao Conselho de Segurança que poderá, se julgar necessário, fazer recomendações ou decidir sobre medidas a serem tomadas para o cumprimento da sentença.

Artigo 95

Nada na presente Carta impedirá os membros das Nações Unidas de confiarem a solução de suas divergências a outros Tribunais, em virtude de acordos já vigentes ou que possam ser concluídos no futuro.

Artigo 96

1. A Assembleia Geral ou o Conselho de Segurança poderá solicitar parecer consultivo da Corte Internacional de Justiça, sobre qualquer questão de ordem jurídica.

2. Outros órgãos das Nações Unidas e entidades especializadas, que forem em qualquer época devidamente autorizados pela Assembleia Geral, poderão também solicitar pareceres consultivos da Corte sobre questões jurídicas surgidas dentro da esfera de suas atividades.

CAPÍTULO XV
O SECRETARIADO

Artigo 97

O Secretariado será composto de um Secretário-Geral e do pessoal exigido pela Organização. O Secretário-Geral será indicado pela Assembleia Geral mediante a recomendação do Conselho de Segurança. Será o principal funcionário administrativo da Organização.

Artigo 98

O Secretário-Geral atuará neste caráter em todas as reuniões da Assembleia Geral, do Conselho de Segurança, do Conselho Econômico e Social e do Conselho de Tutela, e desempenhará outras funções que lhe forem atribuídas por estes órgãos. O Secretário-Geral fará um relatório anual à Assembleia Geral sobre os trabalhos da Organização.

Artigo 99

O Secretário-Geral poderá chamar a atenção do Conselho de Segurança para qualquer assunto que em sua opinião possa ameaçar a manutenção da paz e da segurança internacionais.

Artigo 100

1. No desempenho de seus deveres, o Secretário-Geral e o pessoal do Secretariado não solicitarão nem receberão instruções de qualquer Governo ou de qualquer autoridade estranha à organização. Abster-se-ão de qualquer ação que seja incompatível com a sua posição de funcionários internacionais responsáveis somente perante a Organização.

2. Cada membro das Nações Unidas se compromete a respeitar o caráter exclusivamente internacional das atribuições do Secretário-Geral e do pessoal do Secretariado, e não procurará exercer qualquer influência sobre eles, no desempenho de suas funções.

Artigo 101

1. O pessoal do Secretariado será nomeado pelo Secretário-Geral, de acordo com regras estabelecidas pela Assembleia Geral.

2. Será também nomeado, em caráter permanente, o pessoal adequado para o Conselho Econômico e Social, o Conselho de Tutela e, quando for necessário, para outros órgãos das Nações Unidas. Esses funcionários farão parte do Secretariado.

3. A consideração principal que prevalecerá na escolha do pessoal e na determinação das condições de serviço será a da necessidade de assegurar o mais alto grau de eficiência, competência e integridade. Deverá ser levada na devida conta a importância de ser a escolha do pessoal feita dentro do mais amplo critério geográfico possível.

CAPÍTULO XVI
DISPOSIÇÕES DIVERSAS

Artigo 102

1. Todo tratado e todo acordo internacional, concluídos por qualquer membro das Nações Unidas depois da entrada em vigor da presente Carta, deverão, dentro do mais breve prazo possível, ser registrados e publicados pelo Secretariado.

2. Nenhuma parte em qualquer Tratado ou acordo internacional que não tenha sido registrado de conformidade com as disposições do § 1 deste artigo poderá invocar tal tratado ou acordo perante qualquer órgão das Nações Unidas.

Artigo 103

No caso de conflito entre as obrigações dos membros das Nações Unidas em virtude da presente Carta e as obrigações resultantes de qualquer outro acordo internacional, prevalecerão as obrigações assumidas em virtude da presente Carta.

Artigo 104

A Organização gozará, no território de cada um de seus membros, da capacidade jurídica necessária ao exercício de suas funções e à realização de seus propósitos.

Artigo 105

1. A Organização gozará, no território de cada um de seus membros, dos privilégios e imunidades necessários à realização de seus propósitos.

2. Os representantes dos membros das Nações Unidas e os funcionários da Organização gozarão, igualmente, dos privilégios e imunidades necessários ao exercício independente de suas funções relacionadas com a Organização.

3. A Assembleia Geral poderá fazer recomendações com o fim de determinar os pormenores da aplicação dos §§ 1 e 2 deste artigo ou poderá propor aos membros das Nações Unidas convenções nesse sentido.

CAPÍTULO XVII
DISPOSIÇÕES TRANSITÓRIAS SOBRE SEGURANÇA

Artigo 106

Antes da entrada em vigor dos acordos especiais a que se refere o artigo 43, que, a juízo do Conselho de Segurança, o habilitem ao exercício de suas funções previstas no artigo 42, as partes na Declaração das Quatro Nações, assinada em Moscou, a 30 de outubro de 1943, e a França, deverão, de acordo com as disposições do § 5 daquela Declaração, consultar-se entre si e, sempre que a ocasião o exija, com outros membros das Nações Unidas, a fim de ser levada a efeito, em nome da Organização, qualquer ação conjunta que se torne necessária à manutenção da paz e da segurança internacionais.

Artigo 107

Nada na presente Carta invalidará ou impedirá qualquer ação que, em relação a um Estado inimigo de qualquer dos signatários da presente Carta durante a Segunda Guerra Mundial, for levada a efeito ou autorizada em consequência da dita guerra, pelos governos, responsáveis por tal ação.

CAPÍTULO XVIII
EMENDAS

Artigo 108

As emendas à presente Carta entrarão em vigor para todas as Nações Unidas, quando forem adotadas pelos votos de 2/3 (dois terços) dos membros da Assembleia Geral e ratificadas de acordo com os seus respectivos métodos constitucionais por 2/3 (dois terços) dos membros das Nações Unidas inclusive todos os membros permanentes do Conselho de Segurança

Artigo 109

1. Uma Conferência Geral dos membros das Nações Unidas, destinada a rever a presente Carta, poderá reunir-se em data e lugar a serem fixados pelo voto de 2/3 (dois terços) dos membros da Assembleia Geral e de nove membros quaisquer do Conselho de Segurança. Cada membro das Nações Unidas terá um voto nessa Conferência.

2. Qualquer modificação à presente Carta, que for recomendada por 2/3 (dois terços) dos votos da Conferência, terá efeito depois de ratificada, de acordo com os respectivos métodos constitucionais, por 2/3 (dois terços) dos membros das Nações Unidas, inclusive todos os membros permanentes do Conselho de Segurança.

3. Se essa Conferência não for celebrada antes da décima sessão anual da Assembleia Geral que se seguir à entrada em vigor da presente Carta, a proposta de sua convocação deverá figurar na agenda da referida sessão da Assembleia Geral, e a Conferência será realizada, se assim for decidido por maioria de votos dos membros da Assembleia Geral, e pelo voto de sete membros quaisquer do Conselho de Segurança.

CAPÍTULO XIX
RATIFICAÇÃO E ASSINATURA

Artigo 110

1. A presente Carta deverá ser ratificada pelos Estados signatários, de acordo com os respectivos métodos constitucionais.

2. As ratificações serão depositadas junto ao Governo dos Estados Unidos da América, que notificará de cada depósito todos os Estados signatários, assim como o Secretário-Geral da Organização depois que este for escolhido.

3. A presente Carta entrará em vigor depois do depósito de ratificações pela República da China, França, União das Repúblicas Socialistas Soviéticas, Reino Unido da Grã-Bretanha e Irlanda do Norte e Estados Unidos da América, e pela maioria dos outros Estados signatários. O Governo dos Estados Unidos da América organizará, em seguida, um protocolo das ratificações depositadas, o qual será comunicado, por meio de cópias, aos Estados signatários.

4. Os Estados signatários da presente Carta, que a ratificarem depois de sua entrada em vigor, tornar-se-ão membros fundadores das Nações Unidas, na data do depósito de suas respectivas ratificações.

Artigo 111

A presente Carta, cujos textos em chinês, francês, russo, inglês e espanhol fazem igualmente fé, ficará depositada nos arquivos do Governo dos Estados Unidos da América. Cópias da mesma, devidamente autenticadas, serão transmitidas por este último Governo aos dos outros Estados signatários.

Em fé do que, os representantes dos Governos das Nações Unidas assinaram a presente Carta.

Feita na cidade de São Francisco, aos vinte e seis dias do mês de junho de mil novecentos e quarenta e cinco.

ESTATUTO DA CORTE INTERNACIONAL DE JUSTIÇA

Artigo 1º

A Corte Internacional de Justiça, estabelecida pela Carta das Nações Unidas como o principal órgão judiciário das Nações Unidas, será constituída e funcionará de acordo com as disposições do presente Estatuto.

CAPÍTULO I
ORGANIZAÇÃO DA CORTE

Artigo 2º

A Corte será composta de um corpo de juízes independentes, eleitos sem atenção à sua nacionalidade, dentre pessoas que gozem de alta consideração moral e possuam as condições exigidas em seus respectivos países para o desempenho das mais altas funções judiciárias, ou que sejam jurisconsultos de reconhecida competência em direito internacional.

Artigo 3º

1. A Corte será composta de quinze membros, não podendo figurar entre eles dois nacionais do mesmo Estado.

2. A pessoa que possa ser considerada nacional de mais de um Estado será, para efeito de sua inclusão como membro da Corte, considerada nacional do Estado em que exercer ordinariamente seus direitos civis e políticos.

Artigo 4º

1. Os membros da Corte serão eleitos pela Assembleia Geral e pelo Conselho de Segurança de uma lista de pessoas apresentadas pelos grupos nacionais da Corte Permanente de Arbitragem, de acordo com as disposições seguintes.

2. Quando se tratar de membros das Nações Unidas não representados na Corte Permanente de Arbitragem, os candidatos serão apresentados por grupos nacionais designados para esse fim pelos seus Governos, nas mesmas condições que as estipuladas para os membros da Corte Permanente de Arbitragem pelo artigo 44 da Convenção de Haia de 1907, referente à solução pacífica das controvérsias internacionais.

3. As condições pelas quais um Estado, que é parte do presente Estatuto, sem ser membro das Nações Unidas, poderá participar na eleição dos membros da Corte, serão, na falta de acordo especial, determinadas pela Assembleia Geral mediante recomendações do Conselho de Segurança.

Artigo 5º

1. Três meses, pelo menos antes da data da eleição, o Secretário-Geral das Nações Unidas convidará, por escrito, os membros da Corte Permanente de Arbitragem pertencentes a Estados que sejam partes no presente Estatuto, e os membros dos grupos nacionais designados de conformidade com o artigo 5, § 2, para que indiquem, por grupos nacionais, dentro de um prazo estabelecido, os nomes das pessoas em condições de desempenhar as funções de membros da Corte.

2. Nenhum grupo deverá indicar mais de quatro pessoas, das quais, no máximo, duas poderão ser de sua nacionalidade. Em nenhum caso o número dos candidatos indicados por um grupo poderá ser maior do que o dobro dos lugares a serem preenchidos.

Artigo 6º

Recomenda-se que, antes de fazer estas indicações, cada grupo nacional consulte sua mais alta corte de justiça, suas faculdades e escolas de direito, suas academias nacionais e as seções nacionais de academias internacionais dedicadas ao estudo de direito.

Artigo 7º

1. O Secretário-Geral preparará uma lista, por ordem alfabética, de todas as pessoas assim indicadas. Salvo o caso previsto no art. 12, § 2, serão elas as únicas pessoas elegíveis.

2. O Secretário-Geral submeterá essa lista à Assembleia Geral e ao Conselho de Segurança.

Artigo 8º

A Assembleia Geral e o Conselho de Segurança procederão, independentemente um do outro, à eleição dos membros da Corte.

Artigo 9º.

Em cada eleição, os eleitores devem ter presente não só que as pessoas a serem eleitas possuam individualmente as condições exigidas, mas também que, no conjunto desse órgão judiciário, seja assegurada a representação das mais altas formas da civilização e dos principais sistemas jurídicos do mundo.

Artigo 10

1. Os candidatos que obtiverem maioria absoluta de votos na Assembleia Geral e no Conselho de Segurança serão considerados eleitos.

2. Nas votações do Conselho de Segurança, quer para a eleição dos juízes, quer para a nomeação dos membros da comissão prevista no artigo 12, não haverá qualquer distinção entre membros permanentes e não permanentes do Conselho de Segurança.

3. No caso em que a maioria absoluta de votos, tanto da Assembleia Geral quanto do Conselho de Segurança, contemple mais de um nacional do mesmo Estado, o mais velho dos dois será considerado eleito.

Artigo 11

Se, depois da primeira reunião convocada para fins de eleição, um ou mais lugares continuarem vagos, deverá ser realizada uma segunda e, se for necessário, uma terceira reunião.

Artigo 12

1. Se, depois da terceira reunião, um ou mais lugares ainda continuarem vagos, uma comissão, composta de seis membros, três indicados pela Assembleia Geral e três pelo Conselho de Segurança, poderá ser formada em qualquer momento, por solicitação da Assembleia ou do Conselho de Segurança, com o fim de escolher, por maioria absoluta de votos, um nome para cada lugar ainda vago, o qual será submetido à Assembleia Geral e ao Conselho de Segurança para sua respectiva aceitação.

2. A Comissão Mista, caso concorde unanimemente com a escolha de uma pessoa que preencha as condições exigidas, poderá incluí-la em sua lista, ainda que a mesma não tenha figurado na lista de indicações a que se refere o artigo 7.

3. Se a Comissão Mista chegar à convicção de que não logrará resultados com uma eleição, os membros já eleitos da Corte deverão, dentro de um prazo a ser fixado pelo Conselho de Segurança, preencher os lugares vagos, e o farão por escolha dentre os candidatos que tenham obtido votos na Assembleia Geral ou no Conselho de Segurança.

4. No caso de um empate na votação dos juízes, o mais velho deles terá voto decisivo.

Artigo 13

1. Os membros da Corte serão eleitos por 9 (nove) anos e poderão ser reeleitos; fica estabelecido, entretanto, que, dos juízes eleitos na primeira eleição, cinco terminarão suas funções no fim de um período de 3 (três) anos, e outros cinco no fim de um período de 6 (seis) anos.

2. Os juízes cujas funções deverão terminar no fim dos referidos períodos iniciais de 3 (três) e 6 (seis) anos serão escolhidos por sorteio, que será efetuado pelo Secretário-Geral imediatamente depois de terminada a primeira eleição.

3. Os membros da Corte continuarão no desempenho de suas funções até que suas vagas tenham sido preenchidas. Ainda depois de substituídos, deverão terminar qualquer questão cujo estudo tenham começado.

4. No caso de renúncia de um membro da Corte, o pedido de demissão deverá ser dirigido ao Presidente da Corte, que o transmitirá ao Secretário-Geral. Esta última notificação significará a abertura de vaga.

Artigo 14

As vagas serão preenchidas pelo método estabelecido para a primeira eleição, de acordo com a seguinte disposição: o Secretário-Geral, dentro de 1 (um) mês a contar da abertura da vaga, expedirá os convites a que se refere o art. 5, e a data da eleição será fixada pelo Conselho de Segurança.

Artigo 15

O membro da Corte eleito na vaga de um membro que não terminou seu mandato completará o período de mandato de seu predecessor.

Artigo 16

1. Nenhum membro da Corte poderá exercer qualquer função política ou administrativa, ou dedicar-se a outra ocupação de natureza profissional.

2. Qualquer dúvida a esse respeito será resolvida por decisão da Corte.

Artigo 17

1. Nenhum membro da Corte poderá servir como agente, consultor ou advogado em qualquer questão.

2. Nenhum membro poderá participar da decisão de qualquer questão na qual anteriormente tenha intervindo como agente consultor ou advogado de uma das partes, como membro de um tribunal nacional ou internacional, ou de uma comissão de inquérito, ou em qualquer outro caráter.

3. Qualquer dúvida a esse respeito será resolvida por decisão da Corte.

Artigo 18

1. Nenhum membro da Corte poderá ser demitido, a menos que, na opinião unânime dos outros membros, tenha deixado de preencher as condições exigidas.

2. O Secretário-Geral será disso notificado, oficialmente, pelo Escrivão da Corte.

3. Essa notificação significará a abertura da vaga.

Artigo 19

Os membros da Corte, quando no exercício de suas funções, gozarão dos privilégios e imunidades diplomáticas.

Artigo 20

Todo membro da Corte, antes de assumir as suas funções, fará, em sessão pública, a declaração solene de que exercerá as suas atribuições imparcial e conscienciosamente.

Artigo 21

1. A Corte elegerá, pelo período de 3 (três) anos, seu Presidente e seu Vice-Presidente, que poderão ser reeleitos.

2. A Corte nomeará seu Escrivão e providenciará sobre a nomeação de outros funcionários que sejam necessários.

Artigo 22

1. A sede da Corte será a cidade de Haia. Isto, entretanto, não impedirá que até aqui a Corte se reúna e exerça suas funções em qualquer outro lugar que considere conveniente.

2. O Presidente e o Escrivão residirão na sede da Corte.

Artigo 23

1. A Corte funcionará permanentemente, exceto durante as férias judiciárias, cuja data e duração serão por ela fixadas.

2. Os membros da Corte gozarão de licenças periódicas, cujas datas e duração serão fixadas pela Corte, sendo tomadas em consideração a distância entre Haia e o domicílio de cada juiz.

3. Os membros da Corte serão obrigados a ficar permanentemente à disposição da Corte, a menos que estejam em licença ou impedidos de comparecer por motivo de doença ou outra séria razão, devidamente justificada perante o Presidente.

Artigo 24

1. Se, por qualquer razão especial, o membro da Corte considerar que não deve tomar parte no julgamento de uma determinada questão, deverá informar disto o Presidente.

2. Se o Presidente considerar que, por uma razão especial, um dos membros da Corte não deve funcionar numa determinada questão, deverá informá-lo disto.

3. Se, em qualquer desses casos, o membro da Corte e o Presidente não estiverem de acordo, o assunto será resolvido por decisão da Corte.

Artigo 25

1. A Corte funcionará em sessão plenária, exceto nos casos previstos em contrário no presente capítulo.

2. O regulamento da Corte poderá permitir que um ou mais juízes, de acordo com as circunstâncias e rotativamente, sejam dispensados das sessões, contanto que o número de juízes disponíveis para constituir a Corte não seja reduzido a menos de onze.

3. O *quorum* de 9 (nove) juízes será suficiente para constituir a Corte.

Artigo 26

1. A Corte poderá periodicamente formar uma ou mais Câmaras, compostas de três ou mais juízes, conforme ela mesma determinar, a fim de tratar de questões de caráter especial, como, por exemplo, questões trabalhistas e assuntos referentes a trânsito e comunicações.

2. A Corte poderá, em qualquer tempo, formar uma Câmara para tratar de uma determinada questão. O número de juízes que constituirão essa Câmara será determinado pela Corte, com a aprovação das partes.

3. As questões serão consideradas e resolvidas pelas Câmaras a que se refere o presente artigo, se as partes assim o solicitarem.

Artigo 27

Uma sentença proferida por qualquer das Câmaras, a que se referem os artigos 26 e 29, será considerada como sentença emanada da Corte.

Artigo 28

As Câmaras, a que se referem os artigos 26 e 29, poderão, com o consentimento das partes, reunir-se e exercer suas funções fora da cidade de Haia.

Artigo 29

Com o fim de apressar a solução dos assuntos, a Corte formará anualmente uma Câmara, composta de 5 (cinco) juízes, a qual, a pedido das partes, poderá considerar e resolver sumariamente as questões. Além dos 5 (cinco) juízes, serão escolhidos outros 2 (dois), que atuarão como substitutos, no impedimento de um daqueles.

Artigo 30

1. A Corte estabelecerá regras para o desempenho de suas funções, especialmente as que se refiram aos métodos processuais.

2. O Regulamento da Corte disporá sobre a nomeação de assessores para a Corte ou para qualquer de suas Câmaras, os quais não terão direito a voto.

Artigo 31

1. Os juízes da mesma nacionalidade de qualquer das partes conservam o direito de funcionar numa questão julgada pela Corte.

2. Se a Corte incluir entre os seus membros um juiz de nacionalidade de uma das partes, qualquer outra parte poderá escolher uma pessoa para funcionar como juiz. Essa pessoa deverá, de preferência, ser escolhida dentre os que figuram entre os candidatos a que se referem os arts. 4 e 5.

3. Se a Corte não incluir entre os seus membros nenhum juiz de nacionalidade das partes, cada uma destas poderá proceder à escolha de um juiz, de conformidade com o § 2 deste artigo.

4. As disposições deste artigo serão aplicadas aos casos previstos nos arts. 26 e 29. Em tais casos, o Presidente solicitará a 1 (um) ou, se necessário, a 2 (dois) dos membros da Corte integrantes da Câmara, que cedam seu lugar aos Membros da Corte de nacionalidade das partes interessadas, e, na falta ou impedimento destes, aos juízes especialmente escolhidos pelas partes.

5. No caso de haver diversas partes interessadas na mesma questão, elas serão, para os fins das disposições precedentes, consideradas como uma só parte. Qualquer dúvida sobre este ponto será resolvida por decisão da Corte.

6. Os Juízes escolhidos de conformidade com os §§ 2, 3 e 4 deste artigo deverão preencher as condições exigidas pelos artigos 2, 17 (§ 2), 20 e 24, do presente Estatuto. Tomarão parte nas decisões em condições de completa igualdade com seus colegas.

Artigo 32

1. Os membros da Corte perceberão vencimentos anuais.

2. O Presidente receberá, por ano, um subsídio especial.

3. O Vice-Presidente receberá um subsídio especial, correspondente a cada dia em que funcionar como Presidente.

4. Os juízes escolhidos de conformidade com o art. 31, que não sejam membros da Corte, receberão uma remuneração correspondente a cada dia em que exerçam suas funções.

5. Esses vencimentos, subsídios e remunerações serão fixados pela Assembleia Geral e não poderão ser diminuídos enquanto durarem os mandatos.

6. Os vencimentos do escrivão serão fixados pela Assembleia Geral, por proposta da Corte.

7. O Regulamento elaborado pela Assembleia Geral fixará as condições pelas quais serão concedidas pensões aos membros da Corte e ao escrivão, e as condições pelas quais os membros da Corte e o escrivão serão reembolsados de suas despesas de viagem.

8. Os vencimentos, subsídios e remunerações, acima mencionados, estarão livres de qualquer imposto.

Artigo 33

As despesas da Corte serão custeadas pelas Nações Unidas da maneira que for decidida pela Assembleia Geral.

CAPÍTULO II
COMPETÊNCIA DA CORTE

Artigo 34

1. Só os Estados poderão ser partes em questões perante a Corte.

2. Sobre as questões que lhe forem submetidas, a Corte, nas condições prescritas por seu Regulamento, poderá solicitar informação, de organizações públicas internacionais, e receberá as informações que lhe forem prestadas, por iniciativa própria, pelas referidas organizações.

3. Sempre que, no julgamento de uma questão perante a Corte, for discutida a interpretação do instrumento constitutivo de uma organização pública internacional ou de uma convenção internacional adotada em virtude do mesmo, o Escrivão dará conhecimento disso à organização pública internacional interessada e lhe encaminhará cópias de todo o expediente escrito.

Artigo 35

1. A Corte estará aberta aos Estados que são partes do presente Estatuto.

2. As condições pelas quais a Corte estará aberta a outros Estados serão determinadas, pelo Conselho de Segurança, ressalvadas as disposições especiais dos tratados vigentes; em nenhum caso, porém, tais condições colocarão as partes em posições de desigualdade perante a Corte.

3. Quando um Estado que não é membro das Nações Unidas for parte numa questão, a Corte fixará a importância com que ele deverá contribuir para as despesas da Corte. Esta disposição não será aplicada, se tal Estado já contribuir para as referidas despesas.

Artigo 36

1. A competência da Corte abrange todas as questões que as partes lhe submetam, bem como todos os assuntos especialmente previstos na Carta das Nações Unidas ou em tratados e convenções em vigor.

2. Os Estados-partes do presente Estatuto poderão, em qualquer momento, declarar que reconhecem como obrigatória, *ipso facto* e sem acordo especial, em relação a qualquer outro Estado que aceite a mesma obrigação, a jurisdição da Corte em todas as controvérsias de ordem jurídica que tenham por objeto:

a) a interpretação de um tratado;

b) qualquer ponto de direito internacional;

c) a existência de qualquer fato que, se verificado, constituiria violação de um compromisso internacional;

d) a natureza ou a extensão da reparação devida pela ruptura de um compromisso internacional.

3. As declarações acima mencionadas poderão ser feitas pura e simplesmente ou sob condição de reciprocidade da parte de vários ou de certos Estados, ou por prazo determinado.

4. Tais declarações serão depositadas junto ao Secretário-Geral das Nações Unidas que as transmitirá, por cópia, às partes contratantes do presente Estatuto e ao escrivão da Corte.

5. Nas relações entre as partes contratantes do presente Estatuto, as declarações feitas de acordo com o artigo 36 do Estatuto da Corte Permanente de Justiça Internacional e que ainda estejam em vigor serão consideradas como importando na aceitação da jurisdição obrigatória da Corte Internacional de Justiça, pelo período em que ainda devem vigorar e de conformidade com os seus termos.

6. Qualquer controvérsia sobre a jurisdição da Corte será resolvida por decisão da própria Corte.

Artigo 37

Sempre que um tratado ou convenção em vigor disponha que um assunto deva ser submetido a uma jurisdição a ser instituída pela Liga das Nações ou à Corte Permanente de Justiça Internacional, o assunto deverá, no que respeita às partes contratantes do presente Estatuto, ser submetido à Corte Internacional de Justiça.

Artigo 38

1. A Corte, cuja função é decidir de acordo com o direito internacional as controvérsias que lhe forem submetidas, aplicará:

a) as convenções internacionais, quer gerais, quer especiais, que estabeleçam regras expressamente reconhecidas pelos Estados litigantes;

b) o costume internacional, como prova de uma prática geral aceita como sendo o direito;

c) os princípios gerais de direito reconhecidos pelas nações civilizadas;

d) sob ressalva da disposição do art. 59, as decisões judiciárias e a doutrina dos juristas mais qualificados das diferentes nações, como meio auxiliar para a determinação das regras de direito.

2. A presente disposição não prejudicará a faculdade da Corte de decidir uma questão *ex aequo et bono*, se as partes com isto concordarem.

CAPÍTULO III
PROCESSO

Artigo 39

1. As línguas oficiais da Corte serão o francês e o inglês. Se as partes concordarem em que todo o processo se efetue em francês, a sentença será proferida em francês. Se as partes concordarem em que todo o processo se efetue em inglês, a sentença será proferida em inglês.

2. Na ausência de acordo a respeito da língua que deverá ser empregada, cada parte deverá, em suas alegações, usar a língua que preferir; a sentença da Corte será proferida em francês e em inglês. Neste caso, a Corte determinará ao mesmo tempo qual dos dois textos fará fé.

3. A pedido de uma das partes, a Corte poderá autorizá-la a usar uma língua que não seja o francês ou o inglês.

Artigo 40

1. As questões serão submetidas à Corte, conforme o caso, por notificação do acordo especial ou por uma petição escrita dirigida ao Escrivão. Em qualquer dos casos, o objeto da controvérsia e as partes deverão ser indicados.

2. O escrivão comunicará imediatamente a petição a todos os interessados.

3. Notificará também os membros das Nações Unidas por intermédio do Secretário-Geral e quaisquer outros Estados com direito a comparecer perante a Corte.

Artigo 41

1. A Corte terá a faculdade de indicar, se julgar que as circunstâncias o exigem, quaisquer me-

didas provisórias que devam ser tomadas para preservar os direitos de cada parte.

2. Antes que a sentença seja proferida, as partes e o Conselho de Segurança deverão ser informados imediatamente das medidas sugeridas.

Artigo 42

1. As partes serão representadas por agentes.

2. Estes terão a assistência de consultores ou advogados, perante a Corte.

3. Os agentes, os consultores e os advogados das partes perante a Corte gozarão dos privilégios e imunidades necessários ao livre exercício de suas atribuições.

Artigo 43

1. O processo constará de duas fases: uma escrita e outra oral.

2. O processo escrito compreenderá a comunicação à Corte e, às partes de memórias, contramemórias e, se necessário, réplicas assim como quaisquer peças e documentos em apoio das mesmas.

3. Essas comunicações serão feitas por intermédio do Escrivão na ordem e dentro do prazo fixados pela Corte.

4. Uma cópia autenticada de cada documento apresentado por uma das partes será comunicada à outra parte.

5. O processo oral consistirá na audiência, pela Corte, de testemunhas, peritos, agentes, consultores e advogados.

Artigo 44

1. Para citação de outras pessoas que não sejam os agentes, os consultores ou advogados, a Corte dirigir-se-á diretamente ao Governo do Estado em cujo território deve ser feita a citação.

2. O mesmo processo será usado sempre que for necessário providenciar para obter quaisquer meios de prova no lugar do fato.

Artigo 45

Os debates serão dirigidos pelo Presidente, ou, no impedimento deste, pelo Vice-Presidente; se ambos estiverem impossibilitados de presidir, o mais antigo dos juízes presentes ocupará a presidência.

Artigo 46

As audiências da Corte serão públicas, a menos que a Corte decida de outra maneira ou que as partes solicitem a não admissão de público.

Artigo 47

1. Será lavrada ata de cada audiência, assinada pelo Escrivão e pelo Presidente.

2. Só essa ata fará fé.

Artigo 48

A Corte proferirá decisões sobre o andamento do processo, a forma e o tempo em que cada parte terminará suas alegações, e tomará todas as medidas relacionadas com a apresentação das provas.

Artigo 49

A Corte poderá, ainda antes do início da audiência, intimar os agentes a apresentarem qualquer documento ou a fornecerem quaisquer explicações. Qualquer recusa deverá constar da ata.

Artigo 50

A Corte poderá, em qualquer momento, confiar a qualquer indivíduo, corporação, repartição, comissão ou outra organização, à sua escolha, a tarefa de proceder a um inquérito ou a uma perícia.

Artigo 51

Durante os debates, todas as perguntas de interesse serão feitas às testemunhas e peritos de conformidade com as condições determinadas pela Corte no Regulamento a que se refere o artigo 30.

Artigo 52

Depois de receber as provas e depoimentos dentro do prazo fixado para esse fim, a Corte poderá recusar-se a aceitar qualquer novo depoimento oral ou escrito que uma das partes deseje apresentar, a menos que as outras partes com isso concordem.

Artigo 53

1. Se uma das partes deixar de comparecer perante a Corte ou de apresentar a sua defesa, a outra parte poderá solicitar à Corte que decida a favor de sua pretensão.

2. A Corte, antes de decidir nesse sentido, deve certificar-se não só de que o assunto é de sua competência, de conformidade com os arts. 36 e 37, mas também de que a pretensão é bem fundada, de fato e de direito.

Artigo 54

1. Quando os agentes, consultores e advogados tiverem concluído, sob a fiscalização da Corte, a apresentação de sua causa, o Presidente declarará encerrados os debates.

2. A Corte retirar-se-á para deliberar.

3. As deliberações da Corte serão tomadas privativamente e permanecerão secretas.

Artigo 55

1. Todas as questões serão decididas por maioria dos juízes presentes.

2. No caso de empate na votação, o Presidente ou o juiz que funcionar em seu lugar decidirá com o seu voto.

Artigo 56

1. A sentença deverá declarar as razões em que se funda.

2. Deverá mencionar os nomes dos juízes que tomaram parte na decisão.

Artigo 57

Se a sentença não representar no todo ou em parte opinião unânime dos juízes, qualquer deles terá direito de lhe juntar a exposição de sua opinião individual.

Artigo 58

A sentença será assinada pelo Presidente e pelo escrivão. Deverá ser lida em sessão pública, depois de notificados, devidamente, os agentes.

Artigo 59

A decisão da Corte só será obrigatória para as partes litigantes e a respeito do caso em questão.

Artigo 60

A sentença é definitiva e inapelável. Em caso de controvérsia quanto ao sentido e ao alcance da sentença, caberá à Corte interpretá-la a pedido de qualquer das partes.

Artigo 61

1. O pedido de revisão de uma sentença só poderá ser feito em razão do descobrimento de algum fato suscetível de exercer influência decisiva, o qual, na ocasião de ser proferida a sentença, era desconhecido da Corte e também da parte que solicita a revisão, contanto que tal desconhecimento não tenha sido devido a negligência.

2. O processo de revisão será aberto por uma sentença da Corte, na qual se consignará expressamente a existência do fato novo, com o reconhecimento do caráter que determina a abertura da revisão e a declaração de que é cabível a solicitação nesse sentido.

3. A Corte poderá subordinar a abertura do processo de revisão à prévia execução da sentença.

4. O pedido de revisão deverá ser feito no prazo máximo de 6 (seis) meses a partir do descobrimento do fato novo.

5. Nenhum pedido de revisão poderá ser feito depois de transcorridos 10 (dez) anos da data da sentença.

Artigo 62

1. Quando um Estado entender que a decisão de uma causa é suscetível de comprometer um interesse seu de ordem jurídica, esse Estado poderá solicitar à Corte permissão para intervir em tal causa.

2. A Corte decidirá sobre esse pedido.

Artigo 63

1. Quando se tratar de interpretação de uma convenção, da qual forem partes outros Estados, além dos litigantes, o escrivão notificará imediatamente todos os Estados interessados.

2. Cada Estado assim notificado terá o direito de intervir no processo; mas, se usar deste direito, a interpretação dada pela sentença será igualmente obrigatória para ele.

Artigo 64

A menos que seja decidido em contrário pela Corte, cada parte pagará suas próprias custas no processo.

CAPÍTULO IV
PARECERES CONSULTIVOS

Artigo 65

1. A Corte poderá dar parecer consultivo sobre qualquer questão jurídica a pedido do órgão que, de acordo com a Carta das Nações Unidas ou por ela autorizado, estiver em condições de fazer tal pedido.

2. As questões sobre as quais for pedido o parecer consultivo da Corte serão submetidas a ela por meio de petição, escrita, que deverá conter uma exposição do assunto sobre o qual é solicitado o parecer e será acompanhada de todos os documentos que possam elucidar a questão.

Artigo 66

1. O escrivão notificará imediatamente todos os Estados, com direito a comparecer perante a Corte, do pedido de parecer consultivo.

2. Além disto, a todo Estado admitido a comparecer perante a Corte e a qualquer organização internacional, que, a juízo da Corte ou de seu Presidente, se a Corte não estiver reunida, forem suscetíveis de fornecer informações sobre a questão, o escrivão fará saber, por comunicação especial e direta, que a Corte estará disposta a receber exposições escritas, dentro de um prazo a ser fixado pelo Presidente, ou ouvir exposições orais, durante uma audiência pública realizada para tal fim.

3. Se qualquer Estado com direito a comparecer perante a Corte deixar de receber a comunicação especial a que se refere o § 2 deste artigo, tal Estado poderá manifestar o desejo de submeter a ela uma exposição escrita ou oral. A Corte decidirá.

4. Os Estados e organizações que tenham apresentado exposição escrita ou oral, ou ambas, terão a faculdade de discutir as exposições feitas por outros Estados ou organizações, na forma, extensão ou limite de tempo, que a Corte, ou, se ela não estiver reunida, o seu Presidente determinar, em cada caso particular. Para esse efeito, o escrivão deverá, no devido tempo, comunicar qualquer dessas exposições escritas aos Estados e organizações que submeterem exposições semelhantes.

Artigo 67

A Corte dará seus pareceres consultivos em sessão pública, depois de terem sido notificados o Secretário-Geral, os representantes dos membros das Nações Unidas, bem como de outros Estados e das organizações internacionais diretamente interessados.

Artigo 68

No exercício de suas funções consultivas, a Corte deverá guiar-se, além disso, pelas disposições do presente Estatuto, que se aplicam em casos contenciosos, na medida em que, na sua opinião, tais disposições forem aplicáveis.

CAPÍTULO V EMENDAS

Artigo 69

As emendas ao presente Estatuto serão efetuadas pelo mesmo processo estabelecido pela Carta das Nações Unidas para emendas à Carta, ressalvadas, entretanto, quaisquer disposições que a Assembleia Geral, por determinação do Conselho de Segurança, possa adotar a respeito da participação de Estados que, tendo aceito o presente Estatuto, não são membros das Nações Unidas.

Artigo 70

A Corte terá a faculdade de propor por escrito ao Secretário-Geral quaisquer emendas ao presente Estatuto, que julgar necessárias, a fim de que as mesmas sejam consideradas de conformidade com as disposições do art. 69.

E, havendo o Governo do Brasil aprovado a mesma Carta nos termos acima transcritos, pela presente a dou por firme e valiosa para produzir os seus devidos efeitos, prometendo que será cumprida inviolavelmente.

Em firmeza do que, mandei passar esta Carta que assino e é selada cem o selo das armas da República e subscrita pelo Ministro de Estado das Relações Exteriores.

Dada no Palácio da Presidência, no Rio de Janeiro, aos doze dias do mês de setembro, de mil novecentos e quarenta e cinco, 124° da Independência e 57° da República.

Getulio Vargas

DECRETO Nº 21.713, DE 27 DE AGOSTO DE 1946

Promulga a Convenção sôbre Aviação Civil Internacional, concluída em Chicago a 7 de dezembro de 1944 e firmado pelo Brasil, em Washington, a 29 de maio de 1945.

‣ *Convenção sobre Aviação Civil Internacional*

O Presidente da República,

CONSIDERANDO que foi aprovada a 11 de setembro de 1945 e ratificada a 26 de março de 1946, pelo Govêrno brasileiro a Convenção sôbre Aviação Civil Internacional, concluída em Chicago a 7 de dezembro de 1944, por ocasião da Conferência Internacional de Aviação Civil, e firmada pelo Brasil, em Washington, a 29 de maio de 1945;

CONSIDERANDO que o referido instrumento de ratificação foi depositado nos arquivos do Govêrno dos Estados Unidos da América a 8 de junho de 1946;

Usando da atribuição que lhe confere o artigo 74, letra **a**, da Constituição,

DECRETA:

Art. 1º Fica promulgada a Conversão sôbre Aviação Civil Internacional, apensa por cópia ao presente decreto, firmada pelo Brasil em Washington, em 29 de maio de 1945.

Art. 2º Êste decreto entrará em vigor na data de sua publicação.

Rio de Janeiro, em 27 de agôsto de 1946; 125º da Independência e 58º da República.

Eurico G. Dutra

D.O.U. de 12.9.1946

CONVENÇÃO DE AVIAÇÃO CIVIL INTERNACIONAL

PREÂMBULO

CONSIDERANDO que o desenvolvimento futuro da aviação civil Internacional pode contribuir poderosamente para criar e conservar a amizade e a compreensão entre as nações e os povos do mundo, mas que seu abuso pode transformar-se em ameaça ou perigo para segurança geral, e

CONSIDERANDO que é aconselhável evitar todo atrito ou desinteligência e estimular entre as nações e povos a cooperação da qual depende a paz do mundo;

Os Governos abaixo assinados, e tendo concordado em certos princípios e entendimentos para que a aviação civil internacional se desenvolva de maneira segura e sistemática, e que os serviços de transporte aéreo internacional se estabeleçam numa base de igualdade de oportunidades, e funcionem eficaz e economicamente, concluem a presente Convenção com êste objetivo.

PARTE I NAVEGAÇÃO AÉREA

CAPÍTULO I PRINCÍPIOS GERAIS E APLICAÇÃO DA CONVENÇÃO

ARTIGO 1º
Soberania

Os Estados contratantes reconhecem ter cada Estado a soberania exclusiva e absoluta sôbre o espaço aéreo sôbre seu território.

ARTIGO 2º
Territórios

Para os fins da presente Convenção, considera-se como território de um Estado, a extensão terrestre e as águas territoriais adjacentes, sob a soberania, jurisdição, proteção ou mandato do citado Estado.

ARTIGO 3º
Aeronaves Civis e do Estado

a) Esta Convenção será aplicável unicamente a aeronaves civis, e não a aeronaves de propriedades do Govêrno.

b) São considerados aeronaves de propriedade do Govêrno aquelas usadas para serviços militares, alfandegários ou policiais.

c) Nenhuma aeronave governamental pertencente a um estado contratante poderá voar sôbre o território de outro Estado, ou aterrisar no mesmo sem autorização outorgada por acôrdo especial ou de outro modo e de conformidade com as condições nele estipuladas.

d) Os Estados contratantes, quando estabelecerem regulamentos para aeronaves governamentais se comprometem a tomar em devida consideração a segurança da navegação das aeronaves civis.

ARTIGO 4º
Abuso da Aviação Civil

Cada estado contratante concorda em não utilizar a aviação civil para fins incompatíveis com os propósitos desta Convenção.

CAPÍTULO II VÔOS SÔBRE TERRITÓRIOS DE ESTADOS CONTRATANTES

ARTIGO 5º
Direito de vôos não regulares

Os Estados contratantes concordam em que, tôdas as aeronaves de outros Estados contratantes que não se dediquem a serviços aéreos internacionais regulares, tenham direito nos têrmos desta Convenção a voar e transitar sem fazer escala sôbre seu território, e a fazer escalas para fins não comerciais sem necessidades de obter licença prévia, sujeitos porém ao direito do Estado sôbre o qual o vôo de exigir aterrissagem. Os Estados contratantes se reservam no entanto o direito, por razões de segurança da navegação aérea, de exigir que as aeronaves que desejam voar sôbre regiões inacessíveis ou que não contém com as facilidades adequadas para a navegação aérea, de seguir rotas determinadas ou de obter licenças especiais para êsses vôos.

Tais aeronaves, quando dedicadas ao transporte de passageiros, carga ou correio, remunerada ou fretada, em serviços internacionais não regulamentarão também o privilégio, sujeito ao disposto no Artigo 7º, de tomar ou descarregar passageiros carga ou correio, tendo o Estado onde se faça o embarque ou desembarque, o direito de impor os regulamentos, condições e restrições que considerar necessários.

ARTIGO 6º
Serviços aéreos regulares

Serviços aéreos internacionais regulares não poderão funcionar no território ou sôbre o território de um estado contratante, a não ser com a permissão especial ou outra autorização do mesmo Estado e de conformidade com as condições de tal permissão ou autorização.

ARTIGO 7º
Cabotagem

Cada um dos Estados contratantes dos demais Estados contratantes permissão para tomar em seu território, contra remuneração ou frete, passageiros, correio ou carga destinados a outro ponto do seu território. Cada um dos Estados contratantes se compromete a não estabelecer acôrdos que especificamente conceda tal privilégio a título de exclusividade a qualquer outro Estado ou a uma emprêsa aérea de qualquer outro Estado, e se comprometer a não obter de qualquer outro Estado privilégio exclusivo dessa natureza.

ARTIGO 8º
Aeronaves sem pilôto

Nenhuma aeronave, capaz de navegar sem pilôto, poderá sobrevoar sem pilôto o território de um Estado contratante sem autorização especial do citado Estado e de conformidade com os têrmos da mesma autorização. Cada Estado contratante se compromete a tomar as disposições necessárias para que o vôo sem piloto de tal aeronave nas regiões acessíveis de aeronaves civis seja controlada de modo a evitar todo perigo para as aeronaves civis.

ARTIGO 9º
Zonas Proibidas

a) Por razões militares ou de segurança pública, os Estados contratantes poderão limitar ou proibir de maneira uniforme que as aeronaves de outros Estados vôem sôbre certas zonas do seu território, sempre que não façam distinção entre suas próprias aeronaves fazendo serviços internacionais regulares de transporte aéreo, e as aeronaves dos outros Estados contratantes que se dediquem a serviços idênticos. Estas zonas proibidas terão uma extensão razoável e serão situadas de modo a não prejudicar inùtilmente a navegação aérea. Os limites das zonas proibidas situadas no território de um Estado contratante e tôda modificação a êles feita posteriormente deverão ser comunicados coma maior brevidade possível aos demais Estados contratantes e à Organização internacional de Aviação Civil.

b) Os Estados contratantes se reservam também o direito, em circunstância excepcionais ou durante um período de emergência, ou ainda no interêsse da segurança pública, e para que tenha efeito imediato, de limitar ou proibir temporariamente os vôos sôbre a totalidade ou parte do seu território contanto que estas restrições se apliquem às aeronaves de todos os demais Estados sem distinção de nacionalidade.

c) Cada estado contratante, de conformidade com os regulamentos que venham a estabelecer, pode exigir de tôda aeronave que penetre nas zonas referidas nos parágrafos acima (a)ou (b) de aterrissar logo que seja possível em alguma aeroporto que designar no seu próprio território.

ARTIGO 10
Pouso em aeroporto aduaneiro

Exceto nos casos em que, de conformidade com as disposições desta Convenção ou com uma autorização especial, aeronaves podem atravessar o território de um Estado contratante sem aterrissar, tôda aeronave que penetre em território de um estado contratante os regulamentos do mesmo estado assim o exigirem, deverá descer ao aeroporto designado por êste Estado para inspeção alfandegária e outros exames. Ao partir do território de um Estado contratante, estas aeronaves deverão fazê-lo de um aeroporto alfandegário, igualmente designado. O Estado publicará os detalhes a respeito dos aeroportos aduaneiros e os comunicará a Organização Internacional de Aviação Civil, instituída na parte II desta convenção para os demais estados contratantes.

ARTIGO 11
Aplicação dos regulamentos de tráfego

De acôrdo com o disposto nesta Convenção, as leis e regulamentos de um Estado contratante, relativos à entrada no ou saída do seu território, de aeronaves empregadas na navegação aérea internacional, ou relativos a operação e navegação de tais aeronaves enquanto estejam em seu território, se aplicarão às aeronaves de todos os estados contratantes sem distinção de nacionalidade, estas aeronaves as observarão ao entrar e ao sair do território dêste Estado ou enquanto nele se encontrem.

ARTIGO 12
Regras de tráfego

Cada um dos Estados contratantes se compromete a tomar as medidas necessárias para assegurar que tôdas aeronaves que vôem sôbre seu território, ou manobrem dentro dele e todas as aeronaves que levem o distintivo de sua nacionalidade, onde quer que se encontrem, observem as regras e regulamentos que regem vôos e manobras de aeronaves. Cada um dos Estados contratantes se comprometem a manter seus próprios regulamentos tanto quanto possível, semelhantes aos que venham a ser estabelecidos em virtude desta Convenção. Cada um dos Estados contratantes se compromete a processar todos os infratores dos regulamentos em vigor.

ARTIGO 13
Regulamentos para entradas e saídas

As leis e regulamentos de um Estado contratante, sôbre a entrada ou a saída de seu território de passageiros, tripulação, ou carga de aeronaves (tais como regulamentos de entrada, despacho, imigração, passaportes, alfândegas e quarentena) deverão ser cumpridas ou observadas pelos passageiros, tripulação ou carga, ou por seu representante, tanto por ocasião de entrada como de saída ou enquanto permanecer no território dêsse Estado.

ARTIGO 14
Medidas contra disseminação de doenças

Cada um dos Estados concorda em tomar medidas eficazes para impedir que, por meio da navegação, se promulguem o cólera, tifo (epidêmico), a varíola, a febre amarela, a peste bubônica e qualquer outra enfermidade contagiosa que os Estados contratantes, oportunamente designem; para êsse fim, os Estados contratantes farão consultas freqüentes às organizações que tratam de regulamentos internacionais relativos a medidas sanitárias aplicáveis a aeronaves. Estas consultas não deverão prejudicar a aplicação de qualquer Convenção internacional existente sôbre esta matéria de que façam parte os Estados contratantes.

ARTIGO 15
Taxas de aeroporto e outros impostos

Todo aeroporto de um Estado contratante que esteja aberto ao uso público de suas aeronaves nacionais, estará também aberto, sujeito ao disposto no artigo 68, em condições uniformes de igualdade às aeronaves de todos os Estados contratantes. Essas condições uniformes aplicar-se-ão ao uso pelas aeronaves de todos os Estados contratantes de tôdas as facilidades de navegação aérea, incluindo os serviços de rádio e meteorologia, que estejam à disposição do público para a segurança e rapidez da navegação aérea.

As taxas exigidas ou permitidas por um Estado contratante para o uso de aeroportos ou facilidades para a navegação aérea por parte das aeronaves de qualquer outro Estado contratante se ajustarão às seguintes normas:

a) No tocante às aeronaves que não se dediquem a serviços aéreos internacionais regulares, as taxas não serão mais altas que as pagas por aeronaves nacionais da mesma classe dedicadas a operações similares; e

b) No tocante às aeronaves empregadas nos serviços aéreos internacionais regulares, as taxas não serão mais altas que as pagas por aeronaves nacionais empregadas em serviços aéreos internacionais similares.

Estas taxas serão divulgadas e comunicadas à Organização Internacional de Aviação Civil, ficando entendido que, se um Estado contratante interessado solicitar as taxas exigidas para o uso de aeroportos e outras instalações estarão sujeitos a exame pelo Conselho, que opinará a respeito e fará recomendações ao Estado ou aos Estados interessados. nenhum Estado contratante imporá direitos ou outros impostos simplesmente pelo privilégio de trânsito sôbre seu território, ou de entrada ou de saída no mesmo às aeronaves de outro Estado contratante ou sôbre as pessoas ou bens que estejam a bordo das mesmas.

ARTIGO 16
Busca em aeronaves

As autoridades competentes de cada um dos Estados contratantes, terão direito de busca nas aeronaves dos demais Estados contratantes, por ocasião de sua entrada e saída, sem causar demora desnecessária, e de examinar os certificados e outros documentos prescritos por esta Convenção.

CAPÍTULO III
NACIONALIDADE DAS AERONAVES

ARTIGO 17
Nacionalidade das aeronaves

As aeronaves terão a nacionalidade do Estado em que estejam registradas.

ARTIGO 18
Registro duplo

Nenhuma aeronave poderá registra-se legalmente em mais de um Estado para outro.

ARTIGO 19
Legislação nacional sôbre o registro

O registro ou transferência de registro de uma aeronave de um Estado Contratante se fará de conformidade com as suas leis e regulamentos.

ARTIGO 20
Distintivos

Tôda aeronave empregada para a navegação aérea internacional levará distintivos apropriados de sua nacionalidade e registro.

ARTIGO 21
Informações sôbre registros

A pedido de qualquer outro Estado contratante ou da Organização Internacional de Aviação Civil, cada um dos Estados Contratantes se compromete a fornecer informações relativas ao registros e propriedade de qualquer aeronave particular registrada no Estado. Além disso cada um dos Estados contratantes transmitirá informações à organização Internacional de Aviação Civil, de conformidade com os regulamentos por êste prescritos, fornecendo os dados pertinentes à propriedade e ao contrôle de aeronaves registradas no Estado e que os dediquem regularmente à navegação aérea internacional. A Organização Internacional de Aviação Civil manterá a disposição dos outros Estados Contratantes, os dados assim obtidos.

CAPÍTULO IV
MEDIDAS PARA FACILITAR A NAVEGAÇÃO AÉREA

ARTIGO 22
Simplificação de formalidades

Cada um dos Estados contratantes concorda em adotar tôdas as medidas possíveis, mediante regulamentos especiais ou de qualquer outro modo, para facilitar e fomentar a navegação de aeronaves entre os territórios dos Estados Contratantes e evitar todo atraso desnecessário às aeronaves, tripulações, passageiros e carga especialmente no que se refere à aplicação das leis de imigração, quarentena, alfândega e despacho.

ARTIGO 23
Normas alfandegárias e de imigração

Cada um dos Estados Contratantes se compromete, na medida do possível, em adotar regulamentos de alfândega e de imigração que se apliquem à navegação aérea internacional conformes com as normas que venham a ser estabelecidas ou recomendadas oportunamente em virtude desta Contravenção. Nada na presente Convenção deverá ser estabelecimento de aeroportos francos.

ARTIGO 24
Direitos de alfândega

a) As aeronaves em vôo para o território de um Estado contratante, saindo dêste ou atravessando seu território, serão admitidas temporariamente com isenção de direitos, ficando no entanto sujeitas aos regulamentos alfandegários do Estado. O combustível, óleos lubrificantes, peças sobressalentes, equipamentos regular ou provisões normais a bordo das aeronaves de um

Estado Contratante quando chegar no território de outro Estado Contratante, e que continuem a bordo por ocasião de saída da aeronave do território dêste Estado, estarão isentas de direitos alfandegários, taxas de inspeção ou outros direitos ou impostos semelhantes nacionais ou locais. Esta isenção não será aplicável às quantidades ou artigos descarregados da aeronave senão em conformidade com os direitos de alfândega do Estado, que poderá exigir que permaneçam debaixo de vigilância da alfândega.

b) As peças sobressalentes e equipamentos importados no território de um Estado Contratante para serem montadas ou utilizadas na aeronave de um outro Estado Contratante servindo a navegação aérea internacional, serão admitidos com isenção de direitos aduaneiros, sujeitos aos regulamentos do Estado interessado, que poderá exigir que permaneçam debaixo da vigilância e contrôle da Alfândega.

ARTIGO 25
Aeronaves em perigo

Os Estados Contratantes se comprometem a proporcionar todo auxílio possível às aeronaves que se achem em perigo em seu território e a permitir, sujeito ao contrôle de suas próprias autoridades, que os donos das aeronaves, ou as autoridades do Estado Contratante onde estejam registradas prestem o auxílio que as circunstâncias exigirem. Todos os Estados Contratantes, ao empreenderem a busca de aeronaves perdidas, colaborarão de conformidade com as medidas coordenadas que tenham sido recomendados por ocasião oportuna em virtude desta Convenção.

ARTIGO 26
Investigação de acidentes

No caso em que uma aeronave de um Estado contratante, acarretando morte ou ferimentos graves, ou indicando sérios defeitos técnicos na aeronave ou nas facilidades de navegação aérea, os Estados onde tiver ocorrido o acidente procederá a um inquérito sôbre as circunstâncias que provocarão o acidente, de conformidade, dentro do permissível por suas próprias leis com o procedimento que possa ser recomendado nas circunstâncias pela Organização Internacional de Aviação Civil. Será oferecido ao Estado de registro da aeronave a oportunidade de designar observadores para assistirem às investigações, e o Estado onde se esteja processando o inquérito transmitirá ao outro Estado as informações e conclusões apuradas.

ARTIGO 27
Isenção de embargo, por reclamação de patentes

a) Enquanto empregada na navegação aérea internacional uma aeronave de um Estado Contratante, que entrar devidamente autorizada dentro do território de outro Estado Contratante, ou trânsito com licença através de outro território, aterrissando ou não, não estará sujeita ao embargo ou detenção nem a qualquer reclamação contra o proprietário da emprêsa que a utilize, nem a interferência de tal Estado ou de pessoa nele domiciliada, sob a alegação de que a construção, o mecanismo, as peças sobressalentes, os acessórios ou a própria da aeronave infrinjam alguma patente, desenho, modêlo devidamente patenteado ou registrado ao Estado onde haja penetrado a aeronave; ficando estabelecido que em caso algum se exigirá, ao Estado em que penetre a aeronave, a prestação de algum depósito ligado à citada isenção de embargo ou detenção.

b) As disposição do parágrafo a, dêste artigo serão aplicadas também à armazenagem de peças sobressalentes e equipamento sobressalente para aeronaves, e ao direito de usá – los e instalá – los no concêrto de aeronaves de um Estado Contratante, no território de outro Estado Contratante, uma vez que qualquer peça ou equipamento patenteado, assim armazenado não seja vendido ou distribuído internamente ou exportado comercialmente do Estado Contratante onde penetrou e aeronave.

c) Os benefícios dêste Artigo se aplicarão sòmente aos Estados partes desta Convenção, que (1) façam parte da Convenção Internacional para a Proteção da Propriedade Industrial e das emendas da mesma; ou (2) tenham promulgado legislação de patentes que reconheça e proteja adequadamente as invenções feitas por nacionais de outros Estados que façam parte desta Convenção.

ARTIGO 28
Auxílio à navegação aérea e sistemas uniformes

Na medida do possível, cada um dos Estados contratantes se compromete

a) estabelecer em seu território aeroportos, serviços de rádio – comunicação, serviços de meteorologia e outras facilidades para a navegação aérea internacional, de conformidade com as normas e processos que forem recomendados ou estabelecidos oportunamente em virtude desta Convenção.

b) A adotar e pôr em vigor os sistemas uniformes apropriados de comunicações, processo, código, distintivos, sinais, luzes e outras normas ou regulamentos que se recomendem ou se estabeleçam oportunamente de conformidade com esta Convenção.

c) A colaborar, a fim de garantir a publicação de mapas e cartas aeronáuticas conforme com as normas que se recomendem e se estabeleçam em virtude desta Convenção.

CAPÍTULO V
CONDIÇÕES A SEREM CUMPRIDAS RELATIVAS E AERONAVES

ARTIGO 29
Documentos que as aeronaves devem levar

Tôda aeronave de um Estado contratante que se dedique a navegação internacional, deverá levar os seguintes documentos de conformidade com as condições presentes nesta Conenção:

a) Certificado de registro;

b) Certificado de navegabilidade;

c) Licença aproriada para cada membro da tripulação;

d) Diário de bordo;

e) Se a aeronave estiver equipada com aparelhos de rádio, a licença da estação de rádio da aeronave;

f) Se levar passageiros, uma lista dos nomes e dos lugares de embarque e pontos de destino;

g) Se levar carga, um manifesto e declarações detalhadas da mesma.

ARTIGO 30
Aparelhos de rádio da aeronave

a) As aeronaves de cada Estado contratante, quando em vôo sôbre ou no território de outro Estado Contratante, poderão Ter a bordo aparelho de rádio transmissão somente se as autoridade apropriadas do Estado de registro da aeronave tiverem concedido uma licença para a instalação e operação de tal aparelho. O uso de rádio – transmissores no território do Estado Contratante sôbre o qual vôe a aeronave será de acôrdo com os regulamentos estabelecidos por êste Estado.

b) Os aparelhos rádio – transmissoras poderão ser utilizados apenas ser utilizados apenas pelos membros da tripulação de vôo que tenham licença especial para êste fim, expedida pela autoridade apropriada do Estado de registro da aeronave.

ARTIGO 31
Certificado de navegabilidade

Tôda aeronave que se dedique à navegação internacional será munida de um certificado de navegabilidade expedido ou declarado válido pelo Estado em que esteja registrada.

ARTIGO 32
Licença do pessoal

a) O pilôto e os tripulantes de tôda aeronave empregada na navegação internacional, serão munidos de certificado de competência e de licenças expedidas ou declaradas válidas pelo Estado onde esteja registrada a aeronave.

b) Cada Estado contratante se reserva o direito de recusar de reconhecer, em se tratando de vôos sôbre o seu próprio território, certificados de competência e licenças outorgadas a seus nacionais por outro Estado contratante.

ARTIGO 33
Aceitação de certificados e de licenças

Os Estados contratantes aceitarão a validade de certificados de navegabilidade, de certificados de competência de licenças expedidas ou declaradas válidas pelo Estado contratante onde esteja registrada a aeronave, sempre que os requisitos conforme os quais foram expedidos ou declarados válidos êstes certificados ou licenças sejam iguais ou superiores às normas mínimas que, periodicamente, se estabeleçam em virtude desta Convenção.

ARTIGO 34
Diário de bordo

Tôda aeronave que se dedique a navegação internacional, terá um diário de bordo onde serão assentados os detalhes ac6erca aeronave, de sua tripulação e de cada viagem na forma que oportunamente se prescreva em virtude desta Convenção.

ARTIGO 35
Restrições sôbre a carga

a) As aeronaves que se dediquem à navegação aérea internacional, não levarão munições nem apetrechos de guerra, ao entrar no território de um Estado ou ao voar sôbre êste, exceto com o consentimento dêste Estado Cada Estado determinará, mediante regulamentos o que se deve entender por munições e apetrechos de guerra para os fins dêste artigo, dando a devida consideração às recomendações que com o objetivo de uniformidade venham a ser feitas oportunamente pela Organização Internacional de Aviação Civil.

b) Por razões de ordem pública e de segurança, cada Estado de reserva o direito de regulamentar ou proibir o transporte em seu território ou sôbre êle, de artigos adicionais aos enumerados no parágrafo (a), ficando entendido que não se estabelecerão neste sentido distinção entre aeronaves nacionais dedicadas à navegação aérea e às aeronaves de outros Estados utilizadas para fins análogos não serão impostas restrições que interfiram com o transporte e uso nas aeronaves de aparelhos necessários parta a operação e navegação da mesma ou para segurança da tripulação ou dos passageiros.

ARTIGO 36
Aparelhos de fotografia

Cada Estado Contratante poderá proibir ou regulamentar o uso de aparelhos de fotografia em aeronaves voando sôbre seu território.

CAPÍTULO VI
NORMAS INTERNACIONAIS E PROGRAMAS RECOMENDADOS

ARTIGO 37
Adoção de normas e processos internacionais

Os Estados Contratantes se comprometem a colaborar a fim de lograr a maior uniformidade possível em regulamentos, padrões, normas e organização relacionadas com as aeronaves, pessoal, aerovias e serviços auxiliares, em todos os casos em que a uniformidade facilite e melhore a navegação aérea.

Para êste fim, a Organização Internacional de Aviação Civil adotará e emenderá, oportunamente, segundo a necessidade, as normas internacionais e as prática e processos relativos aos pontos seguintes:

(a) Sistema de comunicação e auxílio à navegação aérea, inclusive as marcações terrestres;

(b) Características de aeroportos e áreas de pouso;

(c) Regras de tráfego e métodos de contrôle de tráfego aéreo;

(d) Licenças para o pessoal de vôo e mecânicos;

(e) Navegabilidade das aeronaves;

(f) Registro e matrícula de aeronaves;

(g) Coleta e troca de dados meteorológicos

(h) Livros de bordo;

(i) Mapas e cartas

(j) Formalidades de alfândega e de imigração;

(k) Aeronaves em perigo e investigação de acidentes;

Assim como tôdas as sugestões relacionadas com a segurança, regularidade e eficiência de navegação aérea que oportunamente forem necessárias.

ARTIGO 38
Diferenças entre as normas e processos internacionais

Se um Estado se vê impossibilitado de cumprir em todos os seus detalhes certas normas ou processos internacionais, ou de fazer que seus próprios regulamentos e práticas concordem por completo com as normas e processos internacionais que tenham sido objeto de emendas, ou se o Estado considerar necessário adotar regulamentos e práticas diferentes em algum ponto dos estabelecidos por normas internacionais, informará imediatamente a Organização Internacional de Aviação Civil das diferenças existentes entre suas próprias práticas e as internacionais. Em caso de emendas estas últimas o Estado que não fizer estas alterações nos seus regulamentos ou práticas deverá informar o Conselho dentro do período de 60 dias a contar da data em que fôr adotada a emenda às normas internacionais, ou indicará o que fará a êsse respeito. Em tal caso o Conselho notificará imediatamente a todos os demais Estados a diferença existente entre as normas internacionais e as normas correspondentes no Estado em aprêço.

ARTIGO 39
Anotações em certificados e licenças

a) Qualquer aeronave, ou parte desta a respeito da qual exista uma norma internacional de navegabilidade ou de suas características, que deixe de algum modo de satisfazer esta norma quando fôr expedido o certificado levará escrito no dorso do seu certificado de navegabilidade, ou junta a êste, a enumeração completa dos detalhes em que difere a citada norma;

b) Qualquer pessoa que tiver uma licença que não satisfaz plenamente as condições presentes pelas normas internacionais respectivas terá sua licença endossada de uma enumeração completa dos pontos em que não satisfaz estas condições.

ARTIGO 40
Validade de certificados e licenças anotadas

Aeronaves, ou pessoal com certificados ou licenças assim endossadas, não poderão tomar parte na navegação internacional exceto com licença do Estado ou Estados em cujo território entrem o registro ou o uso de tais aeronaves, ou de qualquer parte de aeronave certificada, em qualquer Estado que não seja o que outorgou o certificado original, ficará a critério do Estado para o qual a aeronave ou a peça em aprêço fôr importada.

ARTIGO 41
Aceitação de normas de navegabilidade

O disposto neste Capítulo não se aplicará às aeronaves e ao equipamento das aeronaves dos tipos cujo protótipo é submetido às autoridades nacionais competentes para homologação nos três anos que seguirão à data em que se adote uma norma internacional de navegabilidade para tal equipamento.

ARTIGO 42
Aceitação de normas de competência do pessoal

O disposto neste capítulo não se aplicará ao pessoal cuja licença original se haja expedido antes de decorrido um ano depois da data em que se adote inicialmente uma norma internacional de qualificação para tal pessoal; elas se aplicarão, entretanto, de qualquer modo ao pessoal cujas licenças são ainda válidas cinco anos depois da adoção desta norma.

PARTE II
ORGANIZAÇÃO INTERNACIONAL DE AVIAÇÃO CIVIL

CAPÍTULO VII
A ORGANIZAÇÃO

ARTIGO 43
Nome e composição

Esta Convenção estabelece uma organização que se denominará Organização Internacional de Aviação Civil, e será composta de uma Assembléia, de um Conselho e dos demais órgãos julgados necessários.

ARTIGO 44
Objetivos

Os fins e objetivos da Organização serão desenvolver os princípios e a técnica da navegação aérea internacional e de favorecer o estabelecimento e estimulante o desenvolvimento de transportes aéreos internacionais a fim de poder:

a) Assegurar o desenvolvimento seguro o ordeiro da aviação civil internacional no mundo;

b) Incentivar a técnica de desenhar aeronaves e sua operação para fins pacíficos;

c) Estimular o desenvolvimento de aerovias, aeroportos e facilidades à navegação aérea na aviação civil internacional;

d) Satisfazer às necessidades dos povos do mundo no tocante e transporte aéreo seguro, regular, eficiente e econômico;

e) Evitar o desperdício de recursos econômicos causados por competição desrazoável;

f) Assegurar que os direitos dos Estados contratantes sejam plenamente respeitados, e que todo o Estado contratante tenha uma oportunidade equitativa de operar emprêsas aéreas internacionais;

g) Evitar a discriminação entre os Estados contratantes;

h) Contribuir para a segurança dos vôos na navegação aérea internacional;

i) Fomentar, de modo geral, o desenvolvimento de todos os aspectos de todos os aspectos da aeronáutica civil internacional.

ARTIGO 45
Sede permanente

A sede permanente da organização será determinada na sessão final da Assembléia Preliminar da Organização Provisória Internacional de Aviação Civil estabelecida por acôrdo preliminar sôbre a Aviação Civil Internacional, assinado em Chicago, em 7 de dezembro de 1944.

Por decisão do Conselho a sede poderá ser transferida temporariamente para outro lugar.

ARTIGO 46
Primeira reunião de Assembléia

A primeira reunião da Assembléia será convocada pelo Conselho Interino, constituído pelo acôrdo para estabelecer a Organização Provisória Internacional de Aviação Civil Internacional, assinado em Chicago em 7de dezembro de 1944, logo após a entrada em vigor da Convenção, para reunir – se na data e no lugar que êsse Conselho Interino designar.

ARTIGO 47
Personalidade jurídica

A Organização gozará, no território de cada um dos Estados contratantes, da capacidade jurídica necessária para o desempenho de suas funções. Ser – lhe à concedida plena personalidade jurídica sempre que o permitam a constituição e as leis do Estado interessado.

CAPÍTULO VIII
A ASSEMBLÉIA

ARTIGO 48
Sessões da Assembléia e votação

a) A Assembléia se reunirá anualmente e será convocada pelo Conselho em data e lugar apropriados. Reuniões extraordinárias da Assembléia poderão ser feitas em qualquer data, por convocação do Conselho ou a pedido de quaisquer dos Estados contratantes dirigido ao Secretário Geral.

b) Todos os Estados contratantes terão direito igual a serem representados nas reuniões da Assembléia, e cada Estado contratante terá direito a um voto. Os delegados que representem os Estados contratantes poderão ter o auxílio de assessores técnicos, que terão direito a participar das reuniões, porém sem direito a voto.

c) Nas reuniões da Assembléia, será requerida a maioria dos Estados contratantes para constituir quorum. A menos que esta Convenção disponha de modo contrário, as decisões da Assembléia serão tomadas por maioria dos votos consiganados.

ARTIGO 49
Poderes e deveres da Assembléia

Serão faculdades e funções da Assembléia:

a) Eleger em cada reunião seu Presidente e outros funcionários;

b) Eleger os Estados contratantes que estarão representados no Conselho, de acôrdo com as disposições do Capítulo IX;

c) Examinar e tomar as medidas pertinentes no que se refere aos relatórios do Conselho e decidir qualquer assunto a que êste se refira.

d) Determinar o seu próprio regulamento e estabelecer as comissões subsidiárias que julgue necessárias ou aconselháveis.

e) Votar um orçamento anual e fazer os arranjos financeiros da Organização, de conformidade com as disposições do Capítulo XII;

f) Examinar os gastos e aprovar as contas da Organização;

g) A seu critério, entregar ao Conselho, às comissões auxiliares, ou a qualquer outro órgão, qualquer assunto que esteja dentro da sua esfera de ação;

h) Delegar ao Conselho as faculdades e autoridades necessárias ou aconselháveis para o desempenho das funções da Organização, e revogar ou modificar a qualquer momento tal delegação;

i) Executar as disposições do Capítulo XIII que sejam oportunas.

j) Considerar propostas para a modificação ou emenda das disposições desta Convenção e, se as aprovar recomendá-las aos Estados contratantes de acôrdo com as disposições do Capítulo XXI;

k) Tratar de qualquer assunto, dentro da esfera de ação da Organização, que não tenha sido atribuído especificamente ao Conselho.

CAPÍTULO IX
O CONSELHO

ARTIGO 50
Composição e eleição do Conselho

a) O conselho será um órgão permanente, responsável perante a Assembléia. Será composto de 21 Estados contratantes eleitos pela Assembléia. Uma eleição será feita na primeira reunião da Assembléia, e depois de três em três anos. Os membros do Conselho assim eleitos desempenharão seus cargos até a próxima eleição.

b) Ao eleger os membros do Conselho, a Assembléia dará a devida representação (1) aos Estados de maior importância em matéria de transporte aéreo (2) aos Estados que não sejam representados de outro modo e que mais contribuam a prover facilidade para a navegação aérea civil internacional; e (3) aos Estados que são representados de outro modo, e cuja nomeação a segurar a representação no Conselho de tôdas as principais regiões geográficas do mundo. Tôda vaga no Conselho será preenchida pela Assembléia o mais depressa possível; o Estado contratante assim eleito para o Conselho exercera suas funções durante o resto do período que corresponda a seu precedessor.

c) Nenhum dos representantes dos Estados contratantes no Conselho poderá estar associado ativamente da operação de algum serviço aéreo internacional, nem interessado financeiramente em tal serviço.

ARTIGO 51
Presidente do Conselho

O Conselho elegerá seu Presidente por um período de três anos. O Presidente poderá ser reeleito. O Presidente não terá direito a voto. O Conselho elegerá entre os seus membros um ou mais Vice-Presidente, que conservarão seu direito de voto quando na função de Presidente Interino. O Presidente interino. O Presidente não será escolhido entre os representantes dos membros do Conselho; se um dêles, entretanto, fôr eleito, o seu lugar, considerado vago, será preenchido pelo Estado que representava. As funções do Presidente serão:

a) Convocar as reuniões do Conselho, do Comitê de Transporte Aéreo, e da Comissão de Navegação Aérea;

b) Servir como representante do Conselho; e

c) Desempenhar em nome do Conselho, as funções que lhe atribuir.

ARTIGO 52
Votação no Conselho

Para as decisões do Conselho será necessária a aprovação da maioria de seus membros. O Conselho poderá delegar a um comitê composto de seus membros, plena autoridade relativa a qualquer assunto especial. Qualquer Estado contratante interessado poderá apelar perante o Conselho relativamente às decisões de qualquer comitê do Conselho.

ARTIGO 53
Participação sem direito ao voto

Qualquer Estado contratante poderá tomar parte, sem direito a voto, nas deliberações do Conselho e dos seus comitês e comissões sôbre qualquer assunto que afete especialmente seus interêsses. Nenhum dos membros do Conselho poderá votar no exame pelo Conselho de uma controvérsia da qual seja parte.

ARTIGO 54

O Conselho deverá:

a) Apresentar à Assembléia relatórios anuais;

b) Executar as instruções da Assembléia, e desempenhar as funções e assumir as obrigações que lhe sejam atribuídas por esta Convenção;

c) Determinar a sua própria organização e regulamento;

d) Nomear um Comitê de Transporte Aéreo e definir as suas funções. Êste comité será escolhido entre os representantes dos membros do Conselho e, será responsável perante êle;

e) Estabelecer uma Comissão de Navegação Aérea de acôrdo com as disposições do Capítulo X;

f) Administrar as finanças da Organização de acôrdo com as disposições dos Capítulos XII e XV;

g) Fixar os vencimentos do Presidente do Conselho;

h) Nomear um funcionário executivo, Chefe que será denominado Secretário Geral; e providenciar para a nomeação do pessoal necessário, de acôrdo com as disposições do Capítulo XI;

i) Solicitar, compilar, examinar e publicar informações relativas ao progresso da navegação aérea e à operação de serviços aéreos internacionais, incluindo informações acêrca do custo de operação e detalhes sôbre os subsídios pagos às emprêsas aéreas;

j) Informar os Estados contratantes a respeito de qualquer infração desta Convenção e qualquer omissão ocorrida por deixar de executar as recomendações ou determinações do Conselho;

k) Avisar a Assembléia de tôda infração desta Convenção no caso em que algum Estado membro deixe de tomar as medidas necessárias num prazo razoável, depois de ter sido notificado de infração;

l) Adotar de acôrdo com as disposições do Capítulo VI desta Convenção, as normas internacionais e os processos recomendados; para a maior conveniência designá-los como Anexos a esta Convenção e notificar todos os Estados contratantes da ação tomada;

m) Estudar as recomendações da Comissão de Navegação Aérea relativas às emendas dos Anexos, e agir de acôrdo com as disposições do Capítulo XX.

n) Examinar qualquer assunto relativo à Convenção que lhe seja submetido por qualquer Estado contratante.

ARTIGO 55
Funções facultativas do Conselho

O Conselho poderá:

a) Quando apropriado e quando a experiência indicar sua conveniência, criar comissões de transportes aéreo, subordinadas, sôbre base regional ou de outra natureza, e definir os grupos de estados ou emprêsas aéreas com as quais ou por meio das quais possa tratar para facilitar o êxito dos objetivos desta Convenção;

b) Delegar à Comissão de Navegação Aérea funções adicionais às estabelecidas na Convenção e revogar ou modificar a qualquer momento tal delegação de autoridade;

c) Fazer pesquisas em todos os setores de transporte e de navegação aérea de importância internacional; transmitir o resultado das pesquisas aos Estados contratantes, e facilitar entre êstes o intercâmbio de informações sôbre assuntos relativos ao transporte e à navegação aérea;

d) Estudar qualquer questão que afete a organização e operação do transporte aéreo internacional, inclusive a propriedade e a exploração internacional em rotas troncos, e submeter à Assembléia planos relacionados com êstes assuntos;

e) Investigar, a pedido de qualquer Estado contratante, tôda a situação da qual possam surgir obstáculos evitáveis ao desenvolvimento da navegação aérea internacional e apresentar, depois de tal investigação, o parecer que julgar aconselhável.

CAPÍTULO X
COMISSÃO DE NAVEGAÇÃO AÉREA

ARTIGO 56
Designação e nomeação de comissão

A Comissão de Navegação Aérea será composta de doze membros nomeados pelo Conselho entre pessoas designadas pelos Estados contratantes. Estas pessoas deverão ter qualificação e experiência adequadas na ciência e na prática da aeronáutica. O Conselho solicitará de todos os Estados contratantes que apresentem candidatos. O Conselho nomeará o Presidente da Comissão de Navegação Aérea.

ARTIGO 57
Funções da comissão

Serão funções da Comissão de Navegação Aérea:

a) Considerar modificações aos Anexos desta Convenção e recomendá-las ao Conselho para que sejam adotadas;

b) Estabelecer subcomissões técnicas, nas quais qualquer Estado contratante poderá estar representado, se assim o desejar;

c) Assessorar o Conselho a respeito de coleta, e transmissão aos Estados contratantes, de quaisquer informações que considerar necessárias ou úteis ao progresso da navegação aérea.

CAPÍTULO XI
O PESSOAL

ARTIGO 58
Nomeação do pessoal

Sujeito aos regulamentos ditados pela Assembléia e às disposições desta Convenção o Conselho determinará, quanto ao Secretário Geral o pessoal da Organização. O método de proceder e terminar as nomeações, o licenciamento, os salários, gratificações e condições de serviço, podendo empregar e utilizar os serviços de nacionais de qualquer Estado contratante.

ARTIGO 59
Caráter internacional do pessoal

O Presidente do Conselho, o Secretário Geral e o resto do pessoal não solicitarão nem receberão instruções de autoridade alguma não pertencente à Organização relativamente ao desempenho de suas funções. Os Estados contratantes se comprometem a respeitar plenamente o caráter internacional das funções de pessoal e de não procurar exerce influência alguma sôbre seus nacionais no desempenho de suas funções.

ARTIGO 60
Imunidade e prerrogativas do pessoal

Os Estados contratantes se comprometem, tanto quanto o permitam seus processos constitucionais, a outorgar ao Presidente do Conselho, ao Secretário Geral e demais pessoal da Organização, as imunidades e as prerrogativas que são outorgadas ao pessoal da mesma categoria de outras organizações públicas internacionais. Na eventualidade de celebrar sôbre imunidades e privilégio

De servidores civis internacionais, as imunidades e prerrogativas concedidas ao Presidente ao Secretário Geral, e ao demais pessoal da Organização, serão idênticas às concedidas em virtude de tal acôrdo geral internacional.

CAPÍTULO XII
FINANÇAS

ARTIGO 61
Orçamento e repartição de gastos

O Conselho submeterá à Assembléia um orçamento anual, prestação de contas anual e estimativas de tôdas as receitas e despesas. A Assembléia aprovará o orçamento com as modificações que achar oportunas, e com exceção das participações contidas pelos Estados, em virtude do Capítulo XV, repartirá as despesas da Organização entre os Estados contratantes, em proporções determinadas periodicamente

ARTIGO 62
Suspensão do direito de voto

A Assembléia poderá suspender o direito de voto na Assembléia e no Conselho de qualquer Estado contratante que, dentro de um período de tempo razoável, deixa de cumprir suas obrigações financeiras para com a Organização.

ARTIGO 63
Gastos de delegação e outros representantes

Cada Estado contratante tomará a seu cargo os gastos de sua própria delegação na Assembléia e a remuneração, gastos de viagem e outras despesas de qualquer pessoa que nomeia para servir no Conselho, e de seus representantes em quaisquer comités ou comissões subsidiárias da Organização.

CAPÍTULO XIII
OUTROS ENTENDIMENTOS INTERNACIONAIS

ARTIGO 64
Acordos de segurança

Em relação a questões de aviação, de sua jurisdição, que afetem diretamente a segurança mundial, a Organização, por voto da Assembléia, poderá proceder a entendimentos convenientes com qualquer organização geral estabelecida pelas nações do mundo para a manutenção da paz.

ARTIGO 65
Entendimentos com outras entidades internacionais

O Conselho, em nome da Organização, poderá entrar em acôrdos com outras entidade internacionais para a manutenção de serviços comuns e relativamente a entendimentos conjuntos concernentes ao pessoal, e, com a aprovação da Assembléia, poderá ainda entrar em convênios destinados a facilitar o trabalho da Organização.

ARTIGO 66
Funções relativas a outros acordos

a) A Organização deverá desempenhar as funções que lhe forem atribuídas pela Convenção Relativa ao Trânsito dos Serviços Aéreos Internacionais e a Convenção sôbre Transporte Aéreo Internacional, elaborados em Chicago a 7 de dezembro de 1944, de acôrdo com os têrmos e condições neles estabelecidas.

b) Os membros da Assembléia e do Conselho que não aceitarem o Acôrdo e Trânsito do Servico Internacional Aéreo ou o Acôrdo de Transporte Internacional Aéreo, feitos em Chicago em 6 de dezembro de 1944, não terão o direito de voto em qualquer questão referida à Assembléia ou ao Conselho de conformidade com as disposições do acôrdo respectivo.

PARTE III
TRANSPORTE AÉREO INTERNACIONAL

CAPÍTULO XIV
INFORMACÕES E RELATÓRIOS

ARTIGO 67
Relatórios de arquivo com o Conselho

Cada Estado Contratante se compromete a que suas emprêsas aéreas internacionais, de conformidade com as disposições estabelecidas pelo Conselho, transmitam a êste informações sôbre o tráfego, estatísticas de custo, e contabilidade, expondo, entre outras coisas, tôdas as receitas e a sua fonte.

CAPÍTULO XV
AEROPORTOS E OUTRAS FACILIDADES PARA NAVEGAÇÃO AÉREA

ARTIGO 68
Determinação de rotas e de aeroportos

Cada Estado Contratante poderá, sujeito às disposições desta Convenção, designar a rota a ser seguida dentro do seu território por qualquer serviço aéreo internacional e os aeroportos utilizados por tais serviços.

ARTIGO 69
Melhoria de facilidades para a navegação aérea

Se o Conselho fôr de opinião que os aeroportos ou outras facilidades para navegação aérea, incluindo os serviços de rádio e de meteorologia de um Estado Contratante, não são razoavelmente adequados para assegurar a segurança, regularidade, eficiência e operação econômica de serviços aéreos internacionais, existentes ou projetados, o Conselho deverá consultar o Estado diretamente interessado, e os demais Estados afetados, com o objetivo de encontrar meios para remediar a situação e poderá fazer recomendações para tal fim. Nenhum Estado Contratante será culpado de infração desta Convenção no deixar de executar tais recomendações.

ARTIGO 70
Financiamento de facilidades para navegação aérea

Um Estado Contratante, nas circunstâncias indicadas no artigo 69, poderá concluir um acôrdo com o Conselho para dar efeito a tais recomendações. O Estado poderá tomar a seu cargo tôdas as despesas decorrentes de tal acôrdo. No caso contrário, o Conselho poderá concordar, a pedido do Estado, em fornecer a totalidade ou parte dos fundos necessários.

ARTIGO 71
Fornecimento e manutenção de facilidades pelo Conselho

Se um estado Contratante o solicitar, o Conselho poderá fornecer, dotar, manter, e administrar um ou todos os aeroportos e demais instalações para facilitar a navegação aérea, inclusive serviços meteorológicos e de rádio, necessários no seu território para o funcionamento seguro, regular eficiente e econômico dos serviços aéreos internacionais dos outros Estados Contratantes, e poderá fixar taxas justas e razoáveis pelo uso dessas facilidades.

ARTIGO 72
Aquisição ou uso de terrenos

No caso em que se necessitem terrenos para instalações custeadas totalmente ou em parte pelo Conselho a pedido de um Estado contratante, aquêle Estado fornecerá êle próprio o terreno, conservando o título de propriedade se assim o desejar ou permitirá que o Conselho o use em condições justas e razoáveis e de acôrdo com as leis do estado interessado.

ARTIGO 73
Despesas e repartição de fundos

Dentro do limite dos fundos, que, de acôrdo com o Capítulo XII, a Assembléia ponha à disposição do Conselho, êste poderá proceder a despesas correntes para os objetivos dêste artigo por conta dos fundos gerais da Organização. O Conselho deverá repartir os fundos necessários para os fins dêste Artigo em proporções previamente concordadas, através de um período de tempo razoável, entre os Estados contratantes, que deram seu consentimento, cujas emprêsas aéreas se utilizem destas facilidades. O Conselho poderá também atribuir a Estados que concordarem, quaisquer fundos correntes que sejam necessários.

ARTIGO 74
Assistência técnica e utilização das rendas

Quando o Conselho, a pedido de um Estado Contratante, adiantar fundos ou fornecer aeroportos ou outras facilidades. Total ou parcialmente o entendimento poderá incluir, com o consentimento do Estado interessado assistência técnica na fiscalização e operação dos aeroportos e outras facilidades, e providenciar para o pagamento, por conta da renda procedente da operação dos aeroportos e outras facilidades, das despesas de operação, dos aeroportos e de outras facilidades e dos juros e amortização.

ARTIGO 75
Posse das instalações

Um Estado Contratante poderá a qualquer momento liquidar qualquer compromisso que tenha assumido em virtude do Artigo 70, e tomar a seus aeroportos e outras facilidades que o Conselho tenha fornecido, em seu diretório, de conformidade com as disposições dos Artigos 71 e 72, pagando ao Conselho a soma que na opinião do Conselho seja razoável nas circunstâncias. Se o Estado julgar que a importância fixada pelo Conselho não é razoável, poderá apelar da decisão do Conselho perante a Assembléia que poderá confirmar ou emendar a decisão do Conselho.

ARTIGO 76
Reembolsos

Os fundos obtidos pelo Conselho por reembolso em virtude do Artigo 75 ou provimentos de pagamentos de juros e amortização, em virtude do artigo 74, no caso de adiantamento financiados originalmente por Estados, de conformidade com o artigo 73, serão devolvidos aos Estados entre os quais foram repartidos proporcionalmente de acôrdo com a sua parte inicial, segundo determinação do Conselho.

CAPÍTULO XVI
ORGANIZAÇÕES CONJUNTAS E SERVIÇOS MÚTUOS

ARTIGO 77
Permissão de constituição de organizações conjuntas

Nada nesta Convenção proibirá dois ou mais Estados Contratantes constituírem organizações conjuntas de operações de transporte aéreos ou agência de operações internacionais e que fundem os seus serviços aéreos em quaisquer rotas ou regiões. Tais organizações ou agências e tais serviços conjuntos estarão sujeitos a tôdas as disposições desta Convenção, inclusive as relativas ao registro de acôrdo com o Conselho. O Conselho determinará como as cláusulas desta Convenção relativas à nacionalidade de aeronaves se aplicaram às aeronaves que trafegam sob a direção de agências internacionais de operações.

ARTIGO 78
Função do Conselho

O Conselho poderá propor a Estados Contratantes interessados que formem organizações conjuntas para operar serviços aéreos em quaisquer rotas ou regiões.

ARTIGO 79
Participações em organizações de operação

Um Estado poderá participar em organizações conjuntas, operações ou entendimentos de serviços mútuos, seja por intermédio do Govêrno ou por intermédio de uma emprêsa ou emprêsas de navegação aérea designadas pelo seu Govêrno. As emprêsas segundo o critério exclusivo do Estado interessado, poderão ser inteira ou parcialmente de propriedade do Estado ou de propriedade particular.

PARTE IV
DISPOSIÇÕES FINAIS

CAPÍTULO XXVII
OUTROS ACÔRDO E ENTENDIMENTOS AERONÁUTICOS

ARTIGO 80
Convenções de Paris e de Havana

As partes contratantes se comprometem, assim que a presente Convenção entrar em vigor, a denunciar a Convenção relativa à Regulamentação de Navegação Aérea, firmada em Paris, a 13 de outubro de 1919, ou a Convenção sôbre Aviação Comercial, assinada em Havana, a 20 de fevereiro de 1928, quando fizerem parte de qualquer uma das duas. Entre os Estados Contratantes, esta Convenção substitui as referidas Convenções de Paris e de Havana.

ARTIGO 81
Registro de acordos existentes

Todos os acôrdos aeronáuticos existentes por ocasião da entrada em vigor desta, entre um Estado Contratante e qualquer outro Estado ou entre uma emprêsa de navegação aérea de um Estado Contratante e outro Estado qualquer ou emprêsa de navegação aérea de qualquer outro Estado, serão imediatamente registrados no Conselho.

ARTIGO 82
Abrogação de ajustes incompatíveis

As partes Contratantes aceitam esta Convenção como abrogando tôdas as obrigações e entendimentos entre êles incompatíveis com os seus têrmos, e se comprometem a não assumir obrigações ou entendimentos desta natureza. Um Estado Contratante que, antes de tornar-se membro da Organização, tenha assumido com um Estado não Contratante ou com um nacional de Estado Contratante ou de Estado não contratante compromisso incompatível com as cláusulas desta Convenção, tomará medidas imediatas para desobrigar do referido compromisso. Se uma emprêsa aérea de qualquer Estado Contratante houver assumido semelhantes obrigações incompatíveis, o Estado de sua nacionalidade se esforçará na medida do possível para assegurar sua imediata terminação e de qualquer modo, providenciará para a sua terminação logo que fôr possível fazê-lo depois da entrada m vigor desta Convenção.

ARTIGO 83
Registro de novos entendimentos

Sujeito às disposições do artigo anterior qualquer Estado Contratante poderá realizar entendimentos compatíveis com as cláusulas desta Convenção. Qualquer entendimento desta natureza deverá ser imediatamente registrado no Conselho que dará publicidade ao mesmo assim que fôr possível.

CAPÍTULO XVIII
DISPUTAS E FALTAS DE CUMPRIMENTO

ARTIGO 84
Solução de disputas

Qualquer desacôrdo entre dois ou mais Estados Contratantes sôbre a interpretação ou a aplicação desta Convenção e seus anexos que não puder ser resolvido por meio de negociações será, mediante pedido de qualquer dos Estados, envolvido no desacôrdo, decidido pelo Conselho terá direito a voto na solução pelo Conselho de qualquer disputa na qual seja parte interessada. Qualquer Estado contratante poderá, observando o disposto no artigo 85, pedir revisão da decisão do Conselho a um tribunal arbitral ad hoc, aceito pelos demais interessados, ou à Côrte Permanente de Justiça Internacional. Qualquer recurso desta ordem será levado ao conhecimento do Conselho dentro do prazo de 60 dias, constados a partir da data do recebimento de notificação da decisão do Conselho.

ARTIGO 85
Processo arbitral

Se qualquer Estado Contratante envolvido em disputa na qual a decisão do Conselho estiver sendo apelada não tiver aceito o Estatuto da Côrte Permanente de Justiça Internacional e os Estados Contratantes interessados não chegarem a um acôrdo no tocante à escolha do tribunal arbitral, cada um dos Estados Contratantes, parte na disputa nomeará um árbitro e êstes indicarão um juiz. Se algum Estado Contratante envolvido na disputa deixar de nomear um árbitro dentro de um período de três meses, contados a partir da data do apêlo, o Presidente do Conselho escolherá, de uma lista de indivíduos qualificados e disponíveis, mantida pelo Conselho, um árbitro para êste Estado. Se, dentro de trinta (30) dias, os árbitros não chegarem a um acôrdo sôbre o juiz, o Presidente do Conselho escolherá um juiz da referida lista. Os árbitros e o juiz constituirão então conjuntamente, um tribunal arbitral. Qualquer tribunal arbitral constituído nos têrmos dêste ou do procedente artigo adotará seu próprio processo e decidirá por maioria de votos, podendo entretanto o Conselho determinar o processo a ser adotado na hipótese de dar-se-á um atraso excessivo na sua opinião.

ARTIGO 86
Dos Recursos

Salvo decisão contrária do Conselho, qualquer decisão do Conselho sôbre se uma emprêsa de navegação aérea internacional opera em conformidade com as cláusulas desta Convenção será válida exceto se fôr modificada, em consequência de apêlo. Sôbre qualquer outro assunto, as decisões do Conselho, se impugnadas, serão suspensas até que o recurso seja julgado. As decisões da Côrte Permanente de Justiça Internacional e de um tribunal arbitral serão finais e obrigarão as partes.

ARTIGO 87
Penas por falta de cumprimento por parte de emprêsas de navegação aérea

Cada Estado Contratante se compromete a não permitir que uma emprêsa de navegação opere no espaço aéreo sôbre o seu território se o Conselho tiver resolvido que a emprêsa em questão não está acatando uma decisão final pronunciada de acôrdo com o artigo procedente.

ARTIGO 88
Penalidades por não cumprimento por parte do Estado

A Assembléia suspenderá o direito de voto na Assembléia e no Conselho de qualquer Estado Contratante em falta no tocante às disposições dêste capítulo.

CAPÍTULO XIX
GUERRA

ARTIGO 89
Guerra e condições de emergência

Em caso de guerra, as disposições desta Convenção não afetarão a liberdade de ação de qualquer dos Estados contratantes atingidos, seja como beligerante ou neutro. O mesmo princípio será aplicado no caso de qualquer Estado contratante que declarar um estado nacional de emergência e que comunique o fato ao Conselho.

CAPÍTULO XX
ANEXOS

ARTIGO 90
Adoção e emendas de anexos

a) A adoção pelo Conselho dos Anexos descritos no artigo 54, sub-parágrafo (1.°), necessitará dois terços de votos do Conselho em reunião convocada com tal finalidade e será em seguida, submetida pelo Conselho a cada Estado contratante. Qualquer anexo ou emenda de um anexo, tornar-se-á efetiva dentro de três (3) meses, contados a partir da data em que forem, submetidos à apreciação dos Estados contratantes, ou findo um período mais extenso que o Conselho possa adotar, salvo se neste ínterim, uma maioria dos estados contratantes se manifestar sua desaprovação do Conselho.

b) O Conselho comunicará, imediatamente, aos estados contratantes a entrada em vigor de qualquer anexo ou emenda de anexo.

CAPÍTULO XXI
RATIFICAÇÕES, ADESÕES, EMENDAS E DENÚNCIAS

ARTIGO 91
Ratificação da convenção

a) Esta Convenção deverá ser ratificada pelos Estados signatários. O instrumento de ratificação será depositado nos arquivos do Govêrno dos Estados Unidos da América, que comunicará a data de depósito a cada Estado que tenha assinado ou aderido à Convenção.

b) assim que esta convenção tenha sido ratificada por, ou a ela tenham aderido, vinte e seis (26) estados, ela entrará em vigor entre êles no trigésimo dia após o depósito do trigésimo sexto instrumento. Entrará em vigor para os estados que o ratificarem posteriormente ao trigésimo dia depois do depósito do respectivo instrumento de ratificação.

c) Caberá ao Govêrno dos Estados Unidos da América levar ao conhecimento do Govêrno de cada Estado ratificante ou aderente a data em que esta Convenção entrar em vigor.

ARTIGO 92
Adesões à convenção

a) esta Convenção, após a data de encerramento das assinaturas, estará aberta à adesão por parte dos membros das Nações Unidas e dos Estados a êles associados e de Estados que permaneceram neutros durante atual conflagração mundial.

b) As adesões serão efetuadas por meio da comunicação dirigida ao Govêrno dos estados Unidos da América e entrarão em vigor no trigésimo dia após o recebimento da comunicação, pelo Govêrno dos Estados Unidos da América que o comunicará a todos os estados contratantes.

ARTIGO 93
Admissão de outros Estados

Os Estados, além dos mencionados nos artigos 91 e 92 (a), poderão ser admitidos para participar desta Convenção, mediante quatro outros de votos de Assembléia e sujeitos às condições que a Assembléia prescrever com a aprovação da organização geral internacional constituída pelas Nações do Mundo para a preservação da Paz, sendo que em cada caso é necessário o assentimento de qualquer Estado invadido ou agredido durante a presente guerra pelo Estado que solicitar admissão.

ARTIGO 94
Emenda da Convenção

a) Qualquer proposta de emenda desta Convenção deverá ser aprovada por dois terços de votos da Assembléia e entrará em vigor no tocante aos Estados que ratificarem a Emenda quando ratificada pelo número de Estados contratantes especificado pela Assembléia. O número assim especificado não será inferior a dois terços do número total de Estados contratantes.

b) Se na sua opinião a Emenda é de natureza a justificar a medida, a Assembléia, em sua resolução recomendado a adoção, poderá estipular que qualquer estado que não tiver ratificado dentro de um determinado período como resultado, de ser membro de Organização e parte da Convenção.

ARTIGO 95
Denúncia da Convenção

a) Qualquer Estado contratante poderá denunciar esta Convenção três anos depois de sua entrada em vigor mediante comunicação dirigida ao Govêrno dos Estados Unidos da América, que informará imediatamente os demais Estados contratantes.

b) A.denúncia terá efeito um ano depois da data de recepção da comunicação e só será operante com relação ao Estado que efetuou a denúncia.

CAPITULO XXII
DEFINIÇÕES

ARTIGO 96
Para efeito desta Convenção a expressão:

a) "Serviço aéreo" (Air service) significa qualquer serviço aéreo regular por aeronaves para o transporte público de passageiros, correio ou carga.

b) "Serviço aéreo internacional" (Internacional Air Service) significa o serviço aéreo que passa pelo espaço aéreo sôbre o território de mais de um Estado.

c) "Empresa de navegação aérea (Airline significa qualquer organização de transporte aéro operando um serviço aéreo internacional.

d) "Escala sem fins comerciais (stoper non-traffic purposes) significa um pouso qualquer fim que não seja para tomar ou desembarcar passageiros, correio ou carga.

ASSINATURA DA CONVENÇÃO

Em testemunho de que, os Plenipotenciários abaixo assinados, tendo sido devidamente autorizados, assinam esta Convenção em nome dos seus respectivos Governos nas datas que aparecem ao lado das suas assinaturas.

Feito em Chicago dia 7 de dezembro de 1944, em inglês. Textos em inglês, francês e espanhol, sendo cada um de igual autenticidade, serão abertos para assinatura em Washington, D.C.. Ambos os textos serão depositados nos arquivos do Govêrno dos Estados Unidos da América, e cópias autênticas serão enviadas por êste Govêrno aos Governos de todos os Estados que devam assinar ou aderir a esta Convenção.

DECLARAÇÃO UNIVERSAL DOS DIREITOS HUMANOS DE 1948

Considerando que o reconhecimento da dignidade inerente a todos os membros da família humana e de seus direitos iguais e inalienáveis é o fundamento da liberdade, da justiça e da paz no mundo;

Considerando que o desprezo e o desrespeito pelos direitos humanos resultaram em atos bárbaros que ultrajaram a consciência da Humanidade e que o advento de um mundo em que todos gozem de liberdade de palavra, de crença e da liberdade de viverem a salvo do temor e da necessidade foi proclamado como a mais alta aspiração do ser humano comum;

Considerando ser essencial que os direitos humanos sejam protegidos pelo império da lei, para que o ser humano não seja compelida, como último recurso, à rebelião contra a tirania e a opressão;

Considerando essencial promover o desenvolvimento de relações amistosas entre as nações;

Considerando que os povos das Nações Unidas reafirmaram, na Carta da ONU, sua fé nos direitos humanos fundamentais, na dignidade e no valor do ser humana e na igualdade de direitos entre homens e mulheres, e que decidiram promover o progresso social e melhores condições de vida em uma liberdade mais ampla;

Considerando que os Estados-Membros se comprometeram a promover, em cooperação com as Nações Unidas, o respeito universal aos direitos e liberdades humanas fundamentais e a observância desses direitos e liberdades;

Considerando que uma compreensão comum desses direitos e liberdades é da mais alta importância para o pleno cumprimento desse compromisso,

A Assembleia Geral proclama

A presente Declaração Universal dos Direitos Humanos como o ideal comum a ser atingido por todos os povos e todas as nações, com o objetivo de que cada indivíduo e cada órgão da sociedade, tendo sempre em mente esta Declaração, se esforce, através do ensino e da educação, por promover o respeito a esses direitos e liberdades e, pela adoção de medidas progressivas de caráter nacional e internacional, por assegurar o seu reconhecimento e a sua observância universal e efetiva, tanto entre os povos dos próprios Estados-Membros, quanto entre os povos dos territórios sob a sua jurisdição.

Artigo I

Todos os seres humanos nascem livres e iguais em dignidade e direitos. São dotados de razão e consciência e devem agir em relação uns aos outros com espírito de fraternidade.

- CF/88: art. 5º.

Artigo II

1. Todo ser humano tem capacidade para gozar os direitos e as liberdades estabelecidos nesta Declaração, sem distinção de qualquer espécie, seja de raça, cor, sexo, idioma, religião, opinião política ou de outra natureza, origem nacional ou social, riqueza, nascimento, ou qualquer outra condição.

2. Não será também feita nenhuma distinção fundada na condição política, jurídica ou internacional do país ou território a que pertença uma pessoa, quer se trate de um território independente, sob tutela, sem governo próprio, quer sujeito a qualquer outra limitação de soberania.

Artigo III

Todo ser humano tem direito à vida, à liberdade e à segurança pessoal.

Artigo IV

Ninguém será mantido em escravidão ou servidão; a escravidão e o tráfico de escravos serão proibidos em todas as suas formas.

- CF/88: art. 243.
- Dec. 7.901/2013 – Institui a Coordenação Tripartite da Política Nacional de Enfrentamento ao Tráfico de Pessoas e o Comitê Nacional de Enfrentamento ao Tráfico de Pessoas (CONATRAP).
- Dec. 5.948/2006 – Aprova a Política Nacional de Enfrentamento ao Tráfico de Pessoas e institui Grupo de Trabalho Interministerial com o objetivo de elaborar proposta do Plano Nacional de Enfrentamento ao Tráfico de Pessoas (PNETP).
- Dec. 5.017/2004 – Promulga o Protocolo Adicional à Convenção das Nações Unidas contra o Crime Organizado Transnacional Relativo à Prevenção, Repressão e Punição do Tráfico de Pessoas, em Especial Mulheres e Crianças. (Protocolo de Palermo)
- Dec. 5.016/2004 – Promulga o Protocolo Adicional à Convenção das Nações Unidas contra o Crime Organizado Transnacional, relativo ao Combate ao Tráfico de Migrantes por Via Terrestre, Marítima e Aérea.
- Dec. 5.015/2004 – Promulga a Convenção das Nações Unidas contra o Crime Organizado Transnacional.
- Dec. 46.981/1959 – Promulga, com o respectivo Protocolo Final, a Convenção para a repressão do tráfico de pessoas e do lenocínio, concluída em Lake Success Nova York, em 21 de março de 1950, e assinada pelo Brasil em 5 de outubro de 1951.

Artigo V

Ninguém será submetido à tortura, nem a tratamento ou castigo cruel, desumano ou degradante.

- CF/88: art. 5º, III e XLIII.
- Lei 9.455/1997 – Define os crimes de tortura.
- Dec. 40/1991 – Promulga a Convenção Contra a Tortura e Outros Tratamentos ou Penas Cruéis, Desumanos ou Degradantes.

Artigo VI

Todo ser humano tem o direito de ser, em todos os lugares, reconhecido como pessoa perante a lei.

Artigo VII

Todos são iguais perante a lei e têm direito, sem qualquer distinção, a igual proteção da lei. Todos têm direito a igual proteção contra qualquer discriminação que viole a presente Declaração e contra qualquer incitamento a tal discriminação.

- Dec. 8.727/2016 – Dispõe sobre o uso do nome social e o reconhecimento da identidade de gênero de pessoas travestis e transexuais no âmbito da administração pública federal direta, autárquica e fundacional.

Artigo VIII

Todo ser humano tem direito de receber dos Tribunais nacionais competentes remédio efetivo para os atos que violem os direitos fundamentais que lhe sejam reconhecidos pela Constituição ou pela lei.

- CF/88: art. 5º, LIV, LXVIII a LXXIII.

Artigo IX

Ninguém será arbitrariamente preso, detido ou exilado.

- CF/88: art. 5º, LXI a LXVII.

Artigo X

Todo ser humano tem direito, em plena igualdade, a uma justa e pública audiência por parte de um Tribunal independente e imparcial, para decidir sobre seus direitos e deveres ou do fundamento de qualquer acusação criminal contra ele.

- CF/88: art. 5º, LIII.

Artigo XI

1. Todo ser humano acusado de um ato delituoso tem o direito de ser presumido inofensiva até que a sua culpabilidade tenha sido provada

de acordo com a lei, em julgamento público no qual lhe tenham sido asseguradas todas as garantias necessárias à sua defesa.

- CF/88: art. 5º, LIV e LVII.

2. Ninguém poderá ser culpado por qualquer ação ou omissão que, no momento, não constituíam delito perante o direito nacional ou internacional. Também não será imposta pena mais forte do que aquela que, no momento da prática, era aplicável ao ato delituoso.

Artigo XII

Ninguém será sujeito à interferência em sua vida privada, em sua família, em seu lar ou em sua correspondência, nem a ataques à sua honra e reputação. Todo ser humano tem direito à proteção da lei contra tais interferências ou ataques.

Artigo XIII

1. Todo ser humano tem direito à liberdade de locomoção e residência dentro das fronteiras de cada Estado.

- CF/88: art. 5º, LIV

2. Todo ser humano tem o direito de deixar qualquer país, inclusive o próprio, e a este regressar.

Artigo XIV

- Dec. 55.929/1965 – Promulga a Convenção sobre Asilo Territorial.
- Dec. 42.628/1957 – Promulga a Convenção sobre Asilo Diplomático, assinada em Caracas, a 28 de março de 1954.
- Dec. 1.570/1937 – Promulga as Convenções sobre direitos e deveres dos Estados e sobre Asilo político, assinadas em Montevidéo a 26 de dezembro de 1933, por ocasião da Sétima Conferencia internacional americana.

1. Todo ser humano, vítima de perseguição tem o direito de procurar e de gozar asilo em outros países.

- CF/88: art. 4º,X.

2. Este direito não pode ser invocado em caso de perseguição legitimamente motivada por crimes de direito comum ou por atos contrários aos propósitos ou princípios das Nações Unidas.

Artigo XV

- CF/88: arts. 12 e 109, X.

1. Todo homem tem direito a uma nacionalidade.
2. Ninguém será arbitrariamente privado de sua nacionalidade, nem do direito de mudar de nacionalidade.

Artigo XVI

- CF/88: art. 226.

1. Os homens e mulheres de maior idade, sem qualquer restrição de raça, nacionalidade ou religião, têm o direito de contrair matrimônio e fundar uma família. Gozam de iguais direitos em relação ao casamento, sua duração e sua dissolução.
2. O casamento não será válido senão com o livre e pleno consentimento dos nubentes.
3. A família é o núcleo natural e fundamental da sociedade e tem direito à proteção da sociedade e do Estado.

Artigo XVII

- CF/88: art. 5º, *caput*, XXII,XXIII, XXV, XXVI, 170, II e III, 185 e 186.

1. Todo ser humano tem direito à propriedade, só ou em sociedade com outros.
2. Ninguém será arbitrariamente privado de sua propriedade.

Artigo XVIII

Todo ser humano tem direito à liberdade de pensamento, consciência e religião; este direito inclui a liberdade de mudar de religião ou crença e a liberdade de manifestar essa religião ou crença, pelo ensino, pela prática, pelo culto e pela observância, em público ou em particular.

- CF/88: art. 5º, IV, XLI, 206,II, e 220,§ 1º
- Lei 5.250/1967 – Regula a liberdade de manifestação do pensamento e de informação.

Artigo XIX

Todo ser humano tem direito à liberdade de opinião e expressão; este direito inclui a liberdade de, sem interferência, ter opiniões e de procurar, receber e transmitir informações e ideias por quaisquer meios e independentemente de fronteiras.

- CF/88: art. 5º, IV, XLI, 206,II, e 220,§ 1º
- Lei 5.250/1967 – Regula a liberdade de manifestação do pensamento e de informação.

Artigo XX

1. Todo ser humano tem direito à liberdade de reunião e associação pacífica.
2. Ninguém pode ser obrigado a fazer parte de uma associação.

- CF/88: art. 5º, XVI, VXII, e 139, IV,

Artigo XXI

1. Todo ser humano tem o direito de fazer parte no governo de seu país diretamente ou por intermédio de representantes livremente escolhidos.
2. Todo ser humano tem igual direito de acesso ao serviço público do seu país.
3. A vontade do povo será a base da autoridade do governo; esta vontade será expressa em eleições periódicas e legítimas, por sufrágio universal, por voto secreto ou processo equivalente que assegure a liberdade de voto.

- CF/88: arts. 5º, VIII e 14.

Artigo XXII

Todo ser humano, como membro da sociedade, tem direito à segurança social, à realização pelo esforço nacional, pela cooperação internacional e de acordo com a organização e recursos de cada Estado, dos direitos econômicos, sociais e culturais indispensáveis à sua dignidade e ao livre desenvolvimento de sua personalidade.

Artigo XXIII

- CF/88: arts. 1º, IV, 5º, XIII, 6º a 11, 170, *caput*, 186, III, 193, 195, 201, §§ 2º, 10 e 12, 203, III, e 227, § 3º, I.

1. Todo ser humano tem direito ao trabalho, à livre escolha de emprego, a condições justas e favoráveis de trabalho e à proteção contra o desemprego.
2. Todo ser humano, sem qualquer distinção, tem direito a igual remuneração por igual trabalho.
3. Todo ser humano que trabalha tem direito a uma remuneração justa e satisfatória, que lhe assegure, assim como à sua família, uma existência compatível com a dignidade humana, e a que se acrescentarão, se necessário, outros meios de proteção social.
4. Todo ser humano tem direito a organizar sindicatos e a neles ingressar para a proteção de seus interesses.

Artigo XXIV

Todo ser humano tem direito a repouso e lazer, inclusive a limitação razoável das horas de trabalho e a férias remuneradas periódicas.

Artigo XXV

1. Todo ser humano tem direito a um padrão de vida capaz de assegurar a si e a sua família saúde e bem-estar, inclusive alimentação, vestuário, habitação, cuidados médicos e os serviços sociais indispensáveis, e direito à segurança em caso de desemprego, doença, invalidez, viuvez, velhice ou outros casos de perda dos meios de subsistência em circunstâncias fora de seu controle.
2. A maternidade e a infância têm direito a cuidados e assistência especiais. Todas as crianças, nascidas dentro ou fora do matrimônio gozarão da mesma proteção social.

Artigo XXVI

- Lei 13.005/2014 – Aprova o Plano Nacional de Educação (PNE).
- Lei 11.180/2005 – Institui o Projeto Escola de Fábrica, autoriza a concessão de bolsas de permanência a estudantes beneficiários do Programa Universidade para Todos (PROUNI), institui o Programa de Educação Tutorial (PET), altera a Lei 5.537/1968, e a Consolidação das Leis do Trabalho (CLT).
- Lei 9.394/1996 – Estabelece as diretrizes e bases da educação nacional.

1. Todo ser humano tem direito à instrução. A instrução será gratuita, pelo menos nos graus elementares e fundamentais. A instrução elementar será obrigatória. A instrução técnico-profissional será acessível a todos, bem como a instrução superior, esta baseada no mérito.
2. A instrução será orientada no sentido do pleno desenvolvimento da personalidade humana e do fortalecimento e do respeito pelos direitos humanos e pelas liberdades fundamentais. A instrução promoverá a compreensão, a tolerância e a amizade entre todas as nações e grupos raciais ou religiosos, e coadjuvará as atividades das Nações Unidas em prol da manutenção da paz.
3. Os pais têm prioridade de direito na escolha do gênero de instrução que será ministrada a seus filhos.

Artigo XXVII

- Lei 12.761/2012 – Institui o Programa de Cultura do Trabalhador; cria o vale-cultura.
- Lei 12.343/2010 – Institui o Plano Nacional de Cultura (PNC), cria o Sistema Nacional de Informações e Indicadores Culturais (SNIIC).

1. Todo ser humano tem o direito de participar livremente da vida cultural da comunidade, de fruir das artes e de participar do progresso científico e de seus benefícios.
2. Todo ser humano tem direito à proteção dos interesses morais e materiais decorrentes de qualquer produção científica, literária ou artística da qual seja autor.

Artigo XXVIII

Todo ser humano tem direito a uma ordem social e internacional em que os direitos e liberdades estabelecidos na presente Declaração possam ser plenamente realizados.

Artigo XXIX

1. Todo ser humano tem deveres para com a comunidade, na qual o livre e pleno desenvolvimento de sua personalidade é possível.
2. No exercício de seus direitos e liberdades, Todo ser humano estará sujeito apenas às limitações determinadas pela lei, exclusivamente com o fim de assegurar o devido reconhecimento e respeito dos direitos e liberdades de outrem e de satisfazer as justas exigências da moral, da ordem pública e do bem estar de uma sociedade democrática.
3. Esses direitos e liberdades não podem, em hipótese alguma, ser exercidos contrariamente aos objetivos e princípios das Nações Unidas.

Artigo XXX

Nenhuma disposição da presente Declaração pode ser interpretada como o reconhecimento a qualquer Estado, grupo ou pessoa, do direito de exercer qualquer atividade ou praticar qualquer ato destinado à destruição de quaisquer dos direitos e liberdades aqui estabelecidos.

DECRETO N. 56.435, DE 8 DE JUNHO DE 1965

Promulga a Convenção de Viena sobre Relações Diplomáticas.

‣ *Convenção de Viena sobre Relações Diplomáticas*

O PRESIDENTE DA REPÚBLICA,

Havendo o Congresso Nacional aprovado pelo Decreto Legislativo n. 103, de 1964, a Convenção de Viena sobre Relações Diplomáticas, assinada a 18 de abril de 1961;

E havendo a referida Convenção entrado em vigor para o Brasil, de acordo com o artigo 51, parágrafo 2, a 24 de abril de 1965, trinta dias após o depósito do Instrumento brasileiro de ratificação, que se efetuou a 25 de março de 1965, decreta:

Que o mesmo, apenso por cópia ao presente decreto, seja executado e cumprido tão inteiramente como se contém.

Brasília, 8 de junho de 1965; 144.º da Independência e 77.º da República.

H. CASTELLO BRANCO

CONVENÇÃO DE VIENA SOBRE RELAÇÕES DIPLOMÁTICAS

Os Estados-Partes na presente Convenção,

Considerando que, desde tempos remotos, os povos de todas as Nações têm reconhecido a condição dos agentes diplomáticos;

Conscientes dos propósitos e princípios da Carta das Nações Unidas relativos à igualdade soberana dos Estados, à manutenção da paz e da segurança internacional e ao desenvolvimento das relações de amizade entre as Nações;

Estimando que uma Convenção Internacional sobre relações, privilégios e imunidades diplomáticas contribuirá para o desenvolvimento de relações amistosas entre as Nações, independentemente da diversidade dos seus regimes constitucionais e sociais;

Reconhecendo que a finalidade de tais privilégios e imunidades não é beneficiar indivíduos, mas, sim, a de garantir o eficaz desempenho das funções das Missões diplomáticas, em seu caráter de representantes dos Estados;

Afirmando que as normas de Direito internacional consuetudinário devem continuar regendo as questões que não tenham sido expressamente reguladas nas disposições da presente Convenção;

Convieram no seguinte:

Art. 1. Para os efeitos da presente Convenção:

a) "Chefe de Missão" é a pessoa encarregada pelo Estado acreditante de agir nessa qualidade;

b) "Membros da Missão" são o Chefe da Missão e os membros do pessoal da Missão;

c) "Membros do Pessoal da Missão" são os membros do pessoal diplomático, do pessoal administrativo e técnico e do pessoal de serviço da Missão;

d) "Membros do Pessoal Diplomático" são os membros do pessoal da Missão que tiverem a qualidade de diplomata;

e) "Agente Diplomático" é o Chefe da Missão ou um membro do pessoal diplomático da Missão;

f) "Membros do Pessoal Administrativo e Técnico" são os membros do pessoal da Missão empregados no serviço administrativo e técnico da Missão;

g) "Membros do Pessoal de Serviço" são os membros do pessoal da Missão empregados no serviço doméstico da Missão;

h) "Criado particular" é a pessoa do serviço doméstico de um membro da Missão que não seja empregado do Estado acreditante;

i) "Locais da Missão" são os edifícios, ou parte dos edifícios, e terrenos anexos, seja quem for o seu proprietário, utilizados para as finalidades da Missão, inclusive a residência do Chefe da Missão.

Art. 2. O estabelecimento de relações diplomáticas entre Estados e o envio de Missões diplomáticas permanentes efetua-se por consentimento mútuo.

Art. 3. As funções de uma Missão diplomática consistem, entre outras, em:

a) representar o Estado acreditante perante o Estado acreditado;

b) proteger no Estado acreditado os interesses do Estado acreditante e de seus nacionais, dentro dos limites permitidos pelo direito Internacional;

c) negociar com o Governo do Estado acreditado;

d) inteirar-se por todos os meios lícitos das condições existentes e da evolução dos acontecimentos no Estado acreditado e informar a esse respeito o Governo do Estado acreditante;

e) promover relações amistosas e desenvolver as relações econômicas, culturais e científicas entre o Estado acreditante e o Estado acreditado.

2. Nenhuma disposição da presente Convenção poderá ser interpretada como impedindo o exercício de funções consulares pela Missão diplomática.

‣ Numeração conforme publicação oficial.

Art. 4.

1. O Estado acreditante deverá certificar-se de que a pessoa que pretende nomear como Chefe da Missão perante o Estado acreditado obteve o *agrément* do referido Estado.

2. O Estado acreditado não está obrigado a dar ao Estado acreditante as razões da negação do *agrément*.

Art. 5.

1. O Estado acreditante poderá, depois de haver feito a devida notificação aos Estados acreditados interessados, nomear um Chefe de Missão ou designar qualquer membro do pessoal diplomático perante dois ou mais Estados, a não ser que um dos Estados acreditados a isso se oponha expressamente.

2. Se um Estado acredita um Chefe de Missão, perante dois ou mais Estados, poderá estabelecer uma Missão diplomática dirigida por um Encarregado de Negócios *ad interim* em cada um dos Estados onde o Chefe da Missão não tenha a sua sede permanente.

3. O Chefe da Missão ou qualquer membro do pessoal diplomático da Missão poderá representar o Estado acreditante perante uma organização internacional.

Art. 6. Dois ou mais Estados poderão acreditar a mesma pessoa como Chefe de Missão perante outro Estado, a não ser que o Estado acreditado a isso se oponha.

Art. 7. Respeitadas as disposições dos artigos, 5, 8, 9 e 11, o Estado acreditante poderá nomear livremente os membros do pessoal da Missão. No caso dos adidos militar, naval ou aéreo, o Estado acreditado poderá exigir que seus nomes lhes sejam previamente submetidos para efeitos de aprovação.

Art. 8.

1. Os membros do pessoal diplomático da Missão deverão, em princípio, ter a nacionalidade do Estado acreditante.

2. Os membros do pessoal diplomático da Missão não poderão ser nomeados dentre pessoas que tenham a nacionalidade do Estado acreditado, exceto com o consentimento do referido Estado, que poderá retirá-lo em qualquer momento.

3. O Estado acreditado poderá exercer o mesmo direito com relação a nacionais de terceiro Estado que não sejam igualmente nacionais do Estado acreditante.

Art. 9.

1. O Estado acreditado poderá a qualquer momento, e sem ser obrigado a justificar a sua decisão, notificar ao Estado acreditante que o Chefe da Missão ou qualquer membro do pessoal diplomático da Missão é persona *non grata* ou que outro membro do pessoal da Missão não é aceitável. O Estado acreditante, conforme o caso, retirará a pessoa em questão ou dará por terminadas as suas funções na Missão. Uma Pessoa poderá ser declarada *non grata* ou não aceitável mesmo antes de chegar ao território do Estado acreditado.

2. Se o Estado acreditante se recusar a cumprir, ou não cumpre dentro de um prazo razoável, as obrigações que lhe incumbem, nos termos do parágrafo 1 deste artigo, o Estado acreditado poderá recusar-se a reconhecer tal pessoa como membro da Missão.

Art. 10.

1. Serão notificados ao Ministério das Relações Exteriores do Estado acreditado, ou a outro Ministério em que se tenha convindo:

a) a nomeação dos membros do pessoal da Missão, sua chegada e partida definitiva ou o termo das suas funções na Missão;

b) a chegada e partida definitiva de pessoas pertencentes à família de um membro da missão e, se fôr o caso, o fato de uma pessoa vir a ser ou deixar de ser membro da família de um membro da Missão;

c) a chegada e a partida definitiva dos criados particulares a serviço das pessoas a que se refere a alínea a) deste parágrafo e, se for o caso, o fato de terem deixado o serviço de tais pessoas;

d) a admissão e a despedida de pessoas residentes no Estado acreditado como membros da Missão ou como criados particulares com direito a privilégios e imunidades.

2. Sempre que possível, a chegada e a partida definitiva deverão também ser previamente notificadas.

Art. 11.

1. Não havendo acordo explícito sobre o número de membros da Missão, o Estado acreditado poderá exigir que o efetivo da Missão seja mantido dentro dos limites que considere razoável e normal, tendo em conta as circunstâncias e condições existentes nesse Estado e as necessidades da referida Missão.

2. O Estado acreditado poderá igualmente, dentro dos mesmos limites e sem discriminação, recusar-se a admitir funcionários de uma determinada categoria.

Art. 12. O Estado acreditado não poderá, sem o consentimento expresso e prévio do Estado acreditado, instalar escritórios que façam parte da Missão em localidades distintas daquela em que a Missão tem a sua sede.

Art. 13.

1. O Chefe da Missão é considerado como tendo assumido as suas funções no Estado acreditado no momento em que tenha entregado suas credenciais ou tenha comunicado a sua chegada e apresentado as cópias figuradas de suas credenciais ao Ministério das Relações Exteriores, ou ao Ministério em que se tenha convindo, de acordo com a prática observada no Estado acreditado, a qual deverá ser aplicada de maneira uniforme.

2. A ordem de entrega das credenciais ou de sua cópia figurada será determinada pela data e hora da chegada do Chefe da Missão.

Art. 14.

1. Os Chefes de Missão dividem-se em três classes:

a) Embaixadores ou Núncios acreditados perante Chefes de Estado, e outros Chefes de Missões de categoria equivalente;

b) Enviados, Ministro ou internúncios, acreditados perante Chefe de Estado;

c) Encarregados de Negócios, acreditados perante Ministros das Relações Exteriores.

2. Salvo em questões de precedência e etiqueta, não se fará nenhuma distinção entre Chefes de Missão em razão de sua classe.

Art. 15. Os Estados, por acordo, determinarão a classe a que devem pertencer os Chefes de suas Missões.

Art. 16.

1. A precedência dos Chefes de Missão, dentro de cada classe, se estabelecerá de acordo com a data e hora em que tenham assumido suas funções, nos termos do art. 13.

2. As modificações nas credenciais de um Chefe de Missão, desde que não impliquem mudança de classe, não alteram a sua ordem de precedência.

3. O presente artigo não afeta a prática que exista ou venha a existir no Estado acreditado com respeito à precedência do representante da Santa Sé.

Art. 17. O Chefe da Missão notificará ao Ministério da Relações Exteriores, ou a outro Ministério em que as partes tenham convindo, a ordem de precedência dos Membros do pessoal diplomático da Missão.

Art. 18. O Cerimonial que se observe em cada Estado para recepção dos Chefes de Missão deverá ser uniforme a respeito de cada classe.

Art. 19.

1. Em caso de vacância do posto de Chefe da Missão, ou se um Chefe de Missão estiver impedido de desempenhar suas funções, um Encarregado de Negócios ad interim exercerá provisoriamente a chefia da Missão. O nome do Encarregado de Negócios ad interim será comunicado ao Ministério das relações Exteriores do Estado acreditado, ou ao Ministério em que as partes tenham convindo, pelo Chefe da Missão ou, se este não poder fazê-lo, pelo Ministério das Relações Extintores do Estado acreditante.

2. Se nenhum membro do pessoal diplomático estiver presente no Estado acreditado, um membro do pessoal administrativo e técnico poderá, com o consentimento do Estado acreditado, ser designado pelo Estado acreditante para encarregar-se dos assuntos administrativos correntes da Missão.

Art. 20. A missão e seu Chefe terão o direito de usar a bandeira e o escudo do Estado acreditante nos locais da Missão, inclusive na residência do Chefe da Missão e nos seus meios de transporte.

Art. 21.

1. O Estado acreditado deverá facilitar a aquisição em seu território, de acordo com as suas leis, pelo Estado acreditado, dos locais necessários à Missão ou ajudá-lo a consegui-los de outra maneira.

2. Quando necessário, ajudará também as Missões a obterem alojamento adequado para seus membros.

Art. 22.

1. Os locais da Missão são invioláveis. Os Agentes do Estado acreditado não poderão neles penetrar sem o consentimento do Chefe da Missão.

2. O Estado acreditado tem a obrigação especial de adotar todas as medidas apropriadas para proteger os locais da Missão contra qualquer intrusão ou dano e evitar perturbações à tranquilidade da Missão ou ofensas à sua dignidade.

3. Os locais da Missão, em mobiliário e demais bens neles situados, assim como os meios de transporte da Missão, não poderão ser objeto de busca, requisição, embargo ou medida de execução.

Art. 23.

1. O Estado acreditante e o Chefe da Missão estão isentos de todos os impostos e taxas, nacionais, regionais ou municipais, sobre os locais da Missão de que sejam proprietários ou inquilinos, excetuados os que representem o pagamento de serviços específicos que lhes sejam prestados.

2. A isenção fiscal a que se refere este artigo não se aplica aos impostos e taxas cujo pagamento, na conformidade da legislação do Estado acreditado, incumbir as pessoas que contratem com o Estado acreditante ou com o Chefe da Missão.

Art. 24. Os arquivos e documentos da Missão são invioláveis, em qualquer momento e onde quer que se encontrem.

Art. 25. O Estado acreditado dará todas as facilidades para o desempenho das funções da Missão.

Art. 26. Salvo o disposto nas leis e regulamentos relativos a zonas cujo acesso é proibido ou regulamentado por motivos de segurança nacional, o Estado acreditado garantirá a todos os membros da Missão a liberdade de circulação e trânsito em seu território.

Art. 27.

1. O Estado acreditado permitirá e protegerá a livre comunicação da Missão para todos os fins oficiais. Para comunicar-se com o Governo e demais Missões e Consulados do Estado acreditante, onde quer que se encontrem, a Missão poderá empregar todos os meios de comunicação adequados, inclusive correios diplomáticos e mensagens em códigos ou cifra. Não obstante, a Missão só poderá instalar e usar uma emissora de rádio com o consentimento do Estado acreditado.

2. A correspondência oficial da Missão é inviolável. Por correspondência oficial entende-se toda correspondência concernente à Missão e suas funções.

3. A mala diplomática não poderá ser aberta ou retida.

4. Os volumes que constituam a mala diplomática deverão conter sinais exteriores visíveis que indiquem o seu caráter e só poderão conter documentos diplomáticos e objetos destinados a uso oficial.

5. O correio diplomático, que deverá estar munido de um documento oficial que indique sua condição e o número de volumes que constituam a mala diplomática, será, no desempenho das suas funções, protegido pelo Estado acreditado.

6. O Estado acreditante ou a Missão poderão designar correios diplomáticos *"ad hoc"*. Em tal caso, aplicar-se-ão as disposições do parágrafo 5 deste artigo, mas as imunidades nele mencionadas deixarão de se aplicar, desde que o referido correio tenha entregado ao destinatário a mala diplomática que lhe fora confiada.

7. A mala diplomática poderá ser confiada ao comandante de uma aeronave comercial que tenha de aterrissar num aeroporto de entrada autorizada. O comandante será munido de um documento oficial que indique o número de volumes que constituam a mala, mas não será considerado correio diplomático. A Missão poderá enviar um de seus membros para receber a mala diplomática, direta e livremente, das mãos do comandante da aeronave.

Art. 28. Os direitos e emolumentos que a Missão perceba em razão da prática de atos oficiais estarão isentos de todos os impostos ou taxas.

Art. 29. A pessoa do agente diplomático é inviolável. Não poderá ser objeto de nenhuma forma de detenção ou prisão. O Estado acreditado tratá-lo-á com o devido respeito e adotará todas as medidas adequadas para impedir qualquer ofensa à sua pessoa, liberdade ou dignidade.

Art. 30. A residência particular do agente diplomático goza da mesma inviolabilidade e proteção que os locais da missão.

2. Seus documentos, sua correspondência e, sob reserva do disposto no parágrafo 3 do artigo 31, seus bens gozarão igualmente de inviolabilidade.

▸ Numeração conforme publicação oficial.

Art. 31.

1. O agente diplomático gozará de imunidade de jurisdição penal do Estado acreditado. Gozará também da imunidade de jurisdição civil e administrativa, a não ser que se trate de:

a) uma ação real sobre imóvel privado situado no território do Estado acreditado, salvo se o agente diplomático o possuir por conta do Estado acreditado para os fins da missão.

b) uma ação sucessória na qual o agente diplomático figure, a título privado e não em nome do Estado, como executor testamentário, administrador, herdeiro ou legatário.

c) uma ação referente a qualquer profissão liberal ou atividade comercial exercida pelo agente diplomático no Estado acreditado fora de suas funções oficiais.

2. O agente diplomático não é obrigado a prestar depoimento como testemunha.

3. O agente diplomático não está sujeito a nenhuma medida de execução a não ser nos casos previstos nas alíneas *"a"*, *"b"* e *"c"* do parágrafo 1 deste artigo e desde que a execução possa realizar-se sem afetar a inviolabilidade de sua pessoa ou residência.

4. A imunidade de jurisdição de um agente diplomático no Estado acreditado não o isenta da jurisdição do Estado acreditante.

Art. 32.

1. O Estado acreditante pode renunciar à imunidade de jurisdição dos seus agentes diplomáticos e das pessoas que gozam de imunidade nos termos do artigo 37.

2. A renúncia será sempre expressa.

3. Se um agente diplomático ou uma pessoa que goza de imunidade de jurisdição nos termos do artigo 37 inicia uma ação judicial, não lhe será permitido invocar a imunidade de jurisdição no tocante a uma reconvenção ligada à ação principal.

4. A renúncia à imunidade de jurisdição no tocante às ações civis ou administrativas não implica renúncia a imunidade quanto as medidas de execução da sentença, para as quais nova renúncia é necessária.

Art. 33.

1. Salvo o disposto no parágrafo 3 deste artigo o agente diplomático estará no tocante aos serviços prestados ao Estado acreditante, isento das disposições sobre seguro social que possam vigorar no Estado acreditado.

2. A isenção prevista no parágrafo 1 deste artigo aplicar-se-á também aos criados particulares que se acham ao serviço exclusivo do agente diplomático, desde que:

a) Não sejam nacionais do Estado acreditado nem nele tenham residência permanente; e

b) Estejam protegidos pelas disposições sobre seguro social vigentes no Estado acreditado ou em terceiro estado.

3. O agente diplomático que empregue pessoas a quem não se aplique a isenção prevista no parágrafo 2 deste artigo deverá respeitar as obrigações impostas aos patrões pelas disposições sobre seguro social vigentes no Estado acreditado.

4. A isenção prevista nos parágrafos 1 e 2 deste artigo não exclui a participação voluntária no sistema de seguro social do Estado acreditado, desde que tal participação seja admitida pelo referido Estado.

5. As disposições deste artigo não afetam os acordos bilaterais ou multilaterais sobre seguro social já concluídos e não impedem a celebração ulterior de acordos de tal natureza.

Art. 34. O agente diplomático gozará de isenção de todos os impostos e taxas, pessoais ou reais, nacionais, regionais ou municipais, com as exceções seguintes:

a) os impostos indiretos que estejam normalmente incluídos no preço das mercadorias ou dos serviços;

b) os impostos e taxas sobre bens imóveis privados situados no território do Estado acreditado, a não ser que o agente diplomático os possua em nome do Estado acreditante e para os fins da missão;

c) os direitos de sucessão percebidos pelo Estado acreditado, salvo o disposto no parágrafo 4 do artigo 39;

d) os impostos e taxas sobre rendimentos privados que tenham a sua origem no Estado acreditado e os impostos sobre o capital referentes a investimentos em empresas comerciais no Estado acreditado.

e) os impostos e taxas que incidem sobre a remuneração relativa a serviços específicos;

f) os direitos de registro, de hipoteca, custas judiciais e imposto de selo relativos a bens imóveis, salvo o disposto no artigo 23.

Art. 35. O estado acreditado devera isentar os agentes diplomáticos de toda prestação pessoal, de todo serviço público, seja qual for a sua natureza, e de obrigações militares tais como requisições, contribuições e alojamento militar.

Art. 36.

1. De acordo com leis e regulamentos que adote, o estado acreditado permitirá a entrada livre do pagamento de direitos aduaneiros, taxas e gravames conexos que não constituam despesas de armazenagem, transporte e outras relativas a serviços análogos;

a) dos objetos destinados ao uso oficial da missão;

b) dos objetos destinados ao uso pessoal do agente diplomático ou dos membros da sua família que com ele vivam, incluídos os bens destinados à sua instalação.

2. A bagagem pessoal do agente diplomático não está sujeita a inspeção, salvo se existirem motivos sérios para crer que a mesma contém objetos não previstos nas isenções mencionadas no parágrafo 1 deste artigo, ou objetos cuja importação ou exportação é proibida pela legislação do Estado acreditado, ou sujeitos aos seus regulamentos de quarentena. Nesse caso a inspeção só poderá ser feita em presença de agente diplomático ou de seu representante autorizado.

Art. 37.

1. Os membros da família de um agente diplomático que com ele vivam gozarão dos privilégios e imunidade mencionados nos artigos 29 e 36, desde que não sejam nacionais do estado acreditado.

2. Os membros do pessoal administrativo e técnico da missão, assim como os membros de suas famílias que com eles vivam, desde que não sejam nacionais do estado acreditado nem nele tenham residência permanente, gozarão dos privilégios e imunidades mencionados nos artigos 29 a 35 com ressalva de que a imunidade de jurisdição civil e administrativa do estado acreditado, mencionado no parágrafo 1 do artigo 31, não se estenderá aos atos por eles praticados fora do exército de suas funções; gozarão também dos privilégios mencionados no parágrafo 1 do artigo 36, no que respeita aos objetos importados para a primeira instalação.

3. Os membros do pessoal de serviço da Missão, que não sejam nacionais do Estado acreditado nem nele tenham residência permanente, gozarão de imunidades quanto aos atos praticados no exercício de suas funções, de isenção de impostos e taxas sobre os salários que perceberem pelos seus serviços e da isenção prevista no artigo 33.

4. Os criados particulares dos membros da Missão, que não sejam nacionais do Estado acreditado nem nele tenham residência permanente, estão isentos de impostos e taxas sobre os salários que perceberem pelos seus serviços. Nos demais casos, só gozarão de privilégios e imunidades na medida reconhecida pelo referido Estado. Todavia, o Estado acreditado deverá exercer a sua jurisdição sobre tais pessoas de modo a não interferir demasiadamente como o desempenho das funções da Missão.

Art. 38.

1. A não ser na medida em que o Estado acreditado conceda outros privilégios e imunidades, o agente diplomático que seja nacional do referido Estado ou nele tenha residência permanente gozará da imunidade de jurisdição e de inviolabilidade apenas quanto aos atos oficiais praticados no desempenho de suas funções.

2. Os demais membros do pessoal da Missão e os criados particulares, que sejam nacionais do Estado acreditado ou nele tenham a sua residência permanente, gozarão apenas dos privilégios e imunidades que lhes forem reconhecidos pelo referido Estado. Todavia, o Estado acreditado deverá exercer a sua jurisdição sobre tais pessoas de maneira a não interferir demasiadamente como o desempenho das funções da Missão.

Art. 39

1. Toda a pessoa que tenha direito a privilégios e imunidades gozará dos mesmos a partir do momento em que entrar no território do estado acreditado para assumir o seu posto ou, no caso de já se encontrar no referido território, desde que a sua nomeação tenha sido notificada ao Ministério das Relações Exteriores ou ao Ministério em que se tenha convindo.

2. Quando terminarem as funções de uma pessoa que goze de privilégios e imunidades esses privilégios e imunidades cessarão normalmente no momento em que essa pessoa deixar o país ou quando transcorrido um prazo razoável que lhe tenha sido concedido para tal fim mas perdurarão até esse momento mesmo em caso de conflito armado. Todavia a imunidade subsiste no que diz respeito aos atos praticados por tal pessoal no exercício de suas funções como Membro da Missão.

3. Em caso de falecimento de um membro da Missão os membros de sua família continuarão no gozo dos privilégios e imunidades a que tem direito até a expiração de um prazo razoável que lhes permita deixar o território do Estado acreditado.

4. Em caso de falecimento de um membro da Missão, que não seja nacional do Estado acreditado nem nele tenha residência permanente, ou de membro de sua família que com ele viva, o Estado acreditado permitirá que os bens móveis do falecido sejam retirados do país com exceção dos que nele foram adquiridos e cuja exportação seja proibida no momento do falecimento. Não serão cobrados direitos de sucessão sobre os bens móveis cuja situação no Estado acreditado era devida unicamente à presença do falecimento no referido Estado, como membro da Missão ou como membro da família de um membro da Missão.

Art. 40.

1. Se o agente diplomático atravessa o território ou se encontra no território de um terceiro Estado, que lhe concedeu visto no passaporte quando esse visto for exigido, a fim de assumir ou reassumir o seu posto ou regressar ao seu país, o terceiro Estado conceder-lhe-á inviolabilidade e todas as outras imunidades necessárias para lhe permitir o trânsito ou o regresso. Esta regra será igualmente aplicável aos membros da família; que gozem de privilégios e imunidades, que acompanhem o agente diplomático quer viagem separadamente. Para reunir-se a ele ou regressar ao seu país.

2. Em circunstâncias análogas às previstas no parágrafo 1 deste artigo, os terceiros Estados não deverão dificultar a passagem através do seu território dos membros do pessoal administrado e técnico ou de serviço da Missão e dos membros de suas famílias.

3. Os terceiros Estados concederão à correspondência e a outras comunicações oficiais em trânsito inclusive às mensagens em código ou cifra a mesma liberdade e proteção concedida pelo Estado acreditado. Concederão aos correios diplomáticos a quem um visto no passaporte tenha sido concedido quando esse visto for exigido bem como às malas diplomáticas em trânsito a mesma inviolabilidade e proteção a que se acha obrigado o Estado acreditado.

4. As obrigações dos terceiros Estados em virtude dos parágrafos 1, 2 e 3 deste artigo serão aplicáveis também às pessoas mencionadas respectivamente nesses parágrafos, bem como às comunicações oficiais e às malas diplomáticas quanto as mesmas se encontrem no território do terceiro Estado por motivo de forca maior.

Art. 41

1. Sem prejuízo de seus privilégios e imunidade todas as pessoas que gozem desses privilégios e imunidades deverão respeitar as leis e os regulamentos do Estado acreditado. Têm também o dever de não se imiscuir nos assuntos internos do referido Estado.

2. Todos os assuntos oficiais que o Estado acreditante confiar à Missão para serem tratados com o Estado 0acreditado deverão sê-lo com o Ministério das Relações Exteriores ou por seu intermédio ou com outro Ministério em que se tenha convindo.

3. Os locais da Missão não devem ser utilizados de maneira incompatível com as funções da Missão tais como são enunciadas na presente Convenção em outras normas de direito inter-

nacional geral ou em acordos especiais em vigor entre o Estado acreditado.

Art. 42. O agente diplomático não exercerá no Estado acreditado nenhuma atividade profissional ou comercial em proveito próprio.

Art. 43. As funções de agente diplomático terminarão, inter-alia.

a) pela notificação do Estado acreditante ao Estado acreditado e que as funções do agente diplomático terminaram;

b) pela notificação do Estado acreditado ao Estado acreditante de que, nos termos do parágrafo 2 do artigo 9, se recusa a reconhecer o agente diplomático como membro da Missão.

Art. 44. O Estado acreditado deverá, mesmo no caso de conflito armado conceder facilidades para que as pessoas que gozem de privilégios e imunidades e não sejam nacionais do Estado acreditado, bem como os membros de suas famílias, seja qual fôr a sua nacionalidade, possam deixar o seu território o mais depressa possível. Especialmente, deverá colocar à sua disposição se necessário, os meios de transporte indispensáveis para tais pessoas e seus bens.

Art. 45. Em caso de ruptura das relações diplomáticas entre dois Estados ou se uma Missão e retirada definitiva ou temporariamente:

a) o Estado acreditado está obrigado a respeitar e a proteger, mesmo em caso de conflito armado, os locais da Missão bem como os seus bens e arquivos;

b) o Estado acreditante poderá confiar a guarda dos locais da Missão bem como de seus bens e arquivos a um terceiro Estado aceitável para o Estado acreditado;

c) o Estado acreditante poderá confiar a proteção de seus interesses e dos de seus nacionais a um terceiro Estado acreditado.

Art. 46. Com o consentimento prévio do Estado acreditado e a pedido de um terceiro Estado nele não representado, o Estado acreditante poderá assumir a proteção temporária dos interesses do terceiro Estado e de seus nacionais.

Art. 47.

1. Na aplicação das disposições da presente Convenção, o Estado acreditado não fará nenhuma discriminação entre Estado.

2. Todavia, não será considerada discriminação:

a) o fato de o Estado acreditante aplicar restritivamente uma das disposições da presente Convenção, quando a mesma for aplicada de igual maneira à sua Missão no Estado acreditado;

b) o fato de os Estados em virtude de costume ou convênio se concederem reciprocamente um tratamento mais favorável do que o questionado pelas disposições da presente Convenção.

Art. 48. A presente Convenção ficará aberta para assinatura de todos os Estados Membros das Nações Unidas de uma organização especializada bem como dos Estados Partes no Estatuto da Corte Internacional de Justiça e de qualquer outro Estado convidado pela Assembleia Geral das Nações Unidas a tornar-se Parte na Convenção, da maneira seguinte: até 31 de outubro de 1961, no Ministério Federal dos Negócios Estrangeiros da Áustria e, depois, até 13 de marco de 1962, na sede das Nações Unidas, em *Nova York*.

ART. 49. A presente Convenção será ratificada, os instrumentos de ratificação serão depositados perante o Secretário-geral das Nações Unidas.

ART. 50. A presente Convenção permanecerá aberta à adesão de todo o Estado pertencente a qualquer das quatro categorias mencionadas no artigo 48. Os instrumentos de adesão serão depositados perante o Secretário-Geral das Nações Unidas.

Art. 51.

1. A presente Convenção entrará em vigor no trigésimo dia que se seguir à data do deposito perante o Secretário-Geral das Nações Unidas do vigésimo-segundo instrumento de ratificação ou adesão.

2. Para cada um dos Estados que ratificarem a Convenção ou a ela aderirem depois do depósito do vigésimo segundo instrumento de ratificação ou adesão, a Convenção entrará em vigor no trigésimo dia após o depósito, por esse Estado, do instrumento de ratificação ou adesão.

Art. 52. O Secretário-geral das Nações Unidas comunicará a todos os Estados pertencentes a qualquer das quatro categorias mencionadas no artigo 48:

a) as assinaturas apostas à presente Convenção e o deposito dos instrumentos de ratificação ou adesão nos termos dos artigos 48, 49 e 50,

b) a data em que a presente Convenção entrara em vigor, nos termos do artigo 51.

Art. 53. O original da presente Convenção, cujos textos em chinês, espanhol, francês, inglês e russo, fazem igualmente fé, será depositado perante o Secretário-geral das Nações Unidas, que enviará cópias certificadas conforme a todos os Estados pertencentes a qualquer das quatro categorias mencionadas no artigo 48.

Em fé do que, os plenipotenciários os assinados, devidamente autorizados pelos respectivos Governos assinaram a presente Convenção.

Feito em Viena, aos dezoito dias do mês de abril de mil novecentos e sessenta e um.

Publicado no *Diário Oficial da União*, de 11-6-1965.

Conclusão e assinatura: Viena (Áustria), 18-4-1961

Aprovação: Decreto Legislativo n. 103, de 18-11-1964

Ratificação: 25-3-1965

Entrada em vigor: 24-4-1965

Promulgação: Decreto n. 56.435, de 8-6-1965

Retificação: 7-7-1965

DECRETO 56.826, DE 2 DE SETEMBRO DE 1965

Promulga a Convenção sobre a prestação de alimentos no estrangeiro.

- *Convenção sobre a prestação de alimentos no estrangeiro*
- Decreto Legislativo nº 10, DE 1958 – Aprova a Convenção sobre a Prestação de Alimentos no Estrangeiro. (Publicado no Diário do Congresso Nacional de 14/11/1958)

O Presidente da República, havendo o Congresso Nacional aprovado pelo Decreto Legislativo número 10, de 1958, a Convenção sobre prestação de alimentos no estrangeiro, assinada pelo Brasil a 31 de dezembro de 1956;

Havendo a referida Convenção entrado em vigor, para o Brasil em 14 de dezembro de 1960, trinta dias após o depósito do instrumento brasileiro de ratificação junto ao Secretário Geral das Nações Unidas realizado a 14 de novembro de 1960;

E havendo a Procuradoria Geral do Distrito Federal assumido no Brasil as funções de Autoridade Remetente e Instituição Intermediária, previstos nos parágrafos 1 e 2 do artigo 2 da Convenção,

DECRETA:

Que a mesma apensa por cópia ao presente decreto, seja executada e cumprida tão inteiramente como nela se contém.

Brasília, 2 de setembro de 1965; 144º da Independência e 77º da República.

H. CASTELLO BRANCO

CONVENÇÃO SÔBRE A PRESTAÇÃO DE ALIMENTOS NO ESTRANGEIRO

Preâmbulo

Considerando a urgência de uma solução para o problema humanitário surgido pela situação das pessoas sem recursos que dependem, para o seu sustento, de pessoas no estrangeiro,

Considerando que, no estrangeiro, a execução de ações sobre prestação de alimentos ou o cumprimento de decisões relativas ao assunto suscita sérias dificuldades legais e práticas,

Dispostas a prover os meios que permitam resolver estes problemas e vencer estas dificuldades,

As Partes Contratantes convieram nas seguintes disposições:

ARTIGO I
Objeto de Convenção

1. A presente Convenção tem como objeto facilitar a uma pessoa, doravante designada como demandante, que se encontra no território de uma das Partes Contratantes, a obtenção de alimentos aos quais pretende ter direito por parte de outra pessoa, doravante designada como demandado, que se encontra sob jurisdição de outra Parte Contratante. Os organismos utilizados para este fim serão doravante designados como Autoridades Remetentes e Instituições Intermediárias.

2. Os meios jurídicos previstos na presente Convenção completarão, sem os substituir, quaisquer outros meios jurídicos existentes em direito interno ou internacional.

ARTIGO II
Designação das Instituições

1. Cada Parte Contratante designará, no momento do depósito do instrumento de ratificação ou de adesão, uma ou mais autoridades administrativas ou judiciárias que exercerão em seu território as funções de Autoridades Remetentes.

2. Cada Parte Contratante designará, no momento do depósito do instrumento de ratificação ou adesão, um organismo público ou particular que exercerá em seu território as funções de Instituição Intermediária.

3. Cada Parte Contratante comunicará, sem demora, ao Secretário Geral das Nações Unidas, as designações feitas de acordo com as disposições dos parágrafos 1 e 2, bem como qualquer modificação a respeito.

4. As Autoridades Remetentes e as Instituições Intermediárias poderão entrar em contato direto com as Autoridades Remetentes e as Instituições Intermediárias das outras Partes Contratantes.

ARTIGO III
Apresentação do Pedido à Autoridades Remetente

1. Se o demandante se encontrar no território de uma Parte Contratante, doravante designada como o Estado do demandante, e o demandante se encontrar sob a jurisdição de outra Parte Contratante, doravante designada como o Estado do demandado, o primeiro poderá encaminhar um pedido a uma Autoridade Remetente do Estado onde se encontrar para obter alimentos da parte do demandado.

2. Cada Parte Contratante informará o Secretário Geral dos elementos de prova normalmente

exigidos pela lei do Estado da Instituição Intermediária para justificar os pedidos de prestação de alimentos, assim como das condições em que estes elementos devem ser apresentados para serem admissíveis e das outras condições estabelecidas por lei.

3. O pedido deverá ser acompanhado de todos os documentos pertinentes, inclusive, se necessário for, de uma procuração que autorize a Instituição Intermediária a agir em nome do demandante ou a designar uma pessoa habilitada para o fazer; deverá ser igualmente, acompanhado de uma fotografia do demandante e, se possível, de uma fotografia do demandado.

4. A Autoridade Remetente tomará todas as medidas que estiverem ao seu alcance para assegurar o cumprimento dos requisitos exigidos pela lei do Estado da Instituição Intermediária; ressalvadas as disposições desta lei, o pedido incluirá as seguintes informações:

a) Nome e prenomes, endereços, data de nascimento, nacionalidade e profissão do demandante, bem como, se necessário for, nome e endereço de seu representante legal;

b) Nome e prenomes do demandado e, na medida em que o demandante deles tiver conhecimento, os seus endereços sucessivos durante os cinco últimos anos, sua data de nascimento, sua nacionalidade e sua profissão;

c) Uma exposição pormenorizada dos motivos nos quais fôr baseado o pedido, o objeto dêste e quaisquer outras informações pertinentes, inclusive as relativas à situação econômica e familiar do demandante e do demandado.

ARTIGO IV
Transmissão de documentos

1. A Autoridade Remetente transmitirá os documentos à Instituição Intermediária designada pelo Estado do demandado, a menos que considere que o pedido não foi formulado de boa-fé.

2. Antes de transmitir os documentos a Autoridade Remetente certificar-se-á de que estes últimos se encontram, pela lei do Estado do demandante, em boa e devida forma.

3. A Autoridade Remetente poderá manifestar a Instituição Intermediária sua opinião sobre o mérito do pedido e recomendar que se conceda ao demandante assistência judiciária gratuita e isenção de custos.

ARTIGO V
Transmissão de Sentenças e outros Atos Judiciários

1. A Autoridade Remetente transmitirá, a pedido do demandante e em conformidade com as disposições com o artigo IV, qualquer decisão, em matéria de alimento, provisória ou definitiva ou qualquer outro ato judiciário emanado, em favor do demandante, de tribunal competente de uma das Partes Contratantes, e, se necessário e possível, o relatório dos debates durante os quais esta decisão tenha sido tomada.

2. As decisões e atos judiciários referidos no parágrafo precedente poderão substituir ou completar os documentos mencionados no artigo III.

3. O procedimento previsto no artigo VI poderá incluir, conforme a lei do Estado do demandado, o exequatur ou o registro, ou ainda uma nova ação, baseada na decisão transmitida em virtude das disposições do parágrafo 1.

ARTIGO VI
Funções da Instituição Intermediária

1. A Instituição Intermediária, atuando dentro dos limites dos poderes conferidos pelo demandante, tomará, em nome deste, quaisquer medidas apropriadas para assegurar a prestação dos alimentos. Ela poderá, igualmente, transigir e, quando necessário, iniciar e prosseguir uma ação alimentar e fazer executar qualquer sentença, decisão ou outro ato judiciário.

2. A Instituição Intermediária manterá a Autoridade Remetente informada e, se não puder atuar, a notificará das razões e lhe devolverá a documentação.

3. Não obstante qualquer disposição da presente Convenção, a lei que regerá as ações mencionadas e qualquer questão conexa será a do Estado do demandado, inclusive em matéria de direito internacional privado.

ARTIGO VII
Cartas Rogatórias

Se a lei das duas Partes Contratantes interessadas admitir cartas rogatórias serão aplicáveis as seguintes disposições:

a) O tribunal ao qual tiver sido submetida a ação alimentar poderá, para obter documentos ou outras provas, pedir a execução de uma carta rogatória, seja ao tribunal competente da outra Parte Contratante em cujo território a carta deverá ser executada.

b) A fim de que as Partes possam assistir a este procedimento ou nele se fazer representar, a autoridade referida deverá informar a Autoridade Remetente e a Instituição Intermediária interessadas, bem como o demandado, da data e do lugar em que se procederá à medida solicitada.

c) A carta rogatória deverá ser executada com toda a diligência desejada; se não houver sido executada dentro de um período de quatro meses a partir da data do recebimento da carta pela autoridade requerida, a autoridade requerente deverá ser informada das razões da não-execução ou do atraso.

d) A execução da carta rogatória não poderá dar lugar ao reembolso de taxas ou de despesas de qualquer natureza.

e) Só poderá negar se a execução da carta rogatória:

1) Se a autenticidade do documento não tiver sido provada.

2) Se a Parte Contratante em cujo território a carta rogatória deverá ser executada, julgar que esta última comprometeria a sua soberania ou a sua segurança.

ARTIGO VIII
Modificação das Decisões Judiciárias

As disposições da presente Convenção serão igualmente aplicáveis aos pedidos de modificação das decisões judiciárias sobre prestação de alimentos.

ARTIGO IX
Isenções e Facilidades

1. Nos procedimentos previstos na presente Convenção, os demandantes gozarão do tratamento e das isenções de custos e de despesas concedidas aos demandantes residentes no Estado em cujo território fôr proposta a ação.

2. Dos demandantes estrangeiros ou não residentes não poderá ser exigida uma caução «*judicatum solvi*», ou qualquer outro pagamento ou depósito para garantir a cobertura das despesas.

3. As autoridades remetentes e as Instituições intermediárias não poderão perceber remuneração alguma pelos serviços que prestarem em conformidade com as disposições da presente Convenção.

ARTIGO X
Transferência de Fundos

As Partes Contratantes cuja lei imponha restrições à transferência de fundos para o estrangeiro, concederão a máxima prioridade à transferência de fundos destinados ao pagamento de alimentos ou à cobertura das despesas ocasionadas por qualquer procedimento judicial previsto na presente Convenção.

ARTIGO XI
Cláusula Federal

No caso de um Estado Federal ou não unitário, serão aplicadas as seguintes disposições:

a) No que concerne aos artigos da presente Convenção cuja execução dependa da ação legislativa do poder legislativo federal, as obrigações do Governo Federal serão, nesta medida, as mesmas que as das Partes que não são Estados federais;

b) No que concerne aos artigos da presente Convenção cuja a aplicação dependa da ação legislativa de cada um dos Estados, províncias ou cantões constitutivos e que não estejam, em virtude do sistema constitucional da Federação, obrigados a tomar medidas legislativas, o Governo Federal levará, no mais breve possível e com parecer favorável, os artigos mencionados ao conhecimento das autoridades competentes dos Estados províncias ou cantões;

c) Todo Estado federal que seja Parte na Presente Convenção fornecerá, a pedido de qualquer outra Parte Contratante lhe tenha sido transmitido pelo Secretário Geral, um relato da legislação e das práticas em vigor na Federação e nas suas unidades constitutivas, no que concerne a determinada disposição da Convenção, indicando a medida em que, por uma ação legislativa ou outra, tal disposição tenha sido aplicada.

ARTIGO XII
Aplicação Territorial

As disposições da presente Convenção serão aplicadas, nas mesmas condições, aos territórios não autônomos, sob tutela e a qualquer território representado, no plano internacional, por uma Parte Contratante a menos que esta última, ao ratificar a presente Convenção ou a ela aderir, declare que esta não se aplicará a determinado território ou territórios que estejam nestas condições. Qualquer Parte Contratante que tenha feito esta declaração poderá ulteriormente, a qualquer momento, por notificação ao Secretário Geral, estender a aplicação da Convenção aos territórios assim excluídos ou a qualquer um dentre eles.

ARTIGO XIII
Assinatura, Ratificação e Adesão

1. A presente Convenção ficará aberta, até 31 de dezembro de 1956, à assinatura de qualquer Estado Membro da Organização das Nações Unidas, de qualquer Estado não-membro que seja Parte no Estatuto da Corte Internacional de Justiça ou membro de uma agência especializada assim de como qualquer outro Estado não membro convidado, pelo Conselho Econômico e Social, a se tornar parte na Convenção.

2. A presente Convenção será ratificada. Os instrumentos de ratificação serão depositados em poder do Secretário Geral.

3. Qualquer um dos Estados mencionados no parágrafo 1 do presente artigo poderá, a qualquer momento, aderir à presente Convenção. Os instrumentos de adesão serão depositados em poder do Secretário Geral.

ARTIGO XIV
Entrada em Vigor

1. A presente Convenção entrará em vigor no trigésimo dia seguinte à data do depósito do terceiro instrumento de ratificação ou de adesão, efetuado em conformidade com as disposições do art. XIII.

2. Para cada um dos Estados que ratificarem ou que a ela aderirem depois do depósito do terceiro instrumento de ratificação ou de adesão, a Convenção entrará em vigor no trigésimo dia seguinte à data do depósito, por este Estado, do seu instrumento de ratificação ou de adesão.

ARTIGO XV
Denúncia

1. Qualquer Parte Contratante poderá denunciar a presente Convenção, por notificação dirigida ao Secretário Geral. A denúncia poderá igualmente se aplicar a todos ou a um dos territórios mencionados no art. XII.

2. A denúncia entrará em vigor um ano após a data em que o Secretário Geral tiver recebido a notificação, com exceção das questões que estiverem sendo tratadas no momento em que ela se tornar efetiva.

ARTIGO XVI
Solução de Controvérsias

Se surgir entre quaisquer das Partes Contratantes uma controvérsia relativa a interpretação ou à aplicação da presente Convenção, e se esta controvérsia não tiver sido resolvida por outros meios, será submetida à Corte Internacional da Justiça, seja por notificação de um acordo especial, seja a pedido de uma das partes na controvérsia.

ARTIGO XVII
Reservas

1. Se, no momento da assinatura, da ratificação ou da adesão, um Estado fizer uma reserva a um dos artigos da presente Convenção, o Secretário Geral comunicará o texto da reserva às demais Partes Contratantes e aos outros Estados referidos no art. XIII; Qualquer Parte Contratante que não aceitar a reserva mencionada poderá, num prazo de noventa dias a contar da data desta comunicação, notificar ao Secretário Geral que não aceita a reserva e neste caso, a convenção não entrará em vigor entre o Estado que apresentar a objeção e o Estado autor da reserva. Qualquer Estado que posteriormente, aderir à Convenção poderá, no momento do depósito do instrumento de adesão, efetuar uma notificação deste gênero.

2. Uma Parte Contratante poderá, a qualquer momento, retirar uma reserva que tenha formulado anteriormente, e deverá notificar esta decisão ao Secretário Geral.

ARTIGO XVIII
Reciprocidade

Uma Parte Contratante poderá invocar as disposições da presente Convenção contra outras Partes Contratantes somente na medida em que ela mesma estiver obrigada pela Convenção.

ARTIGO XIX
Notificações do Secretário Geral

O Secretário Geral notificará a todos os Estados Membros das Nações Unidas e aos Estados não membros referidos no art. XIII:

a) As comunicações previstas no § 3º do art. II;

b) As informações recebidas em conformidade com as disposições do § 2º do art. III;

c) As declarações e notificações feitas em conformidade com as disposições do art. XII;

d) As assinaturas, ratificações e adesões feitas em conformidade com as disposições do art. XIII;

e) A data na qual a Convenção entrou em vigor, em conformidade com o § 1º do art. XIV;

f) As denúncias feitas em conformidade com as disposições do§ 1º do art. XV;

g) As reservas e notificações feitas em conformidade com as disposições do art. XVII.

2. O Secretário-Geral notificará a tôdas as partes Contratantes os pedidos de revisão, bem como as respostas aos mesmos, enviadas em virtude do art. XX.

ARTIGO XX

1. Qualquer Parte Contratante poderá pedir a qualquer momento por notificação dirigida ao Secretário Geral, a revisão da presente Convenção.

2. O Secretário Geral transmitirá esta notificação a cada uma das Partes Contratantes, pedindo-lhes que lhe comuniquem, dentro de um prazo de quatro meses, se desejam a reunião de uma conferência para examinar a revisão proposta. Se a maioria da Partes Contratantes responder afirmativamente, o Secretário Geral convocará esta conferência.

ARTIGO XXI
Depósito da Convenção e Línguas

O original da presente Convenção, cujos textos nas línguas inglesa, chinesa, espanhola, francesa e russa fazem igualmente fé, será depositado em poder do Secretário Geral que enviará cópias autenticadas a todos os Estados referidos no art. XIII.

Diário Oficial da União - Seção 1 de 08/09/1965

DECRETO N. 61.078, DE 26 DE JULHO DE 1967

Promulga a Convenção de Viena sobre Relações Consulares.

- *Convenção de Viena*

O Presidente da República,

Havendo o Congresso Nacional aprovado pelo Decreto Legislativo número 6, de 1967, a Convenção de Viena sobre Relações Consulares, assinada nessa cidade, a 24 de abril de 1963;

E havendo a referida Convenção entrado em vigor para o Brasil, de conformidade com seu artigo 77, parágrafo 2.º, a 10 de junho de 1967, isto é, trinta dias após o depósito do instrumento brasileiro de ratificação junto ao Secretário-Geral, das Nações Unidas, realizado a 11 de maio de 1967;

Decreta que a mesma, apensa por cópia ao presente Decreto, seja executada e cumprida tão inteiramente como nela se contém.

Brasília, 26 de julho de 1967; 146.º da Independência e 79.º da República.

CONVENÇÃO DE VIENA SOBRE RELAÇÕES CONSULARES

- O Decreto n. 7.214, de 15-6-2010, estabelece e diretrizes da política governamental para as comunidades brasileiras no exterior, institui as Conferências Brasileiros no Mundo - CBM, cria o Conselho de Representantes de Brasileiros no Exterior - CRBE, e dá outras providências.

Os Estados-Partes na presente Convenção,

Considerando que, desde tempos remotos, se estabeleceram relações consulares entre os povos,

Conscientes dos propósitos e princípios da Carta das Nações Unidas relativos à igualdade soberana dos Estados, à manutenção da paz e da segurança internacionais e ao desenvolvimento das relações de amizade entre as nações,

Considerando que a Conferência das Nações Unidas sobre Relações e Imunidades Diplomáticas adotou a Convenção de Viena sobre Relações Diplomáticas, que foi aberta à assinatura no dia 18 de abril de 1961,

Persuadidos de que uma convenção internacional sobre as relações, privilégios e imunidades consulares contribuiria também para o desenvolvimento de relações amistosas entre os países, independentemente de seus regimes constitucionais e sociais,

Convencidos de que a finalidade de tais privilégios e imunidades não é beneficiar indivíduos, mas assegurar o eficaz desempenho das funções das repartições consulares, em nome de seus respectivos Estados,

Afirmando que as normas de direito consuetudinário internacional devem continuar regendo as questões que não tenham sido expressamente reguladas pelas disposições da presente Convenção,

Convieram no seguinte:

Art. 1º Definições

1. Para os fins da presente Convenção, as expressões abaixo devem ser entendidas como a seguir se explica:

a) por "repartição consular", todo consulado geral, consulado, vice-consulado ou agência consular;

b) por "jurisdição consular" o território atribuído a uma repartição consular para o exercício das funções consulares;

c) por "chefe de repartição consular", a pessoa encarregada de agir nessa qualidade;

d) por "funcionário consular", toda pessoa, inclusive o chefe da repartição consular, encarregada nesta qualidade do exercício de funções consulares;

e) por "empregado consular", toda pessoa empregada nos serviços administrativos ou técnicos de uma repartição consular;

f) por "membro do pessoal de serviço", toda pessoa empregada no serviço doméstico de uma repartição consular;

g) por "membro da repartição consular", os funcionários consulares, empregados consulares, e membros do pessoal de serviço;

h) por "membros do pessoal consular", os funcionários consulares com exceção do chefe da repartição consular, os empregados consulares e os membros do pessoal de serviço;

i) por "membro do pessoal privado", a pessoa empregada exclusivamente no serviço particular de um membro da repartição consular;

j) por "locais consulares", os edifícios, ou parte dos edifícios, e terrenos anexos, que, qualquer que seja seu proprietário, sejam utilizados exclusivamente para as finalidades da repartição consular;

k) por "arquivos consulares", todos os papéis, documentos, correspondência, livros, filmes, fitas magnéticas e registros da repartição consular, bem como as cifras e os códigos, os fichários e os móveis destinados a protegê-los e conservá-los.

2. Existem duas categorias de funcionários consulares: os funcionários consulares de carreira e os funcionários consulares honorários. As disposições do Capítulo II da presente Convenção aplicam-se às repartições consulares dirigidas por funcionários consulares de carreira; as disposições do Capítulo III aplicam-se às repartições consulares dirigidas por funcionários consulares honorários.

3. A situação peculiar dos membros das repartições consulares que são nacionais ou residentes permanentes do Estado receptor rege-se pelo art. 71 da presente Convenção.

CAPÍTULO I
AS RELAÇÕES CONSULARES EM GERAL

SEÇÃO I
ESTABELECIMENTO E EXERCÍCIO DAS RELAÇÕES CONSULARES

Art. 2º Estabelecimento de Relações Consulares

1. O Estabelecimento de relações consulares entre Estados far-se-á por consentimento mútuo.

2. O consentimento dado para o estabelecimento de relações diplomáticas entre dois Estados implicará, salvo indicação em contrário, no consentimento para o estabelecimento de relações consulares.

3. A ruptura das relações diplomáticas não acarretará *ipso facto* a ruptura das relações consulares.

Art. 3º Exercício das Funções Consulares

As funções consulares serão exercidas por repartições consulares. Serão também exercidas por missões diplomáticas de conformidade com as disposições da presente Convenção.

Art. 4º Estabelecimento de uma Repartição Consular

1. Uma repartição consular não pode ser estabelecida no território do Estado receptor sem seu consentimento.

2. A sede da repartição consular, sua classe e a jurisdição consular serão fixadas pelo Estado que envia e submetidas à aprovação do Estado receptor.

3. O Estado que envia não poderá modificar posteriormente a sede da repartição consular, sua classe ou jurisdição consular, sem o consentimento do Estado receptor.

4. Também será necessário o consentimento do Estado receptor de um consulado geral ou um consulado desejar abrir um vice-consulado ou uma agência consular numa localidade diferente daquela onde se situa a própria repartição consular.

5. Não se poderá abrir fora da sede da repartição consular uma dependência que dela faça parte, sem haver obtido previamente o consentimento expresso do Estado receptor.

Art. 5º Funções Consulares

As funções consulares consistem em:

a) proteger, no Estado receptor, os interesses do Estado que envia e de seus nacionais, pessoas físicas ou jurídicas, dentro dos limites permitidos pelo direito internacional;

b) fomentar o desenvolvimento das relações comerciais, econômicas, culturais e científicas entre o Estado que envia e o Estado receptor e promover ainda relações amistosas entre eles, de conformidade com as disposições da presente Convenção;

c) informar-se, por todos os meios lícitos, das condições e da evolução da vida comercial, econômica, cultural e científica do Estado receptor, informar a respeito o governo do Estado que envia e fornecer dados às pessoas interessadas;

d) expedir passaportes e documentos de viagem aos nacionais do Estado que envia, bem como vistos e documentos apropriados às pessoas que desejarem viajar para o referido Estado;

e) prestar ajuda e assistência aos nacionais, pessoas físicas ou jurídicas do Estado que envia;

f) agir na qualidade de notário e oficial de registro civil, exercer funções similares, assim como outras de caráter administrativo, sempre que não contrariem as leis e regulamentos do Estado receptor;

g) resguardar, de acordo com as leis e regulamentos do Estado receptor, os interesses dos nacionais do Estado que envia, pessoas físicas ou jurídicas, nos casos de sucessão por morte verificada no território do Estado receptor;

h) resguardar, nos limites fixados pelas leis e regulamentos do Estado receptor, os interesses dos menores e dos incapazes, nacionais do país que envia, particularmente quando para eles for requerida a instituição de tutela ou curatela;

i) representar os nacionais do país que envia e tomar as medidas convenientes para sua representação perante os tribunais e outras autoridades do Estado receptor, de conformidade com a prática e os procedimentos em vigor neste último, visando conseguir, de acordo com as leis e regulamentos do mesmo, a adoção de medidas provisórias para a salvaguarda dos direitos e interesses destes nacionais, quando, por estarem ausentes ou por qualquer outra causa, não possam os mesmos defendê-los em tempo útil;

j) comunicar decisões judiciais e extrajudiciais e executar comissões rogatórias de conformidade com os acordos internacionais em vigor, ou, em sua falta, de qualquer outra maneira compatível com as leis e regulamentos do Estado receptor;

k) exercer, de conformidade com as leis e regulamentos do Estado que envia, os direitos de controle e de inspeção sobre as embarcações que tenham a nacionalidade do Estado que envia, e sobre as aeronaves nele matriculadas, bem como sobre suas tripulações;

l) prestar assistências às embarcações e aeronaves a que se refere a alínea k do presente artigo e também às tripulações; receber as declarações sobre as viagens dessas embarcações, examinar e visar os documentos de bordo e, sem prejuízo dos poderes das autoridades do Estado receptor, abrir inquéritos sobre os incidentes ocorridos durante a travessia e resolver todo tipo de litígio que possa surgir entre o capitão, os oficiais e os marinheiros, sempre que autorizado pelas leis e regulamentos do Estado que envia;

m) exercer todas as demais funções confiadas à repartição consular pelo Estado que envia, as quais não sejam proibidas pelas leis e regulamentos do Estado receptor, ou às quais este não se oponha, ou ainda as que lhe sejam atribuídas pelos acordos internacionais em vigor entre o Estado que envia e o Estado receptor.

Art. 6º Exercício de Funções Consulares fora da Jurisdição Consular

Em circunstâncias especiais, o funcionário consular poderá, com o consentimento do Estado receptor, exercer suas funções fora de sua jurisdição consular.

Art. 7º Exercício de Funções Consulares em Terceiros Estados

O Estado que envia poderá, depois de notificação aos Estados interessados, e a não ser que um deles a isso se opuser expressamente, encarregar uma repartição consular estabelecida em um Estado do exercício de funções consulares em outro Estado.

Art. 8º Exercício de Funções Consulares por Conta de Terceiro Estado

Uma repartição consular do Estado que envia poderá, depois da notificação competente ao Estado receptor e sempre que este não se opuser, exercer funções consulares por conta de um terceiro Estado.

Art. 9º Categorias de Chefes de Repartição Consular

1. Os chefes de repartição consular se dividem em quatro categorias, a saber:

a) cônsules-gerais;

b) cônsules;

c) vice-cônsules;

d) agentes consulares.

2. O parágrafo 1.º deste artigo não limitará, de modo algum, o direito de qualquer das Partes Contratantes de fixar a denominação dos funcionários consulares que não forem chefes de repartição consular.

Art. 10. Nomeação e Admissão dos Chefes de Repartição Consular

1. Os Chefes de repartição consular serão nomeados pelo Estado que envia e serão admitidos ao exercício de suas funções pelo Estado receptor.

2. Sem prejuízo das disposições desta Convenção, as modalidades de nomeação e admissão do chefe de repartição consular serão determinadas pelas leis, regulamentos e práticas do Estado que envia e do Estado receptor, respectivamente.

Art. 11. Carta-Patente ou Notificação da Nomeação

1. O chefe da repartição consular será munido, pelo Estado que envia, de um documento, sob forma de carta-patente ou instrumento similar, feito para cada nomeação, que ateste sua qualidade e que indique, como regra regral, seu nome completo, sua classe e categoria, a jurisdição consular e a sede da repartição consular.

2. O Estado que envia transmitirá a carta-patente ou instrumento similar, por via diplomática ou outra via apropriada, ao Governo do Estado em cujo território o chefe da repartição consular irá exercer suas funções.

3. Se o Estado receptor o aceitar, o Estado que envia poderá substituir a carta-patente ou instrumento similar por uma notificação que contenha as indicações referidas no parágrafo 1.º do presente artigo.

Art. 12. *Exequatur*

1. O Chefe da repartição consular será admitido no exercício de suas funções por uma autorização do Estado receptor denominada exequatur, qualquer que seja a forma dessa autorização.

2. O Estado que negar a concessão de um *exequatur* não estará obrigado a comunicar ao Estado que envia os motivos dessa recusa.

3. Se prejuízo das disposições dos artigos 13 e 15, o chefe da repartição consular não poderá iniciar suas funções antes de ter recebido o *exequatur.*

Art. 13. Admissão Provisória do Chefe da Repartição Consular

Até que lhe tenha sido concedido o *exequatur,* o chefe da repartição consular poderá ser admitido provisoriamente no exercício de suas funções. Neste caso, ser-lhe-ão aplicáveis as disposições da presente Convenção.

Art. 14. Notificação às Autoridades da Jurisdição Consular

Logo que o chefe da repartição consular for admitido, ainda que provisoriamente, no exercício de suas funções, o Estado receptor notificará imediatamente às autoridades competentes da jurisdição consular. Estará também obrigado a cuidar de que sejam tomadas as medidas necessárias a fim de que o chefe da repartição consular possa cumprir os deveres de seu cargo e beneficiar-se do tratamento previsto pelas disposições da presente Convenção.

Art. 15. Exercício a Título Temporário das Funções de Chefe da Repartição Consular

1. Se o Chefe da repartição consular não puder exercer suas funções ou se seu lugar for considerado vago, um chefe interino poderá atuar, provisoriamente, como tal.

2. O nome completo do chefe interino será comunicado ao Ministério das Relações Exteriores do Estado receptor ou à autoridade designada por esse Ministério, quer pela missão diplomática do Estado que envia, quer, na falta de mis-

são diplomática do Estado que envia no Estado receptor, pelo chefe da repartição consular, ou, se este não o puder fazer, por qualquer autoridade competente do Estado que envia. Como regra geral, esta notificação deverá ser feita previamente. O Estado receptor poderá sujeitar à sua aprovação a admissão, como chefe interino, de pessoa que não for nem agente diplomático nem funcionário consular do Estado que envia no Estado receptor.

3. As autoridades competentes do Estado receptor deverão prestar assistência e proteção ao chefe interino da repartição. Durante sua gestão as disposições da presente Convenção lhe serão aplicáveis como o seriam com referência ao chefe da repartição consular interessada. O Estado receptor, entretanto, não será obrigado a conceder a um chefe interino as facilidades, privilégios e imunidades de que goze o titular, caso não esteja aquele nas mesmas condições que preenche o titular.

4. Quando, nas condições previstas no parágrafo 1.º do presente artigo, um membro do pessoal diplomático da representação diplomática do Estado que envia no Estado receptor for nomeado chefe interino de repartição consular pelo Estado que envia, continuará a gozar dos privilégios e imunidades diplomáticas, se o Estado receptor a isso não se opuser.

Art. 16. Precedência entre os Chefes de Repartições Consulares

1. A ordem de precedência dos chefes de repartição consular será estabelecida, em cada classe, em função da data da concessão do *exequatur*.

2. Se, entretanto, o chefe da repartição consular for admitido provisoriamente no exercício de suas funções antes de obter o exequatur, a data desta admissão provisória determinará a ordem de precedência; esta ordem será mantida após a concessão do *exequatur*.

3. A ordem de precedência entre dois ou mais chefes de repartição consular, que obtiverem na mesma data o *exequatur* ou a admissão provisória, será determinada pela data da apresentação ao Estado receptor de suas cartas-patentes ou instrumentos similares ou das notificações previstas no parágrafo 3.º do art. 11.

4. Os chefes interinos virão, na ordem de precedência, após todos os chefes de repartição consular. Entre eles, a precedência será determinada pelas datas em que assumirem suas funções como chefes interinos, as quais tenham sido indicadas nas notificações previstas no parágrafo 2.º do art. 15.

5. Os funcionários consulares honorários que forem chefes de repartição consular virão, na ordem de precedência, em cada classe, após os de carreira, de conformidade com a ordem e as normas estabelecidas nos parágrafos precedentes.

6. Os chefes de repartição consular terão precedência sobre os funcionários consulares que não tenham tal qualidade.

Art. 17. Prática de Atos Diplomáticos por Funcionários Consulares

1. Num Estado em que o Estado que envia não tiver missão diplomática e não estiver representado pela de um terceiro Estado, um funcionário consular poderá ser incumbido, com o consentimento do Estado receptor, e sem prejuízo de seu status consular, de praticar atos diplomáticos. A prática desses atos por um funcionário consular não lhe dará direito a privilégios e imunidades diplomáticas.

2. Um funcionário consular poderá, após notificação ao Estado receptor, atuar como representante do Estado que envia junto a qualquer organização intergovernamental. No desempenho dessas funções, terá direito a todos os privilégios e imunidades que o direito internacional consuetudinário ou os acordos internacionais concedam aos representantes junto a organizações intergovernamentais; entretanto, no desempenho de qualquer função consular, não terá direito a imunidade de jurisdição maior do que a reconhecida a funcionários consulares em virtude da presente Convenção.

Art. 18. Nomeação da Mesma Pessoa, como Funcionário Consular por Dois ou Mais Estados

Dois ou mais Estados poderão, com o consentimento do Estado receptor, nomear a mesma pessoa como funcionário consular nesse Estado.

Art. 19. Nomeação de Membro do Pessoal Consular

1. Respeitadas as disposições dos artigos 20, 22 e 23, o Estado que envia poderá nomear livremente os membros do pessoal consular.

2. O Estado que envia comunicará ao Estado receptor o nome completo, a classe e a categoria de todos os funcionários consulares, com exceção do chefe de repartição consular, com a devida antecedência para que o Estado receptor, se o desejar, possa exercer os direitos que lhe confere o parágrafo 3.º do art. 23.

3. O Estado que envia poderá, se suas leis e regulamentos o exigirem, pedir ao Estado receptor a concessão de *exequatur* para um funcionário consular que não for chefe de repartição consular.

4. O Estado receptor poderá, se suas leis e regulamentos o exigirem, conceder *exequatur* a um funcionário consular que não for chefe de repartição consular.

Art. 20. Número de Membros da Repartição Consular

Na ausência de acordo expresso sobre o número de membros da repartição consular, o Estado receptor poderá exigir que este número seja mantido nos limites do que considera razoável e normal, segundo as circunstâncias e condições da jurisdição consular e as necessidades da repartição consular em apreço.

Art. 21. Precedência entre os Funcionários Consulares de uma Repartição Consular

A ordem de precedência entre os funcionários consulares de uma repartição consular e quaisquer modificações à mesma serão comunicadas ao Ministério das Relações Exteriores do Estado receptor, ou à autoridade indicada por este Ministério, pela missão diplomática do Estado que envia ou, na falta de tal missão no Estado receptor, pelo chefe da repartição consular.

Art. 22. Nacionalidade dos Funcionários Consulares

1. Os funcionários consulares deverão, em princípio, ter a nacionalidade do Estado que envia.

2. Os funcionários consulares só poderão ser escolhidos dentre os nacionais do Estado receptor com o consentimento expresso desse Estado, o qual poderá retirá-lo a qualquer momento.

3. O Estado receptor poderá reservar-se o mesmo direito, em relação aos nacionais de um terceiro Estado que não forem também nacionais do Estado que envia.

Art. 23. Funcionário Declarado *Persona Non Grata*

1. O Estado receptor poderá, a qualquer momento, notificar ao Estado que envia que um funcionário consular é persona non grata ou que qualquer outro membro da repartição consular não é aceitável. Nestas circunstâncias, o Estado que envia, conforme o caso, ou retirará a referida pessoa ou porá termo a suas funções nessa repartição consular.

2. Se o Estado que envia negar-se a executar, ou não executar num prazo razoável, as obrigações que lhe incumbem nos termos do parágrafo 1.º do presente artigo, o Estado receptor poderá, conforme o caso, retirar o exequatur à pessoa referida ou deixar de considerá-la como membro do pessoal consular.

3. Uma pessoa nomeada membro de uma repartição consular poderá ser declarada inaceitável antes de chegar ao território do Estado receptor, ou se aí já estiver, antes de assumir suas funções na repartição consular. O Estado que envia deverá, em qualquer dos casos, retirar a nomeação.

4. Nos casos mencionados nos parágrafos 1.º e 3.º do presente artigo, o Estado receptor não é obrigado a comunicar ao Estado que envia os motivos da sua decisão.

Art. 24. Notificação ao Estado Receptor das Nomeações, Chegadas e Partidas

1. O Ministério das Relações Exteriores do Estado receptor, ou a autoridade indicada por este Ministério será notificado de:

a) a nomeação dos membros de uma repartição consular, sua chegada após a nomeação para a mesma, sua partida definitiva ou a cessação de suas funções, bem como de quaisquer outras modificações que afetem seu *status*, ocorridas durante o tempo em que servir na repartição consular;

b) a chegada e a partida definitiva de uma pessoa da família de um membro da repartição consular que com ele viva, e, quando for o caso, o fato de uma pessoa se tornar, ou deixar de ser membro da família;

c) a chegada e a partida definitiva dos membros do pessoal privado e, quando for o caso, o término de seus serviços nessa qualidade;

d) a contratação e a dispensa de pessoas residentes no Estado receptor, seja na qualidade de membros da repartição consular ou de membros do pessoal privado, que tiverem direito a privilégios e imunidades.

2. A chegada e a partida definitiva serão notificadas igualmente com antecedência, sempre que possível.

SEÇÃO II
TÉRMINO DAS FUNÇÕES CONSULARES

Art. 25. Término das Funções de um Membro da Repartição Consular

As funções de um membro da repartição consular terminam *inter alia*:

a) pela notificação do Estado que envia ao Estado receptor de que suas funções chegaram ao fim;

b) pela retirada do *exequatur*;

c) pela notificação do Estado receptor ao Estado que envia de que deixou de considerar a pessoa em apreço como membro do pessoal consular.

Art. 26. Partida do Território do Estado Receptor

O Estado receptor deverá, mesmo no caso de conflito armado, conceder aos membros da repartição consular e aos membros do pessoal privado, que não forem nacionais do Estado receptor, assim como aos membros de suas famílias que com eles vivam, qualquer que seja sua nacionalidade, o tempo e as facilidades necessárias para preparar sua partida e deixar o território o mais cedo possível depois do término das suas funções. Deverá, especialmente, se for o caso, por à sua disposição os meios de transporte necessários para essas pessoas e seus bens, exceto os bens adquiridos no Estado receptor e cuja exportação estiver proibida no momento da saída.

Art. 27. Proteção dos Locais e Arquivos Consulares e dos Interesses do Estado que Envia Circunstâncias Excepcionais

1. No caso de rompimento das relações consulares entre dois Estados:

a) o Estado receptor ficará obrigado a respeitar e proteger, inclusive em caso de conflito armado, os locais consulares, os bens da repartição consular e seus arquivos;

b) o Estado que envia poderá confiar a custódia dos locais consulares, dos bens que aí se achem e dos arquivos consulares, a um terceiro Estado aceitável ao Estado receptor;

c) o Estado que envia poderá confiar a proteção de seus interesses e dos interesses de seus nacionais a um terceiro Estado aceitável pelo Estado receptor.

2. No caso de fechamento temporário ou definitivo de uma repartição consular, aplicar-se-ão as disposições da alínea a do parágrafo 1.º do presente artigo.

Além disso:

a) se o Estado que envia, ainda que não estiver representado no Estado receptor por uma missão diplomática, tiver outra repartição consular no território do Estado receptor, esta poderá encarregar-se da custódia dos locais consulares que tenham sido fechados, dos bens que neles se encontrem e dos arquivos consulares e, com o consentimento do Estado receptor, do exercício das funções consulares na jurisdição da referida repartição consular; ou,

b) se o Estado que envia não tiver missão diplomática nem outra repartição consular no Estado receptor, aplicar-se-ão as disposições das alíneas *b* e *c* do parágrafo 1.º deste artigo.

CAPÍTULO II
FACILIDADES, PRIVILÉGIOS E IMUNIDADES RELATIVOS ÀS REPARTIÇÕES CONSULARES, AOS FUNCIONÁRIOS CONSULARES DE CARREIRA E A OUTROS MEMBROS DA REPARTIÇÃO CONSULAR

SEÇÃO I
FACILIDADES, PRIVILÉGIOS E IMUNIDADES RELATIVOS ÀS REPARTIÇÕES CONSULARES

Art. 28. Facilidades Concedidas à Repartição Consular em suas Atividades

O Estado receptor concederá todas as facilidades para o exercício das funções da repartição consular.

Art. 29. Uso da Bandeira e Escudos Nacionais

1. O Estado que envia terá direito a utilizar sua bandeira e escudo nacionais no Estado receptor, de acordo com as disposições do presente artigo.

2. O Estado que envia poderá ter sua bandeira nacional e colocar seu escudo no edifício ocupado pela repartição consular, à porta de entrada, assim como na residência do chefe da repartição consular e em seus meios de transporte, quando estes forem utilizados em serviços oficiais.

3. No exercício do direito reconhecido pelo presente artigo, levar-se-ão em conta as leis, os regulamentos e usos do Estado receptor.

Art. 30. Acomodações

1. O Estado receptor deverá facilitar, de acordo com suas leis e regulamentos, a aquisição, em seu território, pelo Estado que envia, de acomodações necessárias à repartição consular, ou ajudá-la a obter acomodações de outra maneira.

2. Deverá igualmente ajudar, quando necessário, a repartição consular a obter acomodações convenientes para seus membros.

Art. 31. Inviolabilidade dos Locais Consulares

1. Os locais consulares serão invioláveis na medida do previsto pelo presente artigo.

2. As autoridades do Estado receptor não poderão penetrar na parte dos locais consulares que a repartição consular utilizar exclusivamente para as necessidades de seu trabalho, a não ser com o consentimento do chefe da repartição consular, da pessoa por ele designada ou do chefe da missão diplomática do Estado que envia. Todavia, o consentimento do chefe da repartição consular poderá ser presumido em caso de incêndio ou outro sinistro que exija medidas de proteção imediata.

3. Sem prejuízo das disposições do parágrafo 2.º do presente artigo, o Estado receptor terá a obrigação especial de tomar as medidas apropriadas para proteger os locais consulares contra qualquer invasão ou dano, bem como para impedir que se perturbe a tranquilidade da repartição consular ou se atente contra sua dignidade.

4. Os locais consulares, seus imóveis, os bens da repartição consular e seus meios de transporte não poderão ser objeto de qualquer forma de requisição para fins de defesa nacional ou de utilidade pública. Se, para tais fins, for necessária a desapropriação, tomar-se-ão as medidas apropriadas para que não se perturbe o exercício das funções consulares, e pagar-se-á ao Estado que envia uma indenização rápida, adequada e efetiva.

Art. 32. Isenção Fiscal dos Locais Consulares

1. Os locais consulares e a residência do chefe da repartição consular de carreira de que for proprietário, o Estado que envia ou pessoa que atue em seu nome estarão isentos de quaisquer impostos e taxas nacionais, regionais e municipais, excetuadas as taxas cobradas em pagamento de serviços específicos prestados.

2. A isenção fiscal prevista no parágrafo 1.º do presente artigo não se aplica aos impostos e taxas que, de acordo com as leis e regulamentos do Estado receptor, devam ser pagos pela pessoa que contratou com o Estado que envia ou com a pessoa que atue em seu nome.

Art. 33. Inviolabilidade dos Arquivos e Documentos Consulares

Os arquivos e documentos consulares serão sempre invioláveis onde quer que estejam.

Art. 34. Liberdade de Movimento

Sem prejuízo de suas leis e regulamentos relativos às zonas cujo acesso for proibido ou limitado por razões de segurança nacional, o Estado receptor assegurará a liberdade de movimento e circulação em seu território a todos os membros da repartição consular.

Art. 35. Liberdade de Comunicação

1. O Estado receptor permitirá e protegerá a liberdade de comunicação da repartição consular para todos os fins oficiais. Ao se comunicar com o Governo, com as missões diplomáticas e outras repartições consulares do Estado que envia, onde quer que estejam, a repartição consular poderá empregar todos os meios de comunicação apropriados, inclusive correios diplomáticos e consulares, malas diplomáticas e consulares e mensagens em código ou cifra. Todavia, a repartição consular só poderá instalar e usar uma emissora de rádio com o consentimento do Estado receptor.

2. A correspondência oficial da repartição consular é inviolável. Pela expressão "correspondência oficial" entender-se-á qualquer correspondência relativa à repartição consular e suas funções.

3. A mala consular não poderá ser aberta ou retirada. Todavia, se as autoridades competentes do Estado receptor tiverem razões sérias para acreditar que a mala contém algo além da correspondência, documentos ou objetos mencionados no parágrafo 4.º do presente artigo, poderão pedir que a mala seja aberta em sua presença por representante autorizado do Estado que envia. Se o pedido for recusado pelas autoridades do Estado que envia, a mala será devolvida ao lugar de origem.

4. Os volumes que constituírem a mala consular deverão ser providos de sinais exteriores visíveis, indicadores de seu caráter, e só poderão conter correspondência e documentos oficiais ou objetos destinados exclusivamente a uso oficial.

5. O correio consular deverá estar munido de documento oficial que ateste sua qualidade e que especifique o número de volumes que constituem a mala diplomática. Exceto com o consentimento do Estado receptor, o correio não poderá ser nacional do Estado receptor nem, salvo se for nacional do Estado que envia, residente permanente no Estado receptor. No exercício de suas funções, o correio será protegido pelo Estado receptor. Gozará de inviolabilidade pessoal e não poderá ser objeto de nenhuma forma de prisão ou detenção.

6. O Estado que envia suas missões diplomáticas e suas repartições consulares poderão nomear correios consulares *ad hoc*. Neste caso, aplicar-se-ão as disposições do parágrafo 5.º do presente artigo, sob a reserva de que as imunidades mencionadas deixarão de ser aplicáveis no momento em que o correio tiver entregue ao destinatário a mala pela qual é responsável.

7. A mala consular poderá ser confiada ao comandante de um navio ou aeronave comercial, que deverá chegar a um ponto de entrada autorizado. Tal comandante terá um documento oficial em que conste o número de volumes que constituem a mala, mas não será considerado correio consular. Mediante prévio acordo com as autoridades locais competentes, a repartição consular poderá enviar um de seus membros para tomar posse da mala, direta e livremente, das mãos do comandante de navio ou aeronave.

Art. 36. Comunicação com os Nacionais do Estado que Envia

1. A fim de facilitar o exercício das funções consulares relativas aos nacionais do Estado que envia:

a) os funcionários consulares terão liberdade de se comunicar com os nacionais do Estado que envia e visitá-los. Os nacionais do Estado que envia terão a mesma liberdade de se comunicarem com os funcionários consulares e de visitá-los;

b) se o interessado lhes solicitar, as autoridades competentes do Estado receptor deverão, sem tardar, informar a repartição consular competente quando, em sua jurisdição, um nacional do Estado que envia for preso, encarcerado, posto em prisão preventiva ou detido de qualquer outra maneira. Qualquer comunicação endereçada à repartição consular pela pessoa detida, encarcerada ou presa preventivamente deve igualmente ser transmitida sem tardar pelas referidas autoridades. Estas deverão imediatamente informar o interessado de seus direitos nos termos do presente subparágrafo;

c) os funcionários consulares terão direito de visitar o nacional do Estado que envia, o qual estiver detido, encarcerado ou preso preventivamente, conversar e corresponder-se com ele, e providenciar sua defesa perante os tribunais. Terão igualmente o direito de visitar qualquer nacional do Estado que envia encarcerado, preso ou detido em sua jurisdição em virtude de execução de uma sentença. Todavia, os funcionários consulares deverão abster-se de intervir em favor de um nacional encarcerado, preso ou detido preventivamente, sempre que o interessado a isso se opuser expressamente.

2. As prerrogativas a que se refere o parágrafo 1.º do presente artigo serão exercidas de acordo com as leis e regulamentos do Estado receptor, devendo, contudo, entender-se que tais leis e regulamentos não poderão impedir o pleno efeito dos direitos reconhecidos pelo presente artigo.

Art. 37. Informações em Caso de Morte, Tutela, Curatela, Naufrágio e Acidente Aéreo

Quando as autoridades competentes do Estado receptor possuírem as informações correspondentes, estarão obrigadas a:

a) em caso de morte de um nacional do Estado que envia, informar sem demora a repartição consular em cuja jurisdição a morte ocorreu;

b) notificar, sem demora, à repartição consular competente, todos os casos em que for necessária a nomeação de tutor ou curador para um menor ou incapaz, nacional do Estado que envia. O fornecimento dessa informação, todavia, não prejudicará a aplicação das leis e regulamentos do Estado receptor, relativas a essas nomeações;

c) informar sem demora a repartição consular mais próxima do lugar do sinistro, quando um navio, que tiver a nacionalidade do Estado que envia, naufragar ou encalhar no mar territorial ou nas águas internas do Estado receptor, ou quando uma aeronave matriculada no Estado que envia sofrer acidente no território do Estado receptor.

Art. 38. Comunicações com as Autoridades do Estado Receptor

No exercício de suas funções, os funcionários consulares poderão comunicar-se com:

a) as autoridades locais competentes de sua jurisdição consular;

b) as autoridades centrais competentes do Estado receptor, se e na medida em que o permitirem as leis, regulamentos e usos do Estado receptor, bem como os acordos internacionais pertinentes.

Art. 39. Direitos e Emolumentos Consulares

1. A repartição consular poderá cobrar no território do Estado receptor os direitos e emolumentos que as leis e os regulamentos do Estado que envia prescreverem para os atos consulares.

2. As somas recebidas a título de direitos e emolumentos previstos no parágrafo 1.º do presente artigo e os recibos correspondentes estarão isentos de quaisquer impostos e taxas no Estado receptor.

SEÇÃO II
FACILIDADES, PRIVILÉGIOS E IMUNIDADES RELATIVAS AOS FUNCIONÁRIOS CONSULARES DE CARREIRA E OUTROS MEMBROS DA REPARTIÇÃO CONSULAR

Art. 40. Proteção aos Funcionários Consulares

O Estado receptor tratará os funcionários consulares com o devido respeito e adotará todas as medidas adequadas para evitar qualquer atentado a sua pessoa, liberdade ou dignidade.

Art. 41. Inviolabilidade Pessoal dos Funcionários Consulares

1. Os funcionários consulares não poderão ser detidos ou presos preventivamente, exceto em caso de crime grave e em decorrência de decisão de autoridade judiciária competente.

2. Exceto no caso previsto no parágrafo 1.º do presente artigo, os funcionários consulares não podem ser presos nem submetidos a qualquer outra forma de limitação de sua liberdade pessoal, senão em decorrência de sentença judiciária definitiva.

3. Quando se instaurar processo penal contra um funcionário consular, este será obrigado a comparecer perante as autoridades competentes. Todavia, as diligências serão conduzidas com as deferências devidas à sua posição oficial e, exceto no caso previsto no parágrafo 1.º deste artigo, de maneira a que perturbe o menos possível o exercício das funções consulares. Quando, nas circunstâncias previstas no parágrafo 1.º deste artigo, for necessário decretar a prisão preventiva de um funcionário consular, o processo correspondente deverá iniciar-se sem a menor demora.

Art. 42. Notificação em Caso de Detenção, Prisão Preventiva ou Instauração de Processo

Em caso de detenção, prisão preventiva de um membro do pessoal consular ou de instauração de processo penal contra o mesmo, o Estado receptor deverá notificar imediatamente o chefe da repartição consular. Se este último for o objeto de tais medidas, o Estado receptor levará o fato ao conhecimento do Estado que envia, por via diplomática.

Art. 43. Imunidade de Jurisdição

1. Os funcionários consulares e os empregados consulares não estão sujeitos à jurisdição das autoridades judiciárias e administrativas do Estado receptor pelos atos realizados no exercício das funções consulares.

2. As disposições do parágrafo 1.º do presente artigo não se aplicarão, entretanto, no caso de ação civil:

a) que resulte de contrato que o funcionário ou empregado consular não tiver realizado implícita ou explicitamente como agente do Estado que envia; ou

b) que seja proposta por terceiro como consequência de danos causados por acidente de veículo, navio ou aeronave, ocorrido no Estado receptor.

Art. 44. Obrigação de Prestar Depoimento

1. Os membros de uma repartição consular poderão ser chamados a depor como testemunhas no decorrer de um processo judiciário ou administrativo. Um empregado consular ou um membro do pessoal de serviço não poderá negar-se a depor como testemunha exceto nos casos mencionados no parágrafo 3.º do presente artigo. Se um funcionário consular recusar-se a prestar depoimento, nenhuma medida coercitiva ou qualquer outra sanção ser-lhe-á aplicada.

2. A autoridade que solicitar o testemunho deverá evitar que o funcionário consular seja perturbado no exercício de suas funções. Poderá tomar o depoimento do funcionário consular em seu domicílio ou na repartição consular, ou aceitar sua declaração por escrito, sempre que for possível.

3. Os membros de uma repartição consular não serão obrigados a depor sobre fatos relacionados com o exercício de suas funções, nem a exibir correspondência e documentos oficiais que a elas se refiram. Poderão, igualmente, recusar-se a depor na qualidade de peritos sobre as leis do Estado que envia.

Art. 45. Renúncia aos Privilégios e Imunidades

1. O Estado que envia poderá renunciar, com relação a um membro da repartição consular, aos privilégios e imunidades previstos nos artigos 41, 43 e 44.

2. A renúncia será sempre expressa, exceto no caso do disposto no parágrafo 3.º do presente artigo, e deve ser comunicada por escrito ao Estado receptor.

3. Se um funcionário consular, ou empregado consular, propor ação judicial sobre matéria de que goze de imunidade de jurisdição de acordo com o disposto no art. 43, não poderá alegar esta imunidade com relação a qualquer pedido de reconvenção diretamente ligado à demanda principal.

4. A renúncia à imunidade de jurisdição quanto a ações civis ou administrativas não implicará na renúncia à imunidade quanto a medidas de execução de sentença, para as quais nova renúncia será necessária.

Art. 46. Isenção do Registro de Estrangeiros e da Autorização de Residência

1. Os funcionários empregados consulares e os membros de suas famílias que com eles vivam estarão isentos de todas as obrigações previstas pelas leis e regulamentos do Estado receptor relativas ao registro de estrangeiros e à autorização de residência.

2. Todavia, as disposições do parágrafo 1.º do presente artigo não se aplicarão aos empregados consulares que não sejam empregados permanentes do Estado que envia ou que exerçam no Estado receptor atividade privada de caráter lucrativo, nem tampouco aos membros da família desses empregados.

Art. 47. Isenção de Autorização de Trabalho

1. Os membros da repartição consular estarão isentos, em relação aos serviços prestados ao Estado que envia, de quaisquer obrigações relativas à autorização de trabalho exigida pelas leis e regulamentos do Estado receptor referentes ao emprego de mão de obra estrangeira.

2. Os membros do pessoal privado, dos funcionários e empregados consulares, desde que não exerçam outra ocupação de caráter lucrativo no Estado receptor, estarão isentos das obrigações previstas no parágrafo 1.º do presente artigo.

Art. 48. Isenção do Regime de Previdência Social

1. Sem prejuízo do disposto no parágrafo 3.º do presente artigo, os membros da repartição consular, com relação aos serviços prestados ao Estado que envia, e os membros de sua família que com eles vivam, estarão isentos das disposições de previdência social em vigor no Estado receptor.

2. A isenção prevista no parágrafo 1.º do presente artigo aplicar-se-á também aos membros do pessoal privado que estejam a serviço exclusivo dos membros da repartição consular, sempre que:

a) não sejam nacionais do Estado receptor ou nele não residam permanentemente;

b) estejam protegidos pelas disposições sobre previdência social em vigor no Estado que envia ou num terceiro Estado.

3. Os membros da repartição consular que empreguem pessoas às quais não se aplique a isenção prevista no parágrafo 2.º do presente artigo devem cumprir as obrigações impostas aos empregadores pelas disposições de previdência social do Estado receptor.

4. A isenção prevista nos parágrafos 1.º e 2.º do presente artigo não exclui a participação voluntária no regime de previdência social do Estado receptor, desde que seja permitida por este Estado.

Art. 49. Isenção Fiscal

1. Os funcionários e empregados consulares, assim como os membros de suas famílias que com eles vivam, estarão isentos de quaisquer impostos e taxas, pessoais ou reais, nacionais, regionais ou municipais, com exceção dos:

a) impostos indiretos normalmente incluídos no preço das mercadorias ou serviços;

b) impostos e taxas sobre bens imóveis privados situados no território do Estado receptor, sem prejuízo das disposições do art. 32;

c) impostos de sucessão e de transmissão exigíveis pelo Estado receptor, sem prejuízo das disposições do parágrafo b do art. 51;

d) impostos e taxas sobre rendas particulares, inclusive rendas de capital, que tenham origem no Estado receptor, e impostos sobre capital, correspondentes a investimentos realizados em empresas comerciais ou financeiras situadas no Estado receptor;

e) impostos e taxas percebidos como remuneração de serviços específicos prestados;

f) direitos de registro, taxas judiciárias, hipoteca e selo, sem prejuízo do disposto no art. 32.

2. Os membros do pessoal de serviço estarão isentos de impostos e taxas sobre salários que recebam como remuneração de seus serviços.

3. Os membros da repartição consular que empregarem pessoas cujos ordenados ou salários não estejam isentos de imposto de renda no Estado receptor deverão respeitar as obrigações que as leis e regulamentos do referido Estado impuserem aos empregadores em matéria de cobrança do imposto de renda.

Art. 50. Isenção de Impostos e de Inspeção Alfandegária

1. O Estado receptor, de acordo com as leis e regulamentos que adotar, permitirá a entrada e concederá isenção de quaisquer impostos alfandegários, tributos e despesas conexas, com exceção das despesas de depósito, de transporte e serviços análogos, para:

a) os artigos destinados ao uso oficial da repartição consular;

b) os artigos destinados ao uso pessoal do funcionário consular e aos membros da família que com ele vivam, inclusive aos artigos destinados à sua instalação. Os artigos de consumo não deverão exceder as quantidades que estas pessoas necessitam para o consumo pessoal.

2. Os empregados consulares gozarão dos privilégios e isenções previstos no parágrafo 1.º do presente artigo, com relação aos objetos importados quando da primeira instalação.

3. A bagagem pessoal que acompanha os funcionários consulares e os membros da sua família que com eles vivam estará isenta de inspeção alfandegária. A mesma só poderá ser inspecionada se houver sérias razões para se supor que contenha objetos diferentes dos mencionados na alínea b do parágrafo 1.º do presente artigo, ou cuja importação ou exportação for proibida pelas leis e regulamentos do Estado receptor, ou que estejam sujeitos às suas leis e regulamentos de quarentena. Esta inspeção só poderá ser feita na presença do funcionário consular ou do membro de sua família interessado.

Art. 51. Sucessão de um Membro da Repartição Consular ou de um Membro de sua Família

No caso de morte de um membro da repartição consular ou de um membro de sua família que com ele viva, o Estado receptor será obrigado a:

a) permitir a exportação dos bens móveis do defunto, exceto dos que, adquiridos no Estado receptor, tiverem a exportação proibida no momento da morte;

b) não cobrar impostos nacionais, regionais ou municipais sobre a sucessão ou a transmissão dos bens móveis que se encontrem no Estado receptor unicamente por ali ter vivido o defunto, como membro da repartição consular ou membro da família de um membro da repartição consular.

Art. 52. Isenção de Prestação de Serviços Pessoais

O Estado receptor deverá isentar os membros da repartição consular e os membros de sua família que com eles vivam da prestação de qualquer serviço pessoal, de qualquer serviço de interesse público, seja qual for sua natureza, bem como de encargos militares tais como requisição, contribuições e alojamentos militares.

Art. 53. Começo e Fim dos Privilégios e Imunidades Consulares

1. Todo membro da repartição consular gozará dos privilégios e imunidades previstos pela presente Convenção desde o momento em que entre no território do Estado receptor para chegar a seu posto, ou, se ele já se encontrar nesse território, desde o momento em que assumir suas funções na repartição consular.

2. Os membros da família de um membro da repartição consular que com ele vivam, assim como os membros de seu pessoal privado, gozarão dos privilégios e imunidades previstos na presente Convenção, a partir da última das seguintes datas: aquela a partir da qual o membro da repartição consular goze dos privilégios e imunidades de acordo com o parágrafo 1.º do presente artigo; a data de sua entrada no território do Estado receptor ou a data em que se tornarem membros da referida família ou do referido pessoal privado.

3. Quando terminarem as funções de um membro da repartição consular, seus privilégios e imunidades, assim como os dos membros de sua família que com ele vivam, ou dos membros de seu pessoal privado cessarão normalmente na primeira das datas seguintes: no momento em que a referida pessoa abandonar o território do Estado receptor ou na expiração de um prazo razoável que lhe será concedido para esse fim, subsistindo, contudo, até esse momento, mesmo no caso de conflito armado. Quanto às pessoas mencionadas no parágrafo 2.º do presente artigo, seus privilégios e imunidades cessarão no momento em que deixarem de pertencer à família de um membro da repartição consular ou de estar a seu serviço. Entretanto, quando essas pessoas se dispuserem a deixar o Estado receptor dentro de um prazo razoável, seus privilégios e imunidades subsistirão até o momento de sua partida.

4. Todavia, no que concerne aos atos praticados por um funcionário consular ou um empregado consular no exercício das suas funções, a imunidade de jurisdição subsistirá indefinidamente.

5. No caso de morte de um membro da repartição consular, os membros de sua família que com ele tenham vivido continuarão a gozar dos privilégios e imunidades que lhe correspondiam até a primeira das seguintes datas: a da partida do território do Estado receptor ou a da expiração de um prazo razoável que lhes será concedido para esse fim.

Art. 54. Obrigação dos Terceiros Estados

1. Se um funcionário consular atravessa o território ou se encontra no território de um terceiro Estado que lhe concedeu um visto, no caso deste visto ter sido necessário, para ir assumir ou reassumir suas funções na sua repartição consular ou para voltar ao Estado que envia, o terceiro Estado conceder-lhe-á as imunidades previstas em outros artigos da presente Convenção, necessárias para facilitar-lhe a travessia e o regresso. O terceiro Estado concederá o mesmo tratamento aos membros da família que com ele vivam e que gozem desses privilégios e imunidades, quer acompanhem o funcionário consular, quer viajem separadamente para reunir-se a ele ou regressar ao Estado que envia.

2. Em condições análogas àquelas especificadas no parágrafo 1.º do presente artigo, os terceiros Estados não deverão dificultar a passagem através de seu território aos demais membros da repartição consular e aos membros de sua família que com ele vivam.

3. Os terceiros Estados concederão à correspondência oficial e a outras comunicações oficiais em trânsito, inclusive às mensagens em código ou cifra, a mesma liberdade e proteção que o Estado receptor estiver obrigado a conceder em virtude da presente Convenção. Concederão aos correios consulares, a quem um visto tenha sido concedido, caso necessário, bem como às malas consulares em trânsito, a mesma inviolabilidade e proteção que o Estado receptor for obrigado a conceder em virtude da presente Convenção.

4. As obrigações dos terceiros Estados decorrentes dos parágrafos 1.º, 2.º e 3.º do presente artigo aplicar-se-ão igualmente às pessoas mencionadas nos respectivos parágrafos, assim como às comunicações oficiais e às malas consulares, quando as mesmas se encontrem no território de terceiro Estado por motivo de força maior.

Art. 55. Respeito às Leis e Regulamentos do Estado Receptor

1. Sem prejuízo de seus privilégios e imunidades, todas as pessoas que se beneficiem desses privilégios e imunidades deverão respeitar as leis e regulamentos do Estado receptor. Terão igualmente o dever de não se imiscuir nos assuntos internos do referido Estado.

2. Os locais consulares não devem ser utilizados de maneira incompatível com o exercício das funções consulares.

3. As disposições do parágrafo 2.º do presente artigo não excluirão a possibilidade de se instalar, numa parte do edifício onde se encontrem os locais da repartição consular, os escritórios de outros organismos ou agências, contanto que os locais a eles destinados estejam separados dos que utilize a repartição consular. Neste caso, os mencionados escritórios não serão, para os fins da presente Convenção, considerados como parte integrante dos locais consulares.

Art. 56. Seguro contra Danos Causados a Terceiros

Os membros da repartição consular deverão cumprir todas as obrigações impostas pelas leis e regulamentos do Estado receptor relativas ao seguro de responsabilidade civil por danos causados a terceiros pela utilização de qualquer veículo, navio ou aeronave.

Art. 57. Disposições Especiais Relativas às Atividades Privadas de Caráter Lucrativo

1. Os funcionários consulares de carreira não exercerão, em proveito próprio, nenhuma atividade profissional ou comercial no Estado receptor.

2. Os privilégios e imunidades previstos no presente Capítulo não serão concedidos:

a) aos empregados consulares ou membros do pessoal de serviço que exercerem atividade privada de caráter lucrativo no Estado receptor;

b) aos membros da família das pessoas mencionadas na alínea a do presente parágrafo e aos de seu pessoal privado;

c) aos membros da família do membro da repartição consular que exercerem atividade privada de caráter lucrativo no Estado receptor.

Art. 58. Disposições Gerais Relativas às Facilidades, Privilégios e Imunidades

1. Os artigos 28, 29, 30, 34, 35, 36, 37, 38 e 39, parágrafo 3.º do art. 54 e os parágrafos 2.º e 3.º do art. 55 aplicar-se-ão às repartições consulares dirigidas por um funcionário consular honorário. Ademais, as facilidades, privilégios e imunidades destas repartições consulares serão reguladas pelos artigos 59, 60, 61 e 62.

2. Os artigos 42 e 43, o parágrafo 3.º do art. 44, os artigos 45 e 53, e o parágrafo 1.º do art. 55, aplicar-se-ão aos funcionários consulares honorários. As facilidades, privilégios e imunidades desses funcionários consulares reger-se-ão, outrossim, pelos artigos 63, 64, 65, 66 e 67.

3. Os privilégios e imunidades previstos na presente Convenção não serão concedidos aos membros da família de funcionário consular honorário nem aos da família de empregado consular de repartição consular dirigida por funcionário consular honorário.

4. O intercâmbio de malas consulares entre duas repartições consulares situadas em países diferentes e dirigidas por funcionários consula-

res honorários só será admitido com o consentimento dos dois Estados receptores.

CAPÍTULO III
REGIME APLICÁVEL AOS FUNCIONÁRIOS CONSULARES HONORÁRIOS E ÀS REPARTIÇÕES CONSULARES POR ELES DIRIGIDAS

Art. 59. Proteção dos Locais Consulares

O Estado receptor adotará todas as medidas apropriadas para proteger os locais consulares de uma repartição consular dirigida por um funcionário consular honorário contra qualquer intrusão ou dano e para evitar perturbações à tranquilidade da repartição consular ou ofensas à sua dignidade.

Art. 60. Isenção Fiscal dos Locais Consulares

1. Os locais consulares de uma repartição consular dirigida por funcionário consular honorário, de que seja proprietário ou locatário o Estado que envia, estarão isentos de todos os impostos e taxas nacionais, regionais e municipais, exceto os que representem remuneração por serviços específicos prestados.

2. A isenção fiscal, prevista no parágrafo 1.º do presente artigo, não se aplicará àqueles impostos e taxas cujo pagamento de acordo com as leis e regulamentos do Estado receptor, couber às pessoas que contratarem com o Estado que envia.

Art. 61. Inviolabilidade dos Arquivos e Documentos Consulares

Os arquivos e documentos consulares de uma repartição consular, cujo chefe for um funcionário consular honorário, serão sempre invioláveis onde quer que se encontrem, desde que estejam separados de outros papéis e documentos e, especialmente, da correspondência particular de chefe da repartição consular, da de qualquer pessoa que com ele trabalhe, bem como dos objetos, livros e documentos relacionados com sua profissão ou negócios.

Art. 62. Isenção de Direitos Alfandegários

De acordo com as leis e regulamentos que adotar, o Estado receptor permitirá a entrada, com isenção de todos os direitos alfandegários, taxas e despesas conexas, com exceção das de depósito, transporte e serviços análogos, dos seguintes artigos, desde que sejam destinados exclusivamente ao uso oficial de uma repartição consular dirigida por funcionário consular honorário: escudos, bandeiras, letreiros, sinetes e selos, livros, impressos oficiais, mobiliário de escritório, material e equipamento de escritório e artigos similares fornecidos à repartição consular pelo Estado que envia ou por solicitação deste.

Art. 63. Processo Penal

Quando um processo penal for instaurado contra funcionário consular honorário, este é obrigado a se apresentar às autoridades competentes. Entretanto, o processo deverá ser conduzido com as deferências devidas ao funcionário consular honorário interessado, em razão de sua posição oficial, e, exceto no caso em que esteja preso ou detido, de maneira a perturbar o menos possível o exercício das funções consulares. Quando for necessário decretar a prisão preventiva de um funcionário consular honorário, o processo correspondente deverá iniciar-se o mais breve possível.

Art. 64. Proteção dos Funcionários Consulares Honorários

O Estado receptor é obrigado a conceder ao funcionário consular honorário a proteção de que possa necessitar em razão de sua posição oficial.

Art. 65. Isenção do Registro de Estrangeiros e da Autorização de Residência

Os funcionários consulares honorários, com exceção dos que exercerem no Estado receptor atividade profissional ou comercial em proveito próprio, estarão isentos de quaisquer obrigações previstas pelas leis e regulamentos do Estado receptor em matéria de registro de estrangeiros e de autorização de residência.

Art. 66. Isenção Fiscal

Os funcionários consulares honorários estarão isentos de quaisquer impostos e taxas sobre as remunerações e os emolumentos que recebam do Estado que envia em razão do exercício das funções consulares.

Art. 67. Isenção de Prestação de Serviços Postais

O Estado receptor isentará os funcionários consulares honorários da prestação de quaisquer serviços pessoais ou de interesse público, qualquer que seja sua natureza, assim como das obrigações de caráter militar, especialmente requisições, contribuições e alojamentos militares.

Art. 68. Caráter Facultativo da Instituição dos Funcionários Consulares Honorários

Cada Estado poderá decidir livremente se nomeará ou receberá funcionários consulares honorários.

CAPÍTULO IV
DISPOSIÇÕES GERAIS

Art. 69. Agentes Consulares que Não Sejam Chefes de Repartição Consular

1. Cada Estado poderá decidir livremente se estabelecerá ou admitirá agências consulares dirigidas por agentes consulares que não tenham sido designados chefes de repartição consular pelo Estado que envia.

2. As condições em que as agências consulares poderão exercer suas atividades, de acordo com o parágrafo 1.º do presente artigo, assim como os privilégios e imunidades de que poderão gozar os agentes consulares que as dirijam, serão estabelecidas por acordo entre o Estado que envia e o Estado receptor.

Art. 70. Exercício de Funções Consulares pelas Missões Diplomáticas

1. As disposições da presente Convenção aplicar-se-ão também, na medida em que o contexto o permitir, ao exercício das funções consulares por missões diplomáticas.

2. Os nomes dos membros da missão diplomática, adidos à seção consular ou encarregados do exercício das funções consulares da missão, serão comunicados ao Ministério das Relações Exteriores do Estado receptor ou à autoridade designada por este Ministério.

3. No exercício das funções consulares, a missão diplomática poderá dirigir-se:

a) às autoridades locais da jurisdição consular;

b) às autoridades centrais do Estado receptor, desde que o permitam as leis, regulamentos e usos desse Estado ou os acordos internacionais pertinentes.

4. Os privilégios e imunidades dos membros da missão diplomática mencionados no parágrafo 2.º do presente artigo continuarão a reger-se pelas regras de direito internacional relativas às relações diplomáticas.

Art. 71. Nacionais ou Residentes Permanentes do Estado Receptor

1. Salvo se o Estado receptor conceder outras facilidades, privilégios e imunidades, os funcionários consulares que sejam nacionais ou residentes permanentes desse Estado somente gozarão de imunidade de jurisdição e de inviolabilidade pessoal pelos atos oficiais realizados no exercício de suas funções e do privilégio estabelecido no parágrafo 3.º do art. 44. No que diz respeito a esses funcionários consulares, o Estado receptor deverá também cumprir a obrigação prevista no art. 42. Se um processo penal for instaurado contra esses funcionários consulares, as diligências deverão ser conduzidas, exceto no caso em que o funcionário estiver preso ou detido, de maneira a que se perturbe o menos possível o exercício das funções consulares.

2. Os demais membros da repartição consular que sejam nacionais ou residentes permanentes do Estado receptor e os membros de sua família, assim como os membros da família dos funcionários consulares mencionados no parágrafo 1.º do presente artigo, só gozarão de facilidades, privilégios e imunidades que lhes forem concedidos pelo Estado receptor. Do mesmo modo, os membros da família de um membro da repartição consular e os membros do pessoal privado que sejam nacionais ou residentes permanentes do Estado receptor só gozarão das facilidades, privilégios e imunidades que lhes forem concedidos pelo Estado receptor. Todavia, o Estado receptor deverá exercer sua jurisdição sobre essas pessoas de maneira a não perturbar indevidamente o exercício das funções da repartição consular.

Art. 72. Não Discriminação entre Estados

1. O Estado receptor não discriminará entre os Estados ao aplicar as disposições da presente Convenção.

2. Todavia, não será considerado discriminatório:

a) que o Estado receptor aplique restritivamente qualquer das disposições da presente Convenção em consequência de igual tratamento às suas repartições consulares no Estado que envia;

b) que, por costume ou acordo, os Estados se concedam reciprocamente tratamento mais favorável que o estabelecido nas disposições da presente Convenção.

Art. 73. Relação entre a Presente Convenção e Outros Acordos Internacionais

1. As disposições da presente Convenção não prejudicarão outros acordos internacionais em vigor entre as partes contratantes dos mesmos.

2. Nenhuma das disposições da presente Convenção impedirá que os Estados concluam acordos que confirmem, completem, estendam ou ampliem suas disposições.

Art. 74. Assinatura

A presente Convenção ficará aberta à assinatura de todos os Estados-Membros da Organização das Nações Unidas ou de qualquer organização especializada, bem como de todo Estado-Parte do Estatuto da Corte Internacional de Justiça e de qualquer outro Estado convidado pela Assembleia Geral das Nações Unidas a se tornar parte da Convenção, da seguinte maneira: até 31 de outubro de 1963, no Ministério Federal dos Negócios Estrangeiros da Áustria e depois, até 31 de março de 1964, na Sede da Organização das Nações Unidas, em Nova Iorque.

Art. 75. Ratificação

A presente Convenção está sujeita a ratificação. Os instrumentos de ratificação serão depositados junto ao Secretário-Geral das Nações Unidas.

Art. 76. Adesão

A presente Convenção ficará aberta à adesão dos Estados pertencentes a qualquer das quatro categorias mencionadas no art. 74. Os instrumentos de adesão serão depositados junto ao Secretário-Geral das Nações Unidas.

Art. 77. Entrada em Vigor

1. A presente Convenção entrará em vigor no trigésimo dia que se seguir à data em que seja depositado junto ao Secretário-Geral da Organi-

zação das Nações Unidas o vigésimo segundo instrumento de ratificação ou adesão.

2. Para cada um dos Estados que ratificarem a Convenção ou a ela aderirem depois do depósito do vigésimo segundo instrumento de ratificação ou adesão, a Convenção entrará em vigor no trigésimo dia após o depósito, por esse Estado, do instrumento de ratificação ou adesão.

Art. 78. Notificação pelo Secretário-Geral

O Secretário-Geral da Organização das Nações Unidas notificará a todos os Estados pertencentes a qualquer das quatro categorias mencionadas no art. 74:

a) as assinaturas apostas à presente Convenção e o depósito dos instrumentos de ratificação ou adesão nos termos dos artigos 74, 75 e 76;

b) a data em que a presente Convenção entrará em vigor nos termos do art. 77.

Art. 79. Textos Autênticos

O original da presente Convenção, cujos textos em chinês, espanhol, francês, inglês e russo serão igualmente autênticos, será depositado junto ao Secretário-Geral da Organização das Nações Unidas, que enviará cópias autenticadas a todos os Estados pertencentes a qualquer das quatro categorias mencionadas no art. 74.

Em fé do que os plenipotenciários abaixo assinados, devidamente autorizados por seus respectivos Governos, assinaram a presente Convenção.

Feito em Viena, aos vinte e quatro de abril de mil novecentos e sessenta e três.

(*) Publicado no Diário Oficial da União, de 28-7-1967.

Conclusão e assinatura: Viena (Áustria), em 24-4-1963

Aprovação: Decreto Legislativo n. 6, de 5-4-1967

Ratificação: 11-5-1967

Entrada em vigor: 10-6-1967

Promulgação: Decreto n. 61.078, de 26-7-1967

DECRETO Nº 154, DE 26 DE JUNHO DE 1991

Promulga a Convenção Contra o Tráfico Ilícito de Entorpecentes e Substâncias Psicotrópicas.

▸ *Convenção contra o tráfico ilícito de entorpecentes*

O Presidente da República, usando da atribuição que lhe confere o art. 84, inciso IV da Constituição, e

Considerando que a Convenção Contra o Tráfico Ilícito de Entorpecentes e Substâncias Psicotrópicas, foi concluída em Viena, a 20 de dezembro de 1988;

Considerando que a referida Convenção foi aprovada pelo Congresso Nacional, pelo Decreto Legislativo nº 162, de 14 de junho de 1991;

Considerando que a Convenção ora promulgada entrou em vigor internacional em 11 de novembro de 1990,

DECRETA:

Art. 1° A Convenção Contra o Tráfico Ilícito de Entorpecentes e Substâncias Psicotrópicas, apensa por cópia a este Decreto, será executada e cumprida tão inteiramente como nela se contém.

Art. 2° Este Decreto entra em vigor na data prevista no parágrafo 2° do artigo 29 da Convenção.

Brasília, 26 de junho de 1991; 170° da Independência e 103° da República.

FERNANDO COLLOR

DOU de 27.6.1991

CONVENÇÃO CONTRA O TRÁFICO ILÍCITO DE ENTORPECENTES E DE SUBSTÂNCIAS PSICOTRÓPICAS

As Partes nesta Convenção,

Profundamente preocupadas com a magnitude e a crescente tendência da produção, da demanda e do tráfico ilícitos de entorpecentes e de substâncias psicotrópicas, que representam uma grave ameaça à saúde e ao bem-estar dos seres humanos e que têm efeitos nefastos sobre as bases econômicas, culturais e políticas da sociedade,

Profundamente preocupadas também com a sustentada e crescente expansão do tráfico ilícito de entorpecentes e de substâncias psicotrópicas nos diversos grupos sociais e, em particular, pela exploração de crianças em muitas partes do mundo, tanto na qualidade de consumidores como na condição de instrumentos utilizados na produção, na distribuição e no comércio ilícitos de entorpecentes e de substâncias psicotrópicas, o que constitui um perigo de gravidade incalculável,

Reconhecendo os vínculos que existem entre o tráfico ilícito e outras atividades criminosas organizadas, a ele relacionadas, que minam as economias lícitas de ameaçam a estabilidade, a segurança e a soberania dos Estados,

Reconhecendo também que o tráfico ilícito é uma atividade criminosa internacional, cuja supressão exige atenção urgente e a mais alta prioridade,

Conscientes de que o tráfico ilícito gera consideráveis rendimentos financeiros e grandes fortunas que permitem às organizações criminosas transnacionais invadir, contaminar e corromper as estruturas da administração pública, as atividades comerciais e financeiras lícitas e a sociedade em todos os seus níveis.

Decididas a privar as pessoas dedicadas ao tráfico ilícito do produto de suas atividades criminosas e eliminar, assim, o principal incentivo a essa atividade,

Interessadas em eliminar as causas profundas do problema do uso indevido de entorpecentes e de substâncias psicotrópicas, compreendendo a demanda ilícita de tais drogas e substâncias e os enormes ganhos derivados do tráfico ilícito,

Considerando que são necessárias medidas para o controle de determinadas substâncias, tais como precursores, produtos químicos e solventes que são utilizados na fabricação de entorpecentes e substâncias psicotrópicas e que, pela facilidade com que são obtidas, têm provocado um aumento da fabricação clandestina dessas drogas e substâncias,

Decididas a melhorar a cooperação internacional para a supressão do tráfico ilícito pelo mar,

Reconhecendo que a erradicação de tráfico ilícito é responsabilidade coletiva de todos os Estados e que, para esse fim, é necessária uma ação coordenada no nível da cooperação internacional,

Reconhecendo a competência das Nações Unidas em matéria de fiscalização de entorpecentes e de substâncias psicotrópicas e desejando que os organismos internacionais interessados nessa fiscalização atuem dentro do quadro das Nações Unidas,

Reafirmando os princípios que regem os tratados vigentes sobre a fiscalização de entorpecentes e de substâncias psicotrópicas e o sistema de fiscalização estabelecido por esses tratados,

Reconhecendo a necessidade de fortalecer e complementar as medidas previstas na Convenção Única de 1961 sobre Entorpecentes, emendada pelo Protocolo de 1972 de Modificação da Convenção Única sobre Entorpecentes, de 1961, e na Convenção sobre Substâncias Psicotrópicas de 1971, a fim de enfrentar a magnitude e a expansão do tráfico ilícito e suas graves conseqüências,

Reconhecendo também a importância de fortalecer e intensificar os meios jurídicos efetivos para a cooperação internacional em matéria penal para suprimir as atividades criminosas internacionais do tráfico ilícito,

Interessadas em concluir uma convenção internacional, que seja um instrumento completo, eficaz e operativo, especificamente dirigido contra o tráfico ilícito, levando em conta os diversos aspectos nos tratados vigentes, no âmbito dos entorpecentes e das substâncias psicotrópicas.

Convêm o que segue:

ARTIGO 1
Definições

Salvo indicação expressa em contrário, ou onde o contexto exigir outra interpretação, as seguintes definições se aplicarão em todo o texto desta Convenção:

a) Por "apreensão preventiva" ou "apreensão" se entende a proibição temporária de transferir, converter, alienar ou mover bens, ou manter bens em custódia ou sob controle temporário, por ordem expedida por um tribunal ou por autoridade competente;

b) Por "arbusto de coca" se entende a planta de qualquer espécie do gênero Erythroxylon;

c) Por "bens" se entendem os ativos de qualquer tipo, corpóreos ou incorpóreos, móveis e imóveis, tangíveis ou intangíveis, e os documentos ou instrumentos legais que confirmam a propriedade ou outros direitos sobre os ativos em questão;

d) Por "Comissão" se entende a Comissão de Entorpecentes do Conselho Econômico e Social das Nações Unidas;

e) Por "confisco" se entende a privação em caráter definitivo, de algum bem, por decisão de um tribunal ou de outra autoridade competente;

f) Por "Conselho" se entende o Conselho Econômico social das Nações Unidas;

g) Por "Convenção de 1961" se entende a Convenção Única de 1961 sobre Entorpecentes;

h) Por "Convenção de 1961 em sua forma emendada" se entende a Convenção Única de 1961 sobre Entorpecentes, emendada pelo Protocolo de 1972 que modifica a Convenção Única de 1961 sobre Entorpecentes;

i) Por "Convenção de 1971" se entende a Convenção sobre Substâncias Psicotrópicas de 1971;

j) Por "entorpecente" se entende qualquer substância, natural ou sintética, que figura na Lista I ou na Lista II da Convenção Única de 1961 sobre Entorpecentes, emendada pelo Protocolo de 1972 que modifica a Convenção Única de 1961 sobre Entorpecentes;

l) Por "entrega vigiada" se entenda a técnica de deixar que remessas ilícitas ou suspeitas de entorpecentes, substâncias psicotrópicas, substâncias que figuram no Quadro I e no Quadro II anexos nesta Convenção, ou substâncias que tenham substituído as anteriormente mencionadas, saiam do território de um ou mais países, que o atravessem ou que nele ingressem, com o conhecimento e sob a supervisão de suas autoridades competentes, com o fim de identificar as pessoas envolvidas em praticar delitos especificados no parágrafo 1 do Artigo 2 desta Convenção;

m) Por "Estado de trânsito" se entende o Estado, através de cujo território passam de maneira ilícita entorpecentes, substâncias psicotrópicas e substâncias que figuram no Quadro I e no Quadro II, e que não seja nem o ponto de procedência nem o ponto de destino final dessas substâncias;

n) Por "Junta" se entende a Junta Internacional de Fiscalização de Entorpecentes, estabelecida pela Convenção Única de 1961 sobre Entorpecentes, emendada pelo Protocolo de 1972 que modifica a Convenção Única de 1961 sobre Entorpecentes;

o) Por "semente de ópio" se entende a planta da espécie papaver Somniferum L;

p) Por "planta de cannabis" se entende toda planta do gênero cannabis;

q) Por "produto" se entendem os bens obtidos ou derivados, direta ou indiretamente, da prática de delitos estabelecidos de acordo com o parágrafo 1 do Artigo 3;

r) Por "Quadro I e Quadro II" se entende a lista de substâncias que, com essa numeração, se anexa a esta Convenção, emendada oportunamente em conformidade com o Artigo 12;

s) Por "Secretário Geral" se entende o Secretário Geral das Nações Unidas;

t) Por "substâncias psicotrópicas" se entende qualquer substância, natural que sintética, ou qualquer material natural, que figure nas listas I, II, III, IV da Convenção sobre Substâncias Psicotrópicas de 1971;

u) Por "tráfico ilícito" se entendem os delitos estabelecidos de acordo com os parágrafos 1 e 2 do Artigo 3 desta Convenção.

ARTIGO 2
Alcance da Presente Convenção

1 – O propósito desta Convenção é promover a cooperação entre as Partes a fim de que se possa fazer frente, com maior eficiência, aos diversos aspectos do tráfico ilícito de entorpecentes e de substâncias psicotrópicas que tenham dimensão internacional. No cumprimento das obrigações que tenham sido contraídas em virtude desta Convenção, as Partes adotarão as medidas necessárias, compreendidas as de ordem legislativa e administrativa, de acordo com as disposições fundamentais de seus respectivos ordenamentos jurídicos internos.

2 – As Partes cumprirão suas obrigações oriundas desta Convenção de maneira a se coadunar com os princípios da igualdade soberana e da integridade territorial dos Estado e da não-ingerência em assuntos internos de outros Estados.

3 – Uma Parte não terá, no território de outra Parte, nem jurisdição nem funções que tenham sido reservadas exclusivamente às autoridades dessa outra Parte, por seu direito interno

ARTIGO 3
Delitos e Sanções

1 – Cada uma das Partes adotará as medidas necessárias para caracterizar como delitos penais em seu direito interno, quando cometidos internacionalmente:

a) i) a produção, a fabricação, a extração, a preparação, a oferta para venda, a distribuição, a venda, a entrega em quaisquer condições, a corretagem, o envio, o envio em trânsito, o transporte, a importação ou a exportação de qualquer entorpecente ou substância psicotrópica, contra o disposto na Convenção de 1961 em sua forma emendada, ou na Convenção de 1971;

ii) o cultivo de sementes de ópio, do arbusto da coca ou da planta de cannabis, com o objetivo de produzir entorpecentes, contra o disposto na Convenção de 1961 em sua forma emendada;

iii) a posse ou aquisição de qualquer entorpecente ou substância psicotrópica com o objetivo de realizar qualquer uma das atividades enumeradas no item i) acima;

iv) a fabricação, o transporte ou a distribuição de equipamento, material ou das substâncias enumeradas no Quadro I e no Quadro II, sabendo que serão utilizados para o cultivo, a produção ou a fabricação ilícita de entorpecentes ou substâncias psicotrópicas;

v) a organização, a gestão ou o financiamento de um dos delitos enumerados nos itens i), ii), iii) ou iv);

b) i) a conversão ou a transferência de bens, com conhecimento de que tais bens são procedentes de algum ou alguns dos delitos estabelecidos no inciso a) deste parágrafo, ou da prática do delito ou delitos em questão, com o objetivo de ocultar ou encobrir a origem ilícita dos bens, ou de ajudar a qualquer pessoa que participe na prática do delito ou delitos em questão, para fugir das conseqüências jurídicas de seus atos;

ii) a ocultação ou o encobrimento, da natureza, origem, localização, destino, movimentação ou propriedade verdadeira dos bens, sabendo que procedem de algum ou alguns dos delitos mencionados no inciso a) deste parágrafo ou de participação no delito ou delitos em questão;

c) de acordo com seus princípios constitucionais e com os conceitos fundamentais de seu ordenamento jurídico;

i) a aquisição, posse ou utilização de bens, tendo conhecimento, no momento em que os recebe, de que tais bens procedem de algum ou alguns delitos mencionados no inciso a) deste parágrafo ou de ato de participação no delito ou delitos em questão;

ii) a posse de equipamentos ou materiais ou substâncias, enumeradas no Quadro I e no Quadro II, tendo conhecimento prévio de que são utilizados, ou serão utilizados, no cultivo, produção ou fabricação ilícitos de entorpecentes ou de substâncias psicotrópicas;

iii) instigar ou induzir publicamente outrem, por qualquer meio, a cometer alguns dos delitos mencionados neste Artigo ou a utilizar ilicitamente entorpecentes ou de substâncias psicotrópicas;

iv) a participação em qualquer dos delitos mencionados neste Artigo, a associação e a confabulação para cometê-los, a tentativa de cometê-los e a assistência, a incitação, a facilitação ou o assessoramento para a prática do delito.

2 – Reservados os princípios constitucionais e os conceitos fundamentais de seu ordenamento jurídico, cada Parte adotará as medidas necessárias para caracterizar como delito penal, de acordo com seu direito interno, quando configurar a posse, à aquisição ou o cultivo intencionais de entorpecentes ou de substâncias psicotrópicas para consumo pessoal, contra o disposto na Convenção de 1961, na Convenção de 1961 em sua forma emendada, ou na Convenção de 1971.

3 – O conhecimento, a intenção ou o propósito como elementos necessários de qualquer delito estabelecido no parágrafo 1 deste Artigo poderão ser inferidos das circunstâncias objetivas de cada caso.

4 – a) Cada uma das Partes disporá que, pela prática dos delitos estabelecidos no parágrafo I deste Artigo, se apliquem sanções proporcionais à gravidade dos delitos, tais como a pena de prisão, ou outras formas de privação de liberdade, sanções pecuniárias e o confisco.

b) As Partes poderão dispor, nos casos de delitos estabelecidos no parágrafo 1 deste Artigo, que, como complemento da condenação ou da sanção penal, o delinqüente seja submetido a tratamento, educação, acompanhamento posterior, reabilitação ou reintegração social.

c) Não obstante o disposto nos incisos anteriores, nos casos apropriados de infrações de caráter menor, as Partes poderão substituir a condenação ou a sanção penal pela aplicação de outras medidas tais como educação, reabilitação ou reintegração social, bem como, quando o delinqüente é toxicômano, de tratamento e de acompanhamento posterior.

d) As Partes poderão, seja a título substitutivo de condenação ou de sanção penal por um delito estabelecido no parágrafo 2 deste Artigo, seja como complemento dessa condenação ou dessa sanção penal, propor medidas de tratamento, educação, acompanhamento posterior, reabilitação ou reintegração social do delinqüente.

5 – As Partes assegurarão que seus tribunais, ou outras autoridades jurisdicionais competentes possam levar em consideração circunstâncias efetivas que tornem especialmente grave a prática dos delitos estabelecidos no parágrafo 1 deste Artigo, tais como:

a) o envolvimento, no delito, de grupo criminoso organizado do qual o delinqüente faça parte;

b) o envolvimento do delinqüente em outras atividades de organizações criminosas internacionais;

c) o envolvimento do delinqüente em outras atividades ilegais facilitadas pela prática de delito;

d) o uso de violência ou de armas pelo delinqüente;

e) o fato de o delinqüente ocupar cargo público com o qual o delito tenha conexão;

f) vitimar ou usar menores;

g) o fato de o delito ser cometido em instituição penal, educacional ou assistencial, ou em sua vizinhança imediata ou em outros locais aos quais crianças ou estudantes se dirijam para fins educacionais, esportivos ou sociais;

h) condenação prévia, particularmente se por ofensas similares, seja no exterior seja no país, com a pena máxima permitida pelas leis internas da Parte.

6 – As Partes se esforçarão para assegurar que qualquer poder legal discricionário, com base em seu direito interno, no que se refere ao julgamento de pessoas pelos delitos mencionados neste Artigo, seja exercido para dotar de eficiência máxima as medidas de detecção e repressão desses delitos, levando devidamente em conta a necessidade de se exercer um efeito dissuasivo à prática desses delitos.

7 – As Partes velarão para que seus tribunais ou demais autoridades competentes levem em conta a gravidade dos delitos estabelecidos no parágrafo 1 deste Artigo, e as circunstâncias especificadas no parágrafo 5 deste Artigo, ao considerar a possibilidade de conceder liberdade antecipada ou liberdade condicional a pessoas que tenham sido condenadas por alguns desses delitos.

8 – Cada Parte estabelecerá, quando for procedente em seu direito interno, um prazo de prescrição prolongado dentro do qual se possa iniciar o julgamento de qualquer dos delitos estabelecidos no parágrafo 1 deste Artigo. Tal prazo será maior quando o suposto delinqüente houver eludido a administração da justiça.

9 – Cada Parte adotará medidas adequadas, conforme o previsto em seu próprio ordenamento jurídico, para que a pessoa que tenha sido acusada ou declarada culpada de algum dos delitos estabelecidos no parágrafo 1 deste Artigo, e que se encontre no território da Parte em questão, compareça ao processo penal correspondente.

10 – Para os fins de cooperação entre as Partes, previstas nesta Convenção, em particular da cooperação prevista nos Artigos 5, 6, 7 e 9, os delitos estabelecidos no presente Artigo não serão considerados como delitos politicamente motivados, sem prejuízo das limitações constitucionais e dos princípios fundamentais do direito interno das Partes.

11 – Nenhuma disposição do presente Artigo afetará o princípio de que a caracterização dos delitos a que se refere ou as exceções alegáveis com relação a estes fica reservada ao direito interno das Partes e que esses delitos deverão ser julgados e punidos de conformidade com esse direito.

ARTIGO 4
Jurisdição

1 – Cada parte:

a) adotará as medidas que forem necessárias para declarar-se competente no que se refere aos delitos estabelecidos no parágrafo 1 do Artigo 3:

i) quando o delito é cometido em seu território;

ii) quando o delito é cometido a bordo de navio que traz seu pavilhão ou de aeronave matriculada de acordo com sua legislação quando o delito foi cometido;

b) poderá adotar as medidas que sejam necessárias para se declarar foro competente quanto aos delitos estabelecidos no parágrafo 1 do Artigo 3:

i) quando o delito for cometido por nacional do país ou por pessoa que tenha residência habitual em seu território;

ii) quando o delito for cometido a bordo de nave sobre a qual a Parte tenha sido autorizada a tomar as medidas necessárias de acordo com o Artigo 17, uma vez que tal jurisdição fundamenta-se nos acordos ou ajustes referidos nos parágrafos 4 e 9 daquele Artigo;

iii) quando o delito for um dos referidos no subtítulo iv, do inciso c) do parágrafo 1 do Artigo 3 e seja cometido fora de seu território com o intuito de perpetuar nele um dos delitos estabelecidos no parágrafo 1 do Artigo 3.

2 – Cada Parte:

a) adotará também as medidas que forem necessárias para se declarar foro competente com respeito a delitos, estabelecidos no parágrafo 1 do Artigo 3, quando o suposto delinqüente se encontre em seu território e a Parte em questão não extradita à outra, baseando-se em que:

i) o delito tenha sido cometido em seu território ou a bordo de um navio que traz seu pavilhão ou de aeronave matriculada de acordo com suas leis, no momento em que o delito é cometido; ou

ii) o delito tenha sido cometido por nacionais do país em questão;

b) poderá adotar, também, as medidas que sejam necessárias para se declarar foro competente com relação aos delitos estabelecidos no parágrafo 1 do Artigo 3, quando o suposto delinqüente se encontre em seu território e a Parte em questão não o extradite à outra.

3 – Esta Convenção não exclui o exercício do foro penal, estabelecido por uma Parte, de acordo com seu direito interno.

ARTIGO 5
Confisco

1 – Cada parte adotará as medidas necessárias para autorizar o confisco:

a) do produto derivado de delitos estabelecidos no parágrafo 1 do Artigo 3, ou de bens cujo valor seja equivalente ao desse produto;

b) de entorpecentes e de substâncias psicotrópicas, das matérias e instrumentos utilizados ou destinados à utilização, em qualquer forma, na prática dos delitos estabelecidos no parágrafo 1 do Artigo 3.

2 – Cada Parte adotará também as medidas necessárias para permitir que suas autoridades competentes identifiquem, detectem e decretem a apreensão preventiva ou confisco do produto, dos bens, dos instrumentos ou de quaisquer outros elementos a que se refere o parágrafo 1 deste Artigo, com o objetivo de seu eventual confisco;

3 – A fim de aplicar as medidas mencionadas neste Artigo, cada Parte facultará seus tribunais ou outras autoridades competentes a ordenar a apresentação ou o confisco de documentos bancários, financeiros ou comerciais. As partes não poderão negar-se a aplicar os dispositivos do presente parágrafo, alegando sigilo bancário.

4 – a) Ao receber solicitações amparadas neste Artigo, por outra Parte que seja foro competente para julgar um dos delitos estabelecidos no parágrafo 1 do Artigo 3, a Parte em cujo território se encontra o produto, os bens, os instrumentos ou quaisquer outros elementos a que se refere o parágrafo 1 deste Artigo;

i) apresentará solicitação, às autoridades competentes, com a finalidade de obter uma ordem de confisco à qual, caso concedida, se dará cumprimento;

ii) apresentará, perante as autoridades competentes, para que se dê cumprimento à medida solicitada, a ordem de confisco expedida pela Parte requerente de acordo como parágrafo 1 deste Artigo, no que se diz respeito ao produto, os bens, os instrumentos ou quaisquer outros elementos a que se refere o parágrafo 1, e que se encontram no território da Parte requerida.

b) Ao receber a solicitação amparada neste Artigo, por outra Parte que seja foro competente para julgar o delito estabelecido no parágrafo 1 do Artigo 3, a Parte requerida adotará medidas para a identificação, detecção e a apreensão preventiva ou o confisco do produto, dos bens ou dos instrumentos, ou de quaisquer outros elementos a que se refere o parágrafo 1 deste Artigo, com o objetivo do eventual confisco que seja ordenado, seja pela Parte requerente, seja quando houver sido formulada solicitação, com amparo no inciso a) deste parágrafo, pela Parte requerida.

c) As decisões ou medidas previstas nos incisos a) e b) do presente parágrafo serão adotadas pela Parte requerente, de acordo com seu direito interno e sujeitas, as suas disposições e de acordo com a regras dos ajustes, tratados ou acordos bilatérias ou multilaterais que tenham sido negociados com a Parte requerente.

d) Será aplicável, mutatis mutandis, o disposto nos parágrafos 6 a 19 do Artigo 7. Além da informação mencionada o parágrafo 10 do Artigo 7, as solicitações formuladas, de acordo com este Artigo, conterão o seguinte:

i) no caso de solicitação correspondente ao sub-item i) do inciso a) deste parágrafo, uma descrição dos bens a serem confiscados e uma exposição de motivos, em que se fundamente a Parte requerente, que seja suficiente para que a Parte requerida possa tramitar a ordem, de acordo com seu direito interno;

ii) no caso de solicitação, correspondente ao sub-item ii) do inciso a), uma cópia legalmente admissível de uma ordem de confisco, expedida pela Parte requerente, que sirva de fundamento à solicitação, uma exposição de motivos e informação sobre o alcance da solicitação de execução do mandato;

iii) no caso de solicitação correspondente ao inciso b), uma exposição de motivos na qual a Parte requerente se fundamenta e uma descrição das medidas solicitadas.

e) Cada parte proporcionará, ao Secretário Geral, o texto de quaisquer leis ou regulamentos que tenham dado origem à aplicação do disposto neste parágrafo, assim como o texto de qualquer alteração posterior que se efetue nas leis e regulamentos em questão.

f) Se uma das Partes optar por atrelar as medidas mencionadas nos incisos a) e b) deste parágrafo à existência de um tratado pertinente, a Parte em questão considerará esta Convenção como a base convencional necessária e suficiente.

g) As Partes procurarão negociar tratados, acordos ou entendimentos bilaterais ou multilaterais para reforçar a eficiência da cooperação internacional prevista neste Artigo.

5 – a) As Partes que tenha confiscado o produto ou os bens de vendas de acordo com seu direito interno e seus procedimentos administrativos.

b) Atendendo à solicitação de outra Parte, de acordo com o previsto no presente Artigo, a Parte poderá prestar particular atenção à possibilidade de negociar acordos sobre a:

i) contribuição com a totalidade, ou com uma parte considerável do valor do produto e dos bens em questão, ou dos fundos derivados da venda dos produtos ou bens em questão, para organismos intergovernamentais especializados na luta contra o tráfico ilícito e o uso indevido de entorpecentes e de substâncias psicotrópicas.

ii) dividir com outras Partes, conforme critério preestabelecido e definido para cada caso, o produto ou bens em questão, ou os fundo derivados da venda do produto ou bens em questão, de acordo com as determinações do direito interno, seus procedimentos administrativos ou os acordos bilaterais ou multilaterais acertados para esse fim.

6 – a) Quando o produto houver sido transformado ou convertido em outros bens, estes poderão ser objeto das medidas, mencionadas no presente Artigo, aplicáveis ao produto.

b) Quando o produto houver sido misturado com bens adquiridos de fontes lícitas, sem prejuízo de qualquer outra medida de apreensão ou confisco preventivo aplicável, esses bens poderão ser confiscados até o valor estimativo do produto misturado.

c) Tais medidas se aplicarão também à renda ou a outros benefícios derivados:

i) do produto;

ii) dos bens, nos quais o produto tenha sido transformado ou convertido; ou

iii) dos bens com os quais o produto tenha sido misturado, do mesmo modo e na mesma medida (em) que o produto (o foi).

7 – cada Parte considerará a possibilidade de inverter o ônus da prova com respeito à origem lícita do suposto produto ou outros bens sujeitos a confisco, na medida em que isto seja compatível com os princípios de direito interno e com a natureza de seus procedimentos jurídicos e de outros procedimentos.

8 – O disposto neste Artigo não poderá ser interpretado em prejuízo dos direitos de terceiros de boa fé.

9 – Nada do disposto neste Artigo afetará o princípio de que as medidas aqui previstas serão definidas e implementadas de acordo como direito interno de cada uma das Partes.

ARTIGO 6
Extradição

1 – O presente artigo se aplicará aos delitos estabelecidos pelas Partes, de acordo com o parágrafo I do Artigo 3.

2 – Cada um dos delitos aos quais se aplica ao presente Artigo se considerará incluído entre os delitos passíveis de extradição em todo tratado de extradição vigente entre as Partes. As Partes se comprometem a incluir tais delitos, como casos passíveis de extradição, em todo tratado de extradição que celebrem entre si.

3 – Se uma Parte, que condiciona a extradição à exigência de tratado, receber de outra Parte, com a qual não tem nenhum tratado de extradição, um pedido de extradição, poderá considerar a presente Convenção como base jurídica para a extradição por delitos aos quais se aplica este Artigo. As Partes que requeiram uma legislação detalhada para fazer valer esta Convenção com base jurídica da extradição, considerarão a possibilidade de promulgar a legislação necessária.

4 – As Partes, que não condicionam a extradição à existência de um tratado, reconhecerão os delitos aos quais se aplica este Artigo como casos de extradição entre elas.

5 – A extradição estará sujeita às condições previstas pela legislação da Parte requerida ou pelos tratados de extradição aplicáveis, incluindo os motivos pelos quais a Parte requerida pode denegar a extradição.

6 – Ao examinar as solicitações recebidas em conformidade com este Artigo, o Estado requerido poderá negar-se a dar-lhes cumprimento, quando existam motivos justificados que induzam as autoridades judiciárias ou outras autoridades competentes a presumir que o cumprimento facilitaria o julgamento ou castigo de uma pessoa, por causa de sua raça, religião, nacionalidade ou convicções políticas, ou que o indivíduo, afetado pela solicitação, fosse prejudicado por uma dessas razões.

7 – As Partes se esforçarão em agilizar os procedimentos de extradição e em simplificar as necessidades de apresentação de provas no que diz respeito a qualquer um dos delitos aos quais se aplica o presente Artigo.

8 – Sujeito ao disposto em seu direito interno e em seus Tratados de Extradição, a Parte requerida, depois de haver-se certificado de que as circunstâncias assim o justificam, de seu caráter de urgência e, por solicitação da Parte requerente, poderá proceder à detenção do indivíduo, cuja extradição foi solicitada e que se encontre em seu território, ou adotar outras medidas adequadas para assegurar seu comparecimento aos trâmites de extradição.

9 – Sem prejuízo do exercício de qualquer jurisdição estabelecida em conformidade com seu direito interino, a Parte em cujo território se encontre um suposto delinqüente deverá:

a) se não extraditar por um delito estabelecido de acordo com o parágrafo 1 do Artigo 3 pelos motivos mencionados no inciso a) do parágrafo 2 do Artigo 4, poderá apresentar o caso perante suas autoridades competentes para julgá-lo, salvo se houver ajustado outra ação com a Parte requerente;

b) se não o extraditar por um delito desse tipo para o qual se tenha declarado foro competente para julgar o delito baseado no inciso b) do parágrafo 2 do Artigo 4, apresentará o caso perante suas autoridades competentes para julgá-lo, salvo quando a Parte requerente solicitar outra ação para salvaguardar sua competência legítima.

10 – Se a extradição solicitada com o propósito de fazer cumprir uma condenação, for denegada, porque o indivíduo objeto da solicitação é nacional da Parte requerida, esta, se sua legislação assim o permitir, e de acordo com as determinações da legislação em questão, e a pedido da parte requerente, considerará a possibilidade de fazer cumprir a pena imposta, ou o que resta da pena ainda a cumprir, de acordo com a legislação da Parte requerente.

11 – As Partes procurarão negociar acordos bilaterais e multilaterais seja para cumprir a extradição seja para aumentar sua eficácia.

12 – As Partes poderão considerar a possibilidade de celebrar acordos bilaterais ou multilaterais, especiais ou gerais, que visem à transferência de pessoas condenadas a prisão ou a outra forma de privação de liberdade pelos delitos cometidos, aos quais se aplica este Artigo, a fim de que possam terminar de cumprir sua pena em seu país.

ARTIGO 7
Assistência Jurídica Recíproca

1 – As Partes se prestarão, de acordo com o disposto no presente Artigo, a mais ampla assistência jurídica recíproca nas investigações, julgamentos e processos jurídicos referentes a delitos estabelecidos no parágrafo 1 do Artigo 3.

2 – A assistência jurídica recíproca que deverá ser prestada, de acordo com este Artigo, poderá ser solicitada para qualquer um dos seguintes fins:

a) receber testemunhas ou declarações de pessoas;

b) apresentar documentos jurídicos;

c) efetuar buscas e apreensões;

d) examinar objetos e locais;

e) facilitar acesso de informações e evidência;

f) entregar originais ou cópias autenticadas de documentos e expedientes relacionadas ao caso, inclusive documentação bancária, financeira, social ou comercial;

g) identificar ou detectar o produto, os bens, os instrumentos ou outros elementos comprobatórios.

3 – As Partes poderão prestar qualquer outra forma de assistência judicial recíproca autorizada pelo direito interno da Parte requerida.

4 – As Partes, se assim lhes for solicitado e na medida compatível, com seu direito e prática interna, facilitarão ou encorajarão a apresentação ou disponibilidade das pessoas, incluindo a dos detentos, que consintam em colocar com as investigações ou em intervir nos procedimentos.

5 – As Partes não declinarão a assistência jurídica recíproca prevista neste Artigo sob alegação de sigilo bancário.

6 – O disposto neste Artigo não afetará as obrigações derivadas de outros tratados bilaterais ou multilaterais, vigentes ou futuros, que regem, total ou parcialmente, a assistência jurídica recíproca em assuntos penais.

7 – Os parágrafos 8 e 19 deste Artigo se aplicarão às solicitações formuladas de acordo com o mesmo, sempre que não exista entre as Partes interessadas um Tratado de Assistência Jurídica Recíproca. Quando as Partes estejam vinculadas por um tratado desta natureza, as disposições correspondentes ao tratado em questão se aplicarão, salvo se as Partes convenham em aplicar, em seu lugar, os parágrafos 8 e 19 do presente Artigo.

8 – As Partes designarão uma autoridade ou, quando necessário, várias autoridades, com o poder de dar cumprimento às solicitações de assistência jurídica recíproca ou transmiti-las às autoridades competentes para sua execução. O Secretário Geral será notificado da autoridade ou autoridades que tenham sido designadas para este fim. As autoridades designadas pelas Partes serão encarregadas de transmitir as solicitações de assistência jurídica recíproca e qualquer outra comunicação pertinente; a presente disposição não afetará o direito de qualquer uma das Partes de exigir que estas solicitações e comunicações lhes sejam enviadas por via diplomática e, em circunstâncias urgentes, quando as Partes assim o convierem, por meio da Organização Internacional de Polícia Criminal, caso seja possível.

9 – As solicitações deverão ser apresentadas por escrito em um idioma aceitável pela Parte requerida. O Secretário Geral será notificado sobre o idioma ou idiomas que sejam aceitáveis a cada Parte. Em situações de urgência, ou quando as Partes assim o convierem, poderão ser feitas solicitações verbais, devendo ser imediatamente depois confirmadas por escrito.

10 – Nas solicitações de assistência jurídica recíproca, deverá figurar o seguinte:

a) a identidade da autoridade que efetua a solicitação;

b) o objetivo e a natureza da investigação, do processo ou dos procedimentos a que se refere a solicitação, o nome e as funções da autoridade quem está efetuando a investigação, o processo ou os procedimentos em questão;

c) um resumo dos dados pertinentes, salvo quando se trate de solicitações para apresentação de documentos jurídicos;

d) uma descrição da assistência solicitada e pormenores sobre qualquer procedimento particular que a Parte requerente deseja aplicada;

e) quando possível, a identidade e a nacionalidade de toda pessoa envolvida e o local em que se encontra;

f) a finalidade para qual se solicita a prova, informação ou procedimento.

11 – A Parte requerida poderá pedir informação adicional, quando lhe pareça necessário, para dar cumprimento à solicitação, de acordo com seu direito interno ou para facilitar o cumprimento da solicitação.

12 – Toda solicitação será executada, de acordo com o estabelecido no direito interno da Parte requerida e, na medida em que isso não contravenha a legislação da Parte em questão e, sempre que possível, de acordo com os procedimentos especificados na solicitação.

13 – A Parte requerente não comunicará nem utilizará, sem prévia anuência da Parte requerida, a informação ou as provas coligidas pela Parte requerida para outras investigações, processos ou procedimentos diferentes dos indicados na solicitação.

14 – A Parte requerente poderá exigir que a Parte requerida mantenha reserva sobre a existência e o conteúdo da solicitação, salvo no que for necessário para dar-lhe cumprimento. Se a Parte requerida não puder manter sigilo, a Parte requerente será imediatamente informada.

15 – A assistência jurídica recíproca solicitada poderá ser denegada:

a) quando a solicitação não se ajuste ao disposto no presente Artigo;

b) quando a Parte requerida considerar que o cumprimento da solicitação possa prejudicar sua soberania, sua segurança, sua ordem pública ou outros interesses fundamentais;

c) quando o direito interno da Parte requerida proibir suas autoridades de atender à solicitação formulada com respeito a delito análogo, se este tiver sido objeto de investigação, processo ou procedimento no exercício da própria competência;

d) no caso de a assistência jurídica recíproca de atender à solicitação contrariar a ordem jurídica da Parte requerida.

17 – A assistência jurídica recíproca poderá ser deferida, pela Parte requerida, caso perturbe o andamento de uma investigação, de um proces-

so ou de um procedimento. Nesse caso, a Parte requerida deverá consultar a Parte requerente para determinar se ainda é possível prestar assistência na forma e condições que a primeira estimaria necessário receber.

18 – A testemunha, perito ou outra pessoa que consinta em depor em juízo ou colaborar em uma investigação, processo ou procedimento judicial no território da Parte requerente não será objeto de processo, detenção ou punição, nem de nenhum tipo de restrição de sua liberdade pessoal no território em questão, por atos, omissões ou declarações de culpa anteriores à data em que partiu o território da parte requerida. Contudo, este salvo-conduto cessará quando a testemunha, o perito ou outra pessoa tenha tido, por 15 dias consecutivos, ou durante qualquer outro período acertado pelas Partes, a oportunidade de sair do país, a partir da data em que tenha sido oficialmente informado de que as autoridades judiciais já não requeriam sua presença e não obstante, tenha permanecido voluntariamente no território ou a ele tenha regressada espontaneamente depois de ter partido.

19 – Os gastos ordinários oriundos da execução da solicitação serão cobertos pela Parte requerida, salvo se as Partes interessadas tenham acordado de outro modo. Quando for o caso de gastos vultosos ou de caráter extraordinário, as Partes consultar-se-ão para determinar os termos e as condições sob as quais se cumprirá a solicitação, assim como a maneira como se arrecadarão com os gastos.

20 – Quando for necessário, as Partes considerarão a possibilidade de entrar em acordos ou ajustes bilaterais ou multilaterais que sirvam para os fins deste Artigo e que, na prática, dêem efeito às suas disposições ou os reforcem.

ARTIGO 8
Transferência dos Procedimentos Penais

As Partes considerarão a possibilidade de remeterem-se processos penais que dizem respeito aos delitos estabelecidos de acordo com o parágrafo 1 do Artigo 3, quando se estime que essa remissão será no interesse da correta administração da justiça.

ARTIGO 9
Outras Formas de Cooperação e Capacitação

1 – As Partes Colaborarão estreitamente entre si, em harmonia com seus respectivos ordenamentos jurídicos e sua administração, com o objetivo de aumentar a eficácia das medidas de detecção e repressão, visando à supressão da prática de delitos estabelecidos no parágrafo 1 do Artigo 3. Deverão fazê-lo, em particular, com base nos acordos ou ajustes bilaterais ou multilaterais:

a) estabelecer e manter canais de comunicação entre seis órgãos e serviços competentes, a fim de facilitar o intercâmbio rápido e seguro de informação sobre todos os aspectos dos delitos estabelecidos de acordo com o parágrafo 1 do Artigo 3, inclusive, sempre que as Partes interessadas estimarem oportuno sobre seus vínculos com outras atividades criminosas;

b) cooperar entre si na condução de inquéritos referentes aos delitos estabelecidos de acordo com o parágrafo 1 do Artigo 3, que tenham caráter internacional e digam respeito:

i) à identidade, paradeiro e atividades de pessoas supostamente implicadas em delitos estabelecidos de acordo com o parágrafo 1 do Artigo 3;

ii) à movimentação do produto ou dos bens derivados da prática desses delitos;

iii) no movimento de entorpecentes, de substâncias psicotrópicas, substâncias que figuram no Quadro I e no Quadro II desta Convenção e instrumentos utilizados ou destinados a serem utilizados na prática desses delitos;

c) quando for oportuno, e sempre que não contravenha o disposto no direito interno, criar equipes conjuntas, levando em consideração a necessidade de proteger a segurança das pessoas e das operações, para dar cumprimento ao disposto neste parágrafo. Os funcionários de qualquer umas das Partes, que integrem as equipes, atuarão de acordo com a autorização das autoridades competentes da Parte em cujo território se realizará a operação. Em todos os casos, as Partes em questão velarão para que seja plenamente respeitada a soberania da parte em cujo território se realizará a operação;

d) proporcionar, quando corresponda, quantidades necessárias de substâncias para análise ou procedimentos de investigação;

e) facilitar uma coordenação eficaz entre seus organismos e serviços competentes e promover intercâmbio de pessoal e de outros técnicos, inclusive destacando funcionários de interligação.

2 – Cada Parte, quando necessário, iniciará, desenvolverá ou aperfeiçoará programas específicos de treinamento destinados ao seu pessoal de detecção e repressão, inclusive ao pessoal aduaneiro, encarregado de suprimir os delitos estabelecidos de acordo com o parágrafo 1 do Artigo 3. Em particular, os programas se referirão a:

a) métodos utilizados para detecção e supressão dos delitos estabelecidos de acordo com o parágrafo 1 do Artigo 3;

b) rotas e técnicas utilizadas por pessoas supostamente implicadas em delitos estabelecidos de acordo com o parágrafo 1 do Artigo 3, especialmente nos Estados de trânsito, e medidas adequadas para controlar sua utilização;

c) o monitoramento da exportação e importação de entorpecentes, substâncias psicotrópicas e substâncias que figuram no Quadro I e no Quadro II;

d) detecção e monitoramento da movimentação do produto e dos bens derivados de delitos estabelecidos de acordo com o parágrafo 1 do Artigo 3, dos entorpecentes, substâncias psicotrópicas e substâncias que figuram no Quadro I e no Quadro II, e dos instrumentos utilizados ou que se pretende utilizar para praticar os delitos;

e) os métodos utilizados para a transferência, a ocultação e o encobrimento do produto, dos bens e dos instrumentos em questão;

f) a coleta de evidência;

g) as técnicas de fiscalização em zonas e portos livres;

h) as técnicas modernas de detecção e repressão;

3 – As Partes assistir-se-ão mutuamente no planejamento e na execução de programas de pesquisa e treinamento usados para fazer o intercâmbio de conhecimentos nas áreas a que faz referência o parágrafo 2 deste Artigo e, para esse fim, deverão também, quando necessário, recorrer a conferências e seminários regionais e internacionais, a fim de promover a cooperação e estimular o exame dos problemas de interesse comum, incluídos, especialmente, os problemas e necessidades especiais do Estado de trânsito.

ARTIGO 10
Cooperação Internacional de Assistência Aos Estados de Trânsito

1 – As Partes cooperação diretamente ou por meio das organizações internacionais ou regionais competentes, para prestar assistência e apoio aos Estados de trânsito e, em particular, aos países em desenvolvimento que necessitem da assistência e do apoio em questão, na medida do possível, mediante programas de cooperação técnica para impedir a entrada e o trânsito ilícito, assim como para outras atividades conexas.

2 – As Partes poderão convir, diretamente ou por meio das organizações internacionais ou regionais competentes, em proporcionar assistência financeira aos Estados de trânsito em questão, com a finalidade de aumentar e fortalecer a infra-estrutura de que necessitam para a fiscalização e a prevenção eficaz do tráfico ilícito.

3 – As Partes poderão celebrar acordos ou ajustes bilaterais ou multilaterais para aumentar a eficácia da cooperação internacional prevista neste Artigo e poderão levar em consideração a possibilidade de concluir acordos financeiros a esse respeito.

ARTIGO 11
Entrega Vigiada

1 – Se os princípios fundamentais dos respectivos ordenamentos jurídicos internos o permitirem, as Partes adotarão as medidas necessárias, dentro de suas possibilidades, para que se possa recorrer, de forma adequada, no plano internacional, à entrega vigiada, com base nos acordos e ajustes mutuamente negociados, com a finalidade de descobrir as pessoas implicadas em delitos estabelecidos de acordo com o parágrafo 1 do Artigo 3 e de encetar ações legais contra estes.

2 – As decisões de recorrer à entrega vigiada serão adotadas, caso a caso, e poderão, quando necessário, levar em conta ajustes financeiros e entendimentos relativos ao exercício de sua competência pelas Partes interessadas.

3 – As remessas ilícitas, cuja entrega vigiada tenha sido negociada poderão, com o consentimento das Partes interessadas, ser interceptadas e autorizadas a prosseguir intactas ou tendo sido retirado ou subtraído, total ou parcialmente, os entorpecentes ou substâncias psicotrópicas que continham.

ARTIGO 12
Substâncias Utilizadas com Freqüência na Fabricação Ilícita de Entorpecentes e de Substâncias Psicotrópicas

1 – As Partes adotarão as medidas que julguem adequadas para evitar o desvio das substâncias que figuram no Quadro I e no Quadro II, utilizadas na fabricação ilícita de entorpecentes e de substâncias psicotrópicas e cooperar entre si para este fim.

2 – Se uma Parte, ou a Junta, possuir dados que, a seu juízo, possam requerer a inclusão de uma substância no Quadro I ou no Quadro II, esta notificará o Secretário Geral e lhe dará acesso aos dados em que foi fundamentada a notificação. O procedimento descrito no parágrafo 2 a 7 deste Artigo, também se aplicará quando uma das Partes, ou a Junta, possuir informações que justifiquem suprimir uma substância do Quadro I ou do Quadro II ou transferir uma substância de um Quadro para outro.

3 – O Secretário Geral comunicará essa notificação e os dados que considerar pertinentes às Partes, à Comissão e, quando a notificação procede de uma das Partes, à Junta. As Partes comunicarão, aos Secretário Geral, suas observações sobre a notificação e toda informação complementar que possa auxiliar à Junta na elaboração de um julgamento e, à Comissão na adoção de uma decisão.

4 – Se a Junta, levando em consideração a magnitude, importância e diversidade do uso ilícito dessa substância, e a possibilidade e a facilida-

de do uso de substância substitutiva tanto para o uso ilícito quanto para a fabricação ilícita de entorpecentes ou de substâncias psicotrópicas, comprovar:

a) que a substância se emprega com freqüência na fabricação ilícita de um entorpecente ou de uma substância psicotrópica;

b) que o volume e a magnitude da fabricação ilícita de um entorpecente ou de uma substância psicotrópica crie grandes problemas sanitários ou sociais, que justifique a adoção de medidas no plano internacional, comunicará à Comissão um parecer sobre a substância, no qual se assinala o efeito que sua incorporação ao Quadro I ou ao Quadro II teria, tanto sobre seu uso lícito quanto sobre sua fabricação ilícita, junto com recomendações sobre as medidas de vigilância que, nesse caso, sejam adequadas à luz daquele parecer.

5 – A Comissão, levando em conta as observações apresentadas pelas Partes e as observações e recomendações da Junta, cujo parecer será determinante no plano científico e levando também em devida consideração quaisquer outros fatores pertinentes, poderá decidir, por maioria de dois terços de seus membros, incorporar uma substância ao Quadro I ou ao Quadro II.

6 – Toda decisão que a Comissão tomar, de acordo com este Artigo, será comunicada pelo Secretário Geral a todos os Estados e outras Entidades que sejam Parte desta Convenção ou, que possam vir a sê-lo, bem como à Junta. Assim, uma decisão surtirá pleno efeito, para cada uma das Partes, 180 dias após a data da comunicação.

7 – a) As decisões da Comissão, adotadas de acordo com o presente Artigo, estarão sujeitas a revisão pelo Conselho, quando solicitado por qualquer uma das Partes, dentro de um prazo de 180 dias, contados a partir da data da notificação da decisão. A solicitação de revisão será apresentada ao Secretário Geral, junto com toda informação pertinente que a instrue.

b) O Secretário Geral transmitirá cópias da solicitação de revisão e da informação pertinente à Comissão, à Junta e a todas as Partes, convidando-as a apresentar suas observações recebidas serão comunicadas ao Conselho para que sejam por ele examinadas.

c) O Conselho poderá confirmar ou revogar a decisão da Comissão. A notificação da decisão do Conselho será transmitida não só a todos os Estados e outras entidades que sejam Partes desta Convenção ou que possam vir a sê-lo, mas também, à Comissão e à Junta.

8 – a) Sem prejuízo das disposições de caráter geral contidas no parágrafo 1 do presente Artigo e do disposto na Convenção de 1961 em sua forma emendada, e na Convenção de 1971, as Partes tomarão as medidas que julgarem oportunas para controlar a fabricação e a distribuição das substâncias, que figuram no Quadro I e II, realizadas em seu território.

b) com esse propósito, as Partes poderão:

i) exercer vigilância sobre todas as pessoas e empresas que se dediquem à fabricação ou à distribuição das substâncias em questão;

ii) controlar, mediante licenças, o estabelecimento, e os locais em que se fabrica ou se fazem as distribuições em questão;

iii) exigir que os licenciados obtenham autorização para efetuar as operações necessárias;

iv) impedir os fabricantes e distribuidores de acumularem quantidades dessas substâncias em excesso do que foi solicitado para o desempenho normal das atividades comerciais e das condições prevalecentes no mercado.

9 – Cada Parte adotará, com respeito às substâncias psicotrópicas inscritas no Quadro I e no Quadro II, as seguintes medidas:

a) estabelecer e manter um sistema para controlar o comércio internacional de substâncias que figuram no Quadro I e no Quadro II a fim de facilitar o descobrimento de operações suspeitas. Aqueles sistemas de controle deverão ser aplicados em estreita cooperação com os fabricantes, importadores e exportadores, atacadistas e varejistas, que deverão informar as autoridades competentes sobre pessoa e operações suspeitas;

b) dispor sobre o confisco de qualquer substância que figure no Quadro I ou no Quadro II, se existirem provas suficientes de que será utilizada para a fabricação ilícita de entorpecente ou de substâncias psicotrópicas;

c) notificar, a quanto antes, as autoridades e serviços competentes das Partes interessadas se existem razões para se presumir que a importação ou a exportação ou o trânsito de uma substância que figure no Quadro I ou no Quadro II se destina à fabricação ilícita de entorpecentes ou de substâncias psicotrópicas, facilitando, em particular, acesso à informação sobre os meios de pagamento ou quaisquer outros elementos essenciais em que se fundamenta aquela presunção;

d) exigir que as importações e as exportações estejam corretamente etiquetadas e documentadas. Os documentos comerciais, tais como faturas, manifestos de carga, documentos aduaneiros e de transporte e outros documentos relativos aos despachos, deverão conter nomes, tal como figuram no Quadro I ou no Quadro II, das substâncias importadas ou exportadas, a quantidade que se importa ou exporta, o nome e o endereço do exportador, importador e, quando possível, do consignatário;

e) velar para que os documentos mencionados no inciso d) sejam conservados por, pelo menos, dois anos e posto à disposição das autoridades competentes para inspeção.

10 – a) Além do disposto no parágrafo 9 e da petição de Parte interessada, dirigida ao Secretário Geral, cada Parte, de cujo território se exportará uma das substâncias que figuram no Quadro I velará para que, antes da exportação, suas autoridades competentes comuniquem a seguinte informação às autoridades competentes do país importador:

i) o nome e endereço do exportador, do importador e, quando possível, do consignatário;

ii) o nome da substância que figura no Quadro I;

iii) a quantidade da substância a ser exportada;

iv) o ponto de entrada e data prevista do envio;

v) qualquer outra informação acordada mutuamente pelas Partes.

b) As Partes poderão adotar medidas de fiscalização mais estritas ou rigorosas que as previstas no presente parágrafo se, a seu juízo, tais medidas são convenientes ou necessárias.

11 – Quando uma parte fornecer informação à outra, de acordo com o disposto nos parágrafos 9 e 10 deste Artigo, poderá exigir que a Parte que a recebe respeite o caráter confidencial dos segredos industriais, empresariais, comerciais ou profissionais ou dos processos industriais que contenham.

12 – Cada parte apresentará anualmente à Junta, na forma e modo que esta estabelecer e nos formulários que esta distribuir, informações sobre:

a) as quantidades confiscadas das substâncias inscritas no Quadro I e no Quadro II e, quando conhecida, sua origem;

b) qualquer substância não inscrita no Quadro I ou no Quadro II, mas cuja utilização na fabricação ilícita de entorpecentes ou de substâncias psicotrópicas é conhecida e que, a juízo dessa Parte, seja considerada bastante importante para que seja trazida à atenção da Junta;

c) os métodos de desvio e fabricação ilícita.

13 – A Junta informará anualmente à Comissão sobre a aplicação deste Artigo, e a Comissão examinará periodicamente a idoneidade e a pertinência do Quadro I e do Quadro II.

14 – As disposições deste Artigo não se aplicarão nem aos preparados farmacêuticos, nem aos preparados que contenham substâncias que figuram no Quadro I ou no Quadro II e que estejam compostas de forma tal que essas substâncias não possam ser empregadas ou facilmente recuperadas pelos meios de fácil aplicação.

ARTIGO 13
Materiais e Equipamentos

As partes adotarão as medidas que julguem adequadas e cooperarão entre si para impedir o comércio e o desvio de materiais e equipamentos destinados à produção ou fabricação ilícita de entorpecentes e de substâncias psicotrópicas.

ARTIGO 14
Medidas para Erradicar o Cultivo Ilícito de Plantas das Quais se Extraem Entorpecentes e para Eliminar a Demanda Ilícita de Entorpecentes e de Substâncias Psicotrópicas

1 – Qualquer medida adotada pelas Partes em virtude da aplicação desta Convenção não será menos estrita que as normas aplicáveis à erradicação do cultivo ilícito de plantas que contenham entorpecentes e substâncias psicotrópicas e a eliminação da demanda ilícita de entorpecentes e de substâncias psicotrópicas conforme o disposto na Convenção de 1961, na Convenção de 1961 em sua forma emendada, e no Convênio de 1971.

2 – Cada uma das Partes adotará medidas adequadas para evitar o cultivo ilícito das plantas que contenham entorpecentes ou substâncias psicotrópicas, tais como as sementes ópio; os arbustos de coca e as plantas de cannabis, assim como para erradicar aquelas que são ilicitamente cultivadas em seu território. As medidas adotadas deverão respeitar os direitos humanos fundamentais e levarão em devida consideração, não só os usos tradicionais, onde exista evidência histórica sobre o assunto, senão também a proteção do meio ambiente.

3 – a) As Partes poderão cooperar para aumentar a eficiência dos esforços de erradicação. Essa cooperação poderá compreender, inter alia, apoio, quando proceder, ao desenvolvimento rural integrado que tende a oferecer soluções substitutivas e economicamente viáveis ao cultivo ilícito. Fatores como acesso ao mercado, disponibilidade de recursos e condições sócio-econômicas urgentes deverão ser ponderados antes de implementar aqueles programas. As Partes poderão chegar a acordos sobre quaisquer outras medidas adequadas de cooperação.

4 – A Partes adotarão medidas adequadas que tenderão a suprimir ou reduzir a demanda ilícita de entorpecentes e de substâncias psicotrópicas com vistas a diminuir o sofrimento humano e eliminar is incentivos financeiros do tráfico ilícito. Aquelas medidas poderão fundamentar-se, inter alia, em recomendações das Nações Unidas, tais como a Organização Mundial da Saúde e outras organizações internacionais competentes e, no Plano Amplo e Multidisciplinário aprovado pela Conferência Internacional sobre o Uso Indevido e o Tráfico Ilícito de Drogas, celebrado em 1987, na medida em que se relacio-

ne com os esforços das organizações governamentais e não governamentais e de entidades privadas no âmbito da prevenção, tratamento e reabilitação. As Partes poderão negociar Acordos ou Ajustes bilaterais ou multilaterais que tendam a eliminar ou reduzir a demanda ilícita de entorpecentes e substâncias psicotrópicas.

5 – As Partes poderão também adotar as medidas necessárias para que os entorpecentes, as substâncias psicotrópicas e outras substâncias inscritas no Quadro I e no Quadro II, que tenham sido retidas ou confiscadas, sejam prontamente destruídas ou utilizadas de acordo com a lei e para que as quantidades necessárias e devidamente certificadas dessas substâncias sejam admissíveis como evidência.

ARTIGO 15
Transportadores Comerciais

1 – As Partes adotarão medidas adequadas a fim de garantir que, os meios de transporte utilizados por transportadores comerciais, não o sejam para cometer delitos estabelecidos de acordo com o parágrafo 1 do Artigo 3; entre essas medidas poderão figurar arranjos especiais com os transportadores comerciais.

2 – Cada Parte exigirá dos transportadores comerciais precauções razoáveis a fim de impedir que seus meios de transporte sejam utilizados para cometer delitos estabelecidos de acordo com o parágrafo 1 do Artigo 3. Entre essas precauções poderão figurar as seguintes:

a) quando a sede do transportador comercial encontrar-se no território da Parte em questão:

i) treinamento de pessoal para identificar pessoas ou remessas suspeitas;

ii) estímulo à integridade moral do pessoal.

b) quando o transportador comercial desenvolve atividades no território da Parte em questão:

i) apresentação adiantada, quando possível, dos manifestos de carga;

ii) utilização de containers com selos invioláveis, e individualmente verificáveis;

iii) informar sem demora denúncia, às autoridades competentes, de qualquer circunstância suspeita que possa estar relacionada com a prática de delitos estabelecidos de acordo com o parágrafo 1 do Artigo 3.

3 – Cada Parte procurará garantir nos pontos de entrada e saída e em outras áreas de controle, a cooperação entre transportadores e autoridades competentes a fim de impedir o acesso não autorizado aos meios de transportes e à carga, e que apliquem as medidas de segurança adequadas.

ARTIGO 16
Documentos Comercias e Etiquetas de Exportação

1 – Cada Parte exigirá que as exportações lícitas de entorpecentes e de substâncias psicotrópicas estejam devidamente documentadas. Além dos requisitos de documentação, previstos no Artigo 31 da Convenção de 1961, no Artigo 31 da Convenção de 1961 em sua forma emendada, e no Artigo 12 do Convênio de 1971, os documentos comerciais, tais como faturas, manifestos de carga, documentos aduaneiros e de transporte e outros documentos relativos ao envio, deverão indicar o nome dos entorpecentes e das substâncias psicotrópicas que são exportados, tal como figuram nas listas correspondentes da Convenção de 1961, da Convenção de 1961 em sua forma emendada, e do Convenio de 1971, assim como a quantidade exportada e o nome e endereço do exportador, importador e, quando possível do consignatário.

2 – Cada Parte exigirá que as remessas de entorpecentes e de substâncias psicotrópicas não estejam incorretamente etiquetadas.

ARTIGO 17
Tráfico Ilícito por Mar

1 – As Partes cooperação, de todas as maneiras possíveis, para eliminar o tráfico ilícito por mar, de acordo com o estabelecido no direito internacional do mar.

2 – Toda Parte que tenha motivos razoáveis para suspeitar que um navio com seu pavilhão, ou que não traga nenhum, ou que não tenha registro, esteja sendo utilizada para o tráfico ilícito poderá solicitar a assistência de outras Partes, para por fim a essa utilização. As Partes das quais se solicita assistência a prestarão dentre os meios de que dispõem.

3 – Toda Parte que tenha motivos razoáveis para suspeitar que um navio esteja exercendo liberdade de navegação, conforme o direito internacional, e que traga o pavilhão ou tenha registro em outra Parte, e que esteja sendo utilizado para o tráfico ilícito, poderá notificá-lo ao Estado-pavilhão e solicitar que confirme o registro; se confirmado, poderá solicitar-lhe autorização para adotar medidas adequadas quanto ao navio.

4 – De acordo com o parágrafo 3 ou com os tratados vigentes entre as Partes, ou com qualquer outro acordo ou ajuste que tenha sido concluído entre elas, o Estado-pavilhão poderá autorizar o Estado requerente, entre outras coisas, a:

a) abordar o navio;

b) inspecionar o navio;

c) se provas que impliquem em tráfico ilícito forem descobertas, adotar medidas adequadas com respeito ao navio, às pessoas e à carga que se encontrem a bordo.

5 – Quando se adota uma medida em conformidade com este Artigo, as Partes interessadas levarão devidamente em conta a necessidade de não colocar em perigo a segurança da vida no mar e a da carga e de não prejudicar os interesses comerciais e jurídicos do Estado-pavilhão ou de qualquer outro Estado interessado.

6 – O Estado-Pavilhão poderá, em consonância com suas obrigações, previstas no parágrafo 1 do presente Artigo submeter sua autorização a condições que serão acordadas entre o Estado em questão e a Parte requerente, incluindo as condições referentes à responsabilidade.

7 – Para o efeito dos parágrafos 3 e 4 deste Artigo, as Partes responderão com presteza às solicitações de outras Partes de que se averigúe se um navio, que traz seu pavilhão, está autorizado a fazê-lo, assim como às solicitações de autorização que forem feitas de acordo como parágrafo 3. Cada Estado, no momento em que fizer Parte desta Convenção, indicará uma ou, caso necessário, várias autoridades que se encarregarão de receber as solicitações em questão e de responder a elas. Essa indicação será divulgada, por intermédio do Secretário Geral, a todas as demais Partes, dentro do mês que se seguir à designação.

8 – A Parte que tiver adotado qualquer uma das medidas previstas no presente Artigo, informará prontamente o Estado-pavilhão sobre os resultados dessa medida.

9 – As Partes considerarão a possibilidade de celebrar acordos e ajustes bilaterais e regionais para levar a cabo as disposições deste Artigo ou torná-las mais eficazes.

10 – As medias, que se adotam em cumprimento do parágrafo 4 deste Artigo, somente serão aplicadas por navios de guerra ou aviões militares, ou por outros navios ou aviões que tenham sinais claros e que sejam identificáveis como navios ou aviões a serviço de um Governo e que estejam autorizados a cumprir aquela finalidade.

11 – Toda medida adotada de acordo com este Artigo levará em devida consideração a necessidade de não intervir no exercício da jurisdição dos Estados ribeirinhos ou afetar seus direitos ou obrigações, em consonância com o Direito Internacional do Mar.

ARTIGO 18
Zonas e Portos Livres

1 – As Partes, a fim de eliminar, nas zonas e portos livres, o tráfico ilícito de entorpecentes, substâncias psicotrópicas inscritas nos Quadros I e II, adotarão medidas não menos estritas que as aplicadas em outras partes de seu território.

2 – As Partes procurarão:

a) controlar o movimento de bens e pessoas nas zonas e portos livre, para o que facultarão as autoridades a inspecionar as cargas e os navios na chegada e na partida, incluídos as embarcações de recreio e barcos pesqueiros, assim como aviões e veículos e, quando proceder, a revistar os membros da tripulação, os passageiros e as respectivos bagagens;

b) estabelecer e manter um sistema para descobrir as remessas suspeitas de conter entorpecentes, substâncias psicotrópicas e substâncias inscritas nos Quadros I e II, que entrem ou saiam das zonas em questão;

c) estabelecer e manter sistemas de vigilância nas zonas do porto, nas docas, nos aeroportos de controle de fronteiras das zonas e portos livres.

ARTIGO 19
Utilização dos Serviços Postais

1 – As Partes, de acordo com suas obrigações oriundas das Convenções da União Postal Universal, e de acordo com os princípios fundamentais de seus respectivos ordenamentos jurídicos internos, adotarão medidas e cooperação entre si a fim de suprimir a utilização dos sérvios postais para o tráfico ilícito.

2 – As medidas a que se refere o parágrafo 1 do presente Artigo incluirão, em particular:

a) medidas coordenadas e orientadas para prevenir e reprimir a utilização dos serviços postais para o tráfico ilícito;

b) a introdução e a manutenção, por pessoal de detecção e repressão competente, de técnicas de pesquisa e controle direcionados para detectar as remessas postais com conteúdo ilícito de entorpecentes, de substâncias psicotrópicas e substâsncias incluídas nos Quadros I e II;

c) medidas legislativas que permitam recorrer a meios adequados a fim de assegurar as provas necessárias para iniciar procedimentos jurídicos.

ARTIGO 20
Informação a ser Fornecida pelas Partes

1 – As Partes fornecerão, por intermédio do Secretário Geral, informação à comissão sobre funcionamento desta Convenção em seus territórios e, em particular:

a) textos das leis e regulamentos promulgados para dar efeito à Convenção;

b) pormenores dos casos de tráfico ilícito dentro de sua jurisdição, que julguem importantes, pelas novas tendências que revelam, as quantidades em questão, a procedência das substâncias ou os métodos utilizados por pessoas que se dedicam ao tráfico ilícito.

2 – As Partes facilitarão o acesso à informação do modo e na data em que a comissão o solicitar.

ARTIGO 21
FUNÇÕES DA COMISSÃO

1 – A Comissão está autorizada a considerar quaisquer questões relacionadas com os objetivos desta Convenção e, em particular:

a) a Comissão examinará o andamento da presente Convenção, com base nas informações apresentadas pelas Partes, de acordo com o Artigo 20;

b) a Comissão poderá fazer sugestões e recomendações de caráter geral com base no exame das informações recebidas das Partes;

c) a Comissão poderá levar á atenção da Junta qualquer questão que tenha relação a mesma;

d) a Comissão tomará as medidas que julgar adequadas sobre qualquer questão que lhe tenha sido remetida pela Junta, de acordo com o inciso b) do parágrafo 1 do Artigo 23;

e) A Comissão, de acordo com o procedimento estabelecido no Artigo 12, poderá emendar o Quadro I e o II;

f) a Comissão poderá levar à atenção dos Estados não-Partes as decisões e recomendações que adote em cumprimento à presente Convenção, a fim de que examinem a possibilidade de tomar medidas cabíveis.

ARTIGO 22
Funções da Junta

1 – Sem prejuízo das funções da Comissão prevista no Artigo 21 e sem prejuízo das funções da Junta e da Comissão, previstas na Convenção de 1961, na Convenção de 1961 em sua forma emendada, e no Convênio de 1971;

a) Se, com base no exame da informação à disposição dela, do Secretário Geral, ou da Comissão, ou da informação comunicada pelos órgãos das Nações Unidas, a Junta tiver motivos para crer que os objetivos desta Convenção não são cumpridos em assuntos de sua competência, a Junta poderá convidar uma ou mais Partes a fornecer toda informação pertinente;

b) com respeito aos Artigos 12, 13 e 16:

i) uma vez cumprido o trâmite assinalado no inciso a) deste Artigo, a Junta poderá, se julgar necessário, pedir à Parte interessada que adote medidas corretivas que as circunstâncias aconselham para o cumprimento do disposto nos Artigos 12, 13 e 16;

ii) antes de tomar qualquer medida, conforme o sub-item iii) infra, a Junta tratará confidencialmente suas comunicações com a Parte interessada de acordo com os subs-itens anteriores;

iii) se a Junta considerar que a Parte interessada não tenha adotado as medidas corretivas conforme solicitação, de acordo com este sub-item, poderá levar o assunto à atenção das Partes, do Conselho e da Comissão. Qualquer relatório publicado pela Junta, de acordo com este sub-item, incluirá também as opiniões da Parte interessada se esta assim o solicitar da Parte interessada se esta assim o solicitar.

2 – Toda Parte interessada será convidada para ser representada nas reuniões da Junta, na qual se examinará, de acordo com este Artigo, uma questão que afete diretamente.

3 – No caso de uma decisão da Junta, adota em virtude deste Artigo, não ser unânime, deixar-se-á constância das opiniões da minoria.

4 – As decisões da Junta, de acordo com este Artigo, tomar-se-ão pela maioria de dois terços do número total de membros da Junta.

5 – No desempenho de suas funções, de acordo com o inciso a) do parágrafo 1 deste Artigo, a Junta protegerá o caráter confidencial de toda informação que lhe seja dada.

6 – A responsabilidade da Junta, em virtude deste Artigo, não se aplicará para o cumprimento de tratados ou acordos celebrados entre as Partes, de acordo com o disposto na presente Convenção.

7 – O disposto neste Artigo não se aplicará às controvérsias entre as Partes, mencionadas nas disposições do Artigo 32.

ARTIGO 23
Informações de Junta

1 – A Junta preparará um relatório anual sobre seus trabalhos, contendo uma análise da informação a seu dispor e, nos casos adequados, uma relação das explicações, se existirem, fornecidas pelas Partes ou por elas solicitadas, junto com quaisquer observações e recomendações que a Junta deseje formular. A Junta poderá preparar os relatórios adicionais que considerar necessários. A Junta poderá preparar os relatórios adicionais que considerar necessários. Os relatórios serão apresentados ao Conselho, por intermédio da comissão, que poderá fazer as observações que julgar convenientes.

2 – Os relatórios da Junta serão transmitidos às Partes e posteriormente publicadas pelo Secretário Geral. As Partes permitirão sua distribuição, sem restrições.

ARTIGO 24
Aplicação de Medidas mais Estritas que as Estabelecidas pela Presente Convenção

As Partes poderão, adotar medidas mais estritas ou rigorosas que as previstas na presente Convenção se, a seu juízo, tais medidas são convenientes ou necessárias para impedir ou eliminar o tráfico ilícito.

ARTIGO 25
Efeito Não-derrogatório com Respeito a Direitos e Obrigações Convencionais Anteriores

As disposições desta Convenção não derrogam os direitos e obrigações que incumbem às Partes desta Convenção, em virtude da Convenção de 1961, a Convenção de 1961 em sua forma emendada, e o Convênio de 1971.

ARTIGO 26
Assinatura

Esta Convenção estará aberta a partir do dia 20 de dezembro de 1988 até o dia 28 de fevereiro de 1989, no Escritório das Nações Unidas em Viena, e depois até o dia 20 de dezembro de 1989, na Sede das Nações Unidas em Nova Iorque:

a) de todos os Estados;

b) da Namíbia, representada pelo Conselho das Nações Unidas para Namíbia;

c) das organizações regionais de integração econômica que seja, competentes para negociar, concluir e aplicar Acordos Internacionais sobre questões regulada por esta Convenção, sendo aplicáveis às organizações em questão, dentro dos limites de sua competência, as referências que são feitas às Partes, aos Estados e aos serviços nacionais desta Convenção.

ARTIGO 27
Retificação, Aceitação, Aprovação ou Ato de Confirmação Formal

1 – Esta Convenção estará sujeita a ratificação, aceitação ou aprovação pelos Estados e pela Namíbia, representada pelo Conselho das Nações Unidas para a Namíbia, e aos atos de confirmação formal pelas organizações regionais de integração econômica, mencionadas no inciso c) do Artigo 26. Os instrumentos da ratificação, aceitação ou aprovação e os instrumentos relativos aos atos de confirmação formal serão depositados junto ao Secretário Geral.

2 – Em seus instrumentos de confirmação legal, as organizações regionais de integração econômica declaração o alcance de sua competência com respeito às questões regidas pela presente Convenção. Aquelas organizações comunicarão, também, ao Secretário Geral, qualquer modificação do alcance de sua competência no que diz respeito às questões regidas pela presente Convenção.

ARTIGO 28
Adesão

1 – Esta Convenção ficará aberta a adesões de todos os Estados, da Namíbia, representada pelo Conselho das Nações Unidas para a Namíbia e das organizações regionais de integração econômica, mencionadas no inciso c) do Artigo 26. A adesão se efetivará mediante o depósito de um instrumento de adesão junto ao Secretário Geral.

2 – Em seus instrumentos de adesão, as organizações regionais de integração econômica declaração o alcance de sua competência no que diz respeito a questões regidas por esta Convenção.

ARTIGO 29
Entrada em Vigor

1 – A presente Convenção entrará em vigor no nonagésimo dia seguinte à data em que tenha sido depositado junto ao Secretário Geral, o vigésimo instrumento de ratificação, aceitação, aprovação ou adesão pelos Estados ou pela Namíbia, representada pelo Conselho das Nações Unidas para a Namíbia.

2 – Para cada Estado ou para a Namíbia, representada pelo Conselho das Nações Unidas para a Namíbia, que ratifique, aceite ou aprove a presente Convenção, ou a ela adira, depois de ter-se depositado o vigésimo instrumento de ratificação, de aceitação, de aprovação ou de adesão, esta Convenção entrará em vigor no nonagésimo dia seguinte à data em que aquele Estado ou a Namíbia tiver depositado o instrumento de ratificação, aceitação, aprovação ou adesão.

3 – Para cada organização regional de integração econômica, mencionada no inciso c) do Artigo 26, que depositar um instrumento relativo a um ato de Confirmação formal ou um instrumento de adesão, a presente Convenção entrará em vigor no nonagésimo dia seguinte à data em que tiver sido efetuado o depósito, ou na data em que esta convenção entrar em vigor, conforme o parágrafo 1 do presente Artigo, se esta última for posterior.

ARTIGO 30
Denúncia

1 – Cada Parte poderá, a qualquer momento, denunciar esta Convenção mediante notificação escrita, dirigida ao Secretário Geral.

2 – A denúncia surtirá efeito para a Parte interessada um ano após a data em que a notificação tenha sido recebida pelo Secretário Geral.

ARTIGO 31
Emendas

1 – Qualquer Parte poderá propor uma emenda à presente Convenção. A Parte em questão comunicará o texto de qualquer emenda assim proposta, e os motivos da mesma, ao Secretário Geral que, por sua vez, comunicará a emenda proposta à demais Partes, às quais perguntará se a aceitam. Caso a proposta de emenda, assim distribuída, não tenha sido recusada por nenhuma das Partes dentro dos vinte e quatro meses seguintes a sua notificação, a emenda será considerada aceita, e entrará em vigor, com

respeito a cada Parte, noventa dias depois que essa Parte tenha depositado, junto ao Secretário Geral, um instrumento no qual expresse seu consentimento em ficar obrigada a essa emenda.

2 – Quando uma proposta de emenda for recusada por uma das Partes, o Secretário Geral consultará as Partes e, se a maioria delas assim solicitar, submeterá a questão, junto com qualquer observação que tenha sido formulada pelas Partes, à consideração do Conselho, que poderá decidir pela convocação de uma conferência, de acordo com o parágrafo 4 do Artigo 62 da Carta da Nações Unidas. As emendas que resultarem dessa Conferência serão incorporadas a um Protocolo de Modificação. O consentimento de as tornar vinculadas a um Protocolo deverá ser expressamente notificado ao Secretário Geral.

ARTIGO 32
Solução das Controvérsias

1 – Em caso de controvérsias sobre a interpretação ou a aplicação desta Convenção entre uma ou mais Partes, estas se consultarão, com o fim de resolvê-la por vias de negociação, pesquisa, mediação, conciliação, arbitragem, recurso a organismos regionais, procedimento jurídico ou outros meios pacíficos que elegerem.

2 – Toda controvérsia dessa índole, que não tenha sido resolvida na forma prescrita no parágrafo 1 do presente Artigo, será submetida por petição de qualquer um dos Estados Partes na controvérsia, à decisão da Corte Internacional de Justiça.

3 – Se uma das organizações regionais de integração econômica, mencionadas no inciso c) do Artigo 26, é parte em uma controvérsia que não tenha sido resolvida na forma prevista no parágrafo 1 do presente Artigo, poderá, por intermédio de um Estado Membro das Nações Unidas, pedir ao Conselho que solicite uma opinião consultiva à Corte Internacional de Justiça, de acordo com o Artigo 654 do Estatuto da Corte, opinião esta que será considerada decisiva.

4 – Todo Estado, no momento da assinatura ou ratificação, aceitação ou aprovação da presente Convenção ou de sua adesão à mesma, ou toda organização regional de integração econômica, no momento da assinatura ou do depósito de um ato de confirmação formal ou de adesão, poderá declarar que não se considera obrigado pelos parágrafos 2 e 3 deste Artigo. As demais Partes não estarão obrigadas pelos parágrafos 2 e 3 deste Artigo perante nenhuma das Partes que tenha feito a declaração em questão.

5 – Toda Parte que tenha feito a declaração prevista no parágrafo 4 do presente Artigo, poderá retirá-la a qualquer momento, mediante notificação ao Secretário Geral.

ARTIGO 33
Textos Autênticos

Os Textos em árabe, chinês, espanhol, francês, inglês e russo da presente Convenção são igualmente autênticos.

ARTIGO 34
Depositário

O Secretário Geral será depositário da presente Convenção.

Em testemunho do que os abaixo-assinados, devidamente autorizados para tanto, firmaram a presente Convenção.

Feito em Viena, em um único original, no dia vinte de dezembro de mil novecentos e oitenta e oito.

ANEXO

QUADRO I	QUADRO II
Efedrina	Anidrido acético
Ergometrina	Acetona
Ergotamina	Ácido Antranílico
Ácido Lisérgico	Éter etílico
1 – fenil – 2 – propanona	Ácido Fenilacético
Pseudoefedrina	Piperidina
Os sais das substâncias listados no presente quadro, desde que a existência dos sais em questão seja possível.	Os sais das substâncias listados no presente quadro, desde que a existência dos sais em questão seja possível.

DECRETO Nº 350, DE 21 DE NOVEMBRO DE 1991

Promulga o Tratado para a Constituição de um Mercado Comum entre a República Argentina, a República Federativa do Brasil, a República do Paraguai e a República Oriental do Uruguai (Tratado Mercosul).

- *Tratado de Assunção-MERCOSUL*

O PRESIDENTE DA REPÚBLICA, usando da atribuição que lhe confere o artigo 84, inciso VIII, da Constituição e

Considerando que o Tratado para a Constituição de um Mercado Comum entre a República da Argentina, a República Federativa do Brasil, a República do Paraguai e a República Oriental do Uruguai foi concluído em Assunção, em 26 de março de 1991;

Considerando que o Congresso Nacional aprovou o referido tratado por meio do Decreto Legislativo nº 197, de 25 de setembro de 1991;

Considerando que a Carta de Ratificação do Tratado, ora promulgado, foi depositada pelo Brasil em 30 de outubro de 1991;

Considerando que o Tratado para a Constituição de um Mercado Comum entre a República Argentina, a República Federativa do Brasil, a República do Paraguai e a República Oriental do Uruguai (Tratado Mercosul) entrará em vigor internacional, e para o Brasil, em 29 de novembro de 1991, na forma de seu artigo 19, decreta:

Art. 1º O Tratado para a Constituição de um Mercado Comum entre a República da Argentina, a República Federativa do Brasil, a República do Paraguai e a República Oriental do Uruguai (Tratado Mercosul), apenso por cópia ao presente Decreto, será executado e cumprido tão inteiramente como nele se contém.

Art. 2º Este Decreto entra em vigor na data de sua publicação.

Brasília, 21 de novembro de 1991; 170º da Independência e 103º da República.

Fernando Collor

Publicado no DOU de 22.11.1991

TRATADO PARA A CONSTITUIÇÃO DE UM MERCADO COMUM ENTRE A REPÚBLICA ARGENTINA, A REPÚBLICA FEDERATIVA DO BRASIL, A REPÚBLICA DO PARAGUAI E A REPÚBLICA ORIENTAL DO URUGUAI

A República Argentina, a República Federativa do Brasil, a República do Paraguai e a República Oriental do Uruguai, doravante denominados "Estados-Partes";

Considerando que a ampliação das atuais dimensões de seus mercados nacionais, através da integração, constitui condição fundamental para acelerar seus processos de desenvolvimento econômico com justiça social;

Entendendo que esse objetivo deve ser alcançado mediante o aproveitamento mais eficaz dos recursos disponíveis, a preservação do meio ambiente, o melhoramento das interconexões físicas, a coordenação de políticas macroeconômicas e a complementação dos diferentes setores da economia, com base nos princípios de gradualidade, flexibilidade e equilíbrio;

Tendo em conta a evolução dos acontecimentos internacionais, em especial a consolidação de grandes espaços econômicos, e a importância de lograr uma adequada inserção internacional para seus países;

Expressando que este processo de integração constitui uma resposta adequada a tais acontecimentos;

Conscientes de que o presente Tratado deve ser considerado como um novo avanço no esforço tendente ao desenvolvimento progressivo da integração da América Latina, conforme o objetivo do Tratado de Montevidéu de 1980.

Convencidos da necessidade de promover o desenvolvimento científico e tecnológico dos Estados-Partes e de modernizar suas economias para ampliar a oferta e a qualidade dos bens de serviço disponíveis, a fim de melhorar as condições de vida de seus habitantes;

Reafirmando sua vontade política de deixar estabelecidas as bases para uma união cada vez mais estreita entre seus povos, com a finalidade de alcançar os objetivos supramencionados

Acordam:

- Dec. 7.859/2012 – Promulga o Protocolo de Adesão da República Bolivariana da Venezuela ao MERCOSUL, firmado pelos Presidentes dos Estados Partes do MERCOSUL e da República Bolivariana da Venezuela em Caracas, em 4 de julho de 2006.
- Dec. 5.722/2006 – Promulga o Acordo Multilateral de Seguridade Social do Mercado Comum do Sul e seu Regulamento Administrativo, de 15 de dezembro de 1997.
- Dec. 5.518/2005 – Promulga o Acordo de Admissão de Títulos e Graus Universitários para o Exercício de Atividades Acadêmicas nos Estados Partes do Mercosul.
- Dec. 5.208/2004 – Promulga o Acordo-Quadro sobre Meio Ambiente do Mercosul.
- Decr. 4.982/2004 – Promulga o Protocolo de Olivos para a Solução de Controvérsias no Mercosul.
- Dec. 4.210/2002 – Promulga o Protocolo de Ushuaia sobre Compromisso Democrático no Mercosul, Bolívia e Chile.
- Dec. 1.901/1996 – Promulga o Protocolo Adicional ao Tratado de Assunção sobre a Estrutura Institucional do MERCOSUL (Protocolo de Ouro Preto), de 17 de dezembro de 1994.
- Dec. 922/1993 – Promulga o Protocolo para a Solução de Controvérsias, firmado em Brasília em 17 de dezembro de 1991, no âmbito do Mercado Comum do Sul (MERCOSUL).

CAPÍTULO I
PROPÓSITOS, PRINCÍPIOS E INSTRUMENTOS

Artigo 1

Os Estados-Partes decidem constituir um Mercado Comum, que deverá estar estabelecido a 31 de dezembro de 1994, e que se denominará "Mercado Comum do Sul" (Mercosul).

Este Mercado comum implica:

A livre circulação de bens, serviços e fatores produtivos entre os países, através, entre outros, da eliminação dos direitos alfandegários e restrições não tarifárias à circulação de mercadorias e de qualquer outra medida de efeito equivalente;

O estabelecimento de uma tarifa externa comum e a adoção de uma política comercial comum em relação a terceiros Estados ou agrupamentos de Estados e a coordenação de posições em foros econômico-comerciais regionais e internacionais;

A coordenação de políticas macroeconômicas e setoriais entre os Estados-Partes – de comércio exterior, agrícola, industrial, fiscal, monetária, cambial e de capitais, de outras que se acordem –, a fim de assegurar condições adequadas de concorrência entre os Estados-Partes, e

O compromisso dos Estados-Partes de harmonizar suas legislações, nas áreas pertinentes, para lograr o fortalecimento do processo de integração.

Artigo 2

O Mercado comum estará fundado na reciprocidade de direitos e obrigações entre os Estados-Partes.

Artigo 3

Durante o período de transição, que se estenderá desde a entrada em vigor do presente Tratado até 31 de dezembro de 1994, e a fim de facilitar a constituição do Mercado Comum, os Estados-Partes adotam um Regime Geral de Origem, um Sistema de Solução de Controvérsias e Cláusulas de Salvaguarda, que contam com Anexos II, III e IV ao presente Tratado.

Artigo 4

Nas relações com terceiros países, os Estados-Partes asseguração condições equitativas de comércio. Para tal fim, aplicarão suas legislações nacionais para inibir importações cujos preços estejam influenciados por subsídios, *dumping* ou qualquer outra prática desleal. Paralelamente, os Estados-Partes coordenarão suas respectivas políticas nacionais com o objetivo de elaborar normas comuns sobre concorrência comercial.

Artigo 5

Durante o período de transição, os principais instrumentos para a constituição do Mercado Comum são:

a) Um Programa de Libertação Comercial, que consistirá em reduções tarifárias progressivas, lineares e automáticas, acompanhadas da eliminação de restrições não tarifárias ou medidas de efeito equivalente, assim como de outras restrições ao comércio entre os Estados-Partes, para chegar a 31 de dezembro de 1994 com tarifa zero, sem barreiras não tarifárias sobre a totalidade do universo tarifário (Anexo I);

b) A coordenação de políticas macroeconômicas que se realizará gradualmente e de forma convergente com os programas de desgravação tarifária e eliminação de restrições não tarifárias, indicados na letra anterior;

c) Uma tarifa externa comum, que incentive a competitividade externa dos Estados-Partes;

d) A adoção de acordos setoriais, com o fim de otimizar a utilização e mobilidade dos fatores de produção e alcançar escalas operativas eficientes.

Artigo 6

Os Estados-Partes reconhecem diferenças pontuais de ritmo para a República do Paraguai e para a República Oriental do Uruguai, que constam no Programa de Liberação Comercial (Anexo I).

Artigo 7

Em matéria de impostos, taxas e outros gravames internos, os produtos originários do território de um Estado-Parte gozarão, nos outros Estados-Partes, do mesmo tratamento que se aplique ao produto nacional.

Artigo 8

Os Estados-Partes se comprometem a preservar os compromissos assumidos até a data de celebração do presente Tratado, inclusive os Acordos firmados no âmbito da Associação Latino-Americana de Integração, e a coordenar suas posições nas negociações comerciais externas que empreendam durante o período de transição. Para tanto:

a) Evitarão afetar os interesses dos Estados-Partes nas negociações comerciais que realizem entre si até 31 de dezembro de 1994;

b) Evitarão afetar os interesses dos demais Estados-Partes ou os objetivos do Mercado Comum nos acordos que celebrarem com outros países membros da Associação Latino-Americana de Integração durante o período e transição;

c) Realizarão consultas entre si sempre que negociarem esquemas amplos de desgravação tarifária, tendentes à formação de zonas de livre comércio com os demais países membros da Associação Latino-Americana de Integração;

d) Estenderão automaticamente aos demais Estados-Partes qualquer vantagem, favor, franquia, imunidade ou privilégio que concedam a um produto originário de ou destinado a terceiros países não membros da Associação Latino-Americana de Integração.

CAPÍTULO II
ESTRUTURA ORGÂNICA

Artigo 9

A administração e execução do presente Tratado e dos Acordos específicos e decisões que se adotem no quadro jurídico que o mesmo estabelece durante o período de transição estarão a cargo dos seguintes órgãos:

a) Conselho do Mercado Comum;

b) Grupo Mercado Comum.

Artigo 10

O Conselho é o órgão superior do Mercado Comum, correspondendo-lhe a condução política do mesmo e a tomada de decisões para assegurar o cumprimento dos objetivos e prazos estabelecidos para a constituição definitiva do Mercado Comum.

Artigo 11

O Conselho estará integrado pelos Ministros de Relações Exteriores e os Ministro de Economia dos Estados-Partes.

Reunir-se-á quantas vezes estime oportuno, e, pelo menos uma vez ao ano, o fará com a participação dos Presidentes dos Estados-Partes.

Artigo 12

A Presidência do Conselho se exercerá por rotação dos Estados-Partes e em ordem alfabética, por períodos de 6 (seis) meses.

As reuniões do Conselho serão coordenadas pelos Ministros de Relações Exteriores e poderão ser convidados a delas participar outros Ministros ou autoridades de nível ministerial.

Artigo 13

O Grupo Mercado Comum é o órgão executivo do Mercado Comum e será coordenado pelos Ministérios das Relações Exteriores.

O Grupo Mercado Comum terá faculdade de iniciativa. Suas funções serão as seguintes:

- velar pelo cumprimento do Tratado;
- tomar as providências necessárias ao cumprimento das decisões adotadas pelo Conselho;
- propor medidas concretas tendentes à aplicação do Programa de Liberação Comercial, à coordenação de políticas macroeconômicas e à negociação de Acordos frente a terceiros;
- fixar programas de trabalho que assegurem avanços para o estabelecimento do Mercado Comum.

O Grupo Mercado Comum poderá constituir os Subgrupos de trabalho que forem necessários para o cumprimento de seus objetivos. Contará inicialmente com os Subgrupos mencionados no Anexo V.

O Grupo Mercado Comum estabelecerá seu regime interno no prazo de 60 (sessenta) dias a partir de sua instalação.

Artigo 14

O Grupo Mercado Comum estará integrado por quatro membros titulares e quatro membros alternos por país, que representem os seguintes órgãos públicos:

- Ministério das Relações Exteriores;
- Ministério da Economia ou seus equivalentes (áreas de indústria, comércio exterior e/ou coordenação econômica);
- Banco Central.

Ao elaborar e propor medidas concretas no desenvolvimento de seus trabalhos, até 31 de dezembro de 1994, o Grupo Mercado Comum poderá convocar, quando julgar conveniente, representantes de outros órgãos de Administração Pública e do setor privado.

Artigo 15

O Grupo Mercado Comum contará com uma Secretaria Administrativa cujas principais funções consistirão na guarda de documentos e comunicações de atividades do mesmo. Terá sua sede na cidade de Montevidéu.

Artigo 16

Durante o período de transição, as decisões do Conselho do Mercado Comum e do Grupo Mercado Comum serão tomadas por consenso e com a presença de todos os Estados-Partes.

Artigo 17

Os idiomas oficiais do Mercado Comum serão o português e o espanhol e a versão oficial dos documentos de trabalho será a do idioma do país sede de cada reunião.

Artigo 18

Antes do estabelecimento do Mercado Comum, a 31 de dezembro de 1994, os Estados-Partes convocarão uma reunião extraordinária com o objetivo de determinar a estrutura institucional definitiva dos órgãos de administração do Mercado comum, assim como as atribuições específicas de cada um deles e seu sistema de tomada de decisões.

CAPÍTULO III
VIGÊNCIA

Artigo 19

O presente Tratado terá duração indefinida e entrará em vigor 30 (trinta) dias após a data do depósito do terceiro instrumento de ratificação. Os instrumentos de ratificação serão depositados ante o Governo da República do Paraguai, que comunicará a data do depósito aos Governos dos demais Estados-Partes.

O Governo da República do Paraguai notificará ao Governo de cada um dos demais Estados-Partes a data de entrada em vigor do presente Tratado.

CAPÍTULO IV ADESÃO

Artigo 20

O presente Tratado estará aberto à adesão, mediante negociação, dos demais países membros da Associação Latino-Americana de Integração, cujas solicitações poderão ser examinadas pelos Estados-Partes depois de 5 (cinco) anos de vigência deste Tratado.

Não obstante, poderão ser consideradas antes do referido prazo as solicitações apresentadas por países membros da Associação Latino-Americana de Integração que não façam parte de esquemas de integração sub-regional ou de uma associação extra-regional.

A aprovação das solicitações será objeto de decisão unânime dos Estados-Partes.

CAPÍTULO V DENÚNCIA

Artigo 21

O Estado-Parte que desejar desvincular-se do presente Tratado deverá comunicar essa intenção aos demais Estados-Partes de maneira expressa e formal, efetuando no prazo de 60 (sessenta) dias a entrega do documento de denúncia ao Ministério das Relações Exteriores da República do Paraguai, que o distribuirá aos demais Estados-Partes.

Artigo 22

Formalizada a denúncia, cessarão para o Estado denunciante os direitos e obrigações que correspondam a sua condição de Estado-Parte, mantendo-se os referentes ao programa de liberação do presente Tratado e outros aspectos que os Estados-Partes, juntos com o Estado denunciante, acordem no prazo de 60 (sessenta) dias após a formalização da denúncia. Esses direitos e obrigações do Estado denunciante continuarão em vigor por um período de 2 (dois) anos a partir da data da mencionada formalização.

CAPÍTULO VI DISPOSIÇÕES GERAIS

Artigo 23

O presente Tratado se chamará "Tratado de Assunção".

Artigo 24

Com o objetivo de facilitar a implementação do Mercado Comum, estabelecer-se-á uma Comissão Parlamentar Conjunta do Mercosul. Os Poderes Executivos dos Estados-Partes manterão seus respectivos Poderes Legislativos informados sobre a evolução do Mercado Comum objeto do presente Tratado.

Feito na cidade de Assunção, aos 26 dias do mês de março de mil novecentos e noventa e um, em um original, nos idiomas português e espanhol, sendo ambos os textos igualmente autênticos. O governo da República do Paraguai será o depositário do presente Tratado e enviará cópia devidamente autenticada do mesmo aos Governos dos demais Estados-Partes signatários e aderentes.

Pelo Governo da República Argentina:

Carlos Saul Menem

Guido Di Tella

Pelo Governo da República Federativa do Brasil:

Fernando Collor

Francisco Rezek

Pelo Governo da República do Paraguai:

Andres Rodrigues

Alexis Frutos Vaesken

Pelo Governo da República Oriental do Uruguai:

Luis Alberto Lacalle Herrera

Hector Gros Espiell

Cópia fiel do original que esta no Departamento de Tratados do Ministénio de Relações Exteriores da República do Paraguai.

Dr, Bernardino Hugo Saguier Caballero

Sub-Secretário de Estado das Relações Exteriores

ANEXO I PROGRAMA DE LIBERAÇÃO COMERCIAL

Artigo Primeiro

Os Estados-Partes acordam eliminar, o mais tardar a 31 de dezembro de 1994, os gravames e demais restrições aplicadas ao seu comércio recíproco.

No que se refere às Listas de Exceções apresentadas pela República do Paraguai e pela República Oriental do Uruguai, o prazo para sua eliminação se estenderá até 31 de dezembro de 1995, nos termos do Artigo Sétimo do presente Anexo.

Artigo Segundo

Para efeito do disposto no Artigo anterior, se entenderá:

a) por "gravames", os direitos aduaneiros e quaisquer outras medidas de efeito equivalente, sejam de caráter fiscal, monetário, cambial ou de qualquer natureza, que incidam sobre o comércio exterior. Não estão compreendidas neste conceito taxas e medidas análogas quando respondam ao custo aproximado dos serviços prestados; e

b) por "restrições", qualquer medida de caráter administrativo, financeiro, cambial ou de qualquer natureza, mediante a qual um Estado-Parte impeça ou dificulte, por decisão unilateral, o comércio recíproco. Não estão compreendidas no mencionado conceito as medidas adotadas em virtude das situações previstas no Artigo 50 do Tratado de Montevidéu de 1980.

Artigo Terceiro

A partir da data de entrada em vigor do Tratado, os Estados-Partes iniciarão um programa de desgravação progressivo, linear e automático, que beneficiará os produtos compreendidos no universo tarifário, classificados em conformidade com a nomenclatura tarifária utilizada pela Associação Latino-Americana de Integração, de acordo com:

DATA/PERCENTUAL DE DESGRAVAÇÃO

30/ VI/1991	31/ XII/1991	30/ VI/1992	31/ XII/1992
47	54	61	68
30/VI/93	31/XII/93	30/VI/94	31/XII/94
75	82	89	100

As preferências serão aplicadas sobre a tarifa vigente no momento de sua aplicação e consistem em uma redução percentual dos gravames mais favoráveis aplicados à importação dos produtos procedentes de terceiros países não membros da Associação Latino-Americana de Integração.

No caso de algum dos Estados-Partes elevar essa tarifa para a importação de terceiros países, o cronograma estabelecido continuará a ser aplicado sobre o nível tarifário vigente em 1º de janeiro de 1991.

Se se reduzirem as tarifas, a preferência correspondente será aplicada automaticamente sobre a nova tarifa na data de entrada em vigência da mesma.

Para tal efeito, os Estados-Partes intercambiarão entre si e remeterão à Associação Latino-Americana de Integração, dentro de 30 (trinta) dias a partir da entrada em vigor do Tratado, cópias atualizadas de suas tarifas aduaneiras, assim como das vigentes em 1º de janeiro de 1991.

Artigo Quarto

As preferências negociadas nos acordos de Alcance Parcial, celebrados no marco da Associação Latino-Americana de Integração pelos Estados-Partes entre si, serão aprofundadas dentro do presente Programa de Desgravação de acordo com o seguinte cronograma:

DATA/PERCENTUAL DE DESGRAVAÇÃO

31/ XII/1990	30/ VI/1991	30/ XII/1991	30/ VI/1992	31/ XII/1992
00 a 40	47	54	61	68
41 a 45	52	59	66	73
46 a 50	57	64	71	78
51 a 55	61	67	73	79
56 a 60	67	74	81	88
61 a 65	71	77	83	89
66 a 70	75	80	85	90
71 a 75	80	85	90	95
76 a 80	85	90	95	100
81 a 85	89	93	97	100
86 a 90	95	100		
91 a 95	100			
96 a 100				
30/ VI/1993	31/ XII/1993	30/ VI/1994	31/ XII/1994	
75	82	89	100	
80	87	94	100	
85	92	100		
86	93	100		
95	100			
96	100			
95	100			
100				

Estas desgravações se aplicarão exclusivamente no âmbito dos respectivos Acordos de Alcance Parcial, não beneficiando os demais integrantes do Mercado Comum, e não alcançarão os produtos incluídos nas respectivas Listas de Exceções.

Artigo Quinto

Sem prejuízo do mecanismo descrito nos Artigos Terceiro e Quarto, os Estados-Partes poderão aprofundar adicionalmente as preferências, mediante negociações a efetuarem-se no âmbito dos Acordos previstos no Tratado de Montevidéu 1980.

Artigo Sexto

Estarão excluídos do cronograma de desgravação a que se referem os Artigos Terceiro e Quarto do presente Anexo os produtos compreendidos nas listas de Exceções apresentadas por cada um dos Estados-Partes com as seguintes quantidades de itens Naladi:

República Argentina 394

República Federativa do Brasil 324

República do Paraguai 439

República Oriental do Uruguai 960

Artigo Sétimo

As Listas de Exceções serão reduzidas no vencimento de cada ano-calendário de acordo com o cronograma que se detalha a seguir:

a) Para a República Argentina e a República Federativa do Brasil na razão de 20% (vinte por cento) anuais dos itens que a compõem, redução que se aplica desde 31 de dezembro de 1990;

b) Para a República do Paraguai e para a República Oriental do Uruguai, a redução se fará na razão de:

10% (dez por cento) na data de entrada em vigor do Tratado,

10% (dez por cento) na data de entrada em vigor do Tratado,

10% (dez por cento) em 31 de dezembro de 1991,

20% (vinte por cento) em 31 de dezembro de 1992,

20% (vinte por cento) em 31 de dezembro de 1994,

20% (vinte por cento) em 31 de dezembro de 1995.

Artigo Oitavo

As Listas de Exceções incorporadas nos Apêndices I, II, III e IV incluem a primeira redução contemplada no Artigo anterior.

Artigo Nono

Os produtos que forem retirados das Listas de Exceções nos termos previstos no Artigo Sétimo se beneficiarão automaticamente das preferências que resultem do Programa de Desgravação estabelecido no Artigo Terceiro do presente Anexo com, pelo menos, o percentual de desgravação mínimo previsto na data em que se opere sua retirada dessas Listas.

Artigo Décimo

Os Estados-Partes somente poderão aplicar até 31 de dezembro de 1994, aos produtos compreendidos no programa de desgravação, as restrições não tarifárias expressamente declaradas nas Notas Complementares ao Acordo de Complementação que os Estados-Partes celebrem no marco do Tratado de Montevidéu 1980.

A em 31 de dezembro de 1994 e no âmbito do Mercado Comum, ficarão eliminadas todas as restrições não tarifárias.

Artigo Décimo Primeiro

A fim de assegurar o cumprimento do cronograma de desgravação estabelecido nos Artigos Terceiro e Quarto, assim como o Estabelecimento do Mercado Comum, os Estados-Partes coordenarão as políticas macroeconômicas e as setoriais que se acordem, a que se refere o Tratado para a Constituição do Mercado Comum, começando por aquelas relacionadas aos fluxos de comércio e à configuração dos setores produtivos dos Estados-Partes.

As normas contidas no presente Anexo não se aplicarão aos Acordos de Alcance Parcial, de Complementação Econômica Números 1, 2, 13 e 14, nem aos comerciais e agropecuários, subscritos no âmbito do Tratado de Montevidéu 1980, os quais se regerão exclusivamente pelas disposições neles estabelecidas.

BRASIL

Lista de exceções

03.01.1.01	29.04.1.01	73.40.1.99	84.45.6.02
03.01.1.02	29.04.2.05	73.40.2.01	84.45.6.99
03.01.1.99	29.14.1.01	73.40.2.99	84.45.7.02
03.01.2.01	38.08.1.01	73.40.3.01	84.45.7.99
03.01.2.02	39.07.0.01	73.40.3.99	84.45.9.09
03.01.3.01	39.07.0.03	73.40.9.01	84.45.9.11
03.01.4.01	39.07.0.04	73.40.9.99	84.45.9.21
04.04.1.01	39.07.0.05	84.06.1.01	84.45.9.29
04.04.1.99	39.07.0.06	84.06.2.01	84.45.9.91
04.04.2.99	39.07.0.07	84.06.3.01	84.45.9.92
04.04.3.01	39.07.0.08	84.06.3.99	84.45.9.93
04.04.3.99	39.07.0.99	84.06.4.99	84.45.9.94
04.04.4.02	40.08.0.01	84.06.5.01	84.45.9.95
04.04.9.01	40.08.0.99	84.06.5.99	84.45.9.99
04.04.9.99	40.09.0.01	84.06.8.01	84.47.1.01
07.01.0.04	53.11.0.01	84.06.8.11	84.47.1.02
07.01.0.05	53.11.0.02	84.34.1.01	84.47.1.03
07.01.0.07	53.11.0.03	84.45.1.99	84.47.1.04
08.07.0.04	53.11.0.04	84.45.2.01	84.46.1.99
16.04.0.01	53.11.0.99	84.45.2.99	84.47.2.01
20.06.1.05	70.04.1.02	84.45.3.01	84.47.2.02
20.06.2.05	70.04.9.02	84.45.3.02	84.47.2.99
22.05.1.01	70.05.1.01	84.45.3.99	84.47.3.01
22.05.1.02	70.05.1.02	84.45.4.01	84.47.3.02
22.05.1.11	70.05.9.02	84.45.4.02	84.47.3.03
22.05.1.19	70.06.1.01	84.45.4.03	84.47.3.99
24.02.1.01	70.06.1.02	84.45.4.04	84.47.4.01
24.02.1.03	70.06.9.01	84.45.4.99	84.47.4.99
24.02.1.04	70.06.9.02	84.45.5.01	84.47.5.01
24.02.1.99	70.18.0.99	84.45.5.02	84.47.5.99
24.02.2.01	70.19.0.01	84.45.5.03	84.47.6.01
28.03.0.01	70.19.0.99	84.45.5.99	84.47.6.02
28.40.1.02	73.40.1.01	84.45.6.01	84.47.6.99
84.47.9.01	84.59.7.01	87.02.1.99	90.28.1.01
84.47.9.02	84.59.7.02	87.02.2.01	90.28.1.09
84.47.9.99	84.59.7.03	87.02.2.99	90.28.1.99
84.48.1.01	84.59.7.04	87.02.3.01	90.28.2.01
84.48.1.02	84.59.7.99	87.02.3.99	90.28.2.99
84.48.1.03	84.59.8.01	87.02.9.01	90.28.3.01
84.48.1.99	84.59.8.99	87.02.9.99	90.28.3.09
84.48.2.01	84.59.9.01	87.03.0.01	90.28.3.99
84.48.3.01	84.59.9.02	87.03.0.99	90.28.4.01
84.48.3.02	84.59.9.99	87.04.1.01	90.28.4.99
84.51.2.01	84.61.1.01	87.04.1.99	90.28.5.01
84.52.1.03	84.61.1.99	87.04.9.01	90.28.5.09
84.52.3.99	84.61.8.01	87.04.9.99	90.28.5.99
84.53.0.01	84.61.9.01	87.05.0.01	90.28.6.01
84.53.0.02	84.61.9.02	87.05.0.03	90.28.6.09
84.53.0.03	84.61.9.03	87.06.0.01	90.28.6.99
84.53.0.04	84.61.9.99	87.06.0.03	90.28.7.01
84.53.0.05	85.05.0.01	90.07.1.02	90.28.7.09
84.53.0.99	85.13.1.03	90.07.1.03	90.28.7.99
84.59.1.01	85.13.1.99	90.07.1.04	90.28.8.01
84.59.2.01	85.13.2.03	90.07.1.05	90.28.8.99
84.59.2.02	85.15.1.09	90.07.2.01	90.28.9.02
84.59.2.03	85.15.1.19	90.07.2.99	90.28.9.03
84.59.2.99	85.15.1.29	90.07.8.01	90.28.9.04
84.59.3.01	85.19.3.99	90.17.1.01	90.28.9.05
84.59.3.02	85.19.4.01	90.17.1.99	90.28.9.09
84.59.3.03	85.19.4.99	90.17.2.01	90.28.9.91
84.59.3.99	85.21.2.01	90.17.2.02	90.28.9.92
84.59.4.01	85.21.4.99	90.17.2.99	90.28.9.93
84.59.5.01	85.21.5.01	90.17.9.02	90.28.9.99
84.59.5.99	85.21.6.01	90.17.9.99	92.12.0.06
84.59.6.01	87.02.1.01	90.20.1.01	

ANEXO II
REGIME GERAL DE ORIGEM

CAPÍTULO I
REGIME GERAL DE QUALIFICAÇÃO DE ORIGEM

Artigo Primeiro

Serão considerados originários dos Estados-Partes:

a) Os produtos elaborados integralmente no território de qualquer um deles, quando em sua elaboração forem utilizados exclusivamente materiais originários dos Estados-Partes;

b) Os produtos compreendidos nos capítulos ou posições da Nomenclatura Tarifária da Associação Latino-Americana de Integração que se identificam no Anexo 1 da Resolução 78 do Comitê de Representantes da citada Associação, pelo simples fato de serem produzidos em seus respectivos territórios.

Considerar-se-ão produzidos no território de um Estado-Parte:

i. Os produtos dos reinos mineral, vegetal ou animal, incluindo os da caça e da pesca, extraídos, colhidos ou apanhados, nascidos e criados em seu território ou em suas Águas Territoriais ou Zona Econômica Exclusiva;

ii. Os produtos do mar extraídos fora de suas Águas Territoriais e zona econômica exclusiva por barcos de sua bandeira ou arrendados por empresas estabelecidas em seu território; e

iii. Os produtos que resultem de operações ou processos efetuados em seu território pelos quais adquiram a forma final em que serão comercializados, exceto quando esses processos ou operações consistam somente em simples montagens ou ensamblagens, embalagem, fracionamento em lotes ou volumes, seleção e classificaçao, marcação, composição de sortimentos de mercadorias ou outras operações ou processos equivalentes;

c) Os produtos em cuja elaboração se utilizem materiais não originários dos Estados-Partes, quando resultem de um processo de transformação, realizado no território de algum deles, que lhes confira uma nova individualidade, caracterizada pelo fato de estarem classificados na Nomenclatura Aduaneira da Associação Latino-Americana de Integração em posição diferente à dos mencionados materiais, exceto nos casos em que os Estados-Partes determinem que, ademais, se cumpra com o requisito previsto no Artigo Segundo do presente Anexo.

Não obstante, não serão considerados originários os produtos resultantes de operações ou processos efetuados no território de um Estado-Parte pelos quais adquiram a forma final em que serão comercializados, quando nessas operações ou processos forem utilizados exclusivamente materiais ou insumos não originários de seus respectivos países e consistam apenas em montagens ou ensamblagens, fracionamento em lotes ou volumes, seleção, classificação, marcação, composição de sortimentos de mercadorias ou outras operações ou processos semelhantes;

d) Até em 31 de dezembro de 1994, os produtos resultantes de operações de ensamblagem e montagem realizadas no território de um Estado-Parte utilizando materiais originários dos Estados-Partes e de terceiros países, quando o valor dos materiais originários não for inferior a 40% (quarenta por cento) do valor FOB de exportação do produto final, e

e) Os produtos que, além de serem produzidos em seu território, cumpram com os requisitos específicos estabelecidos no Anexo 2 da Resolução 78 do Comitê de Representantes da Associação Latino-Americana de Integração.

Artigo Segundo

Nos casos em que o requisito estabelecido na letra c) do Artigo Primeiro não possa ser cumprido porque o processo de transformação operado não implica mudança de posição na nomenclatura, bastará que o valor CIF porto de destino ou CIF porto marítimo dos materiais de terceiros países não exceda a 50% (cinquenta por cento) do valor FOB de exportação das mercadorias de que se trata.

Na ponderação dos materiais originários de terceiros países para os Estados-Partes sem litoral marítimo, ter-se-ão em conta, como porto de destino, os depósitos e zonas francas concedidos pelos demais Estados-Partes, quando os materiais chegarem por via marítima.

Artigo Terceiro

Os Estados-Partes poderão estabelecer, de comum acordo, requisitos específicos de origem, que prevalecerão sobre os critérios gerais de qualificação.

Artigo Quarto

Na determinação dos requisitos específicos de origem a que se refere o Artigo Terceiro, assim como na revisão dos que tiverem sido estabelecidos, os Estados-Partes tomarão como base, individual ou conjuntamente, os seguintes elementos:

I – Materiais e outros insumos empregados na produção:

a) Matérias primas:

i. Matéria prima preponderante ou que confira ao produto sua característica essencial; e

ii. Matérias primas principais.

b) Partes ou peças:

i. Parte ou peça que confira ao produto sua característica essencial

ii. Partes ou peças principais; e

iii. Percentual das partes ou peças em relação ao peso total.

c) Outros insumos.

II – Processo de transformação ou elaboração utilizado.

III – Proporção máxima do valor dos materiais importados de terceiros países em relação ao valor total do produto, que resulte do procedimento de valorização acordado em cada caso.

Artigo Quinto

Em casos excepcionais, quando os requisitos específicos não puderem ser cumpridos porque ocorrem problemas circunstanciais de abastecimento: disponibilidade, especificações técnicas, prazo de entrega e preço, tendo em conta o disposto no Artigo 4 do Tratado, poderão ser utilizados materiais não originários dos Estados-Partes.

Dada a situação prevista no parágrafo anterior, o país exportador emitirá o certificado correspondente informando ao Estado-Parte importador e ao Grupo Mercado Comum, acompanhando os antecedentes e constâncias que justifiquem a expedição do referido documento.

Caso se produza uma contínua reiteração desses casos, o Estado-Parte exportador ou Estado-Parte importador comunicará esta situação ao Grupo Mercado Comum, para fins de revisão do requisito específico.

Este Artigo não compreende os produtos que resultem de operações de ensamblagem ou montagem, e será aplicável até a entrada em vigor da Tarifa Externa Comum para os produtos objeto de requisitos específicos de origem e seus materiais ou insumos.

Artigo Sexto

Qualquer dos Estados-Partes poderá solicitar a revisão dos requisitos de origem estabelecidos de conformidade com o Artigo Primeiro. Em sua solicitação, deverá propor e fundamentar os requisitos aplicáveis ao produto de que se trate.

Artigo Sétimo

Para fins do cumprimento dos requisitos de origem, os materiais e outros insumos, originários do território de qualquer dos Estados-Partes, incorporados por um Estado-Parte na elaboração de determinado produto, serão considerados originários do território deste último.

Artigo Oitavo

O critério de máxima utilização de materiais ou outros insumos originários dos Estados-Partes não poderá ser considerado para fixar requisitos que impliquem a imposição de materiais ou outros insumos dos referidos Estados-Partes, quando, a juízo dos mesmos, estes não cumpram condições adequadas de abastecimento, qualidade e preço, ou que não se adaptem aos processos industriais ou tecnologias aplicadas.

Artigo Nono

Para que as mercadorias originárias se beneficiem dos tratamentos preferenciais, as mesmas deverão ter sido expedidas diretamente do país exportador ao país importador. Para tal fim, se considera expedição direta:

a) As mercadorias transportadas sem passar pelo território de algum país não participante do Tratado.

b) As mercadorias transportadas em trânsito por um ou mais países não participantes, com ou sem transtorno ou armazenamento temporário, sob a vigilância de autoridade alfandegária competente em tais países, sempre que:

i. o trânsito estiver justificado por razões geográficas ou por considerações relativas a requerimentos do transporte;

ii. não estiverem destinadas ao comércio, uso ou emprego no país de trânsito, e

iii. não sofram, durante o transporte e depósito, nenhuma operação distinta às de carga e descarga ou manuseio para mantê-las em boas condições ou assegurar sua conservação.

Artigo Décimo

Para os efeitos do presente Regime Geral se entenderá:

a) que os produtos procedentes das zonas francas situadas nos limites geográficos de qualquer dos Estados-Partes deverão cumprir os requisitos previstos no presente Regime Geral;

b) que a expressão "materiais" compreende as matérias-primas, os produtos intermediários e as partes e peças utilizadas na elaboração das mercadorias.

CAPÍTULO II
DECLARAÇÃO, CERTIFICAÇÃO E COMPROVAÇÃO

Artigo Décimo Primeiro

Para que a importação dos produtos originários dos Estados-Partes possa beneficiar-se das reduções de gravames e restrições outorgadas entre si, na documentação correspondente às exportações de tais produtos deverá constar uma declaração que certifique o cumprimento dos requisitos de origem estabelecidos de acordo com o disposto no Capítulo anterior.

Artigo Décimo Segundo

A declaração a que se refere o Artigo precedente será expedida pelo produtor final ou pelo exportador da mercadoria, e certificado por uma repartição oficial ou entidade de classe com personalidade jurídica, credenciada pelo Governo do Estado-Parte exportador.

Ao credenciar entidades de classe, os Estados-Partes velarão para que se trate de organizações que atuem com jurisdição nacional, podendo delegar atribuições a entidades regionais ou locais, conservando sempre a responsabilidade direta pela veracidade das certificações que forem expedidas.

Os Estados-Partes se comprometem, no prazo de 90 (noventa) dias a partir da entrada em vigor do Tratado, a estabelecer um regime harmonizado de sanções administrativas para casos de falsidade nos certificados, sem prejuízo das ações penais correspondentes.

Artigo Décimo Terceiro

Os certificados de origem emitidos para os fins do presente Tratado terão prazo de validade de 180 (cento e oitenta) dias, a contar da data de sua expedição.

Artigo Décimo Quarto

Em todos os casos, se utilizará o formulário-padrão que figura anexo ao Acordo 25 do Comitê de Representantes da Associação Latino-Americana de Integração, enquanto não entrar em vigor outro formulário aprovado pelos Estados-Partes.

Artigo Décimo Quinto

Os Estados-Partes comunicarão à Associação Latino-Americana de Integração a relação das repartições oficiais e entidades de classe credenciadas a expedir a certificação a que se refere o Artigo anterior, com o registro de *fac-simile* das assinaturas autorizadas.

Artigo Décimo Sexto

Sempre que um Estado-Parte considerar que os certificados emitidos por uma repartição oficial ou entidade de classe credenciada de outro Estado-Parte não se ajustam às disposições contidas no presente Regime Geral, comunicará o fato ao outro Estado-Parte para que este adote as medidas que estime necessárias para solucionar os problemas apresentados.

Em nenhum caso o país importador deterá o trâmite de importação dos produtos amparados nos certificados a que se refere o parágrafo anterior, mas poderá, além de solicitar as informações adicionais que correspondam às autoridades governamentais do país exportador, adotar as medidas que considere necessárias para resguardar o interesse fiscal.

Artigo Décimo Sétimo

Para fins de um controle posterior, as cópias dos certificados e os documentos respectivos deverão ser conservados durante 2 (dois) anos a partir de sua emissão.

Artigo Décimo Oitavo

As disposições do presente Regime Geral e as modificações que lhe forem introduzidas não afetarão as mercadorias embarcadas na data de sua adoção.

Artigo Décimo Nono

As normas contidas no presente Anexo não se aplicam aos Acordos de Alcance Parcial, de Complementação Econômica n. 1, 2, 13 e 14 nem aos comerciais e agropecuários subscritos no âmbito do Tratado de Montevidéu 1980, os quais se regerão exclusivamente pelas disposições neles estabelecidas.

ANEXO III
SOLUÇÃO DE CONTROVÉRSIAS

1. As Controvérsias que possam surgir entre os Estados-Partes como consequência da aplicação do Tratado serão resolvidas mediante negociações diretas.

No caso de não lograrem uma solução, os Estados-Partes submeterão a controvérsia à consideração do Grupo Mercado Comum que, após avaliar a situação, formulará no lapso de 60 (sessenta) dias as recomendações pertinentes às Partes para a solução do diferendo. Para tal fim, o Grupo Mercado Comum poderá estabelecer ou convocar painéis de especialistas ou grupos de peritos com o objetivo de contar com assessoramento técnico.

Se no âmbito do Grupo Mercado Comum tampouco for alcançada uma solução, a controvérsia será elevada ao Conselho do Mercado Comum para que este adote as recomendações pertinentes.

2. Dentro de 120 (cento e vinte) dias a partir da entrada em vigor do Tratado, o Grupo Mercado Comum elevará aos Governos dos Estados-Partes uma proposta de Sistema de Solução de Controvérsias, que vigerá durante o período de transição.

3. Até em 31 de dezembro de 1994, os Estados-Partes adotarão um Sistema Permanente de Solução de controvérsias para o Mercado comum.

ANEXO IV
CLÁUSULAS DE SALVAGUARDA

Artigo 1º

Cada Estado-Parte poderá aplicar, até 31 de dezembro de 1994, cláusulas de salvaguarda à importação dos produtos que se beneficiem do Programa de Liberação Comercial estabelecido no âmbito do Tratado.

Os Estados-Partes acordam que somente deverão recorrer ao presente Regime em casos excepcionais.

Artigo 2

Se as importações de determinado produto causarem dano ou ameaça de dano grave a seu mercado, como consequência de um sensível aumento, em um curto período, das importações desse produto provenientes dos outros Estados-Partes, o país importador solicitará ao Grupo Mercado Comum a realização de consultas com vistas a eliminar essa situação.

O pedido do país importador estará acompanhado de uma declaração pormenorizada dos fatos, razões e justificativas do mesmo.

O Grupo Mercado Comum deverá iniciar as consultas no prazo máximo de 10 (dez) dias corridos a partir da apresentação do pedido do país importador e deverá concluí-las, havendo tomado uma decisão a respeito, dentro de 20 (vinte) dias corridos após seu início.

Artigo 3

A determinação do dano ou ameaça de dano grave no sentido do presente Regime será analisada por cada país, levando em conta a evolução, entre outros, dos seguintes aspectos relacionados com o produto em questão:

a) Nível de produção e capacidade utilizada;

b) Nível de emprego;

c) Participação no mercado;

d) Nível de comércio entre as Partes envolvidas ou participantes de consulta;

e) Desempenho das importações e exportações com relação a terceiros países.

Nenhum dos fatores acima mencionados constitui, por si só, um critério decisivo para a determinação do dano ou ameaça de dano grave.

Não serão considerados, na determinação do dano ou ameaça de dano grave, fatores tais como as mudanças tecnológicas ou mudanças nas preferências dos consumidores em favor de produtos similares e/ou diretamente competitivos dentro do mesmo setor.

A aplicação da cláusula de salvaguarda dependerá, em cada país, da aprovação final da seção nacional do Grupo Mercado Comum.

Artigo 4

Com o objetivo de não interromper as correntes de comércio que tiverem sido geradas, o país importador negociará uma quota para a importação do produto objeto de salvaguarda, que se regerá pelas mesmas preferências e demais condições estabelecidas no Programa de Liberação Comercial.

A mencionada quota será negociada com o Estado-Parte de onde se originam as importações, durante o período de consulta a que se refere o Artigo 2. Vencido o prazo da consulta e não havendo acordo, o país importador que se considerar afetado poderá fixar uma quota, que será mantida pelo prazo de 1 (um) ano.

Em nenhum caso a quota fixada unilateralmente pelo país importador será menor que a média dos volumes físicos importados nos últimos 3 (três) anos calendário.

Artigo 5

As cláusulas de salvaguarda terão 1 (um) ano de duração e poderão ser prorrogadas por um novo período anual e consecutivo, aplicando-se-lhes os termos e condições estabelecidas no presente Anexo. Estas medidas apenas poderão ser adotadas uma vez para cada produto.

Em nenhum caso a aplicação de cláusulas de salvaguarda poderá estender-se além de 31 de dezembro de 1994.

Artigo 6

A aplicação das cláusulas de salvaguarda não afetará as mercadorias embarcadas na data de sua adoção, as quais serão computadas na quota prevista no Artigo 4.

Artigo 7

Durante o período de transição, no caso de algum Estado-Parte se considerar afetado por graves dificuldade em suas atividades econômicas, solicitará ao Grupo Mercado Comum a realização de consultas, a fim de que se tomem as medidas corretivas que forem necessárias.

O Grupo Mercado Comum, dentro dos prazos estabelecidos no Artigo 2 do presente Anexo, avaliará a situação e se pronunciará sobre as medidas a serem adotadas, em função das circunstâncias.

ANEXO V
SUBGRUPOS DE TRABALHO DO GRUPO MERCADO COMUM

O Grupo Mercado Comum, para fins de coordenação das políticas macroeconômicas e setoriais, constituirá, no prazo de 30 (trinta) dias após sua instalação de Trabalho:

Subgrupo 1: Assuntos Comerciais

Subgrupo 2: Assuntos Aduaneiros

Subgrupo 3: Normas Técnicas

Subgrupo 4: Política Fiscal e Monetária Relacionadas com o Comércio

Subgrupo 5: Transporte Terrestre

Subgrupo 7: Política Industrial e Tecnológica

Subgrupo 8: Política Agrícola

Subgrupo 9: Política Energética

Subgrupo 10: Coordenação de Políticas Macroeconômicas

DECRETO Nº 592, DE 6 DE JULHO DE 1992

Atos Internacionais. Pacto Internacional sobre Direitos Civis e Políticos. Promulgação.

‣ *Pacto Internacional sobre Direitos Civis e Políticos*

O Presidente da República, no uso da atribuição que lhe confere o art. 84, inciso VIII, da Constituição, e

Considerando que o Pacto Internacional sobre Direitos Civis e Políticos foi adotado pela XXI Sessão da Assembléia-Geral das Nações Unidas, em 16 de dezembro de 1966;

Considerando que o Congresso Nacional aprovou o texto do referido diploma internacional por meio do Decreto Legislativo nº 226, de 12 de dezembro de 1991;

Considerando que a Carta de Adesão ao Pacto Internacional sobre Direitos Civis e Políticos foi depositada em 24 de janeiro de 1992;

Considerando que o pacto ora promulgado entrou em vigor, para o Brasil, em 24 de abril de 1992, na forma de seu art. 49, § 2°;

DECRETA:

Art. 1° O Pacto Internacional sobre Direitos Civis e Políticos, apenso por cópia ao presente decreto, será executado e cumprido tão inteiramente como nele se contém.

Art. 2° Este Decreto entra em vigor na data de sua publicação.

Brasília, 06 de julho de 1992; 171° da Independência e 104° da República.

FERNANDO COLLOR

D.O.U. de 7.7.1992

ANEXO AO DECRETO QUE PROMULGA O PACTO INTERNACIONAL SOBRE DIREITOS CIVIS E POLÍTICOS/MRE

PACTO INTERNACIONAL SOBRE DIREITOS CIVIS E POLÍTICOS

PREÂMBULO

Os Estados Partes do presente Pacto,

Considerando que, em conformidade com os princípios proclamados na Carta das Nações Unidas, o reconhecimento da dignidade inerente a todos os membros da família humana e de seus direitos iguais e inalienáveis constitui o fundamento da liberdade, da justiça e da paz no mundo,

Reconhecendo que esses direitos decorrem da dignidade inerente à pessoa humana,

Reconhecendo que, em conformidade com a Declaração Universal dos Direitos do Homem, o ideal do ser humano livre, no gozo das liberdades civis e políticas e liberto do temor e da miséria, não pode ser realizado e menos que se criem às condições que permitam a cada um gozar de seus direitos civis e políticos, assim como de seus direitos econômicos, sociais e culturais,

Considerando que a Carta das Nações Unidas impõe aos Estados a obrigação de promover o respeito universal e efetivo dos direitos e das liberdades do homem,

Compreendendo que o indivíduo, por ter deveres para com seus semelhantes e para com a coletividade a que pertence, tem a obrigação de lutar pela promoção e observância dos direitos reconhecidos no presente Pacto,

Acordam o seguinte:

PARTE I

ARTIGO 1

1. Todos os povos têm direito à autodeterminação. Em virtude desse direito, determinam livremente seu estatuto político e asseguram livremente seu desenvolvimento econômico, social e cultural.

2. Para a consecução de seus objetivos, todos os povos podem dispor livremente se suas riquezas e de seus recursos naturais, sem prejuízo das obrigações decorrentes da cooperação econômica internacional, baseada no princípio do proveito mútuo, e do Direito Internacional. Em caso algum, poderá um povo ser privado de seus meios de subsistência.

3. Os Estados Partes do presente Pacto, inclusive aqueles que tenham a responsabilidade de administrar territórios não-autônomos e territórios sob tutela, deverão promover o exercício do direito à autodeterminação e respeitar esse direito, em conformidade com as disposições da Carta das Nações Unidas.

PARTE II

ARTIGO 2

1. Os Estados Partes do presente pacto comprometem-se a respeitar e garantir a todos os indivíduos que se achem em seu território e que estejam sujeitos a sua jurisdição os direitos reconhecidos no presente Pacto, sem discriminação alguma por motivo de raça, cor, sexo, língua, religião, opinião política ou de outra natureza, origem nacional ou social, situação econômica, nascimento ou qualquer condição.

2. Na ausência de medidas legislativas ou de outra natureza destinadas a tornar efetivos os direitos reconhecidos no presente Pacto, os Estados Partes do presente Pacto comprometem-se a tomar as providências necessárias com vistas a adotá-las, levando em consideração seus respectivos procedimentos constitucionais e as disposições do presente Pacto.

3. Os Estados Partes do presente Pacto comprometem-se a:

a) Garantir que toda pessoa, cujos direitos e liberdades reconhecidos no presente Pacto tenham sido violados, possa de um recurso efetivo, mesmo que a violência tenha sido perpetra por pessoas que agiam no exercício de funções oficiais;

b) Garantir que toda pessoa que interpuser tal recurso terá seu direito determinado pela competente autoridade judicial, administrativa ou legislativa ou por qualquer outra autoridade competente prevista no ordenamento jurídico do Estado em questão; e a desenvolver as possibilidades de recurso judicial;

c) Garantir o cumprimento, pelas autoridades competentes, de qualquer decisão que julgar procedente tal recurso.

ARTIGO 3

Os Estados Partes no presente Pacto comprometem-se a assegurar a homens e mulheres igualdade no gozo de todos os direitos civis e políticos enunciados no presente Pacto.

ARTIGO 4

1. Quando situações excepcionais ameacem a existência da nação e sejam proclamadas oficialmente, os Estados Partes do presente Pacto podem adotar, na estrita medida exigida pela situação, medidas que suspendam as obrigações decorrentes do presente Pacto, desde que tais medidas não sejam incompatíveis com as demais obrigações que lhes sejam impostas pelo Direito Internacional e não acarretem discriminação alguma apenas por motivo de raça, cor, sexo, língua, religião ou origem social.

2. A disposição precedente não autoriza qualquer suspensão dos artigos 6, 7, 8 (parágrafos 1 e 2) 11, 15, 16, e 18.

3. Os Estados Partes do presente Pacto que fizerem uso do direito de suspensão devem comunicar imediatamente aos outros Estados Partes do presente Pacto, por intermédio do Secretário-Geral da Organização das Nações Unidas, as disposições que tenham suspendido, bem como os motivos de tal suspensão. Os Estados partes deverão fazer uma nova comunicação, igualmente por intermédio do Secretário-Geral da Organização das Nações Unidas, na data em que terminar tal suspensão.

ARTIGO 5

1. Nenhuma disposição do presente Pacto poderá ser interpretada no sentido de reconhecer a um Estado, grupo ou indivíduo qualquer direito de dedicar-se a quaisquer atividades ou praticar quaisquer atos que tenham por objetivo destruir os direitos ou liberdades reconhecidos no presente Pacto ou impor-lhe limitações mais amplas do que aquelas nele previstas.

2. Não se admitirá qualquer restrição ou suspensão dos direitos humanos fundamentais reconhecidos ou vigentes em qualquer Estado Parte do presente Pacto em virtude de leis, convenções, regulamentos ou costumes, sob pretexto de que o presente Pacto não os reconheça ou os reconheça em menor grau.

PARTE III

ARTIGO 6

1. O direito à vida é inerente à pessoa humana. Esse direito deverá ser protegido pela lei. Ninguém poderá ser arbitrariamente privado de sua vida.

2. Nos países em que a pena de morte não tenha sido abolida, esta poderá ser imposta apenas nos casos de crimes mais graves, em conformidade com legislação vigente na época em que o crime foi cometido e que não esteja em conflito com as disposições do presente Pacto, nem com a Convenção sobra a Prevenção e a Punição do Crime de Genocídio. Poder-se-á aplicar essa pena apenas em decorrência de uma sentença transitada em julgado e proferida por tribunal competente.

3. Quando a privação da vida constituir crime de genocídio, entende-se que nenhuma disposição do presente artigo autorizará qualquer Estado Parte do presente Pacto a eximir-se, de modo algum, do cumprimento de qualquer das obrigações que tenham assumido em virtude das disposições da Convenção sobre a Prevenção e a Punição do Crime de Genocídio.

4. Qualquer condenado à morte terá o direito de pedir indulto ou comutação da pena. A anistia, o indulto ou a comutação da pena poderá ser concedido em todos os casos.

5. A pena de morte não deverá ser imposta em casos de crimes cometidos por pessoas menores de 18 anos, nem aplicada a mulheres em estado de gravidez.

6. Não se poderá invocar disposição alguma do presente artigo para retardar ou impedir a abolição da pena de morte por um Estado Parte do presente Pacto.

ARTIGO 7

Ninguém poderá ser submetido à tortura, nem a penas ou tratamento cruéis, desumanos ou degradantes. Será proibido sobretudo, submeter uma pessoa, sem seu livre consentimento, a experiências médias ou cientificas.

ARTIGO 8

1. Ninguém poderá ser submetido á escravidão; a escravidão e o tráfico de escravos, em todos as suas formas, ficam proibidos.

2. Ninguém poderá ser submetido à servidão.

3. a) Ninguém poderá ser obrigado a executar trabalhos forçados ou obrigatórios;

b) A alínea a) do presente parágrafo não poderá ser interpretada no sentido de proibir, nos países em que certos crimes sejam punidos com prisão e trabalhos forçados, o cumprimento de uma pena de trabalhos forçados, imposta por um tribunal competente;

c) Para os efeitos do presente parágrafo, não serão considerados "trabalhos forçados ou obrigatórios":

i) qualquer trabalho ou serviço, não previsto na alínea b) normalmente exigido de um individuo que tenha sido encarcerado em cumprimento de decisão judicial ou que, tendo sido objeto de tal decisão, ache-se em liberdade condicional;

ii) qualquer serviço de caráter militar e, nos países em que se admite a isenção por motivo de consciência, qualquer serviço nacional que a lei venha a exigir daqueles que se oponham ao serviço militar por motivo de consciência;

iii) qualquer serviço exigido em casos de emergência ou de calamidade que ameacem o bem-estar da comunidade;

iv) qualquer trabalho ou serviço que faça parte das obrigações cívicas normais.

ARTIGO 9

1. Toda pessoa tem direito à liberdade e à segurança pessoais. Ninguém poderá ser preso ou encarcerado arbitrariamente. Ninguém poderá ser privado de liberdade, salvo pelos motivos previstos em lei e em conformidade com os procedimentos nela estabelecidos.

2. Qualquer pessoa, ao ser presa, deverá ser informada das razões da prisão e notificada, sem demora, das acusações formuladas contra ela.

3. Qualquer pessoa presa ou encarcerada em virtude de infração penal deverá ser conduzida, sem demora, à presença do juiz ou de outra autoridade habilitada por lei a exercer funções judiciais e terá o direito de ser julgada em prazo razoável ou de ser posta em liberdade. A prisão preventiva de pessoas que aguardam julgamento não deverá constituir a regra geral, mas a soltura poderá estar condicionada a garantias que assegurem o comparecimento da pessoa em questão à audiência, a todos os atos do processo e, se necessário for, para a execução da sentença.

4. Qualquer pessoa que seja privada de sua liberdade por prisão ou encarceramento terá o direito de recorrer a um tribunal para que este decida sobre a legislação de seu encarceramento e ordene sua soltura, caso a prisão tenha sido ilegal.

5. Qualquer pessoa vítima de prisão ou encarceramento ilegais terá direito à repartição.

ARTIGO 10

1. Toda pessoa privada de sua liberdade deverá ser tratada com humanidade e respeito à dignidade inerente à pessoa humana.

2. a) As pessoas processadas deverão ser separadas, salvo em circunstâncias excepcionais, das pessoas condenadas e receber tratamento distinto, condizente com sua condição de pessoa não-condenada.

b) As pessoas processadas, jovens, deverão ser separadas das adultas e julgadas o mais rápido possível.

3. O regime penitenciário consistirá num tratamento cujo objetivo principal seja a reforma e a reabilitação normal dos prisioneiros. Os delinqüentes juvenis deverão ser separados dos adultos e receber tratamento condizente com sua idade e condição jurídica.

ARTIGO 11

Ninguém poderá ser preso apenas por não poder cumprir com uma obrigação contratual.

ARTIGO 12

1. Toda pessoa que se ache legalmente no território de um Estado terá o direito de nele livremente circular e escolher sua residência.

2. Toda pessoa terá o direito de sair livremente de qualquer país, inclusive de seu próprio país.

3. os direitos supracitados não poderão em lei e no intuito de restrições, a menos que estejam previstas em lei e no intuito de proteger a segurança nacional e a ordem, a saúde ou a moral pública, bem como os direitos e liberdades das demais pessoas, e que sejam compatíveis com os outros direitos reconhecidos no presente Pacto.

4. Ninguém poderá ser privado arbitrariamente do direito de entrar em seu próprio país.

ARTIGO 13

Um estrangeiro que se ache legalmente no território de um Estado Parte do presente Pacto só poderá dele ser expulso em decorrência de decisão adotada em conformidade com a lei e, a menos que razões imperativas de segurança nacional a isso se oponham, terá a possibilidade de expor as razões que militem contra sua expulsão e de ter seu caso reexaminado pelas autoridades competentes, ou por uma ou varias pessoas especialmente designadas pelas referidas autoridades, e de fazer-se representar com esse objetivo.

ARTIGO 14

1. Todas as pessoas são iguais perante os tribunais e as cortes de justiça. Toda pessoa terá o direito de ser ouvida publicamente e com devidas garantias por um tribunal competente, independente e imparcial, estabelecido por lei, na apuração de qualquer acusação de caráter penal formulada contra ela ou na determinação de seus direitos e obrigações de caráter civil. A imprensa e o público poderão ser excluídos de parte da totalidade de um julgamento, quer por motivo de moral pública, de ordem pública ou de segurança nacional em uma sociedade democrática, quer quando o interesse da vida privada das Partes o exija, que na medida em que isso seja estritamente necessário na opinião

da justiça, em circunstâncias específicas, nas quais a publicidade venha a prejudicar os interesses da justiça; entretanto, qualquer sentença proferida em matéria penal ou civil deverá torna-se pública, a menos que o interesse de menores exija procedimento oposto, ou processo diga respeito à controvérsia matrimoniais ou à tutela de menores.

2. Toda pessoa acusada de um delito terá direito a que se presuma sua inocência enquanto não for legalmente comprovada sua culpa.

3. Toda pessoa acusada de um delito terá direito, em plena igualmente, a, pelo menos, as seguintes garantias:

a) De ser informado, sem demora, numa língua que compreenda e de forma minuciosa, da natureza e dos motivos da acusação contra ela formulada;

b) De dispor do tempo e dos meios necessários à preparação de sua defesa e a comunicar-se com defensor de sua escolha;

c) De ser julgado sem dilações indevidas;

d) De estar presente no julgamento e de defender-se pessoalmente ou por intermédio de defensor de sua escolha; de ser informado, caso não tenha defensor, do direito que lhe assiste de tê-lo e, sempre que o interesse da justiça assim exija, de ter um defensor designado ex-offício gratuitamente, se não tiver meios para remunerá-lo;

e) De interrogar ou fazer interrogar as testemunhas de acusação e de obter o comparecimento e o interrogatório das testemunhas de defesa nas mesmas condições de que dispõem as de acusação;

f) De ser assistida gratuitamente por um intérprete, caso não compreenda ou não fale a língua empregada durante o julgamento;

g) De não ser obrigada a depor contra si mesma, nem a confessar-se culpada.

4. O processo aplicável a jovens que não sejam maiores nos termos da legislação penal em conta a idade dos menos e a importância de promover sua reintegração social.

5. Toda pessoa declarada culpada por um delito terá direito de recorrer da sentença condenatória e da pena a uma instância superior, em conformidade com a lei.

6. Se uma sentença condenatória passada em julgado for posteriormente anulada ou se um indulto for concedido, pela ocorrência ou descoberta de fatos novos que provem cabalmente a existência de erro judicial, a pessoa que sofreu a pena decorrente dessa condenação deverá ser indenizada, de acordo com a lei, a menos que fique provado que se lhe pode imputar, total ou parcialmente, a não revelação dos fatos desconhecidos em tempo útil.

7. Ninguém poderá ser processado ou punido por um delito pelo qual já foi absorvido ou condenado por sentença passada em julgado, em conformidade com a lei e os procedimentos penais de cada país.

ARTIGO 15

1. ninguém poderá ser condenado por atos omissões que não constituam delito de acordo com o direito nacional ou internacional, no momento em que foram cometidos. Tampouco poder-se-á impor pena mais grave do que a aplicável no momento da ocorrência do delito. Se, depois de perpetrado o delito, a lei estipular a imposição de pena mais leve, o delinqüente deverá dela beneficiar-se.

2. Nenhuma disposição do presente Pacto impedirá o julgamento ou a condenação de qualquer indivíduo por atos ou omissões que, momento em que forma cometidos, eram considerados delituosos de acordo com os princípios gerais de direito reconhecidos pela comunidade das nações.

ARTIGO 16

Toda pessoa terá direito, em qualquer lugar, ao reconhecimento de sua personalidade jurídica.

ARTIGO 17

1. Ninguém poderá ser objetivo de ingerências arbitrárias ou ilegais em sua vida privada, em sua família, em seu domicílio ou em sua correspondência, nem de ofensas ilegais às suas honra e reputação.

2. Toda pessoa terá direito à proteção da lei contra essas ingerências ou ofensas.

ARTIGO 18

1. Toda pessoa terá direito a liberdade de pensamento, de consciência e de religião. Esse direito implicará a liberdade de ter ou adotar uma religião ou uma crença de sua escolha e a liberdade de professar sua religião ou crença, individual ou coletivamente, tanto pública como privadamente, por meio do culto, da celebração de ritos, de práticas e do ensino.

2. Ninguém poderá ser submetido a medidas coercitivas que possam restringir sua liberdade de ter ou de adotar uma religião ou crença de sua escolha.

3. A liberdade de manifestar a própria religião ou crença estará sujeita apenas à limitações previstas em lei e que se façam necessárias para proteger a segurança, a ordem, a saúde ou a moral públicas ou os direitos e as liberdades das demais pessoas.

4. Os Estados Partes do presente Pacto comprometem-se a respeitar a liberdade dos pais e, quando for o caso, dos tutores legais - de assegurar a educação religiosa e moral dos filhos que esteja de acordo com suas próprias convicções.

ARTIGO 19

1. ninguém poderá ser molestado por suas opiniões.

2. Toda pessoa terá direito à liberdade de expressão; esse direito incluirá a liberdade de procurar, receber e difundir informações e idéias de qualquer natureza, independentemente de considerações de fronteiras, verbalmente ou por escrito, em forma impressa ou artística, ou por qualquer outro meio de sua escolha.

3. O exercício do direito previsto no parágrafo 2 do presente artigo implicará deveres e responsabilidades especiais. Consequentemente, poderá estar sujeito a certas restrições, que devem, entretanto, ser expressamente previstas em lei e que se façam necessárias para:

a) assegurar o respeito dos direitos e da reputação das demais pessoas;

b) proteger a segurança nacional, a ordem, a saúde ou a moral públicas.

ARTIGO 20

1. Será proibida por lei qualquer propaganda em favor da guerra.0707

2. Será proibida por lei qualquer apologia do ódio nacional, racial ou religioso que constitua incitamento à discriminação, à hostilidade ou a violência.

ARTIGO 21

O direito de reunião pacifica será reconhecido. O exercício desse direito estará sujeito apenas às restrições previstas em lei e que se façam necessárias, em uma sociedade democrática, no interesse da segurança nacional, da segurança ou da ordem pública, ou para proteger a saúde ou a moral pública ou os direitos e as liberdades das demais pessoas.

ARTIGO 22

1. Toda pessoa terá o direito de associar-se livremente a outras, inclusive o direito de construir sindicatos e de a eles filiar-se, para a proteção de seus interesses.

2. O exercício desse direito estará sujeito apenas ás restrições previstas em lei e que se façam necessárias, em uma sociedade democrática, no interesse da segurança nacional, da segurança e da ordem públicas, ou para proteger a saúde ou a moral públicas ou os direitos e liberdades das demais pessoas. O presente artigo não impedirá que se submeta a restrições legais o exercício desse direito por membros das forças armadas e da polícia.

3. Nenhuma das disposições do presente artigo permitirá que Estados Partes da Convenção de 1948 da Organização Internacional do Trabalho, relativa à liberdade sindical e à proteção do direito sindical, venham a adotar medidas legislativas que restrinjam ou aplicar a lei de maneira a restringir as garantias previstas na referida Convenção.

ARTIGO 23

1. A família é o elemento natural e fundamental da sociedade e terá o direito de ser protegida pela sociedade e pelo Estado.

2. Será reconhecido o direito do homem e da mulher de, em idade núbil, contrair casamento e constituir família.

3. Casamento algum será celebrado sem o consentimento livre e pleno dos futuros esposos.

4. Os Estados Partes do presente Pacto deverão adotar as medidas apropriadas para assegurar a igualdade de direitos e responsabilidades dos esposos quanto ao casamento, durante o mesmo e por ocasião de sua dissolução. Em caso de dissolução, deverão adotar-se disposições que assegurem a proteção necessária para os filhos.

ARTIGO 24

1. Toda criança terá direito, sem discriminação alguma por motivo de cor, sexo, língua, religião, origem nacional ou social, situação econômica ou nascimento, às medidas de proteção que a sua condição de menor requerer por parte de sua família, da sociedade e do Estado.

2. Toda criança deverá ser registrada imediatamente após seu nascimento e deverá receber um nome.

3. Toda criança terá o direito de adquirir uma nacionalidade.

ARTIGO 25

Todo cidadão terá o direito e a possibilidade, sem qualquer das formas de discriminação mencionadas no artigo 2 e sem restrições infundadas:

a) de participar da condução dos assuntos públicos, diretamente ou por meio de representantes livremente escolhidos;

b) de votar e de ser eleito em eleições periódicas, autênticas, realizadas por sufrágio universal e igualitário e por voto secreto, que garantam a manifestação da vontade dos eleitores;

c) de ter acesso, em condições gerais de igualdade, às funções públicas de seu país.

ARTIGO 26

Todas as pessoas são iguais perante a lei e têm direito, sem discriminação alguma, a igual proteção da Lei. A este respeito, a lei deverá proibir qualquer forma de discriminação e garantir a todas as pessoas proteção igual e eficaz contra qualquer discriminação por motivo de raça, cor, sexo, língua, religião, opinião política ou de outra natureza, origem nacional ou social, situação econômica, nascimento ou qualquer outra situação.

ARTIGO 27

Nos Estados em que haja minorias étnicas, religiosas ou lingüísticas, as pessoas pertencentes a essas minorias não poderão ser privadas do direito de ter, conjuntamente com outros membros de seu grupo, sua própria vida cultural, de professar e praticar sua própria religião e usar sua própria língua.

PARTE IV

ARTIGO 28

1. Constituir-se-á um Comitê de Diretores Humanos (doravante denominado o "Comitê" no presente Pacto). O Comitê será composto de dezoito membros e desempenhará as funções descritas adiante.

2. O Comitê será integrado por nacionais dos Estados Partes do presente Pacto, os quais deverão ser pessoas de elevada reputação moral e reconhecida competência em matéria de direito humanos, levando-se em consideração a utilidade da participação de algumas pessoas com experiências jurídicas.

3. Os membros do Comitê serão eleitos e exercerão suas funções a título pessoal.

ARTIGO 29

1. Os membros do Comitê serão eleitos em votação secreta dentre uma lista de pessoas que preencham os requisitos previstos no artigo 28 e indicados, com esse objetivo, pelos Estados Partes do presente Pacto.

2. Cada Estado Parte no presente Pacto poderá indicar duas pessoas. Essas pessoas deverão ser nacionais do Estado que as indicou.

3. A mesma pessoa poderá ser indicada mais de uma vez.

ARTIGO 30

1. A primeira eleição realizar-se-á no máximo seis meses após a data de entrada em vigor do presente Pacto.

2. Ao menos quatro meses antes da data de cada eleição do Comitê, e desde que seja uma eleição para preencher uma vaga declarada nos termos do artigo 34, o Secretário-Geral da Organização das Nações Unidas convidará, por escrito, os Estados Partes do presente Protocolo a indicar, no prazo de três meses, os candidatos a membro do Comitê.

3. O Secretário-Geral da Organização das Nações Unidas organizará uma lista por ordem alfabética de todos os candidatos assim designados, mencionando os Estados Partes que os tiverem indicado, e a comunicará aos Estados Partes o presente Pacto, no Máximo um mês antes da data de cada eleição.

4. Os membros do Comitê serão eleitos em reuniões dos Estados Partes convocados pelo Secretário-Geral da Organização das Nações Unidas na sede da Organização. Nessas reuniões, em que o quorum será estabelecido por dois terços dos Estados Partes do presente Pacto, serão eleitos membros do Comitê os candidatos que obtiverem o maior número de votos e a maioria absoluta dos votos dos representantes dos Estados Partes presentes e votantes.

ARTIGO 31

1. O Comitê não poderá ter mais de uma nacional de um mesmo Estado.

2. Nas eleições do Comitê, levar-se-ão em consideração uma distribuição geográfica eqüitativa e uma representação das diversas formas de civilização, bem como dos principais sistemas jurídicos.

ARTIGO 32

1. Os membros do Comitê serão eleitos para um mandato de quatro anos. Poderão, caso suas candidaturas sejam apresentadas novamente, ser reeleitos. Entretanto, o mandato de nove dos membros eleitos na primeira eleição expirará ao final de dois anos; imediatamente após a primeira eleição, o presidente da reunião a que se refere o parágrafo 4 do artigo 30 indicará, por sorteio, os nomes desses nove membros.

2. Ao expirar o mandato dos membros, as eleições se realizarão de acordo com o disposto nos artigos precedentes desta parte do presente Pacto.

ARTIGO 33

1. Se, na opinião unânime dos demais membros, um membro do Comitê deixar de desempenhar suas funções por motivos distintos de uma ausência temporária, o Presidente comunicará tal fato ao Secretário-Geral da Organização das Nações Unidas, que declarará vago o lugar que o referido membro ocupava.

2. Em caso de morte ou renúncia de um membro do Comitê, o Presidente comunicará imediatamente tal fato ao Secretário-Geral da Organização das Nações Unidas, que declarará vago o lugar desde a data da morte ou daquela em que a renúncia passe a produzir efeitos.

ARTIGO 34

1. Quando uma vaga for declarada nos termos do artigo 33 e o mandato do membro a ser substituído não expirar no prazo de seis messes a conta da data em que tenha sido declarada a vaga, o Secretário-Geral da Organização das Nações Unidas comunicará tal fato aos Estados Partes do presente Pacto, que poderá, no prazo de dois meses, indicar candidatos, em conformidade com o artigo 29, para preencher a vaga.

2. O Secretário-Geral da Organização das Nações Unidas organizará uma lista por ordem alfabética dos candidatos assim designados e a comunicará aos Estados Partes do presente Pacto. A eleição destinada a preencher tal vaga será realizada nos termos das disposições pertinentes desta parte do presente Pacto.

3. Qualquer membro do Comitê eleito para preencher uma vaga em conformidade com o artigo 33 fará parte do Comitê durante o restante do mandato do membro que deixar vago o lugar do Comitê, nos termos do referido artigo.

ARTIGO 35

Os membros do Comitê receberão, com a aprovação da Assembléia-Geral da Organização das Nações, honorários provenientes de recursos da Organização das Nações Unidas, nas condições fixadas, considerando-se a importância das funções do Comitê, pela Assembléia-Geral.

ARTIGO 36

O Secretário-Geral da Organização das Nações Unidas colocará à disposição do Comitê o pessoal e os serviços necessários ao desempenho eficaz das funções que lhe são atribuídas em virtude do presente Pacto.

ARTIGO 37

1. O Secretário-Geral da Organização das Nações Unidas convocará os Membros do Comitê para a primeira reunião, a realizar-se na sede da Organização.

2. Após a primeira reunião, o Comitê deverá reunir-se em todas as ocasiões previstas em suas regras de procedimento.

3. As reuniões do Comitê serão realizadas normalmente na sede da Organização das Nações Unidas ou no Escritório das Nações Unidas em Genebra.

ARTIGO 38

Todo Membro do Comitê deverá, antes de iniciar suas funções, assumir, em sessão pública, o compromisso solene de que desempenhará suas funções imparciais e conscientemente.

ARTIGO 39

1. O Comitê elegerá sua mesa para um período de dois anos. Os membros da mesa poderão ser reeleitos.

2. O próprio Comitê estabelecerá suas regras de procedimento; estas, contudo, deverão conter, entre outras, as seguintes disposições:

a) O quorum será de doze membros;

b) As decisões do Comitê serão tomadas por maioria de votos dos membros presentes.

ARTIGO 40

1. Os Estados partes do presente Pacto comprometem-se a submeter relatórios sobre as medidas por eles adotadas para tornar efeitos os direitos reconhecidos no presente Pacto e sobre o processo alcançado no gozo desses direitos:

a) Dentro do prazo de um ano, a contar do início da vigência do presente pacto nos Estados Partes interessados;

b) A partir de então, sempre que o Comitê vier a solicitar.

2. Todos os relatórios serão submetidos ao Secretário-Geral da Organização das Nações Unidas, que os encaminhará, para exame, ao Comitê. Os relatórios deverão sublinhar, caso existam, os fatores e as dificuldades que prejudiquem a implementação do presente Pacto.

3. O Secretário-Geral da Organização das Nações Unidas poderá, após consulta ao Comitê, encaminhar às agências especializadas interessadas cópias das partes dos relatórios que digam respeito a sua esfera de competência.

4. O Comitê estudará os relatórios apresentados pelos Estados Partes do presente Pacto e transmitirá aos Estados Partes seu próprio relatório, bem como os comentários gerais que julgar oportunos. O Comitê poderá igualmente transmitir ao Conselho Econômico e Social os referidos comentários, bem como cópias dos relatórios que houver recebido dos Estados Partes do presente Pacto.

5. Os Estados Partes no presente Pacto poderão submeter ao Comitê as observações que desejarem formular relativamente aos comentários feitos nos termos do parágrafo 4 do presente artigo.

ARTIGO 41

1. Com base no presente Artigo, todo Estado Parte do presente Pacto poderá declarar, a qualquer momento, que reconhece a competência do Comitê para receber e examinar as comunicações em que um Estado Parte alegue que outro Estado Parte não vem cumprindo as obrigações que lhe impõe o presente Pacto. As referidas comunicações só serão recebidas e examinadas nos termos do presente artigo no caso de serem apresentadas por um Estado Parte que houver feito uma declaração em que reconheça, com relação a si próprio, a competência do Comitê. O Comitê não receberá comunicação alguma relativa a um Estado Parte que não houver feito uma declaração dessa natureza. As comunicações recebidas em virtude do presente artigo estarão sujeitas ao procedimento que se segue:

a) Se um Estado Parte do presente Pacto considerar que outro Estado Parte não vem cumprindo as disposições do presente Pacto poderá, mediante comunicação escrita, levar a questão ao conhecimento deste Estado Parte. Dentro do prazo de três meses, a contar da data do recebimento da comunicação, o Estado destinatário fornecerá ao Estado que enviou a comunicação explicações ou quaisquer outras declarações por escrito que esclareçam a questão, as quais deverão fazer referência, até onde seja possível e pertinente, aos procedimentos nacionais e aos recursos jurídicos adotados, em trâmite ou disponíveis sobre a questão;

b) Se, dentro do prazo de seis meses, a contar da data do recebimento da comunicação original pelo Estado destinatário, a questão não estiver dirimida satisfatoriamente para ambos os Estados partes interessados, tanto um como o outro terão o direito de submetê-la ao Comitê, mediante notificação endereçada ao Comitê ou ao outro Estado interessado;

c) O Comitê tratará de todas as questões que se lhe submetem em virtude do presente artigo somente após ter-se assegurado de que todos os recursos jurídicos internos disponíveis tenham sido utilizados e esgotados, em consonância com os princípios do Direito Internacional geralmente reconhecidos. Não se aplicará essa regra quanto a aplicação dos mencionados recursos prolongar-se injustificadamente;

d) O Comitê realizará reuniões confidencias quando estiver examinando as comunicações previstas no presente artigo;

e) Sem prejuízo das disposições da alínea c) Comitê colocará seus bons Ofícios dos Estados Partes interessados no intuito de alcançar uma solução amistosa para a questão, baseada no respeito aos direitos humanos e liberdades fundamentais reconhecidos no presente Pacto;

f) Em todas as questões que se submetam em virtude do presente artigo, o Comitê poderá solicitar aos Estados Partes interessados, a que se faz referência na alínea b), que lhe forneçam quaisquer informações pertinentes;

g) Os Estados Partes interessados, a que se faz referência na alínea b), terão direito de fazer-se representar quando as questões forem examinadas no Comitê e de apresentar suas observações verbalmente e/ou por escrito;

h) O Comitê, dentro dos doze meses seguintes à data de recebimento da notificação mencionada na alínea b), apresentará relatório em que:

(i se houver sido alcançada uma solução nos termos da alínea e), o Comitê restringir-se-á, em relatório, a uma breve exposição dos fatos e da solução alcançada.

(ii se não houver sido alcançada solução alguma nos termos da alínea e), o Comitê, restringir-se-á, em seu relatório, a uma breve exposição dos fatos; serão anexados ao relatório o texto das observações escritas e as atas das observações orais apresentadas pelos Estados Parte interessados.

Para cada questão, o relatório será encaminhado aos Estados Partes interessados.

2. As disposições do presente artigo entrarão em vigor a partir do momento em que dez Estados Partes do presente Pacto houverem feito as declarações mencionadas no parágrafo 1 desde artigo. As referidas declarações serão depositados pelos Estados Partes junto ao Secretário-Geral das Organizações das Nações Unidas, que enviará cópias das mesmas aos demais Estados Partes. Toda declaração poderá ser retirada, a qualquer momento, mediante notificação endereçada ao Secretário-Geral. Far-se-á essa retirada sem prejuízo do exame de quaisquer questões que constituam objeto de uma comunicação já transmitida nos termos deste artigo; em virtude do presente artigo, não se receberá qualquer nova comunicação de um Estado Parte uma vez que o Secretário-Geral tenha recebido a notificação sobre a retirada da declaração, a menos que o Estado Parte interessado haja feito uma nova declaração.

ARTIGO 42

1. a) Se uma questão submetida ao Comitê, nos termos do artigo 41, não estiver dirimida satisfatoriamente para os Estados Partes interessados, o Comitê poderá, com o consentimento prévio dos Estados Partes interessados, constituir uma Comissão ad hoc (doravante denominada «a Comissão»). A Comissão colocará seus bons ofícios à disposição dos Estados Partes interessados no intuito de se alcançar uma solução amistosa para a questão baseada no respeito ao presente Pacto.

b) A Comissão será composta de cinco membros designados com o consentimento dos Estados interessados. Se os Estados Partes interessados não chegarem a um acordo a respeito da totalidade ou de parte da composição da Comissão dentro do prazo de três meses, os membros da Comissão em relação aos quais não se chegou a acordo serão eleitos pelo Comitê, entre os seus próprios membros, em votação secreta e por maioria de dois terços dos membros do Comitê.

2. Os membros da Comissão exercerão suas funções a título pessoal. Não poderão ser nacionais dos Estados interessados, nem de Estado que não seja Parte do presente Pacto, nem de um Estado Parte que não tenha feito a declaração prevista no artigo 41.

3. A própria Comissão alegará seu Presidente e estabelecerá suas regras de procedimento.

4. As reuniões da Comissão serão realizadas normalmente na sede da Organização das Nações Unidas ou no escritório das Nações Unidas em Genebra. Entretanto, poderão realizar-se em qualquer outro lugar apropriado que a Comissão determinar, após consulta ao Secretário-Geral da Organização das Nações Unidas e aos Estados Partes interessados.

5. O secretariado referido no artigo 36 também prestará serviços às condições designadas em virtude do presente artigo.

6. As informações obtidas e coligidas pelo Comitê serão colocadas à disposição da Comissão, a qual poderá solicitar aos Estados Partes interessados que lhe forneçam qualquer outra informação pertinente.

7. Após haver estudado a questão sob todos os seus aspectos, mas, em qualquer caso, no prazo de doze meses após dela tomado conhecimento, a Comissão apresentará um relatório ao Presidente do Comitê, que o encaminhará aos Estados Partes interessados:

a) Se a Comissão não puder terminar o exame da questão, restringir-se-á, em seu relatório, a uma breve exposição sobre o estágio em que se encontra o exame da questão;

b) Se houver sido alcançado uma solução amistosa para a questão, baseada no respeito dos direitos humanos reconhecidos no presente Pacto, a Comissão restringir-se-á, em relatório, a uma breve exposição dos fatos e da solução alcançada;

c) Se não houver sido alcançada solução nos termos da alínea b) a Comissão incluirá no relatório suas conclusões sobre os fatos relativos à questão debatida entre os Estados Partes interessados, assim como sua opinião sobre a possibilidade de solução amistosa para a questão, o relatório incluirá as observações escritas e as atas das observações orais feitas pelos Estados Partes interessados;

d) Se o relatório da Comissão for apresentado nos termos da alínea c), os Estados Partes interessados comunicarão, no prazo de três meses a contar da data do recebimento do relatório, ao Presidente do Comitê se aceitam ou não os termos do relatório da Comissão.

8. As disposições do presente artigo não prejudicarão as atribuições do Comitê previstas no artigo 41.

9. Todas as despesas dos membros da Comissão serão repartidas equitativamente entre os Estados Partes interessados, com base em estimativas a serem estabelecidas pelo Secretário-Geral da Organização das Nações Unidas.

10. O Secretário-Geral da Organização das Nações Unidas poderá caso seja necessário, pagar as despesas dos membros da Comissão antes que sejam reembolsadas pelos Estados Partes interessados, em conformidade com o parágrafo 9 do presente artigo.

ARTIGO 43

Os membros do Comitê e os membros da Comissão de Conciliação ad hoc que forem designados nos termos do artigo 42 terão direito às facilidades, privilégios e imunidades que se concedem aos peritos no desempenho de missões para a Organização das Nações Unidas, em conformidade com as seções pertinentes da Convenção sobre Privilégios e Imunidades das Nações Unidas.

ARTIGO 44

As disposições relativas à implementação do presente Pacto aplicar-se-ão sem prejuízo dos procedimentos instituídos em matéria de direito humanos pelos ou em virtude dos mesmos instrumentos constitutivos e pelas Convenções da Organização das Nações Unidas e das agências especializadas e não impedirão que os Estados Partes venham a recorrer a outros procedimentos para a solução de controvérsias em conformidade com os acordos internacionais gerias ou especiais vigentes entre eles.

ARTIGO 45

O Comitê submeterá a Assembleia-Geral, por intermédio do Conselho Econômico e Social, um relatório sobre suas atividades.

PARTE V

ARTIGO 46

Nenhuma disposição do presente Pacto poderá ser interpretada em detrimento das disposições da Carta das Nações Unidas e das constituições das agências especializadas, as quais definem as responsabilidades respectivas dos diversos órgãos da Organização das Nações Unidas e das agências especializadas relativamente às questões tratadas no presente Pacto.

ARTIGO 47

Nenhuma disposição do presente Pacto poderá ser interpretada em detrimento do direito inerente a todos os povos de desfrutar e utilizar plena e livremente suas riquezas e seus recursos naturais.

PARTE VI

ARTIGO 48

1. O presente Pacto está aberto à assinatura de todos os Estados membros da Organização das Nações Unidas ou membros de qualquer de suas agências especializadas, de todo Estado Parte do Estatuto da Corte Internacional de Justiça, bem como de qualquer de suas

agências especializadas, de todo Estado Parte do Estatuto da Corte Internacional de Justiça, bem como de qualquer outro Estado convidado pela Assembleia-Geral a tornar-se Parte do presente Pacto.

2. O presente Pacto está sujeito à ratificação. Os instrumentos de ratificação serão depositados junto ao Secretário-Geral da Organização da Organização das Nações Unidas.

3. O presente Pacto está aberto à adesão de qualquer dos Estados mencionados no parágrafo 1 do presente artigo.

4. Far-se-á a adesão mediante depósito do instrumento de adesão junto ao Secretário-Geral da Organização das Nações Unidas.

5. O Secretário-Geral da Organização das Nações Unidas informará todos os Estados que hajam assinado o presente Pacto ou a ele aderido do deposito de cada instrumento de ratificação ou adesão.

ARTIGO 49

1. O presente Pacto entrará em vigor três meses após a data do depósito, junto ao Secretário-Geral da Organização das Nações Unidas, do trigésimo-quinto instrumento de ratificação ou adesão.

2. Para os Estados que vierem a ratificar o presente Pacto ou a ele aderir após o deposito do trigésimo-quinto instrumento de ratificação ou adesão, o presente Pacto entrará em vigor três meses após a data do deposito, pelo Estado em questão, de seu instrumento de ratificação ou adesão.

ARTIGO 50

Aplicar-se-ão as disposições do presente Pacto, sem qualquer limitação ou exceção, a todas as unidades constitutivas dos Estados federativos.

ARTIGO 51

1. Qualquer Estado Parte do presente Pacto poderá propor emendas e depositá-las junto ao Secretário-Geral da Organização das Nações Unidas. O Secretário-Geral comunicará todas as propostas de emenda aos Estados Partes do presente Pacto, pedindo-lhes que o notifiquem se desejam que se convoque uma conferência dos Estados Partes destinada a examinar as propostas e submetê-las a votação. Se pelo menos um terço dos Estados Partes se manifestar a favor da referida convocação, o Secretário-Geral convocará a conferência sob os auspícios da Organização das Nações Unidas. Qualquer emenda adotada pela maioria dos Estados Partes presente e votantes na conferência será submetida à aprovação da Assembléia-Geral das Nações Unidas.

2. Tais emendas entrarão e, vigor quando aprovadas pela Assembléia-Geral das Nações Unidas e aceitas em conformidade com seus respectivos procedimentos constitucionais, por uma maioria de dois terços dos Estados Partes no presente Pacto.

3. Ao entrarem em vigor, tais emendas serão obrigatórias para os Estados Partes que as aceitaram, ao passo que os demais Estados Partes permanecem obrigados pelas disposições do presente Pacto e pelas emendas anteriores por eles aceitas.

ARTIGO 52

Independentemente das notificações previstas no parágrafo 5 do artigo 48, o Secretário-Geral da Organização das Nações Unidas comunicará a todos os Estados referidos no parágrafo 1 do referido artigo:

a) as assinaturas, ratificações e adesões recebidas em conformidade com o artigo 48;

b) a data de entrega em vigor do Pacto, nos termos do artigo 49, e a data, e a data em entrada em vigor de quaisquer emendas, nos termos do artigo 51.

ARTIGO 53

1. O presente Pacto cujos textos em chinês, espanhol, francês, inglês e russo são igualmente autênticos, será depositado nos arquivos da Organização das Nações Unidas.

2. O Secretário-Geral da Organização das Nações Unidas encaminhará cópias autênticas do presente Pacto a todos os Estados mencionados no artigo 48.

Em fé do quê, os abaixo-assinados, devidamente autorizados por seus respectivos Governos, assinaram o presente Pacto, aberto à assinatura em Nova York, aos 19 dias do mês de dezembro do ano de mil novecentos e sessenta e seis.

DECRETO 678, DE 6 DE NOVEMBRO DE 1992

Promulga a Convenção Americana sobre Direitos Humanos (Pacto de São José da Costa Rica), de 22 de novembro de 1969.

- *Pacto de São José da Costa Rica*
- Dec. 7.037/2009 – Aprova o Programa Nacional de Direitos Humanos (PNDH-3).
- Dec. 592/ 1992 – Atos Internacionais. Pacto Internacional sobre Direitos Civis e Políticos. Promulgação.

O VICE-PRESIDENTE DA REPÚBLICA, no exercício do cargo de Presidente da República, no uso da atribuição que lhe confere o art. 84, inciso VIII, da Constituição, e

Considerando que a Convenção Americana sobre Direitos Humanos (Pacto de São José da Costa Rica), adotada no âmbito da Organização dos Estados Americanos, em São José da Costa Rica, em 22 de novembro de 1969, entrou em vigor internacional em 18 de julho de 1978, na forma do segundo parágrafo de seu artigo 74;

Considerando que o Governo brasileiro depositou a carta de adesão a essa Convenção em 25 de setembro de 1992;

Considerando que a Convenção Americana sobre Direitos Humanos (Pacto de São José da Costa Rica) entrou em vigor, para o Brasil, em 25 de setembro de 1992, de conformidade com o disposto no segundo parágrafo de seu artigo 74; decreta:

Art. 1º A Convenção Americana sobre Direitos Humanos (Pacto de São José da Costa Rica), celebrada em São José da Costa Rica, em 22 de novembro de 1969, apensa por cópia ao presente decreto, deverá ser cumprida tão inteiramente como nela se contém.

Art. 2º Ao depositar a Carta de Adesão a esse ato internacional, em 25 de setembro de 1992, o Governo brasileiro fez a seguinte declaração interpretativa: "O Governo do Brasil entende que os artigos 43 e 48, alínea *d*, não incluem o direito automático de visitas e inspeções *in loco* da Comissão Interamericana de Direitos Humanos, as quais dependerão da anuência expressa do Estado".

Art. 3º O presente Decreto entra em vigor na data de sua publicação.

Brasília, 6 de novembro de 1992; 171º da Independência e 104º da República.

Itamar Franco

Publicado no DOU de 9.11.1992

ANEXO AO DECRETO QUE PROMULGA A CONVENÇÃO AMERICANA SOBRE DIREITOS HUMANOS (PACTO DE SÃO JOSÉ DA COSTA RICA) – MRE

Convenção Americana sobre Direitos Humanos (1969)

Preâmbulo

Os Estados americanos signatários da presente Convenção,

Reafirmando seu propósito de consolidar neste Continente, dentro do quadro das instituições democráticas, um regime de liberdade pessoal e de justiça social, fundado no respeito dos direitos essenciais do homem;

Reconhecendo que os direitos essenciais do homem não derivam do fato de ser ele nacional de determinado Estado, mas sim do fato de ter como fundamento os atributos da pessoa humana, razão por que justificam uma proteção internacional, de natureza convencional, coadjuvante ou complementar da que oferece o direito interno dos Estados americanos;

Considerando que esses princípios foram consagrados na Carta da Organização dos Estados Americanos, na Declaração Americana dos Direitos e Deveres do Homem e na Declaração Universal dos Direitos do Homem e que foram reafirmados e desenvolvidos em outros instrumentos internacionais, tanto de âmbito mundial como regional;

Reiterando que, de acordo com a Declaração Universal dos Direitos do Homem, só pode ser realizado o ideal do ser humano livre, isento do temor e da miséria, se forem criadas condições que permitam a cada pessoa gozar dos seus direitos econômicos, sociais e culturais, bem como dos seus direitos civis e políticos; e

Considerando que a Terceira Conferência Interamericana Extraordinária (Buenos Aires, 1967) aprovou a incorporação à própria Carta da Organização de normas mais amplas sobre direitos econômicos, sociais e educacionais e resolveu que uma convenção interamericana sobre direitos humanos determinasse a estrutura, competência e processo dos órgãos encarregados dessa matéria,

Convieram no seguinte:

PARTE I
DEVERES DOS ESTADOS E DIREITOS PROTEGIDOS

CAPÍTULO I
ENUMERAÇÃO DE DEVERES

Artigo 1º
OBRIGAÇÃO DE RESPEITAR OS DIREITOS

1. Os Estados-Partes nesta Convenção comprometem-se a respeitar os direitos e liberdades nela reconhecidos e a garantir seu livre e pleno exercício a toda pessoa que esteja sujeita à sua jurisdição, sem discriminação alguma por motivo de raça, cor, sexo, idioma, religião, opiniões políticas ou de qualquer outra natureza, origem nacional ou social, posição econômica, nascimento ou qualquer outra condição social.

2. Para os efeitos desta Convenção, pessoa é todo ser humano.

Artigo 2º
DEVER DE ADOTAR DISPOSIÇÕES DE DIREITO INTERNO

Se o exercício dos direitos e liberdades mencionados no artigo 1º ainda não estiver garantido por disposições legislativas ou de outra natureza, os Estados-Partes comprometem-se a adotar, de acordo com as suas normas constitucionais e com as disposições desta Convenção, as medidas legislativas ou de outra natureza que forem necessárias para tornar efetivos tais direitos e liberdades.

CAPÍTULO II
DIREITOS CIVIS E POLÍTICOS

Artigo 3º
DIREITO AO RECONHECIMENTO DA PERSONALIDADE JURÍDICA

Toda pessoa tem direito ao reconhecimento de sua personalidade jurídica.

Artigo 4º
DIREITO À VIDA

1. Toda pessoa tem o direito de que se respeite sua vida. Esse direito deve ser protegido pela lei e, em geral, desde o momento da concepção. Ninguém pode ser privado da vida arbitrariamente.

2. Nos países que não houverem abolido a pena de morte, esta só poderá ser imposta pelos delitos mais graves, em cumprimento de sentença final de tribunal competente e em conformidade com lei que estabeleça tal pena, promulgada antes de haver o delito sido cometido. Tampouco se estenderá sua aplicação a delitos aos quais não se aplique atualmente.

3. Não se pode restabelecer a pena de morte nos Estados que a hajam abolido.

4. Em nenhum caso pode a pena de morte ser aplicada por delitos políticos, nem por delitos comuns conexos com delitos políticos.

5. Não se deve impor a pena de morte a pessoa que, no momento da perpetração do delito, for menor de dezoito anos, ou maior de setenta, nem aplicá-la a mulher em estado de gravidez.

6. Toda pessoa condenada à morte tem direito a solicitar anistia, indulto ou comutação da pena, os quais podem ser concedidos em todos os casos. Não se pode executar a pena de morte enquanto o pedido estiver pendente de decisão ante a autoridade competente.

Artigo 5º
DIREITO À INTEGRIDADE PESSOAL

1. Toda pessoa tem o direito de que se respeite sua integridade física, psíquica e moral.

2. Ninguém deve ser submetido a torturas, nem a penas ou tratos cruéis, desumanos ou degradantes. Toda pessoa privada da liberdade deve ser tratada com o respeito devido à dignidade inerente ao ser humano.

3. A pena não pode passar da pessoa do delinquente.

4. Os processados devem ficar separados dos condenados, salvo em circunstâncias excepcionais, e ser submetidos a tratamento adequado à sua condição de pessoas não condenadas.

5. Os menores, quando puderem ser processados, devem ser separados dos adultos e conduzidos a tribunal especializado, com a maior rapidez possível, para seu tratamento.

6. As penas privativas da liberdade devem ter por finalidade essencial a reforma e a readaptação social dos condenados.

Artigo 6º
PROIBIÇÃO DA ESCRAVIDÃO E DA SERVIDÃO

1. Ninguém pode ser submetido a escravidão ou a servidão, e tanto estas como o tráfico de escravos e o tráfico de mulheres são proibidos em todas as formas.

2. Ninguém deve ser constrangido a executar trabalho forçado ou obrigatório. Nos países em que se prescreve, para certos delitos, pena privativa da liberdade acompanhada de trabalhos forçados, esta disposição não pode ser interpretada no sentido de que proíbe o cumprimento da dita pena, imposta por juiz ou tribunal competente. O trabalho forçado não deve afetar a dignidade nem a capacidade física e intelectual do recluso.

3. Não constituem trabalhos forçados ou obrigatórios para os efeitos deste artigo:

a) os trabalhos ou serviços normalmente exigidos de pessoa reclusa em cumprimento de sentença ou resolução formal expedida pela autoridade judiciária competente. Tais trabalhos ou serviços devem ser executados sob a vigilância e controle das autoridades públicas, e os indivíduos que os executarem não devem ser postos à disposição de particulares, companhias ou pessoas jurídicas de caráter privado;

b) o serviço militar e, nos países onde se admite a isenção por motivos de consciência, o serviço nacional que a lei estabelecer em lugar daquele;

c) o serviço imposto em casos de perigo ou calamidade que ameace a existência ou o bem-estar da comunidade; e

d) o trabalho ou serviço que faça parte das obrigações cívicas normais.

Artigo 7º
DIREITO À LIBERDADE PESSOAL

1. Toda pessoa tem direito à liberdade e à segurança pessoais.

2. Ninguém pode ser privado de sua liberdade física, salvo pelas causas e nas condições previamente fixadas pelas constituições políticas dos Estados-Partes ou pelas leis de acordo com elas promulgadas.

3. Ninguém pode ser submetido a detenção ou encarceramento arbitrários.

4. Toda pessoa detida ou retida deve ser informada das razões da sua detenção e notificada, sem demora, da acusação ou acusações formuladas contra ela.

5. Toda pessoa detida ou retida deve ser conduzida, sem demora, à presença de um juiz ou outra autoridade autorizada pela lei a exercer funções judiciais e tem direito a ser julgada dentro de um prazo razoável ou a ser posta em liberdade, sem prejuízo de que prossiga o processo. Sua liberdade pode ser condicionada a garantias que assegurem o seu comparecimento em juízo.

6. Toda pessoa privada da liberdade tem direito a recorrer a um juiz ou tribunal competente, a fim de que este decida, sem demora, sobre a legalidade de sua prisão ou detenção e ordene sua soltura se a prisão ou a detenção forem ilegais. Nos Estados-Partes cujas leis preveem que toda pessoa que se vir ameaçada de ser privada de sua liberdade tem direito a recorrer a um juiz ou tribunal competente a fim de que este decida sobre a legalidade de tal ameaça, tal recurso não pode ser restringido nem abolido. O recurso pode ser interposto pela própria pessoa ou por outra pessoa.

7. Ninguém deve ser detido por dívida. Este princípio não limita os mandados de autoridade judiciária competente expedidos em virtude de inadimplemento de obrigação alimentar.

- Súm. Vinculante 25 do STF.
- Súm. 419 do STJ.

Artigo 8º
GARANTIAS JUDICIAIS

1. Toda pessoa tem direito a ser ouvida, com as devidas garantias e dentro de um prazo razoável, por um juiz ou tribunal competente, independente e imparcial, estabelecido anteriormente por lei, na apuração de qualquer acusação penal formulada contra ela, ou para que se determinem seus direitos ou obrigações de natureza civil, trabalhista, fiscal ou de qualquer outra natureza.

2. Toda pessoa acusada de delito tem direito a que se presuma sua inocência enquanto não se comprove legalmente sua culpa. Durante o processo, toda pessoa tem direito, em plena igualdade, às seguintes garantias mínimas:

a) direito do acusado de ser assistido gratuitamente por tradutor ou intérprete, se não compreender ou não falar o idioma do juízo ou tribunal;

b) comunicação prévia e pormenorizada ao acusado da acusação formulada;

c) concessão ao acusado do tempo e dos meios adequados para a preparação de sua defesa;

d) direito do acusado de defender-se pessoalmente ou de ser assistido por um defensor de sua escolha e de comunicar-se, livremente e em particular, com seu defensor;

e) direito irrenunciável de ser assistido por um defensor proporcionado pelo Estado, remunerado ou não, segundo a legislação interna, se o acusado não se defender ele próprio nem nomear defensor dentro do prazo estabelecido pela lei;

f) direito da defesa de inquirir as testemunhas presentes no tribunal e de obter o comparecimento, como testemunhas ou peritos, de outras pessoas que possam lançar luz sobre os fatos;

g) direito de não ser obrigado a depor contra si mesma, nem a declarar-se culpada; e

h) direito de recorrer da sentença para juiz ou tribunal superior.

3. A confissão do acusado só é válida se feita sem coação de nenhuma natureza.

4. O acusado absolvido por sentença passada em julgado não poderá ser submetido a novo processo pelos mesmos fatos.

5. O processo penal deve ser público, salvo no que for necessário para preservar os interesses da justiça.

Artigo 9º
PRINCÍPIO DA LEGALIDADE E DA RETROATIVIDADE

Ninguém pode ser condenado por ações ou omissões que, no momento em que forem cometidas, não sejam delituosas, de acordo com o direito aplicável. Tampouco se pode impor pena mais grave que a aplicável no momento da perpetração do delito. Se depois da perpetração do delito a lei dispuser a imposição de pena mais leve, o delinquente será por isso beneficiado.

Artigo 10
DIREITO À INDENIZAÇÃO

Toda pessoa tem direito de ser indenizada conforme a lei, no caso de haver sido condenada em sentença passada em julgado, por erro judiciário.

Artigo 11
PROTEÇÃO DA HONRA E DA DIGNIDADE

1. Toda pessoa tem direito ao respeito de sua honra e ao reconhecimento de sua dignidade.

2. Ninguém pode ser objeto de ingerências arbitrárias ou abusivas em sua vida privada, na de sua família, em seu domicílio ou em sua correspondência, nem de ofensas ilegais à sua honra ou reputação.

3. Toda pessoa tem direito à proteção da lei contra tais ingerências ou tais ofensas.

Artigo 12
LIBERDADE DE CONSCIÊNCIA E DE RELIGIÃO

1. Toda pessoa tem direito à liberdade de consciência e de religião. Esse direito implica a liberdade de conservar sua religião ou suas crenças, ou de mudar de religião ou de crenças, bem como a liberdade de professar e divulgar sua religião ou suas crenças, individual ou coletivamente, tanto em público como em privado.

2. Ninguém pode ser objeto de medidas restritivas que possam limitar sua liberdade de conservar sua religião ou suas crenças, ou de mudar de religião ou de crenças.

3. A liberdade de manifestar a própria religião e as próprias crenças está sujeita unicamente às limitações prescritas pela lei e que sejam necessárias para proteger a segurança, a ordem, a saúde ou a moral pública ou os direitos ou liberdades das demais pessoas.

4. Os pais, e quando for o caso os tutores, têm direito a que seus filhos ou pupilos recebam a educação religiosa e moral que esteja acorde com suas próprias convicções.

Artigo 13
LIBERDADE DE PENSAMENTO E DE EXPRESSÃO

1. Toda pessoa tem direito à liberdade de pensamento e de expressão. Esse direito compreende a liberdade de buscar, receber e difundir informações e ideias de toda natureza, sem consideração de fronteiras, verbalmente ou por escrito, ou em forma impressa ou artística, ou por qualquer outro processo de sua escolha.

2. O exercício do direito previsto no inciso precedente não pode estar sujeito a censura prévia, mas a responsabilidades ulteriores, que devem ser expressamente fixadas pela lei a ser necessárias para assegurar:

a) o respeito aos direitos ou à reputação das demais pessoas; ou

b) a proteção da segurança nacional, da ordem pública, ou da saúde ou da moral públicas.

3. Não se pode restringir o direito de expressão por vias ou meios indiretos, tais como o abuso de controles oficiais ou particulares de papel de imprensa, de frequências radioelétricas ou de equipamentos e aparelhos usados na difusão de informação, nem por quaisquer outros meios destinados a obstar a comunicação e a circulação de ideias e opiniões.

4. A lei pode submeter os espetáculos públicos a censura prévia, com o objetivo exclusivo de regular o acesso a eles, para proteção moral da infância e da adolescência, sem prejuízo do disposto no inciso 2.

5. A lei deve proibir toda propaganda a favor da guerra, bem como toda apologia ao ódio nacional, racial ou religioso que constitua incitação à discriminação, à hostilidade, ao crime ou à violência.

Artigo 14
DIREITO DE RETIFICAÇÃO OU RESPOSTA

1. Toda pessoa atingida por informações inexatas ou ofensivas emitidas em seu prejuízo por meios de difusão legalmente regulamentados e que se dirijam ao público em geral, tem direito a fazer, pelo mesmo órgão de difusão, sua retificação ou resposta, nas condições que estabeleça a lei.

2. Em nenhum caso a retificação ou a resposta eximirão das outras responsabilidades legais em que se houver incorrido.

3. Para a efetiva proteção da honra e da reputação, toda publicação ou empresa jornalística, cinematográfica, de rádio ou televisão, deve ter uma pessoa responsável que não seja protegida por imunidades nem goze de foro especial.

Artigo 15
DIREITO DE REUNIÃO

É reconhecido o direito de reunião pacífica e sem armas. O exercício de tal direito só pode estar sujeito às restrições previstas pela lei e que sejam necessárias, numa sociedade democrática, no interesse da segurança nacional, da segurança ou da ordem públicas, ou para proteger a saúde ou a moral pública ou os direitos e liberdades das demais pessoas.

Artigo 16
LIBERDADE DE ASSOCIAÇÃO

1. Todas as pessoas têm o direito de associar-se livremente com fins ideológicos, religiosos, políticos, econômicos, trabalhistas, sociais, culturais, desportivos ou de qualquer outra natureza.

2. O exercício de tal direito só pode estar sujeito às restrições previstas pela lei que sejam necessárias, numa sociedade democrática, no interesse da segurança nacional, da segurança ou da ordem públicas, ou para proteger a saúde ou a moral pública ou os direitos e liberdades das demais pessoas.

3. O disposto neste artigo não impede a imposição de restrições legais, e mesmo a privação do exercício do direito de associação, aos membros das forças armadas e da polícia.

Artigo 17
PROTEÇÃO DA FAMÍLIA

- v.CF/88: art. 226.

1. A família é o elemento natural e fundamental da sociedade e deve ser protegida pela sociedade e pelo Estado.

2. É reconhecido o direito do homem e da mulher de contraírem casamento e de fundarem uma família, se tiverem a idade e as condições para isso exigidas pelas leis internas, na medida em que não afetem estas o princípio da não discriminação estabelecido nesta Convenção.

3. O casamento não pode ser celebrado sem o livre e pleno consentimento dos contraentes.

4. Os Estados-Partes devem tomar medidas apropriadas no sentido de assegurar a igualdade de direitos e a adequada equivalência de responsabilidade dos cônjuges quanto ao casamento, durante o casamento e em caso de dissolução do mesmo. Em caso de dissolução, serão adotadas disposições que assegurem a proteção necessária aos filhos, com base unicamente no interesse e conveniência dos mesmos.

5. A lei deve reconhecer iguais direitos tanto aos filhos nascidos fora do casamento como aos nascidos dentro do casamento.

Artigo 18
DIREITO AO NOME

Toda pessoa tem direito a um prenome e aos nomes de seus pais ou ao de um destes. A lei deve regular a forma de assegurar a todos esse direito, mediante nomes fictícios, se for necessário.

- CC: art. 16.

Artigo 19
DIREITOS DA CRIANÇA

Toda criança tem direito às medidas de proteção que a sua condição de menor requer por parte da sua família, da sociedade e do Estado.

- Lei 13.431/2017 – Estabelece o sistema de garantia de direitos da criança e do adolescente vítima ou testemunha de violência e altera a Lei 8.069/1990 (Estatuto da Criança e do Adolescente).
- Lei 13.257/2016 – Dispõe sobre as políticas públicas para a primeira infância e altera a Lei 8.069/1990 (Estatuto da Criança e do Adolescente), o Dec.-lei 3.689/1941 (Código de Processo Penal), a Consolidação das Leis do Trabalho (CLT), aprovada pelo Dec.-lei 5.452/1943, a Lei 11.770/2008, e a Lei 12.662/2012.
- Lei 13.185/ 2015 – Institui o Programa de Combate à Intimidação Sistemática (Bullying).
- Lei 13.010/2014 – Altera a Lei 8.069/1990 (Estatuto da Criança e do Adolescente), para estabelecer o direito da criança e do adolescente de serem educados e cuidados sem o uso de castigos físicos ou de tratamento cruel ou degradante, e altera a Lei 9.394/1996. (Lei da Palmada)
- Lei 12.978/2014 – Altera o nome jurídico do art. 218-B do Decreto-Lei 2.848/1940 (Código Penal); e acrescenta inciso ao art. 1º da Lei 8.072/1990, para classificar como hediondo o crime de favorecimento da prostituição ou de outra forma de exploração sexual de criança ou adolescente ou de vulnerável.
- Lei 12.015/2009 – Altera o Título VI da Parte Especial do Decreto-Lei 2.848/1940 (Código Penal), e o art. 1º da Lei 8.072/1990, que dispõe sobre os crimes hediondos, nos termos do inciso XLIII do art. 5º da CF e revoga a Lei 2.252/1954, que trata de corrupção de menores.
- Lei 12.010/2009 – Dispõe sobre adoção; altera as Leis 8.069/1990 (Estatuto da Criança e do Adolescente), 8.560/1992; revoga dispositivos da Lei 10.406/2002 (Código Civil), e da Consolidação das Leis do Trabalho (CLT), aprovada pelo Decreto-Lei 5.452/1943.
- Lei 11.942/2009 – Dá nova redação aos arts. 14, 83 e 89 da Lei 7.210/1984 (Lei de Execução Penal), para assegurar às mães presas e aos recém-nascidos condições mínimas de assistência.
- Lei 8.069/1990 – Dispõe sobre o Estatuto da Criança e do Adolescente (ECA).
- Decreto Legislativo 311/2009 – Aprova o texto do Protocolo Facultativo ao Pacto Internacional sobre Direitos Civis e Políticos, adotado em Nova Iorque, em 16 de dezembro de 1966, e do Segundo Protocolo Facultativo ao Pacto Internacional sobre Direitos Civis e Políticos com vistas à Abolição da Pena de Morte, adotado e proclamado pela Resolução nº 44/128, de 15 de dezembro de 1989, com a reserva expressa no art. 2º.
- Decreto 5.017/2004 – Promulga o Protocolo Adicional à Convenção das Nações Unidas contra o Crime Organizado Transnacional Relativo à Prevenção, Repressão e Punição do Tráfico de Pessoas, em Especial Mulheres e Crianças. (Protocolo de Palermo)

Artigo 20
DIREITO À NACIONALIDADE

1. Toda pessoa tem direito a uma nacionalidade.

2. Toda pessoa tem direito à nacionalidade do Estado em cujo território houver nascido, se não tiver direito a outra.

3. A ninguém se deve privar arbitrariamente de sua nacionalidade nem do direito de mudá-la.

- CF/88: arts. 5º, LXXI, 12, e 22, XIII.
- Dec.-lei 394/1938 – Regula a extradição.
- Lei 13.445/2017 (Lei de Migração).

Artigo 21
DIREITO À PROPRIEDADE PRIVADA

1. Toda pessoa tem direito ao uso e gozo dos seus bens. A lei pode subordinar esse uso e gozo ao interesse social.

2. Nenhuma pessoa pode ser privada de seus bens, salvo mediante o pagamento de indenização justa, por motivo de utilidade pública ou de interesse social e nos casos e na forma estabelecidos pela lei.

3. Tanto a usura como qualquer outra forma de exploração do homem pelo homem devem ser reprimidas pela lei.

- CF/88: arts. 5º, XXII, XXIII, 170, II, III, 182, § 2º e 185.

Artigo 22
DIREITO DE CIRCULAÇÃO E DE RESIDÊNCIA

- CF/88: art. 5º, XV.

1. Toda pessoa que se ache legalmente no território de um Estado tem direito de circular nele e de nele residir em conformidade com as disposições legais.

2. Toda pessoa tem o direito de sair livremente de qualquer país, inclusive do próprio.

3. O exercício dos direitos acima mencionados não pode ser restringido senão em virtude de lei, na medida indispensável, numa sociedade democrática, para prevenir infrações penais ou para proteger a segurança nacional, a segurança ou a ordem pública, a moral ou a saúde públicas, ou os direitos e liberdades das demais pessoas.

4. O exercício dos direitos reconhecidos no inciso 1 pode também ser restringido pela lei, em zonas determinadas, por motivos de interesse público.

5. Ninguém pode ser expulso do território do Estado do qual for nacional, nem ser privado do direito de nele entrar.

- Dec-lei 394/1938 – Regula a extradição.

6. O estrangeiro que se ache legalmente no território de um Estado-Parte nesta Convenção só

poderá dele ser expulso em cumprimento de decisão adotada de acordo com a lei.

7. Toda pessoa tem o direito de buscar e receber asilo em território estrangeiro, em caso de perseguição por delitos políticos ou comuns conexos com delitos políticos e de acordo com a legislação de cada Estado e com os convênios internacionais.

8. Em nenhum caso o estrangeiro pode ser expulso ou entregue a outro país, seja ou não de origem, onde seu direito à vida ou à liberdade pessoal esteja em risco de violação por causa da sua raça, nacionalidade, religião, condição social ou de suas opiniões políticas.

9. É proibida a expulsão coletiva de estrangeiros.

Artigo 23
DIREITOS POLÍTICOS

- CF/88: art. 14, §§ 3º e 4º, e §§ 7º a 9º.
- Lei 9.096/1995– Dispõe sobre partidos políticos, regulamenta os arts. 17 e 14, § 3º, inciso V, da CF.
- Lei 4.737/1965 – Institui o Código Eleitoral.
- Dec, Legislativo 311/2009 – Aprova o texto do Protocolo Facultativo ao Pacto Internacional sobre Direitos Civis e Políticos, adotado em Nova Iorque, em 16 de dezembro de 1966, e do Segundo Protocolo Facultativo ao Pacto Internacional sobre Direitos Civis e Políticos com vistas à Abolição da Pena de Morte, adotado e proclamado pela Resolução nº 44/128, de 15 de dezembro de 1989, com a reserva expressa no art. 2º.
- Decr. 592/ 1992 – Atos Internacionais. Pacto Internacional sobre Direitos Civis e Políticos. Promulgação.

1. Todos os cidadãos devem gozar dos seguintes direitos e oportunidades:

a) de participar da direção dos assuntos públicos, diretamente ou por meio de representantes livremente eleitos;

b) de votar e ser eleitos em eleições periódicas autênticas, realizadas por sufrágio universal e igual e por voto secreto que garanta a livre expressão da vontade dos eleitores; e

c) de ter acesso, em condições gerais de igualdade, às funções públicas de seu país.

2. A lei pode regular o exercício dos direitos e oportunidades e a que se refere o inciso anterior, exclusivamente por motivos de idade, nacionalidade, residência, idioma, instrução, capacidade civil ou mental, ou condenação, por juiz competente, em processo penal.

Artigo 24
IGUALDADE PERANTE A LEI

- CF/88: art. 5º.

Todas as pessoas são iguais perante a lei. Por conseguinte, têm direito, sem discriminação, a igual proteção da lei.

Artigo 25
PROTEÇÃO JUDICIAL

- CF/88: art. 5º, XXXIV, a.

1. Toda pessoa tem direito a um recurso simples e rápido ou a qualquer outro recurso efetivo, perante os juízes ou tribunais competentes, que a proteja contra atos que violem seus direitos fundamentais reconhecidos pela constituição, pela lei ou pela presente Convenção, mesmo quando tal violação seja cometida por pessoas que estejam atuando no exercício de suas funções oficiais.

2. Os Estados-Partes comprometem-se:

a) a assegurar que a autoridade competente prevista pelo sistema legal do Estado decida sobre os direitos de toda pessoa que interpuser tal recurso;

b) a desenvolver as possibilidades de recurso judicial; e

c) a assegurar o cumprimento, pelas autoridades competentes, de toda decisão em que se tenha considerado procedente o recurso.

CAPÍTULO III
DIREITOS ECONÔMICOS, SOCIAIS E CULTURAIS

Artigo 26
DESENVOLVIMENTO PROGRESSIVO

Os Estados-Partes comprometem-se a adotar providências, tanto no âmbito interno como mediante cooperação internacional, especialmente econômica e técnica, a fim de conseguir progressivamente a plena efetividade dos direitos que decorrem das normas econômicas, sociais e sobre educação, ciência e cultura, constantes da Carta da Organização dos Estados Americanos, reformada pelo Protocolo de Buenos Aires, na medida dos recursos disponíveis, por via legislativa ou por outros meios apropriados.

CAPÍTULO IV
SUSPENSÃO DE GARANTIAS, INTERPRETAÇÃO E APLICAÇÃO

Artigo 27
SUSPENSÃO DE GARANTIAS

- CF/88: arts. 5º, XXV, 22, III, 53, § 7º, e 136.

1. Em caso de guerra, de perigo público, ou de outra emergência que ameace a independência ou segurança do Estado-Parte, este poderá adotar disposições que, na medida e pelo tempo estritamente limitados às exigências da situação, suspendem as obrigações contraídas em virtude desta Convenção, desde que tais disposições não sejam incompatíveis com as demais obrigações que lhe impõe o Direito Internacional e não encerrem discriminação alguma fundada em motivos de raça, cor, sexo, idioma, religião ou origem social.

2. A disposição precedente não autoriza a suspensão dos direitos determinados nos seguintes artigos: 3 (Direito ao Reconhecimento da Personalidade Jurídica), 4 (Direito à Vida), 5 (Direito à Integridade Pessoal), 6 (Proibição da Escravidão e Servidão), 9 (Princípio da Legalidade e da Retroatividade), 12 (Liberdade de Consciência e de Religião), 17 (Proteção da Família), 18 (Direito ao Nome), 19 (Direitos da Criança), 20 (Direito à Nacionalidade) e 23 (Direitos Políticos), nem das garantias indispensáveis para a proteção de tais direitos.

3. Todo Estado-Parte que fizer uso do direito de suspensão deverá informar imediatamente os outros Estados-Partes na presente Convenção, por intermédio do Secretário-Geral da Organização dos Estados Americanos, das disposições cuja aplicação haja suspendido, dos motivos determinantes da suspensão e da data em que haja dado por terminada tal suspensão.

Artigo 28
CLÁUSULA FEDERAL

1. Quando se tratar de um Estado-Parte constituído como Estado federal, o governo nacional do aludido Estado-Parte cumprirá todas as disposições da presente Convenção, relacionadas com as matérias sobre as quais exerce competência legislativa e judicial.

2. No tocante às disposições relativas às matérias que correspondem à competência das entidades componentes da federação, o governo nacional deve tomar imediatamente as medidas pertinentes, em conformidade com sua constituição e suas leis, a fim de que as autoridades competentes das referidas entidades possam adotar as disposições cabíveis para o cumprimento desta Convenção.

3. Quando dois ou mais Estados-Partes decidirem constituir entre eles uma federação ou outro tipo de associação, diligenciarão no sentido de que o pacto comunitário respectivo contenha as disposições necessárias para que continuem sendo efetivas no novo Estado assim organizado as normas da presente Convenção.

Artigo 29
NORMAS DE INTERPRETAÇÃO

Nenhuma disposição desta Convenção pode ser interpretada no sentido de:

a) permitir a qualquer dos Estados-Partes, grupo ou pessoa, suprimir o gozo e exercício dos direitos e liberdades reconhecidos na Convenção ou limitá-los em maior medida do que a nela prevista;

b) limitar o gozo e exercício de qualquer direito ou liberdade que possam ser reconhecidos de acordo com as leis de qualquer dos Estados-Partes ou de acordo com outra convenção em que seja parte um dos referidos Estados;

c) excluir outros direitos e garantias que são inerentes ao ser humano ou que decorrem da forma democrática representativa de governo; e

d) excluir ou limitar o efeito que possam produzir a Declaração Americana dos Direitos e Deveres do Homem e outros atos internacionais da mesma natureza.

Artigo 30
ALCANCE DAS RESTRIÇÕES

As restrições permitidas, de acordo com esta Convenção, ao gozo e exercício dos direitos e liberdades nela reconhecidos, não podem ser aplicadas senão de acordo com leis que forem promulgadas por motivo de interesse geral e com o propósito para o qual houverem sido estabelecidas.

Artigo 31
RECONHECIMENTO DE OUTROS DIREITOS

Poderão ser incluídos no regime de proteção desta Convenção outros direitos e liberdades que forem reconhecidos de acordo com os processos estabelecidos nos artigos 69 e 70.

CAPÍTULO V
DEVERES DAS PESSOAS

Artigo 32
Correlação entre deveres e direitos

1. Toda pessoa tem deveres para com a família, a comunidade e a humanidade.

2. Os direitos de cada pessoa são limitados pelos direitos dos demais, pela segurança de todos e pelas justas exigências do bem comum, numa sociedade democrática.

PARTE II
MEIOS DA PROTEÇÃO

CAPÍTULO VI
ÓRGÃOS COMPETENTES

Artigo 33

São competentes para conhecer dos assuntos relacionados com o cumprimento dos compromissos assumidos pelos Estados-Partes nesta Convenção:

a) a Comissão Interamericana de Direitos Humanos, doravante denominada a Comissão; e

b) a Corte Interamericana de Direitos Humanos, doravante denominada a Corte.

CAPÍTULO VII
COMISSÃO INTERAMERICANA DE DIREITOS HUMANOS

SEÇÃO 1
ORGANIZAÇÃO

Artigo 34

A Comissão Interamericana de Direitos Humanos compor-se-á de sete membros, que deverão ser pessoas de alta autoridade moral e de reconhecido saber em matéria de direitos humanos.

Artigo 35

A Comissão representa todos os membros da Organização dos Estados Americanos.

Artigo 36

1. Os membros da Comissão serão eleitos a título pessoal, pela Assembleia Geral da Organização, de uma lista de candidatos propostos pelos governos dos Estados-Membros.

2. Cada um dos referidos governos pode propor até três candidatos nacionais do Estado que os propuser ou de qualquer outro Estado-Membro da Organização dos Estados Americanos. Quando for proposta uma lista de três candidatos, pelo menos um deles deverá ser nacional de Estado diferente do proponente.

Artigo 37

1. Os membros da Comissão serão eleitos por 4 (quatro) anos e só poderão ser reeleitos uma vez, porém o mandato de três dos membros designados na primeira eleição expirará ao cabo de 2 (dois) anos. Logo depois da referida eleição, serão determinados por sorteio, na Assembleia Geral, os nomes desses três membros.

2. Não pode fazer parte da Comissão mais de um nacional de um mesmo Estado.

Artigo 38

As vagas que ocorrerem na Comissão, que não se devam à expiração normal do mandato, serão preenchidas pelo Conselho Permanente da Organização, de acordo com o que dispuser o Estatuto da Comissão.

Artigo 39

A Comissão elaborará seu estatuto e submetê-lo-á à aprovação da Assembleia Geral e expedirá seu próprio regulamento.

Artigo 40

Os serviços de secretaria da Comissão devem ser desempenhados pela unidade funcional especializada que faz parte da Secretaria-Geral da Organização e deve dispor dos recursos necessários para cumprir as tarefas que lhe forem confiadas pela Comissão.

SEÇÃO 2.
FUNÇÕES

Artigo 41

A Comissão tem a função principal de promover a observância e a defesa dos direitos humanos e, no exercício do seu mandato, tem as seguintes funções e atribuições:

a) estimular a consciência dos direitos humanos nos povos da América;

b) formular recomendações aos governos dos Estados-Membros, quando o considerar conveniente, no sentido de que adotem medidas progressivas em prol dos direitos humanos no âmbito de suas leis internas e seus preceitos constitucionais, bem como disposições apropriadas para promover o devido respeito a esses direitos;

c) preparar os estudos ou relatórios que considerar convenientes para o desempenho de suas funções;

d) solicitar aos governos dos Estados-Membros que lhe proporcionem informações sobre as medidas que adotarem em matéria de direitos humanos;

e) atender às consultas que, por meio da Secretaria-Geral da Organização dos Estados Americanos, lhe formularem os Estados-Membros sobre questões relacionadas com os direitos humanos e, dentro de suas possibilidades, prestar-lhes o assessoramento que eles lhe solicitarem;

f) atuar com respeito às petições e outras comunicações, no exercício de sua autoridade, de conformidade com o disposto nos artigos 44 a 51 desta Convenção; e

g) apresentar um relatório anual à Assembleia Geral da Organização dos Estados Americanos.

Artigo 42

Os Estados-Partes devem remeter à Comissão cópia dos relatórios e estudos que, em seus respectivos campos, submetem anualmente às Comissões Executivas do Conselho Interamericano Econômico e Social e do Conselho Interamericano de Educação, Ciência e Cultura, a fim de que aquela vele por que se promovam os direitos decorrentes das normas econômicas, sociais e sobre educação, ciência e cultura, constantes da Carta da Organização dos Estados Americanos, reformada pelo Protocolo de Buenos Aires.

Artigo 43

Os Estados-Partes obrigam-se a proporcionar à Comissão as informações que esta lhes solicitar sobre a maneira pela qual o seu direito interno assegura a aplicação efetiva de quaisquer disposições desta Convenção.

SEÇÃO 3
COMPETÊNCIA

Artigo 44

Qualquer pessoa ou grupo de pessoas, ou entidade não governamental legalmente reconhecida em um ou mais Estados-Membros da Organização, pode apresentar à Comissão petições que contenham denúncias ou queixas de violação desta Convenção por um Estado-Parte.

Artigo 45

1. Todo Estado-Parte pode, no momento do depósito do seu instrumento de ratificação desta Convenção ou de adesão a ela, ou em qualquer momento posterior, declarar que reconhece a competência da Comissão para receber e examinar as comunicações em que um Estado-Parte alegue haver outro Estado-Parte incorrido em violações dos direitos humanos estabelecidos nesta Convenção.

2. As comunicações feitas em virtude deste artigo só podem ser admitidas e examinadas se forem apresentadas por um Estado-Parte que haja feito uma declaração pela qual reconheça a referida competência da Comissão. A Comissão não admitirá nenhuma comunicação contra um Estado-Parte que não haja feito tal declaração.

3. As declarações sobre reconhecimento de competência podem ser feitas para que esta vigore por tempo indefinido, por período determinado ou para casos específicos.

4. As declarações serão depositadas na Secretaria-Geral da Organização dos Estados Americanos, a qual encaminhará cópia das mesmas aos Estados-Membros da referida Organização.

Artigo 46

1. Para que uma petição ou comunicação apresentada de acordo com os artigos 44 ou 45 seja admitida pela Comissão, será necessário:

a) que hajam sido interpostos e esgotados os recursos da jurisdição interna, de acordo com os princípios de direito internacional geralmente reconhecidos;

b) que seja apresentada dentro do prazo de 6 (seis) meses, a partir da data em que o presumido prejudicado em seus direitos tenha sido notificado da decisão definitiva;

c) que a matéria da petição ou comunicação não esteja pendente de outro processo de solução internacional; e

d) que, no caso do artigo 44, a petição contenha o nome, a nacionalidade, a profissão, o domicílio e a assinatura da pessoa ou pessoas ou do representante legal da entidade que submeter a petição.

2. As disposições das alíneas *a* e *b* do inciso 1 deste artigo não se aplicarão quando:

a) não existir, na legislação interna do Estado de que se tratar, o devido processo legal para a proteção do direito ou direitos que se alegue tenham sido violados;

b) não se houver permitido ao presumido prejudicado em seus direitos o acesso aos recursos da jurisdição interna, ou houver sido ele impedido de esgotá-los; e

c) houver demora injustificada na decisão sobre os mencionados recursos.

Artigo 47

A Comissão declarará inadmissível toda petição ou comunicação apresentada de acordo com os artigos 44 ou 45 quando:

a) não preencher algum dos requisitos estabelecidos no artigo 46;

b) não expuser fatos que caracterizem violação dos direitos garantidos por esta Convenção;

c) pela exposição do próprio peticionário ou do Estado, for manifestamente infundada a petição ou comunicação ou for evidente sua total improcedência; ou

d) for substancialmente reprodução de petição ou comunicação anterior, já examinada pela Comissão ou por outro organismo internacional.

SEÇÃO 4
PROCESSO

Artigo 48

1. A Comissão, ao receber uma petição ou comunicação na qual se alegue violação de qualquer dos direitos consagrados nesta Convenção, procederá da seguinte maneira:

a) se reconhecer a admissibilidade da petição ou comunicação, solicitará informações ao Governo do Estado ao qual pertença a autoridade apontada como responsável pela violação alegada e transcreverá as partes pertinentes da petição ou comunicação. As referidas informações devem ser enviadas dentro de um prazo razoável, fixado pela Comissão ao considerar as circunstâncias de cada caso;

b) recebidas as informações, ou transcorrido o prazo fixado sem que sejam elas recebidas, verificará se existem ou subsistem os motivos da petição ou comunicação. No caso de não existirem ou não subsistirem, mandará arquivar o expediente;

c) poderá também declarar a inadmissibilidade ou a improcedência da petição ou comunicação, com base em informação ou prova superveniente;

d) se o expediente não houver sido arquivado, e com o fim de comprovar os fatos, a Comissão procederá, com conhecimento das partes, a um exame do assunto exposto na petição ou comunicação. Se for necessário e conveniente, a Comissão procederá a uma investigação para cuja eficaz realização solicitará, e os Estados interessados lhe proporcionarão, todas as facilidades necessárias;

e) poderá pedir aos Estados interessados qualquer informação pertinente e receberá, se isso lhe for solicitado, as exposições verbais ou escritas que apresentarem os interessados; e

f) pôr-se-á à disposição das partes interessadas, a fim de chegar a uma solução amistosa do assunto, fundada no respeito aos direitos humanos reconhecidos nesta Convenção.

2. Entretanto, em casos graves e urgentes, pode ser realizada uma investigação, mediante prévio consentimento do Estado em cujo território se alegue haver sido cometida a violação, tão somente com a apresentação de uma petição

ou comunicação que reúna todos os requisitos formais de admissibilidade.

Artigo 49

Se se houver chegado a uma solução amistosa de acordo com as disposições do inciso 1, *f*, do artigo 48, a Comissão redigirá um relatório que será encaminhado ao peticionário e aos Estados-Partes nesta Convenção e, posteriormente, transmitido, para sua publicação, ao Secretário-Geral da Organização dos Estados Americanos. O referido relatório conterá uma breve exposição dos fatos e da solução alcançada. Se qualquer das partes no caso o solicitar, ser-lhe-á proporcionada a mais ampla informação possível.

Artigo 50

1. Se não se chegar a uma solução, e dentro do prazo que for fixado pelo Estatuto da Comissão, esta redigirá um relatório no qual exporá os fatos e suas conclusões. Se o relatório não representar, no todo ou em parte, o acordo unânime dos membros da Comissão, qualquer deles poderá agregar ao referido relatório seu voto em separado. Também se agregarão ao relatório as exposições verbais ou escritas que houverem sido feitas pelos interessados em virtude do inciso 1, e, do artigo 48.

2. O relatório será encaminhado aos Estados interessados, aos quais não será facultado publicá-lo.

3. Ao encaminhar o relatório, a Comissão pode formular as proposições e recomendações que julgar adequadas.

Artigo 51

1. Se no prazo de 3 (três) meses, a partir da remessa aos Estados interessados do relatório da Comissão, o assunto não houver sido solucionado ou submetido à decisão da Corte pela Comissão ou pelo Estado interessado, aceitando sua competência, a Comissão poderá emitir, pelo voto da maioria absoluta dos seus membros, sua opinião e conclusões sobre a questão submetida à sua consideração.

2. A Comissão fará as recomendações pertinentes e fixará um prazo dentro do qual o Estado deve tomar as medidas que lhe competirem para remediar a situação examinada.

3. Transcorrido o prazo fixado, a Comissão decidirá, pelo voto da maioria absoluta dos seus membros, se o Estado tomou ou não medidas adequadas e se publica ou não seu relatório.

CAPÍTULO VIII
CORTE INTERAMERICANA DE DIREITOS HUMANOS

SEÇÃO 1
ORGANIZAÇÃO

Artigo 52

1. A Corte compor-se-á de sete juízes, nacionais dos Estados-Membros da Organização, eleitos a título pessoal dentre juristas da mais alta autoridade moral, de reconhecida competência em matéria de direitos humanos, que reúnam as condições requeridas para o exercício das mais elevadas funções judiciais, de acordo com a lei do Estado do qual sejam nacionais, ou do Estado que os propuser como candidatos.

2. Não deve haver dois juízes da mesma nacionalidade.

Artigo 53

1. Os juízes da Corte serão eleitos, em votação secreta e pelo voto da maioria absoluta dos Estados-Partes na Convenção, na Assembleia Geral da Organização, de uma lista de candidatos propostos pelos mesmos Estados.

2. Cada um dos Estados-Partes pode propor até três candidatos, nacionais do Estado que os propuser ou de qualquer outro Estado-Membro da Organização dos Estados Americanos. Quando se propuser uma lista de três candidatos, pelo menos um deles deverá ser nacional de Estado diferente do proponente.

Artigo 54

1. Os juízes da Corte serão eleitos por um período de 6 (seis) anos e só poderão ser reeleitos uma vez. O mandato de três dos juízes designados na primeira eleição expirará ao cabo de 3 (três) anos. Imediatamente depois da referida eleição, determinar-se-ão por sorteio, na Assembleia Geral, os nomes desses três juízes.

2. O juiz eleito para substituir outro cujo mandato não haja expirado, completará o período deste.

3. Os juízes permanecerão em suas funções até o término dos seus mandatos. Entretanto, continuarão funcionando nos casos de que já houverem tomado conhecimento e que se encontrem em fase de sentença e, para tais efeitos, não serão substituídos pelos novos juízes eleitos.

Artigo 55

1. O juiz que for nacional de algum dos Estados-Partes no caso submetido à Corte conservará o seu direito de conhecer o mesmo.

2. Se um dos juízes chamados a conhecer do caso for de nacionalidade de um dos Estados-Partes, outro Estado-Parte no caso poderá designar uma pessoa de sua escolha para integrar a Corte na qualidade de juiz *ad hoc*.

3. Se, dentre os juízes chamados a conhecer do caso, nenhum for da nacionalidade dos Estados-Partes, cada um destes poderá designar um juiz *ad hoc*.

4. O juiz *ad hoc* deve reunir os requisitos indicados no artigo 52.

5. Se vários Estados-Partes na Convenção tiverem o mesmo interesse no caso, serão considerados como uma só parte, para os fins das disposições anteriores. Em caso de dúvida, a Corte decidirá.

Artigo 56

O *quorum* para as deliberações da Corte é constituído por cinco juízes.

Artigo 57

A Comissão comparecerá em todos os casos perante a Corte.

Artigo 58

1. A Corte terá sua sede no lugar que for determinado, na Assembleia Geral da Organização, pelos Estados-Partes na Convenção, mas poderá realizar reuniões no território de qualquer Estado-Membro da Organização dos Estados Americanos em que o considerar conveniente pela maioria dos seus membros e mediante prévia aquiescência do Estado respectivo. Os Estados-Partes na Convenção podem, na Assembleia Geral, por dois terços dos seus votos, mudar a sede da Corte.

2. A Corte designará seu Secretário.

3. O Secretário residirá na sede da Corte e deverá assistir às reuniões que ela realizar fora da mesma.

Artigo 59

A Secretaria da Corte será por esta estabelecida e funcionará sob a direção do Secretário da Corte, de acordo com as normas administrativas da Secretaria-Geral da Organização em tudo o que não for incompatível com a independência da Corte. Seus funcionários serão nomeados pelo Secretário-Geral da Organização, em consulta com o Secretário da Corte.

Artigo 60

A Corte elaborará seu estatuto e submetê-lo-á à aprovação da Assembleia Geral e expedirá seu regimento.

SEÇÃO 2
COMPETÊNCIA E FUNÇÕES

Artigo 61

1. Somente os Estados-Partes e a Comissão têm direito de submeter caso à decisão da Corte.

2. Para que a Corte possa conhecer de qualquer caso, é necessário que sejam esgotados os processos previstos nos artigos 48 a 50.

Artigo 62

1. Todo Estado-Parte pode, no momento do depósito do seu instrumento de ratificação desta Convenção ou de adesão a ela, ou em qualquer momento posterior, declarar que reconhece como obrigatória, de pleno direito e sem convenção especial, a competência da Corte em todos os casos relativos à interpretação ou aplicação desta Convenção.

2. A declaração pode ser feita incondicionalmente, ou sob condição de reciprocidade, por prazo determinado ou para casos específicos. Deverá ser apresentada ao Secretário-Geral da Organização, que encaminhará cópias da mesma aos outros Estados-Membros da Organização e ao Secretário da Corte.

3. A Corte tem competência para conhecer de qualquer caso relativo à interpretação e aplicação das disposições desta Convenção que lhe seja submetido, desde que os Estados-Partes no caso tenham reconhecido ou reconheçam a referida competência, seja por declaração especial, como preveem os incisos anteriores, seja por convenção especial.

Artigo 63

1. Quando decidir que houve violação de um direito ou liberdade protegidos nesta Convenção, a Corte determinará que se assegure ao prejudicado o gozo do seu direito ou liberdade violados. Determinará também, se isso for procedente, que sejam reparadas as consequências da medida ou situação que haja configurado a violação desses direitos, bem como o pagamento de indenização justa à parte lesada.

2. Em casos de extrema gravidade e urgência, e quando se fizer necessário evitar danos irreparáveis às pessoas, a Corte, nos assuntos de que estiver conhecendo, poderá tomar as medidas provisórias que considerar pertinentes. Se se tratar de assuntos que ainda não estiverem submetidos ao seu conhecimento, poderá atuar a pedido da Comissão.

Artigo 64

1. Os Estados-Membros da Organização poderão consultar a Corte sobre a interpretação desta Convenção ou de outros tratados concernentes à proteção dos direitos humanos nos Estados americanos. Também poderão consultá-la, no que lhes compete, os órgãos enumerados no Capítulo X da Carta da Organização dos Estados Americanos, reformada pelo Protocolo de Buenos Aires.

2. A Corte, a pedido de um Estado-Membro da Organização, poderá emitir pareceres sobre a compatibilidade entre qualquer de suas leis internas e os mencionados instrumentos internacionais.

Artigo 65

A Corte submeterá à consideração da Assembleia Geral da Organização, em cada período ordinário de sessões, um relatório sobre suas atividades no ano anterior. De maneira especial, e com as recomendações pertinentes, indicará os casos em que um Estado não tenha dado cumprimento a suas sentenças.

SEÇÃO 3
PROCESSO

Artigo 66

1. A sentença da Corte deve ser fundamentada.

2. Se a sentença não expressar no todo ou em parte a opinião unânime dos juízes, qualquer deles terá direito a que se agregue à sentença o seu voto dissidente ou individual.

Artigo 67

A sentença da Corte será definitiva e inapelável. Em caso de divergência sobre o sentido ou alcance da sentença, a Corte interpretá-la-á, a pedido de qualquer das partes, desde que o pedido seja apresentado dentro de 90 (noventa) dias a partir da data da notificação da sentença.

Artigo 68

1. Os Estados-Partes na Convenção comprometem-se a cumprir a decisão da Corte em todo caso em que forem partes.

2. A parte da sentença que determinar indenização compensatória poderá ser executada no país respectivo pelo processo interno vigente para a execução de sentenças contra o Estado.

Artigo 69

A sentença da Corte deve ser notificada às partes no caso e transmitida aos Estados-Partes na Convenção.

CAPÍTULO IX
DISPOSIÇÕES COMUNS

Artigo 70

1. Os juízes da Corte e os membros da Comissão gozam, desde o momento de sua eleição e enquanto durar o seu mandato, das imunidades reconhecidas aos agentes diplomáticos pelo Direito Internacional. Durante o exercício dos seus cargos gozam, além disso, dos privilégios diplomáticos necessários para o desempenho de suas funções.

2. Não se poderá exigir responsabilidade em tempo algum dos juízes da Corte, nem dos membros da Comissão, por votos e opiniões emitidos no EXERCÍCIO DE SUAS FUNÇÕES.

Artigo 71

Os cargos de juiz da Corte ou de membro da Comissão são incompatíveis com outras atividades que possam afetar sua independência ou imparcialidade conforme o que for determinado nos respectivos estatutos.

Artigo 72

Os juízes da Corte e os membros da Comissão perceberão honorários e despesas de viagem na forma e nas condições que determinarem os seus estatutos, levando em conta a importância e independência de suas funções. Tais honorários e despesas de viagem serão fixados no orçamento-programa da Organização dos Estados Americanos, no qual devem ser incluídas, além disso, as despesas da Corte e de sua Secretaria. Para tais efeitos, a Corte elaborará o seu próprio projeto de orçamento e submetê-lo-á à aprovação da Assembleia Geral, por intermédio da Secretaria-Geral. Esta última não poderá nele introduzir modificações.

Artigo 73

Somente por solicitação da Comissão ou da Corte, conforme o caso, cabe à Assembleia Geral da Organização resolver sobre as sanções aplicáveis aos membros da Comissão ou aos juízes da Corte que incorrerem nos casos previstos nos respectivos estatutos. Para expedir uma resolução, será necessária maioria de 2/3 (dois terços) dos votos dos Estados-Membros da Organização, no caso dos membros da Comissão; e, além disso, de dois terços dos votos dos Estados-Partes na Convenção, se se tratar dos juízes da Corte.

PARTE III
DISPOSIÇÕES GERAIS E TRANSITÓRIAS

CAPÍTULO X
ASSINATURA, RATIFICAÇÃO, RESERVA, EMENDA, PROTOCOLO E DENÚNCIA

Artigo 74

1. Esta Convenção fica aberta à assinatura e à ratificação ou adesão de todos os Estados-Membros da Organização dos Estados Americanos.

2. A ratificação desta Convenção ou a adesão a ela efetuar-se-á mediante depósito de um instrumento de ratificação ou de adesão na Secretaria-Geral da Organização dos Estados Americanos. Esta Convenção entrará em vigor logo que onze Estados houverem depositado os seus respectivos instrumentos de ratificação ou de adesão. Com referência a qualquer outro Estado que a ratificar ou que a ela aderir ulteriormente, a Convenção entrará em vigor na data do depósito do seu instrumento de ratificação ou de adesão.

3. O Secretário-Geral informará todos os Estados-Membros da Organização sobre a entrada em vigor da Convenção.

Artigo 75

Esta Convenção só pode ser objeto de reservas em conformidade com as disposições da Convenção de Viena sobre Direito dos Tratados, assinada em 23 de maio de 1969.

Artigo 76

1. Qualquer Estado-Parte, diretamente, e a Comissão ou a Corte, por intermédio do Secretário-Geral, podem submeter à Assembleia Geral, para o que julgarem conveniente, proposta de emenda a esta Convenção.

2. As emendas entrarão em vigor para os Estados que ratificarem as mesmas na data em que houver sido depositado o respectivo instrumento de ratificação que corresponda ao número de dois terços dos Estados-Partes nesta Convenção. Quanto aos outros Estados-Partes, entrarão em vigor na data em que depositarem eles os seus respectivos instrumentos de ratificação.

Artigo 77

1. De acordo com a faculdade estabelecida no artigo 31, qualquer Estado-Parte e a Comissão podem submeter à consideração dos Estados-Partes reunidos por ocasião da Assembleia Geral, projetos de protocolos adicionais a esta Convenção, com a finalidade de incluir progressivamente no regime de proteção da mesma outros direitos e liberdades.

2. Cada protocolo deve estabelecer as modalidades de sua entrada em vigor e será aplicado somente entre os Estados-Partes no mesmo.

Artigo 78

1. Os Estados-Partes poderão denunciar esta Convenção depois de expirado um prazo de 5 (cinco) anos, a partir da data de entrada em vigor da mesma e mediante aviso prévio de 1 (um) ano, notificando o Secretário-Geral da Organização, o qual deve informar as outras Partes.

2. Tal denúncia não terá o efeito de desligar o Estado-Parte interessado das obrigações contidas nesta Convenção, no que diz respeito a qualquer ato que, podendo constituir violação dessas obrigações, houver sido cometido por ele anteriormente à data na qual a denúncia produzir efeito.

CAPÍTULO XI
DISPOSIÇÕES TRANSITÓRIAS

SEÇÃO 1
COMISSÃO INTERAMERICANA DE DIREITOS HUMANOS

Artigo 79

Ao entrar em vigor esta Convenção, o Secretário-Geral pedirá por escrito a cada Estado-Membro da Organização que apresente, dentro de um prazo de 90 (noventa) dias, seus candidatos a membro da Comissão Interamericana de Direitos Humanos. O Secretário-Geral preparará uma lista por ordem alfabética dos candidatos apresentados e a encaminhará aos Estados-Membros da Organização pelo menos 30 (trinta) dias antes da Assembleia Geral seguinte.

Artigo 80

A eleição dos membros da Comissão far-se-á dentre os candidatos que figurem na lista a que se refere o artigo 79, por votação secreta da Assembleia Geral, e serão declarados eleitos os candidatos que obtiverem maior número de votos e a maioria absoluta dos votos dos representantes dos Estados-Membros. Se, para eleger todos os membros da Comissão, for necessário realizar várias votações, serão eliminados sucessivamente, na forma que for determinada pela Assembleia Geral, os candidatos que receberem menor número de votos.

SEÇÃO 2
CORTE INTERAMERICANA DE DIREITOS HUMANOS

Artigo 81

Ao entrar em vigor esta Convenção, o Secretário-Geral solicitará por escrito a cada Estado-Parte que apresente, dentro de um prazo de 90 (noventa) dias, seus candidatos a juiz da Corte Interamericana de Direitos Humanos. O Secretário-Geral preparará uma lista por ordem alfabética dos candidatos apresentados e a encaminhará aos Estados-Partes pelo menos 30 (trinta) dias antes da Assembleia Geral seguinte.

Artigo 82

A eleição dos juízes da Corte far-se-á dentre os candidatos que figurem na lista a que se refere o artigo 81, por votação secreta dos Estados-Partes, na Assembleia Geral, e serão declarados eleitos os candidatos que obtiverem maior número de votos e a maioria absoluta dos votos dos representantes dos Estados-Partes. Se, para eleger todos os juízes da Corte, for necessário realizar várias votações, serão eliminados sucessivamente, na forma que for determinada pelos Estados- Partes, os candidatos que receberem menor número de votos.

DECLARAÇÕES E RESERVAS

DECLARAÇÃO DO CHILE

A Delegação do Chile apõe sua assinatura a esta Convenção, sujeita à sua posterior aprovação parlamentar e ratificação, em conformidade com as normas constitucionais vigentes.

DECLARAÇÃO DO EQUADOR

A Delegação do Equador tem a honra de assinar a Convenção Americana sobre Direitos Humanos. Não crê necessário especificar reserva alguma, deixando a salvo tão somente a faculdade geral constante da mesma Convenção, que deixa aos governos a liberdade de ratificá-la.

RESERVA DO URUGUAI

O artigo 80, parágrafo 2, da Constituição da República Oriental do Uruguai, estabelece que se suspende a cidadania "pela condição de legalmente processado em causa criminal de que possa resultar pena de penitenciária". Essa limitação ao exercício dos direitos reconhecidos no artigo 23 da Convenção não está prevista entre as circunstâncias que a tal respeito prevê o parágrafo 2 do referido artigo 23, motivo por que a Delegação do Uruguai formula a reserva pertinente.

Em fé do que, os plenipotenciários abaixo assinados, cujos plenos poderes foram encontrados em boa e devida forma, assinam esta

Convenção, que se denominará "Pacto de São José da Costa Rica", na cidade de São José, Costa Rica, em vinte e dois de novembro de mil novecentos e sessenta e nove.

DECLARAÇÃO INTERPRETATIVA DO BRASIL

Ao depositar a Carta de Adesão à Convenção Americana sobre Direitos Humanos (Pacto de São José da Costa Rica), em 25 de setembro de 1992, o Governo brasileiro fez a seguinte declaração interpretativa sobre os artigos 43 e 48, alínea *d*:

"O Governo do Brasil entende que os artigos 43 e 48, alínea *d*, não incluem o direito automático de visitas e inspeções *in loco* da Comissão Interamericana de Direitos Humanos, as quais dependerão da anuência expressa do Estado".

DECRETO Nº 1.530, DE 22 DE JUNHO DE 1995

Declara a entrada em vigor da Convenção das Nações Unidas sobre o Direito do Mar, concluída em Montego Bay, Jamaica, em 10 de dezembro de 1982.

- *Convenção das Nações Unidas sobre o Direito do Mar*

O Presidente da República , no uso da atribuição que lhe confere o art. 84, inciso VIII, da Constituição, e

Considerando que o Congresso Nacional aprovou, por meio do Decreto Legislativo nº 5, de 9 de novembro de 1987, a Convenção das Nações Unidas sobre o Direito do Mar, concluída em Montego Bay, Jamaica, em 10 de dezembro de 1982;

Considerando que o Governo brasileiro ratificou a referida Convenção em 22 de dezembro de 1988;

DECRETA:

Art. 1º Fica declarado que a Convenção das Nações Unidas sobre o Direito do Mar, concluída em Montego Bay, Jamaica, em 10 de dezembro de 1982, entrou em vigor internacional e para o Brasil em 16 de novembro de 1994, de conformidade com o seu art. 308, parágrafo 1.

Art. 2º Este Decreto entra em vigor na data de sua publicação.

Brasília, 22 de junho de 1995; 174º da Independência e 107º da República.

FERNANDO HENRIQUE CARDOSO

D.O.U. de 23.6.199

CONVENÇÃO DAS NAÇÕES UNIDAS SOBRE O DIREITO DO MAR

Os Estados Partes nesta Convenção,

Animados do desejo de solucionar, num espírito de compreensão e cooperação mútuas, todas as questões relativas ao direito do mar e conscientes do significado histórico desta Convenção como importante contribuição para a manutenção da paz, da justiça e do progresso de todos os povos do mundo,

Verificando que os fatos ocorridos desde as Conferências das Nações Unidas sobre o Direito do Mar, realizadas em Genebra em 1958 e 1960, acentuaram a necessidade de uma nova Convenção sobre o direito do mar de aceitação geral,

Conscientes de que os problemas do espaço oceânico estão estreitamente inter-relacionados e devem ser considerados como um todo,

Reconhecendo a conveniência de estabelecer por meio desta Convenção, com a devida consideração pela soberania de todos os Estados, uma ordem jurídica para os mares e oceanos que facilite as comunicações internacionais e promova os usos pacíficos dos mares e oceanos, a utilização equitativa e eficiente dos seus recursos, a conservação dos recursos vivos e o estudo, a proteção e a preservação do meio marinho,

Tendo presente que a consecução destes objetivos contribuirá para o estabelecimento de uma ordem econômica internacional justa e equitativa que tenha em conta os interesses e as necessidades da humanidade em geral e, em particular, os interesses e as necessidades especiais dos países em desenvolvimento, quer costeiros quer sem litoral,

Desejando desenvolver pela presente Convenção os princípios consagrados na resolução 2749 (XXV) de 17 de dezembro de 1970, na qual a Assembléia Geral das Nações Unidas declarou solenemente, interalia, que os fundos marinhos e oceânicos e o seu subsolo para além dos limites de jurisdição nacional, bem como os respectivos recursos são patrimônio comum da humanidade e que a exploração e o aproveitamento dos mesmos fundos serão feitos em benefício da humanidade em geral, independentemente da situação geográfica dos Estados,

Convencidos de que a codificação e o desenvolvimento progressivo do direito do mar alcançados na presente Convenção contribuirão para o fortalecimento da paz, da segurança, da cooperação e das relações de amizade entre todas as nações, de conformidade com os princípios de justiça e igualdade de direitos e promoverão o progresso econômico e social de todos os povos do mundo, de acordo com os Propósitos e Princípios das Nações Unidas, tais como enunciados na Carta,

Afirmando que as matérias não reguladas pela presente Convenção continuarão a ser regidas pelas normas e princípios do direito internacional geral,

Acordaram o seguinte:

PARTE I INTRODUÇÃO

ARTIGO 1 Termos utilizados e âmbito de aplicação

1. Para efeitos da presente Convenção:

1) "Área" significa o leito do mar, os fundos marinhos, e o seu subsolo além dos limites da jurisdição nacional;

2) "Autoridade" significa a Autoridade Internacional dos Fundos Marinhos;

3) "atividades na Área" significa todas as atividades de exploração e aproveitamento dos recursos na Área;

4) "poluição do meio marinho" significa a introdução pelo homem, direta ou indiretamente, de substâncias ou de energia no meio marinho, incluindo os estuários, sempre que a mesma provoque ou possa vir provocar efeitos nocivos, tais como danos aos recursos vivos e à vida marinha, riscos à saúde do homem, entrave às atividades marítimas, incluindo a pesca e as outras utilizações legítimas do mar, alteração da qualidade da água do mar, no que se refere à sua utilização, e deterioração dos locais de recreio;

5) a) "alijamento" significa:

i) qualquer lançamento deliberado no mar de detritos e outras matérias, a partir de embarcações, aeronaves, plataformas ou outras construções;

ii) qualquer afundamento deliberado no mar de embarcações, aeronaves, plataformas ou outras construções;

b) O termo "alijamento" não incluirá:

i) o lançamento de detritos ou outras matérias resultantes ou derivadas da exploração normal de embarcações, aeronaves, plataformas e outras construções, bem como o seu equipamento, com exceção dos detritos ou de outras matérias transportados em embarcações, aeronaves, plataformas ou outras construções no mar ou para eles transferidos que sejam utilizadas para o lançamento destas matérias ou que provenham do tratamento desses detritos ou de outras matérias a bordo das referidas embarcações, aeronaves, plataformas ou construções;

ii) o depósito de matérias para outros fins que não os do seu simples lançamento desde que tal depósito não seja contrário aos objetivos da presente Convenção.

2. 1) "Estados Partes" significa os Estados que tenham consentido em ficar obrigados pela Convenção e em relação aos quais a Convenção esteja em vigor.

2) A Convenção aplica-se mutatis mutandis às entidades mencionadas nas alíneas b), c), d), e), e f) do parágrafo 1º do artigo 305, que se tenham tornado Partes na presente Convenção de conformidade com as condições relativas a cada uma delas e, nessa medida, a expressão "Estados Partes" compreende essas entidades.

PARTE II MAR TERRITORIAL E ZONA CONTÍGUA

SEÇÃO 1. DISPOSIÇÕES GERAIS

ARTIGO 2 Regime jurídico do mar territorial, seu espaço aéreo Sobrejacente, leito e subsolo

1. A soberania do Estado costeiro estende-se além do seu território e das suas águas interiores e, no caso de Estado arquipélago, das suas águas arquipelágicas, a uma zona de mar adjacente designada pelo nome de mar territorial.

2. Esta soberania estende-se ao espaço aéreo sobrejacente ao mar territorial, bem como ao leito e ao subsolo deste mar.

3. A soberania sobre o mar territorial é exercida de conformidade com a presente Convenção e as demais normas de direito internacional.

SEÇÃO 2. LIMITES DO MAR TERRITORIAL

ARTIGO 3 Largura do mar territorial

Todo Estado tem o direito de fixar a largura do seu mar territorial até um limite que não ultrapasse 12 milhas marítimas, medidas a partir de linhas de base determinadas de conformidade com a presente Convenção.

ARTIGO 4 Limite exterior do mar territorial

Limite exterior do mar territorial é definido por uma linha em que cada um dos pontos fica a uma distância do ponto mais próximo da linha de base igual à largura do mar territorial.

ARTIGO 5 Linha de base normal

Salvo disposição em contrário da presente Convenção, a linha de base normal para medir a largura do mar territorial é a linha de baixa-mar ao longo da costa, tal como indicada nas cartas marítimas de grande escala, reconhecidas oficialmente pelo Estado costeiro.

ARTIGO 6 Recifes

No caso de ilhas situadas em atóis ou de ilhas que têm cadeias de recifes, a linha de base para medir a largura do mar territorial é a linha de baixa-mar do recife que se encontra do lado do mar, tal como indicada por símbolo apropriado nas cartas reconhecidas oficialmente pelo Estado costeiro.

ARTIGO 7
Linha de base retas

1. Nos locais em que a costa apresente recortes profundos e reentrâncias ou em que exista uma franja de ilhas ao longo da costa na sua proximidade imediata, pode ser adotado o método das linhas de base retas que unam os pontos apropriados para traçar a linha de base a partir da qual se mede a largura do mar territorial.

2. Nos locais em que, devido à existência de um delta e de outros acidentes naturais, a linha da costa seja muito instável, os pontos apropriados podem ser escolhidos ao longo da linha de baixa-mar mais avançada em direção ao mar e, mesmo que a linha de baixa-mar retroceda posteriormente, essas linhas de base reta continuarão em vigor até que o Estado costeiro as modifique de conformidade com a presente Convenção.

3. O traçado dessas linhas de base retas não deve afastar-se consideravelmente da direção geral da costa e as zonas de mar situadas dentro dessas linhas devem estar suficientemente vinculadas ao domínio terrestre para ficarem submetidas ao regime das águas interiores.

4. As linhas de base retas não serão traçadas em direção aos baixios que emergem na baixa-mar, nem a partir deles, a não ser que sobre os mesmos se tenham construído faróis ou instalações análogas que estejam permanentemente acima do nível do mar, ou a não ser que o traçado de tais linha de base retas até àqueles baixios ou a partir destes tenha sido objeto de reconhecimento internacional geral.

5. Nos casos em que o método das linhas de base retas for aplicável, nos termos do parágrafo 1º, poder-se-á ter em conta, ao traçar determinadas linhas de base, os interesses econômicos próprios da região de que se trate, cuja realidade e importância estejam claramente demonstradas por uso prolongado.

6. O sistema de linhas de base retas não poderá ser aplicado por um Estado de modo a separar o mar territorial de outro Estado do alto mar ou de uma zona econômica exclusiva.

ARTIGO 8
Águas interiores

1. Excetuando o disposto na Parte IV, as águas situadas no interior da linha de base do mar territorial fazem parte das águas interiores do Estado.

2. Quando o traçado de uma linha de base reta, de conformidade com o método estabelecido no artigo 7, encerrar, como águas interiores, águas que anteriormente não eram consideradas como tais, aplicar-se-á a essas águas o direito de passagem inocente*, de acordo com o estabelecido na presente Convenção.

ARTIGO 9
Foz de um rio

Se um rio deságua diretamente no mar, a linha de base é uma reta traçada através da foz do rio entre os pontos limites da linha de baixa-mar das suas margens.

ARTIGO 10
Baías

1. Este artigo refere-se apenas a baías cujas costas pertencem a um único Estado.

2. Para efeitos da presente Convenção, uma baía é uma reentrância bem marcada, cuja penetração em terra, em relação á largura da usa entrada, é tal que contém águas cercadas pela costa e constitui mais do que uma simples inflexão da costa. Contudo, uma reentrância não será considerada como uma baía, se a sua superfície não for igual ou superior à de um semicírculo que tenha por diâmetro a linha traçada através da entrada da referida reentrância.

3. Para efeitos de medição, a superfície de uma reentrância é compreendida entre a linha de baixa-mar ao longo da costa da reentrância e uma linha que una as linhas de baixa-mar dos seus pontos naturais de entrada. Quando, devido à existência de ilhas, uma reentrância tiver mais do que uma entrada, o semicírculo será traçado tomando como diâmetro a soma dos comprimentos das linhas que fechem as diferentes entradas. A superfície das ilhas existentes dentro de uma reentrância será considerada como fazendo parte da superfície total da água da reentrância, como se essas ilhas fossem parte da mesma.

4. Se a distância entre as linhas de baixa-mar dos pontos naturais de entrada de uma baía não exceder 24 milhas marítimas, poderá ser traçada uma linha de demarcação entre estas duas linhas de baixa-mar e as águas assim encerradas serão consideradas águas interiores.

5. Quando a distância entre as linhas de baixa-mar dos pontos naturais de entrada de uma baía exceder 24 milhas marítimas, será traçada, no interior da baía uma linha de base reta de 24 milhas marítimas de modo a encerrar a maior superfície de água que for possível abranger por uma linha de tal extensão.

6. As disposições precedentes não se aplicam às baías chamadas "históricas", nem nos casos em que se aplique o sistema de linhas de base retas estabelecido no artigo 7.

ARTIGO 11
Portos

Para efeitos de delimitação do mar territorial, as instalações portuárias permanentes mais ao largo da costa que façam parte integrante do sistema portuário são consideradas como fazendo parte da costa. As instalações marítimas situadas ao largo da costa e as ilhas artificiais não são consideradas instalações portuárias permanentes.

ARTIGO 12
Ancoradouros

Os ancoradouros utilizados habitualmente para carga, descarga e fundeio de navios, os quais estariam normalmente situados, inteira ou parcialmente, fora do traçado geral do limite exterior do mar territorial, são considerados como fazendo parte do mar territorial.

ARTIGO 13
Baixios a descoberto

1. Um "baixio a descoberto" é uma extensão natural de terra rodeada de água, que, na baixa-mar, fica acima do nível do mar, mas que submerge na preia-mar. Quando um "baixio a descoberto" se encontre, total ou parcialmente, a uma distância do continente ou de uma ilha que não exceda a largura do mar territorial, a linha de baixa-mar desse baixio pode ser utilizada como linha de base para medir a largura do mar territorial.

2. Quando um "baixio a descoberto" estiver, na totalidade, situado a uma distância do continente ou de uma ilha superior à largura do mar territorial, não possui mar territorial próprio.

ARTIGO 14
Combinação de métodos para determinar as linhas de base

O Estado costeiro poderá, segundo as circunstâncias, determinar as linhas de base por meio de qualquer dos métodos estabelecidos nos artigos precedentes.

ARTIGO 15
Delimitação do mar territorial entre Estados com costas adjacentes ou situadas frente a frente

Quando as costas de dois Estados são adjacentes ou se encontram situadas frente a frente, nenhum desses Estados tem o direito, salvo acordo de ambos em contrário, de estender o seu mar territorial além da linha mediana cujos pontos são eqüidistantes dos pontos mais próximos das linhas de base, a partir das quais se mede a largura do mar territorial de cada um desses Estados. Contudo, este artigo não se aplica quando, por motivo da existência de títulos históricos ou de outras circunstâncias especiais, for necessário delimitar o mar territorial dos dois Estados de forma diferente.

ARTIGO 16
Cartas marítimas e listas de coordenadas geográficas

1. As linhas de base para medir a largura do mar territorial, determinadas de conformidade com os artigos 7, 9 e 10, ou os limites delas decorrentes, e as linhas de delimitação traçadas de conformidade com os artigos 12 e 15 figurarão em cartas de escala ou escalas adequadas para a determinação da sua posição. Essas cartas poderão ser substituídas por listas de coordenadas geográficas de pontos em que conste especificamente a sua origem geodésica.

2. O Estado costeiro dará a devida publicidade a tais cartas ou listas de coordenadas geográficas e depositará um exemplar de cada carta ou lista junto do Secretário Geral das Nações Unidas.

SEÇÃO 3. PASSAGEM INOCENTE* PELO MAR TERRITORIAL

SUBSEÇÃO A. NORMAS APLICÁVEIS A TODOS OS NAVIOS

ARTIGO 17
Direito de passagem inocente

Salvo disposição em contrário da presente Convenção, os navios de qualquer Estado, costeiro ou sem litoral, gozarão do direito de passagem inocente pelo mar territorial.

ARTIGO 18
Significado de passagem

1. "Passagem" significa a navegação pelo mar territorial com o fim de:

a) atravessar esse mar sem penetrar nas águas interiores nem fazer escala num ancoradouro ou instalação portuária situada fora das águas interiores;

b) dirigir-se para as águas interiores ou delas sair ou fazer escala num desses ancoradouros ou instalações portuárias.

2. A passagem deverá ser contínua e rápida. No entanto, a passagem compreende o parar e o fundear, mas apenas na medida em que os mesmos constituam incidentes comuns de navegação ou sejam impostos por motivos de força maior ou por dificuldade grave ou tenham por fim prestar, auxílio a pessoas, navios ou aeronaves em perigo ou em dificuldade grave.

ARTIGO 19
Significado de passagem inocente

1. A passagem é inocente desde que não seja prejudicial à paz, à boa ordem ou à segurança do Estado costeiro. A passagem deve efetuar-se de conformidade com a presente Convenção e demais normas de direito internacional.

2. A passagem de um navio estrangeiro será considerada prejudicial à paz, à boa ordem ou à segurança do Estado costeiro, se esse navio

realizar, no mar territorial, alguma das seguintes atividades:

a) qualquer ameaça ou uso da força contra a soberania, a integridade territorial ou a independência política do Estado costeiro ou qualquer outra ação em violação dos princípios de direito internacional enunciados na Carta das Nações Unidas;

b) qualquer exercício ou manobra com armas de qualquer tipo;

c) qualquer ato destinado a obter informações em prejuízo da defesa ou da segurança do Estado costeiro;

d) qualquer ato de propaganda destinado a atentar contra a defesa ou a segurança do Estado costeiro;

e) o lançamento, pouso ou recebimento a bordo de qualquer aeronave;

f) o lançamento, pouso ou recebimento a bordo de qualquer dispositivo militar;

g) o embarque ou desembarque de qualquer produto, moeda ou pessoa com violação das leis e regulamentos aduaneiros, fiscais, de imigração ou sanitários do Estado costeiro;

h) qualquer ato intencional e grave de poluição contrário à presente Convenção;

i) qualquer atividade de pesca;

j) a realização de atividades de investigação ou de levantamentos hidrográficos;

k) qualquer ato destinado a perturbar quaisquer sistemas de comunicação ou quaisquer outros serviços ou instalações do Estado costeiro;

l) qualquer outra atividade que não esteja diretamente relacionada com a passagem.

ARTIGO 20
Submarinos e outros veículos submersíveis

No mar territorial, os submarinos e quaisquer outros veículos submersíveis devem navegar à superfície e arvorar a sua bandeira.

ARTIGO 21
Leis e regulamentos do Estado costeiro relativos à passagem inocente

1. O Estado costeiro pode adotar leis e regulamentos, de conformidade com as disposições da presente Convenção e demais normas de direito internacional, relativos à passagem inocente* pelo mar territorial sobre todas ou alguma das seguintes matérias:

a) segurança da navegação e regulamentação do tráfego marítimo;

b) proteção das instalações e dos sistemas de auxílio à navegação e de outros serviços ou instalações;

c) proteção de cabos e dutos;

d) conservação dos recursos vivos do mar;

e) prevenção de infrações às leis e regulamentos sobre pesca do Estado costeiro;

f) preservação do meio ambiente do Estado costeiro e prevenção, redução e controle da sua poluição;

g) investigação científica marinha e levantamentos hidrográficos;

h) prevenção das infrações às leis e regulamentos aduaneiros, fiscais, de imigração ou sanitários do Estado costeiro.

2. Tais leis e regulamentos não serão aplicados ao projeto, construção, tripulação ou equipamento de navios estrangeiros, a não ser que se destinem à aplicação de regras ou normas internacionais geralmente aceitas.

3. O Estado costeiro dará a devida publicidade a todas estas leis e regulamentos.

4. Os navios estrangeiros que exerçam o direito de passagem inocente pelo mar territorial deverão observar todas essas leis e regulamentos, bem como todas as normas internacionais geralmente aceitas relacionadas com a prevenção de abalroamentos no mar.

ARTIGO 22
Rotas marítimas e sistemas de separação de tráfego no mar territorial

1. O Estado costeiro pode, quando for necessário à segurança da navegação, exigir que os navios estrangeiros que exerçam o direito de passagem inocente* pelo seu mar territorial utilizem as rotas marítimas e os sistemas de separação de tráfego que esse Estado tenha designado ou prescrito para a regulação da passagem de navios.

2. Em particular, pode ser exigido que os navios tanques, os navios de propulsão nuclear e outros navios que transportem substâncias ou materiais radioativos ou outros produtos intrinsecamente perigosos ou nocivos utilizem unicamente essas rotas marítimas.

3. Ao designar as rotas marítimas e ao prescrever sistemas de separação de tráfego, nos termos do presente artigo, o Estado costeiro terá em conta:

a) as recomendações da organização internacional competente;

b) quaisquer canais que se utilizem habitualmente para a navegação internacional;

c) as características especiais de determinados navios e canais; e

d) a densidade de tráfego.

4. O Estado costeiro indicará claramente tais rotas marítimas e sistemas de separação de tráfego em cartas marítimas a que dará a devida publicidade.

ARTIGO 23
Navios estrangeiros de propulsão nuclear e navios transportando substâncias radioativas ou outras substâncias intrinsecamente perigosas ou nocivas

Ao exercer o direito de passagem inocente pelo mar territorial, os navios estrangeiros de propulsão nuclear e os navios transportando substâncias radioativas ou outras substâncias intrinsecamente perigosas ou nocivas devem ter a bordo os documentos e observar as medidas especiais de precaução estabelecidas para esses navios nos acordos internacionais.

ARTIGO 24
Deveres do Estado costeiro

1. O Estado costeiro não deve pôr dificuldades à passagem inocente de navios estrangeiros pelo mar territorial, a não ser de conformidade com a presente Convenção. Em especial, na aplicação da presente Convenção ou de quaisquer leis e regulamentos adotados de conformidade com a presente Convenção, o Estado costeiro não deve:

a) impôr aos navios estrangeiros obrigações que tenham na prática o efeito de negar ou dificultar o direito de passagem inocente; ou

b) fazer discriminação de direito ou de fato contra navios de determinado Estado ou contra navios que transportem cargas provenientes de determinado Estado ou a ele destinadas ou por conta de determinado Estado.

2. O Estado costeiro dará a devida publicidade a qualquer perigo de que tenha conhecimento e que ameace a navegação no seu mar territorial.

ARTIGO 25
Direitos de proteção do Estado costeiro

1. O Estado costeiro pode tomar, no seu mar territorial, as medidas necessárias para impedir toda a passagem que não seja inocente*.

2. No caso de navios que se dirijam a águas interiores ou a escala numa instalação portuária situada fora das águas interiores, o Estado costeiro tem igualmente o direito de adotar as medidas necessárias para impedir qualquer violação das condições a que está sujeita a admissão desses navios nessas águas interiores ou nessa instalação portuária.

3. O Estado costeiro pode, sem fazer discriminação de direito ou de fato entre navios estrangeiros, suspender temporariamente em determinadas áreas do seu mar territorial o exercício do direito de passagem inocente* dos navios estrangeiros, se esta medida for indispensável para proteger a sua segurança, entre outras para lhe permitir proceder a exercícios com armas. Tal suspensão só produzirá efeito depois de ter sido devidamente tornada pública.

ARTIGO 26
Taxas que podem ser impostas a navios estrangeiros

1. Não podem ser impostas taxas a navios estrangeiros só com fundamento na sua passagem pelo mar territorial.

2. Não podem ser impostas taxas a um navio estrangeiro que passe pelo mar territorial a não ser como remuneração de determinados serviços prestados a esse navio. Estas taxas devem ser impostas sem discriminação.

SUBSEÇÃO B. NORMAS APLICÁVEIS A NAVIOS MERCANTES E NAVIOS DE ESTADO UTILIZADOS PARA FINS COMERCIAIS

ARTIGO 27
Jurisdição penal a bordo de navio estrangeiro

1. A jurisdição penal do Estado costeiro não será exercida a bordo de navio estrangeiro que passe pelo mar territorial com o fim de deter qualquer pessoa ou de realizar qualquer investigação, com relação à infração criminal cometida a bordo desse navio durante a sua passagem, salvo nos seguintes casos:

a) se a infração criminal tiver conseqüências para o Estado costeiro;

b) se a infração criminal for de tal natureza que possa perturbar a paz do país ou a ordem no mar territorial;

c) se a assistência das autoridades locais tiver sido solicitada pelo capitão do navio ou pelo representante diplomático ou funcionário consular do Estado de bandeira;

ou

d) se essas medidas forem necessárias para a repressão do tráfico ilícito de estupefacientes ou de substâncias psicotrópicas.

2. As disposições precedentes não afetam o direito do Estado costeiro de tomar as medidas autorizadas pelo seu direito interno, a fim de proceder a apresamento e investigações a bordo de navio estrangeiro que passe pelo seu mar territorial procedente de águas interiores.

3. Nos casos previstos nos parágrafos 1º e 2º, o Estado costeiro deverá, a pedido do capitão, notificar o representante diplomático ou o funcionário consular do Estado de Bandeira antes de tomar quaisquer medidas, e facilitar o contato entre esse representante ou funcionário e a tripulação do navio. Em caso de urgência, esta notificação poderá ser feita enquanto as medidas estiverem sendo tomadas.

4. Ao considerar se devem ou não proceder a um apresamento e à forma de o executar, as autoridades locais devem ter em devida conta os interesses da navegação.

5. Salvo em caso de aplicação das disposições da Parte XII ou de infração às leis e regulamentos adotados de conformidade com a Parte V o Estado costeiro não poderá tomar qualquer medida a bordo de um navio estrangeiro que passe pelo seu mar territorial, para a detenção de uma pessoa ou para proceder a investigações relacionadas com qualquer infração de caráter penal que tenha sido cometida antes do navio ter entrado no seu mar territorial, se esse navio, procedente de um porto estrangeiro, se encontrar só de passagem pelo mar territorial sem entrar nas águas interiores.

ARTIGO 28
Jurisdição civil em relação a navios estrangeiros

1. O Estado costeiro não deve parar nem desviar da sua rota um navio estrangeiro que passe pelo mar territorial, a fim de exercer a sua jurisdição civil em relação a uma pessoa que se encontre a bordo.

2. O Estado costeiro não pode tomar contra esse navio medidas executórias ou medidas cautelares em matéria civil, a não ser que essas medidas sejam tomadas por força de obrigações assumidas pelo navio ou de responsabilidades em que o mesmo haja incorrido, durante a navegação ou devido a esta quando da sua passagem pelas águas do Estado costeiro.

3. O parágrafo precedente não prejudica o direito do Estado costeiro de tomar, em relação a navio estrangeiro que se detenha no mar territorial ou por ele passe procedente das águas interiores, medidas executórias ou medidas cautelares em matéria civil conforme o seu direito interno.

SUBSEÇÃO C. NORMAS APLICÁVEIS A NAVIOS DE GUERRA E A OUTROS NAVIOS DE ESTADO UTILIZADOS PARA FINS NÃO COMERCIAIS

ARTIGO 29
Definição de navios de guerra

Para efeitos da presente Convenção, "navio de guerra" significa qualquer navio pertencente às forças armadas de um Estado, que ostente sinais exteriores próprios de navios de guerra da sua nacionalidade, sob o comando de um oficial devidamente designado pelo Estado cujo nome figure na correspondente lista de oficiais ou seu equivalente e cuja tripulação esteja submetida às regras da disciplina militar.

ARTIGO 30
Não-cumprimento das leis e regulamentos do Estado costeiro pelos navios de guerra

Se um navio de guerra não cumprir as leis e regulamentos do Estado costeiro relativos à passagem pelo mar territorial e não acatar o pedido que lhe for feito para o seu cumprimento, o Estado costeiro pode exigir-lhe que saia imediatamente do mar territorial.

ARTIGO 31
Responsabilidade do Estado de bandeira por danos causados por navio de guerra ou outro navio de Estado utilizado para fins não comerciais

Caberá ao Estado de bandeira a responsabilidade internacional por qualquer perda ou dano causado ao Estado costeiro resultante do não-cumprimento, por navio de guerra ou outro navio de Estado utilizado para fins não comerciais, das leis e regulamentos do Estado costeiro relativos à passagem pelo mar territorial ou das disposições da presente Convenção ou demais normas de direito internacional.

ARTIGO 32
Imunidades dos navios de guerra e outros navios de Estado utilizados para fins não comerciais

Com as exceções previstas na subseção A e nos artigos 30 e 31, nenhuma disposição da presente Convenção afetará as imunidades dos navios de guerra e outros navios de Estado utilizados para fins não comerciais.

SEÇÃO 4. ZONA CONTÍGUA

ARTIGO 33
Zona contígua

1. Numa zona contígua ao seu mar territorial, denominada zona contígua, o Estado costeiro pode tomar as medidas de fiscalização necessárias a:

a) evitar as infrações às leis e regulamentos aduaneiros, fiscais, de imigração ou sanitários no seu território ou no seu mar territorial;

b) reprimir as infrações às leis e regulamentos no seu território ou no seu mar territorial.

2. A zona contígua não pode estender-se além de 24 milhas marítimas, contadas a partir das linhas de base que servem para medir a largura do mar territorial.

PARTE III
ESTREITOS UTILIZADOS PARA A NAVEGAÇÃO INTERNACIONAL

SEÇÃO 1. DISPOSIÇÕES GERAIS

ARTIGO 34
Regime jurídico das águas que formam os estreitos utilizados para a navegação internacional

1. O regime de passagem pelos estreitos utilizados para a navegação internacional estabelecido na presente Parte não afetará, noutros aspectos, o regime jurídico das águas que formam esses estreitos, nem o exercício, pelos Estados ribeirinhos do estreito, da sua soberania ou da sua jurisdição sobre essas águas, seu espaço aéreo sobrejacente, leito e subsolo.

2. A soberania ou a jurisdição dos Estados ribeirinhos do estreito é exercida de conformidade com a presente Parte e as demais normas de direito internacional.

ARTIGO 35
Âmbito de aplicação da presente Parte

Nenhuma das disposições da presente Parte afeta:

a) qualquer área das águas interiores situadas num estreito, exceto quando o traçado de uma linha da base reta, de conformidade com o método estabelecido no artigo 7, tiver o efeito de englobar nas águas interiores áreas que anteriormente não eram consideradas como tais;

b) o regime jurídico das águas situadas além do mar territorial dos Estados ribeirinhos de um estreito como zonas econômicas exclusivas ou alto mar; ou

c) o regime jurídico dos estreitos em que a passagem esteja regulamentada, total ou parcialmente, por convenções internacionais de longa data em vigor que a eles se refiram especificamente.

ARTIGO 36
Rotas de alto mar ou rotas que atravessem uma zona econômica exclusiva através de estreitos utilizados para a navegação internacional

A presente Parte não se aplica a um estreito utilizado para a navegação internacional se por esse estreito passar uma rota de alto mar ou uma rota que atravesse uma zona econômica exclusiva, igualmente convenientes pelas suas características hidrográficas e de navegação; em tais rotas aplicam-se as outras Partes pertinentes da Convenção, incluindo as disposições relativas à liberdade de navegação e sobrevôo.

SEÇÃO 2. PASSAGEM EM TRÂNSITO

ARTIGO 37
Âmbito de aplicação da presente seção

A presente seção aplica-se a estreitos utilizados para a navegação internacional entre uma parte do alto mar ou uma zona econômica exclusiva e uma outra parte do alto mar ou uma zona econômica exclusiva.

ARTIGO 38
Direito de passagem em trânsito

1. Nos estreitos a que se refere o artigo 37, todos os navios e aeronaves gozam do direito de passagem em trânsito, que não será impedido a não ser que o estreito seja formado por uma ilha de um estado ribeirinho desse estreito e o seu território continental e do outro lado da ilha exista uma rota de alto mar ou uma rota que passe por uma zona econômica exclusiva, igualmente convenientes pelas suas características hidrográficas e de navegação.

2. "Passagem em trânsito" significa o exercício, de conformidade com a presente Parte, da liberdade de navegação e sobrevôo exclusivamente para fins de trânsito contínuo e rápido pelo estreito entre uma parte do alto mar ou de uma zona econômica exclusiva. Contudo a exigência de trânsito contínuo e rápido não impede a passagem pelo estreito para entrar no território do Estado ribeirinho ou dele sair ou a ele regressar sujeito às condições que regem a entrada no território desse Estado.

3. Qualquer atividade que não constitua um exercício do direito de passagem em trânsito por um estreito fica sujeita às demais disposições aplicáveis da presente Convenção.

ARTIGO 39
Deveres dos navios e aeronaves durante a passagem em trânsito

1. Ao exercer o direito de passagem em trânsito, os navios e aeronaves devem:

a) atravessar ou sobrevoar o estreito sem demora;

b) abster-se de qualquer ameaça ou uso da força contra a soberania, a integridade territorial ou a independência política dos Estados ribeirinhos do estreito ou de qualquer outra ação contrária aos princípios de direito internacional enunciados na Carta das Nações Unidas;

c) abster-se de qualquer atividade que não esteja relacionada com as modalidades normais de trânsito contínuo e rápido, salvo em caso de força maior ou de dificuldade grave;

d) cumprir as demais disposições pertinentes da presente Parte.

2. Os navios de passagem em trânsito devem:

a) cumprir os regulamentos, procedimentos e práticas internacionais de segurança no mar geralmente aceitos, inclusive as Regras Internacionais para a Prevenção de Abalroamentos no Mar;

b) cumprir os regulamentos, procedimentos e práticas internacionais geralmente aceitos para a prevenção, a redução e o controle de poluição proveniente de navios.

3. As aeronaves de passagem em trânsito devem:

a) observar as Normas de Trânsito Aéreo estabelecidas pela Organização da Aviação civil Internacional aplicáveis às aeronaves Civis; as aeronaves do Estado cumprirão normalmente essas medidas de segurança e agirão sempre tendo em conta a segurança da navegação;

b) manter sempre sintonizada a radiofreqüência atribuída pela autoridade competente de controle de tráfego aéreo designada internacionalmente ou a correspondente radiofreqüência internacional de socorro.

ARTIGO 40
Atividades de investigação e levantamentos hidrográficos

Durante a passagem em trânsito pelos estreitos, os navios estrangeiros, incluindo navios de investigação científica marinha e navios hidrográficos, não podem efetuar quaisquer atividades de investigação ou de levantamentos hidrográficos sem autorização prévia dos Estados ribeirinhos dos estreitos.

ARTIGO 41
Rotas marítimas e sistemas de separação de tráfego em estreitos utilizados para a navegação internacional

1. Os Estados ribeirinhos de estreitos podem, de conformidade com as disposições da presente Parte, designar rotas marítimas e estabelecer sistemas de separação de tráfego para a navegação pelos estreitos, sempre que a segurança da passagem dos navios o exija.

2. Tais Estados podem, quando as circunstâncias o exijam e após terem dado a devida publicidade a esta medida, substituir por outras rotas marítimas ou sistemas de separação de tráfego quaisquer rotas marítimas ou sistemas de separação de tráfego por eles anteriormente designados ou prescritos.

3. Tais rotas marítimas e sistemas de separação de tráfego devem ajustar-se à regulamentação internacional geralmente aceita.

4. Antes de designar ou substituir rotas marítimas ou de estabelecer ou substituir sistemas de separação de tráfego, os Estados ribeirinhos de estreitos devem submeter as suas propostas à organização internacional competente para a sua adoção. A organização só pode adotar as rotas marítimas e os sistemas de separação de tráfego que tenham sido acordados com os Estados ribeirinhos dos estreitos, após o que estes Estados poderão designar, estabelecer ou substituir as rotas marítimas ou os sistemas de separação de tráfego.

5. No caso de um estreito, em que se proponham a criação de rotas marítimas ou sistemas de separação de tráfego que atravessem as águas de dois ou mais Estados ribeirinhos do estreito, os Estados interessados cooperarão na formulação de propostas em consulta com a organização internacional competente.

6. Os Estados ribeirinhos de estreitos indicarão claramente todas as rotas marítimas e sistemas de separação de tráfego por eles designados ou prescritos em cartas de navegação às quais darão a devida publicidade.

7. Os navios de passagem em trânsito respeitarão as rotas marítimas e sistemas de separação de tráfego aplicáveis, estabelecidos de conformidade com as disposições do presente artigo.

ARTIGO 42
Leis e regulamentos dos Estados ribeirinhos de estreitos relativos à passagem em trânsito

1. Nos termos das disposições da presente seção, os Estados ribeirinhos de estreitos podem adotar leis e regulamentos relativos à passagem em trânsito pelos estreitos no que respeita a todos ou a alguns dos seguintes pontos:

a) a segurança da navegação e a regulamentação do tráfego marítimo, de conformidade com as disposições do artigo 41;

b) a prevenção, redução e controle da poluição em cumprimento das regulamentações internacionais aplicáveis relativas à descarga no estreito de hidrocarbonetos, de resíduos de petróleo e de outras substancias nocivas;

c) no caso de embarcações de pesca a proibição de pesca, incluindo o acondicionamento dos aparelhos de pesca;

d) o embarque ou desembarque de produto, moeda ou pessoa em contravenção das leis e regulamentos aduaneiros, fiscais, de imigração ou sanitários dos Estados ribeirinhos de estreitos.

2. Tais leis e regulamentos não farão discriminação de direito ou de fato entre os navios estrangeiros, nem a sua aplicação terá, na prática, o efeito de negar, dificultar ou impedir o direito de passagem em trânsito tal como definido na presente seção.

3. Os Estados ribeirinhos de estreitos darão a devida publicidade a todas essas leis e regulamentos.

4. Os navios estrangeiros que exerçam o direito de passagem em trânsito cumprirão essas leis e regulamentos.

5. O estado de bandeira de um navio ou o Estado de registro de uma aeronave que goze de imunidade soberana e atue de forma contrária a essas leis e regulamentos ou a outras disposições da presente Parte incorrerá em responsabilidade internacional por qualquer perda ou dano causado aos Estados ribeirinhos de estreitos.

ARTIGO 43
Instalações de segurança e de auxilio à navegação e outros dispositivos. Prevenção, redução e controle de poluição

Os Estados usuários e os Estados ribeirinhos de um estreito deveriam cooperar mediante acordos para:

a) o estabelecimento e manutenção, no estreito, das instalações de segurança e auxílio necessários à navegação ou de outros dispositivos destinados a facilitar a navegação internacional; e

b) a prevenção, redução e controle da poluição proveniente de navios.

ARTIGO 44
Deveres dos Estados ribeirinhos de estreitos

Os Estados ribeirinhos de um estreito não impedirão a passagem em trânsito e darão a devida publicidade a qualquer perigo de que tenham conhecimento e que ameace a navegação no estreito ou o sobrevôo do mesmo. Não haverá nenhuma suspensão da passagem em trânsito.

SEÇÃO 3. PASSAGEM INOCENTE*

ARTIGO 45
Passagem inocente

1. O regime de passagem inocente, de conformidade com a seção 3 da Parte II, aplicar-se-á a estreitos utilizados para a navegação internacional:

a) excluídos da aplicação do regime de passagem em trânsito, em virtude do parágrafo 1º do artigo 38; ou

b) situados entre uma parte de alto mar ou uma zona econômica exclusiva e o mar territorial de um Estado estrangeiro.

2. Não haverá nenhuma suspensão da passagem inocente por tais estreitos.

PARTE IV
ESTADOS ARQUIPÉLAGOS

ARTIGO 46
Expressões utilizadas

Para efeitos da presente Convenção:

a) "Estado arquipélago" significa em Estado constituído totalmente por um ou vários arquipélagos, podendo incluir outras ilhas;

b) "arquipélago" significa um grupo de ilhas, incluindo partes de ilhas, as águas circunjacentes e outros elementos naturais, que estejam tão estreitamente relacionados entre si que essas ilhas, águas e outros elementos naturais formem intrinsecamente uma entidade geográfica, econômica e política ou que historicamente tenham sido considerados como tal.

ARTIGO 47
Linhas de base arquipelágicas

1. O Estado arquipélago pode traçar linhas de base arquipelágicas retas que unam os pontos extremos das ilhas mais exteriores e dos recifes emergentes do arquipélago, com a condição de que dentro dessas linhas de base estejam compreendidas as principais ilhas e uma zona em que a razão entre a superfície marítima e a superfície terrestre, incluindo os atóis, se situe entre um para um e nove para um.

2. O comprimento destas linhas de base não deve exceder 100 milhas marítimas, admitindo-se, no entanto, que até 3% do número total das linhas de base que encerram qualquer arquipélago possam exceder esse comprimento, até um máximo de 125 milhas marítimas.

3. O traçado de tais linhas de base não se deve desviar consideravelmente da configuração geral do arquipélago.

4. Tais linhas de base não serão traçadas em direção aos baixios a descoberto, nem a partir deles, a não ser que sobre os mesmos se tenham construído faróis ou instalações análogas, que estejam permanentemente acima do nível do mar ou quando um baixio a descoberto esteja total ou parcialmente situado a uma distância da ilha mais próxima que não exceda a largura do mar territorial.

5. O sistema de tais linhas de base não pode ser aplicado por um Estado arquipélago de modo a separar do alto mar ou de uma zona econômica exclusiva o mar territorial de outro Estado.

6. Se uma parte das águas arquipelágicas de um Estado arquipélago estiver situada entre duas partes de um Estado vizinho imediatamente adjacente, os direitos existentes e quaisquer outros interesses legítimos que este Estado tenha exercido tradicionalmente em tais águas e todos os direitos estipulados em acordos concluídos entre os dois Estados continuarão em vigor e serão respeitados.

7. Para fins de cálculo da razão entre a superfície marítima e a superfície terrestre, a que se refere o parágrafo 1º, as superfícies podem incluir águas situadas no interior das cadeias de recifes de ilhas e atóis, incluindo a parte de uma plataforma oceânica com face lateral abrupta que se encontre encerrada, ou quase, por uma cadeia de ilhas calcárias e de recifes emergentes situados no perímetro da plataforma.

8. As linhas de base traçadas de conformidade com o presente artigo devem ser apresentadas em cartas de escala ou escalas adequadas para a determinação da sua posição. Tais cartas podem ser substituídas por listas de coordenadas geográficas de pontos, em que conste especificamente a origem geodésica.

9. O Estado arquipélago deve dar a devida publicidade a tais cartas ou listas de coordenadas geográficas e deve depositar um exemplar de cada carta ou lista junto do Secretário Geral das Nações Unidas.

ARTIGO 48
Medição da largura do mar territorial, da zona contígua, da zona econômica exclusiva e da plataforma continental

A largura do mar territorial, da zona contígua, da zona econômica exclusiva e da plataforma continental é medida a partir das linhas de base arquipelágicas traçadas de conformidade com o artigo 47.

ARTIGO 49
Regime Jurídico das águas arquipélagicas, do espaço aéreo sobre águas arquipélagicas e do leito e subsolo dessas águas arquipélagicas

1. A soberania de um Estado arquipélago estende-se às águas encerradas pelas linhas de base arquipelágicas, traçadas de conformidade com o artigo 47, denominadas águas arquipélagicas, independentemente da sua profundidade ou da sua distância da costa.

2. Esta soberania estende-se ao espaço aéreo situado sobre as águas arquipélagicas e ao seu leito e subsolo, bem como aos recursos neles existentes.

3. Esta soberania é exercida de conformidade com as disposições da presente Parte.

4. O regime de passagem pelas rotas marítimas arquipélagicas, estabelecido na presente Parte, não afeta em outros aspectos o regime jurídico das águas arquipélagicas, inclusive o das rotas marítimas, nem o exercício pelo Estado arquipélago de sua soberania sobre essas águas, seu espaço aéreo sobrejacente e seu leito e subsolo, bem como sobre os recursos neles existentes.

ARTIGO 50
Delimitação das águas interiores

Dentro das suas águas arquipélagicas, o Estado arquipélago pode traçar linhas de fecho para a delimitação das águas interiores, de conformidade com os artigos 9, 10 e 11.

ARTIGO 51
Acordos existentes, direitos de pesca tradicionais e cabos submarinos existentes

1. Sem prejuízo das disposições do artigo 49, os Estados arquipélagos respeitarão os acordos existentes com outros Estados e reconhecerão os direitos de pesca tradicionais e outras atividades legítimas dos Estados vizinhos imediatamente adjacentes em certas áreas situadas nas águas arquipélagicas. As modalidades e condições para o exercício de tais direitos e atividades, incluindo a natureza, o alcance e as áreas em que se aplicam, serão, a pedido de qualquer dos Estados interessados, reguladas por acordos bilaterais entre eles. Tais direitos não poderão ser transferidos a terceiros Estados ou a seus nacionais, nem por eles compartilhados.

2. Os Estados arquipélagos respeitarão os cabos submarinos existentes que tenham sido colocados por outros Estados e que passem por suas águas sem tocar terra. Os Estados arquipélagos permitirão a conservação e a substituição de tais cabos, uma vez recebida a devida notificação da sua localização e da intenção de os reparar ou substituir.

ARTIGO 52
Direito de passagem inocente

1. Nos termos do artigo 53 e sem prejuízo do disposto no Artigo 50, os navios de todos os Estados gozam do direito de passagem inocente* pelas águas arquipélagicas, de conformidade com a seção 3 da Parte II.

2. O Estado arquipélago pode, sem discriminar de direito ou de fato entre navios estrangeiros, suspender temporariamente, e em determinadas áreas das suas águas arquipélagicas, a passagem inocente* de navios estrangeiros, se tal suspensão for indispensável para a proteção da sua segurança. A suspensão só produzirá efeito depois de ter sido devidamente publicada.

ARTIGO 53
Direito de passagem pelas rotas marítimas arquipélagicas

1. O Estado arquipélago pode designar rotas marítimas e rotas aéreas a elas sobrejacentes adequadas à passagem contínua e rápida de navios e aeronaves estrangeiros por ou sobre suas águas arquipélagicas e o mar territorial adjacente.

2. Todos os navios e aeronaves gozam do direito de passagem pelas rotas marítimas arquipélagicas, em tais rotas marítimas e aéreas.

3. A passagem pelas rotas marítimas arquipélagicas significa o exercício, de conformidade com a presente Convenção, dos direitos de navegação e sobrevôo de modo normal, exclusivamente para fins de trânsito contínuo, rápido e sem entraves entre uma parte do alto mar ou de uma zona econômica exclusiva e uma outra parte do alto mar ou de uma zona econômica exclusiva.

4. Tais rotas marítimas e aéreas atravessarão as águas arquipélagicas e o mar territorial adjacente e incluirão todas as rotas normais de passagem utilizadas como tais na navegação internacional através das águas arquipélagicas ou da navegação aérea internacional no espaço aéreo sobrejacente e, dentro de tais rotas, no que se refere a navios, todos os canais normais de navegação, desde que não seja necessário uma duplicação de rotas com conveniência similar entre os mesmos pontos de entrada e de saída.

5. Tais rotas marítimas e aéreas devem ser definidas por uma série de linhas axiais contínuas desde os pontos de entrada das rotas de passagem até aos pontos de saída. Os navios e aeronaves, na sua passagem pelas rotas marítimas arquipélagicas, não podem afastar-se mais de 25 milhas marítimas para cada lado dessas linhas axiais, ficando estabelecido que não podem navegar a uma distância da costa inferior a 10% da distância entre os pontos mais próximos situados em ilhas que circundam as rotas marítimas.

6. O Estado arquipélago que designe rotas marítimas de conformidade com o presente artigo pode também estabelecer sistemas de separação de tráfego para a passagem segura dos navios através de canais estreitos em tais rotas marítimas.

7. O Estado arquipélago pode, quando as circunstâncias o exijam, e após ter dado a devida publicidade a esta medida, substituir por outras rotas marítimas ou sistemas de separação de tráfego quaisquer rotas marítimas ou sistemas de separação de tráfego por ele anteriormente designados ou prescritos.

8. Tais rotas marítimas e sistemas de separação de tráfego devem ajustar-se à regulamentação internacional geralmente aceita.

9. Ao designar ou substituir rotas marítimas ou estabelecer ou substituir sistemas de separação de tráfego, o Estado arquipélago deve submeter propostas à organização internacional competente para a sua adoção. A organização só pode adotar as rotas marítimas e os sistemas de separação de tráfego acordados com o Estado arquipélago, após o que o Estado arquipélago pode designar, estabelecer ou substituir as rotas marítimas ou os sistemas de separação de tráfego.

10. O estado arquipélago indicará claramente os eixos das rotas marítimas e os sistemas de separação de tráfego por ele designados ou prescritos em cartas de navegação, às quais dará a devida publicidade.

11. Os navios, durante a passagem pelas rotas marítimas arquipélagicas, devem respeitar as rotas marítimas e os sistemas de separação de tráfego aplicáveis, estabelecidos de conformidade com o presente artigo.

12. Se um Estado arquipélago não designar rotas marítimas ou aéreas, o direito de passagem por rotas marítimas arquipélagicas pode ser exercido através das rotas utilizadas normalmente para a navegação internacional.

ARTIGO 54
Deveres dos navios e aeronaves durante a passagem, atividades de investigação e levantamentos hidrográficos, deveres do Estado arquipélago e leis e regulamentos do Estado arquipélago relativos à passagem pelas rotas marítimas arquipélagicas

Os artigos 39, 40, 42, e 44 aplicam-se, mutatis mutandis, à passagem pelas rotas marítimas arquipélagicas.

PARTE V
ZONA ECONÔMICA EXCLUSIVA

Artigo 55
Regime jurídico específico da zona econômica exclusiva

A zona econômica exclusiva é uma zona situada além do mar territorial e a este adjacente, sujeita ao regime jurídico específico estabelecido na presente Parte, segundo o qual os direitos e a jurisdição do Estado costeiro e os direitos e liberdades dos demais Estados são regidos pelas disposições pertinentes da presente Convenção.

ARTIGO 56
Direitos, jurisdição e deveres do Estado costeiro na zona econômica exclusiva

1. Na zona econômica exclusiva, o Estado costeiro tem:

a) direitos de soberania para fins de exploração e aproveitamento, conservação e gestão dos recursos naturais, vivos ou não vivos das águas sobrejacentes ao leito do mar, do leito do mar e seu subsolo, e no que se refere a outras atividades com vista à exploração e aproveitamento da zona para fins econômicos, como a produção de energia a partir da água, das correntes e dos ventos;

c) jurisdição, de conformidade com as disposições pertinentes da presente Convenção, no que se refere a:

i) colocação e utilização de ilhas artificiais, instalações e estruturas;

ii) investigação científica marinha;

iii) proteção e preservação do meio marinho;

2. No exercício dos seus direitos e no cumprimento dos seus deveres na zona econômica exclusiva nos termos da presente Convenção,

o Estado costeiro terá em devida conta os direitos e deveres dos outros Estados e agirá de forma compatível com as disposições da presente Convenção.

3. Os direitos enunciados no presente artigo referentes ao leito do mar e ao seu subsolo devem ser exercidos de conformidade com a Parte VI da presente Convenção.

ARTIGO 57
Largura da zona econômica exclusiva

A zona econômica exclusiva não se estenderá além de 200 milhas marítimas das linhas de base a partir das quais se mede a largura do mar territorial.

ARTIGO 58
Direitos e deveres de outros Estados na zona econômica exclusiva

1. Na zona econômica exclusiva, todos os Estados, quer costeiros quer sem litoral, gozam, nos termos das disposições da presente Convenção, das liberdades de navegação e sobrevôo e de colocação de cabos e dutos submarinos, a que se refere o artigo 87, bem como de outros usos do mar internacionalmente lícitos, relacionados com as referidas liberdades, tais como os ligados à operação de navios, aeronaves, cabos e dutos submarinos e compatíveis com as demais disposições da presente Convenção.

2. Os artigos 88 a 115 e demais normas pertinentes de direito internacional aplicam-se à zona econômica exclusiva na medida em que não sejam incompatíveis com a presente Parte.

3. No exercício dos seus direitos e no cumprimento dos seus deveres na zona econômica exclusiva, nos termos da presente Convenção, os Estados terão em devida conta os direitos e deveres do Estado costeiro e cumprirão as leis e regulamentos por ele adotados de conformidade com as disposições da presente Convenção e demais normas de direito internacional, na medida em que não sejam incompatíveis com a presente Parte.

ARTIGO 59
Base para a solução de conflitos relativos à atribuição de direitos e jurisdição na zona econômica exclusiva

Nos casos em que a presente Convenção não atribua direitos ou jurisdição ao Estado costeiro ou a outros Estados na zona econômica exclusiva, E surja um conflito entre os interesses do Estado costeiro e os de qualquer outro Estado ou Estados, o conflito deveria ser solucionado numa base de equidade e à luz de todas as circunstâncias pertinentes, tendo em conta a importância respectiva dos interesses em causa para as partes e para o conjunto da comunidade internacional.

ARTIGO 60
Ilhas artificiais, instalações e estruturas na zona econômica exclusiva

1. Na zona econômica exclusiva, o Estado costeiro tem o direito exclusivo de construir e de autorizar e regulamentar a construção, operação e utilização de:

a) ilhas artificiais;

b) instalações e estruturas para os fins previstos no artigo 56 e para outras finalidades econômicas;

c) instalações e estruturas que possam interferir com o exercício dos direitos do Estado costeiro na zona.

2. O Estado costeiro tem jurisdição exclusiva sobre essas ilhas artificiais, instalações e estruturas, incluindo jurisdição em matéria de leis e regulamentos aduaneiros, fiscais, de imigração, sanitários e de segurança.

3. A construção dessas ilhas artificiais, instalações ou estruturas deve ser devidamente notificada e devem ser mantidos meios permanentes para assinalar a sua presença. As instalações ou estruturas abandonadas ou inutilizadas devem ser retiradas, a fim de garantir a segurança da navegação, tendo em conta as normas internacionais geralmente aceitas que tenham sido estabelecidas sobre o assunto pela organização internacional competente. Para efeitos de remoção deve ter-se em conta a pesca, a proteção do meio marinho e os direitos e obrigações de outros Estados. Deve dar-se a devida publicidade da localização, dimensão e profundidade das instalações ou estruturas que não tenham sido completamente removidas.

4. O Estado costeiro pode, se necessário, criar em volta dessas ilhas artificiais, instalações e estruturas, zonas de segurança de largura razoável, nas quais pode tomar medidas adequadas para garantir tanto a segurança da navegação como a das ilhas artificiais, instalações ou estruturas.

5. O Estado costeiro determinará a largura das zonas de segurança, tendo em conta as normas internacionais aplicáveis. Essas zonas de segurança devem ser concebidas de modo a responderem razoavelmente à natureza e às funções das ilhas artificiais, instalações ou estruturas, e não excederão uma distância de 500 metros em volta destas ilhas artificiais, instalações ou estruturas, distância essa medida a partir de cada ponto do seu bordo exterior, a menos que o autorizem as normas internacionais geralmente aceitas ou o recomende a organização internacional competente. A extensão das zonas de segurança será devidamente notificada.

6. Todos os navios devem respeitar essas zonas de segurança e cumprir as normas internacionais geralmente aceitas relativas à navegação nas proximidades das ilhas artificiais, instalações, estruturas e zonas de segurança.

7. Não podem ser estabelecidas ilhas artificiais, instalações e estruturas nem zonas de segurança em sua volta, quando interfiram na utilização das rotas marítimas reconhecidas essenciais para a navegação internacional.

8. As ilhas artificiais, instalações e estruturas não têm o estatuto jurídico de ilhas. Não têm mar territorial próprio e a sua presença não afeta a delimitação do mar territorial, da zona econômica exclusiva ou da plataforma continental.

ARTIGO 61
Conservação dos recursos vivos

1. O Estado costeiro fixará as capturas permissíveis dos recursos vivos na sua zona econômica exclusiva.

2. O Estado costeiro, tendo em conta os melhores dados científicos de que disponha, assegurará, por meio de medidas apropriadas de conservação e gestão, que a preservação dos recursos vivos da sua zona econômica exclusiva não seja ameaçada por um excesso de captura. O Estado costeiro e as organizações competentes sub-regionais, regionais ou mundiais, cooperarão, conforme o caso, para tal fim.

3. Tais medidas devem ter também a finalidade de preservar ou restabelecer as populações das espécies capturadas a níveis que possam produzir o máximo rendimento constante, determinado a partir de fatores ecológicos e econômicos pertinentes, incluindo as necessidades econômicas das comunidades costeiras que vivem da pesca e as necessidades especiais dos Estados em desenvolvimento, e tendo em conta os métodos de pesca, a interdependência das populações e quaisquer outras normas mínimas internacionais geralmente recomendadas, sejam elas sub-regionais, regionais ou mundiais.

4. Ao tomar tais medidas, o Estado costeiro deve ter em conta os seus efeitos sobre espécies associadas às espécies capturadas, ou delas dependentes, a fim de preservar ou restabelecer as populações de tais espécies associadas ou dependentes acima de níveis em que a sua reprodução possa ficar seriamente ameaçada.

5. Periodicamente devem ser comunicadas ou trocadas informações científicas disponíveis, estatísticas de captura e de esforço de pesca e outros dados pertinentes para a conservação das populações de peixes, por intermédio das organizações internacionais competentes, sejam elas sub-regionais, regionais ou mundiais, quando apropriado, e com a participação de todos os Estados interessados, incluindo aqueles cujos nacionais estejam autorizados a pescar na zona econômica exclusiva.

ARTIGO 62
Utilização dos recursos vivos

1. O Estado costeiro deve ter por objetivo promover a utilização ótima dos recursos vivos na zona econômica exclusiva, sem prejuízo do artigo 61.

2. O Estado costeiro deve determinar a sua capacidade de capturar os recursos vivos da zona econômica exclusiva. Quando o Estado costeiro não tiver capacidade para efetuar a totalidade da captura permissível deve dar a outros Estados acesso ao excedente desta captura, mediante acordos ou outros ajustes e de conformidade com as modalidades, condições e leis e regulamentos mencionados no parágrafo 4º, tendo particularmente em conta as disposições dos artigos 69 e 70, principalmente no que se refere aos Estados em desenvolvimento neles mencionados.

3. Ao dar a outros Estados acesso à sua zona econômica exclusiva nos termos do presente artigo, o Estado costeiro deve ter em conta todos os fatores pertinentes, incluindo, inter alia, a importância dos recursos vivos da zona para a economia do Estado costeiro correspondente e para os seus outros interesses nacionais, as disposições dos artigos 69 e 70, as necessidades dos países em desenvolvimento da sub-região ou região no que se refere à captura de parte dos excedentes, e a necessidade de reduzir ao mínimo a perturbação da economia dos Estados, cujos nacionais venham habitualmente pescando na zona ou venham fazendo esforços substanciais na investigação e identificação de populações.

4. Os nacionais de outros Estados que pesquem na zona econômica exclusiva devem cumprir as medidas de conservação e as outras modalidades e condições estabelecidas nas leis e regulamentos do Estado costeiro. Tais leis e regulamentos devem estar de conformidade com a presente Convenção e podem referir-se, inter alia, às seguintes questões:

a) concessão de licenças a pescadores, embarcações e equipamento de pesca, incluindo o pagamento de taxas e outros encargos que, no caso dos Estados costeiros em desenvolvimento, podem consistir numa compensação adequada em matéria de financiamento, equipamento e tecnologia da indústria da pesca;

b) determinação das espécies que podem ser capturadas e fixação das quotas de captura, que podem referir-se seja a determinadas populações ou a grupos de populações, seja à captura por embarcação durante um período de tempo, seja à captura por nacionais de um Estado durante um período determinado;

c) regulamentação das épocas e zonas de pesca, do tipo, tamanho e número de aparelhos, bem como do tipo, tamanho e número de embarcações de pesca que podem ser utilizados;

d) fixação da idade e do tamanho dos peixes e de outras espécies que podem ser capturados;

e) indicação das informações que devem ser fornecidas pelas embarcações de pesca, incluindo estatísticas das capturas e do esforço de pesca e informações sobre a posição das embarcações;

f) execução, sob a autorização e controle do Estado costeiro, de determinados programas de investigação no âmbito das pescas e regulamentação da realização de tal investigação, incluindo a amostragem de capturas, destino das amostras e comunicação dos dados científicos conexos;

g) embarque, pelo Estado costeiro, de observadores ou de estagiários a bordo de tais embarcações;

h) descarga por tais embarcações da totalidade das capturas ou de parte delas nos portos do Estado costeiro;

i) termos e condições relativos às empresas conjuntas ou a outros ajustes de cooperação;

j) requisitos em matéria de formação de pessoal e de transferência de tecnologia de pesca, incluindo o reforço da capacidade do Estado costeiro para empreender investigação de pesca;

k) medidas de execução.

5. Os Estados costeiros devem dar o devido conhecimento das leis e regulamentos em matéria de conservação e gestão.

ARTIGO 63
Populações existentes dentro das zonas econômicas exclusivas de dois ou mais Estados costeiros ou dentro da zona econômica exclusiva e numa zona exterior e adjacente à mesma

1. No caso de uma mesma população ou populações de espécies associadas se encontrarem nas zonas econômicas exclusivas de dois ou mais Estados costeiros, estes Estados devem procurar, quer diretamente quer por intermédio das organizações sub-regionais ou regionais apropriadas, concertar as medidas necessárias para coordenar e assegurar a conservação e o desenvolvimento de tais populações, sem prejuízo das demais disposições da presente Parte.

2. No caso de uma mesma população ou populações de espécies associadas se encontrarem tanto na zona econômica exclusiva como numa área exterior e adjacente à mesma, o Estado costeiro e os Estados que pesquem essas populações na área adjacente devem procurar, quer diretamente quer por intermédio das organizações sub-regionais ou regionais apropriadas, concertar as medidas necessárias para a conservação dessas populações na área adjacente.

ARTIGO 64
Espécies altamente migratórias

1. O Estado costeiro e os demais Estados cujos nacionais pesquem, na região, as espécies altamente migratórias enumeradas no Anexo I devem cooperar quer diretamente quer por intermédio das organizações internacionais apropriadas, com vista a assegurar a conservação e promover o objetivo da utilização ótima de tais espécies em toda a região, tanto dentro como fora da zona econômica exclusiva. Nas regiões em que não exista organização internacional apropriada, o Estado costeiro e os demais Estados cujos nacionais capturem essas espécies na região devem cooperar para criar uma organização deste tipo e devem participar nos seus trabalhos.

2. As disposições do parágrafo 1º aplicam-se conjuntamente com as demais disposições da presente Parte.

ARTIGO 65
Mamíferos marinhos

Nenhuma das disposições da presente Parte restringe quer o direito de um Estado costeiro quer eventualmente a competência de uma organização internacional, conforme o caso, para proibir, limitar ou regulamentar o aproveitamento dos mamíferos marinhos de maneira mais estrita que a prevista na presente Parte. Os Estados devem cooperar com vistas a assegurar a conservação dos mamíferos marinhos e, no caso dos cetáceos, devem trabalhar em particular, por intermédio de organizações internacionais apropriadas, para a sua conservação, gestão e estudo.

ARTIGO 66
Populações de peixes anádromos

1. Os Estados em cujos rios se originem as populações de peixes anádromos devem ter por tais populações o interesse e a responsabilidade primordiais.

2. O Estado de origem das populações de peixes anádromos devem assegurar a sua conservação mediante a adoção de medidas apropriadas de regulamentação da pesca em todas as águas situadas dentro dos limites exteriores da sua zona econômica exclusiva, bem como da pesca a que se refere à alínea b) do parágrafo 3º. O Estado de origem pode, Após consulta com os outros Estados mencionados nos parágrafos 3º e 4º que pesquem essas populações, fixar as capturas totais permissíveis das populações originárias dos seus rios.

3. a) A pesca das populações de peixes anádromos só pode ser efetuada nas águas situadas dentro dos limites exteriores da zona econômica exclusiva, exceto nos casos em que esta disposição possa acarretar perturbações econômicas para um outro Estado que não o Estado de origem. No que se refere a tal pesca além dos limites exteriores da zona econômica exclusiva, os Estados interessados procederão a consultas com vista a chegarem a acordo sobre modalidades e condições de tal pesca, tendo em devida consideração as exigências da conservação e as necessidades do Estado de origem no que se refere a tais populações;

b) o Estado de origem deve cooperar para reduzir ao mínimo as perturbações econômicas causadas a outros Estados que pesquem essas populações, tendo em conta a captura normal e o modo de operação utilizado por esses Estados, bem como todas as zonas em que tal pesca tenha sido efetuada;

c) os Estados mencionados na alínea b) que, por meio de acordos com o Estado de origem, participem em medidas para renovar as populações de peixes anádromos, particularmente com despesas feitas para esse fim, devem receber especial consideração do Estado de origem no que se refere à captura de populações originárias dos seus rios;

d) a aplicação dos regulamentos relativos às populações de peixes anádromos além da zona econômica exclusiva deve ser feita por acordo entre o Estado de origem e os outros Estados interessados.

4. Quando as populações de peixes anádromos migrem para ou através de águas situadas dentro dos limites exteriores da zona econômica exclusiva de um outro Estado que não seja o Estado de origem, esse Estado cooperará com o Estado de origem no que se refere à conservação e gestão de tais populações.

5. O Estado de origem das populações de peixes anádromos e os outros Estados que pesquem estas populações devem concluir ajustes para a aplicação das disposições do presente Artigo, quando apropriado, por intermédio de organizações regionais.

ARTIGO 67
Espécies catádromas

1. O Estado costeiro em cujas águas espécies catádromas passem a maior parte do seu ciclo vital deve ser responsável pela gestão dessas espécies e deve assegurar a entrada e a saída dos peixes migratórios.

2. A captura das espécies catádromas deve ser efetuada unicamente nas águas situadas dentro dos limites exteriores das zonas econômicas exclusivas. Quando efetuada nas zonas econômicas exclusivas, a captura deve estar sujeita às disposições do presente artigo e demais disposições da presente Convenção relativas à pesca nessas zonas.

3. Quando os peixes catádromos migrem, antes do estado adulto ou no início desse estado através da zona econômica exclusiva de outro Estado ou Estados, a gestão dessa espécie, incluindo a sua captura, é regulamentada por acordo entre o Estado mencionado no parágrafo 1º e o outro Estado interessado. Tal acordo deve assegurar a gestão racional das espécies e deve ter em conta as responsabilidades do Estado mencionado no parágrafo 1º, no que se refere à conservação destas espécies.

ARTIGO 68
Espécies sedentárias

A presente Parte não se aplica às espécies sedentárias definidas no parágrafo 4º do artigo 77.

ARTIGO 69
Direitos dos Estados sem litoral

1. Os Estados sem litoral terão o direito a participar, numa base equitativa, no aproveitamento de uma parte apropriada dos excedentes dos recursos vivos das zonas econômicas exclusivas dos Estado costeiros da mesma sub-região ou região, tendo em conta os fatores econômicos e geográficos pertinentes de todos os Estados interessados e de conformidade com as disposições do presente artigo e dos artigos 61 e 62.

2. Os termos e condições desta participação devem ser estabelecidos pelos Estados interessados por meio de acordos bilaterais, sub-regionais ou regionais, tendo em conta inter alia:

a) a necessidade de evitar efeitos prejudiciais às comunidades de pescadores ou às indústrias de pesca do Estado costeiro;

b) a medida em que o Estado sem litoral, de conformidade com as disposições do presente artigo, participe ou tenha o direito de participar, no aproveitamento dos recursos vivos das zonas econômicas exclusivas de outros Estados costeiros, nos termos de acordos bilaterais, sub-regionais ou regionais existentes;

c) a medida em que outros Estados sem litoral e Estados geograficamente desfavorecidos, participem no aproveitamento dos recursos vivos da zona econômica exclusiva do Estado costeiro e a conseqüente necessidade de evitar uma carga excessiva para qualquer Estado costeiro ou para uma parte deste;

d) as necessidades nutricionais das populações dos respectivos Estados.

3. Quando a capacidade de captura de um Estado costeiro se aproximar de um nível em que lhe seja possível efetuar a totalidade da captura permissível dos recursos vivos da sua zona econômica exclusiva, o Estado costeiro e os demais Estados interessados cooperarão no esta-

belecimento de ajustes equitativos numa base bilateral, sub-regional ou regional para permitir aos Estados em desenvolvimento sem litoral da mesma sub-região ou região participarem no aproveitamento dos recursos vivos das zonas econômicas exclusivas dos Estados costeiros da sub-região ou região de acordo com as circunstâncias e em condições satisfatórias para todas as partes. Na aplicação da presente disposição devem ser também tomados em conta os fatores mencionados no parágrafo 2º.

4. Os Estados desenvolvidos sem litoral terão, nos termos do presente artigo, direito a participar no aproveitamento dos recursos vivos só nas zonas econômicas exclusivas dos Estados costeiros desenvolvidos da mesma sub-região ou região, tendo na devida conta a medida em que o Estado costeiro, ao dar acesso aos recursos vivos da sua zona econômica exclusiva a outros Estados, tomou em consideração a necessidade de reduzir ao mínimo os efeitos prejudiciais para as comunidades de pescadores e as perturbações econômicas nos Estados cujos nacionais tenham pescado habitualmente na zona.

5. As disposições precedentes são aplicadas sem prejuízo dos ajustes concluídos nas sub-regiões ou regiões onde os Estados costeiros possam conceder a Estados sem litoral, da mesma sub-região ou região, direitos iguais ou preferenciais para o aproveitamento dos recursos vivos nas zonas econômicas exclusivas.

ARTIGO 70
Direitos dos Estados geograficamente desfavorecidos

1. Os Estados geograficamente desfavorecidos terão direito a participar, numa base Equitativa, no aproveitamento de uma parte apropriada dos excedentes dos recursos vivos das zonas econômicas exclusivas dos Estados costeiros da mesma sub-região ou região, tendo em conta os fatores econômicos e geográficos pertinentes de todos os Estados interessados e de conformidade com as disposições do presente artigo e dos artigos 61 e 62. 2. Para os fins da presente Convenção, "Estados geograficamente desfavorecidos" significa os Estados costeiros, incluindo Estados ribeirinhos de mares fechados ou semi-fechados, cuja situação geográfica os torne dependentes do aproveitamento dos recursos vivos das zonas econômicas exclusivas de outros Estados da sub-região ou região para permitir um adequado abastecimento de peixe para fins nutricionais da sua população ou de parte dela, e Estados costeiros que não possam reivindicar zonas econômicas exclusivas próprias.

3. Os termos e condições desta participação devem ser estabelecidos pelos Estados Interessados por meio de acordos bilaterais, sub-regionais ou regionais, tendo em conta inter alia:

a) a necessidade de evitar efeitos prejudiciais às comunidades de pescadores ou às indústrias de pesca do Estado costeiro;

b) a medida em que o Estado geograficamente desfavorecido, de conformidade com as disposições do presente artigo, participe ou tenha o direito de participar no aproveitamento dos recursos vivos das zonas econômicas exclusivas de outros estados costeiros nos termos de acordos bilaterais, sub-regionais ou regionais existentes;

c) a medida em que outros Estados geograficamente desfavorecidos e Estados sem litoral participem no aproveitamento dos recursos vivos da zona econômica exclusiva do Estado costeiro e a conseqüente necessidade de evitar uma carga excessiva para qualquer Estado costeiro ou para uma parte deste;

d) as necessidades nutricionais das populações dos respectivos Estados.

4. Quando a capacidade de captura de um Estado costeiro se aproximar de um nível em que lhe seja possível efetuar a totalidade da captura permissível dos recursos vivos da sua zona econômica exclusiva, o Estado costeiro e os demais Estados interessados cooperarão no estabelecimento de ajustes equitativos numa base bilateral, sub-regional ou regional, para permitir aos Estados em desenvolvimento geograficamente desfavorecidos da mesma sub-região ou região participarem no aproveitamento dos recursos vivos das zonas econômicas exclusivas dos Estados costeiros da sub-região ou região de acordo com as circunstâncias e em condições satisfatórias para todas as partes. Na aplicação da presente disposição devem ser também tomados em conta os fatores mencionados no parágrafo 3º.

5. Os Estados geograficamente desfavorecidos terão, nos termos do presente artigo, direito a participar no aproveitamento dos recursos vivos só nas zonas econômicas exclusivas dos Estados costeiros desenvolvidos da mesma sub-região ou região tendo na devida conta a medida em que o Estado costeiro, ao dar acesso aos recursos vivos da sua zona econômica exclusiva a outros Estados, tomou em consideração a necessidade de reduzir ao mínimo os efeitos prejudiciais para as comunidades de pescadores e as perturbações econômicas nos Estados cujos nacionais tenham pescado habitualmente na zona.

6. As disposições precedentes serão aplicadas sem prejuízo dos ajustes concluídos nas sub-regiões ou regiões onde os Estados costeiros possam conceder a Estados geograficamente desfavorecidos da mesma sub-região ou região direitos iguais ou preferenciais para o aproveitamento dos recursos vivos nas zonas econômicas exclusivas.

ARTIGO 71
Não-aplicação dos artigos 69 e70

As disposições dos artigos 69 e 70 não se aplicam a um Estado costeiro cuja economia dependa preponderantemente do aproveitamento dos recursos vivos da sua zona econômica exclusiva.

ARTIGO 72
Restrições na transferência de direitos

1. Os direitos conferidos nos termos dos artigos 69 e 70 para o aproveitamento dos recursos vivos não serão transferidos direta ou indiretamente a terceiros Estados ou a seus nacionais por concessão ou licença, nem pela constituição de empresas conjuntas, nem por qualquer outro meio que tenha por efeito tal transferência, a não ser que os Estados interessados acordem de outro modo.

2. A disposição anterior não impede que os Estados interessados obtenham assistência técnica ou financeira de terceiros Estados ou de organizações internacionais, a fim de facilitar o exercício dos direitos de acordo com os artigos 69 e 70, sempre que isso não tenha o efeito a que se fez referência no parágrafo 1º.

ARTIGO 73
Execução de leis e regulamentos do Estado costeiro

1. O Estado costeiro pode, no exercício dos seus direitos de soberania de exploração, aproveitamento, conservação e gestão dos recursos vivos da zona econômica exclusiva, tomar as medidas que sejam necessárias, incluindo visita, inspeção, apresamento e medidas judiciais, para garantir o cumprimento das leis e regulamentos por ele adotados de conformidade com a presente Convenção.

2. As embarcações apresadas e as suas tripulações devem ser libertadas sem demora logo que prestada uma fiança idônea ou outra garantia.

3. As sanções estabelecidas pelo Estado costeiro por violações das leis e regulamentos de pesca na zona econômica exclusiva não podem incluir penas privativas de liberdade, salvo acordo em contrário dos Estados interessados, nem qualquer outra forma de pena corporal.

4. Nos casos de apresamento ou retenção de embarcações estrangeiras, o Estado costeiro deve, pelos canais apropriados, notificar sem demora o Estado de bandeira das medidas tomadas e das sanções ulteriormente impostas.

ARTIGO 74
Delimitação da zona econômica exclusiva entre Estados com costas adjacentes ou situadas frente a frente

1. A delimitação da zona econômica exclusiva entre Estados com costas adjacentes ou situadas frente a frente deve ser feita por acordo, de conformidade com o direito internacional, a que se faz referência no artigo 38 do Estatuto da Corte Internacional de Justiça, a fim de se chegar a uma solução equitativa.

2. Se não se chegar a acordo dentro de um prazo razoável, os Estados interessados devem recorrer aos procedimentos previstos na parte XV.

3. Enquanto não se chegar a um acordo conforme ao previsto no parágrafo 1º, os Estados interessados, num espírito de compreensão e cooperação, devem fazer todos os esforços para chegar a ajustes provisórios de caráter prático e, durante este período de transição, nada devem fazer que possa comprometer ou entravar a conclusão do acordo definitivo. Tais ajustes não devem prejudicar a delimitação definitiva.

4. Quando existir um acordo em vigor entre os Estados interessados, as questões relativas à delimitação da zona econômica exclusiva devem ser resolvidas de conformidade com as disposições desse acordo.

ARTIGO 75
Cartas e listas de coordenadas geográficas

1. Nos termos da presente Parte, as linhas de limite exterior da zona econômica exclusiva e as linhas de delimitação traçadas de conformidade com o artigo 74 devem ser indicadas em cartas de escala ou escalas adequadas para a determinação da sua posição. Quando apropriado, as linhas de limite exterior ou as linhas de delimitação podem ser substituídas por listas de coordenadas geográficas de pontos em que conste especificamente a sua origem geodésica.

2. O Estado costeiro deve dar a devida publicidade a tais cartas ou listas de coordenadas geográficas e deve depositar um exemplar de cada carta ou lista junto do Secretário Geral das Nações Unidas.

PARTE VI
PLATAFORMA CONTINENTAL

ARTIGO 76
Definição da Plataforma Continental

1. A plataforma continental de um Estado costeiro compreende o leito e o subsolo das áreas submarinas que se estendem além do seu mar territorial, em toda a extensão do prolongamento natural do seu território terrestre, até ao bordo exterior da margem continental, ou até uma distância de 200 milhas marítimas das linhas de base a partir das quais se mede a largura do mar territorial, nos casos em que o bordo exterior da margem continental não atinja essa distância.

2. A plataforma continental de um Estado costeiro não se deve estender além dos limites previstos nos parágrafos 4º e 6º.

3. A margem continental compreende o prolongamento submerso da massa terrestre do Estado costeiro e é constituída pelo leito e subsolo da plataforma continental, pelo talude e pela elevação continental. Não compreende nem os grandes fundos oceânicos, com as suas cristas oceânicas, nem o seu subsolo.

4. a) para os fins da presente Convenção, o Estado costeiro deve estabelecer o bordo exterior da margem continental, quando essa margem se estender além das 200 milhas marítimas das linhas de base, a partir das quais se mede a largura do mar territorial, por meio de:

i) uma linha traçada de conformidade com o parágrafo 7º, com referência aos pontos fixos mais exteriores em cada um dos quais a espessura das rochas sedimentares seja pelo menos 1% da distância mais curta entre esse ponto e o pé do talude continental; ou

ii) uma linha traçada de conformidade com o parágrafo 7º, com referência a pontos fixos situados a não mais de 60 milhas marítimas do pé do talude continental.

b) Salvo prova em contrário, o pé do talude continental deve ser determinado como ponto de variação máxima do gradiente na sua base.

5. Os pontos fixos que constituem a linha dos limites exteriores da plataforma continental no leito do mar, traçada de conformidade com as sub-alíneas i) e ii) da alínea a) do parágrafo 4º, devem estar situadas a uma distância que não exceda 350 milhas marítimas da linha de base a partir da qual se mede a largura do mar territorial ou a uma distância que não exceda 100 milhas marítimas da isóbata de 2500 metros, que é uma linha que une profundidades de 2500 metros.

6. Não obstante as disposições do parágrafo 5º, no caso das cristas submarinas, o limite exterior da plataforma continental não deve exceder 350 milhas marítimas das linhas de base a partir das quais se mede a largura do mar territorial. O presente parágrafo não se aplica a elevações submarinas que sejam componentes naturais da margem continental, tais como os seus planaltos, elevações continentais, topes, bancos e esporões.

7. O Estado costeiro deve traçar o limite exterior da sua plataforma continental, quando esta se estender além de 200 milhas marítimas das linhas de base a partir das quais se mede a largura do mar territorial, unindo, mediante linhas retas, que não excedam 60 milhas marítimas, pontos fixos definidos por coordenadas de latitude e longitude.

8. Informações sobre os limites da plataforma continental, além das 200 milhas marítimas das linhas de base a partir das quais se mede a largura do mar territorial, devem ser submetidas pelo Estado costeiro à Comissão de Limites da Plataforma Continental, estabelecida de conformidade com o Anexo II, com base numa representação geográfica equitativa. A Comissão fará recomendações aos Estados costeiros sobre questões relacionadas com o estabelecimento dos limites exteriores da sua plataforma continental. Os limites da plataforma continental estabelecidas pelo Estado costeiro com base nessas recomendações serão definitivos e obrigatórios.

9. O Estado costeiro deve depositar junto do Secretário Geral das Nações Unidas mapas e informações pertinentes, incluindo dados geodésicos, que descrevam permanentemente os limites exteriores da sua plataforma continental. O Secretário Geral das Nações Unidas deve dar a esses documentos a devida publicidade.

10. As disposições do presente artigo não prejudicam a questão da delimitação da plataforma continental entre Estados com costas adjacentes ou situadas frente a frente.

ARTIGO 77
Direitos do Estado costeiro sobre a plataforma continental

1. O Estado costeiro exerce direitos de soberania sobre a plataforma continental para efeitos de exploração e aproveitamento dos seus recursos naturais.

2. Os direitos a que se refere o parágrafo 1º, são exclusivos no sentido de que, se o Estado costeiro não explora a plataforma continental ou não aproveita os recursos naturais da mesma, ninguém pode empreender estas atividades sem o expresso consentimento desse Estado.

3. Os direitos do Estado costeiro sobre a plataforma continental são independentes da sua ocupação, real ou fictícia, ou de qualquer declaração expressa.

4. Os recursos naturais a que se referem as disposições da presente Parte, são os recursos minerais e outros recursos não vivos do leito do mar e subsolo bem como os organismos vivos pertencentes a espécies sedentárias, isto é, aquelas que no período de captura estão imóveis no leito do mar ou no seu subsolo ou só podem mover-se em constante contato físico com esse leito ou subsolo.

ARTIGO 78
Regime jurídico das águas e do espaço aéreo sobrejacentes e direitos e liberdades de outros Estados

1. Os direitos do Estado costeiro sobre a plataforma continental não afetam o regime jurídico das águas sobrejacentes ou do espaço aéreo acima dessas águas.

2. O exercício dos direitos do Estado costeiro sobre a plataforma continental não deve afetar a navegação ou outros direitos e liberdades dos demais Estados previstos na presente Convenção, nem ter como resultado uma ingerência injustificada neles.

ARTIGO 79
Cabos e dutos submarinos na plataforma continental

1. Todos os Estados têm o direito de colocar cabos e dutos submarinos na plataforma continental de conformidade com as disposições do presente Artigo.

2. Sobre reserva do seu direito de tomar medidas razoáveis para a exploração da plataforma continental o aproveitamento dos seus recursos naturais e a prevenção, redução e controle da poluição causada por dutos, o Estado costeiro não pode impedir a colocação ou manutenção dos referidos cabos ou dutos.

3. O traçado da linha para a colocação de tais dutos na plataforma continental fica sujeito ao consentimento do Estado costeiro.

4. Nenhuma das disposições da presente Parte afeta o direito do Estado costeiro de estabelecer condições para os cabos e dutos que penetrem no seu território ou no seu mar territorial, nem a sua jurisdição sobre os cabos e dutos construídos ou utilizados em relação com a exploração da sua plataforma continental ou com o aproveitamento dos seus recursos, ou com o funcionamento de ilhas artificiais, instalações e estruturas sob sua jurisdição.

5. Quando colocarem cabos ou dutos submarinos, os Estados devem ter em devida conta os cabos ou dutos já instalados. Em Particular, não devem dificultar a possibilidade de reparar os cabos ou dutos existentes.

ARTIGO 80
Ilhas artificiais, instalações e estruturas na plataforma continental

O artigo 60 aplica-se, mutatis mutandis, às ilhas artificiais, instalações e estruturas sobre a plataforma continental.

ARTIGO 81
Perfurações na plataforma continental

O Estado costeiro terá o direito exclusivo de autorizar e regulamentar as perfurações na plataforma continental, quaisquer que sejam os fins.

ARTIGO 82
Pagamentos e contribuições relativos ao aproveitamento da plataforma continental além de 200 milhas marítimas

1. O Estado costeiro deve efetuar pagamentos ou contribuições em espécie relativos ao aproveitamento dos recursos não vivos da plataforma continental além de 200 milhas marítimas das linhas de base, a partir das quais se mede a largura do mar territorial.

2. Os pagamentos e contribuições devem ser efetuados anualmente em relação a toda a produção de um sítio após os primeiros cinco anos de produção nesse sítio. No sexto ano, a taxa de pagamento ou contribuição será de 1% do valor ou volume da produção no sítio. A taxa deve aumentar 1% em cada ano seguinte até o décimo segundo ano, e daí por diante deve ser mantida em 7%. A produção não deve incluir os recursos utilizados em relação com o aproveitamento.

3. Um Estado em desenvolvimento que seja importador substancial de um recurso mineral extraído da sua plataforma continental fica isento desses pagamentos ou contribuições em relação a esse recurso mineral.

4. Os pagamentos ou contribuições devem ser efetuados por intermédio da Autoridade, que os distribuirá entre os Estados Partes na presente Convenção na base de critérios de repartição equitativa, tendo em conta os interesses e necessidades dos Estados em desenvolvimento, particularmente entre eles, os menos desenvolvidos e os sem litoral.

ARTIGO 83
Delimitação da plataforma continental entre Estados com costas adjacentes ou situadas frente a frente

1. A delimitação da plataforma continental entre Estados com costas adjacentes ou situadas frente a frente deve ser feita por acordo, de conformidade com o direito internacional a que se faz referência no artigo 38 do Estatuto da Corte Internacional de Justiça, a fim de se chegar a uma solução equitativa.

2. Se não se chegar a acordo dentro de um prazo razoável, os Estados interessados devem recorrer aos procedimentos previstos na Parte XV.

3. Enquanto não se chegar a um acordo conforme ao previsto no parágrafo 1º, os Estados interessados, num espírito de compreensão e cooperação, devem fazer todos os esforços para chegar a ajustes provisórios de caráter prático e, durante este período de transição, nada devem fazer que possa comprometer ou entravar a conclusão do acordo definitivo. Tais ajustes não devem prejudicar a delimitação definitiva.

4. Quando existir um acordo em vigor entre os Estados interessados, as questões relativas à delimitação da plataforma continental devem se resolvidas de conformidade com as disposições desse acordo.

ARTIGO 84
Cartas e listas de coordenadas geográficas

1. Nos termos da presente Parte, as linhas de limite exterior da plataforma continental e as linhas de delimitação traçadas de conformidade com o artigo 83 devem ser indicadas em cartas de escala ou escalas adequadas para a determinação da sua posição. Quando apropriado, as linhas de limite exterior ou as linhas de delimitação podem ser substituídas por listas de coordenadas geográficas de pontos, em que conste especificamente a sua origem geodésica.

2. O Estado costeiro deve dar a devida publicidade a tais cartas ou listas de coordenadas geográficas e deve depositar um exemplar de cada carta ou lista junto do Secretário Geral das Nações Unidas e, no caso daquelas que indicam as linhas de limite exterior da plataforma continental, junto do Secretário Geral da Autoridade.

ARTIGO 85
Escavação de túneis

A presente Parte não prejudica o direito do Estado costeiro de aproveitar o subsolo por meio de escavação de túneis, independentemente da profundidade das águas no local considerado.

PARTE VII
ALTO MAR

SEÇÃO 1. DISPOSIÇÕES GERAIS

ARTIGO 86
Âmbito de aplicação da presente Parte

As disposições da presente Parte aplicam-se a todas as partes do mar não incluídas na zona econômica exclusiva, no mar territorial ou nas águas interiores de um Estado, nem nas águas arquipélagicas de um Estado arquipélago. O presente artigo não implica limitação alguma das liberdades de que gozam todos os Estados na zona econômica exclusiva de conformidade com o artigo 58.

ARTIGO 87
Liberdade do alto mar

1. O alto mar está aberto a todos os Estados, quer costeiros quer sem litoral. A liberdade do alto mar é exercida nas condições estabelecidas na presente Convenção e nas demais normas de direito internacional. Compreende, inter alia, para os Estados quer costeiros quer sem litoral:

a) liberdade de navegação;

b) liberdade de sobrevôo;

c) liberdade de colocar cabos e dutos submarinos nos termos da PARTE VI;

d) liberdade de construir ilhas artificiais e outras instalações permitidas pelo direito internacional, nos termos da parte VI;

e) Liberdade de pesca nos termos das condições enunciadas na seção 2;

f) liberdade de investigação científica, nos termos das Partes VI e XIII.

2. Tais liberdades devem ser exercidas por todos os Estados, tendo em devida conta os interesses de outros Estados no seu exercício da liberdade do alto mar, bem como os direitos relativos às atividades na Área previstos na presente Convenção.

ARTIGO 88
Utilização do alto mar para fins pacíficos

O alto mar será utilizado para fins pacíficos.

ARTIGO 89
Ilegitimidade das reivindicações de soberania sobre o alto mar

Nenhum Estado pode legitimamente pretender submeter qualquer parte do alto mar à sua soberania.

ARTIGO 90
Direito de navegação

Todos os Estados, que costeiros quer sem litoral, têm o direito de fazer navegar no alto mar navios que arvorem a sua bandeira.

ARTIGO 91
Nacionalidade dos navios

1. Todo estado deve estabelecer os requisitos necessários para a atribuição da sua nacionalidade a navios, para o registro de navios no seu território e para o direito de arvorar a sua bandeira. Os navios possuem a nacionalidade do Estado cuja bandeira estejam autorizados a arvorar. Deve existir um vínculo substancial entre o Estado e o navio.

2. Todo estado deve fornecer aos navios a que tenha concedido o direito de arvorar a sua bandeira os documentos pertinentes.

ARTIGO 92
Estatuto dos navios

1. Os navios devem navegar sob a bandeira de um só Estado e, salvo nos casos excepcionais previstos expressamente em tratados internacionais ou na presente Convenção, devem submeter-se, no alto mar, à jurisdição exclusiva desse Estado. Durante uma viagem ou em porto de escala, um navio não pode mudar de bandeira, a não ser no caso de transferência efetiva da propriedade ou de mudança de registro.

2. Um navio que navegue sob a bandeira de dois ou mais Estados, utilizando-as segundo as suas conveniências, não pode reivindicar qualquer dessas nacionalidades perante um terceiro Estado e pode ser considerado como um navio sem nacionalidade.

ARTIGO 93
Navios arvorando a bandeira das Nações Unidas, das agências especializadas das Nações Unidas e da Agência Internacional de Energia Atômica

Os artigos precedentes não prejudicam a questão dos navios que estejam ao serviço oficial das Nações Unidas, das agências especializadas das Nações Unidas e da Agência Internacional de Energia Atômica, arvorando a bandeira da Organização.

ARTIGO 94
Deveres do Estado de bandeira

1. Todo Estado deve exercer, de modo efetivo, a sua jurisdição e seu controle em questões administrativas, técnicas e sociais sobre navios que arvorem a sua bandeira.

2. Em particular, todo Estado deve:

a) manter um registro de navios no qual figurem os nomes e as características dos navios que arvorem a sua bandeira, com exceção daqueles que, pelo seu reduzido tamanho, estejam excluídos dos regulamentos internacionais geralmente aceitos; e

b) exercer a sua jurisdição de conformidade com o seu direito interno sobre todo o navio que arvore a sua bandeira e sobre o capitão, os oficiais e a tripulação, em questões administrativas, técnicas e sociais que se relacionem com o navio.

3. Todo Estado deve tomar, para os navios que arvorem a sua bandeira, as medidas necessárias para garantir a segurança no mar, no que se refere, inter alia, a:

a) construção, equipamento e condições de navegabilidade do navio;

b) composição, condições de trabalho e formação das tripulações, tendo em conta os instrumentos internacionais aplicáveis;

c) utilização de sinais, manutenção de comunicações e prevenção de abalroamentos.

4. Tais medidas devem incluir as que sejam necessárias para assegurar que:

a) cada navio, antes do seu registro e posteriormente, a intervalos apropriados, seja examinado por um inspetor de navios devidamente qualificado e leve a bordo as cartas, as publicações marítimas e o equipamento e os instrumentos de navegação apropriados à segurança da navegação do navio;

b) cada navio esteja confiado a um capitão e a oficiais devidamente qualificados, em particular no que se refere à manobra, à navegação, às comunicações e à condução de máquinas, e a competência e o número dos tripulantes sejam os apropriados para o tipo, tamanho, máquinas e equipamento do navio;

c) o capitão, os oficiais e, na medida do necessário, a tripulação conheçam perfeitamente e observem os regulamentos internacionais aplicáveis, que se refiram à segurança da vida no mar, à prevenção de abalroamentos, à prevenção, redução e controle da poluição marinha e à manutenção de rádio comunicações.

5. Ao tomar as medidas a que se referem os parágrafos 3º e 4º, todo Estado deve agir de conformidade com os regulamentos, procedimentos e práticas internacionais geralmente aceitos, e fazer o necessário para garantir a sua observância.

6. Todo Estado que tenha motivos sérios para acreditar que a jurisdição e o controle apropriados sobre um navio não foram exercidos pode comunicar os fatos ao Estado de bandeira. Ao receber tal comunicação, o Estado de bandeira investigará o assunto e, se for o caso, deve tomar todas as medidas necessárias para corrigir a situação.

7. Todo Estado deve ordenar a abertura de um inquérito, efetuado por ou perante uma pessoa ou pessoas devidamente qualificadas, em relação a qualquer acidente marítimo ou incidente de navegação no alto mar, que envolva um navio arvorando a sua bandeira e no qual tenham perdido a vida ou sofrido ferimentos graves nacionais de outro Estado, ou se tenham provocado danos graves a navios ou a instalações de outro Estado, ou se tenham provocado danos graves a navios ou a instalações de outro Estado ou ao meio marinho. O Estado de bandeira e o outro Estado devem cooperar na realização de qualquer investigação que este último efetue em relação a esse acidente marítimo ou incidente de navegação.

ARTIGO 95
Imunidade dos navios de guerra no alto mar

Os navios de guerra no alto mar gozam de completa imunidade de jurisdição relativamente a qualquer outro Estado que não seja o da sua bandeira.

ARTIGO 96
Imunidade dos navios utilizados unicamente em serviço oficial não comercial

Os navios pertencentes a um Estado ou por ele operados e utilizados unicamente em serviço oficial não comercial gozam, no alto mar, de completa imunidade de jurisdição relativamente a qualquer Estado que não seja o da sua bandeira.

ARTIGO 97
Jurisdição penal em caso de abalroamento ou qualquer outro incidente de navegação

1. Em caso de abalroamento ou de qualquer outro incidente de navegação ocorrido a um navio no alto mar que possa acarretar uma responsabilidade penal ou disciplinar para o capitão ou para qualquer outra pessoa ao serviço do navio, os procedimentos penais e disciplinares contra essas pessoas só podem ser iniciados perante as autoridades judiciais ou administrativas do Estado de bandeira ou perante as do Estado do qual essas pessoas sejam nacionais.

2. Em matéria disciplinar, só o Estado que tenha emitido um certificado de comando ou um certificado de competência ou licença é competente para, após o processo legal correspondente, decretar a retirada desses títulos, ainda que o titular não seja nacional deste Estado.

3. Nenhum apresamento ou retenção do navio pode ser ordenado, nem mesmo como medida de investigação, por outras autoridades que não as do Estado de bandeira.

ARTIGO 98
Dever de prestar assistência

1. Todo Estado deverá exigir do capitão de um navio que arvore a sua bandeira, desde que o possa fazer sem acarretar perigo grave para o navio, para a tripulação ou para os passageiros, que:

a) preste assistência a qualquer pessoa encontrada no mar em perigo de desaparecer;

b) se dirija, tão depressa quanto possível, em socorro de pessoas em perigo, desde que esteja informado de que necessitam de assistência e sempre que tenha uma possibilidade razoável de fazê-lo;

c) preste, em caso de abalroamento, assistência ao outro navio, à sua tripulação, e aos passageiros e, quando possível, comunique ao outro navio o nome do seu próprio navio, o porto de registro e o porto mais próximo em que fará escala.

2. Todo Estado costeiro deve promover o estabelecimento, o funcionamento e a manutenção de um adequado e eficaz serviço de busca e salvamento para garantir a segurança marítima e aérea, e, quando as circunstâncias o exigirem, cooperar para esse fim com os Estados vizinhos por meio de ajustes regionais de cooperação mútua.

ARTIGO 99
Proibição do transporte de escravos

Todo Estado deve tomar medidas eficazes para impedir e punir o transporte de escravos em navios autorizados e arvorar a sua bandeira e para impedir que, com esse fim, se use ilegalmente a sua bandeira. Todo escravo que se refugie num navio, qualquer que seja a sua bandeira, ficará, ipso facto, livre.

ARTIGO 100
Dever de cooperar na repressão da pirataria

Todos os Estados devem cooperar em toda a medida do possível na repressão da pirataria no alto mar ou em qualquer outro lugar que não se encontre sob a jurisdição de algum Estado.

ARTIGO 101
Definição de pirataria

Constituem pirataria quaisquer dos seguintes atos:

a) odo ato ilícito de violência ou de detenção ou todo ato de depredação cometidos, para fins privados, pela tripulação ou pelos passageiros de um navio ou de uma aeronave privados, e dirigidos contra:

i) um navio ou uma aeronave em alto mar ou pessoas ou bens a bordo dos mesmos;

ii) um navio ou uma aeronave, pessoas ou bens em lugar não submetido à jurisdição de algum Estado;

b) todo ato de participação voluntária na utilização de um navio ou de uma aeronave, quando aquele que o pratica tenha conhecimento de fatos que dêem a esse navio ou a essa aeronave o caráter de navio ou aeronave pirata;

c) toda a ação que tenha por fim incitar ou ajudar intencionalmente a cometer um dos atos enunciados nas alíneas a) ou b).

ARTIGO 102
Pirataria cometida por um navio de guerra, um navio de Estado ou uma aeronave de Estado cuja tripulação se tenha amotinado

Os atos de pirataria definidos no Artigo 101, perpetrados por um navio de guerra, um navio de Estado ou uma aeronave de Estado, cuja tripulação se tenha amotinado e apoderado do navio ou aeronave, são equiparados a atos cometidos por um navio ou aeronave privados.

ARTIGO 103
Definição de navio ou aeronave pirataria

São considerados navios ou aeronaves piratas os navios ou aeronaves que as pessoas, sob cujo controle efetivo se encontrem, pretendem utilizar para cometer qualquer dos atos mencionados no artigo 101. Também são considerados piratas os navios ou aeronaves que tenham servido para cometer qualquer de tais atos, enquanto se encontrem sob o controle das pessoas culpadas desses atos.

ARTIGO 104
Conservação ou perda da nacionalidade de um navio ou aeronave pirata

Um navio ou uma aeronave pode conservar a sua nacionalidade, mesmo que se tenha transformado em navio ou aeronave pirata. A conservação ou a perda da nacionalidade deve ser determinada de acordo com a lei do Estado que tenha atribuído a nacionalidade.

ARTIGO 105
Apresamento de um navio ou aeronave pirata

Todo Estado pode apresar, no alto mar ou em qualquer outro lugar não submetido à jurisdição de qualquer Estado, um navio ou aeronave pirata, ou um navio ou aeronave capturados por atos de pirataria e em poder dos piratas e prender as pessoas e apreender os bens que se encontrem a bordo desse navio ou dessa aeronave. Os tribunais do Estado que efetuou o apresamento podem decidir as penas a aplicar e as medidas a tomar no que se refere aos navios, às aeronaves ou aos bens sem prejuízo dos direitos de terceiros de boa fé.

ARTIGO 106
Responsabilidade em caso de apresamento sem motivo suficiente

Quando um navio ou uma aeronave for apresado por suspeita de pirataria, sem motivo suficiente, o Estado que o apresou será responsável, perante o Estado de nacionalidade do navio ou da aeronave, por qualquer perda ou dano causados por esse apresamento.

ARTIGO 107
Navios e aeronaves autorizados a efetuar apresamento por motivo de pirataria

Só podem efetuar apresamento por motivo de pirataria os navios de guerra ou aeronaves militares, ou outros navios ou aeronaves que tragam sinais claros e sejam identificáveis como navios ou aeronaves ao serviço de um governo e estejam para tanto autorizados.

ARTIGO 108
Tráfico ilícito de estupefacientes e substâncias psicotrópicas

1. Todos os Estados devem cooperar para a repressão do tráfico ilícito de estupefacientes e substâncias psicotrópicas praticado por navios no alto mar com violação das convenções internacionais.

2. Todo Estado que tenha motivos sérios para acreditar que um navio arvorando a sua bandeira se dedica ao trafico ilícito de estupefacientes ou substâncias psicotrópicas poderá solicitar a cooperação de outros Estados para pôr fim a tal tráfico.

ARTIGO 109
Transmissões não autorizadas a partir do alto mar

1. Todos os Estados devem cooperar para a repressão das transmissões não autorizadas efetuadas a partir do alto mar.

2. Para efeitos da presente Convenção, "transmissões não autorizadas" significa as transmissões de rádio ou televisão difundidas a partir de um navio ou instalação no alto mar e dirigidas ao público em geral com violação dos regulamentos internacionais, excluídas as transmissões de chamadas de socorro.

3. Qualquer pessoa que efetue transmissões não autorizadas pode ser processada perante os tribunais:

a) do Estado de bandeira do navio;

b) do Estado de registro da instalação;

c) do Estado do qual a pessoa é nacional;

d) de qualquer Estado em que possam receber-se as transmissões; ou

e) de qualquer Estado cujos serviços autorizados de radiocomunicação sofram interferências.

4. No alto mar, o Estado que tenha jurisdição de conformidade com o parágrafo 3º poderá, nos termos do artigo 110, deter qualquer pessoa ou apresar qualquer navio que efetue transmissões não autorizadas e apreender o equipamento emissor.

ARTIGO 110
Direito de visita

1. Salvo nos casos em que os atos de ingerência são baseados em poderes conferidos por tratados, um navio de guerra que encontre no alto mar um navio estrangeiro que não goze de completa imunidade de conformidade com os artigos 95 e 96 não terá o direito de visita, a menos que exista motivo razoável para suspeitar que:

a) o navio se dedica à pirataria;

b) o navio se dedica ao tráfico de escravos;

c) o navio é utilizado para efetuar transmissões não autorizadas e o Estado de bandeira do navio de guerra tem jurisdição nos termos do artigo 109;

d) o navio não tem nacionalidade; ou

e) o navio tem, na realidade, a mesma nacionalidade que o navio de guerra, embora arvore uma bandeira estrangeira ou se recuse a içar a sua bandeira.

2. Nos casos previstos no parágrafo 1º, o navio de guerra pode proceder à verificação dos documentos que autorizem o uso da bandeira. Para isso, pode enviar uma embarcação ao navio suspeito, sob o comando de um oficial. Se, após a verificação dos documentos, as suspeitas persistem, pode preceder a bordo do navio a um exame ulterior, que deverá ser efetuado com toda a consideração possível.

3. Se as suspeitas se revelarem infundadas e o navio visitado não tiver cometido qualquer ato que as justifique, esse navio deve ser indenizado por qualquer perda ou dano que possa ter sofrido.

4. Estas disposições aplicam-se, mutatis mutandis, às aeronaves militares.

5. Estas disposições aplicam-se também a quaisquer outros navios ou aeronaves devidamente autorizados que tragam sinais claros e sejam identificáveis como navios e aeronaves ao serviço de um governo.

ARTIGO 111
Direito de perseguição

1. A perseguição de um navio estrangeiro pode ser empreendida quando as autoridades competentes do Estado costeiro tiverem motivos fundados para acreditar que o navio infringiu as suas leis e regulamentos. A perseguição deve iniciar-se quando o navio estrangeiro ou uma das suas embarcações se encontrar nas águas interiores, nas águas arquipelágicas, no mar territorial ou na zona contígua do Estado perseguidor, e só pode continuar fora do mar territorial ou da zona contígua se a perseguição não tiver sido interrompida. Não é necessário que o navio que dá a ordem de parar a um navio estrangeiro que navega pelo mar territorial ou pela zona contígua se encontre também no mar territorial ou na zona contígua no momento em que o navio estrangeiro recebe a referida ordem. Se o navio estrangeiro se encontrar na zona contígua, como definida no artigo 33, a perseguição só pode ser iniciada se tiver havido violação dos direitos para cuja proteção a referida zona foi criada.

2. O direito de perseguição aplica-se, mutatis mutandis, às infrações às leis e regulamentos do Estado costeiro aplicáveis, de conformidade com a presente Convenção, na zona econômica exclusiva ou na plataforma continental, incluindo as zonas de segurança em volta das instalações situadas na plataforma continental, quando tais infrações tiverem sido cometidas nas zonas mencionadas.

3. O direito de perseguição cessa no momento em que o navio perseguido entre no mar territorial do seu próprio Estado ou no mar territorial de um terceiro Estado.

4 A perseguição não se considera iniciada até que o navio perseguidor se tenha certificado, pelos meios práticos de que disponha, de que o navio perseguido ou uma das suas lanchas ou outras embarcações que trabalhem em equipe e utilizando o navio perseguido como navio mãe, se encontram dentro dos limites do mar territorial ou, se for o caso, na zona contígua, na zona econômica exclusiva ou na plataforma continental. Só pode dar-se início à perseguição depois de ter sido emitido sinal de parar, visual ou auditivo, a uma distância que permita ao navio estrangeiro vê-lo ou ouvi-lo.

5. O direito de perseguição só pode ser exercido por navios de guerra ou aeronaves militares, ou por outros navios ou aeronaves que possuam sinais claros e sejam identificáveis como navios e aeronaves ao serviço de um governo e estejam para tanto autorizados.

6. Quando a perseguição for efetuada por uma aeronave:

a) aplicam-se, mutatis mutandis, as disposições dos parágrafos 1º e 4º;

b) a aeronave que tenha dado a ordem de parar deve continuar ativamente a perseguição do navio até que um navio ou uma outra aeronave do Estado costeiro, alertado pela primeira aeronave, chegue ao local e continue a perseguição, a não ser que a aeronave possa por si só apresar o navio. Para justificar o apresamento de um navio fora do mar territorial, não basta que a aeronave o tenha descoberto a cometer uma infração, ou que seja suspeito de a ter cometido, é também necessário que lhe tenha sido dada ordem para parar e que tenha sido empreendida a perseguição sem interrupção pela própria aeronave ou por outras aeronaves ou navios.

7. Quando um navio for apresado num lugar submetido à jurisdição de um Estado escoltado até um porto desse Estado para investigação pelas autoridades competentes, não se pode pretender que seja posto em liberdade pelo simples fato de o navio e a sua escolta terem atravessado parte de uma zona econômica exclusiva ou do alto mar, se as circunstâncias a isso obrigarem.

8. Quando um navio for parado ou apresado fora do mar territorial em circunstâncias que não justifiquem o exercício do direito de perseguição, deve ser indenizado por qualquer perda ou dano que possa ter sofrido em conseqüência disso.

ARTIGO 112
Direito de colocação de cabos e dutos submarinos

1. Todos os Estados têm o direito de colocar cabos e dutos submarinos no leito do alto mar além da plataforma continental.

2. O parágrafo 5º do Artigo 79 aplica-se a tais cabos e dutos.

ARTIGO 113
Ruptura ou danificação de cabos ou dutos submarinos

Todo Estado deve adotar as leis e regulamentos necessários para que constituam infrações passíveis de sanções a ruptura ou danificação, por um navio arvorando a sua bandeira ou por uma pessoa submetida à sua jurisdição, de um cabo submarino no alto mar, causadas intencionalmente ou por negligência culposa, de modo que possam interromper ou dificultar as comunicações telegráficas ou telefônicas, bem como a ruptura ou danificação, nas mesmas condições, de um cabo de alta tensão ou de um duto submarino. Esta disposição aplica-se também aos atos que tenham por objeto causar essas rupturas ou danificações ou que possa ter esse efeito. Contudo, esta disposição não se aplica às rupturas ou às danificações cujos autores apenas atuaram com o propósito legítimo de proteger a própria vida ou a segurança dos seus navios, depois de terem tomado todas as precauções necessárias para evitar tal ruptura ou danificação.

ARTIGO 114
Ruptura ou danificação de cabos ou de dutos submarinos provocados por proprietários de outros cabos ou dutos submarinos

Todo Estado deve adotar as leis e regulamentos necessários para que pessoas sob sua jurisdição que sejam proprietárias de um cabo ou de um duto submarinos no alto mar e que, ao colocar ou reparar o cabo ou o duto submarinos, provoquem a ruptura ou a danificação de outro cabo ou de outro duto submarinos, respondam pelo custo da respectiva reparação.

ARTIGO 115
Indenização por perdas ocorridas para evitar danificações a um cabo ou duto submarinos

Todo Estado deve adotar as leis e regulamentos necessários para que os proprietários de navios que possam provar ter perdido uma âncora, uma rede ou qualquer outro aparelho de pesca para evitar danificações a um cabo ou um duto submarino sejam indenizados pelo proprietário do cabo ou do duto submarino, desde que o proprietário do navio tenha tomado previamente todas as medidas de precaução razoáveis.

SEÇÃO 2. CONSERVAÇÃO E GESTÃO DOS RECURSOS VIVOS DO ALTO MAR

ARTIGO 116
Direito de pesca no alto mar

Todos os Estados tem direito a que os seus nacionais se dediquem à pesca no alto mar, nos termos:

a) das suas obrigações convencionais;

b) dos direitos e deveres bem como dos interesses dos Estados costeiros previstos, inter alia, no parágrafo 2º do artigo 63 e nos artigos 64 a 67; e

c) das disposições da presente seção.

ARTIGO 117
Dever dos Estados de tomar em relação aos seus nacionais medidas para a conservação dos recursos vivos do alto mar

Todos os Estados têm o dever de tomar ou de cooperar com outros Estados para tomar as medidas que, em relação ao seus respectivos nacionais, possam ser necessárias para a conservação dos recursos vivos do alto mar.

ARTIGO 118
Cooperação entre Estados na conservação e gestão dos recursos vivos

Os Estados devem cooperar entre si na conservação e gestão dos recursos vivos nas zonas do alto mar. Os Estados cujos nacionais aproveitem recursos vivos idênticos, ou recursos vivos diferentes situados na mesma zona, efetuarão negociações para tomar as medidas necessárias à conservação de tais recursos vivos. Devem cooperar, quando apropriado, para estabelecer organizações sub-regionais ou regionais de pesca para tal fim.

ARTIGO 119
Conservação dos recursos vivos do alto mar

1. Ao fixar a captura permissível e ao estabelecer outras medidas de conservação para os recursos vivos no alto mar, os Estados devem:

a) tomar medidas, com base nos melhores dados científicos de que disponham os Estados interessados, para preservar ou restabelecer as populações das espécies capturadas a níveis que possam produzir o máximo rendimento constante, determinado a partir de fatores ecológicos e econômicos pertinentes, incluindo as necessidades especiais dos Estados em desenvolvimento e tendo em conta os métodos de pesca, a interdependência das populações e quaisquer normas mínimas internacionais geralmente recomendadas, sejam elas sub-regionais, regionais ou mundiais;

b) ter em conta os efeitos sobre as espécies associadas às espécies capturadas, ou delas dependentes, a fim de preservar ou restabelecer as populações de tais espécies associadas ou dependentes acima dos níveis em que a sua reprodução possa ficar seriamente ameaçada.

2. Periodicamente devem ser comunicadas ou trocadas informações científicas disponíveis, estatísticas de captura e de esforço de pesca e outros dados pertinentes para a conservação das populações de peixe, por intermédio das organizações internacionais competentes, sejam elas sub-regionais, regionais ou mundiais, quando apropriado, e com a participação de todos os Estados interessados.

3. Os Estados interessados devem assegurar que as medidas de conservação e a aplicação das mesmas não sejam discriminatórias, nem de direito nem de fato, para os pescadores de nenhum Estado.

ARTIGO 120
Mamíferos marinhos

O Artigo 65 aplica-se também à conservação e gestão dos mamíferos marinhos no alto mar.

PARTE VIII
REGIME DAS ILHAS

ARTIGO 121
Regime das ilhas

1. Uma ilha é uma formação natural de terra, rodeada de água, que fica a descoberto na preia-mar.

2. Salvo o disposto no parágrafo 3º, o mar territorial, a zona contígua, a zona econômica exclusiva e a plataforma continental de uma ilha serão determinados de conformidade com as disposições da presente Convenção aplicáveis a outras formações terrestres.

3. Os rochedos que, por si próprios, não se prestam à habitação humana ou a vida econômica não devem ter zona econômica exclusiva nem plataforma continental.

PARTE IX
MARES FECHADOS OU SEMIFECHADOS

ARTIGO 122
Definição

Para efeitos da presente Convenção, "mar fechado ou semifechado" significa um golfo, bacia ou mar rodeado por dois ou mais Estados e comunicando com outro mar ou com o oceano por uma saída estreita, ou formado inteira ou principalmente por mares territoriais e zonas econômicas exclusivas de dois ou mais Estados costeiros.

ARTIGO 123
Cooperação entre Estados costeiros de mares fechados ou semifechados

Os Estados costeiros de um mar fechado ou semifechado deverão cooperar entre si no exercício dos seus direitos e no cumprimento dos seus deveres nos termos da presente Convenção. Para esse fim, diretamente ou por intermédio de uma organização regional apropriadas, devem procurar:

a) coordenar a conservação, gestão, exploração e aproveitamento dos recursos vivos do mar;

b) coordenar o exercício dos seus direitos e o cumprimento dos seus deveres no que se refere à proteção e preservação do meio marinho;

c) coordenar suas políticas de investigação científica e empreender, quando apropriado, programas conjuntos de investigação científica na área;

d) convidar, quando apropriado, outros Estados interessados ou organizações, internacionais a cooperar com eles na aplicação das disposições do presente artigo.

PARTE X
DIREITO DE ACESSO AO MAR E A PARTIR DO MAR DOS ESTADOS SEM LITORAL E LIBERDADE DE TRÂNSITO

ARTIGO 124
Termos utilizados

1. Para efeitos da presente Convenção:

a) "Estado sem litoral" significa um Estado que não tenha costa marítima;

b) "Estado de trânsito" significa um Estado com ou sem costa marítima situado entre um Estado sem litoral e o mar, através de cujo território passa o tráfego em trânsito;

c) "tráfego em trânsito" significa a passagem de pessoas, bagagens, mercadorias e meios de transporte através do território de um ou mais Estados de trânsito, quando a passagem através de tal território, com ou sem transbordo, armazenamento, fracionamento da carga ou mudança de modo de transporte, seja apenas uma parte de uma viagem completa que comece ou termine dentro do território do Estado sem litoral;

d) "meio de transporte" significa:

i) o material ferroviário rolante, as embarcações marítimas, lacustres e fluviais e os veículos rodoviários;

ii) quando as condições locais o exigirem, os carregadores e animais de carga.

2. Os Estados sem litoral e os Estados de trânsito podem, por mútuo acordo, incluir como meios de transporte dutos e gasodutos e outros meios de transporte diferentes dos incluídos no parágrafo 1º.

ARTIGO 125
Direito de acesso ao mar e a partir do mar e liberdade de trânsito

1. Os Estados sem litoral têm o direito de acesso ao mar e a partir do mar para exercerem os direitos conferidos na presente Convenção, incluindo os relativos à liberdade do alto mar e ao patrimônio comum da humanidade. Para tal fim, os Estados sem litoral gozam de liberdade de trânsito através do território dos Estados de trânsito por todos os meios de transporte.

2. Os termos e condições para o exercício da liberdade de trânsito devem ser acordados entre os Estado sem litoral e os Estado de trânsito interessados por meio de acordos bilaterais, sub-regionais ou regionais.

3. Os Estados de trânsito, no exercício da sua plena soberania sobre o seu território, têm o direito de tomar todas as medidas necessárias para assegurar que os direitos e facilidades conferidos na presente Parte aos Estados sem litoral não prejudiquem de forma alguma os seus legítimos interesses.

ARTIGO 126
Exclusão da aplicação da cláusula da nação mais favorecida

As disposições da presente Convenção, bem como acordos especiais relativos ao exercício do direito de acesso ao mar e a partir do mar, que estabeleçam direitos e concedam facilidades em razão da situação geográfica especial dos Estados sem litoral, ficam excluídas da aplicação da cláusula da nação mais favorecida.

ARTIGO 127
Direitos aduaneiros, impostos e outros encargos

1. O tráfego em trânsito não deve estar sujeito a quaisquer direitos aduaneiros, impostos ou outros encargos, com exceção dos encargos devidos por serviços específicos prestados com relação a esse tráfego.

2. Os meios de transporte em trânsito e outras facilidades concedidas aos Estados sem litoral e por eles utilizados não devem estar sujeitos a impostos ou encargos mais elevados que os fixados para o uso dos meios de transporte do Estado e trânsito.

ARTIGO 128
Zonas francas e outras facilidades aduaneiras

Para facilitar o tráfego em trânsito, podem ser estabelecidas zonas francas ou outras facilidades aduaneiras nos portos de entrada e de saída dos Estados de trânsito, mediante acordo entre estes Estados e os Estados sem litoral.

ARTIGO 129
Cooperação na construção e melhoramento dos meios de transporte

Quando nos Estados de trânsito não existam meios de transporte que permitam dar efeito ao exercício efetivo da liberdade de trânsito, ou quando os meios existentes, incluindo as instalações e equipamentos portuários, sejam deficientes, sob qualquer aspecto, os Estados de trânsito e Estados sem litoral interessados podem cooperar na construção ou no melhoramento desses meios de transporte.

ARTIGO 130
Medidas para evitar ou eliminar atrasos ou outras dificuldades de caráter técnico no tráfego em trânsito

1. Os Estados de trânsito devem tomar todas as medidas apropriadas para evitar atrasos ou outras dificuldades de caráter técnico no tráfego em trânsito.

2. No caso de se verificarem tais atrasos ou dificuldades, as autoridades competentes dos Estados de trânsito e Estados sem litoral interessados devem cooperar para a sua pronta eliminação.

ARTIGO 131
Igualdade de tratamento nos portos marítimos

Os navios arvorando a bandeira de um Estado sem litoral devem gozar nos portos marítimos do mesmo tratamento que o concedido a outros navios estrangeiros.

ARTIGO 132
Concessão de maiores facilidades de trânsito

A presente Convenção não implica de modo algum a retirada de facilidades de trânsito que sejam maiores que as previstas na presente Convenção e que tenham sido acordadas entre os Estados Partes à presente Convenção ou concedidas por um Estado Parte. A presente Convenção não impede, também, a concessão de maiores facilidades no futuro.

PARTE XI
A ÁREA

SEÇÃO 1. DISPOSIÇÕES GERAIS

ARTIGO 133
Termos utilizados

Para efeitos da presente Parte:

a) "recursos" significa todos os recursos minerais sólidos, líquidos ou gasosos in situ, na Área, no leito do mar ou no seu subsolo, incluindo os nódulos polimetálicos;

b) os recursos, uma vez extraídos da Área, são denominados "minerais".

ARTIGO 134
Âmbito de aplicação da presente Parte

1. A presente parte aplica-se à Área.

2. A atividades na Área devem ser regidas pelas disposições da presente Parte.

3. Os requisitos relativos ao depósito e à publicidade a dar às cartas ou listas de coordenadas geográficas que indicam os limites referidos no parágrafo 1º do artigo 1 são estabelecidos na Parte VI.

4. Nenhuma das disposições do presente artigo afeta o estabelecimento dos limites exteriores da plataforma continental de conformidade com a Parte VI nem a validade dos acordos relativos à delimitação entre Estados com costas adjacentes ou situadas frente a frente.

ARTIGO 135
Regime jurídico das águas e do espaço aéreo sobrejacentes

Nem a presente Parte nem quaisquer direitos concedidos ou exercidos nos termos da mesma afetam o regime jurídico das águas sobrejacentes à Área ou o do espaço aéreo dessas águas.

SEÇÃO 2. PRINCIPIOS QUE REGEM A ÁREA

ARTIGO 136
Patrimônio comum da humanidade

A Área e seus recursos são patrimônio comum da humanidade.

ARTIGO 137
Regime jurídico da Área e dos seus recursos

1. Nenhum estado pode reivindicar ou exercer soberania ou direitos de soberania sobre qualquer parte da Área ou seus recursos; nenhum Estado ou pessoa física ou jurídica pode apropriar-se de qualquer parte da Área ou dos seus recursos. Não serão reconhecidos tal reivindicação ou exercício de soberania ou direitos de soberania nem tal apropriação.

2. Todos os direitos sobre os recursos da Área pertencem à humanidade em geral, em cujo nome, atuará a Autoridade. Esses recursos são inalienáveis. No entanto, os minerais extraídos da Área só poderão ser alienados de conformidade com a presente Parte e com as normas, regulamentos e procedimentos da Autoridade.

3. Nenhum Estado ou pessoa física ou jurídica poderá reivindicar, adquirir ou exercer direitos relativos aos minerais extraídos da Área, a não ser de conformidade com a presente Parte. De outro modo, não serão reconhecidos tal reivindicação, aquisição ou exercício de direitos.

ARTIGO 138
Comportamento geral dos Estados em relação à Área

O comportamento geral dos Estados em relação à Área deve conformar-se com as disposições da presente Parte, com os princípios enunciados na Carta das Nações Unidas e com outras normas de direito internacional, no interesse da manutenção da paz e da segurança e da promoção da cooperação internacional e da compreensão mútua.

ARTIGO 139
Obrigação de zelar pelo cumprimento e responsabilidade por danos

1. Os Estados Partes ficam obrigados a zelar por que as atividades na Área, realizadas quer por Estados Partes, quer por empresas estatais ou por pessoas físicas ou jurídicas que possuam a nacionalidade dos Estados Partes ou se encontrem sob o controle efetivo desses Estados ou dos seus nacionais, sejam realizadas de conformidade com a presente Parte. A mesma obrigação incube às organizações internacionais por atividades que realizem na Área.

2. Sem prejuízo das normas de direito internacional e do artigo 22 do Anexo III, os danos causados pelo não cumprimento por um Estado Parte ou uma organização, internacional das suas obrigações, nos termos da presente Parte, implicam responsabilidade; os Estados Partes ou organizações internacionais que atuem em comum serão conjunta e solidariamente responsáveis. No entanto, o Estado Parte não será responsável pelos danos causados pelo não-cumprimento da presente Parte por uma pessoa jurídica a quem esse Estado patrocinou nos termos da alínea b) do parágrafo 2º do artigo 153 se o Estado Parte tiver tomado todas as medidas necessárias e apropriadas para assegurar o cumprimento efetivo do parágrafo 4º do artigo 153 e do parágrafo 4º do artigo 4 do Anexo III.

3. Os Estados Partes que sejam membros de organizações internacionais tomarão medidas apropriadas para assegurar a aplicação do presente artigo no que se refere a tais organizações.

ARTIGO 140
Benefício da humanidade

1. As atividades na Área devem ser realizadas, nos temos do previsto expressamente na presente Parte, em benefício da humanidade em geral, independentemente da situação geográfica dos Estados, costeiros ou sem litoral, e tendo particularmente em conta os interesses e as necessidades dos Estados em desenvolvimento e dos povos que não tenham alcançado a plena independência ou outro regime de autonomia reconhecido pelas Nações Unidas de conformidade com a resolução 1514 (XV) e com as outras resoluções pertinentes da sua Assembléia Geral.

2. A autoridade, através de mecanismo apropriado, numa base não discriminatória, deve assegurar a distribuição equitativa dos benefícios financeiros e dos outros benefícios econômicos resultantes das atividades na Área de conformidade com a subalínea i) da alínea f) do parágrafo 2º do artigo 160.

ARTIGO 141
Utilização da Área exclusivamente para fins pacíficos

A Área está aberta à utilização exclusivamente para fins pacíficos por todos os Estados, costeiros ou sem litoral, sem discriminação e sem prejuízo das outras disposições da presente Parte.

ARTIGO 142
Direitos e interesses legítimos dos Estados costeiros

1. As atividades na Área relativas aos depósitos de recursos que se estendem além dos limites da mesma devem ser realizadas tendo em devida conta os direitos e interesses legítimos do Estado costeiro sob cuja jurisdição se encontrem tais extensões daqueles depósitos.

2. Devem ser efetuadas consultas com o Estado interessado, incluindo um sistema de notificação prévia, a fim de se evitar qualquer violação de tais direitos e interesses. Nos casos em que as atividades na Área possam dar lugar ao aproveitamento de recursos sob jurisdição nacional, será necessário o consentimento prévio do Estado costeiro interessado.

3. Nem a presente Parte nem quaisquer direitos concedidos ou exercidos nos termos da mesma devem afetar os direitos dos Estados costeiros de tomarem medidas compatíveis com as disposições pertinentes da Parte XII que sejam necessárias para prevenir, atenuar ou eliminar um perigo grave e iminente para o seu litoral ou interesses conexos, resultantes de poluição ou de ameaça de poluição ou de outros acidentes resultantes de ou causados por quaisquer atividades na Área;

ARTIGO 143
Investigação científica marinha

1. A investigação científica marinha na Área deve ser realizada exclusivamente com fins pacíficos e em benefício da humanidade em geral, de conformidade com a Parte XIII.

2. A Autoridade pode realizar investigação científica marinha relativa à Área e seus recursos e celebrar contratos para tal fim. A Autoridade deve promover e impulsionar a realização da investigação científica marinha na Área, coordenar e difundir os resultados de tal investigação e análises, quando disponíveis.

3. Os Estados Partes podem realizar investigação científica marinha na Área. Os Estados Partes devem promover a cooperação internacional no campo da investigação cientifica marinha na Área;

a) participando em programas internacionais e incentivando a cooperação no campo da investigação científica marinha pelo pessoal de diferentes países e da Autoridade;

b) assegurando que os programas sejam elaborados, por intermédio da Autoridade ou de outras organizações internacionais, conforme o caso, em benefício dos Estados em desenvolvimento e dos Estados tecnologicamente menos desenvolvidos, com vista a:

i) fortalecer a sua capacidade de investigação;

ii) formar o seu pessoal e o pessoal da Autoridade nas técnicas e aplicações de investigação;

iii) favorecer o emprego do seu pessoal qualificado na investigação da Área;

c) difundindo efetivamente os resultados de investigação e análises, quando disponíveis, por intermédio da Autoridade ou de outros canais internacionais, quando apropriado.

ARTIGO 144
Transferência de tecnologia

1. De conformidade com a presente Convenção, a Autoridade deve tomar medidas para:

a) adquirir tecnologia e conhecimentos científicos relativos às atividades na Área; e

b) promover e incentivar a transferência de tal tecnologia e conhecimentos científicos para os Estados em desenvolvimento, de modo a que todos os Estados Partes sejam beneficiados.

2. Para tal fim a Autoridade e os Estados Partes devem cooperar para promover a transferência de tecnologia, e conhecimentos científicos relativos às atividades realizadas na Área de modo a que a Empresa e todos os Estados Partes sejam beneficiados. Em particular, devem iniciar e promover:

a) programas para a transferência de tecnologia para a Empresa e para os Estados em desenvolvimento no que se refere às atividades na Área, incluindo, inter alia, facilidades de acesso da Empresa e dos Estados em desenvolvimento à tecnologia pertinente em modalidades e condições equitativas e razoáveis;

b) medidas destinadas a assegurar o progresso da tecnologia da Empresa e da tecnologia nacional dos Estados em desenvolvimento e em particular mediante a criação de oportunidades para a formação do pessoal da Empresa e dos Estados em desenvolvimento em matéria de ciência e tecnologia marinhas e para a sua plena participação nas atividades na Área.

ARTIGO 145
Proteção do meio marinho

No que se refere às atividades na Área, devem ser tomadas as medidas necessárias, de conformidade com a presente Convenção, para assegurar a proteção eficaz do meio marinho contra os efeitos nocivos que possam resultar de tais atividades. Para tal fim, a Autoridade adotará normas, regulamentos e procedimentos apropriados para, inter alia,:

a) prevenir, reduzir e controlar a poluição e outros perigos para o meio marinho, incluindo o litoral, bem como a perturbação do equilíbrio ecológico do meio marinho, prestando especial atenção à necessidade de proteção contra os efeitos nocivos de atividades, tais como a perfuração, dragagem, escavações, lançamento de detritos, construção e funcionamento ou manutenção de instalações, dutos e outros dispositivos relacionados com tais atividades;

b) proteger e conservar os recursos naturais da Área e prevenir danos à flora e à fauna do meio marinho.

ARTIGO 146
Proteção da vida humana

No que se refere às atividades na Área, devem ser tomadas as medidas necessárias para assegurar a proteção eficaz da vida humana. Para tal fim, a Autoridade adotará normas, regulamentos e procedimentos apropriados que complementem o direito internacional existente tal como consagrado nos tratados sobre a matéria.

ARTIGO 147
Harmonização das atividades na Área e no meio marinho

1. As atividades na Área devem ser realizadas, tendo razoavelmente em conta outras atividades no meio marinho.

2. As instalações, utilizadas para a realização de atividades na Área, devem estar sujeitas às seguintes condições:

a) serem construídas, colocadas e retiradas exclusivamente de conformidade com a presente Parte e segundo as normas, regulamentos e procedimentos da Autoridade. A construção, colocação e remoção de tais instalações devem ser devidamente notificadas e, sempre que necessário, devem ser assegurados meios permanentes para assinalar a sua presença;

b) não serem colocadas onde possam interferir na utilização de rotas marítimas reconhecidas e essenciais para a navegação internacional ou em áreas de intensa atividade pesqueira;

c) serem estabelecidas zonas de segurança em volta de tais instalações, com sinais de navegação apropriados, para garantir a segurança da navegação e das instalações. A configuração e localização de tais zonas de segurança devem ser tais que não formem um cordão que impeça o acesso lícito dos navios a determinadas zonas marítimas ou a navegação por rotas marítimas internacionais;

d) serem utilizadas exclusivamente para fins pacíficos;

e) não terem o estatuto jurídico de ilhas. Estas instalações não têm mar territorial próprio e a sua existência não afeta a delimitação do mar territorial, da zona econômica exclusiva ou da plataforma continental.

3. As demais atividades no meio marinho devem ser realizadas tendo razoavelmente em conta as atividades na Área.

ARTIGO 148
Participação dos Estados em desenvolvimento nas atividades na Área

A participação efetiva dos Estados em desenvolvimento nas atividades na Área deve ser promovida tal como expressamente previsto na presente Parte, tendo em devida conta os seus interesses e necessidades especiais e, em particular, a necessidade especial dos Estados em desenvolvimento sem litoral ou em situação geográfica desfavorecida de superarem os obstáculos resultantes da sua localização desfavorável, incluído o afastamento da Área, e a dificuldade de acesso à Área e a partir dela.

ARTIGO 149
Objetos arqueológicos e históricos

Todos os objetos de caráter arqueológico e histórico achados na Área serão conservados ou deles se disporá em benefício da humanidade em geral, tendo particularmente em conta os direitos preferenciais do Estado ou país de origem, do Estado de origem cultural ou do Estado de origem histórica e arqueológica.

SEÇÃO 3. APROVEITAMENTO DOS RECURSOS DA ÁREA

ARTIGO 150
Políticas Gerais relativas às atividades na Área

1. As atividades na Área devem ser realizadas tal como expressamente previsto na presente Parte de modo a fomentar o desenvolvimento harmonioso da economia mundial e o crescimento equilibrado do comércio internacional e a promover a cooperação internacional a favor do desenvolvimento geral de todos os países, especialmente dos Estados em desenvolvimento e com vista a assegurar:

a) o aproveitamento dos recursos da Área;

b) a gestão ordenada, segura e racional dos recursos da Área, incluindo a realização eficiente de atividades na Área e, de conformidade com sãos princípios de conservação, a evitação de desperdícios desnecessários;

c) a ampliação das oportunidades de participação em tais atividades, em particular de forma compatível com os artigos 144 e 148;

d) a participação da autoridade nas receitas e transferência de tecnologia à Empresa e aos Estados em desenvolvimento, tal como disposto na presente Convenção;

e) o aumento da disponibilidade dos minerais provenientes da Área, na medida necessária para, juntamente com os obtidos de outras fontes, assegurar o abastecimento aos consumidores de tais minerais;

f) a formação de preços justos e estáveis, remuneradores para os produtores e razoáveis para os consumidores, relativos aos minerais provenientes tanto da Área como de outras fontes, e a promoção do equilíbrio a longo prazo entre a oferta e a procura;

g) maiores oportunidades para que todos os Estados Partes, independentemente do seu sistema social e econômico ou situação geográfica, participem no aproveitamento dos recursos da Área e na prevenção da monopolização das atividades na Área;

h) a proteção dos Estados em desenvolvimento no que se refere aos efeitos adversos nas suas economias ou nas suas receitas de exportação, resultantes de uma redução no preço de um mineral afetado ou no volume de exportação desse mineral, na medida em que tal redução seja causada por atividades na Área, como previsto no Artigo 151;

i) o aproveitamento do patrimônio comum em benefício da humanidade em geral; e

j) que as condições de acesso aos mercados de importação de minerais provenientes dos recursos da Área e de importação de produtos básicos obtidos de tais minerais não sejam mais vantajosas que as de caráter mais favorável aplicadas às importações provenientes de outras fontes.

ARTIGO 151
Políticas de produção

1. a) Sem prejuízo dos objetivos previstos no artigo 150, e para efeitos de aplicação da alínea h) do referido artigo, a Autoridade deve, atuando através das instâncias existentes ou, segundo o caso, no quadro de novos ajustes ou acordos, com a participação de todas as partes interessadas, incluídos produtores e consumidores, tomar as medidas necessárias para promover o crescimento, a eficiência e a estabilidade dos mercados dos produtos básicos obtidos dos minerais provenientes da Área, a preços remuneradores para os produtores e razoáveis para os consumidores. Todos os Estados Partes devem cooperar para tal fim.

b) A Autoridade tem o direito de participar em qualquer conferência sobre produtos básicos, cujos trabalhos se refiram àqueles, e na qual participem todas as partes interessadas, incluídos produtores e consumidores. A Autoridade tem o direito de ser parte em qualquer ajuste ou acordo que resulte de tais conferências. A participação da Autoridade em quaisquer órgãos criados em virtude desses ajustes ou acordos deve ser com respeito à produção na Área e efetuar-se de conformidade com as normas pertinentes desses órgãos.

c) A Autoridade deve cumprir as obrigações que tenha contraído em virtude de ajustes ou acordos referidos no presente parágrafo de maneira a assegurar a sua aplicação uniforme e não discriminatória em relação à totalidade da produção dos minerais em causa na Área. Ao fazê-lo, a Autoridade deve atuar de forma compatível com os termos dos contratos existentes e os planos de trabalho aprovados da Empresa.

2. a) Durante o período provisório definido no parágrafo 3º, a produção comercial não deve ser empreendida com base num plano de trabalho aprovado, até que o operador tenha pedido e obtido da Autoridade uma autorização de produção. Essa autorização de produção não pode ser pedida ou emitida antes de cinco anos da data do início previsto para a produção comercial nos termos do plano de trabalho, a menos que, tendo em conta a natureza e o calendário de execução do projeto, outro período seja estabelecido nas normas, regulamentos e procedimentos da Autoridade.

b) No pedido de autorização de produção, o operador deve especificar a quantidade anual de níquel que prevê extrair com base no plano de trabalho aprovado. O pedido deve incluir um plano de despesas a serem feitas pelo operador após a recepção da autorização, as quais são razoavelmente calculadas para lhe permitir iniciar a produção comercial na data prevista.

c) Para efeitos das alíneas a) e b), a Autoridade deve estabelecer requisitos de execução apropriados, de conformidade com o artigo 17 do Anexo III.

d) A autoridade deve emitir uma autorização de produção para o volume de produção pedido, a menos que a soma desse volume e dos volumes já autorizados exceda, no decurso de qualquer ano de produção planejada compreendido no período provisório, o limite máximo de produção de níquel, calculado de conformidade com o parágrafo 4º e no ano de emissão da autorização.

e) Uma vez emitida a autorização de produção, esta e o pedido aprovado farão parte do plano de trabalho aprovado.

f) Se, em virtude da alínea d), o pedido de autorização feito pelo operador for recusado, este pode submeter um novo pedido à Autoridade em qualquer momento.

3. O período provisório começará cinco anos antes do dia 1 de Janeiro do ano no qual está prevista a primeira produção comercial com base no plano de trabalho aprovado. Se o início dessa produção comercial for adiado para além do ano originalmente previsto, o início do período provisório e o teto de produção inicialmente calculado deve ser reajustado em conformidade. O período provisório deve durar 25 anos ou até ao fim da Conferência de revisão referida no artigo 155 ou até ao dia da entrada em vigor dos novos ajustes ou acordos referidos no parágrafo 1º, prevalecendo o de prazo mais curto. Se os referidos ajustes ou acordos caducarem ou deixarem de Ter efeito por qualquer motivo, a Autoridade reassumirá os poderes estipulados no presente artigo para o resto do período provisório.

4. a) O teto de produção para qualquer ano do período provisório é a soma de:

i) a diferença ente os valores da curva de tendência do consumo de níquel, calculados de conformidade com a alínea b), para o ano imediatamente anterior ao da primeira produção comercial e para o ano imediatamente anterior ao do início do período provisório; e

ii) sessenta por cento da diferença entre os valores da curva de tendência do consumo de níquel calculados de conformidade com a alínea b) para o ano para o qual seja pedida a autorização de produção e para o ano imediatamente anterior ao da primeira autorização de produção comercial.

b) Para efeitos da alínea a):

i) os valores da curva de tendência utilizados para calcular o teto de produção de níquel devem ser os valores do consumo anual de níquel numa curva de tendência calculada durante o ano no qual foi emitida uma autorização de produção. A curva de tendência deve ser calculada a partir da regressão linear dos logaritmos do consumo real de níquel correspondente ao período de 15 anos mais recente do qual se disponha de dados, sendo o tempo a variável independente. Esta curva de tendência deve ser denominada curva de tendência inicial;

ii) se a taxa anual de aumento indicada pela curva de tendência inicial for inferior a três por cento, a curva de tendência utilizada para determinar as quantidades mencionadas na alínea a) deve ser uma curva que corte a curva de tendência inicial no ponto que represente o valor do primeiro ano do período de 15 anos considerado e que aumente à razão de três por cento ao ano. No entanto, o teto de produção estabelecido para qualquer ano do período provisório não pode exceder em caso algum a diferença entre o valor da curva de tendência inicial para esse ano e o valor da curva de tendência inicial para o ano imediatamente anterior ao do início de período provisório.

5. A Autoridade deve reservar para a produção inicial da Empresa, uma quantidade de 38 mil toneladas métricas de níquel da quantidade fixada como teto de produção disponível calculada de conformidade com o parágrafo 4º.

6. a) Um operador pode, em qualquer ano, não alcançar o volume de produção anual de minerais provenientes de nódulos polimetálicos especificado na sua autorização de produção ou pode excede-lo até oito por cento, desde que o volume global da produção não exceda o especificado na autorização. Qualquer excedente, compreendido entre oito a vinte por cento em qualquer ano ou qualquer excedente no primeiro ano e nos anos posteriores a dois anos consecutivos em que houve excedente, deve ser negociado com a Autoridade a qual pode exigir ao operador que obtenha uma autorização de produção suplementar para cobrir a produção adicional.

b) Os pedidos para tal autorização de produção suplementar só podem ser examinados pela Autoridade, quando esta tiver decidido sobre todos os pedidos pendentes submetidos pelos operadores que ainda não tenham recebido autorizações de produção e depois de ter tido devidamente em conta outros prováveis peticionários. A autoridade deve guiar-se pelo princípio de não exceder a produção total autorizada com base no teto de produção em qualquer ano do período provisório. A autoridade não deve autorizar, em qualquer plano de trabalho, a produção de uma quantidade que exceda 46.500 toneladas métricas de níquel por ano.

7. Os volumes de produção de outros metais, tais como o cobre, cobalto e manganês, extraídos dos nódulos polimetálicos obtidos de conformidade com uma autorização de produção, não devem ser superiores aos que teriam sido obtidos se o operador tivesse obtido desses nódulos o volume máximo de níquel de conformidade com o presente artigo. A autoridade deve adotar normas, regulamentos e procedimentos de conformidade com o artigo 17 do Anexo III para a aplicação do presente parágrafo.

8. Os direitos e obrigações relativos a práticas econômicas desleais nos acordos comerciais multilaterais pertinentes aplicam-se à exploração e aproveitamento dos minerais da Área. Na solução de controvérsias relativas à aplicação da presente disposição, os Estados Partes que sejam Partes em tais acordos comerciais multilaterais podem recorrer aos procedimentos de solução de controvérsias previstas nesses acordos.

9. A Autoridade tem o poder de limitar o volume de produção de minerais da Área, que não sejam os minerais provenientes de nódulos polimetálicos, nas condições e segundo os métodos apropriados, mediante a adoção de regulamentos de conformidade com o parágrafo 8º do artigo 161.

10. Por recomendação do Conselho, baseada no parecer da Comissão de Planejamento Econômico, a Assembléia deve estabelecer um sistema de compensação ou tomar outras medidas de assistência para o reajuste econômico, incluindo a cooperação com os organismos especializados e outras organizações internacionais, em favor dos países em desenvolvimento cujas receitas de exportação ou cuja economia sofram sérios prejuízos como conseqüência de uma diminuição no preço ou no volume exportado de um mineral, na medida em que tal diminuição se deva a atividades na Área. A Autoridade, quando solicitada, deve iniciar estudos sobre os problemas desses Estados que possam ser mais gravemente afetados, a fim de minimizar as suas dificuldades e prestar-lhes auxílio para o seu reajuste econômico.

ARTIGO 152
Exercício de poderes e funções pela Autoridade

1. A Autoridade deve evitar qualquer discriminação no exercício dos seus poderes e funções, inclusive na concessão de oportunidades para realização de atividades na Área.

2. No entanto, atenção especial pode ser dispensada aos países em desenvolvimento particularmente àqueles sem litoral ou em situação geográfica desfavorecida, em virtude do expressamente previsto na presente Parte.

ARTIGO 153
Sistema de exploração e aproveitamento

1. As atividades na Área devem ser organizadas, realizadas e controladas pela Autoridade em nome da humanidade em geral de conformidade com o presente artigo, bem como com outras disposições pertinentes da presente Parte e dos anexos pertinentes e as normas, regulamentos e procedimentos da Autoridade.

2. As atividades na Área serão realizadas de conformidade com o parágrafo 3º:

a. pela Empresa; e

b. em associação com a Autoridade, por Estados Partes ou empresas estatais, ou pessoas físicas ou jurídicas que possuam a nacionalidade de Estados Partes ou sejam efetivamente controladas por eles ou seus nacionais, quando patrocinadas por tais Estados, ou por qualquer grupo dos anteriores que preencha os requisitos previstos na presente Parte e no Anexo III.

3. As atividades na Área devem ser realizadas de conformidade com um plano de trabalho formal escrito, preparado de conformidade com o Anexo III e aprovado pelo Conselho após exame pela Comissão Jurídica e Técnica. No caso das atividades na Área, realizadas com autorização da Autoridade pelas entidades ou pessoas especificadas na alínea b) do parágrafo 2º, o plano de trabalho deve ter a forma de um contrato, de conformidade com o artigo 3 do Anexo III. Tal o contrato pode prever ajustes conjuntos, de conformidade com o artigo 11 do Anexo III.

4. A Autoridade deve exercer, sobre as atividades na Área, o controle que for necessário para assegurar o cumprimento das disposições pertinentes da presente Parte e dos anexos pertinentes e das normas, regulamentos e procedimentos da Autoridade e dos planos de trabalho aprovados de conformidade com o parágrafo 3º. Os Estados Partes devem prestar assistência à Autoridade, tomando todas as medidas necessárias para assegurar tal cumprimento de conformidade com o artigo 139.

5. A autoridade tem o direito de tomar a todo o momento quaisquer medidas previstas na presente Parte para assegurar o cumprimento das suas disposições e o exercício das funções de controle e regulamentação que lhe são conferidas em virtude da presente Parte ou de um contrato. A Autoridade tem o direito de inspecionar todas as instalações na Área utilizadas para atividades realizadas na mesma.

6. Um contrato celebrado nos termos do parágrafo 3º deve garantir a titularidade do contraente. Por isso, o contrato não deve ser modificado, suspenso ou rescindido senão de conformidade com os artigos 18 e 19 do Anexo III.

ARTIGO 154
Exame periódico

De cinco em cinco anos, a partir da entrada em vigor da presente Convenção, a Assembléia deve proceder a um exame geral e sistemático da forma como o regime internacional da Área, estabelecido pela Convenção, tem funcionado na prática. À luz desse exame, a Assembléia pode tomar ou recomendar a outros órgãos que tomem medidas de conformidade com as disposições e procedimentos da presente Parte e dos anexos correspondentes, que permitam aperfeiçoar o funcionamento do regime.

ARTIGO 155
Conferência de Revisão

1. Quinze anos após o dia 1 de Janeiro do ano do início da primeira produção comercial com base num plano de trabalho aprovado, a Assembléia convocará uma conferência para revisão

das disposições da presente Parte e dos anexos pertinentes que regulamentam a exploração e o aproveitamento dos recursos da Área. A Conferência de Revisão deve examinar em pormenor, à luz da experiência adquirida durante esse período:

a) se as disposições da presente Parte que regulamentam o sistema de exploração e aproveitamento dos recursos da Área atingiram os seu objetivos em todos os aspectos, inclusive se beneficiaram a humanidade em geral;

b) se, durante o período de quinze anos, as áreas reservadas foram aproveitadas de modo eficaz e equilibrado em comparação com áreas não reservadas;

c) se o desenvolvimento e a utilização da Área e dos seus recursos foram efetuados de modo a favorecer o desenvolvimento harmonioso da economia mundial e o crescimento equilibrado do comércio internacional;

d) se foi impedida a monopolização das atividades na Área;

e) se foram cumpridas as políticas estabelecidas nos artigos 150 e 151: e

f) se o sistema permitiu a distribuição equitativa de benefícios resultantes das atividades na Área, tendo particularmente em conta os interesses e necessidades dos Estados em desenvolvimento.

2. A conferência de Revisão deve igualmente assegurar a manutenção do princípio do patrimônio comum da humanidade, do regime internacional para o aproveitamento equitativo dos recursos da Área em beneficio de todos os países, especialmente dos Estados em desenvolvimento, e da existência de uma Autoridade que organize, realize e controle as atividades na Área. Deve também assegurar a manutenção dos princípios estabelecidos na presente Parte relativos à exclusão de reivindicações ou do exercício de soberania sobre qualquer parte da Área, aos direitos dos Estados e seu comportamento geral em relação à Área bem como sua participação nas atividades na Área de conformidade com a presente Convenção, à prevenção da monopolização de atividades na Área, à utilização da Área exclusivamente para fins pacíficos, aos aspectos econômicos das atividades na Área, à investigação científica marinha, à transferência de tecnologia, à proteção do meio marinho, à proteção da vida humana, aos direitos dos Estados costeiros, ao estatuto jurídico das águas sobrejacentes à Área e do espaço aéreo acima dessas águas e à harmonização entre as atividades na Área e outra atividades no meio marinho.

3. O procedimento para a tomada de decisões aplicável à Conferência de Revisão deve ser o mesmo que o aplicável à Terceira Conferência das Nações Unidas sobre o Direito do Mar. A Conferência deve fazer todo o possível para chegar a acordo sobre quaisquer emendas por consenso, não devendo proceder a votação de tais questões até que se tenham esgotado todos os esforços para chegar a consenso.

4. Se, cinco anos após o seu início, não tiver chegado a acordo sobre o sistema de exploração e aproveitamento dos recursos da Área, a Conferência de Revisão pode, nos doze meses seguintes, por maioria de três quartos dos Estados Partes, decidir a adoção e apresentação aos Estados Partes para ratificação ou adesão das emendas que mudem ou modifiquem o sistema que julgue necessárias e apropriadas. Tais emendas entrarão em vigor para todos os Estados Partes doze meses após o depósito dos instrumentos de ratificação ou de adesão de dois terços dos Estados Partes.

5. As emendas adotadas pela Conferência de Revisão, de conformidade com o presente artigo, não afetam os direitos adquiridos em virtude de contratos existentes.

SEÇÃO 4. AUTORIDADE

SUBSEÇÃO A. DISPOSIÇÕES GERAIS

ARTIGO 156
Criação da Autoridade

1. É criada a Autoridade Internacional dos Fundos Marinhos que funcionará de conformidade com a presente Parte.

2. Todos os Estados Partes são ipso-facto membros da Autoridade.

3. Os observadores na Terceira Conferência das Nações Unidas sobre o Direito do Mar, que tenham assinado a Ata Final e não estejam referidos nas alíneas c), d), e) ou f) do parágrafo 1º do artigo 305, têm o direito de participar na Autoridade como observadores de conformidade com as suas normas, regulamentos e procedimentos.

4. A Autoridade terá a sua sede na Jamaica.

5. A Autoridade pode criar os centros ou escritórios regionais que julgue necessários para o exercício das suas funções.

ARTIGO 157
Natureza e princípios fundamentais da Autoridade

1. A Autoridade é a organização por intermédio da qual os Estados Partes, de conformidade com a presente Parte, organizam e controlam as atividades na Área, particularmente com vista à gestão dos recursos da Área.

2. A Autoridade tem os poderes e as funções que lhe são expressamente conferidos pela presente Convenção. A Autoridade terá os poderes subsidiários, compatíveis, com a presente Convenção que sejam implícitos e necessários ao exercício desses poderes e funções no que se refere à atividades na Área.

3. A Autoridade baseia-se no princípio da igualdade soberana de todos os seus membros.

4. Todos os membros da Autoridade devem cumprir de boa fé as obrigações contraídas de conformidade com a presente Parte, a fim de se assegurarem a cada um os direitos e benefícios decorrentes da sua qualidade de membro.

ARTIGO 158
Órgãos da Autoridade

1. São criados, como órgãos principais da Autoridade, uma Assembléia, um Conselho e um Secretariado.

2. E criada a Empresa, órgão por intermédio do qual a Autoridade exercerá as funções mencionadas no parágrafo 1º do artigo 170.

3. Podem ser criados, de conformidade com a presente Parte, os órgãos subsidiários considerados necessários.

4. Compete a cada um dos órgãos principais da Autoridade e à Empresa exercer os poderes e funções que lhes são conferidos. No exercício de tais poderes e funções, cada órgão deve abster-se de tomar qualquer medida que possa prejudicar ou impedir o exercício dos poderes e funções específicos conferidos a um outro órgão.

SUBSEÇÃO B. A ASSEMBLÉIA

ARTIGO 159
Composição, procedimento e votação

1. A Assembléia é composta por todos os membros da Autoridade. Cada membro tem um representante na Assembléia o qual pode ser acompanhado por suplentes de assessores.

2. A Assembléia reunir-se-á em sessão ordinária anual e em sessão extraordinária quando ela o decidir ou quando for convocada pelo Secretário Geral a pedido do Conselho ou da maioria dos membros da Autoridade.

3. As sessões devem realizar-se na sede da Autoridade, a não ser que a Assembléia decida de outro modo.

4. A Assembléia adotará o seu regulamento interno. No início de cada sessão ordinária, elege o seu Presidente e os demais membros da Mesa que considere necessários. Estes devem manter-se em funções até à eleição de um novo Presidente e demais membros da Mesa na sessão ordinária seguinte.

5. O quorum é constituído pela maioria dos membros da Assembléia.

6. Cada membro da Assembléia dispõe de um voto.

7. As decisões sobre questões de procedimento, incluindo as decisões de convocação de sessões extraordinárias da Assembléia, devem ser tomadas por maioria dos membros presentes e votantes.

8. As decisões sobre questões de fundos serão tomadas por maioria de dois terços dos membros presentes e votantes, desde que tal maioria inclua uma maioria dos membros que participam na sessão. Em caso de dúvida sobre se uma questão é ou não de fundo, essa questão será tratada como questão de fundo, a não ser que Assembléia decida de outro modo, pela maioria requerida para as decisões sobre questões de fundo.

9. Quando uma questão do fundo for submetida a votação pela primeira vez, o Presidente pode e deve, se pelo menos uma quinta parte dos membros da Assembléia o solicitar, adiar a decisão de submeter essa questão a votação por um período não superior a cinco dias. A presente norma só pode ser aplicada a qualquer questão uma vez e não deve ser aplicada para adiar a questão para além do encerramento da sessão.

10. Quando for apresentada ao Presidente uma petição escrita que, apoiada por, pelo menos, um quarto dos membros da Autoridade, solicite um parecer sobre a conformidade com a presente Convenção de uma proposta à Assembléia sobre qualquer assunto, a Assembléia deve solicitar à Câmara de Controvérsias dos Fundos Marinhos do Tribunal Internacional do Direito do Mar que dê um parecer, e deve adiar a votação sobre tal proposta até que a câmara emita o seu parecer. Se o Parecer não for recebido antes da última semana da sessão em que foi solicitado, a Assembléia deve decidir quando se reunirá para votar a proposta adiada.

ARTIGO 160
Poderes e funções

1. A Assembléia, como único órgão da Autoridade composto por todos os seus membros, é considerada o órgão supremo da Autoridade, perante o qual devem responder os outros órgãos principais tal como expressamente previsto na presente Convenção. A Assembléia tem o poder de estabelecer a política geral sobre qualquer questão ou assunto da competência da Autoridade de conformidade com as disposições pertinentes da presente Convenção.

2. Além disso, a Assembléia tem os seguintes poderes e funções:

a) eleger os membros do Conselho de conformidade com o artigo 161;

b) eleger o Secretário Geral dentre os candidatos propostos pelo Conselho;

c) eleger, por recomendação do Conselho, os membros do Conselho de Administração da Empresa, e o Diretor Geral desta;

d) criar, de conformidade com a presente Parte, os órgãos subsidiários que julgue necessários para o exercício das suas funções. Na composição destes órgãos devem ser tomados em devida conta o princípio da distribuição geográfica equitativa, bem como os interesses especiais e a necessidade de assegurar o concurso de membros qualificados e competentes nas diferentes questões técnicas de que se ocupem tais órgãos;

e) determinar as contribuições dos membros para o orçamento administrativo da Autoridade de conformidade com uma escala acordada, com base na utilizada para o orçamento ordinário da Organização das Nações Unidas, até que a Autoridade disponha de receitas suficientes provenientes de outras fontes para fazer frente aos seus encargos administrativos;

f) i) examinar e aprovar, por recomendação do Conselho, as normas, regulamentos e procedimentos sobre a distribuição equitativa dos benefícios financeiros e outros benefícios econômicos obtidos das atividades na Área, bem como os pagamentos e contribuições feitos de conformidade com o Artigo 82, tendo particularmente em conta os interesses e necessidades dos Estados em desenvolvimento e dos povos que não tenham alcançado a plena independência ou outro regime de autonomia. Se a Assembléia não aprovar as recomendações do Conselho pode devolvê-las a este para reexame à luz das opiniões expressas pela Assembléia;

ii) examinar e aprovar as normas, regulamentos e procedimentos da Autoridade e quaisquer emendas aos mesmos, adotados provisoriamente pelo Conselho, de conformidade com a subalínea ii) da alínea o) do parágrafo 2º do artigo 162. Estas normas, regulamentos e procedimentos devem referir-se à prospecção, exploração e aproveitamento na Área, à gestão financeira e administração interna da Autoridade e, por recomendação do Conselho de Administração da Empresa, à transferência de fundos da Empresa para a Autoridade;

g) decidir acerca da distribuição equitativa dos benefícios financeiros e outros benefícios econômicos obtidos das atividades na Área, de forma compatível com a presente Convenção e com as normas, regulamentos e procedimentos da Autoridade;

h) examinar e aprovar o projeto de orçamento anual da Autoridade apresentado pelo Conselho;

i) examinar os relatórios periódicos do Conselho e da Empresa bem como os relatórios especiais pedidos ao Conselho ou a qualquer outro órgão da Autoridade;

j) proceder a estudos e fazer recomendações para promoção da cooperação internacional relativa às atividades na Área e para o encorajamento do desenvolvimento progressivo do direito internacional neste domínio e sua codificação;

k) examinar os problemas de caráter geral relacionados com as atividades na Área, em particular os que se apresentem aos Estados em desenvolvimento, assim como os problemas de caráter geral relacionados com as atividades na Área que se apresentem a Estados em virtude da sua situação geográfica, em particular aos Estados sem litoral ou em situação geográfica desfavorecida;

l) estabelecer, por recomendação do Conselho baseada no parecer da Comissão de Planejamento Econômico, um sistema de compensação ou adorar outras medidas de assistência para o reajuste econômico de conformidade com o parágrafo 10º do artigo151;

m) suspender o exercício de direitos e privilégios inerentes À qualidade de membro, nos termos do artigo 185;

n) examinar qualquer questão ou assunto no âmbito de competência da Autoridade e decidir, de forma compatível com a distribuição de poderes e funções entre os órgãos da Autoridade, qual destes órgãos se deve ocupar de qualquer questão ou assunto que não seja expressamente atribuído a um órgão em particular.

SUBSEÇÃO C. O CONSELHO

ARTIGO 161
Composição, procedimento e votação

1. O Conselho é composto de 36 membros da Autoridade, eleitos pela Assembléia na seguinte ordem:

a) quatro membros dentre os Estados Partes que, durante os últimos cinco anos para os quais se disponha de estatísticas, tenham absorvido mais de 2 por cento do consumo mundial total ou efetuado importações liquidas de mais de 2 por cento das importações mundiais totais dos produtos básicos obtidos a partir das categorias de minerais que venham a ser extraídos da Área e, em qualquer caso, um Estado da região da Europa Oriental (Socialista), bem como o maior consumidor;

b) quatro membros dentre os oito Estados Partes que, diretamente ou por intermédio dos seus nacionais, tenham feito os maiores investimentos na preparação e na realização de atividades na Área, incluindo, pelo menos, um Estado da região da Europa Oriental (Socialista);

c) quatro membros dentre os Estados Partes que, na base da produção nas áreas sob sua jurisdição, sejam grandes exportadores líquidos das categorias de minerais que venham a se extraídos da Área, incluindo, pelo menos, dois Estados em desenvolvimento, cujas exportações de tais minerais tenham importância substancial para a sua economia;

d) seis membros dentre os Estados Partes em desenvolvimento, que representem interesses especiais. Os interesses especiais a serem representados devem incluir os dos Estados com grande população, os dos Estados sem litoral ou em situação geográfica desfavorecida, os Estados que sejam grandes importadores das categorias de minerais que venham a ser extraídos da Área, os dos Estados que sejam produtores potenciais de tais minerais, e os dos Estados menos desenvolvidos;

e) dezoito membros eleitores de modo a assegurar o princípio de uma distribuição geográfica eqüitativa dos lugares do Conselho no seu conjunto, no entendimento de que cada região geográfica conte, pelo menos, com um membro eleito em virtude da presente alínea. Para tal efeito as regiões geográficas devem ser: África, América Latina, Ásia, Europa Ocidental e outros Estados e Europa Oriental (Socialista).

2. Na eleição dos membros do Conselho de conformidade com o parágrafo 1º, a Assembléia deve assegurar que:

a) os Estados sem litoral e aqueles em situação geográfica desfavorecida tenham uma representação, na medida do razoável, proporcional à sua representação na Assembléia;

b) os Estados costeiros, em particular os Estados em desenvolvimento, que não preencham as condições enunciadas nas alíneas a),b), c) ou d) do parágrafo 1º, tenham uma representação, na medida do razoável, proporcional à sua representação na Assembléia;

c) cada grupo de Estados Partes que a ser representado no Conselho esteja representado pelos membros que sejam eventualmente propostos por esse grupo.

3. As eleições são efetuadas nas sessões ordinárias da Assembléia. Cada membro do Conselho é eleito por quatro anos. Contudo, na primeira eleição o mandato de metade dos membros de cada um dos grupos previstos no parágrafo 1º é de dois anos.

4. Os membros do Conselho podem ser reeleitos, devendo, porém, Ter-se em conta a conveniência da rotação de membros;

5. O Conselho funciona na sede da Autoridade e deve reunir-se com a freqüência requerida pelos trabalhos da Autoridade, mas pelo menos três vezes por ano.

6. O quorum é constituído pela maioria dos membros do Conselho.

7. Cada membro do Conselho dispõe de um voto.

8. a) As decisões sobre questões de procedimento serão tomadas por maioria dos membros presentes e votantes.

b) As decisões sobre as questões de fundo que surjam em relação as alíneas f), g), h), i), n), p) e v) do parágrafo 2º do artigo 162 e com o artigo 191 serão tomadas por maioria de dois terços dos membros presentes e votantes, desde que tal maioria inclua uma maioria dos membros do Conselho.

c) As decisões sobra as questões de fundo que surjam em relação às disposições a seguir enumeradas serão tomadas por maioria de três quartos dos membros presentes e votantes, desde que tal maioria inclua uma maioria dos membro do Conselho: parágrafo 1º do artigo 162; alíneas a), b), c), d), e), l), q), r), s) e t) do parágrafo 2º do artigo 162; alínea u) do parágrafo 2º do artigo 162, nos casos de não-cumprimento por parte de um contratante ou de um patrocinador; alínea w) do parágrafo 2º do artigo 162, desde que a obrigatoriedade das ordens dadas nos termos dessa alínea não exceda 30 dias, salvo se confirmadas por uma decisão tomada de conformidade com a alínea d) deste parágrafo; alíneas x), y) e z) do parágrafo 2º do artigo 162; parágrafo 2º do artigo 163; parágrafo 3º Do artigo 174; artigo 11 do Anexo IV.

d) As decisões sobre as questões de fundo que surjam em relação às alíneas m) e o) do parágrafo 2º do artigo 162 bem como a aprovação de emendas a Parte XI serão tomadas por consenso.

e) Para efeitos das alíneas d), f) e g) do presente parágrafo "consenso" significa ausência de qualquer objeção formal. Dentro dos 14 dias seguintes à apresentação de uma proposta ao Conselho, o Presidente verificará se haveria uma objeção formal a sua aprovação. Se o Presidente do Conselho constatar que haveria tal objeção criará e convocará nos três dias seguintes uma Comissão de Conciliação, integrada por não mais de nove membros do Conselho cuja presidência assumirá, com o objetivo de conciliar as divergências e preparar uma proposta suscetível de ser aprovada por consenso. A Comissão agirá imediatamente e relatará ao Conselho nos 14 dias seguintes à sua constituição. Se a Comissão não poder recomendar uma proposta suscetível de ser aprovada por consenso, indicará no seu relatório os motivos que levaram à rejeição da proposta.

f) As decisões sobre as questões que não estejam enumeradas nas alíneas precedentes e que o Conselho esteja autorizado a tomar em virtude das normas, regulamentos e procedimentos da Autoridade ou a qualquer outro título, serão tomadas de conformidade com as alíneas do presente parágrafo especificadas nas normas, regulamentos e procedimentos da Autoridade ou, não sendo aí especificadas, por decisão do

Conselho tomada por consenso, se possível antecipadamente.

g) Em caso de dúvida sobre se uma questão se inclui nas alíneas a), b), c) ou d), a questão será tratada como se estivesse incluída na alínea que exige a maioria mais elevada ou consenso, segundo o caso, a não ser que o Conselho decida de outro modo por tal maioria ou consenso.

9. O Conselho estabelecerá um procedimento pelo qual um membro da Autoridade que não esteja representado no Conselho possa enviar um representante para assistir a uma sessão deste, quando esse membro o solicitar ou quando o Conselho examinar uma questão que o afete Particularmente. Tal representante poderá participar nos debates, mas sem direito de voto.

ARTIGO 162
Poderes e funções

1. O conselho é o órgão executivo da Autoridade. O Conselho tem o poder de estabelecer, de conformidade com a presente Convenção e a políticas gerais estabelecidas pela Assembléia, as políticas especificas a serem seguidas pela Autoridade sobre qualquer questão ou assunto de sua competência.

2. Além disso, o Conselho:

a) supervisionará e coordenará a aplicação das disposições da presente Parte sobre todas as questões e assuntos da competência da Autoridade e alertará a Assembléia para os casos de não-cumprimento;

b) proporá à Assembléia uma lista de candidatos para a eleição do Secretário Geral;

c) recomendará à Assembléia candidatos para a eleição dos membros do Conselho de Administração da Empresa e do Diretor Geral desta;

d) estabelecerá, quando apropriado, e tendo em devida conta as exigências de economia e eficiência, os órgãos subsidiários que considere necessários para o exercício das suas funções, de conformidade com a presente Parte. Na composição de tais órgãos subsidiários, será dada ênfase à necessidade de se assegurar o consenso de membros qualificados e competentes nas matérias técnicas pertinentes de que se ocupem esses órgãos, tendo em devida conta o princípio da distribuição geográfica equitativa e os interesses especiais;

e) adotará o seu regulamento interno, incluindo o método de designação do seu presidente;

f) concluirá, em nome da Autoridade e no âmbito da sua competência, com as Nações Unidas ou com outras organizações internacionais, acordos sujeitos à aprovação da Assembléia;

g) examinará os relatórios da Empresa e transmiti-los-á à Assembléia com as suas recomendações;

h) apresentará à Assembléia relatórios anuais e os relatórios especiais que esta lhe solicite;

i) dará diretrizes à Empresa de conformidade com o artigo 170;

j) aprovará os planos de trabalho de conformidade com o artigo 6 do Anexo III. O Conselho tomará uma decisão sobre cada plano de trabalho nos 60 dias seguintes à sua apresentação pela Comissão Jurídica e Técnica a uma sessão do Conselho, de conformidade com os seguintes procedimentos:

i) quando a Comissão recomendar a aprovação de um plano de trabalho, este será considerado aprovado pelo Conselho, a menos que um membro do Conselho apresente ao Presidente uma objeção específica por escrito no prazo de 14 dias, na qual se alegue que não foram cumpridos os requisitos do artigo 6 do Anexo III. Se houver uma objeção aplicar-se-á o procedimento de conciliação da alínea e) do parágrafo 8º do artigo 161. Se, uma vez concluído o procedimento de conciliação, a objeção ainda se mantiver, o plano de trabalho será considerado como aprovado pelo Conselho, a menos que este o não aprove por consenso dos seus membros, excluindo qualquer Estado ou Estados que tenham apresentado o pedido ou patrocinado o peticionário;

ii) quando a Comissão recomendar a não aprovação de um plano de trabalho ou não fizer uma recomendação, o Conselho pode aprová-lo por maioria de três quartos dos membros presentes e votantes, desde que tal maioria inclua a maioria dos membros participantes na sessão;

k) aprovará os planos de trabalho apresentados pela Empresa de conformidade com o artigo 12 do anexo IV, aplicando, mutatis mutandis, os procedimentos previstos na alínea j);

l) exercerá controle sobre as atividades na Área, de conformidade com o parágrafo 4º do artigo 153 e com as normas, regulamentos e procedimentos da Autoridade;

m) tomará, por recomendação da Comissão de Planejamento Econômico e de conformidade com a alínea h) do artigo 150, as medidas necessárias e apropriadas para proteger os Estados em desenvolvimento dos efeitos econômicos adversos especificados nessa alínea;

n) fará recomendações à Assembléia, com base no parecer da Comissão de Planejamento Econômico, sobre o sistema de compensação ou outras medidas de assistência para o reajuste econômico como previsto no parágrafo 10º do artigo 151;

o) i) recomendará á Assembléia normas, regulamentos e procedimentos sobre a distribuição eqüitativa dos benefícios financeiros e outros benefícios econômicos derivados das atividades na Área e sobre os pagamentos e contribuições feitos nos termos do artigo 82, tendo particularmente em conta os interesses e necessidades dos Estados em desenvolvimento e dos povos que não tenham alcançado a plena independência ou outro estatuto de autonomia;

ii) adotará e aplicará provisoriamente, até à sua aprovação pela Assembléia, as normas, os regulamentos e os procedimentos da Autoridade, e quaisquer emendas aos mesmos, tendo em conta as recomendações da Comissão Jurídica e Técnica ou de outro órgão subordinado pertinente. Estas normas, regulamentos e procedimentos referir-se-ão à prospecção, exploração e aproveitamento na Área e à gestão financeira e administração interna da Autoridade. Será dada prioridade à adoção de normas, regulamentos e procedimentos para a exploração e aproveitamento de nódulos polimetálicos. As normas, regulamentos e procedimentos para a exploração e aproveitamento de qualquer recurso que não nódulos polimetálicos serão adotados dentro dos três anos a contar da data de um pedido feito à Autoridade por qualquer dos seus membros para que os adote. Tais normas, regulamentos e procedimentos permanecerão em vigor, a título provisório, até serem aprovados pela Assembléia ou emendados pelo conselho à luz das opiniões expressas pela Assembléia;

p) fiscalizará a cobrança de todos os pagamentos feitos à Autoridade e devidos a esta e relativos às atividades realizadas nos termos da presente Parte;

q) fará a seleção entre os peticionários de autorizações de produção de conformidade com o artigo 7 do Anexo III, quando tal seleção for exigida por essa disposição;

r) apresentará à Assembléia, para aprovação, o projeto de orçamento anual da Autoridade;

s) fará à Assembléia recomendações sobre políticas relativas a quaisquer questões ou assuntos da competência da Autoridade;

t) fará à Assembléia, de conformidade com o artigo 185, recomendações sobre a suspensão do exercício dos direitos e privilégios inerentes à qualidade de membro;

u) iniciará, em nome da Autoridade, procedimentos perante a Câmara de Controvérsia dos Fundos Marinhos nos casos de não cumprimento;

v) notificará a Assembléia da decisão da Câmara de Controvérsias dos Fundos Marinhos relativa aos processos instituídos nos termos da alínea u) e fará as recomendações que julgue apropriadas acerca das medidas a serem tomadas;

w) emitirá ordens de emergência, inclusive ordens de suspensão ou de reajustamento das operações, a fim de prevenir qualquer dano grave ao meio marinho como conseqüência das atividades na Área;

x) excluirá certas áreas do aproveitamento por contratantes ou pela Empresa, quando provas concludentes indiquem o risco de danos graves ao meio marinho;

y) criará um órgão subsidiário para a elaboração de projetos de normas, regulamentos e procedimentos financeiros relativos:

i) à gestão financeira de conformidade com os artigos 171 a 175; e

ii) a questões financeiras de conformidade com o artigo 13 e a alínea c) do parágrafo 1º do artigo 17 do Anexo III;

z) estabelecerá mecanismos apropriados para dirigir e supervisionar um corpo de inspetores que devem fiscalizar as atividades na Área para determinar se a presente Parte, as normas, regulamentos e procedimentos da Autoridade bem como as cláusulas e condições de qualquer contrato celebrado com a mesma estão sendo cumpridos.

ARTIGO 163
Órgãos do Conselho

1. São criados, como órgãos do Conselho:

a) uma Comissão Jurídica e Técnica;

b) uma Comissão de Planejamento Econômico.

2. Cada Comissão é composta de 15 membros eleitos pelo Conselho entre os candidatos apresentados pelos Estados Partes. Contudo, o conselho pode, se necessário, decidir aumentar o número de membros de qualquer das Comissões, tendo em devida conta as exigências de economia e eficiência.

3. Os membros de uma Comissão devem ter qualificações adequadas no âmbito de competência dessa Comissão. Os Estados Partes devem propor candidatos da mais alta competência e integridade que possuam qualificações nas matérias pertinentes, de modo a assegurar o funcionamento eficaz das Comissões.

4. Na eleição dos membros das Comissões deve ser tomada em devida conta a necessidade de uma distribuição geográfica equitativa e de uma representação de interesses especiais.

5. Nenhum Estado Parte pode propor mais de um candidato para a mesma Comissão. Nenhuma pessoa pode ser eleita para mais de uma Comissão.

6. Os membros das Comissões são eleitos por cinco anos. Podem ser reeleitos para um novo mandato.

7. Em caso de falecimento, incapacidade ou renúncia de um membro de uma Comissão antes de ter expirado o seu mandato, o Conselho elegerá um membro da mesma região geográfica ou categoria de interesses, que exercerá o cargo até ao termo desse mandato.

8. Os membros das Comissões não devem ter interesses financeiros em qualquer atividade relacionada com a exploração e aproveitamento na Área. Sob reserva das suas responsabilidades perante as Comissões a que pertencerem, não revelarão, nem mesmo após o termo das suas funções, qualquer segredo industrial, qualquer dado que seja propriedade industrial e que seja transferido para a Autoridade de conformidade com o artigo 14 do Anexo III, bem como qualquer outra informação confidencial que chegue ao seu conhecimento em virtude do desempenho das suas funções.

9. Cada Comissão exercerá as suas funções de conformidade com as orientações e diretrizes adotadas pelo conselho.

10. Cada Comissão deve elaborar e submeter à aprovação do Conselho as normas e os regulamentos necessários ao desempenho eficaz das suas funções.

11. Os procedimentos para a tomada de decisões nas Comissões devem ser estabelecidos pelas normas, regulamentos e procedimentos da Autoridade. As recomendações ao Conselho devem ser acompanhadas, quando necessário, de um resumo das divergências de opinião nas Comissões.

12. Cada comissão deve exercer normalmente as suas funções na sede da Autoridade e reunir-se com a freqüência requerida pelo desempenho eficaz das suas funções.

13. No exercício das suas funções, cada Comissão pode consultar, quando apropriado, uma outra Comissão, qualquer órgão competente das Nações Unidas ou das suas agências especializadas ou qualquer organização internacional com competência sobre o assunto objeto de consulta.

ARTIGO 164
Comissão de Planejamento Econômico

1. Os membros da Comissão de Planejamento Econômico devem possuir as qualificações adequadas, designadamente em matéria de atividades mineiras, de gestão de atividades relacionadas com os recursos minerais, de comércio internacional ou de economia internacional. O Conselho deve procurar que a composição da Comissão reflita todas as qualificações pertinentes. A Comissão deve incluir pelo menos dois membros dos Estados em desenvolvimento cujas exportações das categorias de minerais a serem extraídos da Área tenham conseqüências importantes nas suas economias.

2. A Comissão deve:

a) propor, a pedido do Conselho, medidas para aplicar as decisões relativas às atividades na Área, tomadas de conformidade com a presente Convenção;

b) examinar as tendências da oferta, da procura e dos preços dos minerais que possam ser extraídos da Área, bem como os fatores que os influenciem, tendo em conta os interesses dos países importadores e dos países exportadores e, em particular, dos que entre eles forem Estados em desenvolvimento;

c) examinar qualquer situação suscetível de provocar os efeitos adversos referidos na alínea h) do artigo 150 e para a qual a sua atenção tenha sido chamada pelo Estado Parte ou pelos Estados Partes interessados e fazer as recomendações apropriadas ao Conselho;

d) propor ao Conselho, para apresentação à Assembléia, nos termos do parágrafo 10º do artigo 151, um sistema de compensação ou outras medidas de assistência para o reajuste econômico em favor dos Estados em desenvolvimento que sofram efeitos adversos como conseqüência das atividades na Área. A Comissão deve fazer ao Conselho as recomendações necessárias para a aplicação do sistema ou das medidas tomadas pela Assembléia, em casos concretos.

ARTIGO 165
Comissão Jurídica e Técnica

1. Os membros da Comissão Jurídica e Técnica devem possuir as qualificações adequadas designadamente em matéria de exploração, aproveitamento e tratamento de minerais, oceanologia, proteção do meio marinho ou assuntos econômicos ou jurídicos relativos à mineração oceânica e outros domínios conexos. O Conselho deve procurar que a composição da Comissão reflita todas as qualificações pertinentes.

2. A Comissão deve:

a) fazer, a pedido do Conselho, recomendações relativas ao exercício das funções da Autoridade;

b) examinar os planos de trabalho formais escritos relativos às atividades na Área, de conformidade com o parágrafo 3º do artigo 153 bem como fazer recomendações apropriadas ao Conselho. A Comissão deve fundamentar as suas recomendações unicamente nas disposições do Anexo III e apresentar relatório completo ao Conselho sobre o assunto;

c) supervisionar, a pedido do Conselho, as atividades na Área, em consulta e colaboração, quando necessário, com qualquer entidade ou pessoa que realize tais atividades, ou com o Estado ou Estados interessados, e relatar ao Conselho;

d) preparar avaliações das conseqüências ecológicas das atividades na Área;

e) fazer recomendações ao Conselho sobre a proteção do meio marinho, tendo em conta a opinião de peritos reconhecidos na matéria;

f) elaborar e submeter ao Conselho as normas, regulamentos e procedimentos referidos na alínea o) do parágrafo 2º Do artigo 162, tendo em conta todos o fatores pertinentes, incluindo a avaliação das conseqüências ecológicas das atividades na Área;

g) examinar continuamente tais normas, regulamentos e procedimentos e, periodicamente, recomendar ao Conselho as emendas que julgue necessárias ou desejáveis;

h) fazer recomendações ao Conselho relativas ao estabelecimento de um programa de controle sistemático para, regularmente, observar, medir, avaliar e analisar, mediante métodos científicos reconhecidos, os riscos ou as conseqüências da poluição do meio marinho, provenientes de atividades na Área, assegurar-se de que a regulamentação vigente seja adequada e cumprida bem como coordenar a execução do programa de controle sistemático aprovado pelo Conselho;

i) recomendar ao Conselho de conformidade com a presente Parte e com os anexos pertinentes o início, em nome da Autoridade, de procedimentos perante a Câmara de Controvérsias dos Fundos Marinhos tendo particularmente em conta o artigo 187;

j) fazer recomendações ao Conselho relativas às medidas a tomar sobre uma decisão da Câmara de Controvérsias dos Fundos Marinhos nos procedimentos iniciados em virtude da alínea i);

k) recomendar ao Conselho que emita ordens de emergência, inclusive ordens de suspensão ou de reajuste de operações, a fim de prevenir qualquer dano grave ao meio marinho decorrente das atividades na Área. O Conselho deve examinar tais recomendações com caráter prioritário;

l) recomendar ao Conselho que exclua certas áreas do aproveitamento por contratantes ou pela Empresa, quando provas concludentes indiquem o risco de danos graves no meio marinho;

m) fazer recomendações ao Conselho sobre a direção e supervisão de um corpo de inspetores que devem fiscalizar as atividades na Área, para determinar se as disposições da presente Parte, as normas, regulamentos e procedimentos da Autoridade bem como as cláusulas e condições de qualquer contrato celebrado com a mesma estão sendo cumpridos;

n) calcular o teto de produção e, em nome da Autoridade, emitir autorizações de produção nos termos dos parágrafo 2º a 7º do artigo 151, depois de o Conselho ter feito a necessária seleção entre os peticionários de conformidade com o artigo 7 do Anexo III.

3. No desempenho das suas funções de supervisão e inspeção, os membros da Comissão serão acompanhados por um representante desse Estado ou parte interessada, a pedido de qualquer Estado Parte ou de outra parte interessada.

SUBSEÇÃO D. O SECRETARIADO

ARTIGO 166
O Secretariado

1. O Secretariado da Autoridade compreende um Secretário Geral e o pessoal de que a Autoridade possa necessitar.

2. O Secretário Geral será eleito pela Assembléia para um mandato de quatro anos, dentre os candidatos propostos pelo Conselho e podendo ser reeleito.

3. O Secretário Geral será o mais alto funcionário administrativo da Autoridade e, nessa qualidade, participará em todas as reuniões da Assembléia, do Conselho e de qualquer órgão subsidiário, e desempenhará as demais funções administrativas de que for incumbido por esses órgãos.

4. O Secretário Geral apresentará à Assembléia um relatório anual sobre as atividades da Autoridade.

ARTIGO 167
O pessoal da Autoridade

1. O pessoal da Autoridade é composto de funcionários qualificados nos domínios científico e técnico, e demais pessoal necessário ao desempenho das funções administrativas da Autoridade.

2. A consideração dominante ao recrutar e contratar o pessoal e ao determinar as suas condições de emprego será a necessidade de assegurar o mais alto grau de eficiência, competência e integridade. Ressalvada esta consideração, ter-se-á em devida conta a importância de recrutar o pessoal numa base geográfica tão ampla quanto possível.

3. O pessoal é nomeado pelo Secretário Geral. As modalidades e condições de nomeação, remuneração e demissão do pessoal devem ser conformes com as normas, regulamentos e procedimentos da Autoridade.

ARTIGO 168
Caráter internacional do Secretariado

1. No cumprimento dos seus deveres, o Secretário Geral e o pessoal da Autoridade não solicitarão nem receberão instruções de qualquer governo nem de nenhuma outra fonte estranha à Autoridade. Abster-se-ão de qualquer ato que possa afetar a sua condição de funcionários internacionais, responsáveis unicamente perante a Autoridade. Todo o Estado Parte compromete-se a respeitar o caráter exclusivamente internacional das funções do Secretário Geral e do pessoal e a não procurar influenciá-los no desempenho das suas funções. Qualquer não-cumprimento, por parte de um funcionário, das suas responsabilidades será submetido a um tribunal administrativo apropriado, como previsto nas normas, regulamentos e procedimentos da Autoridade.

2. O Secretário Geral e o pessoal não devem ter interesses financeiros em quaisquer atividades relacionadas com a exploração e aproveitamento na Área. Sob reserva das suas responsabilidades perante a Autoridade, não revelarão, mesmo após o termo das suas funções, qualquer segredo industrial, qualquer dado que seja propriedade industrial e que seja transferido para a Autoridade de conformidade com o artigo 14 do Anexo III, bem como qualquer outra informação confidencial que chegue ao seu conhecimento em virtude do desempenho das suas funções.

3. O não-cumprimento, por parte de um funcionário da Autoridade, das demais obrigações enunciadas no parágrafo 2º, deve ser, a pedido de um Estado Parte, ou de uma pessoa física ou jurídica patrocinada por um Estado Parte nos termos da alínea b) do parágrafo 2º do artigo 153 e lesados por tal não-cumprimento, submetido pela Autoridade contra o funcionário em causa perante um tribunal designado pelas normas, regulamentos e procedimentos da Autoridade. A parte lesada terá direito de participar no processo. Se o tribunal o recomendar o Secretário Geral demitirá o funcionário em causa.

4. As normas, regulamentos e procedimentos da Autoridade incluirão as disposições necessárias para a aplicação do presente artigo.

ARTIGO 169
Consulta e cooperação com as organizações internacionais e não-governamentais

1. O Secretário Geral concluirá, nos assuntos da competência da Autoridade e com a aprovação do Conselho, ajustes apropriados para consulta e cooperação com as organizações internacionais e não-governamentais reconhecidas pelo Conselho Econômico e Social das Nações Unidas.

2. Qualquer organização com a qual o Secretário Geral tiver concluído um ajuste, nos termos do parágrafo 1º, pode designar representantes para assistirem como observadores às reuniões dos órgãos da Autoridade, de conformidade com o regulamento interno destes órgãos. Serão estabelecidos procedimentos para que essas organizações dêem a conhecer a sua opinião nos casos apropriados.

3. O Secretário Geral pode distribuir aos Estados Partes relatórios escritos, apresentados pelas organizações não-governamentais referidas no parágrafo 1º, sobre os assuntos que sejam da sua competência especial ou se relacionem com o trabalho da Autoridade.

SUBSEÇÃO E. A EMPRESA

ARTIGO 170
A Empresa

1. A Empresa é o órgão da Autoridade que realizará diretamente as atividades na Área, em aplicação da alínea a) do parágrafo 2º do artigo 153, bem como o transporte, o processamento e a comercialização dos minerais extraídos da Área.

2. No quadro da personalidade jurídica internacional da Autoridade, a Empresa terá a capacidade jurídica prevista no Estatuto que figura no Anexo IV. A Empresa agirá de conformidade com a presente Convenção e com as normas, regulamentos e procedimentos da Autoridade, bem como com as políticas gerais estabelecidas pela Assembléia e estará sujeita às diretrizes e ao controle do Conselho.

3. A Empresa terá a sua instalação principal na sede da Autoridade.

4. A Empresa será dotada, de conformidade com o parágrafo 2º do artigo 173 e o artigo 11 do Anexo IV, dos fundos necessários ao desempenho das suas funções e receberá a tecnologia prevista no artigo 144 e nas demais disposições pertinentes da presente Convenção.

SUBSEÇÃO F. RECURSOS FINANCEIROS DA AUTORIDADE

ARTIGO 171
Recursos financeiros da Autoridade

Os recursos financeiros da Autoridade incluirão:

a) as contribuições dos membros da Autoridade, fixadas de conformidade com a alínea e) do parágrafo 2º do artigo 160;

b) as receitas da Autoridade provenientes das atividades na Área, de conformidade com o artigo 13 do Anexo III;

c) os fundos transferidos da Empresa, de conformidade com artigo 10 do Anexo IV;

d) os empréstimos contraídos nos termos do artigo 174;

e) as contribuições voluntárias dos membros ou de outras entidades; e

f) os pagamentos efetuados, de conformidade com o parágrafo 10º do artigo 151, a um fundo de compensação cujas fontes devem ser recomendadas pela Comissão de Planejamento Econômico.

ARTIGO 172
Orçamento anual da Autoridade

O Secretário Geral preparará o projeto de orçamento anual da Autoridade e submetê-lo-á ao Conselho. Este examinará o projeto de orçamento anual e submetê-lo-á à Assembléia com as respectivas recomendações. A Assembléia examinará e aprovará o projeto de orçamento de conformidade com a alínea h) do parágrafo 2º do artigo 160.

ARTIGO 173
Despesas da Autoridade

1. As contribuições referidas na alínea a) do artigo 171 serão depositadas numa conta especial para satisfazer as despesas administrativas da Autoridade, até que ela disponha de fundos suficientes provenientes de outras fontes para cobrir essas despesas.

2. Os fundos da Autoridade destinar-se-ão, em primeiro lugar, a cobrir as despesas administrativas. À exceção das contribuições referidas na alínea a) do artigo 171, os fundos restantes depois de cobertas as despesas administrativas poderão, inter alia:

a) ser distribuídos de conformidade com o artigo 140 e com a alínea g) do parágrafo 2º do artigo 160;

b) ser utilizados para proporcionar fundos à Empresa, de conformidade com o parágrafo 4º do artigo 170;

c) ser utilizados para compensar os Estados em desenvolvimento de conformidade com o parágrafo 4º do artigo 151 e com a alínea 1) do parágrafo 2º do artigo 160.

ARTIGO 174
Capacidade da Autoridade para contrair empréstimos

1. A Autoridade tem capacidade para contrair empréstimos.

2. A Assembléia fixará os limites da capacidade da Autoridade para contrair empréstimos, no regulamento financeiro que adotará de conformidade com a alínea f) do parágrafo 2º do artigo 160.

3. O Conselho exercerá o poder de contrair os empréstimos da autoridade.

4. Os Estados Partes não serão responsáveis pelas dívidas da Autoridade.

ARTIGO 175
Verificação anual das contas

Os registros, livros e contas da Autoridade, inclusive os relatórios financeiros anuais, serão verificados todos os anos por um auditor independente designado pela Assembléia.

SUBSEÇÃO G. ESTATUTO JURÍDICO, PRIVILÉGIOS E IMUNIDADES

ARTIGO 176
Estatuto Jurídico

A Autoridade tem personalidade jurídica internacional e a capacidade jurídica necessária ao exercício das suas funções e à consecução dos seus objetivos.

ARTIGO 177
Privilégios e imunidades

A Autoridade, a fim de poder exercer as suas funções, goza, no território de cada Estado Parte, dos privilégios e imunidades estabelecidos na presente subseção. Os privilégios e imunidades relativos à Empresa são os estabelecidos no artigo 13 do Anexo IV.

ARTIGO 178
Imunidade de jurisdição e de execução

A Autoridade, os seus bens e haveres gozam de imunidade de jurisdição e de execução, salvo na medida em que a Autoridade renuncie expressamente a esta imunidade num caso particular.

ARTIGO 179
Imunidade de busca ou de qualquer forma de detenção

Os bens e haveres da Autoridade, onde quer que se encontrem e independentemente de quem os tiver em seu poder, gozam de imunidade de busca, requisição, confiscação, expropriação ou de qualquer outra forma de detenção por ação executiva ou legislativa.

ARTIGO 180
Isenção de restrições, regulamentação, controle e moratórias

Os bens e haveres da Autoridade estão isentos de qualquer tipo de restrições, regulamentação, controle e moratórias.

ARTIGO 181
Arquivos e comunicações oficiais da Autoridade

1. Os arquivos da Autoridade são invioláveis, onde quer que se encontrem.

2. Os dados que sejam propriedade industrial, os dados que constituam segredo industrial e as informações análogas, bem como os processos do pessoal não são colocados em arquivos acessíveis ao público.

3. No que se refere às comunicações oficiais, cada Estado Parte concederá à Autoridade um tratamento não menos favorável do que o concedido por esse Estado a outras organizações internacionais.

ARTIGO 182
Privilégios e imunidades de pessoas ligadas à Autoridade

Os representantes dos Estados Partes que assistam a reuniões da Assembléia, do Conselho ou dos órgãos da Assembléia ou do Conselho, bem como Secretário Geral e o pessoal da Autoridade, gozam no território de cada Estado Parte:

a) de imunidade de jurisdição e de execução no que respeita a atos praticados no exercício das suas funções, salvo na medida em que o Estado que representam ou a Autoridade, conforme o caso, renuncie expressamente a esta imunidade num caso particular;

b) não sendo nacionais desse Estado Parte, das mesmas isenções relativas a restrições de imigração, a formalidade de inscrição de estrangeiros e a obrigações do serviço nacional, das mesmas facilidades em matéria de restrições cambiais e do mesmo tratamento no que respeita a facilidades de viagem que esse Estado conceder aos representantes, funcionários e empregados de categoria equivalente de outros Estados Partes.

ARTIGO 183
Isenção de impostos e de direitos alfandegários

1. No âmbito das suas atividades oficiais, a Autoridade, seus haveres, bens e rendimentos bem como as suas operações e transações autorizadas pela presente Convenção ficarão isentos de qualquer imposto direto e os bens importados ou exportados pela Autoridade para seu uso oficial ficarão isentos de qualquer direito aduaneiro. A Autoridade não reivindicará isenção de taxas correspondentes a encargos por serviços prestados.

2. Quando a compra de bens ou serviços de um valor considerável, necessários às atividades oficiais da Autoridade, for efetuada por esta, ou em seu nome, e quando o preço de tais bens ou serviços incluir impostos ou direitos, os Estados Partes tomarão, na medida do possível, as medidas apropriadas para conceder a isenção de tais impostos ou direitos ou para assegurar o seu reembolso. As mercadorias importadas ou adquiridas sob o regime de isenção previsto no presente artigo não devem ser vendidas nem de outro modo alienadas no território do Estado Parte que tiver concedido a isenção, exceto em condições acordadas com esse Estado Parte.

3. Os Estado Partes não cobrarão direta ou indiretamente nenhum imposto sobre os vencimentos, emolumentos ou outros pagamentos feitos pela Autoridade ao Secretário Geral e aos funcionários da Autoridade, bem como aos peritos que realizem missões para a Autoridade, que não sejam nacionais desses Estados.

SUBSEÇÃO H. SUSPENSÃO DO EXERCÍCIO DE DIREITOS E DE PRIVILÉGIOS DOS MEMBROS

ARTIGO 184
Suspensão do exercício do direito de voto

Qualquer Estado Parte, que esteja em atraso no pagamento das suas contribuições financeiras à Autoridade, não poderá votar quando o montante das suas dívidas for igual ou superior ao total das contribuições devidas para os dois anos anteriores completos. Contudo, a Assembléia, poderá autorizar esse membro a votar, caso verifique que a mora é devida a circunstâncias alheias à sua vontade.

ARTIGO 185
Suspensão do exercício de direitos e privilégios inerentes à qualidade de membro

1. Qualquer Estado Parte, que tenha violado grave e persistentemente as disposições da presente Parte poderá, por recomendação do Conselho, ser suspenso pela Assembléia do exercício de direitos e privilégios inerentes à qualidade de membro.

2. Nenhuma decisão pode ser tomada nos termos do parágrafo 1º, até que a Câmara de Controvérsias dos Fundos Marinhos tenha determinado que um Estado Parte violou grave e persistentemente as disposições da presente Parte.

SEÇÃO 5. SOLUÇÃO DE CONTROVÉRSIAS E PARECERES CONSULTIVOS

ARTIGO 186
Câmara de Controvérsias dos Fundos Marinhos do Tribunal Internacional do Direito do Mar

O estabelecimento da Câmara de Controvérsias dos Fundos Marinhos e o modo como exercerá a sua competência serão regidos pelas disposições da presente seção, da Parte XV e do Anexo VI.

ARTIGO 187
Competência da Câmara de Controvérsias dos Fundos Marinhos

A Câmara de Controvérsias dos Fundos Marinhos terá competência, nos termos da presente Parte e dos Anexos com ela relacionados, para solucionar as seguintes categorias de controvérsias referentes a atividades na Área:

a) controvérsias entre Estados Partes relativos à interpretação ou aplicação da presente Parte e dos relativos Anexos com ela relacionadas;

b) Controvérsias entre um Estado Parte e a Autoridade relativas a:

i) atos ou omissões da Autoridade ou de um Estado Parte que se alegue constituirem violação das disposições da presente Parte ou dos Anexos com ela relacionados, ou das normas, regulamentos e procedimentos da Autoridade adotados de conformidade com as mesmas disposições; ou

ii) atos da Autoridade que se alegue constituirem abuso ou desvio de poder;

c) controvérsias entre partes num contrato, quer se trate de Estados Partes, da Autoridade ou da Empresa, de empresas estatais e de pessoas físicas ou jurídicas referidas na alínea b) do parágrafo 2º do artigo 153, relativas a:

i) interpretação ou execução de um contrato ou de um plano de trabalho; ou

ii) atos ou omissões de uma parte no contrato relacionados com atividades na Área que afetem a outra parte ou prejudiquem diretamente os seus legítimos interesses;

d) controvérsias entre a Autoridade e um candidato a contratante que tenha sido patrocinado por um Estado, nos termos da alínea b) do parágrafo 2º do artigo 153, e preenchido devidamente as condições estipuladas no parágrafo 6º do artigo 4 e no parágrafo 2º do artigo 13 do Anexo III, relativas a uma denegação de um contrato ou a uma questão jurídica suscitada na negociação do contrato;

e) controvérsias entre a Autoridade e um Estado Parte, uma empresa estatal ou uma pessoa física ou jurídica patrocinada por um Estado Parte nos temos da alínea b) do parágrafo 2º do artigo 153, quando se alegue que a Autoridade incorreu em responsabilidade nos termos do artigo 22 do Anexo III.

f) quaisquer outras controvérsias relativamente às quais a competência da Câmara esteja expressamente prevista na presente Convenção.

ARTIGO 188
Submissão de controvérsias a uma câmara especial do Tribunal Internacional do Direito do Mar ou a uma câmara ad hoc da Câmara de Controvérsias dos Fundos Marinhos ou a uma arbitragem comercial obrigatória

1. As controvérsias entre Estados Partes referidas na alínea a) do artigo 187 podem ser submetidas:

a) a pedido das partes na controvérsia, a uma câmara especial do Tribunal Internacional do Direito do Mar constituída de conformidade com os artigos 15 e 17 do Anexo VI; ou

b) a pedido de qualquer das partes na controvérsia, a uma câmara ad hoc da Câmara de Controvérsias dos Fundos Marinhos constituída de conformidade com o artigo 36 do Anexo VI.

2. a) As controvérsias relativas à interpretação ou execução de um contrato referidas na subalínea i) da alínea c) do artigo 187 serão submetidas, a pedido de qualquer das partes na controvérsia, a uma arbitragem comercial obrigatória, salvo acordo em contrário das partes. O tribunal arbitral comercial, a que a controvérsia seja submetida, não terá jurisdição para decidir sobre qualquer questão de interpretação da presente Convenção. Quando a controvérsia suscitar também uma questão de interpretação da Parte XI e dos Anexos com ela relacionados relativamente às atividades na Área, essa questão será remetida à Câmara de Controvérsias dos Fundos Marinhos para decisão.

b) Se, no inicio ou no decurso de tal arbitragem, o tribunal arbitral comercial determinar, a pedido de uma das partes na controvérsia ou por iniciativa própria, que a sua decisão depende de uma decisão da Câmara de Controvérsias dos Fundos Marinhos, o tribunal arbitral remeterá tal questão à Câmara para esta se pronunciar. O tribunal arbitral proferirá em seguida sentença de conformidade com a decisão da Câmara de Controvérsias dos Fundos Marinhos.

c) Na ausência de disposição no contrato sobre o procedimento arbitral a aplicar a uma controvérsia, a arbitragem processar-se-á de conformidade com as Regras de Arbitragem da Comissão das Nações Unidas sobre o Direito Comercial Internacional (UNCITRAL) ou com quaisquer outras regras de arbitragem sobre a matéria estabelecida nas normas, regulamentos e procedimentos da Autoridade, salvo acordo em contrário das partes na controvérsia.

ARTIGO 189
Limitação da competência relativa a decisões da Autoridade

A Câmara de Controvérsia dos Fundos Marinhos não terá competência para se pronunciar sobre o exercício pela Autoridade dos poderes discricionários que lhe são conferidos pela presente Parte; em nenhum caso a Câmara se substituirá à Autoridade no exercício dos poderes discricionários desta. Sem prejuízo do disposto no artigo 191, a Câmara de Controvérsias dos Fundos Marinhos, ao exercer a sua competência nos termos do artigo 187, não se pronunciará sobre a questão da conformidade com a presente Convenção das normas, regulamentos e procedimentos da Autoridade, nem declarará a invalidade de tais normas, regulamentos e procedimentos. A competência da Câmara limitar-se-á a decidir se a aplicação de quaisquer normas, regulamentos e procedimentos da Autoridade em casos particulares estaria em conflito com as obrigações contratuais das partes na controvérsia ou com as obrigações emergentes da presente Convenção, bem como decidir os pedidos relativos a abuso ou desvio de poder e pedidos por perdas ou danos ou outras indenizações a serem devidas à parte interessada por não-cumprimento pela outra parte das suas obrigações contratuais ou emergentes da presente Convenção.

ARTIGO 190
Participação e intervenção nos procedimentos pelos Estados Partes patrocinadores

1. Se uma pessoa física ou jurídica for parte em qualquer das controvérsias referidas no artigo

187, o Estado patrocinador será disso notificado e terá o direito de participar nos procedimentos por meio de declarações escritas ou orais.

2. Se, numa controvérsia mencionada na alínea c) do artigo 187, for intentada uma ação contra um Estado Parte por pessoa física ou jurídica, patrocinada por outro Estado Parte, o Estado contra o qual a ação foi intentada poderá requerer que o Estado que patrocina essa pessoa intervenha no procedimento em nome da mesma. Não ocorrendo tal intervenção, o Estado contra o qual a ação é intentada poderá fazer-se representar por essa pessoa jurídica da sua nacionalidade.

ARTIGO 191
Pareceres consultivos

A Câmara de Controvérsias dos Fundos Marinhos emitirá, a pedido da Assembléia ou do Conselho, pareceres consultivos sobre questões jurídicas que se suscitem no âmbito das suas atividades. Tais pareceres serão emitidos com caráter de urgência.

PARTE XII
PROTEÇÃO E PRESERVAÇÃO DO MEIO MARINHO

SEÇÃO 1. DISPOSIÇÕES GERAIS

ARTIGO 192
Obrigação geral

Os Estados tem a obrigação de proteger e preservar o meio marinho.

ARTIGO 193
Direito de soberania dos Estados para aproveitar os seus recursos naturais

Os Estados têm o direito de soberania para aproveitar os seus recursos naturais de acordo com a sua política em matéria de meio ambiente e de conformidade com o seu dever de proteger e preservar o meio marinho.

ARTIGO 194
Medidas para prevenir, reduzir e controlar a poluição do meio marinho

1. Os Estados devem tomar, individual ou conjuntamente, como apropriado, todas as medidas compatíveis com a presente Convenção que sejam necessárias para prevenir, reduzir e controlar a poluição do meio marinho, qualquer que seja a sua fonte, utilizando para este fim os meios mais viáveis de que disponham e de conformidade com as suas possibilidades, e devem esforçar-se por harmonizar as suas políticas a esse respeito.

2. Os Estados dever tomar todas as medidas necessárias para garantir que as atividades sob sua jurisdição ou controle se efetuem de modo a não causar prejuízos por poluição a outros Estados e ao seu meio ambiente, e que a poluição causada por incidentes ou atividades sob sua jurisdição ou controle não se estenda além das áreas onde exerçam direitos de soberania, de conformidade com a presente Convenção.

3 As medidas tomadas, de acordo com a presente Parte, devem referir-se a todas as fontes de poluição do meio marinho. Estas medidas devem incluir, inter alia, as destinadas a reduzir tanto quanto possível:

a) a emissão de substancias tóxicas, prejudiciais ou nocivas, especialmente as não degradáveis, provenientes de fontes terrestres, provenientes da atmosfera ou através dela, ou por alijamento;

b) a poluição proveniente de embarcações, em particular medidas para prevenir acidentes e enfrentar situações de emergência, garantir a segurança das operações no mar, prevenir descargas internacionais ou não e regulamentar o projeto, construção, equipamento, funcionamento e tripulação das embarcações;

c) a poluição proveniente de instalações e dispositivos utilizados na exploração ou aproveitamento dos recursos naturais do leito do mar e do seu subsolo, em particular medidas para prevenir acidentes e enfrentar situações de emergência, garantir a segurança das operações no mar e regulamentar o projeto, construção, equipamento, funcionamento e tripulação de tais instalações ou dispositivos;

d) a poluição proveniente de outras instalações e dispositivos que funcionem no meio marinho, em particular medidas para prevenir acidentes e enfrentar situações de emergência, garantir a segurança das operações no mar e regulamentar o projeto, construção, equipamento, funcionamento e tripulação de tais instalações ou dispositivos.

4. Ao tomar medidas para prevenir, reduzir ou controlar a poluição do meio marinho, os Estados devem abster-se de qualquer ingerência injustificável nas atividades realizadas por outros Estados no exercício de direitos e no cumprimento de deveres de conformidade com a presente Convenção.

5. As medidas tomadas de conformidade com a presente Parte devem incluir as necessárias para proteger e preservar os ecossistemas raros ou frágeis, bem como a habitat de espécies e outras formas de vida marinha em vias de extinção, ameaçadas ou em perigo.

ARTIGO 195
Dever de não transferir danos ou riscos ou de não transformar um tipo de poluição em outro

Ao tomar medidas para prevenir, reduzir e controlar a poluição do meio marinho, os Estados devem agir de modo a não transferir direta ou indiretamente os danos ou riscos de uma zona para outra ou a não transformar um tipo de poluição em outro.

ARTIGO 196
Utilização de tecnologias ou introdução de espécies estranhas ou novas

1. Os Estados devem tomar todas as medidas necessárias para prevenir, reduzir e controlar a poluição do meio marinho resultante da utilização de tecnologias sob sua jurisdição ou controle, ou a introdução intencional ou acidental num setor determinado do meio marinho de espécies estranhas ou novas que nele possam provocar mudanças importantes ou prejudiciais.

2. O disposto no presente artigo não afeta a aplicação da presente Convenção no que se refere à prevenção, redução e controle da poluição do meio marinho.

SEÇÃO 2. COOPERAÇÃO MUNDIAL E REGIONAL

ARTIGO 197
Cooperação no plano mundial ou regional

Os Estados devem cooperar no plano mundial e, quando apropriado, no plano regional, diretamente ou por intermédio de organizações internacionais competentes, na formulação e elaboração de regras e normas, bem como práticas e procedimentos recomendados de caráter internacional que sejam compatíveis com a presente Convenção, para a proteção e preservação do meio marinho, tendo em conta as características próprias de cada região.

ARTIGO 198
Notificação de danos iminentes ou reais

Quando um Estado tiver conhecimento de casos em que o meio marinho se encontre em perigo iminente de sofrer danos por poluição, ou já os tenha sofrido, deve notificá-lo imediatamente a outros Estados que julgue possam vir a ser afetados por esses danos, bem como às organizações internacionais competentes.

ARTIGO 199
Planos de emergência contra a poluição

Nos casos mencionados no artigo 198, os Estados da zona afetada, na medida das suas possibilidades, e as organizações internacionais competentes devem cooperar tanto quanto possível para eliminar os efeitos da poluição e prevenir ou reduzir ao mínimo os danos. Para tal fim, os Estados devem elaborar e promover em conjunto planos de emergência para enfrentar incidentes de poluição no meio marinho.

ARTIGO 200
Estudos, programas de investigação e troca de informações e dados

Os Estados devem cooperar, diretamente ou por intermédio de organizações internacionais competentes, para promover estudos, realizar programas de investigação científica e estimular a troca das informações e dos dados obtidos relativamente à poluição do meio marinho. Os Estados devem procurar participar ativamente nos programas regionais e mundiais, com vista a adquirir os conhecimentos necessários para avaliação da natureza e grau de poluição, efeitos da exposição à mesma, seu trajeto, riscos e soluções aplicáveis.

ARTIGO 201
Critérios científicos para a regulamentação

À luz das informações e dados adquiridos nos termos do artigo 200, os Estados devem cooperar, diretamente ou por intermédio das organizações internacionais competentes, no estabelecimento de critérios científicos apropriados para a formulação e elaboração de regras e normas, bem como práticas e procedimentos recomendados, para prevenir, reduzir e controlar a poluição do meio marinho.

SEÇÃO 3. ASSISTÊNCIA TÉCNICA

ARTIGO 202
Assistência científica e técnica aos Estados em desenvolvimento

Os Estados, diretamente ou por intermédio das organizações internacionais competentes devem:

a) promover programas de assistência científica, educativa, técnica e de outra índole, aos Estados em desenvolvimento para proteção e preservação do meio marinho e prevenção, redução e controle da poluição marinha. Essa assistência deve consistir, inter alia, em:

i) formar pessoal científico e técnico;

ii) facilitar a participação desse pessoal em programas internacionais pertinentes;

iii) proporcionar-lhes o equipamento e as facilidades necessárias;

iv) aumentar a sua capacidade para fabricar esse equipamento;

v) fornecer serviços de assessoria e desenvolver meios materiais para os programas de investigação, controle sistemático, educação e outros;

b) prestar assistência apropriada, especialmente aos Estados em desenvolvimento, para minimizar os efeitos dos acidentes importantes que possam provocar uma poluição grave do meio marinho;

c) prestar assistência apropriada, especialmente, aos Estados em desenvolvimento, no que se refere à preparação de avaliações ecológicas.

ARTIGO 203
Tratamento preferencial para os Estados em desenvolvimento

A fim de prevenir, reduzir e controlar a poluição do meio marinho ou minimizar os seus efeitos, as organizações internacionais devem dar um tratamento preferencial aos Estados em desenvolvimento no que se refere à:

a) distribuição de fundos e assistência técnica apropriados; e

b) utilização dos seus serviços especializados.

SEÇÃO 4. CONTROLE SISTEMÁTICO E AVALIAÇÃO ECOLÓGICA

ARTIGO 204
Controle sistemático dos riscos de poluição ou efeitos de poluição

1. Os Estados, diretamente ou por intermédio das organizações internacionais competentes, devem procurar, na medida do possível e tomando em consideração os direitos de outros Estados, observar, medir, avaliar e analisar, mediante métodos científicos reconhecidos, os riscos ou efeitos de poluição do meio marinho.

2. Em particular, os Estados devem manter sob vigilância os efeitos de quaisquer atividades por eles autorizadas ou a que se dediquem a fim de determinarem se as referidas atividades são suscetíveis de poluir o meio marinho.

ARTIGO 205
Publicação de relatórios

Os Estados devem publicar relatórios sobre os resultados obtidos nos termos do artigo 204 ou apresentar tais relatórios com a periodicidade apropriada, às organizações internacionais competentes, que devem pô-los à disposição de todos os Estados.

ARTIGO 206
Avaliação dos efeitos potenciais de atividades

Os estados que tenham motivos razoáveis para acreditar que as atividades projetadas sob sua jurisdição ou controle podem causar uma poluição considerável do meio marinho ou nele provocar modificações significativas e prejudiciais, devem avaliar, na medida do possível, os efeitos potenciais dessas atividades para o meio marinho e publicar relatórios sobre os resultados dessas avaliações nos termos previstos no artigo 205.

SEÇÃO 5. REGRAS INTERNACIONAIS E LEGISLAÇÃO NACIONAL PARA PREVENIR, REDUZIR E CONTROLAR A POLUIÇÃO DO MEIO MARINHO

ARTIGO 207
Poluição de origem terrestre

1. Os Estados devem adotar leis e regulamentos para prevenir, reduzir e controlar a poluição do meio marinho proveniente de fontes terrestres, incluindo rios, estuários, dutos e instalações de descarga, tendo em conta regras e normas, bem como práticas e procedimentos recomendados e internacionalmente acordados.

2. Os Estados devem tomar outras medidas que possam ser necessárias para prevenir, reduzir e controlar tal poluição.

3. Os Estados devem procurar harmonizar as suas políticas a esse respeito no plano regional apropriado.

4. Os Estados, atuando em especial por intermédio das organizações internacionais competentes ou de uma conferência diplomática, devem procurar estabelecer regras e normas, bem como práticas e procedimentos recomendados, de caráter mundial e regional para prevenir, reduzir e controlar tal poluição, tendo em conta as características próprias de cada região, a capacidade econômica dos Estados em desenvolvimento e a sua necessidade de desenvolvimento econômico. Tais regras e normas, bem como práticas e procedimentos recomendados devem ser reexaminados com a periodicidade necessária.

5. As leis, regulamentos, medidas, regras e normas, bem como práticas e procedimentos recomendados, referidos nos parágrafos 1º, 2º e 4º devem incluir disposições destinadas a minimizar, tanto quanto possível, a emissão no meio marinho de substâncias tóxicas, prejudiciais ou nocivas, especialmente as substâncias não degradáveis.

ARTIGO 208
Poluição proveniente de atividades relativas aos fundos marinhos sob jurisdição nacional

1. Os Estados costeiros devem adotar leis e regulamentos para prevenir, reduzir e controlar a poluição do meio marinho, proveniente direta ou indiretamente de atividades relativas aos fundos marinhos sob sua jurisdição e proveniente de ilhas artificiais, instalações e estruturas sob sua jurisdição, nos termos dos artigos 60 e 80.

2. Os Estados devem tomar outras medidas que possam ser necessárias para prevenir, reduzir e controlar tal poluição.

3. Tais leis, regulamentos e medidas não devem ser menos eficazes que as regras e normas, bem como práticas e procedimentos recomendados, de caráter internacional.

4. Os Estados devem procurar harmonizar as suas políticas a esse respeito no plano regional apropriado.

5. Os Estados, atuando em especial por intermédio das organizações internacionais competentes ou de uma conferência diplomática, devem estabelecer regras e normas bem como práticas e procedimentos recomendados, de caráter mundial e regional para prevenir, reduzir e controlar a poluição do meio marinho a que se faz referência no parágrafo 1º. Tais regras e normas, bem como práticas e procedimentos recomendados, devem ser reexaminados com a periodicidade necessária.

ARTIGO 209
Poluição proveniente de atividades na Área

1. De conformidade com a Parte XI, devem estabelecer-se regras e normas, bem como práticas e procedimentos recomendados de caráter internacional, para prevenir, reduzir e controlar a poluição do meio marinho proveniente de atividades na Área. Tais regras e normas, bem como práticas e procedimentos recomendados devem ser reexaminados com a periodicidade necessária.

2. Nos termos das disposições pertinentes da presente seção, os Estados devem adotar leis e regulamentos, para prevenir, reduzir e controlar a poluição do meio marinho proveniente de atividades na Área efetuadas por embarcações ou a partir de instalações, estruturas e outros dispositivos que arvorem a sua bandeira ou estejam registrados no seu território, ou operem sob sua autoridade, segundo o caso. Tais leis e regulamentos não devem ser menos eficazes que as normas, regulamentos e procedimentos internacionais referidos no parágrafo 1º.

ARTIGO 210
Poluição por alijamento

1. Os Estados devem adotar leis e regulamentos para prevenir, reduzir e controlar a poluição do meio marinho por alijamento.

2. Os Estados devem tomar outras medidas que possam ser necessárias para prevenir, reduzir e controlar tal poluição.

3. Tais leis, regulamentos e medidas devem assegurar que o alijamento não se realize sem autorização das autoridades competentes dos Estados.

4. Os Estados, atuando em especial por intermédio das organizações internacionais competentes ou de uma conferência diplomática, devem procurar estabelecer regras e normas, bem como práticas e procedimentos recomendados de caráter mundial e regional para prevenir, reduzir e controlar tal poluição. Tais regras e normas, bem como práticas e procedimentos recomendados devem ser reexaminados com a periodicidade necessária.

5. O alijamento no mar territorial e na zona econômica exclusiva ou na plataforma continental não pode realizar-se sem o consentimento prévio expresso do Estado costeiro que tem o direito de autorizar, regular e controlar esse alijamento, depois de ter examinado devidamente a questão com outros Estados que, devido à sua situação geográfica, possam vir a ser desfavoravelmente afetados por tal alijamento.

6. As leis, regulamentos e medidas nacionais não devem ser menos eficazes que regras e normas de caráter mundial para prevenir, reduzir e controlar tal poluição.

ARTIGO 211
Poluição proveniente de embarcações

1. Os Estados, atuando por intermédio da organização internacional competente ou de uma conferência diplomática geral, devem estabelecer regras e normas de caráter internacional para prevenir, reduzir e controlar a poluição do meio marinho proveniente de embarcações e devem do mesmo modo promover a adoção, quando apropriado, de sistemas de fixação de tráfego destinados a minimizar o risco de acidentes que possam causar a poluição do meio marinho incluindo o litoral e danos de poluição relacionados com os interesses do Estados costeiros. Tais regras e normas devem, do mesmo modo, ser reexaminadas com a periodicidade necessárias.

2. Os Estados devem adotar leis e regulamentos para prevenir, reduzir e controlar a poluição do meio marinho proveniente de embarcações que arvorem a sua bandeira ou estejam registradas no seu território. Tais leis e regulamentos devem ter pelo menos a mesma eficácia que as regras e normas internacionais geralmente aceitas que se estabeleçam por intermédio da organização internacional competente ou de uma conferência diplomática geral.

3. Os Estados que estabeleçam requisitos especiais para prevenir, reduzir e controlar a poluição do meio marinho, como condição para a admissão de embarcações estrangeiras nos seus portos ou nas suas águas interiores ou para fazerem escala nos seus terminais ao largo da costa, devem dar a devida publicidade a esses requisitos e comunicá-los à organização internacional competente. Quando dois ou mais Estados costeiros estabeleçam de forma idêntica os referidos requisitos num esforço para harmonizar a sua política neste setor, a comunicação deve indicar quais os Estados que

participam em tais ajustes de cooperação. Todo Estado deve exigir ao capitão de uma embarcação que arvore a sua bandeira ou que esteja registrada no seu território que, quando navegar no mar territorial de um estado participante nos aludidos ajustes, informe, a pedido desse Estado, se se dirige a um Estado da mesma região que participe em tais ajustes e, em caso afirmativo, indique se a embarcação reúne os requisitos estabelecidos por esse Estado para a admissão nos seus portos. O presente artigo deve ser aplicado sem prejuízo da embarcação continuar a exercer o seu direito de passagem inocente ou da aplicação do parágrafo 2º do artigo 25.

4. Os Estados costeiros podem, no exercício da sua soberania no mar territorial, adotar leis e regulamentos para prevenir, reduzir e controlar a poluição do meio marinho proveniente de embarcações estrangeiras, incluindo as embarcações que exerçam o direito de passagem inocente. De conformidade com a seção 3 da Parte II, tais leis e regulamentos não devem dificultar a passagem inocente de embarcações estrangeiras.

5. Os Estados costeiros podem, para fins da execução do estabelecido na seção 6, adotar relativamente às suas zonas econômicas exclusivas, leis e regulamentos para prevenir, reduzir e controlar a poluição proveniente de embarcações, de conformidade com e em aplicação das regras e normas internacionais geralmente aceitas estabelecidas por intermédio da organização internacional competente ou de uma conferência diplomática geral.

6. a) Quando as regras e normas internacionais referidas no parágrafo 1º sejam inadequadas para enfrentar circunstâncias especiais, e os Estados costeiros tenham motivos razoáveis para acreditar que uma área particular e claramente definida das suas respectivas zonas econômicas exclusivas requer a adoção de medidas obrigatórias especiais para prevenir a poluição proveniente de embarcações, por reconhecidas razões técnicas relacionadas com as suas condições oceanográficas e ecológicas, bem como pela sua utilização ou proteção dos seus recursos e o caráter particular do seu tráfego, os Estados costeiros podem, depois de terem devidamente consultado, por intermédio da organização internacional competente, qualquer outro Estado interessado, dirigir uma comunicação sobre essa área a tal organização, apresentando provas científicas e técnicas em seu apoio e informação sobre as instalações de recepção necessárias. Num prazo de doze meses após a recepção desta comunicação, a organização deve decidir se as condições nessa área correspondem aos requisitos anteriormente enunciados. Se a organização decide favoravelmente, os Estados costeiros podem adotar, para essa área leis e regulamentos destinados a prevenir, reduzir e controlar a poluição proveniente de embarcações, aplicando as regras e normas ou práticas de navegação internacionais que por intermédio da organização se tenham tornado aplicáveis às áreas especiais. Essas leis e regulamentos são aplicáveis a embarcações estrangeiras decorrido um prazo de 15 meses a contar da data em que a comunicação tenha sido apresentada à organização.

b) Os Estados costeiros devem publicar os limites de tal área particular e claramente definida.

c) Os Estados costeiros, ao apresentarem tal comunicação, devem notificar ao mesmo tempo a organização se têm intenção de adotar para essa área leis e regulamentos adicionais destinados a prevenir, reduzir e controlar a poluição proveniente de embarcações. Tais leis e regulamentos adicionais podem referir-se às descargas ou práticas de navegação, mas não podem obrigar as embarcações estrangeiras a cumprir normas de projeto, construção, tripulação ou equipamento, diferentes das regras e normas internacionais geralmente aceitas; são aplicáveis às embarcações estrangeiras decorrido um prazo de 15 meses a contar da data em que a comunicação tenha sido apresentada à organização desde que esta as aprove num prazo de 12 meses a contar da data da apresentação da comunicação.

7. As regras e normas internacionais referidas no presente artigo devem incluir, inter alia, as relativas à imediata notificação dos Estados costeiros, cujo litoral ou interesses conexos possam ser afetados por incidentes, incluindo acidentes marítimos que originem ou possam originar descargas.

ARTIGO 212
Poluição proveniente da atmosfera ou através dela

1. Os Estados devem adotar leis e regulamentos para prevenir, reduzir e controlar a poluição do meio marinho proveniente da atmosfera ou através dela, aplicáveis ao espaço aéreo sob sua soberania ou a embarcações que arvorem a sua bandeira ou a embarcações ou aeronaves que estejam registradas no seu território, tendo em conta as regras e normas, bem como práticas e procedimentos recomendados, internacionalmente acordados, e a segurança da navegação aérea.

2. Os Estados devem tomar outras medidas que sejam necessárias para prevenir, reduzir e controlar tal poluição.

3. Os Estados, atuando em especial por intermédio das organizações internacionais competentes ou de uma conferência diplomática, devem procurar estabelecer no plano mundial e regional regras e normas, bem como práticas e procedimentos recomendados, para prevenir, reduzir e controlar tal poluição.

SEÇÃO 6 EXECUÇÃO

ARTIGO 213
Execução referente à poluição de origem terrestre

Os Estados devem assegurar a execução das suas leis e regulamentos adotados de conformidade com o artigo 207 e adotar leis e regulamentos e tomar outras medidas necessárias para pôr em prática as regras e normas internacionais aplicáveis estabelecidas por intermédio das organizações internacionais competentes ou de uma conferência diplomática para prevenir, reduzir e controlar a poluição do meio marinho de origem terrestre.

ARTIGO 214
Execução referente à poluição proveniente de atividades relativas aos fundos marinhos

Os Estados devem assegurar a execução das suas leis e regulamentos adotados de conformidade com o artigo 208 e adotar leis e regulamentos e tomar outras medidas necessárias para pôr em prática as regras e normas internacionais aplicáveis, estabelecidas por intermédio das organizações internacionais competentes ou de uma conferência diplomática, para prevenir, reduzir e controlar a poluição do meio marinho proveniente direta ou indiretamente de atividades relativas aos fundos marinhos sob sua jurisdição e de ilhas artificiais, instalações e estruturas sob sua jurisdição, nos termos dos artigos 60 e 80.

ARTIGO 215
Execução referente à poluição proveniente de atividades na Área

A execução das regras, normas, e procedimentos internacionais estabelecidos, de conformidade com a Parte XI, para prevenir, reduzir e controlar a poluição do meio marinho proveniente de atividades na Área, deve ser regida pelas disposições dessa Parte.

ARTIGO 216
Execução referente à poluição por alijamento

1. As leis e regulamentos adotados de conformidade com a presente Convenção e as regras e normas internacionais aplicáveis estabelecidas por intermédio das organizações internacionais competentes ou de uma conferência diplomática para prevenir, reduzir e controlar a poluição do meio marinho por alijamento devem ser executados:

a) pelo Estado costeiro no que se refere ao alijamento no seu mar territorial ou na sua zona econômica exclusiva ou na sua plataforma continental;

b) pelo Estado de bandeira no que se refere às embarcações que arvorem a sua bandeira ou às embarcações ou aeronaves que estejam registradas no seu território;

c) por qualquer Estado no que se refere a atos de carga de detritos ou de outras matérias realizados no seu território ou nos seus terminais ao largo da costa.

2. Nenhum Estado é obrigado em virtude do presente artigo a iniciar procedimentos quando outro Estado já os tenha iniciado de conformidade com o presente artigo.

ARTIGO 217
Execução pelos Estados de bandeira

1. Os Estados devem assegurar que as embarcações que arvorem a sua bandeira ou estejam registradas no seu território cumpram as regras e normas internacionais aplicáveis estabelecidas por intermédio da organização internacional competente ou de uma conferência diplomática geral, bem como as leis e regulamentos adotados de conformidade com a presente Convenção, para prevenir, reduzir e controlar a poluição do meio marinho proveniente de embarcações, e consequentemente adotar as leis e regulamentos e tomar outras medidas necessárias para pô-los em prática. Os Estados de bandeira devem velar pela execução efetiva de tais regras, normas, leis e regulamentos, independentemente do local em que tenha sido cometida a infração.

2. Os Estados devem, em especial, tomar as medidas apropriadas para assegurar que as embarcações que arvorem a sua bandeira ou estejam registradas no seu território sejam proibidas de navegar enquanto não estejam em condições de fazer-se ao mar em cumprimento dos requisitos, das regras e normas internacionais mencionadas no parágrafo 1º, incluindo os relativos ao projeto, construção, equipamento e tripulação das embarcações.

3. Os Estados devem assegurar que as embarcações que arvorem sua bandeira ou estejam registradas no seu território tenham a bordo os certificados exigidos pelas regras e normas internacionais mencionadas no parágrafo 1º e emitidos de conformidade com as mesmas. Os Estados devem assegurar que as embarcações que arvorem a sua bandeira sejam inspecionados periodicamente, a fim de verificar se tais certificados estão de conformidade com as condições reais da embarcação. Tais certificados devem ser aceitos pelos outros Estados co-

mo prova das condições da embarcação e ser-lhes reconhecida a mesma validade que aos certificados emitidos por eles próprios, a não ser que existam motivos sérios para acreditar que as condições da embarcação não correspondem substancialmente aos dados que constam dos certificados.

4. Se uma embarcação comete uma infração às regras e normas estabelecidas por intermédio da organização internacional competente ou de uma conferência diplomática geral, o Estado de bandeira, sem prejuízo dos artigos 218, 220 e 228, deve ordenar uma investigação imediata e, se necessário, iniciar procedimentos relativos à alegada infração, independentemente do local em que tenha sido cometida a infração ou do local em que a poluição proveniente de tal infração tenha ocorrido ou tenha sido verificada.

5. Os Estados de bandeira que realizem uma investigação da infração podem solicitar a ajuda de qualquer outro Estado cuja cooperação possa ser útil para esclarecer as circunstâncias do caso. Os Estados devem procurar atender as solicitações apropriadas do Estado de bandeira.

6. Os Estados devem, a pedido por escrito de qualquer Estado, investigar qualquer infração que se alegue ter sido cometida pelas embarcações que arvorem a sua bandeira. Uma vez convencido de que dispõe de provas suficientes para iniciar um procedimento relativo à alegada infração, os Estado de bandeira devem iniciar sem demora esse procedimento de conformidade com o seu direito interno.

7. Os Estados de bandeira devem informar imediatamente o Estado solicitante e a organização internacional competente das medidas tomadas e do resultado obtido. Tal informação deve ser posta à disposição de todos os Estados.

8. As sanções previstas nas leis e regulamentos dos Estados para as embarcações que arvorem a sua bandeira devem ser suficientemente severas para desencorajar as infrações, independentemente do local em que tenham sido cometidas.

ARTIGO 218
Execução pelo Estado do Porto

1. Quando uma embarcação se encontrar voluntariamente num porto ou num terminal ao largo da costa de um Estado, este Estado poderá realizar investigações e, se as provas o justificarem, iniciar procedimentos relativos a qualquer descarga procedente dessa embarcação realizada fora das águas interiores, mar territorial ou zona econômica exclusiva desse Estado com violação das regras e normas internacionais aplicáveis estabelecidas por intermédio da organização internacional competente ou de uma conferência diplomática geral.

2. Não serão iniciados procedimentos nos termos do parágrafo 1º relativos a uma infração por descarga nas águas interiores, mar territorial ou zona econômica exclusiva de outro Estado, a não ser que o solicite esse Estado, o Estado de bandeira, ou qualquer Estado prejudicado ou ameaçado pela descarga, ou a não ser que a infração tenha provocado ou possa a vir a provocar poluição nas águas interiores, mar territorial ou zona econômica exclusiva do Estado que tenha iniciado os procedimentos.

3. Quando uma embarcação se encontrar voluntariamente num porto ou num terminal ao largo da costa de um Estado, esse Estado deve atender, na medida do possível, às solicitações de qualquer Estado relativas à investigação de uma infração por descarga referida no parágrafo 1º, que se julgue ter sido cometida nas águas interiores, mar territorial ou zona econômica exclusiva do Estado solicitante que tenha causado ou ameace causar danos aos mesmos. O Estado do porto deve igualmente atender, na medida do possível, as solicitações do Estado de bandeira relativas à investigação de tal infração, independentemente do local em que tenha sido cometida.

4. Os elementos da investigação efetuada pelo Estado do porto nos termos do presente artigo devem ser transmitidos ao Estado de bandeira ou ao Estado costeiro, a pedido destes. Quaisquer procedimentos iniciados pelo Estado do porto com base em tal investigação podem, salvo disposição em contrário da seção 7, ser suspensos a pedido do Estado costeiro, quando a infração tiver sido cometida nas águas interiores, mar territorial ou zona econômica exclusiva desse Estado. Em tal situação, as provas e os elementos do caso, assim como qualquer caução ou outra garantia financeira depositada junto das autoridades do Estado do porto, serão transferidos para o Estado costeiro. Esta transferência exclui a possibilidade de os procedimentos prosseguirem no Estado do porto.

ARTIGO 219
Medidas relativas à navegabilidade das embarcações para evitar a poluição

Salvo disposição em contrário da seção 7, os Estados que, a pedido de terceiros ou por iniciativa própria, tenham comprovado que uma embarcação que se encontra num dos seus portos ou num dos seus terminais ao largo da costa viola as regras e normas internacionais aplicáveis em matéria de navegabilidade das embarcações e ameaça, em conseqüências, causar danos ao meio marinho, devem tomar, sempre que possível, medidas administrativas para impedir que a mesma embarcação navegue. Tais Estados apenas podem autorizar a referida embarcação a prosseguir até ao estaleiro de reparações apropriado mais próximo e, eliminadas as causas da infração, permitirão que a embarcação prossiga viagem sem demora.

ARTIGO 220
Execução pelos Estados costeiros

1. Quando uma embarcação se encontrar voluntariamente num porto ou num terminal ao largo da costa de um Estado, esse Estado pode, tendo em conta o disposto na seção 7, iniciar procedimentos relativos a qualquer infração às suas leis e regulamentos adotados de conformidade com a presente Convenção ou com as regras e normas internacionais aplicáveis para prevenir, reduzir e controlar a poluição proveniente de embarcações, quando a infração tiver sido cometida no seu mar territorial ou sua zona econômica exclusiva.

2. Quando um Estado tiver motivos sérios para acreditar que uma embarcação que navegue no seu mar territorial violou, durante a sua passagem pelo mesmo, as leis e regulamentos desse Estado adotados de conformidade com a presente Convenção ou as regras e normas internacionais aplicáveis para prevenir, reduzir e controlar a poluição proveniente de embarcações, esse Estado, sem prejuízo da aplicação das disposições pertinentes da seção 3 da Parte II, pode proceder à inspeção material da embarcação relativa à infração e, quando as provas o justificarem, iniciar procedimentos, incluindo a detenção da embarcação, de conformidade com o seu direito interno, salvo disposições em contrário da seção 7.

3. Quando um Estado tiver motivos sérios para acreditar que uma embarcação que navegue na sua zona econômica exclusiva ou no seu mar territorial cometeu, na zona econômica exclusiva, uma violação das regras e normas internacionais aplicáveis para prevenir, reduzir e controlar a poluição proveniente de embarcações ou das leis e regulamentos desse Estado adotadas de conformidade com e que apliquem tais regras e normas, esse Estado pode exigir à embarcação que forneça informações sobre a sua identidade e o porto de registro, a sua última e próxima escala, e outras informações pertinentes, necessárias para determinar se foi cometida uma infração.

4. Os Estados devem adotar leis e regulamentos e tomar outras medidas para que as embarcações que arvorem a sua bandeira dêem cumprimento aos pedidos de informação feitos nos termos do parágrafo 3º.

5. Quando um Estado tiver motivos sérios para acreditar que uma embarcação que navegue na sua zona econômica exclusiva ou no seu mar territorial cometeu, na zona econômica exclusiva, uma das infrações referidas no parágrafo 3º, que tenha tido como resultado uma descarga substancial que provoque ou ameace provocar uma poluição importante no meio marinho, esse Estado pode proceder à inspeção material da embarcação sobre questões relacionadas com a infração, se a embarcação se tiver negado a fornecer informações ou se as informações fornecidas pela mesma estiverem em manifesta contradição com a situação fatual evidente e as circunstâncias do caso justificarem a referida inspeção.

6. Quando existir prova manifesta e objetiva de que uma embarcação que navegue na zona econômica exclusiva ou no mar territorial de um Estado cometeu, na zona econômica exclusiva, uma das infrações referidas no parágrafo 3º, que tenha tido como resultado uma descarga que provoque ou ameace provocar danos importantes para o litoral ou para os interesses conexos do Estado costeiro ou par quaisquer recursos do seu mar territorial ou da sua zona econômica exclusiva, esse Estado pode, tendo em conta o disposto na seção 7, e quando as provas o justificarem, iniciar procedimentos, incluindo a detenção da embarcação, de conformidade com o seu direito interno.

7. Não obstante as disposições do parágrafo 6º, sempre que tenham sido estabelecidos procedimentos apropriados, quer por intermédio da organização internacional competente, quer de outra forma acordados para garantir o cumprimento dos requisitos para prestação de caução ou de outra garantia financeira apropriada, o Estado costeiro, se vinculado por esses procedimentos, autorizará a embarcação a prosseguir a sua viagem.

8. As disposições dos parágrafos 3º, 4º, 5º, 6º e 7º também se aplicam às leis e regulamentos nacionais adotados de conformidade com o parágrafo 6º do artigo 211.

ARTIGO 221
Medidas para evitar a poluição resultante de acidentes marítimos

1. Nenhuma das disposições da presente Parte deve prejudicar o direito dos Estados de, nos termos do direito internacional tanto consuetudinário como convencional, tomar e executar medidas além do mar territorial proporcionalmente ao dano efetivo ou potencial a fim de proteger o seu litoral ou interesses conexos, incluindo a pesca, contra a poluição ou a ameaça de poluição resultante de um acidente marítimo ou de atos relacionados com tal acidente, dos quais se possa de forma razoável prever que resultem importantes conseqüências nocivas.

2. Para efeitos do presente artigo, "acidente marítimo" significa um abalroamento, encalhe ou outro incidente de navegação ou acontecimento a bordo de uma embarcação ou no seu exterior, de que resultem danos materiais ou ameaça iminente de danos materiais à embarcação ou à sua carga.

ARTIGO 222
Execução relativa à poluição proveniente da atmosfera ou através dela

Os Estados devem assegurar a execução, no espaço aéreo sob sua soberania ou em relação a embarcações que arvorem a sua bandeira ou embarcações ou aeronaves que estejam registradas no seu território, das suas leis e regulamentos adotados de conformidade com o parágrafo 1º do artigo 212 e com outras disposições da presente Convenção, adotar também leis e regulamentos e tomar outras medidas para dar cumprimento às regras e normas internacionais aplicáveis, estabelecidas por intermédio de uma organização internacional competente ou de uma conferência diplomática para prevenir, reduzir e controlar a poluição do meio marinho proveniente da atmosfera ou através dela, de conformidade com todas as regras e normas internacionais pertinentes, relativas à segurança da navegação aérea.

SEÇÃO 7. GARANTIAS

ARTIGO 223
Medidas para facilitar os procedimentos

Nos procedimentos iniciados nos termos da presente Parte, os Estados devem tomar medidas para facilitar a audiência de testemunhas e a admissão de provas apresentadas por autoridades de outro Estado ou pela organização internacional competente e facilitar a assistência a esses procedimentos de representantes oficiais da organização internacional competente, do Estado de bandeira ou de qualquer Estado afetado pela poluição resultante de qualquer infração. Os representantes oficiais que assistam a esses procedimentos terão os direitos e deveres previstos no direito interno ou no direito internacional.

ARTIGO 224
Exercício dos poderes de polícia

Somente os funcionários oficialmente habilitados bem como os navios de guerra ou aeronaves militares ou outros navios ou aeronaves que possuam sinais claros e sejam identificáveis como estando ao serviço de um governo e para tanto autorizados podem exercer poderes de polícia em relação a embarcações estrangeiras em aplicação da presente Parte.

ARTIGO 225
Obrigação de evitar conseqüências adversas no exercício dos poderes de polícia

No exercício dos seus poderes de polícia previstos na presente Convenção em relação às embarcações estrangeiras, os Estados não devem pôr em perigo a segurança da navegação, nem fazer correr qualquer risco a uma embarcação nem a devem conduzir a um porto ou fundeadouro inseguro nem expor o meio marinho a um risco injustificado.

ARTIGO 226
Investigação sobre embarcações estrangeiras

1. a) Os Estados não devem reter uma embarcação estrangeira por mais tempo que o indispensável para os efeitos de investigações previstas nos artigos 216, 218, e 220. A inspeção material de uma embarcação estrangeira deve ser limitada a um exame dos certificados, registros e outros documentos que a embarcação é obrigada a ter a bordo de acordo com as regras e normas internacionais geralmente aceitas ou de qualquer outro documento similar que tiver a bordo. Só poderá ser feita uma inspeção material mais pormenorizada da embarcação depois de tal exame e apenas no caso de:

i) existirem motivos sérios para acreditar que a condição da embarcação ou do seu equipamento não corresponde essencialmente aos dados que figuram nesses documentos;

ii) o conteúdo de tais documentos não ser suficiente para confirmar ou verificar uma presumida infração; ou

iii) a embarcação não ter a bordo certificados nem registros válidos.

b) Se a investigação indicar uma violação das leis e regulamentos aplicáveis ou das regras e normas internacionais para a proteção e preservação do meio marinho, a embarcação será imediatamente liberta após o cumprimento de certas formalidades razoáveis, tais como a prestação de uma caução ou de outra garantia financeira apropriada.

c) Sem prejuízo das regras e normas internacionais aplicáveis relativas à navegabilidade das embarcações, poderá ser negada a libertação de uma embarcação ou condicionada ao requisito de a embarcação se dirigir ao estaleiro de reparações apropriado mais próximo, sempre que a mesma libertação represente uma ameaça injustificada de dano para o meio marinho. No caso de a libertação ter sido negada ou condicionada a determinados requisitos, o Estado de bandeira deve ser imediatamente notificado e poderá diligenciar no sentido da libertação da embarcação de conformidade com a Parte XV.

2. Os Estados devem cooperar para estabelecer procedimentos que evitem inspeções materiais desnecessárias de embarcações no mar.

ARTIGO 227
Não-discriminação em relação a embarcações estrangeiras

Ao exercer os seus direitos e ao cumprir as suas obrigações nos termos da presente Parte, os Estados não devem fazer discriminação de direito ou de fato em relação às embarcações de qualquer outro Estado.

ARTIGO 228
Suspensão de procedimentos e restrições à sua instauração

1. Os procedimentos para imposição de penalidades decorrentes de qualquer infração às leis e regulamentos aplicáveis ou às regras e normas internacionais relativas à prevenção, redução e controle da poluição proveniente de embarcações, cometida por embarcação estrangeira além do mar territorial do Estado que instaurou tais procedimentos, serão suspensos no prazo de seis meses a contar da data da instauração desses procedimentos quando o Estado de bandeira tiver instaurado procedimentos para imposição de penalidades com base em acusações correspondentes a menos que aqueles procedimentos se relacionem com um caso de dano grave causado ao Estado costeiro ou o Estado de bandeira em questão tiver reiteradamente faltado ao cumprimento da sua obrigação de assegurar a execução efetiva das regras e normas internacionais aplicáveis, relativas a infrações cometidas por suas embarcações. Sempre que o Estado de bandeira pedir a suspensão dos procedimentos de conformidade com o presente artigo deverá facultar em tempo oportuno ao Estado que primeiro tiver instaurado os procedimentos um dossiê completo do caso, bem como as atas dos procedimentos. Concluídos os procedimentos instaurados pelo Estado de bandeira, os procedimentos suspensos serão extintos. Efetuado o pagamento das custas referentes a tais procedimentos, o Estado costeiro restituirá qualquer caução ou outra garantia financeira prestada em relação com os procedimentos suspensos.

2. Não serão instaurados procedimentos em relação a embarcações estrangeiras, uma vez decorridos três anos a contar da data em que a infração foi cometida, e nenhum Estado poderá instaurar procedimentos quando outro Estado os tiver já instaurado, salvo disposição em contrário do parágrafo 1º.

3. As disposições do presente artigo devem ser aplicadas sem prejuízo do direito do Estado de bandeira de tomar quaisquer medidas, incluindo a instauração de procedimentos de conformidade com o seu direito interno, independentemente dos procedimentos anteriormente instaurados por outro Estado.

ARTIGO 229
Ação de responsabilidade civil

Nenhuma das disposições da presente Convenção afeta o direito de intentar ação de responsabilidade civil por perdas ou danos causados pela poluição do meio marinho.

ARTIGO 230
Penas pecuniárias e respeito dos direitos reconhecidos dos acusados

1. Só podem ser impostas penas pecuniárias no caso de infrações às leis e regulamentos nacionais ou às regras e normas internacionais aplicáveis para prevenir, reduzir e controlar a poluição do meio marinho proveniente de embarcações estrangeiras além do mar territorial.

2. Só podem ser impostas penas pecuniárias no caso de infrações às leis e regulamentos nacionais ou às regras e normas internacionais aplicáveis para prevenir, reduzir e controlar a poluição do meio marinho proveniente de embarcações estrangeiras no mar territorial, salvo ato internacional e grave de poluição.

3. No decurso dos procedimentos instaurados para reprimir tais infrações cometidas por embarcação estrangeira, que possam dar lugar à imposição de sanções, devem ser respeitados os direitos reconhecidos dos acusados.

ARTIGO 231
Notificação ao Estado de bandeira e a outros Estados interessados

Os Estados devem notificar sem demora o Estado de bandeira e qualquer outro Estado interessado das medidas tomadas em relação a embarcações estrangeiras, nos termos da seção 6, e remeter ao Estado de bandeira todos os relatórios oficiais relativos a tais medidas. Contudo, no caso de infrações cometidas no mar territorial, as referidas obrigações do Estado costeiro restringem-se às medidas que se tomem no decurso dos procedimentos. Os agentes diplomáticos ou funcionários consulares e, na medida do possível, a autoridade marítima do Estado de bandeira devem ser imediatamente informados de tais medidas.

ARTIGO 232
Responsabilidade dos Estados decorrente de medidas de execução

Os Estados serão responsáveis por perdas ou danos que lhes sejam imputáveis, decorrentes das medidas tomadas nos termos da seção 6, quando tais medidas forem ilegais ou excederem o razoavelmente necessário à luz das informações disponíveis. Os Estados devem estabelecer meios para recorrer aos seus tribunais através de ações relativas a tais perdas ou danos.

ARTIGO 233
Garantias relativas aos estreitos utilizados para a navegação internacional

Nenhuma das disposições das seções 5, 6 e 7 afeta o regime jurídico dos estreitos utilizados para a navegação internacional. Contudo, se um navio estrangeiro que não os mencionados na seção 10 cometer uma infração às leis e regulamentos mencionados nas alíneas a) e b) do parágrafo 1º do artigo 42 que cause ou ameace causar danos graves ao meio marinho dos estreitos, os Estados ribeirinhos dos estreitos podem tomar todas as medidas de execução apropriadas e, em tal caso, devem respeitar, mutatis mutandis, as disposições da presente seção.

SEÇÃO 8. ÁREAS COBERTAS DE GELO

ARTIGO 234
Áreas cobertas de gelo

Os Estados tem o direito de adotar e aplicar leis e regulamentos não discriminatórios para prevenir, reduzir e controlar a poluição do meio marinho proveniente de embarcações na áreas cobertas de gelo dentro dos limites da zona econômica exclusiva, quando condições de clima particularmente rigorosas e a presença de gelo sobre tais áreas durante a maior parte do ano criem obstruções ou perigos excepcionais para a navegação, e a poluição do meio marinho possa causar danos graves ao equilíbrio ecológico ou alterá-lo de modo irreversível. Tais leis e regulamentos devem ter em devida conta a navegação e a proteção e preservação do meio marinho com base nos melhores dados científicos de que se disponha.

SEÇÃO 9 RESPONSABILIDADE

ARTIGO 235
Responsabilidade

1. Os Estados devem zelar pelo cumprimento das suas obrigações internacionais relativas à proteção e preservação do meio marinho. Serão responsáveis de conformidade com o direito internacional.

2. Os Estados devem assegurar através do seu direito interno meios de recurso que permitam obter uma indenização pronta e adequada ou outra reparação pelos danos resultantes da poluição do meio marinho por pessoas físicas ou jurídicas, sob sua jurisdição.

3. A fim de assegurar indenização pronta e adequada por todos os danos resultantes da poluição do meio marinho, os Estados devem cooperar na aplicação do direito internacional vigente e no ulterior desenvolvimento do direito internacional relativo às responsabilidades quanto à avaliação dos danos e à sua indenização e à solução das controvérsias conexas, bem como, se for o caso, na elaboração de critérios e procedimentos para o pagamentos de indenização adequada, tais como o seguro obrigatório ou fundos de indenização.

SEÇÃO 10. IMUNIDADE SOBERANA

ARTIGO 236
Imunidade soberana

As disposições da presente Convenção relativas à proteção e preservação do meio marinho não se aplicam a navios de guerra, embarcações auxiliares, outras embarcações ou aeronaves pertencentes ou operadas por um Estado e utilizadas, no momento considerado, unicamente em serviço governamental não comercial. Contudo, cada Estado deve assegurar, através de medidas apropriadas que não dificultem as operações ou a capacidade operacional de tais embarcações ou aeronaves que lhe pertençam ou sejam por ele utilizadas, que tais embarcações ou aeronaves procedam, na medida do possível e razoável, de modo compatível com a presente Convenção.

SEÇÃO 11. OBRIGAÇÕES CONTRAÍDAS EM VIRTUDE DE OUTRAS CONVENÇÕES SOBRE PROTEÇÃO E PRESERVAÇÃO DO MEIO MARINHO

ARTIGO 237
Obrigações contraídas em virtude de outras convenções sobre proteção e preservação do meio marinho

1. As disposições da presente Parte não afetam as obrigações específicas contraídas pelos Estados em virtude de convenções e acordos especiais concluídos anteriormente sobre a proteção e preservação do meio marinho, nem os acordos que possam ser concluídos em aplicação dos princípios gerais enunciados na presente Convenção.

2. As obrigações específicas contraídas pelos Estados em virtude de convenções especiais, relativas à proteção e preservação do meio marinho, devem ser cumpridas de modo compatível com os princípios e objetivos gerais da presente Convenção.

PARTE XIII
INVESTIGAÇÃO CIENTÍFICA MARINHA

SEÇÃO 1. DISPOSIÇÕES GERAIS

ARTIGO 238
Direito de realizar investigação científica marinha

Todos os Estados, independentemente da sua situação geográfica, e as organizações internacionais competentes têm o direito de realizar investigação científica marinha sem prejuízo dos direitos e deveres de outros Estados tais como definidos na presente Convenção.

ARTIGO 239
Promoção da investigação científica marinha

Os Estados e as organizações internacionais competentes devem promover e facilitar o desenvolvimento e a realização da investigação científica marinha de conformidade com a presente Convenção.

ARTIGO 240
Princípios gerais para a realização da investigação científica marinha

Na realização da investigação científica marinha devem ser aplicados os seguintes princípios:

a) a investigação científica marinha deve ser realizada exclusivamente com fins pacíficos;

b) a investigação científica marinha deve ser realizada mediante métodos e meios científicos apropriados compatíveis com a presente Convenção;

c) a investigação científica marinha não deve interferir injustificadamente com outras utilizações legítimas do mar compatíveis com a presente Convenção e será devidamente tomada em consideração no exercício de tais utilizações;

d) a investigação científica marinha deve ser realizada nos termos de todos os regulamentos pertinentes adotados de conformidade com a presente Convenção, incluindo os relativos à proteção e preservação do meio marinho.

ARTIGO 241
Não-reconhecimento da investigação científica marinha como fundamento jurídico para reivindicações

As atividades de investigação científica marinha não devem constituir fundamento jurídico de nenhuma reivindicação de qualquer parte do meio marinho ou de seus recursos.

SEÇÃO 2. COOPERAÇÃO INTERNACIONAL

ARTIGO 242
Promoção da cooperação internacional

1. Os Estados e as organizações internacionais competentes devem, de conformidade com o princípio do respeito da soberania e da jurisdição e na base de benefício mútuo, promover a cooperação internacional no campo da investigação científica marinha com fins pacíficos.

2. Neste contexto, e sem prejuízo dos direitos e deveres dos Estados em virtude da presente Convenção, um Estado, ao aplicar a presente Parte, deve dar a outros Estados, quando apropriado, oportunidade razoável para obter do mesmo, ou mediante a sua cooperação, a informação necessária para prevenir e controlar os danos à saúde e à segurança das pessoas e ao meio marinho.

ARTIGO 243
Criação de condições favoráveis

Os Estados e as organizações internacionais competentes devem cooperar, mediante a celebração de acordos bilaterais e multilaterais, na criação de condições favoráveis à realização da investigação científica marinha no meio marinho e na integração dos esforços dos cientistas no estudo da natureza e inter-relações dos fenômenos e processos que ocorrem no meio marinho.

ARTIGO 244
Publicação e difusão de informação e conhecimentos

1. Os Estados e as organizações internacionais competentes devem, de conformidade com a presente Convenção, mediante a publicação e difusão pelos canais apropriados, facultar informação sobre os principais programas propostos e seus objetivos, bem como os conhecimentos resultantes da investigação científica marinha.

2. Para tal fim, os Estados, quer individualmente quer em cooperação com outros Estados e com as organizações internacionais competentes, devem promover ativamente a difusão de dados e informação científicos e a transferência dos conhecimentos resultantes da investigação científica marinha, em particular para os Estados em desenvolvimento, bem como o fortalecimento da capacidade autônoma de investigação científica marinha dos Estados em desenvolvimento por meio de, inter alia, programas de formação e treino adequados ao seu pessoal técnico e cientifico.

SEÇÃO 3. REALIZAÇÃO E PROMOÇÃO DA INVESTIGAÇÃO CIENTÍFICA MARINHA

ARTIGO 245
Investigação científica marinha no mar territorial

Os Estados costeiros, no exercício da sua soberania, têm o direito exclusivo de regulamentar, autorizar e realizar investigação científica marinha no seu mar territorial. A investigação científica marinha no seu mar territorial só deve ser realizada com o consentimento expresso do Estado costeiro e nas condições por ele estabelecidas.

ARTIGO 246
Investigação científica marinha na zona econômica exclusiva e na plataforma continental

1. Os Estados costeiros, no exercício da sua jurisdição, têm o direito de regulamentar, autorizar e realizar investigação científica marinha na sua zona econômica exclusiva e na sua plataforma continental de conformidade com as disposições pertinentes da presente Convenção.

2. A investigação científica marinha na zona econômica exclusiva e na plataforma continental deve ser realizada com o consentimento do Estado costeiro.

3. Os Estados costeiros, em circunstâncias normais, devem dar o seu consentimento a outros Estados ou organizações internacionais competentes para que executem, de conformidade com a presente Convenção, projetos de investigação científica marinha na sua zona econômica exclusiva ou na sua plataforma continental, exclusivamente com fins pacíficos e com o propósito de aumentar o conhecimento científico do meio marinho em benefício de toda a humanidade. Para tal fim, os Estados costeiros devem estabelecer regras e procedimentos para garantir que tal consentimento não seja retardado nem denegado sem justificação razoável.

4. Para os efeitos de aplicação do parágrafo 3º, considera-se que podem existir circunstâncias normais independentemente da ausência de relações diplomáticas entre o Estado costeiro e o Estado que pretende investigar.

5. Os Estados costeiros poderão, contudo, discricionariamente, recusar-se a dar o seu consentimento à realização na sua zona econômica exclusiva ou na sua plataforma continental de um projeto de investigação científica marinha de outro Estado ou organização internacional competente se o projeto:

a) tiver uma influência direta na exploração e aproveitamento dos recurso naturais, vivos ou não vivos;

b) implicar perfurações na plataforma continental, a utilização de explosivos ou a introdução de substâncias nocivas no meio marinho;

c) implicar a construção, funcionamento ou utilização das ilhas artificiais, instalações e estruturas referidas nos artigos 60 e 80;

d) contiver informação prestada nos termos do artigo 248, sobre a natureza e os objetivos do projeto que seja inexata ou se o Estado ou a organização internacional competente, que pretende realizar a investigação, tiver obrigações pendentes para com o Estado costeiro decorrentes de um projeto de investigação anterior.

6. Não obstante as disposições do parágrafo 5º, os Estados costeiros não podem exercer o seu poder discricionário de recusar o seu consentimento nos termos da alínea a) do referido parágrafo em relação aos projetos de investigação científica marinha, a serem realizados de conformidade com as disposições da presente Parte, na plataforma continental, além das 200 milhas marítimas das linhas de base, a partir das quais se mede a largura do mar territorial fora das áreas específicas que os Estados costeiros venham a designar publicamente, em qualquer momento, como áreas na quais se estão a realizar ou se venham a realizar num prazo razoável atividades de aproveitamento ou operações pormenorizadas de exploração sobre essas áreas. Os Estados costeiros devem dar a devida publicidade à designação de tais áreas bem como qualquer modificação das mesmas, mas não serão obrigados a dar pormenores das operações realizadas nessa áreas.

7. As disposições do parágrafo 6º não prejudicam os direitos dos Estados Costeiros sobre a sua plataforma continental, como o estabelecido no Artigo 77.

8. As atividades de investigação científica marinha mencionadas no presente Artigo não devem interferir injustificadamente com as atividades empreendidas pelos Estados costeiros no exercício dos seus direitos de soberania e da sua jurisdição previstos na presente Convenção.

ARTIGO 247
Projetos de investigação científica marinha realizados por organizações internacionais ou sob os seus auspícios

Entende-se que um Estado costeiro membro de uma organização internacional, ou ligado por acordo bilateral a tal organização, e em cuja zona econômica exclusiva ou plataforma continental essa organização pretende realizar, diretamente ou sob os seus auspícios, um projeto de investigação científica marinha, autorizou a realização do projeto de conformidade com as especificações acordadas se esse Estado tiver aprovado o projeto pormenorizado quando a organização decidiu pela sua realização ou se o Estado costeiro pretende participar no projeto e não tiver formulado qualquer objeção até à expiração do prazo de quatro meses a contar da data em que o projeto lhe tenha sido comunicado pela organização internacional.

ARTIGO 248
Dever de prestar informação ao Estado costeiro

Os Estados e as organizações internacionais competentes que se proponham realizar investigação científica marinha na zona econômica exclusiva ou na plataforma continental de um Estado costeiro devem fornecer a esse Estado, com a antecedência mínima de seis meses da data prevista para o início do projeto de investigação científica marinha, uma descrição completa de:

a) a natureza e os objetivos do projeto;

b) o método e os meios a utilizar, incluindo o nome, a a tonelagem, o tipo e a categoria das embarcações e uma descrição do equipamento científico;

c) as áreas geográficas precisas onde o projeto se vai realizar;

d) as datas previstas da primeira chegada e da partida definitiva das embarcaçõesde investigação, ou da instalação remoção do equipamento, quando apropriado;

e) o nome da instituição patrocinadora, o do seu diretor e o da pessoa encarregada do projeto; e

f) o âmbito em que se considera a eventual participação ou representação do Estado costeiro no projeto.

ARTIGO 249
Dever de cumprir certas condições

1. Os Estados e as organizações internacionais competentes, quando realizem investigação científica marinha na zona econômica exclusiva ou na plataforma continental de um Estado costeiro, devem cumprir as seguintes condições:

a) garantir ao Estado costeiro, se este o desejar, o direito de participar ou estar representado no projeto de investigação científica marinha, especialmente, quando praticável, a bordo de embarcações e de outras unidades de investigação ou nas instalações de investigação científica, sem pagar qualquer remuneração aos investigadores do Estado costeiro e sem que este tenha obrigação de contribuir para os custos do projeto;

b) fornecer ao Estado costeiro, a pedido deste, tão depressa quanto possível, relatórios preliminares bem como os resultados e conclusões finais uma vez terminada a investigação;

c) comprometer-se a dar acesso ao Estado costeiro, a pedido deste, a todos os dados e amostras resultantes do projeto de investigação científica marinha bem como a fornecer-lhe os dados que possam ser reproduzidos e as amostras que possam ser divididas sem prejuízo do seu valor científico;

d) fornecer ao Estado costeiro, a pedido deste, uma avaliação de tais dados, amostras e resultados da investigação ou assisti-lo na sua avaliação ou interpretação;

e) garantir, com ressalva do disposto no parágrafo 2º, que os resultados da investigação estejam disponíveis, tão depressa quanto possível, no plano internacional por intermédio dos canais nacionais e internacionais apropriados;

f) informar imediatamente o Estado costeiro de qualquer mudança importante no programa de investigação;

g) Salvo acordo em contrário, retirar as instalações ou o equipamento de investigação científica uma vez terminada a investigação.

2. O presente artigo não prejudica as condições estabelecidas pelas leis e regulamentos do Estado costeiro para o exercício do poder discricionário de dar ou recusar o seu consentimento nos termos do parágrafo 5º do artigo 246, incluindo-se a exigência de acordo prévio para a divulgação no plano internacional dos resultados de um projeto de investigação com incidência direta na exploração e aproveitamento dos recursos naturais.

ARTIGO 250
Comunicações relativas aos projetos de investigação científica marinha

As comunicações relativas aos projetos de investigação científica marinha devem ser feitas por intermédio dos canais oficiais apropriados, salvo acordo em contrário.

ARTIGO 251
Critérios gerais e diretrizes

Os Estados devem procurar promover, por intermédio das organizações internacionais competentes, o estabelecimento de critérios de critérios gerais e diretrizes que os ajudem a determinar a natureza e as implicações da investigação científica marinha.

ARTIGO 252
Consentimento tácito

Os Estados ou as organizações internacionais competentes podem empreender um projeto de investigação científica marinha seis meses após a data em que tenham sido fornecidas ao Estado costeiro as informações previstas no artigo 248, a não ser que, no prazo de quatro meses após terem sido recebidas essas informações, o Estado costeiro tenha informado o Estado ou a organização que se propõe realizar a investigação de que:

a) recusa o seu consentimento nos termos do disposto no artigo 246; ou

b) as informações fornecidas pelo Estado ou pela organização internacional competente sobre a natureza ou objetivos do projeto não correspondem a fatos manifestamente evidentes; ou

c) solicita informação suplementar sobre as condições e as informações previstas nos artigos 248 e 249; ou

d) existem obrigações pendentes relativamente às condições estabelecidas no artigo 249 a respeito de um projeto de investigação científica marinha anteriormente realizado por esse Estado ou organização.

ARTIGO 253
Suspensão ou cessação das atividades de investigação científica marinha

1. O Estado costeiro tem o direito de exigir a suspensão de quaisquer atividades de investigação científica marinha em curso na sua zona econômica exclusiva ou na sua plataforma continental, se:

a) as atividades de investigação não se realizarem de conformidade com as informações transmitidas nos termos do artigo 248 e nas quais se tenha fundamentado o consentimento do Estado costeiro; ou

b) o Estado ou a organização internacional competente que realizar as atividades de investigação não cumprir o disposto no artigo 249 no que se refere aos direitos do Estado costeiro relativos ao projeto de investigação científica marinha.

2. O Estado costeiro tem o direito de exigir a cessação de quaisquer atividades de investigação científica marinha em caso de qualquer não-cumprimento do disposto no artigo 248 que implique mudança fundamental no projeto ou nas atividades de investigação.

3. O Estado costeiro pode também exigir a cessação das atividades de investigação científica marinha se, num prazo razoável, não forem corrigidas quaisquer das situações previstas no parágrafo 1º.

4. Uma vez notificados pelo Estado costeiro da sua decisão de ordenar a suspensão ou cessação, os Estados ou as organizações internacionais competentes autorizados a realizar as atividades de investigação científica marinha devem pôr fim às atividades de investigação que são objeto de tal notificação.

5. A ordem se suspensão prevista no parágrafo 1º será revogada pelo Estado costeiro e permitida a continuação das atividades de investigação científica marinha quando o Estado ou a organização internacional competente que realizar a investigação tiver cumprido as condições exigidas nos artigos 248 e 249.

ARTIGO 254
Direitos dos Estados vizinhos sem litoral e dos Estados em situação geográfica desfavorecida

1. Os Estados e as organizações internacionais competentes que tiverem apresentado a um Estado costeiro um projeto para realizar investigação científica marinha referida no parágrafo 3º do artigo 246 devem informar os Estados vizinhos sem litoral e aqueles em situação geográfica desfavorecida do projeto de investigação proposto e devem notificar o Estado costeiro de que deram tal informação.

2. Depois de o Estado costeiro interessado ter dado o seu consentimento ao projeto de investigação científica marinha proposto de conformidade com o artigo 246 e com outras disposições pertinentes da presente Convenção, os Estados e as organizações internacionais competentes que realizem esse projeto devem proporcionar aos Estados vizinhos sem litoral e àqueles em situação geográfica desfavorecida, por solicitação desses Estados e quando apropriado, a informação pertinente especificada no artigo 248 e na alínea f) do parágrafo 1º do artigo 249.

3. Aos referidos Estados vizinhos sem litoral e àqueles em situação geográfica desfavorecida deve ser dada, a seu pedido, a possibilidade de participarem, quando praticável, no projeto e investigação científica marinha proposto, por intermédio de peritos qualificados, nomeados por esses Estados e não recusados pelo Estado costeiro, segundo as condições acordadas para o projeto entre o Estado costeiro interessado e o Estado ou as organizações internacionais competentes que realizem a investigação científica marinha, de conformidade com as disposições da presente Convenção.

4. Os Estados e as organizações internacionais competentes referidos no parágrafo 1º devem prestar aos mencionados Estados sem litoral e àqueles em situação geográfica desfavorecida, a seu pedido, as informações e a assistência especificadas na alínea d) do parágrafo 1º do artigo 249, salvo o disposto no parágrafo 2º do mesmo Artigo.

ARTIGO 255
Medidas para facilitar a investigação científica marinha e prestar assistência às embarcações de investigação

Os Estados devem procurar adotar normas, regulamentos e procedimentos razoáveis par promover e facilitar a investigação científica marinha realizada além do seu mar territorial de conformidade com a presente convenção e, quando apropriado, facilitar o acesso aos seus portos e promover a assistência às embarcações de investigação científica marinha que cumpram as disposições pertinentes da presente Parte, salvo o disposto nas suas leis e regulamentos.

ARTIGO 256
Investigação científica marinha na Área

Todos os Estados, independentemente da sua situação geográfica, bem como organizações internacionais competentes, têm o direito, de conformidade com as disposições da Parte XI, de realizar investigação científica marinha na Área.

ARTIGO 257
Investigação científica marinha na coluna de água além dos limites da zona econômica exclusiva

Todos os Estados, independentemente da sua situação geográfica, bem como as organizações internacionais competentes, têm o direito, de conformidade com a presente Convenção, de realizar investigação científica marinha na coluna de água além dos limites da zona econômica exclusiva.

SEÇÃO 4. INSTALAÇÕES E EQUIPAMENTO DE INVESTIGAÇÃO CIENTÍFICA NO MEIO MARINHO

ARTIGO 258
Colocação e utilização

A colocação e utilização de qualquer tipo de instalação ou equipamento de investigação científica em qualquer área do meio marinho devem estar sujeitas às mesmas condições estabelecidas na presente Convenção para a realização de investigação científica marinha nessa mesma área.

ARTIGO 259
Estatuto jurídico

As instalações ou o equipamento referidos na presente seção não têm o estatuto jurídico de ilhas. Não têm mar territorial próprio e a sua presença não afeta a delimitação do mar territorial, da zona econômica exclusiva ou da plataforma continental.

ARTIGO 260
Zonas de segurança

Podem ser estabelecidas em volta das instalações de investigação científica, de conformidade com as disposições pertinentes da presente Convenção, zonas de segurança de largura razoável que não exceda uma distância de 500 metros. Todos os Estados devem velar por que as suas embarcações respeitem tais zonas de segurança.

ARTIGO 261
Não-interferência nas rotas de navegação

A colocação e a utilização de qualquer tipo de instalações ou equipamento de investigação científica não devem constituir obstáculo às rotas estabelecidas para a navegação internacional.

ARTIGO 262
Marcas de identificação e sinais de aviso

As instalações ou o equipamento mencionados na presente seção devem dispor de marcas de identificação que indiquem o Estado de registro ou a organização internacional a que pertencem, bem como dos adequados sinais de aviso internacionalmente acordados para garantir a segurança no mar e a segurança da navegação aérea, tendo em conta as regras e normas estabelecidas pelas organizações internacionais competentes.

SEÇÃO 5. RESPONSABILIDADE

ARTIGO 263
Responsabilidades

1. Cabe aos Estados bem como às organizações internacionais competentes zelar por que a investigação científica marinha, efetuada por eles ou em seu nome, se realize de conformidade com a presente Convenção.

2. Os Estados e as organizações internacionais competentes são responsáveis pelas medidas que tomarem em violação da presente Convenção relativamente à investigação científica marinha realizada por outros Estados, suas pessoas físicas ou jurídicas ou por organizações internacionais competentes, e devem pagar indenizações pelos danos resultantes de tais medidas.

3. Os Estados e as organizações internacionais competentes são responsáveis, nos termos do artigo 235, pelos danos causados pela poluição do meio marinho, resultante da investigação científica marinha realizada por eles ou em seu nome.

SEÇÃO 6. SOLUÇÃO DE CONTROVÉRSIAS E MEDIDAS PROVISÓRIAS

ARTIGO 264
Solução de controvérsias

As controvérsias relativas à interpretação ou aplicação das disposições da presente Convenção referentes à investigação científica marinha devem ser solucionadas de conformidade com as seções 2 e 3 da Parte XV.

ARTIGO 265
Medidas Provisórias

Enquanto uma controvérsia não for solucionada de conformidade com as seções 2 e 3 da Parte XV, o Estado ou a organização internacional competente autorizado a realizar um projeto de investigação científica marinha não deve permitir que se iniciem ou continuem as atividades de investigação sem o consentimento expresso do Estado costeiro interessado.

PARTE XVI
DESENVOLVIMENTO E TRANSFERÊNCIA DE TECNOLOGIA MARINHA

SEÇÃO 1. DISPOSIÇÕES GERAIS

ARTIGO 266
Promoção do desenvolvimento e da transferência de tecnologia marinha

1. Os Estados, diretamente ou por intermédio das organizações internacionais competentes, devem cooperar, na medida das suas capacidades, para promover ativamente o desenvolvimento e a transferência da ciência e da tecnologia marinhas segundo modalidades e condições equitativas e razoáveis.

2. Os Estados devem promover o desenvolvimento da capacidade científica e tecnológica marinha dos Estados que necessitem e solicitem assistência técnica neste domínio, particularmente os Estados em desenvolvimento, incluindo os Estados sem litoral e aqueles em situação geográfica desfavorecida, no que se refere à exploração, aproveitamento, conservação e gestão dos recursos marinhos, à proteção e preservação do meio marinho, à investigação científica marinha e outras atividades no meio marinho compatíveis com a presente Convenção, tendo em vista acelerar o desenvolvimento econômico social dos Estados em desenvolvimento.

3. Os Estados devem procurar favorecer condições econômicas e jurídicas propícias à transferência de tecnologia marinha, numa base equitativa, em benefício de todas as partes interessadas.

ARTIGO 267
Proteção dos interesses legítimos

Ao promover a cooperação, nos termos do artigo 266, os Estados devem ter em devida conta todos os interesses legítimos, incluindo, inter alia, os direitos e deveres dos possuidores, fornecedores e recebedores de tecnologia marinha.

ARTIGO 268
Objetivos fundamentais

Os Estados, diretamente ou por intermédio das organizações internacionais competentes, devem promover:

a) a aquisição, avaliação e divulgação de conhecimentos de tecnologia marinha bem como facilitar o acesso a informação e dados pertinentes;

b) o desenvolvimento de tecnologia marinha apropriada;

c) o desenvolvimento da infra-estrutura tecnológica necessária para facilitar a transferência da tecnologia marinha;

d) o desenvolvimento dos recursos humanos através da formação e ensino a nacionais dos Estados e países em desenvolvimento e, em especial dos menos desenvolvidos entre eles; e

e) a cooperação internacional em todos os níveis, particularmente em nível regional, sub-regional e bilateral.

ARTIGO 269
Medidas para atingir os objetivos fundamentais

Para atingir os objetivos mencionados no artigo 268, os Estados, diretamente ou por intermédio das organizações internacionais competentes, devem procurar, inter alia:

a) estabelecer programas de cooperação técnica para a efetiva transferência de todos os tipos de tecnologia marinha aos Estados que necessitem e solicitem assistência técnica nesse domínio, em especial aos Estados em desenvolvimento sem litoral e aos Estados em desenvolvimento em situação geográfica desfavorecida, bem como a outros Estados em desenvolvimento que não tenham podido estabelecer ou desenvolver a sua própria capacidade tecnológica no âmbito da ciência marinha e no da exploração e aproveitamento de recursos marinhos,nem podido desenvolver a infra-estrutura de tal tecnologia;

b) promover condições favoráveis à conclusão de acordos, contratos e outros ajustes similares em condições equitativas e razoáveis;

c) realizar conferências, seminários e simpósios sobre temas científicos e tecnológicos, em particular sobre políticas e métodos para a transferência de tecnologia marinha;

d) promover o intercâmbio de cientistas e peritos em tecnologia e outras matérias;

e) realizar projetos e promover empresas conjuntas e outras formas de cooperação bilateral e multilateral.

SEÇÃO 2 COOPERAÇÃO INTERNACIONAL

ARTIGO 270
Formas de cooperação internacional

A cooperação internacional para o desenvolvimento e a transferência de tecnologia marinha deve ser efetuada, quando praticável e apropriado, através de programas bilaterais, regionais ou multilaterais existentes, bem como através de programas ampliados e de novos programas para facilitar a investigação científica marinha, a transferência de tecnologia marinha, particularmente em novos domínios e o financiamento internacional apropriado da investigação e desenvolvimento dos oceanos.

ARTIGO 271
Diretrizes, critérios e normas

Os Estados devem promover, diretamente ou por intermédio das organizações internacionais competentes, o estabelecimento de diretrizes, critérios e normas geralmente aceitos para a transferência de tecnologia marinha numa base bilateral ou no âmbito das organizações internacionais e outros organismos, tendo particularmente em conta os interesses e necessidades dos Estados em desenvolvimento.

ARTIGO 272
Coordenação de programas internacionais

No domínio da transferência de tecnologia marinha, os Estados devem procurar assegurar que as organizações internacionais competentes coordenem as suas atividades, incluindo quaisquer programas regionais ou mundiais, tendo em conta os interesses e necessidades dos Estados em desenvolvimento, em particular dos Estados sem litoral e daqueles em situação geográfica desfavorecida.

ARTIGO 273
Cooperação com organizações internacionais e com a Autoridade

Os Estados devem cooperar ativamente com as organizações internacionais competentes e com a Autoridade para encorajar e facilitar a transferência de conhecimentos especializados e de tecnologia marinha relativos às atividades na Área aos Estados em desenvolvimento, aos seus nacionais e à Empresa.

ARTIGO 274
Objetivos da Autoridade

Sem prejuízo de todos os interesses legítimos, incluindo, inter alia, os direitos e deveres dos possuidores, fornecedores e recebedores de tecnologia, a Autoridade, no que se refere às atividades na Área, deve assegurar que:

a) os nacionais dos Estados em desenvolvimento, costeiros, sem litoral ou em situação geográfica desfavorecida, sejam admitidos para fins de estágio, com base no princípio da distribuição geográfica equitativa, como membros do pessoal de gestão, de investigação e técnico recrutado para as suas atividades;

b) a documentação técnica relativa ao equipamento, maquinaria, dispositivos e processos pertinentes seja posta à disposição de todos os Estados, em particular dos Estados em desenvolvimento que necessitem e solicitem assistência técnica nesse domínio;

c) sejam tomadas pela Autoridade disposições apropriadas para facilitar a aquisição de assistência técnica no domínio da tecnologia marinha pelos Estados que dela necessitem e a solicitem, em particular os Estados em desenvolvimento, bem como a aquisição pelos seus nacionais dos conhecimentos técnicos e especializados necessários, incluindo a formação profissional;

d) seja prestada aos Estados a assistência técnica de que necessitem e solicitem nesse domínio, em especial aos Estados em desenvolvimento, bem como assistência na aquisição de equipamento, instalações, processos e outros conhecimentos técnicos necessários, mediante qualquer ajuste financeiro previsto na presente Convenção.

SEÇÃO 3. CENTROS NACIONAIS E REGIONAIS DE INVESTIGAÇÃO CIENTÍFICA E TECNOLÓGICA MARINHA

ARTIGO 275
Estabelecimento de centros nacionais

1. Os Estados devem promover, diretamente ou por intermédio das organizações internacionais competentes e da Autoridade, o estabelecimento, em especial nos Estados costeiros em desenvolvimento, de centros nacionais de investigação científica e tecnológica marinha bem como o reforço de centros nacionais existentes, a fim de estimular e impulsionar a realização de investigação científica marinha pelos Estados costeiros em desenvolvimento e de aumentar a sua capacidade nacional para utilizar e preservar os seus recursos marinhos em seu próprio benefício econômico.

2. Os Estados devem prestar, por intermédio das organizações internacionais competentes e da autoridade, apoio adequado para facilitar o estabelecimento e o reforço de tais centros nacionais, a fim de fornecerem serviços de formação avançada, e equipamento e conhecimentos práticos e técnicos necessários, bem como peritos técnicos, aos Estados que necessitem e solicitem tal assistência.

ARTIGO 276
Estabelecimento de centros regionais

1. Os Estados devem promover, em coordenação com as organizações internacionais competentes, com a Autoridade e com instituições nacionais de investigação científica e tecnológica marinha, o estabelecimento de centros regionais de investigação científica e tecnológica marinha, em especial nos Estados em desenvolvimento, a fim de estimular e impulsionar a realização de investigação científica marinha pelos Estados em desenvolvimento e de favorecer a transferência de tecnologia marinha.

2. Todos os Estados de uma região devem cooperar com os respectivos centros regionais a fim de assegurarem a realização mais eficaz dos seus objetivos.

ARTIGO 277
Funções dos centros regionais

As funções dos centros regionais devem compreender, inter alia:

a) programas de formação e ensino, em todos os níveis, sobre diversos aspectos da investigação científica e tecnológica marinha, em especial a biologia marinha, incluídas a conservação e a gestão dos recursos vivos, a oceanografia, a hidrografia, a engenharia, a exploração geológica dos fundos marinhos, a extração mineira bem como a tecnologia de dessalinização;

b) estudos de gestão;

c) programas de estudos relacionados com a proteção e preservação do meio marinho e com a prevenção, redução e controle da poluição;

d) organização de conferências, seminários e simpósios regionais;

e) aquisição e processamento de dados e informações sobre a ciência e tecnologia marinhas;

f) disseminação imediata dos resultados da investigação científica e tecnológica marinha por meio de publicações de fácil acesso;

g) divulgação das políticas nacionais sobre transferência de tecnologia marinha e estudo comparativo sistemático dessas políticas;

h) compilação e sistematização de informações sobre comercialização de tecnologia e sobre os contratos e outros ajustes relativos a patentes;

i) cooperação técnica com outros Estados da região.

SEÇÃO 4. COOPERAÇÃO ENTRE ORGANIZAÇÕES INTERNACIONAIS

ARTIGO 278
Cooperação entre organizações internacionais

As organizações internacionais competentes mencionadas na presente Parte e na Parte XIII devem tomar todas as medidas apropriadas para assegurarem, diretamente ou em estreita cooperação entre si, o cumprimento efetivo das funções e responsabilidades decorrentes da presente Parte.

PARTE XV
SOLUÇÃO DE CONTROVÉRSIAS

SEÇÃO 1. DISPOSIÇÕES GERAIS

ARTIGO 279
Obrigação de solucionar controvérsias por meios pacíficos

Os Estados Partes devem solucionar qualquer controvérsia entre eles relativa à interpretação ou aplicação da presente Convenção por meios pacíficos, de conformidade com o parágrafo 3º do artigo 2 da Carta das Nações Unidas e, para tal fim, procurar uma solução pelos meios indicados no parágrafo 1º do artigo 33 da Carta.

ARTIGO 280
Solução de controvérsias por quaisquer meios pacíficos escolhidos pelas partes

Nenhuma das disposições da presente Parte prejudica o direito dos Estados Partes de, em qualquer, momento, acordarem na solução de uma controvérsia entre eles relativa à interpretação ou aplicação da presente Convenção por quaisquer meios pacíficos de sua própria escolha.

ARTIGO 281
Procedimento aplicável quando as partes não tenham alcançado uma solução

1. Se os Estados Partes que são partes numa controvérsia relativa à interpretação ou aplicação da presente Convenção tiverem acordado em procurar solucioná-la por um meio pacífico de sua própria escolha, os procedimentos estabelecidos na presente Parte só serão aplicados se não tiver sido alcançada uma solução por esse meio e se o acordo entre as partes não excluir a possibilidade de outro procedimento.

2. Se as partes tiverem também acordado num prazo, o disposto no parágrafo 1º só será aplicado depois de expirado esse prazo.

ARTIGO 282
Obrigações decorrentes de acordos gerais, regionais ou bilaterais

Se os Estados Partes que são partes numa controvérsia relativa à interpretação ou aplicação da presente Convenção tiverem ajustado, por meio de acordo geral, regional ou bilateral, ou de qualquer outra forma, em que tal controvérsia seja submetida, a pedido de qualquer das partes na mesma, a um procedimento conducente a uma decisão obrigatória, esse procedimento será aplicado em lugar do previsto na presente Parte, salvo acordo em contrário das partes na controvérsia.

ARTIGO 283
Obrigação de trocar opiniões

1. Quando surgir uma controvérsia entre Estados Partes relativa à interpretação ou aplicação da presente Convenção, as partes na controvérsia devem proceder sem demora a uma troca de opiniões, tendo em vista solucioná-la por meio de negociação ou de outros meios pacíficos.

2. As Partes também devem proceder sem demora a uma troca de opiniões quando um procedimento para a solução de tal controvérsia tiver sido terminado sem que esta tenha sido solucionada ou quando se tiver obtido uma solução e as circunstâncias requeiram consultas sobre o modo como será implementada a solução.

ARTIGO 284
Conciliação

1. O Estado Parte que é parte numa controvérsia relativa à interpretação ou aplicação da presente Convenção pode convidar a outra ou outras partes a submetê-la a conciliação, de conformidade com o procedimento previsto na seção 1 do Anexo V ou com outro procedimento de conciliação.

2. Se o convite for aceito e as partes acordarem no procedimento de conciliação a aplicar, qualquer parte pode submeter a controvérsia a esse procedimento.

3. Se o convite não for aceito ou as partes não acordarem no procedimento, o procedimento de conciliação dever ser considerado terminado.

4. Quando uma controvérsia tiver sido submetida a conciliação, o procedimento só se poderá dar por terminado de conformidade com o procedimento de conciliação acordado, salvo acordo em contrário das partes.

ARTIGO 285
Aplicação da presente seção às controvérsias submetidas nos termos da Parte XI

Esta seção aplica-se a qualquer controvérsia que, nos termos da seção 5 da Parte XI da presente Convenção, tenha de ser solucionada de conformidade com os procedimentos previstos na presente Parte. Se uma entidade que não um Estado Parte for parte em tal controvérsia, esta seção aplica-se mutatis mutandis.

SEÇÃO 2. PROCEDIMENTOS COMPULSÓRIOS CONDUCENTES A DECISÕES OBRIGATÓRIAS

ARTIGO 286
Aplicação dos procedimentos nos termos da presente seção

Salvo o disposto na seção 3, qualquer controvérsia relativa à interpretação ou aplicação da presente Convenção, quando não tiver sido solucionada mediante a aplicação da seção 1, será submetida, a pedido de qualquer das partes na controvérsia, à corte ou tribunal que tenha jurisdição nos termos da presente seção.

ARTIGO 287
Escolha do procedimento

1. Um Estado ao assinar ou ratificar a presente Convenção ou a ela aderir, ou em qualquer momento ulterior, pode escolher livremente, por meio de declaração escrita, um ou mais dos seguintes meios para a solução das controvérsias relativas à interpretação ou aplicação da presente Convenção:

a) o Tribunal Internacional do Direito do Mar estabelecido de conformidade com o Anexo VI;

b) a Corte Internacional de Justiça;

c) um tribunal arbitral constituído de conformidade com o Anexo VII;

d) um tribunal arbitral especial constituído de conformidade com o Anexo VIII, para uma ou mais das categorias de controvérsias especificadas no referido Anexo.

2. Uma declaração feita nos termos do parágrafo 1º não deve afetar a obrigação de um Estado Parte de aceitar, na medida e na forma estabelecidas na seção 5 da Parte XI, a competência da Câmara de Controvérsias dos Fundos Marinhos do Tribunal Internacional do Direito do Mar nem deve ser afetada por essa obrigação.

3. O Estado Parte que é parte numa controvérsia não abrangida por uma declaração vigente, deve ser considerado como tendo aceito a arbitragem, de conformidade com o Anexo VII.

4. Se as partes numa controvérsia tiverem aceito o mesmo procedimento para a solução da controvérsia, esta só poderá ser submetida a esse procedimento, salvo acordo em contrário das partes.

5. Se as partes numa controvérsia não tiverem aceito o mesmo procedimento para a solução da controvérsia, esta só poderá ser submetida a arbitragem, de conformidade com o Anexo VII, salvo acordo em contrário das partes.

6. Uma declaração feita nos termos do parágrafo 1º manter-se-á em vigor até três meses depois da notificação de revogação ter sido depositada junto do Secretário Geral das Nações Unidas.

7. Nenhuma nova declaração, notificação de revogação ou expiração de uma declaração afeta de modo algum os procedimentos pendentes numa corte ou tribunal que tenha jurisdição nos termos do presente artigo, salvo acordo em contrário das partes.

8. As declarações e notificações referidas no presente artigo serão depositadas junto do Secretário Geral das Nações Unidas, que deve remeter cópias das mesmas aos Estados Partes.

ARTIGO 288
Jurisdição

1. A corte ou tribunal a que se refere o artigo 287 tem jurisdição sobre qualquer controvérsia relativa à interpretação ou aplicação da presente Convenção que lhe seja submetida de conformidade com a presente Parte.

2. A corte ou tribunal a que se refere o artigo 287 tem também jurisdição sobre qualquer controvérsia, relativa à interpretação ou aplicação de um acordo internacional relacionado com os objetivos da presente Convenção que lhe seja submetida de conformidade com esse acordo.

3 A Câmara de Controvérsias dos Fundos Marinhos do Tribunal Internacional do Direito do Mar estabelecida de conformidade com o Anexo VI, ou qualquer outra câmara ou tribunal arbitral a que se faz referência na seção 5 da Parte XI, tem jurisdição sobre qualquer das questões

que lhe sejam submetidas de conformidade com essa seção.

4. Em caso de controvérsia sobre jurisdição de uma corte ou tribunal, a questão será resolvida por decisão dessa corte ou tribunal.

ARTIGO 289
Peritos

A corte ou tribunal, no exercício da sua jurisdição nos termos da presente seção, pode, em qualquer controvérsia em que se suscitem questões científicas ou técnicas, a pedido de uma parte ou, por iniciativa própria, selecionar, em consulta com as partes, pelo menos dois peritos em questões científicas ou técnicas, escolhidos de preferência da lista apropriada preparada de conformidade com o artigo 2 do Anexo VIII, para participarem nessa corte ou tribunal, sem direito a voto.

ARTIGO 290
Medidas provisórias

1. Se uma controvérsia tiver sido devidamente submetida a uma corte ou tribunal que se considere, prima facie, com jurisdição nos termos da presente Parte ou da seção 5 da Parte XI, a corte ou tribunal poderá decretar quaisquer medidas provisórias que considere apropriadas às circunstâncias, para preservar os direitos respectivos das partes na controvérsia ou impedir danos graves ao meio marinho, até decisão definitiva.

2. As medidas provisórias podem ser modificadas ou revogadas desde que as circunstâncias que as justificaram se tenham modificado ou deixado de existir.

3 As medidas provisórias só podem ser decretadas, modificadas ou revogadas, nos termos do presente artigo, a pedido de uma das partes na controvérsia e após ter sido dada às partes a oportunidade de serem ouvidas.

4. A corte ou tribunal notificará imediatamente as partes na controvérsia e, se julgar apropriado, outros Estados Partes, de qualquer medida provisória ou de qualquer decisão que a modifique ou revogue.

5. Enquanto não estiver constituído o tribunal arbitral ao qual uma controvérsia esteja a ser submetida nos termos da presente seção, qualquer corte ou tribunal, escolhido de comum acordo pelas partes ou, na falta de tal acordo, dentro de duas semanas subseqüentes à data do pedido de medidas provisórias, o Tribunal Internacional do Direito do Mar, ou, tratando-se de atividades na Área, a Câmara de Controvérsias dos Fundos Marinhos, pode decretar, modificar ou revogar medidas provisórias nos termos do presente artigo, se considerar, prima facie, que o tribunal a ser constituído teria jurisdição e que a urgência da situação assim o requer. Logo que estiver constituído, o tribunal ao qual a controvérsia foi submetida pode, atuando de conformidade com os parágrafos 1º a 4º, modificar, revogar ou confirmar essas medidas provisórias.

6. As partes na controvérsia devem cumprir sem demora quaisquer medidas provisórias decretadas nos termos do presente artigo.

ARTIGO 291
Acesso

1. Os Estados Partes têm acesso a todos os procedimentos de solução de controvérsias especificados na presente Parte.

2. As entidades que não sejam Estados Partes têm acesso, apenas nos casos expressamente previstos na presente Convenção, aos procedimentos de solução de controvérsias especificados nesta Parte.

ARTIGO 292
Pronta libertação das embarcações e das suas tripulações

1. Quando as autoridades de um Estado Parte tiverem apresado uma embarcação que arvore a bandeira de um outro Estado Parte e for alegado que o Estado que procedeu à detenção não cumpriu as disposições da presente Convenção no que se refere à pronta libertação da embarcação ou da sua tripulação, mediante a prestação de uma caução idônea ou outra garantia financeira, a questão da libertação poderá ser submetida, salvo acordo em contrário das partes, a qualquer corte ou tribunal escolhido por acordo entre as partes ou, não havendo acordo no prazo de dez dias subseqüentes ao momento da detenção, à corte ou tribunal aceito, nos temos do artigo 287, pelo Estado que fez a detenção ou ao Tribunal Internacional do Direito do Mar.

2. O pedido de libertação só pode ser feito pelo Estado de bandeira da embarcação ou em seu nome.

3. A corte ou tribunal apreciará imediatamente o pedido de libertação e ocupar-se-á exclusivamente da questão da libertação, sem prejuízo do mérito de qualquer ação judicial contra a embarcação, seu armador ou sua tripulação, intentada no foro nacional apropriado. As autoridades do Estado que tiverem efetuado a detenção continuarão a ser competentes para, em qualquer altura, ordenar a libertação da embarcação ou da sua tripulação.

ARTIGO 293
Direito aplicável

1. A corte ou tribunal que tiver jurisdição nos termos desta seção deve aplicar a presente Convenção e outras normas de direito internacional que não forem incompatíveis com esta Convenção.

2. O parágrafo 1º não prejudicará a faculdade da corte ou tribunal que tiver jurisdição nos termos da presente seção de decidir um caso ex aequo et bono, se as partes assim o acordarem.

ARTIGO 294
Procedimentos preliminares

1. A corte ou tribunal referido no artigo 287 ao qual tiver sido feito um pedido relativo a uma controvérsia mencionada no artigo 297, decidirá, por solicitação de uma parte, ou poderá decidir, por iniciativa própria, se o pedido constitui utilização abusiva dos meios processuais ou se prima facie é bem fundamentado. Se a corte ou tribunal decidir que o pedido constitui utilização abusiva dos meios processuais ou é prima facie infundado, cessará a sua ação no caso.

2. Ao receber o pedido, a corte ou tribunal notificará imediatamente a outra parte ou partes e fixará um prazo razoável durante o qual elas possam solicitar-lhe que decida nos termos do parágrafo 1º.

3. Nada no presente artigo prejudica o direito de qualquer parte numa controvérsia de deduzir exceções preliminares de conformidade com as normas processuais aplicáveis.

ARTIGO 295
Esgotamento dos recursos internos

Qualquer controvérsia entre Estados Partes relativa à interpretação ou à aplicação da presente Convenção só pode ser submetida aos procedimentos estabelecidos na presente seção depois de esgotados os recursos internos de conformidade com o direito internacional.

ARTIGO 296
Caráter definitivo e força obrigatória das decisões

1. Qualquer decisão proferida por uma corte ou tribunal com jurisdição nos termos da presente seção será definitiva e deverá ser cumprida por todas as partes na controvérsia.

2. Tal decisão não terá força obrigatória senão para as partes na controvérsia e no que se refere a essa mesma controvérsia.

SEÇÃO 3. LIMITES E EXCEÇÕES À APLICAÇÃO DA SEÇÃO 2

ARTIGO 297
Limites à aplicação da seção 2.

1. As controvérsias relativas à interpretação ou aplicação da presente Convenção, no concernente ao exercício por um Estado costeiro dos seus direitos soberanos ou de jurisdição previstos na presente Convenção, serão submetidas aos procedimentos estabelecidos na seção 2 nos seguintes casos:

a) quando se alegue que um Estado costeiro atuou em violação das disposições da presente Convenção no concernente às liberdades e direitos de navegação ou de sobrevoo ou à liberdade e ao direito de colocação de cabos e dutos submarinos e, outros usos do mar internacionalmente lícitos especificados no artigo 58; ou

b) quando se alegue que um Estado, ao exercer as liberdades, os direitos, ou os usos anteriormente mencionados, atuou em violação das disposições da presente Convenção ou das leis ou regulamentos adotados pelo Estado costeiro, de conformidade com a presente Convenção e com outras normas de direito internacional que não sejam com ela incompatíveis; ou

c) quando se alegue que um Estado costeiro atuou em violação das regras e normas internacionais específicas para a proteção e preservação do meio marinho aplicáveis ao Estado costeiro e que tenham sido estabelecidas pela presente Convenção ou por intermédio de uma organização internacional competente ou de uma conferência diplomática de conformidade com a presente Convenção.

2. a) As controvérsias relativas à interpretação ou aplicação das disposições da presente Convenção concernentes à investigação científica marinha serão solucionadas de conformidade com a seção 2, com a ressalva de que o Estado costeiro não será obrigado a aceitar submeter aos procedimentos de solução, qualquer controvérsia, que se suscitem por motivo de:

i) o exercício pelo Estado costeiro de um direito ou poder discricionário de conformidade com o artigo 246; ou

ii) a decisão do Estado costeiro de ordenar a suspensão ou a cessação de um projeto de investigação de conformidade com o artigo 253.

b) A controvérsia suscitada quando o Estado que realiza as investigações alegar que, em relação a um determinado projeto, o Estado costeiro não está a exercer, de modo compatível com a presente Convenção, os direitos que lhe conferem os artigos 246 e 253, será submetida, a pedido de qualquer das partes, ao procedimento de conciliação nos termos da seção 2 do Anexo V, com a ressalva de que a comissão de conciliação não porá em causa o exercício pelo Estado costeiro do seu poder discricionário de designar as áreas específicas referidas no parágrafo 6º do artigo 246, ou do seu poder discricionário de recusar o seu consentimento, de conformidade com o parágrafo 5º do artigo 246.

3. a) As controvérsias relativas à interpretação ou aplicação das disposições da presente Convenção concernentes à pesca serão soluciona-

das de conformidade com as seção 2, com a ressalva de que o Estado costeiro não será obrigado a aceitar submeter aos procedimentos de solução qualquer controvérsia relativa aos seus direitos soberanos referentes aos recursos vivos da sua zona econômica exclusiva ou ao exercício desses direitos, incluídos os seus poderes discricionários de fixar a captura permissível, a sua capacidade de captura, a atribuição dos excedentes a outros Estados e as modalidades e condições estabelecidas nas suas leis e regulamentos de conservação e gestão.

b) Se a aplicação das disposições da seção 1 da presente Parte não permitiu chegar a uma solução, a controvérsia será submetida, a pedido de qualquer das partes na controvérsia, ao procedimento de conciliação nos termos da seção 2 do Anexo V, quando se alegue que um Estado costeiro:

i) tenha manifestamente deixado de cumprir as suas obrigações de assegurar, por meio de medidas apropriadas de conservação e gestão, que a manutenção dos recursos vivos da zona econômica exclusiva não fique seriamente ameaçada;

ii) tenha arbitrariamente recusado fixar, a pedido de outro Estado, a captura permissível e a sua própria capacidade de captura dos recursos vivos, no que se refere às populações que este outro Estado esteja interessado em pescar; ou

iii) tenha arbitrariamente recusado atribuir a qualquer Estado, nos termos dos artigos 62, 69 e 70, a totalidade ou parte do excedente que tenha declarado existir, segundo as modalidades e condições estabelecidas pelo Estado costeiro compatíveis com a presente Convenção.

c) Em nenhum caso a comissão de conciliação substituirá o seu poder discricionário pelo do Estado costeiro.

d) O relatório da comissão de conciliação deve ser comunicado às organizações internacionais competentes.

e) Ao negociar um acordo nos termos dos artigos 69 e 70, os Estados Partes deverão incluir, salvo acordo em contrário, uma cláusula sobre as medidas que tomarão para minimizar a possibilidade de divergência relativa à interpretação ou aplicação do acordo e sobre o procedimento a seguir se, apesar disso, a divergência surgir.

ARTIGO 298
Exceções de caráter facultativo à aplicação da seção 2

1. Ao assinar ou ratificar a presente Convenção ou a ela aderir, ou em qualquer outro momento ulterior, um Estado pode, sem prejuízo das obrigações resultantes da seção 1, declarar por escrito não aceitar um ou mais dos procedimentos estabelecidos na seção 2, com respeito a uma ou várias das seguintes categorias de controvérsias:

a) i) as controvérsias relativas à interpretação ou aplicação dos artigos 15, 74 e 83 referentes à delimitação de zonas marítimas, ou às baías ou títulos históricos, com a ressalva de que o Estado que tiver feito a declaração, quando tal controvérsia, surgir depois da entrada em vigor da presente Convenção e quando não se tiver chegado a acordo dentro de um prazo razoável de negociações entre as partes, aceito, a pedido de qualquer parte na controvérsia, submeter a questão ao procedimento de conciliação nos termos da seção 2 do Anexo V; além disso, fica excluída de tal submissão qualquer controvérsia que implique necessariamente o exame simultâneo de uma controvérsia não solucionada relativa à soberania ou outros direitos sobre um território continental ou insular;

ii) depois de a comissão de conciliação ter apresentado o seu relatório, no qual exporá as razões em que se fundamenta, as partes negociarão um acordo com base nesse relatório; se essas negociações não resultarem num acordo, as partes deverão, salvo acordo em contrário, submeter, por mútuo consentimento, a questão a um dos procedimentos previstos na seção 2;

iii) esta alínea não se aplica a nenhuma controvérsia relativa à delimitação de zonas marítimas que tenha sido definitivamente solucionada por acordo entre as partes, nem a qualquer controvérsia que deva ser solucionada de conformidade com um acordo bilateral ou multilateral obrigatório para essas partes;

b) as controvérsias relativas a atividades militares, incluídas as atividades militares de embarcações e aeronaves de Estado utilizadas em serviços não comerciais, e as controvérsias relativas a atividades destinadas a fazer cumprir normas legais tendo em vista o exercício de direitos soberanos ou da jurisdição excluídas, nos termos dos parágrafos 2º ou 3º do artigo 297, da jurisdição de uma corte ou tribunal;

c) as controvérsias a respeito das quais o Conselho de Segurança das Nações Unidas esteja a exercer as funções que lhe são conferidas pela Carta das Nações Unidas, a menos que o Conselho de Segurança retire a questão da sua ordem do dia ou convide as partes a solucioná-las pelos meios previstos na presente Convenção.

2. O Estado Parte que tiver feito uma declaração nos termos do parágrafo 1º poderá retirá-la em qualquer momento ou convir em submeter a controvérsia, excluída em virtude dessa declaração, a qualquer dos procedimentos estabelecidos na presente Convenção.

3. Um Estado Parte que tiver feito uma declaração nos termos do parágrafo 1º não pode submeter a controvérsia pertencente à categoria de controvérsias excluídas, a qualquer dos procedimentos previstos na presente Convenção, sem o consentimento de qualquer outro Estado Parte com o qual estiver em controvérsia.

4. Se um dos Estados Partes tiver feito uma declaração nos termos da alínea a) do parágrafo 1º, qualquer outro Estado Parte poderá submeter, contra a parte declarante, qualquer controvérsia pertencente a uma das categorias executadas ao procedimento especificado em tal declaração.

5. Uma nova declaração ou a retirada de uma declaração não afetará de modo algum os procedimentos em curso numa corte ou tribunal nos termos do presente artigo, salvo acordo em contrário da partes.

6. As declarações e as notificações de retirada das declarações nos termos do presente artigo serão depositadas junto do Secretário Geral das Nações Unidas, o qual enviará cópias das mesmas aos Estados Partes.

ARTIGO 299
Direito de as partes convirem num procedimento

1. A controvérsia excluída dos procedimentos de solução de controvérsias previstos na seção 2 nos termos do artigo 297, ou executada de tais procedimentos por meio de uma declaração feita de conformidade com o artigo 298, só poderá ser submetida a esses procedimentos por acordo das partes na controvérsia.

2. Nenhuma das disposições da presente seção prejudica o direito de as partes na controvérsia convirem num outro procedimento para a solução de tal controvérsia ou de chegarem a uma solução amigável.

PARTE XVI
DISPOSIÇÕES GERAIS

ARTIGO 300
Boa fé e abuso de direito

Os Estados Partes devem cumprir de boa fé as obrigações contraídas nos termos da presente Convenção e exercer os direitos, jurisdição e liberdades reconhecidos na presente Convenção de modo a não constituir abuso de direito.

ARTIGO 301
Utilização do mar para fins pacíficos

No exercício dos seus direitos e no cumprimento das suas obrigações nos termos da presente Convenção, os Estados Partes devem abster-se de qualquer ameaça ou uso da força contra a integridade territorial ou a independência política de qualquer Estado, ou de qualquer outra forma incompatível com os princípios de direito internacional incorporadas na Carta das Nações Unidas.

ARTIGO 302
Divulgação de informações

Sem prejuízo do direito de um Estado Parte de recorrer aos procedimentos de solução de controvérsias estabelecidos na presente Convenção, nada nesta Convenção deve ser interpretado no sentido de exigir que um Estado Parte, no cumprimento das suas obrigações nos termos da presente Convenção, forneça informações cuja divulgação seja contrária aos interesses essenciais da sua segurança.

ARTIGO 303
Objetos arqueológicos e históricos achados no mar

1. Os Estados têm o dever de proteger os objetos de caráter arqueológico e histórico achados no mar e devem cooperar para esse fim.

2. A fim de controlar o tráfico de tais objetos, o Estado costeiro pode presumir, ao aplicar o artigo 33, que a sua remoção dos fundos marinhos, na área referida nesse artigo, sem a sua autorização constitui uma infração, cometida no seu território ou no seu mar territorial, das leis e regulamentos mencionados no referido artigo.

3. Nada no presente artigo afeta os direitos dos proprietários identificáveis, as normas de salvamento ou outras normas do direito marítimo bem como leis e práticas em matéria de intercâmbios culturais.

4. O presente artigo deve aplicar-se sem prejuízo de outros acordos internacionais e normas de direito internacional relativos à proteção de objetos de caráter arqueológico e histórico.

ARTIGO 304
Responsabilidade por danos

As disposições da presente Convenção relativas à responsabilidade por danos não prejudicam a aplicação das normas vigentes e a elaboração de novas normas relativas à responsabilidade nos termos do direito internacional.

PARTE XVII
DISPOSIÇÕES FINAIS

ARTIGO 305
Assinatura

1. A presente Convenção está aberta à assinatura de:

a) todos os Estados;

b) a Namíbia, representada pelo conselho das Nações Unidas para a Namíbia;

c) todos os Estados autônomos associados que tenham escolhido este estatuto num ato de autodeterminação fiscalizado e aprovado pelas Nações Unidas de conformidade com a resolução 1514(XV) da Assembléia Geral, e que tenham competência sobre as matérias regidas pela presente Convenção, incluindo a de concluir tratados em relação a essas matérias;

d) todos os Estados autônomos associados que, de conformidade com os seus respectivos instrumentos de associação, tenham competência sobre as matérias regidas pela presente Convenção, incluindo a de concluir tratados em relação a essas matérias;

e) todos os territórios que gozem de plena autonomia interna, reconhecida como tal pelas Nações Unidas, mas que não tenham alcançado a plena independência de conformidade com a resolução 1514(XV) da Assembléia Geral, e que tenham competência sobre as matérias regidas pela presente Convenção, incluindo a de concluir tratados em relação a essas matérias;

f) as organizações internacionais, de conformidade com o Anexo IX.

2. A presente Convenção está aberta à assinatura até 9 de Dezembro de 1984 no Ministério dos Negócios Estrangeiros da Jamaica e também, a partir de 1 de Julho de 1983 até 9 de Dezembro de 1984, na Sede das Nações Unidas em Nova Iorque.

ARTIGO 306
Ratificação e confirmação formal

A presente Convenção está sujeita à ratificação pelos Estados e outras entidades mencionadas nas alíneas b), c), d) e e) do parágrafo 1º do artigo 305, assim como a confirmação formal de conformidade com o Anexo IX, pelas entidades mencionadas na alínea f) no parágrafo 1º desse artigo. Os instrumentos de ratificação e de confirmação formal devem ser depositados junto do Secretário Geral das Nações Unidas.

ARTIGO 307
Adesão

A presente Convenção está aberta à adesão dos Estados e das outras entidades mencionadas no artigo 305. A adesão das entidades na alínea f) do parágrafo 1º do artigo 305 deve ser efetuada de conformidade com o Anexo IX. Os instrumentos de adesão devem ser depositados junto do Secretário Geral das Nações Unidas.

ARTIGO 308
Entrada em vigor

1. A presente Convenção entra em vigor 12 meses após a data de depósito do sexagésimo instrumento de ratificação ou de adesão.

2. Para cada Estado que ratifique a presente Convenção ou a ela adira após o depósito do sexagésimo instrumento de ratificação ou de adesão, a Convenção entra em vigor no trigésimo dia seguinte à data de depósito do instrumento de ratificação ou de adesão, com observância do parágrafo 1º.

3. A Assembléia da Autoridade deve reunir-se na data da entrada em vigor da presente Convenção e eleger o Conselho da Autoridade. Se não for possível a aplicação estrita das disposições do artigo 161, o primeiro Conselho será constituído de forma compatível com o objetivo desse artigo.

4. As normas, regulamentos e procedimentos elaborados pela Comissão Preparatória devem aplicar-se provisoriamente até à sua aprovação formal pela Autoridade, de conformidade com a Parte XI.

5. A autoridade e os seus órgãos devem atuar de conformidade com a resolução II da Terceira Conferência das Nações Unidas sobre o Direito do Mar, relativa aos investimentos preparatórios, e com as decisões tomadas pela Comissão Preparatória na aplicação dessa resolução.

ARTIGO 309
Reservas e exceções

A presente Convenção não admite quaisquer reservas ou exceções além das por ela expressamente autorizadas noutros artigos.

ARTIGO 310
Declarações

O artigo 309 não impede um Estado Parte, quando assina ou ratifica a presente Convenção ou a ela adere, de fazer declarações, qualquer que seja a sua redação ou denominação, com o fim de, inter alia, harmonizar as suas leis e regulamentos com as disposições da presente Convenção, desde que tais declarações não tenham por finalidade excluir ou modificar o efeito jurídico das disposições da presente Convenção na sua aplicação a esse Estado.

ARTIGO 311
Relação com outras convenções e acordos internacionais

1. A presente Convenção prevalece, nas relações entre os Estados Partes, sobre as Convenções de Genebra sobre o Direito do Mar de 29 de Abril de 1958.

2. A presente Convenção não modifica os direitos e as obrigações dos Estados Partes resultantes de outros acordos compatíveis com a presente Convenção e que não afetam o gozo por outros Estados Partes dos seus direitos nem o cumprimento das suas obrigações nos termos da mesma Convenção.

3. Dois ou mais Estados Partes podem concluir acordos, aplicáveis unicamente às suas relações entre si, que modifiquem as disposições da presente Convenção ou suspendam a sua aplicação, desde que tais acordos não se relacionem com nenhuma disposição cuja derrogação seja incompatível com a realização efetiva do objeto e fins da presente Convenção e, desde que tais acordos não afetem a aplicação dos princípios fundamentais nela enunciados e que as disposições de tais acordos não afetem o gozo por outro Estados Partes dos seus direitos ou o cumprimento das suas obrigações nos termos da mesma Convenção.

4. Os Estados Partes que pretendam concluir um acordo dos referidos no parágrafo 3º devem notificar os demais Estados Partes, por intermédio do depositário da presente Convenção, da sua intenção de concluir o acordo bem como da modificação ou suspensão que tal acordo preveja.

5. O presente artigo não afeta os acordos internacionais expressamente autorizados ou salvaguardados por outros artigos da presente Convenção.

6. Os Estados Partes convêm em que não podem ser feitas emendas ao princípio fundamental relativo ao patrimônio comum da humanidade estabelecido no artigo 136 e em que não serão partes em nenhum acordo que derrogue esse princípio.

ARTIGO 312
Emendas

1. Decorridos 10 anos a contar da data de entrada em vigor da presente Convenção, qualquer Estado Parte pode propor, mediante comunicação escrita ao Secretário Geral das Nações Unidas, emendas concretas à presente Convenção, exceto as que se refiram a atividades na Área, e pode solicitar a convocação de uma conferência para examinar as emendas propostas. O Secretário Geral deve transmitir tal comunicação a todos os Estados Partes. Se, nos 12 meses seguintes à data de transmissão de tal comunicação, pelo menos metade dos Estados Partes responderem favoravelmente a esse pedido, o Secretário Geral deve convocar a conferência.

2. O procedimento de adoção de decisões aplicável na conferência de emendas deve ser o mesmo aplicado na Terceira Conferência das Nações Unidas sobre o Direito do Mar, a menos que a conferência decida de outro modo. A conferência deve fazer todo o possível para chegar a acordo sobre quaisquer emendas por consenso, não se devendo proceder a votação das emendas enquanto não se esgotarem todos os esforços para se chegar a consenso.

ARTIGO 313
Emendas por procedimento simplificado

1. Todo Estado Parte pode propor, mediante comunicação escrita ao Secretário Geral das Nações Unidas, emenda à presente Convenção que não se relacione com atividades na Área, para ser adotada pelo procedimento simplificado estabelecido no presente artigo sem a convocação de uma conferência. O Secretário Geral deve transmitir a comunicação a todos os Estados Partes.

2. Se, nos 12 meses seguintes a contar da data de transmissão da comunicação, um Estado Parte apresentar objeção à emenda proposta ou à sua adoção pelo procedimento simplificado, a emenda será considerada rejeitada. O Secretário Geral deve notificar imediatamente todos os Estados Partes, em conformidade.

3. Se, nos 12 meses seguintes a contar da data de transmissão da comunicação, nenhum Estado Parte tiver apresentado qualquer objeção à emenda proposta ou à sua adoção pelo procedimento simplificado, a emenda proposta será considerada adotada. O Secretário Geral deve notificar todos os Estados Partes de que a emenda proposta foi adotada.

ARTIGO 314
Emendas às disposições da presente Convenção relativas exclusivamente a atividades na Área

1. Todo Estado Parte pode propor, mediante comunicação escrita ao Secretário Geral da Autoridade, emenda às disposições da presente Convenção relativa exclusivamente a atividades na Área, incluindo a seção 4 do Anexo VI. O Secretário Geral deve transmitir tal comunicação a todos os Estados Partes. A emenda proposta fica sujeita à aprovação pela Assembléia depois de aprovada pelo Conselho. Os representantes dos Estados Partes nesses órgãos devem ter plenos poderes para examinar e aprovar a emenda proposta. A emenda proposta, tal como aprovada pelo Conselho e pela Assembléia, considera-se adotada.

2. Antes da aprovação de qualquer emenda nos termos do parágrafo 1º, o Conselho e a Assembléia devem assegurar-se de que ela não afeta o sistema de exploração e aproveitamento dos recursos da Área até à realização da conferência de Revisão, de conformidade com o artigo 155.

ARTIGO 315
Assinatura, ratificação das emendas, adesão às emendas e textos autênticos das emendas

1. Uma vez adotadas, as emendas à presente Convenção ficam abertas à assinatura pelos Estados Partes na presente Convenção nos 12 meses a contar da data da sua adoção, na Sede das Nações Unidas em Nova Iorque, salvo disposição em contrário na própria emenda.

2. Os artigos 306, 307 e 320 aplicam-se a todas as emendas à presente Convenção.

ARTIGO 316
Entrada em vigor das emendas

1. As emendas à presente Convenção, exceto as mencionadas no parágrafo 5º, entram em vigor para os Estados Partes que as ratifiquem ou a elas adiram no trigésimo dia seguinte ao depósito dos instrumentos de ratificação ou de adesão de dois terços dos Estados Partes ou de 60 Estados Partes, se este número for maior. Tais emendas não afetam o gozo por outros Estados Partes dos seus direitos ou o cumprimento das suas obrigações nos temos da presente Convenção.

2. Uma emenda pode prever, para a sua entrada em vigor, um número de ratificações ou de adesões maior do que o requerido pelo presente artigo.

3. Para qualquer Estado Parte que ratifique uma emenda referida no parágrafo 1º ou a ela adira, após o depósito do número requerido de instrumentos de ratificação ou de adesão, a emenda entra em vigor no trigésimo dia seguinte ao depósito do seu instrumento de ratificação ou de adesão.

4. Todo Estado que venha a ser Parte na presente Convenção depois da entrada em vigor de uma emenda de conformidade com o parágrafo 1º, se não manifestar intenção diferente, é considerado:

a) Parte na presente Convenção, tal como emendada; e

b) Parte na presente Convenção não emendada, em relação a qualquer Estado Parte que não esteja obrigado pela emenda.

5. As emendas relativas exclusivamente a atividades na Área e as emendas ao Anexo VI entram em vigor para todos os Estados Partes um ano após o depósito por três quartos dos Estados Partes dos seus instrumentos de ratificação ou de adesão.

6. Todo o Estado que venha a ser Parte na presente Convenção depois da entrada em vigor de emendas de conformidade com o parágrafo 5º é considerado Parte na presente Convenção, tal como emendada.

ARTIGO 317
Denúncia

1. Todo Estado Parte pode, mediante notificação escrita dirigida ao Secretário Geral das Nações Unidas, denunciar a presente Convenção e indicar as razões da denúncia. A omissão de tais razões não afeta a validade da denúncia. A denúncia terá efeito um ano após a data do recebimento da notificação, a menos que aquela preveja uma data ulterior.

2. Nenhum Estado fica dispensado, em virtude da denúncia, das obrigações financeiras e contratuais contraídas enquanto Parte na presente Convenção, nem a denúncia afeta nenhum direito, obrigação ou situação jurídica desse Estado decorrentes da aplicação da presente Convenção antes de esta deixar de vigorar em relação a esse Estado.

3. A denúncia em nada afeta o dever de qualquer Estado Parte de cumprir qualquer obrigação incorporada na presente Convenção a que esteja sujeito nos termos do direito internacional, independentemente da presente Convenção.

ARTIGO 318
Estatuto dos Anexos

Os Anexos são parte integrante da presente Convenção e, salvo disposição expressa em contrário, uma referência à presente Convenção ou a uma das suas Partes constitui uma referência aos Anexos correspondentes.

ARTIGO 319
Depositário

1. O Secretário Geral das Nações Unidas é o depositário da presente Convenção e das emendas a esta.

2. Além das suas funções de depositário, o Secretário Geral das Nações Unidas deve:

a) enviar relatórios a todos os Estados Partes, à Autoridade e às organizações internacionais competentes relativos a questões de caráter geral que surjam em relação à presente Convenção;

b) notificar a Autoridade das ratificações, confirmações formais e adesões relativas à presente Convenção e das emendas a esta, bem como das denúncias da presente Convenção;

c) notificar os Estados Partes dos acordos concluídos, de conformidade com o parágrafo 4º do Artigo 311;

d) transmitir aos Estados Partes, para ratificação ou adesão, as emendas adotadas, de conformidade com a presente Convenção;

e) convocar as reuniões necessárias dos Estados Partes, de conformidade com a presente Convenção.

3. a) O Secretário Geral deve transmitir também aos observadores mencionados no artigo 156:

i) os relatórios mencionados na alínea a) do parágrafo 2º;

ii) as notificações mencionadas nas alíneas b) e c) do parágrafo 2º; e

iii) o texto das emendas mencionadas na alínea d) do parágrafo 2º, para sua informação.

b) O Secretário Geral deve convidar igualmente estes observadores a participarem, como observadores, nas reuniões dos Estados Partes mencionadas na alínea e) do parágrafo 2º.

ARTIGO 320
Textos autênticos

O original da presente Convenção, cujos textos em Árabe, Chinês, Espanhol, Francês, Inglês e Russo fazem igualmente fé, fica depositado, sem prejuízo do disposto no parágrafo 2º do artigo 305, junto do Secretário Geral das Nações Unidas.

EM FÉ DO QUE os Plenipotenciários abaixo assinados, devidamente autorizados para o efeito, assinaram a presente Convenção.

FEITO EM MONTEGO BAY, no dia dez de dezembro de mil novecentos e oitenta e dois.

ANEXO I
ESPÉCIES ALTAMENTE MIGRATÓRIAS

1. Thunnus alalunga.
2. Thunnus thynnus.
3. Thunnus obesus.
4. Katsuwonus pelamis.
5. Thunnus albacares.
6. Thunnus atlanticus.
7. Euthynnus alleteratus; Euthynnus affinis.
8. Thunnus maccoyii.
9. Auxis thazard; Auxis rochei.
10. Família Bramidae.
11. Tetrapturus augustirostris; Tetrapturus belone; Tetrapturus pfluegeri; Tetrapturus albidus; Tetrapturus audax; Tetrapturus georgei; Makaira mazara; Makaira indica; Makaira nigricans.
12. Istiophorus platypterus; Istiophorus albicans.
13. Xiphias gladius
14. Scomberesox saurus; cololabis saira; Cololabis adocetus; Scomberesox saurus scombroides.
15. Coryphaena hippurus; Coryphaena equiselis.
16. Hexanchus griseus; Cetorhinus maximus; Família Alopiidae; Rhincondon typus; Família Carcharhinidae; Família Sphyrnidae; Família Isurida.
17. Família Physeteridae; Família Balaenopteridae; Família Balaenidae; Família Eschrichtiidae; Família Monodontidae Família Ziphiidae; Família Delphinidae.

ANEXO II
COMISSÃO DE LIMITES DA PLATAFORMA CONTINENTAL

ARTIGO 1

De acordo com as disposições do artigo 76 da Parte VI da presente Convenção, será estabelecida uma Comissão de Limites da Plataforma Continental além das 200 milhas marítimas de conformidade com os artigos seguintes.

ARTIGO 2

1. A comissão será composta de 21 membros, peritos em geologia, geofísica ou hidrografia, eleitos pelos Estados Partes na presente Convenção entre os seus nacionais, tendo na devida conta a necessidade de assegurar uma representação geográfica equitativa, os quais prestarão serviços a título pessoal.

2. A primeira eleição deve realizar-se o mais cedo possível, mas em qualquer caso dentro de um prazo de 18 meses a contar da entrada em vigor da presente Convenção. Pelo menos três meses antes da data de cada eleição, o Secretário Geral das Nações Unidas enviará uma carta aos Estados Partes convidando-os a apresentar candidaturas num prazo de três meses, após consultas regionais apropriadas. O Secretário Geral preparará, por ordem alfabética, uma lista de todos os candidatos assim eleitos e a apresentá-la-á a todos os Estados Partes.

3. A eleição dos membros da Comissão deve realizar-se numa reunião dos Estados Partes convocada pelo Secretário Geral na Sede das Nações Unidas. Nessa reunião, cujo quorum será constituído por dois terços dos Estados Partes, os membros eleitos para a Comissão serão os candidatos que obtiverem a maioria de dois terços dos votos dos representantes dos Estados Partes presentes e votantes. Serão eleitos, pelo menos, três membros de cada região geográfica.

4. Os membros da Comissão serão eleitos para um mandato de cinco anos. Poderão ser reeleitos.

5. O Estado Parte que tiver apresentado a candidatura de um membro da Comissão custeará as despesas do mesmo enquanto prestar serviço na Comissão. O Estado costeiro interessado custeará as despesas referentes à assessoria prevista na alinea b) do parágrafo 1º do artigo 3. O secretariado da Comissão será assegurado pelo Secretário Geral das Nações Unidas.

ARTIGO 3

1. As funções da Comissão serão as seguintes:

a) examinar os dados e outros elementos de informação apresentados pelos Estados costeiro sobre os limites exteriores da plataforma continental nas zonas em que tais limites se estenderem além de 200 milhas marítimas e formular recomendações de conformidade com o artigo 76 e a Declaração de Entendimento adotada em 29 de Agosto de 1980 pela Terceira Conferência das Nações Unidas sobre o Direito do Mar;

b) prestar assessoria científica e técnica, se o Estado costeiro interessado a solicitar, durante a preparação dos dados referidos na alínea a).

2. A Comissão pode cooperar, na medida em que se considere útil e necessário, com a Comissão Oceanográfica Intergovernamental da UNESCO,

a Organização Hidrográfica Internacional e outras organizações internacionais competentes a fim de trocar informações científicas e técnicas que possam ajudar a Comissão no desempenho das suas responsabilidades.

ARTIGO 4

Quando um Estado costeiro tiver intenção de estabelecer, de conformidade com o artigo 76, o limite exterior da sua plataforma continental além de 200 milhas marítimas, apresentará à Comissão, logo que possível, mas em qualquer caso dentro dos 10 anos seguintes à entrada em vigor da presente Convenção para o referido Estado, as características de tal limite juntamente com informações científicas e técnicas de apoio. O Estado costeiro comunicará ao mesmo tempo os nomes de quaisquer membros da Comissão que lhe tenham prestado assessoria científica e técnica.

ARTIGO 5

A não ser que a Comissão decida de outro modo, deve funcionar por intermédio de subcomissões compostas de sete membros, designados de forma equilibrada tomando em conta os elementos específicos de cada proposta apresentado pelo Estado costeiro. Os membros da Comissão que forem nacionais do Estado costeiro interessado ou que tiverem auxiliado o Estado costeiro prestando-lhe assessoria científica e técnica a respeito da delimitação não serão membros da subcomissão que trate do caso, mas terão o direito a participar, na qualidade de membros, nos trabalhos da Comissão relativos ao caso. O Estado costeiro que tiver apresentado uma proposta à Comissão pode enviar representantes para participarem nos respectivos trabalhos, sem direito de voto.

ARTIGO 6

1. A subcomissão deve apresentar as suas recomendações à Comissão.

2. A aprovação das recomendações da subcomissão será feita pela Comissão por maioria de dois terços dos membros presentes e votantes.

3. As recomendações da Comissão devem ser apresentados por escrito ao Estado costeiro que tenha apresentado a proposta e ao Secretário Geral das Nações Unidas.

ARTIGO 7

Os Estados costeiros estabelecerão o limite exterior da sua plataforma continental de conformidade com as disposições do parágrafo 8º do artigo 76 e de acordo com os procedimentos nacionais apropriados.

ARTIGO 8

No caso de o Estado costeiro discordar das recomendações da Comissão, deve apresentar à Comissão dentro de um prazo razoável uma proposta revista ou uma nova proposta.

ARTIGO 9

As decisões da Comissão não devem prejudicar os assuntos relacionados com a delimitação entre Estados com costas adjacentes ou situadas frente a frente.

ANEXO III
CONDIÇÕES BÁSICAS PARA A PROSPECÇÃO, EXPLORAÇÃO E APROVEITAMENTO

ARTIGO 1
Direitos sobre os minerais

Os direitos sobre os minerais serão transferidos no momento da sua extração de conformidade com a presente Convenção.

ARTIGO 2
Prospecção

1. a) A Autoridade deve fomentar a prospecção na Área.

b) A prospecção só deve ser realizada quando a Autoridade tiver recebido do prospetor proponente um compromisso escrito satisfatório de que ele cumprirá com a presente Convenção, bem como com as normas, regulamentos e procedimentos da Autoridade relativos à cooperação nos programas de formação previstos nos artigos 143 e 144 e à proteção do meio marinho, e que aceitará a verificação do cumprimento desse compromisso pela Autoridade. Juntamente com o compromisso, o prospector proponente deve notificar a Autoridade da área ou áreas aproximadas em que a prospecção será realizada.

c) A prospecção pode ser realizada simultaneamente por mais de um prospector na mesma área ou nas mesmas áreas.

2. A prospecção não confere ao prospector qualquer direito sobre os recursos. Contudo, o prospector pode extrair uma quantidade razoável de minerais para fins experimentais.

ARTIGO 3
Exploração e aproveitamento

1. A Empresa, os Estados Partes e as demais entidades ou pessoas referidas na alínea b) do parágrafo 2º do artigo 153 podem pedir à Autoridade a aprovação de planos de trabalho relativos a atividades na Área.

2. A empresa pode fazer esse pedido em relação a qualquer parte da Área, mas os pedidos apresentados por outras entidades ou pessoas relativos a áreas reservadas devem estar sujeitos aos requisitos adicionais do artigo 9 do presente Anexo.

3. A exploração e o aproveitamento só devem ser realizados nas áreas especificadas nos planos de trabalho mencionados no parágrafo 3º Do artigo 153 e aprovados pela Autoridade de conformidade com a presente Convenção e com as normas, regulamentos e procedimentos pertinentes da Autoridade.

4. Qualquer plano de trabalho aprovado deve:

a) estar de conformidade com a presente Convenção e com as normas, regulamentos e procedimentos da Autoridade;

b) prever o controle pela Autoridade das atividades na Área, de conformidade com o parágrafo 4 do artigo 153;

c) conferir ao operador, de conformidade com as normas, regulamentos e procedimentos da Autoridade, direitos exclusivos para a exploração e aproveitamento, na área coberta pelo plano de trabalho, das categorias de recursos nele especificadas. Contudo, se o peticionário apresentar um plano de trabalho para aprovação que cubra apenas a fase de exploração ou a fase de aproveitamento, o plano de trabalho aprovado conferirá direitos exclusivos apenas em relação a essa fase.

5. Uma vez aprovado pela Autoridade, qualquer plano de trabalho, exceto os apresentados pela Empresa, terá a forma de um contrato concluído entre a autoridade e o peticionário ou os peticionários.

ARTIGO 4
Requisitos para a qualificação de peticionários

1. Com exceção da Empresa, devem ser qualificados os peticionários que preencherem os requisitos de nacionalidade ou controle e de patrocínio enumerados na alínea b) do parágrafo 2º do artigo 153 e que cumprirem os procedimentos e satisfizerem os critérios de qualificação estabelecidos nas normas, regulamentos e procedimentos da Autoridade.

2. Com exceção do disposto no parágrafo 6º, tais critérios de qualificação dirão respeito à capacidade financeira e técnica do peticionário e ao seu desempenho no cumprimento dos contratos anteriores com a Autoridade.

3. Cada peticionário deve ser patrocinado pelo Estado Parte do qual seja nacional, a não ser que o peticionário tenha mais de uma nacionalidade, como numa associação ou consórcio de entidades ou de pessoas nacionais de vários Estados, caso em que todos os Estados Partes em causa devem patrocinar o pedido, ou a não ser que o peticionário seja efetivamente controlado por um outro Estado Parte ou nacionais deste, caso em que ambos os Estados Partes devem patrocinar o pedido. Os critérios e procedimentos para a aplicação dos requisitos de patrocínio serão estabelecidos nas normas, regulamentos e procedimentos da Autoridade.

4. O Estado ou os Estados patrocinadores terão, nos termos do artigo 139, a responsabilidade de assegurar, no âmbito dos seus sistemas jurídicos, que o contratante assim patrocinado realize atividades na Área, de conformidade com os termos do seu contrato e com as obrigações que lhe incumbem nos termos da presente Convenção. Contudo, um Estado patrocinador não será responsável pelos danos causados pelo não-cumprimento dessas obrigações por um contratante por ele patrocinado, quando esse Estado Parte tiver adotado leis e regulamentos e tomado medidas administrativas que, no âmbito do seu sistema jurídico, forem razoavelmente adequadas para assegurar o cumprimento dessas obrigações pelas pessoas sob sua jurisdição.

5. Os procedimentos para avaliar as qualificações dos Estados Partes que forem peticionários devem ter em conta a sua qualidade de Estados.

6. Os critérios de qualificação exigirão que, no seu pedido, qualquer peticionário, sem exceção, se comprometa a:

a) cumprir as obrigações aplicáveis das disposições da Parte XI, as normas, regulamentos e procedimentos da Autoridade, as decisões dos seus órgãos e os termos dos contratos concluídos com a Autoridade, e aceitar o seu caráter executório;

b) aceitar o controle pela Autoridade sobre as atividades na Área tal como autorizado pela presente Convenção;

c) dar à Autoridade garantias por escrito de que cumprirá de boa fé as obrigações que lhe incumbem em virtude do contrato;

d) cumprir as disposições relativas à transferência e tecnologia, previstas no artigo 5 do presente Anexo.

ARTIGO 5
Transferência de tecnologia

1. Ao apresentar um plano de trabalho, qualquer peticionário porá à disposição da Autoridade uma descrição geral do equipamento e dos métodos que serão utilizados na realização de atividades na Área e outras informações pertinentes que não sejam propriedade industrial acerca das características de tal tecnolo-

gia, bem como informações sobre onde essa tecnologia se encontra disponível.

2. Qualquer operador comunicará à Autoridade as alterações na descrição e nas informações postas à disposição nos termos do parágrafo 1º, sempre que seja introduzida uma modificação ou inovação tecnológica importante.

3. Qualquer contrato para a realização de atividades na Área deve incluir os seguintes compromissos da parte do contratante:

a) pôr à disposição da Empresa, segundo modalidades e condições comerciais justas e razoáveis, quando solicitado pela Autoridade, a tecnologia que utiliza na realização de atividades na Área, nos termos do contrato e que o contratante esteja legalmente autorizado a transferir. A transferência far-se-á por meio de licenças ou outros ajustes apropriados que o contratante negociará com a Empresa e que serão especificados num acordo especial complementar ao contrato. Este compromisso só pode ser invocado se a Empresa verificar que não pode obter no mercado livre, segundo modalidades e condições comerciais justas e razoáveis, a mesma tecnologia ou tecnologia igualmente eficiente e apropriada;

b) obter do proprietário de qualquer tecnologia utilizada na realização de atividades na Área nos termos do contrato, e que não esteja geralmente disponível no mercado livre nem prevista na alínea a), a garantia escrita de que, quando solicitado pela Autoridade, porá essa tecnologia à disposição da Empresa por meio de licenças ou outros ajustes apropriados e segundo modalidades e condições comerciais justas e razoáveis, na mesma medida em que esteja à disposição do contratante. Se esta garantia não for obtida, tal tecnologia não poderá ser utilizada pelo contratante na realização de atividades na Área;

c) adquirir do proprietário, por meio de um contrato executório, a pedido da Empresa, e, se for possível ao contratante fazê-lo sem custo substanciais, o direito de transferir para a Empresa a tecnologia que utiliza na realização de atividades na Área nos termos do contrato, e que o contratante não esteja de outro modo legalmente autorizado a transferir nem esteja geralmente disponível no mercado livre. Nos casos em que exista um vínculo empresarial importante entre o contratante e o proprietário da tecnologia, a solidez desse vínculo e o grau de controle ou de influência serão tidos em conta para determinar se foram tomadas todas as medidas possíveis para a aquisição desse direito. Se o contratante exercer um controle efetivo sobre o proprietário, a não-aquisição desse direito legal será tida em conta para o exame dos requisitos de qualificação do contratante, quando este solicitar posteriormente a aprovação de um plano de trabalho.

d) facilitar, a pedido da Empresa, a aquisição pela mesma de qualquer tecnologia referida na alínea b), por meio de licença ou outros ajustes apropriados e segundo modalidades e condições comerciais justas e razoáveis, se a Empresa decidir negociar diretamente com o proprietário dessa tecnologia;

e) tomar, em benefício de um Estado em desenvolvimento ou de um grupo de Estados em desenvolvimento que tenha solicitado um contrato nos termos do artigo 9 do presente Anexo, as mesmas medidas previstas nas alíneas a), b), c) e d), desde que essas medidas se limitem ao aproveitamento da parte da área proposta pelo contratante que tenha sido reservada nos termos do artigo 8 do presente Anexo, e desde que as atividades previstas pelo contrato solicitado pelo Estado em desenvolvimento ou por um grupo de Estados em desenvolvimento não impliquem transferência de tecnologia para um terceiro Estado ou para os nacionais de um terceiro Estado. A obrigação estabelecida na presente disposição só se aplica em relação ao contratante quando a tecnologia não tiver sido requisitada pela Empresa ou por ele transferida à Empresa.

4. As controvérsias relativas a compromissos requeridos pelo parágrafo 3º, bem como as relativas a outras cláusulas dos contratos, estarão sujeitas ao procedimento de solução obrigatória previsto na Parte XI e, em caso de inobservância desses compromissos, podem ser impostas penas pecuniárias ou a suspensão ou rescisão do contrato, de conformidade como o artigo 18 do presente Anexo. As controvérsias sobre a questão de saber se as ofertas do contratante são feitas segundo modalidades e condições comerciais justas e razoáveis podem ser submetidas por qualquer das partes à arbitragem comercial obrigatória de conformidade com as Regras de Arbitragem da Comissão das Nações Unidas sobre o Direito Comercial Internacional (UNICITRAL) ou outros regulamentos de arbitragem previstos nas normas, regulamentos e procedimentos da Autoridade. Quando se verificar que a oferta do contratante não está feita segundo modalidades e condições comerciais justas e razoáveis, será dado ao contratante um prazo de 45 dias para rever a sua oferta, de modo a que a mesma seja feita segundo tais modalidades e condições, antes que a Autoridade tome alguma decisão de conformidade com o artigo 18 do presente Anexo.

5. Se a Empresa não conseguir obter, segundo modalidades e condições comerciais, justas e razoáveis, tecnologia apropriada que lhe permita iniciar, em tempo oportuno, a extração e processamento de minerais da Área, o Conselho ou a Assembléia pode convocar um grupo de Estados Partes composto por Estados que realizem atividades na Área, por Estados que patrocinam entidades ou pessoas que realizem atividades na Área e por outros Estados Partes que têm acesso a essa tecnologia. Este grupo consultar-se-á e tomará medidas eficazes para assegurar que esta tecnologia seja posta à disposição da Empresa segundo modalidades e condições comerciais justas e razoáveis. Para este fim, cada um desses Estados Partes tomará todas as medidas possíveis no âmbito do seu sistema jurídico.

6. No caso de empreendimentos conjuntos com a Empresa, a transferência de tecnologia será feita de conformidade com as cláusulas do acordo que rege estes empreendimentos.

7. Os compromissos estabelecidos no parágrafo 3º serão incluídos em cada contrato para a realização de atividades na Área até dez anos após o início da produção comercial pela Empresa, e podem ser invocados durante esse período.

8. Para efeitos do presente artigo, "tecnologia" significa o equipamento especializado e conhecimentos técnicos, incluindo manuais, desenhos, instruções de funcionamento, formação e assessoria e assistência técnicas, necessários para a montagem, manutenção e funcionamento de um sistema viável, e o direito legal de utilizar estes elementos para esse fim numa base não exclusiva.

ARTIGO 6
Aprovação de planos de trabalho

1. Seis meses após a entrada em vigor da presente Convenção e, posteriormente, de quatro em quatro meses, a Autoridade examinará os planos de trabalho propostos.

2. Ao examinar um pedido de aprovação de um plano de trabalho sob a forma de contrato, a Autoridade assegurar-se-á em primeiro lugar de que:

a) o peticionário cumpriu os procedimentos estabelecidos para os pedidos, de conformidade com o artigo 4 do presente Anexo e assumiu perante a Autoridade os compromissos e lhe deu as garantias requeridas por esse artigo. No caso de inobservância destes procedimentos ou na falta de qualquer desses compromissos ou garantias, será dado ao peticionário um prazo de 45 dias para suprir estas falhas;

b) o peticionário reúne os requisitos de qualificação previstos no artigo 4 do presente Anexo.

3. Todos os planos de trabalho propostos devem ser examinados pela ordem em que são recebidos. Os planos de trabalho propostos deverão cumprir com as disposições pertinentes da presente Convenção e com as normas, regulamentos e procedimentos da Autoridade, incluindo os requisitos relativos às operações, contribuições financeiras e compromissos referentes à transferência de tecnologia, e devem ser regidos pelos mesmos. Se os planos de trabalho propostos estiverem em conformidade com esses requisitos, a Autoridade aprová-los-á, sempre que estejam de acordo com os requisitos uniformes e não discriminatórios estabelecidos nas normas, regulamentos e procedimentos da autoridade, a menos que:

a) uma parte ou totalidade da área coberta pelo plano de trabalho proposto esteja incluída num plano de trabalho já aprovado ou num plano de trabalho anteriormente proposto sobre o qual a Autoridade não tenha ainda adotado uma decisão definitiva;

b) uma parte ou a totalidade da área coberta pelo plano de trabalho proposto tenha sido excluída pela Autoridade nos termos da alínea x) do parágrafo 2º do artigo 162; ou

c) o plano de trabalho proposto tenha sido apresentado ou patrocinado por um Estado Parte que já tenha:

i) planos de trabalho para a exploração e aproveitamento de nódulos polimetálicos em áreas não reservadas cuja superfície, juntamente com a de qualquer uma das partes da área coberta pelo plano de trabalho proposto, exceda 30 por cento da superfície de uma área circular de 400 mil quilômetros quadrados cujo centro seja o de qualquer uma das partes da área coberta pelo plano de trabalho proposto;

ii) planos de trabalho para a exploração e aproveitamento de nódulos polimetálicos em áreas não reservadas que, em conjunto, representem 2 por cento da superfície da área total dos fundos marinhos que não esteja reservada nem tenha sido excluída do aproveitamento nos termos da alínea x) do parágrafo 2º do artigo 162.

4. Para efeitos de aplicação do critério estabelecido na alínea c) do parágrafo 3º, um plano de trabalho apresentado por uma associação ou consórcio deve ser atribuído numa base proporcional aos Estados Partes patrocinadores, de conformidade com o parágrafo 3º do artigo 4 do presente Anexo. A Autoridade pode aprovar os planos de trabalho referidos na alínea c) do parágrafo 3º, se ela determinar que essa aprovação não permitirá que um Estado Parte ou entidades ou pessoas por ele patrocinadas monopolizem a realização de atividades na Área ou impeça que outros Estados Partes nela realizem atividades.

5. Não obstante a alínea a) do parágrafo 3º, depois de terminado o período provisório previsto no parágrafo 3º do artigo 151, a Autoridade pode adotar, por meio de normas regulamentos e procedimentos, outros procedimentos e critérios compatíveis com a presente Convenção para decidir quais os peticionários cujos planos de trabalho serão aprovados, nos casos em que tenha de ser feita uma seleção entre os peticionários para uma área proposta. Estes procedimentos e critérios assegurarão a aprovação dos planos de trabalho numa base equitativa e não-discriminatória.

ARTIGO 7
Seleção de peticionários de autorizações de produção

1. Seis meses após a entrada em vigor da presente Convenção e, posteriormente, de quatro em quatro meses, a Autoridade examinará os pedidos de autorizações de produção apresentados durante o período imediatamente anterior. A Autoridade outorgará as autorizações solicitadas, se todos esses pedido puderem ser aprovados sem se excederem os limites de produção ou sem a infração pela Autoridade da obrigações que contraiu nos termos de um acordo ou ajuste sobre produtos básicos em que seja parte segundo o disposto no artigo 151.

2. Quando tiver de ser feita uma seleção entre peticionários de autorizações de produção em virtude dos limites e produção fixados nos parágrafos 2º a 7º do artigo 151 ou das obrigações contraídas pela Autoridade nos termos de um acordo ou ajuste sobre produtos básicos de que se tenha tornado parte segundo o disposto no parágrafo 1º do artigo 151, a Autoridade deve efetuar a seleção com base em critérios objetivos e não discriminatórios estabelecidos nas suas normas, regulamentos e procedimentos.

3. Ao aplicar o parágrafo 2º, a autoridade deve dar prioridade aos peticionários que:

a) ofereçam maiores garantias de execução, tendo em conta a sua capacidade financeira e técnica e, se for o caso, a forma como tenham executado planos de trabalho anteriormente aprovados;

b) ofereçam à Autoridade a possibilidade de obter benefícios financeiros mais rápidos, tendo em conta a data prevista para o inicio da produção comercial;

c) já tenham investido maiores recursos e esforços na prospecção ou exploração.

4. Os peticionários que nunca tenham sido selecionados, em qualquer período, terão prioridade nos períodos subsequentes até receberem uma autorização de produção.

5. A seleção será feita tendo em conta a necessidade de ampliar as oportunidades de todos os Estados Partes, independentemente dos seus sistemas sociais e econômicos ou da sua situação geográfica, de modo a evitar qualquer discriminação conta qualquer Estado ou sistema, na participação nas atividades na Área, e de impedir a monopolização dessas atividades.

6. Sempre que estiverem em aproveitamento menos áreas reservadas do que áreas não reservadas, terão prioridade os pedidos de autorização de produção relativos a áreas reservadas.

7. As decisões referidas no presente artigo serão tomadas o mais cedo possível após o termo de cada período.

ARTIGO 8
Reserva de áreas

Cada pedido, excetuando os apresentados pela Empresa ou por quaisquer outras entidades ou pessoas, relativo a áreas reservadas, deve cobrir uma área total, não necessariamente contínua, com uma superfície e um valor comercial estimativo suficientes para permitir duas operações de mineração. O peticionário deve indicar as coordenadas que permitam dividir a área em duas partes de igual valor comercial estimativo e comunicará todos os dados que tenha obtido respeitantes às duas partes da área. Sem prejuízo dos poderes da Autoridade nos termos do artigo 17 do presente Anexo, os dados que devem ser apresentados relativos aos nódulos polimetálicos devem referir-se ao levantamento cartográfico, à amostragem, à concentração dos nódulos e ao seu teor em metais. Nos 45 dias seguintes ao recebimento destes dados, a Autoridade deve designar que parte será reservada exclusivamente para a realização de atividades pela Autoridade por intermédio da Empresa ou em associação com Estados em desenvolvimento. Essa designação pode ser diferida por um período adicional de 45 dias se a Autoridade solicitar um perito independente que determine se todos os dados requeridos pelo presente artigo lhe foram apresentados. A área designada tornar-se-á uma área reservada assim que o plano de trabalho para a área não reservada tiver sido aprovado e o contrato assinado.

ARTIGO 9
Atividades em áreas reservadas

1. A empresa poderá decidir se pretende realizar atividades em cada área reservada. Esta decisão pode ser tomada em qualquer altura, a não ser que a autoridade receba uma notificação nos termos do parágrafo 4º, caso em que a Empresa tomará a sua decisão num prazo razoável. A Empresa pode decidir aproveitar essas áreas por meio de empreendimentos conjuntos com o Estado, a entidade ou pessoa interessados.

2. A Empresa pode celebrar contratos para a execução de uma parte das suas atividades de conformidade com o artigo 12 do Anexo IV. Pode também constituir empreendimentos conjuntos para a realização dessas atividades com quaisquer entidades ou pessoas que estejam habilitadas a realizar atividades na Área nos termos da alínea b) do parágrafo 2º do artigo 153. Ao considerar tais empreendimentos conjuntos, a Empresa deve oferecer a oportunidade de uma participação efetiva aos Estados Partes que sejam Estados em desenvolvimento e aos nacionais destes.

3. A Autoridade pode prescrever, nas suas normas, regulamentos e procedimentos, requisitos de fundo e de procedimento bem como condições, relativos e tais contratos e empreendimentos conjuntos.

4. Todo Estado Parte que seja um Estado em desenvolvimento ou qualquer pessoa física ou jurídica patrocinada por este e efetivamente controlada por este ou por um outro Estado em desenvolvimento, que seja um peticionário qualificado, ou qualquer grupo dos precedentes, pode notificar à Autoridade o seu desejo de apresentar um plano de trabalho nos termos do artigo 6 do presente Anexo, para uma área reservada. O plano de trabalho será examinado se a Empresa decidir, nos temos do parágrafo 1º, que não pretende realizar atividades nessa área.

ARTIGO 10
Preferência e prioridade de certos peticionários

Um operador que tiver um plano de trabalho aprovado unicamente para a realização de atividades de exploração, de conformidade com a alínea c) do parágrafo 4º do artigo 3 do presente Anexo, deve ter preferência e prioridade sobre os demais peticionários que tenham apresentado um plano de trabalho para aproveitamento da mesma área e dos mesmos recursos. Contudo, tal preferência ou prioridade pode ser retirada se o operador não tiver executado o seu plano de trabalho de modo satisfatório.

ARTIGO 11
Ajustes conjuntos

1. Os contratos podem prever ajustes conjuntos entre o contratante e a Autoridade por intermédio da Empresa, sob a forma de empreendimentos conjuntos ou de repartição da produção, bem como qualquer outra forma de ajustes conjuntos, que gozarão da mesma proteção em matéria de revisão, suspensão ou rescisão que os contratos celebrados com a Autoridade.

2. Os contratantes que concluam com a Empresa esses ajustes conjuntos podem receber incentivos financeiros, tal como previsto no artigo 13 do presente Anexo.

3. Os sócios no empreendimento conjunto com a Empresa serão responsáveis pelos pagamentos previstos no artigo 13 do presente Anexo na proporção da sua participação no empreendimento conjunto, sob reserva de incentivos financeiros, tal como previsto nesse artigo.

ARTIGO 12
Atividades realizadas pela Empresa

1. As atividades na Área realizadas pela Empresa nos termos da alínea a) do parágrafo 2º do artigo 153 devem ser regidas pela Parte XI, pelas normas, regulamentos e procedimentos da Autoridade e decisões pertinentes desta.

2. Qualquer plano de trabalho apresentado pela Empresa deve ser acompanhado de provas da sua capacidade financeira e técnica.

ARTIGO 13
Cláusulas financeiras dos contratos

1. Ao adotar normas, regulamentos e procedimentos relativos aos termos financeiros dos contratos entre a Autoridade e as entidades ou pessoas mencionadas na alínea b) do parágrafo 2º do artigo 153 e ao negociar esses termos financeiros de conformidade com a Parte XI e com essas normas, regulamentos e procedimentos, a Autoridade deve guiar-se pelos seguinte objetivos:

a) assegurar-se à Autoridade a otimização das receitas provenientes da produção comercial;

b) atrair investimentos e tecnologia para a exploração e aproveitamento da Área;

c) assegurar igualdade de tratamento financeiro e obrigações financeiras comparáveis para os contratantes;

d) oferecer os contratantes, numa base uniforme e não discriminatória, incentivos para a conclusão de ajustes conjuntos com a Empresa e com os Estados em desenvolvimento ou nacionais destes, para o estímulo da transferência de tecnologia à Empresa e a esses Estados e seus nacionais e para a formação do pessoal da Autoridade e dos Estados em desenvolvimento;

e) permitir à Empresa dedicar-se efetivamente à mineração dos fundos marinhos, ao mesmo tempo que as entidades ou pessoas mencionadas na alínea b) do parágrafo 2º do artigo 153; e

f) assegurar que, como resultado dos incentivos financeiros oferecidos a contratantes em virtude de parágrafo 14º, dos termos dos contratos revistos de conformidade com o artigo 19 do presente Anexo, ou das disposições do artigo 11 do presente Anexo relativas aos empreendimentos conjuntos, os contratantes não sejam subsidiados de modo a ser-lhes dada artificialmente uma vantagem competitiva em relação aos produtores terrestres de minérios.

2. Para as despesas administrativas relativas ao estudo dos pedidos de aprovação de um plano de trabalho sob a forma de um contrato, será cobrada uma taxa cujo montante será fixado em 500.000 dólares dos Estados Unidos por pedido. O montante da taxa será revisto periodicamente pelo Conselho a fim de que cubra as despesas administrativas efetuadas. Se as despesas feitas pela Autoridade no estudo de um pedido forem inferiores ao montante fixado, a Autoridade reembolsará a diferença ao peticionário.

3. Cada contratante deve pagar uma taxa anual fixa de 1 milhão de dólares dos Estados Unidos a partir da data de entrada em vigor do contrato. Se a data aprovada para o início da produção comercial for adiada em virtude de um atraso na outorga da autorização de produção, de conformidade com o artigo 151, o contratante ficará desobrigado da fração da taxa anual fixa durante o período de adiamento. A partir do início da produção comercial, o contratante pagará o imposto sobre a produção ou a taxa anual fixa, se esta for mais elevada.

4. Num prazo de um ano a contar do início da produção comercial, de conformidade com o parágrafo 3º, o contratante deve escolher efetuar a sua contribuição financeira à Autoridade.

a) quer pagando apenas um imposto sobre a produção;

b) quer pagando um imposto sobre a produção mais uma parte das receitas líquidas.

5. a) Se um contratante optar por efetuar a sua contribuição financeira à Autoridade, pagando apenas um imposto sobre a produção, o montante deste imposto será fixado a uma percentagem do valor de mercado dos metais processados, obtidos dos nódulos polimetálicos extraídos da área coberta pelo contrato. Esta percentagem será fixada do seguinte modo:

i) do primeiro ao décimo ano de produção comercial 5%

ii) do décimo primeiro ano até ao fim do período de produção comercial 12%

b) O valor de mercado acima mencionado é o produto da quantidade de metais processados obtidos dos nódulos polimetálicos extraídos da área coberta pelo contrato pelo preço médio desses metais durante o correspondente ano fiscal, tal como definido nos parágrafos 7º e 8º.

6. Se o contratante optar por efetuar a sua contribuição financeira à Autoridade, pagando um imposto sobre a produção mais uma parte das receitas líquidas, o montante destes pagamentos será determinado da seguinte maneira:

a) O montante do imposto sobre a produção será fixado a uma percentagem do valor de mercado, determinado de conformidade com a alínea b), dos metais processados, obtidos dos nódulos polimetálicos extraídos da área coberta pelo contrato. Esta percentagem será fixada do seguinte modo:

i) primeiro período de produção comercial 2%

ii) Segundo período de produção comercial 4%Se, durante o segundo período de produção comercial, tal como está definido na alínea d), o rendimento do investimento em qualquer ano fiscal, segundo a definição da alínea m), for inferior a 15 por cento como resultado do pagamento do imposto sobre a produção a 4 por cento, o imposto sobre a produção será nesse ano fiscal de 2 por cento em vez de 4 por cento.

b) O valor de mercado acima mencionado é o produto da quantidade de metais processados, obtidos dos nódulos polimetálicos extraídos da área coberta pelo contrato pelo preço médio desses metais durante o correspondente ano fiscal, tal como definido nos parágrafos 7º e 8º.

c) i) A parte da Autoridade nas receitas líquidas será retirada da parte das receitas líquidas do contratante atribuíveis à mineração dos recursos da área coberta pelo contrato, a partir daqui denominadas receitas líquidas atribuíveis.

ii) A parte da Autoridade nas receitas líquidas atribuíveis será determinada de conformidade com a seguinte tabela progressiva:

Parte das receitas líquidas atribuíveis		Participação da Autoridade
	Primeiro período de produção comercial	Segundo período de produção comercial
A parte que represente um rendimento do investimento superior a 0%, mas inferior a 10%	35%	40%
A parte que represente um rendimento do investimento igual ou superior a 10%, mas inferior a 20%	42,5%	50%
A parte que represente um rendimento do investimento igual ou superior a 20%	50%	70%

d) i) O primeiro período de produção comercial referido nas alíneas a) e c) terá início no primeiro ano fiscal da produção comercial e terminará com o ano fiscal em que os custos de desenvolvimento do contratante, juntamente com os juros sobre a parte não amortizada desses custos, são amortizadas na sua totalidade pelo superávit, como a seguir se indica:

No primeiro ano fiscal em que ocorrerem os custos de desenvolvimento, os custos de desenvolvimento não amortizados serão iguais aos custos de desenvolvimento menos o superávit nesse ano fiscal. Em cada um dos anos fiscais seguintes, os custos de desenvolvimento não amortizados serão iguais aos custos de desenvolvimento não amortizados no final do ano fiscal precedente, mais um juro anual de 10 por cento, mais os custos de desenvolvimento feitos durante o ano fiscal em curso e menos o superávit do contratante no ano fiscal em curso. O ano fiscal, em que pela primeira vez os custos de desenvolvimento não amortizados forem nulos, será o ano fiscal em que os custos de desenvolvimento do contratante, acrescidos dos juros sobre a parte não amortizada dos referidos custos, sejam amortizados na sua totalidade pelo seu superávit. O superávit do contratante em qualquer ano fiscal será o seu rendimento bruto, menos os custos operacionais e menos os pagamentos feitos por ele à Autoridade nos temos da alínea c).

ii) O segundo período de produção comercial terá início no ano fiscal seguinte ao término do primeiro período de produção comercial e continuará até ao fim do contrato.

e) "Receitas líquidas atribuíveis" significa o produto das receitas líquidas do contratante pelo quociente entre os custos de desenvolvimento correspondentes à extração e os custos de desenvolvimento do contratante. No caso de o contratante se dedicar à extração, ao transporte de nódulos polimetálicos e à produção de, basicamente, três metais processados, nomeadamente cobalto, cobre e níquel, as receitas líquidas atribuíveis não serão inferiores a 25 por cento das receitas líquidas do contratante. Salvo o disposto na alínea n), em todos os outros casos, incluindo aqueles em que o contratante se dedique à extração, ao transporte de nódulos polimetálicos e à produção de, basicamente, quatro metais processados, nomeadamente cobalto, cobre, manganês e níquel, a Autoridade pode prescrever, nas suas normas, regulamentos e procedimentos, escalões apropriados que mantenham para cada caso a mesma relação que o escalão de 25 por cento para o caso do três metais.

f) "Receitas líquidas do contratante" significa as receitas brutas do contratante, menos os custos operacionais e menos a amortização do custos de desenvolvimento, tal como estipulado na alínea j).

g) i) Se o contratante se dedicar à extração, ao transporte de nódulos polimetálicos e à produção de metais processados, "receitas brutas do contratante" significa o produto bruto da venda de metais processados e quaisquer outras receitas que se considerem razoavelmente atribuíveis a operações realizadas nos termos do contrato, de conformidade com as normas, regulamentos e procedimentos financeiros da Autoridade.

ii) Em todos os casos que não os especificados na subalínea i) da alínea g) e na subalínea iii) da alínea n), "receitas brutas do contratante" significa o produto bruto da venda de metais semi-processados obtidos dos nódulos polimetálicos extraídos da área coberta pelo contrato e quaisquer outras receitas que se considerem razoavelmente atribuíveis a operações realizadas nos termos do contrato, de conformidade com as normas, regulamentos e procedimentos financeiros da Autoridade.

h) "Custos de desenvolvimento do contratante" significa:

i) todos os custos efetuados antes do início da produção comercial que estejam diretamente relacionados com o desenvolvimento da capacidade de produção da área coberta pelo contrato e com atividades conexas nas operações realizadas nos termos do contrato em todos os casos que não os especificados na alínea n), de conformidade com princípios de contabilidade geralmente aceitos, incluídos, inter alia, custos com maquinaria, equipamento, embarcações, instalações de tratamento, construção, edifícios, terrenos, estradas, prospecção e exploração da área coberta pelo contrato, investigação e desenvolvimento, juros, arrendamentos requeridos, licenças e taxas; e

ii) as despesas similares às referidas na subalínea i), efetuadas após o início da produção comercial e necessárias à execução do plano de trabalho, com exceção das atribuíveis aos custos operacionais.

i) As receitas provenientes da alienação de bens de capital e o valor de mercado desses bens de capital que não sejam necessários para as operações nos termos do contrato e que não tenham sido vendidos serão deduzidos dos custos de desenvolvimento do contratante, o excedente será adicionado às receitas brutas do contratante.

j) Os custos de desenvolvimento do contratante efetuados antes do início da produção comercial, mencionados na subalínea i da alínea h) e na subalínea iv) da alínea n), serão amortizados em dez anuidades de igual valor a partir da data do início da produção comercial. Os custos de desenvolvimento do contratante efetuados após o início da produção comercial, referidos na subalínea ii) da alínea h) e na subalínea iv) da alínea n), serão amortizados em dez ou menos anuidades de igual valor de modo a garantir a sua amortização total no término do contrato.

k) "Custos operacionais do contratante" significa todas as despesas efetuadas após o início da produção comercial para utilização da capacidade de produção da área coberta pelo contrato e para atividades conexas nas operações realizadas nos termos do contrato, de conformidade com princípios de contabilidade geralmente aceitos, incluídos, inter alia, a taxa anual fixa ou o imposto sobre a produção, se este for mais elevado, as despesas com vencimentos, salários, benefícios pagos aos empregados, materiais, serviços, transportes, custos de processamento e comercialização, juros, prestações de serviços públicos, preservação do meio marinho, despesas gerais e administrativas especificamente relacionadas com as operações realizadas nos termos do contrato, e qualquer déficit operacional transportado para anos fiscais anteriores ou para anos fiscais posteriores como o que aqui se especifica. O déficit operacional pode ser transportado para dois anos fiscais posteriores e consecutivos, com exceção dos dois últimos anos do contrato, caso em que pode ser transportado retroativamente para os dois anos fiscais precedentes.

l) Se o contratante se dedicar à extração, ao transporte de nódulos polimetálicos e à produção de metais processados e semi-processados, "custos de desenvolvimento da extração" significa a parte dos custos de desenvolvimento do contratante diretamente relacionada com a extração dos recursos da área coberta pelo contrato, de conformidade com princípios de contabilidade geralmente aceitos e com as normas, regulamentos e procedimentos financeiros da Autoridade, incluídos, inter alia, a taxa pelo pedido, a taxa anual fixa e, se for o caso, os custos de prospecção e exploração da área coberta pelo contrato e um parte dos custos de investigação e de desenvolvimento.

m) "Rendimento do investimento" num ano fiscal significa o quociente entre as receitas líquidas atribuíveis nesse ano e os custos de desenvolvimento correspondentes à extração. Para o cálculo desse quociente, os custos de desenvolvimento correspondenres à extradição incluirão as despesas efetuadas com o equipamento novo ou com a substituição de equipamento utilizado na extração, menos o custo inicial do equipamento substituído.

n) Se o contratante se dedicar unicamente à extração:

i) "receitas líquidas atribuíveis" significa a totalidade das receitas líquidas do contratante;

ii) "receitas líquidas do contratante" são as definidas na alínea f);

iii) "receitas brutas do contratante" significa as receitas brutas da venda dos nódulos polimetálicos e quaisquer outras receitas consideradas como razoavelmente atribuíveis às operações realizadas nos termos do contrato, de conformidade com as normas, regulamentos e procedimentos financeiros da Autoridade;

iv) "custos de desenvolvimento do contratante" significa todas as despesas efetuadas antes do início da produção comercial nos termos da subalínea i) da alínea h) e todas as despesas efetuadas depois do início da produção comercial nos termos da subalínea ii) da alínea h), que estejam diretamente relacionadas com a extração dos recursos da área coberta pelo contrato, de conformidade com princípios de contabilidade geralmente aceitos;

v) "custos operacionais do contratante" significa os custos operacionais do contratante referidos na alínea k) que estejam diretamente relacionados com a extração dos recursos da área coberta pelo contrato, de conformidade com princípios de contabilidade geralmente aceitos;

vi) "rendimento do investimento" num ano fiscal significa o quociente entre as receitas líquidas do contratante nesse ano e os custos de desenvolvimento do contratante. Para o cálculo desse quociente os custos de desenvolvimento do contratante incluirão as despesas efetuadas com o equipamento novo ou com a substituição de equipamento, menos o custo inicial do equipamento substituído.

o) Os custos mencionados nas alíneas h), k), l), e n) relativos aos juros pagos pelo contratante devem ser autorizados, na medida em que, em todas as circunstâncias, a Autoridade, nos termos do parágrafo 1º do artigo 4 do presente Anexo, aprova como razoáveis a razão dívida/capital social e as taxas de juro, tendo em conta a prática comercial vigente.

p) Os custos mencionados no presente parágrafo não incluirão o pagamento dos impostos sobre os rendimentos das sociedades ou encargos similares cobrados pelos Estados em virtude das operações do contratante.

7. a) "Metais processados", referido nos parágrafos 5º e 6º, significa os metais sob a forma mais básica em que são habitualmente comercializados nos mercados terminais internacionais. Para este efeito, a Autoridade especificará nas suas normas, regulamentos e procedimentos financeiros o mercado terminal internacional pertinente. Para os metais que não sejam comercializados nesses mercados, "metais processados" significa os metais sob a forma mais básica em que são habitualmente comercializados em transações próprias de empresas independentes.

b) Se a autoridade não puder determinar de outro modo a quantidade de metais processados obtidos de nódulos polimetálicos extraídos da área coberta pelo contrato, referida na alínea b) do parágrafo 5º e na alínea b) do parágrafo 6º, essa quantidade será determinada com base nos teores em metais desses nódulos, na eficiência do processamento de recuperação e noutros fatores pertinentes, de conformidade com as normas, regulamentos e procedimentos da Autoridade e com princípios de contabilidade geralmente aceitos.8. Se um mercado terminal internacional oferece um mecanismo adequado de fixação de preços para os metais processados, para os nódulos polimetálicos e para os metais semi-processados obtidos de nódulos, deve utilizar-se o preço médio desse mercado. Em todos os outros casos, a Autoridade, depois de consultar o contratante, deve determinar um preço justo para esses produtos, de conformidade com o parágrafo 9º.

9. a) Todos os custos, despesas, receitas e rendimentos e todas as determinações de preços e valores mencionados no presente artigo serão o resultado de transações efetuadas em mercado livre ou de acordo com as transações próprias de empresas independentes. Se não for o caso, serão determinados pela autoridade, depois de consultar o contratante, como se tivessem resultado de transações efetuadas em mercado livre ou de transações próprias de empresas independentes, tendo em conta as transações pertinentes de outros mercados.

b) A fim de assegurar o cumprimento e a execução das disposições do presente parágrafo, a Autoridade deve guiar-se pelos princípios adotados e pelas interpretações dadas para as transações próprias de empresas independentes pela Comissão de Empresas Transnacionais das Nações Unidas, pelo Grupo de Peritos em Acordos Fiscais entre países em desenvolvimento e países desenvolvidos, bem como por outras organizações internacionais, e fixará, nas suas normas, regulamentos e procedimentos, normas e procedimentos fiscais uniformes e internacionalmente aceitos, bem como os métodos que o contratante deve seguir para selecionar os contabilistas diplomados e independentes que sejam aceitáveis pela Autoridade para fins de verificação das contas, de conformidade com essas normas, regulamentos e procedimentos.

10. O contratante porá à disposição dos contabilistas, de conformidade com as normas, regulamentos e procedimentos financeiros da Autoridade, os dados financeiros necessários para verificar o cumprimento do presente artigo.

11. Todos os custos, despesas, receitas e rendimentos e todos os preços e valores mencionados no presente artigo serão determinados de conformidade com os princípios de contabilidade geralmente aceitos e com as normas, regulamentos e procedimentos financeiros da Autoridade.

12. Os pagamentos à Autoridade em virtude dos parágrafos 5º e 6º serão efetuados em moedas livremente utilizáveis ou em moedas livremente disponíveis e efetivamente utilizáveis nos principais mercados de divisas ou, por escolha do contratante, no seu equivalente em metais processados ao valor de mercado. O valor de mercado deve ser determinado de conformidade com a alínea b) do parágrafo 5º. As moedas livremente utilizáveis e as moedas livremente disponíveis e efetivamente utilizáveis nos principais mercados de divisas devem ser definidas nas normas, regulamentos e procedimentos da Autoridade, de conformidade com a prática monetária internacional dominante.

13. Todas as obrigações financeiras do contratante para com a Autoridade, assim como todas as taxas, custos, despesas, receitas e rendimentos mencionados no presente artigo devem ser ajustados exprimindo-se em valores constantes relativos a um ano base.

14. A fim de promover a realização dos objetivos enunciados no parágrafo 1º, a Autoridade pode, tendo em conta as recomendações da Comissão de Planejamento Econômico e da Comissão Jurídica e Técnica, adotar normas, regulamentos e procedimentos que estabeleçam incentivos para os contratantes numa base uniforme e não discriminatória.

15. Em caso de controvérsia entre a Autoridade e um contratante relativa à interpretação ou aplicação das cláusulas financeiras de um contrato, qualquer das partes pode submeter a controvérsia a arbitragem comercial obrigatória, a não ser que as duas partes convenham em solucionar a controvérsia por outros meios, de conformidade com o parágrafo 2º do artigo 188.

ARTIGO 14
Transferência de dados

1. O operador deve transferir para a Autoridade, de conformidade com as normas, regulamentos e procedimentos da mesma e as modalidades e condições do plano de trabalho, em intervalos por ela determinados, todos os dados que sejam ao mesmo tempo necessários e pertinen-

tes ao exercício efetivo dos poderes e funções dos órgãos principais da autoridade no que se refere à área coberta pelo plano de trabalho.

2. Os dados transferidos relativos à área coberta pelo plano de trabalho, considerados propriedade industrial, só podem ser utilizados para os fins estabelecidos no presente artigo. Os dados necessários para a elaboração pela Autoridade de normas, regulamentos e procedimentos relativos à proteção do meio marinho e à segurança, exceto os dados relativos ao projeto de equipamento, não devem ser considerados propriedade industrial.

3. Os dados transferidos para a Autoridade pelos prospectores, peticionários de contratos ou pelos contratantes e considerados propriedade industrial não devem ser revelados à Empresa nem a ninguém estranho à Autoridade, mas os dados sobre as áreas reservadas podem ser revelados à Empresa. Estes dados transferidos para a Empresa por tais entidades não devem ser revelados pela Empresa à Autoridade nem a ninguém estranho à Autoridade.

ARTIGO 15
Programas de formação

O contratante deve preparar programas práticos para a formação do pessoal da Autoridade e dos Estados em desenvolvimento, incluindo a participação desse pessoal em todas as atividades na Área previstas no contrato, de conformidade com o parágrafo 2º do artigo 144.

ARTIGO 16
Direito exclusivo de exploração e aproveitamento

A Autoridade deve, nos termos da Parte XI e das suas normas, regulamentos e procedimentos, outorgar ao operador o direito exclusivo de explorar e aproveitar a área coberta pelo plano de trabalho com respeito a uma categoria especificada de recursos e deve assegurar que nenhuma outra entidade realize na mesma área atividades relativas a uma categoria diferente de recursos de modo que possa interferir com as atividades do operador. A titularidade do operador deve ser garantida de conformidade com o parágrafo 6º do artigo 153.

ARTIGO 17
Normas, regulamentos e procedimentos da Autoridade

1. A Autoridade deve adotar e aplicar uniformemente normas, regulamentos e procedimentos, de conformidade com a subalínea ii) da alínea f) do parágrafo 2º do artigo 160 e com a subalínea ii) da alínea o) do parágrafo 2º do artigo 162, para o exercício das suas funções enunciadas na Parte VI, sobre, inter alia, as seguintes questões:

a) procedimentos administrativos relativos à prospecção, à exploração e ao aproveitamento da Área;

b) operações:

i) dimensão da área;

ii) duração das operações;

iii) requisitos de execução, incluindo as garantias previstas na alínea c) do parágrafo 6º do artigo 4 do presente Anexo;

iv) categorias de recursos;

v) renúncia de áreas;

vi) relatórios sobre o andamento dos trabalhos;

vii) apresentação de dados;

viii) inspeção e supervisão das operações;

ix) prevenção de interferências com outras atividades no meio marinho;

x) transferência de direitos e obrigações por um contratante;

xi) procedimentos para a transferência de tecnologia aos Estados em desenvolvimento, de conformidade com o artigo 144 e para a participação direta destes;

xii) critérios e práticas de mineração, incluídas as referentes à segurança das operações, à conservação dos recursos e à proteção do meio marinho;

xiii) definição de produção comercial;

xiv) critérios de qualificação dos peticionários;

c) questões financeiras:

i) estabelecimento de normas uniformes e não discriminatórias em matéria de custos e de contabilidade, bem como de métodos de seleção de auditores;

ii) distribuição das receitas das operações;

iii) os incentivos mencionados no artigo 13 do presente Anexo;

d) aplicação das decisões tomadas nos termos do parágrafo 4º do artigo 151 e da alínea d) do parágrafo 2º do artigo 164.2. As normas, regulamentos e procedimentos sobre as seguintes questões deverão refletir plenamente os critérios objetivos a seguir estabelecidos:

a) Dimensão das áreas:

A Autoridade deve determinar a dimensão apropriada das áreas para a exploração, que pode ir até ao dobro da dimensão das áreas para aproveitamento, a fim de se permitirem operações intensivas de exploração. A dimensão das áreas para aproveitamento deve ser calculada de modo a, de conformidade com as cláusulas do contrato, satisfazer os requisitos do artigo 8 do presente Anexo sobre reserva de áreas, bem como os requisitos de produção previstos compatíveis como o artigo 151, tendo em conta o grau de desenvolvimento da tecnologia disponível nesse momento para a mineração dos fundos marinhos e as características físicas pertinentes da área. As áreas não serão menores nem maiores que o necessário para satisfazer esse objetivo.

b) Duração das operações:

i) a prospecção não deve estar sujeita a prazo;

ii) a exploração deve ter a duração suficiente para permitir um estudo aprofundado da área determinada, o projeto e a construção de equipamento de extração mineira para a área, e o projeto e construção de instalações de processamento de pequena e média dimensão destinadas a testar sistemas de extração e processamento de minerais;

iii) a duração do aproveitamento deve ser em função da vida econômica do projeto de extração mineira, tendo em conta fatores como o esgotamento do depósito, a vida útil do equipamento de extração e das instalações de processamento, bem como a viabilidade comercial. A duração do aproveitamento deve ser suficiente para permitir a extração comercial dos minerais da área e incluir um prazo razoável para a construção de sistemas de extração e processamento de minerais à escala comercial, período durante o qual não deve ser exigida a produção comercial. Contudo, a duração total do aproveitamento deve também ser suficientemente breve para dar à Autoridade a possibilidade de modificar as modalidades e condições do plano de trabalho quando considerar a sua renovação, de conformidade com as normas, regulamentos e procedimentos que tenha adotado depois da aprovação do plano de trabalho.

c) Requisitos de execução:

A Autoridade deve exigir que, durante a fase de exploração, o operador efetue despesas periódicas que mantenham uma relação razoável com a dimensão da área coberta pelo plano de trabalho e com as despesas que sejam de esperar de um operador de boa fé que pretenda iniciar a produção comercial na área dentro dos prazos fixados pela Autoridade. Essas despesas não devem ser fixadas a um nível que desincentive possíveis operadores que disponham de tecnologia menos onerosa que a correntemente utilizada. A Autoridade deve fixar um intervalo máximo entre a conclusão da fase de exploração e o início da produção comercial.

Para fixar esse intervalo, a Autoridade deve ter em conta que a construção de sistemas de extração e processamento de minerais em grande escala não pode ser iniciada senão depois da conclusão da fase de exploração e do início da fase de aproveitamento. Em conseqüência, o intervalo até o início da produção comercial na área deve ter em conta o tempo necessário para a construção desses sistemas depois de completada a fase de exploração e prever um prazo razoável que tenha em conta atrasos inevitáveis no calendário da construção. Uma vez iniciada a produção comercial, a Autoridade, dentro dos limites razoáveis e tendo em conta todos os fatores pertinentes, deve exigir ao operador que mantenha a produção comercial durante a vigência do plano de trabalho.

d) Categorias de recursos:

Ao determinar as categorias de recursos a respeito dos quais um plano de trabalho possa ser aprovado, a Autoridade deve dar ênfase, inter alia, às seguintes características:

i) que diferentes recursos requerem a utilização de métodos semelhantes de extração; e

ii) que alguns recursos podem ser aproveitados simultaneamente por vários operadores que aproveitem recursos diferentes na mesma área sem que interfiram indevidamente entre si. Nada do disposto na presente alínea deve impedir a Autoridade de aprovar um plano de trabalho relativo a mais de uma categoria de recursos na mesma área a favor do mesmo peticionário.

e) Renúncia de áreas:

O operar pode renunciar em qualquer altura, sem sanção, à totalidade ou a uma parte dos seus direitos na área coberta pelo plano de trabalho.

f) Proteção do meio marinho:

Normas, regulamentos e procedimentos devem ser estabelecidos para assegurar a proteção eficaz do meio marinho contra efeitos nocivos resultantes diretamente de atividades na Área ou do processamento de minerais procedentes de uma área, de extração mineira a bordo de um navio posicionado sobre tal área, tendo em conta a medida em que tais efeitos nocivos possam resultar diretamente da perfuração, da dragagem, da extração de amostras e da escavação, bem como da eliminação, da imersão e da descarga no meio marinho de sedimentos, detritos ou outros efluentes.

g) Produção comercial:

Considera-se iniciada a produção comercial quando um operador se dedicar a operações de extração contínua em grande escala que produza uma quantidade de materiais suficiente para indicar claramente que o objetivo principal é a produção em grande escala e não a destinada a recolher informação, a analisar ou a testar o equipamento ou a instalação.

ARTIGO 18
Sanções

1. Os direitos de um contratante nos termos do contrato só podem ser suspensos ou extintos nos seguintes casos:

a) se, apesar das advertências da Autoridade, contratante tiver realizado as suas atividades de forma a constituir uma violação grave, persistente e dolosa das cláusulas fundamentais do contrato, da Parte XI e das normas, regulamentos e procedimentos da Autoridade; ou

b) se o contratante não tiver cumprido uma decisão definitiva e obrigatória do órgão de solução de controvérsias que for aplicável.

2. Nos casos de qualquer violação do contrato não previstos na alínea a) do parágrafo 1º, ou em vez da suspensão ou extinção nos termos da alínea a) do parágrafo 1º, a Autoridade pode impor ao contratante sanções monetárias proporcionais à gravidade da violação.

3. Com exceção das ordens em caso de emergência nos termos da alínea w) do parágrafo 2º do artigo 162, a Autoridade não pode executar nenhuma decisão que implique sanções monetárias ou suspensão ou extinção até que tenha sido dada ao contratante uma oportunidade razoável de esgotar os meios judiciais de que dispõe, de conformidade com a seção 5 da Parte XI.

ARTIGO 19
Revisão do contrato

1. Quando tenham surgido ou possam surgir circunstâncias que, na opinião de qualquer das duas Partes, tornariam não equitativo o contrato, ou impraticável ou impossível a realização dos seus objetivos ou dos previstos na Parte XI, as Partes devem iniciar negociações para rever o contrato, em conformidade.

2. Qualquer contrato celebrado de conformidade com o parágrafo 3º do artigo 153 só pode ser revisto com o consentimento das Partes.

ARTIGO 20
Transferência de direitos e obrigações

Os direitos e obrigações resultantes de um contrato só podem ser transferidos com o consentimento da Autoridade e de conformidade com as suas normas, regulamentos e procedimentos. A autoridade não negará sem causa razoável o seu consentimento à transferência se o cessionário proposto reunir todas as condições exigidas a um peticionário qualificado e assumir todas as obrigações do cedente, e se a transferência não conferir ao cessionário um plano de trabalho cuja aprovação estaria proibida pela alínea c) do parágrafo 3º do artigo 6 do presente Anexo.

ARTIGO 21
Direito aplicável

1. O contrato deve ser regido pelas cláusulas do contrato, pelas normas, regulamentos e procedimentos da Autoridade, pela Parte XI, e por outras normas de direito internacional não incompatíveis com a presente Convenção.

2. Qualquer decisão definitiva de uma corte ou tribunal que tenha jurisdição nos termos da presente Convenção no que se refere aos direitos e obrigações da Autoridade e do contratante deve ser executória no território de qualquer Estado Parte.

3. Nenhum Estado Parte pode impor a um contratante condições incompatíveis com a Parte XI. Contudo, não deve ser considerada incompatível com a Parte XI a aplicação, por um Estado Parte aos contratantes por ele patrocinados ou aos navios que arvorem a sua bandeira, de leis e regulamentos sobre a proteção do meio marinho ou de outra natureza mais restritos que as normas, regulamentos e procedimentos da Autoridade adotados nos termos da alínea f) do parágrafo 2º do artigo 17 do presente Anexo.

ARTIGO 22
Responsabilidade

O contratante terá responsabilidade pelos danos causados por atos ilícitos cometidos na realização das suas operações, tomando em conta a parte de responsabilidade por atos ou omissões imputáveis à Autoridade. Do mesmo modo, a Autoridade terá responsabilidade pelos danos causados por atos ilícitos cometidos no exercício dos seus poderes e funções, incluindo as violações ao parágrafo 2º do artigo 168, tomando em conta a parte de responsabilidade por atos ou omissões imputáveis ao contratante. Em qualquer caso, a reparação deve corresponder ao dano efetivo.

ANEXO IV
ESTATUTO DA EMPRESA

ARTIGO 1
Objetivos

1. A empresa é o órgão da Autoridade que deve realizar diretamente atividades na Área, nos termos da alínea a) do parágrafo 2º do artigo 153, bem como atividades de transporte, processamento e comercialização de minerais extraídos da Área.

2. Na realização dos seus objetivos e no exercício das suas funções, a Empresa deve atuar de conformidade com a presente Convenção e com as normas, regulamentos e procedimentos da Autoridade.

3. Ao aproveitar os recursos da Área nos termos do parágrafo 1º, a empresa deve atuar de conformidade com princípios comerciais sólidos, com observância da presente Convenção.

ARTIGO 2
Relações com a Autoridade

1. Nos termos do artigo 170, a Empresa deve atuar de conformidade com as políticas gerais da Assembléia e as diretrizes do Conselho.

2. Com observância do parágrafo 1º, a Empresa deve gozar de autonomia na realização das suas operações.

3. Nada na presente Convenção deve tornar a Empresa responsável pelos atos ou obrigações da Autoridade, nem a Autoridade responsável pelos atos ou obrigações da Empresa.

ARTIGO 3
Limitação de responsabilidade

Sem prejuízo do disposto no parágrafo 3º do artigo 11 do presente Anexo, nenhum membro da Autoridade é responsável pelos atos ou obrigações da Empresa, pelo simples fato da sua qualidade de membro.

ARTIGO 4
Estrutura

A Empresa tem um Conselho de Administração, um Diretor Geral e o pessoal necessário ao exercício das suas funções.

ARTIGO 5
Conselho de Administração

1. O Conselho de Administração é composto de 15 membros eleitos pela Assembléia, de conformidade com a alínea c) do parágrafo 2º do artigo 160. Na eleição dos membros do Conselho de Administração deve ser tomado em devida conta o princípio da distribuição geográfica equitativa. Ao apresentarem candidaturas ao Conselho de Administração, os membros da Autoridade devem ter em conta a necessidade de designar candidatos da mais alta competência e que possuam as qualificações nas matérias pertinentes, de modo a assegurar a viabilidade e o êxito da Empresa.

2. Os membros do conselho de Administração são eleitos por quatro anos e podem ser reeleitos devendo ser tomado em devida conta o princípio da rotação dos membros.

3. Os membros do Conselho de Administração devem permanecer em funções até à eleição dos seus sucessores. Se o lugar de um membro do Conselho de Administração ficar vago, a Assembléia deve eleger, de conformidade com a alínea c) do parágrafo 2º do artigo 160, um novo membro que exercerá o cargo até ao termo desse mandato.

4. Os membros do Conselho de Administração devem atuar a título pessoal. No exercício das suas funções não devem solicitar nem receber instruções de qualquer governo, nem de nenhuma outra fonte. Os membros da Autoridade devem respeitar a independência dos membros do Conselho de Administração e abster-se de qualquer tentativa de influenciar qualquer deles no desempenho das suas funções.

5. Cada membro do Conselho de Administração recebe uma remuneração custeada pelos fundos da Empresa. O montante da remuneração deve ser fixado pela Assembléia por recomendação do Conselho.

6. O Conselho de Administração funciona normalmente no escritório da Empresa e deve reunir-se com a freqüência requerida pelos trabalhos da Empresa.

7. O quorum é constituído por dois terços dos membros do Conselho de Administração.

8. Cada membro do Conselho de Administração dispõe de um voto. Todas as questões submetidas ao Conselho de Administração serão decididas por maioria dos seus membros. Se um membro tiver um conflito de interesses em relação a uma questão submetida ao Conselho de Administração deve abster-se de votar nessa questão.

9. Qualquer membro da Autoridade pode pedir ao Conselho de Administração informações sobre operações que o afetem particularmente. O conselho de Administração deve procurar fornecer tais informações.

ARTIGO 6
Poderes e funções do Conselho de Administração

O Conselho de Administração dirige as operações da Empresa. Com observância da presente Convenção, o Conselho de Administração deve exercer os poderes necessários ao cumprimento dos objetivos da Empresa, incluídos os poderes para:

a) eleger um Presidente dentre os seus membros;

b) adotar o seu regulamento interno;

c) elaborar e submeter por escrito ao Conselho planos formais de trabalho, de conformidade com o parágrafo 3º do artigo 153 e com a alínea j) do parágrafo 2º do artigo 162;

d) elaborar planos de trabalho e programas para realizar as atividades previstas no artigo 170;

e) preparar e submeter ao Conselho pedidos de autorização de produção, de conformidade com os parágrafos 2º a 7º do artigo 151;

f) autorizar negociações relativas a aquisição de tecnologia, incluindo as previstas nas alíneas a), c) e d) do parágrafo 3º do artigo 5 do Anexo III, e aprovar os resultados dessas negociações;

g) estabelecer modalidades e condições e autorizar negociações relativas a empreendimentos conjuntos ou outras formas de ajustes conjuntos referidos nos artigos 9 e 11 do Anexo III, e aprovar os resultados dessas negociações;

h) recomendar à Assembléia a parte da receita líquida da Empresa que deve ser retida para as reservas desta, de conformidade com a alínea f) do parágrafo 2º do artigo 160 e com o artigo 10 do presente Anexo;

i) aprovar o orçamento anual da Empresa;

j) autorizar a aquisição de bens e serviços, de conformidade com o parágrafo 3º do artigo 12 do presente Anexo;

k) apresentar um relatório anual ao Conselho, de conformidade com o artigo 9 do presente Anexo;

l) apresentar ao Conselho, para aprovação pela Assembléia, projetos de normas relativas à organização, administração, nomeação e demissão do pessoal da Empresa, e adotar os regulamentos para aplicação de tais normas;

m) contrair empréstimos e prestar as garantias ou cauções que possa determinar, de conformidade com o parágrafo 2º Do artigo 11 do presente Anexo;

n) participar em quaisquer procedimentos legais, acordos e transações e tomar quaisquer outras medidas, de conformidade com o artigo 13 do presente Anexo;

o) delegar, sujeito à aprovação do Conselho, quaisquer poderes não discricionários nas suas comissões ou no Diretor Geral.

ARTIGO 7
Diretor Geral e pessoal da Empresa

1. A Assembléia elege, por recomendação do Conselho e por proposta do Conselho de Administração, o Diretor Geral da Empresa que não será membro do Conselho de Administração. O Diretor Geral é eleito por um período determinado, que não deve exceder cinco anos, e pode ser reeleito para novos mandatos.

2. O Diretor Geral é o representante legal da Empresa e o seu chefe executivo e responde diretamente perante o Conselho de Administração pela condução das operações da Empresa. Tem a seu cargo a organização, administração, nomeação e demissão do pessoal, de conformidade com as normas e regulamentos referidos na alínea 1) do artigo 6 do presente Anexo. Deve participar, sem direito de voto, nas reuniões do Conselho de Administração e pode participar, sem direito de voto, nas reuniões do Conselho de Administração e pode participar, sem direito de voto, nas reuniões da Assembléia e do Conselho quando estes órgãos examinarem questões que interessem à Empresa.

3. A consideração dominante ao recrutar e nomear o pessoal e ao determinar as suas condições de emprego deve ser a necessidade de assegurar o mais alto grau de eficiência e competência técnica. Ressalvada esta consideração, deve ter-se em devida conta a importância de recrutar o pessoal numa base geográfica equitativa.

4. No cumprimento dos seus deveres, o Diretor Geral e o pessoal da Empresa não solicitarão nem receberão instruções de qualquer governo nem de nenhuma outra fonte estranha à Empresa. Devem abster-se de qualquer ato que possa afetar a sua condição de funcionários internacionais, responsáveis unicamente perante a Empresa. Todo o Estado Parte compromete-se a respeitar o caráter exclusivamente internacional das funções do Diretor Geral e do pessoal e a não procurar influenciá-los no desempenho das suas funções.

5. As responsabilidades estabelecidas no parágrafo 2º do artigo 168 devem aplicar-se igualmente ao pessoal da Empresa.

ARTIGO 8
Localização

A Empresa tem o seu escritório principal na sede da Autoridade. Aempresa pode abrir outros escritórios e instalações no território de qualquer Estado Parte, com o consentimento deste.

ARTIGO 9
Relatórios e balanços financeiros

1. A Empresa deve submeter a exame do Conselho, nos três meses seguintes ao termo de cada ano fiscal, um relatório anual que contenha um extrato das suas contas, verificado por auditores e deve enviar ao mesmo Conselho, a intervalos adequados, um balanço sumário da sua situação financeira e um balanço de ganhos e perdas que mostre os resultados das suas operações.

2. A Empresa deve publicar o seu relatório anual e demais relatórios que considere apropriados.

3. Todos os relatórios e balanços financeiros referidos no presente artigo devem ser distribuídos aos membros da Autoridade.

ARTIGO 10
Distribuição de receitas líquidas

1. Com observância do parágrafo 3º, a Empresa deve pagar à Autoridade os montantes devidos nos termos do artigo 13 do Anexo III ou seu equivalente.

2. A Assembléia, por recomendação do Conselho de Administração, deve determinar a parte da receita líquida da Empresa que deve ser retida para as reservas desta. O remanescente será transferido para a Autoridade.

3. Durante o período inicial necessário para que a Empresa se torne auto-suficiente, o qual não deve exceder dez anos a contar do início da sua produção comercial, a Assembléia deve isentar a Empresa dos pagamentos referidos no parágrafo 1º e deixar a totalidade da receita líquida da Empresa nas reservas desta.

ARTIGO 11
Finanças

1. Os recursos financeiros da Empresa devem incluir:

a) os montantes recebidos da Autoridade de conformidade com a alínea b) do parágrafo 2º do artigo 173;

b) as contribuições voluntárias feitas pelos Estados Partes com o objetivo de financiar atividades da Empresa;

c) o montante dos empréstimos contraídos pela Empresa de conformidade com os parágrafos 2º e 3º;

d) as receitas provenientes das operações da Empresa;

e) outros fundos postos à disposição da Empresa para lhe permitir iniciar as operações o mais cedo possível e desempenhar as suas funções.

2. a) A Empresa tem o poder de contrair empréstimos e de prestar as garantias ou cauções que possa determinar. Antes de proceder a uma venda pública das suas obrigações nos mercados financeiros ou na moeda de um Estado Parte, a Empresa deve obter a aprovação desse Estado. O montante total dos empréstimos deve ser aprovado pelo Conselho, por recomendação do Conselho de Administração.

b) Os Estados Partes devem fazer todos os esforços razoáveis para apoiar os pedidos de empréstimo da Empresa nos mercados de capital e instituições financeiras internacionais.

3. a) Devem ser fornecidos à Empresa os fundos necessários à exploração e aproveitamento de um setor mineiro e ao transporte, processamento e comercialização dos minerais dele extraídos e o níquel, cobre, cobalto e manganês obtidos, assim como a satisfação das suas despesas administrativas iniciais. A Comissão Preparatória deve indicar o montante desses fundos, bem como os critérios e fatores para o seu reajustamento, nos projetos de normas, regulamentos e procedimentos da Autoridade.

b) Todos os Estados Partes devem pôr à disposição da Empresa uma soma equivalente a metade dos fundos referidos na alínea a), sob a forma de empréstimos a longo prazo e sem juros, de conformidade com a escala de contribuições para o orçamento ordinário das Nações Unidas em vigor na data de entrega das contribuições, reajustada para ter em conta os Estados que não são membros das Nações Unidas. As dívidas contraídas pela Empresa na obtenção da outra metade dos fundos devem ser garantidas pelos Estados Partes de conformidade com a mesma escala.

c) Se a soma das contribuições financeiras dos Estados Partes for inferior à dos fundos a serem fornecidos à Empresa nos termos da alínea a), a Assembléia, na sua primeira sessão, deve considerar o montante da diferença e, tendo em conta a obrigação dos Estados Partes nos termos das alíneas a) e b) e as recomendações da Comissão Preparatória, deve adotar, por consenso, medidas para cobrir tal diferença.

d) i) Cada Estado Parte deve, nos sessenta dias seguintes à entrada em vigor da presente Convenção, ou nos trinta dias seguintes ao depósito do seu instrumento de ratificação ou adesão, se esta data for posterior, depositar junto da Empresa promissórias sem juros, não negociáveis e irrevogáveis, de montante igual à parte correspondente a esse Estado Parte dos empréstimos sem juros previstos na alínea b).

ii) Logo que possível após a entrada em vigor da presente Convenção e, após esta data, anualmente ou com a periodicidade apropriada, o Conselho de Administração deve preparar um programa que indique o montante dos fundos de que necessite para financiar as despesas administrativas da Empresa e para a realização de atividades nos temos do artigo 170 e do artigo 12 do presente Anexo e as datas em que necessite desses fundos.

iii) Uma vez preparando esse programa, a Empresa deve notificar imediatamente os Estados Partes, por intermédio da Autoridade, das partes respectivas nos fundos previstos na alínea b) do presente parágrafo e exigidos por tais despesas. A Empresa deve cobrar os montantes das promissórias necessários para financiar as despesas indicadas no programa acima referido em relação aos empréstimos sem juro.

iv) Após terem recebido a notificação, os Estados Partes devem pôr à disposição da Empresa as suas partes respectivas das garantias de dívidas da Empresa, de conformidade com a alínea b).

e) i) Se a Empresa o solicitar, os Estados Partes podem prestar garantias de dívida adicionais às que tenham prestado de conformidade com a escala mencionada na alínea b).

ii) Em vez de uma garantia de dívida, um Estado Parte pode fazer à Empresa uma contribuição voluntária de montante equivalente à fração das dívidas que de outro modo teria obrigação de garantir.

f) O reembolso dos empréstimos com juros tem prioridade sobre o reembolso dos empréstimos sem juros. Os empréstimos sem juros devem ser reembolsados de acordo com um programa adotado pela Assembléia, por recomendação do Conselho e ouvido o Conselho de Administração. No exercício dessa função, o Conselho de Administração deve guiar-se pelas normas, regulamentos e procedimentos da Autoridade, que devem ter em conta a necessidade primordial de assegurar o funcionamento eficaz da Empresa e, em particular, a sua independência financeira.

g) Os fundos postos à disposição da Empresa serão em moedas livremente utilizáveis ou em moedas livremente disponíveis e efetivamente utilizáveis nos principais mercados de divisas.

Estas moedas serão definidas nas normas, regulamentos e procedimentos da Autoridade, de conformidade com a prática monetária internacional dominante. Salvo o disposto no parágrafo 2º, nenhum Estado Parte deve manter ou impor restrições à detenção, utilização ou câmbio desses fundos pela Empresa.

h) 'Garantia de dívida" significa a promessa feita por um Estado Parte aos credores da Empresa de cumprir, na medida prevista pela escala apropriada, as obrigações financeiras da Empresa cobertas pela garantia, após os credores notificarem o Estado Parte do seu não-cumprimento pela Empresa. Os procedimentos para o pagamento dessas obrigações devem estar de conformidade com as normas, regulamentos e procedimentos da Autoridade.

4. Os fundos, haveres e despesas da Empresa devem ser mantidos separados dos da Autoridade. O presente artigo não deve impedir que a Empresa efetue ajustes com a Autoridade relativos às instalações, pessoal e serviços e ao reembolso das despesas administrativas pagas por uma delas em nome da outra.

5. Os documentos, livros e contas da Empresa, inclusive os relatórios financeiros anuais, devem ser verificados todos os anos por um auditor independente designado pelo Conselho.

ARTIGO 12
Operações

1. A Empresa deve propor ao Conselho projetos para a realização de atividades, de conformidade com o artigo 170. Tais propostas devem incluir um plano de trabalho formal escrito das atividades na Área, de conformidade com o parágrafo 3º do artigo 153 e quaisquer outras informações e dados que possam de tempos a tempos ser necessários à avaliação dos referidos projetos pela Comissão Jurídica e Técnica e à sua aprovação pelo Conselho.

2. Uma vez aprovado pelo Conselho, a Empresa deve executar o projeto com base no plano de trabalho formal escrito referido no parágrafo 1º.

3. a) Se a Empresa não dispuser dos bens e serviços necessários às suas operações, pode adquiri-los. Pare esse fim, deve abrir consultas ao mercado e adjudicar contratos aos licitantes que ofereçam a melhor combinação de qualidade, preço e prazo de entrega.

b) Se houver mais de uma oferta com essa combinação, o contrato deve ser adjudicado de conformidade com:

i) o princípio da não-discriminação com base em considerações políticas ou outras não relevantes para a realização com a devida diligência e eficiência das operações;

ii) as diretrizes aprovadas pelo Conselho relativas à preferência a ser dada aos bens e serviços originários de Estados em desenvolvimento, incluindo dentre eles os Estados em desenvolvimento, incluindo dentre eles os Estados sem litoral ou em situação geográfica desfavorecida.

c) O Conselho de Administração pode adotar normas que determinem as circunstâncias especiais em que, no melhor interesse da Empresa, o requisito de abertura de consultas ao mercado possa ser dispensado.

4 A Empresa tem o direito de propriedade sobre todos os minerais e Substâncias processadas que produzir.

5. A Empresa deve vender os seus produtos numa base não discriminatória. Não deve conceder descontos não comerciais.

6. Sem prejuízo de quaisquer poderes gerais ou especiais conferidos nos termos de qualquer outra disposição da presente Convenção, a Empresa deve exercer todos os poderes acessórios de que necessite para a condução dos seus trabalhos.

7. A Empresa não deve interferir nos assuntos políticos de qualquer Estado Parte, nem se deve deixar influenciar nas suas decisões pela orientação política dos Estados Partes interessados. As suas decisões devem ser baseadas exclusivamente em considerações de ordem comercial, as quais devem ser ponderadas de uma forma imparcial a fim de que se atinjam os objetivos especificados no artigo 1 do presente Anexo.

ARTIGO 13
Estatuto jurídico, privilégios e imunidades

1. A fim de permitir à Empresa o exercício das suas funções, devem ser-lhes concedidos, no território dos Estados Partes, o estatuto jurídico, os privilégios e as imunidades estabelecidos no presente artigo. Para a aplicação desse princípio, a Empresa e os Estados Partes podem, quando necessário, concluir acordos especiais.

2. A Empresa tem a capacidade jurídica necessária ao exercício das suas funções e à consecução dos seus objetivos e tem, em particular, capacidade para:

a) celebrar contratos, ajustes conjuntos ou outros ajustes, incluídos acordos com Estados e organizações internacionais;

b) adquirir, arrendar ou alugar, possuir e alienar bens móveis e imóveis;

c) ser parte em juízo.

3. a) A Empresa só pode ser demandada nos tribunais com jurisdição no território de um Estado Parte em que a Empresa:

i) possua escritório ou instalação;

ii) tenha nomeado um representante para receber citação ou notificação em processos judiciais;

iii) tenha celebrado um contrato relativo a bens ou serviços;

iv) tenha emitido obrigações; ou

v) realize outras atividades comerciais.

b) Os bens e haveres da Empresa, onde quer que se encontrem e independentemente de quem os detenha, devem gozar de imunidade de qualquer forma de arresto, embargo ou execução enquanto não seja proferida sentença definitiva contra a Empresa.

4. a) Os bens e haveres da Empresa, onde quer que se encontrem e independentemente de quem os detenha, devem gozar de imunidade de requisição, confisco, expropriação ou qualquer outra forma de apreensão resultante de medida executiva ou legislativa.

b) Os bens e haveres da Empresa, onde quer que se encontrem independentemente de quem os detenha, devem estar isentos de restrições, regulamentação, controle e moratórias discriminatórias de qualquer natureza.

c) A Empresa e o seu pessoal devem respeitar as leis e regulamentos de qualquer Estado ou território em que possam realizar atividades comerciais ou de outra natureza.

d) Os Estados Partes devem assegurar à Empresa o gozo de todos os direitos, privilégios e imunidades outorgados por eles a entidades que realizem atividades comerciais nos seus territórios. Estes direitos, privilégios e imunidades outorgados a Empresa não serão menos favoráveis do que os outorgados à entidades que realizem atividades comerciais similares. Quando os Estados Partes outorgarem privilégios especiais a Estados em desenvolvimento ou a entidades comerciais destes, a Empresa deve gozar desses privilégios numa base igualmente preferencial.

e) Os Estados Partes podem conceder incentivos, direitos, privilégios e imunidades especiais à Empresa sem a obrigação de os conceder a outras entidades comerciais.

5. A Empresa deve negociar a obtenção da isenção de impostos diretos e indiretos com os Estados em cujo território tenha escritórios e instalações.

6. Cada Estado Parte deve adotar as disposições necessárias para incorporar na sua própria legislação os princípios enunciados no presente Anexo e informar a Empresa das disposições concretas que tenha tomado.

7. A Empresa pode renunciar, na medida e segundo as condições que venha a determinar, a qualquer dos privilégios e imunidades outorgados nos termos do presente artigo ou de acordos especiais mencionado no parágrafo 1º.

ANEXO V
CONCILIAÇÃO

SEÇÃO 1. PROCEDIMENTOS DE CONCILIAÇÃO NOS TERMOS DA SEÇÃO 1 DA PARTE XV

ARTIGO 1
Início do procedimento

Se as partes numa controvérsia tiverem acordado, de conformidade com o artigo 284, submetê-la ao procedimento de conciliação nos termos da presente seção, qualquer delas poderá, mediante notificação escrita dirigida à outra ou às outras partes na controvérsia, iniciar o procedimento.

ARTIGO 2
Lista de conciliadores

O Secretário Geral das Nações Unidas elaborará e manterá uma lista de conciliadores. Cada Estado Parte designará quatro conciliadores que devem ser pessoas que gozem da mais elevada reputação pela sua imparcialidade, competência e integridade. A lista será composta pelos nomes das pessoas assim designadas. Se, em qualquer momento, os conciliadores designados por um Estado para integrar a lista forem menos de quatro, esse Estado Parte fará as designações suplementares necessárias. O nome de um conciliador permanecerá na lista até ser retirado pelo Estado Parte que o tiver designado, com a ressalva de que tal conciliador continuará a fazer parte de qualquer comissão de conciliação para a qual tenha sido designado até que tenha terminado o procedimento na referida Comissão.

ARTIGO 3
Constituição da comissão de conciliação

Salvo acordo em contrário das partes, a comissão de conciliação será constituída da seguinte forma:

a) salvo o disposto na alínea g), a comissão de conciliação deve ser composta de cinco membros.

b) A parte que inicie o procedimento designará dois conciliadores, escolhidos de preferência da lista mencionada no artigo 2 do presente Anexo, dos quais um pode ser seu nacional, salvo acordo em contrário das Partes. Essas designações serão incluídas na notificação prevista no artigo 1 do presente Anexo.

c) A outra parte na controvérsia designará pela forma prevista na alínea b) dois conciliadores nos 21 dias seguintes ao recebimento da notificação prevista no artigo 1 do presente Anexo. Se as designações não se efetuam nesse prazo, a parte que tenha iniciado o procedimento pode, na semana seguinte à expiração desse prazo, pôr termo ao procedimento mediante notificação dirigida à outra parte ou pedir ao Secretário Geral das Nações Unidas que proceda às nomeações de conformidade com a alínea e).

d) Nos 30 dias seguintes à data em que se tenha efetuado a última designação, os quatro conciliadores designarão um quinto conciliador, escolhido da lista mencionada no artigo 2 do presente Anexo, que será o presidente. Se a designação não se efetua nesse prazo, qualquer das partes pode, na semana seguinte à expiração desse prazo, pedir ao Secretário Geral das nações Unidas que proceda à designação de conformidade com a alínea e).

e) Nos 30 dias Seguintes ao recebimento de um pedido nos termos do disposto nas alíneas c) ou d), o Secretário Geral das Nações Unidas fará, em consulta com as partes na controvérsia, as designações necessárias a partir da lista mencionada no artigo 2 do presente Anexo.

f) Qualquer vaga será preenchida pela forma prevista para a designação inicial.

g) Duas ou mais partes que determinem de comum acordo que têm o mesmo interesse designarão conjuntamente dois conciliadores. Quando duas ou mais partes tenham interesses distintos, ou quando não exista acordo sobre se têm ou não o mesmo interesse, as partes designarão conciliadores separadamente.

h) Nas controvérsias em que existam mais de duas partes com interesses distintos, ou quando não haja acordo sobre se têm o mesmo interesse, as partes devem aplicar, na medida do possível, as alíneas a) a f).

ARTIGO 4
Procedimento

Salvo acordo em contrário das partes, a comissão de conciliação determinará o seu próprio procedimento. A comissão pode, com o consentimento das partes na controvérsia, convidar qualquer Estado Parte a apresentar as suas opiniões verbalmente ou por escrito. As decisões relativas a questões de procedimento, as recomendações e o relatório da comissão serão adotados por maioria de votos dos seus membros.

ARTIGO 5
Solução amigável

A comissão poderá chamar a atenção das partes para quaisquer medidas que possam facilitar uma solução amigável da controvérsia.

ARTIGO 6
Funções da Comissão

A comissão ouvirá as partes, examinará as suas pretensões e objeções e far-lhes-á propostas para chegarem a uma solução amigável.

ARTIGO 7
Relatório

1. A comissão apresentará relatório nos 12 meses seguintes à sua constituição. O relatório conterá todos os acordos concluídos e, se os não houver, as conclusões sobre todas as questões de direito ou de fato relacionadas com a matéria em controvérsia e as recomendações que julgue apropriadas para uma solução amigável. O relatório será depositado junto do Secretário Geral das Nações Unidas, que o transmitirá imediatamente às partes na controvérsia.

2. O relatório da comissão, incluídas as suas conclusões ou recomendações, não terá força obrigatória para as partes.

ARTIGO 8
Extinção do procedimento

Extinguir-se-á o procedimento de conciliação quando a controvérsia tenha sido solucionada, quando as partes tenham aceito ou uma delas tenha rejeitado as recomendações do relatório, por via de notificação escrita dirigida ao Secretário Geral das Nações Unidas, ou quando tenha decorrido um prazo de três meses a contar da data em que o relatório foi transmitido às partes.

ARTIGO 9
Honorários e despesas

Os honorários e despesas da comissão ficarão a cargo das partes na controvérsia.

ARTIGO 10
Direito das partes modificarem o procedimento

As partes na controvérsia poderão, mediante acordo aplicável unicamente a essa controvérsia, modificar qualquer disposição do presente Anexo.

SEÇÃO 2. SUBMISSÃO OBRIGATÓRIA AO PROCEDIMENTO DE CONCILIAÇÃO NOS TERMOS DA SEÇÃO 3 DA PARTE XV

ARTIGO 11
Início do procedimento

1. Qualquer das partes numa controvérsia que, de conformidade com a seção 3 da Parte XV, possa ser submetida ao procedimento de conciliação nos termos da presente seção, pode iniciar o procedimento por via de notificação escrita dirigida à outra ou às outras partes na controvérsia.

2. Qualquer das partes na controvérsia que tenha sido notificada nos termos do parágrafo 1º ficará obrigada a submeter-se a tal procedimento.

ARTIGO 12
Ausência de resposta ou não-submissão ao procedimento de conciliação

O fato de uma ou várias partes na controvérsia não responderem à notificação relativa ao início do procedimento, ou de a ele não se submeterem, não constituirá obstáculo ao procedimento.

ARTIGO 13
Competência

Qualquer desacordo quanto à competência da comissão de conciliação constituída nos termos da presente seção será resolvido por essa comissão.

ARTIGO 14
Aplicação da seção 1

Os artigos 2 a 10 da seção 1 do presente Anexo aplicar-se-ão salvo o disposto na presente seção.

ANEXO VI
ESTATUTO DO TRIBUNAL INTERNACIONAL DO DIREITO DO MAR

ARTIGO 1
Disposições gerais

1. O Tribunal Internacional do Direito do Mar é constituído e deve funcionar de conformidade com as disposições desta Convenção e do presente Estatuto.

2. O Tribunal terá a sua sede na Cidade Livre e Hanseática de Hamburgo na República Federal da Alemanha.

3. O Tribunal pode reunir-se e exercer as suas funções em qualquer outro local, quando o considere desejável.

4. A submissão de qualquer controvérsia ao Tribunal deve ser regida pelas disposições das Partes XI e XV.

SEÇÃO 1. ORGANIZAÇÃO DO TRIBUNAL

ARTIGO 2
Composição

1. O Tribunal é composto de 21 membros independentes, eleitos de entre pessoas que gozem da mais alta reputação pela sua imparcialidade e integridade e sejam de reconhecida competência em matéria de direito do mar.

2. A representação dos principais sistemas jurídicos do mundo e uma distribuição geográfica equitativa devem ser asseguradas na composição global do Tribunal.

ARTIGO 3
Membros

1. O Tribunal não pode ter como membros mais de um nacional do mesmo Estado. Para esse efeito, qualquer pessoa que possa ser nacional de mais de um Estado deve ser considerada nacional do Estado em que habitualmente exerce os seus direitos civis e políticos.

2. Não deve haver menos de três membros de cada um dos grupos geográficos estabelecidos pela Assembléia Geral das Nações Unidas.

ARTIGO 4
Candidaturas e eleições

1. Cada Estado Parte pode designar, no máximo, duas pessoas que reunam as condições prescritas no artigo 2 do presente Anexo. Os membros do Tribunal devem ser eleitos da lista das pessoas assim designadas.

2. Pelo menos três meses antes da data da eleição, o Secretário Geral das Nações Unidas, no caso da primeira eleição, ou o Escrivão do Tribunal, no caso das eleições subseqüentes, deve endereçar convite escrito aos Estados Partes para apresentarem os seus candidatos a membros do Tribunal, num prazo de dois meses. O Secretário Geral ou o Escrivão deve preparar uma lista por ordem alfabética de todas as pessoas assim designadas, com a indicação dos Estados Partes que os tiverem designado e submetê-la aos Estados Partes antes do sétimo dia do último mês que anteceder a data da eleição.

3. A primeira eleição deve realizar-se nos seis meses seguintes à data da entrada em vigor da presente Convenção.

4. Os membros do Tribunal são eleitos por escrutínio secreto. As eleições devem realizar-se numa reunião dos Estados Partes convocada pelo Secretário Geral das Nações Unidas, no caso da primeira eleição ou segundo procedimento acordado pelos Estados Partes, no caso das eleições subseqüentes. Nessa reunião, o quorum deve ser constituído por dois terços dos Estados Partes. São eleitos para o Tribunal os candidatos que obtenham o maior número de votos e a maioria de dois terços dos votos dos Estados Partes presentes e votantes, desde que essa maioria compreenda a maioria dos Estados Partes.

ARTIGO 5
Duração do mandato

1. Os membros do Tribunal são eleitos por nove anos e podem ser reeleitos; contudo, tratando-se dos membros eleitos na primeira eleição, o mandato de sete dentre eles expira ao fim de três anos e de mais sete expira ao fim de seis anos.

2. Os membros do Tribunal cujos mandatos expiram ao fim dos mencionados períodos iniciais de três e seis anos devem ser escolhidos por sorteio efetuado pelo Secretário Geral das Nações Unidas imediatamente após a primeira eleição.

3. Os membros do Tribunal devem continuar no desempenho das suas funções até que tenham sido substituídos. Embora substituídos, devem continuar a conhecer até ao fim de quaisquer

questões que tenham iniciado antes da data da sua substituição.

4. Em caso de renúncia de um membro do Tribunal, a carta de renúncia deve ser endereçada ao Presidente do Tribunal. O lugar fica vago a partir do momento em que a carta de renúncia é recebida.

ARTIGO 6
Vagas

1. As vagas devem ser preenchidas pelo mesmo método seguido na primeira eleição, com ressalva da seguinte disposição: o Escrivão deve, dentro de um mês após a ocorrência da vaga, proceder ao envio dos convites previsto no artigo 4 do presente Anexo e o Presidente do Tribunal deve, após consulta com os Estados Partes, fixar a data da eleição.

2 O membro do Tribunal eleito em substituição de um membro cujo mandato não tenha expirado deve exercer o cargo até ao termo do mandato do seu predecessor.

ARTIGO 7
Incompatibilidades

1. Nenhum membro do Tribunal pode exercer qualquer função política ou administrativa ou estar associado ativamente ou interessado financeiramente em qualquer das operações de uma empresa envolvida na exploração ou aproveitamento dos recursos do mar ou dos fundos marinhos ou noutra utilização comercial do mar ou dos fundos marinhos.

2. Nenhum membro do Tribunal pode exercer funções de agente, consultor ou advogado em qualquer questão.

3. Havendo dúvida sobre estes pontos, o Tribunal deve resolvê-la por maioria dos demais membros presentes.

ARTIGO 8
Condições relativa à participação dos membros numa questão determinada

1. Nenhum membro do Tribunal pode participar na decisão de qualquer questão em que tenha intervindo anteriormente como agente, consultor ou advogado de qualquer das partes, ou como membro de uma corte ou tribunal nacional ou internacional, ou em qualquer outra qualidade.

2. Se, por alguma razão especial, um membro do Tribunal considera que não deve participar na decisão de uma questão determinada deve informar disso o Presidente do Tribunal.

3. Se o Presidente considera que, por alguma razão especial, um dos membros do Tribunal não deve conhecer de uma questão determinada, deve dar-lhe disso conhecimento.

4. Havendo dúvida sobre estes pontos, o Tribunal deve resolvê-la por maioria dos demais membros presentes.

ARTIGO 9
Conseqüência da perda das condições requeridas

Se, na opinião unânime dos demais membros do Tribunal, um membro tiver deixado de reunir as condições requeridas, o Presidente do Tribunal deve declarar o lugar vago.

ARTIGO 10
Privilégios e imunidades

No exercício das suas funções, os membros do Tribunal gozam de privilégios e imunidades diplomáticos.

ARTIGO 11
Declaração solene

Todos os membros do Tribunal devem, antes de assumir as suas funções, fazer, em sessão pública, uma declaração solene, de que exercerão as suas atribuições com imparcialidade e em consciência.

ARTIGO 12
Presidente, Vice-presidente e Escrivão

1. O Tribunal elegerá, por três anos, o seu Presidente e Vice-presidente, que podem ser reeleitos.

2. O Tribunal nomeará o seu Escrivão e pode providenciar a nomeação dos demais funcionários necessários.

3. O Presidente e o Escrivão devem residir na sede do Tribunal.

ARTIGO 13
Quorum

1. Todos os membros do Tribunal que estejam disponíveis devem estar presentes, sendo exigido um quorum de 11 membros eleitos para constituir o Tribunal.

2. Com observância do artigo 17 do presente Anexo, o Tribunal deve determinar quais os membros que estão disponíveis para constituir o Tribunal para o exame de uma determinada controvérsia, tendo em conta a necessidade de assegurar o funcionamento eficaz das câmaras previstas nos artigos 14 e 15 do presente Anexo.

3 O Tribunal delibera sobre todas as controvérsias e pedidos que lhe sejam submetidos a menos que o artigo 14 do presente Anexo se aplique ou as partes solicitem a aplicação do artigo 15 do presente Anexo.

ARTIGO 14
Câmara de Controvérsias dos Fundos Marinhos

É criada uma Câmara de Controvérsias dos Fundos Marinhos, de conformidade com as disposições da seção 4 do presente Anexo. A sua competência, poderes e funções são os definidos na seção 5 da Parte XI.

ARTIGO 15
Câmaras especiais

1. O Tribunal pode constituir as câmaras que considere necessárias, compostas de três ou mais dos seus membros eleitos, para conhecerem de determinadas categorias de controvérsias.

2. O Tribunal deve, se as partes assim o solicitarem, constituir uma câmara para conhecer de uma determinada controvérsia que lhe tenha sido submetida. O Tribunal deve fixar, com a aprovação das partes, a composição de tal câmara.

3. Com o fim de facilitar o andamento rápido dos assuntos, o Tribunal deve constituir anualmente uma câmara de cinco dos seus membros eleitos que pode deliberar sobre controvérsias em procedimento sumário. Devem ser designados dois membros suplentes para substituírem os que não possam participar numa determinada questão.

4. As câmaras previstas no presente artigo devem, se as partes assim o solicitarem, deliberar sobre as controvérsias.

5. A sentença de qualquer das câmaras previstas no presente artigo e no artigo 14 do presente Anexo deve ser considerada com proferida pelo Tribunal.

ARTIGO 16
Regulamento do Tribunal

O Tribunal deve adotar normas para o exercício das suas funções. Deve elaborar, em particular, o seu regulamento interno.

ARTIGO 17
Nacionalidade dos membros

1. Os membros do Tribunal nacionais de qualquer das partes numa controvérsia mantêm o seu direito de participar como membros do Tribunal.

2. Se o Tribunal, ao examinar uma controvérsia, incluir um membro nacional de uma das partes, qualquer outra parte poderá designar uma pessoa de sua escolha para participar na qualidade de membro do Tribunal.

3. Se o Tribunal, ao examinar uma controvérsia, não incluir um membro nacional das partes, cada uma destas poderá designar uma pessoa de sua escolha para participar na qualidade de membro do Tribunal.

4. O presente artigo aplica-se às câmaras referidas nos artigos 14 e 15 do presente Anexo. Em tais casos, o Presidente, em consulta com as partes, deve pedir a determinados membros do Tribunal que constituam a câmara, tantos quantos necessários, que cedam os seus lugares aos membros do Tribunal da nacionalidade das partes interessadas e, se os não houver ou não puderem estar presentes, aos membros especialmente designados pelas partes.

5. Se várias partes tiverem um mesmo interesse, deverão, para efeitos das disposições precedentes, ser consideradas como uma única parte. Havendo dúvida sobre este ponto, o Tribunal deve resolvê-la.

6. Os membros designados de conformidade com os parágrafos 2º,3º e 4º devem reunir as condições estabelecidas pelos artigos 2, 8 e 11 do presente Anexo. Devem participar na decisão do Tribunal em condições de absoluta igualdade com os seus colegas.

ARTIGO 18
Remuneração

1. Cada membro eleito do Tribunal recebe um vencimento anual e, por cada dia em que exerça as suas funções, um subsídio especial. A soma total do seu subsídio especial, em cada ano, não excederá o montante do vencimento anual.

2. O Presidente recebe um subsídio anual especial

3. O Vice-presidente recebe um subsídio especial por cada dia em que exerça as funções de Presidente.

4. Os membros designados nos termos do artigo 17 do presente Anexo, que não sejam membros eleitos do Tribunal, receberão uma compensação por cada dia em que exerçam as suas funções.

5. Os vencimentos, subsídios e compensações serão fixados periodicamente em reuniões dos Estados Partes, tendo em conta o volume de trabalho do Tribunal. Não podem sofrer redução enquanto durar o mandato.

6. O vencimento do Escrivão é fixado em reuniões dos Estados Partes, por proposta do Tribunal.

7. Nos regulamentos adotados em reuniões dos Estados Partes, serão fixadas as condições para a concessão de pensões de aposentação aos membros do Tribunal e ao Escrivão, bem como as condições para o reembolso, aos membros do Tribunal e ao Escrivão, das suas despesas de viagens.

8. Os vencimentos, subsídios e compensações estarão isentos de qualquer imposto.

ARTIGO 19
Despesas do Tribunal

1. As despesas do Tribunal serão custeadas pelos Estados Partes e pela Autoridade, nos termos e condições a determinar em reuniões dos Estados Partes.

2. Quando uma entidade distinta de um Estado Parte ou da Autoridade for parte numa controvérsia submetida ao Tribunal, este fixará o montante com que a referida parte terá de contribuir para as despesas do Tribunal.

SEÇÃO 2. JURISDIÇÃO

ARTIGO 20
Acesso ao Tribunal

1. Os Estados Partes terão acesso ao Tribunal.

2. As entidades distintas dos Estados Partes terão acesso ao Tribunal, em qualquer dos casos expressamente previstos na Parte XI ou em qualquer questão submetida nos termos de qualquer outro acordo que confira ao Tribunal jurisdição que seja aceita por todas as partes na questão.

ARTIGO 21
Jurisdição

A jurisdição do Tribunal compreende todas as controvérsias e pedidos que lhe sejam submetidos de conformidade com a presente Convenção, bem como todas as questões especialmente previstas em qualquer outro acordo que confira jurisdição ao Tribunal.

ARTIGO 22
Submissão ao Tribunal de controvérsias relativas a outro acordos

Se todas as partes num tratado ou convenção já em vigor sobre matérias cobertas pela presente Convenção assim o acordarem, qualquer controvérsia relativa à interpretação ou aplicação de tal tratado ou convenção pode, de conformidade com tal acordo, ser submetida ao Tribunal.

ARTIGO 23
Direito aplicável

Todas as controvérsias e pedidos serão decididos pelo Tribunal, de conformidade com o artigo 293.

SEÇÃO 3. PROCESSO

ARTIGO 24
Início do procedimento

1. As controvérsias são submetidas ao Tribunal, conforme o caso, por notificação de um acordo especial ou por pedido escrito dirigido ao Escrivão. Em ambos os casos, o objeto da controvérsia e as partes devem ser indicados.

2. O Escrivão deve notificar imediatamente todos os interessados do acordo especial ou do pedido.

3. O Escrivão deve também notificar todos os Estados Partes.

ARTIGO 25
Medidas provisórias

1. De conformidade com o artigo 290, o Tribunal e a sua Câmara de Controvérsias dos Fundos Marinhos têm o poder de decretar medidas provisórias.

2. Se o Tribunal não se encontrar reunido ou o número de membros disponíveis não for suficiente para que haja quorum, as medidas provisórias devem ser decretadas pela câmara criada nos termos do parágrafo 3º do artigo 15 do presente Anexo. Não obstante o disposto no parágrafo 4º do artigo 15 do presente Anexo, tais medidas provisórias podem ser tomadas a pedido de qualquer das partes na controvérsia. Tais medidas estarão sujeitas a exame de revisão pelo Tribunal.

ARTIGO 26
Audiências

1. As audiências serão dirigidas pelo Presidente ou, na sua ausência, pelo Vice-presidente; se nenhum deles o puder fazer, presidirá o mais antigo dos juizes presentes do Tribunal.

2. As audiências devem ser públicas, salvo decisão em contrário do Tribunal ou a menos que as partes solicitem audiência à porta fechada.

ARTIGO 27
Trâmites do processo

O Tribunal deve definir os tramites do processo, decidir a forma e os prazos em que cada parte deve concluir as suas alegações e tomar as medidas necessárias para a apresentação de provas.

ARTIGO 28
Revelia

Quando uma das partes comparecer ante o Tribunal ou não apresentar a sua defesa, a outra parte poderá pedir ao Tribunal que continue os procedimentos e profira a sua decisão. A ausência de uma parte ou a não apresentação da defesa da sua causa não deve constituir impedimento aos procedimentos. Antes de proferir a sua decisão, o Tribunal deve assegurar-se de que não só tem jurisdição sobre a controvérsia, mas também de que a pretensão está de direito e de fato bem fundamentada.

ARTIGO 29
Maioria requerida para a tomada de decisão

1. Todas as decisões do Tribunal devem ser tomadas por maioria dos membros presentes.

2. Em caso de empate, decidirá o voto do Presidente ou o do membro do Tribunal que o substitua.

ARTIGO 30
Sentença

1. A sentença deve ser fundamentada.

2. A sentença deve mencionar os nomes dos membros do Tribunal que tomarem parte na decisão.

3. Se, no todo ou em parte, a sentença não representar a opinião unânime dos membros do Tribunal, qualquer membro terá o direito de juntar à sentença a sua opinião individual ou dissidente.

4. A sentença deve ser assinada pelo Presidente e pelo Escrivão. Deve ser lida em sessão pública, depois de devidamente notificadas as partes na controvérsia.

ARTIGO 31
Pedidos de intervenção

1. Se um Estado Parte considerar que tem um interesse de natureza jurídica que possa ser afetado pela decisão sobre qualquer controvérsia, poderá submeter ao Tribunal um pedido de intervenção.

2. Ao Tribunal compete pronunciar-se sobre o pedido.

3. Se um pedido de intervenção for aceito, a sentença do Tribunal sobre a controvérsia será obrigatória para o Estado Parte interveniente, em relação às questões nas quais esse Estado Parte interveio.

ARTIGO 32
Direito de intervenção em casos de interpretação ou aplicação

1. Sempre que se levantar uma questão de interpretação ou aplicação da presente Convenção, o Escrivão notificará imediatamente todos os Estados Partes.

2. Sempre que, no ambito dos artigos 21 ou 22 do presente Anexo, se levantar uma questão de interpretação ou aplicação de uma acordo internacional, o Escrivão notificará todas as partes no acordo.

3. Qualquer parte a que se referem os parágrafos 1º e 2º tem o direito de intervir no processo; se exercer este direito, a interpretação constante da sentença será igualmente obrigatória para essa parte.

ARTIGO 33
Natureza definitiva e força obrigatória da sentença

1. A sentença do Tribunal será definitiva e deverá ser acatada por todas as partes na controvérsia.

2. A sentença não terá força obrigatória senão para as partes e no que se refere a uma controvérsia determinada.

3. Em caso de desacordo sobre o sentido ou alcance da sentença, compete ao Tribunal interpretá-la, a pedido de qualquer das partes.

ARTIGO 34
Despesas

Salvo decisão em contrário do Tribunal, cada parte custeará a suas próprias despesas.

SEÇÃO 4. CÂMARA DE CONTRÓVERSIAS DOS FUNDOS MARINHOS

ARTIGO 35
Composição

1. A Câmara de Controvérsias dos Fundos Marinhos referida no artigo 14 do presente Anexo é composta de 11 membros, escolhidos pela maioria dos membros eleitos do Tribunal dentre eles.

2. Na escolha dos membros da Câmara a representação dos principais sistemas jurídicos do mundo e uma distribuição geográfica equitativa devem ser assegurados. A Assembléia da Autoridade pode adotar recomendações de caráter geral relativas à representação e distribuição referidas.

3. Os membros da Câmara serão escolhidos de três em três anos e poderão ser escolhidos para um segundo mandato.

4. A Câmara elegerá o seu Presidente dentre os seus membros; o mandato deste terá a duração do mandato da Câmara.

5. Se, ao fim de um período de três anos para o qual a Câmara tenha sido escolhida, houver processos pendentes, a Câmara deverá terminar esses processos com a sua composição original.

6. Se ocorrer alguma vaga na Câmara, o Tribunal escolherá dentre os seus membros eleitos um sucessor que deverá exercer o cargo até ao fim do mandato do seu predecessor.

7. Para a constituição da Câmara é exigido um quorum de sete membros escolhidos pelo Tribunal.

ARTIGO 36
Câmaras ad hoc

1. A Câmara de Controvérsias dos Fundos Marinhos deve constituir uma câmara ad hoc, composta de três dos seus membros, para conhecer duma determinada controvérsia que lhe seja submetida de conformidade com a alínea b) do parágrafo 1º do artigo 188. A composição de tal câmara deve ser estabelecida pela Câmara de Controvérsias dos Fundos Marinhos com a aprovação das partes.

2. Se as partes não concordarem com a composição da câmara ad hoc, cada uma delas designará um membro devendo o terceiro membro ser designado por ambas de comum acordo. Se não chegarem a acordo, ou se qualquer das partes não fizer a designação, o Presidente da Câmara de Controvérsias dos Fundos Marinhos deverá proceder sem demora à designação ou designações dentre os membros dessa Câmara após consulta às partes.

3. Os membros da câmara ad hoc não devem estar ao serviço de qualquer das partes na controvérsia, nem ser nacionais destas.

ARTIGO 37
Acesso

Os Estados Partes, a Autoridade e as outras entidades referidas na seção 5 da Parte XI terão acesso à Câmara.

ARTIGO 38
Direito aplicável

Além das disposições do artigo 293, a Câmara deve aplicar:

a) as normas, regulamentos e os procedimentos da Autoridade adotados de conformidade com a presente Convenção; e

b) as cláusulas dos contratos relativos a atividades na Área, em matérias relacionadas com esses contratos.

ARTIGO 39
Execução das decisões da Câmara

As decisões da Câmara serão executórias nos territórios dos Estados Partes da mesma maneira que sentenças ou despachos do supremo tribunal do Estado Parte em cujo território a execução for requerida.

ARTIGO 40
Aplicabilidade das outras seções do presente Anexo

1. As outras seções do presente Anexo não incompatíveis com a presente seção aplicam-se à Câmara.

2. No exercício das suas funções consultivas, a Câmara deve guiar-se pelas disposições do presente Anexo relativas ao processo ante o Tribunal, na medida em que as considere aplicáveis.

SEÇÃO 5. EMENDAS

ARTIGO 41
Emendas

1. As emendas ao presente Anexo, com exceção das relativas à seção 4, só podem ser adotadas de conformidade com o artigo 3l3 ou por consenso numa conferência convocada de conformidade com a presente convenção.

2. As emendas à seção 4 só podem ser adotadas de conformidade com o artigo 314.

3. O Tribunal pode propor as emendas ao presente Estatuto que considere necessárias, mediante comunicação escrita aos Estados Partes para que estes as examinem, de conformidade com os parágrafos 1º e 2º.

ANEXO VII
ARBITRAGEM

ARTIGO 1
Início do procedimento

Sem prejuízo das disposições da Parte XV, qualquer parte numa controvérsia pode submeter a controvérsia ao procedimento de arbitragem previsto no presente Anexo, mediante notificação escrita dirigida à outra parte ou partes na controvérsia. A notificação deve ser acompanhada de uma exposição da pretensão e dos motivos em que se fundamenta.

ARTIGO 2
Lista de árbitros

1. O Secretário Geral das Nações Unidas deve elaborar e manter uma lista de árbitros. Cada Estado Parte tem o direito de designar quatro árbitros que devem ser pessoas com experiência em assuntos marítimos e gozam da mais elevada reputação pela sua imparcialidade, competência e integridade. A lista deve ser composta dos nomes das pessoas assim designadas.

2 Se, em qualquer momento, os árbitros designados por um Estado Parte e que integram a lista assim constituída forem menos de quatro, esse Estado Parte tem o direito de fazer as designações suplementares necessárias.

3. O nome de um árbitro deve permanecer na lista até ser retirado pelo Estado Parte que o tiver designado, desde que tal árbitro continue a fazer parte de qualquer tribunal arbitral para o qual tenha sido designado até terminar o procedimento ante o referido tribunal.

ARTIGO 3
Constituição do tribunal arbitral

Para efeitos dos procedimentos previstos no presente Anexo, o tribunal arbitral deve, salvo acordo em contrário das partes, ser constituído da seguinte forma:

a) sem prejuízo do disposto na alínea g), o tribunal arbitral é composto de cinco membros;

b) a parte que inicie o procedimento deve designar um membro, escolhido de preferência da lista mencionada no artigo 2 do presente Anexo, que pode ser seu nacional. A designação deve ser incluída na notificação prevista no artigo 1 do presente Anexo;

c) a outra parte na controvérsia deve, nos 30 dias seguintes à data de recebimento da notificação referida no artigo 1 do presente Anexo, designar um membro, a ser escolhido de preferência da lista, o qual pode ser seu nacional. Se a designação não se efetuar nesse prazo, a parte que tiver iniciado o procedimento poderá, nas duas semanas seguintes à expiração desse prazo, pedir que a designação seja feita de conformidade com a alínea e);

d) os outro três membros devem ser designados por acordo entre as partes. Estes devem, salvo acordo em contrário das partes, ser escolhidos de preferência da lista e ser nacionais de terceiros Estados. As partes na controvérsia devem designar o presidente do tribunal arbitral dentre esse três membros. Se, nos 60 dias seguintes ao recebimento da notificação mencionada no artigo 1 do presente Anexo, as partes não puderem chegar a acordo sobre a designação de um ou mais membros do tribunal que devem ser designados de comum acordo, ou sobre a designação do Presidente, a designação ou designações pendentes devem ser feitas de conformidade com a alínea e), a pedido de uma das partes na controvérsia. Tal pedido deve ser apresentado dentro das duas semanas seguintes à expiração do referido prazo de 60 dias;

e) a menos que as partes concordem que qualquer designação nos termos das alíneas c) e d) seja feita por uma pessoas ou por um terceiro Estado escolhido por elas, o Presidente do Tribunal Internacional do Direito do Mar deve proceder às designações necessárias. Se o Presidente não puder agir de conformidade com a presente alínea ou for nacional de uma das partes na controvérsia, a designação deve ser feita pelo membro mais antigo do Tribunal Internacional do Direito do Mar que esteja disponível e não seja nacional de qualquer das partes. As designações previstas na presente alínea devem ser feitas com base na lista mencionada no artigo 2 do presente Anexo no prazo de 30 dias a contar da data de recebimento do pedido e em consulta com as partes. Os membros assim designados devem ser de nacionalidades diferentes e não podem estar ao serviço de qualquer da partes na controvérsia, nem Residir habitualmente no território de uma dessas partes nem ser nacionais de qualquer delas;

f) qualquer vaga deve ser preenchida da maneira estabelecida para a designação inicial;

g) as partes com interesse comum devem designar conjuntamente e por acordo um membro do tribunal. Quando várias partes tiverem interesses distintos, ou haja desacordo sobre se existe ou não interesse comum, cada uma delas deve designar um membros do tribunal. O número de membro do tribunal designados separadamente pelas partes deve ser sempre inferior em um ao número de membros do tribunal designados conjuntamente pelas partes;

h) as disposições das alíneas a) a f) devem aplicar-se, o máximo possível, nas controvérsias em que estejam envolvidas mais de duas partes.

ARTIGO 4
Funções do tribunal arbitral

Um tribunal arbitral constituído nos termos do artigo 3 do presente Anexo deve funcionar de conformidade com o presente Anexo e com as demais disposições da presente Convenção.

ARTIGO 5
Procedimento

Salvo acordo em contrário das partes na controvérsia, o tribunal arbitral deve adotar o seu próprio procedimento, garantindo a cada uma das partes plena oportunidade de ser ouvida e de apresentar a sua causa.

ARTIGO 6
Obrigações das partes numa controvérsia

As partes numa controvérsia devem facilitar o trabalho do tribunal arbitral e, de conformidade com a sua legislação e utilizando todos os meios à sua disposição, devem, em particular:

a) fornecer-lhe todos os documentos, meios e informações pertinentes; e

b) permitir-lhe, quando necessário, citar testemunhas ou peritos e receber as suas provas e visitar os lugares relacionados com a causa.

ARTIGO 7
Despesas

Salvo decisão em contrário do tribunal arbitral por razões de circunstâncias particulares da causa, as despesas do tribunal, incluindo a remuneração dos seus membros, devem ser custeadas, em montantes iguais, pelas partes na controvérsia.

ARTIGO 8
Maioria requerida para a tomada de decisão

As decisões do tribunal arbitral devem ser tomadas por maioria de voto dos seus membros. A ausência ou abstenção de menos de metade dos membros não constitui impedimento à tomada de decisão pelo tribunal. Em caso de empate, decidirá o voto do Presidente.

ARTIGO 9
Revelia

Quando uma das partes na controvérsia não comparecer ante o tribunal arbitral ou não apresentar a sua defesa, a outra parte poderá pedir ao tribunal que continue os procedimentos e profira o seu laudo. A ausência de uma parte ou a não apresentação da defesa da sua causa não deve constituir impedimento aos procedimentos. Antes de proferir o seu laudo, o tribunal arbitral deve assegura-se de que não só tem jurisdição sobre a controvérsia, mas também de que a pretensão está, de direito e de fato, bem fundamentada.

ARTIGO 10
Laudo arbitral

O laudo do tribunal arbitral deve limitar-se ao objeto da controvérsia e ser fundamentado. Deve mencionar os nomes dos membros do tribunal arbitral que tomaram parte no laudo e a data em que foi proferido. Qualquer membro do tribunal terá o direito de juntar ao laudo a sua opinião individual ou dissidente.

ARTIGO 11
Natureza definitiva do laudo arbitral

O laudo deve ser definitivo e inapelável, a não ser que as partes na controvérsia tenham previamente acordado num procedimento de apelação. Deve ser acatado pelas partes na controvérsia.

ARTIGO 12
Interpretação ou execução do laudo arbitral

1. Qualquer desacordo, que possa surgir entre as parte na controvérsia sobre a interpretação ou o modo de execução do laudo, pode ser submetido por qualquer das parte à decisão do tribunal arbitral que proferiu o laudo. Para esse efeito, qualquer vaga no tribunal deve ser preenchida pela forma prevista para as designações iniciais dos membros do tribunal.

2. Qualquer desacordo dessa natureza pode, nos termos do artigo 287, ser submetido a outra corte ou tribunal por acordo de todas as partes na controvérsia.

ARTIGO 13
Aplicação a entidades distintas de Estados Partes

As disposições do presente Anexo devem aplicar-se, mutatis mutandis, a qualquer controvérsia em que estejam envolvidas entidades distintas de Estados Partes.

ANEXO VIII
ARBITRAGEM ESPECIAL

ARTIGO 1
Início do procedimento

Sem prejuízo das disposições da Parte XV, qualquer parte numa controvérsia relativa à interpretação ou à aplicação dos artigos da presente Convenção sobre:

1) pescas, 2) proteção e preservação do meio marinho, 3) investigação científica marinha ou 4) navegação, incluindo a poluição proveniente de embarcações e por alijamento pode submeter a controvérsia ao procedimento de arbitragem especial previsto no presente Anexo, mediante notificação escrita dirigida à outra ou às outras partes na controvérsia. A notificação deve ser acompanhada de uma exposição da pretensão e dos motivos em que esta se fundamenta.

ARTIGO 2
Lista de peritos

1. Deve ser elaborada e mantida uma lista de peritos para cada uma das seguintes matérias: 1) pescas, 2)proteção e preservação do meio marinho, 3) investigação científica marinha, e 4) navegação, incluindo a poluição proveniente de embarcações e por alijamento.

2. A elaboração e manutenção de cada lista de peritos deve competir: em matéria de pescas, à Organização das Nações Unidas para a Alimentação e a Agricultura; em matéria de proteção e preservação do meio marinho, ao Programa das Nações Unidas para o Meio Ambiente; em matéria de investigação científica marinha, à Comissão Oceanográfica Intergovernamental; em matéria de navegação, incluindo a poluição proveniente de embarcações e por alijamento, à Organização Marítima Internacional, ou, em cada caso, ao órgão subsidiário apropriado em que tal organização, programa ou comissão tiver investido dessas funções.

3. Cada Estado Parte tem o direito de designar dois peritos em cada uma dessas matérias, cuja competência jurídica, científica ou técnica na matéria correspondente seja comprovada e geralmente reconhecida e que gozem da mais elevada reputação pela sua imparcialidade e integridade. A lista apropriada deve ser composta dos nomes das pessoas assim designadas em cada matéria.

4. Se, em qualquer momento, os peritos designados por um Estado Parte e que integram a lista assim constituída, forem menos de dois, esse Estado Parte tem o direito de fazer as designações suplementares necessárias.

5 O nome de um perito deve permanecer na lista até ser retirado pelo Estado Parte que o tiver designado, desde que tal perito continue a fazer parte de qualquer tribunal arbitral especial para o qual tenha sido designado até terminar o procedimento ante o referido tribunal.

ARTIGO 3
Constituição do tribunal arbitral especial

Para efeitos dos procedimentos previstos no presente Anexo, o tribunal arbitral especial deve, salvo acordo em contrário das partes, ser constituído da seguinte forma:

a) sem prejuízo do disposto na alínea g), o tribunal arbitral especial é composto de cinco membros;

b) a parte que inicie o procedimento deve designar dois membros, escolhidos de preferência da lista ou listas mencionadas no artigo 2 do presente Anexo relativas às questões em controvérsia, os quais podem ser seus nacionais. As designações devem ser incluídas na notificação prevista no artigo 2 do presente Anexo;

c) a outra parte na controvérsia deve, nos 30 dias seguintes à data de recebimento da notificação referida no artigo 1 do presente Anexo, designar, dois membros a serem escolhidos de preferência da lista ou listas relativas às questões em contróversia, um dos quais pode ser nacional. Se a designação não se efetuar nesse prazo, a parte que tiver iniciado o procedimento poderá, nas duas semanas seguintes à expiração desse prazo, pedir que as designações sejam feitas de conformidade com a alínea e);

d) as partes na controvérsia devem designar de comum acordo o Presidente do tribunal arbitral especial, escolhido preferencialmente da lista apropriada que deve ser nacional de um terceiro Estado, salvo acordo em contrário das partes. Se, nos 30 dias seguintes ao recebimento da notificação mencionada no artigo 1 do presente Anexo, as partes não puderem chegar a acordo sobre a designação do Presidente, a designação deve ser feita de conformidade com a alínea e), a pedido de uma das partes na controvérsia. Tal pedido deve ser apresentado dentro das duas semanas seguintes à expiração do referido prazo de 30 dias;

e) a menos que as partes concordem que a designação seja feita por uma pessoa ou por um terceiro Estado escolhido por elas, o Secretário Geral das Nações Unidas deve proceder às designações necessárias nos 30 dias seguintes à data em que o pedido, feito nos termos das alíneas c) e d), foi recebido. As designações previstas na presente alínea devem ser feitas com base na lista ou listas apropriadas de peritos mencionadas no artigo 2 do presente Anexo, em consulta com as partes na controvérsia e com a organização internacional apropriada. Os membros assim designados devem ser de nacionalidades diferentes, não podem estar ao serviço de qualquer das partes na controvérsia, nem residir habitualmente no território de uma dessas partes, nem ser nacionais de qualquer delas;

f) qualquer vaga deve ser preenchida da maneira prevista para a designação inicial;

g) as partes com interesse comum devem designar, conjuntamente e por acordo, dois membros do tribunal. Quando várias partes tiverem interesses distintos, ou haja desacordo sobre se existe ou não um mesmo interesse, cada uma delas designará um membro do tribunal;

h) as disposições das alíneas a) a f) devem aplicar-se, no máximo do possível, nas controvérsias em que estejam envolvidas mais de duas partes.

ARTIGO 4
Disposições gerais

Os artigos 4 a 13 do Anexo VII aplicam-se, mutatis mutandis, ao procedimento de arbitragem especial, previsto no presente anexo.

ARTIGO 5
Determinação dos fatos

1. As partes numa controvérsia relativa à interpretação ou à aplicação das disposições da presente Convenção sobre: 1) pescas, 2) proteção e preservação do meio marinho, 3) investigação científica marinha ou 4) navegação, incluindo a poluição proveniente de embarcações e por alijamento, podem, em qualquer momento, acordar em solicitar a um tribunal arbitral especial, constituído de conformidade com o artigo 3 do presente Anexo, a realização de uma investigação e determinação dos fatos que tenham originado a controvérsia.

2. Salvo acordo em contrário das partes, os fatos apurados pelo tribunal arbitral especial, de conformidade com o parágrafo 1º, devem ser considerados estabelecidos entre as partes.

3. Se todas as partes na controvérsia assim o solicitarem, o tribunal arbitral especial pode formular recomendações que, sem terem força decisória, devem apenas constituir base para um exame pelas partes das questões que originaram a controvérsia.

4. Sem prejuízo do disposto no parágrafo 2º, o tribunal arbitral especial deve, salvo acordo em contrário das partes, atuar de conformidade com as disposições do presente Anexo.

ANEXO IX
PARTICIPAÇÃO DE ORGANIZAÇÕES INTERNACIONAIS

ARTIGO 1
Utilização do termo `organização internacional"

Para efeitos do artigo 305 e do presente Anexo, `organização internacional" significa uma organização intergovernamental constituída por Estados à qual os seus Estados membros tenham transferido competência em matérias regidas pela presente Convenção, incluindo a competência para concluir tratados relativos a essas matérias.

ARTIGO 2
Assinatura

Uma organização internacional pode assinar a presente Convenção se a maioria dos seus Estados membros for signatária da Convenção. No momento da assinatura, uma organização internacional deve fazer uma declaração que especifique as matérias regidas pela convenção em relação às quais os seus Estados membros que sejam signatários da presente Convenção lhe tenham transferido competência, bem como a natureza e a extensão dessa competência.

ARTIGO 3
Confirmação formal e adesão

1. Uma organização internacional pode depositar o seu instrumento de confirmação formal ou de adesão se a maioria dos seus Estados membros depositar ou tiver depositado os seus instrumentos de ratificação ou de adesão.

2. Os instrumentos depositados pela organização internacional deve conter os compromissos e declarações exigidos pelos artigos 4 e 5 do presente Anexo.

ARTIGO 4
Alcance da participação e direitos e obrigações

1. O instrumento de confirmação formal ou de adesão depositado por uma organização internacional deve conter o compromisso de esta aceitar os direitos e obrigações dos Estados nos termos da presente Convenção relativos a matérias em relação às quais os seus Estados membros que sejam Partes na presente Convenção lhe tenham transferido competência.

2. Uma organização internacional será Parte na presente Convenção na medida da competência especificada nas declarações, comunicações ou notificações referidas no artigo 5 do presente Anexo.

3. Tal organização internacional exercerá os direitos e cumprirá as obrigações que, de outro modo, competiriam, nos termos da presente Convenção, aos seus Estados membros que são Partes na Convenção relativos a matérias em relação às quais esses Estados membros lhe tenham transferido competência. Os Estados membros dessa organização internacional não exercerão a competência que lhe tenham transferido.

4. A participação de tal organização internacional não implicará em caso algum um aumento na representação a que teriam direito os seus Estados membros que forem Partes na Convenção, incluindo os direitos em matéria de tomada de decisões.

5. A participação de tal organização internacional não confere, em caso algum, aos seus Estados membros que não forem Partes na Convenção, quaisquer dos direitos estabelecidos na presente Convenção.

6. Em caso de conflito entre as obrigações de uma organização internacional resultante da presente Convenção e as que lhe incumbam por virtude do acordo que estabelece a organização ou de quaisquer atos com ele relacionados, prevalecem as obrigações estabelecidas na presente Convenção.

ARTIGO 5
Declarações, notificações e comunicações

1. O instrumento de confirmação formal ou de adesão de uma organização internacional deve conter uma declaração que especifique as matérias regidas pela presente Convenção em relação às quais os seus Estados membros que forem Partes na presente Convenção lhe tenham transferido competência.

2. Um Estado membro de uma organização internacional deve fazer uma declaração que especifique as matérias regidas pela presente Convenção em relação às quais tenha transferido competência para a organização, no momento da ratificação da Convenção ou de adesão a ela ou no momento do depósito pela organização do seu instrumento de confirmação formal ou de adesão, considerando-se o que for posterior.

3. Presume-se que os Estados Partes membros de uma organização internacional que for Parte na Convenção têm competência sobre todas as matérias regidas pela presente Convenção em relação às quais transferências de competência para a organização não tenham sido especificamente declaradas, notificadas ou comunicadas, nos termos do presente artigo.

4. A organização internacional e seus Estados membros que forem Partes na presente Convenção notificarão sem demora o depositário da presente Convenção de quaisquer modificações na distribuição da competência especificada nas declarações previstas nos parágrafos 1º e 2º, incluindo novas transferências de competência.

5. Qualquer Estado Parte pode pedir a uma organização internacional e aos seus Estados membros, que forem Estados Partes, que informem sobre quem, se a organização ou seus Estados membros, tem competência em relação a qualquer questão específica que tenha surgido. A organização e os Estados membros interessados devem prestar essa informação num prazo razoável. A organização internacional e os Estados membros também podem prestar essa informação por iniciativa própria.

6. A declarações, notificações e comunicações de informação a que se refere o presente artigo devem especificar a natureza e o alcance da competência transferida.

ARTIGO 6
Responsabilidade

1. As Partes que tiverem competência nos termos do artigo 5 do presente Anexo serão responsáveis pelo não-cumprimento das obrigações ou por qualquer outra violação desta Convenção.

2. Qualquer Estado Parte pode pedir a uma organização internacional ou aos seus Estados membros que forem Estados Partes que informem sobre quem tem responsabilidade em relação a qualquer matéria específica. A organização e os Estados membros interessados devem prestar essa informação. Se não o fizerem num prazo razoável ou prestarem informações contraditórias, serão conjunta e solidariamente responsáveis.

ARTIGO 7
Solução de controvérsias

1. No momento do depósito do seu instrumento de confirmação formal ou de adesão, ou em qualquer momento ulterior, uma organização internacional é livre de escolher, mediante declaração escrita, um ou vários dos meios previstos nas alíneas a), c) ou d) do parágrafo 1º do artigo 287, para a solução de controvérsias relativas à interpretação ou à aplicação da presente Convenção.

2. A Parte XV aplica-se, mutatis mutandis, a qualquer controvérsia entre Partes na presente Convenção quando uma delas ou mais sejam organizações internacionais.

3. Quando uma organização internacional e um ou mais dos seus Estados membros forem partes conjuntas numa controvérsia, ou forem partes com um interesse comum, considerar-se-á que a organização aceitou os mesmos procedimentos de solução de controvérsias que os escolhidos pelos Estados membros; no entanto, quando um Estado membro tiver escolhido unicamente a Corte Internacional de Justiça nos termos do artigo 287, considerar-se-á que a organização e o Estado membro interessado aceitaram a arbitragem de conformidade com o Anexo VII, salvo acordo em contrário das partes na controvérsia.

ARTIGO 8
Aplicação da Parte XVII

A Parte XVII aplica-se, mutatis mutandis, a uma organização internacional, com as seguintes exceções:

a) o instrumento de confirmação formal ou de adesão de uma organização internacional não deve ser tomado em conta para efeitos de aplicação do parágrafo 1º do artigo 308;

b) i) uma organização internacional deve ter capacidade exclusiva no que se refere à aplicação dos artigos 312 a 315, na medida em que, nos termos do artigo 5 do presente Anexo, tiver competência sobre a totalidade da matéria a que se refere a emenda;

ii) o instrumento de confirmação formal ou de adesão de uma organização internacional relativo a uma emenda sobre matéria em relação a cuja totalidade a organização tenha competência nos termos do artigo 5 deste Anexo, é considerado o instrumento de ratificação ou de adesão de cada um dos seus Estados membros que sejam Estados Partes na Convenção, para efeitos de aplicação dos parágrafos 1º, 2º e 3º do artigo 316.

iii) o instrumento de confirmação formal ou de adesão de uma organização internacional não deve ser tomado em conta na aplicação dos parágrafos 1º e 2º do artigo 316 no que se refere a todas as demais emendas;

c) i) uma organização internacional não poderá denunciar a presente Convenção nos termos do artigo 317, enquanto qualquer dos seus Estados membros for Parte na Convenção e ela continuar a reunir os requisitos especificados no artigo 1 do presente Anexo;

ii) uma organização internacional deverá denunciar a Convenção quando nenhum dos seus Estados membros for Parte na Convenção ou a organização internacional deixar de reunir os requisitos especificados no artigo 1 do presente Anexo. Tal denúncia terá efeito imediato.

DECRETO Nº 1.901, DE 9 DE MAIO DE 1996

Promulga o Protocolo Adicional ao Tratado de Assunção sobre a Estrutura Institucional do Mercosul (Protocolo de Ouro Preto), de 17 de dezembro de 1994.

‣ *Protocolo de Ouro Preto- MERCOSUL*

O PRESIDENTE DA REPÚBLICA, no uso de suas atribuições que lhe confere o art. 84, inciso VIII, da Constituição, e

Considerando que o Protocolo Adicional ao Tratado de Assunção sobre a Estrutura Institucional do Mercosul foi assinado em Ouro Preto, em 17 de dezembro de 1994;

Considerando que o Protocolo ora promulgado foi oportunamente submetido ao Congresso Nacional, que o aprovou por meio do Decreto Legislativo 188, de 15 de dezembro de 1995;

Considerando que o Governo brasileiro depositou a Carta de Ratificação do Instrumento multilateral em epígrafe em 16 de fevereiro de 1996, passando o mesmo a vigorar, para o Brasil, naquela data, decreta:

Art. 1º O Protocolo Adicional ao Tratado de Assunção sobre a Estrutura Institucional do Mercosul, assinado em Ouro Preto, em 17 de dezembro de 1994, apenso por cópia ao presente Decreto, deverá ser executado e cumprido tão inteiramente como nele se contém.

Art. 2º O presente Decreto entra em vigor na data de sua publicação.

Brasília, 9 de maio de 1996; 175º da Independência e 108º da República.
Fernando Henrique Cardoso
Publicado no DOU de 10.5.1996

ANEXO AO DECRETO QUE PROMULGA O PROTOCOLO ADICONAL AO TRATADO DE ASSUNÇÃO SOBRE A ESTRUTURA INSTITUCIONAL DO MERCOSUL – PROTOCOLO DE OURO PRETO – /MER

Protocolo Adicional ao Tratado de Assunção Sobre a Estrutura Institucional do Mercosul – Protocolo de Ouro Preto

A República Argentina, a República Federativa do Brasil, a República do Paraguai e a República Oriental do Uruguai, doravante denominadas "Estados-Partes";

Em cumprimento ao disposto no artigo 18 do Tratado de Assunção, de 26 de março de 1991;

Conscientes da importância dos avanços alcançados e da implementação da união aduaneira como etapa para a construção do mercado comum;

Reafirmando os princípios e objetivos do Tratado de Assunção e atentos para a necessidade de uma consideração especial para países e regiões menos desenvolvidos do Mercosul;

Atentos para a dinâmica implícita em todo processo de integração e para a consequente necessidade de adaptar a estrutura institucional do Mercosul às mudanças ocorridas;

Reconhecendo o destacado trabalho desenvolvido pelos órgãos existentes durante o período de transição,

Acordam:

CAPÍTULO I
ESTRUTURA DO MERCOSUL

Artigo 1º

A estrutura institucional do Mercosul contará com os seguintes órgãos:

I – O Conselho do Mercado Comum (CMC);

II – O Grupo Mercado Comum (GMC);

III – A Comissão de Comércio do Mercosul (CCM);

IV – A Comissão Parlamentar Conjunta (CPC);

V – O Foro Consultivo Econômico-Social (FCES);

VI – A Secretaria Administrativa do Mercosul (SAM).

Parágrafo único. Poderão ser criados, nos termos do presente Protocolo, os órgãos auxiliares que se fizerem necessários à consecução dos objetivos do processo de integração.

Artigo 2º

São órgãos com capacidade decisória, de natureza intergovernamental, o Conselho do Mercado Comum, o Grupo Mercado Comum e a Comissão de Comércio do Mercosul.

SEÇÃO I
DO CONSELHO DO MERCADO COMUM

Artigo 3º

O Conselho do Mercado Comum é o órgão superior do Mercosul ao qual incumbe a condução política do processo de integração e a tomada de decisões para assegurar o cumprimento dos objetivos estabelecidos pelo Tratado de Assunção e para lograr a constituição final do mercado comum.

Artigo 4º

O Conselho do Mercado Comum será integrado pelos Ministros das Relações Exteriores e pelo Ministro da Economia, ou seus equivalentes, dos Estados-Partes.

Artigo 5º

A Presidência do Conselho do Mercado Comum será exercida por rotação dos Estados-Partes, em ordem alfabética, pelo período de 6 (seis) meses.

Artigo 6º

O Conselho do Mercado Comum reunir-se-á quantas vezes estime oportuno, devendo fazê-lo pelo menos uma vez por semestre com a participação dos Presidentes dos Estados-Partes.

Artigo 7º

As reuniões do Conselho do Mercado Comum serão coordenadas pelos Ministérios das Relações Exteriores e poderão ser convidados a delas participar outros Ministros ou autoridades de nível ministerial.

Artigo 8º

São funções e atribuições do Conselho do Mercado Comum:

I – velar pelo cumprimento do Tratado de Assunção, de seus Protocolos e dos acordos firmados em seu âmbito;

II – formular políticas e promover as ações necessárias à conformação do mercado comum;

III – exercer a titularidade da personalidade jurídica do Mercosul.

IV – negociar e firmar acordos em nome do Mercosul com terceiros países, grupos de países e organizações internacionais. Estas funções podem ser delegadas ao Grupo Mercado Comum por mandato expresso, nas condições estipuladas no inciso VII do artigo 14;

V – manifestar-se sobre as propostas que lhe sejam elevadas pelo Grupo Mercado Comum;

VI – criar reuniões de ministros e pronunciar-se sobre os acordos que lhe sejam remetidos pelas mesmas;

VII – criar órgãos que estime pertinentes, assim como modificá-los ou extingui-los;

VIII – esclarecer, quando estime necessário, o conteúdo e o alcance de suas Decisões;

IX – designar o Diretor da Secretaria Administrativa do Mercosul;

X – adotar Decisões em matéria financeira e orçamentária;

XI – homologar o Regimento Interno do Grupo Mercado Comum.

Artigo 9º

O Conselho do Mercado Comum manifestar-se-á mediante Decisões, as quais serão obrigatórias para os Estados-Partes.

SEÇÃO II
DO GRUPO MERCADO COMUM

Artigo 10

O Grupo Mercado Comum é o órgão executivo do Mercosul.

Artigo 11

O Grupo Mercado Comum será integrado por quatro membros titulares e quatro membros alternos por país, designados pelos respectivos Governos, dentre os quais devem constar necessariamente representantes dos Ministérios das Relações Exteriores, dos Ministérios da Economia (ou equivalentes) e dos Bancos Centrais. O Grupo Mercado comum será coordenado pelos Ministérios das Relações Exteriores.

Artigo 12

Ao elaborar e propor medidas concretas no desenvolvimento de seus trabalhos, o Grupo Mercado Comum poderá convocar, quando julgar conveniente, representantes de outros órgãos da Administração Pública ou da estrutura institucional do Mercosul.

Artigo 13

O Grupo Mercado Comum reunir-se-á de forma ordinária ou extraordinária, quantas vezes se fizerem necessárias, nas condições estipuladas por seu Regimento Interno.

Artigo 14

São funções e atribuições do Grupo Mercado Comum:

I – velar, nos limites de suas competências, pelo cumprimento do Tratado de Assunção, de seus Protocolos e dos Acordos firmados em seu âmbito;

II – propor projetos de Decisão ao Conselho do Mercado Comum;

III – tomar as medidas necessárias ao cumprimento das Decisões adotadas pelo Conselho do Mercado Comum;

IV – fixar programas de trabalho que assegurem avanços para o estabelecimento do mercado comum;

V – criar, modificar ou extinguir órgãos tais como subgrupos de trabalho e reuniões especializadas, para o cumprimento de seus objetivos;

VI – manifestar-se sobre as propostas ou recomendações que lhe forem submetidas pelos demais órgãos do Mercosul no âmbito de suas competências;

VII – negociar com a participação de representantes de todos os Estados-Partes, por delegação expressa do Conselho do Mercado Comum e dentro dos limites estabelecidos em mandatos específicos concedidos para este fim, acordos em nome do Mercosul com terceiros países, grupos de países e organismos internacionais. O Grupo Mercado Comum, quando dispuser de mandato para tal fim, procederá à assinatura dos mencionados acordos. O Grupo Mercado Comum, quando autorizado pelo Conselho do Mercado Comum, poderá delegar os referidos poderes à Comissão de Comércio do Mercosul.

VIII – aprovar o orçamento e a prestação de contas anual apresentada pela Secretaria Administrativa do Mercosul;

IX – adotar resoluções em matéria financeira e orçamentária, com base nas orientações emanadas do Conselho do Mercado Comum;

X – submeter ao Conselho do Mercado Comum seu Regimento Interno;

XI – organizar as reuniões do Conselho do Mercado Comum e preparar os relatórios e estudos que este lhe solicitar;

XII – eleger o Diretor da Secretaria Administrativa do Mercosul;

XIII – supervisionar as atividades da Secretaria Administrativa do Mercosul;

XIV – homologar os Regimentos Internos da Comissão de Comércio e do Foro Consultivo Econômico-Social;

Artigo 15

O Grupo Mercado Comum manifestar-se-á mediante Resoluções, as quais serão obrigatórias para os Estados-Partes.

SEÇÃO III
DA COMISSÃO DE COMÉRCIO DO MERCOSUL

Artigo 16

À Comissão de Comércio do Mercosul, órgão encarregado de assistir o Grupo Mercado Comum, compete velar pela aplicação dos instrumentos de política comercial comum acordados pelos Estados-Partes para o funcionamento da união aduaneira, bem como acompanhar e revisar os temas e matérias relacionados com as políticas comerciais comuns, com o comércio intraMercosul e com terceiros países.

Artigo 17

A Comissão de Comércio do Mercosul será integrada por quatro membros titulares e quatro membros alternos por Estado-Parte e será coordenada pelos Ministérios das Relações Exteriores.

Artigo 18

A Comissão de Comércio do Mercosul reunir-se-á pelo menos uma vez por mês ou sempre que solicitado pelo Grupo Mercado Comum ou por qualquer dos Estados-Partes.

Artigo 19

São funções e atribuições da Comissão de Comércio do Mercosul:

I – velar pela aplicação dos instrumentos comuns de política comercial intraMercosul e com terceiros países, organizações intencionais e acordos de comércio;

II – considerar e pronunciar-se sobre as solicitações apresentadas pelos Estados-Partes com respeito à aplicação e ao cumprimento da tarifa externa comum e dos demais instrumentos de política comercial comum;

III – acompanhar a aplicação dos instrumentos de política comercial comum nos Estados-Partes;

IV – analisar a evolução dos instrumentos de política comercial comum para o funcionamento da união aduaneira e formular propostas a respeito ao Grupo Mercado Comum;

V – tomar as decisões vinculadas à administração e à aplicação da tarifa externa comum e dos instrumentos de política comercial comum acordados pelos Estados-Partes;

VI – informar ao Grupo Mercado Comum sobre a evolução e a aplicação dos instrumentos de política comercial comum, sobre o trâmite das solicitações recebidas e sobre as decisões adotadas a respeito delas;

VII – propor ao Grupo Mercado Comum novas normas ou modificações às normas existentes referentes à matéria comercial e aduaneira do Mercosul;

VIII – propor a revisão das alíquotas tarifárias de itens específicos da tarifa comum, inclusive para contemplar casos referentes a novas atividades produtivas no âmbito do Mercosul;

IX – estabelecer os comitês técnicos necessários ao adequado cumprimento de suas funções, bem como dirigir e supervisionar as atividades dos mesmos;

X – desempenhar as tarefas vinculadas à política comercial comum que lhe solicite o Grupo Mercado Comum;

XI – adotar o Regimento Interno, que submeterá ao Grupo Mercado Comum para sua homologação.

Artigo 20

A Comissão de Comércio do Mercosul manifestar-se-á mediante Diretrizes ou Propostas. As Diretrizes serão obrigatórias para os Estados-Partes.

Artigo 21

Além das funções e atribuições estabelecidas nos artigos 16 e 19 do presente Protocolo, caberá à Comissão de comércio do Mercosul considerar reclamações apresentadas pelas Seções Nacionais da Comissão de Comércio do Mercosul, originadas pelos Estados-Partes ou demandas de particulares – pessoas físicas ou jurídicas – relacionadas com as situações previstas nos artigos 1º ou 25 do Protocolo de Brasília, quando estiverem em sua área de competência.

Parágrafo primeiro. O exame das referidas reclamações no âmbito da Comissão de Comércio do Mercosul; não obstará a ação do Estado-Parte que efetuou a reclamação ao amparo do Protocolo de Brasília para Solução de Controvérsias.

Parágrafo segundo. As reclamações originadas nos casos estabelecidos no presente artigo obedecerão o procedimento previsto no anexo deste Protocolo.

SEÇÃO IV
DA COMISSÃO PARLAMENTAR CONJUNTA

Artigo 22

A Comissão Parlamentar Conjunta é o órgão representativo dos Parlamentos dos Estados-Partes no âmbito do Mercosul.

Artigo 23

A Comissão Parlamentar Conjunta será integrada por igual número de parlamentares representantes dos Estados-Partes.

Artigo 24

Os integrantes da Comissão Parlamentar Conjunta serão designados pelos respectivos Parlamentares nacionais, de acordo com seus procedimentos internos.

Artigo 25

A Comissão Parlamentar Conjunta procurará acelerar os procedimentos internos correspondentes nos Estados-Partes para a pronta entrada em vigor das normas emanadas dos órgãos do Mercosul previstos no Artigo 2º deste Protocolo. Da mesma forma, coadjuvará na harmonização de legislações, tal como requerido pelo avanço do processo de integração. Quando necessário, o Conselho do Mercado Comum solicitará à Comissão Parlamentar Conjunta o exame de temas prioritários.

Artigo 26

A comissão Parlamentar Conjunta encaminhará, por intermédio do Grupo Mercado Comum, Recomendações ao Conselho do Mercado Comum.

Artigo 27

A Comissão Parlamentar Conjunta adotará o seu Regimento Interno.

SEÇÃO V
DO FORO CONSULTIVO ECONÔMICO-SOCIAL

Artigo 28

O Foro Consultivo Econômico-Social é o órgão de representação dos setores econômicos e sociais e será integrado por igual número de representantes de cada Estado-Parte.

Artigo 29

O Foro Consultivo Econômico-Social terá função consultiva e manifestar-se-á mediante Recomendações no Grupo Mercado Comum.

Artigo 30

O Foro Consultivo Econômico-Social submeterá seu Regimento Interno ao Grupo Mercado Comum, para homologação.

SEÇÃO VI
DA SECRETARIA ADMINISTRATIVA DO MERCOSUL

Artigo 31

O Mercosul contará com uma Secretaria Administrativa como órgão de apoio operacional. A Secretaria Administrativa do Mercosul será responsável pela prestação de serviço aos demais órgãos do Mercosul e terá sede permanente na cidade de Montevidéu.

Artigo 32

A Secretaria Administrativa do Mercosul desempenhará as seguintes atividades:

I – servir como arquivo oficial da documentação do Mercosul;

II – realizar a publicação e a difusão das decisões adotadas no âmbito do Mercosul. Nesse contexto, lhe corresponderá:

i) realizar, em coordenação como os Estados-Partes, as traduções autênticas para os idiomas espanhol e português de todas as decisões adotadas pelos órgãos da estrutura institucionais do Mercosul, conforme previsto no Artigo 39;

ii) editar o Boletim Oficial do Mercosul;

III – organizar os aspectos logísticos das reuniões do Conselho do Mercosul Comum, do Grupo Mercado Comum e da Comissão do Comércio do Mercosul e, dentro de suas possibilidades, dos demais órgãos do Mercosul, quando as mesmas forem realizadas em sua sede permanente. No que se refere às reuniões realizadas fora de sua sede permanente, a Secretaria Administrativa do Mercosul fornecerá apoio ao Estado que sediar o evento;

IV – informar regularmente os Estados-Partes sobre as medidas implementadas por cada país para incorporar em seu ordenamento jurídico as normas emanadas dos órgãos do Mercosul previstos no Artigo 2º deste Protocolo;

V – registrar as listas nacionais dos árbitros e especialistas, bem como desempenhar outras tarefas determinadas pelo Protocolo de Brasília, de 17 de dezembro de 1991;

VI – desempenhar as tarefas que lhe sejam solicitadas pelo Conselho do Mercado Comum, pelo Grupo Mercado Comum e pela Comissão do Comércio do Mercosul.

VII – elaborar seu projeto de orçamento e uma vez aprovado pelo Grupo Mercado Comum, praticar todos os atos necessários à sua correta execução;

VIII – apresentar anualmente ao Grupo Mercado Comum a sua prestação de contas, bem como relatório sobre suas atividades;

Artigo 33

A Secretaria Administrativa do Mercosul estará a cargo de um Diretor, o qual será nacional de um dos Estados-Partes. Será eleito pelo Grupo Mercado Comum, em bases rotativas prévia consulta aos Estados-Partes, e designado pelo Conselho do Mercado Comum. Terá mandato de 2 (dois) anos, vedada a reeleição.

CAPÍTULO II
PERSONALIDADE JURÍDICA

Artigo 34

O Mercosul terá personalidade jurídica de Direito Internacional.

Artigo 35

O Mercosul poderá, no uso de suas atribuições, praticar todos os atos necessários à realização de seus objetivos, em especial contratar, adquirir ou alienar bens móveis e imóveis, comparecer em juízo, conservar fundos e fazer transferências.

Artigo 36

O Mercosul celebrará acordos de sede.

CAPÍTULO III.
SISTEMA DE TOMADA DE DECISÕES

Artigo 37.

As decisões dos órgãos do Mercosul serão tomadas por consenso e com a presença de todos os Estados-Partes.

CAPÍTULO IV
APLICAÇÃO INTERNA DAS NORMAS EMANADAS DOS ÓRGÃOS DO MERCOSUL

Artigo 38

Os Estados-Partes comprometem-se a adotar todas as medidas necessárias para assegurar, em seus respectivos territórios, o cumprimento das normas emanadas dos órgãos do Mercosul previstos no artigo 2º deste Protocolo.

Parágrafo único. Os Estados-Partes informarão à Secretaria Administrativa do Mercosul as medidas adotadas para esse fim.

Artigo 39

Serão publicados no Boletim Oficial do Mercosul, em sua íntegra, nos idiomas espanhol e português, o teor das Decisões do Conselho do Mercado Comum, das Resoluções do Grupo Mercado Comum, das Diretrizes da Comissão de Comércio do Mercosul e dos Laudos Arbitrais de solução de controvérsias, bem como de quaisquer atos aos quais o Conselho do Mercado Comum ou o Grupo Mercado Comum entendam necessário atribuir publicidade oficial.

Artigo 40

A fim de garantir a vigência simultânea nos Estados-Partes das normas emanadas dos órgãos do Mercosul previstos no Artigo 2º deste Protocolo, deverá ser observado o seguinte procedimento:

i) uma vez aprovada a norma, os Estados-Partes adotarão as medidas necessárias para a sua incorporação ao ordenamento jurídico nacional e comunicarão as mesmas à Secretaria Administrativa do Mercosul;

ii) quando todos os Estados-Partes tiverem informado sua incorporação aos respectivos ordenamentos jurídicos internos, a Secretaria Administrativa do Mercosul comunicará o fato a cada Estado-Parte;

iii) as normas entrarão em vigor simultaneamente nos Estados-Partes 30 (trinta) dias após a data da comunicação efetuada pela Secretaria Administrativa do Mercosul, nos termos do item anterior. Com esse objetivo, os Estados-Partes, dentro do prazo acima, darão publicidade do início da vigência das referidas normas por intermédio de seus respectivos diários oficiais.

CAPÍTULO V
FONTES JURÍDICAS DO MERCOSUL

Artigo 41

As fontes jurídicas do Mercosul são:

I – o Tratado de Assunção, seus protocolos e os instrumentos adicionais ou complementares;

II – os acordos celebrados no âmbito do Tratado de Assunção e seus protocolos;

III – as Decisões do Conselho do Mercado Comum, as Resoluções do Grupo Mercado Comum e as Diretrizes da Comissão de Comércio do Mercosul, adotadas desde a entrada em vigor do Tratado de Assunção.

Artigo 42

As normas emanadas dos órgãos do Mercosul previstos no Artigo 2º deste Protocolo terão caráter obrigatório e deverão, quando necessário, ser incorporadas aos ordenamentos jurídicos nacionais mediante os procedimentos previstos pela legislação de cada país.

CAPÍTULO VI
SISTEMA DE SOLUÇÃO DE CONTROVÉRSIAS

Artigo 43

As controvérsias que surgirem entre os Estados-Partes sobre a interpretação, a aplicação ou o não cumprimento das disposições contidas no Tratado de Assunção, dos acordos celebrados no âmbito do mesmo, bem como das Decisões do Conselho do Mercado Comum, das Resoluções do Grupo Mercado Comum e das Diretrizes da Comissão de Comércio do Mercosul, serão submetidas aos procedimentos de solução estabelecidos no Protocolo de Brasília, de 17 de dezembro de 1991.

Parágrafo único. Ficam também incorporadas aos Artigos 19 e 25 do Protocolo de Brasília as Diretrizes da Comissão de Comércio do Mercosul.

Artigo 44

Antes de culminar o processo de convergência da tarifa externa comum, os Estados-Partes efetuarão uma revisão do atual sistema de solução de controvérsias do Mercosul, com vistas à adoção do sistema permanente a que se refere o item 3 do Anexo III do Tratado de Assunção e o artigo 34 do Protocolo de Brasília.

CAPÍTULO VII
ORÇAMENTO

Artigo 45

A Secretaria Administrativa do Mercosul contará com orçamento para cobrir seus gastos de funcionamento e aqueles que determine o Grupo Mercado Comum. Tal orçamento será financiado, em partes iguais, por contribuições dos Estados-Partes.

CAPÍTULO VIII
IDIOMAS

Artigo 46

Os idiomas oficiais do Mercosul são o espanhol e o português. A versão oficial dos documentos de trabalho será a do idioma do país sede de cada reunião.

CAPÍTULO IX
REVISÃO

Artigo 47

Os Estados-Partes convocarão, quando julgarem oportuno, conferência diplomática com o objetivo de revisar a estrutura institucional do Mercosul estabelecida pelo presente Protocolo, assim como as atribuições específicas de cada um de seus órgãos.

CAPÍTULO X
VIGÊNCIA

Artigo 48

O presente Protocolo, parte integrante do Tratado de Assunção, terá duração indefinida e entrará em vigor 30 (trinta) dias após a data do depósito do terceiro instrumento de ratificação. O presente Protocolo e seus instrumentos de ratificação serão depositados ante o Governo da República do Paraguai.

Artigo 49

O Governo da República do Paraguai notificará aos Governos dos demais Estados-Partes a data do depósito dos instrumentos de ratificação e da entrada em vigor do presente Protocolo.

Artigo 50

Em matéria de adesão ou denúncia, regerão como um todo, para o presente Protocolo, as normas estabelecidas pelo Tratado de Assunção. A adesão ou denúncia ao Tratado de Assunção ou ao presente Protocolo significam, *ipso iure*, a adesão ou denúncia ao presente Protocolo e ao Tratado de Assunção.

CAPÍTULO XI
DISPOSIÇÃO TRANSITÓRIA

Artigo 51

A estrutura institucional prevista no Tratado de Assunção, de 26 de março de 1991, assim como seus órgãos, será mantida até a data de entrada em vigor do presente Protocolo.

CAPÍTULO XII
DISPOSIÇÕES GERAIS

Artigo 52

O presente Protocolo chamar-se-á "Protocolo de Ouro Preto".

Artigo 53

Ficam revogadas todas as disposições do Tratado de Assunção, de 26 de março de 1991, que conflitem com os termos do presente Protocolo e com o teor das Decisões aprovadas pelo Conselho do Mercado Comum, durante o período de transição.

Feito na cidade de Ouro Preto, República Federativa do Brasil, aos dezessete dias do mês de dezembro de mil novecentos e noventa e quatro, em um original, nos idiomas português e espanhol, sendo ambos os textos igualmente autênticos. O Governo da República do Paraguai enviará cópia devidamente autenticada do presente Protocolo aos Governos dos demais Estados-Partes.

Pela República Argentina

Carlos Saul Menem

Guido Di Tella

Pela República Federativa do Brasil

Itamar Franco

Celso L. N. Amorim

Pela República do Paraguai

Juan Carlos Wasmosy

Luiz Maria Ramirez Boettner

Pela República Oriental do Uruguai

Luiz Alberto Lacalle Herrera

Sergio Abreu

ANEXO AO PROTOCOLO DE OURO PRETO

Procedimento Geral Para Reclamações Perante a Comissão de Comércio do Mercosul

Artigo 1º

As reclamações apresentadas pelas Seções Nacionais da Comissão de Comércio do Mercosul, originadas pelos Estados-Partes ou em reclamações de particulares – pessoas físicas ou jurídicas – de acordo com o previsto no Artigo 21 do Protocolo de Ouro Preto, observarão o procedimento estabelecido no presente Anexo.

Artigo 2º

O Estado-Parte reclamante apresentará sua reclamação perante a Presidência *Pro-Tempore* da Comissão de Comércio do Mercosul, a qual tomará as providências necessárias para a incorporação do tema na agenda da primeira reunião subsequente da Comissão de Comércio do Mercosul, respeitado o prazo mínimo de 1 (uma) semana de antecedência. Se não for adotada decisão na referida reunião, a Comissão de Comércio do Mercosul remeterá os antecedentes, sem outro procedimento, a um Comitê Técnico.

Artigo 3º

O Comitê Técnico preparará e encaminhará à Comissão de Comércio do Mercosul, no prazo máximo de 30 (trinta) dias corridos, um parecer conjunto sobre a matéria. Esse parecer, bem como as conclusões dos especialistas integrantes do Comitê Técnico, quando não for adotado parecer, serão levados em consideração pela Comissão de Comércio do Mercosul, quando esta decidir sobre a reclamação.

Artigo 4º

A Comissão de Comércio do Mercosul decidirá sobre a questão em sua primeira reunião ordinária posterior ao recebimento do parecer conjunto ou, na sua ausência, as conclusões dos especialistas, podendo também ser convocada uma reunião extraordinária com essa finalidade.

Artigo 5º

Se não for alcançado o consenso na primeira reunião mencionada no Artigo 4º, a Comissão de Comércio do Mercosul encaminhará ao Grupo Mercado Comum as diferentes alternativas propostas, assim como o parecer conjunto ou as conclusões dos especialistas do Comitê Técnico, a fim de que seja tomada uma decisão sobre a matéria. O Grupo Mercado Comum pronunciar-se-á a respeito no prazo de 30 (trinta) dias corridos, contados do recebimento, pela Presidência *Pro-Tempore*, das propostas encaminhadas pela Comissão de Comércio do Mercosul.

Artigo 6º

Se houver consenso quanto à procedência de reclamação, o Estado-Parte reclamado deverá tomar as medidas aprovadas na Comissão de Comércio do Mercosul ou no Grupo Mercado Comum. Em cada caso, a Comissão de Comércio do Mercosul ou, posteriormente, o Grupo Mercado Comum determinarão prazo razoável para a implementação dessas medidas. Decorrido tal prazo sem que o Estado reclamado tenha observado o disposto na decisão alcançada, seja na Comissão do Comércio do Mercosul ou no Grupo Mercado Comum, o Estado reclamante poderá recorrer diretamente ao procedimento previsto no Capítulo IV do Protocolo de Brasília.

Artigo 7º.

Se não for alcançado consenso na Comissão de Comércio do Mercosul e, posteriormente, no Grupo Mercado Comum, ou se o Estado reclamado não observar, no prazo previsto no Artigo 6º, o disposto na decisão alcançada, o Estado reclamante poderá recorrer diretamente ao procedimento previsto no Capítulo IV do Protocolo de Brasília, fato que será comunicado à Secretaria Administrativa do Mercosul.

O Tribunal Arbitral, antes da emissão de seu Laudo, deverá, se assim solicitar o Estado reclamante, manifestar-se, no prazo de até 15 (quinze) dias após sua constituição, sobre as medidas provisórias que considere apropriadas, nas condições estipuladas pelo Artigo 18 do Protocolo de Brasília.

DECRETO Nº 2.067, DE 12 DE NOVEMBRO DE 1996

Promulga o Protocolo de Cooperação e Assistência Jurisdicional em Matéria Civil, Comercial, Trabalhista e Administrativa.

▸ *Cooperação e Assistência Jurisdicional*

O Presidente da República , no uso das atribuições que lhe confere o art. 84, inciso VIII, da Constituição, e

Considerando que o Protocolo de Cooperação e Assistência Jurisdicional em Matéria Civil, Comercial, Trabalhista e Administrativa foi assinado pelo Brasil em 27 de junho de 1992, no âmbito do MERCOSUL;

Considerando que o Protocolo de Cooperação e Assistência Jurisdicional em Matéria Civil, Comercial, Trabalhista e Administrativa foi oportunamente submetido ao Congresso Nacional, que o aprovou por meio do Decreto Legislativo número 55, de 19 de abril de 1995;

Considerando que o ato em tela entrou em vigor internacional em 17 de março de 1996;

Considerando que o Governo brasileiro depositou a Carta de Ratificação do instrumento em epígrafe em 16 de fevereiro de 1996, passando o mesmo a vigorar, para o Brasil, em 17 de março de 1996, na forma de seu artigo 33,

DECRETA:

Art. 1º O Protocolo de Cooperação e Assistência Jurisdicional em Matéria Civil, Comercial, Trabalhista e Administrativa, assinado em Las Lenãs, em 27 de junho de 1992, apenso por cópia ao presente Decreto, deverá ser executado e cumprido tão inteiramente como nele se contém.

Art. 2º O presente Decreto entra em vigor na data de sua publicação.

Brasília, 12 de novembro de 1996; 175º da Independência e 108º da República.

FERNANDO HENRIQUE CARDOSO

DOU de 13.11.1996

ANEXO AO DECRETO QUE PROMULGA O PROTOCOLO DE COOPERAÇÃO E ASSISTÊNCIA JURISDICIONAL EM MATÉRIA CIVIL, COMERCIAL, TRABALHISTA E ADMINISTRATIVA

Protocolo de Cooperação e Assistência Jurisdicional em matéria Civil, Comercial, Trabalhista e Administrativa

Os governos da República Argentina, da República Federativa do Brasil, da República do Paraguai e da República Original do Uruguai,

Considerando que o Mercado Comum do Sul (MERCOSUL), previsto no Tratado de Assunção, assinado em 26 de março de 1991, implica o compromisso dos Estados Partes de harmonizar suas legislações nas matérias pertinentes para obter o fortalecimento do processo de integração;

Desejosos de promover e intensificar a cooperação jurisdicional em matéria civil, comercial, trabalhista e administrativa, a fim de assim contribuir para o desenvolvimento de suas relações de integração com base nos princípios do respeito à soberania nacional e à igualdade de direitos e interesses recíprocos;

Convencidos de que este Protocolo contribuirá para o tratamento eqüitativo dos cidadãos e resistentes permanentes dos Estados Partes do Tratado de Assunção e lhes facilitará o livre acesso à jurisdição nos referidos Estados para a defesa de seus direitos e interesses;

Conscientes da importância de que se reveste, para o processo de integração dos Estados Partes, a adoção de instrumentos comuns que consolidem a segurança jurídica e tenham como finalidade atingir os objetos do Tratado de Assunção,

Acordam:

CAPÍTULO I
COOPERAÇÃO E ASSISTÊNCIA JURISDICIONAL

Artigo I

Os Estados Partes comprometem-se a prestar assistência mútua e ampla cooperação jurisdicional em matéria civil, comercial, trabalhista e administrativa. A assistência jurisdicional se estenderá aos procedimentos administrativos em que se admitam recursos perante os tribunais.

CAPÍTULO II
AUTORIDADES CENTRAIS

Artigo 2

Para os efeitos do presente protocolo, cada Estado Parte indicará uma Autoridade Central encarregada de receber e dar andamento às petições de assistência jurisdicional em matéria civil, comercial, trabalhista e administrativa. Para tanto, as Autoridades Centrais se comunicarão diretamente entre si, permitindo a intervenção de outras autoridades respectivamente competentes, sempre que seja necessário.

Os Estados Partes, ao depositarem os instrumentos de ratificação do presente Protocolo, comunicar o fato, no mais breve prazo possível, ao Governo depositário do presente Protocolo, para que dê conhecimento aos demais Estados Partes da substituição efetuada.

CAPÍTULO III
IGUALDADE NO TRATAMENTO PROCESSUAL

Artigo 3

Os cidadãos e os resistentes permanentes de um Estado Partes gozarão, nas mesmas condições dos cidadãos e residentes permanentes do outro Estado Parte, do livre acesso à jurisdição desse Estado para a defesa de seus direitos e interesses.

O Parágrafo anterior aplicar-se-á às pessoas jurídicas constituídas, autorizadas ou registradas conforme as leis de qualquer dos Estados Partes.

Artigo 4

Nenhuma caução ou depósito, qualquer que seja sua denominação, poderá ser imposto em razão da qualidade de cidadão ou residente permanente de outro Estado Parte.

O parágrafo anterior aplicar-se-á às pessoas jurídicas constituídas, autorizadas ou registradas conforme as leis de qualquer dos Estados Partes.

CAPÍTULO IV
COOPERAÇÃO EM ATIVIDADES DE SIMPLES TRÂMITE E PROBATÓRIAS

Artigo 5

Cada Estado parte deverá enviar às autoridades jurisdicionais do outro Estado, segundo o previsto no artigo 2, cara rogatória em matéria civil, comercial trabalhista ou administrativa, quando tenha por objeto:

a) diligências de simples trâmite, tais como citações, intimações, citações como prazo definido, notificações ou outras semelhantes;

b) recebimento ou obtenção de provas.

Artigo 6

As cartas rogatórias deverão conter;

a) denominação e domicílio do órgão jurisdicional requerente;

b) individualização do expediente, com especificação do objeto e natureza do juízo e do nome e domicílio das partes;

c) cópia da petição inicial e transcrição da decisão que ordena a expedição da carta rogatória;

d) nome e domicílio do procurador da parte solicitante no Estado requerido, se houver;

e) indicação do objeto da carta rogatória, com o nome e o domicílio do destinatário9 da medida;

f) informação sobre o prazo de que dispõe a pessoa afetada pela medida para cumprir-se a cooperação solicitada;

g) descrição das formas ou procedimentos especiais com que haverá de cumprir-se a cooperação solicitada;

h) qualquer outra informação que facilite o cumprimento da carta rogatória.

Artigo 7

No caso de ser solicitado o recebimento de provas, a cartas rogatória deverá também conter:

a) descrição do assunto que facilite a diligência probatória;

b) nome e domicílio de testemunhas ou outras pessoas ou instruções que devam intervir;

c) texto dos interrogatórios e documentos necessários.

Artigo 8

A Carta rogatória deverá ser cumprida de oficio pela autoridade jurisdicional competente do Estado requerido, e somente poderá denegar-se quando a medida solicitada, por sua natureza, atende contra os princípios de ordem pública do Estado requerido.

O referido cumprimento não implicará o reconhecimento da jurisdição internacional do juiz do qual emana.

Artigo 9

A autoridade jurisdicional requerida terá competência para conhecer das questões que sejam sustadas do cumprimento da diligência solicitada.

Caso a autoridade jurisdicional requerida se declare incompetente para proceder à tramitação da carta rogatória, remeterá de ofício os documentos e os antecedentes do caso à autoridade jurisdicional competente do seu Estado.

Artigo 10

As cartas rogatórias e os documentos que as acompanham deverão redigir-se no idioma da autoridade requerente e são acompanhadas de uma tradução para o idioma da autoridade requerida.

Artigo 11

A autoridade requerida poderá, atendendo a solicitação da autoridade requerente, informar o lugar e a data em que a medida solicitada será cumprida, a fim de permitir que a autoridade requerente, as partes interessadas ou seus respectivos representantes possam comparecer e exercer as faculdades autorizadas pela legislação da Parte requerida.

A requerida comunicação deverá efetuar-se, com a devida antecedência, por intermédio das Autoridades Centrais dos Estados Partes.

Artigo 12

A autoridade jurisdicional encarregada do cumprimento de uma carta rogatória aplicará sua lei interna no que se refere aos procedimentos.

Não obstante, a carta rogatória poderá ter, mediante pedido da autoridade requerente, tramitação especial, admitindo-se o cumprimento de formalidade adicionais na diligência da carta rogatória, sempre que isso não seja incompatível com a ordem pública do Estado requerido.

O cumprimento de carta rogatória deverá efetuar-se sem demora.

Artigo 13

Ao diligenciar a carta rogatória, a autoridade requerida aplicará os meios processuais coercitivos previstos na sua legislação interna, nos casos e na medida em que deva fazê-lo para cumprir uma carta precatória das autoridades de seu próprio Estado, ou um pedido apresentado com o mesmo fim por uma parte interessada.

Artigo 14

Os documentos que comprovem o cumprimento da carta rogatória serão transmitidos por intermédios das Autoridades Centrais.

Quando a carta rogatória não tiver sido cumprida integralmente ou em parte, este fato e as razões do não cumprimento deverão ser comunicados de imediato à autoridade requerente, utilizando-se o meio assinalado no parágrafo anterior.

Artigo 15

O cumprimento da carta rogatória acarretar reembolso de nenhum tipo de despesa, exceto quando sejam solicitados meios probatórios que ocasionem custos especiais, ou sejam designados peritos para intervir na diligências. Em tais casos, deverão ser registrados no texto da carta rogatória os dados da pessoa que, no Estado requerido, procederá ao pagamento ao pagamento das despesas e honorários devidos.

Artigo 16

Quando os dados relativos ao domicílio da ação ou da pessoa citada forem incompletos ou inexatos, autoridade requerida deverá esgotar todos os meios para atender ao pedido. Para tanto, poderá também solicitar ao Estado requerente os dados complementares que permitam a identificação e a localização da referida pessoa.

Artigo 17

Os trâmites pertinentes para o cumprimento da carta rogatória não existirão necessariamente a intervenção da parte solicitante, devendo ser praticados de ofício pela autoridade jurisdicional competente do Estado requerido.

CAPÍTULO V
RECONHECIMENTO E EXECUÇÃO DE SENTENÇAS E DE LAUDOS ARBITRAIS

Artigo 18

As disposições do presente Capítulo serão aplicáveis ao reconhecimento e à execução das sentenças e dos laudos arbitrais pronunciados nas jurisdições dos Estados partes em matéria civil, comercial, trabalhista e administrativa, e serão igualmente aplicáveis às sentenças em matéria de reparação de danos e restituição de bens pronunciadas na esfera penal.

Artigo 19

O pedido de reconhecido e execução de sentença e de laudos arbitrais por parte das autoridades jurisdicional será tramitado por via de cartas rogatórias e por intermédios da Autoridade Central.

Artigo 20

As sentenças e os laudos arbitrais a que se refere o artigo anterior terão eficácia extraterritorial nos Estados Partes quando reunirem as seguintes condições:

a) que venham revestidos das formalidades externas necessárias que sejam considerados autênticos nos Estados de origem;

b) que estejam, assim como os documentos anexos necessários, devidamente traduzidos para o idioma oficial do Estado em que se solicita seu reconhecimento e execução;

c) que emanem de um órgão jurisdicional ou arbitral competente, segundo as normas do Estado requerido sobre jurisdição internacional;

d) que a parte contra a qual se pretende executar a decisão tenha sido devidamente citada e tenha garantido o exercício de seu direito de defesa;

e) que a decisão tenha força de coisa julgada e / ou executória no Estado em que foi ditada;

f) que claramente não contrariem os princípios de ordem pública do Estado em que se solicita seu reconhecimento e / ou execução.

Os requisitos das alíneas (a), (c), (d), (e) e (f) devem estar contidos na cópia autêntica da sentença ou do laudo arbitral.

Artigo 21

A parte que, em juízo, invoque uma sentença ou um laudo arbitral de um dos Estados Partes deverá apresentar cópia autêntica da sentença ou do laudo arbitral com os requisitos do artigo precedente.

Artigo 22

Quando se tratar de uma sentença ou de um laudo arbitral entre as mesmas partes, fundamentado nos mesmos fatos, e que tenha o mesmo objeto de outro processo judicial ou arbitral no Estado requerido, seu reconhecimento e sua executoriedade dependerão de que a decisão não seja incompatível com outro pronunciamento anterior ou simultâneo proferido no Estado Parte requerido.

Do mesmo modo não se reconhecerá nem se procederá à execução, quando se houver iniciado um procedimento entre as mesmas partes, fundamentado nos mesmos fatos e sobre o mesmo objeto, perante a autoridade jurisdicional que teria pronunciado a decisão da qual haja solicitação de reconhecimento.

Artigo 23

Se uma sentença ou um laudo arbitral não puder ter eficácia em sua totalidade, a autoridade jurisdicional compete do Estado requerido poderá emitir sua eficácia parcial mediante pedido da parte interessada.

Artigo 24

Os procedimento, inclusive a competência dos respectivos órgãos jurisdicionais, para fins de reconhecimento e execução das sentenças ou dos laudos arbitrais, serão regidos pela lei do Estado requerido.

CAPÍTULO VI DOS INSTRUMENTOS PÚBLICOS E OUTROS DOCUMENTOS

Artigo 25

Os instrumentos públicos emanados de um Estado Parte terão no outro a mesma força probatória que seus próprios instrumentos públicos.

Artigo 26

Os documentos emanados de autoridades jurisdicionais ou outras autoridades de um dos Estados Partes, assim como as escrituras públicas e os documentos que certifiquem a validade, a data e a veracidade da assinatura ou a conformidade com o original, e que sejam tramitados por intermédio da Autoridade Central, ficam isentos de toda legalização análoga quando devam ser apresentados no território do outro Estado Parte.

Artigo 27

Cada Estado Parte remeterá, por intermédio da Autoridade Central, a pedido de outro Estado Parte e para fins exclusivamente públicos, os traslados ou certidões dos assentos dos registros de estado civil, sem nenhum custo.

CAPÍTULO VII INFORMAÇÕES DO DIREITO ESTRANGEIRO

Artigo 28

As Autoridades Centrais dos Estados Partes fornecer-se-ão mutuamente, a título de cooperação judicial, e desde que não se oponham às disposições em matéria civil, comercial, trabalhista, administrativa e de direito internacional privado, sem despesa alguma.

Artigo 29

A informação a que se refere o artigo anterior poderá também ser prestada perante a jurisdição do outro Estado, por meio de documentos fornecidos pelas autoridades diplomáticas ou consulares do Estado Parte de cujo direito se trata.

Artigo 30

O Estado que fornecer as informações sobre o sentido do alcance legal de seu direito não será responsável pela opinião emitida, nem estará obrigado a aplicar seu direito, segundo a resposta fornecida.

O Estado que receber as citadas informações não estará obrigado a aplicar, ou fazer aplicar, o direito estrangeiro segundo o conteúdo da resposta recebida.

CAPÍTULO VIII CONSULTAS E SOLUÇÕES DE CONTROVÉRSIAS

Artigo 31

As Autoridades Centrais dos Estados Partes realizarão consultas nas oportunidades que lhes sejam mutuamente convenientes com a finalidade de facilitar a aplicação do presente Protocolo.

Artigo 32

Os Estados Partes numa controvérsia sobre a interpretação, a aplicação ou i não cumprimento das disposições deste Protocolo, procurarão resolvê-la mediante negociações diplomáticas diretas.

Se, mediante tais negociações, não se chegar a um acordo ou se tal controvérsia for solucionada apenas parcialmente, aplicar-se-ão os procedimentos previstos no Protocolo de Brasília para a solução de Controvérsias para o Mercado Comum do Sul.

CAPÍTULO IX DISPOSIÇÕES FINAIS

Artigo 33

O presente protocolo, parte integrante do Tratado de Assunção, entrará em vigor trinta (30) dias após a data de depósito do segundo instrumento de ratificação, e será aplicado provisoriamente a partir da data de sua assinatura.

Artigo 34

A adesão por parte de um Estado ao Tratado de Assunção implicará, a adesão ao presente Protocolo.

Artigo 35

O presente protocolo não restringirá as disposições das convenções que anteriormente tiverem sido assinada sobre a mesma matéria entre os Estados partes, desde que não o contradigam.

Artigo 36

O Governo da República do Paraguai será o depositário do presente Protocolo e dos instrumentos de ratificação, e enviará cópias devidamente autenticadas dos mesmos aos Governos dos demais Estados partes.

Da mesma maneira, o Governo da República do Paraguai notificará aos Governos dos outros Estados Partes a data da entrada em vigor deste protocolo e a data de depósito dos instrumentos de ratificações.

Feito no Vale de Las Leñas, Departamento de Malargue, Provincia de Mendozo, República Argentina, aos 27 dias do mês de junho de 1992, em um original, nos diomas espanhol e português, sendo ambos os textos igualmente autênticos.

Pelo Governo da República Argentina

Pelo Governo da República Do Paraguai

Pelo Governo da República Federativa do Brasil

Pelo Governo da República Oriental do Uruguai

DECRETO Nº 2.740, DE 20 DE AGOSTO DE 1998

Promulga a Convenção Interamericana sobre Tráfico Internacional de Menores, assinada na Cidade do México em 18 de março de 1994.

- *Convenção Interamericana sobre Tráfico Internacional*

O Presidente da República , no uso das atribuições que lhe confere o art. 84, inciso VIII, da Constituição Federal,

CONSIDERANDO que a Convenção Interamericana sobre Tráfico Internacional de Menores, foi assinada na Cidade do México, em 18 de março de 1994;

CONSIDERANDO que o ato multilateral em epígrafe foi oportunamente submetido ao Congresso Nacional, que o aprovou por meio do Decreto Legislativo nº 105, de 30 de outubro de 1996;

CONSIDERANDO que a Convenção em tela entrou em vigor internacional em 15 de agosto de 1997;

CONSIDERANDO que o Governo brasileiro depositou o Instrumento de Ratificação da Convenção, em 8 de julho de 1997, passando a mesma a vigorar, para o Brasil, em 15 de agosto de 1997, na forma de seu artigo 33.

DECRETA:

Art 1º A Convenção Interamericana sobre Tráfico Internacional de Menores, assinada na Cidade do México, em 18 de março de 1994, apensa por cópia ao presente Decreto, deverá ser executada e cumprida tão inteiramente como nela se contém.

Art 2º O presente Decreto entra em vigor na data de sua publicação.

Brasília, em 20 de agosto de 1998; 177º da Independência e 110º da República.

FERNANDO HENRIQUE CARDOSO

CONVENÇÃO INTERAMERICANA SOBRE TRÁFICO INTERNACIONAL DE MENORES

Os Estados Partes nesta Convenção,

Considerando a importância de assegurar proteção integral e efetiva ao menor, mediante a implementação de mecanismos adequados que garantam o respeito aos seus direitos;

Conscientes de que o tráfico internacional de menores constitui uma preocupação universal;

Levando em conta o direito convencional em matéria de proteção internacional do menor e, em especial, o disposto nos Artigos 11 e 35 da Convenção sobre os Direitos do Menor, adotada pela Assembléia Geral da Nações Unidas em 20 de novembro de 1989;

Convencidos da necessidade de regular os aspectos civis e penais do tráfico internacional de menores; e

Reafirmando a importância da cooperação internacional no sentido de proteger eficazmente os interesses superiores do menor,

Convêm no seguinte:

CAPÍTULO PRIMEIRO DISPOSIÇÕES GERAIS

Artigo 1

O objeto desta Convenção, com vistas à proteção dos direitos fundamentais e dos interesses superiores do menor, é a prevenção e sanção do tráfico internacional de menores, bem como a regulamentação de seus aspectos civis e penais.

Neste sentido, os Estados Partes obrigam-se a:

a) garantir a proteção do menor, levando em consideração os seus interesses superiores;

b) instituir entre os Estados Partes um sistema de cooperação jurídica que consagre a prevenção e a sanção do tráfico internacional de menores, bem como a adoção das disposições jurídicas e administrativas sobre a referida matéria com essa finalidade;

c) assegurar a pronta restituição do menor vítima do tráfico internacional ao Estado onde tem residência habitual, levando em conta os interesses superiores do menor.

Artigo 2

Esta Convenção aplicar-se-á a qualquer menor que resida habitualmente em um Estado Parte ou nele se encontre no momento em que ocorra um ato de tráfico internacional de menores que o afete.

Para os efeitos desta Convenção, entende-se:

a) por "menor", todo ser humano menor de 18 anos de idade;

b) por "tráfico internacional de menores", a subtração, a transferência ou retenção, ou a tentativa de subtração, transferência ou retenção de um menor, com propósitos ou por meios ilícitos;

c) por "propósitos ilícitos", entre outros, prostituição, exploração sexual, servidão ou qualquer outro propósito ilícito, seja no Estado em que o menor resida habitualmente, ou no Estado Parte em que este se encontre; e

d) por "meios ilícitos", entre outros, o seqüestro, o consentimento mediante coação ou fraude, a entrega ou o recebimento de pagamentos ou benefícios ilícitos com vistas a obter o consentimento dos pais, das pessoas ou da instituição responsáveis pelo menor, ou qualquer outro meio ilícito utilizado seja no Estado de residência habitual do menor ou no Estado Parte em que este se encontre.

Artigo 3

Esta Convenção também abrangerá os aspectos civis não previstos da subtração, transferência e retenção ilícitas de menores no âmbito internacional, não previstos em outras convenções internacionais sobre a matéria.

Artigo 4

Os Estados Partes cooperarão com os Estados não Partes, na medida do possível, na prevenção e sanção do tráfico internacional de menores e na proteção e cuidado dos menores vítimas do fato ilícito.

Nesse sentido, as autoridades competentes dos Estados Partes deverão notificar as autoridades competentes de um Estado não Parte, nos casos em que se encontrar em seu território um menor que tenha sido vítima do tráfico internacional de menores.

Artigo 5

Para os efeitos desta Convenção, cada Estado Parte designará uma Autoridade Central e comunicará essa designação à Secretaria-Geral da Organização dos Estados Americanos.

Um Estado federal, um Estado em que vigorem diferentes sistemas jurídicos ou um Estado com unidades territoriais autônomas pode designar mais de uma Autoridade Central e especificar a extensão jurídica ou territorial de suas funções. O Estado que fizer uso dessa faculdade designará a Autoridade Central a que possam ser dirigidas todas as comunicações.

O Estado Parte que designar mais de uma Autoridade Central enviará a pertinente comunicação à Secretaria-Geral da organização dos Estados Americanos.

Artigo 6

Os Estados Partes cuidarão do interesse do menor, mantendo os procedimentos de aplicação desta Convenção sempre confidenciais.

CAPÍTULO II
ASPECTOS PENAIS

Artigo 7

Os Estados Partes comprometem-se a adotar, em conformidade com seu direito interno, medidas eficazes para prevenir e sancionar severamente a ocorrência de tráfico internacional de menores definido nesta Convenção.

Artigo 8

Os Estados Partes comprometem-se a:

a) prestar, por meio de suas autoridades centrais e observados os limites da lei interna de cada Estado Parte e os tratados internacionais aplicáveis, pronta e expedita assistência mútua para as diligências judiciais e administrativas, obtenção de provas e demais atos processuais necessários ao cumprimento dos objetivos desta Convenção;

b) estabelecer, por meio de suas autoridades centrais, mecanismos de intercâmbio de informação sobre legislação nacional, jurisprudência, práticas administrativas, estatísticas e modalidades que tenha assumido o tráfico internacional de menores em seus territórios; e

c) dispor sobre as medidas necessárias para a remoção dos obstáculos capazes de afetar a aplicação desta Convenção em seus respectivos Estados.

Artigo 9

Serão competentes para conhecer de delitos relativos ao tráfico internacional de menores:

a) o Estado Parte em que tenha ocorrido a conduta ilícita;

b) o Estado Parte em que o menor resida habitualmente;

c) o Estado Parte em que se encontre o suposto delinqüente, no caso de não ter sido extraditado; e

d) o Estado Parte em que se encontre o menor vítima de tráfico.

Para os efeitos do parágrafo anterior, ficará prevento o Estado Parte que haja sido o primeiro a conhecer do fato ilícito.

Artigo 10

O Estado Parte que, ao condicionar a extradição à existência de tratado, receber pedido de extradição de outro Estado Parte com a qual não mantenha tratado de extradição ou, se o mantiver, este não inclua o tráfico internacional de menores como delito que possibilite a extradição, poderá considerar esta Convenção como a base jurídica necessária para concedê-la no caso de tráfico internacional de menores.

Além disso, os Estados Partes que não condicionam a extradição à existência de tratado reconhecerão, entre si, o tráfico internacional de menores como causa de extradição.

Na inexistência de tratado de extradição, esta ficará sujeita às demais condições exigíveis pelo direito interno do Estado requerido.

Artigo 11

As ações instauradas em conformidade com o disposto neste Capítulo não impedem que as autoridades competentes do Estado Parte em que encontre o menor determinem, a qualquer momento, em consideração aos seus interesses superiores, sua imediata restituição ao Estado em que resida habitualmente.

CAPÍTULO III
ASPECTOS CIVIS

Artigo 12

A solicitação de localização e restituição do menor decorrente desta Convenção será promovida pelos titulares determinados pelo direito do Estado de residência habitual do mesmo.

Artigo 13

São competentes para conhecer da solicitação de localização e de restituição, por opção dos reclamantes, as autoridades judiciais ou administrativas do Estado Parte de residência habitual do menor ou as do Estado Parte onde se encontrar ou se presuma encontrar-se retido. Quando, a juízo dos reclamantes, existirem motivos de urgência, a solicitação também poderá ser submetida às autoridades judiciais ou administrativos do local onde tenha ocorrido o ato ilícito.

Artigo 14

A solicitação de localização e de restituição será tramitada por intermédio das Autoridades Centrais ou diretamente perante as autoridades competentes indicadas no Artigo 13 desta Convenção. As autoridades requeridas estabelecerão os procedimentos mais expedidos para torná-la efetiva.

Recebida a respectiva solicitação, a autoridade requerida estipulará as medidas que, de acordo com seu direito interno, sejam necessárias para iniciar, facilitar e coadjuvar os procedimentos judiciais e administrativos referentes à localização e restituição do menor. Adotar-se-ão, ademais, as medidas para providenciar a imediata restituição do menor e, conforme o caso, assegurar sua proteção, custódia ou guarda provisória, de acordo com as circunstâncias, bem como as medidas preventivas para impedir que o menor seja indevidamente transferido para outro Estado.

As solicitações de localização e de restituição, devidamente fundamentadas, será formulada dentro dos 120 dias de conhecida a subtração, transferência ou retenção ilícitas do menor. Quando a solicitação de localização e de restituição partir de um Estado Parte, este disporá do prazo de 180 dias para sua apresentação.

Havendo necessidade prévia de localizar o menor, o prazo anterior será contado a partir do dia em que o titular da ação tiver tomado conhecimento da respectiva localização.

Não obstante o disposto nos parágrafos anteriores, as autoridades do Estado Parte em que o menor tenha sido retido poderão, a qualquer momento, determinar sua restituição, atendendo aos interesses superiores do mesmo.

Artigo 15

Os pedidos de cooperação previstos nesta Convenção, formulados por via consular ou diplomática ou por intermédio das Autoridades Centrais, dispensarão o requisito de legalização ou outras formalidades semelhantes. Os pedidos de cooperação formulados diretamente entre tribunais das áreas fronteiriças dos Estados Partes também dispensarão legalização. Ademais, estarão isentos de legalização, para efeitos de validade jurídica no Estado solicitante, os documentos pertinentes que sejam devolvidos por essas mesmas vias.

Os pedidos deverão estar traduzidos, em cada caso, para o idioma oficial ou idiomas oficiais do Estado Parte ao qual esteja dirigido. Com relação aos anexos, é suficiente a tradução de um sumário, contendo os dados essenciais.

Artigo 16

As autoridades competentes de um Estado Parte que constatem, no território sujeito à sua jurisdição, a presença de um menor vítima de tráfico internacional deverão adotar as medidas imediatas necessárias para sua proteção, inclusive as que tenham caráter preventivo e impeçam a transferência indevida do menor para outro Estado.

Estas medidas serão comunicadas por intermédio das Autoridades Centrais às autoridades competentes do Estado onde o menor tenha tido, anteriormente, sua residência habitual. As autoridades intervenientes adotarão todas as providências necessárias para comunicar as medidas adotadas aos titulares das ações de localização e restituição do menor.

Artigo 17

Em conformidade com os objetivos desta Convenção, as Autoridades Centrais dos Estados Partes intercambiarão informação e colaborarão com suas competentes autoridades judiciais e administrativas em tudo o que se refira ao controle de saída de menores de seu território e de sua entrada no mesmo.

Artigo 18

As adoções internacionais e outros institutos afins, constituídos em um Estado Parte, serão passíveis de anulação quando tiveram como origem ou objetivo o tráfico internacional de menores.

Na respectiva ação de anulação, levar-se-ão sempre em conta os interesses superiores do menor.

A anulação será submetida à lei e às autoridades do Estado de constituição da adoção ou do instituto de que se trate.

Artigo 19

A guarda ou custódia será passível de revogação quando sua origem ou objetivo for o tráfico internacional de menores, nas mesmas condições previstas no artigo anterior.

Artigo 20

A solicitação de localização e de restituição do menor poderá ser apresentada sem prejuízo da ação de anulação e revogação previstas nos Artigos 18 e 19.

Artigo 21

Em qualquer procedimento previsto neste Capítulo, a autoridade competente poderá determinar que a pessoa física ou jurídica responsável pelo tráfico internacional de menores pague os gastos e as despesas de localização e restituição, contanto que essa pessoa física ou jurídica tenha sido parte desse procedimento.

Os titulares da ação ou, se for o caso, qualquer autoridade competente, poderão propor ação civil para ressarcir-se das despesas, nestas incluídas os honorários advocatícios e os gastos de localização e restituição do menor, a não ser que estas tenham sido fixadas em ação penal ou em processo de restituição, nos termos desta Convenção.

A autoridade competente ou qualquer parte prejudicada poderá propor ação civil objetivando perdas e danos contra as pessoas físicas ou jurídicas responsáveis pelo tráfico internacional do menor.

Artigo 22

Os Estados Partes adotarão as medidas necessárias para possibilitar gratuidade aos procedimentos de restituição do menor, nos termos de seu direito interno, e informarão aos legítimos interessados na respectiva restituição os benefícios decorrentes de pobreza e quando possam ter direito à assistência gratuita, em conformidade com as suas leis e regulamentos.

CAPÍTULO IV
DISPOSIÇÕES FINAIS

Artigo 23

Os Estados Partes poderão declarar, seja no momento da assinatura e da ratificação desta Convenção ou da adesão à mesma, ou posteriormente, que reconhecerão e executarão as sentenças penais proferidas em outro Estado Parte no que se refere à indenização por perdas e danos decorrentes do tráfico internacional de menores.

Artigo 24

Com relação a um Estado que, relativamente a questões tratadas nesta Convenção, tenha dois ou mais sistemas jurídicos aplicáveis em unidades territoriais diferentes:

a) toda referência à lei do Estado será interpretada com referência à lei correspondente à respectiva unidade territorial;

b) toda referência à residência habitual no referido Estado será interpretada como à residência habitual em uma unidade territorial do estado mencionado;

c) toda referência às autoridades competentes do referido Estado será entendida em relação às autoridades competentes para agir na respectiva unidade territorial.

Artigo 25

Os Estados que tenham duas ou mais unidades territoriais onde se apliquem sistemas jurídicos diferentes a questões tratadas nesta Convenção poderão declarar, no momento da assinatura, ratificação ou adesão, que a Convenção se aplicará a todas as suas unidades territoriais ou somente a uma ou mais.

Tais declarações podem ser modificadas mediante declarações posteriores, que especificarão expressamente a unidade territorial ou as unidades territoriais a que se aplicará esta Convenção. Essas declarações posteriores serão encaminhadas à Secretaria-Geral da Organização dos Estados Americanos e produzirão efeito noventa dias a partir da data do recebimento.

Artigo 26

Os Estados Partes poderão declarar, no momento da assinatura e ratificação desta Convenção ou de adesão à mesma, ou posteriormente, que não se poderá opor em juízo civil deste Estado Parte exceção ou defesa alguma que tenda a demonstrar a inexistência do delito ou eximir de responsabilidade uma pessoa quando houver sentença condenatória proferida por outro Estado Parte em conexão com este delito e já transitada em julgado.

Artigo 27

As autoridades competentes das zonas fronteiriças dos Estados Partes poderão acordar, diretamente e a qualquer momento, com relação a procedimentos de localização e restituição mais expeditos que os previstos nesta Convenção e sem prejuízo desta.

O disposto nesta Convenção não será interpretado no sentido de restringir as práticas mais favoráveis que as autoridades competentes dos Estados Partes puderem observar entre si, para os propósitos desta Convenção.

Artigo 28

Esta Convenção está aberta à assinatura de todos os Estados membros da Organização dos Estados Americanos.

Artigo 29

Esta Convenção está sujeita à ratificação. Os instrumentos de ratificação serão depositados na Secretaria-Geral da Organização dos Estados Americanos.

Artigo 30

Esta Convenção ficará aberta à adesão de qualquer outro Estado, uma vez que entre em vigor. Os instrumentos de adesão serão depositados na Secretaria-Geral da Organização dos Estados Americanos.

Artigo 31

Cada Estado poderá formular reservas a esta Convenção, no momento de assiná-la, ratificá-la ou de a ela aderir, desde que a reserva se refira a uma ou mais disposições específicas e que não seja incompatível com o objetivo e fins desta Convenção.

Artigo 32

Nenhuma cláusula desta Convenção será interpretada de modo a restringir outros tratados bilaterais ou multilaterais ou outros acordos subscritos pelas partes.

Artigo 33

Para os Estados ratificantes, esta Convenção entrará em vigor no trigésimo dia a partir da data em que haja sido depositado o segundo instrumento de ratificação.

Para cada Estado que ratificar esta Convenção ou a ela aderir depois de haver sido depositado o segundo instrumento de ratificação, a Convenção entrará em vigor no trigésimo dia a partir da data em que tal Estado haja depositado seu instrumento de ratificação ou de adesão.

Artigo 34

Esta Convenção vigorará por prazo indeterminado, mas qualquer dos Estados Partes poderá denunciá-la. O instrumento de denúncia será depositado na Secretaria-Geral da Organização dos Estados Americanos. Transcorrido um ano da data do depósito do instrumento de denúncia, os efeitos da Convenção cessarão para o Estado denunciante.

Artigo 35

O instrumento original desta Convenção, cujos textos em português, espanhol, francês e inglês são igualmente autênticos, será depositado na Secretaria-Geral da Organização dos Estados Americanos, que enviará cópia autenticada do seu texto à Secretaria das Nações Unidas para seu registro e publicação, de conformidade com o Artigo 102 da sua Carta constitutiva. A Secretaria-Geral da Organização dos Estados Americanos notificará aos Estados membros da referida Organização e aos Estados que houverem aderido à Convenção, as assinaturas e os depósitos de instrumentos de ratificação, adesão e denúncia, bem como as reservas existentes e a retirada destas.

Em fé do que os plenipotenciários infra-assinados, devidamente autorizados por seus respectivos Governos, assinam esta Convenção.

Expedida na Cidade do México, D.F., México, no dia dezoito de março de mil novecentos e noventa e quatro.

DECRETO Nº 3.087, DE 21 DE JUNHO DE 1999

Promulga a Convenção Relativa à Proteção das Crianças e à Cooperação em Matéria de Adoção Internacional, concluída na Haia, em 29 de maio de 1993.

‣ *Proteção das Crianças em Matéria de Adoção*

O Presidente da República, no uso da atribuição que lhe confere o art. 84, inciso VIII, da Constituição,

Considerando que Convenção Relativa à Proteção das Crianças e à Cooperação em Matéria de Adoção Internacional foi concluída na Haia, em 29 de maio de 1993;

Considerando que o Congresso Nacional aprovou o Ato multilateral em epígrafe por meio do Decreto Legislativo nº 1, de 14 de janeiro de 1999;

Considerando que a Convenção em tela entrou em vigor internacional de 1º de maio de 1995;

Considerando que o Governo brasileiro depositou o Instrumento de Ratificação da referida Convenção em 10 de março de 1999, passará a mesma a vigorar para o Brasil em 1º julho de 1999, nos termos do parágrafo 2 de seu Artigo 46;

DECRETA:

Art. 1º A Convenção Relativa à Proteção das Crianças e à Cooperação em Matéria de Adoção Internacional, concluída na Haia, em 29 de maio de 1993, apensa por cópia a este Decreto, deverá ser executada e cumprida tão inteiramente como nela se contém.

Art. 2º Este Decreto entra em vigor na data de sua publicação.

Brasília, 21 de junho de 1999; 178º da Independência e 111º da República

FERNANDO HENRIQUE CARDOSO

DOU de 22.6.1999

CONVENÇÃO RELATIVA À PROTEÇÃO DAS CRIANÇAS E À COOPERAÇÃO EM MATÉRIA DE ADOÇÃO INTERNACIONAL

Os Estados signatários da presente Convenção,

Reconhecendo que, para o desenvolvimento harmonioso de sua personalidade, a criança deve crescer em meio familiar, em clima de felicidade, de amor e de compreensão;

Recordando que cada país deveria tomar, com caráter prioritário, medidas adequadas para permitir a manutenção da criança em sua família de origem;

Reconhecendo que a adoção internacional pode apresentar a vantagem de dar uma família permanente à criança para quem não se possa encontrar uma família adequada em seu país de origem;

Convencidos da necessidade de prever medidas para garantir que as adoções internacionais sejam feitas no interesse superior da criança e com respeito a seus direitos fundamentais, assim como para prevenir o seqüestro, a venda ou o tráfico de crianças; e

Desejando estabelecer para esse fim disposições comuns que levem em consideração os princípios reconhecidos por instrumentos internacionais, em particular a Convenção das Nações Unidas sobre os Direitos da Criança, de 20 de novembro de 1989, e pela Declaração das Nações Unidas sobre os Princípios Sociais e Jurídicos Aplicáveis à Proteção e ao Bem-estar das Crianças, com Especial Referência às Práticas em Matéria de Adoção e de Colocação Familiar nos Planos Nacional e Internacional (Resolução da Assembléia Geral 41/85, de 3 de dezembro de 1986),

Acordam nas seguintes disposições:

CAPÍTULO I ÂMBITO DE APLICAÇÃO DA CONVENÇÃO

Artigo 1

A presente Convenção tem por objetivo:

a) estabelecer garantias para que as adoções internacionais sejam feitas segundo o interesse superior da criança e com respeito aos direitos fundamentais que lhe reconhece o direito internacional;

b) instaurar um sistema de cooperação entre os Estados Contratantes que assegure o respeito às mencionadas garantias e, em conseqüência, previna o seqüestro, a venda ou o tráfico de crianças;

c) assegurar o reconhecimento nos Estados Contratantes das adoções realizadas segundo a Convenção.

Artigo 2

1. A Convenção será aplicada quando uma criança com residência habitual em um Estado Contratante ("o Estado de origem") tiver sido, for, ou deva ser deslocada para outro Estado Contratante ("o Estado de acolhida"), quer após sua adoção no Estado de origem por cônjuges ou por uma pessoa residente habitualmente no Estado de acolhida, quer para que essa adoção seja realizada, no Estado de acolhida ou no Estado de origem.

2. A Convenção somente abrange as Adoções que estabeleçam um vínculo de filiação.

Artigo 3

A Convenção deixará de ser aplicável se as aprovações previstas no artigo 17, alínea "c", não forem concedidas antes que a criança atinja a idade de 18 (dezoito) anos.

CAPÍTULO II REQUISITOS PARA AS ADOÇÕES INTERNACIONAIS

Artigo 4

As adoções abrangidas por esta Convenção só poderão ocorrer quando as autoridades competentes do Estado de origem:

a) tiverem determinado que a criança é adotável;

b) tiverem verificado, depois de haver examinado adequadamente as possibilidades de colocação da criança em seu Estado de origem, que uma adoção internacional atende ao interesse superior da criança;

c) tiverem-se assegurado de:

1) que as pessoas, instituições e autoridades cujo consentimento se requeira para a adoção hajam sido convenientemente orientadas e devidamente informadas das conseqüências de seu consentimento, em particular em relação à manutenção ou à ruptura, em virtude da adoção, dos vínculos jurídicos entre a criança e sua família de origem;

2) que estas pessoas, instituições e autoridades tenham manifestado seu consentimento livremente, na forma legal prevista, e que este consentimento se tenha manifestado ou constatado por escrito;

3) que os consentimentos não tenham sido obtidos mediante pagamento ou compensação de qualquer espécie nem tenham sido revogados, e

4) que o consentimento da mãe, quando exigido, tenha sido manifestado após o nascimento da criança; e

d) tiverem-se assegurado, observada a idade e o grau de maturidade da criança, de:

1) que tenha sido a mesma convenientemente orientada e devidamente informada sobre as conseqüências de seu consentimento à adoção, quando este for exigido;

2) que tenham sido levadas em consideração a vontade e as opiniões da criança;

3) que o consentimento da criança à adoção, quando exigido, tenha sido dado livremente, na forma legal prevista, e que este consentimento tenha sido manifestado ou constatado por escrito;

4) que o consentimento não tenha sido induzido mediante pagamento ou compensação de qualquer espécie.

Artigo 5

As adoções abrangidas por esta Convenção só poderão ocorrer quando as autoridades competentes do Estado de acolhida:

a) tiverem verificado que os futuros pais adotivos encontram-se habilitados e aptos para adotar;

b) tiverem-se assegurado de que os futuros pais adotivos foram convenientemente orientados;

c) tiverem verificado que a criança foi ou será autorizada a entrar e a residir permanentemente no Estado de acolhida.

CAPÍTULO III AUTORIDADES CENTRAIS E ORGANISMOS CREDENCIADOS

Artigo 6

1. Cada Estado Contratante designará uma Autoridade Central encarregada de dar cumprimento às obrigações impostas pela presente Convenção.

2. Um Estado federal, um Estado no qual vigoram diversos sistemas jurídicos ou um Estado com unidades territoriais autônomas poderá designar mais de uma Autoridade Central e especificar o âmbito territorial ou pessoal de suas funções. O Estado que fizer uso dessa faculdade designará a Autoridade Central à qual poderá ser dirigida toda a comunicação para sua transmissão à Autoridade Central competente dentro desse Estado.

Artigo 7

1. As Autoridades Centrais deverão cooperar entre si e promover a colaboração entre as autoridades competentes de seus respectivos Estados a fim de assegurar a proteção das crianças e alcançar os demais objetivos da Convenção.

2. As Autoridades Centrais tomarão, diretamente, todas as medidas adequadas para:

a) fornecer informações sobre a legislação de seus Estados em matéria de adoção e outras informações gerais, tais como estatísticas e formulários padronizados;

b) informar-se mutuamente sobre o funcionamento da Convenção e, na medida do possível, remover os obstáculos para sua aplicação.

Artigo 8

As Autoridades Centrais tomarão, diretamente ou com a cooperação de autoridades públicas, todas as medidas apropriadas para prevenir benefícios materiais induzidos por ocasião de uma adoção e para impedir qualquer prática contrária aos objetivos da Convenção.

Artigo 9

As Autoridades Centrais tomarão todas as medidas apropriadas, seja diretamente ou com a cooperação de autoridades públicas ou outros organismos devidamente credenciados em seu Estado, em especial para:

a) reunir, conservar e permutar informações relativas à situação da criança e dos futuros pais adotivos, na medida necessária à realização da adoção;

b) facilitar, acompanhar e acelerar o procedimento de adoção;

c) promover o desenvolvimento de serviços de orientação em matéria de adoção e de acompanhamento das adoções em seus respectivos Estados;

d) permutar relatórios gerais de avaliação sobre as experiências em matéria de adoção internacional;

e) responder, nos limites da lei do seu Estado, às solicitações justificadas de informações a respeito de uma situação particular de adoção formuladas por outras Autoridades Centrais ou por autoridades públicas.

Artigo 10

Somente poderão obter e conservar o credenciamento os organismos que demonstrarem sua aptidão para cumprir corretamente as tarefas que lhe possam ser confiadas.

Artigo 11

Um organismo credenciado deverá:

a) perseguir unicamente fins não lucrativos, nas condições e dentro dos limites fixados pelas autoridades competentes do Estado que o tiver credenciado;

b) ser dirigido e administrado por pessoas qualificadas por sua integridade moral e por sua formação ou experiência para atuar na área de adoção internacional;

c) estar submetido à supervisão das autoridades competentes do referido Estado, no que tange à sua composição, funcionamento e situação financeira.

Artigo 12

Um organismo credenciado em um Estado Contratante somente poderá atuar em outro Estado Contratante se tiver sido autorizado pelas autoridades competentes de ambos os Estados.

Artigo 13

A designação das Autoridades Centrais e, quando for o caso, o âmbito de suas funções, assim como os nomes e endereços dos organismos credenciados devem ser comunicados por cada Estado Contratante ao Bureau Permanente da Conferência da Haia de Direito Internacional Privado.

CAPÍTULO IV
REQUISITOS PROCESSUAIS PARA A ADOÇÃO INTERNACIONAL

Artigo 14

As pessoas com residência habitual em um Estado Contratante, que desejem adotar uma criança cuja residência habitual seja em outro Estado Contratante, deverão dirigir-se à Autoridade Central do Estado de sua residência habitual.

Artigo 15

1. Se a Autoridade Central do Estado de acolhida considerar que os solicitantes estão habilitados e aptos para adotar, a mesma preparará um relatório que contenha informações sobre a identidade, a capacidade jurídica e adequação dos solicitantes para adotar, sua situação pessoal, familiar e médica, seu meio social, os motivos que os animam, sua aptidão para assumir uma adoção internacional, assim como sobre as crianças de que eles estariam em condições de tomar a seu cargo.

2. A Autoridade Central do Estado de acolhida transmitirá o relatório à Autoridade Central do Estado de origem.

Artigo 16

1. Se a Autoridade Central do Estado de origem considerar que a criança é adotável, deverá:

a) preparar um relatório que contenha informações sobre a identidade da criança, sua adotabilidade, seu meio social, sua evolução pessoal e familiar, seu histórico médico pessoal e familiar, assim como quaisquer necessidades particulares da criança;

b) levar em conta as condições de educação da criança, assim como sua origem étnica, religiosa e cultural;

c) assegurar-se de que os consentimentos tenham sido obtidos de acordo com o artigo 4; e

d) verificar, baseando-se especialmente nos relatórios relativos à criança e aos futuros pais adotivos, se a colocação prevista atende ao interesse superior da criança.

2. A Autoridade Central do Estado de origem transmitirá à Autoridade Central do Estado de acolhida seu relatório sobre a criança, a prova dos consentimentos requeridos e as razões que justificam a colocação, cuidando para não revelar a identidade da mãe e do pai, caso a divulgação dessas informações não seja permitida no Estado de origem.

Artigo 17

Toda decisão de confiar uma criança aos futuros pais adotivos somente poderá ser tomada no Estado de origem se:

a) a Autoridade Central do Estado de origem tiver-se assegurado de que os futuros pais adotivos manifestaram sua concordância;

b) a Autoridade Central do Estado de acolhida tiver aprovado tal decisão, quando esta aprovação for requerida pela lei do Estado de acolhida ou pela Autoridade Central do Estado de origem;

c) as Autoridades Centrais de ambos os Estados estiverem de acordo em que se prossiga com a adoção; e

d) tiver sido verificado, de conformidade com o artigo 5, que os futuros pais adotivos estão habilitados e aptos a adotar e que a criança está ou será autorizada a entrar e residir permanentemente no Estado de acolhida.

Artigo 18

As Autoridades Centrais de ambos os Estados tomarão todas as medidas necessárias para que a criança receba a autorização de saída do Estado de origem, assim como aquela de entrada e de residência permanente no Estado de acolhida.

Artigo 19

1. O deslocamento da criança para o Estado de acolhida só poderá ocorrer quando tiverem sido satisfeitos os requisitos do artigo 17.

2. As Autoridades Centrais dos dois Estados deverão providenciar para que o deslocamento se realize com toda a segurança, em condições adequadas e, quando possível, em companhia dos pais adotivos ou futuros pais adotivos.

3. Se o deslocamento da criança não se efetivar, os relatórios a que se referem os artigos 15 e 16 serão restituídos às autoridades que os tiverem expedido.

Artigo 20

As Autoridades Centrais manter-se-ão informadas sobre o procedimento de adoção, sobre as medidas adotadas para levá-la a efeito, assim como sobre o desenvolvimento do período probatório, se este for requerido.

Artigo 21

1. Quando a adoção deva ocorrer, após o deslocamento da criança, para o Estado de acolhida e a Autoridade Central desse Estado considerar que a manutenção da criança na família de acolhida já não responde ao seu interesse superior, essa Autoridade Central tomará as medidas necessárias à proteção da criança, especialmente de modo a:

a) retirá-la das pessoas que pretendem adotá-la e assegurar provisoriamente seu cuidado;

b) em consulta com a Autoridade Central do Estado de origem, assegurar, sem demora, uma nova colocação da criança com vistas à sua adoção ou, em sua falta, uma colocação alternativa de caráter duradouro. Somente poderá ocorrer uma adoção se a Autoridade Central do Estado de origem tiver sido devidamente informada sobre os novos pais adotivos;

c) como último recurso, assegurar o retorno da criança ao Estado de origem, se assim o exigir o interesse da mesma.

2. Tendo em vista especialmente a idade e o grau de maturidade da criança, esta deverá ser consultada e, neste caso, deve-se obter seu consentimento em relação às medidas a serem tomadas, em conformidade com o presente Artigo.

Artigo 22

1. As funções conferidas à Autoridade Central pelo presente capítulo poderão ser exercidas por autoridades públicas ou por organismos credenciados de conformidade com o capítulo III, e sempre na forma prevista pela lei de seu Estado.

2. Um Estado Contratante poderá declarar ante o depositário da Convenção que as Funções conferidas à Autoridade Central pelos artigos 15 a 21 poderão também ser exercidas nesse Estado, dentro dos limites permitidos pela lei e sob o controle das autoridades competentes desse Estado, por organismos e pessoas que:

a) satisfizerem as condições de integridade moral, de competência profissional, experiência e responsabilidade exigidas pelo mencionado Estado;

b) forem qualificados por seus padrões éticos e sua formação e experiência para atuar na área de adoção internacional.

3. O Estado Contratante que efetuar a declaração prevista no parágrafo 2 informará com regularidade ao Bureau Permanente da Conferência da Haia de Direito Internacional Privado os nomes e endereços desses organismos e pessoas.

4. Um Estado Contratante poderá declarar ante o depositário da Convenção que as adoções de crianças cuja residência habitual estiver situada em seu território somente poderão ocorrer se as funções conferidas às Autoridades Centrais forem exercidas de acordo com o parágrafo 1.

5. Não obstante qualquer declaração efetuada de conformidade com o parágrafo 2, os relatórios previstos nos artigos 15 e 16 serão, em todos os casos, elaborados sob a responsabilidade da Autoridade Central ou de outras autoridades ou organismos, de conformidade com o parágrafo 1.

CAPÍTULO V
RECONHECIMENTO E EFEITOS DA ADOÇÃO

Artigo 23

1. Uma adoção certificada em conformidade com a Convenção, pela autoridade competente do Estado onde ocorreu, será reconhecida de pleno direito pelos demais Estados Contratantes. O certificado deverá especificar quando e quem outorgou os assentimentos previstos no artigo 17, alínea "c".

2. Cada Estado Contratante, no momento da assinatura, ratificação, aceitação, aprovação ou adesão, notificará ao depositário da Convenção a identidade e as Funções da autoridade ou das autoridades que, nesse Estado, são competentes para expedir esse certificado, bem como lhe notificará, igualmente, qualquer modificação na designação dessas autoridades.

Artigo 24

O reconhecimento de uma adoção só poderá ser recusado em um Estado Contratante se a adoção for manifestamente contrária à sua ordem pública, levando em consideração o interesse superior da criança.

Artigo 25

Qualquer Estado Contratante poderá declarar ao depositário da Convenção que não se considera obrigado, em virtude desta, a reconhecer as adoções feitas de conformidade com um acordo concluído com base no artigo 39, parágrafo 2.

Artigo 26

1. O reconhecimento da adoção implicará o reconhecimento:

a) do vínculo de filiação entre a criança e seus pais adotivos;

b) da responsabilidade paterna dos pais adotivos a respeito da criança;

c) da ruptura do vínculo de filiação preexistente entre a criança e sua mãe e seu pai, se a adoção produzir este efeito no Estado Contratante em que ocorreu.

2. Se a adoção tiver por efeito a ruptura do vínculo preexistente de filiação, a criança gozará, no Estado de acolhida e em qualquer outro Estado Contratante no qual se reconheça a adoção, de direitos equivalentes aos que resultem de uma adoção que produza tal efeito em cada um desses Estados.

3. Os parágrafos precedentes não impedirão a aplicação de quaisquer disposições mais favoráveis à criança, em vigor no Estado Contratante que reconheça a adoção.

Artigo 27

1. Se uma adoção realizada no Estado de origem não tiver como efeito a ruptura do vínculo preexistente de filiação, o Estado de acolhida que reconhecer a adoção de conformidade com a Convenção poderá convertê-la em uma adoção que produza tal efeito, se:

a) a lei do Estado de acolhida o permitir; e

b) os consentimentos previstos no Artigo 4, alíneas "c" e "d", tiverem sido ou forem outorgados para tal adoção.

2. O artigo 23 aplica-se à decisão sobre a conversão.

CAPÍTULO VI
DISPOSIÇÕES GERAIS

Artigo 28

A Convenção não afetará nenhuma lei do Estado de origem que requeira que a adoção de uma criança residente habitualmente nesse Estado ocorra nesse Estado, ou que proíba a colocação da criança no Estado de acolhida ou seu deslocamento ao Estado de acolhida antes da adoção.

Artigo 29

Não deverá haver nenhum contato entre os futuros pais adotivos e os pais da criança ou qualquer outra pessoa que detenha a sua guarda até que se tenham cumprido as disposições do artigo 4, alíneas "a" a "c" e do artigo 5, alínea "a", salvo os casos em que a adoção for efetuada entre membros de uma mesma família ou em que as condições fixadas pela autoridade competente do Estado de origem forem cumpridas.

Artigo 30

1. As autoridades competentes de um Estado Contratante tomarão providências para a conservação das informações de que dispuserem relativamente à origem da criança e, em particular, a respeito da identidade de seus pais, assim como sobre o histórico médico da criança e de sua família.

2. Essas autoridades assegurarão o acesso, com a devida orientação da criança ou de seu representante legal, a estas informações, na medida em que o permita a lei do referido Estado.

Artigo 31

Sem prejuízo do estabelecido no artigo 30, os dados pessoais que forem obtidos ou transmitidos de conformidade com a Convenção, em particular aqueles a que se referem os artigos 15 e 16, não poderão ser utilizados para fins distintos daqueles para os quais foram colhidos ou transmitidos.

Artigo 32

1. Ninguém poderá obter vantagens materiais indevidas em razão de intervenção em uma adoção internacional.

2. Só poderão ser cobrados e pagos os custos e as despesas, inclusive os honorários profissionais razoáveis de pessoas que tenham intervindo na adoção.

3. Os dirigentes, administradores e empregados dos organismos intervenientes em uma adoção não poderão receber remuneração desproporcional em relação aos serviços prestados.

Artigo 33

Qualquer autoridade competente, ao verificar que uma disposição da Convenção foi desrespeitada ou que existe risco manifesto de que venha a sê-lo, informará imediatamente a Autoridade Central de seu Estado, a qual terá a responsabilidade de assegurar que sejam tomadas as medidas adequadas.

Artigo 34

Se a autoridade competente do Estado destinatário de um documento requerer que se faça deste uma tradução certificada, esta deverá ser fornecida. Salvo dispensa, os custos de tal tradução estarão a cargo dos futuros pais adotivos.

Artigo 35

As autoridades competentes dos Estados Contratantes atuarão com celeridade nos procedimentos de adoção.

Artigo 36

Em relação a um Estado que possua, em matéria de adoção, dois ou mais sistemas jurídicos aplicáveis em diferentes unidades territoriais:

a) qualquer referência à residência habitual nesse Estado será entendida como relativa à residência habitual em uma unidade territorial do dito Estado;

b) qualquer referência à lei desse Estado será entendida como relativa à lei vigente na correspondente unidade territorial;

c) qualquer referência às autoridades competentes ou às autoridades públicas desse Estado será entendida como relativa às autoridades autorizadas para atuar na correspondente unidade territorial;

d) qualquer referência aos organismos credenciados do dito Estado será entendida como relativa aos organismos credenciados na correspondente unidade territorial.

Artigo 37

No tocante a um Estado que possua, em matéria de adoção, dois ou mais sistemas jurídicos aplicáveis a categorias diferentes de pessoas, qualquer referência à lei desse Estado será entendida como ao sistema jurídico indicado pela lei do dito Estado.

Artigo 38

Um Estado em que distintas unidades territoriais possuam suas próprias regras de direito em matéria de adoção não estará obrigado a aplicar a Convenção nos casos em que um Estado de sistema jurídico único não estiver obrigado a fazê-lo.

Artigo 39

1. A Convenção não afeta os instrumentos internacionais em que os Estados Contratantes sejam Partes e que contenham disposições sobre as matérias reguladas pela presente Convenção, salvo declaração em contrário dos Estados vinculados pelos referidos instrumentos internacionais.

2. Qualquer Estado Contratante poderá concluir com um ou mais Estados Contratantes acordos para favorecer a aplicação da Convenção em suas relações recíprocas. Esses acordos somente poderão derrogar as disposições contidas nos artigos 14 a 16 e 18 a 21. Os Estados que concluírem tais acordos transmitirão uma cópia dos mesmos ao depositário da presente Convenção.

Artigo 40

Nenhuma reserva à Convenção será admitida.

Artigo 41

A Convenção será aplicada às Solicitações formuladas em conformidade com o artigo 14 e recebidas depois da entrada em vigor da Convenção no Estado de acolhida e no Estado de origem.

Artigo 42

O Secretário-Geral da Conferência da Haia de Direito Internacional Privado convocará periodicamente uma Comissão Especial para examinar o funcionamento prático da Convenção.

CAPÍTULO VII
CLÁUSULAS FINAIS

Artigo 43

1. A Convenção estará aberta à assinatura dos Estados que eram membros da Conferência da Haia de Direito Internacional Privado quando da Décima-Sétima Sessão, e aos demais Estados participantes da referida Sessão.

2. Ela será ratificada, aceita ou aprovada e os instrumentos de ratificação, aceitação ou aprovação serão depositados no Ministério dos Negócios Estrangeiros do Reino dos Países Baixos, depositário da Convenção.

Artigo 44

1. Qualquer outro Estado poderá aderir à Convenção depois de sua entrada em vigor, conforme o disposto no artigo 46, parágrafo 1.

2. O instrumento de adesão deverá ser depositado junto ao depositário da Convenção.

3. A adesão somente surtirá efeitos nas relações entre o Estado aderente e os Estados Contratantes que não tiverem formulado objeção à sua adesão nos seis meses seguintes ao recebimento da notificação a que se refere o artigo 48, alínea "b". Tal objeção poderá igualmente ser formulada por qualquer Estado no momento da ratificação, aceitação ou aprovação da Convenção, posterior à adesão. As referidas objeções deverão ser notificadas ao depositário.

Artigo 45

1. Quando um Estado compreender duas ou mais unidades territoriais nas quais se apliquem sistemas jurídicos diferentes em relação às questões reguladas pela presente Convenção, poderá declarar, no momento da assinatura, da ratificação, da aceitação, da aprovação ou da adesão, que a presente Convenção será aplicada a todas as suas unidades territoriais

ou somente a uma ou várias delas. Essa declaração poderá ser modificada por meio de nova declaração a qualquer tempo.

2. Tais declarações serão notificadas ao depositário, indicando-se expressamente as unidades territoriais às quais a Convenção será aplicável.

3. Caso um Estado não formule nenhuma declaração na forma do presente artigo, a Convenção será aplicada à totalidade do território do referido Estado.

Artigo 46

1. A Convenção entrará em vigor no primeiro dia do mês seguinte à expiração de um período de três meses contados da data do depósito do terceiro instrumento de ratificação, de aceitação ou de aprovação previsto no artigo 43.

2. Posteriormente, a Convenção entrará em vigor:

a) para cada Estado que a ratificar, aceitar ou aprovar posteriormente, ou apresentar adesão à mesma, no primeiro dia do mês seguinte à expiração de um período de três meses depois do depósito de seu instrumento de ratificação, aceitação, aprovação ou adesão;

b) para as unidades territoriais às quais se tenha estendido a aplicação da Convenção conforme o disposto no artigo 45, no primeiro dia do mês seguinte à expiração de um período de três meses depois da notificação prevista no referido artigo.

Artigo 47

1. Qualquer Estado-Parte na presente Convenção poderá denunciá-la mediante notificação por escrito, dirigida ao depositário.

2. A denúncia surtirá efeito no primeiro dia do mês subseqüente à expiração de um período de doze meses da data de recebimento da notificação pelo depositário. Caso a notificação fixe um período maior para que a denúncia surta efeito, esta surtirá efeito ao término do referido período a contar da data do recebimento da notificação.

Artigo 48

O depositário notificará aos Estados-Membros da Conferência da Haia de Direito Internacional Privado, assim como aos demais Estados participantes da Décima-Sétima Sessão e aos Estados que tiverem aderido à Convenção de conformidade com o disposto no artigo 44:

a) as assinaturas, ratificações, aceitações e aprovações a que se refere o artigo 43;

b) as adesões e as objeções às adesões a que se refere o artigo 44;

c) a data em que a Convenção entrará em vigor de conformidade com as disposições do artigo 46;

d) as declarações e designações a que se referem os artigos 22, 23, 25 e 45;

e) os Acordos a que se refere o artigo 39;

f) as denúncias a que se refere o artigo 47.

Em testemunho do que, os abaixo-assinados, devidamente autorizados, firmaram a presente Convenção.

Feita na Haia, em 29 de maio de 1993, nos idiomas francês e inglês, sendo ambos os textos igualmente autênticos, em um único exemplar, o qual será depositado nos arquivos do Governo do Reino dos Países Baixos e do qual uma cópia certificada será enviada, por via diplomática, a cada um dos Estados-Membros da Conferência da Haia de Direito Internacional Privado por ocasião da Décima-Sétima Sessão, assim como a cada um dos demais Estados que participaram desta Sessão.

DECRETO 3.321, DE 30 DE DEZEMBRO DE 1999

Promulga o Protocolo Adicional à Convenção Americana sobre Direitos Humanos em Matéria de Direitos Econômicos, Sociais e Culturais "Protocolo de São Salvador", concluído em 17 de novembro de 1988, em São Salvador, El Salvador.

▸ *Protocolo de São Salvador*

O Presidente da República, no uso da atribuição que lhe confere o art. 84, inciso VIII, da Constituição;

Considerando que o Protocolo Adicional à Convenção Americana sobre Direitos Humanos em Matéria de Direitos Econômicos, Sociais e Culturais, «Protocolo de São Salvador» foi concluído em 17 de novembro de 1988, em São Salvador, El Salvador;

Considerando que o Congresso Nacional aprovou o ato multilateral em epígrafe por meio do Decreto Legislativo nº 56, de 19 de abril de 1995;

Considerando que o Protocolo em tela entrou em vigor internacional em 16 de novembro de 1999;

Considerando que o Governo brasileiro depositou o Instrumento de Adesão do referido ato em 21 de agosto de 1996, passando o mesmo a vigorar, para o Brasil, em 16 de novembro de 1999;

DECRETA:

Art. 1º O Protocolo Adicional à Convenção Americana sobre Direitos Humanos em Matéria de Direitos Econômicos, Sociais e Culturais, «Protocolo de São Salvador», concluído em 17 de novembro de 1988, em São Salvador, El Salvador, apenso por cópia a este Decreto, deverá ser executado e cumprido tão inteiramente como nele se contém.

Art. 2º Este Decreto entra em vigor na data de sua publicação.

Brasília, 30 de dezembro de 1999; 178º da Independência e 111º da República.

FERNANDO HENRIQUE CARDOSO

D.O.U. de 31.12.1999

Obs.: O Protocolo de que trata este Decreto está Publicado no D.O.U. de 31.12.1999

PROTOCOLO ADICIONAL À CONVENÇÃO AMERICANA SOBRE DIREITOS HUMANOS EM MATÉRIA DE DIREITOS ECONÔMICOS, SOCIAIS E CULTURAIS (PROTOCOLO DE SÃO SALVADOR)

(Adotado durante à XVIII Assembléia-Geral da Organização dos Estados Americanos, em São Salvador, em 17 de novembro de 1988)

A Assembléia-Geral,

Vistos:

A resolução AG/RES. 836 (XVI-0/86), mediante a qual a Assembléia-Geral tomou nota do Projeto de Protocolo Adicional à Convenção Americana sobre Direitos Humanos, submetidos pela Comissão interamericana de Direitos Humanos, e o transmitiu aos Governos dos Estados-Partes da Convenção para que formulassem suas observações e comentários sobre o Projeto e remetessem ao Conselho Permanente para estudo e apresentação à Assembléia-Geral, em seu Décimo Sétimo Período Ordinário de Sessões;

A resolução AG/RES. 887 (XVII-0/87), na qual solicitou ao Conselho Permanente que, com base no projeto apresentado pela Comissão interamericana de Direitos Humanos e nas observações e comentários formulados pelos Governos dos Estados-Partes na Convenção, apresentasse à Assembléia-Geral, em seu Décimo Oitavo Período Ordinário de Sessões, um projeto de Protocolo Adicional à Convenção, em matéria de direitos econômicos, sociais e culturais; e

O Relatório do Conselho Permanente que submete à Assembléia Geral o referido Projeto de Protocolo Adicional, e

Considerando:

Que a Convenção Americana sobre os Direitos Humanos estabelece que poderão ser submetidos à consideração dos Estados-Partes, reunidos por ocasião da Assembléia-Geral da Organização dos Estados Americanos, projetos de protocolos adicionais a essa Convenção, com a finalidade de incluir progressivamente no seu regime de proteção outros direitos e liberdades; e

A importância que reveste para o Sistema Interamericano a adoção de um Protocolo Adicional à Convenção, em matéria de direitos econômicos, sociais e culturais,

Resolve:

Adotar o seguinte Protocolo Adicional à Convenção Americana sobre Direitos Humanos em matéria de Direitos Econômicos, Sociais e Culturais (Protocolo de São Salvador):

Preâmbulo

Os Estados-Partes na Convenção Americana sobre os Direitos Humanos (Pacto de São José da Costa Rica),

Reafirmando seu propósito de consolidar neste Continente, dentro do quadro das instituições democráticas, um regime de liberdade pessoal e de justiça social, fundado no respeito dos direitos essenciais do homem;

Reconhecendo que os direitos essenciais do homem não derivam do fato de ser ele nacional de determinado Estado, mas sim do fato de terem como fundamento os atributos da pessoa humana, razão por que justificam uma proteção internacional, de natureza convencional, coadjuvante ou complementar da que oferece o direito interno dos Estados americanos;

Considerando a estreita relação que existe entre a vigência dos direitos econômicos, sociais e culturais e a dos direitos civis e políticos, por motivo de as diferentes categorias de direito constituírem um todo indissolúvel que tem sua base no reconhecimento da dignidade da pessoa humana, razão pela qual exigem tutela e promoção permanente, com o objetivo de conseguir sua plena vigência, sem que jamais possa justificar-se a violação de uns a pretexto da observação de outros;

Reconhecendo os benefícios decorrentes do fomento e desenvolvimento da cooperação entre os Estados e das relações internacionais;

Recordando que, de acordo com a Declaração Universal dos Direitos do Homem e com a Convenção Americana sobre os Direitos Humanos, só pode tornar-se realidade o ideal do ser humano livre, isento de temor e da miséria, se forem criadas condições que permitam a cada pessoa gozar de seus direitos econômicos, sociais e culturais, bem como de seus direitos civis e políticos;

Levando em conta que, embora outros instrumentos internacionais, tanto de âmbito universal como regional, tenham reconhecido direitos econômicos, sociais e culturais fundamentais, é muito importante que esses direitos sejam reafirmados, desenvolvidos, aperfeiçoados e protegidos, a fim de consolidar na América, com base no respeito pleno dos direitos da pessoa, o regime democrático representativo de governo, bem como o direito de seus povos ao desenvolvimento, à livre determinação e a utilizar livremente suas riquezas e recursos naturais; e

Considerando que a Convenção Americana sobre os Direitos Humanos estabelece que poderão ser submetidos à consideração dos Estados-Partes, reunidos por ocasião da Assembléia-Geral da Organização dos Estados Americanos, projetos de protocolos adicionais a essa Convenção, com a finalidade de incluir progressivamente no regime de proteção da mesma, outros direitos e liberdades,

Convieram no seguinte Protocolo Adicional à Convenção Americana sobre Direitos Humanos (Protocolo de São Salvador):

ARTIGO 1

Obrigação de Adotar Medidas

Os Estados-Partes neste Protocolo Adicional à Convenção Americana sobre Direitos Humanos comprometem-se a adotar as medidas necessárias, tanto de ordem interna como por meio da cooperação entre os Estados, especialmente econômica e técnica, até o máximo dos recursos disponíveis e levando em conta seu grau de desenvolvimento, a fim de conseguir, progressivamente e de acordo com a legislação interna, a plena efetividade dos direitos reconhecidos neste Protocolo.

ARTIGO 2

Obrigação de Adotar Disposições de Direito Interno

Se o exercício dos direitos estabelecidos neste Protocolo ainda não estiver garantido por disposições legislativas ou de outra natureza, os Estados-Partes comprometem-se a adotar, de acordo com suas normas constitucionais e com as disposições deste Protocolo, as medidas legislativas ou de outra natureza que forem necessárias para tornar efetivos esses direitos.

ARTIGO 3

Obrigação de Não-Discriminação

Os Estados-Partes neste Protocolo comprometem-se a garantir o exercício dos direitos nele enunciados, sem discriminação alguma por motivo de raça, cor, sexo, idioma, religião, opiniões políticas ou de qualquer outra natureza, origem nacional ou social, posição econômica, nascimento ou qualquer outra condição social.

ARTIGO 4

Não-Admissão de Restrições

Não se poderá restringir ou limitar qualquer dos direitos reconhecidos ou vigentes num Estado em virtude de sua legislação interna ou de convenções internacionais, sob pretexto de que este Protocolo não os reconhece ou os reconhece em menor grau.

ARTIGO 5

Alcance das Restrições e Limitações

Os Estados-Partes só poderão estabelecer restrições e limitações ao gozo e exercício dos direitos estabelecidos neste Protocolo mediante leis promulgadas com o objetivo de preservar o bem estar geral dentro de uma sociedade democrática, na medida em que não contrariem o propósito e razão dos mesmos.

ARTIGO 6

Direito ao Trabalho

1. Toda pessoa tem direito ao trabalho, o que inclui a oportunidade de obter os meios para levar uma vida digna e decorosa através do desempenho de atividade lícita, livremente escolhida ou aceita.

2. Os Estados-Partes comprometem-se a adotar medidas que garantam plena efetividade do direito ao trabalho, especialmente as referentes à consecução do pleno emprego, à orientação vocacional e ao desenvolvimento de projetos de treinamento técnico-profissional, particularmente os destinados aos deficientes. Os Estados-Partes comprometem-se também a executar e a fortalecer programas que coadjuvem o adequado atendimento da família, a fim de que a mulher tenha real possibilidade de exercer o direito ao trabalho.

ARTIGO 7

Condições Justas, Eqüitativas e Satisfatórias de Trabalho

Os Estados-Partes neste Protocolo reconhecem que o direito ao trabalho, a que se refere o artigo anterior, pressupõe que toda pessoa goze desse direito em condições justas, eqüitativas e satisfatórias, para que esses Estados garantirão em suas legislações internas, de maneira particular:

a) remuneração que assegure, no mínimo, a todos os trabalhadores condições de subsistência digna e decorosa para eles e para suas famílias e salário eqüitativo e igual por trabalho igual, sem nenhuma distinção;

b) o direito de todo o trabalhador de seguir sua vocação e de dedicar-se à atividade que melhor atenda a suas expectativas, e a trocar de emprego, de acordo com regulamentação nacional pertinente;

c) o direito do trabalhador a promoção ou avanço no trabalho, para o qual serão levados em conta suas qualificações, competência, probidade e tempo de serviço;

d) estabilidade dos trabalhadores em seus empregos, de acordo com as características das industrias e profissões e com as causas de justa dispensa. Nos casos de demissão injustificada, o trabalhador terá direito a indenização ou a readmissão no emprego, ou a quaisquer outros benefícios previstos pela legislação nacional;

e) segurança e higiene no trabalho;

f) proibição de trabalho noturno ou em atividades insalubres ou perigosas para os menores de 18 anos e, em geral, de todo o trabalho que possa pôr em perigo sua saúde, segurança ou moral. No caso dos menores de 16 anos, a jornada de trabalho deverá subordinar-se às disposições sobre ensino obrigatório e, em nenhum caso, poderá constituir impedimento à assistência escolar ou limitação para beneficiar-se da instrução recebida;

g) limitação razoável das horas de trabalho, tanto diárias quanto semanais. As jornadas serão de menor duração quando se tratar de trabalhos perigosos, insalubres ou noturnos;

h) repouso, gozo do tempo livre, férias remuneradas, bem como pagamento de salários nos dias feriados nacionais.

ARTIGO 8

Direitos Sindicais

1. Os Estados-Partes garantirão:

a) o direito dos trabalhadores de organizar sindicatos e de filiar-se ao de sua escolha, para proteger e promover seus interesses. Como projeção deste direito, os Estados-Partes permitirão aos sindicatos formar federações e confederações nacionais e associar-se às já existentes, bem como formar organizações sindicais internacionais e associar-se à de sua escolha. Os Estados-Partes também permitirão que os sindicatos, federações e confederações funcionem livremente;

b) o direito de greve.

2. O exercício dos direitos enunciados acima só pode estar sujeito às limitações e restrições previstas pela lei, que sejam próprias de uma sociedade democrática e necessárias para salvaguardar a ordem pública e proteger a saúde ou a moral públicas, e os direitos ou liberdades dos demais. Os membros das forças armadas e da polícia, bem como de outros serviços públicos essenciais, estarão sujeitos às limitações e restrições impostas pela lei.

3. Ninguém poderá ser obrigado a pertencer a sindicato.

ARTIGO 9

Direito à Previdência Social

1. Toda pessoa tem direito à Previdência Social que a proteja das conseqüências da velhice e da incapacitação que a impeça, física ou mentalmente, de obter os meios de vida digna e decorosa. No caso de morte do beneficiário, os benefícios da previdência social serão aplicados aos seus dependentes.

2. Quando se tratar de pessoas que estejam trabalhando, o direito à previdência social abrangerá pelo menos assistência médica e subsídio ou pensão em caso de acidente de trabalho ou de doença profissional e, quando se tratar da mulher, licença-maternidade remunerada, antes e depois do parto.

ARTIGO 10

Direito à Saúde

1. Toda pessoa têm direito à saúde, compreendendo-se como saúde o gozo do mais alto nível de bem-estar físico, mental e social.

2. A fim de tomar efetivo o direito à saúde, os Estados-Partes comprometem-se a reconhecer a saúde como bem público e, especialmente, a adotar as seguintes medidas para garantir esse direito:

a) assistência primária a saúde, entendendo-se como tal à assistência médica essencial ao alcance de todas as pessoas e famílias da comunidade;

b) extensão dos benefícios dos serviços de saúde a todas as pessoas sujeitas à jurisdição do Estado;

c) total imunização contra as principais doenças infecciosas;

d) prevenção e tratamento das doenças endêmicas, profissionais e de outra natureza;

e) educação da população com referência à prevenção e ao tratamento dos problemas da saúde; e

f) satisfação das necessidades de saúde dos grupos de mais alto risco e que, por sua situação de pobreza, sejam mais vulneráveis.

ARTIGO 11

Direito ao Meio Ambiente Sadio

1. Toda pessoa tem direito a viver em meio ambiente sadio e a dispor dos serviços públicos básicos.

2. Os Estados-Partes promoverão a proteção, preservação e melhoramento do meio ambiente.

ARTIGO 12

Direito à Alimentação

1. Toda pessoa tem direito a nutrição adequada, que lhe assegure a possibilidade de gozar do mais alto nível de desenvolvimento físico, emocional e intelectual.

2. A fim de tornar efetivo esse direito e de eliminar a desnutrição, os Estados-Partes comprometem-se a aperfeiçoar os métodos de produção, abastecimento e distribuição de alimentos, para o que se comprometem a promover maior cooperação internacional com vistas a apoiar as políticas nacionais referentes à matéria.

ARTIGO 13

Direito à Educação

1. Toda pessoa tem direito à educação.

2. Os Estados-Partes neste Protocolo convêm em que a educação deverá orientar-se para o pleno desenvolvimento da personalidade humana e do sentido de sua dignidade, e deverá fortalecer o respeito pelos direitos humanos, pelo pluralismo ideológico, pelas liberdades fundamentais, pela justiça e pela paz. Convêm também em que a educação deve tornar todas as pessoas capazes de participar efetivamente de uma sociedade democrática e pluralista e de conseguir uma subsistência digna; bem como favorecer a compreensão, a tolerância e a amizade entre todas as nações e todos os grupos raciais, étnicos ou religiosos, e promover as atividades em prol da manutenção da paz.

3. Os Estados-Partes neste Protocolo reconhecem que, a fim de conseguir o pleno exercício do direito à educação:

a) o ensino de primeiro grau deve ser obrigatório e acessível a todos gratuitamente;

b) o ensino de segundo grau, em suas diferentes formas, inclusive o ensino técnico e profissional, deve ser generalizado e acessível a todos, pelos meios que forem apropriados e, especialmente, pelo estabelecimento progressivo do ensino gratuito.

c) o ensino superior deve tornar-se igualmente acessível a todos, de acordo com a capacidade de cada um, pelos meios que forem apropriados e, especialmente, pelo estabelecimento progressivo do ensino gratuito;

d) deve-se promover ou intensificar, na medida do possível, o ensino básico para as pessoas que não tiverem recebido ou terminado o ciclo completo de instrução do primeiro grau;

e) deverão ser estabelecidos programas de ensino diferenciados para os deficientes, a fim de proporcionar instrução especial e formação a pessoas com impedimentos físicos ou deficiência mental.

De acordo com a legislação interna dos Estados-Partes, os pais terão direito a escolher o tipo de educação que deverá ser ministrada aos seus filhos, desde que esteja de acordo com os princípios enunciados acima.

Nenhuma das disposições do Protocolo poderá ser interpretada como restrição da liberdade das pessoas e entidades de estabelecer e dirigir instituições de ensino, de acordo com a legislação dos Estados-Partes.

ARTIGO 14

Direito aos Benefícios da Cultura

1. Os Estados-Partes neste Protocolo reconhecem o direito de toda pessoa a:

a) participar na vida cultural e artística da comunidade;

b) gozar dos benefícios do progresso científico e tecnológico;

c) beneficiar-se da proteção dos interesses morais e materiais que lhe correspondam em virtude de produções científicas, literárias ou artísticas de sua autoria.

2. Entre as medidas que os Estados-Partes neste Protocolo deverão adotar para assegurar o pleno exercício deste direito, deverão figurar as necessárias para a conservação, o desenvolvimento e a divulgação da ciência, da cultura e da arte.

3. Os Estados-Partes neste Protocolo comprometem-se a respeitar a liberdade indispensável para a pesquisa científica e a atividade criadora.

4. Os Estados-Partes neste Protocolo reconhecem os benefícios que decorrem da promoção e desenvolvimento da cooperação e das relações internacionais no que diz respeito a assuntos científicos, artísticos e culturais e, nesse sentido, comprometem-se a incentivar maior cooperação internacional nesses campos.

ARTIGO 15

Direito à Constituição e Proteção da Família

1. A família é o elemento natural e fundamental da sociedade e deve ser protegida pelo Estado, que deverá velar pelo melhoramento de sua situação moral e material.

2. Toda pessoa tem direito a constituir família, direito esse que deverá exercer de acordo com as disposições da legislação interna correspondente.

3. Os Estados-Partes comprometem-se, mediante este Protocolo, a proporcionar adequada proteção ao grupo familiar e especialmente a:

a) dispensar atenção e assistência especiais à mãe, por período razoável, antes e depois do parto;

b) garantir às crianças alimentação adequada, tanto no período de lactação quanto durante a idade escolar;

c) adotar medidas especiais de proteção dos adolescentes, a fim de assegurar o pleno amadurecimento de suas capacidades físicas, intelectuais e morais;

d) executar programas especiais de formação familiar, a fim de contribuir para a criação de ambiente estável e positivo, no qual as crianças percebam e desenvolvam os valores de compreensão, solidariedade, respeito e responsabilidade.

ARTIGO 16

Direito da Criança

Toda criança seja qual for sua filiação, tem direito às medidas de proteção que sua condição de menor requer por parte de sua família, da sociedade e do Estado. Toda criança tem direito de crescer ao amparo e sob a responsabilidade de seus pais. Salvo em circunstâncias excepcionais, reconhecidas judicialmente, a criança de tenra idade não deve ser separada de sua mãe. Toda criança tem direito à educação gratuita e obrigatória, pelo menos no nível básico, e a continuar sua formação em níveis mais elevados do sistema educacional.

ARTIGO 17

Proteção de Pessoas Idosas

Toda pessoa tem direito a proteção especial na velhice. Nesse sentido, os Estados-Partes comprometem-se a adotar, de maneira progressiva, as medidas necessárias a fim de por em prática este direito e, especialmente, a:

a) proporcionar instalações adequadas, bem como alimentação e assistência médica especializada, às pessoas de idade avançada que não disponham delas e que não estejam em condições de adquiri-las por seus próprios meios;

b) executar programas de trabalho específicos, destinados a proporcionar a pessoas idosas a possibilidade de realizar atividades produtivas adequadas às suas capacidades, respeitando sua vocação ou desejos;

c) promover a formação de organizações sociais destinadas a melhorar a qualidade de vida das pessoas idosas.

ARTIGO 18

Proteção de Deficientes

Toda pessoa afetada pela diminuição de suas capacidades físicas e mentais tem direito a receber atenção especial, a fim de alcançar o máximo desenvolvimento de sua personalidade. Os Estados-Partes comprometem-se a adotar as medidas necessárias para esse fim e, especialmente, a:

a) executar programas específicos destinados a proporcionar aos deficientes os recursos e o ambiente necessário para alcançar esse objetivo, inclusive programas de trabalho adequados a suas possibilidades e que deverão ser livremente aceitos por eles ou, quando for o caso, por seus representantes legais;

b) proporcionar formação especial aos familiares dos deficientes, a fim de ajudá-los a resolver os problemas de convivência e a convertê-los em elementos atuantes do desenvolvimento físico, mental e emocional dos deficientes;

c) incluir, de maneira prioritária, em seus planos de desenvolvimento urbano a consideração de soluções para os requisitos específicos decorrentes das necessidades desse grupo;

d) promover a formação de organizações sociais nas quais os deficientes possam desenvolver uma vida plena.

ARTIGO 19

Meios de Proteção

1. Os Estados-Partes neste Protocolo comprometem-se a apresentar, de acordo com o disposto neste artigo e nas normas pertinentes que deverão ser elaboradas sobre o assunto pela Assembléia Geral da Organização dos Estados Americanos, relatórios periódicos a respeito das medidas progressivas que tiverem adotado para assegurar o devido respeito aos direitos consagrados no Protocolo.

2. Todos os relatórios serão apresentados ao Secretário-Geral da Organização dos Estados Americanos, que os transmitirá ao Conselho Interamericano Econômico e Social e ao Conselho Interamericano de Educação, Ciência e Cultura, a fim de que os examinem de acordo com o disposto neste artigo. O Secretario-Geral enviará cópia desses relatórios à Comissão Interamericana de Direitos Humanos.

3. O Secretário-Geral da Organização dos Estados Americanos transmitirá também aos organismos especializados do Sistema Interamericano, dos quais sejam membros os Estados-Partes neste Protocolo, cópias dos relatórios enviados ou das partes pertinentes desses relatórios, na medida em que tenham relação com matérias que sejam da competência dos referidos organismos, de acordo com seus instrumentos constitutivos.

4. Os organismos especializados do Sistema Interamericano poderão apresentar ao Conselho Interamericano Econômico e Social e ao Conselho Interamericano de Educação, Ciência e Cultura relatórios sobre o cumprimento das disposições deste Protocolo, no que se refere ao campo de suas atividades.

5. Os relatórios anuais que o Conselho Interamericano Econômico e Social e o Conselho Interamericano da Educação, Ciência e Cultura apresentarem à Assembléia Geral deverão conter um resumo de informação recebida dos Estados-Partes neste Protocolo e dos organismos especializados, sobre as medidas progressivas adotadas, a fim de assegurar o respeito dos direitos reconhecidos no Protocolo e das recomendações de caráter geral que a respeito considerarem pertinentes.

6. Caso os direitos estabelecidos na alínea "a" do artigo 8º, e no artigo 13, forem violados por ação que pode ser atribuída diretamente a um Estado-Parte neste Protocolo, essa situação poderia dar origem, mediante a participação da Comissão Interamericana de Direitos Humanos e, quando for cabível, da Corte Interamericana de Direitos Humanos, à aplicação do sistema de petições individuais regulado pelos artigos

44 a 51 e 61 a 69 da Convenção Americana sobre Direitos Humanos.

7. Sem prejuízo do disposto no parágrafo anterior, a Comissão Interamericana de Direitos Humanos poderá formular as observações e recomendações que considerar pertinentes sobre a situação dos direitos econômicos, sociais e culturais estabelecidos neste Protocolo, em todos ou em alguns dos Estados-Partes, as quais poderá incluir no relatório anual à Assembléia-Geral ou num relatório especial, conforme considerar mais apropriado.

8. No exercício das funções que lhes confere este Artigo, os Conselhos e a Comissão Interamericana de Direitos Humanos deverão levar em conta a natureza progressiva da vigência dos direitos objeto da proteção deste Protocolo.

ARTIGO 20

Reservas

Os Estados-Partes poderão formular reservas sobre uma ou mais disposições específicas deste Protocolo no momento de aprová-lo, assiná-lo, ratificá-lo ou de a ele aderir, desde que não sejam incompatíveis com o objetivo e o fim do Protocolo.

ARTIGO 21

Assinatura, Ratificação ou Adesão, Entrada em Vigor

1. Este Protocolo fica aberto à assinatura e à ratificação ou adesão de todo Estado-Parte na Convenção Americana sobre Direitos Humanos.

2. A ratificação deste Protocolo ou a adesão a ele será efetuada mediante depósito de um instrumento de ratificação ou de adesão, na Secretaria-Geral da Organização dos Estados Americanos.

3. O Protocolo entrará em vigor logo que onze Estados houverem depositados os seus respectivos instrumentos de ratificação ou de adesão.

4. O Secretario-Geral informará todos os Estados-membros da Organização sobre a entrada em vigor do Protocolo.

ARTIGO 22

Inclusão de Outros Direitos e Ampliação dos Direitos Reconhecidos

1. Qualquer Estado-Parte e a Comissão Interamericana dos Direitos Humanos poderão submeter à consideração dos Estados-Partes, reunidos por ocasião da Assembléia-Geral, propostas de emenda para o reconhecimento de outros direitos e liberdades, ou outras propostas destinadas a estender ou ampliar os direitos e liberdades reconhecidos neste Protocolo.

2. As emendas entrarão em vigor para os Estados que ratificarem as mesmas na data em que houverem sido depositados os instrumentos de ratificação que correspondam a dois terços do número de Estados-Partes neste Protocolo. Quanto aos outros Estados-Partes, entrarão em vigor na data em que depositarem eles os seus respectivos instrumentos de ratificação.

São Salvador 17 de novembro de 1988.

Publicação: Diário Oficial da União - Seção 1 - 31/12/1999, Página 12 (Publicação Original)

DECRETO 3.413, DE 14 DE ABRIL DE 2000

Promulga a Convenção sobre os Aspectos Civis do Sequestro Internacional de Crianças, concluída na cidade de Haia, em 25 de outubro de 1980.

› *Sequestro Internacional de Crianças*

O Presidente da República, no uso da atribuição que lhe confere o art. 84, inciso VIII, da Constituição,

Considerando que a Convenção sobre os Aspectos Civis do Sequestro Internacional de Crianças foi concluída na cidade de Haia, em 25 de outubro de 1980, com reserva ao art. 24 da Convenção, permitida pelo seu art. 42, para determinar que os documentos estrangeiros juntados aos autos judiciais sejam acompanhados de tradução para o português, feita por tradutor juramentado oficial;

Considerando que o Congresso Nacional aprovou o ato multilateral em epígrafe por meio do Decreto Legislativo nº 79, de 15 de setembro de 1999;

Considerando que o ato em tela entrou em vigor internacional em 1º de dezembro de 1983;

Considerando que o Governo brasileiro depositou o Instrumento de Adesão da referida Convenção em 19 de outubro de 1999, passando a mesma a vigorar, para o Brasil, em 1º de janeiro de 2000;

DECRETA:

Art. 1º A Convenção sobre os Aspectos Civis do Sequestro Internacional de Crianças, concluída na cidade de Haia, em 25 de outubro de 1980, com reserva ao art. 24 da Convenção, permitida pelo seu art. 42, para determinar que os documentos estrangeiros juntados aos autos judiciais sejam acompanhados de tradução para o português, feita por tradutor juramentado oficial, apensa por cópia a este Decreto, deverá ser executada e cumprida tão inteiramente como nela se contém.

Art. 2º Este Decreto entra em vigor na data de sua publicação.

Brasília, 14 de abril de 2000; 179º da Independência e 112º da República.

FERNANDO HENRIQUE CARDOSO

D.O.U de 17.4.2000

CONVENÇÃO SOBRE OS ASPECTOS CIVIS DO SEQUESTRO INTERNACIONAL DE CRIANÇAS

Os Estados signatários da presente Convenção,

Firmemente convictos de que os interesses da criança são de primordial importância em todas as questões relativas à sua guarda;

Desejando proteger a criança, no plano internacional, dos efeitos prejudiciais resultantes de mudança de domicílio ou de retenção ilícitas e estabelecer procedimentos que garantam o retorno imediato da criança ao Estado de sua residência habitual, bem como assegurar a proteção do direito de visita;

Decidiram concluir uma Convenção para esse efeito e acordaram nas seguintes disposições:

CAPITULO 1 ÂMBITO DA CONVENÇÃO

Artigo 1

A presente Convenção tem por objetivo:

a) assegurar o retorno imediato de crianças ilicitamente transferidas para qualquer Estado Contratante ou nele retidas indevidamente;

b) fazer respeitar de maneira efetiva nos outros Estados Contratantes os direitos de guarda e de visita existentes num Estado Contratante.

Artigo 2

Os Estados Contratantes deverão tomar todas as medidas apropriadas que visem assegurar, nos respectivos territórios, a concretização dos objetivos da Convenção. Para tal, deverão recorrer a procedimentos de urgência.

Artigo 3

A transferência ou a retenção de uma criança é considerada ilícita quando:

a) tenha havido violação a direito de guarda atribuído a pessoa ou a instituição ou a qualquer outro organismo, individual ou conjuntamente, pela lei do Estado onde a criança tivesse sua residência habitual imediatamente antes de sua transferência ou da sua retenção; e

b) esse direito estivesse sendo exercido de maneira efetiva, individual ou em conjuntamente, no momento da transferência ou da retenção, ou devesse está-lo sendo se tais acontecimentos não tivessem ocorrido.

O direito de guarda referido na alínea a) pode resultar de uma atribuição de pleno direito, de uma decisão judicial ou administrativa ou de um acordo vigente segundo o direito desse Estado.

Artigo 4

A Convenção aplica-se a qualquer criança que tenha residência habitual num Estado Contratante, imediatamente antes da violação do direito de guarda ou de visita. A aplicação da Convenção cessa quando a criança atingir a idade de dezesseis anos.

Artigo 5

Nos termos da presente Convenção:

a) o «direito de guarda» compreenderá os direitos relativos aos cuidados com a pessoa da criança, e, em particular, o direito de decidir sobre o lugar da sua residência;

b) o «direito de visita" compreenderá o direito de levar uma criança, por um período limitado de tempo, para um lugar diferente daquele onde ela habitualmente reside.

CAPÍTULO II AUTORIDADES CENTRAIS

Artigo 6

Cada Estado Contratante designará uma Autoridade Central encarregada de dar cumprimento às obrigações que lhe são impostas pela presente Convenção.

Estados federais, Estados em que vigorem vários sistemas legais ou Estados em que existam organizações territoriais autônomas terão a liberdade de designar mais de urna Autoridade Central e de especificar a extensão territorial dos poderes de cada uma delas. O Estado que utilize esta faculdade deverá designar a Autoridade Central à qual os pedidos poderão ser dirigidos para o efeito de virem a ser transmitidos à Autoridade Central internamente competente nesse Estado.

Artigo 7

As autoridades centrais devem cooperar entre si e promover a colaboração entre as autoridades competentes dos seus respectivos Estados, de forma a assegurar o retorno imediato das crianças e a realizar os demais objetivos da presente Convenção.

Em particular, deverão tomar, quer diretamente, quer através de um intermediário, todas as medidas apropriadas para:

a) localizar uma criança transferida ou retida ilicitamente;

b) evitar novos danos à criança, ou prejuízos às parles interessadas, tomando ou fazendo tomar medidas preventivas;

c) assegurar a entrega voluntária da criança ou facilitar uma solução amigável;

d) proceder, quando desejável, à troca de informações relativas à situação social da criança;

e) fornecer informações de caráter geral sobre a legislação de seu Estado relativa à aplicação da Convenção;

f) dar início ou favorecer a abertura de processo judicial ou administrativo que vise o retorno da criança ou, quando for o caso, que permita a organização ou o exercício efetivo do direito de visita;

g) acordar ou facilitar, conforme ás circunstâncias, a obtenção de assistência judiciária e jurídica, incluindo a participação de um advogado;

h) assegurar no plano administrativo, quando necessário e oportuno, o retorno sem perigo da criança;

i) manterem-se mutuamente informados sobre o funcionamento da Convenção e, tanto quanto possível, eliminarem os obstáculos que eventualmente se oponham à aplicação desta.

CAPÍTULO III
RETORNO DA CRIANÇA
ARTIGO 8

Qualquer pessoa, instituição ou organismo que julgue que uma criança tenha sido transferida ou retirada em violação a um direito de guarda pode participar o fato à Autoridade Central do Estado de residência habitual da criança ou à Autoridade Central de qualquer outro Estado Contratante, para que lhe seja prestada assistência para assegurar o retorno da criança.

O pedido deve conter:

a) informação sobre a identidade do requerente, da criança e da pessoa a quem se atribui a transferência ou a retenção da criança;

b) caso possível, a data de nascimento da criança;

c) os motivos em que o requerente se baseia para exigir o retorno da criança;

d) todas as informações disponíveis relativas à localização da criança e à identidade da pessoa com a qual presumivelmente se encontra a criança.

O pedido pode ser acompanhado ou complementado por:

e) cópia autenticada de qualquer decisão ou acordo considerado relevante;

f) atestado ou declaração emitidos pela Autoridade Central, ou por qualquer outra entidade competente do Estado de residência habitual, ou por uma pessoa qualificada, relativa à legislação desse Estado na matéria;

g) qualquer outro documento considerado relevante.

Artigo 9

Quando a Autoridade Central que recebeu o pedido mencionado no Artigo 8 tiver razões para acreditar que a criança se encontra em outro Estado Contratante, deverá transmitir o pedido, diretamente e sem demora, à Autoridade Central desse Estado Contratante e disso informará a Autoridade Central requerente ou, se for caso, o próprio requerente.

Artigo 10

A Autoridade Central do Estado onde a criança se encontrar deverá tomar ou fazer com que se tomem todas as medidas apropriadas para assegurar a entrega voluntária da mesma.

Artigo 11

As autoridades judiciais ou administrativas dos Estados Contratantes deverão adotar medidas de urgência com vistas ao retorno da criança.

Se a respectiva autoridade judicial ou administrativa não tiver tomado uma decisão no prazo de 6 semanas a contar da data em que o pedido lhe foi apresentado, o requerente ou a Autoridade Central do Estado requerido, por sua própria iniciativa ou a pedido da Autoridade Central do Estado requerente, poderá solicitar uma declaração sobre as razões da demora. Se for a Autoridade Central do Estado requerido a receber a resposta, esta autoridade deverá transmiti-la à Autoridade Central do Estado requerente ou, se for o caso, ao próprio requerente.

Artigo 12

Quando uma criança tiver sido ilicitamente transferida ou retida nos termos do Artigo 3 e tenha decorrido um período de menos de 1 ano entre a data da transferência ou da retenção indevidas e a data do início do processo perante a autoridade judicial ou administrativa do Estado Contratante onde a criança se encontrar, a autoridade respectiva deverá ordenar o retorno imediato da criança.

A autoridade judicial ou administrativa respectiva, mesmo após expirado o período de um ano referido no parágrafo anterior, deverá ordenar o retorno da criança, salvo quando for provado que a criança já se encontra integrada no seu novo meio.

Quando a autoridade judicial ou administrativa do Estado requerido tiver razões para crer que a criança tenha sido levada para outro Estado, poderá suspender o processo ou rejeitar o pedido para o retorno da criança.

Artigo 13

Sem prejuízo das disposições contidas no Artigo anterior, a autoridade judicial ou administrativa do Estado requerido não é obrigada a ordenar o retorno da criança se a pessoa, instituição ou organismo que se oponha a seu retorno provar:

a) que a pessoa, instituição ou organismo que tinha a seu cuidado a pessoa da criança não exercia efetivamente o direito de guarda na época da transferência ou da retenção, ou que havia consentido ou concordado posteriormente com esta transferência ou retenção; ou

b) que existe um risco grave de a criança, no seu retorno, ficar sujeita a perigos de ordem física ou psíquica, ou, de qualquer outro modo, ficar numa situação intolerável.

A autoridade judicial ou administrativa pode também recusar-se a ordenar o e retorno da criança se verificar que esta se opõe a ele e que a criança atingiu já idade e grau de maturidade tais que seja apropriado levar em consideração as suas opiniões sobre o assunto.

Ao apreciar as circunstâncias referidas neste Artigo, as autoridades judiciais ou administrativas deverão tomar em consideração as informações relativas à situação social da criança fornecidas pela Autoridade Central ou por qualquer outra autoridade competente do Estado de residência habitual da criança.

Artigo 14

Para determinar a ocorrência de uma transferência ou retenção ilícitas nos termos do Artigo 3, as autoridades judiciais ou administrativas do Estado requerido poderão tomar ciência diretamente do direito e das decisões judiciais ou administrativas, formalmente reconhecidas ou não, no Estado de residência habitual da criança sem ter de recorrer a procedimentos específicos para a comprovação dessa legislação ou para o reconhecimento de decisões estrangeiras que seriam de outra forma aplicáveis.

Artigo 15

As autoridades judiciais ou administrativas de um Estado Contratante podem, antes de ordenar o retorno da criança, solicitar a produção pelo requerente de decisão ou de atestado passado pelas autoridades do Estado de residência habitual da criança comprovando que a transferência ou retenção deu-se de forma ilícita nos termos do Artigo 3° da Convenção, desde que essa decisão ou atestado possam ser obtidas no referido Estado. As autoridades centrais dos Estados Contratantes deverão, na medida do possível, auxiliar os requerentes a obter tal decisão ou atestado.

Artigo 16

Depois de terem sido informadas da transferência ou retenção ilícitas de uma criança, nos termos do Artigo 3, as autoridades judiciais ou administrativas do Estado Contratante para onde a criança tenha sido levada ou onde esteja retida não poderão tomar decisões sobre o fundo do direito de guarda sem que fique determinado não estarem reunidas as condições previstas na presente Convenção para o retorno da criança ou sem que haja transcorrido um período razoável de tempo sem que seja apresentado pedido de aplicação da presente Convenção.

Artigo 17

O simples fato de que uma decisão relativa à guarda tenha sido tomada ou seja passível de reconhecimento no Estado requerido não poderá servir de base para justificar a recusa de fazer retornar a criança nos termos desta Convenção, mas as autoridades judiciais ou administrativas do Estado requerido poderão levar em consideração os motivos dessa decisão na aplicação da presente Convenção.

Artigo 18

As disposições deste Capítulo não limitam o poder das autoridades judiciais ou administrativas para ordenar o retorno da criança a qualquer momento.

Artigo 19

Qualquer decisão sobre o retorno da criança, tomada nos termos da presente Convenção, não afetam os fundamentos do direito de guarda.

Artigo 20

O retorno da criança de acordo com as disposições contidas no Artigo 12° poderá ser recusado quando não for compatível com os princípios fundamentais do Estado requerido com relação à proteção dos direitos humanos e das liberdades fundamentais.

CAPÍTULO IV
DIREITO DE VISITA
ARTIGO 21

O pedido que tenha por objetivo a organização ou a proteção do efetivo exercício do direito de visita poderá ser dirigido à Autoridade Central de um Estado Contratante nas mesmas condições do pedido que vise o retorno da criança.

Às Autoridades Centrais, incumbe, de acordo com os deveres de cooperação previstos no Artigo 7, promover o exercício pacífico do direito de visita, bem como o preenchimento de todas as condições indispensáveis ao exercício deste direito. As autoridades contrais deverão tomar providencias no sentido de remover, tanto quanto possível, todos os obstáculos ao exercício desse mesmo direito.

As Autoridades Centrais podem, diretamente ou por meio de intermediários, iniciar ou favorecer o procedimento legal com o intuito de organizar ou proteger o direito de visita e assegurar a observância das condições a que o exercício deste direito esteja sujeito.

CAPÍTULO V
DISPOSIÇÕES GERAIS

Artigo 22

Nenhuma caução ou depósito, qualquer que seja a sua denominação, podará ser imposta para garantir o pagamento de custos e despesas relativas aos processos judiciais ou administrativos previstos na presente Convenção.

Artigo 23

Nenhuma legalização ou formalidade similar serão exigíveis no contexto da presente Convenção.

Artigo 24

Os pedidos, comunicações e outros documentos serão enviados na língua original à Autoridade Central do Estado requerido e acompanhados de uma tradução na língua oficial, ou numa das línguas oficiais, desse Estado, ou, guando tal tradução for dificilmente realizável, de uma tradução em francês ou inglês.

No entanto, um Estado Contratante poderá, fazendo a reserva prevista no Artigo 42, opor-se á utilização seja do francês, seja do inglês, mas não de ambos, em todo pedido, comunicação ou outro documento enviado à respectiva Autoridade Central.

Artigo 25

Os nacionais de um Estado Contratante e as pessoas que habitualmente residam nesse Estado terão direito, em tudo o que esteja relacionado à aplicação da presente Convenção, à assistência judiciária e jurídica em qualquer outro Estado Contratante, nas mesmas condições dos nacionais desse outro Estado e das pessoas que nele habitualmente residam.

Artigo 26

Cada Autoridade Central deverá arcar com os custos resultantes da aplicação da Convenção.

A Autoridade Central e os outros serviços públicos dos Estados Contratantes não deverão exigir o pagamento de custas pela apresentação de pedidos feitos nos termos da presente Convenção. Não poderão, em especial, exigir do requerente o pagamento de custos e despesas relacionadas ao processo ou, eventualmente, decorrentes da participação de advogado ou de consultor jurídico. No entanto, poderão exigir o pagamento das despesas ocasionadas pelo retorno da criança.

Todavia, qualquer Estado Contratante poderá, ao fazer a reserva prevista no Artigo 42, declarar que não se obriga ao pagamento dos encargos previstos no parágrafo anterior, referentes á participação de advogado ou de consultor jurídico ou ao pagamento dos custos judiciais, exceto se esses encargos puderem ser cobertos pelo seu sistema de assistência judiciária e jurídica.

Ao ordenar o retomo da criança ou ao regular o direito de visita no quadro da presente Convenção, as autoridades judiciais ou administrativas podem, caso necessário, impor á pessoa que transferiu, que reteve a criança ou que tenha impedido o exercício do direito de visita o pagamento de todas as despesas necessárias efetuadas pelo requerente ou em seu nome, inclusive as despesas de viagem, as despesas efetuadas com a representação judiciária do requerente e as despesas com o retorno da criança, bem como todos os custos e despesas incorridos na localização da criança.

Artigo 27

Quando for constatado que as condições exigidas pela presente Convenção não se encontram preenchidas ou que o pedido não tem fundamento, a Autoridade Central não será obrigada a recebê-lo. Nesse caso, a Autoridade Central informará de imediato o requerente ou, se for o caso, a Autoridade Central que haja remetido o pedido das suas razões.

Artigo 28

A Autoridade Central poderá exigir que o pedido seja acompanhado de uma autorização escrita dando-lhe poderes para agir em nome do requerente ou para nomear um representante habilitado a agir em seu nome.

Artigo 29

A Convenção não impedirá qualquer pessoa, instituição ou organismo que julgue ter havido violação do direito de guarda ou de visita, nos termos dos Artigos 3 ou 21, de dirigir-se diretamente às autoridades judiciais ou administrativas de qualquer dos Estados Contratantes, ao abrigo ou não das disposições da presente Convenção.

Artigo 30

Todo o pedido apresentado às autoridades centrais ou diretamente às autoridades judiciais ou administrativas de um Estado Contratante nos termos da presente Convenção, bem como qualquer documento ou informação a ele anexado ou fornecido por uma Autoridade Central, deverá ser admissível pira os tribunais ou para as autoridades administrativas dos Estados Contratantes.

Artigo 31

Com relação a um Estado que, em matéria de guarda de criança, possua dois ou mais sistemas de direito aplicáveis em diferentes unidades territoriais:

a) qualquer referência à residência habitual nesse Estado significa residência habitual numa unidade territorial desse Estado;

b) qualquer referência à lei do Estado de residência habitual corresponde à lei da unidade territorial onde a criança tenha a sua residência habitual.

Artigo 32

Com relação a um Estado que, em matéria de guarda de criança, possua dois ou vários sistemas de direito aplicáveis a diferentes categorias de pessoas, qualquer referência à lei desse Estado corresponderá a referência ao sistema legal definido pelo direito deste Estado.

Artigo 33

Um Estado no qual diferentes unidades territoriais tenham as suas próprias regras de direito em matéria de guarda de crianças não será obrigado a aplicar a presente Convenção nos casos em que outro Estado com um sistema de direito unificado não esteja obrigado a aplicá-la.

Artigo 34

Nas matérias às quais se aplique a presente Convenção, esta prevalecerá sobre a Convenção de 5 de outubro de 1961 Relativa à Competência das Autoridades e à Lei Aplicável em Matéria de Proteção de menores, no caso dos Estados Partes a ambas Convenções. Por outro lado, a presente Convenção não impedirá que outro instrumento internacional em vigor entre o Estado de origem e o Estado requerido ou que o direito não convencional do Estado requerido sejam invocados para obter o retorno de uma criança que tenha sido ilicitamente transferida ou retida, ou para organizar o direito de visita.

Artigo 35

Nos Estados Contratantes, a presente Convenção aplica-se apenas às transfefitcias ou às retenções ilícitas ocorridas após sua entrada em vigor nesses Estados.

Caso tenham sido feitas as declarações previstas nos Artigos 39 ou 40, a referência a um Estado Contratante feita no parágrafo anterior corresponderá a referência á unidade ou às unidades territoriais às quais a Convenção se aplica.

Artigo 36

Nenhuma disposição da presente Convenção impedirá que dois ou mais Estados Contratares, com o objetivo de reduzir as restrições a que poderia estar sujeito o retomo da criança, estabeleçam entre si um acordo para derrogar as disposições que possam implicar tais restrições.

CAPÍTULO VI
CLÁUSULAS FINAIS

Artigo 37

A Convenção é aberta a assinatura dos Estados que eram membros da Conferência da Haia de Direito Internacional Privado quando de sua 14° sessão.

A Convenção será ratificada, aceita ou aprovada e os instrumentos de ratificação, de aceitação ou de aprovação serão depositados junto ao Ministério dos Negócios Estrangeiros do Reino dos Países Baixos.

Artigo 38

Qualquer outro Estado poderá aderir à Convenção.

O instrumento de adesão será depositado junto ao Ministério dos Negócios Estrangeiros do Reino dos Países Baixos.

A Convenção entrará em vigor, para o Estado aderente, no primeiro dia do terceiro mês após o depósito de seu instrumento de adesão.

A adesão apenas produzirá efeito nas relações entre o Estado aderente e os Estados Contratantes que tenham declarado aceitar essa adesão. Esta declaração deverá ser igualmente feita por qualquer Estado membro que ratifique, aceite ou aprove a Convenção após tal adesão. Esta declaração será depositada junto ao Ministério dos Negócios Estrangeiros do Reino dos Países Baixos, que, por via diplomática, enviará uma cópia autenticada a cada um dos Estados Contratantes.

A Convenção entrará em vigor entre o Estado aderente e o Estado que tenha declarado aceitar essa adesão no primeiro dia do terceiro mês após o depósito da declaração de aceitação.

Artigo 39

Qualquer Estado poderá, no momento da assinatura, da ratificação, da aceitação, da aprovação ou da adesão, declarar que a Convenção será aplicável ao conjunto dos territórios que internacionalmente representa ou apenas a um ou mais deles. Essa declaração produzirá efeito no momento em que a Convenção entrar em vigor para esse Estado.

Tal declaração, bem como qualquer extensão posterior, será notificada ao Ministério dos Negócios Estrangeiros do Reino dos Países Baixos.

Artigo 40

O Estado Contratante que compreenda duas ou mais unidades territoriais nas quais sejam aplicáveis diferentes sistemas de direito em relação às matérias reguladas pela presente Convenção poderá declarar, no momento da assinatura, da ratificação, da aceitação, da aprovação ou da adesão, que a presente Convenção deverá aplicar-se a todas as suas unidades territoriais ou somente a uma ou mais delas, e poderá, a qualquer momento, modificar essa declaração apresentando outra em substituição.

Tais declarações serão notificadas ao Ministério dos Negócios Estrangeiros do Reino dos Países Baixos, e mencionando expressamente as unidades territoriais às quais a Convenção será aplicável.

Artigo 41

Quando o Estado Contratante possua um sistema de Governo em virtude do qual os poderes executivo, judiciário e legislativo sejam partilhados entre autoridades centrais e outras autoridades desse Estado, a assinatura, ratificação, aceitação ou aprovação da Convenção, ou adesão a esta, ou a declaração feita nos termos do Artigo 40, não trarão qualquer consequência quanto à partilha interna de poderes nesse Estado.

Artigo 42

Todo Estado Contratante poderá, até o momento da ratificação, aceitação, aprovação ou adesão, ou quando de uma declaração feita nos termos dos Artigos 39 ou 40, fazer uma ou ambas reservas previstas nos Artigos 24 e 26, terceiro parágrafo. Nenhuma outra reserva será admitida.

Qualquer Estado poderá, a qualquer momento, retirar uma reserva que haja feito. A retirada deverá ser notificada ao Ministério dos Negócios Estrangeiros do Reino dos Países Baixos.

O efeito da reserva cessará no primeiro dia do terceiro mês após a notificação mencionada no parágrafo anterior.

Artigo 43

A Convenção entrará em vigor no primeiro dia do terceiro mês após o depósito do terceiro instrumento de ratificação, aceitação, aprovação ou adesão previsto nos Artigos 37º e 38º.

Em seguida, a Convenção entrará em vigor:

1) para cada Estado que a ratifique, aceite, aprove ou a ela adira posteriormente, no primeiro dia do terceiro mês após o depósito do respectivo instrumento de ratificação, aceitação, aprovação ou adesão.

2) Para os territórios ou unidades territoriais onde a Convenção tenha sido tornada extensiva nos termos dos Artigos 39° ou 40°, no primeiro dia do terceiro mês após a notificação prevista nesses Artigos.

Artigo 44

A Convenção terá uma duração de cinco anos a partir da data da sua entrada em vigor, em conformidade com o primeiro parágrafo do Artigo 43, mesmo para os Estados que a tenham ratificado, aceito, aprovado ou a ela aderido posteriormente.

A Convenção será tacitamente renovada de cinco em cinco anos, salvo denúncia.

A denúncia deverá ser notificada ao Ministério dos Negócios Estrangeiros do Reino dos Países Baixos pelo menos 6 meses antes de expirar-se o período de cinco anos. A denúncia poderá limitar-se a certos territórios ou unidades territoriais onde a Convenção vigore.

A denúncia só produzirá efeito em relação ao Estado que a tenha notificado. A Convenção permanecerá em vigor para os outros Estados Contratantes.

Artigo 45

O Ministério dos Negócios Estrangeiros do Reino dos Países Baixos notificará os membros da Conferência, bem como os Estados que a ela tenham aderido em conformidade com as disposições contidas no Artigo 38°:

1) das assinaturas, ratificações, aceitações e aprovações referidas no Artigo 37;

2) das adesões referidas no Artigo 38;

3) da data em que a Convenção entrará em vigor, de acordo com o Artigo 43;

4) das extensões referidas no Artigo 39;

5) das declarações mencionadas nos Artigos 38 e 40;

6) das reservas previstas nos Artigos 24 e 26, terceiro parágrafo, e das retiradas de reservas previstas no Artigo 42;

7) das denúncias referidas no Artigo 44.

Em fé do que, os abaixo assinados, devidamente autorizados, assinaram a presente Convenção.

Feita na Haia, em 25 de outubro de 1980, em francês e em inglês, sendo ambos os textos igualmente originais, num único exemplar, que será depositado nos arquivos do Governo do Reino dos Países Baixos e do qual será remetida, por via diplomática, uma cópia certificada conforme a cada um dos Estados Membros da Conferência da Haia de Direito Internacional Privado à data da sua 14ª Sessão.

DECRETO Nº 4.311, DE 23 DE JULHO DE 2002

Promulga a Convenção sobre o Reconhecimento e a Execução de Sentenças Arbitrais Estrangeiras.

▸ *Sentenças Arbitrais Estrangeiras*

O PRESIDENTE DA REPÚBLICA

No uso da atribuição que lhe confere o art. 84, inciso VIII, da Constituição,

Considerando que o Congresso Nacional aprovou o texto da Convenção sobre o Reconhecimento e a Execução de Sentenças Arbitrais Estrangeiras, por meio do Decreto Legislativo 52, de 25 de abril de 2002;

Considerando que a Convenção entrou em vigor internacional em 7 de junho de 1959, nos termos de seu artigo 12; decreta:

Art. 1º A Convenção sobre o Reconhecimento e a Execução de Sentenças Arbitrais Estrangeiras, apensa por cópia ao presente Decreto, será executada e cumprida tão inteiramente como nela se contém.

Art. 2º São sujeitos à aprovação do Congresso Nacional quaisquer atos que possam resultar em revisão da referida Convenção, assim como quaisquer ajustes complementares que, nos termos do art. 49, inciso I, da Constituição, acarretem encargos ou compromissos gravosos ao patrimônio nacional.

Art. 3º Este Decreto entra em vigor na data de sua publicação.

Brasília, 23 de julho de 2002; 181º da Independência e 114º da República.

Fernando Henrique Cardoso

Publicado no DOU 24.7.2002

CONVENÇÃO SOBRE O RECONHECIMENTO E A EXECUÇÃO DE SENTENÇAS ARBITRAIS ESTRANGEIRAS FEITA EM NOVA YORK, EM 10 DE JUNHO DE 1958

Artigo I

1. A presente Convenção aplicar-se-á ao reconhecimento e à execução de sentenças arbitrais estrangeiras proferidas no território de um Estado que não o Estado em que se tencione o reconhecimento e a execução de tais sentenças, oriundas de divergências entre pessoas, sejam elas físicas ou jurídicas. A Convenção aplicar-se-á igualmente a sentenças arbitrais não consideradas como sentenças domésticas no Estado onde se tencione o seu reconhecimento e a sua execução.

2. Entender-se-á por "sentenças arbitrais" não só as sentenças proferidas por árbitros nomeados para cada caso, mas também aquelas emitidas por órgãos arbitrais permanentes aos quais as partes se submetam.

3. Quando da assinatura, ratificação ou adesão à presente Convenção, ou da notificação de extensão nos termos do Artigo X, qualquer Estado poderá, com base em reciprocidade, declarar que aplicará a Convenção ao reconhecimento e à execução de sentenças proferidas unicamente no território de outro Estado signatário. Poderá igualmente declarar que aplicará a Convenção somente a divergências oriundas de relacionamentos jurídicos, sejam eles contratuais ou não, que sejam considerados como comerciais nos termos da lei nacional do Estado que fizer tal declaração.

Artigo II

1. Cada Estado signatário deverá reconhecer o acordo escrito pelo qual as partes se comprometem a submeter à arbitragem todas as divergências que tenham surgido ou que possam vir a surgir entre si no que diz respeito a um relacionamento jurídico definido, seja ele contratual ou não, com relação a uma matéria passível de solução mediante arbitragem.

2. Entender-se-á por "acordo escrito" uma cláusula arbitral inserida em contrato ou acordo de arbitragem, firmado pelas partes ou contido em troca de cartas ou telegramas.

3. O tribunal de um Estado signatário, quando de posse de ação sobre matéria com relação à qual as partes tenham estabelecido acordo nos termos do presente artigo, a pedido de uma delas, encaminhará as partes à arbitragem, a menos que constate que tal acordo é nulo e sem efeitos, inoperante ou inexequível.

Artigo III

Cada Estado signatário reconhecerá as sentenças como obrigatórias e as executará em conformidade com as regras de procedimento do território no qual a sentença é invocada, de acordo com as condições estabelecidas nos artigos que se seguem. Para fins de reconhecimento ou de execução das sentenças arbitrais às quais a presente Convenção se aplica, não serão impostas condições substancialmente mais onerosas ou taxas ou cobranças mais altas do que as impostas para o reconhecimento ou a execução de sentenças arbitrais domésticas.

Artigo IV

1. A fim de obter o reconhecimento e a execução mencionados no artigo precedente, a parte que solicitar o reconhecimento e a execução fornecerá, quando da solicitação:

a) a sentença original devidamente autenticada ou uma cópia da mesma devidamente certificada;

b) o acordo original a que se refere o Artigo II ou uma cópia do mesmo devidamente autenticada.

2. Caso tal sentença ou tal acordo não for feito em um idioma oficial do país no qual a sentença é invocada, a parte que solicitar o reconhecimento e a execução da sentença produzirá uma tradução desses documentos para tal idioma. A tradução será certificada por um tradutor oficial ou juramentado ou por um agente diplomático ou consular.

Artigo V

1. O reconhecimento e a execução de uma sentença poderão ser indeferidos, a pedido da parte contra a qual ela é invocada, unicamente se esta parte fornecer, à autoridade competente

onde se tenciona o reconhecimento e a execução, prova de que:

a) as partes do acordo a que se refere o Artigo II estavam, em conformidade com a lei a elas aplicável, de algum modo incapacitadas, ou que tal acordo não é válido nos termos da lei à qual as partes o submeteram, ou, na ausência de indicação sobre a matéria, nos termos da lei do país onde a sentença foi proferida; ou

b) a parte contra a qual a sentença é invocada não recebeu notificação apropriada acerca da designação do árbitro ou do processo de arbitragem, ou lhe foi impossível, por outras razões, apresentar seus argumentos; ou

c) a sentença se refere a uma divergência que não está prevista ou que não se enquadra nos termos da cláusula de submissão à arbitragem, ou contém decisões acerca de matérias que transcendem o alcance da cláusula de submissão, contanto que, se as decisões sobre as matérias suscetíveis de arbitragem puderem ser separadas daquelas não suscetíveis, a parte da sentença que contém decisões sobre matérias suscetíveis de arbitragem possa ser reconhecida e executada; ou

d) a composição da autoridade arbitral ou o procedimento arbitral não se deu em conformidade com o acordado pelas partes, ou, na ausência de tal acordo, não se deu em conformidade com a lei do país em que a arbitragem ocorreu; ou

e) a sentença ainda não se tornou obrigatória para as partes ou foi anulada ou suspensa por autoridade competente do país em que, ou conforme a lei do qual, a sentença tenha sido proferida.

2. O reconhecimento e a execução de uma sentença arbitral também poderão ser recusados caso a autoridade competente do país em que se tenciona o reconhecimento e a execução constatar que:

a) segundo a lei daquele país, o objeto da divergência não é passível de solução mediante arbitragem; ou

b) o reconhecimento ou a execução da sentença seria contrário à ordem pública daquele país.

Artigo VI

Caso a anulação ou a suspensão da sentença tenha sido solicitada à autoridade competente mencionada no Artigo V, 1. (e), a autoridade perante a qual a sentença está sendo invocada poderá, se assim julgar cabível, adiar a decisão quanto a execução da sentença e poderá, igualmente, a pedido da parte que reivindica a execução da sentença, ordenar que a outra parte forneça garantias apropriadas.

Artigo VII

1. As disposições da presente Convenção não afetarão a validade de acordos multilaterais ou bilaterais relativos ao reconhecimento e à execução de sentenças arbitrais celebrados pelos Estados signatários nem privarão qualquer parte interessada de qualquer direito que ela possa ter de valer-se de uma sentença arbitral da maneira e na medida permitidas pela lei ou pelos tratados do país em que a sentença é invocada.

2. O Protocolo de Genebra sobre Cláusulas de Arbitragem de 1923 e a Convenção de Genebra sobre a Execução de Sentenças Arbitrais Estrangeiras de 1927 deixarão de ter efeito entre os Estados signatários quando, e na medida em que, eles se tornem obrigados pela presente Convenção.

Artigo VIII

1. A presente Convenção estará aberta, até 31 de dezembro de 1958, à assinatura de qualquer Membro das Nações Unidas e também de qualquer outro Estado que seja ou que doravante se torne membro de qualquer órgão especializado das Nações Unidas, ou que seja ou que doravante se torne parte do Estatuto da Corte Internacional de Justiça, ou qualquer outro Estado convidado pela Assembleia Geral das Nações Unidas.

2. A presente Convenção deverá ser ratificada e o instrumento de ratificação será depositado junto ao Secretário-Geral das Nações Unidas.

Artigo IX

1. A presente Convenção estará aberta para adesão a todos os Estados mencionados no Artigo VIII.

2. A adesão será efetuada mediante o depósito de instrumento de adesão junto ao Secretário-Geral das Nações Unidas.

Artigo X

1. Qualquer Estado poderá, quando da assinatura, ratificação ou adesão, declarar que a presente Convenção se estenderá a todos ou a qualquer dos territórios por cujas relações internacionais ele é responsável. Tal declaração passará a ter efeito quando a Convenção entrar em vigor para tal Estado.

2. A qualquer tempo a partir dessa data, qualquer extensão será feita mediante notificação dirigida ao Secretário-Geral das Nações Unidas e terá efeito a partir do nonagésimo dia a contar do recebimento pelo Secretário-Geral das Nações Unidas de tal notificação, ou a partir da data de entrada em vigor da Convenção para tal Estado, considerada sempre a última data.

3. Com respeito àqueles territórios aos quais a presente Convenção não for estendida quando da assinatura, ratificação ou adesão, cada Estado interessado examinará a possibilidade de tomar as medidas necessárias a fim de estender a aplicação da presente Convenção a tais territórios, respeitando-se a necessidade, quando assim exigido por razões constitucionais, do consentimento dos Governos de tais territórios.

Artigo XI

No caso de um Estado federativo ou não unitário, aplicar-se-ão as seguintes disposições:

a) com relação aos artigos da presente Convenção que se enquadrem na jurisdição legislativa da autoridade federal, as obrigações do Governo federal serão as mesmas que aquelas dos Estados signatários que não são Estados federativos;

b) com relação àqueles artigos da presente Convenção que se enquadrem na jurisdição legislativa dos estados e das províncias constituintes que, em virtude do sistema constitucional da confederação, não são obrigados a adotar medidas legislativas, o Governo federal, o mais cedo possível, levará tais artigos, com recomendação favorável, ao conhecimento das autoridades competentes dos estados e das províncias constituintes;

c) um Estado federativo Parte da presente Convenção fornecerá, atendendo a pedido de qualquer outro Estado signatário que lhe tenha sido transmitido por meio do Secretário-Geral das Nações Unidas, uma declaração da lei e da prática na confederação e em suas unidades constituintes com relação a qualquer disposição em particular da presente Convenção, indicando até que ponto se tornou efetiva aquela disposição mediante ação legislativa ou outra.

Artigo XII

1. A presente Convenção entrará em vigor no nonagésimo dia após a data de depósito do terceiro instrumento de ratificação ou adesão.

2. Para cada Estado que ratificar ou aderir à presente Convenção após o depósito do terceiro instrumento de ratificação ou adesão, a presente Convenção entrará em vigor no nonagésimo dia após o depósito por tal Estado de seu instrumento de ratificação ou adesão.

Artigo XIII

1. Qualquer Estado signatário poderá denunciar a presente Convenção mediante notificação por escrito dirigida ao Secretário-Geral das Nações Unidas. A denúncia terá efeito um ano após a data de recebimento da notificação pelo Secretário-Geral.

2. Qualquer Estado que tenha feito uma declaração ou notificação nos termos do Artigo X poderá, a qualquer tempo a partir dessa data, mediante notificação ao Secretário-Geral das Nações Unidas, declarar que a presente Convenção deixará de aplicar-se ao território em questão um ano após a data de recebimento da notificação pelo Secretário-Geral.

3. A presente Convenção continuará sendo aplicável a sentenças arbitrais com relação às quais tenham sido instituídos processos de reconhecimento ou de execução antes de a denúncia surtir efeito.

Artigo XIV

Um Estado signatário não poderá valer-se da presente Convenção contra outros Estados signatários, salvo na medida em que ele mesmo esteja obrigado a aplicar a Convenção.

Artigo XV

O Secretário-Geral das Nações Unidas notificará os Estados previstos no Artigo VIII acerca de:

a) assinaturas e ratificações em conformidade com o Artigo VIII;

b) adesões em conformidade com o Artigo IX;

c) declarações e notificações nos termos dos Artigos I, X e XI;

d) data em que a presente Convenção entrar em vigor em conformidade com o Artigo XII;

e) denúncias e notificações em conformidade com o Artigo XIII.

Artigo XVI

1. A presente Convenção, da qual os textos em chinês, inglês, francês, russo e espanhol são igualmente autênticos, será depositada nos arquivos das Nações Unidas.

2. O Secretário-Geral das Nações Unidas transmitirá uma cópia autenticada da presente Convenção aos Estados contemplados no Artigo VIII.

DECRETO Nº 4.388, DE 25 DE SETEMBRO DE 2002

Promulga o Estatuto de Roma do Tribunal Penal Internacional.

‣ *Estatuto de Roma*

O PRESIDENTE DA REPÚBLICA, no uso da atribuição que lhe confere o art. 84, inciso VIII, da Constituição,

Considerando que o Congresso Nacional aprovou o texto do Estatuto de Roma do Tribunal Penal Internacional, por meio do Decreto Legislativo nº 112, de 6 de junho de 2002;

Considerando que o mencionado Ato Internacional entrou em vigor internacional em 1º de julho de 2002, e passou a vigorar, para o Brasil, em 1º de setembro de 2002, nos termos de seu art. 126; decreta:

Art. 1º O Estatuto de Roma do Tribunal Penal Internacional, apenso por cópia ao presente Decreto, será executado e cumprido tão inteiramente como nele se contém.

Art. 2º São sujeitos à aprovação do Congresso Nacional quaisquer atos que possam resultar em revisão do referido Acordo, assim como quaisquer ajustes complementares que, nos termos do art. 49, inciso I, da Constituição, acarretem encargos ou compromissos gravosos ao patrimônio nacional.

Art. 3º Este Decreto entra em vigor na data de sua publicação.

Brasília, 25 de setembro de 2002; 181º da Independência e 114º da República.

Fernando Henrique Cardoso

Publicado no DOU de 26.9.2002

ESTATUTO DE ROMA DO TRIBUNAL PENAL INTERNACIONAL

Preâmbulo

Os Estados-Partes no presente Estatuto.

Conscientes de que todos os povos estão unidos por laços comuns e de que suas culturas foram construídas sobre uma herança que partilham, e preocupados com o fato deste delicado mosaico poder vir a quebrar-se a qualquer instante,

Tendo presente que, no decurso deste século, milhões de crianças, homens e mulheres têm sido vítimas de atrocidades inimagináveis que chocam profundamente a consciência da humanidade,

Reconhecendo que crimes de uma tal gravidade constituem uma ameaça à paz, à segurança e ao bem-estar da humanidade,

Afirmando que os crimes de maior gravidade, que afetam a comunidade internacional no seu conjunto, não devem ficar impunes e que a sua repressão deve ser efetivamente assegurada através da adoção de medidas em nível nacional e do reforço da cooperação internacional,

Decididos a por fim à impunidade dos autores desses crimes e a contribuir assim para a prevenção de tais crimes,

Relembrando que é dever de cada Estado exercer a respectiva jurisdição penal sobre os responsáveis por crimes internacionais,

Reafirmando os Objetivos e Princípios consignados na Carta das Nações Unidas e, em particular, que todos os Estados se devem abster de recorrer à ameaça ou ao uso da força, contra a integridade territorial ou a independência política de qualquer Estado, ou de atuar por qualquer outra forma incompatível com os Objetivos das Nações Unidas,

Salientando, a este propósito, que nada no presente Estatuto deverá ser entendido como autorizando qualquer Estado-Parte a intervir em um conflito armado ou nos assuntos internos de qualquer Estado,

Determinados em perseguir este objetivo e no interesse das gerações presentes e vindouras, a criar um Tribunal Penal Internacional com caráter permanente e independente, no âmbito do sistema das Nações Unidas, e com jurisdição sobre os crimes de maior gravidade que afetem a comunidade internacional no seu conjunto,

Sublinhando que o Tribunal Penal Internacional, criado pelo presente Estatuto, será complementar às jurisdições penais nacionais,

Decididos a garantir o respeito duradouro pela efetivação da justiça internacional,

Convieram no seguinte:

CAPÍTULO I
CRIAÇÃO DO TRIBUNAL

Artigo 1º
O TRIBUNAL

É criado, pelo presente instrumento, um Tribunal Penal Internacional ("o Tribunal"). O Tribunal será uma instituição permanente, com jurisdição sobre as pessoas responsáveis pelos crimes de maior gravidade com alcance internacional, de acordo com o presente Estatuto, e será complementar às jurisdições penais nacionais. A competência e o funcionamento do Tribunal reger-se-ão pelo presente Estatuto.

Artigo 2º
RELAÇÃO DO TRIBUNAL COM AS NAÇÕES UNIDAS

A relação entre o Tribunal e as Nações Unidas será estabelecida através de um acordo a ser aprovado pela Assembleia dos Estados-Partes no presente Estatuto e, em seguida, concluído pelo Presidente do Tribunal em nome deste.

Artigo 3º
SEDE DO TRIBUNAL

1. A sede do Tribunal será na Haia, Países Baixos ("o Estado anfitrião").

2. O Tribunal estabelecerá um acordo de sede com o Estado anfitrião, a ser aprovado pela Assembléia dos Estados-Partes e em seguida concluído pelo Presidente do Tribunal em nome deste.

3. Sempre que entender conveniente, o Tribunal poderá funcionar em outro local, nos termos do presente Estatuto.

Artigo 4º
REGIME JURÍDICO E PODERES DO TRIBUNAL

1. O Tribunal terá personalidade jurídica internacional. Possuirá, igualmente, a capacidade jurídica necessária ao desempenho das suas funções e à prossecução dos seus objetivos.

2. O Tribunal poderá exercer os seus poderes e funções nos termos do presente Estatuto, no território de qualquer Estado-Parte e, por acordo especial, no território de qualquer outro Estado.

CAPÍTULO II
COMPETÊNCIA, ADMISSIBILIDADE E DIREITO APLICÁVEL

Artigo 5º
CRIMES DA COMPETÊNCIA DO TRIBUNAL

1. A competência do Tribunal restringir-se-á aos crimes mais graves, que afetam a comunidade internacional no seu conjunto. Nos termos do presente Estatuto, o Tribunal terá competência para julgar os seguintes crimes:

a) O crime de genocídio;

b) Crimes contra a humanidade;

c) Crimes de guerra;

d) O crime de agressão.

2. O Tribunal poderá exercer a sua competência em relação ao crime de agressão desde que, nos termos dos artigos 121 e 123, seja aprovada uma disposição em que se defina o crime e se enunciem as condições em que o Tribunal terá competência relativamente a este crime. Tal disposição deve ser compatível com as disposições pertinentes da Carta das Nações Unidas.

Artigo 6º
CRIME DE GENOCÍDIO

Para os efeitos do presente Estatuto, entende-se por "genocídio", qualquer um dos atos que a seguir se enumeram, praticado com intenção de destruir, no todo ou em parte, um grupo nacional, étnico, racial ou religioso, enquanto tal:

a) Homicídio de membros do grupo;

b) Ofensas graves à integridade física ou mental de membros do grupo;

c) Sujeição intencional do grupo a condições de vida com vista a provocar a sua destruição física, total ou parcial;

d) Imposição de medidas destinadas a impedir nascimentos no seio do grupo;

e) Transferência, à força, de crianças do grupo para outro grupo.

Artigo 7º
CRIMES CONTRA A HUMANIDADE

1. Para os efeitos do presente Estatuto, entende-se por "crime contra a humanidade", qualquer um dos atos seguintes, quando cometido no quadro de um ataque, generalizado ou sistemático, contra qualquer população civil, havendo conhecimento desse ataque:

a) Homicídio;

b) Extermínio;

c) Escravidão;

d) Deportação ou transferência forçada de uma população;

e) Prisão ou outra forma de privação da liberdade física grave, em violação das normas fundamentais de direito internacional;

f) Tortura;

g) Agressão sexual, escravatura sexual, prostituição forçada, gravidez forçada, esterilização forçada ou qualquer outra forma de violência no campo sexual de gravidade comparável;

h) Perseguição de um grupo ou coletividade que possa ser identificado, por motivos políticos, raciais, nacionais, étnicos, culturais, religiosos ou de gênero, tal como definido no parágrafo 3º, ou em função de outros critérios universalmente reconhecidos como inaceitáveis no direito internacional, relacionados com qualquer ato referido neste parágrafo ou com qualquer crime da competência do Tribunal;

i) Desaparecimento forçado de pessoas;

j) Crime de *apartheid;*

k) Outros atos desumanos de caráter semelhante, que causem intencionalmente grande sofrimento, ou afetem gravemente a integridade física ou a saúde física ou mental.

2. Para efeitos do parágrafo 1º:

a) Por "ataque contra uma população civil" entende-se qualquer conduta que envolva a prática múltipla de atos referidos no parágrafo 1º contra uma população civil, de acordo com a política de um Estado ou de uma organização de praticar esses atos ou tendo em vista a prossecução dessa política;

b) O "extermínio" compreende a sujeição intencional a condições de vida, tais como a privação do acesso a alimentos ou medicamentos, com vista a causar a destruição de uma parte da população;

c) Por "escravidão" entende-se o exercício, relativamente a uma pessoa, de um poder ou de um conjunto de poderes que traduzam um direito de propriedade sobre uma pessoa, incluindo o exercício desse poder no âmbito do tráfico de pessoas, em particular mulheres e crianças;

d) Por "deportação ou transferência à força de uma população" entende-se o deslocamento forçado de pessoas, através da expulsão ou outro ato coercivo, da zona em que se encontram legalmente, sem qualquer motivo reconhecido no direito internacional;

e) Por "tortura" entende-se o ato por meio do qual uma dor ou sofrimentos agudos, físicos ou mentais, são intencionalmente causados a uma pessoa que esteja sob a custódia ou o controle do acusado; este termo não compreende a dor ou os sofrimentos resultantes unicamente de sanções legais, inerentes a essas sanções ou por elas ocasionadas;

f) Por "gravidez à força" entende-se a privação ilegal de liberdade de uma mulher que foi engravidada à força, com o propósito de alterar a composição étnica de uma população ou de cometer outras violações graves do direito internacional. Esta definição não pode, de modo algum, ser interpretada como afetando as disposições de direito interno relativas à gravidez;

g) Por "perseguição" entende-se a privação intencional e grave de direitos fundamentais em violação do direito internacional, por motivos relacionados com a identidade do grupo ou da coletividade em causa;

h) Por "crime de *apartheid*" entende-se qualquer ato desumano análogo aos referidos no parágrafo 1°, praticado no contexto de um regime institucionalizado de opressão e domínio sistemático de um grupo racial sobre um ou outros grupos nacionais e com a intenção de manter esse regime;

i) Por "desaparecimento forçado de pessoas" entende-se a detenção, a prisão ou o sequestro de pessoas por um Estado ou uma organização política ou com a autorização, o apoio ou a concordância destes, seguidos de recusa a reconhecer tal estado de privação de liberdade ou a prestar qualquer informação sobre a situação ou localização dessas pessoas, com o propósito de lhes negar a proteção da lei por um prolongado período de tempo.

3. Para efeitos do presente Estatuto, entende-se que o termo "gênero" abrange os sexos masculino e feminino, dentro do contexto da sociedade, não lhe devendo ser atribuído qualquer outro significado.

Artigo 8º
CRIMES DE GUERRA

1. O Tribunal terá competência para julgar os crimes de guerra, em particular quando cometidos como parte integrante de um plano ou de uma política ou como parte de uma prática em larga escala desse tipo de crimes.

2. Para os efeitos do presente Estatuto, entende-se por "crimes de guerra":

a) As violações graves às Convenções de Genebra, de 12 de Agosto de 1949, a saber, qualquer um dos seguintes atos, dirigidos contra pessoas ou bens protegidos nos termos da Convenção de Genebra que for pertinente:

i) Homicídio doloso;

ii) Tortura ou outros tratamentos desumanos, incluindo as experiências biológicas;

iii) O ato de causar intencionalmente grande sofrimento ou ofensas graves à integridade física ou à saúde;

iv) Destruição ou a apropriação de bens em larga escala, quando não justificadas por quaisquer necessidades militares e executadas de forma ilegal e arbitrária;

v) O ato de compelir um prisioneiro de guerra ou outra pessoa sob proteção a servir nas forças armadas de uma potência inimiga;

vi) Privação intencional de um prisioneiro de guerra ou de outra pessoa sob proteção do seu direito a um julgamento justo e imparcial;

vii) Deportação ou transferência ilegais, ou a privação ilegal de liberdade;

viii) Tomada de reféns;

b) Outras violações graves das leis e costumes aplicáveis em conflitos armados internacionais no âmbito do direito internacional, a saber, qualquer um dos seguintes atos:

i) Dirigir intencionalmente ataques à população civil em geral ou civis que não participem diretamente nas hostilidades;

ii) Dirigir intencionalmente ataques a bens civis, ou seja bens que não sejam objetivos militares;

iii) Dirigir intencionalmente ataques ao pessoal, instalações, material, unidades ou veículos que participem numa missão de manutenção da paz ou de assistência humanitária, de acordo com a Carta das Nações Unidas, sempre que estes tenham direito à proteção conferida aos civis ou aos bens civis pelo direito internacional aplicável aos conflitos armados;

iv) Lançar intencionalmente um ataque, sabendo que o mesmo causará perdas acidentais de vidas humanas ou ferimentos na população civil, danos em bens de caráter civil ou prejuízos extensos, duradouros e graves no meio ambiente que se revelem claramente excessivos em relação à vantagem militar global concreta e direta que se previa;

v) Atacar ou bombardear, por qualquer meio, cidades, vilarejos, habitações ou edifícios que não estejam defendidos e que não sejam objetivos militares;

vi) Matar ou ferir um combatente que tenha deposto armas ou que, não tendo mais meios para se defender, se tenha incondicionalmente rendido;

vii) Utilizar indevidamente uma bandeira de trégua, a bandeira nacional, as insígnias militares ou o uniforme do inimigo ou das Nações Unidas, assim como os emblemas distintivos das Convenções de Genebra, causando deste modo a morte ou ferimentos graves;

viii) A transferência, direta ou indireta, por uma potência ocupante de parte da sua população civil para o território que ocupa ou a deportação ou transferência da totalidade ou de parte da população do território ocupado, dentro ou para fora desse território;

ix) Dirigir intencionalmente ataques a edifícios consagrados ao culto religioso, à educação, às artes, às ciências ou à beneficência, monumentos históricos, hospitais e lugares onde se agrupem doentes e feridos, sempre que não se trate de objetivos militares;

x) Submeter pessoas que se encontrem sob o domínio de uma parte beligerante a mutilações físicas ou a qualquer tipo de experiências médicas ou científicas que não sejam motivadas por um tratamento médico, dentário ou hospitalar, nem sejam efetuadas no interesse dessas pessoas, e que causem a morte ou coloquem seriamente em perigo a sua saúde;

xi) Matar ou ferir à traição pessoas pertencentes à nação ou ao exército inimigo;

xii) Declarar que não será dado quartel;

xiii) Destruir ou apreender bens do inimigo, a menos que tais destruições ou apreensões sejam imperativamente determinadas pelas necessidades da guerra;

xiv) Declarar abolidos, suspensos ou não admissíveis em tribunal os direitos e ações dos nacionais da parte inimiga;

xv) Obrigar os nacionais da parte inimiga a participar em operações bélicas dirigidas contra o seu próprio país, ainda que eles tenham estado ao serviço daquela parte beligerante antes do início da guerra;

xvi) Saquear uma cidade ou uma localidade, mesmo quando tomada de assalto;

xvii) Utilizar veneno ou armas envenenadas;

xviii) Utilizar gases asfixiantes, tóxicos ou outros gases ou qualquer líquido, material ou dispositivo análogo;

xix) Utilizar balas que se expandem ou achatam facilmente no interior do corpo humano, tais como balas de revestimento duro que não cobre totalmente o interior ou possui incisões;

xx) Utilizar armas, projéteis; materiais e métodos de combate que, pela sua própria natureza, causem ferimentos supérfluos ou sofrimentos desnecessários ou que surtam efeitos indiscriminados, em violação do direito internacional aplicável aos conflitos armados, na medida em que tais armas, projéteis, materiais e métodos de combate sejam objeto de uma proibição geral e estejam incluídos em um anexo ao presente Estatuto, em virtude de uma alteração aprovada em conformidade com o disposto nos artigos 121 e 123;

xxi) Ultrajar a dignidade da pessoa, em particular por meio de tratamentos humilhantes e degradantes;

xxii) Cometer atos de violação, escravidão sexual, prostituição forçada, gravidez à força, tal como definida na alínea f) do parágrafo 2º do artigo 7º, esterilização à força e qualquer outra forma de violência sexual que constitua também um desrespeito grave às Convenções de Genebra;

xxiii) Utilizar a presença de civis ou de outras pessoas protegidas para evitar que determinados pontos, zonas ou forças militares sejam alvo de operações militares;

xxiv) Dirigir intencionalmente ataques a edifícios, material, unidades e veículos sanitários, assim como o pessoal que esteja usando os emblemas distintivos das Convenções de Genebra, em conformidade com o direito internacional;

xxv) Provocar deliberadamente a inanição da população civil como método de guerra, privando-a dos bens indispensáveis à sua sobrevivência, impedindo, inclusive, o envio de socorros, tal como previsto nas Convenções de Genebra;

xxvi) Recrutar ou alistar menores de 15 anos nas forças armadas nacionais ou utilizá-los para participar ativamente nas hostilidades;

c) Em caso de conflito armado que não seja de índole internacional, as violações graves do artigo 3º comum às quatro Convenções de Genebra, de 12 de Agosto de 1949, a saber, qualquer um dos atos que a seguir se indicam, cometidos contra pessoas que não participem diretamente nas hostilidades, incluindo os membros das forças armadas que tenham deposto armas e os que tenham ficado impedidos de continuar a combater devido a doença, lesões, prisão ou qualquer outro motivo:

i) Atos de violência contra a vida e contra a pessoa, em particular o homicídio sob todas as suas formas, as mutilações, os tratamentos cruéis e a tortura;

ii) Ultrajes à dignidade da pessoa, em particular por meio de tratamentos humilhantes e degradantes;

iii) A tomada de reféns;

iv) As condenações proferidas e as execuções efetuadas sem julgamento prévio por um tribunal regularmente constituído e que ofereça todas as garantias judiciais geralmente reconhecidas como indispensáveis.

d) A alínea c) do parágrafo 2º do presente artigo aplica-se aos conflitos armados que não tenham caráter internacional e, por conseguinte, não se aplica a situações de distúrbio e de tensão internas, tais como motins, atos de violência esporádicos ou isolados ou outros de caráter semelhante;

e) As outras violações graves das leis e costumes aplicáveis aos conflitos armados que não têm caráter internacional, no quadro do direito internacional, a saber qualquer um dos seguintes atos:

i) Dirigir intencionalmente ataques à população civil em geral ou civis que não participem diretamente nas hostilidades;

ii) Dirigir intencionalmente ataques a edifícios, material, unidades e veículos sanitários, bem como ao pessoal que esteja usando os emblemas distintivos das Convenções de Genebra, em conformidade com o direito internacional;

iii) Dirigir intencionalmente ataques ao pessoal, instalações, material, unidades ou veículos que participem numa missão de manutenção da paz ou de assistência humanitária, de acordo com a Carta das Nações Unidas, sempre que estes tenham direito à proteção conferida pelo direito internacional dos conflitos armados aos civis e aos bens civis;

iv) Atacar intencionalmente edifícios consagrados ao culto religioso, à educação, às artes, às ciências ou à beneficência, monumentos históricos, hospitais e lugares onde se agrupem doentes e feridos, sempre que não se trate de objetivos militares;

v) Saquear um aglomerado populacional ou um local, mesmo quando tomado de assalto;

vi) Cometer atos de agressão sexual, escravidão sexual, prostituição forçada, gravidez à força, tal como definida na alínea *f* do parágrafo 2º do artigo 7º; esterilização à força ou qualquer outra forma de violência sexual que constitua uma violação grave do artigo 3º comum às quatro Convenções de Genebra;

vii) Recrutar ou alistar menores de 15 anos nas forças armadas nacionais ou em grupos, ou utilizá-los para participar ativamente nas hostilidades;

viii) Ordenar a deslocação da população civil por razões relacionadas com o conflito, salvo se assim o exigirem a segurança dos civis em questão ou razões militares imperiosas;

ix) Matar ou ferir à traição um combatente de uma parte beligerante;

x) Declarar que não será dado quartel;

xi) Submeter pessoas que se encontrem sob o domínio de outra parte beligerante a mutilações físicas ou a qualquer tipo de experiências médicas ou científicas que não sejam motivadas por um tratamento médico, dentário ou hospitalar nem sejam efetuadas no interesse dessa pessoa, e que causem a morte ou ponham seriamente a sua saúde em perigo;

xii) Destruir ou apreender bens do inimigo, a menos que as necessidades da guerra assim o exijam;

f) A alínea e) do parágrafo 2º do presente artigo aplicar-se-á aos conflitos armados que não tenham caráter internacional e, por conseguinte, não se aplicará a situações de distúrbio e de tensão internas, tais como motins, atos de violência esporádicos ou isolados ou outros de caráter semelhante; aplicar-se-á, ainda, a conflitos armados que tenham lugar no território de um Estado, quando exista um conflito armado prolongado entre as autoridades governamentais e grupos armados organizados ou entre estes grupos.

3. O disposto nas alíneas c) e e) do parágrafo 2º, em nada afetará a responsabilidade que incumbe a todo o Governo de manter e de restabelecer a ordem pública no Estado, e de defender a unidade e a integridade territorial do Estado por qualquer meio legítimo.

Artigo 9º
ELEMENTOS CONSTITUTIVOS DOS CRIMES

1. Os elementos constitutivos dos crimes que auxiliarão o Tribunal a interpretar e a aplicar os artigos 6º, 7º e 8º do presente Estatuto, deverão ser adotados por uma maioria de 2/3 (dois terços) dos membros da Assembleia dos Estados-Partes.

2. As alterações aos elementos constitutivos dos crimes poderão ser propostas por:

a) Qualquer Estado-Parte;

b) Os juízes, através de deliberação tomada por maioria absoluta;

c) O Procurador.

As referidas alterações entram em vigor depois de aprovadas por uma maioria de 2/3 (dois terços) dos membros da Assembléia dos Estados-Partes.

3. Os elementos constitutivos dos crimes e respectivas alterações deverão ser compatíveis com as disposições contidas no presente Estatuto.

Artigo 10

Nada no presente capítulo deverá ser interpretado como limitando ou afetando, de alguma maneira, as normas existentes ou em desenvolvimento de direito internacional com fins distintos dos do presente Estatuto.

Artigo 11
COMPETÊNCIA RATIONE TEMPORIS

1. O Tribunal só terá competência relativamente aos crimes cometidos após a entrada em vigor do presente Estatuto.

2. Se um Estado se tornar Parte no presente Estatuto depois da sua entrada em vigor, o Tribunal só poderá exercer a sua competência em relação a crimes cometidos depois da entrada em vigor do presente Estatuto relativamente a esse Estado, a menos que este tenha feito uma declaração nos termos do parágrafo 3º do artigo 12.

Artigo 12
CONDIÇÕES PRÉVIAS AO EXERCÍCIO DA JURISDIÇÃO

1. O Estado que se torne Parte no presente Estatuto, aceitará a jurisdição do Tribunal relativamente aos crimes a que se refere o artigo 5º.

2. Nos casos referidos nos parágrafos *a*) ou c) do artigo 13, o Tribunal poderá exercer a sua jurisdição se um ou mais Estados a seguir identificados forem Partes no presente Estatuto ou aceitarem a competência do Tribunal de acordo com o disposto no parágrafo 3º:

a) Estado em cujo território tenha tido lugar a conduta em causa, ou, se o crime tiver sido cometido a bordo de um navio ou de uma aeronave, o Estado de matrícula do navio ou aeronave;

b) Estado de que seja nacional a pessoa a quem é imputado um crime.

3. Se a aceitação da competência do Tribunal por um Estado que não seja Parte no presente Estatuto for necessária nos termos do parágrafo 2º, pode o referido Estado, mediante declaração depositada junto do Secretário, consentir em que o Tribunal exerça a sua competência em relação ao crime em questão. O Estado que tiver aceito a competência do Tribunal colaborará com este, sem qualquer demora ou exceção, de acordo com o disposto no Capítulo IX.

Artigo 13
EXERCÍCIO DA JURISDIÇÃO

O Tribunal poderá exercer a sua jurisdição em relação a qualquer um dos crimes a que se refere o artigo 5º, de acordo com o disposto no presente Estatuto, se:

a) Um Estado-Parte denunciar ao Procurador, nos termos do artigo 14, qualquer situação em que haja indícios de ter ocorrido a prática de um ou vários desses crimes;

b) O Conselho de Segurança, agindo nos termos do Capítulo VII da Carta das Nações Unidas, denunciar ao Procurador qualquer situação em que haja indícios de ter ocorrido a prática de um ou vários desses crimes; ou

c) O Procurador tiver dado início a um inquérito sobre tal crime, nos termos do disposto no artigo 15.

Artigo 14
DENÚNCIA POR UM ESTADO-PARTE

1. Qualquer Estado-Parte poderá denunciar ao Procurador uma situação em que haja indícios de ter ocorrido a prática de um ou vários crimes da competência do Tribunal e solicitar ao Procurador que a investigue, com vista a determinar se uma ou mais pessoas identificadas deverão ser acusadas da prática desses crimes.

2. O Estado que proceder à denúncia deverá, tanto quanto possível, especificar as circunstâncias relevantes do caso e anexar toda a documentação de que disponha.

Artigo 15
PROCURADOR

1. O Procurador poderá, por sua própria iniciativa, abrir um inquérito com base em informações sobre a prática de crimes da competência do Tribunal.

2. O Procurador apreciará a seriedade da informação recebida. Para tal, poderá recolher informações suplementares junto aos Estados, aos órgãos da Organização das Nações Unidas, às Organizações Intergovernamentais ou Não Governamentais ou outras fontes fidedignas que considere apropriadas, bem como recolher depoimentos escritos ou orais na sede do Tribunal.

3. Se concluir que existe fundamento suficiente para abrir um inquérito, o Procurador apresentará um pedido de autorização nesse sentido ao Juízo de Instrução, acompanhado da documentação de apoio que tiver reunido. As vítimas poderão apresentar representações no Juízo de Instrução, de acordo com o Regulamento Processual.

4. Se, após examinar o pedido e a documentação que o acompanha, o Juízo de Instrução considerar que há fundamento suficiente para abrir um Inquérito e que o caso parece caber na jurisdição do Tribunal, autorizará a abertura do inquérito, sem prejuízo das decisões que o Tribunal vier a tomar posteriormente em matéria de competência e de admissibilidade.

5. A recusa do Juízo de Instrução em autorizar a abertura do inquérito não impedirá o Procurador de formular ulteriormente outro pedido com base em novos fatos ou provas respeitantes à mesma situação.

6. Se, depois da análise preliminar a que se referem os parágrafos 1º e 2º, o Procurador concluir que a informação apresentada não constitui fundamento suficiente para um inquérito, o Procurador informará quem a tiver apresentado de tal entendimento. Tal não impede que o Procurador examine, à luz de novos fatos ou provas, qualquer outra informação que lhe venha a ser comunicada sobre o mesmo caso.

Artigo 16
ADIAMENTO DO INQUÉRITO E DO PROCEDIMENTO CRIMINAL

Nenhum inquérito ou procedimento crime poderá ter início ou prosseguir os seus termos, com base no presente Estatuto, por um período de 12 (doze) meses a contar da data em que o Conselho de Segurança assim o tiver solicitado em resolução aprovada nos termos do disposto no Capítulo VII da Carta das Nações Unidas; o pedido poderá ser renovado pelo Conselho de Segurança nas mesmas condições.

Artigo 17
QUESTÕES RELATIVAS À ADMISSIBILIDADE

1. Tendo em consideração o décimo parágrafo do preâmbulo e o artigo 1º, o Tribunal decidirá sobre a não admissibilidade de um caso se:

a) O caso for objeto de inquérito ou de procedimento criminal por parte de um Estado que tenha jurisdição sobre o mesmo, salvo se este não tiver vontade de levar a cabo o inquérito ou o procedimento ou, não tenha capacidade para o fazer;

b) O caso tiver sido objeto de inquérito por um Estado com jurisdição sobre ele e tal Estado tenha decidido não dar seguimento ao procedimento criminal contra a pessoa em causa, a menos que esta decisão resulte do fato de esse Estado não ter vontade de proceder criminalmente ou da sua incapacidade real para o fazer;

c) A pessoa em causa já tiver sido julgada pela conduta a que se refere a denúncia, e não puder ser julgada pelo Tribunal em virtude do disposto no parágrafo 3º do artigo 20;

d) O caso não for suficientemente grave para justificar a ulterior intervenção do Tribunal.

2. A fim de determinar se há ou não vontade de agir num determinado caso, o Tribunal, tendo em consideração as garantias de um processo equitativo reconhecidas pelo direito internacional, verificará a existência de uma ou mais das seguintes circunstâncias:

a) O processo ter sido instaurado ou estar pendente ou a decisão ter sido proferida no Estado com o propósito de subtrair a pessoa em causa à sua responsabilidade criminal por crimes da competência do Tribunal, nos termos do disposto no artigo 5º;

b) Ter havido demora injustificada no processamento, a qual, dadas as circunstâncias, se mostra incompatível com a intenção de fazer responder a pessoa em causa perante a justiça;

c) O processo não ter sido ou não estar sendo conduzido de maneira independente ou imparcial, e ter estado ou estar sendo conduzido de uma maneira que, dadas as circunstâncias, seja incompatível com a intenção de levar a pessoa em causa perante a justiça;

3. A fim de determinar se há incapacidade de agir num determinado caso, o Tribunal verificará se o Estado, por colapso total ou substancial da respectiva administração da justiça ou por indisponibilidade desta, não estará em condições de fazer comparecer o acusado, de reunir os meios de prova e depoimentos necessários ou não estará, por outros motivos, em condições de concluir o processo.

Artigo 18
DECISÕES PRELIMINARES SOBRE ADMISSIBILIDADE

1. Se uma situação for denunciada ao Tribunal nos termos do artigo 13, parágrafo a), e o Procurador determinar que existem fundamentos para abrir um inquérito ou der início a um inquérito de acordo com os artigos 13, parágrafo c) e 15, deverá notificar todos os Estados-Partes e os Estados que, de acordo com a informação disponível, teriam jurisdição sobre esses crimes. O Procurador poderá proceder à notificação a título confidencial e, sempre que o considere necessário com vista a proteger pessoas, impedir a destruição de provas ou a fuga de pessoas, poderá limitar o âmbito da informação a transmitir aos Estados.

2. No prazo de 1 (um) mês após a recepção da referida notificação, qualquer Estado poderá informar o Tribunal de que está procedendo, ou já procedeu, a um inquérito sobre nacionais seus ou outras pessoas sob a sua jurisdição, por atos que possam constituir crimes a que se refere o artigo 5º e digam respeito à informação constante na respectiva notificação. A pedido desse Estado, o Procurador transferirá para ele o inquérito sobre essas pessoas, a menos que, a pedido do Procurador, o Juízo de Instrução decida autorizar o inquérito.

3. A transferência do inquérito poderá ser reexaminada pelo Procurador 6 (seis) meses após a data em que tiver sido decidida ou, a todo o momento, quando tenha ocorrido uma alteração significativa de circunstâncias, decorrente da falta de vontade ou da incapacidade efetiva do Estado de levar a cabo o inquérito.

4. O Estado interessado ou o Procurador poderão interpor recurso para o Juízo de Recursos da decisão proferida por um Juízo de Instrução, tal como previsto no artigo 82. Este recurso poderá seguir uma forma sumária.

5. Se o Procurador transferir o inquérito, nos termos do parágrafo 2º, poderá solicitar ao Estado interessado que o informe periodicamente do andamento do mesmo e de qualquer outro procedimento subsequente. Os Estados-Partes responderão a estes pedidos sem atrasos injustificados.

6. O Procurador poderá, enquanto aguardar uma decisão a proferir no Juízo de Instrução, ou a todo o momento se tiver transferido o inquérito nos termos do presente artigo, solicitar ao tribunal de instrução, a título excepcional, que o autorize a efetuar as investigações que considere necessárias para preservar elementos de prova, quando exista uma oportunidade única de obter provas relevantes ou um risco significativo de que essas provas possam não estar disponíveis numa fase ulterior.

7. O Estado que tenha recorrido de uma decisão do Juízo de Instrução nos termos do presente artigo poderá impugnar a admissibilidade de um caso nos termos do artigo 19, invocando fatos novos relevantes ou uma alteração significativa de circunstâncias.

Artigo 19
IMPUGNAÇÃO DA JURISDIÇÃO DO TRIBUNAL OU DA ADMISSIBILIDADE DO CASO

1. O Tribunal deverá certificar-se de que detém jurisdição sobre todos os casos que lhe sejam submetidos. O Tribunal poderá pronunciar-se de ofício sobre a admissibilidade do caso em conformidade com o artigo 17.

2. Poderão impugnar a admissibilidade do caso, por um dos motivos referidos no artigo 17, ou impugnar a jurisdição do Tribunal:

a) O acusado ou a pessoa contra a qual tenha sido emitido um mandado ou ordem de detenção ou de comparecimento, nos termos do artigo 58;

b) Um Estado que detenha o poder de jurisdição sobre um caso, pelo fato de o estar investigando ou julgando, ou por já o ter feito antes; ou

c) Um Estado cuja aceitação da competência do Tribunal seja exigida, de acordo com o artigo 12.

3. O Procurador poderá solicitar ao Tribunal que se pronuncie sobre questões de jurisdição ou admissibilidade. Nas ações relativas a jurisdição ou admissibilidade, aqueles que tiverem denunciado um caso ao abrigo do artigo 13, bem como as vítimas, poderão também apresentar as suas observações ao Tribunal.

4. A admissibilidade de um caso ou a jurisdição do Tribunal só poderão ser impugnadas uma única vez por qualquer pessoa ou Estado a que se faz referência no parágrafo 2º. A impugnação deverá ser feita antes do julgamento ou no seu início. Em circunstâncias excepcionais, o Tribunal poderá autorizar que a impugnação se faça mais de uma vez ou depois do início do julgamento. As impugnações à admissibilidade de um caso feitas no início do julgamento, ou posteriormente com a autorização do Tribunal, só poderão fundamentar-se no disposto no parágrafo 1º, alínea c) do artigo 17.

5. Os Estados a que se referem as alíneas *b*) e c) do parágrafo 2º do presente artigo deverão deduzir impugnação logo que possível.

6. Antes da confirmação da acusação, a impugnação da admissibilidade de um caso ou da jurisdição do Tribunal será submetida ao Juízo de Instrução e, após confirmação, ao Juízo de Julgamento em Primeira Instância. Das decisões relativas à jurisdição ou admissibilidade caberá recurso para o Juízo de Recursos, de acordo com o artigo 82.

7. Se a impugnação for feita pelo Estado referido nas alíneas b) e c) do parágrafo 2º, o Procurador suspenderá o inquérito até que o Tribunal decida em conformidade com o artigo 17.

8. Enquanto aguardar uma decisão, o Procurador poderá solicitar ao Tribunal autorização para:

a) Proceder às investigações necessárias previstas no parágrafo 6º do artigo 18;

b) Recolher declarações ou o depoimento de uma testemunha ou completar o recolhimento e o exame das provas que tenha iniciado antes da impugnação; e

c) Impedir, em colaboração com os Estados interessados, a fuga de pessoas em relação às quais já tenha solicitado um mandado de detenção, nos termos do artigo 58.

9. A impugnação não afetará a validade de nenhum ato realizado pelo Procurador, nem de nenhuma decisão ou mandado anteriormente emitido pelo Tribunal.

10. Se o Tribunal tiver declarado que um caso não é admissível, de acordo com o artigo 17, o Procurador poderá pedir a revisão dessa decisão, após se ter certificado de que surgiram novos fatos que invalidam os motivos pelos quais o caso havia sido considerado inadmissível nos termos do artigo 17.

11. Se o Procurador, tendo em consideração as questões referidas no artigo 17, decidir transferir um inquérito, poderá pedir ao Estado em questão que o mantenha informado do seguimento do processo. Esta informação deverá, se esse Estado o solicitar, ser mantida confidencial. Se o Procurador decidir, posteriormente, abrir um inquérito, comunicará a sua decisão ao Estado para o qual foi transferido o processo.

Artigo 20
NE BIS IN IDEM

1. Salvo disposição contrária do presente Estatuto, nenhuma pessoa poderá ser julgada pelo Tribunal por atos constitutivos de crimes pelos quais este já a tenha condenado ou absolvido.

2. Nenhuma pessoa poderá ser julgada por outro tribunal por um crime mencionado no artigo 5°, relativamente ao qual já tenha sido condenada ou absolvida pelo Tribunal.

3. O Tribunal não poderá julgar uma pessoa que já tenha sido julgada por outro tribunal, por atos também punidos pelos artigos 6º, 7º ou 8º, a menos que o processo nesse outro tribunal:

a) Tenha tido por objetivo subtrair o acusado à sua responsabilidade criminal por crimes da competência do Tribunal; ou

b) Não tenha sido conduzido de forma independente ou imparcial, em conformidade com as garantias de um processo equitativo reconhecidas pelo direito internacional, ou tenha sido conduzido de uma maneira que, no caso concreto, se revele incompatível com a intenção de submeter a pessoa à ação da justiça.

Artigo 21
DIREITO APLICÁVEL

1. O Tribunal aplicará:

a) Em primeiro lugar, o presente Estatuto, os Elementos Constitutivos do Crime e o Regulamento Processual;

b) Em segundo lugar, se for o caso, os tratados e os princípios e normas de direito internacional aplicáveis, incluindo os princípios estabelecidos no direito internacional dos conflitos armados;

c) Na falta destes, os princípios gerais do direito que o Tribunal retire do direito interno dos diferentes sistemas jurídicos existentes, incluindo, se for o caso, o direito interno dos Estados que exerceriam normalmente a sua jurisdição relativamente ao crime, sempre que esses princípios não sejam incompatíveis com o presente Estatuto, com o direito internacional, nem com as normas e padrões internacionalmente reconhecidos.

2. O Tribunal poderá aplicar princípios e normas de direito tal como já tenham sido por si interpretados em decisões anteriores.

3. A aplicação e interpretação do direito, nos termos do presente artigo, deverá ser compatível com os direitos humanos internacionalmente reconhecidos, sem discriminação alguma baseada em motivos tais como o gênero, definido no parágrafo 3º do artigo 7º, a idade, a raça, a cor, a religião ou o credo, a opinião política ou outra, a origem nacional, étnica ou social, a situação econômica, o nascimento ou outra condição.

CAPÍTULO III
PRINCÍPIOS GERAIS DE DIREITO PENAL

Artigo 22
NULLUM CRIMEN SINE LEGE

1. Nenhuma pessoa será considerada criminalmente responsável, nos termos do presente Estatuto, a menos que a sua conduta constitua, no momento em que tiver lugar, um crime da competência do Tribunal.

2. A previsão de um crime será estabelecida de forma precisa e não será permitido o recurso à analogia. Em caso de ambiguidade, será interpretada a favor da pessoa objeto de inquérito, acusada ou condenada.

3. O disposto no presente artigo em nada afetará a tipificação de uma conduta como crime nos termos do direito internacional, independentemente do presente Estatuto.

Artigo 23
NULLA POENA SINE LEGE

Qualquer pessoa condenada pelo Tribunal só poderá ser punida em conformidade com as disposições do presente Estatuto.

Artigo 24
NÃO RETROATIVIDADE *RATIONE PERSONAE*

1. Nenhuma pessoa será considerada criminalmente responsável, de acordo com o presente Estatuto, por uma conduta anterior à entrada em vigor do presente Estatuto.

2. Se o direito aplicável a um caso for modificado antes de proferida sentença definitiva, aplicar-se-á o direito mais favorável à pessoa objeto de inquérito, acusada ou condenada.

Artigo 25
RESPONSABILIDADE CRIMINAL INDIVIDUAL

1. De acordo com o presente Estatuto, o Tribunal será competente para julgar as pessoas físicas.

2. Quem cometer um crime da competência do Tribunal será considerado individualmente responsável e poderá ser punido de acordo com o presente Estatuto.

3. Nos termos do presente Estatuto, será considerado criminalmente responsável e poderá ser punido pela prática de um crime da competência do Tribunal quem:

a) Cometer esse crime individualmente ou em conjunto ou por intermédio de outrem, quer essa pessoa seja, ou não, criminalmente responsável;

b) Ordenar, solicitar ou instigar à prática desse crime, sob forma consumada ou sob a forma de tentativa;

c) Com o propósito de facilitar a prática desse crime, for cúmplice ou encobridor, ou colaborar de algum modo na prática ou na tentativa de prática do crime, nomeadamente pelo fornecimento dos meios para a sua prática;

d) Contribuir de alguma outra forma para a prática ou tentativa de prática do crime por um grupo de pessoas que tenha um objetivo comum. Esta contribuição deverá ser intencional e ocorrer, conforme o caso:

i) Com o propósito de levar a cabo a atividade ou o objetivo criminal do grupo, quando um ou outro impliquem a prática de um crime da competência do Tribunal; ou

ii) Com o conhecimento da intenção do grupo de cometer o crime;

e) No caso de crime de genocídio, incitar, direta e publicamente, à sua prática;

f) Tentar cometer o crime mediante atos que contribuam substancialmente para a sua execução, ainda que não se venha a consumar devido a circunstâncias alheias à sua vontade. Porém, quem desistir da prática do crime, ou impedir de outra forma que este se consuma, não poderá ser punido em conformidade com o presente Estatuto pela tentativa, se renunciar total e voluntariamente ao propósito delituoso.

4. O disposto no presente Estatuto sobre a responsabilidade criminal das pessoas físicas em nada afetará a responsabilidade do Estado, de acordo com o direito internacional.

Artigo 26
EXCLUSÃO DA JURISDIÇÃO RELATIVAMENTE A MENORES DE 18 ANOS

O Tribunal não terá jurisdição sobre pessoas que, à data da alegada prática do crime, não tenham ainda completado 18 anos de idade.

Artigo 27
IRRELEVÂNCIA DA QUALIDADE OFICIAL

1. O presente Estatuto será aplicável de forma igual a todas as pessoas sem distinção alguma baseada na qualidade oficial. Em particular, a qualidade oficial de Chefe de Estado ou de Governo, de membro de Governo ou do Parlamento, de representante eleito ou de funcionário público, em caso algum eximirá a pessoa em causa de responsabilidade criminal nos termos do presente Estatuto, nem constituirá de *per se* motivo de redução da pena.

2. As imunidades ou normas de procedimento especiais decorrentes da qualidade oficial de uma pessoa; nos termos do direito interno ou do direito internacional, não deverão obstar a que o Tribunal exerça a sua jurisdição sobre essa pessoa.

Artigo 28
RESPONSABILIDADE DOS CHEFES MILITARES E OUTROS SUPERIORES HIERÁRQUICOS

Além de outras fontes de responsabilidade criminal previstas no presente Estatuto, por crimes da competência do Tribunal:

a) O chefe militar, ou a pessoa que atue efetivamente como chefe militar, será criminalmente responsável por crimes da competência do Tribunal que tenham sido cometidos por forças sob o seu comando e controle efetivos ou sob a sua autoridade e controle efetivos, conforme o caso, pelo fato de não exercer um controle apropriado sobre essas forças quando:

i) Esse chefe militar ou essa pessoa tinha conhecimento ou, em virtude das circunstâncias do momento, deveria ter tido conhecimento de que essas forças estavam a cometer ou preparavam-se para cometer esses crimes; e

ii) Esse chefe militar ou essa pessoa não tenha adotado todas as medidas necessárias e adequadas ao seu alcance para prevenir ou reprimir a sua prática, ou para levar o assunto ao conhecimento das autoridades competentes, para efeitos de inquérito e procedimento criminal.

b) Nas relações entre superiores hierárquicos e subordinados, não referidos na alínea a), o superior hierárquico será criminalmente responsável pelos crimes da competência do Tribunal que tiverem sido cometidos por subordinados sob a sua autoridade e controle efetivos, pelo fato de não ter exercido um controle apropriado sobre esses subordinados, quando:

a) O superior hierárquico teve conhecimento ou deliberadamente não levou em consideração a informação que indicava claramente que os subordinados estavam a cometer ou se preparavam para cometer esses crimes;

b) Esses crimes estavam relacionados com atividades sob a sua responsabilidade e controle efetivos; e

c) O superior hierárquico não adotou todas as medidas necessárias e adequadas ao seu alcance para prevenir ou reprimir a sua prática ou para levar o assunto ao conhecimento das autoridades competentes, para efeitos de inquérito e procedimento criminal.

Artigo 29
IMPRESCRITIBILIDADE

Os crimes da competência do Tribunal não prescrevem.

Artigo 30
ELEMENTOS PSICOLÓGICOS

1. Salvo disposição em contrário, nenhuma pessoa poderá ser criminalmente responsável e punida por um crime da competência do Tribunal, a menos que atue com vontade de o cometer e conhecimento dos seus elementos materiais.

2. Para os efeitos do presente artigo, entende-se que atua intencionalmente quem:

a) Relativamente a uma conduta, se propuser adotá-la;

b) Relativamente a um efeito do crime, se propuser causá-lo ou estiver ciente de que ele terá lugar em uma ordem normal dos acontecimentos.

3. Nos termos do presente artigo, entende-se por "conhecimento" a consciência de que existe uma circunstância ou de que um efeito irá ter lugar, em uma ordem normal dos acontecimentos. As expressões "ter conhecimento" e "com conhecimento" deverão ser entendidas em conformidade.

Artigo 31
CAUSAS DE EXCLUSÃO DA RESPONSABILIDADE CRIMINAL

Sem prejuízo de outros fundamentos para a exclusão de responsabilidade criminal previstos no presente Estatuto, não será considerada criminalmente responsável a pessoa que, no momento da prática de determinada conduta:

a) Sofrer de enfermidade ou deficiência mental que a prive da capacidade para avaliar a ilicitude ou a natureza da sua conduta, ou da capacidade para controlar essa conduta a fim de não violar a lei;

b) Estiver em estado de intoxicação que a prive da capacidade para avaliar a ilicitude ou a natureza da sua conduta, ou da capacidade para controlar essa conduta a fim de não transgredir a lei, a menos que se tenha intoxicado voluntariamente em circunstâncias que lhe permitiam ter conhecimento de que, em consequência da intoxicação, poderia incorrer numa conduta tipificada como crime da competência do Tribunal, ou, de que haveria o risco de tal suceder;

c) Agir em defesa própria ou de terceiro com razoabilidade ou, em caso de crimes de guerra, em defesa de um bem que seja essencial para a sua sobrevivência ou de terceiro ou de um bem que seja essencial à realização de uma missão militar, contra o uso iminente e ilegal da força, de forma proporcional ao grau de perigo para si, para terceiro ou para os bens protegidos. O fato de participar em uma força que realize uma operação de defesa não será causa bastante de exclusão de responsabilidade criminal, nos termos desta alínea;

d) Tiver incorrido numa conduta que presumivelmente constitui crime da competência do Tribunal, em consequência de coação decorrente de uma ameaça iminente de morte ou ofensas corporais graves para si ou para outrem, e em que se veja compelida a atuar de forma necessária e razoável para evitar essa ameaça, desde que não tenha a intenção de causar um dano maior que aquele que se propunha evitar. Essa ameaça tanto poderá:

i) Ter sido feita por outras pessoas; ou

ii) Ser constituída por outras circunstâncias alheias à sua vontade.

2. O Tribunal determinará se os fundamentos de exclusão da responsabilidade criminal previstos no presente Estatuto serão aplicáveis no caso em apreço.

3. No julgamento, o Tribunal poderá levar em consideração outros fundamentos de exclusão da responsabilidade criminal; distintos dos referidos no parágrafo 1º, sempre que esses fundamentos resultem do direito aplicável em conformidade com o artigo 21. O processo de exame de um fundamento de exclusão deste tipo será definido no Regulamento Processual.

Artigo 32
ERRO DE FATO OU ERRO DE DIREITO

1. O erro de fato só excluirá a responsabilidade criminal se eliminar o dolo requerido pelo crime.

2. O erro de direito sobre se determinado tipo de conduta constitui crime da competência do Tribunal não será considerado fundamento de exclusão de responsabilidade criminal. No entanto, o erro de direito poderá ser considerado fundamento de exclusão de responsabilidade criminal se eliminar o dolo requerido pelo crime ou se decorrer do artigo 33 do presente Estatuto.

Artigo 33
DECISÃO HIERÁRQUICA E DISPOSIÇÕES LEGAIS

1. Quem tiver cometido um crime da competência do Tribunal, em cumprimento de uma decisão emanada de um Governo ou de um superior hierárquico, quer seja militar ou civil, não será isento de responsabilidade criminal, a menos que:

a) Estivesse obrigado por lei a obedecer a decisões emanadas do Governo ou superior hierárquico em questão;

b) Não tivesse conhecimento de que a decisão era ilegal; e

c) A decisão não fosse manifestamente ilegal.

2. Para os efeitos do presente artigo, qualquer decisão de cometer genocídio ou crimes contra a humanidade será considerada como manifestamente ilegal.

CAPÍTULO IV
COMPOSIÇÃO E ADMINISTRAÇÃO DO TRIBUNAL

Artigo 34
ÓRGÃOS DO TRIBUNAL

O Tribunal será composto pelos seguintes órgãos:

a) A Presidência;

b) Uma Seção de Recursos, uma Seção de Julgamento em Primeira Instância e uma Seção de Instrução;

c) O Gabinete do Procurador;

d) A Secretaria.

Artigo 35
EXERCÍCIO DAS FUNÇÕES DE JUIZ

1. Os juízes serão eleitos membros do Tribunal para exercer funções em regime de exclusividade e deverão estar disponíveis para desempenhar o respectivo cargo desde o início do seu mandato.

2. Os juízes que comporão a Presidência desempenharão as suas funções em regime de exclusividade desde a sua eleição.

3. A Presidência poderá, em função do volume de trabalho do Tribunal, e após consulta dos seus membros, decidir periodicamente em que medida é que será necessário que os restantes juízes desempenhem as suas funções em regime de exclusividade. Estas decisões não prejudicarão o disposto no artigo 40.

4. Os ajustes de ordem financeira relativos aos juízes que não tenham de exercer os respectivos cargos em regime de exclusividade serão adotadas em conformidade com o disposto no artigo 49.

Artigo 36
QUALIFICAÇÕES, CANDIDATURA E ELEIÇÃO DOS JUÍZES

1. Sob reserva do disposto no parágrafo 2º, o Tribunal será composto por 18 juízes.

2. a) A Presidência, agindo em nome do Tribunal, poderá propor o aumento do número de juízes referido no parágrafo 1º fundamentando as razões pelas quais considera necessária e apropriada tal medida. O Secretário comunicará imediatamente a proposta a todos os Estados-Partes;

b) A proposta será seguidamente apreciada em sessão da Assembleia dos Estados-Partes convocada nos termos do artigo 112 e deverá ser considerada adotada se for aprovada na sessão por maioria de 2/3 (dois terços) dos membros da Assembleia dos Estados-Partes; a proposta entrará em vigor na data fixada pela Assembleia dos Estados-Partes;

c) i) Logo que seja aprovada a proposta de aumento do número de juízes, de acordo com o disposto na alínea b), a eleição dos juízes adicionais terá lugar no período seguinte de sessões da Assembleia dos Estados-Partes, nos termos dos parágrafos 3º a 8º do presente artigo e do parágrafo 2º do artigo 37;

ii) Após a aprovação e a entrada em vigor de uma proposta de aumento do número de juízes, de acordo com o disposto nas alíneas b) e c) i), a Presidência poderá, a qualquer momento, se o volume de trabalho do Tribunal assim o justificar, propor que o número de juízes seja reduzido, mas nunca para um número inferior ao fixado no parágrafo 1º. A proposta será apreciada de acordo com o procedimento definido nas alíneas a) e b). Caso a proposta seja aprovada, o número de juízes será progressivamente reduzido, à medida que expirem os mandatos e até que se alcance o número previsto.

3. a) Os juízes serão eleitos dentre pessoas de elevada idoneidade moral, imparcialidade e integridade, que reúnam os requisitos para o exercício das mais altas funções judiciais nos seus respectivos países.

b) Os candidatos a juízes deverão possuir:

i) Reconhecida competência em direito penal e direito processual penal e a necessária experiência em processos penais na qualidade de juiz, procurador, advogado ou outra função semelhante; ou

ii) Reconhecida competência em matérias relevantes de direito internacional, tais como o direito internacional humanitário e os direitos humanos, assim como vasta experiência em profissões jurídicas com relevância para a função judicial do Tribunal;

c) Os candidatos a juízes deverão possuir um excelente conhecimento e serem fluentes em, pelo menos, uma das línguas de trabalho do Tribunal.

4. a) Qualquer Estado-Parte no presente Estatuto poderá propor candidatos às eleições para juiz do Tribunal mediante:

i) O procedimento previsto para propor candidatos aos mais altos cargos judiciais do país; ou

ii) O procedimento previsto no Estatuto da Corte Internacional de Justiça para propor candidatos a esse Tribunal.

As propostas de candidatura deverão ser acompanhadas de uma exposição detalhada comprovativa de que o candidato possui os requisitos enunciados no parágrafo 3º;

b) Qualquer Estado-Parte poderá apresentar uma candidatura de uma pessoa que não tenha necessariamente a sua nacionalidade, mas que seja nacional de um Estado-Parte;

c) A Assembleia dos Estados-Partes poderá decidir constituir, se apropriado, uma Comissão consultiva para o exame das candidaturas, neste caso, a Assembleia dos Estados-Partes determinará a composição e o mandato da Comissão.

5. Para efeitos da eleição, serão estabelecidas duas listas de candidatos:

A lista A, com os nomes dos candidatos que reúnam os requisitos enunciados na alínea b) i) do parágrafo 3°; e

A lista B, com os nomes dos candidatos que reúnam os requisitos enunciados na alínea b) ii) do parágrafo 3º.

O candidato que reuna os requisitos constantes de ambas as listas, poderá escolher em qual delas deseja figurar. Na primeira eleição de membros do Tribunal, pelo menos 9 (nove) juízes serão eleitos entre os candidatos da lista A e pelo menos 5 (cinco) entre os candidatos da lista B. As eleições subsequentes serão organizadas por forma a que se mantenha no Tribunal uma proporção equivalente de juízes de ambas as listas.

6. a) Os juízes serão eleitos por escrutínio secreto, em sessão da Assembleia dos Estados-Partes convocada para esse efeito, nos termos do artigo 112. Sob reserva do disposto no parágrafo 7, serão eleitos os 18 (dezoito) candidatos que obtenham o maior número de votos e uma maioria de 2/3 (dois terços) dos Estados-Partes presentes e votantes;

b) No caso em que da primeira votação não resulte eleito um número suficiente de juízes, proceder-se-á a nova votação, de acordo com os procedimentos estabelecidos na alínea *a*), até provimento dos lugares restantes.

7. O Tribunal não poderá ter mais de 1 (um) juiz nacional do mesmo Estado. Para este efeito, a pessoa que for considerada nacional de mais de um Estado será considerada nacional do Estado onde exerce habitualmente os seus direitos civis e políticos.

8. a) Na seleção dos juízes, os Estados-Partes ponderarão sobre a necessidade de assegurar que a composição do Tribunal inclua:

i) A representação dos principais sistemas jurídicos do mundo;

ii) Uma representação geográfica equitativa; e

iii) Uma representação justa de juízes do sexo feminino e do sexo masculino;

b) Os Estados-Partes levarão igualmente em consideração a necessidade de assegurar a presença de juízes especializados em determinadas matérias incluindo, entre outras, a violência contra mulheres ou crianças.

9. a) Salvo o disposto na alínea *b*), os juízes serão eleitos por um mandato de 9 (nove) anos e não poderão ser reeleitos, salvo o disposto na alínea c) e no parágrafo 2º do artigo 37;

b) Na primeira eleição, 1/3 (um terço) dos juízes eleitos será selecionado por sorteio para exercer um mandato de 3 (três) anos; outro terço será selecionado, também por sorteio, para exercer um mandato de 6 (seis) anos; e os restantes exercerão um mandato de 9 (nove) anos;

c) Um juiz selecionado para exercer um mandato de 3 (três) anos, em conformidade com a alínea *b*), poderá ser reeleito para um mandato completo.

10. Não obstante o disposto no parágrafo 9, um juiz afeto a um Juízo de Julgamento em Primeira Instância ou de Recurso, em conformidade com o artigo 39, permanecerá em funções até à conclusão do julgamento ou do recurso dos casos que tiver a seu cargo.

Artigo 37
VAGAS

1. Caso ocorra uma vaga, realizar-se-á uma eleição para o seu provimento, de acordo com o artigo 36.

2. O juiz eleito para prover uma vaga, concluirá o mandato do seu antecessor e, se esse período for igual ou inferior a 3 (três) anos, poderá ser reeleito para um mandato completo, nos termos do artigo 36.

Artigo 38
A PRESIDÊNCIA

1. O Presidente, o Primeiro Vice-Presidente e o Segundo Vice-Presidente serão eleitos por maioria absoluta dos juízes. Cada um desempenhará o respectivo cargo por um período de 3 (três) anos ou até ao termo do seu mandato como juiz, conforme o que expirar em primeiro lugar. Poderão ser reeleitos uma única vez.

2. O Primeiro Vice-Presidente substituirá o Presidente em caso de impossibilidade ou recusa deste. O Segundo Vice-Presidente substituirá o Presidente em caso de impedimento ou recusa deste ou do Primeiro Vice-Presidente.

3. O Presidente, o Primeiro Vice-Presidente e o Segundo Vice-Presidente constituirão a Presidência, que ficará encarregada:

a) Da adequada administração do Tribunal, com exceção do Gabinete do Procurador; e

b) Das restantes funções que lhe forem conferidas de acordo com o presente Estatuto.

4. Embora eximindo-se da sua responsabilidade nos termos do parágrafo 3º a), a Presidência atuará em coordenação com o Gabinete do Procurador e deverá obter a aprovação deste em todos os assuntos de interesse comum.

Artigo 39
JUÍZOS

1. Após a eleição dos juízes e logo que possível, o Tribunal deverá organizar-se nas seções referidas no artigo 34 *b*). A Seção de Recursos será composta pelo Presidente e quatro juízes, a Seção de Julgamento em Primeira Instância por, pelo menos, seis juízes e a Seção de Instrução por, pelo menos, seis juízes. Os juízes serão adstritos às Seções de acordo com a natureza das funções que corresponderem a cada um e com as respectivas qualificações e experiência, por forma a que cada Seção disponha de um conjunto adequado de especialistas em direito penal e processual penal e em direito internacional. A Seção de Julgamento em Primeira Instância e a Seção de Instrução serão predominantemente compostas por juízes com experiência em processo penal.

2. a) As funções judiciais do Tribunal serão desempenhadas em cada Seção pelos juízos.

b) i) O Juízo de Recursos será composto por todos os juízes da Seção de Recursos;

ii) As funções do Juízo de Julgamento em Primeira Instância serão desempenhadas por 3 (três) juízes da Seção de Julgamento em Primeira Instância;

iii) As funções do Juízo de Instrução serão desempenhadas por 3 (três) juízes da Seção de Instrução ou por 1 (um) só juiz da referida Seção, em conformidade com o presente Estatuto e com o Regulamento Processual;

c) Nada no presente número obstará a que se constituam simultaneamente mais de um Juízo de Julgamento em Primeira Instância ou Juízo de Instrução, sempre que a gestão eficiente do trabalho do Tribunal assim o exigir.

3. a) Os juízes adstritos às Seções de Julgamento em Primeira Instância e de Instrução desempenharão o cargo nessas Seções por um período de 3 (três) anos ou, decorrido esse período, até à conclusão dos casos que lhes tenham sido cometidos pela respectiva Seção;

b) Os juízes adstritos à Seção de Recursos desempenharão o cargo nessa Seção durante todo o seu mandato.

4. Os juízes adstritos à Seção de Recursos desempenharão o cargo unicamente nessa Seção. Nada no presente artigo obstará a que sejam adstritos temporariamente juízes da Seção de Julgamento em Primeira Instância à Seção de Instrução, ou inversamente, se a Presidência entender que a gestão eficiente do trabalho do Tribunal assim o exige; porém, o juiz que tenha participado na fase instrutória não poderá, em caso algum, fazer parte do Juízo de Julgamento em Primeira Instância encarregado do caso.

Artigo 40
INDEPENDÊNCIA DOS JUÍZES

1. Os juízes serão independentes no desempenho das suas funções.

2. Os juízes não desenvolverão qualquer atividade que possa ser incompatível com o exercício das suas funções judiciais ou prejudicar a confiança na sua independência.

3. Os juízes que devam desempenhar os seus cargos em regime de exclusividade na sede do Tribunal não poderão ter qualquer outra ocupação de natureza profissional.

4. As questões relativas à aplicação dos parágrafos 2º e 3º serão decididas por maioria absoluta dos juízes. Nenhum juiz participará na decisão de uma questão que lhe diga respeito.

Artigo 41
IMPEDIMENTO E DESQUALIFICAÇÃO DE JUÍZES

1. A Presidência poderá, a pedido de um juiz, declarar seu impedimento para o exercício de alguma das funções que lhe confere o presente Estatuto, em conformidade com o Regulamento Processual.

2. a) Nenhum juiz pode participar num caso em que, por qualquer motivo, seja posta em dúvida a sua imparcialidade. Será desqualificado, em conformidade com o disposto neste número, entre outras razões, se tiver intervindo anteriormente, a qualquer titulo, em um caso submetido ao Tribunal ou em um procedimento criminal conexo em nível nacional que envolva a pessoa objeto de inquérito ou procedimento criminal. Pode ser igualmente desqualificado por qualquer outro dos motivos definidos no Regulamento Processual;

b) O Procurador ou a pessoa objeto de inquérito ou procedimento criminal poderá solicitar a desqualificação de 1 (um) juiz em virtude do disposto no presente número;

c) As questões relativas à desqualificação de juízes serão decididas por maioria absoluta dos juízes. O juiz cuja desqualificação for solicitada, poderá pronunciar-se sobre a questão, mas não poderá tomar parte na decisão.

Artigo 42
O GABINETE DO PROCURADOR

1. O Gabinete do Procurador atuará de forma independente, enquanto órgão autônomo do Tribunal. Competir-lhe-á recolher comunicações e qualquer outro tipo de informação, devidamente fundamentada, sobre crimes da competência do Tribunal, a fim de os examinar e investigar e de exercer a ação penal junto ao Tribunal. Os membros do Gabinete do Procurador não solicitarão nem cumprirão ordens de fontes externas ao Tribunal.

2. O Gabinete do Procurador será presidido pelo Procurador, que terá plena autoridade para dirigir e administrar o Gabinete do Procurador, incluindo o pessoal, as instalações e outros recursos. O Procurador será coadjuvado por um ou mais Procuradores-Adjuntos, que poderão desempenhar qualquer uma das funções que incumbam àquele, em conformidade com o disposto no presente Estatuto. O Procurador e os Procuradores-Adjuntos terão nacionalidades diferentes e desempenharão o respectivo cargo em regime de exclusividade.

3. O Procurador e os Procuradores-Adjuntos deverão ter elevada idoneidade moral, elevado nível de competência e vasta experiência prática em matéria de processo penal. Deverão possuir um excelente conhecimento e serem fluentes em, pelo menos, uma das línguas de trabalho do Tribunal.

4. O Procurador será eleito por escrutínio secreto e por maioria absoluta de votos dos membros da Assembleia dos Estados-Partes. Os Procuradores-Adjuntos serão eleitos da mesma forma, de entre uma lista de candidatos apresentada pelo Procurador. O Procurador proporá 3 (três) candidatos para cada cargo de Procurador-Adjunto a prover. A menos que, ao tempo da eleição, seja fixado um período mais curto, o Procurador e os Procuradores-Adjuntos exercerão os respectivos cargos por um período de 9 (nove) anos e não poderão ser reeleitos.

5. O Procurador e os Procuradores-Adjuntos não deverão desenvolver qualquer atividade que possa interferir com o exercício das suas funções ou afetar a confiança na sua independência e não poderão desempenhar qualquer outra função de caráter profissional.

6. A Presidência poderá, a pedido do Procurador ou de um Procurador-Adjunto, escusá-lo de intervir num determinado caso.

7. O Procurador e os Procuradores-Adjuntos não poderão participar em qualquer processo em que, por qualquer motivo, a sua imparcialidade possa ser posta em causa. Serão recusados, em conformidade com o disposto no presente número, entre outras razões, se tiverem intervindo anteriormente, a qualquer título, num caso submetido ao Tribunal ou num procedimento crime conexo em nível nacional, que envolva a pessoa objeto de inquérito ou procedimento criminal.

8. As questões relativas à recusa do Procurador ou de um Procurador-Adjunto serão decididas pelo Juízo de Recursos.

a) A pessoa objeto de inquérito ou procedimento criminal poderá solicitar, a todo o momento, a recusa do Procurador ou de um Procurador-Adjunto, pelos motivos previstos no presente artigo;

b) O Procurador ou o Procurador-Adjunto, segundo o caso, poderão pronunciar-se sobre a questão.

9. O Procurador nomeará assessores jurídicos especializados em determinadas áreas incluindo, entre outras, as da violência sexual ou violência por motivos relacionados com a pertença a um determinado gênero e da violência contra as crianças.

Artigo 43
A SECRETARIA

1. A Secretaria será responsável pelos aspectos não judiciais da administração e do funcionamento do Tribunal, sem prejuízo das funções e atribuições do Procurador definidas no artigo 42.

2. A Secretaria será dirigida pelo Secretário, principal responsável administrativo do Tribunal. O Secretário exercerá as suas funções na dependência do Presidente do Tribunal.

3. O Secretário e o Secretário-Adjunto deverão ser pessoas de elevada idoneidade moral e possuir um elevado nível de competência e um excelente conhecimento e domínio de, pelo menos, uma das línguas de trabalho do Tribunal.

4. Os juízes elegerão o Secretário em escrutínio secreto, por maioria absoluta, tendo em consideração as recomendações da Assembleia dos Estados-Partes. Se necessário, elegerão um Secretário-Adjunto, por recomendação do Secretário e pela mesma forma.

5. O Secretário será eleito por um período de 5 (cinco) anos para exercer funções em regime de exclusividade e só poderá ser reeleito uma vez. O Secretário-Adjunto será eleito por um período de 5 (cinco) anos, ou por um período mais curto se assim o decidirem os juízes por deliberação tomada por maioria absoluta, e exercerá as suas funções de acordo com as exigências de serviço.

6. O Secretário criará, no âmbito da Secretaria, uma Unidade de Apoio às Vítimas e Testemunhas. Esta Unidade, em conjunto com o Gabinete do Procurador, adotará medidas de proteção e dispositivos de segurança e prestará assessoria e outro tipo de assistência às testemunhas e vítimas que compareçam perante o Tribunal e a outras pessoas ameaçadas em virtude do testemunho prestado por aquelas. A Unidade incluirá pessoal especializado para atender as vítimas de traumas, nomeadamente os relacionados com crimes de violência sexual.

Artigo 44
O PESSOAL

1. O Procurador e o Secretário nomearão o pessoal qualificado necessário aos respectivos serviços, nomeadamente, no caso do Procurador, o pessoal encarregado de efetuar diligências no âmbito do inquérito.

2. No tocante ao recrutamento de pessoal, o Procurador e o Secretário assegurarão os mais altos padrões de eficiência, competência e integridade, tendo em consideração, *mutatis mutandis*, os critérios estabelecidos no parágrafo 8 do artigo 36.

3. O Secretário, com o acordo da Presidência e do Procurador, proporá o Estatuto do Pessoal, que fixará as condições de nomeação, remuneração e cessação de funções do pessoal do Tribunal. O Estatuto do Pessoal será aprovado pela Assembleia dos Estados-Partes.

4. O Tribunal poderá, em circunstâncias excepcionais, recorrer aos serviços de pessoal colocado à sua disposição, a título gratuito, pelos Estados-Partes, organizações intergovernamentais e organizações não governamentais, com vista a colaborar com qualquer um dos órgãos do Tribunal. O Procurador poderá anuir a tal eventualidade em nome do Gabinete do Procurador. A utilização do pessoal disponibilizado a título gratuito ficará sujeita às diretivas estabelecidas pela Assembleia dos Estados-Partes.

Artigo 45
COMPROMISSO SOLENE

Antes de assumir as funções previstas no presente Estatuto, os juízes, o Procurador, os Procuradores-Adjuntos, o Secretário e o Secretário-Adjunto declararão solenemente, em sessão pública, que exercerão as suas funções imparcial e conscienciosamente.

Artigo 46
CESSAÇÃO DE FUNÇÕES

1. Um Juiz, o Procurador, um Procurador-Adjunto, o Secretário ou o Secretário-Adjunto cessará as respectivas funções, por decisão adotada de acordo com o disposto no parágrafo 2º, nos casos em que:

a) Se conclua que a pessoa em causa incorreu em falta grave ou incumprimento grave das funções conferidas pelo presente Estatuto, de acordo com o previsto no Regulamento Processual; ou

b) A pessoa em causa se encontre impossibilitada de desempenhar as funções definidas no presente Estatuto.

2. A decisão relativa à cessação de funções de um juiz, do Procurador ou de um Procurador-Adjunto, de acordo com o parágrafo 1º, será adotada pela Assembleia dos Estados-Partes em escrutínio secreto:

a) No caso de um juiz, por maioria de 2/3 (dois terços) dos Estados-Partes, com base em recomendação adotada por maioria de 2/3 (dois terços) dos restantes juízes;

b) No caso do Procurador, por maioria absoluta dos Estados-Partes;

c) No caso de um Procurador-Adjunto, por maioria absoluta dos Estados-Partes, com base na recomendação do Procurador.

3. A decisão relativa à cessação de funções do Secretário ou do Secretário-Adjunto, será adotada por maioria absoluta de votos dos juízes.

4. Os juízes, o Procurador, os Procuradores-Adjuntos, o Secretário ou o Secretário-Adjunto, cuja conduta ou idoneidade para o exercício das funções inerentes ao cargo em conformidade com o presente Estatuto tiver sido contestada ao abrigo do presente artigo, terão plena possibilidade de apresentar e obter meios de prova e produzir alegações de acordo com o Regulamento Processual; não poderão, no entanto, participar, de qualquer outra forma, na apreciação do caso.

Artigo 47
MEDIDAS DISCIPLINARES

Os juízes, o Procurador, os Procuradores-Adjuntos, o Secretário ou o Secretário-Adjunto que tiverem cometido uma falta menos grave que a prevista no parágrafo 1º do artigo 46 incorrerão em responsabilidade disciplinar nos termos do Regulamento Processual.

Artigo 48
PRIVILÉGIOS E IMUNIDADES

1. O Tribunal gozará, no território dos Estados-Partes, dos privilégios e imunidades que se mostrem necessários ao cumprimento das suas funções.

2. Os juízes, o Procurador, os Procuradores-Adjuntos e o Secretário gozarão, no exercício das suas funções ou em relação a estas, dos mesmos privilégios e imunidades reconhecidos aos chefes das missões diplomáticas, continuando a usufruir de absoluta imunidade judicial relativamente às suas declarações, orais ou escritas, e aos atos que pratiquem no desempenho de funções oficiais após o termo do respectivo mandato.

3. O Secretário-Adjunto, o pessoal do Gabinete do Procurador e o pessoal da Secretaria gozarão dos mesmos privilégios e imunidades e das facilidades necessárias ao cumprimento das respectivas funções, nos termos do acordo sobre os privilégios e imunidades do Tribunal.

4. Os advogados, peritos, testemunhas e outras pessoas, cuja presença seja requerida na sede do Tribunal, beneficiarão do tratamento que se mostre necessário ao funcionamento adequado deste, nos termos do acordo sobre os privilégios e imunidades do Tribunal.

5. Os privilégios e imunidades poderão ser levantados:

a) No caso de um juiz ou do Procurador, por decisão adotada por maioria absoluta dos juízes;

b) No caso do Secretário, pela Presidência;

c) No caso dos Procuradores-Adjuntos e do pessoal do Gabinete do Procurador, pelo Procurador;

d) No caso do Secretário-Adjunto e do pessoal da Secretaria, pelo Secretário.

Artigo 49
VENCIMENTOS, SUBSÍDIOS E DESPESAS

Os juízes, o Procurador, os Procuradores-Adjuntos, o Secretário e o Secretário-Adjunto auferirão os vencimentos e terão direito aos subsídios e ao reembolso de despesas que forem estabelecidos em Assembleia dos Estados-Partes. Estes vencimentos e subsídios não serão reduzidos no decurso do mandato.

Artigo 50
LÍNGUAS OFICIAIS E LÍNGUAS DE TRABALHO

1. As línguas árabe, chinesa, espanhola, francesa, inglesa e russa serão as línguas oficiais do Tribunal. As sentenças proferidas pelo Tribunal, bem como outras decisões sobre questões fundamentais submetidas ao Tribunal, serão publicadas nas línguas oficiais. A Presidência, de acordo com os critérios definidos no Regulamento Processual, determinará quais as decisões que poderão ser consideradas como decisões sobre questões fundamentais, para os efeitos do presente parágrafo.

2. As línguas francesa e inglesa serão as línguas de trabalho do Tribunal. O Regulamento Processual definirá os casos em que outras línguas oficiais poderão ser usadas como línguas de trabalho.

3. A pedido de qualquer Parte ou qualquer Estado que tenha sido admitido a intervir num processo, o Tribunal autorizará o uso de uma língua que não seja a francesa ou a inglesa, sempre que considere que tal autorização se justifica.

Artigo 51
REGULAMENTO PROCESSUAL

1. O Regulamento Processual entrará em vigor mediante a sua aprovação por uma maioria de 2/3 (dois terços) dos votos dos membros da Assembleia dos Estados-Partes.

2. Poderão propor alterações ao Regulamento Processual:

a) Qualquer Estado-Parte;

b) Os juízes, por maioria absoluta; ou

c) O Procurador.

Estas alterações entrarão em vigor mediante a aprovação por uma maioria de 2/3 (dois terços) dos votos dos membros da Assembleia dos Estados-partes.

3. Após a aprovação do Regulamento Processual, em casos urgentes em que a situação concreta suscitada em Tribunal não se encontre prevista no Regulamento Processual, os juízes poderão, por maioria de 2/3 (dois terços), estabelecer normas provisórias a serem aplicadas até que a Assembleia dos Estados-Partes as aprove, altere ou rejeite na sessão ordinária ou extraordinária seguinte.

4. O Regulamento Processual, e respectivas alterações, bem como quaisquer normas provisórias, deverão estar em consonância com o presente Estatuto. As alterações ao Regulamento Processual, assim como as normas provisórias aprovadas em conformidade com o parágrafo 3º, não serão aplicadas com caráter retroativo em detrimento de qualquer pessoa que seja objeto de inquérito ou de procedimento criminal, ou que tenha sido condenada.

5. Em caso de conflito entre as disposições do Estatuto e as do Regulamento Processual, o Estatuto prevalecerá.

Artigo 52
REGIMENTO DO TRIBUNAL

1. De acordo com o presente Estatuto e com o Regulamento Processual, os juízes aprovarão, por maioria absoluta, o Regimento necessário ao normal funcionamento do Tribunal.

2. O Procurador e o Secretário serão consultados sobre a elaboração do Regimento ou sobre qualquer alteração que lhe seja introduzida.

3. O Regimento do Tribunal e qualquer alteração posterior entrarão em vigor mediante a sua aprovação, salvo decisão em contrário dos juízes. Imediatamente após a adoção, serão circulados pelos Estados-Partes para observações e continuarão em vigor se, dentro de 6 (seis) meses, não forem formuladas objeções pela maioria dos Estados-Partes.

CAPÍTULO V
INQUÉRITO E PROCEDIMENTO CRIMINAL

Artigo 53
ABERTURA DO INQUÉRITO

1. O Procurador, após examinar a informação de que dispõe, abrirá um inquérito, a menos que considere que, nos termos do presente Estatuto, não existe fundamento razoável para proceder ao mesmo. Na sua decisão, o Procurador terá em conta se:

a) A informação de que dispõe constitui fundamento razoável para crer que foi, ou está sendo, cometido um crime da competência do Tribunal;

b) O caso é ou seria admissível nos termos do artigo 17; e

c) Tendo em consideração a gravidade do crime e os interesses das vítimas, não existirão, contudo, razões substanciais para crer que o inquérito não serve os interesses da justiça.

Se decidir que não há motivo razoável para abrir um inquérito e se esta decisão se basear unicamente no disposto na alínea c), o Procurador informará o Juízo de Instrução.

2. Se, concluído o inquérito, o Procurador chegar à conclusão de que não há fundamento suficiente para proceder criminalmente, na medida em que:

a) Não existam elementos suficientes, de fato ou de direito, para requerer a emissão de um mandado de detenção ou notificação para comparência, de acordo com o artigo 58;

b) O caso seja inadmissível, de acordo com o artigo 17; ou

c) O procedimento não serviria o interesse da justiça, consideradas todas as circunstâncias, tais como a gravidade do crime, os interesses das vítimas e a idade ou o estado de saúde do presumível autor e o grau de participação no alegado crime, comunicará a sua decisão, devidamente fundamentada, ao Juízo de Instrução e ao Estado que lhe submeteu o caso, de acordo com o artigo 14, ou ao Conselho de Segurança, se se tratar de um caso previsto no parágrafo b) do artigo 13.

3. a) A pedido do Estado que tiver submetido o caso, nos termos do artigo 14, ou do Conselho de Segurança, nos termos do parágrafo b) do artigo 13, o Juízo de Instrução poderá examinar a decisão do Procurador de não proceder criminalmente em conformidade com os parágrafos 1º ou 2º e solicitar-lhe que reconsidere essa decisão;

b) Além disso, o Juízo de Instrução poderá, oficiosamente, examinar a decisão do Procurador de não proceder criminalmente, se essa decisão se basear unicamente no disposto no parágrafo 1º, alínea c), e no parágrafo 2º, alínea c). Nesse caso, a decisão do Procurador só produzirá efeitos se confirmada pelo Juízo de Instrução.

4. O Procurador poderá, a todo o momento, reconsiderar a sua decisão de abrir um inquérito ou proceder criminalmente, com base em novos fatos ou novas informações.

Artigo 54
FUNÇÕES E PODERES DO PROCURADOR EM MATÉRIA DE INQUÉRITO

1. O Procurador deverá:

a) A fim de estabelecer a verdade dos fatos, alargar o inquérito a todos os fatos e provas pertinentes para a determinação da responsabilidade criminal, em conformidade com o presente Estatuto e, para esse efeito, investigar, de igual modo, as circunstâncias que interessam quer à acusação, quer à defesa;

b) Adotar as medidas adequadas para assegurar a eficácia do inquérito e do procedimento criminal relativamente aos crimes da jurisdição do Tribunal e, na sua atuação, o Procurador terá em conta os interesses e a situação pessoal das vítimas e testemunhas, incluindo a idade, o gênero tal como definido no parágrafo 3º do artigo 7º, e o estado de saúde; terá igualmente em conta a natureza do crime, em particular quando envolva violência sexual, violência por motivos relacionados com a pertença a um determinado gênero e violência contra as crianças; e

c) Respeitar plenamente os direitos conferidos às pessoas pelo presente Estatuto.

2. O Procurador poderá realizar investigações no âmbito de um inquérito no território de um Estado:

a) De acordo com o disposto na Parte IX; ou

b) Mediante autorização do Juízo de Instrução, dada nos termos do parágrafo 3º, alínea d), do artigo 57.

3. O Procurador poderá:

a) Reunir e examinar provas;

b) Convocar e interrogar pessoas objeto de inquérito e convocar e tomar o depoimento de vítimas e testemunhas;

c) Procurar obter a cooperação de qualquer Estado ou organização intergovernamental ou instrumento intergovernamental, de acordo com a respectiva competência e/ou mandato;

d) Celebrar acordos ou convênios compatíveis com o presente Estatuto, que se mostrem necessários para facilitar a cooperação de um Estado, de uma organização intergovernamental ou de uma pessoa;

e) Concordar em não divulgar, em qualquer fase do processo, documentos ou informação que tiver obtido, com a condição de preservar o seu caráter confidencial e com o objetivo único de obter novas provas, a menos que quem tiver facilitado a informação consinta na sua divulgação; e

f) Adotar ou requerer que se adotem as medidas necessárias para assegurar o caráter confidencial da informação, a proteção de pessoas ou a preservação da prova.

Artigo 55
DIREITOS DAS PESSOAS NO DECURSO DO INQUÉRITO

1. No decurso de um inquérito aberto nos termos do presente Estatuto:

a) Nenhuma pessoa poderá ser obrigada a depor contra si própria ou a declarar-se culpada;

b) Nenhuma pessoa poderá ser submetida a qualquer forma de coação, intimidação ou ameaça, tortura ou outras formas de penas ou tratamentos cruéis, desumanos ou degradantes; e

c) Qualquer pessoa que for interrogada numa língua que não compreenda ou não fale fluentemente, será assistida, gratuitamente, por um intérprete competente e disporá das traduções que são necessárias às exigências de equidade;

d) Nenhuma pessoa poderá ser presa ou detida arbitrariamente, nem ser privada da sua liberdade, salvo pelos motivos previstos no presente Estatuto e em conformidade com os procedimentos nele estabelecidos.

2. Sempre que existam motivos para crer que uma pessoa cometeu um crime da competência do Tribunal e que deve ser interrogada pelo Procurador ou pelas autoridades nacionais, em virtude de um pedido feito em conformidade com o disposto na Parte IX do presente Estatuto, essa pessoa será informada, antes do interrogatório, de que goza ainda dos seguintes direitos:

a) A ser informada antes de ser interrogada de que existem indícios de que cometeu um crime da competência do Tribunal;

b) A guardar silêncio, sem que tal seja tido em consideração para efeitos de determinação da sua culpa ou inocência;

c) A ser assistida por um advogado da sua escolha ou, se não o tiver, a solicitar que lhe seja designado um defensor dativo, em todas as situações em que o interesse da justiça assim o exija e sem qualquer encargo se não possuir meios suficientes para lhe pagar; e

d) A ser interrogada na presença do seu advogado, a menos que tenha renunciado voluntariamente ao direito de ser assistida por um advogado.

Artigo 56
INTERVENÇÃO DO JUÍZO DE INSTRUÇÃO EM CASO DE OPORTUNIDADE ÚNICA DE PROCEDER A UM INQUÉRITO

1. a) Sempre que considere que um inquérito oferece uma oportunidade única de recolher depoimentos ou declarações de uma testemunha ou de examinar, reunir ou verificar provas, o Procurador comunicará esse fato ao Juízo de Instrução;

b) Nesse caso, o Juízo de Instrução, a pedido do Procurador, poderá adotar as medidas que entender necessárias para assegurar a eficácia e a integridade do processo e, em particular, para proteger os direitos de defesa;

c) Salvo decisão em contrário do Juízo de Instrução, o Procurador transmitirá a informação relevante à pessoa que tenha sido detida, ou que tenha comparecido na sequência de notificação emitida no âmbito do inquérito a que se refere a alínea *a*), para que possa ser ouvida sobre a matéria em causa.

2. As medidas a que se faz referência na alínea b) do parágrafo 1º poderão consistir em:

a) Fazer recomendações ou proferir despachos sobre o procedimento a seguir;

b) Ordenar que seja lavrado o processo;

c) Nomear um perito;

d) Autorizar o advogado de defesa do detido, ou de quem tiver comparecido no Tribunal na sequência de notificação, a participar no processo ou, no caso dessa detenção ou comparecimento não se ter ainda verificado ou não tiver ainda sido designado advogado, a nomear outro defensor que se encarregará dos interesses da defesa e os representará;

e) Encarregar um dos seus membros ou, se necessário, outro juiz disponível da Seção de Instrução ou da Seção de Julgamento em Primeira Instância, de formular recomendações ou proferir despachos sobre o recolhimento e a preservação de meios de prova e a inquirição de pessoas;

f) Adotar todas as medidas necessárias para reunir ou preservar meios de prova.

3. a) Se o Procurador não tiver solicitado as medidas previstas no presente artigo mas o Juízo de Instrução considerar que tais medidas serão necessárias para preservar meios de prova que lhe pareçam essenciais para a defesa no julgamento, o Juízo consultará o Procurador a fim de saber se existem motivos poderosos para este não requerer as referidas medidas. Se, após consulta, o Juízo concluir que a omissão de requerimento de tais medidas é injustificada, poderá adotar essas medidas de ofício.

b) O Procurador poderá recorrer da decisão do Juízo de Instrução de ofício, nos termos do presente número. O recurso seguirá uma forma sumária.

4. A admissibilidade dos meios de prova preservados ou recolhidos para efeitos do processo ou o respectivo registro, em conformidade com o presente artigo, reger-se-ão, em julgamento, pelo disposto no artigo 69, e terão o valor que lhes for atribuído pelo Juízo de Julgamento em Primeira Instância.

Artigo 57
FUNÇÕES E PODERES DO JUÍZO DE INSTRUÇÃO

1. Salvo disposição em contrário contida no presente Estatuto, o Juízo de Instrução exercerá as suas funções em conformidade com o presente artigo.

2. a) Para os despachos do Juízo de Instrução proferidos ao abrigo dos artigos 15, 18, 19, 54, parágrafo 2º, 61, parágrafo 7, e 72, deve concorrer maioria de votos dos juízes que o compõem;

b) Em todos os outros casos, um único juiz do Juízo de Instrução poderá exercer as funções definidas no presente Estatuto, salvo disposição em contrário contida no Regulamento Processual ou decisão em contrário do Juízo de Instrução tomada por maioria de votos.

3. Independentemente das outras funções conferidas pelo presente Estatuto, o Juízo de Instrução poderá:

a) A pedido do Procurador, proferir os despachos e emitir os mandados que se revelem necessários para um inquérito;

b) A pedido de qualquer pessoa que tenha sido detida ou tenha comparecido na sequência de notificação expedida nos termos do artigo 58, proferir despachos, incluindo medidas tais como as indicadas no artigo 56, ou procurar obter, nos termos do disposto na Parte IX, a cooperação necessária para auxiliar essa pessoa a preparar a sua defesa;

c) Sempre que necessário, assegurar a proteção e o respeito pela privacidade de vítimas e testemunhas, a preservação da prova, a proteção de pessoas detidas ou que tenham comparecido na sequência de notificação para comparecimento, assim como a proteção de informação que afete a segurança nacional;

d) Autorizar o Procurador a adotar medidas específicas no âmbito de um inquérito, no território de um Estado-Parte sem ter obtido a cooperação deste nos termos do disposto na Parte IX, caso o Juízo de Instrução determine que, tendo em consideração, na medida do possível, a posição do referido Estado, este último não está manifestamente em condições de satisfazer um pedido de cooperação face à incapacidade de todas as autoridades ou órgãos do seu sistema judiciário com competência para dar seguimento a um pedido de cooperação formulado nos termos do disposto na Parte IX.

e) Quando tiver emitido um mandado de detenção ou uma notificação para comparecimento nos termos do artigo 58, e levando em consideração o valor das provas e os direitos das partes em questão, em conformidade com o disposto no presente Estatuto e no Regulamento Processual, procurar obter a cooperação dos Estados, nos termos do parágrafo 1º, alínea k) do artigo 93, para adoção de medidas cautelares que visem à apreensão, em particular no interesse superior das vítimas.

Artigo 58
MANDADO DE DETENÇÃO E NOTIFICAÇÃO PARA COMPARECIMENTO DO JUÍZO DE INSTRUÇÃO

1. A todo o momento após a abertura do inquérito, o Juízo de Instrução poderá, a pedido do Procurador, emitir um mandado de detenção contra uma pessoa se, após examinar o pedido e as provas ou outras informações submetidas pelo Procurador, considerar que:

a) Existem motivos suficientes para crer que essa pessoa cometeu um crime da competência do Tribunal; e

b) A detenção dessa pessoa se mostra necessária para:

i) Garantir o seu comparecimento em tribunal;

ii) Garantir que não obstruirá, nem porá em perigo, o inquérito ou a ação do Tribunal; ou

iii) Se for o caso, impedir que a pessoa continue a cometer esse crime ou um crime conexo que seja da competência do Tribunal e tenha a sua origem nas mesmas circunstâncias.

2. Do requerimento do Procurador deverão constar os seguintes elementos:

a) O nome da pessoa em causa e qualquer outro elemento útil de identificação;

b) A referência precisa do crime da competência do Tribunal que a pessoa tenha presumivelmente cometido;

c) Uma descrição sucinta dos fatos que alegadamente constituem o crime;

d) Um resumo das provas e de qualquer outra informação que constitua motivo suficiente para crer que a pessoa cometeu o crime; e

e) Os motivos pelos quais o Procurador considere necessário proceder à detenção daquela pessoa.

3. Do mandado de detenção deverão constar os seguintes elementos:

a) O nome da pessoa em causa e qualquer outro elemento útil de identificação;

b) A referência precisa do crime da competência do Tribunal que justifique o pedido de detenção; e

c) Uma descrição sucinta dos fatos que alegadamente constituem o crime.

4. O mandado de detenção manter-se-á válido até decisão em contrário do Tribunal.

5. Com base no mandado de detenção, o Tribunal poderá solicitar a prisão preventiva ou a detenção e entrega da pessoa em conformidade com o disposto na Parte IX do presente Estatuto.

6. O Procurador poderá solicitar ao Juízo de Instrução que altere o mandado de detenção no sentido de requalificar os crimes aí indicados ou de adicionar outros. O Juízo de Instrução alterará o mandado de detenção se considerar que existem motivos suficientes para crer que a pessoa cometeu quer os crimes na forma que se indica nessa requalificação, quer os novos crimes.

7. O Procurador poderá solicitar ao Juízo de Instrução que, em vez de um mandado de detenção, emita uma notificação para comparecimento. Se o Juízo considerar que existem motivos suficientes para crer que a pessoa cometeu o crime que lhe é imputado e que uma notificação para comparecimento será suficiente para garantir a sua presença efetiva em tribunal, emitirá uma notificação para que a pessoa compareça, com ou sem a imposição de medidas restritivas de liberdade (distintas da detenção) se previstas no direito interno. Da notificação para comparecimento deverão constar os seguintes elementos:

a) O nome da pessoa em causa e qualquer outro elemento útil de identificação;

b) A data de comparecimento;

c) A referência precisa ao crime da competência do Tribunal que a pessoa alegadamente tenha cometido; e

d) Uma descrição sucinta dos fatos que alegadamente constituem o crime.

Esta notificação será diretamente feita à pessoa em causa.

Artigo 59
Procedimento de Detenção no Estado da Detenção

1. O Estado-Parte que receber um pedido de prisão preventiva ou de detenção e entrega, adotará imediatamente as medidas necessárias para proceder à detenção, em conformidade com o respectivo direito interno e com o disposto na Parte IX.

2. O detido será imediatamente levado à presença da autoridade judiciária competente do Estado da detenção que determinará se, de acordo com a legislação desse Estado:

a) O mandado de detenção é aplicável à pessoa em causa;

b) A detenção foi executada de acordo com a lei;

c) Os direitos do detido foram respeitados,

3. O detido terá direito a solicitar à autoridade competente do Estado da detenção autorização para aguardar a sua entrega em liberdade.

4. Ao decidir sobre o pedido, a autoridade competente do Estado da detenção determinará se, em face da gravidade dos crimes imputados, se verificam circunstâncias urgentes e excepcionais que justifiquem a liberdade provisória e se existem as garantias necessárias para que o Estado de detenção possa cumprir a sua obrigação de entregar a pessoa ao Tribunal. Essa autoridade não terá competência para examinar se o mandado de detenção foi regularmente emitido, nos termos das alíneas a) e b) do parágrafo 1º do artigo 58.

5. O pedido de liberdade provisória será notificado ao Juízo de Instrução, o qual fará recomendações à autoridade competente do Estado da detenção. Antes de tomar uma decisão, a autoridade competente do Estado da detenção terá em conta essas recomendações, incluindo as relativas a medidas adequadas para impedir a fuga da pessoa.

6. Se a liberdade provisória for concedida, o Juízo de Instrução poderá solicitar informações periódicas sobre a situação de liberdade provisória.

7. Uma vez que o Estado da detenção tenha ordenado a entrega, o detido será colocado, o mais rapidamente possível, à disposição do Tribunal.

Artigo 60
INÍCIO DA FASE INSTRUTÓRIA

1. Logo que uma pessoa seja entregue ao Tribunal ou nele compareça voluntariamente em cumprimento de uma notificação para comparecimento, o Juízo de Instrução deverá assegurar-se de que essa pessoa foi informada dos crimes que lhe são imputados e dos direitos que o presente Estatuto lhe confere, incluindo o direito de solicitar autorização para aguardar o julgamento em liberdade.

2. A pessoa objeto de um mandado de detenção poderá solicitar autorização para aguardar julgamento em liberdade. Se o Juízo de Instrução considerar verificadas as condições enunciadas no parágrafo 1ºdo artigo 58, a detenção será mantida. Caso contrário, a pessoa será posta em liberdade, com ou sem condições.

3. O Juízo de Instrução reexaminará periodicamente a sua decisão quanto à liberdade provisória ou à detenção, podendo fazê-lo a todo o momento, a pedido do Procurador ou do interessado. Ao tempo da revisão, o Juízo poderá modificar a sua decisão quanto à detenção, à liberdade provisória ou às condições desta, se considerar que a alteração das circunstâncias o justifica.

4. O Juízo de Instrução certificar-se-á de que a detenção não será prolongada por período não razoável devido a demora injustificada por parte do Procurador. Caso se produza a referida demora, o Tribunal considerará a possibilidade de por o interessado em liberdade, com ou sem condições.

5. Se necessário, o Juízo de Instrução poderá emitir um mandado de detenção para garantir o comparecimento de uma pessoa que tenha sido posta em liberdade.

Artigo 61.
APRECIAÇÃO DA ACUSAÇÃO ANTES DO JULGAMENTO

1. Salvo o disposto no parágrafo 2º, e em um prazo razoável após a entrega da pessoa ao Tribunal ou ao seu comparecimento voluntário perante este, o Juízo de Instrução realizará uma audiência para apreciar os fatos constantes da acusação com base nos quais o Procurador pretende requerer o julgamento. A audiência ocorrerá lugar na presença do Procurador e do acusado, assim como do defensor deste.

2. O Juízo de Instrução, de ofício ou a pedido do Procurador, poderá realizar a audiência na ausência do acusado, a fim de apreciar os fatos constantes da acusação com base nos quais o Procurador pretende requerer o julgamento, se o acusado:

a) Tiver renunciado ao seu direito a estar presente; ou

b) Tiver fugido ou não for possível encontrá-lo, tendo sido tomadas todas as medidas razoáveis para assegurar o seu comparecimento em Tribunal e para o informar dos fatos constantes da acusação e da realização de uma audiência para apreciação dos mesmos.

Neste caso, o acusado será representado por um defensor, se o Juízo de Instrução decidir que tal servirá os interesses da justiça.

3. Num prazo razoável antes da audiência, o acusado:

a) Receberá uma cópia do documento especificando os fatos constantes da acusação com base nos quais o Procurador pretende requerer o julgamento; e

b) Será informado das provas que o Procurador pretende apresentar em audiência.

O Juízo de Instrução poderá proferir despacho sobre a divulgação de informação para efeitos da audiência.

4. Antes da audiência, o Procurador poderá reabrir o inquérito e alterar ou retirar parte dos fatos constantes da acusação. O acusado será notificado de qualquer alteração ou retirada em tempo razoável, antes da realização da audiência. No caso de retirada de parte dos fatos constantes da acusação, o Procurador informará o Juízo de Instrução dos motivos da mesma.

5. Na audiência, o Procurador produzirá provas satisfatórias dos fatos constantes da acusação, nos quais baseou a sua convicção de que o acusado cometeu o crime que lhe é imputado. O Procurador poderá basear-se em provas documentais ou um resumo das provas, não sendo obrigado a chamar as testemunhas que irão depor no julgamento.

6. Na audiência, o acusado poderá:

a) Contestar as acusações;

b) Impugnar as provas apresentadas pelo Procurador; e

c) Apresentar provas.

7. Com base nos fatos apreciados durante a audiência, o Juízo de Instrução decidirá se existem provas suficientes de que o acusado cometeu os crimes que lhe são imputados. De acordo com essa decisão, o Juízo de Instrução:

a) Declarará procedente a acusação na parte relativamente à qual considerou terem sido reunidas provas suficientes e remeterá o acusado para o juízo de Julgamento em Primeira Instância, a fim de aí ser julgado pelos fatos confirmados;

b) Não declarará procedente a acusação na parte relativamente à qual considerou não terem sido reunidas provas suficientes;

c) Adiará a audiência e solicitará ao Procurador que considere a possibilidade de:

i) Apresentar novas provas ou efetuar novo inquérito relativamente a um determinado fato constante da acusação; ou

ii) Modificar parte da acusação, se as provas reunidas parecerem indicar que um crime distinto, da competência do Tribunal, foi cometido.

8. A declaração de não procedência relativamente a parte de uma acusação, proferida pelo Juízo de Instrução, não obstará a que o Procurador solicite novamente a sua apreciação, na condição de apresentar provas adicionais.

9. Tendo os fatos constantes da acusação sido declarados procedentes, e antes do início do julgamento, o Procurador poderá, mediante autorização do Juízo de Instrução e notificação prévia do acusado, alterar alguns fatos constantes da acusação. Se o Procurador pretender acrescentar novos fatos ou substituí-los por outros de natureza mais grave, deverá, nos termos do preserve artigo, requerer uma audiência para a respectiva apreciação. Após o início do julgamento, o Procurador poderá retirar a acusação, com autorização do Juízo de Instrução.

10. Qualquer mandado emitido deixará de ser válido relativamente aos fatos constantes da acusação que tenham sido declarados não procedentes pelo Juízo de Instrução ou que tenham sido retirados pelo Procurador.

11. Tendo a acusação sido declarada procedente nos termos do presente artigo, a Presidência designará um Juízo de Julgamento em Primeira Instância que, sob reserva do disposto no parágrafo 9 do presente artigo e no parágrafo 4º do artigo 64, se encarregará da fase seguinte do processo e poderá exercer as funções do Juízo de Instrução que se mostrem pertinentes e apropriadas nessa fase do processo.

CAPÍTULO VI
O JULGAMENTO

Artigo 62
LOCAL DO JULGAMENTO

Salvo decisão em contrário, o julgamento terá lugar na sede do Tribunal.

Artigo 63
PRESENÇA DO ACUSADO EM JULGAMENTO

1. O acusado estará presente durante o julgamento.

2. Se o acusado, presente em tribunal, perturbar persistentemente a audiência, o Juízo de Julgamento em Primeira Instância poderá ordenar a sua remoção da sala e providenciar para que acompanhe o processo e dê instruções ao seu defensor a partir do exterior da mesma, utilizando, se necessário, meios técnicos de comunicação. Estas medidas só serão adotadas em circunstâncias excepcionais e pelo período estritamente necessário, após se terem esgotado outras possibilidades razoáveis.

Artigo 64
FUNÇÕES E PODERES DO JUÍZO DE JULGAMENTO EM PRIMEIRA INSTÂNCIA

1. As funções e poderes do Juízo de Julgamento em Primeira Instância, enunciadas no presente artigo, deverão ser exercidas em conformidade com o presente Estatuto e o Regulamento Processual.

2. O Juízo de Julgamento em Primeira Instância zelará para que o julgamento seja conduzido de maneira equitativa e célere, com total respeito dos direitos do acusado e tendo em devida conta a proteção das vítimas e testemunhas.

3. O Juízo de Julgamento em Primeira Instância a que seja submetido um caso nos termos do presente Estatuto:

a) Consultará as partes e adotará as medidas necessárias para que o processo se desenrole de maneira equitativa e célere;

b) Determinará qual a língua, ou quais as línguas, a utilizar no julgamento; e

c) Sob reserva de qualquer outra disposição pertinente do presente Estatuto, providenciará pela revelação de quaisquer documentos ou da informação que não tenha sido divulgada anteriormente, com suficiente antecedência relativamente ao início do julgamento, a fim de permitir a sua preparação adequada para o julgamento.

4. O Juízo de Julgamento em Primeira Instância poderá, se mostrar necessário para o seu funcionamento eficaz e imparcial, remeter questões preliminares ao Juízo de Instrução ou, se necessário, a um outro juiz disponível da Seção de Instrução.

5. Mediante notificação às partes, o Juízo de Julgamento em Primeira Instância poderá, conforme se lhe afigure mais adequado, ordenar que as acusações contra mais de um acusado sejam deduzidas conjunta ou separadamente.

6. No desempenho das suas funções, antes ou no decurso de um julgamento, o Juízo de Julgamento em Primeira Instância poderá, se necessário:

a) Exercer qualquer uma das funções do Juízo de Instrução consignadas no parágrafo 11 do artigo 61;

b) Ordenar a comparência e a audição de testemunhas e a apresentação de documentos e outras provas, obtendo para tal, se necessário, o auxílio de outros Estados, conforme previsto no presente Estatuto;

c) Adotar medidas para a proteção da informação confidencial;

d) Ordenar a apresentação de provas adicionais às reunidas antes do julgamento ou às apresentadas no decurso do julgamento pelas partes;

e) Adotar medidas para a proteção do acusado, testemunhas e vítimas; e

f) Decidir sobre qualquer outra questão pertinente.

7. A audiência de julgamento será pública. No entanto, o Juízo de Julgamento em Primeira Instância poderá decidir que determinadas diligências se efetuem à porta fechada, em conformidade com os objetivos enunciados no artigo 68 ou com vista a proteger informação de caráter confidencial ou restrita que venha a ser apresentada como prova.

8. a) No início da audiência de julgamento, o Juízo de Julgamento em Primeira Instância ordenará a leitura ao acusado, dos fatos constantes da acusação previamente confirmados pelo Juízo de Instrução. O Juízo de Julgamento em Primeira Instância deverá certificar-se de que o acusado compreende a natureza dos fatos que lhe são imputados e dar-lhe a oportunidade de os confessar, de acordo com o disposto no artigo 65, ou de se declarar inocente;

b) Durante o julgamento, o juiz presidente poderá dar instruções sobre a condução da audiência, nomeadamente para assegurar que esta se desenrole de maneira equitativa e imparcial. Salvo qualquer orientação do juiz presidente, as partes poderão apresentar provas em conformidade com as disposições do presente Estatuto.

9. O Juízo de Julgamento em Primeira Instância poderá, inclusive, de ofício ou a pedido de uma das partes, a saber:

a) Decidir sobre a admissibilidade ou pertinência das provas; e

b) Tomar todas as medidas necessárias para manter a ordem na audiência.

10. O Juízo de Julgamento em Primeira Instância providenciará para que o Secretário proceda a um registro completo da audiência de julgamento onde sejam fielmente relatadas todas as diligências efetuadas, registro que deverá manter e preservar.

Artigo 65
PROCEDIMENTO EM CASO DE CONFISSÃO

1. Se o acusado confessar nos termos do parágrafo 8, alínea *a*), do artigo 64, o Juízo de Julgamento em Primeira Instância apurará:

a) Se o acusado compreende a natureza e as consequências da sua confissão;

b) Se essa confissão foi feita livremente, após devida consulta ao seu advogado de defesa; e

c) Se a confissão é corroborada pelos fatos que resultam:

i) Da acusação deduzida pelo Procurador e aceita pelo acusado;

ii) De quaisquer meios de prova que confirmam os fatos constantes da acusação deduzida pelo Procurador e aceita pelo acusado; e

iii) De quaisquer outros meios de prova, tais como depoimentos de testemunhas, apresentados pelo Procurador ou pelo acusado.

2. Se o Juízo de Julgamento em Primeira Instância estimar que estão reunidas as condições referidas no parágrafo 1º, considerará que a confissão, juntamente com quaisquer provas adicionais produzidas, constitui um reconhecimento de todos os elementos essenciais constitutivos do crime pelo qual o acusado se declarou culpado e poderá condená-lo por esse crime.

3. Se o Juízo de Julgamento em Primeira Instância estimar que não estão reunidas as condições referidas no parágrafo 1º, considerará a confissão como não tendo tido lugar e, nesse caso, ordenará que o julgamento prossiga de acordo com o procedimento comum estipulado no presente Estatuto, podendo transmitir o processo a outro Juízo de Julgamento em Primeira Instância.

4. Se o Juízo de Julgamento em Primeira Instância considerar necessária, no interesse da justiça, e em particular no interesse das vítimas, uma explanação mais detalhada dos fatos integrantes do caso, poderá:

a) Solicitar ao Procurador que apresente provas adicionais, incluindo depoimentos de testemunhas; ou

b) Ordenar que o processo prossiga de acordo com o procedimento comum estipulado no presente Estatuto, caso em que considerará a confissão como não tendo tido lugar e poderá transmitir o processo a outro Juízo de Julgamento em Primeira Instância.

5. Quaisquer consultas entre o Procurador e a defesa, no que diz respeito à alteração dos fatos constantes da acusação, à confissão ou à pena a ser imposta, não vincularão o Tribunal.

Artigo 66
PRESUNÇÃO DE INOCÊNCIA

1. Toda a pessoa se presume inocente até prova da sua culpa perante o Tribunal, de acordo com o direito aplicável.

2. Incumbe ao Procurador o ônus da prova da culpa do acusado.

3. Para proferir sentença condenatória, o Tribunal deve estar convencido de que o acusado é culpado, além de qualquer dúvida razoável.

Artigo 67
DIREITOS DO ACUSADO

1. Durante a apreciação de quaisquer fatos constantes da acusação, o acusado tem direito a ser ouvido em audiência pública, levando em conta o disposto no presente Estatuto, a uma audiência conduzida de forma equitativa e imparcial e às seguintes garantias mínimas, em situação de plena igualdade:

a) A ser informado, sem demora e de forma detalhada, numa língua que compreenda e fale fluentemente, da natureza, motivo e conteúdo dos fatos que lhe são imputados;

b) A dispor de tempo e de meios adequados para a preparação da sua defesa e a comunicar-se livre e confidencialmente com um defensor da sua escolha;

c) A ser julgado sem atrasos indevidos;

d) Salvo o disposto no parágrafo 2º do artigo 63, o acusado terá direito a estar presente na audiência de julgamento e a defender-se a si próprio ou a ser assistido por um defensor da sua escolha; se não o tiver, a ser informado do direito de o tribunal lhe nomear um defensor sempre que o interesse da justiça o exija, sendo tal assistência gratuita se o acusado carecer de meios suficientes para remunerar o defensor assim nomeado;

e) A inquirir ou a fazer inquirir as testemunhas de acusação e a obter o comparecimento das testemunhas de defesa e a inquirição destas nas mesmas condições que as testemunhas de acusação. O acusado terá também direito a apresentar defesa e a oferecer qualquer outra prova admissível, de acordo com o presente Estatuto;

f) A ser assistido gratuitamente por um intérprete competente e a serem-lhe facultadas as traduções necessárias que a equidade exija, se não compreender perfeitamente ou não falar a língua utilizada em qualquer ato processual ou documento produzido em tribunal;

g) A não ser obrigado a depor contra si próprio, nem a declarar-se culpado, e a guardar silêncio, sem que este seja levado em conta na determinação da sua culpa ou inocência;

h) A prestar declarações não ajuramentadas, oralmente ou por escrito, em sua defesa; e

i) A que não lhe seja imposta quer a inversão do ônus da prova, quer a impugnação.

2. Além de qualquer outra revelação de informação prevista no presente Estatuto, o Procurador comunicará à defesa, logo que possível, as provas que tenha em seu poder ou sob o seu controle e que, no seu entender, revelem ou tendam a revelar a inocência do acusado, ou a atenuar a sua culpa, ou que possam afetar a credibilidade das provas de acusação. Em caso de dúvida relativamente à aplicação do presente número, cabe ao Tribunal decidir.

Artigo 68
PROTEÇÃO DAS VÍTIMAS E DAS TESTEMUNHAS E SUA PARTICIPAÇÃO NO PROCESSO

1. O Tribunal adotará as medidas adequadas para garantir a segurança, o bem-estar físico e psicológico, a dignidade e a vida privada das vítimas e testemunhas. Para tal, o Tribunal levará em conta todos os fatores pertinentes, incluindo a idade, o gênero tal como definido no parágrafo 3º do artigo 7º, e o estado de saúde, assim como a natureza do crime, em particular, mas não apenas quando este envolva elementos de agressão sexual, de violência relacionada com a pertença a um determinado gênero ou de violência contra crianças. O Procurador adotará estas medidas, nomeadamente durante o inquérito e o procedimento criminal. Tais medidas não po-

derão prejudicar nem ser incompatíveis com os direitos do acusado ou com a realização de um julgamento equitativo e imparcial.

2. Enquanto excepção ao princípio do caráter público das audiências estabelecido no artigo 67, qualquer um dos Juízos que compõem o Tribunal poderá, a fim de proteger as vítimas e as testemunhas ou o acusado, decretar que um ato processual se realize, no todo ou em parte, à porta fechada ou permitir a produção de prova por meios eletrônicos ou outros meios especiais. Estas medidas aplicar-se-ão, nomeadamente, no caso de uma vítima de violência sexual ou de um menor que seja vítima ou testemunha, salvo decisão em contrário adotada pelo Tribunal, ponderadas todas as circunstâncias, particularmente a opinião da vítima ou da testemunha.

3. Se os interesses pessoais das vítimas forem afetados, o Tribunal permitir-lhes-á que expressem as suas opiniões e preocupações em fase processual que entenda apropriada e por forma a não prejudicar os direitos do acusado nem a ser incompatível com estes ou com a realização de um julgamento equitativo e imparcial. Os representantes legais das vítimas poderão apresentar as referidas opiniões e preocupações quando o Tribunal o considerar oportuno e em conformidade com o Regulamento Processual.

4. A Unidade de Apoio às Vítimas e Testemunhas poderá aconselhar o Procurador e o Tribunal relativamente a medidas adequadas de proteção, mecanismos de segurança, assessoria e assistência a que se faz referência no parágrafo 6 do artigo 43.

5. Quando a divulgação de provas ou de informação, de acordo com o presente Estatuto, representar um grave perigo para a segurança de uma testemunha ou da sua família, o Procurador poderá, para efeitos de qualquer diligência anterior ao julgamento, não apresentar as referidas provas ou informação, mas antes um resumo das mesmas. As medidas desta natureza deverão ser postas em prática de uma forma que não seja prejudicial aos direitos do acusado ou incompatível com estes e com a realização de um julgamento equitativo e imparcial.

6. Qualquer Estado poderá solicitar que sejam tomadas as medidas necessárias para assegurar a proteção dos seus funcionários ou agentes, bem como a proteção de toda a informação de caráter confidencial ou restrito.

Artigo 69
PROVA

1. Em conformidade com o Regulamento Processual e antes de depor, qualquer testemunha se comprometerá a fazer o seu depoimento com verdade.

2. A prova testemunhal deverá ser prestada pela própria pessoa no decurso do julgamento, salvo quando se apliquem as medidas estabelecidas no artigo 68 ou no Regulamento Processual. De igual modo, o Tribunal poderá permitir que uma testemunha preste declarações oralmente ou por meio de gravação em vídeo ou áudio, ou que sejam apresentados documentos ou transcrições escritas, nos termos do presente Estatuto e de acordo com o Regulamento Processual. Estas medidas não poderão prejudicar os direitos do acusado, nem ser incompatíveis com eles.

3. As partes poderão apresentar provas que interessem ao caso, nos termos do artigo 64. O Tribunal será competente para solicitar de ofício a produção de todas as provas que entender necessárias para determinar a veracidade dos fatos.

4. O Tribunal poderá decidir sobre a relevância ou admissibilidade de qualquer prova, tendo em conta, entre outras coisas, o seu valor probatório e qualquer prejuízo que possa acarretar para a realização de um julgamento equitativo ou para a avaliação equitativa dos depoimentos de uma testemunha, em conformidade com o Regulamento Processual.

5. O Tribunal respeitará e atenderá aos privilégios de confidencialidade estabelecidos no Regulamento Processual.

6. O Tribunal não exigirá prova dos fatos do domínio público, mas poderá fazê-los constar dos autos.

7. Não serão admissíveis as provas obtidas com violação do presente Estatuto ou das normas de direitos humanos internacionalmente reconhecidas quando:

a) Essa violação suscite sérias dúvidas sobre a fiabilidade das provas; ou

b) A sua admissão atente contra a integridade do processo ou resulte em grave prejuízo deste.

8. O Tribunal, ao decidir sobre a relevância ou admissibilidade das provas apresentadas por um Estado, não poderá pronunciar-se sobre a aplicação do direito interno desse Estado.

Artigo 70
INFRAÇÕES CONTRA A ADMINISTRAÇÃO DA JUSTIÇA

1. O Tribunal terá competência para conhecer das seguintes infrações contra a sua administração da justiça, quando cometidas intencionalmente:

a) Prestação de falso testemunho, quando há a obrigação de dizer a verdade, de acordo com o parágrafo 1º do artigo 69;

b) Apresentação de provas, tendo a parte conhecimento de que são falsas ou que foram falsificadas;

c) Suborno de uma testemunha, impedimento ou interferência no seu comparecimento ou depoimento, represálias contra uma testemunha por esta ter prestado depoimento, destruição ou alteração de provas ou interferência nas diligências de obtenção de prova;

d) Entrave, intimidação ou corrupção de um funcionário do Tribunal, com a finalidade de o obrigar ou o induzir a não cumprir as suas funções ou a fazê-lo de maneira indevida;

e) Represálias contra um funcionário do Tribunal, em virtude das funções que ele ou outro funcionário tenham desempenhado; e

f) Solicitação ou aceitação de suborno na qualidade de funcionário do Tribunal, e em relação com o desempenho das respectivas funções oficiais.

2. O Regulamento Processual estabelecerá os princípios e procedimentos que regularão o exercício da competência do Tribunal relativamente às infrações a que se faz referência no presente artigo. As condições de cooperação internacional com o Tribunal, relativamente ao procedimento que adote de acordo com o presente artigo, reger-se-ão pelo direito interno do Estado requerido.

3. Em caso de decisão condenatória, o Tribunal poderá impor uma pena de prisão não superior a 5 (cinco) anos, ou de multa, de acordo com o Regulamento Processual, ou ambas.

4. a) Cada Estado-Parte tornará extensivas as normas penais de direito interno que punem as infrações contra a realização da justiça às infrações contra a administração da justiça a que se faz referência no presente artigo, e que sejam cometidas no seu território ou por um dos seus nacionais;

b) A pedido do Tribunal, qualquer Estado-Parte submeterá, sempre que o entender necessário, o caso à apreciação das suas autoridades competentes para fins de procedimento criminal. Essas autoridades conhecerão do caso com diligência e acionarão os meios necessários para a sua eficaz condução.

Artigo 71
SANÇÕES POR DESRESPEITO AO TRIBUNAL

1. Em caso de atitudes de desrespeito ao Tribunal, tal como perturbar a audiência ou recusar-se deliberadamente a cumprir as suas instruções, o Tribunal poderá impor sanções administrativas que não impliquem privação de liberdade, como, por exemplo, a expulsão temporária ou permanente da sala de audiências, a multa ou outra medida similar prevista no Regulamento Processual.

2. O processo de imposição das medidas a que se refere o número anterior reger-se-á pelo Regulamento Processual.

Artigo 72
PROTEÇÃO DE INFORMAÇÃO RELATIVA À SEGURANÇA NACIONAL

1. O presente artigo aplicar-se-á a todos os casos em que a divulgação de informação ou de documentos de um Estado possa, no entender deste, afetar os interesses da sua segurança nacional. Tais casos incluem os abrangidos pelas disposições constantes dos parágrafos 2º e 3º do artigo 56, parágrafo 3º do artigo 61, parágrafo 3º do artigo 64, parágrafo 2º do artigo 67, parágrafo 6 do artigo 68, parágrafo 6 do artigo 87 e do artigo 93, assim como os que se apresentem em qualquer outra fase do processo em que uma tal divulgação possa estar em causa.

2. O presente artigo aplicar-se-á igualmente aos casos em que uma pessoa a quem tenha sido solicitada a prestação de informação ou provas, se tenha recusado a apresenta-las ou tenha entregue a questão ao Estado, invocando que tal divulgação afetaria os interesses da segurança nacional do Estado, e o Estado em causa confirme que, no seu entender, essa divulgação afetaria os interesses da sua segurança nacional.

3. Nada no presente artigo afetará os requisitos de confidencialidade a que se referem as alíneas e) e f) do parágrafo 3º do artigo 54, nem a aplicação do artigo 73.

4. Se um Estado tiver conhecimento de que informações ou documentos do Estado estão a ser, ou poderão vir a ser, divulgados em qualquer fase do processo, e considerar que essa divulgação afetaria os seus interesses de segurança nacional, tal Estado terá o direito de intervir com vista a ver alcançada a resolução desta questão em conformidade com o presente artigo.

5. O Estado que considere que a divulgação de determinada informação poderá afetar os seus interesses de segurança nacional adotará, em conjunto com o Procurador, a defesa, o Juízo de Instrução ou o Juízo de Julgamento em Primeira Instância, conforme o caso, todas as medidas razoavelmente possíveis para encontrar uma solução através da concertação. Estas medidas poderão incluir:

a) A alteração ou o esclarecimento dos motivos do pedido;

b) Uma decisão do Tribunal relativa à relevância das informações ou dos elementos de prova solicitados, ou uma decisão sobre se as provas, ainda que relevantes, não poderiam ser ou ter sido obtidas junto de fonte distinta do Estado requerido;

c) A obtenção da informação ou de provas de fonte distinta ou em uma forma diferente; ou

d) Um acordo sobre as condições em que a assistência poderá ser prestada, incluindo, entre outras, a disponibilização de resumos ou exposições, restrições à divulgação, recurso ao procedimento à porta fechada ou à revelia de uma das partes, ou aplicação de outras medidas de proteção permitidas pelo Estatuto ou pelas Regulamento Processual.

6. Realizadas todas as diligências razoavelmente possíveis com vista a resolver a questão por meio de concertação, e se o Estado considerar não haver meios nem condições para que as informações ou os documentos possam ser fornecidos ou revelados sem prejuízo dos seus interesses de segurança nacional, notificará o Procurador ou o Tribunal nesse sentido, indicando as razões precisas que fundamentaram a sua decisão, a menos que a descrição específica dessas razões prejudique, necessariamente, os interesses de segurança nacional do Estado.

7. Posteriormente, se decidir que a prova é relevante e necessária para a determinação da culpa ou inocência do acusado, o Tribunal poderá adotar as seguintes medidas:

a) Quando a divulgação da informação ou do documento for solicitada no âmbito de um pedido de cooperação, nos termos da Parte IX do presente Estatuto ou nas circunstâncias a que se refere o parágrafo 2º do presente artigo, e o Estado invocar o motivo de recusa estatuído no parágrafo 4° do artigo 93:

i) O Tribunal poderá, antes de chegar a qualquer uma das conclusões a que se refere o ponto ii) da alínea a) do parágrafo 7º, solicitar consultas suplementares com o fim de ouvir o Estado, incluindo, se for caso disso, a sua realização à porta fechada ou à revelia de uma das partes;

ii) Se o Tribunal concluir que, ao invocar o motivo de recusa estatuído no parágrafo 4º do artigo 93, dadas as circunstâncias do caso, o Estado requerido não está a atuar de harmonia com as obrigações impostas pelo presente Estatuto, poderá remeter a questão nos termos do parágrafo 7 do artigo 87, especificando as razões da sua conclusão; e

iii) O Tribunal poderá tirar as conclusões, que entender apropriadas, em razão das circunstâncias, ao julgar o acusado, quanto à existência ou inexistência de um fato; ou

b) Em todas as restantes circunstâncias:

i) Ordenar a revelação; ou

ii) Se não ordenar a revelação, inferir, no julgamento do acusado, quanto à existência ou inexistência de um fato, conforme se mostrar apropriado.

Artigo 73
INFORMAÇÃO OU DOCUMENTOS DISPONIBILIZADOS POR TERCEIROS

Se um Estado-Parte receber um pedido do Tribunal para que lhe forneça uma informação ou um documento que esteja sob sua custódia, posse ou controle, e que lhe tenha sido comunicado a título confidencial por um Estado, uma organização intergovernamental ou uma organização internacional, tal Estado-Parte deverá obter o consentimento do seu autor para a divulgação dessa informação ou documento. Se o autor for um Estado-Parte, este poderá consentir em divulgar a referida informação ou documento ou comprometer-se a resolver a questão com o Tribunal, salvaguardando-se o disposto no artigo 72. Se o autor não for um Estado-Parte e não consentir em divulgar a informação ou o documento, o Estado requerido comunicará ao Tribunal que não lhe será possível fornecer a informação ou o documento em causa, devido à obrigação previamente assumida com o respectivo autor de preservar o seu caráter confidencial.

Artigo 74
REQUISITOS PARA A DECISÃO

1. Todos os juízes do Juízo de Julgamento em Primeira Instância estarão presentes em cada uma das fases do julgamento e nas deliberações. A Presidência poderá designar, conforme o caso, um ou vários juízes substitutos, em função das disponibilidades, para estarem presentes em todas as fases do julgamento, bem coma para substituírem qualquer membro do Juízo de Julgamento em Primeira Instância que se encontre impossibilitado de continuar a participar no julgamento.

2. O Juízo de Julgamento em Primeira Instância fundamentará a sua decisão com base na apreciação das provas e do processo no seu conjunto. A decisão não exorbitará dos fatos e circunstâncias descritos na acusação ou nas alterações que lhe tenham sido feitas. O Tribunal fundamentará a sua decisão exclusivamente nas provas produzidas ou examinadas em audiência de julgamento.

3. Os juízes procurarão tomar uma decisão por unanimidade e, não sendo possível, por maioria.

4. As deliberações do Juízo de Julgamento em Primeira Instância serão e permanecerão secretas.

5. A decisão será proferida por escrito e conterá uma exposição completa e fundamentada da apreciação das provas e as conclusões do Juízo de Julgamento em Primeira Instância. Será proferida uma só decisão pelo Juízo de Julgamento em Primeira Instância. Se não houver unanimidade, a decisão do Juízo de Julgamento em Primeira Instância conterá as opiniões tanto da maioria como da minoria dos juízes. A leitura da decisão ou de uma sua súmula far-se-á em audiência pública.

Artigo 75
REPARAÇÃO EM FAVOR DAS VÍTIMAS

1. O Tribunal estabelecerá princípios aplicáveis às formas de reparação, tais como a restituição, a indenização ou a reabilitação, que hajam de ser atribuídas às vítimas ou aos titulares desse direito. Nesta base, o Tribunal poderá, de ofício ou por requerimento, em circunstâncias excepcionais, determinar a extensão e o nível dos danos, da perda ou do prejuízo causados às vítimas ou aos titulares do direito à reparação, com a indicação dos princípios nos quais fundamentou a sua decisão.

2. O Tribunal poderá lavrar despacho contra a pessoa condenada, no qual determinará a reparação adequada a ser atribuída às vítimas ou aos titulares de tal direito. Esta reparação poderá, nomeadamente, assumir a forma de restituição, indenização ou reabilitação. Se for caso disso, o Tribunal poderá ordenar que a indenização atribuída a título de reparação seja paga por intermédio do Fundo previsto no artigo 79.

3. Antes de lavrar qualquer despacho ao abrigo do presente artigo, o Tribunal poderá solicitar e levar em consideração as pretensões formuladas pela pessoa condenada, pelas vítimas, por outras pessoas interessadas ou por outros Estados interessados, bem como as observações formuladas em nome dessas pessoas ou desses Estados.

4. Ao exercer os poderes conferidos pelo presente artigo, o Tribunal poderá, após a condenação por crime que seja da sua competência, determinar se, para fins de aplicação dos despachos que lavrar ao abrigo do presente artigo, será necessário tomar quaisquer medidas em conformidade com o parágrafo 1º do artigo 93.

5. Os Estados-Partes observarão as decisões proferidas nos termos deste artigo como se as disposições do artigo 109 se aplicassem ao presente artigo.

6. Nada no presente artigo será interpretado como prejudicando os direitos reconhecidos às vítimas pelo direito interno ou internacional.

Artigo 76
APLICAÇÃO DA PENA

1. Em caso de condenação, o Juízo de Julgamento em Primeira Instância determinará a pena a aplicar tendo em conta os elementos de prova e as exposições relevantes produzidos no decurso do julgamento,

2. Salvo nos casos em que seja aplicado o artigo 65 e antes de concluído o julgamento, o Juízo de Julgamento em Primeira Instância poderá, oficiosamente, e deverá, a requerimento do Procurador ou do acusado, convocar uma audiência suplementar, a fim de conhecer de quaisquer novos elementos de prova ou exposições relevantes para a determinação da pena, de harmonia com o Regulamento Processual.

3. Sempre que o parágrafo 2º for aplicável, as pretensões previstas no artigo 75 serão ouvidas pelo Juízo de Julgamento em Primeira Instância no decorrer da audiência suplementar referida no parágrafo 2º e, se necessário, no decorrer de qualquer nova audiência.

4. A sentença será proferida em audiência pública e, sempre que possível, na presença do acusado.

CAPÍTULO VII
AS PENAS

Artigo 77
PENAS APLICÁVEIS

1. Sem prejuízo do disposto no artigo 110, o Tribunal pode impor à pessoa condenada por um dos crimes previstos no artigo 5º do presente Estatuto uma das seguintes penas:

a) Pena de prisão por um número determinado de anos, até ao limite máximo de 30 (trinta) anos; ou

b) Pena de prisão perpétua, se o elevado grau de ilicitude do fato e as condições pessoais do condenado o justificarem,

2. Além da pena de prisão, o Tribunal poderá aplicar:

a) Uma multa, de acordo com os critérios previstos no Regulamento Processual;

b) A perda de produtos, bens e haveres provenientes, direta ou indiretamente, do crime, sem prejuízo dos direitos de terceiros que tenham agido de boa-fé.

Artigo 78
DETERMINAÇÃO DA PENA

1. Na determinação da pena, o Tribunal atenderá, em harmonia com o Regulamento Processual, a fatores tais como a gravidade do crime e as condições pessoais do condenado.

2. O Tribunal descontará, na pena de prisão que vier a aplicar, o período durante o qual o acusado esteve sob detenção por ordem daquele. O Tribunal poderá ainda descontar qualquer outro período de detenção que tenha sido cumprido em razão de uma conduta constitutiva do crime.

3. Se uma pessoa for condenada pela prática de vários crimes, o Tribunal aplicará penas de prisão parcelares relativamente a cada um dos crimes e uma pena única, na qual será especificada a duração total da pena de prisão. Esta duração não poderá ser inferior à da pena parcelar mais elevada e não poderá ser superior a 30 anos de prisão ou ir além da pena de prisão perpétua prevista no artigo 77, parágrafo 1º, alínea *b*).

Artigo 79
FUNDO EM FAVOR DAS VÍTIMAS

1. Por decisão da Assembleia dos Estados-Partes, será criado um Fundo a favor das vítimas de crimes da competência do Tribunal, bem como das respectivas famílias.

2. O Tribunal poderá ordenar que o produto das multas e quaisquer outros bens declarados perdidos revertam para o Fundo.

3. O Fundo será gerido em harmonia com os critérios a serem adotados pela Assembleia dos Estados-Partes.

Artigo 80.
NÃO INTERFERÊNCIA NO REGIME DE APLICAÇÃO DE PENAS NACIONAIS E NOS DIREITOS INTERNOS

Nada no presente Capítulo prejudicará a aplicação, pelos Estados, das penas previstas nos respectivos direitos internos, ou a aplicação da legislação de Estados que não preveja as penas referidas neste capítulo.

CAPÍTULO VIII
RECURSO E REVISÃO

Artigo 81
RECURSO DA SENTENÇA CONDENATÓRIA OU ABSOLUTÓRIA OU DA PENA

1. A sentença proferida nos termos do artigo 74 é recorrível em conformidade com o disposto no Regulamento Processual nos seguintes termos:

a) O Procurador poderá interpor recurso com base num dos seguintes fundamentos:

i) Vício processual;

ii) Erro de fato; ou

iii) Erro de direito;

b) O condenado ou o Procurador, no interesse daquele; poderá interpor recurso com base num dos seguintes fundamentos:

i) Vício processual;

ii) Erro de fato;

iii) Erro de direito; ou

iv) Qualquer outro motivo suscetível de afetar a equidade ou a regularidade do processo ou da sentença.

2. a) O Procurador ou o condenado poderá, em conformidade com o Regulamento Processual, interpor recurso da pena decretada invocando desproporção entre esta e o crime;

b) Se, ao conhecer de recurso interposto da pena decretada, o Tribunal considerar que há fundamentos suscetíveis de justificar a anulação, no todo ou em parte, da sentença condenatória, poderá convidar o Procurador e o condenado a motivarem a sua posição nos termos da alínea a) ou b) do parágrafo 1º do artigo 81, após o que poderá pronunciar-se sobre a sentença condenatória nos termos do artigo 83;

c) O mesmo procedimento será aplicado sempre que o Tribunal, ao conhecer de recurso interposto unicamente da sentença condenatória, considerar haver fundamentos comprovativos de uma redução da pena nos termos da alínea a) do parágrafo 2º.

3. a) Salvo decisão em contrário do Juízo de Julgamento em Primeira Instância, o condenado permanecerá sob prisão preventiva durante a tramitação do recurso;

b) Se o período de prisão preventiva ultrapassar a duração da pena decretada, o condenado será posto em liberdade; todavia, se o Procurador também interpuser recurso, a libertação ficará sujeita às condições enunciadas na alínea c) infra;

c) Em caso de absolvição, o acusado será imediatamente posto em liberdade, sem prejuízo das seguintes condições:

i) Em circunstâncias excepcionais e tendo em conta, nomeadamente, o risco de fuga, a gravidade da infração e as probabilidades de o recurso ser julgado procedente, o Juízo de Julgamento em Primeira Instância poderá, a requerimento do Procurador, ordenar que o acusado seja mantido em regime de prisão preventiva durante a tramitação do recurso;

ii) A decisão proferida pelo juízo de julgamento em primeira instância nos termos da sub-alínea i), será recorrível em harmonia com as Regulamento Processual.

4. Sem prejuízo do disposto nas alíneas a) e b) do parágrafo 3º, a execução da sentença condenatória ou da pena ficará suspensa pelo período fixado para a interposição do recurso, bem como durante a fase de tramitação do recurso.

Artigo 82
RECURSO DE OUTRAS DECISÕES

1. Em conformidade com o Regulamento Processual, qualquer uma das Partes poderá recorrer das seguintes decisões:

a) Decisão sobre a competência ou a admissibilidade do caso;

b) Decisão que autorize ou recuse a libertação da pessoa objeto de inquérito ou de procedimento criminal;

c) Decisão do Juízo de Instrução de agir por iniciativa própria, nos termos do parágrafo 3º do artigo 56;

d) Decisão relativa a uma questão suscetível de afetar significativamente a tramitação equitativa e célere do processo ou o resultado do julgamento, e cuja resolução imediata pelo Juízo de Recursos poderia, no entender do Juízo de Instrução ou do Juízo de Julgamento em Primeira Instância, acelerar a marcha do processo.

2. Quer o Estado interessado quer o Procurador poderão recorrer da decisão proferida pelo Juízo de Instrução, mediante autorização deste, nos termos do artigo 57, parágrafo 3º, alínea *d*). Este recurso adotará uma forma sumária.

3. O recurso só terá efeito suspensivo se o Juízo de Recursos assim o ordenar, mediante requerimento, em conformidade com o Regulamento Processual.

4. O representante legal das vítimas, o condenado ou o proprietário de boa-fé de bens que hajam sido afetados por um despacho proferido ao abrigo do artigo 75 poderá recorrer de tal despacho, em conformidade com o Regulamento Processual.

Artigo 83
PROCESSO SUJEITO A RECURSO

1. Para os fins do procedimento referido no artigo 81 e no presente artigo, o Juízo de Recursos terá todos os poderes conferidos ao Juízo de Julgamento em Primeira Instância.

2. Se o Juízo de Recursos concluir que o processo sujeito a recurso padece de vícios tais que afetem a regularidade da decisão ou da sentença, ou que a decisão ou a sentença recorridas estão materialmente afetadas por erros de fato ou de direito, ou vício processual, ela poderá:

a) Anular ou modificar a decisão ou a pena; ou

b) Ordenar um novo julgamento perante um outro Juízo de Julgamento em Primeira Instância.

Para os fins mencionados, poderá o Juízo de Recursos reenviar uma questão de fato para o Juízo de Julgamento em Primeira Instância à qual foi submetida originariamente, a fim de que esta decida a questão e lhe apresente um relatório, ou pedir, ela própria, elementos de prova para decidir. Tendo o recurso da decisão ou da pena sido interposto somente pelo condenado, ou pelo Procurador no interesse daquele, não poderão aquelas ser modificadas em prejuízo do condenado.

3. Se, ao conhecer, do recurso de uma pena, o Juízo de Recursos considerar que a pena é desproporcionada relativamente ao crime, poderá modificá-la nos termos do Capítulo VII.

4. O acórdão do Juízo de Recursos será tirado por maioria dos juízes e proferido em audiência pública. O acórdão será sempre fundamentado. Não havendo unanimidade, deverá conter as opiniões da parte maioria e da minoria de juízes; contudo, qualquer juiz poderá exprimir uma opinião separada ou discordante sobre uma questão de direito.

5. O Juízo de Recursos poderá emitir o seu acórdão na ausência da pessoa absolvida ou condenada.

Artigo 84
REVISÃO DA SENTENÇA CONDENATÓRIA OU DA PENA

1. O condenado ou, se este tiver falecido, o cônjuge sobrevivo, os filhos, os pais ou qualquer pessoa que, em vida do condenado, dele tenha recebido incumbência expressa, por escrito, nesse sentido, ou o Procurador no seu interesse, poderá submeter ao Juízo de Recursos um requerimento solicitando a revisão da sentença condenatória ou da pena pelos seguintes motivos:

a) A descoberta de novos elementos de prova:

i) De que não dispunha ao tempo do julgamento, sem que essa circunstância pudesse ser imputada, no todo ou em parte, ao requerente; e

ii) De tal forma importantes que, se tivessem ficado provados no julgamento, teriam provavelmente conduzido a um veredicto diferente;

b) A descoberta de que elementos de prova, apreciados no julgamento e decisivos para a determinação da culpa, eram falsos ou tinham sido objeto de contrafação ou falsificação;

c) Um ou vários dos juízes que intervieram na sentença condenatória ou confirmaram a acusação hajam praticado atos de conduta reprovável ou de incumprimento dos respectivos deveres de tal forma graves que justifiquem a sua cessação de funções nos termos do artigo 46.

2. O Juízo de Recursos rejeitará o pedido se o considerar manifestamente infundado. Caso contrário, poderá o Juízo, se julgar oportuno:

a) Convocar de novo o Juízo de Julgamento em Primeira Instância que proferiu a sentença inicial;

b) Constituir um novo Juízo de Julgamento em Primeira Instância; ou

c) Manter a sua competência para conhecer da causa, a fim de determinar se, após a audição das partes nos termos do Regulamento Processual, haverá lugar à revisão da sentença.

Artigo 85
INDENIZAÇÃO DO DETIDO OU CONDENADO

1. Quem tiver sido objeto de detenção ou prisão ilegal terá direito a reparação.

2. Sempre que uma decisão final seja posteriormente anulada em razão de fatos novos ou recentemente descobertos que apontem inequivocamente para um erro judiciário, a pessoa que tiver cumprido pena em resultado de tal sentença condenatória será indenizada, em conformidade com a lei, a menos que fique provado que a não revelação, em tempo útil, do fato desconhecido lhe seja imputável, no todo ou em parte.

3. Em circunstâncias excepcionais e em face de fatos que conclusivamente demonstrem a existência de erro judiciário grave e manifesto,

o Tribunal poderá, no uso do seu poder discricionário, atribuir uma indenização, de acordo com os critérios enunciados no Regulamento Processual, à pessoa que, em virtude de sentença absolutória ou de extinção da instância por tal motivo, haja sido posta em liberdade.

CAPÍTULO IX
COOPERAÇÃO INTERNACIONAL E AUXÍLIO JUDICIÁRIO

Artigo 86
OBRIGAÇÃO GERAL DE COOPERAR

Os Estados-Partes deverão, em conformidade com o disposto no presente Estatuto, cooperar plenamente com o Tribunal no inquérito e no procedimento contra crimes da competência deste.

Artigo 87
PEDIDOS DE COOPERAÇÃO: DISPOSIÇÕES GERAIS

1. *a)* O Tribunal estará habilitado a dirigir pedidos de cooperação aos Estados-Partes. Estes pedidos serão transmitidos pela via diplomática ou por qualquer outra via apropriada escolhida pelo Estado-Parte no momento de ratificação, aceitação, aprovação ou adesão ao presente Estatuto.

Qualquer Estado-Parte poderá alterar posteriormente a escolha feita nos termos do Regulamento Processual.

b) Se for caso disso, e sem prejuízo do disposto na alínea *a)*, os pedidos poderão ser igualmente transmitidos pela Organização internacional de Polícia Criminal (Interpol) ou por qualquer outra organização regional competente.

2. Os pedidos de cooperação e os documentos comprovativos que os instruam serão redigidos na língua oficial do Estado requerido ou acompanhados de uma tradução nessa língua, ou numa das línguas de trabalho do Tribunal ou acompanhados de uma tradução numa dessas línguas, de acordo com a escolha feita pelo Estado requerido no momento da ratificação, aceitação, aprovação ou adesão ao presente Estatuto.

Qualquer alteração posterior será feita de harmonia com o Regulamento Processual.

3. O Estado requerido manterá a confidencialidade dos pedidos de cooperação e dos documentos comprovativos que os instruam, salvo quando a sua revelação for necessária para a execução do pedido.

4. Relativamente aos pedidos de auxílio formulados ao abrigo do presente Capítulo, o Tribunal poderá, nomeadamente em matéria de proteção da informação, tomar as medidas necessárias à garantia da segurança e do bem-estar físico ou psicológico das vítimas, das potenciais testemunhas e dos seus familiares. O Tribunal poderá solicitar que as informações fornecidas ao abrigo do presente Capítulo sejam comunicadas e tratadas por forma a que a segurança e o bem-estar físico ou psicológico das vítimas, das potenciais testemunhas e dos seus familiares sejam devidamente preservados.

5. *a)* O Tribunal poderá convidar qualquer Estado que não seja Parte no presente Estatuto a prestar auxílio ao abrigo do presente Capítulo com base num convênio *ad hoc*, num acordo celebrado com esse Estado ou por qualquer outro modo apropriado.

b) Se, após a celebração de um convênio *ad hoc* ou de um acordo com o Tribunal, um Estado que não seja Parte no presente Estatuto se recusar a cooperar nos termos de tal convênio ou acordo, o Tribunal dará conhecimento desse fato à Assembleia dos Estados-Partes ou ao Conselho de Segurança, quando tiver sido este a referenciar o fato ao Tribunal.

6. O Tribunal poderá solicitar informações ou documentos a qualquer organização intergovernamental. Poderá igualmente requerer outras formas de cooperação e auxílio a serem acordadas com tal organização e que estejam em conformidade com a sua competência ou o seu mandato.

7. Se, contrariamente ao disposto no presente Estatuto, um Estado-Parte recusar um pedido de cooperação formulado pelo Tribunal, impedindo-o assim de exercer os seus poderes e funções nos termos do presente Estatuto, o Tribunal poderá elaborar um relatório e remeter a questão à Assembleia dos Estados-Partes ou ao Conselho de Segurança, quando tiver sido este a submeter o fato ao Tribunal.

Artigo 88
PROCEDIMENTOS PREVISTOS NO DIREITO INTERNO

Os Estados-Partes deverão assegurar-se de que o seu direito interno prevê procedimentos que permitam responder a todas as formas de cooperação especificadas neste Capítulo.

Artigo 89
ENTREGA DE PESSOAS AO TRIBUNAL

1. O Tribunal poderá dirigir um pedido de detenção e entrega de uma pessoa, instruído com os documentos comprovativos referidos no artigo 91, a qualquer Estado em cujo território essa pessoa se possa encontrar, e solicitar a cooperação desse Estado na detenção e entrega da pessoa em causa. Os Estados-Partes darão satisfação aos pedidos de detenção e de entrega em conformidade com o presente Capítulo e com os procedimentos previstos nos respectivos direitos internos.

2. Sempre que a pessoa cuja entrega é solicitada impugnar a sua entrega perante um tribunal nacional com, base no princípio *ne bis in idem* previsto no artigo 20, o Estado requerido consultará, de imediato, o Tribunal para determinar se houve uma decisão relevante sobre a admissibilidade. Se o caso for considerado admissível, o Estado requerido dará seguimento ao pedido. Se estiver pendente decisão sobre a admissibilidade, o Estado requerido poderá diferir a execução do pedido até que o Tribunal se pronuncie.

3. *a)* Os Estados-Partes autorizarão, de acordo com os procedimentos previstos na respectiva legislação nacional, o trânsito, pelo seu território, de uma pessoa entregue ao Tribunal por um outro Estado, salvo quando o trânsito por esse Estado impedir ou retardar a entrega.

b) Um pedido de trânsito formulado pelo Tribunal será transmitido em conformidade com o artigo 87. Do pedido de trânsito constarão:

i) A identificação da pessoa transportada;

ii) Um resumo dos fatos e da respectiva qualificação jurídica;

iii) O mandado de detenção e entrega.

c) A pessoa transportada será mantida sob custódia no decurso do trânsito.

d) Nenhuma autorização será necessária se a pessoa for transportada por via aérea e não esteja prevista qualquer aterrissagem no território do Estado de trânsito.

e) Se ocorrer, uma aterrissagem imprevista no território do Estado de trânsito, poderá este exigir ao Tribunal a apresentação de um pedido de trânsito nos termos previstos na alínea *b)*. O Estado de trânsito manterá a pessoa sob detenção até a recepção do pedido de trânsito e a efetivação do trânsito. Todavia, a detenção ao abrigo da presente alínea não poderá prolongar-se para além das 96 (noventa e seis) horas subsequentes à aterrissagem imprevista se o pedido não for recebido dentro desse prazo.

4. Se a pessoa reclamada for objeto de procedimento criminal ou estiver cumprindo uma pena no Estado requerido por crime diverso do que motivou o pedido de entrega ao Tribunal, este Estado consultará o Tribunal após ter decidido anuir ao pedido

Artigo 90
PEDIDOS CONCORRENTES

1. Um Estado-Parte que, nos termos do artigo 89, receba um pedido de entrega de uma pessoa formulado pelo Tribunal, e receba igualmente, de qualquer outro Estado, um pedido de extradição relativo à mesma pessoa, pelos mesmos fatos que motivaram o pedido de entrega por parte do Tribunal, deverá notificar o Tribunal e o Estado requerente de tal fato.

2. Se o Estado requerente for um Estado-Parte, o Estado requerido dará prioridade ao pedido do Tribunal:

a) Se o Tribunal tiver decidido, nos termos do artigo 18 ou 19, da admissibilidade do caso a que respeita o pedido de entrega, e tal determinação tiver levado em conta o inquérito ou o procedimento criminal conduzido pelo Estado requerente relativamente ao pedido de extradição por este formulado; ou

b) Se o Tribunal tiver tomado a decisão referida na alínea a) em conformidade com a notificação feita pelo Estado requerido, em aplicação do parágrafo 1º.

3. Se o Tribunal não tiver tomado uma decisão nos termos da alínea *a)* do parágrafo 2º, o Estado requerido poderá, se assim o entender, estando pendente a determinação do Tribunal nos termos da alínea *b)* do parágrafo 2º, dar seguimento ao pedido de extradição formulado pelo Estado requerente sem, contudo, extraditar a pessoa até que o Tribunal decida sobre a admissibilidade do caso. A decisão do Tribunal seguirá a forma sumária.

4. Se o Estado requerente não for Parte no presente Estatuto, o Estado requerido, desde que não esteja obrigado por uma norma internacional a extraditar o acusado para o Estado requerente, dará prioridade ao pedido de entrega formulado pelo Tribunal, no caso de este se ter decidido pela admissibilidade do caso.

5. Quando um caso previsto no parágrafo 4º não tiver sido declarado admissível pelo Tribunal, o Estado requerido poderá, se assim o entender, dar seguimento ao pedido de extradição formulado pelo Estado requerente.

6. Relativamente aos casos em que o disposto no parágrafo 4º seja aplicável, mas o Estado requerido se veja obrigado, por força de uma norma internacional, a extraditar a pessoa para o Estado requerente que não seja Parte no presente Estatuto, o Estado requerido decidirá se procederá à entrega da pessoa em causa ao Tribunal ou se a extraditará para o Estado requerente. Na sua decisão, o Estado requerido terá em conta todos os fatores relevantes, incluindo, entre outros

a) A ordem cronológica dos pedidos;

b) Os interesses do Estado requerente, incluindo, se relevante, se o crime foi cometido no seu território bem como a nacionalidade das vítimas e da pessoa reclamada; e

c) A possibilidade de o Estado requerente vir a proceder posteriormente à entrega da pessoa ao Tribunal.

7. Se um Estado-Parte receber um pedido de entrega de uma pessoa formulado pelo Tribunal e um pedido de extradição formulado por um ou-

tro Estado-Parte relativamente à mesma pessoa, por fatos diferentes dos que constituem o crime objeto do pedido de entrega:

a) O Estado requerido dará prioridade ao pedido do Tribunal, se não estiver obrigado por uma norma internacional a extraditar a pessoa para o Estado requerente;

b) O Estado requerido terá de decidir se entrega a pessoa ao Tribunal ou a extradita para o Estado requerente, se estiver obrigado por uma norma internacional a extraditar a pessoa para o Estado requerente. Na sua decisão, o Estado requerido considerará todos os fatores relevantes, incluindo, entre outros, os constantes do parágrafo 6; todavia, deverá dar especial atenção à natureza e à gravidade dos fatos em causa.

8. Se, em conformidade com a notificação prevista no presente artigo, o Tribunal se tiver pronunciado pela inadmissibilidade do caso e, posteriormente, a extradição para o Estado requerente for recusada, o Estado requerido notificará o Tribunal dessa decisão.

Artigo 91
CONTEÚDO DO PEDIDO DE DETENÇÃO E DE ENTREGA

1. O pedido de detenção e de entrega será formulado por escrito. Em caso de urgência, o pedido poderá ser feito através de qualquer outro meio de que fique registro escrito, devendo, no entanto, ser confirmado através dos canais previstos na alínea a) do parágrafo 1º do artigo 87,

2. O pedido de detenção e entrega de uma pessoa relativamente à qual o Juízo de Instrução tiver emitido um mandado de detenção ao abrigo do artigo 58, deverá conter ou ser acompanhado dos seguintes documentos:

a) Uma descrição da pessoa procurada, contendo informação suficiente que permita a sua identificação, bem como informação sobre a sua provável localização;

b) Uma cópia do mandado de detenção; e

c) Os documentos, declarações e informações necessários para satisfazer os requisitos do processo de entrega pelo Estado requerido; contudo, tais requisitos não deverão ser mais rigorosos dos que os que devem ser observados em caso de um pedido de extradição em conformidade com tratados ou convênios celebrados entre o Estado requerido e outros Estados, devendo, se possível, ser menos rigorosos face à natureza específica de que se reveste o Tribunal.

3. Se o pedido respeitar à detenção e à entrega de uma pessoa já condenada, deverá conter ou ser acompanhado dos seguintes documentos:

a) Uma cópia do mandado de detenção dessa pessoa;

b) Uma cópia da sentença condenatória;

c) Elementos que demonstrem que a pessoa procurada é a mesma a que se refere a sentença condenatória; e

d) Se a pessoa já tiver sido condenada, uma cópia da sentença e, em caso de pena de prisão, a indicação do período que já tiver cumprido, bem como o período que ainda lhe falte cumprir.

4. Mediante requerimento do Tribunal, um Estado-Parte manterá, no que respeite a questões genéricas ou a uma questão específica, consultas com o Tribunal sobre quaisquer requisitos previstos no seu direito interno que possam ser aplicados nos termos da alínea c) do parágrafo 2º. No decurso de tais consultas, o Estado-Parte informará o Tribunal dos requisitos específicos constantes do seu direito interno.

Artigo 92
PRISÃO PREVENTIVA

1. Em caso de urgência, o Tribunal poderá solicitar a prisão preventiva da pessoa procurada até a apresentação do pedido de entrega e os documentos de apoio referidos no artigo 91.

2. O pedido de prisão preventiva será transmitido por qualquer meio de que fique registro escrito e conterá:

a) Uma descrição da pessoa procurada, contendo informação suficiente que permita a sua identificação, bem como informação sobre a sua provável localização;

b) Uma exposição sucinta dos crimes pelos quais a pessoa é procurada, bem como dos fatos alegadamente constitutivos de tais crimes incluindo, se possível, a data e o local da sua prática;

c) Uma declaração que certifique a existência de um mandado de detenção ou de uma decisão condenatória contra a pessoa procurada; e

d) Uma declaração de que o pedido de entrega relativo à pessoa procurada será enviado posteriormente.

3. Qualquer pessoa mantida sob prisão preventiva poderá ser posta em liberdade se o Estado requerido não tiver recebido, em conformidade com o artigo 91, o pedido de entrega e os respectivos documentos no prazo fixado pelo Regulamento Processual. Todavia, essa pessoa poderá consentir na sua entrega antes do termo do período se a legislação do Estado requerido o permitir. Nesse caso, o Estado requerido procede à entrega da pessoa reclamada ao Tribunal, o mais rapidamente possível.

4. O fato de a pessoa reclamada ter sido posta em liberdade em conformidade com o parágrafo 3° não obstará a que seja de novo detida e entregue se o pedido de entrega e os documentos em apoio, vierem a ser apresentados posteriormente.

Artigo 93
OUTRAS FORMAS DE COOPERAÇÃO

1. Em conformidade com o disposto no presente Capítulo e nos termos dos procedimentos previstos nos respectivos direitos internos, os Estados-Partes darão seguimento aos pedidos formulados pelo Tribunal para concessão de auxílio, no âmbito de inquéritos ou procedimentos criminais, no que se refere a:

a) Identificar uma pessoa e o local onde se encontra, ou localizar objetos;

b) Reunir elementos de prova, incluindo os depoimentos prestados sob juramento, bem como produzir elementos de prova, incluindo perícias e relatórios de que o Tribunal necessita;

c) Interrogar qualquer pessoa que seja objeto de inquérito ou de procedimento criminal;

d) Notificar documentos, nomeadamente documentos judiciários;

e) Facilitar o comparecimento voluntária, perante o Tribunal, de pessoas que deponham na qualidade de testemunhas ou de peritos;

f) Proceder à transferência temporária de pessoas, em conformidade com o parágrafo 7°;

g) Realizar inspeções, nomeadamente a exumação e o exame de cadáveres enterrados em fossas comuns;

h) Realizar buscas e apreensões;

i) Transmitir registros e documentos, nomeadamente registros e documentos oficiais;

j) Proteger vítimas e testemunhas, bem como preservar elementos de prova;

k) Identificar, localizar e congelar ou apreender o produto de crimes, bens, haveres e instrumentos ligados aos crimes, com vista à sua eventual declaração de perda, sem prejuízo dos direitos de terceiros de boa-fé; e

l) Prestar qualquer outra forma de auxílio não proibida pela legislação do Estado requerido, destinada a facilitar o inquérito e o julgamento por crimes da competência do Tribunal.

2. O Tribunal tem poderes para garantir à testemunha ou ao perito que perante ele compareça de que não serão perseguidos, detidos ou sujeitos a qualquer outra restrição da sua liberdade pessoal, por fato ou omissão anteriores à sua saída do território do Estado requerido.

3. Se a execução de uma determinada medida de auxílio constante de um pedido apresentado ao abrigo do parágrafo 1º não for permitida no Estado requerido em virtude de um princípio jurídico fundamental de aplicação geral, o Estado em causa iniciará sem demora consultas com o Tribunal com vista à solução dessa questão. No decurso das consultas, serão consideradas outras formas de auxílio, bem como as condições da sua realização. Se, concluídas as consultas, a questão não estiver resolvida, o Tribunal alterará o conteúdo do pedido conforme se mostrar necessário.

4. Nos termos do disposto no artigo 72, um Estado-Parte só poderá recusar, no todo ou em parte, um pedido de auxílio formulado pelo Tribunal se tal pedido se reportar unicamente à produção de documentos ou à divulgação de elementos de prova que atentem contra a sua segurança nacional.

5. Antes de denegar o pedido de auxílio previsto na alínea l) do parágrafo 1º, o Estado requerido considerará se o auxílio poderá ser concedido sob determinadas condições ou se poderá sê-lo em data ulterior ou sob uma outra forma, com a ressalva de que, se o Tribunal ou o Procurador aceitarem tais condições, deverão observá-las.

6. O Estado requerido que recusar um pedido de auxílio comunicará, sem demora, os motivos ao Tribunal ou ao Procurador.

7. *a)* O Tribunal poderá pedir a transferência temporária de uma pessoa detida para fins de identificação ou para obter um depoimento ou outra forma de auxílio. A transferência realizar-se-á sempre que:

i) A pessoa der o seu consentimento, livremente e com conhecimento de causa; e

ii) O Estado requerido concordar com a transferência, sem prejuízo das condições que esse Estado e o Tribunal possam acordar;

b) A pessoa transferida permanecerá detida. Esgotado o fim que determinou a transferência, o Tribunal reenviá-la-á imediatamente para o Estado requerido.

8. *a)* O Tribunal garantirá a confidencialidade dos documentos e das informações recolhidas, exceto se necessários para o inquérito e os procedimentos descritos no pedido;

b) O Estado requerido poderá, se necessário, comunicar os documentos ou as informações ao Procurador a título confidencial. O Procurador só poderá utilizá-los para recolher novos elementos de prova;

c) O Estado requerido poderá, de ofício ou a pedido do Procurador, autorizar a divulgação posterior de tais documentos ou informações; os quais poderão ser utilizados como meios de prova, nos termos do disposto nos Capítulos V e VI e no Regulamento Processual.

9. *a)* i) Se um Estado-Parte receber pedidos concorrentes formulados pelo Tribunal e por um outro Estado, no âmbito de uma obrigação internacional, e cujo objeto não seja nem a entrega nem a extradição, esforçar-se-á, mediante consultas com o Tribunal e esse outro Estado, por

dar satisfação a ambos os pedidos adiando ou estabelecendo determinadas condições a um ou outro pedido, se necessário.

ii) Não sendo possível, os pedidos concorrentes observarão os princípios fixados no artigo 90.

b) Todavia, sempre que o pedido formulado pelo Tribunal respeitar a informações, bens ou pessoas que estejam sob o controle de um Estado terceiro ou de uma organização internacional ao abrigo de um acordo internacional, os Estados requeridos informarão o Tribunal em conformidade, este dirigirá o seu pedido ao Estado terceiro ou à organização internacional.

10. a) Mediante pedido, o Tribunal cooperará com um Estado-Parte e prestar-lhe-á auxílio na condução de um inquérito ou julgamento relacionado com fatos que constituam um crime da jurisdição do Tribunal ou que constituam um crime grave à luz do direito interno do Estado requerente.

b) i) O auxílio previsto na alínea a) deve compreender, a saber:

a. A transmissão de depoimentos, documentos e outros elementos de prova recolhidos no decurso do inquérito ou do julgamento conduzidos pelo Tribunal; e

b. O interrogatório de qualquer pessoa detida por ordem do Tribunal;

ii) No caso previsto na alínea *b*), i), *a*;

a. A transmissão dos documentos e de outros elementos de prova obtidos com o auxílio de um Estado necessita do consentimento desse Estado;

b. A transmissão de depoimentos, documentos e outros elementos de prova fornecidos quer por uma testemunha, quer por um perito, será feita em conformidade com o disposto no artigo 68.

c) O Tribunal poderá, em conformidade com as condições enunciadas neste número, deferir um pedido de auxílio formulado por um Estado que não seja parte no presente Estatuto.

Artigo 94
SUSPENSÃO DA EXECUÇÃO DE UM PEDIDO RELATIVAMENTE A UM INQUÉRITO OU A PROCEDIMENTO CRIMINAL EM CURSO

1. Se a imediata execução de um pedido prejudicar o desenrolar de um inquérito ou de um procedimento criminal relativos a um caso diferente daquele a que se reporta o pedido, o Estado requerido poderá suspender a execução do pedido por tempo determinado, acordado com o Tribunal. Contudo, a suspensão não deve prolongar-se além do necessário para que o inquérito ou o procedimento criminal em causa sejam efetuados no Estado requerido. Este, antes de decidir suspender a execução do pedido, verificará se o auxílio não poderá ser concedido de imediato sob determinadas condições.

2. Se for decidida a suspensão de execução do pedido em conformidade com o parágrafo 1°, o Procurador poderá, no entanto, solicitar que sejam adotadas medidas para preservar os elementos de prova, nos termos da alínea j) do parágrafo 1º do artigo 93.

Artigo 95
SUSPENSÃO DA EXECUÇÃO DE UM PEDIDO POR IMPUGNAÇÃO DE ADMISSIBILIDADE

Se o Tribunal estiver apreciando uma impugnação de admissibilidade, de acordo com os artigos 18 ou 19, o Estado requerido poderá suspender a execução de um pedido formulado ao abrigo do presente Capítulo enquanto aguarda que o Tribunal se pronuncie, a menos que o Tribunal tenha especificamente ordenado que o Procurador continue a reunir elementos de prova, nos termos dos artigos 18 ou 19.

Artigo 96
CONTEÚDO DO PEDIDO SOB OUTRAS FORMAS DE COOPERARÃO PREVISTAS NO Artigo 93

1. Todo o pedido relativo a outras formas de cooperação previstas no artigo 93 será formulado por escrito. Em caso de urgência, o pedido poderá ser feito por qualquer meio que permita manter um registro escrito, desde que seja confirmado através dos canais indicados na alínea a) do parágrafo 1º do artigo 87.

2. O pedido deverá conter, ou ser instruído com, os seguintes documentos:

a) Um resumo do objeto do pedido, bem como da natureza do auxílio solicitado, incluindo os fundamentos jurídicos e os motivos do pedido;

b) Informações tão completas quanto possível sobre a pessoa ou o lugar a identificar ou a localizar, por forma a que o auxílio solicitado possa ser prestado;

c) Uma exposição sucinta dos fatos essenciais que fundamentam o pedido;

d) A exposição dos motivos e a explicação pormenorizada dos procedimentos ou das condições a respeitar;

e) Toda a informação que o Estado requerido possa exigir de acordo com o seu direito interno para dar seguimento ao pedido; e

f) Toda a informação útil para que o auxílio possa ser concedido.

3. A requerimento do Tribunal, um Estado-Parte manterá, no que respeita a questões genéricas ou a uma questão específica, consultas com o Tribunal sobre as disposições aplicáveis do seu direito interno, susceptíveis de serem aplicadas em conformidade com a alínea e) do parágrafo 2°. No decurso de tais consultas, o Estado-Parte informará o Tribunal das disposições específicas constantes do seu direito interno.

4. O presente artigo aplicar-se-á, se for caso disso, a qualquer pedido de auxílio dirigido ao Tribunal.

Artigo 97
CONSULTAS

Sempre que, ao abrigo do presente Capítulo, um Estado-Parte receba um pedido e verifique que este suscita dificuldades que possam obviar à sua execução ou impedi-la, o Estado em causa iniciará, sem demora, as consultas com o Tribunal com vista à solução desta questão. Tais dificuldades podem revestir as seguintes formas:

a) Informações insuficientes para dar seguimento ao pedido;

b) No caso de um pedido de entrega, o paradeiro da pessoa reclamada continuar desconhecido a despeito de todos os esforços ou a investigação realizada permitiu determinar que a pessoa que se encontra no Estado Requerido não é manifestamente a pessoa identificada no mandado; ou

c) O Estado requerido ver-se-ia compelido, para cumprimento do pedido na sua forma atual, a violar uma obrigação constante de um tratado anteriormente celebrado com outro Estado.

Artigo 98
COOPERAÇÃO RELATIVA À RENÚNCIA, À IMUNIDADE E AO CONSENTIMENTO NA ENTREGA

1. O Tribunal pode não dar seguimento a um pedido de entrega ou de auxílio por força do qual o Estado requerido devesse atuar de forma incompatível com as obrigações que lhe incumbem à luz do direito internacional em matéria de imunidade dos Estados ou de imunidade diplomática de pessoa ou de bens de um Estado terceiro, a menos que obtenha, previamente a cooperação desse Estado terceiro com vista ao levantamento da imunidade.

2. O Tribunal pode não dar seguimento à execução de um pedido de entrega por força do qual o Estado requerido devesse atuar de forma incompatível com as obrigações que lhe incumbem em virtude de acordos internacionais à luz dos quais o consentimento do Estado de envio é necessário para que uma pessoa pertencente a esse Estado seja entregue ao Tribunal, a menos que o Tribunal consiga, previamente, obter a cooperação do Estado de envio para consentir na entrega.

Artigo 99
EXECUÇÃO DOS PEDIDOS APRESENTADOS AO ABRIGO DOS ArtigoS 93 E 96

1. Os pedidos de auxílio serão executados de harmonia com os procedimentos previstos na legislação interna do Estado requerido e, a menos que o seu direito interno o proíba, na forma especificada no pedido, aplicando qualquer procedimento nele indicado ou autorizando as pessoas nele indicadas a estarem presentes e a participarem na execução do pedido.

2. Em caso de pedido urgente, os documentos e os elementos de prova produzidos na resposta serão, a requerimento do Tribunal, enviados com urgência.

3. As respostas do Estado requerido serão transmitidas na sua língua e forma originais.

4. Sem prejuízo dos demais artigos do presente Capítulo, sempre que for necessário para a execução com sucesso de um pedido, e não haja que recorrer a medidas coercitivas, nomeadamente quando se trate de ouvir ou levar uma pessoa a depor de sua livre vontade, mesmo sem a presença das autoridades do Estado-Parte requerido se tal for determinante para a execução do pedido, ou quando se trate de examinar, sem proceder a alterações, um lugar público ou um outro local público, o Procurador poderá dar cumprimento ao pedido diretamente no território de um Estado, de acordo com as seguintes modalidades:

a) Quando o Estado requerido for o Estado em cujo território haja indícios de ter sido cometido o crime e existir uma decisão sobre a admissibilidade tal como previsto nos artigos 18 e 19, o Procurador poderá executar diretamente o pedido, depois de ter levado a cabo consultas tão amplas quanto possível com o Estado requerido;

b) Em outros casos, o Procurador poderá executar o pedido após consultas com o Estado-Parte requerido e tendo em conta as condições ou as preocupações razoáveis que esse Estado tenha eventualmente argumentado. Sempre que o Estado requerido verificar que a execução de um pedido nos termos da presente alínea suscita dificuldades, consultará de imediato o Tribunal para resolver a questão.

5. As disposições que autorizam a pessoa ouvida ou interrogada pelo Tribunal ao abrigo do artigo 72, a invocar as restrições previstas para impedir a divulgação de informações confidenciais relacionadas com a segurança nacional, aplicar-se-ão de igual modo à execução dos pedidos de auxílio referidos no presente artigo.

Artigo 100
DESPESAS

1. As despesas ordinárias decorrentes da execução dos pedidos no território do Estado requerido serão por este suportadas, com exceção das seguintes, que correrão a cargo do Tribunal:

a) As despesas relacionadas com as viagens e a proteção das testemunhas e dos peritos ou com a transferência de detidos ao abrigo do artigo 93;

b) As despesas de tradução, de interpretação e de transcrição;

c) As despesas de deslocação e de estada dos juízes, do Procurador, dos Procuradores-adjuntos, do Secretário, do Secretário-Adjunto e dos membros do pessoal de todos os órgãos do Tribunal;

d) Os custos das perícias ou dos relatórios periciais solicitados pelo Tribunal;

e) As despesas decorrentes do transporte das pessoas entregues ao Tribunal pelo Estado de detenção; e

f) Após consulta, quaisquer despesas extraordinárias decorrentes da execução de um pedido.

2. O disposto no parágrafo 1º aplicar-se-á, sempre que necessário, aos pedidos dirigidos pelos Estados-Partes ao Tribunal. Neste caso, o Tribunal tomará a seu cargo as despesas ordinárias decorrentes da execução.

Artigo 101
REGRA DA ESPECIALIDADE

1. Nenhuma pessoa entregue ao Tribunal nos termos do presente Estatuto poderá ser perseguida, condenada ou detida por condutas anteriores à sua entrega, salvo quando estas constituam crimes que tenham fundamentado a sua entrega.

2. O Tribunal poderá solicitar uma derrogação dos requisitos estabelecidos no parágrafo 1º ao Estado que lhe tenha entregue uma pessoa e, se necessário, facultar-lhe-á, em conformidade com o artigo 91, informações complementares. Os Estados-Partes estarão habilitados a conceder uma derrogação ao Tribunal e deverão envidar esforços nesse sentido.

Artigo 102
TERMOS USADOS

Para os fins do presente Estatuto:

a) Por "entrega", entende-se a entrega de uma pessoa por um Estado ao Tribunal nos termos do presente Estatuto.

b) Por "extradição", entende-se a entrega de uma pessoa por um Estado a outro Estado conforme previsto em um tratado, em uma convenção ou no direito interno.

CAPÍTULO X
EXECUÇÃO DA PENA

Artigo 103
FUNÇÃO DOS ESTADOS NA EXECUÇÃO DAS PENAS PRIVATIVAS DE LIBERDADE

1. *a*) As penas privativas de liberdade serão cumpridas num Estado indicado pelo Tribunal a partir de uma lista de Estados que lhe tenham manifestado a sua disponibilidade para receber pessoas condenadas.

b) Ao declarar a sua disponibilidade para receber pessoas condenadas, um Estado poderá formular condições acordadas com o Tribunal e em conformidade com o presente Capítulo.

c) O Estado indicado no âmbito de um determinado caso dará prontamente a conhecer se aceita ou não a indicação do Tribunal.

2. *a*) O Estado da execução informará o Tribunal de qualquer circunstância, incluindo o cumprimento de quaisquer condições acordadas nos termos do parágrafo 1º, que possam afetar materialmente as condições ou a duração da detenção. O Tribunal será informado com, pelo menos, 45 (quarenta e cinco) dias de antecedência sobre qualquer circunstância dessa natureza, conhecida ou previsível. Durante este período, o Estado da execução não tomará qualquer medida que possa ser contrária às suas obrigações ao abrigo do artigo 110.

b) Se o Tribunal não puder aceitar as circunstâncias referidas na alínea *a*), deverá informar o Estado da execução e proceder em harmonia com o parágrafo 1º do artigo 104.

3. Sempre que exercer o seu poder de indicação em conformidade com o parágrafo 1º, o Tribunal levará em consideração:

a) O princípio segundo o qual os Estados-Partes devem partilhar da responsabilidade na execução das penas privativas de liberdade, em conformidade com os princípios de distribuição equitativa estabelecidos no Regulamento Processual;

b) A aplicação de normas convencionais do direito internacional amplamente aceitas, que regulam o tratamento dos reclusos;

c) A opinião da pessoa condenada; e

d) A nacionalidade da pessoa condenada;

e) Outros fatores relativos às circunstâncias do crime, às condições pessoais da pessoa condenada ou à execução efetiva da pena, adequadas à indicação do Estado da execução.

4. Se nenhum Estado for designado nos termos do parágrafo 1º, a pena privativa de liberdade será cumprida num estabelecimento prisional designado pelo Estado anfitrião, em conformidade com as condições estipuladas no acordo que determinou o local da sede previsto no parágrafo 2º do artigo 3º. Neste caso, as despesas relacionadas com a execução da pena ficarão a cargo do Tribunal.

Artigo 104
ALTERAÇÃO DA INDICAÇÃO DO ESTADO DA EXECUÇÃO

1. O Tribunal poderá, a qualquer momento, decidir transferir um condenado para uma prisão de um outro Estado.

2. A pessoa condenada pelo Tribunal poderá, a qualquer momento, solicitar-lhe que a transfira do Estado encarregado da execução.

Artigo 105
EXECUÇÃO DA PENA

1. Sem prejuízo das condições que um Estado haja estabelecido nos termos do artigo 103, parágrafo 1º, alínea *b*), a pena privativa de liberdade é vinculativa para os Estados-Partes, não podendo estes modificá-la em caso algum.

2. Será da exclusiva competência do Tribunal pronunciar-se sobre qualquer pedido de revisão ou recurso. O Estado da execução não obstará a que o condenado apresente um tal pedido.

Artigo 106
CONTROLE DA EXECUÇÃO DA PENA E DAS CONDIÇÕES DE DETENÇÃO

1. A execução de uma pena privativa de liberdade será submetida ao controle do Tribunal e observará as regras convencionais internacionais amplamente aceitas em matéria de tratamento dos reclusos.

2. As condições de detenção serão reguladas pela legislação do Estado da execução e observarão as regras convencionais internacionais amplamente aceitas em matéria de tratamento dos reclusos. Em caso algum devem ser menos ou mais favoráveis do que as aplicáveis aos reclusos condenados no Estado da execução por infrações análogas.

3. As comunicações entre o condenado e o Tribunal serão livres e terão caráter confidencial.

Artigo 107
TRANSFERÊNCIA DO CONDENADO DEPOIS DE CUMPRIDA A PENA

1. Cumprida a pena, a pessoa que não seja nacional do Estado da execução poderá, de acordo com a legislação desse mesmo Estado, ser transferida para um outro Estado obrigado a aceitá-la ou ainda para um outro Estado que aceite acolhê-la tendo em conta a vontade expressa pela pessoa em ser transferida para esse Estado; a menos que o Estado da execução autorize essa pessoa a permanecer no seu território.

2. As despesas relativas à transferência do condenado para um outro Estado nos termos do parágrafo 1º serão suportadas pelo Tribunal se nenhum Estado as tomar a seu cargo.

3. Sem prejuízo do disposto no artigo 108, o Estado da execução poderá igualmente, em harmonia com o seu direito interno, extraditar ou entregar por qualquer outro modo a pessoa a um Estado que tenha solicitado a sua extradição ou a sua entrega para fins de julgamento ou de cumprimento de uma pena.

Artigo 108
RESTRIÇÕES AO PROCEDIMENTO CRIMINAL OU À CONDENAÇÃO POR OUTRAS INFRAÇÕES

1. A pessoa condenada que esteja detida no Estado da execução não poderá ser objeto de procedimento criminal, condenação ou extradição para um Estado terceiro em virtude de uma conduta anterior à sua transferência para o Estado da execução, a menos que a Tribunal tenha dado a sua aprovação a tal procedimento, condenação ou extradição, a pedido do Estado da execução.

2. Ouvido o condenado, o Tribunal pronunciar-se-á sobre a questão.

3. O parágrafo 1º deixará de ser aplicável se o condenado permanecer voluntariamente no território do Estado da execução por um período superior a 30 dias após o cumprimento integral da pena proferida pelo Tribunal, ou se regressar ao território desse Estado após dele ter saído.

Artigo 109
EXECUÇÃO DAS PENAS DE MULTA E DAS MEDIDAS DE PERDA

1. Os Estados-Partes aplicarão as penas de multa, bem como as medidas de perda ordenadas pelo Tribunal ao abrigo do Capítulo VII, sem prejuízo dos direitos de terceiros de boa-fé e em conformidade com os procedimentos previstos no respectivo direito interno.

2. Sempre que um Estado-Parte não possa tornar efetiva a declaração de perda, deverá tomar medidas para recuperar o valor do produto, dos bens ou dos haveres cuja perda tenha sido declarada pelo Tribunal, sem prejuízo dos direitos de terceiros de boa-fé.

3. Os bens, ou o produto da venda de bens imóveis ou, se for caso disso, da venda de outros bens, obtidos por um Estado-Parte por força da execução de uma decisão do Tribunal, serão transferidos para o Tribunal.

Artigo 110
REEXAME PELO TRIBUNAL DA QUESTÃO DE REDUÇÃO DE PENA

1. O Estado da execução não poderá libertar o recluso antes de cumprida a totalidade da pena proferida pelo Tribunal.

2. Somente o Tribunal terá a faculdade de decidir sobre qualquer redução da pena e, ouvido o condenado, pronunciar-se-á a tal respeito,

3. Quando a pessoa já tiver cumprido dois terços da pena, ou 25 (vinte e cinco) anos de pri-

são em caso de pena de prisão perpétua, o Tribunal reexaminará a pena para determinar se haverá lugar a sua redução. Tal reexame só será efetuado transcorrido o período acima referido.

4. No reexame a que se refere o parágrafo 3º, o Tribunal poderá reduzir a pena se constatar que se verificam uma ou várias das condições seguintes:

a) A pessoa tiver manifestado, desde o início e de forma contínua, a sua vontade em cooperar com o Tribunal no inquérito e no procedimento;

b) A pessoa tiver, voluntariamente, facilitado a execução das decisões e despachos do Tribunal em outros casos, nomeadamente ajudando-o a localizar bens sobre os quais recaíam decisões de perda, de multa ou de reparação que poderão ser usados em benefício das vítimas; ou

c) Outros fatores que conduzam a uma clara e significativa alteração das circunstâncias suficiente para justificar a redução da pena, conforme previsto no Regulamento Processual;

5. Se, no reexame inicial a que se refere o parágrafo 3º, o Tribunal considerar não haver motivo para redução da pena, ele reexaminará subsequentemente a questão da redução da pena com a periodicidade e nos termos previstos no Regulamento Processual.

Artigo 111
EVASÃO

Se um condenado se evadir do seu local de detenção e fugir do território do Estado da execução, este poderá, depois de ter consultado o Tribunal, pedir ao Estado no qual se encontra localizado o condenado que o entregue em conformidade com os acordos bilaterais ou multilaterais em vigor, ou requerer ao Tribunal que solicite a entrega dessa pessoa ao abrigo do Capítulo IX. O Tribunal poderá, ao solicitar a entrega da pessoa, determinar que esta seja entregue ao Estado no qual se encontrava a cumprir a sua pena, ou a outro Estado por ele indicado.

CAPÍTULO XI
ASSEMBLEIA DOS ESTADOS-PARTES

Artigo 112
ASSEMBLEIA DOS ESTADOS-PARTES

1. É constituída, pelo presente instrumento, uma Assembleia dos Estados-Partes. Cada um dos Estados-Partes nela disporá de um representante, que poderá ser coadjuvado por substitutos e assessores. Outros Estados signatários do Estatuto ou da Ata Final poderão participar nos trabalhos da Assembleia na qualidade de observadores.

2. A Assembleia:

a) Examinará e adotará, se adequado, as recomendações da Comissão Preparatória;

b) Promoverá junto à Presidência, ao Procurador e ao Secretário as linhas orientadoras gerais no que toca à administração do Tribunal;

c) Examinará os relatórios e as atividades da Mesa estabelecido nos termos do parágrafo 3° e tomará as medidas apropriadas;

d) Examinará e aprovará o orçamento do Tribunal;

e) Decidirá, se for caso disso, alterar o número de juízes nos termos do artigo 36;

f) Examinará, em harmonia com os parágrafos 5 e 7 do artigo 87, qualquer questão relativa à não cooperação dos Estados;

g) Desempenhará qualquer outra função compatível com as disposições do presente Estatuto ou do Regulamento Processual;

3. *a)* A Assembleia será dotada de uma Mesa composta por um presidente, dois vice-presidentes e 18 membros por ela eleitos por períodos de 3 (três) anos;

b) A Mesa terá um caráter representativo, atendendo nomeadamente ao princípio da distribuição geográfica equitativa e à necessidade de assegurar uma representação adequada dos principais sistemas jurídicos do mundo;

c) A Mesa reunir-se-á as vezes que forem necessárias, mas, pelo menos, 1 (uma) vez por ano. Assistirá a Assembleia no desempenho das suas funções.

4. A Assembleia poderá criar outros órgãos subsidiários que julgue necessários, nomeadamente um mecanismo de controle independente que proceda a inspeções, avaliações e inquéritos em ordem a melhorar a eficiência e economia da administração do Tribunal.

5. O Presidente do Tribunal, o Procurador e o Secretário ou os respectivos representantes poderão participar, sempre que julguem oportuno, nas reuniões da Assembleia e da Mesa.

6. A Assembleia reunir-se-á na sede do Tribunal ou na sede da Organização das Nações Unidas uma vez por ano e, sempre que as circunstâncias o exigirem, reunir-se-á em sessão extraordinária. A menos que o presente Estatuto estabeleça em contrário, as sessões extraordinárias são convocadas pela Mesa, de ofício ou a pedido de um terço dos Estados-Partes.

7. Cada um dos Estados-Partes disporá de um voto. Todos os esforços deverão ser envidados para que as decisões da Assembleia e da Mesa sejam adotadas por consenso. Se tal não for possível, e a menos que o Estatuto estabeleça em contrário:

a) As decisões sobre as questões de fundo serão tomadas por maioria de dois terços dos membros presentes e votantes, sob a condição que a maioria absoluta dos Estados-Partes constitua *quorum* para o escrutínio;

b) As decisões sobre as questões de procedimento serão tomadas por maioria simples dos Estados-Partes presentes e votantes.

8. O Estado-Parte em atraso no pagamento da sua contribuição financeira para as despesas do Tribunal não poderá votar nem na Assembleia nem na Mesa se o total das suas contribuições em atraso igualar ou exceder a soma das contribuições correspondentes aos 2 (dois) anos anteriores completos por ele devidos. A Assembleia Geral poderá, no entanto, autorizar o Estado em causa a votar na Assembleia ou na Mesa se ficar provado que a falta de pagamento é devida a circunstâncias alheias ao controle do Estado-Parte.

9. A Assembleia adotará o seu próprio Regimento.

10. As línguas oficiais e de trabalho da Assembleia dos Estados-Partes serão as línguas oficiais e de trabalho da Assembleia Geral da Organização das Nações Unidas.

CAPÍTULO XII
FINANCIAMENTO

Artigo 113
REGULAMENTO FINANCEIRO

Salvo disposição expressa em contrário, todas as questões financeiras atinentes ao Tribunal e às reuniões da Assembleia dos Estados-Partes, incluindo a sua Mesa e os seus órgãos subsidiários, serão reguladas pelo presente Estatuto, pelo Regulamento Financeiro e pelas normas de gestão financeira adotados pela Assembleia dos Estados-Partes.

Artigo 114
PAGAMENTO DE DESPESAS

As despesas do Tribunal e da Assembleia dos Estados-Partes, incluindo a sua Mesa e os seus órgãos subsidiários, serão pagas pelos fundos do Tribunal.

Artigo 115
FUNDOS DO TRIBUNAL E DA ASSEMBLEIA DOS ESTADOS-PARTES

As despesas do Tribunal e da Assembleia dos Estados-Partes, incluindo a sua Mesa e os seus órgãos subsidiários, inscritas no orçamento aprovado pela Assembleia dos Estados-Partes, serão financiadas:

a) Pelas quotas dos Estados-Partes;

b) Pelos fundos provenientes da Organização das Nações Unidas, sujeitos à aprovação da Assembleia Geral, nomeadamente no que diz respeito às despesas relativas a questões remetidas para o Tribunal pelo Conselho de Segurança.

Artigo 116
CONTRIBUIÇÕES VOLUNTÁRIAS

Sem prejuízo do artigo 115, o Tribunal poderá receber e utilizar, a título de fundos adicionais, as contribuições voluntárias dos Governos, das organizações internacionais, dos particulares, das empresas e demais entidades, de acordo com os critérios estabelecidos pela Assembleia dos Estados-Partes nesta matéria.

Artigo 117
CÁLCULO DAS QUOTAS

As quotas dos Estados-Partes serão calculadas em conformidade com uma tabela de quotas que tenha sido acordada, com base na tabela adotada pela Organização das Nações Unidas para o seu orçamento ordinário, e adaptada de harmonia com os princípios nos quais se baseia tal tabela.

Artigo 118
VERIFICAÇÃO ANUAL DE CONTAS

Os relatórios, livros e contas do Tribunal, incluindo os balanços financeiros anuais, serão verificados anualmente por um revisor de contas independente.

CAPÍTULO XIII
CLÁUSULAS FINAIS

Artigo 119
RESOLUÇÃO DE DIFERENDOS

1. Qualquer diferendo relativo às funções judiciais do Tribunal será resolvido por decisão do Tribunal.

2. Quaisquer diferendos entre 2 (dois) ou mais Estados-Partes relativos à interpretação ou à aplicação do presente Estatuto, que não forem resolvidos pela via negocial num período de 3 (três) meses após o seu início, serão submetidos à Assembleia dos Estados-Partes. A Assembleia poderá procurar resolver o diferendo ou fazer recomendações relativas a outros métodos de resolução, incluindo a submissão do diferendo à Corte Internacional de Justiça, em conformidade com o Estatuto dessa Corte.

Artigo 120
RESERVAS

Não são admitidas reservas a este Estatuto.

Artigo 121
ALTERAÇÕES

1. Expirado o período de 7 (sete) anos após a entrada em vigor do presente Estatuto, qualquer Estado-Parte poderá propor alterações ao Estatuto. O texto das propostas de alterações será

submetido ao Secretário-Geral da Organização das Nações Unidas, que o comunicará sem demora a todos os Estados-Partes.

2. Decorridos pelo menos 3 (três) meses após a data desta notificação, a Assembleia dos Estados-Partes decidirá na reunião seguinte, por maioria dos seus membros presentes e votantes, se deverá examinar a proposta. A Assembleia poderá tratar desta proposta, ou convocar uma Conferência de Revisão se a questão suscitada o justificar.

3. A adoção de uma alteração numa reunião da Assembleia dos Estados-Partes ou numa Conferência de Revisão exigirá a maioria de 2/3 (dois terços) dos Estados-Partes, quando não for possível chegar a um consenso.

4. Sem prejuízo do disposto no parágrafo 5, qualquer alteração entrará em vigor, para todos os Estados-Partes, 1 (um) ano depois que sete oitavos de entre eles tenham depositado os respectivos instrumentos de ratificação ou de aceitação junto do Secretário-Geral da Organização das Nações Unidas.

5. Qualquer alteração ao artigo 5º, 6º, 7º e 8º do presente Estatuto entrará em vigor, para todos os Estados-Partes que a tenham aceitado, 1 (um) ano após o depósito dos seus instrumentos de ratificação ou de aceitação. O Tribunal não exercerá a sua competência relativamente a um crime abrangido pela alteração sempre que este tiver sido cometido por nacionais de um Estado-Parte que não tenha aceitado a alteração, ou no território desse Estado-Parte.

6. Se uma alteração tiver sido aceita por sete oitavos dos Estados-Partes nos termos do parágrafo 4, qualquer Estado-Parte que não a tenha aceito poderá retirar-se do Estatuto com efeito imediato, não obstante o disposto no parágrafo 1º do artigo 127, mas sem prejuízo do disposto no parágrafo 2º do artigo 127, mediante notificação da sua retirada o mais tardar um ano após a entrada em vigor desta alteração.

7. O Secretário-Geral da Organização dás Nações Unidas comunicará a todos os Estados-Partes quaisquer alterações que tenham sido adotadas em reunião da Assembleia dos Estados-Partes ou numa Conferência de Revisão.

Artigo 122
ALTERAÇÃO DE DISPOSIÇÕES DE CARÁTER INSTITUCIONAL

1. Não obstante o artigo 121, parágrafo 1º, qualquer Estado-Parte poderá, em qualquer momento, propor alterações às disposições do Estatuto, de caráter exclusivamente institucional, a saber, artigos 35, 36, parágrafos 8 e 9, artigos 37, 38, 39, parágrafos 1º (as primeiras duas frases), 2º e 4º, artigo 42, parágrafos 4 a 9, artigo 43, parágrafos 2º e 3º e artigos 44, 46, 47 e 49. O texto de qualquer proposta será submetido ao Secretário-Geral da Organização das Nações Unidas ou a qualquer outra pessoa designada pela Assembleia dos Estados-Partes, que o comunicará sem demora a todos os Estados-Partes e aos outros participantes na Assembleia.

2. As alterações apresentadas nos termos deste artigo, sobre as quais não seja possível chegar a um consenso, serão adotadas pela Assembleia dos Estados-Partes ou por uma Conferência de Revisão, por uma maioria de dois terços dos Estados-Partes. Tais alterações entrarão em vigor, para todos os Estados-Partes, 6 (seis) meses após a sua adoção pela Assembleia ou, conforme o caso, pela Conferência de Revisão.

Artigo 123
REVISÃO DO ESTATUTO

1. Sete anos após a entrada em vigor do presente Estatuto, o Secretário-Geral da Organização das Nações Unidas convocará uma Conferência de Revisão para examinar qualquer alteração ao presente Estatuto. A revisão poderá incidir nomeadamente, mas não exclusivamente, sobre a lista de crimes que figura no artigo 5º. A Conferência estará aberta aos participantes na Assembleia dos Estados-Partes, nas mesmas condições.

2. A todo o momento ulterior, a requerimento de um Estado-Parte e para os fins enunciados no parágrafo 1º, o Secretário-Geral da Organização das Nações Unidas, mediante aprovação da maioria dos Estados-Partes, convocará uma Conferência de Revisão.

3. A adoção e a entrada em vigor de qualquer alteração ao Estatuto examinada numa Conferência de Revisão serão reguladas pelas disposições do artigo 121, parágrafos 3º a 7º.

Artigo 124
DISPOSIÇÃO TRANSITÓRIA

Não obstante o disposto nos parágrafos 1º e 2º do artigo 12, um Estado que se torne Parte no presente Estatuto, poderá declarar que, durante um período de 7 (sete) anos a contar da data da entrada em vigor do Estatuto no seu território, não aceitará a competência do Tribunal relativamente à categoria de crimes referidos no artigo 8º, quando haja indícios de que um crime tenha sido praticado por nacionais seus ou no seu território. A declaração formulada ao abrigo deste artigo poderá ser retirada a qualquer momento. O disposto neste artigo será reexaminado na Conferência de Revisão a convocar em conformidade com o parágrafo 1º do artigo 123.

Artigo 125
ASSINATURA, RATIFICAÇÃO, ACEITAÇÃO, APROVAÇÃO OU ADESÃO

1. O presente Estatuto estará aberto à assinatura de todos os Estados na sede da Organização das Nações Unidas para a Alimentação e a Agricultura, em Roma, a 17 de Julho de 1998, continuando aberto à assinatura no Ministério dos Negócios Estrangeiros de Itália, em Roma, até 17 de Outubro de 1998. Após esta data, o Estatuto continuará aberto na sede da Organização das Nações Unidas, em Nova Iorque, até 31 de Dezembro de 2000.

2. O presente Estatuto ficará sujeito a ratificação, aceitação ou aprovação dos Estados signatários. Os instrumentos de ratificação, aceitação ou aprovação serão depositados junto do Secretário-Geral da Organização das Nações Unidas.

3. O presente Estatuto ficará aberto à adesão de qualquer Estado. Os instrumentos de adesão serão depositados junto do Secretário-Geral da Organização das Nações Unidas.

Artigo 126
ENTRADA EM VIGOR

1. O presente Estatuto entrará em vigor no primeiro dia do mês seguinte ao termo de um período de 60 (sessenta) dias após a data do depósito do sexagésimo instrumento de ratificação, de aceitação, de aprovação ou de adesão junto do Secretário-Geral da Organização das Nações Unidas.

2. Em relação ao Estado que ratifique, aceite ou aprove o Estatuto, ou a ele adira após o depósito do sexagésimo instrumento de ratificação, de aceitação, de aprovação ou de adesão, o Estatuto entrará em vigor no primeiro dia do mês seguinte ao termo de um período de 60 (sessenta) dias após a data do depósito do respectivo instrumento de ratificação, de aceitação, de aprovação ou de adesão.

Artigo 127
RETIRADA

1. Qualquer Estado-Parte poderá, mediante notificação escrita e dirigida ao Secretário-Geral da Organização das Nações Unidas, retirar-se do presente Estatuto. A retirada produzirá efeitos 1 (um) ano após a data de recepção da notificação, salvo se esta indicar uma data ulterior.

2. A retirada não isentará o Estado das obrigações que lhe incumbem em virtude do presente Estatuto enquanto Parte do mesmo, incluindo as obrigações financeiras que tiver assumido, não afetando também a cooperação com o Tribunal no âmbito de inquéritos e de procedimentos criminais relativamente aos quais o Estado tinha o dever de cooperar e que se iniciaram antes da data em que a retirada começou a produzir efeitos; a retirada em nada afetará a prossecução da apreciação das causas que o Tribunal já tivesse começado a apreciar antes da data em que a retirada começou a produzir efeitos.

Artigo 128
TEXTOS AUTÊNTICOS

O original do presente Estatuto, cujos textos em árabe, chinês, espanhol, francês, inglês e russo fazem igualmente fé, será depositado junto do Secretário-Geral das Nações Unidas, que enviará cópia autenticada a todos os Estados.

Em fé do que, os abaixo assinados, devidamente autorizados pelos respectivos Governos, assinaram o presente Estatuto.

Feito em Roma, aos dezessete dias do mês de julho de mil novecentos e noventa e oito.

DECRETO 4.982, DE 9 DE FEVEREIRO DE 2004

Promulga o Protocolo de Olivos para a Solução de Controvérsias no Mercosul.

▸ *Protocolo de Olivos-Mercosul*

▸ Dec. 10.215/2020 (Promulga o texto do Protocolo Modificativo do Protocolo de Olivos para a Solução de Controvérsias no Mercosul, de 19 de janeiro de 2007).

O Presidente da República, no uso da atribuição que lhe confere o art. 84, inciso IV, da Constituição, e

Considerando que o Congresso Nacional aprovou, por meio do Decreto Legislativo nº 712, de 14 de outubro de 2003, o texto do Protocolo de Olivos para a Solução de Controvérsias no Mercosul, concluído em Olivos, Argentina, em 18 de fevereiro de 2002;

Considerando que o Governo brasileiro depositou o instrumento de ratificação, em 2 de dezembro de 2003;

Considerando que o Protocolo entrou em vigor internacional, e para o Brasil, em 1º de janeiro de 2004;

DECRETA:

Art. 1º O Protocolo de Olivos para a Solução de Controvérsias no Mercosul, concluído em Olivos, Argentina, em 18 de fevereiro de 2002, apenso por cópia ao presente Decreto, será executado e cumprido tão inteiramente como nele se contém.

Art. 2º São sujeitos à aprovação do Congresso Nacional quaisquer atos que possam resultar em revisão do referido Protocolo ou que acarretem encargos ou compromissos gravosos ao patrimônio nacional, nos termos do art. 49, inciso I, da Constituição.

Art. 3º Este Decreto entra em vigor na data de sua publicação.

Brasília, 9 de fevereiro de 2004; 183º da Independência e 116º da República.

Luiz Inácio Lula da Silva
DOU de 10.2.2004

PROTOCOLO DE OLIVOS PARA A SOLUÇÃO DE CONTROVÉRSIAS NO MERCOSUL

A República Argentina, a República Federativa do Brasil, a República do Paraguai e a República Oriental do Uruguai, doravante denominados "Estados Partes";

Tendo em conta

O Tratado de Assunção, o Protocolo de Brasília e o Protocolo de Ouro Preto;

Reconhecendo

Que a evolução do processo de integração no âmbito do MERCOSUL requer o aperfeiçoamento do sistema de solução de controvérsias;

Considerando

A necessidade de garantir a correta interpretação, aplicação e cumprimento dos instrumentos fundamentais do processo de integração e do conjunto normativo do MERCOSUL, de forma consistente e sistemática;

Convencidos

Da conveniência de efetuar modificações específicas no sistema de solução de controvérsias de maneira a consolidar a segurança jurídica no âmbito do MERCOSUL;

Acordaram o seguinte:

CAPÍTULO I
CONTROVÉRSIAS ENTRE ESTADOS PARTES

Artigo 1
Âmbito de Aplicação

1. As controvérsias que surjam entre os Estados Partes sobre a interpretação, a aplicação ou o não cumprimento do Tratado de Assunção, do Protocolo de Ouro Preto, dos protocolos e acordos celebrados no marco do Tratado de Assunção, das Decisões do Conselho do Mercado Comum, das Resoluções do Grupo Mercado Comum e das Diretrizes da Comissão de Comércio do MERCOSUL serão submetidas aos procedimentos estabelecidos no presente Protocolo.

2. As controvérsias compreendidas no âmbito de aplicação do presente Protocolo que possam também ser submetidas ao sistema de solução de controvérsias da Organização Mundial do Comércio ou de outros esquemas preferenciais de comércio de que sejam parte individualmente os Estados Partes do MERCOSUL poderão submeter-se a um ou outro foro, à escolha da parte demandante. Sem prejuízo disso, as partes na controvérsia poderão, de comum acordo, definir o foro.

Uma vez iniciado um procedimento de solução de controvérsias de acordo com o parágrafo anterior, nenhuma das partes poderá recorrer a mecanismos de solução de controvérsias estabelecidos nos outros foros com relação a um mesmo objeto, definido nos termos do artigo 14 deste Protocolo.

Não obstante, no marco do estabelecido neste numeral, o Conselho do Mercado Comum regulamentará os aspectos relativos à opção de foro.

CAPÍTULO II
MECANISMOS RELATIVOS A ASPECTOS TÉCNICOS

Artigo 2
Estabelecimento dos Mecanismos

1. Quando se considere necessário, poderão ser estabelecidos mecanismos expeditos para resolver divergências entre Estados Partes sobre aspectos técnicos regulados em instrumentos de políticas comerciais comuns.

2. As regras de funcionamento, o alcance desses mecanismos e a natureza dos pronunciamentos a serem emitidos nos mesmos serão definidos e aprovados por Decisão do Conselho do Mercado Comum.

CAPÍTULO III
OPINIÕES CONSULTIVAS

Artigo 3
Regime de Solicitação

O Conselho do Mercado Comum poderá estabelecer mecanismos relativos à solicitação de opiniões consultivas ao Tribunal Permanente de Revisão definindo seu alcance e seus procedimentos.

CAPÍTULO IV
NEGOCIAÇÕES DIRETAS

Artigo 4
Negociações

Os Estados Partes numa controvérsia procurarão resolvê-la, antes de tudo, mediante negociações diretas.

Artigo 5
Procedimento e Prazo

1. As negociações diretas não poderão, salvo acordo entre as partes na controvérsia, exceder um prazo de quinze (15) dias a partir da data em que uma delas comunicou à outra a decisão de iniciar a controvérsia.

2. Os Estados partes em uma controvérsia informarão ao Grupo Mercado Comum, por intermédio da Secretaria Administrativa do MERCOSUL, sobre as gestões que se realizarem durante as negociações e os resultados das mesmas.

CAPÍTULO V
INTERVENÇÃO DO GRUPO MERCADO COMUM

Artigo 6
Procedimento Opcional ante o GMC

1. Se mediante as negociações diretas não se alcançar um acordo ou se a controvérsia for solucionada apenas parcialmente, qualquer dos Estados partes na controvérsia poderá iniciar diretamente o procedimento arbitral previsto no Capítulo VI.

2. Sem prejuízo do estabelecido no numeral anterior, os Estados partes na controvérsia poderão, de comum acordo, submetê-la à consideração do Grupo Mercado Comum.

i) Nesse caso, o Grupo Mercado Comum avaliará a situação, dando oportunidade às partes na controvérsia para que exponham suas respectivas posições, requerendo, quando considere necessário, o assessoramento de especialistas selecionados da lista referida no artigo 43 do presente Protocolo.

ii) Os gastos relativos a esse assessoramento serão custeados em montantes iguais pelos Estados partes na controvérsia ou na proporção que determine o Grupo Mercado Comum.

3. A controvérsia também poderá ser levada à consideração do Grupo Mercado Comum se outro Estado, que não seja parte na controvérsia, solicitar, justificadamente, tal procedimento ao término das negociações diretas. Nesse caso, o procedimento arbitral iniciado pelo Estado Parte demandante não será interrompido, salvo acordo entre os Estados partes na controvérsia.

Artigo 7
Atribuições do GMC

1. Se a controvérsia for submetida ao Grupo Mercado Comum pelos Estados partes na controvérsia, este formulará recomendações que, se possível, deverão ser expressas e detalhadas, visando à solução da divergência.

2. Se a controvérsia for levada à consideração do Grupo Mercado Comum a pedido de um Estado que dela não é parte, o Grupo Mercado Comum poderá formular comentários ou recomendações a respeito.

Artigo 8
Prazo para Intervenção e Pronunciamento do GMC

O procedimento descrito no presente Capítulo não poderá estender-se por um prazo superior a trinta (30), dias a partir da data da reunião em que a controvérsia foi submetida à consideração do Grupo Mercado Comum.

CAPÍTULO VI
PROCEDIMENTO ARBITRAL *AD HOC*

Artigo 9
Início da Etapa Arbitral

1. Quando não tiver sido possível solucionar a controvérsia mediante a aplicação dos procedimentos referidos nos Capítulos IV e V, qualquer dos Estados partes na controvérsia poderá comunicar à Secretaria Administrativa do MERCOSUL sua decisão de recorrer ao procedimento arbitral estabelecido no presente Capítulo.

2. A Secretaria Administrativa do MERCOSUL notificará, de imediato, a comunicação ao outro ou aos outros Estados envolvidos na controvérsia e ao Grupo Mercado Comum.

3. A Secretaria Administrativa do MERCOSUL se encarregará das gestões administrativas que lhe sejam requeridas para a tramitação dos procedimentos.

Artigo 10
Composição do Tribunal Arbitral *Ad Hoc*

1. O procedimento arbitral tramitará ante um Tribunal Ad Hoc composto de três (3) árbitros.

Os árbitros serão designados da seguinte maneira:

i) Cada Estado parte na controvérsia designará um (1) árbitro titular da lista prevista no artigo 11.1, no prazo de quinze (15) dias, contado a partir da data em que a Secretaria Administrativa do MERCOSUL tenha comunicado aos Estados partes na controvérsia a decisão de um deles de recorrer à arbitragem.

Simultaneamente, designará da mesma lista, um (1) árbitro suplente para substituir o árbitro titular em caso de incapacidade ou escusa deste em qualquer etapa do procedimento arbitral.

ii) Se um dos Estados partes na controvérsia não tiver nomeado seus árbitros no prazo indicado no numeral 2 (i), eles serão designados por sorteio pela Secretaria Administrativa do MERCOSUL em um prazo de dois (2) dias, contado a partir do vencimento daquele prazo, dentre os árbitros desse Estado da lista prevista no artigo 11.1.

3. O árbitro Presidente será designado da seguinte forma:

i) Os Estados partes na controvérsia designarão, de comum acordo, o terceiro árbitro, que presidirá o Tribunal Arbitral Ad Hoc, da lista prevista no artigo 11.2 (iii), em um prazo de quinze (15) dias, contado a partir da data em que a Secretaria Administrativa do MERCOSUL tenha comunicado aos Estados partes na controvérsia a decisão de um deles de recorrer à arbitragem.

Simultaneamente, designarão da mesma lista, um árbitro suplente para substituir o árbitro titular em caso de incapacidade ou escusa deste em qualquer etapa do procedimento arbitral.

O Presidente e seu suplente não poderão ser nacionais dos Estados partes na controvérsia.

ii) Se não houver acordo entre os Estados partes na controvérsia para escolher o terceiro árbitro dentro do prazo indicado, a Secretaria Administrativa do MERCOSUL, a pedido de qualquer um deles, procederá a sua designação por sorteio da lista do artigo 11.2 (iii), excluindo do mesmo os nacionais dos Estados partes na controvérsia.

iii) Os designados para atuar como terceiros árbitros deverão responder, em um prazo máximo de três (3) dias, contado a partir da notificação de sua designação, sobre sua aceitação para atuar em uma controvérsia.

4. A Secretaria Administrativa do MERCOSUL notificará os árbitros de sua designação.

Artigo 11
Listas de Árbitros

1. Cada Estado Parte designará doze (12) árbitros, que integrarão uma lista que ficará registrada na Secretaria Administrativa do MERCOSUL. A designação dos árbitros, juntamente com o curriculum vitae detalhado de cada um deles, será notificada simultaneamente aos demais Estados Partes e à Secretaria Administrativa do MERCOSUL.

i) Cada Estado Parte poderá solicitar esclarecimentos sobre as pessoas designadas pelos outros Estados Partes para integrar a lista referida no parágrafo anterior, dentro do prazo de trinta (30) dias, contado a partir de tal notificação.

ii) A Secretaria Administrativa do MERCOSUL notificará aos Estados Partes a lista consolidada de árbitros do MERCOSUL, bem como suas sucessivas modificações.

2. Cada Estado Parte proporá, ademais, quatro (4) candidatos para integrar a lista de terceiros árbitros. Pelo menos um dos árbitros indicados por cada Estado Parte para esta lista não será nacional de nenhum dos Estados Partes do MERCOSUL.

i) A lista deverá ser notificada aos demais Estados Partes, por intermédio da Presidência Pro Tempore, acompanhada pelo *curriculum vitae* de cada um dos candidatos propostos.

ii) Cada Estado Parte poderá solicitar esclarecimentos sobre as pessoas propostas pelos demais Estados Partes ou apresentar objeções justificadas aos candidatos indicados, conforme os critérios estabelecidos no artigo 35, dentro do prazo de trinta (30) dias, contado a partir da notificação dessas propostas.

As objeções deverão ser comunicadas por intermédio da Presidência Pro Tempore ao Estado Parte proponente. Se, em um prazo que não poderá exceder a trinta (30) dias contado da notificação, não se chegar a uma solução, prevalecerá a objeção.

iii) A lista consolidada de terceiros árbitros, bem como suas sucessivas modificações, acompanhadas do curriculum vitae dos árbitros, será comunicada pela Presidência Pro Tempore à Secretaria Administrativa do MERCOSUL, que a registrará e notificará aos Estados Partes.

Artigo 12
Representantes e Assessores

Os Estados partes na controvérsia designarão seus representantes ante o Tribunal Arbitral Ad Hoc e poderão ainda designar assessores para a defesa de seus direitos.

Artigo 13
Unificação de Representação

Se dois ou mais Estados Partes sustentarem a mesma posição na controvérsia, poderão unificar sua representação ante o Tribunal Arbitral e designarão um árbitro de comum acordo, no prazo estabelecido no artigo 10.2(i).

Artigo 14
Objeto da Controvérsia

1. O objeto das controvérsias ficará determinado pelos textos de apresentação e de resposta apresentados ante o Tribunal Arbitral Ad Hoc, não podendo ser ampliado posteriormente.

2. As alegações que as partes apresentem nos textos mencionados no numeral anterior se basearão nas questões que foram consideradas nas etapas prévias, contempladas no presente Protocolo e no Anexo ao Protocolo de Ouro Preto.

3. Os Estados partes na controvérsia informarão ao Tribunal Arbitral Ad Hoc, nos textos mencionados no numeral 1 do presente artigo, sobre as instâncias cumpridas com anterioridade ao procedimento arbitral e farão uma exposição dos fundamentos de fato e de direito de suas respectivas posições.

Artigo 15
Medidas Provisórias

1. O Tribunal Arbitral Ad Hoc poderá, por solicitação da parte interessada, e na medida em que existam presunções fundamentadas de que a manutenção da situação poderá ocasionar danos graves e irreparáveis a uma das partes na controvérsia, ditar as medidas provisórias que considere apropriadas para prevenir tais danos.

2. O Tribunal poderá, a qualquer momento, tornar sem efeito tais medidas.

3. Caso o laudo seja objeto de recurso de revisão, as medidas provisórias que não tenham sido deixadas sem efeito antes da emissão do mesmo se manterão até o tratamento do tema na primeira reunião do Tribunal Permanente de Revisão, que deverá resolver sobre sua manutenção ou extinção.

Artigo 16
Laudo Arbitral

O Tribunal Arbitral Ad Hoc emitirá o laudo num prazo de sessenta (60) dias, prorrogáveis por decisão do Tribunal por um prazo máximo de trinta (30) dias, contado a partir da comunicação efetuada pela Secretaria Administrativa do MERCOSUL às partes e aos demais árbitros, informando a aceitação pelo árbitro Presidente de sua designação.

CAPÍTULO VII
PROCEDIMENTO DE REVISÃO

Artigo 17
Recurso de Revisão

1. Qualquer das partes na controvérsia poderá apresenta um recurso de revisão do laudo do Tribunal Arbitral Ad Hoc ao Tribunal Permanente de Revisão, em prazo não superior a quinze (15) dias a partir da notificação do mesmo.

2. O recurso estará limitado a questões de direito tratadas na controvérsia e às interpretações jurídicas desenvolvidas no laudo do Tribunal Arbitral Ad Hoc.

3. Os laudos dos Tribunais Ad Hoc emitidos com base nos princípios ex aequo et bono não serão suscetíveis de recurso de revisão.

4. A Secretaria Administrativa do MERCOSUL estará encarregada das gestões administrativas que lhe sejam encomendadas para o trâmite dos procedimentos e manterá informados os Estados partes na controvérsia e o Grupo Mercado Comum.

Artigo 18
Composição do Tribunal Permanente de Revisão

▸ (Redação dada pelo Decreto 10.215/2020)

1. O Tribunal Permanente de Revisão será integrado por um (1) árbitro titular designado por cada Estado Parte do MERCOSUL.

2. Cada Estado Parte designará um (1) árbitro titular e seu suplente por um período de dois (2) anos, renovável por no máximo dois períodos consecutivos.

3. Na eventualidade de que o Tribunal Permanente de Revisão passe a estar integrado por um número par de árbitros titulares, de acordo com o disposto no parágrafo 1º deste artigo, serão designados (1) um árbitro titular adicional e seu suplente, que terão a nacionalidade de algum dos Estados Partes do MERCOSUL, sem prejuízo do disposto no parágrafo 4º deste artigo.

O árbitro adicional titular e seu suplente serão escolhidos por unanimidade dos Estados Partes, de uma lista a ser conformada por dois (2) nomes indicados por cada Estado Parte, no prazo de trinta (30) dias a partir da entrada em vigor do Protocolo de Olivos para o novo membro ou a partir do desligamento de um Estado Parte, de acordo com o disposto no artigo 49 do Protocolo de Olivos.

Não havendo unanimidade, a designação se fará por sorteio que realizará o Secretário da Secretaria do Tribunal Permanente de Revisão, dentre os integrantes dessa lista, dentro dos dois (2) dias seguintes ao vencimento do prazo mencionado no parágrafo anterior.

O árbitro titular adicional e seu suplente serão designados por um período de dois (2) anos, renovável por no máximo 2 (dois) períodos consecutivos, à exceção do primeiro período, cuja duração será igual à duração restante do período dos demais árbitros que integram o Tribunal.

Quando o Tribunal Permanente de Revisão contar com a participação de um árbitro adicional e houver a adesão de um novo Estado Parte ao MERCOSUL ou a denúncia de um Estado Parte, o árbitro adicional e seu suplente, sem prejuízo do disposto no parágrafo 6º deste artigo, exercerão seus mandatos até que seja designado o árbitro do novo Estado Parte ou até que seja formalizada a denúncia do Estado Parte que se retira, de acordo com o disposto no Capítulo V do Tratado de Assunção.

4. Os Estados Partes, de comum acordo, poderão definir outros critérios para a designação do árbitro adicional e de seu suplente.

5. Pelo menos três (3) meses antes do término do mandato dos árbitros, os Estados Partes deverão manifestar-se a respeito de sua renovação ou propor novos candidatos.

6. Caso expire o período de atuação de um árbitro que esteja atuando em uma controvérsia, este deverá permanecer em função até sua conclusão.

7. Aplica-se, no que couber, aos procedimentos descritos neste artigo o disposto no artigo 11.2.

▸ art. 7º, Dec. 10.215/2020.

Artigo 19
Disponibilidade Permanente

Os integrantes do Tribunal Permanente de Revisão, uma vez que aceitem sua designação, deverão estar disponíveis permanentemente para atuar quando convocados.

Artigo 20
Funcionamento do Tribunal

▸ (Redação dada pelo Decreto 10.215/2020)

1. Quando a controvérsia envolver dois (2) Estados Partes, o Tribunal estará integrado por três (3) árbitros. Dois (2) árbitros serão nacionais de cada Estado parte na controvérsia e o terceiro, que exercerá a Presidência, será designado mediante sorteio a ser realizado pelo Secretário da Secretaria do Tribunal Permanente de Revisão, entre os árbitros restantes que não sejam nacionais dos Estados Partes na controvérsia, excluído o árbitro adicional eventualmente em exercício. A designação do Presidente dar-se-á no dia seguinte à interposição do recurso de revisão, data a partir da qual estará constituído o Tribunal para todos os efeitos.

2. Quando a controvérsia envolver mais de dois (2) Estados Partes, o Tribunal Permanente de Revisão estará constituído por todos os seus árbitros, nos termos do artigo 18.

3. Os Estados Partes, de comum acordo, poderão definir outros critérios para o funcionamento do Tribunal estabelecido neste artigo.

‣ art. 7º, Dec. 10.215/2020.

Artigo 21
Contestação do Recurso de Revisão e Prazo para o Laudo

1. A outra parte na controvérsia terá direito a contestar o recurso de revisão interposto, dentro do prazo de quinze (15) dias de notificada a apresentação de tal recurso.

2. O Tribunal Permanente de Revisão pronunciar-se-á sobre o recurso em um prazo máximo de trinta (30) dias, contado a partir da apresentação da contestação a que faz referência o numeral anterior ou do vencimento do prazo para a referida apresentação, conforme o caso. Por decisão do Tribunal, o prazo de trinta (30) dias poderá ser prorrogado por mais quinze (15) dias.

Artigo 22
Alcance do Pronunciamento

1. O Tribunal Permanente de Revisão poderá confirmar, modificar ou revogar a fundamentação jurídica e as decisões do Tribunal Arbitral Ad Hoc.

2. O laudo do Tribunal Permanente de Revisão será definitivo e prevalecerá sobre o laudo do Tribunal Arbitral Ad Hoc.

Artigo 23
Acesso direto ao Tribunal Permanente de Revisão

1. As partes na controvérsia, culminado o procedimento estabelecido nos artigos 4 e 5 deste Protocolo, poderão acordar expressamente submeter-se diretamente e em única instância ao Tribunal Permanente de Revisão, caso em que este terá as mesmas competências que um Tribunal Arbitral Ad Hoc, aplicando-se, no que corresponda, os Artigos 9, 12, 13, 14, 15 e 16 do presente Protocolo.

2. Nessas condições, os laudos do Tribunal Permanente de Revisão serão obrigatórios para os Estados partes na controvérsia a partir do recebimento da respectiva notificação, não estarão sujeitos a recursos de revisão e terão, com relação às partes, força de coisa julgada.

Artigo 24
Medidas Excepcionais e de Urgência

O Conselho do Mercado Comum poderá estabelecer procedimentos especiais para atender casos excepcionais de urgência que possam ocasionar danos irreparáveis às Partes.

CAPÍTULO VIII
LAUDOS ARBITRAIS

Artigo 25
Adoção dos Laudos

Os laudos do Tribunal Arbitral Ad Hoc e os do Tribunal Permanente de Revisão serão adotados por maioria, serão fundamentados e assinados pelo Presidente e pelos demais árbitros. Os árbitros não poderão fundamentar votos em dissidência e deverão manter a confidencialidade da votação. As deliberações também serão confidenciais e assim permanecerão em todo o momento.

Artigo 26
Obrigatoriedade dos Laudos

1. Os laudos dos Tribunais Arbitrais Ad Hoc são obrigatórios para os Estados partes na controvérsia a partir de sua notificação e terão, em relação a eles, força de coisa julgada se, transcorrido o prazo previsto no artigo 17.1 para interpor recurso de revisão, este não tenha sido interposto.

2. Os laudos do Tribunal Permanente de Revisão são inapeláveis, obrigatórios para os Estados partes na controvérsia a partir de sua notificação e terão, com relação a eles, força de coisa julgada.

Artigo 27
Obrigatoriedade do Cumprimento dos Laudos

Os laudos deverão ser cumpridos na forma e com o alcance com que foram emitidos. A adoção de medidas compensatórias nos termos deste Protocolo não exime o Estado parte de sua obrigação de cumprir o laudo.

Artigo 28
Recurso de Esclarecimento

1. Qualquer dos Estados partes na controvérsia poderá solicitar um esclarecimento do laudo do Tribunal Arbitral Ad Hoc ou do Tribunal Permanente de Revisão e sobre a forma com que deverá cumprir-se o laudo, dentro de quinze (15) dias subseqüentes à sua notificação.

2. O Tribunal respectivo se expedirá sobre o recurso nos quinze (15) dias subseqüentes à apresentação da referida solicitação e poderá outorgar um prazo adicional para o cumprimento do laudo.

Artigo 29
Prazo e Modalidade de Cumprimento

1. Os laudos do Tribunal Ad Hoc ou os do Tribunal Permanente de Revisão, conforme o caso, deverão ser cumpridos no prazo que os respectivos Tribunais estabelecerem. Se não for estabelecido um prazo, os laudos deverão ser cumpridos no prazo de trinta (30) dias seguintes à data de sua notificação.

2. Caso um Estado parte interponha recurso de revisão, o cumprimento do laudo do Tribunal Arbitral Ad Hoc será suspenso durante o trâmite do mesmo.

3. O Estado parte obrigado a cumprir o laudo informará à outra parte na controvérsia, assim como ao Grupo Mercado Comum, por intermédio da Secretaria Administrativa do MERCOSUL, sobre as medidas que adotará para cumprir o laudo, dentro dos quinze (15) dia contados desde sua notificação.

Artigo 30
Divergências sobre o Cumprimento do Laudo

1. Caso o Estado beneficiado pelo laudo entenda que as medidas adotadas não dão cumprimento ao mesmo, terá um prazo de trinta (30) dias, a partir da adoção das mesmas, para levar a situação à consideração do Tribunal Arbitral Ad Hoc ou do Tribunal Permanente de Revisão, conforme o caso.

2. O Tribunal respectivo terá um prazo de trinta (30) dias a partir da data que tomou conhecimento da situação para dirimir as questões referidas no numeral anterior.

3. Caso não seja possível a convocação do Tribunal Arbitral Ad Hoc que conheceu do caso, outro será conformado com o ou os suplentes necessários mencionados nos artigos 10.2 e 10.3.

CAPÍTULO IX
MEDIDAS COMPENSATÓRIAS

Artigo 31
Faculdade de Aplicar Medidas Compensatórias

1. Se um Estado parte na controvérsia não cumprir total ou parcialmente o laudo do Tribunal Arbitral, a outra parte na controvérsia terá a faculdade, dentro do prazo de um (1) ano, contado a partir do dia seguinte ao término do prazo referido no artigo 29.1, e independentemente de recorrer aos procedimentos do artigo 30, de iniciar a aplicação de medidas compensatórias temporárias, tais como a suspensão de concessões ou outras obrigações equivalentes, com vistas a obter o cumprimento do laudo.

2. O Estado Parte beneficiado pelo laudo procurará, em primeiro lugar, suspender as concessões ou obrigações equivalentes no mesmo setor ou setores afetados. Caso considere impraticável ou ineficaz a suspensão no mesmo setor, poderá suspender concessões ou obrigações em outro setor, devendo indicar as razões que fundamentam essa decisão.

3. As medidas compensatórias a serem tomadas deverão ser informadas formalmente pelo Estado Parte que as aplicará, com uma antecedência mínima de quinze (15) dias, ao Estado Parte que deve cumprir o laudo.

Artigo 32
Faculdade de Questionar Medidas Compensatórias

1. Caso o Estado Parte beneficiado pelo laudo aplique medidas compensatórias por considerar insuficiente o cumprimento do mesmo, mas o Estado Parte obrigado a cumprir o laudo considerar que as medidas adotadas são satisfatórias, este último terá um prazo de quinze (15) dias, contado a partir da notificação prevista no artigo 31.3, para levar esta situação à consideração do Tribunal Arbitral Ad Hoc ou do Tribunal Permanente de Revisão, conforme o caso, o qual terá um prazo de trinta (30) dias desde a sua constituição para se pronunciar sobre o assunto.

2. Caso o Estado Parte obrigado a cumprir o laudo considere excessivas as medidas compensatórias aplicadas, poderá solicitar, até quinze (15) dias depois da aplicação dessas medidas, que o Tribunal Ad Hoc ou o Tribunal Permanente de Revisão, conforme corresponda, se pronuncie a respeito, em um prazo não superior a (trinta) 30 dias, contado a partir da sua constituição.

i) O Tribunal pronunciar-se-á sobre as medidas compensatórias adotadas. Avaliará, conforme o caso, a fundamentação apresentada para aplicá-las em um setor distinto daquele afetado, assim como sua proporcionalidade com relação às conseqüências derivadas do não cumprimento do laudo.

ii) Ao analisar a proporcionalidade, o Tribunal deverá levar em consideração, entre outros elementos, o volume e/ou o valor de comércio no setor afetado, bem como qualquer outro prejuízo ou fator que tenha incidido na determinação do nível ou montante das medidas compensatórias.

3. O Estado Parte que aplicou as medidas deverá adequá-las à decisão do Tribunal em um prazo máximo de dez (10) dias, salvo se o Tribunal estabelecer outro prazo.

CAPÍTULO X
DISPOSIÇÕES COMUNS AOS CAPÍTULOS VI E VII

Artigo 33
Jurisdição dos Tribunais

Os Estados Partes declaram reconhecer como obrigatória, ipso facto e sem necessidade de acordo especial, a jurisdição dos Tribunais Arbitrais Ad Hoc que em cada caso se constituam para conhecer e resolver as controvérsias a que se refere o presente Protocolo, bem como a jurisdição do Tribunal Permanente de Revisão para conhecer e resolver as controvérsias conforme as competências que lhe confere o presente Protocolo.

Artigo 34
Direito Aplicável

1. Os Tribunais Arbitrais Ad Hoc e o Tribunal Permanente de Revisão decidirão a controvérsia com base no Tratado de Assunção, no Protocolo de Ouro Preto, nos protocolos e acordos celebrados no marco do Tratado de Assunção, nas Decisões do Conselho do Mercado Comum, nas Resoluções do Grupo Mercado Comum e nas Diretrizes da Comissão de Comércio do MERCOSUL, bem como nos princípios e disposições de Direito Internacional aplicáveis à matéria.

2. A presente disposição não restringe a faculdade dos Tribunais Arbitrais Ad Hoc ou a do Tribunal Permanente de Revisão, quando atue como instância direta e única conforme o disposto no artigo 23, de decidir a controvérsia ex aequo et bono, se as partes assim acordarem.

Artigo 35
Qualificação dos Árbitros

1. Os árbitros dos Tribunais Arbitrais Ad Hoc e os do Tribunal Permanente de Revisão deverão ser juristas de reconhecida competência nas matérias que possam ser objeto das controvérsias e ter conhecimento do conjunto normativo do MERCOSUL.

2. Os árbitros deverão observar a necessária imparcialidade e independência funcional da Administração Pública Central ou direta dos Estados Partes e não ter interesses de índole alguma na controvérsia. Serão designados em função de sua objetividade, confiabilidade e bom senso.

Artigo 36
Custos

1. Os gastos e honorários ocasionados pela atividade dos árbitros serão custeados pelo país que os designe e os gastos e honorários do Presidente do Tribunal Arbitral Ad Hoc serão custeados em partes iguais pelos Estados partes na controvérsia, a menos que o Tribunal decida distribuí-los em proporção distinta.

2. Os gastos e honorários ocasionados pela atividade dos árbitros do Tribunal Permanente de Revisão serão custeados em partes iguais pelos Estados partes na controvérsia, a menos que o Tribunal decida distribuí-los em proporção distinta.

3. Os gastos a que se referem os incisos anteriores poderão ser pagos por intermédio da Secretaria Administrativa do MERCOSUL. Os pagamentos poderão ser realizados por intermédio de um Fundo Especial que poderá ser criado pelos Estados Partes ao depositar as contribuições relativas ao orçamento da Secretaria Administrativa do MERCOSUL, conforme o artigo 45 do Protocolo de Ouro Preto, ou no momento de iniciar os procedimentos previstos nos Capítulos VI ou VII do presente Protocolo. O Fundo será administrado pela Secretaria Administrativa do MERCOSUL, a qual deverá anualmente prestar contas aos Estados Partes sobre sua utilização.

Artigo 37
Honorários e demais Gastos

Os honorários, gastos de transporte, hospedagem, diárias e outros gastos dos árbitros serão determinados pelo Grupo Mercado Comum.

Artigo 38
Sede

A sede do Tribunal Arbitral Permanente de Revisão será a cidade de Assunção. Não obstante, por razões fundamentadas, o Tribunal poderá reunir-se, excepcionalmente, em outras cidades do MERCOSUL. Os Tribunais Arbitrais Ad Hoc poderão reunir-se em qualquer cidade dos Estados Partes do MERCOSUL.

CAPÍTULO XI
RECLAMAÇÕES DE PARTICULARES

Artigo 39
Âmbito de Aplicação

O procedimento estabelecido no presente Capítulo aplicar-se-á às reclamações efetuadas por particulares (pessoas físicas ou jurídicas) em razão da sanção ou aplicação, por qualquer dos Estados Partes, de medidas legais ou administrativas de efeito restritivo, discriminatórias ou de concorrência desleal, em violação do Tratado de Assunção, do Protocolo de Ouro Preto, dos protocolos e acordos celebrados no marco do Tratado de Assunção, das Decisões do Conselho do Mercado Comum, das Resoluções do Grupo Mercado Comum e das Diretrizes da Comissão de Comércio do MERCOSUL.

Artigo 40
Início do Trâmite

1. Os particulares afetados formalizarão as reclamações ante a Seção Nacional do Grupo Mercado Comum do Estado Parte onde tenham sua residência habitual ou a sede de seus negócios.

2. Os particulares deverão fornecer elementos que permitam determinar a veracidade da violação e a existência ou ameaça de um prejuízo, para que a reclamação seja admitida pela Seção Nacional e para que seja avaliada pelo Grupo Mercado Comum e pelo grupo de especialistas, se for convocado.

Artigo 41
Procedimento

1. A menos que a reclamação se refira a uma questão que tenha motivado o início de um procedimento de Solução de Controvérsias de acordo com os Capítulos IV a VII deste Protocolo, a Seção Nacional do Grupo Mercado Comum que tenha admitido a reclamação conforme o artigo 40 do presente Capítulo deverá entabular consultas com a Seção Nacional do Grupo Mercado Comum do Estado Parte a que se atribui a violação, a fim de buscar, mediante as consultas, uma solução imediata à questão levantada. Tais consultas se darão por concluídas automaticamente e sem mais trâmites se a questão não tiver sido resolvida em um prazo de quinze (15) dias contado a partir da comunicação da reclamação ao Estado Parte a que se atribui a violação, salvo se as partes decidirem outro prazo.

2. Finalizadas as consultas, sem que se tenha alcançado uma solução, a Seção Nacional do Grupo Mercado Comum elevará a reclamação sem mais trâmite ao Grupo Mercado Comum.

Artigo 42
Intervenção do Grupo Mercado Comum

1. Recebida a reclamação, o Grupo Mercado Comum avaliará os requisitos estabelecidos no artigo 40.2, sobre os quais se baseou sua admissão pela Seção Nacional, na primeira reunião subseqüente ao seu recebimento. Se concluir que não estão reunidos os requisitos necessários para dar-lhe curso, rejeitará a reclamação sem mais trâmite, devendo pronunciar-se por consenso.

2. Se o Grupo Mercado Comum não rejeitar a reclamação, esta considerar-se-á admitida. Neste caso, o Grupo Mercado Comum procederá de imediato à convocação de um grupo de especialistas que deverá emitir um parecer sobre sua procedência, no prazo improrrogável de trinta (30) dias contado a partir da sua designação.

3. Nesse prazo, o grupo de especialistas dará oportunidade ao particular reclamante e aos Estados envolvidos na reclamação de serem ouvidos e de apresentarem seus argumentos, em audiência conjunta.

Artigo 43
Grupo de Especialistas

▸ (Redação dada pelo Decreto 10.215/2020)

1. O grupo de especialistas a que faz referência o artigo 42.2 será composto de três (3) membros designados pelo Grupo Mercado Comum ou, na falta de acordo sobre um ou mais especialistas, estes serão escolhidos por votação que os Estados Partes realizarão dentre os integrantes da lista de especialistas a que se refere o numeral 2º deste artigo. A Secretaria Administrativa do MERCOSUL comunicará ao Grupo Mercado Comum o nome do especialista ou dos especialistas que tiverem recebido o maior número de votos. Neste último caso, e salvo se o Grupo Mercado Comum decidir de outra maneira, um (1) dos especialistas designados não poderá ser nacional do Estado contra o qual foi formulada a reclamação, nem do Estado no qual o particular formalizou sua reclamação, nos termos do artigo 40.

2. Com o fim de constituir a lista dos especialistas, cada um dos Estados Partes designará seis (6) pessoas de reconhecida competência nas questões que possam ser objeto de reclamação. Esta lista ficará registrada na Secretaria Administrativa do MERCOSUL.

3. Os gastos derivados da atuação do grupo de especialistas serão custeados na proporção que determinar o Grupo Mercado Comum ou, na falta de acordo, em montantes iguais pelas partes diretamente envolvidas na reclamação

▸ art. 7º, Dec. 10.215/2020.

Artigo 44
Parecer do Grupo de Especialistas

1. O grupo de especialistas elevará seu parecer ao Grupo Mercado Comum.

i) Se, em parecer unânime, se verificar a procedência da reclamação formulada contra um Estado Parte, qualquer outro Estado Parte poderá requerer-lhe a adoção de medidas corretivas ou a anulação das medidas questionadas. Se o requerimento não prosperar num prazo de quinze (15) dias, o Estado Parte que o efetuou poderá recorrer diretamente ao procedimento arbitral, nas condições estabelecidas no Capítulo VI do presente Protocolo.

ii) Recebido um parecer que considere improcedente a reclamação por unanimidade, o Grupo Mercado Comum imediatamente dará por concluída a mesma no âmbito do presente Capítulo.

iii) Caso o grupo de especialistas não alcance unanimidade para emitir um parecer, elevará suas distintas conclusões ao Grupo Mercado Comum que, imediatamente, dará por concluída a reclamação no âmbito do presente Capítulo.

2. A conclusão da reclamação por parte do Grupo Mercado Comum, nos termos das alíneas (ii) e (iii) do numeral anterior, não impedirá que o Estado Parte reclamante dê início aos procedimentos previstos nos Capítulos IV a VI do presente Protocolo.

CAPÍTULO XII DISPOSIÇÕES GERAIS

Artigo 45
Acordo ou Desistência

Em qualquer fase dos procedimentos, a parte que apresentou a controvérsia ou a reclamação poderá desistir das mesmas, ou as partes envolvidas no caso poderão chegar a um acordo dando-se por concluída a controvérsia ou a reclamação, em ambos os casos. As desistências e acordos deverão ser comunicados por intermédio da Secretaria Administrativa do MERCOSUL ao Grupo Mercado Comum, ou ao Tribunal que corresponda, conforme o caso.

Artigo 46
Confidencialidade

1. Todos os documentos apresentados no âmbito dos procedimentos previstos neste Protocolo são de caráter reservado às partes na controvérsia, à exceção dos laudos arbitrais.

2. A critério da Seção Nacional do Grupo Mercado Comum de cada Estado Parte e quando isso seja necessário para a elaboração das posições a serem apresentadas ante o Tribunal, esses documentos poderão ser dados a conhecer, exclusivamente, aos setores com interesse na questão.

3. Não obstante o estabelecido no numeral 1, o Conselho do Mercado Comum regulamentará a modalidade de divulgação dos textos e apresentações relativos a controvérsias já concluídas.

Artigo 47
Regulamentação

O Conselho do Mercado Comum aprovará a regulamentação do presente Protocolo no prazo de sessenta (60) dias a partir de sua entrada em vigência.

Artigo 48
Prazos

1. Todos os prazos estabelecidos no presente Protocolo são peremptórios e serão contados por dias corridos a partir do dia seguinte ao ato ou fato a que se referem. Não obstante, se o vencimento do prazo para apresentar um texto ou cumprir uma diligência não ocorrer em dia útil na sede da Secretaria Administrativa do MERCOSUL, a apresentação do texto ou cumprimento da diligência poderão ser feitos no primeiro dia útil imediatamente posterior a essa data.

2. Não obstante o estabelecido no numeral anterior, todos os prazos previstos no presente Protocolo poderão ser modificados de comum acordo pelas partes na controvérsia. Os prazos previstos para os procedimentos tramitados ante os Tribunais Arbitrais Ad Hoc e ante o Tribunal Permanente de Revisão poderão ser modificados quando as partes na controvérsia o solicitem ao respectivo Tribunal e este o conceda.

Artigo 48 bis
Secretaria do Tribunal Permanente de Revisão

‣ (Acrescido pelo Decreto 10.215/2020)

3. O TPR contará com uma secretaria, denominada Secretaria do Tribunal Permanente de Revisão (ST), que estará a cargo de um Secretário, que deverá ser nacional de qualquer dos Estados Partes do MERCOSUL.

As funções da ST serão regulamentadas pelo Conselho do Mercado Comum. (Redação dada pelo Decreto 10.215/2020)

‣ art. 7º, Dec. 10.215/2020.

CAPÍTULO XIII DISPOSIÇÕES TRANSITÓRIAS

Artigo 49
Notificações Iniciais

Os Estados Partes realizarão as primeiras designações e notificações previstas nos artigos 11, 18 e 43.2 em um prazo de trinta (30) dias, contado a partir da entrada em vigor do presente Protocolo.

Artigo 50
Controvérsias em Trâmite

As controvérsias em trâmite iniciadas de acordo com o regime do Protocolo de Brasília continuarão a ser regidas exclusivamente pelo mesmo até sua total conclusão.

Artigo 51
Regras de Procedimento

1. O Tribunal Permanente de Revisão adotará suas próprias regras de procedimento no prazo de trinta (30) dias, contado a partir de sua constituição, as quais deverão ser aprovadas pelo Conselho do Mercado Comum.

2. Os Tribunais Arbitrais Ad Hoc adotarão suas próprias regras de procedimento, tomando como referência as Regras Modelos a serem aprovadas pelo Conselho do Mercado Comum.

3. As regras mencionadas nos numerais precedentes deste artigo garantirão que cada uma das partes na controvérsia tenha plena oportunidade de ser ouvida e de apresentar seus argumentos e assegurarão que os processos se realizem de forma expedita.

CAPÍTULO XIV DISPOSIÇÕES FINAIS

Artigo 52
Vigência e depósito

1. O presente Protocolo, parte integrante do Tratado de Assunção, entrará em vigor no trigésimo dia a partir da data em que tenha sido depositado o quarto instrumento de ratificação.

2. A República do Paraguai será depositária do presente Protocolo e dos instrumentos de ratificação e notificará aos demais Estados Partes a data de depósito desses instrumentos, enviando cópia devidamente autenticada deste Protocolo ao demais Estados Partes.

Artigo 53
Revisão do Sistema

Antes de culminar o processo de convergência da tarifa externa comum, os Estados Partes efetuarão uma revisão do atual sistema de solução de controvérsias, com vistas à adoção do Sistema Permanente de Solução de Controvérsias para o Mercado Comum a que se refere o numeral 3 do Anexo III do Tratado de Assunção.

Artigo 54
Adesão ou Denúncia Ipso Jure

A adesão ao Tratado de Assunção significará ipso jure a adesão ao presente Protocolo.

A denúncia do presente Protocolo significará ipso jure a denúncia do Tratado de Assunção.

Artigo 55
Derrogação

1. O presente Protocolo derroga, a partir de sua entrada em vigência, o Protocolo de Brasília para a Solução de Controvérsias, adotado em 17 de dezembro de 1991 e o Regulamento do Protocolo de Brasília, aprovado pela Decisão CMC 17/98.

2. Não obstante, enquanto as controvérsias iniciadas sob o regime do Protocolo de Brasília não estejam concluídas totalmente e até se completarem os procedimentos previstos no artigo 49, continuará sendo aplicado, no que corresponda, o Protocolo de Brasília e seu Regulamento.

3. As referências ao Protocolo de Brasília que figuram no Protocolo de Ouro Preto e seu Anexo, entendem-se remetidas, no que corresponda, ao presente Protocolo.

Artigo 56
Idiomas

Serão idiomas oficiais em todos os procedimentos previstos no presente Protocolo o português e o espanhol.

Feito na cidade de Olivos, Província de Buenos Aires, República Argentina aos dezoito dias do mês de fevereiro de dois mil e dois, em um original, nos idiomas português e espanhol, sendo ambos os textos igualmente autênticos.

DECRETO Nº 5.007, DE 8 DE MARÇO DE 2004

Promulga o Protocolo Facultativo à Convenção sobre os Direitos da Criança referente à venda de crianças, à prostituição infantil e à pornografia infantil.

‣ *Pornografia infantil*

O Presidente da República, no uso da atribuição que lhe confere o art. 84, inciso IV, da Constituição, e

Considerando que o Congresso Nacional aprovou, por meio do Decreto Legislativo nº 230, de 29 de maio de 2003, o texto do Protocolo Facultativo à Convenção sobre os Direitos da Criança referente à venda de crianças, à prostituição infantil e à pornografia infantil, adotado em Nova York em 25 de maio de 2000;

Considerando que o Governo brasileiro depositou o instrumento de ratificação junto à Secretaria-Geral da ONU em 27 de janeiro de 2004;

Considerando que o Protocolo entrou em vigor internacional em 18 de janeiro de 2002, e entrou em vigor para o Brasil em 27 de fevereiro de 2004;

DECRETA:

Art. 1º O Protocolo Facultativo à Convenção sobre os Direitos da Criança referente à venda de crianças, à prostituição infantil e à pornografia infantil, adotado em Nova York em 25 de maio de 2000, apenso por cópia ao presente Decreto, será executado e cumprido tão inteiramente como nele se contém.

Art. 2º São sujeitos à aprovação do Congresso Nacional quaisquer atos que possam resultar em revisão do referido Protocolo ou que acarretem encargos ou compromissos gravosos ao patrimônio nacional, nos termos do art. 49, inciso I, da Constituição.

Art. 3º Este Decreto entra em vigor na data de sua publicação.

Brasília, 8 de março de 2004; 183º da Independência e 116º da República.

LUIZ INÁCIO LULA DA SILVA
D.O.U. de 9.3.2004

PROTOCOLO FACULTATIVO À CONVENÇÃO SOBRE OS DIREITOS DA CRIANÇA REFERENTE À VENDA DE

CRIANÇAS, À PROSTITUIÇÃO INFANTIL E À PORNOGRAFIA INFANTIL

Os Estados Partes do presente Protocolo,

Considerando que, a fim de alcançar os propósitos da Convenção sobre os Direitos da Criança e a implementação de suas disposições, especialmente dos Artigos 1, 11, 21, 32, 33, 34, 35 e 36, seria apropriado ampliar as medidas a serem adotadas pelos Estados Partes, a fim de garantir a proteção da criança contra a venda de crianças, a prostituição infantil e a pornografia infantil,

Considerando também que a Convenção sobre os Direitos da Criança reconhece o direito da criança de estar protegida contra a exploração econômica e contra o desempenho de qualquer trabalho que possa ser perigoso para a criança ou interferir em sua educação, ou ser prejudicial à saúde da criança ou ao seu desenvolvimento físico, mental, espiritual, moral ou social,

Seriamente preocupados com o significativo e crescente tráfico internacional de crianças para fins de venda de crianças, prostituição infantil e pornografia infantil,

Profundamente preocupados com a prática disseminada e continuada do turismo sexual, ao qual as crianças são particularmente vulneráveis, uma vez que promove diretamente a venda de crianças, a prostituição infantil e a pornografia infantil,

Reconhecendo que uma série de grupos particularmente vulneráveis, inclusive meninas, estão mais expostos ao risco de exploração sexual, e que as meninas estão representadas de forma desproporcional entre os sexualmente explorados,

Preocupados com a crescente disponibilidade de pornografia infantil na Internet e em outras tecnologias modernas, e relembrando a Conferência Internacional sobre o Combate à Pornografia Infantil na Internet (Viena, 1999) e, em particular, sua conclusão, que demanda a criminalização em todo o mundo da produção, distribuição, exportação, transmissão, importação, posse intencional e propaganda de pornografia infantil, e enfatizando a importância de cooperação e parceria mais estreita entre governos e a indústria da Internet,

Acreditando que a eliminação da venda de crianças, da prostituição infantil e da pornografia será facilitada pela adoção de uma abordagem holística que leve em conta os fatores que contribuem para a sua ocorrência, inclusive o subdesenvolvimento, a pobreza, as disparidades econômicas, a estrutura sócio-econômica desigual, as famílias com disfunções, a ausência de educação, a migração do campo para a cidade, a discriminação sexual, o comportamento sexual adulto irresponsável, as práticas tradicionais prejudiciais, os conflitos armados e o tráfico de crianças,

Acreditando na necessidade de esforços de conscientização pública para reduzir a demanda de consumo relativa à venda de crianças, prostituição infantil e pornografia infantil, e acreditando, também, na importância do fortalecimento da parceria global entre todos os atores, bem como da melhoria do cumprimento da lei no nível nacional,

Tomando nota das disposições de instrumentos jurídicos internacionais relevantes para a proteção de crianças, inclusive a Convenção da Haia sobre a Proteção de Crianças e Cooperação no que se Refere à Adoção Internacional; a Convenção da Haia sobre os Aspectos Civis do Seqüestro Internacional de Crianças; a Convenção da Haia sobre Jurisdição, Direito Aplicável, Reconhecimento, Execução e Cooperação Referente à Responsabilidade dos Pais; e a Convenção nº 182 da Organização Internacional do Trabalho sobre a Proibição das Piores Formas de Trabalho Infantil e a Ação Imediata para sua Eliminação,

Encorajados pelo imenso apoio à Convenção sobre os Direitos da Criança, que demonstra o amplo compromisso existente com a promoção e proteção dos direitos da criança,

Reconhecendo a importância da implementação das disposições do Programa de Ação para a Prevenção da Venda de Crianças, da Prostituição Infantil e da Pornografia Infantil e a Declaração e Agenda de Ação adotada no Congresso Mundial contra a Exploração Comercial Sexual de Crianças, realizada em Estocolmo, de 27 a 31 de agosto de 1996, bem como outras decisões e recomendações relevantes emanadas de órgãos internacionais pertinentes,

Tendo na devida conta a importância das tradições e dos valores culturais de cada povo para a proteção e o desenvolvimento harmonioso da criança,

Acordaram o que segue:

ARTIGO 1º

Os Estados Partes proibirão a venda de crianças, a prostituição infantil e a pornografia infantil, conforme disposto no presente Protocolo.

ARTIGO 2º

Para os propósitos do presente Protocolo:

a) Venda de crianças significa qualquer ato ou transação pela qual uma criança é transferida por qualquer pessoa ou grupo de pessoas a outra pessoa ou grupo de pessoas, em troca de remuneração ou qualquer outra forma de compensação;

b) Prostituição infantil significa o uso de uma criança em atividades sexuais em troca de remuneração ou qualquer outra forma de compensação;

c) Pornografia infantil significa qualquer representação, por qualquer meio, de uma criança envolvida em atividades sexuais explícitas reais ou simuladas, ou qualquer representação dos órgãos sexuais de uma criança para fins primordialmente sexuais.

ARTIGO 3º

1. Os Estados Partes assegurarão que, no mínimo, os seguintes atos e atividades sejam integralmente cobertos por suas legislações criminal ou penal, quer os delitos sejam cometidos dentro ou fora de suas fronteiras, de forma individual ou organizada:

a) No contexto da venda de crianças, conforme definido no Artigo 2º;

(i) A oferta, entrega ou aceitação, por qualquer meio, de uma criança para fins de:

a. Exploração sexual de crianças;

b. Transplante de orgãos da criança com fins lucrativos;

c. Envolvimento da criança em trabalho forçado.

(ii). A indução indevida ao consentimento, na qualidade de intermediário, para adoção de uma criança em violação dos instrumentos jurídicos internacionais aplicáveis sobre adoção;

b) A oferta, obtenção, aquisição, aliciamento ou o fornecimento de uma criança para fins de prostituição infantil, conforme definido no Artigo 2º;

c) A produção, distribuição, disseminação, importação, exportação, oferta, venda ou posse, para os fins acima mencionados, de pornografia infantil, conforme definido no Artigo 2º.

2. Em conformidade com as disposições da legislação nacional de um Estado Parte, o mesmo aplicar-se-á a qualquer tentativa de perpetrar qualquer desses atos e à cumplicidade ou participação em qualquer desses atos.

3. Os Estados Partes punirão esses delitos com penas apropriadas que levem em consideração a sua gravidade.

4. Em conformidade com as disposições de sua legislação nacional, os Estados Partes adotarão medidas, quando apropriado, para determinar a responsabilidade legal de pessoas jurídicas pelos delitos definidos no parágrafo 1 do presente Artigo. Em conformidade com os princípios jurídicos do Estado Parte, essa responsabilidade de pessoas jurídicas poderá ser de natureza criminal, civil ou administrativa.

5. Os Estados Partes adotarão todas as medidas legais e administrativas apropriadas para assegurar que todas as pessoas envolvidas na adoção de uma criança ajam em conformidade com os instrumentos jurídicos internacionais aplicáveis.

ARTIGO 4º

1. Cada Estado Parte adotará as medidas necessárias para estabelecer sua jurisdição sobre os delitos a que se refere o Artigo 3º, parágrafo 1, quando os delitos forem cometidos em seu território ou a bordo de embarcação ou aeronave registrada naquele Estado.

2. Cada Estado Parte poderá adotar as medidas necessárias para estabelecer sua jurisdição sobre os delitos a que se refere o Artigo 3º, parágrafo 1, nos seguintes casos:

a) Quando o criminoso presumido for um cidadão daquele Estado ou uma pessoa que mantém residência habitual em seu território;

b) Quando a vítima for um cidadão daquele Estado.

3. Cada Estado Parte adotará, também, as medidas necessárias para estabelecer sua jurisdição sobre os delitos acima mencionados quando o criminoso presumido estiver presente em seu território e não for extraditado para outro Estado Parte pelo fato de o delito haver sido cometido por um de seus cidadãos.

4. O presente Protocolo não exclui qualquer jurisdição criminal exercida em conformidade com a legislação interna.

ARTIGO 5º

1. Os delitos a que se refere o Artigo 3º, parágrafo 1, serão considerados delitos passíveis de extradição em qualquer tratado de extradição existentes entre Estados Partes, e incluídos como delitos passíveis de extradição em todo tratado de extradição subseqüentemente celebrado entre os mesmos, em conformidade com as condições estabelecidas nos referidos tratados.

2. Se um Estado Parte que condiciona a extradição à existência de um tratado receber solicitação de extradição de outro Estado Parte com o qual não mantém tratado de extradição, poderá adotar o presente Protocolo como base jurídica para a extradição no que se refere a tais delitos. A extradição estará sujeita às condições previstas na legislação do Estado demandado.

3. Os Estados Partes que não condicionam a extradição à existência de um tratado reconhecerão os referidos delitos como delitos passíveis de extradição entre si, em conformidade com as condições estabelecidas na legislação do Estado demandado.

4. Para fins de extradição entre Estados Partes, os referidos delitos serão considerados como se cometidos não apenas no local onde ocorreram, mas também nos territórios dos Estados obrigados a estabelecer sua jurisdição em conformidade com o Artigo 4º.

5. Se um pedido de extradição for feito com referência a um dos delitos descritos no Artigo 3º, parágrafo 1, e se o Estado Parte demandado não conceder a extradição ou recusar-se a conceder a extradição com base na nacionalidade do autor do delito, este Estado adotará as medidas apropriadas para submeter o caso às suas autoridades competentes, com vistas à instauração de processo penal.

ARTIGO 6º

1. Os Estados Partes prestar-se-ão mutuamente toda a assistência possível no que se refere a investigações ou processos criminais ou de extradição instaurados com relação aos delitos descritos no Artigo 3º, parágrafo 1. Inclusive assistência na obtenção de provas à sua disposição e necessárias para a condução dos processos.

2. Os Estados Partes cumprirão as obrigações assumidas em função do parágrafo 1 do presente Artigo, em conformidade com quaisquer tratados ou outros acordos sobre assistência jurídica mútua que porventura existam entre os mesmos. Na ausência de tais tratados ou acordos, os Estados Partes prestar-se-ão assistência mútua em conformidade com sua legislação nacional.

ARTIGO 7º

Os Estados Partes, em conformidade com as disposições de sua legislação nacional:

a) adotarão medidas para permitir o seqüestro e confisco, conforme o caso, de:

(i) bens tais como materiais, ativos e outros meios utilizados para cometer ou facilitar o cometimento dos delitos definidos no presente Protocolo;

(ii) rendas decorrentes do cometimento desses delitos.

b) atenderão às solicitações de outro Estado Parte referentes ao seqüestro ou confisco de bens ou rendas a que se referem os incisos i) e ii) do parágrafo a);

c) adotarão medidas para fechar, temporária ou definitivamente, os locais utilizados para cometer esses delitos.

ARTIGO 8º

1. Os Estados Partes adotarão as medidas apropriadas para proteger os direitos e interesses de crianças vítimas das práticas proibidas pelo presente Protocolo em todos os estágios do processo judicial criminal, em particular:

a) reconhecendo a vulnerabilidade de crianças vitimadas e adaptando procedimentos para reconhecer suas necessidades especiais, inclusive suas necessidades especiais como testemunhas;

b) informando as crianças vitimadas sobre seus direitos, seu papel, bem como o alcance, as datas e o andamento dos processos e a condução de seus casos;

c) permitindo que as opiniões, necessidades e preocupações das crianças vitimadas sejam apresentadas e consideradas nos processos em que seus interesses pessoais forem afetados, de forma coerente com as normas processuais da legislação nacional;

d) prestando serviços adequados de apoio às crianças vitimadas no transcorrer do processo judicial;

e) protegendo, conforme apropriado, a privacidade e a identidade das crianças vitimadas e adotando medidas, em conformidade com a legislação nacional, para evitar a disseminação inadequada de informações que possam levar à identificação das crianças vitimadas;

f) assegurando, nos casos apropriados, a segurança das crianças vitimadas, bem como de suas famílias e testemunhas, contra intimidação e retaliação;

g) evitando demora desnecessária na condução de causas e no cumprimento de ordens ou decretos concedendo reparação a crianças vitimadas.

2. Os Estados Partes assegurarão que quaisquer dúvidas sobre a idade real da vítima não impedirão que se dê início a investigações criminais, inclusive investigações para determinar a idade da vítima.

3. Os Estados Partes assegurarão que, no tratamento dispensado pelo sistema judicial penal às crianças vítimas dos delitos descritos no presente Protocolo, a consideração primordial seja o interesse superior da criança.

4. Os Estados Partes adotarão medidas para assegurar treinamento apropriado, em particular treinamento jurídico e psicológico, às pessoas que trabalham com vítimas dos delitos proibidos pelo presente Protocolo.

5. Nos casos apropriados, os Estados Partes adotarão medidas para proteger a segurança e integridade daquelas pessoas e/ou organizações envolvidas na prevenção e/ou proteção e reabilitação de vítimas desses delitos.

6. Nenhuma disposição do presente Artigo será interpretada como prejudicial aos direitos do acusado a um julgamento justo e imparcial, ou como incompatível com esses direitos.

ARTIGO 9º

1. Os Estados Partes adotarão ou reforçarão, implementarão e disseminarão leis, medidas administrativas, políticas e programas sociais para evitar os delitos a que se refere o presente Protocolo. Especial atenção será dada á proteção de crianças especialmente vulneráveis a essas práticas.

2. Os Estados Partes promoverão a conscientização do público em geral, inclusive das crianças, por meio de informações disseminadas por todos os meios apropriados, educação e treinamento, sobre as medidas preventivas e os efeitos prejudiciais dos delitos a que se refere o presente Protocolo. No cumprimento das obrigações assumidas em conformidade com o presente Artigo, os Estados Partes incentivarão a participação da comunidade e, em particular, de crianças vitimadas, nas referidas informações e em programas educativos e de treinamento, inclusive no nível internacional.

3. Os Estados Partes adotarão todas as medidas possíveis com o objetivo de assegurar assistência apropriada às vítimas desses delitos, inclusive sua completa reintegração social e sua total recuperação física e psicológica.

4. Os Estados Partes assegurarão que todas as crianças vítimas dos delitos descritos no presente Protocolo tenham acesso a procedimentos adequados que lhe permitam obter, sem discriminação, das pessoas legalmente responsáveis, reparação pelos danos sofridos.

5. Os Estados Partes adotarão as medidas apropriadas para proibir efetivamente a produção e disseminação de material em que se faça propaganda dos delitos descritos no presente Protocolo.

ARTIGO 10º

1. Os Estados Partes adotarão todas as medidas necessárias para intensificar a cooperação internacional por meio de acordos multilaterais, regionais e bilaterais para prevenir, detectar, investigar, julgar e punir os responsáveis por atos envolvendo a venda de crianças, a prostituição infantil, a pornografia infantil e o turismo sexual infantil. Os Estados Partes promoverão, também, a cooperação e coordenação internacionais entre suas autoridades, organizações não-governamentais nacionais e internacionais e organizações internacionais.

2. Os Estados Partes promoverão a cooperação internacional com vistas a prestar assistência às crianças vitimadas em sua recuperação física e psicológica, sua reintegração social e repatriação.

3. Os Estados Partes promoverão o fortalecimento da cooperação internacional, a fim de lutar contra as causas básicas, tais como pobreza e subdesenvolvimento, que contribuem para a vulnerabilidade das crianças à venda de crianças, à prostituição infantil, à pornografia infantil e ao turismo sexual infantil.

4. Os Estados Partes que estejam em condições de fazê-lo, prestarão assistência financeira, técnica ou de outra natureza por meio de programas multilaterais, regionais, bilaterais ou outros programas existentes.

ARTIGO 11

Nenhuma disposição do presente Protocolo afetará quaisquer outras disposições mais propícias à fruição dos direitos da criança e que possam estar contidas:

a) na legislação de um Estado Parte;

b) na legislação internacional em vigor para aquele Estado.

ARTIGO 12

1. Cada Estado Parte submeterá ao Comitê sobre os Direitos da Criança, no prazo de dois anos a contar da data da entrada em vigor do Protocolo para aquele Estado Parte, um relatório contendo informações abrangentes sobre as medidas adotadas para implementar as disposições do Protocolo.

2. Após a apresentação do relatório abrangente, cada Estado Parte incluirá nos relatórios que submeter ao Comitê sobre os Direitos da Criança quaisquer informações adicionais sobre a implementação do Protocolo, em conformidade com o Artigo 44 da Convenção. Os demais Estados Partes do Protocolo submeterão um relatório a cada cinco anos.

3. O Comitê sobre os Direitos da Criança poderá solicitar aos Estados Partes informações adicionais relevantes para a implementação do presente Protocolo.

ARTIGO 13

1. O presente Protocolo está aberto para assinatura de qualquer Estado que seja parte ou signatário da Convenção.

2. O presente Protocolo está sujeito a ratificação e aberto a adesão de qualquer Estado que seja parte ou signatário da Convenção. Os instrumentos de ratificação ou adesão serão depositados com o Secretário Geral das Nações Unidas.

ARTIGO 14

1. O presente Protocolo entrará em vigor três meses após o depósito do décimo instrumento de ratificação ou adesão.

2. Para cada Estado que ratificar o presente Protocolo ou a ele aderir após sua entrada em vigor, o presente Protocolo passará a viger um mês após a data do depósito de seu próprio instrumento de ratificação ou adesão.

ARTIGO 15

1. Qualquer Estado Parte poderá denunciar o presente Protocolo a qualquer tempo por meio de notificação escrita ao Secretário Geral das Nações Unidas, o qual subseqüentemente informará os demais Estados Partes da Convenção

e todos os Estados signatários da Convenção. A denúncia produzirá efeitos um ano após a data de recebimento da notificação pelo Secretário Geral das Nações Unidas.

2. A referida denúncia não isentará o Estado Parte das obrigações assumidas por força do presente Protocolo no que se refere a qualquer delito ocorrido anteriormente à data na qual a denúncia passar a produzir efeitos. A denúncia tampouco impedirá, de qualquer forma, que se dê continuidade ao exame de qualquer matéria que já esteja sendo examinada pelo Comitê antes da data na qual a denúncia se tornar efetiva.

ARTIGO 16

1. Qualquer Estado Parte poderá propor uma emenda e depositá-la junto ao Secretário Geral das Nações Unidas. O Secretário Geral comunicará a emenda proposta aos Estados Partes, solicitando-lhes que indiquem se são favoráveis à realização de uma conferência de Estados Partes para análise e votação das propostas. Caso, no prazo de quatro meses a contar da data da referida comunicação, pelo menos um terço dos Estados Partes se houver manifestado a favor da referida conferência, o Secretário Geral convocará a conferência sob os auspícios das Nações Unidas. Qualquer emenda adotada por uma maioria de Estados Partes presentes e votantes na conferência será submetida à Assembléia Geral para aprovação.

2. Uma emenda adotada em conformidade com o parágrafo 1 do presente Artigo entrará em vigor quando aprovada pela Assembléia Geral das Nações Unidas e aceita por maioria de dois terços dos Estados Partes.

3. Quando uma emenda entrar em vigor, tornar-se-á obrigatória para aqueles Estados Partes que a aceitaram; os demais Estados Partes continuarão obrigados pelas disposições do presente Protocolo e por quaisquer emendas anteriores que tenham aceitado.

ARTIGO 17

1. O presente Protocolo, com textos em árabe, chinês, espanhol, francês, inglês e russo igualmente autênticos, será depositado nos arquivos das Nações Unidas.

2. O Secretário Geral das Nações Unidas enviará cópias autenticadas do presente Protocolo a todos os Estados Partes da Convenção e a todos os Estados signatários da Convenção.

DECRETO Nº 5.015, DE 12 DE MARÇO DE 2004

Promulga a Convenção das Nações Unidas contra o Crime Organizado Transnacional.

▸ *Convenção das Nações Unidas contra Crime Organizado*

O Presidente da República, no uso da atribuição que lhe confere o art. 84, inciso IV, da Constituição, e

Considerando que o Congresso Nacional aprovou, por meio do Decreto Legislativo nº 231, de 29 de maio de 2003, o texto da Convenção das Nações Unidas contra o Crime Organizado Transnacional, adotada em Nova York, em 15 de novembro de 2000;

Considerando que o Governo brasileiro depositou o instrumento de ratificação junto à Secretaria-Geral da ONU, em 29 de janeiro de 2004;

Considerando que a Convenção entrou em vigor internacional, em 29 de setembro de 2003, e entrou em vigor para o Brasil, em 28 de fevereiro de 2004;

DECRETA:

Art. 1º A Convenção das Nações Unidas contra o Crime Organizado Transnacional, adotada em Nova York, em 15 de novembro de 2000, apensa por cópia ao presente Decreto, será executada e cumprida tão inteiramente como nela se contém.

Art 2º São sujeitos à aprovação do Congresso Nacional quaisquer atos que possam resultar em revisão da referida Convenção ou que acarretem encargos ou compromissos gravosos ao patrimônio nacional, nos termos do art. 49, inciso I, da Constituição.

Art. 3º Este Decreto entra em vigor na data de sua publicação.

Brasília, 12 de março de 2004; 183º da Independência e 116º da República.

LUIZ INÁCIO LULA DA SILVA

DOU de 15.3.2004

CONVENÇÃO DAS NAÇÕES UNIDAS CONTRA O CRIME ORGANIZADO TRANSNACIONAL

Artigo 1
Objetivo

O objetivo da presente Convenção consiste em promover a cooperação para prevenir e combater mais eficazmente a criminalidade organizada transnacional.

Artigo 2
Terminologia

Para efeitos da presente Convenção, entende-se por:

a) "Grupo criminoso organizado" – grupo estruturado de três ou mais pessoas, existente há algum tempo e atuando concertadamente com o propósito de cometer uma ou mais infrações graves ou enunciadas na presente Convenção, com a intenção de obter, direta ou indiretamente, um benefício econômico ou outro benefício material;

b) "Infração grave" – ato que constitua infração punível com uma pena de privação de liberdade, cujo máximo não seja inferior a quatro anos ou com pena superior;

c) "Grupo estruturado" – grupo formado de maneira não fortuita para a prática imediata de uma infração, ainda que os seus membros não tenham funções formalmente definidas, que não haja continuidade na sua composição e que não disponha de uma estrutura elaborada;

d) "Bens" – os ativos de qualquer tipo, corpóreos ou incorpóreos, móveis ou imóveis, tangíveis ou intangíveis, e os documentos ou instrumentos jurídicos que atestem a propriedade ou outros direitos sobre os referidos ativos;

e) "Produto do crime" – os bens de qualquer tipo, provenientes, direta ou indiretamente, da prática de um crime;

f) "Bloqueio" ou "apreensão" – a proibição temporária de transferir, converter, dispor ou movimentar bens, ou a custódia ou controle temporário de bens, por decisão de um tribunal ou de outra autoridade competente;

g) "Confisco" – a privação com caráter definitivo de bens, por decisão de um tribunal ou outra autoridade competente;

h) "Infração principal" – qualquer infração de que derive um produto que possa passar a constituir objeto de uma infração definida no Artigo 6 da presente Convenção;

i) "Entrega vigiada" – a técnica que consiste em permitir que remessas ilícitas ou suspeitas saiam do território de um ou mais Estados, os atravessem ou neles entrem, com o conhecimento e sob o controle das suas autoridades competentes, com a finalidade de investigar infrações e identificar as pessoas envolvidas na sua prática;

j) "Organização regional de integração econômica" – uma organização constituída por Estados soberanos de uma região determinada, para a qual estes Estados tenham transferido competências nas questões reguladas pela presente Convenção e que tenha sido devidamente mandatada, em conformidade com os seus procedimentos internos, para assinar, ratificar, aceitar ou aprovar a Convenção ou a ela aderir; as referências aos "Estados Partes" constantes da presente Convenção são aplicáveis a estas organizações, nos limites das suas competências.

Artigo 3
Âmbito de aplicação

1. Salvo disposição em contrário, a presente Convenção é aplicável à prevenção, investigação, instrução e julgamento de:

a) Infrações enunciadas nos Artigos 5, 6, 8 e 23 da presente Convenção; e

b) Infrações graves, na acepção do Artigo 2 da presente Convenção;

sempre que tais infrações sejam de caráter transnacional e envolvam um grupo criminoso organizado;

2. Para efeitos do parágrafo 1 do presente Artigo, a infração será de caráter transnacional se:

a) For cometida em mais de um Estado;

b) For cometida num só Estado, mas uma parte substancial da sua preparação, planeamento, direção e controle tenha lugar em outro Estado;

c) For cometida num só Estado, mas envolva a participação de um grupo criminoso organizado que pratique atividades criminosas em mais de um Estado; ou

d) For cometida num só Estado, mas produza efeitos substanciais noutro Estado.

Artigo 4
Proteção da soberania

1. Os Estados Partes cumprirão as suas obrigações decorrentes da presente Convenção no respeito pelos princípios da igualdade soberana e da integridade territorial dos Estados, bem como da não-ingerência nos assuntos internos de outros Estados.

2. O disposto na presente Convenção não autoriza qualquer Estado Parte a exercer, em território de outro Estado, jurisdição ou funções que o direito interno desse Estado reserve exclusivamente às suas autoridades.

Artigo 5
Criminalização da participação em um grupo criminoso organizado

1. Cada Estado Parte adotará as medidas legislativas ou outras que sejam necessárias para caracterizar como infração penal, quando praticado intencionalmente:

a) Um dos atos seguintes, ou ambos, enquanto infrações penais distintas das que impliquem a tentativa ou a consumação da atividade criminosa:

i) O entendimento com uma ou mais pessoas para a prática de uma infração grave, com uma intenção direta ou indiretamente relacionada com a obtenção de um benefício econômico ou outro benefício material e, quando assim prescrever o direito interno, envolvendo um ato praticado por um dos participantes para concretizar o que foi acordado ou envolvendo a participação de um grupo criminoso organizado;

ii) A conduta de qualquer pessoa que, conhecendo a finalidade e a atividade criminosa geral de um grupo criminoso organizado, ou a sua intenção de cometer as infrações em questão, participe ativamente em:

a. Atividades ilícitas do grupo criminoso organizado;

b. Outras atividades do grupo criminoso organizado, sabendo que a sua participação contribuirá para a finalidade criminosa acima referida;

b) O ato de organizar, dirigir, ajudar, incitar, facilitar ou aconselhar a prática de uma infração grave que envolva a participação de um grupo criminoso organizado.

2. O conhecimento, a intenção, a finalidade, a motivação ou o acordo a que se refere o parágrafo 1 do presente Artigo poderão inferir-se de circunstâncias factuais objetivas.

3. Os Estados Partes cujo direito interno condicione a incriminação pelas infrações referidas no inciso i) da alínea a) do parágrafo 1 do presente Artigo ao envolvimento de um grupo criminoso organizado diligenciarão no sentido de que o seu direito interno abranja todas as infrações graves que envolvam a participação de grupos criminosos organizados. Estes Estados Partes, assim como os Estados Partes cujo direito interno condicione a incriminação pelas infrações definidas no inciso i) da alínea a) do parágrafo 1 do presente Artigo à prática de um ato concertado, informarão deste fato o Secretário Geral da Organização das Nações Unidas, no momento da assinatura ou do depósito do seu instrumento de ratificação, aceitação, aprovação ou adesão à presente Convenção.

Artigo 6
Criminalização da lavagem do produto do crime

1. Cada Estado Parte adotará, em conformidade com os princípios fundamentais do seu direito interno, as medidas legislativas ou outras que sejam necessárias para caracterizar como infração penal, quando praticada intencionalmente:

a) i) A conversão ou transferência de bens, quando quem o faz tem conhecimento de que esses bens são produto do crime, com o propósito de ocultar ou dissimular a origem ilícita dos bens ou ajudar qualquer pessoa envolvida na prática da infração principal a furtar-se às conseqüências jurídicas dos seus atos;

ii) A ocultação ou dissimulação da verdadeira natureza, origem, localização, disposição, movimentação ou propriedade de bens ou direitos a eles relativos, sabendo o seu autor que os ditos bens são produto do crime;

b) e, sob reserva dos conceitos fundamentais do seu ordenamento jurídico:

i) A aquisição, posse ou utilização de bens, sabendo aquele que os adquire, possui ou utiliza, no momento da recepção, que são produto do crime;

ii) A participação na prática de uma das infrações enunciadas no presente Artigo, assim como qualquer forma de associação, acordo, tentativa ou cumplicidade, pela prestação de assistência, ajuda ou aconselhamento no sentido da sua prática.

2. Para efeitos da aplicação do parágrafo 1 do presente Artigo:

a) Cada Estado Parte procurará aplicar o parágrafo 1 do presente Artigo à mais ampla gama possível de infrações principais;

b) Cada Estado Parte considerará como infrações principais todas as infrações graves, na acepção do Artigo 2 da presente Convenção, e as infrações enunciadas nos seus Artigos 5, 8 e 23. Os Estados Partes cuja legislação estabeleça uma lista de infrações principais específicas incluirá entre estas, pelo menos, uma gama completa de infrações relacionadas com grupos criminosos organizados;

c) Para efeitos da alínea b), as infrações principais incluirão as infrações cometidas tanto dentro como fora da jurisdição do Estado Parte interessado. No entanto, as infrações cometidas fora da jurisdição de um Estado Parte só constituirão infração principal quando o ato correspondente constitua infração penal à luz do direito interno do Estado em que tenha sido praticado e constitua infração penal à luz do direito interno do Estado Parte que aplique o presente Artigo se o crime aí tivesse sido cometido;

d) Cada Estado Parte fornecerá ao Secretário Geral das Nações Unidas uma cópia ou descrição das suas leis destinadas a dar aplicação ao presente Artigo e de qualquer alteração posterior;

e) Se assim o exigirem os princípios fundamentais do direito interno de um Estado Parte, poderá estabelecer-se que as infrações enunciadas no parágrafo 1 do presente Artigo não sejam aplicáveis às pessoas que tenham cometido a infração principal;

f) O conhecimento, a intenção ou a motivação, enquanto elementos constitutivos de uma infração enunciada no parágrafo 1 do presente Artigo, poderão inferir-se de circunstâncias fatuais objetivas.

Artigo 7
Medidas para combater a lavagem de dinheiro

1. Cada Estado Parte:

a) Instituirá um regime interno completo de regulamentação e controle dos bancos e instituições financeiras não bancárias e, quando se justifique, de outros organismos especialmente suscetíveis de ser utilizados para a lavagem de dinheiro, dentro dos limites da sua competência, a fim de prevenir e detectar qualquer forma de lavagem de dinheiro, sendo nesse regime enfatizados os requisitos relativos à identificação do cliente, ao registro das operações e à denúncia de operações suspeitas;

b) Garantirá, sem prejuízo da aplicação dos Artigos 18 e 27 da presente Convenção, que as autoridades responsáveis pela administração, regulamentação, detecção e repressão e outras autoridades responsáveis pelo combate à lavagem de dinheiro (incluindo, quando tal esteja previsto no seu direito interno, as autoridades judiciais), tenham a capacidade de cooperar e trocar informações em âmbito nacional e internacional, em conformidade com as condições prescritas no direito interno, e, para esse fim, considerará a possibilidade de criar um serviço de informação financeira que funcione como centro nacional de coleta, análise e difusão de informação relativa a eventuais atividades de lavagem de dinheiro.

2. Os Estados Partes considerarão a possibilidade de aplicar medidas viáveis para detectar e vigiar o movimento transfronteiriço de numerário e de títulos negociáveis, no respeito pelas garantias relativas à legítima utilização da informação e sem, por qualquer forma, restringir a circulação de capitais lícitos. Estas medidas poderão incluir a exigência de que os particulares e as entidades comerciais notifiquem as transferências transfronteiriças de quantias elevadas em numerário e títulos negociáveis.

3. Ao instituírem, nos termos do presente Artigo, um regime interno de regulamentação e controle, e sem prejuízo do disposto em qualquer outro artigo da presente Convenção, todos os Estados Partes são instados a utilizar como orientação as iniciativas pertinentes tomadas pelas organizações regionais, inter-regionais e multilaterais para combater a lavagem de dinheiro.

4. Os Estados Partes diligenciarão no sentido de desenvolver e promover a cooperação à escala mundial, regional, sub-regional e bilateral entre as autoridades judiciais, os organismos de detecção e repressão e as autoridades de regulamentação financeira, a fim de combater a lavagem de dinheiro.

Artigo 8
Criminalização da corrupção

1. Cada Estado Parte adotará as medidas legislativas e outras que sejam necessárias para caracterizar como infrações penais os seguintes atos, quando intencionalmente cometidos:

a) Prometer, oferecer ou conceder a um agente público, direta ou indiretamente, um benefício indevido, em seu proveito próprio ou de outra pessoa ou entidade, a fim de praticar ou se abster de praticar um ato no desempenho das suas funções oficiais;

b) Por um agente público, pedir ou aceitar, direta ou indiretamente, um benefício indevido, para si ou para outra pessoa ou entidade, a fim de praticar ou se abster de praticar um ato no desempenho das suas funções oficiais.

2. Cada Estado Parte considerará a possibilidade de adotar as medidas legislativas ou outras que sejam necessárias para conferir o caracter de infração penal aos atos enunciados no parágrafo 1 do presente Artigo que envolvam um agente público estrangeiro ou um funcionário internacional. Do mesmo modo, cada Estado Parte considerará a possibilidade de conferir o caracter de infração penal a outras formas de corrupção.

3. Cada Estado Parte adotará igualmente as medidas necessárias para conferir o caráter de infração penal à cumplicidade na prática de uma infração enunciada no presente Artigo.

4. Para efeitos do parágrafo 1 do presente Artigo e do Artigo 9, a expressão "agente público" designa, além do funcionário público, qualquer pessoa que preste um serviço público, tal como a expressão é definida no direito interno e aplicada no direito penal do Estado Parte onde a pessoa em questão exerce as suas funções.

Artigo 9
Medidas contra a corrupção

1. Para além das medidas enunciadas no Artigo 8 da presente Convenção, cada Estado Parte, na medida em que seja procedente e conforme ao seu ordenamento jurídico, adotará medidas eficazes de ordem legislativa, administrativa ou outra para promover a integridade e prevenir, detectar e punir a corrupção dos agentes públicos.

2. Cada Estado Parte tomará medidas no sentido de se assegurar de que as suas autoridades atuam eficazmente em matéria de prevenção, detecção e repressão da corrupção de agentes públicos, inclusivamente conferindo a essas autoridades independência suficiente para impedir qualquer influência indevida sobre a sua atuação.

Artigo 10
Responsabilidade das pessoas jurídicas

1. Cada Estado Parte adotará as medidas necessárias, em conformidade com o seu ordenamento jurídico, para responsabilizar pessoas jurídicas que participem em infrações graves envolvendo um grupo criminoso organizado e que cometam as infrações enunciadas nos Artigos 5, 6, 8 e 23 da presente Convenção.

2. No respeito pelo ordenamento jurídico do Estado Parte, a responsabilidade das pessoas jurídicas poderá ser penal, civil ou administrativa.

3. A responsabilidade das pessoas jurídicas não obstará à responsabilidade penal das pessoas físicas que tenham cometido as infrações.

4. Cada Estado Parte diligenciará, em especial, no sentido de que as pessoas jurídicas consideradas responsáveis em conformidade com o presente Artigo sejam objeto de sanções eficazes, proporcionais e acautelatórias, de natureza penal e não penal, incluindo sanções pecuniárias.

Artigo 11
Processos judiciais, julgamento e sanções

1. Cada Estado Parte tornará a prática de qualquer infração enunciada nos Artigos 5, 6, 8 e 23 da presente Convenção passível de sanções que tenham em conta a gravidade dessa infração.

2. Cada Estado Parte diligenciará para que qualquer poder judicial discricionário conferido pelo seu direito interno e relativo a processos judiciais contra indivíduos por infrações previstas na presente Convenção seja exercido de forma a otimizar a eficácia das medidas de detecção e de repressão destas infrações, tendo na devida conta a necessidade de exercer um efeito cautelar da sua prática.

3. No caso de infrações como as enunciadas nos Artigos 5, 6, 8 e 23 da presente Convenção, cada Estado Parte tomará as medidas apropriadas, em conformidade com o seu direito interno, e tendo na devida conta os direitos da defesa, para que as condições a que estão sujeitas as decisões de aguardar julgamento em liberdade ou relativas ao processo de recurso tenham em consideração a necessidade de assegurar a presença do argüido em todo o processo penal ulterior.

4. Cada Estado Parte providenciará para que os seus tribunais ou outras autoridades competentes tenham presente a gravidade das infrações previstas na presente Convenção quando considerarem a possibilidade de uma libertação antecipada ou condicional de pessoas reconhecidas como culpadas dessas infrações.

5. Sempre que as circunstâncias o justifiquem, cada Estado Parte determinará, no âmbito do seu direito interno, um prazo de prescrição prolongado, durante o qual poderá ter início o processo relativo a uma das infrações previstas na presente Convenção, devendo esse período ser mais longo quando o presumível autor da infração se tenha subtraído à justiça.

6. Nenhuma das disposições da presente Convenção prejudica o princípio segundo o qual a definição das infrações nela enunciadas e dos meios jurídicos de defesa aplicáveis, bem como outros princípios jurídicos que rejam a legalidade das incriminações, são do foro exclusivo do direito interno desse Estado Parte, e segundo o qual as referidas infrações são objeto de procedimento judicial e punidas de acordo com o direito desse Estado Parte.

Artigo 12
Confisco e apreensão

1. Os Estados Partes adotarão, na medida em que o seu ordenamento jurídico interno o permita, as medidas necessárias para permitir o confisco:

a) Do produto das infrações previstas na presente Convenção ou de bens cujo valor corresponda ao desse produto;

b) Dos bens, equipamentos e outros instrumentos utilizados ou destinados a ser utilizados na prática das infrações previstas na presente Convenção.

2. Os Estados Partes tomarão as medidas necessárias para permitir a identificação, a localização, o embargo ou a apreensão dos bens referidos no parágrafo 1 do presente Artigo, para efeitos de eventual confisco.

3. Se o produto do crime tiver sido convertido, total ou parcialmente, noutros bens, estes últimos podem ser objeto das medidas previstas no presente Artigo, em substituição do referido produto.

4. Se o produto do crime tiver sido misturado com bens adquiridos legalmente, estes bens poderão, sem prejuízo das competências de embargo ou apreensão, ser confiscados até ao valor calculado do produto com que foram misturados.

5. As receitas ou outros benefícios obtidos com o produto do crime, os bens nos quais o produto tenha sido transformado ou convertido ou os bens com que tenha sido misturado podem também ser objeto das medidas previstas no presente Artigo, da mesma forma e na mesma medida que o produto do crime.

6. Para efeitos do presente Artigo e do Artigo 13, cada Estado Parte habilitará os seus tribunais ou outras autoridades competentes para ordenarem a apresentação ou a apreensão de documentos bancários, financeiros ou comerciais. Os Estados Partes não poderão invocar o sigilo bancário para se recusarem a aplicar as disposições do presente número.

7. Os Estados Partes poderão considerar a possibilidade de exigir que o autor de uma infração demonstre a proveniência lícita do presumido produto do crime ou de outros bens que possam ser objeto de confisco, na medida em que esta exigência esteja em conformidade com os princípios do seu direito interno e com a natureza do processo ou outros procedimentos judiciais.

8. As disposições do presente Artigo não deverão, em circunstância alguma, ser interpretadas de modo a afetar os direitos de terceiros de boa-fé.

9. Nenhuma das disposições do presente Artigo prejudica o princípio segundo o qual as medidas nele previstas são definidas e aplicadas em conformidade com o direito interno de cada Estado Parte e segundo as disposições deste direito.

Artigo 13
Cooperação internacional para efeitos de confisco

1. Na medida em que o seu ordenamento jurídico interno o permita, um Estado Parte que tenha recebido de outro Estado Parte, competente para conhecer de uma infração prevista na presente Convenção, um pedido de confisco do produto do crime, bens, equipamentos ou outros instrumentos referidos no parágrafo 1 do Artigo 12 da presente Convenção que se encontrem no seu território, deverá:

a) Submeter o pedido às suas autoridades competentes, a fim de obter uma ordem de confisco e, se essa ordem for emitida, executá-la; ou

b) Submeter às suas autoridades competentes, para que seja executada conforme o solicitado, a decisão de confisco emitida por um tribunal situado no território do Estado Parte requerente, em conformidade com o parágrafo 1 do Artigo 12 da presente Convenção, em relação ao produto do crime, bens, equipamentos ou outros instrumentos referidos no parágrafo 1 do Artigo 12 que se encontrem no território do Estado Parte requerido.

2. Quando um pedido for feito por outro Estado Parte competente para conhecer de uma infração prevista na presente Convenção, o Estado Parte requerido tomará medidas para identificar, localizar, embargar ou apreender o produto do crime, os bens, os equipamentos ou os outros instrumentos referidos no parágrafo 1 do Artigo 12 da presente Convenção, com vista a um eventual confisco que venha a ser ordenado, seja pelo Estado Parte requerente, seja, na seqüência de um pedido formulado ao abrigo do parágrafo 1 do presente Artigo, pelo Estado Parte requerido.

3. As disposições do Artigo 18 da presente Convenção aplicam-se mutatis mutandis ao presente Artigo. Para além das informações referidas no parágrafo 15 do Artigo 18, os pedidos feitos em conformidade com o presente Artigo deverão conter:

a) Quando o pedido for feito ao abrigo da alínea a) do parágrafo 1 do presente Artigo, uma descrição dos bens a confiscar e uma exposição dos fatos em que o Estado Parte requerente se baseia, que permita ao Estado Parte requerido obter uma decisão de confisco em conformidade com o seu direito interno;

b) Quando o pedido for feito ao abrigo da alínea b) do parágrafo 1 do presente Artigo, uma cópia legalmente admissível da decisão de confisco emitida pelo Estado Parte requerente em que se baseia o pedido, uma exposição dos fatos e informações sobre os limites em que é pedida a execução da decisão;

c) Quando o pedido for feito ao abrigo do parágrafo 2 do presente Artigo, uma exposição dos fatos em que se baseia o Estado Parte requerente e uma descrição das medidas pedidas.

4. As decisões ou medidas previstas no parágrafo 1 e parágrafo 2 do presente Artigo são tomadas pelo Estado Parte requerido em conformidade com o seu direito interno e segundo as disposições do mesmo direito, e em conformidade com as suas regras processuais ou com qualquer tratado, acordo ou protocolo bilateral ou multilateral que o ligue ao Estado Parte requerente.

5. Cada Estado Parte enviará ao Secretário Geral da Organização das Nações Unidas uma cópia das suas leis e regulamentos destinados a dar aplicação ao presente Artigo, bem como uma cópia de qualquer alteração ulteriormente introduzida a estas leis e regulamentos ou uma descrição destas leis, regulamentos e alterações ulteriores.

6. Se um Estado Parte decidir condicionar a adoção das medidas previstas nos parágrafos 1 e 2 do presente Artigo à existência de um tratado na matéria, deverá considerar a presente Convenção como uma base jurídica necessária e suficiente para o efeito.

7. Um Estado Parte poderá recusar a cooperação que lhe é solicitada ao abrigo do presente Artigo, caso a infração a que se refere o pedido não seja abrangida pela presente Convenção.

8. As disposições do presente Artigo não deverão, em circunstância alguma, ser interpretadas de modo a afetar os direitos de terceiros de boa fé.

9. Os Estados Partes considerarão a possibilidade de celebrar tratados, acordos ou protocolos bilaterais ou multilaterais com o objetivo de reforçar a eficácia da cooperação internacional desenvolvida para efeitos do presente Artigo.

Artigo 14
Disposição do produto do crime ou dos bens confiscados

1. Um Estado Parte que confisque o produto do crime ou bens, em aplicação do Artigo 12 ou do parágrafo 1 do Artigo 13 da presente Convenção, disporá deles de acordo com o seu direito interno e os seus procedimentos administrativos.

2. Quando os Estados Partes agirem a pedido de outro Estado Parte em aplicação do Artigo 13 da presente Convenção, deverão, na medida em que o permita o seu direito interno e se tal lhes for solicitado, considerar prioritariamente a restituição do produto do crime ou dos bens

confiscados ao Estado Parte requerente, para que este último possa indenizar as vítimas da infração ou restituir este produto do crime ou estes bens aos seus legítimos proprietários.

3. Quando um Estado Parte atuar a pedido de um outro Estado Parte em aplicação dos Artigos 12 e 13 da presente Convenção, poderá considerar especialmente a celebração de acordos ou protocolos que prevejam:

a) Destinar o valor deste produto ou destes bens, ou os fundos provenientes da sua venda, ou uma parte destes fundos, à conta criada em aplicação da alínea c) do parágrafo 2 do Artigo 30 da presente Convenção e a organismos intergovernamentais especializados na luta contra a criminalidade organizada;

b) Repartir com outros Estados Partes, sistemática ou casuisticamente, este produto ou estes bens, ou os fundos provenientes da respectiva venda, em conformidade com o seu direito interno ou os seus procedimentos administrativos.

Artigo 15
Jurisdição

1. Cada Estado Parte adotará as medidas necessárias para estabelecer a sua competência jurisdicional em relação às infrações enunciadas nos Artigos 5, 6, 8 e 23 da presente Convenção, nos seguintes casos:

a) Quando a infração for cometida no seu território; ou

b) Quando a infração for cometida a bordo de um navio que arvore a sua bandeira ou a bordo de uma aeronave matriculada em conformidade com o seu direito interno no momento em que a referida infração for cometida.

2. Sem prejuízo do disposto no Artigo 4 da presente Convenção, um Estado Parte poderá igualmente estabelecer a sua competência jurisdicional em relação a qualquer destas infrações, nos seguintes casos:

a) Quando a infração for cometida contra um dos seus cidadãos;

b) Quando a infração for cometida por um dos seus cidadãos ou por uma pessoa apátrida residente habitualmente no seu território; ou

c) Quando a infração for:

i) Uma das previstas no parágrafo 1 do Artigo 5 da presente Convenção e praticada fora do seu território, com a intenção de cometer uma infração grave no seu território;

ii) Uma das previstas no inciso ii) da alínea b) do parágrafo 1 do Artigo 6 da presente Convenção e praticada fora do seu território com a intenção de cometer, no seu território, uma das infrações enunciadas nos incisos i) ou ii) da alínea a) ou i) da alínea b) do parágrafo 1 do Artigo 6 da presente Convenção.

3. Para efeitos do parágrafo 10 do Artigo 16 da presente Convenção, cada Estado Parte adotará as medidas necessárias para estabelecer a sua competência jurisdicional em relação às infrações abrangidas pela presente Convenção quando o presumível autor se encontre no seu território e o Estado Parte não o extraditar pela única razão de se tratar de um seu cidadão.

4. Cada Estado Parte poderá igualmente adotar as medidas necessárias para estabelecer a sua competência jurisdicional em relação às infrações abrangidas pela presente Convenção quando o presumível autor se encontre no seu território e o Estado Parte não o extraditar.

5. Se um Estado Parte que exerça a sua competência jurisdicional por força dos parágrafos 1 e 2 do presente Artigo tiver sido notificado, ou por qualquer outra forma tiver tomado conhecimento, de que um ou vários Estados Partes estão a efetuar uma investigação ou iniciaram diligências ou um processo judicial tendo por objeto o mesmo ato, as autoridades competentes destes Estados Partes deverão consultar-se, da forma que for mais conveniente, para coordenar as suas ações.

6. Sem prejuízo das normas do direito internacional geral, a presente Convenção não excluirá o exercício de qualquer competência jurisdicional penal estabelecida por um Estado Parte em conformidade com o seu direito interno.

Artigo 16
Extradição

1. O presente Artigo aplica-se às infrações abrangidas pela presente Convenção ou nos casos em que um grupo criminoso organizado esteja implicado numa infração prevista nas alíneas a) ou b) do parágrafo 1 do Artigo 3 e em que a pessoa que é objeto do pedido de extradição se encontre no Estado Parte requerido, desde que a infração pela qual é pedida a extradição seja punível pelo direito interno do Estado Parte requerente e do Estado Parte requerido.

2. Se o pedido de extradição for motivado por várias infrações graves distintas, algumas das quais não se encontrem previstas no presente Artigo, o Estado Parte requerido pode igualmente aplicar o presente Artigo às referidas infrações.

3. Cada uma das infrações às quais se aplica o presente Artigo será considerada incluída, de pleno direito, entre as infrações que dão lugar a extradição em qualquer tratado de extradição em vigor entre os Estados Partes. Os Estados Partes comprometem-se a incluir estas infrações entre aquelas cujo autor pode ser extraditado em qualquer tratado de extradição que celebrem entre si.

4. Se um Estado Parte que condicione a extradição à existência de um tratado receber um pedido de extradição de um Estado Parte com o qual não celebrou tal tratado, poderá considerar a presente Convenção como fundamento jurídico da extradição quanto às infrações a que se aplique o presente Artigo.

5. Os Estados Partes que condicionem a extradição à existência de um tratado:

a) No momento do depósito do seu instrumento de ratificação, aceitação, aprovação ou adesão à presente Convenção, indicarão ao Secretário Geral da Organização das Nações Unidas se consideram a presente Convenção como fundamento jurídico para a cooperação com outros Estados Partes em matéria de extradição; e

b) Se não considerarem a presente Convenção como fundamento jurídico para cooperar em matéria de extradição, diligenciarão, se necessário, pela celebração de tratados de extradição com outros Estados Partes, a fim de darem aplicação ao presente Artigo.

6. Os Estados Partes que não condicionem a extradição à existência de um tratado reconhecerão entre si, às infrações às quais se aplica o presente Artigo, o caráter de infração cujo autor pode ser extraditado.

7. A extradição estará sujeita às condições previstas no direito interno do Estado Parte requerido ou em tratados de extradição aplicáveis, incluindo, nomeadamente, condições relativas à pena mínima requerida para uma extradição e aos motivos pelos quais o Estado Parte requerido pode recusar a extradição.

8. Os Estados Partes procurarão, sem prejuízo do seu direito interno, acelerar os processos de extradição e simplificar os requisitos em matéria de prova com eles relacionados, no que se refere às infrações a que se aplica o presente Artigo.

9. Sem prejuízo do disposto no seu direito interno e nos tratados de extradição que tenha celebrado, o Estado Parte requerido poderá, a pedido do Estado Parte requerente, se considerar que as circunstâncias o justificam e que existe urgência, colocar em detenção uma pessoa, presente no seu território, cuja extradição é pedida, ou adotar a seu respeito quaisquer outras medidas apropriadas para assegurar a sua presença no processo de extradição.

10. Um Estado Parte em cujo território se encontre o presumível autor da infração, se não extraditar esta pessoa a título de uma infração à qual se aplica o presente Artigo pelo único motivo de se tratar de um seu cidadão, deverá, a pedido do Estado Parte requerente da extradição, submeter o caso, sem demora excessiva, às suas autoridades competentes para efeitos de procedimento judicial. Estas autoridades tomarão a sua decisão e seguirão os trâmites do processo da mesma forma que em relação a qualquer outra infração grave, à luz do direito interno deste Estado Parte. Os Estados Partes interessados cooperarão entre si, nomeadamente em matéria processual e probatória, para assegurar a eficácia dos referidos atos judiciais.

11. Quando um Estado Parte, por força do seu direito interno, só estiver autorizado a extraditar ou, por qualquer outra forma, entregar um dos seus cidadãos na condição de que essa pessoa retorne seguidamente ao mesmo Estado Parte para cumprir a pena a que tenha sido condenada na seqüência do processo ou do procedimento que originou o pedido de extradição ou de entrega, e quando este Estado Parte e o Estado Parte requerente concordarem em relação a essa opção e a outras condições que considerem apropriadas, a extradição ou entrega condicional será suficiente para dar cumprimento à obrigação enunciada no parágrafo 10 do presente Artigo.

12. Se a extradição, pedida para efeitos de execução de uma pena, for recusada porque a pessoa que é objeto deste pedido é um cidadão do Estado Parte requerido, este, se o seu direito interno o permitir, em conformidade com as prescrições deste direito e a pedido do Estado Parte requerente, considerará a possibilidade de dar execução à pena que foi aplicada em conformidade com o direito do Estado Parte requerente ou ao que dessa pena faltar cumprir.

13. Qualquer pessoa que seja objeto de um processo devido a qualquer das infrações às quais se aplica o presente Artigo terá garantido um tratamento eqüitativo em todas as fases do processo, incluindo o gozo de todos os direitos e garantias previstos no direito interno do Estado Parte em cujo território se encontra.

14. Nenhuma disposição da presente Convenção deverá ser interpretada no sentido de que impõe uma obrigação de extraditar a um Estado Parte requerido, se existirem sérias razões para supor que o pedido foi apresentado com a finalidade de perseguir ou punir uma pessoa em razão do seu sexo, raça, religião, nacionalidade, origem étnica ou opiniões políticas, ou que a satisfação daquele pedido provocaria um prejuízo a essa pessoa por alguma destas razões.

15. Os Estados Partes não poderão recusar um pedido de extradição unicamente por considerarem que a infração envolve também questões fiscais.

16. Antes de recusar a extradição, o Estado Parte requerido consultará, se for caso disso, o Estado Parte requerente, a fim de lhe dar a mais ampla possibilidade de apresentar as suas razões e de fornecer informações em apoio das suas alegações.

17. Os Estados Partes procurarão celebrar acordos ou protocolos bilaterais e multilaterais com o objetivo de permitir a extradição ou de aumentar a sua eficácia.

Artigo 17
Transferência de pessoas condenadas

Os Estados Partes poderão considerar a celebração de acordos ou protocolos bilaterais ou multilaterais relativos à transferência para o seu território de pessoas condenadas a penas de prisão ou outras penas de privação de liberdade devido a infrações previstas na presente Convenção, para que aí possam cumprir o resto da pena.

Artigo 18
Assistência judiciária recíproca

1. Os Estados Partes prestarão reciprocamente toda a assistência judiciária possível nas investigações, nos processos e em outros atos judiciais relativos às infrações previstas pela presente Convenção, nos termos do Artigo 3, e prestarão reciprocamente uma assistência similar quando o Estado Parte requerente tiver motivos razoáveis para suspeitar de que a infração a que se referem as alíneas a) ou b) do parágrafo 1 do Artigo 3 é de caráter transnacional, inclusive quando as vítimas, as testemunhas, o produto, os instrumentos ou os elementos de prova destas infrações se encontrem no Estado Parte requerido e nelas esteja implicado um grupo criminoso organizado.

2. Será prestada toda a cooperação judiciária possível, tanto quanto o permitam as leis, tratados, acordos e protocolos pertinentes do Estado Parte requerido, no âmbito de investigações, processos e outros atos judiciais relativos a infrações pelas quais possa ser considerada responsável uma pessoa coletiva no Estado Parte requerente, em conformidade com o Artigo 10 da presente Convenção.

3. A cooperação judiciária prestada em aplicação do presente Artigo pode ser solicitada para os seguintes efeitos:

a) Recolher testemunhos ou depoimentos;

b) Notificar atos judiciais;

c) Efetuar buscas, apreensões e embargos;

d) Examinar objetos e locais;

e) Fornecer informações, elementos de prova e pareceres de peritos;

f) Fornecer originais ou cópias certificadas de documentos e processos pertinentes, incluindo documentos administrativos, bancários, financeiros ou comerciais e documentos de empresas;

g) Identificar ou localizar os produtos do crime, bens, instrumentos ou outros elementos para fins probatórios;

h) Facilitar o comparecimento voluntário de pessoas no Estado Parte requerente;

i) Prestar qualquer outro tipo de assistência compatível com o direito interno do Estado Parte requerido.

4. Sem prejuízo do seu direito interno, as autoridades competentes de um Estado Parte poderão, sem pedido prévio, comunicar informações relativas a questões penais a uma autoridade competente de outro Estado Parte, se considerarem que estas informações poderão ajudar a empreender ou concluir com êxito investigações e processos penais ou conduzir este último Estado Parte a formular um pedido ao abrigo da presente Convenção.

5. A comunicação de informações em conformidade com o parágrafo 4 do presente Artigo será efetuada sem prejuízo das investigações e dos processos penais no Estado cujas autoridades competentes fornecem as informações. As autoridades competentes que recebam estas informações deverão satisfazer qualquer pedido no sentido de manter confidenciais as referidas informações, mesmo se apenas temporariamente, ou de restringir a sua utilização. Todavia, tal não impedirá o Estado Parte que receba as informações de revelar, no decurso do processo judicial, informações que inocentem um argüido. Neste último caso, o Estado Parte que recebeu as informações avisará o Estado Parte que as comunicou antes de as revelar e, se lhe for pedido, consultará este último. Se, num caso excepcional, não for possível uma comunicação prévia, o Estado Parte que recebeu as informações dará conhecimento da revelação, prontamente, ao Estado Parte que as tenha comunicado.

6. As disposições do presente Artigo em nada prejudicam as obrigações decorrentes de qualquer outro tratado bilateral ou multilateral que regule, ou deva regular, inteiramente ou em parte, a cooperação judiciária.

7. Os parágrafos 9 a 29 do presente Artigo serão aplicáveis aos pedidos feitos em conformidade com o presente Artigo, no caso de os Estados Partes em questão não estarem ligados por um tratado de cooperação judiciária. Se os referidos Estados Partes estiverem ligados por tal tratado, serão aplicáveis as disposições correspondentes desse tratado, a menos que os Estados Partes concordem em aplicar, em seu lugar, as disposições dos parágrafos 9 a 29 do presente Artigo. Os Estados Partes são fortemente instados a aplicar estes números, se tal facilitar a cooperação.

8. Os Estados Partes não poderão invocar o sigilo bancário para recusar a cooperação judiciária prevista no presente Artigo.

9. Os Estados Partes poderão invocar a ausência de dupla criminalização para recusar prestar a assistência judiciária prevista no presente Artigo. O Estado Parte requerido poderá, não obstante, quando o considerar apropriado, prestar esta assistência, na medida em que o decida por si próprio, independentemente de o ato estar ou não tipificado como uma infração no direito interno do Estado Parte requerido.

10. Qualquer pessoa detida ou a cumprir pena no território de um Estado Parte, cuja presença seja requerida num outro Estado Parte para efeitos de identificação, para testemunhar ou para contribuir por qualquer outra forma para a obtenção de provas no âmbito de investigações, processos ou outros atos judiciais relativos às infrações visadas na presente Convenção, pode ser objeto de uma transferência, se estiverem reunidas as seguintes condições:

a) Se referida pessoa, devidamente informada, der o seu livre consentimento;

b) Se as autoridades competentes dos dois Estados Partes em questão derem o seu consentimento, sob reserva das condições que estes Estados Partes possam considerar convenientes.

11. Para efeitos do parágrafo 10 do presente Artigo:

a) O Estado Parte para o qual a transferência da pessoa em questão for efetuada terá o poder e a obrigação de a manter detida, salvo pedido ou autorização em contrário do Estado Parte do qual a pessoa foi transferida;

b) O Estado Parte para o qual a transferência for efetuada cumprirá prontamente a obrigação de entregar a pessoa à guarda do Estado Parte do qual foi transferida, em conformidade com o que tenha sido previamente acordado ou com o que as autoridades competentes dos dois Estados Partes tenham decidido;

c) O Estado Parte para o qual for efetuada a transferência não poderá exigir do Estado Parte do qual a transferência foi efetuada que abra um processo de extradição para que a pessoa lhe seja entregue;

d) O período que a pessoa em questão passe detida no Estado Parte para o qual for transferida é contado para o cumprimento da pena que lhe tenha sido aplicada no Estado Parte do qual for transferida;

12. A menos que o Estado Parte do qual a pessoa for transferida, ao abrigo dos parágrafos 10 e 11 do presente Artigo, esteja de acordo, a pessoa em questão, seja qual for a sua nacionalidade, não será objeto de processo judicial, detida, punida ou sujeita a outras restrições à sua liberdade de movimentos no território do Estado Parte para o qual seja transferida, devido a atos, omissões ou condenações anteriores à sua partida do território do Estado Parte do qual foi transferida.

13. Cada Estado Parte designará uma autoridade central que terá a responsabilidade e o poder de receber pedidos de cooperação judiciária e, quer de os executar, quer de os transmitir às autoridades competentes para execução. Se um Estado Parte possuir uma região ou um território especial dotado de um sistema de cooperação judiciária diferente, poderá designar uma autoridade central distinta, que terá a mesma função para a referida região ou território. As autoridades centrais deverão assegurar a execução ou a transmissão rápida e em boa e devida forma dos pedidos recebidos. Quando a autoridade central transmitir o pedido a uma autoridade competente para execução, instará pela execução rápida e em boa e devida forma do pedido por parte da autoridade competente. O Secretário Geral da Organização das Nações Unidas será notificado da autoridade central designada para este efeito no momento em que cada Estado Parte depositar os seus instrumentos de ratificação, aceitação, aprovação ou adesão à presente Convenção. Os pedidos de cooperação judiciária e qualquer comunicação com eles relacionada serão transmitidos às autoridades centrais designadas pelos Estados Partes. A presente disposição não afetará o direito de qualquer Estado Parte a exigir que estes pedidos e comunicações lhe sejam remetidos por via diplomática e, em caso de urgência, e se os Estados Partes nisso acordarem, por intermédio da Organização Internacional de Polícia Criminal, se tal for possível.

14. Os pedidos serão formulados por escrito ou, se possível, por qualquer outro meio capaz de produzir registro escrito, numa língua que seja aceita pelo Estado Parte requerido, em condições que permitam a este Estado Parte verificar a sua autenticidade. O Secretário Geral das Nações Unidas será notificado a respeito da língua ou línguas aceitas por cada Estado Parte no momento em que o Estado Parte em questão depositar os seus instrumentos de ratificação, aceitação, aprovação ou adesão à presente Convenção. Em caso de urgência, e se os Estados Partes nisso acordarem, os pedidos poderão ser feitos oralmente, mais deverão ser imediatamente confirmados por escrito.

15. Um pedido de assistência judiciária deverá conter as seguintes informações:

a) A designação da autoridade que emite o pedido;

b) O objeto e a natureza da investigação, dos processos ou dos outros atos judiciais a que se refere o pedido, bem como o nome e as funções da autoridade que os tenha a cargo;

c) Um resumo dos fatos relevantes, salvo no caso dos pedidos efetuados para efeitos de notificação de atos judiciais;

d) Uma descrição da assistência pretendida e pormenores de qualquer procedimento específico que o Estado Parte requerente deseje ver aplicado;

e) Caso seja possível, a identidade, endereço e nacionalidade de qualquer pessoa visada; e

f) O fim para o qual são pedidos os elementos, informações ou medidas.

16. O Estado Parte requerido poderá solicitar informações adicionais, quando tal se afigure necessário à execução do pedido em conformidade com o seu direito interno, ou quando tal possa facilitar a execução do pedido.

17. Qualquer pedido será executado em conformidade com o direito interno do Estado Parte requerido e, na medida em que tal não contrarie este direito e seja possível, em conformidade com os procedimentos especificados no pedido.

18. Se for possível e em conformidade com os princípios fundamentais do direito interno, quando uma pessoa que se encontre no território de um Estado Parte deva ser ouvida como testemunha ou como perito pelas autoridades judiciais de outro Estado Parte, o primeiro Estado Parte poderá, a pedido do outro, autorizar a sua audição por videoconferência, se não for possível ou desejável que a pessoa compareça no território do Estado Parte requerente. Os Estados Partes poderão acordar em que a audição seja conduzida por uma autoridade judicial do Estado Parte requerente e que a ela assista uma autoridade judicial do Estado Parte requerido.

19. O Estado Parte requerente não comunicará nem utilizará as informações ou os elementos de prova fornecidos pelo Estado Parte requerido para efeitos de investigações, processos ou outros atos judiciais diferentes dos mencionados no pedido sem o consentimento prévio do Estado Parte requerido. O disposto neste número não impedirá o Estado Parte requerente de revelar, durante o processo, informações ou elementos de prova ilibatórios de um argüido. Neste último caso, o Estado Parte requerente avisará, antes da revelação, o Estado Parte requerido e, se tal lhe for pedido, consultará neste último. Se, num caso excepcional, não for possível uma comunicação prévia, o Estado Parte requerente informará da revelação, prontamente, o Estado Parte requerido.

20. O Estado Parte requerente poderá exigir que o Estado Parte requerido guarde sigilo sobre o pedido e o seu conteúdo, salvo na medida do que seja necessário para o executar. Se o Estado Parte requerido não puder satisfazer esta exigência, informará prontamente o Estado Parte requerente.

21. A cooperação judiciária poderá ser recusada:

a) Se o pedido não for feito em conformidade com o disposto no presente Artigo;

b) Se o Estado Parte requerido considerar que a execução do pedido pode afetar sua soberania, sua segurança, sua ordem pública ou outros interesses essenciais;

c) Se o direito interno do Estado Parte requerido proibir suas autoridades de executar as providências solicitadas com relação a uma infração análoga que tenha sido objeto de investigação ou de procedimento judicial no âmbito da sua própria competência;

d) Se a aceitação do pedido contrariar o sistema jurídico do Estado Parte requerido no que se refere à cooperação judiciária.

22. Os Estados Partes não poderão recusar um pedido de cooperação judiciária unicamente por considerarem que a infração envolve também questões fiscais.

23. Qualquer recusa de cooperação judiciária deverá ser fundamentada.

24. O Estado Parte requerido executará o pedido de cooperação judiciária tão prontamente quanto possível e terá em conta, na medida do possível, todos os prazos sugeridos pelo Estado Parte requerente para os quais sejam dadas justificações, de preferência no pedido. O Estado Parte requerido responderá aos pedidos razoáveis do Estado Parte requerente quanto ao andamento das diligências solicitadas. Quando a assistência pedida deixar de ser necessária, o Estado Parte requerente informará prontamente desse fato o Estado Parte requerido.

25. A cooperação judiciária poderá ser diferida pelo Estado Parte requerido por interferir com uma investigação, processos ou outros atos judiciais em curso.

26. Antes de recusar um pedido feito ao abrigo do parágrafo 21 do presente Artigo ou de diferir a sua execução ao abrigo do parágrafo 25, o Estado Parte requerido estudará com o Estado Parte requerente a possibilidade de prestar a assistência sob reserva das condições que considere necessárias. Se o Estado Parte requerente aceitar a assistência sob reserva destas condições, deverá respeitá-las.

27. Sem prejuízo da aplicação do parágrafo 12 do presente Artigo, uma testemunha, um perito ou outra pessoa que, a pedido do Estado Parte requerente, aceite depor num processo ou colaborar numa investigação, em processos ou outros atos judiciais no território do Estado Parte requerente, não será objeto de processo, detida, punida ou sujeita a outras restrições à sua liberdade pessoal neste território, devido a atos, omissões ou condenações anteriores à sua partida do território do Estado Parte requerido. Esta imunidade cessa quando a testemunha, o perito ou a referida pessoa, tendo tido, durante um período de quinze dias consecutivos ou qualquer outro período acordado pelos Estados Partes, a contar da data em que recebeu a comunicação oficial de que a sua presença já não era exigida pelas autoridades judiciais, a possibilidade de deixar o território do Estado Parte requerente, nele tenha voluntariamente permanecido ou, tendo-o deixado, a ele tenha regressado de livre vontade.

28. As despesas correntes com a execução de um pedido serão suportadas pelo Estado Parte requerido, salvo acordo noutro sentido dos Estados Partes interessados. Quando venham a revelar-se necessárias despesas significativas ou extraordinárias para executar o pedido, os Estados Partes consultar-se-ão para fixar as condições segundo as quais o pedido deverá ser executado, bem como o modo como as despesas serão assumidas.

29. O Estado Parte requerido:

a) Fornecerá ao Estado Parte requerente cópias dos processos, documentos ou informações administrativas que estejam em seu poder e que, por força do seu direito interno, estejam acessíveis ao público;

b) Poderá, se assim o entender, fornecer ao Estado Parte requerente, na íntegra ou nas condições que considere apropriadas, cópias de todos os processos, documentos ou informações que estejam na sua posse e que, por força do seu direito interno, não sejam acessíveis ao público.

30. Os Estados Partes considerarão, se necessário, a possibilidade de celebrarem acordos ou protocolos bilaterais ou multilaterais que sirvam os objetivos e as disposições do presente Artigo, reforçando-as ou dando-lhes maior eficácia.

Artigo 19
Investigações conjuntas

Os Estados Partes considerarão a possibilidade de celebrar acordos ou protocolos bilaterais ou multilaterais em virtude dos quais, com respeito a matérias que sejam objeto de investigação, processos ou ações judiciais em um ou mais Estados, as autoridades competentes possam estabelecer órgãos mistos de investigação. Na ausência de tais acordos ou protocolos, poderá ser decidida casuisticamente a realização de investigações conjuntas. Os Estados Partes envolvidos agirão de modo a que a soberania do Estado Parte em cujo território decorra a investigação seja plenamente respeitada.

Artigo 20
Técnicas especiais de investigação

1. Se os princípios fundamentais do seu ordenamento jurídico nacional o permitirem, cada Estado Parte, tendo em conta as suas possibilidades e em conformidade com as condições prescritas no seu direito interno, adotará as medidas necessárias para permitir o recurso apropriado a entregas vigiadas e, quando o considere adequado, o recurso a outras técnicas especiais de investigação, como a vigilância eletrônica ou outras formas de vigilância e as operações de infiltração, por parte das autoridades competentes no seu território, a fim de combater eficazmente a criminalidade organizada.

2. Para efeitos de investigações sobre as infrações previstas na presente Convenção, os Estados Partes são instados a celebrar, se necessário, acordos ou protocolos bilaterais ou multilaterais apropriados para recorrer às técnicas especiais de investigação, no âmbito da cooperação internacional. Estes acordos ou protocolos serão celebrados e aplicados sem prejuízo do princípio da igualdade soberana dos Estados e serão executados em estrita conformidade com as disposições neles contidas.

3. Na ausência dos acordos ou protocolos referidos no parágrafo 2 do presente Artigo, as decisões de recorrer a técnicas especiais de investigação a nível internacional serão tomadas casuisticamente e poderão, se necessário, ter em conta acordos ou protocolos financeiros relativos ao exercício de jurisdição pelos Estados Partes interessados.

4. As entregas vigiadas a que se tenha decidido recorrer a nível internacional poderão incluir, com o consentimento dos Estados Partes envolvidos, métodos como a intercepção de mercadorias e a autorização de prosseguir o seu encaminhamento, sem alteração ou após subtração ou substituição da totalidade ou de parte dessas mercadorias.

Artigo 21
Transferência de processos penais

Os Estados Partes considerarão a possibilidade de transferirem mutuamente os processos relativos a uma infração prevista na presente Convenção, nos casos em que esta transferência seja considerada necessária no interesse da boa administração da justiça e, em especial, quando estejam envolvidas várias jurisdições, a fim de centralizar a instrução dos processos.

Artigo 22
Estabelecimento de antecedentes penais

Cada Estado Parte poderá adotar as medidas legislativas ou outras que sejam necessárias para ter em consideração, nas condições e para os efeitos que entender apropriados, qualquer condenação de que o presumível autor de uma infração tenha sido objeto noutro Estado, a fim de utilizar esta informação no âmbito de um processo penal relativo a uma infração prevista na presente Convenção.

Artigo 23
Criminalização da obstrução à justiça

Cada Estado Parte adotará medidas legislativas e outras consideradas necessárias para conferir o caráter de infração penal aos seguintes atos, quando cometidos intencionalmente:

a) O recurso à força física, a ameaças ou a intimidação, ou a promessa, oferta ou concessão de um benefício indevido para obtenção de um falso testemunho ou para impedir um testemunho ou a apresentação de elementos de prova num processo relacionado com a prática de infrações previstas na presente Convenção;

b) O recurso à força física, a ameaças ou a intimidação para impedir um agente judicial ou policial de exercer os deveres inerentes à sua função relativamente à prática de infrações previstas na presente Convenção. O disposto na presente alínea não prejudica o direito dos Estados Partes de disporem de legislação destinada a proteger outras categorias de agentes públicos.

Artigo 24
Proteção das testemunhas

1. Cada Estado Parte, dentro das suas possibilidades, adotará medidas apropriadas para assegurar uma proteção eficaz contra eventuais atos de represália ou de intimidação das testemunhas que, no âmbito de processos penais, deponham sobre infrações previstas na presente Convenção e, quando necessário, aos seus familiares ou outras pessoas que lhes sejam próximas.

2. Sem prejuízo dos direitos do argüido, incluindo o direito a um julgamento regular, as medidas referidas no parágrafo 1 do presente Artigo poderão incluir, entre outras:

a) Desenvolver, para a proteção física destas pessoas, procedimentos que visem, consoante as necessidades e na medida do possível, nomeadamente, fornecer-lhes um novo domicílio e impedir ou restringir a divulgação de informações relativas à sua identidade e paradeiro;

b) Estabelecer normas em matéria de prova que permitam às testemunhas depor de forma a garantir a sua segurança, nomeadamente autorizando-as a depor com recurso a meios técnicos de comunicação, como ligações de vídeo ou outros meios adequados.

3. Os Estados Partes considerarão a possibilidade de celebrar acordos com outros Estados para facultar um novo domicílio às pessoas referidas no parágrafo 1 do presente Artigo.

4. As disposições do presente Artigo aplicam-se igualmente às vítimas, quando forem testemunhas.

Artigo 25
Assistência e proteção às vítimas

1. Cada Estado Parte adotará, segundo as suas possibilidades, medidas apropriadas para prestar assistência e assegurar a proteção às vítimas de infrações previstas na presente Convenção, especialmente em caso de ameaça de represálias ou de intimidação.

2. Cada Estado Parte estabelecerá procedimentos adequados para que as vítimas de infrações previstas na presente Convenção possam obter reparação.

3. Cada Estado Parte, sem prejuízo do seu direito interno, assegurará que as opiniões e preocupações das vítimas sejam apresentadas e tomadas em consideração nas fases adequadas do processo penal aberto contra os autores de infrações, por forma que não prejudique os direitos da defesa.

Artigo 26
Medidas para intensificar a cooperação com as autoridades competentes para a aplicação da lei

1. Cada Estado Parte tomará as medidas adequadas para encorajar as pessoas que participem ou tenham participado em grupos criminosos organizados:

a) A fornecerem informações úteis às autoridades competentes para efeitos de investigação e produção de provas, nomeadamente

i) A identidade, natureza, composição, estrutura, localização ou atividades dos grupos criminosos organizados;

ii) As conexões, inclusive conexões internacionais, com outros grupos criminosos organizados;

iii) As infrações que os grupos criminosos organizados praticaram ou poderão vir a praticar;

b) A prestarem ajuda efetiva e concreta às autoridades competentes, susceptível de contribuir para privar os grupos criminosos organizados dos seus recursos ou do produto do crime.

2. Cada Estado Parte poderá considerar a possibilidade, nos casos pertinentes, de reduzir a pena de que é passível um argüido que coopere de forma substancial na investigação ou no julgamento dos autores de uma infração prevista na presente Convenção.

3. Cada Estado Parte poderá considerar a possibilidade, em conformidade com os princípios fundamentais do seu ordenamento jurídico interno, de conceder imunidade a uma pessoa que coopere de forma substancial na investigação ou no julgamento dos autores de uma infração prevista na presente Convenção.

4. A proteção destas pessoas será assegurada nos termos do Artigo 24 da presente Convenção.

5. Quando uma das pessoas referidas no parágrafo 1 do presente Artigo se encontre num Estado Parte e possa prestar uma cooperação substancial às autoridades competentes de outro Estado Parte, os Estados Partes em questão poderão considerar a celebração de acordos, em conformidade com o seu direito interno, relativos à eventual concessão, pelo outro Estado Parte, do tratamento descrito nos parágrafos 2 e 3 do presente Artigo.

Artigo 27
Cooperação entre as autoridades competentes para a aplicação da lei

1. Os Estados Partes cooperarão estreitamente, em conformidade com os seus respectivos ordenamentos jurídicos e administrativos, a fim de reforçar a eficácia das medidas de controle do cumprimento da lei destinadas a combater as infrações previstas na presente Convenção. Especificamente, cada Estado Parte adotará medidas eficazes para:

a) Reforçar ou, se necessário, criar canais de comunicação entre as suas autoridades, organismos e serviços competentes, para facilitar a rápida e segura troca de informações relativas a todos os aspectos das infrações previstas na presente Convenção, incluindo, se os Estados Partes envolvidos o considerarem apropriado, ligações com outras atividades criminosas;

b) Cooperar com outros Estados Partes, quando se trate de infrações previstas na presente Convenção, na condução de investigações relativas aos seguintes aspectos:

i) Identidade, localização e atividades de pessoas suspeitas de implicação nas referidas infrações, bem como localização de outras pessoas envolvidas;

ii) Movimentação do produto do crime ou dos bens provenientes da prática destas infrações;

iii) Movimentação de bens, equipamentos ou outros instrumentos utilizados ou destinados a ser utilizados na prática destas infrações;

c) Fornecer, quando for caso disso, os elementos ou as quantidades de substâncias necessárias para fins de análise ou de investigação;

d) Facilitar uma coordenação eficaz entre as autoridades, organismos e serviços competentes e promover o intercâmbio de pessoal e de peritos, incluindo, sob reserva da existência de acordos ou protocolos bilaterais entre os Estados Partes envolvidos, a designação de agentes de ligação;

e) Trocar informações com outros Estados Partes sobre os meios e métodos específicos utilizados pelos grupos criminosos organizados, incluindo, se for caso disso, sobre os itinerários e os meios de transporte, bem como o uso de identidades falsas, de documentos alterados ou falsificados ou outros meios de dissimulação das suas atividades;

f) Trocar informações e coordenar as medidas administrativas e outras tendo em vista detectar o mais rapidamente possível as infrações previstas na presente Convenção.

2. Para dar aplicação à presente Convenção, os Estados Partes considerarão a possibilidade de celebrar acordos ou protocolos bilaterais ou multilaterais que prevejam uma cooperação direta entre as suas autoridades competentes para a aplicação da lei e, quando tais acordos ou protocolos já existam, considerarão a possibilidade de os alterar. Na ausência de tais acordos entre os Estados Partes envolvidos, estes últimos poderão basear-se na presente Convenção para instituir uma cooperação em matéria de detecção e repressão das infrações previstas na presente Convenção. Sempre que tal se justifique, os Estados Partes utilizarão plenamente os acordos ou protocolos, incluindo as organizações internacionais ou regionais, para intensificar a cooperação entre as suas autoridades competentes para a aplicação da lei.

3. Os Estados Partes procurarão cooperar, na medida das suas possibilidades, para enfrentar o crime organizado transnacional praticado com recurso a meios tecnológicos modernos.

Artigo 28
Coleta, intercâmbio e análise de informações sobre a natureza do crime organizado

1. Cada Estado Parte considerará a possibilidade de analisar, em consulta com os meios científicos e universitários, as tendências da criminalidade organizada no seu território, as circunstâncias em que opera e os grupos profissionais e tecnologias envolvidos.

2. Os Estados Partes considerarão a possibilidade de desenvolver as suas capacidades de análise das atividades criminosas organizadas e de as partilhar diretamente entre si e por intermédio de organizações internacionais e regionais. Para este efeito, deverão ser elaboradas e aplicadas, quando for caso disso, definições, normas e metodologias comuns.

3. Cada Estado Parte considerará o estabelecimento de meios de acompanhamento das suas políticas e das medidas tomadas para combater o crime organizado, avaliando a sua aplicação e eficácia.

Artigo 29
Formação e assistência técnica

1. Cada Estado Parte estabelecerá, desenvolverá ou melhorará, na medida das necessidades, programas de formação específicos destinados ao pessoal das autoridades competentes para a aplicação da lei, incluindo promotores públicos, juízes de instrução e funcionários aduaneiros, bem como outro pessoal que tenha por função prevenir, detectar e reprimir as infrações previstas na presente Convenção. Estes programas, que poderão prever cessões e intercâmbio de pessoal, incidirão especificamente, na medida em que o direito interno o permita, nos seguintes aspectos:

a) Métodos utilizados para prevenir, detectar e combater as infrações previstas na presente Convenção;

b) Rotas e técnicas utilizadas pelas pessoas suspeitas de implicação em infrações previstas na presente Convenção, incluindo nos Estados de trânsito, e medidas adequadas de combate;

c) Vigilância das movimentações dos produtos de contrabando;

d) Detecção e vigilância das movimentações do produto do crime, de bens, equipamentos ou outros instrumentos, de métodos de transferência, dissimulação ou disfarce destes produtos, bens, equipamentos ou outros instrumentos, bem como métodos de luta contra a lavagem de dinheiro e outras infrações financeiras;

e) Coleta de provas;

f) Técnicas de controle nas zonas francas e nos portos francos;

g) Equipamentos e técnicas modernas de detecção e de repressão, incluindo a vigilância eletrônica, as entregas vigiadas e as operações de infiltração;

h) Métodos utilizados para combater o crime organizado transnacional cometido por meio de computadores, de redes de telecomunicações ou outras tecnologias modernas; e

i) Métodos utilizados para a proteção das vítimas e das testemunhas.

2. Os Estados Partes deverão cooperar entre si no planejamento e execução de programas de investigação e de formação concebidos para o intercâmbio de conhecimentos especializados nos domínios referidos no parágrafo 1 do presente Artigo e, para este efeito, recorrerão também, quando for caso disso, a conferências e seminários regionais e internacionais para promover a cooperação e estimular as trocas de pontos de vista sobre problemas comuns, incluindo os problemas e necessidades específicos dos Estados de trânsito.

3. Os Estados Partes incentivarão as atividades de formação e de assistência técnica suscetíveis de facilitar a extradição e a cooperação judiciária. Estas atividades de cooperação e de assistência técnica poderão incluir ensino de idiomas, cessões e intercâmbio do pessoal das autoridades centrais ou de organismos que tenham responsabilidades nos domínios em questão.

4. Sempre que se encontrem em vigor acordos bilaterais ou multilaterais, os Estados Partes reforçarão, tanto quanto for necessário, as medidas tomadas no sentido de otimizar as atividades operacionais e de formação no âmbito de organizações internacionais e regionais e no âmbito de outros acordos ou protocolos bilaterais e multilaterais na matéria.

Artigo 30
Outras medidas: aplicação da Convenção através do desenvolvimento econômico e da assistência técnica

1. Os Estados Partes tomarão as medidas adequadas para assegurar a melhor aplicação possível da presente Convenção através da cooperação internacional, tendo em conta os efeitos negativos da criminalidade organizada na sociedade em geral e no desenvolvimento sustentável em particular.

2. Os Estados Partes farão esforços concretos, na medida do possível, em coordenação entre si e com as organizações regionais e internacionais:

a) Para desenvolver a sua cooperação a vários níveis com os países em desenvolvimento, a fim de reforçar a capacidade destes para prevenir e combater a criminalidade organizada transnacional;

b) Para aumentar a assistência financeira e material aos países em desenvolvimento, a fim de apoiar os seus esforços para combater eficazmente a criminalidade organizada transnacional e ajudá-los a aplicar com êxito a presente Convenção;

c) Para fornecer uma assistência técnica aos países em desenvolvimento e aos países com uma economia de transição, a fim de ajudá-los a obter meios para a aplicação da presente Convenção. Para este efeito, os Estados Partes procurarão destinar voluntariamente contribuições adequadas e regulares a uma conta constituída especificamente para este fim no âmbito de um mecanismo de financiamento das Nações Unidas. Os Estados Partes poderão também considerar, especificamente, em conformidade com o seu direito interno e as disposições da presente Convenção, a possibilidade de destinarem à conta acima referida uma percentagem dos fundos ou do valor correspondente do produto do crime ou dos bens confiscados em aplicação das disposições da presente Convenção;

d) Para incentivar e persuadir outros Estados e instituições financeiras, quando tal se justifique, a associarem-se aos esforços desenvolvidos em conformidade com o presente Artigo, nomeadamente fornecendo aos países em desenvolvimento mais programas de formação e material moderno, a fim de os ajudar a alcançar os objetivos da presente Convenção.

e) Tanto quanto possível, estas medidas serão tomadas sem prejuízo dos compromissos existentes em matéria de assistência externa ou de outros acordos de cooperação financeira a nível bilateral, regional ou internacional.

4. Os Estados Partes poderão celebrar acordos ou protocolos bilaterais ou multilaterais relativos a assistência técnica e logística, tendo em conta os acordos financeiros necessários para assegurar a eficácia dos meios de cooperação internacional previstos na presente Convenção, e para prevenir, detectar e combater a criminalidade organizada transnacional.

Artigo 31
Prevenção

1. Os Estados Partes procurarão elaborar e avaliar projetos nacionais, bem como estabelecer e promover as melhores práticas e políticas para prevenir a criminalidade organizada transnacional.

2. Em conformidade com os princípios fundamentais do seu direito interno, os Estados Partes procurarão reduzir, através de medidas legislativas, administrativas ou outras que sejam adequadas, as possibilidades atuais ou futuras de participação de grupos criminosos organizados em negócios lícitos utilizando o produto do crime. Estas medidas deverão incidir:

a) No fortalecimento da cooperação entre autoridades competentes para a aplicação da lei ou promotores e entidades privadas envolvidas, incluindo empresas;

b) Na promoção da elaboração de normas e procedimentos destinados a preservar a integridade das entidades públicas e privadas envolvidas, bem como de códigos de conduta para determinados profissionais, em particular advogados, tabeliães, consultores tributários e contadores;

c) Na prevenção da utilização indevida, por grupos criminosos organizados, de concursos públicos, bem como de subvenções e licenças concedidas por autoridades públicas para a realização de atividades comerciais;

d) Na prevenção da utilização indevida de pessoas jurídicas por grupos criminosos organizados; estas medidas poderão incluir:

i) O estabelecimento de registros públicos de pessoas jurídicas e físicas envolvidas na criação, gestão e financiamento de pessoas jurídicas,

ii) A possibilidade de privar, por decisão judicial ou por qualquer outro meio adequado, as pessoas condenadas por infrações previstas na presente Convenção, por um período adequado, do direito de exercerem funções de direção de pessoas jurídicas estabelecidas no seu território;

iii) O estabelecimento de registos nacionais de pessoas que tenham sido privadas do direito de exercerem funções de direção de pessoas jurídicas; e

iv) O intercâmbio de informações contidas nos registros referidos nos incisos i) e iii) da presente alínea com as autoridades competentes dos outros Estados Partes.

3. Os Estados Partes procurarão promover a reinserção na sociedade das pessoas condenadas por infrações previstas na presente Convenção.

4. Os Estados Partes procurarão avaliar periodicamente os instrumentos jurídicos e as práticas administrativas aplicáveis, a fim de determinar se contêm lacunas que permitam aos grupos criminosos organizados fazerem deles utilização indevida.

5. Os Estados Partes procurarão sensibilizar melhor o público para a existência, as causas e a gravidade da criminalidade organizada transnacional e para a ameaça que representa. Poderão fazê-lo, quando for o caso, por intermédio dos meios de comunicação social e adotando medidas destinadas a promover a participação do público nas ações de prevenção e combate à criminalidade.

6. Cada Estado Parte comunicará ao Secretário Geral da Organização das Nações Unidas o nome e o endereço da(s) autoridade(s) que poderão assistir os outros Estados Partes na aplicação das medidas de prevenção do crime organizado transnacional.

7. Quando tal se justifique, os Estados Partes colaborarão, entre si e com as organizações regionais e internacionais competentes, a fim de promover e aplicar as medidas referidas no presente Artigo. A este título, participarão em projetos internacionais que visem prevenir a criminalidade organizada transnacional, atuando, por exemplo, sobre os fatores que tornam os grupos socialmente marginalizados vulneráveis à sua ação.

Artigo 32
Conferência das Partes na Convenção

1. Será instituída uma Conferência das Partes na Convenção, para melhorar a capacidade dos Estados Partes no combate à criminalidade organizada transnacional e para promover e analisar a aplicação da presente Convenção.

2. O Secretário Geral da Organização das Nações Unidas convocará a Conferência das Partes, o mais tardar, um ano após a entrada em vigor da presente Convenção. A Conferência das Partes adotará um regulamento interno e regras relativas às atividades enunciadas nos parágrafos 3 e 4 do presente Artigo (incluindo regras relativas ao financiamento das despesas decorrentes dessas atividades).

3. A Conferência das Partes acordará em mecanismos destinados a atingir os objetivos referidos no parágrafo 1 do presente Artigo, nomeadamente:

a) Facilitando as ações desenvolvidas pelos Estados Partes em aplicação dos Artigos 29, 30 e

31 da presente Convenção, inclusive incentivando a mobilização de contribuições voluntárias;

b) Facilitando o intercâmbio de informações entre Estados Partes sobre as características e tendências da criminalidade organizada transnacional e as práticas eficazes para a combater;

c) Cooperando com as organizações regionais e internacionais e as organizações não-governamentais competentes;

d) Avaliando, a intervalos regulares, a aplicação da presente Convenção;

e) Formulando recomendações a fim de melhorar a presente Convenção e a sua aplicação;

4. Para efeitos das alíneas d) e e) do parágrafo 3 do presente Artigo, a Conferência das Partes inteirar-se-á das medidas adotadas e das dificuldades encontradas pelos Estados Partes na aplicação da presente Convenção, utilizando as informações que estes lhe comuniquem e os mecanismos complementares de análise que venha a criar.

5. Cada Estado Parte comunicará à Conferência das Partes, a solicitação desta, informações sobre os seus programas, planos e práticas, bem como sobre as suas medidas legislativas e administrativas destinadas a aplicar a presente Convenção.

Artigo 33
Secretariado

1. O Secretário Geral da Organização das Nações Unidas fornecerá os serviços de secretariado necessários à Conferência das Partes na Convenção.

2. O secretariado:

a) Apoiará a Conferência das Partes na realização das atividades enunciadas no Artigo 32 da presente Convenção, tomará as disposições e prestará os serviços necessários para as sessões da Conferência das Partes;

b) Assistirá os Estados Partes, a pedido destes, no fornecimento à Conferência das Partes das informações previstas no parágrafo 5 do Artigo 32 da presente Convenção; e

c) Assegurará a coordenação necessária com os secretariados das organizações regionais e internacionais.

Artigo 34
Aplicação da Convenção

1. Cada Estado Parte adotará as medidas necessárias, incluindo legislativas e administrativas, em conformidade com os princípios fundamentais do seu direito interno, para assegurar o cumprimento das suas obrigações decorrentes da presente Convenção.

2. As infrações enunciadas nos Artigos 5, 6, 8 e 23 da presente Convenção serão incorporadas no direito interno de cada Estado Parte, independentemente da sua natureza transnacional ou da implicação de um grupo criminoso organizado nos termos do parágrafo 1 do Artigo 3 da presente Convenção, salvo na medida em que o Artigo 5 da presente Convenção exija o envolvimento de um grupo criminoso organizado.

3. Cada Estado Parte poderá adotar medidas mais estritas ou mais severas do que as previstas na presente Convenção a fim de prevenir e combater a criminalidade organizada transnacional.

Artigo 35
Solução de Controvérsias

1. Os Estados Partes procurarão solucionar controvérsias relativas à interpretação ou aplicação da presente Convenção por negociação direta.

2. Qualquer controvérsia entre dois ou mais Estados Partes relativa à interpretação ou aplicação da presente Convenção que não possa ser resolvida por via negocial num prazo razoável será, a pedido de um destes Estados Partes, submetida a arbitragem. Se, no prazo de seis meses a contar da data do pedido de arbitragem, os Estados Partes não chegarem a acordo sobre a organização da arbitragem, qualquer deles poderá submeter a controvérsia ao Tribunal Internacional de Justiça, mediante requerimento em conformidade com o Estatuto do Tribunal.

3. Qualquer Estado Parte poderá, no momento da assinatura, da ratificação, da aceitação ou da aprovação da presente Convenção, ou da adesão a esta, declarar que não se considera vinculado pelo parágrafo 2 do presente Artigo. Os outros Estados Partes não estarão vinculados pelo parágrafo 2 do presente Artigo em relação a qualquer Estado Parte que tenha formulado esta reserva.

4. Um Estado Parte que tenha formulado uma reserva ao abrigo do parágrafo 3 do presente Artigo poderá retirá-la a qualquer momento, mediante notificação do Secretário Geral da Organização das Nações Unidas.

Artigo 36
Assinatura, ratificação, aceitação, aprovação e adesão

1. A presente Convenção será aberta à assinatura de todos os Estados entre 12 e 15 de Dezembro de 2000, em Palermo (Itália) e, seguidamente, na sede da Organização das Nações Unidas, em Nova Iorque, até 12 de Dezembro de 2002.

2. A presente Convenção estará igualmente aberta à assinatura de organizações regionais de integração econômica, desde que pelos menos um Estado-Membro dessa organização tenha assinado a presente Convenção, em conformidade com o parágrafo 1 do presente Artigo.

3. A presente Convenção será submetida a ratificação, aceitação ou aprovação. Os instrumentos de ratificação, aceitação ou aprovação serão depositados junto do Secretário Geral da Organização das Nações Unidas. Uma organização regional de integração econômica poderá depositar os seus instrumentos de ratificação, aceitação ou aprovação se pelo menos um dos seus Estados-Membros o tiver feito. Neste instrumento de ratificação, aceitação ou aprovação, a organização declarará o âmbito da sua competência em relação às questões que são objeto da presente Convenção. Informará igualmente o depositário de qualquer alteração relevante do âmbito da sua competência.

4. A presente Convenção estará aberta à adesão de qualquer Estado ou de qualquer organização regional de integração econômica de que, pelo menos, um Estado membro seja parte na presente Convenção. Os instrumentos de adesão serão depositados junto do Secretário Geral da Organização das Nações Unidas. No momento da sua adesão, uma organização regional de integração econômica declarará o âmbito da sua competência em relação às questões que são objeto da presente Convenção. Informará igualmente o depositário de qualquer alteração relevante do âmbito dessa competência.

Artigo 37
Relação com os protocolos

1. A presente Convenção poderá ser completada por um ou mais protocolos.

2. Para se tornar Parte num protocolo, um Estado ou uma organização regional de integração econômica deverá igualmente ser Parte na presente Convenção.

3. Um Estado Parte na presente Convenção não estará vinculado por um protocolo, a menos que se torne Parte do mesmo protocolo, em conformidade com as disposições deste.

4. Qualquer protocolo à presente Convenção será interpretado conjuntamente com a presente Convenção, tendo em conta a finalidade do mesmo protocolo.

Artigo 38
Entrada em vigor

1. A presente Convenção entrará em vigor no nonagésimo dia seguinte à data de depósito do quadragésimo instrumento de ratificação, aceitação, aprovação ou adesão. Para efeitos do presente número, nenhum dos instrumentos depositados por uma organização regional de integração econômica será somado aos instrumentos já depositados pelos Estados membros dessa organização.

2. Para cada Estado ou organização regional de integração econômica que ratifique, aceite ou aprove a presente Convenção ou a ela adira após o depósito do quadragésimo instrumento pertinente, a presente Convenção entrará em vigor no trigésimo dia seguinte à data de depósito do instrumento pertinente do referido Estado ou organização.

Artigo 39
Emendas

1. Quando tiverem decorrido cinco anos a contar da entrada em vigor da presente Convenção, um Estado Parte poderá propor uma emenda e depositar o respectivo texto junto do Secretário Geral da Organização das Nações Unidas, que em seguida comunicará a proposta de emenda aos Estados Partes e à Conferência das Partes na Convenção, para exame da proposta e adoção de uma decisão. A Conferência das Partes esforçar-se-á por chegar a um consenso sobre qualquer emenda. Se todos os esforços nesse sentido se tiverem esgotado sem que se tenha chegado a acordo, será necessário, como último recurso para que a emenda seja aprovada, uma votação por maioria de dois terços dos votos expressos dos Estados Partes presentes na Conferência das Partes.

2. Para exercerem, ao abrigo do presente Artigo, o seu direito de voto nos domínios em que sejam competentes, as organizações regionais de integração econômica disporão de um número de votos igual ao número dos seus Estados-Membros que sejam Partes na presente Convenção. Não exercerão o seu direito de voto quando os seus Estados-Membros exercerem os seus, e inversamente.

3. Uma emenda aprovada em conformidade com o parágrafo 1 do presente Artigo estará sujeita à ratificação, aceitação ou aprovação dos Estados Partes.

4. Uma emenda aprovada em conformidade com o parágrafo 1 do presente Artigo entrará em vigor para um Estado Parte noventa dias após a data de depósito pelo mesmo Estado Parte junto do Secretário Geral da Organização das Nações Unidas de um instrumento de ratificação, aceitação ou aprovação da referida emenda.

5. Uma emenda que tenha entrado em vigor será vinculativa para os Estados Partes que tenham declarado o seu consentimento em serem por ela vinculados. Os outros Estados Partes permanecerão vinculados pelas disposições da presente Convenção e por todas as emendas anteriores que tenham ratificado, aceite ou aprovado.

Artigo 40
Denúncia

1. Um Estado Parte poderá denunciar a presente Convenção mediante notificação escrita dirigida ao Secretário Geral da Organização das Nações Unidas. A denúncia tornar-se-á efetiva um ano após a data da recepção da notificação pelo Secretário Geral.

2. Uma organização regional de integração econômica cessará de ser Parte na presente Convenção quando todos os seus Estados-Membros a tenham denunciado.

3. A denúncia da presente Convenção, em conformidade com o parágrafo 1 do presente Artigo, implica a denúncia de qualquer protocolo a ela associado.

Artigo 41
Depositário e línguas

1. O Secretário Geral da Organização das Nações Unidas será o depositário da presente Convenção.

2. O original da presente Convenção, cujos textos em inglês, árabe, chinês, espanhol, francês e russo fazem igualmente fé, será depositado junto do Secretário Geral da Organização das Nações Unidas.

EM FÉ DO QUE os plenipotenciários abaixo assinados, devidamente mandatados para o efeito pelos respectivos Governos, assinaram a presente Convenção.

DECRETO Nº 5.687, DE 31 DE JANEIRO DE 2006

Promulga a Convenção das Nações Unidas contra a Corrupção, adotada pela Assembléia-Geral das Nações Unidas em 31 de outubro de 2003 e assinada pelo Brasil em 9 de dezembro de 2003.

- *Convenção das Nações Unidas contra a Corrupção*

O Presidente da República, no uso da atribuição que lhe confere o art. 84, inciso IV, da Constituição, e

Considerando que o Congresso Nacional aprovou o texto da Convenção das Nações Unidas contra a Corrupção, por meio do Decreto Legislativo nº 348, de 18 de maio de 2005;

Considerando que o Governo brasileiro ratificou a citada Convenção em 15 de junho de 2005;

Considerando que a Convenção entrou em vigor internacional, bem como para o Brasil, em 14 de dezembro de 2005;

DECRETA:

Art. 1º A Convenção das Nações Unidas contra a Corrupção, adotada pela Assembléia-Geral das Nações Unidas em 31 de outubro de 2003 e assinada pelo Brasil em 9 de dezembro de 2003, apensa por cópia ao presente Decreto, será executada e cumprida tão inteiramente como nela se contém.

Art. 2º São sujeitos à aprovação do Congresso Nacional quaisquer atos que possam resultar em revisão da referida Convenção ou que acarretem encargos ou compromissos gravosos ao patrimônio nacional, nos termos do art. 49, inciso I, da Constituição.

Art. 3º Este Decreto entra em vigor na data de sua publicação.

Brasília, 31 de janeiro de 2006; 185º da Independência e 118º da República.

LUIZ INÁCIO LULA DA SILVA

DOU de 1º.2.2006

CONVENÇÃO DAS NAÇÕES UNIDAS CONTRA A CORRUPÇÃO

PREÂMBULO

Os Estados Partes da presente convenção,

Preocupados com a gravidade dos problemas e com as ameaças decorrentes da corrupção, para a estabilidade e a segurança das sociedades, ao enfraquecer as instituições e os valores da democracia, da ética e da justiça e ao comprometer o desenvolvimento sustentável e o Estado de Direito;

Preocupados, também, pelos vínculos entre a corrupção e outras formas de delinqüência, em particular o crime organizado e a corrupção econômica, incluindo a lavagem de dinheiro;

Preocupados, ainda, pelos casos de corrupção que penetram diversos setores da sociedade, os quais podem comprometer uma proporção importante dos recursos dos Estados e que ameaçam a estabilidade política e o desenvolvimento sustentável dos mesmos;

Convencidos de que a corrupção deixou de ser um problema local para converter-se em um fenômeno transnacional que afeta todas as sociedades e economias, faz-se necessária a cooperação internacional para preveni-la e lutar contra ela;

Convencidos, também, de que se requer um enfoque amplo e multidisciplinar para prevenir e combater eficazmente a corrupção;

Convencidos, ainda, de que a disponibilidade de assistência técnica pode desempenhar um papel importante para que os Estados estejam em melhores condições de poder prevenir e combater eficazmente a corrupção, entre outras coisas, fortalecendo suas capacidades e criando instituições;

Convencidos de que o enriquecimento pessoal ilícito pode ser particularmente nocivo para as instituições democráticas, as economias nacionais e o Estado de Direito;

Decididos a prevenir, detectar e dissuadir com maior eficácia as transferências internacionais de ativos adquiridos ilicitamente e a fortalecer a cooperação internacional para a recuperação destes ativos;

Reconhecendo os princípios fundamentais do devido processo nos processos penais e nos procedimentos civis ou administrativos sobre direitos de propriedade;

Tendo presente que a prevenção e a erradicação da corrupção são responsabilidades de todos os Estados e que estes devem cooperar entre si, com o apoio e a participação de pessoas e grupos que não pertencem ao setor público, como a sociedade civil, as organizações não-governamentais e as organizações de base comunitárias, para que seus esforços neste âmbito sejam eficazes;

Tendo presentes também os princípios de devida gestão dos assuntos e dos bens públicos, eqüidade, responsabilidade e igualdade perante a lei, assim como a necessidade de salvaguardar a integridade e fomentar uma cultura de rechaço à corrupção;

Elogiando o trabalho da Comissão de Prevenção de Delitos e Justiça Penal e o Escritório das Nações Unidas contra as Drogas e o Delito na prevenção e na luta contra a corrupção;

Recordando o trabalho realizado por outras organizações internacionais e regionais nesta esfera, incluídas as atividades do Conselho de Cooperação Aduaneira (também denominado Organização Mundial de Aduanas), o Conselho Europeu, a Liga dos Estados Árabes, a Organização de Cooperação e Desenvolvimento Econômicos, a Organização dos Estados Americanos, a União Africana e a União Européia;

Tomando nota com reconhecimento dos instrumentos multilaterais encaminhados para prevenir e combater a corrupção, incluídos, entre outros, a Convenção Interamericana contra a Corrupção, aprovada pela Organização dos Estados Americanos em 29 de março de 1996, o Convênio relativo à luta contra os atos de corrupção no qual estão envolvidos funcionários das Comunidades Européias e dos Estados Partes da União Européia, aprovado pelo Conselho da União Européia em 26 de maio de 1997, o Convênio sobre a luta contra o suborno dos funcionários públicos estrangeiros nas transações comerciais internacionais, aprovado pelo Comitê de Ministros do Conselho Europeu em 27 de janeiro de 1999, o Convênio de direito civil sobre a corrupção, aprovado pelo Comitê de Ministros do Conselho Europeu em 4 de novembro de 1999 e a Convenção da União Africana para prevenir e combater a corrupção, aprovada pelos Chefes de Estado e Governo da União Africana em 12 de julho de 2003;

Acolhendo com satisfação a entrada em vigor, em 29 de setembro de 2003, da Convenção das Nações Unidas contra o Crime Organizado Internacional;

Chegaram em acordo ao seguinte:

CAPÍTULO I
DISPOSIÇÕES GERAIS

Artigo 1
Finalidade

A finalidade da presente Convenção é:

a) Promover e fortalecer as medidas para prevenir e combater mais eficaz e eficientemente a corrupção;

b) Promover, facilitar e apoiar a cooperação internacional e a assistência técnica na prevenção e na luta contra a corrupção, incluída a recuperação de ativos;

c) Promover a integridade, a obrigação de render contas e a devida gestão dos assuntos e dos bens públicos.

Artigo 2
Definições

Aos efeitos da presente Convenção:

a) Por "funcionário público" se entenderá: i) toda pessoa que ocupe um cargo legislativo, executivo, administrativo ou judicial de um Estado Parte, já designado ou empossado, permanente ou temporário, remunerado ou honorário, seja qual for o tempo dessa pessoa no cargo; ii) toda pessoa que desempenhe uma função pública, inclusive em um organismo público ou numa empresa pública, ou que preste um serviço público, segundo definido na legislação interna do Estado Parte e se aplique na esfera pertinente do ordenamento jurídico desse Estado Parte; iii) toda pessoa definida como "funcionário público" na legislação interna de um Estado Parte. Não obstante, aos efeitos de algumas medidas específicas incluídas no Capítulo II da presente Convenção, poderá entender-se por "funcionário público" toda pessoa que desempenhe uma função pública ou preste um serviço público segundo definido na legislação interna do Estado Parte e se aplique na esfera pertinente do ordenamento jurídico desse Estado Parte;

b) Por "funcionário público estrangeiro" se entenderá toda pessoa que ocupe um cargo legislativo, executivo, administrativo ou judicial de um país estrangeiro, já designado ou empossado; e toda pessoa que exerça uma função pública para um país estrangeiro, inclusive em um organismo público ou uma empresa pública;

c) Por "funcionário de uma organização internacional pública" se entenderá um funcionário público internacional ou toda pessoa que tal organização tenha autorizado a atuar em seu nome;

d) Por "bens" se entenderá os ativos de qualquer tipo, corpóreos ou incorpóreos, móveis ou imóveis, tangíveis ou intangíveis e os documentos ou instrumentos legais que creditem a propriedade ou outros direitos sobre tais ativos;

e) Por "produto de delito" se entenderá os bens de qualquer índole derivados ou obtidos direta ou indiretamente da ocorrência de um delito;

f) Por "embargo preventivo" ou "apreensão" se entenderá a proibição temporária de transferir, converter ou trasladar bens, ou de assumir a custódia ou o controle temporário de bens sobre a base de uma ordem de um tribunal ou outra autoridade competente;

g) Por "confisco" se entenderá a privação em caráter definitivo de bens por ordem de um tribunal ou outra autoridade competente;

h) Por "delito determinante" se entenderá todo delito do qual se derive um produto que possa passar a constituir matéria de um delito definido no Artigo 23 da presente Convenção;

i) Por "entrega vigiada" se entenderá a técnica consistente em permitir que remessas ilícitas ou suspeitas saiam do território de um ou mais Estados, o atravessem ou entrem nele, com o conhecimento e sob a supervisão de suas autoridades competentes, com o fim de investigar um delito e identificar as pessoas envolvidas em sua ocorrência.

Artigo 3
Âmbito de aplicação

1. A presente Convenção se aplicará, de conformidade com suas disposições, à prevenção, à investigação e à instrução judicial da corrupção e do embargo preventivo, da apreensão, do confisco e da restituição do produto de delitos identificados de acordo com a presente Convenção.

2. Para a aplicação da presente Convenção, a menos que contenha uma disposição em contrário, não será necessário que os delitos enunciados nela produzam dano ou prejuízo patrimonial ao Estado.

Artigo 4
Proteção da soberania

1. Os Estados Partes cumprirão suas obrigações de acordo com a presente Convenção em consonância com os princípios de igualdade soberana e integridade territorial dos Estados, assim como de não intervenção nos assuntos internos de outros Estados.

2. Nada do disposto na presente Convenção delegará poderes a um Estado Parte para exercer, no território de outro Estado, jurisdição ou funções que a legislação interna desse Estado reserve exclusivamente a suas autoridades.

CAPÍTULO II
MEDIDAS PREVENTIVAS

Artigo 5
Políticas e práticas de prevenção da corrupção

1. Cada Estado Parte, de conformidade com os princípios fundamentais de seu ordenamento jurídico, formulará e aplicará ou manterá em vigor políticas coordenadas e eficazes contra a corrupção que promovam a participação da sociedade e reflitam os princípios do Estado de Direito, a devida gestão dos assuntos e bens públicos, a integridade, a transparência e a obrigação de render contas.

2. Cada Estado Parte procurará estabelecer e fomentar práticas eficazes encaminhadas a prevenir a corrupção.

3. Cada Estado Parte procurará avaliar periodicamente os instrumentos jurídicos e as medidas administrativas pertinentes a fim de determinar se são adequadas para combater a corrupção.

4. Os Estados Partes, segundo procede e de conformidade com os princípios fundamentais de seu ordenamento jurídico, colaborarão entre si e com as organizações internacionais e regionais pertinentes na promoção e formulação das medidas mencionadas no presente Artigo. Essa colaboração poderá compreender a participação em programas e projetos internacionais destinados a prevenir a corrupção.

Artigo 6
Órgão ou órgãos de prevenção à corrupção

1. Cada Estado Parte, de conformidade com os princípios fundamentais de seu ordenamento jurídico, garantirá a existência de um ou mais órgãos, segundo procede, encarregados de prevenir a corrupção com medidas tais como:

a) A aplicação das políticas as quais se faz alusão no Artigo 5 da presente Convenção e, quando proceder, a supervisão e coordenação da prática dessas políticas;

b) O aumento e a difusão dos conhecimentos em matéria de prevenção da corrupção.

2. Cada Estado Parte outorgará ao órgão ou aos órgãos mencionados no parágrafo 1 do presente Artigo a independência necessária, de conformidade com os princípios fundamentais de seu ordenamento jurídico, para que possam desempenhar suas funções de maneira eficaz e sem nenhuma influência indevida. Devem proporcionar-lhes os recursos materiais e o pessoal especializado que sejam necessários, assim como a capacitação que tal pessoal possa requerer para o desempenho de suas funções.

3. Cada Estado Parte comunicará ao Secretário Geral das Nações Unidas o nome e a direção da(s) autoridade(s) que possa(m) ajudar a outros Estados Partes a formular e aplicar medidas concretas de prevenção da corrupção.

Artigo 7
Setor Público

1. Cada Estado Parte, quando for apropriado e de conformidade com os princípios fundamentais de seu ordenamento jurídico, procurará adotar sistemas de convocação, contratação, retenção, promoção e aposentadoria de funcionários públicos e, quando proceder, de outros funcionários públicos não empossados, ou manter e fortalecer tais sistemas. Estes:

a) Estarão baseados em princípios de eficiência e transparência e em critérios objetivos como o mérito, a eqüidade e a aptidão;

b) Incluirão procedimentos adequados de seleção e formação dos titulares de cargos públicos que se considerem especialmente vulneráveis à corrupção, assim como, quando proceder, a rotação dessas pessoas em outros cargos;

c) Fomentarão uma remuneração adequada e escalas de soldo eqüitativas, tendo em conta o nível de desenvolvimento econômico do Estado Parte;

d) Promoverão programas de formação e capacitação que lhes permitam cumprir os requisitos de desempenho correto, honroso e devido de suas funções e lhes proporcionem capacitação especializada e apropriada para que sejam mais conscientes dos riscos da corrupção inerentes ao desempenho de suas funções. Tais programas poderão fazer referência a códigos ou normas de conduta nas esferas pertinentes.

2. Cada Estado Parte considerará também a possibilidade de adotar medidas legislativas e administrativas apropriadas, em consonância com os objetivos da presente Convenção e de conformidade com os princípios fundamentais de sua legislação interna, a fim de estabelecer critérios para a candidatura e eleição a cargos públicos.

3. Cada Estado Parte considerará a possibilidade de adotar medidas legislativas e administrativas apropriadas, em consonância com os objetivos da presente Convenção e de conformidade com os princípios fundamentais de sua legislação interna, para aumentar a transparência relativa ao financiamento de candidaturas a cargos públicos eletivos e, quando proceder, relativa ao financiamento de partidos políticos.

4. Cada Estado Parte, em conformidade com os princípios de sua legislação interna, procurará adotar sistemas destinados a promover a transparência e a prevenir conflitos de interesses, ou a manter e fortalecer tais sistemas.

Artigo 8
Códigos de conduta para funcionários públicos

1. Com o objetivo de combater a corrupção, cada Estado Parte, em conformidade com os princípios fundamentais de seu ordenamento jurídico, promoverá, entre outras coisas, a integridade, a honestidade e a responsabilidade entre seus funcionários públicos.

2. Em particular, cada Estado Parte procurará aplicar, em seus próprios ordenamentos institucionais e jurídicos, códigos ou normas de conduta para o correto, honroso e devido cumprimento das funções públicas.

3. Com vistas a aplicar as disposições do presente Artigo, cada Estado Parte, quando proceder e em conformidade com os princípios fundamentais de seu ordenamento jurídico, tomará nota das iniciativas pertinentes das organizações regionais, interregionais e multilaterais, tais como o Código Internacional de Conduta para os titulares de cargos públicos, que figura no anexo da resolução 51/59 da Assembléia Geral de 12 de dezembro de 1996.

4. Cada Estado Parte também considerará, em conformidade com os princípios fundamentais de sua legislação interna, a possibilidade de estabelecer medidas e sistemas para facilitar que os funcionários públicos denunciem todo ato de corrupção às autoridades competentes quando tenham conhecimento deles no exercício de suas funções.

5. Cada Estado Parte procurará, quando proceder e em conformidade com os princípios fundamentais de sua legislação interna, estabelecer medidas e sistemas para exigir aos funcionários públicos que tenham declarações às autoridades competentes em relação, entre outras coisas, com suas atividades externas e com empregos, inversões, ativos e presentes ou benefícios importantes que possam dar lugar a um conflito de interesses relativo a suas atribuições como funcionários públicos.

6. Cada Estado Parte considerará a possibilidade de adotar, em conformidade com os princípios fundamentais de sua legislação interna, medidas disciplinares ou de outra índole contra todo funcionário público que transgrida os códigos ou normas estabelecidos em conformidade com o presente Artigo.

Artigo 9
Contratação pública e gestão da fazenda pública

1. Cada Estado Parte, em conformidade com os princípios fundamentais de seu ordenamento jurídico, adotará as medidas necessárias para estabelecer sistemas apropriados de contratação pública, baseados na transparência, na competência e em critérios objetivos de adoção de decisões, que sejam eficazes, entre outras coisas, para prevenir a corrupção. Esses sistemas, em cuja aplicação se poderá ter em conta valores mínimos apropriados, deverão abordar, entre outras coisas:

a) A difusão pública de informação relativa a procedimentos de contratação pública e contratos, incluída informação sobre licitações e informação pertinente ou oportuna sobre a adjudicação de contratos, a fim de que os licitadores potenciais disponham de tempo suficiente para preparar e apresentar suas ofertas;

b) A formulação prévia das condições de participação, incluídos critérios de seleção e adjudicação e regras de licitação, assim como sua publicação;

c) A aplicação de critérios objetivos e predeterminados para a adoção de decisões sobre a contratação pública a fim de facilitar a posterior verificação da aplicação correta das regras ou procedimentos;

d) Um mecanismo eficaz de exame interno, incluindo um sistema eficaz de apelação, para garantir recursos e soluções legais no caso de não se respeitarem as regras ou os procedimentos estabelecidos conforme o presente parágrafo;

e) Quando proceda, a adoção de medidas para regulamentar as questões relativas ao pessoal encarregado da contratação pública, em particular declarações de interesse relativo de determinadas contratações públicas, procedimentos de pré-seleção e requisitos de capacitação.

2. Cada Estado Parte, em conformidade com os princípios fundamentais de seu ordenamento jurídico, adotará medidas apropriadas para promover a transparência e a obrigação de render contas na gestão da fazenda pública. Essas medidas abarcarão, entre outras coisas:

a) Procedimentos para a aprovação do pressuposto nacional;

b) A apresentação oportuna de informação sobre gastos e ingressos;

c) Um sistema de normas de contabilidade e auditoria, assim como a supervisão correspondente;

d) Sistemas eficazes e eficientes de gestão de riscos e controle interno; e

e) Quando proceda, a adoção de medidas corretivas em caso de não cumprimento dos requisitos estabelecidos no presente parágrafo.

3. Cada Estado Parte, em conformidade com os princípios fundamentais de sua legislação interna, adotará as medidas que sejam necessárias nos âmbitos civil e administrativo para preservar a integridade dos livros e registros contábeis, financeiros ou outros documentos relacionados com os gastos e ingressos públicos e para prevenir a falsificação desses documentos.

Artigo 10
Informação pública

Tendo em conta a necessidade de combater a corrupção, cada Estado Parte, em conformidade com os princípios fundamentais de sua legislação interna, adotará medidas que sejam necessárias para aumentar a transparência em sua administração pública, inclusive no relativo a sua organização, funcionamento e processos de adoção de decisões, quando proceder. Essas medidas poderão incluir, entre outras coisas:

a) A instauração de procedimentos ou regulamentações que permitam ao público em geral obter, quando proceder, informação sobre a organização, o funcionamento e os processos de adoção de decisões de sua administração pública, com o devido respeito à proteção da intimidade e dos documentos pessoais, sobre as decisões e atos jurídicos que incumbam ao público;

b) A simplificação dos procedimentos administrativos, quando proceder, a fim de facilitar o acesso do público às autoridades encarregadas da adoção de decisões; e

c) A publicação de informação, o que poderá incluir informes periódicos sobre os riscos de corrupção na administração pública.

Artigo 11
Medidas relativas ao poder judiciário e ao ministério público

1. Tendo presentes a independência do poder judiciário e seu papel decisivo na luta contra a corrupção, cada Estado Parte, em conformidade com os princípios fundamentais de seu ordenamento jurídico e sem menosprezar a independência do poder judiciário, adotará medidas para reforçar a integridade e evitar toda oportunidade de corrupção entre os membros do poder judiciário. Tais medidas poderão incluir normas que regulem a conduta dos membros do poder judiciário.

2. Poderão formular-se e aplicar-se no ministério público medidas com idêntico fim às adotadas no parágrafo 1 do presente Artigo nos Estados Partes em que essa instituição não forme parte do poder judiciário mas goze de independência análoga.

Artigo 12
Setor Privado

1. Cada Estado Parte, em conformidade com os princípios fundamentais de sua legislação interna, adotará medidas para prevenir a corrupção e melhorar as normas contábeis e de auditoria no setor privado, assim como, quando proceder, prever sanções civis, administrativas ou penais eficazes, proporcionadas e dissuasivas em caso de não cumprimento dessas medidas.

2. As medidas que se adotem para alcançar esses fins poderão consistir, entre outras coisas, em:

a) Promover a cooperação entre os organismos encarregados de fazer cumprir a lei e as entidades privadas pertinentes;

b) Promover a formulação de normas e procedimentos com o objetivo de salvaguardar a integridade das entidades privadas pertinentes, incluídos códigos de conduta para o correto, honroso e devido exercício das atividades comerciais e de todas as profissões pertinentes e para a prevenção de conflitos de interesses, assim como para a promoção do uso de boas práticas comerciais entre as empresas e as relações contratuais das empresas com o Estado;

c) Promover a transparência entre entidades privadas, incluídas, quando proceder, medidas relativas à identificação das pessoas jurídicas e físicas envolvidas no estabelecimento e na gestão de empresas;

d) Prevenir a utilização indevida dos procedimentos que regulam as entidades privadas, incluindo os procedimentos relativos à concessão de subsídios e licenças pelas autoridades públicas para atividades comerciais;

e) Prevenir os conflitos de interesse impondo restrições apropriadas, durante um período razoável, às atividades profissionais de ex-funcionários públicos ou à contratação de funcionários públicos pelo setor privado depois de sua renúncia ou aposentadoria quando essas atividades ou essa contratação estejam diretamente relacionadas com as funções desempenhadas ou supervisionadas por esses funcionários públicos durante sua permanência no cargo;

f) Velar para que as empresas privadas, tendo em conta sua estrutura e tamanho, disponham de suficientes controles contábeis internos para ajudar a prevenir e detectar os atos de corrupção e para que as contas e os estados financeiros requeridos dessas empresas privadas estejam sujeitos a procedimentos apropriados de auditoria e certificação;

3. A fim de prevenir a corrupção, cada estado parte adotará as medidas que sejam necessárias, em conformidade com suas leis e regulamentos internos relativos à manutenção de livros e registros, à divulgação de estados financeiros e às normas de contabilidade e auditoria, para proibir os seguintes atos realizados com o fim de cometer quaisquer dos delitos qualificados de acordo com a presente Convenção:

a) O estabelecimento de contas não registradas em livros;

b) A realização de operações não registradas em livros ou mal especificadas;

c) O registro de gastos inexistentes;

d) O juízo de gastos nos livros de contabilidade com indicação incorreta de seu objetivo;

e) A utilização de documentos falsos; e

f) A destruição deliberada de documentos de contabilidade antes do prazo previsto em lei.

4. Cada Estado Parte ditará a dedução tributária relativa aos gastos que venham a constituir suborno, que é um dos elementos constitutivos dos delitos qualificados de acordo com os Artigos 15 e 16 da presente Convenção e, quando proceder, relativa a outros gastos que tenham tido por objetivo promover um comportamento corrupto.

Artigo 13
Participação da sociedade

1. Cada Estado Parte adotará medidas adequadas, no limite de suas possibilidades e de conformidade com os princípios fundamentais de sua legislação interna, para fomentar a participação ativa de pessoas e grupos que não pertençam ao setor público, como a sociedade civil, as organizações não-governamentais e as organizações com base na comunidade, na prevenção e na luta contra a corrupção, e para sensibilizar a opinião pública a respeito à existência, às causas e à gravidade da corrupção, assim como a ameaça que esta representa. Essa participação deveria esforçar-se com medidas como as seguintes:

a) Aumentar a transparência e promover a contribuição da cidadania aos processos de adoção de decisões;

b) Garantir o acesso eficaz do público à informação;

c) Realizar atividade de informação pública para fomentar a intransigência à corrupção, assim como programas de educação pública, incluídos programas escolares e universitários;

d) Respeitar, promover e proteger a liberdade de buscar, receber, publicar e difundir informação relativa à corrupção. Essa liberdade poderá estar sujeita a certas restrições, que deverão estar expressamente qualificadas pela lei e ser necessárias para: i) Garantir o respeito dos direitos ou da reputação de terceiros; ii) Salvaguardar a segurança nacional, a ordem pública, ou a saúde ou a moral públicas.

2. Cada Estado Parte adotará medidas apropriadas para garantir que o público tenha conhecimento dos órgão pertinentes de luta contra a corrupção mencionados na presente Convenção, e facilitará o acesso a tais órgãos, quando proceder, para a denúncia, inclusive anônima, de quaisquer incidentes que possam ser considerados constitutivos de um delito qualificado de acordo com a presente Convenção.

Artigo 14
Medidas para prevenir a lavagem de dinheiro

1. Cada Estado Parte:

a) Estabelecerá um amplo regimento interno de regulamentação e supervisão dos bancos e das instituições financeiras não-bancárias, incluídas as pessoas físicas ou jurídicas que prestem serviços oficiais ou oficiosos de transferência de dinheiro ou valores e, quando proceder, outros órgãos situados dentro de sua jurisdição que sejam particularmente suspeitos de utilização para a lavagem de dinheiro, a fim de prevenir e detectar todas as formas de lavagem de dinheiro, e em tal regimento há de se apoiar fortemente nos requisitos relativos à identificação do cliente e, quando proceder, do beneficiário final, ao estabelecimento de registros e à denúncia das transações suspeitas;

b) Garantirá, sem prejuízo à aplicação do Artigo 46 da presente Convenção, que as autoridades de administração, regulamentação e cumprimento da lei e demais autoridades encarregadas de combater a lavagem de dinheiro (incluídas, quando seja pertinente de acordo com a legislação interna, as autoridades judiciais) sejam capazes de cooperar e intercambiar informações nos âmbitos nacional e internacional, de conformidade com as condições prescritas na legislação interna e, a tal fim, considerará a possibilidade de estabelecer um departamento de inteligência financeira que sirva de centro nacional de recompilação, análise e difusão de informação sobre possíveis atividades de lavagem de dinheiro.

2. Os Estados Partes considerarão a possibilidade de aplicar medidas viáveis para detectar e vigiar o movimento transfronteiriço de efetivo e de títulos negociáveis pertinentes, sujeitos a salvaguardas que garantam a devida utilização da informação e sem restringir de modo algum a circulação de capitais lícitos. Essas medidas poderão incluir a exigência de que os particulares e as entidades comerciais notifiquem as transferências transfronteiriças de quantidades elevadas de efetivos e de títulos negociáveis pertinentes.

3. Os Estados Partes considerarão a possibilidade de aplicar medidas apropriadas e viáveis para exigir às instituições financeiras, incluídas as que remetem dinheiro, que:

a) Incluam nos formulários de transferência eletrônica de fundos e mensagens conexas informação exata e válida sobre o remetente;

b) Mantenham essa informação durante todo o ciclo de operação; e

c) Examinem de maneira mais minuciosa as transferências de fundos que não contenham informação completa sobre o remetente.

4. Ao estabelecer um regimento interno de regulamentação e supervisão de acordo com o presente Artigo, e sem prejuízo do disposto em qualquer outro Artigo da presente Convenção, recomenda-se aos Estados Partes que utilizem como guia as iniciativas pertinentes das organizações regionais, interregionais e multilaterais de luta contra a lavagem de dinheiro.

5. Os Estados Partes se esforçarão por estabelecer e promover a cooperação em escala mundial, regional, sub-regional e bilateral entre as autoridades judiciais, de cumprimento da lei e de regulamentação financeira a fim de combater a lavagem de dinheiro.

CAPÍTULO III
PENALIZAÇÃO E APLICAÇÃO DA LEI

Artigo 15
Suborno de funcionários públicos nacionais

Cada Estado Parte adotará as medidas legislativas e de outras índoles que sejam necessárias para qualificar como delito, quando cometidos intencionalmente:

a) A promessa, o oferecimento ou a concessão a um funcionário público, de forma direta ou indireta, de um benefício indevido que redunde em seu próprio proveito ou no de outra pessoa ou entidade com o fim de que tal funcionário atue ou se abstenha de atuar no cumprimento de suas funções oficiais;

b) A solicitação ou aceitação por um funcionário público, de forma direta ou indireta, de um benefício indevido que redunde em seu próprio proveito ou no de outra pessoa ou entidade com o fim de que tal funcionário atue ou se abstenha de atuar no cumprimento de suas funções oficiais.

Artigo 16
Suborno de funcionários públicos estrangeiros e de funcionários de organizações internacionais públicas

1. Cada Estado Parte adotará as medidas legislativas e de outras índoles que sejam necessárias para qualificar como delito, quando cometido intencionalmente, a promessa, oferecimento ou a concessão, de forma direta ou indireta, a um funcionário público estrangeiro ou a um funcionário de organização internacional pública, de um benefício indevido que redunde em seu próprio proveito ou no de outra pessoa ou entidade com o fim de que tal funcionário atue ou se abstenha de atuar no exercício de suas funções oficiais para obter ou manter alguma transação comercial ou outro benefício indevido em relação com a realização de atividades comerciais internacionais.

2. Cada Estado Parte considerará a possibilidade de adotar medidas legislativas e de outras índoles que sejam necessárias para qualificar como delito, quando cometido intencionalmente, a solicitação ou aceitação por um funcionário público estrangeiro ou funcionário de organização internacional pública, de forma direta ou indireta, de um benefício indevido que redunde em proveito próprio ou no de outra pessoa ou entidade, com o fim de que tal funcionário atue ou se abstenha de atuar no exercício de suas funções oficiais.

Artigo 17
Malversação ou peculato, apropriação indébita ou outras formas de desvio de bens por um funcionário público

Cada Estado Parte adotará as medidas legislativas e de outras índoles que sejam necessárias para qualificar como delito, quando cometido intencionalmente, a malversação ou o peculato, a apropriação indébita ou outras formas de desvio de bens, fundos ou títulos públicos ou privados ou qualquer outra coisa de valor que se tenham confiado ao funcionário em virtude de seu cargo.

Artigo 18
Tráfico de influências

Cada Estado Parte considerará a possibilidade de adotar as medidas legislativas e de outras índoles que sejam necessárias para qualificar como delito, quando cometido intencionalmente:

a) A promessa, o oferecimento ou a concessão a um funcionário público ou a qualquer outra pessoa, de forma direta ou indireta, de um benefício indevido com o fim de que o funcionário público ou a pessoa abuse de sua influência real ou suposta para obter de uma administração ou autoridade do Estado Parte um benefício indevido que redunde em proveito do instigador original do ato ou de qualquer outra pessoa;

b) A solicitação ou aceitação por um funcionário público ou qualquer outra pessoa, de forma direta ou indireta, de um benefício indevido que redunde em seu proveito próprio ou no de outra pessoa com o fim de que o funcionário público ou a pessoa abuse de sua influência real ou suposta para obter de uma administração ou autoridade do Estado Parte um benefício indevido.

Artigo 19
Abuso de funções

Cada Estado Parte considerará a possibilidade de adotar as medidas legislativas e de outras índoles que sejam necessárias para qualificar como delito, quando cometido intencionalmente, o abuso de funções ou do cargo, ou seja, a realização ou omissão de um ato, em violação à lei, por parte de um funcionário público no exercício de suas funções, com o fim de obter um benefício indevido para si mesmo ou para outra pessoa ou entidade.

Artigo 20
Enriquecimento ilícito

Com sujeição a sua constituição e aos princípios fundamentais de seu ordenamento jurídico, cada Estado Parte considerará a possibilidade de adotar as medidas legislativas e de outras índoles que sejam necessárias para qualificar como delito, quando cometido intencionalmente, o enriquecimento ilícito, ou seja, o incremento significativo do patrimônio de um funcionário público relativos aos seus ingressos legítimos que não podem ser razoavelmente justificados por ele.

Artigo 21
Suborno no setor privado

Cada Estado Parte considerará a possibilidade de adotar medidas legislativas e de outras índoles que sejam necessárias para qualificar como delito, quando cometido intencionalmente no curso de atividades econômicas, financeiras ou comerciais:

a) A promessa, o oferecimento ou a concessão, de forma direta ou indireta, a uma pessoa que dirija uma entidade do setor privado ou cumpra qualquer função nela, de um benefício indevido que redunde em seu próprio proveito ou no de outra pessoa, com o fim de que, faltando ao dever inerente às suas funções, atue ou se abstenha de atuar;

b) A solicitação ou aceitação, de forma direta ou indireta, por uma pessoa que dirija uma entidade do setor privado ou cumpra qualquer função nela, de um benefício indevido que redunde em seu próprio proveito ou no de outra pessoa, com o fim de que, faltando ao dever inerente às suas funções, atue ou se abstenha de atuar.

Artigo 22
Malversação ou peculato de bens no setor privado

Cada Estado Parte considerará a possibilidade de adotar medidas legislativas e de outras índoles que sejam necessárias para qualificar como delito, quando cometido intencionalmente no curso de atividades econômicas, financeiras ou comerciais, a malversação ou peculato, por uma pessoa que dirija uma entidade do setor privado ou cumpra qualquer função nela, de quaisquer bens, fundos ou títulos privados ou de qualquer outra coisa de valor que se tenha confiado a essa pessoa por razão de seu cargo.

Artigo 23
Lavagem de produto de delito

1. Cada Estado Parte adotará, em conformidade com os princípios fundamentais de sua legislação interna, as medidas legislativas e de outras índoles que sejam necessárias para qualificar como delito, quando cometido intencionalmente:

a) i) A conversão ou a transferência de bens, sabendo-se que esses bens são produtos de delito, com o propósito de ocultar ou dissimular a origem ilícita dos bens e ajudar a qualquer pessoa envolvida na prática do delito com o objetivo de afastar as conseqüências jurídicas de seus atos;

ii) A ocultação ou dissimulação da verdadeira

natureza, origem, situação, disposição, movimentação ou da propriedade de bens o do legítimo direito a estes, sabendo-se que tais bens são produtos de delito;

b) Com sujeição aos conceitos básicos de seu ordenamento jurídico: i) A aquisição, possessão ou utilização de bens, sabendo-se, no momento de sua receptação, de que se tratam de produto de delito; ii) A participação na prática de quaisquer dos delitos qualificados de acordo com o presente Artigo, assim como a associação e a confabulação para cometê-los, a tentativa de cometê-los e a ajuda, incitação, facilitação e o assessoramento com vistas à sua prática.

2. Para os fins de aplicação ou colocação em prática do parágrafo 1 do presente Artigo:

a) Cada Estado Parte velará por aplicar o parágrafo 1 do presente Artigo à gama mais ampla possível de delitos determinantes;

b) Cada Estado Parte incluirá como delitos determinantes, como mínimo, uma ampla gama de delitos qualificados de acordo com a presente Convenção;

c) Aos efeitos do item "b)" supra, entre os delitos determinantes se incluirão os delitos cometidos tanto dentro como fora da jurisdição do Estado Parte interessado. Não obstante, os delitos cometidos fora da jurisdição de um Estado Parte constituirão delito determinante sempre e quando o ato correspondente seja delito de acordo com a legislação interna do Estado em que se tenha cometido e constitui-se assim mesmo delito de acordo com a legislação interna do Estado Parte que aplique ou ponha em prática o presente Artigo se o delito houvesse sido cometido ali;

d) Cada Estado Parte proporcionará ao Secretário Geral das Nações Unidas uma cópia de suas leis destinadas a dar aplicação ao presente Artigo e de qualquer emenda posterior que se atenha a tais leis;

e) Se assim requererem os princípios fundamentais da legislação interna de um Estado Parte, poderá dispor-se que os delitos enunciados no parágrafo 1 do presente Artigo não se apliquem às pessoas que tenham cometido o delito determinante.

Artigo 24
Encobrimento

Sem prejuízo do disposto no Artigo 23 da presente Convenção, cada Estado Parte considerará a possibilidade de adotar as medidas legislativas e de outra índole que sejam necessárias para qualificar o delito, quando cometido intencionalmente após a prática de quaisquer dos delitos qualificados de acordo com a presente Convenção mas sem haver participados deles, o encobrimento ou a retenção contínua de bens sabendo-se que tais bens são produtos de quaisquer dos delitos qualificados de acordo com a presente Convenção.

Artigo 25
Obstrução da justiça

Cada Estado Parte adotará as medidas legislativas e de outras índoles que sejam necessárias para qualificar como delito, quando cometidos intencionalmente:

a) O uso da força física, ameaças ou intimidação, ou a promessa, o oferecimento ou a concessão de um benefício indevido para induzir uma pessoa a prestar falso testemunho ou a atrapalhar a prestação de testemunho ou a apartação de provas em processos relacionados com a prática dos delitos qualificados de acordo com essa Convenção;

b) O uso da força física, ameaças ou intimidação para atrapalhar o cumprimento das funções oficiais de um funcionário da justiça ou dos serviços encarregados de fazer cumprir-se a lei em relação com a prática dos delitos qualificados de acordo com a presente Convenção. Nada do previsto no presente Artigo menosprezará a legislação interna dos Estados Partes que disponham de legislação que proteja a outras categorias de funcionários públicos.

Artigo 26
Responsabilidade das pessoas jurídicas

1. Cada Estado Parte adotará as medidas que sejam necessárias, em consonância com seus princípios jurídicos, a fim de estabelecer a responsabilidade de pessoas jurídicas por sua participação nos delitos qualificados de acordo com a presente Convenção.

2. Sujeito aos princípios jurídicos do Estado Parte, a responsabilidade das pessoas jurídicas poderá ser de índole penal, civil ou administrativa.

3. Tal responsabilidade existirá sem prejuízo à responsabilidade penal que incumba às pessoas físicas que tenham cometido os delitos.

4. Cada Estado Parte velará em particular para que se imponham sanções penais ou não-penais eficazes, proporcionadas e dissuasivas, incluídas sanções monetárias, às pessoas jurídicas consideradas responsáveis de acordo com o presente Artigo.

Artigo 27
Participação ou tentativa

1. Cada Estado Parte adotará as medidas legislativas e de outras índoles que sejam necessárias para qualificar como delito, em conformidade com sua legislação interna, qualquer forma de participação, seja ela como cúmplice, colaborador ou instigador, em um delito qualificado de acordo com a presente Convenção.

2. Cada Estado Parte poderá adotar as medidas legislativas e de outras índoles que sejam necessárias para qualificar como delito, em conformidade com sua legislação interna, toda tentativa de cometer um delito qualificado de acordo com a presente Convenção.

3. Cada Estado Parte poderá adotar as medidas legislativas e de outras índoles que sejam necessárias para qualificar como delito, em conformidade com sua legislação interna, a preparação com vistas a cometer um delito qualificado de acordo com a presente Convenção.

Artigo 28
Conhecimento, intenção e propósito como elementos de um delito

O conhecimento, a intenção ou o propósito que se requerem como elementos de um delito qualificado de acordo com a presente Convenção poderão inferir-se de circunstâncias fáticas objetivas.

Artigo 29
Prescrição

Cada Estado Parte estabelecerá, quando proceder, de acordo com sua legislação interna, um prazo de prescrição amplo para iniciar processos por quaisquer dos delitos qualificados de acordo com a presente Convenção e estabelecerá um prazo maior ou interromperá a prescrição quando o presumido delinqüente tenha evadido da administração da justiça.

Artigo 30
Processo, sentença e sanções

1. Cada Estado Parte punirá a prática dos delitos qualificados de acordo com a presente Convenção com sanções que tenham em conta a gravidade desses delitos.

2. Cada Estado Parte adotará as medidas que sejam necessárias para estabelecer ou manter, em conformidade com seu ordenamento jurídico e seus princípios constitucionais, um equilíbrio apropriado entre quaisquer imunidades ou prerrogativas jurisdicionais outorgadas a seus funcionários públicos para o cumprimento de suas funções e a possibilidade, se necessário, de proceder efetivamente à investigação, ao indiciamento e à sentença dos delitos qualificados de acordo com a presente Convenção.

3. Cada Estado Parte velará para que se exerçam quaisquer faculdades legais discricionárias de que disponham conforme sua legislação interna em relação ao indiciamento de pessoas pelos delitos qualificados de acordo com a presente Convenção a fim de dar máxima eficácia às medidas adotadas para fazer cumprir a lei a respeito desses delitos, tendo devidamente em conta a necessidade de preveni-los.

4. Quando se trate dos delitos qualificados de acordo com a presente Convenção, cada Estado Parte adotará as medidas apropriadas, em conformidade com sua legislação interna e levando devidamente em consideração os direitos de defesa, com vistas a procurar que, ao impor condições em relação com a decisão de conceder liberdade em espera de juízo ou apelação, se tenha presente a necessidade de garantir o comparecimento do acusado em todo procedimento penal posterior.

5. Cada Estado Parte terá em conta a gravidade dos delitos pertinentes ao considerar a eventualidade de conceder a liberdade antecipada ou a liberdade condicional a pessoas que tenham sido declaradas culpadas desses delitos.

6. Cada Estado Parte considerará a possibilidade de estabelecer, na medida em que ele seja concordante com os princípios fundamentais de seu ordenamento jurídico, procedimentos em virtude dos quais um funcionário público que seja acusado de um delito qualificado de acordo com a presente Convenção possa, quando proceder, ser destituído, suspenso ou transferido pela autoridade correspondente, tendo presente o respeito ao princípio de presunção de inocência.

7. Quando a gravidade da falta não justifique e na medida em que ele seja concordante com os princípios fundamentais de seu ordenamento jurídico, cada Estado Parte considerará a possibilidade de estabelecer procedimentos para inabilitar, por mandado judicial ou outro meio apropriado e por um período determinado em sua legislação interna, as pessoas condenadas por delitos qualificados de acordo com a presente Convenção para:

a) Exercer cargos públicos; e

b) Exercer cargos em uma empresa de propriedade total ou parcial do Estado.

8. O parágrafo 1 do presente Artigo não prejudicará a aplicação de medidas disciplinares pelas autoridades competentes contra funcionários públicos.

9. Nada do disposto na presente Convenção afetará o princípio de que a descrição dos delitos qualificados de acordo com ela e dos meios jurídicos de defesa aplicáveis ou demais princípios jurídicos que regulam a legalidade de uma conduta que a reservada à legislação interna dos Estados Partes e de que esses delitos haverão de ser perseguidos e sancionados em conformidade com essa legislação.

10. Os Estados Partes procurarão promover a reinserção social das pessoas condenadas por delitos qualificados de acordo com a presente Convenção.

Artigo 31
Embargo preventivo, apreensão e confisco

1. Cada Estado Parte adotará, no maior grau permitido em seu ordenamento jurídico interno, as medidas que sejam necessárias para autorizar o confisco:

a) Do produto de delito qualificado de acordo com a presente Convenção ou de bens cujo valor corresponda ao de tal produto;

b) Dos bens, equipamentos ou outros instrumentos utilizados ou destinados utilizados na prática dos delitos qualificados de acordo com a presente Convenção.

2. Cada Estado Parte adotará as medidas que sejam necessárias para permitir a identificação, localização, embargo preventivo ou a apreensão de qualquer bem a que se tenha referência no parágrafo 1 do presente Artigo com vistas ao seu eventual confisco.

3. Cada Estado Parte adotará, em conformidade com sua legislação interna, as medidas legislativas e de outras índoles que sejam necessárias para regular a administração, por parte das autoridades competentes, dos bens embargados, incautados ou confiscados compreendidos nos parágrafos 1 e 2 do presente Artigo.

4. Quando esse produto de delito se tiver transformado ou convertido parcialmente ou totalmente em outros bens, estes serão objeto das medidas aplicáveis a tal produto de acordo com o presente Artigo.

5. Quando esse produto de delito se houver mesclado com bens adquiridos de fontes lícitas, esses bens serão objeto de confisco até o valor estimado do produto mesclado, sem menosprezo de qualquer outra faculdade de embargo preventivo ou apreensão.

6. Os ingressos e outros benefícios derivados desse produto de delito, de bens nos quais se tenham transformado ou convertido tal produto ou de bens que se tenham mesclado a esse produto de delito também serão objeto das medidas previstas no presente Artigo, da mesma maneira e no mesmo grau que o produto do delito.

7. Aos efeitos do presente Artigo e do Artigo 55 da presente Convenção, cada Estado Parte facultará a seus tribunais ou outras autoridade competentes para ordenar a apresentação ou a apreensão de documentos bancários, financeiros ou comerciais. Os Estados Partes não poderão abster-se de aplicar as disposições do presente parágrafo amparando-se no sigilo bancário.

8. Os Estados Partes poderão considerar a possibilidade de exigir de um delinqüente que demonstre a origem lícita do alegado produto de delito ou de outros bens expostos ao confisco, na medida em que ele seja conforme com os princípios fundamentais de sua legislação interna e com a índole do processo judicial ou outros processos.

9. As disposições do presente Artigo não se interpretarão em prejuízo do direito de terceiros que atuem de boa-fé.

10. Nada do disposto no presente Artigo afetará o princípio de que as medidas nele previstas se definirão e aplicar-se-ão em conformidade com a legislação interna dos Estados Partes e com sujeição a este.

Artigo 32
Proteção a testemunhas, peritos e vítimas

1. Cada Estado Parte adotará medidas apropriadas, em conformidade com seu ordenamento jurídico interno e dentro de suas possibilidades, para proteger de maneira eficaz contra eventuais atos de represália ou intimidação as testemunhas e peritos que prestem testemunho sobre os delitos qualificados de acordo com a presente Convenção, assim como, quando proceder, a seus familiares e demais pessoas próximas.

2. As medidas previstas no parágrafo 1 do presente Artigo poderão consistir, entre outras, sem prejuízo dos direitos do acusado e incluindo o direito de garantias processuais, em:

a) Estabelecer procedimentos para a proteção física dessas pessoas, incluída, na medida do necessário e do possível, sua remoção, e permitir, quando proceder, à proibição total ou parcial de revelar informação sobre sua identidade e paradeiro;

b) Estabelecer normas probatórias que permitam que as testemunhas e peritos prestem testemunho sem pôr em perigo a segurança dessas pessoas, por exemplo, aceitando o testemunho mediante tecnologias de comunicação como a videoconferência ou outros meios adequados.

3. Os Estados Partes considerarão a possibilidade de celebrar acordos ou tratados com outros Estados para a remoção das pessoas mencionadas no parágrafo 1 do presente Artigo.

4. As disposições do presente Artigo se aplicarão também às vítimas na medida em que sejam testemunhas.

5. Cada Estado Parte permitirá, com sujeição a sua legislação interna, que se apresentem e considerem as opiniões e preocupações das vítimas em etapas apropriadas das ações penais contra os criminosos sem menosprezar os direitos de defesa.

Artigo 33
Proteção aos denunciantes

Cada Estado Parte considerará a possibilidade de incorporar em seu ordenamento jurídico interno medidas apropriadas para proporcionar proteção contra todo trato injusto às pessoas que denunciem ante as autoridades competentes, de boa-fé e com motivos razoáveis, quaisquer feitos relacionados com os delitos qualificados de acordo com a presente Convenção.

Artigo 34
Conseqüências dos atos de corrupção

Com a devida consideração aos direitos adquiridos de boa-fé por terceiros, cada Estado Parte, em conformidade com os princípios fundamentais de sua legislação interna, adotará medidas para eliminar as conseqüências dos atos de corrupção. Neste contexto, os Estados Partes poderão considerar a corrupção um fator pertinente em procedimentos jurídicos encaminhados a anular ou deixar sem efeito um contrato ou a revogar uma concessão ou outro instrumento semelhante, o adotar qualquer outra medida de correção.

Artigo 35
Indenização por danos e prejuízos

Cada Estado Parte adotará as medidas que sejam necessárias, em conformidade com os princípios de sua legislação interna, para garantir que as entidades ou pessoas prejudicadas como conseqüência de um ato de corrupção tenham direito a iniciar uma ação legal contra os responsáveis desses danos e prejuízos a fim de obter indenização.

Artigo 36
Autoridades especializadas

Cada Estado Parte, de conformidade com os princípios fundamentais de seu ordenamento jurídico, se certificará de que dispõe de um ou mais órgãos ou pessoas especializadas na luta contra a corrupção mediante a aplicação coercitiva da lei. Esse(s) órgão(s) ou essa(s) pessoa(s) gozarão da independência necessária, conforme os princípios fundamentais do ordenamento jurídico do Estado Parte, para que possam desempenhar suas funções com eficácia e sem pressões indevidas. Deverá proporcionar-se a essas pessoas ou ao pessoal desse(s) órgão(s) formação adequada e recursos suficientes para o desempenho de suas funções.

Artigo 37
Cooperação com as autoridades encarregadas de fazer cumprir a lei

1. Cada Estado Parte adotará as medidas apropriadas para restabelecer as pessoas que participem ou que tenham participado na prática dos delitos qualificados de acordo com a presente Convenção que proporcionem às autoridades competentes informação útil com fins investigativos e probatórios e as que lhes prestem ajuda efetiva e concreta que possa contribuir a privar os criminosos do produto do delito, assim como recuperar esse produto.

2. Cada Estado Parte considerará a possibilidade de prever, em casos apropriados, a mitigação de pena de toda pessoa acusada que preste cooperação substancial à investigação ou ao indiciamento dos delitos qualificados de acordo com a presente Convenção.

3. Cada Estado parte considerará a possibilidade de prever, em conformidade com os princípios fundamentais de sua legislação interna, a concessão de imunidade judicial a toda pessoa que preste cooperação substancial na investigação ou no indiciamento dos delitos qualificados de acordo com a presente Convenção.

4. A proteção dessas pessoas será, mutatis mutandis, a prevista no Artigo 32 da presente Convenção.

5. Quando as pessoas mencionadas no parágrafo 1 do presente Artigo se encontrem em um Estado Parte e possam prestar cooperação substancial às autoridades competentes de outro Estado Parte, os Estados Partes interessados poderão considerar a possibilidade de celebrar acordos ou tratados, em conformidade com sua legislação interna, a respeito da eventual concessão, por esse Estrado Parte, do trato previsto nos parágrafos 2 e 3 do presente Artigo.

Artigo 38
Cooperação entre organismos nacionais

Cada Estado Parte adotará as medidas que sejam necessárias, em conformidade com sua legislação interna, para estabelecer a cooperação entre, de um lado, seus organismos públicos, assim como seus funcionários públicos, e, do outro, seus organismos encarregados de investigar e processar judicialmente os delitos. Essa cooperação poderá incluir:

a) Informar a esses últimos organismos, por iniciativa do Estado Parte, quando tenha motivos razoáveis para suspeitar-se que fora praticado algum dos crimes qualificados de acordo com os Artigos 15, 21 e 23 da presente Convenção; ou

b) Proporcionar a esses organismos toda a informação necessária mediante solicitação.

Artigo 39
Cooperação entre os organismos nacionais e o setor privado

1. Cada Estado Parte adotará as medidas que sejam necessárias, em conformidade com seu direito interno, para estabelecer a cooperação entre os organismos nacionais de investigação e o ministério público, de um lado, e as entidades do setor privado, em particular as instituições financeiras, de outro, em questões relati-

vas à prática dos delitos qualificados de acordo com a presente Convenção.

2. Cada Estado Parte considerará a possibilidade de estabelecer que seus cidadãos e demais pessoas que tenham residência em seu território a denunciar ante os organismos nacionais de investigação e o ministério público a prática de todo delito qualificado de acordo com a presente Convenção.

Artigo 40
Sigilo bancário

Cada Estado Parte velará para que, no caso de investigações penais nacionais de delitos qualificados de acordo com a presente Convenção, existam em seu ordenamento jurídico interno mecanismos apropriados para eliminar qualquer obstáculo que possa surgir como conseqüência da aplicação da legislação relativa ao sigilo bancário.

Artigo 41
Antecedentes penais

Cada Estado Parte poderá adotar as medidas legislativas ou de outras índoles que sejam necessárias para ter em conta, nas condições e para os fins que estime apropriados, toda prévia declaração de culpabilidade de um presumido criminoso em outro Estado a fim de utilizar essa informação em ações penais relativas a delitos qualificados de acordo com a presente Convenção.

Artigo 42
Jurisdição

1. Cada Estado Parte adotará as medidas que sejam necessárias para estabelecer sua jurisdição a respeito dos delitos qualificados de acordo com a presente Convenção quando:

a) O delito se cometa em seu território; ou

b) O delito se cometa a bordo de uma embarcação que possua identificação de tal Estado ou de uma aeronave registrada sob suas leis no momento de sua prática.

2. Com sujeição ao disposto no Artigo 4 da presente Convenção, um Estado Parte também poderá estabelecer sua jurisdição para ter conhecimento de tais delitos quando:

a) O delito se cometa contra um de seus cidadãos;

b) O delito seja cometido por um de seus cidadãos ou por um estrangeiro que tenha residência em seu território;

c) O delito seja um dos delitos qualificados de acordo com o inciso "ii)" da parte "b)" do parágrafo 1 do Artigo 23 da presente Convenção e se cometa fora de seu território com vistas à prática, dentro de seu território, de um delito qualificado de acordo com os incisos "i)" e "ii)" da parte "a)" ou inciso "i)" da parte "b)" do parágrafo 1 do Artigo 23 da presente Convenção; ou

d) O delito se cometa contra o Estado Parte.

3. Aos efeitos do Artigo 44 da presente Convenção, cada Estado Parte adotará as medidas que sejam necessárias para estabelecer a jurisdição relativa aos delitos qualificados de acordo com a presente Convenção quando o presumido criminoso se encontre em seu território e o Estado Parte não o extradite pelo fato de ser um de seus cidadãos.

4. Cada Estado Parte poderá também adotar as medidas que sejam necessárias para estabelecer sua jurisdição a respeito dos delitos qualificados na presente Convenção quando o presumido criminoso se encontre em seu território e o Estado Parte não o extradite.

5. Se um Estado Parte que exerce sua jurisdição de acordo com os parágrafos 1 ou 2 do presente Artigo for notificado, ou tomar conhecimento por outro meio, de que outros Estados Partes estão realizando uma investigação, um processo ou uma ação judicial relativos aos mesmos fatos, as autoridades competentes desses Estados Partes se consultarão, segundo proceda, a fim de coordenar suas medidas.

6. Sem prejuízo às normas do direito internacional geral, a presente Convenção não excluirá o exercício das competências penais estabelecidas pelos Estados Partes em conformidade com suas legislações internas.

CAPÍTULO IV
COOPERAÇÃO INTERNACIONAL

Artigo 43
Cooperação internacional

1. Os Estados Partes cooperarão em assuntos penais conforme o disposto nos Artigos 44 a 50 da presente Convenção. Quando proceda e estiver em consonância com seu ordenamento jurídico interno, os Estados Partes considerarão a possibilidade de prestar-se assistência nas investigações e procedimentos correspondentes a questões civis e administrativas relacionadas com a corrupção.

2. Em questões de cooperação internacional, quando a dupla incriminação seja um requisito, este se considerará cumprido se a conduta constitutiva do delito relativo ao qual se solicita assistência é um delito de acordo com a legislação de ambos os Estados Partes, independentemente se as leis do Estado Parte requerido incluem o delito na mesma categoria ou o denominam com a mesma terminologia que o Estado Parte requerente.

Artigo 44
Extradição

1. O presente Artigo se aplicará a todos os delitos qualificados de acordo com a presente Convenção no caso de que a pessoa que é objeto de solicitação de extradição se encontre no território do Estado Parte requerido, sempre e quando o delito pelo qual se pede a extradição seja punível de acordo com a legislação interna do Estado Parte requerente e do Estado Parte requerido.

2. Sem prejuízo ao disposto no parágrafo 1 do presente Artigo, os Estados Partes cuja legislação o permitam poderão conceder a extradição de uma pessoa por quaisquer dos delitos compreendidos na presente Convenção que não sejam puníveis com relação à sua própria legislação interna.

3. Quando a solicitação de extradição incluir vários delitos, dos quais ao menos um dê lugar à extradição conforme o disposto no presente Artigo e alguns não derem lugar à extradição devido ao período de privação de liberdade que toleram mas guardem relação com os delitos qualificados de acordo com a presente Convenção, o Estado Parte requerido poderá aplicar o presente Artigo também a respeito desses delitos.

4. Cada um dos delitos aos quais se aplicam o presente Artigo se considerará incluído entre os delitos que dão lugar à extradição em todo tratado de extradição vigente entre os Estados Partes. Estes se comprometem a incluir tais delitos como causa de extradição em todo tratado de extradição que celebrem entre si. Os Estados Partes cujas legislações os permitam, no caso de que a presente Convenção sirva de base para a extradição, não considerarão de caráter político nenhum dos delitos qualificados de acordo com a presente Convenção.

5. Se um Estado Parte que submete a extradição à existência de um tratado recebe uma solicitação de extradição de outro Estado Parte com o qual não celebra nenhum tratado de extradição, poderá considerar a presente Convenção como a base jurídica da extradição a respeito dos delitos aos quais se aplicam o presente Artigo.

6. Todo Estado Parte que submeta a extradição à existência de um tratado deverá:

a) No momento de depositar seu instrumento de ratificação, aceitação ou aprovação da presente Convenção ou de adesão à ela, informar ao Secretário Geral das Nações Unidas se considerará ou não a presente Convenção como a base jurídica da cooperação em matéria de extradição em suas relações com os outros Estados Partes da presente Convenção; e

b) Se não considera a presente Convenção como a base jurídica da cooperação em matéria de extradição, procurar, quando proceder, celebrar tratados de extradição com outros Estados Partes da presente Convenção a fim de aplicar o presente Artigo.

7. Os Estados Partes que não submetem a extradição à existência de um tratado reconhecerão os delitos aos quais se aplica o presente Artigo como causa de extradição entre eles.

8. A extradição estará sujeita às condições previstas na legislação interna do Estado Parte requerido ou nos tratados de extradição aplicáveis, incluídas, entre outras coisas, as relativas ao requisito de uma pena mínima para a extradição e aos motivos que o Estado Parte requerido pode incorrer na extradição.

9. Os Estados Partes, em conformidade com sua legislação interna, procurarão agilizar os procedimentos de extradição e simplificar os requisitos probatórios correspondentes com relação a qualquer dos delitos aos quais se aplicam o presente Artigo.

10. A respeito do disposto em sua legislação interna e em seus tratados de extradição, o Estado Parte requerido poderá, após haver-se certificado de que as circunstâncias o justificam e têm caráter urgente, e à solicitação do Estado Parte requerente, proceder à detenção da pessoa presente em seu território cuja extradição se peça ou adotar outras medidas adequadas para garantir o comparecimento dessa pessoa nos procedimentos de extradição.

11. O Estado Parte em cujo território se encontre um presumido criminoso, se não o extradita quando de um delito aos qual se aplica o presente Artigo pelo fato de ser um de seus cidadãos, estará obrigado, quando solicitado pelo Estado Parte que pede a extradição, a submeter o caso sem demora injustificada a suas autoridades competentes para efeitos de indiciamento. As mencionadas autoridades adotarão sua decisão e levarão a cabo suas ações judiciais da mesma maneira em que o fariam feito com relação a qualquer outro delito de carater grave de acordo com a legislação interna desse Estado Parte. Os Estados Partes interessados cooperarão entre si, em particular no tocante aos aspectos processuais e probatórios, com vistas a garantir a eficiência das mencionadas ações.

12. Quando a legislação interna de um Estado Parte só permite extraditar ou entregar de algum outro modo um de seus cidadãos a condição de que essa pessoa seja devolvida a esse Estado Parte para cumprir a pena imposta como resultado do juízo do processo por aquele que solicitou a extradição ou a entrega e esse Estado Parte e o Estado Parte que solicita a extradição aceitem essa opção, assim como toda outra condição que julguem apropriada, tal extradição ou entrega condicional será suficiente para que seja cumprida a obrigação enunciada no parágrafo 11 do presente Artigo.

13. Se a extradição solicitada com o propósito de que se cumpra uma pena é negada pelo fato

de que a pessoa procurada é cidadã do Estado Parte requerido, este, se sua legislação interna autoriza e em conformidade com os requisitos da mencionada legislação, considerará, ante solicitação do Estado Parte requerente, a possibilidade de fazer cumprir a pena imposta ou o resto pendente de tal pena de acordo com a legislação interna do Estado Parte requerente.

14. Em todas as etapas das ações se garantirá um tratamento justo a toda pessoa contra a qual se tenha iniciado uma instrução em relação a qualquer dos delitos aos quais se aplica o presente Artigo, incluindo o gozo de todos os direitos e garantias previstos pela legislação interna do Estado Parte em cujo território se encontre essa pessoa.

15. Nada do disposto na presente Convenção poderá interpretar-se como a imposição de uma obrigação de extraditar se o Estado Parte requerido tem motivos justificados para pressupor que a solicitação foi apresentada com o fim de perseguir ou castigar a uma pessoa em razão de seu sexo, raça, religião, nacionalidade, origem étnica ou opiniões políticas ou que seu cumprimento ocasionaria prejuízos à posição dessa pessoa por quaisquer destas razões.

16. Os Estados Partes não poderão negar uma solicitação de extradição unicamente porque se considere que o delito também envolve questões tributárias.

17. Antes de negar a extradição, o Estado Parte requerido, quando proceder, consultará o Estado parte requerente para dar-lhe ampla oportunidade de apresentar suas opiniões e de proporcionar informação pertinente a sua alegação.

18. Os Estados Partes procurarão celebrar acordos ou tratados bilaterais e multilaterais para levar a cabo a extradição ou com vistas a aumentar sua eficácia.

Artigo 45
Traslado de pessoas condenadas a cumprir uma pena

Os Estados Partes poderão considerar a possibilidade de celebrar acordos ou tratados bilaterais ou multilaterais sobre o traslado a seu território de toda pessoa que tenha sido condenada a pena de prisão ou outra forma de privação de liberdade por algum dos delitos qualificados de acordo com a presente Convenção a fim de que cumpra ali sua pena.

Artigo 46
Assistência judicial recíproca

1. Os Estados Partes prestar-se-ão a mais ampla assistência judicial recíproca relativa a investigações, processos e ações judiciais relacionados com os delitos compreendidos na presente Convenção.

2. Prestar-se-á assistência judicial recíproca no maior grau possível conforme as leis, tratados, acordos e declarações pertinentes do Estado Parte requerido com relação a investigações, processos e ações judiciais relacionados com os delitos dos quais uma pessoa jurídica pode ser considerada responsável em conformidade com o Artigo 26 da presente Convenção no Estado Parte requerente.

3. A assistência judicial recíproca que se preste em conformidade com o presente Artigo poderá ser solicitada para quaisquer dos fins seguintes:

a) Receber testemunhos ou tomar declaração de pessoas;

b) Apresentar documentos judiciais;

c) Efetuar inspeções, incautações e/ou embargos preventivos;

d) Examinar objetos e lugares;

e) Proporcionar informação, elementos de prova e avaliações de peritos;

f) Entregar originais ou cópias certificadas dos documentos e expedientes pertinentes, incluída a documentação pública, bancária e financeira, assim como a documentação social ou comercial de sociedades mercantis;

g) Identificar ou localizar o produto de delito, os bens, os instrumentos e outros elementos para fins probatórios;

h) Facilitar o comparecimento voluntário de pessoas ao Estado Parte requerente;

i) Prestar qualquer outro tipo de assistência autorizada pela legislação interna do Estado Parte requerido;

j) Identificar, embargar com caráter preventivo e localizar o produto de delito, em conformidade com as disposições do Capítulo V da presente Convenção;

l) Recuperar ativos em conformidade com as disposições do Capítulo V da presente Convenção.

4. Sem menosprezo à legislação interna, as autoridades competentes de um Estado Parte poderão, sem que se lhes solicite previamente, transmitir informação relativa a questões penais a uma autoridade competente de outro Estado Parte se crêem que essa informação poderia ajudar a autoridade a empreender ou concluir com êxito indagações e processos penais ou poderia dar lugar a uma petição formulada por este último Estado Parte de acordo com a presente Convenção.

5. A transmissão de informação de acordo com o parágrafo 4 do presente Artigo se fará sem prejuízo às indagações e processos penais que tenham lugar no Estado das autoridades competentes que facilitaram a informação. As autoridades competentes que recebem a informação deverão aquiescer a toda solicitação de que se respeite seu caráter confidencial, inclusive temporariamente, ou de que se imponham restrições a sua utilização. Sem embargo, ele não obstará para que o Estado Parte receptor revele, em suas ações, informação que seja fator de absolvição de uma pessoa acusada. Em tal caso, o Estado Parte receptor notificará o Estado Parte transmissor antes de revelar a mencionada informação e, se assim for solicitado, consultará o Estado Parte transmissor. Se, em um caso excepcional, não for possível notificar com antecipação, o Estado Parte receptor informará sem demora ao Estado Parte transmissor sobre a mencionada revelação.

6. O disposto no presente Artigo não afetará as obrigações inerentes de outros tratados bilaterais ou multilaterais vigentes ou futuros que rejam, total ou parcialmente, a assistência judicial recíproca.

7. Os parágrafos 9 a 29 do presente Artigo se aplicarão às solicitações que se formulem de acordo com o presente Artigo sempre que não se estabeleça entre os Estados Partes interessados um tratado de assistência judicial recíproca. Quando estes Estados Partes estiverem vinculados por um tratado dessa índole se aplicarão as disposições correspondentes do tal tratado, salvo quando aos Estados Partes convenha aplicar, em seu lugar, os parágrafos 9 a 29 do presente Artigo. Insta-se encarecidamente aos Estados Partes que apliquem esses parágrafos se a cooperação for facilitada.

8. Os Estados Partes não invocarão o sigilo bancário para negar a assistência judicial recíproca de acordo com o presente Artigo.

9. a) Ao atender a uma solicitação de assistência de acordo com o presente Artigo, na ausência de dupla incriminação, o Estado Parte requerido terá em conta a finalidade da presente Convenção, enunciada no Artigo 1;

b) Os Estados Partes poderão negar-se a prestar assistência de acordo com o presente Artigo invocando a ausência de dupla incriminação. Não obstante, o Estado Parte requerido, quando esteja em conformidade com os conceitos básicos de seu ordenamento jurídico, prestará assistência que não envolva medidas coercitivas. Essa assistência poderá ser negada quando a solicitação envolva assuntos de minimis ou questões relativas às quais a cooperação ou a assistência solicitada estiver prevista em virtude de outras disposições da presente Convenção;

c) Na ausência da dupla incriminação, cada Estado Parte poderá considerar a possibilidade de adotar as medidas necessárias que lhe permitam prestar uma assistência mais ampla de acordo com o presente Artigo.

10. A pessoa que se encontre detida ou cumprindo uma pena no território de um Estado Parte e cuja presença se solicite por outro Estado Parte para fins de identificação, para prestar testemunho ou para que ajude de alguma outra forma na obtenção das provas necessárias para investigações, processos ou ações judiciais relativos aos delitos compreendidos na presente Convenção poderá ser trasladada se cumprirem-se as condições seguintes:

a) A pessoa, devidamente informada, dá seu livre consentimento;

b) As autoridades competentes de ambos os Estados Partes estão de acordo, com sujeição às condições que estes considerem apropriadas.

11. Aos efeitos do parágrafo 10 do presente Artigo:

a) O Estado Parte ao qual se traslade a pessoa terá a competência e a obrigação de mantê-la detida, salvo se o Estado Parte do qual a pessoa fora trasladada solicitar ou autorizar outra coisa;

b) O Estado Parte ao qual se traslade a pessoa cumprirá sem delongas sua obrigação de devolvê-la à custódia do Estado Parte do qual a trasladou, segundo convenham de antemão ou de outro modo as autoridades competentes de ambos os Estados Partes;

c) O Estado Parte ao qual se traslade a pessoa não poderá exigir do Estado Parte do qual a pessoa tenha sido trasladada que inicie procedimentos de extradição para sua devolução;

d) O tempo em que a pessoa tenha permanecido detida no Estado Parte ao qual fora trasladada se computará como parte da pena que se cumpre no Estado Parte do qual fora trasladada.

12. A menos que o Estado Parte remetente da pessoa a ser trasladada de conformidade com os parágrafos 10 e 11 do presente Artigo estiver de acordo, tal pessoa, seja qual for sua nacionalidade, não poderá ser processada, detida, condenada nem submetida a nenhuma outra restrição de sua liberdade pessoal no território do Estado ao qual fora trasladada em relação a atos, omissões ou penas anteriores a sua saída do território do Estado remetente.

13. Cada Estado Parte designará uma autoridade central encarregada de receber solicitações de assistência judicial recíproca e permitida a dar-lhes cumprimento ou para transmiti-las às autoridades competentes para sua execução. Quando alguma região ou algum território especial de um Estado Parte disponha de um regimento distinto de assistência judicial recíproca, o Estado Parte poderá designar outra autoridade central que desempenhará a mesma função para tal região ou mencionado território. As autoridades centrais velarão pelo rápido e adequado cumprimento ou transmissão das solicitações recebidas. Quando a autoridade central transmitir a solicitação a uma autoridade competente para sua execução, alentará a rápida e adequada execução da solicitação por parte da men-

cionada autoridade. Cada Estado Parte notificará o Secretário Geral das Nações Unidas, no momento de depositar seu instrumento de ratificação, aceitação ou aprovação da presente Convenção ou de adesão a ela, o nome da autoridade central que tenha sido designada para tal fim. As solicitações de assistência judicial recíproca e qualquer outra comunicação pertinente serão transmitidas às autoridades centrais designadas pelos Estados Partes. A presente disposição não afetará a legislação de quaisquer dos Estados Partes para exigir que estas solicitações e comunicações lhe sejam enviadas por via diplomática e, em circunstâncias urgentes, quando os Estados Partes convenham a ele, por condução da Organização Internacional de Polícia Criminal, de ser possível.

14. As solicitações se apresentarão por escrito ou, quando possível, por qualquer meio capaz de registrar um texto escrito, em um idioma aceitável pelo Estado Parte requerido. Em condições que permitam ao mencionado Estado Parte determinar sua autenticidade. Cada Estado Parte notificará o Secretário Geral das Nações Unidas, no momento de depositar seu instrumento de ratificação, aceitação ou aprovação da presente Convenção ou de adesão a ela, o(s) idioma(s) que é(são) aceitável(veis). Em situações de urgência, e quando os Estados Partes convenham a ele, as solicitações poderão fazer-se oralmente, devendo ser confirmadas por escrito sem delongas.

15. Toda solicitação de assistência judicial recíproca conterá o seguinte:

a) A identidade da autoridade que faz a solicitação;

b) O objeto e a índole das investigações, dos processos e das ações judiciais a que se refere a solicitação e o nome e as funções da autoridade encarregada de efetuar tais investigações, processos ou ações;

c) Um resumo dos feitos pertinentes, salvo quando se trate de solicitações de apresentação de documentos judiciais;

d) Uma descrição da assistência solicitada e pormenores sobre qualquer procedimento particular que o Estado Parte requerente deseja que se aplique;

e) Se possível, a identidade, situação e nacionalidade de cada pessoa interessada; e

f) A finalidade pela qual se solicita a prova, informação ou atuação.

16. O Estado Parte requerido poderá pedir informação adicional quando seja necessária para dar cumprimento à solicitação em conformidade com sua legislação interna ou para facilitar tal cumprimento.

17. Dar-se-á cumprimento a toda solicitação de acordo com o ordenamento jurídico interno do Estado Parte requerido e, na medida em que ele não o contravenha e seja factível, em conformidade com os procedimentos especificados na solicitação.

18. Sempre quando for possível e compatível com os princípios fundamentais da legislação interna, quando uma pessoa se encontre no território de um Estado Parte e tenha que prestar declaração como testemunha ou perito ante autoridades judiciais de outro Estado Parte, o primeiro Estado Parte, ante solicitação do outro, poderá permitir que a audiência se celebre por videoconferência se não for possível ou conveniente que a pessoa em questão compareça pessoalmente ao território do Estado Parte requerente. Os Estados Partes poderão combinar que a audiência fique a cargo de uma autoridade judicial do Estado Parte requerente e que seja assistida por uma autoridade judicial do Estado Parte requerido.

19. O Estado Parte requerente não transmitirá nem utilizará, sem prévio consentimento do Estado Parte requerido, a informação ou as provas proporcionadas por este para investigações, processos ou ações judiciais distintas daquelas indicadas na solicitação. Nada do disposto no presente parágrafo impedirá que o Estado Parte requerente revele, em suas ações, informação ou provas que sejam fatores de absolvição de uma pessoa acusada. Neste último caso, o Estado Parte requerente notificará o Estado Parte requerido antes de revelar a informação ou as provas e, se assim solicitado, consultará o Estado Parte requerido. Se, em um caso excepcional, não for possível notificar este com antecipação, o Estado Parte requerente informará sem demora o Estado Parte requerido da mencionada revelação.

20. O Estado Parte requerente poderá exigir que o Estado Parte requerido mantenha sigilo acerca da existência e do conteúdo da solicitação, salvo na medida necessária para dar-lhe cumprimento. Se o Estado Parte requerido não pode manter esse sigilo, terá de fazer o Estado parte requerente sabê-lo de imediato.

21. A assistência judicial recíproca poderá ser negada:

a) Quando a solicitação não esteja em conformidade com o disposto no presente Artigo;

b) Quando o Estado Parte requerido considere que o cumprimento da solicitação poderia agredir sua soberania, sua segurança, sua ordem pública ou outros interesses fundamentais;

c) Quando a legislação interna do Estado Parte requerido proíba suas autoridades de atuarem na forma solicitada relativa a um delito análogo, se este tiver sido objeto de investigações, processos ou ações judiciais no exercício de sua própria competência;

d) Quando aquiescer à solicitação seja contrário ao ordenamento jurídico do Estado Parte requerido no tocante à assistência judicial recíproca.

22. Os Estados Parte não poderão negar uma solicitação de assistência judicial recíproca unicamente por considerarem que o delito também envolve questões tributárias.

23. Toda negação de assistência judicial recíproca deverá fundamentar-se devidamente.

24. O Estado Parte requerido cumprirá a solicitação de assistência judicial recíproca o quanto antes e terá plenamente em conta, na medida de suas possibilidades, os prazos que sugira o Estado Parte requerente e que estejam devidamente fundamentados, de preferência na própria solicitação. O Estado Parte requerente poderá pedir informação razoável sobre o estado e a evolução das gestões realizadas pelo Estado Parte requerido para satisfazer tal petição. O Estado Parte requerido responderá às solicitações razoáveis que formule o Estado Parte requerente relativas ao estado e à evolução do trâmite da resolução. O Estado Parte requerente informará de pronto ao Estado Parte requerido quando já não mais necessite da assistência requisitada.

25. A assistência judicial recíproca poderá ser modificada pelo Estado Parte requerido se perturba investigações, processos ou ações judiciais em curso.

26. Antes de negar uma solicitação apresentada de acordo com o parágrafo 21 do presente Artigo ou de modificar seu cumprimento de acordo com o parágrafo 25 do presente Artigo, o Estado Parte requerido consultará o Estado Parte requerente para considerar se é possível prestar a assistência solicitada submetendo-a às condições que julgue necessárias. Se o Estado Parte requerente aceita a assistência de acordo com essas condições, esse Estado Parte deverá cumprir as condições impostas.

27. Sem prejuízo à aplicação do parágrafo 12 do presente Artigo, a testemunha, perito ou outra pessoa que, sob requisição do Estado Parte requerente, consente em prestar testemunho em juízo ou colaborar em uma investigação, processo ou ação judicial no território do Estado Parte requerente, não poderá ser indiciado, detido, condenado nem submetido a nenhuma restrição de sua liberdade pessoal nesse território por atos, omissões ou declarações de culpabilidade anteriores ao momento em que abandonou o território do Estado Parte requerido. Esse salvo-conduto cessará quando a testemunha, perito ou outra pessoa tenha tido, durante 15 (quinze) dias consecutivos ou durante o período acordado entre os Estados Partes após a data na qual se tenha informado oficialmente de que as autoridades judiciais já não requeriam sua presença, a oportunidade de sair do país e não obstante permaneceu voluntariamente nesse território ou a ele regressou livremente depois de havê-lo abandonado.

28. Os gastos ordinários que ocasionem o cumprimento da solicitação serão sufragados pelo Estado Parte requerido, a menos que os Estados Partes interessados tenham acordado outro meio. Quando se requeiram para este fim gastos vultosos ou de caráter extraordinário, os Estados Partes se consultarão para determinar as condições nas quais se dará cumprimento à solicitação, assim como a maneira em que se sufragarão os gastos.

29. O Estado Parte requerido:

a) Facilitará ao Estado Parte requerente uma cópia dos documentos oficiais e outros documentos ou papéis que tenha sob sua custódia e que, conforme sua legislação interna, sejam de acesso do público em geral;

b) Poderá, a seu arbítrio e com sujeição às condições que julgue apropriadas, proporcionar ao Estado Parte requerente uma cópia total ou parcial de documentos oficiais ou de outros documentos ou papéis que tenha sob sua custódia e que, conforme sua legislação interna, não sejam de acesso do público em geral.

30. Quando se fizer necessário, os Estados Partes considerarão a possibilidade de celebrar acordos ou tratados bilaterais ou multilaterais que contribuam a lograr os fins do presente Artigo e que levem à prática ou reforcem suas disposições.

Artigo 47
Enfraquecimento de ações penais

Os Estados Partes considerarão a possibilidade de enfraquecer ações penais para o indiciamento por um delito qualificado de acordo com a presente Convenção quando se estime que essa remissão redundará em benefício da devida administração da justiça, em particular nos casos nos quais intervenham várias jurisdições, com vistas a concentrar as atuações do processo.

Artigo 48
Cooperação em matéria de cumprimento da lei

1. Os Estados Partes colaborarão estritamente, em consonância com seus respectivos ordenamentos jurídicos e administrativos, com vistas a aumentar a eficácia das medidas de cumprimento da lei orientada a combater os delitos compreendidos na presente Convenção. Em particular, os Estados Parte adotarão medidas eficazes para:

a) Melhorar os canais de comunicação entre suas autoridades, organismos e serviços competentes e, quando necessário, estabelecê-los, a fim de facilitar o intercâmbio seguro e rápido de informações sobre todos os aspectos dos delitos compreendidos na presente Convenção, assim como, se os Estados Partes interessados estimarem oportuno, sobre suas vinculações com outras atividades criminosas;

b) Cooperar com outros Estados Partes na realização de indagações a respeito dos delitos compreendidos na presente Convenção acerca de: i) A identidade, o paradeiro e as atividades de pessoas presumidamente envolvidas em tais delitos ou a situação de outras pessoas interessadas; ii) A movimentação do produto do delito ou de bens derivados da prática desses delitos; iii) A movimentação de bens, equipamentos ou outros instrumentos utilizados ou destinados à prática desses delitos.

c) Proporcionar, quando proceder, os elementos ou as quantidades de substâncias que se requeiram para fins de análise e investigação.

d) Intercambiar, quando proceder, informação com outros Estados Partes sobre os meios e métodos concretos empregados para a prática dos delitos compreendidos na presente Convenção, entre eles o uso de identidades falsas, documentos falsificados, alterados ou falsos ou outros meios de encobrir atividades vinculadas a esses delitos;

e) Facilitar uma coordenação eficaz entre seus organismos, autoridades e serviços competentes e promover o intercâmbio de pessoal e outros, incluída a designação de oficiais de enlace com sujeição a acordos ou tratados bilaterais entre os Estados Partes interessados;

f) Intercambiar informação e coordenar as medidas administrativas e de outras índoles adotadas para a pronta detecção dos delitos compreendidos na presente Convenção.

2. Os Estados Partes, com vistas a dar efeito à presente Convenção, considerarão a possibilidade de celebrar acordos ou tratados bilaterais ou multilaterais em matéria de cooperação direta entre seus respectivos organismos encarregados de fazer cumprir a lei e, quando tais acordos ou tratados já existam, melhorá-los. Na falta de tais acordos ou tratados entre os Estados Partes interessados, os Estados Partes poderão considerar que a presente Convenção constitui a base para a cooperação recíproca em matéria de cumprimento da lei no que diz respeitos aos delitos compreendidos na presente Convenção. Quando proceda, os Estados Partes aproveitarão plenamente os acordos e tratados, incluídas as organizações internacionais ou regionais, a fim de aumentar a cooperação entre seus respectivos organismos encarregados de fazer cumprir a lei.

3. Os Estados Partes se esforçarão por colaborar na medida de suas possibilidades para fazer frente aos delitos compreendidos na presente Convenção que se cometam mediante o recurso de tecnologia moderna.

Artigo 49
Investigações conjuntas

Os Estados Partes considerarão a possibilidade de celebrar acordos ou tratados bilaterais ou multilaterais em virtude dos quais, em relação com questões que são objeto de investigações, processos ou ações penais em um ou mais Estados, as autoridades competentes possam estabelecer órgãos mistos de investigação. Na falta de tais acordos ou tratados, as investigações conjuntas poderão levar-se a cabo mediante acordos acertados caso a caso. Os Estados Partes interessados velarão para que a soberania do Estado Parte em cujo território se efetua a investigação seja plenamente respeitada.

Artigo 50
Técnicas especiais de investigação

1. A fim de combater eficazmente a corrupção, cada Estado Parte, na medida em que lhe permitam os princípios fundamentais de seu ordenamento jurídico interno e conforme às condições prescritas por sua legislação interna, adotará as medidas que sejam necessárias, dentro de suas possibilidades, para prever o adequado recurso, por suas autoridades competentes em seu território, à entrega vigiada e, quando considerar apropriado, a outras técnicas especiais de investigação como a vigilância eletrônica ou de outras índoles e as operações secretas, assim como para permitir a admissibilidade das provas derivadas dessas técnicas em seus tribunais.

2. Para efeitos de investigação dos delitos compreendidos na presente Convenção, se recomenda aos Estados Partes que celebrem, quando proceder, acordos ou tratados bilaterais ou multilaterais apropriados para utilizar essas técnicas especiais de investigação no contexto da cooperação no plano internacional. Esses acordos ou tratados se apoiarão e executarão respeitando plenamente o princípio da igualdade soberana dos Estados e, ao pô-los em prática, cumprir-se-ão estritamente as condições neles contidas.

3. Não existindo os acordos ou tratados mencionados no parágrafo 2 do presente Artigo, toda decisão de recorrer a essas técnicas especiais de investigação no plano internacional se adotará sobre cada caso particular e poderá, quando seja necessário, ter em conta os tratados financeiros e os entendimentos relativos ao exercício de jurisdição pelos Estados Partes interessados.

4. Toda decisão de recorrer à entrega vigiada no plano internacional poderá, com o consentimento dos Estados Partes interessados, incluir a aplicação de métodos tais como interceptar bens e fundos, autorizá-los a prosseguir intactos ou retirá-los ou substituí-los total ou parcialmente.

CAPÍTULO V
RECUPERAÇÃO DE ATIVOS

Artigo 51
Disposição geral

A restituição de ativos de acordo com o presente Capítulo é um princípio fundamental da presente Convenção e os Estados Partes se prestarão à mais ampla cooperação e assistência entre si a esse respeito.

Artigo 52
Prevenção e detecção de transferências de produto de delito

1. Sem prejuízo ao disposto no Artigo 14 da presente Convenção, cada Estado Parte adotará as medidas que sejam necessárias, em conformidade com sua legislação interna, para exigir das instituições financeiras que funcionam em seu território que verifiquem a identidade dos clientes, adotem medidas razoáveis para determinar a identidade dos beneficiários finais dos fundos depositados em contas vultosas, e intensifiquem seu escrutínio de toda conta solicitada ou mantida no ou pelo nome de pessoas que desempenhem ou tenham desempenhado funções públicas eminentes e de seus familiares e estreitos colaboradores. Esse escrutínio intensificado dar-se-á estruturado razoavelmente de modo que permita descobrir transações suspeitas com objetivo de informar às autoridades competentes e não deverá ser concebido de forma que atrapalhe ou impeça o curso normal do negócio das instituições financeiras com sua legítima clientela.

2. A fim de facilitar a aplicação das medidas previstas no parágrafo 1 do presente Artigo, cada Estado Parte, em conformidade com sua legislação interna e inspirando-se nas iniciativas pertinentes de suas organizações regionais, interregionais e multilaterais de luta contra a lavagem de dinheiro, deverá:

a) Estabelecer diretrizes sobre o tipo de pessoas físicas ou jurídicas cujas contas as instituições financeiras que funcionam em seu território deverão submeter a um maior escrutínio, os tipos de contas e transações às quais deverão prestar particular atenção e a maneira apropriada de abrir contas e de levar registros ou expedientes relativos a elas; e

b) Notificar, quando proceder, as instituições financeiras que funcionam em seu território, mediante solicitação de outro Estado Parte ou por iniciativa própria, a identidade de determinadas pessoas físicas ou jurídicas cujas contas essas instituições deverão submeter a um maior escrutínio, além das quais as instituições financeiras possam identificar de outra forma.

3. No contexto da parte "a)" do parágrafo 2 do presente Artigo, cada Estado Parte aplicará medidas para velar para que as instituições financeiras mantenham, durante um prazo conveniente, registros adequados das contas e transações relacionadas com as pessoas mencionadas no parágrafo 1 do presente Artigo, os quais deverão conter, no mínimo, informação relativa à identidade do cliente e, na medida do possível, do beneficiário final.

4. Com o objetivo de prevenir e detectar as transferências do produto dos delitos qualificados de acordo com a presente Convenção, cada Estado Parte aplicará medidas apropriadas e eficazes para impedir, com a ajuda de seus órgãos reguladores e de supervisão, o estabelecimento de bancos que não tenham presença real e que não estejam afiliados a um grupo financeiro sujeito à regulação. Ademais, os Estados Partes poderão considerar a possibilidade de exigir de suas instituições financeiras que se neguem a entabular relações com essas instituições na qualidade de bancos correspondentes, ou a continuar relações existentes, e que se abstenham de estabelecer relações com instituições financeiras estrangeiras que permitam utilizar suas contas a bancos que não tenham presença real e que não estejam afiliados a um grupo financeiro sujeito a regulação.

5. Cada Estado Parte considerará a possibilidade de estabelecer, em conformidade com sua legislação interna, sistemas eficazes de divulgação de informação financeira para os funcionários públicos pertinentes e aplicará sanções adequadas para todo descumprimento do dever a declarar. Cada Estado Parte considerará também a possibilidade de adotar as medidas que sejam necessárias para permitir que suas autoridades competentes compartilhem essa informação com as autoridades competentes de outros Estados Partes, se essa é necessária para investigar, reclamar ou recuperar o produto dos delitos qualificados de acordo com a presente Convenção.

6. Cada Estado Parte considerará a possibilidade de adotar as medidas que sejam necessárias, de acordo com sua legislação interna, para exigir dos funcionários públicos pertinentes que tenham algum direito ou poder de firma ou de outras índoles sobre alguma conta financeira em algum país estrangeiro que declarem sua relação com essa conta às autoridades competentes e que levem ao devido registro da tal conta. Essas medidas deverão incluir sanções adequadas para todo o caso de descumprimento.

Artigo 53
Medidas para a recuperação direta de bens

Cada Estado Parte, em conformidade com sua legislação interna:

a) Adotará as medidas que sejam necessárias a fim de facultar a outros Estados Partes para entabular ante seus tribunais uma ação civil com o objetivo de determinar a titularidade ou propriedade de bens adquiridos mediante a prática de um delito qualificado de acordo com a presente Convenção;

b) Adotará as medidas que sejam necessárias a fim de facultar a seus tribunais para ordenar àqueles que tenham praticado delitos qualificados de acordo com a presente Convenção que indenizem ou ressarçam por danos e prejuízos a outro Estado Parte que tenha sido prejudicado por esses delitos; e

c) Adotará as medidas que sejam necessárias a fim de permitir a seus tribunais ou suas autoridades competentes, quando devam adotar decisões no que diz respeito ao confisco, que reconheça o legítimo direito de propriedade de outro Estado Parte sobre os bens adquiridos mediante a prática de um dos delitos qualificados de acordo com a presente Convenção.

Artigo 54
Mecanismos de recuperação de bens mediante a cooperação internacional para fins de confisco

1. Cada Estado Parte, a fim de prestar assistência judicial recíproca conforme o disposto no Artigo 55 da presente Convenção relativa a bens adquiridos mediante a prática de um dos delitos qualificados de acordo com a presente Convenção ou relacionados a esse delito, em conformidade com sua legislação interna:

a) Adotará as medidas que sejam necessárias para que suas autoridades competentes possam dar efeito a toda ordem de confisco ditada por um tribunal de outro Estado Parte;

b) Adotará as medidas que sejam necessárias para que suas autoridades competentes, quando tenham jurisdição, possam ordenar o confisco desses bens de origem estrangeira em uma sentença relativa a um delito de lavagem de dinheiro ou quaisquer outros delitos sobre os quais possa ter jurisdição, ou mediante outros procedimentos autorizados em sua legislação interna; e

c) Considerará a possibilidade de adotar as medidas que sejam necessárias para permitir o confisco desses bens sem que envolva uma pena, nos casos nos quais o criminoso não possa ser indiciado por motivo de falecimento, fuga ou ausência, ou em outros casos apropriados.

2. Cada Estado Parte, a fim de prestar assistência judicial recíproca solicitada de acordo com o parágrafo 2 do Artigo 55 da presente Convenção, em conformidade com sua legislação interna:

a) Adotará as medidas que sejam necessárias para que suas autoridades competentes possam efetuar o embargo preventivo ou a apreensão de bens em cumprimento a uma ordem de embargo preventivo ou apreensão ditada por um tribunal ou autoridade competente de um Estado Parte requerente que constitua um fundamento razoável para que o Estado Parte requerido considere que existam razões suficientes para adotar essas medidas e que ulteriormente os bens seriam objeto de uma ordem de confisco de acordo com os efeitos da parte "a)" do parágrafo 1 do presente Artigo;

b) Adotará as medidas que sejam necessárias para que suas autoridades competentes possam efetuar o embargo preventivo ou a apreensão de bens em cumprimento de uma solicitação que constitua fundamento razoável para que o Estado Parte requerido considere que existam razões suficientes para adotar essas medidas e que ulteriormente os bens seriam objeto de uma ordem de confisco de acordo com os efeitos da parte "a)" do parágrafo 1 do presente Artigo; e

c) Considerará a possibilidade de adotar outras medidas para que suas autoridades competentes possam preservar os bens para efeitos de confisco, por exemplo sobre a base de uma ordem estrangeira de detenção ou imputação de culpa penal relacionada com a aquisição desses bens.

Artigo 55
Cooperação internacional para fins de confisco

1. Os Estados Partes que recebam uma solicitação de outro Estado Parte que tenha jurisdição para conhecer um dos delitos qualificados de acordo com a presente Convenção com vistas ao confisco do produto de delito, os bens, equipamentos ou outros instrumentos mencionados no parágrafo 1 do Artigo 31 da presente Convenção que se encontrem em seu território deverão, no maior grau que lhe permita seu ordenamento jurídico interno:

a) Enviar a solicitação a suas autoridades competentes para obter uma ordem de confisco ao qual, em caso de concessão, darão cumprimento; ou

b) Apresentar a suas autoridades competentes, a fim de que se dê cumprimento ao solicitado, a ordem de confisco expedida por um tribunal situado no território do Estado Parte requerente em conformidade com o disposto no parágrafo 1 do Artigo 31 e na parte "a)" do parágrafo 1 do Artigo 54 da presente Convenção na medida em que guarde relação com o produto do delito, os bens, os equipamentos ou outros instrumentos mencionados no parágrafo 1 do Artigo 31 que se encontrem no território do Estado Parte requerido.

2. Com base na solicitação apresentada por outro Estado Parte que tenha jurisdição para conhecer um dos delitos qualificados de acordo com a presente Convenção, o Estado Parte requerido adotará as medidas encaminhadas para a identificação, localização e embargo preventivo ou apreensão do produto de delito, os bens, os equipamentos ou outros instrumentos mencionados no parágrafo e do Artigo 31 da presente Convenção com vistas ao seu eventual confisco, que haverá de ordenar o Estado Parte requerente ou, em caso de que envolva uma solicitação apresentada de acordo com o parágrafo 1 do presente Artigo, o Estado Parte requerido.

3. As disposições do Artigo 46 da presente Convenção serão aplicáveis, mutatis mutandis, ao presente Artigo. Ademais da informação indicada no parágrafo 15 do Artigo 46, as solicitações apresentadas em conformidade com o presente Artigo conterão o seguinte:

a) Quando se trate de uma solicitação relativa à parte "a)" do parágrafo 1 do presente Artigo, uma descrição dos bens suscetíveis de confisco, assim como, na medida do possível, a situação e, quando proceder, o valor estimado dos bens e uma exposição dos fatos em que se baseia a solicitação do Estado Parte requerente que sejam suficientemente explícitas para que o Estado Parte requerido possa tramitar a ordem de acordo com sua legislação interna;

b) Quando se trate de uma solicitação relativa à parte "b)" do parágrafo 1 do presente Artigo, uma cópia admissível pela legislação da ordem de confisco expedida pelo Estado Parte requerente na qual se baseia a solicitação, uma exposição dos feitos e da informação que proceder sobre o grau de execução que se solicita dar à ordem, uma declaração na qual se indiquem as medidas adotadas pelo Estado Parte requerente para dar notificação adequada a terceiros de boa-fé e para garantir o devido processo e um certificado de que a ordem de confisco é definitiva;

c) Quando se trate de uma solicitação relativa ao parágrafo 2 do presente Artigo, uma exposição dos feitos nos quais se baseia o Estado Parte requerente e uma descrição das medidas solicitadas, assim como, quando dispor-se dela, uma cópia admissível pela legislação da ordem de confisco na qual se baseia a solicitação.

4. O Estado Parte requerido adotará as decisões ou medidas previstas nos parágrafos 1 e 2 do presente Artigo conforme e com sujeição ao disposto em sua legislação interna e em suas regras de procedimento ou nos acordos ou tratados bilaterais ou multilaterais pelos quais poderia estar vinculado ao Estado Parte requerente.

5. Cada Estado Parte proporcionará ao Secretário Geral das Nações Unidas uma cópia de suas leis e regulamentos destinados a dar aplicação ao presente Artigo e de quaisquer emendas ulteriores que se tenham de tais leis e regulamentos ou uma descrição destas.

6. Se um Estado Parte opta por submeter a adoção das medidas mencionadas nos parágrafos 1 e 2 do presente Artigo à existência de um tratado pertinente, esse Estado Parte considerará a presente Convenção como a base legal necessária e suficiente para cumprir esse requisito.

7. A cooperação prevista no presente Artigo também se poderá negar, ou poder-se-ão levantar as medidas cautelares, se o Estado Parte requerido não receber provas suficientes ou oportunas ou se os bens são de valor escasso.

8. Antes de levantar toda medida cautelar adotada em conformidade com o presente Artigo, o Estado Parte requerido deverá, sempre que possível, dar ao Estado Parte requerente a oportunidade de apresentar suas razões a favor de manter em vigor a medida.

9. As disposições do presente Artigo não se interpretarão em prejuízo dos direitos de terceiros de boa-fé.

Artigo 56
Cooperação especial

Sem prejuízo ao disposto em sua legislação interna, cada Estado Parte procurará adotar as medidas que lhe facultem para remeter a outro Estado Parte que não tenha solicitado, sem prejuízo de suas próprias investigações ou ações judiciais, informação sobre o produto dos delitos qualificados de acordo com a presente Convenção se considerar que a divulgação dessa informação pode ajudar o Estado Parte destinatário a pôr em marcha ou levar a cabo suas investigações ou ações judiciais, ou que a informação assim facilitada poderia dar lugar a que esse Estado Parte apresentará uma solicitação de acordo com o presente Capítulo da presente Convenção.

Artigo 57
Restituição e disposição de ativos

1. Cada Estado Parte disporá dos bens que tenham sido confiscados conforme o disposto nos Artigos 31 ou 55 da presente convenção, incluída a restituição a seus legítimos proprietários anteriores, de acordo com o parágrafo 3 do presente Artigo, em conformidade com as disposições da presente Convenção e com sua legislação interna.

2. Cada Estado Parte adotará, em conformidade com os princípios fundamentais de seu direito interno, as medidas legislativas e de outras

índoles que sejam necessárias para permitir que suas autoridades competentes procedam à restituição dos bens confiscados, ao dar curso a uma solicitação apresentada por outro Estado Parte, em conformidade com a presente Convenção, tendo em conta os direitos de terceiros de boa-fé.

3. Em conformidade com os Artigos 46 e 55 da presente Convenção e com os parágrafos 1 e 2 do presente Artigo, o Estado Parte requerido:

a) Em caso de malversação ou peculato de fundos públicos ou de lavagem de fundos públicos malversados aos quais se faz referência nos Artigos 17 e 23 da presente Convenção, restituirá ao Estado Parte requerente os bens confiscados quando se tenha procedido ao confisco de acordo com o disposto no Artigo 55 da presente Convenção e sobre a base da sentença firme ditada no Estado Parte requerente, requisito ao qual poderá renunciar o Estado Parte requerido;

b) Caso se trate do produto de qualquer outro delito compreendido na presente Convenção, restituirá ao Estado Parte requerente os bens confiscados quando se tenha procedido ao confisco de acordo com o disposto no Artigo 55 da presente Convenção e sobre a base de uma sentença firme ditada no Estado Parte requerente, requisito ao qual poderá renunciar o Estado Parte requerido, e quando o Estado Parte requerente acredite razoavelmente ante o Estado Parte requerido sua propriedade anterior dos bens confiscados ou o Estado Parte requerido reconheça os danos causados ao Estado Parte requerente como base para a restituição dos bens confiscados;

c) Em todos os demais casos, dará consideração prioritária à restituição ao Estado Parte requerente dos bens confiscados, à restituição desses bens a seus proprietários legítimos anteriores ou à indenização das vítimas do delito.

4. Quando proceder, a menos que os Estados Partes decidam diferentemente, o Estado Parte requerido poderá deduzir os gastos razoáveis que tenham sido feitos no curso das investigações ou ações judiciais que tenham possibilitado a restituição ou disposição dos bens confiscados conforme o disposto no presente Artigo.

5. Quando proceder, os Estados Partes poderão também dar consideração especial à possibilidade de celebrar acordos ou tratados mutuamente aceitáveis, baseados em cada caso particular, com vistas à disposição definitiva dos bens confiscados.

Artigo 58
Departamento de inteligência financeira

Os Estados Partes cooperarão entre si a fim de impedir e combater a transferência do produto de quaisquer dos delitos qualificados de acordo com a presente Convenção e promover meios para recuperar o mencionado produto e, para tal fim, considerarão a possibilidade de estabelecer um departamento de inteligência financeira que se encarregará de receber, analisar e dar a conhecer às autoridades competentes toda informação relacionada com as transações financeiras suspeitas.

Artigo 59
Acordos e tratados bilaterais e multilaterais

Os Estados Partes considerarão a possibilidade de celebrar acordos ou tratados bilaterais ou multilaterais com vistas a aumentar a eficácia da cooperação internacional prestada em conformidade com o presente Capítulo da presente Convenção.

CAPÍTULO VI
ASSISTÊNCIA TÉCNICA E INTERCÂMBIO DE INFORMAÇÕES

Artigo 60
Capacitação e assistência técnica

1. Cada Estado Parte, na medida do necessário, formulará, desenvolverá ou aperfeiçoará programas de capacitação especificamente concebidos para o pessoal de seus serviços encarregados de prevenir e combater a corrupção. Esses programas de capacitação poderão versar, entre outras coisas, sobre:

a) Medidas eficazes para prevenir, detectar, investigar, sancionar e combater a corrupção, inclusive o uso de métodos de reunião de provas e investigação;

b) Fomento da capacidade de formulação e planificação de uma política estratégica contra a corrupção;

c) Capacitação das autoridades competentes na preparação de solicitações de assistência judicial recíproca que satisfaçam os requisitos da presente Convenção;

d) Avaliação e fortalecimento das instituições, da gestão da função pública e a gestão das finanças públicas, incluída a contratação pública, assim como do setor privado;

e) Prevenção e luta contra as transferências de produtos de quaisquer dos delitos qualificados de acordo com a presente Convenção e recuperação do mencionado produto;

f) Detecção e embargo preventivo das transferências do produto de quaisquer dos delitos qualificados de acordo com a presente Convenção;

g) Vigilância da movimentação de produto de quaisquer dos delitos qualificados de acordo com a presente Convenção, assim como dos métodos empregados para a transferência, ocultação ou dissimulação de tal produto;

h) Mecanismos e métodos legais e administrativos apropriados e eficientes para facilitar a restituição do produto de quaisquer dos delitos qualificados de acordo com a presente Convenção;

i) Métodos utilizados para proteger as vítimas e as testemunhas que cooperem com as autoridades judiciais; e

j) Capacitação em matéria de regulamentos nacionais e internacionais e em idiomas.

2. Na medida de suas possibilidades, os Estados Partes considerarão a possibilidade de prestar-se a mais ampla assistência técnica, especialmente em favor dos países em desenvolvimento, em seus respectivos planos e programas para combater a corrupção, incluindo apoio material e capacitação nas esferas mencionadas no parágrafo 1 do presente Artigo, assim como a capacitação e assistência e intercâmbio mútuo de experiências e conhecimentos especializados, o que facilitará a cooperação internacional entre os Estados Partes nas esferas da extradição e da assistência judicial recíproca.

3. Os Estados Partes intensificarão, na medida do necessário, os esforços para otimizar as atividades operacionais e de capacitação nas organizações internacionais e regionais e no âmbito de acordos ou tratados bilaterais ou multilaterais pertinentes.

4. Os Estados Partes considerarão, ante solicitação, a possibilidade de ajudarem-se entre si na realização de avaliações, estudos e investigações sobre os tipos, causas, efeitos e custos da corrupção em seus respectivos países com vistas a elaborar, com a participação das autoridades competentes e da sociedade, estratégias e planos de ação contra a corrupção.

5. A fim de facilitar a recuperação de produto de quaisquer dos delitos qualificados de acordo com a presente Convenção, os Estados Partes poderão cooperar facilitando-se os nomes dos peritos que possam ser úteis para lograr esse objetivo.

6. Os Estados Partes considerarão a possibilidade de recorrer à organização de conferências e seminários sub-regionais, regionais e internacionais para promover a cooperação e a assistência técnica, e para fomentar os debates sobre problemas de interesse mútuo, incluídos os problemas e necessidades especiais dos países em desenvolvimento e dos países com economias em transição.

7. Os Estados Partes considerarão a possibilidade de estabelecer mecanismos voluntários com vistas a contribuir financeiramente com os esforços dos países em desenvolvimento e dos países com economias em transição para aplicar a presente Convenção mediante programas e projetos de assistência técnica.

8. Cada Estado Parte considerará a possibilidade de fazer contribuições voluntárias ao Escritório das Nações Unidas contra as Drogas e o Crime com o propósito de impulsionar, através do mencionado Escritório, programas e projetos nos países em desenvolvimento com vistas a aplicar a presente Convenção.

Artigo 61
Recompilação, intercâmbio e análise de informações sobre a corrupção

1. Cada Estado Parte considerará a possibilidade de analisar, em consulta com especialistas, as tendências da corrupção em seu território, assim como as circunstâncias em que se cometem os delitos de corrupção.

2. Os Estados Partes considerarão a possibilidade de desenvolver e compartilhar, entre si e por ação de organizações internacionais e regionais, estatísticas, experiência analítica acerca da corrupção e informações com vistas a estabelecer, na medida do possível, definições, normas e metodologias comuns, assim como informações sobre práticas aceitáveis para prevenir e combater a corrupção.

3. Cada Estado Parte considerará a possibilidade de velar por suas políticas e medidas em vigor encaminhadas a combater a corrupção e de avaliar sua eficácia e eficiência.

Artigo 62
Outras medidas: aplicação da presente Convenção mediante o desenvolvimento econômico e a assistência técnica

1. Os Estados Partes adotarão disposições condizentes com a aplicação aceitável da presente Convenção na medida do possível, mediante a cooperação internacional, tendo em conta os efeitos adversos da corrupção na sociedade em geral e no desenvolvimento sustentável, em particular.

2. Os Estados Partes farão esforços concretos, na medida do possível e na forma coordenada entre si, assim como com organizações internacionais e regionais, para:

a) Intensificar sua cooperação nos diversos planos com os países em desenvolvimento com vistas a fortalecer a capacidade desses países para prevenir e combater a corrupção;

b) Aumentar a assistência financeira e material a fim de apoiar os esforços dos países em desenvolvimento para prevenir e combater a corrupção com eficácia e ajudá-los a aplicar satisfatoriamente a presente Convenção;

c) Prestar assistência técnica aos países em desenvolvimento e aos países com economias em transição para ajudá-los a satisfazer suas necessidades relacionadas com a aplicação da presente Convenção. Para tal fim, os Estados Partes procurarão fazer contribuições voluntárias adequadas e periódicas a uma conta especificamente designada para esses efeitos em um mecanismo de financiamento das Nações Unidas. De acordo com sua legislação interna e com as disposições da presente Convenção, os Estados Partes poderão também dar consideração especial à possibilidade de ingressar nessa conta uma porcentagem do dinheiro confiscado ou da soma equivalente aos bens ou ao produto de delito confiscados conforme o disposto na presente Convenção;

d) Apoiar e persuadir outros Estados Partes e instituições financeiras, segundo proceder, para que se somem os esforços empregados de acordo com o presente Artigo, em particular proporcionando um maior número de programas de capacitação e equipamentos modernos aos países em desenvolvimento e com a finalidade de ajudá-los a lograr os objetivos da presente Convenção.

3. Na medida do possível, estas medidas não menosprezarão os compromissos existentes em matéria de assistência externa nem outros acordos de cooperação financeira nos âmbitos bilateral, regional ou internacional.

4. Os Estados Partes poderão celebrar acordos ou tratados bilaterais ou multilaterais sobre assistência material e logística, tendo em conta os acordos financeiros necessários para fazer efetiva a cooperação internacional prevista na presente Convenção e para prevenir, detectar e combater a corrupção.

CAPÍTULO VII
MECANISMOS DE APLICAÇÃO

Artigo 63
Conferência dos Estados Partes da presente Convenção

1. Estabelecer-se-á uma Conferência dos estados Parte da presente Convenção a fim de melhorar a capacidade dos Estados Partes e a cooperação entre eles para alcançar os objetivos enunciados na presente Convenção e promover e examinar sua aplicação.

2. O Secretário Geral das Nações Unidas convocará a Conferência dos estados Parte da presente Convenção no mais tardar um ano depois da entrada em vigor da presente Convenção. Posteriormente celebrar-se-ão reuniões periódicas da Conferência dos Estados Partes em conformidade com o disposto nas regras de procedimento aprovadas pela Conferência.

3. A Conferência dos Estados Partes aprovará o regulamento e as normas que rejam a execução das atividades enunciadas no presente Artigo, incluídas as normas relativas à admissão e à participação de observadores e o pagamento dos gastos que ocasione a realização dessas atividades.

4. A Conferência dos Estados Partes realizará atividades, procedimentos e métodos de trabalho com vistas a lograr os objetivos enunciados no parágrafo 1 do presente Artigo, e, em particular:

a) Facilitará as atividades que realizem os Estados Partes de acordo com os Artigos 60 e 62 e com os Capítulos II a V da presente Convenção, inclusive promovendo o incentivo de contribuições voluntárias;

b) Facilitará o intercâmbio de informações entre os Estados Partes sobre as modalidades e tendências da corrupção e sobre práticas eficazes para preveni-la e combatê-la, assim como para a restituição do produto de delito, mediante, entre outras coisas, a publicação das informações pertinentes mencionadas no presente Artigo;

c) Cooperação com organizações e mecanismos internacionais e regionais e organizações não-governamentais pertinentes;

d) Aproveitará adequadamente a informação pertinente elaborada por outros mecanismos internacionais e regionais encarregados de combater e prevenir a corrupção a fim de evitar a duplicação desnecessária de atividades;

e) Examinará periodicamente a aplicação da presente Convenção por seus Estados Partes;

f) Formulará recomendações para melhorar a presente Convenção e sua aplicação;

g) Tomará nota das necessidades de assistência técnica dos Estados Partes com relação à aplicação da presente Convenção e recomendará as medidas que considere necessária a esse respeito.

5. Aos efeitos do parágrafo 4 do presente Artigo, a Conferência dos Estados Partes obterá o conhecimento necessário das medidas adotadas e das dificuldades encontradas pelos Estados Partes na aplicação da presente Convenção por via da informação que eles facilitem e dos demais mecanismos de exame que estabeleça a Conferência dos Estados Partes.

6. Cada Estado Parte proporcionará à Conferência dos Estados Partes informação sobre seus programas, planos e práticas, assim como sobre as medidas legislativas e administrativas adotadas para aplicar a presente Convenção, segundo requeira a Conferência dos Estados Partes. A Conferência dos Estados Partes procurará determinar a maneira mais eficaz de receber e processar as informações, inclusive aquelas recebidas dos Estados Partes e de organizações internacionais competentes. Também poder-se-ão considerar as aprovações recebidas de organizações não-governamentais pertinentes devidamente acreditadas conforme os procedimentos acordados pela Conferência dos Estados Partes.

7. Em cumprimento aos parágrafos 4 a 6 do presente Artigo, a Conferência dos Estados Partes estabelecerá, se considerar necessário, um mecanismo ou órgão apropriado para apoiar a aplicação efetiva da presente Convenção.

Artigo 64
Secretaria

1. O Secretário Geral das Nações Unidas prestará os serviços de secretaria necessários à Conferência dos Estados Partes da presente Convenção.

2. A secretaria:

a) Prestará assistência à Conferência dos Estados Partes na realização das atividades enunciadas no Artigo 63 da presente Convenção e organizará os períodos de seções da Conferência dos Estados Partes e proporcionar-lhes-á os serviços necessários;

b) Prestará assistência aos Estados Partes que a solicitem na subministração de informação da Conferência dos Estados Partes segundo o previsto nos parágrafos 5 e 6 do Artigo 63 da presente Convenção; e

c) Velará pela coordenação necessária com as secretarias de outras organizações internacionais e regionais pertinentes.

CAPÍTULO VIII
DISPOSIÇÕES FINAIS

Artigo 65
Aplicação da Convenção

1. Cada Estado Parte adotará, em conformidade com os princípios fundamentais de sua legislação interna, as medidas que sejam necessárias, incluídas medidas legislativas e administrativas, para garantir o cumprimento de suas obrigações de acordo com a presente Convenção.

2. Cada Estado Parte poderá adotar medidas mais estritas ou severas que as previstas na presente Convenção a fim de prevenir e combater a corrupção.

Artigo 66
Solução de controvérsias

1. Os Estados Partes procurarão solucionar toda controvérsia relacionada com a interpretação ou aplicação da presente Convenção mediante a negociação.

2. Toda controvérsia entre dois ou mais Estados Partes acerca da interpretação ou da aplicação da presente Convenção que não possa ser resolvida mediante a negociação dentro de um prazo razoável deverá, por solicitação de um desses Estados Partes, submeter-se à arbitragem. Se, seis meses depois da data de solicitação da arbitragem, esses Estados Partes não se puseram de acordo sobre a organização da arbitragem, quaisquer dos Estados Partes poderá remeter a controvérsia à Corte Internacional de Justiça mediante solicitação conforme o Estatuto da Corte.

3. Cada Estado Parte poderá, no momento da firma, ratificação aceitação ou aprovação da presente Convenção ou de adesão a ela, declarar que não se considera vinculado pelo parágrafo do presente Artigo. Os demais Estados Partes não ficarão vinculados pelo parágrafo 2 do presente Artigo a respeito de todo Estado Parte que tenha feito essa reserva.

4. O Estado Parte que tenha feito uma reserva de conformidade com o parágrafo 3 do presente Artigo poderá em qualquer momento retirar essa reserva notificando o fato ao Secretário Geral das Nações Unidas.

Artigo 67
Firma, ratificação, aceitação, aprovação e adesão

1. A presente Convenção estará aberta à assinatura de todos os Estados de 9 a 11 de dezembro de 2003 em Mérida, México, e depois desse evento na Sede das Nações Unidas em Nova York até o dia 9 de dezembro de 2005.

2. A presente Convenção também estará aberta à firma das organizações regionais de integração econômica que tenham, ao menos, algum de seus Estados Membros como Partes da presente Convenção em conformidade com o disposto no parágrafo 1 do presente Artigo.

3. A presente Convenção estará sujeita a ratificação, aceitação ou aprovação. Os instrumentos de ratificação, aceitação ou aprovação depositar-se-ão em poder do Secretário Geral das Nações Unidas. As organizações regionais de integração econômica poderão depositar seus instrumentos de ratificação, aceitação ou aprovação se pelo menos um de seus Estados Membros houver procedido de igual maneira. Nesse instrumento de ratificação, aceitação ou aprovação, essas organizações declararão o alcance de sua competência com respeito às questões regidas pela presente Convenção. As mencionadas organizações comunicarão também ao depositário qualquer modificação pertinente ao alcance de sua competência.

4. A presente Convenção estará aberta à adesão de todos os Estados ou organizações regionais de integração econômica que contem com pelo menos um Estado Membro que seja Parte da presente Convenção. Os instrumentos de adesão depositar-se-ão em poder do Secretário Geral das Nações Unidas. No momento de sua adesão, as organizações regionais de integração econômica declararão o alcance de sua competência com respeito às questões regidas

pela presente Convenção. As mencionadas organizações comunicarão também ao depositário qualquer modificação pertinente ao alcance de sua competência.

Artigo 68
Entrada em vigor

1. A presente Convenção entrará em vigor no nonagésimo dia após a inclusão do trigésimo instrumento de ratificação, aceitação, aprovação ou adesão. Aos efeitos do presente parágrafo, os instrumentos depositados por uma organização regional de integração econômica não serão considerados adicionais aos depositados por seus Estados Membros.

2. Para cada Estado ou organização regional de integração econômica que ratifique, aceite ou aprove a presente Convenção ou a ela adira depois de haver-se depositado o trigésimo instrumento de ratificação, aceitação, aprovação ou adesão, a presente Convenção entrará em vigor após o trigésimo dia depois que esse Estado ou organização tenha depositado o instrumento pertinente ou no momento de sua entrada em vigor de acordo com o parágrafo 1 do presente Artigo, se esta for posterior.

Artigo 69
Emenda

1. Quando houverem transcorridos 5 (cinco) anos desde a entrada em vigor da presente Convenção, os Estados Partes poderão propor emendas e transmiti-las ao Secretário Geral das Nações Unidas, quem, por continuação, comunicará toda emenda proposta aos Estados Partes e à Conferência dos Estados Partes da presente Convenção para que a examinem e adotem uma decisão a seu respeito. A Conferência dos Estados Partes fará todo o possível para lograr um consenso sobre cada emenda. Se esgotarem-se todas as possibilidades de lograr um consenso e não se tiver chegado a um acordo, a aprovação da emenda exigirá, em última instância, uma maioria de dois terços dos Estados Partes presentes e votante na reunião da Conferência dos Estados Partes.

2. As organizações regionais de integração econômica, em assuntos de sua competência, exercerão seu direito de voto de acordo com o presente Artigo com um número de votos igual ao número de seus Estados Membros que sejam Partes da presente Convenção. As mencionadas organizações não exercerão seu direito de voto se seus Estados Membros exercerem os seus e vice-versa.

3. Toda emenda aprovada em conformidade com o parágrafo 1 do presente Artigo estará sujeita a ratificação, aceitação ou aprovação por parte dos Estados Partes.

4. Toda emenda aprovada em conformidade com o parágrafo 1 do presente Artigo entrará em vigor em relação a um Estado Parte noventa dias depois do momento em que este deposite em poder do Secretário Geral das Nações Unidas um instrumento de ratificação, aceitação ou aprovação dessa emenda.

5. Quando uma emenda entrar em vigor, será vinculante para os Estados Partes que tenham expressado seu consentimento a respeito. Os demais Estados Partes ficarão sujeitos às disposições da presente Convenção, assim como a qualquer outra emenda anterior que tenham ratificado, aceitado ou aprovado.

Artigo 70
Denúncia

1. Os Estados Partes poderão denunciar a presente Convenção mediante notificação escrita ao Secretário Geral das Nações Unidas. A denúncia surtirá efeito um ano depois do momento em que o Secretário Geral tenha recebido a notificação.

2. As organizações regionais de integração econômica deixarão de ser Partes da presente Convenção quando tiverem denunciado todos seus Estados Membros.

Artigo 71
Depositário e idiomas

1. O Secretário Geral das Nações Unidas será o depositário da presente Convenção.

2. O original da presente Convenção, cujos textos em árabe, chinês, espanhol, francês inglês e russo possuem igual autenticidade, depositar-se-á em poder do Secretário Geral das Nações Unidas.

EM FÉ DO QUE, os plenipotenciários infra-escritos, devidamente autorizados por seus respectivos Governos, firmaram a presente Convenção.

DECRETO 5.919, DE 3 DE OUTUBRO DE 2006

Promulga a Convenção Interamericana sobre o Cumprimento de Sentenças Penais no Exterior, concluída em Manágua, em 9 de junho de 1993, com reserva à primeira parte do parágrafo 2º do Artigo VII, relativa à redução dos períodos de prisão ou de cumprimento alternativo da pena.

▸ *Cumprimento de sentenças penais no exterior*

O PRESIDENTE DA REPÚBLICA, no uso da atribuição que lhe confere o art. 84, inciso IV, da Constituição, e

Considerando que o Congresso Nacional aprovou, com reserva, o texto da Convenção Interamericana sobre o Cumprimento de Sentenças Penais no Exterior, concluída em Manágua, em 9 de junho de 1993, por meio do Decreto Legislativo no 293, de 12 de julho de 2006;

Considerando que o Governo brasileiro ratificou a citada Convenção em 26 de abril de 2001;

Considerando que a Convenção entrou em vigor internacional em 12 de abril de 1996, e para o Brasil em 26 de maio de 2001;

DECRETA:

Art. 1º. A Convenção Interamericana sobre o Cumprimento de Sentenças Penais no Exterior, concluída em Manágua, em 9 de junho de 1993, apensa por cópia ao presente Decreto, será executada e cumprida tão inteiramente como nela se contém, com reserva à primeira parte do parágrafo 2º do Artigo VII, relativa à redução dos períodos de prisão ou de cumprimento alternativo da pena.

Art. 2º. São sujeitos à aprovação do Congresso Nacional quaisquer atos que possam resultar em revisão da referida Convenção ou que acarretem encargos ou compromissos gravosos ao patrimônio nacional, nos termos do art. 49, inciso I, da Constituição.

Art. 3º. Este Decreto entra em vigor na data de sua publicação.

Brasília, 3 de outubro de 2006;
185º da Independência e
118º da República.
LUIZ INÁCIO LULA DA SILVA
D.O.U. de 4.10.2006.

CONVENÇÃO INTERAMERICANA SOBRE O CUMPRIMENTO DE SENTENÇAS PENAIS NO EXTERIOR

Os Estados Membros da Organização dos Estados Americanos,

Considerando que um dos propósitos essenciais da Organização dos Estados Americanos é, de conformidade com o artigo 2, alínea e, da Carta da OEA, "procurar a solução dos problemas políticos, jurídicos e econômicos que surgirem entre os Estados Membros";

Animados do desejo de cooperar a fim de assegurar melhor administração da justiça mediante a reabilitação social da pessoa sentenciada;

Persuadidos de que, para o cumprimento desses objetivos, é conveniente que se possa conceder à pessoa sentenciada a oportunidade de cumprir a sua pena no país do qual é nacional; e

Convencidos de que a melhor maneira de obter esses resultados é mediante a transferência da pessoa sentenciada,

Resolvem aprovar a seguinte Convenção Interamericana sobre o Cumprimento de Sentenças Penais no Exterior:

ARTIGO I
Definições

Para os efeitos desta Convenção, entender-se-á por:

1. Estado sentenciador: o Estado Parte do qual a pessoa sentenciada tenha de ser transferida.

2. Estado receptor: o Estado Parte para o qual a pessoa sentenciada tenha de ser transferida.

3. Sentença: a decisão judicial definitiva mediante a qual se imponha a uma pessoa, como pena pela prática de um delito, a privação da liberdade ou a restrição da mesma, em regime de liberdade vigiada, pena de execução condicional ou outras formas de supervisão sem detenção. Entende-se que uma sentença é definitiva se não estiver pendente apelação ordinária contra a condenação ou sentença no Estado Sentenciador, e se o prazo previsto para a apelação estiver expirado.

4. Pessoa sentenciada: a pessoa que, no território de um dos Estados Partes, venha a cumprir ou esteja cumprindo uma sentença.

ARTIGO II
Princípios Gerais

De conformidade com as disposições desta Convenção:

a) as sentenças impostas em um dos Estados Partes a nacionais de outro Estado Parte poderão ser cumpridas pela pessoa sentenciada no Estado do qual seja nacional; e

b) os Estados Partes comprometem-se a prestar a mais ampla cooperação no tocante à transferência de pessoas sentenciadas.

ARTIGO III
Condições para a Aplicação da Convenção

Esta Convenção aplicar-se-á unicamente nas seguintes condições:

1. Que exista sentença firme e definitiva na forma como foi definida no artigo I, parágrafo 3 desta Convenção.

2. Que a pessoa sentenciada concorde expressamente com a transferência, tendo sido previamente informada a respeito das conseqüências jurídicas da mesma.

3. Que o ato pelo qual a pessoa tenha sido condenada configure delito também no Estado receptor. Para esse efeito, não se levarão em conta as diferenças de denominação ou as que não afetem a natureza do delito.

4. Que a pessoa sentenciada seja nacional do Estado receptor.

5. Que a pena a ser cumprida não seja pena de morte.

6. Que a duração da pena ainda a ser cumprida seja, no momento da solicitação, de pelo menos seis meses.

7. Que a aplicação da sentença não seja contraditória com o ordenamento jurídico interno do Estado receptor.

ARTIGO IV
Prestação de Informação

1. Cada Estado Parte informará a respeito do conteúdo desta Convenção qualquer pessoa sentenciada que esteja compreendida nas disposições da mesma.

2. Os Estados Partes manterão informada a pessoa sentenciada a respeito do trâmite de sua transferência.

ARTIGO V
Procedimento para a Transferência

A transferência da pessoa sentenciada de um Estado para outro estará sujeita ao seguinte procedimento:

1. O trâmite poderá ser promovido pelo Estado sentenciador ou pelo Estado receptor. Em ambos os casos, requer-se que a pessoa sentenciada haja expressado seu consentimento ou, quando cabível, formulado a solicitação.

2. A solicitação de transferência será tramitada por intermédio das autoridades centrais indicadas conforme o artigo XI desta Convenção ou, na falta desta pela via diplomática ou consular. De conformidade com seu direito interno, cada Estado Parte informará as autoridades que considerar necessária a respeito do conteúdo desta Convenção. Além disso, procurará criar mecanismos de cooperação entre a autoridade central e as demais autoridades que devam intervir na transferência da pessoa sentenciada.

3. Se a sentença tiver sido proferida por um Estado ou província com jurisdição penal independente do Governo Federal, requerer-se-á para a aplicação deste procedimento de transferência a aprovação do respectivo Estado ou província.

4. Na solicitação de transferência, deverá ser proporcionada a informação que acredite o cumprimento das condições dispostas no artigo III.

5. Antes de efetuar-se a transferência, o Estado sentenciador permitirá ao Estado receptor verificar, se assim o desejar e por meio de um funcionário por este designado, se a pessoa sentenciada deu seu consentimento com pleno conhecimento das conseqüências jurídicas da mesma.

6. Ao decidir quanto à transferência de uma pessoa sentenciada, os Estados Partes poderão considerar, entre outros fatores, a possibilidade de contribuir para a sua reabilitação social; a gravidade do delito; conforme o caso, os antecedentes penais da pessoa sentenciada; seu estado de saúde; e os vínculos familiares, sociais ou de outra natureza com o Estado sentenciador e o Estado receptor.

7. O Estado sentenciador proporcionará ao Estado receptor cópia certificada da sentença, inclusive informação sobre o tempo já cumprido pela pessoa sentenciada e o que lhe deva ser creditado por motivos tais como trabalho, boa conduta ou prisão preventiva. O Estado receptor poderá solicitar qualquer informação adicional que considerar pertinente.

8. A entrega da pessoa sentenciada pelo Estado sentenciador ao Estado receptor será efetuada em local acordado pelas autoridades centrais. O Estado receptor será responsável pela custódia da pessoa sentenciada desde o momento em que esta lhe for entregue.

9. Todas as despesas relacionadas com a transferência da pessoa sentenciada até a entrega para sua custódia ao Estado receptor correrão por conta do Estado sentenciador.

10. O Estado receptor será responsável por todas as despesas em que se incorra na transferência da pessoa sentenciada desde o momento em que esta ficar sob sua custódia.

ARTIGO VI
Denegação de Transferência

Quando um Estado não aprovar a transferência de uma pessoa sentenciada, comunicará imediatamente sua decisão ao Estado solicitante e explicará o motivo de sua denegação, quando isto for possível e conveniente.

ARTIGO VII
Direito da Pessoa Sentenciada Transferida e Forma de Cumprimento da Sentença

1. A pessoa sentenciada que for transferida conforme previsto nesta Convenção não poderá ser detida, processada ou condenada novamente no Estado receptor pelo mesmo delito que motivou a sentença imposta pelo Estado sentenciador.

2. Salvo o disposto no artigo VIII desta Convenção, a pena de uma pessoa sentenciada transferida será cumprida de acordo com as leis e procedimentos do Estado receptor, inclusive a aplicação de quaisquer disposições relativas à redução de períodos de prisão ou do cumprimento alternativo da pena. Nenhuma sentença será executada pelo Estado receptor de modo a prolongar a duração da pena para além da data em que expiraria, de acordo com os termos da sentença do tribunal do Estado sentenciador.

3. As autoridades do Estado Sentenciador poderão solicitar, por meio das autoridades centrais, informações sobre a situação corrente do cumprimento da pena de qualquer pessoa sentenciada transferida ao Estado receptor, de acordo com esta Convenção.

ARTIGO VIII
Revisão de Sentença e Efeitos no Estado Receptor

O Estado sentenciador conservará sua plena jurisdição para a revisão das sentenças proferidas por seus tribunais. Além disso, conservará a faculdade de conceder indulto, anistia ou perdão à pessoa sentenciada. O Estado receptor, ao receber notificação de qualquer decisão a respeito, deverá adotar imediatamente as medidas pertinentes.

ARTIGO IX
Aplicação da Convenção em Casos Especiais

Esta Convenção também poderá ser aplicada a pessoas sujeitas à vigilância ou a outras medidas de acordo com as leis de um Estado Parte relacionadas com infratores menores de idade. Para a transferência, obter-se-á consentimento de um representante legalmente autorizado.

Se o acordarem as Partes e para efeitos de seu tratamento no Estado receptor, poderá aplicar-se esta Convenção a pessoas que a autoridade competente houver declarado inimputáveis. As partes acordarão, de conformidade com o seu direito interno, o tipo de tratamento a ser dispensado às pessoas transferidas. Para a transferência deverá obter-se o consentimento de quem estiver legalmente facultado a concedê-lo.

ARTIGO X
Trânsito

Se a pessoa sentenciada, ao ser transferida, tiver que atravessar o território de um terceiro Estado Parte nesta Convenção, este deverá ser notificado, mediante o envio da decisão que concedeu a transferência pelo Estado sob cuja custódia se efetuará a citada transferência. Em tais casos, o Estado Parte de trânsito poderá ou não consentir no trânsito da pessoa sentenciada por seu território.

A mencionada notificação não será necessária quando se utilizarem os meios de transporte aéreo e não estiver prevista qualquer aterrissagem de escala no território do Estado Parte a ser sobrevoado.

ARTIGO XI
Autoridade Central

Os Estados Partes, ao assinar ou ratificar esta Convenção ou ao aderir a ela, notificarão à Secretaria-Geral da Organização dos Estados Americanos a designação da autoridade central encarregada de exercer as funções previstas nesta Convenção. A Secretaria-Geral distribuirá aos Estados Partes nesta Convenção uma lista das designações que tiver recebido.

ARTIGO XII
Alcance da Convenção

Nada do previsto nesta Convenção será interpretado no sentido de restringir outros tratados bilaterais ou multilaterais ou outros acordos assinados entre as Partes.

ARTIGO XIII
Cláusulas Finais

Esta Convenção estará aberta à assinatura dos Estados Membros da Organização dos Estados Americanos.

ARTIGO XIV

Esta Convenção estará sujeita a ratificação. Os instrumentos de ratificação serão depositados na Secretaria Geral da Organização dos Estados Americanos.

ARTIGO XV

Esta Convenção permanecerá aberta à adesão de qualquer outro Estado. Os instrumentos de adesão serão depositados na Secretaria Geral da Organização dos Estados Americanos.

ARTIGO XVI

Os Estados Partes poderão formular reservas a esta Convenção ao aprová-la, assiná-la, ratificá-la ou a ela aderir, desde que não sejam incompatíveis com o objetivo e propósito da Convenção e se refiram a uma ou mais disposições específicas.

ARTIGO XVII

Esta Convenção entrará em vigor para os Estados ratificantes no trigésimo dia contado a partir da data em que tiver sido depositado o segundo instrumento de ratificação.

Para o Estado que ratificar a Convenção ou a ela aderir depois de haver sido depositado o segundo instrumento de ratificação, a Convenção entrará em vigor no trigésimo dia contado a partir da data em que houver o Estado depositado seu instrumento de ratificação ou adesão.

ARTIGO XVIII

Esta Convenção vigerá indefinidamente, mas qualquer dos Estados Partes poderá denunciá-lo em qualquer momento. A denúncia será comunicada à Secretaria Geral da Organização dos Estados Americanos. Transcorrido um ano a partir da data da denúncia, a convenção cessará em seus efeitos para o Estado denunciante.

Não obstante, suas disposições permanecerão em vigor para o Estado denunciante em relação às pessoas condenadas que, ao amparo das mesmas, houverem sido transferidas, até o término das respectivas penas.

Os pedidos de traslado que se encontrem em trâmite no momento da denúncia desta Convenção serão complementados até sua completa execução, a menos que as Partes decidam o contrário.

ARTIGO XIX

O instrumento original desta Convenção, cujos textos em espanhol, francês, inglês e português são igualmente autênticos, será depositado na Secretaria Geral da Organização dos Estados Americanos, que enviará cópia autenticada do seu texto, para o respectivo registro e publicação, ao Secretariado das Nações Unidas, de conformidade com o artigo 102 da Carta das Nações Unidas. A Secretaria Geral da Organização dos Estados Americanos notificará aos Estados membros da referida Organização e aos Estados que houverem aderido à Convenção as assinaturas e os depósitos de instrumento de ratificação, de adesão e de denúncia, bem como as reservas que houver.

Em fé do que, os plenipotenciários abaixo assinados, devidamente autorizados por seus respectivos governos, assinam esta Convenção, que se denominará "Convenção Interamericana sobre o Cumprimento de Sentenças Penais no Exterior".

Feito na cidade de Manágua, Nicarágua, em nove de junho de mil novecentos e noventa e três.

DECRETO 6.891, DE 2 DE JULHO DE 2009

Promulga o Acordo de Cooperação e Assistência Jurisdicional em Matéria Civil, Comercial, Trabalhista e Administrativa entre os Estados Partes do Mercosul, a República da Bolívia e a República do Chile.

› *Acordo de Cooperação e Assistência Jurisdicional*

O Presidente da República, no uso da atribuição que lhe confere o art. 84, inciso IV, da Constituição, e

Considerando que o Congresso Nacional aprovou, por meio do Decreto Legislativo nº 1.021, de 24 de novembro de 2005, o Acordo de Cooperação e Assistência Jurisdicional em Matéria Civil, Comercial, Trabalhista e Administrativa entre os Estados Partes do Mercosul, a República da Bolívia e a República do Chile, assinado em Buenos Aires, em 5 de julho de 2002;

Considerando que o Governo brasileiro depositou o instrumento de ratificação do referido Acordo junto à República do Paraguai em 28 de março de 2006;

Considerando que o Acordo entrou em vigor para o Brasil, no plano jurídico externo, em 8 de fevereiro de 2009;

DECRETA:

Art. 1º O Acordo de Cooperação e Assistência Jurisdicional em Matéria Civil, Comercial, Trabalhista e Administrativa entre os Estados Partes do Mercosul, a República da Bolívia e a República do Chile, apenso por cópia ao presente Decreto, será executado e cumprido tão inteiramente como nele se contém.

Art. 2º São sujeitos à aprovação do Congresso Nacional quaisquer atos que possam resultar em revisão do referido Acordo ou que acarretem encargos ou compromissos gravosos ao patrimônio nacional, nos termos do art. 49, inciso I, da Constituição.

Art. 3º Este Decreto entra em vigor na data de sua publicação.

Brasília, 2 de julho de 2009; 188º da Independência e 121º da República.

LUIZ INÁCIO LULA DA SILVA

DOU de 3.7.2009

ACORDO DE COOPERAÇÃO E ASSISTÊNCIA JURISDICIONAL EM MATÉRIA CIVIL, COMERCIAL, TRABALHISTA E ADMINISTRATIVA ENTRE OS ESTADOS PARTES DO MERCOSUL E A REPÚBLICA DA BOLÍVIA E A REPÚBLICA DO CHILE

A República Argentina, a República Federativa do Brasil, a República do Paraguai, a República Oriental do Uruguai, Estados Partes do Mercado Comum do Sul (MERCOSUL), e a República da Bolívia e a República do Chile, todas doravante denominadas "Estados Partes", para efeito do presente Acordo;

Considerando o Protocolo de Cooperação e Assistência Jurisdicional em Matéria Civil, Comercial, Trabalhista e Administrativa, aprovado no Valle de Las Leñas, República Argentina, pela Decisão nº 5/92 do Conselho do Mercado Comum, vigente nos quatro Estados Partes do MERCOSUL;

Tendo em conta o Acordo de Complementação Econômica nº 36 assinado entre o MERCOSUL e a República da Bolívia; o Acordo de Complementação Econômica nº 35 assinado entre o MERCOSUL e a República do Chile e as Decisões do Conselho do Mercado Comum (CMC) nº 14/96 "Participação de terceiros países associados em Reuniões do MERCOSUL" e nº 12/97 "Participação do Chile em Reuniões do MERCOSUL";

Reafirmando a vontade de acordar soluções jurídicas comuns com o objetivo de fortalecer o processo de integração;

Desejosos de promover e intensificar a cooperação jurisdicional em matéria civil, comercial, trabalhista e administrativa, a fim de assim contribuir para o desenvolvimento de suas relações de integração sobre a base dos princípios do respeito à soberania nacional e à igualdade de direitos e interesses recíprocos;

Convencidos de que este Acordo contribuirá para o tratamento eqüitativo dos nacionais, cidadãos e residentes permanentes ou habituais dos Estados Partes do MERCOSUL e da República da Bolívia e da República do Chile, e lhes facilitará o livre acesso à jurisdição nos citados Estados para a defesa de seus direitos e interesses;

Conscientes da importância que tem para o processo de integração a adoção de instrumentos comuns que consolidem a segurança jurídica,

Acordam:

CAPÍTULO I COOPERAÇÃO E ASSISTÊNCIA JURISDICIONAL

Artigo 1

Os Estados Partes comprometem-se a prestar assistência mútua e ampla cooperação jurisdicional em matéria civil, comercial, trabalhista e administrativa. A assistência jurisdicional em matéria administrativa compreenderá, em conformidade com o direito interno de cada Estado, os procedimentos contenciosos administrativos em que se admitam recursos perante os tribunais.

CAPÍTULO II AUTORIDADES CENTRAIS

Artigo 2

Para efeitos do presente Acordo, os Estados Partes indicarão uma Autoridade Central encarregada de receber e dar andamento a pedidos de assistência jurisdicional em matéria civil, comercial, trabalhista e administrativa. Para tanto, as Autoridades Centrais comunicar-se-ão diretamente entre si, permitindo a intervenção das respectivas autoridades competentes, sempre que necessário.

Os Estados Partes, ao depositarem os instrumentos de ratificação do presente Acordo, comunicarão essa providência ao Governo depositário, o qual dela dará conhecimento aos demais Estados.

A Autoridade Central poderá ser substituída em qualquer momento, devendo o Estado respectivo comunicar o fato, no mais breve prazo possível, ao Governo depositário do presente Acordo, para que dê conhecimento aos demais Estados Partes da substituição efetuada.

CAPÍTULO III IGUALDADE DO TRATAMENTO PROCESSUAL

Artigo 3

Os nacionais, os cidadãos e os residentes permanentes ou habituais de um dos Estados Partes gozarão, nas mesmas condições dos nacionais, cidadãos e residentes permanentes ou habituais de outro Estado Parte, do livre acesso à jurisdição desse Estado para a defesa de seus direitos e interesses.

O parágrafo anterior aplicar-se-á às pessoas jurídicas constituídas, autorizadas ou registradas de acordo com as leis de qualquer dos Estados Partes.

Artigo 4

Nenhuma caução ou depósito, qualquer que seja sua denominação, poderá ser imposta em razão da qualidade de nacional, cidadão ou residente permanente ou habitual de outro Estado Parte.

O parágrafo precedente aplicar-se-á às pessoas jurídicas constituídas, autorizadas ou registradas conforme as leis de qualquer dos Estados Partes.

CAPÍTULO IV COOPERAÇÃO EM ATIVIDADE DE SIMPLES TRÂMITE E PROBATÓRIAS

Artigo 5

Cada Estado Parte deverá enviar às autoridades jurisdicionais do outro Estado Parte, segundo o previsto nos artigos 2 e 10, carta rogatória em matéria civil, comercial, trabalhista ou administrativa, quando tenha por objeto:

a) diligências de simples trâmite, tais como citações, intimações, citações com prazo definido, notificações ou outras semelhantes;

b) recebimento ou obtenção de provas.

Artigo 6

As cartas rogatórias devem conter:

a) denominação e domicílio do órgão jurisdicional requerente;

b) individualização do expediente, com especificação do objeto e natureza do juízo e do nome e domicílio das partes;

c) cópia da petição inicial e transcrição da decisão que determina a expedição da carta rogatória;

d) nome e domicílio do procurador da parte solicitante no Estado requerido, se houver;

e) indicação do objeto da carta rogatória, com o nome e o domicílio do destinatário da medida;

f) informação sobre o prazo de que dispõe a pessoa afetada pela medida para cumpri-la;

g) descrição das formas ou procedimentos especiais com que haverá de cumprir-se a cooperação solicitada;

h) qualquer outra informação que facilite o cumprimento da carta rogatória.

Artigo 7

No caso de ser solicitado o recebimento de provas, a carta rogatória deve também conter:

a) descrição do assunto que facilite a diligência probatória;

b) nome e domicílio de testemunhas ou outras pessoas ou instituições que devam intervir;

c) textos dos interrogatórios e documentos necessários.

Artigo 8

A carta rogatória deverá ser cumprida de ofício pela autoridade jurisdicional competente do Estado requerido, e somente poderá denegar-se quando a medida solicitada, por sua natureza, atente contra os princípios de ordem pública do Estado requerido.

O referido cumprimento não implicará reconhecimento da jurisdição internacional do juiz do qual emana.

Artigo 9

A autoridade jurisdicional requerida terá competência para conhecer das questões que sejam suscitadas quando do cumprimento da diligência solicitada.

Caso a autoridade jurisdicional requerida se declare incompetente para receber a tramitação da carta rogatória, remeterá de ofício os documentos e os antecedentes do caso à autoridade jurisdicional competente do seu Estado.

Artigo 10

As cartas rogatórias poderão ser transmitidas por via diplomática ou consular, por intermédio da respectiva Autoridade Central ou pelas partes interessadas, em conformidade com o direito interno.

Caso a transmissão da carta rogatória seja efetuada por intermédio das Autoridades Centrais ou por via diplomática ou consular, não se exigirá o requisito da legalização.

Caso seja transmitida por intermédio da parte interessada, deverá ser legalizada pelos agentes diplomáticos ou consulares do Estado requerido, salvo se entre o Estado requerente e o requerido tiver sido suprimido o requisito da legalização ou substituído por outra formalidade.

As cartas rogatórias e os documentos que as acompanham deverão redigir-se no idioma da autoridade requerente e serão acompanhadas de uma tradução para o idioma da autoridade requerida.

Artigo 11

A autoridade requerente poderá solicitar da autoridade requerida informação quanto ao lugar e à data em que a medida solicitada será cumprida, a fim de permitir que a autoridade requerente, as partes interessadas ou seus respectivos representantes possam comparecer e exercer as faculdades autorizadas pela legislação da Parte requerida.

A referida comunicação deverá efetuar-se, com a devida antecedência, por intermédio das Autoridades Centrais dos Estados Partes.

Artigo 12

A autoridade jurisdicional encarregada do cumprimento de uma carta rogatória aplicará sua lei interna no que se refere aos procedimentos.

Não obstante, a carta rogatória poderá ter, mediante pedido da autoridade requerente, tramitação especial, admitindo-se o cumprimento de formalidades adicionais na diligência da carta rogatória, sempre que isso não seja incompatível com a ordem pública do Estado requerido.

O cumprimento da carta rogatória deverá efetuar-se sem demora.

Artigo 13

Ao diligenciar a carta rogatória, a autoridade requerida aplicará os meios processuais coercitivos previstos na sua legislação interna, nos casos e na medida em que deva fazê-lo para cumprir uma carta precatória das autoridades de seu próprio Estado, ou um pedido apresentado com o mesmo fim por uma parte interessada.

Artigo 14

Os documentos que comprovam o cumprimento da carta rogatória serão devolvidos pelos meios e na forma prevista no artigo 10.

Quando a carta rogatória não tiver sido cumprida integralmente ou em parte, este fato e as razões do não cumprimento deverão ser comunicados de imediato à autoridade requerente, utilizando-se os meios previstos no parágrafo anterior.

Artigo 15

O cumprimento da carta rogatória não poderá acarretar reembolso de nenhum tipo de despesa, exceto quando sejam solicitados meios probatórios que ocasionem custos especiais, ou sejam designados peritos para intervir na diligência. Em tais casos, deverão ser registrados no texto da carta rogatória os dados da pessoa que, no Estado requerido, procederá ao pagamento das despesas e honorários devidos.

Artigo 16

Quando os dados relativos ao domicílio do destinatário da ação ou da pessoa citada forem incompletos ou inexatos, a autoridade requerida deverá esgotar todos os meios para atender ao pedido. Para tanto, poderá também solicitar ao Estado requerente os dados complementares que permitam a identificação e a localização da referida pessoa.

Artigo 17

Os trâmites pertinentes para o cumprimento da carta rogatória não exigirão necessariamente a intervenção da parte solicitante, devendo ser praticados de ofício pela autoridade jurisdicional competente do Estado requerido.

CAPÍTULO V
RECONHECIMENTO E EXECUÇÃO DE SENTENÇAS E DE LAUDOS ARBITRAIS

Artigo 18

As disposições do presente Capítulo serão aplicáveis ao reconhecimento e à execução das sentenças e dos laudos arbitrais pronunciados nas jurisdições dos Estados Partes em matéria civil, comercial, trabalhista e administrativa, e serão igualmente aplicáveis às sentenças em matéria de reparação de danos e restituição de bens pronunciadas em jurisdição penal.

Artigo 19

O reconhecimento e execução de sentenças e de laudos arbitrais solicitado pelas autoridades jurisdicionais poderá tramitar-se por via de cartas rogatórias e transmitir-se por intermédio da Autoridade Central, ou por via diplomática ou consular, em conformidade com o direito interno.

Não obstante o assinalado no parágrafo anterior, a parte interessada poderá tramitar diretamente o pedido de reconhecimento ou execução de sentença. Em tal caso, a sentença deverá estar devidamente legalizada de acordo com a legislação do Estado em que se pretenda sua eficácia, salvo se entre o Estado de origem da sentença e o Estado onde é invocado, se houver suprimido o requisito da legalização ou substituído por outra formalidade.

Artigo 20

As sentenças e os laudos arbitrais a que se referem o artigo anterior terão eficácia extraterritorial nos Estados Partes quando reunirem as seguintes condições:

a) que venham revestidos das formalidades externas necessárias para que sejam considerados autênticos nos Estados de origem.

b) que estejam, assim como os documentos anexos necessários, devidamente traduzidos para o idioma oficial do Estado em que se solicita seu reconhecimento e execução;

c) que emanem de um órgão jurisdicional ou arbitral competente, segundo as normas do Estado requerido sobre jurisdição internacional;

d) que a parte contra a qual se pretende executar a decisão tenha sido devidamente citada e tenha garantido o exercício de seu direito de defesa;

e) que a decisão tenha força de coisa julgada e/ou executória no Estado em que foi ditada;

f) que claramente não contrariem os princípios de ordem pública do Estado em que se solicita seu reconhecimento e/ou execução

Os requisitos das alíneas (a), (c), (d), (e) e (f) devem estar contidos na cópia autêntica da sentença ou do laudo arbitral.

Artigo 21

A parte que, em juízo, invoque uma sentença ou um laudo arbitral de um dos Estados Partes deverá apresentar cópia autêntica da sentença ou do laudo arbitral com os requisitos do artigo precedente.

Artigo 22

Quando se tratar de uma sentença ou de um laudo arbitral entre as mesmas partes, fundamentado nos mesmos fatos, e que tenha o mesmo objeto de outro processo judirisdicional ou arbitral no Estado requerido, seu reconhecimento e sua executoriedade dependerão de que a decisão não seja incompatível com outro pronunciamento anterior ou simultâneo proferido nesse processo no Estado requerido.

Do mesmo modo não se reconhecerá nem se procederá à execução, quando se houver iniciado um procedimento entre as mesmas partes, fundamentado nos mesmos fatos e sobre o mesmo objeto, perante qualquer autoridade jurisdicional do Estado requerido, anteriormente à apresentação da demanda perante a autoridade jurisdicional que tiver pronunciado a decisão da qual haja solicitação de reconhecimento.

Artigo 23

Se uma sentença ou um laudo arbitral não puder ter eficácia em sua totalidade, a autoridade jurisdicional competente do Estado requerido poderá admitir sua eficácia parcial mediante pedido da parte interessada.

Artigo 24

Os procedimentos, inclusive a competência dos respectivos órgãos jurisdicionais, para fins de reconhecimento e execução das sentenças ou dos laudos arbitrais, serão regidos pela lei do Estado requerido.

CAPÍTULO VI
DOS INSTRUMENTOS PÚBLICOS E OUTROS DOCUMENTOS

Artigo 25

Os instrumentos públicos emanados de um Estado Parte terão nos outros a mesma força probatória que seus próprios instrumentos públicos.

Artigo 26

Os documentos emanados de autoridades jurisdicionais ou outras autoridades de um dos Estados Partes, assim como as escrituras públicas e os documentos que certifiquem a validade, a data e a veracidade da assinatura ou a conformidade com o original, e que sejam transmitidos por intermédio da Autoridade Central, ficam isentos de toda legalização, certificação ou formalidade análoga quando devam ser apresentados no território do outro Estado Parte.

Artigo 27

Cada Estado Parte remeterá, por intermédio da Autoridade Central, a pedido de outro Estado e para fins exclusivamente públicos, os traslados ou certidões dos assentos dos registros de estado civil, sem nenhum custo.

CAPÍTULO VII
INFORMAÇÃO DO DIREITO ESTRANGEIRO

Artigo 28

As Autoridades Centrais dos Estados Partes fornecer-se-ão mutuamente, a título de cooperação judicial, e desde que não se oponham às disposições de sua ordem pública, informações em matéria civil, comercial, trabalhista, administrativa e de direito internacional privado, sem despesa alguma.

Artigo 29

A informação a que se refere o artigo anterior poderá também ser prestada por meio de informes fornecidos pelas autoridades diplomáticas ou consulares do Estado Parte de cujo direito se trata.

Artigo 30

O Estado Parte que fornecer as informações sobre o sentido e alcance legal de seu direito não será responsável pela opinião emitida, nem estará obrigado a aplicar seu direito, segundo a resposta fornecida.

O Estado Parte que receber as citadas informações não estará obrigado a aplicar, ou fazer aplicar, o direito estrangeiro segundo o conteúdo da resposta recebida.

CAPÍTULO VIII
CONSULTAS E SOLUÇÕES DE CONTROVÉRSIAS

Artigo 31

As Autoridades Centrais dos Estados Partes realizarão consultas nas oportunidades que lhes sejam mutuamente convenientes com a finalidade de facilitar a aplicação do presente Acordo.

Artigo 32

Os Estados Partes, em caso de controvérsia sobre a interpretação, a aplicação ou o não cumprimento das disposições deste Acordo, procurarão resolvê-la mediante negociações diplomáticas diretas.

CAPÍTULO IX
DISPOSIÇÕES FINAIS

Artigo 33

O presente Acordo não restringirá as disposições das Convenções que, sobre a mesma matéria, tiverem sido assinadas anteriormente entre os Estados Partes, desde que sejam mais benéficas para a cooperação.

Artigo 34

O presente Acordo entrará em vigor 30 (trinta) dias após ter sido depositados os instrumentos de ratificação por dois Estados Partes do MERCOSUL e a República da Bolívia ou a República do Chile.

Para os demais signatários, entrará em vigor no trigésimo dia posterior ao depósito de seu respectivo instrumento de ratificação.

Artigo 35

O Governo da República do Paraguai será o depositário do presente Acordo e dos instrumentos de ratificação, e enviará cópias devidamente autenticadas dos mesmos aos Governos dos demais Estados Partes.

O Governo da República do Paraguai notificará aos Governos dos demais Estados Partes a data da entrada em vigor deste Acordo e a data de depósito dos instrumentos de ratificação.

Feito na cidade de Buenos Aires, República Argentina, aos cinco (5) dias do mês de julho de 2002, em um exemplar original, nos idiomas português e espanhol, sendo ambos os textos igualmente autênticos.

DECRETO Nº 7.030, DE 14 DE DEZEMBRO DE 2009

Promulga a Convenção de Viena sobre o Direito dos Tratados, concluída em 23 de maio de 1969, com reserva aos Artigos 25 e 66.

▸ *Convenção de Viena*

O PRESIDENTE DA REPÚBLICA, no uso da atribuição que lhe confere o art. 84, inciso IV, da Constituição, e Considerando que o Congresso Nacional aprovou, por meio do Decreto Legislativo 496, de 17 de julho de 2009, a Convenção de Viena sobre o Direito dos Tratados, concluída em 23 de maio de 1969, com reserva aos Artigos 25 e 66;

Considerando que o Governo brasileiro depositou o instrumento de ratificação da referida Convenção junto ao Secretário-Geral das Nações Unidas em 25 de setembro de 2009; decreta:

Art. 1º A Convenção de Viena sobre o Direito dos Tratados, concluída em 23 de maio de 1969, com reserva aos Artigos 25 e 66, apensa por cópia ao presente Decreto, será executada e cumprida tão inteiramente como nela se contém.

Art. 2º São sujeitos à aprovação do Congresso Nacional quaisquer atos que possam resultar em revisão da referida Convenção ou que acarretem encargos ou compromissos gravosos ao patrimônio nacional, nos termos do art. 49, inciso I, da Constituição.

Art. 3º Este Decreto entra em vigor na data de sua publicação.

Brasília, 14 de dezembro de 2009; 188º da Independência e 121º da República.

Luiz Inácio Lula da Silva

Publicado no DOU de 15.12.2009

CONVENÇÃO DE VIENA SOBRE O DIREITO DOS TRATADOS

Os Estados Partes na presente Convenção,

Considerando o papel fundamental dos tratados na história das relações internacionais,

Reconhecendo a importância cada vez maior dos tratados como fonte do Direito Internacional e como meio de desenvolver a cooperação pacífica entre as nações, quaisquer que sejam seus sistemas constitucionais e sociais,

Constatando que os princípios do livre consentimento e da boa-fé e a regra *pacta sunt servanda* são universalmente reconhecidos,

Afirmando que as controvérsias relativas aos tratados, tais como outras controvérsias internacionais, devem ser solucionadas por meios pacíficos e de conformidade com os princípios da Justiça e do Direito Internacional,

Recordando a determinação dos povos das Nações Unidas de criar condições necessárias à manutenção da Justiça e do respeito às obrigações decorrentes dos tratados,

Conscientes dos princípios de Direito Internacional incorporados na Carta das Nações Unidas, tais como os princípios da igualdade de direitos e da autodeterminação dos povos, da igualdade soberana e da independência de todos os Estados, da não intervenção nos assuntos internos dos Estados, da proibição da ameaça ou do emprego da força e do respeito universal e observância dos direitos humanos e das liberdades fundamentais para todos,

Acreditando que a codificação e o desenvolvimento progressivo do direito dos tratados alcançados na presente Convenção promoverão os propósitos das Nações Unidas enunciados na Carta, que são a manutenção da paz e da segurança internacionais, o desenvolvimento das relações amistosas e a consecução da cooperação entre as nações,

Afirmando que as regras do Direito Internacional consuetudinário continuarão a reger as questões não reguladas pelas disposições da presente Convenção,

Convieram no seguinte:

PARTE I
INTRODUÇÃO

Artigo 1
ÂMBITO DA PRESENTE CONVENÇÃO

A presente Convenção aplica-se aos tratados entre Estados.

Artigo 2
EXPRESSÕES EMPREGADAS

1. Para os fins da presente Convenção:

a) "tratado" significa um acordo internacional concluído por escrito entre Estados e regido pelo Direito Internacional, quer conste de um instrumento único, quer de dois ou mais instrumentos conexos, qualquer que seja sua denominação específica;

b) "ratificação", "aceitação", "aprovação" e "adesão" significam, conforme o caso, o ato internacional assim denominado pelo qual um Estado estabelece no plano internacional o seu consentimento em obrigar-se por um tratado;

c) "plenos poderes" significa um documento expedido pela autoridade competente de um Estado e pelo qual são designadas uma ou várias pessoas para representar o Estado na negociação, adoção ou autenticação do texto de um tratado, para manifestar o consentimento do Estado em obrigar-se por um tratado ou para praticar qualquer outro ato relativo a um tratado;

d) "reserva" significa uma declaração unilateral, qualquer que seja a sua redação ou denominação, feita por um Estado ao assinar, ratificar, aceitar ou aprovar um tratado, ou a ele aderir, com o objetivo de excluir ou modificar o efeito jurídico de certas disposições do tratado em sua aplicação a esse Estado;

e) "Estado negociador" significa um Estado que participou na elaboração e na adoção do texto do tratado;

f) "Estado contratante" significa um Estado que consentiu em se obrigar pelo tratado, tenha ou não o tratado entrado em vigor;

g) "parte" significa um Estado que consentiu em se obrigar pelo tratado e em relação ao qual este esteja em vigor;

h) "terceiro Estado" significa um Estado que não é parte no tratado;

i) "organização internacional" significa uma organização intergovernamental.

2. As disposições do parágrafo 1 relativas às expressões empregadas na presente Convenção não prejudicam o emprego dessas expressões, nem os significados que lhes possam ser dados na legislação interna de qualquer Estado.

Artigo 3
ACORDOS INTERNACIONAIS EXCLUÍDOS DO ÂMBITO DA PRESENTE CONVENÇÃO

O fato de a presente Convenção não se aplicar a acordos internacionais concluídos entre Estados e outros sujeitos de Direito Internacional, ou entre estes outros sujeitos de Direito Internacional, ou a acordos internacionais que não sejam concluídos por escrito, não prejudicará:

a) a eficácia jurídica desses acordos;

b) a aplicação a esses acordos de quaisquer regras enunciadas na presente Convenção às quais estariam sujeitos em virtude do Direito Internacional, independentemente da Convenção;

c) a aplicação da Convenção às relações entre Estados, reguladas em acordos internacionais em que sejam igualmente partes outros sujeitos de Direito Internacional.

Artigo 4
IRRETROATIVIDADE DA PRESENTE CONVENÇÃO

Sem prejuízo da aplicação de quaisquer regras enunciadas na presente Convenção a que os tratados estariam sujeitos em virtude do Direito Internacional, independentemente da Convenção, esta somente se aplicará aos tratados concluídos por Estados após sua entrada em vigor em relação a esses Estados.

Artigo 5
TRATADOS CONSTITUTIVOS DE ORGANIZAÇÕES INTERNACIONAIS E TRATADOS ADOTADOS NO ÂMBITO DE UMA ORGANIZAÇÃO INTERNACIONAL

A presente Convenção aplica-se a todo tratado que seja o instrumento constitutivo de uma organização internacional e a todo tratado adotado no âmbito de uma organização internacional, sem prejuízo de quaisquer normas relevantes da organização.

PARTE II
CONCLUSÃO E ENTRADA EM VIGOR DE TRATADOS

SEÇÃO 1
CONCLUSÃO DE TRATADOS

Artigo 6
CAPACIDADE DOS ESTADOS PARA CONCLUIR TRATADOS

Todo Estado tem capacidade para concluir tratados.

Artigo 7
PLENOS PODERES

1. Uma pessoa é considerada representante de um Estado para a adoção ou autenticação do texto de um tratado ou para expressar o consentimento do Estado em obrigar-se por um tratado se:

a) apresentar plenos poderes apropriados; ou

b) a prática dos Estados interessados ou outras circunstâncias indicarem que a intenção do Estado era considerar essa pessoa seu representante para esses fins e dispensar os plenos poderes.

2. Em virtude de suas funções e independentemente da apresentação de plenos poderes, são considerados representantes do seu Estado:

a) os Chefes de Estado, os Chefes de Governo e os Ministros das Relações Exteriores, para a realização de todos os atos relativos à conclusão de um tratado;

b) os Chefes de missão diplomática, para a adoção do texto de um tratado entre o Estado acreditante e o Estado junto ao qual estão acreditados;

c) os representantes acreditados pelos Estados perante uma conferência ou organização internacional ou um de seus órgãos, para a adoção do texto de um tratado em tal conferência, organização ou órgão.

Artigo 8
CONFIRMAÇÃO POSTERIOR DE UM ATO PRATICADO SEM AUTORIZAÇÃO

Um ato relativo à conclusão de um tratado praticado por uma pessoa que, nos termos do artigo 7, não pode ser considerada representante de um Estado para esse fim não produz efeitos jurídicos, a não ser que seja confirmado, posteriormente, por esse Estado.

Artigo 9
ADOÇÃO DO TEXTO

1. A adoção do texto do tratado efetua-se pelo consentimento de todos os Estados que participam da sua elaboração, exceto quando se aplica o disposto no parágrafo 2.

2. A adoção do texto de um tratado numa conferência internacional efetua-se pela maioria de 2/3 (dois terços) dos Estados presentes e votantes, salvo se esses Estados, pela mesma maioria, decidirem aplicar uma regra diversa.

Artigo 10
AUTENTICAÇÃO DO TEXTO

O texto de um tratado é considerado autêntico e definitivo:

a) mediante o processo previsto no texto ou acordado pelos Estados que participam da sua elaboração; ou

b) na ausência de tal processo, pela assinatura, assinatura *ad referendum* ou rubrica, pelos representantes desses Estados, do texto do tratado ou da Ata Final da Conferência que incorporar o referido texto.

Artigo 11
MEIOS DE MANIFESTAR CONSENTIMENTO EM OBRIGAR-SE POR UM TRATADO

O consentimento de um Estado em obrigar-se por um tratado pode manifestar-se pela assinatura, troca dos instrumentos constitutivos do tratado, ratificação, aceitação, aprovação ou adesão, ou por quaisquer outros meios, se assim acordado.

Artigo 12
CONSENTIMENTO EM OBRIGAR-SE POR UM TRATADO MANIFESTADO PELA ASSINATURA

1. O consentimento de um Estado em obrigar-se por um tratado manifesta-se pela assinatura do representante desse Estado:

a) quando o tratado dispõe que a assinatura terá esse efeito;

b) quando se estabeleça, de outra forma, que os Estados negociadores acordaram em dar à assinatura esse efeito; ou

c) quando a intenção do Estado interessado em dar esse efeito à assinatura decorra dos plenos poderes de seu representante ou tenha sido manifestada durante a negociação.

2. Para os efeitos do parágrafo 1:

a) a rubrica de um texto tem o valor de assinatura do tratado, quando ficar estabelecido que os Estados negociadores nisso concordaram;

b) a assinatura *ad referendum* de um tratado pelo representante de um Estado, quando confirmada por esse Estado, vale como assinatura definitiva do tratado.

Artigo 13
CONSENTIMENTO EM OBRIGAR-SE POR UM TRATADO MANIFESTADO PELA TROCA DOS SEUS INSTRUMENTOS CONSTITUTIVOS

O consentimento dos Estados em se obrigarem por um tratado, constituído por instrumentos trocados entre eles, manifesta-se por essa troca:

a) quando os instrumentos estabeleçam que a troca produzirá esse efeito; ou

b) quando fique estabelecido, por outra forma, que esses Estados acordaram em que a troca dos instrumentos produziria esse efeito.

Artigo 14
CONSENTIMENTO EM OBRIGAR-SE POR UM TRATADO MANIFESTADO PELA RATIFICAÇÃO, ACEITAÇÃO OU APROVAÇÃO

1. O consentimento de um Estado em obrigar-se por um tratado manifesta-se pela ratificação:

a) quando o tratado disponha que esse consentimento se manifeste pela ratificação;

b) quando, por outra forma, se estabeleça que os Estados negociadores acordaram em que a ratificação seja exigida;

c) quando o representante do Estado tenha assinado o tratado sujeito a ratificação; ou

d) quando a intenção do Estado de assinar o tratado sob reserva de ratificação decorra dos plenos poderes de seu representante ou tenha sido manifestada durante a negociação.

2. O consentimento de um Estado em obrigar-se por um tratado manifesta-se pela aceitação ou aprovação em condições análogas às aplicáveis à ratificação.

Artigo 15
CONSENTIMENTO EM OBRIGAR-SE POR UM TRATADO MANIFESTADO PELA ADESÃO

O consentimento de um Estado em obrigar-se por um tratado manifesta-se pela adesão:

a) quando esse tratado disponha que tal consentimento pode ser manifestado, por esse Estado, pela adesão;

b) quando, por outra forma, se estabeleça que os Estados negociadores acordaram em que tal consentimento pode ser manifestado, por esse Estado, pela adesão; ou

c) quando todas as partes acordaram posteriormente em que tal consentimento pode ser manifestado, por esse Estado, pela adesão.

Artigo 16
TROCA OU DEPÓSITO DOS INSTRUMENTOS DE RATIFICAÇÃO, ACEITAÇÃO, APROVAÇÃO OU ADESÃO

A não ser que o tratado disponha diversamente, os instrumentos de ratificação, aceitação, aprovação ou adesão estabelecem o consentimento de um Estado em obrigar-se por um tratado por ocasião:

a) da sua troca entre os Estados contratantes;

b) do seu depósito junto ao depositário; ou

c) da sua notificação aos Estados contratantes ou ao depositário, se assim for convencionado.

Artigo 17
CONSENTIMENTO EM OBRIGAR-SE POR PARTE DE UM TRATADO E ESCOLHA ENTRE DISPOSIÇÕES DIFERENTES

1. Sem prejuízo do disposto nos artigos 19 a 23, o consentimento de um Estado em obrigar-se por parte de um tratado só produz efeito se o

tratado o permitir ou se outros Estados contratantes nisso acordarem.

2. O consentimento de um Estado em obrigar-se por um tratado que permite a escolha entre disposições diferentes só produz efeito se as disposições a que se refere o consentimento forem claramente indicadas.

Artigo 18
OBRIGAÇÃO DE NÃO FRUSTRAR O OBJETO E FINALIDADE DE UM TRATADO ANTES DE SUA ENTRADA EM VIGOR

Um Estado é obrigado a abster-se da prática de atos que frustrariam o objeto e a finalidade de um tratado, quando:

a) tiver assinado ou trocado instrumentos constitutivos do tratado, sob reserva de ratificação, aceitação ou aprovação, enquanto não tiver manifestado sua intenção de não se tornar parte no tratado; ou

b) tiver expressado seu consentimento em obrigar-se pelo tratado no período que precede a entrada em vigor do tratado e com a condição de esta não ser indevidamente retardada.

SEÇÃO 2
RESERVAS

Artigo 19
FORMULAÇÃO DE RESERVAS

Um Estado pode, ao assinar, ratificar, aceitar ou aprovar um tratado, ou a ele aderir, formular uma reserva, a não ser que:

a) a reserva seja proibida pelo tratado;

b) o tratado disponha que só possam ser formuladas determinadas reservas, entre as quais não figure a reserva em questão; ou

c) nos casos não previstos nas alíneas *a* e *b*, a reserva seja incompatível com o objeto e a finalidade do tratado.

Artigo 20
ACEITAÇÃO DE RESERVAS E OBJEÇÕES ÀS RESERVAS

1. Uma reserva expressamente autorizada por um tratado não requer qualquer aceitação posterior pelos outros Estados contratantes, a não ser que o tratado assim disponha.

2. Quando se infere do número limitado dos Estados negociadores, assim como do objeto e da finalidade do tratado, que a aplicação do tratado na íntegra entre todas as partes é condição essencial para o consentimento de cada uma delas em obrigar-se pelo tratado, uma reserva requer a aceitação de todas as partes.

3. Quando o tratado é um ato constitutivo de uma organização internacional, a reserva exige a aceitação do órgão competente da organização, a não ser que o tratado disponha diversamente.

4. Nos casos não previstos nos parágrafos precedentes e a menos que o tratado disponha de outra forma:

a) a aceitação de uma reserva por outro Estado contratante torna o Estado autor da reserva parte no tratado em relação àquele outro Estado, se o tratado está em vigor ou quando entrar em vigor para esses Estados;

b) a objeção feita a uma reserva por outro Estado contratante não impede que o tratado entre em vigor entre o Estado que formulou a objeção e o Estado autor da reserva, a não ser que uma intenção contrária tenha sido expressamente manifestada pelo Estado que formulou a objeção;

c) um ato que manifestar o consentimento de um Estado em obrigar-se por um tratado e que contiver uma reserva produzirá efeito logo que pelo menos outro Estado contratante aceitar a reserva.

5. Para os fins dos parágrafos 2 e 4, e a não ser que o tratado disponha diversamente, uma reserva é tida como aceita por um Estado se este não formulou objeção à reserva quer no decurso do prazo de 12 (doze) meses que se seguir à data em que recebeu a notificação, quer na data em que manifestou o seu consentimento em obrigar-se pelo tratado, se esta for posterior.

Artigo 21
EFEITOS JURÍDICOS DAS RESERVAS E DAS OBJEÇÕES ÀS RESERVAS

1. Uma reserva estabelecida em relação a outra parte, de conformidade com os artigos 19, 20 e 23:

a) modifica para o autor da reserva, em suas relações com a outra parte, as disposições do tratado sobre as quais incide a reserva, na medida prevista por esta; e

b) modifica essas disposições, na mesma medida, quanto a essa outra parte, em suas relações com o Estado autor da reserva.

2. A reserva não modifica as disposições do tratado quanto às demais partes no tratado em suas relações *inter se*.

3. Quando um Estado que formulou objeção a uma reserva não se opôs à entrada em vigor do tratado entre ele próprio e o Estado autor da reserva, as disposições a que se refere a reserva não se aplicam entre os dois Estados, na medida prevista pela reserva.

Artigo 22
RETIRADA DE RESERVAS E DE OBJEÇÕES ÀS RESERVAS

1. A não ser que o tratado disponha de outra forma, uma reserva pode ser retirada a qualquer momento, sem que o consentimento do Estado que a aceitou seja necessário para sua retirada.

2. A não ser que o tratado disponha de outra forma, uma objeção a uma reserva pode ser retirada a qualquer momento.

3. A não ser que o tratado disponha ou fique acordado de outra forma:

a) a retirada de uma reserva só produzirá efeito em relação a outro Estado contratante quando este Estado receber a correspondente notificação;

b) a retirada de uma objeção a uma reserva só produzirá efeito quando o Estado que formulou a reserva receber notificação dessa retirada.

Artigo 23
PROCESSO RELATIVO ÀS RESERVAS

1. A reserva, a aceitação expressa de uma reserva e a objeção a uma reserva devem ser formuladas por escrito e comunicadas aos Estados contratantes e aos outros Estados que tenham o direito de se tornar partes no tratado.

2. Uma reserva formulada quando da assinatura do tratado sob reserva de ratificação, aceitação ou aprovação, deve ser formalmente confirmada pelo Estado que a formulou no momento em que manifestar o seu consentimento em obrigar-se pelo tratado. Nesse caso, a reserva considerar-se-á feita na data de sua confirmação.

3. Uma aceitação expressa de uma reserva, ou objeção a uma reserva, feita antes da confirmação da reserva não requer confirmação.

4. A retirada de uma reserva ou de uma objeção a uma reserva deve ser formulada por escrito.

SEÇÃO 3
ENTRADA EM VIGOR DOS TRATADOS E APLICAÇÃO PROVISÓRIA

Artigo 24
ENTRADA EM VIGOR

1. Um tratado entra em vigor na forma e na data previstas no tratado ou acordadas pelos Estados negociadores.

2. Na ausência de tal disposição ou acordo, um tratado entra em vigor tão logo o consentimento em obrigar-se pelo tratado seja manifestado por todos os Estados negociadores.

3. Quando o consentimento de um Estado em obrigar-se por um tratado for manifestado após sua entrada em vigor, o tratado entrará em vigor em relação a esse Estado nessa data, a não ser que o tratado disponha de outra forma.

4. Aplicam-se desde o momento da adoção do texto de um tratado as disposições relativas à autenticação de seu texto, à manifestação do consentimento dos Estados em obrigarem-se pelo tratado, à maneira ou à data de sua entrada em vigor, às reservas, às funções de depositário e aos outros assuntos que surjam necessariamente antes da entrada em vigor do tratado.

Artigo 25
APLICAÇÃO PROVISÓRIA

1. Um tratado ou uma parte do tratado aplica-se provisoriamente enquanto não entra em vigor, se:

a) o próprio tratado assim dispuser; ou

b) os Estados negociadores assim acordarem por outra forma.

2. A não ser que o tratado disponha ou os Estados negociadores acordem de outra forma, a aplicação provisória de um tratado ou parte de um tratado, em relação a um Estado, termina se esse Estado notificar aos outros Estados, entre os quais o tratado é aplicado provisoriamente, sua intenção de não se tornar parte no tratado.

PARTE III
OBSERVÂNCIA, APLICAÇÃO E INTERPRETAÇÃO DE TRATADOS

SEÇÃO 1
OBSERVÂNCIA DE TRATADOS

Artigo 26
PACTA SUNT SERVANDA

Todo tratado em vigor obriga as partes e deve ser cumprido por elas de boa-fé.

Artigo 27
DIREITO INTERNO E OBSERVÂNCIA DE TRATADOS

Uma parte não pode invocar as disposições de seu direito interno para justificar o inadimplemento de um tratado. Esta regra não prejudica o artigo 46.

SEÇÃO 2
APLICAÇÃO DE TRATADOS

Artigo 28
IRRETROATIVIDADE DE TRATADOS

A não ser que uma intenção diferente se evidencie do tratado, ou seja estabelecida de outra forma, suas disposições não obrigam uma parte em relação a um ato ou fato anterior ou a uma situação que deixou de existir antes da entrada em vigor do tratado, em relação a essa parte.

Artigo 29
APLICAÇÃO TERRITORIAL DE TRATADOS

A não ser que uma intenção diferente se evidencie do tratado, ou seja estabelecida de outra forma, um tratado obriga cada uma das partes em relação a todo o seu território.

Artigo 30
APLICAÇÃO DE TRATADOS SUCESSIVOS SOBRE O MESMO ASSUNTO

1. Sem prejuízo das disposições do artigo 103 da Carta das Nações Unidas, os direitos e obrigações dos Estados partes em tratados sucessivos sobre o mesmo assunto serão determinados de conformidade com os parágrafos seguintes.

2. Quando um tratado estipular que está subordinado a um tratado anterior ou posterior ou que não deve ser considerado incompatível com esse outro tratado, as disposições deste último prevalecerão.

3. Quando todas as partes no tratado anterior são igualmente partes no tratado posterior, sem que o tratado anterior tenha cessado de vigorar ou sem que a sua aplicação tenha sido suspensa nos termos do artigo 59, o tratado anterior só se aplica na medida em que as suas disposições sejam compatíveis com as do tratado posterior.

4. Quando as partes no tratado posterior não incluem todas a partes no tratado anterior:

a) nas relações entre os Estados partes nos dois tratados, aplica-se o disposto no parágrafo 3;

b) nas relações entre um Estado parte nos dois tratados e um Estado parte apenas em um desses tratados, o tratado em que os dois Estados são partes rege os seus direitos e obrigações recíprocos.

5. O parágrafo 4 aplica-se sem prejuízo do artigo 41, ou de qualquer questão relativa à extinção ou suspensão da execução de um tratado nos termos do artigo 60 ou de qualquer questão de responsabilidade que possa surgir para um Estado da conclusão ou da aplicação de um tratado cujas disposições sejam incompatíveis com suas obrigações em relação a outro Estado nos termos de outro tratado.

SEÇÃO 3
INTERPRETAÇÃO DE TRATADOS

Artigo 31
REGRA GERAL DE INTERPRETAÇÃO

1. Um tratado deve ser interpretado de boa-fé segundo o sentido comum atribuível aos termos do tratado em seu contexto e à luz de seu objetivo e finalidade.

2. Para os fins de interpretação de um tratado, o contexto compreenderá, além do texto, seu preâmbulo e anexos:

a) qualquer acordo relativo ao tratado e feito entre todas as partes em conexão com a conclusão do tratado;

b) qualquer instrumento estabelecido por uma ou várias partes em conexão com a conclusão do tratado e aceito pelas outras partes como instrumento relativo ao tratado.

3. Serão levados em consideração, juntamente com o contexto:

a) qualquer acordo posterior entre as partes relativo à interpretação do tratado ou à aplicação de suas disposições;

b) qualquer prática seguida posteriormente na aplicação do tratado, pela qual se estabeleça o acordo das partes relativo à sua interpretação;

c) quaisquer regras pertinentes de Direito Internacional aplicáveis às relações entre as partes.

4. Um termo será entendido em sentido especial se estiver estabelecido que essa era a intenção das partes.

Artigo 32
MEIOS SUPLEMENTARES DE INTERPRETAÇÃO

Pode-se recorrer a meios suplementares de interpretação, inclusive aos trabalhos preparatórios do tratado e às circunstâncias de sua conclusão, a fim de confirmar o sentido resultante da aplicação do artigo 31 ou de determinar o sentido quando a interpretação, de conformidade com o artigo 31:

a) deixa o sentido ambíguo ou obscuro; ou

b) conduz a um resultado que é manifestamente absurdo ou desarrazoado.

Artigo 33
INTERPRETAÇÃO DE TRATADOS AUTENTICADOS EM DUAS OU MAIS LÍNGUAS

1. Quando um tratado foi autenticado em duas ou mais línguas, seu texto faz igualmente fé em cada uma delas, a não ser que o tratado disponha ou as partes concordem que, em caso de divergência, prevaleça um texto determinado.

2. Uma versão do tratado em língua diversa daquelas em que o texto foi autenticado só será considerada texto autêntico se o tratado o previr ou as partes nisso concordarem.

3. Presume-se que os termos do tratado têm o mesmo sentido nos diversos textos autênticos.

4. Salvo o caso em que um determinado texto prevalece nos termos do parágrafo 1, quando a comparação dos textos autênticos revela uma diferença de sentido que a aplicação dos artigos 31 e 32 não elimina, adotar-se-á o sentido que, tendo em conta o objeto e a finalidade do tratado, melhor conciliar os textos.

SEÇÃO 4
TRATADOS E TERCEIROS ESTADOS

Artigo 34
REGRA GERAL COM RELAÇÃO A TERCEIROS ESTADOS

Um tratado não cria obrigações nem direitos para um terceiro Estado sem o seu consentimento.

Artigo 35
TRATADOS QUE CRIAM OBRIGAÇÕES PARA TERCEIROS ESTADOS

Uma obrigação nasce para um terceiro Estado de uma disposição de um tratado se as partes no tratado tiverem a intenção de criar a obrigação por meio dessa disposição e o terceiro Estado aceitar expressamente, por escrito, essa obrigação.

Artigo 36
TRATADOS QUE CRIAM DIREITOS PARA TERCEIROS ESTADOS

1. Um direito nasce para um terceiro Estado de uma disposição de um tratado se as partes no tratado tiverem a intenção de conferir, por meio dessa disposição, esse direito quer a um terceiro Estado, quer a um grupo de Estados a que pertença, quer a todos os Estados, e o terceiro Estado nisso consentir. Presume-se o seu consentimento até indicação em contrário, a menos que o tratado disponha diversamente.

2. Um Estado que exerce um direito nos termos do parágrafo 1 deve respeitar, para o exercício desse direito, as condições previstas no tratado ou estabelecidas de acordo com o tratado.

Artigo 37
REVOGAÇÃO OU MODIFICAÇÃO DE OBRIGAÇÕES OU DIREITOS DE TERCEIROS ESTADOS

1. Qualquer obrigação que tiver nascido para um terceiro Estado nos termos do artigo 35 só poderá ser revogada ou modificada com o consentimento das partes no tratado e do terceiro Estado, salvo se ficar estabelecido que elas haviam acordado diversamente.

2. Qualquer direito que tiver nascido para um terceiro Estado nos termos do artigo 36 não poderá ser revogado ou modificado pelas partes, se ficar estabelecido ter havido a intenção de que o direito não fosse revogável ou sujeito a modificação sem o consentimento do terceiro Estado.

Artigo 38
REGRAS DE UM TRATADO TORNADAS OBRIGATÓRIAS PARA TERCEIROS ESTADOS POR FORÇA DO COSTUME INTERNACIONAL

Nada nos artigos 34 a 37 impede que uma regra prevista em um tratado se torne obrigatória para terceiros Estados como regra consuetudinária de Direito Internacional, reconhecida como tal.

PARTE IV
EMENDA E MODIFICAÇÃO DE TRATADOS

Artigo 39
REGRA GERAL RELATIVA À EMENDA DE TRATADOS

Um tratado poderá ser emendado por acordo entre as partes. As regras estabelecidas na parte II aplicar-se-ão a tal acordo, salvo na medida em que o tratado dispuser diversamente.

Artigo 40
EMENDA DE TRATADOS MULTILATERAIS

1. A não ser que o tratado disponha diversamente, a emenda de tratados multilaterais reger-se-á pelos parágrafos seguintes.

2. Qualquer proposta para emendar um tratado multilateral entre todas as partes deverá ser notificada a todos os Estados contratantes, cada um dos quais terá o direito de participar:

a) na decisão quanto à ação a ser tomada sobre essa proposta;

b) na negociação e conclusão de qualquer acordo para a emenda do tratado.

3. Todo Estado que possa ser parte no tratado poderá igualmente ser parte no tratado emendado.

4. O acordo de emenda não vincula os Estados que já são partes no tratado e que não se tornaram partes no acordo de emenda; em relação a esses Estados, aplicar-se-á o artigo 30, parágrafo 4 (b).

5. Qualquer Estado que se torne parte no tratado após a entrada em vigor do acordo de emenda será considerado, a menos que manifeste intenção diferente:

a) parte no tratado emendado; e

b) parte no tratado não emendado em relação às partes no tratado não vinculadas pelo acordo de emenda.

Artigo 41
ACORDOS PARA MODIFICAR TRATADOS MULTILATERAIS SOMENTE ENTRE ALGUMAS PARTES

1. Duas ou mais partes num tratado multilateral podem concluir um acordo para modificar o tratado, somente entre si, desde que:

a) a possibilidade de tal modificação seja prevista no tratado; ou

b) a modificação em questão não seja proibida pelo tratado; e

i) não prejudique o gozo pelas outras partes dos direitos provenientes do tratado nem o cumprimento de suas obrigações.

ii) não diga respeito a uma disposição cuja derrogação seja incompatível com a execução efetiva do objeto e da finalidade do tratado em seu conjunto.

2. A não ser que, no caso previsto na alínea a do parágrafo 1, o tratado disponha de outra forma, as partes em questão notificarão às outras partes sua intenção de concluir o acordo e as modificações que este introduz no tratado.

PARTE V
NULIDADE, EXTINÇÃO E SUSPENSÃO DA EXECUÇÃO DE TRATADOS

SEÇÃO 1
DISPOSIÇÕES GERAIS

Artigo 42
VALIDADE E VIGÊNCIA DE TRATADOS

1. A validade de um tratado ou do consentimento de um Estado em obrigar-se por um tratado só pode ser contestada mediante a aplicação da presente Convenção.

2. A extinção de um tratado, sua denúncia ou a retirada de uma das partes só poderá ocorrer em virtude da aplicação das disposições do tratado

ou da presente Convenção. A mesma regra aplica-se à suspensão da execução de um tratado.

Artigo 43

OBRIGAÇÕES IMPOSTAS PELO DIREITO INTERNACIONAL, INDEPENDENTEMENTE DE UM TRATADO

A nulidade de um tratado, sua extinção ou denúncia, a retirada de uma das partes ou a suspensão da execução de um tratado em consequência da aplicação da presente Convenção ou das disposições do tratado não prejudicarão, de nenhum modo, o dever de um Estado de cumprir qualquer obrigação enunciada no tratado à qual estaria ele sujeito em virtude do Direito Internacional, independentemente do tratado.

Artigo 44

DIVISIBILIDADE DAS DISPOSIÇÕES DE UM TRATADO

1. O direito de uma parte, previsto num tratado ou decorrente do artigo 56, de denunciar, retirar-se ou suspender a execução do tratado, só pode ser exercido em relação à totalidade do tratado, a menos que este disponha ou as partes acordem diversamente.

2. Uma causa de nulidade, de extinção, de retirada de uma das partes ou de suspensão de execução de um tratado, reconhecida na presente Convenção, só pode ser alegada em relação à totalidade do tratado, salvo nas condições previstas nos parágrafos seguintes ou no artigo 60.

3. Se a causa diz respeito apenas a determinadas cláusulas, só pode ser alegada em relação a essas cláusulas e desde que:

a) essas cláusulas sejam separáveis do resto do tratado no que concerne a sua aplicação;

b) resulte do tratado ou fique estabelecido de outra forma que a aceitação dessas cláusulas não constituía para a outra parte, ou para as outras partes no tratado, uma base essencial do seu consentimento em obrigar-se pelo tratado em seu conjunto; e

c) não seja injusto continuar a executar o resto do tratado.

4. Nos casos previstos nos artigos 49 e 50, o Estado que tem o direito de alegar o dolo ou a corrupção pode fazê-lo em relação à totalidade do tratado ou, nos termos do parágrafo 3, somente às determinadas cláusulas.

5. Nos casos previstos nos artigos 51, 52 e 53 a divisão das disposições de um tratado não é permitida.

Artigo 45

PERDA DO DIREITO DE INVOCAR CAUSA DE NULIDADE, EXTINÇÃO, RETIRADA OU SUSPENSÃO DA EXECUÇÃO DE UM TRATADO

Um Estado não pode mais invocar uma causa de nulidade, de extinção, de retirada ou de suspensão da execução de um tratado, com base nos artigos 46 a 50 ou nos artigos 60 e 62, se, depois de haver tomado conhecimento dos fatos, esse Estado:

a) tiver aceito, expressamente, que o tratado é válido, permanece em vigor ou continua em execução conforme o caso, ou

b) em virtude de sua conduta, deva ser considerado como tendo concordado em que o tratado é válido, permanece em vigor ou continua em execução, conforme o caso.

SEÇÃO 2

NULIDADE DE TRATADOS

Artigo 46

DISPOSIÇÕES DO DIREITO INTERNO SOBRE COMPETÊNCIA PARA CONCLUIR TRATADOS

1. Um Estado não pode invocar o fato de que seu consentimento em obrigar-se por um tratado foi expresso em violação de uma disposição de seu direito interno sobre competência para concluir tratados, a não ser que essa violação fosse manifesta e dissesse respeito a uma norma de seu direito interno de importância fundamental.

2. Uma violação é manifesta se for objetivamente evidente para qualquer Estado que proceda, na matéria, de conformidade com a prática normal e de boa-fé.

Artigo 47

RESTRIÇÕES ESPECÍFICAS AO PODER DE MANIFESTAR O CONSENTIMENTO DE UM ESTADO

Se o poder conferido a um representante de manifestar o consentimento de um Estado em obrigar-se por um determinado tratado tiver sido objeto de restrição específica, o fato de o representante não respeitar a restrição não pode ser invocado como invalidando o consentimento expresso, a não ser que a restrição tenha sido notificada aos outros Estados negociadores antes da manifestação do consentimento.

Artigo 48

ERRO

1. Um Estado pode invocar erro no tratado como tendo invalidado o seu consentimento em obrigar-se pelo tratado se o erro se referir a um fato ou situação que esse Estado supunha existir no momento em que o tratado foi concluído e que constituía uma base essencial de seu consentimento em obrigar-se pelo tratado.

2. O parágrafo 1 não se aplica se o referido Estado contribui para tal erro pela sua conduta ou se as circunstâncias foram tais que o Estado devia ter-se apercebido da possibilidade de erro.

3. Um erro relativo à redação do texto de um tratado não prejudicará sua validade; neste caso, aplicar-se-á o artigo 79.

Artigo 49

DOLO

Se um Estado foi levado a concluir um tratado pela conduta fraudulenta de outro Estado negociador, o Estado pode invocar a fraude como tendo invalidado o seu consentimento em obrigar-se pelo tratado.

Artigo 50

CORRUPÇÃO DE REPRESENTANTE DE UM ESTADO

Se a manifestação do consentimento de um Estado em obrigar- se por um tratado foi obtida por meio da corrupção de seu representante, pela ação direta ou indireta de outro Estado negociador, o Estado pode alegar tal corrupção como tendo invalidado o seu consentimento em obrigar-se pelo tratado.

Artigo 51

COAÇÃO DE REPRESENTANTE DE UM ESTADO

Não produzirá qualquer efeito jurídico a manifestação do consentimento de um Estado em obrigar-se por um tratado que tenha sido obtida pela coação de seu representante, por meio de atos ou ameaças dirigidas contra ele.

Artigo 52

COAÇÃO DE UM ESTADO PELA AMEAÇA OU EMPREGO DA FORÇA

É nulo um tratado cuja conclusão foi obtida pela ameaça ou o emprego da força em violação dos princípios de Direito Internacional incorporados na Carta das Nações Unidas.

Artigo 53

TRATADO EM CONFLITO COM UMA NORMA IMPERATIVA DE DIREITO INTERNACIONAL GERAL (JUS COGENS)

É nulo um tratado que, no momento de sua conclusão, conflite com uma norma imperativa de Direito Internacional geral. Para os fins da presente Convenção, uma norma imperativa de Direito Internacional geral é uma norma aceita e reconhecida pela comunidade internacional dos Estados como um todo, como norma da qual nenhuma derrogação é permitida e que só pode ser modificada por norma ulterior de Direito Internacional geral da mesma natureza.

SEÇÃO 3

EXTINÇÃO E SUSPENSÃO DA EXECUÇÃO DE TRATADOS

Artigo 54

EXTINÇÃO OU RETIRADA DE UM TRATADO EM VIRTUDE DE SUAS DISPOSIÇÕES OU POR CONSENTIMENTO DAS PARTES

A extinção de um tratado ou a retirada de uma das partes pode ter lugar:

a) de conformidade com as disposições do tratado; ou

b) a qualquer momento, pelo consentimento de todas as partes, após consulta com os outros Estados contratantes.

Artigo 55

REDUÇÃO DAS PARTES NUM TRATADO MULTILATERAL AQUÉM DO NÚMERO NECESSÁRIO PARA SUA ENTRADA EM VIGOR

A não ser que o tratado disponha diversamente, um tratado multilateral não se extingue pelo simples fato de que o número de partes ficou aquém do número necessário para sua entrada em vigor.

Artigo 56

DENÚNCIA, OU RETIRADA, DE UM TRATADO QUE NÃO CONTÉM DISPOSIÇÕES SOBRE EXTINÇÃO, DENÚNCIA OU RETIRADA

1. Um tratado que não contém disposição relativa à sua extinção, e que não prevê denúncia ou retirada, não é suscetível de denúncia ou retirada, a não ser que:

a) se estabeleça terem as partes tencionado admitir a possibilidade da denúncia ou retirada; ou

b) um direito de denúncia ou retirada possa ser deduzido da natureza do tratado.

2. Uma parte deverá notificar, com pelo menos doze meses de antecedência, a sua intenção de denunciar ou de se retirar de um tratado, nos termos do parágrafo 1.

Artigo 57

SUSPENSÃO DA EXECUÇÃO DE UM TRATADO EM VIRTUDE DE SUAS DISPOSIÇÕES OU PELO CONSENTIMENTO DAS PARTES

A execução de um tratado em relação a todas as partes ou a uma parte determinada pode ser suspensa:

a) de conformidade com as disposições do tratado; ou

b) a qualquer momento, pelo consentimento de todas as partes, após consulta com os outros Estados contratantes.

Artigo 58

SUSPENSÃO DA EXECUÇÃO DE TRATADO MULTILATERAL POR ACORDO APENAS ENTRE ALGUMAS DAS PARTES

1. Duas ou mais partes num tratado multilateral podem concluir um acordo para suspender temporariamente, e somente entre si, a execução das disposições de um tratado se:

a) a possibilidade de tal suspensão estiver prevista pelo tratado; ou

b) essa suspensão não for proibida pelo tratado e:

i) não prejudicar o gozo, pelas outras partes, dos seus direitos decorrentes do tratado nem o cumprimento de suas obrigações;

ii) não for incompatível com o objeto e a finalidade do tratado.

2. Salvo se, num caso previsto no parágrafo 1 (a), o tratado dispuser diversamente, as partes em questão notificarão às outras partes sua intenção de concluir o acordo e as disposições do tratado cuja execução pretendem suspender.

Artigo 59
EXTINÇÃO OU SUSPENSÃO DA EXECUÇÃO DE UM TRATADO EM VIRTUDE DA CONCLUSÃO DE UM TRATADO POSTERIOR

1. Considerar-se-á extinto um tratado se todas as suas partes concluírem um tratado posterior sobre o mesmo assunto e:

a) resultar do tratado posterior, ou ficar estabelecido por outra forma, que a intenção das partes foi regular o assunto por este tratado; ou

b) as disposições do tratado posterior forem de tal modo incompatíveis com as do anterior, que os dois tratados não possam ser aplicados ao mesmo tempo.

2. Considera-se apenas suspensa a execução do tratado anterior se se depreender do tratado posterior, ou ficar estabelecido de outra forma, que essa era a intenção das partes.

Artigo 60
EXTINÇÃO OU SUSPENSÃO DA EXECUÇÃO DE UM TRATADO EM CONSEQUÊNCIA DE SUA VIOLAÇÃO

1. Uma violação substancial de um tratado bilateral por uma das partes autoriza a outra parte a invocar a violação como causa de extinção ou suspensão da execução de tratado, no todo ou em parte.

2. Uma violação substancial de um tratado multilateral por uma das partes autoriza:

a) as outras partes, por consentimento unânime, a suspenderem a execução do tratado, no todo ou em parte, ou a extinguirem o tratado, quer:

i) nas relações entre elas e o Estado faltoso;

ii) entre todas as partes;

b) uma parte especialmente prejudicada pela violação a invocá-la como causa para suspender a execução do tratado, no todo ou em parte, nas relações entre ela e o Estado faltoso;

c) qualquer parte que não seja o Estado faltoso a invocar a violação como causa para suspender a execução do tratado, no todo ou em parte, no que lhe diga respeito, se o tratado for de tal natureza que uma violação substancial de suas disposições por parte modifique radicalmente a situação de cada uma das partes quanto ao cumprimento posterior de suas obrigações decorrentes do tratado.

3. Uma violação substancial de um tratado, para os fins deste artigo, consiste:

a) numa rejeição do tratado não sancionada pela presente Convenção; ou

b) na violação de uma disposição essencial para a consecução do objeto ou da finalidade do tratado.

4. Os parágrafos anteriores não prejudicam qualquer disposição do tratado aplicável em caso de violação.

5. Os parágrafos 1 a 3 não se aplicam às disposições sobre a proteção da pessoa humana contidas em tratados de caráter humanitário, especialmente às disposições que proíbem qualquer forma de represália contra pessoas protegidas por tais tratados.

Artigo 61
IMPOSSIBILIDADE SUPERVENIENTE DE CUMPRIMENTO

1. Uma parte pode invocar a impossibilidade de cumprir um tratado como causa para extinguir o tratado ou dele retirar-se, se esta possibilidade resultar da destruição ou do desaparecimento definitivo de um objeto indispensável ao cumprimento do tratado. Se a impossibilidade for temporária, pode ser invocada somente como causa para suspender a execução do tratado.

2. A impossibilidade de cumprimento não pode ser invocada por uma das partes como causa para extinguir um tratado, dele retirar-se, ou suspender a execução do mesmo, se a impossibilidade resultar de uma violação, por essa parte, quer de uma obrigação decorrente do tratado, quer de qualquer outra obrigação internacional em relação a qualquer outra parte no tratado.

Artigo 62
MUDANÇA FUNDAMENTAL DE CIRCUNSTÂNCIAS

1. Uma mudança fundamental de circunstâncias, ocorrida em relação às existentes no momento da conclusão de um tratado, e não prevista pelas partes, não pode ser invocada como causa para extinguir um tratado ou dele retirar-se, salvo se:

a) a existência dessas circunstâncias tiver constituído uma condição essencial do consentimento das partes em obrigarem-se pelo tratado; e

b) essa mudança tiver por efeito a modificação radical do alcance das obrigações ainda pendentes de cumprimento em virtude do tratado.

2. Uma mudança fundamental de circunstâncias não pode ser invocada pela parte como causa para extinguir um tratado ou dele retirar-se:

a) se o tratado estabelecer limites; ou

b) se a mudança fundamental resultar de violação, pela parte que a invoca, seja de uma obrigação decorrente do tratado, seja de qualquer outra obrigação internacional em relação a qualquer outra parte no tratado.

3. Se, nos termos dos parágrafos anteriores, uma parte pode invocar uma mudança fundamental de circunstâncias como causa para extinguir um tratado ou dele retirar-se, pode também invocá-la como causa para suspender a execução do tratado.

Artigo 63
ROMPIMENTO DE RELAÇÕES DIPLOMÁTICAS E CONSULARES

O rompimento de relações diplomáticas ou consulares entre partes em um tratado não afetará as relações jurídicas estabelecidas entre elas pelo tratado, salvo na medida em que a existência de relações diplomáticas ou consulares for indispensável à aplicação do tratado.

Artigo 64
SUPERVENIÊNCIA DE UMA NOVA NORMA IMPERATIVA DE DIREITO INTERNACIONAL GERAL *(JUS COGENS)*

Se sobrevier uma nova norma imperativa de Direito Internacional geral, qualquer tratado existente que estiver em conflito com essa norma torna-se nulo e extingue-se.

SEÇÃO 4
PROCESSO

Artigo 65
PROCESSO RELATIVO À NULIDADE, EXTINÇÃO, RETIRADA OU SUSPENSÃO DA EXECUÇÃO DE UM TRATADO

1. Uma parte que, nos termos da presente Convenção, invocar quer um vício no seu consentimento em obrigar-se por um tratado, quer uma causa para impugnar a validade de um tratado, extingui-lo, dele retirar-se ou suspender sua aplicação, deve notificar sua pretensão às outras partes. A notificação indicará a medida que se propõe tomar em relação ao tratado e as razões para isso.

2. Salvo em caso de extrema urgência, decorrido o prazo de pelo menos 3 (três) meses contados do recebimento da notificação, se nenhuma parte tiver formulado objeções, a parte que fez a notificação pode tomar, na forma prevista pelo artigo 67, a medida que propôs.

3. Se, porém, qualquer outra parte tiver formulado uma objeção, as partes deverão procurar uma solução pelos meios previstos, no artigo 33 da Carta das Nações Unidas.

4. Nada nos parágrafos anteriores afetará os direitos ou obrigações das partes decorrentes de quaisquer disposições em vigor que obriguem as partes com relação à solução de controvérsias.

5. Sem prejuízo do artigo 45, o fato de um Estado não ter feito a notificação prevista no parágrafo 1 não o impede de fazer tal notificação em resposta a outra parte que exija o cumprimento do tratado ou alegue a sua violação.

Artigo 66
PROCESSO DE SOLUÇÃO JUDICIAL, DE ARBITRAGEM E DE CONCILIAÇÃO

Se, nos termos do parágrafo 3 do artigo 65, nenhuma solução foi alcançada, nos 12 meses seguintes à data na qual a objeção foi formulada, o seguinte processo será adotado:

a) qualquer parte na controvérsia sobre a aplicação ou a interpretação dos artigos 53 ou 64 poderá, mediante pedido escrito, submetê-la à decisão da Corte Internacional de Justiça, salvo se as partes decidirem, de comum acordo, submeter a controvérsia a arbitragem;

b) qualquer parte na controvérsia sobre a aplicação ou a interpretação de qualquer um dos outros artigos da Parte V da presente Convenção poderá iniciar o processo previsto no Anexo à Convenção, mediante pedido nesse sentido ao Secretário-Geral das Nações Unidas.

Artigo 67
INSTRUMENTOS DECLARATÓRIOS DA NULIDADE, DA EXTINÇÃO, DA RETIRADA OU SUSPENSÃO DA EXECUÇÃO DE UM TRATADO

1. A notificação prevista no parágrafo 1 do artigo 65 deve ser feita por escrito.

2. Qualquer ato que declare a nulidade, a extinção, a retirada ou a suspensão da execução de um tratado, nos termos das disposições do tratado ou dos parágrafos 2 e 3 do artigo 65, será levado a efeito através de um instrumento comunicado às outras partes. Se o instrumento não for assinado pelo Chefe de Estado, Chefe de Governo ou Ministro das Relações Exteriores, o representante do Estado que faz a comunicação poderá ser convidado a exibir plenos poderes.

Artigo 68
REVOGAÇÃO DE NOTIFICAÇÕES E INSTRUMENTOS PREVISTOS NOS ARTIGOS 65 E 67

Uma notificação ou um instrumento previsto nos artigos 65 ou 67 podem ser revogados a qualquer momento antes que produzam efeitos.

SEÇÃO 5
CONSEQUÊNCIAS DA NULIDADE, DA EXTINÇÃO E DA SUSPENSÃO DA EXECUÇÃO DE UM TRATADO

Artigo 69
CONSEQUÊNCIAS DA NULIDADE DE UM TRATADO

1. É nulo um tratado cuja nulidade resulta das disposições da presente Convenção. As disposições de um tratado nulo não têm eficácia jurídica.

2. Se, todavia, tiverem sido praticados atos em virtude desse tratado:

a) cada parte pode exigir de qualquer outra parte o estabelecimento, na medida do possível, em suas relações mútuas, da situação que teria existido se esses atos não tivessem sido praticados;

b) os atos praticados de boa-fé, antes de a nulidade haver sido invocada, não serão tornados ilegais pelo simples motivo da nulidade do tratado.

3. Nos casos previsto pelos artigos 49, 50, 51 ou 52, o parágrafo 2 não se aplica com relação à parte a que é imputado o dolo, o ato de corrupção ou a coação.

4. No caso da nulidade do consentimento de um determinado Estado em obrigar-se por um tratado multilateral, aplicam-se as regras acima nas relações entre esse Estado e as partes no tratado.

Artigo 70
CONSEQUÊNCIAS DA EXTINÇÃO DE UM TRATADO

1. A menos que o tratado disponha ou as partes acordem de outra forma, a extinção de um, tratado, nos termos de suas disposições ou da presente Convenção:

a) libera as partes de qualquer obrigação de continuar a cumprir o tratado;

b) não prejudica qualquer direito, obrigação ou situação jurídica das partes, criados pela execução do tratado antes de sua extinção.

2. Se um Estado denunciar um tratado multilateral ou dele se retirar, o parágrafo 1 aplica-se nas relações entre esse Estado e cada uma das outras partes no tratado, a partir da data em que produza efeito essa denúncia ou retirada.

Artigo 71
CONSEQUÊNCIAS DA NULIDADE DE UM TRATADO EM CONFLITO COM UMA NORMA IMPERATIVA DE DIREITO INTERNACIONAL GERAL

1. No caso de um tratado nulo em virtude do artigo 53, as partes são obrigadas a:

a) eliminar, na medida do possível, as consequências de qualquer ato praticado com base em uma disposição que esteja em conflito com a norma imperativa de Direito Internacional geral; e

b) adaptar suas relações mútuas à norma imperativa do Direito Internacional geral.

2. Quando um tratado se torne nulo e seja extinto, nos termos do artigo 64, a extinção do tratado:

a) libera as partes de qualquer obrigação de continuar a cumprir o tratado;

b) não prejudica qualquer direito, obrigação ou situação jurídica das partes, criados pela execução do tratado, antes de sua extinção; entretanto, esses direitos, obrigações ou situações só podem ser mantidos posteriormente, na medida em que sua manutenção não entre em conflito com a nova norma imperativa de Direito Internacional geral.

Artigo 72
CONSEQUÊNCIAS DA SUSPENSÃO DA EXECUÇÃO DE UM TRATADO

1. A não ser que o tratado disponha ou as partes acordem de outra forma, a suspensão da execução de um tratado, nos termos de suas disposições ou da presente Convenção:

a) libera as partes, entre as quais a execução do tratado seja suspensa, da obrigação de cumprir o tratado nas suas relações mútuas durante o período da suspensão;

b) não tem outro efeito sobre as relações jurídicas entre as partes, estabelecidas pelo tratado.

2. Durante o período da suspensão, as partes devem abster-se de atos tendentes a obstruir o reinício da execução do tratado.

PARTE VI
DISPOSIÇÕES DIVERSAS

Artigo 73
CASO DE SUCESSÃO DE ESTADOS, DE RESPONSABILIDADE DE UM ESTADO E DE INÍCIO DE HOSTILIDADES

As disposições da presente Convenção não prejulgarão qualquer questão que possa surgir em relação a um tratado, em virtude da sucessão de Estados, da responsabilidade internacional de um Estado ou do início de hostilidades entre Estados.

Artigo 74
RELAÇÕES DIPLOMÁTICAS E CONSULARES E CONCLUSÃO DE TRATADOS

O rompimento ou a ausência de relações diplomáticas ou consulares entre dois ou mais Estados não obsta à conclusão de tratados entre os referidos Estados. A conclusão de um tratado, por si, não produz efeitos sobre as relações diplomáticas ou consulares.

Artigo 75
CASO DE ESTADO AGRESSOR

As disposições da presente Convenção não prejudicam qualquer obrigação que, em relação a um tratado, possa resultar para um Estado agressor de medidas tomadas em conformidade com a Carta das Nações Unidas, relativas à agressão cometida por esse Estado.

PARTE VII
DEPOSITÁRIOS, NOTIFICAÇÕES, CORREÇÕES E REGISTRO

Artigo 76
DEPOSITÁRIOS DE TRATADOS

1. a designação do depositário de um tratado pode ser feita pelos Estados negociadores no próprio tratado ou de alguma outra forma. O depositário pode ser um ou mais Estados, uma organização internacional ou o principal funcionário administrativo dessa organização.

2. As funções do depositário de um tratado têm caráter internacional e o depositário é obrigado a agir imparcialmente no seu desempenho. Em especial, não afetará essa obrigação o fato de um tratado não ter entrado em vigor entre algumas das partes ou de ter surgido uma divergência, entre um Estado e o depositário, relativa ao desempenho das funções deste último.

Artigo 77
FUNÇÕES DOS DEPOSITÁRIOS

1. As funções do depositário, a não ser que o tratado disponha ou os Estados contratantes acordem de outra forma, compreendem particularmente:

a) guardar o texto original do tratado e quaisquer plenos poderes que lhe tenham sido entregues;

b) preparar cópias autenticadas do texto original e quaisquer textos do tratado em outros idiomas que possam ser exigidos pelo tratado e remetê-los às partes e aos Estados que tenham direito a ser partes no tratado;

c) receber quaisquer assinaturas ao tratado, receber e guardar quaisquer instrumentos, notificações e comunicações pertinentes ao mesmo;

d) examinar se a assinatura ou qualquer instrumento, notificação ou comunicação relativa ao tratado, está em boa e devida forma e, se necessário, chamar a atenção do Estado em causa sobre a questão;

e) informar as partes e os Estados que tenham direito a ser partes no tratado de quaisquer atos, notificações ou comunicações relativas ao tratado;

f) informar os Estados que tenham direito a ser partes no tratado sobre quando tiver sido recebido ou depositado o número de assinaturas ou de instrumentos de ratificação, de aceitação, de aprovação ou de adesão exigidos para a entrada em vigor do tratado;

g) registrar o tratado junto ao Secretariado das Nações Unidas;

h) exercer as funções previstas em outras disposições da presente Convenção.

2. Se surgir uma divergência entre um Estado e o depositário a respeito do exercício das funções deste último, o depositário levará a questão ao conhecimento dos Estados signatários e dos Estados contratantes ou, se for o caso, do órgão competente da organização internacional em causa.

Artigo 78
NOTIFICAÇÕES E COMUNICAÇÕES

A não ser que o tratado ou a presente Convenção disponham de outra forma, uma notificação ou comunicação que deva ser feita por um Estado, nos termos da presente Convenção:

a) será transmitida, se não houver depositário, diretamente aos Estados a que se destina ou, se houver depositário, a este último;

b) será considerada como tendo sido feita pelo Estado em causa somente a partir do seu recebimento pelo Estado ao qual é transmitida ou, se for o caso, pelo depositário;

c) se tiver sido transmitida a um depositário, será considerada como tendo sido recebida pelo Estado ao qual é destinada somente a partir do momento em que este Estado tenha recebido do depositário a informação prevista no parágrafo 1 (e) do artigo 77.

Artigo 79
CORREÇÃO DE ERROS EM TEXTOS OU EM CÓPIAS AUTENTICADAS DE TRATADOS

1. Quando, após a autenticação do texto de um tratado, os Estados signatários e os Estados contratantes acordarem em que nele existe erro, este, salvo decisão sobre diferente maneira de correção, será corrigido:

a) mediante a correção apropriada no texto, rubricada por representantes devidamente credenciados;

b) mediante a elaboração ou troca de instrumento ou instrumentos em que estiver consignada a correção que se acordou em fazer; ou

c) mediante a elaboração de um texto corrigido da totalidade do tratado, segundo o mesmo processo utilizado para o texto original.

2. Quando o tratado tiver um depositário, este deve notificar aos Estados signatários e contratantes a existência do erro e a proposta de corrigi-lo e fixar um prazo apropriado durante o qual possam ser formulados objeções à correção proposta. Se, expirado o prazo:

a) nenhuma objeção tiver sido feita, o depositário deve efetuar e rubricar a correção do texto, lavrar a ata de retificação do texto e remeter cópias da mesma às partes e aos Estados que tenham direito a ser partes no tratado;

b) uma objeção tiver sido feita, o depositário deve comunicá-la aos Estados signatários e aos Estados contratantes.

3. As regras enunciadas nos parágrafos 1 e 2 aplicam-se igualmente quando o texto, autenticado em duas ou mais línguas, apresentar uma falta de concordância que, de acordo com os Estados signatários e os Estados contratantes, deva ser corrigida.

4. O texto corrigido substitui *ab initio* o texto defeituoso, a não ser que os Estados signatários e os Estados contratantes decidam de outra forma.

5. A correção do texto de um tratado já registrado será notificado ao Secretariado das Nações Unidas.

6. Quando se descobrir um erro numa cópia autenticada de um tratado, o depositário deve lavrar uma ata mencionando a retificação e re-

meter cópia da mesma aos Estados signatários e aos Estados contratantes.

Artigo 80
REGISTRO E PUBLICAÇÃO DE TRATADOS

1. Após sua entrada em vigor, os tratados serão remetidos ao Secretariado das Nações Unidas para fins de registro ou de classificação e catalogação, conforme o caso, bem como de publicação

2. A designação de um depositário constitui autorização para este praticar os atos previstos no parágrafo anterior.

PARTE VIII
DISPOSIÇÕES FINAIS

Artigo 81
ASSINATURA

A presente Convenção ficará aberta à assinatura de todos os Estados-Membros das Nações Unidas ou de qualquer das agências especializadas ou da Agência Internacional de Energia Atômica, assim como de todas as partes no Estatuto da Corte Internacional de Justiça e de qualquer outro Estado convidado pela Assembleia Geral das Nações Unidas a tornar-se parte na Convenção, da seguinte maneira: até 30 de novembro de 1969, no Ministério Federal dos Negócios Estrangeiros da República da Áustria e, posteriormente, até 30 de abril de 1970, na sede das Nações Unidas em Nova York.

Artigo 82
RATIFICAÇÃO

A presente Convenção é sujeita à ratificação. Os instrumentos de ratificação serão depositados junto ao Secretário-Geral das Nações Unidas.

Artigo 83
ADESÃO

A presente Convenção permanecerá aberta à adesão de todo Estado pertencente a qualquer das categorias mencionadas no artigo 81. Os instrumentos de adesão serão depositados junto ao Secretário-Geral das Nações Unidas.

Artigo 84
ENTRADA EM VIGOR

1. A presente Convenção entrará em vigor no trigésimo dia que se seguir à data do depósito do 35º (trigésimo quinto) instrumento de ratificação ou adesão.

2. Para cada Estado que ratificar a Convenção ou a ela aderir após o depósito do 35º (trigésimo quinto) instrumento de ratificação ou adesão, a Convenção entrará em vigor no trigésimo dia após o depósito, por esse Estado, de seu instrumento de ratificação ou adesão.

Artigo 85
TEXTOS AUTÊNTICOS

O original da presente Convenção, cujos textos em chinês, espanhol, francês, inglês e russo fazem igualmente fé, será depositado junto ao Secretário-Geral das Nações Unidas.

Em fé do que, os plenipotenciários abaixo assinados, devidamente autorizados por seus respectivos Governos, assinaram a presente Convenção.

Feita em Viena, aos vinte e três dias de maio de mil novecentos e sessenta e nove.

ANEXO

1. O Secretário-Geral das Nações Unidas deve elaborar e manter uma lista de conciliadores composta de juristas qualificados. Para esse fim, todo Estado membro das Nações Unidas ou parte na presente Convenção será convidado a nomear dois conciliadores e os nomes das pessoas assim nomeadas constituirão a lista. A nomeação dos conciliadores, inclusive os nomeados para preencher uma vaga eventual, é feita por um período de cinco anos, renovável. Com a expiração do período para o qual forem nomeados, os conciliadores continuarão a exercer as funções para as quais tiverem sido escolhidos, nos termos do parágrafo seguinte.

2. Quando um pedido é apresentado ao Secretário-Geral nos termos do artigo 66, o Secretário-Geral deve submeter a controvérsia a uma comissão de conciliação, constituída do seguinte modo:

O Estado ou os Estados que constituem uma das partes na controvérsia nomeiam:

a) um conciliador da nacionalidade desse Estado ou de um desses Estados, escolhido ou não da lista prevista no parágrafo 1; e

b) um conciliador que não seja da nacionalidade desse Estado ou de um desses Estados, escolhido da lista.

O Estado ou os Estados que constituírem a outra parte na controvérsia nomeiam dois conciliadores do mesmo modo. Os quatro conciliadores escolhidos pelas partes devem ser nomeados num prazo de 60 (sessenta) dias a partir da data do recebimento do pedido pelo Secretário-Geral.

Nos sessenta dias que se seguirem à última nomeação, os quatro conciliadores nomeiam 1/5 (um quinto), escolhido da lista, que será o presidente. Se a nomeação do presidente ou de qualquer outro conciliador não for feita no prazo acima previsto para essa nomeação, será feita pelo Secretário-Geral nos sessenta dias seguintes à expiração desse prazo. O Secretário-Geral pode nomear como presidente uma das pessoas inscritas na lista ou um dos membros da Comissão de Direito Internacional. Qualquer um dos prazos, nos quais as nomeações devem ser feitas, pode ser prorrogado, mediante acordo das partes na controvérsia.

Qualquer vaga deve ser preenchida da maneira prevista para a nomeação inicial.

3. A Comissão de Conciliação adotará o seu próprio procedimento. A Comissão, com o consentimento das partes na controvérsia, pode convidar qualquer outra parte no tratado a submeter seu ponto de vista oralmente ou por escrito. A decisão e as recomendações da Comissão serão adotadas por maioria de votos de seus cinco membros.

4. A Comissão pode chamar a atenção das partes na controvérsia sobre qualquer medida suscetível de facilitar uma solução amigável.

5. A Comissão deve ouvir as partes, examinar as pretensões e objeções e fazer propostas às partes a fim de ajudá-las a chegar a uma solução amigável da controvérsia.

6. A Comissão deve elaborar um relatório nos doze meses que se seguirem à sua constituição. Seu relatório deve ser depositado junto ao Secretário Geral e comunicado às partes na controvérsia. O relatório da Comissão, inclusive todas as conclusões nele contidas quanto aos fatos e às questões de direito, não vincula as partes e não terá outro valor senão o de recomendações submetidas à consideração das partes, a fim de facilitar uma solução amigável da controvérsia.

7. O Secretário-Geral fornecerá à Comissão a assistência e as facilidades de que ela possa necessitar. As despesas da Comissão serão custeadas pelas Nações Unidas.

DECRETO 7.225, DE 1º DE JULHO DE 2010

Promulga o Protocolo de Assunção sobre Compromisso com a Promoção e a Proteção dos Direitos Humanos do Mercosul, assinado em Assunção, em 20 de junho de 2005.

▸ *Protocolo de Assunção sobre Direitos Humanos*

O Presidente da República no uso da atribuição que lhe confere o art. 84, inciso IV, da Constituição, e

Considerando que o Congresso Nacional aprovou, por meio do Decreto Legislativo nº 592, de 27 de agosto de 2009, o Protocolo de Assunção sobre Compromisso com a Promoção e a Proteção dos Direitos Humanos do Mercosul, assinado em Assunção, em 20 de junho de 2005;

Considerando que o Governo brasileiro depositou o instrumento de ratificação do referido Protocolo junto ao Governo do Paraguai, depositário do referido ato, em 4 de março de 2010;

Considerando que o Acordo entrou em vigor para o Brasil, no plano jurídico externo, em 3 de abril de 2010,

DECRETA:

Art. 1º O Protocolo de Assunção sobre Compromisso com a Promoção e a Proteção dos Direitos Humanos do Mercosul, apenso por cópia ao presente Decreto, será executado e cumprido tão inteiramente como nele se contém.

Art. 2º São sujeitos à aprovação do Congresso Nacional quaisquer atos que possam resultar em revisão do referido Acordo, bem como quaisquer ajustes complementares que, nos termos do inciso I do art. 49 da Constituição, acarretem encargos ou compromissos gravosos ao patrimônio nacional.

Art. 3º Este Decreto entra em vigor na data de sua publicação.

Brasília, 1º de julho de 2010; 189º da Independência e 122º da República.

LUIZ INÁCIO LULA DA SILVA
DOU de 2.7.2010

MERCOSUL/CMC/DEC. Nº 17/05

PROTOCOLO DE ASSUNÇÃO SOBRE COMPROMISSO COM A PROMOÇÃO E PROTEÇÃO DOS DIREITOS HUMANOS DO MERCOSUL

Tendo em vista: O Tratado de Assunção, o Protocolo de Ouro Preto e as Decisões Nº 40/04 do Conselho do Mercado Comum.

Considerando:

Que é fundamental assegurar a proteção, promoção e garantia dos Direitos Humanos e as liberdades fundamentais de todos as pessoas.

Que o gozo efetivo dos direitos fundamentais é condição indispensável para a consolidação do processo de integração.

O CONSELHO DO MERCADO COMUM

DECIDE:

Art. 1 Aprovar a assinatura do Protocolo de Assunção sobre Compromisso com a Promoção e Proteção dos Direitos Humanos do MERCOSUL, que consta como Anexo da presente Decisão.

Art. 2 Esta Decisão não necessita ser incorporada ao ordenamento jurídico dos Estados Partes, por regulamentar aspectos da organização ou do funcionamento do MERCOSUL.

XXVIII CMC – ASSUNÇÃO, 19/VI/05

PROTOCOLO DE ASSUNÇÃO SOBRE COMPROMISSO COM A PROMOÇÃO E PROTEÇÃO DOS DIREITOS HUMANOS DO MERCOSUL

A República Argentina, a República Federativa do Brasil, a República do Paraguai e a República Oriental do Uruguai, Estados Partes do MERCOSUL, doravante as Partes,

Reafirmando os princípios e objetivos do Tratado de Assunção e do Protocolo de Ouro Preto;

Tendo presente a Decisão CMC Nº 40/04 que cria a Reunião de Altas Autoridades sobre Direitos Humanos do MERCOSUL;

Reiterando o expressado na Declaração Presidencial de Las Leñas de 27 de junho de 1992 no sentido de que a plena vigência das instituições democráticas é condição indispensável para a existência e o desenvolvimento do MERCOSUL;

Reafirmando o expressado na Declaração Presidencial sobre Compromisso Democrático no MERCOSUL;

Ratificando a plena vigência do Protocolo de Ushuaia sobre Compromisso Democrático no MERCOSUL a República da Bolívia e a República do Chile;

Reafirmando os princípios e normas contidos na Declaração Americana de Direitos e deveres do Homem, na Convenção Americana sobre Direitos Humanos e outros instrumentos regionais de direitos humanos, assim como na Carta Democrática Interamericana;

Ressaltando o expressado na Declaração e no Programa de Ação da Conferência Mundial de Direitos Humanos de 1993, que a democracia, o desenvolvimento e o respeito aos direitos humanos e liberdades fundamentais são conceitos interdependentes que se reforçam mutuamente;

Sublinhando o expressado em distintas resoluções da Assembléia Geral e da Comissão de Direitos Humanos das Nações Unidas, que o respeito aos direitos humanos e das liberdades fundamentais são elementos essenciais da democracia;

Reconhecendo a universalidade, a indivisibilidade, a interdependência e inter-relação de todos os direitos humanos, sejam direitos econômicos, sociais, culturais, civis ou políticos;

Reiterando a Declaração Presidencial de Porto Iguaçu de 8 de julho de 2004 na qual os Presidentes dos Estados Partes do MERCOSUL destacaram a alta prioridade atribuída à proteção, promoção e garantia dos direitos humanos e as liberdades fundamentais de todas as pessoas que habitam o MERCOSUL;

Reafirmando que a vigência da ordem democrática constitui uma garantia indispensável para o exercício efetivo dos direitos humanos e liberdades fundamentais, e que toda ruptura ou ameaça ao normal desenvolvimento do processo democrático em uma das Partes põe em risco o gozo efetivo dos direitos humanos;

ACORDAM O SEGUINTE:

ARTIGO 1

A plena vigência das instituições democráticas e o respeito dos direitos humanos e das liberdades fundamentais são condições essenciais para a vigência e evolução do processo de integração entre as Partes.

ARTIGO 2

As Partes cooperarão mutuamente para a promoção e proteção efetiva dos direitos humanos e liberdades fundamentais através dos mecanismos institucionais estabelecidos no MERCOSUL.

ARTIGO 3

O presente Protocolo se aplicará em caso de que se registrem graves e sistemáticas violações dos direitos humanos e liberdades fundamentais em uma das Partes em situações de crise institucional ou durante a vigência de estados de exceção previstos nos ordenamentos constitucionais respectivos. A tal efeito, as demais Partes promoverão as consultas pertinentes entre si e com a Parte afetada.

ARTIGO 4

Quando as consultas mencionadas no artigo anterior resultarem ineficazes, as demais Partes considerarão a natureza e o alcance das medidas a aplicar, tendo em vista a gravidade da situação existente.

Tais medidas abarcarão desde a suspensão do direito a participar deste processo de integração até a suspensão dos direitos e obrigações emergentes do mesmo.

ARTIGO 5

As medidas previstas no artigo 4 serão adotadas por consenso pelas Partes e comunicadas à Parte afetada, a qual não participará no processo decisório pertinente. Essas medidas entrarão em vigência na data em que se realize a comunicação respectiva à Parte afetada.

ARTIGO 6

As medidas a que se refere o artigo 4 aplicadas à Parte afetada, cessarão a partir da data da comunicação a dita Parte de que as causas que as motivaram foram sanadas. Tal comunicação será transmitida pelas Partes que adotaram tais medidas.

ARTIGO 7

O presente Protocolo se encontra aberto à adesão dos Estados Associados ao MERCOSUL.

ARTIGO 8

O presente Protocolo entrará em vigor trinta (30) dias depois do depósito do instrumento de ratificação pelo quarto Estado Parte do MERCOSUL.

ARTIGO 9

A República do Paraguai será depositária do presente Protocolo e dos respectivos instrumentos de ratificação, devendo notificar às Partes a data dos depósitos desses instrumentos e da entrada em vigor do Protocolo, assim como enviar-lhes cópia devidamente autenticada do mesmo.

Feito na cidade de Assunção, República do Paraguai, aos dezenove dias do mês de junho de dois mil e cinco, em um original, nos idiomas espanhol e português, sendo ambos os textos igualmente autênticos.

DECRETO 9.176, DE 19 DE OUTUBRO DE 2017

Promulga a Convenção sobre a Cobrança Internacional de Alimentos para Crianças e Outros Membros da Família e o Protocolo sobre a Lei Aplicável às Obrigações de Prestar Alimentos, firmados pela República Federativa do Brasil, em Haia, em 23 de novembro de 2007.

- *Cobrança Internacional de Alimentos para Crianças*

O Presidente da República, no uso da atribuição que lhe confere o art. 84, *caput*, inciso IV, da Constituição, e

Considerando que a República Federativa do Brasil firmou a Convenção sobre a Cobrança Internacional de Alimentos para Crianças e Outros Membros da Família e o Protocolo sobre a Lei Aplicável às Obrigações de Prestar Alimentos, em Haia, em 23 de novembro de 2007;

Considerando que o Congresso Nacional aprovou a Convenção e o Protocolo por meio do Decreto Legislativo nº 146, de 9 de dezembro de 2016, com reserva ao Artigo 20, § 1º, alínea "e", e ao Artigo 30, § 1º, com fundamento, respectivamente, no Artigo 20, § 2º, e no Artigo 30, § 8º, e realização da declaração que trata o Artigo 3º, § 2º, todos da Convenção;

Considerando que o Governo brasileiro depositou, junto ao Ministério dos Negócios Estrangeiros do Reino dos Países Baixos, em 17 de julho de 2017, os instrumentos de ratificação da Convenção e do Protocolo, com reserva ao Artigo 20, § 1º, alínea "e", e ao Artigo 30, § 1º, com fundamento, respectivamente, no Artigo 20, § 2º, e no Artigo 30, § 8º, e realização da declaração que trata o Artigo 3º, § 2º, todos da Convenção, e que os referidos instrumentos entrarão em vigor para a República Federativa do Brasil, no plano jurídico externo, em 1º de novembro de 2017;

DECRETA:

Art. 1º Ficam promulgados a Convenção sobre a Cobrança Internacional de Alimentos para Crianças e Outros Membros da Família e o Protocolo sobre a Lei Aplicável às Obrigações de Prestar Alimentos, firmados em Haia, em 23 de novembro de 2007, anexos a este Decreto, com reserva ao Artigo 20, § 1º, alínea "e", e ao Artigo 30, § 1º, com fundamento, respectivamente, no Artigo 20, § 2º, e no Artigo 30, § 8º, e realização da declaração que trata o Artigo 3º, § 2º, todos da Convenção.

Art. 2º São sujeitos à aprovação do Congresso Nacional atos que possam resultar em revisão da Convenção e do Protocolo e ajustes complementares que acarretem encargos ou compromissos gravosos ao patrimônio nacional, nos termos do inciso I do *caput* do art. 49 da Constituição.

Art. 3º Este Decreto entra em vigor na data de sua publicação.

Brasília, 19 de outubro de 2017; 196º da Independência e 129º da República.

MICHEL TEMER

DOU de 20.10.2017

CONVENÇÃO SOBRE A COBRANÇA INTERNACIONAL DE ALIMENTOS PARA CRIANÇAS E OUTROS MEMBROS DA FAMÍLIA

- (Concluída em 23 de novembro de 2007)

Os Estados signatários da presente Convenção,

Desejando melhorar a cooperação entre os Estados para a cobrança internacional de alimentos para crianças e outros membros da família,

Conscientes da necessidade de dispor de procedimentos que produzam resultados e que sejam acessíveis, rápidos, eficientes, econômicos, adaptáveis a diversas situações e justos,

Desejando aproveitar os aspectos mais úteis das Convenções da Haia vigentes, assim como de outros instrumentos internacionais, particularmente a Convenção das Nações Unidas sobre a Prestação de Alimentos no Estrangeiro, de 20 de junho de 1956,

Pretendendo beneficiar-se dos avanços tecnológicos e criar um sistema flexível e adaptável às novas necessidades e às oportunidades oferecidas pelos avanços tecnológicos,

Recordando que, em conformidade com os artigos 3° e 27 da Convenção das Nações Unidas sobre os Direitos da Criança, de 20 de novembro de 1989,

- em todas as medidas concernentes às crianças, o interesse superior da criança será considerado prioritário,

- toda criança tem direito a um padrão de vida adequado para permitir seu desenvolvimento físico, mental, espiritual, moral e social,

- os pais ou outros responsáveis pela criança têm a responsabilidade primária de assegurar, dentro de suas possibilidades e de sua capacidade financeira, as condições de vida necessárias para o desenvolvimento da criança, e

- os Estados devem tomar todas as medidas apropriadas, incluindo a conclusão de acordos internacionais, com vistas a assegurar alimentos para a criança por parte dos pais ou outros responsáveis, em particular quando essas pessoas vivam em Estado diferente daquele em que a criança reside,

Resolveram celebrar a presente Convenção e acordaram as seguintes disposições:

CAPÍTULO I
OBJETO, ÂMBITO DE APLICAÇÃO E DEFINIÇÕES

Artigo 1º – Objeto

A presente Convenção tem por objeto assegurar a eficácia da cobrança internacional de alimentos para crianças e outros membros da família, principalmente ao:

a) estabelecer um sistema abrangente de cooperação entre as autoridades dos Estados Contratantes;

b) possibilitar a apresentação de pedidos para a obtenção de decisões em matéria de alimentos;

c) garantir o reconhecimento e a execução de decisões em matéria de alimentos; e

d) requerer medidas eficazes para a rápida execução de decisões em matéria de alimentos.

Artigo 2º – Âmbito de aplicação

§ 1º A presente Convenção será aplicada:

a) às obrigações de prestar alimentos derivadas de uma relação de filiação, em favor de uma pessoa menor de 21 anos;

b) a reconhecimento e execução ou a execução de decisão relativa a obrigações de prestar alimentos decorrentes de relação conjugal, quando o pedido for apresentado juntamente com a solicitação de que trata a alínea *a* deste artigo; e

c) às obrigações de prestar alimentos decorrentes de relação conjugal, com exceção dos capítulos II e III.

§ 2º Qualquer Estado Contratante poderá, em conformidade com o artigo 62, reservar-se o direito de limitar a aplicação da Convenção, no que tange ao parágrafo 1º, alínea *a*, às pessoas que não tenham alcançado a idade de 18 anos. O Estado Contratante que fizer essa reserva não poderá exigir a aplicação da Convenção para pessoas de idade excluída por sua reserva.

§ 3º Qualquer Estado Contratante poderá, em conformidade com o artigo 63, declarar a extensão da aplicação, no todo ou em parte, da Convenção a outras obrigações de prestar alimentos derivadas de relação familiar, filiação, casamento ou afinidade, incluindo, especialmente, as obrigações relativas a pessoas vulneráveis. Tal declaração somente criará obrigações entre dois Estados Contratantes na medida em que suas declarações incluam as mesmas obrigações de prestar alimentos e as mesmas partes da Convenção.

§ 4º As disposições desta Convenção serão aplicadas às crianças independentemente do estado civil de seus pais.

Artigo 3º – Definições

Para os fins da presente Convenção:

a) "credor" significa pessoa a quem são devidos ou a quem se alegue serem devidos alimentos;

b) "devedor" significa pessoa que deve ou de quem se reclama alimentos;

c) "assistência jurídica" significa a assistência necessária para permitir aos demandantes conhecer e exercer seus direitos e para assegurar que seus pedidos sejam tratados de forma completa e efetiva no Estado Requerido. As formas de prover essa assistência podem incluir, na medida do necessário, consultoria jurídica, ajuda para apresentar o caso perante autoridade, representação em juízo e isenção de despesas processuais;

d) "acordo por escrito" significa acordo registrado em qualquer meio cujo conteúdo esteja disponível e possa ser utilizado como referência em consultas posteriores;

e) "acordo em matéria de alimentos" significa acordo por escrito relativo ao pagamento de alimentos que:

i) foi redigido ou registrado formalmente como instrumento autêntico por autoridade competente; ou

ii) foi autenticado, concluído, registrado ou depositado perante autoridade competente, e pode ser objeto de revisão e modificação por autoridade competente;

f) "pessoa vulnerável" significa pessoa que, em razão de limitação ou insuficiência de suas faculdades físicas ou mentais, não está em condições de prover sua própria mantença.

CAPÍTULO II
COOPERAÇÃO ADMINISTRATIVA

Artigo 4º – Designação de Autoridades Centrais

§ 1º Cada Estado Contratante designará uma Autoridade Central encarregada de cumprir as obrigações que a Convenção impõe a tal Autoridade.

§ 2º Estados federativos, Estados com mais de um sistema jurídico ou Estados que possuem unidades territoriais autônomas poderão designar mais de uma Autoridade Central e especificar o âmbito territorial ou pessoal de suas funções. O Estado que fizer uso dessa faculdade designará a Autoridade Central à qual pode ser endereçada qualquer comunicação para transmissão à Autoridade Central competente dentro desse Estado.

§ 3º A designação da Autoridade Central ou das Autoridades Centrais, seus dados de contato e, quando cabível, o alcance de suas funções, conforme o parágrafo 2º, serão comunicados pelo Estado Contratante à Secretaria Permanente da Conferência da Haia de Direito Internacional Privado no momento do depósito do instrumento de ratificação ou de adesão ou da declaração feita conforme o artigo 61. Os Estados Contratantes informarão prontamente à Secretaria Permanente qualquer modificação nessa designação.

Artigo 5º – Funções gerais das Autoridades Centrais

As Autoridades Centrais deverão:

a) cooperar entre si e promover a cooperação entre as autoridades competentes de seus respectivos Estados para alcançar os objetivos da Convenção;

b) procurar, na medida do possível, soluções para as dificuldades que surjam na aplicação da Convenção.

Artigo 6º – Funções específicas das Autoridades Centrais

§ 1º As Autoridades Centrais prestarão auxílio com relação aos pedidos previstos no Capítulo III. Em particular, deverão:

a) transmitir e receber tais pedidos;

b) iniciar ou facilitar o início de procedimentos relativos a esses pedidos.

§ 2º Em relação a tais pedidos, tomarão todas as medidas apropriadas para:

a) prestar ou facilitar a prestação de assistência jurídica, quando as circunstâncias assim o requeiram;

b) ajudar a localizar o devedor ou o credor;

c) ajudar a obter informações pertinentes relativas à renda e, se necessário, a outros aspectos econômicos do devedor ou do credor, incluindo a localização de ativos;

d) estimular soluções amigáveis a fim de obter pagamento voluntário de alimentos, recorrendo, quando apropriado, à mediação, à conciliação ou a outros procedimentos análogos;

e) facilitar a execução permanente das decisões em matéria de alimentos, inclusive o pagamento de valores atrasados;

f) facilitar a cobrança e a rápida transferência dos pagamentos de alimentos;

g) facilitar a obtenção de documentos ou outros elementos de prova;

h) prover assistência para a determinação de filiação quando esta for necessária para a cobrança de alimentos;

i) iniciar ou facilitar o início de procedimentos para obter as medidas cautelares necessárias que tenham caráter territorial e cuja finalidade seja assegurar o resultado de um pedido de alimentos em curso;

j) facilitar a comunicação de atos processuais.

§ 3º As funções da Autoridade Central estabelecidas por este artigo poderão ser desempenhadas, na medida do permitido na lei de seu Estado, por órgãos públicos ou outras instituições submetidas à supervisão das autoridades competentes desse Estado. A designação desses órgãos públicos ou outras instituições, bem como os dados de contato e o âmbito de suas funções, serão comunicados pelo Estado Contratante à Secretaria Permanente da Conferência da Haia de Direito Internacional Privado. Os Estados Contratantes comunicarão prontamente qualquer alteração à Secretaria Permanente.

§ 4º Nenhuma disposição deste artigo ou do artigo 7º será interpretada de maneira a impor a uma Autoridade Central a obrigação de exercer funções que, conforme a lei do Estado Requerido, são de competência exclusiva de autoridades judiciais.

Artigo 7º – Solicitação de medidas específicas

§ 1º Uma Autoridade Central poderá dirigir solicitação fundamentada a outra Autoridade Central para que esta adote as medidas específicas adequadas, conforme o artigo 6º, parágrafo 2º, alíneas *b*, *c*, *g*, *h*, *i* e *j*, desde que não esteja pendente qualquer pedido previsto no artigo 10. A Autoridade Central Requerida tomará tais medidas se as considerar necessárias para ajudar potencial demandante a apresentar pedido previsto no artigo 10 ou a decidir se deve apresentar tal pedido.

§ 2º Uma Autoridade Central poderá também adotar medidas específicas, por solicitação de outra Autoridade Central, referente a caso de cobrança de alimentos pendente no Estado Requerente que apresente algum elemento de estraneidade.

Artigo 8º – Custos da Autoridade Central

§ 1º Cada Autoridade Central assumirá seus próprios custos na aplicação desta Convenção.

§ 2º As Autoridades Centrais não repassarão ao demandante nenhum custo pelos serviços que prestarem com base nesta Convenção, com exceção dos custos excepcionais decorrentes de uma solicitação de medidas específicas nos termos do artigo 7º.

§ 3º A Autoridade Central Requerida não poderá cobrar os custos mencionados no parágrafo 2º sem concordância prévia do demandante sobre os custos dos referidos serviços.

CAPÍTULO III
PEDIDOS POR MEIO DE AUTORIDADES CENTRAIS

Artigo 9º – Pedido por meio de Autoridades Centrais

Pedidos previstos neste Capítulo serão remetidos à Autoridade Central do Estado Requerido por meio da Autoridade Central do Estado Contratante em que resida o demandante. Para os fins deste artigo, mera estada não constitui residência.

Artigo 10 – Pedidos disponíveis

§ 1º As seguintes categorias de pedidos estarão disponíveis, no Estado Requerente, para o credor que pretenda cobrar alimentos, nos termos desta Convenção:

a) reconhecimento ou reconhecimento e execução de decisão;

b) execução de decisão proferida ou reconhecida no Estado Requerido;

c) obtenção de decisão no Estado Requerido quando não exista decisão, incluída a determinação de filiação, quando necessária;

d) obtenção de decisão no Estado Requerido quando reconhecimento e execução de decisão não forem possíveis ou tiverem sido denegados por falta de requisito para reconhecimento e execução, nos termos do artigo 20, ou por algum dos fundamentos especificados no artigo 22, alíneas *b* ou *e*;

e) modificação de decisão proferida no Estado Requerido;

f) modificação de decisão proferida em outro Estado que não o Requerido.

§ 2º As seguintes categorias de pedidos estarão disponíveis, no Estado Requerente, para o devedor contra quem exista decisão em matéria de alimentos:

a) reconhecimento de decisão ou procedimento equivalente que implique suspensão ou limitação da execução de decisão anterior proferida no Estado Requerido;

b) modificação de decisão proferida no Estado Requerido;

c) modificação de decisão proferida em outro Estado, que não o Requerido.

§ 3º Salvo se disposto de outro modo por esta Convenção, os pedidos previstos nos parágrafos 1º e 2º serão processados nos termos da lei do Estado Requerido e os pedidos previstos no parágrafo 1º, alíneas *c* a *f* e parágrafo 2º, alíneas *b* e *c*, estarão sujeitos às normas de competência aplicáveis no Estado Requerido.

Artigo 11 – Conteúdo do pedido

§ 1º Todos os pedidos feitos com base no artigo 10 conterão, no mínimo:

a) declaração relativa à natureza do pedido ou dos pedidos;

b) nome e dados de contato do demandante, incluídos endereço e data de nascimento;

c) nome do demandado e, quando conhecidos, endereço e data de nascimento;

d) nome e data de nascimento de qualquer pessoa para a qual se solicite alimentos;

e) motivos em que se fundamenta o pedido;

f) quando a demanda for apresentada pelo credor, informação relativa ao local ao qual deve ser enviado ou eletronicamente transmitido.

g) qualquer informação ou documento especificado por declaração formulada pelo Estado Requerido, nos termos do artigo 63, salvo no caso dos pedidos previstos no artigo 10, parágrafo 1º, alínea *a* e parágrafo 2º, alínea *a*;

h) nome e dados de contato da pessoa ou do setor da Autoridade Central do Estado Requerente responsável pelo processamento do pedido.

§ 2º Quando cabível, o pedido incluirá também as seguintes informações, quando sejam conhecidas:

a) situação econômica do credor;

b) situação econômica do devedor, incluindo nome e endereço de seu empregador, bem como natureza e localização de seus bens;

c) qualquer outra informação que permita localizar o demandado.

§ 3º O pedido estará acompanhado de quaisquer informações ou documentos necessários, incluídos documentos relativos ao direito do demandante de receber assistência jurídica gratuita. Quando se tratar de pedido previsto nos artigos 10, parágrafo 1º, alínea *a*, e parágrafo 2º, alínea *a*, estará acompanhado unicamente dos documentos listados no artigo 25.

§ 4º Pedidos previstos no artigo 10 poderão ser apresentados por meio do formulário recomendado e publicado pela Conferência da Haia de Direito Internacional Privado.

Artigo 12 – Transmissão, recepção e processamento de pedidos e casos por meio de Autoridades Centrais

§ 1º A Autoridade Central do Estado Requerente assistirá o demandante a certificar-se de que o pedido esteja acompanhado de todas as informações e documentos que, no entender dessa Autoridade, sejam necessários para a análise do pedido.

§ 2º A Autoridade Central do Estado Requerente, satisfeitos os requisitos da Convenção, transmitirá o pedido à Autoridade Central do Estado Requerido em favor do demandante e com o consentimento deste. O pedido estará acompanhado do formulário de transmissão previsto no Anexo 1. A Autoridade Central do Estado Requerente, quando solicitado pela Autoridade Central do Estado Requerido, fornecerá cópia completa, certificada pela autoridade competente do Estado de origem, de qualquer dos documentos indicados no artigo 16, parágrafo 3º, no artigo 25, parágrafo 1º, alíneas *a), b)* e *d)*, parágrafo 3º, alínea *b)* e no artigo 30, parágrafo 3º.

§ 3º A Autoridade Central Requerida, dentro de seis semanas após a data de recepção do pedido, acusará seu recebimento utilizando o formulário previsto no Anexo 2, informará à Autoridade Central do Estado Requerente quais providências iniciais foram ou serão adotadas para executar o pedido e poderá solicitar quaisquer outros documentos ou informações. Dentro do mesmo prazo de seis semanas, a Autoridade Central Requerida fornecerá à Autoridade Central Requerente nome e dados de contato da pessoa ou do setor responsável por responder às consultas relativas ao estado de tramitação do pedido.

§ 4º Dentro de três meses após o aviso de recebimento, a Autoridade Central Requerida informará à Autoridade Central Requerente o estado de tramitação do pedido.

§ 5º As Autoridades Centrais Requerida e Requerente devem manter-se mutuamente informadas sobre:

a) nome da pessoa ou do setor responsável por um caso concreto;

b) estado de tramitação do caso;

e fornecerão respostas aos pedidos de informações em prazo razoável.

§ 6º As Autoridades Centrais processarão os casos com a celeridade que permita o exame adequado do seu conteúdo.

§ 7º As Autoridades Centrais utilizarão os meios de comunicação mais ágeis e eficazes de que disponham.

§ 8º A Autoridade Central Requerida poderá denegar o processamento do pedido somente quando manifestamente não cumprir os requisitos exigidos pela Convenção. Nesse caso, a Autoridade Central informará prontamente os motivos da recusa à Autoridade Central Requerente.

§ 9º A Autoridade Central Requerida não poderá recusar pedido pelo simples motivo da necessidade de documentos ou informações adicionais. Entretanto, a Autoridade Central Requerida poderá solicitar à Autoridade Central Requerente que apresente esses documentos ou informações adicionais. Caso a Autoridade Central Requerente não os apresente dentro de três meses ou em prazo maior fixado pela Autoridade Central Requerida, esta poderá decidir que não mais processará o pedido. Nesse caso, comunicará sua decisão à Autoridade Central Requerente.

Artigo 13 – Meios de comunicação

Nenhum pedido apresentado por meio das Autoridades Centrais dos Estados Contratantes nos termos deste Capítulo, e nenhum documento ou informação anexado ou fornecido por uma Autoridade Central, poderão ser impugnados pelo demandado somente em razão dos meios de comunicação utilizados entre as Autoridades Centrais.

Artigo 14 – Acesso efetivo aos procedimentos

§ 1º O Estado Requerido garantirá aos demandantes acesso efetivo aos procedimentos, incluídos os de execução e de recurso, que resultem de pedidos previstos neste Capítulo.

§ 2º Para garantir esse acesso efetivo, o Estado Requerido proporcionará assistência jurídica gratuita nos termos dos artigos 14 a 17, salvo nos casos de aplicação do parágrafo 3º.

§ 3º O Estado Requerido não estará obrigado a prestar assistência jurídica gratuita se, e na medida em que os procedimentos desse Estado permitam ao demandante formular seu pedido sem necessitar dessa assistência e que a Autoridade Central proporcione gratuitamente os serviços necessários.

§ 4º As condições de obtenção da assistência jurídica gratuita não serão mais restritivas do que as fixadas para os casos domésticos equivalentes.

§ 5º Não se exigirá qualquer garantia, fiança ou depósito, seja qual for sua denominação, para assegurar o pagamento de custos e despesas em procedimentos derivados desta Convenção.

Artigo 15 – Assistência jurídica gratuita para os pedidos de alimentos para crianças

§ 1º O Estado Requerido prestará assistência jurídica gratuita para qualquer pedido em matéria de alimentos para pessoa menor de 21 anos, e decorrente de relação de filiação, apresentado por credor nos termos deste Capítulo.

§ 2º Não obstante o disposto no parágrafo 1º, o Estado Requerido poderá negar assistência jurídica gratuita para pedidos diferentes dos previstos no artigo 10, parágrafo 1º, alíneas *a* e *b* e dos casos compreendidos no artigo 20, parágrafo 4º, se considerar que, no mérito, o pedido ou qualquer recurso é manifestamente infundado.

Artigo 16 – Declaração para permitir exame focado nos recursos econômicos da criança

§ 1º Não obstante o disposto no artigo 15, parágrafo 1º, um Estado poderá declarar que, de acordo com o artigo 63, prestará assistência jurídica gratuita em pedidos diversos dos previstos no artigo 10, parágrafo 1º, alíneas *a* e *b* e dos casos compreendidos no artigo 20, parágrafo 4º, somente por meio de exame dos recursos econômicos da criança.

§ 2º Um Estado, no momento de apresentar tal declaração, informará à Secretaria Permanente da Conferência da Haia de Direito Internacional Privado sobre a forma como realizará o exame dos recursos econômicos da criança, incluindo os parâmetros econômicos que deverão ser observados para satisfazer os critérios do exame.

§ 3º Um pedido referido no §1º, dirigido a um Estado que fez a declaração nele mencionada, conterá declaração formal do demandante indicando que os recursos econômicos da criança cumprem os parâmetros aos quais se faz referência no parágrafo 2º. O Estado Requerido só poderá solicitar mais provas sobre os recursos econômicos da criança se tiver fundamentos razoáveis para acreditar que a informação proporcionada pelo demandante é inexata.

§ 4º Se a mais favorável assistência jurídica prevista na lei do Estado Requerido com relação a pedidos de alimentos nos termos deste Capítulo em favor de crianças e decorrentes de relação de filiação for mais favorável do que a prevista nos parágrafos 1º a 3º, prestar-se-á a assistência jurídica mais favorável.

Artigo 17 – Pedidos não enquadráveis nos artigos 15 ou 16

No caso de todos os pedidos apresentados em aplicação desta Convenção, exceto aqueles enquadrados nos artigos 15 ou 16:

a) a prestação de assistência jurídica gratuita poderá submeter-se a exame de recursos econômicos do demandante ou a análise de mérito;

b) um demandante que seja beneficiário de assistência jurídica gratuita no Estado de origem terá direito, em qualquer procedimento de reconhecimento ou execução, à assistência jurídica gratuita ao menos equivalente à prevista na lei do Estado Requerido nas mesmas circunstâncias.

CAPÍTULO IV RESTRIÇÕES PARA INICIAR PROCEDIMENTOS

Artigo 18 – Limites aos procedimentos

§ 1º Quando uma decisão for proferida no Estado Contratante no qual o credor tenha sua residência habitual, o devedor não poderá iniciar em qualquer outro Estado Contratante procedimentos para modificar a decisão ou obter nova decisão, enquanto o credor continuar residindo habitualmente no Estado no qual se proferiu a decisão.

§ 2º O disposto no parágrafo 1º não será aplicado:

a) quando as partes tiverem acordado por escrito a respeito da competência desse outro Estado Contratante, salvo em litígios sobre obrigações de prestar alimentos para crianças;

b) quando o credor se submeter à competência do outro Estado Contratante, expressamente ou opondo-se quanto ao mérito do caso, sem impugnar essa competência na primeira oportunidade disponível;

c) quando a autoridade competente do Estado de origem não puder ou se negar a exercer sua competência para modificar a decisão ou proferir uma nova; ou

d) quando a decisão adotada no Estado de origem não puder ser reconhecida ou declarada executável no Estado Contratante no qual se esteja buscando procedimentos para modificar a decisão ou se proferir uma nova.

CAPÍTULO V RECONHECIMENTO E EXECUÇÃO

Artigo 19 – Âmbito de aplicação do Capítulo

§1º O presente Capítulo aplicar-se-á às decisões proferidas por autoridade judicial ou administrativa em matéria de obrigação de prestar alimentos. O termo "decisão" inclui também ajustes ou acordos celebrados perante ditas autoridades ou homologados por essas. Uma decisão poderá estabelecer método de ajuste automático por indexação e exigência de pagar atrasados, alimentos retroativos ou juros, bem como fixação de custos ou despesas.

§ 2º Se a decisão não se referir exclusivamente a obrigação de prestar alimentos, a aplicação do presente Capítulo limitar-se-á às partes da decisão relativas à obrigação de prestar alimentos.

§ 3º Para os fins do parágrafo 1º, "autoridade administrativa" significa organismo público cujas decisões, em conformidade com a lei do Estado onde está estabelecido:

a) possam ser objeto de recurso ou de revisão por autoridade judicial; e

b) têm força e efeitos similares aos de decisão de autoridade judicial sobre a mesma matéria.

§ 4º O presente Capítulo também se aplica aos acordos em matéria de alimentos, em conformidade com o artigo 30.

§ 5º As disposições do presente Capítulo aplicar-se-ão aos pedidos de reconhecimento e execução apresentados diretamente à autoridade competente do Estado Requerido, em conformidade com o artigo 37.

Artigo 20 – Requisitos para reconhecimento e execução

§ 1º Uma decisão proferida em um Estado Contratante ("o Estado de origem") será reconhecida e executada em outros Estados Contratantes se:

a) o demandado tinha sua residência habitual no Estado de origem ao tempo em que se iniciaram os procedimentos;

b) o demandado tiver se submetido à competência expressamente ou opondo-se quanto ao mérito sem impugnar essa competência na primeira oportunidade disponível;

c) o credor tinha sua residência habitual no Estado de origem ao tempo em que se iniciaram os procedimentos;

d) a criança para a qual se concedeu alimentos tinha sua residência habitual no Estado de origem ao tempo em que se iniciaram os procedimentos, desde que o demandado tenha vivido com a criança nesse Estado ou tenha residido nesse Estado e nele prestado alimentos para a criança;

e) as partes tiverem acordado por escrito a competência, salvo em litígios sobre obrigações de prestar alimentos para crianças; ou

f) a decisão tiver sido proferida por autoridade no exercício de sua competência sobre estado civil ou responsabilidade parental, salvo se dita competência tiver se baseada unicamente na nacionalidade de uma das partes.

§ 2º Um Estado Contratante poderá formular reserva, de acordo com o artigo 62, com relação ao parágrafo 1º, alíneas *c*, *e*, ou *f*.

§ 3º Um Estado Contratante que formule reserva de acordo com o parágrafo 2º reconhecerá e executará uma decisão se, em circunstâncias de fato semelhantes, sua lei outorgar ou tiver outorgado competência às suas autoridades para proferir essa decisão.

§ 4º Um Estado Contratante adotará todas as medidas necessárias para que se profira decisão em favor do credor quando não for possível o reconhecimento de decisão como consequência de reserva de acordo com o parágrafo 2º e se o devedor tiver sua residência habitual nesse Estado. O disposto na frase anterior não se aplicará aos pedidos diretos de reconhecimento e execução previstos no artigo 19, parágrafo 5º ou aos pedidos de alimentos referidos no artigo 2º, parágrafo 1º, alínea *b*.

§ 5º Uma decisão em favor de criança menor de 18 anos que não possa ser reconhecida somente em razão das reservas a que se referem o parágrafo 1º, alíneas *c*, *e*, ou *f* será aceita para reconhecer a legitimidade da criança a pleitear alimentos no Estado Requerido.

§ 6º Uma decisão só será reconhecida se surtir efeitos no Estado de origem e só será executada quando for executável no referido Estado.

Artigo 21 – Divisibilidade e reconhecimento e execução parcial

§ 1º Se o Estado Requerido não puder reconhecer ou executar a totalidade da decisão, reconhecerá ou executará qualquer parte divisível da referida decisão que possa ser objeto de reconhecimento ou execução.

§ 2º Sempre será possível solicitar reconhecimento ou execução parcial de decisão.

Artigo 22 – Fundamentos para denegação do reconhecimento e da execução

Reconhecimento e execução de decisão poderão ser denegados se:

a) o reconhecimento e a execução da decisão for manifestamente incompatível com a ordem pública do Estado Requerido;

b) a decisão tiver sido obtida mediante fraude processual;

c) estiver em curso perante autoridade do Estado Requerido procedimento entre as mesmas partes e com o mesmo objeto que tiver sido iniciado anteriormente;

d) a decisão for incompatível com outra decisão proferida entre as mesmas partes e com o mesmo objeto, seja no Estado Requerido ou em outro Estado, desde que essa última decisão cumpra os requisitos necessários para seu reconhecimento e execução no Estado Requerido;

e) no caso em que o demandado não tiver comparecido nem tiver sido representado no procedimento no Estado de origem:

i) quando a lei do Estado de origem previr a comunicação desse ato processual, e o demandado não tiver sido devidamente comunicado nem tiver tido a oportunidade de ser ouvido; ou

ii) quando a lei do Estado de origem não previr a comunicação desse ato processual, e o demandado não tiver sido devidamente comunicado da decisão nem tiver tido a oportunidade de recorrer quanto a questões de fato e de direito; ou

f) a decisão tiver sido proferida em desacordo com o artigo 18.

Artigo 23 – Procedimento para um pedido de reconhecimento e execução

§ 1º Nos termos do disposto nesta Convenção, os procedimentos para reconhecimento e execução serão regidos pela lei do Estado Requerido.

§ 2º Quando pedido de reconhecimento e execução de decisão tiver sido feito por meio das Autoridades Centrais, em conformidade com o Capítulo III, a Autoridade Central Requerida prontamente:

a) transmitirá o pedido à autoridade competente que, sem demora, declarará a decisão executável ou a registrará para sua execução; ou

b) adotará essas medidas, se for a autoridade competente.

§ 3º Quando um pedido for apresentado diretamente a uma autoridade competente do Estado Requerido, de acordo com o artigo 19, parágrafo 5º, essa autoridade, sem demora, declarará a decisão executável ou registra-la-á para execução.

§ 4º Uma declaração ou registro só poderá ser denegado pelas razões especificadas no artigo 22, alínea *a*. Nessa fase, demandante e demandado não poderão apresentar alegações.

§ 5º A comunicação dos atos processuais ao demandante e ao demandado, referente à declaração ou ao registro em conformidade com os parágrafos 2º e 3º, ou à denegação decidida de acordo com o parágrafo 4º, será prontamente realizada, e as partes poderão recorrer para alegar questões de fato e de direito.

§ 6º O recurso poderá ser apresentado dentro dos 30 dias seguintes à comunicação de ato processual prevista no parágrafo 5º. Se o recorrente não reside no Estado Contratante no qual se realizou ou se denegou a declaração ou o registro, o recurso poderá ser interposto dentro dos 60 dias seguintes à referida comunicação.

§ 7º O recurso poderá ser baseado somente:

a) nos fundamentos para denegação de reconhecimento e execução previstos no artigo 22;

b) nos requisitos para reconhecimento e execução previstos no artigo 20;

c) na autenticidade ou integridade de documento transmitido de acordo com o artigo 25, parágrafo 1º, alíneas *a*, *b* ou *d* ou parágrafo 3º, alínea *b*.

§ 8º O recurso do demandado também poderá se fundamentar na satisfação do débito quando reconhecimento e execução se refiram a débitos vencidos.

§ 9º Demandante e demandado serão prontamente intimados da decisão sobre o recurso.

§ 10 Recurso ulterior, se permitido pela lei do Estado Requerido, não suspenderá a execução da decisão, salvo em circunstâncias excepcionais.

§ 11 A autoridade competente atuará rapidamente para proferir decisão sobre reconhecimento e execução, assim como para decidir sobre qualquer recurso.

Artigo 24 – Procedimento alternativo para um pedido de reconhecimento e execução

§ 1º Não obstante o disposto no artigo 23, parágrafos 2º a 11, um Estado poderá declarar, de acordo com o artigo 63, que aplicará o procedimento de reconhecimento e execução previsto neste artigo.

§ 2º Quando pedido de reconhecimento e execução de decisão tiver sido feito por meio das Autoridades Centrais de acordo com o Capítulo III, a Autoridade Central Requerida prontamente:

a) encaminhará o pedido à autoridade competente, que decidirá sobre o pedido de reconhecimento e execução; ou

b) proferirá tal decisão, se for a autoridade competente.

§ 3º A autoridade competente proferirá decisão sobre reconhecimento e execução depois que o demandado tiver sido comunicado sobre o procedimento devida e prontamente e depois de que ambas as partes tiverem tido a oportunidade adequada de serem ouvidas.

§ 4º A autoridade competente poderá conhecer de ofício os fundamentos para a denegação de reconhecimento e execução previstos no artigo 22, alíneas *a*, *c* e *d*. A autoridade competente poderá conhecer qualquer dos fundamentos previstos nos artigos 20, 22 e 23, parágrafo 7º, alínea *c* se forem alegados pelo demandado ou se surgirem a partir da leitura dos documentos apresentados de acordo com o artigo 25.

§ 5º A denegação de reconhecimento e execução também poderá ser fundamentada na satisfação do débito, quando o reconhecimento e a execução se refiram a débitos vencidos.

§ 6º O recurso ulterior, se permitido pela lei do Estado Requerido, não suspenderá a execução da decisão, salvo em circunstâncias excepcionais.

§ 7º A autoridade competente atuará rapidamente para proferir uma decisão sobre reconhecimento e execução, assim como para decidir sobre qualquer recurso.

Artigo 25 – Documentos

§ 1º O pedido de reconhecimento e execução de acordo com os artigos 23 ou 24 será acompanhado dos seguintes documentos:

a) texto completo da decisão;

b) documento no qual conste que a decisão é executável no Estado de origem e, se a decisão emanou de uma autoridade administrativa, documento no qual se indique a observância dos requisitos previstos no artigo 19, parágrafo 3º, salvo se aquele Estado tiver declarado de acordo com o artigo 57 que as decisões de suas autoridades administrativas sempre cumprem tais requisitos;

c) se o demandado não compareceu nem foi representado nos procedimentos no Estado de origem, documento que ateste, conforme o caso, que o demandado foi devidamente comunicado do ato processual e que teve oportunidade de ser ouvido ou que foi devidamente comunicado da decisão e que teve oportunidade de recorrer para alegar questões de fato e de direito;

d) quando necessário, documento no qual se indique o montante dos valores atrasados e a data em que foram calculados;

e) quando necessário, em caso de decisão que estabeleça o ajuste automático dos valores mediante indexação, documento que contenha a informação necessária para realizar os cálculos correspondentes;

f) quando necessário, documento que indique a extensão do benefício de assistência jurídica gratuita recebida pelo demandante no Estado de origem.

§ 2º Em caso de recurso com fundamento no artigo 23, parágrafo 7º, alínea *c*, ou de pedido da autoridade competente do Estado Requerido, cópia completa do documento respectivo, certificada pela autoridade competente do Estado de origem, será prontamente fornecida:

a) pela Autoridade Central do Estado Requerente, quando o pedido tiver sido realizado de acordo com o Capítulo III;

b) pelo demandante, quando a solicitação tiver sido apresentada diretamente perante a autoridade competente do Estado Requerido.

§ 3º Um Estado Contratante poderá declarar, de acordo com o artigo 57:

a) que o pedido deve ser acompanhado de cópia completa da decisão, certificada pela autoridade competente no Estado de origem;

b) as circunstâncias nas quais aceitará, em vez do texto completo da decisão, resumo ou extrato da decisão, redigido pela autoridade competente do Estado de origem, o qual poderá ser apresentado mediante formulário recomendado e publicado pela Conferência da Haia de Direito Internacional Privado; ou

c) que não exige documento que indique que se cumprem os requisitos previstos no artigo 19, parágrafo 3º.

Artigo 26 – Procedimento no caso de pedido de reconhecimento

Este Capítulo será aplicado, **mutatis mutandis**, a pedido de reconhecimento de decisão, à exceção da exigência do caráter executório, que será substituída pela exigência de que a decisão surta efeitos no Estado de origem.

Artigo 27 – Questões de fato

As autoridades competentes do Estado Requerido estarão vinculadas às questões de fato nas quais a autoridade do Estado de origem tenha fundamentado sua decisão.

Artigo 28 – Proibição de revisão de mérito

As autoridades competentes do Estado Requerido não poderão revisar o mérito de uma decisão.

Artigo 29 – Não exigência da presença física da criança ou do demandante

Não será exigida a presença física da criança ou do demandante em qualquer procedimento iniciado no Estado Requerido de acordo com este Capítulo.

Artigo 30 – Acordos em matéria de alimentos

§ 1º Acordo em matéria de alimentos celebrado em um Estado Contratante poderá ser reconhecido e executado como decisão de acordo com este Capítulo, desde que seja executável com força de decisão no Estado de origem.

§ 2º Para os efeitos do artigo 10, parágrafo 1º, alíneas *a* e *b*, e parágrafo 2º, alínea *a*, o termo "decisão" compreende acordo em matéria de alimentos.

§ 3º O pedido de reconhecimento e execução de acordo em matéria de alimentos será acompanhado dos seguintes documentos:

a) texto completo do acordo em matéria de alimentos; e

b) documento que indique que o acordo em matéria de alimentos é executável como decisão no Estado de origem.

§ 4º O reconhecimento e a execução de acordo em matéria de alimentos poderão ser denegados se:

a) o reconhecimento e a execução forem manifestamente incompatíveis com a ordem pública do Estado Requerido;

b) o acordo em matéria de alimentos tiver sido obtido mediante fraude ou falsificação;

c) o acordo em matéria de alimentos for incompatível com decisão proferida entre as mesmas partes e com o mesmo objeto, seja no Estado Requerido ou em outro Estado, desde que essa última decisão cumpra os requisitos necessários para obter seu reconhecimento e sua execução no Estado Requerido.

§ 5º As disposições deste Capítulo, com exceção dos artigos 20, 22, 23, parágrafo 7º, e do artigo 25, parágrafos 1º e 3º, serão aplicadas, **mutatis mutandis**, ao reconhecimento e à execução de acordo em matéria de alimentos, com as seguintes ressalvas:

a) declaração ou registro nos termos do artigo 23, parágrafos 2º e 3º, poderá ser denegada somente pelo fundamento previsto no parágrafo 4º, alínea *a*; e

b) recurso ou apelação a que se refere o artigo 23, parágrafo 6º, poderá ser fundamentado somente:

i) nos fundamentos de denegação de reconhecimento e execução previstos no parágrafo 4º;

ii) na autenticidade ou integridade de documento transmitido de acordo com o parágrafo 3º.

c) no que se refere ao procedimento previsto no artigo 24, parágrafo 4º, a autoridade competente poderá conhecer de ofício o fundamento para denegação de reconhecimento e execução previsto no parágrafo 4º, alínea *a*, deste artigo. A autoridade competente poderá conhecer todos os fundamentos previstos no parágrafo 4º deste artigo, bem como da autenticidade e da integridade de qualquer documento transmitido de acordo com o parágrafo 3º, se forem alegados pelo demandado ou se surgirem a partir da leitura de tais documentos.

§ 6º Quando estiver em andamento recurso a respeito de acordo em matéria de alimentos perante autoridade competente de um Estado Contratante, os procedimentos de reconhecimento e execução desse acordo serão suspensos.

§ 7º Um Estado poderá declarar que pedidos de reconhecimento e execução de acordos em matéria de alimentos poderão ser apresentados somente por meio de Autoridades Centrais.

§ 8º Um Estado Contratante poderá reservar o direito de não reconhecer nem executar acordo em matéria de alimentos, de acordo com o artigo 62.

Artigo 31 – Decisões resultantes do efeito combinado de medidas de urgência e sentenças que as confirmam

Quando uma decisão for o resultado do efeito combinado de uma medida de urgência proferida em um Estado e de uma decisão proferida por uma autoridade de outro Estado ("Estado confirmante") que confirme a medida de urgência:

a) considerar-se-á Estado de origem cada um desses Estados, para efeitos deste Capítulo;

b) os requisitos estabelecidos no artigo 22, alínea *e*, estarão cumpridos se o demandado tiver sido comunicado devidamente do ato processual no Estado confirmante e se tiver tido a oportunidade de recorrer da confirmação da medida de urgência;

c) o requisito estabelecido no artigo 20, parágrafo 6º, de que a decisão seja executável no Estado de origem, estará cumprido se a decisão for executável no Estado confirmante; e

d) o artigo 18 não impedirá o início de procedimentos de modificação da decisão em um ou em outro Estado.

CAPÍTULO VI
EXECUÇÃO PELO ESTADO REQUERIDO

Artigo 32 – Execução conforme a lei nacional

§ 1º A execução será realizada de acordo com a lei do Estado Requerido, sujeita às disposições deste Capítulo.

§ 2º A execução será rápida.

§ 3º No caso de pedidos apresentados por meio de Autoridades Centrais, quando uma decisão tiver sido declarada executável ou tiver sido registrada para sua execução de acordo com o Capítulo V, proceder-se-á à execução sem necessidade de qualquer outra atuação por parte do demandante.

§ 4º Terão eficácia todas as normas relativas à duração da obrigação de prestar alimentos aplicáveis no Estado de origem da decisão.

§ 5º O prazo de prescrição relativo à execução de atrasados determinar-se-á de acordo com a lei do Estado de origem da decisão ou do Estado Requerido, a que estabelecer o prazo maior.

Artigo 33 – Não discriminação

O Estado Requerido disponibilizará, para os casos compreendidos no âmbito desta Convenção, ao menos, as mesmas medidas de execução aplicáveis aos casos internos.

Artigo 34 – Medidas de execução

§ 1º Os Estados Contratantes tornarão disponíveis nos seus direitos internos medidas efetivas para executar as decisões com base nesta Convenção.

§ 2º Tais medidas poderão abranger:

a) retenção do salário;

b) bloqueio de contas bancárias ou de outras fontes;

c) deduções nas prestações de seguro social;

d) gravame ou alienação forçada de bens;

e) retenção do reembolso de tributos;

f) retenção ou suspensão de benefícios de pensão;

g) informação aos organismos de crédito;

h) denegação, suspensão ou revogação de certas permissões (carteira de habilitação, por exemplo);

i) recurso à mediação, à conciliação ou a outros meios alternativos de solução de litígios que favoreçam a execução voluntária.

Artigo 35 – Transferência de fundos

§ 1º Os Estados Contratantes são estimulados a promover, inclusive por meio de acordos internacionais, a utilização dos meios menos custosos e mais eficazes disponíveis para efetuar transferências de fundos destinados ao pagamento de alimentos.

§ 2º Um Estado Contratante, cuja lei imponha restrições às transferências de fundos, dará a mais alta prioridade às transferências de fundos destinados ao pagamento de alimentos com base nesta Convenção.

CAPÍTULO VII
ÓRGÃOS PÚBLICOS

Artigo 36 – Órgãos públicos na qualidade de demandante

§ 1º Para os fins de pedido de reconhecimento e execução, em aplicação do artigo 10, parágrafo 1º, alíneas *a* e *b*, e dos casos do artigo 20, parágrafo 4º, o termo "credor" compreende órgão público que atue no lugar de pessoa a quem se deva alimentos ou órgão ao qual se deva reembolso de prestações pagas a título de alimentos.

§ 2º O direito de um órgão público de atuar no lugar de uma pessoa a quem se deva alimentos ou de pedir reembolso da prestação paga ao credor a título de alimentos é regido pela lei a que está submetido esse órgão.

§ 3º Um órgão público pode pedir reconhecimento ou execução de:

a) decisão proferida contra devedor a pedido de órgão público que reclame o pagamento de benefícios providos a título de alimentos;

b) decisão proferida que tenha como partes credor e devedor, na medida dos benefícios providos ao credor a título de alimentos;

§ 4º O órgão público que invocar o reconhecimento ou solicitar a execução de uma decisão fornecerá, a pedido, qualquer documento para comprovar tanto o seu direito, de acordo com o parágrafo 2º, quanto o pagamento das prestações ao credor.

CAPÍTULO VIII
DISPOSIÇÕES GERAIS

Artigo 37 – Solicitações apresentadas diretamente às autoridades competentes

§ 1º A Convenção não excluirá a possibilidade de recorrer a procedimentos disponíveis no direito interno de um Estado Contratante que autorizem uma pessoa (o demandante) a acionar diretamente uma autoridade competente deste Estado em matéria regida pela Convenção, incluindo a obtenção ou a modificação de decisão em matéria de alimentos, respeitado o disposto no artigo 18.

§ 2º O artigo 14, parágrafo 5º, e o artigo 17, alínea *b*, e as disposições dos Capítulos V, VI, VII e deste capítulo, à exceção do artigo 40, parágrafo 2º, do artigo 42, do artigo 43, parágrafo 3º, do artigo 44, parágrafo 3º, e dos artigos 45 e 55, aplicam-se às solicitações de reconhecimento e execução apresentadas diretamente a autoridade competente de um Estado Contratante.

§ 3º Para fins do parágrafo 2º, o artigo 2º, parágrafo 1º, alínea *a*, aplicar-se-á a decisão que outorga alimentos a pessoa vulnerável cuja idade for superior à idade especificada naquela alínea, quando tal decisão tenha sido proferida antes que a pessoa tivesse atingido essa idade e tenha concedido alimentos para além dessa idade, em razão de sua vulnerabilidade.

Artigo 38 – Proteção de dados de caráter pessoal

Os dados pessoais obtidos ou transmitidos em aplicação da Convenção somente poderão ser utilizados para os fins para os quais foram obtidos ou transmitidos.

Artigo 39 – Sigilo

Qualquer autoridade que processe informações assegurará seu sigilo de acordo com a lei do seu Estado.

Artigo 40 – Não divulgação de informações

§ 1º Uma autoridade não poderá divulgar nem confirmar informações obtidas ou transmitidas em aplicação desta Convenção se entender que a saúde, a segurança ou a liberdade de uma pessoa possa ser colocada em risco.

§ 2º Uma decisão neste sentido, tomada por uma Autoridade Central, será levada em consideração por outra Autoridade Central, particularmente nos casos de violência familiar.

§ 3º Nenhuma previsão deste artigo impedirá a obtenção e a transmissão de informações por e entre autoridades, na medida necessária ao cumprimento das obrigações decorrentes da Convenção.

Artigo 41 – Dispensa de legalização

Nenhuma legalização ou formalidade similar pode ser requerida no contexto desta Convenção.

Artigo 42 – Procuração

A Autoridade Central do Estado Requerido somente poderá exigir procuração do demandante se for atuar em seu nome em processos judiciais ou perante outras autoridades ou, ainda, para designar representante para estes fins.

Artigo 43 – Cobrança de custos

§ 1º A cobrança de quaisquer custos decorrentes da aplicação desta Convenção não terá prioridade sobre a cobrança de alimentos.

§ 2º Um Estado pode cobrar custos de uma parte sucumbente.

§ 3º Para os fins de um pedido decorrente do artigo 10, parágrafo 1º, alínea *b*, com a finalidade de cobrar os custos de uma parte sucumbente, de acordo com o parágrafo 2º, o termo "credor" no artigo 10, parágrafo 1º, incluirá um Estado.

§ 4º Este artigo aplicar-se-á sem prejuízo do artigo 8º.

Artigo 44 – Exigências idiomáticas

§ 1º Qualquer pedido e documentos a ele relacionados serão redigidos no idioma original e acompanhados de tradução para o idioma oficial do Estado Requerido ou qualquer outro idioma que o Estado Requerido indicar que pode aceitar, mediante declaração feita de acordo com o artigo 63, salvo dispensa de tradução da autoridade competente deste Estado.

§ 2º Um Estado Contratante que possuir vários idiomas oficiais e que, por razões de direito interno, não puder aceitar para o conjunto de seu território documentos em desses idiomas, informará, mediante declaração feita de acordo com o artigo 63, o idioma para o qual devem ser traduzidos para envio às diferentes partes de seu território.

§ 3º Salvo se as Autoridades Centrais dispuserem em contrário, qualquer outra comunicação entre elas será enviada no idioma oficial do Estado Requerido ou em francês ou em inglês. Todavia, um Estado Contratante pode, fazendo a reserva prevista no artigo 62, opor-se à utilização do francês ou do inglês.

Artigo 45 – Meios e custos de tradução

§ 1º Nos casos de pedidos previstos no Capítulo III, as Autoridades Centrais podem acordar, em caso especial ou de forma geral, que a tradução para o idioma oficial do Estado Requerido seja feita no Estado Requerido a partir do idioma original ou de qualquer outro idioma acordado. Se não houver acordo e se a Autoridade Central Requerente não puder cumprir as exigências do artigo 44, parágrafos 1º e 2º, o pedido e os documentos a ele relacionados poderão ser transmitidos acompanhados de tradução para francês ou inglês, para que seja traduzido posteriormente para o idioma oficial do Estado Requerido.

§ 2º Os custos de tradução decorrentes da aplicação do parágrafo 1º ficarão a cargo do Estado Requerente, salvo acordo em contrário das Autoridades Centrais dos Estados envolvidos.

§ 3º Não obstante o artigo 8º, a Autoridade Central Requerente poderá deixar a cargo do demandante os custos de tradução de um pedido e dos documentos que o acompanham, salvo se esses custos puderem ser cobertos pelo seu sistema de assistência jurídica.

Artigo 46 – Sistemas jurídicos não unificados – Interpretação

§ 1º No que se refere a um Estado onde estão em vigor dois ou mais sistemas jurídicos ou conjuntos de normas que tratam de qualquer questão regida por esta Convenção, em relação a diferentes unidades territoriais:

a) qualquer referência à lei ou ao procedimento de um Estado será compreendida, quando cabível, como referência à lei ou ao procedimento vigente na unidade territorial pertinente;

b) qualquer referência a decisão proferida, reconhecida, reconhecida e executada, executada ou modificada naquele Estado será compreendida, quando cabível, como referência a decisão proferida, reconhecida, reconhecida e executada, executada ou modificada na unidade territorial pertinente;

c) qualquer referência a autoridade judicial ou administrativa daquele Estado será compreendida, quando cabível, como referência a autoridade judicial ou administrativa da unidade territorial pertinente;

d) qualquer referência a autoridades competentes, órgãos públicos ou outros órgãos daquele Estado, com exceção das Autoridades Centrais, será compreendida, quando cabível, como referência a autoridades ou órgãos autorizados a atuar na unidade territorial pertinente;

e) qualquer referência a residência ou residência habitual naquele Estado será compreendida, quando cabível, como referência a residência ou residência habitual na unidade territorial pertinente;

f) qualquer referência a localização de bens naquele Estado será compreendida, quando cabível, como referência a localização de bens na unidade territorial pertinente;

g) qualquer referência a acordo de reciprocidade em vigor naquele Estado será compreendida, quando cabível, como referência a acordo de reciprocidade vigente na unidade territorial pertinente;

h) qualquer referência a assistência jurídica gratuita naquele Estado será compreendida, quando cabível, como referência a assistência jurídica gratuita na unidade territorial pertinente;

i) qualquer referência a acordo em matéria de alimentos concluído em um Estado será compreendida, quando cabível, como referência a acordo em matéria de alimentos concluído na unidade territorial pertinente;

j) qualquer referência a cobrança de custos por um Estado será compreendida, quando cabível, como referência a cobrança de custos pela unidade territorial pertinente.

§ 2º Este artigo não se aplica a uma Organização Regional de Integração Econômica.

Artigo 47 – Sistemas jurídicos não unificados – Regras materiais

§ 1º Um Estado Contratante com duas ou mais unidades territoriais nas quais se aplicam diferentes sistemas jurídicos não será obrigado a aplicar esta Convenção às situações que envolverem unicamente essas diferentes unidades territoriais.

§ 2º Uma autoridade competente em uma unidade territorial de um Estado Contratante com duas ou mais unidades territoriais nas quais se aplicam diferentes sistemas jurídicos não será obrigada a reconhecer ou executar decisão de outro Estado Contratante somente porque esta decisão foi reconhecida ou executada em outra unidade territorial do mesmo Estado Contratante nos termos desta Convenção.

§ 3º Este artigo não se aplica a uma Organização Regional de Integração Econômica.

Artigo 48 – Coordenação com Convenções da Haia anteriores em matéria de obrigações alimentares

Nas relações entre Estados Contratantes, observado o disposto no artigo 56, parágrafo 2º, esta Convenção substitui a Convenção de Haia de 2 de outubro de 1973 sobre o Reconhecimento e Execução de Decisões Relativas às Obrigações de Prestar Alimentos e a Convenção de Haia de 15 de abril de 1958 com relação a reconhecimento e execução de decisões relativas às obrigações de prestar alimentos para crianças, na medida em que seus âmbitos de aplicação entre os Estados coincidam com o âmbito de aplicação desta Convenção.

Artigo 49 – Coordenação com a Convenção de Nova Iorque de 1956

Nas relações entre Estados Contratantes, esta Convenção substitui a Convenção das Nações Unidas sobre Prestação de Alimentos no Estrangeiro, de 20 de junho de 1956, na medida em que seu âmbito de aplicação entre os Estados corresponda ao âmbito de aplicação desta Convenção.

Artigo 50 – Relação com as Convenções da Haia anteriores relativas à comunicação de atos processuais e à obtenção de provas

Esta Convenção não derroga a Convenção da Haia de 1º de março de 1954, relativa ao procedimento civil, a Convenção da Haia de 15 de novembro de 1965, relativa à citação, intimação e notificação no exterior de atos judiciais e extrajudiciais em matéria civil ou comercial, e a Convenção da Haia de 18 de março de 1970 sobre Obtenção de Provas no Exterior em Matéria Civil ou Comercial.

Artigo 51 – Coordenação com instrumentos e acordos complementares

§ 1º Esta Convenção não derroga qualquer instrumento internacional celebrado antes desta, do qual Estados Contratantes sejam Partes e que contenham disposições sobre as matérias reguladas por esta Convenção.

§ 2º Qualquer Estado Contratante poderá celebrar com um ou mais Estados Contratantes acordos que contenham disposições sobre as matérias reguladas pela Convenção a fim de melhorar a aplicação da Convenção entre eles, desde que tais acordos estejam em consonância com o objeto e a finalidade desta Convenção e que não afetem, nas relações desses Estados com outros Estados Contratantes, a aplicação das disposições desta Convenção. Os Estados que tiverem celebrado tais acordos transmitirão cópia ao depositário desta Convenção.

§ 3º Os parágrafos 1º e 2º se aplicam igualmente a acordos de reciprocidade e a leis uniformes baseadas em vínculos especiais entre os Estados em questão.

§ 4º Esta Convenção não afeta a aplicação de instrumentos de Organização Regional de Integração Econômica Parte da Convenção adotados após sua celebração, no que se refere às matérias reguladas pela Convenção, desde que tais instrumentos não afetem, nas relações dos Estados membros da Organização Regional de Integração Econômica com outros Estados Contratantes, a aplicação das disposições da Convenção. No que se refere a reconhecimento ou execução de decisões entre os Estados membros da Organização Regional de Integração Econômica, a Convenção não afeta as regras da Organização, tenham sido elas adotadas antes ou depois da celebração desta Convenção.

Artigo 52 – Regra da eficácia máxima

§ 1º Esta Convenção não impede a aplicação de tratado, acordo ou instrumento internacional vigente entre o Estado Requerente e o Estado Requerido ou de acordo de reciprocidade vigente no Estado Requerido que preveja:

a) bases mais amplas para reconhecimento de decisões em matéria de alimentos, sem prejuízo do artigo 22, alínea *f*, da Convenção;

b) procedimentos simplificados e mais céleres relativos a pedido de reconhecimento ou de reconhecimento e execução de decisões em matéria de alimentos;

c) assistência jurídica mais favorável que aquela prevista nos artigos 14 a 17; ou

d) procedimentos que permitam a demandante de um Estado Requerente apresentar solicitação diretamente à Autoridade Central do Estado Requerido.

§ 2º Esta Convenção não impedirá a aplicação de uma lei em vigor no Estado Requerido que preveja regras mais eficazes, tais como as mencionadas no parágrafo 1º, alíneas *a* a *c*. Entretanto, no que se refere aos procedimentos simplificados e mais céleres mencionados no parágrafo 1º, alínea *b*, esses devem ser compatíveis com a proteção oferecida às partes nos termos dos artigos 23 e 24, particularmente no que se refere aos direitos das partes de serem devidamente notificadas sobre os procedimentos e de terem oportunidade adequada de serem ouvidas, e no que se refere aos efeitos de contestação ou recurso.

Artigo 53 – Interpretação uniforme

Para a interpretação desta Convenção, levar-se-á em conta seu caráter internacional e a necessidade de promover a uniformidade de sua aplicação.

Artigo 54 – Avaliação do funcionamento prático da Convenção

§ 1º O Secretário-Geral da Conferência da Haia de Direito Internacional Privado convocará periodicamente uma Comissão Especial a fim de avaliar o funcionamento prático da Convenção e de estimular o desenvolvimento de boas práticas sobre a Convenção.

§ 2º Para esse fim, os Estados Contratantes colaborarão com a Secretaria Permanente da Conferência da Haia de Direito Internacional Privado a fim de coletar as informações relativas ao funcionamento prático da Convenção, incluindo estatísticas e jurisprudência.

Artigo 55 – Alteração de formulários

§ 1º Os formulários anexados a esta Convenção poderão ser alterados por decisão de uma Comissão Especial convocada pelo Secretário-Geral da Conferência da Haia de Direito Internacional Privado, para a qual serão convidados todos os Estados Contratantes e todos os Membros. A proposta de alteração dos formulários será incluída na ordem do dia da Reunião.

§ 2º As alterações adotadas pelos Estados Contratantes presentes na Comissão especial entrarão em vigor para todos os Estados Contratantes no primeiro dia do sétimo mês após a data de sua comunicação pelo depositário a todos os Estados Contratantes.

§ 3º Durante o prazo previsto no parágrafo 2º, qualquer Estado Contratante poderá notificar por escrito ao depositário que faz reserva a essa alteração, de acordo com o artigo 62. O Estado que tenha feito tal reserva será tratado, no que se refere a essa alteração, como se não fosse Parte da Convenção, até que a reserva seja retirada.

Artigo 56 – Disposições transitórias

§ 1º A Convenção será aplicada em todos os casos em que:

a) uma solicitação baseada no artigo 7º ou um pedido conforme o Capítulo III tenha sido recebido pela Autoridade Central do Estado Requerido após a entrada em vigor da Convenção entre o Estado Requerente e o Estado Requerido;

b) uma solicitação de reconhecimento e execução tenha sido apresentada diretamente a uma autoridade competente do Estado destinatário após a entrada em vigor da Convenção entre o Estado de origem e o Estado destinatário.

§ 2º No que se refere a reconhecimento e execução das decisões entre os Estados Contratantes desta Convenção que sejam igualmente Partes de alguma das Convenções da Haia em matéria de alimentos mencionadas no artigo 48, se as condições para reconhecimento e execução previstas nesta Convenção impedirem reconhecimento e execução de decisão proferida no Estado de origem antes da entrada em vigor desta Convenção neste Estado, a qual seria reconhecida e executada nos termos da Convenção em vigor ao tempo em que a decisão foi proferida, aplicar-se-ão as condições desta última Convenção.

§ 3º O Estado destinatário não é obrigado, com base nesta Convenção, a executar uma decisão ou um acordo em matéria de alimentos com relação a pagamentos devidos antes da entrada em vigor da Convenção entre o Estado de origem e o Estado destinatário, salvo no que se refere às obrigações de prestar alimentos decorrentes de uma relação de filiação em favor de uma pessoa menor de 21 anos.

Artigo 57 – Fornecimento de informações relativas às leis, procedimentos e serviços

§ 1º Um Estado Contratante, ao tempo em que depositar seu instrumento de ratificação ou de adesão ou que fizer declaração prevista no artigo 61 da Convenção, fornecerá à Secretaria Permanente da Conferência da Haia de Direito Internacional Privado:

a) descrição de sua legislação e de seus procedimentos relativos às obrigações em matéria de alimentos;

b) descrição das medidas que tomará para satisfazer as obrigações decorrentes do artigo 6º;

c) descrição da forma pela qual fornecerá aos demandantes acesso efetivo aos procedimentos, de acordo com o artigo 14;

d) descrição de suas regras e procedimentos de execução, incluindo quaisquer limites à execução, principalmente das regras de proteção ao devedor e os prazos de prescrição;

e) qualquer declaração relativa ao artigo 25, parágrafo 1º, alínea *b*, e parágrafo 3º.

§ 2º Os Estados Contratantes poderão, para satisfazerem suas obrigações decorrentes do parágrafo 1º, utilizar formulário de perfil do país, recomendado e publicado pela Conferência da Haia de Direito Internacional Privado.

§ 3º As informações serão mantidas atualizadas pelos Estados Contratantes.

CAPÍTULO IX
DISPOSIÇÕES FINAIS

Artigo 58 – Assinatura, ratificação e adesão

§ 1º A Convenção estará aberta para assinatura dos Estados que eram Membros da Conferência da Haia de Direito Internacional Privado quando da sua Vigésima-primeira Sessão e dos demais Estados que participaram daquela Sessão.

§ 2º Ela será ratificada, aceita ou aprovada e os instrumentos de ratificação, aceitação ou aprovação serão depositados junto ao Ministério dos Assuntos Estrangeiros do Reino dos Países Baixos, depositário da Convenção.

§ 3º Qualquer outro Estado ou Organização Regional de Integração Econômica poderá aderir à Convenção após sua entrada em vigor, de acordo com o artigo 60, parágrafo 1º.

§ 4º O instrumento de adesão será depositado junto ao depositário.

§ 5º A adesão somente terá efeito nas relações entre o Estado que adere e os Estados Contratantes que não tiverem oposto objeção a essa adesão nos 12 meses seguintes à data da notificação prevista no artigo 65. Tal objeção poderá igualmente ser oposta por qualquer Estado ao tempo de sua ratificação, aceitação ou aprovação da Convenção, posterior àquela adesão. Tais objeções serão notificadas ao depositário.

Artigo 59 – Organizações Regionais de Integração Econômica

§ 1º Uma Organização Regional de Integração Econômica constituída unicamente de Estados soberanos e que têm competência sobre algumas ou todas as matérias reguladas por esta Convenção poderá igualmente assinar, aceitar, aprovar ou aderir a esta Convenção. A Organização Regional de Integração Econômica terá, nesse caso, os mesmos direitos e obrigações que um Estado Contratante, na medida em que a organização tenha competência sobre as matérias regidas pela Convenção.

§ 2º No momento da assinatura, da aceitação, da aprovação ou da adesão, a Organização Regional de Integração Econômica notificará ao depositário, por escrito, das matérias regidas por esta Convenção cuja competência lhe foi transferida por seus Estados Membros. A Organização notificará prontamente o depositário, por escrito, sobre qualquer modificação na delegação de competência especificada na notificação mais recente feita com base neste parágrafo.

§ 3º No momento da assinatura, aceitação, aprovação ou adesão, uma Organização Regional de Integração Econômica poderá declarar, de acordo com o artigo 63, que tem competência sobre todas as matérias regidas por esta Convenção e que os Estados Membros que transferiram suas competências à Organização Regional de Integração Econômica neste âmbito estão vinculados a esta Convenção pelo efeito da assinatura, aceitação, aprovação ou adesão da Organização.

§ 4º Para os fins de entrada em vigor desta Convenção, qualquer instrumento depositado por uma Organização Regional de Integração Econômica não será levado em conta, a menos que a Organização Regional de Integração Econômica faça uma declaração de acordo com o §3º.

§ 5º Qualquer referência a "Estado Contratante" ou a "Estado" nesta Convenção aplicar-se-á igualmente, quando apropriado, a Organização Regional de Integração Econômica que seja Parte. Quando uma declaração for feita por uma Organização Regional de Integração Econômica de acordo com o parágrafo 3º, toda referência a "Estado Contratante" ou a "Estado" nesta Convenção aplicar-se-á igualmente, quando cabível, aos Estados Membros da Organização.

Artigo 60 – Entrada em vigor

§ 1º A Convenção entrará em vigor no primeiro dia do mês seguinte ao fim de um período de três meses após o depósito do segundo instrumento de ratificação, aceitação ou aprovação de que trata o artigo 58.

§ 2º A partir de então, a Convenção entrará em vigor:

a) para cada Estado ou Organização Regional de Integração Econômica de acordo com o artigo 59, parágrafo 1º, ratificando-a, aceitando-a ou aprovando-a posteriormente, no primeiro dia do mês seguinte ao fim de um período de três meses após o depósito de seu instrumento de ratificação, aceitação ou aprovação;

b) para cada Estado ou Organização Regional de Integração Econômica de acordo com o artigo 58, parágrafo 3º, no dia seguinte ao fim do período durante o qual objeções podem ser opostas nos termos do artigo 58, parágrafo 5º;

c) para as unidades territoriais às quais a Convenção foi estendida de acordo com o artigo 61, no primeiro dia do mês seguinte ao fim de um período de três meses após a notificação mencionada em tal artigo.

Artigo 61 – Declarações relativas aos sistemas jurídicos não-unificados

§ 1º Um Estado que tenha duas ou mais unidades territoriais às quais se apliquem diferentes sistemas jurídicos às matérias regidas por esta Convenção pode, ao tempo da assinatura, da ratificação, da aceitação, da aprovação ou da adesão, declarar, de acordo com o artigo 63, que esta Convenção se aplicará a todas as unidades territoriais ou somente a uma ou várias dentre elas, e poderá, a qualquer tempo, modificar essa declaração fazendo uma nova declaração.

§ 2º Qualquer declaração será notificada ao depositário e indicará expressamente as unidades territoriais às quais se aplica a Convenção.

§ 3º Se um Estado não fizer declaração sobre este artigo, a Convenção será aplicada a todas as unidades territoriais deste Estado.

§ 4º Este artigo não se aplica a uma Organização Regional de Integração Econômica.

Artigo 62 – Reservas

§ 1º Qualquer Estado Contratante poderá, no mais tardar ao tempo da ratificação, da aceitação, da aprovação ou da adesão, ou ao tempo em que fizer uma declaração de acordo com o artigo 61, fazer uma ou mais das reservas previstas nos artigos 2º, parágrafo 2º, 20, parágrafo 2º, 30, parágrafo 8º, 44, parágrafo 3,º e 55, parágrafo 3º. Nenhuma outra reserva será admitida.

§ 2º Qualquer Estado poderá, a qualquer tempo, retirar uma reserva que tiver feito. Esta retirada será notificada ao depositário.

§ 3º O efeito da reserva cessará no primeiro dia do terceiro mês após a notificação mencionada no parágrafo 2º.

§ 4º As reservas feitas nos termos deste artigo não terão efeitos recíprocos, com exceção da reserva prevista no artigo 2º, parágrafo 2º.

Artigo 63 – Declarações

§ 1º As declarações previstas no artigo 2º, parágrafo 3º, no artigo 11, parágrafo 1º, alínea *g*, no artigo 16, parágrafo 1º, no artigo 24, parágrafo 1º, no artigo 30, parágrafo 7º, no artigo 44, parágrafos 1º e 2º, no artigo 59, parágrafo 3º e no artigo 61, parágrafo 1º, poderão ser feitas quando da assinatura, ratificação, aceitação, aprovação ou adesão ou a qualquer tempo e poderão ser modificadas ou retiradas a qualquer tempo.

§ 2º As declarações, modificações e retiradas serão notificadas ao depositário.

§ 3º Uma declaração feita ao tempo da assinatura, da ratificação, da aceitação, da aprovação ou da adesão terá efeito no momento da entrada em vigor da Convenção para o Estado em questão.

§ 4º Uma declaração feita posteriormente, assim como uma modificação ou uma retirada de uma declaração, terá efeito no primeiro dia do mês seguinte ao fim de um período de três meses após a data de recepção da notificação pelo depositário.

Artigo 64 – Denúncia

§ 1º Qualquer Estado Contratante poderá denunciar a Convenção por meio de notificação escrita ao depositário. A denúncia poderá se limitar a algumas unidades territoriais de um Estado às quais se aplica a Convenção.

§ 2º A denúncia terá efeito no primeiro dia do mês seguinte ao fim de um período de 12 meses após a data de recepção da notificação pelo depositário. Quando for especificado na notificação que a denúncia terá efeito em um período maior, ela o terá ao final do período em questão, após a data de recepção da notificação pelo depositário.

Artigo 65 – Notificação

O depositário notificará os Membros da Conferência da Haia de Direito Internacional Privado, bem como os Estados e as Organizações Regionais de Integração Econômica que assinaram, ratificaram, aceitaram, aprovaram ou aderiram de acordo com os artigos 58 e 59, sobre as informações seguintes:

a) assinaturas, ratificações, aceitações e aprovações mencionadas nos artigos 58 e 59;

b) adesões e objeções às adesões mencionadas nos artigos 58, parágrafos 3º e 5º e 59;

c) data de entrada em vigor da Convenção de acordo com o artigo 60;

d) declarações previstas no artigo 2º, parágrafo 3º, no artigo 11, parágrafo 1º, alínea *g*, no artigo 16, parágrafo 1º, no artigo 24, parágrafo 1º, no artigo 30, parágrafo 7º, no artigo 44, parágrafos 1º e 2º, no artigo 59, parágrafo 3º, e no artigo 61, parágrafo 1º;

e) acordos previstos no artigo 51, parágrafo 2º;

f) reservas previstas no artigo 2º, parágrafo 2º, no artigo 20, parágrafo 2º, no artigo 30, parágrafo 8º, no artigo 44, parágrafo 3º e no artigo 55, parágrafo 3º, e retirada de reservas prevista no artigo 62, parágrafo 2º;

g) denúncias previstas no artigo 64.

Em fé do que, os abaixo assinados, devidamente autorizados, assinaram esta Convenção.

Feita na Haia, em 23 de novembro de 2007, em francês e inglês, sendo os dois textos igualmente autênticos, em um único exemplar, que será depositado nos arquivos do Governo do Reino dos Países Baixos e do qual uma cópia autenticada será enviada, pela via diplomática, a cada um dos Membros da Conferência da Haia de Direito Internacional Privado quando da sua Vigésima-primeira Sessão, bem como a cada um dos demais Estados que participaram daquela Sessão.

PROTOCOLO SOBRE A LEI APLICÁVEL ÀS OBRIGAÇÕES DE PRESTAR ALIMENTOS

▸ (Concluído em 23 de novembro de 2007)

Os Estados signatários do presente Protocolo,

Desejosos de estabelecer disposições comuns acerca da lei aplicável à obrigação de prestar alimentos,

Desejando modernizar a Convenção da Haia relativa à Lei Aplicável em Matéria de Obrigação de Prestar Alimentos a Menores, de 24 de outubro de 1956, e a Convenção da Haia sobre a Lei Aplicável à Obrigação de Prestar Alimentos, de 2 de outubro de 1973,

Desejando desenvolver regras gerais sobre a lei aplicável que possam complementar a Convenção da Haia de 23 de Novembro de 2007 sobre a Cobrança Internacional de Alimentos para Crianças e Outros Membros da Família,

Resolveram celebrar um Protocolo para esse fim e acordaram as seguintes disposições:

Artigo 1º
Âmbito de aplicação

1. O presente Protocolo definirá a lei aplicável à obrigação de prestar alimentos resultante de relações de parentesco, filiação, casamento ou afinidade, inclusive a obrigação de prestar alimentos em relação a crianças, independentemente do estado civil dos pais.

2. Decisões proferidas em aplicação do presente Protocolo não farão juízo prévio acerca da existência de alguma das relações dispostas no parágrafo 1º.

Artigo 2º
Aplicação universal

O presente Protocolo aplica-se mesmo que a lei aplicável seja aquela de um Estado não-contratante.

Artigo 3º
Norma Geral sobre a lei aplicável

1. As obrigações de prestar alimentos regular-se-ão pela lei do Estado de residência habitual do credor, salvo quando o presente Protocolo dispuser de outra forma.

2. Em caso de mudança de residência habitual do credor, a lei do Estado de nova residência habitual aplicar-se-á a partir do momento em que a mudança ocorra.

Artigo 4º
Normas especiais em favor de determinados credores

1. Os dispositivos seguintes aplicar-se-ão no caso de obrigação de prestar alimentos:

a) de pais em favor de seus filhos;

b) de pessoas distintas dos pais em favor de pessoas que não tenham atingido a idade de 21 anos, com exceção das obrigações que derivem das relações às quais o artigo 5º se refere; e

c) de filhos em favor de seus pais.

2. Aplicar-se-á a lei do foro se o credor não conseguir, em razão da lei referida no Artigo 3º, obter a prestação de alimentos do devedor.

3. Não obstante a previsão do artigo 3º, aplicar-se-á a lei do foro se o credor tiver acionado a autoridade competente do Estado de residência habitual do devedor. Entretanto, aplicar-se-á a lei do Estado da residência habitual do credor se este não puder obter a prestação de alimentos do devedor em razão da lei do foro.

4. Se o credor não conseguir obter a prestação de alimentos do devedor em razão das leis a que se refere o Artigo 3º e os parágrafos 2 e 3 do presente artigo, aplicar-se-á a lei do Estado da nacionalidade comum do credor e do devedor, se houver.

Artigo 5º
Norma especial relativa a cônjuges e ex-cônjuges

No caso de obrigação de prestar de alimentos entre cônjuges, ex-cônjuges ou entre pessoas cujo matrimônio tenha sido anulado, o artigo 3º não se aplicará caso uma das partes se oponha, e a lei do outro Estado, em particular a do Estado de sua última residência habitual comum, apresentar vinculação mais estreita com o matrimônio. Neste caso, aplicar-se-á a lei deste outro Estado.

Artigo 6º
Norma especial de defesa

Com relação a obrigações de prestar alimentos distintas daquelas surgidas de relação entre pais e filhos em favor de criança e daquelas dispostas no artigo 5º, o devedor pode opor-se a uma pretensão do credor com o fundamento de que não existe tal obrigação nem segundo a lei do Estado de residência habitual do devedor, nem segundo a lei do Estado de nacionalidade comum das partes, se houver.

Artigo 7º
Designação da lei aplicável para fins de um procedimento específico

1. Não obstante as disposições previstas nos artigos 3º ao 6º, o credor e o devedor de alimentos poderão, unicamente para o propósito de procedimento específico em determinado Estado, designar expressamente a lei do referido Estado como aplicável a uma obrigação alimentar.

2. Uma designação feita antes da instituição de tal procedimento deverá ser objeto de acordo, firmado por ambas as partes, por escrito ou registrado em qualquer meio, cujo conteúdo seja acessível, de maneira a poder ser utilizado para consulta futura.

Artigo 8º
Designação da lei aplicável

1. Não obstante as disposições previstas nos artigos 3º ao 6º, o credor e o devedor de alimentos poderão, a qualquer momento, designar uma das leis seguintes como aplicável a uma obrigação de prestar alimentos:

a) a lei de qualquer Estado do qual alguma das partes seja nacional no momento da designação;

b) a lei do Estado de residência habitual de qualquer das partes no momento da designação;

c) a lei designada pelas partes como aplicável ou a lei de fato aplicada ao seu regime de bens;

d) a lei designada pelas partes como aplicável ou a lei de fato aplicada ao seu divórcio ou à sua separação judicial.

2. Tal acordo deverá ser feito por escrito ou registrado em qualquer meio, cujo conteúdo seja acessível, de maneira a poder ser utilizado para consulta futura, e deverá ser assinado por ambas as partes.

3. O parágrafo 1º não se aplicará às obrigações de prestar alimentos em favor de uma pessoa menor de 18 anos ou de um adulto que, por razões de diminuição ou insuficiência de suas faculdades pessoais, não se encontre em condições de proteger seus interesses.

4. Não obstante a lei designada pelas partes de acordo com o parágrafo 1º, a lei do Estado de residência habitual do credor, no momento da designação, determinará se o credor pode renunciar o seu direito a alimentos.

5. A menos que no momento da designação as partes tenham sido plenamente informadas e conscientizadas das consequências de sua designação, a lei designada pelas partes não se aplicará quando sua aplicação levar a consequências manifestamente injustas ou não razoáveis para qualquer das partes.

Artigo 9º
"Domicílio" em vez de "nacionalidade"

Um Estado que utilize o conceito de "domicílio" como fator de conexão em matéria de família poderá informar à Secretaria Permanente da Conferência da Haia de Direito Internacional Privado que, para os fins de casos apresentados perante suas autoridades, a palavra "nacionalidade" nos Artigos 4º e 6º será substituída pela palavra "domicílio", tal como definida naquele Estado.

Artigo 10
Órgãos públicos

O direito de um órgão público de solicitar o reembolso de benefício fornecido ao credor a título de prestação de alimentos reger-se-á pela lei a que esse órgão está sujeito.

Artigo 11
Âmbito da lei aplicável

A lei aplicável à obrigação de prestar alimentos determinará, entre outros:

a) se, em que medida, e de quem o credor pode reclamar alimentos;

b) a medida em que o credor pode reclamar alimentos retroativamente;

c) a base de cálculo do montante dos alimentos e a indexação;

d) quem pode iniciar um procedimento em matéria de alimentos, exceto as questões relativas à capacidade processual e à representação em juízo;

e) a prescrição ou o prazo para iniciar uma ação;

f) o alcance da obrigação de um devedor de alimentos, quando um órgão público solicita o reembolso das prestações fornecidas a um credor a título de alimentos.

Artigo 12
Exclusão de reenvio

No Protocolo, o termo "lei" significa o direito em vigor em um Estado, com exceção de suas normas de conflito de leis.

Artigo 13
Ordem pública

A aplicação da lei determinada de acordo com o Protocolo poderá ser recusada apenas na medida em que seus efeitos sejam manifestamente contrários à ordem pública do foro.

Artigo 14
Determinação do montante de alimentos

Mesmo que a lei aplicável disponha de outra forma, serão levados em consideração na determinação do montante da prestação de alimentos as necessidades do credor e os recursos do devedor, assim como qualquer compensação concedida ao credor em lugar dos pagamentos periódicos de prestação de alimentos.

Artigo 15
Não aplicação do Protocolo a conflitos internos

1. Um Estado Contratante no qual se apliquem diferentes sistemas jurídicos ou conjuntos de normas em matéria de obrigações de prestar alimentos não estará obrigado a aplicar as normas do Protocolo aos conflitos que envolvam unicamente tais diferentes sistemas ou conjuntos de normas legais.

2. O presente Artigo não se aplicará a uma Organização Regional de Integração Econômica.

Artigo 16
Sistemas jurídicos não unificados de caráter territorial

1. Em relação a um Estado no qual se apliquem, em unidades territoriais diferentes, dois ou mais sistemas jurídicos ou conjuntos de normas legais relativos às matérias tratadas pelo presente Protocolo:

a) qualquer referência à lei do Estado será interpretada, quando cabível, como uma referência à lei em vigor na unidade territorial pertinente;

b) qualquer referência às autoridades competentes ou órgãos públicos daquele Estado será interpretada, quando cabível, como uma referência àqueles competentes para atuar na unidade territorial pertinente;

c) qualquer referência à residência habitual naquele Estado será interpretada, quando cabível, como a residência habitual na unidade territorial pertinente;

d) qualquer referência ao Estado do qual duas pessoas tenham nacionalidade comum será interpretada como uma referência à unidade territorial designada pela lei daquele Estado ou, na ausência de normas pertinentes, à unidade territorial com a qual a obrigação de prestar alimentos tenha vinculação mais estreita;

e) qualquer referência ao Estado de que uma pessoa é nacional se interpretará como uma referência à unidade territorial designada pela lei daquele Estado ou, na ausência de normas pertinentes, à unidade territorial com a qual a pessoa tenha vinculação mais estreita.

2. Para os propósitos de identificação das leis aplicáveis em virtude do presente Protocolo, quando um Estado compreenda duas ou mais unidades territoriais, cada qual com seu próprio sistema jurídico ou conjunto de normas relativas a matérias reguladas pelo presente Protocolo, aplicar-se-ão as seguintes regras:

a) se houver, em determinado Estado, normas em vigor que determinem a lei de qual unidade territorial será aplicável, aplicar-se-á a lei daquela unidade;

b) na ausência de tais regras, aplicar-se-á a lei da unidade territorial pertinente, tal como definido no parágrafo 1.

3. O presente Artigo não se aplicará a uma Organização Regional de Integração Econômica.

Artigo 17
Sistemas jurídicos não unificados de caráter pessoal

Para fins de identificação da lei aplicável em virtude do presente Protocolo em relação a um Estado no qual existam dois ou mais sistemas jurídicos ou conjuntos de normas aplicáveis a diferentes categorias de pessoas relacionadas a matérias compreendidas no escopo do presente Protocolo, qualquer referência à lei de tal Estado se interpretará como uma referência ao sistema jurídico determinado pelas normas em vigor naquele Estado.

Artigo 18
Coordenação com as Convenções da Haia em matéria de obrigações alimentares anteriores

Nas relações entre Estados Contratantes, o presente Protocolo substitui a Convenção da Haia, de 2 de outubro de 1973, sobre a Lei Aplicável às Obrigações de Prestar Alimentos e a Convenção da Haia, de 24 de outubro de 1956, sobre a Lei Aplicável às Obrigações de Prestar Alimentos a Menores.

Artigo 19
Coordenação com outros instrumentos

1. O presente Protocolo não afeta outros instrumentos internacionais aos quais os Estados Contratantes são ou se tornarão Partes e que contêm dispositivos sobre matérias reguladas pelo Protocolo, exceto se for feita declaração em contrário pelos Estados-Partes de tais instrumentos.

2. O Parágrafo 1º também se aplica às leis uniformes baseadas na existência de vínculos especiais de caráter regional ou de outra natureza entre os Estados interessados.

Artigo 20
Interpretação uniforme

Ao interpretar o presente Protocolo, dever-se-á ter em conta seu caráter internacional e a necessidade de promover a uniformidade em sua aplicação.

Artigo 21
Revisão do funcionamento prático do Protocolo

1. O Secretário-Geral da Conferência da Haia de Direito Internacional Privado convocará, quando necessário, uma Comissão Especial com o propósito de revisar o funcionamento prático do Protocolo.

2. Para o propósito de tal revisão, os Estados contratantes cooperarão com o Secretaria Permanente da Conferência da Haia de Direito Internacional Privado na obtenção de jurisprudência relativa à aplicação do Protocolo.

Artigo 22
Disposições transitórias

O presente Protocolo não se aplicará a alimentos reclamados em um Estado Contratante por período anterior a sua entrada em vigor naquele Estado.

Artigo 23
Assinatura, ratificação e adesão

1. O presente Protocolo está aberto à assinatura de todos os Estados.

2. O presente Protocolo está sujeito a ratificação, aceitação ou aprovação pelos Estados signatários.

3. O presente Protocolo está aberto para adesão por todos os Estados.

4. Instrumentos de ratificação, aceitação, aprovação ou adesão serão depositados no Ministério de Relações Exteriores do Reino dos Países Baixos, depositário do Protocolo.

Artigo 24
Organizações Regionais de Integração Econômica

1. Uma Organização Regional de Integração Econômica constituída unicamente por Estados soberanos e que tenha competência sobre algumas ou todas as matérias reguladas pelo presente Protocolo poderá igualmente assinar, aceitar, aprovar ou aderir ao Protocolo. Nesse caso, a Organização Regional de Integração Econômica terá os mesmos direitos e obrigações que um Estado contratante na medida em que aquela Organização tenha competência sobre a matéria regulada pelo presente Protocolo.

2. No momento da assinatura, aceitação, aprovação ou adesão, a Organização Regional de Integração Econômica notificará, por escrito, ao depositário a matéria regulada pelo Protocolo sobre as quais os Estados Membros tenham transferido a competência para tal Organização.

3. No momento da assinatura, aceitação, aprovação ou adesão, a Organização Regional de Integração Econômica poderá declarar, de acordo com o Artigo 28, que exerce competência sobre todas as matérias reguladas pelo presente Protocolo e que os Estados Membros que tiverem transferido competência para a Organização Regional de Integração Econômica a respeito da matéria em questão estarão obrigados pelo presente Protocolo em virtude da assinatura, aceitação, aprovação ou adesão da Organização.

4. Para o propósito de entrada em vigor do Protocolo, um instrumento depositado por uma Organização Regional de Integração Econômica não será levado em consideração a menos que a Organização Regional de Integração Econômica faça uma declaração de acordo com o parágrafo 3.

5. Qualquer referência no Protocolo a "Estado Contratante" ou "Estado" se aplica igualmente a uma Organização Regional de Integração Econômica que seja Parte, quando apropriado. Quando uma Organização Regional de Integração Econômica fizer declaração disposta no parágrafo 3º, qualquer referência a "Estado Contratante" ou "Estado" no Protocolo aplicar-se-á igualmente aos Estados-Membros da Organização pertinente.

Artigo 25
Entrada em vigor

1. O Protocolo entrará em vigor no primeiro dia do mês seguinte ao fim de um período de três meses após o depósito do segundo instrumento de ratificação, aceitação, aprovação ou adesão de que trata o Artigo 23.

2. A partir de então, o Protocolo entrará em vigor:

a) para cada Estado ou cada Organização Regional de Integração Econômica a que se refere o artigo 24 que posteriormente o ratifique, aceite ou aprove, ou que lhe promova adesão, no primeiro dia do mês seguinte ao fim de um do período de três meses após o depósito de seus instrumentos de ratificação, aceitação, aprovação ou adesão.

b) para as unidades territoriais as quais o Protocolo tenha sido estendido de conformidade com o Artigo 26, no primeiro dia do mês seguinte ao fim de um período de três meses depois de notificação da declaração prevista no referido artigo.

Artigo 26
Declarações com respeito a sistemas jurídicos não-unificados

1. Um Estado que tenha duas ou mais unidades territoriais às quais se apliquem diferentes sistemas jurídicos às matérias regidas por este Protocolo pode, ao tempo da assinatura, da ratificação, da aceitação, da aprovação ou da adesão, declarar, de acordo com o artigo 28, que este Protocolo se aplicará a todas as unidades territoriais ou somente a uma ou várias dentre elas, e poderá, a qualquer tempo, modificar essa declaração fazendo uma nova declaração.

2. Qualquer declaração será notificada ao depositário e indicará expressamente as unidades territoriais às quais se aplica o Protocolo.

3. Se um Estado não fizer declaração sobre este artigo, o Protocolo será aplicado a todas as unidades territoriais deste Estado.

4. Este artigo não se aplica a uma Organização Regional de Integração Econômica.

Artigo 27
Reservas

Não se admitirão reservas ao presente Protocolo.

Artigo 28
Declarações

1. As declarações previstas no artigo 24, parágrafo 3º e no artigo 26, parágrafo 1º poderão ser feitas no momento da assinatura, ratificação, aceitação, aprovação ou adesão, ou a qualquer tempo e poderão ser modificados ou retirados a qualquer tempo.

2. As declarações, as modificações e as retiradas serão notificadas ao depositário.

3. Uma declaração feita no momento da assinatura, ratificação, aceitação, aprovação ou adesão terá efeito no momento da entrada em vigor do presente Protocolo para o Estado em questão.

4. Uma declaração feita posteriormente, assim como qualquer modificação ou retirada de uma declaração, terá efeito no primeiro dia do mês seguinte ao fim de um período de três meses após a data de recepção da notificação pelo depositário.

Artigo 29
Denúncia

1. Qualquer Estado Contratante poderá denunciar o Protocolo por meio de notificação escrita ao depositário. A denúncia poderá se limitar a algumas unidades territoriais de um Estado que tenha um sistema jurídico não-unificado ao qual se aplique o Protocolo.

2. A denúncia terá efeito no primeiro dia do mês seguinte ao fim de um período de 12 meses após a data de recepção da notificação pelo depositário. Quando for especificado na notificação que a denúncia terá efeito em um período maior, ela o terá ao final do período em questão, após a data de recepção da notificação pelo depositário.

Artigo 30
Notificação

O depositário notificará os Membros da Conferência da Haia de Direito Internacional Privado, bem como os Estados e Organizações Regionais de Integração Econômica que assinaram, ratificaram, aceitaram, aprovaram ou aderiram de acordo com os artigos 23 e 24, sobre as informações seguintes:

a) assinaturas, ratificações, aceitações, aprovações e adesões mencionadas nos artigos 23 e 24;

b) data de entrada em vigor do Protocolo de acordo com o Artigo 25;

c) declarações previstas no artigo 24, parágrafo 3º e 26, parágrafo 1º;

d) denúncias previstas no artigo 29.

Em fé do que, os abaixo assinados, devidamente autorizados por seus respectivos Governos, assinaram o presente Tratado.

Feito na Haia, no dia 23 de novembro de 2007, nos idiomas francês e inglês, sendo ambos os textos igualmente autênticos, em um único exemplar, que será depositado nos arquivos do Governo do Reino dos Países Baixos e do qual uma cópia autenticada será enviada, pela via diplomática, a cada um dos Membros da Conferência da Haia de Direito Internacional Privado quando da sua Vigésima-primeira Sessão, bem como a cada um dos demais Estados que participaram daquela Sessão.

DECRETO LEGISLATIVO 8, DE 2018

Aprova o texto do Tratado sobre o Comércio de Armas, assinado pelo Brasil, no âmbito da Organização das Nações Unidas, em Nova York, em 3 de junho de 2013.

▸ *Tratado sobre o Comércio de Armas*

O Congresso Nacional decreta:

Art. 1º Fica aprovado o texto do Tratado sobre o Comércio de Armas, assinado pelo Brasil, no âmbito da Organização das Nações Unidas, em Nova York, em 3 de junho de 2013.

Parágrafo único. Nos termos do inciso I do caput do art. 49 da Constituição Federal, ficam sujeitos à aprovação do Congresso Nacional quaisquer atos que possam resultar em revisão do referido Tratado, bem como quaisquer acordos ou entendimentos complementares que acarretem encargos ou compromissos gravosos ao patrimônio nacional.

Art. 2º Este Decreto Legislativo entra em vigor na data de sua publicação.

Senado Federal, em 15 de fevereiro de 2018.

Senador EUNÍCIO OLIVEIRA

DOU 16.02.2018

TRATADO SOBRE O COMÉRCIO DE ARMAS
PREÂMBULO

Os Estados Partes neste Tratado,

Guiados pelos propósitos e princípios da Carta das Nações Unidas,

Recordando o artigo 26 da Carta das Nações Unidas, que tem por objetivo promover o estabelecimento e a manutenção da paz e da segurança internacionais com o menor desvio possível dos recursos humanos e econômicos do mundo para armamentos,

Sublinhando a necessidade de prevenir e erradicar o comércio ilícito de armas convencionais e de evitar o seu desvio para o mercado ilícito ou para usos ou usuários finais não autorizados, incluindo a perpetração de atos terroristas,

Reconhecendo a legitimidade dos interesses políticos, securitários, econômicos e comerciais dos Estados no comércio internacional de armas convencionais,

Reafirmando o direito soberano de qualquer Estado de regular e controlar armas convencionais que se encontrem exclusivamente no seu território, de acordo com o seu próprio sistema legal ou constitucional,

Reconhecendo que a paz, a segurança, o desenvolvimento e os direitos humanos são os pilares do sistema das Nações Unidas e servem de fundamento para a segurança coletiva, e que o desenvolvimento, a paz, a segurança e os direitos humanos estão interligados e se reforçam mutuamente,

Recordando as Diretrizes da Comissão de Desarmamento das Nações Unidas sobre transferências internacionais de armas, no contexto de resolução 46/36H da Assembleia Geral, de 6 de dezembro de 1991,

Notando a contribuição realizada pelo Programa de Ação das Nações Unidas para Prevenir, Combater e Erradicar o Tráfico Ilícito de Armas Pequenas e Armamento Leve em Todos os Seus Aspectos, bem como pelo Protocolo contra a Fabricação e o Tráfico Ilícitos de Armas de Fogo, suas Peças e Componentes e Munições, que complementa a Convenção das Nações Unidas contra o Crime Organizado Transnacional, e pelo Instrumento Internacional para permitir aos Estados identificar e rastrear, de forma oportuna e confiável, armas pequenas e armamento leve ilícitos,

Reconhecendo as consequências securitárias, sociais, econômicas e humanitárias do comércio ilegal e não regulado de armas convencionais,

Tendo em conta que a maioria dos afetados por conflitos armados e pela violência armada é de civis, em particular mulheres e crianças,

Reconhecendo também os desafios enfrentados pelas vítimas de conflitos armados e sua necessidade de receber cuidados, reabilitação e inclusão social e econômica adequados,

Destacando que nada no presente Tratado impede que os Estados mantenham e adotem medidas adicionais eficazes para promover o seu objeto e seu propósito,

Conscientes do comércio legítimo e da propriedade e do uso legais de certas armas convencionais para atividades recreativas, culturais, históricas e esportivas, nos casos em que esse comércio, posse e uso são permitidos ou protegidos pela lei,

Conscientes também do papel que as organizações regionais podem desempenhar na prestação de assistência aos Estados Partes, a seu pedido, na aplicação do presente Tratado,

Reconhecendo o papel ativo que, de forma voluntária, pode desempenhar a sociedade civil, incluindo organizações não governamentais e a indústria, na sensibilização para o objeto e o propósito do presente Tratado, e no apoio à sua implementação,

Reconhecendo que a regulamentação do comércio internacional de armas convencionais e a prevenção do seu desvio não devem dificultar a cooperação internacional e o comércio legítimo de material, equipamento e tecnologia para fins pacíficos,

Enfatizando a conveniência de lograr a adesão universal ao presente Tratado,

Determinados a agir de acordo com os seguintes princípios:

Princípios

- O direito inerente de todos os Estados à legítima defesa individual ou coletiva, tal como reconhecido no artigo 51 da Carta das Nações Unidas;

- A solução de controvérsias internacionais por meios pacíficos, de modo a não pôr em risco a paz e a segurança internacionais e a justiça, de acordo com o artigo 2º, parágrafo 3º, da Carta das Nações Unidas;

- A renúncia ao recurso, nas relações internacionais, à ameaça ou ao uso da força contra a integridade territorial ou a independência política de qualquer Estado, ou em qualquer outra forma incompatível com os propósitos das Nações Unidas, em conformidade com o artigo 2º, parágrafo 4º, da Carta das Nações Unidas;

- Não intervenção em assuntos que sejam essencialmente da jurisdição interna de cada Estado, de acordo com o artigo 2º, parágrafo 7º da Carta das Nações Unidas;

- A obrigação de respeitar e fazer respeitar a direito internacional humanitário, de acordo com, entre outros, as Convenções de Genebra de 1949, e de respeitar e fazer respeitar os direitos humanos, de acordo com a Carta das Nações Unidas e a Declaração Universal dos Direitos Humanos, entre outros instrumentos;

- A responsabilidade de todos os Estados, em conformidade com suas respectivas obrigações internacionais, de regular efetivamente o comércio internacional de armas convencionais e de evitar o seu desvio, bem como a responsabilidade primária de todos os Estados de estabelecer e implementar seus respectivos sistemas nacionais de controle;

- O respeito aos interesses legítimos dos Estados de adquirir armas convencionais para exercer o seu direito à legítima defesa e para as operações de manutenção da paz, bem como de produzir, exportar, importar e transferir armas convencionais;

- A aplicação coerente, objetiva e não discriminatória do presente Tratado;

Acordaram o seguinte:

Artigo 1º
Objeto e Propósito

O objeto do presente Tratado é:

- Estabelecer os mais altos padrões internacionais comuns possíveis para regular ou melhorar a regulação do comércio internacional de armas convencionais;

- Prevenir e erradicar o comércio ilícito de armas convencionais e evitar o seu desvio; com o propósito de:

- Contribuir para a paz, a segurança e a estabilidade em âmbito regional e internacional;

- Reduzir o sofrimento humano;

- Promover a cooperação, a transparência e a ação responsável dos Estados Partes no comércio internacional de armas convencionais, promovendo, assim, a confiança entre eles.

Artigo 2º
Alcance

1. O presente Tratado aplica-se a todas as armas convencionais compreendidas nas seguintes categorias:

(a) tanques de guerra;

(b) veículos de combate blindados;

(c) sistemas de artilharia de grande calibre;

(d) aeronaves de combate;

(e) helicópteros de ataque;

(f) navios de guerra;

(g) mísseis e lançadores de mísseis; e

(h) armas pequenas e armamento leve.

2. Para os propósitos do presente Tratado, as atividades de comércio internacional incluem a exportação, a importação, o trânsito, o transbordo e a intermediação, doravante referidos como "transferência".

3. O presente Tratado não se aplica ao transporte internacional realizado por um Estado Parte, ou feito em seu nome, de armas convencionais para o seu próprio uso, desde que estas permaneçam sob posse desse Estado Parte.

Artigo 3º
Munições

Cada Estado Parte estabelecerá e manterá um sistema nacional de controle para regular a exportação de munições disparadas, lançadas ou propelidas pelas armas convencionais elencadas no artigo 2º, parágrafo 1º, e aplicará as disposições dos artigos 6º e 7º antes de autorizar a exportação de tais munições.

Artigo 4º
Partes e Componentes

Cada Estado Parte estabelecerá e manterá um sistema nacional de controle para regular a exportação de partes e componentes quando tal exportação permitir a fabricação das armas convencionais elencadas no artigo 2, parágrafo 1º, e aplicará as disposições dos artigos 6º e 7º antes de autorizar a exportação de tais peças e componentes.

Artigo 5º
Implementação Geral

1. Cada Estado Parte implementará o presente Tratado de forma consistente, objetiva e não discriminatória, tendo em conta os princípios nele enunciados.

2. Cada Estado Parte estabelecerá e manterá um sistema nacional de controle, incluindo uma lista nacional de controle, a fim de aplicar as disposições do presente Tratado.

3. Encoraja-se cada Estado Parte a aplicar as disposições do presente Tratado para a mais ampla variedade possível de armas convencionais. Definições nacionais de qualquer das categorias referidas no artigo 2º, parágrafo 1º, alíneas "a" a "g" não poderão ser mais restritivas do que aquelas utilizadas no Registro de Armas Convencionais das Nações Unidas no momento da entrada em vigor do presente Tratado. Para a categoria mencionada no artigo 2º, parágrafo 1º, alínea "h", as definições nacionais não poderão ser mais restritivas do que aquelas utilizadas em instrumentos pertinentes das Nações Unidas no momento da entrada em vigor do presente Tratado.

4. Cada Estado Parte, em conformidade com sua legislação nacional, fornecerá sua lista nacional de controle para o Secretariado, o qual a disponibilizará aos demais Estados Partes. Encorajam-se os Estados Partes a disponibilizarem as suas listas de controle ao público.

5. Cada Estado Parte adotará as medidas necessárias para aplicar as disposições do presente Tratado e designará as autoridades nacionais competentes, a fim de dispor de um sistema nacional de controle efetivo e transparente para regular a transferência de armas convencionais referidas no artigo 2º, parágrafo 1º, e de itens compreendidos nos artigos 3º e 4º.

6. Cada Estado Parte designará um ou mais pontos de contato nacionais para o intercâmbio de informações sobre assuntos relacionados à implementação do presente Tratado. Cada Estado Parte notificará o Secretariado, estabelecido pelo artigo 18, sobre seu(s) ponto(s) de contato nacional(is) e manterá essa informação atualizada.

Artigo 6º
Proibições

1. Um Estado Parte não autorizará qualquer transferência de armas convencionais elencadas no artigo 2º, parágrafo 1º, ou de itens elencados no artigo 3º ou 4º, se a transferência implicar a violação de suas obrigações decorrentes de medidas adotadas pelo Conselho de Segurança das Nações Unidas nos termos do Capítulo VII da Carta das Nações Unidas, particularmente embargos de armas.

2. Um Estado Parte não autorizará qualquer transferência de armas convencionais elencadas no artigo 2º, parágrafo 1º, ou de itens elencados no artigo 3º ou 4º, se a transferência

implicar a violação de suas obrigações internacionais relevantes no âmbito dos acordos internacionais em que é parte, em particular aqueles relativos à transferência ou ao tráfico ilícito de armas convencionais.

3. Um Estado Parte não autorizará qualquer transferência de armas convencionais elencadas no artigo 2º, parágrafo 1º, ou de itens elencados no artigo 3º ou 4º, se tiver conhecimento, no momento da autorização, de que as armas ou itens serão utilizados para a prática de genocídio, crimes contra a humanidade, violações graves das Convenções de Genebra de 1949, ataques dirigidos contra alvos civis ou civis protegidos, ou outros crimes de guerra tipificados pelas convenções internacionais em que seja parte.

Artigo 7º
Exportação e avaliação de exportações

1. Se a exportação não for proibida pelo artigo 6º, cada Estado Parte exportador, antes de autorizar a exportação de armas convencionais elencadas no artigo 2º, parágrafo 1º, ou de itens elencados no artigo 3º ou 4º sob sua jurisdição, de acordo com seu sistema nacional de controle, avaliará, de forma objetiva e não discriminatória, tendo em conta os fatores relevantes, incluindo informações fornecidas pelo Estado importador em conformidade com o artigo 8º, parágrafo 1º, se as armas convencionais ou itens podem:

(a) Contribuir para a paz e a segurança ou atentar contra elas;

(b) Ser utilizados para:

(i) Cometer ou facilitar uma violação grave do direito internacional humanitário;

(ii) Cometer ou facilitar uma violação grave do direito internacional dos direitos humanos;

(iii) Cometer ou facilitar um ato que constitua uma violação nos termos de convenções internacionais e protocolos relacionados ao terrorismo em que o Estado exportador seja parte; ou

(iv) Cometer ou facilitar um ato que constitua uma violação nos termos de convenções internacionais ou protocolos relativos ao crime transnacional organizado em que o Estado exportador seja parte.

2. O Estado Parte exportador também considerará a possibilidade de adoção de medidas para mitigar os riscos identificados em (a) ou (b) do parágrafo 1, tais como medidas de fomento da confiança ou programas elaborados e acordados conjuntamente pelos Estados exportador e importador.

3. Se, uma vez realizada essa avaliação e examinadas as medidas de mitigação disponíveis, o Estado Parte exportador determinar que há um risco manifesto de qualquer uma das consequências negativas contempladas no parágrafo 1º, o Estado Parte exportador não autorizará a exportação.

4. O Estado Parte exportador, ao fazer essa avaliação, deve ter em conta o risco de as armas convencionais elencadas no artigo 2º, parágrafo 1º, ou os itens referidos nos artigos 3º ou 4º serem utilizados para cometer ou facilitar atos graves de violência de gênero ou atos graves de violência contra mulheres e crianças.

5. Cada Estado Parte exportador tomará medidas para assegurar que todas as autorizações para a exportação de armas convencionais elencadas no artigo 2º, parágrafo 1º, ou de itens referidos no artigo 3º ou 4º sejam detalhadas e emitidas antes da realização da exportação.

6. Cada Estado Parte exportador disponibilizará ao Estado Parte importador e aos Estados Partes de trânsito ou transbordo informações adequadas sobre a autorização em questão, quando solicitadas e em conformidade com suas leis, práticas ou políticas nacionais.

7. Se, depois da concessão de uma autorização, um Estado Parte exportador tiver conhecimento de novas informações pertinentes, incentiva-se que reavalie a autorização após consultas, se apropriadas, com o Estado importador.

Artigo 8º
Importação

1. Cada Estado Parte importador tomará medidas para assegurar, de acordo com suas leis nacionais, o fornecimento de informações apropriadas e relevantes ao Estado Parte exportador para ajudá-lo na sua avaliação nacional de exportação, nos termos do artigo 7º. Tais medidas podem incluir a documentação sobre os usos ou usuários finais.

2. Cada Estado Parte importador tomará as medidas que lhe permitam regular, sempre que necessário, as importações de armas convencionais elencadas no artigo 2º, parágrafo 1º, sob sua jurisdição. Essas medidas podem incluir sistemas de importação.

3. Cada Estado Parte importador poderá solicitar informações ao Estado Parte exportador sobre quaisquer autorizações de exportação pendentes ou já concedidas, nas quais o Estado Parte importador seja o país de destino final.

Artigo 9º
Trânsito ou transbordo

Cada Estado Parte tomará as medidas apropriadas para regular, sempre que necessário e possível, o trânsito ou transbordo, sob sua jurisdição ou através de seu território, de armas convencionais elencadas no artigo 2º, parágrafo 1º, em conformidade com o direito internacional aplicável.

Artigo 10º
Intermediação

Cada Estado Parte tomará medidas, em conformidade com sua legislação nacional, para regular a intermediação que ocorra sob sua jurisdição em relação a armas convencionais elencadas no artigo 2º, parágrafo 1º. Tais medidas podem incluir a exigência de registro dos intermediários ou de obtenção de autorização formal para o início de suas atividades.

Artigo 11
Desvio

1. Cada Estado Parte envolvido na transferência de armas convencionais elencadas no artigo 2º, parágrafo 1º, tomará medidas para evitar o seu desvio.

2. O Estado Parte exportador procurará evitar o desvio da transferência de armas convencionais elencadas no artigo 2º, parágrafo 1º, por meio de seu sistema nacional de controle, estabelecido em conformidade com o artigo 5º, parágrafo 2º, avaliando o risco de desvio da exportação e considerando a possibilidade de estabelecer medidas de mitigação, tais como medidas de fomento da confiança ou programas desenvolvidos e acordados conjuntamente com os Estados exportador e importador. Outras medidas de prevenção poderiam incluir, se for o caso, o exame das partes envolvidas na exportação, a exigência de documentação adicional, certificados ou garantias, a não autorização da exportação ou outras medidas adequadas.

3. Os Estados Partes importadores, exportadores, de trânsito e de transbordo cooperarão entre si e trocarão informações, em conformidade com suas leis nacionais, quando apropriado e possível, a fim de mitigar o risco de desvio da transferência de armas convencionais elencadas no artigo 2º, parágrafo 1º.

4. Se um Estado Parte detectar um desvio de uma transferência de armas convencionais elencadas no artigo 2º, parágrafo 1º, tomará as medidas apropriadas, em conformidade com sua legislação nacional e com o direito internacional, para enfrentar tal desvio. Essas medidas podem consistir em alertar os Estados Partes potencialmente afetados, examinar os embarques desviados das armas convencionais elencadas no artigo 2º, parágrafo 1º, e tomar as medidas de seguimento relativas a investigação e cumprimento da lei.

5. A fim de melhor compreender e prevenir o desvio de transferências de armas convencionais elencadas no artigo 2º, parágrafo 1º, encoraja-se os Estados Partes a compartilhar informações relevantes sobre medidas efetivas para enfrentar desvios. Essas informações podem incluir dados sobre atividades ilícitas, tais como corrupção, rotas de tráfico internacional, intermediários ilegais, fonte de abastecimento ilícito, métodos de ocultação, pontos comuns de envio ou destinos utilizados por grupos organizados envolvidos em desvio.

6. Encorajam-se os Estados Partes a relatar aos demais Estados Partes, por meio do Secretariado, as medidas tomadas para enfrentar o desvio de transferências de armas convencionais abrangidas pelo artigo 2º, parágrafo 1º.

Artigo 12
Manutenção de Registros

1. Cada Estado Parte manterá registros nacionais, em conformidade com suas leis e regulamentos nacionais, das autorizações de exportação emitidas ou das exportações realizadas de armas convencionais elencadas no artigo 2º, parágrafo 1º.

2. Encoraja-se cada Estado Parte a manter registros das armas convencionais elencadas pelo artigo 2º, parágrafo 1º, que tenham como destino final o seu território ou que sejam objeto de uma autorização de trânsito ou transbordo por seu território.

3. Encoraja-se cada Estado Parte a incluir nesses registros informação sobre a quantidade, o valor, o modelo ou tipo de armas convencionais elencadas no artigo 2º, parágrafo 1º, cujas transferências internacionais tenham sido autorizadas e aquelas efetivamente realizadas, e dados precisos sobre o(s) Estado(s) exportador(es), importador(es), de trânsito e transbordo e sobre os usuários finais, conforme o caso.

4. Os registros serão mantidos por um período mínimo de dez anos.

Artigo 13
Apresentação de relatórios

1. Cada Parte, no prazo de um ano após a entrada em vigor do presente Tratado para esse Estado Parte, em conformidade com o artigo 22, apresentará um relatório inteiro Secretariado sobre as medidas tomadas para implementá-lo, incluindo as leis nacionais, as listas nacionais de controle e outros regulamentos e medidas administrativas. Cada Estado Parte proverá ao Secretariado, quando apropriado, informações sobre qualquer nova medida adotada para implementar o presente Tratado. O Secretariado distribuirá os relatórios e colocar-los-á à disposição dos Estados Partes.

2. Encorajam-se os Estados Partes a prover aos demais Estados Partes, por meio do Secretariado, informações sobre as medidas tomadas que se mostrem efetivas no enfrentamento do desvio de transferências de armas convencionais elencadas no artigo 2º, parágrafo 1º.

3. Cada Estado Parte submeterá anualmente ao Secretariado, até 31 de maio, um relatório, relativo ao ano civil anterior, sobre as exportações e importações autorizadas ou realizadas de armas convencionais elencadas no artigo 2º, parágrafo 1º. O Secretariado distribuirá os relatórios e colocar-los-á à disposição dos Estados Partes. O relatório apresentado ao Secretariado poderá conter a mesma informação apresentada pelo Estado Parte nos âmbitos pertinentes das Nações Unidas, incluindo o Registro de Armas Convencionais das Nações Unidas. Os relatórios poderão omitir informações comercialmente sensíveis ou relativas à segurança nacional.

Artigo 14
Cumprimento

Cada Estado Parte tomará as medidas necessárias para fazer cumprir as leis e regulamentos nacionais de aplicação dos dispositivos do presente Tratado.

Artigo 15
Cooperação Internacional

1. Os Estados Partes cooperarão entre si, de maneira consistente com seus respectivos interesses de segurança e leis nacionais, para implementar efetivamente o presente Tratado.

2. Encorajam-se os Estados Partes a facilitar a cooperação internacional, incluindo a troca de informações sobre assuntos de interesse comum, relativas à implementação e à aplicação do presente Tratado, em conformidade com os respectivos interesses de segurança e leis nacionais.

3. Encorajam-se os Estados Partes a consultarem-se sobre assuntos de interesse mútuo e a compartilharem informações, quando apropriado, para apoiar a implementação do presente Tratado.

4. Os Estados Partes são encorajados a cooperar, em conformidade com as respectivas legislações nacionais, a fim de auxiliar a implementação nacional dos dispositivos do presente Tratado, inclusive mediante o intercâmbio de informação sobre atividades e atores ilícitos, e de prevenir e erradicar o desvio de armas convencionais elencadas no artigo 2º, parágrafo 1º.

5. Os Estados Partes prestar-se-ão, em comum acordo e em conformidade com suas leis nacionais, a mais ampla assistência em investigações, processos e procedimentos judiciais relacionados a violações das medidas nacionais adotadas no cumprimento do presente Tratado.

6. Os Estados Partes são encorajados a tomar medidas nacionais e cooperar entre si para evitar que a transferência de armas convencionais elencadas do artigo 2º, parágrafo 1º, torne-se objeto de práticas corruptas.

7. Os Estados Partes são encorajados a trocar experiências e informações sobre as lições aprendidas em relação a qualquer aspecto do presente Tratado.

Artigo 16
Assistência Internacional

1. Na aplicação do presente Tratado, cada Estado Parte poderá solicitar assistência, incluindo assistência jurídica ou legislativa, assistência para capacitação institucional e assistência técnica, material ou financeira. Essa assistência poderá incluir a gestão de estoques, programas de desarmamento, desmobilização e reintegração, legislação modelo e práticas efetivos de implementação. Cada Estado Parte que esteja em condições de fazê-lo prestará assistência, quando solicitado.

2. Cada Estado Parte poderá solicitar, oferecer ou receber assistência por meio das Nações Unidas, de organizações internacionais, regionais, sub-regionais ou nacionais, de organizações não governamentais, ou por meio de acordos bilaterais, entre outros.

3. Os Estados Partes estabelecerão um fundo fiduciário, com contribuições de caráter voluntário, para auxiliar os Estados Partes requerentes que necessitem de assistência internacional para implementar o presente Tratado. Encoraja-se cada Estado Parte a contribuir com recursos para o fundo.

Artigo 17
Conferência dos Estados Partes

1. O Secretariado provisório, estabelecido nos termos do artigo 18, convocará a Conferência dos Estados Partes no mais tardar após um ano da entrada em vigor do presente Tratado e, posteriormente, quando decidido pela própria Conferência dos Estados Partes.

2. A Conferência dos Estados Partes adotará suas regras de procedimento por consenso em sua primeira sessão.

3. A Conferência dos Estados Partes adotará seu regulamento financeiro e aquele dos órgãos subsidiários que venha a estabelecer, bem como os dispositivos financeiros que regerão o funcionamento da Secretaria. Em cada período ordinário de sessões, a Conferência dos Estados Partes aprovará um orçamento para o exercício financeiro que estará em vigor até o período seguinte de sessões ordinárias.

4. A Conferência dos Estados Partes:

(a) Examinará a aplicação do presente Tratado, incluindo novos desenvolvimentos no campo das armas convencionais;

(b) Examinará e adotará recomendações relativas à implementação e ao funcionamento do presente Tratado, em particular à promoção da sua universalidade;

(c) Examinará emendas ao presente Tratado, em conformidade com o artigo 20;

(d) Examinará as questões que surjam da interpretação do presente Tratado;

(e) Examinará e decidirá as funções e o orçamento do Secretariado;

(f) Examinará o estabelecimento de órgãos subsidiários que possam ser necessários para melhorar o funcionamento do presente Tratado;

(g) Desempenhará as demais funções derivadas do presente Tratado.

5. Serão realizadas reuniões extraordinárias da Conferência dos Estados Partes quando esta as julgue necessárias ou por solicitação escrita de qualquer Estado Parte, desde que apoiada por pelo menos dois terços dos Estados Partes.

Artigo 18
Secretariado

1. O presente Tratado institui um Secretariado para prestar assistência aos Estados Partes na implementação eficaz dos seus dispositivos. Até a realização da primeira reunião da Conferência dos Estados Partes, o Secretariado provisório será responsável pelas funções administrativas previstas pelo presente Tratado.

2. O Secretariado disporá de dotação suficiente de pessoal. O pessoal deverá ter a experiência necessária para assegurar que o Secretariado possa efetivamente desempenhar as funções elencadas no parágrafo 3º.

3. O Secretariado será responsável perante os Estados Partes. No marco de uma estrutura reduzida, o Secretariado desempenhará as seguintes funções:

a) Receber, disponibilizar e distribuir os relatórios previstos pelo presente Tratado;

b) Manter e disponibilizar aos Estados Partes a lista de pontos de contato nacionais;

c) Facilitar a correspondência entre ofertas e pedidos de assistência para a aplicação do presente Tratado e promover a cooperação internacional, quando solicitada;

d) Facilitar o trabalho da Conferência dos Estados Partes, incluindo a adoção de providências e a prestação dos serviços necessários para as reuniões realizadas no âmbito do presente Tratado; e

e) Desempenhar outras funções determinadas pela Conferência dos Estados Partes.

Artigo 19
Solução de Controvérsias

1. Os Estados Partes manterão consultas e, de comum acordo, cooperarão entre si para buscar a solução de qualquer controvérsia que possa surgir entre eles no que diz respeito à interpretação ou aplicação do presente Tratado, por meio de negociações, mediação, conciliação, acordo judicial ou outros meios pacíficos.

2. Os Estados Partes poderão, de comum acordo, submeter à arbitragem qualquer controvérsia que surja entre eles sobre questões relativas à interpretação ou à aplicação do presente Tratado.

Artigo 20
Emendas

1. Qualquer Estado Parte poderá propor emendas ao presente Tratado seis anos após a sua entrada em vigor. Posteriormente, as propostas de emenda poderão ser examinadas pela Conferência dos Estados Partes somente a cada três anos.

2. Qualquer proposta de emenda ao presente Tratado deverá ser apresentada por escrito ao Secretariado, que procederá a distribuí-la aos Estados Partes em prazo não inferior a 180 dias antes da reunião seguinte da Conferência dos Estados Partes em que possam ser examinadas emendas, em conformidade com o parágrafo 1º. A emenda será considerada na reunião seguinte da Conferência dos Estados Partes em que possam ser examinadas emendas, em conformidade com o parágrafo 1º, se, no prazo de 120 dias após a sua circulação pelo Secretariado, a maioria dos Estados Partes notificar ao Secretariado o seu apoio à consideração da proposta.

3. Os Estados Partes envidarão todos os esforços possíveis para alcançar o consenso sobre cada emenda. Se todos os esforços nesse sentido forem esgotados, e nenhum acordo for atingido, a emenda será aprovada, como último recurso, por uma maioria de três quartos dos votos dos Estados Partes presentes e votantes na reunião da Conferência dos Estados Partes. Para efeitos do presente artigo, entende-se por Estados Partes presentes e votantes os Estados Partes presentes que emitam um voto afirmativo ou negativo. O Depositário comunicará a todos os Estados Partes as emendas adotadas.

4. Uma emenda adotada em conformidade com o parágrafo 3º entrará em vigor, para cada Estado Parte que tenha depositado o instrumento de aceitação dessa emenda, 90 dias após a data em que a maioria dos Estados que forem partes no Tratado no momento da adoção da emenda depositar os instrumentos de aceitação junto ao Depositário. Posteriormente, a emenda entrará em vigor para os demais Estados Partes 90 dias após a data do depósito do seu instrumento de aceitação.

Artigo 21
Assinatura, ratificação, aceitação, aprovação ou adesão

1. O presente Tratado estará aberto à assinatura de todos os Estados na sede das Nações Uni-

das em Nova York, de 3 de junho de 2013 até a sua entrada em vigor.

2. O presente Tratado está sujeito à ratificação, à aceitação ou à aprovação de cada Estado signatário.

3. Após a sua entrada em vigor, o presente Tratado estará aberto à adesão de qualquer Estado que não o tenha assinado.

4. Os instrumentos de ratificação, aceitação, aprovação ou adesão serão depositados junto ao Depositário.

Artigo 22
Entrada em Vigor

1. O presente Tratado entrará em vigor noventa dias após a data do depósito, junto ao Depositário, do quinquagésimo instrumento de ratificação, aceitação ou aprovação.

2. Para qualquer Estado que deposite seu instrumento de ratificação, aceitação, aprovação ou adesão após a entrada em vigor do presente Tratado, este entrará em vigor para esse Estado 90 dias após a data do depósito do seu instrumento de ratificação, aceitação, aprovação ou adesão.

Artigo 23
Aplicação Provisória

Qualquer Estado poderá declarar, no momento da assinatura ou do depósito de seu instrumento de ratificação, aceitação, aprovação ou adesão, que aplicará provisoriamente os artigos 6º e 7º do presente Tratado até a sua entrada em vigor para esse Estado.

Artigo 24
Duração e Denúncia

1. O presente Tratado terá duração ilimitada.

2. Cada Estado Parte terá o direito, no exercício de sua soberania nacional, de denunciar o presente Tratado. Para isso, deverá notificar essa denúncia ao Depositário, que a comunicará aos demais Estados Partes. A notificação de denúncia pode incluir uma exposição dos motivos que a justificam. A notificação de denúncia produzirá efeitos 90 dias após o recebimento desta pelo Depositário, a menos que especifique uma data posterior.

3. A denúncia não isentará nenhum Estado das obrigações decorrentes do presente Tratado enquanto dele era Parte, inclusive das obrigações financeiras dele advindas.

Artigo 25
Reservas

1. No momento da assinatura, ratificação, aceitação, aprovação ou adesão, cada Estado poderá formular reservas, a menos que estas sejam incompatíveis com o objeto e o propósito do presente Tratado.

2. Um Estado Parte poderá retirar sua reserva a qualquer momento por meio de notificação nesse sentido dirigida ao Depositário.

Artigo 26
Relação com outros acordos internacionais

1. A aplicação do presente Tratado ocorrerá sem prejuízo às obrigações assumidas pelos Estados Partes no que diz respeito aos acordos internacionais vigentes ou futuros em que sejam partes quando essas obrigações forem compatíveis com o presente Tratado.

2. O presente Tratado não deve ser citado como motivo para anular acordos de cooperação de defesa celebrados entre Estados Partes no presente Tratado.

Artigo 27
Depositário

O Secretário-Geral das Nações Unidas será o Depositário do presente Tratado.

Artigo 28
Textos Autênticos

O texto original do presente Tratado, cujas versões em árabe, chinês, espanhol, inglês, francês, e russo são igualmente autênticas, será depositado junto ao Secretário-Geral das Nações Unidas.

FEITO EM NOVA IORQUE, em 2 de abril de 2013.

Publicado no Diário do Senado Federal de 12/12/2017

Publicação:

Diário do Senado Federal - 12/12/2017, Página 105 (Tratado)

Diário Oficial da União - Seção 1 - 16/2/2018, Página 2 (Publicação Original

LEI Nº 13.810, DE 8 DE MARÇO DE 2019

Dispõe sobre o cumprimento de sanções impostas por resoluções do Conselho de Segurança das Nações Unidas, incluída a indisponibilidade de ativos de pessoas naturais e jurídicas e de entidades, e a designação nacional de pessoas investigadas ou acusadas de terrorismo, de seu financiamento ou de atos a ele correlacionados; e revoga a Lei nº 13.170, de 16 de outubro de 2015.

▸ *Sanções do Conselho de Segurança das Nações Unidas*

O PRESIDENTE DA REPÚBLICA

Faço saber que o Congresso Nacional decreta e eu sanciono a seguinte Lei:

CAPÍTULO I
DISPOSIÇÕES GERAIS

Art. 1º Esta Lei dispõe sobre o cumprimento de sanções impostas por resoluções do Conselho de Segurança das Nações Unidas, incluída a indisponibilidade de ativos de pessoas naturais e jurídicas e de entidades, e a designação nacional de pessoas investigadas ou acusadas de terrorismo, de seu financiamento ou de atos a ele correlacionados.

Art. 2º Para fins do disposto nesta Lei, considera-se:

I - ativos: bens, direitos, valores, fundos, recursos ou serviços, de qualquer natureza, financeiros ou não;

II - indisponibilidade de ativos: proibição de transferir, converter, trasladar, disponibilizar ativos, ou deles dispor, direta ou indiretamente;

III - fundamentos objetivos: existência de indícios ou provas da prática de terrorismo, de seu financiamento ou de atos a ele correlacionados, por pessoa natural ou por intermédio de pessoa jurídica ou entidade, conforme disposto na Lei nº 13.260, de 16 de março de 2016;

IV - entidades: arranjos ou estruturas legais que não possuem personalidade jurídica, tais como fundos ou clubes de investimento; e

V - sem demora: imediatamente ou dentro de algumas horas.

Art. 3º A indisponibilidade de ativos de que trata esta Lei ocorrerá nas seguintes hipóteses:

I - por execução de resoluções do Conselho de Segurança das Nações Unidas ou por designações de seus comitês de sanções; ou

II - a requerimento de autoridade central estrangeira, desde que o pedido de indisponibilidade esteja de acordo com os princípios legais aplicáveis e apresente fundamentos objetivos para exclusivamente atender aos critérios de designação estabelecidos em resoluções do Conselho de Segurança das Nações Unidas ou de seus comitês de sanções.

Art. 4º A indisponibilidade de ativos não constitui a perda do direito de propriedade.

Art. 5º São nulos e ineficazes atos de disposição relacionados aos ativos indisponibilizados com fundamento nesta Lei, ressalvados os direitos de terceiro de boa-fé.

CAPÍTULO II
DA EXECUÇÃO DE RESOLUÇÕES DO CONSELHO DE SEGURANÇA DAS NAÇÕES UNIDAS OU DE DESIGNAÇÕES DE SEUS COMITÊS DE SANÇÕES

SEÇÃO I
DO CUMPRIMENTO IMEDIATO

Art. 6º As resoluções sancionatórias do Conselho de Segurança das Nações Unidas e as designações de seus comitês de sanções são dotadas de executoriedade imediata na República Federativa do Brasil.

Parágrafo único. (VETADO).

Art. 7º Sem prejuízo da obrigação de cumprimento imediato das resoluções sancionatórias do Conselho de Segurança das Nações Unidas e das designações de seus comitês de sanções, as resoluções e as designações de que trata este Capítulo, ou seus extratos, serão publicadas no Diário Oficial da União pelo Ministério das Relações Exteriores, em língua portuguesa, para fins de publicidade.

Art. 8º É vedado a todos os brasileiros, residentes ou não, ou a pessoas naturais, pessoas jurídicas ou entidades em território brasileiro, descumprir, por ação ou omissão, sanções impostas por resoluções do Conselho de Segurança das Nações Unidas ou por designações de seus comitês de sanções, em benefício de pessoas naturais, pessoas jurídicas ou entidades sancionadas, inclusive para disponibilizar ativos, direta ou indiretamente, em favor dessas pessoas ou entidades.

Parágrafo único. A vedação de que trata o *caput* deste artigo aplica-se aos órgãos dos Poderes da União, dos Estados, do Distrito Federal e dos Municípios e às entidades da administração pública indireta.

Art. 9º As pessoas naturais e jurídicas de que trata o art. 9º da Lei nº 9.613, de 3 de março de 1998, cumprirão, sem demora e sem prévio aviso aos sancionados, as resoluções do Conselho de Segurança das Nações Unidas ou as designações de seus comitês de sanções que determinem a indisponibilidade de ativos de titularidade, direta ou indireta, de pessoas físicas, de pessoas jurídicas ou de entidades submetidas a sanções decorrentes de tais resoluções, na forma e nas condições definidas por seu órgão regulador ou fiscalizador.

Art. 10. Sem prejuízo da obrigação de cumprimento imediato, o Ministério da Justiça e Segurança Pública comunicará, sem demora, as sanções de:

I - indisponibilidade de ativos aos órgãos reguladores ou fiscalizadores, para que comuniquem imediatamente às pessoas naturais ou jurídicas de que trata o art. 9º da Lei nº 9.613, de 3 de março de 1998;

II - restrições à entrada de pessoas no território nacional, ou à saída dele, à Polícia Federal, para que adote providências imediatas de comunicação às empresas de transporte internacional; e

III - restrições à importação ou à exportação de bens à Secretaria Especial da Receita Federal do Ministério da Economia, à Polícia Federal e às Capitanias dos Portos, para que adotem providências imediatas de comunicação às administrações aeroportuárias, às empresas aéreas e às autoridades e operadores portuários.

§ 1º A comunicação a que se refere o inciso I do *caput* deste artigo será dirigida pelo Ministério da Justiça e Segurança Pública, também, para cumprimento sem demora:

I - às corregedorias de justiça dos Estados e do Distrito Federal;

II - à Agência Nacional de Aviação Civil;

III - ao Departamento Nacional de Trânsito do Ministério do Desenvolvimento Regional;

IV - às Capitanias dos Portos;

V - à Agência Nacional de Telecomunicações; e

VI - aos outros órgãos de registro público competentes.

§ 2º As comunicações de que trata este artigo poderão ser feitas por via eletrônica, com confirmação de recebimento.

Art. 11. A indisponibilidade de ativos e as tentativas de sua transferência relacionadas às pessoas naturais, às pessoas jurídicas ou às entidades sancionadas por resolução do Conselho de Segurança das Nações Unidas ou por designações de seus comitês de sanções serão comunicadas ao Ministério da Justiça e Segurança Pública, aos órgãos reguladores ou fiscalizadores das pessoas naturais ou das pessoas jurídicas de que trata o art. 9º da Lei nº 9.613, de 3 de março de 1998, e ao Conselho de Controle de Atividades Financeiras.

SEÇÃO II
DO AUXÍLIO DIRETO JUDICIAL

Art. 12. Na hipótese de haver informações sobre a existência de ativos sujeitos à indisponibilidade ou de pessoas e bens sujeitos a outra espécie de sanção determinada em resoluções do Conselho de Segurança das Nações Unidas ou em designações de seus comitês de sanções, sem que tenha ocorrido seu cumprimento na forma da Seção I deste Capítulo, a União ingressará, sem demora, com auxílio direto judicial para obtê-la.

Parágrafo único. As pessoas naturais e as pessoas jurídicas de que trata o art. 9º da Lei nº 9.613, de 3 de março de 1998, na forma e nas condições definidas por seu órgão regulador ou fiscalizador, e os órgãos e as entidades referidos no art. 10 desta Lei informarão, sem demora, ao Ministério da Justiça e Segurança Pública, a existência de pessoas e ativos sujeitos à sanção e as razões pelas quais deixaram de cumpri-la.

Art. 13. O Ministério da Justiça e Segurança Pública comunicará, sem demora, a existência de ativos sujeitos à indisponibilidade ou de pessoas e bens sujeitos a outra espécie de sanção à Advocacia-Geral da União, para que promova, sem demora, o auxílio direto judicial.

Art. 14. Instruído o pedido com os elementos a que se refere o art. 12 desta Lei, o juiz determinará, no prazo de 24 (vinte e quatro) horas, contado da data do recebimento dos autos, e sem a prévia oitiva do requerido, as medidas pertinentes para cumprimento da sanção.

Parágrafo único. Da determinação de que trata o *caput* deste artigo serão intimados para ciência e cumprimento da decisão as partes, os órgãos e as entidades referidos no art. 10 desta Lei e, caso seja necessário, a pessoa natural ou jurídica que informou a existência de pessoas ou de ativos sujeitos à sanção.

Art. 15. O juiz ordenará a citação do requerido para, caso deseje, impugnar a determinação no prazo de 15 (quinze) dias, contado da data da citação.

§ 1º A impugnação de que trata o *caput* deste artigo não terá efeito suspensivo e versará somente sobre:

I - homonímia;

II - erro na identificação do requerido ou dos ativos que sejam objeto de sanção;

III - exclusão do requerido da lista de sanções, por força de resolução proferida pelo Conselho de Segurança das Nações Unidas ou por designação de seus comitês de sanções; ou

IV - expiração do prazo de vigência do regime de sanções.

§ 2º A União será ouvida sobre a impugnação no prazo de 15 (quinze) dias, contado da data da intimação.

Art. 16. Havendo ou não a impugnação, o juiz proferirá sentença.

Parágrafo único. Intimados as partes, os órgãos e as entidades referidos no art. 10 desta Lei e, caso seja necessário, a pessoa natural ou jurídica que informou a existência dos ativos sujeitos à sanção, e se não houver interposição de recurso, os autos serão arquivados.

Art. 17. Na hipótese de sobrevir a exclusão posterior do requerido da ação originária da lista de pessoas sujeitas ao regime de sanções ou qualquer outra razão que, segundo o Conselho de Segurança das Nações Unidas ou seus comitês de sanções, fundamente a revogação da sanção, as partes poderão ingressar com ação revisional do que foi estatuído na sentença.

CAPÍTULO III
DO AUXÍLIO DIRETO JUDICIAL A REQUERIMENTO DE AUTORIDADE CENTRAL ESTRANGEIRA

Art. 18. A União poderá ingressar com auxílio direto judicial para indisponibilidade de ativos, a requerimento de autoridade central estrangeira, de modo a assegurar o resultado de investigações administrativas ou criminais e ações em curso em jurisdição estrangeira em face de terrorismo, de seu financiamento ou de atos a ele correlacionados.

§ 1º O Ministério da Justiça e Segurança Pública, em coordenação com o Ministério das Relações Exteriores, verificará, sem demora, se o requerimento de indisponibilidade de ativos formulado por autoridade central estrangeira está de acordo com os princípios legais aplicáveis e apresenta fundamentos objetivos para o seu atendimento.

§ 2º Verificado que o requerimento da autoridade central estrangeira está de acordo com os princípios legais aplicáveis e apresenta fundamentos objetivos para o seu atendimento, o Ministério da Justiça e Segurança Pública encaminhará, sem demora, o requerimento à Advocacia-Geral da União, para que promova, sem demora, o auxílio direto judicial, se houver elementos que demonstrem a existência, na República Federativa do Brasil, de ativos sujeitos à medida de indisponibilidade.

Art. 19. Aplica-se o disposto no art. 14, nos incisos I e II do § 1º e no § 2º do art. 15 e no art. 16 desta Lei ao auxílio direto judicial.

Parágrafo único. A impugnação de que trata o art. 15 desta Lei poderá versar também sobre a ausência de fundamentos objetivos para estabelecer a relação entre os ativos e os fatos investigados.

Art. 20. Compete ao Ministério da Justiça e Segurança Pública, em consulta com a autoridade central estrangeira, informar a Advocacia-Geral da União sobre a situação da investigação ou da ação.

Art. 21. Na hipótese de a autoridade central estrangeira informar que não é mais necessária a indisponibilidade de ativos, as partes poderão ingressar com ação revisional do que foi estatuído na sentença.

Art. 22. Aplica-se, no que couber, o auxílio direto judicial para atender a requerimento de autoridade central estrangeira que tenha por objetivo promover comunicações de atos processuais e obter outras medidas cautelares ou provas necessárias à investigação criminal ou às ações criminais em curso em outro país relativas ao financiamento ou apoio a atos terroristas, nos termos das alíneas "e" e "f" do item 2 da Resolução 1373 (2001) do Conselho de Segurança das Nações Unidas, de que trata o Decreto nº 3.976, de 18 de outubro de 2001.

Parágrafo único. No caso de auxílio direto para a prática de atos que não necessitem de prestação jurisdicional, o Ministério da Justiça e Segurança Pública adotará as providências necessárias para seu cumprimento.

Art. 23. O Ministério da Justiça e Segurança Pública informará à autoridade central estrangeira requerente:

I - as medidas adotadas; ou

II - a ausência de fundamentos objetivos para possibilitar o atendimento do requerimento.

CAPÍTULO IV
DAS DESIGNAÇÕES NACIONAIS

Art. 24. A União será intimada pelo juiz, de ofício, de decisões que decretem medidas assecuratórias de bens, direitos ou valores de pessoas investigadas ou acusadas, ou existentes em nome de pessoas interpostas, que sejam instrumento, produto ou proveito dos crimes de terrorismo, nos termos do art. 12 da Lei nº 13.260, de 16 de março de 2016, para que adote, caso seja necessário, as providências de designação nacional perante o Conselho de Segurança das Nações Unidas ou seu comitê de sanções pertinente.

§ 1º A Advocacia-Geral da União comunicará a decisão ao Ministério da Justiça e Segurança Pública e ao Ministério das Relações Exteriores, para que deliberem sobre a designação nacional e, caso seja necessário, comuniquem-na, sem demora, ao Conselho de Segurança das Nações Unidas ou ao seu comitê de sanções pertinente.

§ 2º A designação nacional será acompanhada dos elementos que a fundamentem, de acordo com o procedimento estabelecido na resolução correspondente do Conselho de Segurança das Nações Unidas.

CAPÍTULO V
DISPOSIÇÕES FINAIS

Art. 25. Os órgãos reguladores ou fiscalizadores das pessoas naturais ou jurídicas a que se refere o art. 9º da Lei nº 9.613, de 3 de março de 1998, editarão as normas necessárias ao cumprimento das disposições desta Lei.

Parágrafo único. Cabe aos órgãos reguladores ou fiscalizadores orientar, supervisionar e fiscalizar o cumprimento das medidas de indisponibilidade de ativos pelas pessoas naturais ou pelas pessoas jurídicas de que trata o art. 9º da Lei nº 9.613, de 3 de março de 1998, e aplicar as penalidades administrativas cabíveis.

Art. 26. O Ministério da Justiça e Segurança Pública manterá lista de pessoas naturais e jurídicas e entidades cujos ativos estão sujeitos à indisponibilidade em decorrência de resoluções do Conselho de Segurança das Nações Unidas ou de designação de seus comitês de sanções, de requerimento de outro país ou de designação nacional.

Art. 27. Qualquer pessoa natural ou jurídica ou entidade sancionada em decorrência de resoluções do Conselho de Segurança das Nações Unidas ou de designação de seus comitês das sanções poderá solicitar a sua exclusão das listas de sanções.

§ 1º A solicitação de exclusão será fundamentada, com vistas a atender aos critérios estabelecidos na resolução pertinente do Conselho de Segurança das Nações Unidas ou de designação de seus comitês de sanções, e encaminhada ao Ministério da Justiça e Segurança Pública.

§ 2º Analisada a solicitação de exclusão, o Ministério da Justiça e Segurança Pública deverá encaminhá-la ao Ministério das Relações Exteriores, que a transmitirá ao Conselho de Segurança das Nações Unidas ou ao comitê de sanções pertinente para sua deliberação.

Art. 28. Os ativos indisponibilizados poderão ser parcialmente liberados, caso necessário, para o custeio de despesas ordinárias ou extraordinárias.

§ 1º Para fins do disposto neste artigo, consideram-se despesas ordinárias, entre outras:

I - despesas básicas com alimentos, aluguéis, hipotecas, medicamentos, tratamentos médicos, impostos, seguros e tarifas de serviços públicos;

II - pagamento de honorários profissionais de montante razoável e reembolso de gastos efetuados com a prestação de serviços jurídicos; e

III - pagamento de taxas ou encargos relacionados com a administração e a manutenção ordinárias de fundos ou de outros ativos ou recursos indisponíveis.

§ 2º Na hipótese de pessoas naturais, pessoas jurídicas ou entidades incluídas nas listas de sanções do Conselho de Segurança das Nações Unidas ou de designação de seus comitês de sanções, a liberação parcial dos ativos bloqueados será autorizada:

I - para o custeio de despesas ordinárias, após notificação do Conselho de Segurança das Nações Unidas ou do seu comitê de sanções competente, sem que tenha havido objeção no prazo de 48 (quarenta e oito) horas, contado da data da notificação; e

II - para o custeio de despesas extraordinárias, após notificação e aprovação pelo Conselho de Segurança das Nações Unidas ou pelo seu comitê de sanções competente.

§ 3º Nas hipóteses de indisponibilidade de ativos decorrente de requerimento de autoridade central estrangeira ou de ordem judicial brasileira, a liberação parcial compete ao juiz que decidiu sobre a indisponibilidade, do que será intimada a União, com vistas à comunicação ao Conselho de Segurança das Nações Unidas ou a seu comitê de sanções competente.

Art. 29. As medidas de auxílio direto judicial previstas nesta Lei tramitarão sob segredo de justiça.

Art. 30. Nas hipóteses de os ativos estarem sujeitos a qualquer grau de deterioração ou depreciação ou de haver dificuldade para sua manutenção, poderá ser requerida ao juízo competente a alienação antecipada dos ativos declarados indisponíveis para a preservação de seus valores.

§ 1º O interessado será intimado da avaliação dos ativos para, caso deseje, manifestar-se no prazo de 10 (dez) dias, contado da data da intimação.

§ 2º Feita a avaliação dos ativos e dirimidas eventuais divergências sobre o valor a eles atribuído, será determinada a sua alienação em leilão ou pregão, preferencialmente eletrônico, por valor não inferior a 75% (setenta e cinco por cento) do valor atribuído pela avaliação.

§ 3º Realizado o leilão ou o pregão, a quantia apurada será depositada em conta bancária remunerada.

§ 4º Serão deduzidos da quantia apurada no leilão ou no pregão os tributos e as multas incidentes sobre o ativo alienado.

Art. 31. Será designada pessoa qualificada para a administração, a guarda ou a custódia dos ativos indisponibilizados, caso necessário.

§ 1º Aplicam-se à pessoa designada para os fins do disposto no *caput* deste artigo, no que couber, as disposições legais relativas ao administrador judicial.

§ 2º No caso de ativos financeiros, a sua administração caberá às instituições em que se encontrem, com incidência do bloqueio dos juros e de outros frutos civis e rendimentos decorrentes do contrato.

Art. 32. O Ministério da Justiça e Segurança Pública comunicará:

I - ao Ministério Público Federal e à Polícia Federal as medidas de indisponibilidade de ativos adotadas e as tentativas de transferência relacionadas às pessoas naturais, às pessoas jurídicas ou às entidades designadas, para avaliação de abertura ou não de investigação criminal; e

II - ao Ministério das Relações Exteriores as medidas de indisponibilidade de ativos adotadas em cumprimento das resoluções do Conselho de Segurança das Nações Unidas ou de designações de seus comitês de sanções, para conhecimento e comunicação ao respectivo organismo internacional.

Art. 33. Aplicam-se subsidiariamente a esta Lei, no que couber, as disposições da Lei nº 13.105, de 16 de março de 2015 (Código de Processo Civil), e do Decreto-Lei nº 3.689, de 3 de outubro de 1941 (Código de Processo Penal).

Art. 34. O Poder Executivo federal regulamentará esta Lei no prazo de 90 (noventa) dias, contado da data de sua publicação.

Art. 35. Revoga-se a Lei nº 13.170, de 16 de outubro de 2015.

Art. 36. Esta Lei entra em vigor após decorridos 90 (noventa) dias de sua publicação oficial.

Brasília, 8 de março de 2019; 198º da Independência e 131º da República.

JAIR MESSIAS BOLSONARO
Sérgio Moro

DECRETO LEGISLATIVO Nº 1, DE 18 DE FEVEREIRO DE 2021

▸ (Publicado no DOU de 19/2/2021)

Faço saber que o Congresso Nacional aprovou, e eu, Rodrigo Pacheco, Presidente do Senado Federal, nos termos do parágrafo único do art. 52 do Regimento Comum, promulgo o seguinte

DECRETO LEGISLATIVO Nº 1, DE 2021

Aprova o texto da Convenção Interamericana contra o Racismo, a Discriminação Racial e Formas Correlatas de Intolerância, adotada na Guatemala, por ocasião da 43ª Sessão Ordinária da Assembleia Geral da Organização dos Estados Americanos, em 5 de junho de 2013.

▸ *Convenção Interamericana contra Racismo*

O Congresso Nacional decreta:

Art. 1º Fica aprovado, nos termos do § 3º do art. 5º da Constituição Federal, o texto da Convenção Interamericana contra o Racismo, a Discriminação Racial e Formas Correlatas de Intolerância, adotada na Guatemala, por ocasião da 43ª Sessão Ordinária da Assembleia Geral da Organização dos Estados Americanos, em 5 de junho de 2013.

Parágrafo único. Nos termos do inciso I do *caput* do art. 49 da Constituição Federal, ficam sujeitos à aprovação do Congresso Nacional quaisquer atos que possam resultar em revisão da referida Convenção, bem como quaisquer ajustes complementares que acarretem encargos ou compromissos gravosos ao patrimônio nacional.

Art. 2º Este Decreto Legislativo entra em vigor na data de sua publicação.

Senado Federal, em 18 de fevereiro de 2021

Senador RODRIGO PACHECO
Presidente do Senado Federal

CONVENÇÃO INTERAMERICANA CONTRA O RACISMO, A DISCRIMINAÇÃO RACIAL E FORMAS CORRELATAS DE INTOLERÂNCIA

OS ESTADOS PARTES NESTA CONVENÇÃO,

CONSIDERANDO que a dignidade inerente e a igualdade de todos os membros da família humana são princípios básicos da Declaração Universal dos Direitos Humanos, da Declaração Americana dos Direitos e Deveres do Homem, da Convenção Americana sobre Direitos Humanos e da Convenção Internacional sobre a Eliminação de Todas as Formas de Discriminação Racial;

REAFIRMANDO o firme compromisso dos Estados membros da Organização dos Estados Americanos com a erradicação total e incondicional do racismo, da discriminação racial e de todas as formas de intolerância, e sua convicção de que essas atitudes discriminatórias representam a negação dos valores universais e dos direitos inalienáveis e invioláveis da pessoa humana e dos propósitos e princípios consagrados na Carta da Organização dos Estados Americanos, na Declaração Americana dos Direitos e Deveres do Homem, na Convenção Americana sobre Direitos Humanos, na Carta Social das Américas, na Carta Democrática Interamericana, na Declaração Universal dos Direitos Humanos, na Convenção Internacional sobre a Eliminação de Todas as Formas de Discriminação Racial e na Declaração Universal sobre o Genoma Humano e os Direitos Humanos;

RECONHECENDO o dever de se adotarem medidas nacionais e regionais para promover e incentivar o respeito e a observância dos direitos humanos e das liberdades fundamentais de todos os indivíduos e grupos sujeitos a sua jurisdição, sem distinção de raça, cor, ascendência ou origem nacional ou étnica;

CONVENCIDOS de que os princípios da igualdade e da não discriminação entre os seres humanos são conceitos democráticos dinâmicos que propiciam a promoção da igualdade jurídica efetiva e pressupõem uma obrigação por parte do Estado de adotar medidas especiais para proteger os direitos de indivíduos ou grupos que sejam vítimas da discriminação racial em qualquer esfera de atividade, seja pública ou privada, com vistas a promover condições equitativas para a igualdade de oportunidades, bem como combater a discriminação racial em todas as suas manifestações individuais, estruturais e institucionais;

CONSCIENTES de que o fenômeno do racismo demonstra uma capacidade dinâmica de renovação que lhe permite assumir novas formas pelas quais se dissemina e se expressa política, social, cultural e linguisticamente;

LEVANDO EM CONTA que as vítimas do racismo, da discriminação racial e de outras formas correlatas de intolerância nas Américas são, entre outras, afrodescendentes, povos indígenas, bem como outros grupos e minorias raciais e étnicas ou grupos que por sua ascendência ou origem nacional ou étnica são afetados por essas manifestações;

CONVENCIDOS de que determinadas pessoas e grupos vivenciam formas múltiplas ou extremas de racismo, discriminação e intolerância, motivadas por uma combinação de fatores como raça, cor, ascendência, origem nacional ou étnica, ou outros reconhecidos em instrumentos internacionais;

LEVANDO EM CONTA que uma sociedade pluralista e democrática deve respeitar a raça, cor, ascendência e origem nacional ou étnica de toda pessoa, pertencente ou não a uma minoria, bem como criar condições adequadas que lhe possibilitem expressar, preservar e desenvolver sua identidade;

CONSIDERANDO que a experiência individual e coletiva de discriminação deve ser levada em conta para combater a exclusão e a marginalização com base em raça, grupo étnico ou nacionalidade e para proteger o projeto de vida de indivíduos e comunidades em risco de exclusão e marginalização;

ALARMADOS com o aumento dos crimes de ódio motivados por raça, cor, ascendência e origem nacional ou étnica;

RESSALTANDO o papel fundamental da educação na promoção do respeito aos direitos humanos, da igualdade, da não discriminação e da tolerância; e

TENDO PRESENTE que, embora o combate ao racismo e à discriminação racial tenha sido priorizado em um instrumento internacional anterior, a Convenção Internacional sobre a Eliminação de Todas as Formas de Discriminação Racial, de 1965, os direitos nela consagrados devem ser reafirmados, desenvolvidos, aperfeiçoados e protegidos, a fim de que se consolide nas Américas o conteúdo democrático dos princípios da igualdade jurídica e da não discriminação,

ACORDAM o seguinte:

CAPÍTULO I
DEFINIÇÕES

Artigo 1

Para os efeitos desta Convenção:

1. Discriminação racial é qualquer distinção, exclusão, restrição ou preferência, em qualquer área da vida pública ou privada, cujo propósito ou efeito seja anular ou restringir o reconhecimento, gozo ou exercício, em condições de igualdade, de um ou mais direitos humanos e liberdades fundamentais consagrados nos instrumentos internacionais aplicáveis aos Estados Partes.

A discriminação racial pode basear-se em raça, cor, ascendência ou origem nacional ou étnica.

2. Discriminação racial indireta é aquela que ocorre, em qualquer esfera da vida pública ou privada, quando um dispositivo, prática ou critério aparentemente neutro tem a capacidade de acarretar uma desvantagem particular para pessoas pertencentes a um grupo específico, com base nas razões estabelecidas no Artigo 1.1, ou as coloca em desvantagem, a menos que esse dispositivo, prática ou critério tenha um objetivo ou justificativa razoável e legítima à luz do Direito Internacional dos Direitos Humanos.

3. Discriminação múltipla ou agravada é qualquer preferência, distinção, exclusão ou restrição baseada, de modo concomitante, em dois ou mais critérios dispostos no Artigo 1.1, ou outros reconhecidos em instrumentos internacionais, cujo objetivo ou resultado seja anular ou restringir o reconhecimento, gozo ou exercício, em condições de igualdade, de um ou mais direitos humanos e liberdades fundamentais consagrados nos instrumentos internacionais aplicáveis aos Estados Partes, em qualquer área da vida pública ou privada.

4. Racismo consiste em qualquer teoria, doutrina, ideologia ou conjunto de ideias que enunciam um vínculo causal entre as características fenotípicas ou genotípicas de indivíduos ou grupos e seus traços intelectuais, culturais e de personalidade, inclusive o falso conceito de superioridade racial.

O racismo ocasiona desigualdades raciais e a noção de que as relações discriminatórias entre grupos são moral e cientificamente justificadas.

Toda teoria, doutrina, ideologia e conjunto de ideias racistas descritas neste Artigo são cientificamente falsas, moralmente censuráveis, socialmente injustas e contrárias aos princípios fundamentais do Direito Internacional e, portanto, perturbam gravemente a paz e a segurança internacional, sendo, dessa maneira, condenadas pelos Estados Partes.

5. As medidas especiais ou de ação afirmativa adotadas com a finalidade de assegurar o gozo ou exercício, em condições de igualdade, de um ou mais direitos humanos e liberdades fundamentais de grupos que requeiram essa proteção não constituirão discriminação racial, desde que essas medidas não levem à manutenção de direitos separados para grupos diferentes e não se perpetuem uma vez alcançados seus objetivos.

6. Intolerância é um ato ou conjunto de atos ou manifestações que denotam desrespeito, rejeição ou desprezo à dignidade, características, convicções ou opiniões de pessoas por serem diferentes ou contrárias. Pode manifestar-se como a marginalização e a exclusão de grupos em condições de vulnerabilidade da participação em qualquer esfera da vida pública ou privada ou como violência contra esses grupos.

CAPÍTULO II
DIREITOS PROTEGIDOS

Artigo 2

Todo ser humano é igual perante a lei e tem direito à igual proteção contra o racismo, a discriminação racial e formas correlatas de intolerância, em qualquer esfera da vida pública ou privada.

Artigo 3

Todo ser humano tem direito ao reconhecimento, gozo, exercício e proteção, em condições de igualdade, tanto no plano individual como no coletivo, de todos os direitos humanos e liberdades fundamentais consagrados na legislação interna e nos instrumentos internacionais aplicáveis aos Estados Partes.

CAPÍTULO III
DEVERES DO ESTADO

Artigo 4

Os Estados comprometem-se a prevenir, eliminar, proibir e punir, de acordo com suas normas constitucionais e com as disposições desta Convenção, todos os atos e manifestações de racismo, discriminação racial e formas correlatas de intolerância, inclusive:

i. apoio público ou privado a atividades racialmente discriminatórias e racistas ou que promovam a intolerância, incluindo seu financiamento;

ii. publicação, circulação ou difusão, por qualquer forma e/ou meio de comunicação, inclusive a internet, de qualquer material racista ou racialmente discriminatório que:

a) defenda, promova ou incite o ódio, a discriminação e a intolerância; e

b) tolere, justifique ou defenda atos que constituam ou tenham constituído genocídio ou crimes contra a humanidade, conforme definidos pelo Direito Internacional, ou promova ou incite a prática desses atos;

iii. violência motivada por qualquer um dos critérios estabelecidos no Artigo 1.1;

iv. atividade criminosa em que os bens da vítima sejam alvos intencionais, com base em qualquer um dos critérios estabelecidos no Artigo 1.1;

v. qualquer ação repressiva fundamentada em qualquer dos critérios enunciados no Artigo 1.1, em vez de basear-se no comportamento da pessoa ou em informações objetivas que identifiquem seu envolvimento em atividades criminosas;

vi. restrição, de maneira indevida ou não razoável, do exercício dos direitos individuais à propriedade, administração e disposição de bens de qualquer tipo, com base em qualquer dos critérios enunciados no Artigo 1.1;

vii. qualquer distinção, exclusão, restrição ou preferência aplicada a pessoas, devido a sua condição de vítima de discriminação múltipla ou agravada, cujo propósito ou resultado seja negar ou prejudicar o reconhecimento, gozo, exercício ou proteção, em condições de igualdade, dos direitos e liberdades fundamentais;

viii. qualquer restrição racialmente discriminatória do gozo dos direitos humanos consagrados nos instrumentos internacionais e regionais aplicáveis e pela jurisprudência dos tribunais internacionais e regionais de direitos humanos, especialmente com relação a minorias ou grupos em situação de vulnerabilidade e sujeitos à discriminação racial;

ix. qualquer restrição ou limitação do uso de idioma, tradições, costumes e cultura das pessoas em atividades públicas ou privadas;

x. elaboração e implementação de material, métodos ou ferramentas pedagógicas que reproduzam estereótipos ou preconceitos, com base em qualquer critério estabelecido no Artigo 1.1 desta Convenção;

xi. negação do acesso à educação pública ou privada, bolsas de estudo ou programas de financiamento educacional, com base em qualquer critério estabelecido no Artigo 1.1 desta Convenção;

xii. negação do acesso a qualquer direito econômico, social e cultural, com base em qualquer critério estabelecido no Artigo 1.1 desta Convenção;

xiii. realização de pesquisas ou aplicação dos resultados de pesquisas sobre o genoma humano, especialmente nas áreas da biologia, genética e medicina, com vistas à seleção ou à clonagem humana, que extrapolem o respeito aos direitos humanos, às liberdades fundamentais e à dignidade humana, gerando qualquer forma de discriminação fundamentada em características genéticas;

xiv. restrição ou limitação, com base em qualquer dos critérios enunciados no Artigo 1.1 desta Convenção, do direito de toda pessoa de obter acesso à água, aos recursos naturais, aos ecossistemas, à biodiversidade e aos serviços ecológicos que constituem o patrimônio natural de cada Estado, protegido pelos instrumentos internacionais pertinentes e suas próprias legislações nacionais, bem como de usá-los de maneira sustentável; e

xv. restrição do acesso a locais públicos e locais privados franqueados ao público pelos motivos enunciados no Artigo 1.1 desta Convenção.

Artigo 5

Os Estados Partes comprometem-se a adotar as políticas especiais e ações afirmativas necessárias para assegurar o gozo ou exercício dos direitos e liberdades fundamentais das pessoas ou grupos sujeitos ao racismo, à discriminação racial e formas correlatas de intolerância, com o propósito de promover condições equitativas para a igualdade de oportunidades, inclusão e progresso para essas pessoas ou grupos. Tais medidas ou políticas não serão consideradas discriminatórias ou incompatíveis com o propósito ou objeto desta Convenção, não resultarão na manutenção de direitos separados para grupos distintos e não se estenderão além de um período razoável ou após terem alcançado seu objetivo.

Artigo 6

Os Estados Partes comprometem-se a formular e implementar políticas cujo propósito seja proporcionar tratamento equitativo e gerar igualdade de oportunidades para todas as pessoas, em conformidade com o alcance desta Convenção; entre elas políticas de caráter educacional, medidas trabalhistas ou sociais, ou qualquer outro tipo de política promocional, e a divulgação da legislação sobre o assunto por todos os meios possíveis, inclusive pelos meios de comunicação de massa e pela internet.

Artigo 7

Os Estados Partes comprometem-se a adotar legislação que defina e proíba expressamente o racismo, a discriminação racial e formas correlatas de intolerância, aplicável a todas as autoridades públicas, e a todos os indivíduos ou pessoas físicas e jurídicas, tanto no setor público como no privado, especialmente nas áreas de emprego, participação em organizações profissionais, educação, capacitação, moradia, saúde, proteção social, exercício de atividade econômica e acesso a serviços públicos, entre outras, bem como revogar ou reformar toda legislação que constitua ou produza racismo, discriminação racial e formas correlatas de intolerância.

Artigo 8

Os Estados Partes comprometem-se a garantir que a adoção de medidas de qualquer natureza, inclusive aquelas em matéria de segurança, não discrimine direta ou indiretamente pessoas ou grupos com base em qualquer critério mencionado no Artigo 1.1 desta Convenção.

Artigo 9

Os Estados Partes comprometem-se a garantir que seus sistemas políticos e jurídicos reflitam adequadamente a diversidade de suas sociedades, a fim de atender às necessidades legítimas de todos os setores da população, de acordo com o alcance desta Convenção.

Artigo 10

Os Estados Partes comprometem-se a garantir às vítimas do racismo, discriminação racial e formas correlatas de intolerância um tratamento equitativo e não discriminatório, acesso igualitário ao sistema de justiça, processo ágeis e eficazes e reparação justa nos âmbitos civil e criminal, conforme pertinente.

Artigo 11

Os Estados Partes comprometem-se a considerar agravantes os atos que resultem em discriminação múltipla ou atos de intolerância, ou seja, qualquer distinção, exclusão ou restrição baseada em dois ou mais critérios enunciados nos Artigos 1.1 e 1.3 desta Convenção.

Artigo 12

Os Estados Partes comprometem-se a realizar pesquisas sobre a natureza, as causas e as manifestações do racismo, da discriminação racial e formas correlatas de intolerância em seus respectivos países, em âmbito local, regional e nacional, bem como coletar, compilar e divulgar dados sobre a situação de grupos ou indivíduos que sejam vítimas do racismo, da discriminação racial e formas correlatas de intolerância.

Artigo 13

Os Estados Partes comprometem-se a estabelecer ou designar, de acordo com sua legislação interna, uma instituição nacional que será responsável por monitorar o cumprimento desta Convenção, devendo informar essa instituição à Secretaria-Geral da OEA.

Artigo 14

Os Estados Partes comprometem-se a promover a cooperação internacional com vistas ao intercâmbio de ideias e experiências, bem como a executar programas voltados à realização dos objetivos desta Convenção.

CAPÍTULO IV
MECANISMOS DE PROTEÇÃO E ACOMPANHAMENTO DA CONVENÇÃO

Artigo 15

A fim de monitorar a implementação dos compromissos assumidos pelos Estados Partes na Convenção:

i. qualquer pessoa ou grupo de pessoas, ou entidade não governamental juridicamente reconhecida em um ou mais Estados membros da Organização dos Estados Americanos, pode apresentar à Comissão Interamericana de Direitos Humanos petições que contenham denúncias ou queixas de violação desta Convenção por um Estado Parte. Além disso, qualquer Estado Parte pode, quando do depósito de seu instrumento de ratificação desta Convenção ou de adesão a ela, ou em qualquer momento posterior, declarar que reconhece a competência da Comissão para receber e examinar as comunicações em que um Estado Parte alegue que outro Estado Parte incorreu em violações dos direitos humanos dispostas nesta Convenção. Nesse caso, serão aplicáveis todas as normas de procedimento pertinentes constantes da Convenção Americana sobre Direitos Humanos assim como o Estatuto e o Regulamento da Comissão;

ii. os Estados Partes poderão consultar a Comissão sobre questões relacionadas com a aplicação efetiva desta Convenção. Poderão também solicitar à Comissão assessoria e cooperação técnica para assegurar a aplicação efetiva de qualquer disposição desta Convenção. A Comissão, na medida de sua capacidade, proporcionará aos Estados Partes os serviços de assessoria e assistência solicitados;

iii. qualquer Estado Parte poderá, ao depositar seu instrumento de ratificação desta Convenção ou de adesão a ela, ou em qualquer momento posterior, declarar que reconhece como obrigatória, de pleno direito, e sem acordo especial, a competência da Corte Interamericana de Direitos Humanos em todas as matérias referentes à interpretação ou aplicação desta Convenção. Nesse caso, serão aplicáveis todas as normas de procedimento pertinentes constantes da Convenção Americana sobre Direitos Humanos, bem como o Estatuto e o Regulamento da Corte;

iv. será estabelecido um Comitê Interamericano para a Prevenção e Eliminação do Racismo, Discriminação Racial e Todas as Formas de Discriminação e Intolerância, o qual será constituído por um perito nomeado por cada Estado Parte, que exercerá suas funções de maneira independente e cuja tarefa será monitorar os compromissos assumidos nesta Convenção. O Comitê também será responsável por monitorar os compromissos assumidos pelos Estados que são partes na Convenção Interamericana contra Toda Forma de Discriminação e Intolerância.

O Comitê será criado quando a primeira das Convenções entrar em vigor, e sua primeira reunião será convocada pela Secretaria-Geral da OEA uma vez recebido o décimo instrumento de ratificação de qualquer das Convenções. A primeira reunião do Comitê será realizada na sede da Organização, três meses após sua convocação, para declará-lo constituído, aprovar seu Regulamento e metodologia de trabalho e eleger suas autoridades. Essa reunião será presidida pelo representante do país que depositar o primeiro instrumento de ratificação da Convenção que estabelecer o Comitê; e

v. o Comitê será o foro para intercambiar ideias e experiências, bem como examinar o progresso alcançado pelos Estados Partes na implementação desta Convenção, e qualquer circunstância ou dificuldade que afete seu cumprimento em alguma medida. O referido Comitê poderá recomendar aos Estados Partes que adotem as medidas apropriadas. Com esse propósito, os Estados Partes comprometem-se a apresentar um relatório ao Comitê, transcorrido um ano da realização da primeira reunião, com o cumprimento das obrigações constantes desta Convenção. Dos relatórios que os Estados Partes apresentarem ao Comitê também constarão dados e estatísticas desagregados sobre os grupos vulneráveis. Posteriormente, os Estados Partes apresentarão relatórios a cada quatro anos. A Secretaria-Geral da OEA proporcionará ao Comitê o apoio necessário para o cumprimento de suas funções.

CAPÍTULO V
DISPOSIÇÕES GERAIS

Artigo 16. Interpretação

1. Nenhuma disposição desta Convenção será interpretada no sentido de restringir ou limitar a legislação interna de um Estado Parte que ofereça proteção e garantias iguais ou superiores às estabelecidas nesta Convenção.

2. Nenhuma disposição desta Convenção será interpretada no sentido de restringir ou limitar as convenções internacionais sobre direitos humanos que ofereçam proteção igual ou superior nessa matéria.

Artigo 17. Depósito

O instrumento original desta Convenção, cujos textos em espanhol, francês, inglês e português são igualmente autênticos, será depositado na Secretaria-Geral da Organização dos Estados Americanos.

Artigo 18. Assinatura e ratificação

1. Esta Convenção está aberta à assinatura e ratificação por parte de todos os Estados membros da Organização dos Estados Americanos. Uma vez em vigor, esta Convenção será aberta à adesão de todos os Estados que não a tenham assinado.

2. Esta Convenção está sujeita à ratificação pelos Estados signatários de acordo com seus respectivos procedimentos constitucionais. Os instrumentos de ratificação ou adesão serão depositados na Secretaria-Geral da Organização dos Estados Americanos.

Artigo 19. Reservas

Os Estados Partes poderão apresentar reservas a esta Convenção quando da assinatura, ratificação ou adesão, desde que não sejam incompatíveis com seu objetivo e propósito e se refiram a uma ou mais disposições específicas.

Artigo 20. Entrada em vigor

1. Esta Convenção entrará em vigor no trigésimo dia a partir da data em que se depositar o segundo instrumento de ratificação ou de adesão na Secretaria-Geral da Organização dos Estados Americanos.

2. Para cada Estado que ratificar esta Convenção, ou a ela aderir, após o depósito do segundo instrumento de ratificação ou adesão, a Convenção entrará em vigor no trigésimo dia a partir da data em que tal Estado tenha depositado o respectivo instrumento.

Artigo 21. Denúncia

Esta Convenção permanecerá em vigor indefinidamente, mas qualquer Estado Parte poderá denunciá-la mediante notificação por escrito dirigida ao Secretário-Geral da Organização dos Estados Americanos. Os efeitos da Convenção cessarão para o Estado que a denunciar um ano após a data de depósito do instrumento de denúncia, permanecendo em vigor para os demais Estados Partes. A denúncia não eximirá o Estado Parte das obrigações a ele impostas por esta Convenção com relação a toda ação ou omissão anterior à data em que a denúncia produziu efeito.

Artigo 22. Protocolos adicionais

Qualquer Estado Parte poderá submeter à consideração dos Estados Partes reunidos em Assembleia Geral projetos de protocolos adicionais a esta Convenção, com a finalidade de incluir gradualmente outros direitos em seu regime de proteção. Cada protocolo determinará a maneira de sua entrada em vigor e se aplicará somente aos Estados que nele sejam partes.

REGIMENTOS INTERNOS

- SUPREMO TRIBUNAL FEDERAL
- SUPERIOR TRIBUNAL DE JUSTIÇA

REGIMENTO INTERNO

SUPREMO TRIBUNAL FEDERAL

- Atualizado até a ER 57/2020.

DISPOSIÇÃO INICIAL

Art. 1º Este Regimento estabelece a composição e a competência dos órgãos do *Supremo Tribunal Federal*, regula o processo e o julgamento dos feitos que lhe são atribuídos pela Constituição da República e a disciplina dos seus serviços.

- arts. 96, I, *a*, *b*, *e* e *f* e 101 a 103, CF.
- art. 2º. LC 35/1979 (Lei Orgânica da Magistratura Nacional).
- arts. 7º, III, e 31, I, RISTF.

PARTE I
DA ORGANIZAÇÃO E COMPETÊNCIA

TÍTULO I
DO TRIBUNAL

CAPÍTULO I
DA COMPOSIÇÃO DO TRIBUNAL

Art. 2º O Tribunal compõe-se de onze Ministros, tem sede na Capital da República e jurisdição em todo território nacional.

- arts. 12, I, e § 3º, IV, 52, III, *a*, 84, XIV, 92, I e p.u., 95, I, II, III e p.u., 101 e p.u., CF.
- art. 136, CPC.
- art. 253, CPP.
- arts. 18 e 20, RISTF.

Parágrafo único. O Presidente e Vice-Presidente são eleitos pelo Tribunal, dentre os Ministros.

- art. 96, I , *a*, CF.
- arts. 4º, § 2º, 7º, I, 12 a 14; 75, 143 e 148, RISTF.

Art. 3º São órgãos do Tribunal o Plenário, as Turmas e o Presidente.

- art. 96, I, *a* e *b*, CF.
- arts. 5º a 11; e 13, RISTF.

Art. 4º As Turmas são constituídas de cinco Ministros.

- art. 96, I, *a*, CF.
- arts. 11; 19; 20; 41; e 147 a 150, RISTF.

§ 1º A Turma é presidida pelo Ministro mais antigo dentre seus membros, por um período de um ano, vedada a recondução, até que todos os seus integrantes hajam exercido a Presidência, observada a ordem decrescente de antiguidade. (Atualizado com a introdução da ER 25/2008.)

§ 2º É facultado ao Ministro mais antigo recusar a Presidência, desde que o faça antes da proclamação de sua escolha. (Atualizado com a introdução da ER 25/2008.)

§ 3º 1 Na hipótese de vacância do cargo de Presidente de Turma, assumir-lhe-á, temporariamente, a Presidência o Ministro mais antigo que nela tiver assento. (Atualizado com a introdução da ER 25/2008.)

§ 4º A escolha do Presidente da Turma, observado o critério estabelecido no § 1º deste artigo, dar-se-á na última sessão ordinária da Turma que preceder a cessação ordinária do mandato atual, ressalvada a situação prevista no parágrafo seguinte. (Atualizado com a introdução da ER 25/2008.)

§ 5º Se a Presidência da Turma vagar-se por outro motivo, a escolha a que se refere o § 4º deste artigo dar-se-á na sessão ordinária imediatamente posterior à ocorrência da vaga, hipótese em que o novo Presidente exercerá, por inteiro, o mandato de um ano a contar da data de sua investidura.

§ 6º Considera-se empossado o sucessor, em qualquer das situações a que se referem os § 4º e § 5º deste artigo, na mesma data de sua escolha para a Presidência da Turma, com início e exercício do respectivo mandato a partir da primeira sessão subsequente. (Atualizado com a introdução da ER 25/2008.)

§ 7º O Presidente da Turma é substituído, nas suas ausências ou impedimentos eventuais ou temporários, pelo Ministro mais antigo dentre os membros que a compõem. (Atualizado com a introdução da ER 25/2008.)

§ 8º O Presidente do Tribunal, ao deixar o cargo, passa a integrar a Turma de que sai o novo Presidente. (Atualizado com a introdução da ER 25/2008.)

§ 9º O Ministro que for eleito Vice-Presidente permanece em sua Turma. (Atualizado com a introdução da ER 25/2008.)

§ 10. O Ministro que se empossa no Supremo Tribunal Federal integra a Turma onde existe a vaga. (Atualizado com a introdução da ER 25/2008.)

CAPÍTULO II
DA COMPETÊNCIA DO PLENÁRIO

Art. 5º Compete ao Plenário processar e julgar originariamente:

- arts. 96, I, *a*, *b* e *f*, e 102, I, CF.
- art. 3º, RISTF.

I – nos crimes comuns, o Presidente da República, o Vice-Presidente da República, os Deputados e Senadores, os Ministros do Supremo Tribunal Federal e o Procurador-Geral da República, e nos crimes comuns e de responsabilidade, os Ministros de Estado e os Comandantes da Marinha, do Exército e da Aeronáutica, ressalvado o disposto no art. 52, I, da Constituição Federal, os membros dos Tribunais Superiores, os do Tribunal de Contas da União e os chefes de missão diplomática de caráter permanente, bem como apreciar pedidos de arquivamento por atipicidade da conduta; (Redação dada pela ER 57/2020)

- Refere-se à CF/1969
- arts. 102, I, *b* e *c* c/c 5º, LX; 15, III; 53; 55, VI e § 2º, 86, § 1º, I e II, CF.
- arts. 5º; 18; 24; 27 a 30, CPP.
- arts. 1º a 12, Lei 8.038/1990 (Institui normas procedimentais para os processos que especifica, perante o Superior Tribunal de Justiça e o Supremo Tribunal Federal).
- arts. 55, II; 56, IV e V; 230 a 246; 340, RISTF.

II - (Revogado pela ER 49/2014.)

- arts. 102, I, *c*, c/c 50, *caput*, § 2º, CF.
- arts. 55, II; 56, IV e V; 230 a 246; 340, RISTF.
- Lei 1.079/1950 (Define os crimes de responsabilidade e regula o respectivo processo de julgamento).
- arts. 1º a art. 12, Lei 8.038/1990 (AP originária.)
- Súm. Vinc. 46, STF.

III - os litígios entre Estados estrangeiros ou organismos internacionais e a União, os Estados, o Distrito Federal ou os Territórios;

- art. 102, I, *e*, CF.
- arts. 55, I; 247 a 251; e 273 a art. 275, RISTF.

IV - as causas e conflitos entre a União, os Estados, o Distrito Federal e os Territórios ou entre uns e outros, inclusive os respectivos órgãos da administração indireta;

- art. 102, I, *f*, CF.
- arts. 55, I; 247 a 251, RISTF.

V - os mandados de segurança contra atos do Presidente da República, das Mesas da Câmara e do Senado Federal, do Supremo Tribunal Federal, bem como os impetrados pela União contra atos de governos estaduais, ou por um Estado contra outro; (Alterado pela ER 49/2014.)

- arts. 5º, LXIX e LXX, a e b; 102, I, *d*, CF.
- arts. 55, XVI; 200 a 206, RISTF.

VI - a declaração de suspensão de direitos prevista no art. 154 da Constituição;

VII - a representação do Procurador-Geral da República, por inconstitucionalidade ou para *interpretação* de lei ou ato normativo federal ou estadual;

- Ação Direta de Inconstitucionalidade;
- Ação Direta de Inconstitucionalidade por omissão;
- Arguição de Descumprimento de Preceito Fundamental;
- Ação Declaratória de Constitucionalidade.

- Normas introduzidas pela CF/1988.

VIII - a requisição de intervenção federal nos Estados, ressalvada a competência do Tribunal Superior Eleitoral prevista no art. 11, § 1º, *b*, *a*, da Constituição;

IX - o pedido de avocação e as causas avocadas a que se refere o art. 119, I, *o*, da Constituição;

X - o pedido de medida cautelar nas representações oferecidas pelo Procurador-Geral da República;

XI – as ações contra atos individuais do Presidente do Conselho Nacional de Justiça e do Presidente do Conselho Nacional do Ministério Público. (Acrescentado pela ER 49/2014.)

XII – apreciar, *ad referendum*, decisão do relator sobre pedido de tutela de urgência, quando o objeto de questionamento for ato do Presidente da República, do Presidente da Câmara dos Deputados, do Presidente do Senado Federal e do Presidente do Supremo Tribunal Federal. *(Acrescido pela ER 54/2020)*

Art. 6º Também compete ao Plenário:

I - processar e julgar originariamente:

a) o *habeas corpus*, quando for coator ou paciente o Presidente da República, a Câmara, o Senado, o próprio Tribunal ou qualquer de seus Ministros, o Conselho Nacional da Magistratura, o Procurador-Geral da República, ou quando a coação provier do Tribunal Superior Eleitoral, ou, nos casos do art. 129, § 2º, da Constituição, do Superior Tribunal Militar, bem assim quando se relacionar com extradição requisitada por Estado estrangeiro;

- art. 102, I, *d* , CF.

b) a revisão criminal de julgado do Tribunal;

- art. 102, I, *j* , CF.

c) a ação rescisória de julgado do Tribunal;

- art. 102, I, *j* , CF.

d) a f) Revogados; (Atualizados com a introdução da ER 45/2011.)

g) (Revogado pela ER 49/2014.)

‣ art. 102, I, *l*, CF.

h) as arguições de suspeição;

‣ art. 96, I, a, CF.

‣ arts. 134 a 138, CPC.

‣ arts. 252 a 256, CPP.

i) Revogado. (Atualizado com a introdução da ER 45/2011.)

II - julgar:

a) além do disposto no art. 5º, VII, as arguições de inconstitucionalidade suscitadas nos demais processos;

‣ arts. 97; e 102, *caput*, CF.

b) os processos remetidos pelas Turmas e os incidentes de execução que, de acordo com o art. 343, lhe forem submetidos;

‣ arts. 102, I, *i*, II e III, CF.

c) os *habeas corpus* remetidos ao seu julgamento pelo Relator;

d) o agravo regimental contra ato do Presidente e contra despacho do Relator nos processos de sua competência;

‣ art. 557, CPC.

‣ Res. 186/1999, STF (Regula recolhimento de multa prevista no art. 557, § 2º, CPC.)

‣ art. 38, Lei 8.038/1990.

III - julgar em recurso ordinário:

‣ art. 102, II, *a* e *b*, CF.

a) os *habeas corpus* denegados pelo Tribunal Superior Eleitoral ou, nos casos do *art. 129, § 2º*, da Constituição, pelo Superior Tribunal Militar;

‣ art. 102, II, *a*, CF.

b) os *habeas corpus* denegados pelo Tribunal Federal de Recursos, quando for coator Ministro de Estado;

‣ art. 102, II, *a*, CF.

c) a ação penal julgada pelo Superior Tribunal Militar, quando o acusado for Governador ou Secretário de Estado;

d) as causas em que forem partes Estado estrangeiro ou organismo internacional, de um lado, e, de outro, município ou pessoa domiciliada ou residente no país;

IV - julgar, em grau de embargos, os processos decididos pelo Plenário ou pelas Turmas, nos casos previstos neste regimento;

Parágrafo único. Nos casos das letras *a* e *b* do inciso III, o recurso ordinário não poderá ser substituído por pedido originário.

‣ art. 102, II, *a* e *b*, CF.

Art. 7º Compete ainda ao Plenário:

I - eleger o Presidente e o Vice-Presidente do Tribunal e os membros do Conselho Nacional da Magistratura;

II - eleger, dentre os Ministros, os que devam compor o Tribunal Superior Eleitoral e organizar, para o mesmo fim, as listas de advogados de notável saber jurídico e idoneidade moral a serem submetidas ao Presidente da República;

III - elaborar e votar o Regimento do Tribunal e nele dispor sobre os recursos do art. 119, III, *a* e *d*, da Constituição, atendendo à natureza, espécie ou valor pecuniário das causas em que forem interpostos, bem como à relevância da questão federal;

IV - resolver as dúvidas que forem submetidas pelo Presidente ou pelos Ministros sobre a ordem do serviço ou a interpretação e a execução do Regimento;

V - criar comissões temporárias;

VI - conceder licença ao Presidente e, por mais de três meses, aos Ministros;

VII - deliberar sobre a inclusão, alteração e cancelamento de enunciados da Súmula da Jurisprudência Predominante do Supremo Tribunal Federal.

VIII – decidir, administrativamente, sobre o encaminhamento de solicitação de opinião consultiva ao Tribunal Permanente de Revisão do Mercosul, mediante prévio e necessário juízo de admissibilidade do pedido e sua pertinência processual a ser relatado pelo Presidente do Supremo Tribunal Federal.

‣ Acrescentado pela ER 48/2012.

Art. 8º Compete ao Plenário e às Turmas, nos feitos de sua competência:

I - julgar o agravo regimental, o de instrumento, os embargos declaratórios e as medidas cautelares;

II - censurar ou advertir os juízes das instâncias inferiores e condená-los nas custas, sem prejuízo da competência do Conselho Nacional da Magistratura;

III - homologar as desistências requeridas em sessão, antes de iniciada a votação;

IV - representar à autoridade competente quando, em autos ou documentos de que conhecer, houver indício de crime de ação pública;

V - mandar riscar expressões desrespeitosas em requerimentos, pareceres ou quaisquer alegações submetidas ao Tribunal.

CAPÍTULO III
DA COMPETÊNCIA DAS TURMAS

Art. 9º Além do disposto no art. 8º, compete às Turmas:

I - processar e julgar originariamente:

a) o *habeas corpus*, quando o coator ou paciente for Tribunal, funcionário ou autoridade, cujos atos estejam diretamente subordinados à jurisdição do Supremo Tribunal Federal, ou se tratar de crime sujeito à mesma jurisdição em única instância, ressalvada a competência do Plenário;

b) os incidentes de execução que, de acordo com o art. 343, III, lhes forem submetidos;

c) a reclamação que vise a preservar a competência do Tribunal ou a garantir a autoridade de suas decisões ou Súmulas Vinculantes; (Alterado pela ER 49/2014.)

d) os mandados de segurança contra atos do Tribunal de Contas da União e do Procurador-Geral da República.(Alterado pela ER 49/2014.)

e) os mandados de injunção contra atos do Tribunal de Contas da União e dos Tribunais Superiores; (Acrescida pela ER 45/2011).

f) os *habeas data* contra atos do Tribunal de Contas da União e do Procurador-Geral da República; (Acrescida pela ER 45/2011).

g) a ação em que todos os membros da magistratura sejam direta ou indiretamente interessados, e aquela em que mais da metade dos membros do tribunal de origem estejam impedidos ou sejam direta ou indiretamente interessados; (Acrescida pela ER 45/2011).

h) a extradição requisitada por Estado estrangeiro. (Acrescida pela ER 45/2011)

As ações originárias especiais.

‣ Norma introduzida pela CF/1988: art. 9º do ADCT.

i) as ações contra o Conselho Nacional de Justiça ou contra o Conselho Nacional do Ministério Público, ressalvada a competência do Plenário; (Acrescentado pela ER 49/2014.)

j) (Revogada pela ER 57/2020)

k) (Revogada pela ER 57/2020)

II - julgar em recurso ordinário:

a) os *habeas corpus* denegados em única ou última instância pelos tribunais locais ou federais, ressalvada a competência do Plenário;

b) a ação penal nos casos do art. 129, § 1º, da Constituição, ressalvada a hipótese prevista no art. 6º, inciso III, letra c.

III - julgar, em recurso extraordinário, as causas a que se referem os arts. 119, III, 139 e 143 da Constituição, observado o disposto no art. 11 e seu parágrafo único.

Parágrafo único. No caso da letra *a* do inciso II, o recurso ordinário não poderá ser substituído por pedido originário.

Art. 10. A Turma que tiver conhecimento da causa ou de algum de seus incidentes, inclusive de agravo para subida de recurso denegado ou procrastinado na instância de origem, tem jurisdição preventa para os recursos, reclamações e incidentes posteriores, mesmo em execução, ressalvada a competência do Plenário e do Presidente do Tribunal. (Redação dada pela ER 9/2001.)

§ 1º Prevalece o disposto neste artigo, ainda que a Turma haja submetido a causa, ou algum de seus incidentes, ao julgamento do Plenário.

§ 2º A prevenção, se não reconhecida de ofício, poderá ser arguida por qualquer das partes ou pelo Procurador-Geral até o início do julgamento pela outra Turma.

§ 3º Desaparecerá a prevenção se da Turma não fizer parte nenhum dos Ministros que funcionaram em julgamento anterior ou se tiver havido total alteração da composição das Turmas.

§ 4º Salvo o caso do parágrafo anterior, prevenção do relator que deixe o Tribunal comunica-se à Turma. (Acrescido pela ER 34/2009.)

Art. 11. A Turma remeterá o feito ao julgamento do Plenário independente de acórdão e de nova pauta:

I - quando considerar relevante a arguição de inconstitucionalidade ainda não decidida pelo Plenário, e o Relator não lhe houver afetado o julgamento;

II - quando, não obstante decidida pelo Plenário, a questão de inconstitucionalidade, algum Ministro propuser o seu reexame;

III - quando algum Ministro propuser revisão da jurisprudência compendiada na Súmula.

Parágrafo único. Poderá a Turma proceder da mesma forma, nos casos do art. 22, parágrafo único, quando não o houver feito o Relator.

CAPÍTULO IV
DO PRESIDENTE E DO VICE-PRESIDENTE

Art. 12. O Presidente e o Vice-Presidente têm mandato por dois anos, vedada a reeleição para o período imediato.

§ 1º Proceder-se-á à eleição, por voto secreto, na segunda sessão ordinária do mês anterior ao da expiração do mandato, ou na segunda sessão ordinária imediatamente posterior à ocorrência de vaga por outro motivo.

§ 2º O quórum para a eleição é de oito Ministros; se não alcançado, será designada sessão extraordinária para a data mais próxima, convocados os Ministros ausentes.

§ 3º Considera-se presente à eleição o Ministro, mesmo licenciado, que enviar o seu voto, em sobrecarta fechada, que será aberta publicamente pelo Presidente, depositando-se a cédula na urna, sem quebra do sigilo.

§ 4º Está eleito, em primeiro escrutínio, o Ministro que obtiver número de votos superior à metade dos membros do Tribunal.

§ 5º Em segundo escrutínio, concorrerão somente os dois Ministros mais votados no primeiro.

§ 6º Não alcançada, no segundo escrutínio, a maioria a que se refere o § 4º, proclamar-se-á eleito, dentre os dois, o mais antigo.

§ 7º Realizar-se-á a posse, em sessão solene, em dia e hora marcados naquela em que se proceder à eleição.

§ 8º Os mandatos do Presidente e do Vice-Presidente estender-se-ão até a posse dos respectivos sucessores, se marcada para data excedente do biênio.

Art. 13. São atribuições do Presidente:

I - velar pelas prerrogativas do Tribunal;

II - representá-lo perante os demais poderes e autoridades;

III - dirigir-lhe os trabalhos e presidir-lhe as sessões plenárias, cumprindo e fazendo cumprir este Regimento;

IV - Suprimido; (ER 18/2006.)

V - despachar:

a) antes da distribuição, o pedido de assistência judiciária;

b) a reclamação por erro de ata referente à sessão que lhe caiba presidir;

c) como Relator, nos termos dos arts. 932 e 1.042 do Código de Processo Civil, até eventual distribuição, as petições, os recursos extraordinários e os agravos em recurso extraordinário ineptos ou manifestamente inadmissíveis, inclusive por incompetência, intempestividade, deserção, prejuízo ou ausência de preliminar formal e fundamentada de repercussão geral, bem como aqueles cujo tema seja destituído de repercussão geral, conforme jurisprudência do Tribunal; *(Redação dada pela ER 54/2020)*

- Refere-se ao CPC/1973. arts. 932, IV, 1.021, § 4º, 1.042, NCPC.

d) como Relator, nos termos dos arts. 932 e 1.042 do Código de Processo Civil, até eventual distribuição, os recursos extraordinários e os agravos que veiculem pretensão contrária a jurisprudência dominante ou a súmula do Supremo Tribunal Federal; *(Redação dada pela ER 54/2020)*

- Lei 8.038/1990 (Institui normas procedimentais para os processos que especifica, perante o Superior Tribunal de Justiça e o Supremo Tribunal Federal).
- Res. 444/2010, STF (Institui e altera procedimentos para prática de atos processuais no âmbito da Secretaria do Tribunal).

e) como Relator, até eventual distribuição, os *habeas corpus* que sejam inadmissíveis em razão de incompetência manifesta, encaminhando os autos ao órgão que repute competente. *(Acrescido pela ER 54/2020)*

VI - executar e fazer cumprir os seus despachos, suas decisões monocráticas, suas resoluções, suas ordens e os acórdãos transitados em julgado e por ele relatados, bem como as deliberações do Tribunal tomadas em sessão administrativa e outras de interesse institucional, facultada a delegação de atribuições para a prática de atos processuais não decisórios; (Redação dada pela ER 41/2010.)

- arts. 21, II, e 340, RISTF.

VII - decidir questões de ordem, ou submetê-las ao Tribunal, quando entender necessário;

VIII - decidir questões urgentes nos períodos de recesso ou de férias; (Redação dada pela ER 26/2008.)

IX - proferir voto de qualidade nas decisões do Plenário, para as quais o Regimento Interno não preveja solução diversa, quando o empate na votação decorra de ausência de Ministro em virtude de: (Redação dada pela ER 35/2009.)

- arts. 40 e 146, *caput*, RISTF.

a) impedimento ou suspeição; (Acrescida pela ER 35/2009.)

b) vaga ou licença médica superior a 30 (trinta) dias, quando seja urgente a matéria e não se possa convocar o Ministro licenciado. (Acrescida pela ER 35/2009.)

X - dar posse aos Ministros e conceder-lhes transferência de Turma;

XI - conceder licença aos Ministros, de até três meses, e aos servidores do Tribunal;

XII - nomear e dar posse ao Diretor-Geral, ao Secretário-Geral da Presidência, aos Secretários e aos Assessores-Chefes; (Atualizado pela ER 50/2016.)

XIII - superintender a ordem e a disciplina do Tribunal, bem como aplicar penalidades aos seus servidores;

XIV - apresentar ao Tribunal relatório circunstanciado dos trabalhos do ano;

XV - relatar a arguição de suspeição oposta a Ministro;

XVI - assinar a correspondência destinada ao Presidente da República; ao Vice-Presidente da República; ao Presidente do Senado Federal; aos Presidentes dos Tribunais Superiores, entre estes incluído o Tribunal de Contas da União; ao Procurador-Geral da República; aos Governadores dos Estados e do Distrito Federal; aos Chefes de Governo estrangeiro e seus representantes no Brasil; às autoridades públicas, em resposta a pedidos de informação sobre assunto pertinente ao Poder Judiciário e ao Supremo Tribunal Federal, ressalvado o disposto no inciso XVI do art. 21; (Acrescido pela ER 7/1998.)

XVI-A - designar magistrados para atuação como Juiz Auxiliar do Supremo Tribunal Federal em auxílio à Presidência e aos Ministros, sem prejuízo dos direitos e vantagens de seu cargo, além dos definidos pelo Presidente em ato próprio; (Redação dada pela ER 32/2009.)

- Res. STF 413/2009 (Regulamenta este inciso).

XVII - convocar audiência pública para ouvir o depoimento de pessoas com experiência e autoridade em determinada matéria, sempre que entender necessário o esclarecimento de questões ou circunstâncias de fato, com repercussão geral e de interesse público relevante, debatidas no âmbito do Tribunal; (Acrescido pela ER 29/2009.)

XVIII - decidir, de forma irrecorrível, sobre a manifestação de terceiros, subscrita por procurador habilitado, em audiências públicas ou em qualquer processo em curso no âmbito da Presidência; (Acrescido pela ER 29/2009.)

XIX - praticar os demais atos previstos na lei e no Regimento. (Renumerado para inciso XIX pela ER 29/2009.)

Parágrafo único. O Presidente poderá delegar a outro Ministro o exercício da faculdade prevista no inciso VIII.

Art. 14. O Vice-Presidente substitui o Presidente nas licenças, ausências e impedimentos eventuais. Em caso de vaga, assume a presidência até a posse do novo titular.

CAPÍTULO V
DOS MINISTROS

SEÇÃO I
DISPOSIÇÕES GERAIS

Art. 15. Os Ministros tomam posse em sessão solene do Tribunal, ou perante o Presidente, em período de recesso ou de férias.

§ 1º No ato da posse, o Ministro prestará compromisso de bem cumprir os deveres do cargo, de conformidade com a Constituição e as leis da República.

§ 2º Do compromisso de posse será lavrado termo assinado pelo Presidente, pelo empossado, pelos Ministros presentes e pelo Diretor-Geral.

Art. 16. Os Ministros têm as prerrogativas, garantias, direitos e incompatibilidades inerentes ao exercício da magistratura.

Parágrafo único. Receberão o tratamento de Excelência, conservando o título e as honras correspondentes, mesmo após a aposentadoria, e usarão vestes talares, nas sessões solenes, e capas, nas sessões ordinárias ou extraordinárias.

Art. 17. A antiguidade do Ministro no Tribunal é regulada na seguinte ordem:

I - a posse;

II - a nomeação;

III - a idade.

Parágrafo único. Esgotada a lista, nos casos em que o Regimento manda observar a antiguidade decrescente, o imediato ao Ministro mais moderno será o mais antigo no Tribunal, ou na Turma, conforme o caso.

Art. 18. Não podem ter assento, simultaneamente, no Tribunal, parentes consanguíneos ou afins na linha ascendente ou descendente, e na colateral, até o terceiro grau, inclusive.

Parágrafo único. A incompatibilidade resolve-se na seguinte ordem:

I - antes da posse:

a) contra o último nomeado;

b) se a nomeação for da mesma data, contra o menos idoso.

II - depois da posse:

a) contra o que deu causa à incompatibilidade;

b) se a causa for imputável a ambos, contra o mais moderno.

Art. 19. O Ministro de uma Turma tem o direito de transferir-se para outra onde haja vaga; havendo mais de um pedido, terá preferência o do mais antigo.

Art. 20. Os Ministros têm jurisdição em todo o território nacional.

SEÇÃO II
DO RELATOR

Art. 21. São atribuições do Relator:

I - ordenar e dirigir o processo;

II - executar e fazer cumprir os seus despachos, suas decisões monocráticas, suas ordens e seus acórdãos transitados em julgado, bem como determinar às autoridades judiciárias e administrativas providências relativas ao andamento e à instrução dos processos de sua competência, facultada a delegação de atribuições para a prática de atos processuais não decisórios a outros Tribunais e a juízos de primeiro grau de jurisdição; (Redação dada pela ER 41/2010).

- arts. 13, VI e 340, RISTF.

III - submeter ao Plenário, à Turma, ou aos Presidentes, conforme a competência, questões de ordem para o bom andamento dos processos;

IV - submeter ao Plenário ou à Turma, nos processos da competência respectiva, medidas cautelares necessárias à proteção de direito suscetível de grave dano de incerta reparação, ou ainda destinadas a garantir a eficácia da ulterior decisão da causa;

V - determinar, em caso de urgência, as medidas do inciso anterior, *ad referendum* do Plenário ou da Turma;

V-A - decidir questões urgentes no plantão judicial realizado nos dias de sábado, domingo, feriados e naqueles em que o Tribunal o determinar, na forma regulamentada em Resolução; (Acrescido pela ER 42/2010.)

VI - determinar, em agravo de instrumento, a subida, com as razões das partes, de recurso denegado ou procrastinado, para melhor exame;

VII - requisitar os autos originais, quando necessário;

VIII - homologar as desistências, ainda que o feito se ache em mesa para julgamento;

IX - julgar prejudicado pedido ou recurso que haja perdido o objeto;

X - pedir dia para julgamento dos feitos nos quais estiver habilitado a proferir voto, ou passá-los ao Revisor, com o relatório, se for o caso;

XI - remeter *habeas corpus* ou recurso de *habeas corpus* ao julgamento do Plenário;

XII - assinar cartas de sentença;

XIII - delegar atribuições a outras autoridades judiciárias, nos casos previstos em lei e neste Regimento;

XIV - apresentar em mesa para julgamento os feitos que independam de pauta;

XV - determinar a instauração de inquérito a pedido do Procurador-Geral da República, da autoridade policial ou do ofendido, bem como o seu arquivamento, quando o requerer o Procurador-Geral da República, ou quando verificar: (Redação dada pela ER 44/2011.)

a) a existência manifesta de causa excludente da ilicitude do fato; (Acrescida pela ER 44/2011.)

b) a existência manifesta de causa excludente da culpabilidade do agente, salvo inimputabilidade; (Acrescida pela ER 44/2011.)

c) que o fato narrado evidentemente não constitui crime; (Acrescida pela ER 44/2011.)

d) extinta a punibilidade do agente; ou (Acrescida pela ER 44/2011.)

e) ausência de indícios mínimos de autoria ou materialidade. (Acrescida pela ER 44/2011.)

XVI - assinar a correspondência oficial, em nome do Supremo Tribunal Federal, nas matérias e nos processos sujeitos à sua competência jurisdicional, podendo dirigir-se a qualquer autoridade pública, inclusive ao Chefe dos Poderes da República; (Acrescido pela ER 7/1998.)

XVII - convocar audiência pública para ouvir o depoimento de pessoas com experiência e autoridade em determinada matéria, sempre que entender necessário o esclarecimento de questões ou circunstâncias de fato, com repercussão geral ou de interesse público relevante; (Acrescido pela ER 29/2009.)

XVIII - decidir, de forma irrecorrível, sobre a manifestação de terceiros, subscrita por procurador habilitado, em audiências públicas ou nos processos de sua relatoria; (Acrescido pela ER 29/2009.)

XIX - julgar o pedido de assistência judiciária; (Acrescido pela ER 33/2009.)

XX - praticar os demais atos que lhe incumbam ou sejam facultados em lei e no Regimento (Acrescido pela ER 33/2009.)

§ 1º Poderá o(a) Relator(a) negar seguimento a pedido ou recurso manifestamente inadmissível, improcedente ou contrário à jurisprudência dominante ou à Súmula do Tribunal, deles não conhecer em caso de incompetência manifesta, encaminhando os autos ao órgão que repute competente, bem como cassar ou reformar, liminarmente, acórdão contrário à orientação firmada nos termos do art. 543-B do Código de Processo Civil. (Redação dada pela ER 21/2007.)

- Refere-se ao CPC/1973. art. 1.036, § 1º, e 1.039, NCPC.

§ 2º Poderá ainda o Relator, em caso de manifesta divergência com a Súmula, prover, desde logo, o recurso extraordinário. (Acrescido pela ER 2/1985.)

§ 3º Ao pedir dia para julgamento ou apresentar o feito em mesa, indicará o Relator, nos autos, se o submete ao Plenário ou à Turma, salvo se pela simples designação da classe estiver fixado o órgão competente. (§ 2º transformado em § 1º pela ER 2/1985.)

§ 4º O Relator comunicará à Presidência, para os fins do art. 328 deste Regimento, as matérias sobre as quais proferir decisões de sobrestamento ou devolução de autos, nos termos do art. 543-B do CPC. (Acrescido pela ER 22/2007.)

Art. 21-A. Compete ao relator convocar juízes ou desembargadores para a realização do interrogatório e de outros atos da instrução dos inquéritos criminais e ações penais originárias, na sede do tribunal ou no local onde se deva produzir o ato, bem como definir os limites de sua atuação.

§ 1º Caberá ao magistrado instrutor, convocado na forma do *caput*:

I - designar e realizar as audiências de interrogatório, inquirição de testemunhas, acareação, transação, suspensão condicional do processo, admonitórias e outras;

II - requisitar testemunhas e determinar condução coercitiva, caso necessário;

III - expedir e controlar o cumprimento das cartas de ordem;

IV - determinar intimações e notificações;

V - decidir questões incidentes durante a realização dos atos sob sua responsabilidade;

VI - requisitar documentos ou informações existentes em bancos de dados;

VII - fixar ou prorrogar prazos para a prática de atos durante a instrução;

VIII - realizar inspeções judiciais;

IX - requisitar, junto aos órgãos locais do Poder Judiciário, o apoio de pessoal, equipamentos e instalações adequados para os atos processuais que devam ser produzidos fora da sede do Tribunal;

X - exercer outras funções que lhes sejam delegadas pelo relator ou pelo Tribunal e relacionadas à instrução dos inquéritos criminais e das ações penais originárias.

§ 2º As decisões proferidas pelo magistrado instrutor, no exercício das atribuições previstas no parágrafo anterior, ficam sujeitas ao posterior controle do relator, de ofício ou mediante provocação do interessado, no prazo de 5 (cinco) dias contados da ciência do ato. (Acrescido pela ER 36/2009.)

Art. 21-B. Todos os processos de competência do Tribunal poderão, a critério do relator ou do ministro vistor com a concordância do relator, ser submetidos a julgamento em listas de processos em ambiente presencial ou eletrônico, observadas as respectivas competências das Turmas ou do Plenário. *(Artigo com redação dada pela ER 53/2020).*

§ 1º Serão julgados preferencialmente em ambiente eletrônico os seguintes processos:

I – agravos internos, agravos regimentais e embargos de declaração;

II – medidas cautelares em ações de controle concentrado;

III – referendo de medidas cautelares e de tutelas provisórias;

IV – demais classes processuais, inclusive recursos com repercussão geral reconhecida, cuja matéria discutida tenha jurisprudência dominante no âmbito do STF.

§ 2º Nas hipóteses de cabimento de sustentação oral previstas neste regimento interno, fica facultado à Procuradoria-Geral da República, à Advocacia-Geral da União, à Defensoria Pública da União, aos advogados e demais habilitados nos autos encaminhar as respectivas sustentações por meio eletrônico após a publicação da pauta e até 48 horas antes de iniciado o julgamento em ambiente virtual.

§ 3º No caso de pedido de destaque feito por qualquer ministro, o relator encaminhará o processo ao órgão colegiado competente para julgamento presencial, com publicação de nova pauta.

§ 4º Em caso de excepcional urgência, o Presidente do Supremo Tribunal Federal e os Presidentes das Turmas poderão convocar sessão virtual extraordinária, com prazos fixados no respectivo ato convocatório.

§ 5º Ato do Presidente do Tribunal regulamentará os procedimentos das sessões virtuais.

Art. 22. O Relator submeterá o feito ao julgamento do Plenário, quando houver relevante arguição de inconstitucionalidade ainda não decidida.

Parágrafo único. Poderá o Relator proceder na forma deste artigo:

a) quando houver matérias em que divirjam as Turmas entre si ou alguma delas em relação ao Plenário.

b) quando em razão da relevância da questão jurídica ou da necessidade de prevenir divergência entre as Turmas, convier pronunciamento do Plenário.

SEÇÃO III
DO REVISOR

Art. 23. Há revisão nos seguintes processos:

I - ação rescisória;

II - revisão criminal;

III - ação penal originária prevista no art. 5º, I e II;

IV - recurso ordinário criminal previsto no art. 6º, III, c;

V - declaração de suspensão de direitos do art. 5º, VI.

Parágrafo único. Nos embargos relativos aos processos referidos, não haverá revisão.

Art. 24. Será Revisor o Ministro que se seguir ao Relator na ordem decrescente de antiguidade.

Parágrafo único. Em caso de substituição definitiva do Relator, será também substituído o Revisor, consoante o disposto neste artigo.

Art. 25. Compete ao Revisor:

I - sugerir ao Relator medidas ordinatórias do processo que tenham sido omitidas;

II - confirmar, completar ou retificar o relatório;

III - pedir dia para julgamento dos feitos nos quais estiver habilitado a proferir voto.

CAPÍTULO VI
DAS COMISSÕES

Art. 26. As Comissões colaboram no desempenho dos encargos do Tribunal.

Art. 27. As Comissões são:

I - Permanentes;

II - Temporárias.

§ 1º São Permanentes:

I - a Comissão de Regimento;

II - a Comissão de Jurisprudência;

III - a Comissão de Documentação;

IV - a Comissão de Coordenação.

§ 2º As Comissões Temporárias podem ser criadas pelo Plenário ou pelo Presidente e se extinguem preenchido o fim a que se destinem.

§ 3º As Comissões Permanentes compõem-se de três membros, podendo funcionar com a presença de dois, sendo que a Comissão de Regimento possui um membro-suplente.

§ 4º As Comissões Temporárias podem ter qualquer numero de membros.

Art. 28. O Presidente designará os membros das Comissões, com mandatos coincidentes com o seu, assegurada a participação de Ministros das duas Turmas.

- Redação dada pela ER 24/2008.

Art. 29. Cada Comissão será presidida pelo mais antigo de seus integrantes.

Art. 30. Compete às Comissões Permanentes e Temporárias:

I - expedir normas de serviço e sugerir ao Presidente do Tribunal as que envolvam matéria de sua competência;

II - requisitar ao Presidente do Tribunal os servidores necessários, que não poderão ser deslocados sem audiência dos Ministros perante os quais servirem;

III - entender-se, por seu Presidente, com outras autoridades ou instituições, nas matérias de sua competência, ressalvada a do Presidente do Tribunal.

Art. 31. São atribuições da Comissão de Regimento:

I - velar pela atualização do Regimento, propondo emendas no texto em vigor e emitindo parecer àquelas de iniciativa de outras Comissões ou de Ministros;

II - opinar em processo administrativo, quando consultada pelo Presidente.

Art. 32. São atribuições da Comissão de Jurisprudência:

I - selecionar os acórdãos que devam publicar-se em seu inteiro teor na Revista Trimestral de Jurisprudência, preferindo os indicados pelos Relatores;

II - promover a divulgação, em sumário, das decisões não publicadas na íntegra, bem como a edição de um boletim interno, para conhecimento, antes da publicação dos acórdãos, das questões jurídicas decididas pelas Turmas e pelo Plenário;

III - providenciar a publicação abreviada ou por extenso, das decisões sobre matéria constitucional, em volumes seriados;

IV - velar pela expansão, atualização e publicação da Súmula;

V - superintender:

a) os serviços de sistematização e divulgação da jurisprudência do Tribunal;

b) a edição da Revista Trimestral de Jurisprudência e outras publicações, bem como de índices que facilitem a pesquisa de julgados ou processos.

VI - emitir pronunciamento sobre pedido de inscrição como repertório autorizado.

Art. 33. São atribuições da Comissão de Documentação:

I - orientar os serviços de guarda e conservação dos processos, livros e documentos do Tribunal;

II - manter serviço de documentação para recolher elementos que sirvam de subsídio à história do Tribunal, com pastas individuais, contendo dados bibliográficos dos Ministros e dos Procuradores-Gerais.

Art. 34. É atribuição da Comissão de Coordenação sugerir aos Presidentes do Tribunal e das Turmas, bem como aos Ministros, medidas destinadas a prevenir decisões discrepantes, aumentar o rendimento das sessões, abreviar a publicação dos acórdãos e facilitar a tarefa dos advogados.

CAPÍTULO VII
DAS LICENÇAS, SUBSTITUIÇÕES E CONVOCAÇÕES

Art. 35. A licença é requerida com a indicação do período, começando a correr do dia em que passar a ser utilizada.

Art. 36. O Ministro licenciado não poderá exercer qualquer das suas funções jurisdicionais ou administrativas.

Parágrafo único. Salvo contraindicação médica, o Ministro licenciado poderá reassumir o cargo a qualquer tempo, entendendo-se que desistiu do restante do prazo, bem assim proferir decisões em processos que, antes da licença, lhe hajam sido conclusos para julgamento ou tenham recebido o seu visto como Relator ou Revisor.

Art. 37. Nas ausências ou impedimentos eventuais ou temporários, são substituídos:

I - o Presidente do Tribunal pelo Vice-Presidente, e este pelos demais Ministros, na ordem decrescente de antiguidade;

II - o Presidente da Turma pelo Ministro mais antigo dentre os seus membros;

III - o Presidente da Comissão pelo mais antigo dentre os seus membros;

IV - qualquer dos membros da Comissão de Regimento pelo suplente.

Art. 38. O Relator é substituído:

I - pelo Revisor, se houver, ou pelo Ministro imediato em antiguidade, dentre os do Tribunal ou da Turma, conforme a competência, na vacância, nas licenças ou ausências em razão de missão oficial, de até trinta dias, quando se tratar de deliberação sobre medida urgente; (Redação dada pela ER 42/2010.)

II - pelo Ministro designado para lavrar o acórdão, quando vencido no julgamento;

III - mediante redistribuição, nos termos do art. 69 deste Regimento Interno; (Redação dada pela ER 42/2010.)

IV - em caso de aposentadoria, renúncia ou morte:

‣ arts. 75 e 341, RISTF.

a) pelo Ministro nomeado para a sua vaga;

b) pelo Ministro que tiver proferido o primeiro voto vencedor, acompanhando o do Relator, para lavrar ou assinar os acórdãos dos julgamentos anteriores à abertura da vaga;

c) pela mesma forma da letra *b* deste inciso, e enquanto não empossado o novo Ministro, para assinar carta de sentença e admitir recurso.

Art. 39. O Revisor é substituído, em caso de vaga, impedimento ou licença por mais de trinta dias, pelo Ministro que se lhe seguir em ordem decrescente de antiguidade.

Art. 40. Para completar quórum no Plenário, em razão de impedimento ou licença superior a 30 (trinta) dias, o Presidente do Tribunal convocará o Ministro licenciado. (Redação dada pela ER 35/2009.)

‣ arts. 13, IX, e 146, *caput*, RISTF.

Art. 41. Para completar quórum em uma das Turmas, serão convocados Ministros da outra, na ordem crescente de antiguidade.

CAPÍTULO VIII
DA POLÍCIA DO TRIBUNAL

‣ Res. 564/2015, STF (Regulamenta o exercício do poder de polícia previsto no art. 42, 43, 44 e 45 do Regimento Interno.)

Art. 42. O Presidente responde pela polícia do Tribunal. No exercício dessa atribuição pode requisitar o auxílio de outras autoridades, quando necessário.

Art. 43. Ocorrendo infração à lei penal na sede ou dependência do Tribunal, o Presidente instaurará inquérito, se envolver autoridade ou pessoa sujeita à sua jurisdição, ou delegará esta atribuição a outro Ministro.

§ 1º Nos demais casos, o Presidente poderá proceder na forma deste artigo ou requisitar a instauração de inquérito à autoridade competente.

§ 2º O Ministro incumbido do inquérito designará escrivão dentre os servidores do Tribunal.

Art. 44. A polícia das sessões e das audiências compete ao seu Presidente.

Art. 45. Os inquéritos administrativos serão realizados consoante as normas próprias.

CAPÍTULO IX
DA REPRESENTAÇÃO POR DESOBEDIÊNCIA OU DESACATO

Art. 46. Sempre que tiver conhecimento de desobediência a ordem emanada do Tribunal ou de seus Ministros, no exercício da função, ou de desacato ao Tribunal ou a seus Ministros, o Presidente comunicará o fato ao órgão competente do Ministério Público, provendo-o dos elementos de que dispuser para a propositura da ação penal.

Art. 47. Decorrido o prazo de trinta dias, sem que tenha sido instaurada a ação penal, o Presidente dará ciência ao Tribunal, em sessão secreta, para as providências que julgar necessárias.

TÍTULO II
DA PROCURADORIA-GERAL DA REPÚBLICA

Art. 48. O Procurador-Geral da República toma assento à mesa à direita do Presidente.

Parágrafo único. Os Subprocuradores-Gerais poderão oficiar junto às Turmas mediante delegação do Procurador-Geral.

Art. 49. O Procurador-Geral manifestar-se-á nas oportunidades previstas em lei e neste Regimento.

Art. 50. Sempre que couber ao Procurador-Geral manifestar-se, o Relator mandará abrir-lhe vista antes de pedir dia para julgamento ou passar os autos ao Revisor.

§ 1º Quando não fixado diversamente neste Regimento, será de quinze dias o prazo para o Procurador-Geral manifestar-se.

§ 2º Excedido o prazo, o Relator poderá requisitar os autos, facultando, se ainda oportuna, a posterior juntada do parecer.

§ 3º Caso omitida a vista, considerar-se-á sanada a falta se não for arguida até a abertura da sessão de julgamento, exceto na ação penal originária ou inquérito de que possa resultar responsabilidade penal.

Art. 51. Nos processos em que atuar como representante judicial da União, ou como titular da ação penal, o Procurador-Geral tem os mesmos poderes e ônus que as partes, ressalvadas as disposições expressas em lei ou neste Regimento.

Art. 52. O Procurador-Geral terá vista dos autos:

I - nas representações e outras arguições de inconstitucionalidade;

II - nas causas avocadas;

III - nos processos oriundos de Estados estrangeiros;

IV - nos litígios entre Estado estrangeiro ou organismo internacional e a União, os Estados, o Distrito Federal e os Territórios;

V - nas ações penais originárias;

VI - nas ações cíveis originárias;

VII - nos conflitos de jurisdição ou competência e de atribuições;

VIII - nos *habeas corpus* originários e nos recursos de *habeas corpus*;

IX - nos mandados de segurança;

X - nas revisões criminais e ações rescisórias;

XI - nos pedidos de intervenção federal;

XII - nos inquéritos de que possa resultar responsabilidade penal;

XIII - nos recursos criminais;

XIV - nos outros processos em que a lei impuser a intervenção do Ministério Público;

XV - nos demais processos, quando, pela relevância da matéria, ele a requerer, ou for determinada pelo Relator, Turma ou Plenário.

Parágrafo único. Salvo na ação penal originária ou nos inquéritos, poderá o Relator dispensar a vista ao Procurador-Geral quando houver urgência, ou quando sobre a matéria versada no processo já houver o Plenário firmado jurisprudência.

Art. 53. O Procurador-Geral poderá pedir preferência para julgamento de processo em pauta.

PARTE II
DO PROCESSO

TÍTULO I
DISPOSIÇÕES GERAIS

CAPÍTULO I
DO REGISTRO E CLASSIFICAÇÃO

Art. 54. As petições iniciais e os processos remetidos, ou incidentes, serão protocolados no dia da entrada, na ordem de recebimento, e registrados no primeiro dia útil imediato.

Art. 55. O registro far-se-á em numeração contínua e seriada em cada uma das classes seguintes:

I - Ação Cível Originária;

- Ação Originária;

› Norma introduzida pela CF/1988: art. 102, I, n.

- Ação Originária Especial;

› Norma introduzida pela CF/1988: art. 9º do ADCT e art. 5º, LXXVII (gratuidade).

II - Ação Penal;

III - Ação Rescisória;

IV - Agravo de Instrumento;

V - Apelação Cível;

VI - Arguição de Relevância;

VII - Arguição de Suspeição;

VIII - Carta Rogatória;

› V art. 105, I, *i*, CF - A concessão de *exequatur* às cartas rogatórias, com a EC 45/2004, passou a ser da competência do STJ.

IX - Comunicação;

X - Conflito de Atribuições;

XI - Conflito de Jurisdição;

XII - Extradição;

XIII - *Habeas Corpus*;

XIV - Inquérito;

XV - Intervenção Federal;

XVI - Mandado de Segurança;

- Recurso Ordinário em Mandado de Segurança;

› Norma introduzida pela CF/1988: art. 102, II, a.

- Mandado de Injunção;

› Norma introduzida pela CF/1988: art. 102, I, q, c/c art. 5º, LXXI e LXXVII.

- Recurso em Mandado de Injunção;

› Norma introduzida pela CF/1988: art. 102, II, a;

- *Habeas Data*;

› Norma introduzida pela CF/1988: art. 102, I, d, c/c art. 5º, LXXI, a e b, e LXXVII.

- Recurso de *Habeas Data*;

› Norma introduzida pela CF/1988: art. 102, II, a.

XVII - Pedido de Avocação;

XVIII - Petição;

XIX - Processo Administrativo;

XX - Reclamação;

XXI - Recurso Criminal;

XXII - Recurso Extraordinário;

XXIII - Representação;

- Ação Direta de Inconstitucionalidade;

› Atual dispositivo da CF/1988: art. 102, I, a, § 1º e § 2º, c/c art. 103, e § 1º a § 4º (EC 3/1993) – art. 97 (quórum para votação).

- Ação Direta de Inconstitucionalidade por Omissão;

› Norma introduzida pela CF/1988: art. 103, § 2º.

- Arguição de Descumprimento de Preceito Fundamental;

› Norma introduzida pela CF/1988: art. 102, § 1º (EC 3/1993).

- Ação Declaratória de Constitucionalidade;

› Norma introduzida pela CF/1988: art. 102, § 2º, e art. 103, § 4º (EC 3/1993) – art. 97 (quórum para votação).

XXIV - Revisão Criminal;

XXV - Sentença Estrangeira;

XXVI - Suspensão de Direitos;

XXVII - Suspensão de Segurança;

XXVIII – Proposta de Súmula Vinculante. (Acrescentado pela ER 46/2011.)

Art. 56. O Presidente resolverá, mediante instrução normativa, as dúvidas que se suscitarem na classificação dos feitos, observando-se as seguintes normas:

I - na classe *habeas corpus* serão incluídos os pedidos originários e os recursos inclusive os da Justiça Eleitoral;

II - na classe Recurso Extraordinário serão incluídos:

a) os recursos eleitorais e trabalhistas fundados em inconstitucionalidade;

b) os recursos extraordinários criminais;

c) os recursos extraordinários em mandado de segurança;

III - na classe Recurso Criminal serão incluídos os recursos criminais ordinários;

IV - na classe Ação Penal serão incluídas as ações penais privadas;

V - na classe Inquérito serão incluídos os policiais e os administrativos, de que possa resultar responsabilidade penal, e que só passarão à classe Ação Penal após o recebimento da denúncia ou queixa;

VI - a classe Intervenção Federal compreende os pedidos autônomos e os formulados em execução de julgado do Tribunal; estes últimos serão autuados em apenso, salvo se os autos principais tiverem sido enviados a outra instância;

VII - na classe Processo Administrativo serão incluídos os que devam ser apreciados pelo Tribunal; os que devam ser submetidos ao Presidente ou ao Diretor-Geral obedecerão à classificação estabelecida pelo Presidente;

VIII - na classe Pedido de Avocação se compreende o julgamento das causas avocadas;

IX - os expedientes que não tenham classificação específica nem sejam acessórios ou incidentes serão incluídos na classe Petição, se contiverem requerimento, ou na classe Comunicação, em qualquer outro caso;

X - não se altera a classe do processo:

a) pela interposição de embargos ou agravo regimental;

b) pela exceção de suspeição de juiz de outra instância;

c) pela arguição de inconstitucionalidade formulada incidentemente pelas partes ou pelo Procurador-Geral;

d) pela reclamação por erro de ata;

e) pelos pedidos incidentes ou acessórios;

f) pelos pedidos de execução, salvo a intervenção federal.

XI - far-se-á na autuação nota distintiva do recurso ou incidente, quando este não alterar a classe e o número do processo.

CAPÍTULO II
DO PREPARO E DA DESERÇÃO

Art. 57. Salvo os casos de isenção, compete às partes antecipar o pagamento do respectivo preparo. (Redação dada pela ER 42/2010.)

Parágrafo único. O preparo compreende o recolhimento de custas e das despesas de todos os atos do processo, inclusive o porte de remessa e retorno, quando for o caso.

› Res. 581/2016, STF (Dispõe sobre as Tabelas de Custas e a Tabela de Porte de Remessa e Retorno dos Autos.)

Art. 58. Quando autor e réu recorrerem, cada recurso estará sujeito a preparo integral.

§ 1º Tratando-se de litisconsortes necessários, bastará que um dos recursos seja preparado, para que todos sejam julgados, ainda que não coincidam suas pretensões.

§ 2º O assistente é equiparado para esse efeito ao litisconsorte.

§ 3º O terceiro prejudicado que recorrer fará o preparo do seu recurso, independentemente do preparo dos recursos que, porventura, tenham sido interpostos pelo autor ou pelo réu.

Art. 59. O recolhimento do preparo: (Redação dada pela ER 42/2010.)

I - quando se tratar de recurso, será feito no tribunal de origem, perante as suas secretarias e no prazo previsto na lei processual; (Redação dada pela ER 42/2010.)

II - quando se tratar de feitos de competência originária, será comprovado no ato de seu protocolo. (Redação dada pela ER 42/2010.)

§ 1º Nenhum recurso subirá ao Supremo Tribunal Federal, salvo caso de isenção, sem a prova do respectivo preparo e do pagamento das despesas de remessa e retorno, no prazo legal.

§ 2º O preparo efetuar-se-á, mediante guia, à repartição arrecadadora competente, juntando-se aos autos o comprovante.

§ 3º A não comprovação do pagamento do preparo no ato do protocolo da ação originária ou seu pagamento parcial serão certificados nos autos pela Secretaria Judiciária. (Redação dada pela ER 42/2010.)

Art. 60. Com ou sem o preparo, os autos serão distribuídos ao Relator ou registrados à Presidência, de acordo com a respectiva competência, salvo os casos definidos neste Regimento. (Redação dada pela ER 42/2010.)

Art. 61. Cabe às partes prover o pagamento antecipado das despesas dos atos que realizem ou requeiram no processo, ficando o vencido, afinal, responsável pelas custas e despesas pagas pelo vencedor.

› Res. 581/2016, STF (Dispõe sobre as Tabelas de Custas e a Tabela de Porte de Remessa e Retorno dos Autos.)

§ 1º Haverá isenção do preparo:

I - nos conflitos de jurisdição, nos *habeas corpus* e nos demais processos criminais, salvo a ação penal privada;

II - nos pedidos e recursos formulados ou interpostos pelo Procurador-Geral da República, pela Fazenda Pública em geral ou por beneficiário de assistência judiciária.

§ 2º Nas causas em que forem partes Estados estrangeiros e organismos internacionais, prevalecerá o que dispuserem os tratados ratificados pelo Brasil.

Art. 62. A assistência judiciária, perante o Tribunal, será requerida ao Presidente antes da distribuição; nos demais casos, ao relator.

Art. 63. Sem prejuízo da nomeação, quando couber, do defensor ou curador dativo, o pedido de assistência judiciária será deferido ou não, de acordo com a legislação em vigor.

Parágrafo único. Prevalecerá no Tribunal a assistência judiciária já concedida em outra instância.

Art. 64. O pagamento dos preços cobrados pelo fornecimento de cópias, autenticadas ou não, ou de certidões por fotocópia ou meio equivalente será antecipado ou garantido com depósito na Secretaria, consoante tabela aprovada pelo Presidente.

Art. 65. A deserção do recurso por falta de preparo será declarada:

I - pelo Presidente, antes da distribuição;

II - pelo relator;

III - pelo Plenário ou pela Turma, ao conhecer do feito.

Parágrafo único. Do despacho que declarar a deserção caberá agravo regimental.

CAPÍTULO III
DA DISTRIBUIÇÃO

› Res. 393/2009, STF (Dispõe sobre a compensação na distribuição de processos no STF).

Art. 66. A distribuição será feita por sorteio ou prevenção, mediante sistema informatizado, acionado automaticamente, em cada classe de processo. (Redação dada pela ER 38/2010.)

§ 1º O sistema informatizado de distribuição automática e aleatória de processos é público, e seus dados são acessíveis aos interessados.

§ 2º Sorteado o Relator, ser-lhe-ão imediatamente conclusos os autos. (Redação dada pela ER 18/2006.)

Art. 67. Far-se-á a distribuição entre todos os Ministros, inclusive os ausentes ou licenciados por até trinta dias, excetuado o Presidente.

§ 1º Não haverá distribuição a cargo vago e a Ministro licenciado ou em missão oficial por mais de trinta dias, impondo-se a compensação dos feitos livremente distribuídos ao Ministro que vier assumir o cargo ou retornar da licença ou missão oficial, salvo se o Tribunal dispensar a compensação. (Redação dada pela ER 42/2010.)

§ 2º Será compensada a distribuição que deixar de ser feita ao Vice-Presidente quando substituir o Presidente. (Redação dada pela ER 42/2010.)

§ 3º Declarado o impedimento ou a suspeição pelo Relator ou pelo Tribunal, a Secretaria Judiciária procederá, ex officio, a novo sorteio, compensando-se a distribuição. (Alterado pela ER 49/2014.)

§ 4º Haverá também compensação quando o processo tiver de ser distribuído por prevenção a determinado Ministro. (§ 3º transformado em § 4º pela ER 2/1985.)

§ 5º Salvo os casos de prevenção, o ministro que estiver ocupando a Presidência do Tribunal Superior Eleitoral será excluído da distribuição de processos com pedido de medida liminar ou qualquer outro pedido de natureza urgente, com posterior compensação, durante os três meses anteriores e o mês posterior ao pleito eleitoral. *(Redação dada pela ER 54/2020)*

§ 6º A prevenção deve ser alegada pela parte na primeira oportunidade que se lhe apresente, sob pena de preclusão.

§ 7º O processo que retornar ao Tribunal, por alegado erro material em decisão transitada em julgado, será encaminhado ao relator ou ao sucessor.

§ 8º O processo que tiver como objeto ato de Ministro do Tribunal será distribuído com sua exclusão.

§ 9º O Ministro que tiver exercido a Presidência do Conselho Nacional de Justiça será excluído da distribuição de processo no qual se impugne ato por ele praticado em tal exercício.

§ 10. Nos períodos de recesso e de férias, os processos de que trata o parágrafo anterior serão encaminhados ao Vice-Presidente. (Acrescido pela ER 34/2009.)

§ 11. O processo de acervo de cargo vago que determinar a prevenção de outro feito será redistribuído ao Relator sorteado para o processo prevento, com compensação. (Acrescido pela ER 34/2009.)

§ 12. A prevenção do Ministro Vice-Presidente, ainda quando no exercício da Presidência, não o exclui da distribuição. (Acrescido pela ER 34/2009.)

§ 13. Salvo os casos de prevenção, o Ministro que estiver próximo da aposentadoria ficará excluído da distribuição nos sessenta dias que antecederem a aposentadoria, aplicando-se a mesma regra e o mesmo limite de tempo àquele que requerer aposentadoria antecipada, compensado-se a distribuição em caso de desistência. (Incluído pela ER 56/2020)

Art. 68. Em *habeas corpus*, mandado de segurança, reclamação, extradição, conflitos de jurisdição e de atribuições, diante de risco grave de perecimento de direito ou na hipótese de a prescrição da pretensão punitiva ocorrer nos seis meses seguintes ao início da licença, ausência ou vacância, poderá o Presidente determinar a redistribuição, se o requerer o interessado ou o Ministério Público, quando o Relator estiver licenciado, ausente ou o cargo estiver vago por mais de trinta dias. (Redação dada pela ER 42/2010.)

§ 1º Em caráter excepcional poderá o Presidente do Tribunal, nos demais feitos, fazer uso da faculdade prevista neste artigo.

§ 2º Revogado. (ER 42/2010.)

§ 3º Far-se-á compensação, salvo dispensa do Tribunal, quando cessar a licença ou ausência ou preenchido o cargo vago. (Redação dada pela ER 42/2010.)

Art. 69. A distribuição da ação ou do recurso gera prevenção para todos os processos a eles vinculados por conexão ou continência.

§ 1º O conhecimento excepcional de processo por outro Ministro que não o prevento prorroga-lhe a competência nos termos do § 6º do art. 67.

§ 2º Não se caracterizará prevenção, se o relator, sem ter apreciado liminar, nem o mérito da causa, não conhecer do pedido, declinar da competência, ou homologar pedido de desistência por decisão transitada em julgado. (Redação dada pela ER 34/2009.)

Art. 70. Será distribuída ao relator do feito principal a reclamação que tenha como causa de pedir o descumprimento de decisão cujos efeitos sejam restritos às partes. (Redação dada pela ER 34/2009.)

§ 1º Será objeto de livre distribuição a reclamação que tenha como causa de pedir o descumprimento de súmula vinculante ou de decisão dotada de efeito *erga omnes*. (Acrescido pela ER 34/2009.)

§ 2º Se o relator da causa principal já não integrar o Tribunal, a reclamação será distribuída ao sucessor. (Acrescido pela ER 34/2009.)

§ 3º Se o relator assumir a Presidência do Tribunal, a reclamação será redistribuída ao Ministro que o substituir na Turma. (Acrescido pela ER 34/2009.)

§ 4º Será distribuída ao Presidente a reclamação que tiver como causa de pedir a usurpação da sua competência ou o descumprimento de decisão sua. (Acrescido pela ER 34/2009.)

§ 5º Julgada procedente a reclamação por usurpação da competência, fica prevento o relator para o processo avocado. (Acrescido pela ER 34/2009.)

§ 6º A reclamação, que tiver como causa de pedir a usurpação da competência por prerrogativa de foro, será distribuída ao relator de *habeas corpus* oriundo do mesmo inquérito ou ação penal. (Acrescido pela ER 34/2009.)

Art. 71. Os embargos declaratórios e as questões incidentes terão como Relator o do processo principal.

Art. 72. O prolator do despacho impugnado será o Relator do agravo regimental.

Art. 73. A arguição de suspeição a Ministro terá como Relator o Presidente do Tribunal, ou o Vice-Presidente, se aquele for o recusado.

Art. 74. A ação penal será distribuída ao mesmo Relator do inquérito.

§ 1º O inquérito ou a ação penal, que retornar ao Tribunal por restabelecimento da competência por prerrogativa de foro, será distribuído ao relator original. (Acrescido pela ER 34/2009.)

§ 2º Na hipótese anterior, se o relator original já não estiver no Tribunal, o processo será distribuído livremente. (Acrescido pela ER 34/2009.)

Art. 75. O Ministro eleito Presidente continuará como Relator ou Revisor do processo em que tiver lançado o relatório ou aposto o seu visto.

‣ arts. 38, IV, e 341, RISTF.

Art. 76. Se a decisão embargada for de uma Turma, far-se-á a distribuição dos embargos dentre os Ministros da outra; se do Plenário, serão excluídos da distribuição o Relator e o Revisor.

Art. 77. Na distribuição de ação rescisória e de revisão criminal, será observado o critério estabelecido no artigo anterior.

Parágrafo único. Tratando-se de recurso extraordinário eleitoral, de *habeas corpus* contra ato do Tribunal Superior Eleitoral, ou de recurso de *habeas corpus* denegado pelo mesmo Tribunal, serão excluídos da distribuição, se possível, os Ministros que ali tenham funcionado no mesmo processo ou no processo originário.

Art. 77-A. Serão distribuídos ao mesmo relator a ação cautelar e o processo ou recurso principais.

Art. 77-B. Na ação direta de inconstitucionalidade, na ação direta de inconstitucionalidade por omissão, na ação declaratória de constitucionalidade e na arguição de descumprimento de preceito fundamental, aplica-se a regra de distribuição por prevenção quando haja coincidência total ou parcial de objetos.

Art. 77-C. Serão distribuídos ao mesmo relator requerimento de prisão preventiva para extradição e outro pedido de extradição da mesma pessoa, ainda que formulado por Estado diferente.

Parágrafo único. Fica prevento para reiteração de pedido de extradição o relator que tenha negado seguimento ao primeiro pedido por decisão transitada em julgado.

Art. 77-D. Serão distribuídos por prevenção os *habeas corpus* oriundos do mesmo inquérito ou ação penal.

§ 1º A prevenção para *habeas corpus* relativo a ações penais distintas oriundas de um mesmo inquérito observará os critérios de conexão e de continência. (Acrescido pela ER 34/2009.)

§ 2º O relator da reclamação que tenha como causa de pedir a usurpação da competência em inquérito ou ação penal, fica prevento para *habeas corpus* a eles relativo. (Acrescido pela ER 34/2009.)

§ 3º *Habeas corpus* contra ato praticado em inquérito ou ação penal em trâmite no Tribunal será distribuído com exclusão do respectivo relator. (Acrescido pela ER 34/2009.)

§ 4º Os inquéritos e as ações penais, que passem a ser de competência do Tribunal em virtude de prerrogativa de foro, serão distribuídos por prevenção ao relator de *habeas corpus* a eles relativo. (Acrescido pela ER 34/2009.)

§ 5º O relator da revisão criminal fica prevento para *habeas corpus* relativo ao mesmo processo. (Acrescido pela ER 34/2009.)

CAPÍTULO IV
DOS ATOS E FORMALIDADES

SEÇÃO I
DISPOSIÇÕES GERAIS

Art. 78. O ano judiciário no Tribunal divide-se em dois períodos, recaindo as férias em janeiro e julho.

§ 1º Constituem recesso os feriados forenses compreendidos entre os dias 20 de dezembro e 6 de janeiro, inclusive. (Alterado pela ER 50/2016.)

§ 2º Sem prejuízo do disposto no inciso VIII do art. 13 e inciso V-A do art. 21, suspendem-se os trabalhos do Tribunal durante o recesso e as férias, bem como nos sábados, domingos, feriados e nos dias em que o Tribunal o determinar. (Redação dada pela ER 42/2010.)

§ 3º Os Ministros indicarão seu endereço para eventual convocação durante as férias ou recesso.

Art. 79. Os atos processuais serão autenticados, conforme o caso, mediante a assinatura ou a rubrica do Presidente, dos Ministros ou dos servidores para tal fim qualificados.

§ 1º É exigida a assinatura usual nos acórdãos, na correspondência oficial, no fecho das cartas de sentença e nas certidões.

§ 2º Os livros necessários ao expediente serão rubricados pelo Presidente ou por funcionário designado.

§ 3º As rubricas e assinaturas usuais dos servidores serão registradas em livro próprio, para identificação do signatário.

Art. 80. As peças que devam integrar ato ordinatório ou executório poderão ser-lhe anexadas em cópia autenticada.

Art. 81. A critério do Presidente do Tribunal, dos Presidentes das Turmas ou do relator, conforme o caso, a notificação de ordens ou decisões será feita:

I - por servidor credenciado da Secretaria;

II - por via postal ou por qualquer modo eficaz de telecomunicação, com as cautelas necessárias à autenticação da mensagem e do seu recebimento.

Parágrafo único. Poder-se-á admitir a resposta pela forma indicada no inciso II deste artigo.

Art. 82. Da publicação do expediente de cada processo constará, além do nome das partes e o de seu advogado, o número sequencial indicativo de sua posição na edição respectiva. (Redação dada pela ER 6/1996.)

› Res. 404/2009, STF (Dispõe sobre as intimações das decisões proferidas no âmbito do STF em processos físicos ou eletrônicos).

§ 1º Nos recursos, figurarão os nomes dos advogados constituídos pelas partes no processo, salvo se constituído perante o Tribunal outro advogado que requeira a menção de seu nome nas publicações. (Redação dada pela ER 6/1996.)

§ 2º É suficiente a indicação do nome de um dos advogados, quando a parte houver constituído mais de um, ou o constituído substabelecer a outro com reserva de poderes. (Redação dada pela ER 6/1996.)

§ 3º As publicações dos expedientes dos diversos processos serão acompanhadas, em cada edição do *Diário da Justiça*, do índice alfabético dos nomes de todos os advogados neles indicados e do índice numérico dos feitos cujo expediente contar da edição, ambos referidos aos números sequenciais mencionados no *caput* deste artigo. (Redação dada pela ER 6/1996.)

§ 4º Quando a parte não estiver representada por advogado, constará do índice alfabético o seu nome. (Acrescido pela ER 6/1996.)

§ 5º O erro ou omissão das referências correspondentes a determinado processo nos índices alfabéticos ou numérico implicará a ineficácia da respectiva publicação. (Acrescido pela ER 6/1996.)

§ 6º A retificação de publicação no *Diário da Justiça*, com efeito de intimação, decorrente de incorreções ou omissões, será providenciada pela Secretaria, *ex officio*, ou mediante despacho do Presidente ou do Relator, conforme dispuser ato normativo da Presidência do Tribunal. (Acrescido pela ER 6/1996.)

Art. 83. A publicação da pauta de julgamento antecederá quarenta e oito horas, pelo menos, à sessão em que os processos possam ser chamados.

§ 1º Independem de pauta:

I - as questões de ordem sobre a tramitação dos processos;

II - o julgamento do processo remetido pela Turma ao Plenário;

III – o julgamento de habeas corpus ou de conflito de jurisdições, competências ou atribuições; e *(Redação dada pela ER 54/2020)*

IV – o julgamento de embargos de declaração ou de agravo regimental em matéria processual penal. *(Acrescido pela ER 54/2020)*

§ 2º Havendo expressa concordância das partes, poderá ser dispensada a inclusão de outros processos na pauta de julgamento.

Art. 84. Os editais destinados a divulgação de ato poderão conter, apenas, o essencial à defesa ou resposta, observados os requisitos processuais.

§ 1º A parte que requerer a publicação nos termos deste artigo fornecerá o respectivo resumo, respondendo pelas suas deficiências.

§ 2º O prazo do edital será determinado entre vinte e sessenta dias, a critério do relator, e correrá da data de sua publicação, por uma só vez, no *Diário da Justiça*.

§ 3º A publicação do edital deverá ser feita no prazo de vinte dias contados de sua expedição, certificada nos autos, sob pena de extinguir-se o processo, sem julgamento do mérito, se a parte, intimada pelo Diário da Justiça, não suprir a falta em dez dias.

§ 4º O prazo para a defesa ou resposta começará a correr do termo do prazo determinado no edital.

Art. 85. Nenhuma publicação terá efeito de citação ou intimação, quando ocorrida durante o recesso ou as férias do Tribunal.

Art. 86. A vista às partes transcorre na Secretaria, podendo o advogado retirar autos nos casos previstos em lei, mediante recibo, pelo prazo de cinco dias se outro não lhe for assinado, observando-se, em relação ao Procurador-Geral, o disposto nos artigos 50 e 52.

§ 1º Os advogados constituídos após a remessa do processo ao Tribunal poderão, a requerimento, ter vista dos autos, na oportunidade e pelo prazo que o relator estabelecer.

§ 2º O relator indeferirá o pedido, se houver justo motivo.

Art. 87. Aos Ministros julgadores será distribuída cópia do relatório antecipadamente:

I - nas representações por inconstitucionalidade ou para interpretação de lei ou ato normativo federal ou estadual;

II - nos feitos em que haja revisor;

III - nas causas avocadas;

IV - nos demais feitos, a critério do relator.

SEÇÃO II
DAS ATAS E DA RECLAMAÇÃO POR ERRO

Art. 88. As atas serão submetidas a aprovação na sessão seguinte.

Art. 89. Contra erro contido em ata, podera o interessado reclamar, dentro de 48 horas, em petição dirigida ao Presidente do Tribunal ou da Turma, conforme o caso.

§ 1º Não se admitirá a reclamação a pretexto de modificar o julgado.

§ 2º A reclamação não suspenderá o prazo para recurso, salvo o disposto no artigo 91.

Art. 90. A petição será entregue ao protocolo, e por este encaminhada ao encarregado da ata, que levará a despacho no mesmo dia, com sua informação.

Art. 91. Se o pedido for julgado procedente, far-se-á a retificação da ata e nova publicação.

Art. 92. O despacho que julgar a reclamação será irrecorrível.

SEÇÃO III
DAS DECISÕES

Art. 93. As conclusões do Plenário e das Turmas, em suas decisões, constarão de acórdão, do qual fará parte a transcrição do áudio do julgamento. (Redação dada pela ER 26/2008.)

Parágrafo único. Dispensam acórdão as decisões de remessa de processo ao Plenário e de provimento de agravo de instrumento.

Art. 94. Nos processos julgados no Pleno e nas Turmas, o Relator subscreverá o acórdão, registrando o nome do Presidente. (Redação dada pela ER 16/2005.)

Parágrafo único. (Suprimido pela ER 6/1996.)

Art. 95. A publicação do acórdão, por suas conclusões e ementa, far-se-á, para todos os efeitos, no *Diário da Justiça*.

› ER 54/2020, art.3º: Esta Emenda Regimental entra em vigor na data de sua publicação. § 1º As alterações no art. 95, §§1º, 2º e 3º, do Regimento Interno aplicam-se imediatamente aos processos julgados a partir da publicação desta emenda. § 2º Para os processos julgados antes da publicação desta emenda, o prazo de publicação dos acórdãos previsto no art. 95, §1º, começa a correr após 30 dias da data de publicação da emenda.

§ 1º Salvo manifestação expressa de ministro em sentido contrário, a publicação do acórdão no Diário da Justiça far-se-á automaticamente quando transcorrido o prazo de sessenta dias desde a proclamação do resultado do julgamento. *(Acrescido pela ER 54/2020)*

§ 2º Nos casos em que não tenham sido liberados pelos respectivos Ministros o relatório, os votos escritos e a revisão de apartes de julgamento, no prazo previsto no § 1º, a Secretaria Judiciária fará constar do texto transcrito do julgamento a ressalva de que ele não foi revisto pelo respectivo ministro. *(Acrescido pela ER 54/2020)*

§ 3º Na hipótese prevista no § 2º, a ementa do acórdão consistirá no dispositivo do voto vencedor. *(Acrescido pela ER 54/2020)*

Art. 96. Em cada julgamento a transcrição do áudio registrará o relatório, a discussão, os votos fundamentados, bem como as perguntas feitas aos advogados e suas respostas, e será juntada aos autos com o acórdão, depois de revista e rubricada. (Redação dada pela ER 26/2008.)

§ 1º Após a sessão de julgamento, a Secretaria das Sessões procederá à transcrição da discussão, dos votos orais, bem como das perguntas feitas aos advogados e suas respostas. (Redação dada pela ER 26/2008.)

§ 2º Os gabinetes dos Ministros liberarão o relatório, os votos escritos e a transcrição da discussão, no prazo de vinte dias contados da sessão de julgamento. (Redação dada pela ER 26/2008.)

§ 3º A Secretaria das Sessões procederá à transcrição do áudio do relatório e dos votos lidos que não tenham sido liberados no prazo do § 2º, com a ressalva de que não foram revistos. (Redação dada pela ER 26/2008.)

§ 4º A Secretaria das Sessões encaminhará os autos ao Relator sorteado ou ao Relator para o acórdão, para elaboração deste e da ementa no prazo de dez dias. (Redação dada pela ER 26/2008.)

§ 5º A transcrição do áudio dos feitos julgados conjuntamente será trasladada para os autos do chamado em primeiro lugar e anexada aos demais em cópia autêntica. (Redação dada pela ER 26/2008.)

§ 6º As inexatidões materiais e os erros de escrita ou de cálculo, contidos na decisão, podem ser corrigidos por despacho do Relator, mediante reclamação, quando referentes à ata, ou por via de embargos de declaração, quando couberem. (Acrescido pela ER 26/2008.)

§ 7º O Relator sorteado ou o Relator para o acórdão poderá autorizar, antes da publicação, a divulgação, em texto ou áudio, do teor do julgamento. (Acrescido pela ER 26/2008.)

Art. 97. Também se juntará aos autos, como parte integrante do acórdão, um extrato da ata que conterá:

I - a decisão proclamada pelo Presidente;

II - os nomes do Presidente, do relator, ou, quando vencido, do que for designado, dos demais Ministros que tiverem participado do julgamento, e do Procurador-Geral ou Subprocurador-Geral, quando presente;

III - os nomes dos Ministros impedidos e ausentes;

IV - os nomes dos advogados que tiverem feito sustentação oral.

Art. 98. O acórdão de julgamento em sessão secreta será lavrado pelo autor do primeiro voto vencedor, que não se mencionará, e conterá, de forma sucinta, a exposição da controvérsia, a fundamentação adotada e o dispositivo, bem como o enunciado da conclusão de voto divergente se houver.

Parágrafo único. O acórdão será assinado pelo Presidente, que lhe rubricará todas as folhas, e pelos Ministros que houverem participado do julgamento, na ordem decrescente de antiguidade.

SEÇÃO IV
DA JURISPRUDÊNCIA

Art. 99. São repositórios oficiais da jurisprudência do Tribunal:

I - o *Diário da Justiça*, a *Revista Trimestral de Jurisprudência*, a *Súmula da Jurisprudência Predominante do Supremo Tribunal Federal* e outras publicações por ele editadas, bem como as de outras entidades, que venham a ser autorizadas mediante convênio;

II - para períodos anteriores, as seguintes publicações: *Supremo Tribunal Federal-Jurisprudência* (1892-1898); *Revista do Supremo Tribunal Federal*; *Jurisprudência do Supremo Tribunal Federal*, a primeira e a última editadas pela Imprensa Nacional.

Parágrafo único. Além dos consagrados por sua tradição, são repositórios autorizados para indicação de julgados, perante o Tribunal, os repertórios, revistas e periódicos, registrados de conformidade com ato normativo baixado pela Presidência.

Art. 100. Constarão do *Diário da Justiça* a ementa e conclusões de todos os acórdãos; e, dentre eles, a Comissão de Jurisprudência selecionará os que devam publicar-se em seu inteiro teor na *Revista Trimestral de Jurisprudência*.

Parágrafo único. A distribuição gratuita das publicações do Tribunal far-se-á de acordo com os planos organizados (Decreto-Lei n. 102, de 13 de janeiro de 1967, alterado pela Lei n. 6.201, de 16 de abril de 1975).

Art. 101. A declaração de constitucionalidade ou inconstitucionalidade de lei ou ato normativo, pronunciada por maioria qualificada, aplica-se aos novos feitos submetidos às Turmas ou ao Plenário, salvo o disposto no artigo 103.

Art. 102. A jurisprudência assentada pelo Tribunal será compendiada na *Súmula do Supremo Tribunal Federal*.

§ 1º A inclusão de enunciados na *Súmula*, bem como a sua alteração ou cancelamento, serão deliberados em Plenário, por maioria absoluta.

§ 2º Os verbetes cancelados ou alterados guardarão a respectiva numeração com a nota correspondente, tomando novos números os que forem modificados.

§ 3º Os adendos e emendas à *Súmula*, datados e numerados em séries separadas e sucessivas, serão publicados três vezes consecutivas no *Diário da Justiça*.

§ 4º A citação da *Súmula*, pelo número correspondente, dispensará, perante o Tribunal, a referência a outros julgados no mesmo sentido.

Art. 103. Qualquer dos Ministros pode propor a revisão da jurisprudência assentada em matéria constitucional e da compendiada na Súmula, procedendo-se ao sobrestamento do feito, se necessário.

CAPÍTULO V
DOS PRAZOS

Art. 104. Os prazos no Tribunal correm da publicação do ato ou do aviso no *Diário da Justiça*, salvo o disposto nos parágrafos seguintes.

§ 1º As intimações decorrentes de publicação de ato ou aviso consideram-se feitas no dia da circulação do *Diário da Justiça*.

§ 2º Os prazos somente começam a correr a partir do primeiro dia útil após a intimação.

§ 3º As decisões ou despachos designativos de prazos podem determinar que estes corram da intimação pessoal ou da ciência por outro meio eficaz.

§ 4º Os prazos marcados em correspondência postal, telegráfica ou telefônica correm do seu recebimento, a menos que, sendo confirmativa ou *pro memoria*, tal comunicação se refira a prazo com data diversa para o seu começo.

§ 5º Considera-se prorrogado o prazo até o primeiro dia útil imediato, se o vencimento cair em feriado, ou em dia em que for determinado o fechamento da Secretaria ou o encerramento do expediente antes da hora normal.

§ 6º As citações obedecerão ao disposto nas leis processuais.

Art. 105. Não correm os prazos nos períodos de férias e recesso, salvo as hipóteses previstas em lei ou neste Regimento.

§ 1º Nos casos deste artigo, os prazos começam ou continuam a fluir no dia de reabertura do expediente.

§ 2º Também não corre prazo, havendo obstáculo judicial ou motivo de força maior comprovado, reconhecido pelo Tribunal.

§ 3º As informações oficiais, apresentadas fora do prazo por justo motivo, podem ser admitidas, se ainda oportuna a sua apreciação.

§ 4º Ficam inalterados, durante os recessos forenses e as férias do Tribunal, os prazos determinados pela Presidência no exercício da competência prevista no art. 13, VIII, deste Regimento Interno. (Acrescido pela ER 37/2010.)

Art. 106. Mediante pedido conjunto de ambas as partes, inclusive por telegrama ou radiograma, o relator pode admitir redução ou prorrogação de prazo dilatório por tempo razoável.

Parágrafo único. Na hipótese deste artigo, cabe às partes diligenciar o conhecimento do despacho concessivo ou denegatório, independente de publicação ou intimação.

Art. 107. O prazo para o preparo que deva ser feito no Supremo Tribunal Federal é de dez dias.

Art. 108. Os prazos para diligências serão fixados nos atos que as ordenarem, salvo disposição em contrário deste Regimento.

Art. 109. Os prazos para editais são os fixados neste Regimento e na lei.

Art. 110. Os prazos não especificados neste Regimento:

I - serão fixados pelo Tribunal, pelo Presidente, pelas Turmas ou por seus Presidentes, ou pelo relator, conforme o caso;

II - não tendo sido fixado prazo, nos termos do item anterior, este será de quinze dias para contestação e de cinco dias para interposição de recurso ou qualquer outro ato.

Parágrafo único. O Procurador-Geral da República e a Fazenda Pública em geral têm prazo em quádruplo para contestação e em dobro para interposição de recurso, observando-se, no mais, o que dispõem a lei e o Regimento.

Art. 111. Os prazos para os Ministros, salvo acúmulo de serviço, são os seguintes:

I - dez dias para atos administrativos e despachos em geral;

II - vinte dias para o visto do revisor;

III - trinta dias para o visto do relator.

Art. 112. Salvo disposição em contrário, os servidores do Tribunal terão o prazo de quarenta e oito horas para os atos do processo.

TÍTULO II
DAS PROVAS

CAPÍTULO I
DISPOSIÇÕES GERAIS

Art. 113. A proposição, admissão e produção de provas no Tribunal obedecerão às leis processuais, observados os preceitos especiais deste Título.

CAPÍTULO II
DOS DOCUMENTOS E INFORMAÇÕES

Art. 114. Se a parte não puder instruir, desde logo, suas alegações, por impedimento ou demora em obter certidões ou cópias autenticadas de notas ou registros em repartições ou estabelecimentos públicos, o Relator conceder-lhe-á prazo para esse fim. Se houver recusa no fornecimento, o Relator as requisitará.

Art. 115. Nos recursos interpostos em instância inferior, não se admitirá juntada de documentos desde que recebidos os autos no Tribunal, salvo:

I - para comprovação de textos legais ou de precedentes judiciais, desde que estes últimos não se destinem a suprir, tardiamente, pressuposto recursal não observado;

II - para prova de fatos supervenientes, inclusive decisões em processos conexos, que afetem ou prejudiquem os direitos postulados;

III - em cumprimento de determinação do Relator, do Plenário ou da Turma.

§ 1º O disposto neste artigo aplica-se aos recursos interpostos perante o Tribunal.

§ 2º Após o julgamento, serão devolvidos às partes os documentos que estiverem juntos por linha, salvo se deliberada a sua anexação aos autos.

Art. 116. Em caso de impugnação, as partes comprovarão a fidelidade da transcrição de textos de leis e demais atos do poder público, bem como a vigência e o teor de normas pertinentes à causa, quando emanarem de Estado estrangeiro, de organismo internacional ou, no Brasil, de Estado e Municípios.

Art. 117. A parte será intimada por publicação no *Diário da Justiça* ou, se o Relator o determinar, pela forma indicada no art. 81, para falar sobre documento junto pela parte contrária, após sua última intervenção no processo.

Art. 118. O advogado prestará os esclarecimentos pedidos pelos Ministros, durante o julgamento, sobre peças dos autos e sobre citações que tiver feito de textos legais, precedentes judiciais e trabalhos doutrinários.

CAPÍTULO III
DA APRESENTAÇÃO DE PESSOAS E OUTRAS DILIGÊNCIAS

Art. 119. No processo em que se fizer necessária a presença da parte ou de terceiro, o Plenário, a Turma ou o Relator poderá, independente de outras sanções legais, expedir ordem de condução da pessoa que, intimada, deixar de comparecer sem motivo justificado.

Art. 120. Observar-se-ão as formalidades da lei na realização de exames periciais, arbitramentos, buscas e apreensões, na exibição e conferência de documentos e em quaisquer outras diligências determinadas ou deferidas pelo Plenário, pela Turma ou pelo Relator.

CAPÍTULO IV
DOS DEPOIMENTOS

Art. 121. Os depoimentos poderão ser gravados e, depois de transcritos, serão assinados pelo Relator e pelo depoente. (Redação dada pela ER 26/2008.)

Parágrafo único. Aplica-se o disposto neste artigo ao interrogatório dos acusados.

TÍTULO III
DAS SESSÕES

CAPÍTULO I
DISPOSIÇÕES GERAIS

Art. 122. Haverá sessões ordinárias, do Plenário e das Turmas, nos dias designados, e extraordinárias, mediante convocação.

Art. 123. As sessões ordinárias do Plenário terão início às 14 horas e terminarão às 18 horas, com intervalo de trinta minutos, podendo ser prorrogadas sempre que o serviço o exigir. (Redação dada pela ER 7/1998.)

§ 1º As sessões ordinárias das Turmas terão início às 14 horas e terminarão às 18 horas, com intervalo de trinta minutos, podendo ser prorrogadas sempre que o serviço o exigir. (Acrescido pela ER 7/1998.)

§ 2º As sessões extraordinárias terão início à hora designada e serão encerradas quando cumprido o fim a que se destinem. (Parágrafo único transformado em § 2º pela ER 7/1998.)

Art. 124. As sessões serão públicas, salvo quando este Regimento determinar que sejam secretas, ou assim o deliberar o Plenário ou a Turma.

Parágrafo único. Os advogados ocuparão a tribuna para formularem requerimento, produzirem sustentação oral, ou responderem às perguntas que lhes forem feitas pelos Ministros.

Art. 125. Nas sessões do Plenário e das Turmas, observar-se-á a seguinte ordem:

I - verificação do número de Ministros;
II - discussão e aprovação da ata anterior;
III - indicações e propostas;
IV - julgamento dos processos em mesa.

Art. 126. Os processos conexos poderão ser objeto de um só julgamento.

Parágrafo único. Se houver mais de um Relator, os relatórios serão feitos sucessivamente, antes do debate e julgamento.

Art. 127. Podem ser julgados conjuntamente os processos que versarem a mesma questão jurídica, ainda que apresentem peculiaridades.

Parágrafo único. Na hipótese deste artigo, os relatórios sucessivos reportar-se-ão ao anterior, indicando as peculiaridades do caso.

Art. 128. Os julgamentos a que o Regimento não der prioridade realizar-se-ão, sempre que possível, de conformidade com a ordem crescente de numeração dos feitos em cada classe.

§ 1º Os processos serão chamados pela ordem de antiguidade decrescente dos respectivos Relatores. O critério da numeração referir-se-á a cada Relator.

§ 2º O Presidente poderá dar preferência aos julgamentos nos quais os advogados devam produzir sustentação oral.

Art. 129. Em caso de urgência, o Relator poderá indicar preferência para o julgamento.

Art. 130. Poderá ser deferida preferência a requerimento do Procurador-Geral, de julgamento relativo a processos em que houver medida cautelar.

Art. 131. Nos julgamentos, o Presidente do Plenário ou da Turma, feito o relatório, dará a palavra, sucessivamente, ao autor, recorrente, peticionário ou impetrante, e ao réu, recorrido ou impetrado, para sustentação oral.

§ 1º O assistente somente poderá produzir sustentação oral quando já admitido.

§ 2º Não haverá sustentação oral nos julgamentos de agravo, embargos declaratórios, arguição de suspeição e medida cautelar.

§ 3º Admitida a intervenção de terceiros no processo de controle concentrado de constitucionalidade, fica-lhes facultado produzir sustentação oral, aplicando-se, quando for o caso, a regra do § 2º do artigo 132 , deste Regimento Interno. (Acrescido pela ER 15/2004.)

§ 4º No julgamento conjunto de causas ou recursos sobre questão idêntica, a sustentação oral por mais de um advogado obedecerá ao disposto no § 2º do artigo 132. (Acrescido pela ER 20/2006.)

§ 5º Os advogados e procuradores que desejarem realizar sustentação oral por videoconferência, nas sessões presenciais de julgamento do Plenário e das Turmas, deverão inscrever-se, utilizando o formulário eletrônico disponibilizado no sítio eletrônico do Supremo Tribunal Federal até 48 horas antes do dia da sessão. *(Incluído pela ER 53/2020).*

Art. 132. Cada uma das partes falará pelo tempo máximo de quinze minutos, excetuada a ação penal originária, na qual o prazo será de uma hora, prorrogável pelo Presidente.

§ 1º O Procurador-Geral terá prazo igual ao das partes, falando em primeiro lugar se a União for autora ou recorrente.

§ 2º Se houver litisconsortes não representados pelo mesmo advogado, o prazo, que se contará em dobro, será dividido igualmente entre os do mesmo grupo, se diversamente entre eles não se convencionar.

§ 3º O opoente terá prazo próprio para falar, igual ao das partes.

§ 4º Havendo assistente, na ação penal pública, falará depois do Procurador-Geral, a menos que o recurso seja deste.

§ 5º Os advogados e procuradores que desejarem realizar sustentação oral por videoconferência, nas sessões presenciais de julgamento do Plenário e das Turmas, deverão inscrever-se, utilizando o formulário eletrônico disponibilizado no sítio eletrônico do Supremo Tribunal Federal até 48 horas antes do dia da sessão. *(Incluído pela ER 53/2020)*

§ 6º Se, em ação penal, houver recurso de corréus em posição antagônica, cada grupo terá prazo completo para falar.

§ 7º Nos processos criminais, havendo corréus que sejam coautores, se não tiverem o mesmo defensor, o prazo será contado em dobro e dividido igualmente entre os defensores, salvo se estes convencionarem outra divisão do tempo.

Art. 133. Cada Ministro poderá falar duas vezes sobre o assunto em discussão e mais uma vez, se for o caso, para explicar a modificação do voto. Nenhum falará sem autorização do Presidente, nem interromperá a quem estiver usando a palavra, salvo para apartes, quando solicitados e concedidos.

Parágrafo único. Os apartes constarão do acórdão, salvo se cancelados pelo Ministro aparteante, caso em que será anotado o cancelamento. (Acrescido pela ER 40/2010.)

Art. 134. O ministro que pedir vista dos autos deverá apresentá-los, para prosseguimento da votação, no prazo de trinta dias, contado da data da publicação da ata de julgamento. (Redação dada pela ER 54/2020)

§ 1º Ao reencetar-se o julgamento, serão computados os votos já proferidos pelos Ministros, ainda que não compareçam ou hajam deixado o exercício do cargo.

§ 2º Não participarão do julgamento os Ministros que não tenham assistido ao relatório ou aos debates, salvo quando se derem por esclarecidos. (Redação dada pela ER 2/1985.)

§ 3º Se, para o efeito do quórum ou desempate na votação, for necessário o voto de Ministro nas condições do parágrafo anterior, serão renovados o relatório e a sustentação oral, computando-se os votos anteriormente proferidos.

§ 4º O prazo a que se refere o *caput* ficará suspenso nos períodos de recesso ou férias coletivas e poderá ser prorrogado, por uma única vez, por igual período, mediante manifestação expressa do ministro vistor ao presidente do respectivo colegiado. *(Incluído pela ER 54/2020)*

Art. 135. Concluído o debate oral, o Presidente tomará os votos do Relator, do Revisor, se houver, e dos outros Ministros, na ordem inversa da antiguidade.

§ 1º Os Ministros poderão antecipar o voto se o Presidente autorizar.

§ 2º Encerrada a votação, o Presidente proclamará a decisão.

§ 3º Se o Relator for vencido, ficará designado o Revisor para redigir o acórdão.

§ 4º Se não houver Revisor, ou se este também ficar vencido, designar-se-á para redigir o acórdão o Ministro que houver proferido o primeiro voto prevalecente, ressalvado o disposto no artigo 324, § 3º, deste Regimento. (Alterado pela ER 49/2014.)

Art. 136. As questões preliminares serão julgadas antes do mérito, deste não se conhecendo se incompatível com a decisão daquelas.

§ 1º Sempre que, no curso do relatório, ou antes dele, algum dos Ministros suscitar preliminar, será ela, antes de julgada, discutida pelas partes, que poderão usar da palavra pelo prazo regimental. Se não acolhida a preliminar, prosseguir-se-á no julgamento.

§ 2º Quando a preliminar versar nulidade suprível, converter-se-á o julgamento em diligência e o Relator, se for necessário, ordenará a remessa dos autos ao juiz de primeira instância ou ao Presidente do Tribunal *a quo* para os fins de direito.

Art. 137. Rejeitada a preliminar, ou se com ela for compatível a apreciação do mérito, seguir-se-ão a discussão e julgamento da matéria principal, pronunciando-se sobre esta os juízes vencidos na preliminar.

Art. 138. Preferirá aos demais, na sua classe, o processo, em mesa, cujo julgamento tenha sido iniciado.

Art. 139. O julgamento, uma vez iniciado, ultimar-se-á na mesma sessão, ainda que excedida a hora regimental.

Art. 140. O Plenário ou a Turma poderá converter o julgamento em diligência, quando necessária à decisão da causa.

CAPÍTULO II
DAS SESSÕES SOLENES

Art. 141. O Tribunal reúne-se em sessão solene:

I - para dar posse ao Presidente e ao Vice-Presidente;
II - para dar posse aos Ministros;
III - para receber o Presidente da República;

IV - para receber Chefe de Estado estrangeiro, em visita oficial ao Brasil;
V - para celebrar acontecimento de alta relevância, quando convocado por deliberação plenária em sessão administrativa;
VI - para instalar o ano judiciário. (Acrescido pela ER 14/2004.)

§ 1º A sessão solene a que se refere o inciso VI realizar-se-á sempre no primeiro dia útil do mês de fevereiro de cada ano. (Acrescido pela ER 14/2004.)

§ 2º Na solenidade de instalação do ano judiciário, integrarão a Mesa, mediante convite, os Presidentes da República, do Congresso Nacional, da Câmara dos Deputados, do Tribunal Superior Eleitoral, do Superior Tribunal de Justiça, do Superior Tribunal Militar, do Tribunal Superior do Trabalho e o Procurador-Geral da República e farão uso da palavra as autoridades indicadas pelo Presidente do Supremo Tribunal Federal. (Acrescido pela ER 14/2004.)

Art. 142. O cerimonial das sessões solenes será regulado por ato do Presidente.

CAPÍTULO III
DAS SESSÕES DO PLENÁRIO

Art. 143. O Plenário, que se reúne com a presença mínima de seis Ministros, é dirigido pelo Presidente do Tribunal.

Parágrafo único. O quórum para a votação de matéria constitucional e para a eleição do Presidente e do Vice-Presidente, dos membros do Conselho Nacional da Magistratura e do Tribunal Superior Eleitoral é de oito Ministros.

Art. 144. Nas sessões do Plenário, o Presidente tem assento à mesa, na parte central, ficando o Procurador-Geral à sua direita. Os demais Ministros sentar-se-ão, pela ordem decrescente de antiguidade, alternadamente, nos lugares laterais, a começar pela direita.

Art. 145. Terão prioridade, no julgamento do Plenário, observados os artigos 128 a 130 e 138:
I - os *habeas corpus*;
II - os pedidos de extradição;
III - as causas criminais e, dentre estas, as de réu preso;
IV - os conflitos de jurisdição;
V - os recursos oriundos do Tribunal Superior Eleitoral;
VI - os mandados de segurança;
VII - as reclamações;
VIII - as representações;
IX - os pedidos de avocação e as causas avocadas.

Art. 146. Havendo, por ausência ou falta de um Ministro, nos termos do art. 13, IX, empate na votação de matéria cuja solução dependa de maioria absoluta, considerar-se-á julgada a questão proclamando-se a solução contrária à pretendida ou à proposta. (Redação dada pela ER 35/2009.)

Parágrafo único. No julgamento de *habeas corpus* e de recursos de *habeas corpus* proclamar-se-á, na hipótese de empate, a decisão mais favorável ao paciente. (Acrescentado pela ER 35/2009.)

CAPÍTULO IV
DAS SESSÕES DAS TURMAS

Art. 147. As Turmas reúnem-se com a presença, pelo menos, de três Ministros.

Art. 148. Nas sessões das Turmas, o Presidente tem assento à mesa, na parte central, ficando o Procurador-Geral à sua direita. Os demais Ministros sentar-se-ão, pela ordem decrescente de antiguidade, alternadamente, nos lugares laterais, a começar pela direita.

Parágrafo único. Quando o Presidente do Tribunal comparecer à sessão de Turma para julgar processo a que estiver vinculado, ou do qual houver pedido vista, assumir-lhe-á a presidência pelo tempo correspondente ao julgamento.

Art. 149. Terão prioridade, no julgamento, observados os artigos 128 a 130 e 138:
I - os *habeas corpus*;
II - as causas criminais, dentre estas as de réu preso;
III - as reclamações. (Acrescido pela ER 9/2001.)

Art. 150. O Presidente da Turma terá sempre direito a voto.

§ 1º Se ocorrer empate, será adiada a decisão até tomar-se o voto do Ministro que esteve ausente.

§ 2º Persistindo a ausência, ou havendo vaga, impedimento ou licença de Ministro da Turma, por mais de um mês, convocar-se-á Ministro da outra, na ordem decrescente de antiguidade.

§ 3º Nos *habeas corpus* e recursos em matéria criminal, exceto o recurso extraordinário, havendo empate, prevalecerá a decisão mais favorável ao paciente ou réu.

CAPÍTULO V
DAS SESSÕES ADMINISTRATIVAS E DE CONSELHO

Art. 151. As sessões serão secretas:
I - quando algum dos Ministros pedir que o Plenário ou a Turma se reúna em Conselho;
II - quando convocadas pelo Presidente para assunto administrativo ou da economia do Tribunal.

Art. 152. Nenhuma pessoa, além dos Ministros, será admitida às sessões secretas, salvo quando convocada especialmente.

Parágrafo único. No caso do inciso I do artigo anterior, o julgamento prosseguirá em sessão pública.

Art. 153. O registro das sessões secretas conterá somente a data e os nomes dos presentes, exceto quando as deliberações devam ser publicadas.

TÍTULO IV
DAS AUDIÊNCIAS

Art. 154. Serão públicas as audiências:
I - (Suprimido pela ER 18/2006);
II - para instrução de processo, salvo motivo relevante;
III - para ouvir o depoimento das pessoas de que tratam os artigos 13, inciso XVII, e 21, inciso XVII, deste Regimento Interno. (Acrescido pela ER 29/2009.)

Parágrafo único. A audiência prevista no inciso III observará o seguinte procedimento: (Acrescido pela ER 29/2009.)
I - o despacho que a convocar será amplamente divulgado e fixará prazo para a indicação das pessoas a serem ouvidas;
II - havendo defensores e opositores relativamente à matéria objeto da audiência, será garantida a participação das diversas correntes de opinião;
III - caberá ao Ministro que presidir a audiência pública selecionar as pessoas que serão ouvidas, divulgar a lista dos habilitados, determinando a ordem dos trabalhos e fixando o tempo que cada um disporá para se manifestar;
IV - o depoente deverá limitar-se ao tema ou questão em debate;
V - a audiência pública será transmitida pela TV Justiça e pela Rádio Justiça;
VI - os trabalhos da audiência pública serão registrados e juntados aos autos do processo, quando for o caso, ou arquivados no âmbito da Presidência;
VII - os casos omissos serão resolvidos pelo Ministro que convocar a audiência. (Acrescido pela ER 29/2009.)

Art. 155. O Ministro que presidir a audiência deliberará sobre o que lhe for requerido.

§ 1º Respeitada a prerrogativa dos advogados, nenhum dos presentes se dirigirá ao Presidente da audiência, a não ser de pé e com sua licença.

§ 2º O secretário da audiência fará constar em ata o que nela ocorrer.

TÍTULO V
DOS PROCESSOS SOBRE COMPETÊNCIA

CAPÍTULO I
DA RECLAMAÇÃO

Art. 156. Caberá reclamação do Procurador-Geral da República, ou do interessado na causa, para preservar a competência do Tribunal ou garantir a autoridade das suas decisões.
▸ Súm. 734, STF.

Parágrafo único. A reclamação será instruída com prova documental.

Art. 157. O relator requisitará informações da autoridade, a quem for imputada a prática do ato impugnado, que as prestará no prazo de cinco dias.

Art. 158. O relator poderá determinar a suspensão do curso do processo em que se tenha verificado o ato reclamado, ou a remessa dos respectivos autos ao Tribunal.

Art. 159. Qualquer interessado poderá impugnar o pedido do reclamante.

Art. 160. Decorrido o prazo para informações, dar-se-á vista ao Procurador-Geral, quando a reclamação não tenha sido por ele formulada.

Art. 161. Julgando procedente a reclamação, o Plenário ou a Turma poderá: (Acrescido pela ER 9/2001.)
I - avocar o conhecimento do processo em que se verifique usurpação de sua competência;
II - ordenar que lhe sejam remetidos, com urgência, os autos do recurso para ele interposto;
III - cassar decisão exorbitante de seu julgado, ou determinar medida adequada à observância de sua jurisdição.

Parágrafo único. O Relator poderá julgar a reclamação quando a matéria for objeto de jurisprudência consolidada do Tribunal. (Acrescido pela ER 13/2004.)

Art. 162. O Presidente do Tribunal ou da Turma determinará o imediato cumprimento da decisão, lavrando-se o acórdão posteriormente. (Acrescido pela ER 9/2001.)

CAPÍTULO II
DO CONFLITO DE JURISDIÇÃO OU COMPETÊNCIA E DE ATRIBUIÇÕES

Art. 163. O conflito de jurisdição ou competência poderá ocorrer entre autoridades judiciárias; o de atribuições, entre autoridades judiciárias e administrativas.

Art. 164. Dar-se-á conflito nos casos previstos nas leis processuais.

Art. 165. O conflito poderá ser suscitado pela parte interessada, pelo Ministério Público ou por qualquer das autoridades conflitantes.

Art. 166. Poderá o relator, de ofício, ou a requerimento de qualquer das partes, determinar, quando o conflito for positivo, seja sobrestado o processo, e, neste caso, bem assim no de conflito negativo, designar um dos órgãos para resolver, em caráter provisório, as medidas urgentes.

Art. 167. Sempre que necessário, o relator mandará ouvir as autoridades em conflito, no prazo de dez dias.

Art. 168. Prestadas ou não as informações, o relator dará vista do processo ao Procurador-Geral e, a seguir, apresentá-lo-á em mesa para julgamento.

§ 1º Na decisão do conflito, compreender-se-á como expresso o que nela virtualmente se contenha ou dela resulte.

§ 2º Da decisão de conflito não caberá recurso.

§ 3º No caso de conflito positivo, o Presidente poderá determinar o imediato cumprimento da decisão, lavrando-se o acórdão, posteriormente.

TÍTULO VI
DA DECLARAÇÃO DE INCONSTITUCIONALIDADE E DA INTERPRETAÇÃO DE LEI

CAPÍTULO I
DA DECLARAÇÃO DE INCONSTITUCIONALIDADE DE LEI OU ATO NORMATIVO

Art. 169. O Procurador-Geral da República poderá submeter ao Tribunal, mediante representação, o exame de lei ou ato normativo federal ou estadual, para que seja declarada a sua inconstitucionalidade.

§ 1º Proposta a representação, não se admitirá desistência, ainda que afinal o Procurador-Geral se manifeste pela sua improcedência. (Redação dada pela ER 2/1985.)

§ 2º Não se admitirá assistência a qualquer das partes. (Redação dada pela ER 2/1985.)

Art. 170. O relator pedirá informações à autoridade da qual tiver emanado o ato, bem como ao Congresso Nacional ou à Assembleia Legislativa, se for o caso.

§ 1º Se houver pedido de medida cautelar, o relator submetê-la-á ao Plenário e somente após a decisão solicitará as informações.

§ 2º As informações serão prestadas no prazo de trinta dias, contados do recebimento do pedido, podendo ser dispensadas, em caso de urgência, pelo relator, *ad referendum* do Tribunal.

§ 3º Se, ao receber os autos, ou no curso do processo, o relator entender que a decisão é urgente, em face do relevante interesse de ordem pública que envolve, poderá, com prévia ciência das partes, submetê-lo ao conhecimento do Tribunal, que terá a faculdade de julga-lo com os elementos de que dispuser.

Art. 171. Recebidas as informações, será aberta vista ao Procurador-Geral, pelo prazo de quinze dias, para emitir parecer.

Art. 172. Decorrido o prazo do artigo anterior, ou dispensadas as informações em razão da urgência, o relator, lançado o relatório, do qual a Secretaria remeterá cópia a todos os Ministros, pedirá dia para julgamento.

Art. 173. Efetuado o julgamento, com o quó rum do artigo 143, parágrafo único, proclamar-se-á a inconstitucionalidade ou a constitucionalidade do preceito ou do ato impugnados, se num ou noutro sentido se tiverem manifestado seis Ministros.

Parágrafo único. Se não for alcançada a maioria necessária à declaração de inconstitucionalidade, estando licenciados ou ausentes Ministros em número que possa influir no julgamento, este será suspenso a fim de aguardar-se o comparecimento dos Ministros ausentes, até que se atinja o quórum.

Art. 174. Proclamada a constitucionalidade na forma do artigo anterior, julgar-se-á improcedente a representação.

Art. 175. Julgada procedente a representação e declarada a inconstitucionalidade total ou parcial de Constituição Estadual, de lei ou decreto federal ou estadual, de resolução de órgão judiciário ou legislativo, bem como de qualquer outro ato normativo federal ou estadual ou de autoridade da administração direta ou indireta, far-se-á comunicação à autoridade ou órgão responsável pela expedição do ato normativo impugnado.

Parágrafo único. Se a declaração de inconstitucionalidade de lei ou ato estadual se fundar nos incisos VI e VII do artigo 10 da Constituição, a comunicação será feita, logo após a decisão, à autoridade interessada, bem como depois do trânsito em julgado, ao Presidente da República, para os efeitos do § 2º do artigo 11 da Constituição.

Art. 176. Arguida a inconstitucionalidade de lei ou ato normativo federal, estadual ou municipal, em qualquer outro processo submetido ao Plenário, será ela julgada em conformidade com o disposto nos artigos 172 a 174, depois de ouvido o Procurador-Geral.

§ 1º Feita a arguição em processo de competência da Turma, e considerada relevante, será ele submetido ao Plenário, independente de acórdão, depois de ouvido o Procurador-Geral.

§ 2º De igual modo procederão o Presidente do Tribunal e os das Turmas, se a inconstitucionalidade for alegada em processo de sua competência.

Art. 177. O Plenário julgará a prejudicial de inconstitucionalidade e as demais questões da causa.

Art. 178. Declarada, incidentalmente, a inconstitucionalidade, na forma prevista nos artigos 176 e 177, far-se-á a comunicação, logo após a decisão, à autoridade ou órgão interessado, bem como, depois do trânsito em julgado, ao Senado Federal, para os efeitos do artigo 42, VII, da Constituição.

CAPÍTULO II
DA INTERPRETAÇÃO DE LEI

Art. 179. O Procurador-Geral da República poderá submeter ao Tribunal o exame de lei ou ato normativo federal ou estadual para que este lhe fixe a interpretação.

Art. 180. A representação será instruída com o texto integral da lei ou do ato normativo e conterá os motivos que justificam a necessidade de sua interpretação prévia, bem como o entendimento que lhe dá o representante.

Art. 181. Proposta a representação, dela não poderá desistir o Procurador-Geral. (Redação dada pela ER 2/1985.)

Parágrafo único. Não se admitirá assistência a qualquer das partes.

Art. 182. O Relator, se entender que não há motivos que justifiquem a necessidade da interpretação prévia, poderá indeferir, liminarmente, a representação, em despacho fundamentado, do qual caberá agravo regimental.

Art. 183. Se não indeferir liminarmente a representação, o Relator solicitará informações à autoridade da qual tiver emanado o ato, bem como ao Congresso Nacional ou à Assembleia Legislativa, se for o caso.

Parágrafo único. As informações, prestadas no prazo de trinta dias, serão acompanhadas, em se tratando de lei, de cópia de todas as peças do processo legislativo.

Art. 184. Recebidas as informações, o Relator, lançado o relatório do qual a secretaria remeterá cópia a todos os Ministros, pedirá dia para julgamento.

Art. 185. Efetuado o julgamento, com o quórum do parágrafo único do art. 143, proclamar-se-á a interpretação que tiver apoio de, pelo menos, seis Ministros.

§ 1º Se não for alcançada a maioria necessária, estando licenciados ou ausentes Ministros em número que possa influir no julgamento, este será suspenso a fim de aguardar-se o comparecimento desses Ministros, até que se atinja o quórum.

§ 2º Na hipótese de os votos se dividirem entre mais de duas interpretações, proceder-se-á, em outra sessão designada pelo Presidente, à segunda votação restrita à escolha, pelo quórum de seis Ministros, pelo menos, de uma dentre as duas interpretações anteriormente mais votadas.

Art. 186. A interpretação adotada no julgamento da representação será imediatamente comunicada, pelo Presidente do Tribunal, à autoridade a quem tiverem sido solicitadas as informações.

Art. 187. A partir da publicação do acórdão, por suas conclusões e ementa, no Diário da Justiça da União, a interpretação nele fixada terá força vinculante para todos os efeitos.

TÍTULO VII
DAS GARANTIAS CONSTITUCIONAIS

CAPÍTULO I
DO *HABEAS CORPUS*

Art. 188. Dar-se-á *habeas corpus* sempre que alguém sofrer ou se achar ameaçado de sofrer violência ou coação em sua liberdade de locomoção, por ilegalidade ou abuso de poder.

Art. 189. O *habeas corpus* pode ser impetrado:

I - por qualquer pessoa, em seu favor ou de outrem;

II - pelo Ministério Público.

Art. 190. A petição de *habeas corpus* deverá conter:

I - o nome do impetrante, bem como o do paciente e do coator;

II - os motivos do pedido e, quando possível, a prova documental dos fatos alegados;

III - a assinatura do impetrante ou de alguém a seu rogo, se não souber ou não puder escrever.

Art. 191. O Relator requisitará informações do apontado coator e, sem prejuízo do disposto no art. 21, IV e V, poderá:

I - sendo relevante a matéria, nomear advogado para acompanhar e defender oralmente o pedido, se o impetrante não for diplomado em direito;

II - ordenar diligências necessárias à instrução do pedido, no prazo que estabelecer, se a deficiência deste não for imputável ao impetrante;

III - determinar a apresentação do paciente à sessão do julgamento, se entender conveniente;

IV - no *habeas corpus* preventivo, expedir salvo-conduto em favor do paciente, até decisão do feito, se houver grave risco de consumar-se a violência.

Art. 192. Quando a matéria for objeto de jurisprudência consolidada do Tribunal, o Relator poderá desde logo denegar ou conceder a ordem, ainda que de ofício, à vista da documentação da petição inicial ou do teor das informações. (Redação dada pela ER 30/2009.)

§ 1º Não se verificando a hipótese do *caput*, instruído o processo e ouvido o Procurador-Geral em dois dias, o Relator apresentará o feito em mesa para julgamento na primeira sessão da Turma ou do Plenário, observando-se, quanto à votação, o disposto nos arts. 146, parágrafo único, e 150, § 3º. (Acrescido pela ER 30/2009.)

§ 2º Não apresentado o processo na primeira sessão, o impetrante poderá requerer seja cientificado pelo Gabinete, por qualquer via, da data do julgamento. (Acrescido pela ER 30/2009.)

§ 3º Não se conhecerá de pedido desautorizado pelo paciente. (Acrescido pela ER 30/2009.)

Art. 193. O Tribunal poderá, de ofício:

I - usar da faculdade prevista no art. 191, III;

II - expedir ordem de *habeas corpus* quando, no curso de qualquer processo, verificar que alguém sofre ou se ache ameaçado de sofrer violência ou coação em sua liberdade de locomoção por, ilegalidade ou abuso de poder.

Art. 194. A decisão concessiva de *habeas corpus* será imediatamente comunicada às autoridades a quem couber cumpri-la, sem prejuízo da remessa de cópia autenticada do acórdão.

Parágrafo único. A comunicação mediante ofício, telegrama ou radiograma, bem como o salvo-conduto, em caso de ameaça de violência ou coação, serão firmados pelo Presidente do Tribunal ou da Turma.

Art. 195. Ordenada a soltura do paciente, em virtude de *habeas corpus*, a autoridade que, por má-fé ou evidente abuso de poder, tiver determinado a coação, será condenada nas custas, remetendo-se ao Ministério Público traslado das peças necessárias à apuração de sua responsabilidade penal.

- Res. 581/2016, STF (Dispõe sobre as Tabelas de Custas e a Tabela de Porte de Remessa e Retorno dos Autos.)

Art. 196. O carcereiro ou diretor da prisão, o escrivão, o oficial de justiça ou a autoridade judiciária, policial ou militar que embaraçarem ou procrastinarem o encaminhamento do pedido de *habeas corpus*, as informações sobre a causa da violência, coação ou ameaça, ou a condução e apresentação do paciente, serão multados na forma da legislação processual vigente, sem prejuízo de outras sanções penais e administrativas.

Art. 197. Havendo desobediência ou retardamento abusivo no cumprimento da ordem de *habeas corpus*, por parte do detentor ou carcereiro, o Presidente do Tribunal expedirá mandado de prisão contra o desobediente e oficiará ao Ministério Público, a fim de que promova a ação penal.

Parágrafo único. Na hipótese deste artigo, o Tribunal ou o seu Presidente tomarão as providências necessárias ao cumprimento da decisão, com emprego de meios legais cabíveis, e determinarão, se necessário, a apresentação do paciente ao Relator ou a magistrado local por ele designado.

Art. 198. As fianças que se tiverem de prestar perante o Tribunal, em virtude de *habeas corpus*, serão processadas pelo Relator, a menos que este delegue essa atribuição a outro magistrado.

Art. 199. Se, pendente o processo de *habeas corpus*, cessar a violência ou coação, julgar-se-á prejudicado o pedido, podendo, porém, o Tribunal declarar a ilegalidade do ato e tomar as providência cabíveis para a punição do responsável.

CAPÍTULO II
DO MANDADO DE SEGURANÇA

Art. 200. Conceder-se-á mandado de segurança para proteger direito líquido e certo não amparado por *habeas corpus*, quando a autoridade responsável pela ilegalidade ou abuso de poder estiver sob a jurisdição do Tribunal.

Parágrafo único. O direito de pedir segurança extingue-se após cento e vinte dias da ciência, pelo interessado, do ato impugnado.

Art. 201. Não se dará mandado de segurança quando estiver em causa:

I - ato de que caiba recurso administrativo com efeito suspensivo, independente de caução;

II - despacho ou decisão judicial, de que caiba recurso, ou que seja suscetível de correição;

III - ato disciplinar, salvo se praticado por autoridade incompetente ou com inobservância de formalidade essencial.

Art. 202. A petição inicial, que deverá preencher os requisitos dos artigos 282 e 283 do Código de Processo Civil, será apresentada em duas vias, e os documentos que instruírem a primeira deverão ser reproduzidos, por cópia, na segunda, salvo o disposto no artigo 114 do RISTF.

- Refere-se ao CPC/1973. arts. 319 e ss., NCPC.

Art. 203. O relator mandará notificar a autoridade coatora para prestar informações no prazo previsto em lei.

§ 1º Quando relevante o fundamento e do ato impugnado puder resultar a ineficácia da medida, caso deferida, o relator determinar-lhe-á a suspensão, salvo nos casos vedados em lei.

§ 2º A notificação será instruída com a segunda via da inicial e cópias dos documentos, bem como do despacho concessivo da liminar, se houver.

Art. 204. A medida liminar vigorará pelo prazo de noventa dias, contado de sua efetivação e prorrogável por mais trinta dias, se o acúmulo de serviço o justificar.

Parágrafo único. Se, por ação ou omissão, o beneficiário da liminar der causa à procrastinação do julgamento do pedido, poderá o relator revogar a medida.

Art. 205. Recebidas as informações ou transcorrido o respectivo prazo, sem o seu oferecimento, o Relator, após vista ao Procurador-Geral, pedirá dia para julgamento, ou, quando a matéria for objeto de jurisprudência consolidada do Tribunal, julgará o pedido. (Redação dada pela ER 28/2009.)

Parágrafo único. O julgamento de mandado de segurança contra ato do Presidente do Supremo Tribunal Federal ou do Conselho Nacional da Magistratura será presidido pelo Vice-Presidente ou, no caso de ausência ou impedimento, pelo Ministro mais antigo dentre os presentes à sessão. Se lhe couber votar, nos termos do artigo 146, I a III e V, e seu voto produzir empate, observar-se-á o seguinte:

I - não havendo votado algum Ministro, por motivo de ausência ou licença que não deva perdurar por mais de três meses, aguardar-se-á o seu voto;

II - havendo votado todos os Ministros, salvo os impedidos ou licenciados por período remanescente superior a três meses, prevalecerá o ato impugnado.

Art. 206. A concessão ou a denegação de segurança na vigência de medida liminar serão imediatamente comunicadas à autoridade apontada como coatora.

TÍTULO VIII
DOS PROCESSOS ORIUNDOS DE ESTADOS ESTRANGEIROS

CAPÍTULO I
DA EXTRADIÇÃO

Art. 207. Não se concederá extradição sem prévio pronunciamento do Supremo Tribunal Federal sobre a legalidade e a procedência do pedido, observada a legislação vigente.

Art. 208. Não terá andamento o pedido de extradição sem que o extraditando seja preso e colocado à disposição do Tribunal.

Art. 209. O Relator designará dia e hora para o interrogatório do extraditando e requisitará a sua apresentação.

Art. 210. No interrogatório, ou logo após, intimar-se-á o defensor do extraditando para apresentar defesa escrita no prazo de dez dias.

§ 1º O Relator dará advogado ao extraditando que não o tiver, e curador, se for o caso.

§ 2º Será substituído o defensor, constituído ou dativo, que não apresentar a defesa no prazo deste artigo.

Art. 211. É facultado ao Relator delegar o interrogatório do extraditando a juiz do local onde estiver preso.

Parágrafo único. Para o fim deste artigo, serão os autos remetidos ao juiz delegado, que os devolverá, uma vez apresentada a defesa ou exaurido o prazo.

Art. 212. Junta a defesa e aberta vista por dez dias ao Procurador-Geral, o Relator pedirá dia para julgamento.

Parágrafo único. O Estado requerente da extradição poderá ser representado por advogado para acompanhar o processo perante o Tribunal.

Art. 213. O extraditando permanecerá na prisão, à disposição do Tribunal, até o julgamento final.

Art. 214. No processo de extradição, não se suspende no recesso e nas férias o prazo fixado por lei para o cumprimento de diligência determinada pelo Relator ou pelo Tribunal.

CAPÍTULO II
DA HOMOLOGAÇÃO DE SENTENÇA ESTRANGEIRA

- art. 109, X, CF.
- art. 105, I, i, CF. A partir da EC 45/2004 a homologação de sentença estrangeira passou a ser competência do STJ.

Art. 215. A sentença estrangeira não terá eficácia no Brasil sem a prévia homologação pelo Supremo Tribunal Federal ou por seu Presidente. (Redação dada pela ER 1/1981.)

Art. 216. Não será homologada sentença que ofenda a soberania nacional, a ordem pública e os bons costumes.

Art. 217. Constituem requisitos indispensáveis à homologação da sentença estrangeira:

I - haver sido proferida por juiz competente;

II - terem sido as partes citadas ou haver-se legalmente verificado a revelia;

III - ter passado em julgado e estar revestida das formalidades necessárias à execução no lugar em que foi proferida;

IV - estar autenticada pelo cônsul brasileiro e acompanhada de tradução oficial.

Art. 218. A homologação será requerida pela parte interessada, devendo a petição inicial conter as indicações constantes da lei processual, e ser instruída com a certidão ou cópia autêntica do texto integral da sentença estrangeira e com outros documentos indispensáveis, devidamente traduzidos e autenticados.

Parágrafo único. (*Revogado pela* ER 1/1981.)

Art. 219. Se a petição inicial não preencher os requisitos exigidos no artigo anterior ou apresentar defeitos ou irregularidades que dificultem o julgamento, o Presidente mandará que o requerente a emende ou complete, no prazo de dez dias, sob pena de indeferimento.

Parágrafo único. Se o requerente não promover, no prazo marcado, mediante intimação ao advogado, ato ou diligência que lhe for determinado no curso do processo, será este julgado extinto pelo Presidente ou pelo Plenário, conforme o caso. (Redação dada pela ER 1/1981.)

Art. 220. Autuados a petição e os documentos, o Presidente mandará citar o requerido para, em quinze dias, contestar o pedido.

§ 1º O requerido será citado por oficial de justiça, se domiciliado no Brasil, expedindo-se, para isso, carta de ordem; se domiciliado no estrangeiro, pela forma estabelecida na lei do País, expedindo-se carta rogatória.

- V art. 105, I, *i*, CF - A concessão de *exequatur* às cartas rogatórias, com a EC 45/2004, passou a ser da competência do STJ.

§ 2º Certificado pelo oficial de justiça ou afirmado, em qualquer caso, pelo requerente, que o citando se encontra em lugar ignorado, incerto ou inacessível, a citação far-se-á mediante edital.

Art. 221. A contestação somente poderá versar sobre a autenticidade dos documentos, a inteligência da sentença e a observância dos requisitos indicados nos artigos 217 e 218.

§ 1º Revel ou incapaz o requerido, dar-se-lhe-á curador especial que será pessoalmente notificado.

§ 2º Apresentada a contestação, será admitida réplica em cinco dias.

§ 3º Transcorrido o prazo da contestação ou da réplica, oficiará o Procurador-Geral no prazo de dez dias.

Art. 222. Se o requerido, o curador especial ou o Procurador-Geral não impugnarem o pedido de homologação, sobre ele decidirá o Presidente. (Redação dada pela ER 1/1981.)

Parágrafo único. Da decisão do Presidente que negar a homologação cabe agravo regimental.

Art. 223. Havendo impugnação à homologação, o processo será distribuído para julgamento pelo Plenário. (Redação dada pela ER 1/1981.)

Parágrafo único. Caberão ao relator os demais atos relativos ao andamento e à instrução do processo e o pedido de dia para julgamento.

Art. 224. A execução far-se-á por carta de sentença, no juízo competente, observadas as regras estabelecidas para a execução de julgado nacional da mesma natureza.

CAPÍTULO III
DA CARTA ROGATÓRIA

- V art. 105, I, *i*, CF - A concessão de *exequatur* às cartas rogatórias, com a EC 45/2004, passou a ser da competência do STJ.
- art. 109, X, CF.

Art. 225. Compete ao Presidente do Tribunal conceder *exequatur* a cartas rogatórias de juízos ou Tribunais estrangeiros.

Art. 226. Recebida a rogatória, o interessado residente no país será intimado, podendo, no prazo de cinco dias, impugná-la. (Redação dada pela ER 2/1985.)

§ 1º Findo esse prazo, abrir-se-á vista ao Procurador-Geral, que também poderá impugnar o cumprimento da rogatória. (Acrescido pela ER 2/1985.)

§ 2º A impugnação só será admitida se a rogatória atentar contra a soberania nacional ou a ordem pública, ou se lhe faltar autenticidade. (Acrescido pela ER 2/1985.)

Art. 227. Concedido o *exequatur*, seguir-se-á a remessa da rogatória ao juízo no qual deva ser cumprida.

Parágrafo único. Da concessão ou denegação do *exequatur* cabe agravo regimental.

Art. 228. No cumprimento da carta rogatória cabem embargos relativos a quaisquer atos que lhe sejam referentes, opostos no prazo de dez dias, por qualquer interessado ou pelo Ministério Público local, julgando-os o Presidente após audiência do Procurador-Geral. (Redação dada pela ER 2/1985.)

Parágrafo único. Da decisão que julgar os embargos cabe agravo regimental.

Art. 229. Cumprida a rogatória, será devolvida ao Supremo Tribunal Federal, no prazo de dez dias, e por este remetida, em igual prazo, por via diplomática, ao juízo ou Tribunal de origem.

TÍTULO IX
DAS AÇÕES ORIGINÁRIAS

CAPÍTULO I
DA AÇÃO PENAL ORIGINÁRIA

Art. 230. A denúncia nos crimes de ação pública, a queixa nos de ação privada, bem como a representação, quando indispensável ao exercício da primeira, obedecerão ao que dispõe a lei processual.

Art. 230-A. Ao receber inquérito oriundo de instância inferior, o Relator verificará a competência do Supremo Tribunal Federal, recebendo-o no estado em que se encontrar.

Art. 230-B. O Tribunal não processará comunicação de crime, encaminhando-a à Procuradoria-Geral da República.

Art. 230-C. Instaurado o inquérito, a autoridade policial deverá em sessenta dias reunir os elementos necessários à conclusão das investigações, efetuando as inquirições e realizando as demais diligências necessárias à elucidação dos fatos, apresentando, ao final, peça informativa.

§ 1º O Relator poderá deferir a prorrogação do prazo sob requerimento fundamentado da autoridade policial ou do Procurador-Geral da República, que deverão indicar as diligências que faltam ser concluídas.

§ 2º Os requerimentos de prisão, busca e apreensão, quebra de sigilo telefônico, bancário, fiscal, e telemático, interceptação telefônica, além de outras medidas invasivas, serão processados e apreciados, em autos apartados e sob sigilo, pelo Relator. (Acrescido pela ER 44/2011.)

Art. 231. Apresentada a peça informativa pela autoridade policial, o Relator encaminhará os autos ao Procurador-Geral da República, que terá quinze dias para oferecer a denúncia ou requerer o arquivamento. (Redação dada pela ER 44/2011.)

§ 1º As diligências complementares ao inquérito podem ser requeridas pelo Procurador-Geral ao Relator, interrompendo o prazo deste artigo, se deferidas.

§ 2º As diligências complementares não interrompem o prazo para oferecimento da denúncia, se o indiciado estiver preso.

§ 3º Na hipótese do parágrafo anterior, se as diligências forem indispensáveis ao oferecimento da denúncia, o Relator determinará o relaxamento da prisão do indiciado; se não o forem, mandará, depois de oferecida a denúncia, que se realizem em separado, sem prejuízo da prisão e do processo.

§ 4º O Relator tem competência para determinar o arquivamento, quando o requerer o Procurador- Geral da República ou quando verificar:

a) a existência manifesta de causa excludente da ilicitude do fato; (Acrescida pela ER 44/2011.)

b) a existência manifesta de causa excludente da culpabilidade do agente, salvo inimputabilidade; (Acrescida pela ER 44/2011.)

c) que o fato narrado evidentemente não constitui crime; (Acrescida pela ER 44/2011.)

d) extinta a punibilidade do agente; ou (Acrescida pela ER 44/2011.)

e) ausência de indícios mínimos de autoria ou materialidade, nos casos em que forem descumpridos os prazos para a instrução do inquérito ou para oferecimento de denúncia. (Acrescida pela ER 44/2011.)

§ 5º Se o indiciado estiver preso, o prazo a que se refere o *caput* será de cinco dias. (Acrescido pela ER 44/2011.)

§ 6º O inquérito arquivado por falta de indícios mínimos de autoria ou materialidade poderá ser reaberto, caso surjam novos elementos. (Acrescido pela ER 44/2011.)

Art. 232. Se o inquérito versar sobre a prática de crime de ação privada, o Relator determinará seja aguardada a iniciativa do ofendido ou de quem por lei esteja autorizado a oferecer queixa.

Parágrafo único. Verificando a extinção da punibilidade, ainda que não haja iniciativa do ofendido, o Relator, após ouvir o Procurador-Geral da República, poderá arquivar o feito. (Redação dada pela ER 44/2011.)

Art. 233. O Relator, antes do recebimento ou da rejeição da denúncia ou da queixa, mandará notificar o acusado para oferecer resposta escrita no prazo de quinze dias.

§ 1º A notificação será feita na forma da lei processual penal.

§ 2º Com a notificação, será entregue ao acusado cópia da denúncia ou queixa, do despacho do Relator e dos documentos por este indicados. (Redação dada pela ER 44/2011.)

§ 3º Se desconhecido o paradeiro do acusado, será este notificado por edital, com o prazo de cinco dias, para que apresente a resposta prevista neste artigo. (Redação dada pela ER 44/2011.)

Art. 234. Apresentada, ou não, a resposta, o Relator pedirá dia para que o Plenário ou a Turma, conforme o caso, delibere sobre o recebimento ou a rejeição da denúncia ou da queixa. (Alterado pela ER 49/2014.)

§ 1º É facultada a sustentação oral, pelo tempo máximo de quinze minutos, no julgamento de que trata este artigo. (Acrescentado pela ER 2/1985.)

§ 2º Encerrados os debates, o Tribunal passará a deliberar em sessão pública. (Redação dada pela ER 44/2011.)

Art. 235. Recebida a denúncia ou a queixa, o Relator designará dia e hora para o interrogatório, mandando citar o acusado e intimar o Procurador-Geral, bem como o querelante ou o assistente, se for o caso. (Redação dada pela ER 2/1985.)

Parágrafo único. Ao receber ação penal oriunda de instância inferior, o Relator verificará a competência do Supremo Tribunal Federal, recebendo-a no estado em que se encontrar. (Acrescido pela ER 44/2011.)

Art. 236. Requerida a suspensão do exercício de mandato parlamentar, nos termos do art. 32, § 5º, da Constituição, o Tribunal, dada vista à defesa pelo prazo de quinze dias, julgará o pedido, observado o procedimento previsto no artigo anterior. (Redação dada pela ER 2/1985.)

Parágrafo único. O pedido, de que trata este artigo, será processado em apartado, como incidente, e não obstará o prosseguimento da ação penal.

Art. 237. Não comparecendo o acusado, ou não constituindo advogado, o Relator nomear-lhe-á defensor.

Art. 238. O prazo para a defesa prévia será de cinco dias e contar-se-á do interrogatório ou da intimação do defensor dativo.

Art. 239. A instrução do processo obedecerá, no que couber, ao procedimento comum do Código de Processo Penal.

§ 1º O Relator poderá delegar o interrogatório do réu e qualquer dos atos de instrução a juiz ou membro de outro Tribunal, que tenha competência territorial no local onde devam ser produzidos. (Parágrafo único transformado em § 1º pela ER 2/1985.)

§ 2º Na hipótese de a Câmara dos Deputados ou o Senado Federal comunicar ao Tribunal que, por iniciativa de sua Mesa, resolveu sustar o processo, o Plenário decidirá sobre a suspensão deste. (Acrescido pela ER 2/1985.)

Art. 240. Terminada a inquirição de testemunhas, o Relator dará vista sucessiva à acusação e à defesa, pelo prazo de cinco dias, para requererem diligências, em razão de circunstâncias ou fatos apurados na instrução.

Art. 241. Concluídas as diligências acaso deferidas, mandará o Relator dar vista às partes para alegações, pelo prazo de quinze dias, sendo comum o prazo do acusador e do assistente, bem como o dos corréus.

Art. 242. Findos os prazos do artigo anterior, e após ouvir o Procurador-Geral na ação penal privada, pelo prazo de quinze dias, o Relator poderá ordenar diligências para sanar nulidade ou suprir falta que prejudique a apuração da verdade.

Art. 243. Observado o disposto no artigo anterior, o Relator lançará o relatório e passará os autos ao Revisor, que pedirá dia para julgamento.

Parágrafo único. A Secretaria remeterá cópia do relatório aos Ministros logo após o pedido de dia formulado pelo Revisor.

Art. 244. A requerimento das partes ou do Procurador-Geral, o Relator poderá admitir que deponham, na sessão de julgamento, testemunhas arroladas com antecedência de quinze dias, intimadas na forma da lei e do Regimento.

Art. 245. Na sessão de julgamento observar-se-á o seguinte:

I - o Relator apresentará o relatório lavrado e, se houver, o aditamento ou retificação do Revisor;

II - as testemunhas arroladas serão inquiridas pelo relator e, facultativamente, pelos demais Ministros; em primeiro lugar, as de acusação e, depois, as de defesa;

III - admitir-se-ão, a seguir, perguntas do Procurador-Geral e das partes;

IV - ouvir-se-ão os peritos para esclarecimentos previamente ordenados pelo Relator, de ofício, ou a requerimento das partes ou do Procurador-Geral;

V - findas as inquirições e efetuadas quaisquer diligências que o Tribunal houver determinado, será dada a palavra à acusação e à defesa, pelo tempo de uma hora, prorrogável pelo Presidente;

VI - na ação penal privada, o Procurador-Geral falará por último, por trinta minutos;

VII - encerrados os debates, o Tribunal passará a deliberar em sessão secreta, sem a presença das partes e do Procurador-Geral, e proclamará o resultado do julgamento em sessão pública.

§ 1º O julgamento efetuar-se-á, em uma ou mais sessões, a critério do Tribunal.

§ 2º Nomear-se-á defensor *ad hoc* se o advogado constituído pelo réu ou o defensor anteriormente nomeado não comparecer à sessão de julgamento, a qual será adiada se aquele o requerer para exame dos autos.

Art. 246. Aplica-se o art. 105 aos prazos fixados neste Capítulo, salvo se o acusado estiver preso ou se a ação penal estiver na iminência de extinguir-se pela prescrição.

CAPÍTULO II
DA AÇÃO CÍVEL ORIGINÁRIA

Art. 247. A ação cível originária, prevista no artigo 119, I, *c* e *d*, da Constituição, será processada nos termos deste Regimento e da lei.

§ 1º O prazo para a contestação será fixado pelo relator.

§ 2º O relator poderá delegar atos instrutórios a juiz ou membro de outro Tribunal que tenha competência territorial no local onde devam ser produzidos.

Art. 248. Encerrada a fase postulatória, o relator proferirá despacho saneador, nos termos da lei processual.

Art. 249. Finda a instrução, o relator dará vista, sucessivamente, ao autor, ao réu e ao Procurador-Geral, se não for parte, para arrazoarem, no prazo de cinco dias.

Art. 250. Findos os prazos do artigo anterior, o relator lançará nos autos o relatório, do qual a Secretaria remeterá cópia aos demais Ministros, e pedirá dia para julgamento.

Art. 251. Na sessão de julgamento, será dada a palavra às partes e ao Procurador-Geral pelo tempo de trinta minutos, prorrogável pelo Presidente.

CAPÍTULO III
DA AVOCAÇÃO DE CAUSAS

Art. 252. Quando, de decisão proferida em qualquer Juízo ou Tribunal, decorrer imediato perigo de grave lesão à ordem, à saúde, à segurança ou às finanças públicas, poderá o Procurador-Geral da República requerer a avocação da causa, para que se lhe suspendam os efeitos, devolvendo-se o conhecimento integral do litígio ao Supremo Tribunal Federal, salvo se a decisão se restringir a questão incidente, caso em que o conhecimento a ela se limitará.

Parágrafo único. Não caberá pedido de avocação, se a decisão impugnada houver transitado em julgado, ou admitir recurso com efeito suspensivo.

Art. 253. No requerimento, que deverá ser acompanhado de certidão da decisão impugnada e da data de sua intimação, o Procurador-Geral da República identificará a causa a ser avocada e apresentará as razões que justificam a avocação.

Art. 254. Distribuído o pedido, poderá o Relator:

I - se entender necessário, solicitar, para serem prestadas em dez dias, informações ao juiz ou Tribunal que houver proferido a decisão;

II - indeferir, liminarmente, por despacho do qual caberá agravo regimental, o pedido que manifestamente não atenda aos requisitos da avocatória;

III - determinar a imediata suspensão dos efeitos da decisão, até a deliberação final do Plenário.

Art. 255. Se não indeferir liminarmente o pedido, determinará o Relator ao juiz ou Tribunal de origem que faça intimar os procuradores das partes para que se manifestem nos autos principais no prazo comum de dez dias.

Parágrafo único. Com a manifestação das partes, ou sem ela, subirão os autos principais ao Supremo Tribunal Federal, onde serão apensados aos do pedido de avocação.

Art. 256. Observado o disposto no artigo anterior e conclusos os autos ao Relator, deverá este, no prazo de dez dias, mandar incluí-los em pauta para julgamento.

§ 1º Após o relatório, será facultada a palavra ao Procurador-Geral e às partes pelo tempo máximo de quinze minutos.

§ 2º Encerrados os debates, o Tribunal passará a deliberar, em sessão secreta, sem a presença das partes e do Procurador-Geral, e proclamará o resultado do julgamento em sessão pública.

Art. 257. Indeferida a avocatória, os autos apensados serão devolvidos à instância de origem, onde os prazos, considerados suspensos (arts. 254, III, e 255), retomarão seu curso, após intimação das partes.

Art. 258. Deferido o pedido, os autos da causa avocada serão conclusos ao Relator, que, se não determinar diligência, mandará ouvir, sucessivamente, pelo prazo de cinco dias, as partes e o Procurador-Geral; em seguida, lançará o relatório, do qual a Secretaria remeterá cópia a todos os Ministros, e pedirá dia para julgamento.

CAPÍTULO IV
DA AÇÃO RESCISÓRIA

Art. 259. Caberá ação rescisória de decisão proferida pelo Plenário ou por Turma do Tribunal, bem assim pelo Presidente, nos casos previstos na lei processual.

Art. 260. Distribuída a inicial, o relator mandará citar o réu, fixando-lhe prazo para contestação.

Art. 261. Contestada a ação, ou transcorrido o prazo, o relator proferirá despacho saneador e deliberará sobre as provas requeridas.

Parágrafo único. O relator poderá delegar atos instrutórios a juiz ou membro de outro Tribunal que tenha competência territorial no local onde devam ser produzidos.

Art. 262. Concluída a instrução, o relator abrirá vista sucessiva às partes, por dez dias, para o oferecimento de razões e, após ouvido o Procurador-Geral, lançará o relatório e passará os autos ao revisor que pedirá dia para julgamento.

CAPÍTULO V
DA REVISÃO CRIMINAL

Art. 263. Será admitida a revisão, pelo Tribunal, dos processos criminais findos, em que a condenação tiver sido por ele proferida ou mantida no julgamento de ação penal originária ou recurso criminal ordinário:

I - quando a decisão condenatória for contrária ao texto expresso da lei penal ou à evidência dos autos;

II - quando a decisão condenatória se fundar em depoimentos, exames ou documentos comprovadamente falsos;

III - quando, após a decisão condenatória, se descobrirem novas provas de inocência do condenado ou de circunstância que determine ou autorize diminuição especial da pena.

Parágrafo único. No caso do inciso I, primeira parte, caberá a revisão, pelo Tribunal, de processo em que a condenação tiver sido por ele proferida ou mantida no julgamento de recurso extraordinário, se seu fundamento coincidir com a questão federal apreciada.

Art. 264. A revisão poderá ser requerida a qualquer tempo, depois de transitada em julgado a decisão condenatória, esteja ou não extinta a pena.

Parágrafo único. Não é admissível reiteração do pedido, com o mesmo fundamento, salvo se fundado em novas provas.

Art. 265. A revisão poderá ser pedida pelo próprio condenado ou seu procurador legalmente habilitado, ou, falecido aquele, pelo seu cônjuge, ascendente, descendente ou irmão.

Parágrafo único. Aplica-se ao processo de revisão o disposto nos incisos I e II do art. 191, RISTF.

Art. 266. O pedido de revisão será sempre instruído com o inteiro teor, autenticado, da decisão condenatória, com a prova de haver esta passado em julgado e com os documentos comprobatórios das alegações em que se fundar, indicadas, igualmente, as provas que serão produzidas.

Parágrafo único. Se a decisão impugnada for confirmatória de outras, estas deverão, também, vir comprovadas no seu inteiro teor.

Art. 267. O relator admitirá ou não as provas requeridas e determinará a produção de outras que entender necessárias, facultado o agravo regimental.

Parágrafo único. A qualquer tempo, o Relator poderá solicitar informações ao juiz da execução e requisitar os autos do processo sob revisão.

Art. 268. Instruído o processo, o Relator ouvirá o requerente e o Procurador-Geral, no prazo de cinco dias para cada um, e, lançado o relatório, passará os autos ao revisor que pedirá dia para o julgamento.

Parágrafo único. Quando a condenação houver sido imposta em ação penal originária, o julgamento da revisão atenderá ao disposto no art. 245, inciso VII, RISTF.

Art. 269. Se julgar procedente a revisão, o Tribunal poderá absolver o acusado, alterar a classificação da infração, modificar a pena ou anular o processo.

Parágrafo único. A pena imposta pela decisão revista não poderá ser agravada.

Art. 270. À vista da certidão do acórdão que houver cassado ou reformado a decisão condenatória, o juiz da execução mandará juntá-la aos autos, para seu cumprimento, determinando desde logo o que for de sua competência.

Art. 271. A absolvição implicará o restabelecimento de todos os direitos perdidos em virtude da condenação, devendo o Tribunal, se for o caso, impor a medida de segurança cabível.

Art. 272. O Tribunal, se o interessado o requerer, poderá reconhecer, na forma da lei, o direito a uma justa indenização pelos prejuízos sofridos.

CAPÍTULO VI
DOS LITÍGIOS COM ESTADOS ESTRANGEIROS OU ORGANISMOS INTERNACIONAIS

Art. 273. O processo dos litígios entre Estados estrangeiros e a União, os Estados, o Distrito Federal ou os Territórios observará o rito estabelecido para a ação cível originária.

Art. 274. Obedecerão ao mesmo procedimento as ações entre os organismos internacionais, de que o Brasil participe, e as entidades de direito público interno referidas no artigo anterior.

Art. 275. A capacidade processual e a legitimidade de representação dos Estados estrangeiros e dos organismos internacionais regulam-se pelas normas estabelecidas nos tratados ratificados pelo Brasil.

CAPÍTULO VII
DA SUSPENSÃO DE DIREITOS

Art. 276. A representação prevista no art. 154 da Constituição terá o procedimento da ação penal originária.

Parágrafo único. Desde que não tenha havido liminar, o Presidente poderá proceder na forma do art. 162.

TÍTULO X
DOS PROCESSOS INCIDENTES

CAPÍTULO I
DOS IMPEDIMENTOS E DA SUSPEIÇÃO

Art. 277. Os Ministros declarar-se-ão impedidos ou suspeitos nos casos previstos em lei.

Parágrafo único. Não estão impedidos os Ministros que, no Tribunal Superior Eleitoral, tenham funcionado no mesmo processo ou no processo originário, os quais devem ser excluídos, se possível, da distribuição. (§ 1º transformado em parágrafo único pela ER 2/1985.)

Art. 278. A suspeição será arguida perante o Presidente, ou o Vice-Presidente, se aquele for o recusado.

Parágrafo único. A petição será instruída com os documentos comprobatórios da arguição e o rol de testemunhas.

Art. 279. A suspeição do relator poderá ser suscitada até cinco dias após a distribuição; a do revisor, em igual prazo, após a conclusão dos autos; e a dos demais Ministros, até o início do julgamento.

Art. 280. O Presidente mandará arquivar a petição, se manifesta a sua improcedência.

Art. 281. Será ilegítima a arguição de suspeição, quando provocada pelo excipiente, ou quando houver ele praticado ato que importe na aceitação do Ministro.

Art. 282. Se admitir a arguição, o Presidente ouvirá o Ministro recusado e, a seguir, inquirirá as testemunhas indicadas, submetendo o incidente ao Tribunal em sessão secreta.

Art. 283. O Ministro que não reconhecer a suspeição funcionará até o julgamento da arguição.

Parágrafo único. A afirmação de suspeição pelo arguido, ainda que por outro fundamento, põe fim ao incidente.

Art. 284. A arguição será sempre individual, não ficando os demais Ministros impedidos de apreciá-la, ainda que também recusados.

Art. 285. Afirmada a suspeição pelo arguido, ou declarada pelo Tribunal, ter-se-ão por nulos os atos por ele praticados.

Art. 286. Não se fornecerá, salvo ao arguente e ao arguido, certidão de qualquer peça do processo de suspeição, antes de afirmada pelo arguido ou declarada pelo Tribunal.

Parágrafo único. Da certidão constará obrigatoriamente o nome de quem a requereu, bem assim o desfecho que houver tido a arguição.

Art. 287. Aplicar-se-á aos impedimentos dos Ministros o processo estabelecido para a suspeição, no que couber.

CAPÍTULO II
DA HABILITAÇÃO INCIDENTE

Art. 288. Em caso de falecimento de alguma das partes:

I - o cônjuge, herdeiro ou legatário requererá sua habilitação, bem como a citação da outra parte para contestá-la no prazo de quinze dias;

II - qualquer dos outros interessados poderá requerer a citação do cônjuge, herdeiro ou legatário para providenciarem sua habilitação em quinze dias.

§ 1º No caso do inciso II deste artigo, se a parte não providenciar a habilitação, o processo correrá à revelia.

§ 2º Na hipótese do parágrafo anterior, nomear-se-á curador ao revel, oficiando também o Procurador-Geral.

Art. 289. A citação far-se-á na pessoa do procurador constituído nos autos, mediante publicação no *Diário da Justiça*, ou à parte, pessoalmente, se não estiver representada no processo.

Art. 290. Quando incertos os sucessores, a citação far-se-á por edital.

Art. 291. O cessionário ou sub-rogado poderão habilitar-se apresentando o documento da cessão ou sub-rogação e pedindo a citação dos interessados.

Parágrafo único. O cessionário de herdeiro somente após a habilitação deste poderá apresentar-se.

Art. 292. O Relator, se contestado o pedido, facultará às partes sumária produção de provas, em cinco dias, e julgará, em seguida, a habilitação.

Art. 293. Não dependerá de decisão do Relator, processando-se nos autos da causa principal, o pedido de habilitação:

I - do cônjuge e herdeiros necessários que provem por documento sua qualidade e o óbito do falecido;

II - fundado em sentença, com trânsito em julgado, que atribua ao requerente a qualidade de herdeiro ou sucessor;

III - do herdeiro que for incluído sem qualquer oposição no inventário;

IV - quando estiver declarada a ausência ou determinada a arrecadação da herança jacente;

V - quando oferecidos os artigos de habilitação, a parte reconhecer a procedência do pedido e não houver oposição de terceiro.

Art. 294. O cessionário ou o adquirente podem prosseguir na causa, juntando aos autos o respectivo título e provando a sua identidade, caso em que sucederão ao cedente ou ao credor originário que houverem falecido.

Art. 295. Já havendo pedido de dia para julgamento, não se decidirá o requerimento de habilitação.

Art. 296. A parte que não se habilitar perante o Tribunal poderá fazê-lo em outra instância.

CAPÍTULO III
DA SUSPENSÃO DE SEGURANÇA

Art. 297. Pode o Presidente, a requerimento do Procurador-Geral, ou da pessoa jurídica de direito público interessada, e para evitar grave lesão à ordem, à saúde, à segurança e à economia pública, suspender, em despacho fundamentado, a execução de liminar, ou da decisão concessiva de mandado de segurança, proferida em única ou última instância, pelos tribunais locais ou federais.

§ 1º O Presidente pode ouvir o impetrante, em cinco dias, e o Procurador-Geral, quando não for o requerente, em igual prazo.

§ 2º Do despacho que conceder a suspensão caberá agravo regimental.

§ 3º A suspensão de segurança vigorará enquanto pender o recurso, ficando sem efeito, se a decisão concessiva for mantida pelo Supremo Tribunal Federal ou transitar em julgado.

‣ Súm. 626, STF.

CAPÍTULO IV
DA RECONSTITUIÇÃO DE AUTOS PERDIDOS

Art. 298. O pedido de reconstituição de autos, no Tribunal, será apresentado ao Presidente e distribuído ao Relator do processo desaparecido ou ao seu substituto.

Art. 299. A parte contrária será citada para contestar o pedido no prazo de cinco dias, cabendo ao Relator exigir as cópias, contrafés e reproduções dos atos e documentos que estiverem em seu poder.

Parágrafo único. Se o citado concordar com a reconstituição, lavrar-se-á o respectivo auto que, assinado pelas partes e homologado pelo Relator, suprirá o processo desaparecido.

Art. 300. O Relator determinará as diligências necessárias, solicitando informações e cópias autênticas, se for o caso, a outros juízes e Tribunais.

Art. 301. O julgamento de reconstituição caberá ao Plenário ou à Turma competente para o processo extraviado.

Art. 302. Quem tiver dado causa à perda ou extravio responderá pelas despesas de reconstituição.

Art. 303. Julgada a reconstituição, o processo seguirá os trâmites normais.

Parágrafo único. Encontrado o processo original, nele prosseguirá o feito, apensando-se os autos reconstituídos.

TÍTULO XI
DOS RECURSOS

CAPÍTULO I
DISPOSIÇÕES GERAIS

Art. 304. Admitir-se-ão medidas cautelares nos recursos, independentemente dos seus efeitos.

Art. 305. Não caberá recurso da deliberação da Turma ou do relator que remeter processo ao julgamento do Plenário, ou que determinar, em agravo de instrumento, o processamento de recurso denegado ou procrastinado.

Art. 306. Os recursos serão processados, na instância de origem, pelas normas da legislação aplicável, observados os artigos 59, 307 e 308 , RISTF.

CAPÍTULO II
DOS RECURSOS CRIMINAIS

SEÇÃO I
DOS RECURSOS ORDINÁRIOS

Art. 307. Caberá recurso ordinário para o Tribunal, no prazo de três dias (art. 565 do Código de Processo Penal Militar), de decisão de única ou última instância da Justiça Militar, nos casos do art. 129, parágrafos 1º e 2º, da Constituição.

Art. 308. Recebido o recurso, abrir-se-á vista às partes, sucessivamente, por cinco dias, para o oferecimento de razões, na instância de origem (art. 566 do Código de Processo Penal Militar.)

Art. 309. Distribuído o recurso, a Secretaria, imediatamente, fará os autos com vista ao Procurador-Geral. Devolvidos e conclusos ao Relator, este pedirá dia para julgamento, no Plenário ou na Turma, conforme o caso.

Parágrafo único. Na hipótese do art. 6º, III, c, lançado o relatório, passará os autos ao Revisor que pedirá dia para julgamento. Logo após, a Secretaria remeterá cópia do relatório aos Ministros.

SEÇÃO II
DO RECURSO DE *HABEAS CORPUS*

Art. 310. O recurso ordinário para o Tribunal, das decisões denegatórias de *habeas corpus*, será interposto no prazo de cinco dias, nos próprios autos em que se houver proferido a decisão recorrida, com as razões do pedido de reforma.

Art. 311. Distribuído o recurso, a Secretaria, imediatamente, fará os autos com vista ao Procurador-Geral, pelo prazo de dois dias. Conclusos ao Relator, este submeterá o feito a julgamento do Plenário ou da Turma, conforme o caso.

Art. 312. Aplicar-se-á, no que couber, ao processamento do recurso o disposto com relação ao pedido originário de *habeas corpus*.

CAPÍTULO III
DOS AGRAVOS

SEÇÃO I
DO AGRAVO DE INSTRUMENTO

Art. 313. Caberá agravo de instrumento:

I - de decisão de juiz de primeira instância nas causas a que se refere o art. 6º, III, *d*, nos casos admitidos na legislação processual;

- art. 105, II, c, CF.

II - de despacho de Presidente de Tribunal que não admitir recurso da competência do Supremo Tribunal Federal;

III - quando se retardar, injustificadamente, por mais de trinta dias, o despacho a que se refere o inciso anterior, ou a remessa do processo ao Tribunal.

Parágrafo único. Na petição do agravo a que se refere o inciso I deste artigo, poderá o agravante requerer que o agravo fique retido nos autos, a fim de que o Tribunal dele conheça, preliminarmente, por ocasião do julgamento da apelação, desde que assim o solicite nas razões ou contrarrazões desta.

Art. 314. O agravo de instrumento obedecerá, no juízo ou Tribunal de origem, às normas da legislação processual vigente.

Art. 314-A. O agravo em recurso extraordinário será registrado ao Presidente para que exerça as atribuições conferidas no art. 13, inciso V, alíneas c e d, ou determine a distribuição dos processos quando não identificar a presença dos óbices nelas previstos. *(Acrescido pela ER 54/2020)*

Parágrafo único. Os agravos oriundos do Tribunal Superior Eleitoral e aqueles concernentes a matérias criminais em que haja prevenção, nos termos deste regimento, serão encaminhados diretamente à distribuição.

Art. 315. Distribuído o agravo e ouvido, se necessário, o Procurador-Geral, o relator o colocará em mesa para julgamento, sem prejuízo das atribuições que lhe confere o artigo 21, nos incisos VI e IX e no seu § 1º.

Parágrafo único. Quando interposto contra despacho que houver indeferido o processamento de arguição de relevância, o agravo de instrumento prescindirá de Relator e será julgado em Conselho, observando-se, no que couber, o disposto no artigo 328, incisos VII e X.

- Texto não recepcionado pela CF/1988.

Art. 316. O provimento do agravo de instrumento, ou a determinação do relator para que subam os autos, não prejudica o exame e o julgamento, no momento oportuno, do cabimento do recurso denegado.

§ 1º O provimento será registrado na ata e certificado nos autos, juntando-se ulteriormente a transcrição do áudio. (Redação dada pela ER 26/2008.)

§ 2º O provimento do agravo de instrumento e a determinação do relator para que suba o recurso serão comunicados ao tribunal de origem pelo Presidente do Tribunal para processamento do recurso.

§ 3º Se os autos principais tiverem subido em virtude de recurso da parte contrária, serão devolvidos à origem para processamento do recurso admitido.

SEÇÃO II
DO AGRAVO REGIMENTAL

Art. 317. Ressalvadas as exceções previstas neste Regimento, caberá agravo regimental, no prazo de cinco dias, de decisão do Presidente do Tribunal, de Presidente de Turma ou do relator, que causar prejuízo ao direito da parte.

§ 1º A petição conterá, sob pena de rejeição liminar, as razões do pedido de reforma da decisão agravada.

§ 2º O agravo regimental será protocolado e, sem qualquer outra formalidade, submetido ao prolator do despacho, que poderá reconsiderar o seu ato ou submeter o agravo ao julgamento do Plenário ou da Turma, a quem caiba a competência, computando-se também o seu voto.

§ 3º Provido o agravo, o Plenário ou a Turma determinará o que for de direito.

§ 4º O agravo regimental não terá efeito suspensivo.

§ 5º O agravo interno poderá, a critério do relator, ser submetido a julgamento por meio eletrônico, observada a respectiva competência da Turma ou do Plenário. (Acrescentado pela ER 51/2016.)

- Res. 587/2016, STF (Dispõe sobre o julgamento em ambiente eletrônico de agravos internos e embargos de declaração no STF.)

CAPÍTULO IV
DA APELAÇÃO CÍVEL

Art. 318. Caberá apelação nas causas em que forem partes um estado estrangeiro ou organismo internacional, de um lado, e, de outro, município ou pessoa domiciliada ou residente no país.

Art. 319. O Relator, após a vista ao Procurador-Geral, pedirá dia para o julgamento.

Art. 320. O agravo retido nos autos, se houver, será julgado preliminarmente.

Parágrafo único. Quando não influir na decisão do mérito, o provimento do agravo não impedirá o imediato julgamento da apelação.

CAPÍTULO V
DO RECURSO EXTRAORDINÁRIO

Art. 321. O recurso extraordinário para o Tribunal será interposto no prazo estabelecido na lei processual pertinente, com indicação do dispositivo que o autorize, dentre os casos previstos nos artigos 102, III, *a*, *b*, *c*, e 121, § 3º, da Constituição Federal. (Redação dada pela ER 12/2003.)

§ 1º Se na causa tiverem sido vencidos autor e réu, qualquer deles poderá aderir ao recurso da outra parte nos termos da lei processual civil.

§ 2º Aplicam-se ao recurso adesivo as normas de admissibilidade, preparo e julgamento do recurso extraordinário, não sendo processado ou conhecido quando houver desistência do recurso principal, ou for este declarado inadmissível ou deserto.

§ 3º Se o recurso extraordinário for admitido pelo Tribunal ou pelo relator do agravo de instrumento, o recorrido poderá interpor recurso adesivo juntamente com a apresentação de suas contrarrazões.

§ 4º O recurso extraordinário não tem efeito suspensivo.

§ 5º (Revogado pela ER 21/2007.)

Art. 322. O Tribunal recusará recurso extraordinário cuja questão constitucional não oferecer repercussão geral, nos termos deste capítulo.

Parágrafo único. Para efeito da repercussão geral, será considerada a existência, ou não, de questões que, relevantes do ponto de vista econômico, político, social ou jurídico, ultrapassem os interesses subjetivos das partes. (Redação dada pela ER 21/2007.)

Art. 323. Quando não for caso de inadmissibilidade do recurso por outra razão, o(a) Relator(a) ou o Presidente submeterá, por meio eletrônico, aos demais ministros, cópia de sua manifestação sobre a existência, ou não, de repercussão geral. (Redação dada pela ER 42/2010.)

§ 1º Nos processos em que o Presidente atuar como relator, sendo reconhecida a existência de repercussão geral, seguir-se-á livre distribuição para o julgamento de mérito. (Redação dada pela ER 42/2010.)

§ 2º Tal procedimento não terá lugar, quando o recurso versar questão cuja repercussão já houver sido reconhecida pelo Tribunal, ou quando impugnar decisão contrária a súmula ou a jurisprudência dominante, casos em que se presume a existência de repercussão geral. (Redação dada pela ER 42/2010.)

§ 3º Mediante decisão irrecorrível, poderá o(a) Relator(a) admitir de ofício ou a requerimento, em prazo que fixar, a manifestação de terceiros, subscrita por procurador habilitado, sobre a questão da repercussão geral. (Acrescido pela ER 42/2010.)

Art. 323-A. O julgamento de mérito de questões com repercussão geral, nos casos de reafirmação de jurisprudência dominante da Corte, também poderá ser realizado por meio eletrônico. (Acrescido pela ER 42/2010.)

Parágrafo único. Quando o relator não propuser a reafirmação de jurisprudência dominante, outro ministro poderá fazê-lo, mediante manifestação devidamente fundamentada. *(Acrescido pela ER 54/2020)*

Art. 323-B O relator poderá propor, por meio eletrônico, a revisão do reconhecimento da repercussão geral quando o mérito do tema ainda não tiver sido julgado. *(Acrescido pela ER 54/2020)*

Art. 324. Recebida a manifestação do(a) Relator(a), os demais ministros encaminhar-lhe-ão também por meio eletrônico, no prazo comum de 20 (vinte) dias, manifestação sobre a questão da repercussão geral. (Redação dada pela ER 31/2009.)

§ 1º Somente será analisada a repercussão geral da questão se a maioria absoluta dos ministros reconhecerem a existência de matéria constitucional. *(Redação dada pela ER 54/2020)*

§ 2º A decisão da maioria absoluta dos ministros no sentido da natureza infraconstitucional da matéria terá os mesmos efeitos da ausência de repercussão geral, autorizando a negativa de seguimento aos recursos extraordinários sobrestados na origem que versem sobre matéria idêntica. *(Redação dada pela ER 54/2020)*

- Refere-se ao CPC/1973. art. 1.035, NCPC.

§ 3º O ministro que não se manifestar no prazo previsto no *caput* terá sua não participação registrada na ata do julgamento. *(Redação dada pela ER 54/2020)*

§ 4º Não alcançado o quórum necessário para o reconhecimento da natureza infraconstitucional da questão ou da existência, ou não, de repercussão geral, o julgamento será suspenso e automaticamente retomado na sessão em meio eletrônico imediatamente seguinte, com a coleta das manifestações dos ministros ausentes. *(Acrescido pela ER 54/2020)*

§ 5º No julgamento realizado por meio eletrônico, se vencido o relator, redigirá o acórdão o ministro sorteado dentre aqueles que dele divergiram ou não se manifestaram, a quem competirá relatar o caso para o exame do mérito ou de eventuais incidentes processuais. *(Acrescido pela ER 54/2020)*

Art. 325. O(A) Relator(a) juntará cópia das manifestações aos autos, quando não se tratar de processo informatizado, e, uma vez definida a existência da repercussão geral, julgará o recurso ou pedirá dia para seu julgamento, após vista ao Procurador-Geral, se necessária; negada a existência, formalizará e subscreverá decisão de recusa do recurso. (Redação dada pela ER 21/2007.)

Parágrafo único. O teor da decisão preliminar sobre a existência da repercussão geral, que deve integrar a decisão monocrática ou o acórdão, constará sempre das publicações dos julgamentos no *Diário Oficial*, com menção clara à matéria do recurso.

Art. 325-A. Reconhecida a repercussão geral, serão distribuídos ou redistribuídos ao relator do recurso paradigma, por prevenção, os processos relacionados ao mesmo tema. (Acrescido pela ER 42/2010.)

Art. 326. Toda decisão de inexistência de repercussão geral é irrecorrível e, valendo para todos os recursos sobre questão idêntica, deve ser comunicada, pelo(a) Relator(a), à Presidência do Tribunal, para os fins do artigo subsequente e do artigo 329. (Redação dada pela ER 21/2007.)

§ 1º Poderá o relator negar repercussão geral com eficácia apenas para o caso concreto. *(Acrescido pela ER 54/2020)*

§ 2º Se houver recurso, a decisão do relator de restringir a eficácia da ausência de repercussão geral ao caso concreto deverá ser confirmada por dois terços dos ministros para prevalecer. *(Acrescido pela ER 54/2020)*

§ 3º Caso a proposta do relator não seja confirmada por dois terços dos ministros, o feito será redistribuído, na forma do art. 324, § 5º, deste Regimento Interno, sem que isso implique reconhecimento automático da repercussão geral da questão constitucional discutida no caso. *(Acrescido pela ER 54/2020)*

§ 4º Na hipótese do § 3º, o novo relator sorteado prosseguirá no exame de admissibilidade do recurso, na forma dos arts. 323 e 324 deste Regimento Interno. *(Acrescido pela ER 54/2020)*

Art. 326-A. Os recursos indicados como representativos de controvérsia constitucional pelas instâncias de origem e os feitos julgados no Superior Tribunal de Justiça sob a sistemática de recursos repetitivos serão registrados previamente ao Presidente, que poderá afetar o tema diretamente ao Plenário Virtual, na forma do art. 323 do regimento interno, distribuindo-se o feito por sorteio, em caso de reconhecimento da repercussão geral, a um dos ministros que tenham se manifestado nesse sentido. *(Acrescido pela ER 54/2020)*

§ 1º Caso os recursos representativos de controvérsia constitucional ou os feitos julgados no STJ sob a sistemática de recursos repetitivos não recebam proposta de afetação pelo Presidente e sejam distribuídos, poderá o relator proceder na forma do art. 326, *caput* e parágrafos.

§ 2º A decisão proferida nos processos mencionados no § 1º será comunicada à instância de origem e ao Superior Tribunal de Justiça, respectivamente, inclusive para os fins do art. 1.037, § 1º, do Código de Processo Civil.

Art. 327. A Presidência do Tribunal recusará recursos que não apresentem preliminar formal e fundamentada de repercussão geral, bem como aqueles cuja matéria carecer de repercussão geral, segundo precedente do Tribunal, salvo se a tese tiver sido revista ou estiver em procedimento de revisão. (Redação dada pela ER 21/2007.)

§ 1º Igual competência exercerá o(a) Relator(a) sorteado, quando o recurso não tiver sido liminarmente recusado pela Presidência.

§ 2º Da decisão que recusar recurso, nos termos deste artigo, caberá agravo.

Art. 328. Protocolado ou distribuído recurso cuja questão for suscetível de reproduzir-se em múltiplos feitos, a Presidência do Tribunal ou o(a) Relator(a), de ofício ou a requerimento da parte interessada, comunicará o fato aos tribunais ou turmas de juizado especial, a fim de que observem o disposto no art. 543-B do Código de Processo Civil, podendo pedir-lhes informações, que deverão ser prestadas em 5 (cinco) dias, e sobrestar todas as demais causas com questão idêntica.

- Refere-se ao CPC/1973. arts. 1.036, § 1º e 1.039, NCPC.

Parágrafo único. Quando se verificar subida ou distribuição de múltiplos recursos com fundamento em idêntica controvérsia, a Presidência do Tribunal ou o(a) Relator(a) selecionará um ou mais representativos da questão e determinará a devolução dos demais aos tribunais ou turmas de juizado especial de origem, para aplicação dos parágrafos do art. 543-B do Código de Processo Civil.

- Refere-se ao CPC/1973. arts. 1.036, § 1º e 1.039, NCPC.

Art. 328-A. Nos casos previstos no art. 543-B, *caput*, do Código de Processo Civil, o Tribunal de origem não emitirá juízo de admissibilidade sobre os recursos extraordinários já sobrestados, nem sobre os que venham a ser interpostos, até que o Supremo Tribunal Federal decida os que tenham sido selecionados nos termos do § 1º daquele artigo. (Acrescido pela ER 23/2008.)

- Refere-se ao CPC/1973. arts. 1.036, § 1º e 1.039, NCPC.

§ 1º Nos casos anteriores, o Tribunal de origem sobrestará os agravos de instrumento contra decisões que não tenham admitido os recursos extraordinários, julgando-os prejudicados nas hipóteses do art. 543-B, § 2º, e, quando coincidente o teor dos julgamentos, § 3º. (Redação dada pela ER 27/2008.

- Refere-se ao CPC/1973. arts. 1.036, § 1º e 1.039, NCPC.

§ 2º Julgado o mérito do recurso extraordinário em sentido contrário ao dos acórdãos recorridos, o Tribunal de origem remeterá ao Supremo Tribunal Federal os agravos em que não se retratar. (Acrescido pela ER 23/2008.)

Art. 329. A Presidência do Tribunal promoverá ampla e específica divulgação do teor das decisões sobre repercussão geral, bem como formação e atualização de banco eletrônico de dados a respeito. (Redação dada pela ER 21/2007.)

CAPÍTULO VI
DOS EMBARGOS

SEÇÃO I
DOS EMBARGOS DE DIVERGÊNCIA E DOS EMBARGOS INFRINGENTES

Art. 330. Cabem embargos de divergência à decisão de Turma que, em recurso extraordinário ou em agravo de instrumento, divergir de julgado de outra Turma ou do Plenário na interpretação do direito federal.

- Súmulas 158, 168, 315, 316 e 420, STJ.

Art. 331. A divergência será comprovada mediante certidão, cópia autenticada ou pela citação do repositório de jurisprudência, oficial ou credenciado, inclusive em mídia eletrônica, em que tiver sido publicada a decisão divergente, ou ainda pela reprodução de julgado disponível na internet, com indicação da respectiva fonte, mencionando, em qualquer caso, as circunstâncias que identifiquem ou assemelhem os casos confrontados. (Redação dada pela ER 26/2008.)

Parágrafo único. (Revogado pela ER 26/2008.)

Art. 332. Não cabem embargos, se a jurisprudência do Plenário ou de ambas as Turmas estiver firmada no sentido da decisão embargada, salvo o disposto no artigo 103.

Art. 333. Cabem embargos infringentes à decisão não unânime do Plenário ou da Turma:

I - que julgar procedente a ação penal;
II - que julgar improcedente a revisão criminal;
III - que julgar a ação rescisória;
IV - que julgar a representação de inconstitucionalidade;
V - que, em recurso criminal ordinário, for desfavorável ao acusado.

Parágrafo único. O cabimento dos embargos, em decisão do Plenário, depende da existência, no mínimo, de quatro votos divergentes, salvo nos casos de julgamento criminal em sessão secreta.

Art. 334. Os embargos de divergência e os embargos infringentes serão opostos no prazo de quinze dias, perante a Secretaria, e juntos aos autos, independentemente de despacho.

Art. 335. Interpostos os embargos, o Relator abrirá vista ao recorrido, por quinze dias, para contrarrazões.

§ 1º Transcorrido o prazo do *caput*, o Relator do acórdão embargado apreciará a admissibilidade do recurso.

§ 2º Da decisão que não admitir os embargos, caberá agravo, em cinco dias, para o órgão competente para o julgamento do recurso.

§ 3º Admitidos os embargos, proceder-se-á à distribuição nos termos do art. 76. (*Caput* e §§ alterados pela ER 47/2012.)

Art. 336. Na sessão de julgamento, aplicar-se-ão, supletivamente, as normas do processo originário, observado o disposto no artigo 146.

Parágrafo único. Recebidos os embargos de divergência, o Plenário julgará a matéria restante, salvo nos casos do artigo 313, I e II, quando determinará a subida do recurso principal.

SEÇÃO II
DOS EMBARGOS DE DECLARAÇÃO

Art. 337. Cabem embargos de declaração, quando houver no acórdão obscuridade, dúvida, contradição ou omissão que devam ser sanadas.

§ 1º Os embargos declaratórios serão interpostos no prazo de cinco dias.

§ 2º Independentemente de distribuição ou preparo, a petição será dirigida ao relator do acórdão que, sem qualquer outra formalidade, a submeterá a julgamento na primeira sessão da Turma ou do Plenário, conforme o caso.

§ 3º Os embargos de declaração poderão, a critério do relator, ser submetidos a julgamento por meio eletrônico, observada a respectiva competência da Turma ou do Plenário. (Acrescentado pela ER 51/2016.)

Art. 338. Se os embargos forem recebidos, a nova decisão se limitará a corrigir a inexatidão, ou a sanar a obscuridade, dúvida, omissão ou contradição, salvo se algum outro aspecto da causa tiver de ser apreciado como consequência necessária.

Art. 339. Os embargos declaratórios suspendem o prazo para interposição de outro recurso, salvo na hipótese do § 2º deste artigo.

§ 1º O prazo para interposição de outro recurso, nos termos deste artigo, é suspenso na data de interposição dos embargos de declaração, e o que lhe sobejar começa a correr do primeiro dia útil seguinte à publicação da decisão proferida nos mesmos embargos.

§ 2º Quando meramente protelatórios, assim declarados expressamente, será o embargante condenado a pagar ao embargado multa não excedente de um por cento sobre o valor da causa.

TÍTULO XII
DA EXECUÇÃO

CAPÍTULO I
DISPOSIÇÕES GERAIS

Art. 340. A execução e o cumprimento das decisões do Tribunal observarão o disposto nos artigos 13, VI, e 21, II, do Regimento Interno e, no que couber, a legislação processual. (Redação dada pela ER 41/2010).

- Res. STF 129/1995 (Resgate do depósito previsto no art. 488, II, CPC).
- Res. STF 186/1999 (Resgate da multa prevista no art. 557, § 2º, CPC).
- Res. STF 514/2013 (Execução Penal no STF).

Art. 341. Os atos de execução e de cumprimento das decisões e acórdãos transitados em julgado serão requisitados diretamente ao Ministro que funcionou como relator do processo na fase de conhecimento, observado o disposto nos arts. 38, IV, e 75 do Regimento Interno. (Redação dada pela ER 41/2010).

Art. 342. Os atos de execução que não dependerem de carta de sentença serão ordenados a quem os deva praticar ou delegados a outras autoridades judiciárias.

Art. 343. Se necessário, os incidentes de execução poderão ser levados à apreciação:

I - do Presidente, por qualquer dos Ministros;
II - do Plenário, pelo Presidente, pelo relator ou pelas Turmas ou seus Presidentes;
III - da Turma, por seu Presidente ou pelo relator.

Art. 344. (Revogado pela ER 41/2010.)

CAPÍTULO II
DA EXECUÇÃO CONTRA A FAZENDA PÚBLICA

Art. 345. Na execução por quantia certa, fundada em decisão proferida contra a Fazenda Pública em ação da competência originária do Tribunal, citar-se-á a devedora para opor embargos em dez dias; se esta não os opuser, no prazo regimental, observar-se-ão as seguintes regras:

I - o Presidente do Tribunal requisitará o pagamento ao Presidente da República, ao Governador ou ao Prefeito, conforme o caso;

II - far-se-á o pagamento na ordem de apresentação do respectivo pedido e à conta do crédito próprio.

Art. 346. Se o credor for preterido no seu direito de preferência, o Presidente do Tribunal poderá, depois de ouvido o Procurador-Geral, em cinco dias, ordenar o sequestro da quantia necessária para satisfazer o débito.

CAPÍTULO III
DA CARTA DE SENTENÇA

Art. 347. Será extraída carta de sentença, a requerimento do interessado, para execução da decisão:

I - quando deferida a homologação de sentença estrangeira;

- art. 105, I, i, CF. A partir da EC 45/2004 a homologação de sentença estrangeira passou a ser competência do STJ.)
- art. 109, X, CF.

II - quando o interessado não a houver providenciado na instância de origem e pender de julgamento do Tribunal recurso sem efeito suspensivo.

Art. 348. O pedido será dirigido ao Presidente ou ao relator, que o apreciará.

Art. 349. A carta de sentença conterá as peças indicadas na lei processual e outras que o requerente indicar; será autenticada pelo funcionário encarregado e assinada pelo Presidente ou relator.

CAPÍTULO IV
DA INTERVENÇÃO FEDERAL NOS ESTADOS

Art. 350. A requisição de intervenção federal, prevista no artigo 11, § 1º, *a*, *b* e *c*, da Constituição, será promovida:

I - de ofício, ou mediante pedido do Presidente do Tribunal de Justiça do Estado, no caso do inciso IV do artigo 10 da Constituição, se a coação for exercida contra o Poder Judiciário;

II - de ofício, ou mediante pedido do Presidente do Tribunal de Justiça do Estado ou do Tribunal Federal, quando se tratar de prover a execução de ordem ou decisão judiciária, com ressalva, conforme a matéria, da competência do Tribunal Superior Eleitoral e do disposto no inciso seguinte;

III - de ofício, ou mediante pedido da parte interessada, quando se tratar de prover a execução de ordem ou decisão do Supremo Tribunal Federal;

IV - mediante representação do Procurador-Geral, nos casos do inciso VII do artigo 10 da Constituição, assim como no inciso VI, quando se tratar de prover a execução de lei federal.

Art. 351. O Presidente, ao receber o pedido:

I - tomará as providências oficiais que lhe parecerem adequadas para remover, administrativamente, a causa do pedido;

II - mandará arquivá-lo se for manifestamente infundado, cabendo do seu despacho agravo regimental.

Art. 352. Realizada a gestão prevista no inciso I do artigo anterior, solicitadas informações à autoridade estadual e ouvido o Procurador-Geral, o pedido será relatado pelo Presidente, em sessão plenária pública ou secreta.

Art. 353. O julgamento, se não tiver sido público, será proclamado em sessão pública.

Art. 354. Julgado procedente o pedido, o Presidente do Supremo Tribunal Federal imediatamente comunicará a decisão aos órgãos do Poder Público interessados e requisitará a intervenção ao Presidente da República.

TÍTULO XIII
DA SÚMULA VINCULANTE

Art. 354-A. Recebendo proposta de edição, revisão ou cancelamento de súmula vinculante, a Secretaria Judiciária a autuará e registrará ao Presidente, para apreciação, no prazo de cinco dias, quanto à adequação formal da proposta.

Art. 354-B. Verificado o atendimento dos requisitos formais, a Secretaria Judiciária publicará edital no sítio do Tribunal e no Diário da Justiça Eletrônico, para ciência e manifestação de interessados no prazo de cinco dias, encaminhando a seguir os autos ao Procurador-Geral da República.

Art. 354-C. Devolvidos os autos com a manifestação do Procurador-Geral da República, o Presidente submeterá as manifestações e a proposta de edição, revisão ou cancelamento de súmula aos Ministros da Comissão de Jurisprudência, em meio eletrônico, para que se manifestem no prazo comum de quinze dias; decorrido o prazo, a proposta, com ou sem manifestação, será submetida, também por meio eletrônico, aos demais Ministros, pelo mesmo prazo comum.

Art. 354-D. Decorridos os prazos previstos no art. 354-C, o Presidente submeterá a proposta de edição, revisão ou cancelamento de súmula vinculante à deliberação do Tribunal Pleno, mediante inclusão em pauta, salvo se já houver manifestação contrária à proposta por parte da maioria absoluta dos Ministros do Tribunal, hipótese em que o Presidente a rejeitará monocraticamente. *(Redação dada pela ER 54/2020)*

Parágrafo único. Contra a decisão do Presidente pela rejeição de proposta atinente a súmula vinculante caberá agravo regimental, na forma do art. 317 deste regimento. *(Acrescido pela ER 54/2020)*

Art. 354-E. A proposta de edição, revisão ou cancelamento de súmula vinculante poderá versar sobre questão com repercussão geral reconhecida, caso em que poderá ser apresentada por qualquer Ministro logo após o julgamento de mérito do processo, para deliberação imediata do Tribunal Pleno na mesma sessão.

Art. 354-F. O teor da proposta de súmula aprovada, que deve constar do acórdão, conterá cópia dos debates que lhe deram origem, integrando-o, e constarão das publicações dos julgamentos no Diário da Justiça Eletrônico.

Art. 354-G. A proposta de edição, revisão ou cancelamento de súmula tramitará sob a forma eletrônica, e as informações correspondentes ficarão disponíveis aos interessados no sítio do STF.

- Título XIII acrescentado pela ER 46/2011.

TÍTULO XIV
DA SOLICITAÇÃO DE OPINIÃO CONSULTIVA AO TRIBUNAL PERMANENTE DE REVISÃO DO MERCOSUL

Art. 354-H. A solicitação de opinião consultiva deve originar-se necessariamente de processo em curso perante o Poder Judiciário brasileiro e restringe-se exclusivamente à vigência ou interpretação jurídica do Tratado de Assunção, do Protocolo de Ouro Preto, dos protocolos e acordos celebrados no âmbito do Tratado de Assunção, das Decisões do Conselho do Mercado Comum – CMC, das Resoluções do Grupo Mercado Comum – GMC e das Diretrizes da Comissão de Comércio do Mercosul – CCM.

Art. 354-I. Têm legitimidade para requerer o encaminhamento de solicitação de opinião consultiva ao Tribunal Permanente de Revisão do Mercosul, o juiz da causa ou alguma das partes.

Art. 354-J. A solicitação de opinião consultiva indicará:

I – a exposição dos fatos e do objeto da solicitação;

II – a descrição das razões que motivaram a solicitação;

III – a indicação precisa da Normativa Mercosul a respeito da qual se realiza a consulta; e

IV – a indicação do juízo e da ação em que originada a solicitação.

Parágrafo único. A solicitação deve ser feita por escrito e poderá estar acompanhada das considerações, se as houver, formuladas pelas partes em litígio e pelo Ministério Público acerca da questão objeto da consulta e de qualquer documentação que possa contribuir para sua instrução.

Art. 354-K. Ao receber a solicitação, o Presidente do Supremo Tribunal Federal iniciará o processo de colheita de votos dos demais Ministros pelo processo virtual ou, se entender conveniente, encaminhará cópias aos demais Ministros antes da sessão administrativa designada para deliberação sobre a presença dos requisitos de admissibilidade do pedido e sua pertinência processual.

Art. 354-L. Uma vez preenchidos os requisitos de admissibilidade, a solicitação será encaminhada ao Tribunal Permanente de Revisão, com cópia para a Secretaria do Mercosul, e para as demais Cortes Supremas dos Estados Partes do Mercosul.

Art. 354-M. A opinião consultiva emitida pelo Tribunal Permanente de Revisão não terá caráter vinculante nem obrigatório.

- Título XIV acrescentado pela ER 48/2012.

PARTE III
DOS SERVIÇOS DO TRIBUNAL

TÍTULO I
DA SECRETARIA

Art. 355. À Secretaria do Tribunal incumbe a execução dos serviços administrativos e será dirigida pelo Diretor-Geral, com habilitação universitária em nível superior, nomeado, em comissão, pelo Presidente, nos termos da lei. (Redação dada pela ER 55/2020)

§ 1º A organização da Secretaria do Tribunal, a competência de seus vários órgãos e as atribuições dos secretários, chefes e servidores serão fixadas, em ato próprio, pelo Tribunal. (Redação dada pela ER 8/2001.)

§ 2º O Secretário de Controle Interno e os demais titulares das Secretarias que integram a Secretaria do Tribunal serão nomeados, em Comissão, pelo Presidente, nos termos da lei.

§ 3º Além das atribuições fixadas no Regulamento da Secretaria, incumbe ao Diretor-Geral:

a) apresentar ao Presidente todas as petições e papéis dirigidos ao Tribunal;

b) manter sob sua direta fiscalização, e permanentemente atualizado, o assentamento funcional dos Ministros;

c) manter sob sua guarda o selo do Tribunal.

§ 4º Ao Secretário do Pleno incumbe:

a) secretariar as sessões e lavrar as respectivas atas, assinando-as, com o Presidente, depois de lidas e aprovadas;

b) secretariar as audiências de instrução processual.

§ 5º As Turmas serão secretariadas pelos funcionários do Quadro da Secretaria que forem designados pelo Presidente do Tribunal.

§ 6º Os funcionários da Secretaria, quando tiverem de comparecer a serviço perante o Plenário ou Turma, em sessão, usarão vestuário adequado e capa preta.

§ 7º Salvo se funcionário efetivo do Tribunal, não poderá ser nomeado para cargo em Comissão, ou designado para função gratificada, cônjuge ou parente (arts. 330 a 336 do Código Civil), em linha reta ou colateral, até terceiro grau, inclusive, de qualquer dos Ministros em atividade. (Alterado pela ER 2/1985.)

- arts. 1.591 a 1.595, CC.

TÍTULO II
DO GABINETE DO PRESIDENTE

Art. 356. O Gabinete da Presidência, órgão de assessoramento desta no tocante à superintendência administrativa que a ela compete, é dirigido pelo Chefe de Gabinete da Presidência, bacharel em Direito, nomeado, em comissão, pelo Presidente. (Alterado pela ER 50/2016.)

Parágrafo único. Incumbe ao Presidente, observado o disposto nos parágrafos 1º e 2º do art. 357, deste Regimento, organizar seu Gabinete e assessorias, dando-lhes estrutura necessária à execução de suas atribuições e fixando sua lotação. (Alterado pela ER 50/2016.)

Art. 356-A. À Secretaria Geral da Presidência incumbe a execução dos serviços judiciários, e será dirigida pelo Secretário-Geral da Presidência, bacharel em Direito, nomeado, em comissão, pelo Presidente. (Acrescentado pela ER 50/2016.)

TÍTULO III
DOS GABINETES DOS MINISTROS

Art. 357. Comporão os Gabinetes dos Ministros: (Redação dada pela ER 43/2010.)

I - um Chefe de Gabinete, portador de diploma de curso de nível superior; (Redação dada pela ER 43/2010.)

II - cinco Assessores, bacharéis em Direito; (Redação dada pela ER 43/2010.)

III - dois Assistentes Judiciários, portadores de diploma de curso de nível superior; (Redação dada pela ER 43/2010.)

IV - servidores e funções comissionadas em quantitativo definido pela Corte. (Acrescido pela ER 43/2010.)

§ 1º No mínimo três, do total de cargos em comissão de cada Gabinete de Ministro, deverão ser recrutados do Quadro de Pessoal da Secretaria do Tribunal. (Acrescido pela ER 43/2010.)

§ 2º Não pode ser nomeado para cargo em comissão, na forma deste artigo, cônjuge ou parente, em linha reta ou colateral, até o terceiro grau, inclusive, de qualquer dos Ministros em atividade. (Parágrafo único transformado em § 2º e com a redação dada pela ER 43/2010).

Art. 358. São atribuições dos Assessores de Ministros:

I - classificar os votos proferidos pelo Ministro e velar pela conservação das cópias e índices necessários à consulta;

II - verificar as pautas, de modo que o Ministro vogal, em casos de julgamento interrompido, ou de embargos, ação rescisória ou reclamação, possa consultar, na sessão, a cópia do voto que houver proferido anteriormente;

III - cooperar na revisão da transcrição do áudio e cópias dos votos e acórdãos do Ministro, antes da juntada nos autos; (Redação dada pela ER 26/2008.)

IV - selecionar, dentre os processos submetidos ao exame do Ministro, aqueles que versem questões de solução já compendiada na Súmula, para serem conferidos pelo Ministro;

V - fazer pesquisa de doutrina e de jurisprudência;

VI - executar outros trabalhos compatíveis com suas atribuições, que forem determinados pelo Ministro, cujas instruções deverá observar.

Parágrafo único. Quando a nomeação para Assessor de Ministro recair em funcionário efetivo de outro serviço, autarquia, entidade paraestatal ou sociedade de economia mista, dar-se-á prévio entendimento com o seu dirigente.

Art. 359. Para trabalhos urgentes, os Ministros poderão requisitar o auxílio do serviço de áudio do Tribunal. (Redação dada pela ER 26/2008.)

Art. 360. O horário do pessoal do gabinete, observadas a duração legal e as peculiaridades do serviço, será o determinado pelo Ministro.

PARTE IV
DISPOSIÇÕES FINAIS

TÍTULO ÚNICO
DAS EMENDAS REGIMENTAIS E DEMAIS ATOS NORMATIVOS OU INDIVIDUAIS E DISPOSIÇÕES GERAIS E TRANSITÓRIAS

- Denominação do título com a redação dada pela ER 1/1981.

CAPÍTULO I
DAS EMENDAS REGIMENTAIS E DEMAIS ATOS NORMATIVOS OU INDIVIDUAIS

Art. 361. Os demais atos da competência do Tribunal, normativos ou individuais, obedecem à seguinte nomenclatura:

I - em matéria regimental:

a) Emenda Regimental - para emendar o Regimento Interno, suprimindo-lhe, acrescentando-lhe ou modificando-lhe disposições;

b) Ato Regimental - para complementar o Regimento Interno;

II - em matéria administrativa:

a) Regulamento da Secretaria - para fixar a organização da Secretaria, a competência de seus vários órgãos e as atribuições dos diretores, chefes e servidores, bem assim para complementar, no âmbito do Tribunal, a legislação relativa ao funcionalismo, ou regular sua aplicação;

b) Ato Regulamentar - para introduzir modificações no Regulamento da Secretaria, bem assim para dispor normativamente, quando necessário ou conveniente, sobre matéria correlata com a que nele se regula;

c) Deliberação - para dar solução, sem caráter normativo, a casos determinados.

Parágrafo único. Salvo o Regulamento da Secretaria e a Deliberação, os atos de que trata este artigo são numerados, como segue:

I - a Emenda Regimental e o Ato Regimental, em séries próprias e numeração seguida que prosseguem enquanto vigente o Regimento Interno ao qual se referem;

II - o Ato Regulamentar, em numeração seguida e ininterrupta. (Redação dada pela ER 1/1981.)

Art. 362. Ao Presidente, aos Ministros e às Comissões é facultada a apresentação de propostas de atos normativos da competência do Tribunal.

§ 1º As propostas considerar-se-ão aprovadas se obtiverem o voto favorável da maioria absoluta do Tribunal.

§ 2º A Comissão de Regimento opinará previamente, por escrito, sobre as propostas em matéria regimental, salvo quando subscritas por seus membros ou pela maioria do Tribunal, ou em caso de urgência. (Redação dada pela ER 1/1981.)

Art. 363. Os atos da competência própria do Presidente, em matéria regimental ou administrativa, obedecem à seguinte nomenclatura: (Redação dada pela ER 1/1981.)

I - Resolução - numerada seguida e ininterruptamente, para complementar o Regimento Interno ou o Regulamento da Secretaria e resolver os casos omissos, bem assim para complementar a legislação relativa ao funcionalismo, ou regular sua aplicação; (Redação dada pela ER 1/1981.)

II - Portaria - sem numeração, para designar os membros das Comissões Permanentes e Temporárias, nomear, designar, exonerar, demitir e aposentar servidores ou aplicar-lhes penalidades; (Redação dada pela ER 1/1981.)

III - Despacho - para designar a realização de audiência pública de que trata o art. 13, XVII, RISTF. (Acrescido pela ER 29/2009.)

Art. 364. Os atos normativos de que trata este Capítulo entrarão em vigor na data de sua publicação no *Diário da Justiça*, salvo se dispuserem de modo diverso.

Parágrafo único. No que se referirem apenas à economia interna do Tribunal, os atos normativos entrarão em vigor desde que aprovados. (Redação dada pela ER 1/1981.)

CAPÍTULO II
DISPOSIÇÕES GERAIS E TRANSITÓRIAS

Art. 365. O Tribunal presta homenagem aos Ministros: (Redação dada pela ER 1/1981.)

I - por motivo de afastamento definitivo do seu serviço;

II - por motivo de falecimento;

III - para celebrar o centenário de nascimento.

§ 1º Por deliberação plenária tomada em sessão administrativa com a presença mínima de oito Ministros e os votos favoráveis de seis, o Tribunal pode homenagear pessoa estranha e falecida, de excepcional relevo no governo do País, na administração da Justiça ou no aperfeiçoamento das instituições jurídicas.

§ 2º Quando a homenagem consistir na aposição de busto ou estátua em dependência do Tribunal, dependerá de proposta escrita e justificada de quatro Ministros, pelo menos, sobre a qual opinará fundamentalmente Comissão especial de três Ministros, designada pelo Presidente, e de aprovação do Plenário, por maioria mínima de oito votos, em duas sessões administrativas consecutivas, com intervalo não inferior a seis meses entre uma e outra.

Art. 365-A. Quando requerida a realização de sessão administrativa por três Ministros, pelo menos, o Presidente a convocará de imediato para que o Tribunal aprecie a matéria objeto desse requerimento. (Acrescido pela ER 8/2001.)

Art. 366. Os casos omissos serão resolvidos pelo Presidente, ouvida a Comissão de Regimento.

Art. 367. Compete ao Presidente o julgamento do pedido de reexame de decisão do Supremo Tribunal Federal, ou de seu Presidente, que houver homologado sentença estrangeira do divórcio de brasileiro com as restrições inerentes ao art. 7º, § 6º, da Lei de Introdução ao Código Civil, na redação anterior à que lhe deu o art. 49 da Lei n. 6.515, de 26 de dezembro de 1977.

- Dec.-Lei 4.657/1945 (Lei de Introdução às normas do Direito Brasileiro - antiga LICC).
- A homologação de sentença estrangeira passou a ser da competência do STJ, conforme art. 105, I, *i*, CF, com a redação dada pela EC 45/2004.
- Lei 6.515/1977 (Lei do Divórcio).

§ 1º O pedido de reexame poderá ser feito por ambos os cônjuges ou por um deles, devendo processar-se nos próprios autos da homologação.

§ 2º Aplicam-se, no que couber, ao pedido de reexame as normas regimentais do procedimento de homologação, inclusive as pertinentes à execução e ao recurso cabível.

Art. 368. Este Regimento entrará em vigor em 1º de dezembro de 1980.

Parágrafo único. Às decisões proferidas até 30 de novembro de 1980 continuará aplicável o art. 308 do Regimento Interno aprovado a 18 de junho de 1970, com as modificações introduzidas pelas Emendas Regimentais posteriores.

Art. 369. Revogam-se o Regimento Interno aprovado a 18 de junho de 1970, as Emendas Regimentais que lhe alteraram a redação, e as Emendas Regimentais números 6, de 09 de março de 1978, 7, de 23 de agosto de 1978, e 8, de 07 de junho de 1979, bem assim as demais disposições em contrário.

Sala das Sessões, em 15 de outubro de 1980.

Antonio Neder

SUPERIOR TRIBUNAL DE JUSTIÇA

- Publicado no *DJU*, 07.07.1989.
- Atualizado até a ER 38/2020.
- Res. 2/2017, STJ/GP (Dispõe sobre o pagamento de custas judiciais e porte de remessa e retorno de autos no âmbito do STJ).
- Inst. Norm. 3/2017, STJ/GDG (Disciplina a devolução de custas judiciais e de porte de remessa e retorno no âmbito administrativo do STJ).

O Superior Tribunal de Justiça, no uso de suas atribuições, resolve aprovar o seguinte Regimento Interno:

PARTE I
DA COMPOSIÇÃO, ORGANIZAÇÃO E COMPETÊNCIA

TÍTULO I
DO TRIBUNAL

CAPÍTULO I
DA COMPOSIÇÃO E ORGANIZAÇÃO

Art. 1º O Superior Tribunal de Justiça, com sede na Capital Federal e Jurisdição em todo o território nacional, compõe-se de trinta e três Ministros.

- art. 33 deste Regimento.
- arts. 93, III, e 104, CF.

Art. 2º O Tribunal funciona:

I - em Plenário e pelo seu órgão especial (Constituição, artigo 93, XI), denominado Corte Especial;

- arts. 93, XI, e 96, I, a, CF.

II - em Seções especializadas;

- art. 12 deste Regimento.

III - em Turmas especializadas.

- art. 13 deste Regimento.

§ 1º O Plenário, constituído da totalidade dos Ministros, é presidido pelo Presidente do Tribunal.

§ 2º A Corte Especial será integrada pelos quinze Ministros mais antigos e presidida pelo Presidente do Tribunal. (Redação dada pela ER 9/2008.)

§ 3º Há no Tribunal três Seções, integradas pelos componentes das Turmas da respectiva área de especialização. As Seções são presididas pelo Ministro mais antigo, por um período de dois anos, vedada a recondução, até que todos os componentes da Seção hajam exercido a presidência.

§ 4º As Seções compreendem seis Turmas, constituídas de cinco Ministros cada uma. A Primeira e a Segunda Turmas compõem a Primeira Seção; a Terceira e a Quarta Turmas, a Segunda Seção; e a Quinta e a Sexta Turmas, a Terceira Seção. O Ministro mais antigo integrante da Turma é o seu presidente, observada a disposição do parágrafo anterior quanto à periodicidade. (Redação dada pela ER 4/1993.)

§ 5º Na composição das Turmas, observar-se-á a opção feita pelo Ministro, atendendo-se à ordem de antiguidade.

§ 6º Para os fins dos §§ 3º e 4º deste artigo, considerar-se-á a antiguidade dos Ministros no respectivo órgão fracionário. (Acrescido pela ER 4/1993.)

Art. 3º O Presidente, o Vice-Presidente e o Corregedor Nacional de Justiça são eleitos pelo Plenário, dentre os seus membros; o Corregedor-Geral da Justiça Federal é o Vice-Presidente e o Vice-Corregedor-Geral, o Ministro mais antigo integrante do Conselho da Justiça Federal, que não exerça cargo de direção naquele órgão. (Alterado pela ER 29/2018.)

§ 1º O Presidente, o Vice-Presidente e o Corregedor Nacional de Justiça integram apenas o Plenário e a Corte Especial, respeitado o art. 2º, § 2º, deste Regimento. (Alterado pela ER 29/2018.)

§ 2º O Presidente, o Vice-Presidente e o Corregedor Nacional de Justiça, ao concluírem seus mandatos e retornarem às Turmas, ocuparão as vagas disponíveis, respeitada sempre, nas escolhas, a ordem de antiguidade. (Alterado pela ER 29/2018.)

I – (Revogado pela ER 29/2018).

II – (Revogado pela ER 29/2018).

§ 3º O Ministro que houver exercido o cargo de Presidente do Superior Tribunal de Justiça não poderá ocupar outro cargo ou função administrativa no âmbito do Tribunal, no Conselho da Justiça Federal, no Conselho Nacional de Justiça, na Escola Nacional de Formação e Aperfeiçoamento de Magistrados Ministro Sálvio de Figueiredo Teixeira e no Tribunal Superior Eleitoral, salvo presidência de Turma, Seção ou composição de Comissão Permanente. (Alterado pela ER 29/2018.)

§ 4º Os Ministros não poderão exercer mais de uma função administrativa cumulativamente, com exceção da hipótese prevista no *caput* deste artigo, no caso de todas já terem sido preenchidas e nos casos previstos em lei. (Alterado pela ER 29/2018.)

§ 5º Não há vedação para acumulação de cargo administrativo com suplência nem de cargo administrativo com função jurisdicional, inclusive quando se tratar do Tribunal Superior Eleitoral, salvo para o exercício dos cargos de Corregedor-Geral da Justiça Eleitoral, Corregedor Nacional de Justiça, Corregedor-Geral da Justiça Federal, Ministro Ouvidor do Superior Tribunal de Justiça e Diretor-Geral da Escola Nacional de Formação e Aperfeiçoamento de Magistrados Ministro Sálvio de Figueiredo Teixeira. (Alterado pela ER 29/2018.)

§ 6º Não será elegível o Ministro para os cargos de Presidente e Vice-Presidente do Tribunal, Corregedor Nacional de Justiça, membro efetivo do Conselho da Justiça Federal, Diretor-Geral da Escola Nacional de Formação e Aperfeiçoamento de Magistrados Ministro Sálvio de Figueiredo Teixeira, Ministro Ouvidor do Superior Tribunal de Justiça e membro efetivo e suplente do Tribunal Superior Eleitoral, caso Ministro mais novo em ordem de antiguidade já tenha exercido o mesmo cargo ou função. (Acrescentado pela ER 15/2014.)

Art. 4º O Ministro empossado integrará a Turma onde se deu a vaga para a qual foi nomeado, ou ocupará vaga resultante da transferência de Ministro (artigo 32).

Art. 5º O Conselho de Administração será integrado pelos onze Ministros mais antigos e presidido pelo Presidente do Tribunal, competindo-lhe decidir sobre matéria administrativa, nos termos deste Regimento. (Redação dada pela ER 9/2008.)

§ 1º O Conselho de Administração reunir-se-á, ordinariamente, ao menos uma vez a cada trimestre. (Incluído pela ER 38/2020)

§ 2º As reuniões ordinárias do Conselho de Administração serão convocadas pelo Presidente, mediante aviso escrito enviado com antecedência mínima de cinco dias corridos, contendo a pauta correspondente. (Incluído pela ER 38/2020)

§ 3º O Presidente convocará o Conselho de Administração em caráter extraordinário, sempre que a necessidade exigir, não sendo necessária a observância do prazo previsto no parágrafo anterior. (Incluído pela ER 38/2020)

Art. 6º Junto ao Tribunal funciona o Conselho da Justiça Federal, com atuação em todo o território nacional, cabendo-lhe a supervisão administrativa e orçamentária da Justiça Federal de primeiro e segundo graus. (Redação dada pela ER 4/1993.)

Art. 7º O Conselho da Justiça Federal é integrado pelo Presidente, Vice-Presidente e três Ministros do Tribunal, eleitos por dois anos, e pelos Presidentes dos cinco Tribunais Regionais Federais. (Redação dada pela ER 4/1993.)

- Lei 11.798/2008 (Dispõe sobre a composição e a competência do Conselho da Justiça Federal, revoga a Lei 8.472, de 14 de outubro de 1992, e dá outras providências).

§ 1º O Presidente do Tribunal preside o Conselho da Justiça Federal.

§ 2º Ao escolher os três Ministros que integrarão o Conselho, o Tribunal elegerá, também, os respectivos suplentes. (Redação dada pela ER 4/1993.)

CAPÍTULO II
DA COMPETÊNCIA DO PLENÁRIO, DA CORTE ESPECIAL, DAS SEÇÕES E DAS TURMAS

SEÇÃO I
DAS ÁREAS DE ESPECIALIZAÇÃO

Art. 8º Há no Tribunal três áreas de especialização estabelecidas em razão da matéria. (Redação dada pela ER 2/1992.)

Parágrafo único. A competência da Corte Especial não está sujeita à especialização.

Art. 9º A competência das Seções e das respectivas Turmas é fixada em função da natureza da relação jurídica litigiosa.

§ 1º À Primeira Seção cabe processar e julgar os feitos relativos a: (Redação dada pela ER 2/1992.)

I - licitações e contratos administrativos; (Redação dada pela ER 2/1992.)

II - nulidade ou anulabilidade de atos administrativos; (Redação dada pela ER 2/1992.)

III - ensino superior; (Redação dada pela ER 2/1992.)

IV - inscrição e exercício profissionais; (Redação dada pela ER 2/1992.)

V - direito sindical; (Redação dada pela ER 2/1992.)

VI - nacionalidade; (Redação dada pela ER 2/1992.)

VII - desapropriação, inclusive a indireta; (Redação dada pela ER 2/1992.)

VIII - responsabilidade civil do Estado; (Redação dada pela ER 2/1992.)

IX - tributos de modo geral, impostos, taxas, contribuições e empréstimos compulsórios (Alterado pela ER 2/1992.)

X - preços públicos e multas de qualquer natureza; (Redação dada pela ER 2/1992.)

XI - servidores públicos civis e militares; (Redação dada pela ER 11/2010.)

XII - *habeas corpus* referentes às matérias de sua competência; (Acrescido pela ER 11/2010.)

XIII - benefícios previdenciários, inclusive os decorrentes de acidentes de trabalho; (Alterado pela ER 14/2011.)

XIV - direito público em geral. (Acrescentado pela ER 14/2011. Vigência: 01.01.2012.)

§ 2º À Segunda Seção cabe processar e julgar os feitos relativos a: (Redação dada pela ER 2/1992.)

I - domínio, posse e direitos reais sobre coisa alheia, salvo quando se tratar de desapropriação; (Redação dada pela ER 2/1992.)

II - obrigações em geral de direito privado, mesmo quando o Estado participar do contrato; (Redação dada pela ER 2/1992.)

III - responsabilidade civil, salvo quando se tratar de responsabilidade civil do Estado; (Redação dada pela ER 2/1992.)

IV - direito de família e sucessões; (Redação dada pela ER 2/1992.)

V - direito do trabalho; (Redação dada pela ER 2/1992.)

VI - propriedade industrial, mesmo quando envolverem arguição de nulidade do registro; (Redação dada pela ER 2/1992.)

VII - constituição, dissolução e liquidação de sociedade; (Redação dada pela ER 2/1992.)

VIII - comércio em geral, inclusive o marítimo e o aéreo, bolsas de valores, instituições financeiras e mercado de capitais; (Redação dada pela ER 2/1992.)

IX - falências e concordatas; (Redação dada pela ER 2/1992.)

X - títulos de crédito; (Redação dada pela ER 2/1992.)

XI - registros públicos, mesmo quando o Estado participar da demanda; (Redação dada pela ER 2/1992.)

XII - locação predial urbana; (Redação dada pela ER 11/2010.)

XIII - *habeas corpus* referentes às matérias de sua competência; (Acrescido pela ER 11/2010.)

XIV - direito privado em geral. (Acrescido pela ER 11/2010.)

§ 3º À Terceira Seção cabe processar e julgar os feitos relativos à matéria penal em geral, salvo os casos de competência originária da Corte Especial e os *habeas corpus* de competência das Turmas que compõem a Primeira e a Segunda Seção. (Alterado pela ER 14/2011. Vigência: 01.01.2012.)

I e II - (Revogados pela ER 14/2011. Vigência: 01.01.2012.)

III e IV - (Revogados pela ER 11/2010.)

SEÇÃO II
DA COMPETÊNCIA DO PLENÁRIO

Art. 10. Compete ao Plenário:

I - dar posse aos membros do Tribunal;

II - eleger o Presidente e o Vice-Presidente do Tribunal, os Ministros membros do Conselho da Justiça Federal, titulares e suplentes, e o Diretor da *Revista do Tribunal*, dando-lhes posse; (Redação dada pela ER 4/1993.)

III - eleger, dentre os Ministros do Tribunal, os que devam compor o Tribunal Superior Eleitoral, na condição de membros efetivos e substitutos;

IV - decidir sobre a disponibilidade e aposentadoria de membro do Tribunal, por interesse público;

V - votar o Regimento Interno e as suas emendas;

VI - elaborar as listas tríplices dos juízes, desembargadores, advogados e membros do Ministério Público que devam compor o Tribunal (Constituição, artigo 104 e seu parágrafo único);

- art. 171, p.u., deste Regimento Interno.

VII - propor ao Poder Legislativo a alteração do número de membros do Tribunal e dos Tribunais Regionais Federais, a criação e a extinção de cargos, e a fixação de vencimentos de seus membros, dos juízes dos Tribunais Regionais e dos Juízes Federais, bem assim a criação ou extinção de Tribunal Regional Federal e a alteração da organização e divisão judiciárias; (Redação dada pela ER 4/1993.)

VIII - aprovar o Regimento Interno do Conselho da Justiça Federal. (Acrescido pela ER 4/1993.)

IX – eleger, dentre os Ministros do Tribunal, o que deve compor o Conselho Nacional de Justiça, observada a ordem de antiguidade; (Acrescentado pela ER 15/2014.)

X – indicar, na forma do inciso XXXII e do parágrafo único do art. 21, um juiz federal e um juiz de Tribunal Regional Federal para as vagas do Conselho Nacional de Justiça e um juiz para a vaga do Conselho Nacional do Ministério Público. (Acrescentado pela ER 15/2014.)

SEÇÃO III
DA COMPETÊNCIA DA CORTE ESPECIAL

Art. 11. Compete à Corte Especial processar e julgar:

I - nos crimes comuns, os Governadores dos Estados e do Distrito Federal e, nestes e nos de responsabilidade, os desembargadores dos Tribunais de Justiça dos Estados e do Distrito Federal, os membros dos Tribunais de Contas dos Estados e do Distrito Federal, os dos Tribunais Regionais Federais, dos Tribunais Regionais Eleitorais e do Trabalho, os membros dos Conselhos ou Tribunais de Contas dos Municípios e os do Ministério Público da União que oficiem perante Tribunais;

II - os *habeas corpus*, quando for paciente qualquer das pessoas mencionadas no inciso anterior;

III - os mandados de injunção, quando a elaboração da norma regulamentadora for atribuição de órgão, entidade ou autoridade federal, da administração direta ou indireta, excetuados os casos de competência do Supremo Tribunal Federal e dos órgãos da Justiça Militar, da Justiça Eleitoral, da Justiça do Trabalho e da Justiça Federal;

IV - os mandados de segurança e os *habeas data* contra ato do próprio Tribunal ou de qualquer de seus órgãos;

V - as revisões criminais e as ações rescisórias de seus próprios julgados;

VI - o incidente de assunção de competência quando a matéria for comum a mais de uma seção; (Alterado pela ER 24/2016.)

VII - a exceção da verdade, quando o querelante, em virtude de prerrogativa de função, deva ser julgado originariamente pelo Tribunal;

VIII - a requisição de intervenção federal nos Estados e no Distrito Federal, ressalvada a competência do Supremo Tribunal Federal e do Tribunal Superior Eleitoral (Constituição, artigo 36, II e IV);

IX - as arguições de inconstitucionalidade de lei ou ato normativo suscitadas nos processos submetidos ao julgamento do Tribunal;

X - as reclamações para a preservação de sua competência e garantia de suas decisões;

XI - as questões incidentes, em processos da competência das Seções ou Turmas, as quais lhe tenham sido submetidas (artigo 16);

XII - os conflitos de competência entre relatores ou Turmas integrantes de Seções diversas, ou entre estas;

XIII - os embargos de divergência, se a divergência for entre Turmas de Seções diversas, entre Seções, entre Turma e Seção que não integre ou entre Turma e Seção com a própria Corte Especial; (Alterado pela ER 24/2016.)

XIV - (Revogado pela ER 22/2016.)

XV - as suspeições e impedimentos levantados contra Ministro em processo de sua competência.

XVI - o recurso especial repetitivo. (Acrescentado pela ER 24/2016.)

Parágrafo único. Compete, ainda, à Corte Especial:

I - prorrogar o prazo para a posse e o início do exercício dos Ministros, na forma da lei;

II - dirimir as dúvidas que lhe forem submetidas pelo Presidente ou pelos Ministros, sobre a interpretação e execução de norma regimental ou a ordem dos processos de sua competência;

III - conceder licença ao Presidente e aos Ministros, bem assim julgar os processos de verificação de invalidez de seus membros;

IV - constituir comissões, bem como aprovar a designação do Ministro Coordenador do Centro de Soluções Consensuais de Conflitos do Superior Tribunal de Justiça; (Alterado pela ER 23/2016.)

V - elaborar e encaminhar a proposta orçamentária do Superior Tribunal de Justiça, bem como aprovar e encaminhar as propostas orçamentárias dos Tribunais Regionais Federais, da Justiça Federal de primeiro grau e do Conselho da Justiça Federal; (Redação dada pela ER 4/1993.)

VI - deliberar sobre a substituição de Ministro, nos termos do artigo 56; (Redação dada pela ER 3/1993.

VII - sumular a jurisprudência uniforme comum às Seções e deliberar sobre a alteração e o cancelamento de suas súmulas;

VIII - apreciar e encaminhar ao Poder Legislativo propostas de criação ou extinção de cargos do quadro de servidores do Tribunal e a fixação dos respectivos vencimentos, bem como do Conselho da Justiça Federal e da Justiça Federal de primeiro e segundo graus; (Redação dada pela ER 4/1993.)

IX - apreciar e encaminhar ao Poder Legislativo projeto de lei sobre o regimento de custas da Justiça Federal e do Superior Tribunal de Justiça. (Alterado pela ER 22/2016.)

X - (Suprimido pela ER 9/2008.)

SEÇÃO IV
DA COMPETÊNCIA DAS SEÇÕES

Art. 12. Compete às Seções processar e julgar;

I - os mandados de segurança, os *habeas corpus* e o *habeas data* contra ato de Ministro de Estado;

- Lei 9.507/1997 (Lei do *Habeas data*).
- Lei 12.016/2009 (Lei do Mandado de Segurança Individual e Coletivo).
- Súm. 117, STJ.

II - as revisões criminais e as ações rescisórias de seus julgados e das Turmas que compõem a respectiva área da especialização;

III - as reclamações para a preservação de suas competências e garantia da autoridade de suas decisões e das Turmas;

IV - os conflitos de competência entre quaisquer Tribunais, ressalvada a competência do Supremo Tribunal Federal (Constituição, artigo 102, I, o), bem assim entre Tribunal e juízes a ele não vinculados e juízes vinculados a Tribunais diversos;

V - os conflitos de competência entre relatores e Turmas integrantes da Seção;

VI - os conflitos de atribuições entre autoridades administrativas e judiciárias da União, ou entre autoridades judiciárias de um Estado e administrativas de outro, ou do Distrito Federal, ou entre as deste e da União;

VII - as questões incidentes em processos da competência das Turmas da respectiva área de especialização, as quais lhes tenham sido submetidas por essas;

VIII - as suspeições e os impedimentos levantados contra os Ministros, salvo em se tratando de processo da competência da Corte Especial;

IX - o incidente de assunção de competência quando a matéria for restrita a uma Seção; (Alterado pela ER 24/2016.)

X - o recurso especial repetitivo. (Acrescentado pela ER 24/2016.)

Parágrafo único. Compete, ainda, às Seções:

I - julgar embargos de divergência, quando as Turmas divergirem entre si ou de decisão da Seção que integram; (Alterado pela ER 24/2016.)

II - julgar feitos de competência de Turma, e por esta remetidos (artigo 14);

III - sumular a jurisprudência uniforme das Turmas da respectiva área de especialização e deliberar sobre a alteração e o cancelamento de súmulas.

SEÇÃO V
DA COMPETÊNCIA DAS TURMAS

Art. 13. Compete às Turmas:

I - processar e julgar, originariamente:

a) os *habeas corpus*, quando for coator governador de Estado e do Distrito Federal, desembargador dos Tribunais de Justiça dos Estados e do Distrito Federal, membro dos Tribunais de Contas dos Estados e do Distrito Federal, dos Tribunais Regionais Federais, dos Tribunais Regionais Eleitorais e do Trabalho, dos Conselhos ou Tribunais de Contas dos Municípios e do Ministério Público da União que oficie perante Tribunais;

b) os *habeas corpus*, quando o coator for Tribunal cujos atos estejam diretamente subordinados à jurisdição do Superior Tribunal de Justiça;

II - julgar em recurso ordinário:

a) os *habeas corpus* decididos em única ou última instância pelos Tribunais Regionais Federais ou pelos Tribunais dos Estados, do Distrito Federal e Territórios, quando denegatória a decisão;

b) os mandados de segurança decididos em única instância pelos Tribunais Regionais Federais ou pelos Tribunais dos Estados, do Distrito Federal e Territórios, quando denegatória a decisão;

III - julgar os recursos ordinários e os agravos nas causas em que forem partes Estado estrangeiro ou organismo internacional de um lado e, do outro, Município ou pessoa residente ou domiciliada no país; (Alterado pela ER 24/2016.)

IV - julgar, em recurso especial, as causas decididas em única ou última instância pelos Tribunais Regionais Federais ou pelos Tribunais dos Estados, do Distrito Federal e Territórios, quando a decisão recorrida:

a) contrariar tratado ou lei federal, ou negar-lhes vigência;

b) julgar válida lei ou ato de governo local contestado em face de lei federal;

c) der à lei federal interpretação divergente da que lhe haja atribuído outro Tribunal.

Art. 14. As Turmas remeterão os feitos de sua competência à Seção de que são integrantes:

I - quando algum dos Ministros propuser revisão da jurisprudência assentada em Súmula pela Seção;

II - quando convier pronunciamento da Seção, em razão da relevância da questão, e para prevenir divergência entre as Turmas da mesma Seção;

III - nos incidentes de assunção de competência. (Alterado pela ER 24/2016.)

Parágrafo único. A remessa do feito à Seção far-se-á independentemente de acórdão, salvo no caso do item III (artigo 118, § 1º).

SEÇÃO VI
DISPOSIÇÕES COMUNS

Art. 15. À Corte Especial, às Seções e às Turmas cabe, ainda, nos processos de sua competência:

I - julgar os agravos, os embargos de declaração e as demais arguições; (Alterado pela ER 22/2016.)

II - julgar os incidentes de execução que lhes forem submetidos;

III - julgar a restauração de autos físicos ou eletrônicos desaparecidos; (Alterado pela ER 22/2016.)

IV - representar à autoridade competente, quando, em autos ou documentos de que conhecer, houver indício de crime de ação pública.

Art. 16. As Seções e as Turmas remeterão os feitos de sua competência à Corte Especial:

I - quando acolherem a arguição de inconstitucionalidade, desde que a matéria ainda não tenha sido decidida pela Corte Especial;

II - quando algum dos Ministros propuser revisão da jurisprudência assentada em Súmula pela Corte Especial;

III - (Revogado pela ER 22/2016.)

IV - quando convier pronunciamento da Corte Especial em razão da relevância da questão jurídica, ou da necessidade de prevenir divergência entre as Seções.

Parágrafo único. A remessa do feito à Corte Especial far-se-á independentemente de acórdão, salvo nos casos dos itens I e III.

CAPÍTULO III
DO PRESIDENTE E DO VICE-PRESIDENTE

SEÇÃO I
DISPOSIÇÕES GERAIS

Art. 17. O Presidente e o Vice-Presidente têm mandato por dois anos, a contar da posse, vedada a reeleição.

§ 1º O disposto neste artigo aplica-se aos Ministros efetivos e suplentes do Conselho da Justiça Federal e ao Diretor da Revista. (Redação dada pela ER 4/1993.)

§ 2º A eleição, por voto secreto do Plenário, dar-se-á trinta dias antes do término do biênio; a posse, no último dia desse. Se as respectivas datas não recaírem em dia útil, a eleição ou a posse serão transferidas para o primeiro dia útil seguinte. (Redação dada pela ER 5/1995.)

§ 3º A eleição far-se-á com a presença de, pelo menos, dois terços dos membros do Tribunal, inclusive o Presidente. Não se verificando quórum, será designada sessão extraordinária para a data mais próxima, convocados os Ministros ausentes. Ministro licenciado não participará da eleição.

§ 4º Considera-se eleito, em primeiro escrutínio, o Ministro que obtiver a maioria absoluta dos votos dos membros do Tribunal. Em segundo escrutínio, concorrerão somente os dois Ministros mais votados no primeiro, concorrendo, entretanto, todos os nomes com igual número de votos na última posição a considerar. Se nenhum reunir a maioria absoluta de sufrágios, proclamar-se-á eleito o mais votado, ou o mais antigo, no caso de empate.

§ 5º A eleição do Presidente precederá à do Vice-Presidente, quando ambas se realizarem na mesma sessão.

Art. 18. O Vice-Presidente assumirá a Presidência quando ocorrer vacância e imediatamente convocará o Plenário para, no prazo máximo de trinta dias, fazer a eleição.

§ 1º O eleito tomará posse no prazo de quinze dias, exercendo o mandato pelo período fixado no artigo 17.

§ 2º No caso de o Vice-Presidente ser eleito Presidente, na mesma sessão eleger-se-á o seu sucessor, aplicando-se-lhe o disposto no parágrafo anterior. (Redação dada pela ER 5/1995.)

Art. 19. Se ocorrer vaga no cargo de Vice-Presidente, será o Plenário convocado a fazer eleição. O eleito completará o período de seu antecessor, salvo o caso previsto no § 2º do artigo anterior. (Redação dada pela ER 5/1995.)

Art. 20. A eleição, por votação secreta, do Corregedor Nacional de Justiça, dos membros do Conselho da Justiça Federal e de seus suplentes e do Ministro Diretor da Revista far-se-á juntamente com a do Presidente e do Vice-Presidente, salvo se, por qualquer motivo, não houver coincidência do mandato, caso em que a eleição se realizará no prazo máximo de trinta dias antes do término do biênio. (Alterado pela ER 15/2014.)

Parágrafo único. Ocorrendo vaga em qualquer desses cargos, o Plenário será convocado a fazer eleição, assegurado ao eleito o mandato de dois anos. (Redação dada pela ER 5/1995.)

SEÇÃO II
DAS ATRIBUIÇÕES DO PRESIDENTE

Art. 21. São atribuições do Presidente:

I - representar o Tribunal perante os Poderes da República, dos Estados e dos Municípios, e demais autoridades;

II - velar pelas prerrogativas do Tribunal, cumprindo e fazendo cumprir o seu Regimento Interno;

III - dirigir os trabalhos do Tribunal, presidindo as sessões plenárias e da Corte Especial;

IV - convocar as sessões extraordinárias do Plenário e da Corte Especial;

V - designar dia para julgamento dos processos da competência do Plenário e da Corte Especial;

VI - proferir, no Plenário e na Corte Especial, o voto de desempate;

VII - relatar o agravo interposto de sua decisão; (Alterado pela ER 22/2016.)

VIII - manter a ordem nas sessões, adotando, para isso, as providências necessárias;

IX - submeter questões de ordem ao Tribunal;

X - determinar as providências necessárias ao cumprimento das ordens e das decisões do Tribunal, ressalvadas as atribuições dos Presidentes das Seções, das Turmas e dos relatores; (Alterado pela ER 22/2016.)

XI - assinar, com o relator, os acórdãos da Corte Especial, bem assim as cartas de sentença e as rogatórias;

XII - (Revogado pela ER 10/2009);

XIII - decidir:

a) as petições de recursos para o Supremo Tribunal Federal, resolvendo os incidentes que se suscitarem;

b) os pedidos de suspensão da execução de medida liminar ou de sentença, sendo ele o relator das reclamações para preservar a sua competência ou garantir a autoridade das suas decisões nesses feitos; (Redação dada pela ER 7/2004.)

c) durante o recesso do Tribunal ou nas férias coletivas dos seus membros, os pedidos de liminar em mandado de segurança, podendo, ainda, determinar liberdade provisória ou sustação de ordem de prisão, e demais medidas que reclamem urgência;

d) sobre pedidos de livramento condicional, bem assim sobre os incidentes em processos de indulto, anistia e graça;

e) sobre deserção de recursos não preparados no Tribunal;

f) sobre a expedição de ordens de pagamento devido pela Fazenda Pública, despachando os precatórios;

g) sobre o sequestro, no caso do artigo 731 do Código de Processo Civil;

- Refere-se ao CPC/1973.

h) os pedidos de extração de carta de sentença;

i) (Revogada pela ER 24/2016).

j) as reclamações, por erro da ata do Plenário e da Corte Especial, e na publicação de acórdãos;

k) (Revogada pela ER 24/2016).

l) sobre dúvidas suscitadas pela Secretaria do Tribunal relacionadas a distribuição de feitos e a incidentes referentes à redistribuição disciplinada no art. 72; (Acrescentada pela ER 24/2016.)

m) sobre os pedidos de suspensão de processos em incidente de resolução de demandas repetitivas; (Acrescentada pela ER 24/2016.)

n) sobre a necessidade de determinar, na autuação do feito, a identificação do nome da parte apenas por suas iniciais, nas hipóteses em que, expressamente, a lei indicar ser indispensável a restrição à publicidade de seu nome como meio para a proteção de bem objeto de sigilo no processo. (Acrescentada pela ER 24/2016.)

XIV - proferir os despachos do expediente;

XV - dar posse aos Ministros durante o recesso do Tribunal ou nas férias, e conceder-lhes transferências de Seção ou Turma;

XVI - conceder licença aos Ministros *ad referendum* da Corte Especial;

XVII - criar comissões temporárias e designar os seus membros e ainda os das comissões permanentes, bem como designar o Ministro Coordenador do Centro de Soluções Consensuais de Conflitos do Superior Tribunal de Justiça, com aprovação da Corte Especial; (Alterado pela ER 23/2016.)

XVIII - determinar, em cumprimento de deliberação do Tribunal, o início do processo de verificação da invalidez de Ministro;

XIX - nomear curador ao paciente, na hipótese do item anterior, se se tratar de incapacidade mental, bem assim praticar os demais atos preparatórios do procedimento;

XX - baixar as resoluções e instruções normativas referentes à deliberação do Plenário, da Corte Especial ou do Conselho de Administração, bem como as que digam respeito à rotina dos trabalhos de distribuição;

- art. 69 deste Regimento.

XXI - baixar os atos indispensáveis à disciplina dos serviços e à polícia do Tribunal;

XXII - adotar as providências necessárias à elaboração da proposta orçamentária do Tribunal e encaminhar pedidos de abertura de créditos adicionais e especiais;

XXIII - resolver as dúvidas suscitadas na classificação dos feitos e papéis registrados na Secretaria do Tribunal, baixando as instruções necessárias;

XXIV - rubricar os livros necessários ao expediente ou designar funcionário para fazê-lo;

XXV - assinar os atos de provimento e vacância dos cargos e empregos da Secretaria do Tribunal, dando posse aos servidores;

XXVI - assinar os atos relativos à vida funcional dos servidores; (Redação dada pela ER 4/1993.)

XXVII - impor penas disciplinares aos servidores da Secretaria;

XXVIII - delegar, nos termos da lei, competência ao Diretor-Geral da Secretaria do Tribunal, para a prática de atos administrativos; (Redação dada pela ER 4/1993.)

XXIX - velar pela regularidade e exatidão das publicações dos dados estatísticos sobre os trabalhos do Tribunal a cada mês;

XXX - apresentar ao Tribunal, no mês de fevereiro, relatório circunstanciado dos trabalhos efetuados no ano decorrido, bem como mapas dos julgados;

XXXI - praticar todos os demais atos de gestão necessários ao funcionamento dos serviços administrativos. (Redação dada pela ER 4/1993.)

XXXII – fixar a data de início do procedimento de escolha e indicação de um juiz federal e de um juiz do Tribunal Regional Federal para as vagas do Conselho Nacional de Justiça e de um juiz para a vaga do Conselho Nacional do Ministério Público. (Acrescentado pela ER 15/2014.)

Parágrafo único. O procedimento previsto neste inciso terá início até sessenta dias do término do mandato do conselheiro, ou, caso não cumprido integralmente, logo após a vacância do cargo, observadas as seguintes disposições: (Acrescentado pela ER 15/2014.)

I – os magistrados de primeiro e segundo graus interessados em ocupar uma das vagas disponíveis deverão apresentar seus currículos ao Superior Tribunal de Justiça e serão convocados mediante: (Acrescentado pela ER 15/2014.)

a) publicação no Diário da Justiça eletrônico; (Acrescentado pela ER 15/2014.)

b) divulgação na página eletrônica do Superior Tribunal de Justiça na rede mundial de computadores (internet); (Acrescentado pela ER 15/2014.)

c) comunicação aos respectivos Tribunais, para que divulguem, por todos os meios disponíveis, o prazo e a forma de inscrição aos juízes de primeiro e segundo graus a eles vinculados, informando à Presidência do Superior Tribunal de Justiça as medidas efetivamente tomadas para a divulgação da convocação; (Acrescentado pela ER 15/2014.)

II – o prazo para encaminhamento dos currículos será de dez dias, se outro não fixar a Presidência, contados da data da publicação da convocação no Diário da Justiça eletrônico; (Acrescentado pela ER 15/2014.)

III – o currículo deverá ser encaminhado ao Superior Tribunal de Justiça por via eletrônica, e seu conteúdo deverá ser preenchido em formulário padronizado posto à disposição na página eletrônica; (Acrescentado pela ER 15/2014.)

IV – encerrado o prazo, a Presidência colocará os currículos à disposição dos Ministros e convocará sessão do Plenário para a escolha do nome; (Acrescentado pela ER 15/2014.)

V – a lista de magistrados inscritos, com links para os respectivos currículos, será colocada à disposição do público, inclusive na página eletrônica; (Acrescentado pela ER 15/2014.)

VI – a indicação será definida em sessão do Plenário, por votação secreta, cabendo a cada Ministro votar em um juiz ou em um desembargador por vaga; (Acrescentado pela ER 15/2014.)

VII – será indicado o juiz ou o desembargador que obtiver a maioria absoluta dos votos; (Acrescentado pela ER 15/2014.)

VIII – não sendo alcançada a maioria absoluta de votos por nenhum juiz ou desembargador, seguir-se-á um segundo sufrágio, em que concorrerão os candidatos que tiverem obtido as duas maiores votações na etapa anterior, sendo indicado o que obtiver a maioria simples dos votos; (Acrescentado pela ER 15/2014.)

IX – em caso de empate no segundo sufrágio, será indicado o juiz ou o desembargador mais antigo na carreira e, persistindo o empate, o mais idoso; (Acrescentado pela ER 15/2014.)

X – o nome do juiz ou do desembargador escolhido será publicado no Diário da Justiça eletrônico e divulgado na página eletrônica do Superior Tribunal de Justiça. (Acrescentado pela ER 15/2014.)

Art. 21-A. O Presidente do Tribunal, por indicação do relator, poderá convocar magistrado vitalício para a realização de atos de instrução das sindicâncias, inquéritos, ações e demais procedimentos penais originários, na sede do STJ ou no local onde se deva produzir o ato, bem como definir os limites de sua atuação. (Acrescentado pela ER 21/2016.)

- Res. 8/2016, STJ/GP (Regulamenta este artigo).

§ 1º Caberá ao magistrado instrutor convocado na forma do *caput*: (Acrescentado pela ER 21/2016.)

I – designar e realizar as audiências de interrogatório, inquirição de testemunhas, acareação, transação, suspensão condicional do processo, admonitórias e outras;

II – requisitar testemunhas e determinar condução coercitiva, caso necessário;

III – expedir e controlar o cumprimento das cartas de ordem;

IV – determinar intimações e notificações;

V – decidir questões incidentes durante a realização dos atos sob sua responsabilidade;

VI – requisitar documentos ou informações existentes em bancos de dados;

VII – fixar ou prorrogar prazos para a prática de atos durante a instrução;

VIII – realizar inspeções judiciais;

IX – requisitar aos órgãos locais do Poder Judiciário apoio de pessoal e de equipamentos e instalações adequados para os atos processuais que devam ser produzidos fora da sede do Tribunal;

X – exercer outras funções que lhe sejam delegadas pelo relator ou pelo Tribunal.

§ 2º As decisões proferidas pelo magistrado instrutor no exercício das atribuições previstas no parágrafo anterior ficam sujeitas a posterior controle do relator, de ofício ou mediante provocação do interessado, no prazo de cinco dias da ciência do ato. (Acrescentado pela ER 21/2016.)

§ 3º A convocação de magistrados instrutores vigerá pelo prazo de seis meses, prorrogável por igual período, até o máximo de dois anos, a critério do relator, sem prejuízo das vantagens e direitos de seu cargo de origem, ficando condicionada à disponibilidade orçamentária. (Acrescentado pela ER 21/2016.)

§ 4º O número máximo de juízes instrutores no Tribunal é restrito a treze, um para cada gabinete de Ministro integrante da Corte Especial, excluídos o Presidente e o Corregedor Nacional de Justiça. (Acrescentado pela ER 21/2016.)

Art. 21-B. O Presidente do Tribunal poderá convocar magistrados vitalícios até o número de sete, para atuarem como juízes auxiliares em apoio à Presidência. (Redação dada pela ER 37/2020)

§ 1º O Presidente ainda convocará um juiz federal para exercer a função de Secretário-Geral do Conselho da Justiça Federal e um juiz vitalício para prestar auxílio à Escola Nacional de Formação e Aperfeiçoamento de Magistrados Ministro Sálvio de Figueiredo Teixeira, por indicação do Diretor-Geral da Escola. (Redação dada pela ER 37/2020)

§ 2º A convocação de juiz auxiliar vigerá pelo prazo de um ano, prorrogável por igual período, sem prejuízo dos direitos e vantagens de seu cargo de origem, ficando condicionada à disponibilidade orçamentária (Redação dada pela ER 37/2020)

§ 3º (Revogado pela ER 37/2020)

Art. 21-C. Sem prejuízo dos arts. 21-A e 21-B, os Ministros podem indicar ao Presidente a convocação de um magistrado vitalício para auxiliá-los nos afazeres de seus gabinetes, em caráter excepcional, quando o justificado acúmulo de serviço o exigir. (Acrescentado pela ER 21/2016.)

- Res. 8/2016, STJ/GP (Regulamenta este artigo).

Parágrafo único. A convocação de juiz auxiliar vigerá pelo prazo de um ano, prorrogável por igual período, sem prejuízo dos direitos e vantagens de seu cargo de origem, ficando condicionada à disponibilidade orçamentária. (Acrescentado pela ER 21/2016.)

Art. 21-D. Serão regulados por resolução as convocações, direitos, vantagens, vencimentos e dispensas dos magistrados instrutores e auxiliares. (Acrescentado pela ER 21/2016.)

Art. 21-E. São atribuições do Presidente antes da distribuição: (Acrescentado pela ER 24/2016.)

I - apreciar e homologar pedidos de desistência, de autocomposição das partes e de habilitação em razão de falecimento de qualquer das partes; (Acrescentado pela ER 24/2016.)

II - apreciar os pedidos de gratuidade da justiça nos feitos de competência originária; (Acrescentado pela ER 24/2016.)

III - determinar o cancelamento do registro do feito se a parte, intimada na pessoa de seu advogado, não realizar o pagamento, em quinze dias, das custas e despesas de ingresso; (Acrescentado pela ER 24/2016.)

IV - apreciar os habeas corpus e as revisões criminais inadmissíveis por incompetência manifesta, encaminhando os autos ao órgão que repute competente; (Acrescentado pela ER 24/2016.)

V - não conhecer de recurso inadmissível, prejudicado ou que não tiver impugnado especificamente todos os fundamentos da decisão recorrida; (Acrescentado pela ER 24/2016.)

VI - negar provimento a recurso que for contrário a súmula do Supremo Tribunal Federal ou do Superior Tribunal de Justiça, a acórdão proferido em julgamento de recursos repetitivos ou a entendimento firmado em incidente de assunção de competência; (Acrescentado pela ER 24/2016.)

VII - dar provimento a recurso se a decisão recorrida for contrária a súmula do Supremo Tribunal Federal ou do Superior Tribunal de Justiça, a acórdão proferido em julgamento de recursos repetitivos ou a entendimento firmado em incidente de assunção de competência; (Acrescentado pela ER 24/2016.)

VIII - determinar a devolução ao Tribunal de origem dos recursos fundados em controvérsia idêntica àquela já submetida ao rito de julgamento de casos repetitivos para adoção das medidas cabíveis; (Acrescentado pela ER 24/2016.)

IX - remeter o processo ao Supremo Tribunal Federal após juízo positivo de admissibilidade quando entender versar o recurso especial sobre matéria constitucional, dando vista ao recorrente pelo prazo de quinze dias para que demonstre a existência de repercussão geral e manifeste-se sobre a questão constitucional, bem como vista à parte adversa para, por igual prazo, apresentar contrarrazões. (Acrescentado pela ER 24/2016.)

§ 1º Opostos embargos de declaração contra decisão do Presidente, caberá a ele a sua análise. (Acrescentado pela ER 24/2016.)

§ 2º Interposto agravo interno contra a decisão do Presidente proferida no exercício das competências previstas neste artigo, os autos serão distribuídos, observado o disposto no art. 9º deste Regimento, caso não haja retratação da decisão agravada. (Acrescentado pela ER 24/2016.)

§ 3º O Presidente do Tribunal poderá delegar ao Vice-Presidente e aos Presidentes das Seções, dentro de suas respectivas áreas de atuação, a análise das matérias previstas neste artigo, observado o que dispõem os §§ 1º e 2º. (Acrescentado pela ER 24/2016.)

§ 4º A delegação de que trata o § 3º far-se-á mediante ato do Presidente do Tribunal, se houver concordância dos delegatários.

§ 5º Os Presidentes das Seções poderão indicar ao Presidente do Tribunal, para subdelegação, um membro integrante da respectiva Seção. (Acrescentado pela ER 24/2016.)

SEÇÃO III
DAS ATRIBUIÇÕES DO VICE-PRESIDENTE

Art. 22. Ao Vice-Presidente incumbe substituir o Presidente nas férias, licenças, ausências e impedimentos eventuais, e sucedê-lo, no caso de vaga, na forma do artigo 18.

§ 1º O Vice-Presidente integra o Plenário e a Corte Especial também nas funções de relator e revisor.

§ 2º Ao Vice-Presidente incumbe, ainda:

I - por delegação do Presidente:

a) decidir as petições de recursos para o Supremo Tribunal Federal, resolvendo os incidentes que se suscitarem;

b) auxiliar na supervisão e fiscalização dos serviços da Secretaria do Tribunal;

c) (Revogada pela ER 10/2009.)

d) decidir as matérias previstas no art. 21-E deste Regimento. (Acrescentada pela ER 24/2016.)

II - exercer, no Conselho da Justiça Federal, as funções que lhe competirem, de acordo com o Regimento Interno.

§ 3º A delegação das atribuições previstas no item I do parágrafo anterior far-se-á mediante ato do Presidente e de comum acordo com o Vice-Presidente.

CAPÍTULO IV
DAS ATRIBUIÇÕES DO CORREGEDOR-GERAL DA JUSTIÇA FEDERAL

‣ (Alterado pela ER 22/2016.)

Art. 23. O Corregedor-Geral exercerá, no Conselho da Justiça Federal, as atribuições que lhe couberem, na conformidade da lei e do seu Regimento Interno e integrará o Plenário e a Corte Especial também nas funções de relator e revisor. (Alterado pela ER 22/2016.)

CAPÍTULO V
DAS ATRIBUIÇÕES DO PRESIDENTE DE SEÇÃO

Art. 24. Compete ao Presidente de Seção:

I - presidir as sessões, onde terá apenas o voto de desempate;

II - manter a ordem nas sessões;

III - convocar sessões extraordinárias;

IV - mandar incluir em pauta os processos de sua Seção e assinar as atas das sessões;

V - assinar os ofícios executórios e quaisquer comunicações referentes aos processos julgados pela respectiva Seção;

VI - indicar ao Presidente funcionários da Secretaria do Tribunal a serem designados para os cargos de direção de sua Seção; (Redação dada pela ER 6/2002.)

VII - assinar a correspondência de sua Seção. (Redação dada pela ER 6/2002.)

VIII - decidir, por delegação do Presidente do Tribunal e no âmbito de sua atuação, as matérias previstas no art. 21-E deste Regimento. (Acrescentado pela ER 24/2016.)

CAPÍTULO VI
DAS ATRIBUIÇÕES DO PRESIDENTE DE TURMA

Art. 25. Compete ao Presidente de Turma:

I - presidir as sessões de sua Turma, onde terá participação também na condição de relator, revisor ou vogal;

II - manter a ordem nas sessões;

III - convocar as sessões extraordinárias;

IV - mandar incluir em pauta os processos da respectiva Turma e assinar as atas das sessões;

V - assinar os ofícios executórios e quaisquer comunicações referentes aos processos julgados pela respectiva Turma;

VI - indicar ao Presidente funcionários da Secretaria do Tribunal a serem designados para os cargos de direção de sua Turma;

VII - assinar a correspondência de sua Turma. (Redação dada pela ER 6/2002.)

CAPÍTULO VII
DOS MINISTROS

SEÇÃO I
DISPOSIÇÕES GERAIS

Art. 26. A indicação, pelo Superior Tribunal de Justiça, de juízes, desembargadores, advogados e membros do Ministério Público, a serem nomeados pelo Presidente da República, para comporem o Tribunal, far-se-á em lista tríplice.

§ 1º Ocorrendo vaga destinada a advogado ou a membro do Ministério Público, o Presidente do Tribunal, nos cinco dias seguintes, solicitará ao órgão de representação da classe que providencie a lista sêxtupla dos candidatos, observados os requisitos constitucionais (Constituição, artigo 104, parágrafo único).

§ 2º Tratando-se de vaga a ser preenchida por juiz ou desembargador, o Presidente solicitará aos Tribunais Regionais Federais e aos Tribunais de Justiça que enviem, no prazo de dez dias, relação dos magistrados que contem mais de trinta e cinco e menos de sessenta e cinco anos de idade, com indicação das datas de nascimento (Constituição, artigo 104, parágrafo único).

§ 3º Recebida a lista sêxtupla, ou esgotado o prazo indicado no parágrafo anterior, convocará o Presidente, de imediato, sessão do Tribunal para elaboração da lista tríplice.

§ 4º Para a composição da lista tríplice, o Tribunal reunir-se-á, em sessão pública, com o quórum de dois terços de seus membros, além do Presidente.

§ 5º Somente constará de lista tríplice o candidato que obtiver, em primeiro ou subsequente escrutínio, a maioria absoluta dos votos dos membros do Tribunal, observado o disposto no artigo 27, § 3º.

§ 6º Os candidatos figurarão na lista de acordo com a ordem decrescente dos sufrágios que obtiverem, respeitado, também, o número de ordem do escrutínio. Em caso de empate, terá preferência o mais idoso. (Redação dada pela ER 1/1991.)

§ 7º A escolha dos nomes que comporão lista tríplice far-se-á em votação secreta, realizando-se tantos escrutínios quantos forem necessários.

§ 8º Para colocação dos nomes na lista, em caso de empate, far-se-á o desempate em favor do candidato mais idoso se ainda persistir o empate, adotar-se-á o critério do tempo de serviço público no cargo, para os magistrados e membros do Ministério Público, ou o tempo de inscrição na Ordem como advogado, para os advogados.

Art. 27. Aberta a sessão, será ela transformada em conselho, para que o Tribunal aprecie aspectos gerais referentes à escolha dos candidatos, seus currículos, vida pregressa e se satisfazem os requisitos constitucionais exigidos. Os membros do Tribunal receberão, quando possível, com antecedência de, no mínimo, setenta e duas horas da data da sessão, relação dos candidatos, instruída com cópia dos respectivos currículos.

§ 1º Tornada pública a sessão, o Presidente designará a Comissão Escrutinadora, que será integrada por três membros do Tribunal.

§ 2º Existindo mais de uma vaga a ser preenchida por advogado ou membro do Ministério Público, para cada lista sêxtupla, será elaborada lista tríplice, observando-se o que dispõe o § 3º deste artigo.

§ 3º Tratando-se de lista tríplice única, cada Ministro, no primeiro escrutínio, votará em três nomes. Ter-se-á como constituída, se, em primeiro escrutínio, três ou mais candidatos obtiverem maioria absoluta dos votos do Tribunal, hipótese em que figurarão na lista, pela ordem decrescente de sufrágios, os nomes dos três mais votados. Em caso contrário, efetuar-se-á segundo escrutínio e, se necessário, novos escrutínios, concorrendo, em cada um, candidatos em número correspondente ao dobro dos nomes a serem inseridos, ainda, na lista, de acordo com a ordem da votação alcançada no escrutínio anterior, incluídos, entretanto, todos os nomes com igual número de votos na última posição a ser considerada. Restando, apenas, uma vaga a preencher, será considerado escolhido o candidato mais votado, com preferência ao mais idoso, em caso de empate. (Redação dada pela ER 1/1991.)

§ 4º Se existirem duas ou mais vagas a serem providas dentre juízes ou desembargadores, o Tribunal deliberará, preliminarmente, se as listas se constituirão, cada uma, com três nomes distintos, ou se, composta a primeira com três nomes, a segunda e subsequentes deverão ser integradas pelos dois nomes remanescentes da lista anterior, acrescidos de mais um nome.

§ 5º Se o Tribunal deliberar que, em cada lista, constarão três nomes distintos, cada Ministro, no primeiro escrutínio, votará em tantos nomes quantos necessários à constituição das listas tríplices. Nesse caso, na organização simultânea das listas, os nomes que obtiverem, em primeiro escrutínio, maioria absoluta dos votos dos membros do Tribunal, figurarão, pela ordem decrescente de votos, em primeiro lugar, em cada uma das listas, de acordo com sua numeração, e nos lugares subsequentes das listas, horizontalmente considerados, pela mesma ordem, da primeira à última. Se, no primeiro escrutínio, não se preencherem todos os lugares das diversas listas, proceder-se-á a segundo e, se necessário, a novos escrutínios, na forma definida na última parte do § 3º deste artigo, distribuindo-se, nas listas, os nomes escolhidos, de acordo com a ordem prevista para o primeiro escrutínio. No segundo e subsequentes escrutínios, cada Ministro votará em tantos nomes quantos faltarem para serem incluídos nas listas.

§ 6º Se o Tribunal deliberar que, na constituição das listas, será adotado o critério previsto na segunda hipótese do § 4º deste artigo, cada Ministro, em primeiro escrutínio, votará em tantos nomes quantas forem as vagas a preencher e em mais dois. Nessa hipótese, na organização simultânea das listas, atendido o disposto no § 5º do artigo 27, a primeira será integrada, na ordem decrescente dos sufrágios alcançados, por três nomes; a segunda lista constituir-se-á dos dois nomes remanescentes da primeira, mais o nome que tenha obtido a quarta votação; a terceira lista dar-se-á por composta dos dois nomes remanescentes da lista anterior, mais o nome que haja obtido a quinta votação, respeitada a ordem dos escrutínios, e assim sucessivamente. Se, no primeiro escrutínio, não se preencherem todos os lugares das diversas listas, nos termos deste parágrafo, proceder-se-á a segundo e a novos escrutínios, na forma definida no parágrafo anterior e na última parte do § 3º deste artigo.

§ 7º No ofício de encaminhamento ao Poder Executivo, da lista tríplice única ou das diversas listas tríplices, far-se-á referência ao número de votos obtidos pelos indicados e à ordem do escrutínio em que se deu a escolha.

Art. 28. Os Ministros tomarão posse, no prazo de trinta dias, em sessão plenária e solene do Tribunal, podendo fazê-lo perante o Presidente, em período de recesso ou férias. (Redação dada pela ER 1/1991.)

§ 1º No ato da posse, o Ministro prestará compromisso de bem desempenhar os deveres do cargo, e de bem cumprir e fazer cumprir a Constituição e as leis do País.

§ 2º Do compromisso, lavrar-se-á, em livro especial, termo que será assinado pelo Presidente, pelo empossado e pelo Diretor-Geral da Secretaria.

§ 3º Somente será dada posse ao Ministro que antes haja provado:

a) ser brasileiro;

b) contar mais de trinta e cinco e menos de sessenta e cinco anos de idade;

c) satisfazer aos demais requisitos inscritos em lei.

§ 4º O prazo para a posse poderá ser prorrogado pela Corte Especial, na forma da lei.

Art. 29. Os Ministros têm as prerrogativas, garantias, direitos e incompatibilidades inerentes ao exercício da Magistratura.

§ 1º Os Ministros receberão o tratamento de Excelência e usarão vestes talares, nas sessões solenes, e capas, nas sessões ordinárias ou extraordinárias; conservarão o título e as honras correspondentes, mesmo depois da aposentadoria. (Parágrafo único transformado em § 1º pela ER 1/1991.)

§ 2º A Presidência do Tribunal velará pela preservação dos direitos, interesses e prerrogativas dos Ministros aposentados. (Acrescido pela ER 1/1991.)

Art. 30. A antiguidade do Ministro no Tribunal, para sua colocação nas sessões, distribuição de serviços, revisão dos processos, substituições e outros quaisquer efeitos legais ou regimentais, é regulada na seguinte ordem:

I - pela posse;

II - pela nomeação;

III - pela idade.

Parágrafo único. Respeitar-se-á, no Superior Tribunal de Justiça, a antiguidade que vinha sendo observada no Tribunal Federal de Recursos, em relação aos seus Ministros.

Art. 31. Havendo, dentre os Ministros do Tribunal, cônjuges, parentes consanguíneos ou afins, em linha reta ou no terceiro grau da linha colateral, integrarão Seções diferentes, e o primeiro que conhecer da causa impede que o outro participe do julgamento quando da competência da Corte Especial.

Art. 32. Os Ministros têm direito de transferir-se para Seção ou Turma, onde haja vaga, antes da posse de novo Ministro, ou, em caso de permuta, para qualquer outra. Havendo mais de um pedido, terá preferência o do mais antigo.

Art. 33. Os Ministros têm jurisdição em todo o território nacional e domicílio no Distrito Federal. (Redação dada pela ER 7/2004.)

Parágrafo único. É dever dos Ministros, entre outros estabelecidos em lei e neste Regimento:

I - manter residência no Distrito Federal; (Acrescido pela ER 7/2004.)

II - comparecer às sessões de julgamento, nelas permanecendo até o seu final, salvo com autorização prévia do Presidente do órgão julgador. (Acrescido pela ER 7/2004.)

SEÇÃO II
DO RELATOR

Art. 34. São atribuições do relator:

I - ordenar e dirigir o processo;

II - determinar às autoridades judiciárias e administrativas, sujeitas à sua jurisdição, providências relativas ao andamento e à instrução do processo, exceto se forem da competência da Corte Especial, da Seção, da Turma ou de seus Presidentes;

III - delegar atribuições a autoridades judiciárias de instância inferior, nos casos previstos em lei ou neste Regimento;

IV - submeter à Corte Especial, à Seção, à Turma, ou ao Presidente, conforme a competência, questões de ordem para o bom andamento dos processos;

V - submeter à Corte Especial, à Seção, à Turma, nos processos da competência respectiva, medidas cautelares ou tutelas provisórias necessárias à proteção de direito suscetível de grave dano de incerta reparação ou ainda destinadas a garantir a eficácia da ulterior decisão da causa; (Alterado pela ER 24/2016.)

VI - determinar, em caso de urgência, as medidas ou tutelas do inciso anterior, *ad referendum* da Corte Especial, da Seção ou da Turma; (Acrescentado pela ER 24/2016.)

VII - decidir o agravo interposto de decisão que inadmitir recurso especial; (Alterado pela ER 22/2016.)

VIII - requisitar os autos originais, quando necessário;

IX - apreciar e homologar pedidos de desistência, de autocomposição das partes e de habilitação em razão de falecimento de qualquer das partes, ainda que o feito se ache em pauta ou em mesa para julgamento; (Alterado pela ER 24/2016.)

X - pedir dia para julgamento dos feitos que lhe couberem por distribuição, ou passá-los ao revisor, com o relatório, se for o caso;

XI - julgar prejudicado pedido ou recurso que haja perdido objeto;

XII - propor à Seção ou à Turma seja o processo submetido à Corte Especial ou à Seção, conforme o caso;

XIII - decidir o pedido de carta de sentença e assiná-la;

XIV - apresentar em mesa para julgamento os feitos que independem de pauta;

XV - redigir o acórdão, quando o seu voto for o vencedor no julgamento;

XVI - determinar a autuação do agravo como recurso especial;

XVII - determinar o arquivamento de inquérito, ou peças informativas, quando o requerer o Ministério Público, ou submeter o requerimento à decisão do órgão competente do Tribunal;

XVIII - distribuídos os autos: (Alterado pela ER 22/2016.)

a) não conhecer do recurso ou pedido inadmissível, prejudicado ou daquele que não tiver impugnado especificamente todos os fundamentos da decisão recorrida; (Acrescentada pela ER 22/2016.)

b) negar provimento ao recurso ou pedido que for contrário a tese fixada em julgamento de recurso repetitivo ou de repercussão geral, a entendimento firmado em incidente de assunção de competência, a súmula do Supremo Tribunal Federal ou do Superior Tribunal de Justiça ou, ainda, a jurisprudência dominante acerca do tema; (Acrescentada pela ER 22/2016.)

c) dar provimento ao recurso se o acórdão recorrido for contrário a tese fixada em julgamento de recurso repetitivo ou de repercussão geral, a entendimento firmado em incidente de assunção de competência, a súmula do Supremo Tribunal Federal ou do Superior Tribunal de Justiça ou, ainda, a jurisprudência dominante acerca do tema; (Acrescentada pela ER 22/2016.)

XIX - decidir o mandado de segurança quando for inadmissível, prejudicado ou quando se conformar com tese fixada em julgamento de recurso repetitivo ou de repercussão geral, a entendimento firmado em incidente de assunção de competência, a súmula do Superior Tribunal de Justiça ou do Supremo Tribunal Federal, a jurisprudência dominante acerca do tema ou as confrontar; (Alterado pela ER 24/2016.)

XX - decidir o habeas corpus quando for inadmissível, prejudicado ou quando a decisão impugnada se conformar com tese fixada em julgamento de recurso repetitivo ou de repercussão geral, a entendimento firmado em incidente de assunção de competência, a súmula do Superior Tribunal de Justiça ou do Supremo Tribunal Federal, a jurisprudência dominante acerca do tema ou as confrontar; (Alterado pela ER 24/2016.)

XXI – decidir o agravo de instrumento interposto com base no art. 1.027, § 1º, do CPC; (Acrescentado pela ER 22/2016.)

XXII - decidir o conflito de competência quando for inadmissível, prejudicado ou quando se conformar com tese fixada em julgamento de recurso repetitivo ou de repercussão geral, a entendimento firmado em incidente de assunção de competência, a súmula do Superior Tribunal de Justiça ou do Supremo Tribunal Federal, a jurisprudência dominante acerca do tema ou as confrontar; (Acrescentado pela ER 24/2016.)

XXIII - remeter o processo ao Supremo Tribunal Federal após juízo positivo de admissibilidade quando entender versar o recurso especial sobre matéria constitucional, dando vista ao recorrente pelo prazo de quinze dias para que demonstre a existência de repercussão geral e manifeste-se sobre a questão constitucional, bem como vista à parte adversa para, por igual prazo, apresentar contrarrazões; (Acrescentado pela ER 24/2016.)

XXIV - determinar a devolução ao Tribunal de origem dos recursos especiais fundados em controvérsia idêntica àquela já submetida ao rito de julgamento de casos repetitivos para adoção das medidas cabíveis; (Acrescentado pela ER 24/2016.)

XXV - julgar recurso fundado em nulidade da decisão recorrida por vício de procedimento; (Acrescentado pela ER 24/2016.)

XXVI - executar e fazer cumprir os despachos, as decisões monocráticas, as ordens e os acórdãos transitados em julgado nas ações penais, inquéritos e demais procedimentos penais originários de sua relatoria, bem como determinar às autoridades judiciárias e administrativas providências relativas ao andamento e à instrução de processos, facultada a delegação de atribuições para a prática de atos processuais previstos no art. 21-A deste Regimento a outros Tribunais e a juízos de primeiro grau de jurisdição, ficando as decisões proferidas sujeitas a posterior controle do relator, de ofício ou mediante provocação do interessado, no prazo de cinco dias da ciência do ato. (Acrescentado pela ER 24/2016.)

SEÇÃO III
DO REVISOR

Art. 35. Sujeitam-se a revisão os seguintes processos:

I - ação rescisória;
II - ação penal originária;
III - revisão criminal. (Redação dada pela ER 1/1991.)

Art. 36. Será revisor o Ministro que se seguir ao relator, na ordem decrescente de antiguidade, no órgão julgador.

Parágrafo único. Em caso de substituição definitiva do relator, será também substituído o revisor, na conformidade do disposto neste artigo. (Redação dada pela ER 4/1993.)

Art. 37. Compete ao revisor:

I - sugerir ao relator medidas ordinatórias do processo, que tenham sido omitidas;
II - confirmar, completar ou retificar o relatório;
III - pedir dia para julgamento;
IV - determinar a juntada de petição, enquanto os autos lhe estiverem conclusos, submetendo, conforme o caso, desde logo, a matéria à consideração do relator.

CAPÍTULO VIII
DO CONSELHO DE ADMINISTRAÇÃO

Art. 38. Ao Conselho de Administração incumbe:

I - deliberar sobre a organização dos serviços administrativos da Secretaria do Tribunal; (Redação dada pela ER 4/1993.)

II - dispor sobre os cargos de direção e assessoramento superiores, as funções de direção e assistência intermediárias e as funções de representação de gabinete, a forma do respectivo provimento, os níveis de vencimentos e gratificação, dentro dos limites estabelecidos em lei;

III - aprovar os critérios para as progressões e ascensões funcionais dos servidores da Secretaria do Tribunal;

IV - deliberar sobre as demais matérias administrativas e referentes a servidores do Tribunal, que lhe sejam submetidas pelo Presidente;

V - exercer as atribuições administrativas não previstas na competência do Plenário, da Corte Especial ou do Presidente ou as que lhe hajam sido delegadas;

VI - (Revogado pela ER 19/2015.)

Parágrafo único. Para ausentar-se do território nacional, o ministro deverá comunicar o fato, em regra, com a antecedência mínima de 15 dias, ao Conselho de Administração, salvo quando se tratar de férias, licença, recesso ou feriado. (Acrescentado pela ER 19/2015.)

Art. 39. Dos atos e decisões do Conselho de Administração não cabe recurso administrativo.

CAPÍTULO IX
DAS COMISSÕES

Art. 40. As comissões, permanentes ou temporárias, colaboram no desempenho dos encargos do Tribunal.

§ 1º São comissões permanentes: (Redação dada pela ER 2/1992.)

I - a Comissão de Regimento Interno;
II - a Comissão de Jurisprudência;
III - a Comissão de Documentação;
IV - a Comissão de Coordenação.
V - a Comissão Gestora de Precedentes. (Acrescentado pela ER 26/2016.)

§ 2º As Comissões permanentes serão integradas de três Ministros efetivos e um suplente, salvo a de Jurisprudência e a de Regimento Interno, que serão compostas de seis Ministros efetivos, respeitada, em todos os casos, a paridade de representação de cada uma das Seções do Tribunal. (Redação dada pela ER 30/2018).

§ 3º As Comissões temporárias, que podem ser criadas pela Corte Especial ou pelo Presidente do Tribunal e ter qualquer número de membros, extinguem-se, preenchido o fim a que se destinem. (Acrescido pela ER 2/1992.)

Art. 41. O Presidente designará os membros das comissões, submetendo-os à aprovação da Corte Especial.

§ 1º A comissão será presidida pelo Ministro mais antigo dentre os seus integrantes.

§ 2º (Revogado pela ER 15/2014.)

Art. 42. As comissões permanentes ou temporárias poderão:

I - sugerir ao Presidente do Tribunal normas de serviço relativas à matéria de sua competência;

II - entender-se, por seu Presidente, com outras autoridades ou instituições, nos assuntos de sua competência, por delegação do Presidente do Tribunal.

Art. 43. À Comissão de Regimento Interno cabe:

I - velar pela atualização do Regimento, propondo emendas ao texto em vigor e emitindo parecer sobre as emendas de iniciativa de outra comissão ou de Ministro;

II - opinar em processo administrativo, quando consultada pelo Presidente.

Art. 44. À Comissão de Jurisprudência cabe:

I - velar pela expansão, atualização e publicação da Súmula da Jurisprudência Predominante do Tribunal;

II - supervisionar os serviços de sistematização da jurisprudência do Tribunal, sugerindo medidas que facilitem a pesquisa de julgados ou processos;

III - orientar iniciativas de coleta e divulgação dos trabalhos dos Ministros que já se afastaram definitivamente do Tribunal;

IV - propor à Corte Especial ou à Seção que seja compendiada em súmula a jurisprudência do Tribunal, quando verificar que as Turmas não divergem na interpretação do direito;

V - sugerir medidas destinadas a abreviar a publicação dos acórdãos.

Art. 45. À Comissão de Documentação cabe:

I - supervisionar a administração dos serviços da biblioteca, do arquivo e do museu do Tribunal, sugerindo ao Presidente, medidas tendentes ao seu aperfeiçoamento;

II - acompanhar a política de guarda e conservação de processos, livros, periódicos e documentos históricos do Tribunal;

III - manter, na Secretaria de Documentação, serviço de documentação para recolher elementos que sirvam de subsídio à história do Tribunal, com pastas individuais contendo dados biográficos e bibliográficos dos Ministros; (Redação dada pela ER 7/2004.)

IV - deliberar sobre questões que excedam a esfera de competência administrativa da Secretaria de Documentação. (Acrescido pela ER 7/2004.)

Art. 46. À Comissão de Coordenação cabe:

I - sugerir ao Presidente medidas tendentes à modernização administrativa do Tribunal;

II - sugerir aos Presidentes do Tribunal, das Seções e das Turmas, medidas destinadas a aumentar o rendimento das sessões, abreviar a publicação dos acórdãos e facilitar a tarefa dos advogados;

III - supervisionar os serviços de informática, fiscalizando a sua execução e propondo as providências para a sua atualização e aperfeiçoamento.

Art. 46-A. À Comissão Gestora de Precedentes cabe: (Acrescentado pela ER 26/2016.)

I - supervisionar os trabalhos do Núcleo de Gerenciamento de Precedentes – Nugep, em especial os relacionados à gestão dos casos repetitivos e dos incidentes de assunção de competência, bem como ao controle e ao acompanhamento de processos sobrestados na Corte em razão da aplicação da sistemática dos recursos repetitivos e da repercussão geral; (Acrescentado pela ER 26/2016.)

II - sugerir ao Presidente do Tribunal medidas para o aperfeiçoamento da formação e da divulgação dos precedentes qualificados, conforme disposto no Código de Processo Civil; (Acrescentado pela ER 26/2016.)

III - sugerir aos Presidentes do Tribunal e das Seções medidas destinadas a ampliar a afetação de processos aos ritos dos recursos repetitivos e da assunção de competência; (Acrescentado pela ER 26/2016.)

IV - desenvolver trabalho de inteligência, em conjunto com o Conselho Nacional de Justiça, com os Tribunais Regionais Federais e com os Tribunais de Justiça, a fim de identificar matérias com potencial de repetitividade ou com relevante questão de direito, de grande repercussão social, aptas a serem submetidas ao Superior Tribunal de Justiça sob a sistemática dos recursos repetitivos e da assunção de competência; (Acrescentado pela ER 26/2016.)

V - acompanhar, inclusive antes da distribuição, os processos que possuam matéria com potencial de repetitividade ou com relevante questão de direito, de grande repercussão social, a fim de propor ao Presidente do Tribunal medidas para a racionalização dos julgamentos desta Corte por meio de definições de teses jurídicas em recursos repetitivos ou em assunção de competência; (Acrescentado pela ER 26/2016.)

VI - deliberar sobre questões que excedam a esfera de competência administrativa do Núcleo de Gerenciamento de Precedentes – Nugep, além de outras atribuições referentes a casos repetitivos e a incidentes de assunção de competência. (Acrescentado pela ER 26/2016.)

CAPÍTULO X
DO CONSELHO DA JUSTIÇA FEDERAL

Art. 47. Ao Conselho da Justiça Federal, que funciona junto ao Tribunal, cabe exercer a supervisão administrativa e orçamentária da Justiça Federal de primeiro e segundo graus. (Redação dada pela ER 4/1993.)

Art. 48. O Conselho da Justiça Federal elaborará o seu Regimento Interno e o submeterá à aprovação do Plenário do Tribunal. (Redação dada pela ER 4/1993.)

Art. 49. Dos atos e decisões do Conselho da Justiça Federal não cabe recurso administrativo.

CAPÍTULO XI
DAS LICENÇAS, SUBSTITUIÇÕES E CONVOCAÇÕES

Art. 50. A licença é requerida pelo Ministro com a indicação do prazo e do dia do início.

§ 1º Salvo contraindicação médica, o Ministro licenciado poderá proferir decisões em processos de que, antes da licença, haja pedido vista, ou que tenham recebido o seu visto como relator ou revisor.

§ 2º O Ministro licenciado pode reassumir o cargo, a qualquer tempo, entendendo-se que desistiu do restante do prazo.

§ 3º Se a licença for para tratamento da própria saúde, o Ministro somente poderá reassumir o cargo, antes do término do prazo, se não houver contraindicação médica.

Art. 51. Nas ausências ou impedimentos eventuais ou temporários, a substituição no Tribunal dar-se-á da seguinte maneira:

I - o Presidente do Tribunal, pelo Vice-Presidente, e este, pelos demais Ministros, na ordem decrescente de antiguidade;
II - o Presidente da Seção, pelo Ministro que o seguir na antiguidade dentre os seus membros;
III - o Presidente da Turma, pelo Ministro que o seguir na antiguidade dentre os seus membros;
IV - os Presidentes das Comissões, pelo mais antigo dentre os seus membros;
V - qualquer dos membros das Comissões, pelo suplente;
VI - O Corregedor-Geral da Justiça Federal, pelo Vice-Corregedor-Geral, inclusive mediante delegação, e esse pelo Ministro integrante do Conselho da Justiça Federal imediato em antiguidade naquele órgão. (Alterado pela ER 29/2018.)

Art. 52. O relator é substituído:

I - no caso de impedimento, ausência ou obstáculos eventuais, em se cogitando da adoção de medidas urgentes, pelo revisor, se houver, ou pelo Ministro imediato em antiguidade, no Plenário, na Corte Especial, na Seção ou na Turma, conforme a competência;
II - quando vencido, em sessão de julgamento, pelo Ministro designado para redigir o acórdão;
III - em caso de ausência por mais de trinta dias, mediante redistribuição;
IV - em caso de transferência para outra Seção, salvo quanto aos processos em que tiver lançado seu visto, e, bem assim, quando de aposentadoria, exoneração ou morte: (Redação dada pela ER 1/1991.)

a) pelo Ministro que preencher sua vaga na Turma;

b) pelo Ministro que tiver proferido o primeiro voto vencedor, condizente com o do relator, para lavrar ou assinar os acórdãos dos julgamentos anteriores à abertura da vaga;

c) pela mesma forma da letra b deste inciso, e, enquanto não preenchida sua vaga, para assinar carta de sentença e admitir recurso. (Redação dada pela ER 1/1991.)

Art. 53. O revisor é substituído, em caso de vaga, impedimento ou licença por mais de trinta dias, na Corte Especial, Seção ou Turma, pelo Ministro que o seguir em antiguidade.

Art. 54. (Revogado pela ER 22/2016.)

Art. 55. Para as sessões da Corte Especial, nos casos de impedimento de Ministros dela integrantes, serão convocados outros Ministros, obedecida a ordem de antiguidade.

Parágrafo único. Para completar quórum em uma das Seções, serão convocados Ministros de outra Seção, e, em uma das Turmas, Ministros de outra Turma, de preferência da mesma Seção, observada, quando possível, a ordem de antiguidade, de modo a que a substituição seja feita por Ministro que ocupe, em sua Seção ou Turma, posição correspondente à do substituído. (Redação dada pela ER 1/1991.)

Art. 56. Em caso de vaga ou de afastamento de Ministro, por prazo superior a trinta dias, poderá ser convocado Juiz de Tribunal Regional Federal ou Desembargador, sempre pelo voto da maioria absoluta dos membros da Corte Especial. (Alterado pela ER 29/2018.)

Parágrafo único. O magistrado convocado receberá a diferença de vencimento correspondente ao cargo de Ministro, inclusive diárias e transporte, se for o caso.

CAPÍTULO XII
DA POLÍCIA DO TRIBUNAL

Art. 57. O Presidente, no exercício da atribuição referente à polícia do Tribunal, poderá requisitar o auxílio de outras autoridades, quando necessário.

Art. 58. Ocorrendo infração à lei penal na sede ou dependências, do Tribunal, o Presidente instaurará inquérito, se envolver autoridade ou pessoa sujeita à sua jurisdição, ou delegará esta atribuição a outro Ministro.

§ 1º Nos demais casos, o Presidente poderá proceder na forma deste artigo ou requisitar a instauração de inquérito à autoridade competente.

§ 2º O Ministro incumbido do inquérito designará secretário dentre os servidores do Tribunal.

Art. 59. A polícia das sessões e das audiências compete ao seu Presidente.

CAPÍTULO XIII
DA REPRESENTAÇÃO POR DESOBEDIÊNCIA OU DESACATO

Art. 60. Sempre que tiver conhecimento de desobediência a ordem emanada do Tribunal ou de seus Ministros, no exercício da função, ou de desacato ao Tribunal, ou a seus Ministros, o Presidente comunicará o fato ao órgão competente do Ministério Público, provendo-o dos elementos de que dispuser para a propositura da ação penal.

Parágrafo único. Decorrido o prazo de trinta dias, sem que tenha sido instaurada a ação penal, o Presidente dará ciência ao Tribunal, em sessão secreta, para as providências que julgar necessárias.

TÍTULO II
DO MINISTÉRIO PÚBLICO

- Lei 8.628/1993 (Dispõe sobre a regulamentação da Carreira de Apoio Técnico-Administrativo do Ministério Público da União.)
- LC 75/1993 (Lei Orgânica do Ministério Público da União).

Art. 61. Perante o Tribunal, funciona o Procurador-Geral da República, ou o Subprocurador-Geral, mediante delegação do Procurador-Geral.

Art. 62. O Ministério Público Federal manifestar-se-á nas oportunidades previstas em lei e neste Regimento.

Art. 63. Nos processos em que atuar como titular da ação penal, o Procurador-Geral ou o Subprocurador-Geral têm os mesmos poderes e ônus que as partes, ressalvadas as disposições expressas em lei ou neste Regimento.

Art. 64. O Ministério Público terá vista dos autos:

I - nas arguições de inconstitucionalidade;
II - nos incidentes de assunção de competência; (Alterado pela ER 24/2016.)
III - nos mandados de segurança, mandados de injunção, *habeas corpus* e *habeas data*, originários ou em grau de recurso;
IV - nas ações penais originárias e nas revisões criminais;
V - nos conflitos de competência e de atribuições;
VI - nas ações rescisórias e apelações cíveis;
VII - nos pedidos de intervenção federal;
VIII - nas notícias-crime; (Redação dada pela ER 4/1993.)
IX - nos inquéritos de que possa resultar responsabilidade penal; (Redação dada pela ER 4/1993.)
X - nos recursos criminais; (Redação dada pela ER 4/1993.)
XI - nas reclamações que não houver formulado; (Redação dada pela ER 4/1993.)
XII - nos outros processos em que a lei impuser a intervenção do Ministério Público; (Redação dada pela ER 4/1993.)
XIII - nos demais feitos quando, pela relevância da matéria, ele a requerer, ou for determinada pelo relator. (Redação dada pela ER 4/1993.)

Parágrafo único. Salvo na ação penal originária ou nos inquéritos, poderá o relator, quando houver urgência, ou quando sobre a matéria versada no processo já houver a Corte Especial firmado jurisprudência, tomar o parecer do Ministério Público oralmente. (Redação dada pela ER 4/1993.)

Art. 65. O Procurador-Geral ou Subprocurador-Geral poderão pedir preferência para julgamento de processo em pauta.

TÍTULO III
DA DEFENSORIA PÚBLICA

- (Acrescentado pela ER 19/2015.)

Art. 65-A. Perante o Tribunal, atuarão os defensores públicos: (Acrescentado pela ER 19/2015.)

I - em processos oriundos:

a) da Defensoria Pública da União nos Estados e no Distrito Federal;

b) das Defensorias Públicas dos Estados e do Distrito Federal;

II - nos casos de curadoria especial;

III - em processos nos quais houver parte desassistida por advogado ou patrocinada por advogado dativo.

Art. 65-B. O relator do recurso especial repetitivo poderá autorizar manifestação da Defensoria Pública na condição de *amicus curiae*. (Acrescentado pela ER 19/2015.)

PARTE II
DO PROCESSO

TÍTULO I
DISPOSIÇÕES GERAIS

CAPÍTULO I
DO REGISTRO E CLASSIFICAÇÃO DOS FEITOS

Art. 66. As petições e os processos serão registrados no protocolo da Secretaria do Tribunal no mesmo dia do recebimento.

- Súm. 216, STJ.

Parágrafo único. O Presidente do Tribunal, mediante instrução normativa, disciplinará o uso de meio eletrônico na tramitação de processos judiciais, comunicação de atos e transmissão de peças processuais, com observância da lei processual. (Alterado pela ER 22/2016.)

Art. 67. O registro far-se-á em numeração contínua e seriada em cada uma das classes seguintes:

I - Ação Penal (APn);
II - Ação Rescisória (AR);
III - Agravo de Instrumento (Ag);
IV - Recurso Ordinário (RO); (Alterado pela ER 24/2016.)
V - Comunicação (Com);
VI - Conflito de Competência (CC);
VII - Conflito de Atribuições (CAt);
VIII - Exceção de Impedimento (ExImp);
IX - Exceção de Suspeição (ExSusp);
X - Exceção da Verdade (ExVerd);
XI - *Habeas Corpus* (HC);
XII - *Habeas Data* (HD);
XIII - Inquérito (Inq); (Redação dada pela ER 4/1993.)
XIV - Interpelação Judicial (IJ); (Redação dada pela ER 4/1993.)
XV - Intervenção Federal (IF); (Redação dada pela ER 4/1993.)
XVI - Mandado de Injunção (MI); (Redação dada pela ER 4/1993.)

- Lei 13.300/2016 (Disciplina o processo e o julgamento dos mandados de injunção individual e coletivo).

XVII - Mandado de Segurança (MS); (Redação dada pela ER 4/1993.)
XVIII - Pedido de Tutela Provisória (TP); (Alterado pela ER 24/2016.)
XIX - Petição (Pet); (Redação dada pela ER 7/2004.)
XX - Precatório (Prc); (Redação dada pela ER 7/2004.)
XXI - Processo Administrativo (PA); (Redação dada pela ER 7/2004.)
XXII - Reclamação (Rcl); (Redação dada pela ER 7/2004.)
XXIII - Recurso Especial (REsp); (Redação dada pela ER 7/2004.)
XXIV - Representação (Rp); (Redação dada pela ER 7/2004.)
XXV - Recurso em *Habeas Corpus* (RHC); (Redação dada pela ER 7/2004.)
XXVI - Recurso em Mandado de Segurança (RMS); (Alterado pela ER 7/2004.)
XXVII - Revisão Criminal (RvCr); (Redação dada pela ER 7/2004.)
XXVIII - Sindicância (Sd); (Redação dada pela ER 7/2004.)
XXIX - Suspensão de Liminar e de Sentença (SLS); (Redação dada pela ER 7/2004.)
XXX - Suspensão de Segurança (SS); (Acrescido pela ER 7/2004.)
XXXI - Homologação de Decisão Estrangeira (HDE); (Alterado pela ER 24/2016.)
XXXII - Carta Rogatória (CR). (Acrescentado pela ER 18/2014.)
XXXIII - Agravo em Recurso Especial (AREsp); (Acrescentado pela ER 22/2016.)
XXXIV - Embargos de Divergência em Recurso Especial (EREsp); (Acrescentado pela ER 22/2016.)
XXXV - Embargos de Divergência em Agravo em Recurso Especial (EAREsp); (Acrescentado pela ER 22/2016.)
XXXVI - Suspensão em Incidente de Resolução de Demandas Repetitivas (SIRDR); (Acrescentado pela ER 22/2016.)
XXXVII - Medidas Protetivas de Urgência - Lei Maria da Penha (MPUMP); (Acrescentado pela ER 22/2016.)
XXXVIII - Medidas Protetivas - Estatuto do Idoso (MPEI); (Acrescentado pela ER 22/2016.)
XXXIX - Pedido de Busca e Apreensão Criminal (PBAC); (Acrescentado pela ER 22/2016.)
XL - Pedido de Prisão Preventiva (PePrPr); (Acrescentado pela ER 22/2016.)
XLI - Pedido de Prisão Temporária (PePrTe); (Acrescentado pela ER 22/2016.)
XLII - Pedido de Quebra de Sigilo de Dados e/ ou Telefônico (QuebSig); (Acrescentado pela ER 22/2016.)
XLIII - Medidas Investigativas sobre Organizações Criminosas (MISOC); (Acrescentado pela ER 22/2016.)
XLIV - Cautelar Inominada Criminal (CaulnomCrim); (Acrescentado pela ER 22/2016.)
XLV - Alienação de Bens do Acusado (AlienBac); (Acrescentado pela ER 22/2016.)
XLVI - Embargos de Terceiro (ET); (Acrescentado pela ER 22/2016.)
XLVII - Embargos do Acusado (EmbAc); (Acrescentado pela ER 22/2016.)
XLVIII - Insanidade Mental do Acusado (InsanAc); (Acrescentado pela ER 22/2016.)
XLIX - Restituição de Coisas Apreendidas (ReCoAp); (Acrescentado pela ER 22/2016.)
L - Pedido de Uniformização de Interpretação de Lei (PUIL). (Acrescentado pela ER 22/2016.)

Parágrafo único. O Presidente resolverá, mediante instrução normativa, as dúvidas que se suscitarem na classificação dos efeitos e papéis, observando-se as seguintes normas: (§ 1º transformado em parágrafo único pela ER 4/1993.)

I - na classe Comunicação (Com), incluem-se as comunicações de prisão;

II - na classe Recurso Especial (REsp), incluem-se os recursos especiais de modo geral: cíveis, criminais, em mandado de segurança e em *habeas corpus*;

III - a classe Recurso Ordinário (RO) compreende o recurso ordinário interposto nas causas em que forem partes Estado estrangeiro ou organismo internacional de um lado e, do outro, Município ou pessoa residente ou domiciliada no País; (Alterado pela ER 24/2016.)

IV - as classes Recurso em *Habeas Corpus* (RHC) e Recurso em Mandado de Segurança (RMS) compreendem os recursos ordinários interpostos na forma do disposto no art. 105, II, a e b, da Constituição; (Redação dada pela ER 4/1993.)

IV-A - a classe Suspensão em Incidente de Resolução de Demandas Repetitivas (SIRDR) compreende o pedido de suspensão de todos os processos individuais ou coletivos em curso no território nacional que versem sobre a questão objeto do incidente já instaurado; (Acrescentado pela ER 22/2016.)

V - na classe Inquérito (Inq), são incluídos os policiais e os administrativos que possam resultar em responsabilidade penal, e que só passarão à classe Ação Penal (AP n) após o oferecimento da denúncia ou queixa; (Redação dada pela ER 4/1993.)

VI - na classe Sindicância (Sd), são incluídas as administrativas ou policiais, assim como quaisquer informações relativas à prática de ilícitos; (Redação dada pela ER 7/2004.)

VII - a classe Intervenção Federal (IF) compreende os pedidos autônomos e os formulados em execução de julgado do Tribunal; estes últimos serão autuados em apenso, salvo se os autos principais tiverem sido enviados a outra instância;

VIII - os expedientes que não tenham classificação específica, nem sejam acessórios ou incidentes, serão incluídos na classe Petição (Pet), se contiverem requerimento, ou na classe Comunicação (Com), em qualquer outro caso;

VIII-A - a classe Pedido de Uniformização de Interpretação de Lei (PUIL) compreende a medida interposta contra decisão: (Alterado pela ER 24/2016.)

a) da Turma Nacional de Uniformização no âmbito da Justiça Federal que, em questões de direito material, contrarie súmula ou jurisprudência dominante no Superior Tribunal de Justiça; (Alterado pela ER 24/2016.)

b) da Turma Recursal dos Juizados Especiais da Fazenda Pública no âmbito dos Estados, do Distrito Federal, dos Territórios e dos Municípios quando as Turmas de diferentes Estados derem a lei federal interpretações divergentes, ou quando a decisão proferida estiver em contrariedade com súmula do Superior Tribunal de Justiça; e (Alterado pela ER 24/2016.)

c) das Turmas de Uniformização dos Juizados Especiais da Fazenda Pública no âmbito dos Estados, do Distrito Federal, dos Territórios e dos Municípios quando a orientação adotada pelas Turmas de Uniformização contrariar súmula do Superior Tribunal de Justiça; (Alterado pela ER 24/2016.)

VIII-B - a classe Pedido de Tutela Provisória (TP) compreende o pedido de tutela provisória de urgência de caráter antecedente; (Acrescentado pela ER 24/2016.)

IX - não se altera a classe do processo:

a) pela oposição de Embargos de Declaração (EDcl) e pela interposição de Agravo Interno (AgInt); (Alterada pela ER 22/2016.)

- Res. 587/2016, STF (Dispõe sobre o julgamento em ambiente eletrônico de agravos internos e embargos de declaração no STF.)

b) pelos pedidos incidentes ou acessórios, inclusive pela interposição de exceções de impedimento e de suspeição;

c) pela arguição de inconstitucionalidade formulada incidentemente pelas partes;

d) pelos pedidos de execução, salvo a intervenção federal;

X - far-se-á na autuação nota distintiva do recurso ou incidente, quando este não alterar a classe e o número do processo.

CAPÍTULO II
DA DISTRIBUIÇÃO

Art. 68. Os processos da competência do Tribunal serão distribuídos por classe, tendo, cada uma, designação distintiva e numeração segundo a ordem em que houverem sido apresentados os feitos, observando-se as classes mencionadas no artigo 67.

Parágrafo único. Fazendo-se a distribuição pelo computador, além da numeração por classe, adotar-se-á numeração geral, que poderá ser a que tomou o feito na instância inferior, desde que integrada no sistema de computação eletrônica do Tribunal.

Art. 69. Far-se-á a distribuição dos feitos da competência do Tribunal mediante sorteio automático, por sistema informatizado, observados os princípios da publicidade e da alternatividade, bem como a instrução normativa prevista no art. 21, XX, deste Regimento. (Alterado pela ER 22/2016.)

Parágrafo único. O registro ao Presidente do Tribunal equipara-se em seus efeitos à distribuição regular. (Acrescentado pela ER 22/2016.)

Art. 70. Far-se-á a distribuição entre todos os Ministros, inclusive os licenciados por até trinta dias.

§ 1º A distribuição poderá ser dispensada pela Corte Especial.

§ 2º Não será compensada a distribuição que deixar de ser feita ao Vice-Presidente, quando substituir o Presidente.

§ 3º Em caso de impedimento do relator, será feito novo sorteio, compensando-se a distribuição.

§ 4º Haverá também compensação quando o processo tiver de ser distribuído, por prevenção, a determinado Ministro.

§ 5º O Ministro que se deva aposentar por implemento de idade ficará excluído da distribuição, a requerimento seu, durante os sessenta dias que antecederem o afastamento; aplica-se a mesma regra ao que requerer aposentadoria, suspendendo-se a distribuição a partir da apresentação do requerimento e pelo prazo máximo de sessenta dias. Se ocorrer desistência do pedido, proceder-se-á a compensação. (Acrescido pela ER 4/1993.)

§ 6º Suspende-se a distribuição de processos, sem posterior compensação, aos Ministros que compõem o Tribunal Superior Eleitoral na condição de membros efetivos, nos seguintes termos: (Acrescentado pela ER 22/2016.)

I - para o Corregedor da Justiça Eleitoral, entre os noventa dias anteriores e os trinta posteriores à data fixada para a realização das eleições; (Acrescentado pela ER 22/2016.)

II - para o outro membro efetivo, entre os sessenta dias anteriores e os trinta posteriores à data fixada para a realização das eleições. (Acrescentado pela ER 22/2016.)

Art. 71. A distribuição da ação, do recurso ou do incidente torna preventa a competência do relator para todos os feitos posteriores referentes ao mesmo processo ou a processo conexo, inclusive na fase de cumprimento de decisão; a distribuição do inquérito e da sindicância, bem como a realizada para efeito da concessão de fiança ou de decretação de prisão preventiva ou de qualquer diligência anterior à denúncia ou queixa, prevenirá a da ação penal. (Alterado pela ER 24/2016.)

§ 1º Se o relator deixar o Tribunal ou transferir-se de Seção, a prevenção será do órgão julgador.

§ 2º Vencido o relator, a prevenção referir-se-á ao Ministro designado para lavrar o acórdão.

§ 3º Se o recurso tiver subido por decisão do relator no agravo de instrumento, ser-lhe-a distribuído ou ao seu sucessor.

§ 4º A prevenção, se não for reconhecida de ofício, poderá ser arguida por qualquer das partes ou pelo órgão do Ministério Público, até o início do julgamento.

§ 5º Observar-se-á a regra da distribuição por prevenção de processo para o Presidente de Seção e para as hipóteses previstas no art. 70, §§ 5º e 6º. (Acrescentado pela ER 24/2016.)

§ 6º Há prevenção nas ações e nos recursos decorrentes do mesmo procedimento policial investigatório, ainda que derivados de inquéritos diversos. (Acrescentado pela ER 24/2016.)

Art. 72. Nos casos de afastamento de Ministro, proceder-se-á da seguinte forma:

I - se o afastamento for por prazo entre quatro e trinta dias, os processos considerados de natureza urgente, consoante fundada alegação do interessado, serão redistribuídos aos demais integrantes da respectiva Seção ou, se for o caso, da Corte Especial, com oportuna compensação; (Alterado pela ER 22/2016.)

II - se o afastamento for por prazo superior a trinta dias e não for convocado substituto, será suspensa a distribuição ao Ministro afastado, e os processos a seu cargo, considerados de natureza urgente, consoante fundada alegação do interessado, serão redistribuídos aos demais integrantes da respectiva Seção ou, se for o caso, da Corte Especial, com oportuna compensação; (Alterado pela ER 22/2016.)

III - se o afastamento for por prazo superior a trinta dias e for convocado substituto, não haverá redistribuição, e o substituto receberá os processos que lhe forem distribuídos e os do substituído; nesta última hipótese, renova-se, se for caso, o pedido de data para o julgamento ou o relatório. (Redação dada pela ER 1/1991.)

Parágrafo único. Quando o Ministro afastado já houver proferido decisão em processo de competência de Turma, a redistribuição mencionada nas hipóteses dos incisos I e II far-se-á somente entre os membros daquele Órgão Julgador. (Acrescentado pela ER 22/2016.)

Art. 73. Os embargos declaratórios e as questões incidentes terão como relator o Ministro que redigiu o acórdão embargado. (Redação dada pela ER 7/2004.)

Art. 74. No caso de embargos de divergência, apenas se fará o sorteio de novo relator. (Alterado pela ER 22/2016.)

Art. 75. O prolator da decisão impugnada será o relator do agravo regimental, com direito a voto.

Art. 76. Na arguição de suspeição a Ministro, observar-se-á o disposto no artigo 276. (Redação dada pela ER 1/1991.)

Art. 77. O Ministro eleito Presidente, Vice-Presidente ou Corregedor-Geral da Justiça Federal continuará como relator ou revisor do processo em que tiver lançado o relatório ou aposto o seu visto. (Alterado pela ER 22/2016.)

Art. 78. Se a decisão embargada for de uma Turma, far-se-á distribuição dos embargos dentre os Ministros da outra; se da Corte Especial, serão excluídos da distribuição o relator e o revisor.

Art. 79. Na distribuição de ação rescisória e de revisão criminal, será observado o critério estabelecido no artigo anterior.

Parágrafo único. A distribuição do mandado de segurança contra ato do próprio Tribunal, far-se-á de preferência a Ministro que não haja participado da decisão impugnada. (Acrescido pela ER 2/1992.)

Art. 80. O Ministro a quem tocar a distribuição é o preparador e relator do processo.

CAPÍTULO III
DOS ATOS E FORMALIDADES

SEÇÃO I
DISPOSIÇÕES GERAIS

Art. 81. O ano judiciário no Tribunal divide-se em dois períodos, recaindo as férias dos Ministros nos períodos de 02 a 31 de janeiro e de 02 a 31 de julho.

§ 1º O Tribunal iniciará e encerrará seus trabalhos, respectivamente, no primeiro e no último dia útil de cada período, com a realização de sessão da Corte Especial.

§ 2º Além dos fixados em lei, serão feriados no Tribunal:

I - os dias compreendidos no período de 20 de dezembro a 6 de janeiro; (Alterado pela ER 16/2014.)

II - os dias da Semana Santa, compreendidos desde a quarta-feira até o domingo de Páscoa;

III - os dias de segunda e terça-feira de Carnaval;

IV - os dias 11 de agosto, 1º e 02 de novembro e 08 de dezembro.

Art. 82. Se a necessidade do serviço judiciário lhes exigir a contínua presença no Tribunal, gozarão trinta dias consecutivos de férias individuais, por semestre:

I - o Presidente e o Vice-Presidente;

II - o Corregedor-Geral da Justiça Federal. (Alterado pela ER 22/2016.)

Art. 83. Suspendem-se as atividades judicantes do Tribunal nos feriados, nas férias coletivas e nos dias em que o Tribunal o determinar.

§ 1º Nas hipóteses previstas neste artigo, poderá o Presidente ou seu substituto legal decidir pedidos de liminar em mandado de segurança e *habeas corpus*, determinar liberdade provisória ou sustação de ordem de prisão, e demais medidas que reclamem urgência.)

§ 2º Os Ministros indicarão seu endereço para eventual convocação durante as férias.

Art. 84. Os atos e termos do processo serão autenticados, conforme o caso, mediante a assinatura ou rubrica dos Ministros ou a dos servidores para tal fim qualificados, podendo ser produzidos, transmitidos, armazenados e assinados por meio eletrônico, na forma da lei. (Alterado pela ER 22/2016.)

§§ 1º a 3º (Revogados pela ER 22/2016.)

Art. 85. As peças que devam integrar ato ordinatório, instrutório ou executório poderão ser a ele anexadas em cópia autenticada.

Art. 86. Se as nulidades ou irregularidades no processamento dos feitos forem sanáveis, proceder-se-á pelo modo menos oneroso para as partes e para o serviço do Tribunal.

Art. 87. A critério do Presidente do Tribunal, dos Presidentes das Seções, das Turmas ou do relator, a comunicação oficial dos atos será feita: (Alterado pela ER 22/2016.)

I - por servidor credenciado da Secretaria, na forma da lei processual; (Alterado pela ER 22/2016.)

II - por meio eletrônico, via postal ou qualquer outro modo eficaz de telecomunicação, com as cautelas necessárias à autenticação da mensagem e do seu recebimento. (Alterado pela ER 22/2016.)

Parágrafo único. Poder-se-á admitir a resposta pela forma indicada no inciso II deste artigo.

Art. 88. Da autuação e da publicação do expediente de cada processo constará, além do nome das partes e o de seu advogado, o da respectiva sociedade a que pertença, desde que esta esteja devidamente registrada na Ordem dos Advogados do Brasil. (Alterado pela ER 22/2016.)

§ 1º Constando dos autos pedido expresso para que as comunicações dos atos processuais sejam feitas especificamente em nome dos advogados ou das sociedades indicadas, a Secretaria adotará as medidas necessárias ao seu atendimento, conforme a lei processual. (Alterado pela ER 22/2016.)

§ 2º O Presidente do Tribunal, mediante ato próprio, disciplinará o cadastramento das sociedades de advogados perante o Superior Tribunal de Justiça, para atender aos fins previstos na legislação processual. (Alterado pela ER 22/2016.)

Art. 89. As pautas do Plenário, da Corte Especial, das Seções e das Turmas serão organizadas pelos Secretários, com aprovação dos respectivos Presidentes.

Art. 90. A publicação da pauta de julgamento antecederá cinco dias úteis, pelo menos, à sessão em que os processos poderão ser chamados e será certificada nos autos. (Alterado pela ER 20/2015.)

§ 1º A pauta de julgamento será afixada na entrada da sala em que se realizará a sessão de julgamento. (Alterado pela ER 20/2015.)

§ 2º Serão incluídos em nova pauta os processos que não tiverem sido julgados, salvo aqueles expressamente adiados para a primeira sessão seguinte, observado o disposto no parágrafo único do art. 150 deste Regimento. (Alterado pela ER 20/2015.)

Art. 91. Independem de pauta:

I - o julgamento de *habeas corpus*, recursos de *habeas corpus*, conflitos de competência e de atribuições e exceções de suspeição e impedimento; (Alterado pela ER 22/2016.)
II - as questões de ordem sobre o processamento de feitos.

Parágrafo único. A regra deste artigo não se aplica ao processo cuja matéria tenha sido objeto de audiência pública nos termos do inciso I do art. 185 deste Regimento. (Alterado pela ER 22/2016.)

Art. 92. Os editais destinados à divulgação do ato poderão conter, apenas, o essencial à defesa ou à resposta, observados os requisitos processuais.

§ 1º A parte que requerer a publicação nos termos deste artigo fornecerá o respectivo resumo, respondendo pelas suas deficiências, nos termos da lei processual. (Alterado pela ER 22/2016.)

§ 2º O prazo do edital será determinado entre vinte e sessenta dias, a critério do relator, e correrá da data de sua publicação no Diário da Justiça eletrônico, com observância da lei processual. (Alterado pela ER 22/2016.)

§ 3º A publicação do edital deverá ser feita no prazo de vinte dias, contados de sua expedição, e certificada nos autos, sob pena de extinguir-se o processo sem resolução do mérito, se a parte, intimada pelo Diário da Justiça eletrônico, não suprir a falta em dez dias. (Alterado pela ER 22/2016.)

§ 4º O prazo para a defesa ou resposta começará a correr do termo do prazo determinado no edital.

Art. 93. Nenhuma publicação terá efeito de citação ou intimação, quando ocorrida nos feriados ou nas férias do Tribunal, salvo nos casos do artigo 83, § 1º.

Art. 94. A vista às partes transcorre na Secretaria, podendo o advogado retirar autos nos casos previstos em lei, mediante recibo.

§ 1º Os advogados constituídos após a remessa do processo ao Tribunal poderão, a requerimento, ter vista dos autos, na oportunidade e pelo prazo que o relator estabelecer.

§ 2º O relator indeferirá o pedido, se houver justo motivo.

SEÇÃO II
DAS ATAS E DA RECLAMAÇÃO POR ERRO

Art. 95. As atas serão lidas e submetidas à aprovação na sessão seguinte.

Art. 96. Contra erro contido em ata, poderá o interessado reclamar, dentro de quarenta e oito horas, em petição dirigida ao Presidente do Tribunal, da Seção ou da Turma, conforme o caso.

§ 1º Não se admitirá a reclamação quando importar modificação do julgado.

§ 2º A reclamação não suspenderá o prazo para recurso, salvo o disposto no artigo 98.

Art. 97. A petição será entregue ao protocolo, e por este encaminhada ao encarregado da ata, que a levará a despacho no mesmo dia com sua informação.

Art. 98. Se o pedido for julgado procedente, far-se-á retificação da ata e nova publicação.

Art. 99. A decisão que julgar a reclamação será irrecorrível.

SEÇÃO III
DAS DECISÕES
(REDAÇÃO DADA PELA ER 35/2019)

Art. 100. As conclusões da Corte Especial, das Seções e das Turmas, em suas decisões, constarão de acórdão. (Redação dada pela ER 35/2019)

Parágrafo único. Dispensam acórdão:

I - a remessa do feito à Seção ou à Corte Especial, em razão da relevância da questão jurídica, ou da necessidade de prevenir divergência entre as Turmas;
II - a remessa do feito à Corte Especial, ou à Seção respectiva, para o fim de ser compendiada em Súmula a jurisprudência do Tribunal, ou para revisão da Súmula;
III - a conversão do julgamento em diligência;
IV - se o órgão julgador do Tribunal o determinar.

Art. 101. Subscreve o acórdão o relator que o lavrou, e, na Corte Especial, também o Ministro que presidiu o julgamento. Se o relator for vencido na questão principal, ficará designado o revisor para redigir o acórdão. Se não houver revisor, ou se este também tiver sido vencido, será designado para redigir o acórdão o Ministro que proferiu o primeiro voto-vencedor (art. 52, II). (Redação dada pela ER 6/2002.)

§ 1º Se o relator, por ausência ou outro motivo relevante, não o puder fazer, lavrará o acórdão o revisor, ou o Ministro que o seguir na ordem de antiguidade.

§ 2º Se o Ministro que presidiu o julgamento na Corte Especial, por ausência ou outro motivo relevante, não puder assinar o acórdão, apenas o relator o fará, mencionando-se, no local da assinatura do Presidente, a circunstância. (Redação dada pela ER 6/2002.)

Art. 102. A publicação do acórdão por suas conclusões e ementa far-se-á, para intimar as partes, no Diário da Justiça eletrônico. (Alterado pela ER 22/2016.)

Parágrafo único. As partes serão intimadas, das decisões em que se tiver dispensado o acórdão, pela publicação da ata da sessão de julgamento.

Art. 103. Em cada julgamento, o relatório e os votos, fundamentados, serão juntados aos autos com o acórdão, depois de revistos. (Redação dada pela ER 35/2019)

§ 1º As inexatidões materiais e os erros de escrita ou cálculo contidos na decisão poderão ser corrigidos por despacho do relator ou por via de embargos de declaração, quando couberem. (Redação dada pela ER 35/2019)

§ 2º Concluído o julgamento, o Gabinete do Ministro providenciará a elaboração dos documentos para publicação no prazo improrrogável de trinta dias. (Redação dada pela ER 35/2019)

§ 3º Decorridos os trinta dias mencionados no parágrafo anterior, os autos serão conclusos ao relator, para que lavre o acórdão. (Redação dada pela ER 35/2019)

§ 4º A publicação do acórdão no Diário da Justiça eletrônico far-se-á no prazo máximo de quarenta dias, contados a partir da data da sessão em que tiver sido proclamado o resultado do julgamento. (Redação dada pela ER 35/2019)

§ 5º Escoado o prazo de que trata o parágrafo anterior sem que tenha sido publicado o acórdão, a secretaria do órgão julgador providenciará, nos dez dias subsequentes, a publicação do acórdão independentemente de revisão, adotando-se como ementa a apresentação em sessão. (Redação dada pela ER 35/2019)

§ 6º O prazo de publicação ficará suspenso nos períodos de recesso e de férias coletivas. (Redação dada pela ER 35/2019)

§§ 7º e 8º (Revogados pela ER 35/2019.)

Art. 104. Também se juntará aos autos, como parte integrante do acórdão, a minuta do julgamento, que conterá:

I - a decisão proclamada pelo Presidente;
II - os nomes do Presidente do órgão julgador, do relator, ou, quando vencido, do que for designado, dos demais Ministros que tiverem participado do julgamento e do Subprocurador-Geral, quando presente;
III - os nomes dos Ministros impedidos e ausentes;
IV - os nomes dos advogados que tiverem feito sustentação oral.

Art. 104-A. Os acórdãos proferidos em julgamento de incidente de assunção de competência e de recursos especiais repetitivos deverão, nos termos do § 3º do art. 1.038, c/c art. 984, § 2º, do Código de Processo Civil, conter: (Acrescentado pela ER 24/2016.)

I - os fundamentos relevantes da questão jurídica discutida, favoráveis ou contrários, entendidos esses como a conclusão dos argumentos deduzidos no processo capazes de, em tese, respectivamente, confirmar ou infirmar a conclusão adotada pelo órgão julgador; (Acrescentado pela ER 24/2016.)
II - a definição dos fundamentos determinantes do julgado; (Acrescentado pela ER 24/2016.)
III - a tese jurídica firmada pelo órgão julgador, em destaque; (Acrescentado pela ER 24/2016.)
IV - a solução dada ao caso concreto pelo órgão julgador. (Acrescentado pela ER 24/2016.)

§ 1º Para definição dos fundamentos determinantes do julgado, o processo poderá ter etapas diferentes de deliberação, caso o órgão julgador, mesmo com votos convergentes, tenha adotado fundamentos diversos para a solução da causa. (Acrescentado pela ER 24/2016.)

§ 2º O Presidente do órgão julgador, identificando que o(s) fundamento(s) determinante(s) para o julgamento da causa não possui(em) a adesão da maioria dos votos dos Ministros, convocará, na mesma sessão de julgamento, nova etapa de deliberação, que contemplará apenas a definição do(s) fundamento(s) determinante(s). (Acrescentado pela ER 24/2016.)

SEÇÃO IV
DOS PRAZOS

Art. 105. A contagem dos prazos observará o disposto na lei processual. (Alterado pela ER 22/2016.)

§§ 1º e 2º (Revogados pela ER 22/2016.)

Art. 106. Não correm os prazos no período aludido no artigo 81, § 2º, I, e nas férias, salvo nas hipóteses previstas em lei. (Redação dada pela ER 1/1991.)

§ 1º Nos casos deste artigo, os prazos começam ou continuam a fluir no dia de reabertura do expediente.

§ 2º Também não corre prazo nas hipóteses previstas em lei, quando houver obstáculo criado em detrimento da parte ou for comprovado motivo de força maior, reconhecido pelo Tribunal. (Alterado pela ER 22/2016.)

§ 3º As informações oficiais apresentadas fora do prazo por justo motivo poderão ser admitidas, se ainda oportuna a sua apreciação.

Art. 107. Mediante pedido conjunto das partes, o relator poderá admitir prorrogação de prazo por tempo razoável.

Art. 108. Os prazos para diligências serão fixados nos atos que as ordenarem, salvo disposição em contrário deste Regimento.

Art. 109. Os prazos não especificados em lei ou neste Regimento serão fixados pela Corte Especial, pelo Presidente, pelas Seções, pelas Turmas, ou por seus Presidentes, ou pelo relator, conforme o caso.

§ 1º Computar-se-á em dobro o prazo para manifestações nos autos, quando forem partes o Ministério Público, a Defensoria Pública, a União, os Estados, o Distrito Federal, os Municípios ou suas respectivas autarquias e fundações de direito público. (Alterado pela ER 24/2016.)

§ 2º O Ministério Público, a Defensoria Pública e os entes públicos mencionados no § 1º serão intimados pessoalmente, mediante carga, nos autos físicos, ou por meio eletrônico, contando-se-lhes em dobro todos os prazos. (Alterado pela ER 24/2016.)

§ 3º Não se aplica o prazo em dobro ao Ministério Público quando se tratar de processo criminal. (Acrescentado pela ER 24/2016.)

Art. 110. Os prazos para os Ministros, salvo acúmulo de serviço, se de outra forma não dispuser a lei processual ou este Regimento, são os seguintes: (Alterado pela ER 22/2016.)

I - dez dias para atos administrativos e para decisões interlocutórias; (Alterado pela ER 22/2016.)
II - vinte dias para o "visto" do revisor;
III - trinta dias para o "visto" do relator.

Art. 111. Salvo disposição em contrário, os servidores do Tribunal terão o prazo de cinco dias para executar os atos do processo, inclusive para certificar a data do trânsito em julgado da decisão e, na sequência, independentemente de despacho e conforme o caso, arquivar os autos, remeter ao Supremo Tribunal Federal ou baixar ao juízo de origem. (Alterado pela ER 22/2016.)

SEÇÃO V
DAS DESPESAS PROCESSUAIS

- Res. 2/2017, STJ/GP (Dispõe sobre o pagamento de custas judiciais e porte de remessa e retorno de autos no âmbito do STJ).
- Inst. Norm. 3/2017, STJ/GDG (Disciplina a devolução de custas judiciais e de porte de remessa e retorno no âmbito administrativo do STJ).

Art. 112. No Tribunal, serão devidas custas nos processos de sua competência originária e recursal, nos termos da lei. (Redação dada pela ER 9/2008.)

§ 1º Não são custas os preços cobrados pelo fornecimento de cópias autenticadas ou não, ou de certidões e traslados por fotocópia ou processo equivalente de reprodução.

§ 2º O pagamento dos preços será antecipado ou garantido com depósito, consoante tabela aprovada pelo Presidente.

- Súm. 187, STJ.

§ 3º O Presidente do Tribunal, anualmente, fará expedir a tabela de custas atualizada segundo o índice estabelecido em lei. (Acrescido pela ER 9/2008.

§ 4º É dispensado o recolhimento do porte de remessa e de retorno no processo em autos eletrônicos. (Acrescentado pela ER 22/2016.)

§ 5º O Presidente do Tribunal, mediante instrução normativa, disciplinará o regime de cobrança do porte de remessa e retorno dos autos dos processos que tiverem de ser digitalizados. (Acrescentado pela ER 22/2016.)

Art. 113. O preparo de recurso da competência do Supremo Tribunal Federal será feito no prazo e na forma do disposto na lei processual, bem como no Regimento Interno e na Tabela de Custas do Supremo Tribunal Federal. (Alterado pela ER 22/2016.)

- Res. 2/2017, STJ/GP (Dispõe sobre o pagamento de custas judiciais e porte de remessa e retorno de autos no âmbito do STJ).
- Inst. Norm. 3/2017, STJ/GDG (Disciplina a devolução de custas judiciais e de porte de remessa e retorno no âmbito administrativo do STJ).

SEÇÃO VI
DA ASSISTÊNCIA JUDICIÁRIA

Art. 114. O requerimento dos benefícios da assistência judiciária, no Tribunal, será apresentado ao Presidente ou ao relator, conforme o estado da causa, na forma da Lei n. 1.060/50, com as alterações introduzidas pela Lei n. 7.510/86.

- Lei 1.060/1950 (Lei de Assistência Judiciária).

Art. 115. Sem prejuízo da nomeação, quando couber, de defensor ou curador dativo, o pedido de assistência judiciária será decidido de acordo com a legislação em vigor.

§ 1º Não cabe recurso da decisão que se proferir, mas a Corte Especial, a Seção ou a Turma, ao conhecerem do feito, poderão conceder o benefício negado.

§ 2º Prevalecerá no Tribunal a assistência judiciária já concedida em outra instância.

Art. 116. Nos crimes de ação privada, o Presidente ou o relator, a requerimento da parte necessitada, ofi ciará à Defensoria Pública da União para que promova a ação penal quando de competência originária do Tribunal, ou intimará membro da Defensoria Pública a prosseguir no processo quando em grau de recurso. (Alterado pela ER 19/2015.)

SEÇÃO VII
DOS DADOS ESTATÍSTICOS

Art. 117. Serão divulgados, mensalmente, dados estatísticos sobre os trabalhos do Tribunal no mês anterior, entre os quais: o número de votos que cada Ministro, nominalmente indicado, proferiu como relator ou revisor, o número de feitos que lhe foram distribuídos no mesmo período e o número de processos que recebeu em consequência de pedido de vista ou como revisor.

Parágrafo único. Os dados estatísticos solicitados pelo Conselho Nacional de Justiça serão transmitidos eletronicamente. (Acrescentado pela ER 22/2016.)

CAPÍTULO IV
DA JURISPRUDÊNCIA

SEÇÃO I
DA UNIFORMIZAÇÃO DE JURISPRUDÊNCIA

Arts. 118. a 121. (Revogados pela ER 22/2016.)

SEÇÃO I-A
DO REGISTRO E DA FORMAÇÃO DOS PRECEDENTES QUALIFICADOS

- (Acrescentado pela ER 24/2016.)

Art. 121-A. Os acórdãos proferidos em julgamento de incidente de assunção de competência e de recursos especiais repetitivos bem como os enunciados de súmulas do Superior Tribunal de Justiça constituem, segundo o art. 927 do Código de Processo Civil, precedentes qualificados de estrita observância pelos Juízes e Tribunais. (Acrescentado pela ER 24/2016.)

§ 1º Os incidentes de assunção de competência e os processos afetados para julgamento sob o rito dos recursos especiais repetitivos serão organizados e divulgados por meio de enunciados de temas com numeração sequencial, contendo o registro da matéria a ser decidida e, após o julgamento, a tese firmada e seus fundamentos determinantes. (Acrescentado pela ER 24/2016.)

§ 2º Os precedentes qualificados deverão ser divulgados na internet, de forma sistematizada, com a indicação precisa das informações relacionadas a todas as fases percorridas de seu procedimento. (Acrescentado pela ER 24/2016.)

SEÇÃO II
DA SÚMULA

Art. 122. A jurisprudência firmada pelo Tribunal será compendiada na Súmula do Superior Tribunal de Justiça.

§ 1º Poderão ser inscritos na súmula os enunciados correspondentes às decisões firmadas por unanimidade dos membros componentes da Corte Especial ou da Seção, em um caso, por maioria absoluta em pelo menos dois julgamentos concordantes. (Alterado pela ER 24/2016.)

§ 2º A inclusão da matéria objeto de julgamento na Súmula da Jurisprudência do Tribunal será deliberada pela Corte Especial ou pela Seção, por maioria absoluta dos seus membros.

§ 3º Se a Seção entender que a matéria a ser sumulada é comum às Seções, remeterá o feito à Corte Especial.

Art. 123. Os enunciados da Súmula, seus adendos e emendas, datados e numerados, serão publicados três vezes no *Diário da União*, em datas próximas.

Parágrafo único. As edições ulteriores da Súmula incluirão os adendos e emendas.

Art. 124. A citação da Súmula pelo número correspondente dispensará, perante o Tribunal, a referência a outros julgados no mesmo sentido.

Art. 125. Os enunciados da Súmula prevalecem e serão revistos na forma estabelecida neste Regimento Interno.

§ 1º Qualquer dos Ministros poderá propor, em novos feitos, a revisão da jurisprudência compendiada na Súmula, sobrestando-se o julgamento, se necessário.

§ 2º Se algum dos Ministros propuser evisão da jurisprudência compendiada na súmula, em julgamento perante a Turma, esta, se acolher a proposta, remeterá o feito ao julgamento da Corte Especial ou da Seção, dispensada a lavratura do acórdão, juntando-se, entretanto, a certidão de julgamento e tomando-se o parecer do Ministério Público Federal. (Redação dada pela ER 35/2019)

§ 3º A alteração ou o cancelamento do enunciado da Súmula serão deliberados na Corte Especial ou nas Seções, conforme o caso, por maioria absoluta dos seus membros, com a presença de, no mínimo, dois terços de seus componentes.

§ 4º Ficarão vagos, com a nota correspondente, para efeito de eventual restabelecimento, os números dos enunciados que o Tribunal cancelar ou alterar, tomando os que forem modificados novos números da série.

Art. 126. Qualquer Ministro poderá propor, na Turma, a remessa do feito à Corte Especial, ou à Seção, para o fim de ser compendiada em Súmula a jurisprudência do Tribunal, quando verificar que as Turmas não divergem na interpretação do direito.

§ 1º Na hipótese referida neste artigo, dispensa-se a lavratura de acórdão, certificada nos autos a decisão da Turma. (Redação dada pela ER 35/2019)

§ 2º O processo e o julgamento observarão, no que couber, o disposto nos arts. 271-B e seguintes deste Regimento. (Alterado pela ER 24/2016.)

§ 3º A Comissão de Jurisprudência poderá, também, propor à Corte Especial ou à Seção que seja compendiada em Súmula a jurisprudência do Tribunal, quando verificar que as Turmas não divergem na interpretação do direito.

§ 4º Proferido o julgamento, em decisão tomada pela maioria absoluta dos membros que integram o Órgão Julgador, o relator deverá redigir o projeto de súmula, a ser aprovado pelo Tribunal na mesma sessão ou na primeira sessão ordinária seguinte. (Acrescentado pela ER 22/2016.)

Art. 127. Quando convier pronunciamento da Corte Especial ou da Seção, em razão da relevância da questão jurídica, ou da necessidade de prevenir divergências entre as Turmas, o relator, ou outro Ministro, no julgamento de qualquer recurso, poderá propor a remessa do feito à apreciação da Seção respectiva, ou da Corte Especial, se a matéria for comum às Seções.

§ 1º Acolhida a proposta, a Turma remeterá o feito ao julgamento da Seção ou da Corte Especial, dispensada a lavratura do acórdão. Com a certidão de julgamento, os autos irão ao Presidente do órgão do Tribunal, para designar a sessão de julgamento. A secretaria expedirá cópias do relatório e fará sua distribuição aos Ministros que compuserem o órgão competente para o julgamento. (Redação dada pela ER 35/2019)

§ 2º Proferido o julgamento, cópia do acórdão será, no prazo da sua publicação, remetida à Comissão de Jurisprudência, para elaboração de projeto de Súmula, se for o caso.

SEÇÃO III
DA DIVULGAÇÃO DA JURISPRUDÊNCIA

Art. 128. A jurisprudência do Tribunal será divulgada pelas seguintes publicações: (Redação dada pela ER 1/1991.)

I - *Diário da Justiça eletrônico*; (Alterado pela ER 22/2016.)
II - (Revogado pela ER 10/2009.)
III - *Revista do Superior Tribunal de Justiça*; (Redação dada pela ER 1/1991.)
IV - repositórios autorizados. (Redação dada pela ER 1/1991.)

Art. 129. Serão publicadas no Diário da Justiça eletrônico as ementas de todos os acórdãos do Tribunal e as decisões dos relatores, sem prejuízo de sua divulgação em meio eletrônico diverso. (Alterado pela ER 22/2016.)

§ 1º Autorizando o relator, as suas decisões poderão ser publicadas por ementas.

§ 2º Quando de idêntico conteúdo, as decisões e as ementas de acórdãos e de decisões poderão ser publicadas com única redação, indicando-se o número dos respectivos processos. (Acrescidos pela ER 6/2002.)

SEÇÃO III-A
DO GABINETE DA REVISTA
(INCLUÍDO PELA ER 34/2019)

Art. 129-A. O Gabinete da Revista será responsável por editar as seguintes publicações repositório de jurisprudência: (Incluído pela ER 34/2019)

I – Revista do Superior Tribunal de Justiça;
II – Revista de Súmulas do Superior Tribunal de Justiça.
III – Outras a critério do Ministro Diretor da Revista.

Art. 129-B. Mediante ato do Ministro Diretor da Revista, o Gabinete editará, ainda, as publicações especiais em memória de eventos relevantes do Tribunal, o Regimento Interno do Superior Tribunal de Justiça e a Revista Jurídica do Superior Tribunal de Justiça. (Incluído pela ER 34/2019)

Art. 130. Revogado pela ER 10/2009.

Art. 131. Na *Revista do Superior Tribunal de Justiça* serão publicados em seu inteiro teor:

I - os acórdãos selecionados pelo Ministro Diretor;
II - os atos normativos expedidos pelo Tribunal e pelo Conselho de Justiça Federal;
III - as Súmulas editadas pela Corte e pelas Seções.

§ 1º As decisões sobre matéria constitucional e as que ensejarem a edição de Súmulas serão, também, publicadas em volumes seriados, distintos da publicação normal da *Revista*.

§ 2º A Comissão de Jurisprudência colaborará na seleção dos acórdãos a publicar, dando-se preferência aos que forem indicados pelos respectivos relatores.

§ 3º Revogado pela ER 34/2019.

Art. 132. A direção da *Revista* é exercida por um Ministro, escolhido pelo Tribunal, nos termos do artigo 17 deste Regimento. (Redação dada pela ER 4/1993.)

Art. 133. São repositórios autorizados as publicações de entidades oficiais ou particulares, habilitadas na forma deste Regimento. (Redação dada pela ER 1/1991.)

Art. 134. Para a habilitação prevista no artigo anterior, o representante ou editor responsável pela publicação solicitará inscrição por escrito ao Ministro Diretor da Revista, com os seguintes elementos: (Redação dada pela ER 1/1991.)

I - denominação, sede e endereço da pessoa jurídica que edita a revista;
II - nome de seu diretor ou responsável;
III - um exemplar dos três números antecedentes ao mês do pedido de inscrição, dispensáveis no caso de a Biblioteca do Tribunal já os possuir;
IV - compromisso de os acórdãos selecionados para publicação corresponderem, na íntegra, às cópias fornecidas, gratuitamente, pelo Tribunal, autorizada a supressão do nome das partes e seus advogados.

Parágrafo único. Poderão ser credenciadas como repositório da jurisprudência, para os efeitos do § 1º, *b*, do artigo 255 deste Regimento, publicações especializadas, sem a obrigação de divulgar a jurisprudência deste Tribunal.

Art. 135. O deferimento da inscrição implicará a obrigação de fornecer, gratuitamente, dois exemplares de cada publicação subsequente à Biblioteca do Tribunal. (Redação dada pela ER 1/1991.)

Art. 136. A inscrição poderá ser cancelada a qualquer tempo, por conveniência do Tribunal. (Redação dada pela ER 1/1991.)

Art. 137. As publicações inscritas poderão mencionar seu registro como repositórios autorizados de divulgação dos julgados do Tribunal. (Redação dada pela ER 1/1991.)

Art. 138. A direção da Revista manterá em dia o registro das inscrições e cancelamentos, articulando-se com a Biblioteca para efeito de acompanhar o atendimento da obrigação prevista no artigo 135. (Redação dada pela ER 1/1991.)

TÍTULO II
DAS PROVAS

CAPÍTULO I
DISPOSIÇÃO GERAL

Art. 139. A proposição, admissão e produção de provas, no Tribunal, obedecerão às leis processuais, observados os preceitos especiais deste título.

CAPÍTULO II
DOS DOCUMENTOS E INFORMAÇÕES

Art. 140. Se a parte não puder instruir, desde logo, suas alegações, por impedimento ou demora em obter certidões ou cópias autenticadas de notas ou registros em estabelecimentos públicos, o relator conceder-lhe-á prazo para esse fim ou as requisitará diretamente àqueles estabelecimentos.

Art. 141. (Revogado pela ER 22/2016.)

Art. 142. Em caso de impugnação, ou por determinação do relator, as partes deverão provar a fidelidade da transcrição de textos de leis e demais atos do poder público, bem como a vigência e o teor de normas pertinentes à causa, quando emanarem de Estado estrangeiro, de organismo internacional, ou, no Brasil, de Estados e Municípios.

Art. 143. A parte será intimada por publicação no Diário da Justiça eletrônico ou, se o relator o determinar, pela forma indicada no art. 87 deste Regimento, para pronunciar-se sobre documento juntado pela parte contrária, após a última intervenção dela no processo. (Alterado pela ER 22/2016.)

Art. 144. Os Ministros poderão solicitar esclarecimentos ao advogado, durante o julgamento, sobre peças dos autos e sobre as citações que tiver feito de textos legais, de precedentes judiciais e de trabalhos doutrinários.

CAPÍTULO III
DA APRESENTAÇÃO DE PESSOAS E OUTRAS DILIGÊNCIAS

Art. 145. Quando, em qualquer processo, for necessária a apresentação da parte ou de terceiro que não tiver atendido à notificação, a Corte Especial, a Seção, a Turma ou o relator poderá expedir ordem de condução de recalcitrante.

Art. 146. Observar-se-ão as formalidades da lei na realização de exames periciais, arbitramentos, buscas e apreensões, na exibição e conferência de documentos e em quaisquer outras diligências determinadas ou deferidas pela Corte Especial, pela Seção, pela Turma ou pelo relator.

CAPÍTULO IV
DOS DEPOIMENTOS

Art. 147. Os depoimentos poderão ser gravados com a utilização de recursos audiovisuais, e os termos de audiência serão assinados no ato pelo relator, pelo depoente, pelo membro do Ministério Público e pelos advogados. (Redação dada pela ER 35/2019)

§ 1º Admite-se a prática de atos processuais por meio de videoconferência ou de outro recurso tecnológico de transmissão de sons e imagens em tempo real. (Acrescentado pela ER 22/2016.)

§ 2º Aplica-se o disposto neste artigo ao interrogatório. (Acrescentado pela ER 22/2016.)

TÍTULO III
DAS SESSÕES

CAPÍTULO I
DISPOSIÇÕES GERAIS

Art. 148. O Plenário reúne-se, mediante convocação do Presidente, quando houver matéria em pauta.

Parágrafo único. Haverá sessão da Corte Especial, de Seção ou de Turmas nos dias designados e, extraordinariamente, mediante convocação especial.

Art. 149. Nas sessões, o Presidente tem assento na parte central da mesa de julgamento, ficando o representante do Ministério Público à sua direita. Os demais Ministros sentar-se-ão, pela ordem de antiguidade, alternadamente, nos lugares laterais, a começar pela direita.

§ 1º Se o Presidente do Tribunal comparecer à Seção ou à Turma, para julgar processo a que estiver vinculado, assumirá a sua presidência.

§ 2º Havendo juiz convocado, este tomará o lugar do Ministro mais moderno; se houver mais de um juiz convocado, a antiguidade será regulada na seguinte ordem:

a) pela data da convocação;

b) pela posse no Tribunal de origem.

Art. 150. As sessões ordinárias começarão às quatorze horas, podendo ser prorrogadas após as dezoito horas, sempre que o serviço o exigir.

Parágrafo único. Em caso de acúmulo de processos pendentes de julgamento, poderá a Seção ou a Turma marcar o prosseguimento da sessão para o subsequente dia livre, considerando-se intimados os interessados, mediante o anúncio em sessão. (Redação dada pela ER 1/1991.)

Art. 151. As sessões e votações serão públicas, ressalvada a hipótese prevista no artigo 93, IX, da Constituição Federal e as disposições inscritas nos artigos 182, 183 e 184 deste Regimento.

§ 1º Os advogados ocuparão a tribuna para formular requerimento, produzir sustentação oral, ou para responder às perguntas que lhes forem feitas pelos Ministros.

§ 2º Aos advogados é facultado requerer que conste de ata sua presença na sessão de julgamento, podendo prestar esclarecimentos em matéria de fato.

§ 3º Os advogados deverão usar beca sempre que ocuparem a tribuna.

Art. 152. Nas sessões do Plenário, da Corte Especial, de Seção e de Turma, observar-se-á a seguinte ordem, no que couber:

I - verificação do número de Ministros;

II - leitura, discussão e aprovação da ata da sessão anterior;

III - indicações e propostas;

IV - julgamento dos processos.

Art. 153. Os processos conexos poderão ser objeto de um só julgamento, fazendo-se a oportuna apensação.

Parágrafo único. Os processos que versem sobre a mesma questão jurídica, ainda que apresentem aspectos peculiares, poderão ser julgados conjuntamente. (Redação dada pela ER 1/1991.)

Art. 154. No julgamento das ações penais originárias, das revisões criminais, dos pedidos de intervenção federal, dos recursos especiais, dos embargos de divergência, dos recursos ordinários, dos mandados de segurança, dos recursos ordinários em mandados de segurança, dos mandados de injunção e das ações rescisórias, o relator distribuirá, sempre que possível, por meio eletrônico, cópia do relatório aos demais integrantes do órgão julgador. (Alterado pela ER 24/2016.)

Art. 155. Os julgamentos a que este Regimento ou a lei não derem prioridade serão realizados, preferencialmente, segundo a ordem de conclusão dos feitos, nos termos da legislação processual. (Alterado pela ER 22/2016.)

Parágrafo único. (Revogado pela ER 22/2016.)

Art. 156. A Secretaria atenderá, preferencialmente, à ordem cronológica de recebimento dos pronunciamentos judiciais para sua publicação e efetivação, nos termos da legislação processual. (Alterado pela ER 22/2016.)

Art. 157. Quando deferida preferência solicitada pelo representante do Ministério Público, para processo em que houver medida liminar ou acautelatória, o julgamento far-se-á com prioridade.

Art. 158. O pedido de sustentação oral deverá ser requerido à coordenadoria do órgão julgador: (Alterado pela ER 28/2017.)

I - até dois dias úteis após a publicação da pauta, com preferência sobre as demais sustentações, respeitada a ordem de inscrição, e sem prejuízo das preferências legais e regimentais; (Incluído pela ER 28/2017.)

II - ainda que ultrapassado o prazo previsto no inciso anterior, o pedido de sustentação oral poderá ser feito até o início da sessão. (Incluído pela ER 28/2017.)

§ 1º Terão preferência para a sustentação oral, na seguinte ordem, mediante comprovação de sua condição, aqueles com necessidades especiais; as gestantes, as lactantes, enquanto perdurar o estado gravídico ou o período de amamentação; as adotantes, as que derem à luz, pelo período de 120 dias (art. 7º-A da Lei n. 8.906, de 4 de julho de 1994); e os idosos com idade igual ou superior a sessenta anos. (Alterado pela ER 25/2016.)

§ 2º O Plenário poderá disciplinar o uso de videoconferência ou de outro recurso tecnológico de transmissão de sons e imagens em tempo real, para realização de sustentação oral. (Alterado pela ER 28/2017.)

Art. 159. Não haverá sustentação oral no julgamento de: (Alterado pela ER 22/2016.)

I - embargos declaratórios; (Acrescentado pela ER 22/2016.)

II - arguição de suspeição; (Acrescentado pela ER 22/2016.)

III - tutela de urgência requerida no Superior Tribunal de Justiça, em caráter antecedente; (Acrescentado pela ER 22/2016.)

IV - agravo, salvo expressa disposição legal em contrário; (Acrescentado pela ER 22/2016.)

V - exceção de suspeição; (Acrescentado pela ER 22/2016.)

VI - exceção de impedimento; (Acrescentado pela ER 22/2016.)

VII - medidas protetivas de urgência - Lei Maria da Penha; (Acrescentado pela ER 22/2016.)

VIII - medidas protetivas - Estatuto do Idoso; (Acrescentado pela ER 22/2016.)

IX - pedido de busca e apreensão criminal; (Acrescentado pela ER 22/2016.)

X - pedido de quebra de sigilo de dados e/ou telefônico; (Acrescentado pela ER 22/2016.)

XI - cautelar inominada criminal; (Acrescentado pela ER 22/2016.)

XII - alienação de bens do acusado; (Acrescentado pela ER 22/2016.)

XIII - embargos de terceiro; (Acrescentado pela ER 22/2016.)

XIV - embargos do acusado; (Acrescentado pela ER 22/2016.)

XV - insanidade mental do acusado; (Acrescentado pela ER 22/2016.)

XVI - restituição de coisas apreendidas; (Acrescentado pela ER 22/2016.)

XVII - pedido de uniformização de interpretação de lei; (Acrescentado pela ER 22/2016.)

XVIII - prisão preventiva; (Acrescentado pela ER 22/2016.)

XIX - prisão temporária. (Acrescentado pela ER 22/2016.)

§ 1º Nos demais julgamentos, o Presidente da Corte Especial, da Seção ou da Turma, feito o relatório dará a palavra, sucessivamente, ao autor, recorrente ou impetrante, e ao réu, recorrido ou impetrado, para sustentação de suas alegações.

§ 2º Se o representante do Ministério Público estiver agindo como fiscal da lei, fará uso da palavra após o recorrente e o recorrido.

Art. 160. Nos casos do § 1º do artigo anterior, cada uma das partes falará pelo tempo máximo de quinze minutos, excetuado o julgamento da ação penal originária, na qual o prazo será de uma hora (artigo 229, V).

§ 1º O representante do Ministério Público terá prazo igual ao das partes, quando em tal situação processual estiver agindo.

§ 2º Se houver litisconsortes não representados pelo mesmo advogado, o prazo será contado em dobro e dividido igualmente entre os do mesmo grupo, se diversamente não o convencionarem.

§ 3º O opoente falará após as partes originárias e pelo mesmo prazo.

§ 4º O assistente, na ação penal pública, falará depois do representante do Ministério Público, a menos que o recurso seja dele.

§ 5º O representante do Ministério Público falará depois do autor da ação penal privada.

§ 6º Se, em ação penal, houver recurso de corréus, em posição antagônica, cada grupo terá prazo completo para falar.

§ 7º Nos processos criminais, havendo corréus que sejam coautores do delito, se não tiverem o mesmo defensor, o prazo será contado em dobro e dividido igualmente entre os defensores, salvo se convencionarem outra divisão do tempo.

§ 8º Admitida a intervenção de terceiros nas hipóteses de recurso especial repetitivo, fica-lhes facultado produzir sustentação oral, observado o § 2º deste artigo. (Acrescentado pela ER 20/2015.)

Art. 161. Cada Ministro poderá falar duas vezes sobre o assunto em discussão e mais uma vez, se for o caso, para explicar a modificação de voto. Nenhum falará sem que o Presidente lhe conceda a palavra, nem interromperá aquele que a estiver usando.

§ 1º Em qualquer fase do julgamento, posterior ao relatório ou à sustentação oral, poderão os julgadores pedir esclarecimentos ao relator, ao revisor e aos advogados dos litigantes, quando presentes, sobre fatos e circunstâncias pertinentes à matéria em debate, ou, ainda, pedir vista dos autos, caso em que o julgamento será suspenso. Surgindo questão nova, o próprio relator poderá pedir a suspensão do julgamento por uma única oportunidade. (Redação dada pela ER 33/2019)

§ 2º Havendo segundo pedido de vista dos autos, o pleito será tido como coletivo, de modo que o prazo de sessenta dias constante do art. 162 deste Regimento será contado de forma conjunta, beneficiando-se da prorrogação do prazo por trinta dias apenas os Ministros que a requererem. (Redação dada pela ER 33/2019)

§ 3º O pedido de vista coletivo impede a posterior solicitação de vista de qualquer Ministro. (Redação dada pela ER 33/2019)

§ 4º O julgador poderá proferir seu voto-vista mesmo que os Ministros que o antecedem na ordem de votação ainda não estejam habilitados para tal (Redação dada pela ER 33/2019)

Art. 162. Nos julgamentos, o pedido de vista não impede votem os Ministros que se tenham por habilitados a fazê-lo, e o Ministro que o formular restituirá os autos ao Presidente do Órgão Julgador dentro de, no máximo, sessenta dias a contar do momento em que os autos lhe forem disponibilizados, devendo prosseguir o julgamento do feito na sessão subsequente ao fim do prazo, com ou sem o voto-vista. (Alterado pela ER 17/2014.)

- art. 2º ER 17/2014 ("Os autos com pedido de vista já formulado deverão ser restituídos ao Presidente do Órgão Julgador em, no máximo, cento e vinte dias a contar da publicação desta emenda, prosseguindo-se o julgamento do feito na primeira sessão subsequente ao fim desse prazo, com ou sem voto-vista").

§ 1º O prazo a que se refere o poderá ser prorrogado por trinta dias, mediante requerimento fundamentado ao Colegiado. (Alterado pela ER 17/2014.)

§ 2º O prazo de restituição dos autos ficará suspenso nos períodos de recesso e de férias coletivas. (Alterado pela ER 17/2014.)

§ 3º O julgamento que tiver sido iniciado prosseguirá, computando-se os votos já proferidos pelos Ministros, mesmo que não compareçam ou hajam deixado o exercício do cargo, ainda que o Ministro afastado seja o relator. (Alterado pela ER 17/2014.)

§ 4º Não participará do julgamento o Ministro que não tiver assistido à sustentação oral. (Redação dada pela ER 32/2019)

§ 5º Se, para efeito do quorum ou desempate na votação, for necessário o voto de Ministro que não tenha assistido à sustentação oral, esta será renovada, computando-se os votos proferidos. (Redação dada pela ER 32/2019)

§ 6º Nos casos de julgamento de declaração de inconstitucionalidade de lei ou ato normativo do Poder Público, recurso especial repetitivo, revisão de tese firmada em recurso repetitivo, incidente de assunção de competência e revisão de tese firmada em incidente de assunção de competência, se o órgão julgador entender necessária a tomada de votos de Ministros que não assistiram à sustentação oral, aplicar-se-á o disposto no parágrafo anterior. (Redação dada pela ER 32/2019)

§ 7º Se estiver ausente o Ministro que houver comparecido ao início do julgamento, mas ainda não tiver votado, o seu voto será dispensado, desde que obtidos suficientes votos concordantes sobre todas as questões. (Redação dada pela ER 32/2019)

§ 8º Ausente o Presidente que iniciou o julgamento, este prosseguirá sob a presidência de seu substituto. Na Corte Especial ou na Seção, a substituição será feita por quem não houver proferido voto. (Incluído pela ER 32/2019)

Art. 163. Concluído o debate oral, o Presidente tomará os votos do relator, do revisor, se houver, e dos outros Ministros, que os seguirem na ordem decrescente de antiguidade. Esgotada a lista, o imediato ao Ministro mais moderno será o mais antigo. Encerrada a votação, o Presidente proclamará a decisão.

Art. 164. As questões preliminares serão julgadas antes do mérito, deste não se conhecendo se incompatível com a decisão daquelas.

§ 1º Se, antes ou no curso do relatório, algum dos Ministros suscitar preliminar, será ela, antes de julgada, discutida pelas partes, que poderão usar da palavra. Se não for acolhida, o relator fará o relatório, prosseguindo-se no julgamento.

§ 2º Quando a preliminar versar nulidade suprível, converter-se-á o julgamento em diligência e o relator, se for necessário, ordenará a remessa dos autos à instância inferior, para os fins de direito.

Art. 165. Se for rejeitada a preliminar, ou, se embora acolhida, não vedar a apreciação do mérito, seguir-se-ão a discussão e o julgamento da matéria principal, e sobre ela também proferirão votos os Ministros vencidos na anterior conclusão.

Art. 166. Preferirá aos demais, com dia designado, o processo cujo julgamento houver sido suspenso, salvo se o adiamento tiver resultado de vista e se estiver aguardando a devolução dos autos.

Art. 167. O julgamento, uma vez iniciado, ultimar-se-á na mesma sessão, ainda que excedida a hora regimental.

Art. 168. A Corte Especial, a Seção ou a Turma poderão converter o julgamento em diligência, quando necessária à decisão da causa. Neste caso, o feito será novamente incluído em pauta. (Redação dada pela ER 1/1991.)

CAPÍTULO II
DAS SESSÕES SOLENES

Art. 169. O Tribunal, pelo seu Plenário, reúne-se em sessão solene:

I - para dar posse aos Ministros e aos titulares de sua direção;

II - para celebrar acontecimentos de alta relevância, mediante convocação do Presidente.

Art. 170. O cerimonial das sessões será regulado por ato do Presidente.

CAPÍTULO III
DAS SESSÕES DO PLENÁRIO

Art. 171. O Plenário, que se reúne com a presença da maioria absoluta dos seus membros, é dirigido pelo Presidente do Tribunal.

Parágrafo único. Quando o Plenário se reunir para apreciar e deliberar a respeito das matérias inscritas no artigo 10, II, IV, V, VI e VII, deste Regimento, será observado o quórum de dois terços dos membros do Tribunal.

CAPÍTULO IV
DAS SESSÕES DA CORTE ESPECIAL

Art. 172. A Corte Especial, que se reúne com a presença da maioria absoluta de seus membros, é dirigida pelo Presidente do Tribunal.

Parágrafo único. No julgamento de matéria constitucional, intervenção federal, ação penal originária, sumulação de jurisprudência e alteração ou cancelamento de enunciado de súmula e incidente de assunção de competência, será exigida a presença de dois terços de seus membros. (Alterado pela ER 24/2016.)

Art. 173. Terão prioridade no julgamento da Corte Especial:

I - as causas criminais, havendo réu preso;

II - o mandado de segurança, o mandado de injunção e o *habeas data*;

- Lei 13.300/2016 (Disciplina o processo e o julgamento dos mandados de injunção individual e coletivo).

III - a requisição de intervenção federal nos Estados;

IV - as reclamações;

V - os conflitos de competência e de atribuições.

VI - recurso especial repetitivo. (Acrescentado pela ER 22/2016.)

Art. 174. Excetuados os casos em que se exige o voto de maioria qualificada, as decisões serão tomadas pelo voto da maioria dos Ministros.

Art. 175. O Presidente não proferirá voto, salvo:

I - nos casos em que o julgamento depender de quórum qualificado para apuração do resultado;

II - em matéria administrativa;

III - nos demais casos, quando ocorrer empate.

CAPÍTULO V
DAS SESSÕES DAS SEÇÕES

Art. 176. As Seções se reúnem com a presença da maioria absoluta de seus integrantes.

Parágrafo único. No julgamento da sumulação de jurisprudência e alteração ou cancelamento de súmula e incidente de assunção de competência, será exigida a presença de dois terços de seus membros. (Alterado pela ER 24/2016.)

Art. 177. Terão prioridade no julgamento da Seção:

I - as causas criminais, havendo réu preso;

II - os *habeas corpus*;

III - o mandado de segurança e o *habeas data*;

IV - os conflitos de competência e de atribuições.

V - recurso especial repetitivo. (Acrescentado pela ER 22/2016.)

Art. 178. Excetuados os casos em que se exige o voto da maioria absoluta dos seus membros, as decisões serão tomadas pelo voto da maioria dos Ministros.

CAPÍTULO VI
DAS SESSÕES DAS TURMAS

Art. 179. As Turmas reúnem-se com a presença de, pelo menos, três Ministros.

Art. 180. Terão prioridade no julgamento das Turmas:

I - as causas criminais, havendo réu preso;

II - os *habeas corpus*.

Art. 181. A decisão da Turma será tomada pelo voto da maioria absoluta dos seus membros.

§ 1º O Presidente da Turma participa dos seus julgamentos com as funções de relator, revisor e vogal.

§ 2º Não alcançada a maioria de que trata este artigo, será adiado o julgamento para o fim de ser tomado o voto do Ministro ausente.

§ 3º Persistindo a ausência, ou havendo vaga, impedimento ou licença, por mais de um mês, convocar-se-á Ministro de outra Turma (artigo 55).

§ 4º No *habeas corpus* e no recurso em *habeas corpus*, havendo empate, prevalecerá a decisão mais favorável ao paciente.

CAPÍTULO VII
DAS SESSÕES ADMINISTRATIVAS E DE CONSELHO

Art. 182. Observado o disposto no artigo 151, serão reservadas as sessões:

I - quando o Presidente ou algum dos Ministros pedir que a Corte Especial, a Seção ou Turma se reúna em Conselho;

II - quando convocadas pelo Presidente para assunto administrativo ou da economia interna do Tribunal.

Art. 183. As sessões do Conselho de Administração serão reservadas.

Parágrafo único. Nenhuma pessoa, além dos Ministros, será admitida às sessões reservadas do Conselho de Administração e nos casos do inciso II do artigo anterior.

Art. 184. As decisões tomadas em sessão administrativa serão motivadas, sendo as disciplinares tomadas pelo voto da maioria absoluta dos membros do órgão julgador.

TÍTULO III-A
DO JULGAMENTO VIRTUAL

- Acrescentado pela ER 27/2016.

CAPÍTULO I
DISPOSIÇÕES GERAIS

Art. 184-A. Ficam criados órgãos julgadores virtuais correspondentes à Corte Especial, às Seções e às Turmas do Superior Tribunal de Justiça, com a finalidade de julgamento eletrônico de recursos. *(Redação dada pela ER 36/2020)*

Parágrafo único. Os seguintes recursos podem ser submetidos ao julgamento virtual: (Acrescentado pela ER 27/2016.)

I - Embargos de Declaração; (Acrescentado pela ER 27/2016.)

II - Agravo Interno; (Acrescentado pela ER 27/2016.)

III - Agravo Regimental. (Acrescentado pela ER 27/2016.)

Art. 184-B. As sessões virtuais devem estar disponíveis para acesso às partes, a seus advogados, aos defensores públicos e aos membros do Ministério Público na página do Superior Tribunal de Justiça na internet, mediante identificação eletrônica. (Redação dada pela ER 40/2021)

Art. 184-C. As sessões virtuais contemplarão as seguintes etapas: (Acrescentado pela ER 27/2016.)

I - inclusão do processo, pelo relator, na plataforma eletrônica para julgamento; (Acrescentado pela ER 27/2016.)

II - publicação da pauta no Diário da Justiça eletrônico com a informação da inclusão do processo; (Acrescentado pela ER 27/2016.)

III - início das sessões virtuais, que coincidirá, preferencialmente, com as sessões ordinárias dos respectivos órgãos colegiados, restringindo-se, no caso das Turmas, às sessões ordinárias de terça-feira; *(Redação dada pela ER 36/2020)*

IV - fim do julgamento, que corresponderá ao sétimo dia corrido do início do julgamento. (Acrescentado pela ER 27/2016.)

CAPÍTULO II
DO PROCEDIMENTO PARA JULGAMENTO VIRTUAL

- Acrescentado pela ER 27/2016.

Art. 184-D. O relator no julgamento virtual incluirá os dados do processo na plataforma eletrônica do STJ com a indicação do Órgão Julgador, acompanhados do relatório e do voto do processo. (Acrescentado pela ER 27/2016.)

Parágrafo único. A pauta será publicada no Diário da Justiça eletrônico cinco dias úteis antes do início da sessão de julgamento virtual, prazo no qual: (Acrescentado pela ER 27/2016.)

I - é facultado aos integrantes do Órgão Julgador expressar a não concordância com o julgamento virtual; (Acrescentado pela ER 27/2016.)

II - as partes, por meio de advogado devidamente constituído, bem como o Ministério Público e os defensores públicos poderão apresentar memoriais e, de forma fundamentada, manifestar oposição ao julgamento virtual ou solicitar sustentação oral, observado o disposto no art. 159. (Acrescentado pela ER 27/2016.)

Art. 184-E. Transcorrido o prazo previsto no parágrafo único do art. 184-D, de maneira automática, será liberada a consulta ao relatório e voto do relator aos Ministros integrantes do respectivo Órgão Julgador que decidirão, no prazo de sete dias corridos, os processos incluídos na sessão de julgamento eletrônico. (Acrescentado pela ER 27/2016.)

Art. 184-F. Somente serão computados os votos expressamente manifestados. (Redação dada pela ER 39/2021)

§ 1º (Revogado pela ER 39/2021)

§ 2º O processo será excluído da pauta de julgamento virtual nas hipóteses em que, no prazo do parágrafo único do art. 184-D, qualquer integrante do Órgão Julgador expresse não concordância com o julgamento virtual, se acolhida a oposição feita por qualquer das partes, pelo defensor público ou pelo Ministério Público ou se houver o deferimento de sustentação oral. (Acrescentado pela ER 27/2016.)

§ 3º Aplicam-se ao julgamento virtual, no que couber, as disposições dos arts. 55 e 103, § 6º. (Redação dada pela ER 39/2021)

§ 4º Não alcançado o quórum na votação, o julgamento será suspenso e incluído na (Acrescentado pela ER 39/2021) sessão virtual imediatamente subsequente.

Art. 184-G. Findo o prazo de sete dias corridos de que trata o art. 184-E, o sistema contará os votos e lançará, de forma automatizada, na plataforma eletrônica, o resultado do julgamento. (Acrescentado pela ER 27/2016.)

Art. 184-H. Caberá às Coordenadorias dos Órgãos Julgadores a finalização dos acórdãos relativos aos processos julgados em sessões virtuais, disponibilizando-os, lavrados, para assinatura dos Ministros. (Acrescentado pela ER 27/2016.)

TÍTULO IV
DAS AUDIÊNCIAS

Art. 185. Serão públicas as audiências:

I - do Presidente ou do relator para ouvir pessoas ou entidades com experiência e conhecimento em matéria de interesse para a fixação ou alteração de tese repetitiva ou de enunciado de súmula; (Alterado pela ER 22/2016.)

II - do relator, para instrução do processo, salvo exceção legal.

Art. 186. O Ministro que presidir a audiência deliberará sobre o que lhe for requerido, ressalvada a competência da Corte Especial, da Seção, da Turma e dos demais Ministros.

§ 1º Respeitada a prerrogativa dos advogados e dos membros do Ministério Público, nenhum dos presentes se dirigirá ao Presidente da audiência, a não ser de pé e com a sua licença.

§ 2º O Secretário da audiência fará constar em ata o que nela ocorrer.

§ 3º A audiência pública prevista no inciso I do art. 185 será presidida pelo Ministro que a convocou, facultada a delegação a outro Ministro. (Acrescentado pela ER 22/2016.)

§ 4º O Ministro que convocou a audiência prevista no inciso I do art. 185 divulgará, com antecedência mínima de trinta dias, as orientações gerais sobre o procedimento a ser adotado, observado o seguinte: (Acrescentado pela ER 22/2016.)

I - o despacho convocatório da audiência pública será amplamente divulgado e delimitará a(s) questão(ões) objeto de debate, fixará prazo para a indicação das pessoas a serem ouvidas e determinará a notificação dos Ministros do respectivo Órgão Julgador e o encaminhamento de convites a pessoas ou a entidades que possuam estreita relação com a questão a ser apresentada; (Acrescentado pela ER 22/2016.)

II - será garantida a participação de pessoas ou de entidades que defendam diferentes opiniões relativas à matéria objeto da audiência pública; (Acrescentado pela ER 22/2016.)

III - caberá ao Ministro que presidir a audiência pública selecionar as pessoas que serão ouvidas, divulgar a lista dos habilitados, determinar a ordem dos trabalhos, fixar o tempo de que cada um disporá para se manifestar e zelar, na medida do possível, pela garantia de pluralidade de expositores; (Acrescentado pela ER 22/2016.)

IV - os depoentes deverão limitar-se à questão em debate; (Acrescentado pela ER 22/2016.)

V - os trabalhos da audiência pública serão registrados e juntados aos autos do processo e ao projeto de súmula e disponibilizados no sítio eletrônico do Tribunal; (Acrescentado pela ER 22/2016.)

VI - os casos omissos serão resolvidos pelo Ministro que convocou a audiência. (Acrescentado pela ER 22/2016.)

TÍTULO V
DOS PROCESSOS SOBRE COMPETÊNCIA

CAPÍTULO I
DA RECLAMAÇÃO

- Res. 3/2016, STJ/GP (Dispõe sobre a competência para processar e julgar as Reclamações destinadas a dirimir divergência entre acórdão prolatado por turma recursal estadual ou do Distrito Federal e a jurisprudência do STJ).

Art. 187. Para preservar a competência do Tribunal, garantir a autoridade de suas decisões e a observância de julgamento proferido em incidente de assunção de competência, caberá reclamação da parte interessada ou do Ministério Público desde que, na primeira hipótese, haja esgotado a instância ordinária. (Alterado pela ER 24/2016.)

Parágrafo único. A reclamação, dirigida ao Presidente do Tribunal e instruída com prova documental, será autuada e distribuída ao relator da causa principal, sempre que possível.

Art. 188. Ao despachar a reclamação, o relator:

I - requisitará informações da autoridade a quem for imputada a prática do ato impugnado, a qual as prestará no prazo de dez dias;

II - ordenará, se necessário, para evitar dano irreparável, a suspensão do processo ou do ato impugnado.

III - determinará a citação do beneficiário da decisão impugnada, que terá quinze dias para apresentar contestação. (Acrescentado pela ER 22/2016.)

Art. 189. Qualquer interessado poderá impugnar o pedido do reclamante.

Art. 190. O Ministério Público, nas reclamações que não houver formulado, terá vista do processo por cinco dias, após o decurso do prazo para informações e para oferecimento da contestação pelo beneficiário do ato impugnado. (Alterado pela ER 22/2016.)

Art. 191. Julgando procedente a reclamação, o Tribunal cassará a decisão exorbitante de seu julgado ou determinará medida adequada à preservação de sua competência.

Art. 192. O Presidente determinará o imediato cumprimento da decisão, lavrando-se o acórdão posteriormente.

CAPÍTULO II
DO CONFLITO DE COMPETÊNCIA E DE ATRIBUIÇÕES

Art. 193. O conflito de competência poderá ocorrer entre autoridades judiciárias;

o de atribuições, entre autoridades judiciárias e administrativas.

Art. 194. Dar-se-á o conflito nos casos previstos nas leis processuais.

Art. 195. O conflito poderá ser suscitado pela parte interessada, pelo Ministério Público, ou por qualquer das autoridades conflitantes.

Art. 196. Poderá o relator, de ofício, ou a requerimento de qualquer das partes, determinar, quando o conflito for positivo, seja sobrestado o processo, e, neste caso, bem assim no de conflito negativo, designar um dos órgãos para resolver, em caráter provisório, as medidas urgentes.

Art. 197. Sempre que necessário, o relator mandará ouvir as autoridades em conflito no prazo de dez dias.

Art. 198. Prestadas ou não as informações, o relator dará vista do processo ao Ministério Público, pelo prazo de quinze dias, e, após, apresentá-lo-á em mesa para julgamento. (Redação dada pela ER 1/1991.)

§ 1º Da decisão será dada ciência, antes mesmo da lavratura do acórdão, por via telegráfica, aos órgãos envolvidos no conflito.

§ 2º No caso de conflito entre relatores ou Turmas integrantes de Seções diversas, ou entre estas, feita a distribuição, proceder-se-á, no que couber, na forma estabelecida no presente capítulo.

TÍTULO VI
DA DECLARAÇÃO DE INCONSTITUCIONALIDADE DE LEI OU DE ATO NORMATIVO DO PODER PÚBLICO

Art. 199. Se, por ocasião do julgamento perante a Corte Especial, for arguida a inconstitucionalidade de lei ou ato normativo do poder público, suspender-se-á o julgamento, a fim de ser tomado o parecer do Ministério Público, no prazo de quinze dias.

§ 1º Devolvidos os autos e lançado o relatório, serão eles encaminhados ao Presidente da Corte Especial para designar a sessão de julgamento. A Secretaria distribuirá cópias autenticadas do relatório aos Ministros.

§ 2º Proclamar-se-á a inconstitucionalidade ou a constitucionalidade do preceito ou ato impugnado, se num ou noutro sentido se tiver manifestado a maioria absoluta dos membros da Corte Especial.

§ 3º Se não for alcançada a maioria absoluta necessária à declaração de inconstitucionalidade, estando ausentes Ministros em número que possa influir no julgamento, este será suspenso, a fim de aguardar-se o comparecimento dos Ministros ausentes, até que se atinja o quórum; não atingido, desta forma, o quórum, será convocado Ministro não integrante da Corte, observada a ordem de antiguidade (artigo 162, § 3º).

§ 4º Cópia do acórdão será, no prazo para sua publicação, remetida à Comissão de Jurisprudência que, após registrá-lo, ordenará a sua publicação na *Revisa do Tribunal*.

Art. 200. A Seção ou a Turma remeterá o feito ao julgamento da Corte Especial quando a maioria acolher arguição de inconstitucionalidade por ela ainda não decidida.

§ 1º Acolhida a arguição, será publicado o acórdão, ouvido, em seguida, o representante do Ministério Público, em quinze dias.

§ 2º Devolvidos os autos, observar-se-á o disposto nos §§ 1º e 3º do artigo anterior.

§ 3º O relator, ainda que não integre a Corte Especial, dela participará no julgamento do incidente, excluindo-se o Ministro mais moderno.

TÍTULO VII
DAS GARANTIAS CONSTITUCIONAIS

CAPÍTULO I
DO *HABEAS CORPUS*

Art. 201. O relator requisitará informações do apontado coator, no prazo que fixar, podendo, ainda:

I - nomear advogado para acompanhar e defender oralmente o pedido, se o impetrante não for bacharel em Direito;
II - ordenar diligências necessárias a instrução do pedido;
III - se convier ouvir o paciente, determinar sua apresentação à sessão do julgamento;
IV - no *habeas corpus* preventivo, expedir salvo-conduto em favor do paciente, até decisão do feito, se houver grave risco de consumar-se a violência.

Art. 202. Instruído o processo e ouvido o Ministério Público em dois dias, o relator o colocará em mesa para julgamento, na primeira sessão da Turma, da Seção ou da Corte Especial, ou, se a matéria for objeto de jurisprudência consolidada do Superior Tribunal de Justiça ou do Supremo Tribunal Federal, poderá decidir monocraticamente. (Alterado pela ER 16/2014.)

§ 1º Opondo-se o paciente, não se conhecerá do pedido.

§ 2º Às comunicações de prisão aplicam-se o procedimento previsto neste artigo e, no que couber, as disposições do presente capítulo.

Art. 203. O Tribunal poderá, de ofício:

I - se convier ouvir o paciente, determinar sua apresentação à sessão de julgamento;
II - expedir ordem de *habeas corpus*, quando, no curso de qualquer processo, verificar que alguém sofre ou está na iminência de sofrer coação ilegal.

Art. 204. A decisão concessiva de *habeas corpus* será imediatamente comunicada às autoridades a quem couber cumpri-la, sem prejuízo da remessa de cópia do acórdão.

§ 1º A comunicação, mediante ofício ou telegrama, bem como o salvo-conduto, em caso de ameaça de violência ou coação, serão firmados pelo Presidente do órgão julgador que tiver concedido a ordem.

§ 2º Na hipótese de anulação do processo, poderá o Tribunal ou o juiz aguardar o recebimento da cópia do acórdão para o efeito de renovação dos atos processuais.

Art. 205. Ordenada a soltura do paciente, em virtude de *habeas corpus*, a autoridade que, por má-fé ou evidente abuso de poder, tiver determinado a coação, será condenada nas custas, remetendo-se ao Ministério Público traslado das peças necessárias à propositura da ação penal.

Art. 206. O carcereiro ou o diretor da prisão, o escrivão, o oficial de Justiça ou a autoridade judiciária, policial ou militar, que embaraçarem ou procrastinarem o encaminhamento do pedido de *habeas corpus*, ou as informações sobre a causa da violência, coação ou ameaça, serão multados na forma da legislação processual vigente, sem prejuízo de outras sanções penais ou administrativas.

Art. 207. Havendo desobediência ou retardamento abusivo no cumprimento da ordem de *habeas corpus*, de parte do detentor ou carcereiro, o Presidente do Tribunal, Seção ou da Turma expedirá mandado contra o desobediente e oficiará ao Ministério Público, a fim de que promova a ação penal.

Parágrafo único. Na hipótese deste artigo, a Seção, a Turma ou respectivo Presidente tomará as providências necessárias ao cumprimento da decisão, com emprego dos meios legais cabíveis, e determinará, se necessário, a apresentação do paciente ao relator ou ao juiz por ele designado.

Art. 208. As fianças que tiverem de ser prestadas perante o Tribunal serão processadas e julgadas pelo relator, a menos que este delegue essa atribuição a outro magistrado.

Art. 209. Se, pendente o processo de *habeas corpus*, cessar a violência ou coação, julgar-se-á prejudicado o pedido, podendo, porém, o Tribunal declarar a ilegalidade do ato e tomar as providências cabíveis para punição do responsável.

Art. 210. Quando o pedido for manifestamente incabível, ou for manifesta a incompetência do Tribunal para dele tomar conhecimento originariamente, ou for reiteração de outro com os mesmos fundamentos, o relator o indeferirá liminarmente.

CAPÍTULO II
DO MANDADO DE SEGURANÇA

Art. 211. O mandado de segurança, de competência originária do Tribunal, terá seu processo iniciado por petição em duplicata que preencherá os requisitos legais e conterá a indicação precisa da autoridade a quem se atribua o ato impugnado.

§ 1º A segunda via da inicial será instruída com cópias de todos os documentos, autenticadas pelo requerente e conferidas pela Secretaria do Tribunal.

§ 2º Se o requerente afirmar que o documento necessário à prova de suas alegações se acha em repartição ou estabelecimento público, ou em poder de autoridade que lhe recuse certidão, o relator requisitará, preliminarmente, por ofício, a exibição do documento, em original ou cópia autenticada, no prazo de dez dias. Se a autoridade indicada pelo requerente for a coatora, a requisição se fará no próprio instrumento da notificação.

§ 3º Nos casos do parágrafo anterior, a Secretaria do Tribunal mandará extrair tantas cópias do documento quantas se tornarem necessárias à instrução do processo.

Art. 212. Se for manifesta a incompetência do Tribunal, ou manifestamente incabível a segurança, ou se a petição inicial não atender aos requisitos legais, ou excedido o prazo estabelecido no artigo 18, da Lei n. 1.533, de 1951, poderá o relator indeferir, desde logo, o pedido.

- A Lei 1.533/1951 foi revogada pela Lei 12.016/2009 (Lei do Mandado de Segurança Individual e Coletivo).

Art. 213. Ao despachar a inicial, o relator mandará ouvir a autoridade apontada coatora, mediante ofício, acompanhado da segunda via da petição, instruída com as cópias dos documentos, a fim de que preste informações, no prazo de dez dias.

§ 1º Se o relator entender relevante o fundamento do pedido, e do ato impugnado puder resultar a ineficácia da medida, caso deferida, ordenará a respectiva suspensão liminar até o julgamento.

§ 2º Havendo litisconsortes, a citação far-se-á, também, mediante ofício, para o que serão apresentadas tantas cópias quantos forem os citados. O ofício será remetido pelo correio, através de carta registrada, com aviso de recepção, a fim de ser juntado aos autos.

§ 3º A Secretaria juntará aos autos cópia autenticada do ofício e prova de sua remessa ao destinatário.

Art. 214. Transcorrido o prazo de dez dias do pedido de informações, com ou sem estas, serão os outros encaminhados ao Ministério Público que emitirá parecer no prazo de cinco dias.

Parágrafo único. Devolvidos os autos, o relator, em cinco dias, pedirá dia para julgamento, ou, se a matéria for objeto de jurisprudência consolidada do Superior Tribunal de Justiça ou do Supremo Tribunal Federal, poderá decidir monocraticamente. (Alterado pela ER 16/2014.)

Art. 215. Os processos de mandado de segurança terão prioridade sobre todos os feitos, salvo *habeas corpus*.

CAPÍTULO III
DO MANDADO DE INJUNÇÃO E DO *HABEAS DATA*

- Lei 13.300/2016 (Disciplina o processo e o julgamento dos mandados de injunção individual e coletivo).

Art. 216. No mandado de injunção e no *habeas data*, serão observadas as normas da legislação de regência. Enquanto estas não forem promulgadas, observar-se-ão, no que couber, o Código de Processo Civil e a Lei n. 1.533, de 31 de dezembro de 1951.

- A Lei 1.533/1951 foi revogada pela Lei 12.016/2009 (Lei do Mandado de Segurança Individual e Coletivo).

TÍTULO VII-A
DOS PROCESSOS ORIUNDOS DE ESTADOS ESTRANGEIROS

- Acrescentado pela ER 18/2014.

CAPÍTULO I
DA HOMOLOGAÇÃO DE DECISÃO ESTRANGEIRA

- (Alterado pela ER 24/2016.)

Art. 216-A. É atribuição do Presidente do Tribunal homologar decisão estrangeira, ressalvado o disposto no art. 216-K. (Alterado pela ER 24/2016.)

§ 1º Serão homologados os provimentos não judiciais que, pela lei brasileira, tiverem natureza de sentença.

§ 2º As decisões estrangeiras poderão ser homologadas parcialmente. (Alterado pela ER 24/2016.)

Art. 216-B. A decisão estrangeira não terá eficácia no Brasil sem a prévia homologação do Superior Tribunal de Justiça. (Alterado pela ER 24/2016.)

Art. 216-C. A homologação da decisão estrangeira será proposta pela parte requerente, devendo a petição inicial conter os requisitos indicados na lei processual, bem como os previstos no art. 216-D, e ser instruída com o original ou cópia autenticada da decisão homologanda e de outros documentos indispensáveis, devidamente traduzidos por tradutor oficial ou juramentado no Brasil e chancelados pela autoridade consular brasileira competente, quando for o caso. (Alterado pela ER 24/2016.)

Art. 216-D. A decisão estrangeira deverá: (Alterado pela ER 24/2016.)

I - ter sido proferida por autoridade competente;

II - conter elementos que comprovem terem sido as partes regularmente citadas ou ter sido legalmente verificada a revelia;

III - ter transitado em julgado.

Art. 216-E. Se a petição inicial não preencher os requisitos exigidos nos artigos anteriores ou apresentar defeitos ou irregularidades que dificultem o julgamento do mérito, o Presidente assinará prazo razoável para que o requerente a emende ou complete.

Parágrafo único. Após a intimação, se o requerente ou o seu procurador não promover, no prazo assinalado, ato ou diligência que lhe for determinada no curso do processo, será este arquivado pelo Presidente.

Art. 216-F. Não será homologada a decisão estrangeira que ofender a soberania nacional, a dignidade da pessoa humana e/ou a ordem pública. (Alterado pela ER 24/2016.)

Art. 216-G. Admitir-se-á a tutela provisória nos procedimentos de homologação de decisão estrangeira. (Alterado pela ER 24/2016.)

Art. 216-H. A parte interessada será citada para, no prazo de quinze dias, contestar o pedido.

Parágrafo único. A defesa somente poderá versar sobre a inteligência da decisão alienígena e a observância dos requisitos indicados nos arts. 216-C, 216-D e 216-F.

Art. 216-I. Revel ou incapaz o requerido, dar-se-lhe-á curador especial, que será pessoalmente notificado.

Art. 216-J. Apresentada contestação, serão admitidas réplica e tréplica em cinco dias.

Art. 216-K. Contestado o pedido, o processo será distribuído para julgamento pela Corte Especial, cabendo ao relator os demais atos relativos ao andamento e à instrução do processo.

Parágrafo único. O relator poderá decidir monocraticamente nas hipóteses em que já houver jurisprudência consolidada da Corte Especial a respeito do tema.

Art. 216-L. O Ministério Público terá vista dos autos pelo prazo de quinze dias, podendo impugnar o pedido. (Alterado pela ER 24/2016.)

Art. 216-M. Das decisões do Presidente ou do relator caberá agravo.

Art. 216-N. A decisão estrangeira homologada será executada por carta de sentença no Juízo Federal competente. (Alterado pela ER 24/2016.)

CAPÍTULO II
DA CONCESSÃO DE *EXEQUATUR* A CARTAS ROGATÓRIAS

› Acrescentado pela ER 18/2014.

Art. 216-O. É atribuição do Presidente conceder *exequatur* a cartas rogatórias, ressalvado o disposto no art. 216-T.

§ 1º Será concedido *exequatur* à carta rogatória que tiver por objeto atos decisórios ou não decisórios.

§ 2º Os pedidos de cooperação jurídica internacional que tiverem por objeto atos que não ensejem juízo deliberatório do Superior Tribunal de Justiça, ainda que denominados de carta rogatória, serão encaminhados ou devolvidos ao Ministério da Justiça para as providências necessárias ao cumprimento por auxílio direto.

› O Ministério da Justiça foi transformado em Ministério da Justiça e Cidadania pela Lei 13.341/2016.

Art. 216-P. Não será concedido *exequatur* à carta rogatória que ofender a soberania nacional, a dignidade da pessoa humana e/ou a ordem pública.

Art. 216-Q. A parte requerida será intimada para, no prazo de quinze dias, impugnar o pedido de concessão do *exequatur*.

§ 1º A medida solicitada por carta rogatória poderá ser realizada sem ouvir a parte requerida, quando sua intimação prévia puder resultar na ineficiência da cooperação internacional.

§ 2º No processo de concessão do *exequatur*, a defesa somente poderá versar sobre a autenticidade dos documentos, a inteligência da decisão e a observância dos requisitos previstos neste Regimento.

Art. 216-R. Revel ou incapaz a parte requerida, dar-se-lhe-á curador especial.

Art. 216-S. O Ministério Público terá vista dos autos nas cartas rogatórias pelo prazo de quinze dias, podendo impugnar o pedido de concessão do *exequatur*. (Alterado pela ER 24/2016.)

Art. 216-T. Havendo impugnação ao pedido de concessão de *exequatur* a carta rogatória de ato decisório, o Presidente poderá determinar a distribuição dos autos do processo para julgamento pela Corte Especial.

Art. 216-U. Das decisões do Presidente ou do relator na concessão de *exequatur* a carta rogatória caberá agravo.

Art. 216-V. Após a concessão do *exequatur*, a carta rogatória será remetida ao Juízo Federal competente para cumprimento.

§ 1º Das decisões proferidas pelo Juiz Federal competente no cumprimento da carta rogatória caberão embargos, que poderão ser opostos pela parte interessada ou pelo Ministério Público Federal no prazo de dez dias, julgando-os o Presidente deste Tribunal.

§ 2º Os embargos de que trata o parágrafo anterior poderão versar sobre qualquer ato referente ao cumprimento da carta rogatória, exceto sobre a própria concessão da medida ou o seu mérito.

Art. 216-W. Da decisão que julgar os embargos cabe agravo.

Parágrafo único. O Presidente ou o relator do agravo, quando possível, poderá ordenar diretamente o atendimento à medida solicitada.

Art. 216-X. Cumprida a carta rogatória ou verificada a impossibilidade de seu cumprimento, será devolvida ao Presidente deste Tribunal no prazo de dez dias, e ele a remeterá, em igual prazo, por meio do Ministério da Justiça ou do Ministério das Relações Exteriores, à autoridade estrangeira de origem.

› O Ministério da Justiça foi transformado em Ministério da Justiça e Cidadania pela Lei 13.341/2016.

TÍTULO VIII
DAS AÇÕES ORIGINÁRIAS

CAPÍTULO I
DA AÇÃO PENAL ORIGINÁRIA

Art. 217. Nos crimes de ação penal pública, o Ministério Público terá o prazo de quinze dias para oferecer denúncia ou pedir arquivamento do inquérito ou das peças informativas.

§ 1º Diligências complementares poderão ser deferidas pelo relator, com interrupção do prazo deste artigo.

§ 2º Se o indiciado estiver preso:

a) o prazo para oferecimento da denúncia será de cinco dias;

b) as diligências complementares não interromperão o prazo, salvo se o relator, ao deferi-las, determinar o relaxamento da prisão.

Art. 218. O relator será o juiz da instrução, que se realizará segundo o disposto neste capítulo, no Código de Processo Penal, no que for aplicável, e neste Regimento Interno.

Parágrafo único. O relator terá as atribuições que a legislação penal confere aos juízes singulares, podendo submeter diretamente à decisão do órgão colegiado competente as questões surgidas durante a instrução. (Redação dada pela ER 2/1992.)

Art. 219. Competirá ao relator:

I - determinar o arquivamento do inquérito ou das peças informativas, quando o requerer o Ministério Público, ou submeter o requerimento à decisão da Corte Especial;

II - decretar a extinção da punibilidade nos casos previstos em lei.

Art. 220. Apresentada a denúncia ou a queixa ao Tribunal, far-se-á a notificação do acusado para oferecer resposta no prazo de quinze dias.

§ 1º Com a notificação, serão entregues ao acusado cópia da denúncia ou da queixa, do despacho do relator e dos documentos por este indicados.

§ 2º Se desconhecido o paradeiro do acusado, ou se este criar dificuldades para que o oficial cumpra a diligência, proceder-se-á a sua notificação por edital, contendo o teor resumido da acusação, para que compareça ao Tribunal, em cinco dias, onde terá vista dos autos pelo prazo de quinze dias, a fim de apresentar a resposta prevista neste artigo.

Art. 221. Se, com a resposta, forem apresentados novos documentos, será intimada a parte contrária para sobre eles se manifestar no prazo de cinco dias.

Parágrafo único. Na ação penal de iniciativa privada, será ouvido, em igual prazo, o Ministério Público.

Art. 222. A seguir, o relator pedirá dia para que a Corte Especial delibere sobre o recebimento ou a rejeição da denúncia ou da queixa, ou sobre a improcedência da acusação, se a decisão não depender de outras provas.

§ 1º No julgamento de que trata este artigo, será facultada sustentação oral pelo prazo de quinze minutos, primeiro à acusação, depois à defesa.

§ 2º Encerrados os debates, a Corte Especial passará a deliberar, determinando o Presidente as pessoas que poderão permanecer no recinto, observado o disposto no artigo 229, VI.

Art. 223. Recebida a denúncia ou a queixa, o relator designará dia e hora para o interrogatório, mandando citar o acusado ou querelado, e intimar o órgão do Ministério Público, bem como o querelante ou o assistente, se for o caso.

Art. 224. O prazo para defesa prévia será de cinco dias, contado do interrogatório ou da intimação do defensor dativo.

Art. 225. A instrução obedecerá, no que couber, ao procedimento comum do Código de Processo Penal.

§ 1º O relator poderá delegar a realização do interrogatório ou de outro ato da instrução a juiz ou membro de Tribunal do local de cumprimento da carta de ordem.

§ 2º Por expressa determinação do relator, as intimações poderão ser feitas por carta registrada com aviso de recebimento.

Art. 226. Concluída a inquirição de testemunhas, serão intimadas a acusação e a defesa, para requerimento de diligências no prazo de cinco dias.

› Súmulas 158, 168, 315, 316 e 420, STJ.

Art. 227. Realizadas as diligências ou não sendo estas requeridas nem determinadas pelo relator, serão intimadas a acusação e a defesa para, sucessivamente, apresentarem, no prazo de quinze dias, alegações escritas.

§ 1º Será comum o prazo do acusador e do assistente, bem como o dos corréus.

§ 2º Na ação penal de iniciativa privada, o Ministério Público terá vista, por igual prazo, após as alegações das partes.

§ 3º O relator poderá, após as alegações escritas, determinar, de ofício, a realização de provas reputadas imprescindíveis para o julgamento da causa.

Art. 228. Finda a instrução, o relator dará vista do processo às partes, pelo prazo de cinco dias, para requererem o que considerarem conveniente apresentar na sessão de julgamento.

§ 1º O relator apreciará e decidirá esses requerimentos para, em seguida, lançando relatório nos autos, encaminhá-los ao revisor, que pedirá dia para o julgamento.

§ 2º Ao designar a sessão de julgamento, o Presidente determinará a intimação das partes e das testemunhas cujos depoimentos o relator tenha deferido.

§ 3º A Secretaria expedirá cópias do relatório e fará sua distribuição aos Ministros.

Art. 229. Na sessão de julgamento, observar-se-á o seguinte:

I - a Corte Especial reunir-se-á com a presença de pelo menos dois terços de seus membros, excluído o Presidente;

II - aberta a sessão, apregoadas as partes e as testemunhas arroladas e admitidas, lançado o querelante que deixar de comparecer (Código de Processo Civil, artigo 29) e, salvo o caso do artigo 60, III, do Código de Processo Penal, proceder-se-á às demais diligências preliminares;

› Refere-se ao CPC/1973. art. 93, NCPC.

III - a seguir, o relator apresentará relatório do feito, resumindo as principais peças dos autos e a prova produzida. Se algum dos Ministros solicitar a leitura integral dos autos ou de partes deles, o relator poderá ordenar seja ela efetuada pelo Secretário;

IV - o relator passará a inquirir as testemunhas cujos depoimentos tenha deferido, podendo reperguntá-las os outros Ministros, o órgão do Ministério Público e as partes;

V - findas as inquirições e efetuadas as diligências que o relator ou Tribunal houver determinado, o Presidente dará a palavra, sucessivamente, ao querelante, se houver, ao órgão do Ministério Público e ao acusado, ou ao seu defensor, para sustentação oral, podendo cada um ocupar a tribuna durante uma hora, assegurado ao assistente um quarto do tempo da acusação;

VI - encerrados os debates, a Corte Especial passará a proferir o julgamento, podendo o Presidente limitar a presença no recinto às partes e seus advogados, ou somente a estes, se o interesse público o exigir.

Art. 230. O julgamento efetuar-se-á em uma ou mais sessões, a critério do Tribunal, observado, no que for aplicável, o disposto no Título XII do Livro I, do Código de Processo Penal (artigos 381 a 393 do Código de Processo Penal).

› O art. 393 do CPP foi revogado pela Lei 12.403/2011.

Art. 231. O acórdão será lavrado pelo relator e, se vencido este, pelo Ministro que for designado (artigo 52, II). (Redação dada pela ER 1/1991.)

Art. 232. Nos casos em que somente se procede mediante queixa, considerar-se-á perempta a ação penal quando o querelante deixar de comparecer, sem motivo justificado, a qualquer ato a que deva estar presente, ou deixar de formular o pedido de condenação nas alegações finais, tudo na forma da lei processual.

CAPÍTULO II
DA AÇÃO RESCISÓRIA

Art. 233. A ação rescisória terá início por petição escrita, acompanhada de tantas cópias quantos forem os réus.

Art. 234. Distribuída a inicial, preenchendo esta os requisitos legais (Código de Processo Civil, arts. 319, 320, 330, 332 e 968), o relator mandará citar o réu, assinando-lhe prazo nunca inferior a quinze dias nem superior a trinta, para responder aos termos da ação. (Alterado pela ER 22/2016.)

Art. 235. Contestada a ação, ou transcorrido o prazo, o relator fará o saneamento do processo, deliberando sobre as provas requeridas.

Art. 236. O relator poderá delegar competência a juiz ou a membro de outro Tribunal do local onde deva ser produzida a prova, fixando prazo para a devolução dos autos.

Art. 237. Concluída a instrução, o relator abrirá vista, sucessivamente, ao autor e ao réu pelo prazo de dez dias, para razões finais, cabendo ao representante do Ministério Público emitir parecer após o prazo para as razões finais do autor e do réu; em seguida, o relator pedirá dia para julgamento. (Alterado pela ER 24/2016.)

Parágrafo único. A Secretaria, ao ser incluído o feito em pauta, expedirá cópias autenticadas do relatório e as distribuirá entre os Ministros que compuserem o órgão do Tribunal competente para o julgamento.

Art. 238. A escolha de relator recairá, sempre que possível, em Ministro que não haja participado do julgamento rescindendo. (Alterado pela ER 24/2016.)

CAPÍTULO III
DA REVISÃO CRIMINAL

Art. 239. À Corte Especial caberá a revisão de decisões criminais que tiver proferido, e à Seção, das decisões suas e das Turmas.

Art. 240. No caso do inciso I, primeira parte, do artigo 621 do Código de Processo Penal, caberá a revisão, pelo Tribunal, do processo em que a condenação tiver sido por ele proferida ou mantida no julgamento de recurso especial, se seu fundamento coincidir com a questão federal apreciada.

Art. 241. A revisão terá início por uma petição instruída com a certidão de haver passado em julgado a decisão condenatória e com as peças necessárias à comprovação dos fatos arguidos, e será processada e julgada na forma da lei processual.

Art. 242. Dirigida ao Presidente, será a petição distribuída, quando possível, a um relator que não haja participado do julgamento objeto da revisão.

§ 1º O relator poderá determinar que se apensem os autos originais, se daí não advier dificuldade à execução normal da sentença.

§ 2º Não estando a petição suficientemente instruída, e julgando o relator inconveniente ao interesse da Justiça que se apensem os autos originais, este a indeferirá liminarmente.

Art. 243. Se a petição for recebida, será ouvido o Ministério Público, que dará parecer no prazo de dez dias. Em seguida, o relator, lançando relatório, passará os autos ao revisor, que pedirá dia para julgamento.

Parágrafo único. A Secretaria expedirá cópias do relatório e fará a sua distribuição aos Ministros.

TÍTULO IX
DOS RECURSOS

CAPÍTULO I
DOS RECURSOS ORDINÁRIOS

SEÇÃO I
DO RECURSO ORDINÁRIO EM HABEAS CORPUS

Art. 244. O recurso ordinário em *habeas corpus* será interposto na forma e no prazo estabelecidos na legislação processual vigente.

Art. 245. Distribuído o recurso, a Secretaria fará os autos com vista ao Ministério Público pelo prazo de dois dias.

Parágrafo único. Conclusos os autos ao relator, este submeterá o feito a julgamento na primeira sessão que se seguir à data da conclusão.

Art. 246. Será aplicado, no que couber, ao processo e julgamento do recurso, o disposto com relação ao pedido originário de *habeas corpus* (artigos 201 e seguintes).

SEÇÃO II
DO RECURSO ORDINÁRIO EM MANDADO DE SEGURANÇA

Art. 247. Aplicam-se ao recurso ordinário em mandado de segurança, quanto aos requisitos de admissibilidade e ao procedimento no Tribunal recorrido, as regras do art. 1.028 do Código de Processo Civil. (Alterado pela ER 22/2016.)

Art. 248. Distribuído o recurso, a Secretaria fará os autos com vista ao Ministério Público pelo prazo de cinco dias.

Parágrafo único. Conclusos os autos ao relator, este pedirá dia para julgamento.

SEÇÃO III
DO RECURSO ORDINÁRIO EM PROCESSOS EM QUE FOR PARTE ESTADO ESTRANGEIRO

› (Alterado pela ER 22/2016.)

Art. 249. Aplicam-se ao recurso ordinário, quanto aos requisitos de admissibilidade e ao procedimento no Juízo de origem, as normas do Código de Processo Civil relativas à apelação, no que couber. (Alterado pela ER 22/2016.)

Art. 250. Distribuído o recurso ordinário, será aberta vista ao Ministério Público pelo prazo de vinte dias. (Alterado pela ER 22/2016.)

Parágrafo único. Conclusos os autos ao relator, este pedirá dia para julgamento.

Art. 251. O recurso ordinário não será incluído em pauta antes do agravo de instrumento interposto do mesmo processo. (Alterado pela ER 22/2016.)

Art. 252. (Revogado pela ER 22/2016.)

SEÇÃO IV
DO AGRAVO EM RECURSO ESPECIAL

› (Alterado pela ER 16/2014.)

Art. 253. O agravo interposto de decisão que não admitiu o recurso especial obedecerá, no Tribunal de origem, às normas da legislação processual vigente. (Alterado pela ER 16/2014.)

Parágrafo único. Distribuído o agravo e ouvido, se necessário, o Ministério Público no prazo de cinco dias, o relator poderá: (Alterado pela ER 16/2014.)

I - não conhecer do agravo inadmissível, prejudicado ou daquele que não tenha impugnado especificamente todos os fundamentos da decisão recorrida; (Alterado pela ER 22/2016.)

II - conhecer do agravo para: (Alterado pela ER 22/2016.)

a) não conhecer do recurso especial inadmissível, prejudicado ou daquele que não tenha impugnado especificamente todos os fundamentos da decisão recorrida; (Alterado pela ER 22/2016.)

b) negar provimento ao recurso especial que for contrário a tese fixada em julgamento de recurso repetitivo ou de repercussão geral, a entendimento firmado em incidente de assunção de competência, a súmula do Supremo Tribunal Federal ou do Superior Tribunal de Justiça ou, ainda, a jurisprudência dominante acerca do tema; (Alterado pela ER 22/2016.)

c) dar provimento ao recurso especial se o acórdão recorrido for contrário a tese fixada em julgamento de recurso repetitivo ou de repercussão geral, a entendimento firmado em incidente de assunção de competência, a súmula do Supremo Tribunal Federal ou do Superior Tribunal de Justiça ou, ainda, a jurisprudência dominante acerca do tema. (Alterado pela ER 22/2016.)

d) determinar sua autuação como recurso especial quando não verificada qualquer das hipóteses previstas nas alíneas *b* e *c*, observando-se, daí em diante, o procedimento relativo a esse recurso. (Alterado pela ER 16/2014.)

SEÇÃO V
DO AGRAVO DE INSTRUMENTO

▸ (Alterado pela ER 16/2014.)

Art. 254. O agravo interposto de decisão interlocutória nas causas em que forem partes Estado estrangeiro ou organismo internacional de um lado e, do outro, Município ou pessoa residente ou domiciliada no País seguirá o disposto na legislação processual em vigor. (Alterado pela ER 16/2014.)

CAPÍTULO II
DO RECURSO ESPECIAL

Art. 255. O recurso especial será interposto na forma e no prazo estabelecido na legislação processual vigente e recebido no efeito devolutivo, salvo quando interposto do julgamento de mérito do incidente de resolução de demandas repetitivas, hipótese em que terá efeito suspensivo. (Alterado pela ER 22/2016.)

§ 1º Quando o recurso fundar-se em dissídio jurisprudencial, o recorrente fará a prova da divergência com a certidão, cópia ou citação do repositório de jurisprudência, oficial ou credenciado, inclusive em mídia eletrônica, em que houver sido publicado o acórdão divergente, ou ainda com a reprodução de julgado disponível na internet, com indicação da respectiva fonte, devendo-se, em qualquer caso, mencionar as circunstâncias que identifiquem ou assemelhem os casos confrontados. (Alterado pela ER 22/2016.)

§ 2º (Revogado pela ER 22/2016.)

§ 3º São repositórios oficiais de jurisprudência, para o fim do § 1º deste artigo, a Revista Trimestral de Jurisprudência do Supremo Tribunal Federal, a Revista do Superior Tribunal de Justiça e a Revista do Tribunal Federal de Recursos e, autorizados ou credenciados, os habilitados na forma do art. 134 e seu parágrafo único deste Regimento. (Alterado pela ER 22/2016.)

§ 4º Distribuído o recurso, o relator, após vista ao Ministério Público, se necessário, pelo prazo de vinte dias, poderá: (Alterado pela ER 24/2016.)

I - não conhecer do recurso especial inadmissível, prejudicado ou que não tiver impugnado especificamente os fundamentos da decisão recorrida; (Alterado pela ER 24/2016.)

II - negar provimento ao recurso especial que for contrário a tese fixada em julgamento de recurso repetitivo ou de repercussão geral, a entendimento firmado em incidente de assunção de competência, ou, ainda, a súmula ou jurisprudência consolidada do Supremo Tribunal Federal ou do Superior Tribunal de Justiça; (Alterado pela ER 24/2016.)

III - dar provimento ao recurso especial após vista ao recorrido, se o acórdão recorrido for contrário a tese fixada em julgamento de recurso repetitivo ou de repercussão geral, a entendimento firmado em incidente de assunção de competência ou, ainda, a súmula ou jurisprudência consolidada do Supremo Tribunal Federal ou do Superior Tribunal de Justiça. (Alterado pela ER 24/2016.)

§ 5º No julgamento do recurso especial, verificar-se-á, preliminarmente, se o recurso é cabível. Decidida a preliminar pela negativa, a Turma não conhecerá do recurso; se pela afirmativa, julgará a causa, aplicando o direito à espécie, com observância da regra prevista no art. 10 do Código de Processo Civil. (Acrescentado pela ER 24/2016.)

§ 6º Julgado o recurso especial criminal, a decisão favorável ao réu preso será imediatamente comunicada às autoridades a quem couber cumpri-la, sem prejuízo da remessa de cópia do acórdão. (Acrescentado pela ER 24/2016.)

CAPÍTULO II-A
DO RECURSO ESPECIAL REPETITIVO

▸ (Acrescentado pela ER 24/2016.)

SEÇÃO I
DO RECURSO ESPECIAL REPRESENTATIVO DA CONTROVÉRSIA

▸ (Acrescentado pela ER 24/2016.)

Art. 256. Havendo multiplicidade de recursos especiais com fundamento em idêntica questão de direito, caberá ao presidente ou ao vice-presidente dos Tribunais de origem (Tribunal de Justiça ou Tribunal Regional Federal), conforme o caso, admitir dois ou mais recursos especiais representativos da controvérsia, que serão encaminhados ao Superior Tribunal de Justiça, ficando os demais processos, individuais ou coletivos, suspensos até o pronunciamento do STJ. (Alterado pela ER 24/2016.)

§ 1º Os recursos especiais representativos da controvérsia serão selecionados pelo Tribunal de origem, que deverá levar em consideração o preenchimento dos requisitos de admissibilidade e, preferencialmente: (Alterado pela ER 24/2016.)

I - a maior diversidade de fundamentos constantes do acórdão e dos argumentos no recurso especial; (Alterado pela ER 24/2016.)

II - a questão de mérito que puder tornar prejudicadas outras questões suscitadas no recurso; (Alterado pela ER 24/2016.)

III - a divergência, se existente, entre órgãos julgadores do Tribunal de origem, caso em que deverá ser observada a representação de todas as teses em confronto. (Alterado pela ER 24/2016.)

§ 2º O Tribunal de origem, no juízo de admissibilidade: (Alterado pela ER 24/2016.)

I - delimitará a questão de direito a ser processada e julgada sob o rito do recurso especial repetitivo, com a indicação dos respectivos códigos de assuntos da Tabela Processual Unificada do Conselho Nacional de Justiça; (Alterado pela ER 24/2016.)

II - informará, objetivamente, a situação fática específica na qual surgiu a controvérsia; (Alterado pela ER 24/2016.)

III - indicará, precisamente, os dispositivos legais em que se fundou o acórdão recorrido; (Alterado pela ER 24/2016.)

IV - informará a quantidade de processos que ficarão suspensos na origem com a mesma questão de direito em tramitação no STJ; (Alterado pela ER 24/2016.)

V - informará se outros recursos especiais representativos da mesma controvérsia estão sendo remetidos conjuntamente, destacando, na decisão de admissibilidade de cada um deles, os números dos demais; (Alterado pela ER 24/2016.)

VI - explicitará, na parte dispositiva, que o recurso especial foi admitido como representativo da controvérsia. (Alterado pela ER 24/2016.)

Art. 256-A. No Superior Tribunal de Justiça, os recursos especiais encaminhados pelos Tribunais de origem como representativos da controvérsia deverão receber identificação própria no sistema informatizado e, após as etapas de autuação e classificação, ser registrados ao Presidente do STJ. (Acrescentado pela ER 24/2016.)

Art. 256-B. Compete ao Presidente do STJ: (Acrescentado pela ER 24/2016.)

I - oficiar ao presidente ou ao vice-presidente do Tribunal de origem, conforme o caso, para complementar informações do recurso especial representativo da controvérsia; (Acrescentado pela ER 24/2016.)

II - abrir vista dos autos ao Ministério Público Federal para que, no prazo improrrogável de quinze dias, manifeste-se exclusivamente a respeito dos pressupostos de admissibilidade do recurso especial como representativo da controvérsia. (Acrescentado pela ER 24/2016.)

Art. 256-C. Com ou sem o parecer do Ministério Público Federal, o processo será concluso ao Presidente do STJ para que, no prazo de vinte dias, em despacho irrecorrível, decida se o recurso especial representativo da controvérsia preenche os requisitos do art. 256 deste Regimento. (Acrescentado pela ER 24/2016.)

Art. 256-D. Caso o Presidente do STJ admita o recurso especial, determinará a distribuição dos autos nos seguintes termos: (Acrescentado pela ER 24/2016.)

I - por dependência, para os recursos especiais representativos da controvérsia que contiverem a mesma questão de direito; (Acrescentado pela ER 24/2016.)

II - de forma livre, mediante sorteio automático, para as demais hipóteses. (Acrescentado pela ER 24/2016.)

Parágrafo único. O Superior Tribunal de Justiça manterá, em sua página na internet, em destaque, relação dos recursos especiais representativos da controvérsia aptos, com a respectiva descrição da questão de direito e com o número sequencial correspondente à controvérsia. (Acrescentado pela ER 24/2016.)

Art. 256-E. Compete ao relator do recurso especial representativo da controvérsia, no prazo máximo de sessenta dias úteis a contar da data de conclusão do processo, reexaminar a admissibilidade do recurso representativo da controvérsia a fim de: (Acrescentado pela ER 24/2016.)

I - rejeitar, de forma fundamentada, a indicação do recurso especial como representativo da controvérsia devido à ausência dos pressupostos recursais genéricos ou específicos e ao não cumprimento dos requisitos regimentais, observado o disposto no art. 256-F deste Regimento; (Acrescentado pela ER 24/2016.)

II - propor à Corte Especial ou à Seção a afetação do recurso especial representativo da controvérsia para julgamento sob o rito dos recursos repetitivos, nos termos do Código de Processo Civil e da Seção II deste Capítulo. (Acrescentado pela ER 24/2016.)

Art. 256-F. Caso o relator inadmita o recurso especial como representativo da controvérsia devido à ausência dos pressupostos recursais genéricos ou específicos ou ao não cumprimento dos requisitos previstos neste Regimento, indicará recursos especiais existentes em seu acervo em substituição ao recurso inadmitido ou determinará a comunicação ao presidente ou vice-presidente do Tribunal de origem para que remeta ao STJ, em substituição, dois ou mais recursos especiais aptos que tratem da mesma questão de direito. (Acrescentado pela ER 24/2016.)

§ 1º Será inadmitido na origem recurso especial que apresente o mesmo óbice de admissibilidade reconhecido pelo Presidente do STJ ou pelo relator no julgamento de recurso representativo de idêntica questão de direito. (Acrescentado pela ER 24/2016.)

§ 2º Os recursos especiais aptos encaminhados pelo Tribunal de origem em substituição, nos termos do *caput* deste artigo, seguirão, no STJ, o mesmo procedimento do recurso representativo da controvérsia. (Acrescentado pela ER 24/2016.)

§ 3º Os recursos anteriormente suspensos nos Tribunais de origem permanecerão nessa condição, contendo a indicação do número sequencial da controvérsia de que trata o parágrafo único do art. 256-D deste Regimento. (Acrescentado pela ER 24/2016.)

§ 4º Caso o relator inadmita o recurso especial representativo da controvérsia porque a matéria não é apta a julgamento repetitivo ou porque não caracterizada a multiplicidade de recursos capaz de ensejar a afetação do processo para julgamento pelo sistema dos recursos repetitivos à Seção ou à Corte Especial, os processos suspensos em todo o território nacional retomarão seu curso normal. (Acrescentado pela ER 24/2016.)

Art. 256-G. Não adotadas as providências previstas nos incisos I e II do art. 256-E deste Regimento no prazo estabelecido no seu *caput*, presumir-se-á que o recurso especial representativo da controvérsia teve sua indicação rejeitada pelo relator. (Acrescentado pela ER 24/2016.)

› art. 2º ER 24/2016.

§ 1º A rejeição, expressa ou presumida, do recurso especial representativo da controvérsia será comunicada aos Ministros do STJ e aos presidentes ou vice-presidentes dos Tribunais de origem. (Acrescentado pela ER 24/2016.)

§ 2º Os processos suspensos em todo o território nacional em razão de recurso especial representativo da controvérsia rejeitado retomarão seu curso normal. (Acrescentado pela ER 24/2016.)

Art. 256-H. Os recursos especiais interpostos em julgamento de mérito do incidente de resolução de demandas repetitivas serão processados nos termos desta Seção, não se aplicando a presunção prevista no art. 256-G deste Regimento. (Acrescentado pela ER 24/2016.)

SEÇÃO II
DA COMPETÊNCIA PARA AFETAÇÃO E DO PROCEDIMENTO PREPARATÓRIO PARA O JULGAMENTO DO RECURSO ESPECIAL REPETITIVO

› (Acrescentado pela ER 24/2016.)

Art. 256-I. O recurso especial representativo da controvérsia apto, bem como o recurso especial distribuído cuja multiplicidade de processos com idêntica questão de direito seja reconhecida pelo relator, nos termos do art. 1.037 do Código de Processo Civil, será submetido pela Seção ou pela Corte Especial, conforme o caso, ao rito dos recursos repetitivos para julgamento, observadas as regras previstas no Capítulo II-B do Título IX da Parte I do Regimento Interno.

Parágrafo único. O Superior Tribunal de Justiça manterá, em sua página na internet, em destaque, relação dos recursos especiais afetados, com a respectiva descrição da questão de direito e com o número sequencial correspondente ao tema afetado. (Acrescentado pela ER 24/2016.)

Art. 256-J. O relator poderá solicitar informações aos Tribunais de origem a respeito da questão afetada e autorizar, em decisão irrecorrível, ante a relevância da matéria, a manifestação escrita de pessoas naturais ou jurídicas, órgãos ou entidades especializadas, com representatividade adequada, a serem prestadas no prazo improrrogável de quinze dias. (Acrescentado pela ER 24/2016.)

Art. 256-K. A fim de instruir o procedimento, pode o relator, nos termos dos arts. 185 e 186 deste Regimento, fixar data para ouvir pessoas ou entidades com experiência e conhecimento na matéria em audiência pública. (Acrescentado pela ER 24/2016.)

Art. 256-L. Publicada a decisão de afetação, os demais recursos especiais em tramitação no STJ fundados em idêntica questão de direito: (Acrescentado pela ER 24/2016.)

I - se já distribuídos, serão devolvidos ao Tribunal de origem, para nele permanecerem suspensos, por meio de decisão fundamentada do relator; (Acrescentado pela ER 24/2016.)

II - se ainda não distribuídos, serão devolvidos ao Tribunal de origem por decisão fundamentada do Presidente do STJ. (Acrescentado pela ER 24/2016.)

Art. 256-M. Após a publicação da decisão de afetação, será concedida vista dos autos ao Ministério Público Federal pelo prazo de quinze dias. (Acrescentado pela ER 24/2016.)

Parágrafo único. Com ou sem o parecer do Ministério Público Federal, o processo será concluso ao relator para elaboração do voto. (Acrescentado pela ER 24/2016.)

SEÇÃO III
DO JULGAMENTO DO RECURSO ESPECIAL REPETITIVO

› (Acrescentado pela ER 24/2016.)

Art. 256-N. Após a liberação do relator, o processo será incluído na pauta para julgamento na Seção ou na Corte Especial. (Acrescentado pela ER 24/2016.)

§ 1º O julgamento de recurso especial repetitivo terá preferência sobre os demais processos, ressalvados os casos de réu preso e os pedidos de habeas corpus e de mandado de segurança. (Acrescentado pela ER 24/2016.)

§ 2º Deve ser observado o prazo máximo de um ano para o julgamento do tema repetitivo, a contar da data da publicação da afetação. (Acrescentado pela ER 24/2016.)

§ 3º Quando o órgão julgador decidir questão relativa ao procedimento de recursos repetitivos ou à aplicação da sistemática da repercussão geral no Tribunal, os documentos relacionados ao julgamento serão disponibilizados ao Núcleo de Gerenciamento de Precedentes – Nugep. (Acrescentado pela ER 24/2016.)

Art. 256-O. Desafetado o processo da sistemática do recurso repetitivo, deverão constar da decisão ou do resultado do julgamento as consequências desse ato e sua motivação. (Acrescentado pela ER 24/2016.)

§ 1º Caso não seja cancelado o tema, a decisão de que trata o *caput* explicitará, ainda, se há necessidade de envio de novos recursos representativos da controvérsia tratando da mesma questão de direito, em substituição, para julgamento do mérito do tema. (Acrescentado pela ER 24/2016.)

§ 2º A Secretaria comunicará o teor da decisão proferida nos termos do *caput* e do § 1º deste artigo aos Ministros integrantes do respectivo órgão julgador e aos Tribunais de origem. (Acrescentado pela ER 24/2016.)

§ 3º Os recursos especiais enviados em substituição serão distribuídos por dependência ao Ministro que determinou a desafetação do recurso especial ou ao sucessor do acervo, excetuada a hipótese de o Ministro não compor mais o órgão julgador competente para apreciar a matéria ou de alteração de competência para apreciação da matéria, caso em que o recurso será distribuído entre os integrantes do órgão julgador competente para apreciar a questão. (Acrescentado pela ER 24/2016.)

§ 4º Na hipótese do § 2º deste artigo, os recursos anteriormente suspensos permanecerão nessa condição, vinculados ao número do tema no STJ. (Acrescentado pela ER 24/2016.)

§ 5º Caso seja cancelado o tema, os processos suspensos em todo o território nacional retomarão seu curso normal. (Acrescentado pela ER 24/2016.)

Art. 256-P. O Presidente do respectivo órgão julgador velará pelo cumprimento dos prazos previstos neste capítulo.

Parágrafo único. A fim de dar cumprimento ao disposto no *caput*, quando ultrapassados oito meses a contar da publicação da decisão de afetação, o Presidente do órgão julgador determinará que seja cientificado o relator ou o Ministro que tiver pedido vista, respeitados os prazos do art. 162 deste Regimento. (Acrescentado pela ER 24/2016.)

Art. 256-Q. No julgamento de mérito do tema repetitivo, o relator ou o Ministro relator para acórdão delimitará objetivamente a tese firmada pelo órgão julgador. (Acrescentado pela ER 24/2016.)

§ 1º Alterada a tese firmada no julgamento de recurso interposto contra o acórdão citado no *caput*, proceder-se-á à nova delimitação com os fundamentos determinantes da tese. (Acrescentado pela ER 24/2016.)

§ 2º A decisão de que trata o § 1º deste artigo será objeto de comunicação aos Ministros do órgão julgador, ao Presidente do STJ e aos presidentes ou vice-presidentes dos Tribunais de origem. (Acrescentado pela ER 24/2016.)

§ 3º O acórdão deverá ser redigido nos termos do art. 104-A deste Regimento. (Acrescentado pela ER 24/2016.)

SEÇÃO IV
DA PUBLICAÇÃO DO ACÓRDÃO

› (Acrescentado pela ER 24/2016.)

Art. 256-R. O acórdão proferido no julgamento do recurso especial repetitivo gerará as seguintes consequências nos demais recursos especiais fundados em idêntica questão de direito: (Acrescentado pela ER 24/2016.)

I - se já distribuídos e não devolvidos à origem por trazerem outras questões além da afetada, serão julgados pelo relator, observada a tese firmada no julgamento de mérito do respetivo tema; (Acrescentado pela ER 24/2016.)

II - se ainda não distribuídos e não devolvidos à origem, serão julgados pelo Presidente do STJ; (Acrescentado pela ER 24/2016.)

III - se suspensos nas instâncias de origem, aplicam-se os arts. 1.040 e 1.041 do Código de Processo Civil. (Acrescentado pela ER 24/2016.)

Parágrafo único. O disposto no inciso III aplica-se a todos os processos que tratem de idêntica questão de direito, mesmo que não tenham sido objeto de suspensão. (Acrescentado pela ER 24/2016.)

SEÇÃO V
DA REVISÃO DE ENTENDIMENTO FIRMADO EM TEMA REPETITIVO

‣ (Acrescentado pela ER 24/2016.)

Art. 256-S. É cabível a revisão de entendimento consolidado em enunciado de tema repetitivo, por proposta de Ministro integrante do respectivo órgão julgador ou de representante do Ministério Público Federal que oficie perante o Superior Tribunal de Justiça. (Acrescentado pela ER 24/2016.)

§ 1º A revisão ocorrerá nos próprios autos do processo julgado sob o rito dos recursos repetitivos, caso ainda esteja em tramitação, ou será objeto de questão de ordem, independentemente de processo a ela vinculado. (Acrescentado pela ER 24/2016.)

§ 2º A revisão de entendimento terá como relator o Ministro integrante do órgão julgador que a propôs ou o seu Presidente nos casos de proposta formulada pelo representante do Ministério Público Federal. (Acrescentado pela ER 24/2016.)

§ 3º O acórdão proferido na questão de ordem será inserido, como peça eletrônica complementar, no(s) processo(s) relacionado(s) ao enunciado de tema repetitivo. (Acrescentado pela ER 24/2016.)

Art. 256-T. O procedimento de revisão de entendimento será iniciado por: (Acrescentado pela ER 24/2016.)

I - decisão do Ministro proponente com a indicação expressa de se tratar de proposta de revisão de enunciado de tema repetitivo e exposição dos fundamentos da alteração da tese anteriormente firmada; (Acrescentado pela ER 24/2016.)

II - petição do representante do Ministério Público Federal dirigida ao relator do processo que ensejou a criação do tema, ou ao Presidente do órgão julgador, dependendo do caso, com os requisitos previstos no inciso I. (Acrescentado pela ER 24/2016.)

§ 1º No prazo de vinte dias, o relator do processo que ensejou a criação do tema ou o Presidente do órgão julgador decidirá se a proposta de revisão de entendimento preenche os requisitos deste artigo. (Acrescentado pela ER 24/2016.)

§ 2º Nos casos de propostas formuladas por Ministro do STJ, será concedida vista dos autos ao Ministério Público Federal pelo prazo improrrogável de quinze dias para manifestação sobre a revisão proposta. (Acrescentado pela ER 24/2016.)

Art. 256-U. Com ou sem o parecer do Ministério Público Federal, o processo será concluso ao relator ou ao Presidente do órgão julgador, conforme o caso, para julgamento. (Acrescentado pela ER 24/2016.)

Parágrafo único. A revisão deve observar, em relação ao julgamento e à publicação do acórdão, o disposto nas Seções III e IV deste Capítulo. (Acrescentado pela ER 24/2016.)

Art. 256-V. Presidente do órgão julgador poderá propor, em questão de ordem, a revisão de entendimento consolidado em enunciado de tema repetitivo para adequação ao entendimento do Supremo Tribunal Federal em repercussão geral, em ação de controle concentrado de constitucionalidade, em enunciado de súmula vinculante e em incidente de assunção de competência. (Acrescentado pela ER 24/2016.)

§ 1º A revisão ocorrerá nos próprios autos do recurso julgado sob o rito dos repetitivos, caso ainda esteja em tramitação, ou será objeto de questão de ordem, independentemente de processo a ela vinculado. (Acrescentado pela ER 24/2016.)

§ 2º O acórdão proferido na questão de ordem será inserido, como peça eletrônica complementar, no(s) processo(s) relacionado(s) ao tema repetitivo. (Acrescentado pela ER 24/2016.)

SEÇÃO VI
DAS DISPOSIÇÕES FINAIS

‣ (Acrescentado pela ER 24/2016.)

Art. 256-W. O Superior Tribunal de Justiça publicará, em sua página na internet, até o dia 15 de cada mês, relatório com o quantitativo de decisões proferidas pela Presidência com fundamento nos incisos I e II do art. 1.040 do Código de Processo Civil. (Acrescentado pela ER 24/2016.)

Parágrafo único. O relatório previsto no *caput* será encaminhado eletronicamente ao Conselho Nacional de Justiça. (Acrescentado pela ER 24/2016.)

Art. 256-X. As competências atribuídas ao Presidente do STJ neste capítulo podem ser delegadas ao Vice-Presidente e aos Presidentes das Seções, dentro de suas respectivas áreas de atuação. (Acrescentado pela ER 24/2016.)

§ 1º A delegação de que trata o *caput* far-se-á mediante ato do Presidente do Tribunal, se houver concordância do Presidente do respectivo Órgão Fracionário. (Acrescentado pela ER 24/2016.)

§ 2º Os Presidentes das Seções poderão indicar ao Presidente do Tribunal, para subdelegação, um membro integrante da respectiva Seção. (Acrescentado pela ER 24/2016.)

CAPÍTULO II-B
DA AFETAÇÃO DE PROCESSOS À SISTEMÁTICA DOS RECURSOS REPETITIVOS E DA ADMISSÃO DE INCIDENTE DE ASSUNÇÃO DE COMPETÊNCIA EM MEIO ELETRÔNICO.

‣ (Acrescentado pela ER 24/2016.)

Art. 257. É obrigatório ao relator o uso da ferramenta eletrônica de afetação do recurso especial à sistemática dos repetitivos e de admissão do incidente de assunção de competência, nos termos desse capítulo. (Alterado pela ER 24/2016.)

‣ art. 3º, ER 24/2016.

Art. 257-A. Incluída pelo relator, em meio eletrônico, a proposta de afetação ou de admissão do processo à sistemática dos recursos repetitivos ou da assunção de competência, os demais Ministros do respectivo órgão julgador terão o prazo de sete dias corridos para se manifestar sobre a proposição. (Alterado pela ER 24/2016.)

§ 1º Para a afetação ou admissão eletrônica, os Ministros deverão observar, entre outros requisitos, se o processo veicula matéria de competência do STJ, se preenche os pressupostos recursais genéricos e específicos, se não possui vício grave que impeça o seu conhecimento e, no caso da afetação do recurso à sistemática dos repetitivos, se possui multiplicidade de processos com idêntica questão de direito ou potencial de multiplicidade. (Acrescentado pela ER 24/2016.)

§ 2º Caso a maioria dos Ministros integrantes do respectivo órgão julgador decidam, na sessão eletrônica, pelo não preenchimento dos requisitos previstos no § 1º, a questão não será afetada ou admitida para julgamento repetitivo ou como assunção de competência, retornando os autos ao relator para decisão. (Acrescentado pela ER 24/2016.)

§ 3º Rejeitada a proposta de afetação ou de admissão porque a questão não é de competência do STJ, a matéria discutida no processo não será objeto de nova inclusão para afetação ou admissão eletrônica. (Acrescentado pela ER 24/2016.)

Art. 257-B. Somente serão computados os votos expressamente manifestados. (Redação dada pela ER 39/2021)

Parágrafo único. Não alcançado o quórum ou havendo empate na votação, o julgamento será suspenso e incluído na sessão virtual imediatamente subsequente. (Incluído pela ER 39/2021)

Art. 257-C. Findo o prazo de que trata o art. 257-A deste Regimento, o sistema contabilizará as manifestações e lançará, de forma automatizada, na plataforma eletrônica, suma com o resultado da deliberação colegiada sobre a afetação do processo à sistemática dos recursos repetitivos ou a admissão do incidente de assunção de competência. (Acrescentado pela ER 24/2016.)

Parágrafo único. Será afetado para julgamento pela sistemática dos recursos repetitivos ou admitido o incidente de assunção de competência à Corte Especial ou à Seção o processo que contar com o voto da maioria simples dos Ministros. (Acrescentado pela ER 24/2016.)

Art. 257-D. Afetado o recurso ou admitido o incidente, os dados serão incluídos no sistema informatizado do Tribunal, sendo-lhe atribuído número sequencial referente ao enunciado de tema. (Acrescentado pela ER 24/2016.)

Art. 257-E. Será publicada, no Diário da Justiça eletrônico, a decisão colegiada pela afetação do recurso ou pela admissão do incidente, acompanhada das manifestações porventura apresentadas pelos demais Ministros. (Acrescentado pela ER 24/2016.)

CAPÍTULO III
DOS RECURSOS DE DECISÕES PROFERIDAS NO TRIBUNAL

SEÇÃO I
DO AGRAVO REGIMENTAL EM MATÉRIA PENAL

‣ (Alterada pela ER 24/2016.)

Art. 258. A parte que se considerar agravada por decisão do Presidente da Corte Especial, de Seção, de Turma ou de relator, à exceção do indeferimento de liminar em procedimento de habeas corpus e recurso ordinário em habeas corpus, poderá requerer, dentro de cinco dias, a apresentação do feito em mesa relativo à matéria penal em geral, para que a Corte Especial, a Seção ou a Turma sobre ela se pronuncie, confirmando-a ou reformando-a. (Alterado pela ER 24/2016.)

‣ Súmulas 116 e 316, STJ.

§ 1º O órgão do Tribunal competente para conhecer do agravo é o que seria competente para o julgamento do pedido ou recurso.

§ 2º Não cabe agravo regimental da decisão do relator que der provimento a agravo de instrumento, para determinar a subida de recurso não admitido.

§ 3º O agravo regimental será submetido ao prolator da decisão, que poderá reconsiderá-la ou submeter o agravo ao julgamento da Corte Especial, da Seção ou da Turma, conforme o caso, computando-se também o seu voto. (Acrescentado pela ER 24/2016.)

§ 4º Se a decisão agravada for do Presidente da Corte Especial ou da Seção, o julgamento será presidido por seu substituto, que votará no caso de empate. (Acrescentado pela ER 24/2016.)

SEÇÃO I-A
DO AGRAVO INTERNO

▸ (Acrescentada pela ER 24/2016.)

Art. 259. Contra decisão proferida por Ministro caberá agravo interno para que o respectivo órgão colegiado sobre ela se pronuncie, confirmando-a ou reformando-a. (Alterado pela ER 24/2016.)

§ 1º O órgão do Tribunal competente para conhecer do agravo é o que seria competente para o julgamento do pedido ou recurso. (Acrescentado pela ER 24/2016.)

§ 2º Na petição de agravo interno, o recorrente impugnará especificadamente os fundamentos da decisão agravada. (Acrescentado pela ER 24/2016.)

§ 3º O agravo será dirigido ao relator, que intimará o agravado para manifestar-se sobre o recurso no prazo de quinze dias, ao final do qual, não havendo retratação, o relator levá-lo-á a julgamento pelo órgão colegiado, com inclusão em pauta. (Acrescentado pela ER 24/2016.)

§ 4º Quando o agravo interno for declarado manifestamente inadmissível ou improcedente em votação unânime, o órgão colegiado, em decisão fundamentada, condenará o agravante a pagar ao agravado multa fixada entre 1% e 5% do valor atualizado da causa. (Acrescentado pela ER 24/2016.)

§ 5º A interposição de qualquer outro recurso está condicionada ao depósito prévio do valor da multa prevista no § 4º, à exceção da Fazenda Pública e do beneficiário de gratuidade da justiça, que farão o pagamento ao final. (Acrescentado pela ER 24/2016.)

§ 6º O agravo interno será submetido ao prolator da decisão, que poderá reconsiderá-la ou submeter o agravo ao julgamento da Corte Especial, da Seção ou da Turma, conforme o caso, computando-se também o seu voto. (Acrescentado pela ER 24/2016.)

§ 7º Se a decisão agravada for do Presidente da Corte Especial ou da Seção, o julgamento será presidido por seu substituto, que votará no caso de empate. (Acrescentado pela ER 24/2016.)

Parágrafo único. (Revogado pela ER 29/2018).

SEÇÃO II
DOS EMBARGOS INFRINGENTES

Arts. 260 a 262. (Revogados pela ER 22/2016.)

SEÇÃO III
DOS EMBARGOS DE DECLARAÇÃO

Art. 263. Cabem embargos de declaração contra qualquer decisão judicial, a serem opostos no prazo legal, para: (Alterado pela ER 22/2016.)

I - esclarecer obscuridade ou eliminar contradição; (Acrescentado pela ER 22/2016.)

II - suprir omissão de ponto ou questão sobre a qual devia pronunciar-se o Órgão Julgador de ofício ou a requerimento; ou (Acrescentado pela ER 22/2016.)

III - corrigir erro material. (Acrescentado pela ER 22/2016.)

§ 1º O embargado será intimado para, querendo, manifestar-se, no prazo legal, sobre os embargos opostos, caso seu eventual acolhimento possa implicar a modificação da decisão embargada. (Alterado pela ER 22/2016.)

§ 2º (Revogado pela ER 22/2016.)

Art. 264. Os embargos de declaração serão incluídos em pauta, salvo se opostos nas classes previstas no art. 91 deste Regimento ou nas demais classes criminais. (Alterado pela ER 24/2016.)

§ 1º Se os embargos de declaração forem opostos contra decisão de relator ou outra decisão unipessoal, o Órgão Julgador da decisão embargada decidi-los-á monocraticamente. (Acrescentado pela ER 22/2016.)

§ 2º Quando manifestamente protelatórios os embargos de declaração, na forma do § 4º do art. 1.026 do Código de Processo Civil, condenar-se-á o embargante, em decisão fundamentada, a pagar ao embargado multa não excedente a 2% sobre o valor atualizado da causa. (Acrescentado pela ER 22/2016.)

Art. 265. Os embargos de declaração interrompem o prazo para a interposição de recursos por qualquer das partes, salvo quando manifestamente protelatórios, na forma do § 4º do art. 1.026 do Código de Processo Civil. (Alterado pela ER 22/2016.)

Parágrafo único. (Revogado pela ER 22/2016.)

SEÇÃO IV
DOS EMBARGOS DE DIVERGÊNCIA

Art. 266. Cabem embargos de divergência contra acórdão de Órgão Fracionário que, em recurso especial, divergir do julgamento atual de qualquer outro Órgão Jurisdicional deste Tribunal, sendo: (Alterado pela ER 22/2016.)

I - os acórdãos, embargado e paradigma, de mérito; (Acrescentado pela ER 22/2016.)

II - um acórdão de mérito e outro que não tenha conhecido do recurso, embora tenha apreciado a controvérsia. (Acrescentado pela ER 22/2016.)

§ 1º Poderão ser confrontadas teses jurídicas contidas em julgamentos de recursos e de ações de competência originária. (Alterado pela ER 22/2016.)

§ 2º A divergência que autoriza a interposição de embargos de divergência pode verificar-se na aplicação do direito material ou do direito processual. (Alterado pela ER 22/2016.)

§ 3º Cabem embargos de divergência quando o acórdão paradigma for do mesmo Órgão Fracionário que proferiu a decisão embargada, desde que sua composição tenha sofrido alteração em mais da metade de seus membros. (Alterado pela ER 22/2016.)

§ 4º O recorrente provará a divergência com certidão, cópia ou citação de repositório oficial ou credenciado de jurisprudência, inclusive em mídia eletrônica, em que foi publicado o acórdão divergente, ou com a reprodução de julgado disponível na internet, indicando a respectiva fonte, e mencionará as circunstâncias que identificam ou assemelham os casos confrontados. (Alterado pela ER 22/2016.)

Art. 266-A. Os embargos de divergência serão juntados aos autos independentemente de despacho, e sua oposição interrompe o prazo para interposição de recurso extraordinário por qualquer das partes. (Acrescentado pela ER 22/2016.)

Art. 266-B. Se os embargos de divergência não forem providos ou não alterarem a conclusão do julgamento anterior, o recurso extraordinário interposto pela outra parte antes da publicação do julgamento dos embargos de divergência será processado e julgado independentemente de ratificação. (Acrescentado pela ER 22/2016.)

Art. 266-C. Sorteado o relator, ele poderá indeferir os embargos de divergência liminarmente se intempestivos ou se não comprovada ou não configurada a divergência jurisprudencial atual, ou negar-lhes provimento caso a tese deduzida no recurso seja contrária a fixada em julgamento de recurso repetitivo ou de repercussão geral, a entendimento firmado em incidente de assunção de competência, a súmula do Supremo Tribunal Federal ou do Superior Tribunal de Justiça ou, ainda, a jurisprudência dominante acerca do tema. (Acrescentado pela ER 22/2016.)

Art. 266-D. O Ministério Público, quando necessário seu pronunciamento sobre os embargos de divergência, terá vista dos autos por vinte dias. (Acrescentado pela ER 22/2016.)

Art. 267. Admitidos os embargos de divergência em decisão fundamentada, promover-se-á a publicação, no Diário da Justiça eletrônico, do termo de vista ao embargado, para apresentar impugnação nos quinze dias subsequentes. (Alterado pela ER 22/2016.)

Parágrafo único. Impugnados ou não os embargos, serão os autos conclusos ao relator, que pedirá a inclusão do feito na pauta de julgamento.

CAPÍTULO IV
DOS RECURSOS PARA O SUPREMO TRIBUNAL FEDERAL

Art. 268. Das decisões do Tribunal são cabíveis os seguintes recursos para o Supremo Tribunal Federal:

I - recurso ordinário, nos casos previstos no artigo 102, II, *a*, da Constituição;

II - recurso extraordinário, nos casos previstos no artigo 102, III, *a*, *b*, e *c*, da Constituição.

Art. 269. Os recursos serão processados, no âmbito do Tribunal, na conformidade da legislação processual vigente e do Regimento Interno do Supremo Tribunal Federal.

Art. 270. O Presidente do Tribunal decidirá a respeito da admissibilidade do recurso.

Parágrafo único. Da decisão que não admitir o recurso, caberá agravo para o Supremo Tribunal Federal, salvo quando fundado na aplicação de entendimento firmado em regime de repercussão geral ou em julgamento de recurso repetitivo. (Alterado pela ER 24/2016.)

TÍTULO X
DOS PROCESSOS INCIDENTES

CAPÍTULO I
DA SUSPENSÃO DE SEGURANÇA, DE LIMINAR E DE SENTENÇA

▸ Redação dada pela ER 7/2004.

Art. 271. Poderá o Presidente do Tribunal, a requerimento da pessoa jurídica de direito público interessada ou do Procurador-Geral da República, e para evitar grave lesão à ordem, à saúde, à segurança e à economia públicas, suspender, em despacho fundamentado, a execução de liminar ou de decisão concessiva de mandado de segurança, proferida, em única ou última instância, pelos Tribunais Regionais Federais ou pelos Tribunais dos Estados e do Distrito Federal.

Igualmente, em caso de manifesto interesse público ou de flagrante ilegitimidade e para evitar grave lesão à ordem, à saúde, à segurança e à economia públicas, poderá o Presidente do Tribunal suspender, em despacho fundamentado, a requerimento do Ministério Público ou da pessoa jurídica de direito público interessada, a execução da liminar nas ações movidas contra o Poder Público ou seus agentes que for concedida ou mantida pelos Tribunais Regionais Federais ou pelos Tribunais dos Estados e do Distrito Federal, inclusive em tutela antecipada, bem como suspender a execução de sentença proferida em processo de ação cautelar inominada, em processo de ação popular e em ação civil pública, enquanto não transitada em julgado. (Redação dada pela ER 7/2004.)

§ 1º O Presidente poderá ouvir o impetrante, em cinco dias, e, o Procurador-Geral, quando este não for o requerente, em igual prazo. (Redação dada pela ER 1/1991.)

§ 2º Da decisão a que se refere este artigo caberá agravo regimental, no prazo de cinco dias, para a Corte Especial. (Redação dada pela ER 12/2010.)

§ 3º A suspensão vigorará enquanto pender o recurso, ficando sem efeito se a decisão concessiva for mantida pelo Superior Tribunal de Justiça ou transitar em julgado. (Redação dada pela ER 1/1991.)

CAPÍTULO I-A
DA SUSPENSÃO DE PROCESSOS EM INCIDENTE DE RESOLUÇÃO DE DEMANDAS REPETITIVAS

› (Acrescentado pela ER 22/2016.)

Art. 271-A. Poderá o Presidente do Tribunal, a requerimento do Ministério Público, da Defensoria Pública ou das partes de incidente de resolução de demandas repetitivas em tramitação, considerando razões de segurança jurídica ou de excepcional interesse social, suspender, em decisão fundamentada, todos os processos individuais ou coletivos em curso no território nacional que versem sobre a questão objeto do incidente. (Acrescentado pela ER 22/2016.)

§ 1º A parte de processo em curso em localidade de competência territorial diversa daquela em que tramita o incidente de resolução de demandas repetitivas deverá comprovar a inadmissão do incidente no Tribunal com jurisdição sobre o estado ou região em que tramite a sua demanda. (Acrescentado pela ER 22/2016.)

§ 2º O Presidente poderá ouvir, no prazo de cinco dias, o relator do incidente no Tribunal de origem e o Ministério Público Federal. (Acrescentado pela ER 22/2016.)

§ 3º A suspensão vigorará até o trânsito em julgado da decisão proferida no incidente de resolução de demanda repetitiva. (Acrescentado pela ER 22/2016.)

CAPÍTULO I-B
DO INCIDENTE DE ASSUNÇÃO DE COMPETÊNCIA

› (Acrescentado pela ER 24/2016.)

Art. 271-B. O relator ou o Presidente proporá, de ofício ou a requerimento da parte, do Ministério Público ou da Defensoria Pública, na forma preconizada pelo Capítulo II-B do Título IX da Parte I do Regimento Interno, mediante decisão irrecorrível, a assunção de competência de julgamento de recurso, de remessa necessária ou de processo de competência originária que envolver relevante questão de direito, com grande repercussão social, sem repetição em múltiplos processos. (Acrescentado pela ER 24/2016.)

§ 1º A Corte Especial ou a Seção, conforme o caso, admitirá o recurso, a remessa necessária ou o processo de competência originária se reconhecer interesse público na assunção de competência. (Acrescentado pela ER 24/2016.)

§ 2º A desistência ou o abandono do processo não impedem o exame do mérito. (Acrescentado pela ER 24/2016.)

§ 3º Se não for o requerente, o Ministério Público intervirá obrigatoriamente no processo e deverá assumir sua titularidade em caso de desistência ou de abandono. (Acrescentado pela ER 24/2016.)

Art. 271-C. Na decisão que determinou a assunção de competência, o relator ou o Presidente identificará com precisão a questão a ser submetida a julgamento. (Acrescentado pela ER 24/2016.)

Art. 271-D. O relator ou o Presidente ouvirá as partes e os demais interessados, inclusive pessoas, órgãos e entidades com interesse na controvérsia, que, no prazo comum de quinze dias, poderão requerer a juntada de documentos, bem como as diligências necessárias para a elucidação da questão de direito controvertida; em seguida, manifestar-se-á o Ministério Público Federal no mesmo prazo. (Acrescentado pela ER 24/2016.)

§ 1º A fim de instruir o procedimento, pode o Presidente ou o relator, nos termos dos arts. 185 e 186 deste Regimento, fixar data para ouvir pessoas ou entidades com experiência e conhecimento na matéria em audiência pública. (Acrescentado pela ER 24/2016.)

§ 2º Concluídas as diligências, o Presidente ou o relator solicitará dia para julgamento do processo.

Art. 271-E. No julgamento do incidente de assunção de competência, a Corte Especial e as Seções se reunirão com o quórum mínimo de dois terços de seus membros. (Acrescentado pela ER 24/2016.)

Art. 271-F. O acórdão deverá ser redigido nos termos do art. 104-A deste Regimento. (Acrescentado pela ER 24/2016.)

Art. 271-G. O acórdão proferido, em assunção de competência, pela Corte Especial vinculará todos os órgãos do Tribunal e, pela Seção, vinculará as Turmas e Ministros que a compõem, exceto se houver revisão de tese. (Acrescentado pela ER 24/2016.)

Parágrafo único. O Superior Tribunal de Justiça manterá, em sua página na internet, em destaque, relação dos incidentes de assunção de competência pendentes de julgamento e julgados, com a indicação da respectiva descrição da questão de direito e com o número sequencial do incidente. (Acrescentado pela ER 24/2016.)

CAPÍTULO II
DOS IMPEDIMENTOS E DA SUSPEIÇÃO

Art. 272. Os Ministros se declararão impedidos ou suspeitos nos casos previstos em lei.

Parágrafo único. Poderá o Ministro, ainda, dar-se por suspeito se afirmar a existência de motivo de ordem íntima que, em consciência, o iniba de julgar.

Art. 273. Se a suspeição ou impedimento for do relator ou revisor, tal fato será declarado por despacho nos autos. Se for do relator, irá o processo ao Presidente, para nova distribuição; se do revisor, o processo passará ao Ministro que o seguir na ordem de antiguidade.

Parágrafo único. Nos demais casos, o Ministro declarará o seu impedimento verbalmente, registrando-se na ata a declaração.

Art. 274. A arguição de suspeição do relator poderá ser suscitada até quinze dias após a distribuição, quando fundada em motivo preexistente; no caso de motivo superveniente, o prazo de quinze dias será contado do fato que a ocasionou. A do revisor, em igual prazo, após a conclusão; a dos demais Ministros, até o início do julgamento.

Art. 275. A suspeição deverá ser deduzida em petição assinada pela própria parte, ou procurador com poderes especiais, indicando os fatos que a motivaram e acompanhada de prova documental e rol de testemunhas, se houver.

Art. 276. Se o Ministro averbado de suspeito for o relator e reconhecer a suspeição, por despacho nos autos, ordenará a remessa deles ao Presidente, para nova distribuição; se for o revisor, passará ao Ministro que o seguir na ordem de antiguidade.

§ 1º Não aceitando a suspeição, o Ministro continuará vinculado ao feito. Neste caso, será suspenso o julgamento até a solução do incidente, que será autuado em apartado, com designação de relator. (Parágrafo único transformado em § 1º pela ER 1/1991.)

§ 2º Em matéria penal, nos processos de competência originária da Corte Especial, será relator o Presidente do Tribunal ou o Vice-Presidente se aquele for o recusado. (Alterado pela ER 22/2016.)

Art. 277. Autuada e distribuída a petição, e se reconhecida, preliminarmente, a relevância da arguição, o relator mandará ouvir o Ministro recusado, no prazo de dez dias, e, com ou sem resposta, ordenará o processo, colhendo as provas.

§ 1º Se a suspeição for de manifesta improcedência, o relator a rejeitará liminarmente.

§ 2º A afirmação de suspeição pelo arguido, ainda que por outro fundamento, põe fim ao incidente.

Art. 278. Preenchidas as formalidades do artigo anterior, o relator levará o incidente à mesa, na primeira sessão, quando se procederá ao julgamento, sem a presença do Ministro recusado.

Parágrafo único. Competirá à Seção da qual participe o Ministro recusado o julgamento do incidente, a menos que este haja sido suscitado em processo da competência da Corte Especial, caso em que a esta competirá o julgamento.

Art. 279. Reconhecida a procedência da suspeição, se haverá por nulo o que tiver sido processado perante o Ministro recusado, após o fato que ocasionou a suspeição. Caso contrário, o arguente será condenado ao pagamento das custas.

Parágrafo único. Será ilegítima a suspeição quando o arguente a tiver provocado ou, depois de manifestada a causa, praticar qualquer ato que importe a aceitação do Ministro recusado.

Art. 280. Afirmados o impedimento ou a suspeição pelo arguido, ter-se-ão por nulos os atos por ele praticados.

Art. 281. A arguição será sempre individual, não ficando os demais Ministros impedidos de apreciá-la, ainda que também recusados.

Art. 282. Não se fornecerá, salvo ao arguente e ao arguido, certidão de qualquer peça do processo de suspeição.

Parágrafo único. Da certidão constará, obrigatoriamente, o nome do requerente e a decisão que houver sido proferida.

CAPÍTULO III
DA HABILITAÇÃO INCIDENTE

Art. 283. A habilitação incidente será processada na forma da lei processual.

Art. 284. O relator, se contestado o pedido, facultará às partes sumária produção de provas, em cinco dias, e julgará, em seguida, a habilitação, cabendo agravo regimental da decisão.

Art. 285. Não dependerá de decisão do relator o pedido de habilitação:

I - do cônjuge e herdeiros necessários que provem por documento sua qualidade e o óbito do *de cujus*, e promovam a citação dos interessados para a renovação da instância;

II - fundado em sentença, com trânsito em julgado, que atribua ao requerente a qualidade de herdeiro necessário ou sucessor;

III - quando confessado ou não impugnado pela outra parte o parentesco, e se não houver oposição de terceiro.

Art. 286. Já havendo pedido de dia para julgamento, não se decidirá o requerimento de habilitação.

Art. 287. A parte que não se habilitar perante o Tribunal, poderá fazê-lo na instância inferior.

CAPÍTULO IV
DA TUTELA PROVISÓRIA

(Alterado pela ER 22/2016.)

Art. 288. Admitir-se-ão tutela de urgência ou tutela da evidência requeridas em caráter antecedente ou incidental na forma da lei processual. (Alterado pela ER 22/2016.)

§ 1º A petição inicial da ação que visa à prestação de tutela de urgência em caráter antecedente será apensada oportunamente ao processo a que se refere. (Alterado pela ER 22/2016.)

§ 2º O relator poderá apreciar a liminar e a própria tutela de urgência, ou submetê-las ao Órgão Julgador competente. (Alterado pela ER 22/2016.)

CAPÍTULO V
DA MEDIAÇÃO

(Acrescentado pela ER 23/2016.)

Art. 288-A. O Centro de Soluções Consensuais de Conflitos do Superior Tribunal de Justiça, responsável por realizar sessões e audiências de conciliação e mediação e por desenvolver programas destinados a auxiliar, orientar e estimular a autocomposição, será coordenado pelo Ministro designado pelo Presidente. (Acrescentado pela ER 23/2016.)

Parágrafo único. O Presidente, por proposta do Ministro Coordenador, disciplinará a criação e o funcionamento do Centro, bem como a inscrição, a remuneração, os impedimentos, a forma de desligamento e os afastamentos dos mediadores, com observância das normas de regência. (Acrescentado pela ER 23/2016.)

Art. 288-B. O mediador judicial será designado pelo Ministro Coordenador dentre aqueles que constarem do cadastro de mediadores mantido pelo Centro de Soluções Consensuais de Conflitos do Superior Tribunal de Justiça ou de cadastro de âmbito nacional. (Acrescentado pela ER 23/2016.)

§ 1º O relator poderá solicitar ao Centro a indicação de mediador para auxiliá-lo também em procedimento de conciliação. (Acrescentado pela ER 23/2016.)

§ 2º O relator pode encaminhar o processo de ofício para a mediação. (Acrescentado pela ER 23/2016.)

Art. 288-C. É admitido o uso da mediação para solução das controvérsias sujeitas à competência do Tribunal que versem sobre direitos disponíveis ou sobre direitos indisponíveis que admitam transação, conforme a legislação de regência, resguardada a gratuidade da mediação aos necessitados. (Acrescentado pela ER 23/2016.)

CAPÍTULO VI
DA DESCONSIDERAÇÃO DA PERSONALIDADE JURÍDICA

(Acrescentado pela ER 24/2016.)

Art. 288-D. O incidente de desconsideração da personalidade jurídica será instaurado a pedido da parte ou do Ministério Público, quando lhe couber intervir no processo, e é cabível em todas as fases da ação de competência originária. (Acrescentado pela ER 24/2016.)

§ 1º Compete ao relator apreciar o pedido de desconsideração da personalidade jurídica, que deve ser fundamentado e demonstrar o preenchimento dos pressupostos específicos previstos em lei. (Acrescentado pela ER 24/2016.)

§ 2º A instauração do incidente de desconsideração da personalidade jurídica suspenderá o processo e será comunicada imediatamente à Secretaria Judiciária, para as anotações devidas. (Acrescentado pela ER 24/2016.)

§ 3º Dispensa-se a instauração do incidente se a desconsideração da personalidade jurídica for requerida na petição inicial de ação de competência originária, hipótese em que haverá imediata distribuição, será citado o sócio ou a pessoa jurídica e não se suspenderá o processo. (Acrescentado pela ER 24/2016.)

Art. 288-E. Instaurado o incidente, o sócio ou a pessoa jurídica será citado para manifestar-se e requerer as provas cabíveis no prazo de quinze dias. (Acrescentado pela ER 24/2016.)

Art. 288-F. Concluída a instrução, se necessária, o incidente será resolvido pelo relator por decisão interlocutória, sujeita a agravo interno. (Acrescentado pela ER 24/2016.)

Art. 288-G. Aplica-se o disposto neste Capítulo à hipótese de desconsideração inversa da personalidade jurídica. (Acrescentado pela ER 24/2016.)

TÍTULO XI
DOS PROCEDIMENTOS ADMINISTRATIVOS

CAPÍTULO I
DA ELEIÇÃO DE MEMBROS DO TRIBUNAL SUPERIOR ELEITORAL

Art. 289. A eleição, em escrutínio secreto, de Ministro para integrar o Tribunal Superior Eleitoral, é feita na primeira sessão do Plenário a que se seguir a comunicação de extinção de mandato, feita pelo Presidente do Tribunal Superior Eleitoral.

Parágrafo único. Não podem ser eleitos membros efetivos ou suplentes o Presidente, o Vice-Presidente, o Corregedor Nacional de Justiça, o Corregedor-Geral da Justiça Federal, o Diretor-Geral da Escola Nacional de Formação e Aperfeiçoamento de Magistrados Ministro Sálvio de Figueiredo Teixeira e o Ministro Ouvidor do Superior Tribunal de Justiça, observado o disposto nos §§ 5º e 6º do art. 3º deste Regimento. (Alterado pela ER 15/2014.)

CAPÍTULO II
DA DISPONIBILIDADE E DA APOSENTADORIA POR INTERESS E PÚBLICO

Art. 290. O Tribunal poderá determinar por motivo de interesse público, em escrutínio secreto e pelo voto de dois terços de seus membros, a disponibilidade ou a aposentadoria de Ministro do Tribunal, assegurada ampla defesa.

CAPÍTULO III
DA VERIFICAÇÃO DE INVALIDEZ

Art. 291. O processo de verificação da invalidez do magistrado, para o fim de aposentadoria, terá início a seu requerimento, ou por ordem do Presidente do Tribunal, de ofício, ou em cumprimento de deliberação do Tribunal.

§ 1º Instaurado o processo de verificação da invalidez, o paciente será afastado, desde logo, do exercício do cargo, até final decisão, devendo ficar concluído o processo no prazo de sessenta dias.

§ 2º Tratando-se de incapacidade mental, o Presidente nomeará curador ao paciente, sem prejuízo da defesa que este queira oferecer pessoalmente, ou por procurador que constituir.

Art. 292. Como preparador do processo, funcionará o Presidente do Tribunal, até as razões finais, inclusive, efetuando-se, depois delas, a sua distribuição.

Art. 293. O paciente será notificado, por ofício do Presidente, para alegar, em dez dias, prorrogáveis por mais dez, o que entender a bem de seus direitos, podendo juntar documentos. Com o ofício, será remetida cópia da ordem inicial.

Art. 294. Decorrido o prazo do artigo antecedente, com a resposta, ou sem ela, o Presidente nomeará uma junta de três médicos para proceder ao exame do paciente e ordenará as demais diligências necessárias à averiguação do caso.

Parágrafo único. A recusa do paciente em submeter-se à perícia médica permitirá o julgamento baseado em quaisquer outras provas.

Art. 295. Concluídas as diligências, poderá o paciente, ou o seu curador, apresentar alegações no prazo de dez dias. Os autos, a seguir, serão informados pela Secretaria e distribuídos.

Art. 296. O julgamento será feito pela Corte Especial, participando o Presidente da votação.

Art. 297. A decisão do Tribunal, pela incapacidade do magistrado, será tomada pelo voto da maioria absoluta dos seus membros.

Art. 298. A decisão que concluir pela incapacidade do magistrado será imediatamente comunicada ao Poder Executivo, para os devidos fins.

Art. 299. O magistrado que, por dois anos consecutivos, afastar-se, ao todo, por seis meses ou mais, para tratamento de saúde, deverá submeter-se, ao requerer nova licença para igual fim, dentro de dois anos, a exame para verificação de invalidez.

Art. 300. Na hipótese de a verificação da invalidez houver sido requerida pelo magistrado, o processo, após parecer da junta médica designada pelo Presidente do Tribunal, será informado pela Secretaria e distribuído a um Ministro, observando-se as normas inscritas nos artigos 296 e seguintes.

TÍTULO XII
DO CUMPRIMENTO DAS DECISÕES DO TRIBUNAL

(Alterado pela ER 22/2016.)

CAPÍTULO I
DISPOSIÇÕES GERAIS

Art. 301. As determinações necessárias ao cumprimento das decisões competem: (Alterado pela ER 22/2016.)

I - ao Presidente, quanto às decisões que houver proferido e quanto às decisões tomadas pelo Plenário, pela Corte Especial e pelo Conselho de Administração. (Alterado pela ER 22/2016.)

II - ao Presidente da Seção, quanto aos acórdãos e às decisões desta e às suas decisões individuais. (Alterado pela ER 22/2016.)

III - ao Presidente de Turma, quanto aos acórdãos e às decisões desta e às suas decisões individuais; (Acrescentado pela ER 22/2016.)

IV - ao relator, quanto às suas decisões acautelatórias ou de instrução e direção do processo. (Acrescentado pela ER 22/2016.)

Parágrafo único. As disposições deste artigo não se aplicam às ações penais originárias. (Acrescentado pela ER 24/2016.)

Art. 302. (Revogado pela ER 22/2016.)

Art. 302-A. Nas ações penais originárias, os atos de execução e de cumprimento das decisões e acórdãos transitados em julgado serão requisitados diretamente ao Ministro que funcionou como relator do processo na fase de conhecimento. (Acrescentado pela ER 24/2016.)

Art. 303. Os atos executivos de cumprimento das decisões do Tribunal serão requisitados ou delegados a quem os deva praticar. (Alterado pela ER 22/2016.)

Art. 304. As impugnações ao cumprimento das decisões e os eventuais incidentes poderão ser levados à apreciação: (Alterado pela ER 22/2016.)

I - da Corte Especial, pelo Presidente, pelo relator, pela Seção ou pela Turma ou por seus Presidentes;
II - da Seção, por seu Presidente ou pelo relator;
III - da Turma, por seu Presidente ou pelo relator.

Art. 305. O cumprimento das decisões do Tribunal atenderá, no que couber, à legislação processual. (Alterado pela ER 22/2016.)

CAPÍTULO II
DA CARTA DE SENTENÇA PENAL

‣ (Alterado pela ER 24/2016.)

Art. 306. A carta de sentença deve conter, pelo menos, as seguintes peças e informações: (Alterado pela ER 24/2016.)

I - qualificação completa do executado; (Alterado pela ER 24/2016.)
II - interrogatório do executado na polícia e em juízo, conforme o caso; (Alterado pela ER 24/2016.)
III - cópia da denúncia; (Acrescentado pela ER 24/2016.)
IV - cópia da sentença, voto(s) e acórdão(s) e respectivo(s) termo(s) de publicação, inclusive contendo, se for o caso, a menção expressa ao deferimento de detração que importe determinação de regime de cumprimento de pena mais benéfico do que o legalmente cabível sem a detração, pelo próprio juízo do processo de conhecimento, nos termos do art. 387, § 2º, do Código de Processo Penal, acrescentado pela Lei n. 12.736/2012; (Acrescentado pela ER 24/2016.)
V - informação sobre os endereços em que o executado possa ser localizado, os antecedentes criminais e o grau de instrução; (Acrescentado pela ER 24/2016.)
VI - instrumentos de mandato, substabelecimentos, despachos de nomeação de defensores dativos ou de intimação da Defensoria Pública; (Acrescentado pela ER 24/2016.)
VII - certidões de trânsito em julgado da condenação para a acusação e para a defesa; (Acrescentado pela ER 24/2016.)
VIII - cópia do mandado de prisão temporária e/ou preventiva, com a respectiva certidão da data do cumprimento, para cômputo da detração; (Acrescentado pela ER 24/2016.)
IX - cópia de eventual alvará de soltura, com a certidão da data do cumprimento da ordem de soltura, para cômputo da detração, caso esta já não tenha sido apreciada pelo Juízo do processo de conhecimento para determinação do regime de cumprimento de pena, nos termos do art. 387, § 2º, do Código de Processo Penal, acrescentado pela Lei n. 12.736/2012; (Acrescentado pela ER 24/2016.)
X - nome e endereço do curador, se houver; (Acrescentado pela ER 24/2016.)
XI - informações acerca do estabelecimento prisional em que o condenado encontra-se recolhido e para o qual deve ser removido, na hipótese de deferimento de detração que importe determinação de regime de cumprimento de pena mais benéfico do que o legalmente cabível sem a detração pelo próprio juízo do processo de conhecimento, nos termos do art. 387, § 2º, do Código de Processo Penal, acrescentado pela Lei n. 12.736/2012; (Acrescentado pela ER 24/2016.)
XII - cópias da decisão de pronúncia e da certidão de preclusão em se tratando de condenação em crime doloso contra a vida; (Acrescentado pela ER 24/2016.)
XIII - certidão carcerária; (Acrescentado pela ER 24/2016.)
XIV - cópias de outras peças do processo reputadas indispensáveis à adequada execução da pena, a critério do relator. (Acrescentado pela ER 24/2016.)

Arts. 307 e 308. (Revogados pela ER 24/2016).

CAPÍTULO III
DO CUMPRIMENTO DE DECISÃO DO TRIBUNAL QUE RECONHEÇA A EXIGIBILIDADE DE OBRIGAÇÃO DE PAGAR QUANTIA CERTA PELA FAZENDA PÚBLICA

‣ (Alterado pela ER 22/2016.)

Art. 309. A execução por quantia certa fundada em decisão proferida contra a Fazenda Pública em ação da competência originária do Tribunal observará o disposto na lei processual. (Alterado pela ER 22/2016.)

I e II - (Revogados pela ER 22/2016.)

§ 1º A Fazenda Pública será intimada na pessoa de seu representante judicial por carga ou meio eletrônico, para, querendo, no prazo de trinta dias e nos próprios autos, impugnar o cumprimento de decisão. (Acrescentado pela ER 22/2016.)

§ 2º Se não houver impugnação no prazo regimental ou se forem rejeitadas as arguições da executada, observar-se-á o disposto na lei processual. (Acrescentado pela ER 22/2016.)

Art. 310. As requisições de pagamento das somas ao qual a Fazenda Pública for condenada serão dirigidas ao Presidente do Tribunal, que determinará as providências ao devedor para depósito ou alocação orçamentária. (Alterado pela ER 22/2016.)

Art. 311. O Presidente do Tribunal determinará o pagamento integral das requisições e autorizará, a requerimento do credor e exclusivamente para os casos de preterimento de seu direito de precedência ou de não alocação orçamentária do valor necessário à satisfação do seu débito, o sequestro da quantia respectiva. (Alterado pela ER 22/2016.)

CAPÍTULO IV
DA INTERVENÇÃO FEDERAL NOS ESTADOS

Art. 312. A requisição de intervenção federal, prevista nos artigos 34, VI, e 36, II e IV, da Constituição, será promovida:

I - de ofício, ou mediante pedido do Presidente do Tribunal de Justiça do Estado, ou do Presidente de Tribunal Federal, quando se tratar de prover a execução de ordem ou decisão judicial, com ressalva, conforme a matéria, da competência do Supremo Tribunal Federal ou do Tribunal Superior Eleitoral (Constituição, artigo 34, VI, e artigo 36, II);
II - de ofício, ou mediante pedido da parte interessada, quando se tratar de prover a execução de ordem ou decisão do Superior Tribunal de Justiça (Constituição, artigo 34, VI, e artigo 36, II);
III - mediante representação do Procurador-Geral da República, quando se tratar de prover a execução de lei federal (Constituição, artigo 34, VI, e artigo 36, IV).

Art. 313. O Presidente, ao receber o pedido:

I - tomará as providências oficiais que lhe parecerem adequadas para remover, administrativamente, a causa do pedido;
II - mandará arquivá-lo, se for manifestamente infundado, cabendo da sua decisão agravo regimental.

Art. 314. Realizada a gestão prevista no inciso I do artigo anterior, solicitadas informações à autoridade estadual, que as deverá prestar, no prazo de trinta dias, e ouvido o Procurador-Geral, em igual prazo, o pedido será distribuído a um relator. (Redação dada pela ER 1/1991.)

Parágrafo único. Tendo em vista o interesse público, poderá a Corte Especial limitar a presença no recinto às partes e seus advogados, ou somente a estes. (Acrescido pela ER 1/1991.)

Art. 315. Julgado procedente o pedido, o Presidente do Tribunal comunicará imediatamente a decisão aos órgãos interessados do Poder Público e requisitará a intervenção ao Presidente da República.

PARTE III
DOS SERVIÇOS ADMINISTRATIVOS

TÍTULO I
DA SECRETARIA DO TRIBUNAL

Art. 316. À Secretaria do Tribunal incumbe a execução dos serviços administrativos do Tribunal.

§ 1º O Diretor-Geral da Secretaria do Tribunal, com formação superior, será nomeado em comissão pelo Presidente do Tribunal.

§ 2º Compete ao Diretor-Geral supervisionar, coordenar e dirigir todas as atividades administrativas da Secretaria, observadas as orientações estabelecidas pelo Presidente e de acordo com as deliberações do Tribunal. (Acrescido pela ER 12/2010, que também revogou o parágrafo único.)

Art. 317. A organização da Secretaria do Tribunal será fixada em resolução do Conselho de Administração (artigo 38, I), cabendo ao Presidente, em ato próprio, especificar as atribuições das diversas unidades, bem assim de seus diretores, chefes e servidores.

Art. 318. O Diretor-Geral da Secretaria, em suas férias, faltas e impedimentos, será substituído por Diretor de Secretaria, com os requisitos exigidos para o cargo, e designado pelo Presidente.

Art. 319. Além das atribuições estabelecidas no ato do Presidente a que se refere o artigo 317, incumbe ao Diretor-Geral da Secretaria: (Redação dada pela ER 4/1993.)

I - apresentar ao Presidente as petições e papéis dirigidos ao Tribunal;
II - despachar com o Presidente o expediente da Secretaria;
III - manter sob sua direta fiscalização, e permanentemente atualizado, o assentamento funcional dos Ministros;
IV - relacionar-se, pessoalmente, com os Ministros no encaminhamento dos assuntos administrativos referentes a seus gabinetes, ressalvada a competência do Presidente;
V - secretariar, salvo dispensa do Presidente, as sessões administrativas do Plenário e do Conselho de Administração, lavrando as respectivas atas e assinando-as com o Presidente; (Redação dada pela ER 4/1993.)

Art. 320. O Secretário do Plenário e da Corte Especial, das Seções e das Turmas serão designados pelo Presidente do Tribunal, dentre funcionários do Quadro de Pessoal da Secretaria, e mediante indicação do respectivo Presidente, em se tratando das Seções e Turmas.

Art. 321. Os secretários dos órgãos julgadores, o Diretor-Geral, qualquer diretor, chefe ou servidor da Secretaria, que tiverem de servir nas sessões do Plenário, da Corte Especial, Seção ou Turma, ou a elas comparecer a serviço, usarão capa e vestuário condigno.

TÍTULO II
DO GABINETE DO PRESIDENTE

Art. 322. Ao Gabinete da Presidência do Tribunal incumbe o exercício das atividades de apoio administrativo à execução das funções do Presidente e a assessoria no planejamento e fixação das diretrizes para a administração do Tribunal, bem assim, no desempenho de suas demais atribuições previstas em lei e neste Regimento, inclusive no que concerne às funções de auditoria e de representação oficial e social do Tribunal. (Redação dada pela ER 4/1993.)

Parágrafo único. Ao Secretário-Geral da Presidência, bacharel em Direito, Administração ou Economia, nomeado em comissão, compete supervisionar e coordenar as atividades administrativas, e de assessoramento e planejamento do Gabinete, de acordo com a orientação estabelecida pelo Presidente. (Redação dada pela ER 1/1991.)

Art. 323. A organização administrativa e dos órgãos de assessoramento, planejamento e auditoria do Gabinete será estabelecida por ato do Presidente.

Art. 324. (Revogado pela ER 35/2019)

TÍTULO III
DOS GABINETES DOS MINISTROS

Art. 325. Cada Ministro disporá de um gabinete para executar os serviços administrativos e de assessoramento jurídico.

§ 1º Os servidores do Gabinete, de estrita confiança do Ministro, serão por este indicados ao Presidente, que os designará para nele terem exercício.

§ 2º O Assessor de Ministro, bacharel em Direito, nomeado em comissão pelo Presidente, mediante indicação do Ministro, poderá ser recrutado do Quadro de Pessoal da Secretaria, ou não, e permanecerá em exercício, enquanto bem servir, a critério do Ministro.

§ 3º No caso de afastamento definitivo do Ministro, o assessor permanecerá no exercício das respectivas funções até o encerramento dos trabalhos do Gabinete, não podendo, porém, esse exercício prolongar-se por mais de noventa dias, devendo, de qualquer modo, cessar à data da nomeação do novo titular. (Redação dada pela ER 31/2019)

Art. 326. Ao Assessor cabe executar trabalhos e tarefas que lhe forem atribuídos pelo Ministro.

Art. 327. O horário do pessoal do Gabinete, observada a duração legal e as peculiaridades do serviço, será o estabelecido pelo Ministro.

Parágrafo único. (Revogado pela ER 35/2019)

TÍTULO IV
DA SECRETARIA DO CONSELHO DA JUSTIÇA FEDERAL

Arts. 328 a 331. (Revogados pela ER 4/1993.)

PARTE IV
DISPOSIÇÕES FINAIS

TÍTULO I
DAS EMENDAS AO REGIMENTO

Art. 332. A iniciativa de emenda ao Regimento Interno cabe a qualquer membro ou Comissão do Tribunal.

Parágrafo único. A proposta de emenda que não for de iniciativa da Comissão de Regimento será encaminhada a ela, que dará seu parecer, dentro de dez dias. Nos casos urgentes, esse prazo poderá ser reduzido.

Art. 333. Quando ocorrer mudança na legislação que determine alteração do Regimento Interno esta será proposta ao Tribunal pela Comissão de Regimento, no prazo de dez dias, contados da vigência da lei.

Art. 334. As emendas considerar-se-ão aprovadas se obtiverem o voto favorável de dois terços dos membros do Tribunal, não entrando em vigor antes de sua publicação no Diário da Justiça eletrônico. (Alterado pela ER 22/2016.)

Art. 335. As emendas aprovadas serão numeradas ordinalmente.

TÍTULO II
DAS DISPOSIÇÕES GERAIS E TRANSITÓRIAS

Art. 336. Ocorrendo alteração do número de Ministros, previsto na data da publicação deste Regimento, a competência do Plenário limitar-se-á às eleições do Presidente do Tribunal, do Vice-Presidente, dos membros do Conselho da Justiça Federal e do Diretor da Revista, transferindo-se para a Corte Especial as demais competências elencadas no artigo 10.

Art. 337. O Tribunal presta homenagem aos Ministros:

I - por motivo de afastamento definitivo do seu serviço;

II - por motivo de falecimento;

III - para celebrar centenário de nascimento.

Parágrafo único. Por deliberação da Corte Especial, tomada com a presença de dois terços dos seus membros e pelo voto da maioria absoluta dos seus integrantes, o Tribunal pode homenagear pessoa estranha e falecida, de excepcional relevo no governo do País, na administração da Justiça ou no aperfeiçoamento das instituições jurídicas.

Art. 338. O Presidente do Tribunal, mediante instrução normativa, disciplinará a remessa aos Tribunais Regionais Federais, dos feitos da competência destes e que se encontrem na Secretaria do Superior Tribunal de Justiça, pendentes de julgamento.

Art. 339. O Conselho da Justiça Federal elaborará o seu Regimento Interno e o submeterá à aprovação da Corte Especial, no prazo de cento e vinte dias da vigência deste Regimento.

Art. 340. Os embargos de declaração, interpostos de acórdãos proferidos em processos dos quais o Tribunal haja perdido a competência para julgar, serão encaminhados ao Tribunal Regional Federal respectivo.

Art. 341. Os acórdãos proferidos pelo Tribunal Federal de Recursos e ainda não publicados, serão incluídos no expediente de publicação do Tribunal, e aguardarão, na Secretaria deste, a interposição de recurso.

Parágrafo único. Interposto o recurso, serão os autos encaminhados ao Tribunal Regional Federal respectivo, para o seu processamento. Igual procedimento será adotado em relação a recursos interpostos de acórdãos do Tribunal Federal de Recursos, que estejam sendo processados na Secretaria do Superior Tribunal de Justiça.

Art. 342. Os feitos da competência do Tribunal Federal de Recursos e incluídos na competência do Superior Tribunal de Justiça serão redistribuídos.

Art. 343. Os precatórios de requisição de pagamento das somas a que a Fazenda Pública tiver sido condenada, e em andamento na Secretaria do Tribunal, serão objeto de resolução a ser baixada pela Presidência do Tribunal.

Art. 344. Este Regimento Interno entrará em vigor quinze dias após a sua publicação, revogadas as disposições em contrário.

Superior Tribunal de Justiça,
22 de junho de 1989.
Evandro Gueiros Leite

- **SÚMULAS**
- **ENUNCIADOS**

ÍNDICE TEMÁTICO - SÚMULAS ORGANIZADAS POR ASSUNTO

Enunciados dos Tribunais Superiores (STF – STJ)

1. Direito Constitucional	
DIREITOS E GARANTIAS FUNDAMENTAIS	**STJ: 2, 280, 304, 403, 419 e 444** **STF: 568, 654** **Súmulas Vinculantes: 1 e 25 -STF**
DIREITOS POLÍTICOS	**Súmula vinculante :18-STF**
CONTROLE DE CONSTITUCIONALIDADE	**Súmula vinculante: 10-STF**: **STF: 360, 614 e 642.**
COMPETÊNCIAS LEGISLATIVAS	**Súmulas vinculantes: 2, 38, 39 e 46-STF**. STF:419, 645, 647 e 722. STJ:**19.**
PODER LEGISLATIVO	**STF: 3, 245 E 397.**
PROCESSO LEGISLATIVO	**Súmula vinculante 54-STF**: **STF: 651.**:
TRIBUNAL DE CONTAS	**STF: 6, 7, 42, 347 E 653.** **Súmula vinculante: 3-STF**:
PODER JUDICIÁRIO	**STF: 40, 41, 46, 478, 627, 628, 649 e 731.**
MINISTÉRIO PÚBLICO	**STJ:99, 116, 189, 226, 234, 329 e 594.** **STF: 643 e 701.**
DEFENSORIA PÚBLICA	**STJ: 421.**
OUTROS TEMAS	**Súmula vinculante: 49-STF:** **STF: 440, 496 e 646.** STJ: 613.

2. Direito Administrativo	
PRINCÍPIO DA AUTOTUTELA	**STF: 6, 346 e 473.**
VEDAÇÃO AO NEPOTISMO	**Súmula vinculante: 13-STF**
ORGANIZAÇÃO ADMINISTRATIVA	**STF: 8 e 33.** **STJ: 525.**
CONCURSO PÚBLICO	**STF:15, 16, 17, 373, 683, 684, 685 e 686** **STJ: 266, 377, 466 E 552.** **Súmulas vinculantes: 43 e 44-STF**:
SERVIDORES PÚBLICOS	STF: 11, 12, 13, 20, 21, 22, 24, 25, 26, 27, 29, 30, 31, 32, 34, 36, 38, 39, 43, 44, 47, 48, 50, 321, 339, 358, 359, 384, 408, 566, 567, 671, 672, 680, 681,682, 726, STJ:378. **Súmulas vinculantes: 3, 4, 15, 16, 20, 33, 34, 37, 42, 51, 55 -STF:**
PRESCRIÇÃO	**STF: 383 e 443.** **STJ: 39 e 85.**
DESAPROPRIAÇÃO	**STF: 23, 157, 164, 218, 345, 378, 416, 475, 476, 561, 617, 618 e 652.** **STJ: 12, 56, 67, 69, 70, 102, 113, 114, 119, 131, 141 e 354.**
PROCESSO ADMINISTRATIVO DISCIPLINAR	STF: 18 e 19. STJ: 591, 592 e 611. **Súmula vinculante: 5-STF**:
OUTRAS ESPÉCIES DE PROCESSO ADMINISTRATIVO	**STJ: 312, 373, 434 e 510.** **Súmula vinculante: 21-STF**:
CONSELHOS PROFISSIONAIS	**STJ: 79, 120, 275, 413 e 561.**
BENS PÚBLICOS	**STF: 477, 479, 480 e 650.** **STJ: 103 e 496.**
OUTROS TEMAS	STF: 58, 186 e 362. STJ: 615.

3. Direito Civil	
BEM DE FAMÍLIA	**STJ: 205, 364, 449, 486 e 549**
FRAUDE CONTRA CREDORES	**STJ: 195.**
PRESCRIÇÃO E DECADÊNCIA	**STF: 150, 153, 154 e 445.** **STJ: 39, 106, 194 e 547.**
OBRIGAÇÕES	**STF 159:** **STJ: 245, 294 e 298.**
MORA	**STJ: 308.**
JUROS E CORREÇÃO MONETÁRIA	**STF: 121, 163, 254, 596 e 648.** **STJ: 30, 283, 296, 379, 382, 472, 539 e 541.** **Súmula vinculante: 7-STF**.
RESPONSABILIDADE CIVIL	**STF: 261, 341, 490, 491, 492 e 562.** **STJ: 43, 54, 132, 186, 221, 246 e 362.**
DANO MORAL	**STF: 28 e 493.** **STJ: 37, 227, 281, 313, 370, 385, 387, 388 e 403.**
DPVAT	**STJ: 246, 257, 278, 405, 426, 474, 540, 544, 573 e 580.**
CLÁUSULA DE FORO DE ELEIÇÃO	**STF: 335.**
COMPRA E VENDA	**STF: 165 e 494.**
CONTRATO DE TRANSPORTE	**STF: 35, 151, 161 e 187.** **STJ: 109 e 145.**
CONTRATO DE SEGURO	**STF: 105 e 188.** **STJ: 101, 229, 278, 402, 465, 529, 537, 610 e 616.**
ALIENAÇÃO FIDUCIÁRIA	**STF: 489.** **STJ: 28, 72, 92, 138, 284, 293, 369, 384 e 564.**
FIANÇA	**STJ: 332.**
LOCAÇÃO	**STF: 65, 80, 109, 158, 123, 171, 172, 173,174, 175, 176, 177, 178, 179, 180, 181, 357, 370, 374, 375, 376, 409, 410, 411, 442, 444, 446, 449, 481, 482, 483, 484, 485, 486 e 488.** **STJ: 214, 268, 335,**
CONTRATO DE CONSÓRCIO	**STJ: 35 e 538.**
COMPROMISSO DE COMPRA E VENDA	**STF: 166, 167, 168, 412, 413 e 621.** **STJ: 76, 84 e 239.**
DIREITO AUTORAL	**STF: 386.** **STJ: 63, 228 e 261.**
CONDOMÍNIO	**STJ: 260 e 478.**
POSSE	**STF: 487.**
USUCAPIÃO	**STF: 263, 237, 340 e 391.** **STJ: 11 e 193.**
SERVIDÃO	**STF: 415.**
HIPOTECA	**STJ: 308.**
DIREITOS DE VIZINHANÇA	**STF: 120 e 414.**
ENFITEUSE	**STF: 122, 169 e 170.**
CASAMENTO E DIVÓRCIO	**STF: 305 e 377.** **STJ: 197.**
UNIÃO ESTÁVEL	**STF: 380 e 382.**
AÇÃO DE INVESTIGAÇÃO DE PATERNIDADE	**STF: 149.** **STJ: 1, 277 e 301.**
ALIMENTOS	**STF: 226 e 379.** **STJ: 1, 309, 336, 358, 594 e 596.**
SUCESSÕES	**STF: 49, 447 e 542.**
OUTROS TEMAS	**STF: 182, 183, 184, 185 e 275.**

4. Direito do Consumidor	
RESPONSABILIDADE	**STF: 28.** **STJ: 130, 479 e 595.**
APLICAÇÃO DO CDC	**STJ: 297, 563, 602 e 608.**
COBRANÇA DE TARIFAS DE SERVIÇOS	**STJ: 407, 412 e 356.**
PROTEÇÃO CONTRATUAL	**STJ: 285, 286, 302, 322, 381, 477, 543, 597 e 609.**
PRÁTICA ABUSIVA	**STJ: 532.**
BANCOS DE DADOS E CADASTROS DE CONSUMIDORES	**STJ: 323, 359, 385, 404, 548, 550 e 572.**

ÍNDICE TEMÁTICO - SÚMULAS ORGANIZADAS POR ASSUNTO

OUTROS TEMAS	**STJ: 601.**
5. Direito Empresarial	
LIVROS COMERCIAIS	**STF: 260, 390 e 439.**
MARCA	**STJ: 143.**
CONTRATOS BANCÁRIOS	**STJ: 28, 72, 92, 233, 247, 258, 259, 283, 284, 285, 286, 300, 322, 379, 381, 477, 479, 530, 565 e 566.**
SOCIEDADES	**STF: 265.** **STJ: 389 e 551.**
TÍTULOS DE CRÉDITO	**STF: 189, 387 e 600.** **STJ: 16, 26, 60, 93, 258, 299, 370, 475, 476, 503, 504 e 531.**
FALÊNCIA E RECUPERAÇÃO JUDICIAL	**STF: 190, 192, 193, 417, 495 e 565.** **STJ: 8, 25, 29, 36, 88, 133, 219, 248, 250, 264, 305, 307, 361, 480 e 581.**
OUTROS TEMAS	**STJ: 371.**
6. Direito Processual Civil	
CITAÇÃO E INTIMAÇÃO	**STF: 310.** **STJ: 106 e 429.**
MULTA NAS OBRIGAÇÕES DE FAZER OU NÃO FAZER	**STJ: 410.**
AÇÃO DECLARATÓRIA	**STJ: 181.**
ARBITRAGEM	**STJ: 485.**
COMPETÊNCIA TERRITORIAL	**STJ: 1, 33 e 206.**
COMPETÊNCIA PELO FORO DA SITUAÇÃO DA COISA	**STF: 363.** **STJ: 11, 238 e 376.**
COMPETÊNCIA DO STF	**STF: 503.**
COMPETÊNCIA DA JUSTIÇA FEDERAL	**STF: 218, 250, 251, 501, 504, 508, 517, 518, 556, 557 e 689.** **STJ: 32, 42, 66, 150, 173, 254, 349, 365 e 570.**
COMPETÊNCIA DA JUSTIÇA ESTADUAL	**STF:516.** **STJ: 4, 15, 34, 55, 82, 137, 150, 161, 218, 222, 224, 254, 270, 363, 505, 506 e 553.** **Súmula vinculante: 27-STF.**
COMPETÊNCIA DA JUSTIÇA ELEITORAL	**STJ: 368 e 374.**
CUMULAÇÃO DE PEDIDOS (TRABALHISTA E ESTATUTÁRIO)	**STJ: 170.**
CONEXÃO	**STJ: 235.**
CONFLITO DE COMPETÊNCIA	**STJ: 3, 22, 59, 236 e 428.**
JUSTIÇA GRATUITA	**STJ: 481.**
VALOR DA CAUSA	**STF: 449 e 502.**
IMPEDIMENTOS	**STF: 72.**
PRERROGATIVAS PROCESSUAIS DA FAZENDA PÚBLICA	**STF: 644.** **STJ: 116, 178 e 483.**
RECONVENÇÃO	**STF: 258.**
DOCUMENTOS DE PROCEDÊNCIA ESTRANGEIRA	**STF: 259.**
REVELIA E PRODUÇÃO DE PROVAS	**STF: 231.**
ABANDONO DA CAUSA PELO AUTOR	**ST: 216.** **STJ: 240.**
TUTELA PROVISORIA	**STF: 729.** .
DESPACHO SANEADOR	**STF: 424.**
HONORÁRIOS ADVOCATÍCIOS E DESPESAS PROCESSUAIS	**STF: 256, 257, 450, 472 e 616.** **STJ: 14, 201, 232, 306, 326, 345, 421, 453, 462 e 488.** **Súmula vinculante: 47-STF.**
LIQUIDEZ DA SENTENÇA	**STJ: 318 e 344.**
AÇÃO RESCISÓRIA	**STF: 249, 252, 264, 343, 514 e 515.** **STJ: 175 e 401.**
RECURSOS EM GERAL	**STF: 320, 425, 428 e 641.** **STJ: 99, 117, 484 e 568.**
APELAÇÃO	**STJ: 331.**
REEXAME NECESSÁRIO	**STF: 423 e 620** **STJ: 45, 253, 325, 390 e 490.**
AGRAVO DE INSTRUMENTO	**STF: 288, 639 e 727.** **STJ: 118 e 223.**
AGRAVO INTERNO	**STJ: 182.**
AGRAVO NO AUTO DO PROCESSO	**STF: 211, 242, 342 e 426.**

EMBARGOS DE DECLARAÇÃO	**STF: 317.** **STJ: 98 e 579.**
EMBARGOS INFRINGENTES	**STF: 293, 294, 295, 296, 354, 368, 455 e 597.** **STJ: 88, 169, 255 e 390.**
EMBARGOS DE DIVERGÊNCIA	**STF: 233, 247, 253, 273, 290, 300, 353 e 598.** **STJ: 158, 168, 315, 316 e 420.**
RECURSO ORDINÁRIO CONSTITUCIONAL	**STF: 319.**
RECURSO EXTRAORDINÁRIO	**STF: 279, 280, 281, 282, 283, 284, 285,287, 289, 292, 322, 356, 432, 454, 456, 505, 513, 527, 528, 634, 635, 636, 637, 638, 640, 728, 733 e 735.**
RECURSO ESPECIAL	**STF: 286, 291, 369, 389, 399 e 400.** **STJ: 5, 7, 13, 83, 86, 115, 123, 126, 187, 203, 207, 211, 216 e 518.**
PROCESSO CAUTELAR	**STJ: 372 e 482.**
EXECUÇÃO	**STF: 228.** **STJ: 27, 46, 196, 233, 247, 258, 268, 300, 317, 319, 328, 375, 417, 451, 478, 517 e 519.**
EXECUÇÃO FISCAL	**STF: 276, 277, 278, 507, 519 e 563.** **STJ: 58, 121, 128, 139, 153, 189, 190, 251, 314, 349, 392, 393, 394, 400, 406, 409, 414, 430, 435, 452, 497, 515, 558, 559, 560 e 583.**
EXECUÇÃO CONTRA A FAZENDA PÚBLICA	**STJ: 279 e 487.**
EMBARGOS DE TERCEIRO	**STJ: 84, 134, 195 e 303.**
PRECATÓRIOS	**STF: 655 e 733.** **STJ: 144 e 311.** **Súmula vinculante: 17-STF.**
AÇÃO CIVIL PÚBLICA	**STF: 643.** **STJ: 329, 489 e 601.**
AÇÃO POPULAR	**STF: 365.**
AÇÃO MONITÓRIA	**STJ: 247, 282, 292, 299, 339, 384, 503, 504 e 531.**
MANDADO DE SEGURANÇA	**STF: 101, 248, 266, 267, 268, 269, 270, 271, 272, 294, 299, 304, 330, 392, 405, 429, 430, 474, 510, 511, 512, 597, 622, 623, 624, 625, 626, 631 e 632.** **STJ: 41, 105, 169, 177, 202, 212, 213, 333, 376 e 460.**
MANDADO DE SEGURANÇA COLETIVO	**STF: 629 e 630.**
RECLAMAÇÃO CONSTITUCIONAL	**STF: 368 e 734.**
JUIZADOS ESPECIAIS	**STJ: 376 e 428.**
OUTROS TEMAS	**STF: 325, 500 e 509.**
7. Direito Penal	
LEI NOVA FAVORÁVEL	**STF: 611.**
CRIME IMPOSSÍVEL	**STF: 145.**
CRIME CONTINUADO	**STF: 605 e 711.**
DOSIMETRIA DA PENA	**STJ: 171, 231, 241, 444 e 545.**
FIXAÇÃO DO REGIME PRISIONAL	**STF: 718 e 719.** **STJ: 269 e 440.**
EXECUÇÃO DA PENA DE MULTA	**STJ: 521.**
MEDIDA DE SEGURANÇA	**STF: 422 e 525.** **STJ: 527.**
SURSIS	**STF: 499.**
PRESCRIÇÃO	**STF: 146, 147, 497, 592 e 604.** **STJ: 191, 220 e 438.**
PERDÃO JUDICIAL	**STJ: 18.**
FURTO	**STJ: 442, 511 e 567.**
ROUBO	**STF:610.** **STJ: 443 e 582.**
EXTORSÃO	**STJ: 96.**
ESTELIONATO	**STF: 246, 521 e 554.** **STJ: 17, 24, 48, 73 e 244.**
VIOLAÇÃO DE DIREITO AUTORAL	**STJ: 502 e 574.**
ESTUPRO	**STF: 608.** **STJ: 593.**

ÍNDICE TEMÁTICO - SÚMULAS ORGANIZADAS POR ASSUNTO

USO DE DOCUMENTO FALSO	**STJ: 546.**
FALSA IDENTIDADE	**STJ: 522.**
CRIMES CONTRA A ADMINISTRAÇÃO PÚBLICA	**STJ: 599.**
CONTRABANDO E DESCAMINHO	**STF: 560.** **STJ: 151.**
CONTRAVENÇÕES PENAIS	**STF: 720.** **STJ: 51.**
CRIMES DE RESPONSABILIDADE DOS PREFEITOS	**STF: 703.** **STJ: 164.**
CORRUPÇÃO DE MENORES (ART. 244-B DO ECA)	**STJ: 500.**
CRIMES CONTRA A ORDEM TRIBUTÁRIA	**STF: 609.** **Súmula vinculante: 24-STF.**
CRIME DO ART. 183 DA LEI 9.472/97	STJ: 606.
CÓDIGO DE TRÂNSITO BRASILEIRO	**STF: 720.** **STJ: 575.**
ESTATUTO DO DESARMAMENTO	**STJ: 513.**
LEI MARIA DA PENHA	**STJ: 542, 536, 588, 589 e 600.**
LEI DE DROGAS	**STJ: 501 e 587.**
OUTRAS SÚMULAS SUPERADAS	**STF: 558, 601 e 607.**
8. Direito Processual Penal	
INQUÉRITO POLICIAL	**STF: 524 e 568.** **Súmula vinculante: 14-STF.**
USO DE ALGEMAS	**Súmula vinculante: 11-STF.**
AÇÃO PENAL	**STF: 594 e 714.** **STJ: 234 e 542.**
RESPOSTA PRELIMINAR DO ART. 514 DO CPP	**STJ: 30.**
COMPETÊNCIA DA JUSTIÇA ESTADUAL	**STF: 498 e 522.** **STJ: 38, 42, 62, 104, 107, 140, 208, 209 e 546.**
COMPETÊNCIA DA JUSTIÇA COMUM FEDERAL	**STJ: 122, 147, 165, 200, 208, 209 e 528.** **Súmula vinculante: 36-STF.**
COMPETÊNCIA DA JUSTIÇA MILITAR	**STJ: 6, 47, 53, 75, 78, 90 e 172.** **Súmula vinculante: 36-STF.**
FORO POR PRERROGATIVA DE FUNÇÃO	**STF: 451, 702, 704 e 721.** **Súmula vinculante: 45-STF.**
CONFLITO DE COMPETÊNCIA	**STF: 555.**
CITAÇÃO POR EDITAL E SUSPENSÃO DO PROCESSO	**STF: 351 e 366.** **STJ: 415 e 455.**
PRISÃO	**STJ: 9, 21, 52, 64, 81 e 347.**
LIBERDADE PROVISÓRIA	**STF: 697.**
CARTA PRECATÓRIA	**STF: 155.** **STJ: 273.**
PRAZOS	**STF: 710.**
ASSISTENTE DE ACUSAÇÃO	**STF: 208, 210 e 448.**
MUTATIO LIBELLI	**STF: 453.**
SUSPENSÃO CONDICIONAL DO PROCESSO	**STF: 696 e 723.** **STJ: 243 e 337.**
TRANSAÇÃO PENAL	**STF: 35.**
TRIBUNAL DO JÚRI	**STF: 156, 162, 206, 603, 712 e 713.** **Súmula vinculante: 45-STF.**
NULIDADES	**STF: 352, 361, 523, 564, 706, 707 e 708.**
RECURSOS	**STF: 160, 431, 602, 699, 705 e 709.** **STJ: 267, 347 e 604.**
HABEAS CORPUS	**STF: 344, 395, 606, 690, 691, 692, 693, 694 e 695.**
MANDADO DE SEGURANÇA	**STF: 701.**
REVISÃO CRIMINAL	**STF: 393.**
MEIOS DE PROVA	**STJ: 74.**
EMBARGOS INFRINGENTES	**STF: 355.**

EXECUÇÃO PENAL	**STF: 698, 700, 715, 716 e 717.** **STJ: 40, 192, 341, 439, 441, 471, 491, 493, 520, 526, 533, 534, 535 e 562.** **Súmulas vinculantes: 9, 26 e 56-STF.**
OUTRAS SÚMULAS SUPERADAS	**STF: 396, 398, 452 e 526.**
9. Estatuto da Criança e Do Adolescente	
STJ	**Súmulas: 108, 265, 338, 342, 383, 492 e 605.**
10. Direito Tributário	
PRINCÍPIO DA ANTERIORIDADE TRIBUTÁRIA	**STF: 669.** **Súmula vinculante: 50-STF.**
COMPETÊNCIAS TRIBUTÁRIAS	**STF: 69.**
IMUNIDADES TRIBUTÁRIAS	**STF: 75, 336, 591, 657, 724 e 730.** **STJ: 352 e 612.** **Súmula vinculante: 52-STF.**
CONSTITUIÇÃO DO CRÉDITO TRIBUTÁRIO	**STJ: 436 e 555.**
DENÚNCIA ESPONTÂNEA	**STJ: 360.**
SUSPENSÃO DO CRÉDITO TRIBUTÁRIO	**ATJ: 112.** **Súmula vinculante: 28-STF.**
COMPENSAÇÃO TRIBUTÁRIA	**STJ: 212, 213, 460, 461 e 464.**
PRESCRIÇÃO E DECADÊNCIA	**STJ: 106e 467.** **Súmula vinculante: 8-STF.**
CONCURSO DE PREFERÊNCIA	**STF: 563.**
REPETIÇÃO DE INDÉBITO	**STF: 71 e 546.** **STJ: 162, 188 e 523.**
RESPONSABILIDADE TRIBUTÁRIA	**Súmula 554-STJ.**
RESPONSABILIDADE SOLIDÁRIA DE SÓCIO-GERENTE	**STJ: 430 e 435.**
ISENÇÕES	**STF: 544 e 581.**
COISA JULGADA	**STF: 239.**
CERTIDÃO NEGATIVA	**STF: 70, 323 e 547.** **STJ: 127 e 446.**
REFIS	**STJ: 355 e 437.**
SIMPLES	**STJ: 425 e 448.**
IMPOSTO DE RENDA	**STF: 93, 584, 586 e 587.** **STJ: 125, 136, 184, 215, 262, 386, 447, 463, 498, 556, 590 e 598.**
ICMS	**STF: 573, 574, 660, 661 e 662.** **STJ: 95, 129, 135, 155, 163, 166, 198, 237, 334, 350, 391, 395, 431, 432, 433, 457 e 509.** **Súmula vinculante: 30, 32 e 48 -STF.**
IPVA	**STJ: 585.**
ITCMD	**STF: 112, 113, 114, 115, 331 e 590.**
IPI	**STF: 591.** **STJ: 411, 494 e 495.**
IOF	**STF: 664.** **STJ: 185.**
IPTU	**STF: 539, 583, 589 e 668.** **STJ: 160, 397, 399 e 614.** **Súmula vinculante: 52-STF.**
ISS	**STF: 588 e 663.** **STJ: 138, 156, 167, 274, 424 e 524.** **Súmula vinculante: 31-STF.**
ITBI	**STF: 75, 110, 470 e 656.**
ITR	**STJ: 139.**
TAXAS	**STF: 545, 595, 665, 667, 670.** **Súmulas vinculantes: 12, 19, 29 e 41-STF.**
CONTRIBUIÇÕES	**STF: 659, 666 e 732.** **STJ: 77, 351, 396, 423, 458, 468, 499, 508, 516 e 584.** **Súmula Vinculante: 40-STF.**
GATT	**STF: 575.** **STJ:20.**
LIBERAÇÃO ALFANDEGÁRIA	**STF: 262.**
DRAWBACK	**STJ: 569.**
FISCALIZAÇÃO TRIBUTÁRIA	**STF: 439.**

OUTRAS SÚMULAS SUPERADAS	**STF: 66, 67, 68, 73, 74, 76, 77, 78, 79, 81, 82, 83, 84, 85, 86, 87, 88, 89, 90, 91, 92, 94, 95, 96, 97, 98, 99, 100, 102, 103, 104, 106, 107, 108, 111, 113, 116, 117, 118, 119, 124, 125, 126, 127, 128, 129, 130, 131, 132, 133, 134, 135, 136, 137, 138, 139, 140, 141, 142, 143, 144, 148, 244, 274, 302, 303, 306, 308, 309, 318, 324, 326, 328, 329, 332, 333, 334, 348, 350, 404, 418, 435, 436, 437, 438, 468, 469, 471, 532, 533, 534, 535, 536, 537 e 538, 540, 541, 543, 548, 549, 550, 551, 553, 559, 569, 570, 571, 572, 576, 577, 578, 579, 580, 582, 585, 615 e 658.** **STJ: 49, 50, 71, 80, 87, 94, 100 e 124**
11. Direito do TrabalhoL	
ACIDENTE DO TRABALHO	**STF: 35, 198, 230, 314 e 464.**
ESTABILIDADE	**STF: 676.**
FALTA GRAVE	**STF: 316 e 403.**
FGTS	**STF: 593.** **STJ: 154, 210, 249, 252, 353, 398, 445, 459, 466, 514, 571, 578.** **Súmula vinculante: 1-STF.**
HABITUALIDADE	**STF: 207, 209 e 459.**
INDENIZAÇÃO	**STF: 219, 220 e 463.**
INSALUBRIDADE	**STF: 194 e 460.**
SALÁRIO	**STF: 199, 202, 461 e 531.** **Súmula vinculante: 4-STF.**
SERVIÇO NOTURNO	**STF: 213, 214, 313 e 402.**
SERVIDOR PÚBLICO	**STF: 678 e 679.**
SINDICATOS	**STF: 197 e 677.**
TEMAS DIVERSOS	**STF: 196, 212, 215, 221, 225, 227, 327, 349 e 675.**
SÚMULAS SUPERADAS	**STF: 195, 200, 201, 203, 204, 205, 217, 224, 229, 232, 236, 238, 240, 307, 311, 312, 337, 434, 462, 529 e 612.**
12. Direito Processual do Trabalho	
COMPETÊNCIA	**STF: 235, 433, 501 e 736.** **STJ: 10, 15, 57, 97, 180, 225, 236 e 367.** **Súmulas vinculantes: 22, 23 e 53 -STF.**
HONORÁRIOS ADVOCATÍCIOS E CUSTAS PROCESSUAIS	**STF: 223, 234 e 663.**
RECURSOS	**STF: 315 ,401, 457 e 505.** **STJ: 226.**
OUTROS TEMAS	**STF: 222, 327, 338, 458 e 552.** **STJ: 89.**
13. Direito Previdenciário	
SALÁRIO DE CONTRIBUIÇÃO	**STJ: 310 e 456.**
COMPROVAÇÃO DE ATIVIDADE RURAL	**STJ: 149 e 577.**
AUXÍLIO-ACIDENTE	**STJ: 146, 159 e 507.**
APOSENTADORIA POR TEMPO DE CONTRIBUIÇÃO	**STJ: 272.**
APOSENTADORIA POR INVALIDEZ	**STJ: 557 e 576.**
APOSENTADORIA ESPECIAL	**STJ: 44.**
PENSÃO POR MORTE	**STF:613.** **STJ: 336, 340 e 416.**
CONTRIBUIÇÃO PREVIDENCIÁRIA	**STF: 241, 467, 530 e 688.**
PROCESSO JUDICIAL PREVIDENCIÁRIO	**STJ: 110, 111, 175, 178, 204 e 242.**
PREVIDÊNCIA PRIVADA	**STJ: 289, 290, 291 e 427.**
OUTROS TEMAS	**STF: 37, 243, 371, 372, 465, 466 e 687.** **STJ: 65 e 148.**
14. Sistema Financeiro de Habitação	
STJ	**Súmulas 31, 199, 308, 327, 422, 450, 454, 473 e 586.**
15. Sistema Financeiro Nacional	
STJ	**Súmulas: 19, 23, 30, 79, 176, 179, 181, 271, 283, 287, 288, 294, 295, 296 e 382.**
STF	**Súmula 725.**
16. Direito Internacional	
EXPULSÃO	**STF: 1.**
EXTRADIÇÃO	**STF: 2, 367, 421 e 692.**
HOMOLOGAÇÃO DE SENTENÇA ESTRANGEIRA	**STF: 381 e 420.**
OUTRAS SÚMULAS SUPERADAS	**STF: 59, 60, 61, 62, 63, 64, e 406.**
17. Direito Militar	
STF	**Súmula vinculante 6-STF:** **Súmulas 10, 55, 56, 385, 57, 51, 441, 407, 52, 53, 54, 9, 45, 673, 674, 297, 298 e 364.**
STJ	**Súmulas 6, 53, 90, 78, 47, 75, 172 e 346.**

Súmulas Vinculantes

- art. 103A, CF.
- Lei 11.417/2006 (Regulamenta o art. 103-A da Constituição Federal e altera a Lei n. 9.784, de 29.01.1999, disciplinando a edição, a revisão e o cancelamento de enunciado de súmula vinculante pelo STF).

1. Ofende a garantia constitucional do ato jurídico perfeito a decisão que, sem ponderar as circunstâncias do caso concreto, desconsidera a validez e a eficácia de acordo constante de termo de adesão instituído pela Lei Complementar n. 110/2001.

- art. 5º, XXXVI, CF.

2. É inconstitucional a lei ou ato normativo estadual ou distrital que disponha sobre sistemas de consórcios e sorteios, inclusive bingos e loterias.

- art. 22, XX, CF.

3. Nos processos perante o Tribunal de Contas da União asseguramse o contraditório e a ampla defesa quando da decisão puder resultar anulação ou revogação de ato administrativo que beneficie o interessado, excetuada a apreciação da legalidade do ato de concessão inicial de aposentadoria, reforma e pensão.

- arts. 5º, LIV e Le 71, III, CF.
- art. 2º, Lei 9.784/1999 (Lei do Processo Administrativo Federal).

4. Salvo nos casos previstos na Constituição, o salármínimo não pode ser usado como indexador de base de cálculo de vantagem de servidor público ou de empregado, nem ser substituído por decisão judicial.

- arts. 7º, IV e XXIII; art. 39, § 1º e § 3º; art. 42, § 1º; art. 142, § 3º, X, CF.

5. A falta de defesa técnica por advogado no processo administrativo disciplinar não ofende a Constituição.

6. Não viola a constituição o estabelecimento de remuneração inferior ao saláriomínimo para as praças prestadoras de serviço militar inicial.

- arts. 1º, III; 5º, *caput;* 7º, I 142, § 3º, VIII, (redação dada pela EC 18/1998); 143, *caput*, §§ 1º e 2º, CF
- art. 18, § 2º, Med. Prov. 2.215/2001.

7. A norma do § 3º do art, 192 da Constituição, revogada pela Emenda Constitucional n. 40/2003, que limitava a taxa de juros reais a 12% ao ano, tinha sua aplicação condicionada à edição de Lei Complementar.

- art. 591, CC.
- Med. Prov. 2.17232/2001 (Estabelece a nulidade das disposições contratuais que menciona e inverte, nas hipóteses que prevê, o ônus da prova nas ações intentadas para sua declaração).
- Súm. 648, STF.

8. São inconstitucionais o parágrafo único do artigo 5º do Decreto-Lei n. 1.569/1977 e os artigos 45 e 46 da Lei n. 8.212/1991, que tratam de prescrição e decadência de crédito tributário.

- arts. 146, III, b, CF.
- arts. 173 e 174, CTN.
- art. 2º, § 3º, Lei 6.830/1980 (Lei de Execução Fiscal).
- art. 348, Dec. 3.048/1999 (Regulamento da Previdência Social).

9. O disposto no artigo 127 da Lei n. 7.210/1984 (Lei de Execução Penal) foi recebido pela ordem constitucional vigente, e não se lhe aplica o limite temporal previsto no *caput* do artigo 58.

- arts. 5º, XXXV e XLVI, CF.
- Lei 12.433/2011 (Altera a Lei 7.210/1984 (LEP), para dispor sobre a remição de parte do tempo de execução da pena por estudo ou por trabalho).

10. Viola a cláusula de reserva de plenário (CF, artigo 97) a decisão de órgão fracionário de tribunal que, embora não declare expressamente a inconstitucionalidade de lei ou ato normativo do poder público, afasta sua incidência, no todo ou em parte.

- art. 97, CF.

11. Só é lícito o uso de algemas em casos de resistência e de fundado receio de fuga ou de perigo à integridade física própria ou alheia, por parte do preso ou de terceiros, justificada a excepcionalidade por escrito, sob pena de responsabilidade disciplinar, civil e penal do agente ou da autoridade e de nulidade da prisão ou do ato processual a que se refere, sem prejuízo da responsabilidade civil do Estado.

- arts. 1º, III; 5º, III, X e XLIX, CF.
- art. 350, CP.
- art. 284, CPP.
- art. 234, § 1º, CPPM.
- arts. 40 e 199, Lei 7.210/1984 (Lei de Execução Penal).
- Dec. 8.858/2016 (Regulamenta art. 199 da LEP).

12. A cobrança de taxa de matrícula nas universidades públicas viola o disposto no art. 206, IV, da Constituição Federal.

13. A nomeação de cônjuge, companheiro ou parente em linha reta, colateral ou por afinidade, até o terceiro grau, inclusive, da autoridade nomeante ou de servidor da mesma pessoa jurídica investido em cargo de direção, chefia ou assessoramento, para o exercício de cargo em comissão ou de confiança ou, ainda, de função gratificada na administração pública direta e indireta em qualquer dos poderes da União, dos Estados, do Distrito Federal e dos Municípios, compreendido o ajuste mediante designações recíprocas, viola a Constituição Federal.

- art. 37, CF.
- Dec. 7.203/2010 (Vedação do nepotismo no âmbito da Administração Pública Federal).

14. É direito do defensor, no interesse do representado, ter acesso amplo aos elementos de prova que, já documentados em procedimento investigatório realizado por órgão com competência de polícia judiciária, digam respeito ao exercício do direito de defesa.

- arts. 1º, III; e 5º, XXXIII, LIV e LVCF.
- arts. 9º e 10, CPP.
- arts. 6º e 7º, XIII e XIV, Lei 8.906/1994.

15. O cálculo de gratificações e outras vantagens do servidor público não incide sobre o abono utilizado para se atingir o saláriomínimo.

- art. 7º, IV, CF.

16. Os artigos 7º, IV, e 39, § 3º (redação da EC 19/1998), da Constituição, referemse ao total da remuneração percebida pelo servidor público.

- Refere-se ao art. 100, § 5º, CF.
- arts. 7º, IV, e 39, § 2º (redação anterior à EC 19/1998); art. 39, § 3º (redação dada pela EC 19/1998).

17. Durante o período previsto no parágrafo 1º do artigo 100 da Constituição, não incidem juros de mora sobre os precatórios que nele sejam pagos.

- Com a EC 62/2009, a referência passou a ser ao § 5º do art. 100, CF.

18. A dissolução da sociedade ou do vínculo conjugal, no curso do mandato, não afasta a inelegibilidade prevista no § 7º do artigo 14 da Constituição Federal.

- art. 14, § 1º, CF.

19. A taxa cobrada exclusivamente em razão dos serviços públicos de coleta, remoção e tratamento ou destinação de lixo ou resíduos provenientes de imóveis, não viola o artigo 145, II, da Constituição Federal.

20. A gratificação de desempenho de atividade tecnicoadministrativa GDATA, instituída pela Lei n. 10.404/2002, deve ser deferida aos inativos nos valores correspondentes a 37,5 (trinta e sete vírgula cinco) pontos no período de fevereiro a maio de 2002 e, nos termos do artigo 5º, parágrafo único, da Lei n. 10.404/2002, no período de junho de 2002 até a conclusão dos efeitos do último ciclo de avaliação a que se refere o artigo 1º da Medida Provisória n. 198/2004, a partir da qual passa a ser de 60 (sessenta) pontos.

- art. 40, § 8º, CF.

21. É inconstitucional a exigência de depósito ou arrolamento prévios de dinheiro ou bens para admissibilidade de recurso administrativo.

- art. 5º, XXXIV, *a*, e LV, CF.
- art. 33, § 2º, Dec. 70.235/1972 (Lei do Processo Administrativo Federal).

22. A Justiça do Trabalho é competente para processar e julgar as ações de indenização por danos morais e patrimoniais decorrentes de acidente de trabalho propostas por empregado contra empregador, inclusive aquelas que ainda não possuíam sentença de mérito em primeiro grau quando da promulgação da Emenda Constitucional n. 45/04.

- arts. 7º, XXVIII, 109, I e 114, CF.
- Súm. 235, STF.

23. A Justiça do Trabalho é competente para processar e julgar ação possessória ajuizada em decorrência do exercício do direito de greve pelos trabalhadores da iniciativa privada.

- art. 114, II, CF.

24. Não se tipifica crime material contra a ordem tributária, previsto no art. 1º, incisos I a IV, da Lei n. 8.137/90, antes do lançamento definitivo do tributo.

- arts. 5º, Le 129, I, CF.
- arts. 14, I, e 111, I, CP.
- art. 142, *caput*, CTN.
- art. 1º, I a ILei 8.137/1990 (Lei dos crimes contra a ordem tributária, econômica e relações de consumo).

- art. 83, Lei 9.430/1996 (Legislação Tributária Federal, contribuições para Seguridade Social e processo administrativo de consulta).
- art. 9º, 2º, Lei 10.684/2003 (Parcelamento de débitos junto à SRF, à ProcuradoriaGeral da Fazenda Nacional e ao Instituto Nacional do Seguro Social).

25. É ilícita a prisão civil de depositário infiel, qualquer que seja a modalidade do depósito.

- art. 5º, LXVII, e § 2º, CF.
- art. 7º, 7, Pacto de São José da Costa Rica.
- Pacto Internacional sobre Direitos Civis e Políticos, art. 11.
- Súm. 304, 305 e 419, STJ.

26. Para efeito de progressão de regime no cumprimento de pena por crime hediondo, ou equiparado, o juízo da execução observará a inconstitucionalidade do art. 2º da Lei n. 8.072, de 25 de julho de 1990, sem prejuízo de avaliar se o condenado preenche, ou não, os requisitos objetivos e subjetivos do benefício, podendo determinar, para tal fim, de modo fundamentado, a realização de exame criminológico.

- art. 5º, XLVI e XLVII, CF.
- arts. 33, § 3º, e 59, CP.
- arts. 66, III, b, Lei 7.210/1984 (Lei de Execução Penal).
- Súm. 439 e 471, STJ.

27. Compete à Justiça Estadual julgar causas entre consumidor e concessionária de serviço público de telefonia, quando a ANATEL não seja litisconsorte passiva necessária, assistente, nem opoente.

- art. 98, I, e 109, I, CF.

28. É inconstitucional a exigência de depósito prévio como requisito de admissibilidade de ação judicial na qual se pretenda discutir a exigibilidade de crédito tributário.

- art. 5º, XXXV, e LV, CF.
- Súm. 112, STJ.
- art. 19, Lei 8.870/1994.

29. É constitucional a adoção, no cálculo do valor de taxa, de um ou mais elementos da base de cálculo própria de determinado imposto, desde que não haja integral identidade entre uma base e outra.

- art. 145, § 2º, CF.

30. (A Súmula Vinculante 30 está pendente de publicação)

31. É inconstitucional a incidência do imposto sobre serviços de qualquer natureza ISS sobre operações de locação de bens móveis.

- art. 156, III, CF.
- arts. 71, § 1º; art. 97, I e III, CTN.
- art. 8º, 79, Dec.-Lei 406/1968.
- LC 56/1987.
- LC 116/2003 (Lei do ISS).

32. O ICMS não incide sobre alienação de salvados de sinistro pelas seguradoras.

- arts. 22, VII, e 153, V, CF.
- art. 3º, IX, LC 87/1986 (ICMS Lei Kandir).
- art. 73, Dec.Lei 73/1966 (Sistema Nacional de Seguros Privados e regula operações de seguros e resseguros).
- art. 8º, EC 45/2004.
- Res. STF 388/2008 (Disciplina o processamento de proposta de edição, revisão e cancelamento de súmulas).

33. Aplicam-se ao servidor público, no que couber, as regras do regime geral da previdência social sobre aposentadoria especial de que trata o artigo 40, § 4º, inciso III, da Constituição Federal, até a edição de lei complementar específica. (*DJe* 24.04.2014.)

- arts. 57 e 58, Lei 8.213/1991.

34. A Gratificação de Desempenho de Atividade de Seguridade Social e do Trabalho - GDASST, instituída pela Lei 10.483/2002, deve ser estendida aos inativos no valor correspondente a 60 (sessenta) pontos, desde o advento da Medida Provisória 198/2004, convertida na Lei 10.971/2004, quando tais inativos façam jus à paridade constitucional (EC 20/1998, 41/2003 e 47/2005).

35. A homologação da transação penal prevista no artigo 76 da Lei 9.099/1995 não faz coisa julgada material e, descumpridas suas cláusulas, retoma-se a situação anterior, possibilitando-se ao Ministério Público a continuidade da persecução penal mediante oferecimento de denúncia ou requisição de inquérito policial.

- arts. 5º, XXXVI e LIV; e 98, I, CF/88.

36. Compete à Justiça Federal Comum processar e julgar civil denunciado pelos crimes de falsificação e de uso de documento falso quando se tratar de falsificação da Caderneta de Inscrição e Registro (CIR) ou de Carteira de Habilitação de AMADOR (CHA), ainda que expedidas pela Marinha do Brasil.

- arts. 21, XXII; 109, IV; e 144, § 1º, III, CF/88.
- Dec.-Lei 1.001/1969, arts. 311 e 315.

37. Não cabe ao Poder Judiciário, que não tem função legislativa, aumentar vencimentos de servidores públicos sob o fundamento de isonomia.

- arts. 2º; 5º, *caput* e II; e 37, X, CF/88.
- Súm. 339, STF.
- Embora na publicação da SV 37 conste como precedente o RE 592.317, trata-se do RE 592.317 RG (*DJe* n. 200/2010).

38. É competente o Município para fixar o horário de funcionamento de estabelecimento comercial. (DOU, 20.03.2015.)

- art. 30, I, CF.
- Súm. 645, STF.

39. Compete privativamente à União legislar sobre vencimentos dos membros das polícias civil e militar e do corpo de bombeiros militar do Distrito Federal. (DOU, 20.03.2015.)

- art. 21, XIV, CF.
- Súm. 647, STF.

40. A contribuição confederativa de que trata o art. 8º, IV, da Constituição Federal, só é exigível dos filiados ao sindicato respectivo. (DOU, 20.03.2015.)

- art. 8º, IV, CF.
- Súm. 666, STF.

41. O serviço de iluminação pública não pode ser remunerado mediante taxa. (DOU, 20.03.2015.)

- art. 145, II, CF.
- Súm. 670, STF.

42. É inconstitucional a vinculação do reajuste de vencimentos de servidores estaduais ou municipais a índices federais de correção monetária. (DOU, 20.03.2015.)

- arts. 2º, 25, 29, 30, I, e 37, XIII, CF.
- Súm. 681, STF.

43. É inconstitucional toda modalidade de provimento que propicie ao servidor investir-se, sem prévia aprovação em concurso público destinado ao seu provimento, em cargo que não integra a carreira na qual anteriormente investido. (DOU, 17.04.2015.)

- art. 37, II, CF.
- Súm. 685, STF.

44. Só por lei se pode sujeitar a exame psicotécnico a habilitação de candidato a cargo público. (DOU, 17.04.2015.)

- art. 5º, II; e 37, I, CF.
- Súm. 686, STF.

45. A competência constitucional do Tribunal do Júri prevalece sobre o foro por prerrogativa de função estabelecido exclusivamente pela Constituição Estadual. (DOU, 17.04.2015.)

- art. 5º, XXXVIII, "d"; art. 125, § 1º, CF.
- Súm. 721, STF.

46. A definição dos crimes de responsabilidade e o estabelecimento das respectivas normas de processo e julgamento são da competência legislativa privativa da União. (DOU, 17.04.2015.)

- arts. 22, I; e art. 85,p.u., CF.
- Súm. 722, STF.

47. Os honorários advocatícios incluídos na condenação ou destacados do montante principal devido ao credor consubstanciam verba de natureza alimentar cuja satisfação ocorrerá com a expedição de precatório ou requisição de pequeno valor, observada ordem especial restrita aos créditos dessa natureza. (DOU, 02.06.2015)

- art. 100, § 1º, CF.
- arts. 22, § 4º, e 23, Lei 8.906/1994.

48. Na entrada de mercadoria importada do exterior, é legítima a cobrança do ICMS por ocasião do desembaraço aduaneiro. (DOU, 02.06.2015)

- art. 155, § 2º, IX, a, CF.
- Súm. 661, STF.

49. Ofende o princípio da livre concorrência lei municipal que impede a instalação de estabelecimentos comerciais do mesmo ramo em determinada área. (DOU, 23.06.2015.)

- arts. 170, IV, parágrafo único; e art. 173, § 4º, CF.

50. Norma legal que altera o prazo de recolhimento de obrigação tributária não se sujeita ao princípio da anterioridade. (DOU, 23.06.2015.)

- art. 195, § 6º, CF.

51. O reajuste de 28,86%, concedido aos servidores militares pelas Leis 8.622/1993 e 8.627/1993, estende-se aos servidores civis do poder executivo, observadas as eventuais compensações decorrentes dos reajustes diferenciados concedidos pelos mesmos diplomas legais. (DOU, 23.06.2015.)

- art. 37, X, CF.
- Lei 8.622/1993 (Dispõe sobre a revisão geral da remuneração dos servidores públicos civis e militares do Poder Executivo Federal.)
- Lei 8.627/1993 (Especifica os critérios para reposicionamento de servidores públicos federais civis e militares.)

52. Ainda quando alugado a terceiros, permanece imune ao IPTU o imóvel pertencente a qualquer das entidades referidas pelo art. 150, VI, "c", da Constituição Federal, desde que o valor dos aluguéis seja aplicado nas atividades para as quais tais entidades foram constituídas. (DOU, 23.06.2015.)

- art. 150, VI, "c", CF.

53. A competência da Justiça do Trabalho prevista no art. 114, VIII, da Constituição Federal alcança a execução de ofício das contribuições previdenciárias relativas ao objeto da condenação constante das sentenças que proferir e acordos por ela homologados. (DOU, 23.06.2015.)

- art. 114, VIII, CF.

54. A medida provisória não apreciada pelo Congresso Nacional podia, até a Emenda Constitucional n. 32/2001, ser reeditada dentro do seu prazo de eficácia de trinta dias, mantidos os efeitos de lei desde a primeira edição. (DOU, 28.03.2016)

- art. 62, p.u., CF.
- Súm. 651, STF.

55. O direito ao auxílio-alimentação não se estende aos servidores inativos. (DOU, 28.03.2016)

- art. 40, § 4º, CF.
- Súm. 680, STF.

56. A falta de estabelecimento penal adequado não autoriza a manutenção do condenado em regime prisional mais gravoso, devendo-se observar, nessa hipótese, os parâmetros fixados no RE 641.320/RS.

- arts. 1º, III, e 5º, XLVI, CF.

57. A imunidade tributária constante do art. 150, VI, d, da CF/88 aplica-se à importação e comercialização, no mercado interno, do livro eletrônico (e-book) e dos suportes exclusivamente utilizados para fixá-los, como leitores de livros eletrônicos (e-readers), ainda que possuam funcionalidades acessórias.

- art. 150, VI, d, CF.

58. Inexiste direito a crédito presumido de IPI relativamente à entrada de insumos isentos, sujeitos à alíquota zero ou não tributáveis, o que não contraria o princípio da não cumulatividade.

- art. 153, § 3º, II, CF.

SUPREMO TRIBUNAL FEDERAL

Súmulas

‣ As Súmulas 1 a 621 são anteriores a promulgação da CF de 1988.

1. É vedada a expulsão de estrangeiro casado com brasileira, ou que tenha filho brasileiro, dependente da economia paterna.

2. Concede-se liberdade vigiada ao extraditando que estiver prêso por prazo superior a sessenta dias.

‣ Sem eficácia.

3. A imunidade concedida a deputados estaduais é restrita à Justiça do Estado.

‣ Superada.

4. Não perde a imunidade parlamentar o congressista nomeado Ministro de Estado.

‣ Cancelada.

5. A sanção do projeto supre a falta de iniciativa do Poder Executivo.

6. A revogação ou anulação, pelo Poder Executivo, de aposentadoria, ou qualquer outro ato aprovado pelo Tribunal de Contas, não produz efeitos antes de aprovada por aquele tribunal, ressalvada a competência revisora do Judiciário.

7. Sem prejuízo de recurso para o Congresso, não é exequível contrato administrativo a que o Tribunal de Contas houver negado registro.

8. Diretor de sociedade de economia mista pode ser destituído no curso do mandato.

9. Para o acesso de auditores ao Superior Tribunal Militar, só concorrem os de segunda entrância.

10. O tempo de serviço militar conta-se para efeito de disponibilidade e aposentadoria do servidor público estadual.

11. A vitaliciedade não impede a extinção do cargo, ficando o funcionário em disponibilidade, com todos os vencimentos.

12. A vitaliciedade do professor catedrático não impede o desdobramento da cátedra.

13. A equiparação de extranumerário a funcionário efetivo, determinada pela Lei n. 2.284, de 09.08.1954, não envolve reestruturação, não compreendendo, portanto, os vencimentos.

14. Não é admissível, por ato administrativo, restringir, em razão da idade, inscrição em concurso para cargo público. Cancelada.

15. Dentro do prazo de validade do concurso, o candidato aprovado tem o direito à nomeação, quando o cargo for preenchido sem observância da classificação.

16. Funcionário nomeado por concurso tem direito à posse.

17. A nomeação de funcionário sem concurso pode ser desfeita antes da posse.

18. Pela falta residual, não compreendida na absolvição pelo juízo criminal, é admissível a punição administrativa do servidor público.

19. É inadmissível segunda punição de servidor público, baseada no mesmo processo em que se fundou a primeira.

20. É necessário processo administrativo com ampla defesa, para demissão de funcionário admitido por concurso.

21. Funcionário em estágio probatório não pode ser exonerado nem demitido sem inquérito ou sem as formalidades legais de apuração de sua capacidade.

22. O estágio probatório não protege o funcionário contra a extinção do cargo.

23. Verificados os pressupostos legais para o licenciamento da obra, não o impede a declaração de utilidade pública para desapropriação do imóvel, mas o valor da obra não se incluirá na indenização, quando a desapropriação for efetivada.

24. Funcionário interino substituto é demissível, mesmo antes de cessar a causa da substituição.

25. A nomeação a termo não impede a livre demissão pelo Presidente da República, de ocupante de cargo dirigente de autarquia.

26. Os servidores do Instituto de Aposentadoria e Pensões dos Industriários não podem acumular a sua gratificação bienal com o adicional de tempo de serviço previsto no estatuto dos funcionários civis da União.

27. Os servidores públicos não têm vencimentos irredutíveis, prerrogativa dos membros do Poder Judiciário e dos que lhes são equiparados.

28. O estabelecimento bancário é responsável pelo pagamento de cheque falso, ressalvadas as hipóteses de culpa exclusiva ou concorrente do correntista.

29. Gratificação devida a servidores do "sistema fazendário" não se estende aos dos Tribunais de Contas.

30. Servidores de coletorias não têm direito à percentagem pela cobrança de contribuições destinadas à Petrobras.

31. Para aplicação da Lei n. 1.741, de 22.11.1952, soma-se o tempo de serviço ininterrupto em mais de um cargo em comissão.

32. Para aplicação da Lei n. 1.741, de 22.11.1952, soma-se o tempo de serviço ininterrupto em cargo em comissão e em função gratificada.

33. A Lei n. 1.741, de 22.11.1952, é aplicável às autarquias federais.

34. No Estado de São Paulo, funcionário eleito vereador fica licenciado por tôda a duração do mandato.

35. Em caso de acidente do trabalho ou de transporte, a concubina tem direito de ser indenizada pela morte do amásio, se entre eles não havia impedimento para o matrimônio.

36. Servidor vitalício está sujeito à aposentadoria compulsória, em razão da idade.

37. Não tem direito de se aposentar pelo Tesouro Nacional o servidor que não satisfizer as condições estabelecidas na legislação do serviço público federal, ainda que aposentado pela respectiva instituição previdenciária, com direito, em tese, a duas aposentadorias.

38. Reclassificação posterior à aposentadoria não aproveita ao servidor aposentado.

39. À falta de lei, funcionário em disponibilidade não pode exigir, judicialmente, o seu aproveitamento, que fica subordinado ao critério de conveniência da administração.

40. A elevação da entrância da comarca não promove automaticamente o juiz, mas não interrompe o exercício de suas funções na mesma comarca.

41. Juízes preparadores ou substitutos não têm direito aos vencimentos da atividade fora dos períodos de exercício.

‣ Súm. 45, STF.

42. É legítima a equiparação de juízes do Tribunal de Contas, em direitos e garantias, aos membros do Poder Judiciário.

43. Não contraria a Constituição Federal o art. 61 da Constituição de São Paulo, que equiparou os vencimentos do Ministério Público aos da magistratura.

44. O exercício do cargo pelo prazo determinado na L. 1.341, de 30.1.51, art. 91, dá preferência para a nomeação interina de Procurador da República.

45. A estabilidade dos substitutos do Ministério Público Militar não confere direito aos vencimentos da atividade fora dos períodos de exercício.

‣ Súm. 41, STF.

46. Desmembramento de serventia de justiça não viola o princípio de vitaliciedade do serventuário.

47. Reitor de universidade não é livremente demissível pelo Presidente da República durante o prazo de sua investidura.

48. É legítimo o rodízio de docentes livres na substituição do professor catedrático.

49. A cláusula de inalienabilidade inclui a incomunicabilidade dos bens.

‣ art. 1.848, CC/2002.

50. A lei pode estabelecer condições para a demissão de extranumerário.

51. Militar não tem direito a mais de duas promoções na passagem para a inatividade, ainda que por motivos diversos.

52. A promoção de militar, vinculada à inatividade, pode ser feita, quando couber, a posto inexistente no quadro.

53. A promoção de professor militar, vinculada à sua reforma, pode ser feita, quando couber, a posto inexistente no quadro.

54. A reserva ativa do magistério militar não confere vantagens vinculadas à efetiva passagem para a inatividade.

55. Militar da reserva está sujeito à pena disciplinar.

56. Militar reformado não está sujeito à pena disciplinar.

57. Militar inativo não tem direito ao uso do uniforme fora dos casos previstos em lei ou regulamento.

58. É válida a exigência de média superior a quatro para aprovação em estabelecimento de ensino superior, consoante o respectivo regimento.

59. Imigrante pode trazer, sem licença prévia, automóvel que lhe pertença desde mais de seis meses antes do seu embarque para o Brasil.

60. Não pode o estrangeiro trazer automóvel quando não comprovada a transferência definitiva de sua residência para o Brasil.

- Súm. 59, STF.

61. Brasileiro domiciliado no estrangeiro, que se transfere definitivamente para o Brasil, pode trazer automóvel licenciado em seu nome há mais de seis meses.

62. Não basta a simples estada no estrangeiro por mais de seis meses, para dar direito à trazida de automóvel com fundamento em transferência de residência.

63. É indispensável, para trazida de automóvel, a prova do licenciamento há mais de seis meses no país de origem.

64. É permitido trazer do estrangeiro, como bagagem, objetos de uso pessoal e doméstico, desde que, por sua quantidade e natureza, não induzam finalidade comercial.

65. A cláusula de aluguel progressivo anterior à L. 3.494, de 19.12.58, continua em vigor em caso de prorrogação legal ou convencional da locação.

- Lei 3.494/1958, revogada pela Lei 4.494/1964.

66. É legítima a cobrança do tributo que houver sido aumentado após o orçamento, mas antes do início do respectivo exercício financeiro.

67. É inconstitucional a cobrança do tributo que houver sido criado ou aumentado no mesmo exercício financeiro.

68. É legítima a cobrança, pelos Municípios, no exercício de 1961, de tributo estadual, regularmente criado ou aumentado, e que lhes foi transferido pela Emenda Constitucional nº 5, de 21.11.61.

69. A Constituição estadual não pode estabelecer limite para o aumento de tributos municipais.

70. É inadmissível a interdição de estabelecimento como meio coercitivo para cobrança de tributo.

71. Embora pago indevidamente, não cabe restituição de tributo indireto.

- Súm. 546, STF.

72. No julgamento de questão constitucional, vinculada a decisão do Tribunal Superior Eleitoral, não estão impedidos os ministros do Supremo Tribunal Federal que ali tenham funcionado no mesmo processo, ou no processo originário.

73. Imunidade das autarquias, implicitamente contida no art. 31, V, a, da Constituição Federal, abrange tributos estaduais e municipais.

- art. 150, VI, a, §§ 2º e 3º, CF/1988.

74. O imóvel transcrito em nome de autarquia, embora objeto de promessa de venda a particulares, continua imune de impostos locais.

- Superada.

75. Sendo vendedora uma autarquia, a sua imunidade fiscal não compreende o imposto de transmissão inter vivos, que é encargo do comprador.

76. As sociedades de economia mista não estão protegidas pela imunidade fiscal do art. 31, V, a, Constituição Federal.

77. Está isenta de impostos federais a aquisição de bens pela Rede Ferroviária Federal.

78. Estão isentas de impostos locais as empresas de energia elétrica, no que respeita às suas atividades específicas.

79. O Banco do Brasil não tem isenção de tributos locais.

80. Para a retomada de prédio situado fora do domicílio do locador exige-se a prova da necessidade.

- Súm. 483, STF.

81. As cooperativas não gozam de isenção de impostos locais, com fundamento na Constituição e nas leis federais.

82. São inconstitucionais o imposto de cessão e a taxa sobre inscrição de promessa de venda de imóvel, substitutivos do imposto de transmissão, por incidirem sobre ato que não transfere o domínio.

83. Os ágios de importação incluem-se no valor dos artigos importados para incidência do impôsto de consumo.

84. Não estão isentos do impôsto de consumo os produtos importados pelas cooperativas.

85. Não estão sujeitos ao impôsto de consumo os bens de uso pessoal e doméstico trazidos, como bagagem, do exterior.

86. Não está sujeito ao impôsto de consumo automóvel usado, trazido do exterior pelo proprietário.

87. Somente no que não colidirem com a L. 3.244, de 14.8.57, são aplicáveis acordos tarifários anteriores.

88. É válida a majoração da tarifa alfandegária, resultante da L. 3.244, de 14.8.57, que modificou o Acordo Geral sôbre Tarifas Aduaneiras e Comércio (GATT), aprovado pela L. 313, de 30.7.48.

89. Estão isentas do imposto de importação frutas importadas da Argentina, do Chile, da Espanha e de Portugal, enquanto vigentes os respectivos acordos comerciais.

90. É legítima a lei local que faça incidir o impôsto de indústrias e profissões com base no movimento econômico do contribuinte.

91. A incidência do impôsto único não isenta o comerciante de combustíveis do impôsto de indústrias e profissões.

92. É constitucional o art. 100, nº II, da L. 4.563, de 20.2.57, do Município de Recife, que faz variar o impôsto de licença em função do aumento do capital do contribuinte.

93. Não está isenta do imposto de renda a atividade profissional do arquiteto.

94. É competente a autoridade alfandegária para o desconto, na fonte, do imposto de renda correspondente às comissões dos despachantes aduaneiros.

95. Para cálculo do impôsto de lucro extraordinário, incluem-se no capital as reservas do ano-base, apuradas em balanço.

96. O impôsto de lucro imobiliário incide sôbre a venda de imóvel da meação do cônjuge sobrevivente, ainda que aberta a sucessão antes da vigência da L. 3.470, de 28.11.58.

97. É devida a alíquota anterior do impôsto de lucro imobiliário, quando a promessa de venda houver sido celebrada antes da vigência da lei que a tiver elevado.

98. Sendo o imóvel alienado na vigência da L. 3.470, de 28.11.58, ainda que adquirido por herança, usucapião ou a título gratuito, é devido o impôsto de lucro imobiliário.

99. Não é devido o impôsto de lucro imobiliário, quando a alienação de imóvel adquirido por herança, ou a título gratuito, tiver sido anterior à vigência da L. 3.470, de 28.11.58.

100. Não é devido o impôsto de lucro imobiliário, quando a alienação de imóvel, adquirido por usucapião, tiver sido anterior à vigência da L. 3.470, de 28.11.58.

101. O mandado de segurança não substitui a ação popular.

102. É devido o impôsto federal do selo pela incorporação de reservas, em reavaliação de ativo, ainda que realizada antes da vigência da L. 3.519, de 30.12.58.

103. É devido o impôsto federal do selo na simples reavaliação de ativo, realizada posteriormente à vigência da L. 3.519, de 30.12.58.

104. Não é devido o impôsto federal do selo na simples reavaliação de ativo anterior à vigência da L. 3.519, de 30.12.58.

105. Salvo se tiver havido premeditação, o suicídio do segurado no período contratual de carência não exime o segurador do pagamento do seguro.

- arts. 797 e 798, CC/2002.

106. É legítima a cobrança de sêlo sôbre registro de automóveis, na conformidade da legislação estadual.

107. É inconstitucional o impôsto de selo de 3%, ad valorem, do Paraná, quanto aos produtos remetidos para fora do Estado.

108. É legítima a incidência do imposto de transmissão inter vivos sobre o valor do imóvel ao tempo da alienação e não da promessa, na conformidade da legislação local.

109. É devida a multa prevista no art. 15, § 6º, da L. 1.300, de 28.12.50, ainda que a desocupação do imóvel tenha resultado da notificação e não haja sido proposta ação de despejo.

- Lei 1.300/1950: revogada pela Lei 4.494/1964.

110. O imposto de transmissão inter vivos não incide sobre a construção, ou parte dela, realizada pelo adquirente, mas sobre o que tiver sido construído ao tempo da alienação do terreno.

111. É legítima a incidência do imposto de transmissão inter vivos sobre a restituição, ao antigo proprietário, de imóvel que deixou de servir à finalidade da sua desapropriação.

112. O imposto de transmissão causa mortis é devido pela alíquota vigente ao tempo da abertura da sucessão.

- Súm. 97, STF.

113. O imposto de transmissão causa mortis é calculado sobre o valor dos bens na data da avaliação.

- Súm. 590, STF.

114. O imposto de transmissão causa mortis não é exigível antes da homologação do cálculo.

115. Sobre os honorários do advogado contratado pelo inventariante, com a homologação do juiz, não incide o imposto de transmissão causa mortis.

116. Em desquite ou inventário, é legítima a cobrança do chamado imposto de reposição, quando houver desigualdade nos valores partilhados.

- Lei 6.515, de 1977.

117. A lei estadual pode fazer variar a alíquota do impôsto de vendas e consignações em razão da espécie do produto.

118. Estão sujeitas ao impôsto de vendas e consignações as transações sôbre minerais, que ainda não estão compreendidos na legislação federal sôbre o impôsto único.

- Superada.

119. É devido o impôsto de vendas e consignações sôbre a venda de cafés ao Instituto Brasileiro do Café, embora o lote, originariamente, se destinasse à exportação.

120. Parede de tijolos de vidro translúcido pode ser levantada a menos de metro e meio do prédio vizinho, não importando servidão sobre ele.

- arts. 1.301 e 1.302, CC/2002.

121. É vedada a capitalização de juros, ainda que expressamente convencionada.

- Súm. 596, STF.
- Súm. 539, STJ.

122. O enfiteuta pode purgar a mora enquanto não decretado o comisso por sentença.

- Súm. 169, STF.

123. Sendo a locação regida pelo D. 24.150, de 20.4.34, o locatário não tem direito à purgação da mora prevista na L. 1.300, de 28.12.50.

- Decr. 24.150/1934: revogado pela Lei 8.245/1991 e Lei 1.300/1950: revogada pela Lei 4.494/1964.

124. É inconstitucional o adicional do impôsto de vendas e consignações cobrado pelo Estado do Espírito Santo sôbre cafés da cota de expurgo entregues ao Instituto Brasileiro do Café.

125. Não é devido o impôsto de vendas e consignações sôbre a parcela do impôsto de consumo que onera a primeira venda realizada pelo produtor.

126. É inconstitucional a chamada taxa de aguardente, do Instituto do Açúcar e do Álcool.

127. É indevida a taxa de armazenagem, posteriormente aos primeiros trinta dias, quando não exigível o impôsto de consumo, cuja cobrança tenha motivado a retenção da mercadoria.

128. É indevida a taxa de assistência médica e hospitalar das instituições de previdência social.

129. Na conformidade da legislação local, é legítima a cobrança de taxa de calçamento.

130. A taxa de despacho aduaneiro (art. 66 da L. 3.244, de 14.8.57) continua a ser exigível após o Dec. Legisl. 14, de 25.8.60, que aprovou alterações introduzidas no Acordo Geral sôbre Tarifas Aduaneiras e Comércio (GATT).

131. A taxa de despacho aduaneiro (art. 66 da L. 3.244, de 14.8.57) continua a ser exigível após o Dec. Legisl. 14, de 25.8.60, mesmo para as mercadorias incluídas na vigente lista III do Acordo Geral sôbre Tarifas Aduaneiras e Comércio (GATT).

132. Não é devida a taxa de previdência social na importação de amianto bruto ou em fibra.

133. Não é devida a taxa de despacho aduaneiro na importação de fertilizantes e inseticidas.

134. A isenção fiscal para a importação de frutas da Argentina compreende a taxa de despacho aduaneiro e a taxa de previdência social.

135. É inconstitucional a taxa de eletrificação de Pernambuco

136. É constitucional a taxa de estatística da Bahia.

137. A taxa de fiscalização da exportação incide sobre a bonificação cambial concedida ao exportador.

138. É inconstitucional a taxa contra fogo, do estado de Minas Gerais, incidente sôbre prêmio de seguro contra fogo.

139. É indevida a cobrança do impôsto de transação a que se refere a L. 899, de 1957, art. 58, IV, letra e, do antigo Distrito Federal.

140. Na importação de lubrificantes é devida a taxa de previdência social.

141. Não incide a taxa de previdência social sobre combustíveis.

142. Não é devida a taxa de previdência social sobre mercadorias isentas do imposto de importação.

143. Na forma da lei estadual, é devido o impôsto de vendas e consignações na exportação de café pelo Estado da Guanabara, embora proveniente de outro Estado.

144. É inconstitucional a incidência da taxa de recuperação econômica de Minas Gerais sôbre contrato sujeito ao impôsto federal do sêlo.

145. Não há crime, quando a preparação do flagrante pela polícia torna impossível a sua consumação.

146. A prescrição da ação penal regula-se pela pena concretizada na sentença, quando não há recurso da acusação.

147. A prescrição de crime falimentar começa a correr da data em que deveria estar encerrada a falência, ou do trânsito em julgado da sentença que a encerrar ou que julgar cumprida a concordata.

- Súm. 592, STF.

148. É legítimo o aumento de tarifas portuárias por ato do Ministro da Viação e Obras Públicas.

149. É imprescritível a ação de investigação de paternidade, mas não o é a de petição de herança.

150. Prescreve a execução no mesmo prazo de prescrição da ação.

151. Prescreve em um ano a ação do segurador sub-rogado para haver indenização por extravio ou perda de carga transportada por navio.

152. A ação para anular venda de ascendente a descendente, sem consentimento dos demais, prescreve em quatro anos a contar da abertura da sucessão.

- Revogada.

153. Simples protesto cambiário não interrompe a prescrição.

- art. 202, III, CC/2002.

154. Simples vistoria não interrompe a prescrição.

155. É relativa a nulidade do processo criminal por falta de intimação da expedição de precatória para inquirição de testemunha.

156. É absoluta a nulidade do julgamento, pelo júri, por falta de quesito obrigatório.

157. É necessária prévia autorização do Presidente da República para desapropriação, pelos Estados, de empresa de energia elétrica.

158. Salvo estipulação contratual averbada no registro imobiliário, não responde o adquirente pelas benfeitorias do locatário.

159. Cobrança excessiva, mas de boa-fé, não dá lugar às sanções do art. 1.531 do Código Civil.

- Refere-se ao Código Civil/1916, art. 1.531.
- art. 940, CC/2002.

160. É nula a decisão do tribunal que acolhe, contra o réu, nulidade não arguida no recurso da acusação, ressalvados os casos de recurso de ofício.

161. Em contrato de transporte, é inoperante a cláusula de não indenizar.

- art. 734, CC/2002.

162. É absoluta a nulidade do julgamento pelo júri, quando os quesitos da defesa não precedem aos das circunstâncias agravantes.

163. Salvo contra a Fazenda Pública, sendo a obrigação ilíquida, contam-se os juros moratórios desde a citação inicial para a ação.

164. No processo de desapropriação, são devidos juros compensatórios desde a antecipada imissão de posse, ordenada pelo juiz, por motivo de urgência.

165. A venda realizada diretamente pelo mandante ao mandatário não é atingida pela nulidade do art. 1.133, II, do Código Civil.

- Refere-se ao CC/1916, art. 1.133, II.
- art. 497, CC/2002.

166. É inadmissível o arrependimento no compromisso de compra e venda sujeito ao regime do Decreto-Lei n. 58, de 10.12.1937.

167. Não se aplica o regime do Decreto-Lei n. 58, de 10.12.1937, ao compromisso de compra e venda não inscrito no registro imobiliário, salvo se o promitente vendedor se obrigou a efetuar o registro.

168. Para os efeitos do Decreto-Lei n. 58, de 10.12.1937, admite-se a inscrição imobiliária do compromisso de compra e venda no curso da ação.

169. Depende de sentença a aplicação da pena de comisso.

- Súm. 122, STF.

170. É resgatável a enfiteuse instituída anteriormente à vigência do Código Civil.

- Refere-se ao Código Civil/1916.
- art. 2.038, CC/2002.

171. Não se admite, na locação em curso, de prazo determinado, a majoração de encargos a que se refere a L. 3.844, de 15.12.60.

- Lei 3.844/1960 revogada pela Lei 4.494/1964.

172. Não se admite, na locação em curso, de prazo determinado, o reajustamento de aluguel a que se refere a L. 3.085, de 29.12.56.

- Lei 3.085/1956 revogada pela Lei 4.494/1964.

173. Em caso de obstáculo judicial admite-se a purga da mora, pelo locatário, além do prazo legal.

174. Para a retomada do imóvel alugado, não é necessária a comprovação dos requisitos legais na notificação prévia.

175. Admite-se a retomada de imóvel alugado para uso de filho que vai contrair matrimônio.

176. O promitente comprador, nas condições previstas na L. 1.300, de 28-12-50, pode retomar o imóvel locado.

- Lei 1.300 revogada pela Lei 4.494/1964.

177. O cessionário do promitente comprador, nas mesmas condições deste, pode retomar o imóvel locado.

178. Não excederá de cinco anos a renovação judicial de contrato de locação, fundada no Decreto n. 24.150, de 20.04.1934.

- Dec. 24.150 /1934 revogado pela Lei 8.245/1991.

179. O aluguel arbitrado judicialmente nos têrmos da L. 3.085, de 29.12.56, art. 6º, vigora a partir da data do laudo pericial.

- Lei 3.085/1956: revogada pela Lei 4.494/1964.

180. Na ação revisional do art. 31 do D. 24.150, de 20.4.34, o aluguel arbitrado vigora a partir do laudo pericial.

- Dec. 24.150/1934: revogado pela Lei 8.245/1991.

181. Na retomada, para construção mais útil de imóvel sujeito ao D. 24.150, de 20.4.34, é sempre devida indenização para despesas de mudança do locatário.

- Dec. 24.150/1934: revogado pela Lei 8.245/1991.

182. Não impede o reajustamento do débito pecuário, nos termos da L. 1.002, de 24.12.49, a falta de cancelamento da renúncia à moratória da L. 209, de 2.1.48.

183. Não se incluem no reajustamento pecuário dívidas estranhas à atividade agropecuária.

184. Não se incluem no reajustamento pecuário dívidas contraídas posteriormente a 19.12.1946.

185. Em processo de reajustamento pecuário, não responde a União pelos honorários do advogado do credor ou do devedor.

186. Não infringe a lei a tolerância da quebra de 1% no transporte por estrada de ferro, prevista no regulamento de transportes.

187. A responsabilidade contratual do transportador, pelo acidente com o passageiro, não é elidida por culpa de terceiro, contra o qual tem ação regressiva.

188. O segurador tem ação regressiva contra o causador do dano, pelo que efetivamente pagou, até ao limite previsto no contrato de seguro.

189. Avais em branco e superpostos consideram-se simultâneos e não sucessivos.

190. O não pagamento de título vencido há mais de trinta dias, sem protesto, não impede a concordata preventiva.

- art. 48, Lei 11.101/2005 (A concordata foi substituída pela recuperação judicial e extrajudicial de empresas).

191. Inclui-se no crédito habilitado em falência a multa fiscal simplesmente moratória.

- Cancelada.

192. Não se inclui no crédito habilitado em falência a multa fiscal com efeito de pena administrativa.

- Súm. 191 e 565, STF.

193. Para a restituição prevista no art. 76, § 2º, da Lei de Falências, conta-se o prazo de quinze dias da entrega da coisa e não da sua remessa.

- art. 85, p.u., Lei 11.101/2005 (Lei de Recuperação de Empresas e Falência).
- Súm. 417 e 495, STF.

194. É competente o Ministro do Trabalho para a especificação das atividades insalubres.

195. Contrato de trabalho para obra certa, ou de prazo determinado, transforma-se em contrato de prazo indeterminado, quando prorrogado por mais de quatro anos.

196. Ainda que exerça atividade rural, o empregado de empresa industrial ou comercial é classificado de acordo com a categoria do empregador.

197. O empregado com representação sindical só pode ser despedido mediante inquérito em que se apure falta grave.

198. As ausências motivadas por acidente do trabalho não são descontáveis do período aquisitivo das férias.

199. O salário das férias do empregado horista corresponde à média do período aquisitivo, não podendo ser inferior ao mínimo.

200. Não é inconstitucional a Lei n. 1.530, de 26.12.1951, que manda incluir na indenização por despedida injusta parcela correspondente a férias proporcionais.

201. O vendedor pracista, remunerado mediante comissão, não tem direito ao repouso semanal remunerado.

202. Na equiparação de salário, em caso de trabalho igual, toma-se em conta o tempo de serviço na função, e não no emprego.

203. Não está sujeita à vacância de 60 dias a vigência de novos níveis de salário-mínimo.

204. Tem direito o trabalhador substituto, ou de reserva, ao salário-mínimo no dia em que fica à disposição do empregador sem ser aproveitado na função específica; se aproveitado, recebe o salário contratual.

- Súm. 159, TST.

205. Tem direito a salário integral o menor não sujeito a aprendizagem metódica.

206. É nulo o julgamento ulterior pelo júri com a participação de jurado que funcionou em julgamento anterior do mesmo processo.

- art. 449, I, CPP.

207. As gratificações habituais, inclusive a de natal, consideram-se tacitamente convencionadas, integrando o salário.

208. O assistente do Ministério Público não pode recorrer, extraordinariamente, de decisão concessiva de *habeas corpus*.

- Súm. 210, STF.

209. O salário-produção, como outras modalidades de salário-prêmio, é devido, desde que verificada a condição a que estiver subordinado, e não pode ser suprimido unilateralmente, pelo empregador, quando pago com habitualidade.

210. O assistente do Ministério Público pode recorrer, inclusive extraordinariamente, na ação penal, nos casos dos arts. 584, § 1º, e 598 do Código de Processo Penal.

- Súm. 208, STF.

211. Contra a decisão proferida sôbre o agravo no auto do processo, por ocasião do julgamento da apelação, não se admitem embargos infringentes ou de nulidade.

212. Tem direito ao adicional de serviço perigoso o empregado de posto de revenda de combustível líquido.

213. É devido o adicional de serviço noturno, ainda que sujeito o empregado ao regime de revezamento.

214. A duração legal da hora de serviço noturno (52 minutos e 30 segundos) constitui vantagem suplementar que não dispensa o salário adicional.

215. Conta-se a favor de empregado readmitido o tempo de serviço anterior, salvo se houver sido despedido por falta grave ou tiver recebido a indenização legal.

216. Para decretação da absolvição de instância pela paralisação do processo por mais de trinta dias, é necessário que o autor, previamente intimado, não promova o andamento da causa.

217. Tem direito de retornar ao emprego, ou ser indenizado em caso de recusa do empregador, o aposentado que recupera a capacidade de trabalho dentro de cinco anos, a contar da aposentadoria, que se torna definitiva após esse prazo.

218. É competente o juízo da Fazenda Nacional da capital do Estado, e não o da situação da coisa, para a desapropriação promovida por empresa de energia elétrica, se a União Federal intervém como assistente.

219. Para a indenização devida a empregado que tinha direito a ser readmitido, e não foi, levam-se em conta as vantagens advindas à sua categoria no período do afastamento.

220. A indenização devida a empregado estável, que não é readmitido, ao cessar sua aposentadoria, deve ser paga em dobro.

221. A transferência de estabelecimento, ou a sua extinção parcial, por motivo que não seja de força maior, não justifica a transferência de empregado estável.

222. O princípio da identidade física do juiz não é aplicável às juntas de conciliação e julgamento da Justiça do Trabalho.

- EC 24/1999 (Altera dispositivos da Constituição Federal pertinentes à representação classista na Justiça do Trabalho).
- Súm. 217, TFR.

223. Concedida isenção de custas ao empregado, por elas não responde o sindicato que o representa em juízo.

224. Os juros da mora, nas reclamações trabalhistas, são contados desde a notificação inicial.

225. Não é absoluto o valor probatório das anotações da carteira profissional.

226. Na ação de desquite, os alimentos são devidos desde a inicial e não da data da decisão que os concede.

227. A concordata do empregador não impede a execução de crédito nem a reclamação de empregado na Justiça do Trabalho.

- art. 48, Lei 11.101/2005 (A concordata foi substituída pela recuperação judicial e extrajudicial de empresas).

228. Não é provisória a execução na pendência de recurso extraordinário, ou de agravo destinado a fazê-lo admitir.

- Revogada.

229. A indenização acidentária não exclui a do direito comum, em caso de dolo ou culpa grave do empregador.

230. A prescrição da ação de acidente do trabalho conta-se do exame pericial que comprovar a enfermidade ou verificar a natureza da incapacidade.

231. O revel, em processo cível, pode produzir provas, desde que compareça em tempo oportuno.

232. Em caso de acidente do trabalho, são devidas diárias até doze meses, as quais não se confundem com a indenização acidentária nem com o auxílio-enfermidade.

233. Salvo em caso de divergência qualificada (Lei n. 623/1949), não cabe recurso de embargos contra decisão que nega provimento a agravo ou não conhece de recurso extraordinário, ainda que por maioria de votos.

234. São devidos honorários de advogado em ação de acidente do trabalho julgada procedente.

235. É competente para a ação de acidente do trabalho a Justiça Cível Comum, inclusive em segunda instância, ainda que seja parte autarquia seguradora.

- arts. 109, I, e 114, VI, CF.
- Súm. 501, STF.
- Súm. 15, STJ.
- Súm. Vinc. 22, STF.
- EC 45/2004.

236. Em ação de acidente do trabalho, a autarquia seguradora não tem isenção de custas.

237. O usucapião pode ser arguído em defesa.

- Súm. 445, STF.

238. Em caso de acidente do trabalho, a multa pelo retardamento da liquidação é exigível do segurador sub-rogado, ainda que autarquia.

239. Decisão que declara indevida a cobrança do imposto em determinado exercício não faz coisa julgada em relação aos posteriores.

240. O depósito para recorrer, em ação de acidente do trabalho, é exigível do segurador sub-rogado, ainda que autarquia.

241. A contribuição previdenciária incide sobre o abono incorporado ao salário.

242. O agravo no auto do processo deve ser apreciado, no julgamento da apelação, ainda que o agravante não tenha apelado.

243. Em caso de dupla aposentadoria, os proventos a cargo do IAPFESP não são equiparáveis aos pagos pelo Tesouro Nacional, mas calculados à base da média salarial nos últimos doze meses de serviço.

244. A importação de máquinas de costura está isenta do impôsto de consumo.

245. A imunidade parlamentar não se estende ao corréu sem essa prerrogativa.

246. Comprovado não ter havido fraude, não se configura o crime de emissão de cheque sem fundos.

247. O relator não admitirá os embargos da Lei n. 623, de 19.02.1949, nem deles conhecerá o Supremo Tribunal Federal, quando houver jurisprudência firme do plenário no mesmo sentido da decisão embargada.

248. É competente, originariamente, o Supremo Tribunal Federal, para mandado de segurança contra ato do Tribunal de Contas da União.

- art. 102, I, d, CF.

249. É competente o Supremo Tribunal Federal para a ação rescisória, quando, embora não tendo conhecido do recurso extraordinário, ou havendo negado provimento ao agravo, tiver apreciado a questão federal controvertida.

- Súm. 515, STF.

250. A intervenção da União desloca o processo do juízo cível comum para o fazendário.

251. Responde a Rede Ferroviária Federal S.A. perante o foro comum e não perante o juízo especial da Fazenda Nacional, a menos que a União intervenha na causa.

- Súm. 508, 517 e 556, STF.
- Súm. 42, STJ.

252. Na ação rescisória, não estão impedidos juízes que participaram do julgamento rescindendo.

253. Nos embargos da Lei n. 623, de 19.02.1949, no Supremo Tribunal Federal, a divergência somente será acolhida, se tiver sido indicada na petição de recurso extraordinário.

254. Incluem-se os juros moratórios na liquidação, embora omisso o pedido inicial ou a condenação.

255. Sendo ilíquida a obrigação, os juros moratórios, contra a Fazenda Pública, incluídas as autarquias, são contados do trânsito em julgado da sentença de liquidação.

- Cancelada.

256. É dispensável pedido expresso para condenação do réu em honorários, com fundamento nos arts. 63 ou 64 do Código de Processo Civil.

- Refere-se ao CPC/1939.
- arts. 82 e ss., CPC/2015.

257. São cabíveis honorários de advogado na ação regressiva do segurador contra o causador do dano.

258. É admissível reconvenção em ação declaratória.

259. Para produzir efeito em juízo não é necessária a inscrição, no registro público, de documentos de procedência estrangeira, autenticados por via consular.

260. O exame de livros comerciais, em ação judicial, fica limitado às transações entre os litigantes.

261. Para a ação de indenização, em caso de avaria, é dispensável que a vistoria se faça judicialmente.

262. Não cabe medida possessória liminar para liberação alfandegária de automóvel.

263. O possuidor deve ser citado pessoalmente para a ação de usucapião.

- Súm. 391, STF.

264. Verifica-se a prescrição intercorrente pela paralisação da ação rescisória por mais de cinco anos.

265. Na apuração de haveres não prevalece o balanço não aprovado pelo sócio falecido, excluído ou que se retirou.

266. Não cabe mandado de segurança contra lei em tese.

267. Não cabe mandado de segurança contra ato judicial passível de recurso ou correição.

- art. 5º, II, Lei 12.016/2009.

268. Não cabe mandado de segurança contra decisão judicial com trânsito em julgado.

269. O mandado de segurança não é substitutivo de ação de cobrança.

- Súm. 271, STF.

270. Não cabe mandado de segurança para impugnar enquadramento da Lei n. 3.780, de 12.07.1960, que envolva exame de prova ou de situação funcional complexa.

271. Concessão de mandado de segurança não produz efeitos patrimoniais em relação a período pretérito, os quais devem ser reclamados administrativamente ou pela via judicial própria.

- Súm. 269, STF.

272. Não se admite como ordinário recurso extraordinário de decisão denegatória de mandado de segurança.

273. Nos embargos da Lei n. 623, de 19.02.1949, a divergência sobre questão prejudicial ou preliminar, suscitada após a interposição do recurso extraordinário, ou do agravo, somente será acolhida se o acórdão-padrão for anterior à decisão embargada.

- Súm. 598, STF.

274. É inconstitucional a taxa de serviço contra fogo cobrada pelo Estado de Pernambuco.

- Revogada.

275. Está sujeita a recurso ex officio sentença concessiva de reajustamento pecuário anterior à vigência da Lei n. 2.804, de 25.06.1956.

276. Não cabe recurso de revista em ação executiva fiscal.

277. São cabíveis embargos, em favor da Fazenda Pública, em ação executiva fiscal, não sendo unânime a decisão.

278. São cabíveis embargos em ação executiva fiscal contra decisão reformatória da de primeira instância, ainda que unânime.

279. Para simples reexame de prova não cabe recurso extraordinário.

- Súm. 7, STJ.

280. Por ofensa a direito local não cabe recurso extraordinário.

281. É inadmissível o recurso extraordinário, quando couber na justiça de origem, recurso ordinário da decisão impugnada.

282. É inadmissível o recurso extraordinário, quando não ventilada, na decisão recorrida, a questão federal suscitada.

- Súm. 356, STF.
- Súm. 320, STJ.

283. É inadmissível o recurso extraordinário, quando a decisão recorrida assenta em mais de um fundamento suficiente e o recurso não abrange todos eles.

284. É inadmissível o recurso extraordinário, quando a deficiência na sua fundamentação não permitir a exata compreensão da controvérsia.

285. Não sendo razoável a arguição de inconstitucionalidade, não se conhece do recurso extraordinário fundado na letra c do art. 101, III, da Constituição Federal.

286. Não se conhece do recurso extraordinário fundado em divergência jurisprudencial, quando a orientação do plenário do Supremo Tribunal Federal já se firmou no mesmo sentido da decisão recorrida.

- Súm. 83, STF.

287. Nega-se provimento ao agravo, quando a deficiência na sua fundamentação, ou na do recurso extraordinário, não permitir a exata compreensão da controvérsia.

288. Nega-se provimento a agravo para subida de recurso extraordinário, quando faltar no traslado o despacho agravado, a decisão recorrida, a petição de recurso extraordinário ou qualquer peça essencial à compreensão da controvérsia.

- Súm. 639, STF.

289. O provimento do agravo por uma das turmas do Supremo Tribunal Federal ainda que sem ressalva, não prejudica a questão do cabimento do recurso extraordinário.

- Súm. 300, STF.

290. Nos embargos da Lei n. 623, de 19.02.1949, a prova de divergência far-se-á por certidão, ou mediante indicação do Diário da Justiça ou de repertório de jurisprudência autorizado, que a tenha publicado, com a transcrição do trecho que configure a divergência, mencionadas as circunstâncias que identifiquem ou assemelhem os casos confrontados.

291. No recurso extraordinário pela letra d do art. 101, III, da Constituição, a prova do dissídio jurisprudencial far-se-á por certidão, ou mediante indicação do Diário da Justiça ou de repertório de jurisprudência autorizado, com a transcrição do trecho que configure a divergência, mencionadas as circunstâncias que identifiquem ou assemelhem os casos confrontados.

292. Interposto o recurso extraordinário por mais de um dos fundamentos indicados no art. 101, III, da Constituição, a admissão apenas por um deles não prejudica o seu conhecimento por qualquer dos outros.

293. São inadmissíveis embargos infringentes contra decisão em matéria constitucional submetida ao plenário dos tribunais.

- Súm. 296 e 455, STF.

294. São inadmissíveis embargos infringentes contra decisão do Supremo Tribunal Federal em mandado de segurança.

- Súm. 597, STF.

295. São inadmissíveis embargos infringentes contra decisão unânime do Supremo Tribunal Federal em ação rescisória.

296. São inadmissíveis embargos infringentes sobre matéria não ventilada, pela turma, no julgamento do recurso extraordinário.

- Súm. 293, STF.

297. Oficiais e praças das milícias dos Estados, no exercício de função policial civil, não são considerados militares para efeitos penais, sendo competente a Justiça comum para julgar os crimes cometidos por ou contra êles.

298. O legislador ordinário só pode sujeitar civis à justiça militar, em tempo de paz, nos crimes contra a segurança externa do país ou as instituições militares.

299. O recurso ordinário e o extraordinário interpostos no mesmo processo de mandado de segurança, ou de *habeas corpus*, serão julgados conjuntamente pelo tribunal pleno.

300. São incabíveis os embargos da Lei n. 623, de 19.02.1949, contra provimento de agravo para subida de recurso extraordinário.

301. Por crime de responsabilidade, o procedimento penal contra Prefeito Municipal fica condicionado ao seu afastamento do cargo por impeachment, ou à cessação do exercício por outro motivo.

- Cancelada.

302. Está isenta da taxa de previdência social a importação de petróleo bruto.

303. Não é devido o impôsto federal de sêlo em contrato firmado com autarquia anteriormente à vigência da Emenda Constitucional 5, de 21-11-1961.

304. Decisão denegatória de mandado de segurança, não fazendo coisa julgada contra o impetrante, não impede o uso da ação própria.

305. Acordo de desquite ratificado por ambos os cônjuges não é retratável unilateralmente.

- Alteração legislativa posterior à súmula.

306. As taxas de recuperação econômica e de assistência hospitalar de Minas Gerais são legítimas, quando incidem sôbre matéria tributável pelo Estado.

307. É devido o adicional de serviço insalubre, calculado à base do salário-mínimo da região, ainda que a remuneração contratual seja superior ao salário-mínimo acrescido da taxa de insalubridade.

308. A taxa de despacho aduaneiro, sendo adicional do imposto de importação, não incide sobre borracha importada com isenção daquele imposto.

- Súm. 130 e 131, STF.

309. A taxa de despacho aduaneiro, sendo adicional do imposto de importação, não está compreendida na isenção do imposto de consumo para automóvel usado trazido do exterior pelo proprietário.

- Súm. 86, STF.

310. Quando a intimação tiver lugar na sexta-feira, ou a publicação com efeito de intimação for feita nesse dia, o prazo judicial terá início na segunda-feira imediata, salvo se não houver expediente, caso em que começará no primeiro dia útil que se seguir.

311. No típico acidente do trabalho, a existência de ação judicial não exclui a multa pelo retardamento da liquidação.

312. Músico integrante de orquestra da empresa, com atuação permanente e vínculo de subordinação, está sujeito a legislação geral do trabalho, e não à especial dos artistas.

313. Provada a identidade entre o trabalho diurno e o noturno, é devido o adicional, quanto a este, sem a limitação do art. 73, § 3º, da Consolidação das Leis do trabalho independentemente da natureza da atividade do empregador.

314. Na composição do dano por acidente do trabalho, ou de transporte, não é contrário à lei tomar para base da indenização o salário do tempo da perícia ou da sentença.

315. Indispensável o traslado das razões da revista, para julgamento, pelo Tribunal Superior do Trabalho, do agravo para sua admissão.

316. A simples adesão a greve não constitui falta grave.

317. São improcedentes os embargos declaratórios, quando não pedida a declaração do julgado anterior, em que se verificou a omissão.

318. É legítima a cobrança, em 1962, pela municipalidade de São Paulo, do impôsto de indústrias e profissões, consoante as leis 5.917 e 5.919, de 1961 (aumento anterior à vigência do orçamento e incidência do tributo sôbre o movimento econômico do contribuinte).

319. O prazo do recurso ordinário para o Supremo Tribunal Federal, em *habeas corpus* ou mandado de segurança, é de cinco dias.

320. A apelação despachada pelo juiz no prazo legal não fica prejudicada pela demora da juntada, por culpa do cartório.

- Súm. 425 e 428, STF.

321. A Constituição Estadual pode estabelecer a irredutibilidade dos vencimentos do Ministério Público.

- Revogada.

322. Não terá seguimento pedido ou recurso dirigido ao Supremo Tribunal Federal, quando manifestamente incabível, ou apresentado fora do prazo, ou quando for evidente a incompetência do tribunal.

323. É inadmissível a apreensão de mercadorias como meio coercitivo para pagamento de tributos.

324. A imunidade do art. 31, V, da Constituição Federal não compreende as taxas.

325. As emendas ao regimento do Supremo Tribunal Federal, sobre julgamento de questão constitucional, aplicam-se aos pedidos ajuizados e aos recursos interpostos anteriormente a sua aprovação.

326. É legítima a incidência do imposto de transmissão inter vivos sobre a transferência do domínio útil.

327. O direito trabalhista admite a prescrição intercorrente.

328. É legítima a incidência do imposto de transmissão inter vivos sobre a doação de imóvel.

329. O imposto de transmissão inter vivos não incide sobre a transferência de ações de sociedade imobiliária.

330. O Supremo Tribunal Federal não é competente para conhecer de mandado de segurança contra atos dos tribunais de Justiça dos Estados.

331. É legítima a incidência do Imposto de Transmissão causa mortis no inventário por morte presumida.

332. É legítima a incidência do impôsto de vendas e consignações sôbre a parcela do preço correspondente aos ágios cambiais.

333. Está sujeita ao impôsto de vendas e consignações a venda realizada por invernista não qualificado como pequeno produtor.

334. É legítima a cobrança, ao empreiteiro, do impôsto de vendas e consignações, sôbre o valor dos materiais empregados, quando a empreitada não for apenas de lavor.

335. É válida a cláusula de eleição do foro para os processos oriundos do contrato.

336. A imunidade da autarquia financiadora, quanto ao contrato de financiamento, não se estende à compra e venda entre particulares, embora constantes os dois atos de um só instrumento.

337. A controvérsia entre o empregador e o segurador não suspende o pagamento devido ao empregado por acidente do trabalho.

338. Não cabe ação rescisória no âmbito da Justiça do Trabalho.

339. Não cabe ao Poder Judiciário, que não tem função legislativa, aumentar vencimentos de servidores públicos sob fundamento de isonomia.

- Súm. Vinc. 37, STF.

340. Desde a vigência do Código Civil, os bens dominicais, como os demais bens públicos, não podem ser adquiridos por usucapião.

341. É presumida a culpa do patrão ou comitente pelo ato culposo do empregado ou preposto.

342. Cabe agravo no auto do processo, e não agravo de petição, do despacho que não admite a reconvenção.

343. Não cabe ação rescisória por ofensa a literal disposição de lei, quando a decisão rescindenda se tiver baseado em texto legal de interpretação controvertida nos tribunais.

344. Sentença de primeira instância concessiva de *habeas corpus*, em caso de crime praticado em detrimento de bens, serviços ou interesses da União, está sujeita a recurso ex officio.

345. Na chamada desapropriação indireta, os juros compensatórios são devidos a partir da perícia, desde que tenha atribuído valor atual ao imóvel.

- Superada.
- Súm. 164 e 618, STF.

346. A Administração Pública pode declarar a nulidade dos seus próprios atos.

- Súm. 6 e 473, STF.

347. O Tribunal de Contas, no exercício de suas atribuições, pode apreciar a constitucionalidade das leis e dos atos do Poder Público.

348. É constitucional a criação de taxa de construção, conservação e melhoramento de estradas.

349. A prescrição atinge somente as prestações de mais de dois anos, reclamadas com fundamento em decisão normativa da Justiça do Trabalho, ou em convenção coletiva de trabalho, quando não estiver em causa a própria validade de tais atos.

- art. 178, § 10, VI, CC/1916.

350. O impôsto de indústrias e profissões não é exigível de empregado, por falta de autonomia na sua atividade profissional.

351. É nula a citação por edital de réu preso na mesma Unidade da Federação em que o juiz exerce a sua jurisdição.

352. Não é nulo o processo penal por falta de nomeação de curador ao réu menor que teve a assistência de defensor dativo.

353. São incabíveis os embargos da Lei n. 623, de 19.02.1949, com fundamento em divergência entre decisões da mesma Turma do Supremo Tribunal Federal.

354. Em caso de embargos infringentes parciais, é definitiva a parte da decisão embargada em que não houve divergência na votação.

355. Em caso de embargos infringentes parciais, é tardio o recurso extraordinário interposto após o julgamento dos embargos, quanto à parte da decisão embargada que não fora por eles abrangida.

356. O ponto omisso da decisão, sobre o qual não foram opostos embargos declaratórios, não pode ser objeto de recurso extraordinário, por faltar o requisito do prequestionamento.

357. É lícita a convenção pela qual o locador renuncia, durante a vigência do contrato, à ação revisional do art. 31 do Decreto 24.150, de 20-4-1934.

- Dec. 24.150/1934 revogado pela Lei 8.245/1991.

358. O servidor público em disponibilidade tem direito aos vencimentos integrais do cargo.

359. Ressalvada a revisão prevista em lei, os proventos da inatividade regulam-se pela lei vigente ao tempo em que o militar, ou o servidor civil, reuniu os requisitos necessários.

360. Não há prazo de decadência para a representação de inconstitucionalidade prevista no art. 8º, parágrafo único, da Constituição Federal.

361. No processo penal, é nulo o exame realizado por um só perito, considerando-se impedido o que tiver funcionado, anteriormente, na diligência de apreensão.

362. A condição de ter o clube sede própria para a prática de jogo lícito não o obriga a ser proprietário do imóvel em que tem sede.

363. A pessoa jurídica de direito privado pode ser demandada no domicílio da agência, ou estabelecimento, em que se praticou o ato.

364. Enquanto o Estado da Guanabara não tiver Tribunal Militar de segunda instância, o Tribunal de Justiça é competente para julgar os recursos das decisões da auditoria da Polícia Militar.

365. Pessoa jurídica não tem legitimidade para propor ação popular.

366. Não é nula a citação por edital que indica o dispositivo da lei penal, embora não transcreva a denúncia ou queixa, ou não resuma os fatos em que se baseia.

367. Concede-se liberdade ao extraditando que não for retirado do país no prazo do art. 16 do Decreto-Lei n. 394, de 28.04.1938.

368. Não há embargos infringentes no processo de reclamação.

369. Julgados do mesmo tribunal não servem para fundamentar o recurso extraordinário por divergência jurisprudencial.

370. Julgada improcedente a ação renovatória de locação, terá o locatário, para desocupar o imóvel, o prazo de seis meses, acrescido de tantos meses quantos forem os anos da ocupação, até o limite total de dezoito meses.

- Sem eficácia.

371. Ferroviário, que foi admitido como servidor autárquico, não tem direito a dupla aposentadoria.

372. A Lei n. 2.752, de 10.04.1956, sobre dupla aposentadoria, aproveita, quando couber, a servidores aposentados antes de sua publicação.

373. Servidor nomeado após aprovação no curso de capacitação policial, instituído na Polícia do Distrito Federal, em 1941, preenche o requisito da nomeação por concurso a que se referem as Leis 705, de 16-5-49 e 1.639, de 14-7-1952.

374. Na retomada para construção mais útil, não é necessário que a obra tenha sido ordenada pela autoridade pública.

375. Não renovada a locação regida pelo Decreto 24.150, de 20-4-1934, aplica-se o direito comum e não a legislação especial do inquilinato.

- Dec. 24.150/1934 revogado pela Lei 8.245/1991.

376. Na renovação de locação, regida pelo Decreto 24.150, de 20-4-1934, o prazo do nôvo contrato conta-se da transcrição da decisão exequenda no Registro de Títulos e Documentos; começa, porém, da terminação do contrato anterior, se esta tiver ocorrido antes do registro.

- Dec. 24.150/1934 revogado pela Lei 8.245/1991.

377. No regime de separação legal de bens, comunicam-se os adquiridos na constância do casamento.

378. Na indenização por desapropriação incluem-se honorários do advogado do expropriado.

379. No acordo de desquite não se admite renúncia aos alimentos, que poderão ser pleiteados ulteriormente, verificados os pressupostos legais.

380. Comprovada a existência de sociedade de fato entre os concubinos, é cabível a sua dissolução judicial, com a partilha do patrimônio adquirido pelo esforço comum

381. Não se homologa sentença de divórcio obtida, por procuração, em país de que os cônjuges não eram nacionais.

- Lei 5.515/1977 (Lei do Divórcio).

382. A vida em comum sob o mesmo teto, "more uxorio", não é indispensável à caracterização do concubinato.

383. A prescrição em favor da Fazenda Pública recomeça a correr, por dois anos e meio, a partir do ato interruptivo, mas não fica reduzida aquém de cinco anos, embora o titular do direito a interrompa durante a primeira metade do prazo.

384. A demissão de extranumerário do Serviço Público Federal, equiparado a funcionário de provimento efetivo para efeito de estabilidade, é da competência do Presidente da República.

385. Oficial das Fôrças Armadas só pode ser reformado, em tempo de paz, por decisão de tribunal militar permanente, ressalvada a situação especial dos atingidos pelo art. 177 da Constituição de 1937.

386. Pela execução de obra musical por artistas remunerados é devido direito autoral, não exigível quando a orquestra for de amadores.

387. A cambial emitida ou aceita com omissões, ou em branco, pode ser completada pelo credor de boa-fé antes da cobrança ou do protesto.

388. O casamento da ofendida com quem não seja o ofensor faz cessar a qualidade do seu representante legal, e a ação penal só pode prosseguir por iniciativa da própria ofendida, observados os prazos legais de decadência e perempção.

- Revogada.

389. Salvo limite legal, a fixação de honorários de advogado, em complemento da condenação, depende das circunstâncias da causa, não dando lugar a recurso extraordinário.

- Súm. 279, STF.

390. A exibição judicial de livros comerciais pode ser requerida como medida preventiva.

391. O confinante certo deve ser citado, pessoalmente, para a ação de usucapião.

- Súm. 263, STF.

392. O prazo para recorrer de acórdão concessivo de segurança conta-se da publicação oficial de suas conclusões, e não da anterior ciência à autoridade para cumprimento da decisão.

- Lei 12.016/2009.

393. Para requerer revisão criminal, o condenado não é obrigado a recolher-se à prisão.

- Súm. 310, STF.

394. Cometido o crime durante o exercício funcional, prevalece a competência especial por prerrogativa de função, ainda que o inquérito ou a ação penal sejam iniciados após a cessação daquele exercício.

‣ Cancelada.

395. Não se conhece de recurso de *habeas corpus* cujo objeto seja resolver sobre o ônus das custas, por não estar mais em causa a liberdade de locomoção.

396. Para a ação penal por ofensa à honra, sendo admissível a exceção da verdade quanto ao desempenho de função pública, prevalece a competência especial por prerrogativa de função, ainda que já tenha cessado o exercício funcional do ofendido.

397. O poder de polícia da Câmara dos Deputados e do Senado Federal, em caso de crime cometido nas suas dependências, compreende, consoante o regimento, a prisão em flagrante do acusado e a realização do inquérito.

398. O Supremo Tribunal Federal não é competente para processar e julgar, originariamente, deputado ou senador acusado de crime.

399. Não cabe recurso extraordinário, por violação de lei federal, quando a ofensa alegada for a regimento de tribunal.

400. Decisão que deu razoável interpretação à lei, ainda que não seja a melhor, não autoriza recurso extraordinário pela letra a do art. 101, III, da Constituição Federal.

‣ art. 102, III, a e b, CF/1988.

401. Não se conhece do recurso de revista, nem dos embargos de divergência, do processo trabalhista, quando houver jurisprudência firme do Tribunal Superior do Trabalho no mesmo sentido da decisão impugnada, salvo se houver colisão com a jurisprudência do Supremo Tribunal Federal.

‣ Súm. 247 e 286, STF.

402. Vigia noturno tem direito a salário adicional.

403. É de decadência o prazo de trinta dias para instauração do inquérito judicial, a contar da suspensão, por falta grave, de empregado estável.

‣ Súm. 213, 214 e 313, STF.

404. Não contrariam a Constituição os arts. 3º, 22 e 27 da Lei 3.244, de 14-8-1957, que definem as atribuições do Conselho de Política Aduaneira quanto à tarifa flexível.

405. Denegado o mandado de segurança pela sentença, ou no julgamento do agravo, dela interposto, fica sem efeito a liminar concedida, retroagindo os efeitos da decisão contrária.

406. O estudante ou professor bolsista e o servidor público em missão de estudo satisfazem a condição da mudança de residência para o efeito de trazer automóvel do exterior, atendidos os demais requisitos legais.

407. Não tem direito ao terço de campanha o militar que não participou de operações de guerra, embora servisse na "zona de guerra".

408. Os servidores fazendários não têm direito a percentagem pela arrecadação de receita federal destinada ao Banco Nacional de Desenvolvimento Econômico.

‣ Súm. 30, STF.

409. Ao retomante, que tenha mais de um prédio alugado, cabe optar entre eles, salvo abuso de direito.

410. Se o locador, utilizando prédio próprio para residência ou atividade comercial, pede o imóvel locado para uso próprio, diverso do que tem o por ele ocupado, não está obrigado a provar a necessidade, que se presume.

411. O locatário autorizado a ceder a locação pode sublocar o imóvel.

412. No compromisso de compra e venda com cláusula de arrependimento, a devolução do sinal, por quem o deu, ou a sua restituição em dobro, por quem o recebeu, exclui indenização maior, a título de perdas e danos, salvo os juros moratórios e os encargos do processo.

413. O compromisso de compra e venda de imóveis, ainda que não loteados, dá direito à execução compulsória, quando reunidos os requisitos legais.

414. Não se distingue a visão direta da oblíqua na proibição de abrir janela, ou fazer terraço, eirado, ou varanda, a menos de metro e meio do prédio de outrem.

415. Servidão de trânsito não titulada, mas tornada permanente, sobretudo pela natureza das obras realizadas, considera-se aparente, conferindo direito à proteção possessória.

416. Pela demora no pagamento do preço da desapropriação não cabe indenização complementar além dos juros.

417. Pode ser objeto de restituição, na falência, dinheiro em poder do falido, recebido em nome de outrem, ou do qual, por lei ou contrato, não tivesse ele a disponibilidade.

‣ Lei 11.101/2005 (Nova Lei de Falências).

‣ Súm. 193 e 495, STF.

418. Empréstimo compulsório não é tributo, e sua arrecadação não está sujeita à exigência constitucional da prévia autorização orçamentária.

‣ Sem eficácia.

419. Os municípios têm competência para regular o horário do comércio local, desde que não infrinjam leis estaduais ou federais válidas.

‣ Súm. Vinculantes 38 e 645.

420. Não se homologa sentença proferida no estrangeiro sem prova do trânsito em julgado.

‣ Súm. Vinc. 38 e Súm. 645, STF.

421. Não impede a extradição a circunstância de ser o extraditando casado com brasileira ou ter filho brasileiro.

422. A absolvição criminal não prejudica a medida de segurança, quando couber, ainda que importe privação da liberdade.

423. Não transita em julgado a sentença por haver omitido o recurso ex officio, que se considera interposto ex lege.

424. Transita em julgado o despacho saneador de que não houve recurso, excluídas as questões deixadas, explícita ou implicitamente, para a sentença.

425. O agravo despachado no prazo legal não fica prejudicado pela demora da juntada, por culpa do cartório; nem o agravo entregue em cartório no prazo legal, embora despachado tardiamente.

‣ Súm. 320 e 428, STF.

426. A falta do termo específico não prejudica o agravo no auto do processo, quando oportuna a interposição por petição ou no termo da audiência.

‣ Súm. 427, STF.

427. A falta de petição de interposição não prejudica o agravo no auto do processo tomado por termo.

‣ Superada.

428. Não fica prejudicada a apelação entregue em cartório no prazo legal, embora despachada tardiamente.

‣ Súm. 320 e 425, STF.

429. A existência de recurso administrativo com efeito suspensivo não impede o uso do mandado de segurança contra omissão da autoridade.

‣ art. 5º, I, Lei 12.016/2009.

430. Pedido de reconsideração na via administrativa não interrompe o prazo para o mandado de segurança.

431. É nulo o julgamento de recurso criminal, na segunda instância, sem prévia intimação, ou publicação da pauta, salvo em *habeas corpus*.

432. Não cabe recurso extraordinário com fundamento no art. 101, III, d, da Constituição Federal, quando a divergência alegada for entre decisões da Justiça do Trabalho.

‣ art. 102, III, CF.

433. É competente o Tribunal Regional do Trabalho para julgar mandado de segurança contra ato de seu presidente em execução de sentença trabalhista.

434. A controvérsia entre seguradores indicados pelo empregador na ação de acidente do trabalho não suspende o pagamento devido ao acidentado.

435. O imposto de transmissão causa mortis pela transferência de ações é devido ao estado em que tem sede a companhia.

436. É válida a Lei 4.093, de 24-10-1959, do Paraná, que revogou a isenção concedida às cooperativas por lei anterior.

437. Está isenta da taxa de despacho aduaneiro a importação de equipamento para a indústria automobilística, segundo plano aprovado, no prazo legal, pelo órgão competente.

438. É ilegítima a cobrança, em 1962, da Taxa de Educação e Saúde, de Santa Catarina, adicional do impôsto de vendas e consignações.

439. Estão sujeitos à fiscalização tributária ou previdenciária quaisquer livros comerciais, limitado o exame aos pontos objeto da investigação.

‣ Súm. 67, STF.

440. Os benefícios da legislação federal de serviços de guerra não são exigíveis dos estados, sem que a lei estadual assim disponha.

441. O militar, que passa à inatividade com proventos integrais, não tem direito às cotas trigésimas a que se refere o código de vencimentos e vantagens dos militares.

442. A inscrição do contrato de locação no registro de imóveis, para a validade da cláusula de vigência contra o adquirente do imóvel, ou perante terceiros, dispensa a transcrição no registro de títulos e documentos.

443. A prescrição das prestações anteriores ao período previsto em lei não ocorre, quando não tiver sido negado, antes daquele prazo, o próprio direito reclamado, ou a situação jurídica de que ele resulta.

‣ Súm. 349, STF.

444. Na retomada para construção mais útil, de imóvel sujeito ao D. 24.150, de 20.4.34, a indenização se limita às despesas de mudança.

› Dec. 24.150/1934 revogado pela Lei 8.245/1991.

445. A Lei 2.437, de 7-3-1955, que reduz prazo prescricional, é aplicável às prescrições em curso na data de sua vigência (1º-1-1956), salvo quanto aos processos então pendentes.

446. Contrato de exploração de jazida ou pedreira não está sujeito ao D. 24.150, de 20.4.34.

› Dec. 24.150/1934 revogado pela Lei 8.245/1991.

447. É válida a disposição testamentária em favor de filho adulterino do testador com sua concubina.

448. O prazo para o assistente recorrer, supletivamente, começa a correr imediatamente após o transcurso do prazo do Ministério Público.

449. O valor da causa, na consignatória de aluguel, corresponde a uma anuidade.

450. São devidos honorários de advogado sempre que vencedor o beneficiário de justiça gratuita.

451. A competência especial por prerrogativa de função não se estende ao crime cometido após a cessação definitiva do exercício funcional.

452. Oficiais e praças do Corpo de Bombeiros do Estado da Guanabara respondem perante a Justiça Comum por crime anterior à Lei 427, de 11-10-1948.

453. Não se aplicam à segunda instância o art. 384 e parágrafo único do Código de Processo Penal, que possibilitam dar nova definição jurídica ao fato delituoso, em virtude de circunstância elementar não contida, explícita ou implicitamente, na denúncia ou queixa.

› art. 384, CPP.

454. Simples interpretação de cláusulas contratuais não dá lugar a recurso extraordinário.

› Súm. 279, STF.

455. Da decisão que se seguir ao julgamento de constitucionalidade pelo tribunal pleno, são inadmissíveis embargos infringentes quanto à matéria constitucional.

› Súm. 293, STF.

456. O Supremo Tribunal Federal, conhecendo do recurso extraordinário, julgará a causa, aplicando o direito à espécie.

457. O Tribunal Superior do Trabalho, conhecendo da revista, julgará a causa, aplicando o direito à espécie.

458. O processo da execução trabalhista não exclui a remição pelo executado.

459. No cálculo da indenização por despedida injusta, incluem-se os adicionais, ou gratificações, que, pela habitualidade, se tenham incorporado ao salário.

460. Para efeito do adicional de insalubridade, a perícia judicial, em reclamação trabalhista, não dispensa o enquadramento da atividade entre as insalubres, que é ato da competência do Ministro do Trabalho e Previdência Social.

› Súm. 194, STF.

461. É duplo, e não triplo, o pagamento do salário nos dias destinados a descanso.

462. No cálculo da indenização por despedida injusta inclui-se, quando devido, o repouso semanal remunerado.

› Súm. 207, 213, 214 e 313, STF.

463. Para efeito de indenização e estabilidade, conta-se o tempo em que o empregado esteve afastado, em serviço militar obrigatório, mesmo anteriormente à Lei n. 4.072, de 1º.06.1962.

464. No cálculo da indenização por acidente do trabalho inclui-se, quando devido, o repouso semanal remunerado.

465. O regime de manutenção de salário, aplicável ao (IAPM) e ao (IAPETC), exclui a indenização tarifada na lei de acidentes do trabalho, mas não o benefício previdenciário.

466. Não é inconstitucional a inclusão de sócios e administradores de sociedades e titulares de firmas individuais como contribuintes obrigatórios da Previdência Social.

467. A base do cálculo das contribuições previdenciárias, anteriormente à vigência da Lei Orgânica da Previdência Social, é o salário-mínimo mensal, observados os limites da Lei n. 2.755/1956.

468. Após a Emenda Constitucional n. 5, de 21.11.1961, em contrato firmado com a União, Estado, Município ou Autarquia, é devido o Imposto Federal de Selo pelo contratante não protegido pela imunidade, ainda que haja repercussão do ônus tributário sobre o patrimônio daquelas entidades.

› Súm. 303, STF.

469. A multa de cem por cento, para o caso de mercadoria importada irregularmente, é calculada à base do custo de câmbio da categoria correspondente.

470. O imposto de transmissão inter vivos não incide sobre a construção, ou parte dela, realizada, inequivocamente, pelo promitente comprador, mas sobre o valor do que tiver sido construído antes da promessa de venda.

› Súm. 110, STF.

471. As empresas aeroviárias não estão isentas do Imposto de Indústrias e Profissões

472. A condenação do autor em honorários de advogado, com fundamento no art. 64 do Código de Processo Civil, depende de reconvenção.

› Refere-se ao CPC/1939.

› arts. 82 e ss., CPC/2015.

› arts. 186 e 927, CC/2002.

473. A Administração pode anular seus próprios atos, quando eivados de vícios que os tornam ilegais, porque deles não se originam direitos; ou revogá-los, por motivo de conveniência ou oportunidade, respeitados os direitos adquiridos, e ressalvada, em todos os casos, a apreciação judicial.

474. Não há direito líquido e certo, amparado pelo mandado de segurança, quando se escuda em lei cujos efeitos foram anulados por outra, declarada constitucional pelo Supremo Tribunal Federal.

475. A Lei n. 4.686, de 21.06.1965, tem aplicação imediata aos processos em curso, inclusive em grau de recurso extraordinário.

476. Desapropriadas as ações de uma sociedade, o poder desapropriante, imitido na posse, pode exercer, desde logo, todos os direitos inerentes aos respectivos títulos.

477. As concessões de terras devolutas situadas na faixa de fronteira, feitas pelos Estados, autorizam, apenas, o uso, permanecendo o domínio com a União, ainda que se mantenha inerte ou tolerante, em relação aos possuidores.

478. O provimento em cargos de juízes substitutos do trabalho, deve ser feito independentemente de lista tríplice, na ordem de classificação dos candidatos.

479. As margens dos rios navegáveis são de domínio público, insuscetíveis de expropriação e, por isso mesmo, excluídas de indenização.

480. Pertencem ao domínio e administração da União, nos termos dos arts. 4º, IV, e 186, da Constituição Federal de 1967, as terras ocupadas por silvícolas.

› art. 231, CF.

481. Se a locação compreende, além do imóvel, fundo de comércio, com instalações e pertences, como no caso de teatros, cinemas e hotéis, não se aplicam ao retomante as restrições do art. 8º, "e", parágrafo único, do Decreto n. 24.150, de 20.04.1934.

› Dec. 24.150/1934 revogado pela Lei 8.245/1991.

482. O locatário, que não for sucessor ou cessionário do que o precedeu na locação, não pode somar os prazos concedidos a este, para pedir a renovação do contrato, nos termos do Decreto n. 24.150.

› Dec. 24.150/1934 revogado pela Lei 8.245/1991.

483. É dispensável a prova da necessidade, na retomada de prédio situado em localidade para onde o proprietário pretende transferir residência, salvo se mantiver, também, a anterior, quando dita prova será exigida.

› Súm. 80, STF.

484. Pode, legitimamente, o proprietário pedir o prédio para a residência de filho, ainda que solteiro, de acordo com o art. 11, III, da Lei n. 4.494, de 25.11.1964.

485. Nas locações regidas pelo Decreto n. 24.150, de 20.04.1934.a presunção de sinceridade do retomante é relativa, podendo ser ilidida pelo locatário.

› Dec. 24.150/1934 revogado pela Lei 8.245/1991.

486. Admite-se a retomada para sociedade da qual o locador, ou seu cônjuge, seja sócio, com participação predominante no capital social.

487. Será deferida a posse a quem, evidentemente, tiver o domínio, se com base neste for ela disputada.

› art. 1.210, § 2º, CC/2002.

489. A compra e venda de automóvel não prevalece contra terceiros, de boa-fé, se o contrato não foi transcrito no registro de títulos e documentos.

490. A pensão correspondente à indenização oriunda de responsabilidade civil deve ser calculada com base no salário-mínimo vigente ao tempo da sentença e ajustar-se-á às variações ulteriores.

491. É indenizável o acidente que cause a morte de filho menor, ainda que não exerça trabalho remunerado.

492. A empresa locadora de veículos responde, civil e solidariamente com o locatário, pelos danos por este causados a terceiro, no uso do carro locado.

493. O valor da indenização, se consistente em prestações periódicas e sucessivas, compreenderá, para que se mantenha inalterável na sua fixação, parcelas compensatórias do imposto de renda, incidente sobre os juros do capital gravado ou caucionado, nos termos dos arts. 911 e 912 do Código de Processo Civil.

- Refere-se ao CPC/1939.
- art. 533, CPC/2015.

494. A ação para anular venda de ascendente a descendente, sem consentimento dos demais, prescreve em vinte anos, contados da data do ato, revogada a Súmula n. 152.

495. A restituição em dinheiro da coisa vendida a crédito, entregue nos quinze dias anteriores ao pedido de falência ou de concordata, cabe, quando, ainda que consumida ou transformada, não faça o devedor prova de haver sido alienada a terceiro.

- Lei 11.101/2005 (Lei de Recuperação de Empresas e Falências).
- Súm. 193 e 417, STF.

496. São válidos, porque salvaguardados pelas disposições constitucionais transitórias da Constituição Federal de 1967, os decretos-leis expedidos entre 24 de janeiro e 15 de março de 1967.

497. Quando se tratar de crime continuado, a prescrição regula-se pela pena imposta na sentença, não se computando o acréscimo decorrente da continuação.

498. Compete à Justiça dos Estados, em ambas as instâncias, o processo e o julgamento dos crimes contra a economia popular.

499. Não obsta à concessão do sursis condenação anterior à pena de multa.

500. Não cabe a ação cominatória para compelir-se o réu a cumprir obrigação de dar.

501. Compete à Justiça Ordinária Estadual o processo e o julgamento, em ambas as instâncias, das causas de acidente do trabalho, ainda que promovidas contra a União, suas autarquias, empresas públicas ou sociedades de economia mista.

- arts. 109, I, e 114, VI, CF.
- Súm. 235, STF.
- Súm. Vinc. 22, STF.
- Súm. 15, STJ.

502. Na aplicação do art. 839 do Código de Processo Civil, com a redação da Lei n. 4.290, de 05.12.1963, a relação valor da causa e salário-mínimo vigente na capital do Estado, ou do Território, para o efeito de alçada, deve ser considerada na data do ajuizamento do pedido.

- Refere-se ao CPC/1939.
- arts. 291 e ss., CPC/2015.

503. A dúvida, suscitada por particular, sobre o direito de tributar, manifestado por dois estados, não configura litígio da competência originária do Supremo Tribunal Federal.

504. Compete à Justiça Federal, em ambas as instâncias, o processo e o julgamento das causas fundadas em contrato de seguro marítimo.

505. Salvo quando contrariarem a Constituição, não cabe recurso para o Supremo Tribunal Federal, de quaisquer decisões da Justiça do Trabalho, inclusive dos presidentes de seus tribunais.

506. O agravo a que se refere o art. 4º da Lei 4.348, de 26-6-1964, cabe, somente, do despacho do Presidente do Supremo Tribunal Federal que defere a suspensão da liminar, em mandado de segurança; não do que a "denega".

- Revogada.

507. A ampliação dos prazos a que se refere o art. 32 do Código de Processo Civil aplica-se aos executivos fiscais.

508. Compete à Justiça Estadual, em ambas as instâncias, processar e julgar as causas em que for parte o Banco do Brasil S.A.

509. A Lei 4.632, de 18-05-1965, que alterou o art. 64 do Código de Processo Civil, aplica-se aos processos em andamento, nas instâncias ordinárias.

510. Praticado o ato por autoridade, no exercício de competência delegada, contra ela cabe o mandado de segurança ou a medida judicial.

511. Compete à Justiça Federal, em ambas as instâncias, processar e julgar as causas entre autarquias federais e entidades públicas locais, inclusive mandados de segurança, ressalvada a ação fiscal, nos termos da Constituição Federal de 1967, art. 119, § 3º.

- art. 109, CF.

512. Não cabe condenação em honorários de advogado na ação de mandado de segurança.

- Súm. 105, STJ.
- art. 25, Lei 12.016/2009.

513. A decisão que enseja a interposição de recurso ordinário ou extraordinário não é a do plenário, que resolve o incidente de inconstitucionalidade, mas a do órgão (câmaras, grupos ou turmas) que completa o julgamento do feito.

514. Admite-se ação rescisória contra sentença transitada em julgado, ainda que contra ela não se tenha esgotado todos os recursos.

515. A competência para a ação rescisória não é do Supremo Tribunal Federal, quando a questão federal, apreciada no recurso extraordinário ou no agravo de instrumento, seja diversa da que foi suscitada no pedido rescisório.

- Súm. 249, STF.

516. O Serviço Social da Indústria (SESI) está sujeito à jurisdição da Justiça Estadual.

517. As sociedades de economia mista só têm foro na Justiça Federal, quando a União intervém como assistente ou opoente.

518. A intervenção da União, em feito já julgado pela segunda instância e pendente de embargos, não desloca o processo para o Tribunal Federal de Recursos.

519. Aplica-se aos executivos fiscais o princípio da sucumbência a que se refere o art. 64 do Código de Processo Civil.

- Refere-se ao CPC/1939.
- art. 82, § 2º, CPC/2015.

520. Não exige a lei que, para requerer o exame a que se refere o art. 777 do Código de Processo Penal, tenha o sentenciado cumprido mais de metade do prazo da medida de segurança imposta.

- art. 176, Lei 7.210/1984.

521. O foro competente para o processo e julgamento dos crimes de estelionato, sob a modalidade da emissão dolosa de cheque sem provisão de fundos, é o do local onde se deu a recusa do pagamento pelo sacado.

522. Salvo ocorrência de tráfico para o exterior, quando, então, a competência será da Justiça Federal, compete à Justiça dos Estados o processo e julgamento dos crimes relativos a entorpecentes.

523. No processo penal, a falta da defesa constitui nulidade absoluta, mas a sua deficiência só o anulará se houver prova de prejuízo para o réu.

524. Arquivado o inquérito policial, por despacho do juiz, a requerimento do promotor de justiça, não pode a ação penal ser iniciada, sem novas provas.

525. A medida de segurança não será aplicada em segunda instância, quando só o réu tenha recorrido.

526. Subsiste a competência do Supremo Tribunal Federal para conhecer e julgar a apelação, nos crimes da lei de segurança nacional, se houve sentença antes da vigência do ato institucional n. 2.

527. Após a vigência do Ato Institucional 6, que deu nova redação ao art. 114, III, da Constituição Federal de 1967, não cabe recurso extraordinário das decisões do juiz singular.

528. Se a decisão contiver partes autônomas, a admissão parcial, pelo presidente do tribunal a quo, de recurso extraordinário que, sobre qualquer delas se manifestar, não limitará a apreciação de todas pelo Supremo Tribunal Federal, independentemente de interposição de agravo de instrumento.

529. Subsiste a responsabilidade do empregador pela indenização decorrente de acidente do trabalho, quando o segurador, por haver entrado em liquidação, ou por outro motivo, não se encontrar em condições financeiras, de efetuar, na forma da lei, o pagamento que o seguro obrigatório visava garantir.

530. Na legislação anterior ao art. 4º da Lei 4.749, de 12-08-1965, a contribuição para a previdência social não estava sujeita ao limite estabelecido no art. 69 da Lei 3.807, de 26-08-1960, sobre o 13º salário a que se refere o art. 3º da Lei 4.281, de 8-11-1963.

531. É inconstitucional o Decreto n. 51.668, de 17.01.1963, que estabeleceu salário profissional para trabalhadores de transportes marítimos, fluviais e lacustres.

532. É constitucional a Lei n. 5.043, de 21.06.1966, que concedeu remissão das dívidas fiscais oriundas da falta de oportuno pagamento de selo nos contratos particulares com a caixa econômica e outras entidades autárquicas.

- Lei 5.043/1966 revogada pela Lei 5.143/1966.

533. Nas operações denominadas "crediários", com emissão de vales ou certificados para compras e nas quais, pelo financiamento, se cobram, em separado, juros, selos e outras despesas, incluir-se-á tudo no custo da mercadoria e sobre esse preço global calcular-se-á o imposto de vendas e consignações.

534. O imposto de importação sobre o extrato alcoólico de malte, como matéria-prima para fabricação de "whisky", incide à base de 60%, desde que desembarcado antes do Decreto-Lei 398, de 30.12.1968.

535. Na importação, a granel, de combustíveis líquidos é admissível a diferença de peso, para mais, até 4%, motivada pelas variações previstas no Decreto-Lei 1.028, de 04.01.1939, art. 1º.

536. São objetivamente imunes ao imposto sobre circulação de mercadorias os "produtos industrializados", em geral, destinados à exportação, além de outros, com a mesma destinação, cuja isenção a lei determinar.

537. É inconstitucional a exigência de impôsto estadual do sêlo, quando feita nos atos e instrumentos tributados ou regulados por lei federal, ressalvado o disposto no art. 15, § 5º, da Constituição Federal de 1946.

538. A avaliação judicial para o efeito do cálculo das benfeitorias dedutíveis do imposto sobre lucro imobiliário independe do limite a que se refere a Lei n. 3.470, de 28.11.1958, art. 8º, parágrafo único.

539. É constitucional a lei do município que reduz o imposto predial urbano sobre imóvel ocupado pela residência do proprietário, que não possua outro.

540. No preço da mercadoria sujeita ao imposto de vendas e consignações, não se incluem as despesas de frete e carreto.

- Refere-se ao atual Imposto sobre Operações Relativas à Circulação de Mercadorias e sobre Prestações de Serviços de Transporte Interestadual, Intermunicipal e de Comunicação - ICMS.

541. O imposto sobre vendas e consignações não incide sobre a venda ocasional de veículos e equipamentos usados, que não se insere na atividade profissional do vendedor, e não é realizada com o fim de lucro, sem caráter, pois, de comercialidade.

- Refere-se ao atual Imposto sobre Operações Relativas à Circulação de Mercadorias e sobre Prestações de Serviços de Transporte Interestadual, Intermunicipal e de Comunicação - ICMS.
- Súm. Vinc. 32.

542. Não é inconstitucional a multa instituída pelo Estado-membro, como sanção pelo retardamento do início ou da ultimação do inventário.

543. A Lei n. 2975, de 27.11.1965, revogou, apenas, as isenções de caráter geral, relativas ao imposto único sobre combustíveis, não as especiais, por outras leis concedidas.

544. Isenções tributárias concedidas, sob condição onerosa, não podem ser livremente suprimidas.

545. Preços de serviços públicos e taxas não se confundem, porque estas, diferentemente daqueles, são compulsórias e têm sua cobrança condicionada à prévia autorização orçamentária, em relação à lei que as instituiu.

546. Cabe a restituição do tributo pago indevidamente, quando reconhecido por decisão, que o contribuinte de jure não recuperou do contribuinte de facto o quantum respectivo.

- Súm. 71, STF.

547. Não é lícito à autoridade proibir que o contribuinte em débito adquira estampilhas, despache mercadorias nas alfândegas e exerça suas atividades profissionais.

548. É inconstitucional o Decreto-lei 643, de 19-6-1947, artigo 4º, do Paraná, na parte que exige sêlo proporcional sôbre atos e instrumentos regulados por lei federal.

549. A taxa de bombeiros do Estado de Pernambuco é constitucional, revogada a Súmula 274.

550. A isenção concedida pelo art. 2º da Lei n. 1.815/1953, às empresas de navegação aérea não compreende a taxa de melhoramento de portos, instituída pela Lei n. 3.421/1958.

551. É inconstitucional a taxa de urbanização da Lei 2.320, de 20-12-1961, instituída pelo Município de Pôrto Alegre, porque seu fato gerador é o mesmo da transmissão imobiliária.

552. Com a regulamentação do art. 15 da Lei 5.316/1967, pelo Decreto 71.037/1972, tornou-se exequível a exigência da exaustão da via administrativa antes do início da ação de acidente do trabalho.

- Lei 5.316/1967 revogada pela Lei 6.3671976.

553. O Adicional ao Frete para Renovação da Marinha Mercante (AFRMM) é contribuição parafiscal, não sendo abrangido pela imunidade prevista na letra d, III, do art. 19 da Constituição Federal.

554. O pagamento de cheque emitido sem provisão de fundos, após o recebimento da denúncia, não obsta ao prosseguimento da ação penal.

555. É competente o Tribunal de Justiça para julgar conflito de jurisdição entre juiz de direito do Estado e a Justiça Militar local.

556. É competente a Justiça Comum para julgar as causas em que é parte sociedade de economia mista.

557. É competente a Justiça Federal para julgar as causas em que são partes a Cobal e a Cibrazem.

558. É constitucional o art. 27 do Decreto-lei 898, de 29-9-1969.

559. O Decreto-Lei 730, de 05.08.1969, revogou a exigência de homologação, pelo Ministro da Fazenda, das resoluções do Conselho de Política Aduaneira.

- Dec.-Lei 730/1969 (Dispõe sobre o Conselho de Política Aduaneira).

560. A extinção de punibilidade, pelo pagamento do tributo devido, estende-se ao crime de contrabando ou descaminho, por força do art. 18, § 2º, do Decreto-Lei 157/1967.

561. Em desapropriação, é devida a correção monetária até a data do efetivo pagamento da indenização, devendo proceder-se à atualização do cálculo, ainda que por mais de uma vez.

562. Na indenização de danos materiais decorrentes de ato ilícito cabe a atualização de seu valor, utilizando-se, para esse fim, dentre outros critérios, dos índices de correção monetária.

563. O concurso de preferência a que se refere o parágrafo único do art. 187 do Código Tributário Nacional é compatível com o disposto no art. 9º, I, da Constituição Federal.

- art. 19, III, CF.

564. A ausência de fundamentação do despacho de recebimento de denúncia por crime falimentar enseja nulidade processual, salvo se já houver sentença condenatória.

565. A multa fiscal moratória constitui pena administrativa, não se incluindo no crédito habilitado em falência.

- art. 83, VII, Lei 11.101/2005 (Lei de Recuperação de Empresas e Falências).
- Súm. 191 e 192, STF.

566. Enquanto pendente, o pedido de readaptação fundado em desvio funcional não gera direitos para o servidor, relativamente ao cargo pleiteado.

567. A constituição, ao assegurar, no § 3º do art. 102, a contagem integral do tempo de serviço público federal, estadual ou municipal para os efeitos de aposentadoria e disponibilidade não proíbe à União, aos Estados e aos Municípios mandarem contar, mediante lei, para efeito diverso, tempo de serviço prestado a outra pessoa de direito público interno.

568. A identificação criminal não constitui constrangimento ilegal, ainda que o indiciado já tenha sido identificado civilmente.

569. É inconstitucional a discriminação de alíquotas do imposto de circulação de mercadorias nas operações interestaduais, em razão de o destinatário ser, ou não, contribuinte.

570. O imposto de circulação de mercadorias não incide sobre a importação de bens de capital.

571. O comprador de café ao IBC, ainda que sem expedição de nota fiscal, habilita-se, quando da comercialização do produto, ao crédito do ICM que incidiu sobre a operação anterior.

572. No cálculo do imposto de circulação de mercadorias devido na saída de mercadorias para o exterior, não se incluem fretes pagos a terceiros, seguros e despesas de embarque.

573. Não constitui fato gerador do imposto de circulação de mercadorias a saída física de máquinas, utensílios e implementos a título de comodato.

574. Sem lei estadual que a estabeleça, é ilegítima a cobrança do imposto de circulação de mercadorias sobre o fornecimento de alimentação e bebidas em restaurante ou estabelecimento similar.

575. À mercadoria importada de país signatário do (GATT), ou membro da (ALALC), estende-se a isenção do Imposto de Circulação de Mercadorias concedida a similar nacional.

576. É lícita a cobrança do imposto de circulação de mercadorias sobre produtos importados sob o regime da alíquota "zero".

577. Na importação de mercadorias do exterior, o fato gerador do imposto de circulação de mercadorias ocorre no momento de sua entrada no estabelecimento do importador.

578. Não podem os Estados, a título de ressarcimento de despesas, reduzir a parcela de 20% do produto da arrecadação do Imposto de Circulação de Mercadorias, atribuída aos Municípios pelo art. 23, § 8º, da Constituição Federal.

579. A cal virgem e a hidratada estão sujeitas ao Imposto de Circulação de Mercadorias.

580. A isenção prevista no art. 13, parágrafo único, do Decreto-Lei n. 43/1966, restringe-se aos filmes cinematográficos.

581. Exigência de transporte em navio de bandeira brasileira, para efeito de isenção tributária, legitimou-se com o advento do Decreto-Lei n. 666, de 02.07.1969.

582. É constitucional a Resolução nº 640/69, do Conselho de Política Aduaneira, que reduziu a alíquota do imposto de importação para a soda cáustica, destinada a zonas de difícil distribuição e abastecimento.

583. O promitente comprador de imóvel residencial transcrito em nome de autarquia é contribuinte do imposto predial territorial urbano.

584. Ao imposto de renda calculado sobre os rendimentos do ano-base, aplica-se a lei vigente no exercício financeiro em que deve ser apresentada a declaração.

585. Não incide o imposto de renda sobre a remessa de divisas para pagamento de serviços prestados no exterior, por empresa que não opera no Brasil.

- Superada.

586. Incide imposto de renda sobre os juros remetidos para o exterior, com base em contrato de mútuo.

587. Incide Imposto de Renda sobre o pagamento de serviços técnicos contratados no exterior e prestados no Brasil.

588. O Imposto Sobre Serviços não incide sobre os depósitos, as comissões e taxas de desconto, cobrados pelos estabelecimentos bancários.

- Súm. 424, STJ.

589. É inconstitucional a fixação de adicional progressivo do Imposto Predial e Territorial Urbano em função do número de imóveis do contribuinte.

590. Calcula-se o imposto de transmissão causa mortis sobre o saldo credor da promessa de compra e venda de imóvel, no momento da abertura da sucessão do promitente vendedor.

591. A imunidade ou a isenção tributária do comprador não se estende ao produtor, contribuinte do Imposto sobre Produtos Industrializados.

592. Nos crimes falimentares, aplicam-se as causas interruptivas da prescrição, previstas no Código Penal.

593. Incide o percentual do Fundo de Garantia do Tempo de Serviço (FGTS) sobre a parcela da remuneração correspondente a horas extraordinárias de trabalho.

594. Os direitos de queixa e de representação podem ser exercidos, independentemente, pelo ofendido ou por seu representante legal.

595. É inconstitucional a taxa municipal de conservação de estradas de rodagem cuja base de cálculo seja idêntica à do Imposto Territorial Rural.

596. As disposições do Decreto n. 22.626/1933 não se aplicam às taxas de juros e aos outros encargos cobrados nas operações realizadas por instituições públicas ou privadas, que integram o Sistema Financeiro Nacional.

- Súm. 539, STJ.

597. Não cabem embargos infringentes de acórdão que, em mandado de segurança decidiu, por maioria de votos, a apelação.

- art, 25, Lei 12.016/2009.
- Súm. 294, STF.
- Súm.169, STJ.

598. Nos embargos de divergência não servem como padrão de discordância os mesmos paradigmas invocados para demonstrá-la mas repelidos como não dissidentes no julgamento do recurso extraordinário.

599. São incabíveis embargos de divergência de decisão de turma, em agravo regimental.

- Cancelada.

600. Cabe ação executiva contra o emitente e seus avalistas, ainda que não apresentado o cheque ao sacado no prazo legal, desde que não prescrita a ação cambiária.

601. Os arts. 3°, II, e 55 da Lei Complementar 40/1981 (Lei Orgânica do Ministério Público) não revogaram a legislação anterior que atribui a iniciativa para a ação penal pública, no processo sumário, ao juiz ou à autoridade policial, mediante Portaria ou Auto de Prisão em Flagrante.

602. Nas causas criminais, o prazo de interposição de recurso extraordinário é de 10 (dez) dias.

603. A competência para o processo e julgamento de latrocínio é do juiz singular e não do Tribunal do Júri.

604. A prescrição pela pena em concreto é somente da pretensão executória da pena privativa de liberdade.

605. Não se admite continuidade delitiva nos crimes contra a vida.

- art. 71, p.u., CP.

606. Não cabe *habeas corpus* originário para o tribunal pleno de decisão de turma, ou do plenário, proferida em *habeas corpus* ou no respectivo recurso.

607. Na ação penal regida pela Lei 4.611/1965, a denúncia, como substitutivo da portaria, não interrompe a prescrição.

- Lei 4.611/1965 revogada pela Lei 9.099/1995.

608. No crime de estupro, praticado mediante violência real, a ação penal é pública incondicionada.

609. É pública incondicionada a ação penal por crime de sonegação fiscal.

610. Há crime de latrocínio, quando o homicídio se consuma, ainda que não realize o agente a subtração de bens da vítima.

611. Transitada em julgado a sentença condenatória, compete ao juízo das execuções a aplicação de lei mais benigna.

612. Ao trabalhador rural não se aplicam, por analogia, os benefícios previstos na Lei n. 6.367, de 19.10.1976.

613. Os dependentes de trabalhador rural não têm direito à pensão previdenciária, se o óbito ocorreu anteriormente à vigência da Lei Complementar 11/1971.

614. Somente o Procurador-Geral da Justiça tem legitimidade para propor ação direta interventiva por inconstitucionalidade de lei municipal.

615. O princípio constitucional da anualidade (§ 29 do art. 153 da Constituição Federal) não se aplica à revogação de isenção do ICM.

- art. 150, I e III, CF/1988.
- arts. 104, III, e 178, CTN.
- Súm. 544, STF.

616. É permitida a cumulação da multa contratual com os honorários de advogado, após o advento do Código de Processo Civil vigente.

617. A base de cálculo dos honorários de advogado em desapropriação é a diferença entre a oferta e a indenização, corrigidas ambas monetariamente.

618. Na desapropriação, direta ou indireta, a taxa dos juros compensatórios é de 12% (doze por cento) ao ano.

619. A prisão do depositário judicial pode ser decretada no próprio processo em que se constituiu o encargo, independentemente da propositura de ação de depósito.

- Revogada.

620. A sentença proferida contra autarquias não está sujeita a reexame necessário, salvo quando sucumbente em execução de dívida ativa.

621. Não enseja embargos de terceiro à penhora a promessa de compra e venda não inscrita no registro de imóveis.

- Súm. 84, STJ.

622. Não cabe agravo regimental contra decisão do relator que concede ou indefere liminar em mandado de segurança.

- art. 16, Lei 12.016/2009.

623. Não gera por si só a competência originária do Supremo Tribunal Federal para conhecer do mandado de segurança com base no art. 102, I, n, da Constituição, dirigir-se o pedido contra deliberação administrativa do tribunal de origem, da qual haja participado a maioria ou a totalidade de seus membros.

624. Não compete ao Supremo Tribunal Federal conhecer originariamente de mandado de segurança contra atos de outros tribunais.

- Súm. 330, STF.

625. Controvérsia sobre matéria de direito não impede concessão de mandado de segurança.

626. A suspensão da liminar em mandado de segurança, salvo determinação em contrário da decisão que a deferir, vigorará até o trânsito em julgado da decisão definitiva de concessão da segurança ou, havendo recurso, até a sua manutenção pelo Supremo Tribunal Federal, desde que o objeto da liminar deferida coincida, total ou parcialmente, com o da impetração.

- art. 15, Lei 12.016/2009.

627. No mandado de segurança contra a nomeação de magistrado da competência do Presidente da República, este é considerado autoridade coatora, ainda que o fundamento da impetração seja nulidade ocorrida em fase anterior do procedimento.

628. O integrante de lista de candidatos a determinada vaga da composição de tribunal é parte legítima para impugnar a validade da nomeação de concorrente.

629. A impetração de mandado de segurança coletivo por entidade de classe em favor dos associados independe da autorização destes.

- art. 21, Lei 12.016/2009.

630. A entidade de classe tem legitimação para o mandado de segurança ainda quando a pretensão veiculada interesse apenas a uma parte da respectiva categoria.

- art. 21, Lei 12.016/2009.

631. Extingue-se o processo de mandado de segurança se o impetrante não promove, no prazo assinado, a citação do litisconsorte passivo necessário.

632. É constitucional lei que fixa o prazo de decadência para a impetração de mandado de segurança.

- art. 23, Lei 12.016/2009.

633. É incabível a condenação em verba honorária nos recursos extraordinários interpostos em processo trabalhista, exceto nas hipóteses previstas na Lei n. 5.584/1970.

634. Não compete ao Supremo Tribunal Federal conceder medida cautelar para dar efeito suspensivo a recurso extraordinário que ainda não foi objeto de juízo de admissibilidade na origem.

635. Cabe ao presidente do tribunal de origem decidir o pedido de medida cautelar em recurso extraordinário ainda pendente do seu juízo de admissibilidade.

636. Não cabe recurso extraordinário por contrariedade ao princípio constitucional da legalidade, quando a sua verificação pressuponha rever a interpretação dada a normas infraconstitucionais pela decisão recorrida.

637. Não cabe recurso extraordinário contra acórdão de Tribunal de Justiça que defere pedido de intervenção estadual em município.

638. A controvérsia sobre a incidência, ou não, de correção monetária em operações de crédito rural é de natureza infraconstitucional, não viabilizando recurso extraordinário.

639. Aplica-se a Súmula n. 288 quando não constarem do traslado do agravo de instrumento as cópias das peças necessárias à verificação da tempestividade do recurso extraordinário não admitido pela decisão agravada.

- Súm. 288, STF.

640. É cabível recurso extraordinário contra decisão proferida por juiz de primeiro grau nas causas de alçada, ou por turma recursal de juizado especial cível e criminal.

641. Não se conta em dobro o prazo para recorrer, quando só um dos litisconsortes haja sucumbido.

642. Não cabe ação direta de inconstitucionalidade de lei do Distrito Federal derivada da sua competência legislativa municipal.

643. O Ministério Público tem legitimidade para promover ação civil pública cujo fundamento seja a ilegalidade de reajuste de mensalidades escolares.

644. Ao titular do cargo de procurador de autarquia não se exige a apresentação de instrumento de mandato para representá-la em juízo.

645. É competente o Município para fixar o horário de funcionamento de estabelecimento comercial.

- Súm. Vinc. 38 e Súm. 419, STF.

646. Ofende o princípio da livre concorrência lei municipal que impede a instalação de estabelecimentos comerciais do mesmo ramo em determinada área.

- Súm. Vinc. 49, STF.

647. Compete privativamente à União legislar sobre vencimentos dos membros das polícias civil e militar do Distrito Federal.

- Súm. Vinc. 39.

648. A norma do § 3º do art. 192 da Constituição, revogada pela Emenda Constitucional n. 40/2003, que limitava a taxa de juros reais a 12% ao ano, tinha sua aplicabilidade condicionada à edição de lei complementar.

- Súm. Vinc. 7, STF.

649. É inconstitucional a criação, por Constituição estadual, de órgão de controle administrativo do Poder Judiciário do qual participem representantes de outros poderes ou entidades.

650. Os incisos I e XI do art. 20 da Constituição Federal não alcançam terras de aldeamentos extintos, ainda que ocupadas por indígenas em passado remoto.

- A redação desta Súmula foi retificada no *DJ*, 29.10.2003.

651. A medida provisória não apreciada pelo Congresso Nacional podia, até a Emenda Constitucional n. 32/2001, ser reeditada dentro do seu prazo de eficácia de trinta dias, mantidos os efeitos de lei desde a primeira edição.

652. Não contraria a Constituição o art. 15, § 1º, do Decreto-Lei n. 3.365/1941 (Lei da desapropriação por utilidade pública).

- art. 5º, XXIV, CF.

653. No tribunal de contas estadual, composto por sete conselheiros, quatro devem ser escolhidos pela Assembleia Legislativa e três pelo chefe do Poder Executivo estadual, cabendo a este indicar um dentre auditores e outro dentre membros do Ministério Público, e um terceiro a sua livre escolha.

654. A garantia da irretroatividade da lei, prevista no art 5º, XXXVI, da Constituição da República, não é invocável pela entidade estatal que a tenha editado.

655. A exceção prevista no art. 100, *caput*, da Constituição, em favor dos créditos de natureza alimentícia, não dispensa a expedição de precatório, limitando-se a isentá-los da observância da ordem cronológica dos precatórios decorrentes de condenações de outra natureza.

656. É inconstitucional a lei que estabelece alíquotas progressivas para o Imposto de Transmissão inter vivos de Bens Imóveis - ITBI com base no valor venal do imóvel.

- arts. 145, § 1º, e 156, II, CF.

657. A imunidade prevista no art. 150, VI, d, da Constituição Federal abrange os filmes e papéis fotográficos necessários à publicação de jornais e periódicos.

658. São constitucionais os arts. 7º da Lei n. 7.787/1989 e 1º da Lei n. 7.894/1989 e da Lei n. 8.147/1990, que majoraram a alíquota do finsocial, quando devida a contribuição por empresas dedicadas exclusivamente à prestação de serviços.

659. É legítima a cobrança da COFINS, do PIS e do FINSOCIAL sobre as operações relativas a energia elétrica, serviços de telecomunicações, derivados de petróleo, combustíveis e minerais do país.

- arts. 155, § 3º, e 195, *caput* e § 7º, CF.

660. Não incide ICMS na importação de bens por pessoa física ou jurídica que não seja contribuinte do imposto.

661. Na entrada de mercadoria importada do exterior, é legítima a cobrança do icms por ocasião do desembaraço aduaneiro.

- art. 155, § 2º, IX, a, CF.
- Súm. Vinc. 48.

662. É legítima a incidência do ICMS na comercialização de exemplares de obras cinematográficas, gravados em fitas de videocassete.

- art. 155, II, CF.

663. Os §§ 1º e 3º do art. 9º do Decreto-Lei n. 406/1968 foram recebidos pela Constituição.

- art. 34, § 5º, ADCT.

664. É inconstitucional o inciso V do art. 1º da Lei n. 8.033/1990, que instituiu a incidência do Imposto nas Operações de Crédito, Câmbio e Seguros - IOF sobre saques efetuados em caderneta de poupança.

- O inciso V do art. 1º da Lei n. 8.033/1990 teve a execução suspensa pela Res. SF 28/2007.

665. É constitucional a taxa de fiscalização dos mercados de títulos e valores mobiliários instituída pela Lei n. 7.940/1989.

- art. 145, II, e § 2º, CF.

666. A contribuição confederativa de que trata o art. 8º, IV, da Constituição, só é exigível dos filiados ao sindicato respectivo.

- Súm. Vinc. 40.

667. Viola a garantia constitucional de acesso à jurisdição a taxa judiciária calculada sem limite sobre o valor da causa.

- art. 5º, XXXVI, e 145, CF.

668. É inconstitucional a lei municipal que tenha estabelecido, antes da Emenda Constitucional n. 29/2000, alíquotas progressivas para o IPTU, salvo se destinada a assegurar o cumprimento da função social da propriedade urbana.

- arts. 145, § 1º, e 182, §§ 2º e 4º,CF.
- art. 7º, Lei 10.257/2001.

669. Norma legal que altera o prazo de recolhimento da obrigação tributária não se sujeita ao princípio da anterioridade.

- art. 195, 6º, CF.
- Súm. Vinc. 50.

670. O serviço de iluminação pública não pode ser remunerado mediante taxa.

- arts. 145, II, CF.
- Súm. 41, STF.

671. Os servidores públicos e os trabalhadores em geral têm direito, no que concerne à URP de abril/maio de 1988, apenas ao valor correspondente a 7/30 de 16,19% sobre os vencimentos e salários pertinentes aos meses de abril e maio de 1988, não cumulativamente, devidamente corrigido até o efetivo pagamento.

672. O reajuste de 28,86%, concedido aos servidores militares pelas leis 8.622/1993 e 8.627/1993, estende-se aos servidores civis do Poder Executivo, observadas as eventuais compensações decorrentes dos reajustes diferenciados concedidos pelos mesmos diplomas legais.

- Súm. Vinc. 51, STF.

673. O art. 125, § 4º, da Constituição não impede a perda da graduação de militar mediante procedimento administrativo.

674. A anistia prevista no art. 8º do Ato das Disposições Constitucionais Transitórias não alcança os militares expulsos com base em legislação disciplinar ordinária, ainda que em razão de atos praticados por motivação política.

675. Os intervalos fixados para descanso e alimentação durante a jornada de seis horas não descaracterizam o sistema de turnos ininterruptos de revezamento para o efeito do art. 7º, XIV, da Constituição.

676. A garantia da estabilidade provisória prevista no art. 10, II, a, do Ato das Disposições Constitucionais Transitórias, também se aplica ao suplente do cargo de direção de comissões internas de prevenção de acidentes (CIPA).

677. Até que lei venha a dispor a respeito, incumbe ao Ministério do Trabalho proceder ao registro das entidades sindicais e zelar pela observância do princípio da unicidade.

678. São inconstitucionais os incisos I e III do art. 7º da Lei n. 8.162/1991, que afastam, para efeito de anuênio e de licença-prêmio, a contagem do tempo de serviço regido pela Consolidação das Leis do Trabalho dos servidores que passaram a submeter-se ao regime jurídico único.

679. A fixação de vencimentos dos servidores públicos não pode ser objeto de convenção coletiva.

680. O direito ao auxílio-alimentação não se estende aos servidores inativos.

681. É inconstitucional a vinculação do reajuste de vencimentos de servidores estaduais ou municipais a índices federais de correção monetária.

‣ Súm. Vinc. 42.

682. Não ofende a Constituição a correção monetária no pagamento com atraso dos vencimentos de servidores públicos.

683. O limite de idade para a inscrição em concurso público só se legitima em face do art. 7º, XXX, da Constituição, quando possa ser justificado pela natureza das atribuições do cargo a ser preenchido.

‣ art. 27, Lei 10.741/2003.

‣ Súm. 14, STF.

684. É inconstitucional o veto não motivado à participação de candidato a concurso público.

‣ art. 7º, XXX, CF.

‣ art. 27, Lei 10.741/2003.

685. É inconstitucional toda modalidade de provimento que propicie ao servidor investir-se, sem prévia aprovação em concurso público destinado ao seu provimento, em cargo que não integra a carreira na qual anteriormente investido.

‣ Súm. Vinc. 43.

686. Só por lei se pode sujeitar a exame psicotécnico a habilitação de candidato a cargo público.

‣ art. 7º, XXX, CF.

‣ art. 27, Lei 10.741/2003.

‣ Súm. Vinc. 44.

687. A revisão de que trata o art. 58 do Ato das Disposições Constitucionais Transitórias não se aplica aos benefícios previdenciários concedidos após a promulgação da Constituição de 1988.

688. É legítima a incidência da contribuição previdenciária sobre o 13º salário.

‣ art. 195, I, CF.

689. O segurado pode ajuizar ação contra a instituição previdenciária perante o juízo federal do seu domicílio ou nas varas federais da capital do Estado-membro.

690. Compete originariamente ao Supremo Tribunal Federal o julgamento de *habeas corpus* contra decisão de turma recursal de juizados especiais criminais.

‣ Superada.

691. Não compete ao Supremo Tribunal Federal conhecer de *habeas corpus* impetrado contra decisão do relator que, em *habeas corpus* requerido a tribunal superior, indefere a liminar.

‣ art. 102, I, i, CF.

692. Não se conhece de *habeas corpus* contra omissão de relator de extradição, se fundado em fato ou direito estrangeiro cuja prova não constava dos autos, nem foi ele provocado a respeito.

693. Não cabe *habeas corpus* contra decisão condenatória a pena de multa, ou relativo a processo em curso por infração penal a que a pena pecuniária seja a única cominada.

‣ arts. 49 e ss., CP.

694. Não cabe *habeas corpus* contra a imposição da pena de exclusão de militar ou de perda de patente ou de função pública.

‣ art. 92, I, CP.

‣ art. 647, CPP.

695. Não cabe *habeas corpus* quando já extinta a pena privativa de liberdade.

‣ art. 659, CPP.

696. Reunidos os pressupostos legais permissivos da suspensão condicional do processo, mas se recusando o promotor de justiça a propô-la, o juiz, dissentindo, remeterá a questão ao procurador-geral, aplicando-se por analogia o art. 28 do Código de Processo Penal.

‣ art. 89, Lei 9.099/1995.

697. A proibição de liberdade provisória nos processos por crimes hediondos não veda o relaxamento da prisão processual por excesso de prazo.

‣ Súmula prejudicada pela edição da Lei 11.464/200.

698. Não se estende aos demais crimes hediondos a admissibilidade de progressão no regime de execução da pena aplicada ao crime de tortura.

‣ Súmula prejudicada pela edição da Lei 11.464/2007.

699. O prazo para interposição de agravo, em processo penal, é de cinco dias, de acordo com a Lei n. 8.038/1990, não se aplicando o disposto a respeito nas alterações da Lei n. 8.950/1994 ao Código de Processo Civil.

‣ art. 28, Lei 8.038/1990.

700. É de cinco dias o prazo para interposição de agravo contra decisão do juiz da execução penal.

‣ art. 586, CPP.

701. No mandado de segurança impetrado pelo Ministério Público contra decisão proferida em processo penal, é obrigatória a citação do réu como litisconsorte passivo.

702. A competência do Tribunal de Justiça para julgar prefeitos restringe-se aos crimes de competência da Justiça Comum estadual; nos demais casos, a competência originária caberá ao respectivo tribunal de segundo grau.

703. A extinção do mandato do prefeito não impede a instauração de processo pela prática dos crimes previstos no art. 1º do Decreto-Lei n. 201/1967.

704. Não viola as garantias do juiz natural, da ampla defesa e do devido processo legal a atração por continência ou conexão do processo do corréu ao foro por prerrogativa de função de um dos denunciados.

‣ art. 5º, LIII, LIV e LCF.

‣ arts. 79 e 84, CPP.

705. A renúncia do réu ao direito de apelação, manifestada sem a assistência do defensor, não impede o conhecimento da apelação por este interposta.

706. É relativa a nulidade decorrente da inobservância da competência penal por prevenção.

707. Constitui nulidade a falta de intimação do denunciado para oferecer contrarrazões ao recurso interposto da rejeição da denúncia, não a suprindo a nomeação de defensor dativo.

‣ arts. 588, CPP.

708. É nulo o julgamento da apelação se, após a manifestação nos autos da renúncia do único defensor, o réu não foi previamente intimado para constituir outro.

‣ arts. 261 e 564, III, c, CPP.

709. Salvo quando nula a decisão de primeiro grau, o acórdão que provê o recurso contra a rejeição da denúncia vale, desde logo, pelo recebimento dela.

710. No processo penal, contam-se os prazos da data da intimação, e não da juntada aos autos do mandado ou da carta precatória ou de ordem.

711. A lei penal mais grave aplica-se ao crime continuado ou ao crime permanente, se a sua vigência é anterior à cessação da continuidade ou da permanência.

‣ art. 71, CP.

712. É nula a decisão que determina o desaforamento de processo da competência do júri sem audiência da defesa.

‣ arts. 427 e 428, CPP.

713. O efeito devolutivo da apelação contra decisões do júri é adstrito aos fundamentos da sua interposição.

714. É concorrente a legitimidade do ofendido, mediante queixa, e do Ministério Público, condicionada à representação do ofendido, para a ação penal por crime contra a honra de servidor público em razão do exercício de suas funções.

‣ arts. 138 a 145, CP.

715. A pena unificada para atender ao limite de trinta anos de cumprimento, determinado pelo art. 75 do Código Penal, não é considerada para a concessão de outros benefícios, como o livramento condicional ou regime mais favorável de execução.

716. Admite-se a progressão de regime de cumprimento da pena ou a aplicação imediata de regime menos severo nela determinada, antes do trânsito em julgado da sentença condenatória.

‣ art. 112, Lei 7.210/1984.

717. Não impede a progressão de regime de execução da pena, fixada em sentença não transitada em julgado, o fato de o réu se encontrar em prisão especial.

‣ art. 295, CPP.

718. A opinião do julgador sobre a gravidade em abstrato do crime não constitui motivação idônea para a imposição de regime mais severo do que o permitido segundo a pena aplicada.

‣ art. 33, § 2º, c, CP.

719. A imposição do regime de cumprimento mais severo do que a pena aplicada permitir exige motivação idônea.

‣ art. 33, § 2º, c, CP.

720. O art. 309 do Código de Trânsito Brasileiro, que reclama decorra do fato perigo de dano, derrogou o art. 32 da Lei das Contravenções Penais no tocante à direção sem habilitação em vias terrestres.

721. A competência constitucional do tribunal do júri prevalece sobre o foro por prerrogativa de função estabelecido exclusivamente pela Constituição estadual.

‣ art. 5º, XXXVIII, CF.

‣ Súm. Vinc. 45.

722. São da competência legislativa da União a definição dos crimes de responsabilidade e o estabelecimento das respectivas normas de processo e julgamento.

‣ Súm. Vinc. 46, STF.

723. Não se admite a suspensão condicional do processo por crime continuado, se a soma da pena mínima da infração mais grave com o aumento mínimo de um sexto for superior a um ano.

‣ art. 89, Lei 9.099/1995.

724. Ainda quando alugado a terceiros, permanece imune ao IPTU o imóvel pertencente a qualquer das entidades referidas pelo art. 150, VI, c, da Constituição, desde que o valor dos aluguéis seja aplicado nas atividades essenciais de tais entidades.

▸ Súm. Vinc. 52.

725. É constitucional o § 2º do art. 6º da Lei n. 8.024/1990, resultante da conversão da Medida Provisória n. 168/1990, que fixou o BTN fiscal como índice de correção monetária aplicável aos depósitos bloqueados pelo Plano Collor I.

726. Para efeito de aposentadoria especial de professores, não se computa o tempo de serviço prestado fora da sala de aula.

727. Não pode o magistrado deixar de encaminhar ao Supremo Tribunal Federal o agravo de instrumento interposto da decisão que não admite recurso extraordinário, ainda que referente a causa instaurada no âmbito dos juizados especiais.

▸ Lei 9.099/1995.

728. É de três dias o prazo para a interposição de recurso extraordinário contra decisão do tribunal superior eleitoral, contado, quando for o caso, a partir da publicação do acórdão, na própria sessão de julgamento, nos termos do art. 12 da Lei n. 6.055/1974, que não foi revogado pela Lei n. 8.950/1994.

▸ art. 508, CPP.

729. A decisão na Ação Direta de Constitucionalidade 4 não se aplica à antecipação de tutela em causa de natureza previdenciária.

▸ art. 1º, Lei 9.494/1997.

730. A imunidade tributária conferida a instituições de assistência social sem fins lucrativos pelo art. 150, VI, "c", da Constituição, somente alcança as entidades fechadas de previdência social privada se não houver contribuição dos beneficiários.

731. Para fim da competência originária do Supremo Tribunal Federal, é de interesse geral da magistratura a questão de saber se, em face da Lei Orgânica da Magistratura Nacional, os juízes têm direito à licença-prêmio.

▸ art. 102, I, n, CF.

732. É constitucional a cobrança da contribuição do salário-educação, seja sob a carta de 1969, seja sob a Constituição Federal de 1988, e no regime da Lei n. 9.424/1996.

▸ Lei 9.424/1993 (Dispõe sobre o Fundo de Manutenção e Desenvolvimento do Ensino Fundamental e de Valorização do Magistério).

733. Não cabe recurso extraordinário contra decisão proferida no processamento de precatórios.

▸ art. 100, § 2º, CF.

734. Não cabe reclamação quando já houver transitado em julgado o ato judicial que se alega tenha desrespeitado decisão do Supremo Tribunal Federal.

735. Não cabe recurso extraordinário contra acórdão que defere medida liminar.

▸ art. 102, III, a, CF.

736. Compete à Justiça do Trabalho julgar as ações que tenham como causa de pedir o descumprimento de normas trabalhistas relativas à segurança, higiene e saúde dos trabalhadores.

Súmulas

1. O foro do domicílio ou da residência do alimentando é o competente para a ação de investigação de paternidade, quando cumulada com a de alimentos.

2. Não cabe *habeas data* (Constituição Federal, artigo 5º, LXXII, *a*) se não houve recusa de informações por parte da autoridade administrativa.

3. Compete ao Tribunal Regional Federal dirimir conflito de competência verificado, na respectiva região, entre Juiz Federal e Juiz Estadual investido de jurisdição federal.

- art. 108, I, e, CF.

4. Compete à Justiça Estadual julgar causa decorrente do processo eleitoral sindical.

- art. 8º, CF.

5. A simples interpretação de cláusula contratual não enseja recurso especial.

- art. 105, III, CF.
- Súm. 454, STF.
- Súm. 181, STJ.

6. Compete à Justiça Comum Estadual processar e julgar delito decorrente de acidente de trânsito envolvendo viatura de Polícia Militar, salvo se autor e vítima forem policiais militares em situação de atividade.

- art. 125, § 4º, CF.

7. A pretensão de simples reexame de prova não enseja recurso especial.

- art. 105, III, a a c, CF.
- Súm. 279, STF.

8. Aplica-se a correção monetária aos créditos habilitados em concordata preventiva, salvo durante o período compreendido entre as datas de vigência da Lei 7.274, de 10.12.1984, e do Decreto-Lei 2.283, de 27.02.1986.

- O Dec.-Lei 2.283/1986 foi revogado pelo Dec.-Lei 2.284/1986.
- Lei 11.101/2005 (Lei de Recuperação de Empresas e Falências).

9. A exigência da prisão provisória, para apelar, não ofende a garantia constitucional da presunção de inocência.

- art. 5º, LVII, CF.
- art. 393, I, CPP.
- Súm. 347, STJ.

10. Instalada a Junta de Conciliação e Julgamento, cessa a competência do Juiz de Direito em matéria trabalhista, inclusive para a execução das sentenças por ele proferidas.

- EC 24/1999 (Extinguiu a representação classista na Justiça do Trabalho e substituiu as Juntas de Conciliação e Julgamento por Varas do Trabalho).

11. A presença da União ou de qualquer de seus entes, na ação de usucapião especial, não afasta a competência do foro da situação do imóvel.

- art. 109, § 3º, CF.

12. Em desapropriação, são cumuláveis juros compensatórios e moratórios.

13. A divergência entre julgados do mesmo Tribunal não enseja recurso especial.

- art. 105, III, c, CF.

14. Arbitrados os honorários advocatícios em percentual sobre o valor da causa, a correção monetária incide a partir do respectivo ajuizamento.

15. Compete à Justiça Estadual processar e julgar os litígios decorrentes de acidente do trabalho.

- arts. 109, I, e 114, I, CF.
- Súm. 235, STF.

16. A legislação ordinária sobre crédito rural não veda a incidência da correção monetária.

17. Quando o falso se exaure no estelionato, sem mais potencialidade lesiva, é por este absorvido.

- art. 171, CP.

18. A sentença concessiva do perdão judicial é declaratória da extinção da punibilidade, não subsistindo qualquer efeito condenatório.

- arts. 107, IX, e 120, CP.

19. A fixação do horário bancário, para atendimento ao público, é da competência da União.

- art. 4º, VIII, Lei 4.595/1964 (Lei do Sistema Financeiro Nacional).

20. A mercadoria importada de país signatário do GATT é isenta do ICM, quando contemplado com esse favor o similar nacional.

- art. 98, CTN.

21. Pronunciado o réu, fica superada a alegação do constrangimento ilegal da prisão por excesso de prazo na instrução.

- art. 413, CPP.

22. Não há conflito de competência entre o Tribunal de Justiça e Tribunal de Alçada do mesmo Estado-membro.

- art. 4º, EC 45/2004 (Determina a extinção dos Tribunais de Alçada).

23. O Banco Central do Brasil é parte legítima nas ações fundadas na Res. n. 1.154/1986.

24. Aplica-se ao crime de estelionato, em que figure como vítima entidade autárquica da Previdência Social, a qualificadora do § 3º do artigo 171 do Código Penal.

25. Nas ações da Lei de Falências o prazo para a interposição de recurso conta-se da intimação da parte.

- Lei 11.101/2005 (Lei de Recuperação de Empresas e Falências).

26. O avalista do título de crédito vinculado a contrato de mútuo também responde pelas obrigações pactuadas, quando no contrato figurar como devedor solidário.

27. Pode a execução fundar-se em mais de um título extrajudicial relativos ao mesmo negócio.

28. O contrato de alienação fiduciária em garantia pode ter por objeto bem que já integrava o patrimônio do devedor.

29. No pagamento em juízo para elidir falência, são devidos correção monetária, juros e honorários de advogado.

- art. 98, p.u., Lei 11.101/2005 (Lei de Recuperação de Empresas e Falências).

30. A comissão de permanência e a correção monetária são inacumuláveis.

- Súm. 472, STJ.

31. A aquisição, pelo segurado, de mais de um imóvel financiado pelo Sistema Financeiro da Habitação, situados na mesma localidade, não exime a seguradora da obrigação de pagamento dos seguros.

32. Compete à Justiça Federal processar justificações judiciais destinadas a instruir pedidos perante entidades que nela têm exclusividade de foro, ressalvada a aplicação do artigo 15, II, da Lei 5.010/1966.

33. A incompetência relativa não pode ser declarada de ofício.

34. Compete à Justiça Estadual processar e julgar causa relativa a mensalidade escolar, cobrada por estabelecimento particular de ensino.

35. Incide correção monetária sobre as prestações pagas, quando de sua restituição, em virtude da retirada ou exclusão do participante de plano de consórcio.

36. A correção monetária integra o valor da restituição, em caso de adiantamento de câmbio, requerida em concordata ou falência.

- Lei 11.101/2005 (Lei de Recuperação de Empresas e Falências).

37. São cumuláveis as indenizações por dano material e dano moral oriundos do mesmo fato.

38. Compete à Justiça Estadual Comum, na vigência da Constituição de 1988, o processo por contravenção penal, ainda que praticada em detrimento de bens, serviços ou interesse da União ou de suas entidades.

- art. 109, ICF.

39. Prescreve em vinte anos a ação para haver indenização, por responsabilidade civil, de sociedade de economia mista.

- art. 205, CC/2002.

40. Para obtenção dos benefícios de saída temporária e trabalho externo, considera-se o tempo de cumprimento da pena no regime fechado.

- arts. 40 e 122, Lei 7.210/1984 (Lei de Execuções Penais).
- Súm. 520, STJ.

41. O Superior Tribunal de Justiça não tem competência para processar e julgar, originariamente, mandado de segurança contra ato de outros tribunais ou dos respectivos órgãos.

- art. 105, I, b, CF.
- Lei 12.016/2009 (Lei do Mandado de Segurança Individual e Coletivo).
- Súm. 330, STF.

42. Compete à Justiça Comum Estadual processar e julgar as causas cíveis em que é parte sociedade de economia mista e os crimes praticados em seu detrimento.

- Súm. 251, 508, 517 e 556, STF.

43. Incide correção monetária sobre dívida por ato ilícito a partir da data do efetivo prejuízo.

44. A definição, em ato regulamentar, de grau mínimo de disacusia, não exclui, por si só, a concessão do benefício previdenciário.

45. No reexame necessário, é defeso, ao Tribunal, agravar a condenação imposta à Fazenda Pública.

46. Na execução por carta, os embargos do devedor serão decididos no juízo deprecante, salvo se versarem unicamente vícios ou defeitos da penhora, avaliação ou alienação dos bens.

- art. 20, Lei 6.830/1980 (Lei das Execuções Fiscais).
- Súm. 32, TFR.

47. Compete à Justiça Militar processar e julgar crime cometido por militar contra civil, com emprego de arma pertencente à corporação, mesmo não estando em serviço.

48. Compete ao juízo do local da obtenção da vantagem ilícita processar e julgar crimes de estelionato cometido mediante falsificação de cheque.

- art. 171, CP.

49. Na exportação de café em grão, não se inclui na base de cálculo do ICM a quota de contribuição, a que se refere o artigo 2º do Decreto-Lei 2.295, de 21.11.1986.

50. O Adicional de Tarifa Portuária incide apenas nas operações realizadas com mercadorias importadas ou exportadas, objeto do comércio de navegação de longo curso.

51. A punição do intermediador, no jogo do bicho, independe da identificação do "apostador" ou do "banqueiro".

52. Encerrada a instrução criminal, fica superada a alegação de constrangimento por excesso de prazo.

- arts. 400, 412 e 531, CPP.

53. Compete à Justiça Comum Estadual processar e julgar civil acusado de prática de crime contra instituições militares estaduais.

- art. 125, §§ 4º e 5º, CF.

54. Os juros moratórios fluem a partir do evento danoso, em caso de responsabilidade extracontratual.

55. Tribunal Regional Federal não é competente para julgar recurso de decisão proferida por juiz estadual não investido de jurisdição federal.

- art. 108, II, CF.

56. Na desapropriação para instituir servidão administrativa são devidos os juros compensatórios pela limitação de uso da propriedade.

57. Compete à Justiça Comum Estadual processar e julgar ação de cumprimento fundada em acordo ou convenção coletiva não homologados pela Justiça do Trabalho.

- Súm. sem eficácia.
- art. 114, CF.
- Lei 8.984/1995 (Estende a competência da Justiça do Trabalho (art. 114 da CF).

58. Proposta a execução fiscal, a posterior mudança de domicílio do executado não desloca a competência já fixada.

59. Não há conflito de competência se já existe sentença com trânsito em julgado, proferida por um dos juízos conflitantes.

60. É nula a obrigação cambial assumida por procurador do mutuário vinculado ao mutuante, no exclusivo interesse deste.

61. O seguro de vida cobre o suicidio não premeditado.

- Cancelada.

62. Compete à Justiça Estadual processar e julgar o crime de falsa anotação na Carteira de Trabalho e Previdência Social, atribuído à empresa privada.

63. São devidos direitos autorais pela retransmissão radiofônica de músicas em estabelecimentos comerciais.

64. Não constitui constrangimento ilegal o excesso de prazo na instrução, provocado pela defesa.

- Cancelada
- arts. 400, 412 e 531, CPP.

65. O cancelamento, previsto no artigo 29 do Decreto-Lei 2.303, de 21.11.1986, não alcança os débitos previdenciários.

66. Compete à Justiça Federal processar e julgar execução fiscal promovida por Conselho de Fiscalização profissional.

- art. 109, I, CF.

67. Na desapropriação, cabe a atualização monetária, ainda que por mais de uma vez, independente do decurso de prazo superior a um ano entre o cálculo e o efetivo pagamento da indenização.

- Súm. 561, STF.

68. A parcela relativa ao ICM inclui-se na base de cálculo do PIS.

- Cancelada

69. Na desapropriação direta, os juros compensatórios são devidos desde a antecipada imissão na posse e, na desapropriação indireta, a partir da efetiva ocupação do imóvel.

70. Os juros moratórios, na desapropriação direta ou indireta, contam-se desde o trânsito em julgado da sentença.

71. O bacalhau importado de país signatário do GATT é isento do ICM.

72. A comprovação da mora é imprescindível à busca e apreensão do bem alienado fiduciariamente.

- art. 2º, §§ 2º e 3º, Dec.-Lei 911/1969 (Lei das Alienações Fiduciárias).

73. A utilização de papel-moeda grosseiramente falsificado configura, em tese, o crime de estelionato, da competência da Justiça Estadual.

- arts. 171 e 289, CP.

74. Para efeitos penais, o reconhecimento da menoridade do réu requer prova por documento hábil.

- art. 65, I, CP.
- art. 72, I, CPPM.

75. Compete à Justiça Comum Estadual processar e julgar o policial militar por crime de promover ou facilitar a fuga de preso de estabelecimento penal.

- art. 351, CP.

76. A falta de registro de compromisso de compra e venda de imóvel não dispensa a prévia interpelação para constituir em mora o devedor.

- art. 22 do Dec.-Lei 58/1937 (Dispõe sobre o loteamento e a venda de terrenos para pagamento em prestações).

77. A Caixa Econômica Federal é parte ilegítima para figurar no polo passivo das ações relativas às contribuições para o fundo PIS/PASEP.

78. Compete à Justiça Militar processar e julgar policial de corporação estadual, ainda que o delito tenha sido praticado em outra unidade federativa.

79. Os bancos comerciais não estão sujeitos a registro nos Conselhos Regionais de Economia.

80. A Taxa de Melhoramento dos Portos não se inclui na base de cálculo do ICM.

81. Não se concede fiança quando, em concurso material, a soma das penas mínimas cominadas for superior a dois anos de reclusão.

- art. 69, CP.

82. Compete à Justiça Federal, excluídas as reclamações trabalhistas, processar e julgar os feitos relativos a movimentação do FGTS.

83. Não se conhece do recurso especial pela divergência, quando a orientação do Tribunal se firmou no mesmo sentido da decisão recorrida.

- art. 105, III, a a c, CF.
- Súm. 286, STF.

84. É admissível a oposição de embargos de terceiro fundados em alegação de posse advinda do compromisso de compra e venda de imóvel, ainda que desprovido do registro.

- Súm. 621, STF.

85. Nas relações jurídicas de trato sucessivo em que a Fazenda Pública figure como devedora, quando não tiver sido negado o próprio direito reclamado, a prescrição atinge apenas as prestações vencidas antes do quinquênio anterior à propositura da ação.

86. Cabe recurso especial contra acórdão proferido no julgamento de agravo de instrumento.

- art. 105, III, a a c, CF.

87. A isenção do ICMS relativa às rações balanceadas para animais abrange o concentrado e o suplemento.

88. São admissíveis embargos infringentes em processo falimentar.

89. A ação acidentária prescinde de exaurimento da via administrativa.

90. Compete à Justiça Estadual Militar processar e julgar o policial militar pela prática do crime militar, e à Comum pela prática do crime comum simultâneo àquele.

- art. 125, §§ 4º e 5º, CF.

91. Compete à Justiça Federal processar e julgar os crimes praticados contra a fauna.

- Cancelada.

92. A terceiro de boa-fé não é oponível a alienação fiduciária não anotada no Certificado de Registro do veículo automotor.

93. A legislação sobre cédulas de crédito rural, comercial e industrial admite o pacto de capitalização de juros.

94. A parcela relativa ao ICMS inclui-se na base de cálculo do FINSOCIAL.

- Cancelada.

95. A redução da alíquota do Imposto sobre Produtos Industrializados ou do Imposto de Importação não implica redução do ICMS.

96. O crime de extorsão consuma-se independentemente da obtenção da vantagem indevida.

- art. 158, CP.
- art. 243, CPM.

97. Compete à Justiça do Trabalho processar e julgar reclamação de servidor público relativamente a vantagens trabalhistas anteriores à instituição do regime jurídico único.

- art. 114, CF.

98. Embargos de declaração manifestados com notório propósito de prequestionamento não têm caráter protelatório.

99. O Ministério Público tem legitimidade para recorrer no processo em que oficiou como fiscal da lei, ainda que não haja recurso da parte.

- art. 996, CPC.

100. É devido o Adicional ao Frete para Renovação da Marinha Mercante na importação sob o regime de Benefícios Fiscais à Exportação (BEFIEX).

101. A ação de indenização do segurado em grupo contra a seguradora prescreve em um ano.

- Súm. 229 e 278, STJ.

102. A incidência dos juros moratórios sobre os compensatórios, nas ações expropriatórias, não constitui anatocismo vedado em lei.

103. Incluem-se entre os imóveis funcionais que podem ser vendidos os administrados pelas Forças Armadas e ocupados pelos servidores civis.

104. Compete à Justiça Estadual o processo e julgamento dos crimes de falsificação e uso de documento falso relativo a estabelecimento particular de ensino.

- art. 304, CP.

105. Na ação de mandado de segurança não se admite condenação em honorários advocatícios.

- art. 25, Lei 12.016/2009 (Lei do Mandado de Segurança Individual e Coletivo).
- Súm. 512, STF.

106. Proposta a ação no prazo fixado para o seu exercício, a demora na citação, por motivos inerentes ao mecanismo da Justiça, não justifica o acolhimento da arguição de prescrição ou decadência.

107. Compete à Justiça Comum Estadual processar e julgar crime de estelionato praticado mediante falsificação das guias de recolhimento das contribuições previdenciárias, quando não ocorrente lesão à autarquia federal.

- art. 171, CP.

108. A aplicação de medidas socioeducativas ao adolescente, pela prática de ato infracional, é de competência exclusiva do juiz.

- art. 112 , Lei 8.069/1994 (ECA).

109. O reconhecimento do direito a indenização, por falta de mercadoria transportada via marítima, independe de vistoria.

110. A isenção do pagamento de honorários advocatícios, nas ações acidentárias, é restrita ao segurado.

- art. 129, p.u., Lei 8.213/1991 (Lei dos Planos de Benefícios da Previdência Social).

111. Os honorários advocatícios, nas ações previdenciárias, não incidem sobre as prestações vencidas após a sentença.

112. O depósito somente suspende a exigibilidade do crédito tributário se for integral e em dinheiro.

- art. 151, II, CTN.
- Súm. Vinc. 28, STF.

113. Os juros compensatórios, na desapropriação direta, incidem a partir da imissão na posse, calculados sobre o valor da indenização, corrigido monetariamente.

- art. 182, § 3º, CF.

114. Os juros compensatórios, na desapropriação indireta, incidem a partir da ocupação, calculados sobre o valor da indenização, corrigido monetariamente.

- art. 182, § 3º, CF.

115. Na instância especial é inexistente recurso interposto por advogado sem procuração nos autos.

116. A Fazenda Pública e o Ministério Público têm o prazo em dobro para interpor agravo regimental no Superior Tribunal de Justiça.

- arts. 258 e 259, RISTJ.

117. A inobservância do prazo de quarenta e oito horas, entre a publicação de pauta e o julgamento sem a presença das partes, acarreta nulidade.

118. O agravo de instrumento é o recurso cabível da decisão que homologa a atualização do cálculo da liquidação.

119. A ação de desapropriação indireta prescreve em vinte anos.

120. O oficial de farmácia, inscrito no Conselho Regional de Farmácia, pode ser responsável técnico por drogaria.

121. Na execução fiscal o devedor deverá ser intimado, pessoalmente, do dia e hora da realização do leilão.

122. Compete à Justiça Federal o processo e julgamento unificado dos crimes conexos de competência federal e estadual, não se aplicando a regra do art. 78, II, *a*, do Código de Processo Penal.

- art. 109, CF.
- art. 78, II, a, e III, CPP.

123. A decisão que admite, ou não, o recurso especial deve ser fundamentada, com o exame dos seus pressupostos gerais e constitucionais.

- arts. 93, IX, e 105, III, a a c, CF.
- art. 27, § 1º, Lei 8.038/1990 (Institui normas procedimentais para os processos que especifica, perante o STJ e o STF).

124. A Taxa de Melhoramento dos Portos tem base de cálculo diversa do Imposto de Importação, sendo legítima a sua cobrança sobre a importação de mercadorias de países signatários do GATT, da ALALC ou ALADI.

125. O pagamento de férias não gozadas por necessidade do serviço não está sujeito à incidência do Imposto de Renda.

- art. 153, III, CF.

126. É inadmissível recurso especial, quando o acórdão recorrido assenta em fundamentos constitucional e infraconstitucional, qualquer deles suficiente, por si só, para mantê-lo, e a parte vencida não manifesta recurso extraordinário.

- art. 105, III, a a c, CF.

127. É ilegal condicionar a renovação da licença de veículo ao pagamento de multa, da qual o infrator não foi notificado.

128. Na execução fiscal haverá segundo leilão, se o primeiro não houver lanço superior à avaliação.

129. O exportador adquire o direito de transferência de crédito do ICMS quando realiza a exportação do produto e não ao estocar a matéria-prima.

130. A empresa responde, perante o cliente, pela reparação de dano ou furto de veículo ocorridos em seu estacionamento.

131. Nas ações de desapropriação incluem-se no cálculo da verba advocatícia as parcelas relativas aos juros compensatórios e moratórios, devidamente corrigidos.

132. A ausência de registro da transferência não implica a responsabilidade do antigo proprietário por dano resultante de acidente que envolva o veículo alienado.

133. A restituição da importância adiantada, à conta de contrato de câmbio, independe de ter sido a antecipação efetuada nos quinze dias anteriores ao requerimento da concordata.

134. Embora intimado de penhora em imóvel do casal, o cônjuge do executado pode opor embargos de terceiro para defesa de sua meação.

135. O ICMS não incide na gravação e distribuição de filmes e videoteipes.

136. O pagamento de licença-prêmio não gozada por necessidade do serviço não está sujeito ao Imposto de Renda.

137. Compete à Justiça Comum Estadual processar e julgar ação de servidor público municipal, pleiteando direitos relativos a vínculo estatutário.

138. O ISS incide na operação de arrendamento mercantil de coisas móveis.

- Súm. Vinc. 31, STF.

139. Cabe à Procuradoria da Fazenda Nacional propor execução fiscal para cobrança de crédito relativo ao ITR.

140. Compete à Justiça Comum Estadual processar e julgar crime em que o indígena figure autor ou vítima.

- art. 109, CF.

141. Os honorários de advogado em desapropriação direta são calculados sobre a diferença entre a indenização e a oferta, corrigidos monetariamente.

142. Prescreve em vinte anos a ação para exigir a abstenção do uso de marca comercial.

- Cancelada.

143. Prescreve em cinco anos a ação de perdas e danos pelo uso de marca comercial.

144. Os créditos de natureza alimentícia gozam de preferência, desvinculados os precatórios da ordem cronológica dos créditos de natureza diversa.

- art. 100, CF.
- art. 33, p.u., ADCT.
- Res. 115/2010 (Dispõe sobre a Gestão de Precatórios no âmbito do Poder Judiciário).

145. No transporte desinteressado, de simples cortesia, o transportador só será civilmente responsável por danos causados ao transportado quando incorrer em dolo ou culpa grave.

146. O segurado, vítima de novo infortúnio, faz jus a um único benefício, somado ao salário de contribuição vigente no dia do acidente.

147. Compete à Justiça Federal processar e julgar os crimes praticados contra funcionário público federal, quando relacionados com o exercício da função.

- art. 109, ICF.

148. Os débitos relativos a benefício previdenciário, vencidos e cobrados em juízo após a vigência da Lei n. 6.899/1981, devem ser corrigidos monetariamente na forma prevista nesse diploma legal.

149. A prova exclusivamente testemunhal não basta à comprovação da atividade rurícola, para efeito da obtenção de benefício previdenciário.

- Súm. 577, STJ.

150. Compete à Justiça Federal decidir sobre a existência de interesse jurídico, que justifique a presença, no processo, da União, suas autarquias ou empresas públicas.

- art. 109, CF.
- Súm. 254, STJ.

151. A competência para o processo e julgamento por crime de contrabando ou descaminho define-se pela prevenção do

Juízo Federal do lugar da apreensão dos bens.

‣ art. 334, CP.
‣ art. 71, CPP.

152. Na venda pelo segurador, de bens salvados de sinistros, incide o ICMS.

‣ Cancelada.

153. A desistência da execução fiscal, após o oferecimento dos embargos, não exime o exequente dos encargos da sucumbência.

154. Os optantes pelo FGTS, nos termos da Lei n. 5.958, de 1973, têm direito à taxa progressiva de juros, na forma do artigo 4º, Lei n. 5.107, de 1966.

‣ A Lei 5.107/1966 foi revogada pela Lei 7.839/1989.
‣ Lei 8.036/1990 (Lei do FGTS).
‣ Súm. 210 e 398, STJ.

155. O ICMS incide na importação de aeronave, por pessoa física, para uso próprio.

156. A prestação de serviço de composição gráfica, personalizada e sob encomenda, ainda que envolva fornecimento de mercadorias, está sujeita, apenas, ao ISS.

157. É ilegítima a cobrança de taxa, pelo município, na renovação de licença para localização de estabelecimento comercial ou industrial.

‣ Cancelada.

158. Não se presta a justificar embargos de divergência o dissídio com acórdão de Turma ou Seção que não mais tenha competência para a matéria neles versada.

159. O benefício acidentário, no caso de contribuinte que perceba remuneração variável, deve ser calculado com base na média aritmética dos últimos doze meses de contribuição.

160. É defeso, ao município, atualizar o IPTU, mediante decreto, em percentual superior ao índice oficial de correção monetária.

‣ arts. 33 e 97, §§ 1º e 2º, CTN.

161. É da competência da Justiça Estadual autorizar o levantamento dos valores relativos ao PIS/PASEP e FGTS, em decorrência do falecimento do titular da conta.

162. Na repetição de indébito tributário, a correção monetária incide a partir do pagamento indevido.

‣ art. 165, CTN.

163. O fornecimento de mercadorias com a simultânea prestação de serviços em bares, restaurantes e estabelecimentos similares constitui fato gerador do ICMS a incidir sobre o valor total da operação.

164. O prefeito municipal, após a extinção do mandato, continua sujeito a processo por crime previsto no artigo 1º do Decreto-Lei 201, de 27.02.1967.

165. Compete à Justiça Federal processar e julgar crime de falso testemunho cometido no processo trabalhista.

166. Não constitui fato gerador do ICMS o simples deslocamento de mercadoria de um para outro estabelecimento do mesmo contribuinte.

167. O fornecimento de concreto, por empreitada, para construção civil, preparado no trajeto até a obra em betoneiras acopladas a caminhões, é prestação de serviço, sujeitando-se apenas à incidência do ISS.

168. Não cabem embargos de divergência, quando a jurisprudência do Tribunal se firmou no mesmo sentido do acórdão embargado.

169. São inadmissíveis embargos infringentes no processo de mandado de segurança.

‣ art. 25, Lei 12.016/2009 (Lei do Mandado de Segurança Individual e Coletivo).
‣ Súm. 294 e 597, STF.

170. Compete ao juízo onde primeiro for intentada a ação envolvendo acumulação de pedidos, trabalhista e estatuário, decidi-la nos limites da sua jurisdição, sem prejuízo do ajuizamento de nova causa, com o pedido remanescente, no juízo próprio.

171. Cominadas cumulativamente, em Lei especial, penas privativa de liberdade e pecuniária, é defeso a substituição da prisão por multa.

‣ art. 60, § 2º, CP.

172. Compete à Justiça Comum processar e julgar militar por crime de abuso de autoridade, ainda que praticado em serviço.

173. Compete à Justiça Federal processar e julgar o pedido de reintegração em cargo público federal, ainda que o servidor tenha sido dispensado antes da instituição do Regime Jurídico Único.

‣ art. 109, I, CF.
‣ art. 28, Lei 8.112/1990 (Estatuto dos Servidores Públicos Civis da União).

174. No crime de roubo, a intimidação feita com arma de brinquedo autoriza o aumento da pena.

‣ Cancelada.

175. Descabe o depósito prévio nas ações rescisórias propostas pelo INSS.

176. É nula a cláusula contratual que sujeita o devedor à taxa de juros divulgada pela ANBID/CETIP.

177. O Superior Tribunal de Justiça é incompetente para processar e julgar, originariamente, mandado de segurança contra ato de órgão colegiado presidido por Ministro de Estado.

‣ art 105, I, b, CF.

178. O INSS não goza de isenção do pagamento de custas e emolumentos, nas ações acidentárias e de benefícios propostas na Justiça Estadual.

179. O estabelecimento de crédito que recebe dinheiro, em depósito judicial, responde pelo pagamento da correção monetária relativa aos valores recolhidos.

180. Na lide trabalhista, compete ao Tribunal Regional do Trabalho dirimir conflito de competência verificado, na respectiva região, entre Juiz Estadual e Junta de Conciliação e Julgamento.

‣ EC 24/1999. (Altera dispositivos da Constituição Federal pertinentes à representação classista na Justiça do Trabalho).
‣ arts. 668, 803 e 808, CLT.

181. É admissível ação declaratória, visando obter certeza quanto à exata interpretação de cláusula contratual.

‣ Súm. 5, STJ.

182. É inviável o agravo do artigo 545 do Código de Processo Civil que deixa de atacar especificamente os fundamentos da decisão agravada.

‣ Refere-se ao CPC/1973. art. 1.016, II, CPC/2015.
‣ art. 183, CDC.

183. Compete ao Juiz Estadual, nas comarcas que não sejam sede de vara da Justiça Federal, processar e julgar ação civil pública, ainda que a União figure no processo.

‣ Cancelada.

184. A microempresa de representação comercial é isenta do Imposto de Renda.

185. Nos depósitos judiciais, não incide o Imposto sobre Operações Financeiras.

‣ art. 97, I, CTN.

186. Nas indenizações por ato ilícito, os juros compostos somente são devidos por aquele que praticou o crime.

187. É deserto o recurso interposto para o Superior Tribunal de Justiça, quando o recorrente não recolhe, na origem, a importância das despesas de remessa e retorno dos autos.

188. Os juros moratórios, na repetição do indébito tributário, são devidos a partir do trânsito em julgado da sentença.

‣ Súmula republicada (*DJU*, 21.11.1997).
‣ art. 167, p.u., CTN.

189. É desnecessária a intervenção do Ministério Público nas execuções fiscais.

190. Na execução fiscal, processada perante a Justiça Estadual, cumpre à Fazenda Pública antecipar o numerário destinado ao custeio das despesas com o transporte dos oficiais de justiça.

191. A pronúncia é causa interruptiva da prescrição, ainda que o Tribunal do Júri venha a desclassificar o crime.

‣ art. 117, II, CP.
‣ art. 413, CPP.

192. Compete ao Juízo das Execuções Penais do Estado a execução das penas impostas a sentenciados pela Justiça Federal, Militar ou Eleitoral, quando recolhidos a estabelecimentos sujeitos à administração estadual.

‣ art. 62, CPM.
‣ arts. 2º, 65 e 66, Lei 7.210/1984 (Lei de Execuções Penais).

193. O direito de uso de linha telefônica pode ser adquirido por usucapião.

194. Prescreve em vinte anos a ação para obter, do construtor, indenização por defeitos da obra.

‣ art. 43, II, Lei 4.591/1964 (Lei do Condomínio e Incorporações).

195. Em embargos de terceiro não se anula ato jurídico, por fraude contra credores.

196. Ao executado que, citado por edital ou por hora certa, permanecer revel, será nomeado curador especial, com legitimidade para apresentação de embargos.

‣ art. 5º, LCF.

197. O divórcio direto pode ser concedido sem que haja prévia partilha dos bens.

198. Na importação de veículo por pessoa física, destinado a uso próprio, incide o ICMS.

‣ art. 155, § 2º, IX, a, CF.

199. Na execução hipotecária de crédito vinculado ao Sistema Financeiro da Habilitação, nos termos da Lei n. 5.741/1971, a petição inicial deve ser instruída com, pelo menos, dois avisos de cobrança.

‣ art. 2º, ILei 5.741/1971 (Lei de Execução Hipotecária).

200. O Juízo Federal competente para processar e julgar acusado de crime de uso de passaporte falso é o do lugar onde o delito se consumou.

‣ art. 109, CF.
‣ arts. 304 e 308, CP.
‣ arts. 69, I, e 70, CPP.

201. Os honorários advocatícios não podem ser fixados em salários-mínimos.

202. A impetração de segurança por terceiro, contra ato judicial, não se condiciona à interposição de recurso.

203. Não cabe recurso especial contra decisão proferida por órgão de segundo grau dos Juizados Especiais.

204. Os juros de mora nas ações relativas a benefícios previdenciários incidem a partir da citação válida.

205. A Lei 8.009/1990 aplica-se à penhora realizada antes de sua vigência.

206. A existência de vara privativa, instituída por lei estadual, não altera a competência territorial resultante das leis de processo.

207. É inadmissível recurso especial quando cabíveis embargos infringentes contra o acórdão proferido no tribunal de origem.

- art. 105, III, CF.

208. Compete à Justiça Federal processar e julgar prefeito municipal por desvio de verba sujeita a prestação de contas perante órgão federal.

- art. 109, CF.

209. Compete à Justiça Estadual processar e julgar prefeito por desvio de verba transferida e incorporada ao patrimônio municipal.

- art. 29, X, CF.

210. A ação de cobrança das contribuições para o FGTS prescreve em trinta anos.

- Súm. 154 e 398, STJ.
- Súm. 362, TST.

211. Inadmissível recurso especial quanto à questão que, a despeito da oposição de embargos declaratórios, não foi apreciada pelo tribunal *a quo*.

- Súm. 418, STJ.

212. A compensação de créditos tributários não pode ser deferida em ação cautelar ou por medida liminar cautelar ou antecipatória.

213. O mandado de segurança constitui ação adequada para a declaração do direito à compensação tributária.

- art. 7º, § 2º, Lei 12.016/2009 (Lei do Mandado de Segurança Individual e Coletivo).

214. O fiador na locação não responde por obrigações resultantes de aditamento ao qual não anuiu.

215. A indenização recebida pela adesão a programa de incentivo à demissão voluntária não está sujeita à incidência do Imposto de Renda.

216. A tempestividade de recurso interposto no Superior Tribunal de Justiça é aferida pelo registro no protocolo da Secretaria e não pela data da entrega na agência do correio.

- art. 66, RISTJ.

217. Não cabe agravo de decisão que indefere o pedido de suspensão da execução da liminar, ou da sentença em mandado de segurança.

- Cancelada.

218. Compete à Justiça dos Estados processar e julgar ação de servidor estadual decorrente de direitos e vantagens estatuários no exercício de cargo em comissão.

219. Os créditos decorrentes de serviços prestados à massa falida, inclusive a remuneração do síndico, gozam dos privilégios próprios dos trabalhistas.

220. A reincidência não influi no prazo da prescrição da pretensão punitiva.

- arts. 63 e 110, CP.
- art. 71, CPM.

221. São civilmente responsáveis pelo ressarcimento de dano, decorrente de publicação pela imprensa, tanto o autor do escrito quanto o proprietário do veículo de divulgação.

222. Compete à Justiça Comum processar e julgar as ações relativas à contribuição sindical prevista no artigo 578 de CLT.

223. A certidão de intimação do acórdão recorrido constitui peça obrigatória no instrumento de agravo.

224. Excluído do feito o ente federal, cuja presença levara o Juiz Estadual a declinar da competência, deve o Juiz Federal restituir os autos e não suscitar conflito.

225. Compete ao Tribunal Regional do Trabalho apreciar recursos contra sentença proferida por órgão de primeiro grau da Justiça Trabalhista, ainda que para declarar-lhe a nulidade em virtude de incompetência.

226. O Ministério Público tem legitimidade para recorrer na ação de acidente do trabalho, ainda que o segurado esteja assistido por advogado.

- art. 996, CPC.

227. A pessoa jurídica pode sofrer dano moral.

228. É inadmissível o interdito proibitório para a proteção do direito autoral.

229. O pedido de pagamento de indenização à seguradora suspende o prazo de prescrição até que o segurado tenha ciência da decisão.

- Súm. 101 e 278, STJ.

230. Compete à Justiça Estadual processar e julgar ação movida por trabalhador avulso portuário, em que se impugna ato do órgão gestor de mão-de-obra de que resulte óbice ao exercício de sua profissão.

- Cancelada.

231. A incidência da circunstância atenuante não pode conduzir à redução da pena abaixo do mínimo legal.

- art. 65, CP.
- art. 72, CPM.

232. A Fazenda Pública, quando parte no processo, fica sujeita à exigência do depósito prévio dos honorários do perito.

- art. 39, Lei 6.830/1980 (Lei das Execuções Fiscais).

233. O contrato de abertura de crédito, ainda que acompanhado de extrato da conta-corrente, não é título executivo.

- Súm. 247 e 258, STJ.

234. A participação de membro do Ministério Público na fase investigatória criminal não acarreta o seu impedimento ou suspeição para o oferecimento da denúncia.

- arts. 251 a 258, CPP.
- arts. 57 a 59, CPPM.

235. A conexão não determina a reunião dos processos, se um deles já foi julgado.

- arts. 76 a 82, CPP.
- arts. 99 a 107, CPPM.

236. Não compete ao Superior Tribunal de Justiça dirimir conflitos de competência entre juízes trabalhistas vinculados a Tribunais Regionais do Trabalho diversos.

237. Nas operações com cartão de crédito, os encargos relativos ao financiamento não são considerados no cálculo do ICMS.

238. A avaliação da indenização devida ao proprietário do solo, em razão de alvará de pesquisa mineral, é processada no Juízo Estadual da situação do imóvel.

239. O direito à adjudicação compulsória não se condiciona ao registro do compromisso de compra e venda no cartório de imóveis.

240. A extinção do processo, por abandono da causa pelo autor, depende de requerimento do réu.

241. A reincidência penal não pode ser considerada como circunstância agravante e, simultaneamente, como circunstância judicial.

- arts. 59, 61, I, e 63, CP.
- arts. 69, 70, I, e 71, CPM.
- Súm. 444, STJ.

242. Cabe ação declaratória para reconhecimento de tempo de serviço para fins previdenciários.

243. O benefício da suspensão do processo não é aplicável em relação às infrações penais cometidas em concurso material, concurso formal ou continuidade delitiva, quando a pena mínima cominada, seja pelo somatório seja pela incidência da majorante, ultrapassar o limite de 1 (um) ano.

- arts. 69 a 71, CP.
- art. 89, Lei 9.099/1995 (Lei dos Juizados Especiais).

244. Compete ao foro do local da recusa processar e julgar o crime de estelionato mediante cheque sem provisão de fundos.

- art. 171, § 2º, VI, CP.

245. A notificação destinada a comprovar a mora nas dívidas garantidas por alienação fiduciária dispensa a indicação do valor do débito.

- art. 2º, § 2º, Dec.-Lei 911/1969 (Lei das Alienações Fiduciárias).

246. O valor do seguro obrigatório deve ser deduzido da indenização judicialmente fixada.

- Súm. 257 e 426, STJ.

247. O contrato de abertura de crédito em conta-corrente, acompanhado do demonstrativo de débito, constitui documento hábil para o ajuizamento de ação monitória.

- Súm. 233 e 258, STJ.

248. Comprovada a prestação dos serviços, a duplicata não aceita, mas protestada, é título hábil para instruir pedido de falência.

- Lei 11.101/2005 (Lei de Recuperação de Empresas e Falências).

249. A Caixa Econômica Federal tem legitimidade passiva para integrar processo em que se discute correção monetária do FGTS.

- art. 7º, Lei 8.036/1990 (Lei do FGTS).
- Súm. 445, STJ.

250. É legítima a cobrança de multa fiscal de empresa em regime de concordata.

- Lei 11.101/2005 (Lei de Recuperação de Empresas e Falências).

251. A meação só responde pelo ato ilícito quando o credor, na execução fiscal, provar que o enriquecimento dele resultante aproveitou ao casal.

252. Os saldos das contas do FGTS, pela legislação infraconstitucional, são corrigidos em 42,72% (IPC) quanto às perdas de janeiro de 1989 e 44,80% (IPC) quanto às de abril de 1990, acolhidos pelo STJ os índices de 18,02% (LBC) quanto às perdas de junho de 1987, de 5,38% (BTN) para maio de 1990 e 7,00% (TR) para fevereiro de 1991, de acordo com o entendimento do STF (RE n. 226.855-7/RS).

253. O art. 557 do CPC, que autoriza o relator a decidir o recurso, alcança o reexame necessário.

254. A decisão do Juízo Federal que exclui da relação processual ente federal não pode ser reexaminada no Juízo Estadual.

- Súm. 150, STJ.

255. Cabem embargos infringentes contra acórdão, proferido por maioria, em agravo retido, quando se tratar de matéria de mérito.

256. O sistema de "protocolo integrado" não se aplica aos recursos dirigidos ao Superior Tribunal de Justiça.

- Cancelada.

257. A falta de pagamento do prêmio do seguro obrigatório de Danos Pessoais causados por Veículos Automotores de Vias Terrestres (DPVAT) não é motivo para a recusa do pagamento da indenização.

- arts. 5º e 7º, Lei 6.194/1974 (Lei do Seguro Obrigatório).
- Súm. 246 e 426, STJ.

258. A nota promissória vinculada a contrato de abertura de crédito não goza de autonomia em razão da iliquidez do título que a originou.

- Súm. 233 e 247, STJ.

259. A ação de prestação de contas pode ser proposta pelo titular de conta-corrente bancária.

- art. 43, § 2º, CDC.

260. A convenção de condomínio aprovada, ainda que sem registro, é eficaz para regular as relações entre os condôminos.

- art. 9º, Lei 4.591/1964 (Lei do Condomínio e Incorporações).

261. A cobrança de direitos autorais pela retransmissão radiofônica de músicas, em estabelecimentos hoteleiros, deve ser feita conforme a taxa média de utilização de equipamento, apurada em liquidação.

262. Incide o Imposto de Renda sobre o resultado das aplicações financeiras realizadas pelas cooperativas.

263. A cobrança antecipada do valor residual (VRG) descaracteriza o contrato de arrendamento mercantil, transformando-o em compra e venda a prestação.

- Cancelada.

264. É irrecorrível o ato judicial que apenas manda processar a concordata preventiva.

- Lei 11.101/2005 (Lei de Recuperação de Empresas e Falências).

265. É necessária a oitiva do menor infrator antes de decretar-se a regressão da medida socioeducativa.

- arts. 110 e 112, Lei 8.069/1990 (ECA).

266. O diploma ou habilitação legal para o exercício do cargo deve ser exigido na posse e não na inscrição para o concurso público.

- art. 37, I e II, CF.

267. A interposição de recurso, sem efeito suspensivo, contra decisão condenatória não obsta a expedição de mandado de prisão.

- art. 637, CPP.
- art. 27, § 2º, Lei 8.038/1990 (Institui normas procedimentais para os processos que especifica, perante o STJ e o STF).

268. O fiador que não integrou a relação processual na ação de despejo não responde pela execução do julgado.

269. É admissível a adoção do regime prisional semiaberto aos reincidentes condenados a pena igual ou inferior a quatro anos se favoráveis as circunstâncias judiciais.

- arts. 35, 59 e 63, CP.
- art. 186, CTN.

270. O protesto pela preferência de crédito, apresentado por ente federal em execução que tramita na Justiça Estadual, não desloca a competência para a Justiça Federal.

271. A correção monetária dos depósitos judiciais independe de ação específica contra o banco depositário.

272. O trabalhador rural, na condição de segurado especial, sujeito à contribuição obrigatória sobre a produção rural comercializada, somente faz jus à aposentadoria por tempo de serviço, se recolher contribuições facultativas.

- art. 195, § 8º, CF.
- arts. 11, VII, 39 e 52, Lei 8.213/1991 (Lei dos Planos de Benefícios da Previdência Social).

273. Intimada a defesa da expedição da carta precatória, torna-se desnecessária intimação da data da audiência no juízo deprecado.

- art. 222, CPP.

274. O ISS incide sobre o valor dos serviços de assistência médica, incluindo-se neles as refeições, os medicamentos e as diárias hospitalares.

275. O auxiliar de farmácia não pode ser responsável técnico por farmácia ou drogaria.

276. As sociedades civis de prestação de serviços profissionais são isentas da Cofins, irrelevante o regime tributário adotado.

- Cancelada.

277. Julgada procedente a investigação de paternidade, os alimentos são devidos a partir da citação.

- art. 13, § 2º, Lei 5.478/1968 (Dispõe sobre a ação de alimentos).

278. O termo inicial do prazo prescricional, na ação de indenização, é a data em que o segurado teve ciência inequívoca da incapacidade laboral.

- Súm. 101 e 229, STJ.

279. É cabível execução por título extrajudicial contra a Fazenda Pública.

280. O art. 35 do Decreto-Lei 7.661, de 1945, que estabelece a prisão administrativa, foi revogado pelos incisos LXI e LXVII do art. 5º da Constituição Federal de 1988.

281. A indenização por dano moral não está sujeita a tarifação prevista na Lei de Imprensa.

- ADPF 130-7 (DOU, 12.05.2009).

282. Cabe a citação por edital em ação monitória.

283. As empresas administradoras de cartão de crédito são instituições financeiras e, por isso, os juros remuneratórios por elas cobrados não sofrem as limitações da Lei de Usura.

- art. 4º, Dec. 22.626/1933 (Lei da Usura).
- Súm. 596, STF.

284. A purga da mora, nos contratos de alienação fiduciária, só é permitida quando já pagos pelo menos 40% (quarenta por cento) do valor financiado.

- art. 53, CDC.
- art. 3º, Dec.-Lei 911/1969 (Lei das Alienações Fiduciárias).

285. Nos contratos bancários posteriores ao Código de Defesa do Consumidor incide a multa moratória nele prevista.

- art. 52, § 1º, CDC.

286. A renegociação de contrato bancário ou a confissão da dívida não impede a possibilidade de discussão sobre eventuais ilegalidades dos contratos anteriores.

287. A Taxa Básica Financeira (TBF) não pode ser utilizada como indexador de correção monetária nos contratos bancários.

288. A Taxa de Juros de Longo Prazo (TJLP) pode ser utilizada como indexador de correção monetária nos contratos bancários.

289. A restituição das parcelas pagas a plano de previdência privada deve ser objeto de correção plena, por índice que recomponha a efetiva desvalorização da moeda.

290. Nos planos de previdência privada, não cabe ao beneficiário a devolução da contribuição efetuada pelo patrocinador.

291. A ação de cobrança de parcelas de complementação de aposentadoria pela previdência privada prescreve em cinco anos.

- Súm. 427, STJ.

292. A reconvenção é cabível na ação monitória, após a conversão do procedimento em ordinário.

293. A cobrança antecipada do Valor Residual Garantido (VRG) não descaracteriza o contrato de arrendamento mercantil.

- Lei 6.099/1974 (Lei do Arrendamento Mercantil).

294. Não é potestativa a cláusula contratual que prevê a comissão de permanência, calculada pela taxa média de mercado apurada pelo Banco Central do Brasil, limitada à taxa do contrato.

- Súm. 472, STJ.

295. A Taxa Referencial (TR) é indexador válido para contratos posteriores à Lei 8.177/1991, desde que pactuada.

- Lei 8.177/1991 (Estabelece regras para a desindexação da economia).

296. Os juros remuneratórios, não cumuláveis com a comissão de permanência, são devidos no período de inadimplência, à taxa média de mercado estipulada pelo Banco Central do Brasil, limitada ao percentual contratado.

- Súm. 472, STJ.

297. O Código de Defesa do Consumidor é aplicável às instituições financeiras.

- art. 3º, § 2º, CDC.

298. O alongamento de dívida originada de crédito rural não constitui faculdade da instituição financeira, mas, direito do devedor nos termos da lei.

- art. 187, CF.

299. É admissível a ação monitória fundada em cheque prescrito.

300. O instrumento de confissão de dívida, ainda que originário de contrato de abertura de crédito, constitui título executivo extrajudicial.

301. Em ação investigatória, a recusa do suposto pai a submeter-se ao exame de DNA induz presunção *juris tantum* de paternidade.

302. É abusiva a cláusula contratual de plano de saúde que limita no tempo a internação hospitalar do segurado.

303. Em embargos de terceiro, quem deu causa à constrição indevida deve arcar com os honorários advocatícios.

304. É ilegal a decretação da prisão civil daquele que não assume expressamente o encargo de depositário judicial.

- art. 5º, LXVII, CF.

305. É descabida a prisão civil do depositário quando, decretada a falência da empresa, sobrevém a arrecadação do bem pelo síndico.

- art. 5º, LXVII, CF.
- Lei 11.101/2005 (Lei de Recuperação de Empresas e Falências).
- Súm. 419, STJ.

306. Os honorários advocatícios devem ser compensados quando houver sucumbência recíproca, assegurado o direito autônomo do advogado à execução do saldo sem excluir a legitimidade da própria parte.

- art. 23, Lei 8.906/1994 (EOAB).

307. A restituição de adiantamento de contrato de câmbio, na falência, deve ser atendida antes de qualquer crédito.

- art. 75, § 3º, Lei 4.728/1965 (Lei do Mercado de Capitais).

308. A hipoteca firmada entre a construtora e o agente financeiro, anterior ou posterior à celebração da promessa de compra e venda, não tem eficácia perante os adquirentes do imóvel.

- art. 1.420, CC/2002.

309. O débito alimentar que autoriza a prisão civil do alimentante é o que compreende as três prestações anteriores ao ajuizamento da execução e as que se vencerem no curso do processo.

310. O auxílio-creche não integra o salário de contribuição.

- art. 28, Lei 8.212/1991 (Lei Orgânica da Seguridade Social).

311. Os atos do presidente do tribunal que disponham sobre processamento e pagamento de precatório não têm caráter jurisdicional.

312. No processo administrativo para imposição de multa de trânsito, são necessárias as notificações da autuação e da aplicação da pena decorrente da infração.

- art. 5º, LCF.
- arts. 280, 281 e 282, CTB.

313. Em ação de indenização, procedente o pedido, é necessária a constituição de capital ou caução fidejussória para a garantia de pagamento da pensão, independentemente da situação financeira do demandado.

314. Em execução fiscal, não localizados bens penhoráveis, suspende-se o processo por um ano, findo o qual se inicia o prazo da prescrição quinquenal intercorrente.

- art. 40, Lei 6.830/1980 (Lei das Execuções Fiscais).

315. Não cabem embargos de divergência no âmbito do agravo de instrumento que não admite recurso especial.

316. Cabem embargos de divergência contra acórdão que, em agravo regimental, decide recurso especial.

317. É definitiva a execução de título extrajudicial, ainda que pendente apelação contra sentença que julgue improcedentes os embargos.

318. Formulado pedido certo e determinado, somente o autor tem interesse recursal em arguir o vício da sentença ilíquida.

319. O encargo de depositário de bens penhorados pode ser expressamente recusado.

320. A questão federal somente ventilada no voto vencido não atende ao requisito do prequestionamento.

321. O Código de Defesa do Consumidor é aplicável à relação jurídica entre a entidade de previdência privada e seus participantes.

- Cancelada.

322. Para a repetição de indébito, nos contratos de abertura de crédito em conta-corrente, não se exige a prova do erro.

- art. 877, CC/2002.

323. A inscrição do nome do devedor pode ser mantida nos serviços de proteção ao crédito até o prazo máximo de cinco anos, independentemente da prescrição da execução.

- art. 43, §§ 1º e 5º, CDC.

324. Compete à Justiça Federal processar e julgar ações de que participa a Fundação Habitacional do Exército, equiparada à entidade autárquica federal, supervisionada pelo Ministério do Exército.

325. A remessa oficial devolve ao Tribunal o reexame de todas as parcelas da condenação suportadas pela Fazenda Pública, inclusive dos honorários de advogado.

326. Na ação de indenização por dano moral, a condenação em montante inferior ao postulado na inicial não implica sucumbência recíproca.

327. Nas ações referentes ao Sistema Financeiro da Habitação, a Caixa Econômica Federal tem legitimidade como sucessora do Banco Nacional da Habitação.

328. Na execução contra instituição financeira, é penhorável o numerário disponível, excluídas as reservas bancárias mantidas no Banco Central.

- art. 655, I, CPC.

329. O Ministério Público tem legitimidade para propor ação civil pública em defesa do patrimônio público.

- art. 129, III, CF.
- Lei 7.347/1985 (Lei da Ação Civil Pública).

330. É desnecessária a resposta preliminar de que trata o artigo 514 do Código de Processo Penal, na ação penal instruída por inquérito policial.

331. A apelação interposta contra sentença que julga embargos à arrematação tem efeito meramente devolutivo.

332. A fiança prestada sem autorização de um dos cônjuges implica a ineficácia total da garantia.

- art. 1.647, III, CC/2002.

333. Cabe mandado de segurança contra ato praticado em licitação promovida por sociedade de economia mista ou empresa pública.

- arts. 37, XXI, e 173, § 1º, III, CF.
- Lei 8.666/1993 (Lei de Licitações e Contratos Administrativos).
- Lei 12.016/2009 (Lei do Mandado de Segurança Individual e Coletivo).
- Lei 13.303/2016 (Dispõe sobre o estatuto jurídico da empresa pública, da sociedade de economia mista e de suas subsidiárias, no âmbito da União, dos Estados, do Distrito Federal e dos Municípios).
- Lei 14.133/2021 (Nova Lei de Licitações)

334. O ICMS não incide no serviço dos provedores de acesso à Internet.

- art. 2º, LC 87/1996 (Lei Kandir - ICMS).

335. Nos contratos de locação, é válida a cláusula de renúncia à indenização das benfeitorias e ao direito de retenção.

- art. 35, Lei 8.245/1991 (Lei das Locações).

336. A mulher que renunciou aos alimentos na separação judicial tem direito à pensão previdenciária por morte do ex-marido, comprovada a necessidade econômica superveniente.

- arts. 201, e 226, § 3º, CF.
- art. 76, §§ 1º e 2º, Lei 8.213/1991 (Lei dos Planos de Benefícios da Previdência Social).

337. É cabível a suspensão condicional do processo na desclassificação do crime e na procedência parcial da pretensão punitiva.

- art. 89, Lei 9.099/1995 (Lei dos Juizados Especiais).

338. A prescrição penal é aplicável nas medidas socioeducativas.

- arts. 109 e 110, CP.
- arts. 112 e 226, Lei 8.069/1990 (ECA).

339. É cabível ação monitória contra a Fazenda Pública.

340. A lei aplicável à concessão de pensão previdenciária por morte é aquela vigente na data do óbito do segurado.

- Súm. 416, STJ.

341. A frequência a curso de ensino formal é causa de remição de parte do tempo de execução de pena sob regime fechado ou semiaberto.

- arts. 126 a 130, Lei 7.210/1984 (Lei de Execuções Penais).

342. No procedimento para aplicação de medida socioeducativa, é nula a desistência de outras provas em face da confissão do adolescente.

- art. 112, Lei 8.069/1990 (ECA).

343. É obrigatória a presença de advogado em todas as fases do processo administrativo disciplinar.

- Cancelada.

344. A liquidação por forma diversa estabelecida na sentença não ofende a coisa julgada.

345. São devidos honorários advocatícios pela Fazenda Pública nas execuções individuais de sentença proferida em ações coletivas, ainda que não embargadas.

- art. 1º-D, Lei 9.494/1997 (Disciplina a aplicação da tutela antecipada contra a Fazenda Pública).

346. É vedada aos militares temporários, para aquisição de estabilidade, a contagem em dobro de férias e licenças não gozadas.

347. O conhecimento de recurso de apelação do réu independe de sua prisão.

- art. 387, p.u., CPP.

348. Compete ao Superior Tribunal de Justiça decidir os conflitos de competência entre juizado especial federal e juízo federal, ainda que da mesma seção judiciária.

- Cancelada.

349. Compete à Justiça Federal ou aos juízes com competência delegada o julgamento das execuções fiscais de contribuições devidas pelo empregador ao FGTS.

- art. 2º, Lei 8.844/1994 (Dispõe sobre a fiscalização, apuração e cobrança judicial as contribuições e multas devidas ao Fundo de Garantia do Tempo de Serviço - FGTS).

350. O ICMS não incide sobre o serviço de habilitação de telefone celular.

- art. 2º, III, LC 87/1996 (Lei Kandir - ICMS).

351. A alíquota de contribuição para o Seguro de Acidente do Trabalho (SAT) é aferida pelo grau de risco desenvolvido em cada empresa, individualizada pelo seu CNPJ, ou pelo grau de risco da atividade preponderante quando houver apenas um registro.

- art. 22, II, Lei 8.212/1991 (Lei Orgânica da Seguridade Social).

352. A obtenção ou a renovação do Certificado de Entidade Beneficente de Assistência Social (CEBAS) não exime a entidade do cumprimento dos requisitos legais supervenientes.

- art. 195, § 7º, CF.
- Lei 12.101/2009 (Lei da Certificação das Entidades Beneficentes de Assistência Social), e Dec. 7.237/2010 (Regulamento).

353. As disposições do Código Tributário Nacional não se aplicam às contribuições para o FGTS.

354. A invasão do imóvel é causa de suspensão do processo expropriatório para fins de reforma agrária.

- art. 2º, § 6º, Lei 8.629/1993 (Dispõe sobre a regulamentação dos dispositivos constitucionais relativos à reforma agrária).

355. É válida a notificação do ato de exclusão do programa de recuperação fiscal do REFIS pelo *Diário Oficial* ou pela Internet.

356. É legítima a cobrança da tarifa básica pelo uso dos serviços de telefonia fixa.

- Lei 9.472/1997 (Dispõe sobre a organização dos serviços de telecomunicações).

357. A pedido do assinante, que responderá pelos custos, é obrigatória, a partir de 1º de janeiro de 2006, a discriminação de pulsos excedentes e ligações de telefone fixo para celular.

- Revogada.

358. O cancelamento de pensão alimentícia de filho que atingiu a maioridade está sujeito à decisão judicial, mediante contraditório, ainda que nos próprios autos.

359. Cabe ao órgão mantenedor do Cadastro de Proteção ao Crédito a notificação do devedor antes de proceder à inscrição.

- art. 43, § 2º, CDC.
- Súm. 404, STJ.

360. O benefício da denúncia espontânea não se aplica aos tributos sujeitos a lançamento por homologação regularmente declarados, mas pagos a destempo.

- art. 138, *caput*, CTN.

361. A notificação do protesto, para requerimento de falência da empresa devedora, exige a identificação da pessoa que a recebeu.

- art. 94, § 3º, Lei 11.101/2005 (Lei de Recuperação de Empresas e Falências).

362. A correção monetária do valor da indenização do dano moral incide desde a data do arbitramento.

363. Compete à Justiça estadual processar e julgar a ação de cobrança ajuizada por profissional liberal contra cliente.

364. O conceito de impenhorabilidade de bem de família abrange também o imóvel pertencente a pessoas solteiras, separadas e viúvas.

- art. 1º, Lei 8.009/1990 (Dispõe sobre a impenhorabilidade dos bens de família).

365. A intervenção da União como sucessora da Rede Ferroviária Federal S/A (RFFSA) desloca a competência para a Justiça Federal ainda que a sentença tenha sido proferida por Juízo estadual.

- art. 109, I, CF.

366. Compete à Justiça estadual processar e julgar ação indenizatória proposta por viúva e filhos de empregado falecido em acidente de trabalho.

- Cancelada.

367. A competência estabelecida pela EC 45/2004 não alcança os processos já sentenciados.

368. Compete à Justiça comum estadual processar e julgar os pedidos de retificação de dados cadastrais da Justiça Eleitoral.

369. No contrato de arrendamento mercantil (*leasing*), ainda que haja cláusula resolutiva expressa, é necessária a notificação prévia do arrendatário para constituí-lo em mora.

370. Caracteriza dano moral a apresentação antecipada de cheque pré-datado.

- art. 32, p.u., Lei 7.357/1985 (Dispõe sobre o Cheque).

371. Nos contratos de participação financeira para a aquisição de linha telefônica, o Valor Patrimonial da Ação (VPA) é apurado com base no balancete do mês da integralização.

- art. 170, § 1º, I e II, Lei 6.404/1976 (Dispõe sobre as sociedades por ações).

372. Na ação de exibição de documentos, não cabe a aplicação de multa cominatória.

- art. 845, CPC.

373. É ilegítima a exigência de depósito prévio para admissibilidade de recurso administrativo.

- art. 5º, XXXIa, e LCF.
- art. 151, III, CTN.

374. Compete à Justiça Eleitoral processar e julgar a ação para anular débito decorrente de multa eleitoral.

375. O reconhecimento da fraude à execução depende do registro da penhora do bem alienado ou da prova de má-fé do terceiro adquirente.

376. Compete à Turma Recursal processar e julgar o mandado de segurança contra ato de Juizado Especial.

- art. 98, I, CF.
- art. 21, VI, LC 35/1979 (Lei Orgânica da Magistratura Nacional).
- art. 41, § 1º, Lei 9.099/1995 (Lei dos Juizados Especiais).

377. O portador de visão monocular tem direito de concorrer, em concurso público, às vagas reservadas aos deficientes.

- art. 37, VIII, CF.

378. Reconhecido o desvio de função, o servidor faz jus às diferenças salariais decorrentes.

379. Nos contratos bancários não regidos por legislação específica, os juros moratórios poderão ser convencionados até o limite de 1% ao mês.

- art. 406, CC/2002.
- art. 161, § 1º, CTN.
- art. 5º, Dec. 22.626/1933 (Lei da Usura).

380. A simples propositura da ação de revisão de contrato não inibe a caracterização da mora do autor.

- arts. 394 a 401, CC/2002.

381. Nos contratos bancários, é vedado ao julgador conhecer, de ofício, da abusividade das cláusulas.

- art. 51, CDC.

382. A estipulação de juros remuneratórios superiores a 12% ao ano, por si só, não indica abusividade.

383. A competência para processar e julgar as ações conexas de interesse de menor é, em princípio, do foro do domicílio do detentor de sua guarda.

- art. 147, I, Lei 8.069/1990 (ECA).

384. Cabe ação monitória para haver saldo remanescente oriundo de venda extrajudicial de bem alienado fiduciariamente em garantia.

385. Da anotação irregular em cadastro de proteção ao crédito, não cabe indenização por dano moral, quando preexistente legítima inscrição, ressalvado o direito ao cancelamento.

- art. 43, CDC.

386. São isentas de imposto de renda as indenizações de férias proporcionais e o respectivo adicional.

- art. 6º, Lei 7.713/1988 (Altera a legislação do imposto de renda).
- Súm. 125 e 136, STJ.

387. É lícita a cumulação das indenizações de dano estético e dano moral.

- art. 5º, X, CF.

388. A simples devolução indevida de cheque caracteriza dano moral.

389. A comprovação do pagamento do "custo do serviço" referente ao fornecimento de certidão de assentamentos constantes dos livros da companhia é requisito de procedibilidade da ação de exibição de documentos ajuizada em face da sociedade anônima.

- art. 100, § 1º, Lei 6.404/1976 (Dispõe sobre as sociedades por ação).

390. Nas decisões por maioria, em reexame necessário, não se admitem embargos infringentes.

391. O ICMS incide sobre o valor da tarifa de energia elétrica correspondente à demanda de potência efetivamente utilizada.

392. A Fazenda Pública pode substituir a certidão de dívida ativa (CDA) até a prolação da sentença de embargos, quando se tratar de correção de erro material ou formal, vedada a modificação do sujeito passivo da execução.

- art. 201, CTN.
- art. 2º, § 8º, Lei 6.830/1980 (Lei das Execuções Fiscais).

393. A exceção de pré-executividade é admissível na execução fiscal relativamente às matérias conhecíveis de ofício que não demandem dilação probatória.

394. É admissível, em embargos à execução fiscal, compensar os valores de imposto de renda retidos indevidamente na fonte com os valores restituídos apurados na declaração anual.

- Súmula republicada. *DJe*, 21.10.2009.

395. O ICMS incide sobre o valor da venda a prazo constante da nota fiscal.

- art. 2º, I, Dec.-Lei 406/1968 (Estabelece normas gerais de direito financeiro, aplicáveis aos impostos sobre operações relativas à circulação de mercadorias e sobre serviços de qualquer natureza).

396. A Confederação Nacional da Agricultura tem legitimidade ativa para a cobrança da contribuição sindical rural.

- art. 578, CLT.

397. O contribuinte do IPTU é notificado do lançamento pelo envio do carnê ao seu endereço.

398. A prescrição da ação para pleitear os juros progressivos sobre os saldos de conta vinculada do FGTS não atinge o fundo de direito, limitando-se às parcelas vencidas.

- Súm. 154 e 210, STJ.

399. Cabe à legislação municipal estabelecer o sujeito passivo do IPTU.

- art. 34, CTN.

400. O encargo de 20% previsto no Dec.-Lei 1.025/1969 é exigível na execução fiscal proposta contra a massa falida.

401. O prazo decadencial da ação rescisória só se inicia quando não for cabível qualquer recurso do último pronunciamento judicial.

402. O contrato de seguro por danos pessoais compreende os danos morais, salvo cláusula expressa de exclusão.

403. Independe de prova do prejuízo a indenização pela publicação não autorizada de imagem de pessoa com fins econômicos ou comerciais.

- art. 5º, X, CF.
- arts. 186 e 927, CC/2002.

404. É dispensável o aviso de recebimento (AR) na carta de comunicação ao consumidor sobre a negativação de seu nome em bancos de dados e cadastros.

- art. 43, § 2º, CDC.
- Súm. 359, STJ.

405. A ação de cobrança de seguro obrigatório (DPVAT) prescreve em três anos.

- art. 206, § 3º, IX, CC/2002.
- art. 8º, Lei 6.194/1974 (Lei do Seguro Obrigatório).

406. A Fazenda Pública pode recusar a substituição do bem penhorado por precatório.

- art. 15, Lei 6.830/1980 (Lei das Execuções Fiscais).

407. É legítima a cobrança da tarifa de água fixada de acordo com as categorias de usuários e as faixas de consumo.

- art. 175, p.u., III, CF.
- Lei 8.987/1995 (Lei da Concessão e Permissão da Prestação de Serviços Públicos).

408. Nas ações de desapropriação, os juros compensatórios incidentes após a Medida Provisória n. 1.577, de 11.06.1997, devem ser fixados em 6% ao ano até 13.09.2001 e, a partir de então, em 12% ao ano, na forma da Súmula n. 618 do Supremo Tribunal Federal.

- Cancelada.

409. Em execução fiscal, a prescrição ocorrida antes da propositura da ação pode ser decretada de ofício (art. 219, § 5º, do CPC).

410. A prévia intimação pessoal do devedor constitui condição necessária para a cobrança de multa pelo descumprimento de obrigação de fazer ou não fazer.

411. É devida a correção monetária ao creditamento do IPI quando há oposição ao seu aproveitamento decorrente de resistência ilegítima do Fisco.

412. A ação de repetição de indébito de tarifas de água e esgoto sujeita-se ao prazo prescricional estabelecido no Código Civil.

- art. 205, CC/2002.

413. O farmacêutico pode acumular a responsabilidade técnica por uma farmácia e uma drogaria ou por duas drogarias.

414. A citação por edital na execução fiscal é cabível quando frustradas as demais modalidades.

- art. 8º, ILei 6.830/1980 (Lei das Execuções Fiscais).

415. O período de suspensão do prazo prescricional é regulado pelo máximo da pena cominada.

- art. 109, CP.
- art. 366, CPP.

416. É devida a pensão por morte aos dependentes do segurado que, apesar de ter perdido essa qualidade, preencheu os requisitos legais para a obtenção de aposentadoria até a data do seu óbito.

- arts. 15, 26, I, 74 e 102, § 2º, Lei 8.213/1991 (Lei dos Planos de Benefícios da Previdência Social).
- Súm. 340, STJ.

417. Na execução civil, a penhora de dinheiro na ordem de nomeação de bens não tem caráter absoluto.

- art. 11, I, Lei 6.830/1980 (Lei das Execuções Fiscais).

418. É inadmissível o recurso especial interposto antes da publicação do acórdão dos embargos de declaração, sem

posterior ratificação.

- Cancelada.

419. Descabe a prisão civil do depositário judicial infiel.

- art. 5º, LXVII, CF.
- art. 652, CC/2002.
- art. 4º, §§ 1º e 2º, Lei 8.866/1994 (Lei do Depositário Infiel).
- art. 11, de Dec. 592/1992 (Promulga o Pacto Internacional sobre Direitos Civis e Políticos).
- art. 4º, de Dec.-Lei 911/1969 (Lei das Alienações Fiduciárias).
- art. 7º, 7, do Pacto de São José da Costa Rica.
- Súm. Vinc. 25, STF.
- Súm. 304 e 305, STJ.

420. Incabível, em embargos de divergência, discutir o valor de indenização por danos morais.

- art. 5º, X, CF.

421. Os honorários advocatícios não são devidos à Defensoria Pública quando ela atua contra a pessoa jurídica de direito público à qual pertença.

- art. 134, § 1º, CF.
- art. 381, CC/2002.
- LC 80/1994 (Lei da Defensoria Pública).

422. O art. 6º, e, Lei 4.380/1964 não estabelece limitação aos juros remuneratórios nos contratos vinculados ao SFH.

- Lei 4.380/1964 (Institui a correção monetária nos contratos imobiliários de interesse social, o sistema financeiro para aquisição da casa própria, cria o Banco Nacional da Habitação - BNH, e Sociedades de Crédito Imobiliário, as Letras Imobiliárias, o Serviço Federal de Habitação e Urbanismo).
- Lei 5.741/1971 (Dispõe sobre a proteção do financiamento de bens imóveis vinculados ao Sistema Financeiro da Habitação).
- art. 9º, Lei 8.036/1990 (Lei do FGTS).
- art. 10, I, Dec.-Lei 70/1966 (Lei de Execução de Cédula Hipotecária).
- art. 1º, Dec.-Lei 2.291/1986 (Extingue o Banco Nacional da Habitação - BNH).

423. A Contribuição para Financiamento da Seguridade Social - COFINS incide sobre as receitas provenientes das operações de locação de bens móveis.

- art. 195, CF.
- art. 2º, LC 70/1991 (Institui contribuição para financiamento da Seguridade Social e eleva a alíquota da contribuição social sobre o lucro das instituições financeiras).
- art. 1º, Lei 10.833/2003 (Altera a legislação tributária federal).
- arts. 8º, § 14, e 25, p.u., Lei 10.865/2004 (Dispõe sobre a Contribuição para os Programas de Integração Social e de Formação do Patrimônio do Servidor Público e a Contribuição para o Financiamento da Seguridade Social incidentes sobre a importação de bens e serviços).

424. É legítima a incidência de ISS sobre os serviços bancários congêneres da lista anexa ao Dec.-Lei 406/1968 e à LC n. 56/1987.

- art. 156, III, CF.
- A LC 56/1987 foi revogada pela LC 116/2003 (Lei do ISS).
- art. 2º, III, LC 116/2003 (Lei do ISS).
- Dec.-Lei 406/1968 (Estabelece normas gerais de direito financeiro, aplicáveis aos Impostos sobre Operações relativas à Circulação de Mercadorias e sobre Serviços de qualquer Natureza).
- Súm. 588, STF.

425. A retenção da contribuição para a seguridade social pelo tomador do serviço não se aplica às empresas optantes pelo SIMPLES.

- LC 123/2006 (Estatuto Nacional da Microempresa e da Empresa de Pequeno Porte).
- art. 31, § 1º, Lei 8.212/1991 (Lei Orgânica da Seguridade Social).

426. Os juros de mora na indenização do seguro DPVAT fluem a partir da citação.

- arts. 405, 757 e 772, CC/2002.
- Lei 6.194/1974 (Lei do Seguro Obrigatório).
- Súm. 246 e 257, STJ.

427. A ação de cobrança de diferenças de valores de complementação de aposentadoria prescreve em cinco anos contados da data do pagamento.

- art. 75, LC 109/2001 (Lei do Regime de Previdência Complementar).
- art. 103, p.u., Lei 8.213/1991 (Lei dos Planos de Benefícios da Previdência Social).
- Súm. 291, STJ.

428. Compete ao Tribunal Regional Federal decidir os conflitos de competência entre Juizado Especial Federal e Juízo Federal da mesma Seção Judiciária.

- art. 108, I, e, CF.
- Lei 10.259/2001 (Lei dos Juizados Especiais Federais).

429. A citação postal, quando autorizada por lei, exige o aviso de recebimento.

- art. 8º, I a III, Lei 6.830/1980 (Lei das Execuções Fiscais).
- art. 39, p.u., Lei 9.307/1996 (Lei da Arbitragem).

430. O inadimplemento da obrigação tributária pela sociedade não gera, por si só, a responsabilidade solidária do sócio-gerente.

- art. 135, III, CTN.
- art. 158, Lei 6.404/1976 (Dispõe sobre as sociedades por ações).
- art. 4º, Lei 6.830/1980 (Lei das Execuções Fiscais).

431. É ilegal a cobrança de ICMS com base no valor da mercadoria submetido ao regime de pauta fiscal.

- art. 148, CTN.
- art. 8º, LC 87/1996 (Lei Kandir - ICMS).
- art. 2º, I e II, Dec.-Lei 406/1968 (Estabelece normas gerais de direito financeiro, aplicáveis aos Impostos sobre Operações relativas à Circulação de Mercadorias e sobre Serviços de qualquer Natureza).

432. As empresas de construção civil não estão obrigadas a pagar ICMS sobre mercadorias adquiridas como insumos em operações interestaduais.

- art. 3º, LC 87/1996 (Lei Kandir - ICMS).

433. O produto semielaborado, para fins de incidência de ICMS, é aquele que preenche cumulativamente os três requisitos do art. 1º da Lei Complementar no 65/1991.

- LC 65/1991 (Define, na forma da alínea a do inciso X do § 2º, do art. 155 da Constituição, os produtos semielaborados que podem ser tributados pelos Estados e Distrito Federal, quando de sua exportação para o exterior).

434. O pagamento da multa por infração de trânsito não inibe a discussão judicial do débito.

- arts. 286, § 2º, e 288, CTB.

435. Presume-se dissolvida irregularmente a empresa que deixar de funcionar no seu domicílio fiscal, sem comunicação aos órgãos competentes, legitimando o redirecionamento da execução fiscal para o sócio-gerente.

- art. 127, CTN.
- art. 206, Lei 6.404/1976 (Dispõe sobre as sociedades por ações).
- art. 4º, Lei 6.830/1980 (Lei das Execuções Fiscais).

436. A entrega de declaração pelo contribuinte reconhecendo débito fiscal constitui o crédito tributário, dispensada qualquer outra providência por parte do Fisco.

- arts. 142 e 150, CTN.
- art. 15, I Lei 9.779/1999 (Altera a legislação do IR).

437. A suspensão da exigibilidade do crédito tributário superior a quinhentos mil reais para opção pelo REFIS pressupõe a homologação expressa do comitê gestor e a constituição de garantia por meio do arrolamento de bens.

- art. 151, VI, CTN.
- art. 64, Lei 9.532/1997 (Altera a legislação tributária federal).
- art. 3º, §§ 4º e 5º, Lei 9.964/2000 (Institui o Programa de Recuperação Fiscal - REFIS).
- art. 23, Lei 10.637/2002 (Dispõe sobre a não cumulatividade na cobrança da contribuição para o PIS/PASEP).
- art. 2º, Lei 10.684/2003 (Dispõe sobre parcelamento de débitos junto à Secretaria da Receita Federal, à Procuradoria-Geral da Fazenda Nacional e ao Instituto Nacional do Seguro Social).

438. É inadmissível a extinção da punibilidade pela prescrição da pretensão punitiva com fundamento em pena hipotética, independentemente da existência ou sorte do processo penal.

- arts. 107, I109 e 110, CP.
- art. 581, VIII, CPP.
- Súm. 241 do TFR.

439. Admite-se o exame criminológico pelas peculiaridades do caso, desde que em decisão motivada.

- arts. 34 e 97, § 1º, CP.
- arts. 8º e 174, Lei 7.210/1984 (Lei de Execuções Penais).
- Súm. Vinc. 26, STF.

440. Fixada a pena-base no mínimo legal, é vedado o estabelecimento de regime prisional mais gravoso do que o cabível em razão da sanção imposta, com base apenas na gravidade abstrata do delito.

- arts. 33, §§ 2º e 3º, 59 e 68, CP.
- Súm. 718, STF.

441. A falta grave não interrompe o prazo para obtenção de livramento condicional.

- art. 83, CP.
- arts. 49 a 52 e 131, Lei 7.210/1984 (Lei de Execuções Penais).
- Súm. 535, STJ.

442. É inadmissível aplicar, no furto qualificado, pelo concurso de agentes, a majorante do roubo.

- arts. 155, § 4º, Ie 157, § 2º, II, CP.

443. O aumento na terceira fase de aplicação da pena no crime de roubo circunstanciado exige fundamentação concreta, não sendo suficiente para a sua exasperação a mera indicação do número de majorantes.

- arts. 68, p.u., e 157, § 2º, CP.

444. É vedada a utilização de inquéritos policiais e ações penais em curso para agravar a pena-base.

- art. 5º, LVII, CF.
- arts. 59 e 68, CP.

445. As diferenças de correção monetária resultantes de expurgos inflacionários sobre os saldos de FGTS têm como termo inicial a data em que deveriam ter sido creditadas.

- LC 110/2001(Institui contribuições sociais, autoriza créditos de complementos de atualização monetária em contas vinculadas do Fundo de Garantia do Tempo de Serviço - FGTS).
- Lei 8.036/1990 (Lei do FGTS).
- Orientações Jurisprudenciais 341, 344 e 370 SBDI-I, TST.
- Súm. 249, STJ.

446. Declarado e não pago o débito tributário pelo contribuinte, é legítima a recusa de expedição de certidão negativa ou positiva com efeito de negativa.

- arts. 205 e 206, CTN.

447. Os Estados e o Distrito Federal são partes legítimas na ação de restituição de imposto de renda retido na fonte proposta por seus servidores.

- art. 157, I, CF.
- art. 43, CTN.

448. A opção pelo SIMPLES de estabelecimentos dedicados às atividades de creche, pré-escola e ensino fundamental é admitida somente a partir de 24.10.2000, data de vigência da Lei n. 10.034/2000.

- Lei 10.034/2000 (Institui o Sistema Integrado de Imposto e Contribuições das Microempresas e das Empresas de Pequeno Porte - SIMPLES).
- art. 24, Lei 10.684/2003 (Dispõe sobre parcelamento de débitos junto à Secretaria da Receita Federal, à Procuradoria-Geral da Fazenda Nacional e ao Instituto Nacional do Seguro Social).
- art. 18, § 5º-B, I, da LC 123/2006 (Estatuto Nacional da Microempresa e da Empresa de Pequeno Porte).

449. A vaga de garagem que possui matrícula própria no registro de imóveis não constitui bem de família para efeito de penhora.

- art. 2º, Lei 4.591/1964 (Lei do Condomínio e Incorporações).
- arts. 260 a 265, Lei 6.015/1973 (Lei dos Registros Públicos).
- art. 1º, Lei 8.009/1990 (Dispõe sobre a impenhorabilidade dos bens de família).

450. Nos contratos vinculados ao SFH, a atualização do saldo devedor antecede sua amortização pelo pagamento da prestação.

- Lei 4.380/1964 (Institui a correção monetária nos contratos imobiliários de interesse social, o sistema financeiro para aquisição da casa própria, cria o Banco Nacional da Habitação - BNH) e Sociedades de Crédito Imobiliário, as Letras Imobiliárias, o Serviço Federal de Habitação e Urbanismo).
- Lei 5.741/1971 (Dispõe sobre a proteção do financiamento de bens imóveis vinculados ao Sistema Financeiro da Habitação).
- art. 9º, Lei 8.036/1990 (Lei do FGTS).
- art. 10, I, Dec.-Lei 70/1966 (Lei de Execução de Cédula Hipotecária).
- art. 1º, Dec.-Lei 2.291/1986 (Extingue o Banco Nacional da Habitação - BNH).

451. É legítima a penhora da sede do estabelecimento comercial.

- art. 1.142, CC/2002.
- art. 11, § 1º, Lei 6.830/1980 (Lei das Execuções Fiscais).

452. A extinção das ações de pequeno valor é faculdade da Administração Federal, vedada a atuação judicial de ofício.

- arts. 1º e 1º-A, Lei 9.469/1997 (Dispõe sobre a intervenção da União nas causas em que figurarem, como autores ou réus, entes da administração indireta e regula os pagamentos devidos pela Fazenda Pública em virtude de sentença judiciária).

453. Os honorários sucumbenciais, quando omitidos em decisão transitada em julgado, não podem ser cobrados em execução ou em ação própria.

454. Pactuada a correção monetária nos contratos do SFH pelo mesmo índice aplicável à caderneta de poupança, incide a taxa referencial (TR) a partir da vigência da Lei 8.177, de 1º.03.1991.

- Lei 4.380/1964 (Institui a correção monetária nos contratos imobiliários de interesse social, o sistema financeiro para aquisição da casa própria, cria o Banco Nacional da Habitação - BNH e Sociedades de Crédito Imobiliário, as Letras Imobiliárias, o Serviço Federal de Habitação e Urbanismo).
- art. 9º, II, Lei 8.036/1990 (Lei do FGTS).
- Lei 8.177/1991 (Estabelece regras para a desindexação da economia).
- art. 1º, Dec.-Lei 2.291/1986 (Extingue o Banco Nacional da Habitação - BNH).

455. A decisão que determina a produção antecipada de provas com base no art. 366 do CPP deve ser concretamente fundamentada, não a justificando unicamente o mero decurso do tempo.

456. É incabível a correção monetária dos salários de contribuição considerados no cálculo do salário de benefício de auxílio-doença, aposentadoria por invalidez, pensão ou auxílio-reclusão concedidos antes da vigência da CF/1988.

- art. 201, § 3º, CF.

457. Os descontos incondicionais nas operações mercantis não se incluem na base de cálculo do ICMS.

- art. 155, II, CF.
- art. 13, § 1º, II, a, LC 87/1996 (Lei Kandir - ICMS).

458. A contribuição previdenciária incide sobre a comissão paga ao corretor de seguros.

- art. 11, p.u., a, Lei 8.212/1991 (Lei Orgânica da Seguridade Social).

459. A Taxa Referencial (TR) é o índice aplicável, a título de correção monetária, aos débitos com o FGTS recolhidos pelo empregador mas não repassados ao Fundo.

- art. 22, Lei 8.036/1990 (Lei do FGTS).
- Lei 8.177/1991 (Estabelece regras para a desindexação da economia).

460. É incabível o mandado de segurança para convalidar a compensação tributária realizada pelo contribuinte.

- art. 170, CTN.
- Lei 12.016/2009 (Lei do Mandado de Segurança Individual e Coletivo).

461. O contribuinte pode optar por receber, por meio de precatório ou por compensação, o indébito tributário certificado por sentença declaratória transitada em julgado.

- art. 100, CF.
- arts. 156, II, 165 e 170, CTN.
- art. 66, § 2º, Lei 8.383/1991 (Institui a Unidade Fiscal de Referência e altera a legislação do Imposto de Renda)

462. Nas ações em que representa o FGTS, a CEF, quando sucumbente, não está isenta de reembolsar as custas antecipadas pela parte vencedora.

- Lei 8.036/1990 (Lei do FGTS).
- art. 24-A, p.u., Lei 9.028/1995 (Dispõe sobre o exercício das atribuições institucionais da Advocacia-Geral da União, em caráter emergencial e provisório).

463. Incide imposto de renda sobre os valores percebidos a título de indenização por horas extraordinárias trabalhadas, ainda que decorrentes de acordo coletivo.

- art. 43, I, CTN.

464. A regra de imputação de pagamentos estabelecida no art. 354 do Código Civil não se aplica às hipóteses de compensação tributária.

- art. 170, CTN.
- art. 66, Lei 8.383/1991 (Institui a Unidade Fiscal de Referência e altera a legislação do Imposto de Renda).
- art. 74, § 12, Lei 9.430/1996 (Dispõe sobre a legislação tributária federal, as contribuições para a seguridade social e o processo administrativo de consulta).

465. Ressalvada a hipótese de efetivo agravamento do risco, a seguradora não se exime do dever de indenizar em razão da transferência do veículo sem a sua prévia comunicação.

- arts. 757 e 785, § 1º, CC/2002.

466. O titular da conta vinculada ao FGTS tem o direito de sacar o saldo respectivo quando declarado nulo seu contrato de trabalho por ausência de prévia aprovação em concurso público.

- art. 37, § 2º, CF.
- art. 19-A, Lei 8.036/1990 (Lei do FGTS).

467. Prescreve em cinco anos, contados do término do processo administrativo, a pretensão da Administração Pública de promover a execução da multa por infração ambiental.

- art. 1º-A, Lei 9.873/1999 (Estabelece prazo de prescrição para o exercício de ação punitiva pela Administração Pública Federal, direta e indireta).
- art. 1º do Dec. 20.910/1932 (Regula a prescrição quinquenal).
- art. 21 do Dec. 6.514/2008 (Dispõe sobre as infrações e sanções administrativas ao meio ambiente e estabelece o processo administrativo federal para apuração destas infrações).

468. A base de cálculo do PIS, até a edição da MP n. 1.212/1995, era o faturamento ocorrido no sexto mês anterior ao do fato gerador.

- art. 6º, p.u., LC 7/1970 (Institui o Programa de Integração Social).
- Lei 9.715/1998 (Dispõe sobre as contribuições para os Programas de Integração Social e de Formação do Patrimônio do Servidor Público - PIS/PASEP).
- Lei 9.718/1998 (Altera a Legislação Tributária Federal).
- Dec. 4.751/2003 (Dispõe sobre o Fundo PIS-PASEP, criado pela LC 26/1975, sob a denominação de PIS-PASEP).

469. Aplica-se o Código de Defesa do Consumidor aos contratos de plano de saúde.

- Cancelada.

470. O Ministério Público não tem legitimidade para pleitear, em ação civil pública, a indenização decorrente do DPVAT em benefício do segurado.

- Cancelada.

471. Os condenados por crimes hediondos ou assemelhados cometidos antes da vigência da Lei n. 11.464/2007 sujeitam-se ao disposto no art. 112 da Lei n. 7.210/1984 (Lei de Execução Penal) para a progressão de regime prisional.

- art. 5º, XL, CF.
- art. 2º, p.u., CP.
- art. 2º, §§ 1º e 2º, Lei 8.072/1990 (Lei dos Crimes Hediondos).
- Súm. 716, STF.
- Súm. Vinc. 26, STF.

472. A cobrança de comissão de permanência - cujo valor não pode ultrapassar a soma dos encargos remuneratórios e moratórios previstos no contrato - exclui a exigibilidade dos juros remuneratórios, moratórios e da multa contratual (*DJe* 19.06.2012).

473. O mutuário do SFH não pode ser compelido a contratar o seguro habitacional obrigatório com a instituição financeira mutuante ou com a seguradora por ela indicada (*DJe* 19.06.2012).

474. A indenização do seguro DPVAT, em caso de invalidez parcial do beneficiário, será paga de forma proporcional ao grau da invalidez (*DJe* 19.06.2012).

- Súm. 544, STJ.

475. Responde pelos danos decorrentes de protesto indevido o endossatário que recebe por endosso translativo título de crédito contendo vício formal extrínseco ou intrínseco, ficando ressalvado seu direito de regresso contra os endossantes e avalistas (*DJe* 19.06.2012).

476. O endossatário de título de crédito por endosso-mandato só responde por danos decorrentes de protesto indevido se extrapolar os poderes de mandatário (*DJe* 19.06.2012).

477. A decadência do art. 26 do CDC não é aplicável à prestação de contas para obter esclarecimentos sobre cobrança de taxas, tarifas e encargos bancários (*DJe* 19.06.2012).

478. Na execução de crédito relativo a cotas condominiais, este tem preferência sobre o hipotecário (*DJe* 19.06.2012).

479. As instituições financeiras respondem objetivamente pelos danos gerados por fortuito interno relativo a fraudes e delitos praticados por terceiros no âmbito de operações bancárias (*DJe* 01.08.2012).

480. O juízo da recuperação judicial não é competente para decidir sobrea constrição de bens não abrangidos pelo plano de recuperação da empresa (*DJe* 01.08.2012).

481. Faz jus ao benefício da justiça gratuita a pessoa jurídica com ou sem fins lucrativos que demonstrar sua impossibilidade de arcar com os encargos processuais (*DJe* 01.08.2012).

482. A falta de ajuizamento da ação principal no prazo do art. 806 do CPC acarreta a perda da eficácia da liminar deferida e a extinção do processo cautelar (*DJe* 01.08.2012).

483. O INSS não está obrigado a efetuar depósito prévio do preparo por gozar das prerrogativas e privilégios da Fazenda Pública (*DJe* 01.08.2012).

484. Admite-se que o preparo seja efetuado no primeiro dia útil subsequente, quando a interposição do recurso ocorrer após o encerramento do expediente bancário (*DJe* 01.08.2012).

485. A Lei de Arbitragem aplica-se aos contratos que contenham cláusula arbitral, ainda que celebrados antes da sua edição (*DJe* 01.08.2012).

486. É impenhorável o único imóvel residencial do devedor que esteja locado a terceiros, desde que a renda obtida com a locação seja revertida para a subsistência ou a moradia da sua família (*DJe* 01.08.2012).

487. O parágrafo único do art. 741 do CPC não se aplica às sentenças transitadas em julgado em data anterior à da sua vigência (*DJe* 01.08.2012).

488. O § 2º do art. 6º da Lei n. 9.469/1997, que obriga à repartição dos honorários advocatícios, é inaplicável a acordos ou transações celebrados em data anterior à sua vigência (*DJe* 01.08.2012).

489. Reconhecida a continência, devem ser reunidas na Justiça Federal as ações civis públicas propostas nesta e na Justiça estadual (*DJe* 01.08.2012).

490. A dispensa de reexame necessário, quando o valor da condenação ou do direito controvertido for inferior a sessenta salários-mínimos, não se aplica a sentenças ilíquidas (*DJe* 01.08.2012).

491. É inadmissível a chamada progressão *per saltum* de regime prisional (*DJe* 13.08.2012).

492. O ato infracional análogo ao tráfico de drogas, por si só, não conduz obrigatoriamente à imposição de medida socioeducativa de internação do adolescente (*DJe* 13.08.2012).

493. É inadmissível a fixação de pena substitutiva (art. 44 do CP) como condição especial ao regime aberto (*DJe* 13.08.2012).

494. O benefício fiscal do ressarcimento do crédito presumido do IPI relativo às exportações incide mesmo quando as matérias-primas ou os insumos sejam adquiridos de pessoa física ou jurídica não contribuinte do PIS/PASEP (*DJe* 13.08.2012).

495. A aquisição de bens integrantes do ativo permanente da empresa não gera direito a creditamento de IPI.

496. Os registros de propriedade particular de imóveis situados em terrenos de marinha não são oponíveis à União (*DJe* 13.08.2012).

497. Os créditos das autarquias federais preferem aos créditos da Fazenda estadual desde que coexistam penhoras sobre o mesmo bem (*DJe* 13.08.2012).

498. Não incide imposto de renda sobre a indenização por danos morais (*DJe* 13.08.2012).

499. As empresas prestadoras de serviços estão sujeitas às contribuições ao Sesc e Senac, salvo se integradas noutro serviço social. (*DJE*, 18.03.2013)

500. A configuração do crime do art. 244-B do ECA independe da prova da efetiva corrupção do menor, por se tratar de delito formal. (*DJe*, 28.10.2013.)

501. É cabível a aplicação retroativa da Lei n. 11.343/2006, desde que o resultado da incidência das suas disposições, na íntegra, seja mais favorável ao réu do que o advindo da aplicação da Lei n. 6.368/1976, sendo vedada a combinação de leis. (*DJe*, 28.10.2013.)

502. Presentes a materialidade e a autoria, afigura-se típica, em relação ao crime previsto no art. 184, § 2º, do CP, a conduta de expor à venda CDs e DVDs piratas. (*DJe*, 28.10.2013.)

503. O prazo para ajuizamento de ação monitória em face do emitente de cheque sem força executiva é quinquenal, a contar do dia seguinte à data de emissão estampada na cártula.

504. O prazo para ajuizamento de ação monitória em face do emitente de nota promissória sem força executiva é quinquenal, a contar do dia seguinte ao vencimento do título.

505. A competência para processar e julgar as demandas que têm por objeto obrigações decorrentes dos contratos de planos de previdência privada firmados com a Fundação Rede Ferroviária de Seguridade Social - REFER é da Justiça estadual.

506. A Anatel não é parte legítima nas demandas entre a concessionária e o usuário de telefonia decorrentes de relação contratual. (*DJe* 31.03.2014)

507. A acumulação de auxílio-acidente com aposentadoria pressupõe que a lesão incapacitante e a aposentadoria sejam anteriores a 11.11.1997, observado o critério do art. 23 da Lei n. 8.213/1991 para definição do momento da lesão nos casos de doença profissional ou do trabalho. (*DJe* 31.03.2014)

508. A isenção da Cofins concedida pelo art. 6º, II, da LC n. 70/1991 a sociedades civis de prestação de serviços profissionais foi revogada pelo art. 56 da Lei n. 9.430/1996. (*DJe* 31.03.2014)

509. É lícito ao comerciante de boa-fé aproveitar os créditos de ICMS decorrentes de nota fiscal posteriormente declarada inidônea, quando demonstrada a veracidade da compra e venda. (*DJe* 31.03.2014)

510. A liberação de veículo retido apenas por transporte irregular de passageiros não está condicionada ao pagamento de multas e despesas. (*DJe* 31.03.2014)

511. É possível o reconhecimento do privilégio previsto no § 2º do art. 155 do CP nos casos de crime de furto qualificado, se presentes a primariedade do agente, o pequeno valor da coisa e a qualificadora for de ordem objetiva. (*DJe* 16.06.2014)

512. A aplicação da causa de diminuição de pena prevista no art. 33, § 4º, da Lei n. 11.343/2006 não afasta a hediondez do crime de tráfico de drogas.

- Cancelada.

513. A *abolitio criminis* temporária prevista na Lei n. 10.826/2003 aplica-se ao crime de posse de arma de fogo de uso permitido com numeração, marca ou qualquer outro sinal de identificação raspado, suprimido ou adulterado, praticado somente até 23.10.2005. (*DJe* 16.06.2014)

514. A CEF é responsável pelo fornecimento dos extratos das contas individualizadas vinculadas ao FGTS dos Trabalhadores participantes do Fundo de Garantia do Tempo de Serviço, inclusive para fins de exibição em juízo, independentemente do período em discussão. (*DJe* 18.08.2014)

515. A reunião de execuções fiscais contra o mesmo devedor constitui faculdade do Juiz. (*DJe* 18.08.2014)

516. A contribuição de intervenção no domínio econômico para o Incra (Decreto-Lei n. 1.110/1970), devida por empregadores rurais e urbanos, não foi extinta pelas Leis n. 7.787/1989, 8.212/1991 e 8.213/1991, não podendo ser compensada com a contribuição ao INSS (*DJe* 02.03.2015).

517. São devidos honorários advocatícios no cumprimento de sentença, haja ou não impugnação, depois de escoado o prazo para pagamento voluntário, que se inicia após a intimação do advogado da parte executada. (*DJe* 02.03.2015).

518. Para fins do art. 105, III, *a*, da Constituição Federal, não é cabível recurso especial fundado em alegada violação de enunciado de súmula. (*DJe* 02.03.2015).

519. Na hipótese de rejeição da impugnação ao cumprimento de sentença, não são cabíveis honorários advocatícios. (*DJe* 02.03.2015).

520. O benefício de saída temporária no âmbito da execução penal é ato jurisdicional insuscetível de delegação à autoridade administrativa do estabelecimento prisional. (*DJe* 25.03.2015.)

521. A legitimidade para a execução fiscal de multa pendente de pagamento imposta em sentença condenatória é exclusiva da Procuradoria da Fazenda Pública. (*DJe* 25.03.2015.)

522. A conduta de atribuir-se falsa identidade perante autoridade policial é típica, ainda que em situação de alegada autodefesa. (*DJe* 25.03.2015.)

523. A taxa de juros de mora incidente na repetição de indébito de tributos estaduais deve corresponder à utilizada para cobrança do tributo pago em atraso, sendo legítima a incidência da taxa Selic, em ambas as hipóteses, quando prevista na legislação local, vedada sua cumulação com quaisquer outros índices. (*DJe*, 27.04.2015.)

524. No tocante à base de cálculo, o ISSQN incide apenas sobre a taxa de agenciamento quando o serviço prestado por sociedade empresária de trabalho temporário for de intermediação, devendo, entretanto, englobar também os valores dos salários e encargos sociais dos trabalhadores por ela contratados nas hipóteses de fornecimento de mão de obra. (*DJe*, 27.04.2015.)

525. A Câmara de Vereadores não possui personalidade jurídica, apenas personalidade judiciária, somente podendo demandar em juízo para defender os seus direitos institucionais. (*DJe*, 27.04.2015.)

526. O reconhecimento de falta grave decorrente do cometimento de fato definido como crime doloso no cumprimento da pena prescinde do trânsito em julgado de sentença penal condenatória no processo penal instaurado para apuração do fato. (*DJe*, 18.05.2015.)

527. O tempo de duração da medida de segurança não deve ultrapassar o limite máximo da pena abstratamente cominada ao delito praticado. (*DJe*, 18.05.2015.)

528. Compete ao juiz federal do local da apreensão da droga remetida do exterior pela via postal processar e julgar o crime de tráfico internacional. (*DJe*, 18.05.2015.)

529. No seguro de responsabilidade civil facultativo, não cabe o ajuizamento de ação pelo terceiro prejudicado direta e exclusivamente em face da seguradora do apontado causador do dano. (*DJe*, 18.05.2015.)

530. Nos contratos bancários, na impossibilidade de comprovar a taxa de juros efetivamente contratada - por ausência de pactuação ou pela falta de juntada do instrumento aos autos -, aplica-se a taxa média de mercado, divulgada pelo Bacen, praticada nas operações da mesma espécie, salvo se a taxa cobrada for mais vantajosa para o devedor. (*DJe*, 18.05.2015.)

531. Em ação monitória fundada em cheque prescrito ajuizada contra o emitente, é dispensável a menção ao negócio jurídico subjacente à emissão da cártula. (*DJe*, 18.05.2015.)

532. Constitui prática comercial abusiva o envio de cartão de crédito sem prévia e expressa solicitação do consumidor, configurando-se ato ilícito indenizável e sujeito à aplicação de multa administrativa. (*DJe*, 18.05.2015.)

533. Para o reconhecimento da prática de falta disciplinar no âmbito da execução penal, é imprescindível a instauração de procedimento administrativo pelo diretor do estabelecimento prisional, assegurado o direito de defesa, a ser realizado por advogado constituído ou defensor público nomeado. (*DJe* 15.06.2015.)

- art. 5º, XXXCF.
- arts. 15, 16, 47, 48, 53, 54, 57, 59, 118, LEP.

534. A prática de falta grave interrompe a contagem do prazo para a progressão de regime de cumprimento de pena, o qual se reinicia a partir do cometimento dessa infração. (*DJe* 15.06.2015.)

- arts. 50, 51, 53, 57, p.u., 112, 118, 127, LEP.

535. A prática de falta grave não interrompe o prazo para fim de comutação de pena ou indulto. (*DJe* 15.06.2015.)

- arts. 112, 127, 142, LEP.
- Súm. 441, STJ.

536. A suspensão condicional do processo e a transação penal não se aplicam na hipótese de delitos sujeitos ao rito da Lei Maria da Penha. (*DJe* 15.06.2015.)

- art. 226, § 8º, CF.
- art. 129, § 9º, CP.
- art. 89, Lei 9.099/1995 (Lei dos Juizados Especiais.)
- art. 41, Lei 11.340/2006 (Lei Maria da Penha.)

537. Em ação de reparação de danos, a seguradora denunciada, se aceitar a denunciação ou contestar o pedido do autor, pode ser condenada, direta e solidariamente junto com o segurado, ao pagamento da indenização devida à vítima, nos limites contratados na apólice. (*DJe* 15.06.2015.)

538. As administradoras de consórcio têm liberdade para estabelecer a respectiva taxa de administração, ainda que fixada em percentual superior a dez por cento. (*DJe* 15.06.2015.)

- art. 33, p.u., Lei 8.177/1991 (Estabelece regras para a desindexação da economia.)
- Circulares Bacen 2.386/1993 e 2.766/1997.

539. É permitida a capitalização de juros com periodicidade inferior à anual em contratos celebrados com instituições integrantes do Sistema Financeiro Nacional a partir de 31/3/2000 (MP n. 1.963-17/2000, reeditada como MP n. 2.170-36/2001), desde que expressamente pactuada. (*DJe* 15.06.2015.)

- art. 591, CC/2002.
- art. 4º, Dec. 22.626/1933 (Lei de Usura.)
- art. 5º, Med. Prov. 2.170-36/2001.
- Súm. 121 e 593, STF.

540. Na ação de cobrança do seguro DPVAT, constitui faculdade do autor escolher entre os foros do seu domicílio, do local do acidente ou ainda do domicílio do réu. (*DJe* 15.06.2015.)

541. A previsão no contrato bancário de taxa de juros anual superior ao duodécuplo da mensal é suficiente para permitir a cobrança da taxa efetiva anual contratada.

- art. 591, CC/2002.
- art. 4º, Dec. 22.626/1933 (Lei de Usura.)
- art. 5º, Med. Prov. 2.170-36/2001.

542. A ação penal relativa ao crime de lesão corporal resultante deviolência doméstica contra a mulher é pública incondicionada (*DJe* 31.08.2015).

- Lei 11.340/2006

543. Na hipótese de resolução de contrato de promessa de compra e venda de imóvel submetido ao Código de Defesa do Consumidor, deve ocorrer a imediata restituição das parcelas pagas pelo promitente comprador - integralmente, em caso de culpa exclusiva do promitente vendedor/construtor, ou parcialmente, caso tenha sido o comprador quem deu causa ao desfazimento (*DJe* 31.08.2015).

- art. 122, CC/2002.
- art. 51, II e ICDC.

544. É válida a utilização de tabela do Conselho Nacional de Seguros Privados para estabelecer a proporcionalidade da indenização do seguro DPVAT ao grau de invalidez também na hipótese de sinistro anterior a 16/12/2008, data da entrada em vigor da Medida Provisória n. 451/2008.

- arts. 3º, 5º, § 5º e 12, Lei 6.194/1974.
- Lei 8.441/1992.
- Lei 11.482/2007.
- Súm. 474, STJ.

545. Quando a confissão for utilizada para a formação do convencimento do julgador, o réu fará jus à atenuante prevista no art. 65, III, d, do Código Penal. (*DJe*, 19.10.2015.)

546. A competência para processar e julgar o crime de uso de documento falso é firmada em razão da entidade ou órgão ao qual foi apresentado o documento público, não importando a qualificação do órgão expedidor. (*DJe*, 19.10.2015.)

- art. 109, ICF.
- art. 304, CP.

547. Nas ações em que se pleiteia o ressarcimento dos valores pagos a título de participação financeira do consumidor no custeio de construção de rede elétrica, o prazo prescricional é de vinte anos na vigência do Código Civil de 1916. Na vigência do Código Civil de 2002, o prazo é de cinco anos se houver previsão contratual de ressarcimento e de três anos na ausência de cláusula nesse sentido, observada a regra de transição disciplinada em seu art. 2.028. (*DJe*, 19.10.2015.)

- arts. 206, § 3º, I, e § 5º, CC/2002.

548. Incumbe ao credor a exclusão do registro da dívida em nome do devedor no cadastro de inadimplentes no prazo de cinco dias úteis, a partir do integral e efetivo pagamento do débito. (*DJe*, 19.10.2015.)

- arts. 43, § 3º, e 73, CDC.

549. É válida a penhora de bem de família pertencente a fiador de contrato de locação. (*DJe*, 19.10.2015.)

- art. 3º, VII, Lei 8.009/1973.

550. A utilização de escore de crédito, método estatístico de avaliação de risco que não constitui banco de dados, dispensa o consentimento do consumidor, que terá o direito de solicitar esclarecimentos sobre as informações pessoais valoradas e as fontes dos dados considerados no respectivo cálculo. (*DJe*, 19.10.2015.)

- art. 43, CDC.
- arts. 3º, § 3º, I e II, 5º, I7º, I, e 16, Lei 12.414/2011.

551. Nas demandas por complementação de ações de empresas de telefonia, admite-se a condenação ao pagamento de dividendos e juros sobre capital próprio independentemente de pedido expresso. No entanto, somente quando previstos no título executivo, poderão ser objeto de cumprimento de sentença. (*DJe*, 19.10.2015.)

- art. 9º, Lei 9.249/1995.
- Deliberação C683/2012.

552. O portador de surdez unilateral não se qualifica como pessoa com deficiência para o fim de disputar as vagas reservadas em concursos públicos. (*DJe*, 9.11.2015.)

- Lei 7.853/1989.
- arts. 3º, I, 4º, II, Dec. 3.298/1999.
- art. 70, Dec. 5.296/2004.

553. Nos casos de empréstimo compulsório sobre o consumo de energia elétrica, é competente a Justiça estadual para o julgamento de demanda proposta exclusivamente contra a Eletrobrás. Requerida a intervenção da União no feito após a prolação de sentença pelo juízo estadual, os autos devem ser remetidos ao Tribunal Regional Federal competente para o julgamento da apelação se deferida a intervenção. (*DJe* 15.12.2015.)

- art. 5º, p.u., Lei 9.469/1997.

554. Na hipótese de sucessão empresarial, a responsabilidade da sucessora abrange não apenas os tributos devidos pela sucedida, mas também as multas moratórias ou punitivas referentes a fatos geradores ocorridos até a data da sucessão. (*DJe* 15.12.2015.)

555. Quando não houver declaração do débito, o prazo decadencial quinquenal para o Fisco constituir o crédito tributário conta-se exclusivamente na forma do art. 173, I, do CTN, nos casos em que a legislação atribui ao sujeito passivo o dever de antecipar o pagamento sem prévio exame da autoridade administrativa. (*DJe* 15.12.2015.)

556. É indevida a incidência de imposto de renda sobre o valor da complementação de aposentadoria pago por entidade de previdência privada e em relação ao resgate de contribuições recolhidas para referidas entidades patrocinadoras no período de 1º/1/1989 a 31/12/1995, em razão da isenção concedida pelo art. 6º, VII, b, da Lei n. 7.713/1988, na redação anterior à que lhe foi dada pela Lei n. 9.250/1995. (*DJe* 15.12.2015.)

557. A renda mensal inicial (RMI) alusiva ao benefício de aposentadoria por invalidez precedido de auxílio-doença será apurada na forma do art. 36, § 7º, do Decreto n. 3.048/1999, observando-se, porém, os critérios previstos no art. 29, § 5º, da Lei n. 8.213/1991, quando intercalados períodos de afastamento e de atividade laboral. (*DJe* 15.12.2015.)

558. Em ações de execução fiscal, a petição inicial não pode ser indeferida sob o argumento da falta de indicação do CPF e/ou RG ou CNPJ da parte executada.

- (*DJe* 15.12.2015.)

559. Em ações de execução fiscal, é desnecessária a instrução da petição inicial com o demonstrativo de cálculo do débito, por tratar-se de requisito não previsto no art. 6º da Lei n. 6.830/1980. (*DJe* 15.12.2015.)

560. A decretação da indisponibilidade de bens e direitos, na forma do art. 185-A do CTN, pressupõe o exaurimento das diligências na busca por bens penhoráveis, o qual fica caracterizado quando infrutíferos o pedido de constrição sobre ativos financeiros e a expedição de ofícios aos registros públicos do domicílio do executado, ao Denatran ou Detran. (*DJe* 15.12.2015.)

561. Os Conselhos Regionais de Farmácia possuem atribuição para fiscalizar e autuar as farmácias e drogarias quanto ao cumprimento da exigência de manter profissional legalmente habilitado (farmacêutico) durante todo o período de funcionamento dos respectivos estabelecimentos. (*DJe* 15.12.2015.)

562. É possível a remição de parte do tempo de execução da pena quando o condenado, em regime fechado ou semiaberto, desempenha atividade laborativa, ainda que extramuros (*DJe*, 29.02.2016.)

563. O Código de Defesa do Consumidor é aplicável às entidades abertas de previdência complementar, não incidindo nos contratos previdenciários celebrados com entidades fechadas. (*DJe*, 29.02.2016.)

564. No caso de reintegração de posse em arrendamento mercantil financeiro, quando a soma da importância antecipada a título de valor residual garantido (VRG) com o valor da venda do bem ultrapassar o total do VRG previsto contratualmente, o arrendatário terá direito de receber a respectiva diferença, cabendo, porém, se estipulado no contrato, o prévio desconto de outras despesas ou encargos pactuados. (*DJe*, 29.02.2016.)

565. A pactuação das tarifas de abertura de crédito (TAC) e de emissão de carnê (TEC), ou outra denominação para o mesmo fato gerador, é válida apenas nos contratos bancários anteriores ao início da vigência da Resolução-CMN n. 3.518/2007, em 30.4.2008. (*DJe*, 29.02.2016.)

566. Nos contratos bancários posteriores ao início da vigência da Resolução-CMN n. 3.518/2007, em 30.4.2008, pode ser cobrada a tarifa de cadastro no início do relacionamento entre o consumidor e a instituição financeira. (*DJe*, 29.02.2016.)

567. Sistema de vigilância realizado por monitoramento eletrônico ou por existência de segurança no interior de estabelecimento comercial, por si só, não torna impossível a configuração do crime de furto. (*DJe*, 29.02.2016.)

568. O relator, monocraticamente e no Superior Tribunal de Justiça, poderá dar ou negar provimento ao recurso quando houver entendimento dominante acerca do tema. (*DJe*, 17.03.2016.)

- art. 105, III, a e c, CF.
- art. 926, § 2º, CPC/2015.

569. Na importação, é indevida a exigência de nova certidão negativa de débito no desembaraço aduaneiro, se já apresentada a comprovação da quitação de tributos federais quando da concessão do benefício relativo ao regime de **drawback**. (*DJe*, 02.05.2016.)

- art. 60, Lei 9.069/1995.

570. Compete à Justiça Federal o processo e julgamento de demanda em que se discute a ausência de ou o obstáculo ao credenciamento de instituição particular de ensino superior no Ministério da Educação como condição de expedição de diploma de ensino a distância aos estudantes. (*DJe*, 02.05.2016.)

- art. 109, I, CF.
- arts. 9º e 80, Lei 9.394/1996.

571. A taxa progressiva de juros não se aplica às contas vinculadas ao FGTS de trabalhadores qualificados como avulsos. (*DJe*, 02.05.2016.)

- arts. 1º e 2º, Lei 5.705/1971.
- art. 1º, Lei 5.958/1973.
- art. 3º, Lei 8.036/1990.

‣ art. 9º, VI, Dec. 3.048/1999.

572. O Banco do Brasil, na condição de gestor do Cadastro de Emitentes de Cheques sem Fundos (CCF), não tem a responsabilidade de notificar previamente o devedor acerca da sua inscrição no aludido cadastro, tampouco legitimidade passiva para as ações de reparação de danos fundadas na ausência de prévia comunicação (*DJe* 16.05.2016).

‣ Lei 8.078/1990, CDC.

‣ Res. 1.631/1989, Bacen.

‣ Res. 1.682/1990, Bacen.

‣ Circ. 2.250/1992, Bacen.

573. Nas ações de indenização decorrente de seguro DPVAT, a ciência inequívoca do caráter permanente da invalidez, para fins de contagem do prazo prescricional, depende de laudo médico, exceto nos casos de invalidez permanente notória ou naqueles em que o conhecimento anterior resulte comprovado na fase de instrução. (*DJe*, 27.06.2016.)

574. Para a configuração do delito de violação de direito autoral e a comprovação de sua materialidade, é suficiente a perícia realizada por amostragem do produto apreendido, nos aspectos externos do material, e é desnecessária a identificação dos titulares dos direitos autorais violados ou daqueles que os representem. (*DJe*, 27.06.2016.)

‣ art. 184, § 2º, CP.

575. Constitui crime a conduta de permitir, confiar ou entregar a direção de veículo automotor a pessoa que não seja habilitada, ou que se encontre em qualquer das situações previstas no art. 310 do CTB, independentemente da ocorrência de lesão ou de perigo de dano concreto na condução do veículo. (*DJe*, 27.06.2016.)

‣ art. 310, CTB.

576. Ausente requerimento administrativo no INSS, o termo inicial para a implantação da aposentadoria por invalidez concedida judicialmente será a data da citação válida. (*DJe*, 27.06.2016.)

577. É possível reconhecer o tempo de serviço rural anterior ao documento mais antigo apresentado, desde que amparado em convincente prova testemunhal colhida sob o contraditório. (*DJe*, 27.06.2016.)

‣ arts. 55, § 3º, 106, e 142, Lei 8.213/1991.

‣ art. 63, Dec., 3.048/1999.

‣ Súm. 149, STJ.

578. Os empregados que laboram no cultivo da cana-de-açúcar para empresa agroindustrial ligada ao setor sucroalcooleiro detêm a qualidade de rurícola, ensejando a isenção do FGTS desde a edição da Lei Complementar n. 11/1971 até a promulgação da Constituição Federal de 1988. (*DJe*, 27.06.2016.)

‣ art. 7º, III, CF.

‣ LC 11/1971.

‣ arts. 2º e 3º, § 1º, Lei 5.889/1973.

579. Não é necessário ratificar o recurso especial interposto na pendência do julgamento dos embargos de declaração, quando inalterado o resultado anterior. (*DJe* 1º.08.2016.)

‣ arts. 218, § 4º, e 1.024, § 5º, CPC/2015.

‣ Súm. 418, STJ.

580. A correção monetária nas indenizações do seguro DPVAT por morte ou invalidez, prevista no § 7º do art. 5º da Lei n. 6.194/1974, redação dada pela Lei n. 11.482/2007, incide desde a data do evento danoso. (*DJe* 19.09.2016)

581. A recuperação judicial do devedor principal não impede o prosseguimento das ações e execuções ajuizadas contra terceiros devedores solidários ou coobrigados em geral, por garantia cambial, real ou fidejussória. (*DJe* 19.09.2016)

‣ arts. 6º, 49, § 1º, 52, III, e 59, Lei 11.101/2005.

582. Consuma-se o crime de roubo com a inversão da posse do bem mediante emprego de violência ou grave ameaça, ainda que por breve tempo e em seguida à perseguição imediata ao agente e recuperação da coisa roubada, sendo prescindível a posse mansa e pacífica ou desvigiada. (*DJe* 19.09.2016)

‣ art. 157, CP.

583. O arquivamento provisório previsto no art. 20 da Lei n. 10.522/2002, dirigido aos débitos inscritos como dívida ativa da União pela Procuradoria-Geral da Fazenda Nacional ou por ela cobrados, não se aplica às execuções fiscais movidas pelos conselhos de fiscalização profissional ou pelas autarquias federais. (*DJe* 1º.02.2017.)

‣ art. 1º-A, Lei 9.469/1997 (Regulamenta o disposto no inciso do art. 4º da Lei Complementar n. 73/1993; dispõe sobre a intervenção da União nas causas em que figurarem, como autores ou réus, entes da administração indireta; regula os pagamentos devidos pela Fazenda Pública em virtude de sentença judiciária).

‣ art. 10, Lei 10.480/2002 (Dispõe sobre o quadro de pessoal da Advocacia-Geral da União, cria a Procuradoria-Geral Federal).

‣ art. 20, Lei 10.522/2002 (Dispõe sobre o cadastro informativo dos créditos não quitados de órgãos e entidades federais).

‣ art. 5º, Lei 11.098/2005 (Atribui ao Ministério da Previdência Social competências relativas à arrecadação, fiscalização, lançamento e normatização de receitas previdenciárias).

‣ art. 22, Lei 11.457/2007 (Dispõe sobre a administração tributária federal).

‣ art. 8º, Lei 12.514/2011 (Trata das contribuições devidas aos conselhos profissionais em geral).

584. As sociedades corretoras de seguros, que não se confundem com as sociedades de valores mobiliários ou com os agentes autônomos de seguro privado, estão fora do rol de entidades constantes do art. 22, § 1º, da Lei n. 8.212/1991, não se sujeitando à majoração da alíquota da Cofins prevista no art. 18 da Lei n. 10.684/2003. (*DJe* 1º.02.2017.)

‣ art. 22, § 1º, Lei 8.212/1991 (Lei Orgânica da Seguridade Social).

‣ art. 3º, § 6º, Lei 9.718/1998 (Altera a legislação tributária federal).

‣ art. 18, Lei 10.684/2003 (Altera a legislação tributária, dispõe sobre parcelamento de débitos junto à SRF, À PGFN e ao INSS).

585. A responsabilidade solidária do ex-proprietário, prevista no art. 134 do Código de Trânsito Brasileiro - CTB, não abrange o IPVA incidente sobre o veículo automotor, no que se refere ao período posterior à sua alienação. (*DJe* 1º.02.2017.)

‣ arts. 1.226 e 1.267, CC/2002.

‣ art. 134, CTB.

586. A exigência de acordo entre o credor e o devedor na escolha do agente fiduciário aplica-se, exclusivamente, aos contratos não vinculados ao Sistema Financeiro da Habitação - SFH. (*DJe* 1º.02.2017.)

‣ art. 30, I e II, e §§ 1º e 2º, Dec.-Lei 70/1966 (Autoriza o funcionamento de associações de poupança e empréstimo, institui a cédula hipotecária).

587. Para a incidência da majorante prevista no art. 40, V, da Lei n. 11.343/2006, é desnecessária a efetiva transposição de fronteiras entre estados da Federação, sendo suficiente a demonstração inequívoca da intenção de realizar o tráfico interestadual. (*DJe*, 18.09.2017.)

588. A prática de crime ou contravenção penal contra a mulher com violência ou grave ameaça no ambiente doméstico impossibilita a substituição da pena privativa de liberdade por restritiva de direitos. (*DJe*, 18.09.2017.)

‣ Art. 44, I, CP.

‣ Lei 11.340/2006.

589. É inaplicável o princípio da insignificância nos crimes ou contravenções penais praticados contra a mulher no âmbito das relações domésticas. (*DJe*, 18.09.2017.)

‣ Lei 11.340/2006.

590. Constitui acréscimo patrimonial a atrair a incidência do imposto de renda, em caso de liquidação de entidade de previdência privada, a quantia que couber a cada participante, por rateio do patrimônio, superior ao valor das respectivas contribuições à entidade em liquidação, devidamente atualizadas e corrigidas. (*DJe*, 18.09.2017.)

‣ Art. 43, CTN.

591. É permitida a prova emprestada no processo administrativo disciplinar, desde que devidamente autorizada pelo juízo competente e respeitados o contraditório e a ampla defesa. (*DJe*, 18.09.2017.)

592. O excesso de prazo para a conclusão do processo administrativo disciplinar só causa nulidade se houver demonstração de prejuízo à defesa. (*DJe*, 18.09.2017.)

‣ Art. 169, § 1º, Lei 8.112/1990.

593. O crime de estupro de vulnerável se configura com a conjunção carnal ou prática de ato libidinoso com menor de 14 anos, sendo irrelevante eventual consentimento da vítima para a prática do ato, sua experiência sexual anterior ou existência de relacionamento amoroso com o agente.

‣ Art. 217-A, CP.

594. O Ministério Público tem legitimidade ativa para ajuizar ação de alimentos em proveito de criança ou adolescente independentemente do exercício do poder familiar dos pais, ou do fato de o menor se encontrar nas situações de risco descritas no art. 98 do Estatuto da Criança e do Adolescente, ou de quaisquer outros questionamentos acerca da existência ou eficiência da Defensoria Pública na comarca.

‣ Art. 201, III, ECA.

595. As instituições de ensino superior respondem objetivamente pelos danos suportados pelo aluno/consumidor pela realização de curso não reconhecido pelo Ministério da Educação, sobre o qual não lhe tenha sido dada prévia e adequada informação.

‣ Arts. 186 e 927, CC.

‣ Arts. 6º, III, , 14, § 1º, 20, § 2º e 37, §§ 1º e 3º, CDC.

596. A obrigação alimentar dos avós tem natureza complementar e subsidiária, somente se configurando no caso de impossibilidade total ou parcial de seu cumprimento pelos pais.

‣ Arts. 1.696 e 1.698, CC.

597. A cláusula contratual de plano de saúde que prevê carência para utilização dos serviços de assistência médica nas situações de emergência ou de urgência é considerada abusiva se ultrapassado o prazo máximo de 24 horas contado da data da contratação.

598. É desnecessária a apresentação de laudo médico oficial para o reconhecimento judicial da isenção do imposto de renda, desde que o magistrado entenda suficientemente demonstrada a doença grave por outros meios de prova.

- Art. 30, Lei 9.250/1995.

599. O princípio da insignificância é inaplicável aos crimes contra a administração pública.

- Arts. 171, § 3°, 312 e 359-D, CP..

600. Para a configuração da violência doméstica e familiar prevista no artigo 5º da Lei n. 11.340/2006 (Lei Maria da Penha) não se exige a coabitação entre autor e vítima.

- Art. 226, § 8°, CF.
- Arts. 5° e 7°, Lei 11.340/2006.

601. O Ministério Público tem legitimidade ativa para atuar na defesa de direitos difusos, coletivos e individuais homogêneos dos consumidores, ainda que decorrentes da prestação de serviço público.

- Arts. 127, 129, III, CF.
- Arts. 81 e 82, CDC.
- Arts. 1°, 5° e 21, Lei 7.347/1985.

602. O Código de Defesa do Consumidor é aplicável aos empreendimentos habitacionais promovidos pelas sociedades cooperativas.

603. É vedado ao banco mutuante reter, em qualquer extensão, os salários, vencimentos e/ou proventos de correntista para adimplir o mútuo (comum) contraído, ainda que haja cláusula contratual autorizativa, excluído o empréstimo garantido por margem salarial consignável, com desconto em folha de pagamento, que possui regramento legal específico e admite a retenção de percentual.

- Cancelada.

604. O mandado de segurança não se presta para atribuir efeito suspensivo a recurso criminal interposto pelo Ministério Público.

- Art. 5°, LXIX, CF.
- Arts. 581, 584, 593 e 597, CPP.
- Art. 197, LEP.

605. A superveniência da maioridade penal não interfere na apuração de ato infracional nem na aplicabilidade de medida socioeducativa em curso, inclusive na liberdade assistida, enquanto não atingida a idade de 21 anos.

- Arts. 2º, par. único, 104, par. únco e 121, § 5°, ECA.

606. Não se aplica o princípio da insignificância a casos de transmissão clandestina de sinal de internet via radiofrequência, que caracteriza o fato típico previsto no art. 183 da Lei n. 9.472/1997.

- Art. 21, XI, CF.
- Art. 70, Lei 4.117/1962.
- Arts. 61 e 183, Lei 9.472/1997.

607. A majorante do tráfico transnacional de drogas (art. 40, I, da Lei n. 11.343/2006) configura-se com a prova da destinação internacional das drogas, ainda que não consumada a transposição de fronteiras.

- Art. 40, I, Lei 11.343/2006.

608. Aplica-se o Código de Defesa do Consumidor aos contratos de plano de saúde, salvo os administrados por entidades de autogestão.

- Arts. 1°, § 2°, 10, § 3° e 35-G, Lei 9.656/1998.
- Súm. 563, STJ.

609. A recusa de cobertura securitária, sob a alegação de doença preexistente, é ilícita se não houve a exigência de exames médicos prévios à contratação ou a demonstração de má-fé do segurado.

- Arts. 422, 765 e 766, CC.
- Art. 51, IV, CDC.

610. O suicídio não é coberto nos dois primeiros anos de vigência do contrato de seguro de vida, ressalvado o direito do beneficiário à devolução do montante da reserva técnica formada.

- Arts. 797, par. único e 798, CC.

611. Desde que devidamente motivada e com amparo em investigação ou sindicância, é permitida a instauração de processo administrativo disciplinar com base em denúncia anônima, em face do poder-dever de autotutela imposto à Administração.

- Arts. 143 e 144, Lei 8.112/1991.

612. O certificado de entidade beneficente de assistência social (CEBAS), no prazo de sua validade, possui natureza declaratória para fins tributários, retroagindo seus efeitos à data em que demonstrado o cumprimento dos requisitos estabelecidos por lei complementar para a fruição da imunidade.

- Arts. 9°, IV, c e 14, CTN.

613. Não se admite a aplicação da teoria do fato consumado em tema de Direito Ambiental.

- Art. 225, CF.
- Arts. 2°, I e 14, § 1°, Lei 6.938/1981.
- Arts. 61-A a C e 62 a 65, Lei 12.651/2012.

614. O locatário não possui legitimidade ativa para discutir a relação jurídico-tributária de IPTU e de taxas referentes ao imóvel alugado nem para repetir indébito desses tributos.

- Arts. 32, 34, 123 e 166, CTN.

615. Não pode ocorrer ou permanecer a inscrição do município em cadastros restritivos fundada em irregularidades na gestão anterior quando, na gestão sucessora, são tomadas as providências cabíveis à reparação dos danos eventualmente cometidos.

- Art. 25, LCP.
- Arts. 7° e 26, Lei 10.522/2002.

616. A indenização securitária é devida quando ausente a comunicação prévia do segurado acerca do atraso no pagamento do prêmio, por constituir requisito essencial para a suspensão ou resolução do contrato de seguro.

- Art. 12, Dec.-Lei 73/1966.

617. A ausência de suspensão ou revogação do livramento condicional antes do término do período de prova enseja a extinção da punibilidade pelo integral cumprimento da pena.

- Art. 90, CP.
- Arts. 145 e 146, Lei 7.210/1984.

618. A inversão do ônus da prova aplica-se às ações de degradação ambiental.

- Art. 6°, VIII, CDC.
- Art. 21, Lei 7.347/1985.

619. A ocupação indevida de bem público configura mera detenção, de natureza precária, insuscetível de retenção ou indenização por acessões e benfeitorias.

- Art. 191, p. ún. da CF.
- Arts. 1.208 e 1.255 do CC.

620. A embriaguez do segurado não exime a seguradora do pagamento da indenização prevista em contrato de seguro de vida.

621. Os efeitos da sentença que reduz, majora ou exonera o alimentante do pagamento retroagem à data da citação, vedadas a compensação e a repetibilidade.

622. A notificação do auto de infração faz cessar a contagem da decadência para a constituição do crédito tributário; exaurida a instância administrativa com o decurso do prazo para a impugnação ou com a notificação de seu julgamento definitivo e esgotado o prazo concedido pela Administração para o pagamento voluntário, inicia-se o prazo prescricional para a cobrança judicial.

623. As obrigações ambientais possuem natureza *propter rem*, sendo admissível cobrá-las do proprietário ou possuidor atual e/ou dos anteriores, à escolha do credor.

624. É possível cumular a indenização do dano moral com a reparação econômica da Lei n. 10.559/2002 (Lei da Anistia Política).

625. O pedido administrativo de compensação ou de restituição não interrompe o prazo prescricional para a ação de repetição de indébito tributário de que trata o art. 168 do CTN nem o da execução de título judicial contra a Fazenda Pública.

626. A incidência do IPTU sobre imóvel situado em área considerada pela lei local como urbanizável ou de expansão urbana não está condicionada à existência dos melhoramentos elencados no art. 32, § 1º, do CTN.

627. O contribuinte faz jus à concessão ou à manutenção da isenção do imposto de renda, não se lhe exigindo a demonstração da contemporaneidade dos sintomas da doença nem da recidiva da enfermidade.

628. A teoria da encampação é aplicada no mandado de segurança quando presentes, cumulativamente, os seguintes requisitos: a) existência de vínculo hierárquico entre a autoridade que prestou informações e a que ordenou a prática do ato impugnado; b) manifestação a respeito do mérito nas informações prestadas; e c) ausência de modificação de competência estabelecida na Constituição Federal.

629. Quanto ao dano ambiental, é admitida a condenação do réu à obrigação de fazer ou à de não fazer cumulada com a de indenizar.

630. A incidência da atenuante da confissão espontânea no crime de tráfico ilícito de entorpecentes exige o reconhecimento da traficância pelo acusado, não bastando a mera admissão da posse ou propriedade para uso próprio.

631. O indulto extingue os efeitos primários da condenação (pretensão executória), mas não atinge os efeitos secundários, penais ou extrapenais.

632. Nos contratos de seguro regidos pelo Código Civil, a correção monetária sobre a indenização securitária incide a partir da contratação até o efetivo pagamento.

633. A Lei n. 9.784/1999, especialmente no que diz respeito ao prazo decadencial para a revisão de atos administrativos no âmbito da Administração Pública federal, pode ser aplicada, de forma subsidiária, aos estados e municípios, se inexistente norma local e específica que regule a matéria.

634. Ao particular aplica-se o mesmo regime prescricional previsto na Lei de Improbidade Administrativa para o agente público.

635. Os prazos prescricionais previstos no art. 142 da Lei n. 8.112/1990 iniciam-se na data em que a autoridade competente para a abertura do procedimento administrativo toma conhecimento do fato, interrompem-se com o primeiro ato de instauração válido - sindicância de caráter punitivo ou processo disciplinar - e voltam a fluir por inteiro, após decorridos 140 dias desde a interrupção.

636. A folha de antecedentes criminais é documento suficiente a comprovar os maus antecedentes e a reincidência.

637. O ente público detém legitimidade e interesse para intervir, incidentalmente, na ação possessória entre particulares, podendo deduzir qualquer matéria defensiva, inclusive, se for o caso, o domínio.

638. É abusiva a cláusula contratual que restringe a responsabilidade de instituição financeira pelos danos decorrentes de roubo, furto ou extravio de bem entregue em garantia no âmbito de contrato de penhor civil.

639. Não fere o contraditório e o devido processo decisão que, sem ouvida prévia da defesa, determine transferência ou permanência de custodiado em estabelecimento penitenciário federal.

640. O benefício fiscal que trata do Regime Especial de Reintegração de Valores Tributários para as Empresas Exportadoras (REINTEGRA) alcança as operações de venda de mercadorias de origem nacional para a Zona Franca de Manaus, para consumo, industrialização ou reexportação para o estrangeiro.

641. A portaria de instauração do processo administrativo disciplinar prescinde da exposição detalhada dos fatos a serem apurados.

642. O direito à indenização por danos morais transmite-se com o falecimento do titular, possuindo os herdeiros da vítima legitimidade ativa para ajuizar ou prosseguir a ação indenizatória.

643. A execução da pena restritiva de direitos depende do trânsito em julgado da condenação.

644. O núcleo de prática jurídica deve apresentar o instrumento de mandato quando constituído pelo réu hipossuficiente, salvo nas hipóteses em que é nomeado pelo juízo.

645. O crime de fraude à licitação é formal, e sua consumação prescinde da comprovação do prejuízo ou da obtenção de vantagem.

646. É irrelevante a natureza da verba trabalhista para fins de incidência da contribuição ao FGTS, visto que apenas as verbas elencadas em lei (art. 28, § 9º, da Lei n. 8.212/1991), em rol taxativo, estão excluídas da sua base de cálculo, por força do disposto no art. 15, § 6º, da Lei n. 8.036/1990.

647. São imprescritíveis as ações indenizatórias por danos morais e materiais decorrentes de atos de perseguição política com violação de direitos fundamentais ocorridos durante o regime militar.

648. A superveniência da sentença condenatória prejudica o pedido de trancamento da ação penal por falta de justa causa feito em habeas corpus.

649. Não incide ICMS sobre o serviço de transporte interestadual de mercadorias destinadas ao exterior.

I JORNADA DE DIREITO PROCESSUAL CIVIL

(Brasília/DF, 24 e 25 de agosto de 2017)

ENUNCIADOS APROVADOS

ENUNCIADO 1 – A verificação da violação à boa-fé objetiva dispensa a comprovação do animus do sujeito processual.

ENUNCIADO 2 – As disposições do CPC aplicam-se supletiva e subsidiariamente às Leis n. 9.099/1995, 10.259/2001 e 12.153/2009, desde que não sejam incompatíveis com as regras e princípios dessas Leis.

ENUNCIADO 3 – As disposições do CPC aplicam-se supletiva e subsidiariamente ao Código de Processo Penal, no que não forem incompatíveis com esta Lei.

ENUNCIADO 4 – A entrada em vigor de acordo ou tratado internacional que estabeleça dispensa da caução prevista no art. 83, § 1º, inc. I do CPC/2015, implica na liberação da caução previamente imposta.

ENUNCIADO 5 – Ao proferir decisão parcial de mérito ou decisão parcial fundada no art. 485 do CPC, condenar-se-á proporcionalmente o vencido a pagar honorários ao advogado do vencedor, nos termos do art. 85 do CPC.

ENUNCIADO 6 – A fixação dos honorários de sucumbência por apreciação equitativa só é cabível nas hipóteses previstas no § 8º do art. 85 do CPC.

ENUNCIADO 7 – A ausência de resposta ao recurso pela parte contrária, por si só, não tem o condão de afastar a aplicação do disposto no art. 85, § 11, do CPC.

ENUNCIADO 8 – Não cabe majoração de honorários advocatícios em agravo de instrumento, salvo se interposto contra decisão interlocutória que tenha fixado honorários na origem, respeitados os limites estabelecidos no art. 85, §§ 2º, 3º e 8º, do CPC.

ENUNCIADO 9 – Aplica-se o art. 90, § 4º, do CPC ao reconhecimento da procedência do pedido feito pela Fazenda Pública nas ações relativas às prestações de fazer e de não fazer.

ENUNCIADO 10 – O benefício do § 4º do art. 90 do CPC aplica-se apenas à fase de conhecimento.

ENUNCIADO 11 – Aplica-se o disposto nos arts. 133 a 137 do CPC às hipóteses de desconsideração indireta e expansiva da personalidade jurídica.

ENUNCIADO 12 – É cabível a intervenção de amicus curiae (art. 138 do CPC) no procedimento do Mandado de Injunção (Lei n. 13.300/2016).

ENUNCIADO 13 – O art. 139, VI, do CPC autoriza o deslocamento para o futuro do termo inicial do prazo.

ENUNCIADO 14 – A ordem cronológica do art. 153 do CPC não será renovada quando houver equívoco atribuível ao Poder Judiciário no cumprimento de despacho ou decisão.

ENUNCIADO 15 – Aplicam-se às entidades referidas no § 3º do art. 186 do CPC as regras sobre intimação pessoal das partes e suas testemunhas (art. 186, § 2º; art. 455, § 4º, IV; art. 513, § 2º, II e art. 876, § 1º, II, todos do CPC).

ENUNCIADO 16 – As disposições previstas nos arts. 190 e 191 do CPC poderão aplicar-se aos procedimentos previstos nas leis que tratam dos juizados especiais, desde que não ofendam os princípios e regras previstos nas Leis n. 9.099/1995, 10.259/2001 e 12.153/2009.

ENUNCIADO 17 – A Fazenda Pública pode celebrar convenção processual, nos termos do art. 190 do CPC.

ENUNCIADO 18 – A convenção processual pode ser celebrada em pacto antenupcial ou em contrato de convivência, nos termos do art. 190 do CPC.

ENUNCIADO 19 – O prazo em dias úteis previsto no art. 219 do CPC aplica-se também aos procedimentos regidos pelas Leis n. 9.099/1995, 10.259/2001 e 12.153/2009.

ENUNCIADO 20 – Aplica-se o art. 219 do CPC na contagem do prazo para oposição de embargos à execução fiscal previsto no art. 16 da Lei n. 6.830/1980.

ENUNCIADO 21 – A suspensão dos prazos processuais prevista no *caput* do art. 220 do CPC estende-se ao Ministério Público, à Defensoria Pública e à Advocacia Pública.

ENUNCIADO 22 – Em causas que dispensem a fase instrutória, é possível o julgamento de improcedência liminar do pedido que contrariar decisão do Supremo Tribunal Federal em controle concentrado de constitucionalidade ou ENUNCIADO de súmula vinculante.

ENUNCIADO 23 – Na ausência de auxiliares da justiça, o juiz poderá realizar a audiência inaugural do art. 334 do CPC, especialmente se a hipótese for de conciliação.

ENUNCIADO 24 – Havendo a Fazenda Pública publicizado ampla e previamente as hipóteses em que está autorizada a transigir, pode o juiz dispensar a realização da audiência de mediação e conciliação, com base no art. 334, § 4º, II, do CPC, quando o direito discutido na ação não se enquadrar em tais situações.

ENUNCIADO 25 – As audiências de conciliação ou mediação, inclusive dos juizados especiais, poderão ser realizadas por videoconferência, áudio, sistemas de troca de mensagens, conversa online, conversa escrita, eletrônica, telefônica e telemática ou outros mecanismos que estejam à disposição dos profissionais da autocomposição para estabelecer a comunicação entre as partes.

ENUNCIADO 26 – A multa do § 8º do art. 334 do CPC não incide no caso de não comparecimento do réu intimado por edital.

ENUNCIADO 27 – Não é necessário o anúncio prévio do julgamento do pedido nas situações do art. 355 do CPC.

ENUNCIADO 28 – Os incisos do art. 357 do CPC não exaurem o conteúdo possível da decisão de saneamento e organização do processo.

ENUNCIADO 29 – A estabilidade do saneamento não impede a produção de outras provas, cuja necessidade se origine de circunstâncias ou fatos apurados na instrução.

ENUNCIADO 30 – É admissível a prova emprestada, ainda que não haja identidade de partes, nos termos do art. 372 do CPC.

ENUNCIADO 31 – A compatibilização do disposto nos arts. 378 e 379 do CPC com o art. 5º, LXIII, da CF/1988, assegura à parte, exclusivamente, o direito de não produzir prova contra si quando houver reflexos no ambiente penal.

ENUNCIADO 32 – A vedação à apresentação de defesa prevista no art. 382, § 4º, do CPC, não impede a alegação pelo réu de matérias defensivas conhecíveis de ofício.

ENUNCIADO 33 – No depoimento pessoal, o advogado da contraparte formulará as perguntas diretamente ao depoente.

ENUNCIADO 34 – A qualificação incompleta da testemunha só impede a sua inquirição se houver demonstração de efetivo prejuízo.

ENUNCIADO 35 – Considerando os princípios do acesso à justiça e da segurança jurídica, persiste o interesse de agir na propositura de ação declaratória a respeito da questão prejudicial incidental, a ser distribuída por dependência da ação preexistente, inexistindo litispendência entre ambas as demandas (arts. 329 e 503, § 1º, do CPC).

ENUNCIADO 36 – O disposto no art. 506 do CPC não permite que se incluam, dentre os beneficiados pela coisa julgada, litigantes de outras demandas em que se discuta a mesma tese jurídica.

ENUNCIADO 37 – Aplica-se aos juizados especiais o disposto nos parágrafos do art. 489 do CPC.

ENUNCIADO 38 – As medidas adequadas para efetivação da tutela provisória independem do trânsito em julgado, inclusive contra o Poder Público (art. 297 do CPC).

ENUNCIADO 39 – Cassada ou modificada a tutela de urgência na sentença, a parte poderá, além de interpor recurso, pleitear o respectivo restabelecimento na instância superior, na petição de recurso ou em via autônoma.

ENUNCIADO 40 – A irreversibilidade dos efeitos da tutela de urgência não impede sua concessão, em se tratando de direito provável, cuja lesão seja irreversível.

ENUNCIADO 41 – Nos processos sobrestados por força do regime repetitivo, é possível a apreciação e a efetivação de tutela provisória de urgência, cuja competência será do órgão jurisdicional onde estiverem os autos.

ENUNCIADO 42 – É cabível a concessão de tutela provisória de urgência em incidente de desconsideração da personalidade jurídica.

ENUNCIADO 43 – Não ocorre a estabilização da tutela antecipada requerida em caráter antecedente, quando deferida em ação rescisória.

ENUNCIADO 44 – É requisito da petição inicial da tutela cautelar requerida em caráter antecedente a indicação do valor da causa.

ENUNCIADO 45 – Aplica-se às tutelas provisórias o princípio da fungibilidade, devendo o juiz esclarecer as partes sobre o regime processual a ser observado.

ENUNCIADO 46 – A cessação da eficácia da tutela cautelar, antecedente ou incidental, pela não efetivação no prazo de 30 dias, só ocorre se caracterizada omissão do requerente.

ENUNCIADO 47 – A probabilidade do direito constitui requisito para concessão da tutela da evidência fundada em abuso do direito de defesa ou em manifesto propósito protelatório da parte contrária.

ENUNCIADO 48 – É admissível a tutela provisória da evidência, prevista no art. 311, II, do CPC, também em casos de tese firmada em repercussão geral ou em súmulas dos tribunais superiores.

ENUNCIADO 49 – A tutela da evidência pode ser concedida em mandado de segurança.

ENUNCIADO 50 – A eficácia da produção antecipada de provas não está condicionada a prazo para a propositura de outra ação.

ENUNCIADO 51 – Havendo registro judicial ou autorização expressa do juízo sucessório competente, nos autos do procedimento de abertura, registro e cumprimento de testamento, sendo todos os interessados capazes e concordes, poderão ser feitos o inventário e a partilha por escritura pública.

ENUNCIADO 52 – Na organização do esboço da partilha tratada pelo art. 651 do CPC, deve-se incluir a meação do companheiro.

ENUNCIADO 53 – Para o reconhecimento definitivo do domínio ou da posse do terceiro embargante (art. 681 do CPC), é necessária a presença, no polo passivo dos embargos, do réu ou do executado a quem se impute a titularidade desse domínio ou dessa posse no processo principal.

ENUNCIADO 54 – Estando o processo em grau de recurso, o requerimento de habilitação far-se-á de acordo com o Regimento Interno do respectivo tribunal (art. 687 do CPC).

ENUNCIADO 55 – É cabível apelação contra sentença proferida no procedimento especial de habilitação (arts. 687 a 692 do CPC).

ENUNCIADO 56 – A legitimidade conferida à Defensoria Pública pelo art. 720 do CPC compreende as hipóteses de jurisdição voluntária previstas na legislação extravagante, notadamente no Estatuto da Criança e do Adolescente.

ENUNCIADO 57 – Todos os legitimados a promover a curatela, cujo rol deve incluir o próprio sujeito a ser curatelado, também o são para realizar o pedido do seu levantamento.

ENUNCIADO 58 – O prazo para interposição do agravo previsto na Lei n. 8.437/92 é de quinze dias, conforme o disposto no art. 1.070 do CPC.

ENUNCIADO 59 – Não é exigível identidade absoluta entre casos para a aplicação de um precedente, seja ele vinculante ou não, bastando que ambos possam compartilhar os mesmos fundamentos determinantes.

ENUNCIADO 60 – É direito das partes a manifestação por escrito, no prazo de cinco dias, sobre fato superveniente ou questão de ofício na hipótese do art. 933, § 1º, do CPC, ressalvada a concordância expressa com a forma oral em sessão.

ENUNCIADO 61 – Deve ser franqueado às partes sustentar oralmente as suas razões, na forma e pelo prazo previsto no art. 937, *caput*, do CPC, no agravo de instrumento que impugne decisão de resolução parcial de mérito (art. 356, § 5º, do CPC).

ENUNCIADO 62 – Aplica-se a técnica prevista no art. 942 do CPC no julgamento de recurso de apelação interposto em mandado de segurança.

ENUNCIADO 63 – A técnica de que trata o art. 942, § 3º, I, do CPC aplica-se à hipótese de rescisão parcial do julgado.

ENUNCIADO 64 – Ao despachar a reclamação, deferida a suspensão do ato impugnado, o relator pode conceder tutela provisória satisfativa correspondente à decisão originária cuja autoridade foi violada.

ENUNCIADO 65 – A desistência do recurso pela parte não impede a análise da questão objeto do incidente de assunção de competência.

ENUNCIADO 66 – Admite-se a correção da falta de comprovação do feriado local ou da suspensão do expediente forense, posteriormente à interposição do recurso, com fundamento no art. 932, parágrafo único, do CPC.

ENUNCIADO 67 – Há interesse recursal no pleito da parte para impugnar a multa do art. 334, § 8º, do CPC por meio de apelação, embora tenha sido vitoriosa na demanda.

ENUNCIADO 68 – A intempestividade da apelação desautoriza o órgão a quo a proferir juízo positivo de retratação.

ENUNCIADO 69 – A hipótese do art. 1.015, parágrafo único, do CPC abrange os processos concursais, de falência e recuperação.

ENUNCIADO 70 – É agravável o pronunciamento judicial que postergar a análise de pedido de tutela provisória ou condicioná-la a qualquer exigência.

ENUNCIADO 71 – É cabível o recurso de agravo de instrumento com relação ao remanescente da controvérsia, salvo se a questão repetitiva for prejudicial à solução das demais matérias.

ENUNCIADO 79 – Na hipótese do art. 1.032 do CPC, cabe ao relator, após possibilitar que o

recorrente adite o seu recurso para inclusão de preliminar sustentando a existência de repercussão geral, oportunizar ao recorrido que, igualmente, adite suas contrarrazões para sustentar a inexistência da repercussão.

ENUNCIADO 80 – Quando o Supremo Tribunal Federal considerar como reflexa a ofensa à Constituição afirmada no recurso extraordinário, deverá, antes de remetê-lo ao Superior Tribunal de Justiça para julgamento como recurso especial, conceder prazo de quinze dias para que as partes complementem suas razões e contrarrazões de recurso.

ENUNCIADO 81 – A devolução dos autos pelo Superior Tribunal de Justiça ou Supremo Tribunal Federal ao tribunal de origem depende de decisão fundamentada, contra a qual cabe agravo na forma do art. 1.037, § 13, II, do CPC.

ENUNCIADO 82 – Quando houver pluralidade de pedidos de admissão de amicus curiae, o relator deve observar, como critério para definição daqueles que serão admitidos, o equilíbrio na representatividade dos diversos interesses jurídicos contrapostos no litígio, velando, assim, pelo respeito à amplitude do contraditório, paridade de tratamento e isonomia entre todos os potencialmente atingidos pela decisão.

ENUNCIADO 83 – Caso os embargos de divergência impliquem alteração das conclusões do julgamento anterior, o recorrido que já tiver interposto o recurso extraordinário terá o direito de complementar ou alterar suas razões, nos exatos limites da modificação, no prazo de quinze dias, contados da intimação da decisão dos embargos de divergência.

ENUNCIADO 84 – O comparecimento espontâneo da parte constitui termo inicial dos prazos para pagamento e, sucessivamente, impugnação ao cumprimento de sentença.

ENUNCIADO 85 – Na execução de título extrajudicial ou judicial (art. 515, § 1º, do CPC) é cabível a citação postal.

ENUNCIADO 86 – As prestações vincendas até o efetivo cumprimento da obrigação incluem-se na execução de título executivo extrajudicial (arts. 323 e 318, parágrafo único, do CPC).

ENUNCIADO 87 – O acordo de reparação de danos feito durante a suspensão condicional do processo, desde que devidamente homologado por sentença, é título executivo judicial.

ENUNCIADO 88 – A caução prevista no inc. IV do art. 520 do CPC não pode ser exigida em cumprimento definitivo de sentença. Considera-se como tal o cumprimento de sentença transitada em julgado no processo que deu origem ao crédito executado, ainda que sobre ela penda impugnação destituída de efeito suspensivo.

ENUNCIADO 89 – Conta-se em dias úteis o prazo do *caput* do art. 523 do CPC.

ENUNCIADO 90 – Conta-se em dobro o prazo do art. 525 do CPC nos casos em que o devedor é

assistido pela Defensoria Pública.

ENUNCIADO 91 – Interpreta-se o art. 524 do CPC e seus parágrafos no sentido de permitir que a parte patrocinada pela Defensoria Pública continue a valer-se da contadoria judicial para elaborar cálculos para execução ou cumprimento de sentença.

ENUNCIADO 92 – A intimação prevista no *caput* do art. 523 do CPC deve contemplar, expressamente, o prazo sucessivo para impugnar o cumprimento de sentença.

ENUNCIADO 93 – Da decisão que julga a impugnação ao cumprimento de sentença cabe apelação, se extinguir o processo, ou agravo de instrumento, se não o fizer.

ENUNCIADO 94 – Aplica-se o procedimento do art. 920 do CPC à impugnação ao cumprimento de sentença, com possibilidade de rejeição liminar nas hipóteses dos arts. 525, § 5º, e 918 do CPC.

ENUNCIADO 95 – O juiz, antes de rejeitar liminarmente a impugnação ao cumprimento de sentença (art. 525, § 5º, do CPC), deve intimar o impugnante para sanar eventual vício, em observância ao dever processual de cooperação (art. 6º do CPC).

ENUNCIADO 96 – Os critérios referidos no *caput* do art. 537 do CPC devem ser observados no momento da fixação da multa, que não está limitada ao valor da obrigação principal e não pode ter sua exigibilidade postergada para depois do trânsito em julgado.

ENUNCIADO 97 – A execução pode ser promovida apenas contra o titular do bem oferecido em garantia real, cabendo, nesse caso, somente a intimação de eventual coproprietário que não tenha outorgado a garantia.

ENUNCIADO 98 – O art. 782, § 3º, do CPC não veda a possibilidade de o credor, ou mesmo o órgão de proteção ao crédito, fazer a inclusão extrajudicial do nome do executado em cadastros de inadimplentes.

ENUNCIADO 99 – A inclusão do nome do executado em cadastros de inadimplentes poderá se dar na execução definitiva de título judicial ou extrajudicial.

ENUNCIADO 100 – Interpreta-se a expressão condomínio edilício do art. 784, X, do CPC de forma a compreender tanto os condomínios verticais, quanto os horizontais de lotes, nos termos do art. 1.358-A do Código Civil.

ENUNCIADO 101 – É admissível ação monitória, ainda que o autor detenha título executivo extrajudicial.

ENUNCIADO 102 – A falta de oposição dos embargos de terceiro preventivos no prazo do art. 792, § 4º, do CPC não impede a propositura dos embargos de terceiro repressivos no prazo do art. 675 do mesmo Código.

ENUNCIADO 103 – Pode o exequente – em execução de obrigação de fazer fungível, decorrente do inadimplemento relativo, voluntário e inescusável do executado – requerer a satisfação da obrigação por terceiro, cumuladamente ou não com perdas e danos, considerando que o *caput* do art. 816 do CPC não derrogou o *caput* do art. 249 do Código Civil.

ENUNCIADO 104 – O fornecimento de certidão para fins de averbação premonitória (art. 799, IX, do CPC) independe de prévio despacho ou autorização do juiz.

ENUNCIADO 105 – As hipóteses de penhora do art. 833, § 2º, do CPC aplicam-se ao cumprimento da sentença ou à execução de título extrajudicial relativo a honorários advocatícios, em razão de sua natureza alimentar.

ENUNCIADO 106 – Na expropriação, a apropriação de frutos e rendimentos poderá ser priorizada em relação à adjudicação, se não prejudicar o exequente e for mais favorável ao executado.

ENUNCIADO 107 – Não se aplica a suspensão do art. 982, I, do CPC ao cumprimento de sentença anteriormente transitada em julgado e que tenha decidido questão objeto de posterior incidente de resolução de demandas repetitivas.

ENUNCIADO 108 – A competência prevista nas alíneas do art. 53, I, do CPC não é de foros concorrentes, mas de foros subsidiários.

ENUNCIADO 109 – Na hipótese de cumulação alternativa, acolhido integralmente um dos pedidos, a sucumbência deve ser suportada pelo réu.

ENUNCIADO 110 – A instauração do incidente de desconsideração da personalidade jurídica não suspenderá a tramitação do processo de execução e do cumprimento de sentença em face dos executados originários.

ENUNCIADO 111 – O incidente de desconsideração da personalidade jurídica pode ser aplicado ao processo falimentar.

ENUNCIADO 112 – A intervenção do Ministério Público como fiscal da ordem jurídica não inviabiliza a celebração de negócios processuais.

ENUNCIADO 113 – As disposições previstas nos arts. 190 e 191 do CPC poderão ser aplicadas ao procedimento de recuperação judicial.

ENUNCIADO 114 – Os entes despersonalizados podem celebrar negócios jurídicos processuais.

ENUNCIADO 115 – O negócio jurídico processual somente se submeterá à homologação quando expressamente exigido em norma jurídica, admitindo-se, em todo caso, o controle de validade da convenção.

ENUNCIADO 116 – Aplica-se o art. 219 do CPC na contagem dos prazos processuais previstos na Lei n. 6.830/1980.

ENUNCIADO 117 – O art. 356 do CPC pode ser aplicado nos julgamentos dos tribunais.

ENUNCIADO 118 – É cabível a fixação de honorários advocatícios na ação de produção antecipada de provas na hipótese de resistência da parte requerida na produção da prova.

PROCESSO DE CONHECIMENTO

ENUNCIADO 119 – É admissível o ajuizamento de ação de exibição de documentos, de forma autônoma, inclusive pelo procedimento comum do CPC (art. 318 e seguintes).

ENUNCIADO 120 – Deve o juiz determinar a emenda também na reconvenção, possibilitando ao reconvinte, a fim de evitar a sua rejeição prematura, corrigir defeitos e/ou irregularidades.

ENUNCIADO 121 – Não cabe aplicar multa a quem, comparecendo à audiência do art. 334 do CPC, apenas manifesta desinteresse na realização de acordo, salvo se a sessão foi designada unicamente por requerimento seu e não houver justificativa para a alteração de posição.

ENUNCIADO 122 – O prazo de contestação é contado a partir do primeiro dia útil seguinte à realização da audiência de conciliação ou mediação, ou da última sessão de conciliação ou mediação, na hipótese de incidência do art. 335, inc. I, do CPC.

ENUNCIADO 123 – Aplica-se o art. 339 do CPC à autoridade coatora indicada na inicial do mandado de segurança e à pessoa jurídica que compõe o polo passivo.

ENUNCIADO 124 – Não há preclusão consumativa do direito de apresentar contestação, se o réu se manifesta, antes da data da audiência de conciliação ou de mediação, quanto à incompetência do juízo.

ENUNCIADO 125 – A decisão parcial de mérito não pode ser modificada senão em decorrência do recurso que a impugna.

ENUNCIADO 126 – O juiz pode resolver parcialmente o mérito, em relação à matéria não afetada para julgamento, nos processos suspensos em razão de recursos repetitivos, repercussão geral, incidente de resolução de demandas repetitivas ou incidente de assunção de competência.

ENUNCIADO 127 – O juiz pode homologar parcialmente a delimitação consensual das questões de fato e de direito, após consulta às partes, na forma do art. 10 do CPC.

ENUNCIADO 128 – Exceto quando reconhecida sua nulidade, a convenção das partes sobre o ônus da prova afasta a redistribuição por parte do juiz.

ENUNCIADO 129 – É admitida a exibição de documentos como objeto de produção antecipada de prova, nos termos do art. 381 do CPC.

ENUNCIADO 130 – É possível a estabilização de tutela antecipada antecedente em face da Fazenda Pública.

ENUNCIADO 131 – A remissão ao art. 672, feita no art. 664, § 4º, do CPC, consiste em erro material decorrente da renumeração de artigos durante a tramitação legislativa. A referência deve ser compreendida como sendo ao art. 662, norma que possui conteúdo integrativo adequado ao comando expresso e finalístico do art. 664, § 4º.

ENUNCIADO 132 – O prazo para apresentação de embargos de terceiro tem natureza processual e deve ser contado em dias úteis.

ENUNCIADO 133 – É admissível a formulação de reconvenção em resposta aos embargos de terceiro, inclusive para o propósito de veicular pedido típico de ação pauliana, nas hipóteses de fraude contra credores.

ENUNCIADO 134 – A apelação contra a sentença que julga improcedentes os embargos ao mandado monitório não é dotada de efeito suspensivo automático (art. 702, § 4º, e 1.012, § 1º, V, CPC).

RECURSOS E PRECEDENTES JUDICIAIS

ENUNCIADO 135 – É admissível a concessão de tutela da evidência fundada em tese firmada em incidente de assunção de competência.

ENUNCIADO 136 – A caução exigível em cumprimento provisório de sentença poderá ser dispensada se o julgado a ser cumprido estiver em consonância com tese firmada em incidente de assunção de competência.

ENUNCIADO 137 – Se o recurso do qual se originou a decisão embargada comportou a aplicação da técnica do art. 942 do CPC, os declaratórios eventualmente opostos serão julgados com a composição ampliada.

ENUNCIADO 138 – É cabível reclamação contra acórdão que aplicou indevidamente tese jurídica firmada em acórdão proferido em julgamento de recursos extraordinário ou especial repetitivos, após o esgotamento das instâncias ordinárias, por analogia ao quanto previsto no art. 988, § 4º, do CPC.

ENUNCIADO 139 – A ausência de retratação do órgão julgador, na hipótese prevista no art. 1030, II, do CPC, dispensa a ratificação expressa para que haja o juízo de admissibilidade e a eventual remessa do recurso extraordinário ou especial ao tribunal superior competente, na forma dos arts. 1.030, V, "c", e 1.041 do CPC.

ENUNCIADO 140 – A suspensão de processos pendentes, individuais ou coletivos, que tramitam no Estado ou na região prevista no art. 982, I, do CPC não é decorrência automática e necessária da admissão do IRDR, competindo ao relator ou ao colegiado decidir acerca da sua conveniência.

ENUNCIADO 141 – É possível a conversão de Incidente de Assunção de Competência em Incidente de Resolução de Demandas

Repetitivas, se demonstrada a efetiva repetição de processos em que se discute a mesma questão de direito.

ENUNCIADO 142 – Determinada a suspensão decorrente da admissão do IRDR (art. 982, I), a alegação de distinção entre a questão jurídica versada em uma demanda em curso e aquela a ser julgada no incidente será veiculada por meio do requerimento previsto no art. 1.037, §10.

ENUNCIADO 143 – O pedido de revisão da tese jurídica firmada no incidente de resolução de demandas repetitivas pode ser feita pelas partes, nos termos do art. 977, II, do CPC/2015.

ENUNCIADO 144 – No caso de apelação, o deferimento de tutela provisória em sentença retira-lhe o efeito suspensivo referente ao capítulo atingido pela tutela.

ENUNCIADO 145 – O recurso cabível contra a decisão que julga a liquidação de sentença é o Agravo de Instrumento.

EXECUÇÃO E CUMPRIMENTO DE SENTENÇA

ENUNCIADO 146 – O prazo de 3 (três) dias previsto pelo art. 528 do CPC conta-se em dias úteis e na forma dos incisos do art. 231 do CPC, não se aplicando seu § 3º.

ENUNCIADO 147 – Basta o inadimplemento de uma parcela, no todo ou em parte, para decretação da prisão civil prevista no art. 528, § 7º, do CPC.

ENUNCIADO 148 – A reiteração pelo exequente ou executado de matérias já preclusas pode ensejar a aplicação de multa por conduta contrária à boa-fé.

ENUNCIADO 149 – A falta de averbação da pendência de processo ou da existência de hipoteca judiciária ou de constrição judicial sobre bem no registro de imóveis não impede que o exequente comprove a má-fé do terceiro que tenha adquirido a propriedade ou qualquer outro direito real sobre o bem.

ENUNCIADO 150 – Aplicam-se ao direito de laje os arts. 791, 804 e 889, III, do CPC.

ENUNCIADO 151 – O legitimado pode remir a execução até a lavratura do auto de adjudicação ou de alienação (CPC, art. 826).

ENUNCIADO 152 – O pacto de impenhorabilidade (arts. 190, 200 e 833, I) produz efeitos entre as partes, não alcançando terceiros.

ENUNCIADO 153 – A penhorabilidade dos bens, observados os critérios do art. 190 do CPC, pode ser objeto de convenção processual das partes.

ENUNCIADO 154 – O exequente deve providenciar a intimação do coproprietário no caso da penhora de bem indivisível ou de direito real sobre bem indivisível.

ENUNCIADO 155 – A penhora a que alude o art. 860 do CPC poderá recair sobre direito litigioso ainda não reconhecido por decisão transitada em julgado.

ENUNCIADO 156 – O decurso de tempo entre a avaliação do bem penhorado e a sua alienação não importa, por si só, nova avaliação, a qual deve ser realizada se houver, nos autos, indícios de que houve majoração ou diminuição no valor.

ENUNCIADO 157 – No leilão eletrônico, a proposta de pagamento parcelado (art. 895 do CPC), observado o valor mínimo fixado pelo juiz, deverá ser apresentada até o início do leilão, nos termos do art. 886, IV, do CPC.

ENUNCIADO 158 – A sentença de rejeição dos embargos à execução opostos pela Fazenda Pública não está sujeita à remessa necessária.

ENUNCIADOS APROVADOS NA PLENÁRIA – 07/08/2020

1. A autorização para apresentação de projetos, levantamentos, investigações ou estudos no âmbito do Procedimento de Manifestação de Interesse, quando concedida mediante restrição ao número de participantes, deve se dar por meio de seleção imparcial dos interessados, com ampla publicidade e critérios objetivos.

2. O administrador público está autorizado por lei a valer-se do desforço imediato sem necessidade de autorização judicial, solicitando, se necessário, força policial, contanto que o faça preventivamente ou logo após a invasão ou ocupação de imóvel público de uso especial, comum ou dominical, e não vá além do indispensável à manutenção ou restituição da posse (art. 37 da Constituição Federal; art. 1.210, §1º, do Código Civil; art. 79, § 2º, do Decreto-Lei n. 9.760/1946; e art. 11 da Lei n. 9.636/1998).

3. Não constitui ofensa ao artigo 9º do Decreto-Lei n. 3.365/1941 o exame por parte do Poder Judiciário, no curso do processo de desapropriação, da regularidade do processo administrativo de desapropriação e da presença dos elementos de validade do ato de declaração de utilidade pública.

4. O ato declaratório da desapropriação, por utilidade ou necessidade pública, ou por interesse social, deve ser motivado de maneira explícita, clara e congruente, não sendo suficiente a mera referência à hipótese legal.

5. O conceito de dirigentes de organização da sociedade civil estabelecido no artigo 2º, inciso IV, da Lei Federal n. 13.019/2014 contempla profissionais com a atuação efetiva na gestão executiva da entidade, por meio do exercício de funções de administração, gestão, controle e representação da pessoa jurídica, e, por isso, não se estende aos membros de órgãos colegiados não executivos, independentemente da nomenclatura adotada pelo estatuto social.

6. O atraso superior a 90 (noventa) dias dos pagamentos devidos pela Administração Pública autoriza o contratado a suspender o cumprimento de suas obrigações até que seja normalizada a situação, mesmo sem provimento jurisdicional.

7. Configura ato de improbidade administrativa a conduta do agente público que, em atuação legislativa lato sensu, recebe vantagem econômica indevida.

8. O exercício da função social das empresas estatais é condicionado ao atendimento da sua finalidade pública específica e deve levar em conta os padrões de eficiência exigidos das sociedades empresárias atuantes no mercado, conforme delimitações e orientações dos §§1º a 3º do art. 27 da Lei 13.303/2016.

9. Em respeito ao princípio da autonomia federativa (art. 18 da CF), a vedação ao acúmulo dos títulos de OSCIP e OS prevista no art. 2º, inc. IX, c/c art. 18, §§ 1º e 2º, da Lei n. 9.790/1999 apenas se refere à esfera federal, não abrangendo a qualificação como OS nos Estados, no Distrito Federal e nos Municípios.

10. Em contratos administrativos decorrentes de licitações regidas pela Lei n. 8.666/1993, é facultado à Administração Pública propor aditivo para alterar a cláusula de resolução de conflitos entre as partes, incluindo métodos alternativos ao Poder Judiciário como Mediação, Arbitragem e Dispute Board.

▸ Lei 14.133/2021 (Nova Lei de Licitações)

11. O contrato de desempenho previsto na Lei 13.934/2019, quando celebrado entre órgãos que mantêm entre si relação hierárquica, significa a suspensão da hierarquia administrativa, por autovinculação do órgão superior, em relação ao objeto acordado, para substituí-la por uma regulação contratual, nos termos do art. 3º da referida Lei.

12. A decisão administrativa robótica deve ser suficientemente motivada, sendo a sua opacidade motivo de invalidação.

13. As empresas estatais são organizações públicas pela sua finalidade, portanto, submetem-se à aplicabilidade da Lei 12.527/2011 "Lei de Acesso à Informação", de acordo com o artigo 1º, parágrafo único, inciso II, não cabendo a decretos e outras normas infralegais estabelecer outras restrições de acesso a informações não previstas na Lei.

14. A demonstração da existência de relevante interesse coletivo ou de imperativo de segurança nacional, descrita no parágrafo 1º do art. 2º da Lei 13.303/2016, será atendida por meio do envio ao órgão legislativo competente de estudos/documentos (anexos à exposição de motivos) com dados objetivos que justifiquem a decisão pela criação de empresa pública ou de sociedade de economia mista cujo objeto é a exploração de atividade econômica.

15. A administração pública promoverá a publicidade das arbitragens da qual seja parte, nos termos da Lei de Acesso à Informação.

16. As hipóteses de remoção de servidor público a pedido, independentemente do interesse da Administração, fixadas no art. 36, parágrafo único, III, da Lei 8.112/1990 são taxativas. Por esse motivo, a autoridade que indefere a remoção quando não presentes os requisitos da lei não pratica ato ilegal ou abusivo.

17. Os contratos celebrados pelas empresas estatais, regidos pela Lei n. 13.303/16, não possuem aplicação subsidiária da Lei n. 8.666/93. Em casos de lacuna contratual, aplicam-se as disposições daquela Lei e as regras e os princípios de direito privado.

▸ Lei 14.133/2021 (Nova Lei de Licitações)

18. A ausência de previsão editalícia não afasta a possibilidade de celebração de compromisso arbitral em conflitos oriundos de contratos administrativos.

19. As controvérsias acerca de equilíbrio econômico-financeiro dos contratos administrativos integram a categoria das relativas a direitos patrimoniais disponíveis, para cuja solução se admitem meios extrajudiciais adequados de prevenção e resolução de controvérsias, notadamente a conciliação, a mediação, o comitê de resolução de disputas e a arbitragem.

20. O exercício da autotutela administrativa, para o desfazimento do ato administrativo que produza efeitos concretos favoráveis aos seus destinatários, está condicionado à prévia intimação e oportunidade de contraditório aos beneficiários do ato.

21. A conduta de apresentação de documentos falsos ou adulterados por pessoa jurídica em processo licitatório configura o ato lesivo previsto no art. 5º, IV, "d", da Lei n. 12.846/2013, independentemente de essa sagrar-se vencedora no certame ou ter a continuidade da sua participação obstada nesse.

22. A participação de empresa estatal no capital de empresa privada que não integra a Administração Pública enquadra-se dentre as hipóteses de "oportunidades de negócio" prevista no art. 28, § 4º, da Lei 13.303/2016, devendo a decisão pela referida participação observar os ditames legais e os regulamentos editados pela empresa estatal a respeito desta possibilidade.

23. O art. 9º, II, c/c art. 10 da Lei 8.112 estabelece a nomeação de servidor em comissão para cargos de confiança vagos. A existência de processo seletivo por competências para escolha de servidor para cargos de confiança vagos não equipara as regras deste processo seletivo às de concurso público, e nem o regime jurídico de servidor em comissão ao de servidor em caráter efetivo, quando se tratar de cargo isolado de provimento efetivo ou de carreira.

24. Viola a legalidade o regulamento interno de licitações e contratos editado por empresa estatal de qualquer ente da federação que estabelece prazo inferior ao previsto no artigo 83, § 2º, da Lei Federal nº 13.303/2016, referente à apresentação de defesa prévia no âmbito de processo administrativo sancionador.

25. A ausência de tutela a que se refere o art. 3º, caput, da Lei 13.848/2019 impede a interposição de recurso hierárquico impróprio contra decisões finais proferidas pela diretoria colegiada das agências reguladoras, ressalvados os casos de previsão legal expressa e assegurada, em todo caso, a apreciação judicial, em atenção ao disposto no art. 5º, XXXV, da Constituição Federal.

26. A Lei n. 10.520/2002 define o bem ou serviço comum baseada em critérios eminentemente mercadológicos, de modo que a complexidade técnica ou a natureza intelectual do bem ou serviço não impede a aplicação do pregão se o mercado possui definições usualmente praticadas em relação ao objeto da licitação.

▸ Lei 14.133/2021 (Nova Lei de Licitações)

27. A contratação para celebração de oportunidade de negócios, conforme prevista pelo art. 28, § 3º, II, e § 4º da Lei n. 13.303/2016 deverá ser avaliada de acordo com as práticas do setor de atuação da empresa estatal. A menção à inviabilidade de competição para concretização da oportunidade de negócios deve ser entendida como impossibilidade de comparação objetiva, no caso das propostas de parceria e de reestruturação societária e como desnecessidade de procedimento competitivo, quando a oportunidade puder ser ofertada a todos os interessados.

28. Na fase interna da licitação para concessões e parcerias público- privadas, o Poder Concedente deverá indicar as razões que o levaram a alocar o risco no concessionário ou no Poder Concedente, tendo como diretriz a melhor capacidade da parte para gerenciá-lo.

29. A Administração Pública pode promover comunicações formais com potenciais interessados durante a fase de planejamento das contratações públicas para a obtenção de informações técnicas e comerciais relevantes à definição do objeto e elaboração do projeto básico ou termo de referência, sendo que este diálogo público- privado deve ser registrado no processo administrativo e não impede o particular colaborador de participar em eventual licitação pública, ou mesmo de celebrar o respectivo contrato, tampouco lhe confere a autoria do projeto básico ou termo de referência.

30. A "inviabilidade de procedimento competitivo" prevista no art. 28, § 3º, inc. II, da Lei 13.303/2016 não significa que, para a configuração de uma oportunidade de negócio, somente poderá haver apenas um interessado em estabelecer uma parceria com a empresa estatal. É possível que, mesmo diante de mais de um interessado, esteja configurada a inviabilidade de procedimento competitivo.

31. A avaliação do bem expropriado deve levar em conta as condições mercadológicas existentes à época da efetiva perda da posse do bem.

32. É possível a contratação de seguro de responsabilidade civil aos administradores de empresas estatais, na forma do artigo 17, §1º, da Lei Federal n. 13.303/2016, a qual não abrangerá a prática de atos fraudulentos de favorecimento pessoal ou práticas dolosas lesivas à companhia e ao mercado de capitais.

33. O prazo processual, no âmbito do processo administrativo, deverá ser contado em dias corridos mesmo com a vigência dos arts. 15 e 219 do CPC, salvo se existir norma específica estabelecendo essa forma de contagem.

34. Nos contratos de concessão e PPP, o reajuste contratual para reposição do valor da moeda no tempo é automático e deve ser aplicado independentemente de alegações do Poder Público sobre descumprimentos contratuais ou desequilíbrio econômico-financeiro do contrato, os quais devem ser apurados em processos administrativos próprios para este fim, nos quais garantir-se-ão ao parceiro privado os direitos ao contraditório e à ampla defesa.

35. Cabe mandado de segurança para pleitear que seja obedecida a ordem cronológica para pagamentos em relação a crédito já reconhecido e atestado pela Administração, de acordo com o art. 5º, caput, da Lei n. 8.666/1993.

▸ Lei 14.133/2021 (Nova Lei de Licitações)

36. A responsabilidade solidária das empresas consorciadas pelos atos praticados na licitação e na execução do contrato, de que trata o inciso V do artigo 33 da Lei n. 8.666/1993, refere-se à responsabilidade civil, não se estendendo às penalidades administrativas.

▸ Lei 14.133/2021 (Nova Lei de Licitações)

37. A estabilidade do servidor titular de cargo público efetivo depende da reunião de dois requisitos cumulativos: (i) o efetivo desempenho das atribuições do cargo pelo período de 3 (três) anos; e (ii) a confirmação do servidor no serviço mediante aprovação pela comissão de avaliação responsável (art. 41, caput e §4.º, da CRFB c/c arts. 20 a 22 da Lei n. 8.112/1990). Assim, não há estabilização automática em virtude do tempo, sendo o resultado positivo em avaliação especial de desempenho uma condição indispensável para a aquisição da estabilidade.

38. A realização de Análise de Impacto Regulatório (AIR) por órgãos e entidades da administração pública federal deve contemplar a alternativa de não regulação estatal ou desregulação, conforme o caso.

39. A indicação e a aceitação de árbitros pela Administração Pública não dependem de seleção pública formal, como concurso ou licitação, mas devem ser objeto de fundamentação prévia e por escrito, considerando os elementos relevantes.

40. Nas ações indenizatórias ajuizadas contra a Fazenda Pública aplica- se o prazo prescricional quinquenal previsto no Decreto nº 20.910/1932 (art. 1º), em detrimento do prazo trienal estabelecido no Código Civil de 2002 (art. 206, § 3º, V), por se tratar de norma especial que prevalece sobre a geral.

I JORNADA DE DIREITO E PROCESSO PENAL

ENUNCIADOS APROVADOS NA PLENÁRIA – 14/08/2020

1. A norma puramente processual tem eficácia a partir da data de sua vigência, conservando-se os efeitos dos atos já praticados. Entende-se por norma puramente processual aquela que regulamente procedimento sem interferir na pretensão punitiva do Estado. A norma procedimental que modifica a pretensão punitiva do Estado deve ser considerada norma de direito material, que pode retroagir se for mais benéfica ao acusado.

2. Para a aplicação do artigo 40, inciso VI, da Lei n. 11.343/2006, é necessária a prova de que a criança ou adolescente atua ou é utilizada, de qualquer forma, para a prática do crime, ou figura como vítima, não sendo a mera presença da criança ou adolescente no contexto delitivo causa suficiente para a incidência da majorante.

3. A inexistência de confissão do investigado antes da formação da *opinio delicti* do Ministério Público não pode ser interpretada como desinteresse em entabular eventual acordo de não persecução penal.

4. A ausência de falta grave nos últimos 12 (doze) meses como requisito à obtenção do livramento condicional (art. 83, III, "b" do CP) aplica-se apenas às infrações penais praticadas a partir de 23/01/2020, quando entrou em vigor a Lei 13.964/2019.

5. É prescindível a decisão final sobre a prática de falta grave para obstar o livramento condicional com base no art. 83, III, "b" do CP.

6. É possível aditar a denúncia para requerer a perda de bens cujo conhecimento se der após iniciada a ação penal, caso em que, recebido o aditamento, deverão ser ouvidos os interessados e propiciada a dilação probatória.

7. Não fica caracterizado o crime do inciso IV do § 1º do artigo 33 da Lei 11.343/2006, incluído pela Lei Anticrime, quando o policial disfarçado provoca, induz, estimula ou incita alguém a vender ou a entregar drogas ou matéria-prima, insumo ou produto químico destinado à sua preparação (flagrante preparado), sob pena de violação do art. 17 do Código Penal e da Súmula 145 do Supremo Tribunal Federal.

8. Nos casos de Estelionato (art. 171, CP) cometido por meio virtual, a competência para processo e julgamento da ação será do local da agência bancária da conta depositária, se a vítima realizou depósito bancário em dinheiro, ou o local da agência bancária da vítima, se ela realizou transferência bancária (TED).

9. Para a decretação da Prisão Temporária é necessária a aplicação cumulativa do inc. III com o inc. I do artigo 1º da Lei n. 7.960/1989.

10. A decretação ou a manutenção da prisão preventiva, para a garantia da ordem pública, pode ser fundamentada com base no risco de reiteração delitiva do agente em crimes com gravidade concreta, justificada por meio da existência de processos criminais em andamento.

11. O pronunciamento jurisdicional do art.396 do CPP, que recebe a denúncia, tem natureza jurídica de decisão interlocutória, portanto necessita de fundamentação, conforme art.93, IX, da CF.

12. O requisito previsto no art. 83, III, b, do Código Penal, consistente em o agente não ter cometido falta grave nos últimos 12 (doze) meses, poderá ser valorado, com base no caso concreto, para fins de concessão de livramento condicional quanto a fatos ocorridos antes da entrada em vigor da Lei 13.964/2019, sendo interpretado como comportamento insatisfatório durante a execução da pena.

13. O princípio da legalidade impõe que se observe, quando da soma das penas, o cálculo diferenciado para fins de progressão de regime.

14. Em caso de hipossuficiência, o não pagamento da fiança não pode ser motivo legítimo a impedir a concessão da liberdade provisória.

15. Para fins de aplicação do art. 91-A do Código Penal, cabe ao Ministério Público, e não à Defesa, a comprovação de incompatibilidade entre o patrimônio e os rendimentos lícitos do réu.

16. O rol trazido pelo artigo 50 da Lei de Execução Penal é taxativo, não comportando interpretação extensiva ou equiparação analógica.

17. Na observância dos pressupostos e requisitos à segregação cautelar, é incabível a decretação da prisão preventiva pelo crime de receptação exclusivamente em razão da suposta conduta ter ocorrido em área de fronteira.

18. Na execução penal, o não pagamento da multa pecuniária ou a ausência do seu parcelamento não impedem a progressão de regime, desde que os demais requisitos a tanto estejam preenchidos e que se demonstre a impossibilidade econômica de o apenado adimpli-la.

19. Cabe ao Tribunal no qual se encontra tramitando o feito em grau de recurso a reavaliação periódica da situação prisional do acusado, em atenção ao parágrafo único do art. 316 do CPP, mesmo que a ordem de prisão tenha sido decretada pelo Magistrado de primeiro grau.

20. É possível, em situações excepcionais, a aplicação da prisão domiciliar humanitária, prevista no art. 117 da Lei nº 7.210/1984, também aos condenados em cumprimento de regime fechado e semiaberto.

21. A decisão do Procedimento Administrativo Disciplinar (PAD) que avalia a falta disciplinar sujeita-se a posterior análise e decisão judicial, podendo ser novamente examinadas as questões de fato e de direito, bem como o magistrado proferir nova decisão, para reconhecimento ou não da referida falta.

22. As restrições previstas no § 16 do art. 4º da Lei n. 12.850/2013, com a redação dada pela Lei n. 13.964/2019, aplicam-se também aos processos penais para os quais a colaboração premiada foi trasladada como prova emprestada.

23. O crime de gestão temerária de instituição financeira exige a demonstração da violação das regras e parâmetros objetivos de gerenciamento de riscos e limites operacionais na administração, intermediação e aplicação de recursos de terceiros, instituídos pelas autoridades de regulação do sistema financeiro nacional.

24. Nos crimes submetidos à jurisdição brasileira, os provedores de conexão e de aplicações de internet que prestam serviços no Brasil devem fornecer o conteúdo de comunicações armazenadas em seu poder, não lhes sendo lícito, sob pena de sanções processuais, invocar legislação estrangeira para eximir-se do dever de cumprir a decisão judicial.

25. As obrigações pecuniárias (pena de multa, custas processuais e obrigação de reparar os danos) advindas da sentença penal condenatória recorrível, não podem ser executadas antes do trânsito em julgado.

26. A escusa absolutória do artigo 181, inciso II, do Código Penal abrange também a paternidade e filiação socioafetivas.

27. São imprescritíveis e insuscetíveis de anistia, graça ou indulto crimes que caracterizem graves violações de direitos humanos, praticados por agentes públicos ou particulares, diante da Convenção Americana de Direitos Humanos e da pacífica jurisprudência da Corte Interamericana de Direitos Humanos, de observância obrigatória por todos os órgãos e poderes do Estado brasileiro.

28. Recomenda-se a realização de práticas restaurativas nos acordos de não persecução penal, observada a principiologia das Resoluções n. 225 do CNJ e 118/2014 do CNMP.

29. A responsabilidade a título de omissão imprópria deve observar a assunção fática e real de competências que fundamentam a posição de garantidor.

30. Excepcionalmente e de forma fundamentada, nos casos em que se faça inviável a realização presencial do ato, é possível a realização de audiência de custódia por sistema de videoconferência.

31. A decisão de revisão periódica da prisão preventiva deve analisar de modo motivado, ainda que sucinto, se as razões que a fundamentaram se mantêm e se não há excesso de prazo, sendo vedada a mera alusão genérica à não alteração do quadro fático.

32. A proposta de acordo de não persecução penal representa um poder-dever do Ministério Público, com exclusividade, desde que cumpridos os requisitos do art. 28-A do CPP, cuja recusa deve ser fundamentada, para propiciar o controle previsto no §14 do mesmo artigo.

SÚMULAS DO EXTINTO TRIBUNAL FEDERAL DE RECURSOS – TFR

1. Ao servidor que se integrar, pelas chamadas clientelas originária ou secundária, no plano de classificação de cargos, é vedado concorrer, pela denominada clientela geral, à inclusão em outra categoria funcional. (*D.J.* 17.2.1979)

2. Nos termos do art. 3º do Decreto-lei 730/1969, pode a Comissão Executiva do Conselho de Política Aduaneira estabelecer preço de referência e baixar a respectiva resolução. (*D.J.* de 15.9.1977)

3. Não se aplica à admissão de pessoal pelo Banco Central do Brasil a norma do art. 1º da Lei 6.334/1976, que fixa em 50 anos o limite de idade para inscrição em concursos. (*D.J.* 24.11.1977)

4. É compatível com o artigo 19 do Código Tributário Nacional a disposição do artigo 23 do Decreto-lei 37/1966, de 1966. (*D.J.* 25.8.1978)

5. A multa prevista no art. 60, item I, da Lei 3.244, de 1957, na redação do art. 169 do Decreto-lei 37, de 1966, não se aplica ao caso de embarque da mercadoria no exterior após o vencimento do prazo de validade da respectiva guia de importação. (*D.J.* 11.9.1978)

6. A multa prevista no art. 60, item I, da Lei 3.244, de 1957, na redação do art. 169 do Decreto-lei 37, de 1966, não se aplica ao caso de embarque da mercadoria no exterior antes de emitida a guia de importação mas chegada ao território nacional depois da expedição do referido documento. (*D.J.* 11.9.1978)

7. O artigo 51 do Código de Propriedade Industrial (Lei 5.772, de 21.12.1971) também se aplica aos pedidos de privilégio. (*D.J.* 7.12.1978)

8. Não constitui obstáculo à concessão da dupla aposentadoria de que trata a Lei 2.752/1956, art. 1º e parágrafo único, em favor de ferroviário da estrada de ferro Central do Brasil, o fato de deter a condição de extranumerário da União Federal a data da autarquização da referida estrada, e nessa situação ter sido posto a sua disposição, nela obtendo modificações e melhorias funcionais. (*D.J* 13.3.1980)

9. O aumento de 30% (trinta por cento) do Decreto-lei 1.348, de 1974, no que respeita aos funcionários aposentados anteriormente à implantação do plano de classificação de cargos, incide sobre a totalidade dos respectivos proventos. (*D.J.* 18.6.1979)

10. Considera-se como termo inicial dos prazos do art. 24 da Lei 5.772, de 21 de dezembro de 1971 (Código de Propriedade Industrial), para os depósitos anteriores a essa Lei, a data de sua vigência. (*D.J.* 26.11.1979)

11. Nas readaptações de que tratam as Leis 3.780, de 1960, e 4.242, de 1963, não é exigível a prova de suficiência do artigo 5º do Decreto-lei 625, de 1969. (*D.J.* 7.12.1979)

12. A regra do § 1º do art. 15, da Lei 4.862, de 1965, somente se refere a decisões proferidas na instância administrativa. (*D.J.* 7.12.1979)

13. A Justiça Federal é competente para o processo e julgamento da ação de usucapião, desde que o bem usucapiendo confronte com imóvel da União, autarquias ou empresas públicas federais. (*D.J.* 7.12.1979)

14. O processo e julgamento de ação possessória relativa a terreno do domínio da União, autarquias e empresas públicas federais, somente são da competência da Justiça Federal, quando dela participar qualquer dessas entidades, como autora, ré, assistente ou opoente. (*D.J.* 7.12.1979)

15. Compete à Justiça Federal julgar mandado de segurança contra ato que diga respeito ao ensino superior, praticado por dirigente de estabelecimento particular. (*D.J.* 7.12.1979)

16. Compete à Justiça Estadual julgar mandado de segurança contra ato referente ao ensino de 1º e 2º graus e exames supletivos (Lei 5.692, de 1971), salvo se praticado por autoridade federal. (*D.J.* 7.12.1979)

17. A competência para homologar opção de servidor da União, autarquias e empresas públicas federais, pelo FGTS, é do juiz federal. (*D.J.* 7.12.1979)

18. O processo e julgamento das reclamações trabalhistas de que trata o art. 110 da Constituição competem ao Juiz Federal da Seção Judiciária onde o empregado prestar serviços (CLT, art. 651), embora o empregador tenha sede e foro noutra unidade da federação. (*D.J.* 7.12.1979)

19. Compete ao Tribunal Federal de Recursos julgar conflito de jurisdição entre Auditor Militar e Juiz de Direito dos Estados em que haja Tribunal Militar Estadual (CF, art. 192). (*D.J.* 7.12.1979)

20. Compete à Justiça Militar Estadual processar e julgar os integrantes das polícias militares estaduais nos crimes militares (CPM, art. 9º). (*D.J.* 7.12.1979)

21. Após a Emenda Constitucional 7, de 1977, a competência para o processo e julgamento das ações de indenização, por danos ocorridos em mercadorias, no transporte aéreo, é da Justiça Comum Estadual, ainda quando se discuta a aplicação da Convenção de Varsóvia relativamente ao limite da responsabilidade do transportador. (*D.J.* 20.8.1981)

22. Compete à Justiça Federal processar e julgar contravenções penais praticadas em detrimento de bens, serviços ou interesses da União, autarquias e empresas públicas federais. (*D.J.* 7.12.1979)

23. O juízo da execução criminal é o competente para a aplicação de lei nova mais benigna a fato julgado por sentença condenatória irrecorrível. (*D.J.* 24.11.1981)

24. A avaliação da indenização devida ao proprietário do solo, em razão de alvará de pesquisa mineral, é processada no juízo estadual da situação do imóvel. (*D.J.* 7.12.1979)

25. É aplicável a correção monetária, em razão da mora no pagamento de indenização decorrente de seguro obrigatório. (*D.J.* 7.12.1979)

26. As portarias da Sunab, que estabelecem tabelamento de preços, anteriores ao Decreto 75.730, de 14.5.1975, não são inválidas. (*D.J.* 13.3.1980)

27. É legítima a exigência do Adicional ao Frete para a Renovação da Marinha Mercante (AFRMM), em importação sob regime aduaneiro de *drawback*, realizada antes da vigência do Decreto-lei 1.626, de 1º de junho de 1978. (*D.J.* 29.1.1980)

28. *Súmula cancelada* – O preço de referência (Decreto-lei 1.111, de 1970, art. 2º) aplica-se também às importações, provenientes de países membros da ALALC. (*D.J.* 20.1.1980)

29. Os certificados de quitação e de regularidade não podem ser negados, enquanto pendente de decisão, na via administrativa, o débito levantado. (*D.J.* 13.8.1980)

30. Conexos os crimes praticados por policial militar e por civil, ou acusados estes como coautores pela mesma infração, compete à Justiça Militar Estadual processar e julgar o policial militar pelo crime militar (CPM, art. 9º) e a Justiças Comum, o civil. (*D.J.* 10.2.1982)

31. Compete à Justiça Estadual o processo e julgamento de crime de falsificação ou de uso de certificado de conclusão de curso de 1º e 2º graus, desde que não se refira a estabelecimento federal de ensino ou a falsidade não seja de assinatura de funcionário federal. (*D.J.* 29.1.1980)

32. Na execução por carta (CPC, art. 747 c/c art. 658), os embargos do devedor serão decididos no Juízo deprecante, salvo se versarem unicamente vícios ou defeitos da penhora, avaliação ou alienação dos bens. (*D.J.* 29.4.1980)

33. O Juízo deprecado, na execução por carta, é o competente para julgar os embargos de terceiro, salvo se o bem apreendido foi indicado pelo Juízo deprecante. (*D.J.* 29.4.1980)

34. O duplo grau de jurisdição (CPC, art. 475, II) é aplicável quando se trata de sentença proferida contra a União, o Estado e o Município, só incidindo, em relação as autarquias, quando estas forem sucumbentes na execução da dívida ativa (CPC, art. 475, III). (*D.J.* 29.4.1980)

35. Aos militares citados no art. 2º da Lei 3.067, de 1956 (Polícia Militar e Corpo de Bombeiros), aplicam-se os critérios de promoção previstos no art. 33, § 2º da Lei 2.370, de 1954. (*D.J.* 29.4.1980)

36. A promoção prevista no artigo 33, da Lei 2.370, de 1954, não se acumula com a do artigo 1º, da Lei 3.067, de 1956. (*D.J.* 14.8.1984)

37. A aplicação, ao militar inativo, de novo código de vencimentos, mais favorável, impede a percepção cumulativa de vantagens previstas no código anterior, a menos que haja expressa ressalva na lei nova. (*D.J.* 29.4.1980)

38. Os certificados de quitação e de regularidade de situação não podem ser negados, se o débito estiver garantido por penhora regular (CTN, art. 206). (*D.J.* 2.7.1980)

39. Não está sujeita ao Imposto de Renda a indenização recebida por pessoa jurídica em decorrência de desapropriação amigável ou judicial. (*D.J.* 10.7.1980)

40. A execução fiscal da Fazenda Pública Federal será proposta perante o Juiz de Direito da comarca do domicílio do devedor, desde que não seja ela sede de Vara da Justiça Federal. (*D.J.* 2.7.1980)

41. O direito do servidor inativo a revisão de proventos prevista no art. 10 e seus parágrafos do Decreto-lei 1.256, de 1973, só se integrou com a publicação do decreto de implantação do plano de classificação de cargos instituído pela Lei 5.645, de 1970, no órgão respectivo, e desde que tenha sido efetivada essa condicionante antes da revogação daqueles dispositivos pelo Decreto-lei 1.325, de 1974. (*D.J.* 2.7.1980)

42. Salvo convenção das partes, o processo expropriatório não se suspende por motivo de dúvida fundada sobre o domínio. (*D.J.* 18.6.1980)

43. O direito de crédito a que se refere o art. 36 do Ripi, Decreto 70.162, de 18.2.1972, restringe-se às máquinas, aparelhos e equipamentos produzidos no País, não se estendendo a mercadorias importadas, de idêntica natureza, provenientes de país signatário do Acordo Geral de Tarifas e Comércio (GATT). (*D.J.* 5.9.1980)

44. Ajuizada a execução fiscal anteriormente à falência, com penhora realizada antes desta, não ficam os bens penhorados sujeitos à arrecadação no juízo falimentar; proposta a execução fiscal contra a massa falida, a penhora far-se-á no rosto dos autos do processo da quebra, citando-se o síndico. (*D.J.* 14.10.1980)

45. As multas fiscais, sejam moratórias ou punitivas, estão sujeitas a correção monetária. (*D.J.* 14.10.1980)

46. Nos casos de devolução do depósito efetuado em garantia de instância e de repetição do indébito tributário, a correção monetária é calculada desde a data do depósito ou do pagamento indevido e incide até o efetivo recebimento da importância reclamada. (*D.J.* 14.10.1980)

47. Cancelado o débito fiscal, a correção monetária, relativa à restituição da importância depositada em garantia de instância, incide a partir da data da efetivação do depósito. (*D.J.* 14.10.1980)

48. Não cabem embargos infringentes a acórdão proferido em agravo de petição, em execução fiscal, após a vigência do Código de Processo Civil de 1973. (*D.J.* 14.10.1980)

49. Compete à Justiça Estadual processar e julgar as causas em que são partes instituições financeiras em regime de liquidação extrajudicial, salvo se a União Federal, suas entidades autárquicas e empresas públicas forem interessadas na condição de autoras, rés, assistentes ou opoentes. (*D.J.* 12.8.1981)

50. Tem direito, em tese, à aposentadoria pelo tesouro nacional o ferroviário da antiga "The Great Western of Brazil Railway Company Limited" que tenha nela ingressado antes da encampação, passando para a rede ferroviária federal na condição de servidor cedido. (*D.J.* 24.10.1980)

51. Compete à Justiça Estadual decidir pedido de brasileira naturalizada para adicionar patronímico de companheiro brasileiro nato. (*D.J.* 24.10.1980)

52. Compete à Justiça Federal o processo e julgamento unificado dos crimes conexos de competência federal e estadual, não se aplicando a regra do art. 78, II, *a*, do Código de Processo Penal. (*D.J.* 24.10.1980)

53. Compete à Justiça Estadual processar e julgar questões pertinentes ao Direito de Família, ainda que estas objetivem reivindicação de benefícios previdenciários. (*D.J.* 1.3.1983)

54. Compete à Justiça Estadual de primeira instância processar e julgar crimes de tráfico internacional de entorpecentes, quando praticado o delito em comarca que não seja sede de vara do Juízo Federal. (*D.J.* 1.3.1983)

55. Compete à Justiça Comum o julgamento de militar das Forças Armadas que, não se encontrando numa das situações previstas no artigo 9º do Código Penal Militar, praticar delito contra integrante da Polícia Militar em função policial civil. (*D.J.* 24.10.1980)

56. Faz jus à aposentadoria estatutária o ferroviário servidor da administração direta que haja optado pelo regime da CLT após implementar 35 (trinta e cinco) anos de serviço efetivo. (*D.J.* 5.5.1981)

57. É cabível a reversão da pensão previdenciária e daquela decorrente de ato ilícito aos demais beneficiários, em caso de morte do respectivo titular ou a sua perda por força de impedimento legal. (*D.J.* 24.10.1980)

58. Não é absoluta a competência definida no art. 96, do Código de Processo Civil, relativamente a abertura de inventário, ainda que existente interesse de menor, podendo a ação ser ajuizada em foro diverso do domicílio do inventariado. (*D.J.* 24.10.1980)

59. A autoridade fiscal de primeiro grau que expede a notificação para pagamento do tributo está legitimada passivamente para a ação de segurança, ainda que sobre a controvérsia haja decisão, em grau de recurso, de conselho de contribuintes. (*D.J.* 6.2.1981)

60. Compete à Justiça Federal decidir da admissibilidade de mandado de segurança impetrado contra atos de dirigentes de pessoas jurídicas privadas, ao argumento de estarem agindo por delegação do poder público federal. (*D.J.* 3.11.1980)

61. Para configurar a competência da Justiça Federal, e necessário que a União, entidade autárquica ou empresa pública federal, ao intervir como assistente, demonstre legítimo interesse jurídico no deslinde da demanda, não bastando a simples alegação de interesse na causa. (*D.J.* 17.11.1980)

62. Compete à Justiça Federal processar e julgar ação de desapropriação promovida por concessionária de energia elétrica, se a União intervém como assistente. (*D.J.* 6.2.1981)

63. A pensão de que trata o art. 242, da Lei 1.711, de 1952, não se confunde com a que decorre de filiação do falecido funcionário ao regime da Previdência Social (LOPS). É cabível sua cumulação, preenchidos os requisitos legais exigidos. (*D.J.* 17.11.1980)

64. A mulher que dispensou, no acordo de desquite, a prestação de alimentos, conserva, não obstante, o direito a pensão decorrente do óbito do marido, desde que comprovada a necessidade do benefício. (*D.J.* 17.12.1980)

65. Nas operações realizadas com a empresa *"Investors Overseas Services"*, e indevida a aplicação da multa aos investidores, cabendo a estes apenas o pagamento do Imposto do Selo. (*D.J.* 23.12.1980)

66. Compete à Justiça do Trabalho processar e julgar os litígios decorrentes das relações de trabalho entre os municípios de território federal e seus empregados. (*D.J.* 17.12.1980)

67. Compete à Justiça Federal processar e julgar os litígios decorrentes das relações de trabalho entre os territórios federais e seus empregados. (*D.J.* 17.12.1980)

68. A correção monetária não incide nas aquisições de unidades residenciais do INPS, quando a opção de compra tiver sido anterior a vigência do Decreto-lei 19, de 1966, sendo irrelevantes, em face da Lei 5.049, de 1966, o valor ou a área do imóvel. (*D.J.* 17.12.1980)

69. Incumbe ao expropriante pagar o salário do assistente técnico do expropriado. (*D.J.* 23.12.1980)

70. Os juros moratórios, na desapropriação, fluem a partir do trânsito em julgado da sentença que fixa a indenização. (*D.J.* 23.12.1980)

71. A correção monetária incide sobre as prestações de benefícios previdenciários em atraso, observado o critério do salário mínimo vigente na época da liquidação da obrigação. (*D.J.* 6.3.1981)

72. *SÚMULA CANCELADA* – Compete à Justiça do Trabalho processar e julgar os litígios decorrentes das relações de trabalho entre as fundações instituídas por lei federal e seus empregados. (*D.J.* 6.3.1981)

73. Não cabe exigir dos Municípios o certificado de quitação, ou de regularidade de situação. (*D.J.* 19.3.1981)

74. Os juros compensatórios, na desapropriação, incidem a partir da imissão na posse e são calculados, até a data do laudo, sobre o valor simples da indenização e, desde então, sobre referido valor corrigido monetariamente. (*D.J.* 19.3.1981)

75. Na desapropriação, a correção monetária prevista no § 2º do art. 26 do Decreto-lei 3.365, de 1941, incide a partir da data do laudo de avaliação, observando-se a Lei 5.670, de 1971. (*D.J.* 19.3.1981)

76. Em tema de Imposto de Renda, a desclassificação da escrita somente se legitima na ausência de elementos concretos que permitam a apuração do lucro real da empresa, não a justificando simples atraso na escrita. (*D.J.* 19.3.1981)

77. Cabem embargos infringentes a acórdão não unânime proferido em remessa *ex officio* (Código de Processo Civil, art. 475). (*D.J.* 7.4.1981)

78. Proposta a ação no prazo fixado para o seu exercício, a demora na citação, por motivos inerentes ao mecanismo da Justiça, não justifica o acolhimento da arguição de prescrição. (*D.J.* 7.4.1981)

79. Não incide a contribuição previdenciária sobre a quantia paga a título de indenização de aviso prévio. (*D.J.* 24.4.1981)

80. É legítima a cobrança da taxa de despacho aduaneiro de empresa de energia elétrica no período compreendido entre a vigência do Decreto-lei 37, de 1966, e a data da extinção do tributo. (*D.J.* 12.5.1981)

81. Mármores e granitos afeiçoados ao emprego final, mediante processo de industrialização, estão sujeitos ao Imposto sobre Produtos Industrializados. (*D.J.* 12.5.1981)

82. Compete à Justiça do Trabalho processar e julgar as reclamações pertinentes ao cadastramento no Plano de Integração Social (PIS) ou indenização compensatória pela falta deste, desde que não envolvam relações de trabalho dos servidores da União, suas autarquias e empresas públicas. (*D.J.* 19.5.1981)

83. Compete à Justiça Federal processar e julgar reclamação trabalhista movida contra representação diplomática de país estrangeiro, inclusive para decidir sobre a preliminar de imunidade de jurisdição. (*D.J.* 17.6.1981)

84. A aposentadoria assegurada no art. 197, letra *c*, da Constituição Federal, aos ex-combatentes, submete-se, quanto ao cálculo dos proventos, aos critérios da legislação previdenciária, ressalvada a situação daqueles que, na vigência da Lei 4.297, de 1963, preencheram as condições nela previstas. (*D.J.* 17.6.1981)

85. A contribuição previdenciária da empresa, por serviços prestados pelo trabalhador autônomo, passou a ser devida a partir da vigência do Decreto-lei 959, de 13.10.1969. (*D.J.* 12.8.1981)

86. Estendem-se as empresas de construção civil, que tenham aderido ao programa de contenção de preços, os favores fiscais constantes do art. 35, § 2º, da Lei 4.862, de 1965. (*D.J.* 12.8.1981)

87. Compete à Justiça Comum Estadual o processo e julgamento da ação de cobrança de contribuições sindicais. (*D.J.* 12.8.1981)

88. Compete à Justiça do Trabalho o processo e julgamento de reclamação ajuizada contra a Rede Ferroviária Federal S.A. por servidor cedido pela União Federal. (*D.J.* 27.8.1981)

89. Compete à Junta de Conciliação e Julgamento, sediada em comarca do interior, cumprir carta precatória expedida por juiz federal, em matéria trabalhista. (*D.J.* 27.8.1981)

90. O servidor estatutário que optou pelo regime celetista, na forma da Lei 6.184, de 1974, e assegurado o direito a gratificação adicional por tempo de serviço correspondente aos períodos anteriores a opção. (*D.J.* 10.2.1982)

91. O reajuste do abono de permanência, a partir da vigência do Decreto-lei 795, de 1969, obedece ao critério das variações do salário. (*D.J.* 27.8.1981)

92. O pagamento dos tributos, para efeito de extinção de punibilidade (Decreto-lei 157, de 1967, artigo 18, § 2º; STF, Súmula 560), não elide a pena de perdimento de bens autorizada pelo Decreto-lei 1.455, de 1976, artigo 23. (*D.J.* 25.9.1981)

93. A multa decorrente do atraso no pagamento das contribuições previdenciárias não e aplicável às pessoas de direito público. (*D.J.* 28.9.1981)

94. Provadas as despesas com assistência médico-hospitalar prestada assegurada, vítima de acidente de trânsito, tem o INPS direito a sub-rogação perante a seguradora responsável pelo seguro obrigatório. (*D.J.* 30.9.1981)

95. Compete ao juiz federal processar e julgar pedido de *habeas corpus* contra ato do Secretário-Geral do Ministério da Justiça que, no exercício de competência delegada pelo Ministro de Estado, decreta prisão administrativa. (*D.J.* 21.10.1981)

96. As companhias distribuidoras de títulos e valores mobiliários estão sujeitas a registro nos Conselhos Regionais de Economia. (*D.J.* 24.11.1981)

97. As resoluções do Conselho de Política Aduaneira, destinadas a fixação de pauta de valor mínimo, devem conter motivação expressa. (*D.J.* 27.10.1981)

98. Compete à Justiça Federal processar e julgar os crimes praticados contra servidor público federal, no exercício de suas funções e com estas relacionados. (*D.J.* 27.11.1981)

99. A Fazenda Pública, nas execuções fiscais, não está sujeita a prévio depósito para custear despesas do avaliador. (*D.J.* 24.11.1981)

100. O lucro obtido com a exportação de açúcar demerara, adquirido e exportado pelo Instituto do Açúcar e do Álcool, está isento do Imposto de Renda. (*D.J.* 24.11.1981)

101. As multas fiscais não são dedutíveis como despesas operacionais, para fins do Imposto de Renda. (*D.J.* 24.11.1981)

102. A regra inscrita no artigo 205 da Constituição, com a redação da Emenda Constitucional 7, de 1977, não é de aplicabilidade imediata, porque dependente de lei regulamentadora. (*D.J.* 7.12.1981)

103. Compete ao Tribunal Federal de Recursos processar e julgar, originariamente, mandado de segurança impetrado contra ato de órgão colegiado presidido por ministro de Estado. (*D.J.* 4.12.1981)

104. A Lei 2.579, de 1955, somente ampara o ex-combatente que tenha servido no teatro de operações bélicas da Itália. (*D.J.* 9.12.1981)

105. Aos prazos em curso no período compreendido entre 20 de dezembro e 6 de janeiro, na Justiça Federal, aplica-se a regra do artigo 179 do Código de Processo Civil. (*D.J.* 18.3.1982)

106. A seguradora não tem direito a restituição do Imposto sobre Produtos Industrializados, no caso de sinistro ocorrido com mercadorias, após a sua saída do estabelecimento produtor. (*D.J.* 16.3.1982)

107. A ação de cobrança do crédito previdenciário contra a Fazenda Pública está sujeita à prescrição quinquenal estabelecida no Decreto 20.910 de 1932. (*D.J.* 16.3.1982)

108. A constituição do crédito previdenciário está sujeita ao prazo de decadência de 5 (cinco) anos. (*D.J.* 16.3.1982)

109. A desapropriação iniciada segundo o procedimento previsto no Decreto-lei 512, de 1969, prosseguirá na forma da Lei das Desapropriações por utilidade pública, no caso de manifesta discordância do expropriado com o preço oferecido. (*D.J.* 23.3.1982)

110. Os juros compensatórios, na desapropriação, são calculados a taxa de 12% (doze por cento) ao ano. (*D.J.* 4.5.1982)

111. Os embargos do devedor devem ser previamente preparados no prazo de 30 (trinta) dias, contado da intimação do despacho que determinar o seu pagamento. (*D.J.* 4.5.1982)

112. Em execução fiscal, a responsabilidade pessoal do sócio-gerente de sociedade por quotas, decorrente de violação da lei ou excesso de mandato, não atinge a meação de sua mulher. (*D.J.* 4.5.1982)

113. As netas maiores, órfãos de pai e mãe, só terão direito a pensão militar (Lei 3.765, de 1960, art. 7º, inciso III) se forem inválidas ou interditas e não puderem prover a própria subsistência. (*D.J.* 4.6.1982)

114. Compete à Justiça Comum Estadual processar e julgar as causas entre os sindicatos e seus associados. (*D.J.* 14.5.1982)

115. Compete à Justiça Federal processar e julgar os crimes contra a organização do trabalho, quando tenham por objeto a organização geral do trabalho ou direitos dos trabalhadores considerados coletivamente. (*D.J.* 9.6.1982)

116. O militar reformado ou transferido para a reserva a partir da vigência da Lei 4.902, de 1965, não faz jus à promoção ao posto ou graduação imediatos. (*D.J.* 9.6.1982)

117. A regra do artigo 236, § 2º, do Código de Processo Civil, não incide quando o procurador da República funciona como advogado da União Federal, ressalvada a disposição inscrita no artigo 25 da Lei 6.830 de 1980. (*D.J.* 26.11.1982)

118. Na ação expropriatória, a revelia do expropriado não implica em aceitação do valor da oferta e, por isso, não autoriza a dispensa da avaliação. (*D.J.* 8.10.1982)

119. A partir da vigência do Código de Processo Civil de 1973, é cabível a cumulação da multa contratual com honorários advocatícios, na execução hipotecária, regida pela Lei 5.741 de 1971. (*D.J.* 21.9.1982)

120. A decisão proferida em processo de retificação do registro civil, a fim de fazer prova junto à administração militar, não faz coisa julgada relativamente a União Federal, se esta não houver sido citada para o feito. (*D.J.* 30.9.1982)

121. Não cabe mandado de segurança contra ato ou decisão, de natureza jurisdicional, emanado de relator ou presidente de turma. (*D.J.* 30.9.1982)

122. A companheira, atendidos os requisitos legais, faz jus a pensão do segurado falecido, quer em concorrência com os filhos do casal, quer em sucessão a estes, não constituindo obstáculo a ocorrência do óbito antes da vigência do Decreto-lei 66, de 1966. (*D.J.* 6.10.1982)

123. Nas readaptações previstas nas Leis 3.780, de 1960, e 4.242, de 1963, para o cargo de agente fiscal de tributos federais, não cabe distinguir entre fiscalização interna e externa, desde que as atribuições desempenhadas pelo readaptando correspondam as respectivas especificações de classe a época do desvio. (*D.J.* 6.10.1982)

124. Prescreve em 20 (vinte) anos a ação do beneficiário, ou do terceiro sub-rogado nos direitos deste, fundada no seguro obrigatório de responsabilidade civil. (*D.J.* 6.10.1982)

125. Compete à Justiça Comum Estadual processar e julgar ação penal instaurada em decorrência de acidente de trânsito envolvendo veículo da União, de autarquia ou de empresa pública federal. (*D.J.* 6.10.1982)

126. Na cobrança de crédito previdenciário, proveniente da execução de contrato de construção de obra, o proprietário, dono da obra ou condômino de unidade imobiliária, somente será acionado quando não for possível lograr do construtor, através de execução contra ele intentada, a respectiva liquidação. (*D.J.* 30.11.1982)

127. *Revogada pela Súmula TFR 239 – D.J. 25.8.1987* – É legítima a exigência de exame psicotécnico em concurso público para ingresso na Academia Nacional de Polícia, ou prova interna para acesso, mesmo que o candidato a ele se tenha submetido, anteriormente, para o exercício de outro cargo policial. (*D.J.* 1.3.1983)

128. As disposições da Lei 6.880, de 1980 (Estatuto dos Militares), não se aplicam às situações definidas antes de sua vigência (art. 157). (*D.J.* 11.3.1983)

129. É exigível das autarquias, o depósito previsto no art. 488, II, do Código de Processo Civil, para efeito de processamento da ação rescisória. (*D.J.* 18.3.1983)

130. No cálculo do Imposto de Renda, não se inclui o ágio cambial pago na aquisição da moeda estrangeira a ser remetida para o Exterior a título de juros devidos. (*D.J.* 13.4.1983)

131. A partir do exercício de 1967, o contribuinte do Imposto de Renda, para fazer jus à alíquota minorada de 3% (três por cento), prevista no art. 53 da Lei 4.504, de 1964, deverá comprovar o cadastramento do imóvel no Incra. (*D.J.* 13.4.1983)

132. Os fundos de reserva e os lucros suspensos, enquanto não distribuídos, integram o patrimônio da sociedade e devem ser considerados para efeito de tributação, ainda que pessoa pública detenha a maioria das ações do seu capital. (*D.J.* 13.4.1983)

133. Compete à Justiça Comum Estadual processar e julgar prefeito municipal acusado de desvio de verba recebida em razão de convênio firmado com a União Federal. (*D.J.* 26.4.1983)

134. Não cabe ação rescisória por violação de literal disposição de lei se, ao tempo em que foi prolatada a sentença rescindenda, a interpretação era controvertida nos tribunais, embora posteriormente se tenha fixado favoravelmente a pretensão do autor. (*D.J.* 15.4.1983)

135. As alterações promovidas no grupo serviços auxiliares, com reflexos na estrutura da categoria de agente administrativo, não ensejam reparações funcionais ou pecuniárias aos servidores estatutários. (*D.J.* 27.4.1983)

136. A correção monetária, na desapropriação, deve ser calculada com base na variação nominal das Obrigações Reajustáveis do Tesouro Nacional (ORTN). (*D.J.* 3.5.1983)

137. A sentença que, em execução fiscal promovida por autarquia, julga extinto o processo, sem decidir o mérito (CPC, art. 267), não está sujeita ao duplo grau de jurisdição obrigatório. (*D.J.* 3.5.1983)

138. A pena de perdimento de veículo, utilizado em contrabando ou descaminho, somente se justifica se demonstrada, em procedimento regular, a responsabilidade do seu proprietário na prática do ilícito. (*D.J.* 10.5.1983)

139. Mercadoria estrangeira importada de países signatários do GATT ou do Tratado de Montevidéu, para a Zona Franca de Manaus, está isenta do pagamento do Adicional ao Frete para Renovação da Marinha Mercante – AFRMM. (*D.J.* 28.8.1983)

140. As unidades hospitalares, com até 200 (duzentos) leitos, que possuam "dispensário de medicamentos", não estão sujeitas à exigência de manter farmacêutico. (*D.J.* 5.9.1983)

141. Nas ações de desapropriação, computam-se, no cálculo da verba advocatícia, as parcelas relativas aos juros compensatórios e moratórios, devidamente corrigidas. (*D.J.* 12.9.1983)

142. A limitação administrativa *non aedificandi* imposta aos terrenos marginais das estradas de rodagem, em zona rural, não afeta o domínio do proprietário, nem obriga a qualquer indenização. (*D.J.* 4.10.1983)

143. Os serviços de composição e impressão gráficas, personalizados, previstos no artigo 8º, § 1º, do Decreto-lei 406, de 1968, com as alterações introduzidas pelo Decreto-lei 834, de 1969, estão sujeitos apenas ao ISS, não incidindo o IPI. (*D.J.* 22.11.1983)

144. Para que faça jus à isenção da quota patronal relativa a contribuições previdenciárias, é indispensável comprove a entidade filantrópica ter sido declarada de utilidade pública por decreto federal. (*D.J.* 22.11.1983)

145. Extingue-se o processo de mandado de segurança, se o autor não promover, no prazo assinado, a citação do litisconsorte necessário. (*D.J.* 22.11.1983)

146. A "quota de previdência" relativa aos serviços prestados pelos Estados, Municípios e suas autarquias incide sobre tarifas ou preços públicos, mesmo no regime anterior ao Decreto-lei 1.505, de 1976, não atingindo, porém, as taxas, entendidas estas na restrita acepção de espécie do gênero tributo. (*D.J.* 5.12.1983)

147. É indispensável a instauração do procedimento administrativo, a que alude o art. 27 do Decreto-lei 1.455, de 1976, para aplicação da pena de perdimento de mercadorias importadas, cujo prazo de permanência em recintos alfandegados tenha-se expirado. (*D.J.* 13.2.1984)

148. É competente a Justiça Comum Estadual para processar e julgar ação cível proposta contra o Escritório Central de Arrecadação e Distribuição – ECAD. (*D.J.* 13.2.1984)

149. No ato de remoção *ex officio* do servidor público, é indispensável que o interesse da administração seja objetivamente demonstrado. (*D.J.* 13.2.1984)

150. Compete à Justiça do Trabalho processar e julgar os litígios entre a administração direta ou indireta do Distrito Federal e os seus servidores, regidos pela legislação trabalhista. (*D.J.* 24.2.1984)

151. É vedado, ao oficial médico da ativa, o exercício acumulado de cargo ou emprego público de médico civil. (*D.J.* 27.2.1984)

152. *Súmula cancelada* – Nas causas ajuizadas antes do advento da Lei 6.825, de 22.9.1980, o valor da ORTN, para a fixação da alçada estabelecida no art. 4º daquele diploma legal, é o da data da sua vigência. (*D.J.* 22.3.1984)

153. Constituído, no quinquênio, através de auto de infração ou notificação de lançamento, o crédito tributário, não há falar em decadência, fluindo, a partir daí, em princípio, o prazo prescricional, que, todavia, fica em suspenso, até que sejam decididos os recursos administrativos. (*D.J.* 17.4.1984)

154. A Fazenda Pública, nas execuções fiscais, não está sujeita a prévio depósito para custear as despesas do oficial de justiça. (*D.J.* 30.5.1984)

155. O "primeiro provimento" a que se refere o art. 3º da Lei 6.732, de 1979, para efeito de incorporação dos quintos, há de ser entendido como a primeira investidura em cargo ou função de confiança, ainda que anterior ao plano de classificação de cargos, instituído pela Lei 5.645, de 1970. (*D.J.* 8.6.1984)

156. Sindicatos representativos de atividades econômicas ou profissionais idênticas, ou categoria econômica específica, podem organizar-se em federações. (*D.J.* 8.6.1984)

157. A perda definitiva do vínculo com a administração pública federal, ou a passagem do servidor para a inatividade, faz cessar o direito a ocupação de imóvel funcional, em Brasília. (*D.J.* 13.6.1984)

158. Compete à Justiça do Trabalho processar e julgar reclamação contra empresa privada, contratada para a prestação de serviços a administração pública. (*D.J.* 13.6.1984)

159. É legítima a divisão da pensão previdenciária entre a esposa e a companheira, atendidos os requisitos exigidos. (*D.J.* 13.6.1984)

160. A suspeita de fraude na concessão de benefício previdenciário, não enseja, de plano, a sua suspensão ou cancelamento, mas dependerá de apuração em procedimento administrativo. (*D.J.* 13.6.1984)

161. Não se inclui na base de cálculo do PIS a parcela relativa ao IPI.

162. É legítima a substituição da antiga diária de asilado concedida ao militar inativo, pelo auxílio-invalidez, desde que não importe em diminuição do total de seus proventos. (*D.J.* 6.9.1984)

163. Nas relações jurídicas de trato sucessivo, em que a Fazenda Pública figure como devedora, somente prescrevem as prestações vencidas antes do quinquênio anterior a propositura da ação. (*D.J.* 3.10.1984)

164. O gozo dos benefícios fiscais dos artigos 13 e 14, da Lei 4.239/1963, até o advento do Decreto-lei 1.598/1977, não se restringia aos rendimentos industriais ou agrícolas do empreendimento. (*D.J.* 5.10.1984)

165. A isenção do Imposto de Importação, concedida por Resolução do CPA, não exclui a mercadoria da alíquota minorada de 1% (um por cento), prevista na Lista Nacional Brasileira, para a Taxa de Melhoramento dos Portos. (*D.J.* 19.10.1984).

166. Os Municípios não estão sujeitos ao recolhimento do salário-educação. (*D.J.* 19.10.1984)

167. A contribuição previdenciária não incide sobre o valor da habitação fornecida por empresa agroindustrial, a título de liberalidade, a seus empregados, em observância a acordo coletivo de trabalho. (*D.J.* 19.10.1984)

168. O encargo de 20% (vinte por cento), do Decreto-lei 1.025, de 1969, e sempre devido nas execuções fiscais da União e substitui, nos embargos, a condenação do devedor em honorários advocatícios. (*D.J.* de 30.11.1984)

169. Na Comarca em que não foi criada Junta de Conciliação e Julgamento, é competente o juiz de direito para processar e julgar litígios de natureza trabalhista. (*D.J.* 21.11.1984)

170. Não se extingue a pensão previdenciária, se do novo casamento não resulta melhoria na situação econômico-financeira da viúva, de modo a tornar dispensável o benefício. (*D.J.* 4.12.1984)

171. No cálculo da renda mensal do benefício de aposentadoria-invalidez é considerado como de atividade o período em que o segurado tenha percebido auxílio-doença ou outra aposentadoria-invalidez. (*D.J.* 4.12.1984)

172. As empresas distribuidoras de drogas, que não manipulem fórmulas nem forneçam medicamentos aos consumidores, não estão sujeitas a assistência técnica de farmacêutico. (*D.J.* 13.12.1984)

173. O prazo de 180 (cento e oitenta) dias, condição para a nova aquisição de moeda estrangeira, conta-se a partir da vigência da Resolução 760/1982. (*D.J.* 5.3.1985)

174. A partir da vigência do Decreto-lei 1.418, de 1975, o Imposto de Renda incide na fonte sobre a remessa de divisas para o Exterior, em pagamento de serviços técnicos, de assistência técnica, administrativa e semelhantes, ali prestados por empresa estrangeira, sem prejuízo das isenções previstas no Decreto-lei 1.446/1976. (*D.J.* 25.3.1985)

175. A base de cálculo da contribuição FUNRURAL é o valor comercial da mercadoria, neste incluído o ICM, se devido. (*D.J.* 12.4.1985)

176. O imposto de renda na fonte, relativo a rendimentos decorrentes da exploração de película cinematográfica estrangeira, incide sobre a participação líquida devida ao distribuidor estrangeiro. (*D.J.* 4.9.1985)

177. A venda de álcool, pelo Instituto do Açúcar e do Álcool (IAA), não está sujeita ao pagamento do ICM. (*D.J.* 4.9.1985)

178. Resolvido o contrato de trabalho com a transferência do servidor do regime da CLT para o estatutário, em decorrência de lei, assiste-lhe o direito de movimentar a conta vinculada do FGTS. (*D.J.* 2.10.1985)

179. Para os efeitos do art. 180, alínea *b*, da Lei 1.711/1952, não é necessário que o servidor esteja no exercício do cargo em comissão ou da função gratificada, ao aposentar-se. (*D.J.* 6.12.1985)

180. Compete à Justiça Federal processar e julgar pedidos de complementação de proventos da aposentadoria dos ferroviários cedidos a Rede Ferroviária Federal S.A. imprópria a reclamação trabalhista para a espécie. (*D.J.* 8.11.1985)

181. Cabe ao empregador, e não ao BNH ou IAPAS, o encargo de individualizar as contas vinculadas dos empregados, referentes ao FGTS. (*D.J.* 7.10.1985)

182. É ilegítimo o lançamento do Imposto de Renda arbitrado com base apenas em extratos ou depósitos bancários. (*D.J.* 7.10.1985)

183. Compete ao Juiz Federal do Distrito Federal processar e julgar mandado de segurança contra ato do Presidente do BNH. (*D.J.* 7.10.1985)

184. Em execução movida contra sociedade por quotas, o sócio, citado em nome próprio, não tem legitimidade para opor embargos de terceiro, visando livrar da constrição judicial seus bens particulares. (*D.J.* 7.10.1985)

185. Filhos solteiros maiores e inválidos, presumida a dependência econômica, têm direito a pensão previdenciária por morte do pai. (*D.J.* 30.10.1985)

186. A prescrição de que trata o art. 110, § 1º, do Código Penal, é da pretensão punitiva. (*D.J.* 30.10.1985)

187. O adicional de insalubridade incide sobre o salário regional. (*D.J.* 30.10.1985)

188. Na liquidação por cálculo do contador, a apelação da sentença homologatória ressente-se do pressuposto de admissibilidade, quando o apelante não tenha oferecido oportuna impugnação. (*D.J.* 12.11.1985)

189. Proposta a execução fiscal, a posterior mudança de domicílio do executado não desloca a competência já fixada. (*D.J.* 14.11.1985)

190. A intimação pessoal da penhora ao executado torna dispensável a publicação de que trata o art. 12 da Lei das Execuções Fiscais. (*D.J.* 14.11.1985)

191. É compatível a exigência da contribuição para o PIS com o Imposto Único sobre Combustíveis e Lubrificantes. (*D.J.* 14.11.1985)

192. O agente marítimo, quando no exercício exclusivo das atribuições próprias, não é considerado responsável tributário, nem se equipara ao transportador para efeitos do Decreto-lei 37, de 1966. (*D.J.* 25.12.1985)

193. A majoração da alíquota do Adicional ao Frete para Renovação da Marinha Mercante não está sujeita ao princípio da anterioridade. (*D.J.* 25.11.1985)

194. Os servidores previdenciários inscritos no plano de pecúlio facultativo – PPF antes das alterações unilateralmente editadas pela Portaria MPAS 1.160, de 1978, têm direito, na aposentadoria, ao levantamento de 20% (vinte por cento) do pecúlio, independentemente de opção por acréscimo da contribuição. (*D.J.* 2.12.1985)

195. O mandado de segurança não é meio processual idôneo para dirimir litígios trabalhistas. (*D.J.* 14.2.1986)

196. Cabem embargos, e não agravo de petição, da sentença de liquidação no processo de execução trabalhista. (*D.J.* 2.12.1985)

197. A pensão por morte de trabalhador rural, ocorrida após a entrada em vigor da Lei Complementar 11, de 1971, não requerida na via administrativa, é devida a partir da citação. (*D.J.* 2.12.1985)

198. Atendidos os demais requisitos, é devida a aposentadoria especial, se perícia judicial constata que a atividade exercida pelo segurado é perigosa, insalubre ou penosa, mesmo não inscrita em regulamento. (*D.J.* 2.12.1985)

199. Compete à Justiça Militar Estadual processar e julgar os crimes cometidos por policial militar mediante uso de arma da corporação, mesmo que se encontre no exercício de policiamento civil. (*D.J.* 2.12.1985)

200. Compete à Justiça Federal processar e julgar o crime de falsificação ou de uso de documento falso perante a Justiça do Trabalho. (*D.J.* 13.12.1985)

201. Não constitui obstáculo a conversão da aposentadoria comum, por tempo de serviço, em especial, o fato de o segurado haver se aposentado antes da vigência da Lei 6.887, de 1980. (*D.J.* 2.12.1985)

202. Na desapropriação, pertence ao expropriado a correção monetária da oferta contabilizada pelo estabelecimento bancário. (*D.J.* 17.12.1985)

203. O procedimento sumário previsto na Lei 1.508/51, compreende também a iniciativa do Ministério Público para a ação penal, nas contravenções referentes a caça, conforme remissão feita pelo art. 34 da Lei 5.197/1967. (*D.J.* 10.4.1986)

204. O fato de a Lei 6.439, de 1977, que instituiu o SINPAS, dizer que as entidades da Previdência Social têm sede e foro no Distrito Federal, podendo, provisoriamente, funcionar no Rio de Janeiro, não importa em que as ações contra elas interpostas devam ser necessariamente ajuizadas nesta última cidade. (*D.J.* 10.4.1986)

205. O reajuste semestral de salário não se aplica ao servidor público regido pela Consolidação das Leis do Trabalho. (*D.J.* 10.4.1986)

206. O reajuste da base de cálculo de contribuições previdenciárias, instituído pelo art. 5º e parágrafos da Lei 6.332/1976, não está sujeito ao princípio da anterioridade. (*D.J.* 29.4.1986)

207. Nas ações executivas regidas pela Lei 5.741, de 1971, o praceamento do imóvel penhorado independe de avaliação. (*D.J.* 22.5.1986)

208. A simples confissão da dívida, acompanhada do seu pedido de parcelamento, não configura denúncia espontânea. (*D.J.* 22.5.1986)

209. Nas execuções fiscais da Fazenda Nacional, e legítima a cobrança cumulativa de juros de mora e multa moratória. (*D.J.* 22.5.1986)

210. Na execução fiscal, não sendo encontrado o devedor, nem bens arrestáveis, é cabível a citação editalícia. (*D.J.* 22.5.1986)

211. O Adicional ao Frete para Renovação da Marinha Mercante (AFRMM) não é devido na remessa de mercadoria nacional para a Zona Franca de Manaus. (*D.J.* 22.5.1986)

212. A partir da vigência do Decreto-lei 1.820/1980, o servidor público celetista não tem direito a percepção de salário mínimo profissional. (*D.J.* 3.6.1986)

213. O exaurimento da via administrativa não é condição para a propositura de ação de natureza previdenciária. (*D.J.* 3.6.1986)

214. A prestação de serviços de caráter continuado, em atividades de natureza permanente, com subordinação, observância de horário e normas da repartição, mesmo em Grupo-Tarefa, configura relação empregatícia. (*D.J.* 3.6.1986)

215. Servidor contratado a título precário não pode concorrer a processo seletivo para ascensão funcional. (*D.J.* 3.6.1986)

216. Compete à Justiça Federal processar e julgar mandado de segurança impetrado contra ato de autoridade previdenciária, ainda que localizada em comarca do interior. (*D.J.* 3.6.1986)

217. No âmbito da Justiça Federal, aplica-se aos feitos trabalhistas o princípio da identidade física do juiz. (*D.J.* 3.6.1986)

218. A sentença, proferida em ação expropriatória a qual se tenha atribuído valor igual ou inferior a 50 (cinquenta) ORTNs, não está sujeita ao duplo grau obrigatório, nem enseja recurso de apelação. (*D.J.* 24.6.1986)

219. Não havendo antecipação de pagamento, o direito de constituir o crédito previdenciário extingue-se decorridos 5 (cinco) anos do 1º (primeiro) dia do exercício seguinte aquele em que ocorreu o fato gerador. (*D.J.* 18.8.1986)

220. As mercadorias oriundas do estrangeiro, com simples trânsito em porto nacional, destinadas a outro País, não estão sujeitas ao pagamento da Taxa de Melhoramento dos Portos (TMP). (*D.J.* 18.8.1986)

221. A Taxa de Melhoramento dos Portos (TMP), referente a mercadoria oriunda do estrangeiro com trânsito em porto nacional e destinada a outro porto nacional, somente é devida no destino. (*D.J.* 18.8.1986)

222. A prorrogação da jornada diária de trabalho não constitui alteração unilateral do contrato, desde que mantido o limite do horário semanal avençado. (*D.J.* 21.8.1986)

223. O empregado, durante o desvio funcional, tem direito a diferença salarial, ainda que o empregador possua quadro de pessoal organizado em carreira. (*D.J.* 21.8.1986)

224. O fato de não serem adjudicados bens que, levados a leilão, deixaram de ser arrematados, não acarreta a extinção do processo de execução. (*D.J.* 29.8.1986)

225. É genérica a escolaridade de nível superior exigida do servidor que concorre, por aproveitamento, a primeira composição da categoria funcional de técnico de controle interno. (*D.J.* 4.9.1986)

226. Na prorrogação da jornada de trabalho da mulher-bancária, até 8 (oito) horas diárias, não excedentes de 40 (quarenta) horas semanais (CLT, art. 225), com observância do disposto no art. 59 e seu § 1º da CLT, e inaplicável a regra do art. 374 desse diploma legal. (*D.J.* 3.10.1986)

227. A mudança de critério jurídico adotado pelo fisco não autoriza a revisão de lançamento. (*D.J.* 24.11.1986)

228. *Revogada pela Súmula TFR 243 – D.J. 22.9.1987* – É vedada a acumulação da pensão especial concedida pelo art. 30 da Lei 4.242/1963, com qualquer renda dos cofres públicos, inclusive benefício da previdência social, ressalvado o direito de opção, assegurado pela Lei 6.592/1978. (*D.J.* 3.12.1986)

- Lei 6.592/1978 foi revogada pela Lei 8.059/1990.

229. A mãe do segurado tem direito à pensão previdenciária, em caso de morte do filho, se provada a dependência econômica, mesmo não exclusiva. (*D.J.* 3.12.1986)

230. No processo seletivo de ascensão funcional das entidades. Componentes do SINPAS, o servidor somente pode concorrer no âmbito da autarquia a que pertence. (*D.J.* 3.12.1986)

231. O aeronauta em atividade profissional, após reunir as condições para aposentadoria especial por tempo de serviço, tem direito ao abono de permanência. (*D.J.* 3.12.1986)

232. A pensão do art. 5º, parágrafo único, da Lei 3.373/58, ampara com exclusividade as filhas de funcionário público federal. (*D.J.* 3.12.1986)

233. Compete à Justiça Comum Estadual processar e julgar o policial militar por crime de promover ou facilitar fuga de preso de cadeia pública. (*D.J.* 3.12.1986)

234. Não cabe medida cautelar em ação rescisória para obstar os efeitos da coisa julgada. (*D.J.* 12.12.1986)

235. A falta de peças de traslado obrigatório será suprida com a conversão do agravo de instrumento em diligência. (*D.J.* 28.4.1987)

236. O empréstimo compulsório instituído pelo Decreto-lei 2.047/1983, não está sujeito ao princípio da anterioridade. (*D.J.* 5.5.1987)

237. As empresas concessionárias de transporte coletivo urbano são obrigadas a conceder passe livre aos distribuidores de correspondência postal e telegráfica, quando em serviço. (*D.J.* 14.5.1987)

238. A saída de veículo furtado para o exterior não configura o crime de descaminho ou contrabando, competindo a Justiça Comum Estadual o processo e julgamento dos delitos dela decorrentes. (*D.J.* 27.8.1987)

239. É legítima a exigência de exame psicotécnico, em concurso público para o ingresso na Academia Nacional de Polícia, revogada a Súmula 127. (*D.J.* 25.8.1987)

240. A intimação do representante judicial da Fazenda Pública, nos embargos a execução fiscal, será feita pessoalmente. (*D.J.* 4.9.1987)

241. A extinção da punibilidade pela prescrição da pretensão punitiva prejudica o exame do mérito da apelação criminal. (*D.J.* 14.9.1987)

242. O bem alienado fiduciariamente não pode ser objeto de penhora nas execuções ajuizadas contra o devedor fiduciário. (*D.J.* 18.9.1987)

243. É vedada a acumulação da pensão especial concedida pelo art. 30 da Lei 4.242, de 1963, com qualquer renda dos cofres públicos, inclusive benefício da Previdência Social, ressalvado o direito de opção, revogada a Súmula 228. (*D.J.* 22.9.1987)

244. A intervenção da União, suas autarquias e empresas públicas em concurso de credores ou de preferência não desloca a competência para a Justiça Federal. (*D.J.* 28.9.1987)

245. Na execução de sentença, prevalece, para efeito da alçada recursal de que trata a Lei 6.825, de 1980, o valor apurado na liquidação. (*D.J.* 8.10.1987)

246. A causa em que se discute matéria constitucional não está sujeita a alçada de que trata a Lei 6825, de 1980. (*D.J.* 16.10.1987)

247. Não constitui pressuposto da ação anulatória do débito fiscal o depósito de que cuida o art. 38 da Lei 6.830, de 1980. (*D.J.* 20.10.1987)

248. O prazo da prescrição interrompido pela confissão e parcelamento da dívida fiscal recomeça a fluir no dia em que o devedor deixa de cumprir o acordo celebrado. (*D.J.* 28.10.1987)

249. A reparação do dano não pode ser imposta como condição da suspensão da execução da pena. (*D.J.* 4.11.1987)

250. Prescreve em (cinco) anos a ação revisional da reforma do militar, a contar da publicação do respectivo ato. (*D.J.* 4.11.1987).

251. Os ferroviários provenientes da "The Leopoldina Railway Company Limited" são regidos pela CLT, pelo que não têm direito a dupla aposentadoria. (*D.J.* 11.11.1987)

252. O § 3º do art. 125 da Constituição Federal institui hipótese de competência relativa, pelo que não elide a competência concorrente da Justiça Federal. (*D.J.* 23.11.1987)

253. A companheira tem direito a concorrer com outros dependentes a pensão militar, sem observância da ordem de preferência. (*D.J.* 15.3.1988)

254. Compete à Justiça Federal processar e julgar os delitos praticados por funcionário público federal, no exercício de suas funções e com estas relacionadas. (*D.J.* 15.3.1988)

255. Compete à Justiça Federal processar e julgar causa cujo objeto diga respeito a eleições sindicais. (*D.J.* 21.3.1988)

256. A falta de impugnação dos embargos do devedor não produz, em relação a Fazenda Pública, os efeitos de revelia. (*D.J.* 8.4.1988)

257. Não rendem juros os depósitos judiciais na Caixa Econômica Federal a que se referem o Decreto-lei 759, de 12.8.1969, art. 16, e o Decreto-lei 1.737, de 20.12.1979, art. 3º. (*D.J.* 23.5.1988)

258. Inclui-se na base de cálculo do PIS a parcela relativa ao ICM. (*D.J.* 27.6.1988)

259. Não cabe agravo de instrumento em causa sujeita a alçada de que trata a Lei 6.825, de 1980, salvo se versar sobre valor da causa ou admissibilidade de recurso. (*D.J.* 9.8.1988)

260. No primeiro reajuste do benefício previdenciário, deve-se aplicar o índice integral do aumento verificado, independentemente do mês da concessão, considerado, nos reajustes subsequentes, o salário mínimo então atualizado. (*D.J.* 29.9.1988)

261. No litisconsórcio ativo voluntário, determina-se o valor da causa, para efeito de alçada recursal, dividindo-se o valor global pelo número de litisconsortes. (*D.J.* 28.9.1988)

262. Não se vincula ao processo o juiz que não colheu prova em audiência. (*D.J.* 25.10.1988)

263. A produção antecipada de provas, por si só, não previne a competência para a ação principal. (*D.J.* 31.3.1989)

264. As cooperativas não estão sujeitas à tributação do Imposto de Renda por excesso de retirada de seus dirigentes. (*D.J.* 6.4.1989)

265. No pagamento antecipado de débito oriundo de contrato de mútuo com garantia hipotecária, de que conste correção monetarial anual, o saldo devedor será atualizado de acordo com a variação da UPC. (*D.J.* 6.4.1989)

SÚMULAS DOS TRIBUNAIS REGIONAIS FEDERAIS – TRF

Súmulas TRF 1

1. A isenção de custas do art. 9º, I, da Lei 6.032/74 não desobriga seus beneficiários da reposição prevista no art. 10, § 4º, da mesma lei.

- DJ: 11/12/1990

2. A isenção prevista no art. 9º, I, da Lei 6.032/74, é aplicável às causas sob jurisdição federal processadas perante a Justiça Estadual.

- DJ: 10/09/1991

3. Os direitos concedidos aos servidores públicos federais relativamente à transferência de uma para outra instituição de ensino, em razão de mudança de domicílio, são extensivos aos servidores dos Estados, Distrito Federal, Territórios e Municípios.

- DJ: 07/11/1991

4. A preferência prevista no art. 100, "caput", da Constituição Federal, não obriga a Fazenda Pública a dispensar a expedição de precatório no pagamento dos créditos de natureza alimentícia.

- DJ: 27/11/1991

5. O Adicional de Tarifa Portuária - ATP, instituído pela Lei 7.700, de 21/12/88, incide sobre todos os serviços definidos no art. 5º do Decreto 24.508, de 29/06/34.

- DJ: 27/11/1991

6. Cabível é a utilização do FGTS para pagamento do preço, total ou parcial, de imóvel funcional de valor superior a 10.000 VRF. Legitimidade passiva "ad causam" do presidente da CEF no mandado de segurança impetrado com tal objetivo.

- DJ: 10/02/1993

7. Extinto o Bônus do Tesouro Nacional, a correção monetária de benefícios previdenciários oriundos de condenação judicial passou a ser feita pelo Índice Nacional de Preços ao Consumidor.

- DJ: 08/03/1993

8. É constitucional a supressão do reajuste de 26,06% sobre salários, vencimentos, soldos, proventos e pensões, determinada pelo Decreto-Lei 2.335/87 (Plano Bresser).

- DJ: 11/03/1993

9. A prisão ordenada por magistrado da Justiça do Trabalho, em matéria penal de competência do juiz federal, a este deve ser comunicada, que, se for ilegal, a relaxará.

- DJ: 27/04/1993

10. Compete ao Tribunal Regional Federal conhecer de "habeas corpus" quando o coator for juiz do Trabalho.

- DJ: 27/04/1993

11. O art. 201, § 5º, da Constituição Federal, somente se aplica a partir da criação da respectiva fonte de custeio (Lei 8.212/91).

- DJ: 07/05/1993

12. A Lei 7.604/87 não impede a revisão dos cálculos iniciais e dos reajustes posteriores dos valores de benefícios previdenciários (TFR, Súmula 260.)

- DJ: 06/08/1993

13. A atualização monetária de diferenças resultantes de revisão dos cálculos iniciais e dos reajustes posteriores dos valores de benefícios previdenciários é devida a partir do primeiro pagamento a menor, sendo sua contagem feita de acordo com a Súmula 71, do Tribunal Federal de Recursos, até o ajuizamento da ação e, após este, consoante o disposto na Lei 6.899/81.

- DJ: 06/08/1993

14. O art.202, da Constituição Federal, somente se aplica a partir da criação da respectiva fonte de custeio. (Lei 8.212/91).

- DJ: 06/08/1993

15. É inconstitucional a suspensão do reajuste de vencimentos, salários, soldos, proventos e pensões pela Unidade de Referência de Preços dos meses de abril e maio de 1988. (16,19% - Decreto-Lei 2.425/88).

- DJ: 06/08/1993

16. É inconstitucional a sustação do reajuste de vencimentos, salários, soldos, proventos e pensões pela Unidade de Referência de Preços do mês de fevereiro de 1989. (26,05% - Lei 7.730/89).

- DJ: 06/08/1993

17. Não existe direito adquirido à incorporação aos salários, vencimentos, proventos, soldos e pensões, do índice de reajuste de 84,32% de março e resíduos de janeiro e fevereiro de 1990. (Medida Provisória 154/90 e Lei 8.030/90).

- DJ: 29/11/1993

18. Os servidores transpostos para os cargos de Analista e Técnico de Finanças e Controle não fazem jus à Gratificação de Controle Interno auferida nos cargos de origem (Decretos-Leis 2.191/84, 2.225/85 e 2.346/87).

- DJ: 16/12/1993

19. O pagamento de benefícios previdenciários, vencimentos, salários, proventos, soldos e pensões, feito, administrativamente, com atraso, está sujeito à correção monetária desde o momento em que se tornou devido.

- DJ: 16/02/1994

20. O critério de revisão previsto no art. 58, do Ato das Disposições Constitucionais Transitórias, da Constituição Federal de 1988, é diverso do estatuído na Súmula 260, do Tribunal Federal de Recursos, e aplica-se somente aos benefícios previdenciários concedidos até 04/10/1988.

- DJ: 16/02/1994

21. O critério de revisão previsto na Súmula 260, do Tribunal Federal de Recursos, diverso do estabelecido no art. 58, do Ato das Disposições Constitucionais Transitórias, da Constituição Federal de 1988, e aplicável somente aos benefícios previdenciários concedidos até 04/10/1988, perdeu eficácia em 05/04/1989.

- DJ: 16/02/1994

22. São inconstitucionais, por impropriedade formal da via legislativa, os Decretos-Leis 2.445/88 e 2.449/88, que alteraram a contribuição para o Programa de Integração Social (PIS).

- DJ: 24/03/1994

23. São auto-aplicáveis as disposições constantes dos §§ 5º e 6º, do art. 201, da Constituição Federal.

- DJ: 14/06/1994

24. O reajuste concedido pela Lei 8.237/91 aos militares das Forças Armadas não é extensivo aos servidores civis.

- DJ: 23/06/1994

25. Nas ações que visem à devolução do empréstimo compulsório de combustível, cobrado indevidamente dos contribuintes, é suficiente a prova de propriedade do veículo, sendo desnecessária a comprovação da quantia paga a esse título, uma vez que o valor do resgate é de ser calculado com base nas Instruções Normativas 147/86, 92/87, 183/87 e 201/88, da SRF, sobre o consumo médio por veículo.

- DJ: 22/06/1994

26. A lei regente do recurso é a que está em vigor na data da publicação da sentença ou decisão.

- DJ: 12/09/1994

27. Não é admissível prova exclusivamente testemunhal para reconhecimento de tempo de exercício de atividade urbana e rural (Lei 8.213/91, art.55,§ 3º).

- DJ: 09/12/1994

28. Não existe direito adquirido à incorporação dos salários, vencimentos, proventos, soldos e pensões, do índice de reajuste de 26,05% de fevereiro de 1989 (Lei 7.730/89).

- DJ: 09/12/1994

29. O termo inicial do prazo de prescrição do empréstimo compulsório sobre combustíveis, previsto no art. 10 do Decreto-Lei 2.288/86, é o primeiro dia do quarto ano subsequente ao triênio destinado à sua devolução.

- DJ: 20/02/1995

30. Não é da competência do Tribunal Regional Federal o processo e julgamento de prefeito municipal acusado de apropriação, ou desvio, de verbas recebidas de entidades federais e incorporadas ao patrimônio do município.

- DJ: 26/10/1995

31. A Gratificação Adicional por Tempo de Serviço incide, tão-somente, sobre o valor do vencimento-base.

- DJ: 10/11/1995

32. A frequência mínima do aluno deve ser apurada sobre o número de aulas dadas, se assim previsto no estatuto ou regimento da instituição de ensino, desde que não inferior ao piso legal.

- DJ: 22/11/1995

33. Aposentadoria especial decorrente do exercício de atividade perigosa, insalubre ou penosa não exige idade mínima do segurado.

- DJ: 05/02/1996

34. Na ação de desapropriação o parecer do assistente técnico pode ser juntado aos autos a qualquer tempo, antes de proferida a sentença.

▸ DJ: 29/04/1996

35. Concluídos os estudos do 2º grau, o aluno do curso profissionalizante está apto a ingressar em instituição de ensino superior mediante exame vestibular, independentemente da aprovação no estágio, que só é necessário à habilitação técnica do estudante.

▸ DJ: 19/08/1996

36. O inciso II do art.41, da Lei 8.213/91, revogado pela Lei 8.542/92, era compatível com as normas constitucionais que asseguram o reajuste dos benefícios para preservação de seu valor real.

▸ DJ: 14/10/1996

37. Os débitos judiciais devem ser atualizados, no período em que vigorou o congelamento, pela variação da OTN, de acordo com o IPC mensal.

▸ DJ: 23/10/1996

38. Nas ações que visem à repetição do valor indevidamente pago a título de empréstimo compulsório sobre aquisição de veículo, o prazo de prescrição inicia-se no primeiro dia do quarto ano posterior ao seu recolhimento.

▸ DJ: 07/10/1997

39. É defeso ao Poder Judiciário substituir-se à Administração para autorizar, conceder ou permitir a exploração de serviço de transporte rodoviário interestadual. (Constituição Federal, art. 21, XII, "e").

▸ DJ: 05/06/1998

40. O mandado de segurança não é a via própria para a comprovação de tempo de serviço para efeito previdenciário, quando ensejar dilação probatória.

▸ DJ: 08/06/1998

41. Os índices integrais de correção monetária, incluídos os expurgos inflacionários, a serem aplicados na execução de sentença condenatória de pagamento de benefícios previdenciários, vencimentos, salários, proventos, soldos e pensões, ainda que nela não haja previsão expressa, são de 42,72% em janeiro de 1989, 10,14% em fevereiro de 1989, 84,32% em março de 1990, 44,80% em abril de 1990, 7,87% em maio de 1990 e 21,87% em fevereiro de 1991.

▸ DJ: 28/09/1998

42. Nas execuções da dívida da União, o juiz não poderá reduzir o encargo de 20% (vinte por cento), previsto no Decreto-Lei 1.025/69.

▸ DJ: 22/11/1999

43. A transferência compulsória para instituição de ensino congênere, a que se refere o art. 99 da Lei 8.112/90, somente poderá ser efetivada de estabelecimento público para público ou de privado para privado, salvo a inexistência, no local de destino, de instituição de ensino da mesma natureza.

▸ DJ: 04/04/2000

44. Cabe agravo de instrumento das decisões concernentes à atualização de cálculo de liquidação.

▸ DJ: 29/03/2001

45. Não é devida a inclusão de juros moratórios em precatório complementar, salvo se não foi observado o prazo previsto no art. 100, § 1º da Constituição Federal no pagamento do precatório anterior.

▸ DJ: 14/09/2001

46. Na hipótese de descumprimento da obrigação de corrigir os saldos das contas vinculadas ao FGTS, no tempo certo, como previsto em lei, devem incidir juros moratórios no percentual de 0,5% (meio por cento) ao mês, a partir da citação, independentemente do levantamento ou da disponibilização dos aludidos saldos antes do cumprimento da decisão judicial.

▸ DJ: 30/01/2003

47. A ação de consignação em pagamento, em virtude da sua natureza declaratória, é imprópria para a discussão do reajuste da prestação dos contratos habitacionais, quer como substitutivo da ação de rito ordinário, quer como sucedâneo da ação cautelar.

▸ DJ: 26/03/2004

48. Não se aplica aos servidores militares transferidos "ex officio" e a seus dependentes a exigência de congeneridade entre a instituição de ensino superior de origem e a de destino, prevista no art. 99 da Lei 8.112/90.

▸ DJ: 09/09/2004

49. O critério de revisão previsto na Súmula 260 do Tribunal Federal de Recursos, diverso do estabelecido no art. 58 do Ato das Disposições Constitucionais Transitórias da Constituição Federal de 1988, perdeu eficácia a partir do Decreto-Lei 2.335, de 12 de junho de 1987.

▸ DJ: 20/05/2005

50. Prescreve em 3 (três) meses para a CONAB, o prazo para propositura da ação de depósito, contado a partir do dia em que a mercadoria foi ou deveria ser entregue (Decreto n. 1.102/1903, art. 11, in fine).

▸ DJ: 03/06/2013

51. É legítimo o edital do Exame Nacional do Ensino Médio (Enem) que prevê acesso às provas apenas para fins pedagógicos e recurso exclusivamente de ofício.

▸ DJ: 11/12/2013

52. A cobrança de taxa de matrícula ou mensalidade em qualquer curso ministrado em estabelecimento oficial de ensino público viola o disposto no art. 206, IV, da Constituição Federal.

▸ DJ: 18/05/2012

53. Consideram-se legais a Resolução 19.784/97 e a Portaria 158/02, ambas do Tribunal Superior Eleitoral.

▸ DJ: 18/12/2014

54. Não viola os arts. 199, § 4º, da Constituição Federal e 14, § 1º, da Lei 10.205/2001 a remessa de sangue de cordão umbilical para estocagem em laboratório localizado no exterior para preservação de células-tronco com fins terapêuticos, sem nenhum propósito de comercialização.

▸ DJ: 11/05/2015

55. Os Tribunais Regionais da Justiça Especializada possuem competência para julgar mandado de segurança contra atos de natureza administrativa, praticados por seus Presidentes.

▸ DJ: 17/05/2016

56. O art. 62 do Novo Código Florestal é aplicável aos reservatórios artificiais de água destinados a geração de energia ou ao abastecimento público que foram registrados ou tiveram seus contratos de concessão ou autorização assinados anteriormente à MP 2.166/67, de 24/08/2001, tão somente para evitar demolições, sem, no entanto, ter o condão de possibilitar novas edificações, ainda que seja além da cota máxima maximorum.

▸ DJ: 17/05/2016

57. A Resolução CONAMA nº 302/2002, que dispõe sobre os parâmetros, definições e limites de Áreas de Preservação Permanente de reservatórios artificiais, somente se aplica aos fatos a ela posteriores.

▸ DJ: 29/04/2016

58. A Resolução CONAMA nº 04/85, editada em razão do art. 18 da Lei nº 6.938/81, apenas contempla as formações florísticas e áreas de florestas como reserva ecológica, em nada se relacionando às áreas de preservação permanente incluídas no antigo Código Florestal (Lei nº 4.771/65) por ocasião da Medida Provisória nº 2.166-67/2001.

▸ DJ: 17/05/2016

59. A existência de lei municipal indicando a natureza urbana de determinada área é início de prova para se afastar a alegação de que o imóvel nela construído possui natureza rural, devendo ser cotejada com os demais elementos de prova acostados aos autos para fins de fixação da área de preservação permanente respectiva.

▸ DJ: 17/05/2016

Súmulas TRF 2

1. O art. 29 do Decreto-Lei n. 2.303, de 1986, não se aplica aos créditos previdenciários.

▸ DJ: 05/07/1990

2. O art. 29, do Decreto-Lei n. 2.303, de 1986, não se aplica aos créditos do F.G.T.S.

▸ DJ: 09/10/90

3. A isenção do IOF, prevista no art. 6. do Decreto-Lei n. 2.434/88, somente se aplica as importações realizadas no amparo de guias emitidas a partir de 1. de julho de 1988.

▸ DJ: 28/12/90

4. A opção pelo FGTS, com efeito retroativo, na forma da Lei n. 5958/73, assegura ao optante o direito a taxa progressiva de juros prevista na Lei n. 5107/66.

▸ DJ 18/04/91

5. (Cancelada). Preenchidos os requisitos do art. 14 do CTN e desde que não distribuam lucros, as instituições de previdência privada gozam da imunidade de impostos prevista no art. 150, VI, "c", da Carta Magna de 1988 (art. 19, III, "c", da Constituição Federal de 1967.

▸ DJ 16/05/91

6. Execução Fiscal suspensa com base no artigo 40 da Lei n. 6830/80 não pode ser julgada extinta, mas arquivada sem baixa na distribuição, após o término do prazo de suspensão.

▸ DJU 26/06/1991

7. Inexistindo Lei Complementar específica o fato gerador do ICMS, antigo ICM, na hipótese prevista no Art. 155, §2., item IX, letra "a" da Carta de 1988, continua a ser a entrada da mercadoria no estabelecimento destinatário.

▸ DJU 08/07/1991

8. Ajuizada a execução fiscal, de valor inferior ao limite estipulado no artigo 1. do Decreto-Lei n. 1793/80, não cabe ao Juiz extinguir o processo sob alegação de falta de interesse processual da exequente.

▸ DJU 08/07/1991

9. A conversão do imposto sobre a renda devido pelas pessoas jurídicas nos termos do prescrito pelo art. 25 da Lei n. 7.730, de 31.01.89, não exclui a incidência da atualização monetária prevista no parágrafo único do art. 15 da Lei n. 7.738 , de 09.03.89.

▸ DJ 31/03/93

10. Cometido delito em local sujeito a jurisdição de nova Vara, e esta a competente para conhecer do inquérito policial distribuído anteriormente a outra Vara, não estando instaurada a ação penal, pelo recebimento da denúncia.

▸ DJ 27/10/93

11. É desnecessária a apresentação dos comprovantes de aquisição de combustíveis - gasolina ou álcool carburante - na acao de restituicao do empréstimo compulsório instituído pelo Decreto-Lei n. 2288, de 23 de julho de 1986, queestabeleceu, desde logo, a sistematica de calculo para sua devolução (art.16).

▸ DJ 26/04/94

12. São devidos honorários advocatícios no processo cautelar, em que houver litígio.

▸ DJ 06/07/94

13. Os servidores públicos federais civis e militares ainda não haviam implementado a condição temporal para a incorporação a sua remuneração do índice de reajuste de 84,32%, correspondente ao IPC de marco de 1990, quando sobreveio a medida provisória n. 154, de 15 de março de 1990, que incidiu imediatamente.

▸ DJ 29/08/94

14. A remessa necessária não pode ser provida para agravar a condenação imposta a Fazenda Pública, haja ou não recurso voluntário das partes.

▸ DJ 14/12/94

15. O parágrafo 3. do art. 109 da Constituição Federal de 1988, institui, quanto as causas de natureza previdenciária, hipótese de competência relativa, pelo que não elide a competência concorrente da Justiça Federal.

▸ DJ 26.09.95

16. O aumento da remuneração dos militares decorrente da aplicação da Lei n. 8.237/91 não é extensivo aos servidores civis.

▸ DJ 17/10/95

17. No reajuste dos benefícios de prestação continuada, mantidos pela Previdência Social, aplica-se o critério da Súmula n. 260 (salário mínimo) do extinto Tribunal Federal de Recursos até o sétimo mês após a vigência da Constituição Federal de 1988 e, a partir de então, os critérios de revisão estabelecidos no art. 58 do ADCT e 201, parágrafo 2., da mesma Carta Magna.

▸ DJ 22.11.95

18. O segurado da Previdência Social oficial, que recebe complementação de benefício de entidade de Previdência Privada, tem legitimidade «ad causam» para propor ação em face da primeira, com vistas a revisão de seu benefício previdenciário.

▸ DJ 15.08.96

19. (Cancelada). Não é cabível agravo regimental de decisão que examina a admissibilidade dos chamados recursos constitucionais - RE, REsp e RO.

▸ DJ 12.07.99

20. O adicional de tarifa portuária (ATP) incide apenas nas operações realizadas com mercadorias importadas e exportadas, objeto do comércio de navegação de longo curso, não incidindo sobre os serviços de utilização e atracação dos portos.

▸ DJ 08/03/2002

21. A diária de asilado concedida ao militar pode ser substituída pelo auxílio-invalidez, desde que não resulte em redução do montante global de seus proventos.

▸ DJ 08/03/2002

22. A diária de asilado concedida ao militar inativo é devida à esposa e dependentes do servidor falecido.

▸ DJ II 08/03/2002

23. Não incide imposto de renda sobre a indenização recebida pela adesão ao programa de desligamento voluntário.

▸ DJ 08/03/2002

24. A contribuição do salário-educação é constitucional, posto que foi expressamente recepcionada pela Constituição Federal de 1988, através do artigo 212, par. 5, não cabendo, portanto, a sua compensação.

▸ DJ 08/03/2002

25. Nas ações que versem sobre a inexigibilidade do salário-educação, devem figurar no pólo passivo da relação processual, na qualidade de litisconsortes passivos necessários, o Instituto Nacional de Seguro Social (INSS) e o Fundo Nacional de Desenvolvimento da Educação (FNDE).

▸ DJ 08/03/2002

26. O artigo 202, da Constituição Federal, em sua redação original, não é auto-aplicável, por depender de integração legislativa, só implementada com a edição das Leis 8212/91 e 8.213/91, que aprovaram o Plano de Custeio e de Benefícios da Previdência Social.

▸ DJ II 08/03/2002

27. Nas ações em que se discute a correção monetária dos saldos das contas vinculadas do FGTS, a legitimidade passiva é exclusiva da Caixa Econômica Federal.

▸ DJ 08/03/2002

28. Nas ações em que se discute a correção monetária dos saldos das contas vinculadas do FGTS a prescrição é trintenária, bem como, naquelas em que se discute a aplicação da taxa progressiva de juros, pois aos acessórios aplicam-se as regras adotadas para o principal.

▸ DJ 08/03/2002

29. No reajuste dos benefícios de prestação continuada, mantidos pela Previdência Social, aplica-se o critério da Súmula n. 260 do extinto Tribunal Federal de Recursos até o sétimo mês após a vigência da Constituição Federal de 1988 e, a partir de então, os critérios de revisão estabelecidos nos arts. 58 do ADCT e 201, par. 2, da mesma Carta Magna.

▸ DJ 30/07/2002

30. O exame psicotécnico é critério seletivo legitimo, desde que permita aos candidatos o conhecimento dos resultados pessoais e a interposição de eventual recurso, previsto em edital.

▸ DJ 13/06/2005.

31. Na execução fiscal, é vedada a nomeação à penhora de títulos da dívida pública sem liquidez imediata, de difícil ou duvidosa liquidação.

▸ DJ 13/06/2005

32. Conta-se como tempo de efetivo serviço, para fins previdenciários, o período de atividade como aluno-aprendiz em escola técnica, exercida sob a vigência do Decreto nº 4.073/42, desde que tenha havido retribuição pecuniária, admitindo-se como tal o recebimento de alimentação, vestuário, moradia, material escolar e parcela de renda auferida com a execução de encomendas para terceiros, à conta do orçamento da união, independente de descontos previdenciários.

▸ DJ 13/06/2005

33. (Cancelada). Nas causas em que for vencida a fazenda pública são devidos honorários advocatícios, fixados consoante apreciação equitativa do juiz, não sendo obrigatória a fixação da verba honorária em percentual mínimo, conforme facultado pelo § 4º do art. 20 do CPC.

▸ DJ 13/06/2005

34. A contribuição previdenciária sobre a remuneração paga aos administradores, autônomos e avulsos, tendo sido declarada inconstitucional, pode ser compensada com contribuições da mesma espécie, desnecessária a comprovação de inexistência de repercussão ou repasse, dada à sua natureza de tributo direto.

▸ DJ 13/06/2005

35. Não há direito adquirido ao reajuste de vencimentos, proventos ou pensões, pelos índices de 26,06% (Plano Bresser) e 26,05% (Plano Verão), relativos, respectivamente, ao ipc de junho/87 e à variação da URP de fevereiro/89.

▸ DJ 13/06/2005

36. Os conselhos de fiscalização profissional estão isentos de custas processuais, na Justiça Federal, apenas durante a vigência de norma isencional estabelecida pela lei nº 6032, de 30/04/74, revogada após a entrada em vigor da lei n° 9289, de 04/07/1996.

▸ DJ 13/06/2005

37. A isenção do Adicional ao Frete para Renovação da Marinha Mercante (AFRMM) depende da existência de ato internacional de natureza contratual, firmado pelo Brasil concedendo o benefício à mercadoria importada, não podendo ser concedida por acordo ou tratado de caráter geral, cujo objeto é a regulamentação do comércio internacional.

▸ DJ 13/06/2005

38. As importações de mercadorias realizadas após 1º de março de 1989, data em que entrou em vigor o sistema tributário nacional instituído pela Constituição Federal vigente, são regidas pelas leis dos Estados e do Distrito Federal, editadas com fundamento nos convênios, nos termos do § 8º do artigo 34, do ADCT, tendo como fato gerador do ICMS o recebimento da mercadoria pelo importador, que ocorre com o despacho aduaneiro, e aquelas importadas antes da referida data, continuam sujeitas à Súmula nº 7 deste Tribunal, considerando-se como fato gerador a entrada da mercadoria no estabelecimento destinatário.

▸ DJ 13/06/2005

39. A demora, ou inadimplência, nos repasses de verbas públicas para o programa de crédito educativo, não autorizam restrições ao exercício das atividades acadêmicas dos seus beneficiários por parte da instituição de ensino.

▸ DJ 13/06/2005

40. Em se tratando de crimes ambientais, a regra é a competência da Justiça Estadual, exceto se praticados em detrimento de bens, serviços ou interesses da União, de suas entidades autárquicas e empresas públicas.

▸ DJ 13/06/2005

41. Na ação de desapropriação, ou de constituição de servidão administrativa, proposta por concessionária de energia elétrica, manifestando a união expressamente falta de interesse em intervir no feito, não poderá ser obrigada a integrar a relação processual, competindo o julgamento à justiça estadual.

▸ DJ 13/06/2005

42. A petição inicial não pode ser indeferida liminarmente, ao fundamento de que as cópias que a instruem carecem de autenticação.

▸ DJ 13/06/2005

43. A cassação ou suspensão de benefício previdenciário é ato administrativo único, de efeitos permanentes, razão pela qual, impetrado o mandado de segurança após o prazo de 120 dias, opera-se a decadência.

▸ DJ 13/06/2005

44. Para a propositura de ações de natureza previdenciária é desnecessário o exaurimento das vias administrativas.

▸ DJ 13/06/2005

45. É dispensável a exigência de reconhecimento de firma em procuração com cláusula "ad judicia", outorgada a advogado para postulação em juízo apenas com poderes gerais para o foro.

▸ DJ 13/06/2005

46. A suspeita de fraude na concessão do benefício previdenciário não autoriza, de imediato, a sua suspensão ou cancelamento, sendo indispensável a apuração dos fatos mediante processo administrativo regular, assegurados o contraditório e a ampla defesa.

▸ DJ 13/06/2005

47. A ausência dos extratos das contas do FGTS não impede a propositura da ação judicial quando os referidos documentos estiverem supridos por outros meios que comprovem a existência do vínculo com o regime fundiário.

▸ DJ 13/06/2005

48. São devidos, para fins de correção monetária dos saldos do FGTS, os percentuais de 18,02% (LBC) quanto às perdas de junho de 1987, 42,72% (IPC) quanto às de janeiro de 1989, 44,80% (IPC) quanto às de abril de 1990, de 5,38% (BTN) para maio de 1990 e 7,00% (TR) para fevereiro de 1991.

▸ DJ 13/06/2005

49. As disposições contidas nos parágrafos §§ 5º e 6º do art. 201 da Constituição Federal, com redação dada pela Emenda Constitucional nº 20/98, são autoaplicáveis.

▸ DJ 13/06/2005

50. As anuidades da Ordem dos Advogados do Brasil não têm natureza tributária e estão afetas às Turmas Especializadas em Direito Administrativo.

▸ DJ 12/06/2008

51. O art. 32, da Lei nº 9.656/98, que trata do ressarcimento ao sistema único de saúde (SUS), é constitucional.

▸ DJ 14/01/2009

52. É inconstitucional a expressão "observado, quanto ao art. 3º, o disposto no art. 106, inciso i, da lei nº 5.172, de 25 de outubro de 1966 – Código Tributário Nacional", constante do art. 4º, segunda parte, da Lei Complementar nº 118, de 09 de fevereiro de 2005, por violação ao art. 5º – XXXVI da Constituição Federal.

▸ DJ 07/04/2009

53. Viola a garantia constitucional do livre exercício de qualquer trabalho, ofício ou profissão, a suspensão do direito de exercer a advocacia, prevista no art. 37, I, §§ 1º e 2º, da Lei 8.906/94, em razão do inadimplemento da contribuição anual devida à Ordem dos Advogados do Brasil.

▸ DJ 18/11/2009

54. A pensão de ex-combatente, por morte ocorrida na vigência das Leis 3.765/60 e 4.242/63, será devida às filhas, ainda que maiores e não inválidas, inclusive por reversão, em valor correspondente ao soldo de 2º Sargento.

▸ DJ 05/07/2010

55. A pensão de ex-combatente, por morte ocorrida na vigência das Leis 3.765/60 e 4.242/63, será devida às filhas, ainda que maiores e não inválidas, inclusive por reversão, em valor correspondente ao soldo de 2º Sargento, vedada a percepção cumulativa com qualquer outra importância dos cofres públicos.

▸ DJF2R, 17/03/2011

56. É inconstitucional a expressão "haverá a incidência uma única vez", constante do art. 1º-F da Lei nº 9.494/97, com a redação dada pelo art. 5º da Lei nº 11.960/2009.

▸ DJF2R, 08/06/2011

57. O Tribunal Regional Federal da 2ª Região, na Sessão Plenária realizada no dia 02 de junho de 2011, por unanimidade, aprovou, o enunciado da Súmula nº 56, consoante o disposto no art. 116 do Regimento Interno, a ser publicado no Diário Eletrônico da Justiça Federal da 2ª Região, por três vezes.

▸ DJF2R, 24/11/2011

58. É inconstitucional, por invadir a competência legislativa municipal, a Lei Estadual nº 4.223/2003, que disciplina o atendimento ao público e estipula tempo máximo de espera na fila pelos usuários dos serviços bancários das agências localizadas no Estado do Rio de Janeiro.

▸ DJF2R, 24/11/2011

59. É inconstitucional o art. 4º, segunda parte, da Lei Complementar nº 118, de 09 de fevereiro de 2005, considerando-se válida a aplicação do prazo de 5 anos apenas às ações ajuizadas após o decurso da vacatio legis de 120 dias, ou seja, a partir de 9 de junho de 2005.

▸ DJF2R, 23/05/2012

60. A pensão de ex-combatente, por morte ocorrida na vigência das Leis 3.765/60 e 4.242/63, será devida às filhas, ainda que maiores, desde que não possam prover os meios de sua subsistência, inclusive por reversão, em valor correspondente ao soldo de 2º Sargento, vedada a percepção cumulativa com qualquer outra importância dos cofres públicos.

▸ DJF2R-TRF2, Adm., 16/03/2016

61. Há remessa necessária nos casos de sentenças ilíquidas e condenatórias, de obrigação de fazer ou de não fazer, nos termos do artigo 496, inciso I e parágrafo 3º, do Código de Processo Civil de 2015.

▸ A Súmula 61 altera o enunciado da Súmula 55, conforme decisão do Órgão Especial de 04/04/2018.

Súmulas TRF 3

1. Em matéria fiscal é cabível medida cautelar de depósito, inclusive quando a ação principal for declaratória de inexistência de obrigação tributária.

2. É direito do contribuinte, em ação cautelar, fazer o depósito integral de quantia em dinheiro para suspender a exigibilidade de crédito tributário.

▸ DJ:21/05/1990

3. É ilegal a exigência da comprovação do prévio recolhimento do imposto de circulação de mercadorias e serviços como condição para a liberação de mercadorias importadas.

▸ DJ:21/05/1990

4. A Fazenda Pública – nesta expressão incluídas as autarquias – nas execuções fiscais, não está sujeita ao prévio pagamento de despesas para custear diligência de oficial de justiça.

▸ DJ:26/09/1991

5. O preceito contido no artigo 201, parágrafo 5º, da Constituição da República consubstancia norma de eficácia imediata, independendo sua aplicabilidade da edição de lei regulamentadora ou instituidora da fonte de custeio.

▸ DJU:02/05/1994

6. O reajuste dos proventos resultantes de benefícios previdenciários deve obedecer às prescrições legais, afastadas as normas administrativas que disponham de maneira diversa.

▸ DJU:14/03/1995

7. Para a apuração da renda mensal inicial dos benefícios previdenciários concedidos antes da Constituição Federal de 1988, a correção dos 24 (vinte e quatro) salários-de-contribuição, anteriores aos últimos 12 (doze), deve ser feita em conformidade com o que prevê o artigo 1º da Lei 6.423/77.

▸ DJU:14/03/1995

8. Em se tratando de matéria previdenciária, incide a correção monetária a partir do vencimento de cada prestação do benefício, procedendo-se à atualização em consonância com os índices legalmente estabelecidos, tendo em vista o período compreendido entre o mês em que deveria ter sido pago, e o mês do referido pagamento.

▸ DJU:14/03/1995

9. Em matéria previdenciária, torna-se desnecessário o prévio exaurimento da via administrativa, como condição de ajuizamento da ação.

▸ DJU:14/03/1995

10. O artigo 475, inciso II, do CPC (remessa oficial) foi recepcionado pela vigente Constituição Federal.

▸ DJU:26/08/1996

11. Na execução fiscal, a Fazenda Pública está obrigada a adiantar as despesas de transporte do oficial de justiça.

- DJU:20/02/1998

12. Não incide o imposto de renda sobre a verba indenizatória recebida a título da denominada demissão incentivada ou voluntária.

- DJU:04/10/1999

13. O artigo 201, parágrafo 6º, da Constituição da República tem aplicabilidade imediata para efeito de pagamento da gratificação natalina dos anos de 1988 e 1989.

- DJU:30/01/2006

14. O salário mínimo de NCz$ 120,00 (cento e vinte cruzados novos) é aplicável ao cálculo dos benefícios previdenciários no mês de junho de 1989.

- DJU:30/01/2006

15. Os extratos bancários não constituem documentos indispensáveis à propositura de ação em que se pleiteia a atualização monetária dos depósitos de contas do FGTS.

- DJU:30/01/2006

16. Basta a comprovação da propriedade do veículo para assegurar a devolução, pela média de consumo, do empréstimo compulsório sobre a compra de gasolina e álcool previsto no Decreto-lei nº 2.288/1986.

- DJU:09/02/2006

17. Não incide imposto de renda sobre verba indenizatória paga a título de férias vencidas e não gozadas em caso de rescisão contratual.

- DJU:09/02/2006

18. O critério do art. 58 do ADCT é aplicável a partir de 05/04/1989 até a regulamentação da Lei de Benefícios pelo Decreto nº 357 de 09/12/91.

- DJU:30/01/2006

19. É aplicável a variação do Índice de Reajuste do Salário Mínimo, no percentual de 39,67%, na atualização dos salários-de-contribuição anteriores a março de 1994, a fim de apurar a renda mensal inicial do benefício previdenciário.

- DJU:30/01/2006

20. A regra do parágrafo 3° do artigo 109 da Constituição Federal abrange não só os segurados e beneficiários da previdência social, como também aqueles que pretendem ver declarada tal condição.

- DJU:09/02/2006

21. A União Federal possui legitimidade passiva nas ações decorrentes do empréstimo compulsório previsto no Decreto-lei nº 2.288/86.

- DJU:09/02/2006

22. É extensível aos beneficiários da Assistência Social (inciso V do artigo 203 da CF) a regra de delegação de competência do parágrafo 3º do artigo 109 da Constituição Federal, sendo exclusiva a legitimidade passiva do INSS.

- DJU:09/02/2006

23. É territorial e não funcional a divisão da Seção Judiciária de São Paulo em Subseções. Sendo territorial, a competência é relativa, não podendo ser declinada de ofício, conforme dispõe o artigo 112 do CPC e Súmula 33 do STJ.

- DJU:10/03/2006

24. É facultado aos segurados ou beneficiários da Previdência Social ajuizar ação na Justiça Estadual de seu domicílio, sempre que esse não for sede de Vara da Justiça Federal.

- DJU DATA:10/03/2006

25. É territorial e não funcional a divisão da Seção Judiciária de São Paulo em Subseções. Sendo territorial, a competência é relativa, não podendo ser declinada de ofício, conforme dispõe o artigo 112 do CPC e Súmula 33 do STJ.

- DJU DATA:10/03/2006

26. Não serão remetidas aos Juizados Especiais Federais as causas previdenciárias e assistenciais ajuizadas até a sua instalação, em tramitação em Vara Federal ou Vara Estadual no exercício de jurisdição Federal delegada.

- DJU:10/03/2006

27. É inaplicável a Súmula 343 do Supremo Tribunal Federal, em ação rescisória de competência da Segunda Seção, quando implicar exclusivamente interpretação de texto constitucional.

- DJU:10/03/2006

28. O PIS é devido no regime da Lei Complementar nº 7/70 e legislação subseqüente, até o termo inicial de vigência da MP n° 1.212/95, diante da suspensão dos Decretos-leis n° 2.445/88 e n° 2.449/88 pela Resolução n° 49/95, do Senado Federal.

- DJU:24/05/2006

29. Nas ações em que se discute a correção monetária dos depósitos das contas vinculadas do FGTS, a legitimidade passiva é exclusiva da Caixa Econômica Federal - CEF.

- DJU:13/09/2006

30. É constitucional o empréstimo compulsório sobre o consumo de energia elétrica previsto na Lei 4.156/62, sendo legítima a sua cobrança até o exercício de 1993.

- DJU DATA:13/09/2006

31. Na hipótese de suspensão da execução fiscal, com fundamento no artigo 40 da Lei 6.830/80, decorrido o prazo legal, serão os autos arquivados sem extinção do processo ou baixa na distribuição.

- DJU DATA:04/12/2007

32. É competente o relator para dirimir conflito de competência em matéria penal através de decisão monocrática, por aplicação analógica do artigo 120, § único do Código de Processo Civil autorizada pelo artigo 3º do Código de Processo Penal.

- DJF3:06/04/2009

33. É competente o relator para dirimir conflito de competência em matéria penal através de decisão monocrática, por aplicação analógica do artigo 120, § único do Código de Processo Civil autorizada pelo artigo 3º do Código de Processo Penal.

34. O inquérito não deve ser redistribuído para Vara Federal Criminal Especializada enquanto não se destinar a apuração de crime contra o sistema financeiro (Lei nº 7.492/86) ou delito de "lavagem" de ativos (Lei nº 9.613/98).

- DJF3:06/04/2009

35. Os efeitos penais do artigo 9º, da Lei 10.684/03 aplicam-se ao Programa de Parcelamento Excepcional - PAEX.

- DJF3:06/04/2011

36. É incabível a redistribuição de ações no âmbito dos Juizados Especiais Federais, salvo no caso de Varas situadas em uma mesma base territorial.

- DJF3 DATA:13/02/2015

37. Compete à 3ª Seção julgar as ações referentes à devolução dos valores recebidos indevidamente a título de benefício previdenciário, independentemente do tipo de ação proposta.

Súmulas TRF 4

1. É inconstitucional a exigência do empréstimo compulsório instituído pelo artigo 10 do Decreto-Lei 2.288, de 1986, na aquisição de veículos de passeio e utilitários.

- DJ (Seção II) 02-10-91

2. Para o cálculo da aposentadoria por idade ou por tempo de serviço, no regime precedente à Lei n° 8.213, de 24 de julho de 1991, corrigem-se os salários-de-contribuição, anteriores aos doze últimos meses, pela variação nominal da ORTN/OTN.

- DJ (Seção II) 13-01-92

3. Os juros de mora, impostos a partir da citação, incidem também sobre a soma das prestações previdenciárias vencidas.

- DJ (Seção II) 24-02-92

4. É constitucional a isenção prevista no art. 6° do Decreto-Lei n° 2.434, de 19.05.88.

- DJ (Seção II) 22-04-92

5. A correção monetária incidente até a data do ajuizamento deve integrar o valor da causa na ação de repetição de indébito.

- DJ (Seção II) 12-05-92

6. A autoridade administrativa não pode, com base na Instrução Normativa n° 54/81 - SRF, exigir a comprovação do recolhimento do ICMS por ocasião do desembaraço aduaneiro.

- DJ (Seção II) 20-05-92

7. É inconstitucional o art. 8° da Lei n° 7.689 de 15 de dezembro de 1988.

- DJ (Seção II) 20-05-92

8. Subsiste no novo texto constitucional a opção do segurado para ajuizar ações contra a Previdência Social no foro estadual do seu domicílio ou no do Juízo Federal. DJ (Seção II) de 20-05-92

9. Incide correção monetária sobre os valores pagos com atraso, na via administrativa, a título de vencimento, remuneração, provento, soldo, pensão ou benefício previdenciário, face à sua natureza alimentar. DJ (Seção II) de 06-11-92

10. A impenhorabilidade da Lei n° 8009/90 alcança o bem que, anteriormente ao seu advento, tenha sido objeto de constrição judicial.

- DJ (Seção II) de 20-05-93

11. O desapropriante está desobrigado de garantir compensação pelo deságio que os títulos da dívida agrária venham a sofrer, se levados ao mercado antecipadamente.

- DJ (Seção II) de 20-05-93

12. Na execução fiscal, quando a ciência da penhora for pessoal, o prazo para a oposição dos embargos de devedor inicia no dia seguinte ao da intimação deste.

- DJ (Seção II) de 20-05-93

13. É inconstitucional o empréstimo compulsório incidente sobre a compra de gasolina e álcool, instituído pelo artigo 10 do Decreto--Lei 2288, de 1986.

▸ DJ (Seção II) de 20-05-93

14. É constitucional o inciso I do artigo 3° da Lei 7787, de 1989.

▸ DJ (Seção II) de 20-05-93

15. O reajuste dos benefícios de natureza previdenciária, na vigência do Decreto-Lei n° 2.351, de 7 de agosto de 1987, vinculava-se ao salário mínimo de referência e não ao piso nacional de salários.

▸ DJ (Seção II) de 14-10-93

16. A apelação genérica, pela improcedência da ação, não devolve ao Tribunal o exame da fixação dos honorários advocatícios, se esta deixou de ser atacada no recurso.

▸ DJ (Seção II) de 29-10-93

17. No cálculo de liquidação de débito judicial, inclui-se o índice de 70,28% relativo à correção monetária de janeiro de 1989.

▸ DJ (Seção II) de 02-12-93

18. O depósito judicial destinado a suspender a exigibilidade do crédito tributário somente poderá ser levantado, ou convertido em renda, após o trânsito em julgado da sentença.

▸ DJ (Seção II) de 02-12-93

19. É legítima a restrição imposta pela Portaria DECEX n° 8, de 13-05-91, no que respeita à importação de bens usados, dentre os quais pneus e veículos.

▸ DJ (Seção II) de 15-12-93

20. O art. 8°, parágrafo 1°, da Lei 8620/93 não isenta o INSS das custas judiciais, quando demandado na Justiça Estadual.

▸ DJ (Seção II) de 15-12-93

21. É constitucional a Contribuição Social criada pelo art. 1° da Lei Complementar n° 70, de 1991.

▸ DJ (Seção II) de 15-12-93

22. É inconstitucional a cobrança da taxa ou do emolumento para licenciamento de importação, de que trata o art. 10 da Lei 2.145/53, com a redação da Lei 7.690/88 e da Lei 8.387/91.

▸ DJ (Seção 2) de 05-05-94

23. É legítima a cobrança do empréstimo compulsório incidente sobre o consumo de energia elétrica, instituído pela Lei 4.156/62, inclusive na vigência da Constituição Federal de 1988.

▸ DJ (Seção 2) de 05-05-94

24. São auto-aplicáveis os parágrafos 5° e 6° do art. 201 da Constituição Federal de 1988.

▸ DJ (Seção 2) de 05-05-94

25. É cabível apelação da sentença que julga liquidação por cálculo, e agravo de instrumento da decisão que, no curso da execução, aprecia atualização da conta.

▸ DJ (Seção 2) de 05-05-94

26. O valor dos benefícios previdenciários devidos no mês de junho de 1989 tem por base o salário mínimo de NCz$120,00 (art. 1° da Lei 7.789/89).

▸ DJ (Seção 2) de 05-05-94

27. A prescrição não pode ser acolhida no curso do processo de execução, salvo se superveniente à sentença proferida no processo de conhecimento.

▸ DJ (Seção 2) de 05-05-94

28. São inconstitucionais as alterações introduzidas no Programa de Integração Social (PIS) pelos Decretos-Leis 2445/88 e 2449/88.

▸ DJ (Seção 2) de 05-05-94

29. Não cabe a exigência de estágio profissionalizante para efeito de matrícula em curso superior.

▸ DJ (Seção 2) de 05-05-94

30. A conversão do regime jurídico trabalhista para o estatutário não autoriza ao servidor o saque dos depósitos do FGTS.

▸ DJ (Seção 2) de 09-06-94

31. Na ação de repetição do indébito tributário, os juros de mora incidem a partir do trânsito da sentença em julgado.

▸ DJ (Seção 2) de 29-05-95

32. No cálculo de liquidação de débito judicial, inclui-se o índice de 42,72% relativo à correção monetária de janeiro de 1989.

▸ DJ (Seção 2) de 19-06-95

33. A devolução do empréstimo compulsório sobre combustíveis (art. 10 do Decreto-lei n° 2288/86) independe da apresentação das notas fiscais.

▸ DJ (Seção 2) de 08-09-95

34. Os municípios são imunes ao pagamento de IOF sobre suas aplicações financeiras.

▸ DJ (Seção 2) de 22-12-95

35. Inexiste direito adquirido a reajuste de vencimentos de servidores públicos federais com base na variação do IPC - Índice de Preços ao Consumidor - de março e abril de 1990.

▸ DJ (Seção 2) de 15-01-96

36. Inexiste direito adquirido a reajuste de benefícios previdenciários com base na variação do IPC - Índice de Preços ao Consumidor - de março e abril de 1990.

▸ DJ (Seção 2) de 15-01-96

37. Na liquidação de débito resultante de decisão judicial, incluem-se os índices relativos ao IPC de março, abril e maio de 1990 e fevereiro de 1991.

▸ DJ (Seção 2) de 14-03-96

38. São devidos os ônus sucumbenciais na ocorrência de perda do objeto por causa superveniente ao ajuizamento da ação.

▸ DJ (Seção 2) de 15-07-96

39. Aplica-se o índice de variação do salário da categoria profissional do mutuário para o cálculo do reajuste dos contratos de mútuo habitacional com cláusula PES, vinculados ao SFH.

▸ DJ (Seção 2) de 28-10-96

40. Por falta de previsão legal, é incabível a equivalência entre o salário-de-contribuição e o salário-de-benefício para o cálculo da renda mensal dos benefícios previdenciários.

▸ DJ (Seção 2) de 28-10-96

41. É incabível o seqüestro de valores ou bloqueio das contas bancárias do INSS para garantir a satisfação de débitos judiciais.

▸ DJ (Seção 2) de 28-10-96

42. A União e suas autarquias estão sujeitas ao adiantamento das despesas do oficial de justiça necessárias ao cumprimento de diligências por elas requeridas.

▸ DJ (Seção 2) de 16-04-97

43. As contribuições para o FGTS não têm natureza tributária, sujeitando-se ao prazo prescricional de trinta anos.

▸ DJ (Seção 2) de 14-01-98

44. É inconstitucional a contribuição previdenciária sobre o pro labore dos administradores, autônomos e avulsos, prevista nas Leis n.s 7.787/89 e 8.212/91.

▸ DJ (Seção 2) de 14-01-98

45. Descabe a concessão de liminar ou de antecipação de tutela para a compensação de tributos.

▸ DJ (Seção 2) de 14-01-98

46. É incabível a extinção do processo de execução fiscal pela falta de localização do devedor ou inexistência de bens penhoráveis (art. 40 da Lei nº 6830/80).

▸ DJ (Seção 2) de 14-01-98

47. Na correção monetária dos salários--de-contribuição integrantes do cálculo de renda mensal inicial dos beneficiários previdenciários, em relação ao período de março a agosto de 1991, não se aplica o índice de 230,40%.

▸ DJ (Seção 2) de 07-04-98

48. O abono previsto no artigo 9º, §6º, letra "b", da Lei nº 8178/91 está incluído no índice de 147,06%, referente ao reajuste dos benefícios previdenciários em 1º de setembro de 1991.

▸ DJ (Seção 2) de 07-04-98

49. O critério de cálculo da aposentadoria proporcional estabelecido no artigo 53 da Lei 8213/91 não ofende o texto constitucional.

▸ DJ (Seção 2) de 07-04-98

50. Não há direito adquirido à contribuição previdenciária sobre o teto máximo de 20 salários mínimos após a entrada em vigor da Lei nº 7787/89.

▸ DJ (Seção 2) de 07-04-98

51. Não se aplicam os critérios da súmula nº 260 do extinto Tribunal Federal de Recursos aos benefícios previdenciários concedidos após a Constituição Federal de 1988.

▸ DJ (Seção 2) de 07-04-98

52. São devidos juros de mora na atualização da conta objeto de precatório complementar.

▸ DJ (Seção 2) de 07-04-98

53. A sentença que, independentemente de pedido, determina a correção monetária do débito judicial não é ultra ou extra petita.

▸ DJ (Seção 2) de 07-04-98

54. Os valores recebidos a título de incentivo à demissão voluntária não se sujeitam à incidência do imposto de renda.

▸ DJ (Seção 2) de 22-04-98

55. É constitucional a exigência de depósito prévio da multa para interposição de recurso administrativo, nas hipóteses previstas pelo art.93 da Lei nº 8212/91 - com a redação dada pela Lei nº 8870/94 - e pelo art. 636, § 1º, da CLT.

▸ DJ (Seção 2) de 15-06-98

56. Somente a Caixa Econômica Federal tem legitimidade passiva nas ações que objetivam a correção monetária das contas vinculadas do FGTS.

▸ DJ (Seção 2) de 03-11-98

57. As ações de cobrança de correção monetária das contas vinculadas do FGTS sujeitam-se ao prazo prescricional de trinta anos.

▸ DJ (Seção 2) de 03-11-98

58. A execução fiscal contra a Fazenda Pública rege-se pelo procedimento previsto no art. 730 do Código de Processo Civil.

▸ DJ (Seção 2) de 18-11-98

59. A UFIR, como índice de correção monetária de débitos e créditos tributários, passou a viger a partir de janeiro de 1992.

▸ DJ (Seção 2) de 18-11-98

60. Da decisão que não recebe ou que rejeita a denúncia cabe recurso em sentido estrito.

▸ DJ (Seção 2) de 29-04-99

61. A União e o INSS são litisconsortes passivos necessários nas ações em que seja postulado o benefício assistencial previsto no art. 20 da Lei 8742/93, não sendo caso de delegação de jurisdição federal.

▸ DJ (Seção 2) de 27-05-99

62. Nas demandas que julgam procedente o pedido de diferença de correção monetária sobre depósitos do FGTS, não são devidos juros de mora relativamente às contas não movimentadas.

▸ DJ (Seção 2) de 23-02-2000

63. Não é aplicável a súmula 343 do Supremo Tribunal Federal nas ações rescisórias versando matéria constitucional.

▸ DJ (Seção 2) de 09-05-2000

64. É dispensável o reconhecimento de firma nas procurações «ad judicia», mesmo para o exercício em juízo dos poderes especiais previstos no art. 38 do CPC.

▸ DJU (Seção2) de 07-03-2001

65. A pena decorrente do crime de omissão no recolhimento de contribuições previdenciárias não constitui prisão por dívida.

▸ DJU (Seção 2) de 03-10-2002

66. A anistia prevista no art. 11 da Lei nº 9.639/98 é aplicável aos agentes políticos, não aproveitando aos administradores de empresas privadas.

▸ DJU (Seção 2) de 03-10-2002

67. A prova da materialidade nos crimes de omissão no recolhimento de contribuições previdenciárias pode ser feita pela autuação e notificação da fiscalização, sendo desnecessária a realização de perícia.

▸ DJU (Seção 2) de 03-10-2002

68. A prova de dificuldades financeiras, e conseqüente inexigibilidade de outra conduta, nos crimes de omissão no recolhimento de contribuições previdenciárias, pode ser feita através de documentos, sendo desnecessária a realização de perícia.

▸ DJU (Seção 2) de 03-10-2002

69. A nova redação do art. 168-A do Código Penal não importa em descriminalização da conduta prevista no art. 95, "d", da Lei nº 8.212/91.

▸ DJU (Seção 2) de 03-10-2002

70. São devidos honorários advocatícios em execução de título judicial, oriundo de ação civil pública.

▸ DJ (Seção 2) de 06-10-2003

71. Os juros moratórios são devidos pelo gestor do FGTS e incidem a partir da citação nas ações em que se reclamam diferenças de correção monetária, tenha havido ou não levantamento do saldo, parcial ou integralmente.

▸ DJ (Seção 2) de 08-10-2004

72. É possível cumular aposentadoria urbana e pensão rural.

▸ DJ (Seção 2) de 02-02-2006

73. Admitem-se como início de prova material do efetivo exercício de atividade rural, em regime de economia familiar, documentos de terceiros, membros do grupo parental.

▸ DJ (Seção 2) de 02-02-2006

74. Extingue-se o direito à pensão previdenciária por morte do dependente que atinge 21 anos, ainda que estudante de curso superior.

▸ DJ (Seção 2) de 02-02-2006

75. Os juros moratórios, nas ações previdenciárias, devem ser fixados em 12% ao ano, a contar da citação.

▸ DJ (Seção 2) de 02-02-2006

76. Os honorários advocatícios, nas ações previdenciárias, devem incidir somente sobre as parcelas vencidas até a data da sentença de procedência ou do acórdão que reforme a sentença de improcedência.

▸ DJ (Seção 2) de 02-02-2006

77. O cálculo da renda mensal inicial de benefício previdenciário concedido a partir de março de 1994 inclui a variação integral do IRSM de fevereiro de 1994 (39,67%).

▸ DJ (Seção 2) de 08-02-2006

78. A constituição definitiva do crédito tributário é pressuposto da persecução penal concernente a crime contra a ordem tributária previsto no art. 1ª da Lei nº 8.137/90."

▸ DJ (Seção 2) de 22-03-2006

79. Cabível a denunciação da lide à Caixa Econômica Federal nas ações em que os ex-procuradores do Banco Meridional buscam o pagamento de verba honorária relativamente aos serviços prestados para a recuperação dos créditos cedidos no processo de privatização da instituição.

▸ D.E. (Judicial 2) de 26-05-2009

80. Incide o imposto de produtos industrializados na importação de veículo automotor por pessoa natural, ainda que não desempenhe atividade empresarial e o faça para uso próprio.

81. O transcurso de lapso temporal razoável superior a um ano é fundamento para a renovação do pedido de penhora on line via BACENJUD.

82. É inaplicável o princípio da insignificância ao estelionato cometido em detrimento de entidade de direito público.

83. Em face da preclusão consumativa, não pode a parte se valer de recurso excepcional adesivo quando, em momento anterior, já houver manifestado sua irresignação por meio do recurso excepcional autônomo.

84. Concedida a isenção do imposto de renda incidente sobre os proventos de aposentadoria percebidos por portadores de neoplasia maligna, nos termos art. 6º, inciso XIV, da Lei 7.713/88, não se exige a persistência dos sintomas para a manutenção do benefício.

85. A adesão a parcelamento de crédito tributário implica a suspensão da execução, mediante o arquivamento do feito, sem baixa na distribuição.

86. É desnecessária a apresentação de Ato Declaratório Ambiental - ADA para o reconhecimento do direito à isenção de Imposto Territorial Rural - ITR. Todavia, para o gozo da isenção do ITR no caso de área de "reserva legal", é imprescindível a averbação da referida área na matrícula do imóvel.

87. É admitida a pena de perdimento de veículo objeto de alienação fiduciária ou de arrendamento mercantil, independentemente da participação do credor fiduciário ou arrendante no evento que deu causa à pena.

88. O art. 6º, XIV, da Lei nº 7.713/1988, norma que deve ser interpretada na sua literalidade, não faz distinção entre cegueira binocular e monocular, para efeito de isenção de Imposto sobre a Renda.

89. A instituição da base de cálculo da Taxa de Saúde Suplementar (TSS) por resolução da Agência Nacional de Saúde Suplementar (RDC nº 10, de 2000) afronta o princípio da legalidade tributária, conforme o disposto no art. 97, IV, do CTN.

90. O encerramento de processo falimentar sem bens aptos à satisfação do crédito tributário, constada a impossibilidade de redirecionamento, conduz à extinção da execução fiscal por falta de interesse processual (art. 485, VI, CPC/15).

91. No parcelamento que prescinde de ato formal de exclusão, o prazo prescricional é interrompido, recomeçando a fluir, por inteiro, quando do descumprimento do acordo celebrado.

92. O custo dos serviços de capatazia não integra o "valor aduaneiro" para fins de composição da base de cálculo do imposto de importação.

93. Os funcionários transferidos da RFFSA para a VALEC não têm direito a perceber os seus proventos segundo o plano de cargos e salários dos empregados que sempre foram da VALEC, mas sim do plano de cargos e salários da extinta RFFSA (em conformidade com o § 2º, do art. 17, da Lei 11.483/2007).

94. A tipificação do ato de improbidade administrativa que atenta contra os princípios da administração pública, previsto no artigo 11 da Lei nº 8.429/92, exige apenas o dolo genérico, consistente na vontade de praticar a conduta.

95. A pensão especial devida ao ex-combatente pode ser cumulada com outro benefício previdenciário, desde que não tenham o mesmo fato gerador.

96. A concessão de adicional de atividade penosa para servidores em exercício em zonas de fronteira ou em localidades cujas condições de vida o justifiquem, previsto nos artigos 70 e 71 da Lei n. 8.112/90, está condicionada à prévia regulamentação que defina os parâmetros para sua percepção.

97. O servidor tem direito às férias, bem como ao respectivo adicional, no período correspondente à licença para capacitação, porquanto é considerado como de efetivo exercício, nos termos do art. 102, VIII, 'e', da Lei n.º 8.112/90.

98. Ressalvadas as hipóteses excepcionais, o registro na ANVISA constitui condição necessária ao fornecimento de medicamentos por decisão judicial.

99. A dispensação de medicamento oncológico, judicialmente determinada, far-se-á exclusivamente por estabelecimentos de saúde credenciados junto à Rede de Atenção Oncológica - CACON ou UNACON.

100. Nas ações em que se busca o deferimento judicial de prestações de saúde sujeitas à ordem de espera, somente se deferirá o pedido caso haja demonstração de que a urgência do caso impõe a respectiva realização antes do prazo apontado pelo Poder Público, administrativamente ou nos autos, para entrega administrativa da prestação.

101. Para o deferimento judicial de prestações de saúde não inseridas em um protocolo pré-estabelecido, não basta a prescrição do médico assistente, fazendo-se necessária a produção de provas atestando a adequação e a necessidade do pedido.

102. "É possível o cômputo do interregno em que o segurado esteve usufruindo benefício por incapacidade (auxílio-doença ou aposentadoria por invalidez) para fins de carência, desde que intercalado com períodos contributivos ou de efetivo trabalho."

103. "A concessão da aposentadoria híbrida ou mista, prevista no art. 48, §3º, da Lei nº 8.213/91, não está condicionada ao desempenho de atividade rurícola pelo segurado no momento imediatamente anterior ao requerimento administrativo, sendo, pois, irrelevante a natureza do trabalho exercido neste período."

104. "A legislação previdenciária não faz qualquer restrição quanto à admissibilidade da prova testemunhal, para comprovação da união estável, com vista à obtenção de benefício previdenciário."

105. Inexiste óbice à fixação da renda mensal do auxílio-acidente em patamar inferior ao salário mínimo, uma vez que tal benefício constitui mera indenização por redução de capacidade para o trabalho, não se lhe aplicando, assim, a disposição do art. 201, §2º, da Constituição Federal.

106. Quando impossível a realização de perícia técnica no local de trabalho do segurado, admite-se a produção desta prova em empresa similar, a fim de aferir a exposição aos agentes nocivos e comprovar a especialidade do labor.

107. O reconhecimento de verbas remuneratórias em reclamatória trabalhista autoriza o segurado a postular a revisão da renda mensal inicial, ainda que o INSS não tenha integrado a lide, devendo retroagir o termo inicial dos efeitos financeiros da revisão à data da concessão do benefício.

108. É impenhorável a quantia depositada até quarenta salários mínimos em caderneta de poupança (art. 833, X, NCPC), bem como a mantida em papel moeda, conta-corrente ou aplicada em CDB, RDB ou em fundo de investimentos, desde que seja a única reserva monetária, e ressalvado eventual abuso, má-fé, ou fraude.

109. É possível que a constrição executiva recaia sobre os direitos que o executado detém no contrato de alienação fiduciária.

110. Na vigência do CPC de 2015, subsiste o entendimento jurisprudencial consolidado de que o cumprimento individual de sentença de ação coletiva pode ser proposto no foro do domicílio do substituído ou no foro do juízo que proferiu a sentença coletiva, hipótese em que não haverá prevenção e os processos individuais serão livremente distribuídos.

111. O deferimento do processamento de recuperação judicial não é capaz de suspender, por si só, as execuções fiscais, mas obsta a realização de atos judiciais que reduzam o patrimônio da empresa em recuperação judicial, enquanto mantida essa condição.

112. A responsabilização dos sócios fundada na dissolução irregular da pessoa jurídica (art. 135 do CTN) prescinde de decretação da desconsideração de personalidade jurídica da empresa e, por conseguinte, inaplicável o incidente processual previsto nos arts. 133 a 137 do CPC/15.

113. A certidão do oficial de justiça atestando que a empresa não foi encontrada no endereço fornecido como domicílio fiscal constitui indício suficiente de dissolução irregular, apto a ensejar o redirecionamento da execução contra o sócio-gerente.

114. É indevida a exclusão do contribuinte do Programa de Recuperação Fiscal (Refis) instituído pela Lei nº 9.964/2000, sob o fundamento de que as parcelas, calculadas nos moldes da referida norma, são em montante insuficiente à amortização do débito consolidado.

115. Ação em que a parte autora objetiva a mera declaração de um direito, cujo reconhecimento acarretaria modificação de atos administrativos apenas de maneira reflexa, torna inaplicável a regra prevista no artigo 3º, § 1º, inciso III, da Lei nº. 10.259/2001, prevalecendo a competência absoluta pelo valor da causa, do JEF.

116. O militar transferido para a reserva sem ter usufruído a licença-prêmio, nem dela se valido para fins de aposentadoria, tem direito à conversão em pecúnia, sob pena de enriquecimento sem causa por parte da administração.

117. A lei aplicável para a análise do direito à reversão de pensão especial de ex-combatente é aquela vigente na data do óbito do militar.

118. Os requisitos específicos previstos no art. 30 da Lei 4.242/1963 devem ser preenchidos não apenas pelo ex-combatente, mas também por seus dependentes que venham a requerer a reversão.

119. Na ação civil pública por ato de improbidade administrativa, o mero indício da prática de atos ímprobos legitima o recebimento da petição inicial.

120. O auxílio-transporte é devido a todos os servidores que façam uso de algum meio de transporte, seja público ou privado, para se deslocarem entre sua residência e o local de trabalho, conforme orientação já sedimentada pelo Superior Tribunal de Justiça, a partir de interpretação do art. 1º da MP n.º 2.165-36/2001.

121. É competente a Justiça Federal nos feitos em que se discute cobertura securitária, no âmbito do Sistema Financeiro da Habitação (SFH), quando se tratar de apólice pública (ramo 66), vinculada ao FCVS, considerando o advento da Lei 13.000/2014, que assegurou a intervenção da CEF como representante judicial do FCVS.

122. Cancelada DE (Judicial) 14-04-2020.

123. A caracterização do delito de descaminho prescinde da constituição do crédito tributário.

124. O habeas corpus não pode ser utilizado como substitutivo de recurso próprio, salvo em casos de flagrante ilegalidade.

125. Compete à Justiça Federal a execução das sentenças penais condenatórias por ela proferidas, salvo quando o cumprimento se der em estabelecimento estadual.

126. Não configura bis in idem a aplicação, ao tráfico transnacional de drogas, da causa de aumento relativa à transnacionalidade, prevista no artigo 40, inciso I, da Lei nº 11.343/06.

127. A conduta de utilizar ou instalar rádio transceptor em veículo automotor se enquadra no art. 70, da Lei 4.117/62, não se qualificando como desenvolvimento de atividade de telecomunicação, art. 183, da Lei 9.472/97.

128. É válida a instauração de procedimento investigatório com base em denúncia anônima, quando amparada por outro indício.

129. É lícita a sucessiva renovação da interceptação telefônica, enquanto persistir sua necessidade para a investigação.

130. A agravante baseada numa única reincidência e a atenuante da confissão espontânea, quando coexistirem, compensam-se integralmente.

131. Para que o juiz possa fixar o valor mínimo para a reparação dos danos causados pela infração, é necessário que a denúncia contenha pedido expresso nesse sentido ou que controvérsia dessa natureza tenha sido submetida ao contraditório da instrução criminal.

132. Na hipótese em que a condenação puder ser substituída por somente uma pena restritiva de direitos, a escolha entre as espécies previstas em lei deve recair, preferencialmente, sobre a de prestação de serviços à comunidade, porque melhor cumpre a finalidade de reeducação e ressocialização do agente.

133. Na execução ou cumprimento individual de sentença proferida em ação coletiva, mesmo na vigência do CPC-2015, são cabíveis honorários advocatícios, ainda que não-embargadas, mantendo-se válido o entendimento expresso da Súmula 345 do Superior Tribunal de Justiça.

134. A ausência de impugnação pela Fazenda Pública ao cumprimento de sentença não enseja a redução pela metade dos honorários advocatícios por ela devidos, não sendo aplicável à hipótese a regra do artigo 90, § 4º, combinado com o artigo 827, § 1º, ambos do CPC 2015.

Súmulas TRF 5

01. Na execução de dívida alimentícia da Fazenda Pública, observa-se o rito do art. 730, CPC, expedindo-se precatório cujo pagamento tem preferência, em classe especial.

02. A empresa que teve reconhecido o direito a isenção do imposto de renda, de conformidade com o art. 13 da Lei 4239, de 27.06.63, com a redação dada pelo artigo primeiro do Decreto-Lei 1564, de 29.06.77, antes do advento da Lei 7450, de 23.12.85, tem direito adquirido de ver seu pedido de prorrogação examinado pela SUDENE e obter a ampliação do benefício por até mais cinco anos, se comprovado o atendimento das condições estabelecidas no artigo terceiro do Decreto-Lei 1564, de 29.06.77.

03. O pagamento de diferenças de vencimentos decorrentes da incidência da URP, nos meses de abril e maio de 1988, não implica em perda de objeto da ação de conhecimento ou da execução, remanescendo a apuração de correção monetária, juros e ônus de sucumbência.

04. É válida a cobrança da contribuição prevista no Decreto-Lei 308/67, com base no limite máximo estabelecido no Decreto-Lei 1.952/82.

05. As prestações atrasadas, reconhecidas como devidas pela Administração Pública, devem ser pagas com correção monetária.

06. Subsiste, até a vigência e eficácia da Lei Complementar nº 70/91, a cobrança do FINSOCIAL com base no Decreto-Lei nº 1.940/82, sendo inconstitucionais as alterações introduzidas pela Lei 7.887/89, ressalvada a situação das empresas prestadoras de serviço.

07. São inconstitucionais as alterações na contribuição para o Programa de Integração Social introduzidas pelos Decretos-Leis 2.445 e 2.449.

08. São auto-aplicáveis as regras dos parágrafos 5º e 6º do art. 201 da Constituição Federal, ao estabelecerem o salário mínimo e a gratificação natalina para o benefício previdenciário.

09. É imediata a incidência da forma de cálculo prevista no art. 202 da Constituição Federal, mas não se aplica à aposentadoria implantada antes de outubro de 1988.

10. A contribuição previdenciária incide sobre a parte da folha de pagamentos da empresa aos seus administradores, sócios-gerentes e autônomos.

11. Aplica-se ao reajuste de benefício previdenciário, em setembro de 1991, o percentual de 147,06%.

12. É inconstitucional o empréstimo compulsório instituído pelo Decreto-Lei nº 2.288/86. Legitimidade passiva da União para a causa.

13. O empréstimo compulsório em favor da Eletrobrás foi recepcionado pela Constituição Federal de 1988.

14. É inconstitucional a cobrança da taxa de expediente para emissão de guia de importação (Lei 7.690/88, art. 10).

15. É válida a cobrança da Taxa de Fiscalização dos Mercados de Títulos e Valores Mobiliários (Lei 7.940/89), com base em tabela, por faixas de contribuintes.

16. O reajuste dos servidores militares estabelecido na Lei 8.237/91 não tem aplicação aos servidores civis.

17. É possível a aquisição do domínio útil de bens públicos em regime de aforamento, via usucapião, desde que a ação seja movida contra particular, até então enfiteuta, contra quem operar-se-á a prescrição aquisitiva, sem atingir o domínio direto da União.

18. PREVIDENCIÁRIO. TEMPO DE SERVIÇO. MONITOR UNIVERSITÁRIO. CONTAGEM INDEVIDA. O tempo de treinamento do estudante como monitor universitário não é contado para fins previdenciários

19. O deslocamento, a serviço, do Juiz do Trabalho substituto, no território da respectiva zona de atuação, previamente delimitado por ato do TRT, não gera direito ao pagamento de diárias. A ajuda de custo só é devida com a mudança de domicílio do magistrado, em caráter definitivo

20. Incide imposto de renda sobre os juros pagos pelas cooperativas de crédito aos seus cooperados, mesmo em montante inferior a 12% ao ano.

21. Compete às Varas Federais processar e julgar as execuções fiscais propostas pela União, suas autarquias e empresas públicas, salvo aquelas ajuizadas perante a Justiça Estadual, em exercício de competência delegada, até 13 de março de 2015.

22. O fator previdenciário incide na aposentadoria de professor (art. 201, § 8º, da CF/88; art. 56, da Lei nº 8.213/91), salvo em relação ao beneficiário que tenha adquirido o direito à jubilação antes da edição da Lei nº 9.876/99.

SÚMULAS DA TURMA NACIONAL DE UNIFORMIZAÇÃO – TNU

Súmula 1-TNU: A conversão dos benefícios previdenciários em URV, em março/94, obedece às disposições do art. 20, incisos I e II da Lei 8.880/94 (MP nº 434/94).

- DJ:08/10/2002

Súmula 2-TNU: Os benefícios previdenciários, em maio de 1996, deverão ser reajustados na forma da Medida Provisória 1.415, de 29 de abril de 1996, convertida na Lei 9.711, de 20 de novembro de 1998.

- DJ: 13/03/2003

Súmula 3-TNU: Os benefícios de prestação continuada, no regime geral da Previdência Social, devem ser reajustados com base no IGP-DI nos anos de 1997, 1999, 2000 e 2001.

- DJ:09/05/2003
- CANCELADA EM:30/09/2003

Súmula 4-TNU: Não há direito adquirido à condição de dependente de pessoa designada, quando o falecimento do segurado deu-se após o advento da Lei 9.032/95.

- DJ:23/06/2003

Súmula 5-TNU: A prestação de serviço rural por menor de 12 a 14 anos, até o advento da Lei 8.213, de 24 de julho de 1991, devidamente comprovada, pode ser reconhecida para fins previdenciários.

- DJ:25/09/2003

Súmula 6-TNU: A certidão de casamento ou outro documento idôneo que evidencie a condição de trabalhador rural do cônjuge constitui início razoável de prova material da atividade rurícola.

- DJ:25/09/2003

Súmula 7-TNU: Descabe incidente de uniformização versando sobre honorários advocatícios por se tratar de questão de direito processual.

- DJ:25/09/2003

Súmula 8-TNU: Os benefícios de prestação continuada, no regime geral da Previdência Social, não serão reajustados com base no IGP-DI nos anos de 1997, 1999, 2000 e 2001.

- DJ:05/11/2003

Súmula 9-TNU: O uso de Equipamento de Proteção Individual (EPI), ainda que elimine a insalubridade, no caso de exposição a ruído, não descaracteriza o tempo de serviço especial prestado.

- DJ:05/11/2003

Súmula 10-TNU: O tempo de serviço rural anterior à vigência da Lei n. 8.213/91 pode ser utilizado para fins de contagem recíproca, assim entendida aquela que soma tempo de atividade privada, rural ou urbana, ao de serviço público estatutário, desde que sejam recolhidas as respectivas contribuições previdenciárias.

- DJ:03/12/2003

Súmula 11-TNU: A renda mensal, per capita, familiar, superior a ¼ (um quarto) do salário mínimo não impede a concessão do benefício assistencial previsto no art. 20, § 3º da Lei nº. 8.742 de 1993, desde que comprovada, por outros meios, a miserabilidade do postulante.

- DJ:14/04/2004
- CANCELADA EM:24/04/2006
- DJ:12/5/2006

Súmula 12-TNU: Os juros moratórios são devidos pelo gestor do FGTS e incidem a partir da citação nas ações em que se reclamam diferenças de correção monetária, tenha havido ou não levantamento do saldo, parcial ou integralmente.

- DJ:14/04/2004

Súmula 13-TNU: O reajuste concedido pelas Leis n. 8.622/93 e 8.627/93 (28,86%) constituiu revisão geral dos vencimentos e, por isso, é devido também aos militares que não o receberam em sua integralidade, compensado o índice então concedido, sendo limite temporal desse reajuste o advento da MP n. 2.131 de 28/12/2000.

- DJ:10/05/2004

Súmula 14-TNU: Para a concessão de aposentadoria rural por idade, não se exige que o início de prova material corresponda a todo o período equivalente à carência do benefício.

- DJ:24.05.2004

Súmula 15-TNU: O valor mensal da pensão por morte concedida antes da Lei nº 9.032, de 28 de abril de 1995, deve ser revisado de acordo com a nova redação dada ao art. 75 da Lei nº 8.213, de 24 de julho de 1991.

- DJ:24/05/2004
- CANCELADA EM:26/03/2007
- DJ:08/05/2007

Súmula 16-TNU: A conversão em tempo de serviço comum, do período trabalhado em condições especiais, somente é possível relativamente à atividade exercida até 28 de maio de 1998 (art. 28 da Lei nº 9.711/98).

- DJ:24/05/2004
- CANCELADA EM 27.03.09
- DJ:24/04/2009

Súmula 17-TNU: Não há renúncia tácita no Juizado Especial Federal, para fins de competência.

- DJ DATA:24/05/2004

Súmula 18-TNU: Para fins previdenciários, o cômputo do tempo de serviço prestado como aluno-aprendiz exige a comprovação de que, durante o período de aprendizado,houve simultaneamente: (i) retribuição consubstanciada em prestação pecuniária ou em auxílios materiais; (ii) à conta do Orçamento; (iii) a título decontraprestação por labor; (iv) na execução de bens e serviços destinados a terceiros.

- DJ 07/10/2004. Alterada DJe 19/02/2020.

Súmula 19-TNU: Para o cálculo da renda mensal inicial do benefício previdenciário, deve ser considerada, na atualização dos salários de contribuição anteriores a março de 1994, a variação integral do IRSM de fevereiro de 1994, na ordem de 39,67% (art. 21, § 1º, da Lei nº 8.880/94).

- DJ:07/10/2004

Súmula 20-TNU: A Lei n. 8.112, de 11 de dezembro de 1990, não modificou a situação do servidor celetista anteriormente aposentado pela Previdência Social Urbana.

- DJ:07/10/2004

Súmula 21-TNU: Não há direito adquirido a reajuste de benefícios previdenciários com base na variação do IPC (Índice de Preço ao Consumidor), de janeiro de 1989 (42,72%) e abril de 1990 (44,80%).

- DJ:07/10/2004

Súmula 22-TNU: Se a prova pericial realizada em juízo dá conta de que a incapacidade já existia na data do requerimento administrativo, esta é o termo inicial do benefício assistencial.

- DJ:07/10/2004

Súmula 23-TNU: As substituições de cargos ou funções de direção ou chefia ou de cargo de natureza especial ocorridas a partir da vigência da Medida Provisória nº 1.522, de 11/10/1996, e até o advento da Lei nº 9.527, de 10/12/1997, quando iguais ou inferiores a trinta dias, não geram direito à remuneração correspondente ao cargo ou função substituída.

- DJ:10/03/2005

Súmula 24-TNU: O tempo de serviço do segurado trabalhador rural anterior ao advento da Lei nº 8.213/91, sem o recolhimento de contribuições previdenciárias, pode ser considerado para a concessão de benefício previdenciário do Regime Geral de Previdência Social (RGPS), exceto para efeito de carência, conforme a regra do art. 55, §2º, da Lei nº 8.213/91.

- DJ:10/03/2005

Súmula 25-TNU: A revisão dos valores dos benefícios previdenciários, prevista no art. 58 do ADCT, deve ser feita com base no número de salários mínimos apurado na data da concessão, e não no mês de recolhimento da última contribuição.

Súmula 26-TNU: A atividade de vigilante enquadra-se como especial, equiparando-se à de guarda, elencada no item 2.5.7. do Anexo III do Decreto n. 53.831/64.

- DJ:22/06/2005

Súmula 27-TNU: A ausência de registro em órgão do Ministério do Trabalho não impede a comprovação do desemprego por outros meios admitidos em Direito.

- DJ:22/06/2005

Súmula 28-TNU: Encontra-se prescrita a pretensão de ressarcimento de perdas sofridas na atualização monetária da conta do Plano de Integração Social - PIS-, em virtude de expurgos ocorridos por ocasião dos Planos Econômicos Verão e Collor I.

- DJ:05/01/2006

Súmula 29-TNU: Para os efeitos do art. 20, § 2º, da Lei n. 8.742, de 1993, incapacidade para a vida independente não é só aquela que impede as atividades mais elementares da pessoa, mas também a impossibilita de prover ao próprio sustento.

- DJ:13/02/2006

Súmula 30-TNU: Tratando-se de demanda previdenciária, o fato de o imóvel ser superior ao módulo rural não afasta, por si só, a qualificação de seu proprietário como segurado especial, desde que comprovada, nos autos, a sua exploração em regime de economia familiar.

▸ DJ:13/02/2006

Súmula 31-TNU: A anotação na CTPS decorrente de sentença trabalhista homologatória constitui início de prova material para fins previdenciários.

▸ DJ:13/02/2006

Súmula 32-TNU: O tempo de trabalho laborado com exposição a ruído é considerado especial, para fins de conversão em comum, nos seguintes níveis: superior a 80 decibéis, na vigência do Decreto n. 53.831/64 e, a contar de 5 de março de 1997, superior a 85 decibéis, por força da edição do Decreto n. 4.882, de 18 de novembro de 2003, quando a Administração Pública reconheceu e declarou a nocividade à saúde de tal índice de ruído. CANCELADA EM 9/10/2013 DOU: 11/10/2013

Súmula 33-TNU: Quando o segurado houver preenchido os requisitos legais para concessão da aposentadoria por tempo de serviço na data do requerimento administrativo, esta data será o termo inicial da concessão do benefício.

▸ DJ:04/08/2006

Súmula 34-TNU: Para fins de comprovação do tempo de labor rural, o início de prova material deve ser contemporâneo à época dos fatos a provar.

▸ DJ:04/08/2006

Súmula 35-TNU: A Taxa Selic, composta por juros de mora e correção monetária, incide nas repetições de indébito tributário.

▸ DJ:09/01/2007

Súmula 36-TNU: Não há vedação legal à cumulação da pensão por morte de trabalhador rural com o benefício da aposentadoria por invalidez, por apresentarem pressupostos fáticos e fatos geradores distintos.

▸ DJ:06/03/2007

Súmula 37-TNU: A pensão por morte, devida ao filho até os 21 anos de idade, não se prorroga pela pendência do curso universitário.

▸ DJ: 20/06/2007

Súmula 38-TNU: Aplica-se subsidiariamente a Tabela de Cálculos de Santa Catarina aos pedidos de revisão de RMI - OTN/ORTN, na atualização dos salários de contribuição.

▸ DJ:20/06/2007

Súmula 39-TNU: Nas ações contra a Fazenda Pública, que versem sobre pagamento de diferenças decorrentes de reajuste nos vencimentos de servidores públicos, ajuizadas após 24/08/2001, os juros de mora devem ser fixados em 6% (seis por cento) ao ano (art. 1º-F da Lei 9.494/97).

▸ DJ:20/06/2007

Súmula 40-TNU: Nenhuma diferença é devida a título de correção monetária dos depósitos do FGTS relativos ao mês de fevereiro de 1989.

▸ DJ:26/09/2007

Súmula 41-TNU: A circunstância de um dos integrantes do núcleo familiar desempenhar atividade urbana não implica, por si só, a descaracterização do trabalhador rural como segurado especial, condição que deve ser analisada no caso concreto.

▸ DJ:03/03/2010

Súmula 42-TNU: Não se conhece de incidente de uniformização que implique reexame de matéria de fato.

▸ DJ:03/11/2011

Súmula 43-TNU: Não cabe incidente de uniformização que verse sobre matéria processual.

▸ DJ:03/11/2011

Súmula 44-TNU: Para efeito de aposentadoria urbana por idade, a tabela progressiva de carência prevista no art. 142 da Lei nº 8.213/91 deve ser aplicada em função do ano em que o segurado completa a idade mínima para concessão do benefício, ainda que o período de carência só seja preenchido posteriormente.

▸ DOU: 14/12/2011

Súmula 45-TNU: Incide correção monetária sobre o salário-maternidade desde a época do parto, independentemente da data do requerimento administrativo.

▸ DOU: 14/12/2011

Súmula 46-TNU: O exercício de atividade urbana intercalada não impede a concessão de benefício previdenciário de trabalhador rural, condição que deve ser analisada no caso concreto.

▸ DOU:15/03/2012

Súmula 47-TNU: Uma vez reconhecida a incapacidade parcial para o trabalho, o juiz deve analisar as condições pessoais e sociais do segurado para a concessão de aposentadoria por invalidez.

▸ DOU: 15/03/2012

Súmula 48-TNU: Para fins de concessão do benefício assistencial de prestação continuada, o conceito de pessoa com deficiência, que não se confunde necessariamente com situação de incapacidade laborativa, exige a configuração de impedimento de longo prazo com duração mínima de 2 (dois) anos, a ser aferido no caso concreto, desde o início do impedimento até a data prevista para a sua cessação.

▸ DOU: 18/04/2012. Alterada DJE 29/04/2019.

Súmula 49-TNU: Para reconhecimento de condição especial de trabalho antes de 29/4/1995, a exposição a agentes nocivos à saúde ou à integridade física não precisa ocorrer de forma permanente.

▸ DOU: 15/03/2012

Súmula 50-TNU: É possível a conversão do tempo de serviço especial em comum do trabalho prestado em qualquer período.

▸ DOU 15/03/2012

Súmula 51-TNU: Os valores recebidos por força de antecipação dos efeitos de tutela, posteriormente revogada em demanda previdenciária, são irrepetíveis em razão da natureza alimentar e da boa-fé no seu recebimento.

▸ DJ: 15/03/2012

▸ CANCELADA EM 30.08.2017

▸ DJE:20/09/2017

Súmula 52-TNU: Para fins de concessão de pensão por morte, é incabível a regularização do recolhimento de contribuições de segurado contribuinte individual posteriormente a seu óbito, exceto quando as contribuições devam ser arrecadadas por empresa tomadora de serviços.

▸ DOU:18/04/2012

Súmula 53-TNU: Não há direito a auxílio-doença ou a aposentadoria por invalidez quando a incapacidade para o trabalho é preexistente ao reingresso do segurado no Regime Geral de Previdência Social.

▸ DOU: 07/05/2012

Súmula 54-TNU: Para a concessão de aposentadoria por idade de trabalhador rural, o tempo de exercício de atividade equivalente à carência deve ser aferido no período imediatamente anterior ao requerimento administrativo ou à data do implemento da idade mínima.

▸ DOU: 07/05/2012

Súmula 55-TNU: A conversão do tempo de atividade especial em comum deve ocorrer com aplicação do fator multiplicativo em vigor na data da concessão da aposentadoria.

▸ DOU: 07/05/2012

Súmula 56-TNU: O prazo de trinta anos para prescrição da pretensão à cobrança de juros progressivos sobre saldo de conta vinculada ao FGTS tem início na data em que deixou de ser feito o crédito e incide sobre cada prestação mensal.

▸ DOU: 07/05/2012

Súmula 57-TNU: O auxílio-doença e a aposentadoria por invalidez não precedida de auxílio-doença, quando concedidos na vigência da Lei n. 9.876/1999, devem ter o salário de benefício apurado com base na média aritmética simples dos maiores salários de contribuição correspondentes a 80% do período contributivo, independentemente da data de filiação do segurado ou do número de contribuições mensais no período contributivo.

▸ DOU: 24/05/2012

Súmula 58-TNU: Não é devido o reajuste na indenização de campo por força da alteração trazida pelo Decreto n. 5.554/2005.

▸ DOU: 24/05/2012

Súmula 59-TNU: A ausência de declaração do objeto postado não impede a condenação da ECT a indenizar danos decorrentes do extravio, desde que o conteúdo da postagem seja demonstrado por outros meios de prova admitidos em direito.

▸ DOU: 24/05/2012

Súmula 60-TNU: O décimo terceiro salário não integra o salário de contribuição para fins de cálculo do salário de benefício, independentemente da data da concessão do benefício previdenciário.

▸ CANCELADA EM 16/03/2016

▸ DOU: 21/03/2016

Súmula 61-TNU: As alterações promovidas pela Lei n. 11.960/2009 têm aplicação imediata na regulação dos juros de mora em condenações contra a Fazenda Pública, inclusive em matéria previdenciária, independentemente da data do ajuizamento da ação ou do trânsito em julgado.

▸ CANCELADA EM 11/10/2013 DOU: 11/10/2013

Súmula 62-TNU: O segurado contribuinte individual pode obter reconhecimento de atividade especial para fins previdenciários, desde que consiga comprovar exposição a agentes nocivos à saúde ou à integridade física.

▸ DOU: 03/07/2012

Súmula 63-TNU: A comprovação de união estável para efeito de concessão de pensão por morte prescinde de início de prova material.

- DOU: 23/08/2012

Súmula 64-TNU: O direito à revisão do ato de indeferimento de benefício previdenciário ou assistencial sujeita-se ao prazo decadencial de dez anos.

- CANCELADA EM 18/06/2015
- DOU: 24/06/2015

Súmula 65-TNU: Os benefícios de auxílio-doença, auxílio-acidente e aposentadoria por invalidez concedidos no período de 28/3/2005 a 20/7/2005 devem ser calculados nos termos da Lei n. 8.213/1991, em sua redação anterior à vigência da Medida Provisória n. 242/2005.

- DOU: 24/09/2012

Súmula 66-TNU: O servidor público ex-celetista que trabalhava sob condições especiais antes de migrar para o regime estatutário tem direito adquirido à conversão do tempo de atividade especial em tempo comum com o devido acréscimo legal, para efeito de contagem recíproca no regime previdenciário próprio dos servidores públicos.

- DOU: 24/09/2012

Súmula 67-TNU: O auxílio-alimentação recebido em pecúnia por segurado filiado ao Regime Geral da Previdência Social integra o salário de contribuição e sujeita-se à incidência de contribuição previdenciária.

- DOU: 24/09/2012

Súmula 68-TNU: O laudo pericial não contemporâneo ao período trabalhado é apto à comprovação da atividade especial do segurado.

- DOU: 24/09/2012

Súmula 69-TNU: O tempo de serviço prestado em empresa pública ou em sociedade de economia mista por servidor público federal somente pode ser contado para efeitos de aposentadoria e disponibilidade.

- DOU: 13/03/2013

Súmula 70-TNU: A atividade de tratorista pode ser equiparada à de motorista de caminhão para fins de reconhecimento de atividade especial mediante enquadramento por categoria profissional.

- DOU: 13/03/2013

Súmula 71-TNU: O mero contato do pedreiro com o cimento não caracteriza condição especial de trabalho para fins previdenciários.

- DOU: 13/03/2013

Súmula 72-TNU: É possível o recebimento de benefício por incapacidade durante período em que houve exercício de atividade remunerada quando comprovado que o segurado estava incapaz para as atividades habituais na época em que trabalhou.

- DOU: 13/03/2013

Súmula 73-TNU: O tempo de gozo de auxílio-doença ou de aposentadoria por invalidez não decorrentes de acidente de trabalho só pode ser computado como tempo de contribuição ou para fins de carência quando intercalado entre períodos nos quais houve recolhimento de contribuições para a previdência social.

- DOU: 13/03/2013

Súmula 74-TNU: O prazo de prescrição fica suspenso pela formulação de requerimento administrativo e volta a correr pelo saldo remanescente após a ciência da decisão administrativa final.

- DOU: 22/05/2013

Súmula 75-TNU: A Carteira de Trabalho e Previdência Social (CTPS) em relação à qual não se aponta defeito formal que lhe comprometa a fidedignidade goza de presunção relativa de veracidade, formando prova suficiente de tempo de serviço para fins previdenciários, ainda que a anotação de vínculo de emprego não conste no Cadastro Nacional de Informações Sociais (CNIS).

- DOU: 13/06/2013

Súmula 76-TNU: A averbação de tempo de serviço rural não contributivo não permite majorar o coeficiente de cálculo da renda mensal inicial de aposentadoria por idade previsto no art. 50 da Lei nº 8.213/91.

- DOU: 14/08/2013

Súmula 77-TNU: O julgador não é obrigado a analisar as condições pessoais e sociais quando não reconhecer a incapacidade do requerente para a sua atividade habitual.

- DOU: 06/09/2013

Súmula 78-TNU: Comprovado que o requerente de benefício é portador do vírus HIV, cabe ao julgador verificar as condições pessoais, sociais, econômicas e culturais, de forma a analisar a incapacidade em sentido amplo, em face da elevada estigmatização social da doença.

- DOU: 17/09/2014

Súmula 79-TNU: Nas ações em que se postula benefício assistencial, é necessária a comprovação das condições socioeconômicas do autor por laudo de assistente social, por auto de constatação lavrado por oficial de justiça ou, sendo inviabilizados os referidos meios, por prova testemunhal.

- DOU: 24/04/2015

Súmula 80-TNU: Nos pedidos de benefício de prestação continuada (LOAS), tendo em vista o advento da Lei 12.470/11, para adequada valoração dos fatores ambientais, sociais, econômicos e pessoais que impactam na participação da pessoa com deficiência na sociedade, é necessária a realização de avaliação social por assistente social ou outras providências aptas a revelar a efetiva condição vivida no meio social pelo requerente.

- DOU: 24/04/2015

Súmula 81-TNU: A impugnação de ato de indeferimento, cessação ou cancelamento de benefício previdenciário não se submete a qualquer prazo extintivo, seja em relação à revisão desses atos, seja em relação ao fundo de direito.

- DOU de 24/06/2015. Alterada DJe 11/12/2020.

Súmula 82-TNU: O código 1.3.2 do quadro anexo ao Decreto n.º 53.831/64, além dos profissionais da área da saúde, contempla os trabalhadores que exercem atividades de serviços gerais em limpeza e higienização de ambientes hospitalares.

- DOU: 30/11/2015

Súmula 83-TNU: A partir da entrada em vigor da Lei n. 8.870/94, o décimo terceiro salário não integra o salário de contribuição para fins de cálculo do salário de benefício.

- DOU: 21/03/2016

Súmula 84-TNU: Comprovada a situação de desemprego por mais de 3 anos, o trabalhador tem direito ao saque dos valores depositados em sua conta individual do PIS.

- DOU: 14/06/2017

Súmula 85-TNU: É possível a conversão de tempo comum em especial de período(s) anterior(es) ao advento da Lei nº 9.032/95 (que alterou a redação do §3º do art. 57 da Lei nº 8.213/91), desde que todas as condições legais para a concessão do benefício pleiteado tenham sido atendidas antes da publicação da referida lei, independentemente da data de entrada do requerimento (DER).

- DOU: 29/08/2018

Súmula 86-TNU: Não cabe incidente de uniformização que tenha como objeto principal questão controvertida de natureza constitucional que ainda não tenha sido definida pelo Supremo Tribunal Federal em sua jurisprudência dominante.

- DOU: 18/12/2018

Súmula 87-TNU: A eficácia do EPI não obsta o reconhecimento de atividade especial exercida antes de 03/12/1998, data de início da vigência da MP 1.729/98, convertida na Lei n. 9.732/98.

- DOU: 26/02/2019

EDITORA *Jus*PODIVM
www.editorajuspodivm.com.br
Impressão e acabamento: BMF Gráfica e Editora